# DICTIONNAIRE
# ENCYCLOPÉDIQUE
## USUEL

OU RÉSUMÉ DE TOUS LES DICTIONNAIRES HISTORIQUES, BIOGRAPHIQUES, GÉOGRAPHIQUES, THÉOLOGIQUES, SCIENTIFIQUES, ARTISTIQUES ET TECHNOLOGIQUES, ETC.,

RÉPERTOIRE UNIVERSEL ET ABRÉGÉ
### De toutes les Connaissances humaines,

Contenant la matière de 50 volumes in-8 ordinaires,

ET PRÉSENTANT LA DÉFINITION EXACTE ET PRÉCISE DE QUARANTE MILLE MOTS;

PUBLIÉ SOUS LA DIRECTION DE
## CHARLES SAINT-LAURENT.

TOME I.

A-L

QUATRIÈME ÉDITION.

**PARIS,**

ANCIEN COMPTOIR DES IMPRIMEURS-UNIS.  LIBRAIRIE SCIENTIFIQUE, INDUSTRIELLE ET AGRICOLE  ANCIENNE MAISON L. MATHIAS (AUGUSTIN).

DE LACROIX-COMON,

QUAI MALAQUAIS, 15.

**1858**

marque d'Mr. de Lavergne

# DICTIONNAIRE
# ENCYCLOPÉDIQUE
## USUEL.

1878. SAINT-CLOUD. — IMPRIMERIE DE M<sup>me</sup> V<sup>e</sup> BELIN.

# DICTIONNAIRE ENCYCLOPÉDIQUE

## USUEL

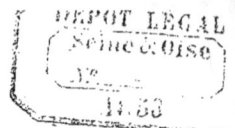

OU RÉSUMÉ DE TOUS LES DICTIONNAIRES HISTORIQUES, BIOGRAPHIQUES, GÉOGRAPHIQUES, MYTHOLOGIQUES, SCIENTIFIQUES, ARTISTIQUES ET TECHNOLOGIQUES, ETC.,

RÉPERTOIRE UNIVERSEL ET ABRÉGÉ

**De toutes les Connaissances humaines,**

Contenant la matière de 50 volumes in-8 ordinaires,

ET PRÉSENTANT LA DÉFINITION EXACTE ET PRÉCISE DE QUARANTE MILLE MOTS;

PUBLIÉ SOUS LA DIRECTION DE

## CHARLES SAINT-LAURENT.

**QUATRIÈME ÉDITION.**

---

ANCIEN COMPTOIR
**DES IMPRIMEURS-UNIS.**

## PARIS,

ANCIENNE MAISON
L. **MATHIAS** (Augustin).

LIBRAIRIE SCIENTIFIQUE, INDUSTRIELLE ET AGRICOLE

DE LACROIX-COMON,

15, QUAI MALAQUAIS.

1858.

# TABLE DES ABRÉVIATIONS.

| | |
|---|---|
| A. | *Aulus*, prénom romain. |
| Acc. ou accept. div. ou diverses. | Acceptions diverses. |
| Acc. bot. | Acceptions de botanique. |
| Acc. gén. | Acception générale. |
| Administr. | Administration |
| Agricult. | Agriculture. |
| Algèbr. | Algèbre. |
| Anat. | Anatomie. |
| Antiq. ou antiquit. | Antiquités. |
| Archéol. | Archéologie. |
| Archit. | Architecture. |
| Arithm. | Arithmétique. |
| Art milit. | Art militaire. |
| Artill. | Artillerie. |
| Arts méc. ou mécan. | Arts mécaniques. |
| Arts et mét. | Arts et métiers. |
| Arts phys. | Arts physiques. |
| Astr. ou astron. | Astronomie. |
| Av. J.-C. | Avant Jésus-Christ. |
| Bot. ou botan. | Botanique. |
| Bot. phan. | Botanique phanérogame. |
| Bot. crypt. | Botanique cryptogame. |
| C. | *Caïus*, prénom romain |
| Chim. | Chimie. |
| Chirurg. | Chirurgie. |
| Chronol. | Chronologie. |
| Cn. | *Cneïus*, prénom romain. |
| Comm. | Commerce. |
| D. | Dom ou Don. |
| Div. accep. | Diverses acceptions. |
| E. | Est. |
| Econom. domest. | Économie domestique. |
| Econom. polit. | Économie politique. |
| Econom. rur. | Économie rurale. |
| Ethnogr. | Ethnographie. |
| Féod. | Féodalité. |
| Géogr. | Géographie. |
| Géogr. anc. | Géographie ancienne. |
| Généal. | Généalogie. |
| Géol. | Géologie. |
| Géom. | Géométrie. |
| Gnomon. | Gnomonique. |
| Gramm. | Grammaire. |
| Hist. | Histoire. |
| Hist. anc. | Histoire ancienne. |
| Hist. eccl. | Histoire ecclésiastique. |
| Hist. mod. | Histoire moderne. |
| Hist. nat. ou natur. | Histoire naturelle. |
| Horl. ou horlog. | Horlogerie. |
| Hydr. ou hydraul. | Hydraulique. |
| Hydrogr. | Hydrographie. |
| Ins. | Insectes. |
| J. | Jean. |
| J. | *Julius*, prénom romain. |
| J.-B. | Jean-Baptiste. |
| J.-C. | Jésus-Christ. |
| J.-F. | Jean-François. |
| J.-J. | Jean-Jacques. |
| Jard. | Jardinage. |
| Juris. ou jurispr. | Jurisprudence. |
| Jurispr. canon. | Jurisprudence canonique |
| L. | *Lucius*, prénom romain |
| Législ. | Législation. |
| Liturg. | Liturgie. |
| M. | *Marcus*, prénom romain. |
| Mar. | Marine. |
| Mat. bén. | Matière bénéficiale. |
| Math. ou mathém. | Mathématiques. |
| Méc. | Mécanique. |
| Méd. ou médec. | Médecine. |
| Méd. vétér. | Médecine vétérinaire. |
| Mes. | *Messus*, prénom romain. |
| Minér. ou minéral. | Minéralogie. |
| Moll. | Mollusques. |
| Mus. ou musiq. | Musique. |
| Myth. | Mythologie. |
| Myth. ind. | Mythologie indienne. |
| N. | Nord. |
| N. ou N. | Prénoms inconnus. |
| N.-E. | Nord-est. |
| N.-O. | Nord-ouest. |
| O. | Ouest. |
| Opt. ou optiq. | Optique. |
| Ois. | Oiseaux. |
| Ornith. | Ornithologie. |
| Orthop. | Orthopédie. |
| P. | *Publius*, prénom romain. |
| Le P. | Le Père. |
| Path. ou pathol. | Pathologie. |
| Peint. | Peinture. |
| Persp. | Perspective. |
| Philol. | Philologie. |
| Phys. | Physique. |
| Poiss. | Poissons. |
| Pol. ou polit. | Politique. |
| Q. ou Quint. | *Quintus*, prénom romain |
| Relig. | Religion. |
| S. | Sud. |
| Sculpt. | Sculpture. |
| S.-E. | Sud-est. |
| Sens div. | Sens divers. |
| S.-O. | Sud-ouest. |
| Statist. milit. | Statistique militaire. |
| T. | *Titus*, prénom romain. |
| Technol. | Technologie. |
| Term. de prat. | Terme de pratique. |
| Therm. | Therme. |
| Théât. | Théâtre. |
| Théol. | Théologie. |
| Typ. | Typographie. |
| Voy. | Voyez. |
| Zool. ou zoolog. | Zoologie. |

# DICTIONNAIRE ENCYCLOPÉDIQUE USUEL.

## A

### AAR

A, la première lettre de l'alphabet chez presque tous les peuples. C'est une des cinq voyelles. C'était une lettre numérale chez les Grecs et les Romains. Chez les premiers, α avec l'accent dessus valait 1, ᾳ avec l'accent dessous valait 1,000. Chez les Romains, A valait quelquefois 500; surmonté d'un trait horizontal, il valait 5,000. A, ou *a mi la*, ou *a la mi ré*, désignait la note *la* dans l'ancienne musique. On s'en sert encore de nos jours pour l'accord du piano, etc. — A, *aa* ou *ana*, en médecine, désigne une proportion égale dans les ingrédients employés.

AA, rivière de France dont la source est un peu au-dessus de Renti (Pas-de-Calais), et qui se jette dans l'Océan, près de Gravelines. Cette rivière, dont le cours est de 21 lieues, arrose les départements du Nord et du Pas-de-Calais. Elle est navigable par écluses dans 5 lieues de son cours, et communique à cinq canaux.

AALBORG ou ALBOURG, diocèse du Danemarck, de 390 lieues carrées, et renfermant 124,000 habitants. Il se compose de l'île de Lesoë, et de la partie septentrionale du Jutland. La capitale est *Aalborg* sur le golfe de Lünfjœrd : c'est une ville assez importante, qui a 6,600 âmes, et possède un évêché, un collège, une bourse, un séminaire, une ancienne musique, une école de navigation. Elle a un bon port, et commerce en laine, peaux, suif, farine, eaux-de-vie, harengs, savon, armes à feu, etc.

AAM ou HAAM, mesure de liquides, en usage dans les provinces rhénanes, contenant 128 *mingles* de 2 livres chacune. Elle vaut 148 pintes, mesure de Paris.

AAR, AUR ou IAR, l'ancienne *Arula*, rivière considérable de Suisse, qui prend sa source au mont Grimsel, traverse Berne et Soleure, et se jette dans le Rhin, vis-à-vis Waldshut. Son cours est de 60 lieues; elle charrie de l'or.

AARAU. Voy. ARAU.

AARHUUS, diocèse du Danemarck, de 233 lieues carrées, et renfermant 90,000 habitants. Il comprend la partie orientale du Jutland et quelques petites îles voisines. Il produit des grains, du chanvre, du lin, de la navette, de la laine, des chevaux, des peaux, de la cire, etc. La capitale est *Aarhuus*, ville commerçante, possédant un port sur le Cattégat, et à 41 lieues de Copenhague; elle renferme des fabriques d'eaux-de-vie, et commerce en grains, laines, huiles, lard, etc.

AARON, frère aîné de Moïse, né l'an 1574 avant J.-C., fut le premier grand prêtre des Hébreux. Les prodiges connus sous le nom des *sept plaies d'Égypte*, qu'il opéra avec Moïse à la cour de Pharaon, contribuèrent à la délivrance du peuple juif. Aaron mourut sur la montagne de Hor, en 1448 avant J.-C.

### ABA

AARON-AL-RASCHID. Voy. HAROUN-AL-RASCHID.

AB, onzième mois de l'année civile des Hébreux, et le cinquième de l'année ecclésiastique ou sainte. Il était de trente jours, et correspondait à la fin de juillet et au commencement d'août.

ABA ou OWON, roi de Hongrie, en 1041 ou 1042. Il défit Pierre de Bourgogne, neveu et successeur d'Étienne Ier, et l'obligea à se retirer en Bavière. Élu roi à sa place, il répandit beaucoup de sang, et ravagea l'Autriche et la Bavière; mais, ayant été défait par l'empereur Henri III, il fut massacré en 1044 par ses propres sujets.

ABAB, nom donné aux matelots turks. Ils sont répartis sur vingt familles, et soudoyés par les dix-neuf auxquelles ils n'appartiennent pas.

ABABDEHS, peuple d'Afrique, entre la vallée du Nil et la mer Rouge, jusqu'à la Basse-Égypte. Ces peuples sont petits, lourds, nomades, guerriers. Leur teint est foncé, leur œil vif, leurs cheveux laineux et non bouclés; ils sont divisés en plusieurs tribus, *Fokara, Meleykeb, Ashabat, Beni-Wassel, Malsazé, Howalat*, etc. Ces diverses tribus sont gouvernées par un cheik, qui réside à Keden, et font un commerce en gomme, séné, charbon, alun, esclaves, etc.

ABACO ou ABAQUE, nom donné, en architecture, au couronnement d'un chapiteau, c'est-à-dire, à sa partie supérieure. — C'était aussi une espèce de buffet en usage chez les peuples anciens.

ABACO, espèce d'auge dont on se sert dans les mines pour laver les métaux, et principalement l'or.

ABACOT, nom donné à une double couronne que portaient les premiers rois d'Angleterre. Elle était sans ornements.

ABACUS ou ABAQUE, petite table couverte de sable ou de poussière, sur laquelle les anciens traçaient des chiffres ou des figures pour apprendre la géométrie, l'arithmétique et le dessin. — On nomme encore *abacus, table de Pythagore* ou *table des nombres*, le livret de multiplication inventé par Pythagore, au VIe siècle avant J.-C.

ABADIOTES, peuplade de l'île de Candie, d'origine arabe, et qui habite au sud du mont Ida. Elle possède vingt villages et 5,000 âmes.

ABADIR, ou BÆTYLOS, ou ABDIR (myth.), nom donné à la pierre qu'Ops ou Rhée, femme de Saturne, donna à son mari, afin qu'il la dévorât à la place de Jupiter qui venait de naître. Saturne, qui mangeait tous ses enfants mâles de crainte qu'un jour ils ne le détrônassent, ne s'aperçut pas de la supercherie, et le petit dieu fut sauvé. On conservait cette pierre dans le temple

### ABA

d'Apollon, à Delphes. — *Abadir* signifie quelquefois *dieu*; c'est un des noms du dieu Terme. Voy. BÆTYLOS.

ABAILARD ou ABÉLARD (Pierre), philosophe scolastique, né en 1079, mort en 1142. Il ouvrit en 1102, à Paris, une école célèbre, où il enseigna la philosophie et la théologie, et forma les écoliers les plus distingués, entre autres Bérenger, Pierre Lombard, Arnaud de Brescia et le pape Célestin II. Condamné en 1140, au concile de Soissons, pour avoir écrit quelques opinions hasardées, il se retira au Paraclet, où il mourut. Son amour pour Héloïse, nièce du chanoine Fulbert, et ses malheurs, ne lui ont pas donné moins de célébrité que ses controverses avec saint Bernard, et ses connaissances comme grammairien, orateur, dialecticien, poëte, musicien, philosophe et théologien.

ABAISSEUR, nom donné, en anatomie, à plusieurs muscles, dont la fonction est d'abaisser certaines parties. Tels sont l'*abaisseur de l'aile du nez*, celui *de l'œil, de la paupière, de l'angle des lèvres*. — On nomme *abaisseur*, en chirurgie, un instrument destiné à abaisser la langue, et à la maintenir déprimée pour mettre à découvert le fond de la cavité de la bouche.

ABAJOUES, poches situées aux deux extrémités de la bouche de quelques mammifères, et formées par l'extension des muscles de la joue. Les abajoues servent à conserver des aliments. La plupart des singes en sont pourvus.

ABANCOURT (Charles-Xavier-Joseph FRANQUEVILLE D'), fut chargé par Louis XVI, du ministère de la guerre. Il fit, en cette qualité, à l'assemblée législative, un rapport sur l'état des frontières du Nord. Dénoncé par Thuriot dans la séance du 10 août, d'Abancourt fut arrêté avec Berthier, son premier commis, envoyé à la Force, et transféré ensuite à Orléans. On le ramenait de cette ville à Paris, lorsqu'il fut massacré à Versailles, le 9 septembre 1792.

ABANTES, peuples guerriers du Péloponnèse, originaires de Thrace. Ils bâtirent la ville d'Aba, célèbre par un oracle d'Apollon. Xercès ayant ravagé leur pays, ils allèrent s'établir en Eubée, qui prit d'eux le nom d'*Abantis*.

ABANTIDAS, né à Sicyone, usurpa le souverain pouvoir dans sa patrie. Il fit assassiner Clinias, que les citoyens assemblés avaient élu, et fit périr tous les parents de ce prince. Mais un fils de Clinias, nommé Aratus, échappa au massacre de ses proches, et fut plus tard le vengeur de son père. Abantidas mourut assassiné.

ABAOUJVAR, comitat de Hongrie, dont la superficie est de 53 milles carrés, et la population de 134,000 habitants. Sa capitale est *Kachau* ou *Cassovie*, ville de 11,000 âmes, résidence d'un évêque. C'est dans ce comitat que se trouve la montagne de Tokay, si célèbre par ses vignobles.

ABARIS (myth.), Scythe, fils de Penthée, qui reçut d'Apollon, dont il était grand prêtre, une flèche avec laquelle il rendait des oracles et se transportait en tous lieux. Au moyen de cette flèche, il alla à Athènes en qualité d'ambassadeur de sa nation. On croit qu'il écrivit plusieurs traités en grec, qu'il construisit le Palladium de Troie, composé d'os humains.

ABAS, montagne de Syrie, où l'Euphrate prend sa source.

ABAS, poids usité en Perse et qui sert à peser les perles. On le nomme encore ABASSI. Voy. ce mot.

ABASCAL, vice-roi du Pérou en 1814, entreprit une expédition contre le Chili, Buenos-Ayres et la Nouvelle-Grenade, et eut l'imprudence de dégarnir de troupes la province de Lima. Une insurrection éclata dans cette province. L'armée de Lima étant coupée, le vice-roi reçut l'ordre de Ferdinand VII de remettre le gouvernement au général Penzuela. Abascal obéit, et revint en Europe.

ABASIE ou ABAZIE (*Abkassi*, *Abkassie*, *Avogasi*), grande contrée du Caucase. La *Grande-Abasie* forme le littoral de la mer Noire, en remontant vers le N.-O., depuis la limite de la Mingrélie jusqu'à la ville d'Anapa. La *Petite-Abasie* est comprise entre la rivière Malka et le Kouban. Ce pays est fertile en grains, fruits, vin, bois, et renferme des mines de naphte, plomb, marbre, etc. — L'Abasie était connue des anciens, et fut tour à tour soumise aux Géorgiens, aux Romains, aux Mongols et aux Persans. Aujourd'hui les Abases vivent dans un état continuel d'hostilité avec les Russes, les Circassiens et les Mingréliens. Ce peuple est pauvre, paresseux et nomade, rusé et perfide. Les Abases préfèrent la vie de brigands à celle d'agriculteurs. Leur religion est un mélange de christianisme et d'islamisme, uni à des pratiques superstitieuses. Les Abases commercent en cire, miel, laine, cuirs, fourrures, bois et esclaves. Ils se nomment eux-mêmes *Abzné*. Leur ville principale est ANAPA, jadis résidence d'un pacha, ville de 3,000 âmes.

ABASSI ou ABAS, monnaie d'argent en usage dans la Perse. Elle vaut 97 centimes de notre monnaie, c'est-à-dire, près d'*un franc*. — C'est aussi un poids usité en Perse pour peser les perles. Il vaut 3 grains et demi environ.

ABATIS. En termes de tactique, ce sont des morceaux d'arbres abattus à la hâte, qui offrent par leur disposition des moyens de défense.

ABATTELLEMENT, nom donné à l'interdiction de toute espèce de commerce dans le Levant, contre les débiteurs de mauvaise foi.

ABATTIS, extrémités des volailles, telles que la tête, les pattes, les ailerons. On y joint le foie, le cœur, le gésier. Les premières, bouillies, conviennent aux malades.

ABATTOIR. Ce mot désigne le lieu où l'on abat les animaux destinés à la consommation. Les abattoirs sont ordinairement placés hors des villes, et entourés de cours spacieuses. Leur première construction ne remonte qu'à 1809.

ABATUCCI (Charles), né en Corse en 1771, général de division sous la république française. Il protégea la retraite de l'armée près de Neubourg, et se fit distinguer par la défense de Huningue, en repoussant l'attaque des Autrichiens; il fut blessé dans l'action, en face de cette ville, et mourut (1796), à l'âge de 26 ans. Moreau lui érigea, en 1803, un monument sur le lieu même où il avait été tué.

ABBAS (Aboul-al-Saffah), arrière-petit-fils du grand Abbas, oncle de Mahomet, fut le fondateur des Abbassides, qui détrônèrent les califes ommiades. Il mourut en 687.

ABBAS. Deux rois de Perse ont porté ce nom. ABBAS Ier, d'abord reconnu roi du Khoraçan en 1587, monta sur le trône de Perse en 1589. Il fit lever aux Turks (1625) le siége de Bagdad, et mourut en 1628. — ABBAS II succéda en 1642 à son père Ssefy. Son règne fut paisible, et n'est signalé par aucun fait mémorable : Abbas mourut en 1666.

ABBAS, oncle de Mahomet, d'abord son ennemi, ensuite son apôtre et l'un de ses généraux. Il sauva la vie à son neveu à la bataille de Honain, que ce prophète aurait perdue sans l'appui de son oncle et des fuyards. Sa mémoire est révérée chez les mahométans, qui l'ont mis au rang de leurs docteurs et de leurs saints.

ABBASSIDES, seconde dynastie des califes arabes, successeurs de Mahomet, fondée par Aboul-Abbas, arrière-petit-fils de l'oncle de Mahomet, qui détrôna le dernier des Ommiades en 750. Il y eut trente-sept califes de cette dynastie, de 750 à 1258.

ABBATI, secte de vaudois répandus en Italie sur la fin du xive siècle, et qui ne subsistèrent pas longtemps.

ABBAYE, monastère où vivent des religieux ou des religieuses sous l'autorité d'un supérieur ecclésiastique ou séculier, nommé abbé ou abbesse. La plus ancienne est celle du Mont-Cassin. Les abbayes possédaient de grands biens et étaient très-riches. Elles avaient originairement le droit d'élire leur supérieur. Ce droit fut restreint dans la suite aux abbayes qui étaient chefs d'ordre; le roi nommait la plupart de ces supérieurs. Les abbayes furent déclarées propriétés de l'État lors de la suppression des ordres monastiques en 1790. On nomme encore *abbaye*, 1° les bâtiments qui composent le monastère; 2° le revenu dont jouissaient les abbés ou supérieurs de ces monastères; on le nommait aussi bénéfice. — La *prison de l'Abbaye* est une prison de Paris, située près de l'abbaye de Saint-Germain. Cette prison, très-ancienne, était destinée aux soldats. Pendant la révolution, on y renferma toute espèce de personnes ; Cazotte, Sombreuil, Clavaire, madame Roland, etc., furent captifs à l'Abbaye. Cette prison est redevenue de nos jours une prison militaire.

ABBÉ, celui qui possède une abbaye, qui en est directeur. Le plus souvent l'abbé était un religieux qui observait les rites de l'abbaye comme les autres moines. Il était alors *régulier*, et possédait l'abbaye *en règle*; d'autres fois il était *séculier* ou *commendataire*, et n'était pas tenu à l'observance de ces mêmes rites ; il possédait l'abbaye *en commende*. L'abbé portait la mitre et la crosse; il se plaçait immédiatement après les évêques dans les cérémonies. Les abbés de quelques ordres religieux reçurent des papes le pouvoir de conférer la tonsure et même le diaconat à leurs moines. Plusieurs eurent une grande puissance séculière; il y en avait d'assez riches pour mettre sur pied une petite armée. Ils assistaient aux cours plénières et aux assemblées politiques. — Sous Louis XIV, l'usage s'introduisit d'appeler *abbés* tous ceux qui portaient l'habit ecclésiastique. Cet usage nous est resté. — Le nom d'abbé se donna aussi aux *curés* primitifs. — On nomma à Gênes *abbé du peuple* un magistrat qui régissait cette ville dans les premiers temps de la république. — L'abbesse était la directrice des couvents de femmes. Elle portait la crosse dans les cérémonies.

ABBEVILLE, sur la Somme, chef-lieu d'arrondissement du département de la Somme, à 11 lieues d'Amiens. Population, 19,162 âmes. Abbeville n'était, dans l'origine, qu'une bourgade qui se forma sous la protection d'un camp romain, dont on voit encore les ruines. Plus tard elle fit partie de la Basse-Picardie, devint la capitale du Ponthieu et la résidence des comtes de ce nom. Hugues Capet la fortifia en 992, et en fit un boulevard contre les incursions des Normands et des Danois. Lors des guerres avec l'Angleterre, elle passa au pouvoir d'Édouard III, mais fut toujours fidèle à la France. Ses fortifications furent rétablies par Vauban, et existent encore. Abbeville est une ville active et industrieuse, et fait un grand commerce en draps, mousseline, soieries et savons. Elle renferme une belle église gothique sous l'invocation de saint Wulfran.

ABBON de Paris, moine de Saint-Germain des Prés, fit en vers latins la *Relation du siége de Paris* par les Normands, vers la fin du ixe siècle. Ce poëte, qui lui-même était Normand, fut témoin de ce siége. Cette histoire est écrite avec beaucoup d'exactitude.

ABBON (saint) ou ABBON DE FLEURY, né près d'Orléans vers 945, se distingua dans les arts et les sciences. Après avoir brillé dans les écoles de Paris et de Reims, il fut élu, en 970, abbé du monastère de Fleury, et dédia à Robert, roi de France, un *Recueil de Canons* sur les devoirs des rois et ceux des sujets. Robert l'envoya à Rome en 986 et 996, pour apaiser le pape Grégoire V, et obtint tout ce qu'il voulut. Il fut tué dans une querelle élevée entre les Français et les Gascons en 1004. On a de lui un *Abrégé des vies des papes* jusqu'à Grégoire V, et des *lettres*.

ABBOT (Charles), vicomte de Colchester, né en Angleterre en 1755, et président de la chambre des communes de 1802 à 1817. Son éloquence et plusieurs ouvrages sur la jurisprudence l'ont placé au premier rang des orateurs et publicistes anglais.

ABBT (Thomas), philosophe allemand, né à Ulm en 1738. Il a écrit une dissertation sur *la Mort pour la patrie*, et sur le *Mérite*, ainsi que plusieurs autres ouvrages distingués. Abbt est mort en 1766.

ABCÈS, amas de pus dans les organes. Si l'abcès se forme dans une cavité naturelle, on le nomme *épanchement*; et *abcès par congestion*, s'il se répand du point où il se forme dans un tissu primitivement sain. La cause des abcès est une inflammation. Si elle est vive, l'abcès est nommé *abcès chaud*; si elle est obscure, il est *froid*. Le traitement consiste à combattre l'inflammation et à favoriser l'évacuation de la matière.

ABDAL ou ABDALLAS. Ce mot arabe, qui signifie *consacré à Dieu*, est le nom générique des religieux dans la Perse et dans tout l'Orient.

ABDALLAH, père de Mahomet, né en Arabie, était esclave et conducteur de chameaux. Il était de la tribu des Coréischites, et plus distingué par sa beauté et la pureté de ses mœurs que par ses richesses. Selon les mahométans, il épousa la plus belle et la plus vertueuse de toutes les femmes de sa tribu, à l'âge de 65 ans, et ce fut cette femme qui fut la mère du prophète.

ABDALONYME ou ABDOLONYME, descendant des rois de Sidon. Il cultivait un jardin pour subsister, quand après la prise de Sidon Alexandre le plaça sur le trône de ses pères.

ABDAR, nom donné à l'échanson du roi de Perse.

ABDELMELEK, cinquième calife ommiade, en 684. Justinien II, empereur d'Orient, crut devoir profiter des dissensions des Arabes pour rompre la paix que son père leur avait accordée. Il envoya Léonce avec une armée qui ravagea les provinces soumises au calife. Abdelmelek, effrayé, promit, pour obtenir la paix, un tribut quotidien de 1,000 pièces d'or, et l'empereur, de son côté, s'engagea à mettre fin aux courses des maronites. Après la défaite de ces derniers, Abdelmelek reprit les armes, soumit l'Arménie, l'Égypte, la Cyrénaïque, la Libye et l'Afrique propre. Les Arabes s'emparèrent de Carthage, et y mirent le feu. Abdelmelek mourut peu de temps après à Damas, en 705.

ABDELMOUMEN, fondateur de la secte des Almohades, fils d'un potier de terre, se fit déclarer roi de Maroc en 1148, après avoir pris la ville d'assaut, et l'avoir presque toute réduite en cendres. Il fit couper la tête au roi et étrangler Isaac, héritier de la couronne. Il conquit les royaumes de Fez, Tunis et Tlemcen, et se disposait à passer en Espagne, lorsqu'il mourut en 1156.

ABDÉRAHME, chef des Sarrasins d'Espagne qui firent une invasion en France. Il fut défait par Charles Martel près de Tours, et périt dans le combat en 732. On dit que 370,000 Sarrasins restèrent sur le champ de bataille.— Plusieurs chefs sarrasins d'Espagne ont porté le même nom.

ABDÈRE, ville maritime de Thrace, bâtie par Hercule. La stupidité de ses habitants était passée en proverbe. Cette ville fut la patrie de Démocrite et de Protagoras. Elle se nomme aujourd'hui *Asperoza* (Romanie).

ABDEST, purification légale que pratiquent les Turks et les Persans avant de commencer toutes leurs cérémonies.

ABDIAS, le quatrième des douze petits prophètes. Il écrivit un chapitre contre les Iduméens. On ignore le temps où il a vécu : quelques-uns le font contemporain d'Amos, d'Osée et d'Isaïe ; d'autres croient qu'il a écrit depuis la ruine de Jérusalem par les Chaldéens.— La Bible parle de plusieurs autres Hébreux de ce nom.

ABDICATION, dépouillement volontaire d'une grande dignité, d'une couronne. Celles de Sylla et de Dioclétien dans l'antiquité, celle de Charles-Quint en 1556, de Christine de Suède en 1654, de Napoléon en 1814, sont les plus célèbres dont l'histoire ait conservé le souvenir. — Chez les anciens, on nommait ainsi, 1° l'acte par lequel un citoyen romain renonçait à cette qualité, et aux priviléges qui y étaient attachés ; 2° l'acte par lequel un homme libre renonçait à sa condition pour se faire esclave ; 3° l'acte par lequel un père excluait un fils de sa famille et de la succession paternelle.

ABDITOLARVES, famille d'insectes dont les larves sont déposées par leurs mères dans le tissu des plantes vivantes, où elles produisent des végétations monstrueuses.

ABDOLONYME. Voy. ABDALONYME.

ABDOMEN. Ce mot signifie, en anatomie, la partie du bas-ventre qui renferme les organes de la digestion et de la génération. Il est de forme oblongue. Voy. VENTRE.

ABDOMINAUX, ordre de poissons malacoptérygiens. Dans ces poissons, les nageoires ventrales sont suspendues sous l'abdomen, en arrière des pectorales, sans être attachées aux os de l'épaule. Cet ordre comprend plusieurs poissons d'eau douce. Il renferme cinq familles, savoir : les *cyprinoïdes*, les *ésoces*, les *siluroïdes*, les *salmones* et les *clupes*.

ABDOUL-HAMYD, prince ottoman, fils d'Achmet III. Il naquit en 1725. Dès l'âge de 6 ans, il vit son père déposé du trône, captif près de ses jours, et partagea lui-même sa captivité. Après la mort de Mustapha IV, son frère (1774), et quarante-quatre ans passés dans les fers, il fut appelé au trône de Turquie. Il fit la paix avec la Russie, réprima les troubles qui s'étaient élevés dans les provinces d'Asie. Une nouvelle paix avec la Russie confirma la première, et rendit cette puissance maîtresse de la Crimée et du Couban ; mais la guerre recommença en 1787. Les Turks pénétrèrent en Transylvanie, en Esclavonie, et parvinrent jusqu'en Hongrie ; leur marine battit les vaisseaux russes dans plusieurs rencontres. Pendant que l'empire ottoman résistait avec avantage aux empereurs de Russie et d'Allemagne réunis, Abdoul-Hamyd mourut (1789), laissant le trône à Sélym III, son neveu.

ABDUCTEUR, nom donné aux muscles qui font mouvoir certaines parties, en les détournant et les éloignant de l'axe du corps.

ABÉCÉDAIRES, nom donné aux poésies, aux psaumes dans lesquels les premières lettres de chaque strophe ou de chaque vers suivent l'ordre alphabétique.

ABEILLAGE ou APOILAGE, droit seigneurial par lequel toutes les ruches qui se trouvaient dans les bois du vassal appartenaient en tout ou en partie au seigneur.

ABEILLE (l'abbé Gaspard), né à Riez en Provence en 1648, secrétaire du maréchal de Luxembourg, ami du prince de Conti et du duc de Vendôme. Il se distingua par son esprit, et obtint une place à l'académie française. Nous avons de lui des *odes*, des *épitres* et des *tragédies* (*Coriolan*, *Soliman*, *Hercule*, etc.). L'abbé Abeille mourut en 1718.

ABEILLES, insectes dont le corps est velu et de couleur brune. Elles vivent en une société appelée *essaim*, qui renferme les *abeilles travailleuses* et les *bourdons* ou *abeilles mâles*, et qui est sous l'autorité d'une femelle, appelée *reine*. Elles tirent du suc des fleurs le miel et la cire ; la demeure qu'elles habitent s'appelle *ruche*.

ABEL, second fils d'Adam, et frère puîné de Caïn. Ce dernier était agriculteur, et Abel pasteur. Dieu rejeta les offrandes de Caïn, et accepta celles de son frère. Caïn, poussé par la jalousie, tua Abel.

ABEL, roi de Danemarck, était fils de Waldemar II, qui laissa le trône à Eric son fils aîné (1241). La division se mit entre les deux frères, et Abel fit assassiner Eric dans un repas (1250). Maître du trône, il leva un impôt considérable qui excita une révolte parmi les Frisons. Abel voulut les combattre en 1252 ; mais il fut vaincu et mis à mort.

ABÉLARD. Voy. ABAILARD.

ABÉLITES ou ABÉLIENS, secte d'hérétiques formée dans le IVe siècle en Afrique. Cette secte prescrivait le mariage, en condamnant néanmoins tout commerce entre les époux. Ils adoptaient des enfants qu'ils élevaient dans leur doctrine. Ils tirent leur nom d'Abel, qui mourut sans avoir eu d'enfants.

ABEL-MOSCH. Voy. AMBRETTE.

ABENCERAGES, tribu arabe, puissante à Grenade sous les rois maures d'Espagne, ennemie des Zégris, autre tribu fameuse. Ces tribus se livrèrent pendant longtemps des combats qui ensanglantèrent l'Afrique et l'Espagne. Les Abencerages descendaient de Youssouf-ben-Zeragh, chef d'une des premières familles du royaume. Toute la tribu périt égorgée, vers 1490, par Boabdil, dernier roi de Grenade.

ABENÉVIS, permission qu'un seigneur ou haut justicier accordait de détourner les eaux d'une rivière, d'un ruisseau, etc.

ABEN-EZRA ou AVENCEZRA (Abraham) célèbre rabbin espagnol, né en 1099. Il se distingua comme philosophe, astronome, médecin, poëte et commentateur. On a de lui plusieurs ouvrages, dont les plus connus sont un *Commentaire sur la loi*, le *Fondement de la crainte* ou *Jesod mora*, etc.

ABENSBERG, canton et ville du cercle de Regen, dans le royaume de Bavière, à 3 lieues de Ratisbonne. Population, 1,080 habitants. Cette ville est célèbre par la victoire remportée par Napoléon sur les Autrichiens en 1809.

ABERDEEN, comté d'Ecosse entre ceux de Perth, d'Angus, Kincardine et la mer du Nord, et les comtés de Banff et d'Inverness. Le pays est très-fertile en grains. Sa superficie est d'environ 430 lieues carrées ; sa capitale est *Aberdeen*.

ABERDEEN, capitale du comté du même nom. Ecosse, à 108 milles N. d'Edimbourg. Population, 48,000 habitants. Elle est célèbre par son université.

ABERRATION (astron.), mouvement apparent des corps célestes causé par la combinaison du mouvement de la lumière avec celui de la terre autour du soleil.

ABERRATION (optiq.), dispersion des rayons lumineux traversant les verres d'une lunette ; effet par lequel l'œil ne reçoit qu'une image confuse. La forme sphérique des verres en est une des principales causes.

ABESCH ou ADEX, contrée d'Afrique sur le bord occidental de la mer Rouge, au S. de l'Egypte. Elle s'étend des frontières N. de la Nubie au détroit de Bab-el-Mandeb. Cette contrée est peu habitée, et appartient aux Turks. Elle est très-fertile, et produit beaucoup de myrrhe.

ABESTA ou AVESTA, livre sacré des mages persans, attribué à Zoroastre. C'est avec le *Zend* et le *Pazend* le fondement de la religion persane.

ABGARE ou ABGARUS, roi d'Edesse, en Syrie, qui, affligé d'une grave maladie, pria Jésus-Christ de venir le guérir. Il lui écrivit, dit-on, à ce sujet une lettre que l'on conserve avec la réponse du Sauveur. L'Eglise a déclaré l'une et l'autre apocryphes.

ABIB, nom que les Hébreux donnaient au premier mois de leur année ecclésiastique ou sainte. Ce mois fut depuis appelé *nisan*. Il répond à la fin de celui de mars et au commencement d'avril.

ABIGAIL, femme de Nabal. Elle sut si bien gagner le cœur de David par sa conduite et ses discours, que non-seulement elle apaisa ce prince irrité contre son mari, dont il avait juré la perte, mais qu'encore, Nabal étant mort, David l'épousa. De ce mariage sortit un fils, *Chéléab*.

ABILA ou ABYLA, montagne d'Afrique, située vis-à-vis de *Calpé*, montagne d'Espagne, dont elle n'est éloignée que de 15 milles. Ce sont les *colonnes d'Hercule*. Elles se touchaient autrefois ; mais Hercule les sépara, d'après la fable, pour ouvrir un passage entre la Méditerranée et l'Océan. Abyla est nommée aujourd'hui *sierra de las Monas* (montagne des Singes).

ABILDGAARD (Nicolas-Abraham), peintre danois, né à Copenhague en 1744, et le plus célèbre artiste que le Danemarck ait produit. Il a laissé un grand nombre d'ouvrages, et a fait plusieurs élèves distingués. Il est mort en 1809.

ABIMÉLECH, fils de Gédéon et d'une concubine de Sichem, s'empara du gouvernement après la mort de son père, en se faisant déclarer roi ou juge d'Israël. Il tua les soixante-dix fils de Gédéon, excepté Jonathan. Les Sichémites s'étant révoltés contre lui, Abimélech ruina Sichem, leur ville, et alla assiéger Thèbes. Il mettait déjà le feu à une tour, lorsqu'une femme jeta d'en haut un morceau de meule de moulin, et le blessa mortellement. Honteux de mourir de la main d'une femme, il se fit tuer par son écuyer, l'an 1235 avant J.-C. — D'autres personnages célèbres de l'Ancien Testament ont porté ce nom.

AB INTESTAT, terme de jurisprudence, se dit de celui qui hérite d'une personne qui n'a point fait de testament, quoiqu'elle eût pu le faire. On privait autrefois de la sépulture ceux qui étaient décédés *ab intestat*.

ABIPONS, tribu guerrière de l'Amérique méridionale, habitant les bords de la Plata, et composée d'environ 5,000 individus, presque entièrement adonnés à la guerre et à la pêche. Ils font souvent la guerre aux Espagnols.

AB IRATO, locution latine qui désigne en français ce qui se dit, ce qui se fait dans un mouvement de colère.

ABJURATION, acte par lequel l'on renonce au l'on dénie une chose, une religion, une opinion, un parti. En 1792, sous la république, plusieurs ecclésiastiques abjurèrent leur culte devant la convention. — En Angleterre, on nomme *abjuration* l'exil volontaire d'une personne qui quittait pour toujours ce pays ; ce que la loi permettait aux criminels qui s'étaient retirés dans une église ou un cimetière, après un crime qui méritait la mort. Cette loi, instituée par Edouard le Confesseur (vers 1060), dura jusqu'au XVIe siècle qu'elle fut supprimée par Henri VIII.

ABLACTATION, cessation de l'allaitement. Elle arrive aussitôt après la fièvre de lait, chez la femme qui n'allaite pas ; quand elle se fait à l'époque du sevrage, la mère ne donnant plus à teter, le lait tarit peu à peu.

ABLAQUE, espèce de soie produite par le byssus de la *pinne marine*, et qui remplaça la soie chez les anciens. On s'en servait encore dans le moyen âge.

**ABLE**, poisson d'Europe, dont une espèce, l'*ablet* ou *ablette*, fournit la matière nacrée, appelée *essence d'Orient*, avec laquelle on fabrique les fausses perles. C'est dans la poitrine et le ventre de l'ablette que se trouve cette liqueur. On l'obtient encore en enlevant les écailles.

**ABLECTI** ou **SELECTI**, c'est-à-dire *choisis*, nom donné à une troupe d'élite qui formait la garde particulière des consuls romains en temps de guerre.

**ABLÉGAT**, nom donné à un officier que le pape commet dans certaines occasions comme légat ou envoyé extraordinaire. — L'ABLÉGATION, dans les lois romaines, était un bannissement que le père de famille pouvait prononcer contre celui de ses enfants dont il était mécontent.

**ABLUTION**, cérémonie religieuse en usage chez les Juifs, les Grecs et les Romains. Elle consistait à se laver le corps ou une partie du corps avec de l'eau consacrée à cet effet. De nos jours, les mahométans et les Indiens font de fréquentes ablutions : le but des ablutions est de purifier l'âme par le corps. — Chez les catholiques, l'ablution était autrefois une cérémonie par laquelle les communiants prenaient après l'hostie un peu de vin et d'eau. Aujourd'hui cette cérémonie n'est faite qu'à la messe par le prêtre qui, après la communion, se fait verser entre les doigts un peu de vin et d'eau qui tombe dans le calice, et qu'il boit ensuite. — En pharmacie, l'*ablution* est une opération qui consiste à séparer, au moyen de lavages souvent réitérés, les matières étrangères aux corps, aux remèdes qu'on traite.

**ABNER**, fils de Ner, cousin germain et général des armées de Saül, rendit de grands services à ce prince, et mit, après la mort de Saül, Isboseth, son fils, sur le trône. Il conserva la couronne à ce jeune roi, jusqu'à ce qu'ayant reçu quelque mécontentement de lui il passa du côté de David, qui le combla de faveurs. Joab, craignant le mérite d'Abner, l'assassina.

**ABO**, ville de la Finlande, dont elle fut la capitale jusqu'en 1817, située à l'entrée orientale du golfe de Bothnie. Son université, fondée par Christine, reine de Suède, est célèbre. Abo est une ville assez commerçante. C'est là que fut signé, le 17 août 1743, un traité de paix entre la Suède et la Russie. Population, 11,300 habitants.

**ABOLITION**, nom donné autrefois à des lettres de grâce, par lesquelles un prince absolvait un criminel d'un crime non coupable, et le condamnait à l'oubli. Les duels, les assassinats prémédités, le rapt par violence en étaient exceptés. — En médecine, on nomme *abolition* la cessation complète des fonctions d'un organe : ainsi l'*abolition de la vue*, *de l'ouïe*, etc., est la perte absolue de la faculté de voir, d'entendre, etc.

**ABONDANCE** (myth.), divinité allégorique des anciens. On la représentait sous la figure d'une belle femme couverte de fleurs, tenant dans sa main droite une corne remplie de fleurs et de fruits; cette corne se nommait la *corne d'abondance*. Les mythologues disent que c'est une des cornes de la chèvre Amalthée, nourrice de Jupiter, que ce dieu donna aux nymphes qui avaient pris soin de son enfance. D'autres prétendent qu'elle fut arrachée par Hercule au fleuve Achéloüs.

**ABORDAGE**, choc de deux vaisseaux. — Action d'accrocher un vaisseau ennemi, et de sauter dedans pour s'en emparer.

**ABORIGÈNES**, nom donné par les historiens romains aux premiers habitants de l'Italie, avant l'arrivée des Troyens. Ce nom est devenu commun aux plus anciens habitants de chaque pays.

**ABORTIF**, nom donné aux fruits, aux graines, aux fleurs, aux étamines et aux autres parties des plantes qui n'acquièrent pas le développement auquel elles doivent arriver. — En médecine, on nomme ainsi les remèdes propres à favoriser l'*avortement*.

**ABOU-BECKR**, beau-père de Mahomet, et le premier des quatre califes successeurs immédiats du prophète. Il fut promu à cette dignité en 632. Le Coran, dont les feuilles étaient jusqu'alors éparses, fut réuni par ses ordres en corps d'ouvrage. Abou-Beckr conduisit ses soldats en Palestine, et remporta une victoire contre le frère de l'empereur Héraclius. Il mourut en 634, à 63 ans.

**ABOUKIR**, fort d'Égypte, à 10 lieues N.-O. d'Alexandrie, sur un promontoire, près duquel l'amiral anglais Nelson détruisit la flotte française (1798). Le 11 juillet 1799, Bonaparte vengea cette défaite dans une bataille de terre, où les Turks perdirent 18,000 hommes. Ils étaient commandés par Mustapha-Pacha.

**ABRA**, monnaie d'argent de Pologne, qui vaut 13 sous 6 deniers de France.

**ABRACADABRA**, mot magique auquel on supposait autrefois la vertu de guérir la fièvre. Pour posséder cette vertu, ce mot doit être écrit plusieurs fois, de manière à former un triangle équilatéral. La première ligne est *abracadabra*, la seconde *abracadabr*, et ainsi de suite en diminuant chaque fois d'une lettre.

**ABRAHAM**, fils de Tharé, patriarche des Juifs, surnommé *le Père des croyants*, né à Ur, en Chaldée, et mort 1821 ans avant J.-C. Son nom est encore vénéré des Juifs et des Arabes, qui prétendent tirer leur origine d'Abraham.

**ABRAHAMITES** ou **ABRAHAMIENS**, nom donné, par la commission d'enquête qu'établit l'empereur Joseph II, à un certain nombre de campagnards du comitat de Pardubitz, en Bohême, qui, en 1782, firent profession publique de la foi que suivait Abraham avant sa circoncision. Joseph II les dispersa en 1783, et les incorpora à plusieurs régiments. Un grand nombre se convertirent.

**ABRANCHES**, une des trois grandes divisions établies par Cuvier dans l'ordre des annélides ou vers à sang rouge. Ce groupe renferme les lombrics ou vers de terre, les sangsues, etc. Son nom vient de ce que ces animaux n'ont pas de branchies (organes respiratoires) apparentes.

**ABRANTES**, petite ville située dans l'Estramadure portugaise, sur la rive droite du Tage, à 30 lieues de Lisbonne. C'est l'ancien *Tibucci Tibuci*, fondé par les Celtes 308 ans avant J.-C. Sa population est de 3,500 âmes. C'est là que se termina en 1808 la marche périlleuse de Junot, qui traversa la province de Beira, malgré des difficultés presque insurmontables. Napoléon, pour récompenser son courage, le créa duc d'Abrantès.

**ABRASIN** ou **TON-CUG**, arbre japonais, dont la graine produit une grande quantité d'huile grasse, servant à l'éclairage et à la peinture.

**ABRAXAS** ou **ABRACAX** (myth.), divinité singulière que l'on croit être le *Mithra*, dieu des Perses anciens. On avait un grand respect pour son nom, qui renfermait, disait-on, de grands mystères, parce que les sept lettres dont il se compose formaient en grec le nombre de 365, c'est-à-dire, celui des jours de l'année. L'hérétique Basilides (IIe siècle de J.-C.) appelait Dieu de ce nom, et lui attribuait autant de vertus qu'il y a de jours dans l'an. D'après lui, Jésus-Christ n'était qu'un fantôme envoyé sur la terre par Abraxas. — On a nommé *pierres d'Abraxas* une espèce d'amulettes mystérieuses et symboliques. Ce sont des pierres taillées, sur lesquelles sont gravés des caractères hiéroglyphiques, et quelquefois des figures humaines.

**ABRÉVIATEURS**, officiers de la chancellerie romaine, chargés de dresser les bulles, les brefs, etc. Leur nom vient de ce que leur style est hérissé d'abréviations. Les douze premiers ont le rang de prélats; les vingt-deux suivants sont d'un rang moins élevé; les autres sont laïques.

**ABRÉVIATION**, suppression de quelques lettres dans un mot, pour écrire plus vite et avec moins d'espace. Les abréviations, nommées aussi *notes tironiennes*, ont été inventées par les Égyptiens, à qui les Grecs les empruntèrent. Les Latins avaient une écriture dans laquelle chaque note ou caractère se composait d'une ou plusieurs lettres réunies dans un seul signe. Tiron en inventa un très-grand nombre. L'usage des notes tironiennes se répandit beaucoup en Occident. En France, on écrivait toujours avec ces caractères les actes publics. L'usage des abréviations se perdit dans le XVe siècle. Aujourd'hui elles ne sont plus usitées qu'en médecine, dans le commerce et dans quelques autres professions semblables. — Les abréviations dans les actes publics et judiciaires sont expressément défendues, et amènent la nullité des actes dans le cas qu'il y en ait quelques-unes. Elles furent proscrites par une ordonnance de Philippe le Bel (1304). Depuis, cette ordonnance n'a pas cessé d'être appuyée par les lois faites postérieurement.

**ABRICOTIERS**, arbres originaires d'Arménie, à fleurs blanches, et qui s'épanouissent le premier jour de printemps. Ils portent des fruits à noyau, appelés abricots, du goût le plus savoureux. Les variétés d'abricotiers sont très-nombreuses. L'amande de leur fruit sert à faire du ratafia, et leurs rameaux produisent une gomme souvent utile.

**ABROGATION**, acte par lequel une loi, une ordonnance, une coutume est annulée d'une manière absolue et définitive.

**ABROME**, genre de la famille des malvacées, renfermant de petits arbrisseaux élégants, aux feuilles larges et anguleuses, aux fleurs pourpres, réunies en bouquets. Le fruit est sec et insipide. L'abrome est originaire de l'Inde, et réussit dans nos jardins; mais elle craint le froid.

**ABRUS** ou **ABRUSE**, plante légumineuse de l'Inde, dont le fruit renferme des graines rouges tachetées de noir, qui servent à la toilette des Américaines, et dont les feuilles produisent le *vati*, liqueur remplaçant la réglisse.

**ABRUZZE**, le *Brutium* des anciens, grande province la plus septentrionale du royaume de Naples, de 530 lieues carrées, bornée au N. et à l'O. par les États de l'Église, à l'E. par l'Adriatique, au S. par la terre de Labour. La population est de 628,000 habitants. L'Abruzze se divise en ultérieure et citérieure. Elle renferme des montagnes escarpées, repaire de brigands, et qui offrent de fortes positions militaires. Son territoire est très-fertile.

**ABSALON**, fils de David et de Maacha. S'étant révolté contre son père, il fut vaincu par Joab dans la forêt d'Éphraïm. Absalon ayant pris la fuite, sa chevelure s'embarrassa dans les branches d'un chêne, et il y resta suspendu. Joab l'ayant trouvé dans cet état, le tua de sa propre main, l'an du monde 2980, malgré la défense expresse de David.

**ABSCISSE**, terme de géométrie, partie de l'axe d'une courbe.

**ABSENT** (légis.). D'après le Code civil, nul n'est déclaré *absent* que cinq ans après qu'il a disparu; la succession à ses biens n'est légitime que cent ans après sa naissance.

**ABSIDE**, nom donné autrefois au cercueil dans lequel on plaçait les reliques des saints. — On appelle encore ainsi le sanctuaire d'une église, ou un oratoire secret. *Absides* (géom.). Voy. APSIDES.

**ABSINTHE**, plante de la famille des corymbifères, aux feuilles d'un vert argenté, aux fleurs jaunâtres et disposées en grappe. L'absinthe est amère, aromatique et stomachique. On en fait une liqueur.

**ABSOLUTION**, sentence par laquelle on déclare un accusé absous ou innocent. L'Église catholique emploie particulièrement ce terme pour déclarer au pénitent la rémission de ses péchés. Autrefois elle n'accordait l'absolution aux idolâtres, homicides et adultères, qu'après une pénitence publique. L'*absolution cum reincidentia* ou *après rechute* ne pouvait être donnée que par les évêques ou ceux qu'ils commettaient à cet effet. L'*absolution à savois* était celle accordée à celui qui avait assisté à quelque jugement de mort. L'*absolution ad cautelam* ou *à caution* se donnait par prévision à un excommunié, dans la crainte qu'il mourût subitement avant de s'être fait absoudre. — On a encore nommé *absolutions* les encensements et aspersions d'eau bénite sur le corps des princes et des évêques qu'on ensevelit.

ABSOLUTISME, pouvoir illimité du souverain, contrairement à celui que les institutions constitutionnelles lui accordent.

ABSORBANTS, nom général donné aux substances capables de neutraliser ou d'*absorber* les acides que renferme l'estomac. Telles sont les matières calcaires, la *magnésie*, etc.

ABSORPTION, fonction en vertu de laquelle les êtres organisés vivants attirent, dans des pores ou des vaisseaux particuliers, les fluides qui les environnent.

ABSOUTE, absolution publique et solennelle que l'évêque donne au peuple, le jeudi saint ou le mercredi au soir, dans les cathédrales, et les curés, le jour de Pâques, dans les paroisses.

ABSTÈME. On désignait ainsi, dans la primitive Eglise, ceux qui, ne pouvant point boire de vin à cause de l'horreur naturelle qu'il leur inspirait, recevaient la communion sous la seule espèce du pain.

ABSTENSION, nom donné, en jurisprudence, à la répudiation de l'héritage par l'héritier, au moyen de laquelle la succession se trouve vacante, à moins que le défunt ne se soit pourvu d'un deuxième héritier par la voie de la substitution.

ABSTERGENT, nom donné aux remèdes employés pour enlever les matières visqueuses et putrides des surfaces auxquelles elles adhèrent.

ABSTRACTION, opération de l'esprit par laquelle il considère séparément des choses réellement unies.

ABSTRAIT (Nombre). C'est celui que l'on considère comme exprimant une collection d'unités indépendantes d'aucun objet particulier. Ainsi 5 est un nombre abstrait. 5 toises expriment au contraire un nombre concret.

ABSYRTE (myth.), fils d'Aëtes, roi de Colchos. Sa sœur Médée le mit en pièces, et dispersa ses membres pour arrêter ceux qui allaient à sa poursuite, lorsqu'elle fuyait avec Jason.

ABULFARAGE (Grégoire), médecin chrétien, de la secte des jacobites, dans le XIIIe siècle, naquit à Malasia, ville d'Arménie. Cet auteur est célèbre par son *Histoire universelle* depuis Adam jusqu'à son époque et son *Histoire des Arabes*. Il mourut évêque d'Alep et primat des jacobites, en 1286.

ABULFEDA (Ismaël), prince de Hamah, en Syrie, né en 1273, mort en 1333. Cet Arabe, historien et géographe célèbre, descendant de la famille des Ayoubites, a laissé plusieurs ouvrages, entre autres une géographie, intitulée *véritable position des pays*, et une *Histoire du genre humain*.

ABUNA, c'est-à-dire *notre père*, titre que les chrétiens d'Ethiopie donnent à leur métropolitain.

ABUS (Appel comme d'), appel qu'on interjetait à un tribunal séculier, au parlement par exemple, d'une sentence rendue par un tribunal ou par un juge ecclésiastique, sous prétexte de l'abus que ce tribunal ou ce juge avait pu faire de son autorité. Ce droit d'appel fut reconnu en 1309.

ABYDOS, ville d'Asie, bâtie par les Milésiens, et située vis-à-vis de Sestus. Elle est célèbre par les amours d'Héro et de Léandre.

ABYSSINIE, grande contrée de l'Afrique orientale, sur les bords de la mer Rouge, et au S. de la Nubie. Sa superficie est de 136,000 lieues carrées. Elle se divise en douze provinces, et sa capitale est Gondar. L'Abyssinie embrassa le christianisme au IVe siècle, et ne cessa d'observer les doctrines et les rites de l'Eglise d'Alexandrie ou *rit cophte*. L'Eglise abyssinienne est gouvernée par un évêque appelé *Abuna*, et relevant du patriarche cophte d'Alexandrie.

ACACIA (Faux). Voy. ROBINIER.

ACACIA, nom donné à une espèce de sachet long et étroit que l'on remarque à la main des consuls et des empereurs, dans les médailles, depuis le VIe siècle de J.-C.

ACACIA (Suc d'), nom donné au suc épaissi de l'acacia qu'on prépare dans la Haute-Egypte, sous la forme de petits pains ronds. Ce suc est astringent, de couleur brun-noirâtre.

ACACIE MIMOSA, genre de plantes de la famille des légumineuses, qui fournissent la gomme arabique. On en retire des remèdes contre l'apoplexie et la paralysie ; quelques espèces offrent un aliment délicieux. L'*acacia catechu* produit le cachou. L'*acacia pudica* est la *sensitive*.

ACADÉMICIEN, nom donné d'abord aux philosophes disciples de Platon, parce qu'ils se réunissaient dans un lieu nommé *Académie*. Aujourd'hui on appelle ainsi une personne qui fait partie d'une académie.

ACADÉMIE ou ÉCADÉMIE, jardin célèbre, situé dans le Céramique, faubourg d'Athènes. Son nom lui vient sans doute d'Acadêmus ou Ecadêmus, qui en fut possesseur, et qui le donna à Athènes. Les philosophes et les savants s'y réunissaient pour disputer sur différents sujets. Il était défendu d'y rire. Platon y ouvrit une école de philosophie, et c'est de là que ses disciples prirent le nom d'*académiciens*, et son école fut nommée *académie*. Il y eut trois académies : l'ancienne, fondée par Platon, professait les dogmes de ce philosophe. Ses autres chefs furent Speusippe, Xénocrates, Polémon, Cratès et Crantor ; la *moyenne*, fondée par Arcésilas, disciple de Crantor, prétendait que l'homme ne peut rien savoir de certain, et qu'ainsi il faut douter de tout. Les successeurs d'Arcésilas furent Lacydès, Télèclo, Evander, Hégésippe et Hégésilaüs ; la *nouvelle*, fondée par Carnéades, enseignait qu'on ne peut atteindre en tout que le probable. Son successeur fut Clitomaque. On reconnaît quelquefois une quatrième *académie*, fondée par Philon, qui se rapprocha de la première académie fondée par Platon, et une cinquième académie, dite *antiochienne*, fondée par Antiochus d'Ascalon, qui penchait vers le stoïcisme.

ACADÉMIE, maison de campagne de Cicéron, près de Pouzzol, sur le golfe de Baïes. C'est dans ce lieu que cet orateur écrivit ses *Questions académiques* et ses livres *sur la Nature des dieux*.

ACADÉMIE. Pour l'administration de l'instruction publique, la France est divisée en académies dont le ressort comprend un certain nombre de départements. Les chefs-lieux d'académies sont les mêmes que ceux des cours royales ; il y en a également vingt-sept. Voici ces vingt-sept académies avec les départements qui en dépendent : AIX (*Bouches-du-Rhône, Basses-Alpes et Var*) ; AMIENS (*Aisne, Oise et Somme*) ; ANGERS (*Maine-et-Loire, Mayenne et Sarthe*) ; BASTIA (*Corse*) ; BESANÇON (*Doubs, Jura, Haute-Saône*) ; BORDEAUX (*Charente, Dordogne, Gironde*) ; BOURGES (*Cher, Indre, Nièvre*) ; CAEN (*Calvados, Manche, Orne*) ; CAHORS (*Lot, Lot-et-Garonne, Gers*) ; CLERMONT (*Allier, Cantal, Haute-Loire, Puy-de-Dôme*) ; DIJON (*Côte-d'Or, Haute-Marne, Saône-et-Loire*) ; DOUAI (*Nord, Pas-de-Calais*) ; GRENOBLE (*Hautes-Alpes, Drôme, Isère*) ; LIMOGES (*Corrèze, Creuse, Haute-Vienne*) ; LYON (*Ain, Loire, Rhône*) ; METZ (*Ardennes, Moselle*) ; MONTPELLIER (*Aude, Aveyron, Hérault, Pyrénées-Orientales*) ; NANCY (*Meurthe, Meuse, Vosges*) ; NISMES (*Ardèche, Gard, Lozère, Vaucluse*) ; ORLÉANS (*Indre-et-Loire, Loir-et-Cher, Loiret*) ; PARIS (*Aube, Eure-et-Loir, Marne, Seine, Seine-et-Marne, Seine-et-Oise, Yonne*) ; PAU (*Basses-Pyrénées, Hautes-Pyrénées, Landes*) ; POITIERS (*Charente-Inférieure, Deux-Sèvres, Vendée, Vienne*) ; RENNES (*Côtes-du-Nord, Finistère, Ille-et-Vilaine, Loire-Inférieure, Morbihan*) ; ROUEN (*Eure, Seine-Inférieure*) ; STRASBOURG (*Bas-Rhin, Haut-Rhin*) ; TOULOUSE (*Ariége, Haute-Garonne, Tarn, Tarn-et-Garonne*). — Chaque académie est gouvernée par un *recteur*, qui a près de lui un *conseil académique* dont il est le président. — Il y a au moins un collège royal par académie. — Les diverses écoles sont placées dans cet ordre : *facultés, collèges royaux et communaux, institutions et pensions, écoles primaires*.

ACADÉMIE, nom donné aux associations de savants ou de littérateurs réunis pour concourir et travailler aux progrès des arts, des sciences et des lettres. Plusieurs académies, celles d'Autun, de Lyon, Trèves, Bordeaux, etc., jouissaient d'une grande célébrité au temps de la splendeur romaine. Les irruptions des barbares amenèrent leur ruine. Dès le milieu du moyen âge, l'on vit se former un grand nombre d'académies en France et à l'étranger. Richelieu institua en 1635 l'*académie française*, une des plus illustres du monde. Toutes les académies furent supprimées en France, en 1792, et remplacées depuis par un *Institut* Voy. ce mot. Cet Institut se compose actuellement de cinq académies : l'*académie française*, l'*académie royale des inscriptions et belles-lettres*, l'*académie royale des sciences*, l'*académie royale des beaux-arts*, l'*académie des sciences morales et politiques*. Parmi les académies étrangères à l'Institut de France, nous mentionnerons l'*académie de médicine* à Paris, l'*académie des jeux floraux* à Toulouse, celle *de la Crusca* à Florence, celle *des Arcades* à Rome, etc.

ACADÉMIE FRANÇAISE, société d'hommes de lettres au nombre de quarante, établie par le cardinal de Richelieu en 1635, et particulièrement chargée de la composition du dictionnaire de la langue française, et de l'examen, sous le rapport de la langue, des ouvrages importants de littérature, d'histoire et de sciences. Elle distribue chaque année un prix de prose ou de poésie et des prix fondés par M. de Monthyon ; l'un pour les actes de vertu, l'autre pour le livre le plus utile aux mœurs. Le premier dictionnaire de l'académie fut commencé en 1637, et achevé en 1694.

ACADÉMIE (Institut) DES INSCRIPTIONS ET BELLES-LETTRES, société de savants fondée par Colbert en 1663, et nommée successivement *petite académie*, puis *académie des inscriptions et médailles*, puis enfin, *des inscriptions et belles-lettres*. Elle se compose de quarante membres titulaires, de dix académiciens libres, de huit associés étrangers et de correspondants en France et à l'étranger. Les langues savantes, les antiquités et les monuments, l'histoire, etc., sont les objets de ses recherches et de ses travaux ; elle s'attache particulièrement à enrichir la littérature française des ouvrages des auteurs grecs, latins ou orientaux, qui n'ont pas encore été traduits ; elle continue les recueils des ordonnances et des historiens français. Elle distribue chaque année un prix d'histoire ou de littérature ancienne, et un prix de numismatique fondé par M. Allier d'Hauteroche.

ACADÉMIE (Institut) DES SCIENCES, académie fondée par Colbert en 1666. Elle se compose de soixante-cinq membres titulaires, de dix académiciens libres, de huit associés étrangers, et de correspondants en France et à l'étranger. Elle est divisée en onze sections : *géométrie, mécanique, astronomie, géographie et navigation, physique générale, chimie, minéralogie, botanique, économie rurale, anatomie et zoologie, médecine et chirurgie*. L'académie décerne chaque année un prix sur une question mise par elle au concours ; trois prix fondés par M. de Monthyon, 1o de statistique, 2o de physiologie expérimentale, 3o de mécanique ; un prix d'astronomie, fondé par M. de Lalande ; des prix pour le perfectionnement de la médecine et de la chirurgie, etc.

ACADÉMIE (Institut) DES BEAUX-ARTS, société d'artistes composée de quarante membres titulaires, de dix académiciens libres, de dix associés étrangers et de correspondants en France et à l'étranger. Elle est divisée en cinq sections : *peinture*, *sculpture, architecture, gravure, composition musicale.* Elle décerne chaque année des grands prix de peinture, de sculpture, d'architecture et de composition musicale ; tous les deux ans, des prix de gravure en taille-douce ; tous les quatre ans, des grands prix de paysage historique et de gravure en médailles. Les artistes qui gagnent les premiers grands prix reçoivent une pension pendant cinq ans, et vont achever leurs études à *l'école de France*, à Rome.

ACADÉMIE DES SCIENCES MORALES ET POLITIQUES, société composée de trente membres, de cinq académiciens libres, de cinq associés étrangers et de correspondants. Elle décerne chaque année un prix sur une question de science morale ou politique. Elle se divise en cinq sections : *philosophie; morale; législation, droit public et jurisprudence; économie politique et statistique; histoire générale et philosophie.*

ACADÉMIE ROYALE DE MÉDECINE. Créée en 1820 et organisée en 1829, cette société fut instituée spécialement pour répondre aux demandes du gouvernement sur tout ce qui intéresse la santé publique, et principalement sur les épidémies, les épizooties, les eaux minérales, etc. Elle est divisée en onze sections : *anatomie et physiologie; pathologie médicale; pathologie chirurgicale ; thérapeutique et histoire naturelle médicale ; médecine opératoire; anatomie pathologique; accouchement; hygiène publique, médecine légale et police médicale; médecine vétérinaire; physique et chimie médicales; pharmacie.* L'académie, telle qu'elle est actuellement organisée, comprend des membres *honoraires, associés, titulaires* et *adjoints.* Mais elle doit être, par les extinctions, réduite à cent membres, dont soixante titulaires et quarante adjoints ; il y aura en outre quarante associés non-résidants, dix associés libres et vingt étrangers.

ACADÉMIE DES JEUX FLORAUX, institution littéraire fondée à Toulouse, en octobre 1323, sous le nom de *collége de la gaie science*, dans le but de décerner une *violette d'or* au poëte dont l'ouvrage paraîtrait le meilleur aux sept juges ou *mainteneurs* établis à cet effet. Les poésies devaient être écrites en langue romane. Dès 1355, on ajouta deux autres fleurs, l'*églantine d'or* et le *souci d'argent*, on dit même un *œillet d'argent*. Clémence Isaure donna un nouveau lustre à cette institution, et lui légua (vers 1484) des fonds considérables. Enfin Louis XIV, par lettres patentes de septembre 1694, érigea la société en *académie des jeux floraux*, et lui donna des règlements particuliers. Le nombre des mainteneurs fut porté à trente-cinq, et, quelques années après, à quarante, nombre qui n'a jamais varié depuis cette époque. La *fête des fleurs*, c'est-à-dire la distribution des prix, a lieu chaque année, le 3 mai. Dans cette séance, un des mainteneurs prononce l'éloge de Clémence Isaure. Les prix sont des fleurs d'or et d'argent. L'*églantine d'or*, de 450 francs, est le prix du meilleur discours en prose, arrêté sur un sujet proposé par l'académie; l'*amarante d'or*, de 400 francs, est décernée à l'ode ; la *violette d'argent*, de 250 francs, au poëme ; le *souci d'argent*, de 200 francs, à l'idylle ou à l'élégie ; le *lis d'argent*, de 60 francs, au sonnet ou à l'hymne à la Vierge. Quand on a obtenu trois fleurs à trois concours différents, et que l'une est le prix de l'ode ou du discours, on est *maître ès jeux floraux.*

ACADÉMIE ROYALE DE MUSIQUE, théâtre de Paris consacré aux représentations lyriques et chorégraphiques. On le nomme vulgairement *Opéra*. Son institution remonte au poëte Baïf, qui établit dans sa maison une académie de musique, autorisée par Charles IX en 1571.

ACADÉMIE. C'est, en peinture, une figure entière dessinée d'après le modèle qui est un homme nu, et qui n'est pas destinée à entrer dans la composition d'un tableau. La figure prend le nom d'*étude* dans cette circonstance.

ACADIE. Voy. NOUVELLE-ÉCOSSE.

ACAJOU, espèce du genre *swietenia*. Voy. ce mot. — Pour l'*acajou à planches* dont on se sert dans la construction des navires, voy. CÉDRÉLÉES.

ACAJOU A POMMES, arbre originaire de l'Amérique, de la famille des térébinthacées. Sa grandeur est médiocre, ses feuilles grandes et ovales, ses fleurs blanches et petites ; son fruit est une noix en forme de rein, lisse, grisâtre, renfermant une amande blanche, émulsive, d'une saveur agréable. On obtient de ce fruit une huile propre à détruire les verrues, très-inflammable, et qui teint le linge d'une teinte indélébile. On retire un suc vineux et un alcool très-ardent des réceptacles auxquels sont attachés les fruits. Ces réceptacles sont assez gros, en forme de poire, blancs ou rouges. L'huile sert aussi à faire des teinturiers en noir. Du tronc de l'arbre découle un suc gommeux dont on enduit ce qu'on veut soustraire à l'humidité et aux insectes. Le bois d'acajou à pommes, tendre et blanc, est recherché pour les ouvrages de menuiserie et de charpente.

ACALÈPHES, zoophytes (animaux-plantes) marins et phosphorescents, qui ont la propriété de causer une sensation brûlante quand on les touche. On aperçoit des vaisseaux dans leur organisation. La forme des scalèphes est circulaire et rayonnante ; leur bouche leur sert d'anus. Leurs mouvements sont lents. Dans cette classe rentrent les *méduses*, les *velelles*, les *physalies*, les *diphyes*.

ACAMANTIDE, une des douze tribus d'Athènes, ainsi nommée d'Acamas, fils de Thésée. C'est dans cette tribu que naquit le célèbre Périclès.

ACAMPTE, nom donné par Leibnitz à toute surface qui, étant opaque et polie, ne réfléchit cependant pas la lumière.

ACANTHACÉES, famille de plantes dicotylédones, renfermant des herbes et des petits arbustes, presque tous étrangers et propres aux contrées situées entre les tropiques. Dans cette famille rentrent les genres *justicia* et *acanthe*.

ACANTHE, genre de plantes, type de la famille des acanthacées. Ces plantes ont le calice profond, des feuilles larges, longues, gracieusement découpées, une tige simple, des fleurs aplaties et légèrement sacrées. Elles ont donné leur nom à un ornement d'architecture qui a la forme de leurs feuilles.

ACANTHOCÉPHALES, famille de vers intestinaux, de l'ordre des parenchymateux. Ces animaux s'attachent aux intestins par une espèce d'épine recourbée. Leur corps est allongé et arrondi. Cette famille comprend le genre *échinorrhynque*.

ACANTHOPOMES, famille de poissons de l'ordre des holobranches thoraciques, qui comprend les *perches*, les *holocentres* et les *lutjans*. Ces espèces ont les branchies complètes, le corps épais, comprimé, les opercules dentelées ou épineuses.

ACANTHOPTÉRYGIENS, classe de poissons dont les membranes des nageoires sont supportées par des rayons osseux ou épineux.

ACAPULCO, ville du Mexique, sur la mer du Sud, à 80 lieues de Mexico. Cette ville a un très-beau port qui peut contenir 500 vaisseaux, mais qui est peu sain, et dont l'air est vicié par les exhalaisons des marais. Acapulco exporte de l'argent, de l'indigo, de la cochenille, des draps et des pelleteries. Population, 4,000 âmes.

ACARIDES, arachnides microscopiques que l'on trouve partout, sous les pierres, les écorces d'arbres, dans la terre, sur les animaux soit morts, soit vivants. Elles sont ovipares et se multiplient beaucoup. Le type de cette famille est l'*acarus*.

ACARNANIE ou CURÉTIS, province d'Épire, au N. de la mer Ionienne, et séparée de l'Étolie par le fleuve Achéloüs. Ses habitants étaient fort adonnés au plaisir ; divisaient l'année en six mois, et excellaient dans l'art de dompter les chevaux.

ACARUS, arachnides microscopiques répandus dans les substances qui subissent des détériorations. Ils sont munis de huit pattes. On les appelle aussi *mites* ou *cirons*. On attribue à leur présence dans la chair la gale et d'autres maladies contagieuses.

ACATALECTIQUES, vers complets, auxquels il ne manque rien. Voy. CATALECTIQUES.

ACATALEPTIQUES, secte de philosophes anciens qui prétendaient que l'homme ne peut acquérir aucune connaissance certaine.

ACAULES, nom donné aux plantes dépourvues d'une véritable tige. Telles sont la *mandragore*, l'*aloès*, la *pâquerette*, etc.

ACCA LAURENTIA, femme de Faustulus, gardien des troupeaux de Numitor, sauva la vie à Romulus et Rémus, qui avaient été exposés sur les bords du Tibre. La licence de ses mœurs lui fit surnommer *lupa*. De là, la fable qui donne à Romulus une louve pour nourrice (794 ans avant J.-C.).

ACCÉLÉRATION DE LA CHUTE DES CORPS. C'est l'accroissement de vitesse qu'un corps acquiert dans sa chute, en tombant de lui-même, librement et par sa propre pesanteur.

ACCENDONES, nom donné chez les Romains aux chefs des gladiateurs chargés de les animer au combat dans les jeux publics.

ACCENSES, ACCANSES ou ACCENSI. FORENSES. On nommait ainsi des huissiers placés près des magistrats romains, et chargés de convoquer le peuple aux assemblées, d'accompagner celui de ces deux consuls qui n'avait pas les licteurs, d'assigner ceux qui avaient des procès à faire juger, et de proclamer tout haut dans la cour du préteur les heures du jour. — On nommait encore *accensi* des soldats romains surnuméraires, destinés à remplacer ceux qui mouraient.

ACCEPTATION, acte de l'ancienne législation, par lequel on recevait les constitutions des papes. Elle était *solennelle*, lorsqu'on acceptait en condamnant ce que le pontife condamnait. Elle était *tacite* dans les autres cas. — Le mot *acceptation* désigne aussi une *sanction* publique. C'est dans ce sens qu'on dit l'*acceptation* de la constitution de 1793.

ACCÈS ou ACCESSO, manière de concourir à l'élection d'un pape. Quand le nombre des billets donnés dans le scrutin ne suffit pas pour l'élection d'un pape, on donne sa voix par d'autres billets, sur lesquels l'on écrit *Accedo domino*, etc., quand on joint sa voix à celle d'un autre ; et *Accedo nemini*, si l'on s'en tient à son premier suffrage. On examine les billets de l'*accesso* comme ceux du scrutin.

ACCIDENT ou SIGNE ACCIDENTEL, nom donné, en musique, à tout dièse, bémol ou bécarre, qui, n'étant pas placé à la clef, se rencontre dans le cours d'un morceau.

ACCIOCATURA, mot italien qui désigne, en musique, un ornement usité sur la harpe et sur le piano. Il consiste à faire entendre successivement et avec rapidité les notes d'un accord, au lieu de les frapper en même temps. Cet effet se marque par une ligne verticale brisée dans toute son étendue.

ACCIPITRES, nom que Linné donne au premier ordre de sa classification des oiseaux, ordre que Cuvier a désigné sous le nom d'*oiseaux de proie*. Les accipitres sont très-féroces ; ils ne vivent que de proie morte ou vivante, et attaquent les quadrupèdes et les reptiles. Leurs cuisses et leurs jambes sont très-vigoureuses, et leurs doigts sont armés d'ongles forts, tranchants et crochus. On les divise en deux familles, les *diurnes* (voy. aigle, faucon, vautour, etc.), et les *nocturnes*, (voy. chouette, hibou, duc, etc.).

ACCISE, impôt sur les boissons et les objets de consommation en Angleterre. On la divise en *accise commune* ou *universelle*, comprenant toutes les marchandises en général, et en *accise particulière*, s'appliquant spécialement aux comestibles.

Celle-ci fut introduite en 1438 en Allemagne, sous le nom de *péage*.

ACCIUS ou ATTIUS, poète tragique latin, fils d'un affranchi. Il traduisit en latin quelques tragédies de Sophocle, et en composa un grand nombre qui sont perdues. On connaît seulement les titres de quelques-unes : *les Noces, Philoctète, Néoptolème, Phénice, Médée, Atrée*. Accius jouissait à Rome d'une grande considération. Il mourut 180 ans avant J.-C. Cicéron et d'autres écrivains nous ont conservé des fragments de ses vers.

ACCLAMATION, approbation donnée à une chose avec enthousiasme par un grand nombre de personnes réunies. Chez les Grecs et les Romains, plusieurs magistrats furent élus par acclamation. L'empereur Tacite fut nommé à cette dignité par acclamation du sénat (275 de J.-C.). Le peuple romain approuvait par acclamation la conduite des magistrats. Dans les conciles, on se servit quelquefois de l'acclamation pour condamner des hérétiques, pour rendre une décision importante, etc. — Les Portugais nomment ainsi l'élection faite par eux pour leur roi du duc de Bragance (1640), lorsqu'ils s'affranchirent du joug espagnol. Ce fait leur a souvent servi d'époque chronologique.

AC-COINLU (en turk, *mouton blanc*), nom d'une famille puissante dont les membres régnèrent sur l'Arménie-Mineure et la Mésopotamie. Elle avait succédé (1468) à la dynastie du Cara-Coïnlu (*du mouton noir*) ainsi nommée à cause de l'enseigne qu'elle portait. Celle d'Ac-Coïnlu, dont le premier souverain fut Theur-Ali-Beg, se termina en la personne de Morad-Sulthan, dépouillé de ses États et tué par Schah-Ismaël, roi de Perse (1514).

ACCOLADE, cérémonie qui se pratiquait en conférant un ordre de chevalerie. Elle consistait en ce que le chef de l'ordre baisait à la joue gauche celui qu'on recevait chevalier, en signe d'amitié et de fraternité, et en le frappant ensuite sur l'épaule où sur le cou d'un coup du plat de son épée nue. — L'accolade est encore en usage dans la franc-maçonnerie. — Dans l'ordre de la Légion d'honneur, c'est la *cérémonie* par laquelle une personne brevetée de cet ordre, y est admise. — L'accolade est encore, 1° un trait de plume qui joint plusieurs articles ou plusieurs mots ensemble ; 2° en musique, un trait vertical, tiré à la marge des portées afin d'unir ensemble toutes les parties.

ACCOMACK, comté de Virginie, de 21 lieues de long sur 4 de large. Sa population est de 15,968 habitants. Chef-lieu, *Drummond*.

ACCOMPAGNEMENT, art d'accompagner la voix ou le chant avec un instrument. L'accompagnement *plaqué* est celui qui consiste à jouer avec la main gauche sur le clavier la basse désignée par le compositeur, pendant qu'on exécute avec la droite les accords indiqués par des chiffres au-dessus de cette basse ; le *figuré* est celui dans lequel la mélodie (le chant) se joint à l'harmonie ; *l'accompagnement de la partition* consiste à jouer simultanément sur le piano toutes les parties d'orchestre. — *Accompagnement* est aussi synonyme d'*instrumentation*.

ACCOMPAGNEMENT DE LA CATARACTE, matière visqueuse, blanchâtre, qui entoure le cristallin devenu opaque dans les maladies d'yeux, et qui reste souvent après l'extraction de la cataracte.

ACCORD (mus.), réunion de plusieurs sons. Les accords sont *consonnants* ou *dissonants*, selon qu'ils sont formés d'intervalles consonnants ou dissonants, c'est-à-dire *agréables* ou *désagréables* à l'oreille. Ils se comptent du grave à l'aigu, par progression de tierces. — Rameau fut un des premiers qui fonda un système d'accords. Il en comptait une infinité ; Tatel a ramenés à sept ; M. Reicha en compte treize : *l'accord parfait majeur, l'accord parfait mineur, l'accord de quinte diminuée, de quinte augmentée, de septième dominante, de septième de*

*deuxième, troisième et quatrième espèces, de neuvième majeure, de neuvième mineure, de sixte augmentée, de sixte et quarte augmentée, de quinte augmentée et septième mineure*. Ces accords ne peuvent se placer que sur certaines notes de la gamme. Après avoir fait entendre un accord autre que les accords parfaits, il faut frapper l'accord parfait sur la quinte inférieure ou la quinte supérieure. Dans les successions d'accords, on doit éviter la suite des quintes ou des octaves. Voy. QUARTE, QUINTE, OCTAVE, PRÉPARATION, etc.

ACCORD PARFAIT MAJEUR, accord consonnant qui se compose de tierce majeure et quinte parfaite. On le chiffre par un 3, un 5 ou un 8, selon qu'il se termine à la tierce, à la quinte ou à l'octave. Le premier *renversement* de cet accord se nomme *accord de sixte*, et se chiffre par un 6. Le deuxième renversement se nomme *accord de sixte et quarte*, et se chiffre par $\frac{6}{4}$. — Cet accord se place dans son état normal par tierce, quarte et quinte inférieures ; et par sixte, quinte et quarte supérieures, sur les notes de la basse, en évitant la note sensible du ton. On peut le mettre cet accord du premier au deuxième degré, du deuxième au premier, du quatrième au cinquième, du cinquième au sixième, du sixième au cinquième. La basse peut aller par tierce supérieure, lorsqu'il y a une *marche*. On peut mettre cet accord du deuxième au troisième degré, s'il y a une *marche* de basse.

ACCORD PARFAIT MINEUR, accord consonnant qui se compose de tierce mineure et quinte parfaite. Il suit les mêmes règles que les *accords parfaits majeurs*. Lorsqu'on veut rendre *majeur* un accord parfait mineur, il faut mettre la tierce majeure. De même, pour passer d'un accord parfait majeur à un mineur, il faut rendre la tierce mineure.

ACCORDÉON, instrument d'invention récente. Il se compose de plusieurs languettes de métal qui sont mises en vibration par un soufflet. En pressant des touches disposées sur le devant de l'instrument, l'air fait vibrer la languette placée devant les touches qui se lèvent, et s'échappe par l'ouverture qu'elles lui laissent, en faisant entendre un son. En tirant et retirant le soufflet, on produit deux sons bien distincts. En ouvrant deux clefs placées sur le devant, on entend deux accords qui peuvent servir à s'accompagner ; cet effet se nomme l'*harmonie de l'accordéon*. Tout l'instrument est accordé naturellement de manière à produire constamment l'accord du ton. Il a la forme d'un livre, et se tient de la main droite ; la gauche fait aller le soufflet. On en a fait de deux octaves et demie avec les demi-tons. Le son de l'accordéon est doux et agréable, mais monotone.

ACCORES (mar.), fortes pièces de bois placées d'une manière presque perpendiculaire, et qui ont pour usage de soutenir et d'appuyer un vaisseau en construction ou qui est placé dans un bassin. Les accores prennent le nom de l'endroit du vaisseau qu'ils soutiennent : ainsi on dit l'*accore de l'étrave*.

ACCOTEMENT ou BERME, espace de terrain qui se trouve entre les bordures du pavé ou du gravier et les fossés d'un chemin. — En termes d'horlogerie, *accotement* est synonyme de *frottement*. — *Accoter* est l'action d'affermir un corps en l'appuyant par un de ses côtés sur un autre corps.

ACCOUCHEMENT, sortie du fœtus du corps de la mère, n'ayant régulièrement lieu chez la femme qu'après neuf mois révolus de grossesse.

ACCOURSE (archit.), galerie extérieure établissant des communications entre divers appartements.

ACCRÉDITER, donner des lettres de créance aux ambassadeurs qu'un gouvernement veut faire admettre auprès d'une autre cour.

ACCROISSEMENT, augmentation progressive des corps. Dans les corps bruts, elle se fait par *juxtaposition*, c'est-à-dire que des molécules nouvelles s'appliquent à l'extérieur des anciennes ; cet accroissement est illimité. Dans les corps organisés, il se fait par *intussusception*, c'est-à-dire que les molécules qui servent à leur augmentation de volume, entrent dans leur intérieur, s'y élaborent, se répandent dans les organes et se joignent au corps ; l'accroissement a une durée limitée par les circonstances où se trouvent les êtres qui l'éprouvent.

ACCUBITEUR, chambellan qui couchait auprès des empereurs d'Orient à Constantinople.

ACCUBITOIRE (*accubitorus*), lit sur lequel les anciens se couchaient pour prendre leurs repas.

ACCURSE (François), né à Florence en 1151. Ce célèbre jurisconsulte fut le premier qui réunit en corps d'ouvrage toutes les discussions et décisions éparses de ses prédécesseurs sur le droit romain. Il acheva en sept ans son immense collection, qui porte le nom de *grande Glose* ou *Glose continue*. Accurse mourut en 1229.

ACCUSATION, imputation, reproche d'un crime, d'une faute. L'accusation en justice était très-fréquente chez les anciens. À Athènes, dans les différends particuliers, la personne lésée pouvait seule accuser ; mais, pour les délits qui concernaient l'État, chacun en avait le droit. On portait les accusations devant le sénat ou devant le peuple, qui, après un premier jugement, les renvoyait aux cours supérieures. L'accusateur s'engageait par serment à soutenir l'accusation. S'il s'en désistait, ou s'il n'obtenait pas la cinquième partie des suffrages, il était condamné à une amende de 1,000 drachmes (18 francs). Celui qui ne pouvait convaincre d'impiété un citoyen qu'il avait accusé était condamné à mort. À Rome, tout citoyen avait droit d'en accuser un autre. On remettait au préteur l'acte d'accusation ; le jugement avait lieu le trentième, quelquefois le dixième jour après l'accusation. — Sous la république française, on voit l'emploi d'*accusateur public* (1793). Ce magistrat était chargé de poursuivre les personnes prévenues de crime devant les tribunaux. Il était nommé par l'assemblée électorale.

ACÉMÈTES (en grec, *non dormants*), nom donné à des moines de Syrie priant nuit et jour sans interruption. Saint Alexandre (v° siècle) fut le fondateur de cet ordre religieux.

ACÈNE, mesure de longueur employée dans l'ancienne Grèce et l'Asie. Elle valait 10 pieds grecs ou 9 pieds 5 pouces 10 lignes de nos mesures (3 mètres 8 centimètres).

ACENSE, nom donné autrefois à un héritage ou une ferme que l'on tenait d'un seigneur, moyennant une redevance à perpétuité ou à longues années que l'on lui payait. — *Acensement* était l'action de donner ou de prendre quelque chose moyennant une redevance quelconque. — *Acenser* désignait cette même action.

ACÉPHALES, nom donné à plusieurs sectes de l'Église qui se révoltèrent contre leurs chefs ou refusèrent de s'en donner.

ACÉPHALES, nom donné aux animaux des classes inférieures dans l'ordre de l'organisation, lesquels sont privés de tête ou sans tête apparente. — En botanique, on nomme ainsi l'ovaire qui n'est pas surmonté d'un style.

ACÉPHALIE, état d'un fœtus privé complètement de tête, et quelquefois d'une plus grande partie du corps.

ACÉRAIN (Fer), celui qui participe de la nature de l'acier, et qui pour cette raison s'endurcit par la trempe.

ACERBES, substances dont la saveur est très-astringente et que l'on trouve dans plusieurs substances végétales, telles que les glands, les fruits non mûrs, l'écorce de chêne, etc.

ACÉRÉ. C'est, en botanique, le nom des parties pointues comme une aiguille. En chimie, ce mot désigne les substances *acerbes*.

**ACÉRER**, souder un morceau d'acier à l'extrémité d'un morceau de fer. On pratique cette opération dans tous les outils tranchants qui servent à couper des matières dures.

**ACÈRES**, nom donné aux insectes qui n'ont ni ailes, ni antennes ou cornes, et dont la tête peu apparente se confond avec le corselet.

**ACÉREUSE**, nom donné aux feuilles linéaires, étroites, longues, pointues et persistantes. Les feuilles du pin sont acéreuses.

**ACERRA** ou ACERRE, autel que l'on élevait dans l'ancienne Rome auprès du lit des morts. On y brûlait des parfums continuellement jusqu'au moment des funérailles. — On appelle encore ainsi un coffret dans lequel on mettait de l'encens.

**ACÉRINÉES** ou ACÉRINÉES, famille de plantes dicotylédones, renfermant l'*érable* et l'*hippocastane*.

**ACÉRURE**, nom donné aux morceaux d'acier préparés pour être soudés à l'extrémité de morceaux de fer.

**ACESTE** (myth.), fils de Crinisus, et roi d'une partie de la Sicile. Issu du sang troyen, il secourut Priam dans la guerre de Troie, donna l'hospitalité à Énée quand il s'arrêta en Sicile, et l'aida à élever à Anchise un tombeau sur le mont Eryx. Énée donna le nom d'*Aceste* à une ville qu'il bâtit près de ce lieu.

**ACÉTABULE**, petit vase que, chez les anciens, on plaçait sur la table, rempli de quelque sauce ou assaisonnement. Il était semblable à nos vinaigriers. — Mesure romaine de capacité pour les choses sèches et liquides. C'était le huitième du *sextarius*; elle valait 6 centilitres 74 millilitres de nos mesures. — En botanique, on nomme *acétabules* les cotylédons (parties des graines) de certaines plantes.

**ACÉTABULE**, nom donné à des zoophytes polypiers, en forme de champignons très-allongés et composés d'une tige grêle portant à son sommet une plaque mince, ronde et verte, cannelée et contenant des graines verdâtres. Ils se trouvent dans la Méditerranée.

**ACÉTATES** ou SELS DE VINAIGRE, produits résultant de la combinaison de l'acide acétique avec les bases salifiables.

**ACÉTIQUE** (ACIDE), nom d'un acide liquide, incolore, transparent, doué d'une odeur forte et aigre, moins volatil que l'eau, et composé de carbone, d'hydrogène et d'oxygène. Il fait partie de la sève de presque tous les végétaux, de la sueur, du lait, de l'urine de l'homme, etc., et se produit pendant la décomposition des végétaux par le feu, par quelques acides ou alcalis, ou pendant la fermentation acide et la putréfaction des matières végétales et animales. On connaît sous le nom de *vinaigre* un mélange de cet acide avec une plus ou moins grande quantité d'eau, plus une matière muqueuse végétale, de l'alcool et plusieurs sels. La densité de l'acide acétique est de 1,063; on l'emploie en médecine comme rafraîchissant et tonique.

**ACHAB**, roi d'Israël, fils et successeur d'Amri. Il épousa Jezabel, fille d'un roi des Sidoniens; cette femme lui persuada d'introduire dans son royaume le culte des idoles de Baal et d'Astaroth. Achab remporta deux victoires sur Bénadad, roi de Syrie. Il s'empara du champ de Naboth, que Jezabel avait fait lapider; Dieu irrité permit qu'il fût tué au siège de Ramoth-Galaad (896 avant J.-C.).

**ACHAÏE**, contrée de la Grèce dans le Péloponèse, au N. de l'Élide. Elle fut d'abord la patrie des Ioniens, et se nomma Ionie; mais les Achéens qui s'établirent à leur place lui donnèrent leur nom. — *Achaïe* est pris quelquefois pour la *Grèce* entière.

**ACHARD** (Charles-Frédéric), naturaliste distingué, né à Berlin en 1754. Il est l'inventeur de la fabrication du sucre de betteraves (1800). Achard écrivit plusieurs traités d'économie agricole, et mourut en 1821.

**ACHAZ**, roi de Juda, fils et successeur de Jonathan (741 ans avant J.-C.). Ce prince impie oublia la loi du Seigneur; il éleva des autels aux faux dieux, leur sacrifia son propre fils, et donna tout l'or du temple de Jérusalem à Téglath-Phalasar, roi de Syrie et son allié. Achaz régna seize ans; il mourut l'an 725 avant J.-C.

**ACHE**, genre de plantes renfermant le *persil* et l'*ache*. Celle-ci a des feuilles dentelées, le fruit ovoïde, les fleurs jaunâtres. Cette plante, connue sous le nom de *céleri*, était une des plantes funéraires des anciens. On couronnait d'ache les vainqueurs des jeux isthmiques et néméens. Sa racine est diurétique et apéritive.

**ACHÉENS**, peuples du Péloponèse, originaires des contrées voisines d'Argos. Ayant été chassés de leur patrie par les Héraclides, 83 ans après la guerre de Troie, ils expulsèrent à leur tour les Ioniens de leur pays, et formèrent (272 ans avant J.-C.) une confédération, nommée *ligue achéenne*, pour le maintien de leur liberté. Cette ligue, qui lutta longtemps contre les Romains, subsista jusqu'en 147 avant J.-C.; elle embrassait douze villes.

**ACHEIROPOÉTA** (en grec, *qui n'a pas été fait de main d'homme*). On appelle ainsi un portrait de la Vierge Marie, que l'on conserve dans l'église Saint-Jean de Latran, à Rome, et dont on célèbre la fête le jour de Pâques. La tradition veut que ce tableau ait été commencé par l'évangéliste saint Luc, et achevé par les anges.

**ACHÉLOÜS** (myth.), fleuve qui séparait l'Étolie de l'Acarnanie, et qui prenait sa source dans le Pinde. Le dieu de ce fleuve, fils de l'Océan, combattit contre Hercule pour lui disputer la possession de Déjanire. Hercule enleva une de ses cornes, et la donna aux nymphes; c'est la corne d'abondance. Acheloüs, vaincu, alla cacher sa défaite au fond des eaux.

**ACHEM**, royaume des Indes, comprenant toute la partie N.-E. de l'île de Sumatra. Population, 2 millions d'habitants. Il produit du riz, du coton, du camphre, du poivre, du sucre; renferme de belles mines d'or et de cuivre, et nourrit un bétail très-estimé. Ce royaume fait un grand commerce en aromates, or, camphre, benjoin, ivoire, soufre et soie. Les habitants sont cruels et perfides; ils parlent la langue malaise et professent le mahométisme. Le gouvernement est une monarchie despotique héréditaire. — Capitale, *Achem*, avec 50,000 âmes.

**ACHÈNE** ou AKÈNE, nom donné aux fruits ne renfermant qu'une seule graine, ordinairement secs, à péricarpe adhérent avec l'enveloppe propre de la graine et avec le tube du calice (chicorée, laitue, etc.).

**ACHÉRON** (myth.), fleuve fabuleux de l'enfer païen, sur lequel Charon passait les âmes des morts dans une barque. Plusieurs fleuves anciens portent ce nom.

**ACHÉRONTIQUES** ou ACHÉRONTIENS, nom donné par les anciens Étrusques à des livres où ils puisaient les connaissances qui les faisaient considérer comme les plus habiles devins de l'univers. On nomma ainsi ces livres d'*Achéron*, fleuve des enfers païens, parce qu'ils inspiraient la terreur, qu'on ne consultait leurs oracles qu'en tremblant, et qu'ils contenaient les cérémonies consacrées aux dieux infernaux.

**ACHERUSIA**, lac d'Égypte, près de Memphis, au delà duquel on portait les morts jugés dignes de la sépulture. La barque qui les portait se nommait en égyptien *baris*, et le nautonnier *caron*. C'est là l'origine de la fable du fleuve des enfers sur lequel le vieux Charon passait les morts. Orphée l'introduisit en Grèce après avoir voyagé en Égypte.

**ACHEUL** (SAINT-), ancienne abbaye de l'ordre de Saint-Augustin, près d'Amiens (Somme). Elle fut bâtie par saint Firmin, premier évêque d'Amiens, au xve siècle. Cette abbaye fut longtemps fameuse avant la révolution, par le séjour des jésuites, qui s'y livraient à l'enseignement de la jeunesse. C'est aujourd'hui un séminaire.

**ACHILLE**, fils de Thétis et de Pélée, élève du centaure Chiron. Il se distingua à la guerre de Troie; mais Agamemnon lui ayant enlevé sa captive Briséis, il ne voulut plus combattre. Il reprit les armes à la mort de son ami Patrocle, tua Hector, et après la prise de Troie, au moment où il conduisait à l'autel Polyxène, fille de Priam, il fut tué par Pâris d'un coup de flèche au talon, seule partie de son corps qui ne fût pas invulnérable.

**ACHILLE** (TENDON D'), tendon commun aux muscles jumeaux et soléaire, ainsi nommé parce qu'il s'implante au talon, seul endroit où Achille fût vulnérable, et où il fut blessé mortellement par Pâris. Ce tendon a une grande force; il est aplati, et très-large en haut; la saillie qu'il forme en soulevant la peau a été souvent étudiée par les peintres et les sculpteurs.

**ACHILLÉES**, fêtes que les Spartiates célébraient en l'honneur d'Achille.

**ACHILLÉIDE**, poème épique de Stace, écrivain latin. Il se proposait de décrire la vie et les travaux d'Achille. La mort précoce de l'auteur l'empêcha de terminer cet ouvrage, dont il ne reste que deux chants. Le second même n'est pas terminé. Ces deux parties ne traitent que de l'enfance et de l'éducation du héros.

**ACHILLES TATIUS**, écrivain grec d'Alexandrie, vivait sous le règne de Claude. On a de lui un *traité* sur la sphère, et un roman ayant pour titre les *Amours de Cliophon et de Leucippe*.

**ACHIMBASSI**. On nomme ainsi, en Turquie, un magistrat qui a le privilège d'exercer la médecine.

**ACHIOTE**, nom donné aux semences du roucou que l'on réduit en pastilles ou en tablettes. Elles entrent dans la composition du chocolat et dans les teintures.

**ACHMÉ**, livre de la religion et des lois chez les Druses.

**ACHMET** ou AHMED. Trois princes turks ont porté ce nom. ACHMET Ier succéda en 1603 à son père Mahomet III, et mourut en 1617, après avoir fait la guerre en Hongrie et en Perse. — ACHMET II, fils d'Ibrahim, succéda en 1691 à son frère Soliman III; son grand vizir perdit la même année la bataille de Salankemen, en Hongrie, contre les impériaux, commandés par Louis de Bade. Les conquêtes des Vénitiens affaiblirent son empire. Il mourut en 1695. — ACHMET III, fils de Mahomet IV, succéda en 1702 à son frère Mustapha II. Il fit la guerre aux Russes, aux Persans, et à Venise à qui il enleva la Morée (1715). Il fut battu en 1716 à la bataille de Péterwaradin, gagnée par les impériaux, que commandait le prince Eugène de Savoie. Renversé du trône en 1730, Achmet III mourut en 1736.

**ACHOMATH** ou ACOMAT (Étienne), fils de Chersech souverain de Montevero (Esclavonie) dans l'Allemagne, né dans le xve siècle. Son père lui ayant ravi sa propre fiancée, il s'enfuit en Turquie, prit le nom d'Achomath, et embrassa le mahométisme. Il sut se faire aimer du sultan Bajazet, qui lui donna sa fille en mariage. Il se montra toujours protecteur des chrétiens de Turquie, et fit faire à Bajazet la paix avec les Vénitiens. Il était parvenu au grade de grand vizir. Bajazet, excité par les ennemis d'Achomath, et oubliant les services qu'il lui avait rendus, le fit étrangler secrètement en 1511.

**ACHROMATIQUE** (TÉLESCOPE), inventé par Dollon. Cet instrument, en réunissant les rayons divers de lumière, a la propriété de laisser apercevoir les objets sans couleurs étrangères.

**ACHRONICHES**, nom donné au temps où les planètes supérieures se trouvent à midi dans le méridien.

**ACHRONIQUE**. On dit *coucher achronique* d'un astre, quand cet astre se couche en même temps que le soleil, et *lever achronique*, quand il se lève le soir, en même temps que le soleil se couche.

**ACHUPALLA** ou ACHUPAYA, genre de la famille des broméliées, renfermant des plantes qui croissent dans l'Amérique. Leur tige, haute de trois à quatre pieds, renferme une substance aqueuse, blanche et spongieuse.

Cette eau limpide et sans saveur est une précieuse ressource pour les voyageurs. Les indigènes s'en servent dans les temps de disette.

ACICULAIRES, substances qui cristallisent en petites aiguilles. — On appelle encore ainsi les fleurs et les épines excessivement fines.

ACIDE, substance solide, liquide ou gazeuse, d'une saveur aigre, rougissant la couleur bleue du tournesol, et ayant la faculté de neutraliser totalement ou en partie les propriétés alcalines des bases.

ACIDES ANIMAUX, nom donné aux acides qui font partie des composés animaux.

ACIDES MINÉRAUX, acides que l'on trouve dans les minéraux.

ACIDES NATIFS, ceux que l'on rencontre à l'état naturel, libres ou combinés.

ACIDES VÉGÉTAUX, acides qui font partie des composés végétaux. On nomme encore ainsi ceux que l'on prépare avec des matières végétales.

ACIER, substance métallique d'un gris clair, susceptible de prendre un beau poli et beaucoup de brillant, très-sonore lorsqu'elle a été forgée, refroidie lentement et limée; ductile et élastique : elle est formée de fer et de quelques millièmes de carbone. Le mélange si variable de ces deux corps produit une grande diversité dans les espèces d'acier; quant à la nature et aux propriétés, on connaît trois variétés principales : l'*acier naturel* (acier de forge ou de fusion), l'*acier de cémentation* et l'*acier fondu*. Si après avoir fortement chauffé l'acier, on le refroidit subitement en le plongeant dans de l'eau froide, des acides, du mercure, etc., il devient cassant, plus élastique et plus dur. On le nomme *acier trempé*.

ACILIA, célèbre famille plébéienne de Rome, qui produisit cinq consuls sous la république et douze sous l'empire jusqu'à Constantin. Cette famille se divisait en plusieurs branches, dont les plus importantes sont celles d'Acilius Glabrio et d'Acilius Aviola. — Plusieurs lois romaines portent ce nom. La *loi Acilia*, proposée par le tribun Acilius, an 198 avant J.-C. (556 de Rome), ordonnait l'établissement de cinq colonies en Italie. — La *loi Acilia Calpurnia*, promulguée l'an 70 avant J.-C. (684 de Rome), excluait des emplois publics et du sénat tout citoyen convaincu d'avoir acheté les suffrages dans les élections. — La *loi Acilia* ou *Aciliena*, portée l'an 70 avant J.-C., par le consul Manius Acilius Glabrio, sur les concussionnaires, déterminait les formes à suivre et les peines à prononcer contre eux.

ACINAX ou Acinacès, sabre long et recourbé, en usage chez les anciens Perses. Les Scythes donnaient ce nom à une épée qu'ils élevaient sur leurs autels comme étant le symbole de Mars, dieu de la guerre. — On nomme *acinaciforme* tout ce qui a la forme d'un sabre.

ACINE, nom donné en botanique à toutes les petites baies succulentes, presque transparentes, à graines dures, telles que les raisins, les groseilles, etc. — On nomme *aciniforme* tout ce qui a la forme ou l'apparence d'un grain de raisin.

ACIS (myth.), berger de Sicile, fils de Faune et de la nymphe Siméthis. Il fut aimé de la bergère Galatée. Polyphème, son rival, en conçut tant de jalousie, qu'il l'écrasa sous un rocher. Les dieux, touchés de compassion, changèrent Acis en un ruisseau qui prenait sa source au mont Etna.

ACLIDE, massue armée de pointes, en usage dans les armées des anciens. Elle était attachée avec une courroie, par le moyen de laquelle on la retirait après l'avoir lancée sur l'ennemi.

ACOLYTES, ceux qui ont reçu le premier des quatre ordres mineurs de l'Eglise catholique, et dont l'office est de suivre et de servir les diacres et les sous-diacres dans le ministère des autels. Ils doivent porter l'encens, allumer et tenir les cierges. Autrefois, les acolytes suivaient partout les évêques, soit pour les servir, soit pour être témoins de leur conduite. Il y avait à Rome les *acolytes palatins* ou *du palais*, qui servaient le pape; les *stationnaires*, qui servaient dans les églises où il y avait station, et les *régionnaires* ou *végionnaires*, qui servaient avec les diacres dans les différents quartiers de la ville. — Dans l'Eglise grecque, les acolytes portent le nom d'*élus* et de *céroféraires*. — A Constantinople, sous les empereurs d'Orient, on nommait *acolyte* le chef de la cohorte impériale.

ACONCAGUA, une des huit provinces du Chili, entre les Andes, la vallée de Colina et la province de Chiloé. Cette province produit du blé, des fruits, et renferme des mines abondantes de cuivre et d'argent. Sa population est de 8,000 habitants. La capitale est *Villa-Viega de Aconcagua* ou *San-Felipe el Real*.

ACONCE (*Acontius*) (myth.), jeune homme de l'île de Cos. S'étant rendu à Délos pour sacrifier à Diane, il devint épris de Cydippe. Mais, ne pouvant l'épouser à cause de sa pauvreté, il usa de ruse pour obtenir celle qu'il aimait. Une loi sacrée obligeait à exécuter ce que l'on avait promis dans le temple de Diane, de quelque manière qu'eût été faite la promesse. Aconce jeta aux pieds de Cydippe une pomme où étaient écrits ces mots : *Je jure, par les mystères sacrés de Diane, que je suivrai tes pas et que je deviendrai ton épouse*. Cydippe lut ces mots, et par là se trouva forcée d'épouser Aconce.

ACONIT, plante vénéneuse, de la famille des renonculacées, et qui croît en abondance sur les Alpes. Une de ses espèces est le *napel*, dans le suc duquel les Germains trempaient leurs flèches. — On s'en sert quelquefois en médecine.

AÇORES (Iles), groupe d'îles de l'océan Atlantique, au nombre de neuf, dépendant du Portugal. Elles furent découvertes au milieu du XVe siècle. Ces îles sont : *Santa-Maria, San-Miguel, Terceira*, dont *Angra* en la capitale ainsi que de toutes les Açores, *Graciosa, San-Jorgé, Pico, Fayal, Corvo* et *Florès*. Cet archipel a 140,000 habitants. Les Açores sont fertiles et commerçantes, et rapportent 1 million de bénéfice aux Portugais. Ceux-ci ont placé leur premier méridien au pic des Açores, haut de 1,098 toises.

ACOTYLÉDONES, plantes dont l'embryon de la graine est dépourvu de lobes (*cotylédons*). C'est une des grandes divisions du système de Jussieu, qui répond aux cryptogames de Linné. Telles sont les mousses.

ACOUSMATIQUES ou Acoustiques, nom donné à Athènes à ceux des disciples de Pythagore qui, n'étant pas encore admis à contempler le maître et à parler avec lui, ne pouvaient que l'entendre à travers un voile, sans pouvoir parler eux-mêmes. Cet espèce de noviciat durait trois ans.

ACOUSTAMTE ou Acousmate, phénomène qui se manifeste par un grand bruit dans l'air, comparable à celui de plusieurs voix humaines et d'instruments divers réunis. Ce phénomène a été observé quelquefois.

ACOUSTIQUE, science du son, divisée en *acoustique expérimentale*, relative à l'observation des phénomènes auxquels donne lieu la résonnance des corps sonores, et en *acoustique arithmétique* ou *canonique*, relative aux calculs qui ont pour objet de déterminer les rapports des sons entre eux.

ACOUSTIQUE (Cornet), instrument destiné à rassembler les sons et, en augmentant ainsi leur intensité, à suppléer à la faiblesse de l'ouïe. C'est une sorte de cône d'argent, de fer-blanc ou de gomme élastique, dont on dirige la base vers la personne qui parle et le sommet vers l'entrée de l'oreille.

ACQUÊT, acquisition d'immeubles, faite pendant la communauté des époux. Ce mot désigne aussi les biens acquis par achat.

ACQUI, province des Etats de Sardaigne, qui possède une population de 76,940 habitants, sur une superficie de 28 lieues carrées. Elle fait partie du Piémont. La capitale est Acqui (jadis *Aquæ Statiellæ*), à 10 lieues de Gênes. Sa population est de 7,000 âmes. Elle renferme des manufactures de rubans et de cordons. Cette ville fut, en 1797, le théâtre d'une grande bataille entre les Français d'une part, les Piémontais et les Autrichiens de l'autre. Les Français furent vainqueurs et s'emparèrent de la ville. Mais ils furent obligés de la rendre aux impériaux en 1799.

ACQUIT. On donne ce nom à la quittance d'un billet, d'une dette, ou d'une somme.

ACRA, une des collines sur lesquelles était bâtie l'ancienne Jérusalem. Elle était semi-circulaire. Son nom vient de son élévation (*acros*, en grec, signifie *lieu élevé, sommet*). On avait élevé sur la colline d'Acra le palais d'Agrippa, les archives publiques, le palais où s'assemblaient les magistrats de Jérusalem. Lorsque les chrétiens s'emparèrent de Jérusalem au XIe siècle, ils bâtirent sur cette montagne un hospice pour les pèlerins qui venaient visiter la terre sainte. Cet hospice était desservi par les chevaliers de Saint-Jean, qui prirent de là le nom de chevaliers de Saint-Jean d'Acre.

ACRABATHÈNE, un des onze départements (toparchies) de la Judée sous les Romains. Sa plus grande longueur était de 4 lieues. Il était situé entre Sichem et Jéricho. — On nommait encore ainsi une petite contrée de la Judée, située du côté de l'Idumée, au S.-O. du lac Asphaltite.

ACRATISME, repas du matin, déjeuner chez les Grecs, ainsi nommé du mot *acraton* (vin pur), parce qu'on faisait ce repas en trempant quelques morceaux de pain dans du vin pur.

ACRE, mesure de superficie usitée autrefois en France. Elle variait selon les provinces où elle était en usage. Sa valeur ordinaire était d'un arpent et demi. — En Angleterre, l'acre est la mesure actuelle de superficie. Elle vaut 40 ares 47 centiares en mesures françaises.

ACRE (Saint-Jean d'), pachalik de la Turquie d'Asie, entre ceux de Tripoli, de Damas et la Méditerranée. Il s'étend depuis la rivière de Nahr-el-Kelb jusqu'au mont Carmel. Sa population est de 420,000 habitants. Le climat est brûlant à l'intérieur ; le sol sablonneux, mais fertile en blé, maïs, lin, oliviers, fruits, coton, cannes à sucre, indigo, etc.; l'agriculture y est très-négligée. Le commerce est très-actif.

ACRE (Saint-Jean d'), ancienne *Ptolémaïs*, ville de Syrie, chef-lieu d'un pachalik turk. Elle est célèbre par les siéges qu'elle soutint durant les croisades, et par celui qu'eut à souffrir, en 1799, pendant soixante et un jours, sa forteresse, contre l'armée de Bonaparte qui s'était emparé de la ville.

ACRISIUS. Voy. Danaé.

ACROAMATIQUES ou Esotériques, ouvrages d'Aristote, philosophe grec. Ces livres étaient réservés à ses disciples, et la connaissance en était interdite au vulgaire.

ACROBATES, danseurs de corde. Cette profession était connue des anciens ; il y en avait chez eux de quatre sortes. Les premiers voltigeaient autour d'une corde comme une roue autour de son essieu ; les deuxièmes couraient sur une corde tendue ; les troisièmes se laissaient aller du haut en bas, appuyés sur la poitrine, étendant les bras et les jambes ; enfin les quatrièmes faisaient des tours, ou dansaient au son des instruments. Les deux plus célèbres acrobates de notre époque sont madame Saqui et Debureau.

ACROCÉRAUNIENS (Monts), chaîne de montagnes dans l'Epire (Grèce), au N.-O. Ces montagnes, très-hautes, sont habitées par des pirates en assez grand nombre. On les appelle aujourd'hui *monts du Diable* ou *de la Chimère*.

ACROCHIRISME, exercice de gymnastique, chez les Grecs, dans lequel les athlètes ne devaient, en combattant, se toucher qu'aux extrémités des mains.

ACROCORINTHE, ancienne citadelle de

Corinthe. On ignore l'époque de sa fondation. Cette citadelle est bâtie sur un rocher très-élevé, où se trouve la fontaine *Pyrène*. L'Acrocorinthe a été pris par le Grec Aratus (243 ans avant J.-C.) et par le sultan Mahomet II (1454).

ACROPOLIS. C'étaient, chez les anciens, des citadelles situées à l'extrémité ou sur les éminences d'une ville. La citadelle d'Athènes portait ce nom ; celle de Corinthe s'appelait Acrocorinthe.

ACROPOLITE (Georges), l'un des auteurs de l'*Histoire Byzantine*, né à Constantinople en 1220. Il eut l'emploi de *logothète*, sorte de contrôleur général des finances, à la cour de l'empereur Michel Paléologue, et fut chargé de plusieurs négociations importantes. Son Histoire comprend une chronique de l'empire grec, depuis la prise de Constantinople jusqu'en 1260. Il mourut vers 1282.

ACROSTICHES, pièces de vers disposés de manière que les premières lettres de chacun, réunies dans le même ordre que les vers mêmes, forment le nom, la devise, ou la sentence que le poëte a pris pour sujet.

ACROTÈRES, assises au-dessus de l'entablement d'un édifice, souvent formées de piédestaux avec balustres, et couronnées de tablettes de pierre.

ACTA ERUDITORUM, journal fondé en 1681 en Allemagne, par Otto-Mencke, professeur à Leipsik. C'est le premier journal littéraire qui ait paru dans ce pays. Leibnitz, Thomassius, etc., furent les collaborateurs d'Otto. Ce journal se termina en 1776. Il se compose collectivement de cent dix-sept volumes.

ACTA SANCTORUM, nom donné aux recueils contenant les légendes des saints. C'est aussi le titre d'un ouvrage de ce genre, commencé par le jésuite Bolland en 1643, et continué jusqu'en 1794. Cet ouvrage forme cinquante-trois volumes in-folio. Il n'est pas achevé.

ACTA ou ACTÆ (du mot grec *rivage*), nom donné à une partie de l'Attique, parce qu'elle est baignée par la mer. — Pour la mesure *acte*, voy. ACTUS.

ACTE, convention entre deux ou plusieurs personnes. L'usage de signer des actes par-devant notaire fut établi sous Henri III en 1591. Avant François Ier, les actes étaient écrits en latin. Ce prince ordonna de les écrire en français. On nomme encore *actes*, 1° les divisions des pièces de théâtre ; 2° dans les universités, les thèses soutenues pour obtenir un degré dans les facultés ; 3° *acte capitulaire*, une délibération prise dans un chapitre de chanoines ou de religieux ; 4° *acte constitutionnel*, la constitution française publiée en 1793 par la convention nationale ; 5° *actes du consistoire* pour les édits, les déclarations du conseil d'État des empereurs romains ; 6° *acte de navigation* d'Angleterre, un acte qui défend d'introduire dans les ports du royaume les marchandises qui ne seraient pas du pays auquel appartient le vaisseau ; 7° *actes de foi*, les *auto-da-fé* d'Espagne ; 8° *actes*, les registres publics où l'on consignait à Rome les actes des assemblées du peuple et des tribunaux, les naissances et les décès.

ACTES DE PILATE, nom donné aux actes du procès du Christ, qui furent envoyés à l'empereur Tibère par Pilate. Maximin ordonna, par un édit, que les actes de ce procès fussent envoyés et lus par tout l'empire.

ACTES DES APOTRES, livre du Nouveau Testament. Il contient l'histoire des premiers progrès du christianisme, depuis l'ascension de J.-C. l'an 32, jusqu'à l'arrivée de saint Paul à Rome, l'an 65 environ. Il fut écrit originairement en grec par saint Luc, et publié sous le règne de Néron.— On nomme encore *Actes des Apôtres*, 1° une ancienne pièce du théâtre, représentée par les confrères de la Passion, et que l'on a conservée jusqu'à nos jours ; 2° un journal publié pendant la révolution depuis novembre 1789, jusqu'en octobre 1791. Ce journal contre-révolutionnaire, publié par Peltier de Nantes, Rivarol, Régnier, Langlois, Artaud, Bergasse, etc., fut interrompu par ordre de Louis XVI.

ACTÉON (myth.), chasseur qui, ayant surpris Diane se baignant avec ses nymphes, fut changé en cerf par cette déesse, et dévoré par ses chiens.

ACTEUR, nom qui se donnait autrefois à quiconque parlait en public, soit au théâtre, soit au barreau. Ce nom ne se donne aujourd'hui qu'aux personnes qui montent sur le théâtre pour concourir à la représentation de quelque œuvre scénique. Cette profession, honorée chez les Grecs, était méprisée chez les Romains. Elle n'était exercée que par les esclaves. En Europe, les acteurs quoique frappés des anathèmes de l'Église, jouissent de la considération due au talent.

ACTIAQUES (JEUX), fêtes consacrées à Apollon, et renouvelées par Auguste en mémoire de la bataille d'Actium. On les célébrait dans la ville d'Actium tous les trois ans ; mais Auguste les transporta à Rome, et les fit célébrer tous les cinq ans.

ACTIF, total des sommes dues à un négociant, opposé à *passif*, qui est, au contraire, le total des sommes dont le négociant est le débiteur.

ACTINIE ou ANÉMONE DE MER, zoophytes marins au corps charnu et très-contractile, couronné à sa partie supérieure d'un grand nombre de tentacules, au centre desquels est la bouche. Ils se reproduisent naturellement par le déchirement d'une partie de leur corps. Quelques espèces servent de nourriture.

ACTION, terme de commerce, document qui établit que telle somme a été mise dans une société commerciale, ayant pour but une opération déterminée, et donnant au porteur un droit proportionnel dans les bénéfices de l'entreprise.

ACTIUM, ville et promontoire d'Épire, célèbre par la victoire navale qu'Auguste remporta sur Antoine, et qui le rendit vainqueur maître du monde, 31 ans avant J.-C. C'est aujourd'hui *Capo de Figolo* ou *Azio*, sur le golfe d'Arta, dans l'Albanie.

ACTON (Joseph), premier ministre du royaume de Naples, né à Besançon en 1737 ; il entra fort jeune dans la marine française, qu'il quitta pour passer au service du grand-duc de Toscane, se fit distinguer dans l'expédition contre les Barbaresques, et, ayant accepté du service auprès du roi de Naples, il fut nommé successivement ministre de la guerre, des finances, et premier ministre. Il se montra toujours l'ennemi des Français, et dirigea la fameuse junte d'enquête. Après la malheureuse issue de l'expédition napolitaine contre la France, il fut éloigné des affaires (1798) ; il mourut en 1808.

ACTUAIRE, vaisseau destiné chez les anciens aux expéditions qui exigeaient de la célérité. Il n'avait qu'un seul rang de rames. — On nommait encore *actuaires*, chez les Romains, des serviteurs publics des magistrats, chargés de rédiger une note officielle de ce qui avait été dit ou fait dans l'ordre des fonctions de ces magistrats. — On donnait encore ce nom à de simples copistes.

ACTUS, mesure agraire des Romains. L'*acte simple* (*actus minimus*) avait 120 pieds romains de long sur 4 de large ; il valait 10 toises 16 pieds 57 pouces carrés ou 42 mètres 11 centimètres. L'*acte carré* (*actus quadratus* ou *semis*) avait 120 pieds en tous sens, et valait 331 toises 28 pieds 96 pouces, ou 12 ares 60 mètres 40 centimètres.

ACUPUNCTURE, opération usitée dans l'Inde, qui consiste à piquer une partie saine ou malade du corps avec une aiguille d'or ou d'argent. Dans le XVIIe siècle, elle eut une grande vogue en Europe ; on s'en servit contre les inflammations, les paralysies et autres maladies aiguës.

ACUTANGLE, qui a ses trois angles aigus. On dit aussi *acutangulaire*.

ADAGIO, mot italien qui, placé en tête d'un morceau de musique, indique un mouvement lent et posé, quoique moins solennel que l'*andante*.

ADAIR, comté du Kentucky (États-Unis). Sa population est de 6,765 âmes.

ADALBERT ou ADELBERT, hérétique qui s'éleva contre les honneurs rendus aux saints et aux reliques, et contre la pratique de la confession. Il fut condamné en 744. — Un apôtre de la Prusse, mort en 997, et un ministre de l'empereur Henri IV, ont porté ce nom.

ADAM, nom du premier homme, formé du limon de la terre le sixième jour de la création, et mort âgé de 930 ans. Ayant, contre l'ordre de Dieu, mangé du fruit défendu, il fut chassé du paradis terrestre, avec Ève sa compagne, dont il eut Seth, Caïn et Abel.

ADAMANTIN, ce qui est de la nature du diamant.

ADAMIENS ou ADAMITES, hérétiques du IIe siècle et du XVe qui croyaient imiter l'innocence d'Adam en se tenant nus dans leurs assemblées.

ADAMIQUE, ce qui est déposé par le flux sur les rivages de la mer.

ADAMS, comté du Mississipi, ayant 53 lieues carrées et une population de 9,892 habitants. — Comté de Pensylvanie, avec 19,370 habitants. Chef-lieu, Gettysbourg. — Comté de l'Ohio avec 10,406 habitants.

ADAM'S PIC ou PIC D'ADAM, la plus haute montagne des Indes. Elle est située dans l'île de Ceylan, et a deux lieues de hauteur. Les habitants croient qu'Adam est né sur cette montagne.

ADAMS (John), ancien président des États-Unis de l'Amérique septentrionale, né en 1735 dans l'État de Massachussets. Il fut un des promoteurs et des signataires du décret du 4 juillet 1776, qui déclara libres, souveraines, indépendantes, les colonies américaines. Envoyé en ambassade en France et en Hollande, il fut en 1787 nommé vice-président du congrès. Il remplaça plus tard Washington dans la présidence, et mourut en 1826. Il a laissé une *Histoire des républiques*.

ADAMS (John), un des matelots qui, en 1768, se révoltèrent contre le capitaine Bligh du vaisseau *Bounty*, et allèrent fonder une colonie dans l'île *Pitcairn*. Adams fut le directeur de cette colonie, et mourut en 1829.

ADAMS (Samuel), membre du congrès des États-Unis, né en 1722 dans l'État de Massachussets. Il fut l'un des principaux auteurs de la révolution des États-Unis, et mourut en 1802 avec le surnom de *Caton américain*.

ADAMS (John-Quincy), fils aîné de John Adams, ministre plénipotentiaire des États-Unis à Berlin en 1801, et en Angleterre en 1815. Il fut nommé en 1817 ministre secrétaire d'État au département de l'intérieur. Élu président en 1823, il fut remplacé en 1828 par le général Jackson.

ADANSON (Michel), botaniste célèbre, né à Aix en 1727, mort en 1806, membre de l'académie des sciences. Il est l'auteur de deux ouvrages célèbres, l'*Histoire naturelle du Sénégal* et les *Familles des plantes*.

ADAR, douzième mois de l'année ecclésiastique des Hébreux, et le sixième de l'année civile. Il a vingt-neuf jours et trente jours dans les années embolismiques. Il répond à février.

ADDA, rivière de Suisse et d'Italie, qui a sa source au mont Braulio (Grisons), et se jette dans le Pô près de Cremone. Son cours est de 48 lieues. Cette rivière est très-rapide et charrie de l'or. Elle a été rendue navigable par le canal Martozzana, en 1777. Sa largeur moyenne est de 60 à 70 mètres.

ADDISON (Joseph), né en 1672 en Angleterre, mort en 1719, célèbre poëte et écrivain anglais. Le *Spectateur*, journal périodique, la tragédie de *Caton d'Utique* et son *Voyage en Italie* sont regardés comme les meilleurs de ses ouvrages. Il avait été en 1717 ministre secrétaire d'État.

ADDISON, comté du Vermont (États-

Unis, à l'est du lac Champlain. Population, 20,469 habitants ; chef-lieu, Vergennes.

ADDITION, opération fondamentale de l'arithmétique, qui a pour but de réunir plusieurs nombres en un seul appelé *somme*, qui contienne à lui seul toutes les parties de ces nombres.

ADEL ou ZÉILAH, royaume d'Afrique, près le détroit de Bab-el-Mandeb, et qui s'étend de l'Abyssinie au cap Guardafui. Le sol est fertile et produit du froment, de l'encens, du poivre. Ce pays nourrit des brebis dont la queue pèse jusqu'à vingt-cinq livres. Les habitants sont mahométans, et font un grand commerce en myrrhe, poudre d'or, bestiaux, miel, ivoire, etc.

ADÉLAÏDE DE FRANCE (Madame), fille de Louis XV et tante de Louis XVI, née en 1732, morte en 1800. Vertueuse au milieu d'une cour corrompue, elle resta étrangère à toutes les intrigues politiques ; effrayée des troubles du royaume, elle obtint de Louis XVI la permission de quitter la France avec sa sœur madame Victoire en 1791. Elles se retirèrent à Rome, et contraintes en 1799, par l'invasion des Français, de quitter cette ville, elles se réfugièrent successivement à Naples, à Corfou et enfin à Trieste, où madame Adélaïde mourut à l'âge de 67 ans.

ADÈLE, genre d'insectes de l'ordre des lépidoptères nocturnes, section des tinéites. Ces insectes sont petits et se trouvent dans les bois. Leurs chenilles vivent sur les feuilles des arbres. Les ailes des adèles sont très-brillantes et à reflets de toutes couleurs. Les filets de la tête ou antennes sont trois fois longs comme le corps. On voit ces insectes voltiger par troupes nombreuses le matin.

ADELPHES, nom d'une comédie de Térence, écrivain latin, où figurent deux frères, dont l'un contraste par son avarice avec la générosité de l'autre. Le nom d'*Adelphes* vient du mot grec *adelphoi*, qui signifie *frères*.

ADELSTAN ou ATHELSTAN, huitième roi d'Angleterre de la dynastie saxonne. Monté sur le trône en 925 par le suffrage du peuple, il mourut en 941, après avoir guerroyé seize ans contre les rois voisins.

ADELUNG (Jean-Christophe), né en 1732 en Poméranie, mort en 1809. Ce savant distingué a eu un nom par son *Dictionnaire grammatical et critique du haut allemand*, et l'*Aperçu raisonné de toutes les langues anciennes et modernes, divisées en classes et en familles*.

ADEN, État arabe, borné par l'Imam, le Djofa et la mer des Indes. Ce pays, soumis jadis à l'Imam, s'est rendu indépendant en 1730. Sa capitale est *Aden*, sur la mer, à 50 lieues de Moka ; cette ville fait un grand commerce en café, aloès, myrrhe, encens, etc. Elle a un port jadis très-fréquenté.

ADENEZ-LE-ROI, célèbre poète du XIIIe siècle, auteur du roman de *Guillaume d'Orange*, et autres ouvrages de ce genre. Il florissait sous saint Louis et Philippe le Hardi.

ADÉNOIDE (du grec *adén*, ce qui a la forme d'une glande. L'*adénologie* est la partie de la médecine qui traite de ces organes. L'*adénographie* en fait la description.

ADENT, terme de menuiserie, entaille en forme de dent. En marine, c'est un accroc ou porte d'entailles placées sur des pièces de bois qui les empêchent de se séparer.

ADEODAT, Romain de naissance, qui succéda en 672 à Vitalien sur la chaire de Saint-Pierre, siégea quatre ans et mourut en 676.

ADEPTE, nom donné à ceux qui sont initiés dans les mystères d'une secte ou d'une science. Il se dit particulièrement de ceux qui s'appliquent à l'alchimie.

ADERBIJAN, province de Perse, de 3,973 lieues carrées et de 1,500,000 habitants, au S. de l'Arménie. Elle est fertile en blé et en pâturages. La capitale est *Tauris*.

ADHA, fête des musulmans. On la célèbre le dixième jour du mois dhoulhegiat, ou du pèlerinage, le douzième mois de l'année. Cette fête est aussi nommée *Jaum-al-Corban* ou *le jour des Victimes*, parce qu'on y sacrifie autant de moutons qu'on veut. Elle se célèbre hors de la Mecque, dans la vallée de Mina ou Muna.

ADHERBAL, général carthaginois, commandait en Sicile, pendant la première guerre punique. Il remporta à Drépane une célèbre victoire navale sur les Romains (250 avant J.-C.). Les Romains perdirent 93 vaisseaux et 38,000 hommes. Après avoir ravitaillé Lilybée et Drépane, il revint à Carthage, non sans avoir comblé de gloire. — C'est aussi le nom d'un fils de Micipsa, roi des Numides, qui fut assiégé dans Cyrtha, et tué par Jugurtha, après avoir imploré en vain le secours des Romains (112 avant J.-C.).

ADHÉSION (phys.), attraction exercée entre les surfaces de corps de *nature différente*. La cohésion est cette même attraction exercée entre des corps de *même nature* : ainsi le mercure adhère à l'or, à l'argent ou au plomb ; l'eau adhère à la plupart des corps.

ADIABÈNE, contrée septentrionale de l'Assyrie, à l'E. du Tigre. D'autres géographes la placent dans l'Arménie. Elle formait un royaume particulier, sous la protection des Parthes. Trajan la soumit, mais elle reconquit bientôt sa liberté.

ADIAPHORISTES, luthériens mitigés du XVIe siècle, qui suivaient la doctrine de Mélanchton, et qui, en approuvant celle de Luther, continuaient néanmoins à reconnaître l'autorité de l'Eglise catholique.

ADIGE, rivière d'Italie, qui a sa source dans les Alpes helvétiques, arrose le Tyrol, le pays de Trente, Vérone, et se jette dans le golfe Adriatique, à 8 lieues de Venise. Son cours est de 90 lieues. Il inonde fréquemment le pays qu'elle traverse.

ADIPEUX, ce qui tient de la nature de la graisse.

ADIPOCIRE, substance solide, d'un blanc jaunâtre, formée d'ammoniaque, de potasse et de chaux. Elle est due à l'action de la graisse sur l'ammoniaque. Dans les cimetières principalement qu'on l'observe, et où elle produit des feux légers et instantanés. On l'appelle encore *gras des cadavres*. — C'est aussi le nom du *blanc de baleine*.

ADIRE ou ADIVE, espèce de chien voisin du chacal, plus petit, plus leste que le renard, mais adroit et voleur, que les dames de la cour de Charles IX avaient au lieu de chiens.

ADITES, habitants de la ville d'Adem, cité mystique et merveilleuse dans la croyance des musulmans. D'après eux, cette ville fut bâtie par deux géants, *Schedad* et *Schedid*. Un ange exterminateur la détruisit à cause de la méchanceté de ses habitants, qui périrent tous. Quelques hommes peuvent encore la voir, mais à de longs intervalles.

ADJÉMIR ou RADJEPOUTAKAH, province de l'Indoustan, située entre celles de Lahore, de Delhi et d'Agra. Sa superficie est d'environ 5,600 lieues carrées, et sa population de 300,000 habitants. *Adjémir*, la capitale, est à 72 lieues d'Agra.

ADJOINT, magistrat élu dans les assemblées communales pour aider ou suppléer dans ses fonctions le maire d'une commune. (Voy. MAIRE.) — En procédure criminelle, les *adjoints* sont les personnes choisies pour assister aux rapports et aider les juges par leurs observations. — On nomme *dieux adjoints*, en termes de mythologie, deux divinités subalternes, que les Romains adjoignaient aux dieux principaux pour les aider dans leurs fonctions. Ainsi Mars avait pour *adjoint* Bellone.

ADJUDANT, officier militaire subordonné à un autre pour l'aider dans ses fonctions. Les *adjudants sous-officiers* font le service journalier ; ils sont les premiers parmi les sous-officiers, leurs égaux, et concourent avec eux pour les emplois d'officier ; ils ont une solde plus élevée, un uniforme plus distingué, ils portent à droite une épaulette d'or ou d'argent à franges simples, barrée d'un double galon de soie ; à gauche, une contre-épaulette semblable. L'adjudant est révocable et peut, s'il est cassé, redevenir un simple soldat. Ce grade a été créé en 1771. Les adjudants ont une autorité et inspection immédiate sur les sous-officiers et caporaux, pour tout ce qui a rapport au service et à la discipline. Ils sont sous les ordres des adjudants-majors, et sont chargés de l'instruction théorique et pratique des caporaux. — Les *adjudants-majors* ont été créés en 1790. On les prend ordinairement dans le grade de lieutenant ou de capitaine. Ils sont chargés de tous les détails du service, ainsi que de l'instruction théorique et pratique des sous-officiers et chefs de bataillon. Les adjudants-majors ont sous leurs ordres les adjudants sous-officiers, et sont au choix du colonel. Ils portent les insignes de leur grade, mais avec les épaulettes mi-partie or et argent. — Les *adjudants généraux*, créés en 1790, appelés aussi *adjudants commandants*, sont devenus *colonels d'état-major*. — ADJUDANT DE PLACE. Voy. AIDE-MAJOR.

ADJUDICATAIRE, celui à qui on adjuge le bail ou la propriété d'un bien qu'on afferme ou que l'on vend en justice.

ADJUDICATION. Ce mot désigne une concession faite, aux enchères, par justice, ou en présence d'un magistrat, d'une propriété.

ADJURATION, action par laquelle on interpose le nom de Dieu ou quelque autre chose sainte pour engager quelqu'un à satisfaire à sa demande. L'adjuration est permise par l'Eglise.

ADJUVANT, nom donné aux médicaments qu'on fait entrer dans une préparation pharmaceutique, pour seconder l'action de celui qui en fait la base et qu'on regarde comme le plus énergique.

AD LIBITUM, mots latins qui signifient *à volonté*. Ils indiquent, en musique, qu'on peut jouer ce qui est écrit ou le supprimer, si on le juge à propos.

ADMÈTE (myth.), roi de Phères, en Thessalie, donna l'hospitalité à Apollon après son bannissement du ciel, et obtint de ce dieu qu'il ne mourrait pas, si quelqu'un consentait à mourir pour lui. Sa femme Alceste se dévoua.

ADMINISTRATION, direction ou conduite d'un bien, des affaires d'une personne ou d'un établissement. Celui qui se charge de cette direction se nomme administrateur.

ADMINISTRATION CENTRALE, corps administratif établi dans chaque département, sous la république, pour la répartition des impôts. Il était composé de cinq membres, et devait être renouvelé d'un cinquième tous les ans. L'*administration intermédiaire* était celle qui tenait le milieu entre les administrations centrale et municipale. L'*administration municipale* était chargée, sous la surveillance de l'administration centrale, de diverses fonctions d'administration dans chaque municipalité. Les membres étaient nommés pour deux ans.

ADMIRAL (Henri L'). Voy. AMIRAL.

ADMODIATION, bail à ferme, moyennant partage de la récolte.

ADNÉ, nom donné, en botanique, aux parties immédiatement attachées sur une autre, et qui semblent faire corps avec elle.

ADOLESCENCE, âge qui succède à l'enfance. Il commence à l'époque de la puberté, et s'étend jusqu'à celle où le corps a pris tout son accroissement. Il comprend en général, pour les femmes, l'espace qui existe entre onze et dix-huit ans ; et pour les hommes, celui de quatorze à vingt ans.

ADOLPHE, comte de Nassau, de la branche de Wisbaden, fut élu roi des Romains en 1292, et couronné à Aix-la-Chapelle la même année. Albert d'Autriche, son compétiteur, marcha contre lui, et lui livra bataille près de Spire, en 1298. Ils se joignirent dans la mêlée, et Albert d'Autriche lui porta dans l'œil un coup mortel. Adolphe avait eu cinq fils morts jeunes. Le dernier, Gerlac, est regardé comme la tige des princes de Nassau-Usingen, de Sarbruck et de Weilbourg.

ADON (Saint), archevêque de Vienne en Dauphiné, en 859, naquit dans le Gatinais en 800, et fut élevé à l'abbaye de Ferrières. Il administra son diocèse avec sagesse et mourut en 876. Ce prélat est auteur d'une *Chronique universelle* en latin, depuis la création du monde jusqu'au temps où il vivait. Cette chronique est assez estimée ; il a composé aussi *l'Histoire du martyre de saint Didier* et un *martyrologe*.

ADONAI, nom que les Hébreux substituent, par superstition, à celui de Jéhovah qu'ils n'osent pas prononcer.

ADONIAS, quatrième fils de David et d'Haggith, né à Hébron. Il se fit proclamer roi, après la mort de ses deux aînés, Amnon et Absalon : David au contraire fit aussitôt reconnaître pour roi Salomon, son troisième fils. Adonias se réfugia alors au tabernacle, et Salomon lui pardonna ; mais, après la mort de son père, ayant demandé Abisag la Sunamite, une de ses femmes, cette demande lui coûta la vie, l'an 1010 avant J.-C.

ADONIDE, plante herbacée de la famille des renoncules ; très-abondante dans les moissons. Son aspect est très-élégant, ses feuilles très-finement découpées, ses fleurs rouges, ayant de cinq à quinze pétales. On cultive *l'adonide automnale* ou *goutte de sang*, et *l'adonide d'été*, ou *œil de perdrix*.

ADONIQUE, vers latin composé d'un dactyle, et d'un spondée ou trochée, dont on se servait dans les chants joyeux et plaisants. On le plaçait ordinairement après trois vers saphiques.

ADONIS (myth.), jeune chasseur aimé de Vénus, fut victime de la jalousie de Mars, changé en sanglier. Vénus vola trop tard à son secours, et ensanglanta ses pieds aux épines des rosiers, dont les fleurs, jadis blanches, devinrent alors rouges ; elle changea son favori en anémone ; elle obtint aussi de Jupiter qu'il resterait six mois par Proserpine, six mois avec elle. On institua en son honneur des fêtes nommées *Adonies*, qui se célébraient en Phénicie, et qui duraient huit jours.

ADOPTANTS, ADOPTIENS ou FÉLICIENS, hérétiques répandus en France et en Espagne vers la fin du VIIIe siècle. Leurs chefs furent Félix, évêque d'Urgel, et Elipandus ou Elipand, archevêque de Tolède. Ils enseignaient que J.-C., véritablement Dieu le Fils quant à sa nature divine, ne l'était que par adoption quant à sa nature humaine. Cette hérésie ne subsista pas longtemps après la mort de ses fauteurs.

ADOPTION, acte en vertu duquel un étranger est admis à faire partie d'une famille qui le reçoit dans son sein. L'adoption était pratiquée par tous les peuples anciens. A Rome, elle était très-fréquente. Elle se fit d'abord avec l'autorisation des pontifes, et, plus tard, celle des magistrats et du peuple. L'adoptant avait droit de vie et de mort sur l'adopté. Celui-ci devait avoir dix-huit ans et moins d'âge que le premier. Les patriciens ne pouvaient pas adopter les plébéiens, mais ceux-ci pouvaient adopter un patricien. Plus tard les empereurs accordèrent la permission d'adopter. Quelquefois on adoptait par testament. L'adopté prenait le nom et le surnom de l'adoptant et y ajoutait son nom de famille ou son surnom, dont il faisait un adjectif. L'usage de l'adoption se perdit après la première race de nos rois. Chez les Gaulois, on le nommait *affiliation*. Rétablie en 1792, l'adoption a été consacrée dans le Code civil. Elle est aujourd'hui un contrat qui ne peut se passer qu'entre majeurs. L'adoptant doit avoir plus de cinquante ans et au moins quinze ans de plus que l'adopté, n'avoir pas d'enfants légitimes. Si l'adoptant est marié, il faut le consentement de l'autre époux. Pour l'adopté, s'il est mineur, le consentement de ses parents lui est nécessaire.

ADORATION, hommage que rendent les cardinaux au pape nouvellement élu.

ADORNO, famille célèbre de Gênes, qui a fourni plusieurs doges à cette république. GABRIEL ADORNO, marchand génois, fut élu doge en 1363, et maintenu jusqu'en 1370. ANTONIOTTO, doge en 1383, fut dépossédé et rétabli trois fois de suite, rappelé en 1394. Il fut gouverneur de Gênes pour le compte de Charles VI, roi de France, à qui il avait livré sa patrie, jusqu'en 1397. Il soumit en 1395 le bey de Tunis à un tribut. Son fils GEORGES, commandant des Génois pour la France en 1401, fut élu doge en 1413, et se démit en 1415 après une longue guerre civile. RAPHAEL, élu en 1443, fut contraint d'abdiquer en 1445. — BARNABÉ, successeur de Raphaël, fut chassé vingt-sept jours après. — PROSPER, général de la république, chasse les Français en 1461, est élu doge aussitôt. Mais, bientôt renversé, il livre sa patrie aux Milanais, en est nommé gouverneur, et est chassé avec les Milanais en 1478. — ANTONIOTTO II fut gouverneur de Gênes pour Louis XII, roi de France, en 1513. Elu doge en 1527, il fut chassé peu de jours après.

ADOS. C'est, en termes de jardinage, une terre élevée en talus le long d'un mur bien exposé au soleil et garanti des vents, pour y semer ou planter des herbes ou des arbres dont on veut hâter la floraison ou la fructification.

ADOUCI, poliment d'un corps par le frottement. C'est aussi une substance minérale qui sert à polir.

ADOUR, rivière de France qui prend sa source au Tourmalet (Hautes-Pyrénées), traverse les départements des Hautes-Pyrénées et des Basses-Pyrénées, et se jette dans la mer à Bayonne, grossie de la Midouze, du Gave de Pau, etc. Son cours, navigable depuis Saint-Sever, est de 70 lieues.

ADRAGANT, gomme qui découle naturellement, en lames dures et coriaces, du tronc et des rameaux des astragales. Sa couleur varie du blanc au jaune citron ; elle est inodore, difficile à pulvériser, peu soluble dans l'eau. Elle jouit de propriétés émollientes et adoucissantes. Elle sert en médecine et dans les arts.

ADRASTE, roi d'Argos, beau-père de Polynice, fils d'Œdipe. Il marcha contre Thèbes, qu'assiégeait Polynice, après en avoir été chassé par son frère Etéocle. Son armée était commandée par sept habiles généraux ; dans cette guerre, connue sous le nom de *guerre des sept chefs*, tous périrent excepté Adraste, qui retourna dans ses États.

ADRESSE, lettre de félicitation, d'adhésion ou de demande, adressée à un souverain par un corps politique. Telle fut celle des 221 députés à Charles X, votée en 1830 par la chambre. Cette chambre en envoie une à chaque nouvelle session, pour lui indiquer les besoins de l'Etat et les questions dont on doit s'occuper.

ADRETS (François DE BEAUMONT, baron DES), d'une ancienne famille du Dauphiné, chef sanguinaire des huguenots dans le XVIe siècle. Il s'est rendu célèbre par les cruautés qu'il exerça contre les catholiques dans le Dauphiné, la Provence et le Lyonnais. Il mourut en 1587.

ADRIA, ville du royaume lombard-vénitien, dans la Polésine, chef-lieu de district, sur le Tartaro entre l'embouchure du Pô et celle de l'Adige. Autrefois sur la mer Adriatique, à laquelle elle a donné son nom, elle en est éloignée aujourd'hui de plus de 2 lieues. Sa population est de 8,933 habitants.

ADRIATIQUE (MER), vaste golfe de la Méditerranée, qui baigne les côtes de l'Italie, de l'Illyrie, de l'Albanie, dans une superficie de 8,000 lieues carrées. On donne le nom de *golfe de Venise* à l'extrémité septentrionale de l'Adriatique, parce que cette république en était jadis la seule maîtresse. On y trouve encore les golfes de *Manfredonia, Trieste, Cattaro* etc.

ADRIEN (P. Ælius ADRIANUS), quinzième empereur romain, né à *Italica* en Espagne. Il passa en Bretagne, et bâtit entre les villes modernes de Carlisle et de Newcastle un mur destiné à arrêter les incursions des Calédoniens. Après avoir tué dans une bataille 500,000 Juifs rebelles, il fonda sur les ruines de Jérusalem la ville d'*Ælia Capitolina*. On lui attribue la construction des arènes de Nîmes et du pont du Gard. Né en 76, il mourut en 138. Il fut à la fois jan en 117, et mourut en 138. Il fut à la fois musicien, peintre, poète, architecte, etc. Il gouverna d'abord avec douceur, et fut plus tard superstitieux, débauché et cruel.

ADRIEN. Six papes ont porté ce nom : le premier fut élu après Etienne III en 772, fut l'ami de Charlemagne, et mourut en 795 ; Adrien II succéda en 867 à Nicolas Ier, et mourut en 872 ; Adrien III, en 884 après Marin ou Martin II, ne garda la tiare qu'un an ; Adrien IV, Anglais, succéda en 1154 à Eugène III, et mourut en 1159 ; Adrien V succéda en 1276 à Innocent V, et mourut la même année ; Adrien VI, Hollandais, succéda en 1522 à Léon X, et mourut en 1523. Il avait été le précepteur de Charles-Quint, et avait partagé la régence d'Espagne avec le cardinal de Ximénès.

ADRUMÈTE ou HADRUMÈTE, ville maritime d'Afrique sur la Méditerranée, dans la contrée appelée Afrique propre. Elle avait été bâtie par les Phéniciens.

ADUEITANS, l'une des trois sectes philosophiques des Indiens. Les adueitans prétendent qu'il n'y a qu'un seul être qui existe, Dieu, et que le monde, loin d'être réel, n'est que fantastique. Les deux autres sectes sont les *dueitans* et les *vichistas*.

ADULA, chaîne des Alpes, dans la Suisse centrale, laquelle va du Saint-Gothard au mont Saint-Bernard. Le Rhin, le Rhône, le Tésin, la Reuss y ont leur source.

ADULAIRE ou FELDSPATH NACRÉ, minéral, sorte de feldspath, qui est d'un blanc nacré et d'une transparence un peu nébuleuse. Il offre dans son intérieur des reflets variés qui lui ont fait donner les noms d'*argentine, pierre de lune, œil de poisson*. L'adulaire, étant susceptible de prendre un beau poli, est recherchée dans la bijouterie, où on la monte en bagues ou en épingles. Les meilleures viennent de l'île de Ceylan et du mont Saint-Gothard, en latin *Adula*, qui leur a donné son nom.

ADULTE, l'âge qui suit l'adolescence, qui précède la vieillesse. *Adulte* désigne encore, 1° celui qui est parvenu à cet âge, 2° la plante qui est parvenue à son entier accroissement.

ADULTÈRE, violation de la foi conjugale. Ce crime fut puni de mort chez les Juifs, il l'est encore chez les Arabes ; les Battas mangent les personnes adultères. En France, il y a lieu de séparation entre les époux ; la femme adultère est condamnée à une réclusion pendant un temps déterminé, qui ne peut être moindre de trois mois, ni excéder trois années ; le mari adultère est condamné à une amende de 100 à 2,000 francs. Les enfants *adultérins* ou nés d'un commerce adultère ne peuvent jamais être reconnus, ni légitimés ; ils n'ont droit qu'à des aliments.

ADUSTE, nom donné autrefois au sang et aux autres liquides animaux, tels que la bile, les humeurs, qui pour avoir été longtemps échauffés sont devenus comme brûlés. Personne n'admet plus cette altération du sang, de la bile et des humeurs. *Adusion* est synonyme de *brûlure*.

ADYNAMIE, privation de force, faiblesse absolue. L'*état adynamique* est caractérisé par l'abattement de la physionomie, la difficulté ou l'impossibilité des mouvements, l'obscurcissement des sensations, des affections morales et des fonctions intellectuelles, les hémorragies passives. Cette maladie se termine par la prompte putréfaction des individus qui succombent. On la distingue en *état* et *fièvre adynamique*. L'état adynamique est propre aux vieillards qui sont affaiblis par des évacuations considérables, des travaux excessifs, le séjour dans un lieu malsain, la privation des bons aliments, les veilles, les passions tristes. Il survient quelquefois dans la paralysie et d'autres maladies chroniques; la mort termine la maladie au bout de vingt à quarante jours; le traitement ne réussit que très-rarement. — FIÈVRE ADYNAMIQUE. Voy. FIÈVRE.

ÆCHMALOTARQUE ou ÆKMALOTARQUE, nom donné par les chrétiens aux chefs que les Juifs se choisissaient pour les gouverner dans la captivité. Les Juifs les nommaient *Roschgulath* ou *Roschgula*. Ils étaient élus pour un an, et on ne pouvait les prendre que dans la tribu de Juda.

AEDON, fille de Pandarus, épousa Zéthus, dont elle n'eut qu'un fils, Ityle. La fécondité de sa belle-sœur Niobé excita tellement sa jalousie, qu'elle résolut de tuer l'aîné de ses neveux, qui était élevé avec Ityle; mais elle frappa son propre fils en croyant frapper celui de Niobé. Elle voulut se tuer de désespoir; mais les dieux la changèrent en chardonneret.

ÆGLEFIN, espèce de poisson du genre *gade*. Ce poisson a beaucoup de rapports avec la morue; sa chair s'enlève facilement par feuilles comme celle-ci. On le trouve dans l'océan Septentrional; il ne parvient qu'à la longueur de quatre ou cinq décimètres. Il s'approche dans les mois de février et de mars, en troupes serrées, vers les rivages septentrionaux de l'Europe. Les grandes morues poursuivent les æglefins et les dévorent. Ceux-ci vivent de mollusques, de crabes et de poissons; leur chair est blanche, ferme, mais moins agréable de celle de la morue; leur couleur est brune sur le dos, blanche sous le ventre.

ÆGOS POTAMOS, ville maritime de la Chersonèse de Thrace, célèbre par la défaite des Athéniens, qui furent vaincus par les Spartiates commandés par Lysandre, l'an 405 avant J.-C., dans la dernière année de la guerre du Péloponèse.

ÆLIA, loi décrétée l'an de Rome 559. Elle avait pour objet d'envoyer deux colonies dans le Brutium. — Autre loi de l'an 568, qui conseillait aux magistrats de consulter les augures et les auspices. — Autre loi (*Ælia Sextia*) décrétée l'an de Rome 776. Elle donnait la liberté aux esclaves maltraités par leurs maîtres, sans leur accorder cependant le droit de citoyen.

ÆLURUS (myth.), divinité des Egyptiens. C'était un chat pour qui l'on avait beaucoup de soin: quand celui qu'on avait adoré était mort, on l'embaumait et on l'enterrait en grande pompe à la ville de Bubaste.

AÉMÈRE, nom donné dans les martyrologes à tout saint qui n'a pas de jour certain de naissance, et dont le nom n'est pas bien connu.

ÆMILIA, famille illustre et patricienne de Rome, qui remontait à Mamercus Æmylos, quatrième fils de Numa, d'autres disent à Emile, petit-fils du Troyen Enée. Les divers membres de cette famille sont les *Mamercus* ou *Paulus*, les *Lépidus*, les *Scaurus*, les *Papus*, les *Agillus* et les *Barbula*. Elle a produit un grand nombre d'hommes célèbres. (Voy. ÉMILE, ÉMILIE, ÉMILIEN, etc.) — *Æmilia* était aussi, 1° une tribu de Rome, ainsi appelée de la famille des Æmilius qui en faisait partie; 2° une des dix-sept provinces que contenait l'Italie sous les derniers empereurs : elle était située entre le Pô et l'Apennin, c'est aujourd'hui la *Romagne* et la *Lombardie*; 3° une route qui conduisait de Rome dans la Ligurie, en passant par Pise.

ÆMILIA, loi décrétée sous la dictature d'Æmilius, l'an de Rome 328. Elle régla que la censure, qui jusqu'alors avait été quinquennale, ne serait plus qu'annuelle. — Autre loi décrétée sous le consulat d'Æmilius Mamercus, l'an de Rome 392. Elle enjoignait au préteur le plus ancien de cette charge, de planter chaque année un clou au Capitole; les Romains croyaient, par cette cérémonie superstitieuse, arrêter les progrès de la peste, et détourner les calamités.

ÆNÉSIDÈME, philosophe sceptique, né en Crète, contemporain de Cicéron (vers 90 avant J.-C.), vécut et enseigna à Alexandrie. Il avait écrit *sur la Certitude* huit livres dont on a des fragments; il est le premier qui ait élevé des doutes sur le rapport de la cause à l'effet.

ÆON, nom donné par quelques auteurs à la première femme, à Eve. — Pour les *æons*, êtres imaginaires des philosophes gnostiques, voy. ÉONS.

AÉRIENNES (VOIES), nom donné, en anatomie, à l'ensemble des conduits destinés à porter l'air dans les poumons. Les voies aériennes se composent du *larynx*, de la *trachée-artère*, des *bronches* et de leurs ramifications.

AÉRIENS, sectateurs du moine Adrien Aérius, qui vivait en 360. Ils ne reconnaissaient aucune différence entre les évêques et les prêtres, et prétendaient que les prières pour les morts leur étaient nuisibles.

AÉRIFICATION, opération de chimie, par laquelle les matières solides ou liquides sont transformées en gaz.

AÉRIFORME, nom donné à tout ce qui a l'apparence des gaz. Les *fluides aériformes* sont les gaz; on les nomme ainsi parce que, comme l'air atmosphérique, ils sont très-élastiques et transparents.

AÉROLITHES, masses minérales qui se précipitent des hautes régions atmosphériques à la surface de la terre, et dont la chute est presque toujours accompagnée d'un météore lumineux, ou globe de feu qui disparaît après une violente explosion. Leurs causes, sans être déterminées, ont été l'objet de nombreuses dissertations des savants.

AÉROMANCIE, nom donné autrefois à l'art de prédire l'avenir au moyen de l'air et des substances qui se trouvent dans l'atmosphère.

AÉROMÈTRE, instrument qui sert à mesurer la condensation ou la raréfaction de l'air. — L'*aérométrie* est la science qui étudie les propriétés de l'air, et qui en mesure et en calcule les effets.

AÉRONAUTE, celui ou celle qui monte dans un ballon et qui voyage dans les airs. — On nomme *aéronautique* l'art de naviguer dans les airs.

AÉROPHOBIE, horreur de l'air, du vent ou du jour. Elle accompagne fréquemment la rage, quelquefois l'hystérie, et plusieurs autres affections.

AÉROSTAT ou BALLON, appareil sphéroïde, qui fut primitivement en toile, et que l'on fait aujourd'hui en taffetas verni. Il fut inventé par Joseph Montgolfier en 1782. D'abord on le gonflait avec de la paille ou du papier brûlé; maintenant c'est avec l'hydrogène, qui, en vertu de sa légèreté par rapport à l'air ambiant, fait élever le ballon. Pilastre du Rozier fut le premier qui, à l'aide d'une nacelle attachée au ballon, s'éleva dans les airs en 1783.

AÉROSTATIQUE, science de l'équilibre de l'air et de celle des corps avec l'air. On la nomme encore *aéronautique*.

AÉROSTIERS, on a nommé *école des aérostiers* une école établie par les conseils de Carnot, membre de la convention en 1793, à Meudon, sous la direction de Conti. Cette école était destinée à former des aéronautes. Les *compagnies des aérostiers*, créées en 1794, parurent pour la première fois à la bataille de Fleurus (26 juin). Un ballon d'où l'on observait les mouvements de l'ennemi, afin d'indiquer les points sur lesquels il fallait porter des renforts, planait au-dessus des armées, et faisait des signaux aux compagnies d'aérostiers, placés dessous, qui les expliquaient et les portaient à l'armée. Cela décida la victoire en faveur des Français. On renonça bientôt à leur usage.

ÆSHNE, genre d'insectes névroptères, d'assez grande taille. L'*æshne grande*, d'Europe, a quelquefois près de trois pouces de long. La tête est jaune, globuleuse, les yeux sont gros et rapprochés; le corps est cylindrique, allongé, semblable à celui des demoiselles ou libellules, terminé à son extrémité par des crochets très-développés, les ailes sont horizontales. Ces insectes, très-communs, ont une grande puissance de vol. Ils vivent de mouches et autres petits animaux semblables.

ÆSOPUS (Clodius), célèbre acteur romain qui vivait vers l'an 670 de Rome, et qui excellait dans les rôles tragiques. Cicéron, pour se perfectionner dans l'action oratoire, ne dédaigna pas de prendre les leçons de cet acteur. Æsopus étalait un grand luxe; il fit servir dans un repas un plat composé d'oiseaux chantants et parlants, et qui lui coûtait 8,000 talents (192,000 francs). Son fils se faisait un jeu de dissoudre des perles et des pierres précieuses dans le vin. Æsopus laissa en mourant 160,000 talents (8 millions de francs).

ÆTHUSE, genre de la famille des ombellifères, ayant beaucoup de rapport avec la *ciguë* et l'*aconit*. L'*œthuse cynapium* ou *petite ciguë* est une plante très-vénéneuse. Les fleurs sont blanches, le fruit ovoïde, très-petit; la *ciguë*, qui ressemble beaucoup au persil, s'en distingue en ce que ses feuilles sont très-luisantes et profondément découpées, tandis que celles du persil sont plus larges et moins brillantes; la petite ciguë a des fleurs blanches, le persil les a jaunâtres. L'odeur et la saveur de l'œthuse sont désagréables; le persil est au contraire très-agréable. Le cerfeuil en diffère par l'odeur et la saveur, ainsi que par ses feuilles courtes et élargies.

AÉTIENS, secte chrétienne du IVe siècle, fondée par Aétius d'Antioche, surnommé l'*Impie*. Ces hérétiques, nommés aussi *eunoméens*, *anoméens*, *étérousiens*, *exomontiens*, *troglytes* ou *troglodytes*, étaient de purs ariens. Aétius, plusieurs fois chassé d'Antioche, sa patrie, à cause de ses doctrines, les vit condamnées dans plusieurs conciles, et fut exilé à Lesbos par l'empereur Valens. Revenu à Constantinople, il mourut en 367. Il enseignait, entre autres choses, que Dieu ne demandait aux hommes que la foi.

ÆTITE ou PIERRE D'AIGLE, variété de fer oxydé, formée de couches concentriques brunes et jaunâtres, et recélant un noyau mobile qui résonne quand on les agite. Les anciens croyaient que ces petites masses ferrugineuses provenaient des nids d'aigle, et ils leur attribuaient des propriétés merveilleuses.

AÉTIUS, Mœsien d'origine, qui s'éleva au rang de général des troupes romaines, et qui remporta une célèbre victoire sur Attila, dans les plaines catalauniques, entre Châlons et Méry-sur-Seine, en 451. Cette victoire sauva la Gaule. Il mourut assassiné par l'ordre de Valentinien III, à qui il venait de conserver l'empire. Son assassin lui-même, périt bientôt sous les coups de Pétrone Maxime.

AFER (Domitius), célèbre orateur romain, né à Nismes 16 ans avant J.-C. Il excella dans l'éloquence, et fut le maître de Quintilien. Il devint consul sous Caligula, et mourut l'an 59 de J.-C. On lui a reproché d'avoir été un redoutable délateur sous Tibère et ses successeurs.

AFFADISSEMENT, nom donné, en médecine, à l'état particulier du corps dans lequel l'appétit est diminué, la sensation du goût émoussée et l'action de l'estomac affaiblie. Ces symptômes sont accompagnés d'une langueur générale dans tout le corps.

AFFAIBLISSEMENT, diminution de forces, de vigueur, de vivacité dans quelque chose, ou dans l'exercice d'une fonction du corps. On nommait autrefois ainsi les parties de métal que le prince qui frappait monnaie retenait pour son droit de seigneurage et pour les frais de la fabrication. La quantité d'*affaiblissement des monnaies* variait selon la volonté du prince qui frappait monnaie.

AFFAISSEMENT, nom donné, en médecine, à la diminution considérable des forces qui surviennent chez un malade peu de temps avant la mort, et qui est accompagnée d'une diminution sensible dans le volume du corps. Une tumeur *s'affaisse* lorsqu'elle disparaît.

AFFAITER, en termes de fauconnerie, c'est apprivoiser un oiseau de proie. L'action d'affaiter se nomme *affaitage* ou *affaitement*. — En termes de tannerie, *affaiter*, c'est façonner les peaux ; en architecture, *affaiter un édifice*, c'est en réparer le faîte. — On nomme *affaiteur* le fauconnier chargé d'apprivoiser les oiseaux de proie.

AFFALE. C'est, en marine, le commandement d'*affaler* une manœuvre quelconque, la soulager en la sortant d'une poulie ou de tout autre passage où elle aurait du frottement. *Affale-toi !* est un ordre donné à un matelot de descendre du haut des mâts le plus promptement possible.

AFFALER, faire baisser. Manier un cordage pour l'aider à courir dans sa poulie ou conduit, c'est l'*affaler*, le faciliter à descendre, en détruisant le plus qu'il est possible le frottement qui le retient. — *S'affaler* se dit d'un bâtiment qui est trop près d'une côte, dont il ne peut s'éloigner, ou qui tombe sous le vent. Un matelot *s'affale*, lorsqu'il descend du haut des mâts avec la plus grande vitesse possible.

AFFÉAGER, terme de l'ancienne jurisprudence. C'était *donner à féage*, c'est-à-dire, démembrer une partie de son fief pour le donner à tenir en fief ou en roture. L'*afféagement* était l'action d'afféager.

AFFECTION, nom donné aux diverses sensations que l'âme et le corps peuvent éprouver. Elles sont divisées en *actives* et *passives*. A ces dernières se rapportent les sentiments de plaisir ou de peine, produits par la présence des objets matériels, ou par la pensée à ces objets, et même par des images intellectuelles. L'*affection active* est la volonté qui résulte de ces divers sentiments, et qui porte à agir. Les affections ont une grande influence sur la santé ; l'état de maladie les modifie singulièrement, et celles-ci à leur tour modifient la marche des maladies, et en déterminent souvent la terminaison funeste ou favorable. — Le mot *affection* désigne aussi une *maladie* ; ainsi l'on dit *affection catarrhale* pour maladie catarrhale ou catarrhe. — *Affecter*, c'est faire une impression fâcheuse, rendre malade une partie du corps.

AFFÉRENT (méd.), nom donné aux vaisseaux lymphatiques qui conduisent dans les ganglions (glandes internes du corps) les liquides absorbés, pour les soumettre à l'action de ces organes. Ces vaisseaux se divisent en une infinité de ramifications. — En jurisprudence, on nomme *portion* ou *part afférente* celle qui revient à chacune des personnes intéressées dans un objet qu'elles possèdent en commun.

AFFERMER, action par laquelle le propriétaire d'une chose en cède à un autre la jouissance et l'usufruit, moyennant une redevance annuelle. Il se dit particulièrement des biens ruraux. — Il signifie aussi *prendre à ferme*.

AFFÉRON, morceau de fer-blanc ou de laiton que l'on met au bout des aiguillettes.

AFFETTUOSO ou AFFETTO, mot italien qui indique que les morceaux de musique en tête desquels il est placé doivent être exécutés avec une expression tendre, douce, mélancolique ; le mouvement de ces morceaux est lent.

AFFEURAGE, ancien mot qui désignait le droit que le seigneur mettait sur les boissons et les autres denrées. C'était aussi la fixation du prix des denrées par le seigneur. Le mot *affeurer* signifiait *taxer, estimer, mettre à prix*.

AFFICHES, placards, feuilles écrites ou imprimées, que l'on applique le plus souvent au coin des rues pour donner de la publicité à une chose. Celles des simples particuliers doivent être de couleur. Celles publiées par le gouvernement et les sociétés savantes sont *blanches*. Les affiches furent autorisées pour la première fois en Angleterre par Charles Ier (1637). En 1638, Théophraste Renaudot fit paraître, sous le titre de *Bureau d'adresses*, les *Petites-Affiches de Paris*, qui cessèrent à sa mort, en 1653. Ce recueil quotidien, repris en 1715 et continué encore aujourd'hui, offre un assemblage exact de toutes les affiches intéressantes et des avis que les particuliers font publier.

AFFIDÉ (en latin, *affidatus*), nom donné au moyen âge, à celui qui s'était mis sous la protection d'un seigneur en lui prêtant serment de fidélité.

AFFINAGE, opération de chimie par laquelle on dépouille un corps des substances qui en altéraient la pureté. On appelle encore ainsi, 1° le chanvre qui est le plus long, le plus doux, le plus fin, le plus beau et le plus net. Il obtient ces qualités en passant par une très-grande quantité de peignes de fer très-déliés et très-fins ; 2° la dernière opération que l'on fait subir aux aiguilles, et qui consiste à aiguiser leur pointe sur une pierre ; 3° la dernière tonture que l'on fait subir aux draps. — *Affiner*, c'est rendre plus fin, plus délié, plus pur et moins grossier. En termes de relieur, *affiner un carton*, c'est le renforcer. *Affiner le verre*, c'est faire disparaître par l'action du feu les bulles ou les points que l'on remarque pendant la fusion.

AFFINERIE, lieu où l'on *affine*. On nomme ainsi, 1° une petite forge où l'on tire le fer en fil d'archal ; 2° du fer affiné et mis en rouleau pour faire divers ouvrages. — L'*affineur* est l'ouvrier qui affine.

AFFINITÉ, conformité, convenance, sorte de liaison ou de rapport qui existe entre deux choses. Les chimistes désignent par ce mot la force en vertu de laquelle des molécules de différente nature se combinent ou tendent à se combiner. L'*affinité d'agrégation* s'exerce entre des molécules homogènes, c'est-à-dire de même nature ; on la nomme plus souvent *cohésion*. L'*affinité de composition*, répond simplement au seul mot d'*affinité*. — On appelle encore *affinité* une sorte d'alliance que l'on contracte par le mariage avec les parents de sa femme, ou ceux de son mari. Il y a affinité entre deux beaux-frères. Le droit romain ne plaçait pas l'affinité comme un obstacle au mariage. Elle ne le devint qu'après le jurisconsulte Papinien, qui en fit le premier mention. La législation juive admettait, 1° qu'un frère ne pouvait épouser la veuve de son frère, à moins qu'il ne fût mort sans enfants. Alors il lui était au contraire ordonné de l'épouser ; 2° qu'un beau-père ne pouvait épouser la fille du fils ou de la fille de sa femme ; 3° qu'un homme ne pouvait avoir pour femmes en même temps les deux sœurs. — Les théologiens catholiques ont admis trois sortes d'affinité comme empêchement au mariage : 1° entre le mari et les parents de sa femme, et entre la femme et les parents de son mari ; 2° entre le mari et les alliés de sa femme, et entre la femme et les alliés de son mari ; 3° entre l'adoptant, ses parents ou alliés, et l'adopté, ses parents et alliés. Dans notre Code civil promulgué en 1803, les affinités qui mettent obstacle au mariage, sont celles de consanguinité au même degré, sont celles de beau-père et belle-mère, beau-fils et belle-fille, gendre et bru, beau-frère et belle-sœur.

AFFIRMATIFS (en latin, *affirmativi*), nom donné à ceux qui avouaient et soutenaient hardiment devant le tribunal de l'inquisition les opinions qui les avaient fait accuser.

AFFLEUREMENT, nom donné, 1° à l'extrémité d'une veine de houille, dans une mine ; 2° au point où deux substances de nature différente, telles que l'eau et le mercure, sont en contact. — *Affleurer* signifie *toucher, être en contact*. Une pièce de bois qui en joint une autre, et qui n'en dépasse pas la largeur ou l'épaisseur, l'*affleure* exactement partout. On dit alors que ces pièces *s'affleurent bien*.

AFFOLÉE se dit de l'aiguille aimantée d'une boussole, lorsqu'elle est dérangée de sa direction naturelle par le voisinage du fer, par un orage violent, ou par une cause étrangère quelconque qui oblige quelquefois à l'aimanter de nouveau. Elle n'est souvent affolée que pendant quelques instants ; dans ce cas, elle revient d'elle-même vers les pôles magnétiques.

AFFORAGE. Voy. FORAGE.

AFFOUAGE, droit qu'a un particulier, nommé *usager*, de prendre dans les terres d'un autre le bois nécessaire à son chauffage.

AFFOUAGEMENT, état de tous les feux ou ménages que l'on faisait autrefois en province, et dans tous les pays où les tailles étaient réelles, pour rendre facile la levée des impositions.

AFFOURCHE (ANCRE D'), ancre légère qui sert à *affourcher* un bâtiment. *Affourcher*, c'est mouiller (jeter à la mer) une deuxième ancre, de manière que les cordages qui retiennent les deux ancres forment entre eux une espèce de fourche. Le vaisseau retenu par les deux ancres qui ont des directions opposées ne change presque point de place, pendant les changements de marée ou de vent. L'action d'*affourcher* se nomme *affourchement*. — En termes de menuiserie ou de charpente, on dit *affourcher deux pièces de bois*, pour dire, les joindre par un double assemblage avec languette et rainure de l'une dans l'autre. — On nomme *câble d'affourche* le câble qui retient une ancre d'affourche.

AFFRAICHIE se dit du vent qui devient plus fort, plus frais.

AFFRANCHIS, nom donné chez les anciens aux esclaves qui recevaient de leurs maîtres la liberté. Chez les Grecs, les affranchis n'étaient pas considérés comme citoyens, et ne jouissaient d'aucun droit. Ils étaient tenus de rendre encore certains services à leurs anciens maîtres, sous peine de rentrer dans l'esclavage. Ceux-ci, de leur côté, leur devaient aide et protection. A Athènes, les affranchis payaient, comme les étrangers établis sur le territoire de la république, 12 drachmes par an. Ils quittaient le plus souvent leur nom d'esclaves. — A Rome, l'affranchi se nommait *libertus* s'il avait été d'abord esclave et puis affranchi, *libertinus* s'il était né de parents affranchis, et *ingenuus* si l'affranchissement de sa famille remontait à plus d'une génération. Il devenait citoyen, mais il était incapable d'exercer les hautes charges de l'Etat. On ne les employait comme soldats que dans les grandes extrémités. Les *liberti* et les *libertini* portaient un vêtement particulier. Les *ingenui* avaient l'oreille percée seulement, ce qui était le signe où l'on reconnaissait les affranchis. Les fils de ces derniers pouvaient devenir chevaliers. La forme usitée pour donner la liberté à un esclave se nommait *manumissio*. (Voy. AFFRANCHISSEMENT.)

AFFRANCHISSEMENT, l'action d'*affranchir*, d'exempter de tout esclavage ou de charges quelconques. C'est aussi l'effet de cette action. — Chez les anciens, l'*affranchissement* ou *manumission* était l'acte par lequel on rendait la liberté à un esclave. A Sparte, le peuple seul pouvait affranchir les esclaves ; il n'avait de ce droit que pour récompenser des services rendus aux citoyens ou à l'Etat. On déclarait l'esclave libre en lui mettant une couronne sur la tête. — A Athènes, le maître pouvait affranchir son esclave ; il le présentait à un archonte, et le déclarait libre en lui mettant la main sur la tête. Ensuite un héraut annonçait l'affranchissement au peuple. Quelquefois la république affranchissait un esclave, et lui accordait le droit de citoyen s'il y avait rendu de grands services. — A Rome, l'affranchissement commença sous Servius Tullius. Les maîtres affranchissaient eux-mêmes leurs esclaves, 1° par le *cens* (per *censum*). L'esclave que son maître voulait affranchir n'avait qu'à inscrire son nom sur les registres publics (*cens*) et à déclarer son bien ; 2° par la baguette (*per vindictam*). Le maître allait devant le consul ou le préteur, le proconsul ou le propréteur, et lui proposait par une formule d'usage de donner la liberté à son esclave. Si le magistrat y consentait, il le déclarait libre en lui frappant la tête avec une baguette, puis le maître ou le licteur le frappait sur la joue et lui faisait signe de la main qu'il était libre de s'en aller ; 3° *par testament*, le maître déclarait dans son testament qu'il accordait la liberté à son esclave. On affranchit dans la suite par *lettres* ; ou bien en déclarant l'esclave libre devant cinq témoins, ou en le faisant manger à sa table. Les esclaves affranchis se coupaient les cheveux et recevaient un bonnet, le *pileum*, comme signe de liberté ; alors ils choisissaient un prénom et faisaient précéder leur nom de celui de leur patron. — *Pour l'affranchissement des communes*, voy. COMMUNES.

AFFRÉTER, convenir d'un prix pour le louage d'un bâtiment, passer une convention avec le propriétaire d'un navire pour s'en servir à tant par tonneau, par mois ou par voyage. Il ne faut pas confondre ce mot avec *fréler* ; c'est le propriétaire qui *frète*, qui loue son bâtiment. L'action d'affréter se nomme *affrètement*.

AFFRY (Louis-Auguste-Philippe, comte D'), né à Fribourg en 1743. Destiné de bonne heure à la carrière militaire, il suivit son père à la Haie, comme gentilhomme d'ambassade, devint ensuite adjudant dans la garde française, et s'éleva jusqu'au grade de lieutenant général. Il commanda l'armée du Haut-Rhin en cette qualité jusqu'au 10 août 1792. Il se retira à cette époque à Fribourg, fut adjoint au conseil secret de cette ville, et, en 1798, nommé commandant des forces militaires. Quand les Français se furent emparés de Fribourg, il fut nommé membre du gouvernement provisoire. Il ne prit aucune part à la révolution de 1801 et de 1802, et fut nommé député à Paris quand Bonaparte y appela les Suisses pour leur offrir sa médiation. L'acte de médiation lui fut remis en 1803, avec le titre de premier landamman. Affry fut souvent envoyé à Paris comme député de sa nation. Il mourut en 1810.

AFFUSION, action de verser un liquide sur un corps quelconque. Les *affusions* d'eau froide sur le corps d'un malade sont de nos jours employées fréquemment comme un moyen perturbateur dans plusieurs maladies, et notamment dans les fièvres très-fortes et du mauvais caractère.

AFFUT, assemblage de pièces de charpente sur lequel on monte un canon, et qu'on fait mouvoir par le moyen de deux roues. Cet affût se nomme aussi *affût à rouage* pour le distinguer des *affûts de places* et des *affûts marins*, qui, au lieu de roues ordinaires, n'ont que des roulettes pleines qui suffisent pour faire mouvoir le canon sur un rempart ou sur de petits espaces. L'affût sur lequel on place les mortiers se nomme *affût de mortiers*, et il n'a point de roues. En marine, les affûts sont faits de bois d'orme. Ils ont une dimension déterminée d'après les canons qu'ils doivent porter. — En termes de chasse, l'*affût* est l'endroit où le chasseur se cache avec un fusil armé, pour attendre le gibier à la sortie d'un bois, ou le mettre pour l'attendre à la rentrée. — *Affûter* est l'action de pointer un canon, de le disposer à tirer. Il signifie aussi mettre le canon sur son affût. L'*affûtage* est l'art d'affûter les canons.

AFGHANISTAN, pays de 32,445 lieues carrées, situé entre le Turkestan, le Thibet et l'Indoustan, et dont la capitale est *Kaboul*. Sa population s'élève à 14,000,000 d'habitants. Ce pays appartient depuis 1823 à Rundjet-Sing, roi de Lahore. Les Afghans ou Patans sont petits, mal faits, mais nerveux et robustes, et appartiennent à la souche des anciens Mèdes. Ils sont nomades et vivent de brigandages.

AFILAGER, nom donné à Amsterdam (Hollande) à un officier qui préside aux ventes publiques. C'est ce que nous appelons *commissaire-priseur*.

AFRANCESADOS ou JOSÉPHINOS, Espagnols qui jurèrent d'observer et de maintenir la constitution que le roi Joseph Bonaparte leur avait donnée en 1808. Ferdinand VII, à son retour en 1814, défendit aux afrancesados qui avaient émigré de rentrer dans leur patrie : ce ne fut qu'en 1820 qu'on leur accorda une amnistie, et que les cortès leur rendirent la jouissance de leurs biens seulement.

AFRANIUS (L.), poëte comique latin, vivait environ 180 ans avant J.-C. Cicéron et Horace louaient la finesse de son esprit et la facilité de son style. Afranius n'empruntait pas ses sujets au théâtre grec, comme l'avaient fait ses devanciers ; mais il s'attacha à peindre les coutumes de son temps et de son pays. Il ne reste de cet auteur que quelques fragments.

AFRICAIN (Sexte Jules), historien latin, né dans la Palestine vers l'an 218 de J.-C. Il embrassa le christianisme en 231. Il écrivit une chronique depuis le commencement du monde jusqu'à l'an 221 de J.-C., dans laquelle il soutenait qu'il s'était écoulé 5,500 ans depuis la création jusqu'à Jules César. On a de cet auteur quelques fragments, ainsi qu'une lettre à Aristide, où il concilie les apparentes contradictions qui semblent se trouver dans les généalogies de Jésus-Christ, données par saint Luc et saint Matthieu.

AFRIQUE, un des trois continents de l'ancien monde, formant une presqu'île réunie à l'Asie par l'isthme de Suez. Sa superficie est de 1,200,000 lieues carrées, renfermant une population de 100 à 110 millions. Ses fleuves sont le Nil, le Niger, le Zaïre, le Sénégal et la Gambie. Elle se divise en trois parties : la partie septentrionale, renfermant la Barbarie, le Sahara, l'Egypte, la Nubie et le royaume de Sennaar ; la partie du milieu renferme la Guinée, la Sénégambie, la Nigritie, l'Ethiopie ou Abyssinie, le Benin, le Congo ; la partie méridionale comprend la Cafrerie, le pays des Hottentots, le Monomotapa, le Zanguébar, etc. Tous les peuples de l'Afrique sont noirs ou basanés ; c'est d'eux que l'on tire les esclaves qui sont vendus dans les colonies. Ce pays, inculte et désert dans sa plus grande étendue, est fertile dans quelques contrées, il produit de l'or, de l'ivoire, de la gomme, etc.... Il paraît être la patrie originaire des lions et autres animaux féroces.

AFRIQUE ou AFFRIQUE (SAINT-), sur la Sorgue, chef-lieu d'arrondissement du département de l'Aveyron, à 14 lieues de Rhodez. Population, 6,636 âmes. Saint-Affrique est une ville ancienne qui en 1357 fut fortifiée et devint une des places principales des calvinistes. Le prince de Condé l'assiégea en vain en 1628 ; mais, en 1629, elle se soumit à Louis XIII ; depuis cette époque, elle n'a pas joué de rôle politique, mais elle a pris une grande extension sous le rapport commercial. Saint-Affrique a de belles fabriques de draps, molletons, couvertures, fromages. Cette ville a un tribunal de première instance et de commerce.

AGA, nom donné chez les Orientaux, mais particulièrement chez les Turks, à celui qui est chargé d'un commandement spécial. Le mot est ainsi synonyme de *commandant*, *chef* ou *gardien*. On nomme principalement *aga* le chef d'une troupe d'infanterie. L'aga des janissaires avait jadis une puissance presque égale à celle du grand vizir. Le nom d'*aga* est aussi un titre de politesse.

AGABE, l'un des soixante-douze disciples de Jésus-Christ. Venu de Jérusalem à Antioche, il prédit une terrible famine qui arriva l'an 45 de J.-C. ; il annonça aussi à saint Paul qu'il serait pris par les Juifs et livré aux gentils. Il mourut martyr à Antioche. Les Grecs font sa fête le 8 mars, les Latins le 13 février.

AGACEMENT DES DENTS, sensation pénible et désagréable, produite par le contact des acides sur les dents ou par le souvenir d'un tel contact. On nomme *agacement des nerfs* une irritation légère des nerfs, et particulièrement des organes des sens et de la locomotion.

AGALARI (c'est-à-dire *favori*), nom donné à des pages attachés au service immédiat de la personne de l'empereur turk. Ils sont au nombre de quarante. On les prend parmi les *icoglans*, et il n'est pas rare de les voir s'élever aux plus hautes dignités.

AGALLOCHE. Voy. AQUILAIRE.

AGA-MAHMED, empereur de Perse, né en 1738 dans le Khoraçan. Il échappa seul au massacre de sa famille égorgée par Thamas Khoulikan. Dans la suite, il parvint à monter sur le trône après avoir réprimé par de longues guerres les prétentions de ses frères utérins. Il combattit avec succès les tentatives des Russes, et mourut vers 1788.

AGAME. On appelle ainsi, en botanique, les plantes privées d'organes sexuels, telles que les mousses, les champignons. Elles se distinguent des *cryptogames*, en ce que ces dernières ont des organes générateurs voilés par des téguments particuliers. — C'est aussi le nom d'un genre de reptiles sauriens, originaires des parties les plus chaudes des deux continents, et semblables aux lézards.

AGAMEMNON, roi de Mycènes et d'Argos, fils d'Atrée et frère de Ménélas. Il fut nommé chef de l'armée grecque au siège de Troie, et équipa cent vaisseaux. Sa dispute avec Achille fait le sujet de l'Iliade. A son retour, il fut assassiné par son épouse Clytemnestre et son amant Egysthe (1183 ans avant J.-C.).

AGAMI, genre d'oiseaux de la famille des grues, de la taille d'un faisan, et dont les habitudes les rapprochent des gallinacés. Originaires des régions les plus chaudes de l'Amérique méridionale, ils peuvent facilement être réduits à l'état de domesticité. On s'en sert pour veiller sur les troupeaux, et pour remplacer les chiens dont ils ont la fidélité.

AGANIPPE, fontaine célèbre de la Béotie, qui prenait sa source au pied de l'Hélicon et se jetait dans le fleuve Permesse. Les anciens l'avaient consacrée aux Muses, qui de là étaient nommées *Aganippides*.

AGAPES ou REPAS DE CHARITÉ, festins que les chrétiens de la primitive Eglise faisaient en commun. Ils avaient lieu le soir, dans l'église, avant la communion, en mémoire du dernier repas que Jésus-Christ fit avec ses disciples, lorsqu'il institua l'eucharistie. On s'y donnait le baiser de paix. Les riches faisaient les frais de ces festins. Saint Paul les fit remettre après la communion. Ils furent défendus par le concile de Gangres, au IVe siècle, à cause des abus qui s'y étaient introduits.

AGAPET (Saint). Deux papes ont porté ce nom ; le premier succéda à Jean II, en 535 ; il lutta quelque temps contre l'empereur Justinien, et mourut en 536. Il a laissé quelques *lettres*. On fait sa fête le 20 septembre. Le second succéda à Martin II, en 946, et mourut en 956.

AGAPÈTES, nom donné, dans la primitive Eglise, aux vierges qui vivaient en communauté sans faire aucun vœu. Elles se livraient à des pratiques de religion. Elles furent supprimées sous Innocent II, au concile de Latran, à cause de la licence et des dé ordres qui s'y étaient introduits parmi elles.

AGAR, servante égyptienne de Sara épouse d'Abraham, qui la prit pour femme de second ordre, et en eut Ismaël. Mais, s'étant moquée de sa maîtresse qui était stérile, elle fut chassée et revint dans sa patrie.

AGARÈNES ou AGARÉNIENS, descendants d'Ismaël, qui habitaient dans l'Arabie. On les appelle encore *Ismaélites*, *Sarrasins*, *Arabes*, etc.

AGARIC, genre très-nombreux en espèces, renfermant des champignons caractérisés principalement par leur chapeau distinct du pédicule, garni inférieurement de lames nombreuses. Les agarics croissent dans les lieux humides et ombragés, dans les prairies, les fumiers, les troncs d'arbres, les caves et les bois pourris. Peu d'agarics figurent sur les tables ; un très-grand nombre d'espèces est vénéneux. L'*agaric comestible* ou *champignon de couche* est le plus usité et le seul que l'on permette de vendre à Paris. Le pédicule est haut d'un à deux pouces, le chapeau est convexe, lisse, garni en dessous de feuillets d'un rose terne et qui noircit en vieillissant. La couleur générale est d'un blanc brunâtre ; l'odeur et le goût sont très-agréables. L'*agaric styptique* est de couleur jaune cannelle; le pédicule est conique, long de huit à dix lignes ; le chapeau est hémisphérique, ressemblant à une oreille d'homme, et ayant un pouce de diamètre. Cet agaric est très-vénéneux; on le rencontre sur les vieux bois. L'*agaric caustique*, de couleur rouge, a le pédicule jaunâtre haut d'un à deux pouces : c'est un poison dangereux. L'*agaric brûlant*, de couleur jaune sale, a le pédicule long de cinq à six pouces, cylindrique ; le chapeau est large de deux pouces ; les feuillets sont bruns. Cet agaric est très-vénéneux, et croît dans les bois humides, sous les feuilles mortes. L'*agaric mousseron*, de couleur blanc sale, a le chapeau presque globuleux et les feuillets blancs ; la chair est blanche, charnue, cassante, et d'odeur agréable. On trouve ce champignon dans les bois ; il est très-estimé, ainsi que le *faux-mousseron*, l'*agaric élevé* et l'*agaric annulaire*. — *Agaric amadouvier*, de chêne. Voy. BOLET et AMADOU.

AGARIC BLANC ou DES BOUTIQUES, substance blanche, spongieuse, qui était très-employée jadis en médecine comme vomitive et purgative. On ne s'en sert plus que chez les vétérinaires. Elle est produite par un champignon du genre *bolet*, et nous vient du Levant, de la Dauphiné ; on la nomme aussi *agaricon*.

AGARIC MINÉRAL ou CHAUX CARBONATÉE SPONGIEUSE, substance minérale blanche, légère, friable à l'état sec, à filaments très-fins, que l'on trouve le plus souvent dans les fentes des roches calcaires. Elle est commune en Suisse, et l'on s'en sert pour blanchir les maisons. On la nomme vulgairement *lait de lune*, *farine fossile*, *lait de montagne*, *moelle de pierre*, *guhr calcaire*, etc.

AGARICOIDES, section de la famille des *champignons*, renfermant des végétaux qui ont pour caractère une membrane ou résident les graines, disposée en lames, à la surface inférieure du chapeau, ou à la surface du champignon entier, quand le chapeau n'est pas distinct. Cette section comprend les genres *agaric*, *amanite*, *mérule*, etc.

AGATHE ou ACATE, pierre précieuse siliceuse, dure, et susceptible de recevoir un beau poli. Sa cassure est ondulée, douce et onctueuse ; ses couleurs sont vives et brillantes. Les agathes sont très-recherchées des bijoutiers. Leurs espèces sont très-nombreuses ; les principales sont la calcédoine, l'onyx, la sardoine et la cornaline ; mais la plus belle de toutes est l'onyx. On nomme *agathe œillée*, celle dont les couches sont circulaires ; *agathe jaspée*, celle qui est mêlée avec du jaspe ; *agathe herborisée* ou *arborisée*, celle qui offre dans l'intérieur de sa pâte des représentations d'arbres ou d'herbes ; *agathe mousseuse*, celle dont l'intérieur semble renfermer de la mousse ; *agathe enhydre*, celle qui contient des gouttelettes d'eau. — On nomme encore *agathe*, 1° tout objet fait en agathe ; 2° les représentations de quelque chose que ce soit en agathe ; 3° un instrument dans le milieu duquel est enchâssée une agathe, et qui sert à brunir l'or.

AGATHE (Sainte), née à Palermo, fut martyrisée le 5 février 251, sous l'empire de Dèce, par ordre du gouverneur de Sicile Quintien, qui ne put s'en faire aimer, ni changer ses croyances. Pendant les irruptions du volcan du mont Etna, les habitants de Catane opposent aux flammes le voile qui recouvre le corps de sainte Agathe.

AGATHIAS, historien grec, né à Myrine (Asie-Mineure), vécut au VI<sup>e</sup> siècle. Il exerçait la profession d'avocat. Agathias écrivit une *Histoire du règne de Justinien*, en cinq livres. Cette histoire fait partie de la collection byzantine. Cet auteur avait écrit une *Anthologie d'épigrammes grecques*, laquelle ne nous est pas parvenue.

AGATHOCLE, né vers 369 avant J.-C. Fils d'un potier, il exerça d'abord la même profession que son père, devint chef de brigands, puis tyran de Syracuse, où il fit périr 4,000 hommes. Il porta la guerre en Afrique, et la continua jusqu'à sa mort, arrivée l'an 285 avant J.-C. Il avait régné vingt-huit ans.

AGATHODÆMON ou AGATHODÉMON (myth.), le bon génie chez les Egyptiens, le même qu'*Oromaze* chez les Perses. On l'adorait sous l'emblème d'un serpent.

AGATHON (Saint) le *Thaumaturge*, né à Palerme. Après avoir donné tous ses biens aux pauvres, il embrassa la vie ecclésiastique, devint religieux bénédictin, et fut élu pape après Domnus, en 679. Il condamna l'hérésie des monothélites, convoqua le sixième concile général à Constantinople (680), affranchit le saint-siége du tribut qu'il payait auparavant aux empereurs d'Orient, à la réception du nouveau pontife, et mourut en 682. Son successeur fut Léon II. Les Grecs l'honorent le 20 février, les Latins le 10 janvier.

AGAVE, plante grasse, de la famille des broméliacées, au tronc cylindrique et creux, s'élevant jusqu'à trente pieds, aux feuilles épaisses, embrassant la tige. Les deux espèces les plus utiles sont : 1° l'*agave américaine*, dont on extrait des fils très-forts et très-souples, ayant l'utilité et les propriétés du chanvre ; 2° l'*agave du Mexique*, qui, possédant les mêmes avantages que la précédente, a de plus celui de fournir par ses feuilles une liqueur douce, sucrée, vineuse et enivrante, très en usage au Mexique.

AGDE, sur la rive gauche de l'Hérault, chef-lieu de canton du département de ce nom, à 5 lieues et demie de Béziers. Population, 8,202 âmes. Agde est l'ancienne *Agatha*, fondée par les Phocéens de Marseille. Elle fit partie de la Gaule narbonnaise et appartint, au V<sup>e</sup> siècle, à la Septimanie. Elle est située près d'un ancien cratère de volcan, et possède un port qui peut contenir 450 vaisseaux, placé à l'embouchure du canal du Midi. Cette ville est très-commerçante, et exporte des grains, des farines, des vins. Elle produit de la soie, du vin, de l'huile, des liqueurs, etc.

AGE, nombre d'années déterminé. On nomme encore ainsi diverses périodes dont l'ensemble constitue la vie de l'homme. On est dans l'usage de les mesurer par le nombre des années, des mois, des jours. Les physiologistes distinguent quatre âges : 1° l'*enfance*, depuis un an jusqu'à 14 ; divisée en *première enfance* (l'*infantia* des Latins), en *seconde enfance* ou *puérilité* (*pueritia*) ; la première enfance se termine à 7 ans ; la deuxième finit à 14 ou 15 ans pour les garçons, à 11 ou 12, pour les filles ; 2° l'*adolescence* ou *âge de puberté* (*adolescentia*), qui commence à l'époque où finit le précédent et se termine à 25 ans pour les hommes, à 20 pour les femmes ; 3° l'*âge adulte* ou *de la virilité* (*virilitas*), où le corps humain a acquis son entier développement, et pendant lequel la nature paraît stationnaire. Cet âge dure jusqu'à 60 ans ; 4° enfin la *vieillesse* (*senectus*), qui commence à 60 ans et se termine par la décrépitude et la mort. D'autres physiologistes ont distingué trois âges : 1° l'*âge d'accroissement* (de un à 25 ans), comprenant l'*enfance* et l'*adolescence* ; 2° l'*âge stationnaire* (de 25 à 60), correspondant à l'*âge adulte* ; 3° l'*âge de décroissement*, se rapportant à la vieillesse. La première division est la plus généralement adoptée. (*Voy*. le nom de chaque âge.) — On nomme *âge critique*, chez les femmes, l'époque de leur vie où l'écoulement des menstrues vient à cesser.

AGE (chronol., myth.). Les chronologistes appellent *âges* diverses périodes d'années, dans lesquelles ils classent les événements du monde. Les poëtes anciens ont divisé l'âge du monde en quatre parties : 1° l'*âge d'or*, qui embrasse les premières années du genre humain ; ce fut le règne de l'innocence et de la justice. Les hommes étaient sages et heureux. La terre produisait sans culture, et des fleuves de lait et de miel coulaient de toutes parts ; 2° l'*âge d'argent*, où les hommes commencèrent à dégénérer de cet heureux état ; alors l'année fut divisée en saisons, et la terre eut besoin de culture ; 3° l'*âge d'airain*, pendant lequel la corruption augmenta ; cet âge vit les premiers crimes et les premiers combats ; 4° enfin l'*âge de fer*, où cette corruption parvint au plus haut point, et qui est signalé par le débordement de tous les vices, de tous les crimes et de toutes les misères humaines. Cet âge se continue encore. — La plupart des chronologistes ont divisé en sept âges la durée du monde depuis sa création jusqu'à nos jours. Ceux qui suivent la version des Septante comptent le *premier âge*, depuis la création jusqu'au déluge (cet âge comprend 2,256 ans ; le *deuxième âge*, depuis le déluge jusqu'à la vocation d'Abraham (1,257 ans) ; le *troisième âge*, depuis la vocation jusqu'à la sortie d'Egypte (430) ; le *quatrième âge* se termine à la fondation du temple de Salomon (873) ; le *cinquième âge* va à la destruction de la monarchie juive par Nabuchodonosor (470); le *sixième âge* se termine à la naissance du Christ (586) ; le *septième* part depuis cette naissance, se continuant encore. Ainsi, d'après ces chronologistes, il y aurait 5,872 ans depuis la création jusqu'à Jésus-Christ. Ils se fondent sur le calcul de l'âge des patriarches, des rois, des juges, etc., qui ont gouverné Israël, et de toutes les dates fournies par la Bible. D'après le père Pétau, le monde est âgé de 5,825 ans, dont 3,983 avant J.-C. ; d'après le père Labbe, le monde a 5,891 ans, dont 4,053 avant J.-C. On a plus de deux-cents chiffres donnés par autant de chronologistes sur l'âge du monde. Tous varient entre eux. Les chiffres les plus élevés sont celui des Indiens, qui donnent au monde 15,002,146 ans ; celui des Egyptiens, 2,014,816 ; de Buffon, 38,907. Newton comptait 5,338 ans ; saint Augustin, 7,189 ; Alphonse X, roi de Castille, 8,822 ; Bède (le Vénérable), 7,037 ; saint Jérôme, 5,779 ; Képler, 5,822 ; etc. On est aussi incertain sur l'âge du monde à la venue de Jésus-Christ. Alphonse comptait 6,984 ans ; saint Augustin, 5,351 ; saint Jérôme, 3,941 ; Képler, 3,984, ainsi que le père Pétau. L'opinion la plus répandue est que le monde est âgé de 6,000 ans. — Les historiens comprennent quatre âges : l'*âge ancien*, commençant à la création et se terminant à l'an de J.-C. 476 ; le *moyen âge*, commençant à la chute de l'empire d'Occident (476) et se terminant à la prise de Constantinople, par Mahomet II, empereur turk (1453) ; l'*âge moderne*, depuis 1453 jusqu'en 1789 ; l'*âge récent*, depuis la révolution française de 1789, jusqu'à nos jours.

AGE DE LA LUNE. C'est le nombre de jours écoulés depuis la nouvelle lune.

AGEN, chef-lieu du département de Lot-et-Garonne, à 183 lieues de Paris, sur la rive droite de la Garonne. Cette ville renferme de très-belles manufactures ; sa population est de 11,000 habitants. C'est l'ancienne *Agennum Nitiobrigum*. Elle a une cour royale, un évêché, un tribunal de première instance et de commerce, une société des sciences et un collége royal. Elle commerce en toiles, en fil et en coton, en indiennes, serges, molletons prunes et figues renommées, cotonnades, raisins secs, etc.

AGÉNOIS, ancienne division de la Guienne, ainsi nommée d'*Agen* sa capi tale. Habité jadis par les *Nitiobriges*, puis conquis par les Romains, l'Agenois fut souvent dévasté par les incursions des Vandales, des Visigoths, des Sarrasins et des Normands. Dans la guerre des Albigeois, ce pays se déclara en faveur du comte de Toulouse. Il fut réuni en 1271 à la couronne. Abandonné aux Anglais en 1279, il fut réuni pour la deuxième fois au domaine royal par Charles VII (1451). L'Agenois forme aujourd'hui le département de *Lot-et-Garonne*.

AGÉNOR (myth.), roi de Phénicie, fils de Neptune et de Libye, et père de Bélus, roi des Babyloniens. Il épousa Téléphassa, dont il eut *Cadmus*, *Phénix*, *Thasus*, *Cilix* et une fille, *Europe*. Le premier bâtit Thèbes, dans l'Égypte (1490 ans avant J.-C.), et en devint roi; Phénix donna son nom à la Phénicie; Cilix, à la Cilicie; Thasus, à la ville de Thase. Europe eut la gloire de donner le sien à la partie du monde où devaient prendre naissance l'industrie et la civilisation.

AGENT, nom donné en général à une puissance qui *agit*, qui opère ou tend à opérer un effet. Ainsi l'on dit : la vapeur est un agent. — En médecine, on nomme *agents morbifiques* les causes des maladies, et *agents thérapeutiques* les moyens de les traiter. — On appelle encore *agent* ou *agent d'affaires* une personne qui agit pour autrui, qui dirige les affaires d'une autre personne ou d'une communauté. L'*agent d'un prince* est celui qui fait les affaires de ce prince à la cour d'un autre prince, sans caractère public. On nomme *agents du gouvernement* ceux que le gouvernement charge de quelque mission ou opération; *agent de change* ou *de banque*, un entremetteur entre les négociants et les banquiers, pour le commerce de l'argent; *agent comptable*, la personne assujettie à rendre des comptes. Il y a encore des *agents de police*, *de faillite*, *diplomatiques*, etc. — Dans quelques provinces de France, on nomme *agents voyers* des employés chargés, 1º de présider à l'entretien ou à la rectification des chemins vicinaux de grande communication existants; 2º de dresser les projets et devis de ceux de ces chemins qui sont encore à ouvrir, et d'en diriger et surveiller l'exécution; 3º de l'examen des projets relatifs aux chemins vicinaux des communes, dressés par les hommes de l'art étrangers à leur service, commis par les maires pour des travaux de faible importance. Les agents voyers sont de première ou de deuxième classe.

AGENT MUNICIPAL, nom donné sous la république à un officier nommé par les communes d'une population au-dessous de 5,000 habitants, pour exercer les fonctions municipales. La réunion des agents municipaux de chaque commune formait la municipalité du canton, à la tête de laquelle était un président nommé dans tout le canton par l'assemblée primaire.

AGÉSILAS. Deux rois de Sparte ont porté ce nom. AGÉSILAS Iᵉʳ, le cinquième dans l'ordre des rois de cette ville, était fils de Doryssus. Il monta sur le trône l'an 928 ou 957 avant J.-C., et régna quarante-quatre ans. Il eut pour fils et successeur Archélaüs. — AGÉSILAS II, deuxième fils d'Archidamus, devint roi l'an 390 avant J.-C., après la mort de son frère Agis. Il soutint les Ioniens contre les Perses, lutta contre Thèbes et Colophon, et fit résister à Pélopidas et Epaminondas. Il mourut l'an 360 avant J.-C., au retour d'une guerre qu'il fit en Égypte.

AGÉSIPOLIS. Trois rois de Sparte ont porté ce nom. AGÉSIPOLIS Iᵉʳ, fils de Pausanias, lui succéda en 394 avant J.-C., fit la guerre aux Olynthiens, commanda plusieurs expéditions contre les Argiens et les Arcadiens. Il mourut en 380 avant J.-C. — AGÉSIPOLIS II, fils et successeur de Cléombrote, ne régna qu'un an, et mourut en 370 avant J.-C. — AGÉSIPOLIS III fut élevé sur le trône l'an 219 avant J.-C., et mis sous la tutelle de Cléomènes et de Lycurgue. Ce dernier le déposséda, et le força à chercher un asile dans le camp des Romains, l'an 195 avant J.-C.

AGGÉE, le dixième des douze petits prophètes, commença à prophétiser après le retour des Juifs de la captivité, vers l'an 520 avant J.-C. Il encouragea les Juifs à rebâtir le temple. Les Latins honorent sa mémoire le 26 juillet, les Grecs le 16 décembre.

AGGERHUS, diocèse ou gouvernement de Norwége, de 265 lieues carrées, et de 394,605 habitants. Quoique montagneux et boisé, il est fertile en productions, en mines de fer, marbre et argent. Ce gouvernement fait partie du Sœndenfields, partie de la Norwège située au S. des montagnes. Il renferme six baillages, savoir : ceux d'*Aggerhus*, *Smaalehnene*, *Hedemarken*, *Christian*, *Buskerud* et *Grerskabern*. (Ce dernier gouvernement comtés de *Laurwig* et de *Iarlsberg*.) Le diocèse d'Aggerhus, le plus peuplé de la Norwège, renferme des mines de fer, cuivre, argent, cobalt, alun et sel. On y trouve aussi des tanneries, des verreries et des scieries de bois. La capitale du diocèse est *Christiania*.

AGGLUTINATIFS ou AGGLUTINANTS, nom donné aux médicaments sous forme d'emplâtres, lesquels ont la propriété de s'attacher fortement à la peau. Tel est le *diachylon* gommé. On en taille des bandelettes qui sont usitées souvent dans les opérations chirurgicales pour rejoindre les parties divisées.

AGGLUTINATION, terme de médecine. Action de réunir les parties du corps séparées par une plaie, par une coupure. — C'est aussi l'action des remèdes *agglutinatifs*. — *Agglutiner*, c'est réunir les chairs les peaux, les consolider. *S'agglutiner* c'est se joindre ensemble.

AGGRAVATION ou AGGRAVE était, dans l'ancienne discipline de l'Église, un degré de l'excommunication. Elle interdisait à l'excommunié le commerce de la vie civile avec les fidèles, et précédait la *réaggravation* ou *réaggrave*, qui était le plus haut degré de l'excommunication. L'aggrave et le réaggrave se publiaient au son des cloches, avec des cérémonies lugubres et terribles. Dès le commencement du XVIIIᵉ siècle, on nomma *aggrave* une censure ecclésiastique, une menace d'excommunication, après trois monitions ou avertissements de se soumettre à l'Église. Après l'aggravation, on procède à la réaggravation, qui est l'excommunication définitive.

AGHLABITES, califes africains élevés sur les ruines de la puissance des califes de Bagdad. Ils régnèrent cent huit ans (de 800 à 908). Leur chef fut Ibrahim Ben-Agleb, et leur capitale, *Kairoan*.

AGIAM-OGLANS ou AGEM-OGLANS. Voy. AZAMOGLANS.

AGIASME, cérémonie de la bénédiction de l'eau dont les prêtres de l'Église grecque aspergent le peuple, le premier dimanche de chaque mois. Elle n'a pas lieu en janvier; en septembre, elle est remise au quatorzième jour du mois.

AGIDES ou EURYSTHÉNIDES, nom donné aux rois descendants d'Agis, fils d'Eurysthène, qui partagèrent le trône avec les Proclides ou Euryopontides. On en compte trente et un, depuis Eurysthène jusqu'à Agésipolis III, sous qui la royauté fut abolie (1104 à 219 avant J.-C.). — On nomme aussi *Agides* les princes de la famille d'Agis.

AGIO, bénéfice que produit l'argent sur les *lettres de change* ou sur les *papiers de banque*, c'est-à-dire, excédant qu'on prend sur la somme indiquée par ces lettres ou ces papiers, pour se dédommager de la perte qu'il pourrait y avoir à faire. — Ce mot signifie encore le bénéfice que présente une monnaie sur une autre, dû à la concurrence d'après laquelle une espèce de monnaie est plus recherchée qu'une autre. Ce genre de commerce cesse d'être licite, quand les négociants, des compagnies, etc., emploient, pour faire baisser ou hausser le taux à leur avantage, des moyens réprouvés par la loi.

AGIOGRAPHES. Voy. HAGIOGRAPHES.
AGIOSIDÈRE. Voy. HAGIOSIDÈRE.
AGIOTAGE, métier de ceux qui font des opérations secrètes, pour produire, à leur avantage et contrairement aux lois, une hausse ou baisse subite des effets publics. L'existence de l'agiotage est un signe d'embarras dans le commerce ou dans les finances de l'État.

AGIS. Quatre rois de Sparte ont porté ce nom. AGIS Iᵉʳ, chef de la tige des *Agides*, succéda l'an 1059 avant J.-C. à son père Eurysthène, et régna un an. — AGIS II, de la race des Proclides, fils et successeur d'Archidamus, régna l'an 427 avant J.-C. avec Pausanias. Il combattit avec succès les Athéniens et les Argiens pendant la guerre du Péloponèse, et mourut en 397 avant J.-C. — AGIS III, de la race des Proclides, fils d'Archidamus III, monta sur le trône en 338 avant J.-C.; il souleva le Péloponèse contre Alexandre le Grand. Vaincu par Antipater, général d'Alexandre, il mourut de ses blessures, l'an 324 avant J.-C. — AGIS IV, roi de Sparte, succéda à son frère Eudamidas II (243 ans avant J.-C.). Il tenta de remettre en vigueur les lois de Lycurgue, et voulut abolir les dettes et prescrire la communauté des biens; mais il échoua dans ses desseins par la perfidie de ceux à qui il avait accordé sa confiance. Arraché d'un temple où il s'était réfugié, il fut étranglé par ordre des éphores, 230 ans avant J.-C.

AGISSANTE (méd.), nom donné au système de médecine qui prescrit des remèdes énergiques. L'on nomme *médecine expectante* le système qui se borne à éloigner les circonstances qui pourraient aggraver la marche des maladies, et à prescrire des moyens peu actifs. Le mot médecine est employé en ce sens comme synonyme de *thérapeutique*. Aucune de ces méthodes ne peut s'appliquer à tous les cas. Il faut savoir discerner les cas où il faut agir, et ceux où il ne faut rien faire. En général, la médecine expectante convient dans les maladies qui paraissent devoir se terminer heureusement, et la médecine agissante dans celles dont l'issue est nécessairement fâcheuse ou incertaine.

ACLA, mot cabalistique et mystérieux, employé surtout chez les musulmans. Prononcé en se tournant vers l'orient, il fait retrouver les choses perdues, découvre ce qui se passe aux pays lointains, et opère encore mille autres semblables merveilles.

AGLABITES. Voy. AGHLABITES.

AGNADEL (BATAILLE D'), célèbre bataille gagnée près du village d'Agnadel, à 3 lieues de Milan, en Italie, par Louis XII, roi de France, sur les Vénitiens, commandés par Barthélemi de l'Aviane, le 14 mai 1509. L'armée ennemie était forte de 30,000 hommes d'infanterie et de 7,000 cavaliers; les Français avaient 18,000 fantassins et 2,000 gendarmes d'ordonnance. Les Vénitiens perdirent dans cette journée 8,000 morts, 15,000 prisonniers, 36 canons et les bagages. L'Alviane fut fait prisonnier.

AGNANO, lac du royaume de Naples, dans la province de Labour, près duquel se trouve la *grotte du Chien*, ainsi nommée parce que les vapeurs qui s'exhalent de son sein peuvent donner la mort à un chien.

AGNATI, nom que donnaient les Romains, 1º aux citoyens de la même famille ; 2º à ceux qui étaient alliés à la famille du côté paternel, pour les distinguer de ceux qui lui étaient alliés du côté maternel, que l'on nommait *cognati*.

AGNATS, terme de droit. Collatéraux qui descendent par mâles d'une même souche masculine. L'agnation est la parenté ou consanguinité entre les mâles descendants d'un même père.

AGNEAU, produit de l'accouplement d'une brebis et d'un bélier : après un an, l'agneau prend le nom de *bélier* ou de *mouton*. Sa chair est tendre, délicate, gélatineuse, mais laxative.

AGNEAU DE SCYTHIE ou DE TARTARIE. Voy. BAROMETZ.

AGNEAU PASCAL, (FÊTE DE L'), la plus

grande solennité des Israélites, instituée par Moïse en mémoire de la sortie d'Égypte et du passage de la mer Rouge. Elle avait lieu au mois de nisan (mars), tous les ans. Le dixième jour du mois, chaque famille choisissait un agneau ou un chevreau, qui devait être de l'année, mâle et sans défaut; on le gardait jusqu'au quatorzième jour. Ce jour-là on le tuait après midi, et la nuit suivante on le mangeait avec du pain sans levain et des laitues amères. Il n'était pas permis d'en rien conserver pour le lendemain, ni d'en rien emporter hors de la maison. On brûlait tout ce qui restait. L'on mangeait à la hâte, les reins ceints, ayant aux pieds une chaussure de voyage et un bâton à la main, pour indiquer le voyage des Hébreux.—La coutume de manger un agneau béni par l'évêque, le jour de Pâques, en mémoire de la résurrection de Jésus-Christ, exista au moyen âge dans presque toutes les villes de France.

AGNEL, AIGNEL ou AGNEAU, monnaie d'or frappée sous Louis IX, roi de France en 1262. Elle portait pour empreinte un agneau. Cette monnaie eut cours jusqu'à Charles VIII. Elle valait 12 sous 6 deniers.

AGNELINS, nom donné aux peaux d'agneau que préparent les mégissiers, en les passant d'un côté, et laissant la laine de l'autre.—Laines des agneaux qui n'ont pas été tondus, soit qu'on leur coupe la toison sur le corps vivant, soit qu'on l'enlève de dessus leur peau après qu'ils ont été tués. On nomme aussi ces laines agnelines.

AGNÈS. L'Église honore deux saintes de ce nom. La première fut martyre à l'âge de 12 ans, sous Dioclétien (303 de J.-C.). Les Latins la fêtent le 21 et le 28 janvier; les Grecs, le 14 et le 21 janvier, puis le 5 juillet.—La deuxième, née en 1274 à Monte-Pulciano, en Toscane, où elle fonda un monastère dont elle devint abbesse. Elle mourut en 1317, dans les sentiments de la piété la plus pure. Elle fut canonisée en 1727. On fait sa fête le 20 avril.

AGNÈS SOREL ou SOREAU, née en 1406 de parents nobles, dame d'honneur de la duchesse d'Anjou, Isabelle de Lorraine. Elle vint en 1431 à la cour de France; sa beauté captiva Charles VII, qu'elle retira de son apathie, et qu'elle excita à combattre les Anglais. Charles lui donna le comté de Penthièvre et le château de Beauté, près de la Marne, d'où elle prit le nom de dame de Beauté. Elle mourut en 1449.

AGNÉSI (Maria-Gaetana), Milanaise, née en 1718, célèbre par ses connaissances en mathématiques. Dès l'âge de 9 ans, elle parlait latin; à 11, elle dissertait en grec, et connaissait huit langues. Le pape Benoît XIV la nomma lectrice honoraire et professeur de mathématiques à l'université de Bologne. Elle a composé un traité sur les Sections coniques, et des traités d'Analyse. Maria Agnési est morte en 1799.

AGNOITES ou AGNOÈTES, nom donné à des hérétiques du IVᵉ siècle. Ils soutenaient entre autres choses que Jésus-Christ en tant qu'homme avait ignoré certaines choses, et particulièrement le jour du jugement dernier. On les nomme aussi monophysites ou eunophroniens.

AGNUS ou AGNUS DEI (en latin, agneau de Dieu), morceau de cire rond et plat, qui porte l'image de l'agneau pascal avec la sainte bannière ou la figure de saint Jean; il a pour exergue le nom et l'année du pontificat du pape. Celui-ci en fait donner un très-grand nombre. Cette coutume dérive de ce que primitivement on distribuait au peuple les morceaux du cierge pascal béni le samedi saint; cela se pratiquait hors de Rome. Dans la ville l'archidiacre, à la place du cierge pascal, bénissait de la cire, qu'il distribuait par morceaux en forme d'agneau. Ce fut l'origine de l'agnus Dei. — On nomme encore ainsi une prière de l'Église catholique, qui commence par ces mots, et qui se répète trois fois, à la messe, avant la communion. Dans une messe en musique, on dit un Agnus Dei, pour dire cette même prière mise en musique.

AGNUS-CASTUS (c'est-à-dire agneau chaste), nom ancien donné au gattilier, parce que ses fruits étaient regardés comme antiaphrodisiaques, ou parce que les dames athéniennes qui voulaient vivre chastement pendant les fêtes de Cérès avaient coutume de dormir sur ses feuilles.

AGOBARD ou AGUEBAUD, évêque de Lyon en 813, prit part à la révolte de Lothaire contre l'empereur Louis le Débonnaire, et fut déposé au concile de Thionville l'an 835; mais, s'étant réconcilié avec ce prince, il fut rétabli, et mourut en 840. Agobard, habile théologien et jurisconsulte, avait écrit contre Félix d'Urgel, condamné les duels et les épreuves du feu et de l'eau. On fait sa mémoire, le 6 juin, jour de sa mort.

AGOGE, rigole pour l'eau dans les mines.

AGON, AGONES, nom donné en général, chez les anciens, à toute espèce de lutte ou de combat, pour la supériorité dans quelque exercice du corps ou de l'esprit. On appelait aussi de là les jeux solennels célébrés en l'honneur des dieux ou des héros, et qui consistaient en luttes gymnastiques et en combats de poésie, de musique et de danse. Il y avait l'agon olympien, l'agon pythique, néméen, etc. — A Rome, on donnait spécialement ce nom à des jeux que l'on célébrait tous les cinq ans sur le mont Capitolin. On y distribuait des prix de force, d'agilité, de poésie et d'éloquence. Le mont Quirinal et la porte Salaria, qui conduisait à ce mont, se nommaient également Agon, ainsi qu'un cirque situé au nord, près du Tibre, où l'on célébrait les combats de chevaux.

AGONALES ou JEUX AGONAUX (en latin, agonalia), fêtes romaines instituées par Numa en l'honneur de Janus, surnommé Agonius, parce qu'on l'invoquait lorsqu'il s'agissait de quelque entreprise importante. Quelques auteurs font d'Agonius un dieu particulier, qui avait présidé aux desseins et aux entreprises des hommes. On sacrifiait un bélier à ces fêtes. Elles se célébraient d'après les uns, le 9 janvier, tous les ans; d'après les autres, le 9 janvier, le 21 mai et le 11 décembre : les jours où elles avaient lieu étaient réputés malheureux.

AGONALES, AGONAUX ou COLLINI (en latin, agonali), nom donné aux prêtres romains ajoutés par le roi Tullus Hostilius aux prêtres de Mars, nommés saliens, institués par Numa. — C'était aussi le nom des jours où se célébraient les jeux agonaux.

AGONARQUE ou AGONISTARQUE (c'est-à-dire, chef de combat, du jeu), officier qui faisait exercer en particulier les athlètes avant qu'ils parussent devant le public.

AGONE ou ACON, nom donné par les Romains au sacrificateur qui frappait la victime. On l'appelait ainsi parce qu'avant de donner le coup, il disait ago-ne? c'est-à-dire, ferai-je?

AGONIE, lutte de la vie et de la mort, dans laquelle cette dernière finit par triompher. Le malade éprouve une prostration complète de forces, ou une violente agitation des principes vitaux; quelquefois il perd connaissance, souvent il conserve toutes ses facultés intellectuelles. Le visage de l'agonisant est pâle et jaunâtre, ses yeux ternes, sa peau ridée, le nez contracté, sa respiration est rauque et embarrassée. L'agonie dure quelquefois plusieurs jours.

AGONIENS (myth.), dieux des Romains, que l'on avait coutume d'invoquer lorsqu'on voulait entreprendre quelque chose d'important et d'une exécution difficile.

AGONISANTS, confrérie instituée par les religieux augustins, sous l'invocation de saint Nicolas de Tolentin. Les membres de cette confrérie étaient tenus de prier et de faire prier Dieu pour les condamnés à mort, afin d'obtenir pour eux une bonne mort et la rémission de leurs péchés. La veille de l'exécution, d'après l'avis qu'à en donnaient, plusieurs monastères de religieuses se mettaient en prières; le jour du supplice, on exposait le saint sacrement dans l'église et l'on disait un grand nombre de messes. Cette confrérie a été détruite en 1790, et n'a pas été rétablie.

AGONISTARQUE. Voy. AGONARQUE.

AGONISTIQUE, partie de la gymnastique qui avait rapport aux combats des athlètes chez les anciens. — Les jeux agonistiques étaient ceux où il y avait des combats d'athlètes ou de gladiateurs. — Les hérétiques donatistes nommèrent agonistiques les prédicateurs qu'ils envoyaient dans les villes et les campagnes pour semer leur doctrine. Ils les nommaient ainsi parce qu'ils les regardaient comme des combattants, destinés à leur conquérir des disciples. On les appelait aussi circuitores, circellliones, catropitæ, ceropitæ, circumcelliones, et à Rome, monienses, parce qu'ils s'étaient établis sur les montagnes qui entouraient cette ville.

AGONOTHÈTE (en grec, ordonnateur des jeux), magistrat chez les Grecs, lequel dirigeait et présidait aux jeux publics, en ordonnait les préparatifs, déclarait les vainqueurs, et leur distribuait des prix. Les agonothètes paraissaient en public dans un char de triomphe, et portaient à la main un sceptre d'ivoire. Les archontes remplissaient leurs fonctions pour les jeux en l'honneur de Bacchus. — A Rome, ces magistrats étaient appelés designator et numerarius.

AGORANOMES (c'est-à-dire, directeurs, régulateurs des marchés), nom donné à dix magistrats athéniens qui avaient la police des marchés, et y maintenaient le bon ordre. Ils mettaient le prix aux denrées, examinaient les poids et mesures, jugeaient les contestations qui s'élevaient entre les marchands et les acheteurs. Cette fonction correspondait à celle d'édiles curules chez les Romains, excepté que ces derniers avaient de plus que les agoranomes l'inspection et le soin des édifices publics.

AGOURRE ou ANGURE DE LIN, nom donné à la grande cuscute, plante qui étouffe les pieds de lin sur lesquels elle s'attache.

AGOUSTE (en latin, Augusta), place forte d'Italie, dans la Sicile, bâtie par l'empereur Frédéric en 1229. Elle servit de refuge aux chevaliers de Saint-Jean de Jérusalem, chassés par les Turks de Rhodes, leur séjour habituel. Prise par les Français en 1675, cette ville vit devant ses murs un célèbre combat naval, livré le 18 avril 1676 par la flotte française commandée par Duquesne aux flottes réunies d'Espagne et de Hollande, commandées par Ruyter. Celui-ci, vaincu et blessé à mort, expira quelques jours après. Agouste fut cédée par la France à l'Espagne en 1678; elle fut abîmée en 1693 par un tremblement de terre.

AGOUTI ou CHLOROMYS, genre d'animaux mammifères, originaires de l'Amérique et de l'Océanie. L'agouti a la taille, les mœurs et les habitudes du lièvre et du lapin; il se rapproche beaucoup du cochon d'Inde, avec son corps volumineux à la partie postérieure, par la forme aplatie de sa tête, par ses oreilles courtes, minces, arrondies, par ses doigts au nombre de cinq sur les pattes de devant, et de trois sur les pattes de derrière, armés d'ongles très-forts, par la queue très-courte ou nulle; cependant il s'en distingue par ses jambes de derrière, plus longues d'un tiers que celles de devant. Le poil est lisse et brillant, ras sur les membres, plus long sur le dos et la croupe; le pelage est fauve orangé, foncé de noir avec des nuances verdâtres. Ces animaux vivent de fruits, de feuilles et de racines. Leur chair est délicate et recherchée. On les réduit facilement en domesticité. Leur peau sert à divers usages.

AGRA, grande province de l'Inde, au S. du Delhi, et arrosée par le Gange, la Jumna et le Chamboul. Elle produit des grains, du sucre, de l'indigo, du coton, et possède plusieurs manufactures. La rive méridionale de ce dernier appartient aux Mahrattes, et la rive septentrionale aux Anglais et à leurs alliés. La superficie d'Agra est d'environ 45,000 lieues carrées, et sa population de 6,000,000 d'habitants. Sa capitale est *Agra*, bâtie en 1501, par Sekunder-Lody, sous le nom de *Badulhgur*. Elle prit le nom d'Agra en 1647. Population, 60,000 habitants. Elle est aux Anglais.

AGRAFE, sorte de crochet qui passe dans un anneau ou une ouverture appelée *porte*. Il sert à attacher ensemble diverses choses. C'est aussi, 1º un crampon de fer dont on fait usage pour retenir les pierres, 2º des ornements de sculpture sur les clefs des croisées.

AGRAIRES (Lois), lois romaines qui firent distribuer au peuple les terres des royaumes conquis. La première fut proposée par Cassius Spurius en 267 de Rome. Ces lois ne furent adoptées qu'en l'an 620 de Rome. Elles occasionnèrent de longues dissensions entre les plébéiens et les patriciens, et causèrent la mort des Gracques. (Voy. *Cassia, Cornelia, Flavia*, etc.)

AGRAM, comitat de Croatie, de 85 lieues carrées, et renfermant 190,000 habitants catholiques, nommés Croates, et qui parlent la langue slave. Il se divise en deux districts, celui d'Agram et celui de Saint-Istvany. La capitale est Agram (*Zagrab*), renfermant 17,000 âmes. Cette ville est aussi capitale de toute la province hongroise de Croatie. Le gouverneur de cette province, l'évêque, la chancellerie, la diète, les commandants militaires y résident. On y voit un séminaire, une académie, un gymnase et une école normale. Agram se divise en trois parties : une est la *ville libre*, la deuxième la *ville de l'évêque*, et la troisième appartient à la juridiction des chanoines.

AGRANIES, AGRIANIES ou AGRIONIES, fêtes instituées à Argos en l'honneur de Bacchus. Elles se célébraient pendant la nuit. Les femmes étaient les ministres de ces fêtes ; elles portaient des guirlandes et des couronnes de lierre, soupaient ensemble et se proposaient des énigmes. Le nom de ces fêtes venait du mot *agrionos*, c'est-à-dire *sauvage*, épithète donnée à Bacchus à cause des excès où porte le vin.

AGRASSOL ou AGRASSON, nom donné dans quelques provinces de la France au *groseiller à maquereau*.

AGRAULES, fête athénienne en l'honneur de Minerve et d'Agraule, ou Aglaure, fille de Cécrops, qui se dévoua pour sa patrie. Les Athéniens, à 20 ans, prêtaient sur son autel serment de dévouement à leur république.

AGRÉAGE, nom donné, à Bordeaux, au *courtage*. Voy. ce mot CURTIEN.

AGRÉDA (Marie d'), née à Agréda (Espagne) en 1602, était fille de Francesco Coronel et de Catarina d'Arena. Elle embrassa la vie religieuse dans le couvent de l'immaculée Conception, dont elle devint abbesse en 1627. Elle prétendit alors avoir des visions, et écrivit une vie de la sainte Vierge qu'elle disait lui avoir été révélée. Marie mourut en 1665. Ses écrits donnèrent lieu à de longues négociations entre le clergé espagnol, qui les avait adoptés, et la cour de Rome, qui les rejetait. Ils furent condamnés en France, par la Sorbonne, en 1696. En 1729, le pape en permit la lecture.

AGRÉER, en marine, c'est préparer ou travailler aux *agrès* d'un bâtiment, garnir les voiles, les mâts, etc. Il ne faut pas confondre ce mot avec *gréer*. L'*agréeur* est celui qui travaille aux *agrès*.

AGRÉES, personnes qui représentent les parties pour qui elles plaident devant les tribunaux de commerce. Elles ne sont autorisées par aucune loi, et n'ont par conséquent aucun caractère légal. En l'absence de toute loi sur les agréés, chaque tribunal peut leur imposer le règlement qui lui convient.

AGREFOUS, AGRIFOU ou AGRIFOUS, nom donné au *houx* dans le midi de la France.

AGRÉGAT ou AGRÉGÉ. Ce mot désigne, 1º en chimie, l'état d'un corps dont les molécules ou parties intégrantes adhèrent entre elles. Ainsi un morceau de soufre est un *agrégat*. Ce même soufre réduit en poudre se nomme *tas* ou *amas*; 2º la réunion de plusieurs choses jointes et unies ensemble; 3º en histoire naturelle, la composition extérieure d'un corps; 4º en mathématiques, une accumulation de plusieurs termes *positifs* ou *négatifs* (*en plus* ou *en moins*), indiquant la *somme* ou la *différence*.

AGRÉGATION se dit, en physique et en chimie, de la réunion et de l'assemblage de plusieurs parties qui forment un seul tout, sans qu'avant cette réunion les parties eussent aucune liaison entre elles. — On nomme *roches d'agrégation* les roches ou masses minérales composées de fragments de toute espèce réunis les uns aux autres. Ces fragments varient beaucoup quant à leurs dimensions. Ils constituent des *conglomérats*, lorsqu'ils ont plus d'un demi-mètre cube; au-dessous de ce volume, ils forment des *poudingues*, s'ils sont arrondis, et des *brèches*, s'ils sont anguleux. Ils constituent des *grès* ou des *tufs*, lorsqu'ils sont à peine perceptibles. On distingue dans les roches d'agrégation la nature des fragments et celle du ciment qui les réunit. Ce dernier varie très-souvent.

AGRÉGATIVES (PILULES), nom donné aux pilules qu'on croyait réunir les propriétés d'un grand nombre de médicaments à la fois, et pouvoir en tenir lieu.

AGRÉGÉ, nom donné, en botanique, aux parties des plantes qui naissent plusieurs ensemble d'un même point. Ainsi une bulbe (vulgairement *oignon*) est *agrégée* lorsqu'elle est formée de la réunion de plusieurs petites bulbes, nommées *cayeux*, comme dans l'ail. Les fleurs sont *agrégées*, quand elles sont réunies dans un réceptacle commun, ou qu'elles naissent plusieurs ensemble d'un même point de la tige, comme dans la *scabieuse*, le *buis*, la *renouée*, etc. — Les *fruits agrégés* sont composés de plusieurs petits fruits réunis, comme la *mûre*, la *framboise*, etc.

AGRÉGÉS, nom qu'on donne en France aux personnes admises, après un concours, dans le corps des professeurs de l'université, ou d'une école de médecine. Pour se présenter à l'agrégation, il faut avoir pris des degrés dans les facultés des sciences et des lettres, et avoir rempli déjà des fonctions pendant trois ans dans l'université, à moins qu'on n'ait le grade de docteur ou qu'on ne sorte de l'école normale.

AGRÉMENTS, nom donné, en musique, à certains traits improvisés ou écrits, dont les chanteurs et les instrumentistes ornent les mélodies ou chants. On les nomme plus souvent *ornements* ou *fioritures*.

AGRÉNER. C'est, en marine, faire l'eau hors d'un bâtiment, par le moyen des pompes, le vider. On s'exprime de même pour les embarcations. C'est ne pas y laisser l'eau qui entre accidentellement.

AGRÈS, tout ce qui est nécessaire à l'équipement d'un vaisseau, et qui est distinct de la coque, des vivres et du chargement. Tels sont les cordages, les voiles, les poulies, etc.; on assure avec le vaisseau.

AGRICOLA (Cnéius Julius), gouverneur de la Grande-Bretagne sous Vespasien, né l'an 37 de J.-C., mort en 98. Il soumit l'Écosse et l'Irlande, réduisit les Bretons, et sut conserver ces royaumes aux Romains par son habileté. Domitien, jaloux de ses succès, le rappela, et Agricola se retira dans ses terres. Son gendre, Tacite, nous a laissé sa vie, que l'on cite comme un modèle de biographie.

AGRICOLA ou AGRÆCOLE (Saint), né en Bourgogne, en 497, d'une famille ancienne de sénateurs. Il embrassa l'état ecclésiastique, et fut pendant quarante-huit ans évêque de Châlons-sur-Saône. Il assista à plusieurs conciles, entre autres à celui de Clermont en 549, à ceux d'Orléans en 538, 541, 549, et mourut en 580.

AGRICOLA. Plusieurs hommes célèbres du moyen âge ont porté ce nom. RODOLPHE AGRICOLA ou de GRONINGUE, nommé en allemand *Hansmann*, naquit en 1442 près de Groningue. Il devint syndic de cette ville, et fut du nombre de ceux qui contribuèrent aux progrès des sciences et des lettres en Allemagne. Après avoir refusé les plus grands honneurs, il professa la philosophie à Heidelberg, et mourut en 1485. — GEORGES AGRICOLA, né dans la Misnie en 1494, s'adonna à la médecine et surtout à la science minéralogique et métallurgique, dont il fut le créateur. Il mourut en 1555. Son véritable nom était *Bauer*. Il a laissé un traité *sur la Métallurgie*, en douze livres, et un autre *sur les Poids et les mesures des Romains et des Grecs*. — JEAN AGRICOLA, surnommé *Islebius* ou *Eisleben*, né en Allemagne en 1492, fut zélé propagateur de la doctrine de Luther, dont il fut le ministre et prédicateur. Nommé professeur à Wurtemberg en 1537, il enseigna la doctrine de l'*antinomisme*, attaquée par Luther et Mélanchton. Ayant fait une rétractation de cette doctrine, il fut nommé ministre à Berlin en 1543, et professeur à la cour de l'électeur de Brandebourg. Il mourut en 1566.

AGRICOLES (COMICES), nom donné à des assemblées de savants chargés de perfectionner l'agriculture par des découvertes ou des inventions nouvelles. Ces assemblées, instituées en France en 1808, étaient au nombre de dix en 1830 et de deux cent soixante et un en 1838.

AGRICULTURE, art de cultiver la terre, de la fertiliser, et de lui faire produire les plantes utiles à l'homme. Il embrasse celui de multiplier et conserver les animaux domestiques, et, en général, le soin de tous les objets utiles aux habitants des campagnes. La naissance de l'agriculture remonte à une époque très-reculée, et presque au berceau du genre humain. De l'Asie, elle se répandit successivement chez les Égyptiens, qui en attribuaient l'invention à Isis ou Osiris; chez les Grecs, qui l'avaient reçue d'Égypte; chez les Romains et les autres peuples d'Europe et d'Asie. Le premier traité d'agriculture imprimé en France est celui d'Olivier de Serres (1538). Depuis, on en a publié un grand nombre. Il existe en France plus de cent vingt *sociétés d'agriculture* (voy. ce mot), dont la plupart ont leur siège dans le chef-lieu du département auquel elles appartiennent. Ces sociétés distribuent des prix pour encourager les découvertes agricoles, et s'occupent de la recherche des moyens propres à perfectionner cette science.

AGRICULTURE (CONSEIL D'), société composée de dix membres, et établie à Paris en 1819. Elle a dans ses attributions tout ce qui peut contribuer à la prospérité de l'agriculture, et distribue des récompenses aux meilleurs agriculteurs. Ce conseil a dans chaque département un membre correspondant.

AGRICULTURE (FÊTE DE L'), cérémonie chinoise qui a pour but d'honorer la profession d'agriculteur. A l'époque où l'on laboure les champs, l'empereur se rend, accompagné de toute sa cour, dans une campagne voisine de Pékin, sa résidence royale, et trace plusieurs sillons avec la charrue. En 1793, la convention nationale institua une fête semblable; le président de l'administration du département devait tracer du sillon.

AGRIGENTE, aujourd'hui *Girgenti*, ancienne ville de Sicile, située sur le mont Acraga. Elle fut fondée par une colonie de Rhodiens ou d'Ioniens. Elle était célèbre à cause de sa richesse et de sa nombreuse population. Elle ne se soumit qu'avec peine aux Syracusains. Monarchique dans l'origine, son gouvernement devint démocratique. Phalaris y usurpa la souveraine puissance; les Carthaginois l'y exercèrent aussi pendant quelque temps. Agrigente a aujourd'hui 11,400 âmes.

AGRION, genre d'insectes névroptères, assez semblables aux *libellules* ou *demoi-*

*selles*. Les ailes de ces animaux sont élevées perpendiculairement pendant le repos. Leur tête est plus large que le corselet. Les yeux sont sur les côtés. L'abdomen est presque filiforme et très-long. Leurs mœurs sont les mêmes que celles des libellules; mais leur vol est moins rapide et presque sautillé. Ils ne s'élèvent jamais, et ne font que voltiger au bord des ruisseaux. L'*agrion vierge* est d'un vert doré ou d'un bleu vert, avec le réseau des ailes très-serré. L'*agrion jouvencelle* a les ailes incolores, à réseau très-large, à abdomen toujours annelé de noir. Quelques espèces atteignent une longueur de six pouces, et leur abdomen n'a pas plus d'une demi-ligne de diamètre.

AGRIONIES. Voy. AGRANIES.

AGRIPPA ou ÆGRIPPA, nom que les Romains donnaient aux enfants qui étaient venus au monde dans une attitude différente de celle qui est ordinaire et naturelle, et spécialement à ceux qui naissaient par les pieds. Ce surnom fut commun à plusieurs hommes célèbres à Rome et dans la Judée.

AGRIPPA (Marcus Vipsanius), Romain célèbre, ami et gendre d'Auguste. Il commanda la flotte de son beau-père à la bataille d'Actium, contribua au succès de la bataille de Philippes, et remporta plusieurs victoires sur le grand Pompée. Il fit construire le Panthéon, à Rome, et mourut 12 ans avant J.-C.

AGRIPPA (Menenius), consul, l'an de Rome 252 (502 avant J.-C.). Il défit les Sabins et reçut les honneurs du triomphe. En 263 (491 avant J.-C.) le peuple, fatigué de l'oppression tyrannique des nobles, s'était retiré sur le mont Sacré, refusant de travailler et de combattre uniquement pour les grands, et projetant d'abolir le sénat. Menenius, envoyé pour le haranguer, lui fit l'apologue *des membres et de l'estomac*, qui montrait que la force d'un corps consistait dans l'union des parties qui le constituent. Il parvint à apaiser le peuple, et négocia un traité en vertu duquel on créa les tribuns du peuple. Il mourut dans un âge très-avancé.

AGRIPPA (Hérode). Deux rois de Judée ont porté le nom. Le premier, fils d'Aristobule et petit-fils d'Hérode le Grand, était né l'an 11 avant J.-C. Venu à Rome, il obtint la faveur de l'empereur Tibère, qui le nomma gouverneur de ses petits-fils. Mis en prison bientôt après par ce tyran soupçonneux, il en sortit sous l'empire de Caligula, qui lui donna une chaîne d'or aussi pesante que celle de fer qu'il avait portée dans sa captivité, et le fit roi de Judée (37 de J.-C.). Il sut se concilier l'affection des Juifs, mais il persécuta les chrétiens, fit mourir l'apôtre saint Jacques, et emprisonner saint Pierre. Il mourut l'an 43 de J.-C., frappé, dit-on, par un ange, de la maladie pédiculaire. — HÉRODE AGRIPPA II, fils du précédent fut d'abord roi de Chalcide. En 48, il fut fait roi de Judée par Claude. Il en fut le dernier; car cet empereur lui donna d'autres provinces en échange de ce royaume, qui fut érigé en province romaine. Il accompagna Titus au siège de Jérusalem, et mourut en 94.

AGRIPPA (Henri-Corneille), médecin, philosophe et écrivain, un des hommes les plus célèbres et les plus instruits de son temps, né en 1486 à Cologne. Il fut tour à tour, secrétaire de l'empereur Maximilien d'Autriche, maître de philosophie occulte, professeur de théologie à Dôle (1509-10), de rhétorique à Pavie (1512), à Turin (1515). Devenu syndic de Metz, il fut obligé de quitter cette ville en 1526 pour ses opinions religieuses, exerça la médecine à Cologne, Genève, Fribourg, et à Lyon où François Ier le nomma médecin de la reine Louise de Savoie (1524). Disgracié, il fut nommé historiographe de Charles-Quint, et mourut en 1535. Il s'occupait beaucoup de magie et d'astrologie. Sa jactance et son ambition lui attirèrent de nombreux ennemis. Il a laissé plusieurs ouvrages sur les sciences occultes. Ses disciples le nommèrent *le Trismégiste*.

AGRIPPINE (Julie), fille de M. Agrippa et petite-fille d'Auguste, célèbre par sa tendresse courageuse pour Germanicus, son époux. Elle l'accompagna en Syrie. Germanicus ayant été empoisonné par Pison, elle rapporta ses cendres en Italie, et accusa son meurtrier, qui échappa à ses poursuites en se donnant la mort. Sa conduite déplut à Tibère, qui l'exila dans une île, où elle se laissa mourir de faim (l'an 26 de J.-C.).

AGRIPPINE, fille de Germanicus et de la précédente, née à Cologne en 14 de J.-C., épousa Domitius Ahenobarbus, dont elle eut Néron, et, après la mort de Domitius, l'orateur Crispus Passienus, puis son oncle l'empereur Claude, en 49. Elle empoisonna ce prince avec des champignons pour assurer l'empire à Néron (54). Elle voulut dominer ce prince et partager l'autorité avec lui. Mais Néron, après avoir vainement cherché à se défaire d'elle la fit poignarder, dans sa chambre, le 10 juin de l'an 59. *Miles ventrem feri* (soldat frappe le ventre), dit-elle en montrant le sein qui avait porté Néron. Agrippine joignait à la cruauté et aux mœurs les plus dissolues un rare talent d'intrigues et un esprit souple et artificieux. Elle laissa des *mémoires* dont Tacite profita pour écrire ses *Annales*.

AGRONOME, celui qui est versé dans la théorie de l'agriculture. — On nomme *agronomie* la science théorique de l'agriculture, et *agronomique* tout ce qui concerne l'*agronomie*.

AGROSTEMME ou COURONNE DES CHAMPS, genre de la famille des caryophyllées, renfermant des plantes d'un aspect agréable qui croissent parmi les blés. Les fleurs sont pourpres, à cinq pétales, en forme d'étoiles. Le fruit est une capsule ovoïde, à une seule loge, renfermant des graines nombreuses. L'espèce la plus commune est l'*agrostemme githage*, vulgairement *nielle des blés*, à des semences farineuses qui communiquent un goût amer à la farine où on la laisse entrer, mais qui ne sont point nuisibles. Leur écorce est noire et donne cette couleur au pain. L'*agrostemme en couronne* ou *coquelourde* a les fleurs d'un beau pourpre et se cultive dans les jardins.

AGROSTIDE, genre de plantes de la famille des graminées. Ses espèces sont très-variées et croissent abondamment dans les buissons et dans les prés, où elles donnent un très-bon fourrage. L'espèce la plus commune est l'*agrostide épi de vent*, et se reconnaît à sa panicule ou épi lâche et découpé, qui s'agite et se casse au moindre vent. Elle est annuelle.

AGROSTOGRAPHIE, nom donné aux descriptions des plantes de la famille des graminées. Cette partie de la botanique est une des plus difficiles de cette science, à cause du grand nombre d'espèces et de genres qui composent cette famille et leurs caractères variés. On nomme *agrostographes* ceux qui traitent de l'agrostographie.

AGROTÈRA ou AGROLÉTIRA (c'est-à-dire *destructrice des campagnes*, ou *chasseresse*), surnom donné à Diane par les Athéniens. Callimaque, polémarque d'Athènes, avait fait vœu, lors de l'invasion des Perses dans l'Attique, de sacrifier à cette déesse autant de chèvres que les Athéniens tueraient de Perses dans la bataille qu'ils allaient leur livrer; mais le nombre de morts fut si grand, qu'on ne put trouver un nombre suffisant de chèvres. Alors on convint qu'on en immolerait cinq cents, chaque année, jusqu'à ce qu'on eût égalé le nombre de Perses tués dans le combat. On nomma *agrotéire* ou *agrotéres*, 1° la fête pendant laquelle on faisait ces sacrifices; 2° un temple consacré à Diane à Egire, dans le Péloponèse; 3° un autre surnom de Diane, considérée comme parcourant les campagnes.

AGROUELLE. Ce nom, qui est une corruption de celui d'*écrouelle*, a été donné à la plante nommée aussi *scrofulaire*, qui possède des propriétés antiscrofuleuses, et qui combat avec succès les écrouelles. On nomme encore *agrouelle* la crevette des ruisseaux, qui, suivant des préjugés populaires et existant encore, communique aux eaux qu'elle habite la qualité de faire naître des ulcères ou des écrouelles au corps des personnes qui en boivent.

AGRUMA ou AGRUNA, mot languedocien qui désigne une chose aigre. Ce nom se donne dans quelques pays du midi au *prunellier*. On nomme *agrumella* ou *agrunela* le fruit de cet arbrisseau.

AGRYPNIE, défaut de sommeil ou insomnie. Cet effet dépend tantôt d'une maladie, tantôt des symptômes qui accompagnent cette maladie, comme la toux et la douleur, dans les rhumes et catarrhes. Quelquefois l'*agrypnie* subsiste quelque temps après que la maladie a cessé.

AGUESSEAU (LE CHANCELIER D'). Voy. D'AGUESSEAU.

AGUI (mar.). On nomme *agui*, *aguiée* ou *aquiée*, un cordage préparé de manière qu'un homme peut s'asseoir à l'un de ses bouts. Il sert à suspendre un matelot le long du bord d'un vaisseau, ou à le hisser sur le haut des mâts où il doit travailler.

A GUI L'AN NEUF, cérémonie que les prêtres gaulois ou druides célébraient le premier jour de l'an. Ce jour-là, ils cueillaient la gui du chêne avec une serpette d'or, et parcouraient les campagnes voisines de leurs forêts en criant *à gui l'an neuf*, c'est-à-dire au gui de l'an neuf ou nouveau. Dans quelques villages de la France, l'usage de crier *au gui l'an neuf*, le premier jour de l'an, subsiste de nos jours. — On nomme encore ainsi une quête que, dans certains diocèses, les jeunes gens des deux sexes, conduits par un chef nommé *follet*, faisaient pour l'entretien des cierges de l'église. Cette coutume fut entièrement abolie en 1668, à cause des obscènes extravagances auxquelles on se livrait.

AGUSTINE ou AGOUSTINE, nom donné à une substance terreuse. On la regardait comme une terre particulière, formant avec les acides des sels insipides. Il est prouvé aujourd'hui que ce corps n'est autre chose que du *phosphate de chaux*.

AGUSTITE. Voy. BÉRYL DE SAXE.

AGUYAR, duché d'Espagne, compris dans le royaume de Léon. Il fut réuni en 1465 à la couronne, par Henri IV, roi de Castille. Son dernier possesseur fut Alvar Perez Osorio.

AGYÉE, nom donné aux colonnes pyramidales consacrées à Apollon, et que les Athéniens élevaient devant l'entrée principale de leurs maisons.

AGYNIENS, secte chrétienne qui prit naissance vers l'an 694 de J.-C. Ces hérétiques vivaient dans le célibat, et repoussaient le mariage comme n'étant pas d'institution divine.

AGYRTES (en grec, *charlatans*), nom donné autrefois aux prêtres de Cybèle, parce qu'ils couraient dans les rues pour dire la bonne aventure.

AHÉNOBARBUS ou ÆNOBARBUS (en latin, *à la barbe rousse* ou *de couleur d'airain*), surnom d'une des branches de la famille des Domitius, tiré, d'après les historiens latins, de ce que la barbe de L. Domitius, chef de cette famille, fut subitement changée de noire en rousse.

AH! AH! AU SAUT DE LOUP, terme de jardinage. C'est une ouverture de mur sans grille et à niveau de l'allée d'un jardin, avec un fossé au pied; on la fait croire, jusqu'à ce qu'on soit arrivé au fossé, que le jardin est prolongé au delà. On prétend que ce terme fut inventé par le dauphin, fils de Louis XIV, qui s'écria de surprise en voyant le fossé pour la première fois : *ah! ah!*

AHIAM, ACHIAS ou AHIAS, nom commun à plusieurs Juifs. Le plus célèbre est un prophète qui vivait sous Salomon. Il prédit à Jéroboam son avènement au trône, la mort malheureuse de son fils Abia, et la division des douze tribus. Il mourut l'an 954 avant J.-C.

AHMEIDABAD ou AMADABAD, ancienne et

célèbre ville des Indes anglaises sur le Sabermatei, à 42 lieues de Surate. Elle fut longtemps capitale d'un royaume indépendant. Un gouverneur s'en empara pour lui-même en 1710. Elle passa ensuite au pouvoir des Mahrattes et de plusieurs autres peuples, et fut enfin donnée aux Anglais en 1785. Cette ville est la capitale du Guzarate, et a de belles manufactures de tapis, acier, porcelaine, etc. Elle fait un commerce important en toile de coton, calicot, indigo, etc.

AHOD ou AOD, Hébreu, fils de Géra, de la tribu de Benjamin. Eglon, roi des Moabites, opprimait depuis dix-huit ans les Juifs. Ahod sut gagner la confiance de ce prince et le tua dans son palais. Il fit ensuite prendre les armes aux Hébreux, qui défirent et chassèrent de leur pays les Moabites, l'an du monde 2710 (1325 avant J.-C.). Après cette victoire, ils proclamèrent Ahod leur juge.

AHORES (en grec, *prématuré*), nom donné par les anciens à ceux qui étaient morts avant d'avoir rempli le cours naturel de leur vie. Ils restaient à l'entrée des enfers jusqu'à ce que leur temps fût complété.

AHRIMANE. Voy. ARIMANE.

AI, animal plus connu sous le nom de *paresseux*.

AI, chef-lieu de canton du département de la Marne, à 6 lieues de Reims. Population, 2,727 habitants. Cette ville est entourée de riches vignobles qui produisent d'excellents vins blancs mousseux.

AIBEK (Aren-Eddyn), premier sultan d'Égypte de la dynastie des Mameloucks-Baharytes (1250). Nommé généralissime à l'époque où saint Louis, roi de France, descendit en Palestine, il s'opposa à la violation du traité conclu avec le roi de France, et défit le sultan de Damas qui menaçait l'Égypte. Préposé par les Mameloucks à la tutelle d'un enfant de la famille de Saladin qu'ils reconnurent pour sultan, il usurpa le trône sur cet enfant, et mourut assassiné en 1257.

AICHAH, AIGNÉ ou AISCAH, troisième femme de Mahomet, fille d'Abdallah, appelé *Abou-Beckr*, c'est-à-dire, *Père de la pucelle*, parce qu'Aichah était la seule femme que le prophète eût prise étant encore vierge. Elle le suivit dans toutes ses expéditions, et reçut son dernier soupir. Après sa mort, elle voulut faire la guerre à Ali, fut vaincue, prise et renvoyée à Médine, où elle mourut l'an 677 de J.-C. Les musulmans la regardent comme une prophétesse, et la mettent au rang des quatre femmes incomparables qui ont paru sur la terre depuis la création du monde.

AIDAN, roi d'Ecosse, succéda à son père Gorane ou Gontran, au VI° siècle. Il vainquit les Saxons et les Pictes. Son ministre et son conseiller fut saint Colomban. Il mourut vers 604 ou 606, et eut pour successeur Chennet.

AIDE, nom donné à des personnes dont l'emploi consiste à être auprès de quelqu'un pour servir conjointement avec lui. Ainsi on dit un *aide-chirurgien*, un *aide-major*, un *aide de cuisine*, *d'office*, etc.

AIDE DE CAMP, officier d'ordonnance attaché au général, et dont les fonctions sont de transmettre ses ordres partout où ils peuvent être nécessaires, et de veiller à leur exécution. On les appelait, au XVII° siècle, *aides des maréchaux de camp des armées du roi*. Ils remontent aux temps les plus anciens de la monarchie. — Les généraux ne doivent avoir d'aides de camp qu'alors qu'ils peuvent être employés. Les maréchaux de camp en ont deux, un capitaine et un lieutenant; les lieutenants généraux, trois, un chef d'escadron et deux capitaines; les maréchaux de France, quatre, un colonel, un chef d'escadron et deux capitaines.

AIDE-MAJOR, nom donné autrefois à un officier subordonné au major, et qui en faisait les fonctions en son absence. Ce n'était pas un grade particulier, ces fonctions étaient remplies par des capitaines ou des lieutenants. Les *sous-aides-major* se prenaient parmi ces derniers. Aujourd'hui on confond ces fonctionnaires sous le nom d'*adjudants*.

AIDES, impôt qu'on levait autrefois sur le vin et les autres boissons. Il se payait par toutes les classes, à la différence des *tailles* que le tiers état seul payait. Cet impôt était levé par le roi pour subvenir aux charges de l'État. Cet usage s'introduisit sous la troisième race des rois de France. On nommait *aides libres et gracieuses* les sommes offertes volontairement dans les nécessités imprévues, et *aides chevels* ou *loyaux* ou *léaux* les contributions qu'un seigneur levait sur ses vassaux dans diverses circonstances. Il y en avait de quatre sortes: 1° l'*aide de mariage*, quand un seigneur mariait sa fille aînée; 2° l'*aide de rançon*, quand le seigneur était prisonnier; 3° l'*aide de chevalerie*, quand le fils aîné du seigneur était fait chevalier; 4° l'*aide d'allée d'outre-mer*, quand le seigneur partait pour la croisade. Il y avait encore, 1° l'*aide de rigueur*, droit qu'on payait au seigneur quand il voulait acheter une terre, ne se devait qu'une fois; 2° l'*aide de l'ost et de chevauchée*, qu'on payait quand on ne pouvait rendre au seigneur service à l'armée. On levait des aides pour un voyage du seigneur à la cour, pour la défense du territoire, pour la réparation des maisons royales, etc. — On nommait *aides raisonnables* celles accordées au seigneur dans une nécessité urgente, taxées d'après la fortune de chaque vassal. — La dénomination d'*aides* s'étendit ensuite à tous les impôts levés pour les besoins de l'État sur les objets de consommation ou sur les marchandises.

AIDES (COUR DES), ancienne cour souveraine instituée sous nos anciens rois pour rendre la justice et juger en dernier ressort les procès en matière d'impôts. En 1771, il y avait en France treize cours des aides: à *Paris, Rouen, Nantes, Bordeaux, Pau, Montpellier, Montauban, Grenoble, Aix, Dijon, Châlons, Nancy* et *Metz*. Supprimée à cette époque, cette juridiction fut rétablie par Louis XVI en 1774, et subsista jusqu'en 1790, qu'elle fut abolie.

AIDES. En termes de manège, ce mot désigne les moyens qu'un cavalier tire des efforts modérés de la bride, de l'éperon, de la cravache, du son de la voix, du mouvement des jambes, des cuisses, etc., pour diriger un cheval comme il lui plaît. C'est dans ce sens qu'on dit *employer les aides; ce cheval comprend les aides, il obéit aux aides*. Un cheval a les *aides fines* lorsqu'il est sensible à la bouche, et que, cédant à la pression des jambes, il se laisse facilement diriger.

AIGLE (L'), sur la Rille, chef-lieu de canton du département de l'Orne et siège d'un tribunal de commerce, à 8 lieues de Mortagne. Population, 5,412 âmes. Cette ville eut pour origine un château-fort considérable, où, en 1354, Charles d'Espagne, connétable de France, fut assassiné par les ordres de Charles le Mauvais, roi de Navarre. En 1563, le vicomte de Dreux, chef des protestants, s'en empara. L'Aigle fait un grand commerce en grains, bois, cidre, épingles, dentelles, étoffes, vitriol, etc. Cette ville est un chef-lieu d'arrondissement électoral.

AIGLE, genre d'oiseaux de proie, de la famille des rapaces, caractérisé par un bec sans dentelure et droit à sa base jusqu'aux de l'extrémité, où il se courbe beaucoup; vers le milieu est un feston d'un bleu verdâtre, recouvert d'une cire jaune dans laquelle sont percées les narines. Les aigles vivent dans les rochers les plus sauvages et les plus escarpés. Ils n'ont qu'une seule femelle, avec laquelle ils passent leur vie entière. Les jeunes aigles mettent plusieurs années pour arriver à leur complet accroissement. Leur plumage change tellement par la mue, qu'il règne encore une grande incertitude pour leur classification. L'*aigle commun, aigle royal* ou *grand aigle*, est d'un brun noirâtre, moins foncé à la partie supérieure de la tête et sous le corps. C'est un des plus puissants oiseaux de proie; la femelle, plus grande que le mâle, a trois pieds et demi, de l'extrémité du bec au bout des ongles, et ses ailes étendues ont de huit à neuf pieds. Son vol est étendu et rapide, sa vue très-perçante. Il chasse les faons, les lièvres, les agneaux, les enlève et les transporte dans son nid ou *aire*. Il s'attaque même à de plus grands animaux, qu'il tue et dévore sur place. Pris jeune, il se réduit à la domesticité. Son courage, sa force, la majesté de son vol, l'ont fait nommer le *roi des oiseaux*. Il a été chez tous les peuples l'emblème de la force et de la puissance. C'était l'attribut et le messager de Jupiter chez les anciens. L'apparition d'un aigle qui venait en volant du côté droit était un heureux augure. Les Perses et les Épirotes le prirent les premiers pour enseigne militaire. Les Romains l'adoptèrent la deuxième année du consulat de Marius. Les aigles romaines (*aigle*, oiseau, est masculin; considéré comme emblème ou armoirie, il est féminin) avaient les ailes déployées et les serres armées d'un foudre prêt à être lancé. On les fixait à la pointe d'une pique, et on les mettait à la tête de chaque légion. En temps de paix, on les déposait dans le temple de Saturne. On ignore l'époque où parurent sur les enseignes militaires les aigles à double tête. Après avoir appartenu à l'empire d'Orient, elles passèrent à celui d'Allemagne. Le roi des Romains eut l'aigle simple, et les Russes, l'aigle double aux ailes baissées. Napoléon, à son avènement à l'empire, adopta l'aigle romaine pour ses armes et pour enseignes des armées françaises. L'aigle a fait partie des armoiries des rois de Prusse, de Sicile, de Sardaigne et d'Espagne. Elle entra dans celles de Pologne et de plusieurs petits princes allemands. — Outre l'*aigle commun*, on connaît encore l'*aigle criard* ou *petit aigle*, l'*aigle impérial, malais, botté*, tous plus petits et moins courageux que le précédent.

AIGLE se dit d'un grand pupitre qui représente un aigle ayant les ailes étendues. On dit *chanter à l'aigle*. — On appelle *grand aigle* le plus grand format des cartons et des papiers. — L'*Aigle* est aussi un groupe d'étoiles faisant partie de l'hémisphère septentrional.

AIGLE, monnaie d'or en usage aux États-Unis d'Amérique. Le *double aigle* de 10 dollars vaut 55 francs 21 centimes de notre monnaie. L'*aigle* de 5 dollars vaut 27 francs 60 centimes et demi. Le *demi-aigle* de 2 dollars et demi vaut 13 francs 80 centimes et quart.

AIGLE. C'est une espèce de poisson nommé *raie*. On nomme *aigle de mer* le *chéilodiptère*.

AIGLETTES. Voy. ALÉRIONS.

AIGLE-BLANC, ordre militaire institué par Uladislas, roi de Pologne (1325), à l'occasion du mariage de son fils Kasimir. Le roi Auguste le renouvela, en 1705, en faveur des personnes qui avaient suivi son parti. Les chevaliers portaient une chaîne d'or d'où pendait sur l'estomac un *aigle d'argent*, avec cette devise: *Pro fide, lege et rege* (pour la fidélité, la loi et le roi). Cet ordre s'est maintenu.

AIGLE-NOIR. Voy. FIDÉLITÉ (ordre de la).

AIGLON, nom donné aux jeunes aigles.

AIGLURES, taches rousses que l'on aperçoit sur le corps des oiseaux de proie.

AIGNAN (Étienne), poëte et homme de lettres, né à Beaugenci-sur-Loire en 1773. Il a traduit l'*Iliade*, l'*Odyssée*, l'*Essai sur la critique*, de Pope; le *Vicaire de Wakefield* et autres romans anglais. Il écrivit la tragédie de *Brunehaut* et celle de la *Mort de Louis XVI* quelques semaines après ce grand événement, et fut l'un des rédacteurs de la *Minerve française*. Il mourut en 1824, membre de l'académie française.

AIGNAN (SAINT-), port sur la rive gauche

du Cher, chef-lieu de canton du département de Loir-et-Cher, à 6 lieues et demie de Blois. Population, 3,000 habitants. Saint-Aignan doit son origine à une chapelle fondée par des moines qui avaient d'abord habité l'abbaye de Saint-Martin de Tours. Saint-Aignan a souffert plusieurs siéges, surtout pendant les guerres de religion. Il fut, au moyen âge, le chef-lieu d'une duché-pairie. Cette ville a des fabriques de cuirs et de draps. On y façonne de trente-cinq à quarante millions de pierres à feu par an.

AIGRE, épithète donnée en général aux substances dont la saveur est piquante et tient le milieu entre l'acide et l'acerbe. Du vinaigre, des fruits verts, etc., sont aigres. — On nomme encore ainsi : 1º un métal qui n'est ni ductile, ni malléable, c'est-à-dire, qui ne peut ni se fondre ni se forger, parce que ses parties n'étant pas bien liées entre elles, se séparent facilement les unes des autres ; 2º une voix aiguë et criarde, ou un son aigu et perçant ; 3º des couleurs qui ne s'accordent pas bien ensemble. — On appelle *aigre de cèdre* un suc tiré des citrons à demi mûrs, employé souvent par les parfumeurs ; *aigre-doux* ce qui est à la fois acide et sucré ; *aigrelet* ce qui est un tant soit peu acide ; *aigre de citron, de limon ou de bigarade*, des liqueurs faites avec du jus de citron, de limon ou de bigarade, dans lequel on met du sucre, et que l'on boit après y avoir mêlé de l'eau.

AIGREMOINE, plante de la famille des rosacées, aux feuilles oblongues et ailées, aux fleurs jaunes, tubuleuses, à cinq pétales, disposées en épis terminaux. L'*aigremoine eupatoire* se distingue à ses feuilles qui embrassent la tige, et à son fruit hérissé de pointes. Elle est très-commune en France. On s'en sert, en médecine, contre les catarrhes pulmonaires chroniques. On l'emploie en gargarisme contre les maux de gorge, ou en cataplasmes détersifs. La décoction de ses feuilles sert dans l'hématurie. On en lave aussi les engelures.

AIGRETTE, faisceau de plumes effilées qui orne le haut de la tête de certains oiseaux, tels que le *duc*, les *hérons*, les *hiboux*, le *paon*, etc. — On a étendu par suite la signification de ce mot à toute espèce d'ornement semblable, et on a donné ce nom, 1º à un bouquet de plusieurs plumes (nommé aussi *plumet*) et aux panaches que l'on porte sur les chapeaux ou les casques dans l'armée, et dont on emploie pour orner un dais, un lit, ou pour la coiffure des femmes ; 2º à un bouquet de pierres précieuses disposées en forme de plumes d'aigrette ; on dit, dans ce sens, une *aigrette de diamants* ; 3º à un bouquet de fils de verre, rendus aussi fins que des cheveux, et qui sert aux mêmes usages que les aigrettes en plumes ; 4º à une pièce d'artifice dans laquelle les étincelles forment en se réunissant une aigrette de feu ; 5º on appelle *aigrettes lumineuses*, en physique, des faisceaux de rayons lumineux qu'on aperçoit aux extrémités et aux angles des corps électrisés.

AIGRETTE, nom donné à une espèce de *héron* qui porte une belle aigrette sur le dos. On nomme encore ainsi vulgairement deux plantes, l'*oseille* et le *chigomier*.

AIGRETTE (dans les plantes), en latin, *pappus*, touffe de filaments simples ou plumeux qui couronne la graine ou le fruit de certaines plantes. Telle est l'aigrette du pissenlit ou des chardons, qui s'élève à la moindre agitation de l'air, et va transporter la graine à de longues distances. L'*aigrette* est *membraneuse* lorsqu'elle forme un bourrelet autour du fruit (*chicorée*) ; *squameuse*, c'est-à-dire, composée d'écailles, tantôt minces et membraneuses, tantôt roides et épineuses (*millet d'Inde*) ; *soyeuse*, ou formée de poils ou de soies ; elle est *poilue* si les poils sont simples (*chardon*), *plumeuse* si les poils sont ramassés ; *sessile* si le faisceau de poils part immédiatement du fruit, *pédiculé* ou *stipitée* si elle est au sommet d'un petit filet nommé pédicule ou stipe.

AIGU. On appelle ainsi, en musique, les sons les plus élevés de l'échelle musicale. Pris substantivement, ce mot désigne la partie élevée d'une voix ou d'un instrument. *Aller du grave à l'aigu*, c'est passer des sons bas aux sons élevés.

AIGUADE, lieu où l'on va prendre et embarquer l'eau nécessaire au service des vaisseaux. *Faire aiguade*, c'est prendre de l'eau.

AIGUE-MARINE ou BÉRYL, nom donné par les bijoutiers à des variétés d'émeraude de couleur verdâtre ou bleuâtre, et qui, taillées, produisent de l'effet. Ces pierres viennent du Brésil et de la Russie. On en fait des épingles, des bagues, des pendants d'oreille. Mais elles ont une faible valeur. Une aigue-marine, d'une belle couleur, bien pure et pesant 100 grains, ne vaut pas plus de 36 à 40 francs. La plus remarquable est celle qui est fixée à la couronne du roi d'Angleterre. Elle a deux pouces de diamètre. — L'aigue-marine était la dixième pierre du rational du grand prêtre des Juifs. On l'appelait en hébreu *tharsis*. — On nomme *aigue-marine orientale* la topaze bleu verdâtre.

AIGUES (MALADIES), nom donné en médecine aux affections qui joignent à une certaine gravité une marche rapide et une très-courte durée. On divise ces maladies en *très-aiguës*, qui ne durent pas plus de trois ou quatre jours ; en *sub-très-aiguës* qui en durent sept ; en *aiguës proprement dites*, qui durent quatorze jours ; et en *subaiguës*, qui durent de vingt et un à quarante jours. Les maladies qui se prolongent au delà du quarantième jour se nomment *chroniques*. Cependant il existe des maladies qui sont aiguës par leur marche, bien que par leur durée elles appartiennent aux affections chroniques, et réciproquement. Ainsi une paralysie est chronique par sa marche, *aiguë* par sa durée, etc. — Une maladie a une marche *aiguë*, lorsque le développement, la succession et l'intensité de ses symptômes annoncent qu'elle doit se terminer dans un court espace de temps. — Le mot *aigu* désigne aussi la vivacité d'une douleur.

AIGUES-MORTES, petite ville de France, du département du Gard, où Louis IX s'embarqua en 1248 pour la Palestine. Aujourd'hui les eaux de la mer se sont retirées à plus d'une demi-lieue de la ville. En 1538, François Ier y eut une entrevue avec Charles-Quint. La population de cette ville est de 3,000 habitants.

AIGUILLAT ou SPINAX, genre de poissons composé de squales qui possèdent des évents, et qui manquent de nageoire à l'extrémité du corps. Leurs dents sont petites et tranchantes, et la partie antérieure de leurs deux nageoires dorsales est munie d'une longue et forte épine de nature cornée. Ces poissons ne dépassent pas trois pieds de longueur. La plus commune espèce est l'*aiguillat ordinaire*, dont la couleur est d'un gris bleuâtre en dessus et d'un blanc sale sous le ventre. Il vit de poissons, de crustacés, de mollusques. Sa chair est blanche et peu délicate. On retire de son foie une huile limpide employée dans les arts, et qui peut calmer les douleurs rhumatismales. Sa peau sert aux tourneurs pour polir leurs ouvrages.

AIGUILLE, petit instrument d'acier, d'or, d'argent, de fer ou de toute autre substance, délié et de diverses grandeurs. Un côté est plat, un peu large et percé d'un petit trou. L'autre côté est terminé en pointe très-fine. Le premier côté est la *tête* de l'aiguille ; l'autre est la *pointe*. Cet instrument sert à de nombreux usages dans l'économie domestique et dans plusieurs opérations chirurgicales, telles que l'acupuncture. Pour faire les aiguilles à coudre ou à broder, on coupe l'acier ou le métal qu'on a choisi de la longueur réservée à l'aiguille ; on dresse ces fils ; on forme la pointe en les passant sur une meule de pierre qui tourne très-vite. Puis on palme, c'est-à-dire, on aplatit la tête des aiguilles. On fait recuire ces têtes dans un four et on les laisse refroidir lentement. On les *marque* ensuite, c'est-à-dire, on les troue en frappant un poinçon avec un marteau. On les *évide* en faisant une coulisse longitudinale, et on arrondit la tête. Les aiguilles ainsi préparées sont trempées, décrassées et recuites, et enfin polies et essuyées. On les empaquette sur du papier bleu, violet, ou de toute autre couleur, coupé en carré. Les diverses opérations auxquelles on soumet les aiguilles dans leur fabrication s'élèvent au nombre de cent vingt. — Les anciens connaissaient les aiguilles, et s'en servaient pour les mêmes usages que nous.

AIGUILLE. On a étendu la signification de ce mot au point de lui faire désigner l'extrémité d'un objet, d'un monument, d'un clocher terminé en pointe. Ainsi on dit l'*aiguille de l'obélisque*, l'aiguille (pour le *clocher*) d'Anvers. — *Aiguille* désigne encore tout ce qui a la forme de cet instrument. Ainsi s'applique à de petites verges de fer ou d'autre matière qui servent à divers usages. Telles sont les *aiguilles à tricoter, de montre, de pendule*. En chimie, l'*aiguille d'essai* ou *louchaux* est un alliage d'or ou d'argent, dans des proportions diverses. — En marine, c'est 1º la partie de l'éperon d'un vaisseau comprise entre la gorgère et les porte-vergues ; 2º une pièce de bois en arc-boutant, par le moyen de laquelle les charpentiers appuient les mâts d'un vaisseau, quand on le met de côté pour faire sa carène.

AIGUILLE AIMANTÉE, lame d'acier aimantée, longue, mince, bien trempée, dont on se sert pour les boussoles. Elle est mobile sur un pivot fixe, et a, comme tous les aimants, la propriété de diriger ses deux extrémités vers chaque pôle du monde.

AIGUILLES, nom donné aux sommets des montagnes, taillés en pointes aiguës et saillantes. Telle est l'*aiguille du Midi*, dans la chaîne des Alpes, aux environs de Chamouni.

AIGUILLES (CAP DES), la pointe la plus méridionale de l'Afrique, situé à 85 lieues du cap de Bonne-Espérance. Un banc de sable, nommé *banc des Aiguilles*, est en avant du cap. On nomme ainsi ce cap, parce que l'aiguille aimantée n'y décline point.

AIGUILLES (hist. nat.). On a donné ce nom à un grand nombre d'animaux et de plantes dont la forme allongée du corps, ou de quelques-unes de leurs organes, rappelle celle des aiguilles. Mais on l'applique principalement, parce que le nom d'*aiguille de mer*, à plusieurs poissons, tels que l'*orphie*, les *syngnathes*, l'*aulostome* et la *sphyrène*. — *Aiguille de berger*. Voy. SCANDIX.

AIGUILLETAGE (mar.), action d'*aiguilleter*, c'est-à-dire, d'ajuster, de joindre, de lier par le bout une chose à une autre, ou les deux objets bout à bout. Ce mot s'emploie principalement lorsque les choses à joindre sont des objets séparés, souvent même différents, et qu'on veut les lier ensemble par un petit cordage qui ne fait partie ni de l'un ni de l'autre. — *Aiguilleter des lacets*, c'est les ferrer.

AIGUILLETIER, ouvrier qui fabrique des lacets, des aiguillettes et d'autres objets semblables. Les aiguilletiers formaient autrefois une communauté distincte, qui fut réunie, en 1774, à celle des épingliers de Paris.

AIGUILLETTE, morceau de tresse, de tissu ou de cordon plat et rond, ferré par les deux bouts, qui sert à attacher quelque chose ou à servir d'ornement. C'est une décoration affectée spécialement à la cavalerie. C'est un cordon de fil ou de coton pour les simples cavaliers, d'or ou d'argent pour les officiers, et mélangé de fil et de métal pour les sous-officiers, qui se porte pendu à l'épaule, et dans lequel on passe le bras. Les aiguillettes se terminent aux deux bouts par des petits cylindres argentés ou dorés. — En marine, ce mot désigne

1° un cordage assez fin qui sert à *aiguilleter*, c'est-à-dire, à lier, à joindre deux objets ensemble ; 2° un gros fil de fer terminé par une espèce de gros bouton, et qui sert à retirer du sable ou de la vase certaines choses ; 3° le poisson nommé *orphie*. — *Aiguillette* se dit aussi de la chair de certains animaux, comme des oies, les canards, etc., que l'on coupe en long, pour le service de la table. En histoire naturelle, l'*aiguillette* est une petite coquille diaphane, composée de six tours, et très-commune en Europe. Sa forme est mince et allongée. Elle fait partie du genre *bulime*. On la trouve sous les mousses qui se fixent sur les vieilles murailles.

AIGUILLON, petite ville du département de Lot-et-Garonne, à 6 lieues d'Agen. Population, 3,441 habitants. Cette ville est très-ancienne, et fut à une époque très-reculée une place forte presque imprenable. Elle tomba au pouvoir des Anglais et fut assiégée en vain pendant quatorze mois par Jean de Normandie, fils de Philippe de Valois. Aiguillon fut érigée en duché-pairie par Henri IV, en l'honneur du duc du Mayenne, puis par Louis XIII, en faveur du seigneur de Puylaurens, et plus tard, par Richelieu, en faveur de Magdeleine de Vignerod, qui transmit ses titres au comte d'Agénois. Aiguillon fait un grand commerce en vins, prunes, chanvre, tabac, eau-de-vie, etc.

AIGUILLON (VIGNEROD DE RICHELIEU, duc D'), né en 1720. Il fut pair de France et ministre des affaires étrangères sous Louis XV ; sous son ministère eut lieu le partage de la Pologne. Il fut le moteur de la révolution de Suède en 1772. Homme d'un esprit agréable, mais inhabile politique, il commit plusieurs fautes graves. A l'avénement de Louis XVI, il perdit son ministère (1774), et fut envoyé en exil, où il mourut en 1780.

AIGUILLON, nom donné aux piquants dont plusieurs plantes sont armées, et qui diffèrent de l'épine en ce que, n'étant fixés qu'à l'écorce, ils s'en détachent facilement, comme dans le rosier.

AIGUILLON, sorte de dard appartenant aux insectes, situé à l'extrémité de l'abdomen, et qui en sort à volonté pour piquer et verser dans la blessure une liqueur vénéneuse ; on donne le nom de *tarière* à ceux qui sont apparents et qui ne peuvent rentrer dans l'abdomen. Les mâles sont presque tous privés d'aiguillons.

AIGUILLON. On nomme ainsi, en ichthyologie, des osselets aigus et d'une seule pièce, qui soutiennent les nageoires de plusieurs poissons, ou que l'on trouve sur d'autres parties de leur corps. — C'est aussi un bâton de neuf à dix pieds de long, d'environ un pouce de diamètre, armé d'un petit fer pointu ; on s'en sert à la campagne pour exciter les bœufs au travail.

AIGUILLOTS, ferrures, sorte de gonds dont est garni le gouvernail d'un bâtiment.

AIGUISÉ se dit, en blason, des figures dont les bouts sont taillés en pointe.

AIL, genre de plantes de la famille des asphodélées, à racines bulbeuses, vivaces ou bisannuelles, aux fleurs disposées en ombelle, et renfermant plusieurs espèces, telles que l'*ail*, l'*oignon*, le *porreau*, l'*échalotte*, la *ciboule*, etc. L'ail ordinaire n'exige aucun soin ; les Egyptiens le cultivèrent les premiers ; les Grecs l'avaient en horreur ; de nos jours, il s'en fait une grande consommation dans le Midi, où il sert à assaisonner les mets. — L'ail possède des propriétés médicinales très-nombreuses ; sa vertu vermifuge est assez connue. Dans quelques lieux, on pile le bulbe et les feuilles pour les mêler au fromage frais. En Orient, on le réduit en poudre et on s'en sert comme de poivre moulu. Mêlé à de la colle de farine, l'ail lui donne plus de force d'adhésion. — On cultive l'*ail doré* et l'*ail blanc*, ou *odorant*, ou *superbe*, à cause de l'odeur agréable de leurs fleurs. — *Ail d'Espagne*. Voy. ROCAMBOLE.

AILE, partie du corps des oiseaux, de quelques insectes, poissons et mammifères, qui leur tient lieu de bras, et qui leur sert à voler et à se soutenir dans les airs. Leur organisation, surtout chez les insectes, est très-compliquée et très-difficile à étudier. — Les anatomistes nomment ainsi certaines parties situées de chaque côté d'un organe impair et symétrique ; telles sont les *ailes du nez*, formant le côté externe de l'ouverture des narines ; l'*aile de l'oreille* est la partie supérieure et évasée du pavillon de l'oreille. — Le nom d'*aile* a été aussi donné, 1° à la lèvre extérieure de plusieurs coquilles, lorsqu'elle est plus dilatée qu'à l'ordinaire ; 2° aux nageoires de plusieurs mollusques ; 3° ce mot, joint à des épithètes variées, désigne plusieurs espèces d'animaux. L'*aile d'aigle* est le *strombe géant* ; l'*aile de chauve-souris* est le *strombe pied de pélican* ; l'*aile de mer* est la *pinnatule* ; 4° on donne ce nom aux grands châssis garnis de toile qui, mus par le vent, font tourner la meule d'un moulin ; 5° en architecture, à deux parties construites à droite et à gauche, pour accompagner le principal corps de logis. Les *ailes* d'une église en sont les bas-côtés ; 6° en termes d'art militaire et de marine, les *ailes* sont les deux extrémités d'une armée rangée en bataille, en faisant face à l'ennemi ; l'*aile droite* sont de deux troupes ou des vaisseaux placés vers la droite ; l'*aile gauche*, de celles ou de ceux qui sont postés vers la gauche. Le reste se nomme *centre*. Les anciens connaissaient et faisaient cette distinction dans leurs armées ; 7° en termes de fortifications, c'est un ouvrage en maçonnerie placé de chaque côté d'un ouvrage principal ; 8° en termes de paveur, les *ailes* sont les deux côtés ou pentes de la chaussée d'un pavé ; 9° en termes d'horlogerie, ce sont les dents d'un pignon ; 10° pour les tourneurs, c'est le nom de deux pièces de bois plates et triangulaires qui s'attachent transversalement aux deux poupées du tour, pour servir de support quand on veut tourner des cadres ronds. Les *poupées à ailes* sont celles qui ont de tels supports ; 11° les serruriers nomment *aile de fiche* la partie de la fiche que l'on place et que l'on attache dans l'entaille du bois des portes et fenêtres, pour les ferrer ; 12° l'*aile de mouche* est une espèce de clou en usage chez les couvreurs.

AILE, en botanique, c'est la partie latérale de la corolle des papilionacées ; on appelle encore ainsi toutes les expansions saillantes des végétaux disposées aux côtés de la tige, des rameaux, etc.

AILE DE SAINT-MICHEL, ordre militaire, institué en 1165 ou 1171 par Alphonse-Henri I<sup>er</sup>, roi de Portugal, en mémoire d'une victoire qu'il remporta sur les Sarrasins, et qu'il attribua à la protection de saint Michel. Les chevaliers portaient pour signe de l'ordre une aile de pourpre, entourée de rayons d'or. Ils juraient de défendre la religion chrétienne et les frontières du royaume, de garder la chasteté, et de protéger les veuves et les orphelins.

AILÉ, nom donné aux parties qui sont pourvues d'*ailes*, ou d'organes semblables à des ailes. Ainsi on dit une *tige ailée*, pour exprimer celle qui est garnie d'une expansion de la même nature que les feuilles. — En mécanique, on appelle *vis ailée*, celle qui donne de la prise pour la tourner avec les doigts. — *Feuille ailée*. Voy. PENNÉE. — On appelle *épaules ailées* celles dont l'omoplate se détache sur le dos en forme d'aile.

AILERON. On appelle *aileron* ou *fouet de l'aile*, chez les oiseaux, l'extrémité de l'aile, composée de trois, quatre ou cinq plumes longues et étroites, nommées *pennes*. Chez les insectes, on nomme *ailerons* de petites lamelles ou écailles placées au-dessous du point où naissent les ailes antérieures, et qui se continuent avec d'autres écailles semblables, nommées *cuillerons*. Elles sont blanchâtres et arrondies. — Chez les poissons, les *ailerons* sont ceux qui retiennent les rayons des nageoires. — Les *ailerons du bassin* sont les parties supérieures du bassin qui forment les hanches.

— En mécanique, les ailerons sont les petites planches dont sont garnies les roues des moulins, et sur lesquelles tombe l'eau, dont le poids et l'action font tourner ces roues. — En marine, ce sont deux planches clouées momentanément sur les deux côtés d'une partie du gouvernail d'un grand bâtiment, avant la sortie d'un port ou d'une rivière, pour procurer au gouvernail des effets prompts dans des passes étroites ou tortueuses ; on les fait sauter lorsque le bâtiment est en dehors.

AILETTE. Voy. ALETTE.

AILLY (Pierre D'). Voy. D'AILLY

AIMANT (*fer oxydulé* ou *oxyde magnétique*), espèce de minerai de fer, à l'aspect métallique, d'un noir brillant, et qui a la propriété d'attirer le fer, l'acier, le cobalt et le nickel. Les *aimants naturels* sont ceux qui jouissent de ces propriétés naturellement. Les *pôles de l'aimant* sont les deux points opposés de sa surface où le corps attiré s'attache principalement, où l'attraction est la plus forte. Les *aimants artificiels*, sont les métaux auxquels on a communiqué les vertus magnétiques, en les frottant à plusieurs reprises avec l'un des *pôles* de l'aimant. On se sert de l'aimant dans les boussoles. (Voy. AIGUILLE AIMANTÉE.) Les anciens connaissaient les propriétés de l'aimant, qu'ils appelaient *magnes*, *pierre herculienne*, *sidérite* ou *pierre de Lydie*. Mais ce ne fut que dans le XIII<sup>e</sup> siècle que l'on découvrit la faculté qu'a ce minerai de se diriger constamment vers le pôle nord, découverte qui a amené celle de la *boussole*. Dans le moyen âge, on appela l'aimant *calamite* ou *marinette*. Voyez. PÔLES, MAGNÉTISME, BOUSSOLE, AIMANTER, etc.

AIMANT DE CEYLAN, nom donné à la *tourmaline* qui acquiert la propriété attractive par la chaleur.

AIMANTER, communiquer à une substance les propriétés magnétiques. On aimante le fer et l'acier de plusieurs manières. On connaît deux méthodes principales. La méthode *de la simple touche* consiste à faire glisser le pôle d'un aimant sur le barreau qu'on veut aimanter, et à répéter plusieurs fois les frictions dans le même sens ; la méthode *de la double touche*, préférable à la précédente et à l'aimantation par contact, consiste à appliquer sur le barreau qui doit être aimanté les pôles contraires de deux aimants, et à les faire glisser uniformément sur sa surface. D'après quelques auteurs, on pose les aimants sur le milieu du barreau, et, en les tenant verticalement, on les fait glisser séparément de ce milieu à chacune des extrémités ; d'après d'autres, on les place au milieu du barreau et, on les fait glisser ensemble du milieu à la même extrémité, puis de cette extrémité à l'autre, ainsi de suite. On aimante encore très-bien de cette manière : on applique deux barreaux aimantés sur celui que l'on aimante. On les place sur le milieu, et on les inclinant. On fait glisser séparément vers les extrémités du barreau aimanté, en leur conservant la même inclinaison. Arrivés aux extrémités, on les rapporte au milieu, et on recommence les frictions.

AIMAR-VERNAI (Jacques), né à Saint-Marcellin en Dauphiné. Simple paysan, et doué de peu d'instruction, il prétendit vers 1698 avoir découvert le moyen de trouver les eaux souterraines, les métaux cachés sous terre, les objets volés, les voleurs, les cadavres des personnes assassinées et les assassins. Aimar assurait obtenir ces résultats au moyen d'une baguette de noisetier qu'il tenait dans sa main, et qui se tordait lorsqu'il approchait des lieux où étaient les objets qu'il cherchait.

AIMON. Voy. AYMON.

AIN, rivière de France, qui prend sa source à Noiseron (Jura). L'Ain traverse le département auquel il donne son nom, et se jette dans le Rhône, 7 lieues au-dessus de Lyon. Son cours est de 38 lieues, et il n'est flottable que dans 27 lieues. La navigation n'a lieu sur l'Ain que pendant les grosses eaux.

AIN, département français, formé de la Bresse, du Bugey, du Valromey, du territoire de Gex et de la principauté de Dombes. Il est borné au N. par le Jura, à l'E. par la Suisse et la Savoie, au S. par le département de l'Isère, à l'O. par ceux du Rhône et de Saône-et-Loire. Il tire son nom d'une rivière qui le traverse du N. au S. Sa superficie est de 584,822 arpents métriques, et sa population de 373,000 âmes. Il y a cinq arrondissements : *Bourg* (chef-lieu), *Nantua*, *Trévoux*, *Belley* et *Gex*. Ce département est des plus agricoles; on y remarque l'église ancienne de Brou, Ferney où a résidé Voltaire, le lac de Nantua, Trévoux où les jésuites publièrent un journal célèbre, etc. Il fait partie de la septième division militaire, et est compris dans le ressort de la cour d'appel de Lyon, du diocèse de Belley et de l'académie de Lyon. L'Ain nommait cinq députés.

AINE, enfoncement angulaire qui sépare l'abdomen de la cuisse, pli oblique formé par la jonction de la cuisse avec le bassin. La peau en est molle et fine.

AINESSE (DROIT D'), prérogative que la loi hébraïque donnait à l'aîné des enfants dans la famille, comme devant en être le chef, ou à celui de ses fils que le père préférait. Elle exista chez toutes les nations de l'antiquité, et régna au moyen âge chez les pays régis par le droit coutumier. Cette prérogative consistait dans une portion plus considérable de biens que celle accordée aux autres enfants. Celui qui possédait le droit d'aînesse recevait seul la bénédiction de son père au lit de mort et succédait à ses fonctions civiles; les *cadets* étaient presque toujours consacrés au service divin, ou embrassaient le parti des armes. Après la mort de l'aîné, s'il ne laissait pas d'enfants, le droit d'aînesse passait au frère le plus âgé. — L'assemblée nationale abolit en 1790 cette prérogative. Le rétablissement en fut proposé et rejeté sous Charles X(mai 1828). De nos jours, elle n'existe que pour la transmission du trône.

AIOUBITES. Voy. AYOUBITES.

AIR, AIR ATMOSPHÉRIQUE, substance fluide, invisible lorsqu'elle est en petites masses, inodore, insipide, pesante, compressible et d'une grande élasticité. L'air est formé, sur cent parties, de vingt et une de gaz oxygène, d'environ soixante-dix-neuf de gaz azote, et d'une très-petite quantité (un millième) de gaz acide carbonique. C'est Lavoisier qui a découvert la composition de l'air en 1782. L'air constitue l'*atmosphère* et nous paraît bleu à une grande distance. Il est indispensable à la vie des animaux, favorise l'accroissement des végétaux; ses usages dans les arts et l'économie domestique sont sans nombre et sous des formes très-multipliées. — Les anciens avaient fait de l'air un élément qu'il était impossible de décomposer. Ils l'adoraient comme une émanation vivante de la Divinité, et en distinguaient deux, l'air *mâle* ou *actif*, qu'ils adoraient sous le nom de Jupiter. C'était l'air le plus pur, celui des hautes régions, l'*éther*; l'autre était l'air *femelle* ou *passif*, adoré sous le nom de Junon. C'était l'air plus grossier que le premier, celui qui nous environne.

AIR (accept. div.). Les anciens donnaient indistinctement ce nom à tous les fluides aériformes. Ils les distinguaient par des adjectifs indiquant leurs propriétés. Aujourd'hui on leur donne le nom générique de *gaz*. L'*air acide vitriolique* est le *gaz acide sulfureux*; l'*air alcalin*, l'*ammoniaque*; l'*air déphlogistiqué* ou *air de feu*, l'*oxygène*; l'*air factice* ou *air fixe*, l'*acide sulfurique*; l'*air gâté* ou *air vicié*, un air atmosphérique dans lequel le gaz azote est en excès; l'*air inflammable*, l'*hydrogène*; l'*air phlogistique*, l'*azote* ou l'*hydrogène*; l'*air méphitique*, l'*acide carbonique*; l'*air puant* ou *soufre*, le *gaz hydrogène sulfuré*; l'*air solide de Hales*, l'*acide carbonique*; l'*air vital*, l'*oxygène*. — En termes de manége, *air* se dit des allures d'un cheval; un cheval *va à tous airs* quand on le manie comme on veut. — En termes de peinture, on dit qu'il y a de l'*air* dans un tableau quand la perspective aérienne est bien traitée. — Dans l'Eglise catholique grecque, on nomme *air* le voile qui recouvre le calice. — C'était aussi une partie du *sciode*, ornement des empereurs grecs.

AIR (musiq.), chant formé d'une suite de phrases musicales, rhythmées, et coupées par des repos nommés *cadences*. Il est fait pour être exécuté par un instrument ou adapté à des vers pour être chanté; la forme des airs est très-variée. Les plus anciens sont les *chansons populaires* ou *airs nationaux*. Chaque peuple en a qui lui sont propres. Telles sont les *barcaroles* à Venise, les *branles*; la Bourgogne, les *noëls*, etc. — Les airs d'opéra sont de plusieurs sortes, et se nomment *cavatines*, *rondeaux*, *romances*, *couplets*, *récitatifs*. Le grand air est un assemblage de plusieurs autres airs d'un caractère différent. Les *airs de danse* avaient autrefois un caractère déterminé. Il y avait la *gigue*, la *courante*, l'*anglaise*, le *menuet*, l'*allemande*, etc. Aujourd'hui on tire les sujets des contredanses dans les airs d'opéra. Cependant on a conservé le *fandango*, en Espagne, la *valse*, la *polonaise*, la *galopade*, etc.

AIRAIN, ou MÉTAL DES CLOCHES, alliage de cuivre, de zinc, d'étain et d'une petite quantité d'antimoine, avec lequel on fait des cloches, des canons, etc. C'est à l'étain que est dû le grand degré de dureté qui caractérise cet alliage, ainsi que sa qualité sonore. Il y en a 25 parties sur 100 d'alliage, avec 73 parties de cuivre. L'airain diffère du *bronze*, avec lequel on le confond souvent et qui lui ressemble beaucoup, par sa fragilité, par l'antimoine qu'il contient, et parce qu'il renferme une plus grande quantité d'étain.

AIRAIN DE CORINTHE, alliage d'or, d'argent et de cuivre, très-estimé des anciens, et qui variait de couleur selon la proportion des métaux qui le composaient. On attribuait son invention à l'incendie de Corinthe par les Romains (146 avant J.-C.). Cet incendie fut si terrible, qu'il fit fondre les statues et vases sacrés, et que de cette fusion résulta ce précieux alliage.

AIRAIN (AGE D'). Voy. AGE.

AIRE. Ce mot désigne en général une surface plane. Il s'emploie aussi pour dire, 1o le lieu où l'on bat le blé ; 2o un carré de plâtre ou de mortier que l'on fait au-dessus, au-dessous et entre les solives d'un plancher ; 3o la partie d'un pont sur laquelle on marche ; 4o les plus petits bassins carrés, disposés dans les marais salants ; 5o les nids des grands oiseaux de proie, et surtout de l'aigle, à cause de leur forme aplatie et de leur étendue. Ils sont placés le plus souvent sur de grands arbres ou sur des rochers, exposés aux intempéries de l'air ou cachés sous des toits en saillie. Ces nids sont formés de bâtons entrelacés, et sont tapissés de mousse, de feuillage et de plumes.

AIRE. C'est, en géométrie, la superficie d'une figure rapportée à une mesure déterminée. Pour mesurer l'aire d'une figure plane, on cherche combien de fois elle contient l'unité de mesure élevée au carré, par exemple, des mètres carrés.

AIRE, sur l'Adour, chef-lieu de canton du département des Landes, à 9 lieues de Mont-de-Marsan, dans l'arrondissement et à 8 lieues de Saint-Sever. Population, 4,000 habitants. Cette ville est très-ancienne, et s'appelait sous les Romains *Vicus-Julii*. Alaric II, roi des Visigoths, qui s'en étaient emparés un ive siècle, y fixa son séjour. Les Francs enlevèrent aux Visigoths. Les guerres de religion ont détruit ses anciennes fortifications. Aire fut au moyen âge la capitale du Tursan, petit pays qui dépendait de la vicomté de Marsan. Cette ville est le siége d'un évêché qui comprend dans son diocèse le département des Landes, et qui fut créé au ve siècle. Elle possède une École secondaire ecclésiastique, un collège, des fabriques de cuirs, chapeaux, poteries, etc., et fait un assez grand commerce.

AIRE ou AIR DE VENT. Considérée comme ligne mathématique, la circonférence de l'horizon, qui est de 360 degrés, est divisée en 32 parties de 11 degrés 15 minutes chacune. On appelle ces parties *aires* ou *airs de vent*. Pour les nommer, on prend les noms assortis à la position relativement d'abord aux quatre points cardinaux ou principaux (est, nord, midi, ouest), aux quatre intermédiaires (nord-ouest, sud-est, sud-ouest, nord-est), puis aux huit qui tiennent le milieu entre ces quatre derniers (sud-sud-est, sud-sud-ouest, etc.). Les aires de vent écrites sur la rose (voy. ce mot), cercle placé sous l'aiguille aimantée de la boussole, servent à indiquer la direction suivie par cette aiguille, et par suite celle des vents. Ces aires se nomment encore *quarts de rhumb*. Pour les obtenir, on trace deux lignes perpendiculaires l'une sur l'autre dans un cercle, au centre duquel elles se coupent. Les quatre extrémités de ces deux lignes sont les quatre points cardinaux; on mène ensuite deux autres lignes semblables entre chacun des quatre points cardinaux. Leurs extrémités sont les sud-est, sud-ouest, nord-est, nord-ouest. — On fait de même jusqu'à ce que l'on ait obtenu le nombre de points voulu.

AIRELLE-MYRTILLE, plante de la famille des bruyères, à feuilles alternes ou éparses, aux fleurs d'un blanc rosé, dont les baies noires ou rouges servent à faire des confitures acides et rafraîchissantes. On s'en sert comme tan, pour la confection des cuirs, et dans la teinture. On en retire aussi de l'eau-de-vie, et une liqueur qui sert à colorer le vin.

AIS, planche de bois travaillée et destinée à quelque usage. — En termes de jeu de paume, un *coup d'ais* est le coup que la balle donne dans une planche disposée à cet effet. Dans les manufactures en soie, on nomme *ais du corps*, la partie du bois du métier destinée à tenir les mailles dans la direction qu'elles doivent avoir.

AISCEAU, outil recourbé destiné à polir le bois. Les tonneliers s'en servent pour ébaucher des pièces de bois creuses et courbes.

AISELLE, variété de betterave, rouge en dehors, blanche en dedans, et qui donne peu de sucre.

AISNE, rivière de France, qui a sa source dans le département de la Marne, traverse le département de l'Aisne, à qui elle donne son nom, et se jette dans l'Oise, près de Compiègne. Elle est navigable depuis Château-Porcien. Elle a 40 lieues de cours.

AISNE, département français formé du Thiérache, du Vermandois, Laonnais, Tardenois, Soissonnais, petits pays dépendant de l'ancienne Picardie, d'une partie du Valois (Ile-de-France), d'une partie de la Brie champenoise. Il a pour limites, au N. le département du Nord et la Belgique, à l'E. ceux des Ardennes et de la Marne, au S. celui de Seine-et-Marne, à l'O. ceux de l'Oise et de la Somme. Son nom lui vient d'une rivière qui le traverse de l'E. à l'O. Sa superficie est de 733,137 hectares, et sa population de 559,000 habitants. Il comprend cinq arrondissements : Laon (chef-lieu), Soissons, Château-Thierry, Vervins et Saint-Quentin, nommant sept députés. Ce département est un des plus riches; il est à la fois agricole et industriel, et renferme de nombreuses fabriques; on y remarque Château-Thierry où est né Lafontaine, la Ferté-Milon où est né Racine, Guise qui a donné son nom à une maison célèbre, et est compris dans la première division militaire. Il ressort de la cour d'appel d'Amiens, du diocèse de Soissons et de l'académie d'Amiens.

AISSADE, ancienne expression qui désignait le point de la clôture d'une galerie où elle commence à se rétrécir. On la nomme aujourd'hui façon de l'arrière.

AISSANTES, ou AISSIS, ou BARDEAUX,

bouts de planches minces dont on couvre les toits.

AÏSSÉ (Mademoiselle), née en Circassie en 1689. Elle fut achetée à l'âge de 4 ans par le comte de Ferriol, ambassadeur de France à Constantinople, qui l'amena en France. Il lui fit donner une éducation brillante, et lui laissa en mourant 4,000 livres de rente. Elle résista aux séductions du duc d'Orléans régent, et son unique passion fut pour d'Aydi, chevalier de Malte. Ne pouvant vaincre cet amour, elle se consuma en chagrins, qui la conduisirent au tombeau en 1727. Elle avait eu, du chevalier d'Aydie, une fille élevée en Angleterre. Mademoiselle d'Aïssé a laissé des *lettres*.

AISSELIER, pièce de bois qui sert, en charpente, à cintrer des quartiers. On nomme encore ainsi les bras d'une roue, lorsqu'ils excèdent la circonférence de cette roue, en sorte que la puissance ajoutée à ces bras fait mouvoir la roue plus aisément. — Les tonneliers nomment *aisselières* les pièces de bois qui sont au fond d'une futaille.

AISSELLE, cavité qui se trouve au-dessous de la jonction du bras avec l'épaule. Sa forme varie suivant les diverses positions du bras. Sa peau est molle, fine, et attachée aux parties qui l'entourent par un tissu très-extensible et lâche.

AISSELLE, en botanique, angle formé par une feuille ou par un rameau sur une branche ou sur la tige. L'organe situé dans cet angle prend l'épithète *d'axillaire*. Ainsi les fleurs de la pervenche sont *axillaires*.

AISSETTE ou AISSEAU, petite hache dont se servent les tonneliers pour mettre et ôter les bondons.

AISSON, petite ancre à quatre branches.

AISY, petit-lait aigri, dont on se sert dans les montagnes du Jura pour obtenir le sérum du petit-lait provenant de la fabrication du fromage.

AITONA, célèbre et ancienne baronnie d'Espagne, dans la Catalogne, appartenant à la maison de Moncade, depuis le XIIe siècle.

AIUS LOCUTIUS (myth.), dieu que les Romains adoraient. Voici l'origine de ce culte : Un homme du peuple, Mærus Cédicius, vint dire aux tribuns qu'en traversant de nuit une des rues de Rome il avait entendu sortir du temple de Vesta une voix plus qu'humaine, qui lui avait dit que Rome serait bientôt attaquée par les Gaulois; les tribuns dédaignèrent cet avis, que l'événement justifia l'année suivante. Après la défaite des Gaulois, Camille bâtit un temple à cette voix prophétique et surnaturelle, qui fut nommée *Aius Locutius*.

AIX, grande et belle ville de France, chef-lieu d'arrondissement du département des Bouches-du-Rhône, à 8 lieues de Marseille. Population, 24,000 habitants. Cette ville, fondée par les Romains l'an 123 avant J.-C., se nommait autrefois *Aquæ Sextiæ*. Après la décadence de Marseille et d'Arles, elle devint la capitale de la Provence. Les comtes de la maison d'Aragon et de celle d'Anjou y firent successivement leur résidence. Aujourd'hui cette ville renferme plusieurs belles places et plusieurs monuments remarquables, tels que l'hôtel de ville, le palais de justice, de l'archevêché, l'église de la Madeleine, les greniers publics, etc. Elle possède une bibliothèque riche de 1,200 manuscrits et de 90,000 volumes, un tribunal de première instance et de commerce; un évêché, érigé dans le IIIe siècle, et qui a pour suffragants ceux de Marseille, Fréjus, Digne, Gap et Ajaccio, un séminaire diocésain, une école secondaire ecclésiastique ; une académie, qui comprend dans son ressort les Bouches-du-Rhône, les Basses-Alpes, le Var et la Corse ; un collége, une faculté de droit et de théologie ; un musée, une chambre des sciences, arts et belles-lettres, un cabinet d'histoire naturelle. Aix est le chef-lieu du trente-sixième arrondissement forestier.

Aix commerce en grains, vins et étoffes de lin et de soie. Ses huiles sont célèbres, ainsi que ses sources d'eaux chaudes. On y élève beaucoup d'oliviers et de vers à soie.

AIX-LA-CHAPELLE (en allemand, *Aachen*), ville du grand-duché du Bas-Rhin (royaume de Prusse), construite au IXe siècle. Sa population est de 35,500 âmes. Charlemagne y établit sa résidence et y mourut en 814. Par le traité de Lunéville (1801), elle devint possession française et fut chef-lieu du département de la Roer jusqu'en 1814, qu'elle fut donnée à la Prusse. — Ses eaux sulfureuses jouissent d'une grande célébrité. Le district d'Aix-la-Chapelle, divisé en onze cercles, renferme 76,000 milles carrés et 338,000 habitants.

AIX-LA-CHAPELLE (TRAITÉS D'). Le premier (1668) mit fin à la guerre que Louis XIV commença en 1667, à l'occasion de la succession de Philippe IV, roi d'Espagne, son beau-père. — Le deuxième (1748) termina la guerre que la succession d'Autriche alluma entre la France, la Prusse, l'Espagne, la Bavière, etc., d'une part, et Marie-Thérèse d'Autriche, l'Angleterre et la Hollande, de l'autre.

AIX-LA-CHAPELLE (CONGRÈS D'), assemblée qui eut lieu en octobre et novembre 1818, pour délibérer sur l'évacuation du territoire français par les armées étrangères. Ce congrès était composé de l'empereur d'Autriche, du roi de Prusse, de l'empereur de Russie et d'un plénipotentiaire anglais. L'évacuation fut résolue le 1er novembre, en témoignage de satisfaction de la conduite de la France depuis la rentrée des Bourbons.

AIX (ILE D'), petite île située en avant de l'embouchure de la Charente (département de la Charente-Inférieure), entre l'île de Ré et l'île d'Oléron. Elle forme avec ces deux îles un bassin où les vaisseaux trouvent un abri et un bon mouillage. Elle est très-rapprochée de la France, et le bras de mer qui l'en sépare a si peu de profondeur, qu'à la marée basse on peut le traverser presque à gué. Au milieu de ce bras de mer est le fort *Ennet*. Dans l'île il y en a deux: un, le fort *Liedot*, qui défend l'entrée de la Charente; l'autre, en construction, défendra le canal qui sépare l'île d'Aix de l'île d'Oléron. Cette île, quoique petite, est assez importante comme position. Dans les dernières guerres de l'empire, on a transporté jusqu'à 10,000 hommes de troupes. Elle est la dernière terre du sol français qu'ait foulée Napoléon, et c'est en la quittant qu'il s'embarqua sur le vaisseau qui devait le conduire à Sainte-Hélène. On y cultive la vigne avec succès.

AJACCIO, chef-lieu du département de la Corse, sur la côte occidentale de l'île, et sur le golfe du même nom, à 285 lieues de Paris, 65 de Toulon. Population, 9,000 habitants. Cette ville, fondée par les Lesbiens, qui la nommèrent *Ajasse*, reçut des Romains le nom d'*Urcinium*. Elle est la patrie de la famille Bonaparte. La maison où est né Napoléon existe encore. Elle a deux étages et est de chétive apparence. Ajaccio possède une citadelle bâtie par le maréchal de Thermes, en 1554, une salle de spectacle, un port vaste et sûr, une bibliothèque riche de 15,000 volumes, un évêché érigé dans le XVIIIe siècle et suffragant de l'archevêché d'Aix, une congrégation religieuse de femmes, une école chrétienne, un tribunal de première instance et de commerce, un collége dépendant de l'académie d'Aix, une école modèle d'instruction primaire et une école d'hydrographie Ajaccio fait un grand commerce d'huile, vins, grains, draps, acier, poteries, corail, etc.

AJAN, nom donné à la côte occidentale d'Afrique, au N. de la côte de Zanguebar et au S. du royaume d'Adel. Elle est longue d'environ 190 lieues. On y fait un grand commerce d'ivoire, ambre, chevaux, or et parfums. Cette côte renferme plusieurs petits États.

AJAX, roi de Salamine, fils de Télamon, le plus brave des Grecs qui se signalèrent à la guerre de Troie, après Achille. Il combattit Hector, et échangea ses armes avec lui. Après la mort d'Achille, Ajax et Ulysse se disputèrent les armes de ce héros. Les Grecs ayant prononcé en faveur du second, Ajax devint furieux, égorgea un troupeau de moutons, et se perça de son épée. De son sang, disent les poëtes, naquit la fleur appelée hyacinthe.

AJAX, fils d'Oïlée, roi des Locriens, fut un des princes grecs qui se signalèrent au siége de Troie. Après la prise de cette ville, il enleva Cassandre, prêtresse du temple de Minerve. Agamemnon, ayant eu vent demandé pour lui la prêtresse, accusa Ajax d'avoir violé Cassandre dans le temple de Minerve, et commis un sacrilège qui ne pouvait être expié que par la mort du coupable. Ajax, effrayé, voulut s'enfuir sur un vaisseau. Mais une tempête l'ensevelit sous les flots.

AJAX (DANSE D'), nom donné à une danse grecque, dans laquelle on imitait la fureur d'Ajax, fils de Télamon, et principalement dans les *aïanties*, fêtes que l'on célébrait en son honneur.

AJONC, arbuste épineux, de la famille des légumineuses, très-rameux, à feuilles simples, roides, hérissées d'épines, à fleurs jaunes. Une espèce, le *jonc marin* ou *genêt épineux* ou *sainfoin d'hiver*, a la propriété d'utiliser les mauvaises terres, qu'il rend, après six ans, propres à la culture des céréales. — On en fait encore de très-bonnes haies, et son jeune bois sert à chauffer les fours. Les bestiaux mangent ses jeunes pousses.

AJOUPA. C'est, en marine, un petit couvert qui sert momentanément d'abri, contre une forte pluie ou un grand soleil, aux hommes qui se sont détachés d'un bâtiment pour aller chercher de l'eau, du bois, etc. Le plus souvent, il est bâti avec des pieux plantés en terre, et recouvert de branches d'arbres, de feuilles et d'écorce.

AJOUX, terme de fileur d'or, lames de fer entre lesquelles se retiennent les filières.

AJUST (mar.), sorte de nœud servant à réunir ensemble les bouts de deux cordages, ou des parties cassées. *Faire ajust*, c'est ajouter un cordage ou plusieurs pour en allonger d'autres ; l'entrelacement des cordages est fait de manière que le nœud peut se défaire promptement. — L'*ajust* est aussi le point où les deux cordages sont réunis. — *Ajuster*, c'est faire un *ajust*.

AJUSTEUR. Dans les hôtels de monnaies, on nomme ainsi celui qui met les *flans* (monnaies qui ne sont pas encore frappées) au poids qu'ils doivent avoir. On appelle *ajustoir* une petite balance où l'on pèse et *ajuste* les monnaies avant de les marquer.

AJUTAGES ou AJUTOIRS, petits tuyaux coniques ou cylindriques, qui s'adaptent à l'extrémité d'un tuyau plus grand, pour former un jet d'eau : — C'est encore un petit tuyau de métal destiné à s'adapter au bout d'une lance.

AKANTICONE, AKANTICONITE ou ARENDOLITE, noms donnés à une substance minérale d'un vert noirâtre, dont la poussière est jaune verdâtre, et que l'on nomme aussi *épidote*.

AKBAL, c'est le nom que les Arabes donnent à leurs rois. Ceux de l'Arabie-Heureuse s'appellent *Toba*.

AKBAR (Mohammed), empereur de l'Hindoustan, né en 1542. Il succéda à 13 ans à son père Houmâjoun, sous la tutelle du ministre Beyram. Malgré les longues guerres qu'il eut à soutenir, il cultiva les sciences et surtout l'histoire ; il fit faire par son ministre Abul-Fazl une description exacte et détaillée de tout l'Hindoustan, sous ses propres yeux, et lui donna le titre de *Ajin-Akberi*. Akbar mourut en 1604.

AKÈNE. Voy. ACHÈNE.

AKENSIDE (Marc), poëte et médecin anglais, né à Newcastle en 1721. Il a laissé un *recueil d'odes*, les *Plaisirs de l'imagination*, et quelques ouvrages de médecine.

C'est un des meilleurs poëtes anglais. Il mourut en 1770.

AKIBA, Juif célèbre, fut le premier auteur des *Deutéroses* ou *Traditions judaïques*. Il se déclara pour le faux messie Barcochébas qui fit révolter les Juifs. Pris par les troupes de l'empereur Adrien, il fut écorché vif, avec son fils, l'an 135 de J.-C. Il avait alors 120 ans.

AKJERMANN (en allemand, *Weissemburg*), ville de la Bessarabie, sur les bords d'un golfe du Dniester appelé Léman. Sa population est de 18,000 âmes. Là fut conclu en 1826 un traité qui détourna la guerre prête à éclater entre la Russie et la Turquie.

AKOAM, l'heure du soir pendant laquelle les Turks récitent une prière.

AKOND, nom donné au troisième grand prêtre de la Perse. Il rend la justice, enseigne et explique la loi.

ALABAMA, rivière des États-Unis, formée de la Cousa et de la Tallapousa, et qui se jette dans la baie Mobile. Son cours a environ 100 lieues; elle a donné son nom à un des États-Unis, entre ceux de Tennesée, de la Floride, de la Géorgie, du Mississipi, et le golfe du Mexique. Sa superficie est de 5,950 lieues carrées, et sa population de 192,980 habitants, dont 117,550 esclaves. Il renferme de belles mines de fer et d'argent, et a été admis dans l'Union en 1819. Sa capitale est *Tusculoosa*.

ALABANDA ou ALABANDIQUE, nom donné à un marbre d'un noir très-foncé, qu'on exploitait aux environs d'Alabanda, ville de la Carie (Asie-Mineure). Ce marbre se retrouve dans plusieurs monuments grecs et romains. Quelques auteurs le nomment *noir de Lucullus*. — On nommait *alabandine*, ou *almandine*, ou *pierre incombustible de Milet*, une pierre précieuse que l'on trouvait dans les environs de la ville d'Alabanda. Elle tenait le milieu entre le grenat et le rubis; elle est plus transparente que le premier, moins obscure que le second; elle est dure et anguleuse. On la nomme aujourd'hui *spinelle rouge pourpré*. Cette pierre prend le premier rang après le vrai rubis.

ALABARCHE, chef des Juifs à Alexandrie. Sa dignité se nomme *alabarchie*.

ALABASTRIQUE, l'art de faire des albâtres artificiels.

ALABASTRUM, mesure de capacité usitée autrefois en Grèce et en Orient. Elle valait un *demi-xestès*, un *cotyle*, ou (en mesures françaises) 2 décilitres 6 centilitres. Les anciens nommaient *alabastrum* ou *alabastrite* l'albâtre pur; aujourd'hui c'est la chaux sulfatée compacte, blanche et transparente. Ce minéral, qui ressemble à l'albâtre, sert à faire des vases, des colonnes, des pendules, etc. — Ils appelaient encore ainsi de grosses perles et des vases à parfum faits en forme de poires et qui n'avaient point d'anses.

ALACOQUE (Marguerite-Marie), née près d'Autun en 1647, embrassa la vie religieuse. Douée d'une vive imagination, elle se persuada qu'elle avait des visions, des révélations et des extases. Elle composa un livre mystique sur la charité de Jésus-Christ. On dit qu'elle prédit l'année et le jour de sa mort, arrivée le 17 octobre 1690.

ALADIN (Al-Eddin-ben-Kaïkhosrou), surnommé *Kaïkobad*, sultan du pays de Roum, et dixième prince de la famille des Seldjoucides. Il soutint avec succès plusieurs guerres contre les souverains d'Égypte (vers 1200), envahit la Caramanie, fit rebâtir les villes de Sivas et de Konieh. Cependant, et quoiqu'il se dît *roi du monde*, il fut forcé de reconnaître pour maître Oktaï, chef des Tatars Mongols, et mourut empoisonné en 1238.

ALAGOAS (PROVINCIA DAS), province du Brésil, bornée au N. par celle de Pernambuco, à l'E. par l'Océan, à l'O. par les déserts de Goyaz; au S., elle touche à Sérégipe. Cette province est fertile et produit beaucoup de bois, de coton, d'indigo, de tabac, de sucre, etc. Elle est mal peuplée. Cette province ne forme qu'une seule comarca, et a pour capitale *Cidade das Alagoas* ou *Alagoas*, située sur la partie méridionale du lac Mauguaba. C'est une ville de 18,000 habitants, qui n'offre aucun monument remarquable, mais qui jouit d'une grande célébrité par les produits agricoles de ses environs. En Europe, ses cotons passaient pour les meilleurs de ceux fournis par l'Amérique méridionale. On leur préfère aujourd'hui ceux de Pernambuco. Jadis elle exportait annuellement quinze cents rouleaux d'un tabac très-estimé. Le sucre forme maintenant sa richesse principale. Le pays d'Alagoas a joué un rôle très-important durant les guerres du XVIIe siècle entre les Hollandais et les Portugais. Pendant longtemps, il fut le siége principal des hostilités. Sa superficie est de 2,700 lieues carrées; sa population de 180,000 habitants.

ALAGON DE MERARGUES (Claude), gentilhomme né en Provence, d'une famille originaire de Naples. Nommé procureur-syndic de Marseille, il voulut profiter de l'autorité dont il jouissait pour introduire les Espagnols dans la ville; mais dénoncé par un de ses confidents, et convaincu par les aveux du secrétaire de l'ambassadeur d'Espagne, il fut condamné à mort, et eut la tête tranchée sur la place de Grève, à Paris (19 février 1605). Son corps fut coupé en quatre quartiers qu'on attacha aux quatre principales portes de la ville, et sa tête envoyée à Marseille pour y être placée sur une des portes.

ALAHAMARE (Mahomet Abnfar), premier roi maure de Grenade. Ayant été nommé gouverneur d'Archone (1283), il profita de la faiblesse de ses souverains, les Almohades, pour se faire élire roi, s'empara de Jaën, de Cadix et de Grenade. Il fixa le siége de sa domination dans cette dernière ville, en 1237. Ses successeurs se nommèrent *Alahamares*, et régnèrent jusqu'en 1492, qu'ils furent chassés par Ferdinand et Isabelle.

ALAIN. Plusieurs ducs ou comtes de Bretagne ont porté ce nom. Voici les ducs: ALAIN Ier dit *le Fainéant* régna de 580 à 594, sans rien faire de mémorable. — ALAIN II dit *le Long* (660 à 690) sut faire respecter ses États. — ALAIN III, fils de Pasquitan, partagea la Bretagne avec Juël, après la mort du duc Salomon (874). En 890, il s'engagea à donner la dixième partie de ses biens à l'Église, et obligea les Bretons à faire le même vœu, pour obtenir du ciel la grâce de vaincre les Normands, qui étaient descendus sur les côtes de Bretagne, et avaient tué le duc Juël, son frère. Il remporta sur eux une victoire éclatante, détruisit l'armée normande, dont quatre cents soldats seuls échappèrent, et mourut en 892. Voici les comtes: ALAIN Ier dit *Barbe forte*, premier comte de Bretagne, mourut en 952 ou 959. — ALAIN II *le Rebru* succéda à son père Geoffroi Ier, fit la guerre avec succès à Robert II, duc de Normandie, et fut empoisonné en 1040. — ALAIN III dit *Fergent*, fils de Havoise, héritière de Bretagne, et de Hoël, comte de Cornouailles, son époux, leur succéda en 1084, alla à la croisade, se trouva à la prise de Nicée, d'Antioche et de Jérusalem, fonda plusieurs abbayes, et mourut en 1120. — ALAIN IV *le Noir*, époux de Berthe, fille et héritière de Conan III, régna au préjudice de Hoël, fils de ce dernier. — ALAIN V, comte de Penthièvre et de Richemont (Angleterre), épousa l'héritière de Bretagne en 1138, et mourut en 1146. Son successeur fut Conan IV.

ALAIN ou ALAN (William), nommé plus souvent *le cardinal d'Angleterre*, né dans ce pays en 1531. Il embrassa la vie ecclésiastique et devint chanoine de l'Église d'York. Ayant refusé d'embrasser le protestantisme, il fut proscrit et se retira à Louvain, sous la protection du roi d'Espagne. Il y écrivit plusieurs livres contre les protestants. Revenu à Oxford, il fut forcé de fuir une seconde fois la persécution, et repassa dans les Pays-Bas. Il fonda à Douai un séminaire pour les Anglais exilés de leur patrie pour cause de religion. Fait cardinal en 1587, et archevêque de Malines en 1590, il mourut en 1594. Il fut un des réviseurs de la Bible, imprimée par l'ordre de Sixte V, avec les cardinaux Colonna et Bellarmin.

ALAINS, peuples barbares de race scythique, habitant entre le Pont-Euxin et la mer Caspienne. Ils étendirent leurs conquêtes depuis le Volga jusqu'au Tanaïs, pénétrèrent au nord dans la Sibérie, et au sud dans la Perse et l'Inde. Ils commencèrent leurs incursions dans l'empire romain en 275, et s'emparèrent de la Cappadoce, de la Cilicie et de la Galatie. L'empereur Tacite les éloigna en leur donnant ce qu'ils voulurent. Ils se montrèrent souvent encore redoutables; mais ils furent enfin exterminés par les Visigoths, et leurs débris se confondirent avec les Vandales.

ALAIS (autrefois *Alesia*), ville du département du Gard, sur la rive gauche du Gardon, chef-lieu de sous-préfecture, à 11 lieues de Nîmes. Population, 12,077 habitants. Alais est une ville très-ancienne. Pendant les guerres de religion, ses habitants prirent le parti des protestants. Louis XIII les réduisit en 1629; mais ils n'en restèrent pas moins zélés protestants. En 1689, Louis XIV y fit construire un fort. Alais renferme un tribunal de première instance et de commerce, des fabriques de bas, rubans, gants de soie, des tanneries, des verreries, etc.

ALAMANNI (Louis), gentilhomme florentin et célèbre poëte italien, né en 1495, mort en 1556. Étant entré dans une conspiration contre Jules de Médicis, qui devint pape sous le nom de Clément VII, Alamanni s'enfuit en France, où plus tard François Ier le combla de bienfaits. Le prince l'envoya en ambassade, en 1544, auprès de Charles-Quint. Il jouit des mêmes faveurs sous Henri II. Il a laissé un *recueil de poésies*, l'*Opere Toscano*, poëme didactique, la *Coltivazione*, *Girone il Cortese*, poëme héroïque, l'*Avarchide*, une comédie de *Flora*.

ALAMANNI, ou ALEMANI, ou ALLEMANDS, confédération guerrière de plusieurs peuplades germaniques, dont faisaient partie les *Cattes*, les *Teuctères* et les *Ussipètes*. Vers le commencement du IIIe siècle, ils attaquèrent l'empire romain. Battus par Maximin, Posthumius, Constance Chlore, Julien et Clovis, ils furent refoulés dans l'Allemagne et dans la Suisse, où ils se dispersèrent.

ALAMBIC, vaisseau qui sert à distiller, et qui consiste en un matras ou une cucurbite garnie d'un chapiteau presque rond, lequel est terminé par un rayon oblique par où passent les vapeurs condensées, qui sont reçues dans une bouteille ou matras qu'on y a ajusté, et qui prend le nom de *récipient*.

ALAND (ILES D'), archipel situé dans la mer Baltique, à l'entrée du golfe de Bothnie. Sa superficie est de 22 lieues carrées, et sa population de 14,000 habitants. Cet archipel fut cédé en 1809, avec la Finlande, par la Suède, à la Russie. Le sol est pierreux et peu fertile.

ALANTINE, fécule ou poudre que l'on retire de la plante nommée par les botanistes *angélique archangélique*. Pour l'obtenir, on râpe les racines de cette plante, on les exprime, on les fait bouillir avec de l'eau, et on filtre la dissolution bouillante à travers un linge. Si elle est trouble, on la clarifie avec du blanc d'œuf. On l'évapore ensuite, et on laisse refroidir. La fécule se dépose alors sous forme pulvérulente.

ALAPA, nom donné en quelques lieux à la *bardane*.

ALAQUE, ou PLINTHE, ou ORLET, nom donné à un ornement d'architecture carré et plat, qui sert d'assise à la base des colonnes.

ALARIC, célèbre roi des Goths, qui, après avoir ravagé plusieurs provinces de l'empire romain, sous le règne d'Honorius, assiégea deux fois Rome même. La première fois, il se contenta de lever de fortes contributions; la deuxième fois, il pilla la ville et en détruisit les plus beaux monuments. En 406, il se fit céder par Honorius l'Espagne et une partie des Gaules, et y fonda le royaume des Visigoths. Il mourut en 411, au moment où il se préparait à conquérir la Sicile et l'Afrique.

ALARIC II, huitième roi des Wisigoths en Espagne, succéda à son père Euric, en 484. Outre l'Espagne, il possédait le Languedoc, la Provence et plusieurs autres pays entre l'Océan et la Méditerranée. Alaric avait placé le siège de son royaume à Toulouse. Clovis Ier, roi des Francs, jaloux de sa puissance, dirigea ses troupes vers les provinces du midi de la Gaule. Un grand combat se livra dans les plaines de Vouillé, près de Poitiers. Alaric, vaincu, périt de la main de Clovis, en 507. Arien zélé, il ne persécuta point les catholiques. Il fit publier le recueil des lois connu sous le nom de *Code d'Alaric*.

ALARME, de l'italien *all'-arme* (aux armes), cri, signal pour faire courir les soldats aux armes. On donne l'alarme en battant la générale, ou en allumant des feux pendant la nuit. On appelle *pièces d'alarme* des canons placés à la tête du camp, et prêts à tirer au premier commandement, pour donner l'alarme aux troupes. On nomme *poste d'alarme*, 1° un lieu que le maréchal des logis assigne à un régiment pour s'y rendre en cas d'alarme; 2° dans une garnison, un lieu où chaque régiment a ordre de venir se rendre, dans les occasions ordinaires.

ALATERNE, arbrisseau du genre *nerprun*, indigène aux lieux humides du midi de l'Europe. Il s'élève à six mètres (dix-huit à vingt pieds). Son port est beau, son feuillage toujours vert; ses fleurs, petites et en grappes, répandent une odeur suave au mois de mai. L'on en fait des buissons très-agréables, et on l'emploie dans les jardins. Les ébénistes se servent du bois d'alaterne, qui ressemble à celui du chêne vert. Ses baies, ses feuilles et ses jeunes rameaux donnent une belle couleur vert de vessie. Autrefois cet arbre était réputé de mauvais voisinage, parce que le suc qu'il fournit est couleur de sang. — On nomme vulgairement *alaterne bâtard* le *céanote*.

ALATIER, nom donné dans certaines parties de la France au fruit de la viorne.

ALAUDES, nom d'une légion romaine, composée de Gaulois, et levée par César dans les Gaules. On les nommait ainsi parce qu'ils portaient une alouette (en latin, *alauda*) représentée sur leur casque. Voy. BAGAUDES.

ALAVA ou ALABA, province d'Espagne, une des trois formées de la Biscaye. Les rois de Navarre s'intitulaient jadis *rois d'Alava*. En 886, les Maures s'en emparèrent, et érigèrent l'Alava en royaume. Alphonse, roi de Castille, la réunit à ses États, et la restitua plus tard au roi de Navarre. En 1331, elle revint à Alphonse XI, et fut annexée définitivement à son royaume. — La province d'Alava a une superficie de 52 lieues carrées, et une population de 68,000 habitants. Sa capitale est *Vittoria*. On trouve dans l'Alava de belles mines de fer.

ALB ou ALP DE LA SOUABE, chaîne de montagnes, qui continue la forêt Noire dans sa partie septentrionale. Ce sont des monts calcaires d'environ 18 lieues de longueur sur 2 à 5 de largeur, situés sur la frontière S.-E. du Wurtemberg, dont la partie la plus élevée et la plus stérile est appelée l'*Alp escarpé*. Le point le plus haut n'a pas 5,000 pieds au-dessus du niveau de la mer. L'Alb renferme de nombreuses et abondantes sources, des mines de fer, de cuivre, de houille, etc. Le sommet est bien boisé. Le chanvre, le seigle et l'avoine y réussissent bien. On y élève beaucoup de moutons.

ALBAIN (MONT), montagne située au N.-E. de Rome et à peu de distance de cette ville. C'était le long de cette montagne qu'*Albe* était bâtie. On nomme encore *Albains* les habitants d'Albe, et le collège des Saliens ou prêtres de Mars, ainsi appelés du mont Albain, où ils résidaient.

ALBANAIS, secte chrétienne du VIIIe siècle. Ces hérétiques admettaient deux principes : un bon, le Père de Jésus-Christ, auteur du bien et du Nouveau Testament; et un mauvais, auteur d'Abraham, de Moïse et de l'Ancien Testament. Ils disaient que le monde est éternel, que Jésus-Christ avait pris son corps dans le ciel, que les sacrements, sauf le baptême, étaient des superstitions, que l'enfer est un mensonge, et que l'Église n'a pas le pouvoir d'excommunier.

ALBANI, riche et célèbre famille de Rome, originaire d'Albanie, qui a donné à l'Église plusieurs évêques et cardinaux, et un pape, Clément XI (Jean-François Albani).

ALBANI (François) dit *l'Albane*, peintre italien, né à Bologne en 1578. Élève de Denis Calvart, il devint célèbre dans l'Europe. Ses principaux tableaux sont *Vénus endormie*, *Diane au bain*, *Danaé sur sa couche*, *Galatée sur la mer* et *Europe sur le taureau*. Il était surtout remarquable par son talent à imiter les grâces de la beauté. Il mourut en 1660.

ALBANIE, grande contrée de l'ancienne Asie, située entre la mer Caspienne et l'Ibérie. Elle fut ainsi nommée, parce que ses habitants étaient originaires d'Albe en Italie, d'où ils étaient sortis sous la conduite d'Hercule, après la défaite de Géryon.

ALBANIE, province de la Turquie, formée des anciens royaumes d'Épire et d'Illyrie, qui s'étend depuis le *Drin* jusqu'aux monts *Acrocérauniens*, le long de la mer Adriatique. Sa superficie est de 700 lieues carrées, sa population de 300,000 âmes. L'Albanie se divise en plusieurs pachalies (Janina, Ilbessan et Scutari). La partie méridionale, depuis le soulèvement des Grecs, a été appelée *Épire*; le pays est fertile en blé, vin, huile, coton, etc.; le climat est beau; les principaux habitants sont Turks, Grecs, Juifs et Arnautes. Ils sont féroces, fourbes, traîtres, mais voleurs et sans foi. — ALBANIE fut le nom ancien de toute l'Écosse. Il n'est aujourd'hui que celui d'une des anciennes provinces de ce pays. Les fils des rois écossais prenaient souvent le nom de *ducs d'Albanie*.

ALBANO, petit village d'Italie, bâti sur les ruines d'Albe, auprès du mont de même nom. C'était sur cette montagne que l'on célébrait autrefois des réjouissances annuelles pour cimenter la paix entre les Romains et les Latins. La ville d'Albano fut, sous les empereurs romains, un de leurs séjours de plaisance. On y admire l'ancien lac Albano, nommé aujourd'hui *lago del Castel Gandolfo*, et un aqueduc long de 3,700 pas, qui conduisait les eaux de ce lac à Véies, et qui fut bâti par les Romains. On trouve aux environs d'Albano des pierres de couleur gris foncé, très-estimées par les architectes.

ALBANY (Louise-Marie-Caroline DE STOLBERG, comtesse D'), née en 1753, morte en 1804, cousine-germaine du dernier prince régnant de Stolberg-Hedern. Elle épousa, en 1772, Charles Stuart, prétendant à la couronne d'Angleterre. Ses malheurs et sa beauté la firent aimer du célèbre Alfiéri, qui la chanta dans plusieurs de ses poésies. Ses cendres reposent dans l'église de Santa-Croce, à Florence, dans le même tombeau que celles d'Alfiéri.

ALBANY, comté des États-Unis, dans le Vermont. Il a 60 lieues carrées et renferme 36,116 habitants; il est en partie inculte. — La capitale est *Albany*, sur la rivière d'Hudson, à 50 lieues de New-York. Population, 1,300 âmes. Cette ville est l'entrepôt des marchandises du Canada, elle exporte des pelleteries. — C'est aussi le nom d'une rivière de l'Amérique septentrionale, qui se jette dans la baie Saint-James.

ALBATION, nom donné par les alchimistes à une opération à l'aide de laquelle ils blanchissaient les métaux dont ils voulaient obtenir la transmutation. Ainsi ils nommaient *albation* la transmutation du cuivre en argent.

ALBATRE, nom donné à une pierre assez tendre pour être rayée par le fer, et qui est évidemment formée par des dépôts successifs. On en distingue deux espèces : 1° l'*albâtre gypseux* ou *alabastrite* (voy. GYPSEUX), ou chaux sulfatée compacte; 2° l'*albâtre calcaire*. Cette pierre est quelquefois d'une blancheur éblouissante; il y en a de jaunes ou de fauves. L'albâtre entrait autrefois dans la composition d'un onguent (*onguent d'albâtre*) destiné à ramollir certaines tumeurs. On s'en servait aussi dans les préparations dentifrices. — *Albâtre vitreux* est synonyme de *chaux fluatée*.

ALBATROS, oiseaux aquatiques, grands, forts et massifs, de la famille des palmipèdes, originaires de l'océan Austral. Ils sont gloutons et voraces; leur chair est dure et de mauvais goût.

ALBE (*Alba-Longa*), ville du Latium, bâtie par Ascagne l'an 1152 avant J.-C. Après avoir été pour Rome une dangereuse rivale, elle fut détruite de fond en comble par les Romains, 665 ans avant J.-C. Quatorze rois avaient occupé le trône d'Albe, depuis Ascagne jusqu'à Numitor et Amulius.

ALBE (Fernand Alvarez DE TOLÈDE, duc D'), né en 1508 d'une famille très-noble d'Espagne. Il gagna pour Charles-Quint, en 1547, la bataille de Mulhberg contre l'électeur de Saxe, et fut nommé gouverneur de Milan en 1555. Philippe II le nomma, en 1556, gouverneur des Pays-Bas, qui se révoltèrent contre son despotisme et sa cruauté; il les abandonna en 1573, et mourut en 1582. Il avait fait supplicier 18,000 personnes, entreprit une guerre de soixante-huit ans, qui coûta à l'Espagne 800 millions d'écus, et la perte de sept provinces des Pays-Bas.

ALBÈRES, chaîne de montagnes du Roussillon se rattachant aux Pyrénées. Les Espagnols y furent vaincus par les Français, sous les ordres de Dugommier, les 27 et 30 avril 1794. Les ennemis perdirent leur camp et leurs bagages, deux cents pièces de canon et 2,000 prisonniers. Cette victoire remit la France en possession des Pyrénées et du Roussillon, que les Espagnols occupaient depuis le commencement de 1794.

ALBERGATI (Nicolas), né à Bologne en 1375, embrassa la vie ecclésiastique, et devint évêque de cette ville en 1417, et cardinal en 1426. Il fut successivement nonce en France en 1422, légat à Paris de Martin V (1431), et assista au concile de Ferrare contre les schismatiques grecs. Il mourut en 1443, avec la dignité de grand pénitencier de l'Église; il avait eu pour domestiques Æneas Sylvius et Thomas de Sarzanne qui devinrent papes dans la suite.

ALBERGEAGE ou ALBERGEMENT, bail emphytéotique. *Alberger*, c'est donner en emphytéose.

ALBERGIER, espèce d'abricotier. C'est un arbre assez grand, à feuilles en cœur, dentelées, plus petites que celles de l'abricotier. Ses fruits nommés *alberges* sont précoces, mûrs à la mi-août, toujours abondants et de bonne qualité, de couleur jaune foncé; ils sont couverts d'une peau raboteuse et colorée; leur chair est fondante, vineuse, légèrement amère. Le noyau est gros, et contient une amande grosse et amère.

ALBERMARLE ou ALBEMARLE, comté de Virginie, qui renferme 20,000 habitants, et a pour capitale Charlotte-Ville, à 24 lieues de Richmond. — C'est aussi un grand lac de la Caroline du sud.

ALBERONI (Jules), premier ministre d'Espagne sous Philippe V, né en 1664 dans le duché de Parme. Fils d'un jardinier, il s'éleva jusqu'au rang de cardinal.

et devint l'arbitre de l'Espagne. Il avait formé le projet de la rétablir dans sa grandeur, et de faire donner au roi Philippe V la régence du royaume de France. Ce projet ayant échoué, toutes ses intrigues furent dévoilées, et il fut exilé (1720). Il mourut en 1752.

ALBERT LE GRAND, de la famille des comtes de Bollstædt, né à Lawingen, en Souabe, en 1193 ou en 1205, fut évêque de Ratisbonne. L'étendue de ses connaissances le fit passer pour magicien. On prétend qu'il construisit un automate doué du mouvement et de la parole; il a composé plus d'écrits qu'aucun philosophe n'en avait laissé avant lui. Il mourut à Cologne en 1280. On a de lui vingt et un volumes in-folio sur la magie.

ALBERT. Deux empereurs d'Allemagne, ducs d'Autriche, ont porté ce nom. Le premier, fils de Rodolphe de Hapsbourg, né en 1248, succéda en 1298 à Adolphe de Nassau, à qui il fit la guerre, et qu'il tua de sa propre main. Ce fut sous son règne que la Suisse s'affranchit de la tyrannie de l'Autriche; il marcha contre elle en 1308, et fut assassiné en route par son neveu, Jean de Souabe. — Le second, fils d'Albert IV, duc d'Autriche et gendre de l'empereur Sigismond, né en 1394, monta après lui sur le trône en 1438; il avait été déjà élu roi de Bohême et de Hongrie. Sous son règne fut tenue la diète de Nuremberg, qui divisa l'Allemagne en quatre cercles, Bavière, Rhin, Souabe et Westphalie; il mourut en 1439. Il avait été surnommé le Grave et le Magnanime.

ALBERT, roi de Pologne. Voy. JEAN-ALBERT.

ALBERT, roi de Suède. Il était fils d'Albert, duc de Mecklembourg. Magnus II ayant été déposé, il fut élu roi à sa place (1363), et eut à soutenir une guerre contre Magnus qu'il défit en 1365. Il fit la paix avec le Danemarck, mais bientôt après il lui déclara la guerre, et s'empara de la Scanie. Il révolta par ses violences et son orgueil la noblesse suédoise, qui implora contre lui l'appui de Marguerite, reine de Danemarck. Fait prisonnier avec son fils à la bataille de Falkœnping en 1387, il fut conduit à Calmar, et y resta enfermé pendant sept ans. Il obtint sa liberté par une renonciation à toutes ses propriétés et un désistement en faveur de Marguerite. Il mourut en 1412.

ALBERT, archiduc d'Autriche, sixième fils de Maximilien II, né en 1559. Vice-roi du Portugal en 1583, il fut nommé gouverneur des Pays-Bas, sous Philippe II, en 1596 : il s'empara de Calais, Ardres et Amiens (1595), épousa la fille de Philippe II, Isabelle-Claire-Eugénie, qui lui apporta en dot les Pays-Bas catholiques et la Franche-Comté, et renouvela la guerre contre les Hollandais. Défait à Newport par Maurice de Nassau en 1600, il s'empara d'Ostende (1604) après un siège de trois ans trois mois et trois jours. Cependant il fut réduit à conclure une trêve de huit mois en 1607, et une autre de douze ans en 1609. Il mourut en 1621.

ALBERT (Écu d'), monnaie d'argent, frappée et mise en circulation en 1598 par le duc Albert, gouverneur des Pays-Bas. Sa valeur numéraire est d'une rixdale sept gros et demi (à peu près six francs). La Courlande, la Livonie, la Prusse, le Holstein et le Brunswick ont adopté cette monnaie.

ALBERT (Casimir), duc de Saxe-Teschen, prince royal de Saxe et de Pologne, fils d'Auguste III, roi de Pologne, né en 1738. Il administra les Pays-Bas autrichiens, et en 1789 fut forcé par la révolte du Brabant d'abandonner Bruxelles. Lorsque l'armée autrichienne eut apaisé les troubles, il revint dans son gouvernement. En 1792, il commanda l'armée de siège devant Lille; mais il fut forcé de se retirer, et, ayant été battu le 6 septembre à Jemmapes, il quitta la Belgique, et se retira à Vienne. Il embellit cette ville, fit construire un aqueduc, et passa le reste de sa vie dans l'étude de la littérature et des beaux-arts.

ALBERT, margrave de Brandebourg, grand maître de l'ordre teutonique, en 1511, né en 1490. Il fit la guerre à la Pologne, et sécularisa les possessions de son ordre, qui formèrent le duché de Prusse. Il embrassa le protestantisme, et mourut en 1568.

ALBERT, marquis de Brandebourg, dit l'Alcibiade d'Allemagne, né en 1522, était fils de Casimir de Brandebourg, marquis de Culembach. Il prit une grande part aux guerres du XVIe siècle en Allemagne. Après avoir servi pour Charles-Quint, il se ligue contre cet empereur, pille et saccage une partie de la Prusse, s'empare de soixante-dix châteaux, de cent villages, se fait céder vingt villes, ravage les terres des électeurs de Mayence et de Trèves, traverse la Lorraine et le Luxembourg, se jette dans la Saxe et dans le pays de Brunswick, qu'il met à feu et à sang. Défait par Maurice, électeur de Saxe, il est mis au ban de l'empire, éprouve à Schwinfurt un dernier échec (1544), après lequel il est dépouillé de ses États, se réfugie en France, rentre en Allemagne en 1557, et meurt l'année suivante.

ALBERT (Saint), de Louvain, cardinal-évêque de Liège, frère de Henri, duc de Lorraine, élu en 1191. Il fut assassiné à Reims, à l'instigation de Lothaire, nommé évêque de Liège en son absence et du consentement de l'empereur. Il fut percé de treize coups d'épée en 1193; on fait sa fête le 21 novembre. — On célèbre le 8 avril la fête de saint Albert, évêque de Verceil en 1184, né à Castro-di-Guallester. Patriarche de Jérusalem en 1204, il dressa (1209) une règle pour les ermites du mont Carmel qu'il mit en congrégation. Il fut assassiné en 1214.

ALBERT (Charles d'). Voy. LUYNES.

ALBERTINI (Nicolas) ou NICOLAS DE PRATO, dominicain, puis cardinal en 1250, à Prato, en Toscane. En 1299, il fut nommé évêque de Spolette et vice-gérant de Rome par Boniface VIII. Nonce (1302) auprès des rois de France et d'Angleterre, il les réconcilia avec le pape. Il fut nommé cardinal-évêque d'Ostie par Benoît XI (1303), et légat en Toscane pour y faire élire Clément V, et après lui Jean XXII, il fut l'âme de ces deux papes. Il mourut en 1321.

ALBI, sur le Tarn, chef-lieu du département du Tarn, à 169 lieues de Paris. Population, 15,000 habitants. Cette ville est très-ancienne. Après avoir fait partie de l'Aquitaine, elle fut érigée en comté, en 781, par Louis le Débonnaire. Le premier comte fut Aimoin. Dans le Xe siècle, ce comté passa dans la maison des comtes de Toulouse, sur qui fut confisqué en 1223, en faveur de Simon de Montfort. Son fils Amaury le céda au roi Louis VIII en 1226. Saint Louis le donna à son frère Alphonse en 1241. Après la mort de ce prince (1284), il revint à la couronne. Cette ville est située sur une colline escarpée. Cette ville possède un musée, une bibliothèque de 12,000 volumes, une belle cathédrale, commencée en 1277, achevée en 1480. Elle a 348 pieds de long sur 102 de large. Son architecture est gothique. Le clocher se compose de deux tours très-hautes; tout l'intérieur de l'église est couvert de peintures. Albi a encore un tribunal de commerce et de première instance, un archevêché, érigé dans le IIIe siècle, qui a pour suffragants les évêchés de Rhodez, Cahors, Mende et Perpignan; un séminaire, un collège, une école normale primaire, un cours public de dessin et de géométrie. Albi commerce en coriandre, anis, pastel, grains, fruits et vins estimés.

ALBIGEOIS, hérétiques appelés encore vaudois. Ils soutenaient les erreurs des manichéens, niaient la résurrection des corps, l'existence du paradis et de l'enfer; disaient que Jésus-Christ n'était ni vrai Dieu, ni vrai homme, que l'Église ne pouvait point excommunier; ils se moquaient du purgatoire, des prières pour les morts, des images, etc., et reconnaissaient un pape qui siégeait en Bulgarie. Ils furent condamnés au concile de Lombez en 1176, à ceux de Latran en 1179 et 1215, et à celui de Toulouse en 1228. On prêcha contre eux une croisade dont les résultats furent le ravage des provinces méridionales, la dépossession des comtes de Toulouse et l'établissement de l'inquisition. Le célèbre Simon de Montfort était le chef des croisés.

ALBIN. Voy. ALBINUS.

ALBINACK, fils de Brutus. Quelques auteurs en ont fait le fondateur du royaume d'Angleterre. D'après ces historiens, il aurait eu l'Albanie (nom ancien de l'Écosse) en partage. Chassé par Humbert, roi des Huns, il se serait retiré à Léogrania, où régnait son frère Locrine, qui marcha avec Camber, son autre frère, contre Humbert. Celui-ci aurait été défait et tué près de la rivière à laquelle il a donné son nom.

ALBINE (Sainte), fille de sainte Mélanie, épousa un riche Romain, nommé Publicola. Devenue veuve, elle donna son bien aux pauvres et vécut dans le recueillement et la pratique des bonnes œuvres. Elle mourut vers l'an 433. On fait sa fête le 31 septembre.

ALBINOS, race d'hommes dont la peau est d'un blanc fade, ainsi que les cheveux et les poils, et dont les yeux rouges et pâles ne peuvent supporter la lumière du jour. Cette anomalie est due à une substance, nommée pigment, étendue à la surface du corps dans une sorte de réseau que l'on appelle réseau muqueux. C'est le siège d'une maladie qui peut attaquer l'homme sous tous les climats, plutôt qu'une race particulière comme on l'a cru longtemps. On en trouve beaucoup plus en Afrique que dans tout autre pays. — L'albinisme se rencontre souvent chez les animaux. C'est à cette maladie qu'est due la blancheur du poil dans les souris, les éléphants, les serins, les cerfs, les chiens, etc.

ALBINOVANUS (Caius Pedo), poëte latin, du siècle d'Auguste, auteur d'épigrammes, d'élégies et d'un poème sur le voyage de Germanicus. Ovide lui donna le titre de divin.

ALBINUS (Decimus Clodius), né à Adrumète, en Afrique, devint gouverneur de la Grande-Bretagne sous le règne de Commode. Après le meurtre de Pertinax, il fut proclamé empereur par ses légions, dans le même temps que Sévère était élevé à cette dignité par son armée. Les deux rivaux se livrèrent une grande bataille dans laquelle Sévère fut vainqueur. Il fit trancher la tête à Albinus et jeter son corps dans le Rhône (198 de J.-C.).

ALBINUS (Bernard Sigefroi), en allemand, Weiss, célèbre anatomiste, né à Francfort-sur-l'Oder en 1696. Il expliquait les phénomènes de la vie animale, non plus chimiquement comme les anciens médecins, mais mécaniquement. Il a laissé des descriptions et des planches anatomiques très-exactes, surtout pour ce qui concerne les muscles et les os, et un ouvrage sur les Os du corps humain (de Ossibus corporis humani). Il mourut en 1770.

ALBION, nom que les anciens donnaient à l'île nommée aujourd'hui Grande-Bretagne, laquelle comprend l'Angleterre et l'Écosse, à cause des rochers de craie blanche (en latin, albus) qui en bordent les côtes, ou à cause d'Albion, que la mythologie fait fils de Neptune et d'Amphitrite. Albion, devenu roi de la Grande-Bretagne, aurait introduit dans cette île l'astrologie et l'art de construire les vaisseaux. On dit encore qu'ayant eu l'audace d'empêcher Hercule de traverser le Rhône, il fut tué par une grêle de pierres que Jupiter fit pleuvoir sur lui. — ALBION fut aussi un chef des Saxons sous Vitikind. Il fit révolter ce peuple contre Charlemagne en 783, se soumit en 785, et reçut le baptême.

ALBION (Nouvelle-), nom donné à la Californie et à une partie de l'Amérique septentrionale par le chevalier François

Drake, lorsqu'il en prit possession en 1578.

**ALBITTE** (Antoine-Louis), né à Dieppe en 1760, était avocat à l'époque de la révolution. Nommé député de la Seine-Inférieure à l'assemblée législative (1791), il s'éleva contre le projet d'augmenter la gendarmerie, accusa d'incapacité et de trahison les ministres Narbonne et Bertrand de Molleville, et proposa d'ôter aux généraux le droit de faire des règlements. Le 11 juillet 1792, il demanda la démolition des places fortes de l'intérieur. Elu membre de la convention, il fut envoyé souvent en mission, et fit exécuter avec sévérité les décrets contre les personnes suspectes. Il demanda la vente des biens des émigrés, et la peine de mort contre ceux qui seraient pris; il s'opposa à ce qu'on donnât des défenseurs à Louis XVI, et vota pour la mort sans appel au peuple et sans sursis. Accusé d'être le fauteur des troubles de prairial an III et condamné à mort par contumace, il rentra en France en 1799, et souscrivit à l'acte de souveraineté de Napoléon. Il mourut en 1812 avec le grade de sous-inspecteur aux revues.

**ALBITTE** ou **ALBITE** (*schorl blanc*, *cleavelandite*, *telartine*, *feldspath vitreux* ou *sanidine*), substance la plus souvent blanche, anguleuse ou lamellaire, étincelant sous le choc du briquet, inaltérable par les acides, se fondant par l'action du feu en une espèce d'émail blanc. Les principales parties constituantes de l'albitte sont la silice, l'alumine et la soude. Ce minéral se trouve mêlé à d'autres, tels que le granit, les trachytes, basaltes, porphyres, etc., principalement en Hongrie et en Auvergne.

**ALBIZZI** (Piétro), d'une famille populaire de Florence. Il usurpa en 1372 l'autorité souveraine dans cette ville. Ayant été renversé en 1378 par la conjuration des Ciampi, il fut mis en jugement et acquitté; mais, le peuple ayant demandé sa mort, il s'avoua coupable, et fut exécuté en 1379.

**ALBOGALERUS** (en latin, *bonnet blanc*), sorte de bonnet dont les flamines diales, prêtres de Jupiter, se couvraient la tête. Il était fait avec la dépouille d'une victime blanche.

**ALBOIN**, roi de Norique et de la Pannonie, qui, attiré par Narsès, général de Justinien, secourut ce guerrier dans sa guerre contre Totila. Avec les Avares, il fit la guerre aux Gépides, et tua dans une grande bataille (566) leur roi Cunimond, dont il épousa la fille Rosemonde. En 568, il tenta la conquête de l'Italie, pour venger la disgrâce de son Narsès, s'empara de Pavie, y régna trois ans et demi, fonda le royaume des Lombards, et mourut assassiné, à Vérone, par Helmichis, amant de Rosemonde, en 574.

**ALBORAC**, nom donné par les musulmans au cheval ou au mulet blanc qui transporta Mahomet de la Mecque à Jérusalem, dans la dixième partie de la nuit. Cet animal avait déjà servi à Abraham, à Ismaël, à quatre-vingt-dix-neuf prophètes et à Jésus-Christ, d'après leur croyance. Mahomet doit reparaître sur ce coursier au jour de la résurrection générale.

**ALBORNOS** (Gil-Alvarès CARILLO), un des plus grands hommes que l'Espagne ait produits, né à Cuenza à la fin du XIIIe siècle. Il devint archevêque de Tolède et aumônier d'Alphonse XI, roi de Castille, qu'il servit de ses conseils et de son courage dans les guerres avec les Maures, à qui il leur sauva la vie, en 1340, à la bataille de Tarifa. Il obtint du pape Clément VI et de Philippe de Valois, roi de France, l'argent nécessaire pour assiéger Algésiras, qui fut pris, et où les Sarrasins furent défaits en 1344. Persécuté par Pierre le Cruel, successeur d'Alphonse, il se retira à Avignon près de Clément VI (1350), et fut nommé cardinal. Légat du pape Innocent VI, successeur de Clément, il soumit l'Italie à la domination pontificale, ramena à Rome Urbain V, successeur d'Innocent, et mourut à Viterbe en 1367.

**ALBORNOS**, manteau espagnol à capuche, fait de poil de chèvre

**ALBRECHTSBERGER** (Jean-Georges), né en Allemagne, près de Vienne, en 1729. Elève de Mann, qui lui donna des leçons d'accompagnement et de composition, il devint tour à tour organiste à Raab, à Maria-Taferl, à Mœlck, et enfin, en 1772, organiste de la cour et membre de l'académie de musique de Vienne. En 1792, il fut nommé maître de chapelle de l'église de Saint-Etienne. Albrechtsberger fut un des plus savants musiciens du XVIIIe siècle. Au rang de ses élèves, on compte Beethoven. Il mourut en 1809. On estime beaucoup ses concerts et sa musique d'église, ainsi que son *Cours fondamental de composition* (Leipsick, 1790).

**ALBREDA**, comptoir du Sénégal, situé dans la Gambie, sur la rive droite, un peu au-dessous du fort James, et à 7 lieues environ de l'embouchure du fleuve. Ce comptoir appartient au gouvernement français; on y reçoit les peaux de bœuf, la cire et l'or qu'y apportent les indigènes; ces marchandises sont achetées par les commerçants de Saint-Louis et de Gorée.

**ALBRET** (nommé chez les Romains *Pagum Leporetanum*), pays de Gascogne, appelé au moyen âge *Labrit* ou *Lebret*, à cause de la quantité prodigieuse de lièvres qu'on y voyait. Ce pays fut possédé par les sires d'Albret, une des maisons les plus nobles et les plus anciennes de France. Le premier sire connu est Amanieu en 1050. Le dernier fut Henri d'ALBRET II, roi de Navarre et comte de Foix, mort en 1555. L'année suivante, Henri II érigea la terre d'Albret en duché pour Antoine de Bourbon, roi de Navarre, père de Henri IV, qui la réunit à la couronne. Plus tard, ce duché fut cédé à la maison de Bouillon (1642). Depuis 1790, il forme une partie du département des Landes.

**ALBUFÉRA**, lac près de Valence, en Espagne, d'où vient le titre de duc d'Albuféra donné au maréchal Suchet, pour avoir enfermé et fait prisonnier dans Valence le général espagnol Blake. La chasse des oiseaux aquatiques et la pêche des anguilles dans ce lac rapportent 12,000 piastres par an.

**ALBUGINÉ**, nom donné, en anatomie, aux tissus, aux membranes remarquables par leur blancheur, leur consistance. Ainsi on nomme *tunique albuginée de l'œil* la *sclérotique*, *membrane albuginée de l'humeur aqueuse de l'œil*. — La *fibre albuginée* désigne celle qui forme les tendons, les ligaments articulaires; elle est blanche, linéaire, cylindrique, tenace, élastique, et se trouve toujours disposée en faisceaux. Cette fibre a une teinte luisante et argentine, qui devient jaunâtre à la dessication. Elle se distingue des autres fibres par sa fermeté et son élasticité. On la nomme *aponévrose*, *tendon*, *ligament*, selon les emplois qu'elle a. — On appelle *albugineux* les parties formées par la fibre albuginée.

**ALBUGO**, tache ou opacité de la cornée de l'œil produite par la déposition d'une matière blanche entre ses lames, et différant du simple nuage par un siège plus profond et une densité plus grande. Ses causes sont l'ophthalmie, les vices dartreux, scrofuleux, etc. Elle consiste en une tache blanche, opaque, laiteuse quand elle est récente, et qui, avec le temps, devient crayeuse et nacrée. Elle est sans tumeur et peu douloureuse. L'albugo est plus ou moins grave, suivant son siège et son étendue dans la cornée; quelquefois il produit la cécité; d'autres fois il ne gêne presque pas. Il est d'autant plus difficile à guérir qu'il est plus ancien et que le malade est lui-même plus âgé.

**ALBUHÉRA**, village près de Séville, en Espagne, près duquel se livra, le 15 mai 1811, une bataille célèbre entre le maréchal Soult, commandant 8,000 hommes, et les armées coalisées des Espagnols, des Portugais et des Anglais, fortes de 24,000 hommes. Les Français firent 2,000 prisonniers, enlevèrent six pièces de canon et six drapeaux. Les ennemis perdirent 9,000

hommes; ils étaient commandés par les généraux Béresford et Blake.

**ALBULA**, ancien nom du Tibre, fleuve d'Italie. Tibérinus, roi des Latins, qui s'y noya en 885 avant J.-C., lui donna le nom qu'il porte encore aujourd'hui.

**ALBUM** (en latin, *blanc*). Les Romains nommaient ainsi des tablettes blanches sur lesquelles les préteurs publiaient leurs édits, ou bien sur lesquelles on écrivait des documents, des renseignements officiels. Selon quelques auteurs, ce mot désignait seulement les caractères blancs avec lesquels on les écrivait. Par suite, on a distingué par *album* le droit prétorien, pour le distinguer du droit civil, que l'on nommait *rubrica* (de couleur rouge) parce qu'on écrivait les titres des lois en *rouge*. — Aujourd'hui on appelle *album* un portefeuille composé de feuilles détachées, relié avec élégance, sur lesquelles les personnes dont on veut conserver le souvenir écrivent leurs noms, leurs pensées, des airs notés, peignent des portraits, des fleurs ou des paysages, etc. — C'est aussi un livre sur lequel les voyageurs écrivent ce qu'ils trouvent de plus remarquable dans leurs voyages.

**ALBUM GRÆCUM**, nom donné à la partie blanche des excréments des chiens, qu'on a séparée et fait sécher. Cette substance est formée de phosphate de chaux. L'ancienne médecine la conseillait comme remède dans certaines maladies; mais on a rejeté avec raison un médicament si dégoûtant.

**ALBUMEN**, nom donné, en botanique, à la partie de l'amande qui est appliquée sur l'embryon, sans y être jamais adhérente, lui sert de nourriture quand il est jeune, et n'a pas d'organisation vasculaire. L'albumen manque dans plusieurs graines, et sa nature varie beaucoup. Elle est sèche et farineuse dans les graminées, coriace dans les ombellifères, oléagineuse et charnue dans les euphorbiacées, cornée dans les rubiacées et membraneuse dans les liliacées. C'est le *périsperme* de Jussieu et l'*endosperme* de Richard. On nomme *albuminés* les fruits pourvus d'un albumen.

**ALBUMINE**, substance liquide ou solide, qui se trouve dans le blanc d'œuf, le sérum du sang, le chyle, etc., et dans quelques matières végétales. Elle est incolore, transparente, inodore, insipide, plus lourde que l'eau, plus ou moins visqueuse, et verdissant le sirop de violette; on s'en sert pour clarifier les sirops, les vins, la bière, etc. — On nomme *albumineux* les corps qui renferment de l'albumine.

**ALBUNÉE**, bois consacré aux Muses, dans le voisinage de l'Anio et de la ville de Tibur (Tivoli). Il reçut son nom d'une sibylle qui avait un temple à Tibur. Près d'Albunée était un lac dont les eaux exhalaient une odeur de soufre, et étaient de qualités médicinales. De ce lac sortait un ruisseau qui se jetait dans l'Anio. — C'est aussi le nom d'un genre de crustacés dont les espèces viennent des Indes.

**ALBUQUERQUE**, ville d'Espagne, dans le royaume de Léon, érigée en comté en 1184, par Henri II, roi de Castille et de Léon, en faveur de Sanche, son frère; en duché, en 1464, en faveur de Bertrand de la Cueva. Les Français s'en emparèrent en 1811 (15 mars).

**ALBUQUERQUE** (Don Juan-Alphonse D'), premier ministre d'Alphonse XI, roi de Castille, et gouverneur de son fils Pierre le Cruel, dont il flatta les penchants vicieux. Il conseilla à Pierre, devenu roi, de faire mourir Éléonore de Gusman, maîtresse d'Alphonse, favorisa sa passion pour Maria Padilla, mais, plus tard, ayant voulu rompre cette passion, il fut disgracié et mourut en 1354.

**ALBUQUERQUE** (Alphonse D'), descendant d'une famille illustre de Lisbonne, né en 1452, surnommé *le Grand* et *le Mars portugais*. Nommé vice-roi des Indes en 1503, il conquit Goa, soumit le Malabar, l'île de Ceylan, les îles de la Sonde et la presqu'île de Malaca, en 1507, il s'empara de l'île d'Ormus, et fit rechercher son alliance par les rois de Siam et de Pégou. Privé de son emploi par Emmanuel, il mourut à Goa en 1515. Les Indiens se rendaient en pèlerinage sur son tombeau, pour lui demander secours contre les vexations de ses successeurs.

**ALBUQUERQUE** (Le duc d'), grand d'Espagne, de la famille des précédents, fut un des chefs qui résistèrent en 1808 à l'invasion française. Il eut une grande part à la résistance de Cadix (1810) et à la formation de la junte de cette ville. Il mourut ambassadeur à Londres en 1811.

**ALBUTIUS** (Titus), Romain, vivait 120 ans avant J.-C. Il embrassa la philosophie épicurienne, et se rendit célèbre par son amour pour la langue, les mœurs et les lois de la Grèce. Vers l'an 106 avant J.-C., il fut nommé préteur en Sardaigne, fut accusé de concussion au sortir de sa charge et envoyé en exil. Il se retira à Athènes, et se consola de sa disgrâce en s'adonnant à la philosophie et en composant des satires qui ne nous ont pas été conservées.

**ALCAÇAR-KEBIR** ou Quivir, c'est-à-dire, la Grande, ville d'Afrique, au royaume de Fez, à 5 lieues de la mer. Elle est célèbre par la bataille qui s'y livra, le 29 juillet 1578, entre Mulei-Mohammed, roi de Maroc, et Sébastien, roi de Portugal ; l'armée portugaise y fut défaite, et les deux rois y perdirent la vie.

**ALCADE.** C'est, en Espagne, le titre d'un officier de justice. Ce nom est arabe, il a été emprunté aux Maures. L'alcade de la cour est ce qu'on appelait en France le grand prévôt de l'hôtel.

**ALCAEST** ou Alcahest, nom donné par le médecin Paracelse à une liqueur qui était propre à guérir toute sorte d'engorgements, et par Van Helmont à un remède capable de ramener tous les corps de la nature à leur première vie. L'alcahest de Glauber est une liqueur épaisse que l'on obtient en faisant détoner sur des charbons ardents du nitrate de potasse, ce qui le transforme en sous-carbonate de potasse. L'alcahest de Respour est un mélange de potasse et d'oxyde de zinc.

**ALCAIDE** ou Alcayde, gouverneur d'une ville maure.

**ALCAIQUE**, vers grec ou latin de deux pieds et d'une césure pour le premier hémistiche, et de deux dactyles pour le deuxième. Il fut inventé par le poète Alcée. Horace s'est servi souvent de ce mètre dans ses odes.

**ALCALA DE HÉNARÈS**, ville d'Espagne, dans la Nouvelle-Castille, à 5 lieues de Madrid. Population, 6,000 habitants. Elle a une université fondée par Ximénès en 1499, et une école du génie. C'est la patrie de Cervantes et de Solis. Cette ville est l'ancienne Complutum.

**ALCALA-LA-RÉAL**, petite ville d'Espagne, à 9 lieues de Grenade. Les Français, sous les ordres du général Sébastiani, y défirent (1810-janvier) l'armée espagnole, et l'obligèrent de continuer sa retraite.

**ALCALESCENCE**, putréfaction, effet produit par les alcalis. On nomme alcalescent ce qui tend à tourner en putréfaction.

**ALCALI**, nom dérivé d'une plante appelée kali par les Arabes, et qui contient de la soude. Ce terme ne s'appliquait autrefois qu'à la soude : on le donne aujourd'hui à toutes les substances âcres, caustiques et urineuses, unissant le sirop de violette, solubles dans l'eau. Les alcalis font disparaître les caractères des acides, s'unissent à eux pour former des sels, et se combinent avec les huiles pour former des savons. Les alcalis les plus connus sont l'ammoniaque, la soude, la potasse, la baryte, la strontiane, la quinine, la chaux, etc. — On nommait vulgairement alcali marin, ou minéral, la soude ; alcali déliquescent, végétal ou des végétaux, la potasse ; alcalis fixes, la potasse et la soude ; alcali volatil, l'ammoniaque. Ce dernier était concret ou fluor, selon qu'il était à l'état solide ou liquide.

**ALCALIN**, ce qui renferme un alcali à l'état libre. La bile, le sérum du sang sont des liqueurs alcalines, parce qu'elles renferment de la soude à l'état de pureté.

**ALCALISATION**, action d'alcaliser, c'est-à-dire de décomposer un sel alcalin par le feu, ou par le concours du feu et de la vapeur aqueuse, en sorte que l'acide se dégage entièrement, et que l'alcali reste libre. Ainsi les sous-carbonates de chaux, de strontiane, etc., peuvent être alcalisés par la chaleur, tandis que ceux de potasse, de soude et de baryte exigent en outre l'action de la vapeur d'eau.

**ALCAMÈNE**, neuvième roi de Sparte, de la famille des Agides, succéda à son père Téléclus, en 813 avant J.-C., et régna trente-sept ans. Il fit une guerre sanglante aux Messéniens. Sous son règne eut lieu une révolte des ilotes ou esclaves, qu'il réprima. — C'est aussi le nom, 1° d'un statuaire grec, élève de Phidias, qui vivait 448 ans avant J.-C., et qui se rendit célèbre par ses statues de Vénus et de Vulcain ; 2° d'un général des Achéens, qui défendit l'entrée du Péloponèse contre le consul romain Métellus.

**ALCANA**, racine de buglosse qui sert à la teinture en jaune.

**ALCANTARA**, ville d'Espagne, dans la province d'Estramadure, aux confins de Portugal, à 64 lieues de Madrid. Population, 3,000 âmes. Elle a un pont magnifique sur le Tage, construit par Trajan. Elle est le chef-lieu de l'ordre des chevaliers de son nom, appelés aussi chevaliers de Saint-Jean ou de Saint-Julien du Poirier. Cet ordre institué en 1153, et confirmé par Alexandre III l'an 1177, sous la règle de saint Benoît mitigée, reçut en 1212 du roi Alphonse X la garde de la ville d'Alcantara. Après la prise de Grenade, la maîtrise de l'ordre d'Alcantara fut réunie à la couronne de Castille. En 1540, les chevaliers obtinrent la permission de se marier. Cet ordre a trente-sept commanderies, et est seigneur de cinquante-trois bourgs ou villages d'Espagne. Leur habit de cérémonie consiste en un grand manteau blanc, avec une croix verte fleurdelisée sur le côté gauche du manteau.

**ALCARAZAS**, vases poreux, faits avec de l'argile et une grande quantité de sable, qui laissent suinter l'eau qu'ils renferment, et dont les Espagnols se servent en été pour rafraîchir l'eau. Pour obtenir ce résultat, ils exposent les alcarazas à l'ombre, et ils les exposent à un courant d'air.

**ALCÉE**, célèbre poète lyrique grec, né à Mitylène, dans l'île de Lesbos. Il fleurissait au VIᵉ et au VIIᵉ siècle avant J.-C. Il fut contemporain et amant de Sapho. Il combattit contre les Athéniens pour défendre sa patrie. Il ne nous reste de ses ouvrages que quelques fragments d'hymnes, d'odes et de chansons. Il inventa le vers alcaïque.

**ALCÉE**, espèce du genre guimauve, de la famille des malvacées. L'alcée passe-rose sera décrite à ce dernier mot.

**ALCESTE** (myth.), fille de Pélias et épouse d'Admète, roi de Thessalie. Elle se dévoua à la mort pour prolonger la vie de son époux. Hercule, ayant reçu l'hospitalité d'Admète, ramena Alceste des enfers. Euripide a fait de ce dévouement conjugal le sujet d'une de ses tragédies. Voy. Admète.

**ALCETAS.** Plusieurs personnages célèbres de l'antiquité ont porté ce nom. Alcetas Iᵉʳ, roi d'Épire, vers la fin du Vᵉ siècle avant J.-C., fut chassé par ses sujets à cause de sa tyrannie, et remonta sur le trône avec le secours de Denys, roi de Syracuse. — Alcetas II, petit-fils du précédent, fut mis à mort par ses sujets l'an 312 avant J.-C. — Alcetas, huitième roi de Macédoine, succéda à Éropas en 576 avant J.-C., et mourut en 547. Il fut père d'Amyntas Iᵉʳ. — C'est encore le nom d'un lieutenant d'Alexandre, et frère de Perdiccas. Vaincu par Antigone, roi de Syrie, après la mort d'Alexandre, se tua de désespoir.

**ALCHIMIE**, art de transformer, à l'aide de paroles mystiques et d'opérations chimiques, des métaux grossiers en métaux plus précieux, et de trouver de l'or ou des remèdes universels, au moyen d'une substance nommée pierre philosophale. Cette science mystérieuse fort en vogue dans le moyen âge, et tomba dans l'oubli au XVIᵉ siècle. On nommait encore l'alchimie science du grand œuvre, et science ou philosophie hormétique, parce qu'on la supposait inventée par Mercure ou Hermès.

**ALCHIMILLE** ou Pied de lion, plante de la famille des rosacées ; c'est une herbe vivace des montagnes froides, aux feuilles palmées ou digitées, et aux fleurs verdâtres en grappes terminales ou latérales. L'alchimille vulgaire est très-astringente. Elle est commune en Europe dans tous les pâturages, et fait un excellent fourrage. Son nom vient de ce que les alchimistes recueillaient la rosée que l'on trouve le matin sur ses feuilles.

**ALCIAT** (André), célèbre jurisconsulte, né auprès de Milan en 1492. Il fut appelé à Bourges par François Iᵉʳ, pour donner un nouveau lustre à cette université. Le premier, il allia l'enseignement du droit à celui des belles-lettres. Il mourut en 1550, laissant plusieurs ouvrages.

**ALCIBIADE**, né à Athènes vers l'an 450 avant J.-C., était fils d'un Grec obscur, nommé Clinias. Il fut élevé dans la maison de Périclès, et fut l'ami de Socrate, qui l'accompagna au combat de Potidée. Sa beauté et ses talents le rendirent le favori du peuple athénien. Il commanda avec Nicias l'expédition contre la Sicile. Accusé, pendant son absence, d'impiété, il s'enfuit à Sparte et ensuite en Perse. Rappelé à Athènes, où il rentra en triomphe, il força les Spartiates à demander la paix, fit plusieurs conquêtes en Asie, mais perdit bientôt sa popularité. Il se retira chez le satrape Pharnabaze en Phrygie, et fut assassiné, 404 ans avant J.-C., par ordre de son hôte, qui ne faisait qu'obéir au général spartiate Lysandre.

**ALCIDE** (myth.), surnom d'Hercule. Il dérive, selon les uns, de sa force (en grec, alcé), selon d'autres, du nom de son grand-père Alcée.

**ALCIME** ou Jacim, grand prêtre des Juifs, usurpa cette dignité (162 avant J.-C.) sur Onias Menelaüs, avec le secours d'Antiochus Eupator, roi de Syrie. Déposé par les Juifs à cause de ses impiétés, il se fit donner une armée, s'empara de Jérusalem, et détruisit les ouvrages des prophètes. Ayant entrepris d'abattre le mur du parvis intérieur du temple, Dieu l'en punit en le frappant d'une paralysie dont il mourut en 160 avant J.-C.

**ALCINOUS** (myth.), roi des Phéaciens dans l'île de Corcyre (Corfou), avait des jardins célèbres qu'Homère a chantés dans l'Odyssée. Ulysse ayant fait naufrage sur les côtes de l'île des Phéaciens, Alcinoüs s'empressa de lui donner l'hospitalité, écouta avec plaisir le récit des aventures de ce héros, et le renvoya comblé de présents. C'est aussi le nom d'un philosophe grec du IIᵉ siècle, qui nous a laissé une Introduction à la philosophie de Platon.

**ALCIPHRON**, savant épistolographe grec, contemporain d'Alexandre. Les lettres d'Alciphron renferment des détails précieux sur les mœurs et les usages de la Grèce ; elles sont au nombre de cent seize. Alciphron y fait décrire à des hommes de conditions diverses leur vie, leurs travaux, leurs pensées, leurs actions et leurs sentiments. C'est le principal des épistolographes grecs.

**ALCMAN**, célèbre poète grec, né à Sardes, en Lydie, ou en Sardaigne (Italie), fut élevé en esclave, et il obtint le droit de cité. Il composa le premier des poésies amoureuses. Il écrivit en dialecte dorique six livres de vers et une pièce de théâtre, intitulée Colimbosas. Il florissait 670 ans avant J.-C. Il nous reste une grande partie de ses ouvrages. On nomme vers alcmaniens, des vers dont s'inspirait à se servir Alcman ; ils sont formés de trois dactyles et d'une césure.

**ALCMÈNE** (myth.), femme d'Amphitryon, roi de Thèbes, qui fut mère d'Hercule, né de son commerce adultère avec Jupiter.

**ALCMÉON** (myth.), fils d'Amphiaraüs et d'Ériphyle. Il tua sa mère, pour venger son père dont Ériphyle avait causé la mort, et fut livré aux Furies, qui le persécutèrent jusqu'au moment où le prêtre Phégée l'admit à l'expiation. Il épousa Alphésibée, sa fille, et lui fit présent du collier de sa mère. Il la répudia pour épouser Callirhoé, fille d'Achéloüs, à qui il promit le collier d'Alphésibée ; mais, lorsqu'il voulut le lui dérober, il fut tué par les frères de cette princesse.

ALCMÉONIDES, noble famille d'Athènes, issue d'Alcméon, descendant du célèbre Nestor, et originaire de Messénie. Elle s'opposa à Pisistrate, et abattit la tyrannie dans Athènes. Chassés de leur patrie, les Alcméonides se retirèrent à Delphes, dont ils rebâtirent le temple. Ils acquirent ainsi une grande popularité, et eurent assez d'influence sur la pythie pour l'engager à ordonner aux Lacédémoniens de délivrer Athènes du joug des Pisistratides.

ALCOBAZA (l'*Alcobacia* et l'*Eburobritium* des Romains), ville de Portugal dans l'Estramadure. En 1180 Alphonse 1er, roi de Portugal, y fonda une abbaye de bénédictins, qui devint le lieu de sépulture de la plupart des rois. Les abbés de ce monastère avaient droit de sang royal ; ils avaient trente villes sous leur domination, étaient conseillers et aumôniers de la couronne, et portaient les ornements épiscopaux.

ALCOOL ou ESPRIT DE VIN, liquide pur, transparent, incolore, d'une saveur âcre et brûlante, d'une odeur piquante, aromatique, moins pesant que l'eau. Cette liqueur spiritueuse est due à la distillation et à la fermentation d'autres liqueurs enivrantes. Elle sert dans les usages domestiques, comme boisson, et dans les arts pour la préparation d'un grand nombre de substances et même pour les médicaments. Sa densité spécifique, ou par rapport à l'eau, est de 0,34. — Le mot *alcool* est arabe, et désigna dans l'origine les poudres impalpables. Son sens propre était de signifier ce qui est très-subtil et très-divisé.

ALCOOMÈTRE, espèce de pèse-liqueurs très en usage dans le commerce, dont on se sert pour déterminer la quantité d'alcool pur contenu dans un mélange de liquide avec de l'eau. Voy. ARÉOMÈTRE.

ALCORAN. Voy. KORAN.

ALCORNOQUE, écorce médicinale, produite par une plante de la famille des apocynées, et qui a la propriété de guérir les phthisies pulmonaires. Elle est tonique, amère et astringente.

ALCUDIA (LE DUC D'), prince de la Paix. Voy. GODOI.

ALCUIN ou ALBIN (Flaccus), abbé de Saint-Martin de Tours, et célèbre anglais du viie siècle, né à Yorck en 732. Il fut le maître et l'ami de Charlemagne, qui, d'après ses conseils, créa l'*academia palatine*, dont chaque membre prenait le nom d'un personnage célèbre de l'antiquité. Alcuin connaissait les langues latine, grecque et hébraïque. Il a laissé plusieurs ouvrages théologiques et de dialectique. Il mourut en 804.

ALCYON, oiseau consacré à Thétis par les anciens, parce qu'il fait son nid sur la mer. C'est le *martin-pêcheur* (voy.) ; il était le symbole de la paix et de la tranquillité. On a encore nommé *alcyon* la *salangane* ou *hirondelle de mer*. — *Alcyon* est aussi le titre d'un dialogue de Lucien, écrivain grec, dans lequel, au sujet de l'alcyon, il parle des métamorphoses et de la puissance divine.

ALCYON, genre de polypiers couronnés à leur extrémité de tentacules ou filets en nombre variable. Tantôt ils sont en forme d'arbustes, tantôt semblables à des champignons, d'autres fois formant sur la surface des corps une croûte assez épaisse. Ces animaux habitent les mers. Ils ont de belles couleurs que la lumière leur fait perdre. Les cendres d'alcyons brûlés étaient jadis employées comme dentifrices. On leur attribuait aussi la propriété de faire pousser les cheveux et la barbe.

ALCYONE (myth.), fille d'Éole, épouse de Ceyx, roi de Trachyne, qui périt dans un naufrage en allant consulter l'oracle de Claros. Ayant appris en songe cet événement, elle courut sur le rivage, et voyant le cadavre de Ceyx, elle ne put lui survivre et se précipita dans la mer. Les dieux les changèrent en alcyons, et voulurent que la mer fût calme quand ces oiseaux feraient leurs nids.

ALCYONÉES, nom donné à un ordre de la division des polypiers sarcoïdes ou charnus, composé de genres dont les espèces sont encore peu connues. Ces polypiers ont en général des tentacules au nombre de huit au plus, souvent pectinés ou garnis de papilles de deux sortes. Cet ordre renferme les genres *alcyon*, *alcyonelle*, *ammothéa*, *lobulaire*, etc.

ALCYONELLE, genre de polypes, qui vivent dans des tubes membraneux réunis entre eux, formant des masses plus ou moins considérables, fixées sur les pierres ou sur les vieux bois qui sont dans les eaux douces. Leur tête est hérissée de quarante tentacules ou filets, rangés en forme de fer à cheval, au centre duquel est la bouche. Ces tentacules leur servent à saisir les objets dont ils font leur nourriture. Ces animaux sont ovipares ou vivipares. On les trouve en abondance dans les eaux douces.

ALCYONIENNE (MER) ou de CRISSA, nom donné par les anciens à la partie du golfe de Corinthe, située entre les côtes de la Béotie et de la Mégaride.

ALCYONIENS (JOURS), nom donné par les anciens aux jours pendant lesquels l'alcyon ou martin-pêcheur fait son nid et couve ses œufs. On en comptait quatorze chaque année, sept avant le solstice d'hiver et sept après. D'après les croyances de ces temps, on était persuadé que pendant ces quatorze jours la mer était calme, et qu'il n'y avait pas de tempête.

ALDÉE, nom donné par les Hindous à leurs villages sur la côte de Coromandel, à Pondichéry et dans plusieurs autres contrées de l'Inde. Ce nom leur vient sans doute des Arabes ; les Maures espagnols appellent *aldea* les groupes d'habitations rurales. Les aldées indiennes sont environnées de bois épais et très-hauts, qui les protégent contre les vents et la chaleur. Les rues et les maisons sont propres et bien entretenues : les maisons sont petites, et n'ont qu'un rez-de-chaussée ; elles sont construites en terre et recouvertes en chaume ou en tuiles.

ALDEGONDE (Sainte), née dans le Hainaut en 630, descendait des rois de France. Elle fonda un monastère à l'endroit où est aujourd'hui Maubeuge, et y mourut en 684, le 30 janvier. On fait sa fête ce jour-là.

ALDEGONDE (Philippe DE MARNIX, seigneur de Mont-Sainte), né à Bruxelles en 1538. Il signa avec les comtes Henri de Nassau et Henri de Bréderodo, en 1565, un *compromis* qui avait pour but de maintenir la paix, et de s'opposer à l'établissement de l'inquisition dans les Pays-Bas. Cet acte ayant été annulé par la régente Marguerite, il se réfugia en Allemagne, fut pris par les Espagnols en 1573, et fut chargé ensuite de diriger les affaires des Pays-Bas. Il mourut en 1598. Ce fut un des fondateurs de l'académie de Leyde.

ALDENBOURG. Voy. OLDENBOURG.

ALDENHOVEN, petite ville d'Allemagne, entre Aix-la-Chapelle et Juliers, où se livra en 1793 (1er mars) une bataille entre les Autrichiens, forts de 40,000 hommes et les Français, commandés par Dumouriez, qui menaçaient d'entrer en Hollande. Les Français perdirent 10,000 hommes tués ou prisonniers. L'année suivante (2 octobre) les Français, commandés par Jourdan, y vainquirent les Autrichiens.

ALDERMAN (en saxon, *vieux homme*), magistrat anglais, sorte d'officier municipal. Chaque corporation, chaque ville, chaque corps de métier a ses aldermans qui en règlent la police. Les maires sont élus par eux et pris parmi eux. Autrefois ce mot s'étendait à la désignation des gouverneurs de province, des premiers juges des villes et des commandants des forteresses. Il y avait aussi l'*alderman du roi* qui, joint à l'évêque, informait sur les délits, afin que l'un appliquât les lois divines et l'autre les lois humaines. L'alderman levait les troupes, comprimait les rébellions, faisait observer les lois et les coutumes du royaume.

ALDES MANUCES, célèbres imprimeurs italiens. Le premier, né en 1447 à Bassano, et mort en 1515, fut le premier qui imprima le grec correctement et sans abréviations. Il composa une *Grammaire grecque et latine*, des *Notes sur Horace et Homère*, *des traductions*, etc. Il fit paraître de belles éditions de Virgile, Démosthène, Lucien, Dante, Horace, etc. — PAUL MANUCE, son fils, né en 1512, mourut en 1574. On lui doit plusieurs ouvrages pleins d'érudition, des *commentaires* et des *épîtres*, écrits en latin etc. — ALDE le jeune, fils de Paul Manuce, né en 1545, mourut en 1597. Il a laissé un *Traité sur l'orthographe*.

ALDGÉSIRAH, contrée de la Turquie, entre le Tigre et l'Euphrate. Elle forme les pachaliks de *Bagdad*, *Mossoul*, *Racca et Diarbekr* (voy.). C'est l'ancienne *Mésopotamie*. Le pays est très-fertile en manne, soie, vins et fruits.

ALDINES (LETTRES), nom donné aux lettres italiques. Elles tirent leur nom d'Alde le vieux qui les inventa. Le premier ouvrage imprimé avec ce caractère, est le fameux *Virgile* de 1501.

ALDINI (LE COMTE Antoine), jurisconsulte célèbre, né à Bologne en 1756. Après avoir été président du conseil de la république de Modène (1796) et du conseil des anciens de la république cisalpine (1800), il fit partie (1801) de la *consulta*, assemblée tenue à Lyon, et reçut, à son retour, la présidence du conseil d'État d'Italie. Quand ce pays fut érigé en royaume par Napoléon, il en fut nommé ministre d'État (1805-1814), fut grand chancelier et trésorier de la couronne de fer ; il mourut à Pavie en 1814.

ALDOVRANDUS (Ulysse), né à Bologne en 1527 et surnommé *le Pline moderne*, fut professeur de médecine et de philosophie. Il consacra toute sa fortune à l'étude des sciences naturelles, et employa pendant plus de trente années, à ses frais, les premiers artistes de son temps. Il mourut à l'hôpital de Bologne, aveugle et chargé d'années (1605). Il a écrit trente volumes in-folio sur l'histoire naturelle.

ALDRIC ou AUDRY (Saint), né dans le Gâtinais (775), fut abbé de Ferrière, succéda à Alcuin dans ses fonctions à la cour, fut en 820 modérateur des écoles du palais par Louis le Débonnaire, qui l'admit parmi ses conseillers, il fut plus tard chancelier de Pépin, roi d'Aquitaine. Élu archevêque de Sens en 828, il assista au concile de Thionville en 834, où l'on rétablit sur le trône Louis le Débonnaire Il mourut en 836. On fait sa fête le 10 octobre et, à Sens, le 6 juin. — Un autre saint de ce nom, né en 800, fut confesseur de Louis le Débonnaire. Sacré évêque du Mans en 832, il fut chassé de son siége par Lothaire (840), et rétabli l'année suivante par Charles II. Il assista à plusieurs conciles et mourut en 856. On fait sa fête le 7 janvier. Il a laissé un *Recueil des décrets des saints pères et des conciles*.

ALDUDES, chaîne de montagnes dans les Pyrénées ; les Français y battirent les Espagnols le 3 juin 1794, et les chassèrent de leurs positions.

ALDUIN, roi des Saxons méridionaux, et successeur de Brent dans le viiie siècle. Il fut dépossédé et mis à mort par Ina, roi des Saxons occidentaux.

ALÉA (géog., myth.), ville d'Arcadie, au S.-O. du lac Stymphale. Elle avait été bâtie par Aléus, qui lui donna son nom. On y voyait trois temples fameux, celui de Minerve, celui de Bacchus et celui de Diane éphésienne. Minerve portait le nom d'*Aléa* à cause du temple qu'elle avait dans cette ville. Ce temple servait d'asile. Les fêtes qu'on y célébrait se nommaient *Aléennes*. — Junon était aussi adorée sous ce nom à Sicyone. — L'empereur Claude avait composé sous le nom d'*Aléa* un ouvrage sur les jeux de hasard.

ALÉANDRE (Jérôme), médecin et grammairien, né en Italie en 1480. Sa réputation devint si grande, que Louis XII l'appela en France, et lui donna des lettres de naturalité (1508). Il professa à Paris, où il fut recteur de l'université, puis à Orléans et à Blois. En 1515, il fut nommé chancelier d'Everard de la Marck, évêque de Liége et prévôt de son église. Il alla à Rome en 1517, fut nonce de Léon X en Allemagne (1517), et fut nommé bibliothécaire du Vatican en 1520. Il parla contre Luther dans la diète de Worms, obtint qu'on brûlerait ses livres, et dressa l'édit qui le condamna, fut fait archevêque de Brindes en 1523, nonce de Clément VII en France en 1524. Fait prisonnier avec François Ier à la bataille de Pavie (1525), il fut une deuxième fois, au sortir de sa captivité, nonce en Allemagne (1531), et ne put empêcher l'empereur Charles-Quint de faire alliance avec les princes protestants. Nommé cardinal en 1538, il fut envoyé une troisième fois en Allemagne, et mourut en 1542.

ALE (prononcez *éle*). C'est le nom d'une espèce de bière anglaise, sans houblon et très-forte. Sa couleur est jaunâtre.

ALÉATOIRES, contrats ou conventions dont l'objet consiste dans un événement incertain, ou qui sont abandonnés au hasard. Les contrats aléatoires sont généralement proscrits ; il en est cependant quelques-uns qui sont autorisés, comme le *contrat à rente viagère*, et le *jeu* ou le *pari* dans certaines circonstances.

ALEAUME (Saint), né à Loudun, dans le Poitou, entra dans l'abbaye de la Chaise-Dieu au commencement du xɪe siècle. Il fonda le monastère de Saint-Jean de Burgos, en Espagne, en fut le premier abbé. Il mourut en 1100. La ville de Burgos l'a choisi pour son patron. On fait sa fête le 30 janvier.

ALECTAS, général macédonien, envoyé par Perdiccas dans l'Hellespont pour faire la guerre à Antipater. Ce dernier, devenu dans la suite maître des affaires et gouverneur de la Macédoine, le fit à son tour poursuivre par Antigone. Il fut battu en Pisidie, et tué par les habitants, l'an 328 avant J.-C.

ALECTO (myth.), la plus redoutable des Furies, déesse de la vengeance. On la représentait armée de torches ardentes et la tête couronnée de serpents. Son nom grec signifie *qui ne se repose pas*.

ALECTOIRE ou ALECTORIENNE (Pierre), nom d'une pierre que l'on a dit exister dans l'estomac des coqs, ou, d'après d'autres, dans celui des chapons de 4 ans. L'ancienne médecine lui attribuait des propriétés merveilleuses, mais toutes aussi fausses que l'existence de cette pierre ; car on ne trouve dans l'estomac des gallinacés que des petites pierres qu'ils avalent avec leurs aliments et qui sont d'une grande dureté.

ALECTORS ou ALECTORIDES, grand genre de la famille des gallinacés, renfermant des oiseaux intermédiaires entre les dindons et les faisans. Ils se caractérisent par leur queue large et arrondie, composée de douze plumes grandes et roides ; ils manquent d'éperons aux jambes. Ces oiseaux vivent dans les bois de l'Amérique, se nourrissent de bourgeons et de fruits, nichent sur les arbres, et se réduisent facilement en domesticité. On les subdivise en *hoccos*, *hoazin*, *parraquas*, *jacous* ou *guans*, etc. — Le mot *alector* était borné, chez les Grecs, à la désignation de *coq domestique*.

ALECTORIENS (du grec *alectôr*, coq), jeux célébrés en Grèce en mémoire de ce que Thémistocle, partant pour combattre les Perses, se servit pour animer ses soldats de l'exemple de deux coqs, qui combattaient avec acharnement.

ALECTRIDES, nom donné par quelques auteurs à une division de la famille des gallinacés, renfermant ceux de ces oiseaux qui peuvent se réduire à la domesticité, comme le *faisan*, la *poule*, le *paon*, le *hocco*, le *dindon*, etc. Elle est caractérisée par la réunion des quatre doigts antérieurs à l'aide d'une courte membrane, par la présence d'ailes propres au vol, par un bec conique, fort, un peu courbé, dont la partie supérieure est voûtée.

ALECTRYOMANTIE ou ALECTOROMANTIE, divination qui se faisait par le moyen d'un coq. On traçait un cercle divisé en vingt-quatre cases. On mettait dans chacune une lettre de l'alphabet et un grain de blé. On faisait entrer un coq au milieu, et l'on remarquait quelles étaient. les lettres des cases dont il mangeait les grains ; on les assemblait ; on en faisait un mot, et l'on en tirait des pronostics pour l'avenir.

ALECTRYON (myth.), jeune homme que Mars, dans une entrevue avec Vénus, plaça à la porte du palais de cette déesse, avec ordre de l'avertir de l'approche du Soleil. Alectryon s'étant endormi, Apollon survint, surprit les amants, et les dénonça à Vulcain, qui les enveloppa dans un filet, et les donna en spectacle à tous les dieux. Mars punit Alectryon en le changeant en coq (en grec, *alectryôn*) ; et c'est, disent les poëtes, parce que cet oiseau conserve le souvenir de sa faute, qu'il chante tous les matins avant le lever du soleil.

ALÉES, fêtes que les Grecs célébraient en l'honneur de Minerve, surnommée *Aléa* à cause d'un temple qu'elle avait dans une ville de ce nom en Arcadie. Les prêtresses étaient de jeunes filles qui cessaient leurs fonctions dès l'âge de puberté. Ces fêtes avaient lieu en souvenir d'une victoire que les Tégéates avaient remportée sur les Lacédémoniens, sur qui ils avaient fait un grand nombre de prisonniers. Les Alées étaient suivies de jeux.

ALÈGRE ou ALLÈGRE, ville et seigneurie en Auvergne, échues en 1361 à Jean de France, duc de Berri, qui, en 1385, en fit don à Morinot, son échanson, mort en 1418, premier baron d'Alègre. Elles furent conservées dans ses descendants et érigées en marquisat en 1576, en faveur d'Yves d'Alègre, pour le récompenser des services qu'il avait rendus aux rois Henri II, Charles IX et Henri III. Plusieurs membres de cette famille se rendirent célèbres dans les guerres en Italie.

ALEIRON, terme de manufactures en soie, pièce du métier par le moyen de laquelle, ainsi que de cordes placées dans les trous qui y sont pratiqués, on hausse et relève les lices.

ALEMAN (Louis), né au château d'Arbent, dans le Bugey, en 1390, fut d'abord chanoine et comte de l'église de Saint-Jean de Lyon, puis évêque de Magueloune et archevêque d'Arles. Légat à Bologne (1423), il obtint de Louis III, roi de Naples et comte de Provence, la confirmation des priviléges d'Arles. En 1426, il fut nommé cardinal, fit déposer, dans le concile de Bâle, le pape Eugène IV, et proclamer à sa place Amédée VIII, duc de Savoie, sous le nom de Félix V. Eugène le dégrada du cardinalat et lui enleva ses emplois. Nicolas V le rétablit dans ses dignités en 1449. Il mourut en 1450.

ALEMANI. Voy. ALAMANNI.

ALEMBDAR. C'est en Turquie l'officier qui porte l'étendard vert de Mahomet, lorsque le sultan paraît dans quelque solennité.

ALEMBERT (Jean LE ROND D'), littérateur et mathématicien célèbre, fils naturel de madame de Tencin et du poëte Destouches, né en 1717. Exposé après sa naissance, il fut recueilli par une pauvre femme et mis en pension par les soins secrets de ses parents. Il fut admis en 1741 à l'académie des sciences, et composa son *Traité de dynamique* et le *Traité des fluides*. Il présenta une foule de mémoires divers. Reçu à l'académie française, il fut un des collaborateurs de l'*Encyclopédie*, dont il fit l'introduction. Il fut l'ami de Voltaire, et mourut en 1783. Ses œuvres forment dix-huit volumes.

ALEMBROTH (SEL) ou SEL DE SAGESSE, nom donné par les anciens alchimistes au produit qui résulte de la sublimation de sublimé corrosif (deuto-chlorure de mercure) et de sel ammoniac (hydrochlorate d'ammoniaque), substances très-volatiles. Il jouit de propriétés stimulantes, mais il n'est plus employé.

ALEM-TEJO. Voy. ALENTEJO.

ALENÇON, ville de France, au confluent de la Sarthe et de la Briante, chef-lieu du département de l'Orne, à 47 lieues trois quarts de Paris. Population, 15,000 habitants. Cette ville, appelée par les Romains *Alercum* ou *Alertium*, était autrefois la capitale des Aulerques. Le premier seigneur d'Alençon est Ives Ier, de Bellesme mort en 997. Le premier comte fut Guillaume Ier, mort en 1028. En 1220, l'héritière de ce comté le vendit à Philippe Auguste. Philippe le Bel le donna en 1293 à son frère Charles de Valois. Sous un des descendants de Charles, Jean Ier (1404), le comté fut érigé en duché-pairie. Revenu à la couronne en 1525, il fut donné depuis en apanage à plusieurs princes du sang royal, et en dernier lieu à Louis XVIII, par Louis XVI, son frère. Alençon possède une bibliothèque de 8,000 volumes, un tribunal de première instance et de commerce, un collége, des hôpitaux et un dépôt de remonte militaire pour la cavalerie de l'armée. On y fabrique de belles toiles et des dentelles dites *points d'Alonçon*.

ALENÇON (LE DUC D'). Voy. FRANÇOIS DE FRANCE.

ALÈNE, nom d'une espèce de mollusque, du genre *buccin*. — En botanique, *alène* est synonyme de *subulé*. — Les cordonniers et les bourreliers nomment *alène* un instrument d'acier très-acéré qui leur sert à percer le cuir.

ALÉNOIS, cresson à feuilles découpées.

ALENTEIO ou ALENTEJO, province de Portugal, bornée au N. par l'Estramadure et la Beïra, à l'E. par l'Estramadure espagnole, au S. par l'Algarve, et à l'O. par l'océan Atlantique. Sa superficie est d'environ 550 lieues carrées, et sa population de 380,000 âmes. Cette province, traversée par la chaine de montagnes nommée *Serra de Monchique*, est fertile, mais mal cultivée dans beaucoup de lieux, inculte dans d'autres. On y trouve de très-belles carrières de marbre, et on y récolte beaucoup d'huile, de vin, de blé, d'oranges, etc. L'Alentejo se divise en huit districts : ceux d'*Evora*, *Beja*, *Elvas*, *Crato*, *Portalègre*, *Ourique*, *Villa-Viciosa* et *Aviz*. La capitale est *Evora*.

ALÉOUTIENNES. Voy. ALEUTIENNES.

ALEP ou BÉREG, pachalik d'Asie, comprend la partie septentrionale de la Syrie, où se trouve le mont Liban, une surface de 522 lieues carrées. Sa population est de 450,000 âmes. La capitale est *Alep*, qui a 6 lieues de tour, et renferme 200,000 habitants. C'est le siége d'un patriarche grec. Ce pays est très-fertile en indigo, olivier, orge, coton, etc.

ALÉPINES, nom donné, 1o aux noix de galle d'Alep, 2o à une étoffe de soie et de laine.

ALÉRIONS, nom donné autrefois à des petites aigles sans bec ni jambes, que l'on mettait dans les armoiries et qui avaient les ailes étendues. La maison de Lorraine portait dans les siennes trois alérions. Lorsqu'il y avait plus de trois aigles dans un écu, ou lorsque le nombre des aigles étant de trois seulement, ces oiseaux étaient accompagnés d'autres pièces héraldiques, on les nommait *aiglettes*.

ALÈS DE CORBET, une des plus anciennes maisons de France, en Touraine, issue d'une famille irlandaise du même nom. Le premier connu est *Hugues Ier d'Alès*, frère d'Arnoul, évêque d'Orléans, vers 978. Un des derniers fut *Pierre-Alexandre d'Alès*, lieutenant des maréchaux de France, mort en 1753.

ALÈSE ou ALÈZE, petit drap de toile, dont on garnit le lit des malades pour le garantir de l'action du sang, du pus, de l'urine, etc.

ALÉSAGE, action d'*aléser*, c'est-à-dire, d'agrandir, de polir des trous ou des parois de tuyaux. Ainsi on dit *aléser un ca-*

non, une masse de fer trouée, etc. En termes de monnaie, aléser les carreaux, c'est les battre légèrement sur l'enclume pour redresser leurs bords.—L'instrument qui sert à aléser se nomme alésoir. Pour les fondeurs de canons, c'est un outil qui sert à les forer et à égaliser leur surface intérieure; en termes d'horlogerie, c'est une espèce de broche d'acier trempé, qui sert à rendre les trous durs, polis et bien ronds; en termes de doreur, c'est une espèce de foret dont on se sert pour équarrir les trous d'une pièce.

ALESIA, célèbre ville des *Mandubiens*, dans l'ancienne Gaule, qui fut prise et détruite par César, après six ans d'un siège opiniâtre, soutenu par Vercingétorix. Il se dévoua pour sauver ses concitoyens, et alla se livrer à César. C'est, aujourd'hui *Alise*, dans la Côte-d'Or.

ALÉSOIR. Voy. ALÉSAGE.

ALESTIR, c'est, en marine, dégager, alléger un bâtiment, le bien disposer dans toutes ses parties. *Alestir le gréement*, c'est le rendre plus léger.

ALETTE, terme d'architecture, petite aile, côté, jambage, avant-corps sur le pied-droit.

ALEU. Voy. ALLEU.

ALEUROMANCIE, divination qui se faisait chez les anciens avec de la farine.

ALEOUTIENNES, ou ALÉOUTIENNES, ou *Iles aux Renards*, groupe d'îles de l'océan Pacifique septentrional, découvertes par les Russes au XVIIIe siècle. Ces îles s'étendent depuis le Kamtchatka jusqu'au cap Alaska, sur une superficie de 482 lieues carrées. Les principales sont *Unalaschka*, *Alton* et *Kodjak*, dont le chef-lieu est *Alexandrica*, siège d'un gouverneur russe, et le principal entrepôt des marchandises. Le sol est peu fertile et hérissé de montagnes. Les habitants sont intelligents, robustes, et observent la polygamie; leurs occupations sont la pêche et la chasse. Ils sont au nombre d'environ 8,000. Le nom de ces îles vient du grand nombre de renards que les Russes y trouvèrent lorsqu'ils les découvrirent.

ALEVIN, menu poisson dont on peuple les étangs et les rivières.

ALEXANDRA. Plusieurs femmes juives ont porté ce nom. Les plus célèbres sont, 1º ALEXANDRA ou SALOMÉ, reine des Juifs. Elle épousa d'abord Aristobule Philhellen et ensuite Alexandre Jannée, frère de son premier mari. Après la mort de ce roi, elle régna seule pendant neuf ans. Les pharisiens commirent sous son règne de grandes cruautés. Elle mourut 71 ans avant J.-C.— 2º ALEXANDRA, fille d'Hyrcan, grand prêtre des Juifs. Elle épousa le roi Alexandre et fut mère de Marianne, épouse d'Hérode le Grand. Ce dernier la fit mourir l'an 28 avant J.-C. pour la punir d'avoir conspiré plusieurs fois contre lui.

ALEXANDRE (myth.), surnom de *Pâris*, fils de Priam, roi de Troie.

ALEXANDRE. Six rois de Macédoine ont porté ce nom. — ALEXANDRE Ier, fils d'Amyntas Ier, monta sur le trône l'an 497 avant J.-C., et régna quarante-trois ans. S'étant soumis aux Perses, il chercha en vain à déterminer les Athéniens à accepter leur alliance; il agrandit ses États par ses conquêtes et par le don que lui fit Xerxès du pays qui s'étendait depuis le mont Olympe jusqu'au mont Hémus.— ALEXANDRE II, fils d'Amyntas II, monta sur le trône l'an 371 avant J.-C., et fut assassiné l'année suivante par Ptolémée Alorites, à l'instigation d'Eurydice, sa belle-mère. — ALEXANDRE III dit *le Grand*, fils de Philippe et d'Olympias, né à Pella, en Macédoine, 356 ans avant J.-C. Il fut l'élève d'Aristote dans sa jeunesse, et monta sur le trône de Macédoine à 15 ans. Ce fameux conquérant, soumit la Thrace, la Perse, l'Illyrie, détruisit Thèbes, étendit ses victoires jusque dans les Indes. Tous ces pays composèrent son vaste empire. Il mourut à Babylone, des suites d'une orgie, 323 ans avant J.-C. Ce grand prince, généreux et vaillant, ternit sa gloire par ses débauches et son orgueil, qui le porta à se faire nommer fils de Jupiter. Quinte Curce, Arrien et Plutarque ont écrit sa vie. Après sa mort, son empire fut partagé entre ses généraux. — ALEXANDRE IV, fils d'Alexandre le Grand et de Roxane, naquit après la mort de son père. Il fut reconnu roi avec Philippe Aridée, frère bâtard d'Alexandre le Grand; mais ils n'en eurent l'un et l'autre que le titre. Cassandre, qui gouvernait en leur nom, fit périr ces deux princes, et s'empara de l'autorité.— ALEXANDRE V, fils de Cassandre, monta sur le trône l'an 298 avant J.-C., après la mort de son frère aîné Philippe. Il régna avec son autre frère Antipater; mais ils ne furent pas longtemps unis. Alexandre, pour venger la mort de sa mère assassinée par Antipater, appela à son secours Démétrius, fils d'Antigone, qui le fit massacrer par ses soldats, et s'empara de la Macédoine l'an 294 avant J.-C. — ALEXANDRE VI, fils de Persée. Son père ayant été vaincu et pris par Paul Émile l'an 169 avant J.-C., Alexandre fut conduit à Rome avec lui, et servit à orner le triomphe du vainqueur. La Macédoine fut alors réduite en province romaine. Un aventurier, nommé aussi *Alexandre*, voulut se faire passer pour le précédent, afin que les Macédoniens l'aidassent à reconquérir la liberté de leur patrie. Il eut d'abord quelques succès; mais Métellus le vainquit et le poursuivit en Dardanie, où il alla chercher un refuge.

ALEXANDRE. Huit papes ont porté ce nom. Le premier succéda à saint Évariste l'an 108. Il introduisit l'usage de l'eau bénite et mourut en 119. — ALEXANDRE II (Anselme) succéda en 1059 à Nicolas II. Il eut pour rival Cadaloüs, évêque de Parme, qui se faisait appeler Honorius II, et mourut en 1073. — ALEXANDRE III succéda à Adrien IV en 1159. Il combattit le parti de l'empereur Frédéric II et trois antipapes successivement, et mourut en 1181. — ALEXANDRE IV succéda en 1254 à Innocent IV. Il s'appelait auparavant *Rainaud de Ségni*. Il institua l'inquisition en France et mourut en 1261. — ALEXANDRE V succéda à Grégoire XII en 1409. Il mourut en 1410. — ALEXANDRE VI (*Rodrigue Lenzoly Borgia*) succéda à Innocent VIII en 1492. Il était issu d'une des plus illustres familles de Valence. Son oncle Alphonse Borgia ayant été élu pape sous le nom de Calixte III, il le créa cardinal. A la mort d'Innocent VIII, il fut nommé souverain pontife, et souilla la chaire de Saint-Pierre par un grand nombre de crimes. Après avoir eu plusieurs enfants de son union sacrilège avec Venozzia, il mourut du poison-que lui et son fils naturel César Borgia destinaient à un cardinal, et qu'il but par hasard (1503). — ALEXANDRE VII (*Fabio Chigi*) succéda à Innocent X, l'an 1655. Il confirma la bulle de son prédécesseur contre Jansénius, perdit Avignon et le comtat Vénaissin, fut le protecteur des sciences et mourut en 1667. — ALEXANDRE VIII (*Pietro Ottoboni*) succéda en 1689 à Innocent XI et mourut en 1691, après avoir publié une bulle contre les propositions de l'assemblée du clergé de France de 1682.

ALEXANDRE. Deux rois d'Epire ont porté ce nom. ALEXANDRE Ier dit *Molossus*, fils de Néoptolème, et oncle d'Alexandre le Grand, roi de Macédoine. Il porta la guerre en Italie l'an 333 avant J.-C. Après quelques avantages, il fut défait et tué dans un combat. — ALEXANDRE II, fils du célèbre Pyrrhus. Il s'empara de la Macédoine, dont Antigone était roi. Mais il en fut bientôt chassé, ainsi que de l'Epire, par Démétrius, fils d'Antigone. Dépouillé de ses États, il se réfugia chez les Acarnaniens, qui le rétablirent sur le trône.

ALEXANDRE. Deux rois de Syrie ont porté ce nom. ALEXANDRE Ier, surnommé *Bala* ou *Baïès*, était un homme de basse extraction, mais plein d'audace et de courage. S'étant donné le faux nom d'Alexandre, fils d'Antiochus Epiphane, et s'étant fait reconnaître comme tel, il revendiqua les États des prétendus pères sur Démétrius Soter, l'attaqua, le défit et le mit à mort l'an 150 avant J.-C. Vaincu à son tour par Démétrius Nicanor, il chercha un asile auprès d'un prince arabe, qui lui fit trancher la tête. — ALEXANDRE II, surnommé *Zébina*, usurpateur du trône de Syrie, fils d'un fripier d'Alexandrie, se fit passer pour le fils du précédent, et réclama la *couronne*. Il vainquit, à Damas, Démétrius Nicanor, roi légitime (127 ans avant J.-C.). Mais, quelques années après, il fut défait et mis à mort par Antiochus Gryphus, fils de Nicanor.

ALEXANDRE LE CRUEL, tyran de Phères en Italie, l'an 369 avant J.-C., fut en guerre continuelle avec ses voisins. Il retint en prison Pélopidas, général thébain, qui s'était présenté à lui sans escorte. Effrayé des exploits d'Épaminondas, qui vint porter la guerre dans ses États pour délivrer Pélopidas, son ami, il fut forcé de lui remettre son prisonnier. Après un règne de onze ans signalé par un grand nombre de cruautés et d'exactions, il fut tué par sa femme Thébé l'an 357 avant J.-C.

ALEXANDRE d'Aphrodise, philosophe contemporain de l'empereur Septime Sévère, est regardé comme le restaurateur de la véritable doctrine d'Aristote, altérée par les philosophes qui l'avaient précédé. Il enseigna à Alexandrie, et forma une classe particulière d'interprètes de la philosophie d'Aristote, qui furent de là nommés *alexandrins*. Il donna sur les écrits d'Aristote des *commentaires* qui nous sont parvenus. Il recueillit les opinions des anciens sur le destin, et écrivit sur ce sujet *un traité* que Grotius a traduit en latin.

ALEXANDRE. Deux rois et plusieurs princes des Juifs ont porté ce nom. ALEXANDRE JANNÉE, fils d'Hyrcan, succéda à son frère Aristobule l'an 106 avant J.-C. Détesté de ses sujets à cause de ses crimes, et chassé de son royaume, il prit les armes contre les Juifs, leur fit pendant six ans une guerre cruelle, et en tua plus de 50,000. Rentré dans Jérusalem, il fit crucifier 800 Juifs rebelles, et, tandis qu'ils vivaient encore, il ordonna de massacrer sous leurs yeux leurs femmes et leurs enfants. Il mourut l'an 79 avant J.-C. — ALEXANDRE II, petit-fils du précédent, et fils d'Aristobule. Conduit à Rome avec sa famille, après la prise de Jérusalem par Pompée (63 avant J.-C.), il s'évada et rassembla une armée; mais, ayant perdu plusieurs batailles, il tomba entre les mains du proconsul Métellus Scipion, qui le fit décapiter. — ALEXANDRE, fils d'Hérode le Grand et de Marianne. Accusé trois fois par son père de vouloir lui ravir la couronne, il n'en fut pas moins condamné à mort et étranglé l'an 6 avant J.-C. Un imposteur juif, du même nom, voulut se faire passer pour lui. Il alla à Rome, où Auguste le fit mettre à mort.

ALEXANDRE, rois d'Égypte. Voy. PTOLÉMÉE.

ALEXANDRE, empereur d'Orient, fils de Basile le Macédonien, né en 870, succéda à son frère Léon le Philosophe en 911. Il s'efforça de renouveler le paganisme, et fit déposer le patriarche Eutyme, à la place duquel il mit Nicolas. Il mourut en 912, après un an de règne, et eut pour successeur Constantin Porphyrogénète.

ALEXANDRE (Saints). Il y a eu plusieurs saints de ce nom. SAINT ALEXANDRE, évêque de Jérusalem en 212, se distingua par sa piété, et mourut de misère dans un cachot, à Césarée (253), sous la persécution de Dèce. Les Grecs font sa fête le 13 décembre, les Latins le 18 mars. — SAINT ALEXANDRE, dit *le Charbonnier* parce qu'il exerça d'abord cette profession, devint évêque de Comane en 248, et fut brûlé vif, sous l'empereur Dèce, en 250. On fait sa fête le 11 août. — SAINT ALEXANDRE, évêque d'Alexandrie en 312, après Achillas, excommunia les ariens, et fit condamner leurs doctrines au concile de Nicée (325). Il mourut en 326. Sa fête est le 26 février. — SAINT ALEXANDRE, évêque de Constantinople en

313, et son premier patriarche. Il confondit en présence de Constantin les philosophes païens, qui se plaignaient de l'introduction d'une religion nouvelle. Il repoussa Arius de sa communion, et mourut en 337. Les Grecs le fêtent le 30 août, les Latins le 28. — SAINT ALEXANDRE, fondateur des acémètes, fut d'abord officier de l'empereur Théodose. Il se retira ensuite dans un monastère de Syrie, alla dans un désert près de l'Euphrate, où il resta sept ans ; les avoir prêché dans la Mésopotamie, il vint à Constantinople, et y fonda un monastère d'acémètes. Il alla ensuite en Bithynie, et y mourut en 430. Sa fête est le 15 janvier. — SAINT ALEXANDRE, martyr, venu en Italie, fut brûlé vif par des paysans qu'il voulait convertir en 397. Sa fête est le 29 mai. — Un autre martyr de ce nom fut crucifié à Lyon en 178. On fait sa fête le 24 avril.

ALEXANDRE NEWSKY, héros et saint moscovite, né en 1219, était fils du grand prince Yaroslaff. Il défendit la frontière occidentale de la Russie contre les Suédois et les Danois. En 1240, il remporta sur les premiers une grande victoire signalée sur les bords de la Néva. En 1242, il battit les chevaliers de l'ordre teutonique sur le lac de Peïpus. En 1245, à la mort de son père, il devint grand-duc de Russie, et mourut en 1263. Pierre le Grand bâtit en son honneur un monastère à Saint-Pétersbourg, et fonda l'ordre d'Alexandre Newsky.

ALEXANDRE JAGELLON, troisième fils de Kasimir et grand-duc de Lithuanie. Élu roi de Pologne, en 1501, après Jean-Albert, son frère aîné, il réunit ainsi ce pays à la Lithuanie. Il repoussa Bogdan, palatin de Valachie, et les Tartares, et mourut en 1507. Sigismond Ier lui succéda.

ALEXANDRE de Paris, poète romancier, né à Bernai dans la Normandie. Il composa, vers la fin du XIIe siècle, un poème sur la vie d'Alexandre le Grand, roi de Macédoine, en vers français de douze syllabes. C'est à cause de cette particularité que ces sortes de vers ont pris le nom de vers alexandrins.

ALEXANDRE SÉVÈRE (Marcus Aurelius), vingt-septième empereur romain, né en 208 en Phénicie. Il fut adopté par son cousin Héliogabale, qui lui laissa le trône en mourant (223). Il s'entoura de savants, proscrivit le luxe, cessa les persécutions contre les chrétiens, conserva aux Juifs leurs priviléges. Il fit avec succès la guerre à Artaxerxès, roi des Perses, et mourut en 237, assassiné par Maximin.

ALEXANDRE. Trois rois d'Ecosse ont porté ce nom. Le premier, dit le Fort, succéda, en 1095, à Edgard, et mourut en 1114 ; le deuxième succéda à Guillaume le Lion en 1214, et mourut en 1249 ; Alexandre III succéda au précédent, et mourut sans enfants mâles en 1289. La couronne passa à Marguerite, princesse de Norwége, petite-fille d'Alexandre III, qui mourut en 1291.

ALEXANDRE Ier PAULOWITZ, né en 1777, empereur et autocrate de toutes les Russies, succéda en 1801 à son père Paul Ier. Il créa une éducation nationale, fonda ou réorganisa sept grandes universités, établit deux cent quatre gymnases ou séminaires, et créa plus de deux mille écoles primaires. Il propagea la Bible, abolit en 1816 la servitude personnelle en Esthonie, Livonie et en Courlande. Il lutta avec force contre Napoléon, se ligua contre lui avec le roi de Prusse, et eut, après la bataille de Friedland, une entrevue avec lui sur le Niémen. Il soutint avec énergie la guerre de 1812, et en 1814 fut l'un des souverains qui envahirent la France. Il est mort en 1825.

ALEXANDRETTE (Alexandria minor des anciens, le Scanderoun des Turks), ville de Syrie, à l'extrémité de la Méditerranée. Elle sert de port à la ville d'Alep et d'entrepôt aux marchandises des Indes. Elle est située à l'embouchure du Belum ou Soldrat, sur le golfe d'Ajazze, à 25 lieues O. d'Alep. Population, 8,000 âmes.

ALEXANDRIE LA GRANDE (en turk, Iskandrih), grande et belle ville d'Egypte, sur les bords de la mer Méditerranée, fondée l'an 332 avant J.-C., par Alexandre le Grand, qui en voulait faire le siège de son empire. Elle fut, sous les rois égyptiens de la famille des Lagides, la capitale de leur monarchie, et, sous les Césars, ce fut la deuxième ville de l'empire romain. Elle fut, jusqu'au VIIe siècle, le centre du monde savant et le siége principal de la littérature et des sciences. Les Ptolémées y avaient fait construire une célèbre bibliothèque renfermant 700,000 volumes, un musée, de nombreuses écoles de médecine et philosophie. Ce fut là que fut faite la traduction de la Bible en grec, dite des Septante. On y voyait de beaux monuments et trois ports magnifiques. Alexandrie eut beaucoup à souffrir dans le siège, qu'elle soutint contre César en 47 avant J.-C. Elle reprit cependant sa première splendeur et la conserva jusqu'en 640, époque où elle fut prise par Amrou, général des Sarrasins et lieutenant du calife Omar, qui brûla tous les livres de cette magnifique bibliothèque. On dit qu'ils servirent, pendant six mois, à chauffer les bains publics. Les Turks s'en emparèrent sur les Arabes en 1517. Les Français s'en rendirent maîtres en 1799, et la conservèrent tout le temps de leur séjour en Egypte. Alexandrie a aujourd'hui 12,000 habitants, et est le siége d'un patriarche. La ville ancienne n'offre que des débris. Il s'y est tenu vingt-cinq conciles.

ALEXANDRIE (CODE D'), manuscrit sur parchemin, en caractères grecs, formant quatre volumes in-folio, et renfermant la Bible. Il fut donné, en 1628, à Charles Ier, roi d'Angleterre, par Cyrille Lascaris, patriarche de Constantinople. Il vient d'Egypte.

ALEXANDRIE (ÉCOLE D'), société de savants, de grammairiens, de poètes, de philosophes, etc., fondée à Alexandrie par Ptolémée Philadelphe. Les hommes les plus érudits et les plus illustres chez les anciens sortirent de cette école. Parmi les grammairiens, on remarque Zoïle, Apollonius, Cratès, Zénodote, etc. ; parmi les poètes, Apollonius de Rhodes, Lycophron, Aratus, Callimaque, Théocrite, Philétas, etc. Les sectes de philosophie qui prirent naissance à cette école sont : 1o l'éclectisme ou philosophie mixte, formée par un choix éclairé entre les systèmes anciens, et renouvelée de nos jours par M. Cousin ; 2o le mysticisme ou gnosticisme, introduite par les Juifs Philon et Aristobule, formée par le mélange des systèmes grecs et des doctrines mystiques de l'Orient ; 3o le néoplatonisme, introduit par Ammonius Saccas ; 4o la philosophie chrétienne, fondée par saint Clément. On nomme plus souvent école d'Alexandrie, ou philosophie alexandrine, celle des néoplatoniciens.

ALEXANDRIE (CHRONIQUE D'), chronique écrite sous les empereurs Maurice, Phocas et Héraclius, au VIIe siècle, et contenant une histoire générale, très-propre à éclairer un grand nombre de faits d'histoire et de chronologie.

ALEXANDRIE DE LA PAILLE (Alessandria della Paglia), ville et forteresse d'Italie, dans le Piémont. Bâtie en 1178, par les Crémonais et les Milanais, elle s'appela d'abord Césarée, nom qu'elle quitta sous le pape Alexandre III. Cette ville, riche et grande, capitale du gouvernement d'Alexandrie, forme le centre du commerce entre Gênes, Turin et Milan, et compte 30,000 âmes. Prise en 1657 et en 1707 par les Français, Alexandrie a été rendue aux Autrichiens en 1800.

ALEXANDRIN. On nomme ainsi : 1o une sorte de vers composé de douze syllabes, et qui est d'un grand usage dans la poésie française, surtout dans la tragédie ; 2o un emplâtre irritant où il entrait de l'ail en quantité, et qui fut inventé par un médecin nommé Alexandre.

ALEXANDRINE. Les anciens appelaient année alexandrine l'année égyptienne, lorsqu'elle fut modifiée par le calendrier julien, que l'empereur Auguste introduisit en Egypte l'an 724 de Rome. Ce nom lui fut donné, parce que cette innovation fut adoptée principalement à Alexandrie. — On nomma eaux alexandrines, des bains construits à Rome par l'empereur Alexandre Sévère. — Au moyen âge, on appela ligne alexandrine une ligne de démarcation imaginaire, tracée en Amérique. Le 4 mai 1493, le pape Alexandre VI, sur la demande de Philippe et d'Isabelle, souverains d'Espagne, leur donna toutes les îles et terres d'Amérique trouvées ou à trouver du côté de l'occident et du midi, tirant d'un pôle à l'autre une ligne, qui passait à cent lieues à l'ouest des Açores et du cap Vert. Toutefois on reconnaissait les droits des autres princes qui, jusqu'au jour de Noël précédent le 1er janvier 1493, auraient reconnu et possédé quelques pays au delà de cette ligne, nommée depuis ligne alexandrine.

ALEXAS de Laodicée jouissait d'un grand crédit auprès de Marc Antoine. Ce fut à sa sollicitation qu'il répudia Octavie, sœur d'Auguste, pour épouser Cléopâtre. Après la bataille d'Actium, qui donna l'empire du monde à Auguste, Antoine le députa à Hérode, roi des Juifs, pour l'engager à ne pas changer de parti. Mais Alexas, loin de s'acquitter de sa commission, trahit Antoine, et alla se rendre à Auguste, qui, indigné de sa perfidie, le fit décapiter. — C'est aussi le nom d'un Juif, favori d'Hérode le Grand, dont il épousa la sœur Salomé. Au lieu de faire égorger les prisonniers, comme il l'avait promis à Hérode mourant, il les délivra tous.

ALEXIPHARMAQUES, nom donné autrefois aux remèdes propres à chasser du corps les substances dangereuses ou à prévenir les effets des poisons.

ALEXIS. C'est le titre de la deuxième églogue de Virgile, dont le personnage principal est un jeune homme nommé Alexis. Le berger Corydon l'invite à venir à la campagne partager ses travaux et ses plaisirs. Il lui vante le bonheur de la vie champêtre, et lui dit que tout se plaint de son absence.

ALEXIS (Saint), fils d'un sénateur, né à Rome en 350, se voua à la pauvreté et à la chasteté. Il mourut en 402, dans les exercices de la piété la plus sincère. On fait sa fête le 17 mars chez les Grecs, le 17 juillet chez les Latins.

ALEXIS COMNÈNE, empereurs d'Orient. Voy. COMNÈNE.

ALEXIS DUCAS, surnommé Murtzuphle à cause de ses sourcils joints et épais, empereur d'Orient, après avoir fait étrangler Alexis IV. Ayant voulu dresser une embuscade aux croisés (1204), il fut vaincu, se retira chez son beau-père, qui lui fit crever les yeux. Errant et fugitif, il tomba entre les mains du chef des croisés, Baudouin, qui le condamna à être précipité du haut d'une colonne à Constantinople, ce qui eut lieu en 1205.

ALEXIS MICHAELOWITZ, tzar de Russie, succéda en 1645 à son père Michel Féodorowitz, en 1645. Son règne fut troublé par des séditions sanglantes, par des guerres intestines et étrangères. Il vainquit les Kosaks, et soutint une longue guerre contre la Pologne : elle fut terminée par une paix qui lui assura la possession de Smolensko, de la Kiovie et de l'Ukraine. La guerre contre la Suède ne fut pas si heureuse, et se termina par le traité de Pleyssemond, en 1661. Le sultan Mahomet IV ayant envahi la Pologne, Alexis secourut les habitants de cette contrée, et remporta avec Jean Sobieski la bataille de Choksim contre les Turks (1674). Alexis prit en vain le trône de Pologne ; une mort prématurée l'enleva en 1677. Il fit, le premier, imprimer les lois du royaume, établit des manufactures de toile et de soie, éleva des villes et embellit Moscou. Il avait formé le projet d'avoir des flottes sur la mer Noire et la mer Caspienne.

ALEXIS PÉTROWITZ, fils de Pierre le Grand, tzar de Russie, né en 1690. Il se montra toujours opposé aux innovations et aux réformes de son père, qui le déshérita en 1718, et qui ayant reçu la nouvelle d'un complot tramé contre lui par son fils, le condamna à mort avec les autres conjurés, mais le gracia ensuite. Alexis mourut par suite des violentes émotions qu'il avait éprouvées. Son fils monta plus tard sur le trône, sous le nom de Pierre II.

ALEXITÈRE, nom donné autrefois aux remèdes en général. Plus tard, on l'a appliqué à une classe de médicaments qu'on opposait aux poisons mis en contact avec l'extérieur du corps.

ALEZAN, nom donné à la couleur du poil de cheval qui tire sur le roux. Ce poil peut être *clair, vif, bai, brûlé*, etc. On dit un *cheval alezan*, ou simplement un *alezan*, pour indiquer un cheval qui a le poil de cette couleur.

ALÈZE. Voy. ALÈSE.

ALFAQUINS, nom donné aux prêtres des Maures, en Espagne, depuis l'expulsion de ces derniers de ce pays.

ALFAQUIS, docteurs de la loi en Turquie.

ALFARABI ou AL-PHARABIUS (Abou-Nasr-Mohammed), né à Farab ou Othrar, dans la Perse, le premier des philosophes arabes, mort vers l'an 950 de J.-C. Il a laissé plusieurs ouvrages, dont les plus estimés sont une *Encyclopédie* et un *Traité de musique*.

ALFIERI (Victor), comte piémontais, né à Asti en 1749, et mort en 1803. Ce poète célèbre est l'auteur d'un grand nombre de tragédies, dont les plus fameuses sont : *Marie Stuart, Don Garcie, la Conjuration des Pazzi, Rosamonde, Antigone, Sophronisbe* et *Timoléon*. Il a fait encore plusieurs sonnets, un *Traité de la tyrannie*, *l'Etrurie vengée*, poëme, le *Panégyrique de Trajan*, etc... Il n'est pas moins connu par sa liaison avec la comtesse d'Albany.

ALFORT, sur la rive gauche de la Marne, petite ville du département de la Seine, à 2 lieues de Sceaux. Population, 900 habitants. Ce village, qui doit son nom à un château nommé *Harfort* ou *Hassefort*, possède une *école royale d'économie rurale et vétérinaire*. On y enseigne toutes les sciences qui ont rapport au traitement des animaux malades et à l'agriculture. Cette école, fondée en 1767, renferme deux cent cinquante-cinq élèves, et possède un beau jardin botanique.

ALFRED. Trois rois d'Angleterre ont porté ce nom. ALFRED LE BATARD, fils naturel d'Oswin, roi de Northumberland, succéda à son frère Alfred en 685. Il protégea les lettres et les savants, et composa plusieurs ouvrages. Il mourut en 705. — ALFRED LE GRAND, sixième roi d'Angleterre, succéda en 871 à son frère Ethelbert à l'âge de 23 ans. Il chassa les Danois de son royaume, et convertit leur roi au christianisme, introduisit dans ses Etats l'écriture romaine, encouragea le commerce, les sciences, les arts et les belles-lettres, et fonda l'université d'Oxford en 886 ou 895. Il mourut en 902. Il était lui-même très-instruit; il composa un *Recueil de chroniques*, fit une *Collection des lois des Saxons* (890), et traduisit en saxon les *Psaumes de David*, la *Consolation de la philosophia*, par Boëce, et les *Dialogues de saint Grégoire*. — ALFRED LE MALPRÊT, fils du roi Ethelred II, veut monter sur le trône après la mort du petit-fils de Canut II (1040); mais il est assassiné en 1048 par Godwin, son ministre.

ALGARDI (Alexandre), sculpteur et architecte, né à Bologne en 1602, mort en 1654. Elève de Louis Carrache, il se distingua comme son maître. Ses plus célèbres productions sont celles du bas-relief de *la Fuite d'Attila*, à l'église Saint-Pierre, à Rome; la statue du *Dieu du sommeil* et celle de *sainte Madeleine*.

ALGAROT, poudre émétique, composée d'acide hydrochlorique et de protoxyde d'antimoine, découverte par Victor Algarotti, médecin de Vérone. On la prépare en versant de l'eau dans l'hydrochlorate de protoxyde d'antimoine. On l'employait autrefois comme purgative et émétique; aujourd'hui elle est presque entièrement abandonnée.

ALGAROTTI (Francesco, comte d'), littérateur, philosophe et savant italien, né à Venise en 1712. Il s'adonna surtout à la physique et à l'anatomie. À 20 ans, il écrivit son *Neutonianismo per le donne*, ou *Astronomie des dames*. Il était aussi peintre et sculpteur. Il est mort en 1764. Ses œuvres forment 18 volumes.

ALGARVA, la province la plus méridionale du Portugal, au S. de l'Alentejo et au N. de l'Andalousie; elle a 30 lieues de long sur 8 de large, et se divise en trois districts. Sa capitale est *Tavira*. Elle produit des vins excellents. Population, 96,000 âmes.

ALGÈBRE, science des nombres considérés en général, ou science des lois des nombres. On se sert, pour représenter les nombres en général, des lettres de l'alphabet latin ou grec; on forme sur ces nombres littéraux des opérations qui peuvent également s'appliquer à toute espèce de quantités nombrables. L'algébriste se sert encore de signes conventionnels. Cette science remonte à une très-haute antiquité.

ALGER, la plus puissante des régences barbaresques de l'Afrique septentrionale, bornée au N. par la Méditerranée, à l'E. par les Etats de Tunis, au S. par le désert de Sahara, à l'O. par le royaume de Maroc. Elle forme une bande d'environ 225 lieues de long sur une profondeur moyenne de 70 à 80 lieues et une superficie d'environ 10,000 lieues carrées. Ce pays est traversé de l'est à l'ouest, dans le sens de sa longueur, par deux chaînes de montagnes, le grand et le petit Atlas. L'une borne le désert de Sahara et l'autre longe la côte dont elle ne s'éloigne jamais à plus de 8 lieues; celle-ci envoie plusieurs rameaux qui viennent former des caps sur les rives de la mer. De l'Atlas coulent les principales rivières de la province; ce sont le *Cheliff* ou *Chétif*, qui, après un cours de 100 lieues, se jette dans l'Océan, près de Mostaganem; le *Oued-Jer*, qui traverse la plaine de la Métidja, dans sa partie occidentale; l'*Isser*, qui limite cette plaine à l'est; la *Seïbouse*, qui a son embouchure près de Bône. Ces fleuves ne présentent aucune importance. — Les plaines les plus remarquables sont celles de *Constantine*, à 20 lieues dans l'intérieur des terres; celle de la Métidja, comprise entre le littoral d'Alger et le petit Atlas; la plaine immense qui, commençant à l'ouest de la Métidja, va s'étendre jusqu'à Mostaganem; enfin la plaine d'Oran, à Tremecen, renfermée entre le petit Atlas et la côte. Le climat du territoire d'Alger est chaud, mais salubre. La hauteur moyenne du thermomètre est de 16 degrés centigrades; dans les fortes chaleurs, il monte de 34 à 38 degrés. En hiver, il ne descend que rarement à un degré au-dessous de zéro. L'hiver ou la saison des pluies commence en octobre ou novembre, et dure jusqu'aux premiers jours de janvier. Ces pluies, qui ne tombent que par intervalles, se prolongent quelquefois jusqu'en avril. Les vents régnants sont, de mai en septembre, les vents d'est, et, le reste de l'année, ceux de l'ouest, du nord et du nord-ouest, qui occasionnent souvent d'horribles tempêtes. Les vents du sud ou *Semoun*, chauds et violents, sont très-rares. Les orages, moins fréquents qu'en Europe, sont plus terribles, et éclatent avec plus de force. — Le territoire d'Alger jouit d'une grande fertilité, et la végétation a une vigueur surprenante, surtout dans les plaines situées au pied des montagnes et dans le fond des vallées, où de petits ruisseaux et des sources abondantes viennent ajouter leur influence à celle d'une température chaude, sans être trop élevée. L'olivier, les grenadiers, les orangers, les vignes, les dattiers, les lentisques, les pommiers, les poiriers, les mûriers, etc., et en général tous les arbres et les plantes qui croissent sur tout le littoral de la Méditerranée y réussissent très-bien. Les jujubes, les dattes, les oranges et autres fruits semblables sont particulièrement estimés. Le blé, l'orge et le riz sont les céréales que l'on cultive le plus communément. Les plaines voisines de l'Atlas nourrissent des tigres, des lions et des chacals à qui les indigènes font la chasse pour obtenir leur peau qu'ils vendent à des prix très-élevés. Les chameaux et les dromadaires, qui leur servent pour toutes sortes de transports, y sont très-nombreux et très-estimés. Les chevaux, quoique n'étant pas de race arabe pure, sont néanmoins très-beaux. Ils sont de taille moyenne, et ont quatre pieds huit à neuf pouces de haut. Ils sont très-légers à la course. Les ânes et les mulets sont grands et vigoureux. Les bœufs sont plus petits que ceux d'Europe, et leur chair est moins succulente; les moutons fournissent de belles laines. Les Arabes se nourrissent avec le lait et la chair de ces animaux. Le gibier est très-commun, surtout les lièvres et les perdrix. — Les montagnes de l'Atlas renferment des mines de fer, de cinabre et de plomb. Les mines de *Ouannaseris* fournissent quatre-vingts livres de ce dernier métal par quintal de mineral. — La population de la régence d'Alger, qu'on évalue à environ 1,870,000 hommes, se compose de plusieurs peuplades distinctes et différant les unes des autres par leurs caractères physiques, leurs mœurs et leurs habitudes. Depuis l'expulsion des Turks, quatre races principales forment cette population : les *Kabyles*, *Kbaïl* ou *Berbères*, les *Arabes*, les *Juifs* et les *Maures*. Les Arabes sont originaires d'Asie, et descendants des anciens conquérants de la Mauritanie. Ils ont une figure mâle, des yeux vifs, le teint olivâtre, la taille moyenne, mais bien prise. Ceux qui s'adonnent à la culture des terres occupent des demeures fixes; les autres vivent sous des tentes, et errent avec leurs troupeaux; ceux-ci s'appellent *Arabes Bédouins*. Ils se distinguent par une grande sobriété, un amour excessif de l'indépendance, et pratiquent l'hospitalité la plus franche à l'égard des étrangers. Ils sont néanmoins pillards, perfides et cruels. Ils sont divisés par tribus, gouvernées chacune par un *cheik*. Ces chefs reconnaissent pour supérieur un *aga* qui réside à Alger, et qui est actuellement nommé par le gouvernement français. Leur costume consiste en une chemise de fine gaze, des caleçons, une veste et un burnous (manteau de laine avec des agrafes d'argent, de couleur rouge ou bleue, orné de tresses de soie et d'or sur les coutures, et d'une grande houpe au capuchon. Les femmes arabes portent des chemises de gaze, des caleçons et une espèce de veste qui recouvre une robe à manches extrêmement larges. Ces habillements sont en laine ou en soie; elles mettent quelquefois un long manteau rouge ou bleu, dont les deux bouts se rattachent sur les épaules avec des agrafes d'argent. Les Kabyles ou Berbères sont les habitants primitifs du pays; ils descendent des anciens Numides, Gétules, et des Libyens. Leur langue est le *khoviah* ou *chillah*, idiome répandu de l'Atlas à l'oasis de Sywah, et qui n'a de rapport avec aucune langue connue. Ces peuples sont de taille moyenne, ont le teint rouge ou noirâtre, la taille haute et svelte, le corps grêle et maigre; ils sont extrêmement robustes, et supportent avec courage les fatigues et les privations. Les Berbères se tiennent enfermés dans l'intérieur des montagnes, d'où ils viennent fondre à l'improviste sur les villes et les villages maures et les tribus arabes qu'ils pillent en quelques instants, et se retirent ensuite dans leurs montagnes. Guerriers et braves, ils sont néanmoins très-cruels et perfides; ils habitent sous de petites cabanes bâties en terre grasse, séchée au soleil, et qu'ils nomment *gurbies*. La réunion de ces cabanes forme un *dachkras* ou village. Ils se divisent en plusieurs tribus, qui ont chacune un chef particulier. Ils entendent très-bien l'agriculture et sont très-industrieux; ils fabriquent eux-mêmes leurs armes, leur monnaie, leur poudre, et exploitent les mines que renferme l'Atlas. Les Maures forment plus de la moitié de la population. Ils descendent du mélange des anciens Mauritaniens avec les Phéniciens, les Romains et les Arabes. Ils sont grands et bienfaits, ont les cheveux noirs, la peau plus blanche, et tous les traits de la physionomie moins prononcés que les Arabes. Ils aiment le luxe des habillements, et ont des mœurs très-douces et pacifiques. Les femmes maures sont généralement belles; leurs yeux et leurs cheveux sont noirs, le nez aquilin, la bouche moyenne; leur éducation est plus soignée que celle des autres femmes. Les Maures des villes se livrent au commerce, et forment une population très-active et industrieuse. Ceux de la campagne, réunis en tribus errantes, nommées *adouar*, et soumis à des cheiks, sont pauvres et nomades. Ces derniers ont le caractère guerrier; leur adresse à cheval est remarquable. Le costume des Maures se compose d'une culotte fort large, qui leur laisse les jambes nues, une veste et deux gilets brodés en or ou en soie; leur coiffure est le turban. Les femmes maures se couvrent avec une étoffe de laine, qui prend au-dessous des épaules et descend jusqu'aux genoux. Les Kabyles s'enveloppent d'un *haïk*, grande pièce d'étoffe de laine blanche très-grossière. Les cheiks portent une chemise et un burnous. Ils entourent leur tête d'un turban ou d'un morceau de drap. Les Juifs sont établis dans l'Algérie depuis le XIIIᵉ siècle, ou dit même depuis l'empire de Vespasien. Ils y ont le monopole des grandes affaires commerciales. — La capitale de l'Algérie était *Alger*. Le gouvernement appartenait aux soldats de la milice turque, qui avaient le titre de *janissaires* ou *koulouglis*, et dont le *dey* n'était que le chef suprême. Ce souverain électif était le maître absolu du pays; il récompensait ou punissait, disposait des emplois, décidait la paix ou la guerre, et rendait la justice lui-même. La deuxième dignité était celle d'*aga* de la milice ou général des troupes. Cette charge appartenait de droit au plus ancien soldat, et ne durait que deux lunes. Les kolouglis avaient d'immenses prérogatives. On leur donnait le titre d'*effendi* ou seigneur. L'avancement était toujours parmi eux accordé à l'ancienneté. Ils étaient exempts de taxe et d'impôts. Ils faisaient et renversaient les deys à leur gré, et leur puissance était sans bornes. Le pays était partagé en quatre divisions politiques ou *beyliks*: la province de *Constantine*, à l'est; la province d'*Oran*, à l'ouest, administrées chacune par un *bey* ou gouverneur général; la province de *Tittery*, au centre; également gouvernée par un bey; et celle d'*Alger*, gouvernée immédiatement en chef par les officiers de la régence. Chaque province était divisée, pour l'administration et le gouvernement, en districts nommés *otans*, et confiés à des fonctionnaires nommés *kaïds*. Dans chaque district, les tribus, qui le composaient, avaient à leur tête des *cheiks*, nommés par le dey, sur la présentation faite au kaïd par les notables habitants, et par le kaïd au bey. Tous ces fonctionnaires étaient révocables. — L'Algérie comprit jadis la Numidie et presque toute la Mauritanie Césarienne. Gouvernée d'abord par des princes indigènes, elle est devenue successivement la conquête des Romains, des Vandales, des Grecs, des Arabes, des Espagnols et des Turks. Elle forme aujourd'hui une colonie française, qui prend le plus grand accroissement. (Voy. Alger.)

ALGER (Al-Dzézaïr), capitale de la régence d'*Alger*, sur la côte septentrionale de l'Afrique, à 400 lieues de Paris et 135 de Toulon. Cette ville, grande et belle, s'élève en amphithéâtre sur le penchant d'une colline dont le pied tombe dans la mer. Sa forme est triangulaire. Elle est entourée de murailles et surmontée de la Cassaubah, citadelle très-forte et ancienne habitation des deys. Les maisons sont belles et couvertes de magnifiques terrasses. La population se compose d'environ 40,000 habitants: Maures, Européens, Juifs et Arabes. — Dans le XVᵉ siècle, Alger servit de retraite aux Maures expulsés d'Espagne. C'était depuis longtemps le refuge de hardis pirates musulmans, qui infestaient la Méditerranée. En 1510, les Espagnols s'en emparèrent; mais Alger recouvra son indépendance en 1516. Les Barberousse, corsaires fameux, en firent le chef-lieu d'une principauté qu'ils se créèrent sur la côte septentrionale de l'Afrique. Depuis ce temps, cette ville acquit de plus en plus de l'importance. Elle envoya souvent des flottes qui détruisirent celles des autres puissances maritimes, et qui désolèrent le commerce des Européens. En 1541, Alger fut assiégé par Charles - Quint, qui fut forcé d'abandonner son entreprise. Sous Louis XIV, l'amiral français Duquesne foudroya ce repaire de pirates (1682 et 1683), ainsi que Tourville (1687), O'Reilly (1775), lord Exmouth (1816). Une injure faite par le dernier dey, Hussein, au consul de France, et plusieurs autres causes de la plus haute portée politique, amenèrent le gouvernement français à déclarer la guerre à la régence. L'armée, placée sous le commandement du général Bourmont, offrait un effectif de 37,689 hommes, 3,853 chevaux et 70 gros canons. La flotte, sous les ordres de M. Duperré, présentait un total de 644 bâtiments. L'armée partit de France le 25 mai 1830, et débarqua en Afrique le 14 juin. Après divers combats où les Arabes eurent constamment le dessous, et le bombardement d'Alger, cette ville se rendit le 5 juillet aux Français. On trouva dans la Cassaubah 48 millions en argent et plus de 1,500 canons. — L'influence française a grandi de jour en jour en Algérie, influence protégée par le succès de nos armes. Constantine, Mascara, Oran, etc., sont tombés en notre pouvoir. La glorieuse expédition du Biban et la défense de Mazagran sont venus rehausser la gloire de nos soldats. Un général commandant en chef est le chef supérieur des administrations civiles et militaires d'Alger. Les affaires importantes sont soumises à un conseil d'administration. La justice se rend d'après les lois françaises; il y a aussi des tribunaux musulmans et israélites. Alger et Oran ont plusieurs collèges et pensionnats qui renferment de nombreux élèves. Il y en a consacrés uniquement aux musulmans et aux Juifs. On compte cinquante-sept mosquées pour le culte musulman, et dix-sept synagogues. Pour le culte catholique, Alger possède quelques églises; cette ville a été érigée en évêché en 1839.

ALGÉSIRAS, ville d'Espagne, sur la côte occidentale de la baie de Gibraltar, auprès de laquelle se livra le 4 juillet 1801 un célèbre combat naval, où trois vaisseaux français, commandés par le contre-amiral Linnois, résistèrent aux flottes anglaises composées de six vaisseaux de guerre. Celles-ci furent vaincues et perdirent 1,500 hommes. Le 9 juillet, l'amiral Moreno, réuni au contre-amiral Linnois, défit encore la flotte anglaise.

ALGIDE (Fièvre), fièvre intermittente pernicieuse dont le principal symptôme est une sensation de froid glacial qui dure autant que l'accès. Souvent le malade éprouve à l'intérieur une chaleur brûlante, et à l'extérieur un froid cadavérique. La face est plombée, livide, la soif vive, le pouls presque insensible, les membres sont agités d'un tremblement continuel; les deuxième ou troisième accès sont mortels.

ALGISI ou Algisi (D. Paris-Francesco), célèbre compositeur italien, né vers 1666 à Brescia, où il fut longtemps organiste. Il mourut en 1733. Ses opéras les plus fameux sont l'*Amor di Curtio per la patria* et il *Trionfo della continenza*.

ALGONQUINS, tribus sauvages et guerrières, habitant, dans le Canada, les pays compris entre le lac Ontario et le lac Supérieur. Ils sont presque continuellement en guerre avec les Iroquois, et leur langue est une des langues mères de l'Amérique septentrionale.

ALGOR, mot latin qui signifie *refroidissement*. C'est une simple sensation de froid qui marque le premier degré d'une fièvre intermittente, et qui a plus particulièrement lieu dans celles qui reviennent tous les jours.

ALGOT. Deux rois des temps fabuleux et incertains de la Suède ont porté ce nom. Algot Iᵉʳ succéda à Adolphe longtemps avant J.-C., et eut pour successeur Eric. — Algot II succéda à son père Tordus III (582); et mourut en 606, après avoir rendu les Russes tributaires.

ALGUAZIL, fonctionnaire de la haute police d'Espagne dont le ministère est le même que celui de gendarme en France.

ALGUES, nom donné autrefois à une famille de plantes cryptogames, filamenteuses, membraneuses et gélatineuses. La plupart habitent les mers ou leurs rivages. Cette famille se composait autrefois des *conferves*, *varechs*, *lichens*, *hépatiques*, etc.; maintenant on désigne par *algues* les plantes marines en général qui fournissent un très-bon engrais aux champs, et que la mer rejette en grand nombre sur ses bords.

AL-HAKEM. Deux rois maures d'Espagne ont porté ce nom. Aboul-Asi-al-Hakem Iᵉʳ, de la dynastie des Ommiades, né en 772, succéda en 796 à son père Hécham Iᵉʳ. Il reprit en 798 Huesca et Lérida sur les Français, et leur enleva Barcelone et Narbonne. Il défit en 799 ses oncles Abdallah et Soléïman révoltés, à qui il pardonna. Une sédition ayant éclaté à Cordoue, il s'en vengea par de grandes cruautés, et mourut en 822. — Al-Hakem II (Ali-Mostander Billah), succéda en 961 à son père Abdérame III. Il rassembla une bibliothèque de 600,000 volumes, fit la paix avec les chrétiens, et s'empara du royaume de Fez en Afrique (973). Il mourut en 976. Son fils Hakem III lui succéda.

ALHAMBRA, palais célèbre des rois maures à Grenade. Ce palais est un des plus beaux qu'aient élevés les Maures. Les murs sont recouverts de marbres de diverses couleurs et chargés d'arabesques. L'on voit encore les bains d'Albâtre où se baignaient les princes. Les salles sont immenses et peuvent contenir plus de 100,000 hommes; dans une d'elles, voûtée, appelée *Salle du secret*, les mots que l'on prononce à un de ses angles, sont entendus de la personne qui se place à l'angle opposé. Auprès de ce palais est une maison de campagne des rois maures nommée *Xénéralife*; on y jouit d'une belle perspective. Sur une montagne qui s'élève au milieu des jardins sont placés une église et un couvent.

ALHANDAL, nom arabe de la *coloquinte*. On nomme en pharmacie *trochisques d'alhandal* des remèdes qui contiennent de la poudre de coloquinte.

AL-HAOUR, troisième gouverneur d'Espagne pour les rois maures, en 711. Il entra en France, et conquit tout le pays depuis Narbonne jusqu'à Nîmes, avec le Roussillon. Ayant repassé les Pyrénées à cause d'une insurrection éclatée en Espagne, il se rendit odieux par ses cruautés et ses extorsions. Il fut déposé en 718.

ALI (Ben-Abou-Taleb), quatrième successeur de Mahomet, dont il était le cousin et le gendre, et dont il fut le vizir. Né l'an 598 ou 600 de J.-C. à la Mecque, il seconda le prophète dans ses guerres avec beaucoup de valeur. Il ne monta sur le trône qu'après Abou-Beckr, Omar et Osman, l'an 656. Il gagna quatre-vingt-dix combats, et mourut assassiné en 661, laissant un recueil de la doctrine de Mahomet nommé aussi *loi Imémia*. Après sa mort, les partisans d'Ali et ceux d'Omar se divisèrent en deux sectes religieuses, et qui ensanglantèrent souvent l'Orient. Les premiers se nomment *schiites*, les autres *sun-*

*nites*. Les schiites veulent qu'Ali ait été le successeur immédiat de Mahomet; les sunnites placent avant lui Abou-Beckr, Omar et Othman. Les Turks sont de la secte d'Omar, les Perses de celle d'Ali.

ALI, surnommé COUMOURDJY ou LE CHARBONNIER, fut le favori d'Achmet III, dont il fut grand vizir en 1714. Il décida la guerre contre les Vénitiens en 1715, et celle de 1716 entre les Turks et l'Allemagne. Il entra en Hongrie avec 150,000 hommes, perdit la bataille de Péterwaraden, et mourut des suites de ses blessures.

ALI TEPELEN, né à Tepeleni, en Épire, vers 1745. Il était fils de Veli-Bey et de Khameo, fille du bey de Konitza. Ali, soutenu de sa mère, continua la guerre des Klephtes (*voleurs*), entreprise par son père. Il obtint le gouvernement de Thessalie, et en 1786 il fut créé pacha de Janina. Il soumit toute l'Épire, et fut décoré en 1799 du commandement suprême de la Roumélie. Il détruisit les Souliotes, assassina le pacha Ibrahim, son beau-père de ses fils; enfin, en 1820, il fut mis au ban de l'empire, et les soldats envoyés par le sultan Mahmoud l'assassinèrent en 1822.

ALIBI, mot latin qui signifie *ailleurs*. Il désigne, en jurisprudence, le système de défense que suit un accusé qui conteste sa présence au lieu du crime, et prouve par là son innocence.

ALIBILE, nom donné à la partie du chyme qui se sépare de la partie excrémentitielle pour être absorbée.

ALIBOUFIER, ou STYRAX, arbrisseau originaire du Levant, naturalisé dans le midi de la France et en Italie, appartenant à la famille des diospyrées. L'*aliboufier officinal* fournit par une incision faite à son tronc et ses rameaux une gomme aromatique nommée *storax*. Les aliboufiers forment d'agréables buissons. Leurs fleurs blanches et semblables à celles des orangers font un bel effet avec les feuilles, qui sont d'un beau vert.

ALICAIRES (en latin; *alicariæ* ou *prostibulæ*), nom donné par les Romains à leurs prostituées du dernier degré, parce qu'elles se tenaient devant les maisons de débauche (*stabulæ*). On les nommait encore (*sellariæ*), parce qu'elles habitaient des petites chambres auprès de la porte.

ALICANTE, ville d'Espagne, une des plus commerçantes de ce royaume, située sur la Méditerranée, avec un bon port, dans le royaume de Valence. On exporte d'Alicante un vin doux et agréable, de couleur foncée, appelé *vino tinto*. La population est de 20,000 âmes.

ALICULA, sorte de petite tunique courte, de forme ovale, très-légère, attachée sur l'épaule gauche avec une agrafe. Ce vêtement, en usage chez les Romains, était ainsi nommé parce que ses extrémités voltigeaient comme de *petites ailes*.

ALIDADE, règle mobile qui, tournant autour du centre d'un cercle divisé en degrés, peut en parcourir tout le limbe pour mesurer les arcs. C'est aussi le nom d'une règle mobile de bois ou de métal, portant une pinnule à chacune de ses extrémités, et dont on se sert pour viser les objets et tracer les lignes de leurs directions, lorsqu'on lève les plans à l'aide de l'instrument appelé *planchette*.

ALIDES ou ALEWIS. Voy. FATHÉMIDES.

ALIÉNATION MENTALE, synonyme de FOLIE.

ALIÉNATION, acte qui fait passer à une personne la propriété d'une chose quelconque appartenant à une autre.

ALIEN-BILL (c'est-à-dire, *bill* ou *ordonnance touchant les étrangers*), nom donné à un acte du parlement anglais passé en 1800, et qui défend de conférer aux étrangers les bénéfices ecclésiastiques; indique le mode de procéder à leur égard, et leur interdit le commerce en détail dans le royaume.

ALIMENTS, nom donné en général à toutes les substances qui, introduites dans le corps, peuvent servir à sa nutrition, à son accroissement, etc. Le règne organique seul fournit des aliments.

ALIMENTAIRES, nom donné par les Romains à de jeunes garçons et à de jeunes filles élevés aux frais de l'État. Trajan institua le premier ces écoles.

ALIPE ou ALYPE (Saint) dit LE CIONOTE ou LE STYLITE, né à Andrinople, en Paphlagonie, dans le VIᵉ siècle. Il monta à l'âge de 30 ans sur une colonne, où il resta cinquante-trois ans à prier sans cesse. Il vivait vers 610. On ignore l'époque de sa mort.

ALIPIUS, d'Antioche, géographe du IVᵉ siècle, dédia à l'empereur Julien une géographie que nous avons encore, et fut nommé gouverneur de l'Angleterre. Julien le chargea ensuite de rebâtir le temple de Jérusalem, l'an 363 de J.-C. Mais il ne put exécuter cet ordre, les ouvriers étant dévorés par les flammes que la terre vomissait dans les lieux où l'on essayait de creuser. Quelques auteurs distinguent l'architecte du géographe, et en font deux personnages particuliers.

ALIPIUS, ami de saint Augustin, naquit en 354. Il adopta comme lui les opinions des manichéens, se convertit ensuite, et fut baptisé avec saint Augustin, par saint Ambroise, l'an 387. Élu évêque de Tagaste en Numidie, en 394, il assista à plusieurs conciles d'Afrique, et fut en 411 un des six évêques qui soutinrent la cause des catholiques contre les donatistes. Il se rendit à Rome, en 420, pour solliciter des secours à l'empereur contre les pélagiens, et mourut en 432.

ALIPTÉRION, appartement du gymnase des anciens, dans lequel les athlètes allaient se faire frotter d'huile avant de combattre.

ALIPTES, officiers chargés, dans les gymnases des anciens, d'oindre d'huile les athlètes avant que la lice fût ouverte.

ALIPTIQUE, partie de l'ancienne médecine qui traitait des onctions considérées comme un moyen d'entretenir la santé.

ALIQUANTE se dit, en mathématiques, des parties d'un tout qui, répétées un certain nombre de fois, ne font pas le nombre complet mais un nombre plus grand ou plus petit que celui dont elles sont des parties. 2 est une partie aliquante de 9.

ALIQUOTE se dit, en mathématiques, d'une quantité qui est contenue dans une autre un certain nombre de fois, complétement et sans reste. Ainsi 4 est l'*aliquote* de 12, parce que, répété trois fois, ce nombre donne 12.

ALIRE (Saint) ou ILLIDIUS, évêque de Clermont en Auvergne vers l'an 336. Il mourut en 385, après une vie pleine de vertus et de bonnes œuvres. On fait sa fête le 5 juin.

ALIRRHOTIUS ou HALIRRHOTIUS (myth.), fils de Neptune. Afin de venger son père, vaincu par Minerve lorsqu'il disputa à cette déesse le droit de donner son nom à Athènes, il résolut de couper dans les environs de cette ville tous les oliviers, parce qu'ils étaient consacrés à Minerve; mais la hache le frappa, et le blessa mortellement. Selon d'autres, Alirrhotius ayant fait violence à Alcippe, fille de Mars, celui-ci le tua. Neptune, affligé de la mort de son fils, cita le dieu devant un tribunal qui le renvoya absous; le lieu où se rendit ce jugement prit, ainsi que le tribunal, le nom d'*aréopage* (*colline de Mars*). Cet événement arriva, d'après les marbres de Paros, sous le règne de Cranaüs, l'an 1352 avant J.-C.

ALISE, nom donné au fruit de l'*alisier*.

ALISÉS ou ALIZÉS, vents réguliers, permanents et d'une grande violence, qui soufflent continuellement entre les tropiques du nord-ouest au sud-est et aux environs. On les nomme *vents généraux* dans l'océan Méridional, entre les côtes d'Afrique et du Brésil. Ces vents résultent du mouvement de rotation de la terre d'occident en orient.

ALISIER ou ALIZIER, genre de la famille des rosacées, renfermant plusieurs espèces, parmi lesquelles on remarque l'*alisier*, l'*azerolier* et l'*aubépine*. Ces arbrisseaux sont épineux; leurs fleurs sont petites et leurs fruits charnus, rouges et oblongs. L'*alisier antidyssentérique* ou *alisier blanc* est commun dans nos forêts. Son bois, dur et blanc, se laisse façonner et polir à volonté; sa dureté le fait rechercher par les charpentiers, les menuisiers, les tourneurs et les luthiers. Ces derniers en font souvent des flûtes ou des fifres. Les fleurs sont terminales, étalées, petites, blanches et roses; les feuilles sont ovales, dentées, argentées au-dessous, l'écorce grisâtre; les fruits rouges, astringents et agréables au goût. L'écorce et les fruits sont recommandés contre la diarrhée.

ALISMA, genre de plantes de la famille des alismacées, renfermant une espèce qui croît en France sur le bord des fossés aquatiques, des marais et des étangs, le *plantain d'eau* ou *flûteau*. Ses tiges sont droites, lisses, triangulaires, creuses, à nœuds espacés; les feuilles radicales sont droites, ovales; ses fleurs roses, petites et portées sur une longue tige. Le flûteau est nuisible aux bestiaux.

ALISMACÉES, famille voisine des joncées et renfermant des plantes herbacées, vivaces, à feuilles simples, et croissant sur le bord des ruisseaux, des étangs, et dans les terres marécageuses. Le genre *alisma* est le type de cette famille.

ALIX DE CHAMPAGNE, fille de Thibaud IV, comte de Champagne. Louis VII l'épousa en secondes noces (1160), après la mort de Constance de Castille. A la mort de Louis VII, elle réclama la régence, que le feu roi lui accordait. Mais Philippe, son fils, se réunit à son beau-père, le comte de Flandre, pour la lui disputer. Henri II d'Angleterre prit parti pour Alix, et obtint qu'on lui restituerait sa dot, et que son fils lui donnerait 7 livres parisis par jour. La confiance se rétablit tellement entre Philippe et sa mère, qu'ayant résolu, en 1190, de faire le voyage de la terre sainte, il fit nommer Alix régente de France. Elle mourut à Paris en 1206.

ALIZARI, nom donné, dans le commerce, aux racines sèches de *garance*, qui servent à teindre les étoffes en rouge. Les chimistes nomment *alizarine* une matière colorante rouge, soluble dans l'alcool et dans l'acide sulfurique, que l'on retire de la garance. On la trouve mêlée à une autre matière colorante jaune, que l'on sépare d'elle par une macération prolongée dans l'eau. C'est à l'alizarine qu'est due la propriété colorante de la garance.

ALKÉKENGE des Arabes. Voy. COQUERET.

ALKERMÈS, préparation pharmaceutique très-excitante, composée d'un grand nombre de substances, mais principalement de graines de kermès.

ALKMAAR (Henri D'). Voy. REINECK.

ALKMAAR, ville de Hollande, à 7 lieues d'Amsterdam. Population, 12,000 âmes. Cette ville est célèbre par le siège qu'elle soutint contre le duc d'Albe en 1583, et par la victoire remportée, le 18 septembre 1799, par les Français, sur les Anglais et les Russes. Alkmaar produit du beurre et des fromages excellents.

ALLA, ou ELLI, premier roi du Sudsex ou des Saxons méridionaux en Angleterre, où il aborda et fit de grandes conquêtes en 477. Il prit le titre de roi en 491, envahit le pays de Kent sans succès, et mourut en 514. C'est aussi le nom du deuxième roi de Northumberland, en Angleterre, successeur d'Ida en 558. Pendant son règne vint saint Augustin, apôtre d'Angleterre. Il mourut en 589.

ALLA BREVE ou ALLA CAPELLA, mots italiens qu'on trouve quelquefois au commencement des morceaux de musique d'église, et qui indiquent un mouvement rapide d'une mesure à quatre temps que l'on ne bat qu'à deux temps à cause de sa vitesse.

ALLA MILITARE, mots italiens qui, placés en tête d'un morceau de musique, désignent qu'il faut donner à son exécution le caractère des marches militaires.

ALLA PALESTRINA se dit d'un style de musique d'église et de chambre, traité avec une telle perfection au XVIᵉ siècle, par l'Italien Pietro-Luigi Palestrina, que ses ouvrages sont devenus les modèles du genre.

**ALLA POLACCA**, mots italiens qui indiquent qu'un morceau de musique est écrit dans le mouvement des *polonaises*, c'est-à-dire, dans une mesure à trois temps d'un mouvement modéré.

**ALLADE** (en latin, *Alladius* ou *Aladinus Sylvius*), roi des Latins, successeur d'Agrippa Sylvius. Il fut frappé de la foudre parce qu'il contrefaisait, dit-on, le tonnerre avec des machines de son invention. Quelques auteurs disent qu'il se noya dans le Tibre l'an 855 avant J.-C. Aventinus lui succéda.

**ALLAH**, mot arabe qui désigne *Dieu* en Orient. L'adoration d'Allah est recommandée par Mahomet, dans le Koran, comme le dogme fondamental de sa religion. Ce dieu existe par lui-même, il a tout créé, il est incréé, il est le maître de tout.

**ALLAH-ABAD**, province riche et productive de l'Hindoustan, dont les villes les plus célèbres sont *Bénarès* et *Allah-Abad*. Cette dernière a 20,000 âmes. Cette province, après avoir été sous la domination des Gaznevides (califes de Gaznah), après avoir formé un empire indépendant, passa sous le joug des Mogols, et appartient aujourd'hui au gouvernement de Bengale. Sa superficie est de 197 lieues carrées.

**ALLAITEMENT**, alimentation propre à l'enfant pendant les premiers mois qui suivent sa naissance, et pour laquelle il suce le lait de sa mère, d'une nourrice ou d'un animal. Parmi les animaux, on choisit plus particulièrement la chèvre.

**ALLANTOIDE**, nom donné, en anatomie, à une poche membraneuse, allongée, cylindroïde, qui communique avec la vessie au moyen d'un canal nommé *ouraque*. Elle est très-développée chez la plupart des mammifères pendant tout le temps de la gestation. Chez l'homme, elle est à peine apercevable, et n'est que rudimentaire. Elle a le volume d'un gros pois. Il paraît que l'allantoïde sert à la nutrition de l'embryon. On la nomme, dans l'espèce humaine *vésicule ombilicale*.

**ALLECTUS**, Romain qui s'empara de l'autorité dans la Grande-Bretagne, l'an 294 de J.-C., après avoir tué l'usurpateur Carausius, qui se l'était associé dans le gouvernement de cette île. Il périt, trois ans après, dans un combat que lui livra l'empereur Constance Chlore sur les côtes de Bretagne.

**ALLÉGE**, terme d'architecture qui désigne la partie de l'épaisseur d'un mur qui sert d'appui dans l'embrasure d'une fenêtre. — Terme de marine, embarcation qui allége le poids du vaisseau, et qui sert le charger ou à le décharger.

**ALLÉGEANCE** (SERMENT D'), nom donné en Angleterre à un acte de soumission et d'obéissance au roi. Ce serment regardait uniquement la souveraineté temporelle du monarque et son indépendance à l'égard du pape. Le serment d'allégeance fut ordonné par Jacques I<sup>er</sup> (1606).

**ALLÉGHANY**, grande chaîne de montagnes dans la partie orientale de l'Amérique septentrionale, près de Cumberland. Leur hauteur moyenne est de 850 mètres. C'est la principale des chaînes situées à l'E. du Mississipi, dans une longueur de 500 lieues. Les plus considérables sont celles de *Cumberland*, les *montagnes Bleues*, *Vertes* et *Blanches*.

**ALLEGRETTO**, terme italien, diminué d'*allégro*, qui indique, en musique, un mouvement moins vif, quoique plus léger.

**ALLEGRI** (Grégorio), élève de Marini et célèbre chanteur et compositeur de la chapelle du pape, né à Rome en 1580. Il composa un *Miserere* que l'on chantait tous les ans dans la chapelle Sixtine, et qu'il était défendu de copier sous peine d'excommunication. Mozart enfreignit cet ordre. Allegri mourut en 1640.

**ALLEGRO**, mot italien qui signifie *gai* et qui désigne, en musique, un mouve-

ment intermédiaire entre le *presto* et l'*adagio*, c'est-à-dire, entre l'excès du vif et l'excès du lent, entre le gai et le triste.

**ALLELUIA** ou HALLELU-IAH, mot hébreu qui signifie *louez le Seigneur*. C'est un chant de joie en usage dans les jours de solennité et d'allégresse. Saint Jérôme l'introduisit le premier dans le service religieux.

**ALLELUIA**, nom vulgaire donné à l'*oxalide blanche*, à cause de la joie que fait naître la vue de ses fleurs qui sont le signal du retour du printemps.

**ALLEMAGNE**, ancienne *Germanie*, grande contrée de l'Europe centrale, bornée au N. par la mer Baltique, à l'E. par la Russie, à l'O. par la France et les Pays-Bas, au S. par l'Italie et la Turquie. Sa superficie est de 24,860 lieues carrées, et sa population de 34,300,000 âmes. Parmi ses habitants originaires de la race germanique et de la race slave, on compte plus de 18 millions de catholiques, 12 millions de luthériens, plus de 3 millions de réformés, 290,000 Juifs, 700 Grecs, etc. Ce vaste empire se divise en trente-cinq Etats monarchiques et quatre villes libres, qui forment la *confédération germanique*, et traitent des intérêts communs dans une assemblée appelée *diète*. Charlemagne renouvela en 800 l'empire d'Occident, qui devint l'empire d'Allemagne. L'empereur était éligible, et l'héritier présomptif de l'empire se nommait roi des Romains. L'empire d'Allemagne fut dissous en 1805, époque à laquelle l'empereur François II renonça à ce titre, et prit celui d'empereur d'Autriche.

**ALLEMAGNE** (MER D'), nom donné à la mer située entre la Grande-Bretagne, la Hollande, l'Allemagne, le Danemarck et la Norwége. On la nomme aussi *mer du Nord*. Sa superficie est d'environ 18,000 lieues carrées; ses eaux sont très-salées et phosphorescentes.

**ALLEMANDE**, air de danse vive et gaie, à deux temps, et dont le mouvement est celui d'un *allégretto* un peu animé. Cette danse est originaire d'Allemagne.

**ALLEUX**, ancien mot franc, qui désignait les terres ou biens-fonds concédés d'abord à temps, plus tard à vie, et qui enfin devinrent héréditaires. Les alleux provenaient du partage du sol conquis par les Francs, entre leurs chefs.

**ALLEVARD** ou ALLAVARD, chef-lieu de canton (Isère), à 3 lieues de Grenoble. Cette ville, qui renferme les mines de fer, mercure, cuivre, or, etc., est célèbre par le château où naquit Bayard, et qui s'élève dans ses environs. — Population, 2,200 âmes.

**ALLEYN** (Edouard), le plus célèbre auteur du théâtre anglais, vivait sous les règnes d'Elisabeth et de Jacques I<sup>er</sup>. Il fonda en 1617 le collége de Dulwich dans le comté de Surrey, et y mourut en 1627.

**ALLIA**, rivière d'Italie, qui se jette dans le Tibre. Auprès de l'Allia, les Romains furent mis en pièces par les Gaulois (390 avant J.-C.). Les suites de cette bataille furent la prise de Rome par les Gaulois, qui ne la quittèrent qu'après avoir reçu une somme d'argent considérable.

**ALLIAGES**, substances résultant de la combinaison de deux ou de plusieurs métaux entre eux, opérée par la fusion ou par les procédés chimiques. Par exception, les produits dont le mercure fait partie se nomment *amalgames*. Le *laiton* est un alliage de cuivre et de zinc.

**ALLIAGE** (RÈGLE D'), opération d'arithmétique, par laquelle les valeurs et les quantités des matières composant un mélange étant données, on cherche la valeur de ce mélange; ou la valeur ou la quantité du mélange étant données, ainsi que la valeur des matières qui le composent, on détermine les quantités de ces matières.

**ALLIANCE**, union, ligue formée par des Etats ou des souverains, pour l'attaque ou pour la défense. Les plus célèbres traités d'alliance sont : celui des royaumes de Suède, Norwége et Danemarck (1397); celui entre les cantons suisses, qui se réunirent

en confédération (22 juin 1497); le traité entre la France, l'Angleterre et la Hollande (4 janvier 1717), nommé la *triple alliance*; la *quadruple alliance*, entre l'empire d'Allemagne, la France, l'Angleterre et la Hollande, contre l'Espagne (2 août 1718); le *pacte de Famille*, entre la France et l'Espagne (15 août 1761); le *traité de Pilnitz*, entre l'Autriche, la Prusse et plusieurs autres puissances, contre la France (27 octobre 1791); la coalition de l'Angleterre, de l'Autriche, des États allemands, de Naples, du Portugal, de la Russie et des États barbaresques, contre la France (1799); la *confédération du Rhin*, entre la France et plusieurs États allemands (12 juillet 1806); enfin la *sainte alliance*, signée à Paris, le 26 septembre 1815, entre les empereurs de Russie, d'Autriche et le roi de Prusse, dans le but apparent d'union entre les États et les princes chrétiens, mais dans le but réel d'affaiblir la France, en l'empêchant d'influer sur le système général de l'Europe. — Dans la religion chrétienne, on nomme *ancienne alliance* celle que Dieu contracta avec Abraham et ses descendants; *nouvelle alliance*, l'alliance que Dieu a contractée avec ceux qui croient en Jésus-Christ; et *alliance spirituelle*, le rapport spirituel qui existe entre deux personnes qui ont tenu ensemble un enfant sur les fonts de baptême, ou entre ces personnes et l'enfant baptisé.

**ALLIER**, autrefois *Elaver*, rivière de France, qui prend sa source dans les montagnes de la Lozère, traverse le département de l'Allier, à qui elle donne son nom, dans toute sa largeur, et se jette dans la Loire à une lieue de Nevers. Son cours est de 80 lieues. Elle est navigable dans tout le département de l'Allier.

**ALLIER**, département central de France, formé du Bourbonnais, et borné au N. par la Saône-et-Loire, la Nièvre et le Cher; à l'E. par la Loire; au S. par le Puy-de-Dôme et la Creuse; à l'O. par la Creuse et le Cher. Sa superficie est de 580,997 hectares, et sa population de 336,000 habitants, et renferme quatre arrondissements, ceux de Moulins (chef-lieu), *la Palisse*, *Gannat* et *Montluçon*. Céréales et pâturages, etc. Il renferme des sources minérales, des houillères, des mines, des manufactures d'acier, de soie, etc.; on y remarque Bourbon-l'Archambault, qui a donné son nom à la maison de Bourbon, Vichy et Néris où sont les eaux minérales très-fréquentées, etc. Il fait partie de la dix-neuvième division militaire, et est compris dans le ressort de la cour d'appel de Riom, du diocèse de Moulins, et de l'académie de Clermont.

**ALLIGATOR**, espèce de crocodile propre à l'Amérique, au museau large, obtus, aux pieds à demi palmés, atteignant une longueur de dix à vingt pieds. Sa couleur est d'un brun verdâtre en dessus avec des bandes transversales irrégulières, et blanchâtres en dessous. Sa chair se mange et a une forte odeur de musc. Les nègres se servent de sa graisse contre les rhumatismes.

**ALLINGTON**, famille anglaise dans laquelle, depuis Henri VI, réside le droit d'être l'échanson du roi le jour de son couronnement. Ce droit appartint d'abord aux Fitz-Tecas, sous Guillaume le Conquérant. Ceux-ci, faute d'héritiers mâles, le transmirent aux Argentons, de la famille desquels il est passé par alliance aux Allingtons.

**ALLITÉRATION**, figure de mots qui consiste dans la répétition affectées des mêmes lettres ou des mêmes syllabes.

**ALLIVREMENT** se dit de l'inscription à un cadastre des pièces de territoire qu'il renferme.

**ALLMICHLEC**, monnaie d'argent en usage en Turquie. Elle vaut 60 *paras* ou 3 francs 52 centimes de notre monnaie. Elle a cours depuis 1717.

**ALLOBROGES**, peuples guerriers de la Gaule narbonnaise, qui habitaient cette partie des Gaules appelée plus tard la Savoie, le Dauphiné et le Vivarais. Les Romains détruisirent leur cité, comme ayant favorisé le passage d'Annibal. — En 1792, les Savoisiens s'insurgèrent contre le roi de Sardaigne, leur duc, et nommèrent des députés qui arrêtèrent à l'unanimité la réunion de la Savoie à la France, et la substitution du nom d'*Allobroges* à celui de *Savoisiens*. Ce pays forma le quatre-vingt-quatrième département, et ne rentra sous la domination de la Sardaigne qu'en 1814.

ALLOCATION, terme de commerce et de finance, qui désigne l'action de porter en compte un article, d'approuver, de passer et de mettre en son lieu une somme votée.

ALLODIAL, mot qui sert à désigner les terres, les biens qui étaient en *franc-alleu*.

ALLONGE, terme commun à plusieurs arts et métiers. Il se dit de toute pièce rapportée à une autre, pour lui donner la longueur qui lui est nécessaire pour l'usage auquel on la destine. — En marine, c'est une pièce de bois destinée à en allonger une autre. On distingue les allonges par les places qu'elles occupent dans la charpente d'un bâtiment. — En chimie, on nomme allonge un instrument de verre, le plus souvent de la forme d'un fuseau, dont on se sert pour éloigner les récipients du feu. On le fait communiquer par une de ses extrémités avec la cornue, et par l'autre avec le récipient.

ALLOPATHIE, système de médecine opposé à l'*homœopathie*. (Voy. ce mot.)

ALLORI (Alexandre) IL BRONZINO, peintre de l'école florentine. Il se livra principalement à l'étude de l'anatomie, dont il composa un traité pour les peintres. Né à Florence en 1535, il mourut en 1607. — Son fils, Christophe, se livra à l'étude des paysages et peignit des portraits. Il est célèbre par ses tableaux de *Judith* et de *la Madeleine*. Il mourut en 1621.

ALLRUNNES (*Allronnen*), femmes regardées comme prophétesses par les Germains, et qui, selon leur tradition, sont racines de forme humaine qui ne croissent que dans les lieux des exécutions publiques. Leur faculté est de découvrir les trésors cachés. On les nommait encore *drouhdes* et *trouthes*. Les compagnes des anciens sages s'appelaient de la même manière.

ALLUCHON, terme de mécanique, pointe ou dent qui sert au mouvement des machines qu'on fait mouvoir par des roues.

ALLUMETTE, petit brin de bois ou de chanvre soufré par les deux bouts, et servant à *allumer* les chandelles, les bougies, le feu, etc. On en fait de diverses façons. On nomme *allumettes oxygénées* des allumettes soufrées dont on trempe l'extrémité dans un mélange de chlorate de potasse (4 parties), d'une partie de soufre sublimé et d'eau gommée. Pour faire usage de ces allumettes, on trempe l'extrémité enduite de la pâte ci-dessus indiquée dans un flacon, contenant de l'amiante imprégnée d'acide sulfurique concentré. En retirant l'allumette du flacon, elle s'enflamme. On a inventé de nos jours les *allumettes chimiques* ou *phosphoriques*. Ce sont de petits morceaux de bois de sapin, trempés par une de leurs extrémités dans un mélange de phosphore et de poudre fulminante; on couvre la partie de l'allumette imprégnée de ce mélange d'un vernis coloré quelconque, et on laisse sécher. Ensuite on n'a qu'à frotter l'allumette contre un corps net, et on la voit s'enflammer.

ALLURE, manière dont une personne ou un animal marche habituellement ou porte son corps en marchant. Les allures du cheval sont de quatre sortes, le *pas*, le *trot*, l'*amble*, le *galop*. En marine, on nomme *allure* la disposition de la voilure par rapport au vent que reçoit le bâtiment.

ALLUTIUS ou ALBUTIUS, prince des Celtibères, en Espagne. Le Romain Scipion lui rendit une jeune prisonnière d'une grande beauté, qui lui était fiancée. Allutius, étonné de la magnanimité de Scipion, voulant lui témoigner sa reconnaissance,

s'allia aux Romains, et fit entrer dans leur alliance quelques autres nations espagnoles.

ALLUVIONS, terres, fragments de rochers, sable, etc., que les grands courants d'eau et les mers déposent sur les rivages, dans les lieux où leur cours se ralentit, ou qu'ils détachent de leurs rives pour les transporter à un autre rivage. Les propriétaires riverains ont le droit de s'approprier le terrain qui s'est formé par alluvion dans les limites de leurs propriétés.

ALMADEN DE LA PLATA, petite ville de l'Andalousie, à 9 lieues de Séville. Dans les environs de cette ville est la plus belle mine de mercure d'Europe.

ALMADIE, grande pirogue en usage chez les peuples qui habitent les côtes de l'Afrique; celle de Malabar et de Calicut est longue de quatre-vingts pieds et large de sept, elle se termine en pointe à ses deux extrémités. On la nomme aussi *athuri*.

ALMAGESTE, (c'est-à-dire, le *très-grand*), nom arabe donné à un recueil d'observations astronomiques et de problèmes géométriques, composé par Ptolémée vers l'an 140 de J.-C.

ALMAGRA ou ALMAGRO (*rouge indien* ou *terre de Perse*), argile ocreuse, rouge, très-fine, qui vient d'Almazatron, en Murcie, et dont on se sert en Espagne pour colorer le tabac, pour polir le fer et les glaces. Les femmes de l'Inde s'en teignent le visage.

ALMAGRO (Diego D'), capitaine espagnol, du XVIe siècle, de basse naissance. Il accompagna Pizarro, qu'il aida à découvrir et à conquérir le Pérou en 1525. Almagro soumit Cusco, le Chili. Ayant fait périr Atahualpa, roi de Quito, et fait assassiner Pizarro, il fut défait et pris par le vice-roi du Pérou, qui le fit décapiter en 1542.

ALMAMOUN (Abdallah), septième calife de la dynastie des Abbassides, fils d'Haroun-al-Raschid, remporta plusieurs victoires sur les Grecs, se rendit maître de l'île de Crète, et s'illustra par son goût pour les lettres. Il fit traduire en arabe les meilleurs ouvrages des philosophes grecs, et établit des espèces d'académies, auxquelles il présidait lui-même. Almamoun mourut en 833.

ALMANACH, nom vulgaire des calendriers et de tout ouvrage périodique ayant en tête ou à la fin un calendrier. Les almanachs modernes répondent aux *fastes* des Romains, et datent du XIIIe siècle. Les plus importants de France sont l'*Almanach royal*, qui date de 1679, et qui se continue chaque année; la *Connaissance des temps* ou *Almanach nautique*, qui date de la même année, et l'*Annuaire du bureau des longitudes*.

ALMANDINE ou AMANDINE, pierre précieuse que l'on a confondue à tort avec l'*alabandine*. Cette pierre, qui provenait de Trézènes, ville de l'Asie-Mineure, se faisait remarquer par ses zones brillantes de pourpre et d'un blanc nacré. On s'en servait comme de petits miroirs. On le nomme aujourd'hui *jaspe onyx rubané*.

ALMANZA, petite ville d'Espagne, dans la province de Murcie, où le maréchal de Berwick, commandant les troupes françaises, battit les Anglais conduits par milord Galloway, et les Portugais, le 25 avril 1707.

ALMANZOR (al-*mansour*, *le victorieux*) Abou-Djafar-Abdallah, deuxième calife abbasside, succéda, en 754, à son frère Aboul-Abbas. Il extermina la race des Ommiades, et fonda en 762 la ville de Bagdad, qui devint la capitale de son empire. Il mourut en 775. — AL-MANSOUR (Abou-Taher-Ismaël), troisième calife fathémide d'Afrique, succéda en 946 à son père Kaïm. Il commença la conquête de l'Egypte, fonda la ville de la Massoure, et mourut en 958. — AL-MANSOUR (Mohammed-al-Moaferi), né en 939 près d'Algésiras, s'éleva jusqu'au rang d'*hadjeb* (grand chambellan) du calife de Cordoue Al-Ha-

kem II, et reçut la tutelle de son fils Hescham II, à la place duquel il régna véritablement pendant vingt-six ans. Il enleva aux chrétiens Barcelone, remporta sur eux plusieurs victoires, et mourut en 1002. — AL-MANSOUR (Abou-Youssouf-Yacoub), prince de la dynastie des Almohades, succéda en 1184 à son père Youssouf. Il se rendit maître de Maroc, de Fez, de Tlemcen et de Tunis, et gagna sur le roi de Castille Alphonse III la célèbre victoire d'Alarcos. Il mourut en 1199.

ALMAS ou ALMÉES, nom donné aux danseuses et aux chanteuses en Orient.

ALMÉIDA, ville de Portugal, dans la province de Traz-os-Montes, sur les confins de celle de Léon, à 61 lieues de Madrid. Population, 6,000 âmes. C'est de cette ville que tirait son nom le célèbre et noble famille d'Alméida. François d'Alméida fut envoyé aux Indes orientales par le roi Emmanuel en qualité de premier gouverneur. Il surmonta les difficultés de cette charge par sa valeur et sa prudence. Il défit, en 1508, l'armée navale du soudan d'Egypte, et mourut en 1512.

ALMÉRIA, rivière d'Espagne, qui a sa source dans la Sierra-Nevada, et qui se jette dans la Méditerranée après un cours de 20 lieues. — Province d'Espagne, formée de la partie S.-E. de l'Andalousie, entre celles de Grenade, de Murcie et la Méditerranée. Capitale, Alméria. — ville d'Espagne, capitale de la province du même nom, sur l'Alméria, à 92 lieues de Madrid. Cette ville est le siège d'un évêché; elle a un beau port, et exporte des pierres précieuses. Son commerce fut autrefois florissant, et elle brilla sous les Maures, sur qui elle fut conquise en 1147.

ALMICANTARATS, petits cercles parallèles à l'horizon, dont on conçoit passer par tous les degrés du méridien, et dont les centres sont situés sur la verticale qui joint le zénith au nadir. On les appelle aussi *cercles* ou *parallèles de hauteur*, parce qu'ils servent à marquer la hauteur d'un astre au-dessus de l'horizon.

AL-MOHADES ou AL-MOWAHIDES (*unitaires*), puissante dynastie arabe, qui a régné sur la moitié de l'Espagne et sur toute l'Afrique, excepté l'Egypte. Elle fut fondée par *Mohammed-ben-Toumert* et *Abd-el-Moumen* en 1121, et se termina en 1268, après avoir régné cent quarante-huit ans sous quatorze princes.

AL-MORAVIDES ou AL-MORABIDES, dynastie qui régna sur une grande partie de l'Afrique et de l'Espagne. Elle fut fondée par *Abdallah-Ibn-Yasyn* et *Abou-Bekr-Ibn-Omar* en 1056. Elle se termina en 1146, qu'elle fut détruite et remplacée par celle des Al-Mohades.

AL-MOUNDHAR ou MOUNDHIR (Aboul-Hakem), sixième roi de Cordoue, succéda en 886 à son père Mohammed, dont il avait commandé les armées avec gloire. En 887, il fit mourir Hashem, son général, pour le punir de s'être laissé tromper par le rebelle Kaleb-ben-Hassoun, qui avait pris Tolède. Il fait assiéger cette ville par son frère Abdallah, poursuit le rebelle, est tué dans un combat (888). — Un autre Arabe du même nom, gouverneur d'Espagne, s'y rendit indépendant en 1014, ravagea la Navarre, mais fut forcé de se rendre tributaire aux comtes de Barcelone. Il fut assassiné en 1039.

AL-MOURAD-KHAN, roi de Perse, cinquième prince de la dynastie des Zends. Il se révolta en 1780, contre Sadek-Khan, s'empara de plusieurs villes, fit périr Sadek avec ses enfants (1781), et prit le titre de régent, puis celui de schah ou roi. Forcé de combattre pour dompter la révolte de son frère Djafar-Khan, Ali-Mourad meurt en 1785, en marchant à cette expédition.

AL-MOWAHIDES. Voy. ALMOHADES.

ALMUDE, mesure de liquides portugaise, vaut 16 litres 54 centilitres français. Elle se divise en 2 *cantaros* et 12 *cavada*. 18 almudes font un *baril*; 26, une *pipe*, 52, un *tonneau*.

**ALNEY** (Combat d'). En 1016, Edmond II, prince anglais, et Canut II, Danois, se disputaient la couronne d'Angleterre. Après s'être livré cinq batailles dont le succès fut douteux, ils convinrent de terminer leur querelle par un combat singulier en présence des deux armées. Le combat eut lieu dans l'île d'Alney; après avoir combattu longtemps en vain à se frapper mutuellement, et n'ayant pu y réussir, ils cessèrent le combat, s'embrassèrent, et convinrent de diviser le royaume en deux parties. La méridionale fut laissée à Edmond, la septentrionale à Canut.

**ALOÉENNES** ou **ALOENNES** (myth.), fêtes qu'on célébrait à Athènes en l'honneur de Cérès et de Bacchus, au mois de juillet ou de décembre. On leur offrait les prémices des fruits.

**ALOÈS**, plante grasse, de la famille des liliacées, au calice tubuleux, cylindrique, aux feuilles épaisses, charnues, réunies à la base de la hampe, qui se termine par un épi lâche de fleurs rouges. L'aloès est symbolique et religieux en Orient; son suc fournit des matières colorantes et une gomme résineuse, amère, odorante, et utile dans la médecine. Les tissus de ses feuilles fournissent un fil très-fort et très-blanc. Le suc de l'aloès se distingue dans le commerce en *aloès succotrin*, brillant et transparent, de couleur jaune, d'une saveur amère et aromatique, d'une odeur forte; en *aloès hépatique*, plus grossier, d'un rouge brun; en *aloès caballin*, moins estimé, d'un brun sale, et usité seulement pour les chevaux. L'aloès est un excellent tonique à petite dose; à haute dose, c'est un puissant purgatif; il sait en pharmacie la base de la préparation nommée *élixir de longue vie.* — On nomme *aloétiques* les remèdes qui renferment du suc d'*aloès*.

**ALOÈS-PITTE.** Voy. **AGAVE.**

**ALOÈS** (Bois d') et **ALOEXYLE.** Voy. **AQUILAIRE.**

**ALOGES** ou **ALOGIENS**, secte chrétienne dont l'auteur fut le corroyeur Théodore de Byzance au IIe siècle. Elle niait la divinité du Verbe, et rejetait l'Évangile selon saint Jean et l'Apocalypse.

**ALOI** (du latin *ad legem, selon la loi*), terme d'orfèvrerie et de bijouterie, mélange d'un métal précieux avec un autre dans un certain rapport convenable à la destination du mélange. Il signifie aussi, en parlant des matières d'or et d'argent, le titre de ces métaux. Un objet, une monnaie est de *bon aloi* quand la matière est au titre de l'ordonnance; ils sont de *bas* ou de *mauvais aloi* quand elle n'a pas le titre qu'elle devrait avoir. Par extension, *aloi* s'applique aussi à la qualité d'une chose ou d'une personne, même d'une marchandise. Un *homme de bas aloi* est un homme d'extraction, de condition, de profession vile et méprisable.

**ALOÏDES** (myth.), nom patronymique d'*Otus* et d'*Ephialte*, célèbres géants. Fiers de leurs forces, ils entreprirent de détrôner Jupiter, et pour monter au ciel entassèrent rochers sur rochers, montagnes sur montagnes. Mars ayant voulu s'opposer à eux, ils le prirent et le retinrent treize mois dans une prison d'airain; enfin Jupiter les foudroya, et les précipita dans le Tartare. Ces géants étaient fils de Neptune et d'Iphimédie, laquelle épousa *Aloëus*, qui leur donna son nom.

**ALOMPRA** ou **ALOUNG P'HOURA**, fondateur de l'empire birman et de la dynastie régnante sur cet empire. Né vers 1710, d'une famille obscure, il se révolta (1752) contre le roi de Pégou, s'empara d'Ava (1754), fonda plusieurs villes. En 1756, il enleva la factorerie de Syriam aux Français, et fit périr l'équipage d'une de leurs frégates destinée contre lui. Il s'empara pour le roi de Pégou, qu'il fit prisonnier (1757). Il mourut en 1760.

**ALOPECIE**, bourg de l'Attique, dans la tribu Antiochide. Elle donna naissance à Socrate.

**ALOPÉCIE**, terme employé en médecine pour désigner la chute des cheveux. Il est tiré du mot grec *alópèx* (renard), parce que cet animal est sujet dans sa vieillesse, à une affection qui détermine la chute des poils. On ne connaît aucun moyen capable d'arrêter la chute des cheveux, ou de les faire croître de nouveau. Lorsqu'elle dépend d'une maladie, elle cesse avec cette affection.

**ALOSE**, espèce du genre *clupe*, renfermant des poissons assez semblables au hareng et à la sardine, mais qui diffèrent par une échancrure au milieu de la mâchoire supérieure, par leur taille qui atteint trois pieds de long, par l'absence de dents sensibles, et par une tache noire derrière les ouïes. Ils sont très-comprimés et très-minces. Leur chair est délicate et agréable. Les femelles sont plus grosses et offrent un meilleur manger que les mâles. Ces animaux vivent de vers, d'insectes et de petits poissons. Ils remontent chaque année les grands fleuves en formant de nombreuses colonnes. Les pêcheurs alors en prennent beaucoup. L'*alose finte* est plus allongée que l'alose commune. Elle a des dents très-marquées et cinq ou dix taches noires le long des flancs. Cette espèce remonte les grands fleuves chaque année; comme la précédente.

**ALOST**, ville de la Belgique, entre Gand et Bruxelles, à 6 lieues de chacune de ces deux villes. Population, 12,000 âmes. Cette ville était autrefois capitale de la Flandre autrichienne. Elle fut prise par Turenne en 1669. Cette ville a des tanneries, des savonneries, des imprimeries de toiles, etc.

**ALOUATES**, espèce de singes, de la famille des *hurleurs*, habitant les contrées chaudes de l'Amérique. Ils ont la queue forte et prenante, la poitrine large. Ces singes lestes et farouches s'attroupent dans les bois, pansent eux-mêmes leurs blessures. Ils sont frugivores, et leur chair est bonne à manger.

**ALOUCHIER**, nom donné à l'*alisier à blanches fleurs*, parce qu'on emploie son bois, très-dur, à faire des alluchons de moulin et des vis de pressoir.

**ALOUE**, nom vulgaire de l'alouette.

**ALOUETTE**, genre d'oiseaux de la famille des passereaux, au plumage mêlé de noir, de gris, de roux et de blanc sale. Sa longueur est de cinq pouces. Son chant est perçant et mélodieux. Sa chair est douce, saine et délicate. On les nomme aussi *mauviettes.* Les alouettes se divisent en un grand nombre d'espèces.

**ALOUETTE DE MER** ou **PLUDNA**, oiseau du genre des bécasses, de la famille des échassiers. Il a le bec crochu au bout, le pouce long, les jambes assez hautes et nues à leur partie inférieure, la taille raccourcie; le bec est un peu plus long que la tête. Son vol est vif et rapide. Ces oiseaux vivent sur le rivage de la mer, et forment des sociétés nombreuses. Ils volent en troupes très-serrées. C'est un des gibiers les plus communs dans les marchés voisins de la mer. Leur chair est très-bonne, fraîche; mais elle contracte un goût d'huile rance en vieillissant. On trouve ces oiseaux sur les rivages des deux continents, ils sont longs de quatre à cinq pouces, cendrés en dessus du corps, blancs en dessous, à poitrine nuagée de gris, en hiver; en été, leur plumage est fauve tacheté de noir, avec de petites taches noires sur le devant du cou et de la poitrine, et une plaque noire sous le ventre. C'est alors l'*alouette de mer à collier*.

**ALOYAU**, pièce de bœuf coupée le long du dos.

**ALOYER**, c'est donner à l'or et à l'argent l'aloi requis par les ordonnances.

**ALPACA**, **ALPAGA** ou **ALPAGUE**, quadrupède américain du genre des lamas. Il a la toison épaisse, les poils roides, longs d'un pied et soyeux, jaunâtres et tachetés de noir. Il est alerte et léger, doux, attaché et propre à la domesticité.

**ALPAIDE**, seconde femme de Pépin d'Héristal, maire du palais en 688; elle en eut Charles Martel et Childebrand. Elle fit assassiner en 707 l'évêque de Maestricht, qui avait refusé de reconnaître son union avec Pépin, du vivant de sa première femme. Elle mourut dans un monastère qu'elle avait fondé et où elle alla finir ses jours.

**ALP-ARSLAN**, second sultan de la dynastie des Turks Seljoucides. Né en 1029, il succéda à Thogrul Beig, son oncle, en 1063, s'empara de tout le pays situé entre l'Oxus et le Tigre, vainquit (1071) Romain, empereur grec, le fit prisonnier, et lui accorda la paix et la liberté sous la condition qu'il donnerait sa fille en mariage à son fils Malek-Schah, conquit la Géorgie et entreprit la conquête du Turkestan. Il prit d'assaut la forteresse de Berzem, dont le commandant Yousouf Kothual, pris par lui et condamné au supplice, le blessa mortellement en 1072.

**ALPES.** Ce mot désigna primitivement toutes les hautes chaînes de montagnes. Ainsi l'on appela *Alpes Scandinaves*, les monts qui séparent la Suède de la Norwège. Aujourd'hui on nomme ainsi une chaîne qui commence à la mer près de Nice (Italie), se dirige au N. vers le Valais (Suisse), se dirige à l'E. jusqu'aux sources de la Save (Autriche), redescend au S. et le long de la Dalmatie, qu'elle sépare de la Servie, et où elle se termine après avoir parcouru un espace de plus de 400 lieues. Ces montagnes, les plus hautes de l'Europe, sont formées de roches granitoïdes mêlées avec du schiste, du calcaire, etc. Elles renferment de belles mines. La partie supérieure est occupée par des glaciers éternels. La partie inférieure est bien boisée et est fertile. Les plus hauts pics sont le *mont Blanc*, de 4,810 mètres (14,440 pieds); le *mont Rose*, de 4,736 mètres (13,130 pieds); le *Yung-Frau*, de 4,180 mètres (12,540 pieds), le *Grand-Saint-Bernard*, de 3,305 mètres (10,062 pieds); le *Simplon*, de 3,353 mètres (10,059 pieds), et le *Saint-Gothard*, de 2,766 mètres, (8,298 pieds). Les Alpes se divisent en *Alpes Maritimes* (de la mer au mont Viso); *Alpes Cottiennes* (du mont Viso au mont Cenis); *Graïennes* ou *Grecques* (du mont Cenis au mont Blanc); *Alpes Pennines* (du mont Blanc au Saint-Gothard); *Alpes Lépontines* ou *Lépontiques* (du Saint-Gothard au mont Bernina); *Alpes Rhétiques* (du mont Bernina au mont Hoch-Kreutz); *Alpes Noriques*, *Carniques*, *Juliennes* ou *Pannoniennes* (du mont Hoch-Kreutz à Adelsberg); *Alpes Liburniques* ou *Illyriennes* (d'Adelsberg jusqu'à la Servie). De la chaîne des Alpes partent les chaînes secondaires suivantes : les *Alpes Suisses* ou *Bernoises*, qui du Saint-Gothard vont joindre le Jura; les *Alpes Styriennes*, qui du mont Hoch-Kreutz vont s'étendre sous le nom de Tauren entre la Drave et la Muhr; enfin les *Alpes Grises* ou des *Grisons*, parties du mont Saint-Gothard, et qui s'étendent entre les fleuves du Rhin et de l'Inn. On a aussi appelé *Rauhe Alb* ou *Alpes Sauvages*), les montagnes de la *forêt Noire*. Les Alpes sont habitées par des pasteurs qui ont conservé les mœurs et la vie patriarcale des premiers temps. Ils se livrent à l'éducation des bestiaux et à la culture de quelques champs.—Napoléon, Annibal, Charlemagne et François Ier sont les seuls généraux qui aient traversé les Alpes avec leur armée.

**ALPES** (Basses-), département français, région du S.-E., formé de la Haute-Provence, et borné à l'E par le Piémont, au N. par les Hautes-Alpes, au S. par le Var et les Bouches-du-Rhône, à l'O. par Vaucluse et la Drôme. Sa superficie est de 745,007 hectares, et a population de 155,000 habitants. Il se divise en cinq arrondissements : *Digne* (chef-lieu), *Barcelonette*, *Castellane*, *Forcalquier*, *Sisteron*. Il fournit des grains, des vins et des fruits très-estimés, des marbres précieux, de beaux troupeaux, de la soie. On y remarque l'ancienne seigneurie de Castellane, Senez, ancien évêché, les montagnes pastorales qui sont fréquentées en été par de nombreux troupeaux, etc. Il fait partie de la huitième division militaire, et est compris dans le ressort de la cour d'appel d'Aix, du diocèse de Digne et de l'académie d'Aix.

ALPES (Hautes-), département français, région du sud-est, formé en partie du Haut-Dauphiné et de la Provence, borné au N. par la Savoie et l'Isère, à l'E. par le Piémont, au S. par les Basses-Alpes, à l'O. par la Drôme et l'Isère. Sa superficie est de 545,293 hectares, et sa population de 132,000 habitants. Il se divise en trois arrondissements : *Gap* (chef-lieu), Briançon, Embrun. Ce département produit peu de grains, mais donne des bestiaux très-estimés et beaucoup de gibier. Les habitants sont pauvres et industrieux. Un grand nombre émigre tous les ans dans les départements voisins. On y remarque la forteresse de Briançon, celle du Mont-Dauphiné, et les hautes montagnes qui séparent le bassin de la Durance de celui de l'Isère, etc. Il fait partie de la septième division militaire, et est compris dans le ressort de la cour d'appel de Grenoble, du diocèse de Gap et de l'académie de Nîmes.

ALPES (Routes des). Ce sont trois voies pratiquées à travers les Alpes, par ordre de Napoléon, pour servir de communication entre l'Italie, la Savoie, la France et le pays de Vaud : la première passe par le mont Cenis, élevé de 5,879 pieds au-dessus du niveau de la mer, et conduit de la Savoie dans le Piémont ; cette route a 9 lieues de long sur 25 pieds de largeur, et est praticable aux voitures, même en hiver. Elle a été construite en 1805. — La deuxième route passe à travers le Simplon, élevé de 10,327 pieds, du pays de Vaud (Suisse) en Piémont. Elle a 14 lieues de long sur 25 pieds de largeur ; elle est praticable en tout temps, même pour les voitures. Cette route pittoresque, la seule par laquelle on puisse aller de Suisse en Piémont, a été faite de 1801 à 1805. Une troisième route conduit par le mont Genèvre, de France en Piémont. Il y a encore plusieurs autres routes, notamment celle du Saint-Gothard, qui conduit du canton d'Uri à celui du Tessin, en Suisse, et qui est très-difficile ; elle s'élève à la hauteur de 8,264 pieds ; et celle du grand Saint-Bernard, qui conduit du lac de Genève en Italie, et qui n'est praticable que pour les piétons et les bêtes de somme.

ALPESTRE, nom donné, en général, à ce qui appartient aux Alpes. On nomme *plantes alpestres* celles qui croissent sur des montagnes peu élevées, ou sur la partie moyenne des hautes montagnes.

ALPHA, première lettre de l'alphabet grec, de même qu'*oméga* en est la dernière. Par extension, *alpha* et *oméga* désignent le commencement et la fin. Ainsi, Dieu est nommé *l'alpha et l'oméga*. Autrefois les prédicateurs, les médecins, les notaires avaient coutume de commencer par les lettres *a* et *b* leurs mémoires, ordonnances, minutes.

ALPHABET, recueil, ensemble de signes ou caractères de convention nommés *lettres*, et dont la combinaison sert à représenter les différents sons d'une langue. Les Egyptiens, les Phéniciens et les Chaldéens se disputent l'honneur d'avoir inventé l'écriture ; cependant le plus grand nombre de savants l'accordent aux Phéniciens. Cadmus apporta l'alphabet phénicien en Grèce. Il n'avait alors seize lettres. Palamède et Simonides en ajoutèrent chacun quatre dans la suite ; ce qui porta le nombre des lettres à vingt-quatre. Les Grecs, en colonisant l'Italie, portèrent leur alphabet chez les Etrusques, et de là il parvint aux Romains, avec certaines variations dans la forme des lettres. Les Romains l'introduisirent dans les Gaules. Leur alphabet avait vingt-trois lettres. Le nôtre en a vingt-cinq, dont plusieurs sont les mêmes que les grecques. Chaque peuple a son alphabet particulier. Parmi les plus anciens, on cite le *sanscrit*, dans l'Inde ; le *runique*, dans le nord de l'Europe, d'où sont sortis les idiomes danois, scythe, islandais, suédois et norwégien ; le *gothique*, venu du runique, ainsi que le *mœsogothique* (à demi gothique), ou *ulphas*, d'où sont sortis les idiomes russes, allemands et polonais ; enfin le *saxon* ou *anglo-saxon*, d'où est venu l'idiome anglais.

ALPHÉE (myth.), fleuve célèbre du Péloponèse, qui prend sa source en Arcadie, traverse l'Élide et se jette dans la mer Ionienne. D'après la fable, Alphée était un chasseur, fils de l'Océan et de Téthis. Ayant poursuivi Aréthuse, nymphe de la suite de Diane, la déesse le changea en fleuve, et Aréthuse en fontaine dans l'île d'Ortygie, près de Syracuse, en Sicile. La fable ajoute que, toujours épris d'Aréthuse, Alphée traversait le fond des mers, sans y mêler ses eaux, pour aller se confondre avec celles de son amante. Ce qui a donné lieu à cette fable, c'est que l'on croyait que les objets jetés dans le lit de l'Alphée, en Grèce, se retrouvaient dans la fontaine d'Aréthuse, en Sicile.

ALPHÉNUS VARUS, célèbre jurisconsulte romain, auteur d'un *Digeste* en quarante livres, dont plusieurs fragments ont été conservés dans les Pandectes de Justinien. Il fut consul l'an 2 de J.-C. — C'est aussi le nom d'un général de l'empereur Vitellius. Il apaisa la révolte des soldats de Fabius Valens, remporta une victoire sur les partisans d'Othon, et fut fait préfet du prétoire. Il survécut à la défaite et à la mort de Vitellius.

ALPHÉSIBÉE (myth.), fille du roi Phégée, épousa Alcméon, fils du devin Amphiaraüs, mort au siège de Thèbes. Elle reçut en cadeau de noces le fameux collier que Polynice, roi de Thèbes, avait donné à Eriphyle, mère d'Alcméon, pour trahir son époux. (Voy. Amphiaraus.) Alcméon ayant, dans la suite, répudié Alphésibée pour épouser Callirhoé, les frères de la princesse abandonnée vengèrent cet outrage en tuant Alcméon.

ALPHION, lac du Péloponèse (en Grèce), placé vers les sources de l'Alphée. Les Grecs le nommèrent ainsi parce que, d'après eux, ses eaux guérissaient la lèpre (en grec, *alphos*).

ALPHITE, nom de la farine d'orge grillée chez les anciens. On en faisait, chez les Grecs, des gâteaux qui servaient à la nourriture du peuple. — C'était aussi une espèce de danse dans laquelle l'on imitait les mouvements de ceux qui répandaient l'orge à terre pour le faire sécher.

ALPHITOMANTIE, divination usitée chez les anciens, et qui se faisait au moyen de la farine. On faisait manger à ceux dont on voulait avoir l'aveu d'un crime un morceau de gâteau de farine d'orge. S'ils l'avalaient sans peine, ils étaient innocents ; sinon, ils étaient réputés coupables.

ALPHONSE. Onze rois de Léon et de Castille, en Espagne, ont porté ce nom. Alphonse I<sup>er</sup> le Catholique, né en 693, fut élu roi en 736, après la mort de Favila, et mourut en 757, après avoir fait la guerre aux Maures, et leur avoir repris plus de trente villes. Son fils Froïla lui succéda. — Alphonse II le Chaste succéda à Bermude en 791, prit plusieurs villes aux Maures, les vainquit dans plusieurs combats, et mourut en 825. — Alphonse III le Grand, né en 850, succéda à son père Ordogno I<sup>er</sup>, en 866. Il réduisit les seigneurs de son royaume à l'obéissance, remporta plusieurs victoires sur les Maures, et conquit une partie du Portugal. Son fils Garcie s'étant révolté contre lui en 888, il le fit prisonnier. Mais, vaincu par ses autres fils, il fut forcé d'abdiquer en leur faveur. Ne pouvant rester dans l'inaction, il fit la guerre avec avantage aux Maures, comme lieutenant de Garcie, et mourut en 910 ou 912. On lui attribue une *Chronique des rois d'Espagne*, qui prend au VII<sup>e</sup> siècle et se termine au règne de son père. — Alphonse IV le Moine, fils d'Ordogno II, succéda en 924 à son oncle Froïla II. Il abdiqua en 927 en faveur de son frère Ramire. Mais, ayant voulu remonter sur le trône en 928, il fut livré par ses soldats à Ramire, qui lui fit crever les yeux et l'enferma dans un couvent où il mourut en 929 ou 935. — Alphonse V, né en 984, succéda à son père Bermude II en 999, corrigea les lois anciennes, vainquit les Maures, et fut tué en Portugal, au siège de Viseu, en 1027. — Alphonse VI le Vaillant, né en 1057, succéda à son père Ferdinand, en 1065. Détrôné et mis en prison en 1068 par son frère Sanche II, il est replacé sur le trône par ses sujets en 1072, s'empare du royaume de Galice sur son autre frère Garcie, et se fait proclamer roi en 1085. Vaincu par les Maures, il mourut en 1109. Sa fille Urraque lui succéda. — Alphonse VII, fils de Raymond, comte de Bourgogne, succéda à Urraque, sa mère, en 1126, se fit couronner empereur en 1135, fit la guerre aux rois de Navarre et d'Aragon, défit les Maures, et mourut en 1157. Son fils aîné Sanche devint roi de Castille, et Ferdinand, le cadet, roi de Léon. — Alphonse VIII le Noble succéda à son père Sanche III, roi de Castille seulement en 1158. Il remporta sur les Maures plusieurs victoires, entre autres celle de Tolosa en 1212. Il mourut en 1214. Son fils Henri I<sup>er</sup> lui succéda. — Alphonse IX, roi de Léon, d'abord fils de Ferdinand II, lui succéda en 1188. Il épousa en 1217 Bérangère, sœur de Henri I<sup>er</sup>, roi de Castille, laquelle lui apporta la couronne de son frère, mort sans enfants. Il réunit ainsi les deux royaumes, et mourut en 1230. Son fils Ferdinand III lui succéda. — Alphonse X dit l'Astronome et le Philosophe, roi de Léon et de Castille, succéda à son père Ferdinand III en 1252. Il était né en 1221. Élu empereur d'Allemagne, il n'en prit que le titre (1257) et y renonça en 1274. Il battit plusieurs fois les Maures, leur enleva une partie des Algarves, et réunit la Murcie à son royaume. Il mourut du chagrin que lui causa la révolte de son fils Sanche en 1284. Ce roi, un des hommes les plus instruits de son temps, laissa à ses sujets une collection de lois appelées *las Partidas*. Il ordonna d'écrire les ordonnances en langue espagnole, fit traduire la Bible en castillan, et fit faire la première histoire générale d'Espagne. On lui doit encore les *Tables astronomiques*, nommées *Alphonsines*. — Alphonse XI le Vengeur succéda en 1312 à son père Ferdinand IV, défit les Maures dans plusieurs combats, et mourut en 1350. Son fils Pierre lui succéda.

ALPHONSE. Cinq rois d'Aragon, en Espagne, ont porté ce nom. Alphonse I<sup>er</sup> le Batailleur, roi d'Aragon et de Navarre, fils de Sanche I<sup>er</sup>, succéda à son frère Pierre I<sup>er</sup> en 1104, épousa Urraque, reine de Castille, et jouit de la souveraineté de ce royaume, jusqu'en 1114 qu'il la répudia. Il se fit appeler empereur des Espagnes, vainquit souvent les Maures, et mourut en 1134 ou 1137. — Alphonse II le Chaste, roi d'Aragon, fils de Raymond Bérenger IV, comte de Barcelone, succéda à sa mère Pétronille en 1162. Il s'empara de la Provence et du Roussillon (1167-1180), porta la guerre dans le Languedoc, et mourut en 1196. Son fils Pierre II lui succéda. — Alphonse III le Bienfaisant, né en 1265, succéda à son père Pierre III en 1285, chassa les Maures des îles Majorque et Minorque, qu'il réunit à ses États, et mourut en 1291. Son frère Jacques II lui succéda. — Alphonse IV le Débonnaire succéda à Jacques II en 1327, et mourut en 1336. Son fils Pierre IV lui succéda. — Alphonse V le Magnanime succéda à Ferdinand le Juste, son père, en 1416. Après de longues guerres en Italie, il fut reconnu roi de Naples et de Sicile en 1442, et mourut en 1448. Son frère Jean II lui succéda au royaume d'Aragon.

ALPHONSE. Six rois de Portugal ont porté ce nom. Alphonse I<sup>er</sup> Henriquez, premier roi de ce pays, naquit en 1110 de Henri de Bourgogne et de Thérèse, fille du roi de Castille Alphonse VI. Proclamé comte de Portugal en 1128, il défait les Maures dans plusieurs combats, reçoit de ses troupes le titre de roi en 1139, sé déclare vassal et tributaire du saint-siége en 1142, et meurt en 1185 après des démêlés avec le roi de Léon, Ferdinand II. — ALPHONSE II LE GROS, né en 1185, succéda à son père Sanche Ier en 1211; fit la guerre aux Maures, et mourut en 1223. — ALPHONSE III, né en 1209, huitième fils d'Alphonse II, succéda à son frère Sanche II en 1248, conquit les Algarves sur les Maures, et mourut en 1279. Son fils Denys lui succéda. — ALPHONSE IV dit LE BRAVE ou LE FIER, né en 1290, succéda à Denys, son père, en 1325, vainquit les Maures à la bataille de Tarifa en 1340, et mourut en 1357. — ALPHONSE V L'AFRICAIN, né en 1432, succéda en 1438 à son père Édouard, et fit avec succès la guerre en Afrique. Vaincu par Ferdinand V, roi d'Aragon, il fait la paix avec lui en 1479, et meurt en 1481. Sous son règne fut découverte la Guinée. — ALPHONSE VI (ALPHONSE-HENRI), né en 1643, succéda à son père Jean IV en 1656. Il fit la guerre avec succès en Espagne. Déposédé de la couronne pour cause d'incapacité en 1667, il mourut en 1683. Son frère dom Pedro, régent du royaume, lui succéda.

ALPHONSE. Deux rois de Naples ont porté ce nom. ALPHONSE Ier fut aussi roi d'Aragon (Voy. Aragon, sous le nom d'ALPHONSE V (voy.). — ALPHONSE II, né en 1448, succéda à son père Ferdinand Ier en 1494. N'étant encore que duc de Calabre, il avait battu les Florentins en 1479, et en 1481, les Turks, sur qui il avait repris la ville d'Otrante. Vaincu par le roi de France Charles VIII, qui s'empare de sa capitale, il abdique en 1495, en faveur, de Ferdinand II, son fils, se retire dans l'île d'Ischia, se fait moine et meurt en 1496.

ALPHONSE. Quatre ducs de Modène et de Ferrare ou de Reggio ont porté ce nom. ALPHONSE Ier, duc de Modène et de Ferrare, de la maison d'Est, né à Reggio en 1476, était fils d'Hercule Ier, à qui il succéda en 1505. Il avait épousé en secondes noces, en 1501, Lucrèce Borgia, fille du pape Alexandre VI, et veuve d'Alphonse d'Aragon. Il fut en 1509 vice-roi de l'Église et général des Florentins contre les Médicis. Après de longues guerres contre les papes Jules II, Léon X et Clément VII, terminées par la paix de 1526, il mourut en 1534. Son fils Hercule II lui succéda. — ALPHONSE II, né en 1533, fils d'Hercule II, succéda à son père en 1559. Il fit la guerre en Hongrie contre le sultan des Turks Soliman, pour le compte de l'empereur. Il mourut en 1597. César, son oncle, lui succéda aux duchés de Modène et de Reggio, le pape Clément VII s'étant saisi de Ferrare. — ALPHONSE III, duc de Modène et de Reggio, né en 1591, succéda à son père César en 1628. Inconsolable de la mort de sa femme, il remet ses États à son fils François Ier en 1629, se fait capucin sous le nom de Jean-Baptiste, et meurt en 1644. — ALPHONSE IV, duc de Reggio, né en 1634, devint roi en 1658, et commanda plusieurs fois les armées de France en Italie. Il mourut en 1662. Son fils François II lui succéda.

ALPHONSE DE FRANCE, comte de Poitiers et de Toulouse, fils de Louis VIII et de Blanche de Castille, frère de Louis IX, et né en 1220. Fait chevalier en 1241, il reçut pour apanage, de son frère, le comté de Poitou, et épousa la même année Jeanne, héritière de Raymond VIII, comte de Toulouse. Régent avec la reine Blanche, en l'absence de Louis IX, en 1248, il alla ensuite en Palestine avec sa femme, fut pris par les musulmans, en fut en France peu de temps après, et prit possession du comté de Toulouse en 1251. Il accompagna saint Louis en Afrique en 1271, et mourut la même année à son retour, sans postérité. Le comté de Toulouse revint alors à la couronne.

ALPHONSE. Deux comtes de Provence ont porté ce nom. ALPHONSE Ier fut roi d'Aragon sous le nom d'ALPHONSE II (voy.). — ALPHONSE II ou ILDEPHONSE, comte de Provence et de Forcalquier, deuxième fils d'Alphonse II, roi d'Aragon, prit possession de ces comtés en 1196. Il fut en guerre avec Guillaume VI de Castille, aïeul de sa femme, et mourut en 1209. Son fils Raymond Bérenger lui succéda.

ALPHONSE, ILDEPHONSE ou ALDEPHONSE, comte de Toulouse et marquis de Provence, fils de Raymond de Saint-Gilles, né en 1103 dans la Palestine. Il reprit sur les comtes de Poitou le comté de Toulouse. Il se croisa en Palestine en 1147, et mourut empoisonné à Césarée. Son fils Raymond VI lui succéda.

ALPHONSE (J.-B.-François d'), né dans le Bourbonnais en 1756. Député au conseil des cinq-cents en 1795, il fit rendre aux prêtres frappés par la loi possession de leurs biens, et vota en 1797 pour l'abolition de la peine de mort. Au 18 brumaire, il voulut faire jurer le maintien de la constitution. En 1804, il fut nommé préfet de l'Indre, et fit une statistique qui servit de modèle à toutes celles qu'on a faites depuis. En 1819, il fut nommé député par le département de l'Allier, et siégea au côté gauche. Il est mort en 1821.

ALPHONSIN, instrument de chirurgie, ainsi nommé du prénom de son inventeur Alphonse Ferri, et qui est destiné à extraire les balles du corps. Il est composé de trois branches élastiques réunies dans une poignée commune, susceptibles de s'entr'écarter par leur extrémité libre, qui est en forme de cuiller, et entourées d'une virole courante qui les rapproche comme un portecrayon. On introduit cet instrument fermé jusqu'à la balle qu'on veut extraire; on l'ouvre; on pousse autour de la balle les branches écartées, et on les serre contre les corps étrangers que l'on retire avec lui. Cet instrument est peu usité. On le remplace par des tire-balles et des pinces à gaînes.

ALPHONSINES (TABLES), nom donné à des tables astronomiques que le roi de Castille Alphonse X fit dresser par plusieurs Juifs de Tolède, entre autres les rabbins Isaac, Hazan et Ben Sad. Alphonse y travailla aussi, et y fit une préface. Ces tables furent fixées au 1er juin, jour de son avénement à la couronne. Elles s'arrêtent à l'an 5012 du monde, 1252 de Jésus-Christ. Elles furent d'abord composées en hébreu, puis traduites en latin par le rabbin Moïse Cariathéarim. Ces tables offrent un grand nombre d'inexactitudes et de fautes. Elles coûtèrent au roi une dépense de 1,500,000 francs, somme énorme à cette époque.

ALPHOS. On a nommé ainsi une maladie caractérisée par des taches blanches disséminées sur la peau. On en a distingué trois espèces, savoir: l'alphos proprement dit, dans lequel la peau offre une couleur pâle et blanchâtre; le leucé, dans lequel la couleur blanche est plus prononcée, et s'étend à une grande profondeur. Dans cette espèce, les poils qui couvrent l'endroit malade deviennent blancs; enfin l'alphos mélas, qui tire sur le fauve ou le noir. La seconde espèce est la plus dangereuse. On rapporte l'alphos à la lèpre squammeuse.

ALPINES, synonyme d'alpestre.

ALPINUS, roi d'Écosse, fils d'Achaïus, auquel il succéda en 830 après Gongulas ou Conal, et Dongal V. Il fut en guerre avec les Pictes. Fait prisonnier par Brude, roi de ce peuple, il fut mis à mort l'an 834 de Jésus-Christ.

ALPISTE, plante à la tige frêle, aux feuilles longues et minces, au fruit oblong, aux fleurs disposées en épis ovales et allongés. Elle est de la famille des graminées. Une espèce, l'alpiste des Canaries, produit des graines qui se mangent en bouillie, dans l'Espagne, et un fourrage excellent. Cette plante sert à la nourriture des oiseaux domestiques, surtout des serins.

ALPUXARRAS (LAS), montagnes élevées d'Espagne, dans le royaume de Grenade. Elles sont habitées par les descendants des anciens Morisques, qui en ont fait un pays des plus fertiles de l'Espagne.

ALQUIÈRE, mesure portugaise pour les grains. Elle vaut 13 litres deux tiers de France. Il faut 4 alquières pour un fanégo, et 60 pour un moio ou muids.

ALQUIFOUX ou GALÈNE, nom vulgaire donné au plomb sulfuré, mis en poudre, dont les potiers de terre se servent pour couvrir les vases de l'enduit vitreux, appelé couverte, qui les rend imperméables aux liquides. Il ne s'emploie que pour les poteries grossières.

ALRÈDE. Voy. ETHELRED.

ALRIC, roi de Kent, en Angleterre, dans le VIIIe siècle, après ses frères Elbert et Édilbert, auquel il succéda à leur père Withred. Il fut en guerre avec l'Espagne, et fut souvent vaincu. On ignore l'époque de sa mort.

ALRUNES. Voy. ALLRUNES.

ALSACE, ancienne province de France, qui a formé les départements du Haut et du Bas-Rhin. Après avoir été habitée d'abord par les Tribocces, peuples gaulois, que les Romains soumirent, et avoir de suite appartenu aux rois francs, elle passa sous la domination d'un duc, avec l'Allemagne, dont elle fut séparée au IXe siècle. Elle eut alors un duc particulier, d'abord amovible (650-1080), puis héréditaire (1080-1268). Ces ducs avaient pour adjoints deux comtes particuliers nommés landgraves. Elle passa ensuite à la couronne d'Autriche, et retourna enfin à la France, par le traité de Munster, en 1648. La capitale de l'Alsace était Strasbourg. Sa superficie était de 801,876 hectares, et sa population de 445,000 âmes. Outre les Tribocces, c'est l'ancienne patrie des Rauraques, des Séquaniens et des Médiomatrices. Elle est arrosée par l'Ill, l'Alsa des Romains, qui lui a donné son nom.

AL-SAMAH-AL-KHAULANI, sixième gouverneur d'Espagne pour les califes arabes en 718. Il conquit une grande partie de la Gaule narbonnaise. Il fut vaincu et tué sous les murs de Toulouse par Eudes, duc d'Aquitaine, en 721.

ALSIRAT, pont de la largeur du fil d'une toile d'araignée, sur lequel les musulmans s'imaginent, dans leur doctrine religieuse, devoir passer pour arriver au paradis. Il n'y a point d'autre chemin. Mais ce qui est le plus effrayant, c'est que l'enfer est au-dessous; quiconque du pied maladroit ou peu sûr tombent. Un pont plus étroit est au-dessous du premier pour les chrétiens et les Juifs. Les Persans nomment l'Alsirat Poul-Serrho.

ALSTROEMÉRIE, genre de la famille des amaryllidées. L'alstroemérie pélégrine ou lis des Incas, originaire du Pérou, est une des plus belles fleurs connues. Sa racine est vivace, sa tige haute de deux pieds, les feuilles contournées, longues, pointues, les fleurs grandes, à six divisions inégales, blanches, rayées et lavées de rose à l'extérieur, marquées à la base d'une tache jaune, et pointillées de pourpre en dedans. Quelques espèces répandent une odeur suave. Ces plantes sont cultivées dans nos serres.

ALTA SEMITA (en latin, le haut sentier), quartier de l'ancienne Rome qui renfermait la partie orientale du mont Quirinal et le mont Pincius.

ALTAI, haute chaîne de montagnes qui se rattache aux monts Ourals, et qui sépare la Chine de la Sibérie. Elle s'étend entre l'Irtisch et le Iénissei, dans le centre de l'Asie, depuis la source de l'Obi jusqu'au cercle polaire. Elle se divise en grand et petit Altaï. Ces montagnes renferment de très-belles mines, exploitées par les Russes.

ALTENBOURG, duché de Saxe, dans l'ancien Osterland. C'est un des plus riches et des plus fertiles pays de l'Allemagne. Sa capitale est Altenbourg, ancienne ville impériale, célèbre par ses manufactures, son commerce et ses établissements philanthropiques. Sa superficie est de 69 lieues carrées, et sa population de 108,000 habitants.

**ALTENKIRKEN**, ville d'Allemagne, dans la principauté de Nassau. Les généraux français Kléber et Lefebvre défirent les Autrichiens près de cette ville le 4 juin 1796, et furent repoussés par ceux-ci sous les ordres de l'archiduc Charles, le 19 septembre 1796. Marceau, général français, fut tué dans l'action. Le 16 avril 1797, les Autrichiens chassèrent de cette ville les Français commandés par Championnet.

**ALTENZELL**, abbaye fondée par Othon le Riche, margrave de Misnie, en 1175. Les moines de cette abbaye se distinguèrent par le zèle avec lequel ils cultivèrent les lettres et les sciences. L'école attachée à cette abbaye avait une grande réputation, et est regardée comme un des plus anciens établissements scientifiques de l'Allemagne. Il y avait une très-belle bibliothèque. L'abbaye fut sécularisée en 1544.

**ALTERA PARS PETRI** ou **SECUNDA PETRI** ou **RAMI**, mots latins qui signifient *l'autre part de Pierre*, ou *la seconde de Pierre ou de Ramée*. On les employait autrefois dans les écoles de philosophie et de théologie pour désigner le *jugement*, la faculté de juger, de discerner. On disait d'un homme borné, il lui manque *l'altera pars Petri*. Cette expression venait de ce que l'ouvrage du philosophe Pierre Ramée, qui traite de la logique (1572), est divisé en deux parties, dont la première parle de l'invention et la deuxième du jugement. De là vint l'usage de désigner le jugement par les mots *d'altera pars Petri*.

**ALTER EGO** (*un autre moi*), formule usitée dans la chancellerie des Deux-Siciles, par laquelle le roi confie à un mandataire le complet exercice de tous les droits et prérogatives de la royauté, et en fait ainsi *un autre lui-même*. En France, on dit un lieutenant général du royaume.

**ALTÉRANTS**, remèdes auxquels on attribue la faculté de changer d'une manière insensible, et sans provoquer d'évacuations, l'état des solides et des liquides du corps. Dans ce sens, les relâchants, les toniques, les calmants, sont des altérants. Mais cette expression est spécialement consacrée à des stimulants donnés à des doses trop petites pour qu'ils produisent des effets immédiats apparents.

**ALTERNAT**, nouvelle méthode simple et économique de culture, par laquelle on force le sol à donner des produits successifs de différents genres, adaptés à la nature de la terre. C'est une des opérations les plus délicates et les plus nécessaires de l'économie rurale.

**ALTERNATIF**, nom donné, en botanique, aux parties des plantes dont on compare la disposition dans une situation circulaire. Ainsi le pétale est alternatif aux parties du calice, quand il est inséré à l'un des points qui séparent les lobes (divisions) du calice.

**ALTERNATI-PINNÉES** (FEUILLES), nom donné aux feuilles composées de plusieurs folioles ou petites feuilles placées alternativement, l'une d'un côté, l'autre de l'autre côté, sur le pétiole commun (espèce de rameau qui porte ces folioles).

**ALTERNE** se dit de la disposition des parties d'un végétal et plus particulièrement des feuilles et des rameaux, quand ces parties sont placées de l'un et de l'autre côté d'un axe, mais sur le même plan. Les feuilles alternes naissent seule à seule, et de telle manière que chacune d'elles répond au milieu de l'intervalle que laissent entre elles deux de celles du côté opposé. Telles sont les feuilles du blé de Turquie, de l'oseille, des roses, du tilleul. Appliqué aux parties de la fleur, *alterne* indique qu'elles sont placées alternativement, et non l'une devant l'autre. Certains organes des plantes ont leur insertion alterne dans une disposition circulaire. — En termes de géométrie, *alterne* désigne les angles qu'une ligne forme de deux côtés avec deux parallèles qu'elle coupe. — *Alterner*, c'est, en termes d'agriculture, faire produire successivement à une terre diverses plantes.

**ALTESSE**, titre d'honneur qui se donne aux princes en parlant et en écrivant. En France, il n'y eut d'abord que les frères du roi qui prirent le nom *d'altesse*. Les autres princes étaient traités de *vous*; le nonce du pape et l'ambassadeur de Venise les qualifiaient seuls *d'excellence*. Depuis 1622, le titre *d'altesse* fut donné à tous les princes du sang, et même aux enfants naturels des rois. On nomme *altesse royale*, depuis 1633, les fils, filles, petits-fils et petites-filles, les frères et sœurs des rois. *Altesse sérénissime* est un titre d'honneur donné à plusieurs princes italiens ou espagnols.

**ALTHÆA** ou **ALTHEA**. Voy. GUIMAUVE et KETMIE.

**ALTHÉE** (myth.), fille de Thestius et femme d'Œnée, roi de Calydon, fut la mère du célèbre chasseur Méléagre. A la naissance de ce prince, les Parques déclarèrent qu'il ne vivrait qu'autant que durerait un tison qui brûlait alors dans le foyer. Althée l'éteignit aussitôt, et le conserva soigneusement. Mais, lorsque Méléagre eut tué son oncle, elle jeta le tison au feu dans un mouvement de colère, et, dès qu'il fut consumé, ce prince expira. Althée, inconsolable de la mort de son fils, se tua pour ne pas lui survivre.

**ALTHÉMÈNE**, fils de Crétée ou Catrée, roi de Crète, ayant appris de l'oracle qu'il serait le meurtrier de son père, se bannit de sa patrie pour éviter le parricide, et se retira à Rhodes. Crétée n'ayant perdu tous ses autres enfants, et ne pouvant plus vivre éloigné d'Althémène, vint avec une flotte le chercher à Rhodes. En débarquant, il fut assailli par les habitants qui le prirent pour un ennemi, et périt de la main de son fils. Lorsque Althémène reconnut son père, il supplia les dieux de lui ôter la vie. Sa prière fut exaucée; la terre s'entr'ouvrit sous ses pieds, et l'engloutit.

**ALTIS**, ou **ALTÉ**, ou **ALSÉ** (du grec *alsos*, bois sacré), forêt sacrée d'Olympie, au milieu de laquelle s'élevait le temple de Jupiter olympien, et plusieurs autres monuments, entre autres l'autel consacré à tous les dieux, le palais de Léonidas, le sénat et l'atelier de Phidias, dans lequel ce célèbre sculpteur avait fait la statue de Jupiter. C'est là que l'on plaçait les statues des vainqueurs aux jeux olympiques.

**ALTISE**, genre de l'ordre des coléoptères, renfermant des insectes très-petits, ornés de couleurs brillantes et variées. Ils sautent avec une grande promptitude, et échappent au moment où l'on croit les saisir. Quelques espèces se multiplient beaucoup dans nos jardins, et attaquent en si grande quantité les plantes potagères, qu'elles leur font beaucoup de tort. Leur tête est saillante, leurs jambes postérieures renflées et propres au saut. — L'*altise potagère* est longue de deux lignes, verte ou bleue, ovale, allongée, avec la couverture des ailes pointillée; les antennes ou filets de la tête sont noires. — L'*altise rubis* est d'un rouge doré éclatant, avec les ailes vertes ou bleues. Cet insecte est très-commun chez nous, et vit sur les plantes ou dans les jardins.

**ALTKIRCH**, petite ville, chef-lieu d'arrondissement du département du Haut-Rhin, à 14 lieues de Colmar. Population, 3,000 âmes. Cette ville, bâtie au commencement du XIIIe siècle, est voisine d'un château qui porte son nom, et qui était la résidence des ducs d'Autriche pendant leur séjour en Alsace. Altkirch a un tribunal de première instance, un collège. Il fait un grand commerce de chanvre, toiles peintes et rubans.

**ALTO**. On nommait autrefois ainsi la voix qui correspondait à la voix gravé de femme appelée contralto ou aux ténors élevés des chœurs. Dans ce dernier cas, l'*alto* était synonyme du mot français *haute-contre*. On nomme encore *alto*, *quinte* ou *viole*, un instrument composé de quatre cordes (la, ré, sol, ut) accordées à la quinte l'une de l'autre. Il est intermédiaire entre le violon et la basse. On le nomme *viola* en italien.

**ALTON** (Richard, comte D'), général autrichien, envoyé en 1788, par l'empereur Joseph II, pour apaiser l'insurrection des Belges. Il fit périr une foule de personnes, et finit par être chassé par les habitants à cause de ses mesures violentes. Traduit devant une commission militaire pour avoir méconnu des intentions de l'empereur, il mourut avant d'être arrivé à Luxembourg, où il devait être jugé (1792).

**ALTONA**, ville du Danemarck, dans le duché de Holstein, près de l'embouchure de l'Elbe, et à un quart de lieue d'Hambourg. Sa population est de plus de 23,000 habitants. Son commerce est très-florissant. C'est la ville du Danemarck la plus considérable après Copenhague.

**ALTORF**, bourg considérable de la Suisse, capitale du canton d'Uri, au-dessus du lac Lucerne, près l'embouchure de la Reuss, au pied d'une haute montagne, à 15 lieues de Zurich. Population, 4,000 âmes. Altorf est la patrie de Guillaume Tell; on y a élevé un monument à la mémoire du libérateur de la Suisse.

**ALTORFFER** (Albert), un des plus anciens et des plus habiles graveurs sur bois et sur cuivre, né à Altorf, en Suisse, en 1468. Il mourut vers 1516. Ses ouvrages ont pour marque deux A gothiques l'un dans l'autre.

**ALTRANSTADT**, village paroissial de la Saxe prussienne, entre Leipzig et Mersebourg, où fut conclu entre Charles XII, roi de Suède, et Auguste II, roi de Pologne, le 24 septembre 1706, un traité de paix par lequel Auguste renonça à la Pologne et à la Lithuanie, conserva le titre de roi (Charles XII avait fait élire Stanislas Lekzynski), et se sépara de la coalition formée contre la Suède.

**ALUDE**, basane colorée dont les relieurs couvrent les livres.

**ALUDEL**, nom donné, en chimie, à des espèces de pots qui ont deux ouvertures opposées, de grandeur inégale. On les emboîte les uns dans les autres de manière à former un tuyau plus ou moins long. On les emploie à la sublimation du soufre et de quelques autres substances.

**ALUMELLE**. On nomme ainsi, 1° en termes de tabletiers, une lame de couteau aiguisée d'un seul côté, comme celui d'un ciseau de menuisier, et qui sert à gratter le buis, l'ivoire, l'écaille, la corne, etc.; 2° en marine, des petites plaques de fer très-plates, dont on garnit les mortaises, pourque le frottement des barres n'use pas le bois intérieur des mortaises.

**ALUMINE** (*oxyde d'aluminium*), substance blanche, insipide, inodore, pulvérulente, douce au toucher, infusible, inaltérable à l'eau, et qui se combine avec les acides pour former des sels. Par ses divers mélanges, elle forme le saphir, le rubis, les argiles et l'alun.

**ALUMINIUM**, métal qu'on a obtenu en très-petite quantité, alliéau fer et à l'acier, mais qu'on n'a pu découvrir seul et à l'état de pureté. Sa combinaison avec l'oxygène est extrêmement répandue dans la nature. C'est l'oxyde d'aluminium ou alumine.

**ALUN** (*vitriol d'argile*, *alumine vitriolée*, *vitriol d'alumine*, etc.), sel inodore, incolore, d'une saveur douce et astringente, rougissant la teinture de tournesol, soluble dans l'eau, résultant de la combinaison de l'acide sulfurique avec l'alumine et la potasse, ou la potasse et l'ammoniaque, ou enfin avec ces deux derniers et l'alumine. L'alun sert à empêcher la putréfaction des substances animales, à empêcher le papier de *boire*, à fixer solidement les couleurs sur les étoffes, etc. La médecine l'emploie aussi comme astringent. Les substances servant à la fabrication de l'alun se nomment *alunites*. On distingue plusieurs variétés d'alun dans le commerce; l'*alun de roche*, du nom d'une ville de Syrie; il est en grosses masses transparentes et d'une cassure vitreuse; l'*alun de Rome*, en petits fragments cubiques, recouverts d'une poudre rosée; l'*alun du Levant*, en morceaux irréguliers rougeâtres; l'*alun d'Angleterre*, en gros fragments blanchâtres, d'une cassure grasse; *alun naturel*, celui-là que l'on trouve dans les mines ou *alunières*; on le rencontre en forme de petites masses fibreuses et concrétionnées. L'*alun de plume* est un alun naturel en filaments soyeux parallèles, d'un blanc éclatant. L'*alun artificiel* est celui que l'on fabrique dans les manufactures, et auquel s'applique la définition en tête de cet article. S'il est fortement chauffé, il devient opaque, spongieux, friable, et constitue l'*alun calciné ou brûlé*.

ALUNAGE, opération de teinture qui consiste à plonger dans une forte dissolution d'alun une étoffe imprégnée de teinture pour en fixer la couleur. *Aluner*, c'est faire un *alunage*.

ALUNIÈRE, nom donné aux mines d'*alun naturel*.

ALVAREZ CAPRAL (Pierre), général de la flotte d'Emmanuel, roi de Portugal. Le 8 mars 1500, il partit de Lisbonne avec treize vaisseaux, et fut jeté par la tempête sur les côtes du Brésil, où, le 13 mai, il fit élever une colonne de marbre pour constater cette découverte et sa prise de possession.

ALVÉARIUM, nom donné au conduit auditif externe de l'oreille, dans lequel se fait la sécrétion du cérumen, humeur jaunâtre, molle, amère, assez semblable à la cire.

ALVÉOLAIRE, ce qui est relatif aux alvéoles. En anatomie, on nomme *arcades alvéolaires* celles formées par les bords des deux mâchoires qui sont creusées des alvéoles. Les *membranes alvéolaires* sont des membranes très-fines placées entre les dents et les alvéoles, et qui sont formées par une portion du sac ou follicule qui renfermait la dent avant qu'elle ne perçât la gencive. On les a appelées *périostes alvéodentaires*.

ALVÉOLES (anat.), petites cavités pratiquées sur le bord des mâchoires et qui servent à loger les racines des dents. Leurs dimensions et leur figure varient suivant l'espèce de dents qu'elles reçoivent. Ces cavités sont percées à leur sommet de petites ouvertures pour le passage des vaisseaux et des nerfs qui vont se distribuer dans les dents.

ALVÉOLES, cellules polygonales, construites avec de la cire par les abeilles. Ces servent à renfermer le miel et à loger les larves et les nymphes. — *Ce mot désigne*, en botanique, les petites cavités pratiquées dans certaines parties des plantes.

ALVIANO (Barthélemy), général des Vénitiens, commanda leur armée en 1508 contre les Français. Il fut vaincu le 14 mai 1509, à la bataille d'Agnadel, par le duc de Brunswick. Prisonnier de Louis XII, roi de France, il ne fut rendu à la liberté qu'en 1515. Le 14 septembre de la même année, il décida la victoire des Français et des Vénitiens à Marignan, et mourut le 7 octobre suivant.

ALVIN. On nomme en médecine, ce qui appartient au bas-ventre. Les *déjections alvines* sont les excréments; 2° *alvin* ou *alevin* les jeunes poissons qu'on emploie pour peupler les étangs d'eau douce. L'introduction de ces poissons se nomme *alvinage* ou *alevinage*.

ALVINZY (Baron d'), né en Transylvanie en 1726, général au service de l'empereur d'Autriche, se distingua dans la guerre de sept ans, où il servit comme capitaine de grenadiers. En 1789, il combattit les Turks; en 1792 et 1793, il servit contre la France dans les Pays-Bas, et remporta en 1794 quelques avantages sur les Français. Il passa en 1795 au commandement de l'armée autrichienne. En 1796, il prit le commencement de la Gallicie, et fut nommé membre du conseil aulique de la guerre. Il passa ensuite au commandement de l'armée d'Italie, remporta de nouveaux avantages sur les Français; mais, ayant été vaincu à Rivoli et à Arcole, il fut accusé de trahison et d'impéritie; il mourut en 1810 avec le titre de commandant général en Hongrie.

ALXINGER (Jean-Baptiste d'), poète allemand, né à Vienne en 1755. Il entreprit en 1773 la rédaction du *Journal de l'Autriche*. En 1784, il publia *Daolin de Mayence, Bliombéris*, poëmes en douze chants; la traduction en vers de *Numa Pompilius*, par Florian, et deux autres poëmes. Alxinger mourut en 1797.

ALYATTES. Deux rois de Lydie ont porté ce nom. ALYATTES I<sup>er</sup>, descendant des Héraclides, succéda à Ardisus en 761 avant J.-C., et régna quatorze ans. — ALYATTES II, quatrième roi de Lydie, de la famille des Mermanades, succéda à son père Sadiattes en 614 ou 619 avant J.-C. Après un long siège, fait dans le but de s'emparer de Milet, il fait la paix avec les habitants de cette ville (609 avant J.-C.), chasse les Cimmériens de l'Asie, et fait la guerre à Cyaxares, roi des Mèdes (603 avant J.-C.). Une éclipse arrivée au milieu d'une bataille décisive (9 juillet 597) sépara les deux armées, et les détermina à faire la paix. Il mourut en 557. Son fils Crésus lui succéda.

ALYSSE, genre de la famille des crucifères, renfermant des plantes remarquables par leurs fleurs nombreuses, d'un jaune d'or, d'un aspect très-agréable, qui fleurissent pendant le printemps et l'été, et que l'on cultive dans les parterres. L'*alysse jaune* et l'*alysse sinuée* sont surtout recherchées. L'*alysse des Pyrénées* est un arbrisseau propre à former de beaux buissons. Il est garni de feuilles disposées en paquets au sommet des tiges, parsemées de points brillants, argentées. Ses fleurs sont petites, blanches, réunies au nombre de vingt à vingt-cinq, et durent fort longtemps.

ALYTARQUES ou ALYTHARQUES, officiers grecs chargés de faire exécuter dans les jeux publics les ordres des agonothètes, surintendants des jeux. A Antioche, l'alytarque était le pontife et le premier magistrat de cette ville. On appelait *jeux de l'alylarchie* des jeux institués à Antioche par le premier alytarque Afranius, l'an 211 de J.-C., et abolis par l'empereur Justin, l'an 419 de J.-C.

AMABILE, mot italien qui indique que le caractère de l'exécution des morceaux de musique devant lesquels il est placé doit être doux et gracieux.

AMABLE (Saint), curé de Riom, en Auvergne, et patron de cette ville, vivait au v<sup>e</sup> siècle. Il fonda à Riom plusieurs églises, et édifia ses fidèles par l'éclat de ses vertus. Il mourut en 464 ou 475. Saint Grégoire de Tours lui attribue la puissance de charmer les serpents.

AMADIE (*Amadiah*), principauté indépendante du Kourdistan, dans la Turquie d'Asie et dans le pachalik de Chehrezour. Elle renferme 100 châteaux forts et 40,000 hommes en état de porter les armes. Le prince d'Amadie descend des Abbassides, et ses sujets se nomment *Badinans*. La capitale de cette principauté est Amadie, à 25 lieues de Mossoul. Près de cette ville est le tombeau de Mohammed-Bekir, où les Turks font des pèlerinages célèbres.

AMADIS, nom de plusieurs héros de la poésie chevaleresque. *Amadis des Gaules, Amadis de la Grèce*, son arrière-petit-fils, *Amadis de l'Étoile*, arrière petit-fils de ce dernier, *Amadis de Trébisonde*, descendant de Roger de la Grèce, ont été surtout célébrés par les poëtes. — Ce sont des héros espagnols dont l'histoire est entourée d'une profonde obscurité. On ignore les auteurs de ces poëmes, jadis si célèbres. On a nommé *manches à l'Amadis* des manches de chemise de tout autre vêtement serré et appliqué exactement sur le bras sans faire de plis.

AMADOU, substance spongieuse, molle et jaunâtre, fournie par un champignon nommé *bolet amadouvier*, que l'on trouve sur les chênes, les hêtres, les frênes, les poiriers, les pommiers, etc. On le choisit lorsqu'il a de dix à douze ans. On prépare l'amadou en le divisant en tranches très-minces que l'on fait tremper d'abord dans l'eau. On le bat ensuite avec un maillet en fer, et on le laisse sécher. Ainsi préparé, il se nomme *agaric des chirurgiens*, et est employé en médecine pour arrêter les hémorragies. Pour le convertir en amadou combustible, on le fait bouillir ainsi préparé dans du nitrate de potasse (sel de nitre) ou du chlorate de potasse. On le fait sécher, et on le bat encore sur le billot. L'amadou sert dans l'économie domestique à donner du feu, au moyen d'une étincelle qu'on fait tomber dessus en battant le briquet.

AMADOUVIER. Voy. BOLET.

AMAFANIUS ou AMAFINIUS, philosophe romain, embrassa les principes d'Épicure, et chercha à les développer dans plusieurs ouvrages. Il vivait un peu avant Cicéron. Il est un des premiers qui ayant écrit sur la philosophie dans la langue latine.

AMALARIC, fils d'Alaric II, roi des Visigoths en Espagne. Après la mort de son père, tué par Clovis en 507, il alla en Espagne fonder un nouveau royaume en 511. En 517, il épousa Clotilde, fille de Clovis. Il se montra le plus grand ennemi du christianisme, et fit subir de cruels traitements à son épouse, qui avait embrassé cette religion. Les frères de la princesse, instruits des vexations qu'Amalaric faisait supporter à leur sœur, et appelés par les évêques d'Espagne, franchirent les Pyrénées et marchèrent contre ce roi. Amalaric, vaincu, fut tué par ses sujets en 531. Théodoric lui succéda.

AMALASUNTE, fille de Théodoric, roi des Ostrogoths en Italie. Elle épousa en 515 Eutharic-Cilica, qui mourut en 524, et dont elle eut Athalaric. Elle fit élever son fils à la manière des Romains. Pendant sa minorité, elle maintint ses États en paix, et fit fleurir les arts et les sciences. Elle parlait elle-même le grec, le latin et plusieurs autres langues. Les Goths substituèrent aux sages gouverneurs d'Athalaric trois jeunes officiers, qui le précipitèrent dans la débauche et qui s'efforcèrent d'éloigner la reine mère. Athalaric succomba à ses excès et mourut en 534. Amalasunte, pour conserver le trône, fit assassiner les chefs des mécontents, et épousa Théodat, son cousin, dans l'espérance que la lâcheté et la paresse de ce dernier la laisseraient maîtresse absolue. Mais Théodat, poussé par l'envie de régner seul, fit étrangler Amalasunte dans un bain en 535.

AMALBERGE (Sainte), femme de naissance illustre, qui, après la mort de son mari, se retira avec ses enfants au monastère de Maubeuge. Elle y finit ses jours dans l'exercice de la plus ardente piété, en 670. On fait sa fête le 10 juillet.

AMALE (*Amalus*), nom de la famille royale des Ostrogoths. Elle avait régné dans la chersonnèse Cimbrique pendant quelque temps avant la venue de J.-C. Les Amales étaient aussi les peuples qui composaient la nation des Goths.

AMALÉCITES, peuple puissant qui demeurait dans l'Arabie Déserte, entre la mer Morte et la mer Rouge, tantôt dans un canton, tantôt dans un autre. Ils descendaient d'Amalech, petit-fils d'Esaü, et qui fut gouverneur de l'Idumée. Les Amalécites furent souvent vaincus par les Hébreux. Depuis Saül, ils ne paraissent presque plus dans l'Écriture. On a prétendu qu'un petit nombre d'Amalécites s'étaient retirés dans la Grèce, et avaient été la souche des Macédoniens et des Spartiates.

AMALFI ou MALPHI, ville archiépiscopale du royaume de Naples, à 8 lieues de Naples. Population, 3,000 âmes. Cette ville, bâtie sous l'empereur Constantin, fut très-florissante au moyen âge. Elle renferme un arsenal, des papeteries, des fabriques d'aiguilles et de sorge. Ce sont des commerçants d'Amalfi qui bâtirent à Jérusalem la chapelle, berceau des chevaliers de Saint-Jean de Jérusalem (ordre de Malte). Amalfi était autrefois le chef-lieu d'une principauté qui portait son nom.

AMALGAME. On entend par ce mot les alliages dont le mercure fait partie essentielle et constituante. L'*amalgamation* est la science dont l'objet est d'extraire l'or ou l'argent que renferment plusieurs minerais, à l'aide du mercure ou d'autres agents.

**AMALOUASSE**, nom vulgaire de la pie-grièche grise. L'*amalouasse gare* est le *gros-bec*.

**AMALRIC** (Arnaud). Voy. AMAURY.

**AMALTHÉE** (myth.), nom d'une chèvre de Crète, qui, selon la fable, allaita Jupiter, transporté dans cette île par sa mère. Ce dieu plaça Amalthée dans le ciel avec ses deux chevreaux, et, selon quelques poëtes, donna aux nymphes sa corne qui devint la *corne d'abondance*.

**AMALTHÉE**, DÉMOPHILE ou HIÉROPHILE, nom de la fameuse *sibylle de Cumes* (voy.).

**AMALTHÉE**, nom donné à un recueil, sorte de musée de la mythologie et des beaux-arts, chez les anciens, publié en Allemagne par le professeur Boettinger, et dont il a paru trois volumes de 1824 à 1825.

**AMAMOU** ou AMAMOUR, nom vulgaire donné à une espèce de *morelle* qui se couvre de fruits rouges.

**AMAN**, Amalécite, qui devint le favori d'Assuérus, roi des Perses et maître de la Judée, dont les sujets devaient fléchir le genou devant lui. Le Juif Mardochée, oncle d'Esther, épouse du roi, et qui avait, quelque temps avant, découvert un complot contre les jours d'Assuérus, refusa d'obéir. Aman, irrité, fit signer au roi un édit d'extermination pour tous les Juifs; mais Esther découvrit sa naissance, obtint la grâce de son peuple, et Aman fut mis à mort par ordre d'Assuérus.

**AMAN** (en latin, *Amanus* ou *Pierius mons*), montagne d'Asie entre la Syrie et la Cilicie. Près de ce mont est le fameux défroit nommé *Amanicæ portæ, portæ Ciliciæ* ou *Syriæ*, auprès duquel Alexandre remporta une victoire célèbre sur Darius, roi des Perses. Cicéron, étant proconsul de Cilicie, détruisit les brigands qui infestaient ces lieux.

**AMAN**, sorte de belle toile de coton, bleue ou blanche, que l'on tire du Levant.

**AMAND** (Saint), né dans le IV<sup>e</sup> siècle, fut fait prêtre par Delphin, évêque de Bordeaux, et lui succéda à cet évêché en 402. Il enseigna saint Paulin pour le convertir au christianisme, et en fut le parrain. Il mourut en 435; on fait sa fête le 18 juin.
— Saint AMAND, né l'an 589, fut apôtre des Pays-Bas. Il les parcourut vers 628, portant partout les saintes doctrines de l'Évangile. Nommé évêque de Maestricht en 649, il s'en démit en 652, fonda plusieurs monastères, et mourut en 679. On célèbre sa fête le 6 février.

**AMANDE**. Ce mot, limité d'abord au fruit de l'amandier, s'est ensuite étendu à tout corps blanc et tendre, renfermé dans la coque dure et osseuse ou noyau de certains fruits; les botanistes le prennent dans un sens plus général. Pour eux, l'enveloppe extérieure de la graine est appelée *tunique séminale*, tandis que la substance blanche qu'elle recouvre prend le nom d'*amande*. Il n'y a point de graine sans amande. Elle présente deux parties distinctes: l'*embryon*, partie essentielle de la reproduction, et le *périsperme* qui sert à le nourrir. — Les amandes des fruits de certains arbres ont des propriétés médicinales : les *amandes amères* contiennent de l'acide hydrocyanique et sont fébrifuges et toniques; les *amandes douces* renferment une huile blanche et douce, très-usitée en pharmacie. — On nomme vulgairement *amande de terre* les graines de l'*arachide* et les tubercules du *souchet* que l'on mange dans le midi de l'Europe; *amande-verte* deux qualités d'amandiers, l'une dite *grosse-verte*, qui fleurit environ quinze jours après les espèces ordinaires; l'autre, dite *petite-verte*, qui fleurit un mois après ces mêmes espèces; *amande* ou *came-feuille*, une coquille du genre vénus; *amande à cils*, une autre du genre *arche*; *amande rôtie*, l'*arche brune*; *amande de mer*, la *bulle*. —On appelle encore *amande*, 1° le milieu de la branche d'une garde d'épée; 2° des morceaux de cristal taillés en forme d'amande.

**AMANDÉ**, boisson qu'on fait avec des amandes pilées et délayées dans de l'eau ou dans une décoction d'orge mondé, à laquelle on ajoute du sucre.

**AMAND-MONT-ROND** (SAINT-), ville du département du Cher, chef-lieu d'arrondissement, au confluent de la Marmande et du Cher, à 11 lieues de Bourges. Population, 6,936 âmes. Cette ville a été bâtie dans le XV<sup>e</sup> siècle (1434); elle était autrefois bien fortifiée et avait un château qui fut occupé, pendant les guerres civiles du XVII<sup>e</sup> siècle, par les partisans des princes armés contre l'autorité royale. Le château fut détruit en 1652. Saint-Amand a un tribunal de première instance, un collége, et commerce en bois, chanvres, grains, vins, laines; elle a des manufactures de porcelaine.

**AMANDIER**, genre de la famille des rosacées, renfermant des arbres et des arbrisseaux qui ont les feuilles étroites, lancéolées, des fleurs qui s'épanouissent avant les feuilles, au commencement du printemps. Le fruit est charnu, globuleux ou allongé, marqué d'un sillon longitudinal et renfermant un noyau dont la surface est creusée de sillons irréguliers et profonds. Dans ce noyau se trouve l'*amande* (voy. ce mot). L'amandier commun, originaire du midi de l'Europe, ou, suivant d'autres, de la Mauritanie, parvient à vingt-cinq ou trente pieds de hauteur. Les fleurs, blanches et petites, sont partout les premières à éclore. On distingue deux variétés, l'*amandier à amandes douces* et l'*amandier à amandes amères*. Le bois d'amandier est très-dur et bien coloré; il est employé par les tourneurs. Du tronc découle une gomme rougeâtre analogue à la gomme arabique. — Le *pêcher* est une espèce d'*amandier*.

**AMANDUS** (Æneus Salvius), général romain, vers l'an 285, se fit proclamer empereur avec Auleus Pomponius Ælianus, et se mit à la tête des *Bagaudes*, peuples gaulois des environs de Paris. Battu par Maximien, collègue de l'empereur Dioclétien, Amandus périt dans cette guerre.

**AMANITE**, genre de plantes, de la famille des champignons, caractérisées par une bourse qui entoure le champignon dans sa jeunesse, et par son pédicule bulbeux à la base. Son chapeau est garni au-dessous de feuillets inégaux. Les principales espèces d'amanites sont les *oronges* (voy.). La plupart de ces espèces sont vénéneuses.

**AMAR** (J.-Pierre), né à Grenoble vers 1750, fut député à la convention nationale, combattit l'opinion de Lanjuinais qui refusait à l'assemblée le droit de juger Louis XVI, vota la mort de ce prince, l'exécution dans les vingt-quatre heures, et le rejet de l'appel au peuple. En mission dans le département de l'Ain, il y fit les premiers essais du régime de la terreur. Il devint le plus ardent défenseur de la convention, fut membre du comité de salut public, et se montra presque l'émule de Robespierre. Impliqué plus tard dans la conspiration Babeuf, il fut absous. Il est mort en 1816.

**AMARAL** (André d'), gentilhomme portugais, chancelier de l'ordre de Malte. En haine du grand maître Philippe de l'Isle-Adam, il donna à Soliman II, sultan des Turks, qui assiégeait Rhodes, chef-lieu de cet ordre, des avis qui devaient faciliter à ce prince la prise de cette ville. Convaincu de trahison, il fut arrêté et décapité, tandis que son domestique Blas-Dies, qui l'avait aidé dans son entreprise, fut pendu et écartelé le 16 novembre 1522.

**AMARANTHACÉES**, famille de plantes dicotylédones, renfermant des végétaux herbacés à feuilles alternes ou opposées, aux fleurs petites, réunies en épis et en grand nombre. A cette famille appartiennent les genres *amaranthe*, *gomphrène*, etc.

**AMARANTHE**, genre de la famille des amaranthacées, renfermant des plantes herbacées, annuelles, dont les fleurs sont en épis ou en grappes, disséminées dans toutes les contrées du monde et fleurissant en automne. Elles sont cultivées dans les jardins d'ornement. L'*amaranthe à fleurs en queue*, nommée aussi *discipline de religieuse* ou *queue de renard*, a une tige haute de deux à trois pieds, des feuilles ovales, oblongues, rougeâtres, des fleurs en longues grappes, pendantes et cramoisies. Elle se sème d'elle-même et vient partout. L'*amaranthe tricolore* a ses feuilles tachées de jaune, de vert et de rouge. Les fleurs sont vertes et latérales. L'*amaranthe blette* a la tige rameuse, couchée à la base, aux feuilles ovales, échancrées aux sommets; cette espèce est comestible. L'amaranthe, qui ne se flétrit jamais, est le symbole de l'immortalité chez les poëtes. Les magiciens attribuaient aux couronnes faites de cette fleur la vertu de concilier la faveur et la gloire à ceux qui en portaient. Dans l'académie des *jeux floraux*, à Toulouse, l'amaranthe d'or est le prix de l'ode. — *Amaranthe* est une couleur d'un rouge très-foncé.

**AMARANTHE** (ORDRE DE L'), ordre de Suède institué par la reine Christine, en 1653, à la suite d'une fête galante. Tous ceux qui avaient été de cette fête y furent admis. C'étaient seize seigneurs et pareil nombre de dames. Les insignes de l'ordre étaient deux A en chiffre, entrelacés à l'envers l'un de l'autre dans une couronne de laurier, avec ces mots italiens: *dolce nella memoria* (doux de souvenir), d'un côté, et de l'autre; *semper idem* (toujours le même); le tout suspendu à un ruban couleur de feu. Les chevaliers, s'ils n'étaient pas mariés, juraient de garder le célibat, et, s'ils l'étaient, de ne pas passer à de secondes noces. Cet ordre subsista jusqu'en 1689.

**AMARANTHINE**. Voy. GOMPHRÈNE.

**AMARINER**. C'est en marine, 1° envoyer des gens pour remplacer l'équipage d'un vaisseau pris; 2° habituer les matelots novices à ne pas craindre le roulis du bâtiment, à garder leur aplomb dans les mouvements du bâtiment, à monter par tous les temps au haut des mâts pour travailler, etc. Un homme n'est *amariné* que lorsque l'agitation du vaisseau ne lui cause plus aucune souffrance. Des viandes, des légumes, etc., préparés dans des boîtes de fer-blanc ou des barils, pour être conservés plusieurs mois à la mer, sont dits *amarinés*.

**AMAROU** ou AMAROUN, nom donné, dans plusieurs provinces méridionales, à des plantes qui croissent naturellement dans les champs de blé, et dont les semences communiquent un goût amer à la farine des céréales dans lesquelles elles se trouvent mêlées. Ces plantes sont connues des botanistes sous le nom de *gesse*, *ornithope* et *agrostemme*.

**AMARQUE**. Voy. BOUÉE ou TONNE.

**AMARRAGE**, terme de marine, jonction de deux objets par le moyen d'une corde à deux bouts, qui entourent les objets en sens opposé, et viennent ensuite nouer ensemble.

**AMARRE**, câble, corde servant à attacher au rivage une barque ou un vaisseau. On amarre de plusieurs manières. — *Amarrer*, c'est assujettir, arrêter, lier un objet, mettre un vaisseau en état de n'être pas entraîné par les vents.

**AMARYLLIDÉES** ou NARCISSES, famille de plantes à racine bulbifère ou fibreuse, à fleurs très-grandes, solitaires, en ombelle, à feuilles radicales, au fruit en capsule à trois loges, renfermant des graines.

**AMARYLLIS**, plante très-belle, type de la famille des amaryllidées, originaire du Japon, aux fleurs rouges, roses ou d'un jaune doré, odorantes et penchées. On distingue l'*amaryllis* ou *lis de Gernesey*, *en fleurs en croix*, ou *croix de Saint-Jacques*, l'*amaryllis Joséphinæ*, etc.

**AMARYLLIS**, bergère chantée par Virgile dans ses églogues. Un grand nombre de commentateurs croient qu'il a voulu désigner Rome sous ce nom.

**AMARYNTHE**, bourg de l'île d'Eubée, près d'Erétrie (Grèce), où l'on rendait un culte particulier à Diane. On donnait aussi ce nom à l'île d'Eubée. De là, on a nommé *amarynthies* ou *amarysies* des fêtes et jeux célébrés en l'honneur de Diane à Amarynthe.

AMAS. En géologie, on nomme ainsi un gisement ou manière d'être des minéraux dans le sein de la terre. Les matières minérales se trouvent intercalées en masses plus ou moins irrégulières, et d'une autre nature que la roche qui constitue le terrain. Ainsi la montagne de Cogne dans le Piémont, formée de schistes, est traversée par un filon qui s'étend sur une grande longueur. C'est dans ce filon que se trouve l'amas de fer oxydulé qui a environ trente mètres de profondeur.

AMASIAS, huitième roi de Juda, succéda à Joas, son père, l'an 838 avant J.-C. Il attaqua les Iduméens, les vainquit et adora leurs faux dieux. Pour le punir de cette faute, le Seigneur permit qu'il fût vaincu par Joas, roi d'Israël, et qu'il fût assassiné par ses propres sujets, l'an du monde 3194.

AMASIE, AMASÉE ou AMASIEH, ville ancienne, capitale de la Cappadoce, dans l'Asie-Mineure, fut la patrie de Mithridate, roi de Pont, du géographe grec Strabon et de Sélim, empereur des Turks. Amasie fut la résidence des premiers sultans ottomans au moyen âge. Plus tard, elle fut celle du pacha du gouvernement de Sivas. Aujourd'hui elle est gouvernée par un vaïvode, et fait partie de l'empire ottoman.

AMASIS. Deux rois d'Egypte ont porté ce nom. AMASIS Ier, roi l'an 2185 avant J.-C., régna deux ans, et fut déposé par ses sujets à cause de ses cruautés. — AMASIS II, de naissance obscure, servit d'abord comme simple soldat, s'éleva peu à peu aux plus hautes dignités, et détrôna le roi Apriès vers l'an 569 avant J.-C. Il porta la guerre chez les Arabes, soumit l'île de Chypre, ordonna à ses sujets de déclarer chaque année leurs moyens d'existence à des magistrats, et permit aux étrangers de visiter son royaume. Il se soumit à Cyrus, roi des Perses, dont il devint le tributaire; mais ayant refusé de rendre les mêmes devoirs à Cambyse, successeur de Cyrus, il s'attira la guerre avec ce prince, et vit son royaume envahi. Il mourut en 525, un peu avant qu'il fût entièrement conquis.

AMATE, femme de Latinus, roi des Latins, en Italie. Avant l'arrivée d'Énée dans ce pays, elle avait fiancé à Turnus sa fille Lavinie. Elle se montra toujours l'ennemie d'Énée. Lorsque celui-ci épousa Lavinie, elle se pendit pour n'être pas forcée de le reconnaître pour gendre.

AMATHONTE, aujourd'hui *Limisto*, ville de Chypre, sur la côte méridionale de cette île, consacrée autrefois à Vénus, qui y avait un temple très-beau.

AMATI, nom d'une ancienne famille de Crémone, célèbre par la perfection qu'elle apporta dans la fabrication des violons. Ils sont encore considérés comme les meilleurs. Cette famille vivait dans le XVIe et le XVIIe siècle.

AMATUS, moine du Mont-Cassin, dans le XIe siècle. Il écrivit huit livres de l'histoire des Normands. — Saint AMATUS ou AIMÉ, évêque de Sion, en Suisse, en 669, fut exilé à Péronne par Thierri, roi de France en 674. Il mourut en 690. On fait sa fête à Douai, dont il est le patron, le 13 septembre. Ailleurs on la célèbre le 23 avril ou le 19 octobre.

AMAUROSE ou GOUTTE-SEREINE, affection qui consiste dans la diminution ou la perte complète de la vue par l'obstruction du nerf optique, et sans altération appréciable dans l'organisation de l'œil. L'exposition à une lumière vive, les lectures assidues, les contusions, etc., peuvent causer l'amaurose. Cette maladie est appelée aussi *cataracte noire*.

AMAURY ou AMALRIC (Arnaud), abbé de Citeaux, de la famille des vicomtes de Narbonne. Il fut un des trois légats qu'Innocent III chargea en 1204 de détruire l'hérésie des albigeois. Il prêcha contre eux une croisade, et fut nommé légat des croisés. En 1209, il assiégea et prit Béziers. 60,000 hommes, albigeois ou catholiques, furent massacrés par son ordre dans cette ville. Amaury assiégea Carcassonne, et contre la foi d'un traité formé entre lui et Raymond-Roger, vicomte de Carcassonne et de Béziers, il fit mourir ce malheureux vicomte qui avait demandé à capituler. Il assiégea en vain Toulouse, et fut nommé en 1212 archevêque de Narbonne. Il marcha en Espagne contre un roi de Maroc, qui venait de faire une irruption dans ce pays, et mourut en 1225.

AMAURY. Deux rois de Jérusalem ont porté ce nom. Le premier succéda à son frère Baudouin III en 1162. Il soutint la guerre contre le calife d'Egypte, qu'il chassa deux fois de son royaume; vers la fin de son règne, il eut à soutenir les attaques du sultan d'Alep, Nour-Eddin, et de Saladin, successeur de ce dernier. Il mourut en 1173 à l'âge de 38 ans. — AMAURY II succéda à Gui de Lusignan, son frère, en 1194, et mourut en 1205.

AMAURY DE CHARTRES, philosophe, né à Bène (Eure-et-Loir), près de Chartres, dans le XIIe siècle. Ses études sur la métaphysique d'Aristote le portèrent à enseigner dans Paris, au commencement du XIIIe siècle, des idées philosophiques nouvelles. Les principales étaient que la religion n'était que du développement des phénomènes que devaient présenter le mouvement et la matière première (Dieu), l'être des êtres, le premier, le seul indestructible; que la religion avait trois époques: 1o du Père, qui avait duré pendant toute la loi mosaïque; 2o du Fils ou du christianisme, devant expirer à son tour; 3o du Saint-Esprit, prédit par l'Ecriture et devant succéder à la loi du Christ, dont tous les hommes étaient membres. Cette doctrine fut condamnée en 1204. Amaury, obligé de la rétracter, mourut en 1205. Ses principes furent continués par David de Dinant, son disciple. Une secte se forma; elle prétendait que le paradis était la satisfaction de bien faire, et l'enfer, l'ignorance et le remords du péché; que le règne du Saint-Esprit avait commencé, et que toute action faite à charitable intention ne pouvait être mauvaise. Quatorze de ces sectaires furent brûlés en 1210; on brûla aussi le cadavre d'Amaury et les ouvrages de David de Dinant.

AMAZONES, femmes guerrières qui habitèrent l'Afrique, le royaume du Pont et la Scythie; celles du Pont habitaient autour du fleuve Thermodon. Elles ne souffraient aucun homme parmi elles, n'avaient commerce avec eux que pour perpétuer leur race, et ne gardaient que les enfants femelles, qu'elles élevaient dans l'art de la guerre, et auxquelles elles brûlaient le sein droit pour qu'il ne les gênât pas en tirant des flèches; d'où est venu leur nom, qui, en grec, signifie *sans mamelle*. Elles obéissaient à des reines, dont les plus célèbres furent Hippolyte, Penthésilée et Thalestris. On ignore l'histoire des Amazones.

AMAZONES (FLEUVE DES) ou MARANNON. C'est le plus grand fleuve de l'Amérique méridionale et du monde. Il parcourt 1,085 lieues de pays. Orellano, qui le découvrit, lui donna ce nom, parce qu'il rencontra, en montant ce fleuve, des femmes armées et en guerre avec leurs voisins. Sa largeur varie d'une lieue à 50 lieues.

AMAZONE. Buffon a donné ce nom aux espèces de perroquets à plumage vert dont le fouet de l'aile est coloré de rouge et de jaune. Elles viennent toutes d'Amérique, et se distinguent par l'éclat et la vivacité de leurs couleurs.

AMAZONITE, minéral, espèce de feldspath vert, opaque, susceptible de recevoir un beau poli. Cette pierre était connue des anciens qui la tiraient de l'Orient ou de la Sibérie. On la trouve aussi sur les bords de l'Amazone, fleuve d'Amérique, qui lui a donné son nom moderne.

AMBACHT. Ce mot désignait autrefois en Flandre une *châtellenie*. Dans le moyen âge, on appelait ainsi la juridiction d'une ville. César parle, dans ses *Commentaires*, des *Ambactes* qui, chez les cavaliers gaulois menaient à leur suite; il paraît que c'était une espèce de serf ou valets.

AMBARVALIES, processions que les anciens faisaient autour des champs, en l'honneur de Cérès, en avril et en juillet. Les prêtres faisaient trois fois le tour des champs, la tête couronnée de feuilles de chêne, chantant des hymnes à Cérès et la priant de protéger leurs moissons. Ils lui immolaient ensuite une truie, une brebis et un taureau; ces victimes et les prêtres de ces fêtes se nommaient *ambarvales*.

AMBASSADEUR, celui qui est envoyé par un prince ou un Etat souverain à un autre prince ou Etat souverain, avec caractère de représentation, ou pour donner communication des volontés du gouvernement qui l'envoie. Les *ambassadeurs ordinaires* résident auprès des gouvernements étrangers, et ont pour mission d'aplanir les difficultés qui pourraient survenir entre l'Etat qu'ils représentent et celui près duquel ils sont accrédités; l'usage des ambassadeurs date du XIIIe siècle. Les *ambassadeurs extraordinaires* sont ceux qu'on envoie dans un cas particulier à un autre gouvernement. — On a nommé *ambassadeurs du carnaval* ceux qui allèrent à Rome pour s'opposer au règlement par lequel saint Charles Borromée, archevêque de Milan, prescrivait de commencer, dès le mercredi des Cendres, le carême et le jeûne, qui ne s'ouvrait auparavant dans le Milanais qu'après le dimanche de la Quadragésime.

AMBASSE, genre de poissons de la famille des percoïdes. L'*ambasse de Commerson* est l'espèce type. Elle atteint jusqu'à sept pouces de longueur; son dos est d'un vert brunâtre, quelquefois pointillé de noir; une bande argentée se fait remarquer sur les deux côtés du corps, depuis l'ouverture des ouïes jusqu'à la queue. C'est un poisson très-estimé, et qui vit dans les mers de l'Inde. A l'île Bourbon, on le conserve dans la saumure comme les anchois en Europe. Son goût est excellent.

AMBE, combinaison de deux numéros pris ensemble à la loterie, et qui sont sortis ensemble. L'ambe simple produisait 270 fois la mise, et l'ambe déterminé 5,100. — *Ambe* se dit aussi au loto de deux numéros gagnants placés sur la même ligne horizontale.

AMBERG, ancienne capitale du Haut-Palatinat, aujourd'hui ville de Bavière, dans le cercle de Regen. Cette ville a un tribunal des forêts, un gymnase et une école normale. Elle est bien construite, entourée d'une double muraille flanquée de soixante-douze tours, et renferme 7,860 habitants. Ses manufactures d'armes et ses nombreuses forges sont célèbres.

AMBERT, près de la rive droite de la Dore, chef-lieu d'arrondissement du département du Puy-de-Dôme, à 22 lieues de Clermont. Population, 7,650 habitants. Cette ville est située à l'extrémité d'une plaine qui composait un petit pays nommé le *Livradais*, et dont elle était la capitale. Ambert a un tribunal de première instance et de commerce. Elle renferme des manufactures de papiers, camelots, toiles, dentelles, etc.

AMBI, instrument de chirurgie inventé par Hippocrate. C'est une machine, composée de deux pièces de bois, l'une verticale et l'autre horizontale, et réunies par une charnière placée au sommet de la première et près d'une des extrémités. Elle était destinée à réduire la luxation ou foulure de l'humérus (os de l'épaule). Cette machine est abandonnée.

AMBIA, bitume liquide, jaune, dont l'odeur est pénétrante et qui est employé quelquefois en médecine. Il coule d'une fontaine située aux environs de la mer des Indes.

AMBIANT, ce qui entoure, ce qui enveloppe un objet. L'*air ambiant* est celui dans lequel un corps est plongé et avec lequel il est en contact.

AMBIÈGNE, nom donné chez les Romains, dans les sacrifices, à la victime principale, autour de laquelle étaient rangées les victimes inférieures.

AMBIGAT, roi des Celtes, vivait vers

l'an 590 avant J.-C. Sous le règne de Tarquin l'ancien, pour délivrer son pays du trop grand accroissement de population, il envoya une foule de Gaulois sous la conduite de Bellovèse et de Sigovèse, ses neveux, chercher une nouvelle patrie. Bellovèse prit la route de l'Italie, et Sigovèse, celle de la forêt Hercynienne aujourd'hui la forêt Noire.

AMBIGÈNE. On nomme, en botanique, *calice ambigène* ou de deux natures celui dont la partie extérieure est de la nature du calice et dont la partie intérieure est de celle de la corolle.

AMBIGU-COMIQUE, théâtre de Paris, fondé en 1769 par Nicolas Audinot, qui y fit représenter des marionnettes et des petits enfants en 1770. Aujourd'hui on y joue tour à tour des comédies, des opéras, des vaudevilles, etc. L'Ambigu, brûlé en 1827, vient d'être reconstruit.

AMBIORIX, roi des Éburons, peuple de la Gaule, entre la Meuse et le Rhin. Il forma deux ligues contre César, et se montra toujours l'ennemi des Romains. Il fut tué (l'an 53 av. J.-C.) avec 60,000 de ses sujets dans une bataille que lui livra César. Selon d'autres, il fut forcé de chercher une retraite dans les bois et les cavernes, et vécut proscrit et fugitif, sans pouvoir reprendre les armes.

AMBLE, sorte d'allure commune à la girafe et à l'ours, suivant laquelle un quadrupède meut d'abord les deux jambes d'un même côté, puis les deux autres; sa vitesse est presque égale à celle du trot. Au moyen âge, on dressait à marcher à l'amble des chevaux appelés *haquenées*, pour les abbés, les châtelaines, etc. Il est banni aujourd'hui de nos manèges.

AMBLETEUSE, petite ville de France (département du Pas-de-Calais) à 3 lieues de Boulogne. Population, 600 habitants. Le port est situé à l'embouchure de la Sélaque, et défendu par une tour. Dans le ve siècle, c'était une place forte et un port commerçant. Les Normands détruisirent la ville. Rebâtie en 1109, elle fut saccagée en 1544 par les Anglais; depuis, elle ne s'est plus relevée. Louis XIV fit faire de grands travaux à son port, ainsi que Napoléon; ce port est dévasté et en mauvais état; Napoléon y a fait élever une colonne de granit à la mémoire de la grande armée de 1805. C'est à Ambleteuse que débarqua, en 1589, Jacques II, après avoir perdu le trône d'Angleterre.

AMBLIOPIE, affaiblissement de la vue, premier degré de l'*amaurose*, dans lequel le malade ne peut distinguer que les objets volumineux, bien éclairés, et d'une couleur tranchée, et non les autres.

AMBLY (Claude-Antoine-Jean, marquis D'), né à Sézanne en 1771, fut d'abord gouverneur de Reims. Député par la noblesse de cette ville aux états généraux de 1789, il s'opposa à la réunion des trois ordres, demanda que le port d'armes ne fût accordé qu'aux riches propriétaires, et fit à Mirabeau une provocation personnelle. Il émigra vers 1793, et mourut à Hambourg en 1797.

AMBOINE, groupe d'îles de l'Océanie, faisant partie de l'archipel des Moluques. Ce groupe se compose de onze îles, dont la principale est *Amboine*. Cette île a une superficie d'environ 60 lieues carrées et une population de 50,000 habitants. Elle a été découverte par les Portugais en 1515, et prise en 1605 par les Hollandais; ceux-ci y cédèrent, en 1619, un comptoir aux Anglais qui s'emparèrent de l'île en 1796. La Hollande l'a recouvrée définitivement en 1814. Cette île est précieuse par la culture des girofliers, dont la récolte annuelle est de 2,500 à 3,000 francs; la récolte commence en octobre, et dure environ trois mois. L'île rapporte encore du café, du sucre, des muscadiers, de l'indigo et des fruits excellents. Le climat est sain et agréable, le sol en partie rocailleux et aride, et c'est là que les girofliers viennent le mieux. L'occupation des Amboinais est la pêche ainsi que la culture des girofliers. Le chef-lieu de l'île est *Amboine* ou *Amboun*, située au fond d'une baie profonde, qui pénètre jusqu'à 7 lieues dans les terres, et divise l'île en deux parties. Sa population est de 12,000 âmes. Cette ville est la résidence du gouverneur général des Moluques. Les îles les plus connues du groupe d'Amboine sont *Céram*, *Bourou* et *Timor*.

AMBOISE, ville de France, sur la rive gauche de la Loire, à 6 lieues de Tours, chef-lieu de canton du département d'Indre-et-Loire. Population, 4,800 habitants. Cette ville, fondée par les Romains, fut au moyen âge la capitale de la Basse-Touraine. Elle appartint successivement aux comtes d'Anjou, puis passa à des seigneurs particuliers, jusqu'à Louis d'Amboise, vicomte de Thouars, qui en fut dépouillé pour avoir conspiré contre son souverain, et dont les biens furent réunis à la couronne en 1431. Charles VIII était né à Amboise; il y mourut en 1498. A l'extrémité de la ville est un château célèbre, séjour de l'ancienne famille d'Amboise; cet édifice, construit par Ingeldez, premier seigneur d'Amboise, en 882, ne fut achevé que vers 1450. Charles VII et Louis XI l'habitèrent souvent. Il couvre un plateau de roc, haut de 28 mètres (85 pieds). Ce château est remarquable par deux énormes tours dont l'escalier intérieur, vaste spirale à pente légère, permet aux voitures d'atteindre le sommet. — Amboise possède une manufacture de limes, râpes et d'acier cémenté, établie en 1780. Elle occupe plus de cent soixante ouvriers, qui y fabriquent annuellement 200,000 paquets de limes d'Allemagne, 50,000 douzaines de limes façon anglaise, 2,000 paquets de limes dites de Nuremberg et 6,000 carreaux. — Trois édits, nommés *édits d'Amboise*, ont été portés en février et mars 1559 relativement aux affaires de religion. En 1562 un quatrième édit, appelé *de pacification* ou *de modération*, fut rendu par Charles IX.

AMBOISE (Conjuration d'), complot formé par un gentilhomme, nommé Barri de la Renaudie, et approuvé secrètement par les grands seigneurs et le prince de Condé, pour arracher François II, roi de France, et la reine mère Catherine de Médicis, à la domination et à la puissance des Guise; l'exécution du complot fut fixée au 15 mars 1560, à Amboise. D'Avenelles, avocat parisien, révéla la conspiration aux Guise, qui firent périr les conjurés, comme coupables de lèse-majesté, quoiqu'ils eussent toujours protesté de leur respect pour la personne du roi.

AMBOISE (Georges, cardinal D'), né en 1460 au château de Chaumont-sur-Loire, près de Montauban, fut successivement évêque de Montauban, archevêque de Narbonne, puis de Rouen en 1498, enfin cardinal et premier ministre de Louis XII en 1499 jusqu'en 1510, époque de sa mort. Ce fut par ses conseils que Louis XII entreprit la conquête du Milanais. Il fit des démarches pour se procurer la tiare, mais le cardinal de la Rovère la lui enleva.

AMBON (en latin, *ambo* ou *analogium*, du mot grec *ambôn*, hauteur ou bord en saillie), tribune sur le devant de l'église, et dans laquelle on montait autrefois pour lire ou chanter certaines parties de l'office, ou pour prêcher. On y lisait le graduel, l'évangile et l'épître; il est question de l'ambon dans nos annales dès l'an 800. — On nomme *ambon*, en anatomie, les bourrelets cartilagineux qui environnent les cavités articulaires des os. En marine, ce sont des bordages de chêne qui se posent sur certaines parties d'un vaisseau.

AMBOUCHOIR, Embouchoir ou Embauchoir, nom donné par les bottiers à des moules sur lesquels on fait la tige d'une botte, ou dont on se sert pour maintenir les bottes molles dans leur largeur.

AMBOUTIR, action de rendre une pièce de métal convexe d'un côté et concave de l'autre. L'*amboutissoir* est un outil qui sert à amboutir.

AMBRACIE, ville d'Épire (Grèce) sur le golfe du même nom, voisine d'Actium, près duquel fut livrée, l'an 31 avant J.-C., la bataille entre Antoine et Auguste, qui décida de l'empire romain en faveur du dernier. Cette ville prit son nom d'*Ambrax*, fils de Thesprotus, roi des Dryopes, qui en jeta les fondements. Elle fut originairement habitée par une colonie de Corinthiens. Après la bataille d'Actium, Auguste l'agrandit, y éleva de beaux monuments, et lui donna le nom de *Nicopolis*.

AMBRACIE (Golfe D') ou AMBRACIQUE, vaste baie de l'Épire, en Grèce, au fond duquel était bâtie la ville d'Ambracie. Elle était jointe à la mer Ionienne par un canal fort étroit. C'est aujourd'hui le *golfe de l'Arta*.

AMBRE GRIS, substance grisâtre, jaunâtre ou brunâtre, opaque, plus légère que l'eau, quelquefois poreuse, et se ramollissant à la chaleur des doigts, se liquéfiant dans l'eau bouillante et à l'humidité prolongée, brûlant avec une vive clarté; son odeur est délicieuse et rappelle un peu celle du musc. Elle se recueille à la surface des mers des Indes, et sert en médecine comme antispasmodique; mais son usage est plus étendu en parfumerie. Elle paraît produite par les matières excrémentitielles d'un grand poisson nommé *cachalot*.

AMBRE JAUNE. Voy. Succin.

AMBRE BLANC, variété de l'ambre jaune ou succin.

AMBRE NOIR. Voy. Jayet.

AMBRE RENARDE. Les habitants du département des Landes appellent ainsi les morceaux d'ambre blanc que l'on rencontre sur les bords de la mer, et qui, selon eux, y ont été apportés par des renards. Ces animaux, friands d'ambre gris, vont le chercher sur les côtes, le mangent en le rendent tel qu'ils l'ont avalé, excepté la différence de couleur.

AMBRÉ, on nomme ainsi tout ce qui a la couleur ou l'odeur de l'ambre jaune ou succin.

AMBRÉIQUE (Acide), acide découvert dans l'ambre gris. Il est jaune en masse, blanc quand il est divisé. Il fond au-dessus de 100 degrés, ne donne pas d'ammoniaque dans sa décomposition, est peu soluble dans l'eau froide, et se dissout dans l'alcool et l'éther. L'acide ambréique provient de la décomposition de l'*ambréine* par l'acide nitrique. L'ambréine est une matière d'un brun brillant, insipide, presque inodore, fusible à 30 degrés, se volatilisant au-dessus de 100. L'eau ne la dissout pas. Elle s'obtient en traitant l'ambre gris par l'alcool.

AMBRETTE ou Adelmosch, espèce du genre *ketmie*, de la famille des malvacées. C'est un arbrisseau originaire de l'Asie et de l'Amérique. Il est haut d'environ quatre pieds, a des feuilles palmées à cinq ou sept divisions pointues et dentées. Les fleurs, portées sur un pédoncule ou tige, assez long, sont de couleur jaune soufre; ses graines sont petites, réniformes, et exhalent une odeur marquée d'ambre et de musc. Elles servent beaucoup dans la parfumerie, et sont employées pour la fabrication de la *poudre de Chypre*, usitée comme parfum. Ces graines, nommées aussi *abelmosch* (graines de musc), furent longtemps en usage pour embaumer la poudre à blanchir les cheveux. En Égypte, les Arabes les mêlent avec le café pour lui communiquer leur odeur suave. — On nomme encore *ambrette*, 1° les graines de la *ketmia rosée*; 2° le *bluet odorant*; 3° les fleurs des *centaurées musquées*; 4° une espèce de pomme et de poire très-estimée, dont l'odeur tire sur celle de l'ambre.

AMBROISE (Saint), l'un des pères de l'Église, né vers l'an 340 à Trèves. Sacré évêque de Milan en 374, il mourut en 397. On a de lui plusieurs *écrits théologiques* et des *hymnes*. Il imposa à Théodose le Grand une pénitence publique après le massacre des Thessaloniciens, et lui refusa l'entrée de l'Église. On fait sa fête à Rome le 7 décembre, et en France, le 4 avril.

AMBROISE (Saint), évêque de Cahors en 752, se distingua par sa piété et ses vertus. Il se réfugia dans une caverne en 759, pour se soustraire aux violences de Waifre, duc d'Aquitaine. Il se rendit à Rome en 761; se fit ermite et mourut en 770. On fait sa fête le 16 octobre.

AMBROISIE, nourriture des dieux, qui, selon la fable, rendait immortels ceux qui en mangeaient. Elle était neuf fois plus douce que le miel, et exhalait une odeur suave. L'essence nous en est inconnue.

AMBRONS (en latin, *Ambrones*), peuples gaulois d'origine, alliés des Cimbres et des Teutons, passèrent de bonne heure dans l'Italie, où ils formèrent des établissements au midi et au nord du Pô. De nouvelles masses d'Ambrons s'élancèrent vers l'Italie, avec les Cimbres, vers l'an 105 avant J.-C. Ils battirent près d'Orange les généraux romains Manlius et Cépion; mais ils furent taillés en pièces et presque exterminés à la célèbre bataille d'Aix, 102 ans avant J.-C.

AMBROSIACÉES, famille de plantes voisine des corymbifères, établie par Richard, et dont le type est le genre *ambrosie*. Cette division n'a pas été adoptée.

AMBROSIE ou AMBROISIE, genre de la famille des corymbifères, renfermant des herbes ou des arbustes à feuilles alternes ou opposées et souvent découpées. On connaît cinq ou six espèces, étrangères et propres à l'Amérique, à l'exception d'une seule qui croît sur le bord de la mer, dans les pays du midi de l'Europe : c'est l'*ambrosie maritime*, herbe haute d'un pied et demi, à racine fibreuse, à feuilles très-découpées, soyeuses, blanchâtres. La plante exhale une odeur aromatique, sa saveur est un peu amère; on en fait des infusions dans l'eau, le vin et les liqueurs spiritueuses. En médecine, elle est regardée comme stomachique et résolutive.

AMBROSIE-ANSERINE ou DU MEXIQUE, plante potagère que l'on dit originaire du Mexique, quoiqu'elle se trouve naturellement en France. Cette plante fait partie du genre *chénopode* (voy.). Elle est annuelle, rameuse, garnie de feuilles d'un beau vert, de fleurs blanchâtres, disposées en petites grappes, qui s'épanouissent en juin et durent jusqu'en octobre. Elle répand une odeur aromatique et agréable. On la cultive en pleine terre et dans les jardins. On prenait autrefois ses feuilles en infusion théiforme, sous le nom vulgaire de *thé du Mexique*.

AMBROSIEN, nom donné au chant de l'office ecclésiastique, réformé par saint Ambroise, archevêque de Milan, dans le IVe siècle de l'ère chrétienne. Depuis, le pape Grégoire le Grand le réforma une seconde fois; ce qui lui a fait donner le nom de *chant* ou *rit grégorien*.

AMBROSIES, AMBROSIANES ou AMBROSIAS, fêtes que les Ioniens célébraient en l'honneur de Bacchus. Ils les appelaient encore *Choa* ou *Lenæa*. Chez les Romains, elles portaient le nom de *Brumales*, et se célébraient le 24 novembre.

AMBROSIUS AURELIANUS, général, puis roi de la Grande-Bretagne en 465. Son histoire est peu certaine. Il fut tué, en 508, dans une bataille contre Cerdic, chef des Saxons occidentaux.

AMBUBAJES, femmes de mauvaise vie, qui vinrent de Syrie à Rome dans les derniers temps de la république, et qui jouaient de la flûte dans les fêtes. Leur nom paraît venir d'une espèce de flûte usitée chez les Syriens, et qui se nommait *ambubaje*.

AMBULANCE, espèce d'hôpital militaire attaché à un corps d'armée en campagne, et qui peut se transporter en tout lieu. Une ambulance peut être établie dans un bâtiment particulier au voisinage du champ de bataille, ou sous une tente, ou même dans la campagne, derrière les rangs de l'armée. On y place les soldats malades ou blessés. L'ambulance se compose de chirurgiens munis d'instruments, de linges et d'appareils, qui pansent les blessés; et d'infirmiers militaires, pour les transporter à mesure dans les hôpitaux fixes. Cette institution ne remonte qu'aux guerres de l'empire.

AMBULANT, ce qui n'est pas fixé en un lieu, qui change souvent de lieu. On appelle *commis ambulant* un commis qui est obligé par son emploi d'aller de côté et d'autre, *hôpital ambulant* un hôpital qui suit une armée, nommé aussi *ambulance;* une affection, une maladie est *ambulante*, quand elle abandonne une partie du corps pour se jeter sur une autre. Il y a des *érysipèles ambulants*, des *dartres ambulantes*. On nomme *vésicatoires ambulants* ceux qu'on applique successivement sur diverses parties du corps.

AMBULATOIRE. Autrefois on nommait *cours* ou *tribunaux ambulatoires* celles ou ceux qui n'avaient pas de siège fixe, mais qui résidaient tantôt dans un lieu, tantôt dans un autre, pour les distinguer des cours et des tribunaux sédentaires.

AME. On appelle ainsi la substance spirituelle qui est le siège de la pensée, le principe du mouvement, des sensations, de l'intelligence et des passions chez l'homme. Quelques physiologistes, dans un sens plus étendu, appellent ainsi le principe de la vie en général, et distinguent une *âme végétative* pour les plantes, et *sensitive* pour l'homme. L'âme, considérée dans la première acception, est indivisible, immortelle et spirituelle, c'est-à-dire, entièrement distincte de la matière, laquelle est périssable et divisible à l'infini par sa nature. Diverses opinions ont été émises par les philosophes sur la nature et la destinée de l'âme. (Voy. MATÉRIALISTES, SPIRITUALISTES, etc.)

AME DU MONDE. La plupart des anciens philosophes regardaient l'univers comme un être animé, et lui donnaient une *âme*, esprit universel, substance éternelle et répandue dans toutes les parties de la matière et de l'univers. Quelques-uns la confondaient avec Dieu; d'autres, surtout les pythagoriciens, l'en distinguaient avec soin. On a, sous le titre d'*Ame du monde*, un traité écrit en grec et attribué à Timée de Locres, où l'on retrouve les idées de Platon.

AME (sens divers). On appelle ainsi, en terme d'armoiries, les paroles qui servent à expliquer la figure représentée dans le corps de la devise. — Dans un instrument de musique, l'*âme* est un morceau de bois cylindrique, long d'un à trois pouces, large de deux ou quatre lignes, qui, placé dans l'intérieur de cet instrument, sert à soutenir la table sous la pression des cordes, et à mettre en communication de vibration toutes les parties. On la voit dans le violon, l'alto, la basse et la contre-basse. — L'*âme* d'un canon est sa partie intérieure et la plus enfoncée; c'est celle où l'on dépose la charge. — L'*âme* d'un cordage est la réunion de certains fils que l'on met au milieu des différents torons dont le cordage est composé.

AMÉ, vieux mot qui signifiait *aimé, cher*, et qui était en usage autrefois en style de chancellerie, dans les lettres et ordonnances du roi. Ainsi on disait *nos amés et féaux les gens tenant notre parlement*, etc.

AMÉDÉE ou AMÉ. Treize souverains de la maison de Savoie et de Sardaigne ont porté ce nom. AMÉDÉE Ier, comte de Savoie, succéda à son père Humbert *aux blanches mains*, et mourut en 1047. — AMÉDÉE II, son fils, lui succéda vers 1076, et mourut en 1095. — AMÉDÉE III succéda à son père Humbert II en 1103, prit le premier le titre de comte de Piémont et de Lombardie, alla avec saint Louis, roi de France, en Palestine, et y mourut en 1149. — AMÉDÉE IV succéda à Thomas Ier, son père, en 1233, fut fait duc de Chablais et d'Aoste et vicaire général de l'empire par l'empereur d'Allemagne Frédéric II, et mourut en 1253. — AMÉDÉE V LE GRAND, né en 1249, succéda à son père Philippe Ier en 1285, dans les comtés de Maurienne, de Savoie, de Piémont et de Bresse. Il obtint de l'empereur Henri VII celui d'Asti. Il défendit avec succès en 1315 l'île de Rhodes contre les Turks, et la conserva ainsi aux chevaliers de Malte, dont il joignit les armoiries aux siennes. Il mourut en 1323. AMÉDÉE VI, LE COMTE VERT, un des plus illustres princes de son temps, né en 1334, succéda à son père Aimon en 1344. Il réunit à ses États les pays de Faucigny, de Gex et de Vaud; secourut Jean II, roi de France, contre Édouard, roi d'Angleterre; institua en 1362 l'ordre de l'Annonciade, vainquit les Turks et les Bulgares, et replaça sur le trône Jean Paléologue, empereur d'Orient. Il mourut en 1383. — Son fils AMÉDÉE VII surnommé LE NOIR ou LE ROUGE, né en 1360, lui succéda en 1383, joignit le Piémont à ses États, et mourut en 1391. — AMÉDÉE VIII DIT LE PACIFIQUE ou LE SALOMON DE SON SIÈCLE, né en 1383, succéda à son père Amédée VII en 1391. Après la mort de sa femme, il se retira dans un couvent et fut élu pape par le concile de Bâle sous le nom de Félix V en 1440. Il abdiqua le pontificat en 1449, et mourut en 1451. C'est pour lui que le comté de Savoie fut érigé en duché en 1417 par l'empereur Sigismond. — AMÉDÉE IX DIT LE BIENHEUREUX, né en 1435, succéda à son père Louis Ier en 1465, fut vaincu et pris par le comte de Bresse. Délivré par le secours de Louis XI, roi de France, il mourut en 1472 : son fils Philibert lui succéda. CHARLES-JEAN-AMÉDÉE succéda en 1490 à Charles Ier, et mourut en 1496. — VICTOR-AMÉDÉE Ier succéda en 1630 à Emmanuel Ier, et mourut en 1637. Il s'était allié à la France contre l'Espagne. — VICTOR-AMÉDÉE II succéda à Emmanuel II en 1675, fit la guerre contre la France, perdit, recouvra son royaume. Il abdiqua en 1730, et mourut en 1732. — VICTOR-AMÉDÉE III succéda à Charles-Emmanuel, accueillit les princes victimes de la révolution française, vit ses États démembrés par Napoléon, et mourut en 1796.

AMÉLANCHIER, nom vulgaire donné à deux espèces d'*alisier*.

AMÉLIE (Louise-Auguste-Wilhelmine DE MECKLEMBOURG-STRELITZ), née le 10 mars 1776 à Hanovre. Elle épousa en 1793 Frédéric-Guillaume, depuis roi de Prusse. Belle, vive et spirituelle, Amélie se fit aimer de ses sujets. C'est elle qui poussa en 1805 Frédéric-Guillaume III à déclarer la guerre à la France. Après la bataille d'Iéna, elle arriva en fugitive à Berlin et ne quitta plus son époux. Après le combat de Friedland, sa santé devint languissante. Elle mourut en 1810. Son époux lui a élevé un monument.

AMÉLIE (Anne), fille du duc Charles de Brunswick Wolfenbuttel, et sœur de Frédéric II, roi de Prusse, était née en 1739. Elle épousa en 1756 Ernest-Auguste-Constantin, duc de Saxe-Weimar, dont elle devint veuve en 1758. Seule maîtresse du gouvernement, elle fit oublier par une sage administration les maux des guerres précédentes, fonda de nombreux établissements pour l'instruction du peuple, et se montra toujours protectrice des hommes distingués de son siècle. Son château était le rendez-vous des savants et des voyageurs de mérite. Elle mourut en 1806.

AMELOT DE LA HOUSSAYE (Abraham-Nicolas), né à Orléans en 1634, mort en 1706. Il passa presque toute sa vie à faire des traductions, ou à composer des ouvrages historiques. Les plus connus sont l'*Histoire du gouvernement de Venise*, des *Mémoires historiques, politiques, critiques et littéraires*, et les traductions de l'*Histoire du concile de Trente* par Fra-Paolo, du *Prince* par Machiavel, et des *Annales* de Tacite.

AMEN, mot hébreu qui exprime une affirmation ou un souhait. Les Juifs et les chrétiens en font usage dans leurs cérémonies religieuses. Il se place ordinairement à la fin des hymnes et des autres chants. On le traduit ordinairement par *en vérité* ou *ainsi soit-il*.

AMÉNAGEMENT, art de déterminer l'âge où l'on doit exploiter les bois, ordre que l'on suit dans leur coupe et dans la détermination du nombre et de la valeur des bois. Tous les bois sont assujettis à un aménagement prescrit par des ordonnances royales.

AMÉNAGEMENT, règlement par lequel l'on permet à une personne, nommée *usager*, de prendre du bois dans des parties de forêt déterminées, et dont elle ne doit pas dépasser les limites.

AMENDE, peine pécuniaire imposée par la loi (*amende coutumière*) ou par le juge (*amende arbitraire*) pour punir une faute légère. — Faire *amende honorable*, c'était autrefois aller nu, en chemise, la torche à la main et la corde au cou, demander pardon au roi, à Dieu, dans une église ou une assemblée, d'un crime quelconque. Ce terme signifie aujourd'hui demander pardon à quelqu'un d'une offense, faire réparation d'honneur.

AMENDEMENT, opération d'agriculture qui consiste à corriger et améliorer le sol par le mélange et l'addition de substances minérales et de diverses espèces de terres, pour la rendre plus capable de transmettre les matières nutritives nécessaires pour fortifier les plantes. — Ce sont les *amendements composés*; les *simples* sont les engrais, l'arrosage, les labours, etc., qui aident l'action des premiers.

AMENER, c'est, en marine, l'action d'abaisser une manœuvre, les voiles, etc. Un bâtiment *amène*, quand il abaisse ses voiles ou son pavillon pour se rendre. Amener *un vaisseau* ou *une terre*, c'est s'en approcher, se mettre vis-à-vis.

AMÉNOPHIS. On compte plusieurs rois d'Égypte qui ont porté ce nom; mais on est incertain sur leur nombre et sur l'époque où ils ont vécu. Les Aménophis sont confondus dans la Bible avec beaucoup d'autres rois sous le nom de *Pharaon*, en sorte qu'il est difficile de les distinguer. Les plus connus sont AMÉNOPHIS Ier, successeur de Chébron, vers l'an 1686 avant J.-C., et qui régna vingt et un ans. — AMÉNOPHIS II, successeur de Tethmosis ou Toutmosis, monta sur le trône en 1618 avant J.-C., et régna trente ans. C'est lui qui fit jeter dans le Nil tous les enfants mâles des Israélites. — AMÉNOPHIS III, successeur de Nephelchérès, monta sur le trône en 933, et régna neuf ans.

AMENTACÉES, famille formée par Jussieu et comprenant des genres dont les fleurs sont disposées en châtons (assemblage de fleurs portées par un axe commun, grêle et pendant, nommé en latin *amenta*). Les ormes, les peupliers, les chênes, les saules, les bouleaux, etc., se rangeaient dans cette famille. Des observations plus approfondies ont fait voir d'assez grandes différences dans l'organisation de ces végétaux pour en former plusieurs familles, telles que les *ulmacées*, les *salicinées*, les *myricées*, les *cupulifères*, etc.

AMENTATES, lances pesantes au milieu desquelles était un lien de cuir (en latin, *amentum*), dans lequel on passait les doigts, de peur que la lance n'échappât des mains.

AMENTHÈS (c'est-à-dire, *le lieu qui donne et qui reçoit*), l'enfer des Égyptiens, ainsi nommé parce que, d'après leur croyance à la métempsycose, ils croyaient que le gouffre qui recevait les âmes les rendait, et qu'au sortir de là elles allaient habiter de nouveaux corps.

AMER. Ce mot désigne une saveur désagréable, que l'on rencontre dans beaucoup de substances. Les remèdes où l'on observe cette saveur sont en général *toniques*, et sont désignés collectivement sous le nom d'*amers*.

AMÉRIC VESPUCE, né à Florence d'une famille ancienne en 1451. Son goût pour les mathématiques et les voyages se développa de bonne heure. Il ne partit pour faire des découvertes à la tête d'une flotte de vaisseaux espagnols qu'en 1497, après le retour de Colomb. Il parcourut les côtes de Paria et de la terre ferme jusqu'au golfe du Mexique, et revint en Espagne dix-huit mois après. Ce fut lui qui donna son nom au nouveau monde. Un an après son premier voyage, il en fit un second avec 6 vaisseaux et revint en 1500. La froideur avec laquelle il fut accueilli lui fit quitter le service d'Espagne pour celui du Portugal. Il partit de Lisbonne pour son troisième voyage en 1501, reconnut toute la côte du Brésil jusqu'au Rio de la Plata et revint en 1502. Il mourut aux îles de Terceira, en 1514, après avoir fait un quatrième voyage en Amérique.

AMÉRIDES. Voy. AMÉRYTES.

AMÉRIGI. Voy. CARAVAGE.

AMÉRIQUE, quatrième partie du monde, située dans l'hémisphère occidental de notre globe, et découverte en 1492 par Christophe Colomb. Elle se compose de deux continents, qui prennent le nom d'*Amérique septentrionale*, et d'*Amérique méridionale*, et qui sont unis par l'isthme de Panama. — L'Amérique septentrionale, dont la superficie est d'environ 343,000 lieues carrées, et la population de près de 20 millions d'âmes, renferme l'*Amérique russe*, l'*Amérique anglaise*, les *États-Unis*, le *Mexique* et le *Texas*. — L'Amérique méridionale, dont la superficie est d'environ 600,000 lieues carrées, et la population de 12 millions, renferme la *Colombie*, les *Guyanes française*, hollandaise et anglaise, l'*empire du Brésil*, la *république du Pérou*, celles du *Chili*, de *Bolivia*, le *Paraguay*, les *États-Unis de Rio de la Plata* ou *république argentine*, et la *Patagonie*. L'Amérique est le pays le plus fertile et le plus riche en productions naturelles du tout genre ; les habitants sont en général Européens ou descendent d'Européens établis dans ce vaste pays. Les nègres y sont en grand nombre. Les sauvages, anciens maîtres de l'Amérique, se sont réfugiés dans leurs forêts où ils ont conservé les mœurs de leurs ancêtres. (Voy. chaque pays nommé.)

AMERS, marques très apparentes et fixes sur les côtes, telles que moulins, clochers, tours, etc., situées à une certaine distance, pour indiquer à un bâtiment qui vient de la mer l'entrée d'une rade, d'un port ou d'une rivière, pour servir à éviter les dangers, à prendre la meilleure route, etc.

AMÉRYTES, dynastie arabe élevée sur les ruines de celle des Ommiades, et qui a régné à Valence en Espagne. Elle fut fondée en 975 par Mahomed-ebn-Aby-Amer-el-Mansour et s'éteignit en 1078 dans la personne d'Abou-Bekr ; elle avait donné trois rois.

AMESTRIS, femme de Xerxès, roi de Perse, traita avec la plus grande cruauté la mère d'Artaynte, maîtresse de ce prince. Elle lui fit couper le nez, les oreilles, la langue, les paupières et le sein. Elle fit aussi enterrer quatorze jeunes enfants persans afin d'apaiser les dieux.

AMÉTHYSTE ou QUARTZ-HYALIN VIOLET, pierres précieuses, d'une teinte violette pourprée, disparaissant entièrement à une chaleur peu forte. Elles sont susceptibles d'un beau poli et s'unissent bien avec l'or ; elles servent pour les anneaux pastoraux des évêques. C'était la neuvième pierre dans le rational des grands prêtres juifs. On y gravait le nom d'Issachar. Les anciens attribuaient à l'améthyste la propriété de guérir l'ivresse.

AMÉTHYSTE ORIENTALE, variété violette de *corindon*.

AMÉTHYSTÉE, genre de la famille des labiées, renfermant une petite plante originaire de la Sibérie, et introduite dans nos jardins. Elle ne vit qu'un an et aime un sol frais, exposé au nord. Sa tige, haute de trente-deux centimètres, porte des feuilles opposées et d'un vert tendre. Ses fleurs sont petites, de couleur bleu violet, sont disposées trois par trois, et répandent une odeur suave. Elles s'épanouissent en juin et en juillet. La couleur des fleurs s'étend jusqu'aux sommités de la tige et des branches.

AMEUBLEMENT (INDEMNITÉ D'), somme que l'on donne aux officiers logés dans des bâtiments nationaux non meublés, pour louer les meubles dont ils ont besoin. Cette somme est égale à la moitié de celle qui leur est attribuée pour le logement.

AMEUBLISSEMENT, action d'*ameublir*, c'est-à-dire, de rendre des terres plus meubles, plus légères.

AMHARA, royaume de l'Abyssinie comprenant les douze provinces situées à l'O. du Tacaze, savoir : Begemder, Belessen, Damot, Dembea, Foggora, Gojam, Kouara, Maitcha, Menna, Tchelga, Tcherkin et l'Amhara proprement dit, qui a 12,500 lieues carrées de superficie. La capitale de l'Amhara est Gondar, capitale de toute l'Abyssinie.

AMIABLE. Traiter les choses à l'*amiable*, c'est employer la voie de la douceur, de la conciliation. La *vente à l'amiable* est celle dans laquelle le vendeur et l'acquéreur conviennent d'un prix entre seuls. On appelle *nombres amiables* en arithmétique ceux qui sont réciproquement égaux à la somme totale des parties aliquotes l'un de l'autre. Tels sont les nombres 284 et 220.

AMIANTE (*lin fossile, byssus minéral, lin minéral*, etc.), espèce d'*amphibole*, substance de nature pierreuse, filamenteuse, flexible, formée de silice, de magnésie, de chaux, de fer et d'alumine. Sa couleur est blanche, grise, verte ou brune. Elle semble s'enflammer au feu, mais ne subit pas de détérioration. Les anciens en faisaient des tissus pour envelopper les cadavres. L'art de filer l'amiante s'est renouvelé de nos jours. On a réussi à en faire du papier et de la dentelle inaltérables au feu. Voy. ASBESTE.

AMIANTOÏDE, actinote, asbestoïde ou byssolite. Voy. AMPHIBOLE.

AMICT, linge béni, de forme carrée, propre aux ecclésiastiques et dont se doivent revêtir d'une aube. On le met sur les épaules, et par-dessous l'aube. Il est considéré comme le symbole de la retenue que doivent garder ceux qui le portent.

AMICULUM, espèce de manteau usité chez les anciens, et particulier aux femmes. Les Romains le nommaient aussi *ricinium*, et les Grecs *cyclas*, *anabaladion*, *amuchonion* ou *encyclion*. Ce manteau était formé de deux pièces carrées plus larges que le corps, cousues des deux côtés par le bas jusqu'à une certaine hauteur, et fixées dans le haut sur les épaules par deux agrafes. Ce n'était en général qu'un mantelet qui ne descendait qu'à mi-corps, et dont les coins étaient garnis de glands. Quelquefois cependant il était très-long, pouvait servir de voile, ou bien on s'en enveloppait. On mettait le plus souvent l'amiculum sans ceinture.

AMIDINE, substance opaque ou demi-transparente, de couleur blanche ou jaunâtre, très-friable, inodore, insipide, soluble dans l'eau bouillante, insoluble dans l'alcool, etc., que l'on obtient en abandonnant l'empois d'amidon à lui-même, à la température ordinaire, avec ou sans le contact de l'air.

AMIDON, substance blanche, douce au toucher, en grains fins, que l'on retire des graines des céréales, de la pomme de terre et autres fruits farineux. L'amidon, mêlé à l'eau bouillante, produit la matière demi-transparente et gommeuse appelée *empois*. L'amidon est un principe immédiat des végétaux, formant la base de tous ceux qui peuvent être employés à la nourriture de l'homme et des animaux. L'empois qu'on retire de l'amidon forme une colle tenace qui devient très-dure en séchant, et dont on se sert dans les arts et l'économie domestique. On en retire aussi du sucre pour fabriquer de l'alcool, en le faisant bouillir longtemps dans de l'eau chargée d'acide sulfurique. On emploie l'amidon, en médecine, comme adoucissant; on le donne en lavement dans les diarrhées.

AMIENS, ville de France, sur la Somme, chef-lieu du département de la Somme, à 32 lieues N. de Paris. Population, 50,000 habitants. Amiens existait avant l'invasion des Romains dans les Gaules. Elle reçut d'eux les noms de *Samarobriva* ou *Am-*

*bianum*, du nom des Ambiani, peuples qui l'habitèrent. Cette ville devint capitale de l'ancienne province de Picardie. Dans le ve siècle, Clodion, chef des Francs, en chassa les Romains, et y établit le siége de son empire. Louis le Débonnaire l'érigea en comté en 823 pour Bérenger ou Béringer. Le dernier de ces comtes, Philippe d'Alsace, étant mort en 1191, Amiens revint à la couronne. En 1435, Charles VII engagea cette ville à Philippe, duc de Bourgogne ; mais Louis XI la joignit au domaine royal en 1463. Depuis elle y a toujours été réunie. La situation d'Amiens entre Paris et la mer, sur la Somme, qui y est navigable par des bateaux de quarante à cinquante tonneaux, est très-favorable à son commerce et aux progrès de son industrie. On y voit une citadelle élevée par Henri IV en 1597, et une cathédrale sous l'invocation de sainte Marie, construite dans le xiie siècle et chef-d'œuvre d'architecture gothique. C'est une des plus belles églises de France. La bibliothèque d'Amiens a 42,000 volumes et 450 manuscrits. Cette ville possède encore un tribunal de première instance et de commerce, un évêché suffragant de l'archevêché de Reims érigé au iiie siècle, un collége royal de deuxième classe, une école normale primaire, un séminaire diocésain, une académie des sciences, agriculture, commerce, belles-lettres et arts, un jardin des plantes, des cours publics, etc. Amiens fabrique de beaux velours, satins, casimirs, draps, de la serge, de la toile de coton, des cuirs, du papier, du sucre, des machines et des métiers, etc.

AMIENS (PAIX D'), traité de paix signé, le 27 mars 1802, par Joseph Bonaparte, le marquis de Cornouailles, le chevalier Azara et Schimmelpenninck. Après la chute du ministre Pitt, le nouveau ministère anglais, voyant l'Angleterre abandonnée par ses alliés, fit conclure ce traité entre la France, l'Angleterre, l'Espagne et la république de Berne. La France conserva ses colonies ; l'Angleterre, l'Espagne et la république batave conservèrent leurs conquêtes. Ce traité fut rompu en 1803, et la guerre fut encore déclarée à la France.

A-MI-LA, nom donné autrefois, en musique, à la note *la* et à l'instrument nommé aujourd'hui *diapason*.

AMILCAR ou HAMILCAR. Plusieurs anciens guerriers carthaginois de la famille des Barcas ont porté ce nom. Le premier connu, fils de Magon, général carthaginois, fut vaincu en Sicile par Gélon, roi du pays 480 ans avant J.-C., et mourut dans le combat. Les Carthaginois l'adorèrent comme un dieu. — AMILCAR RHODANUS, voyant ses concitoyens inquiets sur les projets d'Alexandre, roi de Macédoine, se rendit auprès de lui, et gagna sa confiance afin de pénétrer ses desseins et de donner avis aux Carthaginois. De retour dans sa patrie, il fut mis à mort sur de faux soupçons. — Le plus fameux général carthaginois de ce nom est AMILCAR surnommé *Barca*, ennemi constant des Romains, père d'Annibal. La dix-huitième année de la première guerre punique, on lui confia le commandement de l'armée en Sicile. Il ravagea les côtes de l'Italie, passa en Sicile, battit les alliés des Romains et conserva cinq ans son avantage sur eux. Mais, Hannon ayant été vaincu avec sa flotte par le consul Lutatius l'an 242 avant J.-C., Amilcar signa un traité de paix avec les Romains, repassa en Afrique, soumit Hippone, Utique, et fut tué en 228 avant J.-C. dans une expédition contre les Vectons, peuple d'Espagne.

AMINTAS (FOSSE D'), nom donné, en chirurgie, à un bandage employé dans le cas de fracture du nez.

AMIOT (LE PÈRE), né en 1718 à Toulon, prit l'habit des jésuites vers 1740. Envoyé comme missionnaire en Chine, il arriva en 1750 dans ce pays, et se rendit à Pékin en 1751, par ordre de l'empereur, qui eut souvent l'occasion de mettre à profit ses connaissances en tout genre. Il mourut dans ce pays en 1794. Il a laissé un ouvrage très-précieux et très-recherché sur les mœurs, l'histoire et les arts de la Chine.

AMIRAL, officier général qui commande une escadre ou une armée navale. Le *grand amiral* était autrefois le chef suprême des forces navales d'un État. L'*amiral de France* était un des grands officiers de la couronne. Le premier amiral de France fut Florent de Varenne en 1270. Le soixantième et dernier a été le duc d'Angoulême, fils de Charles X, nommé à cette fonction en 1782. Cette dignité fut supprimée en 1792. Napoléon la rétablit en 1806 en faveur de Murat. En 1814, le duc d'Angoulême fut réintégré dans cette dignité par Louis XVIII. La révolution de 1830 l'a de nouveau supprimée. Aujourd'hui il y a trois amiraux dans le sens de notre définition. Leur grade correspond à celui de maréchal de France. Le *vice-amiral* est un grade créé en 1669, assimilé à celui du lieutenant général. Le *contre-amiral* existait dès le xive siècle sous le nom de *chef d'escadre* ; il équivalait au grade de maréchal de camp. Ces derniers grades sont le deuxième et le troisième parmi les officiers généraux de la marine. — On nomme *vaisseau amiral* celui qui est monté par l'amiral et qui porte le pavillon de commandement en chef, nommé *pavillon amiral*. Dans un port, le vaisseau destiné à servir de corps de garde général se nomme aussi *amiral*.

AMIRAL, coquillage du genre *cône*, très-beau et très-recherché. Les variétés de cette espèce sont très-nombreuses. On distingue les variétés de l'*amiral grenu*, ainsi nommé à cause des petites granulations dont il est couvert, et le *cône amiral*, qui est couronné par une rangée de tubercules blancs et placés uniformément. Le prix des coquillages varie de 4 à 500 francs chaque.

AMIRAL (Henri L'), né à Auzelle en Auvergne, en 1744, de parents pauvres, entra d'abord comme domestique dans la maison du ministre Bertin. Il parvint ensuite à obtenir une place de directeur de la loterie à Bruxelles. Irrité des excès et des crimes de Collot-d'Herbois et de Robespierre, membres de la convention nationale, il voulut y mettre un terme, et se rendit à Paris dans le but de leur ôter la vie. Dans la nuit du 26 mai 1794, il tira sur Collot-d'Herbois deux coups de pistolet qui ne le blessèrent pas, fut arrêté, condamné à mort et exécuté avec cinquante et une autres personnes accusées aussi d'avoir voulu attenter aux jours de Robespierre (1794).

AMIRANTE, grade de la marine d'Espagne correspondant à celui d'*amiral* en France.

AMIRAUTÉ. C'était autrefois une juridiction spéciale distincte de l'administration de la marine et des tribunaux judiciaires. On y rendait la justice sur les faits et les contestations de la marine et du commerce, sous le nom et l'autorité de l'amiral. L'amirauté avait dans tous les ports du royaume des siéges et des bureaux. Le chef des officiers de ce siège prenait le nom de *lieutenant de l'amirauté*. — En Hollande, en Angleterre, en Danemarck, en Amérique, etc., l'*amirauté* est l'administration supérieure de la marine. En France, on nomme ainsi la charge, la juridiction d'un amiral, et le lieu où elle s'exerce.

AMIRAUTÉ (CONSEIL D'), conseil créé en 1824 par Louis XVIII pour régler tout ce qui concerne la marine du royaume. Il est présidé par le ministre de la marine, et se compose d'un amiral, vice-présidents, de deux vice-amiraux, de deux contre-amiraux (un de ces derniers est directeur du personnel de la marine), d'un officier supérieur du génie maritime, directeur des ports, d'un commissaire général, directeur des fonds et des soldes de retraite. Le secrétaire est un directeur des constructions navales.

AMIRAUTÉ (ILES DE L'), groupe d'îles de l'Océanie, situé dans la mer du Sud, au N. de la Papouasie et de la Nouvelle-Bretagne, à 15 ou 20 lieues du canal de Saint-Georges. Ce groupe occupe un espace d'environ 50 lieues de largeur sur 12 ou 15 lieues de longueur. Il se compose de vingt-cinq îles, un peu élevées au-dessus du niveau de la mer, d'un aspect charmant et varié. Elles furent découvertes par Schouten dans le xviie siècle. La principale est l'*île de l'Amirauté* ou *Basco*, île élevée, boisée et populeuse. Sa superficie est d'environ 95 lieues carrées. Les autres sont les îles *Jésus-Maria*, *San-Gabriel*, *San-Miguel*, *la Vendola*, *los Reyes*, *los Negros*, *Nouvel-Hanovre*, *Port-Land*, *Saint-Jean*, *Abgarris*, *Dampier*, *Commerson*, *Matty*, *Hermites*, etc. Les habitants de ces îles fertiles sont d'un noir peu foncé, de physionomie agréable, vigoureux et bien faits. Leur tête est grosse et ronde, leurs cheveux sont frisés, courts, teints en rouge, blanc et jaune. Ils connaissent l'usage du fer. Leurs armes sont les lances, les frondes, les casse-têtes, l'arc et les flèches. Ils sont tout nus, excepté les femmes qui portent une ceinture.

AMIS (ILES DES). Voy. TONGA.

AMMA, mesure de longueur des Grecs et des Orientaux, valait 60 pieds grecs, c'est-à-dire, 18 mètres 49 centimètres de nos mesures.

AMMAN, dignité de la Suisse et de la Haute-Allemagne correspondant à celle de maire, de bailli, de prévôt. On nomme *landamman* le grand prévôt d'une province.

AMMARIDES, dynastie composée de sept princes musulmans qui ont régné à Tripoli en Afrique de 1324 à 1400. Cette dynastie fut détruite par le roi de Tunis, qui s'empara de Tripoli.

AMMIEN MARCELLIN, historien romain du ive siècle, né à Antioche. Il embrassa la carrière militaire sous Constance, Julien et Valens, et se retira en 361 à Rome, où il écrivit une *Histoire de l'empire*, en trente et un livres, dont il ne nous reste que les dix-huit derniers, et qui commence à la fin des *Annales* de Tacite. Ammien mourut en 390.

AMMITE ou AMITE, nommée aussi *chaux carbonatée globuliforme testacée*, nom donné aux concrétions calcaires composées de globules accumulés les uns sur les autres et formant des couches concentriques. Ces globules sont nommés *méconites* lorsqu'ils sont de la grosseur de graines de pavot, *oolithes* lorsqu'ils ressemblent à des œufs, *orobites* ou *pisolithes* lorsqu'ils ont le volume d'un pois, *cenebrites* lorsqu'ils ressemblent à des grains de millet.

AMMOCÈTE, poisson de la famille des cyclostomes, assez ressemblant aux anguilles et aux lamproies. L'*ammocète lamproyon*, *lamprillon* ou *sept-œils* est long de sept à huit pouces et gros comme un tuyau de plume. Il est vert-verdâtre et le dessous de son corps blanc. Il s'enfonce dans le sable et vit de petits poissons. L'*ammocète rouge* est d'un rouge de sang plus foncé sur le dos que sous le ventre. On trouve ces poissons à l'embouchure de la Seine. A Rouen, on mange la première espèce, et toutes deux servent d'appât pour la pêche.

AMMODYTE. Voy. EQUILLE.

AMMON ou HAMMON, nom sous lequel Jupiter était honoré en Libye. Bacchus, épuisé de soif dans une expédition des Indes, implora le secours de son père, qui se présenta sous la forme d'un bélier, et qui fit jaillir une source d'un coup de pied. Dans cet endroit, Bacchus lui érigea un temple. Il y avait un fameux oracle, où Jupiter transmettait ses prophéties par les signes de son ministre. — Alexandre le Grand fut déclaré fils d'Ammon par l'oracle.

AMMON, fils incestueux de Loth, neveu d'Abraham, et de la plus jeune de ses filles. Il fut père des *Ammonites*, et son frère *Moab* des *Moabites*.

AMMON (CORNE D'). Voy. AMMONITE.

AMMONÉES, coquilles qui se reconnaissent aux cloisons qui les forment. Ces cloisons sont sinueuses, découpées dans leur contour, se réunissent entre elles contre la paroi intérieure de la coquille, et s'y articulant par des sutures découpées et dentées. Parmi les ammonées, on distingue l'*ammonite* et la *baculite*.

AMMONIAQUE (Gaz), substance incolore, invisible, caustique, âcre, d'une odeur vive et irritante, qui verdit le sirop de violette, se dissout dans l'eau, éteint les corps en combustion. Elle est formée par la combinaison de trois volumes d'azote et d'un volume d'hydrogène. Ce gaz existe toujours mêlé avec les acides pour former des sels. Il s'unit aussi avec les huiles pour former des savons.

AMMONIAQUE LIQUIDE (*alcali volatil*), substance incolore, transparente, délétère, qui résulte de la solution du gaz ammoniaque dans l'eau. On l'emploie en très-petites doses, en médecine, contre les morsures et le venin des animaux, l'ivresse, etc. Dans les arts, elle sert à aviver une couleur, dissoudre le carmin, délayer les écailles d'ablettes, etc.

AMMONIAQUE MURIATÉE (*sel ammoniaque*, *hydrochlorate d'ammoniaque*), combinaison de l'ammoniaque avec l'acide hydrochlorique, substance cristallisée, granuleuse, fibreuse, lamelleuse ou aiguillée. Son odeur est urineuse; sa couleur varie d'un blanc grisâtre au jaunâtre. Il est soluble dans l'eau, d'une saveur piquante, âcre et amère. On s'en sert pour la fabrication du fer-blanc. Ce sel se trouve au pied des volcans.

AMMONIE, contrée de la Libye (l'Afrique des anciens) où était situé le temple de Jupiter Ammon. Le nom a été donné quelquefois à la *Libye* entière. — *Ammonie* était aussi le surnom donné par les Grecs à Junon, comme femme de Jupiter Ammon.

AMMONITES ou AMMANITES, peuple fameux descendant d'Ammon, fils de Loth. Il demeurait à l'orient de la mer Morte et du Jourdain. Ils furent presque toujours en guerre avec les Israélites, jusqu'à ce qu'ils furent détruits par Joab, général de David. Leurs débris se sont confondus avec les Arabes.

AMMONITE, genre de la famille des ammonées, renfermant des coquilles en forme de disques, en spirale, découpées dans leur contour, à tours contigus et apparents, percées dans leur intérieur. Ces coquilles, qui atteignent souvent une grande dimension, se trouvent en grand nombre pétrifiées dans le sein de la terre. Elles forment des chaînes de montagnes entières. Leur intérieur est orné de belles couleurs. Quelques-unes sont converties en agates. On les nomme aussi *cornes d'Ammon*.

AMMONIUM, nom donné par quelques chimistes au métal dont ils croient l'ammoniaque formée. L'existence de ce métal n'est pas encore établie ni démontrée.

AMMONIURES, nom donné aux composés d'ammoniaque et d'un oxyde métallique. On dit *ammoniure d'argent* ou *de cobalt*, etc., pour exprimer les résultats de la combinaison de l'ammoniaque avec l'un de ces deux métaux.

AMMONIUS, fils du philosophe grec Hermias, philosophe lui-même, et disciple de Proclus, enseigna à Alexandrie, vers le commencement du VIe siècle, la doctrine d'Aristote. Il a laissé un *Traité sur les synonymes* et des *commentaires* estimés sur quelques ouvrages d'Aristote. Ces écrits sont parvenus jusqu'à nous.

AMMONIUS SACCAS ou SACCOPHORE, philosophe célèbre d'Alexandrie, vivait dans les IIe et IIIe siècles après J.-C. Il conçut le projet de réconcilier les systèmes de philosophie opposés en apparence, et il chercha le point de réunion dans l'intervention de la Divinité. C'est ainsi qu'il fut le fondateur de la philosophie *néoplatonicienne*, et de la secte des *théosophes* ou *illuminés*. Ammonius n'a laissé aucun écrit, aussi connaît-on peu le système qui lui est propre; mais il a laissé des disciples célèbres, tels que Plotin, Longin, Herennius, etc., qui ont propagé et rédigé sa doctrine. L'on assure qu'il embrassa le christianisme, et on lui attribue un ouvrage nommé *Monotessaron*, *Harmonie évangélique* ou *Concordance de Jésus-Christ avec Moïse*, qui met en harmonie les quatre Évangiles.

AMNIOMANTIE, sorte de divination qui consistait à tirer un présage de la coiffe ou membrane qui enveloppe quelquefois le corps d'un enfant à sa naissance. On retrouve quelque chose de semblable dans le préjugé, existant encore, que les enfants nés coiffés seront heureux.

AMNIOS, membrane lisse, transparente, de nature séreuse, d'une grande ténuité, et qui sert d'enveloppe au fœtus dans le sein de la mère. Elle le recouvre directement et est unie par sa surface externe à une autre membrane nommée *chorion*. L'intérieur de l'amnios est rempli d'un liquide nommé les *eaux de l'amnios*, ou simplement *les eaux*, au milieu duquel nage le fœtus dans le sein de la mère. Ce liquide est limpide, jaunâtre ou blanchâtre et comme laiteux. Il exhale une odeur fade, et a une saveur légèrement salée. Il sert à faciliter la dilatation de l'utérus, à empêcher que celui-ci ne s'applique immédiatement sur le fœtus, ne le serre et ne le comprime douloureusement, à modérer ou amortir les chocs extérieurs, etc. On a donné le nom d'*acide amniotique* à un acide incolore et solide que l'on retire de l'eau de l'amnios de la vache.

AMNISTIE, pardon, rémission d'une peine accordée à celui qui s'est rendu coupable d'un délit ou d'un crime, sous la condition qu'il rentrera dans le devoir. Ainsi on rappelle souvent les déserteurs par la garantie d'une amnistie entière. Les plus célèbres amnisties sont celle qui fut accordée en 1570 aux protestants, et qui fut suivie (1572) de la Saint-Barthélemy; celle par laquelle Charles II accorda la grâce aux juges de son père; celle par laquelle Louis XVIII pardonna à ceux qui avaient pris part au retour de Napoléon (1816), etc. En 1837, lors du mariage du duc d'Orléans, Louis-Philippe Ier a accordé une amnistie générale à tous les condamnés politiques.

AMODIATION, bail à ferme d'une terre en grain ou en argent. On dit *amodier* une terre pour l'affermer en grain ou en argent.

AMOLETTES, nom donné aux trous quadrangulaires pratiqués dans la tête de certaines machines, telles que les cabestans. Ils sont destinés à recevoir le bout des barres qui doivent mettre ces machines en action.

AMOME, genre de la famille des amomées, renfermant des herbes aromatiques, originaires des pays chauds, à racines épaisses, à feuilles entières, lancéolées, engaînantes, à fleurs en épi ou en petite grappe terminale. La saveur piquante et aromatique des graines de ces plantes les fait souvent employer comme épices et comme assaisonnements, dans les ragoûts indiens. Les plus connues sont le *cardamome* et la *graine de paradis*. — On nomme vulgairement *amome*, *amomon* ou *amour*, une espèce de *morelle*.

AMOMÉES, famille de plantes herbacées, monocotylédones, répondant aux *balisiers* de Jussieu. Les racines de ces plantes sont tubéreuses, épaisses et aromatiques; les feuilles simples, entières, engaînantes; les fleurs sont grandes, en épi ou en grappe; les fruits sont des capsules à trois valves (s'ouvrant de trois côtés). Les genres de cette famille sont le *balisier*, le *gingembre*, l'*amome*, le *curcuma*, etc.

AMON, roi de Juda, fils de Manassès, monta sur le trône l'an 642 avant J.-C. Il imita les impiétés de son père, et fut, après un règne de deux ans, assassiné par ses serviteurs, l'an 640 avant J.-C.

AMONT, la partie de la rivière opposée à la partie d'*aval*. Ainsi l'on dit *pays d'amont* pour désigner la contrée qui forme les rivages de la partie supérieure d'une ville principale, et *pays d'aval* pour indiquer la contrée qui se trouve au-dessous de la ville en suivant le courant. Ainsi l'*amont* est un lieu élevé, l'*aval* un lieu bas. Le vent d'amont vient de la partie du levant ou de l'intérieur des terres.

AMONTONS (Guillaume), célèbre physicien, né à Paris en 1663. En 1687, n'ayant encore que 24 ans, il présenta à l'académie des sciences un nouvel *hygromètre* qui fut fort approuvé. Ses *Remarques sur une nouvelle clepsydre et sur les baromètres* lui valurent le titre de membre associé de l'académie des sciences. Il a laissé aussi une *Théorie des frottements* qui se trouve dans les mémoires de l'académie. Il mourut en 1705. On lui doit l'invention d'un *baromètre sans mercure*, à l'usage des marins, et celle du *télégraphe* moderne, mais à exécution seulement par Chappe en 1791.

AMORCE, appât dont on se sert à la pêche ou à la chasse pour prendre du gibier, des bêtes fauves ou du poisson. L'*amorce* est aussi la poudre que l'on met dans le bassinet d'une arme à feu, ou sur la lumière d'une bouche à feu, ou à des pièces d'artifice, pour y faire prendre feu. *Amorce* s'emploie quelquefois comme synonyme d'*étoupille*. — *Amorcer*, c'est se servir de l'*amorce*, prise dans quelque acception que ce soit. *Amorcer* un fusil, c'est répandre de la poudre dans le bassinet ou sur la lumière. En termes de charpentier, c'est commencer, avec une espèce de tarière nommée *amorçoir*, un trou, que l'on achève ensuite avec d'autres outils. Les ouvriers en fer s'en servent pour dire *préparer* deux morceaux de fer à être soudés ensemble.

AMORETTI (L'abbé Charles), né à Oneglia dans le Milanais (Italie) en 1740, fut un des conservateurs de la bibliothèque ambroisienne. Il se consacra spécialement à l'étude de la minéralogie, et publia un grand nombre d'écrits en langue italienne, entre autres, un *Voyage de Milan aux lacs de Côme, de Lugano et Majeur*; le *Voyage de Ferrer Maldonado à l'océan atlantique Pacifique*, etc. Il mourut en 1816.

AMORGIS, robe de femme que portaient les anciens. Elle était en étoffe légère, tissue de lin. On la teignait le plus souvent en couleur olive ou jaune verdâtre. Ce nom vient apparemment d'*amorgé*, qui désignait le marc d'huile ou l'huile troublée, ou bien d'*amorgis*, qui désignait proprement le lin.

AMOROSO, mot italien que l'on place quelquefois au commencement d'un morceau de musique, et qui indique à la fois une certaine lenteur dans le mouvement et un caractère de douce langueur dans la mélodie, une expression de passion et de sentiment. — *Chanter amoroso* se dit pour désigner une manière de chanter affectée et langoureuse.

AMORPHE ou AMORPHA, arbrisseau de la Caroline, de la famille des légumineuses, et dont les fleurs sont très-irrégulières. Sa racine pelée guérit les maux de dents. L'*amorpha fruticosa* se cultive dans nos jardins. Ses feuilles sont d'un vert noir, et ses fleurs, en long épi pourpre et violet, sont d'un aspect agréable. On appelle cet arbrisseau *indigo bâtard*, quoiqu'il ressemble peu à l'indigotier, et qu'il n'ait pas sa vertu colorante.

AMORPHE, nom donné aux minéraux dont la cristallisation est extrêmement confuse, et, en général, à toutes les substances ou parties dont la forme est mal déterminée.

AMORRHÉENS, peuple de la Judée, descendant d'Amor, fils de Chanaan. Ils peuplèrent d'abord les montagnes à l'ouest du lac Asphaltite (mer Morte), et s'étendirent ensuite à l'est. Moïse fit la conquête de leur pays.

AMORTIR, c'est, en marine, arrêter un bâtiment qui était en mouvement, l'empêcher d'avancer, rendre nulle sa vitesse. Un bâtiment est *amorti* dans un port lorsqu'il ne peut en sortir à cause du peu de profondeur de la mer, et qu'il est obligé d'attendre la venue du reflux. On nomme *amortissement* l'état d'un bâtiment qui cesse de flotter.

AMORTISSEMENT, nom donné au rachat, à l'extinction d'une pension, d'une rente. Un édit de décembre 1764 a institué une caisse d'amortissement créée définitivement en 1798. Supprimée en 1816, elle fut rétablie la même année sur de nouvelles bases, et a été adjointe à la caisse de dépôts et consignations.

AMORTISSEMENT, sorte de faveur que le roi accordait, par lettres patentes, aux églises et communautés religieuses, de posséder des fiefs et héritages à perpétuité, contrairement aux anciennes constitutions de France. Louis IX régla qu'on payerait au roi un droit arbitraire, taxé par lui, et aux seigneurs une indemnité. — Les patentes par lesquelles on donnait ces faveurs furent appelées *lettres d'amortissement*.

AMORTISSEMENT. C'est, en sculpture, une boule, un vase, un candélabre, ou tout ornement de forme quelconque destiné à terminer quelque ouvrage d'architecture.

AMOS, le troisième des douze petits prophètes hébreux, vivait sous les règnes d'Osias en Juda et de Jéroboam en Israël; il exerçait l'état de berger. Ses prophéties, renfermées dans neuf chapitres, sont écrites avec beaucoup de simplicité, dépeignent la corruption des Juifs à cette époque, et contiennent des menaces contre les adorateurs des faux dieux. Son style est clair, pur et harmonieux. C'est un des meilleurs écrivains hébreux.

AMOUR (myth.), le plus beau dieu mêlée, fils de Mars et de Vénus, présidait à l'amour. On le représentait sous les traits d'un enfant, aux yeux bandés, armé de flèches et d'un carquois. La différence entre l'*Amour* et *Cupidon* est que le premier était doux, modéré, pur et chaste, et inspirait les sages, tandis que Cupidon, emporté et violent, possédait les fous, et excitait les hommes à la folie et à l'ivresse.

AMOUR (fleuve). Voy. SAGHALIEN.

AMOUR DU PROCHAIN, ordre de chevalerie institué en 1708 par Élisabeth-Christine, femme de Joseph Ier, empereur d'Allemagne. La décoration est une croix à huit pointes, pommelées d'or, émaillées, ayant les quatre angles rayonnants, avec ces mots au centre: *amor proximi* (l'amour du prochain). Le ruban en est rouge.

AMOURE, nom donné dans le midi de la France aux mûres, framboises, et aux fruits semblables.

AMOURETTE, nom vulgaire d'une plante vivace des prés secs et des montagnes dénuées de bois, appartenant au genre *brize*. Elle fournit un fourrage court, mais de bonne qualité, aimé des chevaux, des vaches et surtout des moutons. Cette plante est de la famille des graminées. Ses épis sont courts et ovales. — On appelle *amourette des prés* la lychnide fleur de coucou, *amourette moussue* la saxifrage hypnoïde, et *petite amourette* le *palurin éragroste*. On nomme encore *amourette* un insecte du genre *anthrène*, qui détruit les collections d'histoire naturelle. L'*amourette de Saint-Christophe* est une espèce de *volkameria*. Le bois d'amourette est celui d'une espèce d'acacia mimosa.

AMOVIBLE, nom donné aux personnes jouissant d'une fonction qui peut leur être révoquée ou enlevée. Par extension, on a étendu la désignation de ce mot aux fonctions dont les titulaires peuvent être révoqués.

AMPÉCHONÉ, manteau léger que les femmes, en Grèce et en Égypte, portaient par-dessus la tunique.

AMPÉLITE, nom donné par les anciens à une pierre noire, bitumineuse, tendre, friable, susceptible de s'effleurir à l'air, et qu'on mettait auprès des vignes pour faire périr les insectes nuisibles. On croit assez généralement que c'était un schiste noir bitumineux.

AMPÉLIUS, écrivain latin, auteur d'un ouvrage intitulé *Liber memorialis* (c'est-à-dire, livre de mémoire ou de souvenir), divisé en cinquante petits chapitres, dans lequel il donne des notions très-abrégées sur le monde, les éléments, la terre et l'histoire. Cet ouvrage est joint le plus souvent aux éditions de l'historien Florus.

AMPÈRE (André-Marie), célèbre mathématicien, né à Lyon en 1775, commença par professer à l'école centrale du Rhône. Lors de la création de l'université, il fut nommé inspecteur général des études, place qu'il conserva jusqu'à sa mort. Il se fit remarquer par l'universalité de ses connaissances, et se distingua particulièrement dans la botanique, la chimie et la physique. Il contribua beaucoup au développement de ces sciences par des théories nouvelles, des aperçus ingénieux et de nombreux mémoires. M. Ampère mourut en 1836.

AMPHIANACTES, sobriquet donné aux poètes anciens, sous prétexte qu'ils commençaient leurs hymnes en général par cette formule d'invocation *amphi*, *moi*, *anax*, c'est-à-dire, *pour ou sur moi*, *prince*, étant obligés de commencer par une invocation à Apollon.

AMPHIARAÜS (myth.), héros grec et devin habile. Lorsque plusieurs princes grecs eurent déclaré la guerre à Thèbes pour soutenir l'usurpation de Polynice contre Étéocle, son frère, roi de cette ville, Amphiaraüs, ayant appris qu'il mourrait dans cette guerre, se cacha pour n'être pas obligé d'y aller. Mais, séduite par un collier de diamants, son épouse Eriphyle le trahit. Il partit pour Thèbes, se distingua beaucoup à la guerre, et fut englouti sous terre avec son char dans une mêlée. Après sa mort, on lui rendit les honneurs divins, et on lui bâtit un temple près d'une fontaine regardée comme sacrée et où était un oracle célèbre.

AMPHIARTHROSE, nom donné, en anatomie, à une articulation mixte, dans laquelle les surfaces correspondantes des os sont unies d'une manière intime par un corps intermédiaire, qui leur permet cependant quelques légers mouvements.

AMPHIBIE, nom donné aux animaux qui ont la propriété de vivre sur la terre et dans les eaux. Cela vient de ce que ces animaux ont à la fois des *poumons* pour respirer l'air atmosphérique et des *branchies* pour respirer celui contenu dans l'eau.

AMPHIBIOLITHES, pétrification renfermant des parties d'animaux amphibies, c'est-à-dire, de reptiles qui habitent les eaux, de la famille des salamandres, etc.

AMPHIBOLE, nom d'une pierre que l'on appelait autrefois *schorl noir*. C'est une combinaison de silex et de chaux, rayant le verre, et se présentant en cristaux noirs, verts ou bleus. Les amphiboles se trouvent dans les roches anciennes où domine le talc, et quelquefois dans des produits volcaniques. On en fait des boutons d'habits, des manches de couteaux et des verres noirs ou verts. L'*amiante* est une variété d'amphibole. On nomme *roches amphiboliques* les roches constituées en grande partie par des masses d'amphiboles auxquelles se mêlent d'autres minéraux. C'est le feldspath qui est le plus souvent associé à l'amphibole; ils constituent ensemble des minéraux qu'on a nommés *trapps*, *diorites ou ophites*.

AMPHIBOLITE ou ACTINOTE, espèce de minéral du genre *amphibole*, qui est toujours d'un vert plus ou moins foncé, et qui peut rayer le verre. Cette substance est formée de silice, de chaux, de magnésie, d'alumine, d'une grande quantité d'oxyde de fer, et de quelques autres substances en quantité plus ou moins variable.

AMPHICTYON ou AMPHICTIS (myth.), un des plus anciens héros grecs, était fils de Deucalion et de Pyrrha. Il obtint l'Orient dans le partage des États de son père, avec son frère Hellen, et régna aux Thermopyles au XVIᵉ ou au IVᵉ siècle avant J.-C. On croit qu'après la mort de Cranaüs, roi d'Athènes, il s'empara de cette ville, l'an 1497 avant J.-C., la consacra à Minerve, et lui donna son nom. Il fonda aussi le conseil des *amphictyons*.

AMPHICTYONIE, nom donné, en histoire ancienne, aux assemblées d'amphictyons. Ce nom était commun dans l'origine à plusieurs associations établies auprès des temples pour surveiller la célébration des fêtes et empêcher toute hostilité pendant ces fêtes. Chacune des petites villes *qui étaient situées aux alentours du temple* (en grec, *amphiction*) envoyait des députés pour faire exécuter les conventions, et c'est de là que vient leur nom. Il y avait une amphictyonie à Argos près de celui de Junon, à Corinthe près de celui de Neptune. Les plus célèbres sont celle des Thermopyles, fondée par le roi Amphictyon, et celle de Delphes. Ces deux dernières se fondirent bientôt, ne formant une seule assemblée, nommée *conseil des amphictyons* (voy.).

AMPHICTYONIQUE, ce qui a rapport aux assemblées des amphictyons. On nommait autrefois *guerres amphictyoniques* celles qui étaient décrétées par le conseil des amphictyons. Comme ces guerres eurent pour motif ou pour prétexte la religion, on les nomma plus communément *guerres sacrées*.

AMPHICTYONS (CONSEIL DES), ou AMPHICTYONIE, assemblée générale de l'ancienne Grèce, composée de députés représentant douze peuples confédérés du nord de cette contrée. Elle se réunissait deux fois l'année, au printemps à Delphes, et en automne, au bourg d'Anthèle, près des Thermopyles. Cette association, instituée par Amphictyon vers l'an 1497 avant J.-C., avait pour but de prévenir les maux que la guerre amène à sa suite, de juger toutes sortes de causes, principalement les attentats contre le droit des gens, la tranquillité publique et la sainteté du temple de Delphes; enfin, de décider de la paix ou de la guerre. Le nombre des députés n'était point fixé. Chaque peuple confédéré avait deux suffrages à donner par eux. Avant d'ouvrir l'assemblée, on offrait des sacrifices. Les députés commençaient ensuite à discuter sur les affaires soumises à leur tribunal. Le conseil décidait à la pluralité des voix. Il prononçait une amende contre les nations coupables. Après les délibérations accordées, si l'amende n'était pas payée, il intervenait un second jugement qui l'augmentait du double. Si les nations condamnées n'obéissaient pas encore, l'assemblée était en droit d'armer contre elles toute la confédération, et de les séparer de la ligue amphictyonique. — Le conseil des amphictyons fut respecté par les Romains. Il s'éteignit vers le IVᵉ siècle après J.-C., à mesure que les États grecs se fondirent dans l'empire romain.

AMPHIDROMIE, fête que les Athéniens célébraient dans l'intérieur de leurs maisons, le premier jour, d'autres disent le cinquième après la naissance d'un enfant. L'on courait autour de la chambre en portant le nouveau-né dans les bras; tous ceux de la maison faisaient de petits présents à l'occasion de cette cérémonie, qui finissait par un festin. On croit que c'est alors qu'on donnait un nom à l'enfant.

AMPHIGÈNE, substance blanchâtre, composée de silice, d'alumine et de potasse, rayant difficilement le verre. Elle se trouve en abondance dans les produits volcaniques et dans les rochers qui ont subi l'action des feux souterrains. Elle n'est d'aucun usage.

AMPHIGOURI, genre de poëme burlesque, qui n'offre qu'un amas d'idées sans ordre et opposées les unes aux autres. Tel est celui qui commence par ces mots: *Un jour qu'il faisait nuit, je dormais éveillé*, etc. — On a étendu la signification de ce mot à tout écrit dont les idées se contrarient entre elles, et qui n'a pas de sens déterminé.

AMPHIMACRE, nom donné à un pied de vers grec ou latin, composé d'une brève entre deux longues.

AMPHIMALLE ou AMPHIMELLE, tunique d'hiver des anciens, garnie de fourrures en dedans et en dehors.

AMPHION (myth.), prince thébain, fils

de Jupiter et d'Antiope, fille de Lycus, roi de Thèbes. Ayant tué Lycus pour le punir des tourments qu'il faisait supporter à Antiope, il régna à Thèbes avec son frère Zéthus. Thèbes reçut sous ce règne une nouvelle splendeur. Amphion cultiva avec succès la musique, et reçut de Mercure une lyre d'or au son de laquelle il rebâtit les murs de Thèbes. Les pierres, sensibles à la douceur de ses accents, venaient se placer les unes sur les autres et d'elles-mêmes. Amphion eut de Niobé quatorze enfants (voy. NIOBÉ), qui moururent très-misérablement. On dit qu'après cette perte il se donna la mort.

AMPHIPODES, nom donné au quatorzième ordre des crustacés. La tête de ces animaux est distincte du thorax (poitrine) et porte quatre antennes ou filets. Le corps est muni de huit paires de pieds, et est suivi d'une espèce de queue. Ces animaux ont généralement à la base extérieure des pieds, à partir de la deuxième paire, des bourses vésiculaires dont on ignore l'usage. Les amphipodes sont de petits crustacés aquatiques et terrestres. Ils sont partagés en trois familles, les *crevettines*, les *podocérides* et les *hypérines*.

AMPHIPOLES, magistrats souverains de Syracuse, en Sicile. Ils furent établis par Timoléon, 343 ans avant J.-C., après qu'il eut chassé Denis le Tyran. Les Syracusains distinguèrent leurs années par les noms de ces magistrats dont l'autorité ne durait qu'un an, coutume qui subsista plus de trois cents ans, jusqu'au temps où les Romains s'emparèrent de Syracuse.

AMPHIPOLIS, ville située sur le fleuve du Strymon, près de son embouchure, dans la partie N.-E. de la Macédoine. Elle fut bâtie par une colonie athénienne, et reçut le surnom d'*Aréa*, c'est-à-dire *ville de Mars* (en grec, *Arès*). Elle fut le sujet de plusieurs guerres entre les Athéniens et les Spartiates. Philippe, roi de Macédoine, s'en empara et en fit une des plus fortes barrières de son royaume.

AMPHISBÈNES, serpents d'Amérique, de la famille des homodermes. Leur corps est d'un volume égal partout, et leur queue est aussi grosse que leur corps. Leur tête est recouverte de grandes plaques, et le corps est revêtu d'écailles égales, uniformes, carrées et lisses. Ces animaux n'ont qu'un poumon et ne sont pas venimeux. Ils sont ovipares et se nourrissent d'insectes et de fourmis. La forme de ces serpents explique l'erreur des anciens qui croyaient qu'ils avaient deux têtes, une à chaque extrémité, et qu'ils marchaient en arrière comme en avant. La taille des amphisbènes varie de dix lignes à vingt-deux pouces de long. Leur couleur est blanche rosée, bleu jaunâtre, blanche avec des bandes noirâtres ou brunâtres, ou enfin brune.

AMPHISCIENS, peuples de la zone torride qui ont leur ombre, dans les diverses saisons de l'année, tantôt d'un côté, tantôt de l'autre, vers le sud ou le nord.

AMPHITHÉÂTRE, nom donné à de vastes édifices destinés chez les Romains à donner au peuple des spectacles, des combats d'animaux, de gladiateurs, et des représentations dramatiques. L'amphithéâtre était de forme ronde ou ovale. Dans le milieu était une place ovale nommée *arène* à cause du sable fin (en latin, *arena*) qui la recouvrait, et où avaient lieu les spectacles. L'arène était entourée d'un large mur, haut de douze à quinze pieds. Sur ce mur était placé un premier rang de sièges nommé *podium*. A partir du *podium*, des rangs de sièges, placés les uns au-dessus des autres, s'élevaient en gradins jusqu'au sommet de l'édifice. Ces sièges étaient divisés en trois étages, entre lesquels il y avait des allées circulaires nommées *baltei* ou *præcinctiones*. De distance en distance étaient pratiqués des escaliers pour monter d'un étage à l'autre. Ces escaliers se nommaient *scalaria* ou *scalæ*. L'espace compris entre eux se nommait *cuneus* (coin) à cause de sa forme angulaire. Sous le premier rang de sièges, autour de l'arène, étaient des voûtes peu élevées, dans lesquelles on renfermait les gladiateurs ou les bêtes féroces qui devaient combattre, ou l'eau qui devait changer l'arène en un bassin pour les joutes sur l'eau ou naumachies. Ces voûtes s'appelaient *caveæ*, étaient fermées par des grilles de fer (*ferreis clathris*); et au-dessous d'elles, entre le mur et l'arène, était un canal plein d'eau, nommé *euripus*, pour empêcher les bêtes féroces de s'élancer sur les spectateurs. Le peuple entrait par de vastes portes nommées *vomitoria*. On nommait *libitinensis* une porte par laquelle on emportait les morts ou les blessés. L'amphithéâtre était découvert. Quand il pleuvait ou que la chaleur était trop forte, on étendait des toiles au-dessus de l'assemblée. — Chaque condition avait un quartier particulier (*cuneus*). Des maîtres de cérémonies, nommés *designatores* ou *dissignatores*, assignaient à chacun sa place. L'empereur, les sénateurs et les ambassadeurs étrangers se plaçaient sur le *podium*. Le siége de l'empereur (*suggestus* ou *suggestum*) était élevé comme une chaire et surmonté d'un dais. La place de celui qui donnait les jeux et celles des vestales étaient décorées d'une manière semblable. Derrière les sénateurs étaient les chevaliers sur quatorze rangs. Derrière ceux-ci enfin, un lieu élevé à-vis sur des degrés de pierre, *popularia*. Le plus célèbre amphithéâtre est le *Colysée*, construit sous Vespasien et Titus, l'an 80 de J.-C. Il avait seize cent douze pieds de circonférence et quatre-vingts arcades. Il pouvait contenir cent vingt mille spectateurs. Il en reste encore des ruines.

AMPHITHÉÂTRE. On nomme ainsi chez les modernes, 1° un lieu élevé vis-à-vis de la scène dans les théâtres, et rempli de degrés placés les uns au-dessus des autres, d'où les spectateurs voient le spectacle plus commodément; 2° en termes de médecine, un lieu où le professeur donne ses leçons et fait ses démonstrations d'anatomie; 3° *amphithéâtre de gazon* ou *verlugadin*, une décoration formée de gradins semés de gazon, et destinée à recevoir des vases de fleurs. — En général, un terrain, un mur, etc., *s'élève*, *va en amphithéâtre*, lorsqu'il s'élève comme les gradins d'un amphithéâtre.

AMPHITRITE (myth.), fille de l'Océan et de Téthys. Elle avait fait vœu de chasteté. Neptune l'ayant aimée, la déesse s'étant cachée pour fuir ses poursuites, un dauphin la ramena à Neptune, qui l'épousa. On représentait Amphitrite assise sur une conque traînée par des Tritons et suivie par des Néréides.

AMPHITRITE, genre d'annélides, de la famille des tubicoles. Ces animaux, semblables à des vers, ont à la partie antérieure de la tête des espèces de pailles ou filets de couleur dorée, rangées en peigne ou en couronne, sur un ou plusieurs rangs. Autour de la bouche sont de très-nombreux filets. Ils habitent des tuyaux légers que la plupart se composent eux-mêmes, et qu'ils transportent avec eux. On distingue l'*amphitrite dorée*, dont le tube est long de deux pouces et est formé de grains ronds de diverses couleurs. Elle habite nos mers.

AMPHITRYON (myth.), fils d'Alcée, roi de Tyrinthe (Grèce). Electryon, roi de Mycènes, ayant promis sa couronne et la main de sa fille Alcmène à celui qui le vengerait des Téléboens, peuples qui avaient tué son fils et massacré ses troupeaux, Amphitryon s'offrit. Il fut agréé pour l'époux d'Alcmène à la condition de n'accomplir le mariage que quand il serait vainqueur. Pendant qu'il était occupé à cette expédition, Jupiter séduisit Alcmène sous les traits d'Amphitryon. Celui-ci, revenu vainqueur, apprit qu'il avait eu pour rival le maître des dieux; mais il fut décidé que sa femme donnerait le jour à Hercule. Ayant tué dans la suite son beau-père par mégarde, il s'exila à Thèbes et mourut dans un combat contre les Orchoméniens. Il avait adopté Hercule pour son fils. — On nomme vulgairement *amphitryon* celui chez qui l'on dîne ou l'on a dîné.

AMPHORE, mesure de liquides usitée à Rome et en Grèce. L'*amphore romaine* ou *quadrantal* avait un pied romain en tous sens. On en conservait au Capitole un typo ou modèle qui prenait le nom d'*amphora Capitolina*. Elle contenait 2 urnes 8 conges 48 setiers, et valait de nos mesures 25 litres 89 centilitres. L'*amphore attique* ou *métrétés* valait 38 litres 83 centilitres de nos mesures. — On nommait aussi chez les Romains *amphore* un vase à deux anses dans lequel on conservait le vin. On marquait sur chaque amphore l'année du consulat sous lequel le vin avait été recueilli.

AMPHOTIDES, armes défensives employées chez les anciens dans les combats du *ceste*. C'était une calotte d'airain qui couvrait les oreilles et les parties les plus sensibles de la tête.

AMPHRYSE, petite rivière de Thessalie, près de laquelle Apollon, chassé du ciel, fit paître les troupeaux du roi Admète. C'est de là qu'il fut surnommé *Amphrysius* et sa prêtresse *Amphrysia*.

AMPIA LABIENA, loi romaine ainsi nommée des tribuns du peuple T. Ampius et A. Labienus, qui la firent décréter l'an de Rome 693 (59 avant J.-C.). Elle permit à Pompée d'assister aux jeux du cirque en robe triomphale et au théâtre avec la prétexte et avec une couronne d'or sur la tête.

AMPLEXICAULES, nom donné aux feuilles qui s'élargissent à leur base et embrassent la tige entièrement ou en partie. Telles sont les feuilles de l'aloès, des agaves.

AMPLIATIF, nom donné aux brefs, bulles et lettres des papes qui ajoutent quelque chose aux précédents.

AMPLIATION. C'est, en termes d'administration, le double d'une quittance ou d'un autre acte que l'on garde pour le produire. — Dans la jurisprudence romaine, l'*ampliation* consistait à renvoyer une affaire à un autre jour pour prendre de plus grandes informations. Les juges donnaient leur voix pour l'ampliation par le moyen d'une tablette sur laquelle étaient ces deux lettres, N. L., qui signifiaient *non liquet*, c'est-à-dire, *cela n'est pas clair*. L'ampliation était remise au jour que le préteur désignait à son gré.

AMPLITUDE. En géométrie, on nomme *amplitude d'un arc de parabole* la ligne horizontale comprise entre le point d'où l'on suppose que commence un arc ou une portion de parabole et le point où cette portion se termine. Ce terme est principalement en usage pour le jet des bombes. Alors l'amplitude se nomme *amplitude de jet*. — En astronomie, on nomme *amplitude* l'arc de l'horizon compris entre le point du lever ou du coucher d'un astre et les points de l'ouest ou de l'est. Elle est *occase*, quand on la compte du point de l'occident, pour un astre qui se couche; *ortive*, quand on la compte du point de l'orient, pour un astre qui se lève.

AMPONDRE ou ANPONDRE, nom donné aux gaînes des feuilles et des parties de la fructification des palmiers. Celles des palmiers de l'Ile de France et de Madagascar sont grandes, ligneuses et en forme de grandes cuvettes. On s'en sert dans ce pays pour couvrir les cases en guise de toiles. On les emploie encore en guise de vaisselle.

AMPOULE, nom donné, 1° en chimie et en pharmacie, à de petites fioles de verre, et en général à tous les vaisseaux qui ont un col assez long et un gros ventre; 2° en médecine, à une tumeur nommée aussi *cloche* et *phlyctène*, et formée par du pus ou de la sérosité, accumulé entre le derme et l'épiderme de la peau. Les causes les plus ordinaires sont des brûlures, une pression forte ou des frottements rudes, prolongés ou répétés; 3° à une espèce de coquille du genre *bulle*; 4° à des filaments transparents, simples ou rameux, cylindriques, articulés, qui font partie intégrante des plantes marines qui les renferment, et auxquelles ils donnent la propriété de surnager; 5° à des vésicul remplies d'air, qu'on observe dans certaines plantes marines, dans le *varech* par exemple.

AMPOULE (SAINTE), nom donné à une fiole remplie d'huile bénie, qui servait à sacrer les rois de France. On la conservait à l'abbaye de Saint-Remi, à Reims. Les chroniqueurs rappportent qu'au sacre de Clovis une colombe blanche l'apporta du ciel.

AMPOULETTE. On nomme ainsi dans l'art militaire une cheville de bois qui sert à fermer la lumière d'une bombe ou d'une grenade. — En marine, les *ampoulettes* sont deux petites fioles coniques en verre, remplies de sable très-fin qui passe alternativement de l'une dans l'autre, et sert ainsi à mesurer le temps à bord des bâtiments. Elles sont jointes entre elles par leur col de manière que le sable ne peut s'échapper. On les nomme aussi *sablier*.

AMPULLAIRE, genre de mollusques ou coquillages, caractérisés par une coquille globuleuse, ventrue, ayant une ouverture large et presque ronde. Ces animaux habitent la terre, les lacs, les fleuves et les rivières ; ils sont carnivores, herbivores et frugivores. L'*ampullaire idole* habite le Mississipi, fleuve d'Amérique. C'est une des plus grosses espèces connues. Les Indiens l'ont en vénération. L'*ampullaire cordon bleu* est reconnaissable aux zones bleues qui teignent son dernier tour.

AMPURIAS, autrefois *Emporiœ* ou *Emporium*, ville ancienne d'Espagne, dans la Catalogne, avec un petit port de mer. Population, 2,500 habitants. Ce fut autrefois une belle et grande ville, érigée en évêché au VIe siècle. Dévastée au VIIIe par les Sarrasins, elle devint la suite la résidence des comtes d'Ampurias. Elle perdit avec le temps sa prospérité, et Castello devint le chef-lieu de comté d'*Ampurias et de Peralada* ou de *Pierre-Late*. Ce comté était borné à l'E. par la mer, au N. par les Pyrénées qui le séparaient du Roussillon, à l'O. par le comté de Besalu, et au midi par celui de Gironne. Le plus ancien comte d'Ampurias est Irmingarius, vers 812. Après lui, seize comtes se succédèrent. Malgaulin fut le dernier (1321). Après sa mort, le comté revint à la couronne d'Aragon. Il fut donné souvent en apanage à des princes de la maison royale.

AMPUTATION, opération chirurgicale par laquelle, au moyen d'instruments tranchants, on enlève un membre ou une partie du corps attaquée d'une maladie incurable. Elles se pratiquent dans la continuité des os ou dans les articulations, et demandent beaucoup de soins. La plupart sont dangereuses.

AMPYX, petite chaîne d'or ou de métal dont les anciens se servaient pour lier les crins du cheval sur son front. — Il se disait aussi d'un filet ou réseau avec lequel on retenait les cheveux chez les anciens.

AMRI, général de l'armée d'Ela, roi d'Israel, fut élu roi par son armée, après la mort d'Ela, assassiné par Zambri. Il attaqua le régicide dans Thersa, et le força de se brûler avec toute sa famille, l'an 928 avant J.-C. Après la mort de Zambri, la moitié d'Israël s'attacha à Amri, et l'autre moitié à Thebni. Celui-ci ne vécut que quatre ans après son avénement, et à sa mort tout Israël reconnut Amri pour roi. Il mourut 914 ans avant J.-C. Il surpassa ses prédécesseurs en impiété. Il avait bâti Samarie, et y avait transporté le siège de son royaume.

AMROU-BEN-EL-ASS, l'un des plus grands capitaines musulmans, vivait dans le VIIe siècle. Il conquit l'Egypte, la Nubie et une grande partie de l'Afrique. Il assiégea et prit Jérusalem. Choisi pour arbitre entre Ali et Moavia, qui se disputaient le califat, il proclama Moavia, qui fut le premier des califes Ommiades. C'est Amrou qui, selon l'opinion vulgaire, livra aux flammes la bibliothèque d'Alexandrie, d'après l'ordre du calife Omar. Il avait fait joindre la mer Rouge à la Méditerranée par un canal navigable, que les Turks ont laissé détruire.

AMSTERDAM, grande, belle et riche ville de Hollande, et la plus commerçante d'Europe après Londres. Simple village de pêcheurs au XIIe siècle, Amsterdam devint bientôt ville du comté de Hollande et le centre du commerce des Pays-Bas. Au XVIe siècle, elle éclipsait les autres villes par sa splendeur.—Cette ville est bâtie presque entièrement sur pilotis, en forme de demi-cercle, à l'embouchure de l'Amstel. Son port, un des meilleurs de l'Europe, peut servir d'asile aux plus grands vaisseaux. La ville est traversée par une foule de canaux, qui forment quatre-vingt-dix îles et ont deux cent quatre-vingts ponts. On y distingue entre autres monuments l'Hôtel-de-Ville, la Bourse, l'Amirauté, des hospices et un superbe arsenal. Les sociétés savantes y sont nombreuses. Amsterdam a de belles manufactures de tabac, toiles, étoffes de soie, coton, velours, porcelaine, et fait un très-grand commerce. 3,000 vaisseaux entrent dans son port et en sortent chaque année. La population est de 200,000 habitants, dont 20,000 Juifs.

AMSTETTEN (COMBAT D'). Dans la campagne de 1805 en Allemagne, dirigée par Napoléon, le prince Murat, ayant pris Ems (Haute-Autriche), poursuivit les Russes sur les hauteurs d'Amstetten, tua chassa de leurs positions, leur tua 400 hommes et fit 1,500 prisonniers.

AMULETTE, objet consacré par la superstition et la crédulité, auquel on attribue une grande puissance, telle que d'écarter les démons, les maladies, les accidents, etc. Les Chaldéens et les Egyptiens communiquèrent aux Grecs et aux Romains la croyance aux amulettes; leur usage devint général au moyen âge, et il en reste encore de nombreux vestiges. Les peuples sauvages de l'Amérique, de l'Océanie, de l'Afrique, les musulmans et les Arabes sont ceux qui vénèrent le plus toute sorte d'amulettes. Ils portent continuellement sur eux des objets auxquels ils donnent de grands pouvoirs. Ces objets sont, soit des pierres taillées d'une certaine manière, avec certains caractères mystiques écrits dessus ; soit des figures de divinités, des versets du Coran, code religieux des musulmans, etc. Ils varient d'après l'intention de chaque personne.

AMULA, vase qui servait chez les Romains à porter l'eau destinée aux purifications.

AMULIUS, roi d'Albe, fils de Procas, s'empara du trône sur son frère aîné Numitor, dont il fit vestale la fille Rhéa Sylvia. Celle-ci eut commerce avec Mars, et mit au monde Romulus et Rémus, qui tuèrent Amulius, et replacèrent Numitor sur le trône, vers l'an 754 avant J.-C.

AMUR. Voy. SAGHALIEN.

AMURATH ou MOURAD. Quatre empereurs ottomans ont porté ce nom. AMURATH Ier, nommé *Lamorabaquin*, succéda à son père Orkan en 1360. Il enleva aux Grecs la Thrace, Gallipoli et Andrinople, créa la milice des janissaires, et fut tué à la bataille de Cassovie, où il fut vainqueur, en 1389, des chrétiens ligués pour leur défense.—AMURATH II succéda à son père Mahomet Ier en 1421. Il prit Thessalonique aux Vénitiens, fut forcé de lever le siège de Belgrade et de Constantinople en 1435, poussa ses conquêtes en Hongrie, défit Huniade à la bataille de Varna en 1444, échoua au siège de Kroya, défendue par Scanderberg, prince d'Albanie (1447-1448), et mourut en 1451. — AMURATH III succéda en 1574 à son père Sélim II, fit étrangler ses cinq frères, fit la guerre en Perse, et s'empara de *Raab*, ville de Hongrie. Il mourut en 1595.—AMURATH IV, fils d'Achmet Ier, succéda à Mustapha Ier en 1623. Il conquit la Babylonie, Bagdad, en 1631, et mourut en 1640 après un règne glorieux, qui lui laissa le surnom de *Grand*.

AMURES, cordages qui servent à *amurer* les voiles, c'est-à-dire, à les maintenir du côté d'où vient le vent. Les amures sont au nombre de quatre, assujetties aux points inférieurs de chaque voile carrée. On nomme *amure de revers* celle qui se trouve sous le vent. On fixe les amures dans un trou pratiqué dans le côté du vaisseau, et que l'on nomme *dogue d'amure*. *Amurer tout bas*, c'est tirer les amures, et par suite les points des voiles où elles sont fixées le plus près des dogues d'amure.

AMUSER LA SÈVE, c'est, en termes de jardinage, laisser à un arbre fruitier plus de bois et de bourgeons que de coutume, afin de le ramener à une végétation modérée ou égale dans toutes ses parties.

AMUSETTE, pièce de canon qui lançait des boulets d'une livre, et dont on se servait dans les guerres de montagnes. Il fallait cinq hommes pour la manœuvrer. Les amusettes ne sont plus en usage dans aucune nation.

AMYCLÉE, ancienne ville d'Italie, entre Gaëte et Terracine, bâtie par les compagnons de Castor et Pollux. Ses habitants, imbus de la doctrine de Pythagore, s'abstenaient de manger de la chair des animaux, et de tuer les bêtes féroces, même pour leur défense. Cette ville se nomme aujourd'hui *Sperlonge*.

AMYGDALES, nom de deux glandes muqueuses, de forme ovoïde, rugueuses à leur surface, au tissu mou et d'un gris rougeâtre, proche de la racine de la langue. Elles servent à sécréter une liqueur muqueuse qui facilite la digestion et la déglutition.

AMYGDALITE ou ANGINE TONSILLAIRE, inflammation des amygdales. Cette maladie, dont les principaux symptômes sont le gonflement de ces glandes, leur rougeur, la difficulté où est le malade d'avaler, la respiration fatigante, la parole confuse et gênée, dure depuis quatre jusqu'à quatorze jours. Le plus souvent sa terminaison est heureuse.

AMYGDALOIDE ou AMYGDALINE, structure qu'affectent certaines roches, et qui résulte de la présence de corps étrangers en forme de noyaux arrondis dans une pâte distincte. Ainsi des schistes qui contiennent des morceaux ovoïdes de quartz, de fer, de grenat, affectent une structure *amygdaline*. Par extension, on a appliqué spécialement le nom de *roche amygdaloïde* à une roche formée par une pâte de feldspath, renfermant des noyaux sphéroïdes d'amphibole, d'épidote, de jade, de mica, de calcaire et de fer oxydulé.

AMYLACÉ, nom donné aux corps ou substances qui ont par leurs propriétés générales du rapport avec l'amidon. On a nommé *fécule amylacée* toute poudre végétale blanche qui ressemble à l'amidon.

AMYNTAS. Plusieurs rois ou princes de Macédoine ont porté ce nom. AMYNTAS Ier succéda à Alcétas, son père, en 547 avant J.-C., et régna trente ans.—AMYNTAS II succéda à Archélaüs l'an 399 avant J.-C., ne régna qu'un an, et ne fit rien de remarquable.—AMYNTAS III, fils de Ménélas, monta sur le trône en 397 avant J.-C., après avoir assassiné le roi Pausanias. Chassé de ses États par les Illyriens, il y rentra avec le secours des Spartiates et des Thessaliens. Sa femme Eurydice conspira contre ses jours, mais il découvrit à temps cette trame secrète. Il fut le père de Philippe et l'aïeul d'Alexandre le Grand.—AMYNTAS, petit-fils d'Amyntas III, était encore au berceau lorsque Perdiccas, son père, et Alexandre, furent assassinés par l'ordre d'Eurydice, leur mère. Il était l'héritier de la couronne; mais Philippe, son oncle, qui lui devait servir de tuteur, ayant été promu au trône, Amyntas fut forcé de renoncer à ses droits. Il servit dans les armées de Philippe et d'Alexandre le Grand. Il conspira contre ce dernier, qui le fit mourir.

AMYOT (Jacques), né à Melun en 1513. Fils d'un mercier, il s'éleva par son génie de la plus grande pauvreté à la place de précepteur des fils de Henri II, de grand aumônier de France et de conseiller d'Etat sous Charles IX et Henri III. Il a fait des traductions de plusieurs auteurs grecs, entre autres des *Hommes illustres* de Plutarque, de *Théagène et Chariclée*, etc. Il mourut en 1593, évêque d'Auxerre et grand maître de l'ordre du Saint-Esprit.

**AMYRRHÉE**, général égyptien qui se révolta contre les Perses sous le règne d'Artaxerxès. Il leva une armée, et chassa ce roi et les Perses de sa patrie. Proclamé roi d'Egypte en 414 avant J.-C., il continua la guerre avec succès contre les Perses; mais, ayant voulu les poursuivre dans la Phénicie, il fut vaincu, et perdit la vie dans une grande bataille, après un règne de six ans.

**AMYTIS**, fille d'Astyage, roi des Mèdes, épousa en premières noces Spitamas, et dans la suite Cyrus, dont elle eut Cambyse et Tanyoxarce. On croit que c'est pour elle que fut construit, à Babylone, ce prodigieux édifice connu sous le nom de Jardins suspendus. — Une autre AMYTIS, fille de Xerxès Ier, roi des Perses, épousa un riche seigneur nommé Mégabyze, et se déshonora par des débauches qui la conduisirent au tombeau.

**AN.** Voy. ANNÉE.

**ANA**, terminaison que l'on donne à des titres de recueils de pensées détachées, de traits d'histoire, d'anecdotes relatives aux hommes qui se sont fait remarquer par la vivacité de leurs reparties ou par un esprit original et bizarre. Tels sont le *Ménagiana*, *Bievriana*, *Bonapartiana*, *Scaligeriana*, etc., recueils des pensées, des actions ou des bons mots de l'écrivain Ménage, de Bièvre, de Bonaparte, de Scaliger, etc. On a encore des *parisiana*, *revolutiana*, *ivrogniana*, etc. — *Ana*, en médecine, est un mot employé dans les ordonnances pour indiquer qu'il faut mêler ensemble une quantité égale de drogues, autant de l'une que de l'autre. Les abréviations d'*ana* sont *a* et *aa*, qui signifient la même chose.

**ANABAINE**, genre de zoophytes ou êtres servant de point de transition entre les végétaux et les animaux, et participant de ces deux grandes divisions naturelles. Les anabaines sont caractérisées par des filaments libres et simples, à double tube, dont l'extérieur est lisse et inarticulé, tandis que l'intérieur est composé d'articles ovoïdes, disposés comme les grains d'un collier. Ces êtres sont muqueux au tact. Ils ont un mouvement progressif semblable à la manière dont rampent les lombrics de terre, et vivent dans les eaux douces ou les jardins. L'*anabaine fausse oscillaire* d'un vert noir, semblable à des brins de ficelle, forme un tissu très-serré sur les plantes qui habitent les eaux pures stagnantes. L'*anabaine membranine* a des filaments plus fins que la précédente, d'un beau vert foncé, rampant sur les plantes des fossés tranquilles. L'*anabaine thermale* tapisse les bassins d'eau chaude. L'*anabaine impalpable* a ses filaments presque imperceptibles, et teint d'une couleur verte la surface de la vase, ou de certaines parties de plantes dans les eaux stagnantes. Comme espèce terrestre, on cite l'*anabaine licheniforme*, qui croît vers la fin de l'automne sur la terre grasse des jardins ombragés, dans les allées des potagers et les endroits nus des pelouses; elle y forme des taches d'un vert triste, luisantes, encroûtant les murs ou les jeunes mousses.

**ANABAPTISTES** ou REBAPTISANTS, secte d'hérétiques chrétiens qui prit naissance en Allemagne vers l'an 1525. L'on est incertain sur l'auteur de cette secte, mais on en attribue l'institution à Nicolas Storck et à Thomas Muncer, disciples de Luther. Les principales croyances des anabaptistes sont que les adultes seuls peuvent recevoir le baptême, et que, par conséquent, il faut le réitérer à ceux qui l'ont reçu avant l'âge de raison. C'est de cette coutume de donner deux fois le baptême qu'est venu leur nom, qui signifie *rebaptisants*. — Ces hérétiques, forcés de prendre les armes pour soutenir leur doctrine, s'emparèrent de Munster, ville qui leur fut reprise l'année suivante (1534). Après avoir soulevé quelque temps les paysans de la Souabe, de la Franconie et de la Thuringe, Muncer fut pris et décapité. Les anabaptistes se sont répandus dans la plupart des pays de l'Europe et de l'Amérique. Ils forment plus de soixante-dix-sept sectes distinctes les unes des autres.

**ANABAS**, genre de poissons caractérisés par de fortes épines placées le long du dos et sous une partie du ventre. La tête est large, un peu arrondie et percée de pores disposés régulièrement. La bouche est garnie de dents. Le corps oblong, et comprimé vers la queue, est revêtu de fortes et larges écailles. L'anabas a de cinq à six pouces de longueur; son corps offre une couleur verte très-foncée, teinte de violet et de roussâtre. Le museau et le ventre sont d'un gris sale. Ces poissons ont la faculté de vivre hors de l'eau, de ramper sur la terre, et même de grimper sur les arbres. L'anabas habite l'Inde. On le mange, quoique sa chair soit de mauvais goût et remplie d'arêtes.

**ANABASSE**, nom donné à des couvertures qui se font à Rouen et dans la Hollande. Elles sont rayées bleu et blanc avec un pouce d'intervalle entre chaque raie.

**ANABATES**, nom donné, chez les anciens, à des athlètes qui disputaient le prix de la course aux jeux olympiques de la Grèce. Ils commençaient la course à cheval, et sur la fin se jetaient à terre, et couraient à pied jusqu'au but. — On nommait *anabasiens* des courriers qui voyageaient à cheval ou sur des chariots pour des messages d'importance.

**ANABLEPS**, c'est à dire, *qui regarde en haut*, *qui lève les yeux*, genre de poissons. Le tiers postérieur du corps est aplati sur les côtés, tandis que la partie antérieure, ainsi que la tête, sont très-déprimées. Ils sont en entier couverts de larges écailles. La bouche est une fente transversale, aussi large que le museau, au-dessous duquel elle se trouve située. Mais ce qui distingue particulièrement l'anableps, c'est la singulière disposition de son œil, dont plusieurs des parties qui le composent sont doubles. Cet œil est gros, saillant, situé sur la partie latérale de la tête. On y distingue deux cornées, deux iris et deux prunelles. Ce poisson est commun en Amérique, où on le nomme *gros-œil*. Il atteint huit pouces de longueur, et sa chair est très-estimée. La couleur de l'anableps est vert olivâtre en dessus, blanchâtre en dessous, avec plusieurs raies brunes sur les flancs.

**ANABOLADION**, espèce de manteau à l'usage des femmes de l'ancienne Grèce.

**ANABROCHISME**, opération de chirurgie qui consistait à arracher au moyen d'un fil, d'un cheveu ou d'une soie qu'on nouait, les cils (poils) qui irritent le globe de l'œil. Cette opération n'est plus pratiquée de nos jours.

**ANACALYPTÉRIES**, fête qui se célébrait chez les anciens Grecs le jour où il était permis à une nouvelle épouse d'ôter son voile et de paraître en public.

**ANACAMPTIQUE**, synonyme de *catoptrique*, partie de l'optique qui traite de la réflexion de la lumière en général. — On emploie aussi ce mot pour désigner la réflexion des sons. On dit, par exemple, que l'écho est produit par des sons réfléchis *anacamptiquement*, c'est-à-dire, réfléchis.

**ANACARDIER**, genre de la famille des térébinthacées, renfermant des arbres propres à l'Inde, à fleurs petites disposées en grappes, aux fruits en forme de cœur, appuyés sur un réceptacle charnu, un peu plus gros que le fruit. L'on mange l'amande de ce fruit nommée *anacarde* ou *noix de marais*. Il fournit un vernis très-recherché en Chine. D'après les croyances des Indiens, l'amande a la propriété d'atténuer les humeurs, d'exalter les sens et de donner de l'esprit aux sots. Le suc de l'écorce, combiné avec de la chaux, sert à marquer le linge d'une manière indélébile.

**ANACHARSIS**, philosophe scythe, était fils du roi Gnurus. Il voyagea en Europe dans le but d'acquérir de l'instruction, et vint à Athènes au commencement du vie siècle avant J.-C.; il s'y illustra par son savoir et l'austérité de ses mœurs, et mérita d'être mis au nombre des sept sages de la Grèce. Il retourna ensuite dans la Scythie, et voulut y introduire les lois de Solon; mais son frère, qui était roi, en fut si irrité qu'il le tua, l'an 592 avant J.-C. — Il ne faut pas confondre cet Anacharsis avec celui que Barthélemy a pris pour héros d'un de ses ouvrages (*Voyage du jeune Anacharsis en Grèce*). Ce dernier est un personnage fictif que l'écrivain fait vivre deux siècles plus tard, et qu'il suppose descendant du premier.

**ANACHORÈTE**, homme retiré du monde, qui vit en solitaire dans un désert, pour ne s'occuper que de Dieu et n'avoir jamais commerce avec les hommes. Les anachorètes remontent aux premiers siècles du christianisme. Peu à peu ils se réunirent entre eux, et formèrent des congrégations sous le nom de *cénobites*. Ce fut là l'origine de l'état monastique.

**ANACHRONISME**, erreur de date dans la supputation du temps et dans la chronologie, par laquelle on place un événement plus tôt qu'il n'est arrivé. *Parachronisme* ou *prochronisme* est au contraire l'erreur que l'on commet en plaçant un événement plus tard qu'il n'est arrivé.

**ANACLASTIQUE**, partie de l'optique qui a pour objet la réfraction de la lumière. Ce mot est synonyme de *dioptrique*. Ainsi on dit *tables anaclastiques* pour *tables de réfraction*. On nomme *point anaclastique* celui où un rayon lumineux réfracté rencontre la surface qui le réfracte. Les *anaclastiques* sont les courbes apparentes que l'on observe au fond d'un vase rempli d'eau, lorsque l'on est dans l'air, ou à celles que l'on remarque sur le plafond d'une chambre lorsque l'œil est placé dans un bassin plein d'eau situé au milieu de cette chambre.

**ANACLET (Saint)**, pape, que l'on confond aussi avec saint Clet. Il succéda en 83 à ce dernier, et mourut en 96. L'Église l'honore comme martyr. On fait sa fête le 13 juillet et le 26 mars.

**ANACLET**, antipape, qui, simple moine de Cluni, fut élu ensuite cardinal, et souverain pontife en 1130, en opposition à Innocent II, pape légitime. Milan, Rome, la Sicile le reconnurent. Il mourut en 1138 après la défaite de Roger de Sicile, son protecteur, qu'il avait sacré roi.

**ANACLÉTÉRIES**, fêtes solennelles que célébraient les anciens lorsque les rois prenaient les rênes du gouvernement et en faisaient la déclaration au peuple.

**ANACLINOPALE**. C'était chez les Grecs une espèce de lutte où les athlètes combattaient couchés sur le sable. Les Romains appelaient cette lutte *volutaria* ou *volutaria lucta*.

**ANACRÉON**, célèbre poète lyrique grec, né à Téos, en Ionie, vers la fin du ve siècle avant J.-C. Il obtint la faveur de Polycrate, tyran de Samos, et d'Hipparque, tyran d'Athènes, et mourut à Abdère, suffoqué par un pépin de raisin. Ses poésies légères et gracieuses, il a célébré l'amour, le plaisir et le vin. Il nous reste quelques-unes de ses *odes*.

**ANACRÉONTIQUES**, nom donné aux poésies écrites dans le genre de celles du poète grec Anacréon, où l'on chante l'amour, le plaisir et le vin. On nomme vers *anacréontiques* les vers composés dans la mesure ordinaire de ceux qu'employait Anacréon, laquelle était de sept syllabes.

**ANACTES** ou ANACES (en grec, *rois* ou *princes*), surnom des demi-dieux Castor et Pollux, chez les anciens. On le donnait encore aux héros qui s'illustraient par de belles actions. — A l'île de Chypre, c'était le titre honorifique des fils et des frères du roi. — On nommait *fêtes des anactes* les solennités célébrées en Grèce en l'honneur de Pollux et de Castor.

**ANACTOTÉLESTES**, noms donnés par les Grecs aux ministres de la religion préposés aux mystères.

**ANACYCLIQUE** se dit, en littérature, de

la réunion de quatre ou six vers latins dont les mots des deux ou trois premiers se retrouvaient dans les derniers, mais placés en sens inverse, le premier devenant le dernier.

ANADEMATA ou ANADESMES, nom donné chez les Grecs à toutes les bandelettes ou à tous les liens qui servaient à contenir ou à orner la chevelure.

ANADOSE. Ce mot désigne, en médecine, le passage, la distribution des sucs et des principes nutritifs dans les différents vaisseaux du corps. L'anadose diffère de la *diadose*, parce que celle-ci pousse les matériaux de la nutrition jusqu'aux dernières ramifications des vaisseaux.

ANADROME, nom donné par le médecin grec Hippocrate au transport d'une humeur des parties inférieures vers les supérieures. — On nomme aujourd'hui ainsi les poissons qui remontent de la mer dans l'intérieur des fleuves et des rivières.

ANADYOMÈNE (c'est-à-dire, *qui sort en s'élevant*), surnom de Vénus marine, chez les anciens, ainsi nommée parce que les poètes la font naître du sein des eaux. Ceux qui avaient échappé au naufrage offraient un sacrifice à Vénus Anadyomène. — On nomme encore *Vénus Anadyomène* un tableau célèbre sur lequel Apelles, peintre grec, avait représenté Vénus sortant des ondes. L'empereur Auguste l'acheta et le plaça dans le temple de Jules César.

ANADYOMÈNE, genre de polypiers, composés d'articulations régulièrement disposées en branches, sillonnées de nervures symétriques et articulées, comparables à une riche broderie ou aux figures régulières de certaines dentelles. Ce réseau est formé d'une substance un peu cornée, recouverte d'un enduit gélatineux et verdâtre. Ces polypiers habitent les côtes de France et d'Italie. On les rencontre souvent dans la *mousse de mer* ou de *Corse* des pharmacies.

ANAFESTE (PAUL-LUC ou PAOLUCCIO), premier doge de Venise. Élu en 697, il fixa, de concert avec Luitprand, roi des Lombards, les frontières des États de Venise. Il mourut en 717 ou 729. Marcel Tégliano lui succéda.

ANAGALLIDE, genre de la famille des primulacées, renfermant plusieurs plantes herbacées; une seule est arbuste. La plus commune est l'*anagallide des champs*, vulgairement appelée *mouron rouge*, qui a les tiges faibles, un peu couchées et rameuses, les feuilles opposées, ovales, les fleurs ordinairement d'un rouge brique et variant quelquefois du blanc au bleu. Elle fleurit dans les champs depuis mai jusqu'en octobre. Elle tue les oiseaux à qui on la donne. Il ne faut pas par conséquent la confondre avec le *mouron des oiseaux* ou *morgeline*.

ANAGNI ou ACNANIE, ville des États de l'Église, en Italie, dans la délégation de Frosinone, à 12 lieues de Rome. Population, 5,600 âmes. Cette ville fut anciennement la capitale des Herniques; elle devint au moyen âge une résidence des papes. Elle est aujourd'hui tout à fait déchue de sa première splendeur.

ANAGNOSTES, nom donné par les Romains aux esclaves chargés de leur faire la lecture pendant les repas.

ANAGOGIE, interprétation figurée d'un fait ou d'un texte de la Bible, pour signifier les choses du ciel. L'*interprétation anagogique* est celle que l'on tire d'un sens naturel et littéral, pour s'élever à un sens spirituel et mystique. — On a nommé *anagogies* des fêtes dans lesquelles les habitants d'Éryx en Sicile célébraient le départ de Vénus pour la Libye. Ils célébraient son retour sous le nom de *catagogies*.

ANAGRAMME, transposition ou dérangement des lettres d'un mot, pour en former un ou plusieurs autres qui aient un sens différent. L'anagramme du mot *Versailles est ville seras*; celle du poète *Pierre de Ronsard, Rose de Pindare*; celle de *Marie Touchet*, maîtresse du roi Charles IX, *je charme tout*, etc.

ANAGYRIS, ou ANAGYRE, ou BOIS PUANT, genre de la famille des légumineuses, renfermant des arbrisseaux de trois à quatre pieds de haut, à feuilles divisées en trois parties, blanchâtres, cotonneuses, à fleurs jaunes en faisceaux; ses semences, un peu allongée, un peu courbée, et renferme plusieurs graines bleuâtres et réniformes. Le nom de cet arbrisseau vient de l'odeur fétide qu'exhalent son écorce ou ses feuilles quand on les presse. Il vient sur les lieux montueux de nos départements méridionaux et de l'Espagne. Ses fleurs devancent le printemps. En médecine, ses feuilles sont résolutives; ses semences, un puissant vomitif. A petites doses et grillées comme le café, elles sont bonnes contre les vapeurs.

ANAITIS (myth.) ou ANYTIS, divinité adorée chez les Lydiens, les Arméniens et les Perses, qui paraît être la même que Vénus. On l'honorait par les plus grandes débauches. De son nom, on nomma *anaitica* une petite contrée de l'Arménie.

ANAL, ce qui a rapport à l'*anus*. — La nageoire anale est celle qui est placée dans les poissons au-dessous du ventre et le plus près de la queue.

ANALABE, espèce d'écharpe ou d'étole que portaient sur leurs robes les anciens moines grecs.

ANALCIME, substance minérale composée de silice, d'alumine et de soude, blanche ou d'un rouge de chair, rayant très-difficilement le verre. Cette substance n'est d'aucune utilité.

ANALECTES, fragments choisis d'un auteur, ou collection de morceaux de divers écrivains. — C'étaient, chez les anciens, les esclaves qui desservaient les tables.

ANALEMME, synonyme de *planisphère*. C'est aussi 1°, l'opération graphique qui est à trouver la hauteur du soleil à toute heure; 2°, l'instrument nommé encore *trigône des signes*. — *Analemmatique* est synonyme d'*azimuthal*.

ANALEPTIQUES, nom donné aux médicaments ou aux aliments propres à rendre des forces aux convalescents. Tels sont le salep, le chocolat, les gelées, etc.

ANALYSE, réduction d'une chose en ses parties, que l'on considère chacune à son tour attentivement. — L'*analyse chimique* est une opération chimique qui consiste à décomposer les corps, à séparer leurs éléments divers, pour déterminer la nature même de ces corps.

ANAMELECH (myth.), dieu des Samaritains, le même que Moloch, en l'honneur duquel on brûlait des enfants.

ANAMNESTIQUE, nom donné, en médecine, à certains signes à l'aide desquels on découvre ce qui a précédé. On les nomme aussi *signes commémoratifs*. — On appelait encore *anamnestiques* les remèdes propres à rendre la mémoire.

ANAMORPHOSE, représentation d'un objet qui, vu de près, semble défiguré et confus, mais qui, vu à de certaines distances, montre des images différentes ou de cet objet, suivant le point où l'œil de l'observateur est placé.

ANANAS, plante vivace, épineuse, originaire de l'Amérique méridionale, et apportée en France en 1555. Elle a un port élégant, des feuilles longues et vertes, radicales, roides, entourant une tige assez forte, droite, charnue et robuste, couronnée d'un épi de fleurs nombreuses et violacées. Aux fleurs succèdent des baies, si pressées qu'elles ne semblent faire qu'un seul fruit, d'un jaune doré, d'une odeur agréable, à la chair douce et délicieuse. On en distingue plusieurs espèces. Sa culture réussit dans les serres d'Europe. Ananas appartient à la famille des broméliacées. On en connaît plusieurs variétés, à fruits rouges, blancs, violets, noirs, pyramidaux, etc. — On nomme vulgairement *ananas des bois* ou *sauvage*, la *tillandsie*, *ananas pitte* une variété d'ananas non épineuse, *ananas fraisier* une espèce de fraisier dont le fruit est gros, *ananas de mer l'astrée*. — *Ananas* se prend aussi pour la famille des *broméliacées*.

ANANIAS, l'un des trois jeunes Hébreux qui furent condamnés aux flammes pour n'avoir pas voulu adorer la statue de Nabuchodonosor. Dieu les tira miraculeusement de la fournaise où ils avaient été jetés. — Juif des premiers convertis. Il osa tromper saint Pierre sur le prix de la vente d'un champ, et fut frappé de mort avec sa femme Saphire, qui avait eu part à ce mensonge. — Fils de Zébédée, souverain pontife des Juifs; ayant été accusé d'avoir voulu soulever le peuple, fut envoyé prisonnier à Rome pour se justifier devant l'empereur; il y réussit. A son retour, il fit mettre saint Paul en prison, et le fit souffleter. Ananias fut massacré dans Jérusalem au commencement de la guerre des Juifs contre les Romains.

ANAPALE, ancienne danse lacédémonienne, exécutée par des enfants nus. C'était un exercice gymnastique, une espèce de lutte, plutôt qu'une danse.

ANAPESTE, pied, mesure usitée dans la poésie grecque et latine. Il est composé de deux brèves et d'une longue. — Les *vers anapestiques* sont ceux où entrent ces pieds.

ANAPLÉROSE, partie de la chirurgie dont l'objet est de suppléer aux organes qui manquent. — On a nommé *anaplérotiques* les remèdes que l'on croyait propres à faire pousser les chairs dans une plaie.

ANARCHIE, désordre dans un État, qui consiste en ce que personne n'y a assez d'autorité pour commander et pour faire respecter les lois, et que, par conséquent, le peuple agit selon sa volonté, sans règles ni police.

ANARRHIQUE, genre de la famille des gobioïdes, renfermant des poissons caractérisés par une peau lisse et muqueuse. Leurs nageoires pectorales et caudale sont unies; les nageoires ventrales n'existent pas; la bouche de ces poissons est armée de nombreuses dents. L'*anarrhique-loup*, nommé aussi *loup marin*, *chat marin*, habite les mers du Nord et vient souvent sur nos côtes. C'est un poisson féroce et dangereux, qui atteint sept ou huit pieds de longueur, et fort de la chair est comparable à celle de l'anguille. Sa couleur est d'un brun noirâtre, un peu plus clair sous le ventre, avec douze ou treize bandes verticales brunes sur les côtés du corps.

ANAS, nom latin du *canard*.

ANASARQUE, hydropisie ou accumulation de sérosité dans le tissu sous-cutané (au-dessous de la peau). Lorsque la quantité de sérosité est très-considérable, il en résulte une grande augmentation du volume dans le corps. La peau est froide, luisante, et d'une couleur blanc de lait. Les causes qui déterminent l'anasarque sont très-nombreuses; les principales sont l'action prolongée de l'humidité atmosphérique, la suppression brusque d'une transpiration abondante. Elle vient souvent chez les enfants à la suite de la rougeole ou de la scarlatine, lorsqu'on les expose à un air froid et humide dans leur convalescence. La terminaison de l'anasarque est quelquefois fâcheuse, quelquefois favorable. Dans ce dernier cas, la sérosité s'écoule du corps par les voies naturelles.

ANASSES, nom donné chez les anciens aux épouses des princes du sang royal.

ANASTALTIQUES. Voy. STYPTIQUES.

ANASTASE (Saint), patriarche d'Antioche en 561. Il se signala par son zèle contre les *aphtartodocètes*, secte d'hérétiques dont l'empereur Justinien était le chef, fut chassé par Justin, et mourut en 598, laissant plusieurs ouvrages, et entre autres la traduction en grec du *Pastoral* de saint Grégoire.

ANASTASE. Quatre papes et un antipape ont porté ce nom. — Le premier succéda en 399 à Sirice, réconcilia l'Église orientale avec celle d'Occident, et mourut en 401. — ANASTASE II succéda en 496 à Gélase 1er, félicita Clovis sur sa conversion, et écrivit à l'empereur Anastase pour l'engager à défendre la religion catholique. Il mourut en 498. — ANAS-

TASE III succéda à Sergius III en 913, et mourut après huit mois de pontificat. — ANASTASE IV succéda à Eugène III en 1153. Il signala son zèle dans une famine universelle arrivée sous son pontificat, et mourut en 1154. — L'antipape de ce nom, soutenu par les officiers de l'empereur Louis II, s'éleva contre Benoît III, élu pape en 855, et fut ensuite chassé par ses propres partisans.

ANASTASE. Deux empereurs d'Orient ont porté ce nom. Le premier, issu d'une famille obscure, était devenu *silenciaire*, officier chargé de faire observer le silence dans le palais. Ariadne, épouse de l'empereur Zénon, conçut une violente passion pour Anastase, et l'épousa après la mort de Zénon, qu'elle fut accusée d'avoir assassiné. Reconnu par le peuple et le sénat, il défit et punit l'exarque Longin révolté contre lui, se déclara contre les catholiques et fut le premier prince excommunié, soutint des guerres contre les Persans et les Bulgares, et mourut en 518. — ANASTASE II, secrétaire de l'empereur Philippe Bardane, lui succéda en 713. Forcé par Théodore III d'abdiquer et de prendre l'habit religieux en 716, il tenta en 720 de reprendre le trône occupé alors par Léon l'Isaurien, mais il fut pris et décapité.

ANASTASE, abbé et *bibliothécaire* de l'Église romaine, assista au huitième concile général de Constantinople, dont il traduisit les *actes* en latin (869). Il publia les *Monuments de l'Église orientale*. Il vivait dans le IXe siècle.

ANASTASIE (Sainte), dame romaine, embrassa la religion chrétienne, et souffrit le martyre en 305. On fait sa fête chez les Latins le 25 décembre, chez les Grecs le 22 du même mois.

ANASTATIQUE ou ROSE DE JÉRICHO, genre de la famille des crucifères, croissant en Afrique. La tige de ces plantes est rameuse, garnie de feuilles oblongues, et terminée par des épis de fleurs blanches. Dès que la graine a atteint l'époque de la maturité, cette plante se pelotte et se dessèche. Les vents l'arrachent au sol sablonneux d'Afrique et la transportent en divers lieux. La mer la charrie jusque dans nos fleuves et sur nos côtes. Lorsqu'elle touche une terre humide, les racines s'accrochent au sol, et une nouvelle végétation s'accomplit. Cette plante a la propriété de se dilater et de s'étendre quand l'air est humide, et se resserre quand il est sec.

ANASTOMOSE. C'est en médecine l'abouchement, la communication qui existe naturellement entre deux vaisseaux.

ANATASE, nom donné à une espèce de *titane*, appelée aussi *schorl bleu*.

ANATHÈME, nom donné à une offrande suspendue dans les temples des dieux chez les anciens, ou à une victime expiatoire dévouée aux dieux infernaux. — Chez les catholiques, ce mot désigne la séparation d'un homme de la communion des fidèles, excommunication majeure, lancée par le pape ou un évêque contre un hérétique. L'Église abusa longtemps de ce droit. Aussi on vit l'anathème lancé sur des animaux malfaisants, sur des insectes.

ANATIFE, genre de mollusques de la famille des cirrhipèdes. La coquille est composée de cinq valves (parties), deux de chaque côté et la cinquième sur le bord dorsal. Ces valves sont réunies par une membrane qui les borde et les maintient. Dans la coquille fermée, ces mêmes valves sont rapprochées en forme de cône aplati, lequel est soutenu sur un pédicule tubuleux, flexible. Cette base se fixe sur les différents corps marins. L'anatife se retrouve dans toutes les mers. On en mange plusieurs espèces. — On nomme *anatifère* ou *conque anatifère* diverses espèces d'anatife.

ANATOCISME, contrat usuraire qui consiste à tirer intérêt des intérêts mêmes, en ajoutant les intérêts au capital, ce qui forme un autre capital dont on tire les intérêts. Il est condamné par les lois civiles et canoniques. Cependant il est autorisé lorsqu'il s'agit d'intérêts échus et dus au moins pour une année entière. Alors on peut exiger les intérêts des intérêts.

ANATOLIE ou ASIE - MINEURE, grande presqu'île d'Asie, qui s'étend depuis la mer Noire et la Méditerranée jusqu'à l'Archipel et la mer de Marmara. Cette contrée, jadis si peuplée et si fertile, comprenait : au N., la Troade et le Pont ; au milieu, la Mysie et l'Éolide, la Bithynie, la Phrygie, la Paphlagonie, la Lydie et l'Ionie, la Lycaonie, la Galatie, la Cappadoce et l'Arménie ; au midi, la Doride, la Carie, la Cilicie et l'Isaurie, la Pisidie et la Pamphilie. Désolée aujourd'hui par les tremblements de terre et la peste, elle languit sous le despotisme des Turks. Elle est divisée en dix-sept sandjiakats (gouvernements) : *Béga, Karassi, Saroukhan, Aïdin, Menteché, Kodjeah, Hamid, Kodavenkiar, Kutalieh, Tékieh, Kara - Hissar, Sultaneugni, Boli, Castamoun, Kiankari, Angorah* et *Kutaïeh*. — Sa population est de 8,500,000 habitants, et sa superficie de 8,498 lieues.

ANATOMIE, science qui a pour objet l'étude, la connaissance du nombre, des formes, de la situation, de la structure, des connexions, de toutes les qualités apparentes des organes qui, par leur réunion, constituent les êtres organisés, soit animaux, soit végétaux. L'anatomie prend le nom d'*anatomie générale* lorsqu'elle s'occupe de la structure et des propriétés des différents tissus, et d'*anatomie descriptive* lorsqu'elle s'attache plus particulièrement à la description des formes et de la figure de chaque organe. L'anatomie, soit générale, soit descriptive, se divise elle-même en *anatomie végétale* ou *phytotomie*, lorsqu'elle s'applique aux végétaux, et en *anatomie animale* ou *zootomie*, quand elle s'occupe des animaux. Cette dernière prend le nom d'*anatomie comparée*, quand elle considère l'organisation d'animaux autres que l'homme, et celui d'*anatomie humaine* ou *anthropotomie*, quand elle a pour but de faire connaître la structure du corps humain. L'anatomie humaine se subdivise en *squelettologie*, étude des parties dures du corps ; *sarcologie*, étude des parties molles ; *ostéologie*, étude des os ; *syndesmologie*, étude des ligaments ; *myologie*, des muscles ; *névrologie*, des nerfs ; *angiologie*, des vaisseaux ; *adénologie*, des glandes ; *splanchnologie*, des viscères ; *desmologie*, des téguments généraux. — On a nommé *anatomie chirurgicale* l'art de la dissection des corps, l'étude des organes considérés sous le rapport des opérations ; *anatomie pathologique* une science qui a pour but la connaissance des altérations visibles que l'état de maladie produit dans les organes du corps humain ; *anatomie artificielle* l'art de modeler et de représenter, avec de la cire ou du plâtre, les différentes préparations d'anatomie.

ANATRON. Voy. NATRON.

ANAXAGORE ou ANAXAGORAS, philosophe grec de l'école ionienne, né à Clazomène l'an 500 avant J.-C., élève d'Anaximène. Il parcourut pour s'instruire l'Europe, l'Asie et l'Afrique, et vint s'établir à Athènes, où il ouvrit la première école de philosophie. Là étudièrent Périclès, Socrate, Euripide. Il se livra aussi à l'étude de la géométrie et de l'astronomie. Il découvrit la cause des éclipses de lune et des tremblements de terre. Condamné à l'exil comme impie, il se retira à Lampsacue, et mourut l'an 469 avant J.-C. On institua en sa mémoire des jeux nommés *anaxagories*.

ANAXANDRE, roi de Lacédémone, fils d'Eurycrate, de la famille des Agides, monta sur le trône l'an 687 avant J.-C. Ce fut sous son règne que commença la seconde guerre de Messénie, dans laquelle se distingua le général messénien Aristomène.

ANAXANDRIDE, roi de Lacédémone, fils de Léon et père de Cléomène Ier et de Léonidas, monta sur le trône l'an 563 avant J.-C. Il fut le premier Spartiate qui eut deux femmes à la fois. Il mourut l'an 530 avant J.-C. — C'est aussi le nom d'un poète comique de Rhodes, qui vivait du temps de Philippe et d'Alexandre le Grand, rois de Macédoine. Il introduisit le premier sur la scène les ruses et les intrigues de la galanterie. Les Athéniens, dont il avait tourné le gouvernement en ridicule, le condamnèrent à mourir de faim.

ANAXARQUE, philosophe d'Abdère, fut le favori d'Alexandre le Grand et le disciple de Démocrite. Il plaisantait souvent Alexandre sur ce qu'il se faisait appeler fils de Jupiter, et lui parlait avec une grande liberté. Un jour que ce prince lui demanda à table ce qu'il pensait du festin, Anaxarque répondit : *Il ne manque que la tête d'un grand seigneur*, et il fixa ses yeux sur Nicocréon, tyran de Salamine. Après la mort d'Alexandre, Nicocréon fit mettre Anaxarque dans un mortier et le fit broyer sous des pilons de fer. Le philosophe lui dit : *Tu peux broyer le corps d'Anaxarque, mais son âme échappe à la puissance*. Nicocréon le menaça de lui faire couper la langue. Alors Anaxarque la coupa avec ses dents et la cracha au visage du tyran.

ANAXIDÈME ou ANAXIDAME, roi de Sparte, de la famille des Proclides, fils et successeur de Zeuxidame, l'an 590 avant J.-C., mourut en 651. Archidamus lui succéda.

ANAXIMANDRE, philosophe et mathématicien fameux de l'école ionienne, né à Milet (620 avant J.-C.). Il conçut le soleil comme une masse enflammée aussi grosse que la terre, enseigna le premier l'inclinaison de l'écliptique et la date précise des solstices et des équinoxes, et inventa la sphère et le gnomon. Il regardait l'infini comme le principe de toutes choses, et croyait à l'infinité des mondes. Il mourut 547 ans avant J.-C.

ANAXIMÈNE, de Lampsaque, disciple de Diogène, et précepteur d'Alexandre le Grand, dont il écrivit l'histoire. Il obtint par son adresse la grâce des habitants de sa patrie, qui avaient soutenu un long siège contre les Macédoniens, et dont Alexandre avait ordonné la mort.

ANAXIMÈNE, de Milet, mathématicien et philosophe, disciple d'Anaximandre, et qui florissait 556 ans avant J.-C. Il regarda l'air comme le principe infini ; divin, de toutes choses. Selon lui, le soleil dans sa course produit les saisons, et se plat comme un disque, ainsi que la terre.

ANAXYRIDES, espèce d'habit qui ne couvrait le corps que jusqu'aux cuisses, chez les anciens. Il était principalement en usage chez les Daces, les Parthes et les Perses.

ANCENIS, petite ville sur la Loire, chef-lieu de sous-préfecture du département de la Loire-Inférieure, à 8 lieues de Nantes. Population, 3,749 habitants. Ancenis est une ville très-ancienne. Elle avait autrefois des fortifications, qui furent détruites en 1599. Les seigneurs d'Ancenis prirent le titre de princes jusqu'en 1386. Ancenis est célèbre par les conférences qu'y eurent les députés de Henri IV et ceux du duc de Mercœur (1598), et par le traité de 1468 entre François II, duc de Bretagne, et Louis XI. Son port sert de station et d'entrepôt aux bâtiments qui naviguent sur la Loire. Elle commerce en vins, eau-de-vie, etc. La ville est dominée par un château célèbre, placé sur un rocher escarpé, et bâti en 982 par Aremburge, comtesse de Nantes. Ancenis possède un beau collège et d'agréables promenades.

ANCHE, canal, languette de métal, de bois, de corne, d'ivoire, etc., amincie par l'extrémité, qu'on adapte à l'extrémité de certains instruments à vent. Cette languette, poussée par les lèvres de l'artiste, vibre par l'action de l'air, et communique ces vibrations à tout l'instrument ; de là naît le son. Cette languette est simple et composée d'un petit canal mince et en roseau, dans la clarinette ; elle est double et formée de deux languettes de roseau, ajustées sur un petit tuyau cylindrique, en cuivre, qui s'adapte à l'instrument, dans le haut-bois, le cor anglais, le basson. —

*Anche* est aussi le nom d'une petite languette de laiton, qui s'applique à certains tuyaux d'orgue, et qui produit le son par sa vibration (voy. JEUX D'ORGUE).

ANCHIALE (myth., géogr.), divinité que les anciens croyaient être adorée des Juifs sous la forme d'un âne. Ils les faisaient jurer par ce dieu. — C'est aussi le nom d'une villa de Cilicie, située près de la Méditerranée, et que l'on disait avoir été bâtie, par les ordres du roi d'Assyrie Sardanapale, en un seul jour.

ANCHILOPS, nom donné à une petite tumeur située vers le grand angle de l'œil, au-devant ou à côté du sac lacrymal. Lorsque l'anchilops vient à s'ouvrir, il s'en écoule une matière muqueuse ou purulente. Le petit ulcère qui lui succède se nomme *œgilops*.

ANCHISE (myth.), prince troyen, fils de Capys, et arrière-petit-fils de Tros, roi de Troie. Il était d'une si grande beauté qu'il inspira l'amour à la déesse Vénus. Il en eut un fils, le célèbre Énée. Ayant osé se vanter de son bonheur, il en fut puni par Jupiter, qui lança la foudre contre lui; mais Vénus détourna le coup, qui ne fit que l'effleurer. A l'époque de la prise de Troie, Anchise était tellement accablé par les infirmités et la vieillesse, qu'Énée fut obligé de l'emporter sur ses épaules pour lui sauver la vie. Il accompagna son fils dans ses voyages, et mourut à Drépane, en Sicile. Énée lui éleva un tombeau.

ANCHOIS, genre de la famille des clupes, renfermant des poissons de couleur brune, distincts des harengs par une bouche plus large. Leur tête se prolonge en un petit museau conique et pointu. Ils sont petits, allongés, étroits, couverts d'écailles larges, transparentes, qui se détachent de la peau avec une grande facilité. L'anchois est long de trois à quatre pouces et demi. On en prend chaque année pendant le printemps et l'été une quantité innombrable sur nos côtes. Frais, les anchois sont peu estimés. On les sale presque tous pour les conserver et les exporter. Pour les saler, on leur arrache la tête et on les vide, on les lave ensuite, on les fait égoutter. Puis on les place dans des barils et on les dispose de telle manière, qu'il y ait un lit de sel et un lit d'anchois. On a coutume de mêler au sel de la poussière d'argile rougeâtre, qui leur donne cette couleur. On emploie les anchois comme assaisonnement.

ANCIENS, nom donné par les Hébreux aux chefs des tribus ou des grandes familles d'Israël, qui avaient une espèce d'autorité et de gouvernement sur les familles et sur le peuple. Pendant la première captivité des Hébreux (1580 à 1562 avant J.-C.), ce gouvernement remplaça celui des rois.

ANCILE, bouclier sacré tombé du ciel sous Romulus. Les destinées de Rome étant attachées à sa conservation, Numa, pour empêcher qu'on ne l'enlevât, en fit forger onze semblables, et les plaça dans le temple de Vesta, sous la garde de prêtres appelés *saliens*. Ces prêtres promenaient tous les ans les anciles autour de Rome. Cette fête, nommée *ancilie*, durait trois jours, lesquels étaient réputés funestes. Elle avait lieu pendant le mois de mars.

ANCILLON (Jean-Pierre-Frédéric), né à Berlin en 1766, porta toute son assiduité à la connaissance de l'histoire. Il voyagea en Suisse, en France, et fit la connaissance de Mirabeau. Henri de Prusse, frère du grand Frédéric, l'ayant entendu prononcer un discours à Rheinsberg (1791) pour la célébration d'un mariage, attacha Ancillon à sa cour. Peu après, il fut nommé ministre à l'Église française réformée de Berlin, et professeur d'histoire à l'académie militaire. Ses prédications et ses nombreux écrits le rendirent bientôt célèbre. En 1810, il abandonna l'état ecclésiastique, et fut nommé historiographe et membre de l'académie de Berlin. Le roi de Prusse le nomma (1807) gouverneur du prince royal, et le fit conseiller d'État. En 1814, Ancillon fut nommé chef de la division politique au ministère des affaires étrangères, et fut membre d'une commission chargée de rédiger les bases d'une constitution. Il est mort en 1837. Ses plus célèbres ouvrages sont ses *Considérations sur l'histoire*, ses *Mélanges de littérature et de philosophie*, et son *Tableau des révolutions du système politique de l'Europe depuis la fin du XVᵉ siècle*, etc., etc.

ANCIPITÉ, nom donné à toute partie de plante qui est comprimée et qui a les deux bords tranchants.

ANCKERSTROEM. Voy. ANKARSTROEM.

ANCOLIE, genre de la famille des renonculacées, renfermant des plantes remarquables par l'organisation de leurs fleurs, qui ressemblent à un capuchon ou à un bec et des serres d'aigle, et par leurs feuilles qui forment une espèce de cornet où la pluie et la rosée déposent leurs gouttelettes. L'ancolie *vulgaire* ou *des bois*, nommée aussi *gant de Notre-Dame*, est un des plus beaux ornements de nos jardins. Elle est vivace, à fleurs bleues qui deviennent doubles par la culture, blanches, jaunes, rouges, violettes et panachées. On cultive encore l'*ancolie des Alpes*, plus petite, à la fleur bleue; l'*ancolie de Sibérie*, aux fleurs grandes, bleues et entourées d'un anneau blanc; l'*ancolie du Canada*, au port élégant, aux fleurs d'un beau rouge, mêlé de jaune safrané, qui sont portées par un pédoncule (tige qui porte les fleurs) légèrement courbé.

ANCON, nom donné, en anatomie, à la saillie du coude sur laquelle on s'appuie; on la nomme aussi *olécrane*. — *Anconé* désigne les muscles qui s'attachent à l'olécrane. Le *petit anconé* ou *anconé simplement*, ou *épicondylo-cubital*, est un muscle situé à la partie postérieure et supérieure de l'avant-bras. Il est aplati, triangulaire, et est destiné à étendre l'avant-bras sur le bras, et réciproquement.

ANCONE, délégation des États de l'Église, jadis nommée *marche d'Ancône*, et sous les Romains *Picenum*, est une des Abruzzes. Sa superficie est de 66 lieues carrées, et sa population de 147,255 habitants. Sa capitale est ANCÔNE. Elle produit du tabac, du chanvre, des vins, etc.

ANCONE, ville très-ancienne et très-belle des États de l'Église (Italie), capitale jadis du *Picenum*, pays qui séparait l'Italie des Gaulois Sénonais; aujourd'hui capitale de la *délégation* et de l'ancienne *marche* (territoire) d'*Ancône*. Elle est située dans le golfe de Venise, est le siège d'un évêché, possède un port très-fréquenté, et renferme 17,350 habitants, dont 5,000 Juifs. Le commerce y est considérable, et les manufactures dans un état très-florissant. En 1532, cette ville fut incorporée dans les États de l'Église. Le pape Benoît XIV y éleva en 1750 une citadelle. Elle fut prise par les Français (9 février 1797) commandés par le général Victor; ceux-ci la rendirent l'année suivante. Ils la recouvrèrent en 1801 et la rendirent au pape en 1802. En 1832, cette ville reçut une garnison française. Celle-ci a évacué Ancône le 26 décembre 1838.

ANCRAGE, nom donné autrefois à l'endroit de la mer où l'on peut commodément jeter une ancre. On le nomme aujourd'hui *mouillage*. — On consacre ce mot pour désigner le droit qu'on exige des bâtiments qui mouillent sur une rade étrangère. Ils payent le droit d'ancrage. C'est le prix attaché à la permission de jeter l'ancre dans certains lieux, fixé par règlements particuliers des nations maritimes. — *Ancrer* est synonyme de *mouiller*.

ANCRE, instrument en fer forgé, depuis le poids de 300 livres jusqu'à celui de 8,000 livres, servant à retenir les vaisseaux au mouillage par le moyen d'une corde. C'est une barre dont l'extrémité inférieure se partage en deux courbes terminées chacune par un fort crochet destiné à s'enfoncer sur le fond. Un bâtiment à trois mâts porte six ou sept ancres. — On dit *être à l'ancre*, pour être au mouillage; *jeter l'ancre*, pour *mouiller*; *jeter un pied d'ancre*, pour dire qu'on mouille pour un instant une ancre légère; *laisser tomber une ancre* exprime qu'on mouille provisoirement ou l'on est.

ANCRE, barreau de fer droit, ou bien contourné en S, en Y ou en X, qu'on place sur un mur auquel on veut faire conserver son aplomb. L'ancre est retenue par une chaîne ou un tirant.

ANCRE (Concino-Concini, maréchal D'), gentilhomme florentin. Ayant suivi en France Marie de Médicis, deuxième femme de Henri IV, et épousé Eléonora Dori (voy. GALIGAÏ), confidente de la reine, il obtint la charge de premier écuyer et maître d'hôtel de Marie, devint le confident des intrigues secrètes du roi et de la reine, maréchal de France à la mort de Henri IV et gouverneur de Normandie. Mais Luynes, ayant obtenu l'épée de connétable de Louis XIII, ne pensa qu'à le perdre. Il allait divorcer avec Eléonora pour épouser l'héritière de la maison de Vendôme, lorsqu'il fut assassiné (24 avril 1617) par Vitry, capitaine des gardes, qui fut élu maréchal à sa place.

ANCRE, mesure de liquides d'Angleterre et de Hollande, valant 61 litres français.

ANCUS MARTIUS, quatrième roi de Rome, était petit-fils de Numa, par sa mère Pompilie, fille de ce prince. Il fut élu l'an 113 de Rome (639 avant J.-C.). Il vainquit plusieurs fois les Latins, les Fidénates, les Sabins, les Véiens et les Volsques, dont il détruisit les bourgades, et dont il transporta les habitants à Rome. Sous son règne, le mont Aventin et le mont Janicule furent enfermés dans l'enceinte de Rome. Il fit construire un pont sur le Tibre, fit bâtir une prison, et éleva la ville d'Ostie. Il fit creuser les salines, et en distribua le sel au peuple. C'est à lui l'origine des libéralités publiques appelées *congiaria*. Ancus fit élever le temple de Jupiter Férétrien et un aqueduc magnifique. Il mourut l'an 137 de Rome.

ANCY... Cherchez à ANKY... les mots qui ne se trouvent pas sous cette forme.

ANCY-LE-FRANC, petit village du département de l'Yonne, sur la rive droite de l'Armançon et le canal de Bourgogne, à 4 lieues de Tonnerre. Population, 1,400 habitants. Ce bourg, propre et bien bâti, est remarquable par un magnifique château, commencé en 1555, sous le règne de Henri II, par les ordres de François de Clermont, comte de Tonnerre, d'après les dessins du Primatice. Il ne fut achevé qu'en 1622. Il présente quatre façades uniformes, à un seul étage. Il est orné aux quatre coins de pavillons carrés à deux étages. Ce château devint en 1688 la propriété du marquis de Louvois, dans la famille duquel il est resté. Il est entouré d'un beau parc et de beaux jardins. Plusieurs établissements industriels en dépendent.

ANCYLOGLOSSE, maladie dans laquelle la langue ne peut pas facilement se mouvoir, à cause de son adhérence avec la paroi inférieure de la bouche. Cette maladie est causée le plus souvent par la longueur du frein de la langue, qui l'arrête et empêche ses mouvements.

ANCYRE, nom sous lequel les anciens connaissaient la ville nommée aujourd'hui *Angora* (voy.).

ANDABATE, nom donné par les Romains à une sorte de gladiateurs qui combattaient les yeux fermés.

ANDAILLOTS, sortes d'anneaux ou bagues, faits de bois mince et élastique, et qui servent à assujettir, lier, arrêter les voiles triangulaires des bâtiments.

ANDAIN, terme d'agriculture. Étendue de pré en longueur, de la largeur, de ce qu'un faucheur coupe à l'aide d'un coup de faux. Aussi on dit il y a 30 andains sur la longueur de ce pré.

ANDALOUSIE ou VANDALUSIA, grande province méridionale d'Espagne, faisant partie de la *Bétique* chez les anciens. Elle est bornée au N. par l'Estramadure et la Manche, dont elle est séparée par la Sierra-Morena, à l'E. par les provinces de Murcie et de Grenade, au S. par cette dernière et par le détroit de Gibraltar, et à l'O. par le Portugal. Sa capitale est *Séville*. Sa population est de 1,000,000 d'habitants, et sa superficie de 1,833 lieues carrées. C'est la province la plus fertile d'Espagne. On y récolte des fruits et des vins délicieux, du coton, de la soie, du sucre, du miel, des huiles, etc. On y rencontre de belles mines, de fer, d'argent, de plomb, de cuivre et d'aimant. On y élève de magnifiques taureaux, des moutons mérinos, et des chevaux qui égalent en beauté les chevaux arabes dont ils sont originaires. —L'Andalousie forme les trois provinces de *Cordoue*, *Séville* et *Jaën*.

ANDALOUSIE (NOUVELLE-), ancien nom d'une province de l'Amérique méridionale découverte en 1499 par Améric Vespuce. Elle fait partie aujourd'hui de la république de Colombie.

ANDALOUSITE, substance minérale composée de silice, d'alumine, de potasse et d'oxyde de fer, rayant le verre et même le cristal de roche, très-commune en Espagne, en France, en Angleterre et en Ecosse. On connaît plus particulièrement aujourd'hui, sous le nom d'*andalousite*, l'ancienne substance minérale appelée *macle*, composée comme la précédente, cristallisant en prisme, grisâtre, rougeâtre ou verdâtre, et qui est remarquable en ce que, coupée parallèlement à sa base, elle présente au centre une tache noire, en forme de parallélogramme, dont les quatre angles prolongent une ligne noire aux quatre extrémités anguleuses du prisme, qui présentent ainsi quatre autres petites figures noires de la même forme. On attribuait autrefois à l'andalousite des propriétés merveilleuses ; aujourd'hui encore, en Espagne, on emploie celles dont les parties noires représentent une croix, à faire des grains de chapelets.

ANDAMAN (ILES D'), petit archipel des Indes, à l'entrée du golfe de Bengale, dont les habitants, au nombre de 3,000 environ, sont ennemis déclarés des Européens. La principale île est *Andaman*.

ANDANTE, mot italien qui désigne en musique un mouvement modéré, gracieux et bien mesuré. On dit aussi un *andante* pour désigner un morceau de musique écrit dans ce mouvement.

ANDANTINO, diminutif d'*andante*. Ce mot italien désigne, en musique, un mouvement moins lent et plus régulier que l'*andante*. On dit un *andantino* pour un morceau écrit dans ce mouvement.

ANDARINI, pâte de vermicelle réduite en petits grains comme les anis.

ANDÉCA, roi des Suèves, en Espagne, enleva la couronne à Eboric en 583. Il fut vaincu en 585, dans une grande bataille, par Léovigilde, roi des Visigoths. Déposé par ses sujets, il embrassa la religion catholique, fut ordonné prêtre, et se retira à Badajoz, où il mourut en 595.

ANDÉCAVI ou ANDES, peuples de la Gaule ancienne, habitaient sur les bords de la Loire le pays nommé depuis *Anjou*, et formant aujourd'hui le département de Maine-et-Loire. La capitale de ces peuples était *Andecavi* ou *Juliomagus*, aujourd'hui *Angers*.

ANDECHS, petit village de Bavière, en Allemagne, fut au moyen âge le chef-lieu d'un comté dont les seigneurs furent célèbres autrefois. Ces comtes étaient en même temps ducs de Méranie. Le premier fut Berthold Ier, petit-fils d'Arnoul le Mauvais, duc de Bavière. Il vivait en 950. Le dernier fut Othon II, à la mort duquel (1248) le comté d'Andechs fut démembré et partagé entre de nombreux cohéritiers.

AN DE GRACE, formule employée à la fin des actes publics et des ordonnances. Ce terme, devenu si ordinaire dans les derniers siècles, se rencontre pour la première fois dans un acte de 1132.

ANDEIRO (Don Juan-Ferdinand), favori de la reine de Portugal Éléonore Tellez, au XIVe siècle. Exilé en 1375, il passa en Angleterre. Revenu à Lisbonne en 1380, il se remit à la tête des affaires, mais fut exilé de nouveau. Revenu une seconde fois à Lisbonne, il devint l'arbitre du Portugal à la mort du roi Ferdinand, et fut poignardé en 1383 par ordre de Jean Ier, élevé au trône, et qui craignait ses intrigues.

ANDELIS, chef-lieu de sous-préfecture du département de l'Eure, sur la rive droite de la Seine, à 12 lieues et demie d'Evreux. Population, 5,168 habitants. Cette ville est séparée par la grande route de Rouen en deux parties ; le Grand-Andeli est dans une plaine, sur le Gambon, et le Petit sur la Seine. On attribue l'origine des Andelis à un monastère fondé par Clotilde. Ils furent souvent un objet de dispute entre les rois de France et d'Angleterre, et souffrirent toujours de ces disputes. Les Andelis ont un tribunal de première instance, et renferment des fabriques de toiles et de bas.

ANDES ou CORDILLÈRES, la plus grande chaîne de montagnes qui sillonnent le globe. Elle traverse toute l'Amérique méridionale du N. au S., se prolonge dans l'Amérique septentrionale sous le nom de *Montagnes pierreuses*, dans une étendue de 2,500 lieues. Elles avoisinent les deux pôles, et renferment vingt-six volcans. Les principales hauteurs de cette chaîne sont le *Nevada de Sorato*, haute de 7,696 mètres ; le *Pichincha*, 4,738 mètres ; le *Corazon*, 4,816 mètres ; le *Chimborazo*, 6,530 mètres, et le *Cotopaxi*, 5,753 mètres.

ANDJOUIDES ou INDJOUIDES, nom d'une dynastie persane, composée de trois princes qui ont régné à Chiraz, depuis l'an 1332 jusqu'en 1357, que le dernier d'entre eux, Abou-Ishak, vaincu par Mobarezzeddyn, chef de la dynastie des Modhefferiens, fut pris et mis à mort.

ANDOCIDE, orateur athénien, contemporain de Socrate. Il fut souvent banni, et réussit toujours à se faire rappeler. Il négocia la paix de trente ans entre Athènes et Lacédémone. Le reste de sa vie est inconnu. Il mourut vers l'an 420 avant J.-C. On a de lui deux discours. C'est un des dix orateurs dont l'écrivain grec Plutarque a écrit la vie.

ANDORRE (VALLÉE D'), vallée située sur le versant méridional des Pyrénées, entre la France et l'Espagne. Sa superficie est de 120 lieues carrées. Ce pays est indépendant, et se compose de six communautés : *Andorre*, chef-lieu (à 8 lieues de Foix), *Canillo*, *Encamp*, *la Massane*, *Ordino* et *Saint-Julien*, et de trente-quatre villages et hameaux. Le tout forme une espèce de république feudataire de la France, et régie par ses propres magistrats. Le gouvernement se compose d'un conseil général de vingt-quatre membres nommés à vie (quatre par communauté). Le conseil élit deux syndics qui convoquent les assemblées et gèrent les affaires publiques. En 790, Charlemagne ayant marché contre les Maures d'Espagne, les défit dans la vallée de Carol, et, pour récompenser les Andorrans, qui s'étaient rendus très-utiles à l'armée française, il leur permit de se gouverner par leurs propres lois. L'Andorre paye annuellement une redevance de 960 francs à la France, et jouit de la faculté d'extraire de l'Ariége, sans être soumis aux droits de douane, divers articles de consommation. La population est de 6,000 âmes. Les mœurs des habitants sont simples et sévères ; chaque famille reconnaît un chef qui se succède par ordre de primogéniture en ligne droite. Les Andorrans sont forts et robustes, et les crimes sont rares parmi eux. Le sol de la vallée d'Andorre, montagneux et rocailleux, est généralement peu fertile.

ANDOUILLE, hachis de chair de veau, de cochon, ou autre, dont on a rempli un boyau de porc avec des épices, des fines herbes et autres assaisonnements propres à rendre ces viandes d'un haut goût. On dit une *andouille de veau*, *de porc*, etc. — On appelle *andouilles de tabac* des feuilles de tabac arrangées de manière qu'elles ont la figure des andouilles de cuisine.

ANDOUILLER, bois du cerf. Voy. BOIS.

ANDRADA, famille célèbre dans la révolution qui a amené l'indépendance du Brésil. Nés à Santos (province de San-Paulo), les frères Andrada se distinguèrent par leur patriotisme et leur éloquence. L'aîné, Joseph-Boniface, se destina à la jurisprudence et à l'histoire naturelle, et fut choisi par l'académie de Lisbonne pour parcourir l'Europe aux frais de l'Etat, et étudier la minéralogie, la chimie, etc. Il fonda une chaire de métallurgie à Coïmbre, et une de chimie à Lisbonne. Il se mit à la tête des Portugais pour repousser l'invasion des Français, et retourna au Brésil en 1819. Son frère Charles-Antoine occupait un emploi administratif dans la ville d'Olinda, près de Fernambouc, lorsqu'il fut compromis dans la révolution de 1817. Il resta en prison jusqu'en l'année 1820, et fut nommé représentant du Brésil aux cortés de Lisbonne. Ce désir de liberté s'était manifesté dans le Brésil, Joseph-Boniface et Martin Andrada, son second frère, dirigèrent le mouvement. Le 16 janvier 1822, Joseph-Boniface fut placé en qualité de ministre de l'intérieur, de la justice et des affaires étrangères, à la tête du gouvernement. Dom Pedro, alors prince régent, appela Martin-François d'Andrada au ministère des finances. Les deux frères aidèrent le prince à proclamer la séparation du Brésil d'avec le Portugal, et à se déclarer empereur. Ils restèrent au ministère jusqu'au 17 juillet 1823. Bientôt, regardés comme chefs de l'opposition, ils furent arrêtés et déportés en Europe, où ils arrivèrent en 1824. Simples particuliers depuis cette époque, il leur a été permis de rentrer au Brésil, et même, lors de l'abdication de dom Pedro Ier, Joseph-Boniface fut nommé gouverneur et tuteur de dom Pedro II ; mais la chambre des députés refusa de le reconnaître.

ANDRAGATHE, général romain, trahit l'empereur Arcadius en faveur de l'usurpateur Maxime, battit Gratien auprès de Paris, et l'assassina dans sa fuite (383 de J.-C.). Maxime, en récompense de cette action, lui donna le commandement de son armée navale. Il se précipita dans la mer en 388, en apprenant la mort et la défaite de Maxime.

ANDRÉ (Saint), apôtre, frère de saint Pierre et premier disciple de Jésus-Christ. Il naquit à Bethsaïde, et suivit d'abord saint Jean Baptiste, pour quitta ensuite pour s'attacher à Jésus-Christ. Il se trouva aux noces de Cana, et fut témoin du premier miracle du Sauveur. On croit qu'il prêcha l'Evangile à Patras, en Achaïe, et qu'il y fut martyrisé. L'opinion commune est qu'il fut crucifié. Philippe le Bon, duc de Bourgogne, en instituant l'ordre de la Toison d'or, lui donna pour symbole distinctif la croix de Saint-André faite en forme de X. — La tête de saint André a été le 30 novembre.

ANDRÉ DU CHARDON (SAINT-), ordre militaire d'Ecosse, institué par Jacques IV en 1534. Il se composait de douze chevaliers dont le roi était le chef. Ils avaient un cordon bleu avec une médaille des chevaliers d'un côté saint André, de l'autre portant la devise : *Nemo me impune lacesset*. Cet ordre fut aboli en 1688.

ANDRÉ. Trois princes hongrois ont porté ce nom. Le premier succéda à Pierre de Bourgogne en 1047, et mourut en 1061. — ANDRÉ II ou LE JÉROSOLYMITAIN succéda à Ladislas II en 1205, s'illustra dans la croisade de 1217, et donna aux gentilshommes hongrois une charte de leurs privilèges. Il mourut en 1235. — ANDRÉ III succéda à Ladislas III en 1290, et mourut en 1301. Il avait soumis presque toute l'Autriche.

ANDRÉ DE HONGRIE, second fils de Caribert, roi de Hongrie, épousa sa cousine, Jeanne Ire, reine de Naples, à 7 ans. Jeanne voulant se rendre maître de l'autorité que Jeanne se réservait à elle seule, il fut étranglé par son ordre, à l'âge de 19 ans, en 1345.

ANDRÉ. Trois grands princes de Russie ont porté ce nom. ANDRÉ Ier, fils de Georges ou Youry, et surnommé *Bogoliourski* ou *le Pieux*, monta sur le trône en 1157 avec Ysiaslaf. Il reçut en partage la principauté de Vladimir ou de Souzdal, et Ysiaslaf, celle de Kief. Il agrandit ses domaines et les étendit vers le nord de la Russie. Plusieurs princes s'étaient succédé sur le trône de Kief. André attaqua Mstislaf, souverain de ce pays (1169), le vainquit et réunit ainsi à sa puissance toute la Russie, dont il fit de Vladimir la capitale. Quelques villes seulement conservèrent leur indépendance. Il mourut assassiné par ses favoris en 1174. — ANDRÉ II (Yaroslewitz), fils de Yaroslaf II, et frère aîné d'Alexandre Newsky, fut investi en 1249 de la principauté de Vladimir, essaya de se soustraire au joug des Tâtars, mais fut forcé de s'y soumettre, et mourut en 1264. — ANDRÉ III (Alexandrowitz), deuxième fils d'Alexandre Newsky, devint grand prince de Russie en 1294, fut en guerre avec ses neveux, et mourut en 1304.

ANDRÉ (ORDRE DE SAINT-), institué en Russie, par Pierre le Grand, en 1698. Les chevaliers portaient la croix de Saint-André en X avec l'image du saint, pendante au bout d'une autre croix portant cette légende d'un côté : *Le czar Pierre, conservateur de toutes les Russies;* de l'autre côté, ces lettres S. A. Dans l'angle supérieur de la croix est une couronne suspendue à un anneau d'or par un ruban de soie blanche. Dans les trois autres angles, on voit l'aigle de Russie portant au milieu un chevalier armé.

ANDRÉ (LE PÈRE). Voy. CHRYSOLOGUE.
ANDRÉ (LE PETIT PÈRE). Voy. BOULLENGER.
ANDRÉA (Jean-Valentin), célèbre écrivain allemand, né dans le Wurtemberg en 1586. Après avoir parcouru et visité l'Europe, il fut successivement revêtu de plusieurs emplois religieux, et mourut en 1654. Il se montra toujours philanthrope éclairé. On a de lui plusieurs ouvrages en allemand ou en latin, entre autres la *Mythologie chrétienne*, les *Récréations religieuses*, les *Feuilles détachées*, les *Poésies d'Andréa*, etc.

ANDRÈNE, genre d'insectes hyménoptères, dont l'espèce la plus commune se rencontre en France. C'est *l'andrène des murs*. Elle est longue de six lignes, d'un noir bleuâtre, avec des poils blancs sur la tête; le corselet, l'abdomen, les pieds et les ailes sont noirâtres. La femelle dépose dans les murs un miel particulier et d'une odeur désagréable.

ANDRENÈTES, tribu d'insectes de la famille des mellifères. Ces insectes ont la languette en forme de cœur ou de fer de lance, et repliée sur le côté supérieur de sa gaîne. Les femelles composent avec la poussière des fleurs un miel dont elles se servent pour nourrir leurs larves. Elles creusent dans la terre des trous où elles placent cette pâtée avec un œuf, et ferment ensuite l'ouverture avec de la terre. On distingue cette tribu par les pattes postérieures qui sont très-velues, et par le premier article des pieds qui est très-grand, comprimé et en palette carrée. Les genres les plus connus de cette tribu sont les *andrènes* et les *halictes*.

ANDRÉOSSY (Antoine-François, comte), célèbre général français, né à Castelnaudary en 1761. Lieutenant d'artillerie en 1781, au siège de Mantoue, il s'y distingua par sa valeur; membre de l'institut du Caire lors de l'expédition d'Egypte, il fit plusieurs écrits sur les mathématiques, fut nommé ambassadeur à Londres, à Vienne et enfin à Constantinople, après le traité d'Amiens. Rappelé en 1814, il mourut en 1828. — Son aïeul François ANDRÉOSSY, né à Paris en 1633, mort en 1688, mathématicien distingué, est regardé comme le premier auteur du canal du Languedoc.

ANDRIENNE (L'), comédie de Térence, écrivain latin, ainsi nommée de Glycérie, femme qui y joue le principal rôle, et qui est supposée être née à l'île d'Andros. Cette comédie fut représentée 165 ans avant J.-C.

ANDRIES, repas publics établis en Crète par le roi Minos, et dont l'usage fut introduit à Sparte par Lycurgue. La plus grande frugalité y régnait.

ANDRIEUX (François-Guillaume-Jean-Nicolas), né à Strasbourg en 1759. Il suivit d'abord la carrière du barreau, qu'il quitta bientôt pour s'adonner aux belles-lettres. Appelé au conseil des cinq-cents, ainsi qu'au tribunat, il soutint les principes d'une sage liberté. Rentré dans la vie privée, il devint professeur de littérature française à l'école polytechnique et au collège de France. Andrieux fit un grand nombre de comédies, dont la plus connue est celle des *Etourdis*. Il a écrit aussi des *contes* en vers, et un *Cours de belles-lettres*. Andrieux fut secrétaire perpétuel de l'académie française. Il mourut en 1833.

ANDRINOPLE (ancienne *Adrianopolis*, en turk, *Edréné*), ville célèbre, seconde capitale de l'empire des Ottomans, située dans la Roumélie (la Thrace des anciens), sur les rives de l'*Hebrus*, aujourd'hui le Maritza. Adrien la construisit à la place d'Uscudama, villa des Besses, peuplade thrace. Il en fit la capitale de la province de l'*Hæmimontana*. Elle résista aux Goths au IVᵉ siècle; prise en 1360 par Amurath, elle fut jusqu'en 1453 la capitale de l'empire turk. Elle fut prise par les Russes en 1829, et une paix y fut conclue entre ceux-ci et les Turks la même année. La population est de 100,000 habitants.

ANDRISCUS, surnommé *Pseudophilippus*, c'est-à-dire *faux Philippe*, homme obscur né dans l'Asie-Mineure, se fit passer pour Philippe, fils de Persée, roi de Macédoine (152 avant J.-C.), à la faveur de la ressemblance qu'il avait avec ce prince. Ayant ainsi trompé les Macédoniens, il leva une armée et marcha contre les Romains, qu'il vainquit. Mais, battu à son tour, il fut pris et amené à Rome, où il fut mis à mort l'an 148 avant J.-C.

ANDRO, autrefois ANDROS, île de l'Archipel, située entre Tine et Nègrepont. Elle a 8 lieues de long sur 2 de large, 35 lieues de circonférence et 10,200 habitants. Le chef-lieu de l'île est Andro, qui a un port sur la côte S.-O., un évêché grec et 5,000 habitants. Andro est fertile en orangers, citronniers, mûriers, jujubiers, grenadiers, figuiers, et commerce en vins estimés, soie et huiles.

ANDROCLÈS, esclave romain qui, lassé des cruautés de son maître envers lui, l'abandonna et s'enfuit dans les bois. Il trouva dans une caverne où il se réfugia un lion au pied duquel une épine s'était fixée, et qui souffrait beaucoup de sa blessure. Androclès lui arracha l'épine et le guérit. Une grande amitié s'établit entre eux. Le lion reconnaissant allait tous les jours à la chasse et en rapportait le fruit à l'esclave. Après quelque temps, Androclès fut pris par une troupe de soldats romains, amené à son maître, et condamné à être dévoré par les bêtes féroces pour le punir de sa fuite. Mais le lion qui devait le dévorer vint se coucher à ses pieds, sans lui faire aucun mal, lui témoignant au contraire la plus grande joie de le revoir. C'était le lion qu'il avait guéri et qui avait été pris lui-même. L'empereur, admirant la générosité de cet animal, fit grâce à Androclès, et lui donna le lion.

ANDROGÉE, fils de Minos, roi de Crète, que l'on fait vivre 1,250 avant J.-C. Quelques jeunes gens d'Athènes et de Mégare, fâchés de ce qu'il leur enlevait tous les prix des jeux olympiques, attentèrent à sa vie. Minos, pour venger ce meurtre, assiégea Athènes, et força les habitants à lui envoyer tous les ans sept garçons et sept filles, qu'on faisait dévorer par le Minotaure. Thésée les délivra de ce tribut en tuant le Minotaure.

ANDROGYNE, nom donné aux végétaux ou animaux hermaphrodites, c'est-à-dire, dans lesquels les deux sexes sont réunis, et qui se suffisent à eux-mêmes pour se reproduire. Telles sont les plantes qui, n'étant pas douées du mouvement, ne pourraient s'unir; tels sont encore les *vers*, les *limaçons*, etc.

ANDROGYNETTES, nom donné, en botanique, aux organes mâles des fleurs portés sur des organes femelles et en épi. On observe cette disposition dans les *lycopodes*, auxquels on a donné par cette raison le nom d'*androgynettes*.

ANDROÏDE, automate à qui on a donné une forme et une figure humaine, et qui, au moyen de ressorts habilement disposés à l'intérieur, exécute et imite plus ou moins exactement les mouvements, les actions et les fonctions des hommes.

ANDROLEPSIE ou CLARIGATION. Lorsqu'un Athénien avait été tué par un citoyen d'une autre ville, la ville refusait de livrer le coupable, il était permis de saisir trois de ses citoyens et de punir sur eux le meurtre commis. C'était le droit d'androlepsie.

ANDROMAQUE, fille d'Eétion, roi de Thèbes, épousa Hector, fils de Priam, roi de Troie, qu'elle aima tendrement et qui la rendit mère d'Astyanax. Après la mort de son époux, à la prise de Troie et le massacre de son fils, elle échut par le sort à Pyrrhus, qui l'épousa en Epire, en eut trois fils, et la répudia ensuite. Elle épousa Helénus, fils de Priam, avec qui elle régna sur une partie de l'Epire. Homère, Euripide et Racine ont célébré Andromaque, et en ont fait le type d'amour conjugal et de tendresse maternelle.

ANDROMÈDE (myth), fille de Céphée, roi d'Ethiopie. Sa mère Cassiopée, ayant prétendu surpasser Junon et les Néréides en beauté, Neptune, d'après l'ordre de Junon, inonda l'Ethiopie et envoya contre elle un monstre marin. L'oracle répondit que Junon ne s'apaiserait que lorsque Andromède aurait été exposée au monstre. Elle fut attachée à un rocher. Mais Persée, monté sur Pégase, pétrifia le monstre et épousa Andromède, qui après sa mort fut mise au rang des astres.

ANDROMÈDE, constellation située dans la partie septentrionale du ciel, près de Cassiopée et de Persée.

ANDROMÈDE, genre de plantes de la famille des bruyères, s'élevant quelquefois à la hauteur d'arbres, ayant les feuilles alternes ou opposées, coriaces, et les fleurs en grappes ou en épis. Le port élégant des andromèdes les a fait admettre comme ornement de nos jardins, où l'on remarque l'*andromède en arbre*, bel arbuste à feuilles elliptiques; l'*andromède magnifique*, buisson de deux à trois pieds, dont les feuilles sont couvertes en dessous d'une poudre blanche; l'*andromède à plusieurs feuilles*, aux feuilles luisantes et toujours vertes.

ANDRON. C'était chez les Grecs l'appartement des hommes. Cet appartement était l'endroit le plus honorable de la maison.

ANDRONIC, empereur d'Orient. Voy. COMNÈNE et PALÉOLOGUE.

ANDROPHORE, nom donné dans les plantes au filet de l'étamine (organe mâle des fleurs) lorsqu'il porte plusieurs anthères (petits sacs rouges, jaunes, etc., remplis de la poussière fécondante), ou plutôt à la réunion des filets en un ou plusieurs faisceaux. C'est ce qui caractérise les classes sixième, septième et huitième de Linné. Ainsi la mauve offre un seul androphore, chargé de nombreuses anthères (*monadelphie*); la fumeterre en a deux (*diadelphie*); l'oranger a ses anthères réunies sur plusieurs androphores (*polyadelphie*).

ANDROPOGON, genre de la famille des graminées, renfermant des plantes communes en France. Les principales espèces sont : l'*andropogon nard* ou *nard indien*, dont la racine a une des propriétés excitantes; l'*andropogon schœnante*, originaire des Indes et de l'Arabie, exhalant une odeur de citron. Ses fleurs se prennent en infusion comme le thé; l'*andropogon caricosum*, qui sert de chaume pour couvrir les maisons à l'île de Java; les racines d'une autre espèce, sous le nom de chiendent, entrent dans la confection des brosses et des balais. Celles de l'*andropogon squarrosus*, nommés *vétiver*, servent à corriger la mauvaise odeur de l'air, en les suspendant aux murailles.

ANDROS. Voy. ANDRO.

ANDROSELLE, genre de la famille des primulacées, renfermant des plantes en général petites, d'un aspect agréable, à feuilles radicales et étalées en rosette, à fleurs en ombelle. Le fruit est une capsule globuleuse renfermant plusieurs graines. Les androselles habitent les montagnes élevées de l'Europe et de l'Asie. Les anciens leur attribuaient des vertus médicinales.

ANDROTOMES, nom donné par Cassini aux plantes *synanthérées*, parce que leurs étamines (organes mâles des fleurs) semblent coupées par une articulation. — *Androtomie* est synonyme *d'anatomie humaine*.

AN DU SEIGNEUR, formule des chartes et actes publics au moyen âge. Elle fut employée très-souvent. Les papes s'en servirent jusqu'au pontificat d'Alexandre II (vers 1070). Depuis cette époque, ils placèrent invariablement la formule *anno incarnationis* ou *trabealionis* (an de l'incarnation) dans les dates. — Les autres formules les plus usitées dans les chartes sont celles-ci : *anno circumcisionis, anno post Christum natum, anno imperii, anno incarnati Verbi, anno ab incarnatione, anno ab incarnatione Domini, anno incarnationisDomini ouDominicæ, anno Jesu Christi, anno à nativitate Christi* ou *Domini, anno nativitatis, anno nativitatis Dominicæ, anno ab orbe redempto, anno ordinationis,* et *anno christianæ libertatis*.

ANE, quadrupède non ruminant, originaire d'Arabie, à la tête grosse, à la queue plus plate, moins longue que le cheval. L'esclavage a abâtardi cet animal. — En Orient, c'est la monture des gens de condition et des Arabes, qui ne se servent des chevaux que dans les combats. Quelques peuples croient que les âmes des héros vont habiter les corps de ces animaux. L'âne, utile pour le pauvre, est robuste, s'attache à son maître, est patient, laborieux, et vit dans nos climats de quinze à seize ans.

ANE, sorte d'étau dont se servent plusieurs artisans, et surtout les ouvriers en marqueterie, pour assurer les bois ou les pierres quand ils les fendent. — C'est aussi, 1° un outil sur lequel les tabletiers évident les dents des peignes ; 2° une espèce de coffre de relieur qui reçoit les rognures des livres ou du papier.

ANE (L'), conte écrit en grec, et attribué par les uns à Lucien, par les autres à Lucius dePatras.L'auteur feint qu'ayant par imprudemment un philtre chez une magicienne il fut changé en âne, et raconte les tristes aventures qu'il eut à souffrir dans cette condition, jusqu'à ce qu'il recouvrât sa forme primitive. — On nomme *l'Ane d'or* ou *la Métamorphose* un conte grec écrit par Apulée, et imité de celui de Lucius de Patras. Ce conte fut sans doute nommé *d'or* à cause du plaisir qu'on eut à le lire, ce qui le fit regarder comme un ouvrage précieux.

ANÉLECTRIQUES, nom donné aux corps, conducteurs de l'électricité, qui ne sont pas susceptibles d'être électrisés par le frottement lorsqu'ils ne sont pas isolés ; car il suffit d'isoler ces corps pour les rendre électriques au moyen du frottement.

ANÉLOPTÈRES ou ANÉLYTRES, nom donné aux insectes qui ont des ailes sans élytres (étuis ou couvertures). Tels sont les papillons, les abeilles, etc.

ANÉMIE ou ANÆMIE, nom donné à une maladie dans laquelle la masse du sang paraît diminuée et sa consistance altérée d'une manière sensible. Cette maladie est très-rare.

ANÉMOMÈTRE, ANÉMOSCOPE, instruments qui servent à indiquer, le premier la force et la vitesse du vent, et le second à indiquer sa direction.

ANÉMONE, plante de la famille des renonculacées, à la tige droite et robuste, aux feuilles d'un vert foncé, découpées, aux fleurs doubles, de diverses couleurs. On connaît plus de trois cents variétés de cette plante, une des plus belles de nos jardins et de nos bois. Elles annoncent le retour du printemps.

ANÉMONE DE MER. Voy. ACTINIE.

ANENCÉPHALIE, état des monstres qui naissent sans cerveau ni moelle épinière. Cette monstruosité est presque exclusivement propre à l'espèce humaine. Les fœtus ainsi conformés naissent vers le septième ou le huitième mois de la grossesse, et meurent en naissant ou peu de temps après avoir reçu le jour.

ANES (FÊTE DES), fête originaire de Vérone en Italie, en usage dans le moyen âge, et qui figurait la fuite en Egypte. La plus jolie fille de la ville était montée sur un âne richement enharnaché, avec un enfant dans les bras, figurant la Vierge et Jésus. Suivie du clergé, elle entrait ainsi dans l'église, se plaçait près de l'autel. Là on chantait la messe , et, au lieu de répondre *amen* aux prières du prêtre, le peuple criait *hihan*.

ANESSE (LAIT D'), lait doux, sain, restaurant et adoucissant, que produit la femelle de l'âne. Il est utile dans les maladies de poitrine. Ce n'est que depuis François Ier, qui en prit d'après l'avis d'un médecin juif, et qui fut rétabli par ce lait, que l'usage s'en est introduit en France. Ce lait ressemble beaucoup à celui de femme, dont il a la consistance, l'odeur et la saveur ; mais il renferme un peu moins de crème et un peu plus de matière caséeuse molle.

ANET, chef-lieu de canton du département d'Eure-et-Loir, à 4 lieues de Dreux. Population, 1,416 habitants. Le bourg, situé dans une vallée, était autrefois une châtellenie, rendue célèbre par le château qu'Henri II y fit bâtir pour sa maîtresse Diane de Poitiers. Philibert Delorme fut chargé de la construction de cet édifice. Il était formé de quatre corps de logis entourant une cour. Au centre du quatrième côté était la porte d'entrée, espèce d'arc triomphal. Sur cette porte était une horloge curieuse. Un cerf en bronze frappait les heures de son pied droit, pendant que des chiens de même métal aboyaient autour de lui. Pendant la révolution, ce château fut pillé et en partie démoli. Il n'en reste qu'une aile, la grande chapelle et quelques débris.

ANETH ODORANT, plante aromatique annuelle de la famille des ombellifères, croissant en abondance dans nos départements du midi, en Espagne et en Italie. Elle monte à quarante ou soixante centimètres. Son odeur est forte et agréable, son goût âcre et piquant. Ses graines servent, dans la cuisine, à apprêter les végétaux insipides, et elles. On en retire une huile essentielle, autrefois très-recherchée par la médecine, et surtout par les gladiateurs, à cause de la propriété qu'on lui attribuait d'augmenter les forces. Les confiseurs emploient ces graines en guise d'anis. En médecine, on s'en sert comme toniques, excitantes et carminatives. Les anciens Romains se couronnaient d'aneth dans leurs festins. Cette plante était pour eux le symbole de la joie.

ANÉVRISME, maladie dans laquelle certaines parties du corps subissent une grande dilatation. Ce mal attaque souvent les artères et le cœur. Les exercices violents, l'usage des liqueurs fortes, etc., en sont les principales causes. Elles sont très-dangereuses, quelquefois mortelles; les saignées seules peuvent diminuer leur intensité.

ANFOSSI (Pascal), célèbre compositeur italien, né à Naples en 1729. Après avoir suivi des leçons de Sacchini et de Piccini, il obtint par ce dernier, en 1771, la première place au théâtre des *Dames*, à Rome, et présenta plusieurs opéras, *l'Avare*, le *Voyageur heureux*, *l'Inconnue persécutée*, etc. Anfossi mourut en 1796. Il avait composé aussi des psaumes et des oratorios.

ANFRACTUOSITÉ, nom donné, en anatomie, aux enfoncements sinueux, plus ou moins profonds du cerveau et à la surface des os. Les *anfractuosités cérébrales* sont toujours étroites, plus profondes à la surface supérieure du cerveau qu'à la base. Elles ont jusqu'à un pouce de profondeur. Leur direction est très-variable. Quelques-unes sont simples, d'autres se subdivisent.

ANGADRÊME ou ANGADRISMA, vierge chrétienne, morte vers l'an 690, vécut dans les sentiments de la plus sincère piété, et mérita d'être mise au rang des saintes. C'est la patronne de la ville de Beauvais. On fait sa fête le 17 mars.

ANGARIE, retenue que l'on fait d'un navire, soit de la nation, soit de l'étranger, pour l'obliger à recevoir un chargement quelconque.

ANGE (CHATEAU SAINT-), édifice antique, de forme circulaire, construit par Adrien, pour lui servir de tombeau, et changé en citadelle par le pape Alexandre VI. Un pont jeté sur le Tibre y conduit. Son nom provient d'une statue d'ange en bronze que Benoît XIV fit placer sur le faîte de l'édifice. Ce château se voit à Rome.

ANGE (MICHEL-) BUONAROTTI, un des plus célèbres sculpteurs, architectes, peintres et poètes italiens, né à Caprée en 1465. Elève de Domenigo de Ghirlandajo et de Bertoldo, il mérita d'être chargé par à tour d'un mausolée par Jules II, de l'ornement de la chapelle Sixtine par Clément VII et ses prédécesseurs. On distingue parmi ses ouvrages les statues de *Moïse*, de *la Descente de croix*, de *Bacchus* et *Cupidon*, etc. ; et ses tableaux de *la Chute de saint Paul*, le *Jugement dernier* et le *Crucifiement de saint Pierre*, etc. Les poésies de Michel-Ange ont été souvent publiées. Il mourut en 1564.

ANGE DE MER ou SQUATINE, genre de la famille des plagiostomes, renfermant des poissons dont les corps est allongé et déprimé. Les nageoires pectorales sont larges, et présentent en avant une forte échancrure. La tête est arrondie, et la bouche fendue à son extrémité. Deux espèces se pêchent sur nos côtes ; ce sont, 1° *l'ange squatine*, de sept ou huit pieds de longueur. Toute la partie supérieure du corps est couverte d'une peau rude et d'un gris roussâtre. Le mâle a des petites épines en bord des pectorales ; 2° *l'ange épineux*, qui porte le long du dos une rangée de fortes épines.

ANGELINA (Ecorce D'), nom d'une écorce qui provient d'un grand arbre des Antilles, et que l'on regarde comme vermifuge.

ANGÉLICO (Pietro) ou DEGLI ANGELI, né en 1517 à Barga (Toscane), d'où il fut surnommé *Bargea*. L'Italie le compte au nombre de ses plus illustres littérateurs au XVIe siècle. Il fut successivement professeur de langue grecque et latine, à Reggio en 1546, puis de belles-lettres à l'université de Pise, et mourut en 1596. Son frère *Antoine* fut aussi un poëte distingué, et mourut en 1579.

ANGÉLIQUE, genre de la famille des ombellifères, renfermant des plantes d'ornement et employées souvent en médecine. Leur tige est droite, robuste, cannelée, s'élevant à la hauteur de six pieds ; leurs feuilles sont grandes, ailées d'un beau vert, les fruits ovoïdes et renfermant deux graines. L'*angélique archangélique* vient naturellement en France et dans le nord de l'Europe. Sa tige, ses feuilles, ses racines et ses semences sont odorantes, stomachiques, cordiales et vermifuges. Confites dans du sucre, ses tiges donnent des conserves délicieuses, et offrent un aliment agréable et salutaire. Sa racine, qui fournit une liqueur spiritueuse, est employée comme diurétique en médecine. Ses feuilles s'emploient pour l'entretien et la conservation de la bouche. C'est surtout dans la ville de Niort, que se prépare l'angélique du commerce. — On a donné encore ce nom à une variété de *poire* et à la *podagraire*. L'*angélique épineuse* est l'*aralie*.

**ANGÉLIQUE**, instrument à clavier du genre du clavecin ou de l'épinette. Il était monté de dix-sept cordes accordées par demi-tons. Il fut inventé au commencement du XVIIe siècle. On a nommé *voix angélique* une sorte de jeu d'orgue composé de tuyaux cylindriques à anche.

**ANGÉLIQUES**, ordre de chevalerie institué en 1191 par Isaac-Ange Comnène, empereur de Constantinople. Parmi les chevaliers on distinguait les *torquati* ou chevaliers, ainsi nommés de leur collier (*torques*), et au nombre de cinquante; les *champions de justice* ou les ecclésiastiques, et les chevaliers *servants*.

**ANGELOT**, monnaie d'or usitée en France depuis 1240, jusque sous le règne de Louis XI. Elle représentait saint Michel avec une épée dans sa main droite, un écu de fleurs de lis dans sa gauche et un serpent à ses pieds. — Il y eut des angelots frappés en Angleterre.

**ANGELUS**, prière à la sainte Vierge, qui commence par le mot *angelus*, et que les catholiques récitent trois fois par jour, le matin, à midi et le soir. On sonne une cloche par trois fois pour avertir de la faire. Le pape Jean XXII a institué cette prière en 1316, et le roi Louis XI l'introduisit en France le 1er mai 1472.

**ANGELY** (SAINT-JEAN D'), sur la rive droite de la Boutonne, chef-lieu d'arrondissement du département de la Charente-Inférieure, à 24 lieues et demi de la Rochelle. Population, 6,800 habitants. Cette ville est bâtie sur les ruines d'un château, demeure jadis des ducs d'Aquitaine, et d'un monastère de bénédictins nommé *Angeriacum*, *Angeri* ou *Angeli*. Saint-Jean d'Angely ayant chassé les Anglais, et s'étant donné en 1372 au roi de France, reçut de grands privilèges. En 1472 le duc de Berry, frère de Louis XI, y mourut empoisonné. En 1570, le duc d'Anjou assiégea et prit la ville sur les protestants; ceux-ci la reprirent et la gardèrent jusqu'à ce que Louis XIII, en 1621, s'en rendit maître malgré une vive résistance; il lui ôta ses privilèges, abattit ses murailles, et ordonna qu'elle prendrait le nom de *Bourg-Louis*; mais l'ancien a prévalu. La ville est située agréablement, au milieu de terrains riches en vignobles, à l'endroit où la Boutonne commence d'être navigable pour des bateaux de trente à quarante tonneaux. Il ne reste plus rien des anciennes fortifications. Il y avait autrefois des moulins à poudre qui firent explosion en 1820 et n'ont pas été rétablis. Saint-Jean d'Angely possède un tribunal de première instance et de commerce, un collège, une école chrétienne, une école modèle, une société d'agriculture, un hospice, une belle halle, une salle de spectacle, des bains publics et d'agréables promenades. Il fait un commerce assez important en grains, toiles, beurre, liqueurs, eau-de-vie, etc.

**ANGELY** (L'), fou de Louis XIII, se fit remarquer par la vivacité de son esprit. Après la mort du roi, s'attacha au prince de Condé, au service duquel il mourut.

**ANGENNES**, famille célèbre de France, qui a fourni plusieurs personnages distingués. RENAUD D'ANGENNES, seigneur de Rambouillet en 1392, fut gouverneur du dauphin, fils de Charles VI; il périt en 1424 à la bataille de Verneuil. — JACQUES D'ANGENNES fut capitaine des gardes du corps sous François Ier, Henri II, François II et Charles IX, puis lieutenant général et gouverneur de Metz. Il mourut en 1562. — Son fils CHARLES, évêque du Mans, puis cardinal de Rambouillet, né en 1530, fut un des prélats du concile de Trente. Il mourut en 1587. — CLAUDE, frère de Charles, né à Rambouillet en 1538, fut évêque de Noyon, puis du Mans, à la place de son frère, et mourut en 1601. — JULIE D'ANGENNES. Voy. RAMBOUILLET.

**ANGERMANIE** ou ANGERMAN-LAND, une des anciennes provinces de la Suède, comprise dans le Norrland, au S. de la Bothnie. Cette province, avec celle de Medelpad, forme le gouvernement actuel de *Wester-Norrland*. Sa superficie est d'environ 120 lieues carrées, et sa population de 230,000 habitants. L'Angermanie est remarquable par les beaux sites qu'elle renferme. C'est une des parties les mieux cultivées et les plus fertiles en grains de la Suède. Elle tire son nom de la rivière d'*Angerman*, qui prend sa source dans les Dofrines et se jette dans le golfe de Bothnie. La capitale est *Hernœsand*.

**ANGERONA**, déesse du silence chez les Romains. Sa statue était placée dans le temple de Volupia, déesse de la volupté. Ses fêtes, que l'on célébrait le 21 décembre, étaient appelées *angeronales*. Angerona était représentée, comme Harpocrate, ayant un doigt sur la bouche.

**ANGERS**, l'*Andegavum* ou *Juliomagus* des Romains, sur la rive gauche de la Mayenne, chef-lieu du département de Maine-et-Loire, à 75 lieues de Paris. Population, 34,000 habitants. Cette ville était avant la conquête romaine capitale des Andegavi; César en fit une place forte. Les Normands la pillèrent en 845 et 857. Au moyen âge, Angers devint la capitale de l'Anjou et subit plusieurs sièges. Cette ville est aujourd'hui grande et commerçante. De nombreuses carrières d'ardoises l'entourent. Angers possède un évêché érigé dans le IVe siècle et suffragant de l'archevêché de Tours, une belle cathédrale bâtie en 1225, dont les deux clochers symétriques ont deux cent vingt-cinq pieds de haut, un hôpital fondé en 1172, une école secondaire de médecine, un collège royal de deuxième classe, une école normale primaire, une école modèle, un séminaire diocésain, un tribunal de première instance et de commerce, plusieurs sociétés savantes, des cours publics et un jardin des plantes. La bibliothèque publique est de 25,000 volumes. Angers commerce en ardoises, toiles à voiles, vins, grains, lin, chanvre, bestiaux, etc. Cette ville possède une école d'arts et métiers, renfermant quatre cent cinquante élèves; c'est la troisième qui existe en France.

**ANGES**, créatures spirituelles et intelligentes, immortelles et incorruptibles, êtres intermédiaires entre l'homme et la Divinité. Les théologiens divisent les anges en trois hiérarchies : chaque hiérarchie comprend trois ordres. La première comprend les *séraphins*, les *chérubins* et les *trônes*; la seconde, les *dominations*, les *vertus* et les *puissances*; la troisième, les *principautés*, les *archanges* et les *anges*. Ces derniers sont attachés spécialement aux hommes. Leur emploi en général est de bénir Dieu et de chanter ses louanges. Chaque homme en naissant reçoit de Dieu un ange gardien, destiné à le pousser au bien, en détruisant la puissance du démon. On fait la fête des anges gardiens, le 2 octobre chez les Latins, et le 8 novembre chez les Grecs.

**ANGE**, monnaie de Philippe VI *de Valois*, d'or fin, et qui valait 5 deniers 16 grains. On nommait encore ainsi le premier étendard de l'armée, qui se portait devant l'empereur, en Occident. — En termes d'artillerie, *ange* désigne un boulet fendu en deux, dont les extrémités sont liées ensemble par une barre ou une chaîne de fer. On s'en sert sur mer pour désemparer les vaisseaux. — On a nommé *manches d'anges* des manches de femme, très-larges et qui n'allaient qu'à la moitié des bras, parce qu'on habille ainsi les anges quand on les peint.

**ANGILBERT**, ENGILBERT ou ENGLEBERT (Saint), épousa Berthe, fille de Charlemagne, et devint secrétaire d'État de ce prince, son ambassadeur à Rome, et duc de Ponthieu. Après la mort de Berthe, il se retira dans le monastère de Saint-Riquier en Ponthieu (793), fut ministre de Pepin, roi d'Italie, et se distingua par ses vertus. Il mourut en 814. Sa fête a lieu le 18 février.

**ANGINE**, nom donné à l'inflammation des membranes muqueuses, étendues depuis l'arrière-bouche jusqu'à l'estomac et aux poumons exclusivement. On en distingue deux sortes. L'*angine laryngée et trachéale* est caractérisée par une douleur et une chaleur incommode dans le conduit aérien avec gêne de la respiration, altération de la voix, toux et crachats muqueux, la déglutition restant libre; l'inspiration de vapeurs irritantes, d'un air très-froid, l'exercice forcé de la voix et de la parole, les chants, les cris, la déclamation en sont les principales causes. Cette angine se termine dans l'espace de deux à sept jours par le retour à la santé ou par la mort. — L'*angine pharyngée* est caractérisée par la rougeur et la tuméfaction du pharynx et la difficulté de la déglutition. Elle est peu redoutable et se termine après deux semaines.

**ANGIOCARPIENS**, végétaux dont les fruits sont réunis entre eux, de manière à n'être pas reconnus au premier coup d'œil, ou dont les fruits sont recouverts par quelque organe étranger qui les cache. Tel est le fruit du châtaigner.

**ANGIOLOGIE** ou ANGÉIOLOGIE, partie de l'anatomie qui traite des vaisseaux. Elle comprend l'étude des artères (*artériologie*), celle des veines (*phlébologie*) et celle des vaisseaux lymphatiques (*angiohydrologie*).

**ANGIOSPERMIE**. C'est, dans la classification botanique de Linné, le deuxième ordre de sa quatorzième classe. Il comprend toutes les plantes qui, avec quatre étamines didynames (organes mâles des fleurs disposés en deux paires dont l'une est plus grande que l'autre), ont leur graine renfermée dans une capsule. Telles sont les *scrofulaires*, les *digitales*, les *bignones*, etc. — Ces plantes elles-mêmes prennent le nom d'*angiospermes*.

**ANGIOTÉNIQUE**, nom donné à la fièvre inflammatoire, qui est caractérisée en partie par la tension des artères (en grec, *ángion*) ou la vigueur du pouls.

**ANGLAISE**, danse dont la mesure est à deux temps, d'un mouvement animé, usitée principalement en Angleterre, d'où elle a pris son nom.

**ANGLE**. On nomme ainsi, en géométrie, la quantité plus ou moins grande dont deux lignes droites qui se rencontrent sont écartées l'une de l'autre. Le point de rencontre se nomme *sommet*; les deux lignes qui forment l'angle se nomment ses *côtés*. La grandeur d'un angle ne dépend que de l'écartement de ses côtés. — L'*angle droit* est formé par une ligne qui tombe verticalement sur une autre ligne horizontale. — L'*angle obtus* est celui dont l'ouverture est plus grande que celle de l'angle droit. — L'*angle aigu*, dont l'ouverture est plus petite. — Un angle *rectiligne* est formé par des lignes droites; le *curviligne*, par des lignes courbes. — Les *angles plans* sont la coïncidence de deux plans. — Les *angles solides*, l'angle formé par la rencontre de plusieurs plans. — Les *angles adjacents* sont des angles immédiatement contigus l'un à l'autre, de sorte qu'ils ont un côté commun, et dont les autres côtés forment une seule ligne droite.

**ANGLE FACIAL**, angle formé par la réunion de deux lignes, dont l'une passe verticalement par le bord des dents supérieures et par le point le plus saillant du front, et l'autre s'étend horizontalement du conduit de l'oreille aux mêmes dents. C'est en comparant l'ouverture de cet angle que Camper a cherché à calculer le volume du cerveau et par là le degré d'intelligence des animaux. Plus cet angle est aigu, plus le cerveau de l'animal est petit. L'homme a reçu le plus grand cerveau de tous. Chez les Européens, cet angle est de 80 à 85 degrés; chez les nègres, de 70 à 72; celui de l'orang-outang est de 67 degrés; celui de l'Apollon du Belvédère, type de beauté, a plus de 90 degrés.

**ANGLE OPTIQUE**, angle formé par deux rayons visuels, menés du centre de l'œil aux extrémités d'un objet.

**ANGLE DE RÉFLEXION**, DE RÉFRACTION. Voy. RÉFLEXION, RÉFRACTION.

**ANGLE DE MIRE**. Les canonniers nomment ainsi l'angle formé par l'axe de la pièce et la ligne de mire naturelle.

ANGLE DE PROJECTION, nom donné par les canonniers à l'angle que fait l'axe de la pièce avec l'horizon. Quand la ligne de mire est horizontale, l'angle de mire est égal à l'angle de projection.

ANGLES, ANGLO-SAXONS, peuples de la race germanique, habitant, il y a quatorze siècles, à la droite de l'Elbe, dans le Holstein. Appelés au commencement du ve siècle par Vortigern, roi des Bretons, ils envahirent la Grande-Bretagne, dont ils chassèrent bientôt les habitants. Ils formèrent sept petits royaumes indépendants, appelés ensemble *heptarchie*. Ils ont donné leur nom à l'*Angleterre*.

ANGLESEY, île et comté d'Angleterre, le plus occidental de la principauté de Galles, dans la mer d'Irlande. On lui donne 26 lieues de circonférence et une surface de 65 lieues carrées. Sa capitale est *Beaumarish*, et sa population de 43,050 habitants.

ANGLETERRE, grand royaume de l'Europe occidentale, occupant toute la partie S. de la Grande-Bretagne, dans une superficie de 6,500 lieues carrées, et renfermant une population de 12,422,700 habitants, non compris l'Ecosse et l'Irlande. Elle se divise en quarante-deux comtés, appelés *shires*, chacun sous l'autorité d'un shérif. La capitale est LONDRES.—L'Angleterre renferme des mines de fer, de plomb et d'étain : celles-ci, situées dans le comté de Cornouailles, passent pour les plus belles du monde. Le climat de l'Angleterre est humide et variable, mais salubre. Dans peu de contrées les hommes parviennent à un âge aussi avancé et atteignent une aussi haute stature qu'en Angleterre. Le froid et le chaud y sont très-modérés, la terre est très-fertile, propre à la culture des céréales, et présente la plus belle verdure. Cependant la vigne n'y vient pas; on remplace le vin par le cidre et la bière. Les productions de l'Angleterre consistent en excellents bestiaux, moutons, chevaux et porcs d'excellente qualité; en volaille, poissons, grains, lin, fruits gros, mais peu savoureux ; en charbon de terre qui supplée à la disette de bois de chauffage; en métaux divers, marbre, etc. L'industrie et le commerce sont très - étendus en Angleterre. Les fabriques les plus importantes sont celles des tissus de coton, des étoffes de laine, celles de cuir, de fer, d'acier, de cuivre, d'étain, de faïence, de verre, de soie, de toile, de papier, de quincailleries, d'instruments de médecine et des sciences mathématiques, etc. Le produit annuel de ces manufactures est de 2,850,500,000 francs. — Les principales rivières sont la *Tamise*, la *Severn*, l'*Humber* et la *Mersey*. Ce royaume contient un grand nombre de canaux et des chemins de fer très-nombreux. — Le gouvernement de l'Angleterre est une monarchie représentative, composée du roi, de ses ministres et de deux chambres, celle *des lords*, de 400 membres, et celle *des communes*, de 658 (voy.). La langue anglaise est un mélange de mots latins, saxons, allemands, bas bretons et ancien français. Elle est d'une grande richesse. La religion dominante en Angleterre est l'*anglicane*. Mais toutes les croyances sont tolérées. — L'Angleterre était habitée primitivement par les Bretons. Envahie en 450 par les Angles, elle fut partagée en sept royaumes. Cette heptarchie dura jusqu'en 828, où Egbert, roi de Wessex, les réunit en un seul. — Elle fut envahie en 1066 par les Normands, qui, mêlés aux Anglo-Saxons, formèrent la population anglaise. — La couronne d'Angleterre passa successivement aux ducs d'Anjou en 1154, à la maison de Lancastre en 1399, à celle d'Yorck en 1471, à celle de Tudor en 1485, à celle de Stuart en 1603, à celle de Nassau en 1608, enfin à la maison de Hanovre en 1714, qui la possède aujourd'hui. — Les possessions de l'Angleterre dans les diverses parties du monde sont : 1° en Europe, les îles de Malte, Ioniennes, Aurigni, Jersei, Guernesei et Heligoland, et la ville de Gibraltar (Espagne) ; 2° en Asie, l'Hindoustan, ou Indes-Orientales, administrées par la *compagnie des Indes* (voy.), et l'île Ceylan; 3° en Afrique, les établissements de Sierra-Leone, de la Côte-d'Or, du cap de Bonne-Espérance, Maurice, Seichelles, les îles de Sainte-Hélène et l'Ascension ; 4° en Océanie, la Nouvelle-Galles méridionale et la terre de Van-Diémen; 5° en Amérique, la Nouvelle-Bretagne, les Bermudes, les Lucaies, la Jamaïque, Tortola, l'Anguille, Saint-Christophe, Nevis, Montferrat, la Barboude, Antigoa, la Dominique, Sainte-Lucie, la Barbade, Saint-Vincent, Grenade, Tabago, la Trinité, une partie de la Guiane et quelques comptoirs. — Les forces militaires de l'Angleterre , en Europe et dans ses possessions, sont de 870,000 hommes. Sa marine royale compte 567 bâtiments de toute grandeur, montés par 38,000 hommes d'équipage. Sa marine marchande présente un effectif de 25,095 navires et de 155,776 matelots. Son budget normal est de 1,100 millions. Sa dette publique de 18 milliards et demi. Les revenus annuels sont de près de 12 milliards. La superficie totale des possessions anglaises (en comprenant la Grande-Bretagne) est de 776,000 lieues carrées, et leur population de 148 millions d'hommes.— La justice est rendue en Angleterre par cinq cours, qui s'assemblent quatre fois par an à Westminster, cour de la chancellerie, du banc du roi, des plaidoyers communs, de l'échiquier, du conseil de Lancastre. — L'Angleterre est divisée en deux archevêchés anglicans, ceux de Canterbury et d'Yorck. Le premier renferme vingt et un diocèses, et le deuxième trois ; ces vingt-six diocèses sont subdivisés en soixante archidiaconats et en neuf cent vingt-cinq paroisses.

ANGLETERRE (NOUVELLE-), partie de l'Amérique septentrionale, au N. du Canada, renfermant aujourd'hui les provinces suivantes des Etats-Unis : *Vermont, Maine, New-Hampshire*, les *Massachussets, Rhode-Island* et *Connecticut*. Les Anglais la fréquentèrent sous Jacques Ier en 1606, et ne s'y établirent qu'en 1620. Elle a 183 lieues de long et une surface de 9,667 lieues carrées. Elle est abondante en mines, et son commerce est florissant.

ANGLICANE (ÉGLISE) ou ÉGLISE ÉPISCOPALE, religion introduite en Angleterre par Henri VIII. Elle est soumise à la juridiction spirituelle du roi et à deux archevêques, ceux de Canterbéry et d'Yorck, aidés de vingt-quatre évêques, qui ont le privilége de la pairie. L'anglicane domine en Angleterre et en Ecosse Il y a un grand nombre de sectes modérées, dont les plus célèbres sont, les *puritains*, les *quakers* et les *indépendants*, que l'on désigne du nom général de *non-conformistes*. C'est un mélange de catholicisme et de calvinisme. Ce qui distingue l'anglicane de ce dernier, c'est qu'elle est régie par des prélats. Elle a conservé beaucoup de rits en usage dans l'Eglise catholique, mais elle n'admet en aucune manière l'autorité religieuse du pape.

ANGLURE, village du département de la Marne. Il fut le siége autrefois d'une baronnie célèbre au moyen âge. Un de ses seigneurs, né en Brie vers 1160, accompagna Godefroi de Bouillon dans la première croisade (1100). Fait prisonnier par Saladin, soudan d'Egypte, il fut renvoyé en France, sur parole, pour chercher sa rançon. N'ayant pu avoir de quoi la payer, il retourna vers Saladin, lequel, admirant cette fidélité à tenir sa parole, lui remit sa rançon, et le renvoya, à condition qu'il porterait et ferait porter le nom de *Saladin* à tous les fils aînés mâles qui naîtraient de lui.

ANGO ou ANGOT, né à Dieppe à la fin du xve siècle, fut marin, puis armateur. Il devint un des plus riches particuliers d'Europe, reçut dans sa maison François Ier, qui le nomma gouverneur de la ville et château de Dieppe en 1530. Il mourut du chagrin d'avoir perdu presque toute sa fortune dans une entreprise commerciale, l'an 1551. On a ridiculisé le nom de M. et de Mme Angot, et l'on nomme aujourd'hui ainsi les personnes d'un rang vulgaire, qui veulent se donner les manières de la haute société.

ANGOLA, grand royaume d'Afrique, au S. du Congo. Il se compose des provinces de *Loanda, Finso, Ilamba, Ikollo, Ensaka, Massingan, Embaca, Cobamba*, gouvernées par des *sovases*, chefs qui relèvent d'un roi. La capitale est Saint-Martin de Loanda. Les Portugais possèdent une grande partie de ce pays, et y ont des établissements pour la pêche des perles, etc. Le roi habite toujours un rocher inaccessible.

ANGON, nom donné, 1° à une espèce de javelot ou de demi-pique à l'usage des Francs : on le lançait ou on s'en servait pour combattre de près; 2° à un morceau de fer barbelé des deux bouts, que l'on emmanche au bout d'un bâton, et dont se servent les marins pour tirer les crustacés d'entre les rochers.

ANGOR, nom donné à l'anxiété morale que les malades éprouvent quelquefois au refroidissement des parties extérieures du corps. — Plusieurs auteurs étendent le sens de ce mot à toute anxiété physique et morale.

ANGORA ou ANCYRE, sandjiakat ou province de la Turquie asiatique dans l'Anatolie, arrosée par le Sakaria et l'Alhaur. La capitale est du même nom, et est célèbre par ses précieux restes d'antiquités. — Capitale de la Galatie sous Néron, elle fut nommée *Antonina* par Caracalla. Pompée défit Mithridate sous ses murs. — Angora est renommée par son commerce d'étoffes en poils de chèvres, qui atteignent dans ce pays la finesse de la soie. Ses lapins et ses chats sont distingués par leur belle fourrure. On les appelle improprement *angola*.

ANGOSTURE. Voy. ANGUSTURE.

ANGOULÊME, l'*Engolisma, Ecolesina* ou *Aquilimensis* des Romains, ville ancienne de France, chef-lieu du département de la Charente, à 114 lieues de Paris. Population, 17,000 habitants. Ruinée par les Normands au IXe siècle, elle fut rebâtie dans le XIe, et resta toujours fidèle aux rois de France dans les guerres avec les Anglais. Elle fut au moyen âge la capitale de l'Angoumois, érigé en duché par François Ier, en 1515, en faveur de sa mère Louise de Savoie. Le duché d'Angoulême (voy. ANGOUMOIS) fut réuni à la couronne en 1710. Il a été donné en apanage à plusieurs princes, et en dernier lieu à Louis-Antoine de Bourbon, fils de Charles X. — Angoulême possède un tribunal de première instance et de commerce, un évêché érigé dans le XVIe siècle et suffragant de l'archevêché de Bordeaux, un séminaire diocésain, un collége, plusieurs sociétés savantes, un collége royal de marine, de beaux hospices et une bibliothèque de 16,000 volumes. Angoulême a vu naître François Ier. — Cette ville a de belles fabriques de serge, faïence, draps, bougies, des papeteries qui produisent des papiers dits *d'Angoulême*, depuis longtemps renommés et remarquables par leur blancheur et leur transparence. Les ouvriers papetiers y forment des corporations qui font de leur état une propriété héréditaire. Pour le conserver à leur famille, ils ne se marient qu'entre eux. On trouve encore à Angoulême des distilleries, des manufactures d'armes, d'acier, des forges, etc. Elle commerce en grains, vins, eaux-de-vie, safran et lin.

ANGOUMOIS, ancienne province de France, qui forme maintenant le département de la Charente. Sa capitale était *Angoulême*. L'Angoumois, habité par les Agésinates, avant la conquête des Gaules par les Romains, fut compris par ces derniers dans la deuxième Aquitaine. Les Visigoths en firent la conquête sur les Romains, et il passa ensuite sous la domination des Francs, après la bataille de Vouillé, où Clovis détruisit le royaume des Visigoths. Gouverné d'abord par des comtes à vie seulement, il fut érigé en comté héréditaire par Louis le Débonnaire, en 839, en faveur de Turpion. Le dernier de ces comtes, Guy de Lusignan, mort sans postérité, en fit don au roi de France, Philippe le Bel, en 1307. Par le traité de Brétigny (1360), l'Angoumois fut cédé aux Anglais ; mais ceux-ci en furent chassés par les habitants eux-mêmes quelques années après. En 1392, il devint l'apanage de la deuxième branche des Valois, dont le chef, François I<sup>er</sup>, monta sur le trône de France. Ce prince érigea cette province en duché, en faveur de Louise de Savoie sa mère (1515), puis le donna à Charles d'Orléans, un de ses fils, après la mort duquel il revint à la couronne. Charles IX le donna en 1619 à son fils Charles de Valois, qui prit le titre de duc d'Angoulême. Depuis, l'Angoumois fut donné à divers princes de la famille de nos rois, en apanage et à titre de fief. Il ne fut réuni définitivement à la couronne qu'en 1714.

ANGOURRE. Voy. CUSCUTE.

ANGUIER (François), célèbre sculpteur, né à Eu, en Normandie, en 1604, mort en 1669. Élève de Simon Guillain, il fut souvent employé par Louis XIII. Ses ouvrages les plus estimés sont : les *mausolées du duc de Longueville* et du *duc de Montmorency*.—Son frère *Michel*, né en 1612, mort en 1686, a fait les *statues* et les *bas-reliefs* de la porte Saint-Denis à Paris, et le *groupe de la Nativité*.

ANGUILLE, genre de poissons de la famille des anguilliformes. Leur corps est long de cinq à six pieds, grêle, cylindrique, souple, couvert d'une peau grasse et épaisse dont les écailles ne sont visibles qu'après le dessèchement. Leur tête est étroite et pointue, la bouche est garnie de dents. Ces poissons ont la propriété de vivre hors de l'eau et de ramper comme les reptiles. Leur couleur est le plus souvent noirâtre ou d'un vert olive en dessus, et jaunâtre ou blanche en dessous. La chair des anguilles fournit un aliment aussi sain qu'agréable. L'*anguille commune* est abondamment répandue en Europe, en Amérique et en Asie. Elle se tient cachée pendant le jour dans la vase, et sort la nuit pour aller à la recherche de sa nourriture, qui consiste en vers et en petits poissons. Le *congre* ou l'*anguille de mer* arrive à plus de six pieds de long, son corps est de couleur blanchâtre, ses nageoires verticales portent une bordure noire. C'est un poisson fort commun pendant toute l'année sur les marchés de Paris. La chair en est peu délicate. — Au genre *anguille* appartiennent les *murènes*, *ophisures*, etc.

ANGUILLÈRES ou ANGUILLERS, petits conduits destinés à l'écoulement des eaux dans les vaisseaux ; on les nomme plus souvent *lumières*.

ANGUILLES. On nomme ainsi, 1° en marine, des pièces de bois qui font partie de l'appareil en charpente destiné à faire glisser un bâtiment, que l'on veut lancer à l'eau ; on les nomme plus souvent *couettes*. Les *anguilles de coursier* sont deux pièces de bois de chêne qui servent de coulisse aux canons dans les vaisseaux du Levant ; 2° dans les manufactures de draps, on appelle *anguilles* les bourrelets ou faux plis qui se font aux draps sous les piles d'un foulon.

ANGUILLIFORMES, famille de poissons de l'ordre des malacoptérygiens apodes. Ces poissons manquent de nageoires ventrales, ont le corps allongé, couvert d'une peau épaisse et gluante, les écailles peu visibles, une vessie natatoire de forme variable et singulière. A cette famille appartiennent les *anguilles*, *murènes*, *ophisures*, *gymnote*, *équille*, etc.

ANGUIS. Appliqué d'abord à tous les serpents, ce nom désigne aujourd'hui des reptiles à corps cylindriques, dépourvus de membres apparents, et dont l'organisation intérieure se rapproche de celle des lézards. Leur bouche est petite, à peine dilatable ; les dents sont petites, nombreuses ; leur corps est revêtu d'écailles uniformes, serrées, lisses, etc. Les anguis vivent de petits insectes, et sont vivipares. La longueur de leur corps est de quarante à quarante-cinq centimètres. L'*anguis fragile* est inoffensif et habite les bois sablonneux de l'Europe. Il est gros comme le petit doigt. Sa couleur varie d'un blanc argenté au brun fauve ou grisâtre. On le nomme vulgairement *orvet*, *envoye* et *aveugle*.

ANGULAIRE, ce qui a des angles ou ce qui a rapport aux angles. C'est ainsi qu'on dit un corps angulaire, une figure angulaire. On nomme *mouvement angulaire* le mouvement effectué par un corps qui tourne autour d'un centre, lorsque le sommet de l'angle est au centre du mouvement. Il est d'autant plus grand que le corps décrit un plus grand angle dans un temps donné. Les planètes décrivent ce mouvement autour du soleil. On nomme *pierre angulaire* la première pierre fondamentale, qui fait la base d'un édifice.

ANGULÉ, nom donné, en botanique, à toute partie de plantes pourvue d'angles en nombre déterminé. On dit *triangulé* de ce qui a trois angles, *quadrangulé* de ce qui en a quatre.

ANGULEUX, corps qui possède des angles en nombre indéterminé.

ANGUS ou FORFAR, comté d'Écosse, à l'E. de la province de Perth. Ce pays est fertile. Le commerce consiste en ardoises et en pierres de taille. La capitale est du même nom. Sa superficie est de 380 lieues carrées, et sa population de 320,000 habitants.

ANGUSTICLAVE, tunique romaine garnie par devant de deux bandes de pourpre étroites et semées de nœuds ou boutons en forme de clous. Ces nœuds étaient tantôt d'or, tantôt de pourpre, et recevaient à cause de leur forme le nom de *claves* ou *clavi*, c'est-à-dire *clous* (en grec, *paryphœ*). Les bandes partaient des épaules et allaient jusqu'au bas. Les chevaliers, les magistrats plébéiens inférieurs et les fils de sénateurs portaient l'angusticlave. Les magistrats patriciens, les sénateurs, etc., portaient le *laticlave*.

ANGUSTURE, nom de deux écorces dont la plus usitée en médecine. L'*angusture vraie* est fournie par le cuspareé et le bomplandie, arbres de l'Amérique méridionale. Elle est donnée par le commerce en morceaux variables de forme, de grosseur et de longueur, amincis sur les bords, très-fragiles, peu épais, d'une texture peu serrée, d'une odeur désagréable et d'une saveur très-amère. Elle est très-utile en médecine contre les fièvres et la dyssenterie. L'*angusture fausse* ou *ferrugineuse* est fournie par le commerce en morceaux forts, non amincis sur les bords, non fragiles, pesants, compactes, à surface grisâtre ou couleur de rouille, quelquefois verruqueuse, inodores et très-amers. On ignore l'arbre qui la produit. C'est un poison très-dangereux.

ANHALT, principauté et duché d'Allemagne, dans la Haute-Saxe. Les princes d'Anhalt prirent d'abord le titre de seigneurs de Ballœstedt, leur première possession. Mais, en 1031, le comte Esico fonda cette principauté. En 1807, les princes prirent le titre de ducs. Cette maison est divisée en trois branches : *Anhalt-Dessau*, *Anhalt-Kœthen* et *Anhalt-Bernbourg*. (Voyez KŒTHEN, BERNBOURG et DESSAU.)

ANHÉLATION, essoufflement, état dans lequel la respiration est fréquente, courte, et les mouvements de la poitrine très-prononcés. Ce symptôme accompagne un grand nombre d'affections, telles que l'asthme, les anévrysmes, etc. — Ce mot s'emploie quelquefois comme synonyme d'*asthme*.

ANHÉLEUX, nom donné à la respiration qui est à la fois fréquente et laborieuse. *Anhelitus* est un mot latin qui signifie, en médecine, l'essoufflement ou l'haleine.

ANHINGA, genre d'oiseaux palmipèdes, au cou mince et allongé, à la queue grande et large, contrairement aux oiseaux d'eau. L'anhinga habite les contrées les plus chaudes de l'Amérique et fait son nid sur les arbres ; il se traîne difficilement à terre, mais il a le vol très-élevé. Sa chair est mauvaise.

ANI, oiseau de l'ordre des grimpeurs, d'un naturel pacifique et aimant, originaire des contrées les plus chaudes de l'Amérique. Un même nid sert à plusieurs femelles ; une seule pond tous les œufs. Les *anis* sont susceptibles de domesticité. Leur chair est de mauvais goût.

ANICET (Saint), pape, succéda à Pie I<sup>er</sup> en 150. Il s'éleva contre les hérétiques, et mourut en 171 martyrisé sous Marc Aurèle.

ANICETUS, affranchi qui dirigea l'éducation de Néron, et devint l'instrument de ses crimes. Ce fut lui qui excita ce prince à faire périr sa mère Agrippine, et qui fit construire le vaisseau sur lequel elle devait trouver la mort. Ce projet n'ayant pas réussi, il conduisit des meurtriers qui assassinèrent Agrippine.

ANICH (Pierre), astronome, géographe et mécanicien, fils d'un laboureur du Tyrol, né en 1723 près d'Inspruck. Laboureur jusqu'en 1751, puis instruit par les jésuites dans les mathématiques, il parvint à construire un globe terrestre et céleste, et plusieurs instruments. Il a fait aussi une carte du Tyrol septentrional assez estimée. Il mourut en 1766.

ANIELLO (Thomas), nom véritable du célèbre *Mazaniello* (voy. ce mot).

ANIEN, jurisconsulte du v<sup>e</sup> siècle, un des principaux officiers d'Alaric II, roi des Visigoths. Il perdit la vie dans la bataille de Vouillé en 507. Il avait abrégé les seize livres du code théodosien.

ANIL. Voy. INDIGO.

ANIMAL (RÈGNE), l'ensemble des êtres organisés, connus sous le nom général d'animaux, capables les uns de changer de place, les autres de se resserrer ou de se dilater. On classe en premier lieu les *vertébrés*, se divisant en *mammifères* ou *vivipares*, en *oiseaux*, en *reptiles* et en *poissons* ; 2° les *mollusques*, qui n'ont pas de squelette, et se subdivisent en *acéphales*, *céphalopodes*, *ptéropodes*, *gastéropodes*, *brachiopodes* et *cirrhopodes* ; en troisième lieu, les *articulés*, se subdivisant en *crustacés*, *arachnides*, *myriapodes*, *annélides* et *insectes* ; 4° les *rayonnés* ou *zoophytes*, subdivisés en *échinodermes*, *intestinaux*, *acalèphes*, *polypes* et *infusoires*.

ANIMALCULES, expression désignant les animaux tellement petits qu'ils ne peuvent être distingués qu'à l'aide d'un microscope. On les appelle encore *infusoires* ou *microscopiques*.

ANIMALE (CHALEUR), température offerte par le corps des animaux, qui leur fait résister à la congélation dans les climats froids. Les animaux et même les plantes sont soumis à cet état, qui est invariable dans toutes les saisons. La chaleur des oiseaux et des mammifères s'élève de 31 à 36 degrés Réaumur.

ANIMALE (MATIÈRE), tissu qui compose la chair des animaux et les organisations fibreuses des plantes, et qui est le résultat de la combinaison chimique du carbone, de l'oxygène, de l'hydrogène, et particulièrement de l'azote.

ANIMALE (VIE), assemblage des fonctions animales, consistant dans la mobilité musculaire des fibres et dans la faculté d'être impressionné à l'intérieur et à l'extérieur.

ANIMALES (FONCTIONS). Elles servent à la conservation, à l'accroissement et à la reproduction des animaux, et caractérisent la vie animale. Les principales fonctions sont dues à l'extensibilité nerveuse et à la mobilité musculaire. Ce sont la *nutrition*, la *mastication*, la *succion*, la *digestion*, les *sécrétions*, les *excrétions*, etc.

ANIMALES (SUBSTANCES), nom donné à toutes les parties des animaux ou à tous leurs produits naturels ou chimiques. Parmi ces substances, qui ont pour principes l'azote, l'oxygène, le carbone, l'hydrogène ; les unes sont nommées *graisses*; les autres, jouissant des propriétés des acides, sont appelées *acides animaux*. Il y en a qui ne possèdent ni les qualités des graisses, ni celles des acides ; on les nomme *neutres*. Enfin il y a les matières dites *salines* ou *terreuses*. Dans la première section on trouve le *saindoux*, *axonge* ou *graisse de porc*, le *beurre*, le *blanc de baleine* ou *cétine*, l'*adipocire*, l'*huile de poisson*, l'*huile de pied de bœuf*, etc. Dans la seconde section ou acides animaux sont les acides amniotique, butirique, tannique, lactique, oléique, urique, etc. Dans la troisième section se trouvent le lait, le sang, l'albumine, la gélatine, le chyle, le chyme, la bile, la lymphe, la salive, la sueur, l'urine, la peau, les muscles, les cheveux, les poils, les plumes, la soie, la corne, les ongles, la corne, les os, etc. Dans la dernière section sont les oxydes de silice, de fer et de manganèse, les phosphates de chaux, soude, magnésie et ammoniaque, les sous-carbonates de soude, potasse, chaux et magnésie, etc.

ANIMALES (PLANTES), végétaux qui présentent de nombreux rapports avec les animaux, quoique les caractères des végétaux prédominent en elles. C'est le contraire des zoophytes, qui expriment les animaux ressemblant sous quelque rapport aux plantes.

ANIMALISATION, transformation des substances végétales en substances animales. Cette transformation se fait peu à peu et d'une manière inconnue. — *S'animaliser*, c'est acquérir les qualités des substances animales, se changer en la propre substance de l'animal.

ANIMALISTES, nom donné aux personnes qui veulent expliquer les divers phénomènes physiologiques par les animaux microscopiques ou animalcules. Le système des animalistes est aujourd'hui entièrement abandonné.

ANIMATO (*animé*), terme italien qui désigne, en musique, l'accélération d'un mouvement donné. Il se joint le plus souvent à un autre mot qui détermine le caractère du morceau, comme *allegro animato*.

ANIMAUX FOSSILES. Voy. FOSSILES.

ANIMAUX PERDUS, nom donné aux animaux dont on retrouve les ossements dans le sein de la terre et qui n'ont plus d'analogues vivants. Tels sont l'*anoplothérium*, le *paléothérium*, le *plésiosaure*, les *ammonées*, les *trilobites*, le *ptérodactyle*, etc.

ANIMAUX (théol.). Les Hébreux distinguaient les *animaux purs*, qui avaient la corne du pied fendue en deux et qui ruminaient, et les *animaux impurs*, qui avaient la corne du pied d'une seule pièce et ne ruminaient pas. Les premiers seuls pouvaient être mangés et offerts en sacrifice au Seigneur.

ANIMISTES, nom donné à ceux qui rapportent à l'âme tous les phénomènes qui se passent dans le corps vivant.

ANIMO (Con), c'est-à-dire, *avec âme*, mots italiens qui indiquent, en musique, la nécessité d'un caractère d'énergie, ou d'un sentiment expressif dans l'exécution.

ANIO, aujourd'hui le *Teverone*, rivière des États romains, qui a sa source aux confins de l'Abruzze, passe à Tivoli, où elle forme plusieurs belles cascades, et se jette dans le Tibre au-dessus de Rome. Elle reçut son nom d'Anius, roi d'Etrurie, qui s'y noya de désespoir, après l'enlèvement de ses filles par Agamemnon.

ANIS, plante de la famille des ombellifères, que l'on cultive en grand aux environs d'Angers, de Bordeaux, en Espagne et en Orient. Elle est annuelle, originaire de l'Égypte. Ses graines sont très-aromatiques et exhalent une odeur agréable. En Italie et en Allemagne, on les mêle avec le pain ; partout elles font partie de la plupart des pâtisseries. Les dragées d'anis sont très-estimées, ainsi que la liqueur d'anis ou anisette de Bordeaux. On emploie l'anis vert, en médecine, comme étant stomachique et apéritif, pour réveiller les forces vitales, favoriser la digestion, augmenter le lait chez les nourrices et les femelles des animaux, aider l'expectoration (crachement) ; dans certaines maladies de poitrine et, sous forme de cataplasme, réduire les tumeurs inflammatoires. On en retire par expression une huile grasse odorante, et par distillation une huile essentielle très-agréable. L'anis veut être cultivé dans une terre légère, sablonneuse, à une exposition très-chaude. — On nomme vulgairement *anis âcre* ou *aigre* le *cumin*, *anis de Paris* une variété de *fenouil* dont on mange les racines et le bas de la tige, *anis étoilé* la *badiane* de la Chine.

ANISOPLIE, genre d'insectes coléoptères, voisins des hannetons. L'*anisoplie des champs* est long de quatre à cinq lignes. Son chaperon est avancé, refréci, relevé antérieurement. Sa tête, son corselet et la partie inférieure du corps sont d'un vert noir ; les couvertures des ailes sont rougeâtres, et le dessus du corps est couvert d'un duvet jaunâtre très-serré. On trouve des individus tout noirs.

ANISOTOME, nom donné, en botanique, au calice ou à la corolle des fleurs lorsque leurs divisions sont inégales.

ANJOU, ancienne province de France, bornée au N. par le Maine, à l'E. par la Touraine, au S.-E. par le Saumurois, au S. par le Poitou, à l'O. par la Bretagne. Elle était longue de 30 lieues sur 20 lieues de largeur. Ce pays fut habité par les Andes ou Andegavi avant la conquête des Gaules par les Romains. Soumis par César après une longue lutte, il fut compris dans la troisième Lyonnaise, et enlevé au vᵉ siècle aux Romains par les Visigoths et les Saxons. Childéric Iᵉʳ, roi des Francs, chassa ces derniers et réunit l'Anjou à la couronne. Charles le Chauve divisa l'Anjou en deux parties : 1º le *comté d'outre-Maine*, ou la *marche angevine*, situé au delà de la Mayenne, avait Châteauneuf pour capitale. Il fut donné par ce roi (850) à Robert le Fort, dont le fils, Eudes, fut roi de France, et réunit ce pays à la couronne ; 2º le *comté d'Anjou*, capitale *Angers*, situé en deçà de la Mayenne. Ingelger, en récompense de la guerre qu'il avait entreprise avec succès contre les Normands, fut nommé comte d'Anjou en 870. Il fut le premier. Son neuvième successeur, Geoffroi V dit *Plantagenet*, laissa l'Anjou, en 1151, à son fils Henri II, premier roi de la race des Plantagenets en Angleterre. L'Anjou resta au pouvoir des Anglais jusqu'en 1203, qu'il leur fut enlevé par Philippe Auguste, roi de France. Louis IX donna ce comté à son frère Charles Iᵉʳ, roi de Naples et de Sicile (1246), chef et tige des souverains d'Anjou de la maison de France ; le dernier héritier, Philippe de Valois, le réunit à la couronne en 1328. Le roi Jean en investit, en 1356, Louis Iᵉʳ, son fils, et érigea l'Anjou en duché-pairie. Le troisième successeur de Louis Iᵉʳ, René d'Anjou, étant mort en 1480, Louis XI, roi de France, réunit l'Anjou à la couronne malgré les réclamations du petit-fils de René. Depuis cette époque, l'Anjou ne fut plus qu'un apanage occasionnel des fils puînés de nos rois. Des deux familles qui gouvernèrent l'Anjou sortirent les rois de France de la troisième race, quatorze rois d'Angleterre et plusieurs rois de Jérusalem, d'Aragon, d'Espagne, de Naples, de Hongrie, etc.

ANKARSTROEM (Jean-Jacques), gentilhomme suédois, d'abord page à la cour de Suède, puis enseigne dans la garde. Irrité des mesures par lesquelles Gustave III avait détruit la puissance du sénat, et aigri par un procès que l'intervention du roi lui avait fait perdre, il trempa, avec plusieurs personnes d'illustre naissance, dans une conspiration contre Gustave, et le 15 mars 1792, le roi s'étant rendu à un bal masqué, Ankarstroem lui tira un coup de pistolet et le blessa mortellement. Condamné à mort, il mourut avec courage le 22 avril 1792.

ANKYLOBLÉPHARON, nom donné à l'union contre nature du bord libre des deux paupières, et par suite à l'union des paupières avec le globe de l'œil. On remédie à ce vice en séparant avec précaution les paupières à l'aide d'un instrument.

ANKYLOGLOSSE, mot employé pour désigner l'adhérence des bords ou de l'extrémité de la langue avec les gencives, ou bien le prolongement ou l'étroitesse de son frein ou filet.

ANKYLOSE, maladie dans laquelle les articulations perdent la faculté d'exécuter leurs mouvements, ou dans laquelle il y a difficulté et même impossibilité absolue du mouvement. Elle est *complète* ou *vraie* quand il y a adhérence intime entre les extrémités articulaires des os. Cette ankylose est incurable. Elle est *fausse* ou *incomplète* quand les surfaces ne sont pas adhérentes.

ANNA PERENNA, divinité qui présidait aux années. On célébrait sa fête le 15 mars à Rome, et on lui offrait des sacrifices pour obtenir une vie longue et heureuse. Selon la fable, Anne, sœur de Didon, s'enfuit de Carthage après la mort de cette princesse, et vint en Italie, où Énée la reçut avec honneur. Lavinie, femme d'Énée, en devint jalouse et résolut de la faire périr. Anne, instruite en songe du danger qu'elle courait, se cacha dans le fleuve Numicus, dont elle devint la divinité. Elle fut dans la suite appelée *Anna Perenna*. Quelques écrivains ont cru qu'*Anna Perenna* était la lune. D'autres ont pensé que c'était Thémis ou Io. Enfin, selon quelques auteurs, Anne était une vieille femme qui apporta des vivres au peuple romain retiré sur le mont Sacré, et à qui la république décerna dans la suite des honneurs immortels.

ANNABERG, ville du royaume de Saxe, dans les montagnes de Misnie, et dans le cercle d'Erzgebirge, sur les frontières de la Bohême. Cette ville, fondée par le duc Albert en 1496, renferme 4,000 habitants.

ANNALES, relation simple, impartiale et sans jugement des faits qui se passent chaque année. Elles servent à la formation des histoires. Les plus anciennes sont celles de la Chine, qui remontent jusqu'à Fo-Hi, 3331 ans avant J.-C. Les plus célèbres sont celles des Athéniens, écrites sur les marbres d'Arundel ; chez les Romains, les *annales maximi*, qui servirent à l'histoire de Rome. Les Mexicains se servaient de peaux d'animaux, d'écorces d'arbres sur lesquelles ils figuraient les objets.

ANNALES MAXIMI, c'est-à-dire, *grandes annales*. Les Romains n'eurent d'abord d'autre histoire que des annales. Le soin de les rédiger était une des fonctions du grand prêtre. Il écrivait sur les tablettes tous les événements qui avaient eu lieu dans l'État, et exposait ces tablettes dans son logis, afin que le peuple pût aller les lire. C'est ce qu'on appelait *annales maximi*. Cette coutume subsista jusqu'en 134 avant J.-C. (an 620 de Rome).

ANNALES, titre d'un des ouvrages de Tacite. Elles renferment seize livres, et embrassent l'histoire des événements qui eurent lieu depuis la mort d'Auguste jusqu'à celle de Néron. Il nous reste les quatre premiers livres, une partie du cinquième, les onzième, douzième, treizième, quatorzième et quinzième livres. Cet ouvrage, écrit en latin, est un des plus beaux que nous ait transmis l'antiquité.

ANNALIS, loi romaine, ainsi nommée parce qu'elle fixait l'âge auquel un citoyen romain devenait propre à exercer les fonctions publiques. Elle était en usage en Grèce, d'où elle passa dans la législation romaine.

ANNAM, grand empire d'Asie, à l'E. de la presqu'île au delà du Gange. Il comprend, dans une surface de 39,375 lieues carrées, le Tonkin, la Cochinchine, le Laos, le Camboge et le Tsiampa. La population est de 23 millions d'habitants. Cet empire est divisé en six provinces, subdivisées elles-mêmes en arrondissements, cantons et communes. Les revenus sont très-considérables. Les Annamaïtes professent le bouddhisme, ont des écoles publiques et honorent beaucoup l'agriculture. On y reconnaît le droit d'aînesse. La polygamie est permise. Cet empire a souvent lutté avec avantage contre la Chine. Le commerce intérieur a beaucoup d'activité.

ANNAPOLIS, capitale du Maryland et du comté d'Anne-Arundel, sur la baie de Chesapeack, à l'embouchure de la Saverne. Elle est peu commerçante. — ANNAPOLIS-ROYALE, capitale de la Nouvelle-Ecosse. Cette ville a le plus beau port du monde; il peut contenir 1,000 vaisseaux. Le commerce y est peu considérable.

ANNATES, droits annuels que prélevait le pape sur les bénéfices, abbayes ou évêchés dont il donnait l'investiture. Ils consistaient dans le revenu d'une année. La véritable origine des annates est inconnue. Jean XXII établit ce droit en France en 1320. Boniface IX le confirma à ses successeurs, dans toute l'étendue de l'Eglise catholique, et le rendit héréditaire (1389). Les annates, condamnées souvent par les rois de France et les conciles, furent abolies en Angleterre en 1532, et supprimées définitivement en France en 1789.

ANNE (Sainte), femme de saint Joachim et mère de la sainte Vierge. Les noms d'Anne et de Joachim ne se lisent point dans l'Ecriture; on les trouve dans les écrits des Pères du IVe siècle et dans la tradition. On ne sait rien de certain sur leur vie, ni sur l'époque de leur mort. Le culte de sainte Anne fut établi au Ve siècle. On fait sa fête le 26 juillet.

ANNE ou ANANUS, grand prêtre des Juifs, beau-père de Caïphe. Il posséda pendant onze ans la souveraine sacrificature. C'est devant lui que fut mené Jésus, après avoir été arrêté au jardin des oliviers.

ANNE (myth.), sœur de Didon, reine de Carthage, suivit cette princesse en Afrique et assista à ses derniers moments. Son frère Pygmalion, ayant voulu l'enlever de l'asile où elle s'était retirée, Anne se réfugia en Italie auprès d'Enée. Lavinie, épouse de ce dernier, en ayant conçu une violente jalousie, voulut la faire périr. Mais Anne, avertie en songe par Didon, se jeta dans le fleuve Numicus, et fut changée en nymphe.

ANNE COMNÈNE, fille d'Alexis Comnène Ier, empereur de Constantinople, vivait dans le XIIe siècle. Elle conspira pour ôter le trône à son frère, Jean Comnène, en 1118, et le donner à son époux, Nicéphore Brienne. Mais la faiblesse de celui-ci fit avorter son dessein. Elle se livra alors à l'étude des belles-lettres, et écrivit en grec l'histoire d'Alexis, son père. Cette histoire, divisée en quinze livres, n'a pas un grand caractère de véracité. Le style y est très-recherché et semé de traits nombreux d'érudition.

ANNE D'ANGLETERRE, fille de Jacques II et d'Anne Hyde, née en 1664. Elle épousa en 1681 Georges, frère de Christian V, roi de Danemarck; après la mort de sa sœur Marie et de son époux, successeur de Jacques II, qu'il avait détrôné, sous le nom de Guillaume III, elle fut appelée au trône d'Angleterre en 1702, et se laissa dominer par son favori, lord Churchill, duc de Malborough. Les Anglais, sous son règne, prirent Gibraltar, et l'Ecosse fut réunie à l'Angleterre. Forcée par le parlement de mettre à prix la tête de son frère Jacques, prétendant au trône d'Ecosse, elle mourut en 1714. Elle fut le dernier rejeton de la famille des Stuarts qui ont régné en Angleterre.

ANNE D'AUTRICHE, fille de Philippe III, roi d'Espagne. Née en 1602, elle épousa en 1615 Louis XIII. Elle fut mère de Louis XIV, et à la mort de son époux (1643) elle fut régente pendant la minorité de son fils. Mais elle se laissa gouverner par Mazarin, fut toujours en butte à l'inimitié de la cour et de ses sujets, et mourut d'un cancer au sein en 1666.

ANNE IVANOVNA, fille d'Ivan, frère de Pierre Ier, empereur de Russie. Veuve de son premier mari le duc de Courlande, elle monta sur le trône en 1730, après Pierre II. Son favori, Jean-Ernest de Biren, se livra à toute sorte de cruautés, malgré les prières d'Anne, qui l'avait nommé duc de Courlande. Elle mourut en 1740.

ANNE DE BEAUJEU ou DE FRANCE. Voy. BEAUJEU.

ANNE DE BRETAGNE. Voy. BRETAGNE.

ANNE (SAINTE-), ordre de chevalerie institué en 1735 par Charles-Frédéric, duc de Holstein-Gottorp, en mémoire d'Anne, impératrice de Russie, et d'Anne Petrovna, sa femme. Cet ordre existe encore en Russie.

ANNEAU DE SATURNE, corps solide, opaque, circulaire et lumineux, qui entoure la planète Saturne. Il se compose de deux bandes larges, plates, très-minces, et change souvent de position. Il disparaît entièrement à des intervalles de quinze ans. Il fut découvert par Galilée en 1612.

ANNEAU, terme de botanique, synonyme de collet. Il désigne aussi, dans les fougères, le bourrelet élastique qui ceint les conceptacles destinés à renfermer les séminules; dans les champignons, la collerette membraneuse qui entoure le pied de quelques-uns d'entre eux.

ANNEAU PASTORAL, nom donné aux bagues que portent les évêques, les archevêques et les cardinaux. Elles sont les plus souvent en or, au milieu est enchâssée une améthyste. L'anneau pastoral est le symbole du mariage spirituel de l'évêque avec son Eglise.

ANNEAU. C'est, en marine, une sorte de boucle, de bague, de petit cercle en fer, en bois ou en cordage, dont on se sert pour entourer ou garantir certaines parties. — L'anneau astronomique, anneau solaire ou horaire, est un petit cadran portatif, qui consiste en un anneau ou cercle de cuivre, sur lequel sont gravés les degrés du zodiaque. Cet anneau est percé d'une rainure à jour, recouverte d'un autre anneau mobile et percé d'un trou, qu'on fait correspondre aux signes du zodiaque qui paraissent pendant le mois. Le point lumineux qui passe par ce trou exposé au soleil indique l'heure gravée sur la surface intérieure du cercle, et par suite la latitude du lieu où l'on se trouve. Cet instrument n'est plus en usage.

ANNEAU se dit, en agriculture, 1° d'une espèce de ride ou de pli formé sur l'écorce des branches qui doivent donner du fruit, et sur tous les boutons à fruits; 2° d'un sarment contourné en anneau, que l'on passe sous un cep lorsqu'on le provigne.

ANNEAU DU PÊCHEUR, anneau avec lequel le pape signe les brefs apostoliques. Il porte l'image de saint Pierre, qui lui-même fut pêcheur, assis dans sa barque. L'usage de cet anneau remonte aux premiers siècles de l'Eglise. Depuis Nicolas V (1448), il fut réservé aux brefs. L'empreinte se gravait sur un sceau de cire rouge. Il servait à cacheter le bref, et devait être brisée pour permettre de lire le contenu des actes pontificaux.

ANNEAUX, nom donné par les anatomistes à des ouvertures circulaires ou presque rondes, spécialement destinées au trajet de quelques parties.

ANNEAUX, sorte de parois extérieures de l'abdomen des insectes, jointes entre elles par une membrane solide, flexible, pour qu'elles puissent glisser les unes sur les autres, et qui peuvent s'emboîter facilement, de manière à étendre et à raccourcir l'abdomen.

ANNEAU, sorte d'ornement en usage dans la plus haute antiquité et qui passa des Grecs aux Romains. Leur usage était commun, qu'on en portait même aux pieds. A Rome, l'anneau distinguait les différents ordres de citoyens. Dans les premiers temps de la république, les sénateurs étaient les seuls qui eussent le droit de porter l'anneau d'or. Bientôt ce droit s'étendit aux chevaliers, puis à toutes les classes, et enfin il ne fut plus une distinction. Cependant l'anneau de fer demeura toujours la marque caractéristique des esclaves. Les anneaux servaient encore à cacheter les lettres, les contrats (c'étaient alors les annuli sigillarii); le mari en donnait un à son épouse le jour des fiançailles (c'était l'annulus nuptialis ou sponsalitius); en mourant, on le laissait à celui qu'on voulait désigner pour son héritier ou son successeur. Il y avait encore des anneaux magiques nommés pharmacites, auxquels on supposait des vertus merveilleuses.

ANNECY, ville de Savoie, à 7 lieues de Genève (Suisse). Population, 6,000 habitants. Cette ville est fort ancienne. Elle a eu pour évêque saint François de Sales (1601-1608).

ANNÉE, nombre de jours formant une période fixe ou variable, un certain espace de temps qui se mesure par la révolution de quelque corps céleste. Celle du soleil et celle de la lune ont surtout guidé les peuples dans la détermination de cette période. La véritable année, celle qui règle le cours des saisons, est l'année solaire; elle comprend l'espace de temps dans lequel le soleil parcourt ou paraît parcourir les signes du zodiaque, c'est-à-dire, les 365 jours 5 heures 49 minutes qui forment l'année fixe. On nomme par opposition année civile celle que l'on compose pour les usages civils d'un nombre de jours à peu près égal à l'année fixe. Elle est, chez nous, de 365 jours. On la porte à 366 jours chaque 4 ans; ce jour de supplément dans cette année de 366 jours, que l'on nomme bissextile, est destiné à effacer la différence provenant des 5 heures 49 minutes dont on ne tient pas compte dans l'année vulgaire de 365 jours. Les astronomes appellent année tropique ou tropicale le temps qui s'écoule entre deux équinoxes de printemps et d'automne; année sidérale, le temps que le soleil met à faire sa révolution apparente autour de la terre pour revenir vers une étoile dont il s'était éloigné, ou plutôt c'est le temps que la terre met à revenir au même point du ciel. L'année lunaire est calculée sur le retour de 12 lunaisons de 29 jours 12 heures 44 minutes à chacune, et renferme par conséquent 354 jours 8 heures 48 minutes 35 secondes. C'est l'année astronomique lunaire. — Les Egyptiens avaient une année civile solaire, composée de 365 jours, divisés en 12 mois de 30 jours chacun, et suivis de 5 jours complémentaires ou épagomènes. Il en résultait une perte d'un quart de jour à peu près tous les ans sur la véritable année solaire, et d'un jour entier tous les 4 ans. L'année de 365 jours se nommait vague. Auguste réforma ce calendrier; il ordonna l'intercalation du 6e épagomène tous les 4 ans. — Les Juifs avaient une année religieuse et une année civile. Ces années étaient lunaires, divisées en 12 mois, portant le même nom, alternativement de 29 et de 30 jours (les mois de 29 jours étaient nommés caves, les autres pleins). L'année était donc de 354 jours, en retard de 11 jours tous les ans sur l'année solaire. Les Juifs ajoutèrent, pour remédier à ce défaut, un mois intercalaire, ou adar second, de 30 jours, tous les 3 ans. L'année où se trouvait ce 13e mois se nommait embolismique. L'année civile, qui était suivie dans les actes de la vie civile, commençait au mois de tizri, répondant à notre mois de septembre. L'année sacrée, que l'on suivait dans l'ordre des cérémonies et des solennités de la religion, différait de la première en ce qu'elle commençait 6 mois plus tard, au mois de nisan, répondant au mois de mars. Les Juifs avaient encore, 1° une année sabbatique, qui se célébrait de 7 en 7 ans; pendant cette année on laissait reposer la terre sans la labourer ni la moissonner, et tout ce qu'elle produisait d'elle-même appartenait aux pauvres; 2° l'année du jubilé, qui se célébrait tous les 49 ans. Elle jouissait des mêmes prérogatives que la précédente, et avait cela de particulier, que ceux qui avaient renoncé à leur liberté en reprenaient l'usage de droit, et que ceux que la pauvreté ou d'autres motifs avaient forcés d'aliéner leurs biens rentraient dans leurs possessions. — Les Grecs avaient une année à la fois lunaire et solaire, c'est-à-dire que les mois étaient réglés sur le cours de la lune, et la longueur de l'année sur le cours du soleil. Ce qui avait nécessité ce mélange, c'est que les cérémonies civiles et religieuses étaient fixées, tantôt au retour ou aux différentes phases de la lune, tantôt aux différentes saisons. Après de nombreux essais pour accorder ces deux années, les Grecs adoptèrent une année fautive de 360 jours, composée de 12 mois de 30 jours chacun; mais bientôt on s'aperçut que d'un côté la révolution de la lune n'était pas exactement de 30 jours, et que, de l'autre, l'année de 360 jours retardait sur l'année solaire, de manière que les saisons ne tombaient plus dans les mêmes mois. On réduisit donc les mois à 29 jours et demi, ou plutôt on forma des mois qui avaient alternativement 29 et 30 jours, ce qui faisait une année de 354 jours. Puis, pour mettre cette année en harmonie avec l'année solaire, on ajoutait tous les 2 ans à la fin du dernier mois un mois supplémentaire de 30 jours, nommé *posidéon* 2e; ce qui faisait une période de 25 mois lunaires et de 738 jours. On nomma ce cycle de deux ans la *diétéride* (en grec, 2 *fois l'année*). Les Grecs le nommaient aussi *triétéride* (3 *fois l'année*), parce que ce n'était qu'après la 3e année que l'on recommençait à faire l'intercalation. La diétéride ne redressait pas entièrement les erreurs, et ne rétablissait pas encore l'égalité entre l'année lunaire et l'année solaire. Elle avait 6 heures 21 minutes de moins que 25 révolutions de la lune, et 7 jours 12 heures 22 minutes de plus que 2 années solaires. Après plusieurs essais de correction, on forma vers le ve siècle avant J.-C. un nouveau cycle nommé *octaétéride* ou *période de 8 années*. Supposant l'année solaire de 365 jours un quart, l'année lunaire de 354, 8 années solaires 2,922 jours, 8 années lunaires 2,832 jours, la différence était, au bout de 8 ans, de 90 jours, dont on pouvait faire 3 mois chacun de 30 jours. Si donc, dans l'espace de 8 années lunaires, on intercale ces 3 mois, la totalité sera la même que celle des 8 années solaires. On répartit ces 3 mois dans les 8 ans : le 1er au bout de la 3e, le 2e au bout de la 5e, le 3e au bout de la 8e, en sorte que ces 3 années avaient chacune 13 mois au lieu de 12, et 384 jours au lieu de 354. Ce cycle fut universellement adopté dans toute la Grèce. On se servit encore des *olympiades*, périodes de 4 ans. — L'année romaine était primitivement composée de 304 jours partagés en 10 mois, dont le 1er était mars. Numa la réforma et la régla sur le cours de la lune, en ajoutant le mois de janvier, de 29 jours, au commencement, et celui de février, de 28, à la fin, ne laissant 31 jours qu'aux mois de mars, mai, quintilis et octobre, et fixant tous les autres à 29 jours. Voulant mettre cette année lunaire en rapport avec l'année solaire, Numa fixa pour chaque intervalle de 4 ans une intercalation de 22 jours à la 2e année et une autre de 23 jours à la 4e année. Ce petit mois, placé après février, se nommait *mercedonius*. En l'an IV de Rome, l'on transposa le mois de février après celui de janvier. Ce système, tout imparfait qu'il était, se maintint avec peu de changements jusqu'au temps de Jules César. A cette époque, malgré quelques corrections, le commencement de l'année était reculé de 67 jours. Jules César, l'an de Rome 708, pour corriger ces erreurs, ordonna que l'année serait de 365 jours 6 heures; et comme ces 6 heures, 4 fois répétées, forment un jour, il fut ordonné que ce jour serait intercalé tous les 4 ans dans le mois de février, qui était de 28 jours, et qui se trouverait alors de 29 jours. Ce jour se plaçait après le 6e des calendes de mars, et, pour ne rien déranger aux noms des autres jours, on comptait 2 fois (en latin, *bis*) le 6e (*sextus*) des calendes, ce qui fit nommer ces années *bissextiles* (voy. ANNÉE DE CONFUSION). Cette année, nommée *julienne*, était trop grande de 11 minutes 14 secondes 13 tierces; cette légère différence produisait un jour de trop au bout de 128 ou de 129 ans, et cette anticipation était assez considérable pour qu'au XIIIe siècle l'ordre des saisons fût troublé. On fut donc obligé de réformer de nouveau l'année. Cette réforme fut opérée en 1582 par le pape Grégoire XIII, de qui la nouvelle année que nous suivons reçut le nom de *grégorienne* (voy. CALENDRIER). Cette réforme a été généralement adoptée en Europe. Les Russes seuls suivent encore l'année julienne. — Les Arabes et les Turks ont une année lunaire composée de 12 mois qui sont alternativement de 30 et de 29 jours. On ajoute un jour intercalaire à chaque 2e, 5e, 7e, 10e, 13e, 16e, 21e, 24e, 26e, 29e année d'un cycle de 30 ans. Les années embolismiques ou hyperhémères sont de 355 jours, les autres de 354. — L'année des Juifs modernes est aussi une année lunaire de 12 mois dans les années communes, et de 13 dans les années embolismiques, lesquelles sont les 3e, 6e, 8e, 11e, 14e, 17e et 19e d'un cycle de 19 ans. — L'époque du commencement de l'année a varié chez tous les peuples. Les Egyptiens, Chaldéens, Perses, Syriens, Phéniciens, Carthaginois, la commençaient à l'équinoxe d'automne. C'était aussi à cette époque que les Juifs commençaient leur année civile, bien que l'année ecclésiastique commençât à l'équinoxe du printemps ; la 1re datait du 1er tizri (22 septembre), la 2e du 1er nisan (22 mars). — Le commencement de l'année des Grecs se trouvait au solstice d'hiver à la première réforme (22 décembre), et à la deuxième, au solstice d'été (3 juillet). — Celle des Romains commençait à l'équinoxe du printemps sous Romulus, au solstice d'hiver depuis Numa. — Les peuples du Nord commençaient leur année au solstice d'hiver. Cette année était lunaire et subdivisée selon les saisons. Ils intercalaient un mois toutes les fois que les druides leur en montraient la nécessité. — Les mahométans ne commencent point leur année à une époque déterminée. Les Siamois la commencent au solstice d'hiver. Chez ces peuples et la plupart de ceux qui habitent les Indes Orientales, l'année est lunaire, et commence au premier quartier de la lune le plus proche du mois de décembre. Elle se divise en 12 mois de 29 et 30 jours, et le mois en semaines de 7 jours. — Les Anglais commencent au solstice d'hiver (21 décembre) leur année civile, ainsi que les Espagnols, les Portugais, les Hollandais et les Allemands. Le commencement de l'année a souvent varié en France : en espagnol, sous la première race, ce fut le 1er mai, jour où l'on passait les troupes en revue. Sous la deuxième race, ce fut le jour de Noël, au solstice d'hiver. Sous la troisième, le jour de Pâques. Un édit de Charles IX, de 1563, ordonna que l'année commencerait le 1er janvier. Pour l'année républicaine, voy. CALENDRIER.

ANNÉE DE CONFUSION, nom donné à l'année 47 avant J.-C. (708 de Rome). César ordonna qu'elle fût composée de 445 jours, ajoutant à l'année lunaire de 355 jours usitée à Rome, trois mois l'un de 23 jours, les deux autres de 67, ce qui fit une année de quinze mois. Cette combinaison fut imaginée pour rétablir la concordance des deux années solaire et civile.

ANNÉE RUSSE. Les Russes ont conservé le calendrier julien (voy.). Ils ont un retard sur nous de douze jours, et nous comptons le 1er janvier quand ils comptent le 21 décembre.

ANNÉE *sabbatique*, *du jubilé*, *sothiaque*, *embolismique*, etc. Voyez ces mots.

ANNÉE. On a nommé *année émergente* l'époque où chaque peuple commence à compter : comme la création ou la naissance de Jésus-Christ, chez les chrétiens; du déluge ou de la sortie d'Egypte, chez les Juifs, etc. — *Années de grâce*, celles que l'on compte depuis Jésus-Christ ; *années du monde*, celles que l'on compte depuis la création ; *année de Rome*, depuis la fondation de cette ville, etc.; *année de Méthon*, le *nombre d'or*; *année sainte*, l'ouverture du grand jubilé, à Rome, le jour de Noël à vêpres : elle a lieu tous les vingt-cinq ans; *année de probation*, l'année d'épreuve pendant le noviciat d'un religieux ; l'*année judiciaire* s'ouvre le 1er novembre et se clôt le 31 août; l'*année scolaire* commençait autrefois, en France, le lendemain de la Toussaint et finissait à la Saint-Louis ; aujourd'hui la rentrée a lieu à Paris le 15 octobre, et la fin le 31 août. L'*année théâtrale* ou *dramatique* commence la semaine d'après Pâques et se termine à la semaine sainte.

ANNÉE CLIMATÉRIQUE. Les anciens pensaient qu'il était dans la vie certaines années fixes où les maladies se développaient davantage, et où la mortalité était plus grande. Ils les plaçaient de sept en sept ans ou de neuf en neuf ans. D'après ce système, les divers développements du corps seraient amenés par les différentes époques. Ainsi, à sept ans, fin de l'enfance ; puberté, à quatorze ans, etc. Cette croyance superstitieuse n'existe plus.

ANNELÉ, corps pourvu d'un anneau ou d'un collet. — On appelle *corps annelés* ceux de certains animaux entourés d'anneaux d'une couleur ou d'une saillie différente de celle du reste du corps.

ANNÉLIDES, classe d'animaux renfermant des vers au corps mou, au sang rouge, qui vivent dans la mer, dans le sable humide, etc. Les annélides sont très-carnassières. Les lombrics, les sangsues sont de cette classe. Les marines sont phosphorescentes.

ANNEXE, tout ce qui est uni à une autre chose, qui en fait partie ou qui en est dépendant, mais qui peut en être détaché.

ANNIBAL, Carthaginois, fils d'Amilcar, né vers l'an 241 avant J.-C. Il hérita de la haine de son père contre les Romains, et fut investi à 23 ans du commandement de l'armée carthaginoise, en Espagne, qu'il soumit jusqu'à l'Ebre. Au mépris des traités, il prit et rasa Sagonte, alliée des Romains, franchit les Pyrénées, le Rhône et les Alpes. Il effectua ce dernier passage en quatorze jours, et entra dans l'Italie avec 26,000 soldats. Il défit les ennemis sur les bords du Tésin et de la Trebbia (218), près du lac Trasimène (219) et à Cannes (216). Il passa l'hiver à Capoue, se maintint treize ou quatorze ans en Italie, assiégea Rome en vain en 211, et fut rappelé à Carthage menacée par Scipion. Vaincu à Zama (202 avant J.-C.), il fut forcé de se réfugier chez Antiochus, roi de Syrie, et ensuite chez Prusias, roi de Bithynie, où, pour échapper à la haine des Romains, il avala un poison subtil et mourut (183 avant J.-C.).

ANNICÉRÈS, philosophe grec, disciple d'Aristippe, contemporain et ami de Platon. Lorsque Platon fut vendu comme esclave par Denys le Tyran, roi de Syracuse, Annicérès le racheta, et devint son disciple. Il épura la doctrine de l'école cyrénaïque ; il mit comme elle le souverain bien dans le plaisir, mais il plaça le plaisir dans la vertu.

ANNION, nom donné, dans l'ancienne jurisprudence française, à des lettres du roi qui accordaient à un débiteur le délai d'une année pour la vente de ses meubles, dans le cas où il était à craindre qu'ils ne fussent vendus à vil prix.

ANNIUS ou JEAN NANNI, né à Viterbe l'an 1434, fut célèbre au xve siècle par l'universalité de ses connaissances. Il fut dominicain et maître du sacré palais sous Alexandre VI. On a de lui des commentaires sur l'Ancien et le Nouveau Testament. Mais son plus fameux ouvrage est son traité *des Antiquités*, en dix-sept livres, où il avait prétendu donner les ouvrages de Bérose, de Marsyle, de Caton, de Sempronius, d'Archilochus, de Xénophon, de Mégasthènes, de Manéthon, de Quintus Fabius Pictor, de Philon, de Frontin, et un fragment de l'Itinéraire de l'empereur Antonin. Cet ouvrage a été l'objet d'un grand nombre de dissertations et de querelles. On a prétendu que les véritables écrits de ces anciens auteurs n'existaient plus, et qu'ils étaient faux et supposés. Annius mourut en 1502.

**ANNIVERSAIRE**, nom donné à toutes les fêtes, cérémonies, prières, offices, qui se font tous les ans à certains jours, comme l'anniversaire du martyre d'un saint, de la dédicace d'une église, d'une naissance, de la mort d'un défunt pour lequel on prie. Quelques auteurs ont rapporté l'origine des anniversaires pour les morts au pape Anaclet, qui siégeait vers l'an 83.

**ANNONA** (myth.), déesse qui présidait chez les Romains aux provisions de l'année. On la représentait avec des épis à la main; on plaçait auprès d'elle la proue d'un vaisseau, comme symbole des approvisionnements que Rome recevait par la mer.

**ANNONAIRES**, nom donné autrefois aux villes ou aux pays qui étaient obligés de fournir des vivres à Rome.

**ANNONAY**, chef-lieu de canton de l'Ardèche, à 7 lieues de Tournon. Cette ville, la plus peuplée, la plus ancienne et la plus florissante du département, faisait jadis partie du Vivarais. Sa population est de 8,000 habitants. Elle possède de très-belles manufactures de papier. C'est l'ancienne *Annoneum*, et la patrie de Montgolfier, inventeur des ballons. Annonay possède un tribunal de commerce, une chambre consultative, des manufactures, une société de statistique.

**ANNONCIADE**, ordre militaire de chevalerie institué en 1362 par Amédée VI, comte de Savoie, en l'honneur du mystère du rosaire. Les ducs de Savoie furent déclarés grands maîtres à perpétuité de l'ordre. Les chevaliers, admis d'abord au nombre de quinze, puis en nombre indéterminé, doivent joindre la noblesse de la naissance à des services distingués dans les armes. Leur manteau est de couleur amarante, doublé de toile d'argent à fond bleu. Le collier de l'ordre est une chaîne de quinze nœuds (ou *lacs d'amour*) entremêlés de quinze roses, sept blanches, sept rouges; et la dernière en bas, blanche et rouge, avec ces lettres d'or, F. E. R. T., c'est-à-dire, *fortitudo ejus Rhodum tenuit* (son courage a conservé Rhodes), rappelant les exploits du comte Amédée V, qui défendit l'île de Rhodes. Au bas du collier est suspendue l'image de la Vierge. Cet ordre, nommé aussi l'ordre des Lacs d'amour, existe encore en Sardaigne.

**ANNONCIADE**, ordre de religieuses. Fondé à Bourges en 1448 par Jeanne, fille de Louis XI et femme de Louis XII. Les religieuses de l'Annonciade s'appelaient aussi dames des dix vertus. Leur règle fut approuvée par Jules II et Léon X. — Autre ordre de religieuses, appelées aussi *célestines*, fondé en 1602 ou 1604 à Gênes. Elles portaient une robe blanche, une ceinture et un manteau bleu. Leurs constitutions, approuvées par Clément VIII, leur recommandent une grande pauvreté.

**ANNONCIATION**, fête dans laquelle les chrétiens célèbrent la conception ou l'incarnation du Fils de Dieu dans le sein de la vierge Marie par l'opération du Saint-Esprit. On la célèbre le 25 mars.

**ANNOTATION**. C'est, en termes de droit, la saisie qui se fait d'un bien d'un accusé absent, et dont on n'a pu découvrir la retraite. — *Annotation* signifie aussi un commentaire, une remarque sur un livre, sur un ouvrage, etc.

**ANNOTINE**, nom donné à Rome à la pâque anniversaire.

**ANNUAIRE**, sorte de calendrier auquel on joint l'état physique et politique d'une ville ou d'*un département*, et où l'on rend compte de tous les changements publics qui ont eu lieu dans le courant de l'année précédente. — L'*Annuaire du bureau des longitudes*, publié chaque année à Paris, est un recueil d'observations astronomiques et météorologiques faites à l'observatoire de cette ville. Cet ouvrage, si utile pour les voyages en mer, a été publié pour la première fois en 1796.

**ANNUEL**, ce qui dure un an, ce qui a lieu dans une année. En botanique, c'est un nom donné aux végétaux qui croissent, se développent et meurent dans un an. — On nomme *bisannuelle* la racine qui vit

deux ans. La première année, sa tige se flétrit : elle en produit une nouvelle qui meurt avec elle à la fin de la seconde année. — Dans la liturgie catholique, on nomme *annuelle* une messe que l'on dit ou que l'on fait dire tous les jours, pendant une année, pour une personne morte, à compter du jour de sa mort.

**ANNUITÉ**, terme de commerce qui désigne une rente annuelle faite par le débiteur au créancier, en y ajoutant le remboursement annuel d'une partie du capital emprunté, en sorte qu'au bout d'un nombre d'années indiqué le débiteur est entièrement libéré. — Le mot *annuité* (*annuity*) s'applique spécialement aux actions de la banque d'Angleterre.

**ANNULAIRE**, nom donné à tout ce qui a la forme d'un anneau, qui a de la ressemblance avec un anneau. On dit une *voûte annulaire*, un *ligament annulaire*, etc. Le doigt *annulaire* est le quatrième de la main, parce qu'on y place le plus souvent les anneaux. — En astronomie, on nomme *éclipse annulaire* une éclipse de soleil dans laquelle le soleil étant le plus rapproché de la terre, et paraissant par conséquent plus grand, n'est couvert qu'au milieu de son disque par la lune, en sorte que la lumière du soleil déborde autour de la lune en forme d'anneau ou cercle lumineux.

**ANNUMBI ROUGE**. Voy. Fournier.

**ANOBIUM**. Voy. Vrillette.

**ANOBLISSEMENT**, concession en vertu de laquelle on élève une personne au rang des nobles. On distingue l'anoblissement par l'affranchissement des personnes, par lettres, par l'investiture d'un fief, par l'exercice des armes, etc. Ces dernières étaient les plus honorables. Le roi seul pouvait anoblir.

**ANODIN**. On donne ce nom aux remèdes qui ont la propriété de calmer et même de faire cesser entièrement une douleur. Les médicaments gélatineux, mucilagineux, les corps gras, etc., sont anodins. L'opium, la jusquiame, en un mot les narcotiques, prennent plus spécialement le nom en médecine.

**ANODONTE**, genre de coquilles que l'on trouve très-souvent dans nos fleuves et dans nos étangs. Ces coquilles, assez semblables aux moules, sont minces et fragiles, composées d'une nacre assez belle, argentée, recouverte d'une peau verte. L'*anodonte dilatée*, grande d'environ deux cents millimètres, sert aux habitants des campagnes pour écrémer le lait.

**ANOMAL**, nom donné à ce qui s'écarte de la règle commune. Ainsi, en médecine, une maladie est dite *anomale* quand elle ne suit pas un cours régulier pendant sa durée. — En botanique, on nomme *anomales* les fleurs qui, par leur forme irrégulière, se distinguent de la classe dont elles auraient dû faire partie. — Il en est de même pour les feuilles, les épines, etc., de certaines plantes. — Tournefort a créé, pour les plantes irrégulières, la onzième classe de sa nomenclature, celle des fleurs *anomales*.

**ANOMALIE**, irrégularité, dissemblance dans la forme, dans les caractères qui différencient un corps, une chose, d'un autre corps, d'une autre chose. En astronomie, c'est la distance angulaire d'une planète au sommet de l'axe de son orbite (courbe décrite par la planète) ou à son aphélie (le point de l'orbite le plus éloigné du soleil) ou à son apogée (point le plus distant de la terre). D'autres termes, c'est l'angle formé par la ligne de l'apogée ou de l'aphélie, et par une autre ligne à l'extrémité de laquelle la planète est réellement ou est supposée être. Les anomalies déterminent l'inégalité du mouvement de la planète, qu'elles servent à calculer dans les divers lieux de sa course. On distingue l'*anomalie moyenne*, distance de la planète à l'apogée, l'*anomalie vraie* et l'*anomalie excentrique*.

**ANOMALISTIQUE** (Révolution), temps dans lequel une planète parcourt son or-

bite; à partir d'un point quelconque de cet orbite jusqu'à son retour au même point. Cette année, par suite de la non fixité des orbites des planètes, est moindre de 4 minutes 47 secondes de l'année sidérale.

**ANOMÉENS**, nom donné dans le ive siècle aux purs ariens, parce qu'ils prétendaient que le Fils de Dieu était dissemblable (en grec, *anomoios*) à son Père.

**ANOMIE**, genre de coquilles de la famille des ostracés. Ces coquilles sont irrégulières, à deux valves (parties) inégales, minces et translucides, d'une couleur jaune plus ou moins foncée. Ces coquilles s'attachent sur les corps marins, sur des animaux et même d'autres coquilles. Une de leurs valves est percée, aplatie; l'autre est plus grande, concave et entière. L'espèce la plus commune, nommée vulgairement *pelure d'oignon* habite la Méditerranée, la Manche et l'océan Atlantique. Les riverains la mangent et la préfèrent aux huîtres. — *Anomie à bec de perroquet*. Voy. Térébratule.

**ANONACÉES**, ou Akonées, ou Gyptospermes, famille de plantes dicotylédones polypétales, renfermant des arbrisseaux ou des arbres étrangers, à rameaux nombreux, ayant les feuilles simples et alternes, les fleurs placées à l'aisselle des feuilles ou des rameaux.

**ANONE**, genre et type de la famille des anonacées, composé d'arbrisseaux originaires des contrées voisines de l'équateur. On les cultive en Espagne. Leur fruit charnu, en forme de poire ou de cœur, composé de plusieurs baies, est pulpeux intérieurement et écailleux à l'extérieur. Il renferme plusieurs graines. Les fruits de l'*anone muricata*, nommée aussi *corossol* ou *cachiman*, de l'*anone à trois pétales* ou *cherimolia*, et de l'*anone écailleuse* ou *pommier cannelle*, sont très-succulents et se servent sur les tables. Ceux de l'*anone réticulée* ou *cœur-de-bœuf* se donnent aux animaux de basse-cour. La graine des fruits est vénéneuse; mais on retire de leur écorce un remède contre les dyssenteries.

**ANONNER**, c'est lire avec peine, exécuter avec embarras la musique qu'on a sous les yeux.

**ANONYME**, qui n'a point de nom, ou qui le cache. Un ouvrage *anonyme* est celui qui paraît sans nom d'auteur, dont l'auteur est inconnu. On nomme vulgairement *anonyme*, en histoire naturelle, 1° une espèce du genre *chien*; 2° un oiseau du genre *engoulevent*, et la *mésange à longue queue*; 3° une plante du genre *léatris*.

**ANOPLOTHÉRIUM**, mammifère fossile, restitué par Cuvier d'après des débris trouvés dans des carrières de plâtre aux environs de Paris. Ces animaux, dont la race est éteinte, avaient le pied fendu en deux doigts, ressemblaient à l'anon; chaque mâchoire renfermait vingt-deux dents. On distingue le *commun*, de la taille d'un ânon, amphibie herbivore, au poil lisse et court, et ressemblait à la loutre, et le *moyen*, de la taille et de la forme d'une gazelle, herbivore et n'habitant pas les lieux humides.

**ANOREXIE**, état du corps dans lequel on ne désire aucun aliment, et qui suit les maladies aiguës. Il est assez dangereux quelquefois pour constituer une maladie.

**ANORGANIQUE**. On appelle ainsi toutes les substances non organisées. Toutes les matières du règne minéral sont anorganiques; quelques-unes tendent à détruire les corps organisés par leur séjour dans ceux-ci et ne s'allient jamais avec eux.

**ANOSMIE**, perte de l'odorat. Ce symptôme se trouve dans un grand nombre de maladies, comme l'enchifrènement, les fièvres graves, etc.

**ANOURES**, nom donné aux reptiles batraciens qui, dans l'âge adulte, n'ont point de queue. Tels sont les *grenouilles*, les *crapauds*, les *pipas*, les *rainettes*.

**ANQUETIL** (Louis-Pierre), historien français du XVIIIe siècle, né à Paris en 1723

Directeur du séminaire de Reims, il publia en 1757 l'*Histoire* de cette ville, et fit paraître en 1771 l'*Esprit de la ligue*, et en 1807 l'*Histoire de France*. Enfermé à Saint-Lazare par Robespierre, il y traça le plan de son *Histoire universelle*, et composa ensuite les *Motifs de nos traités de paix* (1797). — Il est mort à Paris en 1808.

ANQUETIL-DUPERRON (Abraham-Hyacinthe), frère du précédent, et érudit du XVIIIe siècle, né à Paris en 1731. Il montra un grand zèle pour l'étude des sciences orientales. Il visita en 1754 l'Inde, Pondichéry, Chandernagor et Surate, où, à force de persévérance, il obtint des *Destours* (Parses ou brahmines du Guzarate) plus de cent quatre-vingts manuscrits qu'il traduisit en français en 1805. Il fit connaître ensuite, sous le nom de ZEND-AVESTA, le recueil des livres sacrés des Parses, et mourut en 1805.

ANQUISITION, terme de droit romain. Dans toute accusation, l'accusateur, après avoir réitéré trois fois sa plainte, concluait à une peine ou amende quelconque. Cette demande était l'*anquisition*.

ANSAR, c'est-à-dire, *défenseur auxiliaire*, nom donné par Mahomet, en 622, aux soixante-quinze citoyens de Médine qui vinrent reconnaître sa doctrine pour la prêcher dans leur ville avant qu'il s'y rendît.

ANSE, terme de géographie qui désigne un petit golfe ou enfoncement semi-circulaire, formé par les eaux de la mer sur les rivages, et qui peuvent donner un abri aux petits navires. — On applique par extension le nom d'*anse* aux objets recourbés en arc.

ANSÉATIQUE (LIGUE). Voy. HANSE.

ANSELME (Saint), archevêque de Cantorbéry, né en 1033 à Aoste dans le Piémont. Il succéda en 1093 à l'archevêque Lanfranc. Guillaume le Roux l'ayant persécuté pendant la querelle de Guibert (Clément III) et d'Urbain II, il se retira à Rome. Ce fut surtout à son influence que l'on dut la paix entre Henri Ier et son frère Robert. Dans la querelle des investitures, Anselme refusa de se soumettre, et, après un long exil, il revint mourir à Cantorbéry en 1109, laissant des *ouvrages de métaphysique, de piété, des traités sur la réelle existence de Dieu*, intitulés *Monologe* et *Prosologium*, etc.

ANSERINE ou CHÉNOPODE, genre de la famille des atriplicées, renfermant de nombreuses espèces de plantes à la tige cannelée, aux feuilles alternes, aux fleurs peu apparentes disposées en petits faisceaux. Les feuilles de l'*anserine polysperme*, de l'*anserine verte*, des *anserines des murailles*, *hâtée*, *bon-henri*, et autres espèces, se mangent préparées comme les épinards. Leurs graines peuvent être mangées en guise de millet. L'*anserine botryde*, cultivée dans les jardins, est antispasmodique, et se donne en infusion contre la toux. L'*anserine vermifuge* s'emploie, en médecine, contre les vers. L'*anserine fétide* ou *vulvaire* s'emploie contre les maladies du bas-ventre.

ANSGAR, ANSCHAR ou ANSCHAIRE, surnommé l'*Apôtre du Nord*. Né en 801 en Picardie, bénédictin en 813, il fut envoyé en 826 avec Audibert en Danemarck par Louis le Débonnaire; il convertit au christianisme le roi de ce pays et presque toute la nation. En 831, il fonda une métropole à Hambourg, dont il fut le premier archevêque. Il mourut en 865 après de nombreux efforts pour consolider le christianisme. On fait sa fête le 3 février.

ANSON (Georges), célèbre marin anglais, né à Shuckborough en 1697 dans le Staffordshire. Après avoir servi comme lieutenant sous Byng (1716-18), il fut nommé en 1739 commandant d'une flotte de 8 vaisseaux, dans la mer du Sud, pour ruiner le commerce de l'Espagne. Parti l'année 1740, séparé de tous les vaisseaux par une tempête, il aborda à Juan-Fernandez, où 3 autres vaisseaux le rejoignirent. Il s'empara de Payta, de Macao et du galion d'Acapulco, à qui il enleva 10 millions de francs. De la Chine, il revint dans sa patrie en 1744. Nommé amiral et membre du parlement, il vainquit l'amiral français Jonquière près du cap Finistère, et il mourut en 1762. Il avait découvert l'archipel qui porte son nom.

ANSPACH (*Onolzbach*), principauté d'Allemagne, au N. de celle de Bamberg. Population, 300,000 habitants; superficie, 60 lieues carrées. — Sa capitale Anspach, jadis résidence des margraves d'Anspach-Baireut, fut cédée par Charles-Alexandre, dernier margrave, au roi de Prusse, en 1791. Cédée à la France en 1806, elle fut rendue à la Bavière en 1809. Elle est aujourd'hui la capitale du district bavarois de la Rezat. Population, 13,500 âmes.

ANSPECT, sorte de levier usité en marine. Il y en a de diverses proportions. Quelques-uns servent à pointer les canons à bord des bâtiments de guerre. Celui pour le plus gros calibre a cinq pieds et demi de long. Ils sont faits en bois de frêne ou d'orme. On s'en sert aussi pour remuer différents fardeaux dans les ports, tels que pièces de bois, mâts, ancres, etc., où on les nomme *barres d'anspect*.

ANSPESSADE ou LANCEPESSADE, noms sous lesquels on désignait autrefois un soldat d'infanterie qui aidait le caporal et qui en faisait les fonctions en cas d'absence, un *sous-caporal*. Il était exempt de faction et recevait la haute paye. Il y en avait quatre ou cinq par compagnie. Ce grade fut supprimé en 1776.

ANSPRAND, roi des Lombards. Tuteur en 700 du roi Liembert, fils de Caribert, il fut dépouillé de la régence en 701 par Ragimbert, duc de Turin. En 712, il leva une armée, défit Aribert, fils de Ragimbert, fut proclamé roi, et mourut la même année après un règne de trois mois.

ANTA. Voy. TAPIR.

ANTAGONISTES, nom donné aux muscles qui sont attachés à la même partie, et qui agissent en sens opposé ou séparément. Chaque muscle a ses antagonistes. — On nomme *antagonisme* l'action des muscles qui agissent en sens contraire.

ANTALCIDAS, Spartiate connu par la paix honteuse à laquelle il a donné son nom, qu'il conclut en 387 avant J.-C. avec Artaxercès Memnon, et qui rendit les villes de l'Asie grecque tributaires de l'empire persan. Méprisé d'Artaxercès et de ses concitoyens, après la ruine de Sparte, Antalcidas se laissa mourir de faim.

ANTAR ou ANDAR, prince et poëte arabe qui vivait au VIe siècle, sous Mahomet, et qui s'éleva de la plus basse naissance aux premières dignités. C'est un des sept poëtes sacrés. Ses ouvrages, brodés en or ou sur la soie, furent attachés à la porte de la Caaba. On a de lui des *Moallaca*, qui ont été traduits en plusieurs langues.

ANTARCTIQUE (PÔLE), nom donné par les savants au pôle méridional opposé au pôle arctique. Avant Cook, il était regardé comme inhabitable; mais ce navigateur parvint jusqu'au 60e degré de latitude, d'où il fut repoussé par les glaces et les tempêtes, et la froid excessif qui y règne. Un pêcheur découvrit en 1820 une île sous le 61e degré. Il la nomma *Nouvelle-Shetland*. Les glaces occupent la plus grande partie de l'Océan. Les baleines abondent dans ces contrées.

ANTARCTIQUE (CERCLE POLAIRE), un des petits cercles de la sphère, parallèle à l'équateur, et distant de 23 degrés 28 minutes du pôle antarctique, extrémité méridionale de l'axe de la terre.

ANTÉCESSEURS, nom donné par Justinien, vers l'an 534, aux jurisconsultes chargés d'enseigner le droit. Les professeurs en droit des universités de France prirent aussi ce titre.

ANTECHRIST, nom donné à l'antimessie par les Juifs, et par les chrétiens à une personne qui précédera le second avènement de Jésus-Christ, lui déclarera la guerre, sera mise à sa place, et sera enfin vaincue et tué. On se fondait sur quelques paroles de l'Apocalypse, et on croyait que son règne commencerait en l'an 1000. Mais, cette époque passée, on donna ce nom, en général, à Luther et autres hérétiques qui s'élevaient contre le pape.

ANTÉCIENS ou ANTŒCIENS, nom donné par les géographes aux peuples placés sous le même méridien et à la même distance de l'équateur, les uns vers le nord, les autres vers le midi.

ANTÉCŒNA ou ANTECŒNIUM, léger repas que prenaient les Romains avant le souper.

ANTÉDILUVIEN, nom donné, en général, à tout ce qui a existé avant le déluge, et par les savants, aux animaux, aux plantes et aux divers corps organiques qui ont vécu avant le déluge, dont les races se sont perdues, et dont la plupart des espèces ne se retrouvent pas à l'état vivant. Tels sont les *mastodontes*, les *anoplotheriums*, etc. Les débris et ceux d'autres animaux encore existants, comme les rhinocéros, l'éléphant, etc., se trouvent en grand nombre, loin de la mer, dans le sein de la terre. (Voy. FOSSILES, ÉPOQUE, etc.)

ANTÉE (myth.), géant libyen, fils de la Terre. Il était si habile lutteur, qu'il se vantait d'élever à son père Neptune un temple avec les crânes de ses adversaires. Tant qu'il touchait le sol, sa mère lui rendait des forces nouvelles. Il fut tué par Hercule, qui l'enleva dans ses bras et l'étouffa.

ANTENNE (mar.), pièce de bois longue et flexible, suspendue à une poulie, qui traverse le mât, et à laquelle on suspend la voile. On désigne cette voile sous ce nom sur la Méditerranée, tandis qu'on la nomme *vergue* sur l'Océan : elle sert à pousser en avant le vaisseau. — Les *antennes de beille* sont les voiles de réserve. — On nomme encore ainsi le rang transversal de futailles placées dans la cale d'un navire.

ANTENNES, filets articulés, mobiles, composés de petits cylindres creux, et placés entre les yeux des insectes et des crustacés. Ils varient à l'infini, quant à leur forme et à leur nombre. On ignore leur destination; l'on pense cependant assez généralement qu'ils servent à ces animaux d'organes du toucher.

ANTENNULES. Voy. PALPES.

ANTÉNOIS, nom donné autrefois aux jeunes animaux domestiques âgés d'un an. Aujourd'hui on applique ce mot aux agneaux que l'on a sevrés, et qui commencent leur deuxième année.

ANTÉNOR (myth.), prince troyen qui entretenait des correspondances avec les Grecs, et qui conseilla à Ulysse de construire le cheval de bois et d'enlever le palladium. Les Troyens, d'après son avis, laissèrent entrer dans leur ville le cheval, qu'il ouvrit lui-même. Sa maison fut elle sauvée du pillage. Anténor se réfugia en Thrace, puis en Italie, où il bâtit Patavium (Padoue), sur le golfe Adriatique. Ses descendants furent nommés *Anténorides*.

ANTÉPILANI, nom que l'on donnait aux plus vieux soldats de l'infanterie romaine, qui formaient un corps de réserve.

ANTÉRE, pape, succéda à saint Pontien en 235, et mourut en 236. Il eut pour successeur saint Fabien.

ANTÉROS (myth.), fils de Vénus et de Mars, dieu de l'amour mutuel et du retour. Vénus, voyant que Cupidon ne grandissait pas, en demanda la cause à Thémis, qui lui répondit que c'était l'absence de compagnon. Vénus écouta alors la passion de Mars, qui la rendit mère d'Antéros. L'Amour commença à grandir; mais, dès qu'il s'éloignait d'Antéros, il redevenait enfant. Cette fiction signifie que l'amour veut être payé de retour.

ANTES, famille de peuples slaves, habitant au VIe siècle les pays compris entre le Dniéper et le Dniester. Pressés par les Mogols, ils se retirèrent sur les bords du Danube, mais ils en furent chassés par les Avares, les Bulgares et les Hongrois, et l'histoire n'en fit plus mention. On croit qu'ils s'arrêtèrent sur les bords du Dniéper et de la Volkhova, où ils bâtirent Kief et Novogorod.

ANTÉSIGNANI, nom donné par les Romains aux soldats placés devant les étendards pour les défendre.

ANTHÉLIX, éminence du cartilage de l'oreille située au-devant de l'hélix.

ANTHÈRE. C'est, dans les fleurs, une boîte membraneuse, de couleur jaune, violette ou rougeâtre, de forme le plus souvent ovoïde, qui fait partie de l'étamine ou organe mâle des plantes. Elle renferme la poussière fécondante, et est portée par le filet de l'étamine. Elle se compose de deux poches (quelquefois quatre, et même davantage) unies entre elles ou séparées par un corps nommé connectif. Leur disposition varie beaucoup. L'anthère ne s'ouvre qu'à l'époque de l'entier épanouissement de la fleur.

ANTHÈSE, phénomènes qui suivent l'épanouissement des fleurs, instant de la puberté des plantes. L'anthèse est soumise à l'influence du climat, de la chaleur, de la lumière, de la température et des saisons.

ANTHESTÉRIES, fêtes célébrées à Athènes en l'honneur de Bacchus, et qui avaient trois jours, les 11, 12 et 13 du mois anthestérion. Pendant ces trois jours, on se livrait à de nombreuses libations, et les maîtres servaient leurs esclaves.

ANTHESTÉRION, mois de l'année athénienne. Originairement il répondait aux mois de mars et d'avril. Depuis l'an 432 avant J.-C., il répondit aux mois de janvier et de février.

ANTHOLOGIE (bouquet de fleurs), recueil choisi de morceaux de littérature dans différents auteurs. La plus ancienne est celle de Méléagre, de Syrie (60 ans avant J.-C.). On en possède dans toutes les langues.

ANTHOPHILES. Voy. MELLIFÈRES.

ANTHRACITE (houille éclatante, charbon incombustible, etc.), substance noire, d'un éclat métalloïde, friable, brûlant lentement et avec difficulté, sans répandre de fumée ni d'odeur. Ces derniers caractères la distinguent de la houille. L'anthracite est composé de carbone, de quelques traces d'hydrogène et de matières terreuses. Ce minéral a les mêmes usages que la houille. C'est avec l'anthracite pulvérisé, uni à de la houille et à une petite quantité d'argile, que l'on forme les bûches économiques que l'on place au fond des cheminées pour entretenir le feu.

ANTHRAX, inflammation essentiellement gangréneuse du tissu cellulaire sous-cutané et de la peau, qui s'observe dans la classe indigente de la société sur des personnes épuisées par suite d'une nourriture malsaine ou trop frugale, de l'habitation dans des lieux bas, humides, mal aérés. Le malade exhale une odeur insupportable, et ne tarde pas à périr. L'anthrax ou charbon peut se développer dans les diverses parties du corps, et chez tous les individus ; cependant on l'observe plus fréquemment vers les lèvres et les joues, spécialement chez les enfants. Le charbon n'est pas contagieux ; mais il peut régner d'une manière épidémique. On traite cette maladie par l'usage combiné des incisions, des caustiques, des topiques irritants, antiseptiques, et des médicaments toniques donnés à l'intérieur.
—L'anthrax, dû à une cause externe, est nommé pustule maligne. Le charbon est dû à une cause interne.

ANTHROPOLITHES, hommes fossiles que quelques savants, et en général les anciens, ont cru exister dans des couches plus ou moins profondes de terrains antédiluviens. Cette opinion est en partie erronée. On a découvert quelques anthropolithes dont l'existence remontait bien loin après le déluge.

ANTHROPOMANCIE, divination établie sur l'inspection des entrailles d'un homme mort. Cette superstition remonte, chez les Grecs, aux temps les plus reculés.

ANTHROPOPHAGES, peuples qui se nourrissent de chair humaine. C'est surtout dans la Nouvelle-Zélande et d'autres îles de la Polynésie, dans celles de la Sonde, de l'océan Indien et chez les Caraïbes que l'on trouve ce barbare usage. Les Carthaginois, les Gaulois, les Germains, les Bohêmes étaient accusés d'anthropophagie. En Amérique, l'on chante, l'on danse autour de la victime, et on la déchire en lambeaux sans que son courage en soit ébranlé.

ANTI, écrits faits pour répondre à ceux de certains auteurs, pour combattre leurs opinions. Le mot anti précède toujours le nom des auteurs auxquels on répond. Ainsi l'anti-Lucrèce, l'anti-Baillet, etc.

ANTIARE, plante de la famille des urticées, dont une espèce, le boon-upas, à l'écorce lisse, épaisse, blanchâtre, aux feuilles alternes, ovales, d'un vert pâle, produit un poison si violent, que lorsqu'il s'introduit dans le sang il agit avec plus de force et de vitesse que tous les autres poisons. C'est un suc blanc ou jaunâtre, laiteux et visqueux. Les Javanais s'en servent pour empoisonner leurs flèches. De l'écorce on fait une étoffe commune.

ANTIBES, chef-lieu de canton du département du Var, sur la Méditerranée, à 21 lieues de Draguignan ; à 205 de Paris. Population, 5,805 habitants. Antibes est l'ancienne Antipolis, que fondèrent les Phocéens de Marseille, et qu'embellirent les Romains. Cette ville fut plusieurs fois ravagée par les barbares, les Sarrasins et les pirates maures et espagnols. François Ier et Henri IV la firent fortifier. Antibes est aujourd'hui une petite place forte. Elle possède un port profond, sûr et commode, et un château fortifié. Elle commerce en poisson salé et huile d'olive.

ANTICHRÈSE ou MORT-GAGE, convention par laquelle un débiteur consent, pour obtenir sa libération, que son créancier jouisse du revenu de ses biens, pour lui tenir lieu d'intérêts, jusqu'à ce qu'il en soit payé. Le créancier n'obtient sur ces biens qu'un droit de jouissance, et il le conserve jusqu'à l'extinction de la créance. L'antichrèse a été regardée comme usuraire par quelques auteurs.

ANTICHTHONES, peuples qui habitent à deux points opposés de la terre, mais à égale latitude. Les saisons sont renversées pour ces peuples.

ANTICOSTI. Voy. ASSOMPTION (île de l').

ANTICYRE. Deux villes de la Grèce ont porté ce nom, l'une en Phocide, l'autre près du mont OEta. Ces deux villes étaient célèbres par l'ellébore qui croissait dans leurs environs, et qui, selon les anciens, pouvait seul guérir la folie. Anticyre de Phocide renfermait un temple consacré à Neptune, où ce dieu était représenté tenant son trident à la main et ayant un triton sous ses pieds.

ANTIDOTAIRE, nom donné autrefois aux recueils de recettes ou de formules médicinales.

ANTIDOTES, substances propres à neutraliser les poisons et les venins, à les décomposer ou à se combiner avec eux pour former des produits antidélétères ; ainsi l'albumine contre le sublimé corrosif, le sel contre le nitrate d'argent, les acides contre les poisons alcalins, etc. Ces remèdes, pour produire un effet, doivent être donnés immédiatement après l'introduction du poison. Sans cela, ils n'auraient pas d'efficacité.

ANTIENNE, ce mot désignait autrefois les psaumes et les hymnes chantés alternativement à deux chœurs. Ce mode fut apporté dans les Gaules par saint Grégoire. Ce mot désigne maintenant des traits tirés des psaumes ou de l'Écriture, convenant aux mystères que l'on célèbre. Ils précèdent toujours les psaumes. — On appelle encore ainsi des prières chantées en l'honneur de la Vierge, de Dieu ou des saints,

et suivies d'un verset ou d'une oraison, telle que Salve, regina, etc.

ANTIGOA, une des Antilles anglaises, dans l'océan Atlantique, entre la Barbade, Saint-Christophe et la Guadeloupe. Elle fut découverte par Colomb en 1492. Antigoa est fertile, mais manque de bois de construction. Sa population est de 41,000 habitants, dont 33,000 nègres. Le chef-lieu est Saint-Jean.

ANTIGONE, jeune fille née du commerce incestueux d'OEdipe, roi de Thèbes, et de Jocaste. Elle conduisit son père aveugle au lieu de son exil, et y demeura avec lui. Mais, après la mort de ses frères, étant revenue à Thèbes, et ayant rendu les derniers devoirs à Polynice, elle fut enseveli vivante par son oncle Créon. Sophocle composa sur ce sujet une tragédie qui lui valut le gouvernement de l'île de Samos.

ANTIGONE, général d'Alexandre, qui lui confia le gouvernement de la Lycie et de la Phrygie, en Asie, qu'il défendit avec des troupes peu nombreuses. Il conquit la Lycaonie, obtint, après la mort d'Alexandre, la Pamphylie, la Lycie et la Phrygie, s'allia avec Cratérus et Antipater contre Perdiccas, vainquit Eumènes, général de ce dernier, et le fit mourir de faim ; défit Séleucus, roi de Syrie, et fut presque maître de toute l'Asie. Mais, vaincu par Cassandre, alors qu'il voulait délivrer le jeune Alexandre, il ne conserva que les premiers Etats, et mourut dans une bataille contre Cassandre, près d'Ipsus, en Phrygie (301 avant J.-C.).

ANTILAMBDA, signe que l'on trouve quelquefois dans les manuscrits du moyen âge et qui a la forme d'un <. Il représentait nos guillemets.

ANTILIBAN ou SARIEH, une des chaînes du Liban (voy. ce mot), laquelle borne les plaines de Damas et sépare les pachaliks d'Acre et de Damas. L'Antiliban est séparé du Liban par une vallée fertile nommée autrefois Calé-Syrie, et habitée aujourd'hui par les Druses. Cette chaîne a une longueur de 30 à 40 lieues.

ANTILLES ou INDES-OCCIDENTALES, archipel à l'O. des Indes-Orientales, comprenant les îles du golfe du Mexique, au nombre de trois cent soixante, découvertes par Colomb de 1492 à 1496. Ces îles sont exposées à des pluies très-abondantes et à des ouragans impétueux ; ce qui les fait appeler îles du Vent, îles sous le Vent. Les Antilles se divisent en Grandes-Antilles, comprenant Cuba, Haïti (Saint-Domingue), la Jamaïque et Porto-Rico ; en Petites-Antilles, comprenant la Trinité, la Martinique, la Guadeloupe, la Dominique, la Barbade, Antigoa et Sainte-Croix. Les principales productions consistent en café, sucre et rhum. La population est de 2,400,000 habitants, Européens, Américains ou nègres. Le climat est malsain.

ANTILOPE, genre de mammifères de l'ordre des ruminants, compris entre les cerfs et les chèvres. Ces mammifères se distinguent par leur corne entourant un noyau solide et osseux. Ils sont presque tous timides, paisibles et d'une grande légèreté. On distingue les antilopes à quatre cornes, les aculicornes, les oryx, etc. Elles habitent l'Afrique méridionale.

ANTILOQUE, fils de Nestor, et le plus jeune des héros grecs qui s'illustrèrent au siège de Troie. On le choisit pour annoncer la mort de Patrocle à Achille. Antiloque mourut en voulant délivrer son père, attaqué par Memnon.

ANTIMOINE, métal brillant, d'un blanc d'étain, au tissu lamelleux, fragile, qui se combine avec l'oxygène, le soufre et ces deux corps réunis. Il répand une odeur assez forte quand on le frotte entre les doigts. L'antimoine est utile dans les arts et l'industrie. Il forme l'émétique par sa combinaison avec l'acide tartrique et la potasse ; fournit par ses autres combinaisons le soufre doré, le kermès minéral, la poudre de James, etc. On l'unit avec les métaux pour leur donner de la solidité, de l'élasticité. Il sert à la composition des miroirs, des cloches, des caractères d'imprimerie; uni avec le chlore, il fournit le *baume d'antimoine*, utile pour bronzer les métaux. Cette substance est proscrite dans la médecine.

ANTIN (Chaussée d'), l'un des plus beaux quartiers de Paris, ainsi nommée parce qu'autrefois la principale rue ouvrait en face de l'hôtel du duc d'Antin, acheté depuis par le maréchal de Richelieu. La ville fut autorisée (4 décembre 1829) à acheter le terrain sur lequel a été bâti ce quartier. — Antin est aussi une petite ville du département des Hautes-Pyrénées, à 4 lieues de Tarbes, et qui avait au moyen âge le titre de seigneurie. Cette seigneurie fut érigée en marquisat en 1612, et plus tard (1711) en duché, en faveur de Louis-Antoine de Pardaillan. Louis II, né en 1727, mort en Allemagne, fut le dernier duc d'Antin.

ANTINOÜS, jeune Bithynien, favori de l'empereur Adrien. Antinoüs se noya dans le Nil; selon d'autres auteurs, il s'immola lui-même à la divinité de l'empereur. Adrien l'aima si tendrement, qu'après sa mort il lui fit élever un temple. Son nom a été donné à une constellation boréale placée au-dessous de l'Aigle, et la statue antique d'Antinoüs est regardée comme un chef-d'œuvre. — Antinoüs est aussi le nom d'un des amants de Pénélope. Il excita ses compagnons à faire périr Télémaque, dont les conseils soutenaient le courage de cette princesse. Ulysse à son retour étant venu déguisé en mendiant à la porte de son propre palais, Antinoüs le repoussa. Le héros, s'étant fait reconnaître à Pénélope et à Télémaque, fit périr Antinoüs et ses compagnons.

ANTIOCHE (*Antakieh*), ville de Syrie, dans le pachalik et à 20 lieues de la ville d'Alep. Fondée 300 ans avant J.-C., sur l'Oronte, par Séleucus Nicanor, elle devint la résidence des Séleucides et la capitale de leur empire. Plus tard, troisième ville de l'empire romain, elle fut renversée par un tremblement de terre en 117, et rebâtie par Justinien. Antioche fut prise en 1097 par les croisés, qui y établirent une principauté, détruite en 1287 (voy. Antioche (Princes latins d'). Elle appartient aujourd'hui aux Turks, et est le siège du patriarcat d'Orient. Les environs d'Antioche produisent des oliviers, des mûriers, des vins estimés, de la soie, du coton, etc.

ANTIOCHE (Princes latins d'). Après la prise d'Antioche par les croisés en 1098, cette ville fut la capitale d'une principauté comprise au nord, depuis Tarse jusqu'à l'embouchure du Cydnus, et se terminant au midi à la rivière qui coule entre Tortose et Tripoli. Marc Boëmond fut le premier prince latin, et Boëmond VII le dernier (1287).

ANTIOCHE (Patriarches d'). Cette ville a eu des patriarches latins, dont le premier fut Bernard, né à Valence, en Dauphiné, deux ans après la prise d'Antioche par les croisés (1100), et le dernier fut Gérard Ottonis ou Odonus en 1342. — Antioche eut aussi des patriarches grecs, dont le premier fut saint Pierre en 44, et le dernier Silvestre, 1753; ce qui causa un schisme dans l'Eglise. Cette ville, regardée comme la troisième du monde chrétien après Rome et Alexandrie, a eu trente-sept conciles.

ANTIOCHUS. Onze rois de Syrie ont porté ce nom. Antiochus Soter 1er succéda à son père Séleucus Nicanor 1er en 280 avant J.-C., et mourut en 260. — Antiochus II Théos, fils du précédent, roi en 261, mourut en 246 avant J.-C. — Antiochus III le Grand, fils du précédent, succéda en 222 à son frère Séleucus II, s'empara de la Phénicie et de la Judée, permit aux Juifs le libre exercice de leur culte. Vaincu par les Romains qui le reléguèrent au delà du mont Taurus, il y fut tué l'an 187 avant J.-C. — Antiochus IV Epiphane, fils du précédent, succéda à Séleucus III, envahit l'Egypte; mais il fut vaincu par les Romains; il prit Jérusalem, soumit les Juifs et mourut l'an 164 avant J.-C. —

Antiochus V Eupator succéda au précédent en 164, et mourut en 163 assassiné par Démétrius Soter. — Antiochus VI le Dieu, fils d'Alexandre Balas, mort en 139. — Antiochus VII Sidétès, fils de Démétrius Soter, roi en 139, après avoir chassé l'usurpateur Tryphon, soumit les Juifs, les Parthes, Babylone, et mourut en 130 avant J.-C. — Antiochus VIII Gryphus, fils de Démétrius Nicanor, roi en 123. Il empoisonna sa mère Cléopâtre, qui avait égorgé pour lui les autres enfants. Il mourut assassiné. Corneille a fait une tragédie sur ce sujet. — Antiochus IX le Cyzicénien. Il partagea le trône avec le précédent, son frère, et régna seul à sa mort. Il se tua dans un combat où il fut vaincu par son neveu Séleucus. — Antiochus X Eusèbe, fils d'Antiochus IX, épousa la veuve de son père, et régna de 93 à 91 avant J.-C. — Antiochus XI l'Asiatique, fils du précédent, fut dépouillé par Pompée, l'an 65, et fut le dernier prince de la race des Antiochus. La Syrie fut réduite en province romaine.

ANTIOPE (myth.), fille de Nyctée, roi de Thèbes, inspira de l'amour à Jupiter, qui se déguisa en satyre pour la tromper et la rendit mère d'Amphion et Zéthus: Elle se réfugia chez Epopée, roi de Sicyone, qui l'épousa. Nyctée marcha contre lui, fut tué, et Lycus, son frère, continua la guerre, fit périr Epopée, conduisit Antiope à Thèbes et la livra à son épouse Dircé, qui lui fit subir les plus durs traitements. Les fils d'Antiope la délivrèrent, tuèrent Lycus et attachèrent Dircé aux cornes d'un taureau indompté. Antiope perdit l'usage de la raison.

ANTIPAPE, concurrent du pape légitime ou chef d'un parti qui a fait schisme dans l'Eglise pour détrôner le pape et se mettre à sa place. On compte vingt-huit antipapes, depuis le IIIe siècle jusqu'à nos jours.

ANTIPATER, général et ami de Philippe, roi de Macédoine. Il était disciple d'Aristote. Il fut nommé par Alexandre gouverneur de la Macédoine, et fut dépouillé de cette dignité sur un soupçon. Dans le partage des Etats d'Alexandre, il obtint la Macédoine et la Grèce, et fut nommé tuteur du jeune Alexandre. Il réduisit la ligue des Grecs, défit Perdiccas, et mourut en 317 avant J.-C.

ANTIPHLOGISTIQUE, théorie due aux travaux de Lavoisier, et fondée sur l'action que l'oxygène exerce dans la combustion des corps. Elle est en opposition avec la théorie phlogistique de Stahl, qui admettait dans la combustion du corps insaisissable, se séparant du corps qui brûlait, et donnant lieu au phénomène du feu, observé dans cette action.

ANTIPHON, orateur athénien, né à Rhamnuse. Il fut le premier qui fit un art de l'éloquence et qui enseigna et plaida pour l'argent. On a de lui seize harangues et un *Traité sur l'art oratoire*, qui est perdu. Il mourut vers l'an 411 avant J.-C. — Un grand nombre de poètes grecs ont porté ce nom. Le plus célèbre est celui que Denis fit mettre à mort parce qu'il critiquait ses ouvrages. Il avait composé des tragédies, des poèmes épiques et des harangues.

ANTIPHONAIRES ou Antiphonies, nom donné dans le culte catholique aux recueils des antiennes (en grec, *antiphoniai*) notées en plain-chant. Grégoire le Grand est l'auteur de ces livres.

ANTIPODES, habitants du globe diamétralement opposés les uns aux autres. Ils ont les nuits et les jours d'égale longueur, mais dans un ordre inverse. Ils en est de même du lever du soleil et des saisons. Les pôles sont différents, mais également éloignés.

ANTIPSORIQUE, nom donné aux remèdes contre la gale.

ANTIQUAIRE, nom qui se donnait autrefois aux annotateurs, aux copistes et aux libraires. Chez les Romains, ils étaient chargés de faire voir aux étrangers les monuments curieux: se sont les *cicerone*

d'aujourd'hui. On appelle ainsi maintenant ceux qui s'occupent de l'étude des monuments de l'antiquité.

ANTIQUES. On comprend sous ce nom les médailles et statues des temps anciens qui nous sont parvenus. Ainsi, au Louvre, il y a une *salle des antiques*, renfermant les chefs-d'œuvre de la statuaire, de la peinture et de l'architecture des anciens. — Les *antiques modernes* sont les monuments gothiques par opposition à ceux des Romains.

ANTISCIENS, nom donné aux peuples qui habitent de différents côtés de l'équateur, et dont les ombres ont, à midi, des directions contraires. Les astrologues donnaient le nom d'*antisciens* à deux points du ciel également distants d'un tropique.

ANTISCORBUTIQUES, remèdes propres à combattre le *scorbut*.

ANTISEPTIQUES, substances capables d'arrêter ou d'empêcher la putréfaction. Les anciens les cherchaient dans les toniques et les aromatiques, les modernes les ont trouvés dans la chimie. Tel est le chlorure de chaux, etc.

ANTISIGMA, signe que l'on voit dans les anciens manuscrits, et dont la forme est celle d'un ɔ renversé. Il se plaçait en tête des vers dont l'ordre devait être changé.

ANTISIGMA, nom donné à deux *sigma* (lettre grecque qui correspond à notre s) adossés l'un à l'autre. L'empereur romain Claude voulut l'introduire à la place du sigma simple; mais l'ancienne mode prévalut. L'antisigma fut consacré à un usage particulier. On le mettait avec un point au milieu à la marge des poèmes, lorsqu'il y avait deux vers de même sens, mais de forme diverse, et que ne sachant lequel des deux préférer, on laissait au lecteur le plaisir de faire lui-même cette préférence.

ANTISPASMODIQUES, remèdes propres à ramener à l'état normal la sensibilité des muscles et des nerfs trop irrités, et à combattre les convulsions. Tels sont les gommes-résines fétides, le camphre, le musc, l'ambre gris, etc.

ANTISTHÈNE, philosophe athénien, fondateur de la secte des cyniques, né 423 avant J.-C., élève du sophiste Gorgias. Il fut d'abord rhéteur; mais, rendu philosophe par les leçons de Socrate, il enseigna que la vertu consistait dans les privations et le mépris des richesses, des dignités et de la science, etc. Il poursuivit les accusateurs de Socrate. Sa doctrine austère rebuta tous ses disciples : Diogène seul lui fut fidèle.

ANTISTROPHE, deuxième partie des stances dans la poésie des anciens Grecs. On la nommait ainsi, parce qu'après avoir chanté la strophe en marchant dans un sens, le chœur chantait l'antistrophe en revenant sur ses pas (en grec, *antistrephô* signifie *revenir sur ses pas*).

ANTITRAGUS, petite éminence aplatie, conique, située sur la partie antérieure de l'extérieur de l'oreille. Elle est placée vis-à-vis et derrière le tragus, au-dessous de l'anthélix.

ANTITRINITAIRES, hérétiques qui nient la sainte Trinité, et qui ne veulent pas reconnaître les trois personnes en Dieu. Les disciples de Photius n'admettaient pas la distinction des trois personnes; les ariens niaient la divinité du Verbe; les macédoniens, celle du Saint-Esprit.

ANTIUM, ville d'Italie, dans les Etats de l'Eglise et sur les bords de la mer. Elle fut bâtie par Ascagne, fils d'Enée, et devint sous les Romains la capitale des Volsques. Camille s'en empara l'an 284 de Rome (468 avant J.-C.). Antium fut dans la suite la patrie des empereurs Néron et Caligula. On la nomme aujourd'hui *Anzio* ou *Nettuno*.

ANTHLIATES, nom donné par Fabricius à un ordre d'insectes plus généralement nommé *diptères*.

ANTODONTALGIQUES, remèdes propres à combattre les maux de dents.

ANTOFLES ou ANTOPHYLLES, nom donné aux fruits du géroflier. Ils ressemblent à des olives et sont charnus, noirs et aromatiques. On en fait des confitures très-agréables, et on en retire une huile essentielle très-répandue dans le commerce.

ANTOINE (Saint) LE GRAND, patriarche et cénobite, instituteur de la vie monastique, né à Côme. Il se retira dans la solitude en 285. Vers 305, d'autres ermites vinrent habiter avec lui; ce fut l'origine des couvents. Il céda ensuite la direction de son monastère à saint Pacôme, et s'enfonça dans les déserts, où il mourut en 356, après avoir été tenté par le démon. Il a laissé plusieurs ouvrages ascétiques. On fait sa fête le 17 janvier.

ANTOINE (Marc), romain célèbre au 1er siècle avant J.-C. Il se mit du parti de César, et commanda l'aile gauche de son armée à la bataille de Pharsale, et devint, cinq ans après, son collègue au consulat. A la mort de César, il prononça son oraison funèbre. Ayant assiégé Brutus dans Modène, il fut déclaré ennemi public et battu par les consuls Hirtius et Pansa. Octave et Lépide s'unirent à lui et formèrent le second triumvirat. Antoine fit périr Cicéron, et obtint l'Orient dans le partage de l'empire. Il combattit à Philippes les meurtriers de César, répudia Fulvie pour épouser Octavie, sœur d'Auguste; mais, épris de Cléopâtre, il répudia sa nouvelle épouse, et eut à se mesurer avec Auguste irrité de cet affront, à Actium. Cléopâtre s'enfuit au lieu de combattre. Antoine, vaincu, suivit la reine et se donna la mort en se voyant abandonné de tous les siens, à 56 ans.

ANTOINE DE PADOUE (Saint), ainsi nommé parce qu'il vécut longtemps dans cette ville, naquit à Lisbonne en 1195. Il prit l'habit de Saint-François et s'embarqua pour l'Afrique, poussé par le désir du martyre; mais une tempête l'ayant jeté en Italie, il s'adonna à la théologie, à la prédication et à faire des conversions. Il mourut à Padoue en 1231, et fut canonisé la même année. Il a laissé des sermons et des écrits sur la Bible. On fait sa fête le 28 mars et le 13 juin.

ANTOINETTE (Marie-Joseph-Jeanne-), reine de France, née à Vienne le 2 novembre 1755. Elle était fille de Marie-Thérèse d'Autriche et de l'empereur François Ier. Elle épousa en 1770 le dauphin de France, qui fut depuis Louis XVI (1774). Après quelques années d'une existence heureuse, honorée par sa bienfaisance et sa tendresse pour ses enfants, elle eut à souffrir tous les orages de la révolution. Elle partagea le sort et la captivité de son époux; elle en fut séparée en 1793, et conduite à la conciergerie. Mise en jugement devant le tribunal révolutionnaire, elle fut condamnée à mort et exécutée le même jour (16 octobre 1793). Elle montra un grand courage pendant son procès et le supplice.

ANTOMARCHI (LE DOCTEUR), né en 1780 dans l'île de Corse, était professeur d'anatomie à Florence lorsqu'il fut choisi par le cardinal Fesch pour être attaché au service de Napoléon, alors captif à l'île Sainte-Hélène (1820). Il fut honoré de l'estime de l'empereur qu'il assista dans ses derniers moments, et refusa de signer le procès-verbal d'autopsie des chirurgiens anglais (1821). De retour en Europe, il publia les derniers Moments de Napoléon et des planches anatomiques du corps humain. Lorsque la Pologne se fut déclarée indépendante (1831), il s'y rendit pour prodiguer ses soins à ses défenseurs, et y fit de précieuses observations sur le choléra-morbus. En 1835, il donna le moule exact du buste de Napoléon, recueilli sur son cadavre. Il est mort en 1838.

ANTONELLE (Pierre-Antoine marquis D'), né à Arles. Il adopta les principes de la révolution, et les exposa dans son Catéchisme du tiers état. Il fut envoyé en 1791 à Avignon, par le pouvoir exécutif, pour faciliter la réunion du Comtat à la France, et à Marseille, pour y calmer l'exaspération des partis; il réussit dans ces deux missions. Nommé député à l'assemblée législative par le département des Bouches-du-Rhône, il fut chargé de faire connaître à l'Autriche les événements du 10 août 1792 et la déchéance de Louis XVI. C'est à cette occasion qu'il fut arrêté par ordre de Lafayette, pour être conduit à Sédan comme otage de l'inviolabilité du monarque; il resta peu de temps prisonnier. Directeur du jury du tribunal révolutionnaire, il provoqua la condamnation de Marie-Antoinette et des Girondins. Arrêté par le comité du salut public, il fut détenu au Luxembourg jusqu'au 9 thermidor. Impliqué dans l'affaire de Babeuf, il fut acquitté et nommé en 1797 et 1799 membre du conseil des cinq-cents. Exilé à cette époque, il revint dans sa patrie en 1814, et mourut en 1819.

ANTONGIL (BAIE D'), golfe de l'île de Madagascar, le plus sûr et le plus considérable du monde, découvert par Antoine Gilles Portugais. Ses environs sont très-fertiles. Beniowski, en voulant y fonder une colonie, y perdit la vie.

ANTONIA, famille célèbre de Rome, qui prétendait descendre d'Hercule. — C'est aussi le nom, 1° d'une fille de Marc Antoine. Elle fut mariée à Drusus, frère de l'empereur Tibère. Elle en eut trois enfants, Germanicus, père de Caligula, l'empereur Claude et Livie. Après la mort de son époux, elle se consacra à l'éducation de ses enfants, et mourut en 38 avant J.-C.; 2° de plusieurs lois romaines décrétées sous les auspices de Marc Antoine. La première, portée l'an 708 de Rome (44 avant J.-C.), remit en vigueur la loi Cornélia, et enleva au peuple le droit d'élire des prêtres, pour le rendre aux collèges sacerdotaux. La deuxième (39 avant J.-C.) ajouta une troisième décurie de juges aux deux qui existaient déjà; la troisième permettait de ne appeler au peuple dans les jugements pour violence et pour crime d'Etat; la quatrième enfin, décrétée pendant le triumvirat d'Antoine, infligeait la peine de mort à quiconque proposerait l'élection d'un dictateur, ou en accepterait les fonctions.

ANTONIANO (Silvio), cardinal, né à Rome, en 1540, d'un marchand de drap, montra dès son enfance les plus grandes dispositions pour les lettres, la poésie, la musique, et surtout pour les improvisations. Ce talent le fit rechercher du cardinal Jean-Ange de Médicis qui, élu pape en 1559 sous le nom de Pie IV, le fit professeur de belles-lettres au collège de la Sapience; il fut nommé ensuite secrétaire du cardinal Charles Borromée, président de l'académie du Vatican en 1560, secrétaire du sacré collège en 1587, enfin cardinal en 1598. Il mourut à Rome en 1603. Il a laissé des poésies, des sermons, des lettres et un traité de l'éducation chrétienne des enfants.

ANTONIN (Saint), né à Florence en 1389, entra dans l'ordre des dominicains en 1403. Nommé par le pape Eugène IV archevêque de Florence (1446), il édifia son diocèse par ses vertus et la rigidité de ses mœurs. Il mourut en 1459, et fut mis au rang des saints en 1523. On fait sa fête le 10 mai.

ANTONIN LE PIEUX (Titus Aurelius Fulvius), né l'an 86 de J.-C., près de Rome, d'une famille originaire de Nîmes. Nommé consul par Adrien en 120, puis proconsul en Asie, il fut adopté en 138 par cet empereur, à qui il succéda la même année. L'empire jouit sous ce règne d'une longue paix. Antonin protégea les chrétiens, fit la guerre en Bretagne, et fit construire un mur au nord de celui bâti par Adrien, pour s'opposer aux incursions des Pictes et des Brigantes. Il mourut en 161. Ses successeurs prirent tous le nom d'Antonins. Il avait su dérober au monde la conduite impudique de son épouse Faustine.

ANTOINE (COLONNE), monument de l'ancienne Rome, construit par Marc Aurèle en l'honneur de son beau-père Antonin. Restaurée par Fontana sous Sixte-Quint, cette colonne a cent quarante pieds de haut et renferme un escalier de cent quatre-vingt-dix marches.

ANTONINS, nom donné par les Romains aux descendants de l'empereur Antonin le Pieux. — Au moyen âge, ce nom désigna ainsi que celui d'antonistes ou religieux de Saint-Antoine, des chanoines réguliers qui suivaient la règle de Saint-Augustin, et dont le chef-lieu de l'ordre était en Dauphiné. Ils portaient une soutane noire avec un manteau noir, sur lesquels étaient une marque bleue en forme de T, qu'ils appelaient croix de Saint-Antoine. Ces religieux se consacraient originairement au soin des malades attaqués de la maladie pestilentielle nommée feu de Saint-Antoine. En 1297, ces religieux reçurent la qualité de chanoines réguliers de Saint-Augustin, et leur maison fut érigée en abbaye. Ils furent supprimés en 1790.

ANTONIUS PRIMUS, surnommé Becco, général romain, né à Toulouse l'an 20 de J.-C. Son mérite le fit nommer sénateur à Rome. Nommé commandant des légions d'Orient pour l'empereur Vespasien, il défit complètement l'armée de Vitellius, compétiteur de Vespasien (69 de J.-C.), et fit mourir cet empereur (70 de J.-C.). Il mourut pendant le règne de Vespasien.

ANTRAIGUES (DE LAUNAY, comte D'), fut nommé député de la noblesse de la sénéchaussée de Villeneuve-de-Berg aux états généraux. Sur sa proposition, l'ordre de la noblesse renonça aux privilèges pécuniaires en matière d'impôts. Il appuya la déclaration des droits de l'homme, et proposa un plan nouveau pour la libre circulation des grains; il se rendit à Coblentz, peu d'années après, où il se rendit à Coblentz, où Louis XVIII le nomma ministre en Italie. Arrêté par ordre du général Bernadotte, il dut sa liberté à l'adresse et aux démarches de sa femme, madame Saint-Huberti, actrice de l'Opéra. En 1803, la Russie appela d'Antraigues à Dresde avec le titre de conseiller de légation. Peu d'années après, il fut assassiné avec sa femme par un domestique anglais, à peu de distance de Londres.

ANTRE. Voy. CAVERNES. En anatomie, on donne ce nom à certaines cavités des os, dont l'entrée est plus rétrécie que le fond.

ANTRIM, comté le plus septentrional d'Irlande, dans la province d'Ulster. Il est assez fertile, et renferme de belles manufactures de draps. Sa population est de 240,000 habitants. C'est dans ce comté que se trouve la Chaussée des géants, formée de prismes basaltiques. Le chef-lieu est Antrim, sur le lac Neagh, à 35 lieues de Dublin.

ANTRUSTIONS, soldats qui, chez les Germains, suivaient les chefs dans leurs expéditions, de leur propre mouvement; ceux qui suivaient les premiers rois francs furent nommés dans la suite leudes, et reçurent des rois des terres dont ils furent les maîtres et les souverains. Ce fut là l'origine des seigneurs.

ANUBIS, une des principales divinités des Égyptiens. On l'adora d'abord sous la forme d'un chien, plus tard ce fut sous une forme humaine avec une tête de chien. C'est le septième parmi les hauts dieux de la première classe dans la mythologie astronomique égyptienne. Son nom correspond à Mercure; c'est le dieu de la chasse et le gardien des dieux.

ANUS, orifice du canal alimentaire, ouverture extérieure et terminale du dernier intestin, par lequel sont rejetés les parties de la nutrition que l'économie animale ne s'est pas appropriées. Tous les animaux, excepté les zoophytes sont pourvus d'anus; chez ceux-là, la même ouverture sert à recevoir et à rejeter les aliments. La place et les fonctions de l'anus varient dans les diverses classes d'animaux.

ANVERS, province du royaume de Belgique, bornée au N. et au N.-E. par la

Hollande, au S. par le Brabant méridional, à l'O. par la Flandre orientale, et à l'E. par le Limbourg. Sa superficie est de 130 lieues carrées, et sa population de 298,900 habitants. Elle se divise en trois districts et a pour capitale *Anvers*. Sa surface est unie, sans rochers ni montagnes, excepté à l'E. L'air est humide, le sol peu fertile. Ce pays est très-commerçant et renferme plusieurs manufactures. Il appartient à la Belgique depuis 1832, et envoie neuf députés à la chambre des représentants et quatre à celle des sénateurs.

ANVERS, *Antwerpen* (ancienne *Antuerpia*), grande et belle ville, chef-lieu de la province de ce nom, sur la rive droite de l'Escaut. Sa population est de 80,000 âmes. Elle possède un très-beau port, capable de renfermer 1,000 vaisseaux, et de très-beaux édifices. En 1832, Anvers, occupée par les Hollandais, eut à soutenir un siége d'un mois contre les Français, commandés par le maréchal Gérard. Elle capitula le 23 décembre, et fut placée sous la domination belge.

ANVILLE (Jean-Baptiste BOURGUIGNON D'), premier géographe de Louis XV, né à Paris en 1697. On a de cet auteur célèbre deux cent onze cartes et plans, et soixante-dix-huit mémoires épars dans diverses collections. Les plus fameux sont ceux qu'il a composés sur les *mesures itinéraires* des Grecs, des Romains et des Chinois. Il est mort en 1782.

ANYTUS, rhéteur athénien, qui, avec Mélitus et Lycon, accusa Socrate d'impiété, et le fit condamner. Dans la suite, l'accusation ayant été reconnue fausse, les Athéniens le firent mourir, ainsi que ses complices.

ANZIN, village du département du Nord, à 13 lieues un quart de Lille, près de Valenciennes. Population, 4,258 habitants. Cette commune est depuis 1737 le centre d'une grande exploitation de charbon de terre, qui compte déjà quarante puits d'exploitation. La découverte de ce minéral dans le Hainaut remonte au XIe siècle. Un maréchal-ferrant du pays de Liége rencontra, en creusant un puits, la tête d'une veine, et se mit à l'exploiter. Ce maréchal s'appelait *Houilleux*; il donna son nom à la substance qu'il venait de découvrir, et qu'il s'appela *houille*. La compagnie d'Anzin retire annuellement 2,850,000 francs du produit de ses mines.

AOD, EHUD, AJOTH ou JUNÉ, juge d'Israël, de la tribu de Benjamin. Ayant été choisi pour porter le tribut à Eglon, roi des Moabites, il feignit d'avoir un secret important à lui confier, et le tua. Après ce crime, il assembla une grande armée, fondit sur les Moabites, et leur tua 10,000 hommes. Il vivait de 1325 à 1305 avant J.-C.

AONIDES (myth.), surnom des *Muses* chez les anciens. Ce nom était tiré du mont Aoniens en Béotie, où elles étaient honorées d'un culte particulier. De là, la Béotie a été souvent appelée *Aonie*, et les Béotiens *Aoniens*.

AORASIE, faculté que les anciens attribuaient aux dieux, et qui consistait à être invisible aux hommes, ce n'est par derrière, lorsqu'ils se retiraient. Alors leur démarche, leurs formes les faisaient reconnaître.

AORTE ou VAISSEAU DORSAL, principale artère du corps, destinée à porter le sang dans tous les organes. Elle part du ventricule gauche du cœur, et se recourbe ensuite pour descendre jusqu'au bassin. Cette courbure, appelée *crosse de l'aorte*, varie, selon les animaux qu'on examine, d'étendue, de formes et de disposition.

AOSTE, ancienne ville du Piémont, dans le val d'Aost, à 25 lieues de Turin, sur la Doire et au pied des Alpes. Elle est à 1818 pieds au-dessus du niveau de la mer. Population, 5,550 habitants. Aoste a un évêché; elle produit du vin, des cuirs, du fromage, etc.

AOUDE, province de l'Hindoustan, entre celles de Neypal, Bahar, Allahabad, Agrah et Dehli. Elle est arrosée par le Gange, et produit blé, sucre, indigo, coton. Population, 3,700,000 habitants. La capitale est Lacknau.

AOUT (*sextilis* des Romains et plus tard *augustus*), sixième mois de l'année de Romulus, qui n'était que de dix mois. Il devint le huitième de l'année de Numa, qui ajouta deux mois à celle de Romulus; mais il conserva son nom primitif jusqu'à Auguste, qui lui donna le sien en l'honneur des victoires qu'il avait remportées pendant ce mois (an 8 avant J.-C.). — Le soleil semble parcourir au mois d'août le signe du Lion, et entrer vers le 23 dans celui de la Vierge.

AOUT (JOURNÉE DU 10), l'une des plus sanglantes journées de la révolution française, dans laquelle le peuple attaqua le château des Tuileries, et massacra les Suisses qui le défendaient. Il périt environ 5,000 hommes. Louis XVI, Marie-Antoinette et leurs enfants avaient cherché un refuge au sein de l'assemblée législative. — Trois jours après, Louis XVI et sa famille étaient dans la prison du Temple.

AOUTER, terme d'agriculture et de jardinage, synonyme de *parvenir à la maturité*. Ce mot dérive d'*août*, parce que tous les fruits mûrissent à cette époque. Les pluies de l'arrière-saison, un hiver doux, nuisent à l'aoûtement, tandis qu'il se complète par un été vif, chaud et sec. On aoûte un arbre en lui refusant de l'eau, en le soumettant à une incision annulaire.

APACHES, tribu indienne du Nouveau-Mexique, entre la rivière aux Cannes et celle des Apôtres. Cette tribu est puissante et guerrière; elle est toujours en guerre avec les Espagnols.

APALACHES, très-hautes montagnes des Etats-Unis, qui font partie de la chaîne des monts Alleghany. Elles s'étendent du N.-E. au S.-O., et forment plusieurs chaînes, connues par les Indiens du nord sous le nom d'Alleghanys, et par ceux du sud sous celui d'Apalaches ou Pamonting. Elles traversent les Etats-Unis dans une étendue de 400 lieues, et se divisent en deux parties: la chaîne orientale, appelée *montagnes Bleues*, auxquelles se rattachent les *montagnes Blanches*, dont une, le mont Washington, a 1,040 toises; la chaîne occidentale est appelée *Cumberland* et *Alleghany* proprement dit.

APALACHIE, pays de l'Amérique septentrionale, aux confins de la Géorgie et de la Floride. Il était divisé autrefois en six provinces soumises à un souverain.

APANAGE, espèce de dot, en terres ou en revenus, que l'on donne aux princes d'une maison régnante, pour qu'ils puissent vivre d'une manière conforme à leur rang. L'apanage n'est en usage que depuis les rois de la troisième race.

APATITE, substance minérale, formée (sur 100 parties) de 92 parties de phosphate de chaux, 7 à 8 de phturore de calcium et quelques traces de silice et de chlorure de calcium. Elle raye quelquefois le verre. Les variétés en sont nombreuses. Celle qui est transparente a été nommée *béryl de Saxe* ou *augustite*; celle qui est en cristaux bleuâtres, *moroxile*; celle qui est verdâtre, *pierre d'asperge*; celle qui est pulvérulente, *terre de marmarosch*; la variété blanche et terreuse, *phosphorite*, parce que sa poussière, jetée sur du charbon ardent, jouit de la propriété phosphorescente. Il y a encore des apatites *violettes*, *rouges*, *jaunâtres*, *vert foncé*, *laminaires*, *lamellaires*, *granulaires*, *fibreuses*, *compactes*, etc. Les plus belles se trouvent en Saxe, en Bohême, en Suisse et en Espagne. Dans ces pays, où elles forment souvent des masses considérables, elles sont employées comme pierres à bâtir.

APATURIES, fêtes athéniennes, instituées en mémoire du stratagème auquel eut recours Mélanthe, roi d'Athènes, pour tuer Xanthus, prince thébain. Les Béotiens ayant déclaré la guerre aux Athéniens au sujet d'un champ que ces deux peuples se disputaient, Xanthus proposa de terminer le différend par un combat singulier. Thymète, alors roi d'Athènes, refusa le défi; mais son successeur Mélanthe l'accepta. En se présentant au combat, Mélanthe reprocha à son adversaire de s'être fait accompagner par un homme couvert d'une peau de chèvre noire. Xanthus tourna la tête, et Mélanthe saisit ce moment pour le tuer. En mémoire de ce succès, Jupiter fut nommé *Apalénor*, trompeur, et Bacchus *Mélanaigis*, c'est-à-dire, couvert d'une peau de chèvre noire. Pendant ces fêtes, les pères faisaient inscrire leurs enfants sur le registre des citoyens. Les Apaturies duraient trois jours.

APÉGA, machine inventée par Nabis, tyran de Sparte. C'était une statue de femme, hérissée de pointes de fer aiguës, et mise en mouvement par des ressorts, de telle sorte qu'elle étreignait entre ses bras celui qu'on y plaçait, et le faisait mourir dans d'affreux tourments.

APELLAIOS, deuxième mois de l'année des Macédoniens d'Europe, suivie à Antioche, à Pergame et à Ephèse; il avait 30 jours dont le premier répondait au 24 octobre des Romains. C'était aussi le troisième mois de l'année des Syro-Macédoniens, usitée aussi à Smyrne. Il avait 31 jours, dont le premier commençait le 23 novembre.

APELLES, célèbre peintre grec, né à Colophon. Il se rendit en Macédoine sous le règne de Philippe, qui devint son ami intime. Alexandre eut la même amitié pour l'artiste, et ne voulut être peint que de sa main. Ses plus fameux ouvrages sont *Alexandre tonnant*, *Vénus endormie* et *Vénus Anadyomène*. Il mourut à Cos.

APENNINS, chaîne de montagnes qui traverse l'Italie dans une longueur de 350 lieues, depuis les Alpes jusqu'à l'extrémité méridionale du royaume de Naples, la sépare en deux versants, celui de l'Adriatique et celui de la Méditerranée. Toutes les rivières d'Italie y prennent leur source.

APEPSIE, impossibilité de digérer les aliments.

APER (MARCUS), orateur latin, né dans les Gaules, se distingua à Rome par son génie. Il fut successivement sénateur, questeur, tribun et préteur. On lui attribue le *Dialogue des orateurs*. Aper mourut l'an 85 de J.-C. — ARRIUS APER, l'un des principaux officiers de l'armée romaine, tua l'empereur Numérien pour se faire élire à sa place, et fut assassiné lui-même par Dioclétien, à qui une prophétie avait promis l'empire s'il tuait un sanglier (en latin, *apor*). Cette mort eut lieu l'an 284 de J.-C.

APÉRITIFS, remèdes propres à favoriser les sécrétions urinaires et biliaires. Tels sont les sels neutres et acidules, le savon, le fiel de bœuf, la rhubarbe, le persil, les chicorées, l'asperge, etc.

APÉTALES. On donne ce nom aux fleurs dépourvues de pétales ou de corolles, comme dans les graminées et les amarantacées.

APEX, sorte de plumet, verge couverte de laine que portaient les flamines ou les prêtres de Jupiter et de Mars au-dessus de leurs bonnets.

APHÉLIE, point de l'orbite d'une planète, où sa distance au soleil est la plus grande. C'est l'une des extrémités du grand axe de l'ellipse que décrivent les planètes autour du soleil. L'autre extrémité de cet axe, ou le point le plus rapproché du soleil, se nomme *périhélie*.

APHÉRÈSE, action de retrancher une chose, d'ôter ce qui est superflu, inutile. Les médecins nomment ainsi une classe d'opérations de chirurgie, qui comprend celles dont le but est de séparer, de retrancher une partie du corps. Dans cette classe rentrent l'*amputation*, l'*extirpation*, la *résection*, etc. — C'est aussi le nom d'une espèce de phosphate de cuivre.

APHIDIENS, famille d'insectes hémiptères homoptères, qui renferme les genres *pucerons*, *thrips* et *psylles*.

APHIDIPHAGES, famille d'insectes coléoptères, qui vivent presque tous de pucerons (en grec, *aphis*). Tels sont les *coccinelles*, les *hémérobes*.

APHIDIVORES, nom donné aux larves d'insectes qui vivent de pucerons

10

APHONIE, privation de la voix, impossibilité de produire des sons, due au vice des organes destinés à cette fonction. Elle est le prélude de quelque maladie nerveuse. Dans les maux dangereux, c'est un signe très-fâcheux, mortel quelquefois.

APHORISME, définition ou sentence dans laquelle on présente en peu de mots ce qu'il y a de plus important à connaître sur une chose.

APHRODISIAQUES, remèdes propres à rétablir les forces épuisées par l'usage immodéré des plaisirs de l'amour. Les substances aromatiques, stimulantes ou toniques, peuvent servir à cet usage, mais sans trop d'abondance; car elles amèneraient les maladies les plus graves et peut-être la mort.

APHRODISIOS, premier mois de l'année des Cypriens et des Paphiens, dont le premier jour répondait au 24 septembre des Romains. C'était aussi le onzième mois de l'année des Bithyniens; il avait 31 jours, dont le premier répondait au 25 juillet des Romains, ou au 24 (dans les années bissextiles).

APHRODITE, surnom donné à Vénus, née de l'écume de la mer. — On nommait *aphrodisies* les fêtes impudiques consacrées, en Grèce, à cette déesse.

APHTHES, petits ulcères blanchâtres, superficiels, qui naissent au dedans de la bouche, où ils causent une douleur cuisante. C'est sur les gencives, le palais, les côtés ou la racine de la langue que naissent les aphthes. Leur cause varie souvent. Le miel rosat, mêlé avec de l'huile de vitriol, peut les adoucir. Quelquefois on a recours à la pierre infernale.

APHYLLE, nom donné aux parties des plantes dépourvues de feuilles.

API, nom vulgaire de l'*ache*. — C'est aussi le nom d'une pomme assez estimée. Elle est petite, d'un rouge vif d'un côté, blanche de l'autre; la peau est très-fine, la chair tendre et l'eau douce et sucrée.

APIAIRES, tribu d'insectes hyménoptères mellifères, section des porte-aiguillons. Les apiaires se distinguent des autres hyménoptères par l'allongement de leur mâchoire, de leurs palpes et de leurs lèvres qui forment une espèce de trompe, et par la forme déliée de leur languette, ordinairement terminée en une pointe qui est souvent velue ou soyeuse. Cette tribu se divise en deux classes: les apiaires solitaires ou parasites, et les apiaires sociales. Les abeilles sont un des genres principaux de cette tribu.

APICIUS (Marcus Gabius), célèbre gastronome, contemporain d'Auguste et de Tibère. Il inventa une foule de mets, et laissa un ouvrage culinaire *de Arte coquinaria*. Quand il eut perdu sa fortune de 100 millions de sesterces, craignant de mourir de faim, il s'empoisonna. L'académie de gourmandise, dont il fut le chef, a été renouvelée de nos jours.

APIER. On nomme ainsi dans les Landes un amas de ruches figurées en pyramides, placées dans les clairières au milieu d'enceintes de fascines. Dans le département du Nord, l'apier est celui qui cultive des abeilles; les apiers y sont distribués par compagnie, ils se choisissent un chef qu'ils appellent roi, et dont la puissance dure une année. Cette corporation célèbre sa fête le 14 février. Au XVIIe siècle, ce mot désignait la *ruche* et le *rucher*.

APIS, nom d'un taureau adoré à Memphis par les Égyptiens. La vache qui l'enfantait était fécondée par un rayon de la lune ou du ciel. Il devait être tout noir, avec un triangle blanc sur le front, une tache blanche en forme de croissant sur le côté droit, et sous la langue une espèce de nœud semblable à un escarbot. On célébrait sa fête quand le Nil commençait à croître; cette fête durait sept jours. Apis ne pouvait vivre plus de vingt-cinq ans, après quoi on l'ensevelissait dans un puits. Il avait le don de l'avenir. Son deuil durait jusqu'à ce que ses prêtres lui eussent trouvé un successeur.

APLATER. C'est, en termes de marine, distribuer les matelots formant l'équipage d'un bâtiment de guerre, sept par sept, pour manger ensemble. On *aplate* de même les officiers, mariniers, canonniers, soldats et novices.

APLATISSOIRE, nom donné à des parties de moulins qui servent à aplatir et étendre les barres de fer, pour être fondues de la même chaude dans les grandes fonderies, ou d'une autre chaude dans les petites fonderies. Les aplatissoires sont des cylindres de fer qu'on tient approchés ou éloignés à discrétion, et entre lesquels la barre de fer, entraînée par le mouvement que font ces cylindres sur eux-mêmes et dans le même sens, est allongée et étendue.

APLUSTRES, ornements qui, chez les anciens, se plaçaient sur le haut des poupes des vaisseaux.

APLYSIES ou LIÈVRES DE MER, mollusques gastéropodes au corps charnu, oblong, allongé ou arrondi, bombé en dessus, plat en dessous, sans coquille. Les pêcheurs leur attribuent une foule de qualités malfaisantes; ils entraient dans les poisons des Romains, car ils fournissent un venin très-redoutable et mortel. Ils sont androgynes, et, placés dans l'eau, répandent une liqueur rouge et foncée, que Cuvier croit être la pourpre des anciens.

APNÉE, absence de respiration, état dans lequel elle paraît abolie, ou devient rare et si tardive que les malades paraissent être privés de la vie. Cet état arrive dans la léthargie et l'apoplexie.

APOCALYPSE, livre du Nouveau Testament, renfermant les révélations que saint Jean l'Évangéliste eut dans l'île de Pathmos. Dans ce livre obscur, chaque pays a cru trouver le sens de prophéties mystérieuses. Ainsi les Anglais y ont trouvé les révolutions de la Grande-Bretagne, les calvinistes, le règne de Charles IX. — L'Apocalypse se divise en trois parties: la première renfermant une instruction aux évêques de l'Asie-Mineure; la deuxième, les persécutions des chrétiens; la troisième, le bonheur de l'Église triomphante. L'Apocalypse fut écrite entre l'an 94 et l'an 96.

APOCRISIAIRE ou APOCRISIAIRE, envoyé, agent, chancelier, secrétaire d'un prince. — Nom donné plus spécialement au député du pape, qui se rendait de sa part à Constantinople pour y recevoir ses ordres et la réponse de la Porte. C'étaient des diacres dont le pouvoir variait souvent. — Sous Charlemagne, l'apocrisiaire était le grand aumônier de France.

APOCRISIAIRES, titre qu'on donne dans certaines chartes du moyen âge aux chapelains des rois de France, qui remplissaient aussi les fonctions de secrétaires royaux, de notaires, de chanceliers et de gardiens de la chape de saint Martin.

APOCRYPHES, livres dont l'auteur est inconnu parce qu'il a pris un faux nom. — En termes canoniques, ce sont ceux dont on ne reconnaît pas l'origine divine, et dont le contenu n'est pas regardé comme une règle infaillible de croyance, quoique l'auteur soit connu et qu'il soit même sacré ou apôtre. Plusieurs livres de l'Ancien Testament qui se trouvent à la fin de la Bible sont apocryphes.

APOCYN ou ASCLÉPIADE, plante vivace, robuste et textile, originaire de Syrie, de la famille des apocynées, dont la tige de deux ou trois pieds de haut, aux feuilles ovales, lancéolées et cotonneuses, aux fleurs campaniformes, renfermant une suc laiteux et vénéneux. Ses tiges fournissent aussi des filaments forts, soyeux, propres à la fabrication des toiles; son fruit s'ouvre au moment de sa maturité et laisse à découvert un flocon soyeux, qui enveloppe les graines. Cette ouate légère peut se filer; naturalisée en France, elle sert à la fabrication des chapeaux, du velours, des mulletons (?).

APOCYNÉES, famille de plantes dicotylédones, monopétales, originaires des pays chauds. Leur tige est ligneuse, remplie d'un suc laiteux, garnie de feuilles opposées et coriaces, et de fleurs verdâtres, blanches, rouges, jaunes, violettes ou bleues. Tels sont les *pervenches*, les *apocyns*, les *asclépiades*, les *lauriers-roses*.

APODÈME, nom donné à des proéminences de consistance cornée, situées à l'intérieur du squelette des animaux articulés, résultant de pièces externes voisines, soudées ensemble, et dont les unes servent d'attache aux ailes et les autres aux muscles. Les premières sont nommées *apodèmes d'articulation*, les deuxièmes, *apodèmes d'insertion*. On observe principalement les apodèmes dans les insectes et les crustacés.

APODES, nom donné à certains oiseaux qui ont les pieds si courts qu'ils ont de la peine à marcher, aux poissons dépourvus de nageoires, et aux larves des insectes dépourvues de pattes.

APODIPNE, chanson que les Grecs chantaient après leurs repas. — Dans l'Église grecque, ce mot correspond à celui de *complies* dans la religion catholique. Il y a le grand apodipne pour le carême, et le petit pour le reste de l'année.

APODYTERIUM. Les anciens nommaient ainsi la salle d'entrée de leurs bains, celle où l'on se dépouillait de ses vêtements.

APOGÉE. Dans le système de Ptolémée et des anciens, c'est le point de l'orbite d'une planète le plus éloigné de la terre. Le soleil est à son apogée quand la terre est à son aphélie, terme par lequel les modernes ont remplacé celui d'apogée. — Le périgée est la plus petite distance d'une planète à la terre. Il répond au périhélie des modernes. Les termes d'apogée et périgée signifient maintenant les distances de la lune à la terre.

APOGON ou ROI DES ROUGETS, sorte de poisson, très-estimé des anciens qui l'appelaient *mullus*, au corps long de cinq pouces, d'un très-beau rouge, à reflets dorés et argentés, aux écailles unies, larges et tombant facilement. La chair de ce poisson est douce et délicate.

APOLLINAIRE, évêque de Laodicée, en Syrie, au IVe siècle, célèbre érudit et un des plus ardents adversaires des ariens. Il a composé un grand nombre d'ouvrages. Son fils Apollinaire, grammairien et rhéteur, fut auteur d'une hérésie célèbre. Sa doctrine était qu'en Jésus-Christ il y avait deux fils, l'un de Dieu, l'autre de la Vierge; que son âme n'avait d'autre entendement que le Verbe; que sa chair était coessentielle et coéternelle à sa divinité, qu'elle n'avait fait que passer dans le sein de Marie, que sa divinité avait souffert sur la croix. Ses disciples, nommés *apollinaristes*, furent condamnés dans plusieurs conciles, et se divisèrent en plusieurs sectes. Apollinaire mourut vers 380.

APOLLINAIRES (JEUX), jeux qui se célébraient à Rome tous les cinq ans, au mois de juillet, en l'honneur d'Apollon. Ils furent institués sur la foi d'un oracle pour obtenir des succès à la guerre. Ils se célébraient d'abord à des époques irrégulières au choix du préteur; mais, l'an 208 avant J.-C., une loi fixa l'époque de leur célébration. On offrait à Apollon un bœuf aux cornes dorées avec des chevreaux blancs, et à Latone une génisse aux cornes dorées.

APOLLODORE, célèbre grammairien athénien, élève d'Aristarque, qui composa un *Traité des dieux*, et fut l'inventeur du mètre triambique. On a encore de lui un *Commentaire sur Homère*, une *Chronique grecque* en vers et sa *Bibliothèque*. Il vivait vers 140 avant J.-C. — Apollodore est aussi le nom d'un médecin et d'un savant naturaliste de l'antiquité.

APOLLODORE DE DAMAS, architecte à qui Trajan fit construire un pont de pierre sur le Danube (102 de J.-C.), de vingt et une arches et de trois cents pieds de haut. Il avait près d'une lieue d'étendue et fut détruit par Adrien. Ce fut sous la direction de cet architecte, que l'on construisit à Rome la place Trajane, la basilique Ulpiane, des bassins, des aqueducs, et le grand cirque. Il mourut par l'ordre d'Adrien vers l'an 130.

APOLLON (myth.), dieu du jour, des arts, des lettres et de la médecine, fils de Jupiter et de Latone. C'était le plus beau des dieux ; il avait le don de prophétie. Il naquit à Délos et tua le serpent Python, suscité contre sa mère par Junon. Irrité de la mort de son fils Esculape, foudroyé par Jupiter, il tua les cyclopes ; banni du ciel, il se réfugia chez Admète, qui lui confia le soin de ses troupeaux, et construisit Troie avec Neptune ; tua Laomédon, roi de cette ville, qui lui avait refusé son salaire, et suscita une peste qui désola la ville de Troie. Rappelé au ciel, il fut chargé de conduire le char du Soleil. Il est l'inventeur de la musique et de la lyre. La plus belle statue d'Apollon est celle du Belvédère. — C'est aussi le nom, 1° d'une espèce de luth, monté de vingt cordes ; 2° d'un beau papillon des Alpes ; 3° d'une ancienne robe de chambre qui ne descendait qu'aux cuisses.

APOLLONICON, grand orgue à cylindre, propre à être touché par plusieurs musiciens à la fois, au moyen de cinq claviers adaptés les uns à côté des autres. Le son en est majestueux et très-varié. Il fut inventé par Flight et Robson, à Londres, en 1824.

APOLLONIE ou APOLLINE (Sainte), vierge et martyre à Alexandrie (248). Elle est célèbre par ses vertus et le courage avec lequel elle subit le supplice. On fait sa fête le 9 février.

APOLLONIES, fêtes célébrées à Egialée, en Grèce, en l'honneur d'Apollon et de Diane, en mémoire d'une maladie contagieuse dont ces dieux avaient frappé la ville. Tous les ans une procession de sept garçons et de sept jeunes filles sortait de la ville en invoquant Apollon et Diane.

APOLLONION, instrument à deux claviers inventé par Jean Voller à Darmstadt vers la fin du XVIIIe siècle, avec plusieurs jeux d'orgue, et surmonté d'un automate, joueur de flûte.

APOLLONIUS LE RHODIEN, né à Alexandrie sous Ptolémée Philadelphe, 230 ans avant l'ère chrétienne. Il obtint le droit de cité à Rhodes, et composa plusieurs poëmes, entre autres l'*Expédition des Argonautes* en quatre chants.

APOLLONIUS DE PERGE, en Pamphilie, florissait vers l'an 240 avant J.-C. Elève des successeurs d'Euclide, il fut surnommé *le grand Géomètre*, et laissa plusieurs ouvrages, entre autres celui *des Sections coniques*, qui ont été l'objet des commentaires des savants.

APOLLONIUS DE TYANES, né en Cappadoce quelques années avant J.-C. Il fut un des plus célèbres pythagoriciens, et fut très-savant dans la magie. Il voyagea en Perse, en Egypte, aux Indes, en Grèce, prêchant la réforme de tous les abus. Il fut l'ami de Néron et de Vespasien. On lui attribua de grands miracles et on lui dressa des statues, à sa mort arrivée vers la fin du Ier siècle.

APONÉVROSE, substance plus ou moins large, de couleur blanche, d'un tissu dense, élastique, peu extensible, composée de faisceaux de fibres d'une nature particulière, plus ou moins rapprochés, tantôt enveloppant les muscles, prévenant leur déplacement, ou *capsulaires* ; tantôt servant de point d'attache aux fibres des muscles, ou *musculaires*. Elles offrent des ouvertures pour les vaisseaux ou les nerfs, que jamais elles ne peuvent comprimer. On donnait autrefois ce nom aux extrémités nerveuses des muscles.

APOPEMPTIQUES, jours consacrés au départ des dieux, que les anciens croyaient retourner chacun dans leur pays. Ces fêtes consistaient en processions où l'on suivait les statues des dieux jusqu'aux autels, et l'on prenait congé d'eux en chantant les hymnes apopemptiques ou du départ.

APOPHANE, nom donné aux cristaux où l'on reconnaît la position du noyau, la direction et la mesure de ses accroissements.

APOPHORÈTES, présents que se faisaient les Romains, pendant la célébration des saturnales, à la fin du repas. Le maître de la maison donnait à chaque convié un ou plusieurs présents que celui-ci emportait chez lui. — C'étaient aussi des instruments ronds et plats sur lesquels on plaçait les mets.

APOPHTHEGME, pensée, sentence exprimée en très-peu de mots.

APOPHYSES, éminences existant à la surface des os. — Les apophyses *mamillaires* sont les nerfs qui sont le principal organe de l'odorat, et qui aboutissent à la partie supérieure du nez.

APOPHYSES, en botanique, renflement charnu ou bourrelet circulaire placé quelquefois au sommet du pédicule de l'urne dans plusieurs mousses.

APOPLECTIQUE, tout ce qui a rapport à l'apoplexie.

APOPLEXIE, affection dont le caractère est la perte plus ou moins complète du mouvement et du sentiment, quoique la circulation du sang et la respiration continuent encore. Les causes de l'apoplexie sont l'affluence d'une grande quantité de sang vers le cerveau qu'il comprime, suspend dans ses fonctions, et entraîne la mort avec une grande promptitude. On lui donne encore le nom d'*hémorragie cérébrale*. De fortes douleurs de tête, la tuméfaction des veines du cou, les vertiges, les palpitations, etc., sont les symptômes des attaques. La figure est pâle, livide, les yeux fixes et immobiles. A la suite de ces attaques survient la paralysie partielle ou totale. L'apoplexie s'observe principalement sur les personnes de 40 à 60 ans. Le tempérament sanguin, l'absence de tout exercice, une vie molle et oisive y prédisposent. Elle est plus commune en hiver. Le traitement consiste à saigner le malade pour faciliter l'épanchement du sang.

APOSTASIE, abandon que fait une personne de la vraie religion, en tout ou en partie, pour en embrasser une fausse, ou abandon d'une profession sainte à laquelle elle était liée par ses vœux. — Pour être apostat, en matière de foi, il suffit de renoncer à un seul article de foi.

APOSTÈME, tumeur contre nature, naissant à une partie quelconque du corps, causée par des humeurs corrompues, et qui finit par la suppuration.

APOSTOILE, nom sous lequel les anciens auteurs désignent le pape.

APOSTOLAT, dignité ou ministère d'apôtre. Ce nom, donné autrefois en général à l'épiscopat, était un titre honoraire. On l'attribuait encore aux évêques, au VIe et au VIIe siècle. Il n'est plus donné aujourd'hui qu'au pontificat. — Chez les Juifs, c'est la commission des apôtres de la synagogue, commis par le patriarche pour lever une somme d'argent appelée *apostole* et pour y régler la discipline.

APOSTOLINS, religieux du XIVe siècle, à Milan, qui faisaient profession d'imiter la vie des apôtres et des premiers fidèles. Ils furent autorisés par Alexandre VI.

APOSTOLIQUES, nom donné aux Eglises fondées par les apôtres et aux évêques de ces Eglises, Rome, Alexandrie, Antioche et Jérusalem. Plus tard les autres Eglises prirent ce nom à cause de la conformité de leur doctrine avec celle des Eglises fondées par les apôtres. — L'Eglise primitive chrétienne se nommait *apostolique*, parce qu'elle était dirigée par les apôtres. — Le siége romain s'appela encore ainsi à cause de son fondateur saint Pierre. — La *chambre apostolique* est l'autorité chargée, à Rome, de l'administration des revenus du pape. — La *bénédiction apostolique* est celle que donne le pape comme successeur de saint Pierre. — Le *symbole apostolique* est le résumé sommaire des croyances du christianisme.

APOTHÈME, nom donné, en géométrie, à une ligne perpendiculaire menée du centre d'un polygone régulier (figure à plusieurs angles égaux) sur un de ses côtés.

APOTHÉOSE, cérémonie par laquelle les anciens plaçaient un homme illustre au rang des dieux, fondée sur la croyance qu'ils étaient admis aux cieux. Pythagore avait reçu ce dogme des Chaldéens. Pour célébrer l'apothéose des empereurs romains, on plaçait sur un lit d'ivoire une image en cire ressemblant au défunt. Le sénat la visitait, et des médecins donnaient chaque jour des bulletins de sa santé, comme s'il eût été malade ; au septième jour, ils annonçaient sa mort ; les jeunes seigneurs portaient le lit de parade au champ de mars, et le plaçaient sur un catafalque pyramidal, formé de matières combustibles. On chantait tout autour des hymnes en l'honneur du défunt, et on faisait défiler devant lui les effigies des grands hommes ; puis l'empereur régnant mettait le feu avec une torche, et après lui les sénateurs et les chevaliers. Du milieu des flammes on voyait sortir un aigle qui, selon la croyance, emportait aux cieux l'âme du défunt. Si c'était une femme, elle emportait un paon. Cette cérémonie était en usage chez les Grecs.

APOTHICAIRES, ceux qui préparent et vendent les remèdes destinés à la conservation et à la guérison des hommes. Cet état était joint autrefois à celui des épiciers et des droguistes ; de nos jours il est plus relevé et distinct de toute autre profession.

APOTOME (géom.), excès d'une ligne donnée sur une autre ligne qui lui est incommensurable.

APOTRES. Chez les Hébreux, il y en avait de trois sortes. Les premiers étaient des officiers des grands prêtres et des chefs du peuple, qu'ils envoyaient porter leurs ordres en matière de religion. — Les seconds recueillaient le tribut annuel (*aurum coronatum*) payé par les Juifs aux grands prêtres. — Les troisièmes recueillaient le demi-sicle payé par chaque Israélite au temple.

APOTRES (envoyés), nom qualificatif des douze disciples privilégiés du Christ, auxquels il confia son autorité, et qu'il envoya prêcher son Evangile et propager la foi par toute la terre. Ce sont *Pierre*, *André* son frère, *Jacques* fils de Zébédée, *Jean* son frère, *Barthélemy*, *Philippe*, *Thomas*, *Matthieu*, *Jacques* fils d'*Alphée*, *Thaddée*, *Simon* et *Judas*, remplacé par *Matthias* après sa trahison.

APOTRES, ordre de religieux, fondé en 1260 par Ghérard Sagarelli de Parme, non soumis à la vie claustrale, et imitant les vêtements, la pauvreté et la vie nomade des apôtres. Ils parcouraient à pied l. Suisse, l'Italie et la France, mendiant et prêchant. Supprimés en 1286, par Honoré IV, poursuivis par les inquisiteurs, ils virent Sagarelli brûlé en 1300 ; forcés de soutenir une guerre défensive et offensive, et de s'adonner au brigandage en 1304, ils dévastèrent le territoire de Milan. Ils furent presque anéantis en 1307, par les troupes du pape. Leur chef Dolcino périt dans les flammes.

APOTRES, nom donné, en marine, aux allonges ou pièces de bois entre lesquelles passe le mât de beaupré.

APOZÈME, potion composée d'une décoction des racines, des bois, des semences, des écorces des végétaux, et d'une infusion de leurs feuilles et de leurs fleurs ; mêlée quelquefois à des substances animales ou des préparations chimiques. Les apozèmes varient quant à leurs effets, selon les substances qui les composaient. La médecine moderne les a remplacés par de simples tisanes.

APPARAT, nom donné autrefois aux dictionnaires ou commentaires en usage dans les études et les classes.

APPARAUX, agrès d'un vaisseau ; toute chose préparée pour un voyage, même l'artillerie. L'équipage et les vivres ne sont pas compris dans les apparaux.

APPAREIL. En anatomie, c'est l'assemblage des organes, des muscles, des viscères : il se divise en plusieurs classes. — En chirurgie, ce sont les linges, les médicaments propres à panser une plaie. — En jardinage, objets propres à éloigner d'un arbre blessé à quelque partie de son corps l'action nuisible de la pluie, du soleil, etc. — En maçonnerie, la hauteur d'une pierre. — En architecture, c'est l'art de tracer et de disposer les pierres selon leur convenance et leur relation avec certaines parties de l'édifice. — En termes de marine, c'est une combinaison de moyens mécaniques combinés pour multiplier les forces. Ainsi l'on dit l'*appareil* d'une pompe.

APPAREILLAGE, terme de marine, qui désigne l'action de mettre en œuvre des moyens mécaniques propres à multiplier les forces et les préparatifs pour un départ ou une manœuvre. — *Appareiller*, c'est déployer une voile, l'étendre, la présenter au vent. — Action de préparer une ancre à tomber promptement au fond de la mer.

APPARENT (Horizon), cercle de la sphère qui termine notre vue. Il est formé par l'intersection d'un plan tangent à la surface de la terre avec la voûte céleste.

APPARIMENT, C'est, en agriculture, l'action d'accoupler deux animaux mâle et femelle.

APPARITEUR, nom donné, chez les Romains, aux délégués des juges, dont ils recevaient et faisaient exécuter les ordres aux scribes, aux interprètes et aux licteurs. En France, ce sont ceux qui sont chargés de maintenir l'ordre dans les salles des universités et des facultés.

APPARTEMENT, division plus ou moins grande d'un édifice en plusieurs chambres. Chez les anciens, il se divisait en deux parties : l'*andronitide*, réservé aux hommes, sur le devant de l'édifice, et le *gynécée*, réservé aux femmes, sur le derrière. Au rez-de-chaussée était l'*hospitium* pour les étrangers. Cette disposition se pratique encore en Allemagne et en Russie.

APPEL, acte par lequel une partie condamnée par un juge inférieur a recours à une juridiction supérieure, pour faire réformer le premier jugement.

APPEL, terme d'escrime, qui désigne une feinte ou un temps faux fait hors de mesure, pour forcer son adversaire à attaquer la partie qu'on découvre, pour mieux le surprendre à son tour et le faire s'enferrer lui-même.

APPELANTS, nom donné aux évêques qui firent appel au concile de la bulle *Unigenitus*, donnée par Clément XI, et qui condamnait les *Réflexions morales sur le Nouveau Testament* du père Quesnel.

APPENDICES, terme de botanique, espèce de prolongement qui accompagne la base de certaines feuilles. Telles sont celles de l'oranger et les fleurs de la bourrache.

APPENDICES. En anatomie, ce sont les parties accessoires d'un organe, adhérentes à celui-ci. — En zoologie, dépendances des anneaux dont le corps est formé. Ils sont composés souvent de plusieurs pièces.

APPENDICULÉ, nom donné aux parties des plantes garnies d'appendices.

APPENTIS. C'est, en architecture, un toit appliqué contre un mur, et qui n'a de pente que d'un côté.

APPENZELL, l'un des vingt-deux cantons suisses, enclavé de tous côtés dans celui de Saint-Gall, et divisé en douze *rhodes* ou communautés, six *intérieures* protestantes, les autres *extérieures* catholiques, chef-lieu Trogen. La superficie est de 20 lieues carrées, la population de 55,000 âmes. Ce pays est montagneux, renferme de beaux pâturages. Sa capitale Appenzel est située sur la Sitter, à 8 lieues de Saint-Gall. Population, 3,000 âmes. Il est admis depuis 1513 dans la confédération suisse.

APPÉTIT, faculté par laquelle l'âme se porte ardemment vers un objet, désir violent. En général, ce mot désigne le désir instinctif qu'éprouve l'homme de prendre des aliments. L'appétit prend le nom de *faim* s'il se porte sur les objets solides ; il prend le nom de *soif* s'il a pour objet les boissons ou aliments liquides.

APPIANI (André), peintre, né à Milan en 1754. Il travailla aux décorations de plusieurs théâtres, peignit la coupole de Sainte-Marie de Celse, à Milan, et les plafonds du palais de l'archiduc Ferdinand en 1795. Nommé peintre impérial par Napoléon, il fit les portraits de la famille Bonaparte, des ministres et des généraux. Il mourut en 1817.

APPIANUS ou APPIEN, historien et sophiste grec, né à Alexandrie. Il fut gouverneur du trésor impérial sous Trajan, Adrien et Antonin, vers 123 de J.-C. On a de lui une *Histoire romaine* en vingt-quatre livres, depuis la fondation de Rome jusqu'à la naissance d'Auguste. Il ne nous reste que la moitié de cet ouvrage.

APPIENNE (Voie), une des plus anciennes et des plus belles routes romaines, qui conduisait de Rome à Brindes, en passant par Capoue. Elle fut faite par Appius Crassus, 313 ans avant J.-C. Elle était construite en pierres. Il reste des ruines de cette voie près de Terracine.

APPIUS (Claudius Crassinus), de l'illustre famille des Claudius. Nommé consul l'an 451 avant J.-C., il appuya la loi *Terentia*, qui proposait un changement dans la forme gouvernementale. Il fut l'un des décemvirs nommés pour un an, et chargés de rédiger le code nommé *loi des douze tables*. Lui seul fut réélu. Épris de la fille d'un plébéien nommée Virginie, fiancée au tribun Icilius, il chargea un de ses clientes de la réclamer et de l'enlever comme fille d'une de ses esclaves. Délivrée par le peuple, et citée par le client au tribunal d'Appius, Virginie allait être livrée au décemvir, lorsque Virginius, son père, accourut de l'armée et assassina sa fille. Le peuple indigné força les décemvirs d'abdiquer. Appius se tua dans sa prison l'an 449 avant J.-C.

APPOGGIATURA, mot italien qui désigne, en musique, des notes sans aucune valeur réelle, qu'on ajoute au-dessus ou au-dessus d'une autre note essentielle. C'est un des agréments du chant : il se fait en appuyant la voix sur la note qui précède celle de la phrase musicale. On les appelait autrefois *notes perlées*, *petites notes*, *ports de voix*.

APPROCHES, nom que l'on donne à tous les travaux que l'on fait dans un siège pour s'avancer vers la place en se mettant à couvert de son feu.

APPUI (POINT D') du levier. C'est le point fixe autour duquel les poids placés aux deux extrémités de ce levier se font équilibre.

APPULSE, passage de la lune près d'une planète ou d'une étoile sans l'éclipser. On observe les appulses pour déterminer les lieux de la lune et les longitudes.

APRIÈS, roi d'Égypte, succéda à son père Psammis vers l'an 594 avant J.-C. Il prit Sidon, conquit l'île de Chypre. Après un règne de vingt-six ans, ses sujets se révoltèrent contre lui en faveur d'Amasis, qui le vainquit et le fit mettre à mort l'an 569 avant J.-C. C'est le *Pharaon-Hophra* de la Bible.

APRON, genre de poissons très-voisins des perches. L'*apron ordinaire*, nommé aussi *sorcier*, *strebert*, *kutz* ou *pfifferl*, est long de six à sept pouces. Son corps est allongé à peu près arrondi. La tête est déprimée ; les joues, les mâchoires, la poitrine sont dépourvues d'écailles. Ce poisson, dont la chair est blanche, légère et d'un goût agréable, se nourrit de vers, aime les eaux pures et vives. La partie supérieure du corps est d'un brun rougeâtre, et l'inférieure d'un blanc gris. Se trouve en abondance dans le Rhône et en Allemagne. Une autre espèce, le *cingle* ou *zindel*, qui habite les eaux du Danube, a dix-huit pouces de longueur, et un corps triangulaire. Sa chair est blanche et de meilleur goût que celle du précédent.

APSIDES ou ABSIDES, extrémités du grand axe de l'orbite d'une planète ou d'un astre. La plus éloignée du soleil se nomme aphélie, l'autre périhélie. Le grand axe de l'orbite se nomme la *ligne des apsides*.

APT, sur la rive gauche du Cavalou, chef-lieu d'arrondissement, département de Vaucluse, à 16 lieues d'Avignon. Population, 5,707 habitants. Avant l'invasion romaine, Apt était la capitale des Vulgientes, et portait le nom d'Hath. César lui imposa celui de *Julia Apta*. Elle passa au pouvoir des comtes de Provence, après avoir beaucoup souffert des invasions des Sarrasins et des Lombards. Apt a des fabriques de faïence, bougie, étoffes, des filatures, et commerce en huiles, blé, vins et bestiaux.

APTÈRES, insectes privés d'ailes. — Les *aptérodicères* sont ceux, qui, sans avoir d'ailes, possèdent deux antennes ou filets de la tête.

APTÉRODICÈRES, sous-classe d'insectes aptères, qui ne subissent pas de métamorphoses, et qui ont deux antennes et deux pieds.

APULÉE (Lucius Afer), philosophe platonicien, né à Madaure, en Afrique, au IIe siècle, sous Adrien. Descendant de Plutarque, il fit ses études à Rome, à Carthage et à Athènes. Il nous reste d'Apulée sa *Métamorphose de l'âne d'or*, en onze livres, imitée du grec de Lucius de Patras.

APULEIÆ (Lois), nom donné à plusieurs lois décrétées l'an 98 avant J.-C., sous les auspices du tribun Apuleius Saturninus. Elles réglaient le partage des terres publiques aux soldats vétérans, l'établissement des colonies, la punition des crimes contre l'État et les ventes de blé aux citoyens indigents. Elles obligeaient encore les sénateurs à approuver dans l'espace de cinq jours, et par serment, les décrets du peuple.

APULIE, aujourd'hui la *Pouille*, contrée d'Italie qui comprenait le territoire des Dauniens et des Peucétiens. Elle faisait partie de la Grande-Grèce, et produisait des laines supérieures à toutes celles de l'Italie. Après la destruction de l'empire d'Occident et l'invasion des Lombards, la Pouille et la Calabre restèrent aux empereurs grecs. Charlemagne ne put les réunir à son empire. En 1041, la Pouille eut des comtes.

APYRE, nom donné aux substances inaltérables au feu, et conséquemment infusibles. Tels sont l'*andalousite* et le *quartz* ou *cristal de roche*.

APYREXIE, temps intermédiaire aux accès dans les fièvres intermittentes. — Cessation du mouvement fébrile. — On nomme *apyrétique* tout ce qui n'est pas accompagné de fièvre.

AQUARELLE, peinture sur papier, où l'on se sert de couleurs délayées à l'eau et légèrement gommées. On institua en Angleterre une société d'aquarellistes. Une grande fraîcheur, une finesse de tons admirable, caractérisent l'aquarelle. On se sert, pour vernis, de gomme arabique.

AQUA-TINTA, sorte de gravure qui imite le dessin au lavis.

AQUA-TOFANA, préparation vénéneuse, connue à Naples au XVIIIe siècle. C'était un liquide transparent, limpide, inodore, insipide, formé d'arsenic mêlé d'autres substances qui empêchaient de le reconnaître. Quelques gouttes donnaient la mort ; elle arrivait lentement et sans les symptômes ordinaires. La découverte et la fabrication de ce poison étaient dues à une Italienne nommée Tofana, morte en 1730.

AQUEDUC, canal de pierre ou de construction, élevé sur un terrain inégal, pour conserver le niveau de l'eau et la conduire d'un lieu à un autre. A travers les vallées, ils sont supportés par des arcades, parce que toujours ils soutiennent une voûte. Les plus célèbres sont l'*aqua virginalis*, construit par Agrippa et de 14,105 pas romains ; il alimentait sept cent huit bassins. — Le *pont du Gard*, près Nîmes, à trois rangs d'arcades, de cent cinquante-cinq pieds de haut. — L'*aqueduc de Maintenon*, de deux cent quarante-deux arches, devait amener à Versailles les eaux de l'Eure dans une longueur de 11,369 mètres. — Les anatomistes ont désigné sous le nom d'*aqueducs* certains conduits.

AQUILA, ville épiscopale du royaume de Naples, capitale de l'Abruzze ultérieure. Cette ville fut presque ruinée par le tremblement de terre de 1703. Aquila est à 14 lieues de la mer et 40 lieues de Naples. Population, 12,000 habitants.

AQUILÉE ou AGLAR, ville de la haute Italie, située aux bords de l'Adriatique. Très-commerçante sous les empereurs, première forteresse de l'empire, surnommée *Roma secunda* à cause de la richesse de ses habitants, elle fut détruite par Attila. Ses habitants se réfugièrent dans les îlots où fut bâtie Venise. C'est aujourd'hui une ville peu importante; elle a 1,500 habitants.

AQUILAIRE, ALOEXYLE ou AGALLOCHE, grand arbre de la famille des samydées, originaire des Indes-Orientales. C'est de cet arbre que l'on retire le *bois d'aigle*, ou *garo de Malacca*, ou *aquila*, un des parfums les plus exquis et les plus recherchés. Il est dur, pesant, de couleur noirâtre, résineux, répandant une odeur très-aromatique à l'approche du feu; on le brûle dans les grandes maisons; ses vapeurs sont fortifiantes, salutaires, et combattent les contagions.

AQUILIFER, officier romain qui portait l'enseigne d'une légion.

AQUILON, nom donné par les anciens au vent du nord, à cause de sa rapidité, comparable à celle du vol d'un aigle.

AQUITAINE, contrée de l'ancienne Gaule, qui formait une des trois grandes divisions: *Aquitanique, Belgique, Celtique*. Soumise par Crassus l'an 698 de Rome, l'Aquitaine était alors comprise entre la Garonne, l'Océan et les Pyrénées; aux IVe et Ve siècles, elle fut divisée en deux parties; sous Honorius, en trois parties: la *première Aquitaine*, au S. de la quatrième Lyonnaise, de 84 lieues de long, capitale, Bourges; la *deuxième Aquitaine*, au S. de la troisième Lyonnaise, de 63 lieues de long, capitale, Bordeaux; la *troisième Aquitaine* ou *Novempopulanie*, au N. des Pyrénées, de 40 lieues de long, métropole, Eauze. Les deux dernières furent cédées à Wallia, roi des Visigoths, en 419, par Honorius; la première, envahie par les Visigoths, fut occupée par eux jusqu'à la mort de Clovis, par qui elle fut divisée (507) en *Aquitaine australienne* ou *orientale*, et *Aquitaine neustrienne* ou *occidentale*, gouvernées par des ducs et des comtes amovibles. Elle forma sous Caribert en 622 un royaume, et en 677 un duché, qui fut réuni à la couronne en 1204. En 1259, on substitua le nom de *Guienne* à celui d'*Aquitaine*.

ARA, espèce de perroquets d'Amérique septentrionale, au plumage varié et éclatant, à la queue plus longue que le corps, aux joues dépourvues de plumes, recouvertes d'une membrane blanche, au bec fort et crochu, qui volent par troupes et sont frugivores. On les apprivoise facilement.

ARA, ville ou contrée d'Assyrie où les Israélites des dix tribus furent transportés par Téglathphalazar.

ARABESQUES ou MORESQUES, ornements de sculpture, peinture et architecture, formés de feuillages, de figures, de plantes, d'animaux et d'êtres imaginaires. Les arabesques, chez les mahométans, ne contiennent jamais de figures d'animaux; car cela est défendu par le Coran.

ARABETTE ou TOURETTE, genre de la famille des crucifères, renfermant des plantes herbacées, annuelles ou vivaces, à fleurs petites, blanches ou roses, peu apparentes et inodores. On les cultive dans les jardins. L'*arabette des Alpes* forme des touffes toujours vertes, qui se couvrent de fleurs blanches, un peu odorantes, de la fin de mars. L'*arabette petite tour* monte à trois pieds, et porte un épi de fleurs blanches et assez grandes.

ARABIE, grande presqu'île d'Asie, qui tient par l'O. à l'Afrique, dont la superficie est de 80,000 lieues carrées, et la population de 12 millions d'habitants. Les anciens la divisaient en *Arabie Pétrée, Déserte* et *Heureuse*; aujourd'hui elle est partagée en six provinces: le *pays d'Yémen* (avec 3,000,000 d'habitants), gouverné par un iman, qui paye tribut depuis 1818 au roi d'Espagne; la *province d'Oman*, sous l'iman de Moaskate, port de mer, avec 60,000 habitants; le *Lahsa* ou *Hadsiar*; le *Nedjed* et *Iémana*; l'*Hedjaz*, où se trouvent la Mecque et Médine; l'*Hadramaoul*. — La religion des Arabes est le mahométisme; leur vie est patriarcale; leur langue riche et belle; ils vivent de brigandages, sont très-hospitaliers, forts et vigoureux; leurs chefs sont les *grands émirs*, les *émirs* et *cheiks*; leurs juges sont des *cadis*. Le chameau et le cheval sont les compagnons de leurs travaux et de leurs voyages. Les Arabes ont été les inventeurs des chiffres, et ont cultivé avec succès l'astronomie, la médecine et la poésie. Leur histoire est couverte d'obscurités. — Les meilleurs chevaux de l'univers viennent d'Arabie. On y trouve le café, l'encens, la myrrhe, le baume et beaucoup de plantes aromatiques.

ARABIQUE (GOLFE). Voy. MER ROUGE.

ARABIQUES ou ARABES, secte d'hérétiques qui parurent en Arabie au IIIe siècle, sous le pontificat de saint Zéphyrin. Ils disaient que l'âme mourrait et ressusciterait ensuite avec le corps. On les appela à cause de cela *thanalopsuchaï* (âmes mortelles). Origène les convainquit dans un concile. Cette secte donna lieu à l'opinion universelle d'alors, que l'âme était matérielle.

ARACAN ou YÉÉ-KEIN, royaume de la côte occidentale de la presqu'île au delà du Gange, qui fait partie depuis 1793 de l'empire Birman, au S.-O. de celui d'Ava. Il a une population de 2,600,000 habitants, est entrecoupé de rivières et de lacs, et a pour capitale Aracan, dont la population est de 18,000 âmes.

ARACHIDE, plante originaire des tropiques, très-cultivée dans les établissements européens, dont les semences, fraîches ou cuites sous les cendres ou dans l'eau; offrent un aliment agréable. On en fait une huile limpide, claire, inodore, moins grasse que l'huile d'olive à qui elle est supérieure, qui rancit difficilement. Sa pâte se mêle au cacao pour faire le chocolat, et sert à faire le savon en Espagne. À mesure que les gousses succèdent aux fleurs, elles entrent dans la terre pour achever leur maturité. La gousse se nomme *pistache de terre*. Cette plante a toute l'utilité de l'olive et de la pomme de terre. Elle prospère en France, en Italie et en Espagne.

ARACHNÉ (myth.), fille d'un teinturier en pourpre de Colophon, qui brodait avec tant d'habileté, qu'elle défia Minerve de travailler mieux qu'elle en tapisserie. Le défi accepté, elle représenta d'une manière parfaite les amours des dieux. Minerve, jalouse, déchira le travail d'Arachné, et lui jeta sa navette à la tête. Arachné se pendit de désespoir, et fut changée par la déesse en araignée.

ARACHNIDES, classe d'animaux dont la tête et la poitrine ne sont pas séparées par le cou; au corps gros, au ventre énorme, ou composé d'une série d'anneaux articulés; aux yeux lisses, dont le nombre varie de deux à douze; sans antennes, et, à leur place, deux pièces articulées en forme de serres, nommées *chélicères*; aux pieds terminés par deux ou trois crochets. M. de Lamarck les a divisés en trois ordres, selon leur mode de respiration. Si la respiration s'opère par les branchies, ce sont les *exantennées branchiales*; par les trachées, les *antennées* et *exantennées trachéennes*; par les poumons, les *pulmonaires*. Les arachnides ne subissent pas de métamorphose, mais ils ont des changements de peau. Ils sont ovipares, se nourrissent d'insectes vivants dont ils sucent le sang; d'autres se fixent sur les végétaux. Leurs pattes repoussent quand on les coupe.

ARACHNOIDE, ancien nom d'une des membranes de l'œil qui renferme le cristallin et l'humeur vitrée. On nomme ainsi maintenant la deuxième des méninges ou des trois enveloppes du cerveau, séreuse, mince, transparente et polie, qui pénètre dans le cerveau qu'elle protège, et qu'elle enveloppe, par une ouverture située à la partie postérieure de celui-ci.

ARACHNOIDITE, maladie causée par l'inflammation de l'arachnoïde, dont les symptômes sont l'afflux de sang vers le cerveau et le délire. La saignée au pied ou aux tempes et la glace à la tête peuvent seules y porter remède.

ARACHNOLOGIE ou *Aranéalogie*, art de prédire les variations de température d'après le travail et le mouvement des araignées. Les anciens y croyaient beaucoup. De nos jours, quelques naturalistes se sont livrés sur ce sujet à de grandes recherches.

ARACK, ARRACK ou RACK, nom donné par les Indiens à toute liqueur spiritueuse, et surtout à celle qu'ils retirent d'un mélange de riz, de sucre de canne et d'une noix de coco, ou de la distillation du jus de cocotier coulant par incision; cette dernière s'appelle aussi *toddi*. Les Anglais se servent de l'arack dans leur punch.

ARAD, comitat de Hongrie, à l'O. de la Transylvanie. Sa superficie est de 299 lieues carrées, et sa population de 185,000 habitants. Il produit du blé, du tabac et du safran. Sa capitale est O-Arad, à 52 lieues de Bade. Population, 8,700 habitants.

ARAF, espèce de purgatoire dans la religion des mahométans. C'est là que, selon eux, sont détenus jusqu'au jugement dernier ceux dont les bonnes et les mauvaises actions sont dans une telle égalité, qu'ils n'ont pas mérité d'aller en paradis ni en enfer.

ARAGON, ancien royaume indépendant d'Espagne, qui comprenait Valence, Majorque, la Catalogne, la Sicile, la Sardaigne et l'Aragon proprement dit. Après la mort de Ferdinand le Catholique, l'Aragon fut réuni à la Castille; mais il conserva ses lois, ses privilèges, etc., jusque sous les Bourbons. La province d'Aragon porte encore le titre de royaume. Elle a 1,006 lieues carrées et 657,376 habitants. Sa capitale est Saragosse.

ARAGON (CANAL D'), entrepris en 1529 par Charles-Quint, et rendu navigable en 1784. Ce canal a soixante pieds de large sur neuf de profondeur: il se jette dans l'Ebre. Son cours est de 35 lieues.

ARAIGNÉE, insecte de la classe des arachnides, à huit pattes, ayant six à huit yeux. Les mâchoires portent des palpes formés de cinq articles filiformes dans les femelles, renflés dans les mâles. L'abdomen possède six mammelons renfermant une liqueur qui se concrète par le contact de l'air, et forme des fils soyeux et ténus, dont les araignées enveloppent leurs œufs ou tapissent leur demeure. Ces animaux sont carnassiers, et se livrent entre eux des guerres cruelles; lors de l'accouplement, le mâle devient presque toujours la victime de sa femelle: cependant ils sont susceptibles de s'apprivoiser. L'*araignée aquatique* vit dans l'eau, et respire au moyen de petits orifices placés à son abdomen. La morsure des araignées paraît exempte de dangers: on leur attribuait autrefois de grandes vertus médicales.

ARAIGNÉE (TOILE D'), assemblage de fils soyeux que tissent les araignées pour surprendre leur proie. On en faisait autrefois des cataplasmes avec de la suie, du sel et du vinaigre, pour arrêter la fièvre quarte, et on les appliquait au poignet. On s'en servait aussi pour arrêter les hémorragies extérieures.

ARAIGNÉE (sens divers). En termes d'art militaire, on nomme ainsi une galerie, un conduit de mine ou chemin sous terre, qui sort d'un puits, et qui, par une ouverture de trois à quatre pieds de largeur, s'avance sur le terrain des ouvrages où l'on veut conduire les mines. — En termes de marine, l'*araignée* est un réseau, dont les cordes qui le forment vont s'attacher et se fixer dans des trous espacés, placées à cet effet dans les poutres. De semblables araiguées, placées à chaque bout des hamacs des matelots, servent à retenir ces hamacs ou lits suspendus.

ARAIRE, espèce de charrue de forme très-simple, qui convient aux terres légères. On s'en sert surtout aux environs de Montpellier.

ARAKATCHA ou ARACACHA, plante de la famille des ombellifères, originaire de l'Amérique méridionale, et connue en Europe depuis 1804. Ses racines, en forme de cornes de vache, offrent un aliment sain et agréable; leur saveur tient de la châtaigne. On les mange crues ou cuites sous la cendre, et elles peuvent s'apprêter comme les pommes de terre. Cette plante réussit en France et en Angleterre.

ARAL, grand lac d'Asie, appelé aussi mer d'Aral ou des Aigles, éloigné de 40 lieues de la mer Caspienne. Sa surface est de 1,280 lieues carrées. Il est situé dans les steppes des Turkomans, reçoit l'Amou (l'Oxus des anciens) et le Sir (Iaxartes). Ses eaux sont moins salées que celles de la mer. Son niveau est très-bas. Il renferme un grand nombre d'îles.

ARALES, peuple de la Tatarie Indépendante, sur les bords de la mer d'Aral. Ces peuples sont nomades et pasteurs; leur religion est le mahométisme. Ils parlent la langue turque, et sont gouvernés par deux beys, tributaires du khan de Khiva. Population, 100,000 habitants.

ARALIACÉES, famille de végétaux dicotylédones polypétales, composée d'herbes et d'arbrisseaux exotiques, aux feuilles alternes, au fruit charnu, et possédant de grandes propriétés médicinales. La racine de ces plantes est sucrée, aromatique, et peut servir à la nourriture de l'homme. On cultive les aralies, type de la famille, comme plantes d'agrément, et à cause de la douce odeur qu'exhalent leurs fleurs blanches. Le gin-seng est aussi de cette famille.

ARAN, vallée des Pyrénées où se trouve la source de la Garonne et de la Noguera. Population, 12,224 habitants. Son chef-lieu est Viella. Le val d'Aran renferme des mines et des sources d'eaux minérales. Habité autrefois par les Convenæ, le val d'Aran fit plus tard partie du comté de Comminges, il fut cédé à l'Espagne en 1192, et appartient encore à ce royaume.

ARANDA (Don Pedro Pablo Abarco de Bolea), ministre de Charles IV, roi d'Espagne, né à Saragosse en 1716. Il fit les guerres de 1740, et fut grièvement blessé à la bataille de Campo-Santo. En 1758, on l'envoya en ambassade près d'Auguste III, roi de Pologne, et on lui conféra le grade de capitaine général du royaume de Valence. Nommé président du conseil de Castille, il embellit la capitale de son gouvernement, et eut, sous Charles III, une grande part à l'expulsion des jésuites. Il fut nommé ambassadeur à Paris, et plus tard ministre de Charles IV. Il fut remplacé par don Manuel Godoï, et exilé en Aragon. Il mourut en 1794.

ARANÉIDES, famille d'arachnides pulmonaires, c'est-à-dire respirant au moyen de poumons, renfermant toutes les araignées qui possèdent la faculté de filer, soit des toiles, soit le cocon qui contient leurs œufs.

ARANJUEZ, château de plaisance des rois d'Espagne, à 18 lieues de Madrid, dans la Nouvelle-Castille. Il est situé dans une vallée arrosée par le Tage. La cour habite depuis Pâques jusqu'à la fin de juin ce château, qui fut construit par Philippe II.

ARARAT, montagnes de l'Arménie, dont la chaîne se rattache au Taurus. Leur sommet est couvert de neiges éternelles. Le mont Ararat est en forme de pain de sucre, et à deux pointes, dont l'une est inaccessible et s'appelle Mazis; elle a 16,000 pieds de haut. C'est là que l'arche de Noé s'arrêta après le déluge.

ARASE. C'est, en termes d'architecture, un rang de pierres plus basses ou plus hautes que celles de dessous, sur lesquelles elles sont assises successivement, pour parvenir à la hauteur nécessaire. Araser, c'est conduire de même hauteur et à niveau une assise de maçonnerie, pour arriver à une hauteur déterminée. — En termes de menuiserie, araser, c'est couper à une certaine épaisseur, avec une scie faite pour cet usage, le bas des planches où l'on veut mettre des emboisures, et conserver assez de bois pour faire les tenons. — Arasement est l'action d'araser. C'est aussi la dernière assise d'un mur arrivé à la hauteur qu'on veut lui donner.

ARATE. Voy. ARRONE.

ARATUS, né à Sicyone, dans le Péloponèse, vers 275 avant J.-C. A l'âge de 20 ans, il forma le projet de délivrer sa patrie du joug des tyrans, tua le roi Nicoclès, fit admettre sa patrie dans la ligue achéenne, dont il devint le chef. Il marcha contre les Macédoniens, les chassa de Corinthe et d'Athènes. Battu par Cléomènes, roi de Lacédémone, il céda son autorité à Antigone Dosun, tuteur de Philippe. Celui-ci, trouvant en Aratus un censeur importun dans Aratus, le fit empoisonner l'an 213 avant J.-C. On institua en son honneur des fêtes nommées Aratées. Il avait composé une Histoire de la ligue achéenne.

ARATUS, poëte grec de Soles, en Cilicie, né 277 ans avant J.-C. Il a composé un poëme sur l'astronomie, traduit en latin par Cicéron. Ses autres ouvrages ont été perdus.

ARAU ou AARAU, ville de la Suisse, chef-lieu du canton d'Argovie. Population, 3,000 habitants, dont 2,828 protestants. Cette ville a des prairies excellentes dans ses environs, des mines de fer et de bancs d'albâtre. Arau a des fabriques de couteaux, rubans, indiennes, vitriol, et une fonderie de canons.

ARAUCANS, ARAUCOS ou ARAUCANIENS, peuple du Chili, sur la côte occidentale de l'Amérique méridionale, dont la population, composée de 400,000 âmes, a su se maintenir indépendante contre les Espagnols. La polygamie est permise, le gouvernement est aristocratique; les affaires de l'État sont dirigées par quatre toquis (haute noblesse), aidés par des ulmènes (petite noblesse). Les Araucans vivent de chasse et du produit de leurs troupeaux.

ARAUCARIA, arbre de la famille des conifères, indigène du Chili et du Brésil, où il forme de vastes forêts. Il se rapproche du pin par sa forme. Le fruit ressemble aux olives; son amande est douce et comestible. Le bois fournit une résine que l'on brûle dans le pays où naissent ces arbres.

ARAVA, comté de la haute Hongrie, près la Gallicie. Population, 60,000 habitants. Le chef-lieu est Arava, dans les monts Krapaks. Ce comté renferme un grand nombre de tisseranderies.

ARAXE ou ARAS, fleuve célèbre des anciens en Asie, sépara la Médie de l'Arménie, et se jette dans la mer Caspienne.

ARBACES, seigneur mède qui se révolta contre Sardanapale, avec l'appui d'Assyrie, et jeta les fondements de l'empire des Mèdes l'an 820 avant J.-C. Il régna cinquante-deux ans.

ARBALÈTE, arme offensive, composée d'un arc d'acier monté sur un fût en bois, d'une corde et d'une fourchette, qui servait à tirer des balles et de gros traits. L'invention en est attribuée aux Phéniciens. Sous Louis le Gros, elle fut en usage pour la première fois dans les guerres de France; Louis le Jeune les proscrivit; Philippe Auguste créa un régiment d'arbalétriers, qui avait un grand maître. Sous François Ier, ils existaient encore; ce sont les chevau-légers de nos jours.

ARBALÈTE, instrument à l'usage des serruriers et autres ouvriers en métaux. Il se compose de deux lames d'acier élastiques, courbées en arc, allant toutes deux en diminuant, appliquées par le gros bout de l'intérieure contre l'extrémité mince de la supérieure et retenues l'une sur l'autre dans cet état par deux espèces de viroles carrées, de la même forme que les lames. L'une de ces lames est scellée fixement à un endroit du plancher, qui correspond perpendiculairement un peu en deçà des mâchoires de l'étau, l'autre lame s'applique sur une encoche ou inégalité d'une lime à deux manches, qu'elle presse plus ou moins fortement, à la discrétion de l'ouvrier contre la surface de l'ouvrage à polir. L'ouvrier prend la lime à deux manches, et n'a presque que la peine de la faire aller; car, pour la faire venir, c'est l'arbalète qui produit ce mouvement par son élasticité. L'arbalète le soulage encore de la pression qu'il serait lui-même obligé de faire avec la lime contre l'ouvrage, pour le polir.

ARBÈLES, ville de Perse, sur le Lycus, célèbre par la victoire remportée par Alexandre le Grand sur Darius, après la bataille d'Issus, 331 ans avant J.-C., et qui mit fin à l'empire des Perses. Arbèles ouvrit ses portes au vainqueur.

ARBITRAGE (jurispr.), jugement d'un tiers, qui n'est pas établi par la loi pour terminer un différend, mais que les parties ont choisi elles-mêmes, ou que le magistrat nomme à cet effet. L'arbitrage est une voie ouverte pour terminer les contestations sans intervention de justice. Ceux qui prononcent le jugement se nomment arbitres.

ARBITRAGE. En termes de commerce et de banque, c'est une opération de calcul, fondée sur la connaissance de la valeur, des fonds, des prix des marchandises et du cours du change, dans diverses places, à l'aide de laquelle un négociant fait passer des fonds, fait des achats ou des remises dans celle de ces places où il espère avoir le plus grand bénéfice.

ARBITRATEUR, arbitre à qui on donne le pouvoir de se relâcher de la rigueur du droit, et qui n'est pas tenu de suivre les formes établies par le Code de procédure civile.

ARBOGASTE, comte gaulois, défit et tua Victor, contre lequel l'empereur Théodose l'avait envoyé. Cette victoire lui procura la dignité de préfet du prétoire. Il engagea Valentinien dans une guerre contre les Gaulois; mais cette guerre n'ayant pas été heureuse, l'empereur lui ôta la charge de général de ses armées. Arbogaste s'en vengea en le faisant étrangler par des eunuques. Le meurtrier plaça Eugène sur le trône, et remporta une victoire sur Théodose; mais, ayant été vaincu par ce prince, il se tua en 394.

ARBOIS, petite ville du Jura, à 9 lieues de Lons-le-Saulnier, chef-lieu de canton et siège d'un tribunal de première instance. Population, 6,741 habitants. Cette ville soutint en 1595 un siège célèbre contre le duc de Biron. Elle produit des vins blancs, des légumes, des fleurs. C'est la patrie de Pichegru.

ARBORISATIONS ou DENDRITES, disposition particulière affectée par les parties cristallines d'un métal, après leur donner l'apparence de petits arbres incrustés dans ce métal. Elles s'appellent herborisations quand elles ressemblent à des herbes ou à des mousses.

ARBOUSIER (arbre aux fraises ou fraisier en arbre), genre de la famille des bruyères, renfermant des arbustes propres à l'Europe. L'arbousier commun ou des Pyrénées monte de sept à trente pieds de haut. Son tronc se divise en rameaux nombreux d'un beau rouge, et forme de beaux taillis. Les feuilles résistent aux hivers, et sont ovales, dentelées, d'un vert brillant. En septembre et en février, l'arbousier se couvre de fleurs blanches ou roses, disposées en grappes. Le fruit, semblable à la fraise des jardins, est très-sucré, de couleur rouge vif quand il est mûr. Les oiseaux sont friands de ce fruit. On retire de sa pulpe jaune et mucilagineuse un sucre doux, et l'on tire de l'eau-de-vie et de l'alcool. Les feuilles des arbousiers servent à tanner les cuirs. La décoction de ces feuilles s'emploie, en médecine, contre la gravelle et la diarrhée.

ARBRE, le plus grand, le plus gros et le plus parfait des végétaux, à tige ligneuse. Il se compose, 1° *du tronc*, cette partie solide qui s'élève hors de la terre dans une position toujours verticale; 2° *des branches*, formées par la moelle, les fibres, l'écorce, qui, s'écartant de la masse générale, se réunissent ou un seul point; 3° *des racines*. De quarante à cinquante ans, l'arbre est dans toute sa force; de cinquante à soixante il se soutient encore; mais de soixante-dix à quatre-vingt-dix, il décline et finit par périr. Cependant on a vu un grand nombre d'arbres dépasser ce terme et offrir des exemples d'une longévité extraordinaire.

ARBRE (sens div.). En mécanique, *arbre* se dit de la partie principale d'une machine qui sert à soutenir tout le reste. — Les horlogers nomment ainsi une pièce ronde ou carrée, qui a des pivots, et sur laquelle est ordinairement adaptée une roue. C'est aussi, 1° l'essieu qui est au milieu du barillet d'une montre ou d'une pendule; 2° un outil qui sert à monter des roues et d'autres pièces, de manière à pouvoir les tourner entre deux pointes; 3° un outil qui est muni d'un crochet, et qui sert à mettre les ressorts dans les barillets et à les en ôter. — Chez les cardeurs, l'*arbre* est la partie du rouet à laquelle est suspendue la roue; chez les cartonniers, la pièce principale du moulin dont ils se servent pour broyer et délayer leur pâte; chez les fileurs d'or, un bouton en fer qui, traversant la grande roue, donne en la faisant tourner le mouvement à toutes les autres. En termes de marine, on nomme *arbres* les mâts des bâtiments qui portent des antennes et des voiles latines. Le mât de l'avant se nomme *arbre de trinquet*; celui du milieu *arbre de mestre*. L'*arbre de touret* est l'axe sur lequel tournent plusieurs espèces de dévidoirs. — Le mot *arbre* a encore une foule de significations, mais il est employé le plus souvent dans le sens de cylindre.

ARBRE. On nomme vulgairement ainsi divers végétaux en les distinguant par des épithètes particulières. Voici les principaux avec leurs noms vulgaires : l'*arbre à sang* est le millepertuis ; l'*arbre à sucre* ou à *fraise*, l'arbousier ; l'*arbre à tan*, le sumac ; l'*arbre à la symploque* ; l'*arbre au coton*, le fromager ; *arbre au mastic*, le lentisque ; *arbre au poivre*, le gatilier et le schinus ; *arbre au raisin*, le staphylier ; *arbre aux anémones*, la clématite ; *arbre aux grives*, le sorbier ; *arbre aux œufs*, le prunier ; *arbre aux pois*, le robinier ; *arbre aux quarante écus*, le ginkgo ; *arbre aux savonnettes*, le savonnier ; *arbre aux tulipes*, le tulipier ; *arbre aveuglant*, l'excœcaria ; *arbre boulon*, le céphalanthe ; le conocarpe et le gainier ; *arbre d'amour*, le gainier ; *arbre d'argent*, le chalef et le protée ; *arbre de baume*, le clusier ; le tolutier, l'hedwigie et le baumier ; *arbre de corail*, l'arbousier, l'érythrine et le condori ; *arbre d'encens*, le baumier ; le pin de Virginie, *arbre de mille ans*, le baobab ; *arbre de Moïse*, le néflier ; *arbre de neige*, l'amélanchier et la viorne ; *arbre d'or*, le mûrier blanc et le rhododendron ; *arbre de paradis*, le chalef ; *arbre de Rosny*, l'orme ; *arbre de Sainte-Lucie*, le mahaleb ; *arbre de sauge*, la phlomide ; *arbre de soie*, l'acacie et l'asclépiade ; *arbre de suif*, le croton ; *arbre de vie*, le thuya ; *arbre du Brésil*, la césalpinie et le campêche ; *arbre du castor*, le magnolier glauque ; *arbre du ciel*, l'aylantine et le ginkgo ; *arbre du dragon* et *arbre de fer*, le dragonnier ; *arbre du vernis*, le sumac ; *arbre géant*, le mélèze ; *arbre immortel*, l'endrach, l'érythrine et le cèdre ; *arbre impudique*, le couratari, le clitore, le vacoa et le pandanus ; *arbre poison*, le mancenillier ; le sumac, l'antiare et le toxicodendron ; *arbre puant*, l'anagyre, le fétidier ; *arbre sage*, le mûrier noir ; *arbre triste*, le boulcau, le saule, le nyctanthe ; *arbre à aiguilles*, le pin, le mélèze et le sapin; *arbre à bourre*, l'arec; *arbre à bois blanc*, le saule, le peuplier, le sapin; *arbre à calebasse*, la crescentia; *arbre à chapelet*, l'azédarach; *arbre à cire*, le galé et le cirier; *arbre à corde*, le bananier, le figuier, le mûrier; *arbre à enivrer*, le galéga, le phyllanthe, l'érythrine et le lithymale; *arbre à franges*, le chionanthe; *arbre à l'ail*, le casse, le sébestier et le cerdane; *arbre à lait*, les euphorbes, apocyns, asclépiades, argan, laitues, etc.; *arbre à la glu*, le houx et le mancenillier; *arbre à la gomme*, l'eucalypte et le métrosidéros; *arbre à pain*, l'arlocarpe et le sagoutier; *arbre à papier*, la broussonnetie; *arbre à perruque*, le sumac fustet; *arbre à la migraine*, le premne; *arbre au vermillon*, le chêne; *arbre de mai* ou *de Saint-Jean*, le panax.

ARBRE DE VIE DU CERVELET, lames blanches, courtes, concentriques, entremêlées de lames grises, et semblant former les branches d'un arbre dépouillé de ses feuilles. On observe cette disposition dans la substance médullaire qui revêt les parois du cerveau.

ARBRE DE JUDÉE (*gainier d'Europe* des botanistes), arbre de la famille des légumineuses. De son tronc droit, couvert d'une écorce noirâtre et gercée, sortent des branches qui s'étendent en forme de parasol, et sont revêtues d'un feuillage toujours vert. Ses rameaux se couvrent de fleurs roses, blanches ou empourprées. On confit ces fleurs au vinaigre, et on les mange sur les salades. Le fruit est une gousse rougeâtre, lancéolée. Le bois est veiné de noir et de vert, tacheté de jaune et de gris. Il prend un beau poli. Cet arbre appartient au genre *gainier*.

ARBRES FRUITIERS. On les distingue relativement à leur fruit : ainsi il y a les arbres fruitiers *à pepins*, *à baies*, *à noyaux* et *à capsules ligneuses*, et relativement à leurs formes. On en compte douze cents variétés. Les deux tiers se mangent crus, cuits ou confits; l'autre tiers sert au cidre et aux autres boissons fermentées.

ARBRES RÉSINEUX, arbres qui laissent couler un suc concret ou liquide, propre à s'enflammer au contact d'un corps brûlant. Ce suc découle naturellement ou par des incisions faites sur le tronc et les branches. Il se nomme *résine*. Tel est le pin, le mélèze, etc.

ARBRES MÉTALLIQUES, nom donné par les anciens chimistes aux cristallisations métalliques. Les principaux sont, 1° celui de *saturne* ou de plomb, qui s'obtient en dissolvant dans de l'eau distillée un soixantième de son poids d'acétate de plomb (sucre de saturne). On la renferme dans un vase profond; on attache du zinc suspendu au bouchon que l'on plonge dans le liquide; un fil de laiton, tourné en spirale, y est fixé. Après quelques jours, le zinc et les fils sont couverts de paillettes brillantes de plomb; 2° l'*arbre de Diane* ou d'argent, s'obtient en mettant quinze ou vingt grammes de mercure dans un vase à pied, et l'on verse dessus cinquante ou soixante grammes de soluté de nitrate d'argent, contenant à peu près sept à huit grammes de sel. On recouvre le vase, et au bout de quelques jours l'argent apparaît sous la forme de ramifications cristallines.

ARBRISSEL (Robert d'), né en 1047 à Arbrissel, près de Nantes. Il enseigna d'abord la théologie à Angers, et fut nommé prédicateur apostolique par Urbain II. Voyant l'abondance de ses auditeurs, il voulut leur donner un asile, qu'il fonda dans une solitude nommée *Fontevrault*, au fond du diocèse de Poitiers; il y soumit les hommes à l'empire des femmes, et voulut que pendant que celles-ci prieraient, ceux-là défricheraient les terres. Cette abbaye devint fameuse en 1103; elle fut supprimée à la révolution : elle embrassait quatre provinces.

ARBRISSEAUX, plantes ligneuses qui ont à peine de tronc, ou dont le tronc se divise en plusieurs tiges qui forment un grand buisson. Ils s'élèvent de dix à douze pieds; leur vie est plus courte que celle des arbres.

ARBUSTES ou SOUS-ARBRISSEAUX, plantes ligneuses, plus petites que les arbrisseaux, à la tige dure et persistante, dont les extrémités sont herbacées. Ils meurent et se renouvellent chaque année, ils affectant la forme de buisson. Tels sont le thym, les bruyères.

ARC, terme de géométrie qui désigne une portion quelconque d'une courbe, telle que d'un cercle, d'une ellipse, etc. Les arcs d'un même cercle ou de cercles égaux sont *égaux*, lorsqu'ils contiennent le même nombre de degrés et qu'ils peuvent être superposés; ils sont *semblables*, quand ils ont la même mesure; *concentriques*, lorsqu'ils appartiennent à des cercles qui ont le même centre; la *corde* est la ligne droite qui joint les deux extrémités de l'arc; la *flèche* est la verticale menée au milieu de la corde et de l'arc.

ARC (archit.). Toute construction dont le profil a la forme d'une courbe; le *doubleau* est celui qui fait saillie au-dessous d'une voûte pour la consolider. L'arc de *plein cintre* est celui dont le profil est un arc du cercle; il est *surbaissé*, quand il est moins courbé qu'un arc de cercle; *surhaussé*, quand il est plus courbé.

ARC, arme offensive de bois, d'acier ou de corne qui sert à lancer des flèches; il est fixe fort au milieu qu'aux extrémités : entre celles-ci est tendue une corde qui sert à bander l'arc.

ARC DE TRIOMPHE, monuments de pierre, de marbre ou de bronze, de forme rectangulaire, percés au milieu d'une arcade en plein cintre et de deux autres arcades latérales plus petites, ornés de bas-reliefs, que l'on construisait pour les entrées des triomphateurs. Les Romains les inventèrent. Les plus fameux sont celui de Constantin, de soixante-seize pieds de haut; l'*arc de l'Étoile*, à Paris, de cent trente-cinq pieds de haut.

ARC-EN-CIEL ou IRIS, météore semi-circulaire, coloré des sept couleurs primitives, *rouge*, *orangé*, *jaune*, *vert*, *indigo*, *bleu* et *violet*, produit par la réfraction et la réflexion des rayons solaires dans les gouttes sphériques d'eau qui remplissent l'air pendant un temps pluvieux. Il ne paraît que dans les lieux où il pleut et où le soleil luit en même temps. On aperçoit quelquefois deux, même trois arcs-en-ciel, à la fois : l'un *intérieur* ou *principal*, aux couleurs plus vives et dans l'ordre que nous avons indiqué; l'autre *extérieur* ou *secondaire*, aux couleurs plus faibles et dans un ordre inverse. La lune peut aussi, par la réfraction de ses rayons, produire des arcs-en-ciel.

ARCACÉES, famille de mollusques à coquille bivalve régulière équivalve, ayant des dents petites, nombreuses, entrant les unes dans les autres et disposées sur l'une et l'autre valve, en lignes droites ou brisées. Ces coquilles sont transverses ou arrondies. Quelques espèces se fixent aux rochers, d'autres vivent enfouies dans le sable à peu de distance des côtes. Les arcacées sont toutes marines.

ARCACHON (BASSIN D'), baie formée par l'Océan (Gironde). Ce bassin est environné de villages, dont la Teste-de-Buch est le plus considérable. Ce village a un port dans le bassin d'Arcachon. Une compagnie s'est formée pour l'exploitation des terres qui environnent ce bassin.

ARCADE. Ce mot désigne en général toute espèce d'ouverture en forme d'arc. En architecture, c'est une ouverture pratiquée dans un mur, dont le haut a la forme d'un demi-cercle parfait.

ARCADES (ACADÉMIE DES), fondée à Rome au XVIIe siècle par des poètes italiens pour répandre le bon goût et la culture de la poésie nationale. Ils s'efforçaient d'imiter les mœurs pastorales des Arcadiens, et tenaient leurs réunions dans des jardins. Chaque membre prenait le nom d'un berger grec. Leurs armes étaient la flûte de

Pan entourée de branches de pin et de lauriers ; les poëtes des deux sexes pouvaient faire partie de cette académie. Elle existe encore de nos jours, mais bien déchue de sa splendeur première.

ARCADIE, ancienne contrée du Péloponèse, au milieu duquel elle est située, au S. de l'Achaïe. Elle s'appela d'abord Drymodès, puis Lycaonie, Pélasgie. Plus tard elle forma une république dont les principales villes étaient Mantinée (aujourd'hui *Monti*) et Tégée (aujourd'hui *Tripolitza*). Les habitants, pasteurs et guerriers, cultivaient la poésie et la musique.

ARCADIUS, empereur d'Orient, fils et successeur de Théodose le Grand. Sous son règne (395-408), l'empire romain fut divisé en deux empires, ceux d'Orient et d'Occident : Arcadius eut le premier et siégea à Constantinople ; son frère Honorius eut le second et siégea à Rome.

ARCANE ou ARCANUM, nom donné autrefois à toute opération mystérieuse de l'alchimie, aux remèdes secrets ou dont on cache la composition pour en relever l'efficacité et le prix. — Les anciens chimistes nommaient *arcane double* le sulfate de potasse, *arcane de corail* le deutoxyde de mercure rouge préparé par l'acide nitrique, *arcane jovial* un mélange de deutoxyde d'étain et de nitrate de mercure.

ARCANSON. Voy. BRAI.

ARCAS, fils de Jupiter et de Calisto, régna en Pélasgie, qui prit de lui le nom de l'Arcadie. Il enseigna à ses sujets à cultiver la terre et à filer la laine. Un de ses fils fonda des colonies dans la Phrygie ; le deuxième prit Tégée en partage, et le troisième passa dans la Phocide ; Arcas, ayant été changé en ours, fut mis au rang des astres par Jupiter ; c'est là la petite Ourse.

ARCASSE. En termes de marine, c'est le dernier couple (assemblage de deux pièces de bois) de la charpente de l'arrière d'un bâtiment.

ARCAUX, nom donné par les charpentiers de bâtiments à une craie rouge dont ils se servent, après l'avoir délayée dans de l'eau, pour tracer des lignes sur les bois.

ARC-BOUTANT. C'est, 1º en architecture, un pilier qui sert à soutenir une voûte. Ce pilier se termine à sa partie supérieure par un demi-arc qui sert à joindre ensemble la voûte d'un édifice et le mur extérieur. 2º En termes de marine, un petit mât ferré qui sert, entres autres choses, à repousser un vaisseau ennemi, s'il vient à l'abordage.

ARC-DOUBLEAU, en architecture, arcarde en saillie sur la douille d'une voûte.

ARCÉSILAS, philosophe sceptique, disciple de Théophraste, né à Pitane en Eolie, et fondateur de la seconde académie (appelée *moyenne*), comme Platon avait fondé la première. Successeur de Cratès, il prétendait qu'on ignorait tout, regardait comme fausses les impressions des sens, et soutenait que le vrai sage ne devait rien affirmer. Il n'appliqua cependant son système qu'à la science. Il mourut 300 ans avant J.-C.

ARCHAISME, manière de parler semblable à celle dont se servaient les anciens.

ARCHANGES, nom que les théologiens donnent au deuxième ordre de la troisième hiérarchie des esprits célestes. Les archanges président et commandent les simples anges, et sont destinés à l'exécution d'ordres plus importants que ceux qu'exécutent les anges (Voy.).

ARCHE, terme d'architecture, espace couvert d'une voûte qui règne entre les piles d'un pont ou d'un aqueduc. Dans les verreries, on nomme *arches* de petits fourneaux où l'on met les matières que l'on doit enfourner, ou le charbon, etc.

ARCHE DE NOÉ, vaisseau immense, en forme d'un carré oblong, approchant de celle d'un coffra de trois cents coudées de long (quatre cent cinquante pieds), cinquante de large (soixante-quinze pieds) et trente de haut (quarante-cinq pieds). Dieu, ayant résolu de détruire les hommes par un déluge, ordonna à Noé de construire cette arche : Noé y employa cent ans. Elle renfermait ce patriarche et sa famille, un couple de chaque animal impur et sept d'animaux purs. Après un an, l'arche s'arrêta sur le mont Ararat.

ARCHE D'ALLIANCE, espèce de coffre dans lequel les Juifs conservaient les paroles de l'alliance ou les tables de la loi, la verge d'Aaron et un vase plein de la manne du désert. L'arche était de bois de séthim recouvert de lames d'or, longue de deux coudées et demie (quarante-cinq pieds) ; elle était placée dans le tabernacle. Les Juifs avaient une très-grande vénération pour l'arche ; on la portait dans les guerres.

ARCHÉE, force intelligente et motrice qui, selon quelques anciens médecins, s'unissait à la matière, gouvernait ses molécules, les altérait, qui pénétrait les organes dans leur profondeur, et produisait les modifications par la digestion, la nutrition, etc. Elle serait située à l'orifice de l'estomac. Cet être, furieux dans certaines maladies, frappé de stupeur dans d'autres, gouvernerait d'autres archées situées au foie, aux reins, etc. Le plus séditieux est celui de l'utérus.

ARCHÉLAUS, roi de Cappadoce, qui fut vaincu par Sylla. Il était allié de Mithridate, et régnait 41 ans avant J.-C. — Fils du précédent, obtint de Pompée le pontificat de Comana, dans le Pont. Il servit quelque temps dans l'armée des Romains en Grèce. Mais, ayant épousé Bérénice, il se fit reconnaître roi d'Egypte, et fut vaincu et tué six mois après par les troupes de Gabinius, général romain, l'an 56 avant J.-C. Son petit-fils obtint d'Antoine le trône de Cappadoce, s'y maintint sous Auguste, et en fut renversé par la perfidie de Tibère.—Fils naturel de Perdiccas, roi de Macédoine, fit périr les enfants légitimes de ce prince, et s'empara du trône. Il disciplina ses armées, fortifia ses places, équipa des flottes, et protégea les lettres et les arts. Il fut tué 399 ans avant J.-C., après un règne de vingt-trois ans. — Fils d'Hérode le Grand, roi de Judée, succéda à son père l'an 3 de J.-C. Dès le commencement de son règne, il fit périr 3,000 personnes qui s'étaient révoltées contre lui, et fut exilé par Auguste dans les Gaules. Il y mourut l'an 6 de J.-C. — Roi de Lacédémone, fils d'Agésilas, régna quarante-deux ans, conjointement avec Charilaüs.

ARCHÉOLOGIE, science très-vaste qui comprend l'étude de l'antiquité des monuments et des auteurs. On peut la considérer par rapport à l'architecture, la sculpture, la peinture et la gravure.

ARCHERS, corps de troupes dont les armes étaient des arcs. L'arc était en usage général sous Charlemagne. Lors de l'institution de la chevalerie, on créa des archers à cheval, pris dans la noblesse, et les archers à pied furent chargés de la police intérieure et de la défense des places. Les arbalétriers à pied remplacèrent jusqu'au XIVe siècle ; les guerres des Anglais firent remettre en faveur ; sous Charles VII, chaque commune fut tenue de fournir ; ils avaient 4 francs par mois, étaient indemnisés de tous les impôts, excepté ceux de la gabelle et de sel, et furent appelés *francs archers*. Louis XI les porta au nombre de 16,000, et les supprima en 1480. Après Henri III, le nom d'archer était donné aux officiers exécuteurs des ordres des lieutenants de police et des prévôts. — Les Grecs et les Romains avaient des troupes légères d'archers, destinées à commencer le combat, tendre des embuscades aux ennemis, etc.

ARCHET, baguette flexible en bois, à laquelle sont attachés des crins qu'on enduit de colophane, et qui sert à faire vibrer les cordes du violon, de la viole, du violoncelle et de la contre-basse. Les crins de l'archet se tendent à volonté par extrémités ; son nom venant de ce qu'originellement la baguette était courbée en forme d'arc.

ARCHET (arts divers). C'est dans plusieurs arts mécaniques un arc d'acier aux deux bouts duquel il y a une corde attachée. Les tourneurs s'en servent continuellement. — Les fondeurs de caractères d'imprimerie nomment ainsi un bout de fil de fer plié en cercle, et qui fait partie du moule. — Les orfévres appellent *archet* une petite scie faite en fil de laiton avec laquelle on coupe les pierres dures et précieuses en y jetant dessus de l'eau et de l'émeri.—Les ouvriers en mosaïque ont un instrument à peu près semblable pour couper le marbre.

ARCHÉTYPE, nom donné, en termes de monnayage, à l'étalon primitif et général dont on se sert pour étalonner les étalons particuliers.

ARCHEVÊCHÉ. C'est le diocèse d'un archevêque, c'est-à-dire, la province ecclésiastique, formée du siége métropolitain et de plusieurs évêchés suffragants. Il y a quatorze archevêchés en France : Paris, Lyon, Rouen, Sens, Reims, Toulouse, Tours, Bourges, Albi, Bordeaux, Auch, Aix, Besançon et Avignon.

ARCHEVÊQUE, nom donné aux évêques des grands siéges qui furent établis dans les villes principales après la division des Gaules sous Aurélien. Les quatre grandes provinces furent divisées en dix-sept, dont chacune avait sa métropole ; un des évêques de la même province ; ils s'appelèrent d'abord *métropolitains*, puis *archevêques*. Ils occupent le premier rang après les cardinaux.

ARCHI, expression empruntée au grec *arché*, qui signifie principe, primauté, puissance, supériorité. Elle se joint à une foule de mots pour marquer une grande prééminence dans les choses de même espèce. Ainsi on dit *archichancelier*, *archiduc*, etc., pour désigner une personne d'un rang supérieur à celui de *chancelier*, de *duc*, etc., quoiqu'elle en remplisse les fonctions et en possède la prérogative.

ARCHIAS, poëte né à Antioche, ami de Lucullus. Il obtint le droit de citoyen romain. Ses ennemis lui ayant disputé ce titre, Cicéron composa pour sa défense une belle harangue. Archias publia deux poëmes, l'un sur la guerre des Cimbres, l'autre sur le consulat de Cicéron, qui sont perdus.

ARCHIDAMUS. Cinq rois de Sparte, de la famille des Proclides, ont porté ce nom. Le premier, fils d'Anaxidamus et Agasiclès pour successeur. — Le deuxième, fils d'Agésilas, eut Agis II pour successeur. Le troisième succéda à Léotycidas, son grand-père, l'an 469 avant J.-C., et régna conjointement avec Plistoanax. Il mourut l'an 427 avant J.-C. — Le quatrième, fils d'Agésilas le Grand, lui succéda en 362 avant J.-C. Il vainquit les Arcadiens, repoussa les attaques d'Epaminondas contre Lacédémone, secourut les Tarentins, et fut tué par les Lucaniens l'an 338 avant J.-C. — Le cinquième succéda l'an 326 avant J.-C. à Eudamidas, son père, et mourut l'an 301 avant J.-C.

ARCHIDIACRE, jadis le principal ministre de l'évêque, surtout pour l'administration du temporel. C'est aujourd'hui un supérieur ecclésiastique qui a droit de visite sur les cures d'un diocèse. Il n'est connu que depuis le concile de Nicée.

ARCHIDUC, titre qui élève un souverain au-dessus des autres ducs. Il remonte à Dagobert, en France. De grands privilèges s'attachaient à cette dignité. Les archiducs étaient les conseillers de l'empereur d'Allemagne.

ARCHILOQUE, poëte grec de Paros, qui composa des odes, des satires, des épigrammes, etc. Il fut l'inventeur de l'iambe. Lycambe lui avait promis sa fille Néobule, et, l'ayant donnée à un autre, Archiloque fit contre lui des vers si satiriques, qu'il se pendit : banni par les Spartiates, il fut assassiné. Sa mémoire fut honorée comme celle d'Homère. Il vivait vers l'an 685 avant J.-C.

**ARCHIMANDRITE** ou *Chef du troupeau*, nom d'un supérieur de monastère chez les Grecs, ou en général de tous les supérieurs ecclésiastiques. Ce nom a été donné aussi aux archevêques latins.

**ARCHIMÈDE**, le plus célèbre mathématicien de l'antiquité, né à Syracuse, en 287 avant J.-C. Parent des rois de cette ville, il s'adonna à l'étude des sciences, inventa les *moufles*, la *vis sans fin*, la *vis creuse*, dans laquelle l'eau monte de son propre poids. On lui doit aussi plusieurs découvertes hydrostatiques. Il résolut le problème fameux *qu'un corps plongé dans un liquide perd de son poids une quantité égale au poids du liquide qu'il déplace*. Lors du siège de Syracuse, il inventa diverses machines qu'il opposa avec succès aux attaques des Romains; on dit même qu'il incendia leur flotte avec des miroirs ardents. Lors de la prise de la ville, il fut tué par un soldat qui ne le connaissait pas, l'an 212 avant J.-C., pendant qu'il était occupé à des opérations géométriques.

**ARCHIPEL**, groupe d'îles considérables au milieu de la mer. Ce nom se donne spécialement à celui de la mer Egée, entre les côtes de l'ancienne Grèce et de l'Asie-Mineure. On a divisé ces îles en *européennes* (les *Cyclades*), et en *asiatiques* (les *Sporades*). Toutes ces îles, au nombre de quatre-vingts environ, forment un gouvernement de l'empire turk. Les principales sont Négrepont, Chio, Samos, Rhodes, Chypre, Naxos, Lemnos, etc. (Voy. chacune de ces îles.)

**ARCHIPOMPE** ou ARCHE DE POMPE, retranchement en cloison de fortes planches, construit dans la cale d'un grand bâtiment autour du pied d'un grand mât, et renfermant les quatre pompes. L'archipompe est de la septième partie de la largeur du bâtiment.

**ARCHIPRÊTRE**, curé ou prêtre préposé au-dessus des autres pour l'office sacerdotal. Il remplaçait l'évêque dans ses fonctions; il se nommait aussi *doyen* au IVᵉ siècle; les archiprêtres possédaient les églises et les cures les plus importantes; le reste était laissé aux prêtres.

**ARCHISYNAGOGUES**, nom donné autrefois à certains ecclésiastiques employés auprès du patriarche de Jérusalem. Ils étaient ses assesseurs et ses conseillers. — L'*archisynagogus* était, chez les Juifs, le nom du chef de la synagogue. Il y en avait plusieurs. Les archisynagogues jugeaient les affaires pécuniaires, les larcins, etc.

**ARCHITECTURE**, art théorique ou pratique de construire toute sorte d'édifices. On distingue l'*architecture civile*, *politique*, *rurale*, etc. Il y a cinq ordres d'architecture: le *dorique*, l'*ionique*, le *toscan*, le *composite*, le *corinthien*. Après l'invasion des Goths, elle s'appela *gothique*, et fut modifiée par le *style arabe* ou *moresque*. Le *style roman* avait précédé le gothique.

**ARCHITRAVE**, une des trois parties de l'entablement posé immédiatement sur les chapiteaux des colonnes. On l'appelle encore *épistyle*.

**ARCHITRICLINUS**, intendant des repas chez les anciens. Il était chargé de l'ordre et de l'économie de la table, goûtait et distribuait le vin aux convives.

**ARCHIVES**, collection de papiers, de documents manuscrits ou imprimés, renfermant l'histoire d'une famille, d'une communauté, d'une ville ou d'un Etat. Le mot se prend aussi pour le lieu où ces pièces sont conservées. Les anciens conservaient leurs archives dans des temples. En France, sous les premiers rois, les archives, écrites en latin ou en langue romane, suivaient les rois à la guerre ou dans les voyages. C'est de là que nous sont venues les chroniques de saint Denis, de Fulde, de Grégoire de Tours, etc. Ce ne fut que sous Louis XIV que les archives reçurent une véritable organisation, et furent placées dans un dépôt particulier (1688). — Alors il y eut les archives de la guerre, de la marine, etc. En 1789, on centralisa tous ces dépôts d'archives dans l'ancien hôtel de Soubise, à Paris, avec le titre d'*archives du royaume*. La plupart des villes ont leurs archives particulières.

**ARCHIVOLTE**, bandeau orné de moulures, placé à la hauteur des *voussures*, ou courbures d'une arcade, et dont les extrémités reposent sur les *imposlbes*, ou lit de pierres sur lequel est établi la naissance de cette arcade.

**ARCHONTES**, magistrats qui gouvernèrent Athènes après la mort de Codrus, son dernier roi. Cette charge fut d'abord perpétuelle et fut réduite ensuite à un an. Le nombre des archontes varia aussi, et communément de neuf. Ils devaient descendre en ligne directe de trois citoyens d'Athènes, avoir combattu pour la patrie, être riches, et prêter serment d'observer les lois; s'ils étaient convaincus d'avoir reçu des présents, ils devaient consacrer à Delphes une statue d'or du poids de leur corps. L'archonte *éponyme* était le premier. Il donnait son nom à l'année, jugeait les procès, etc. L'*archonte roi*, présidait au culte des dieux, etc.; L'*archonte polémarque* commandait l'armée, etc.; les six derniers, nommés *thesmothètes*, surveillaient les magistrats, jugeaient les procès des marchands, etc.

**ARCHYTAS**, philosophe pythagoricien, de Tarente, ami de Platon. Il fut le huitième successeur de Pythagore dans la direction de sa secte. Mathématicien et mécanicien, il inventa la vis, la poulie, et construisit une colombe artificielle qui imitait le vol des colombes naturelles. Archytas a laissé plusieurs solutions de problèmes géométriques.

**ARCIS-SUR-AUBE**, chef-lieu d'arrondissement (département de l'Aube), à 7 lieues et demie de Troyes. Population, 2,673 habitants. Cette petite ville possède un tribunal de première instance, et commerce en blé, avoine, orge, charbon, fer, etc. L'Aube commence à devenir navigable près d'Arcis. — En 1814, Napoléon y livra une grande bataille, et résista pendant deux jours avec un petit nombre de soldats à l'armée ennemie forte de 80,000 hommes. Les maisons du faubourg d'Arcis avaient été crénelées, et la ville fut presque entièrement incendiée par les obus et les boulets. Napoléon court de grands dangers dans cette bataille. Les Français restèrent en possession du champ de bataille; mais ils ne purent empêcher les Autrichiens de passer la rivière.

**ARCO**, mot italien qui signifie *archet*, et qui indique en musique qu'il faut jouer avec l'archet.

**ARCOLE**, village du royaume lombard-vénitien, près de l'Adige, et extrêmement fort par sa position au milieu des marais et des canaux. Il est célèbre par la bataille livrée le 15 novembre 1796 entre le général autrichien Alvinzi et Bonaparte. Ce dernier fit des prodiges de valeur, et s'élança à la tête des grenadiers sur le pont d'Arcole, dont il s'empara. L'ennemi perdit 18,000 hommes.

**ARÇON**, espèce d'arc composé de deux pièces de bois, le plus souvent rembourrées et revêtues de cuir, qui soutiennent une selle de cheval et lui donnent sa forme. Il y a l'arçon de derrière et celui de devant. — Dans les arts, *arçon* est à peu près synonyme d'*archet*. — En termes d'architecture, c'est le sarment long de six à huit pieds, qu'on laisse sur le cep lorsqu'on taille une vigne dans les pays où l'on fait venir les vignes en échalas.

**ARÇON** (J.-Claude LEMICHAUD D'), né à Pontarlier en 1733. Ses parents le destinaient à l'état ecclésiastique; mais son penchant pour les sciences mathématiques triompha de leur répugnance. Admis en 1754 à l'école de Mézières, il fut nommé ingénieur l'année suivante. Il se distingua dans la guerre de sept ans, et surtout à Cassel (1761). Il fut chargé en 1774 de lever la carte du Jura et des Vosges, et se servit pour la première fois du lavis à cette occasion. En 1780, au siège de Gibraltar, il conçut le plan de batteries flottantes dont on devait faire usage contre les *défenses* formidables de cette ville. Ces batteries devaient être incombustibles et insubmersibles, et formaient une artillerie de 150 pièces; mais elles furent incendiées (13 septembre 1782) par suite d'un peu d'accord qui régnait entre les Français et les Espagnols. Proscrit deux fois sous la révolution, il fut nommé sénateur en 1799, et mourut en 1800. Il a laissé quelques ouvrages sur les fortifications.

**ARCOS**, ville très-ancienne d'Andalousie, en Espagne. Elle porte le titre de duché et fait partie des grandesses d'Espagne. Le roi de Castille Jean II (1440) donna cette ville à titre de comté à don Pedro Ponce de Léon, seigneur de Marchena, dans la famille duquel elle resta. Françoise Ponce de Léon, fille unique de Jean Ponce de Léon, donna Arcos en dot à son mari (1484) Louis Ponce de Léon, marquis de Zara. C'est en sa faveur que le comté d'Arcos fut érigé en duché (1498).

**ARCTIE**, genre d'insectes lépidoptères de la famille des nocturnes. Les arcties sont des papillons de nuit très-communs en France. Ils éclosent au mois d'août. Leurs chenilles passent l'hiver à l'abri d'une toile qu'elles filent à part ou en commun. Elles en sortent au printemps pour se répandre sur les arbres dont elles rongent les premières pousses. Quand elles sont parvenues à toute leur croissance, elles filent une coque lâche entre quelques feuilles d'arbres, et y attendent leur dernière métamorphose. L'*arctie cul brun*, de taille moyenne, est garnie de poils sur tout son corps, lequel est d'un brun doré; la chenille est noirâtre, avec des tubercules de même couleur, d'où s'élèvent des aigrettes de poils roussâtres; elle a en outre deux lignes rouges et deux lignes blanches le long du dos. Cette chenille dévore les feuilles des bois et les dépouille entièrement. On connaît encore l'*arctie cul doré* et l'*arctie du saule*.

**ARCTIQUE**, nom du pôle septentrional, ainsi appelé parce que la dernière étoile de la constellation boréale, la petite Ourse, en est très-voisine. Le cercle polaire arctique est un petit cercle de la sphère, parallèle à l'équateur et distant du pôle de 23 degrés 28 minutes.

**ARCTURUS**, étoile fixe de la première grandeur, située dans la constellation du Bouvier, vers laquelle paraît se diriger la queue de la grande Ourse. On observe dans cette étoile un mouvement qui lui est propre; elle avance vers le midi de 4 minutes de degré par siècle.

**ARCUEIL**, village du département de la Seine, à 1 lieue de Sceaux et de Paris. Population, 1,816 habitants. Les Romains y avaient construit au commencement du IVᵉ siècle un aqueduc pour conduire les eaux de Rungis au palais des Thermes. Cette construction, dont il existe encore des traces, a été remplacée par un autre aqueduc construit de 1618 à 1624 par ordre de Marie de Médicis, et qui alimente les fontaines de Paris. Cet édifice est composé de vingt-quatre arcades, et traverse dans une longueur de 200 toises la vallée de Bièvre; sa hauteur est de douze toises.

**ARDÈCHE**, rivière de France qui a sa source dans les Cévennes et se jette dans le Rhône, près Pont-Saint-Esprit. Elle traverse le département de l'Ardèche, auquel elle donne son nom. Elle a 24 lieues de cours, et n'est navigable que pendant 3 lieues. L'Ardèche roule des paillettes d'or.

**ARDÈCHE**, département français, région S.-E., formé de l'ancien Vivarais. Sa superficie est de 550.004 hectares, et sa population de 386,000 habitants. Il est borné par les départements du Rhône, de la Loire, de l'Isère, de la Drôme, du Gard, de la Lozère et de la Haute-Loire. Il renferme trois arrondissements: *Privas* (chef-lieu), *Tournon*, l'*Argentière*. On y trouve les manufactures d'Annonay, les vignobles des bords du Rhône, l'ancien évêché de Viviers, un grand nombre de grottes pittoresques, etc. Il fait partie de la neuvième division militaire, et est compris dans le ressort de la cour d'appel de Nimes, du diocèse de Viviers et de l'académie de Nimes.

ARDÉE, ville du Latium, bâtie par Danaé ou, selon d'autres, par un fils d'Ulysse et de Circé. C'était la capitale des Rutules. Ayant été incendiée par des soldats, elle fut rebâtie, devint riche et opulente, et excita la jalousie des Romains. Tarquin le Superbe en formait le siège lorsque éclata à Rome la révolution qui amena la république et qui sauva cette ville.

ARDENNES, département frontière, région du N.-E., formé des parties de la Thiérache, du Hainaut français et de la haute Champagne. Il est borné par les Pays-Bas, et les départements de la Meuse, de la Marne et de l'Aisne. Sa superficie est de 513,015 hectares, et sa population de 331,000 habitants. Il renferme cinq arrondissements : Mézières (chef-lieu), Rethel, Rocroi, Sédan et Vouziers. Son commerce consiste surtout en bois, en manufactures de draps, de châles, de flanelles, etc. On y remarque Rocroi où s'est livré une bataille célèbre, l'ancienne principauté de Sédan qui appartenait à la maison de Bouillon et qui a de riches fabriques, etc. Il fait partie de la deuxième division militaire, et est compris dans le ressort de la cour d'appel et de l'académie de Metz et du diocèse de Reims.

ARDENNES (FORÊT DES), bois immense qui s'étend en France sur la rive gauche de la Meuse, des environs de Sédan jusqu'à Givet, dans le département des Ardennes. Cette région, montueuse et boisée, s'étend aussi dans le grand-duché du Bas-Rhin et les Pays-Bas.

ARDENT, ce qui possède, produit ou communique une chaleur très-vive et très-active. En médecine, ce mot s'emploie pour désigner la coloration rouge de certaines parties, ou le sentiment de chaleur qui accompagne plusieurs affections. — On dit qu'un cheval a le poil *ardent*, pour dire qu'il est de couleur rousse. — En termes de marine, *ardent* se dit d'un bâtiment qui a de la propension à aller au vent. — *Miroir ardent.* Voy. MIROIR. On nomme *verre ardent* un verre convexe des deux côtés, qui a la propriété de rassembler les rayons du soleil en un point que l'on nomme *foyer,* et d'enflammer les corps combustibles qui lui sont opposés.

ARDENTS (MAL DES) ou FEU SACRÉ, maladie pestilentielle qui ravagea en 945 et 1130 la France et l'Allemagne. Les symptômes étaient une soif brûlante qu'aucun remède ne pouvait apaiser. On eut recours à la châsse de sainte Geneviève, qui, au dire des chroniqueurs, arrêta les progrès de la maladie.

ARDISIACÉES. Voy. MYRSICÉES.

ARDOISE, minéral aux feuilles minces, droites, faciles à séparer, sonore, terne, d'un gris bleuâtre, qui se trouve par bancs dans la terre. Le bloc, divisé en lames, sert à couvrir les maisons, à paver les appartements ou à écrire avec un crayon. Les meilleures sont celles qui ne s'imbibent jamais d'eau.

ARDOISES ARTIFICIELLES ou CARTONS PIERRES, sorte de carton dur et solide qui peut rester quatre mois dans l'eau sans se décomposer ; un feu violent ne peut le détruire. On le forme avec de la terre, de la craie, de la colle forte, de la pâte de papier et de l'huile de lin. On peut s'en servir pour couvrir les toits.

ARDOISIÈRES, carrières à ciel ouvert, d'où l'on retire les ardoises. Les plus grandes sont celles d'Angers, de Charleville, de la Dordogne et de la Corrèze, en France, et du Westmoreland en Angleterre.

ARDOUIN ou HARDWIC, marquis d'Ivrée, fut élu roi d'Italie en 1002. Il disputa l'empire d'Allemagne avec Henri II à l'empereur Henri II. Ses projets furent détruits par sa mort arrivée en 1015.

ARDULFE, roi du Northumberland (Angleterre), régna à la fin du VIIIe siècle. Chassé par ses sujets en 808, il alla implorer le secours de Charlemagne et du pape. Les Anglais, le voyant protégé par ces deux souverains, le reconnurent pour roi, et le reçurent avec de grandes démonstrations de joie.

ARE, unité de mesure agraire du nouveau système métrique. C'est un carré de 10 *mètres de long* sur chaque côté, et par conséquent de 100 *mètres carrés* de superficie. Elle contient environ 26 toises carrées. 100 ares forment l'*hectare* ou *arpent métrique.*

AREC ou ARÈQUE, genre de palmiers, originaire de l'Amérique et des Indes. L'*arec de l'Inde* ou *cathecu*, ressemble au cocotier. La pulpe de son fruit, nommée *pinangue*, tendre et astringente, entre dans la composition du bétel. On croyait autrefois que cet arbre produisait le *cachou.*

ARÉFACTION, opération de pharmacie par laquelle on dessèche les médicaments qu'on veut réduire en poudre.

ARENA (Joseph), chef de bataillon de la garde nationale de Corse, fut nommé adjudant général au siège de Toulon, où il se distingua par son courage. Il quitta le service en 1796 (an IV), et fut nommé en 1797 député du département de la Corse (Golo) au conseil des cinq-cents. Peu après, il obtint le grade de chef de brigade de gendarmerie, qu'il quitta au 18 brumaire. Il fut impliqué dans une conspiration contre le premier consul (1801), et fut condamné à mort. Il fut exécuté la même année, et mourut avec beaucoup de courage.

ARENBERG ou AREMBERG (COMTÉ D'), ancienne souveraineté d'Allemagne, située entre l'archevêché de Cologne, le duché de Juliers et le comté de Blankenheim. C'est le patrimoine d'une famille puissante, celle des comtes d'Arenberg, dont la tige remonte à Gérard d'Arenberg, burgrave de Cologne, qui vivait au XIIe siècle. Mathilde, fille de Jean, arrière-petit-fils de Gérard, épousa en 1298 le comte Engelbert de la Marck, et lui apporta en dot le comté d'Arenberg, qui resta dans la maison de son mari jusqu'en 1547 que Marguerite, comtesse de la Marck, le porta dans la maison de Ligne, laquelle est encore de nos jours en possession d'Arenberg. L'empereur Maximilien II l'érigea en principauté en 1576, et Ferdinand Ier en duché (1644). Le duc régnant a conservé la jouissance de ses propriétés domaniales en France et en Belgique. Il est soumis, comme grand feudataire, à la Prusse et au Hanovre. Ses possessions en Allemagne ont 125 lieues carrées et 53,400 habitants. La maison d'Arenberg professe la religion catholique.

ARENBERG (Louis-Engelbert, duc D'), né en 1750, prit une part assez active à la révolution du Brabant, pour qu'on lui supposât des prétentions à la souveraineté de cette province. Napoléon étant monté sur le trône impérial, le duc d'Arenberg s'attacha à sa fortune, et fut élevé à la dignité de sénateur (1806). Quelques années après, il fut décoré du titre de grand-croix de l'ordre de la Réunion. Après la chute de Napoléon, il se retira à Bruxelles, et mourut en 1820. Son fils, le prince Prosper d'Arenberg, avait épousé Stéphanie Tascher de la Pagerie, nièce de l'impératrice Joséphine.

ARÈNE, lieu circulaire au centre de l'amphithéâtre et sablé, où s'exécutaient les combats des gladiateurs et des bêtes féroces. Celui qui s'y montrait en spectacle se nommait *Arenarius.*

ARENG, genre de palmiers, commun aux Moluques, dont la moelle donne une espèce de sagou, et dont les fruits confits au sucre, avant leur maturité, sont agréables. Sa sève produit du sucre, et ses feuilles renferment des fibres propres à faire des cordes.

ARÉNICOLE, genre d'annélides, renfermant des vers qui habitent dans le sable sur le bord des mers d'Europe. L'*arénicole des pêcheurs* est long de six à dix pouces, de couleur cendrée, rougeâtre ou brune. Le corps est allongé, mou, fusiforme, plus gros au milieu qu'aux deux extrémités, muni d'une tête peu distincte. Les pieds sont très-nombreux. Les pêcheurs se servent des arénicoles pour la pêche du poisson.

ARÉOLE, cercle coloré qui entoure la lune. On donne aussi ce nom à celui qui entoure les mamelons et les yeux des hommes, ou qui règne autour de certains boutons, comme dans la variole. — En anatomie, ce sont les petits interstices que laissent entre elles les anastomoses : ils sont remplis d'une substance plus ou moins fluide et diversement colorée.

ARÉOMÈTRE, instrument pour mesurer la densité des liquides, le rapport qui existe entre les pesanteurs spécifiques des corps. Les aréomètres se composent d'une boule ou d'un cylindre de verre ou de métal, portant une boule lestée avec du mercure et surmontée d'une tige effilée, divisée en plusieurs parties égales. Lorsque ce flotteur plonge successivement dans plusieurs liquides, la différence des quantités dont il s'enfonce dans ces liquides, indique le rapport qui existe entre leurs pesanteurs. L'aréomètre sert à déterminer combien une liqueur contient d'eau ou de toute autre substance. Il est très-utile dans le commerce. Ceux de Beaumé, de Nicholson, de Fahrenheit, sont les plus usités.

ARÉOPAGE, tribunal d'Athènes qui s'assemblait la nuit sur la colline de Mars, le 7, le 27, le 28 et le 29 de chaque mois, et dont le nombre des membres varia de neuf à trente et un, quarante et un, cinq cents, etc. On n'y admettait que les plus vertueux citoyens et les anciens archontes. Ce tribunal jugeait les affaires criminelles, et avait le dépôt des lois et l'administration du trésor public. Les causes d'assassinat se jugeaient en plein air. Les suffrages se déposaient avec un caillou noir ou blanc dans deux urnes, l'une d'airain (symbole de la mort), l'autre de bois (symbole de miséricorde) ; les orateurs ne pouvaient avoir recours à aucun mouvement d'éloquence.

ARÉPENNIS, mesure de superficie des anciens Gaulois, égale à un demi-jujerum des Romains. C'est de là qu'est venu notre mot *arpent.*

ARÉQUIPA, intendance du bas Pérou, entre les provinces de Lima, de Buénos-Ayres, de Puno, d'Ayacucho, de Cuzco, et le haut Pérou ou Bolivia. Sa superficie est d'environ 7,400 lieues carrées, et sa population de 136,800 habitants. — La capitale est *Aréquipa*, fondée par F. Pizarre en 1536. On y respire l'air le plus pur du Pérou. Renversée par un tremblement de terre en 1784, cette ville a été rebâtie. Sa population est de 24,000 habitants. Son commerce est assez considérable. Aréquipa est à 90 lieues de Lima, et possède un évêché.

ARÉTAS ou ARÉE. Deux rois de Sparte ont porté ce nom, tous deux de la famille des Agides. ARÉTAS Ier commença de régner l'an 309 avant J.-C. Il fit alliance avec Pyrrhus, roi d'Epire, secourut les Athéniens assiégés par Antigone, roi de Syrie, et mourut en 265 avant J.-C. — ARÉTAS II, petit-fils du précédent, succéda à son père Acrotate en 264 avant J.-C. Il régna sept ans, et eut pour successeur Léonidas.

ARÊTE, nom donné dans les poissons aux os longs, minces et pointus que l'on rencontre dans leur chair. — L'*arête* ou *barbe* est aussi le filet allongé, grêle, quelquefois articulé, qui termine la pointe du calice d'une fleur dans les graminées. On l'observe dans le blé, le riz, l'orge, etc. — Les vétérinaires nomment ainsi des croûtes dures, écailleuses, qui viennent aux jambes des chevaux et des ânes, depuis le jarret jusqu'au boulet, et qui sont quelquefois accompagnées d'un écoulement de matière purulente. — En architecture, l'*arête* est l'angle saillant que forment deux faces droites ou courbes d'une pierre, d'une pièce de bois, etc. Une pièce de bois est taillée *à vive arête*, lorsqu'on l'a bien équarrie, qu'on n'y a laissé ni écorce ni aubier, et que tous les angles en sont bien marqués.

ARETÉE, médecin grec qui vivait environ 80 ans après J.-C. Il fut après Hippocrate le meilleur observateur de la nature parmi les anciens. Nous avons de lui deux ouvrages classiques de médecine.

ARÉTHUSE (myth.), nymphe d'Élide, fille de l'Océan, fut aimée du fleuve Alphée, qui la poursuivit avec tant d'ardeur, qu'elle implora le secours de Diane, et fut changée en fontaine. L'Alphée mêla ses eaux aux siennes; Diane ouvrit aux eaux un passage secret à celles d'Aréthuse, qui vinrent jaillir près de Syracuse. L'Alphée la suivit sous les ondes, et vint encore la rejoindre.

ARETINO (Piètro), écrivain italien, né en 1492 à Arezzo, en Toscane, fils illégitime d'un gentilhomme. Un sonnet contre les indulgences le fit chasser d'Arezzo dans sa jeunesse. Il se réfugia à Pérouse, où il se fit relieur ; puis à Rome en 1517, et passa au service de Léon X et Clément VII. Il composa sous le pontificat de ce dernier seize sonnets obscènes, avec des dessins de Jules Romain, devint le favori de plusieurs princes, de Jules de Médicis, Charles-Quint, etc. Ses ouvrages de dévotion le réconcilièrent avec la cour de Rome sous Jules III. Il mourut en 1557, surnommé le Fléau des princes. Il avait fait des comédies, des poëmes, etc.

AREZZO, ville de Toscane, à 17 lieues de Provence. C'est la patrie de Pétrarque, Arétin, Guy d'Arezzo, Vasari et Michel-Ange. Elle a une belle cathédrale et les ruines d'un amphithéâtre. Elle fut un 1800 le théâtre d'une insurrection contre les Français. — Arezzo est l'ancien Arétium. Population, 10,000 habitants.

AREZZO (Guy d'), religieux de l'ordre de Saint-Benoit, né en Arezzo en 995. Il réunit les sons musicaux en gamme et inventa six notes, ut, ré, mi, fa, sol, la, d'après les six premières syllabes des vers du premier verset de l'hymne de saint Jean. On lui doit encore un micrologue, livre de musique théorique, et un antiphonaire.

ARGAND (Aimé), né à Genève dans le dernier siècle. Physicien et chimiste distingué, il inventa les lampes à courant d'air, connues depuis sous le nom de quinquets (1787). Argand est mort en 1803.

ARGÉES, statues gigantesques d'osier, que les vestales jetaient dans le Tibre, avec de grandes cérémonies, pendant les fêtes romaines qui se célébraient le 15 mai. On ignore l'origine de cet usage.

ARGELÈS, petite ville près du gave d'Azun (Hautes-Pyrénées), chef-lieu d'arrondissement, à 9 lieues de Tarbes. Population, 1,387 habitants. Cette ville est située, sur la pente d'un coteau, au débouché de la vallée d'Azun, bassin d'une demi-lieue de large sur 2 lieues de long. Argelés a un tribunal de première instance.

ARGENS (J.-B. de Boyer, marquis d'), né à Aix en 1704. Destiné d'abord à la magistrature, il embrassa l'état militaire, qu'il abandonna pour la carrière des belles-lettres. Son ouvrage, intitulé Lettres juives, chinoises et cabalistiques, plut à Frédéric II, roi de Prusse, qui attira l'auteur à sa cour, le fit chambellan, lui donna 6,000 livres de pension et la place de directeur de l'académie. Il fut son ami intime jusqu'à sa mort, arrivée en 1773. Frédéric lui fit élever un tombeau.

ARGENSON (René-Louis le Voyer d'), ministre des affaires étrangères sous Louis XV, se montra bon politique et excellent citoyen. Il fut l'ami de Voltaire, et se rendit célèbre par ses Considérations sur le gouvernement, et par ses Essais dans le goût de ceux de Montaigne. Il mourut en 1756. — Marie-Antoine de Paulmy le Voyer d'Argenson, son fils, né en 1722 à Valenciennes, fut ministre d'Etat, membre de l'académie française, et chargé d'ambassades importantes en Suisse, en Pologne et à Venise. Il fut aussi gouverneur de l'arsenal et laissa, en mourant, la fameuse bibliothèque, dite de l'Arsenal, riche de 150,000 volumes.

ARGENT, substance métallique, blanche, ductile, tenace, ne fondant qu'à une haute température, peu dure et malléable. Sa pesanteur spécifique est de 10,28. Il se dissout dans l'acide nitrique, et le nitrate s'allie plus communément avec le cuivre, et c'est cet alliage qui forme la monnaie, les couverts et la vaisselle d'argent. On le trouve dans toutes les parties du monde. L'Asie verse annuellement dans le commerce 17,500 kilogrammes, l'Europe 72,500, l'Amérique septentrionale 275,000, l'Amérique méridionale 600,000.

ARGENT (Affinage de l'), opération par laquelle on sépare l'argent du cuivre ou de l'or auquel il est joint. Pour cela, on le fait fondre dans des creusets, et on y verse du salpêtre qui, se combinant avec le cuivre sans toucher à l'argent, force ce premier à surnager. L'argent reste au fond du vase. Pour le séparer de l'or, on dissout dans l'acide sulfurique l'argent réduit en grenailles. L'or reste au fond du vase sous forme de poudre, et l'argent forme une liqueur.

ARGENT FULMINANT (oxyde d'argent ammoniacal), combinaison d'oxyde d'argent et d'ammoniaque, découverte par Berthollet, et qui a la propriété de se décomposer et de faire explosion au moindre choc.

ARGENTAN, petite ville du département de l'Orne, chef-lieu d'arrondissement, à 10 lieues et demie d'Alençon. Population, 6,147 habitants. Cette ville est fort ancienne, et s'appelait sous les Romains Argentonium Castrum. Argentan a des fabriques de toiles de lin et de chanvre, des forges, des filatures de coton, et commerce en dentelles dites point d'Argentan ou de France. Cette ville a un tribunal de première instance. C'est la patrie de Mézerai.

ARGENTIER, nom donné autrefois à un officier qui, à la cour et dans les grandes maisons, était chargé pour administrer les finances. En France, ce fut d'abord le titre de l'officier qui réglait les dépenses de la maison du roi. Sous la première branche des Valois, ce fut un grand officier chargé de percevoir et d'administrer les finances du royaume. En 1515, sous François Ier, l'argentier prit le titre de surintendant des finances. Le premier fut Jacques de la Baume de Samblançay.

ARGENTIÈRE (L'), sur la rive gauche de la Ligne, chef-lieu d'arrondissement du département de l'Ardèche, à 10 lieues et demie de Privas. Population, 2,919 habitants. Cette ville doit son nom aux mines de plomb argentifère qui y étaient exploitées dans le XIIIe siècle.

ARGENTINE, genre de poissons de la famille des saumons, au corps allongé, peu comprimé, semblables à la truite. L'œil de l'argentine est grand, sa langue est armée de dents. Ce poisson fournit une substance argentée qui sert à fabriquer les fausses perles. — On donnait autrefois le nom d'argentine à la ville de Strasbourg. C'est aussi le nom vulgaire d'une plante nommée potentille.

ARGENTURE, opération consistant à appliquer sur l'argent que l'on veut argenter des feuilles d'argent, que l'on presse avec un outil nommé brunissoir. On employait autrefois, pour l'usage domestique et la décoration des églises, une grande quantité d'objets en bronze argenté.

ARGIENS. Voy. Argos.

ARGILE, substance terreuse, tendre, douce au toucher, se délayant dans l'eau, avec laquelle elle fait une pâte onctueuse, tenace, capable de se mouler et d'acquérir au feu une grande dureté. Les argiles résultent de la combinaison de plusieurs oxydes métalliques, la silice, la chaux, l'alumine, etc. La médecine les employait autrefois. Aujourd'hui elles servent à la poterie.

ARGOLIDE ou Argie, province orientale du Péloponèse, au S. de l'Achaïe et à l'E. de l'Arcadie. Inachus en 1800 et Danaüs 1500 avant J.-C., y fondèrent des colonies, ainsi que Pélops, qui y régna, et après lui Atrée, Agamemnon, etc. Ce royaume fut divisé en plusieurs Etats, Argos, Mycènes, Trézène, etc. L'Argos était la capitale de l'Argolide.

ARGONAUTE, mollusque céphalopode, à coquille univalve, légère, fragile, en forme de nacelle : sa tête est couronnée de huit pieds inégaux, garnis de ventouses ou suçoirs ; les deux pieds supérieurs, plus élargis à leurs extrémités, sont en forme d'ailes. C'est à l'aide de ces pieds qui lui servent de voiles, de sa coquille qui lui sert de vaisseau, et de ses six pieds inférieurs qui lui servent de rames, que l'argonaute traverse les mers. Devant un danger, il replie ses rames et ses voiles, et s'enfonce dans les eaux. On croit que c'est un hôte étranger à sa coquille.

ARGONAUTES, nom des héros grecs qui, montés sur le navire Argo, le premier qui fut construit, s'emparèrent, 1263 ans avant J.-C., de la toison d'or, dans la Colchide. Ils étaient au nombre de 52. Les plus fameux sont Jason, leur chef, Hercule, Orphée, Thésée, Castor et Pollux, etc.

ARGONNE (L'), ancienne subdivision de la Lorraine, située entre la Marne, l'Aisne et la Meuse. Sa capitale était Sainte-Ménehould. L'Argonne forme aujourd'hui en partie l'arrondissement de Sédan (département des Ardennes), et ceux de Verdun et de Montmédi (département de la Meuse). L'Argonne a été le théâtre des premières opérations militaires de nos armées, au commencement de la révolution.

ARGOS, capitale de l'Argolide auprès du golfe Argolique (golfe de Napoli), fondée 1846 ans avant J.-C. Le royaume dont elle était la capitale fut réuni, après 550 ans de durée, à celui de Mycènes. Aujourd'hui c'est une petite ville qui a 4,000 habitants.

ARGOT, langage particulier aux filous, et généralement à tous les habitués des prisons et des bagnes.

ARGOUSSIER, genre de la famille des éléagnoïdes, renfermant des arbrisseaux qui montent de douze à quinze pieds de haut, mais qui forment le plus souvent des buissons de quatre ou cinq pieds de haut. L'argoussier est épineux, garni de feuilles alternes, persistantes, parsemées d'écailles blanches ou roussâtres, ainsi que les rameaux ; les fleurs sont petites, vertes ; le fruit est d'un jaune éclatant, de la grosseur d'un pois, et globuleux. Il est acide, très-astringent, et mûrit en septembre. Les racines longues et traçantes de l'argoussier servent à fixer les sables mouvants, à contenir les eaux des torrents, les rives des fleuves et des rivières, la berge des fossés, etc. De ses racines il découle, par incision, un suc sperment employé dans la médecine vétérinaire. Le bois est blanc et très-dur. L'argoussier abonde en Provence, dans le Dauphiné, dans les Alpes et sur les bords du Rhin.

ARGOUSSIN ou Argousin, officier de grade inférieur dans les bagnes, chargé de la garde des galériens ou forçats.

ARGOVIE, canton suisse. Sa superficie est de 90 lieues carrées. C'est un des cantons les plus grands et les plus fertiles, au N. de Lucerne, à l'O. de Zurich et de Zug. Il comprend dix districts. La capitale est Arau ou Aarau. La population est de 147,000 habitants. Le gouvernement se compose de deux conseils : le grand, composé de cent cinquante membres; le second, de treize membres ; la moitié doivent être protestants, et les autres catholiques.

ARGUE, machine dont se servent les tireurs d'or. Elle est composée d'un gros pivot et de barres de bois. Ils étendent une corde tout autour, et l'attachent avec des tenailles grosses et courtes à une machine nommée tête de l'argue. Ils y mettent une filière au travers de laquelle ils tirent les bouts d'or et d'argent pour les dégrossir.

—Arguer, c'est passer l'or et l'argent à l'argue pour les dégrossir.

**ARGUMENT** (math.). C'est en général un nombre qui sert à en trouver un autre dans une table.—L'*argument de latitude* est la distance d'une planète à son nœud ascendant, parce que cette distance sert à calculer la latitude de la planète.—L'*argument annuel* est la distance du soleil à l'apogée de la lune, ou l'arc de l'écliptique compris entre le soleil et cet apogée.— L'*argument de l'équation du centre* est l'anomalie ou la distance à l'aphélie ou à l'apogée, parce que l'équation du centre se calcule, dans une orbite elliptique, pour chaque degré d'anomalie, et qu'elle varie suivant les changements d'anomalie. —L'*argument de la parallaxe* est l'effet qu'elle produit sur une observation, et qui sert à déterminer la parallaxe horizontale.—En logique, l'*argument* est un raisonnement par lequel on tire une conséquence d'une ou de deux propositions, dans le dessein d'amener quelqu'un à la croyance d'une chose, ou de le détourner de cette croyance. L'argument *ad hominem* est celui dont la conséquence attaque la personne même à qui on l'adresse. Le *dialectique* est celui qui n'est que probable, et qui ne suffit pas pour convaincre de la vérité d'une chose.

**ARGUS PANOPTÈS** (myth.), fils d'Arestor. Il avait cent yeux, dont la moitié veillait, tandis que l'autre dormait. Junon lui confia Io, aimée de Jupiter, qu'elle avait changée en vache par jalousie. Mercure l'endormit au son de la flûte, et lui coupa la tête. Junon sema ses yeux sur la queue du paon, animal qui lui fut consacré depuis.

**ARGUS** (hist. nat.), oiseaux de la famille des gallinacés et du genre faisan. Son cri est fort et désagréable, et sa chair douce et savoureuse. L'argus se distingue par les belles couleurs dont sont parées ses longues ailes. Cet oiseau se trouve dans l'Océanie et dans l'Amérique. Son corps est couvert de taches de diverses couleurs.

**ARGYLE**, comté d'Écosse, à l'O. de celui de Perth. C'est un pays montagneux, rempli de lacs et de forêts, mais abondant en pâturages. Ce comté, qui a environ 1,070 lieues carrées et 97,320 habitants, renferme plusieurs îles Hébrides. Capitale, *Inverary*.

**ARGYNNE**, genre d'insectes lépidoptères. Les argynnes sont des papillons de jour, dont les antennes (filets de la tête) sont terminées par une espèce de bouton. Les organes de la bouche sont apparents. Les chenilles sont épineuses et vivent sur les violettes et plantes semblables. Leurs chrysalides, qui ont la forme d'un sabot, se suspendent par la queue. L'*argynne cardinal*, large de près de deux pouces et demi, est fauve avec plusieurs rangs de taches rondes et une ligne prolongée sur les deux ailes en zigzags noirs. Les ailes antérieures sont lavées de verdâtre en dessous; les inférieures sont d'un vert mat traversées longitudinalement par quatre bandes argentées; les antérieures ont le sommet fauve et le reste rouge semé de points noirs. Cette espèce habite le midi de la France. On connaît encore l'*argynne tabac d'Espagne*, *adippé*, *nacré*, *petit nacré*, *petite violette*, *palès*, *collier argenté*, *damier*, *athalie*, *phœbé*, etc. Ces papillons sont presque tous fauves, avec des bandes rougeâtres ou jaunâtres, et semés de points noirs. Ils sont communs partout.

**ARGYRASPIDES**, légion de soldats macédoniens qu'Alexandre le Grand avait créée l'an 331 avant J.-C. C'était une troupe d'élite qui portait des boucliers d'argent.

**ARGYRITE** ou **ARGYROLITHE**, nom donné par les anciens à une pierre précieuse, très-brillante, aux reflets chatoyants, dont on faisait des vases et des bijoux. L'on pense que c'est l'aventurine d'Orient à pâte blanche, renfermant des paillettes brillantes avec des reflets d'un beau vert.

**ARGYRITES** (JEUX), nom donné aux jeux des anciens qui n'avaient pas lieu en l'honneur des dieux, et où le vainqueur recevait un prix d'argent.

**ARIADNE** ou **ARIANE**, fille de Minos II, roi de Crète. Elle devint éprise de Thésée, et lui donna le moyen de vaincre le minotaure, avec le secours d'un peloton de fil qui l'aida à sortir du labyrinthe. Elle s'enfuit avec ce héros, qui l'abandonna à Naxos. Bacchus la trouva endormie, la consola, l'épousa, et lui donna une couronne qui fut mise après sa mort au rang des astres.

**ARIARATHE**. Neuf rois de Cappadoce ont porté ce nom. Le premier succéda à Ariamnès, et rendit de grands services à Artaxercès dans sa guerre avec l'Égypte, vers 350 avant J.-C. — Le second succéda à Holopherne, et fut fidèle à Darius.—Le troisième défit les Macédoniens vers 310.— Le quatrième, fils d'Ariamnès II, vivait vers 250.—Le cinquième prit le parti d'Antiochus le Grand, dont il avait épousé la fille.—Le sixième périt dans la défaite de Crassus.—Le septième fut tué par Mithridate.—Le huitième, surnommé *Philométor*, mourut comme son père Ariarathe VII. Le neuvième succéda à son frère; mais il fut chassé par Mithridate, qui mit à sa place son propre fils.

**ARICH** (EL), ville d'Égypte, à l'entrée du désert de Syrie, à 15 lieues de Gaza. Elle fut prise par les Français en 1799. El Arich est célèbre par le traité conclu en 1802 au sujet de l'évacuation de l'Égypte.

**ARICIE**, princesse athénienne, nièce d'Égée, et qu'Hippolyte épousa après qu'Esculape l'eut rappelé à la vie.—Ancienne ville d'Italie, aujourd'hui Riccia, bâtie par Hippolyte, fils d'Égée; on y voyait autrefois un temple consacré à Diane *Aricine*, dont le prêtre, appelé roi, était toujours un fugitif qui devait avoir tué son prédécesseur, et qui était toujours armé d'une épée, afin de prévenir celui qui aurait voulu lui succéder à la même condition. Près du temple était la fameuse forêt d'Aricie, située sur la voie Appienne.

**ARIDÉE** ou **ARRHIDÉE**, fils naturel de Philippe, roi de Macédoine. Il monta sur le trône après la mort d'Alexandre, et régna jusqu'au moment où Roxane, qui était enceinte, donna à l'État un héritier légitime. Il fut assassiné avec sa femme Eurydice, par ordre d'Olympias, mère d'Alexandre.

**ARIÉGE** ou **ARIEGE**, rivière de France, qui prend sa source dans un petit étang entre Landoire et la vallée de Carol, et qui se jette dans la Garonne, une lieue au-dessus de Toulouse. On y pêche de bonnes truites; elle roule avec son sable des paillettes d'or.

**ARIÉGE**, département *frontière*, région S., formé du pays de Foix, du Couserans et de parties de la Gascogne et du Languedoc, borné par les départements de la Haute-Garonne, de l'Aude, par les monts Pyrénées et le département des Pyrénées-Orientales. Superficie, 468,964 hectares. Population, 267,000 h. Il se divise en trois arr.: *Foix* (chef-lieu), *Pamiers*, *Saint-Girons*. L'Ariége est couverte de montagnes, de forêts et de pâturages. Ses fabriques d'acier sont renommées. On y remarque les tours de Foix, les eaux d'Ax, les mines de Vicdessos, et sur la frontière d'Espagne, la vallée d'Andorre qui forme une république indépendante, etc. Le département fait partie de la vingt et unième division militaire, et est compris dans le ressort de la cour d'appel et de l'académie de Toulouse et du diocèse de Pamiers.

**ARIENS**, disciples d'Arius, prêtre d'Alexandrie, qui prétendait en 318 que Jésus-Christ, fils de Dieu, était la plus noble des créatures sorties du néant, et était, par conséquent, moins puissant que Dieu qui l'avait créé de sa volonté, et qu'il n'était ni supérieur ni égal à son Père. Condamné en 320, il fut banni en 325 par l'empereur Constantin, et mourut en 336. Éteinte en 660, cette hérésie fut renouvelée par les sociniens en 1530.

**ARIETTE**, diminutif d'*air*. C'est un petit air détaché, léger et gracieux, tenant le milieu entre la romance et la chanson. Très en usage au XVIIe siècle, les ariettes ont passé de mode. L'*air* ou *ariette* de *bravoure* était ce que nous appelons *air à roulades*. Les airs, au XVe siècle, s'appelaient tous des *chansons*.

**ARILLE**, tégument charnu que l'on rencontre dans certains fruits. Il enveloppe la graine, tout en étant distinct du tégument propre à cette graine, et adhère au cordon ombilical, dont il est une prolongation. La forme de l'arille varie beaucoup. On nomme *macis* celle que l'on observe sur la graine du muscadier. On en voit encore sur l'oxelide, le fusain, etc. On nomme *arillée* la graine qui présente une arille.

**ARIMANE**, principe du mal chez les anciens Perses, de même qu'Orimaze (*Ormuzd*) était le principe du bien. Tous deux fils de Zervane (*le temps*), leur mission, dont l'accomplissement durera douze mille ans, est de remplir le monde du bien et du mal naissant de leurs querelles éternelles. Les génies, bons ou mauvais, président à l'exécution de leurs volontés pour le bien et le mal physique et moral: les bons (*izeds*) sont sous les ordres de princes nommés *amschaspands*; les mauvais (*devs*) sont sous les ordres d'autres princes. — Les douze mille ans sont divisés en quatre âges: Orimaze régnera au premier; au second, la puissance mal affermie d'Arimane se fera sentir; au troisième (période actuelle), les deux principes se feront la guerre; au quatrième, Arimane sera vaincu par Orimaze, qui réduira la terre en fusion. Un nouveau ciel et une nouvelle terre surgiront pour l'éternité; les deux principes se confondront, et l'univers jouira de la paix. Telle est la doctrine de Zoroastre.

**ARIOBARZANE** fut placé par les Romains sur le trône de Cappadoce, l'an 88 avant J.-C., après Ariarathe IX. Dépouillé de sa couronne par Mithridate, il fut rétabli par les Romains. Il embrassa le parti de Pompée, et combattit contre César à la bataille de Pharsale. Il dut son salut et la conservation de son royaume à la protection de Cicéron. — Satrape de Phrygie, qui envahit le Pont après la mort de Mithridate Ier (363 avant J.-C.), se maintint sur le trône vingt-six ans, et eut Mithridate II pour successeur. — **ARIOBARZANE** II, roi du Pont, succéda à Mithridate III (265 avant J.-C.), et eut pour successeur Mithridate IV. — Général de Darius, qui disputa à Alexandre, roi de Macédoine, le passage de Suze. Il fut tué en voulant s'emparer de Persépolis.

**ARION**, poëte et musicien grec, né à Méthymne, dans l'île de Lesbos. Périandre, tyran de Corinthe, le combla de richesses. Comme il retournait dans sa patrie, les matelots voulurent le tuer pour avoir ses richesses; il obtint de jouer pour la dernière fois de la lyre: mais, voyant ses ennemis insensibles, il se précipita dans la mer; un dauphin le reçut sur son dos, et le ramena à Ténare. Périandre mit à mort les matelots, et éleva un monument au dauphin, qui, après sa mort, fut mis au rang des astres.

**ARION**, genre de mollusques gastéropodes (qui marchent sur le ventre), renfermant des animaux assez semblables aux limaces, et qui n'en diffèrent que par la présence d'un pore muqueux, situé à l'extrémité du corps, et par leur cuirasse ordinairement chagrinée. Les arions vivent dans les endroits frais des jardins; leur couleur est d'un rouge foncé. L'on connaît la faveur populaire dont jouit l'*arion des empiriques* ou *limace rouge*, dont les charlatans vendent la poudre, qu'ils en retirent par la calcination, pour guérir diverses maladies.

**ARIOSTE** (Louis), né à Reggio en 1474. Dès sa plus tendre enfance, il composait des vers de ces tragédies qu'il jouait avec ses frères. Plus âgé, il fit deux comédies, la *Cassandra* et il *Suppositi*. Hippolyte d'Este son et frère Alphonse le gardèrent à leur cour, où il acheva en dix ans l'*Orlando furioso* (Roland furieux), suite de l'*Orlando innamorato* (Roland amoureux) de Boïardo. Il le publia en 1516, et mourut en 1533. Une richesse inépuisable d'invention, jointe à la magie d'un style pur et pompeux, distingue le poëme de l'*Orlando furioso*.

ARIOVISTE, chef germain, fut d'allié des Romains. Mais ayant soumis à son pouvoir les Æduens, les Séquanais et quelques autres tribus gauloises, il fut forcé de livrer à César un combat où il fut vaincu. 80,000 Germains restèrent sur le champ de bataille, et Arioviste fut contraint de repasser le Rhin pour éviter la poursuite de César.

ARISTARQUE, astronome grec, de Samos, né 267 ans avant J.-C., prétendit le premier que la terre tournait autour du soleil. Il nous reste un de ses ouvrages sur la grandeur et la distance du soleil et de la lune. Il est l'inventeur des cadrans solaires.

ARISTARQUE, grammairien grec, né en Samothrace, qui critiqua les poésies d'Homère, et en publia une autre édition, ainsi que de celles de Pindare. Il vivait en 150 avant J.-C.

ARISTÉ. On nomme ainsi, en botanique, les parties des plantes qui sont pourvues d'une *arête*.

ARISTÉE (myth.), fils d'Apollon et de la nymphe Cyrène, né dans les déserts de la Libye. Chasseur intrépide, il parcourut la plus grande partie de la terre, et s'arrêta en Grèce, où il épousa une fille de Cadmus. Épris des charmes d'Eurydice, femme d'Orphée, il la poursuivit dans les champs en fuyant, elle fut piquée par un serpent, et mourut de cette blessure. Les dieux punirent Aristée en détruisant ses abeilles. Le devin Protée lui ordonna d'apaiser les mânes d'Eurydice par des sacrifices expiatoires. Aristée, ayant donc immolé quatre taureaux et quatre génisses, vit sortir de leurs cadavres un essaim nombreux d'abeilles. Il apprit aux hommes à cultiver l'olivier et à préparer le miel. Il mourut sur le mont Hémus : on lui rendit, après sa mort, des honneurs héroïques.

ARISTÉNÈTE, auteur grec du IVe siècle après J.-C., né à Nicée, a écrit des lettres érotiques (c'est-à-dire, amoureuses), les meilleures qui nous restent de l'antiquité. Aristénète est mort en 358.

ARISTER, sorte de gâteau que l'on offrait aux dieux chez les anciens. Il était composé des prémices du blé nouveau.

ARISTIDE, fils de Lysimaque, Athénien célèbre, à qui sa probité sévère valut le surnom de *Juste*. Devenu archonte, il excita la jalousie de Thémistocle, et fut exilé par l'ostracisme. Il commanda les Athéniens à la bataille de Platée, et contribua beaucoup à la victoire remportée sur les Perses. Il mourut dans un âge très-avancé, et ne laissa pas de quoi subvenir aux frais de sa sépulture. Le peuple lui fit ériger un tombeau à Phalère.

ARISTIDE (Ælius ou Théodore), orateur, philosophe et prêtre de Jupiter, né à Adriani en Bithynie l'an 129 de J.-C. Il devint le plus célèbre rhéteur de son temps. Il composa cinquante-cinq harangues et plusieurs autres ouvrages. La ville de Smyrne ayant été détruite par un tremblement de terre, Aristide détermina l'empereur Marc Aurèle à la rebâtir, par une lettre éloquente qu'il lui écrivit : on a de cet écrivain des hymnes, des oraisons funèbres, des apologies, des panégyriques et des harangues.

ARISTIPPE, fondateur de l'école cyrénaïque, appelée ainsi de Cyrène, en Afrique, sa ville natale. Disciple de Socrate, sa morale différait beaucoup de celle de son maître : il enseignait qu'il fallait s'abstenir des sciences, et cherchait le bonheur dans les jouissances les plus délicates de la vie. Il florissait vers 380 avant J.-C.

ARISTOBULE, nom commun à plusieurs grands prêtres et rois des Juifs. Le premier, surnommé *Judas* et *Philhellen*, succéda à son père Jean Hircan l'an du monde 3898. Il mourut l'année suivante, après avoir fait périr sa mère et quatre de ses frères. — Le deuxième, fils d'Alexandre Jannée et frère du grand sacrificateur Hircan, que sa mère Alexandra avait déclaré roi, lutta longtemps avec son frère et lui enleva son royaume. Vaincu par Arétas, roi d'Arabie, il fut mené ensuite à Rome par Pompée, et y resta huit ans dans les fers. S'étant enfui de Rome, il amassa une armée de 8,000 hommes et fut vaincu par Gabinius, qui le conduisit à Rome l'an du monde 3948. En 3955, César voulut l'envoyer en Palestine pour l'opposer à Pompée ; mais les amis de celui-ci empoisonnèrent Aristobule. — Le troisième, petit-fils du précédent, épousa Marianne, sœur d'Hérode. Il mourut en 3970, noyé.

ARISTOCRATIE, gouvernement où l'autorité est confiée aux principaux de l'État, soit à cause de leur naissance ou de leurs richesses. Chez les anciens, c'était le gouvernement des plus vertueux et des plus sages.

ARISTODÈME, fils d'Aristomaque, de la famille des Héraclides, conquit le Péloponèse l'an 1104 avant J.-C., épousa Argia, dont il eut deux jumeaux, Proclès et Eurysthène, qui régnèrent à Sparte, et, selon les uns, fut tué à Naupacte d'un coup de foudre, selon d'autres, à Delphes. — Roi de Messénie, l'un des descendants d'Ægyptus et de la race des Héraclides. Il se distingua par sa valeur dans le commencement de la première guerre de Messénie. Euphaës ayant été tué l'an 731 avant J.-C., Aristodème fut nommé roi à sa place, et remporta sur les Lacédémoniens plusieurs victoires signalées. Il sacrifia sa fille à la prospérité de sa patrie ; mais tous ses efforts n'aboutirent qu'à retarder la prise d'Ithome et l'asservissement de la Messénie. Il se tua de désespoir l'an 724 avant J.-C.

ARISTO-DÉMOCRATIE, gouvernement où l'autorité se trouve partagée entre la noblesse et le peuple.

ARISTOGITON, Athénien qui forma avec Harmodius une conspiration contre Hipparque et Hippias, fils de Pisistrate. Ils n'assassinèrent que le premier. Aristogiton fut arrêté et mis à mort. On lui érigea plus tard des statues ainsi qu'à Harmodius.

ARISTOLOCHE, genre de plantes de la famille des aristoloches, composé d'herbes ou arbrisseaux, à tige faible ou couchée, souvent grimpante, montant d'un pied à vingt ou vingt-cinq. Les fleurs n'ont pas de pétales. Le calice est d'une seule pièce et coloré, tantôt droit, tantôt recourbé en siphon, ou bien tronqué obliquement, et terminé en languette. Les aristoloches sont originaires de l'Amérique septentrionale. Elles jouissent de grandes propriétés médicales : leurs racines sont âcres, amères et passent pour guérir les morsures des serpents, que leur suc endort et enivre. L'*aristoloche siphon* est cultivée dans nos jardins pour l'ornement des berceaux. Ses tiges atteignent trente pieds le long des murs ou des treillis qu'elles recouvrent de leurs belles et larges feuilles, arrondies en forme de cœur.

ARISTOLOCHES ou ARISTOLOCHIÉES, famille de plantes dicotylédones, apétales, le plus souvent grimpantes et douées de propriétés médicinales. Tels sont l'*asaret*, l'*hypociste* et l'*aristoloche*.

ARISTOMÈNE, célèbre général messénien qui excita, vers l'an 685 avant J.-C., ses compatriotes à secouer le joug des Lacédémoniens. Il battit ceux-ci à plusieurs reprises, et lutta onze ans avec avantage. Forcé de se rendre enfin et d'évacuer la citadelle d'Ira, faute de vivres et de soldats (671 ans avant J.-C.), trahi par un de ses alliés, il vit la Messénie retomber une autre fois dans l'esclavage. Il se retira en Arcadie où il mourut.

ARISTON, roi de Sparte, fils d'Agasiclès, de la famille des Eurypontides, monta sur le trône l'an 564 avant J.-C., et régna trente-neuf ans.

ARISTOPHANE, célèbre poëte grec, né à Athènes, auteur de cinquante-quatre comédies, dont on en a onze. Les plus célèbres sont *Plutus*, *les Nuées*, où il tourna Socrate en ridicule, *les Chevaliers*, où il attaqua le démocrate Cléon, *les Guêpes*, imitées par Racine dans *les Plaideurs*. Toutes ces pièces, excepté *Plutus*, appartiennent à l'ancienne comédie ; elles sont considérées comme une peinture fidèle des mœurs athéniennes.

ARISTOTE, philosophe grec, né à Stagyre, en Macédoine, 384 ans avant J.-C. Il ouvrit à Athènes une école d'éloquence, et sa réputation devint si grande que Philippe le chargea de l'éducation d'Alexandre le Grand. Revenu à Athènes, il y fonda une école de philosophie au Lycée ; mais, accusé d'impiété, il se retira à Chalcis, en Eubée, où il mourut l'an 322 avant J.-C. Il fonda la secte des *aristotéliciens* ou *péripatéticiens*. Il nous a laissé un *Traité de rhétorique*, *de métaphysique*, *de morale*, *de politique*, *de mathématique* et *d'histoire naturelle*. (Voy. PÉRIPATÉTISME.)

ARITHMÉTIQUE, partie des mathématiques qui s'occupe spécialement des propriétés des nombres, et qui a pour but de résoudre toutes les opérations dont les nombres sont susceptibles. Elles se réduisent à les composer (par l'addition et la multiplication) et à les décomposer (par la soustraction et la division).

ARITHMOMANCIE, divination par les nombres. Les Grecs considéraient le nombre et la valeur des lettres, dans les noms de deux combattants par exemple, et en auguraient que celui dont le nom renfermait le plus grand nombre de lettres remporterait la victoire.

ARIUS, théologien célèbre du IVe siècle, qui nia la divinité et la consubstantialité du Verbe. Après avoir été persécuté pour ses opinions, il gagna l'amitié de l'empereur Constantin. Il mourut subitement au moment où il allait entrer en triomphe dans la cathédrale de Constantinople (336). Il a donné son nom aux *ariens*.

ARKANSAS, rivière des États-Unis qui prend sa source dans les montagnes Rocheuses et se jette dans le Mississipi après un cours de 720 lieues. Elle donne son nom à un territoire des États-Unis, borné au N. par l'État et le territoire de Missouri, au S. par le Red-River (Rivière-Rouge) et la Louisiane, à l'E. par le Mississipi, à l'O. par le Mexique. Sa superficie est de 40,000 lieues carrées, et sa population de 25,812 habitants, dont 4,876 sont esclaves. Sa capitale est Arkopolis ou Little-Rock sur la rive gauche de l'Arkansas ; et ses villes principales sont Arkansas, Batesville, Napoléon, Warmspring et Port-Pecan. Il est habité par les Indiens Osages, et est gouverné depuis 1819 au nom de l'Union.

ARKHANGEL ou ARCHANGEL, gouvernement de la Russie européenne, au N. de celui de Vologda, de 34,250 lieues carrées, et d'une population de 170,400 habitants, dont 7,000 Samoïèdes. La capitale est Archangel, sur la Dwina, près de la mer Blanche. Elle a 16,500 habitants. Les Anglais la fondèrent en 1553, et jusqu'à la fondation de Saint-Pétersbourg, elle servit seule d'entrepôt aux marchandises russes. Élisabeth lui accorda les privilèges de Saint-Pétersbourg en 1762. Le commerce est très-florissant sur la Dwina. Archangel est devenue le plus grand entrepôt de la Sibérie. Elle communique par des canaux avec Moscou et Astrakhan.

ARKWRIGHT (Richard), mécanicien, qui de pauvre barbier s'éleva à une grande fortune. Il s'unit avec un horloger de Warington en 1767. Cet horloger, nommé Kay, s'occupait à perfectionner les machines à filer du coton. Un capitaliste de Liverpool leur fournit les fonds, et en 1769 ils avaient reçu un brevet d'invention. La société fit faillite ; mais Richard établit à son compte une filature dont les bénéfices le rendirent très-riche. Il mourut en 1792, laissant 15 millions de fortune.

ARKOSE, roche qui varie beaucoup dans sa texture. Celle-ci est tantôt grenue et composée de grains de quartz hyalin et de feldspath, tantôt compacte ou argiloïde. La mica, le talc, la lithomarge, y entrent comme parties accessoires. La galène, la fluorite et la baryte dominent dans les variétés cristallines. Dans l'*arkose commune*, le quartz est dominant ; dans l'*arkose granitoïde*, c'est le feldspath ; dans l'*arkose miliaire*, les grains sont d'une petitesse remarquable. Les variétés sont très-nombreuses. L'*arkose friable* ou *arène* sert à faire des mortiers hydrauliques. On emploie plusieurs variétés à faire des cheminées de fourneaux, à servir de carreaux de dallage ou de meules de moulin.

ARLBERG, chaînon des Alpes entre la Bavière et le Tyrol. Il se rattache aux Alpes rhétiques par les Alpes des Grisons, et se bifurque au point où l'Inn et le Lech prennent leur source. Il envoie deux rameaux, l'un au N., puis à l'O., vers les monts de la forêt Noire, l'autre, le long de l'Inn jusqu'au Danube.

ARLEQUIN, personnage comique de la scène italienne. Son costume est un habit étriqué, composé de morceaux de drap triangulaires de diverses couleurs, des souliers sans talons. Il a la tête rasée, un masque noir et une batte à la main. A lui seul est le privilége des lazzis et des bons mots. Son origine remonte à 1580.

ARLES (ancienne *Arelas*), chef-lieu d'arrondissement du département des Bouches-du-Rhône, fondée par les Phocéens ou les Gaulois. Rivale de Marseille, elle eut, à l'époque où Constantin fit le siége de son empire, le titre de métropole des Gaules. Sa splendeur décrut par les invasions successives des barbares. En 869, Boson, duc de Provence, en fit la capitale du royaume de Provence et d'Arles. En 1131, elle s'érigea en république, et les princes d'Anjou la réunirent à leur domaine en 1251. — Sa population est de 20,236 habitants. On y voit beaucoup de restes d'antiquités.

ARMADA, nom donné à la redoutable flotte, dite *la flotte invincible*, que Philippe II équipa en 1588 contre l'Angleterre, et qui fut en partie détruite par la tempête.

ARMADILLE, petite escadre espagnole qui gardait les côtes au N. et au S. de la Nouvelle-Espagne (Amérique). On appelait de ce nom les bâtiments de guerre employés dans les mers de Carthagène pour empêcher les bâtiments étrangers d'y commercer. — C'est aussi le nom d'un genre de la famille des crustacés isopodes (aux pieds égaux entre eux), renfermant des animaux assez semblables aux cloportes, qui habitent les lieux humides, tels que caves, rochers, etc. L'*armadille des boutiques* est gris, et a le deuxième anneau du corps très-grand et échancré. Cette espèce, venant d'Italie, est employée par les pharmaciens sous le nom de *cloportes préparés*. On s'en sert, en médecine, comme apéritif, pectoral et diurétique.

ARMAGH, comté d'Irlande dans l'Ulster, borné au N. par celui de Tyrone, à l'O. par celui de Monaghan, au S. par celui de Louth, à l'E. par celui de Down. Sa superficie est de 65 lieues carrées, et sa population de 196,600 habitants. Sa capitale est Armagh à 28 lieues de Dublin, siége d'un archevêché dont le titulaire a le titre de primat d'Irlande, et autrefois d'une université où venaient jusqu'à six mille étudiants. Le comté d'Armagh est le plus fertile de l'Irlande.

ARMAGNAC, comté et province de France, réunis à la couronne par Henri IV, et faisant partie du département du Gers. Ce pays produit du vin excellent, avec lequel on fabrique la fameuse eau-de-vie dite d'*Armagnac*. L'Armagnac avait environ 80 lieues carrées de superficie. Auch en était la capitale.

ARMAGNAC (Bernard d'), connétable de France, fils de Jean II, comte d'Armagnac. Il embrassa en 1410 le parti de Charles VI et du duc d'Orléans contre le duc de Bourgogne, et devint le principal mobile de la faction d'Orléans, à laquelle il donna son nom. Lors de la prise d'Orléans par les Bourguignons, il fut arrêté et massacré en 1418 par le peuple.

ARMAGNAC (Jacques d'), duc de Nemours. Il entra dans toutes les conspirations formées contre Louis XI, et fut un des chefs de la faction du *bien public*. Fait prisonnier, il fut enfermé à la Bastille dans une cage de fer, et fut exécuté en 1477. Le roi avait fait attacher ses deux fils sous l'échafaud, afin que le sang de leur père inondât leur visage.

ARMATEUR, négociant qui se charge de procéder aux préparatifs de voyage d'un vaisseau. C'est sous son nom que le navire fait voile. — Autrefois on appelait ainsi le capitaine d'un vaisseau autorisé par un gouvernement à commander un bâtiment qu'il avait armé.

ARMATOLES, nom donné à certains chefs de tribus chrétiennes, qui, depuis l'établissement de l'empire ottoman en Europe, se retirèrent dans les montagnes des provinces septentrionales de la Grèce, et conservèrent à main armée une indépendance plus ou moins limitée. Ils possédaient treize districts, soumis chacun à l'autorité d'un capitan, et nommés *armatolis*. On les appelle aussi Klephtes.

ARMÉE, réunion des forces soldées par un gouvernement. On distingue l'*armée permanente*, c'est-à-dire, celle qui est maintenue à l'intérieur du royaume dans un état de permanence, et l'*armée de guerre* ou d'*expédition*. On appelle *armée d'observation* celle qui protége un siége, et *armée de réserve* celle qui alimente les armées de guerre, et protége les populations laissées derrière elles. Les armées ont commencé à devenir permanentes en France sous Philippe-Auguste.

ARMÉE NAVALE, armée composée de 27 vaisseaux de ligne au moins, et de frégates et de corvettes en égal nombre, divisée en trois escadres, renfermant chacune trois divisions. Les escadres se distinguent, en France, entre elles par les couleurs *bleu*, *blanc* et *mi-partie* de ces deux couleurs.

ARMEMENT, équipement et munitionnement d'un navire de guerre. Il se compose de trois parties : le *mâtage*, ou placement des mâts, l'*arrimage* et le *gréement*.

ARMÉNIE, vaste pays d'Asie, de 5,000 lieues carrées, divisé en *Arménie turque* et *persane*, traversé dans presque toute sa longueur par le Tigre et l'Euphrate. Ce pays, après avoir appartenu aux Perses et aux Mèdes, forma une petite principauté grecque en 1080, et un royaume latin jusqu'en 1393, tomba successivement au pouvoir des Perses et des Arabes, jusqu'à Sélim II, qui le réduisit au pouvoir des Turks en 1552. Les Arméniens se livrent au commerce et professent le christianisme. Ils sont séparés de l'Eglise grecque, et reconnaissent pour chef de leur Eglise un patriarche nommé *catholicos*. Ce pays renferme 950,000 habitants.

ARMÉNIE (PETITE). Les Romains, l'an 63 avant J.-C., ayant conquis une partie de l'Arménie, l'annexèrent à l'empire et la réduisirent en province sous le nom de *minor Armenia*, petite Arménie. Elle était bornée au N. par la Colchide et l'Ibérie, à l'E. par l'Arménie propre, à l'O. par la Cappadoce, au S. par la Comagène. Elle fut divisée d'abord en cinq provinces nommées *Mélitène*, *Cataonie*, *Muriane*, *Laviane* et *Rhavène* ; et plus tard en deux parties, la *première Arménie* dans la partie septentrionale, avec *Satala* pour capitale, et la *deuxième Arménie* dans la partie méridionale, avec *Simbra* pour capitale.

ARMES, moyens de défense ou d'attaque inventés par l'homme pour se mettre à l'abri des dangers. On les divise en *offensives*, subdivisées elles-mêmes en *armes de jet* et *de main* ; en *défensives*. On divise aujourd'hui les armes offensives en *armes blanches* (le sabre, l'épée, etc.) et *armes à feu* (fusil, canon, etc.). Les armes offensives des anciens étaient le javelot, la lance, l'arc, la fronde, etc. Les armes défensives étaient le bouclier, le casque, la cuirasse.

ARMES, parties du corps dont les animaux se servent pour combattre leurs ennemis. Telles sont les épines du hérisson,

le venin des serpents, le bec des oiseaux de proie, etc.

ARMES. Ce sont, en botanique, les épines, aiguillons ou pointes plus ou moins aiguës qui naissent sur les diverses parties de certaines plantes.

ARMES. En termes de blason, ce sont certaines marques propres à chaque maison noble, et peintes ou figurées sur l'écu et sur la cotte d'armes. Les *armes pleines* sont celles qui sont entières, nettes et nues, d'une pièce, qui n'ont aucune brisure, division ou mélange. Les *armes brisées* sont exactement le contraire. Les *armes chargées* sont celles qui sont pleines, et auxquelles on a ajouté de nouvelles pièces. Les *armes fausses* sont celles qui ne sont pas selon les règles du blason. Les *armes parlantes*, celles qui y a quelques figures faisant allusion au nom de la famille. Les *armes à enquerrer* sont les mêmes que les *armes fausses*. Les *armes déchargées* sont celles dont on a retranché plusieurs pièces par suite de quelque condamnation.

ARMES COURTOISES, armes dont on se servait autrefois dans les tournois. C'étaient ordinairement des lances sans fer, des épées sans taillant ni pointe.

ARMES D'HONNEUR, armes décernées aux soldats pour des actions éclatantes depuis le 4 nivôse an VIII. C'étaient des sabres pour les officiers, des fusils pour les soldats. Cette institution a été supprimée lors de la création de la Légion d'honneur.

ARMES PROHIBÉES, ce sont les poignards, stylets, et toutes les armes offensives secrètes ou cachées. — Il est défendu à tous les ecclésiastiques de porter les armes, si ce n'est pour sauver leur vie.

ARMET, casque léger, sans visière ni gorgerin, que portaient jadis les chevaliers errants.

ARMIDE, personnage de l'invention du Tasse dans le poëme de *la Jérusalem délivrée*. Armide, habile magicienne, séduit Renaud, le plus vaillant des croisés, et le retient captif dans l'empire de ses charmes dans les jardins enchantés. Ce n'est que lorsque Renaud est rappelé à l'honneur et au devoir, qu'il s'arrache de ses bras. Cette fiction a été le sujet de plusieurs opéras, dont les plus fameux sont ceux de Gluck et de Rossini.

ARMILLAIRE (SPHÈRE), assemblage de plusieurs cercles de métal, de bois ou de carton, au centre desquels on place un petit globe, qui sert à désigner la terre. Ces cercles sont au nombre de dix, six grands, qui passent par le centre de la sphère, et quatre petits, qui ne passent pas par le centre. Les six grands cercles sont l'*horizon*, le *méridien*, l'*équateur*, le *zodiaque* qui renferme l'*écliptique*, et les deux *colures* ; les petits cercles sont les deux *tropiques* et les deux *cercles polaires*. Ces cercles servent à expliquer les mouvements des astres, ou à déterminer leur situation, dans le système de Ptolémée, c'est-à-dire, dans l'hypothèse de la terre immobile au centre de l'univers. On attribue l'invention de la sphère à Anaximandre. — Il y a aussi des *sphères armillaires* qui représentent les orbites ou les cercles que décrivent les planètes dans les différents systèmes de Copernic, de Tycho-Brahé, etc.

ARMILLE, nom donné, en architecture, à de petites moulures en forme d'anneaux, que l'on voit au chapiteau de l'ordre dorique immédiatement au-dessous de l'arc.

ARMILUSTRE, fête que les Romains célébraient le 19 octobre dans le champ de Mars. On offrait des sacrifices expiatoires pour la prospérité des armées et pour purifier les armes. Elle fut instituée l'an de Rome 543 (209 avant J.-C.).

ARMINIUS ou HERMANN, général des Chérusques, fit aux Romains une guerre sanglante, et remporta sur eux quelques avantages. Il fut vaincu deux fois par Germanicus, et fut empoisonné par un de ses parents. Il avait exterminé à 26 ans les légions de Varus. Arminius, libérateur de la Germanie, mourut à 37 ans, l'an 19 de J.-C.

ARMINIUS ou HARMENSEN, chef de la secte des *arminiens* ou *remontrants*, né en 1560 à Oudewater, dans la Hollande, mort en 1609. Il s'éleva avec force contre les *supralapsaires*, qui prétendaient que Dieu avait résolu la chute d'Adam, et avait disposé les événements de manière qu'il ne pût s'abstenir de pécher. Il émit une doctrine tout à fait opposée sur la prédestination et sur l'universalité de la rédemption. Les arminiens furent condamnés en 1619, à Dordrecht.

ARMOIRIES ou ARMES, emblèmes de noblesse portés ordinairement sur les drapeaux et les armures. On fait remonter leur origine au xe siècle. La classification méthodique des armoiries et le langage mystérieux qui sert à les décrire constituent l'art du *blason*. Les recueils des diverses armoiries se nomment *armoriaux*. — Il y en a huit sortes: celles *des familles*; *de possession*, indiquant la réunion de divers domaines, États, etc.; celles *de prétention*; *de substitution*; *d'alliance* ou *d'obligation*; *de congression*, accordées par le roi; celles *de patronages*; enfin celles *de communauté*, comme les académies, corporations, etc.

ARMOISE, genre de plantes herbacées ou frutescentes, de la famille des corymbifères, aromatiques et amères, et se composant d'un grand nombre d'herbes ou de sous-arbres, dont plusieurs sont usitées en médecine. Telles sont la citronelle, l'absinthe, etc.

ARMORIAL, registre ou catalogue contenant les armoiries de la noblesse d'un royaume, d'une ville, d'une famille, dessinées, peintes, ou seulement décrites.

ARMORIQUE (AR-MORRICQ), ancien nom de la Bretagne et de toutes les peuplades maritimes de la Gaule en général. Dans l'invasion des Gaules par César, la ligue armorique la combattit, et les plus obstinés de cette ligue furent les habitants du pays qui s'appela depuis *Bretagne*.

ARMURE, mot qui désigna, chez les Grecs et les Romains, et au moyen âge, jusqu'à Louis XIV, toutes les pièces dont s'armaient les guerriers, mais surtout les armes défensives, telles que le casque, le bouclier.

ARMURIER, artisan qui fait et vend toute sorte d'armes. L'armurier proprement dit ou *arquebusier*, ne fabrique dans le fusil que le mécanisme destiné à mettre le feu à la poudre et autres pièces qu'il ne fait qu'ajuster sur un canon préparé.

ARNAUD (François-Thomas-Marie DE BACULARD D'), né à Paris en 1718, mort en 1805, auteur fécond, connu par ses ouvrages des *Épreuves du sentiment*, des *Délassements de l'homme sensible*, et quelques pièces de théâtre. Il fut l'ami de Voltaire et de Frédéric II.

ARNAUD DE BRESCIA, disciple d'Abailard, qui s'éleva contre le pouvoir temporel des évêques et des moines. Ses opinions produisirent en 1139 une grande impression sur le peuple, qu'il excita à la révolte contre le clergé; il fut insurger Rome contre Eugène III, et fut arrêté sous Adrien IV, qui le fit brûler vif en 1155. Ses partisans s'appelèrent *arnoldistes*.

ARNAULD, famille originaire d'Auvergne, célèbre par les écrivains, les avocats et les théologiens fameux qu'elle a produits. Le plus illustre est Antoine Arnauld, né en 1612, mort en 1694, docteur en Sorbonne, théologien et philosophe profond, qui publia un ouvrage *de la fréquente Communion* contre les jésuites, puis l'*Art de penser*, de concert avec Nicole. Il fut le partisan de Jansénius, et commença en 1683 avec Mallebranche sa fameuse dispute au sujet de la grâce, qui dura jusqu'à sa mort.

ARNAUTES, nom donné par les Turks aux Albanais. Ils s'appellent dans leur langue *Skypetars*.

ARNHEIM, ville de Hollande, chef-lieu de la province de Gueldre sur le Rhin, à 3 lieues de Nimègue. Population, 9,000 habitants. Son commerce est très-considérable. Arnheim est bien fortifiée. Son origine remonte au viiie siècle.

ARNIQUE, genre de la famille des composées, section des corymbifères, distingué par l'aigrette qui couronne toutes les graines. Les fleurs sont jaunes et radiées, les feuilles opposées ou alternes, radicales ou caulinaires. L'arnique est sternutatoire, et est employée en médecine à cause de ses propriétés excitantes. On appelle aussi cette plante *tabac des Vosges*.

ARNO, rivière d'Italie qui prend sa source dans les monts Apennins et se jette dans la Méditerranée auprès de Pise. L'Arno arrose la Toscane. Il a 55 lieues de cours.

ARNOBE L'ANCIEN, auteur du ive siècle, professeur de rhétorique à Sicca, ville d'Afrique dans la province proconsulaire, vers l'an 292. Il quitta le paganisme pour embrasser la doctrine du Christ, et composa sept livres très-éloquents contre la religion qu'il avait abandonnée. Il réfute dans cet ouvrage les erreurs des païens, et défend les principaux points du christianisme. Il y attaque ses adversaires avec force et énergie, et emploie des raisonnements subtils et délicats. Arnobe fut le maître de Lactance.

ARNODES, nom donné autrefois chez les Grecs à ces poëtes qui, dans les festins et d'autres assemblées, récitaient des vers d'Homère, en tenant une branche de laurier à la main. On les nommait ainsi parce qu'on leur donnait pour récompense un agneau (en grec, *arnos*). On les nommait aussi *rapsodes*.

ARNOUL, bâtard de Carloman, roi de Bavière, né en 856, fut élu en 888 roi de Germanie à la diète de Tribur, où Charles le Gros fut détrôné. Il reçut l'hommage des rois de France, d'Italie et de Bourgogne, et disposa du royaume de Lorraine en faveur de Zwentibold ou Swantipolk, son fils naturel. Appelé en Italie en 894 par le pape Formose, il ne dépassa pas Plaisance, et revint par les Alpes bourguignonnes. Après la mort de Guy, roi d'Italie, il fit une seconde expédition dans ce pays, et se fit couronner empereur d'Allemagne à Rome en 896. Les incursions des Moraves le rappelèrent en Germanie. Il s'allia contre eux avec les Hongrois récemment arrivés en Pannonie, et mourut en 899. Son fils Louis IV dit l'Enfant lui succéda.

ARNOUL (Saint), évêque de Metz. Il remplit plusieurs emplois à la cour de Théodebert II avant d'exercer l'état ecclésiastique, et eut de Dode, sa femme, en 609, deux fils, dont l'un fut père de Pepin d'Héristal, souche des rois de la deuxième race. Arnoul avait été en 622 le premier ministre de Dagobert. Il mourut en 642.

ARNOULD (Sophie), célèbre actrice de l'Opéra, née à Paris en 1743, morte en 1802. Elle devint la reine de l'Opéra. Ses rôles dans lesquels elle brillait le plus étaient ceux d'*Iphigénie en Aulide* et d'*Ephise* dans *Dardanus*. Ses bons mots et ses vives reparties lui acquirent une grande célébrité. Sa maison était fréquentée par les hommes les plus illustres de l'Opéra.

AROIDÉES, famille de plantes monocotylédones, à la racine vivace, tubéreuse et charnue, aux feuilles embrassant la tige, et dont la plupart des végétaux qui la composent sont acaules. Elles naissent à l'ombre, dans les lieux humides, et renferment des sucs vénéneux. Le *gouet* appartient à cette famille.

AROMATES, substances qui répandent une odeur plus ou moins suave, et qui sont tirées de végétaux qui croissent en Orient et dans les pays chauds. Ils doivent cette odeur à une huile volatile ou balsamorésineuse qu'ils renferment. Tels sont l'aloès, le baume, etc. On les emploie dans les parfums, assaisonnements et les embaumements, mais surtout dans la médecine, comme excitants et antispasmodiques.

AROME. En chimie, c'est cette portion d'un corps odorant qui, entraînée et disoute par l'air qui l'entoure, vient frapper l'odorat. C'est le principe de l'odeur et l'effet des substances propres à se volatiliser. On la fixe à l'eau et aux huiles par la distillation, et aux pommades par l'imprégnation.

ARONDE (QUEUE D'), nom donné dans les fortifications aux ailes ou branches d'un ouvrage, lorsqu'elles vont en se rapprochant vers la place, de sorte que la gorge se trouve moins étendue que le front.

ARONDELLE ou HARONDELLE, grosse ligne de pêche, composée d'un cordage d'environ vingt-cinq brasses de long, garni en tous sens d'hameçons. On la fixe sur le sable au bord de l'eau.

AROT et MAROT, nom donné dans la religion mahométane à deux anges que Dieu avait envoyés pour enseigner les hommes et pour leur ordonner de s'abstenir de toute espèce de vices.

AROURA, mesure de longueur des Grecs, qui valait 50 pieds. — Ce mot désigne plus souvent une mesure de superficie qui valait 2,500 pieds grecs carrés, c'est-à-dire, de nos mesures 82 toises 19 pieds 43 pouces 112 lignes carrées ou 2 ares 37 mètres 57 décimètres.

ARPEGGIO, mot italien qui désigne, en musique, la manière de faire entendre successivement toutes les notes d'un accord, particulièrement sur la harpe et les instruments à archet. L'arpège se fait en allant du grave à l'aigu, et revenant de l'aigu au grave.

ARPENT, ancienne mesure de superficie, remplacée par l'are. Il y en avait autant que de communes. Les plus usités étaient celui de Paris, qui renfermait 900 toises carrées de superficie, et le royal des eaux et forêts, de 1,844 toises carrées. Le premier valait 3,419 dix millièmes d'hectare, le second 5,107 dix millièmes. L'arpent métrique est la même chose que l'*hectare*.

ARPENTAGE, art de partager les terres en arpents, ares, etc., et en tracer le plan. Il se divise en trois parties, l'*arpentage* proprement dit, la *levée des plans*, et le *toisé* ou opération par laquelle on arrive à la connaissance de la superficie au moyen de calculs nécessaires.

ARPENTEUSES ou GÉOMÈTRES, nom donné à certaines chenilles qui ont de corps très-long et qui ont un tel intervalle entre les pattes de derrière et celles de devant, que leur abdomen est forcé de se plier pour faciliter le transport du corps. Cette conformation rend la marche de ces chenilles si singulière, qu'elles semblent mesurer le chemin qu'elles parcourent. Lorsqu'elles marchent, elles se fixent d'abord par les pattes antérieures, élèvent ensuite leur corps en manière d'anneau, pour rapprocher l'extrémité postérieure de l'antérieure, qui est déjà fixée. Elles se cramponnent ensuite au moyen des dernières pattes, dégagent les antérieures et portent leur corps en avant pour se fixer de nouveau et recommencer le même exercice. Ces chenilles donnent naissance aux papillons du genre *phalène*. — Latreille a donné le nom d'*arpenteuses* à la septième section des insectes lépidoptères nocturnes, comprenant le genre phalène.

ARPINO (Joseph-César D') dit *le Josepin*, né à Arpino en 1560. Placé dès l'âge de 13 ans auprès des peintres employés par Grégoire XIII pour peindre les loges du Vatican, il montra des dispositions si heureuses, que le pape ordonna qu'on lui payât un écu d'or par jour. Clément VIII le fit chevalier de l'ordre du Christ et directeur de Saint-Jean de Latran. A l'occasion du mariage de Marie de Médicis avec Henri IV, il accompagna le légat Aldobrandini en France, et fut fait chevalier de Saint-Michel. Arpino mourut à Rome en 1640. Ses plus beaux tableaux sont la *Bataille entre les Romains et les Sabins*, la *Nativité*, *Diane et Actéon*, l'*Enlèvement d'Europe* et les *morceaux d'histoire romaine* peints au Capitole.

ARQUEBUSADE (EAU D'). On a donné ce nom à une eau vulnéraire que l'on emploie contre les plaies produites par une arme à feu.

ARQUEBUSE, arme offensive inventée en 1550. Elle était au commencement si lourde, qu'il fallait deux hommes pour la porter. On la chargeait de pierres rondes, et pour la tirer on la posait sur une espèce de fourchette. On en fit à rouet et puis à croc. On en fabriqua ensuite de plus légères, on diminua leur longueur, et on remplaça la mêche par la pierre à feu. Il y avait aussi des arquebuses à vent.

ARQUEBUSIERS, soldats armés d'arquebuses. Il y en avait à pied et à cheval. Ils se composaient de l'élite des citoyens, et furent d'une grande ressource pour la défense des sièges. Ils jouissaient de nombreux privilèges.

ARQUES, petit bourg de France dans le département de la Seine-Inférieure, où Henri IV battit en 1589 l'armée du duc de Mayenne, forte de 30,000 hommes. Ce combat permit à Henri IV de s'avancer sans obstacle sous les murs de Paris.

ARRAGONITE, nom donné par les chimistes à un carbonate de chaux, considéré en minéralogie comme une espèce distincte. Elle présente des caractères autres de ceux que possède le carbonate de chaux. Elle renferme moins d'eau, a la propriété de rayer le verre, d'être très-dure. Sa cassure est vitreuse, plus ou moins ondulée. L'arragonite n'a aucun usage. Elle est commune en France.

ARRAN, île d'Ecosse faisant partie du comté d'Argyle. Elle renferme de bons pâturages, qui nourrissent un grand nombre de bestiaux, et à 6,760 habitants. Sa capitale est Lamslah sur la côte S.-E. de l'île.

ARRAS (ancienne *Atrebates*), chef-lieu du département du Pas-de-Calais, autrefois capitale de l'Artois. C'est une place forte, dont la citadelle et les remparts sont dus à Vauban. Elle a été conquit 50 ans avant J.-C. Dévastée par les Vandales en 407, et par les Normands en 880, prise par Maximilien en 1578, elle est retournée aux Français en 1640. Sa population est de 22,000 âmes. Sa cathédrale est une des plus belles de France. Elle est le siége d'un évêché, et a une bibliothèque de 36,000 volumes.

ARRAS (PAIX D'), congrès français lequel fut conclue la paix entre Charles VII, roi de France, et Philippe le Bon, duc de Bourgogne, le 6 août 1485, à Arras. Cette paix détacha les Bourguignons du parti de l'Angleterre, et hâta l'expulsion des Anglais de la France.

ARRÉPHORIES ou HERSÉPHORIES, fêtes célébrées à Athènes en l'honneur de Minerve et d'Hersé, fille du roi Cécrops. Des objets mystérieux y étaient portés par quatre jeunes vierges d'une naissance distinguée, ou par quatre garçons qui ne devaient avoir ni moins de sept ans ni plus de onze: leur vêtement était blanc et enrichi d'or.

ARRÉRAGES, intérêts, pensions, rentes foncières et autres redevances annuelles, dont le payement est en arrière. Les arrérages de rentes perpétuelles et viagères se prescrivent, selon le Code, par cinq ans. De plus, ils produisent intérêt du jour de la demande ou de la convention.

ARRÊT, décision d'une cour souveraine. Les arrêts se rendirent en latin jusqu'à François Ier; ce qui donnait lieu à de fausses interprétations des jugements. — *Arrêt* se dit aussi de la saisie d'une personne ou d'une chose. Les *maisons d'arrêt* sont des prisons où l'on enferme les personnes prévenues d'un crime. Elles furent établies par ordonnance de l'assemblée constituante en 1791 : auparavant, prévenus, accusés, coupables, étaient confondus dans une même prison. — Les militaires nomment *arrêts* une punition qu'on inflige aux officiers pour des fautes contre le service ou la discipline. Les *arrêts simples* ne dispensent pas du service; l'officier garde sa chambre dans les heures seulement où son devoir ne l'appelle pas au dehors. Si l'officier est aux *arrêts forcés* ou *de rigueur*, il est dispensé de tout service, et ne sort sous aucun prétexte. Ordinairement les officiers gardent les arrêts sur leur parole d'honneur. Les arrêts simples sont ordonnés à tout inférieur par tout supérieur, à charge d'en rendre compte. Les arrêts de rigueur ne sont prescrits que par le chef du corps. — Dans l'art vétérinaire, l'*arrêt* est l'effet que l'on produit sur un cheval en retenant de la bride sa tête et ses autres parties antérieures, et en chassant en même temps ses hanches avec le gras des jambes, en sorte que tout le corps du cheval se soutient en équilibre sur les jambes de derrière. Le *demi-arrêt* est l'action de retenir la main qui tient la bride près de soi, et de soutenir le devant du cheval sans l'arrêter.

ARRÊTE ou QUEUE-DE-RAT, nom donné, en médecine vétérinaire, aux parties dont le poil est tombé et où il n'en revient plus.

ARRÊTE-BOEUF. Voy. BUGRANE.

ARRHES, nœud, affermissement d'un contrat, consistant ordinairement en une certaine somme d'argent que le créancier rend après l'exécution de la convention.

ARRIA, femme de Cæcina Pætus. Son époux, accusé d'avoir ourdi une conspiration contre Claude, fut conduit à Rome pour y être jugé. Dans la route, Arria se frappa d'un coup de poignard, en retira de sa poitrine, et, le présentant à son mari, elle lui dit: *Pætus, cela ne fait pas de mal*. Pætus imita son exemple, et se tua.

ARRIEN, historien et philosophe grec, né à Nicomédie, florissait vers l'an 140 après J.-C. Il se fit un nom célèbre sous Adrien, Antonin et Marc Aurèle, par son savoir et son éloquence. Le premier de ces princes le nomma gouverneur de Cappadoce, le troisième l'éleva au consulat. Il battit des Alains, et arrêta leurs ravages. Il nous reste de lui sept livres de l'*Histoire d'Alexandre le Grand*, le *Périple du Pont-Euxin*, celui *de la mer Rouge*, une *Tactique* et un *Traité de la Chasse*. Il était disciple d'Épictète, et prêtre de Cérès et de Proserpine. On l'avait surnommé le nouveau Xénophon, à cause de la douceur et de l'élégance de son style. — Il y avait un poëte latin de ce nom, vivant vers l'an 14 de J.-C.

ARRIÈRE. C'est, en marine, la partie du bâtiment comprise depuis le grand mât jusqu'à la poupe. On dit les voiles, le gaillard, les canons de l'arrière. Le vent *arrière* est celui qui vient de la poupe. — L'*arrière-bec* est la partie d'une pile qui est sous le pont du côté d'aval dans la rivière. — *Arrière-bouche*. Voy. PHARYNX. — L'*arrière-corps*, en architecture, est la partie d'un édifice qui a moins de saillie que les autres parties. — L'*arrière-faix* est le nom des membranes qui sortent de l'utérus après l'accouchement : ces membranes sont l'amnios, le placenta, le chorion et l'allantoïde. — L'*arrière-main* est la partie postérieure du cheval.

ARRIÈRE-GARDE, corps de troupes destiné à couvrir la retraite d'une armée ou d'un corps d'armée. Elle doit se composer d'artillerie avec quelques pièces de campagne, et de cavalerie légère. Celle-ci agit dans la plaine, soutenue par l'infanterie; les chasseurs tiennent en respect les éclaireurs de l'ennemi.

ARRIMAGE, opération qui a pour but de donner au navire, en lui faisant tirer une certaine quantité d'eau par la distribution du lest, la stabilité qui lui est nécessaire pour naviguer, et pour supporter le choc des vagues et l'impulsion du vent.

ARRIVÉE. On appelle *point d'arrivée*, en marine, le lieu de la mer où un vaisseau parvient chaque jour à midi. — *Arriver, faire l'arrivée*, c'est écarter la proue de l'origine du vent.

ARROBA ou ARATE, mesure de poids usitée en Portugal et en Espagne. Elle vaut 32 livres portugaises ou 14,684 grammes 8 décigrammes (près de 15 kilogrammes). 4 arrobas forment un *quintal* ; 54 arrobas, un *tonneau*.

ARROCHE, plante potagère de la famille des chénopodées, et dont une espèce (la *belle et bonne dame*) se cultive dans nos jardins depuis le VIIe siècle. Elle est originaire d'Asie : sa racine est annuelle ; sa tige droite, d'un vert pâle ; ses feuilles larges, dentées, triangulaires, aiguës, d'un vert jaune. Cette plante dure peu, et se détruit difficilement. On mange en salade et dans les potages les feuilles de l'arroche, et l'on s'en sert pour adoucir l'acidité de l'oseille. Quelques variétés de l'arroche fournissent de la soude. — *Arroche puante*. Voy. ANSERINE *fétide*.

ARROCHES. Voy. CHÉNOPODÉES.

ARRONDISSEMENT, portion de territoire ressortissant d'un chef-lieu, et administrée par un sous-préfet, en France. C'est encore une circonscription d'une ville qui a ses officiers civils distincts de ceux des autres parties de la même ville. Chaque département est divisé en plusieurs arrondissements communaux, siéges de sous-préfectures, renfermant plusieurs justices de paix ou cantons, qui contiennent des communes, administrées par des maires. Il y a trois cent soixante-treize arrondissements en France.

ARROSEMENT, opération qui consiste à humecter les plantes auxquelles les pluies ne fournissent pas une suffisante quantité d'eau. L'instrument qui sert à cette opération se nomme arrosoir : c'est un vase cylindrique, muni d'un tube latéral, terminé par une pomme percée de trous infiniment petits. L'eau doit être très-pure ; on ne doit arroser que le soir, et humecter la racine, la tige, etc.

ARROSOIRS, mollusques dont les coquilles univalves figurent la pomme d'un arrosoir. Ces coquilles sont très-rares ; elles sont originaires de la Nouvelle-Zélande.

ARROW-ROOT, fécule que l'on retire de la racine des maranta, plantes de la famille des amomées que l'on cultive en abondance aux Antilles (Amérique). Cette fécule, qui s'obtient comme la pomme de terre, jouit des mêmes propriétés que celle-ci. Elle est très-fine, insipide, et très-douce au toucher.

ARS, pli qui existe à la réunion de la poitrine et du membre antérieur du cheval. — *Frayé aux ars* se dit du cheval qui éprouve de l'inflammation et des gerçures dans cette partie. — *Ars* se dit encore des veines situées au bas de chaque épaule d'un cheval, aux membres de derrière et au pli des cuisses.

ARSACIDES, nom des princes descendant d'Arsace, roi des Parthes, fondateur d'une nouvelle dynastie qui dura depuis 256 avant J.-C. jusqu'en 229 de l'ère chrétienne Elle fut renversée par Artaxercès, roi des Perses. — Arsace Ier, de simple soldat devint roi par sa bravoure. Voyant Séleucus, roi de Syrie et de Parthie, vaincu par les Galates, il envahit la Parthie, défit Andragoras, gouverneur de cet Etat, et jeta les fondements d'un nouvel empire. — Arsace II, frère du précédent, régna de 254 à 217 avant J.-C., et le troisième, Arsace III, régna de 217 à 193 avant J.-C.

ARSCHIN, mesure de longueur usitée en Chine pour mesurer les étoffes. Elle vaut 2 pieds 11 pouces (près d'un mètre).

ARSCHINE, mesure de Russie pour les étoffes. Elle vaut 26 pouces 6 lignes de France.

ARSENAL, magasin public, destiné à la fabrique et à la garde des armes. Les *arsenaux maritimes* se composent de la réunion des chantiers, bassins, ateliers, forges, etc., enfin de tout ce qui constitue l'approvisionnement et l'armement d'un vaisseau. Il y a onze arsenaux maritimes en France. — La *bibliothèque de l'Arsenal* à Paris est l'ancienne bibliothèque de Paulmy, devenue publique, et qui renferme 180,000 volumes imprimés et 6,000 manuscrits.

ARSÉNIATES, sels formés d'acide arsénique et d'une base. Ils dégagent une forte odeur d'ail quand on les projette sur des charbons ardents. L'*arséniate de chaux*, l'*arséniate de cuivre*, l'*arséniate de fer* et l'*arséniate de cobalt* existent dans la nature.

ARSENIC, métal d'un gris d'acier, très-cassant, qui se ternit à l'air, et répand une odeur d'ail quand on le promène sur des charbons ardents. Sa pesanteur spécifique est de 8,308. Cette substance, si dangereuse par ses propriétés vénéneuses, sert dans les arts à fabriquer les miroirs, les télescopes, à faciliter la fusion du cuivre. Uni à un oxyde quelconque, il sert sous le nom de *mort aux rats*, *arsenic oxydé*, à tuer les mouches, réduit en poudre et mélangé avec l'eau; uni avec le cuivre, il est alors ce qu'on appelle *cobalt* ou *cuivre blanc*. Le premier est plus délétère : il a une saveur douce d'abord, mais âcre et corrosive ensuite : aucun contre-poison ne peut balancer son effet. Liquide, il rougit la couleur bleue du tournesol, et verdit le sirop de violette. On emploie l'arsenic, en médecine, à doses très-petites contre les fièvres. On appelle vulgairement arsenic le deutoxyde de ce métal, sous forme de poudre blanche.

ARSÉNIQUE (Acide), acide formé d'arsenic et d'oxygène. Il est solide, blanc, incristallisable, très-soluble et déliquescent, doué d'une saveur très-caustique; sa pesanteur spécifique est de 3,391. Il n'est pas volatil, rougit la teinture de tournesol, et forme des sels solubles avec la potasse, la soude et l'ammoniaque: cet acide est très-vénéneux.

ARSÉNIEUX (Acide), nom donné à l'oxyde d'arsenic uni à différentes bases.

ARSÉNITES, substances résultant de la combinaison des oxydes métalliques avec l'acide arsénieux.

ARSÈS, le plus jeune des fils d'Artaxercès Ochus, roi de Perse, fut, après la mort de ce prince (338 avant J.-C.), élevé sur le trône par l'eunuque Bagoas, qui espérait régner en son nom. Trois ans après, Bagoas, voyant que le jeune prince voulait régner seul et en souverain maître, le fit périr avec toute sa famille, pour placer sur le trône Darius Codoman.

ARSIN se disait autrefois des choses qu'on brûlait à dessein ou par ordre de la justice. — On n'applique ce mot aujourd'hui qu'aux bois qui ont été ravagés par le feu.

ARSINOÉ, sœur et femme de Ptolémée Philadelphe, roi d'Égypte. Elle fut adorée, après sa mort, sous le nom de *Vénus Zéphyritis*. Dynocharès jeta les fondements d'un temple où la statue d'Arsinoé devait être retenue en l'air par la seule force de l'aimant : mais la mort de cet architecte empêcha que le monument ne fût terminé. — Sœur de la précédente, épousa Lysimaque, roi de Macédoine, vers l'an 300 avant J.-C. Après la mort de son mari, elle épousa Céraunus, son propre frère, qui s'empara de la Macédoine. Le nouveau roi tua les enfants de Lysimaque dans les bras d'Arsinoé, leur mère, et exila cette princesse dans l'île de Samothrace, où elle mourut de douleur.

ART, genre d'industrie que l'on exerce pour subvenir à ses besoins. Dans le moyen âge, les arts formaient des corporations qui, chacune, jouissaient de privilèges particuliers. Il y avait à Florence vingt et un arts, sept appelés *majeurs*, et quatorze appelés *mineurs*. Les premiers étaient, 1° les juges et les notaires, 2° les marchands, 3° les banquiers, 4° les fabricants de laine, 5° les fabricants de soie, 6° les médecins et les apothicaires, 7° les fourreurs. Les seconds étaient, 1° les bouchers, 2° les cordonniers, 3° les forgerons, 4° les débitants de sel ou regrattiers, 5° les maçons, 6° les marchands de vin, 7° les aubergistes, 8° les cordiers, 9° les charretiers, 10° les chaussetiers, 11° les marchands de cuirasses, 12° les serruriers, 13° les marchands de cuir, 14° les boulangers. Chaque art avait un *gonfalon* ou étendard particulier, et sa maison d'assemblée, où il se réunissait pour élire des syndics. Tout citoyen quelconque devait choisir un art, dans lequel il se faisait inscrire.

ARTABAN. Cinq princes arsacides ont porté ce nom. Le premier succéda à Arsace II, en 217, sous le nom d'Arsace III. — ARTABAN II, frère et successeur de Phraate II en 120 avant J.-C., fut tué dans une guerre contre les Scythes. — ARTABAN III succéda à Vononès I<sup>er</sup>, envahit l'Arménie, dont il fut chassé par les lieutenants de Tibère. Il perdit et recouvra son royaume l'an 43 de J.-C. — ARTABAN IV succéda à Vologèse I<sup>er</sup> en 81, et mourut en 83. — ARTABAN V succéda à Vologèse IV en 212, fut défait et tué en 226 dans un combat contre les Persans. Avec lui finit l'empire des Parthes, qui avait duré 482 ans.

ARTABASE, général d'Artaxercès Ochus III, roi des Perses, déclara la guerre à son souverain, 356 ans avant J.-C., et défit son armée dans deux batailles sanglantes. Rentré en grâce avec Artaxercès, il devint ensuite le favori de Darius III. Après la mort de ce monarque, il se soumit à Alexandre, qui lui témoigna une grande confiance. — Général de Xercès, roi des Perses, accompagna ce prince dans son expédition contre les Grecs. Après la défaite de Platée, il s'enfuit de la Grèce, et sauva par cette retraite les soldats qu'il commandait.

ARTABE, mesure de capacité pour les choses sèches, en usage chez les anciens. Celle des Perses valait à la moitié de la médimne des Grecs, c'est-à-dire, 51 litres 78 centilitres de nos nouvelles mesures. L'*artabé* des Égyptiens valait 26 chénices deux tiers (environ 25 litres français).

ARTAXERCÈS LONGUE-MAIN, second fils de Xercès. Il échappa au massacre qu'Artaban, capitaine des gardes de Xercès, fit de ce prince et de ses enfants, et monta sur le trône 464 ans avant J.-C. Il fit la guerre en Égypte, et s'allia avec les Athéniens. Il reçut à sa cour Thémistocle, et mourut 424 ans avant J.-C. On croit qu'il est l'Assuérus de l'Écriture qui épousa Esther. — ARTAXERCÈS MÉMNON II succéda à Darius II en 405. Ce fut sous son règne qu'eut lieu l'expédition des Grecs en Perse pour soutenir la révolte de son jeune frère Cyrus et la retraite des dix-mille. Il défit les Spartiates, et fut tué par son fils Artaxercès Ochus III, qui lui succéda 361 ans avant J.-C. Il commença son règne par le massacre de ses frères et de la famille royale, conquit l'Égypte, tua le bœuf Apis, et fut empoisonné par l'eunuque Bagoas.

ARTÉMIDORE LE CHALDÉEN, né à Éphèse, vivait vers l'an 104 de J.-C. Il s'occupa beaucoup de l'interprétation des songes, et écrivit sur ce sujet deux ouvrages que l'on possède encore, et qui offrent beaucoup d'intérêt.

ARTÉMISE. Voy. ARMOISE.

ARTÉMISE, reine de Carie, joignit sa flotte à celle de Xercès, lors de son expédition contre la Grèce, et se signala surtout à la bataille de Salamine, où elle combattit si vaillamment, que Xercès ne put s'empêcher de dire que dans ce combat les hommes avaient été des femmes, et les femmes des hommes. Les Athéniens, honteux de se battre contre une femme, promirent 10,000 drachmes à celui qui leur apporterait la tête d'Artémise; mais elle échappa à leurs poursuites. Elle aima un jeune homme d'Abydos, n'ayant reçu de lui que des dédains, elle lui creva les yeux, et se précipita dans la mer du haut du rocher de Leucade.

ARTÉMISE, sœur et épouse de Mausole, roi de Carie. Inconsolable de la mort de son époux, arrivée en 355 avant J.-C., elle lui fit ériger à Halicarnasse un tombeau connu sous le nom de *mausolée*, et regardé comme l'une des sept merveilles du monde.

ARTÉMISIOS, huitième mois de l'année syro-macédonienne et des Smyrniotes, avait trente jours, et le premier répondait au 25 avril des Romains. C'était aussi le septième mois de l'année des Macédoniens d'Europe.

ARTÉMON, hérésiarque du III<sup>e</sup> siècle, niait la divinité de Jésus-Christ, quoique, selon Artémon, il fût supérieur aux prophètes. Sa secte, condamnée en 325, se répandit en Syrie, et se confondit avec d'autres antitrinitaires.

ARTÈRES, vaisseaux destinés à transporter le sang du cœur dans tous les organes. Ce sont des canaux cylindriques, fermes, élastiques, qui se dilatent sous l'influence des contusions du cœur. Leur mouvement constitue le pouls; leurs blessures sont très-graves. Les anciens croyaient qu'elles renfermaient de l'air.

ARTÉSIENS (Puits) ou PUITS FORÉS, puits très-profonds dont le diamètre varie de deux à trois décimètres. Ils sont connus de toute antiquité dans la Chine, et en Europe depuis 1126. C'est dans l'Artois que l'on en a creusé le plus. On les fore avec des sondes ou *tarières*. L'eau jaillit avec force par l'ouverture de ces puits, en vertu du principe de l'équilibre des liquides.

ARTEVELLE (Jacques), brasseur flamand qui se révolta, en 1337, contre le comte Louis de Flandre, et appela le roi d'Angleterre, Édouard. Il fut massacré en 1345 par le peuple, dont son éloquence avait séduit, mais que sa trahison avait indigné.

ARTEVELLE (Philippe), fils du précédent, profita de l'impolitique du fils de Louis de Flandre pour se faire nommer régent de Flandre. Il fut tué en 1382, à la bataille de Rosebecque, que lui livrèrent les Français.

ARTHRODIÉES, zoophytes qui consistent en filaments simples, formés de deux tubes, articulés, remplis de matière colorante verte, pourpre ou jaunâtre. Les arthrodiées habitent en général l'eau douce ou les mers. Quelques-unes croissent sur la terre humide, sur la surface des rocs, des chaumes, et les interstices des pavés dans les rues des villes. On a divisé cette famille en quatre tribus, les *fragillaires*, les *oscillariées*, les *conjuguées*, et les *zoocarpées*. — L'ARTHRODIE est une substance flottant sur les eaux douces, en taches vertes. On la rencontre dans les eaux stagnantes, certains pots de fleurs, des gouttières de toits, etc. C'est le type de la famille des arthrodiées.

ARTHUR, prince fabuleux de la Grande-Bretagne, qui naquit, suivant les chroniqueurs, en 463. Il vainquit les Saxons, soumit l'Écosse et l'Irlande, et institua les chevaliers de la Table ronde. On prétend qu'il mourut en 542.

ARTHUR, duc de Bretagne, fils de Geoffroy le Beau, comte d'Anjou, quatrième fils de Henri II, roi d'Angleterre, né en 1187. Il fut proclamé duc après la mort de Richard Cœur de Lion, quoique encore au berceau. Jean sans Terre, son oncle, le fit prisonnier, et le fit mourir de sa propre main à Rouen en 1202.

ARTICHAUT, plante de la famille des carducées, vivace, originaire de l'Éthiopie, à la racine grosse, fibreuse, aux feuilles lancéolées, à la tige droite et rameuse, surmontée d'un calice grand, évasé, formé d'écailles superposées et charnues, qui constituent une espèce de pomme; l'intérieur est garni de poils : c'est cette pomme que l'on mange. Les artichauts se servaient sur les tables des Grecs et des Romains. On en connaît plusieurs espèces. L'artichaut d'hiver est le *topinambour*; l'artichaut des Indes, la *patate*; l'artichaut sauvage, la *joubarbe*.

ARTICLE, jointure, assemblage de deux os pouvant se mouvoir l'un dans les autres. Ce mot ne désigne aujourd'hui que les articulations mobiles.

ARTICLES, pièces mobiles qui concourent à la formation des appendices, et peuvent se mouvoir les unes sur les autres, comme dans les insectes les antennes, les ailes, etc. — En botanique, ce sont les portions comprises entre deux articulations.

ARTICULATION, assemblage des os, et leur mode d'union. Les *diarthroses* sont celles qui exécutent des mouvements étendus, comme celle du bras avec l'épaule; les *synarthroses*, celles à surfaces contiguës et sans mouvement; les *amphiarthroses* ou *symphyses*, en parties contiguës et en parties continues. Le but des articulations est de réunir les pièces dont se compose le squelette. Elles sont sujettes à plusieurs maladies.

ARTICULÉ, nom donné à toute partie attachée par articulation, bout à bout, comme en botanique les pétioles de la sensitive, ou aux parties composées d'articles attachés bout à bout : la tige du gui, du blé, est articulée. — En anatomie, on nomme *articulés* les os qui, étant liés l'un à l'autre, peuvent être pliés sans se détacher, se mouvoir sans se séparer.

ARTICULÉS, animaux dépourvus de colonne dorsale ou épinière, dont le corps est articulé ou annulé dans sa longueur. Cette classe est l'une des premières divisions des animaux invertébrés de Lamarck.

ARTIFICIER, artisan qui confectionne certaines pièces, telles que les fusées, pétards, etc., enfin tout ce qui sert dans les feux d'artifice. On emploie dans la fabrication des pièces d'artifice la limaille de fer, celle de fonte et celle de cuivre, le zinc, le cuivre, le suif, etc., mêlés à la poudre dans des proportions diverses.

ARTILLERIE, nom donné 1° à la théorie des projections opérées au moyen de la poudre ; 2° et, par extension, à un corps militaire chargé spécialement de l'emploi des canons et autres machines destinées à ce service. L'origine de l'artillerie remonte en France au commencement du XV<sup>e</sup> siècle. On la divise en *artillerie de siège*, *artillerie de campagne* et en *artillerie légère*. — L'état-major particulier de *l'artillerie* comprend deux cent soixante-dix-neuf officiers de tout grade, savoir dix lieutenants généraux ; quatorze maréchaux de camp, dont deux compris dans le cadre de réserve ; trente-quatre colonels ; trente-quatre lieutenants-colonels ; soixante-six chefs d'escadron et cent vingt et un capitaines, dont quatorze capitaines en second. Il y a en outre un *comité consultatif de l'artillerie*, séant à Paris, et qui se compose de sept lieutenants généraux, inspecteurs généraux d'artillerie. Il est présidé par le lieutenant général le plus ancien de ceux qui en font partie ; un officier supérieur d'artillerie en est le secrétaire. — Indépendamment des officiers de son état-major particulier et des employés attachés aux écoles, manufactures et arsenaux, le corps royal de l'artillerie se compose de *quatorze régiments d'artillerie* ; *un bataillon de pontonniers* ; *deux compagnies d'ouvriers* ; *une compagnie d'armuriers* (en temps de guerre seulement) ; *six escadrons du train des parcs d'artillerie*. Il y a en outre *treize compagnies de canonniers vétérans* (à Brest, Saint-Omer, Antibes, Perpignan, la Rochelle, Bayonne, Montpellier, Toulon, Bastia, Cherbourg, Nantes, le Havre, Marseille), qui font le service des batteries des côtes ; *un escadron de canonniers gardes-côtes d'Afrique*, divisé en quatre compagnies. — Chaque régiment d'artillerie est composé d'un état-major, de trois batteries à cheval, treize batteries à pied, dont six montées et sept non montées (total seize batteries), et en temps de guerre seulement d'un cadre de dépôt. — Les batteries à cheval sont ce qu'on a jadis nommé *l'artillerie à cheval*. Les batteries à pied montées sont celles où les canonniers sont placés sur les coffres ou caissons ; les canonniers sont à pied, les brigadiers et sous-officiers seuls sont à cheval ; ces batteries ont en outre les chevaux de trait nécessaires à leur attelage. — Les batteries non montées représentent l'ancienne *artillerie à pied* ; elles n'ont aucune pièce avec elles, et sont destinées au service des sièges et parcs de campagne. Les bouches à feu et les équipages de siège qui peuvent leur être nécessaires leur sont amenés par le train des parcs de l'artillerie. — Dans l'artillerie française, le nombre des bouches à feu est calculé à raison de deux pièces par 1,000 hommes ; ainsi, pour une armée de 200,000 hommes, il faut quatre cents bouches à feu. Les pièces attachées à chaque batterie montée sont au nombre de six. Un régiment a ainsi cinquante-quatre pièces (canons ou obusiers). Sur le pied de guerre, un régiment d'artillerie renferme 2,877 hommes, dont quatre-vingt-trois officiers ; sur le pied de paix, 1,526. — L'uniforme des régiments d'artillerie est un habit *bleu* à revers ; le collet, les revers, les passe-poils des parements, des retroussis, les ornements des retroussis, la doublure des épaulettes et des brides d'épaulettes sont *bleus*. Les parements en pointe, retroussis, brides d'épaulettes, passe-poils du collet, des revers, *écarlate*. Les boutons sont *jaunes* et bombés, empreints de deux canons croisés, une grenade au-dessus et le numéro du corps au-dessous. Le manteau est *bleu* ; le pantalon *bleu* avec deux bandes et passepoil *écarlate*. Le shako est *noir*, en tissu de coton, avec galon, deux chevrons et ganse *écarlate*. Sur le devant sont appliqués deux canons en cuivre *croisés*, avec le numéro du corps au-dessous. Le cordon du shako est en laine *écarlate*. Le shako a de plus un plumet tombant en crin *écarlate*. Les buffleteries sont *blanches*. Les officiers portent l'épaulette et le cordon du shako en or. L'armement des régiments d'artillerie, indépendamment des canons, obusiers, etc., est le mousqueton et le sabre-poignard. Les artilleurs à cheval et les sous-officiers de batteries montées ont le sabre de la cavalerie légère.

ARTIMON (mar.), nom donné au mât de l'arrière ou troisième mât d'un vaisseau. Il donne son nom à la vergue qu'il supporte et à la voile qui est attachée à cette vergue.

ARTIMON ENTORTILLÉ. Voy. STROMBE.

ARTISONS, ARTUSONS ou ARTOISONS, nom vulgaire donné aux insectes qui détruisent les étoffes, pelleteries, matières animales et végétales, et nuisent aux aliments et aux meubles de l'homme. Tels sont *l'anthrène*, la *teigne*, la *dermeste*, les *psoques*, etc.

ARTOCARPE ou JACQUIER, arbre latescent, originaire des parties méridionales de l'Asie, de la famille des urticées. Son fruit est une baie ovale, raboteuse, à peau épaisse dont la pulpe, après une légère cuisson, produit une fécule blanche, avec laquelle les indigènes font un pain excellent. L'espèce *bedo* donne un liquide d'un goût vineux et très-délicat ; les autres espèces fournissent des fruits du genre des châtaignes.

ARTOIS, ancienne province de France, dont la capitale était *Arras*, et faisant aujourd'hui partie du département du Pas-de-Calais. Cédé à Charles-Quint par François I<sup>er</sup> en 1526, il fut réuni à la couronne en 1659 par le traité des Pyrénées. Il avait une superficie de 200 lieues carrées, et avait le titre de comté.

ARTS (ÉCOLE DES BEAUX-), école gratuite de dessin, de peinture, de sculpture, d'architecture et de musique, dont le premier établissement, à Paris, date de 1793. Un grand nombre de villes, Lyon, Toulouse, etc., possèdent une école de beaux-arts.

ARTS (EXPOSITION DES BEAUX-), réunion en un lieu public, et à certaines époques, des productions nouvelles de dessin, de peinture, de sculpture et d'architecture. Cette exposition, que l'on appelle *salon des arts*, a lieu à Paris tous les ans.

ARTS ET MÉTIERS (ÉCOLES D'), établissements fondés en 1803 par Chaptal, alors ministre de l'intérieur, et destinés à propager les connaissances relatives à l'exercice des arts industriels. L'enseignement y est à la fois théorique et pratique. L'âge fixé pour l'admission des candidats est de treize ans au moins, et de seize ans au plus. Elles se trouvent à Toulouse, à Angers et à Châlons-sur-Marne.

ARUM. Voy. GOUET.

ARUNDEL, ville d'Angleterre, sur l'Arun, dans le comté de Sussex, et à 3 lieues de Chichester. Arundel envoie deux députés au parlement, et a le titre de comté. Thomas Howard, comte d'Arundel, apporta en Angleterre (1627) la fameuse chronique de Paros gravée sur des marbres, et qui contenait l'histoire de la Grèce, de 1582 avant J.-C. jusqu'en 264. Ces marbres ont conservé le nom de *marbres d'Arundel*. Voy. MARBRES. — *Arundel* est aussi un comté du Maryland, au N.-O. de la baie de Chesapeak. Sa population est de 22,598. Sa capitale est *Annapolis*.

ARUSPICES, prêtres romains qui prédisaient l'avenir par l'inspection des entrailles des victimes. Les plus savants aruspices étaient les Étrusques. Les premiers pronostics étaient donnés par la marche et l'agonie plus ou moins lente de la victime. Si elle mourait avec lenteur, les pronostics étaient défavorables. On tirait encore des présages de la direction de la flamme. Si elle s'élevait pyramidalement, l'augure était heureux. Les plus significatifs étaient tirés d'après le plus ou moins grand volume du foie. Plus il était grand, plus le pronostic était favorable.

ARVA, comitat de Hongrie entre ceux de Liptau, Trenesen, Thuroez et la Gallicie. Sa superficie est de 32 lieues carrées, et sa population de 85,000 habitants. L'Arva est peu fertile, mais produit de nombreux troupeaux.

ARVALES, nom de douze prêtres romains choisis dans les familles les plus distinguées, pour faire des sacrifices dans les campagnes en l'honneur de Cérès. Ils avaient été institués par Romulus. Leur marque était une couronne d'épis, liée d'un ruban blanc.

ARVERNI, aujourd'hui les *Auvergnats*, peuples de la Gaule celtique, voisins de la Loire, prirent les armes contre César, qui les soumit après les avoir souvent vaincus. Leur capitale était *Augustonemetum* (Clermont-Ferrand).

ARYTÉNOIDE, nom donné à deux petits cartilages situés en haut et en arrière du larynx, au-dessus du cartilage cricoïde. Ils ont la forme d'une pyramide triangulaire, un peu contournée sur elle-même. Ils sont unis entre eux par leur face postérieure au moyen du *muscle aryténoïdien*. — Les *glandes aryténoïdiennes* ou *aryténoïdes* ont la forme d'un L, et sont logées dans le repli que forme la membrane muqueuse en se portant de l'épiglotte aux cartilages aryténoïdes. Elles sont formées par une agglomération de petits grains fermes et de couleur grise rougeâtre. Ces glandes sécrètent un mucus qui recouvre le larynx.

ARZEL, nom donné aux chevaux qui ont une marque de poils blancs aux pieds de derrière.

AS, nom donné chez les Romains, 1° à une unité quelconque considérée comme divisible. Ce mot, en usage dans les successions, désignait l'héritage tout entier. *Hæres ex asse* signifiait héritier de tout un bien. L'as, quelle que fût la nature de l'unité qu'il représentait, se divisait en douze parties nommées *onces* (*unciæ*). Les fractions de l'as étaient les *deunx*, valant 11 onces ; le *dextans*, 10 onces ; le *dodrans*, 9 ; le *bes*, 8 ; le *septunx*, 7 ; le *semis* ou *semissis*, 6 ; le *quincunx*, 5 ; le *quadrans* ou *teruncius*, 3 ; le *triens*, 4 ; le *sextans*, 2 ; le *sexcuncia* ou *sescunx*, demi-once, et enfin l'*once*. On faisait de ces fractions le même usage que de l'as lui-même ; c'est-à-dire qu'on les appliquait à tout objet divisible, à un bien, un héritage, aux intérêts. — 2° A l'unité de poids ou *livre romaine* (*as libralis*), qui valait de nos jours 10 onces 5 gros 40 grains, ou 3 hectogrammes 27 grammes 187 milligrammes. — 3° A une monnaie (*æs, assipondium* ou *libella*), dont les Romains se servirent les premiers. Ce fut d'abord une masse de cuivre du poids d'une livre, sans effigie. Servius Tullius est le premier roi qui ait battu monnaie. Les multiples de l'as étaient le *dupondius* (valant 2 as, le *quatrussis*, 4 as ; le *semissis*, demi-as) ; le *triens*, quart d'as. L'as, réduit à 2 onces (264 ans avant J.-C.), le fut à 1 once (217 avant J.-C.), enfin à une demi-once (191 avant J.-C.). Jusqu'en 264 avant J.-C., l'as valut 8 centimes de notre monnaie. Depuis cette époque il ne valut plus que 5 centimes. Cette monnaie fut remplacée par le *sesterce*, lorsque les monnaies devinrent communes à Rome.

ASA, fils et successeur d'Abia, roi de Juda, détruisit l'idolâtrie et renouvela le culte du Seigneur, abandonné par ses prédécesseurs. Il remporta une grande victoire sur Zara, roi d'Éthiopie, qui était venu l'attaquer avec une armée formidable. Il réclama le secours de Bénadab, roi de Syrie, contre Baasa, roi de Juda, et mourut de la goutte, 910 ans avant J.-C., après quarante et un ans de règne.

ASARET, plante très-basse, croissant dans les lieux humides de l'Europe, aux racines amères, aromatiques et nauséeuses. Son suc amène le vomissement, et peut remplacer l'ipécacuanha. L'infusion de feuilles purge violemment.

ASBESTE, substance minérale, flexible, composée de tissus fibreux plus ou moins cassants. La plus connue de ces substances est l'amiante. Elle peut se réduire par la trituration en une poussière pâteuse et douce au toucher.

ASCAGNE, fils d'Énée et de Créuse, fut sauvé de l'embrasement de Troie par son père, qui l'emmena avec lui en Italie. Il se distingua dans les guerres de son père avec les Latins, et lui succéda au trône de Lavinium. Il avait bâti Albe, où il avait transporté le siège de son empire.

ASCALAPHE (myth.), fils de l'Achéron, fut commis par Pluton à la garde de Proserpine. Cérès ayant obtenu de Jupiter la permission de ramener sa fille si elle n'avait rien mangé aux enfers, Ascalaphe rapporta qu'elle avait mangé six graines d'une grenade. Jupiter ordonna que Proserpine passerait six mois avec Pluton et six mois avec sa mère. Cérès métamorphosa Ascalaphe en hibou pour le punir de son indiscrétion.

ASCALON, ville de la Turquie d'Asie, dans le pachalik de Damas, à 13 lieues de Jérusalem. Elle fut autrefois la capitale d'une satrapie des Philistins, et fut longtemps attachée au paganisme. En 361, elle se convertit à la religion du Christ et eut des évêques. Lorsque les Français eurent pris la Palestine, on transféra l'évêché d'Ascalon à Bethléem. On voit encore près de cette ville de belles ruines.

ASCANIE, petite ville d'Allemagne, très-ancienne, dans la principauté d'Anhalt, ayant le titre de comté. Le plus ancien comte est Othon en 1133.

ASCARIDES, nom donné à un genre de petits vers ronds, dont quelques espèces habitent les gros intestins de l'homme et de quelques animaux, et sont toujours en mouvement. L'ascaride lombrical se trouve dans le cheval, l'âne, le zèbre, le bœuf, le cochon, et procure les accidents connus sous le nom de maladies de vers, quand il remonte dans l'estomac des enfants. Ce ver est blanchâtre, et a plus de dix-huit pouces de long. Il a une grande facilité de reproduction.

ASCENDANT, terme d'astrologie, horoscope tiré du degré de l'équateur qui monte sur l'horizon à la naissance d'un enfant.

ASCENDANT. C'est, en astronomie, le mouvement qui se fait en montant. Les nœuds ascendants d'une planète sont les points où elle traverse l'écliptique, en allant du midi au nord. Ce sont le contraire des nœuds descendants. — Les signes ascendants sont ceux que parcourt le soleil, quand il s'éloigne de plus en plus par l'horizon. Ce sont les trois premiers et les trois derniers du zodiaque, le Bélier, le Taureau, les Gémeaux; le Capricorne, le Verseau, les Poissons. Les autres signes sont descendants.

ASCENDANTS, vaisseaux qui portent le sang des parties inférieures aux parties supérieures du corps. L'artère ascendante est le tronc supérieur de l'aorte. On appelle veine cave ascendante celle qui porte le sang des parties inférieures au cœur.

ASCENDANTS. En termes de généalogie, ce sont tous les parents qui sont au-dessus de nous, en ligne directe ou indirecte.

ASCENSION, île de l'océan Atlantique, au-dessus de Sainte-Hélène, appartenant à l'Angleterre, découverte en 1501 par Jean de Nova, Espagnol. Longtemps inculte et déserte, bouleversée par les volcans, elle est devenue, par les soins du capitaine Nicholls, utile aux flottes anglaises, qui y vont renouveler leurs provisions. Elle abonde en tortues, et on n'y paye aucun droit d'ancrage ou de douane. Cette île a 4 lieues de long sur 2 de large.

ASCENSION, arc de cercle mesuré sur l'équateur et compris entre le point équinoxial et le point de l'équateur qui se lève en même temps qu'un astre. L'ascension droite d'un astre est l'arc de l'équateur compté d'après l'ordre des signes à partir du Bélier; l'ascension oblique est l'arc de l'équateur compris entre le premier point du Bélier et le point de l'équateur qui se lève en même temps que l'astre. La différence entre ces deux ascensions se nomme différence ascensionnelle.

ASCENSION, fête chrétienne célébrée dix jours avant la Pentecôte, en commémoration de l'élévation miraculeuse de Jésus-Christ quand il monta au ciel en présence de ses apôtres.

ASCÈTES, nom donné dans les premiers temps de l'Église aux solitaires qui s'occupaient des exercices de la vertu et surtout de ceux de l'oraison et de la mortification. Dans la suite, on l'a donné généralement aux moines, et surtout à ceux qui vivent en solitaires. Saint Basile a composé des exercices spirituels pour la vie religieuse, sous le nom d'ascétiques. On appelle encore ascétique tout ce qui a rapport à une vie retirée et contemplative.

ASCIDIE, genre de mollusques acéphales (sans tête apparente), sans coquilles. Il renferme des animaux marins, qui ont le manteau très-épais, en forme de sac, fermé de toute part, excepté à deux orifices. Les ascidies, nommées aussi outres de mer, se fixent aux rochers et aux autres corps; ils sont privés de la faculté de marcher. Ils lancent de l'eau par ce qui les inquiète, par un de leurs orifices. On les trouve dans toutes les mers. Quelques espèces se mangent. Leur couleur est d'un cendré roux, blanche ou orangée, avec les orifices rouges. La longueur du corps varie d'un à deux pouces, à un pied.

ASCIDIENS ou TUNICIENS LIBRES. Lamarck nomme ainsi le deuxième ordre de la classe des mollusques tuniciers renfermant les théties et les thalides. — Dans la méthode de Cuvier, ce groupe répond au grand genre ascidie.

ASCIDIÉES (FEUILLES), nom donné, en botanique, aux feuilles façonnées en vase ou terminées par un vase. Telles sont celles du népenthes.

ASCIENS, nom donné aux habitants du globe terrestre qui, en certains temps de l'année, n'ont point d'ombre. Tels sont les habitants de la zone torride, parce que le soleil est quelquefois verticalement ou directement au-dessus de leurs têtes.

ASCITE, hydropisie du bas-ventre. Elle a les mêmes causes que les autres espèces d'hydropisie. Quand l'ascite est ancienne et la distension du ventre considérable, le mal est incurable. Cette maladie est très-grave, et ne guérit que rarement.

ASCLÉPIADE, genre de la famille des apocynées, renfermant des plantes utiles et d'ornement. L'asclépiade de Syrie, indigène à l'Asie, mais pouvant se naturaliser en France, est d'une culture facile. A ses fleurs succèdent des fruits en forme de gousses allongées, remplies de graines. Ces graines sont surmontées d'aigrettes nombreuses tenant de la soie et du coton, d'une grande finesse, d'un éclat brillant, longues de vingt-cinq à quatre — vingts millimètres, qui se sert pour ouater les vêtements, garnir les matelas, coussins et lits-plume, fabriquer des couvertures. La filasse extraite des tiges donne un fil fort et très-fin. Les graines enfin fournissent une huile excellente. Cette plante est cultivée en grand aux États-Unis et en Silésie. On connaît encore les asclépiades blanche, cotonneuse, de Curaçao et géante.

ASCLÉPIADÉES, grande tribu de la famille des apocynées, renfermant des plantes au suc laiteux et corrosif, frutescentes ou herbacées, garnies de feuilles simples et entières, de fleurs à une seule pétale, disposées en ombelles, et de fruits composés de deux follicules oblongs, contenant des semences garnies d'une aigrette soyeuse.

ASCLÉPIADE, vers lyrique des anciens, ainsi nommé de poète Asclépiade, son inventeur. Il se compose de douze syllabes, et répond à nos alexandrins.

ASCLÉPIADES, nom donné aux successeurs d'Esculape, formant chez les anciens un ordre sacerdotal de médecins. Hippocrate était de cet ordre. Ce sont les plus anciens médecins que l'on connaisse. Leur institution est d'origine grecque.

ASCOLI, délégation des États romains, entre celles de Camerino et Fermo, le royaume de Naples et l'Adriatique. Elle est formée de l'ancienne marche de Fermo. Ascoli a 40 lieues carrées de superficie, et une population de 69,058 habitants. — La capitale est Ascoli, à 3 lieues d'Ancône. Population, 22,380 habitants. Cette ville est fort fréquentée pour le cabotage, et un évêché.

ASCOLIES, fêtes célébrées le 28 novembre par les paysans de l'Attique, en l'honneur de Bacchus. On y immolait un bouc; on faisait avec sa peau une outre que l'on remplissait d'huile ou de vin, et celui qui pouvait à cloche-pied se tenir sur l'outre remportait le prix.

ASCONIUS PÉDIANUS (Quintus), rhéteur et grammairien latin distingué, qui fut le maître de Tite, Live et de Quintilien, et l'ami de Virgile. Il mourut sous le règne de Néron. Il nous reste de lui des commentaires intéressants sur trois Verrines et cinq autres discours de Cicéron.

ASDRUBAL, frère d'Annibal et fils d'Amilcar. Il partagea la haine de sa famille contre Rome, et reçut le commandement de l'Espagne après le départ de son frère pour l'Italie. Il accourut bientôt pour le rejoindre; mais vaincu par les deux consuls Livius Salinator et Claudius Nero, près du Métaure, il mourut dans la bataille (207 ans avant J.-C.). — Plusieurs autres Carthaginois célèbres ont porté ce nom : entre autres, ASDRUBAL, gendre d'Amilcar, fondateur de Carthagène et assassiné en 223 avant J.-C.

ASEKI ou ASSECHAI, nom donné par les Turks aux sultanes favorites qui ont mis au monde un fils.

ASELLIDES ou ASELLATES, famille de crustacés isopodes, renfermant des animaux assez semblables aux cloportes et nommés aselles. Ils ont un corps oblong, déprimé, et une queue d'un seul article fort grand et arrondi, portant deux appendices fourchus, composés d'une tige déliée, cylindrique. Les aselles se trouvent dans la mer, sur les pierres et les plantes, dans les eaux douces et stagnantes. Leur couleur est cendrée, leur longueur de six à sept lignes sur une largeur de deux à trois lignes.

ASENETH, fille de Putiphar, grand-prêtre d'Héliopolis, et épouse de Joseph, fils de Jacob. Elle fut mère d'Éphraïm et de Manassé.

ASER, fils de Jacob et de Zelpha, servante de son épouse Lia. Il naquit vers l'an 1747 (2258 ans avant J.-C.) et vécut environ cent vingt-six ans. Il a donné son nom à une des douze tribus des Israélites, qui avait pour bornes au N. la Phénicie, au S. la tribu d'Issachar, à l'E. celle de Nephtali, et à l'O. la Méditerranée.

ASES. Ce sont les dieux de la mythologie des anciens Scandinaves, ancêtres des Suédois actuels. Ils sont au nombre de trente-deux, savoir quatorze dieux et dix-huit déesses. Odin, Thor, Balder, Loke, Heimdall, Freyr, Bragé, les Nornes, les Walkyries, etc., étaient les principaux. Ils habitent Asgard ou la ville des Ases. On pense que le mot Ase signifie Dieu dans sa plus vaste extension.

ASHANTIS ou ACHANTIS, peuplade de nègres sur la côte d'Or, dont le royaume offre une surface de 1,811 lieues carrées, avec 1,000,000 d'âmes. La constitution de l'État, fondée, il y a environ cent ans par un de leurs généraux, repose sur des principes féodaux ; la résidence du roi, nommé *Zal*, est *Coumassie* ou *Kenmassi*. La loi lui permet trois mille trois cent trente-trois femmes, parce qu'à ce nombre mystique est attaché le salut de la nation. Un sénat de quatre personnes partage avec le roi l'administration du royaume.

ASIARQUE, magistrat de l'Asie-Mineure, chargé sous la domination romaine de faire célébrer les jeux sacrés. C'était une distinction honorable, mais coûteuse ; car ils étaient obligés de faire ces jeux à leurs dépens. L'asiarque était élu pour un an, et se choisissait dans les familles les plus riches.

ASIE, l'une des quatre parties du monde, la plus considérable de l'ancien continent, et le berceau du genre humain. On évalue sa superficie à 1,200,000 lieues carrées, et sa population à 580,000,000 d'âmes. Les anciens la divisaient en *Asie-Mineure* et *Majeure*; les modernes l'ont divisée en *Asie septentrionale*, renfermant la Sibérie et les îles de la mer Glaciale; *Asie centrale*, comprenant les pays du Caucase, la Tartarie, le Thibet et le royaume de Cachemire; *Asie méridionale*, composée de la Syrie, de la Perse, de l'Arabie, et de l'Inde; *Asie orientale*, renfermant la Chine, la Corée et le Japon. Les fleuves principaux sont le Sind, le Gange, l'Euphrate, le Tigre, le Saghalien, le Hoang-Ho et le Kiang-Ho. Les principales montagnes sont les monts Altaï, le Liban, l'Ararat, l'Himalàya, le Taurus. L'Asie a cent quatre-vingts idiomes différents. C'est la partie du monde la plus fertile en productions de toute espèce.

ASIE-MINEURE. Voy. ANATOLIE.

ASIE (FÊTE DE LA COMMUNE D'), fête établie par sept villes principales de l'Asie-Mineure, qui avaient fait un traité de paix et d'union. Il y avait une fête tous les ans, et une autre, plus magnifique et laquelle présidait l'asiarque, tous les cinq ans.

ASILE, lieu de refuge et de sûreté pour les criminels, d'où il n'était pas permis de les arracher. Chez les anciens, les temples, les statues des dieux, les tombeaux, les autels, jouissaient du droit d'asile. Cette coutume passa du paganisme au christianisme. Au moyen âge, les églises et leur alentour jusqu'à trente pas, tout ce qui faisait partie du domaine ecclésiastique, furent des asiles. Les plus célèbres au moyen âge furent, en Angleterre, Beverley, et en France les églises de Notre-Dame de Paris et de Saint-Martin de Tours. Louis XII en 1500, et François Ier en 1539, abolirent le droit d'asile en France. Cependant jusqu'en 1789 ce droit se maintint pour la maison royale, les hôtels des ambassadeurs et l'hôtel du grand prieur de Malte. Le mot d'*asile* est consacré aujourd'hui à dénommer des établissements spéciaux de bienfaisance qui servent de retraite à des infirmes, des vieillards. L'*asile royal de la Providence*, à Paris, est un établissement fondé en 1804, pour les vieillards ou infirmes des deux sexes, par M. et Mme Micault de Vieuville. Soixante personnes y sont logées, nourries et soignées. Douze des places sont gratuites ; deux sont à la nomination des fondateurs et de leurs familles, deux à la nomination du ministre du commerce et des travaux publics, et huit à celle de la société de la Providence. Les quarante-huit autres places sont au prix de 600, 500, 400 et 300 francs. Douze de ces dernières sont à la nomination de l'intendant du roi, seize à la nomination de la société, et vingt à celle du conseil d'administration de l'asile. — On nomme *salles d'asile* des établissements où des enfants depuis l'âge le plus tendre, jusqu'à sept ans, reçoivent gratuitement et en nombre indéterminé les principes de l'éducation. Ces asiles de l'enfance sont dirigés par une femme ; l'enseignement y est mutuel. Un comité local et des inspecteurs surveillent l'entretien des salles d'asile.

ASILIQUES, ASILES, famille d'insectes de l'ordre des diptères, à la tête transverse, aux antennes presque cylindriques, à la trompe très-longue. Les asiles sont des insectes carnassiers et très-voraces. Leur vol est rapide et accompagné d'un bour-

donnement assez fort ; on les rencontre, vers la fin de l'été et de l'automne, dans les bois et les lieux sablonneux. L'abdomen de ces insectes est très-allongé.

ASMODÉE, nom donné par les Juifs au prince des démons.

ASOPE (myth.), fils de Neptune, qui donna son nom à une ville de Laconie, près de Cyparisse, et à plusieurs fleuves. Le premier sortait du *Cythéron* en Béotie, traversait Platée, et se jetait dans la mer auprès d'Erétrie, où se célébraient les fêtes de Bacchus. Le second traversait la Thessalie, et se jetait dans le golfe d'OEta. Il y en avait encore d'autres.

ASPARAGINÉES, famille de plantes monocotylédones, vivaces, herbacées, à feuilles alternes, sudorifiques ou astringentes, qui a reçu son nom du genre *asperge*.

ASPASIE, courtisane grecque et sophiste célèbre, née à Milet, en Ionie. Elle fut renommée par sa beauté, et exerça sur Périclès un si grand empire, qu'il répudia sa femme pour l'épouser. Son éloquence et ses talents dans la politique la rendirent si fameuse, que Socrate lui-même venait à son école. Ce fut elle qui fit entreprendre la guerre de Samos et qui occasionna la guerre de Mégare, d'où naquit celle du Péloponèse. Après la mort de Périclès, 428 ans avant J.-C., elle s'attacha à un *homme* obscur, nommé Lysiclès, qu'elle éleva aux premiers emplois. Cyrus, fils d'Artaxercès Memnon, fit porter son nom à sa maîtresse Milto.

ASPE, vallée du département des Basses-Pyrénées. Elle produit du bois pour la marine, et renferme des carrières d'albâtre. La ville d'*Aspe* est le chef-lieu de cette vallée.

ASPECT, situation des astres les uns par rapport aux autres. L'aspect prend le nom de *conjonction* quand l'angle de deux planètes est de 0 degré ; elle est *sextile* quand il est de 60 degrés ; *quartile*, de 90 degrés ; *trine*, de 120 ; l'aspect s'appelle *opposition*, quand cet angle est de 180 degrés. Les astrologues en faisaient les fondements de leurs prédictions, et distinguaient les *aspects bénins et malfaisants*.

ASPERGE, plante de la famille des asparaginées, à la tige herbacée ou ligneuse, aux feuilles réunies en faisceaux, originaire d'Asie. La plus connue des espèces de cette plante utile est la *commune* et la plus petite de toutes. On la cultive dans des fossés séparés par des ados ; sa tige a de trente à trente-six pouces, ses rameaux sont écartés en pyramides, ses feuilles fines et fasciculaires ; on ne coupe les asperges entièrement que la quatrième année. Cette plante si connue est un des mets les plus recherchés de nos tables.

ASPÉRULE, genre de la famille des rubiacées, renfermant des plantes herbacées, utiles et agréables à la fois. L'*aspérule rubéole* donne de sa racine une couleur rouge aussi belle que celle de la garance. Elle se trouve dans les terres en friche, sèches et arides ; ses fleurs sont couleur de chair. On la nomme aussi *herbe à l'esquinancie*, parce que ses infusions guérissent cette maladie. L'*aspérule bleue*, aux fleurs bleues, fournit aussi une bonne couleur pour la teinture. L'*aspérule odorante*, aux fleurs blanches, répand une odeur douce et agréable. On la trouve dans les bois humides, son nom vulgaire est *reine* ou *muguet des bois*. On la prend en infusion théiforme ; mise dans le vin, elle lui donne un goût agréable.

ASPHALTE. Ce mot chez les Grecs signifiait toute espèce de bitume. Maintenant il sert à désigner le bitume de Judée, solide, friable, vitreux, noir, luisant, inflammable et d'une odeur fétide. On le recueille à la surface du lac Asphaltite (mer Morte), et on en retire par la distillation une huile qui entre dans la composition de plusieurs onguents et emplâtres. Voy. BITUME.

ASPHALTITE (MER). Voy. MER MORTE.

ASPHODÉLÉES, famille de plantes monocotylédones, vivaces, dont les bulbes produisent une fécule et un suc amer

gommo-résineux. Le genre le plus commun est le *lis asphodèle*. L'asphodèle blanc croît dans l'Europe méridionale ; c'est une plante à fleurs liliacées, connue sous le nom de *bâton royal* ou *verge de Jacob*. La fécule de ses bulbes a servi souvent à faire du pain. avant la découverte de la pomme de terre. Elle est diurétique. Ces plantes étaient sacrées chez les anciens : on les cultivait auprès des tombeaux.

ASPHYXIE, suspension de toutes les fonctions vitales par des causes qui agissent sur les organes de la respiration. L'asphyxie se divise en *asphyxie par privation d'air*, qui est l'effet de la strangulation ou de l'immersion dans le vide ; *par des gaz nuisibles*, qui sont ou irritants, tels que la toux et les spasmes nerveux, ou délétères, tels que le carbone (vapeur de charbon) ; l'hydrogène sulfuré provenant des fosses d'aisances, etc. ; *par des gaz non respirables*, tels que l'azote. — Les remèdes consistent à soustraire les malades à la cause de l'asphyxie, et à rétablir la respiration.

ASPIC ou ASPIS, serpent très-venimeux, dont la blessure est mortelle, que l'on croit être la vipère d'Egypte de Lacépède. On en a trouvé deux, en 1806, à la forêt de Fontainebleau. Ils étaient de couleur rousse, avaient deux ou trois pieds de long, la tête plate, les dents de la mâchoire supérieure en forme de crochet. Cléopâtre se donna la mort avec cet aspic.

ASPIC (HUILE D'), substance liquide volatile, limpide, transparente, aromatique, d'une saveur forte et âcre. On l'obtient par la distillation des fleurs de la *lavande*.

ASPLÉNIE, genre de la famille des fougères, aux feuilles petites, dentelées, de couleur pâle, renfermant plus de cent espèces. Les plus connues sont la *polytric* des murs humides, aux propriétés pectorales ; la *rhizophylle* des Etats-Unis, dont les feuilles lancéolées se terminent par un appendice qui s'enfonce en terre et y prend racine. Ces plantes sont originaires de l'Amérique.

ASPRE, monnaie turque dont la valeur est d'un centime plus 33 centièmes de notre monnaie. 120 aspres font une *piastre*, dont la valeur est de 2 francs. 3 aspres font un *para*, qui vaut 4 centimes de France. L'*aspre fort*, qui sert à payer les fonctionnaires du sérail, est d'une valeur double de l'aspre simple.

ASSA FOETIDA, gommo-résine roussâtre, âcre et amère, d'une odeur alliacée, antispasmodique et tonique, d'une saveur nauséeuse. Elle s'obtient par incision à la racine de quatrième année de la *ferula assa foetida*, plante vivace de la Perse, de la famille des ombellifères. Elle est résolutive, et s'emploie dans l'épilepsie. Les Orientaux la mêlent dans tous leurs aliments, et la nomment *délice des dieux*.

ASSAM, royaume peu connu d'Asie, compris entre le Boutan, le Thibet, le Birman et l'Indoustan. Il se subdivise en trois provinces : *Assam propre*, au centre ; *Kamroup*, à l'O. ; *Sodija*, à l'E. Le gouvernement est une monarchie féodale, et le chef s'appelle *maha radjah* (grand roi). La religion est le brahmisme, la population est de 1,000,000 d'habitants. Ce royaume commerce avec le Thibet, le Boutan et le Birman, et produit du poivre, du piment, du gingembre, du bétel, du coton et des métaux estimés. La capitale est *Assam*.

ASSAR, monnaie des Juifs anciens, valait 2 centimes un sixième de notre monnaie.

ASSARHADDON succéda à son père Sennachérib dans le royaume d'Assyrie, vers l'an 710 avant J.-C. Il réunit les royaumes de Ninive et de Babylone, s'empara de la Syrie, et envoya des colonies en Samarie. Il fit la guerre à Manassé, roi de Juda, prit Jérusalem, et emmena Manassé captif à Babylone. Assarhaddon mourut l'an 668 avant J.-C.

ASSAS (Nicolas D'), né au Vigan, dans

le Gard, capitaine au service de France dans le régiment d'Auvergne. Il commandait une grande garde, à Closter-Camp, lorsqu'au point du jour (16 octobre 1760) il tomba sur une colonne ennemie qui voulait surprendre l'armée française. Menacé de la mort s'il dit un seul mot, il s'écrie de toutes ses forces : *A moi, Auvergne, voilà les ennemis!* et tombe percé de coups. Louis XVI, pour récompenser son dévouement, créa une pension de 1,000 livres, réversible à perpétuité aux aînés de sa famille.

ASSASSINS, branche des Ismaéliens, qui ont joué un rôle important à l'époque des croisades, et dont l'influence était également redoutable aux Orientaux et aux Occidentaux, fondée vers 1090 par Hassan-ben-Sabbah, et gouvernée pendant 171 ans par une dynastie de huit souverains, qui prenaient le nom de *Vieux de la montagne*. Le chef-lieu de leur province était la ville de *Maysut*, située dans les montagnes de l'Anti-Liban. Leur chef choisissait des jeunes gens qu'il habituait à une obéissance passive, et qu'il chargeait de l'emploi d'assassiner les princes dont il voulait se défaire.

ASSAUT, attaque vive et violente faite à une place assiégée au moyen d'une brèche pratiquée par la sape ou par le canon. — En termes d'escrime, c'est un combat figuré de deux personnes avec des fleurets.

ASSÉEUR ou ASSIEUR, nom donné autrefois à un habitant d'un bourg ou d'un village, choisi pour régler et déterminer ce que chaque personne devait supporter d'impositions, et en faire ensuite le recouvrement.

ASSEF, nom donné en Perse à des gouverneurs subalternes et de rang inférieur, que le prince met dans certaines provinces.

ASSEMBLÉE LÉGISLATIVE, NATIONALE, ÉLECTORALES, DU CHAMP DE MARS OU DE MAI, etc. Voy. ces mots.

ASSESSEUR, officier de justice, adjoint à un juge principal et titulaire. Tel est, par exemple, l'assesseur d'un juge de paix.

ASSIDÉENS, sectaires juifs dont la dévotion consistait à entretenir les édifices du temple. Ils offraient tous les jours un agneau en sacrifice. Les assidéens croyaient les œuvres de surérogation nécessaires au salut. Ils furent les prédécesseurs des pharisiens et des esséniens.

ASSIENNE ou PIERRE D'ASSOS. Les anciens naturalistes font mention de cette pierre, qui prenait son nom d'Assos, ville de la Troade, d'où on l'exportait. Sa substance était spongieuse, légère, friable et recouverte d'une poudre farineuse nommée *fleur de pierre d'Assos*. On attribuait à cette pierre la propriété de consumer en quarante jours la chair et les os des animaux, les dents exceptées. Les naturalistes modernes pensent que l'assienne n'est autre que la pierre ponce ou une espèce d'alun.

ASSIENTE, mot espagnol passé dans la langue française, et désignant une compagnie de commerce établie en Amérique pour la vente et la fourniture des nègres. On appelle *assientiste* celui qui a des actions dans cette compagnie.

ASSIGNAT. Voy. PAPIER-MONNAIE.

ASSIGNATION, acte par lequel une partie est appelée à comparaître à un jour fixé devant le juge pour répondre à la demande dirigée contre elle et signifiée par un huissier. Aucune assignation ne peut être donnée pendant le jour, de six heures du matin à six heures du soir, et dans un lieu de liberté.

ASSIMILATION, fonction commune à tous les êtres organisés, en vertu de laquelle ils transforment en leur propre substance les matières étrangères qu'ils puisent au dehors. La nutrition en est le complément.

ASSIMMIER ou COROSSOLIER, arbre exotique, de la famille des anones, originaire de l'Amérique septentrionale, et qui réussit en France. Il produit chaque année des fruits qui ont la forme et la grosseur d'une poire moyenne renversée, et la saveur douce, sucrée et acidule.

ASSISE (*Assisi*), ville des États romains, sur une montagne, à 8 lieues de Spolette. Assise est la patrie de saint François et de Métastase. Elle est le siège d'un évêché.

ASSISES (autrefois *plaids*, *états* et *parlements*). On appelle *cour d'assises* une cour qui siège par intervalles dans chaque département, et qui juge avec le concours d'un jury les crimes déférés par la cour royale. — Les *assises de Jérusalem* sont une constitution féodale et militaire, établie en 1099 par les rois de Jérusalem, et adoptée ensuite dans l'île de Chypre, lors de son érection en royaume, en 1192.

ASSISES. C'est en architecture le rang de pierres dont le mur est composé.

ASSISTENTE, premier magistrat de Séville. Postérieurement au XIVe siècle, ces fonctions ont été données dans toute l'Espagne à des *corrégidors* ; le district dans lequel ils les exercent se nomme *corrégimiento*. Mais Séville a conservé son *assistente*, dont le ressort se nomme *assistencia*. Ainsi l'on dit l'*assistencia* de Séville.

ASSOLEMENT, art de varier les cultures et de faire succéder des plantes *améliorantes*, telles que les légumineuses et les fourrageuses aux *épuisantes*, telles que les céréales ; les plantes *traçantes*, dont la racine s'étend en rampant sur la terre, sans s'y enfoncer beaucoup, aux *pivotantes*, telles que le navet. On l'appelle aussi *rotation* ou *alternat*.

ASSOMPTION, ville de l'Amérique méridionale, capitale du Paraguay, fondée par les Espagnols en 1536, et située sur la rive gauche du fleuve Paraguay. Sa population est de 7 à 8,000 âmes. — Il y a aussi une île de ce nom, appelée encore *Anticosti*, à l'embouchure du fleuve Saint-Laurent, dans l'Amérique septentrionale. — Une rivière de ce nom traverse le Canada et se jette dans le Saint-Laurent.

ASSOMPTION, fête chrétienne célébrée le 15 août en commémoration de la mort de la résurrection et de l'élévation au ciel de la Vierge. Elle est devenue plus solennelle depuis le vœu de Louis XIII en 1628, et celui de Louis XV en 1738.

ASSORATH ou ASORATH, livre sacré des mahométans, qui renferme les interprétations des premiers califes et des docteurs les plus célèbres sur les points fondamentaux de leur religion.

ASSOUAN, ville de la haute Égypte, sur le Nil. Elle s'appelait autrefois *Syène*, et fut la dernière ville du Levant qui appartint aux Romains. C'était un lieu d'exil. Assouan renferme des monuments antiques.

ASSOUCI (Charles COYPEAU D'), surnommé *le Singe de Scarron*, né à Paris en 1604 d'un avocat au parlement. À l'âge de huit ans, il s'échappa de la maison paternelle, parcourut Calais, Londres, Turin et Montpellier, où son amour déréglé pour deux pages lui attira des mauvais traitements. Ses satires contre la cour romaine le firent jeter dans les cachots de l'inquisition. Revenu en France, il fut mis à la Bastille, et conduit ensuite au Châtelet. Ses protecteurs l'en firent sortir six mois après. Il mourut en 1679. Il a laissé des *poésies* et un ouvrage intitulé *Lettres redoublées*.

ASSUÉRUS, roi de Perse, né l'an 543 avant J.-C. Il confirma l'édit de Cyrus, qui permettait aux Juifs de rebâtir le temple de Jérusalem. Ayant répudié la reine Vasthi, il épousa Esther, nièce du Juif Mardochée. Assuérus mourut, après trente-six ans de règne, l'an du monde 3519. Quelques savants ont pensé que ce prince était le même qu'Artaxercès II ; d'autres, que c'était Cambyse ou Darius, fils d'Hystaspes.

ASSUR, second fils de Sem, fils de Noé, habita d'abord les plaines de Sennaar, en Babylonie ; mais, en ayant été chassé par Nemrod, il vint s'établir à l'est du Tigre vers l'an 2640 avant J.-C., et donna à ce pays le nom d'Assyrie.

ASSURANCE, contrat de convention par lequel un particulier, ou plutôt une compagnie, garantit, moyennant une certaine somme de sept, huit, dix pour cent, etc., la valeur des maisons incendiées, de la récolte des terres ravagées par la grêle. On compte plusieurs compagnies d'assurance contre l'incendie, entre autres celles du *Soleil*, du *Phénix*, etc. La première compagnie d'assurance contre la grêle a été organisée à Toulouse, pour la première fois, sous la république.

ASSURANCE (mar.). On nomme *chambre d'assurance* l'établissement d'une société de négociants ; c'est dans cette chambre que ceux qui veulent faire assurer leur bâtiment et leur cargaison contre les risques et périls de la mer en passent acte avec cette société. On appelle cet acte *police d'assurance*. On nomme *prime d'assurance* la somme payée à l'*assureur* ou à la chambre d'assurance, qui, de son côté, s'engage à payer la valeur, en cas de perte, du bâtiment.

ASSURANCES SUR LA VIE, contrat par lequel une compagnie de capitalistes s'engage à payer à un individu, moyennant un capital moindre ou une prime annuelle moindre, donnée par cet individu, un certain capital ou bien une rente viagère. Les assurances se partagent en deux grandes divisions : 1° celles dont les sommes doivent être payées du vivant des assurés ; 2° celles dont les sommes doivent être payées après la mort des assurés. — La première société d'*assurances sur la vie* a été créée en Angleterre en 1708.

ASSYRIE, grand empire d'Asie, fondé par Assur, fils de Sem. Il se divisait en *Assyrie propre* (aujourd'hui *Kurdistan*) s'étendant le long du Tigre, environ 150 lieues du N. au S., capitale *Ninive*, vis-à-vis le lieu où est de nos jours Mossoul ; en *Mésopotamie* (aujourd'hui *le Diarbeckr*), comprise entre le Tigre et l'Euphrate, villes *Édesse*, *Charres*, *Haran*, etc. ; en *Babylonie* et en *Chaldée* (aujourd'hui l'*Irak*), capitale *Babylone*. — Cet empire finit à Sardanapale, après avoir duré 12 à 1,300 ans. Il se forma de ses débris trois royaumes, celui des *Mèdes*, de *Babylone* et d'*Assyrie*, qui ne subsista que 130 ans, et finit vers 606 avant J.-C.

ASSYRIENS. Voy. CHALDÉENS.

ASTARAC, petit pays de France, occupant la partie méridionale du département du Gers, avait titre de comté avant la révolution. Ce comté fut fondé au Xe siècle. Il formait entre le Fézenzac et l'Armagnac au N., le Bigorre au S.-O., et le Comminges au S.-E., un triangle presque équilatéral de 5 lieues de côté. *Mirande* en était la capitale. Marguerite de Foix, fille de Henri de Foix, mort en 1572, porta ce pays en dot à Jean-Louis de Nogaret, duc d'Épernon, favori de Henri III (1587). Le fils de Marguerite, Bernard d'Épernon, donna l'Astarac à la dame de Castelnaud-Morens (1659) ; il passa ensuite (1661) aux ducs de Roquelaure, et en 1738 à la maison de Rohan-Chabot, à qui il est resté en 1789.

ASTARTÉ ou ASTARNOTH (*Achloret*) puissante divinité de Syrie et de Phénicie, la même que Vénus chez les Grecs. Elle avait à Hiéropolis, ville de Syrie, un temple fameux, desservi par trois cents prêtres. Ses attributs étaient la rose et le lotus, le lion, le cheval, la colombe ; sa configuration était une pierre conique. Carthage jurait par Astarté l'exécution de ses traités.

ASTÈRE ou ASTER, nommé vulgairement *œil de christ* ou *de perdrix*, genre de plantes de la famille des corymbifères, herbacées ou sous-arbrisseaux, aux feuilles dentelées, ovales ; aux fleurs radiées. Ce genre comprend cent trente espèces ; la plus connue est l'*aster sinensis* ou *reine marguerite*, transportée en Europe, de la Chine et du Japon, en 1730.

ASTÉRIES, appelées par les anciens *étoiles de mer* ou *têtes de Méduse*. Ces zoophytes sont de l'ordre des échinodermes. Leur corps est divisé en rayons, au centre desquels est une ouverture qui sert de bouche et d'anus. Ces animaux sont très-carnassiers, et marchent lentement ou nagent dans les eaux. Les habitants des rivages des mers où elles abondent les emploient à fumer les terres.

ASTÉRISQUE. En termes de typographie, c'est un petit signe en forme d'étoile (*) que l'on met dans les écrits pour marquer un renvoi.

ASTHÉNIE, faiblesse générale du corps.

ASTHME, maladie nerveuse, caractérisée par une gêne considérable de la respiration, qui revient périodiquement. Elle attaque plus particulièrement les vieillards, et paraît se transmettre par voie d'hérédité. La conformation vicieuse de la poitrine, l'obésité, les efforts de voix répétés, les passions vives, etc., sont autant de causes qui amènent l'asthme. Son traitement consiste à éloigner ses causes et à soumettre les malades au repos, aux régimes légers et aux boissons assoupissantes.

ASTI, province de la Sardaigne, entre celles de Casal et de Turin. Elle a 40 lieues carrées de superficie, et sa population est de 107,677 habitants. Elle est montueuse, et produit des grains, des vins, de la soie et du gros bétail. L'Asti forma une république dans le moyen âge. — La capitale est *Asti*, sur le Tanaro, à 8 lieues d'Alexandrie-de-la-Paille. Elle est le siège d'un évêché, et renferme 21,225 habitants. Asti commerce en soie et en vins muscats.

ASTOLPHE, roi des Lombards, succéda à Rachis, son frère, en 749. Il tourna toutes ses pensées vers la conquête de l'Italie. Après avoir envahi l'exarchat de Ravenne, il se disposait à s'emparer des États de l'Église. Le pape Étienne II demanda du secours au roi de France Pepin. Celui-ci passa en Italie en 754 et défit Astolphe. Il lui accorda la paix à condition qu'il restituerait Ravenne et les autres villes prises. Mais à peine était-il de retour en France, qu'Astolphe alla mettre le siège devant Rome. Pepin, appelé par le pape, défit de nouveau Astolphe, mais ne le dépouilla pas de ses États. Astolphe se préparait à une nouvelle guerre lorsqu'il mourut des suites d'une chute de cheval en 756.

ASTORGA (autrefois *Asturica*), ville d'Espagne, sur le Fuerto, dans la province et à 10 lieues de Léon. Elle a un évêché depuis le xe siècle. Cette ville est assez forte, et a plus de 3,000 habitants. Le chapitre de sa cathédrale, consacrée à la Vierge, se compose de quatorze dignités, cinquante chanoines, dix prébendés, trente-six chapelains, etc. Astorga est le siège d'un marquisat érigé en 1465 en faveur de la maison Perez Osorio, d'où il est passé dans celle de Guzman.

ASTRAGALE, filet qui termine le fût d'une colonne touchant le chapiteau et quelquefois aussi près de la base. — C'est encore une moulure de même forme qui se trouve dans l'architecture. — On donne aussi le nom d'*astragale* à un os du talon, qui a une éminence convexe, et qui est le plus saillant des os du tarse.

ASTRAGALE, genre de plantes de la famille des légumineuses, aux fleurs disposées en épi, aux feuilles ailées, au fruit court et renflé, divisé en deux loges, et dont les graines simulent l'os du talon. Ce genre a plus de cent cinquante espèces.

ASTRAGALOMANCIE, divination usitée chez les anciens, et se pratiquait avec des osselets marqués des lettres de l'alphabet, qu'on jetait au hasard. Des lettres que l'on amenait résultait la réponse à ce que l'on cherchait.

ASTRAKHAN, gouvernement russe, sur les bords de la mer Caspienne, dont la superficie est de 10,883 lieues carrées, et la population de 190,000 âmes. Son sol est fécondé par les débordements du Volga. La capitale est *Astrakhan*, à l'embouchure du Wolga, avec 20,000 âmes ; elle a un archevêque russe et un archevêque arménien. Son commerce consiste en soie, coton filé, perles, drogues, diamants, etc. Les habitants sont des Tartares, des Arméniens, des Russes, des Persans et des Kalmoucks. La ville possède trois bazars.

ASTRÉE (myth.), fille de Jupiter et de Thémis, regardée comme la déesse de la justice. Elle habita la terre pendant l'âge d'or, et remonta au ciel pendant l'âge d'airain. Elle brille au zodiaque sous le signe de la *Vierge*.

ASTRÉE, nom d'un roman pastoral de M. d'Urfé, qui fut regardé comme un chef-d'œuvre lors de son apparition en 1610, et conserva de grands partisans jusqu'au XVIIIe siècle. La scène est au Forez, dans le ve siècle. Le héros est nommé *Céladon*, et l'héroïne *Astrée*. Il est en 4 volumes de 1200 à 1400 pages chacun.

ASTRÉES, zoophytes, sous la forme de masses pierreuses, épaisses, planes, hémisphériques ou globuleuses, qui encroûtent souvent les corps marins solides. Ils sont pourvus d'une bouche arrondie, au milieu d'un disque couvert de tentacules. Ils habitent les mers d'Amérique.

ASTRES, nom qui s'applique aux étoiles fixes, aux planètes ou corps errants, et aux comètes ou corps chevelus.

ASTRINGENTS, médicaments d'une saveur âcre, resserrante, dont la nature active et les effets ont des rapports très remarquables avec les propriétés chimiques. Il y a des astringents contre la dyssenterie, l'hémorragie, etc.

ASTROLABE, ancien instrument astronomique très-ressemblant à la sphère armillaire. Il servait à mesurer les angles par degrés, minutes et secondes. Le premier astrolabe fut construit par l'astronome Hipparque.

ASTROLOGIE, art de deviner et de prédire l'avenir par l'inspection des astres. On le regardait comme faisant partie de la médecine, et on le nommait *astrologie judiciaire*. Cette science passa des Chaldéens en Egypte et en Grèce, d'où elle se répandit dans le reste de l'univers. Elle fut très en vogue au moyen âge et même jusqu'au XVIIe siècle. *Saturne* rendait *triste, brun, avare*; le *Soleil*, *comblé de gloire, fort de corps et d'esprit*, mais *roux, cruel, perfide; Vénus* rendait *beau, poli, galant*; la *Lune*, *inconstant, menteur, flatteur*; *Mercure, délateur, glouton, borné*, etc.

ASTRONOMIE, science des lois des astres ou des mouvements des corps célestes. Elle se divise en trois parties : 1o l'*astronomie sphérique*, qui considère la terre autour d'une sphère dont les astres occupent la surface; 2o l'*astronomie théorique*, qui s'applique à décrire la véritable forme de l'univers, c'est-à-dire l'éloignement, la position, la distance respective des corps célestes; 3o l'*astronomie physique*, qui détermine les causes des mouvements célestes par les principes de la mécanique. — L'astronomie vient des Chaldéens, qui la transmirent aux Egyptiens, et ceux-ci aux Grecs; elle était cultivée en France sous Charlemagne. Les trois principaux systèmes sont ceux, 1o *de Ptolémée*, qui considère la terre comme le centre de tous les mouvements; 2o *de Copernic*, qui considère le soleil comme le même centre; 3o *de Tycho-Brahé*, qui regarde la terre au centre de l'univers, et qui pense qu'en vertu du mouvement du ciel en vingt-quatre heures, le soleil et la lune décrivent un cercle autour d'elle, tandis que les autres planètes tournent autour du soleil. Le système de Copernic est celui qui est suivi de nos jours.

ASTURIES, province et principauté d'Espagne d'environ 400 lieues carrées, renfermant une population de 365,000 âmes. Sa capitale est Oviédo, avec 6,000 âmes. Ce pays, que les Maures ne purent conquérir, est donné en apanage au fils aîné du roi d'Espagne depuis 1328. Les Asturions se vantent d'être le pur sang des Goths.

ASTYAGES, fils de Cyaxare, roi des Mèdes, monta sur le trône l'an 594 avant J.-C. Il maria sa fille Mandane à Cambyse, roi des Perses, dont elle eut le grand Cyrus. Cyrus, élevé à la cour de son grand-père, finit par le détrôner l'an 559 avant J.-C.

ASTYANAX, fils d'Hector et d'Andromaque. Lors de la prise de Troie, les Grecs le précipitèrent du haut des remparts. Plusieurs auteurs prétendent que l'on fit périr un enfant supposé, et qu'Astyanax suivit sa mère en Epire.

ASTYNOMES, magistrats athéniens qui avaient l'intendance suprême des édifices, de la police et des routes de l'Attique. Ils étaient au nombre de dix.

ASYMNÈTE, nom des magistrats suprêmes des colonies éoliennes chez les anciens.

ASYMPTOTE. C'est le nom, en géométrie, d'une ligne qui, étant indéfiniment prolongée, s'approche continuellement d'une autre ligne aussi indéfiniment prolongée, de manière que sa distance à cette ligne ne devient jamais zéro absolu, mais peut toujours être trouvée plus petite qu'aucune quantité donnée.

ATAHUALPA ou ATABALIPA, dernier roi du Pérou, de la famille des incas, avait remporté divers avantages sur son frère Huascar, qui lui disputait la couronne. Les Espagnols ayant abordé au Pérou en 1525, firent Atahualpa prisonnier et l'étranglèrent l'an 1533. D'autres écrivains prétendent que ce prince avait enlevé le trône à Huascar, le légitime souverain ; que ce dernier appela les Espagnols à son secours, et que ceux-ci saisirent ce prétexte pour faire mourir Atahualpa.

ATAIDE, vice-roi des Indes en 1568. Son gouvernement fut l'époque d'un soulèvement universel des Indes contre les Portugais. Il fit face à tous côtés, battit l'armée du roi de Cambaie, forte de 100,000 hommes, défit le zamorin de Calicut, et lui fit jurer de ne plus avoir de vaisseaux de guerre. Lors même qu'il était pressé dans Goa, il refusa d'abandonner les possessions les plus éloignées, et fit partir pour Lisbonne les vaisseaux qui portaient tous les ans les tributs des Indes. Après sa mort (1572), la puissance portugaise dans l'Inde s'affaiblit de plus en plus.

ATALANTE (myth.), fille de Schénée, roi de Scyros, résolut de ne donner sa main qu'à celui qui la vaincrait à la course. Hippomène atteignit le but avant elle, en jetant pendant la course trois pommes d'or, qu'Atalante perdit du temps à ramasser. Hippomène ayant oublié de rendre grâces à Vénus, qui lui avait suggéré ce moyen, cette déesse le porta, ainsi qu'Atalante, à profaner le temple de Cybèle, qui les changea en lions, et les attela à son char.

ATAULPHE, premier roi des Goths en Espagne. Après la mort d'Alaric, il retint en otage et épousa Placidie, sœur d'Honorius. Cet empereur lui céda la Gaule et l'Espagne. Il lutta longtemps contre Constance, qui lui avait disputé la main de Placidie. Il entra ensuite en Espagne, et s'empara de Barcelone. Il y fut assassiné par un esclave dont il avait fait périr le maître.

ATAXIE, état de désordre qui caractérise et accompagne les fièvres nerveuses. — On nomme *ataxique* tout ce qui tient de l'ataxie. La *fièvre ataxique* est la même chose que la *fièvre nerveuse*.

ATCHÉ, monnaie de cuivre en usage en Turquie. Elle vaut 4 deniers et un neuvième de France.

ATE (myth.), divinité malfaisante chez les Grecs, la même que la Discorde des Latins. Chassée du ciel par Jupiter, elle s'en venge sans cesse sur les hommes, parmi lesquels elle sème le trouble et la haine.

ATÈLE, genre de singes de la Guyane, dépourvus de pouces, très-agiles, à la queue longue et prenante, et aux longs bras. Ils sont craintifs, doux, susceptibles de domesticité, et vivent par troupes.

ATELLANES, petites pièces du théâtre des anciens, venant d'Atella, ville des Osques, dans la Campanie, et qui acquirent une grande faveur à Rome l'an 390 de sa fondation. Leur genre était bouffon, satirique, et équivalent à peu près aux arlequinades des Italiens.

ATERMOIEMENT, délai de grâce accordé au créancier à son débiteur qui est dans l'impossibilité de payer à l'échéance de la dette. Il dépend de la seule volonté du créancier.

**ATEUCHUS**, genre d'insectes coléoptères, tribu des scarabées, renfermant des animaux ressemblant assez aux scarabées, mais dépourvus de cornes, et ayant les quatre jambes postérieures allongées, à peine dilatées. Leur corps est ovale, ou arrondi et large. Le corselet est large, bombé. Les couvertures des ailes sont droites sur les côtés. Ces insectes vivent dans les excréments des animaux. Quand vient le moment de la ponte, ils forment avec les excréments une boule où ils déposent leurs œufs. Quand cette boule est ferme et sèche, ils la roulent dans un trou qu'ils ont creusé en terre. Ils sont propres aux parties chaudes de l'Europe et des autres contrées du monde. Les Égyptiens les regardaient comme le symbole de la renaissance de la nature : aussi les voit-on figurés sur tous leurs monuments. Leur couleur est noire ou vert bronze doré. Leur taille est moyenne.

**ATHALIE**, fille d'Achab et de Jésabel, et femme de Joram, roi de Juda. Pour monter sur le trône, elle fit assassiner les quarante-deux princes du sang royal. Josabeth, fille de Joram, enleva Joas, fils d'Ochosias, au massacre de ses frères, et le fit élever dans le temple, dont Joad, son époux, était grand prêtre. Celui-ci fit mourir Athalie, et fit monter Joas sur le trône l'an 877 avant J.-C. Athalie avait régné six ans.

**ATHAMAS** (myth.), roi de Thèbes et fils d'Éole, épousa Néphélé, dont il eut Hellé et Phryxus. Néphélé ayant perdu la raison, il épousa Ino, fille de Cadmus. (Voy. INO.) Furieux de ce que son épouse avait voulu faire périr les enfants de Néphélé, Athamas tua Léarque, fils d'Ino, et poursuivit cette infortunée, qui se jeta dans la mer avec son autre fils Mélicerte. Le roi, ayant repris l'usage de sa raison, adopta les fils de Thersandre, son neveu. D'autres auteurs prétendent que Junon, jalouse du bonheur de cette princesse, envoya Tisiphone à la cour d'Athamas, et que ce prince, devenu furieux, prit Ino pour une lionne et ses enfants pour des lionceaux. Il poursuivit Ino, qui se jeta dans la mer, et écrasa son propre fils.

**ATHANAGILDE**, quatorzième roi des Visigoths en Espagne, fut mis sur le trône par les sujets d'Agila, révoltés contre ce prince. Ne se croyant pas assez fort pour résister aux armées d'Agila, il obtint des secours de l'empereur Justinien, à qui il céda quelques villes d'Espagne. Athanagilde maria Galsuinde, sa fille aînée, avec Chilpéric, roi de Soissons, et Brunehaut, sa seconde fille, à Sigebert, roi d'Austrasie. Il mourut à Tolède en 567.

**ATHANASE LE GRAND** (Saint), patriarche d'Alexandrie, docteur de l'Église, né vers l'an 296, célèbre par ses persécutions et son opposition constante aux ariens. Ses écrits sont nombreux ; les principaux sont *la Défense du mystère de la Trinité, de la divinité du Verbe et du Saint-Esprit*, et une *Apologie de Constantin*. On lui attribue le *Symbole*. Il mourut en 273.

**ATHÉISME**, système consistant à nier la Divinité. L'athée *pratique* est celui qui ne croit pas à l'existence d'un Être suprême, afin de s'abandonner à ses passions librement et sans remords ; l'athée *spéculatif* est celui qui ne croit pas à l'existence d'un Être suprême, sans que cette non croyance soit fondée sur la corruption de son cœur : ce sentiment athéisme est *négatif*, quand il vit dans la non croyance à l'existence de l'Être suprême par stupidité ou par défaut d'attention ; il est *positif*, lorsqu'il ne nie par raisonnement et par réflexion.

**ATHELING** ou **ADELING**, titre de l'héritier présomptif de la couronne chez les anciens Saxons. Le dernier prince qui porta le titre d'atheling fut Edgar Atheling, petit-fils d'Edmond Côte de fer, et neveu d'Édouard le Confesseur, né en Hongrie, où son père s'était réfugié dans le temps des proscriptions danoises. Il fut élu roi en 1066 par les Saxons du nord de l'Humber et dans les marches galloises, en opposition à Guillaume le Conquérant ; mais il fut forcé de s'enfuir en Écosse, où sa sœur Marguerite épousa le roi Malcolm, et en eut Mathilde, qu'épousa le roi Henri Ier, fils de Guillaume le Conquérant. Edgar fit plusieurs tentatives pour monter sur le trône, et ne put réussir.

**ATHELSTAN**, roi d'Angleterre, succéda à Édouard l'Ancien. (Voy. ADELSTAN.)

**ATHÉNAGORAS**, philosophe éclectique, né à Athènes au IIe siècle. Il mourut en 177. On lui doit un traité *de la Résurrection des morts* et une *Apologie de la religion chrétienne*, adressée à l'empereur Marc Aurèle.

**ATHÉNÉE**, grammairien grec, né à Naucratis, en Égypte, vivant vers 228. On a de lui un ouvrage intitulé *les Deipnosophistes ou Banquet des savants*, trésor d'érudition et de tout genre, qui lui a valu le surnom de *Varron grec*. — Il y a eu un autre Athénée, mathématicien qui florissait vers l'an 270 avant J.-C., et dont il reste un *Traité sur les machines de guerre*.

**ATHÉNÉE**, nom donné chez les anciens à un édifice élevé à Rome, sous l'empereur Adrien, l'an 125 de J.-C., et consacré à Minerve (en grec, *Athéné*). Les auteurs venaient y lire leurs ouvrages en présence d'une assemblée nombreuse ; il servait aussi de collège, et on y faisait des leçons publiques. L'empereur Caligula en avait fait bâtir un semblable à Lyon l'an 27 de J.-C. ; il y avait institué des prix d'éloquence grecque et latine ; les vaincus étaient obligés d'effacer leur composition avec la langue, sinon ils étaient fouettés ou jetés dans la Saône. — On a étendu le sens du mot *athénée* à tout lieu où s'assemblent les savants et des gens de lettres pour faire des cours de sciences et de littérature, et à cette assemblée elle-même. L'athénée de Paris, fondé en 1781, avait pour objet le perfectionnement des sciences et arts relatifs au commerce ; on y faisait des cours sur diverses parties des sciences. La société, connue d'abord sous le nom de *musée*, prit celui de *lycée* en 1785, et enfin d'*athénée des arts* en 1803. Elle existe encore, et donne des prix annuels aux artistes, fabricants ou inventeurs qui produisent des ouvrages de mérite.

**ATHÈNES** (aujourd'hui *Athinaïah* ou *Sétines*), capitale de l'ancienne Attique, fondée par Cécrops 1550 ans avant J.-C. Tour à tour capitale de royaume et république, cette ville célèbre fut la patrie des sciences et des arts. Elle eut dix-sept rois, et les archontes ; enfin elle forma une république qui brilla d'un long éclat. Athènes était située sur le golfe de Saro, et était unie à ses trois ports, le *Pirée*, *Munychie* et *Phalère*, par des murailles très-grandes. Ses principaux monuments étaient l'Acropolis, le Panthéon, les Propylées, etc. — L'Athènes moderne a 12,000 âmes ; les beaux souvenirs qu'elle rappellent l'ont fait choisir comme siège du gouvernement de la Grèce régénérée.

**ATHÉNODORE**, philosophe stoïcien, né en Cilicie, vivait vers l'an 50 avant J.-C. Il se rendit si célèbre par ses vastes connaissances et son talent, que Jules César le choisit pour être le précepteur de son neveu Octave. Il conserva toujours sur son élève, qui devint empereur sous le nom d'Auguste, un ascendant dont il ne profita que pour lui imprimer des sentiments de modération et de clémence. Il mourut l'an 32 de J.-C.

**ATHÉRICÈRES**, famille d'insectes de l'ordre des diptères, qui a pour caractères une trompe ordinairement membraneuse, terminée par deux lèvres, renfermée, ainsi que les palpes, dans une cavité de la tête pendant le repos, contenant un suçoir le plus souvent de deux pièces, et des antennes toujours accompagnées d'une soie.

**ATHLÈTES**, ceux qui combattaient dans les fêtes de la Grèce, et se livraient à des exercices gymnastiques. Avant de se admettre, on s'enquérait de leurs noms, de leur âge, etc. ; l'athlète prêtait ensuite le serment d'observer les lois de la lutte ; les couples se tiraient au sort ; le vainqueur était récompensé par des couronnes et des statues ; l'olympiade prenait son nom, et il jouissait de nombreux priviléges.

**ATHOL**, pays montagneux de l'Écosse. L'Athol est situé dans le comté de Perth *Blair* en est la capitale. L'Athol a eu des comtes célèbres dans l'histoire des troubles de l'Écosse.

**ATHOR** ou **ATHYR**, divinité égyptienne du deuxième ordre. C'était la personnification de la puissance femelle, associée à la puissance mâle, le feu créateur. Athor était considérée, tantôt comme la mère des dieux, tantôt comme la nourrice des divinités supérieures, tantôt enfin comme l'épouse du Soleil, Phré, ou comme la déesse de la beauté et de la toilette. Les figurines égyptiennes la représentent souvent avec une tête de vache, ou bien une tête humaine surmontée d'oreilles de vache. Considérée comme épouse du Soleil, elle porte sur sa coiffure un vautour, surmonté du croissant ou de deux têtes de vache ; comme déesse de la beauté elle tient à ses mains des bandelettes. Le mois *athyr* lui était consacré. Ce mois répondait à celui de novembre.

**ATHOS**, montagne ou plutôt cap d'une longue chaîne de la province de Salonique, dans la Turquie européenne, qui s'étend jusque dans l'Archipel sur une presqu'île longue de 7 lieues. Xercès la sépara du continent en faisant percer une langue de terre pour conduire sa flotte en Thessalie. L'Athos s'élève de 5,900 pieds au-dessus du niveau de la mer. Il porte aujourd'hui le nom d'*Agion-Oros* ou de *Monte-Sacro*, et est habité par des Grecs. Il renferme plus de vingt couvents ou ermitages occupés par des moines russes de Saint-Basile.

**ATHYTES**, sacrifices des anciens, dans lesquels on n'immolait pas de victimes.

**ATILIA.** Plusieurs lois romaines ont porté ce nom. La première, décrétée l'an 445 avant J.-C., conférait au peuple le droit de nommer seize tribuns militaires sur vingt-quatre. Les tribuns élus par le peuple prenaient le nom de *militati*, et les autres celui de *rutuli* ou *rufuli*. La deuxième, votée l'an 211 avant J.-C., concédait au sénat le droit de prononcer sur le sort des Latins qui venaient de se rendre. La troisième, rendue l'an 194 avant J.-C., donnait aux préteurs et aux tribunaux le droit de donner des tuteurs aux enfants dont les pères étaient morts sans remplir ce devoir.

**ATINIA.** Deux lois romaines ont porté ce nom. La première, décrétée l'an 131 avant J.-C., donna aux tribuns du peuple le droit de siéger dans le sénat ; la deuxième déclara que la longue possession n'assurerait jamais la propriété des objets volés.

**ATKINS** (Sir Robert), célèbre jurisconsulte anglais, descendait d'une des plus anciennes familles du comté de Glocester, fut nommé en 1671 un des douze grands juges d'Angleterre dans la cour des plaids-communs. Il se retira des affaires en 1679, fut un des instruments les plus actifs de la révolution de 1688, et fut nommé premier président de la cour de l'Échiquier, puis orateur de la chambre des pairs. Il mourut en 1709, laissant plusieurs ouvrages sous le titre de *Traités parlementaires et politiques*.

**ATLANTE.** En architecture, c'est le nom d'une statue d'homme qui tient lieu de colonne pour supporter les entablements. — Les *Atlantes* étaient une nation africaine qui habitait la partie la plus orientale de la chaîne de l'Atlas.

**ATLANTIDE**, nom donné par les anciens géographes à une île ou plutôt à un continent, qui existait, selon eux, dans des temps reculés, en face et à l'occident du détroit de Gibraltar. Platon, seul auteur qui nous ait transmis quelques détails sur cette île, assure que l'Atlantide était plus grande que l'Afrique et l'Asie réunies, et qu'elle fut engloutie sous les eaux. On pense que l'Atlantide s'étendait depuis les Canaries jusqu'aux Açores, qui, avec les îles qui n'ont pas été englouties par les eaux en sont les restes.

**ATLANTIQUE** (Mer), Océan qui sépare

l'Europe et l'Afrique de l'Amérique, et s'étend de l'un à l'autre cercle polaire. On le divise en *Boréal*, compris entre le tropique du Cancer et le cercle polaire arctique; en *Equinoxial*, compris entre les tropiques; en *Austral*, compris entre le tropique du Capricorne et le cercle polaire antarctique. Les principales îles de cet Océan sont les *Açores*, l'*archipel du Cap-Vert*, *des Canaries*, *Gorée*; l'*Ascension*, *Sainte-Hélène*, *les Antilles*, etc.

ATLAS (myth.), fils de Japet et d'Asia, et l'un des Titans, roi de la Mauritanie. L'oracle l'ayant menacé d'être détrôné par un descendant de Jupiter, il voulut chasser de ses Etats Persée, qui le métamorphosa en rocher avec la tête de Méduse. Selon d'autres, il embrassa le parti des Titans, et fut condamné par Jupiter à soutenir le ciel sur ses épaules. Cette fable a son origine dans l'amour d'Atlas pour l'astronomie. — Il fut père des sept Pléiades.

ATLAS, chaîne de montagnes qui s'étend dans l'Afrique septentrionale, traverse la Barbarie, et se divise en deux parties : l'une, voisine de la Méditerranée, est appelée *petit Atlas*; l'autre, voisine du grand désert, est nommée *grand Atlas*. Cette contrée s'étend de l'E. à l'O., et renferme de très-hautes montagnes; elle était connue des anciens.

ATLAS. On a donné ce nom, 1° à des recueils de cartes géographiques, consacrées soit à la topographie du monde entier, soit d'un seul pays, soit enfin à celle des astres; 2° à la première vertèbre du cou, laquelle supporte la tête. *Aloïde* est tout ce qui a rapport à l'atlas.

ATMOMÈTRE, instrument qui sert à calculer la quantité de liquide passé, dans un temps connu, à l'état de vapeur. On peut se servir de toute espèce de vase, divisé en parties d'égales capacités. Dans quelque temps, on verra le liquide baisser dans le vase, et la différence du niveau antérieur et du niveau actuel exprimera la quantité de liquide vaporisée.

ATMOSPHÈRE, enveloppe continue que l'air forme autour de la terre, et qui s'élève de 12 à 15 lieues au-dessus de sa surface. Elle participe au mouvement diurne, et a la figure d'un sphéroïde aplati. C'est le principe de la vie et de la nature; l'air sert à nous faire communiquer à nos semblables par le son; il nous réfléchit les rayons lumineux; enfin, sans lui, la respiration serait impossible. Toutes les planètes, excepté la lune, paraissent posséder une atmosphère. (Voy. AIR.)

ATOMES. Ce mot désignait, chez les anciens, la matière au moment où elle échappe à la divisibilité, en vertu de sa ténuité. Il désigne maintenant les parties de la matière indivisibles sous l'action des forces chimiques. Une réunion d'atomes constitue une *molécule*, une *particule*; la réunion de celles-ci à leur tour forment les *corps*. — Lorsque deux corps de différente nature se combinent, cette combinaison a lieu entre leurs atomes. On s'est livré à de grandes discussions pour savoir si un corps était divisible à l'infini, ou s'il ne l'était pas. La première hypothèse est plus vraisemblable. La science qui s'occupe des atomes se nomme *théorie atomistique*. On appelle *école atomistique* la secte philosophique dont Leucippe a été le fondateur. (Voy. LEUCIPPE.)

ATONIE. C'est, en médecine, une faiblesse générale de tous les organes, et particulièrement des organes contractiles.

ATOUR. On nommait autrefois *dames d'atour* des dames chargées de la parure, de la toilette des reines et princesses.

ATRABILE, humeur particulière, de couleur noire, formée d'une partie limoneuse du sang ou de la bile, sécrétée par le pancréas, que les anciens croyaient engendrer la mélancolie et les manies. Cette opinion est tout hypothétique; mais on continue d'appeler *atrabile* la bile qui atteint une couleur très-noire dans certaines maladies.

ATRÉE (myth.), fils de Pélops et roi de Mycènes. Sa haine contre son frère Thyeste, au sujet du larcin d'une toison d'or, et de son adultère incestueux avec Erope, son épouse, l'a rendu célèbre. Il le chassa de sa cour; puis, feignant de vouloir se réconcilier, il invita Thyeste à un festin, où il lui servit les membres des deux enfants nés de son commerce criminel. Thyeste tomba de nouveau entre ses mains, et allait être égorgé par Egisthe, son propre fils, lorsque celui-ci le reconnut pour son père, et tua Atrée. Ce dernier fut le grand-père d'Agamemnon et de Ménélas, surnommés à cause de cela *Atrides*.

ATRIPLICÉES. Voy. CHÉNOPODÉES.

ATRIUM, espèce de portique couvert chez les anciens, composé de deux rangs de colonnes, situé près du *cavædium* (la cour) et avant le *tablinum* (cabinet), et emprunté aux Etrusques. On y plaçait les portraits des ancêtres. Quelquefois il servait de salle à manger, et faisait toujours partie de la maison. Quelques temples avaient un *atrium*, mais alors c'était une cour découverte et à demi circulaire.

ATROPHIE, diminution progressive dans le volume de tout le corps ou d'une de ses parties, due au manque de sucs nourriciers. C'est moins une maladie qu'un symptôme, et elle signale le danger des affections pendant lesquelles elle se montre. L'*atrophie partielle des membres* est l'atrophie due au repos absolu d'un membre, ou à la compression qu'il a eue à supporter, ou à l'effet d'une autre maladie, telle que le rhumatisme. Ces phénomènes changent pendant et après l'accroissement du corps.

ATROPOS (myth.), une des trois Parques, fille de la Nuit et de l'Erèbe. Sa fonction était de couper le fil de la vie des hommes, sans égard pour le sexe, l'âge et la qualité. Elle était sous la forme d'une femme âgée, portant des ciseaux à la main.

ATTALE, nom porté par trois rois de Pergame, dont le premier, fils d'Attale (frère cadet de l'eunuque Philétère, qui, nommé par Lysimaque gouverneur de Pergame en Mysie 283 ans avant J.-C., y fonda un royaume), succéda à son cousin Eumène l'an 241 avant J.-C., défit les Galates, Séleucus, et mourut en 197 avant J.-C. — ATTALE II PHILADELPHE, second fils du précédent, succéda à Eumène, son frère en 159 avant J.-C., se défit de Prusias et de Démétrius Soter, construisit Philadelphie, Attalie, et fut empoisonné l'an 138 avant J.-C., par Attale III. — ATTALE III PHILOMÉTOR, neveu du précédent et fils d'Eumène II, parvint au trône par un crime, l'abandonna bientôt pour se livrer aux soins du jardinage. Ses remords lui troublèrent la raison, et il laissa les Romains héritiers de ses Etats, à sa mort, en 133 avant J.-C.

ATTERRAGE, en termes de marine, arrivée en vue d'une terre, et reconnaissance de cette terre, ordinairement faite sur les points les plus avancés et les plus remarquables des côtes. Les atterrages donnent la marche suivie par un vaisseau dans le cours de sa navigation, et facilitent la route des vaisseaux qui peuvent après tenir le même chemin.

ATTERRISSEMENT, accumulation progressive des terres d'alluvion, c'est-à-dire, des monceaux de limon ou de sable que les courants d'eau enlèvent, soit à leur lit, soit à leurs rivages. Les atterrissements sont les principaux fondements de la chronologie des époques primitives.

ATTIA, famille romaine. C'est aussi le nom d'une loi décrétée à Rome l'an 64 de J.-C. Elle conférait au peuple le droit d'élire les prêtres.

ATTICISME, mélange de pureté, de délicatesse, de finesse, de goût dans l'expression du langage, particulières aux Athéniens. On l'appelle aussi *sel attique*. Aristophane est celui des auteurs grecs dans lequel on trouve le plus de cette élégance qui caractérise l'*atticisme*.

ATTICUS (Titus Pomponius), chevalier romain, né à Rome en 644. Il fut élevé avec Cicéron, qui lui écrivit dix-sept livres de lettres. Sous Marius et Sylla, il se retira à Athènes, et rendit de grands services à ses habitants; il refusa tous les emplois, et mourut en l'an 821 de Rome, laissant des *Annales* ou *Histoire universelle* dans un espace de 700 ans, des *Généalogies* des plus illustres familles de Rome, le *Consulat* de Cicéron, etc. Tous ses ouvrages sont perdus.

ATTIGNI, petite ville du département des Ardennes, sur l'Aisne, chef-lieu de canton, à 5 lieues de Vouziers. Population, 970 habitants. Elle est célèbre par la résidence qu'y firent quelques rois mérovingiens, la mort de Childéric II en 720, et l'assemblée où Louis le Débonnaire, poursuivi par les remords de la mort de son neveu Bernard, roi d'Italie, en fit pénitence publique.

ATTILA ou ETZEL, célèbre roi des Huns, surnommé *le Fléau de Dieu*, succéda à son oncle Rugilas en 433. Il ravagea l'Orient, la Pannonie, la Germanie, envahit la Gaule en 451, et fut vaincu à Châlons par Mérovée et Aétius. Il envahit l'Italie en 452, détruisit Aquilée, et se présenta deux fois devant Rome. La fermeté de Léon X le fit reculer devant cette ville. Il mourut l'an 453, sans qu'on ait pu découvrir le lieu de sa sépulture.

ATTIQUE, ordre d'architecture qui couronne un édifice, et qui repose immédiatement sur l'entablement. Il est orné quelquefois de petites colonnes ou de sculptures; souvent c'est un simple mur sans ornement.

ATTIQUE, contrée de la Grèce au N. du golfe Saronique, au S. de la Béotie, ainsi nommée d'Attis, fille de Cranaüs, second roi d'Athènes. On l'appela d'abord *Ionie*, *Cécropie*, *Acté*, puis enfin *Attique*. Sa capitale était Athènes. Elle se divisait en treize tribus nommées *Acamantide*, *Éantide*, *Antiochide*, *Attalide*, *Egéide*, *Erechtéide*, *Adrianide*, *Cécropide*, *Hippothoentide*, *Léontide*, *Ptoléma*ï*de* et *Pandionide*. L'Attique était renommée par ses mines d'or et d'argent.

ATTRACTION, force qui sollicite toutes les parties de la matière à se porter les unes vers les autres. On l'appelle *attraction moléculaire* ou *cohésion*, quand elle se produit au contact des corps, ou entre les parties du même corps; *affinité*, quand elle s'exerce entre des particules d'un même corps; *pesanteur*, quand cette force s'exerce entre la terre et les corps placés à sa surface; *gravitation* ou *attraction planétaire*, quand on la considère dans les corps célestes. L'explication des phénomènes célestes par l'attraction est due à Newton au XVII° siècle. C'est elle qui maintient la lune et les planètes dans leur orbite. Elle est aussi la cause des marées.

ATTRIBUTS, symboles consacrés à caractériser les divinités de la fable et les héros de l'antiquité. Ainsi, l'aigle et la foudre étaient les attributs de Jupiter; le trident, celui de Neptune; un glaive et une balance, ceux de la justice, etc. Chez les Egyptiens, la croix ansée (ou T surmonté d'un anneau) était le symbole de la vie divine; dans les sculptures anciennes, chaque dieu le tient en main le sceptre De plus, en Egypte les dieux portent un appendice au menton, en forme de barbe tressée. Chaque divinité avait, chez les anciens, un attribut particulier. — ATTRIBUT se dit aussi, en mythologie, des qualités de la divinité que les poètes païens personnifiaient, et dont ils faisaient autant de dieux et de déesses. Ainsi, Jupiter désignait la puissance; Junon, le courroux ou la vengeance; Minerve, la sagesse, etc.

ATWOOD (Georges), célèbre physicien anglais, né en 1742. Il entra d'abord au collège de Westminster, et ensuite à celui de Cambridge, où il fut ensuite professeur de physique. Le ministre Pitt, ayant assisté à une leçon d'Atwood, l'attacha à sa fortune, et l'employa dans le ministère des finances. Il lui fit même accorder une pension. Atwood mourut en 1807. Il a laissé plusieurs ouvrages de physique, et est l'auteur d'une machine célèbre, qui porte son nom. (Voy. MACHINE D'ATWOOD.)

ATYPIQUES, nom donné, en médecine, aux maladies périodiques, et surtout aux fièvres intermittentes, dont les attaques ou les accès reparaissent sans régularité.

ATYS (myth.), berger phrygien dont Cybèle, qui lui confia le soin de son culte, et lui fit jurer d'observer les lois de la chasteté. Atys ayant épousé la nymphe Sangaride, Cybèle lui inspira une telle fureur qu'il se mutila lui-même, et la déesse le changea en pin. Il reçut les honneurs divins. Les prêtres de Cybèle se mutilaient comme Atys, pour être dans l'impossibilité de violer leur vœu de chasteté.

AUBAINE, droit en vertu duquel un souverain français recueillait la succession d'un étranger mort dans ses États sans avoir disposé de ses biens par un testament. — C'est aussi le droit de succéder à un étranger qui a quitté sa patrie pour s'établir ailleurs. Ce droit est d'origine française; il est aboli depuis 1819.

AUBE, tunique de toile blanche qui descend jusqu'aux pieds, et dont se servent les ecclésiastiques. — C'était autrefois l'habit blanc porté huit jours par les catéchumènes baptisés la veille de Pâques : de là, on appela la semaine de Pâques alba. C'était un symbole de la pureté, à cause de la blancheur. — En hydraulique, aube désigne les planches fixées à la circonférence des roues des moulins à eau, ou de toute autre machine que ce liquide fait mouvoir, et sur lesquelles s'exerce l'action de l'eau pour faire tourner les roues.

AUBE, teinte blanche et d'une lueur pâle que l'on aperçoit sur l'horizon avant l'apparition de l'aurore.

AUBE, rivière de France. Elle a deux sources dans le bois de Vivey et de Pralay (Haute-Marne). Ces deux sources se réunissent avant d'arriver à Auberive, où l'Aube commence à devenir importante. Cette rivière coule du S.-E. au N.-E., sépare le département de la Haute-Marne de celui de la Côte-d'Or, traverse le département auquel elle donne son nom, passe ensuite dans le département de la Seine, et vient se réunir à la Seine à Marcilly. Son cours est de 51 lieues. Elle est navigable dans 8 lieues, et flottable dans 28 lieues.

AUBE, département français, région du N.-E., formé de parties de la Champagne et de la Bourgogne. Il a pour limites, au N. le département de la Marne, à l'E. celui de la Haute-Marne, au S. ceux de la Côte-d'Or et de l'Yonne, à l'O. ceux de l'Yonne et de Seine-et-Marne. Sa superficie est de 610,622 hectares, et sa population de 255,000 habitants. Il se divise en cinq arrondissements : Troyes (chef-lieu), Arcis-sur-Aube, Bar-sur-Aube, Bar-sur-Seine, Nogent-sur-Seine. On y remarque plusieurs lieux célèbres par les combats qui y ont été livrés par Napoléon lors de l'invasion des alliés en 1814, comme Arcis-sur-Aube, Brienne, etc. Il fait partie de la dix-huitième division militaire, et est compris dans le ressort de la cour d'appel et de l'académie de Paris, et du diocèse de Troyes. — Le sol du département de l'Aube se divise en deux régions bien distinctes : la première, au N. et à l'O. de Troyes, fait partie de ce qu'on a jadis nommé Champagne Pouilleuse, et n'est qu'une terre aride, presque stérile; la deuxième, au S. et à l'E. de Troyes, renferme des terrains riches et très-fertiles, des vignobles très-bien exposés, et qui donnent de bons produits. On exploite dans le département de nombreuses carrières de moellons, de grès, et surtout de craie. Cette craie, qui rend stérile une grande partie des terres, est l'objet d'une fabrication dont le produit est connu sous le nom de blanc d'Espagne. — 300,000 hectares sont mis en culture; 35,000 sont des prés ou pâturages, 16,084 sont plantés en vignes; on compte 74,803

hectares de forêts, et 70,000 de landes et friches. Le sol produit annuellement 1,510,000 hectolitres de céréales, 710,000 hectolitres de vins, et plus de 2,000,000 de quintaux de foin, dont un tiers environ est exporté pour l'approvisionnement du bétail à Paris. La fabrication des tissus de coton, celle de la bonneterie et de la draperie, sont les principales branches de l'industrie manufacturière du département.

AUBÉPINE (vulgairement noble-épine ou mai), plante de la famille des rosacées, du genre alisier, à la racine tortueuse et ligneuse, à l'écorce blanche, aux fleurs blanches, teintes d'une couleur rose tendre à l'extrémité des pétales, d'une odeur délicieuse, disposées en corymbes, et naissant au sommet des rameaux; au fruit rouge, charnu, oblong, et à noyau. On fait avec l'aubépine des haies du plus bel aspect. Son bois est dur, et souvent employé par les tourneurs.

AUBERGINE, plante annuelle, du genre mélongène, dont le fruit violet ou blanchâtre, rond ou ovale, offre une nourriture agréable.

AUBERT, MILLE-FLEURS OU FLEURS DE PÊCHER, nom donné à une couleur du poil de cheval, qui est un mélange assez confus de blanc, de bai et d'alezan.

AUBETTE, lieu dans les places de guerre où les adjudants vont recevoir les ordres de service et tirer les postes. Les caporaux vont aussi y porter les rapports.

AUBIER, partie ligneuse des arbres, interposée entre le bois et l'écorce. Sa couleur est blanchâtre. Il se convertit en bois chaque année, et forme ces cercles concentriques que l'on voit sur les arbres quand on coupe leurs troncs ou leurs branches horizontalement. Un aubier nouveau succède à celui qui s'est converti en bois. Il renferme de l'eau, de la résine et divers autres fluides. Il devient lentement solide, pendant qu'une nouvelle couche d'aubier se prépare et subit les mêmes changements. — On nomme vulgairement aubier le cytise des Alpes, la viorne et le saule.

AUBIFOIN ou AUDITON, nom vulgaire du bluet.

AUBIGNÉ (Théodore-Agrippa d'), né en 1550, près de Pons (Saintonge). Son éducation fut si rapide, qu'à six ans il lisait le latin, le grec et l'hébreu. Dès l'âge de treize ans, il embrassa l'état militaire, combattit sous le prince de Condé, et passa peu de temps après au service du roi de Navarre, depuis Henri IV. Il devint son ami et son confident, et fut successivement nommé gentilhomme de la chambre, maréchal de camp, vice-amiral de Guyenne et de Bretagne, etc. Il mourut à Genève en 1630. Son fils, CONSTANT D'AUBIGNÉ, fut le père de la célèbre Françoise d'Aubigné, marquise de Maintenon. Agrippa d'Aubigné avait composé plusieurs ouvrages, entre autres l'Histoire universelle depuis 1550 jusqu'en 1601.

AUBIN, allure défectueuse dans laquelle le cheval galope avec les jambes de devant, et trotte ou va à l'amble avec celles de derrière.

AUBRIOT (Hugues), né à Dijon dans le XIVe siècle. Il fut, par la protection du duc de Bourgogne, chargé de la direction des finances, et devint prévôt des marchands de Paris en 1367. Il organisa dans cette ville une milice bourgeoise, imagina et fit faire des conduits souterrains pour faciliter l'écoulement des eaux, fit construire le Pont-au-Change et le pont Saint-Michel, ferma de murs la partie du quartier Saint-Antoine qui borde la Seine, éleva le petit Châtelet, et fit construire la Bastille pour servir de forteresse contre les Anglais (1369). Ses services ayant excité la jalousie de ses ennemis, ceux-ci le dénoncèrent comme coupable d'hérésie et d'impiété. Aubriot fut excommunié, emprisonné à la Bastille, puis enfermé dans un cachot au Fort-l'Évêque. Délivré en 1382, par les maillotins insurgés qui voulaient le mettre à leur tête, il se réfugia à Dijon, où il mourut quelques années après.

AUBUSSON (Pierre D'), trente-huitième

grand maître de l'ordre de Saint-Jean de Jérusalem, né en 1423, de la famille des vicomtes d'Aubusson et de la Marche. Nommé grand maître en 1476, il défendit vaillamment l'île de Rhodes, séjour des chevaliers de Saint-Jean, contre le sultan ottoman Mahomet II et son général Misah Paléologue, renégat grec de la maison impériale de Rome. Les Turks, avec une flotte de 160 vaisseaux et une armée de 100,000 hommes, protégée par plus de 2,000 bouches à feu, assiégèrent la ville de Rhodes en 1480. Après plusieurs assauts et une résistance opiniâtre, Misah fut obligé de lever le siège. D'Aubusson donna asile, en 1482, au prince ottoman Zizim, dont plus tard il se fit le geôlier, et qu'il livra en 1487 à Bajazet II. Il mourut en 1503.

AUBUSSON, petite ville sur la Creuse, chef-lieu d'arrondissement du département de la Creuse, à 9 lieues et demie de Guéret. Population, 4,847 habitants. Cette cité industrielle est célèbre par ses manufactures de tapisserie, qui occupent le second rang après celles des Gobelins. Aubusson commerce en sel, et a un tribunal de première instance. Cette ville fut autrefois le siège d'une vicomté, et possédait un château de forme carrée. Ce château a été détruit en 1636.

AUCH, chef-lieu du département du Gers, sur la rive gauche du fleuve de même nom, qui la divise en haute et basse ville, à 186 lieues de Paris. Population, 9,801 âmes. C'est une des plus anciennes villes de France. Capitale des Ausci, sous le nom de Climberris, elle le fut ensuite de la Gascogne. Dès le IVe siècle, elle fut le siège d'un archevêque qui a pris le nom de prélat d'Aquitaine. Elle est mal bâtie, mais sa cathédrale est une des plus belles de France; elle est dans le style gothique; ses vitraux sont si célèbres, que Marie de Médicis voulut les faire transporter à Paris : elle figure une croix latine. — Auch a une bibliothèque publique de 8,000 volumes, un musée, un collège, une école normale primaire, une société centrale d'agriculture, une société centrale d'agriculture. Cette ville possède un archevêché érigé dans le IVe siècle, et qui a pour suffragants les évêchés d'Aire, Tarbes et Bayonne.

AUDE, rivière de France, qui prend sa source dans le département de l'Ariége (aux monts Pyrénées), traverse le département auquel elle donne son nom, et se jette dans la Méditerranée près de Narbonne. Son cours est de 41 lieues. L'Aude n'est pas flottable.

AUDE, département français, région S., formé d'une portion de l'ancien Languedoc (partie S.-O.). Il a pour limites, au N. les départements du Tarn, de la Haute-Garonne et de l'Hérault, à l'E. la mer Méditerranée, au S. le département des Pyrénées-Orientales, à l'O. celui de l'Ariège; il tire son nom de la principale rivière qui le traverse. Sa superficie est de 608,962 hectares, et sa population de 290,000 habitants. Il se divise en quatre arrondissements, Carcassonne (chef-lieu), Castelnaudary, Limoux et Narbonne. On y remarque l'aqueduc de Fresquel, le canal du Midi, l'ancienne cité de Carcassonne, la cathédrale et Narbonne, les vignobles de Limoux qui donnent la blanquette, etc. Il est compris dans la vingt et unième division militaire, dans le ressort de la cour d'appel et de l'académie de Montpellier, et du diocèse de Carcassonne. — Le département de l'Aude est traversé de l'O. à l'E. par une chaîne de hautes montagnes, appelées les hautes et les basses Corbières et appartenant aux Pyrénées. Le point culminant, le pech de Bugarach à 1,222 mètres de hauteur. Une chaîne de collines calcaires, élevées de 265 mètres, s'élève au bord de la Méditerranée, entre Narbonne et la mer. Le sol est généralement d'une grande fertilité. 160,000 hectares sont mis en culture; on y compte 15,000 hectares de prés et pâturages, 51,117 de forêts, 79,017 de vignes; 159,300 de landes et de terres vagues. L'étendue totale des étangs du département est de 9,767

13

hectares. Les produits du sol sont très-variés et très-abondants. On récolte annuellement : 1,456,000 hectolitres de céréales, et 890,000 hectolitres de vins, qui sont une des richesses principales de la contrée, et surtout de l'arrondissement de Narbonne La *blanquette de Limoux* a aussi une grand réputation. L'olivier et le mûrier réussissent très-bien dans le département. On recueille environ 250,000 kilogrammes d'huile par an. Les prairies sont d'un produit très-abondant. L'Aude renferme des mines de fer en exploitation, de cuivre, de plomb, de manganèse, de cobalt, d'antimoine; des carrières de très-beaux marbres et de pierres lithographiques. L'industrie commerciale s'exerce sur la fabrication des draps, de papier, des cuirs; la forge des fers, de l'acier, et l'exportation des denrées territoriales. Le département est traversé dans sa largeur par le canal du Midi.

AUDIENCE, temps que les tribunaux consacrent à l'audition des causes qui sont portées devant eux. Les délits d'audience qui pourraient entraver le cours de la justice doivent être punis sur-le-champ, au terme de la loi. On appelle *audienciers* les huissiers chargés d'ouvrir et de fermer les portes de l'audience, et d'exécuter tous les ordres donnés par le président.

AUDITEUR. On appelle ainsi un magistrat qui, sans être revêtu de charges judiciaires, a droit d'assister aux délibérations des tribunaux, auxquels il est attaché. Les *conseillers auditeurs*, attachés à chaque cour royale, font partie intégrante de la cour à l'âge de 27 ans, y ont alors voix délibérative et font les arrêts. — A la cour pontificale, on donne le nom d'*auditeurs* aux juges mêmes des tribunaux ecclésiastiques.

AUDITION, action de l'organisme animal, par laquelle les vibrations des corps sonores, pénétrant dans les cavités de l'oreille et arrivant par le conduit auditif jusqu'à la membrane du tympan, sont communiquées aux nerfs auditifs et par ceux-ci transmises au cerveau.

AUDOVÈRE, reine des Francs et première femme de Chilpéric, eut quatre enfants. Frédégonde, une de ses suivantes, lui conseilla de tenir sur les fonts du baptême son quatrième fils, pendant l'absence du roi. Audovère suivit ce conseil. A peine Chilpéric fut-il de retour, que l'évêque lui annonça qu'ayant contracté une alliance spirituelle avec Audovère il ne pouvait plus la garder pour épouse. Chilpéric, déjà épris de Frédégonde, répudia la reine, et donna sa place à sa rivale. Audovère fut renfermée dans un monastère, où Frédégonde la fit étrangler vers l'an 580.

AUDRAN (Claude), fils d'un graveur célèbre (Carle Audran) et graveur lui-même, né à Lyon en 1642, fut professeur à l'académie de peinture à Paris. Il grava les tableaux de Lebrun, une *Élévation de croix*, l'*Adoration des anges*; quatre sujets représentant *Vénus*, *Alexandre malade*, etc. Audran peignit à fresque la chapelle du château de Sceaux, celle de la galerie des Tuileries, le grand escalier de Versailles; et des tableaux pour quelques églises. Claude mourut en 1684. — GÉRARD AUDRAN, fils du précédent, naquit à Lyon en 1640, élève de son père, il grava les batailles d'Alexandre de Lebrun, les tableaux de Poussin, Mignard, et autres peintres célèbres. Il fut nommé conseiller à l'académie de peinture en 1681, et mourut à Paris en 1703. Il est l'auteur des *Proportions du corps humain, mesurées sur les plus belles figures de l'antiquité*.

AUDUNAIOS, troisième mois de l'année des Macédoniens d'Europe, avait trente et un jours, dont le premier répondait au 23 novembre des Romains. C'était aussi le quatrième mois de l'année des Syro-Macédoniens et des Smyrnéens. Il avait trente jours, dont le premier répondait au 24 décembre.

AUFFIDIA, famille plébéienne de Rome, dont les membres s'illustrèrent pendant la république. C'est aussi le nom d'une loi proposée par le tribun Auffidius Lurco, l'an 60 avant J.-C. Elle condamnait celui qui aurait donné de l'argent à un tribun pour obtenir une place, de payer 6,000 sesterces à chaque tribun.

AUGEREAU (Pierre-François-Charles), duc de Castiglione, maréchal et pair de France, né à Paris en 1757. En 1794, il fut nommé général de brigade à l'armée des Pyrénées, et se distingua en 1795 aux journées de Lodi, de Castiglione et du passage du pont d'Arcole. Il eut aussi des succès dans la guerre de Hollande et dans celle d'Allemagne; mais il fut battu dans celles de la Péninsule. En 1814, sa conduite devant Lyon le fit accuser d'avoir déserté la cause de l'empereur. Il mourut en 1816.

AUGIAS, roi d'Élide, possédait de vastes étables qui contenaient trois mille bœufs, qui n'avaient pas été nettoyées depuis trente ans. Hercule entreprit de les nettoyer, à condition que le roi lui donnerait pour récompense la dixième partie de ses troupeaux. Le héros détourna le fleuve Alphée, le fit couler à travers les étables, et en enleva par ce moyen les immondices. Augias refusa de donner la récompense promise, et chassa de son royaume Philée, son propre fils, qui défendait les intérêts d'Hercule. Sur son refus, Hercule lui déclara la guerre, le tua, et donna son royaume à Philée. Augias reçut, après sa mort, les honneurs qu'on avait coutume de rendre aux demi-dieux.

AUGSBOURG, ville de Bavière, siège d'un évêché, et chef-lieu du cercle du Haut-Danube. Elle était autrefois (de 1276 à 1806) ville libre et impériale, et son commerce, l'un des plus considérables de toute l'Allemagne, est encore si étendu qu'on y compte deux cents maisons de commerce. Sa population est de 33,500 habitants.

AUGSBOURG (CONFESSION D'). On donne ce nom à la profession de foi que présentèrent à l'empereur, le 22 juin 1530, dans la diète d'Augsbourg, les protestants d'Allemagne, et que presque tous les princes de l'empire avaient revêtue de leur signature. Elle avait été rédigée en dix-sept articles par Luther, et modifiée par Mélanchton. Cette dernière, publiée en 1531, a été adoptée par les luthériens. Une troisième, encore modifiée par Mélanchton en 1540, a été adoptée par les réformés.

AUGURES, prêtres romains chargés de prédire l'avenir par le vol et le chant des oiseaux. Leur chef s'appelait *magister collegii*. Le sort s'interprétait par le chant, l'espèce, le nombre, la direction du vol des oiseaux. On augurait encore suivant le plus ou moins d'avidité avec laquelle les poulets sacrés mangeaient l'*offa* (pâte sacrée), par le tonnerre, les éclairs, les éclipses, etc. Les augures jouissaient d'une grande considération et de plusieurs droits. Les *auspices* ou divinations par le vol des oiseaux avaient été apportées de la Chaldée en Grèce, et de là à Rome.

AUGUSTALES ou SÉBASMIA, fêtes et jeux établis l'an 18 en l'honneur d'Auguste, et célébrés le 12 octobre. Ces jeux, en usage dans toute l'Asie-Mineure, reçurent aussi le nom de Sébasmia, parce qu'Hérode les avait introduits, pour la première fois, dans la ville de Césarée ou Sébaste. Les vainqueurs à ces jeux s'appelaient *sébastioniques*, et le magistrat chargé de leur exécution s'appelait *sébastophane*.

AUGUSTE (Caïus Julius César Octavianus), fils du sénateur Octavius et d'Accia, petit-neveu de César. Adopté par son oncle, dont il fut l'héritier, il vint à Rome à la mort de César, et se concilia la faveur du sénat et du peuple. Deux ans après, quoiqu'il n'eût que 20 ans, il fut élevé au consulat. Il s'unit avec Antoine, et forma avec Lépide le second triumvirat, fameux par la proscription de trois cent trois sénateurs, de deux cents chevaliers et de Cicéron. Antoine et Octave battirent à Philippes l'armée de Brutus et de Cassius, et Antoine épousa Octavie, sœur d'Octave. L'attachement d'Antoine pour Cléopâtre fut un prétexte pour Octave de prendre les armes et d'attaquer son collègue. Le sort de l'empire fut décidé à la bataille d'Actium, l'an 31 avant J.-C. Antoine, qui avait rassemblé toutes les forces d'Orient, fut battu, prit la fuite, et se donna la mort. Octave prit alors le nom d'Auguste, cumula les charges de proconsul, imperator (général), de tribun, de censeur, de grand pontife, et devint ainsi maître de tout l'empire romain, qu'il gouverna quarante-quatre ans, jusqu'à sa mort arrivée l'an 14 de J.-C. Il était né 62 ans avant J.-C. Il protégea les lettres et les sciences, et s'entoura de tous les écrivains les plus distingués, tels que Virgile, Horace, etc. Il composa lui-même des mémoires.

AUGUSTE, titre qui passa d'Octave à ses successeurs à l'empire romain. Il était simplement honorifique, et comportait l'idée du respect plutôt que de l'autorité. On le donna souvent aux femmes, mères ou sœurs des empereurs. Sous Dioclétien, le nom d'Auguste fut donné exclusivement aux deux princes possesseurs de l'empire, par opposition à celui de César, que portaient les deux princes héritiers présomptifs de la couronne. Il était défendu à tout autre que fût dans l'empire de porter le nom d'Auguste. — L'ère des Augustes commence le 20 août, 25 ans avant J.-C.

AUGUSTE (HISTOIRE), titre d'une collection historique due à six compilateurs romains, Spartien, Lampride, Vopiscus, Pollion, Gallicanus et Capitolinus. Cet ouvrage contient la vie de trente-quatre empereurs ou aspirants à l'empire, depuis Adrien jusqu'à Dioclétien. Écrit sans goût, sans couleur, sans méthode, il est cependant précieux par les détails et les anecdotes qu'il renferme.

AUGUSTE Ier, duc et électeur de Saxe, succéda en 1553 à son frère Maurice. Il écarta les calvinistes de ses États, et fit dresser la fameuse *formule de concorde*, publiée en 1580, et acceptée par les protestants. Il obtint en 1559 un privilège qui affranchit l'organisation judiciaire de la Saxe de toute dépendance de l'empire. En 1572, il publia un nouveau code sous le nom de constitution, et donna à la Saxe une nouvelle organisation administrative. Il s'opposa, dans la diète d'Augsbourg, à l'adoption du calendrier grégorien, et mourut en 1586. — AUGUSTE II (Frédéric-), électeur de Saxe et roi de Pologne, sous le nom de FRÉDÉRIC-AUGUSTE ou AUGUSTE Ier, succéda en 1697 à Jean-Georges IV, son frère, dans l'électorat, et fut élu en 1697 roi de Pologne, après la mort de Jean Sobiesky. Il entra dans l'alliance secrète formée le Danemarck et la Russie contre la Suède. Battu sur la Duna en 1701, et à Klissow en 1702, par Charles XII, roi de Suède, ce dernier le fit déposer par la diète de Varsovie en 1704, et éleva au trône Stanislas Lecziński. La Saxe fut en 1706 envahie par Charles XII, et cette guerre se termina par le traité d'Altranstadt. Rétabli sur le trône de Pologne en 1709, et reconnu par la Suède, il mourut en 1733. Il était né en 1670. — AUGUSTE III (Frédéric-), fils d'Auguste II, fut nommé comme électeur en 1733, et fut le rival de Stanislas Lecziński pour le trône de Pologne, qu'il finit par obtenir en 1736, sous le nom de FRÉDÉRIC-AUGUSTE II ou AUGUSTE II. Il abandonna le soin du gouvernement au comte de Brulh, son favori. Frédéric II, roi de Prusse, lui enleva la Saxe en 1745, et la lui rendit l'année suivante. Il mourut en 1763. Il était né en 1696.

AUGUSTE, monnaie d'or en usage dans la Saxe (Allemagne). Le *double auguste* de 10 thalers vaut 41 francs 49 centimes de notre monnaie; l'*auguste* de 5 thalers vaut 20 francs 74 centimes et demi; le *demi-auguste* vaut 10 francs 37 centimes et quart.

AUGUSTIN (Saint), né à Tagaste, en Afrique, en 354, de Patrice et de sainte Monique. Il étudia d'abord dans sa patrie, puis à Madaure et à Carthage, où ses mœurs se corrompirent, et où il eut un fils, nommé Adéodat. Il adopta les croyances des manichéens; mais, touché du discours de saint Ambroise et des larmes de sa mère, il se fit baptiser à Milan en 387, se consacra au jeûne et à la prière, donna ses biens aux pauvres, et fut ordonné prêtre par Valère, évêque d'Hippone, en 391. Chargé de prêcher l'Évangile, il confondit Fortunat, prêtre manichéen, et donna en 393 une explication si savante du symbole de la foi, qu'il fut nommé en 395 coadjuteur de Valère dans le siège d'Hippone. Il mourut en 430, pendant qu'Hippone était assiégée par les Vandales. Parmi ses nombreux ouvrages, les plus célèbres sont, *la Cité de Dieu*, les *Confessions*, son *Traité du libre arbitre* et *de la grâce*. Ses œuvres forment douze volumes. On fait sa fête le 28 août.

AUGUSTIN (Saint-). Les imprimeurs nomment ainsi un caractère qui tient le milieu entre le cicéro et le gros-texte. Il est de taille moyenne. — Les cartonniers appellent *Saint-Augustin* le format d'un carton de dix-huit à dix-neuf pouces de largeur sur vingt-quatre de longueur.

AUGUSTINES, religieuses de la congrégation de Notre-Dame, en Espagne, en Italie, en Portugal, dans les États autrichiens et l'Amérique. Avant la réformation, elles comptaient trois cents couvents. Elles suivaient la même règle que les augustins. Elles étaient vêtues de noir, avec une ceinture de peau et un voile rouge plein de croix.

AUGUSTINS, religieux qui reconnaissent saint Augustin pour leur fondateur, ou qui suivent sa règle. Les chanoines réguliers, les ermites et les tertiaires, formant divers ordres d'augustins, ont pris naissance aux XIe et XIIe siècles. Alexandre IV assembla en 1256 diverses congrégations d'ermites pour n'en faire qu'un seul ordre sous la règle de Saint-Augustin. Pie V le mit au nombre des ordres mendiants, et lui donna le quatrième rang. Les augustins portaient des habits blancs et des frocs noirs, et possédaient plus de deux mille cloîtres.

AUGUSTOWO, ville de Pologne, chef-lieu de la waïwodie de même nom. Cette waïwodie, divisée en cinq arrondissements, ceux d'*Augustow*, de *Lomza*, de *Sejny*, de *Kalwarya* et de *Mariampol*, est bornée par le royaume de Prusse et le gouvernement de Wilna. Elle a 893 lieues carrées et 450,000 habitants. Les villes principales sont Augustow, Suwalki et Lomza.

AUGUSTULE (Romulus), fils d'Oreste, patrice et général des armées romaines dans les Gaules. Oreste ayant en 475 excité une révolte, qui renversa du trône Julius Nepos, aima mieux proclamer son fils empereur que de prendre la pourpre. Tout ce qu'on sait d'Augustule, c'est qu'il était fort beau. Les barbares au service de l'empire n'ayant pu obtenir d'Oreste le tiers des terres d'Italie, se révoltèrent sous la conduite de l'Hérule Odoacre. Oreste, vaincu, périt massacré dans Pavie, et son fils, à peine âgé de six ans, fut relégué à Lucullanum, en Campanie, avec un revenu de 6,000 livres d'or (476). Il y mourut bientôt, et avec lui finit l'empire romain, qui avait commencé avec Auguste.

AULÆUM, toile qui servait à masquer la scène dans les théâtres des anciens. Elle était disposée d'une manière contraire à la nôtre. On l'abaissait quand la pièce allait commencer, comme les stores de voiture, et on l'élevait quand elle était finie, ou même pendant les entr'actes.

AULERQUES, nation gauloise, habitait la province nommée Lyonnaise, et se subdivisait en quatre peuples différents. Les *Aulerques Brannovices*, habitaient vers l'ouest, le long de la Loire ; les *Aulerques Cenomani*, à l'est ; les *Aulerques Diablintes*, entre les Rhedones et les Cenomani ; les *Aulerques eburovices*, entre les Vélicasses et les Lexovii.

AULÉTRIDES, nom donné chez les Grecs aux joueuses de flûte.

AULIDE ou Aulis, port de mer et ville capitale de l'Aulide, en Béotie, célèbre par le séjour qu'y firent les Grecs avant d'aller à Troie, et par le sacrifice d'Iphigénie. Ce port pouvait contenir 50 vaisseaux. — L'*Iphigénie en Aulide* est une tragédie d'Euripide, dans laquelle Agamemnon sacrifie sa fille pour obtenir des vents favorables. Racine a traité le même sujet.

AULIQUE (Conseil), tribunal suprême, jugeant en dernier ressort et sans appel, érigé en 1501 par l'empereur Maximilien Ier pour juger les causes de l'empereur. Ce conseil se composait avant 1806 d'un vice-chancelier, d'un président catholique et dix-huit assesseurs, neuf catholiques et neuf protestants. Il tenait ses assemblées dans la capitale de l'empire.

AULU-GELLE, grammairien latin qui florissait vers l'an 130 de J.-C. Il a composé les *Nuits attiques*, recueil extrait de ses lectures quotidiennes et de ses entretiens avec les savants. Elles sont divisées en vingt livres, dont deux sont perdus. Aulu-Gelle mourut au commencement du règne de Marc Aurèle.

AUMALE, ville du département de la Seine-Inférieure, à 5 lieues de Neufchâtel, et dont la population est de 8,000 âmes. Elle a eu des comtes et des ducs particuliers. Le premier comte fut Eudes de Champagne, mort en 1147. Il avait reçu de Guillaume le Bâtard l'investiture du comté d'Holderness, dans le comté d'Yorck, en Angleterre. Le comté d'Aumale fut érigé en duché en 1547, en faveur de Claude Ier de Lorraine. Anne de Lorraine, héritière de son père Charles, dernier duc d'Aumale, porta ce duché dans la maison de Savoie, qui le vendit en 1724 à Louis-Auguste de Bourbon, prince légitimé de France. De nos jours, le titre de duc d'Aumale est porté par le quatrième fils du feu roi Louis-Philippe Ier.

AUMONE, toute offrande volontaire destinée à soulager la misère d'une personne. — On nomme encore ainsi toutes les donations faites aux églises par les seigneurs, et par suite tous les biens ecclésiastiques. On les divisait en *aumônes onéreuses*, qui payaient les redevances et les charges au seigneur, et les *aumônes pures ou franches*, exemptes de ces redevances et de ces charges.

AUMONIER, officier ecclésiastique qui est attaché au service du roi et des prélats pour les fonctions de l'office divin. — On appelle encore ainsi les ecclésiastiques chargés dans les expéditions d'accompagner les soldats. Leur institution remonte à 742. — Le *grand aumônier de France* est le premier ecclésiastique de chez le roi ; il jouissait autrefois de prérogatives nombreuses, qui le distinguaient des autres prélats.

AUMONT (Jean VI, sire d'), comte de Châteauroux, né en 1522. Il fut créé chevalier des ordres du roi en 1578, puis maréchal de France en 1579. Il défendit Angers contre la ligue, et contribua puissamment à la victoire d'Ivry en 1590. En 1592, il fut nommé gouverneur du Dauphiné. A la tête de l'armée de Bretagne, il s'empara en 1594 d'un grand nombre de places de cette province, et mourut en 1595. Louis XIV érigea en 1665, en faveur d'Antoine d'Aumont, de Rocheberon, marquis d'Isle et de Villequier, maréchal de France, la terre d'Aumont en duché-pairie.

AUMUCE ou Aumusse, fourrure que les chanoines portaient autrefois sur la tête, et qu'ils portent aujourd'hui sur les bras. Les laïques des IXe au XIVe siècle portèrent des aumuces en peau ; celles qui étaient en étoffe fourrée d'hermine ou de menu vair conservèrent le nom de chaperons. Ce n'est que depuis Charles V qu'on commença d'abattre l'aumuce sur les épaules, et ensuite sur les bras.

AUNE, ancienne mesure de longueur, qui a varié dans chaque ville : l'aune de Paris valait 3 pieds 7 pouces et 8 lignes. Elle a été remplacée par le mètre. Elle se divisait en demie, quart, huitième, etc., et valait un mètre 20 centimètres.

AUNE ou Aulne, genre d'arbres de la famille des bétulinées, au tronc droit, à l'écorce épaisse et gercée, aux feuilles gluantes et velues, dont le bois a la propriété de ne pas s'altérer dans l'eau. On l'emploie dans la construction des pilotis ; sa flamme claire et sa combustion rapide le font rechercher des boulangers ; les tourneurs le travaillent aussi ; son écorce produit une couleur utile aux teinturiers ; les cataplasmes de ses feuilles sont émollients. On connaît plusieurs espèces d'*aunes*.

AUNIS, province de France, sur les bords de l'Océan, qui a 10 lieues de long et autant de large. Sa capitale est la Rochelle. L'Aunis, habité sous les Romains par les *Aulni*, fut compris dans la deuxième Aquitaine, et tomba au Ve siècle au pouvoir des maisons de Mauléon et de Chatelaillon, sur lesquelles l'usurpa en 1130 Guillaume IX, comte de Poitiers. L'Aunis se donna à la France en 1371, et a formé, avec la Saintonge, le département de la Charente-Inférieure.

AUNOI, petit pays entre Paris et Meaux. Il a donné son nom à une maison ancienne, dont le premier seigneur est Gautier d'Aunoi, seigneur de Moncé le Neuf et de Grand-Moulin. Il vivait encore en 1314.

AURAI, petite ville et port du département du Morbihan, chef-lieu de canton, à 7 lieues de Lorient. Population, 3,382 habitants. Commerce : grains, bestiaux, chevaux, beurre, chanvre, miel, sardines, etc. Elle est célèbre par la bataille qui s'y livra en 1364, entre le parti du duc de Montfort et celui de Charles de Blois, dans laquelle ce dernier prince perdit la vie et Duguesclin, qui combattait pour lui, fut fait prisonnier. Cette bataille assura le triomphe de la maison de Montfort.

AURANTIACÉES. Voy. HESPÉRIDÉES.

AURÈLE (Marc) ANTONIN, surnommé le *Philosophe*, né vers l'an 120 de l'ère chrétienne, de la famille ancienne des Annius, fut adopté par Antonin le Pieux, qui l'associa à l'empire avec Lucius Verus. Après la mort d'Antonin (165), Marc Aurèle lui succéda, et partagea le trône avec Verus, à qui il donna sa fille Lucile. Les deux empereurs, parfaitement d'accord quoique de mœurs bien différentes, firent avec succès la guerre aux Quades, aux Marcomans, aux Sarmates et aux Germains. Verus mourut d'apoplexie après l'expédition contre les Quades l'an 170 de J.-C., et laissa Marc Aurèle maître du trône, qu'il illustra par ses hautes vertus. Les barbares ayant fait une nouvelle irruption dans l'empire, l'empereur les défit, les chassa, et procura la paix à ses sujets par des victoires. Il réforma les lois ou en donna de nouvelles, désarma la chicane, fit des règlements contre le luxe, mit un frein à la licence générale. Dans une nouvelle guerre suscitée par les Quades et les Marcomans, il ne dut la victoire qu'à l'intercession d'une légion chrétienne. Depuis lors il défendit d'accuser et de persécuter les chrétiens. Il apaisa la révolte d'Avidius Cassius, qui en 175 s'était fait proclamer empereur, et après avoir désigné pour successeur son fils Commode, se retira à Lavinium, où il se livrait aux délassements de la philosophie, lorsqu'une nouvelle irruption des barbares le força de reprendre les armes. Il marcha contre eux, et deux ans après son départ de Rome, il mourut à Sirmium en 180. On a de ce prince douze livres de *Réflexions* sur sa vie, ouvrage qui renferme ce que la morale du paganisme avait de plus beau.

AURÉLIA, nom de deux lois romaines. La première, décrétée l'an 99 avant J.-C., permettait aux sénateurs, chevaliers et tribuns, d'être revêtus du pouvoir judiciaire. La seconde, portée l'an 74 avant J.-C., permit aux tribuns du peuple d'aspirer à d'autres fonctions après l'expiration de leur magistrature.

AURÉLIEN, empereur romain, né en Pannonie en 220, qui de simple soldat parvint par degrés jusqu'au trône, à la mort de Claude II en 270. Il repoussa les Goths, les Vandales, les Sarmates et les Marcomans, défit Zénobie, reine de Palmyre, et le traîna à son char de triomphe avec Tétricus, qui s'était révolté dans les Gaules. Il embellit Rome, et diminua les impôts. Il allait combattre les barbares du Nord, lorsqu'il fut assassiné en 275. Le premier il porta le diadème. Il rendit contre les chrétiens des arrêts terribles. Naturellement brave, il tua, dit-on, dans les combats jusqu'à huit cents hommes de sa propre main.

AURÉLIUS VICTOR (Sextus), historien romain, né en Afrique dans la pauvreté, s'éleva aux premiers emplois de l'empire par son seul mérite. Il fut gouverneur de la seconde Pannonie en 361, devint préfet de Rome, et fut honoré du consulat par Valentinien en 369. Il composa une *Histoire romaine*, qui est perdue, et dont il ne nous reste qu'un *Abrégé*, et les *Vies des hommes illustres*. On lui érigea une statue d'airain en récompense de ses services.

AURENG-ABAD, province de l'Indoustan, bornée au N. par le Bérar, le Khandeych et le Guzarate, au S. par le Visapour et le Beyder, à l'E. par l'Haydérabad, à l'O. par l'Océan. Sa population est de 6,000,000 d'habitants. La partie orientale de cette province appartient au Nizam, le reste est aux Anglais. La capitale des Aureng-Abad, capitale des Etats du Nizam, ville autrefois magnifique, où l'on voit le tombeau d'Aureng-Zeyb, son fondateur.

AURENG-ZEYB (Mohi-Eddin), sixième empereur mogol de l'Hindoustan, né en 1619. Schah-Djehan, son père, ayant abdiqué l'empire en 1654, en faveur de son fils aîné Dara, Aureng-Zeyb profita du mécontentement des deux autres frères Mourad et Soudjah, les excita contre Dara, et, après avoir par leur moyen renversé son frère du trône, il jette Mourad dans un cachot, défait Soudjah et Soliman, fils de Dara, et se fait couronner empereur en 1659, sous le titre d'Alem-Ghir 1er. Il fit successivement périr Dara, Mohammed son propre fils, Soudjah, Soliman et Mourad. Il fit la conquête du royaume d'Ascham, du grand Thibet, des royaumes de Visapour et de Golconde, du Karnak, du Dekhan et du Cachemire. Il mourut en 1707.

AURÉOLE, disque lumineux dont les peintres et les sculpteurs ornent la tête des personnages d'une origine céleste. On ne le donna d'abord qu'à Jésus-Christ, puis à la Vierge, aux apôtres, aux anges, enfin, dès le Ve siècle, on le donna à tous les saints, et même aux objets symboliques du culte chrétien.

AURÉUS, monnaie d'or qui avait cours chez les anciens Romains. Sa valeur changea plusieurs fois. Elle ne fut introduite que vers l'an 203 avant J.-C. L'auréus pesa d'abord une scrupule (la vingt-quatrième partie de l'once), et valut 20 sesterces, c'est-à-dire, 4 francs 9 centimes de notre monnaie. On en frappa de doubles, de triples, c'est-à-dire de 2, de 3 scrupules, et valant 40 ou 60 sesterces, c'est-à-dire, 8 francs 19 centimes, etc. Depuis César et après Constantin, qui donna à l'auréus le nom de *solidus*, et qui le fixa à 4 scrupules, il valut 100 sesterces, environ 20 francs 38 centimes de notre monnaie.

AURICULAIRE, ce qui est relatif, ce qui appartient à l'oreille. Ainsi, il y a des muscles, des conduits, des veines *auriculaires*. Les *maladies auriculaires* sont celles qui affectent l'oreille; les remèdes propres à les guérir se nomment aussi *auriculaires*. Le *doigt auriculaire* est le petit doigt ou cinquième doigt de la main, ainsi nommé parce qu'à cause de sa petitesse il peut facilement être introduit dans le conduit auditif externe. La *confession auriculaire* est celle qui se fait à l'oreille du prêtre, de manière que lui seul puisse l'entendre; la déclaration qu'un pécheur fait de ses fautes pour en recevoir l'absolution. Un *témoin auriculaire* est celui qui a entendu lui-même les choses dont il dépose.

AURICULE, nom donné, en anatomie, au pavillon de l'oreille; il est placé derrière les joues, au-dessous de la tempe, et varie de grandeur suivant les individus. Sa forme est régulière et presque ovale. — En botanique, l'*auricule* est un appendice lobé et arrondi qu'on observe à la base de plusieurs feuilles, telles que celles de la sauge. *Auriculé* se dit des parties pourvues d'une auricule. — En histoire naturelle, l'*auricule* est un mollusque, gastéropode (marchant sur le ventre) et terrestre, dont la coquille présente dans son ouverture la forme de l'oreille d'un homme. Ces animaux ne se trouvent pas en Europe.

AURIGNI ou ALDERNEY, île séparée des côtes de la France, à qui jadis elle appartint, par un bras de mer dit *cours d'Alderney*. Elle a 3 lieues de tour, et a des pâturages renommés pour la nourriture des bestiaux et surtout des vaches. Elle appartient à l'Angleterre, et, quoiqu'elle soit gouvernée par des magistrats anglais, elle a conservé les mœurs françaises. La population de l'île est de 1,000 habitants.

AURILLAC, ville de France, jadis capitale de la haute Auvergne, et aujourd'hui chef-lieu du département du Cantal, sur la rive droite de la Jordane, à 137 lieues de Paris. Population, 19,382 âmes. Aurillac possède une société d'agriculture, arts et commerce, un haras, un établissement d'eaux minérales froides, une bibliothèque publique de 6,000 volumes, un hippodrome et un beau collège. Il renferme des fabriques de papier, dentelles, tapisseries, orfèvreries, et commerce en chevaux, mulets, bestiaux, cuirs, etc.

AURIOL, AURION ou AURIOU, nom donné dans le midi de la France au *loriot commun*.

AUROCHS, ou URUS, ou BŒUF SAUVAGE, espèce du genre bœuf. Ce mammifère était autrefois très-répandu dans les forêts de l'Europe tempérée. Il est aujourd'hui confiné dans les forêts des monts Krapacks et du Caucase. L'aurochs a le pelage composé de deux sortes de poils. Les uns, fauves, doux et laineux, constituent une espèce de bourre recouvrant les parties inférieures. Les poils du dos et des régions antérieures sont plus longs, bruns, durs et grossiers. Le menton est ombragé par une barbe longue et pendante, les cornes sont grosses, rondes et latérales; le front est bombé. Cet animal est après l'éléphant et le rhinocéros le plus gros des quadrupèdes mammifères. Le mâle, haut de six pieds, a jusqu'à dix pieds de long. L'aurochs, très-féroce à l'état de nature, est susceptible d'être réduit en domesticité lorsqu'il est pris jeune. Sa chair est un excellent manger; sa toison et son cuir sont très-recherchés.

AURORE, lumière faible qui commence à colorer l'atmosphère quand le soleil est à 18 degrés au-dessous de l'horizon, et qui continue à augmenter jusqu'au lever de cet astre.

AURORE (myth.), déesse de l'antiquité, fille de Titan et de la Terre. Devenue nubile, elle épousa Astrée, qui la rendit mère des astres, des vents et de Lucifer; elle eut ensuite de Tithon deux fils, à la mort desquels elle versa les larmes qu'on appela depuis la *rosée*. L'Aurore est l'avant-courrière du Soleil ; elle ouvre , les portes de l'Orient ; on la représente dans un char vermeil traîné par deux chevaux blancs.

AURORE BORÉALE, météore lumineux qui se montre du côté du sud, mais plus souvent vers le nord, et dont la clarté, lorsqu'elle est voisine de l'horizon, ressemble à celle de l'aurore. Quoiqu'on ne puisse expliquer les causes des aurores boréales, longtemps attribuées à l'électricité, on ne peut douter qu'il y ait une liaison intime entre ce phénomène et le magnétisme terrestre.

AUSCULTATION, art d'explorer avec l'oreille certaines parties du corps, et surtout la poitrine, pour obtenir des notions relatives aux maladies dont elles sont attaquées. On la pratique à l'aide d'un instrument nommé *stéthoscope*, qui transmet très-exactement à l'oreille les plus petits bruits, dont le médecin peut tirer des signes précieux sur la nature des maladies. Cette méthode, due à Laënnec, a été souvent d'une grande utilité.

AUSONIE, contrée de l'Italie, en comprenait presque toute la partie méridionale. Les Grecs donnaient le nom d'Ausonie à toute l'Italie.

AUSONIUS (Decius Magnus), poëte latin, né à Bordeaux vers 309. L'empereur Valentinien lui confia l'éducation de son fils Gratien, et le récompensa en lui accordant plusieurs emplois. Gratien, devenu empereur en 379, créa Ausone consul plusieurs fois. Il a fait un *Panégyrique* de Gratien, en prose, un poëme *sur la Moselle*, le *Crucifiement de l'amour*, les *Parentales*, ouvrages qui jouissent d'une assez grande réputation. Ausone mourut en 394.

AUSPICES, nom donné par les anciens, d'abord aux présages tirés du vol des oiseaux, puis aux divinations faites par les devins nommés aussi *auspices*. On en distinguait plusieurs : *ex acuminibus*, auspice qui se tirait de la pointe des javelots, des piques et des traits, et qui annonçait l'issue heureuse ou funeste d'un combat ; *jugale*, auspice funeste, qui avait lieu lorsque deux animaux attelés se rencontraient ; *liquidum*, auspice pris lorsque le ciel était pur et serein, etc. — *Sous les auspices* d'un consul, d'un tribun, etc., était une formule en usage à Rome pour dire que telle loi avait été portée par tel consul ou tribun.

AUSSIÈRE, nom donné dans la marine aux cordages simples qui n'ont été commis qu'une fois, et qui sont composés de plusieurs fils ou faisceaux. L'aussière est composée de trois ou quatre cordes, chacune au moins de six fils, jusqu'à la circonférence de douze pouces qu'on donne aux plus fortes aussières.

AUSTER, nom donné par les anciens au vent du midi. Les marins, sur la Méditerranée, le nomment, de nos jours, *austro*.

AUSTERLITZ, village de Moravie, à 10 lieues de Brünn, célèbre par la bataille livrée par Napoléon le 2 décembre 1805 aux empereurs d'Autriche et de Russie. Dans ce combat, nommé la *bataille des trois empereurs*, les rois alliés perdirent 40,000 hommes, parmi lesquels 6,000 Russes engloutis sous les glaces, et 120 pièces de canon. Ce ne fut qu'avec 50,000 hommes que Napoléon remporta cette victoire. Les Français eurent 2,000 morts et 5,000 blessés.

AUSTRAL. On appelle ainsi tout ce qui appartient au sud. L'on dit *l'hémisphère austral*, le *pôle austral*, etc. Les *terres australes* (Nouvelle-Hollande) ont été découvertes en 1628 par une flotte hollandaise commandée par Charpentier. Plusieurs navigateurs ont cru à l'existence d'un continent austral, situé à de hautes latitudes, et faisant contre-poids aux parties boréales de l'Asie et de l'Amérique. L'existence de ce continent reste encore à prouver, et c'est à peine si dans ces régions on a trouvé quelques petites îles, etc.

AUSTRALIE, partie de l'Océanie formant une île plus connue sous le nom de *Nouvelle-Hollande*. On étendait autrefois ce nom à l'ensemble des îles *Van-Diémen*, *Salomon*, *Viti*, *Mallicolo*, la *Nouvelle-Bretagne*, la *Louisiade*, la *Nouvelle-Guinée*, contrées qui, réunies, forment, d'après des divisions récentes, la *Mélanésie*. Plusieurs auteurs ont compris sous le nom d'*Australie* l'Océanie entière. (Voy. ce mot.)

AUSTRASIE ou OSTRASIE, royaume des Francs orientaux, comprenant, outre la Thuringe et les provinces transrhénanes, tous les pays situés entre le Rhin, la Meuse et l'Escaut, et dont la capitale était Metz. Thierry 1er, fils de Clovis 1er, en fut le premier roi en 511. Carloman fut le dernier roi d'Austrasie en 772 ; Charlemagne, son frère, réunit l'Austrasie aux autres portions de la monarchie française.

AUSTRÈGUES. Les troubles qui suivirent la mort de l'empereur d'Allemagne Frédéric II en 1260 laissèrent l'empire sans chefs. Alors quelques villes établirent les *austrègues* (1292) ; c'étaient des juges ou arbitres qui avaient le droit de connaître des procès que les seigneurs avaient entre eux ou contre leurs vassaux et les villes franches. L'autorité de ces juges durait six mois. Le terme expiré, on en choisissait d'autres. Ce tribunal subsista jusqu'à Maximilien Ier, qui lui donna une nouvelle forme (1495).

AUTAN, nom donné dans les départements méridionaux à un vent très-fort et malsain qui souffle du sud.

AUTEL, lieu élevé que les hommes ont dressé et consacré à leurs dieux, et sur lequel ils leur adressent leurs dons et leurs prières. Dans le temple des Juifs, il y avait deux autels, l'un d'airain et servant aux holocaustes, l'autre d'or et servant à brûler des parfums. Dans les temples païens, le granit, le porphyre, les riches métaux, servaient à la construction des autels, qui avaient la forme d'un piédestal carré, rond ou triangulaire. On les ornait de sculptures, de bas-reliefs et d'inscriptions, et on les entourait d'une balustrade d'or et d'airain, dont l'enceinte formait le sanctuaire (*sanctum œrarium*). Chez les Gaulois, une pierre carrée percée d'un trou servait d'autel. (Voy. *dolmen et menhir*.) Chez les chrétiens, l'autel est une espèce de table carrée, de marbre, de bois, de pierre ou de métal, élevé de quelques pieds au-dessus de terre, et placé dans les églises ou les chapelles, de telle sorte que la face du prêtre soit tournée vers l'orient. À l'endroit où la pierre consacrée le pain mystique est une pierre marquée de quatre croix, et sous laquelle sont renfermées les reliques de saints. La cérémonie de la bénédiction de cette pierre par l'évêque se nomme *consécration de l'autel*. Au-dessus de l'autel se trouve le tabernacle, et devant l'autel brûle jour et nuit une lampe.

AUTEUR (Droits d'), allocations accordées aux auteurs des ouvrages dramatiques. A Paris, à l'Académie royale de musique, 500 francs, partagés entre le compositeur et le poëte, sont alloués à un grand opéra pour chacune des quarante premières représentations ; puis 100 francs à chacune des suivantes indéfiniment. Sont exceptés de cette règle les opéras en deux et en un acte ; ils sont payés seulement 170 francs aux quarante premières représentations, et ensuite 50 francs. Il en est de même pour les ballets en trois et en deux actes ; ceux d'un acte n'ont que le tiers de cette somme. Au Théâtre-Français et à l'Opéra-Comique les droits sont fixés, pour les grands ouvrages, au douzième de la recette brute ; pour les autres, suivant leur nombre d'actes, au seizième et au vingt-quatrième. C'est sur la recette entière que les théâtres de vaudevilles payent à chaque représentation douze pour cent répartis entre toutes les pièces qui ont composé le spectacle. Au théâtre du Panthéon et des boulevards, cette rétribution varie de dix à huit pour cent. Enfin au théâtre des Folies-Dramatiques, les auteurs reçoivent la somme de 3 francs par acte. Les théâtres des départements sont divisés en cinq classes, dont la première, qui comprend nos grandes villes, paye, suivant le nombre d'actes, de 36 à 12 francs. Ces droits, dans les départements, sont perçus par des *agents dramatiques*.

AUTHARIS, roi des Lombards, fils de Cléphis. Après la mort de son père (574), il y eut un interrègne de dix ans, pendant lesquels les Lombards furent gouvernés par trente ducs. La mésintelligence s'étant mise entre eux, on élut Autharis en 584. Il commença la guerre contre les impériaux, soumit l'Istrie, fit des courses jusqu'aux portes de Rome et de Ravenne, et battit l'armée de Childebert II, roi d'Austrasie, qui était venu secourir l'empereur Maurice. Il s'empara de la plupart des provinces transpadanes, et mourut en 590, à Pavie.

AUTOCHTHONES, hommes originaires du pays même qu'ils habitent. Les peuples anciens, et surtout les Athéniens, tenaient en honneur de passer pour autochthones, quoique l'histoire atteste que des colonies égyptiennes avaient peuplé l'Attique. Les Latins appelaient les peuples autochthones *aborigena* ou *indigena*.

AUTOCLAVE, vase qui a la propriété de se tenir fermé par l'action d'une force développée à l'intérieur. Telle est la *marmite de Papin* (voy.), dont le couvercle ou obturateur est construit de manière que la force expansive de la vapeur du liquide qu'elle contient applique exactement contre sa surface intérieure une rondelle qui interdit tout passage à cette vapeur. Les appareils autoclaves, pouvant élever à une haute température les liquides, sont souvent employés dans les arts. Appropriés aux usages domestiques, on s'en sert pour la cuisson des aliments.

AUTOCRATE du (grec *cratéô*, je commande, *autos*, moi-même), souverain absolu, indépendant de la loi, et maître suprême de ses sujets. Ce titre, autrefois donné aux empereurs de Byzance, est aujourd'hui spécialement attribué à l'empereur de Russie, qui prend le nom entièrement équivalent de *samoderjets*.

AUTO-DA-FÉ (acte de foi), terme espagnol qui désigne les exécutions qui consistaient dans le brûlement solennel des hérétiques, conformément à un jugement rendu à cet égard par le tribunal de l'Inquisition.

AUTOGRAPHIE (du grec *autos*, soi-même, et *graphéô*, écrire), procédé lithographique à l'aide duquel on reproduit exactement sur la pierre toute espèce d'écriture. L'exécution est plus rapide et plus facile que celle de la typographie. On l'emploie pour les circulaires, les avis, les factures, les *fac-simile*, etc.

AUTOMATES, machines qui se meuvent à l'aide de ressorts habilement disposés dans leur intérieur, et qui portent en elles-mêmes le principe de leur mouvement. Les plus célèbres sont le *canard de Vaucanson*, qui nageait, mangeait, digérait et offrait une imitation parfaite de l'animal (1741) ; et les *têtes parlantes* de l'abbé Mical, qui articulaient des syllabes (1780).

AUTOMÉDON, Grec, alla au siége de Troie avec 12 vaisseaux. Il fut écuyer d'Achille et de Pyrrhus, et s'acquit une telle réputation dans cette fonction, que l'on a conservé son nom pour désigner les personnes habiles dans l'art de conduire un char ou un coursier.

AUTOMNE, troisième saison de l'année, qui commence le 23 septembre, lorsque le soleil entre dans le signe de la Balance, et finit le 22 décembre, quand il entre dans celui du Capricorne. Sa durée est de 89 jours 16 heures. Depuis le premier jour d'automne (équinoxe), les jours vont toujours en décroissant, et sont plus courts que les nuits. C'est dans cette saison que presque tous les fruits mûrissent, et que les maladies sont plus nombreuses.

AUTONOMIE, droit que possédaient plusieurs villes de la Grèce et de l'Asie-Mineure, de se gouverner par leurs propres lois. Le droit d'autonomie, auquel était attaché celui de battre monnaie, fut continué sous l'empire romain à quelques-unes de ces villes.

AUTOPSIE, art de découvrir, d'après l'inspection du corps d'un cadavre soumis à la dissection, les causes de sa mort. C'est la source des notions les plus exactes de la médecine. L'autopsie offre souvent des lumières aux magistrats pour l'application des peines criminelles.

AUTOUR, genre d'oiseaux de proie diurnes, de la tribu des faucons. L'*autour ordinaire* est long d'un pied sept à huit pouces pour le mâle, et de près de deux pieds pour la femelle. Il est brun en dessus avec des sourcils blanchâtres, blanc en dessous, rayé en travers de brun dans l'âge adulte, moucheté en long dans le premier âge. La queue est cendrée, avec des bandes brunes.

Le bec est court, mais fort, courbé dès la base, convexe en dessus. Les tarses sont allongés, les doigts longs et armés d'ongles très-forts. Ces oiseaux vivent de petits animaux, qu'ils savent prendre avec adresse. Leur cri est rauque et fréquent. Ils sont très-communs en France, en Allemagne, en Russie, en Suisse et en Irlande.

AUTOURS ou ASTURINÉES, famille d'oiseaux de proie, diurnes, de la tribu des faucons, aux ailes plus courtes que la queue, au bec fort, court, aux doigts longs, réunis par une membrane. Leur vol est bas ; ils fondent obliquement sur leur proie. Au moyen âge, les fauconniers employaient ces oiseaux pour chasser le gibier. L'*épervier* et l'*autour* sont deux genres de cette famille.

AUTRICHE (Œsterreich), empire d'Europe, qui comprend : 1° les *Etats héréditaires autrichiens*, faisant partie de la confédération germanique, où ils ont quatre votes à la diète (ce sont : 1° l'*archiduché d'Autriche* ou *Autriche proprement dite*, subdivisée en *Autriche au-dessous de l'Ens* ou *Autriche inférieure*, et en *Autriche au-dessus de l'Ens* ou *Autriche supérieure* ; 2° le Tyrol et Voralberg ; 3° le duché de *Styrie*, 4° le duché de *Bohême* ; 5° la Moravie ; 6° le duché d'*Auschowitz*, dans la GALLICIE ; 7° l'*Illyrie*) ; 2° les *Etats héréditaires hongrois* (comprenant : 1° le royaume de *Hongrie*, avec les districts provinciaux des royaumes d'*Esclavonie* et de *Croatie* ; 2° le grand-duché de *Transylvanie* ; 3° les *pays de la frontière militaire*, savoir : le *Bannat*, *Warasdin* et *Carlstadt* et une partie de l'*Esclavonie* ; 3° la Dalmatie, y compris *Raguse* et *Cattaro* ; 4° le royaume lombardo-vénitien, en Italie ; le royaume de *Gallicie* et la *Lodomérie* avec la *Buckovine*. La superficie totale de ce vaste empire est de 12,250 milles carrés, et sa population de 42,000,000 d'habitants, dont 14,000,000 de Slaves, 6,000,000 d'Allemands, 4 à 5,000,000 d'Italiens, 4,000,000 de Hongrois, 1,000,000 de Valaques et le reste Juifs, Bohémiens, Grecs, Albanais, etc. Les montagnes qui sillonnent cet empire sont les *Alpes*, les *Sudètes* et les *Carpathes*. Les principales rivières sont le *Danube*, l'*Ens*, la *Drave*, la *Save*, le *Pô*, l'*Elbe*, l'*Oder*, la *Vistule* et le *Dniester*. Le climat varie suivant les contrées, ainsi que la nature du sol. Le pays est particulièrement riche en grains, vins et plantes textiles. L'agriculture et le commerce sont très-développés. Les produits des manufactures, lesquels s'élèvent à 1,425,000,000 de florins de convention par an, consistent en montres, porcelaines, glaces, acier, toiles, papier, soie, cuirs, etc. La valeur des exportations est de 38,000,000 de florins, celle des importations de 44,000,000. Le règne minéral fournit 3,900 marcs d'or, 108,000 marcs d'argent par an, 4,000,000 quintaux de cuivre ; 1,250,000 de fer, 5,240 de mercure, 1,800 d'étain, etc., de la houille, du marbre, du soufre, de l'antimoine, de l'arsenic, etc. L'Autriche possède plus de 600 sources minérales, dont 150 en Bohême. Celles de *Bade*, *Tophlitz*, *Carlsbad*, sont très-célèbres. — On compte en Autriche 25,441,000 catholiques romains, 2,800,000 Grecs, 1,600,000 réformés, 1,150,000 luthériens, etc. Il y a sept à huit universités et plusieurs sociétés savantes. — Le gouvernement est absolu, excepté dans la Hongrie et la Transylvanie, où il est modifié par une représentation nationale. Les États de tous les autres pays de l'empire ont le droit de répartir l'impôt et de faire des remontrances au souverain. La monarchie est héréditaire par primogéniture. À la tête de l'administration se trouve le conseil intime d'État et de conférence présidé par l'empereur. Les revenus de l'État sont évalués à 220,000,000 de florins par an (572,000,000 de francs environ), et les intérêts de la dette publique montent à 22,000,000 de florins. L'armée compte, en temps de paix, 271,400 hommes ; la réserve s'élève à 479,000 hommes. La marine militaire se compose de 3 vaisseaux de ligne, 8 frégates, une corvette, 8 bricks et 4 goëlettes. Il y a dans l'empire vingt-cinq forteresses et cinquante-neuf places fortes. On nomme *frontières militaires* des colonies de dix-huit régiments slaves, placés le long de la frontière turque et formant une armée de réserve. — Pour l'administration, l'Autriche est divisée en quatorze commandements militaires : *Vienne* (Autriche) ; *Prague* (Bohême) ; *Lemberg* (Gallicie), *Bade* (Hongrie); *Milan* (Lombardie), *Padoue* (Etats vénitiens); *Peterwardein* (Esclavonie); *Agram* (Carlstadt et Warasdin) (Bannat), *Hermanstadt* (Transylvanie), *Lara* (Dalmatie); *Gratz* (Illyrie, Styrie, Tyrol); *Brunn* (Moravie et Silésie); *Agram* (districts militaires). La capitale de l'Autriche et le siège du gouvernement est VIENNE. — L'empire d'Autriche est une monarchie fédérative, composée de peuples germaniques, slaves, hongrois (madgyares) et italiens. Le berceau de cet Etat fut le pays au-dessus de l'Ens. La Germanie, après la chute de l'empire romain, aux v<sup>e</sup> et vi<sup>e</sup> siècles de notre ère, avait été successivement habitée par des Boiens, des Vandales, des Hérules, des Rugiens, des Goths, des Huns, des Lombards et des Avares. Ces derniers, en 568, s'établirent définitivement en dessous de l'Ens. Ils franchirent ce fleuve en 788, et envahirent les comtés franconiens situés dans la Bavière. Mais Charlemagne les repoussa (791) jusqu'au Raab, et réunit le pays compris entre l'Ens et le confluent du Raab et du Danube (appelé aujourd'hui le *pays au-dessus de l'Ens*) à l'Allemagne, sous le nom d'*Avarie* ou *Marche orientale* (*Marcha orientalis* ou *Austria*), dont on forma plus tard celui d'*Ostirrichi*, qui se retrouve pour la première fois dans une charte d'Othon III (996). Charlemagne en confia le gouvernement à un margrave. De cette époque (982) à 1156, la souveraineté du margraviat d'Autriche demeura héréditaire dans la famille des comtes de Babemberg (Bamberg). En 1156, la marche d'Autriche en dessous de l'Ens et celle au-dessus de cette rivière furent réunies, et le margraviat fut érigé en duché avec de nombreux privilèges en faveur de Henri, surnommé *Ia-so-mir-gott*. Après avoir passé en diverses mains, selon le plaisir des empereurs d'Allemagne, véritables souverains du pays, le duché d'Autriche fut cédé à l'empereur Rodolphe de Habsbourg (1272) par le duc Ottocar, qui avait refusé de reconnaître ce prince. Rodolphe en donna l'investiture (1282) à son fils Albert, qui devint possesseur de l'Autriche, de la Syrie et de la Carniole. Vienne devint alors la résidence du souverain, et le nom d'Autriche fut conservé par Rodolphe comme nom de famille pour ses fils et ses descendants. Sous la *dynastie de Habsbourg* (1282-1526) grandit et s'accrut la puissance de l'Autriche. Elle joignit au duché les pays appelés plus tard le *cercle d'Autriche*, et obtint en 1438 la couronne élective de l'empire d'Allemagne. En 1453, le duché d'Autriche reçut le nom d'archiduché. En 1477, le duc Maximilien acquit les Pays-Bas à cette puissance, en épousant Marie, fille de Charles le Téméraire, et réunit à l'Autriche le Tyrol et plusieurs parties de la Bavière. Philippe, son fils, devint souverain d'Espagne par son mariage avec Jeanne, héritière de ce royaume. Charles Quint, fils de Philippe, roi d'Espagne (1519), et empereur d'Allemagne, céda tous les Etats héréditaire d'Allemagne à son frère Ferdinand I<sup>er</sup>. Ferdinand réunit à ces Etats la Hongrie, la Bohême, la Moravie, la Silésie, la Lusace et la Lorraine. L'Autriche (1526) put prendre place parmi les monarchies européennes, et Ferdinand reçut le titre de roi, que conservèrent ses successeurs. Ce prince fut nommé empereur d'Allemagne après l'abdication de son frère Charles Quint (1556), et cette dignité demeura dans sa famille jusqu'en 1740. A cette époque (1648), l'Autriche avait perdu l'Alsace, qui lui appartenait depuis 1277, et échangé la Lorraine pour la Toscane (1736). A cette époque, la ligne masculine de la maison de *Habsbourg d'Autriche* s'étant éteinte par la mort de Charles VI, Marie-Thérèse, fille de ce prince, monta sur le trône avec son époux, Etienne de Lorraine, qui prit le nom de François I<sup>er</sup>, et devint empereur d'Allemagne après Charles VII (1745). Ce fut là la tige de la maison de *Habsbourg-Lorraine* qui a gouverné l'Autriche de 1740 jusqu'à nos jours. Après lui régnèrent Joseph II, son fils, qui fut aussi empereur, et Léopold II, mort en 1792. En 1777 et 1795, lors du premier et du deuxième partage de la Pologne, l'Autriche avait gagné la Gallicie et la Lodomérie. François II, fils de Léopold, fut élu empereur d'Allemagne en 1792. Il se ligua contre la France, et en 1804 réunit ses Etats sous le nom d'*empire d'Autriche*, et prit lui-même le titre d'*empereur héréditaire* (11 août 1804). Allié avec la Russie et l'Angleterre, il chercha en vain à résister à Napoléon, et perdit une partie de ses Etats. Le 6 août 1806, il renonça à la dignité d'empereur d'Allemagne, que sa famille avait possédée depuis cinq siècles, et prit le nom de *François I<sup>er</sup>, duc d'Autriche*. Napoléon épousa en 1812, sa fille, Marie-Louise. Malgré cette union, François fut toujours ligué contre son gendre, et un de ses plus violents ennemis. En 1814, l'Autriche rentra dans ses possessions, et obtint par le nouveau partage des Etats le royaume lombardo-vénitien en Italie.

AUTRICHE (ARCHIDUCHÉ D') ou AUTRICHE PROPREMENT DITE (la *Pannonie* et la *Norique* des anciens), Etat d'Allemagne et province de l'empire d'Autriche, bornée par la Bohême, la Moravie, la Hongrie, le Tyrol, la Styrie, l'Illyrié et la Bavière. Sa superficie est de 709 milles carrés (environ 2,300 lieues carrées), et sa population de 2,075,000 habitants. Ce pays est montueux, bien arrosé, et peu fertile en général. Les montagnes renferment de nombreuses mines et de belles carrières. On divise l'archiduché d'Autriche en deux parties : l'*Autriche au-dessus de l'Ens* ou *Autriche supérieure* (capitale, *Linz*), et l'*Autriche au-dessous de l'Ens* ou *Autriche inférieure* (capitale, *Vienne*). La première a 340 milles carrés et 790,000 habitants ; la deuxième, 369 milles carrés et 1,120,000 habitants. Ce pays est le berceau de la monarchie autrichienne.

AUTRICHE (GUERRE DE LA SUCCESSION D'). Cette guerre commença en 1741, et finit en 1748. La ligne masculine de la maison d'Autriche s'étant éteinte par la mort de Charles VI en 1740, Marie-Thérèse, fille de ce prince, et épouse de François-Etienne de Lorraine, duc de Toscane, monta sur le trône d'Autriche. L'électeur de Bavière, Charles-Albert et Auguste II, roi de Pologne, époux des filles de Joseph I<sup>er</sup>, frère de Charles VI, lui déclarèrent la guerre ; Frédéric II, roi de Prusse, ligué avec ces princes, envahit la Silésie, dont il fait la conquête. L'électeur de Bavière fut élu, en 1742, empereur sous le nom de Charles VII. Marie-Thérèse se réfugia en Hongrie, dont les habitants jurèrent de la défendre. L'Angleterre, la Hollande et la Sardaigne se déclarèrent pour elle. Par la paix de Breslau, en 1742, elle fut obligée de céder à la Prusse la Silésie, qui fut définitivement acquise à ce pays par la paix d'Hubertsbourg (1763). La Prusse et la Pologne se détachent de la ligue formée contre l'Autriche, en 1743, et à la mort de Charles VII, en 1747, l'époux de Marie-Thérèse devient empereur sous le nom de François I<sup>er</sup>. La guerre se termina en 1748 par la paix d'Aix-la-Chapelle, qui céda à l'Espagne les duchés de Parme, Plaisance et Guastalla, et à la Sardaigne plusieurs parties du Milanais.

AUTRUCHE, genre d'oiseaux de l'ordre des échassiers, aux ailes très-courtes, impropres au vol, revêtues de plumes molles et flexibles. Ces animaux sont omnivores ; ils ont un énorme jabot, la tête chauve et calleuse à sa partie supérieure, et ce sont les seuls oiseaux qui urinent. Les Romains estimaient sa chair, défendue par la loi aux Hébreux. Les Arabes s'en servent souvent au lieu de cheval. La rareté et la beauté de leurs plumes leur font livrer une guerre acharnée. Les œufs d'autruche pèsent jusqu'à 8 livres ; elles les exposent dans le sable aux rayons du soleil, qui les fait éclore. On connaît deux espèces : celle de l'ancien continent, et celle de l'Amérique, ou le *nandou*.

AUTUN, ville du département de Saône-et-Loire, chef-lieu d'arrondissement, sur la rive gauche de l'Arroux, à 27 lieues de Mâcon. Population, 9,991 habitants. Autun est une des villes de France les plus antiques, et sa fondation précéda celle de Rome. Capitale des Eduens, Autun s'appela d'abord *Bibracte* ; sous Auguste, *Augustodunum*, et sous Constantin, *Flavia Æduorum*. Prise par les Bourguignons, elle fut, en 427, la capitale de leur royaume, honneur que Mâcon lui enleva. Elle passa ensuite au pouvoir des rois mérovingiens, et eut beaucoup à souffrir des incursions des Sarrasins, des Anglais, et des guerres de la ligue. Autun a un tribunal de première instance et de commerce, une société d'agriculture, un collége royal, une bibliothèque, et un cabinet d'antiquités. Elle commerce en bestiaux, chevaux, chanvre, tapisseries, etc. On y remarque une belle cathédrale, le tombeau de Brunehaut, et des restes de monuments romains. — Autun est le siège d'un évêché suffragant de l'archevêché de Lyon.

AUVENT. C'est, en architecture, une espèce de toit en planches, qui sert à mettre quelque chose à couvert ou à garantir de la pluie ce qui peut être dessous.

AUVERGNE, province de la France centrale, de 39 lieues de long sur 18 de large. Elle se divise en *haute* et *basse Auvergne*. La première, dont la capitale était Aurillac, a formé le département du Cantal ; la deuxième, dont la capitale était Clermont, a formé les départements du Puy-de-Dôme et de la Haute-Loire. Habitée anciennement par les *Arverni*, elle fut comprise dans le duché d'Aquitaine à la fin de la première race et eut, en 864, des comtes héréditaires, dont une branche forma les *dauphins d'Auvergne*. En 1428, cette seigneurie passa par mariage dans la maison de Montpensier, une des branches de la maison de Bourbon. — Cette province fut réunie dans le domaine royal sous François I<sup>er</sup> (1531) ; elle le fut entièrement sous Louis XIII en 1615.

AUXERRE, ville ancienne, chef-lieu du département de l'Yonne, à 42 lieues de Paris. Population, 11,439 âmes. Elle était la capitale de l'Auxerrois et du comté d'Auxerre, qui dura depuis 1003 jusqu'en 1602, où il fut réuni au duché de Bourgogne. Le premier comte avait été Landri, mort en 1028. — Auxerre possède une société d'agriculture, des écoles gratuites, une école normale primaire, une bibliothèque de 25,000 volumes, un cabinet d'antiquités et d'histoire naturelle, un jardin botanique. Auxerre fait un grand commerce en vins.

AUXOIS, petite province de France formant une subdivision de la Bourgogne. C'était autrefois le pays des Eduens ; plus tard, on l'appela *Pagus Alesensis*, à cause de la ville d'*Alesia* ou Alise. L'Auxois forme aujourd'hui l'arrondissement de Sémur, qui en était la capitale.

AUXONNE, petite ville de la Côte-d'Or, chef-lieu de canton, dans l'arrondissement et à 7 lieues de Dijon. Population, 6,000 habitants. Cette ville a un pont de vingt-trois arches sur la Saône ; elle possède des fortifications érigées en 1673, un château bâti sous Louis XI, Charles VIII et Louis XII, un arsenal. Elle commerce en serges, blé, bois, marbres, draps, mousselines, indiennes, toiles, etc. — Auxonne fut autrefois le chef-lieu d'un petit pays nommé *Auxonnois*, qui faisait partie de la Bourgogne.

AVA, royaume d'Asie, un de ceux qui

forment maintenant l'empire Birman, dans la presqu'île au delà du Gange. Sa superficie est d'environ 59,500 lieues carrées.— Son ancienne capitale était AVA sur l'Irraouaddi. Depuis 1782 jusqu'en 1824, ce fut *Ummérapoura*. A cette époque, Ava a repris le titre de capitale du royaume et de tout l'empire Birman. Sa population, réunie à celle de Saïgaïng ou Zikkhaïn, placée sur la rive opposée du fleuve, est de plus de 300,000 habitants. En 1753, Alompra, souverain d'Ava, s'empara des deux royaumes de Pégu et d'Arakan: leur réunion forme l'empire birman, sur lequel les Anglais ont conquis, en 1826, les provinces de Martaban, Yé, Tavay, Tanasserim, situées à l'E. et au S. du fleuve Salouen.

AVAL, contrat par lequel un tiers, étranger à un billet à ordre ou à une lettre de change, s'engage volontairement à en payer le montant à l'échéance, à défaut de payement par le souscripteur. C'est un cautionnement pur et simple. Le contrat se forme par l'apposition que fait le donneur d'aval de sa signature sur le billet ou la lettre de change, avec ces mots: *pour aval*.

AVAL. Voy. AMONT.

AVALANCHES, chutes de masses de neige qui se détachent du haut des montagnes en petites boules d'abord, puis se grossissent et tombent avec rapidité au fond des vallées, avec un bruit épouvantable, et renversent tout ce qui s'oppose à leur passage. Elles sont produites par la violence des vents ou la fonte des neiges. Leurs effets sont souvent terribles.

AVALLON, sur la rive droite du Cousin, chef-lieu d'arrondissement (Yonne), à 12 lieues et demie d'Auxerre. Population, 5,569 habitants. Avallon doit sa fondation à un antique château fort. Cette ville a un tribunal de première instance et de commerce. Elle commerce en vins, bois, bestiaux, laines et draps.

AVALOIRE, partie du harnais d'un cheval de trait, laquelle consiste en une large bande de cuir double placée sur les cuisses du cheval, et tenant à son collier. Elle est soutenue par deux bandes de cuir qui descendent sur le dos, et qui la tiennent en position horizontale.

AVALOS. Voy. PESCAIRE.

AVALURE, maladie du cheval, caractérisée par un bourrelet ou cercle de corne, qui se forme au sabot, à l'endroit de la couronne.

AVANT, nom donné, en marine, à la proue, c'est-à-dire, à la partie du bâtiment qui s'avance la première à la mer. C'est aussi toute la partie du vaisseau comprise entre le grand mât et la proue. On dit les canons, le gaillard, les manœuvres, etc., *d'avant*, pour dire ceux de cette partie du vaisseau.

AVANT-GARDE, corps de troupes détaché en avant du corps d'armée pour reconnaître les débouchés et les chemins, et ouvrir les voies à l'armée. La force de l'avant-garde est d'ordinaire le cinquième de celle du total de l'armée.

AVANT-POSTES, postes de sûreté qui entourent un camp, un bivouac ou des cantonnements, pour qu'en cas d'attaque de l'ennemi les troupes ne soient pas prises au dépourvu, et aient le temps de se préparer à le repousser. Les avant-postes communiquent entre eux par une ligne de sentinelles ou de *vedettes*.

AVARES, peuple de la grande nation des Tartares Scheu-Schen, qui, dominant depuis 402 dans les environs des monts Altaï, fut détruite en 552 par les Turks et les Chinois. Les Ogors échappèrent à cette destruction, et, conduits par le khan Varkhouni, passèrent la Volga, et arrivèrent en Europe sous le nom d'Avares. En 558, ils s'établirent dans la Dacie. Bajan, un de leurs chefs, conquit le royaume des Gépides, subjugua les Antes, les Moraves et les Tchèques. Longtemps redoutable à l'empire, il fut battu devant Byzance en 626. Sous ses successeurs, les Avares conquirent la Dalmatie, qu'ils perdirent en 640, pénétrèrent en Thuringe, en Italie, et étendirent leur domination sur les Slaves et les Bulgares. Dépossédés de ces conquêtes, les Avares subsistèrent encore quelque temps dans les deux Pannonies, et furent détruits en 799 par Charlemagne.

AVARIES, tout dommage emportant dépréciation d'une chose. Ce terme s'emploie plus particulièrement dans le commerce maritime. Les marchandises avariées restent au compte du propriétaire, lorsque l'avarie ne résulte pas des fautes du commissionnaire, voiturier, mandataire, etc. Dans le cas des avaries causées à un navire par un accident imprévu, c'est le propriétaire du navire qui seul supporte la conséquence de ces accidents.

AVARY, bourg du département de Loir-et-Cher, à quelques lieues de Blois, à 38 de Paris. Ce bourg est célèbre par un beau château, situé au milieu d'une pente douce qui descend depuis la grande route de Paris à Bordeaux jusqu'à la Loire. Les bâtiments actuels ont été construits sur les ruines d'un ancien château fort. Après avoir appartenu longtemps à la famille des Mineroys, le château est depuis 1721 la propriété des ducs d'Avary.

AVELINIER, variété de *noisetier* que l'on cultive de préférence à cause de la beauté, de la délicatesse et de la précocité de son fruit nommé *aveline*.

AVEIRO (Joseph MASCARENHAS, duc D'), un des plus grands seigneurs de Portugal, descendant de Georges d'Alancastro, fils naturel de Jean II, dit *le Grand*. Il eut une grande puissance sous le règne de Jean V, et se vanta même qu'il n'avait qu'un seul degré pour monter au trône. L'avènement de Joseph Ier ayant diminué sa faveur, il conçut le dessein d'attenter à la personne du roi, et, sur ces entrefaites, les jésuites ayant perdu l'emploi de confesseurs de la cour, le duc d'Aveiro s'unit avec quelques membres de la société. Les conjurés engagèrent dans ce complot Éléonora de Tavora, belle-sœur du duc, son mari, ses deux fils, ses deux filles et leurs époux, ses deux beaux-frères et leurs domestiques affidés. La conjuration éclata le 3 septembre 1758, à onze heures du soir, pendant que le roi revenait de son château de Belem. Le prince n'eut que de légères blessures. Le duc d'Aveiro, arrêté avec ses autres complices, fut rompu vif le 13 janvier 1759, son corps brûlé et ses cendres jetées dans la mer. Les jésuites furent chassés du Portugal.

AVE MARIA, mots latins qui signifient *je vous salue, Marie*. Ce sont les premières paroles que l'ange Gabriel adressa à la sainte Vierge, quand il lui annonça qu'elle serait mère de Dieu. Les catholiques récitent ces paroles dans leurs prières. — Le mot *ave* désigne aussi chaque grain de chapelet, lequel indique qu'il faut dire un *Ave Maria*.

AVENT. On donnait autrefois ce nom à la naissance de Jésus-Christ; mais, depuis plusieurs siècles, on le donne aux trois ou quatre semaines qui précèdent le temps consacré à se préparer à célébrer dignement l'anniversaire de la naissance de Jésus-Christ. On jeûnait autrefois pendant l'Avent trois fois la semaine; en 581, on jeûna tous les jours à partir de la fête de saint Martin, d'où il fut appelé *jeûne de Saint-Martin*. Aujourd'hui l'Avent commence au dimanche le plus proche de la fête de saint André, depuis le 27 novembre jusqu'au 3 décembre. C'est le commencement de l'année ecclésiastique. L'Avent n'a que quatre dimanches. Dans l'Eglise grecque, l'Avent commence le 14 novembre.

AVENTIN, une des sept collines sur lesquelles Rome était bâtie. Elle avait 13,300 pieds de circuit. Le roi Ancus Martius la donna au peuple, et ce ne fut que sous Claude qu'elle fit partie de la juridiction de la ville. Quoique les Romains la regardassent auparavant comme un lieu de mauvais augure (Rémus y avait été enterré), Junon, Diane, Hercule, etc., y avaient des temples. Entre elle et le mont Palatin se trouvait le grand cirque.

AVENTINO. Voy. AVERNE.

AVENTURINE, nom commun donné à plusieurs pierres, qui offrent dans un fond jaune ou brun transparent des points brillants, qui ont l'apparence de paillettes d'or. — On appelle aussi *aventurine* une composition formée de verre et de limaille de cuivre, et qui offre le même aspect que les pierres aventurines dont nous avons parlé plus haut. — On donne aussi ce nom à une couleur d'un brun rougeâtre.

AVERNE (*Averno*), lac du royaume de Naples entre Pouzzole et Baïa, près duquel se trouve l'antre de la sibylle de Cumes. Ce lac, de forme circulaire, a une profondeur de cent quatre-vingts pieds. Il exhale des vapeurs fétides et méphitiques. Les anciens y avaient placé l'entrée des enfers. — Le mot *Averne*, chez les anciens, se disait de certaines grottes d'où s'élevaient des vapeurs infectes.

AVERROES (Abou-Mohammed-Ebn-Rushd), un des plus célèbres savants arabes, né à Cordoue dans le XIIe siècle. Il fut cadi et iman de la province de Mauritanie, et éprouva tous les caprices de la fortune. Il mourut en 1199. Il avait traduit Aristote et l'avait commenté. Il a laissé plusieurs écrits sur les mathématiques, la médecine et la philosophie.

AVESNES, sous-préfecture du département du Nord, à 25 lieues et demie de Lille. Population, 3,186 habitants. Cette ville, fondée au XIe siècle, a un tribunal de première instance. Elle appartint d'abord aux comtes de Hainaut, de Hollande et de Zélande, et fut prise par Louis XI en 1470. Elle commerce en bois, houblon, fromages de Marolles, etc.

AVEU ou DÉNOMBREMENT, nom donné autrefois à un acte fait sur un parchemin, par-devant notaire, scellé et signé, dans lequel le vassal *avouait* qu'il était soumis lui et son fief, à son seigneur dominant, et faisait le détail de toutes les redevances et de tous les droits attachés à son fief. Si le vassal ne faisait pas cette déclaration dans les quarante jours de l'acquisition du fief, son seigneur suzerain pouvait le lui confisquer.

AVEUGLES. On appelle ainsi toute personne privée de la vue. Cette privation peut dépendre de maladies très-différentes, telles que l'ophthalmie, la cataracte, l'amorose, etc. Il y a aussi des *aveugles-nés*. — L'institution des *Jeunes Aveugles*, créée par Louis XVI en 1791, rétablie en 1815, est consacrée à l'éducation de soixante jeunes garçons et de trente jeunes filles aveugles, entretenus gratuitement pendant huit années aux frais de l'État. Pour y être admis, les enfants doivent être âgés de dix ans au moins, de quatorze ans au plus. Indépendamment des élèves gratuits, on admet dans l'institution des élèves payants. Les aveugles y apprennent, par des procédés particuliers, la lecture, l'écriture, la géographie, l'histoire, les langues, les mathématiques, la musique et divers métiers. La maison est gouvernée par une administration bienfaisante, composée de sept membres nommés par le ministre. — Les vieillards aveugles sont admis à l'hospice des *Quinze-Vingts*. (Voy.)

AVEYRON, rivière de France, qui prend sa source à 250 mètres de Severac-le-Château, dans le département auquel elle donne son nom, et qu'elle traverse dans toute sa largeur. Cette rivière ne commence à être navigable qu'à Nègrepelisse (Tarn-et-Garonne). Elle se jette dans le Tarn à peu de distance de Moissac, après un cours de 250,000 mètres (environ 63 lieues).

AVEYRON, département français, région du midi, formé du Rouergus. Il a pour limites, au N. le département du Cantal, à l'E. ceux de la Lozère et du Gard, au S. ceux de l'Hérault et du Tarn, et à l'O. ceux du Tarn, de Tarn-et-Garonne et du Lot. Il tire son nom d'une rivière qui y a sa source et la majeure partie de son cours. Sa superficie est de 682,191 hectares, et sa population de 394,000 habitants. Il se divise en cinq arrondissements : *Rhodez*(chef-lieu), *Espalion, Milhau, Saint-Affrique* et *Villefranche*. Il est compris dans la neuvième division militaire, dans le ressort de la cour d'appel et de l'académie de Montpellier, et dans le diocèse de Rhodez. On y remarque les montagnes de Roquefort qui produisent le fromage de ce nom, celles d'Aubrac célèbres par une ancienne abbaye où résidait un ordre particulier, les houillères d'Aubin, etc. — Le département de l'Aveyron est sillonné par plusieurs chaînes de montagnes qui sont le prolongement des monts du Cantal et des Cévennes. Dans le N., le sol est montueux, impropre à la culture des céréales; c'est le pays des châtaigniers. Le sol des vallées dans la région méridionale est généralement très-fécond, et produit toute espèce de grains. Sur les 882,191 hectares qui composent sa superficie, le département en compte 300,000 mis en culture, 49,036 de forêts, 13,700 de vignes, 76,484 landes propres à être défrichées, 150,000 de pâturages, et 150,000 de terres incultes et stériles. Le produit annuel du sol est en céréales de 1,160,000 hectolitres, en vins de 300,000. Mais ce qui constitue la richesse du pays, ce sont ses excellents pâturages, qui nourrissent près de 600,000 bêtes à laine. Ces troupeaux fournissent annuellement environ 650,000 kilogrammes de laine. L'engrais des bestiaux, la fabrication des fromages (entre autres celui dit de *Roquefort*), la vente des laines, et l'élève des chevaux, figurent au premier rang dans l'industrie agricole. L'industrie commerciale et manufacturière s'exerce sur la fonte du fer, l'extraction et le raffinage de l'alun, dont on exporte annuellement 200,000 kilogrammes; l'extraction de la houille, la production du sulfate de fer, le tissage des toiles grises, la fabrication des étoffes de laine, qui occupe environ 20,000 ouvriers; la filature, le tissage et la bonneterie de coton, et la fabrication des cuirs.

AVICENNE (Aboul-Ibn-Sina), savant et médecin arabe, né à Assenah en Perse en 980. Il composa à vingt et un ans une encyclopédie de plus de vingt volumes, et fut premier médecin et vizir du roi de Perse. Il avait écrit un traité de métaphysique (ké-tab-el-chéfa), et des *canons*, suivis pendant six siècles en Europe, un *Traité de philosophie* (Adouych-fel-asy-fch), d'*Alchimie* et des *Dissertations mathématiques*. Il mourut en 1037.

AVICEPTOLOGIE, nom donné aux descriptions des chasses aux oiseaux, des procédés qu'il faut suivre, des instruments et des ruses auxquels on doit avoir recours pour prendre les oiseaux. Telle est l'*Aviceptologie française*.

AVICULE, genre de mollusques acéphales, dont la coquille bivalve (divisée en deux parties), inéquilatérale et d'une grande fragilité, a quelque ressemblance avec une hirondelle. Ces coquilles sont toutes marines; le test est mince, fragile et nacré en dedans. Une espèce, l'*avicule margaritifère*, fournit les perles fines. On trouve les avicules dans toutes les mers.

AVIGNON, ville de France sur la rive gauche du Rhône, chef-lieu du département de Vaucluse, à 177 lieues S. de Paris. Population, 29,880 habitants. Fondé vers l'an 539 avant J.-C. par les Marseillais et les Phocéens, Avignon fut la capitale des Gaulois Cavares, et porta le nom d'*Avenio Cavarum*. Il devint et resta colonie romaine jusqu'à la chute de l'empire d'Occident. Elle fut prise alors par les Bourguignons (vers le milieu du v<sup>e</sup> siècle), et passa successivement au pouvoir des Visigoths (506), des Ostrogoths d'Italie (523), des Sarrasins (730), de nos rois des deux premières races, et fut ensuite l'occasion de longues et sanglantes contestations entre les comtes de Toulouse, de Provence et de Forcalquier, finit par appartenir en commun aux comtes de Toulouse et de Provence. Quoique chacun de ces seigneurs eût ses juges et ses officiers dans la ville, Avignonse gouverna pendant quelque temps en république (1206). Après diverses vicissitudes, il embrassa l'hérésie des albigeois. Louis VIII s'en empara en 1226, fit raser ses murs et démolir une grande partie de ses maisons. En 1348, Jeanne I<sup>re</sup>, reine des Deux-Siciles et comtesse de Provence, vendit Avignon au pape Clément VI pour la somme de 80,000 florins d'or. Déjà en 1305, Clément V, d'après un traité fait avec Philippe le Bel, roi de France, avait transféré à Avignon la résidence du saint-siége. Elle y resta fixée jusqu'en 1376, que le pape Grégoire XI la reporta à Rome. Après la mort de Grégoire (1379), les cardinaux français élurent successivement deux papes en opposition au pontife romain; ces papes résidèrent à Avignon jusqu'en 1408. Les Français, après avoir été fatigués du schisme, chassèrent de cette ville le dernier pape Benoît XIII. Depuis cette époque, les papes de Rome gouvernèrent Avignon par des légats, jusqu'à ce qu'en 1791 la ville fût réunie à la France par un décret de l'assemblée constituante. — Avignon est une ville très-belle et très-agréable, ceinte de murs élevés. Il eut jadis une université, fondée par Charles II, comte de Provence, en 1303. Elle fut supprimée à la révolution. Il s'est tenu à Avignon dix conciles. Dès le III<sup>e</sup> siècle de l'ère chrétienne, Avignon eut un évêché suffragant de Vienne, puis d'Arles. Il fut érigé en archevêché en 1475. Cet archevêché a pour suffragants les évêchés de Nîmes, Valence, Viviers et Montpellier. Cette ville possède un hôtel des invalides, succursale de celui de Paris, et où 1,000 soldats sont entretenus, de beaux hôpitaux, de belles et anciennes églises, un musée de tableaux, une bibliothèque publique de 30,000 volumes, un jardin botanique, un collège royal de seconde classe, une école normale primaire, un séminaire, une société d'agriculture, etc. Avignon commerce en vins, velours, taffetas, papier, cuirs, étoffes de laine, draperies, faïence, toiles, verre, garance. — Le comté d'Avignon était contigu au comtat Venaissin. Il s'étendait primitivement au delà de la Durance et jusqu'à Tarascon. Il ne contenait plus à l'époque du gouvernement des papes que la ville d'Avignon et quelques bourgs.

AVILA, province d'Espagne, formée d'une partie de la Vieille-Castille, entre Valladolid, Ségovie, Madrid, Tolède et Salamanque. Le sol est élevé et montueux. L'Avila renferme des vallées fertiles, mais l'agriculture y est négligée. Elle produit des vins et nourrit des vers à soie. Population, 113,135 habitants. Son chef-lieu est *Avila*, à 20 lieues de Madrid, avec 4,000 habitants. Elle renferme des fabriques de coton.

AVILA Y ZUNIGA (Don Luiz D'), écrivain espagnol qui vivait vers la fin du règne de Charles V. Il naquit à Placentia (Estramadure espagnole). Il fut grand commandeur de l'ordre d'Alcantara, et ambassadeur de Charles-Quint auprès des papes Paul IV et Pie IV. Il accompagna l'empereur en Allemagne, dans la bataille livrée en 1546 contre les protestants. Il mourut en 1592. Il a écrit un ouvrage sur la guerre d'Allemagne, en 1546 et 1547, et l'*Histoire de la guerre civile d'Allemagne* sous l'empereur Charles-Quint.

AVIRON, sorte de levier en bois, dont l'extrémité aplatie se nomme *pelle*, et l'autre se nomme *le bras*. Il sert à faire marcher les canots, chaloupes et autres embarcations, lorsque la faiblesse du vent les empêche de faire usage de la voile.

AVIS, ordre militaire et religieux, institué en 1147, pour combattre les Maures, par Alphonse I<sup>er</sup>, roi de Portugal. En 1213, les chevaliers d'Avis se réunirent à ceux de Calatrava, et s'en séparèrent en 1385. En 1550, le pape Paul III unit la grande maîtrise de l'ordre à la couronne de Portugal. Les chevaliers juraient d'être chastes, de défendre la religion catholique, et d'observer la règle de Saint-Benoît de Cîteaux, dont ils portaient l'habit blanc. Leurs armes étaient d'or, à la croix fleurdelisée de vert, et accompagnée en pointe de deux oiseaux de la tête noire. La reine Marie en fit un ordre du Mérite militaire en 1789, supprima les anciens statuts, et en assigna les revenus à des officiers de mérite. Ses membres sont, outre le grand maître et le grand commandeur, six grands-croix et quarante-neuf commandeurs. Le nombre des chevaliers est illimité.

AVISO, petit bâtiment de guerre, léger et rapide, propre à porter des *avis*, des dépêches, etc. On emploie pour ce service des bricks, des goëlettes ou des lougres.

AVITUS (Flavius Cæcilius ou Eparchius), né en Auvergne d'une famille ancienne et illustre. Député encore jeune par les *Arverni*, vers l'an 421, vers l'empereur Honorius, pour en obtenir la suppression d'un tribut injuste, il s'acquitta de cette mission avec intelligence et succès. Il fut accueilli par Théodoric, roi des Visigoths, qui lui accorda ses bonnes grâces et son estime. L'empereur Valentinien lui conféra la dignité de préfet du prétoire des Gaules. Pétrone Maxime le nomma maître de la milice dans ce pays. Avitus négociait la paix avec le roi des Visigoths, lorsque l'empereur Maxime étant mort, il fut élu à sa place en 455. Il ne régna que quatorze mois; Ricimer le fit déposer, l'obligea à renoncer à l'empire, et à se faire ordonner évêque de Plaisance. Il prit le parti de se réfugier en Auvergne, mais il mourut en chemin (457). Il laissa une fille nommée Papianilla, qui épousa Sidoine Apollinaire, et un fils, appelé Ægidius, qui fut patrice de Rome et maître de la milice des Gaules.

AVIVES, glandes, situées dans le cheval, dans l'intervalle qui se trouve entre la tête et le cou, au-dessous des oreilles. — Les maladies qui surviennent à ces glandes prennent aussi le nom d'*avives*.

AVLONA, sandjakiat ou province de Roumili (Romélie), entre ceux de Janina, Scutari, Elbassan, Ochrida et la mer Ionienne. Sa superficie est de 450 lieues carrées, et sa population de 250,000 habitants. Le territoire produit des fruits en abondance. La capitale est *Avlona*, sur un golfe de la mer Ionienne. Sa population est de 6,000 habitants.

AVOCAT, citoyen qui s'est consacré à l'étude des lois, et à la défense de ses concitoyens devant les tribunaux civils et criminels. Pour avoir titre d'avocat, il faut avoir reçu dans une faculté de droit le grade de licencié, qui est conféré après trois années d'étude et des examens publics. Tout avocat qui veut être admis à plaider doit se faire attacher à un tribunal, en prêtant devant lui le serment de ne rien dire qui soit contraire aux lois ou à la morale publique. Un avocat n'est pas immédiatement admis à l'exercice plein et entier de sa profession, et, avant d'être inscrit définitivement au tableau de son ordre, il est soumis à un *stage* de trois ans, pendant lequel il a néanmoins le droit de plaider toutes les affaires qui lui sont confiées. Les avocats sont soumis à un conseil de discipline, qui connaît des plaintes que les clients peuvent former contre eux à raison de l'exercice de leur profession. Ce conseil est présidé par le *bâtonnier*, qui est le chef de l'ordre. Ce conseil a, en outre, un droit de surveillance perpétuelle sur tous les avocats inscrits au tableau, et principalement sur les avocats stagiaires, c'est-à-dire, soumis au stage. C'est le conseil qui prononce sur toutes les demandes d'admission au stage et d'inscription au tableau de l'ordre. Les *avocats au conseil du roi et à la cour de cassation* sont des officiers ministériels chargés de suivre la procédure, et de plaider pour les parties devant le conseil d'Etat et la cour de cassation. Ces deux offices, jadis séparés sous divers titres, ont été réunis en 1817 en un seul. Pour remplir ces fonctions, il faut être âgé de vingt-cinq ans, avoir au moins deux années de stage comme avocat, et être agréé successivement par le conseil particulier de l'ordre, par le ministre de la justice, et la cour de cassation. — L'*avocat général* est le titre qu'on donne à certains officiers attachés au ministère public près les cours royales, et qui sont chargés de porter la parole devant ces cours, au nom du procureur général.

**AVOCAT PATHELIN**, comédie célèbre, dont on ignore l'auteur, et qui date de l'année 1474 environ. C'est la satire d'un avocat qui fait un grand nombre de fourberies.

**AVOCETTE**, genre d'oiseaux échassiers longirostres, au bec très-long et très-grêle, recourbé en haut, aux pieds palmés, aux jambes élevées et nues. Ils fréquentent le bord des rivières, et se nourrissent de vers et de mollusques. Ces oiseaux nagent sur les eaux.

**AVOGADOR DI COMUN**, charge de la république de Venise, qui investissait son titulaire du droit de dénoncer le tribunal des dix ou le tribunal des trois, s'il le jugeait convenable. L'avogador était le conservateur des droits délégués au grand conseil, et le surveillant de la liberté publique.

**AVOINE**, genre de plantes de la famille des graminées, originaire de la Perse et du nord de l'Europe. Les semences de l'*avoine cultivée* sont employées à la nourriture des animaux domestiques, et servent à la préparation du *gruau*. On connaît deux variétés de ces semences, l'*avoine blanche* et l'*avoine noire*. On peut faire avec l'avoine de la bière et de l'eau-de-vie. On en récolte annuellement en France 32,066,587 hectolitres.

**AVORTEMENT**, accouchement avant terme. Les causes de l'avortement sont une susceptibilité nerveuse extrême de la mère, une grande faiblesse, une mauvaise conformation, une commotion morale ou physique, etc. L'avortement arrive le plus souvent dans les premiers mois de la grossesse. Il est très-redoutable au moment de la délivrance.

**AVOUÉ**, officier ministériel établi près les tribunaux civils de première instance et les cours royales, pour représenter les parties et suivre la procédure pendant toute la durée de l'instance. On ne peut plaider en France sans ministère d'avoué. Pour avoir ce titre, il faut être âgé de vingt-cinq ans au moins, et présenter un certificat de capacité, délivré dans les écoles de droit après deux années d'études. Pour être avoué de cour royale, il faut en outre justifier d'une cléricature de cinq années.

**AVOYER**, premier magistrat des cantons ou des villes suisses. Dans le moyen âge, ils portaient le nom d'avoués (*advocati*); ils représentaient les cantons à la diète de l'empire, commandaient leur milice, et rendaient la justice aux habitants. Rodolphe de Habsbourg était avoué des cantons d'Uri, Schwitz et Underwalden.

**AVRANCHES**, ancienne ville de la Manche, chef-lieu d'arrondissement, à 13 lieues de Saint-Lô. Population, 7,269 habitants. Avranches existait du temps des Romains, et se nommait alors *Ingena*. Saint Louis l'entoura de fortifications. Cette ville a un tribunal de première instance, et une bibliothèque de 10,000 volumes. Elle commerce en grains, sel, cidre, dentelles, etc. Avranches avait autrefois un évêché. On trouve près de cette ville des eaux froides, que l'on regarde comme acidules.

**AVRIGNY** (Charles-Joseph L'OEILLARD D'), né à la Martinique en 1760, mort en 1823. Il eut peu de succès comme auteur d'opéras-comiques; mais il se fit une grande réputation par ses *Poésies nationales* et sa tragédie de *Jeanne d'Arc à Rouen*. Il était censeur dramatique.

**AVRIL**, quatrième mois du calendrier grégorien, le second de l'année romaine avant la réforme de Numa, qui le consacra à Vénus. Le soleil parcourt pendant ce mois le signe du Taureau.

**AXE**. C'est, en astronomie, la ligne droite imaginaire que l'on suppose passer par le centre de la terre, du soleil, des planètes, etc., et autour de laquelle ces astres exécutent leur rotation. Les deux extrémités de l'axe se nomment *pôles*. — En géométrie, c'est la ligne droite autour de laquelle une figure plane fait sa révolution pour engendrer un solide. — En mécanique, c'est la pièce de fer ou de bois à laquelle on fixe les corps auxquels on veut imprimer un mouvement de rotation. — En histoire naturelle, *axe* désigne la partie centrale d'un corps. L'axe d'un épi ou d'une grappe est la partie centrale à laquelle sont attachées les fleurs ou les ramifications qui portent les fleurs.

**AXILE**, ce qui forme un axe.

**AXILÉ**, ce qui est pourvu d'un axe.

**AXILLAIRE**, ce qui appartient à l'aisselle ou qui en fait partie. Telle est la *veine axillaire*.

**AXILLAIRES**, rameaux, feuilles, fleurs ou épines qui naissent au point où deux branches se bifurquent et au point d'insertion d'une feuille à la tige ou au rameau qui la porte.

**AXINITE**, substance minérale qui se présente sous forme de cristaux à bords tranchants comme un fer de hache. Elle est assez dure pour rayer le verre, étincelle sous le briquet. Sa cassure est écailleuse et raboteuse. Elle est inattaquable par les acides, et fusible au chalumeau en un émail sombre ou grisâtre. Elle se compose (sur cent parties) de quarante-cinq parties de silice, dix-huit à dix-neuf d'alumine, douze à quatorze d'oxyde de fer, de quatre à neuf d'oxyde de manganèse, et d'une à deux parties d'acide borique. L'axinite est très-commune en France. On l'emploie dans la bijouterie.

**AXINOMANCIE**, ancienne espèce de divination, ou manière de prédire les événements par le moyen d'une hache. L'on prétend que cette cérémonie consistait à poser une agate sur une hache rougie au feu. Il y avait une autre sorte d'axinomancie, qui consistait à enfoncer une hache dans un pieu rond, et, selon le mouvement que faisait le pieu, on s'imaginait découvrir les voleurs.

**AXIOME** (géom.), proposition évidente par elle-même, et qui n'a pas besoin de démonstration. Ainsi *le tout est plus grand que sa partie*, etc.

**AXIOMÈTRE**, appareil destiné à indiquer la position de la barre du gouvernail dans les bâtiments qui gouvernent à la roue.

**AXIS**, nom donné, en anatomie, à la deuxième vertèbre du cou, parce qu'elle forme une espèce de pivot (en latin, *axis*), sur lequel tournent à la fois la première vertèbre et la tête. On lui a aussi donné le nom d'*axoïde*. — L'*axis* est encore un mammifère du genre *cerf*. Le cerf axis, ou cerf du Gange, vit dans l'Hindoustan et particulièrement dans le Bengale. Ses formes sont celles du daim, dont il a aussi la taille. Son pelage est d'un fauve assez vif, moucheté de blanc sur les flancs et le dos. Le menton, la gorge, le ventre, sont blancs. La queue, longue de dix pouces, est blanche en dessus, fauve en dessous, et marquée sur les côtés d'une ligne noire. Cet animal est doux, timide et facile à apprivoiser.

**AXOLOTL**, reptile batracien semblable à la salamandre, d'une couleur gris ardoisé, à la tête grande, déprimée, arrondie, à la bouche très-fendue, à la langue courte, aux dents petites et nombreuses. Les yeux, dépourvus de paupières, sont petits, placés près de l'extrémité du museau. L'axolotl parvient à vingt ou vingt-cinq centimètres de longueur; la queue en prend à peu près la moitié. Ce reptile se trouve en société dans les lacs des très hautes montagnes du Mexique, à plusieurs milliers de pieds au-dessus du niveau de la mer. Les Mexicains les emploient souvent comme aliment.

**AXONES** (*tables de bois*), nom que l'on donnait aux lois civiles et politiques établies à Athènes par Solon. On les appelait ainsi parce qu'elles étaient écrites sur des tables de bois. On appelait *cyrbes* celles qui regardaient le culte des dieux.

**AXONGE**, mot employé pour désigner la graisse de porc. Cette graisse est molle, incolore, inodore lorsqu'elle est solide, d'une odeur désagréable si on la fait fondre dans l'eau bouillante, d'une saveur fade, et fondant à 270 degrés. On emploie l'axonge comme aliment. On en fait usage dans la corroierie, et l'on s'en sert pour graisser les roues des voitures. Elle entre dans la préparation de plusieurs onguents et de plusieurs pommades cosmétiques.

**AXUM**, ville d'Abyssinie, autrefois le marché le plus considérable des dents d'éléphant. Son port était la ville d'*Adulé*. Elle était le siège du gouvernement. On y voit encore la pierre qui servait de trône aux anciens monarques, et sur laquelle de temps immémorial les rois sont couronnés.

**AYA-PANA**. Voy. EUPATOIRE.

**AYAM**, magistrat turk choisi par le peuple pour veiller à la sûreté des particuliers, au bon ordre et à la défense de la ville.

**AYE-AYE**. Voy. CHEIROMYS.

**AYESHA** fut celle de toutes ses femmes que le prophète Mahomet aima le plus. Il la fit instruire dans toutes les sciences cultivées alors en Arabie. Elle ne fut pas à l'abri de bruits injurieux sur sa vertu; mais le prophète composa le vingt-quatrième chapitre du Koran pour la disculper, et déclara que tout discours portant atteinte à l'honneur d'Ayesha était une calomnie digne des peines éternelles. Après la mort de Mahomet, sa veuve se déclara contre le parti d'Ali, le combattit les armes à la main, et fit proscrire sa famille; Ayesha fut vénérée des musulmans, qui la nomment *mère des croyants*. Consultée sur divers points du Koran, ses décisions ont été recueillies dans la Sunnah. Elle mourut en 678, à soixante-sept ans.

**AYACUCHO**, département ou intendance du bas Pérou, bornée au N. par le Junin, au S. par l'Aréquipa, à l'O. par le département de Lima, à l'E. par celui de Cuzco. Sa superficie est de 6,310 lieues carrées, et sa population de 120,000 habitants. La capitale est *Ayacucho*, petite ville de 6,000 âmes, commerçante et industrieuse.

**AYLANTE**, arbre forestier, originaire de la Chine et du Japon, et naturalisé en France, où on le voit dans les parcs et les jardins. L'aylante s'élève de soixante à seize-quinze pieds de hauteur, ses feuilles sont composées, ses fleurs nombreuses et en grappes. Son bois peut servir comme bois de menuiserie, de foyer et de bâtiment. L'aylante de la Chine porte aussi le nom de vernis de la Chine, vernis du Japon, faux vernis. On l'emploie en Europe pour les plantations d'alignement.

**AYMON** (LES QUATRE FILS), héros chevaleresques, fils du duc Aymon, prince des Ardennes, gouverneur de Montauban, et de Béatrix. C'étaient Renaud, Richardet, Guichard et Alard. Le roman intitulé *Histoire des quatre fils d'Aymon* est attribué à Huon de Villeneuve, trouvère du XIIIe siècle.

**AYOUBIDES**. Voy. EYOUBITES.

**AYR**, comté d'Écosse, entre ceux de Dumfries, Lanarck, Kirckudbright et la Clyde. Ce comté a environ 140 lieues carrées, et renferme 300,000 habitants. Le climat est sain et le pays est fertile. L'Ayr produit des grains, du cuivre, du plomb, de l'agate, du porphyre, du jaspe, etc. Il envoie un député au parlement. Sa capitale est *Ayr*, à 24 lieues d'Édimbourg, et renferme 7,455 habitants. Elle commerce en étoffes de laine et de coton, en houille, goudron. Ayr a des sources ferrugineuses dans ses environs.

**AYREIL** (Jacob), un des plus grands poëtes dramatiques allemands du XVIe siècle. On ne sait rien sur les particularités de sa vie, sinon qu'il était notaire et procureur à Nuremberg. On a de lui des pièces écrites en allemand. Le style en est pur et nerveux.

**AYUNTAMENTO**. C'est, en Espagne, le corps des conseillers municipaux d'une commune, présidés par l'alcade, élus par le peuple. Cette institution remonte à une haute antiquité. On appelle aussi *ayunta-*

*mento* ou *casa del ayuntamento* la maison où ces magistrats se réunissent.

AZAMOGLANS (*agiam-oglan*), enfants étrangers qui sont chargés dans les sérails des Turks des fonctions les plus basses et les plus pénibles. Les autres services sont faits par les icoglans (*itch-oglans*), qui sont aussi étrangers, et en quelque sorte les pages du grand seigneur.

AZANS ou ASSANS, petite nation de race mongole, formant autrefois une des hordes les plus puissantes de l'Asie, et ayant un langage particulier. Elle habite maintenant sur les bords de l'Oussoï-Ka dans la Kalmoukie, et est gouvernée par un *bachlyk* (ancien de la nation). Elle porte encore le nom de *Tartares d'Ozan*.

AZARIAS. Voy. OSIAS.

AZAZEL. Voy. BOUC ÉMISSAIRE.

AZEDARACH, genre de la famille des méliacées, originaire de l'Asie. Le *bipenné* ou *faux sycomore de Provence* (arbre saint, arbre à chapelet) est un arbre de l'Inde et de la Sicile, à la tige droite et rameuse, aux fleurs ressemblant à celles du lilas, au fruit rond et charnu, employé dans les jardins comme arbre d'ornement. L'*azedarach toujours vert* (lilas des Indes ou margousier) a ses racines et son fruit apéritifs, ses fleurs vermifuges, et son fruit donne encore une huile utile contre les plaies et les piqûres.

AZEROLIER, arbre de la même famille que l'aubépine, dont il diffère par son fruit qui est plus gros, par ses feuilles plus grandes, sa tige plus haute et sans épines. Ses fleurs sont disposées en grappe; son fruit rouge, acide, sucré, rafraîchissant, sert à faire des confitures très-agréables. On se sert de l'azerolier comme de l'aubépine.

AZIMUTH, arc de l'horizon, compris entre le méridien du lieu d'observation et le vertical d'un astre. L'angle azimuthal est formé par deux plans, dont l'intersection commune est la verticale du lieu. L'azimuth sert à indiquer la position d'un astre.

AZINCOURT, petit village du Hainaut (Pas-de-Calais), où l'armée française, commandée par le connétable d'Albret et forte de 40,000 hommes, fut complètement défaite le 25 octobre 1415 par les Anglais, au nombre de 26,000 combattants, sous les ordres de Henri V, roi d'Angleterre. Sept princes du sang, parmi lesquels le duc d'Alençon, et plus de 6,000 seigneurs, y perdirent la vie. Les Anglais perdirent 1,600 hommes, parmi lesquels le duc d'Yorck et le comte d'Oxford, de la maison de Lancastre.

AZNAR, comte de Gascogne, étant mécontent de Pepin, roi d'Aquitaine, passa les Pyrénées en 831, fit révolter une partie de la Navarre, et s'en appropria la souveraineté, qu'il conserva jusqu'à sa mort arrivée en 836. Son frère Sanche lui succéda sous le titre de comte, et fut reconnu par les Navarrais.

AZOF (MER D'), appelée autrefois *Palus Mœotide*, et recevant aujourd'hui le nom de *Zabache*. Elle se joint à la mer Noire par le détroit de Iénikala (Bosphore Cimmérien), sa plus grande longueur est d'environ 60 lieues et sa largeur de 40.

AZOF, ville du gouvernement russe d'Ekatérinoslaf, forteresse célèbre et très-commerçante, sur un bras du Don. Elle a été cédée en 1774 par les Turks à la Russie.

AZONES, nom donné par les anciens aux dieux qui étaient reconnus en tout lieu et adorés par toutes les nations.

AZOTE, corps simple, qui existe dans la nature à l'état gazeux, liquide ou solide. Le gaz azote est incolore, inodore, insipide, impropre à la respiration lorsqu'il est seul ou en grande quantité, inaltérable à la chaleur, plus léger que l'air. Il forme environ le cinquième de l'atmosphère, dans laquelle il tempère l'action trop vive de l'oxygène.

AZRAEL, nom de l'ange de la mort chez les musulmans.

AZUR, composé bleu obtenu par la vitrification de l'oxyde de cobalt. La fabrication de cette couleur est en Saxe l'objet d'une industrie importante. On emploie l'azur pour colorer le papier, le linge et les étoffes blanchies, pour la peinture à fresque et sur bois, comme couleur d'émail, de porcelaine, de verre, etc. On l'appelle encore *small* et *bleu d'émail*.

AZUR (PIERRE D'), nom donné vulgairement au lazulite ou lapis-lazuli.

AZURITE, nom donné au carbonate bleu de cuivre.

AZYGOS, nom donné à un muscle et à une veine du corps humain. Le *muscle azygos* est placé dans l'épaisseur du voile du palais. Il y forme une petite colonne qui monte jusqu'au sommet de la luette. Il a pour usage d'élever la luette et de la raccourcir. — La *veine azygos* est située dans la poitrine, contre l'épine du dos: elle aboutit supérieurement à la veine cave, tout près de son entrée dans l'oreillette du cœur, et y porte le sang qui arrive des côtes, de la plèvre et d'autres parties intérieures de la poitrine. Son extrémité inférieure communique avec la veine cave inférieure.

AZYME, pain sans levain dont les Juifs mangent pendant l'octave de Pâques, en mémoire de celui dont se nourrirent les Israélites à leur sortie d'Egypte. Dans l'Eglise latine, c'est le pain *non levé* que les chrétiens emploient dans le sacrement de l'eucharistie, contrairement à l'usage de l'Eglise grecque, qui emploie du pain levé.

# B

B, la deuxième lettre de tous les alphabets anciens et modernes, à l'exception de la langue éthiopienne et arménienne. Dans la deuxième, c'est la vingt-sixième lettre; dans la première, c'est la neuvième lettre. B est la première des consonnes. Les Hébreux la nommaient *beth*, les Latins *bé*, les Grecs *béta*. Comme lettre numérale, B valait 2 chez les Grecs; avec un accent placé dessous, il valait 200. Chez les Latins, B désignait 300; avec un trait horizontal au-dessus, il valait 3,000. Chez les Hébreux, il se prenait aussi pour 2. En termes de calendrier, B est la deuxième des sept lettres dominicales. Dans la nomenclature chimique, il désigne le mercure. Sur les monnaies, il est la marque de Rouen; le double BB est celle de la monnaie de Strasbourg. Sur les inscriptions et médailles antiques, le B est l'abréviation de *Balbus*, et autres prénoms semblables; il désigne aussi que les personnages après le nom desquels il est placé sont en fonction pour la deuxième fois. Deux B placés à la fin d'un mot en indiquent le pluriel. L. B. désignait la deuxième année du règne d'un empereur; B. F. indiquait *bonæ fortunæ* (à une bonne fortune), ou *bonum fatum* (un heureux destin); B. V. *bené vixit* (il a bien vécu), et B. Q. *bené quiescat* (qu'il repose). Placé devant le nom des saints, il signifie *beatus* (bienheureux). — B-fa-si, ou b-fa-si, ou simplement B, désigne chez les Allemands et plusieurs autres peuples la note *si*, en musique.

BAAL DE BEL, le même que *Béel, Bélus, Bal, Bélénus, Bélathes, Belphégor* (en hébreu, *maître* ou *seigneur*), divinité adorée par les Phéniciens, les Babyloniens, les Chaldéens, plusieurs autres peuples de l'Orient, et souvent même par les Hébreux, malgré la défense de Dieu et les menaces des prophètes. On lui sacrifiait des victimes humaines, et on lui dressait des autels dans les bois, sur les hauteurs et sur les terrasses des maisons. Ses fêtes étaient accompagnées de désordres et d'infamies. Les historiens ont confondu ce dieu, tantôt avec Jupiter, tantôt avec Mars, Hercule ou Saturne. Mais, comme la principale divinité des peuples de l'Orient était le soleil, il est probable que Baal n'est autre que l'astre du jour. Ce dieu n'avait pas de sexe déterminé. Le nom de *Baal* se mettait devant celui de plusieurs divinités et de plusieurs villes dans lesquelles ces divinités étaient adorées. Tels étaient le *Baal-Bérith*, dieu des Phéniciens et des Carthaginois, qui présidait aux alliances; le *Baal-Chermon*, montagne de la Palestine, qui bornait au N. la tribu de Manassé; le *Baal-Tis*, l'Astarté ou lune.

BAASA, roi d'Israël, fut d'abord général du roi Nadal, fils de Jéroboam. Il conspira contre ce prince, le tua au siège de Gebbethon, ville des Philistins, et usurpa le trône en 953 avant J.-C. Il extermina toute la famille de Jéroboam, se souilla de crimes et se livra à l'idolâtrie. Il mourut en 930 avant J.-C. Son fils Ela lui succéda.

BABA-DAGH, chaîne de monts de l'Asie-Mineure. Sa longueur est d'environ 90 lieues. Elle se termine à l'Archipel, vis-à-vis de Calamine, en se dirigeant de l'E. à l'O. — C'est aussi le nom d'une ville forte de la Turquie d'Europe, avec un fort sur la mer Noire, construite par ordre de Bajazet, qui voulait défendre ses conquêtes contre la Russie (1395). La population est de 10,000 habitants. Il y a cinq mosquées, dont l'une, recouverte en plomb, fut bâtie par Bajazet; deux bains publics, un collége. On voit sur une colline les ruines du château de Jeni Caleh.

BABAGHÉ, île du Sénégal, colonie française en Afrique. Sa longueur est de 8,700 mètres sur une largeur moyenne de 220. Le sol, plat et sablonneux, est néanmoins très-fertile. On y récolte du mil et du coton.

BABAN. Ce nom, dans la Provence, le bas Languedoc et la côte de Gênes, désigne vulgairement la larve de la chenille destructive qui ronge les bourgeons et les jeunes pousses de l'olivier.

BABEL (TOUR DE), un des plus anciens monuments dont la tradition ait conservé le souvenir. Cette tour fut bâtie par les descendants de Noé, et probablement sous le règne de Nemrod, dans la plaine de Sennaar, près de l'emplacement qu'occupa depuis la ville de Babylone. La tour de Babel est fameuse dans la Bible, parce que c'est là que commença la confusion (*babel*, en langue orientale) des langues et la dispersion des peuples. Les hommes la construisirent pour trouver un abri en cas d'un nouveau déluge; mais Dieu, pour les punir de leur orgueil, ayant confondu leurs langages, ils furent forcés de renoncer à leur entreprise. Des orientalistes veulent de nos jours reconnaître la tour de Babel dans les ruines de cette magnifique tour de Babylone qui a, dit-on, deux mille cinq cents pieds de haut.

BAB-EL-MANDEL (c'est-à-dire, *porte de deuil*), détroit qui joint la mer Rouge à l'océan Pacifique, et sépare l'Arabie Heureuse du royaume d'Adel. Il a 6 lieues de large. Le grand nombre d'îles dont il est semé rendent ce passage très-difficile.

**BABEURRE** ou **Lait de beurre**, nom donné à la liqueur qui reste après avoir battu et converti en beurre la crème du lait. Elle renferme du caséum et une petite quantité de beurre. Cette liqueur, prise quelquefois comme remède dans certaines maladies, est relâchante.

**BABEY** (Pierre-Marie-Athanase), né à Orgelet (Jura) en 1744, embrassa la carrière du barreau. Député aux états généraux de 1789, puis à l'assemblée législative, il demanda en juillet 1791 la suspension de la royauté jusqu'à l'achèvement de la constitution, et la déchéance du roi s'il refusait d'accéder à ce vœu. Député à la convention nationale en 1792, il vota pour le bannissement dans le procès de Louis XVI. Membre du conseil des cinq-cents en 1795, il fut nommé commissaire près l'administration des salines de l'est en 1797, et mourut en 1815. Son fils a été député de la Haute-Saône sous la restauration.

**BABINGTON** (Antoine), gentilhomme anglais né dans le comté de Derby. Poussé par le désir de mettre en liberté la reine Marie Stuart, alors captive à Fotheringay, il conspira contre la reine Elisabeth, et fit entrer plusieurs gentilshommes dans son complot, dont l'exécution fut fixée au 24 août 1586. On devait mettre Marie Stuart sur le trône, et rétablir la religion catholique. Walsingham, secrétaire d'Etat, ayant découvert toute la trame par la perfidie d'un des conjurés, Babington fut arrêté, écartelé et pendu le 13 septembre 1586 avec John Ballard, John Savage, Barnwell, Tickburne, Tilnee et Abington. Ce complot hâta la mort de l'infortunée Marie Stuart.

**BABIROUSSA** ou **Cochon cerf**, genre de mammifères voisins des sangliers, dont ils se distinguent par le nombre de leurs dents, qui s'élève à trente-huit, et par leurs longues défenses, relevées et recourbées en arrière à l'extrémité. Les dents canines supérieures percent la peau du museau, et se recourbent en arrière pour s'enfoncer quelquefois dans les chairs du front, après avoir décrit un arc de plusieurs pouces d'élévation. Le babiroussa se fait remarquer par ses formes trapues et son museau très-allongé. Les oreilles sont petites, pointues et dirigées en arrière. La peau, dure et épaisse, forme des plis dans plusieurs endroits du corps. La queue est grêle, garnie d'un bouquet de poil à son extrémité. Les babiroussas habitent les forêts marécageuses des îles de l'archipel indien. On les réduit facilement en domesticité. Leur chair est d'un très-bon goût.

**BABKA**, petite monnaie de cuivre, de Hongrie, qui vaut un tiers de denier du pays.

**BABŒUF** ou **Babeuf** (Noël-François), connu sous le nom de *Caïus Gracchus*, né à Saint-Quentin en 1764, fut d'abord géomètre et commissaire à Roye (Somme). Au commencement de la révolution, il dirigeait un journal démocratique, *le Correspondant picard*. La véhémence de ses articles le fit arrêter et conduire à Paris, où il fut acquitté, en 1790, sur les instances de Marat. Il fut nommé ensuite administrateur du département de la Somme, et secrétaire général de l'administration des subsistances à Paris. Il concourut à la chute de Robespierre, et publia, après le 9 thermidor, un pamphlet intitulé *du Système de dépopulation ou la Vie et les Crimes de Carrier*; la chute de Robespierre fut suivie d'une violente réaction contre le parti populaire. Quelques hommes tentèrent de lui reconquérir le pouvoir. A leur tête furent Babeuf, Darthé, Buonarotti, Drouet, Antonelle et plusieurs autres patriotes. Ils constituèrent un comité secret, sous le nom d'*égaux* ou *niveleurs*, par lequel on désignait les partisans de l'égalité absolue, et ils arrêtèrent les bases d'une société qui prit le nom de *société du Panthéon*. Babeuf commença à cette époque la publication d'un journal appelé *le Tribun du peuple*, où les principes démocratiques étaient exposés avec énergie et vigueur. Malgré les efforts du gouvernement, le complot s'étendit dans les départements et aux armées. En 1796, la réunion se déclara en permanence, et se constitua en directoire secret. Elle publia un manifeste intitulé *Analyse de la doctrine de Babeuf*, qui produisit à Paris une grande agitation. Des corps de troupes furent gagnés. L'insurrection, dont le but était d'anéantir la constitution de l'an III (1795), et de renverser le pouvoir directorial, pouvait compter sur une victoire facile. Trahis par Grisel, les conjurés furent tous arrêtés, le 10 mai, au moment où ils délibéraient sur le jour où devait éclater l'insurrection. Traduits devant une haute cour assemblée à Vendôme (2 septembre 1797), après de longs débats qui durèrent trois mois, le 26 mai 1798, Babeuf et Darthé furent condamnés à mort, sept autres niveleurs furent déportés. En entendant la sentence, les deux premiers se frappèrent de plusieurs coups de poignard, et subirent le supplice le lendemain à demi morts. Le parti des égaux s'éteignit peu à peu après la mort de ses chefs. Le fils aîné de Babeuf, Emile, né en 1785, fut adopté par M. Lepelletier de Saint-Fargeau, et embrassa le commerce de la librairie en 1798. Il se fixa à Lyon en 1812, et se dévoua tout entier à la défense de cette ville. En 1815, il s'établit comme libraire à Paris. Seul, il osa dans une brochure s'élever contre l'acte additionnel, et proposa d'ouvrir une souscription en faveur des victimes de la dernière invasion. Editeur du *Nain tricolore*, les principes démocratiques de ce journal le firent condamner à la déportation. En 1818, il obtint la remise de sa peine, et revint à Paris continuer le commerce de la librairie.

**BABORD**, le côté gauche d'un bâtiment, lorsqu'on regarde de l'arrière à l'avant. C'est l'opposé de *tribord*, qui est le côté droit. Ce mot vient par corruption des mots *bas bord*. En effet une certaine idée d'infériorité est attachée au côté gauche du bâtiment. Le côté de tribord, dans les embarcations et de navire, est destiné aux officiers; c'est par ce côté qu'ils montent à bord d'un bâtiment, tandis qu'aux maîtres et matelots est réservé le côté de bâbord. Les *bâbordais* sont les hommes de l'équipage qui sont le quart (garde de quatre heures) de bâbord; ce quart commence à minuit, et finit à quatre heures pour reprendre à huit heures.

**BABOUCHES**, espèce de chaussure en cuir de couleur, pointue, sans quartier et sans talon, dont l'usage est fort répandu dans l'Orient. Ce sont des pantoufles que l'on quitte habituellement en entrant dans un appartement. On les nomme *papous* en persan, *badbougd* chez les Turks.

**BABOUIN** ou **Baboin**, espèce de singe africain du genre *cynocéphale*, reconnaissable à la couleur jaune verdâtre des parties supérieures de son corps, plus pâle inférieurement. La touffe de poils qui se trouve de chaque côté des mâchoires, et forme de larges favoris blanchâtres. Le museau est de couleur de chair livide; la queue, relevée à son origine, se replie bientôt, et descend jusqu'au jarret; les fesses sont calleuses et rouges ou de couleur tannée. Ce singe est très-méchant, et se fait remarquer par sa lubricité dégoûtante.

**BABOUR**, **Babur** ou **Baber** (Mohammed), arrière-petit-fils de Tamerlan, né en 1483, fut chargé dès l'âge de douze ans du gouvernement de l'Indidjah. En 1494, il fut proclamé souverain de l'empire du Mogol. Ayant conçu le projet de conquérir l'Indoustan, il s'empara de Samarcande en 1501, se rendit maître du Kaboulistan et du Candahar en 1507 et 1508, passa l'Indus en 1525, et s'empara l'année suivante de Dehly et d'Agrah. Il mourut en 1530. Ce guerrier, fondateur d'une dynastie qui a régné sur l'Indoustan pendant plus de deux siècles et demi, possédait de grands talents politiques et militaires. Il s'occupait aussi de travaux littéraires, et écrivit en langue mogole la relation de ses conquêtes et l'histoire de sa vie, traduites depuis en persan.

**BABRIAS**, ou **Babrius**, ou **Gabrias**, poëte grec, vécut dans le siècle d'Auguste. Il a été mis au rang des fabulistes, parce qu'il mit les fables d'Esope en vers. Sa diction est élégante et pure. Il ne reste de ses poésies que quelques fragments. Des commentateurs veulent qu'il ait composé des fables qui aient servi de fond à la plupart des collections connues sous le nom d'Esope.

**BABRIAVAR** ou **Babriavaur**, district de l'Indoustan, dans les Etats de Guykavar, ancienne province de Goudjerate. *Billaval* en est le chef-lieu. Ce district tire son nom de *Babrias*, tribus indiennes qui l'habitent.

**BABUYANES**, îles désertes de la mer Pacifique, au N. de Luçon. On en compte cinq principales, *Babuyan*, *Calayan*, *Dalupire*, *Camiguin* et *Iuga*. Les récifs et les rochers qui les entourent rendent leurs parages très-dangereux pour les navigateurs.

**BABYLONE**, capitale de l'empire des Assyriens et de la Babylonie, une des villes les plus célèbres et les plus anciennes du monde, sur l'Euphrate, qui la partageait en deux parties. Elle fut fondée vers 2640 avant J.-C. par Bélus, qu'on croit être le Nemrod de l'Ecriture; d'autres disent par Babylon, fils de Bélus. Elle dut à la reine Sémiramis ces embellissements prodigieux qui la rendirent si fameuse (2122 avant J.-C.). Cette ville avait cent portes d'airain. Les murailles de son enceinte avaient 480 stades (8 myriamètres) de circuit, deux cents pieds de hauteur, et cinquante d'épaisseur. Ces murailles, bâties en briques, cimentées de bitume, avaient une telle solidité, que deux chariots pouvaient s'y promener de front. Parmi les magnifiques ouvrages de Babylone, on remarquait le palais des rois, bâti par Nabuchodonosor (620 avant J.-C.), au-dessus duquel étaient des terrasses qui surmontaient des jardins. Ces terrasses étaient soutenues par des colonnes, et les jardins étaient arrosés par des canaux et des aqueducs secrets. On y distinguait encore le pont de l'Euphrate, en pierre, long de six cent vingt-cinq pieds et large de trente; la tour destinée aux jardins astronomiques et le temple de Bel. Elle était si grande que, lorsque Cyrus s'en empara, les habitants des quartiers les plus éloignés du centre n'apprirent cette nouvelle qu'après le coucher du soleil. — L'empire de Babylone était immense. Ses limites s'étendaient au delà de la Babylonie, et comprenaient une grande partie de l'Asie supérieure. Nemrod et ses successeurs y régnèrent de 2640 à 2379 avant J.-C. Conquise par les Arabes, qui y régnèrent de 2379 à 2189, la Babylonie fut réunie par Bélus à l'empire d'Assyrie. Ce prince établit à Babylone le siège du gouvernement. Ses successeurs furent au nombre de quarante et un, parmi lesquels on distingue Ninus (2174-2122), Sémiramis (2122-2080), Ninyas ou Ninius (2080-2042). Sous le dernier empereur Thonos Konkoléros Sardan-Pul ou Sardanapale, l'empire d'Assyrie fut démembré (770 avant J.-C.). Bélésis et Arbace se partagèrent ses provinces, et fondèrent deux puissances rivales, dont l'une à Babylone et l'autre à Ninive pour capitale. Bélésis eut la première en partage. Elle forma depuis lors un empire particulier sous dix princes, dont le dernier fut Moscsimordakes, mort sans postérité (692 avant J.-C.). Après un interrègne de huit ans, Assaradon, ou plutôt Assar-Addon, roi d'Assyrie, s'empara de Babylone, qu'il ajouta à son royaume (680 avant J.-C.). Depuis ce prince jusqu'à Nabonidès, le Balthazar de l'Ecriture, on compte huit rois. Sous Nabonidès, Babylone fut prise, après un long siège, par Cyrus, roi des Mèdes (537 avant J.-C.), qui détourna les eaux de l'Euphrate. Dès lors l'empire de Babylone se fondit dans celui des Perses. Plusieurs révoltes de cette grande ville furent comprimées par les nouveaux conquérants, entre autres par Darius (510 avant J.-C.) et par Alexandre le Grand, qui y mourut en 323. Ce conquérant eut la pensée d'en faire la capitale de son vaste empire. Mais la mort l'empêcha de réaliser ce projet. Lors de la fondation de l'empire des Séleucides, après la mort d'Alexandre, Babylone fut abandonnée pour Séleucie et Ctésiphon, bâties non loin de ses murs, en sorte que, du temps d'Auguste, elle était presque déserte; on n'y voit plus que de grandes et belles ruines. Le village de Hellah marque aujourd'hui, sur les bords de l'Euphrate, l'emplacement qu'occupa jadis cette ville immense. Les malheurs et la ruine de Babylone avaient été prédits par Isaïe, Jérémie et Daniel.

BABYLONIE, ancienne contrée d'Asie, comprise dans l'Assyrie et bornée au N. par la Mésopotamie, à l'O. par l'Arabie Déserte, à l'E. par la Susiane, et au S. par le canal Naal-Malcha, qui joint l'Euphrate et le Tigre jusqu'au golfe Persique. On l'appelle quelquefois la *Chaldée*. Mais ce nom ne convient qu'à la partie du S. qui se trouve entre le canal Naal-Malcha et le golfe Persique. Les habitants, ou *Babyloniens*, apprirent des Chaldéens l'astronomie, l'astrologie et le culte des astres et du feu. On leur attribue la division de l'année en douze mois, ainsi que l'invention du zodiaque. La Babylonie forme aujourd'hui l'*Irak-Araby*.

BAC, bateau grand, large et plat, qui sert au passage des rivières à l'aide d'une corde fixée aux deux rives. Le bac doit être assez grand pour recevoir des carrosses, des charrettes et du bétail. Chaque passage de rivière est la propriété d'une commune, qui l'afferme pour six ou neuf ans. L'établissement d'un bac doit être autorisé par le ministre de l'intérieur, qui détermine aussi le tarif du droit de péage que la commune doit exiger. Un particulier peut établir un bac pour son service personnel, mais sans en tirer aucun profit. Il a besoin d'une autorisation du préfet. — Le mot bac désigne encore, 1° un petit bâtiment qui sert à porter le goudron sur les rivières; 2° un petit bassin de fontaine; 3° un vaisseau de bois dans lequel les brasseurs préparent les grains et autres matières avec lesquelles ils préparent la bière. Les fabricants de sucre nomment ainsi un vase de bois long de huit à dix pieds sur cinq à six de large et un pied de profondeur, où l'on met cristalliser le sirop vesou. Ils appellent *bac à formes* une grande auge de bois dans laquelle on met les formes en trempe, c'est-à-dire, à tremper dans l'eau avant de les emplir de nouveau; on agit ainsi pour les formes qui ont déjà servi pendant douze heures au moins: *bac à chaux*, un grand bassin en massif de brique et de ciment, de neuf à dix pieds de long sur quatre à cinq de large et six de profondeur, dans lequel on éteint la chaux dont on a besoin dans les purifications: *bac à piler*, une auge de bois de douze à quinze pieds de long sur trois à quatre de large, dans laquelle on pile le sel essentiel du sucre; *bacs à sucre*, des caisses divisées en compartiments, dans lesquelles on jette les matières triées et sorties des barils: *bac à terre*, une auge en bois, de même que le bac à formes séparé en plusieurs compartiments, où l'on délaye la terre. On appelle encore *bacs* des espèces d'armoires dans lesquelles on place les cassonades suivant leur espèce.

BACALAR ou BACALAS, nom donné à une sorte de courbe à bord des galères et autres petits bâtiments. Cette courbe avait deux branches, l'une en dedans, l'autre en dehors, servant à supporter les avirons. C'est aussi le nom des pièces de bois qui se clouent sur la couverture de la poupe.

BACAR, BACCAR ou BACCARIS. Les anciens appelaient ainsi l'*asaret à feuilles rondes*, plante fort commune, aux feuilles vertes, semblables à celles du lierre, et que l'on recherche pour les tresser en couronnes. Des savants ont vu à tort dans le bacar la *digitale pourprée* et le *gnaphale sanguin*.

BACCALAURÉAT, premier degré que l'on prend dans une faculté quelconque pour parvenir au doctorat. Celui qui a obtenu ce degré se nomme BACHELIER.

BACCHANALES, ou DIONYSIAQUES, ou ORGIES, fêtes instituées en l'honneur de Bacchus chez les anciens. Elles avaient pris naissance dans l'Égypte, où elles étaient connues sous le nom de mystères d'Isis ou de *Pamilies*. Le devin Mélampe les introduisit en Grèce (1400 ans avant J.-C.), où elles furent accueillies avec transport. C'était à Athènes qu'elles se célébraient le plus de pompe et de solennité, mais aussi avec le plus de licence et de dissolution. Les Athéniens comptaient leurs années par la célébration des Bacchanales, qui avaient lieu chez eux au mois de novembre. C'était aux archontes qu'était confié le soin d'en régler la forme et les cérémonies. De la Grèce, les Bacchanales passèrent dans l'Italie vers l'an 196 avant J.-C. Dans l'origine, les *femmes seules* composaient les assemblées des Bacchanales; par la suite les hommes y furent admis, et leur présence y introduisit les plus grands désordres. Les assemblées nocturnes et secrètes des initiés devinrent l'école des crimes et des vices. La licence et la débauche y furent portées à un tel point, que le sénat ayant une affranchie, Hispala Fecenia, avait révélé ces coupables mystères, les prohiba par un décret (187 avant J.-C.). Mais cette loi n'eut qu'un effet momentané, et sous l'empire les Bacchanales furent célébrées avec plus de licence que jamais. Une des principales cérémonies de ces fêtes étaient les processions dans lesquelles les initiés, presque nus, les cheveux épars, armés d'un thyrse, couraient de tous côtés en poussant des cris affreux, déchirant souvent dans leur emportement ceux qui s'opposaient à leurs plaisirs.

BACCHANTS, nom donné aux hommes admis à la célébration des mystères de Bacchus.

BACCHANTES, femmes qui célébraient les mystères de Bacchus. On les nommait encore *ménades*, *thyades*, *bassarides*, *mimallonides*, *édonides*, *éléides*, *éviades*. Les premières femmes qui portèrent ce nom furent les nymphes, nourrices de Bacchus, et les femmes qui le suivirent à la conquête des Indes. On les représentait demi-nues ou couvertes de peaux de tigre, la tête couronnée de lierre, les yeux égarés, et tenant à la main le thyrse, javeline recouverte de feuilles de vigne, poussant des hurlements horribles, et répétant sans cesse des acclamations à la louange de Bacchus. Selon les poëtes, les premières bacchantes couraient la tête entourée de serpents vivants, déchirant de jeunes taureaux, mangeant leur chair crue, et faisant, à l'instant où elles touchaient la terre dans leurs bonds irréguliers, jaillir des flots de lait, de miel et de vin. On représente quelquefois les bacchantes avec des vêtements blancs ou peints de diverses couleurs. Elles portaient quelquefois des couronnes de lierre, de liseron, de chêne, de sapin ou de laurier. Les *Bacchantes* sont aussi le titre d'une pièce d'Euripide, dont le sujet est la mort de Penthée, déchiré par sa mère et ses tantes, initiées aux mystères de Bacchus.

BACCHIADES ou BACCHIDES, famille célèbre de Corinthe, qui descendait de Bacchis, fils de Prumnis, quatrième roi de cette ville depuis Aléthès. Bacchis commença à régner l'an 986 avant J.-C. Il eut six rois successeurs de sa famille, qui régnèrent 188 ans. Téleste, le dernier, ayant été assassiné, ils conservèrent cependant l'autorité, et instituèrent une aristocratie puissante. Cette famille, qui se composait de plus de deux cents membres, élisait un roi chaque année, sous le nom de prytane. Ces prytanes régnèrent 149 ans, jusqu'en 668 avant J.-C., qu'ils furent chassés par Cypsélus, fils d'Étion, et que l'aristocratie fut abolie à Corinthe. Ce bannissement eut pour causes l'orgueil et les excès de cette famille. Quelques Bacchiades ayant déchiré dans une orgie Actéon, fils de Mélissus, ce père infortuné fut si affligé, qu'il se précipita dans la mer, après avoir conjuré les Corinthiens de venger la mort de son fils. Cypsèle profita habilement de l'odieux que cet événement avait jeté sur les Bacchiades pour leur enlever la puissance en les faisant bannir. Ils allèrent s'établir en Sicile entre les promontoires de Pachin et de Pélore.

BACCHIDES, général de Démétrius Soter, roi de Syrie, était gouverneur de la Mésopotamie. Il fut envoyé en Judée, l'an 162 avant J.-C., pour y rétablir Alcime dans la dignité de souverain sacrificateur. Après avoir remis à Alcime l'administration de toute la province, il revint à Antioche. L'année suivante, il retourna en Judée avec 22,000 hommes. Judas Machabée osa l'attaquer avec 800 hommes seulement; mais il fut vaincu et tué dans ce combat (160 avant J.-C.). Tout le pays se soumit à lui, jusqu'à ce que Jonathas, frère de Judas, prit les armes et chassa Bacchides de la Judée.

BACCHIQUE, pied de vers grec ou latin composé d'une syllabe brève et de deux longues (exemple, *deorum*, *Joannes*). On l'appelait ainsi parce qu'il était fréquemment employé dans les hymnes de Bacchus.

BACCHUS (myth.), appelé aussi par les Romains *Liber* et *Iacchus*, et par les Grecs *Dionysios*, dieu du vin et des vendanges, était fils de Jupiter et de Sémélé. Cette princesse ayant péri avant que Bacchus fût né, Jupiter sauva l'enfant, et l'enferma dans sa cuisse, où il resta tout le temps que sa mère aurait dû le nourrir dans son sein. De là vint à Bacchus le surnom de *Bimater* (en latin, *qui a deux mères*). Selon la plus commune tradition, il fut confié aux soins de sa tante Ino, puis aux nymphes de Nysa, montagne d'Arabie. Ses nourrices furent nommées Hyades. Des mains des nymphes, le jeune dieu passa dans celles des Muses et de Silène. Celles-ci l'initièrent à la connaissance des beaux-arts; Silène lui enseigna la culture de la vigne et la fabrication du vin. Devenu grand, il fit la conquête des Indes, accompagné de Silène et d'une multitude d'hommes et de femmes armés de thyrses, qui le suivirent au son des cymbales et des tambours. Sa conquête ne coûta point de sang; les peuples se soumettaient avec d'autant plus de joie, qu'il leur enseignait l'art de cultiver la terre et de faire le vin. Bacchus, à son retour, épousa Ariane, que Thésée avait abandonnée dans l'île de Naxos. Mis au rang des immortels, il acquit une grande gloire dans la guerre des géants attaquèrent les dieux, et voulurent les chasser de l'Olympe. Il se transforma en lion, et par son courage entraîna la victoire du côté des dieux. Les poëtes représentent Bacchus sous les traits d'un jeune homme sans barbe, assis sur un char traîné par des tigres et des panthères, et quelquefois sur un tonneau. Sa chevelure est blonde et flotte sur ses épaules. Sa tête est ceinte d'une couronne de pampre et de lierre. Pour toute parure, il porte une peau de tigre ou de léopard. D'autres fois, on le représente comme un vieillard, parce que le vin rend conteur et indiscret, ou comme un enfant, parce que l'ivresse fait tomber dans une sorte d'enfance. Souvent on lui donne un visage barbu et des cornes au front, signe de force et de puissance. Il tient d'une main les grappes de raisin ou une corne à boire, et de l'autre un thyrse, javeline entourée de pampres. Les fêtes de Bacchus se nommaient *Bacchanales*, et se célébraient avec le plus grand enthousiasme. Le bouc, la pie et la panthère lui étaient consacrés, ainsi que l'if, le sapin, le lierre et le pampre. — Bacchus est la divinité laquelle se heurtent le plus de traditions contradictoires. Sa naissance, son éducation, ses expéditions militaires, sont racontées de manières très-diverses par les mythographes. On a cherché à expliquer l'incohérence de ces récits, en montrant que les actions attribuées à un seul auraient l'ouvrage de plusieurs dieux distincts. Diodore de Sicile nomme trois Bacchus : 1° le vainqueur des Indes, surnommé le *Bacchus barbu*; 2° le fils de Jupiter et de Proserpine, qui était représenté avec des cornes; 3° le fils de Jupiter et de Sémélé, appelé le *Bacchus thébain*. Cicéron parle d'un plus grand nombre: c'étaient le fils de Jupiter Ammon et de Proserpine ; le second, de Nilus ; le troisième, de Caprius, roi d'Asie; le quatrième, de Jupiter et de Luna; le cinquième, de Nisus et de Théone; le sixième, d'Ammon et d'Amalthéa; le septième, de Jupiter et de Cérès, etc. D'après les mêmes écrivains, Bacchus est le même que l'Adonis des Phéniciens, le Mithra des Perses et le Siva des Indiens, offrant ainsi un symbole du soleil, de la chaleur fécondante et génératrice. Le culte de Bacchus ne s'établit que très-tard en Grèce, et éprouva les plus grandes difficultés à se répandre. Né au fond de l'Egypte, où Bacchus avait porté le nom d'Osiris, il fut d'abord propagé en Thrace par Orphée, qui fut bientôt victime de l'ivresse furieuse des femmes qui célébraient les Bacchanales; de la Thrace, le culte de Bacchus passa en Béotie et à Thèbes, puis à Argos et dans l'Attique; enfin à Rome. Mais, partout il rencontra une vive résistance. (Voy. BACCHANALES.) Le Bacchus, fils de Jupiter Ammon, est le même qu'Osiris des Egyptiens, et le modèle sur lequel les Grecs ont fait leur Bacchus thébain. Ce fut Orphée qui, pour faire honneur à la famille de Cadmus, fondateur de Thèbes, accommoda la fable et les *cérémonies* de cette divinité égyptienne à un prince de cette famille.

BACCHYLIDES, poëte grec, le dernier des meil poëtes lyriques, né à Julis, dans l'île de Cos, et était neveu du célèbre Simonide. Contemporain et rival de Pindare (vers l'an 450 avant J.-C.), il partagea avec lui la faveur d'Hiéron, roi de Syracuse. Il composa des odes, des hymnes et des épîtres dont il ne nous reste que quelques fragments, entre autres une Invocation à la paix.

BACCIEN ou BACCIFORME, nom donné aux fruits qui ont l'apparence d'une baie.

BACCIFÈRE, épithète donnée aux arbres ou aux arbrisseaux dont les fruits sont des baies.

BACCIGLIONE, rivière d'Italie, prend sa source dans les Apennins, passe à Padoue, et se jette dans le golfe de Venise, après un cours de 22 lieues. Sous Napoléon, cette rivière donna son nom à un département du royaume d'Italie.

BACCIO DELLA PORTA, plus connu sous le nom de *Fra Bartolommeo di San-Marco*, né en Toscane en 1469. Il étudia avec ardeur la peinture, et excella bientôt dans cet art. Ses goûts monastiques lui firent prendre l'habit dominicain en 1500. Il mourut en 1517. Parmi les tableaux, on admire surtout un *saint Sébastien* de la plus grande beauté.

BACCIOCHI (Félix), né en Corse en 1762, d'une famille noble, embrassa la carrière militaire. Il n'était encore que capitaine d'infanterie à l'armée d'Italie, quand (mai 1797) il épousa Elisa Bonaparte, sœur aînée de Napoléon, quoique ce mariage déplût à ce dernier. Le premier consul le nomma colonel du vingt-sixième régiment d'infanterie légère, puis membre du sénat (1804), général et grand officier de la Légion d'honneur. En 1805, l'empereur donna à madame Bacciochi la principauté souveraine de Piombino et de Lucques. C'est à cet événement que se borna la carrière politique du prince Félix, qui n'était que le premier sujet de sa femme. Après les revers de 1814, il suivit Elisa en Allemagne, et de là à Trieste, où il est mort il y a quelques années.

BACCIOCHI (Marie-Anne-Elisa BONAPARTE, madame), sœur de Napoléon, née à Ajaccio en 1777, fut élevée à la maison royale de Saint-Cyr. Forcée de s'expatrier avec sa mère et ses sœurs, à la suite des événements qui livrèrent l'île de Corse aux Anglais, elle habita Marseille pendant la terreur, et vint à Paris à l'époque où son frère Lucien fut nommé membre du conseil des cinq-cents. Elle demeura d'abord chez lui, et y prit le goût des lettres et des beaux-arts, dont elle se montra par la suite la plus zélée protectrice. En 1797, malgré Napoléon, elle épousa le prince Félix Bacciochi. Nommée par son frère princesse de Piombino et de Lucques, puis grande-duchesse de Toscane en 1805, elle gouverna avec beaucoup de talent et d'habileté, et sut se concilier l'affection de ses sujets. Douée d'un caractère viril et de grandes qualités, elle se montra constamment fidèle à Napoléon. Les événements de 1814 éloignèrent de sa personne tous ceux qu'elle avait comblés de biens ; Murat lui-même, son beau-frère, lui refusa un asile. Après avoir habité Bologne sous le nom de comtesse de Compignano, elle fut obligée en 1815 de se retirer en Bohême auprès de sa sœur Caroline, et alla ensuite habiter Trieste, où elle mourut en 1820, laissant une fille, Napoléone-Elisa, née en 1806, et mariée au comte Camerata.

BACH (Jean-Auguste), célèbre jurisconsulte allemand, né en 1721, dans la Misnie, professa le droit à Leipzig. Il cultiva les belles-lettres et la philologie avec un grand succès. On a de lui plusieurs ouvrages distingués, entre autres des poésies latines, un écrit sur les mystères d'Eleusis, une édition de plusieurs traités de Xénophon, une *histoire* en latin de la jurisprudence romaine.

BACH, famille allemande qui a produit un grand nombre de musiciens célèbres pendant les XVIe, XVIIe et XVIIIe siècles. Le plus ancien est VEIT BACH, meunier à Wechmar (Saxe-Gotha), et qui se délassait de ses travaux avec la musique. — *Henri* BACH, né à Weimar en 1615, fut organiste d'Arnstadt, et mourut vers 1665. Mais le plus célèbre de tous est *Jean-Sébastien* BACH, fils de Jean-Ambroise Bach, né à Eisenach en 1685. Cet artiste habile, regardé comme le plus fort organiste qui ait existé, fut compositeur au service du roi de Pologne, maître de chapelle du duc de Weissenfels et du prince d'Anhalt-Cœthen, musicien de la cour de Weimar, directeur de la musique de l'école de Saint-Thomas à Leipzig. Il mourut en 1750. Parmi ses compositions on remarque de belles fugues, des chants sacrés, des cantates, entre autres celui de *la Passion*, qui offre des beautés sublimes. Un de ses fils, *Charles-Philippe-Emmanuel*, né à Weimar en 1714, et surnommé *Bach de Berlin*, fut directeur d'orchestre à Hambourg, maître de chapelle du roi de Prusse. Il mourut en 1778. Il a composé des sonates, des morceaux de musique sacrée, un *Essai sur la manière de toucher le clavecin*.

BACHA, BACHI ou BASCHA (du mot turk *basch*, tête), titre honorifique donné en Turquie aux chefs d'emplois quelconques, aux commandants des armées, aux gouverneurs des provinces, et à d'autres personnes considérables, même sans gouvernement. On les nomme aussi *pachas*. Le *bogangi-bacha* ou *bachi* est le chef des fauconniers ; le *bostangi-bachi*, le chef ou l'intendant des jardins ; le *bacha de la mer* est celui qui commande la marine. — On nomme *bachalic* le gouvernement d'une province confiée à un bacha.

BACHAUMONT (François LE COIGNEUX DE), fils d'un président à mortier au parlement de Paris, naquit dans cette ville en 1624. Il fut conseiller clerc au même parlement. Il se distingua par un grand nombre de chansons, de satires et d'épigrammes contre le ministre Mazarin, au milieu de la guerre qui firent à ce dernier les partisans de la Fronde. Bachaumont est plus connu par son *Voyage*, fait et écrit en société avec Chapelle. Il mourut en 1702.

BACHAUMONT (Louis- PETIT DE), né à Paris sur la fin du XVIIe siècle, mort en 1771. Ecrivain savant et littérateur agréable, il nous a laissé des *Mémoires secrets pour servir à l'histoire de la république des lettres*, tableau des mœurs, de la littérature et des événements les plus importants de l'époque. Il en a composé les quatre premiers volumes et la moitié du cinquième. Ces mémoires ont été continués après sa mort, et forment aujourd'hui trente-six volumes in-12. On a encore de Bachaumont un *Essai sur la peinture, la sculpture et l'architecture*.

BACHE. On nomme ainsi, 1° une grande couverture de grosse toile, dont on couvre les bateaux et les charrettes pour garantir les marchandises de la pluie ; 2° un filet en forme de manche, qu'on traîne au bord de l'eau pour prendre du menu poisson : on l'appelle aussi *bâche traînante* ou *volante*; 3° un filet tendu sur des piquets, pour en changer plus facilement la disposition : on dit aussi *guideau à petits ételiers* ; 4° une espèce de cuvette de bois qui reçoit l'eau d'une pompe aspirante à une certaine hauteur, où elle est reprise par d'autres pompes qui l'élèvent davantage ; 5° le *latanier*, genre d'arbres voisins des palmiers ; 6° en agriculture, une petite serre sans fourneau. Les bâches sont en général enfermées dans la terre, le mur de devant ayant de un à deux pieds de hauteur, et celui du fond une élévation calculée pour donner au toit une inclinaison de 20 à 30 degrés.

BACHELIER. Dans l'origine de la chevalerie, au moyen âge, on distinguait deux classes de chevaliers, les *bannerets* et les *bacheliers* ; les premiers étaient ceux qui, nobles et puissants, pouvaient entretenir à leurs frais au moins 50 hommes d'armes. On appelait *bacheliers* ou *bas chevaliers* ceux qui, plus pauvres, ne pouvaient fournir un semblable contingent. Leur enseigne était un pennon en pointe. On appelait du même nom les jeunes nobles qui n'avaient pas encore le droit de lever bannière eux-mêmes. Plus tard, le mot *bachelier* prit l'acception de jeune homme en général, comme aussi l'on nomma *bacelles*, *bachelettes* ou *bachelèses*, les jeunes filles non mariées. Aujourd'hui le nom de *bachelier* ne se donne plus qu'aux personnes qui ont franchi le premier degré des facultés de lettres, de sciences et de droit. Il est inférieur à ceux de licencié et de docteur, qui ne peuvent s'obtenir qu'après avoir reçu un diplôme de bachelier ès lettres. Ce diplôme est indispensable pour suivre les cours de droit et de médecine. Avant 1789, les communautés d'arts et métiers avaient aussi des bacheliers ; c'étaient d'anciens maîtres du métier, que l'on adjoignait aux jurés et aux syndics pour décider sur les affaires de la société. — On a voulu faire dériver le mot *bachelier* du latin *baccalaureus* (baie de laurier), à cause de l'ancienne coutume où l'on était de couronner les vainqueurs et les poëtes. D'autres disent que ce mot vient du latin *bacillus* ou *baculus* (petit bâton), parce qu'autrefois les bacheliers, en recevant ce grade, recevaient une baguette qui en était comme le signe honorifique.

BACHELIER. Deux artistes célèbres ont porté ce nom : l'un, Nicolas BACHELIER, à Toulouse au XVIe siècle, fut élève de Michel-Ange, et se distingua par des ouvrages remarquables de sculpture et d'architecture. Il mourut en 1568. — Le deuxième, Jean-Jacques BACHELIER, né à Paris en 1724, mort en 1805, ne fut pas moins remarquable par ses connaissances en peinture que par le zèle éclairé qu'il mit à répandre cet art. Ce fut lui qui, en 1765, fonda près de Paris une école gratuite de dessin en faveur des ouvriers. Il avait retrouvé le secret de la peinture encaustique des anciens. Directeur de la manufacture royale de porcelaine à Sèvres, il contribua par ses travaux aux progrès de ce bel établissement.

BACHEVILLE (Les FRÈRES Barthélemy et Antoine), nés à Trévoux, le premier en 1778, le deuxième en 1780. Ils prirent tous deux du service en 1804, entrèrent dans la garde impériale, et se distinguèrent dans les différents combats de l'empire. Ils suivirent Napoléon à l'île d'Elbe et à son retour en France. Licenciés après la bataille de Waterloo, ils furent proscrits, leurs têtes furent mises à prix; la cour prévôtale du département du Rhône condamna Barthélemy à mort et Antoine à deux ans de prison, sous prétexte de rébellion à la force armée. Ils se réfugièrent d'abord en Suisse, puis en Pologne et en Valachie. Barthélemy se rendit à Buckarest, visita les îles de l'Archipel, la Grèce, et se réfugia près d'Ali-Tepelen, pacha de Janina. Son frère, n'ayant pu le rejoindre, alla visiter la Perse, où il mourut en 1820. Barthélemy, las d'être témoin des cruautés d'Ali-Pacha, revint en Europe; il parcourut l'Italie, la Savoie, et en 1822 se constitua prisonnier, pour purger sa contumace. La cour royale de Lyon rendit un arrêt de non-lieu. Il s'établit à Paris. Après la révolution de juillet, il reprit du service, fut nommé chef de bataillon et commandant du fort l'Écluse (Jura). Il y est mort en 1833.

BACHI, groupe d'îles de l'archipel des Philippines, dont les principales sont *Orange*, *Monmouth* et *Goat*. Elles sont très-fertiles. Les Espagnols s'en sont emparés depuis 1783 pour y faire le commerce de l'or.

BACHIQUÉ, nom vulgaire du *lierre*.

BACHKIRS ou BACHKOURTS (en turk, *hommes aux abeilles ou têtes vertes*), nommés aussi *Istiaks* ou *Ostiaks*, peuplades en partie nomades, en partie sédentaires, qui habitent la partie sud-ouest du mont Oural, entre les rivières Kama, Bélaïa, Volga et Oural. Ce pays, montagneux et rempli de mines, renferme des vallées fertiles, des lacs poissonneux et des bois immenses. Il faisait autrefois partie de la grande Bulgarie; aujourd'hui il est compris dans les gouvernements de Perm et d'Orenbourg, de l'empire russe. Les savants sont partagés sur l'origine des Bachkirs. Les uns croient qu'ils descendent des Bulgares; d'autres, qu'ils sont de race hongroise; mais l'opinion la plus vraisemblable est qu'ils descendent de Tartares nogais, longtemps nomades, sous la domination de leurs chefs ou kans, et qui vinrent s'établir dans le pays qu'ils occupent encore aujourd'hui. Les Bachkirs se divisent en hordes ou tribus, commandées chacune par un ancien ou chef. L'été, ils errent dans les steppes, où ils conduisent leurs nombreux troupeaux; l'hiver, ils habitent leurs villages. Les hordes ou cantons, au nombre de trente-quatre, renferment environ 40,000 familles. Les Bachkirs ont les traits et le langage des Tartares. Ils sont forts, hardis, soupçonneux, durs, opiniâtres, peu instruits et civilisés, portés au brigandage, paresseux et malpropres. Cependant ils sont très-hospitaliers, et professent la religion musulmane. Leurs principales occupations sont l'éducation des bestiaux, la culture des terres, la chasse, et l'extraction des minerais du sein de la terre. — Libres longtemps de toute domination étrangère, ils passèrent en 1552 sous la domination russe. Inquiets, hardis, opiniâtres, souvent révoltés et toujours réprimés (1676, 1708, 1735), ils ont, avec le temps, perdu la race de leurs anciens kans, et vu s'éteindre leur noblesse. En 1741, le gouvernement russe couvrit leur pays de forteresses, ce qui ne les empêcha pas de prendre part à la révolte du fameux Pougatchef (1774). Depuis 1741, ils sont organisés en troupes comme les Cosaques, et obligés de faire le service aux frontières voisines. Ils fournissent au gouvernement russe 3,000 hommes de cavalerie, armés d'arcs et de flèches.

BACHON ou BACHOU, sorte de tonneau de bois qui sert à transporter des liquides à dos d'homme ou sur des bêtes de somme. C'est aussi un vaisseau de bois dans lequel les boyaudiers portent les boyaux.

BACHOT, petit bateau propre à traverser des bras de rivière ou de mer, ou pour se transporter à des lieux peu éloignés. On nomme *bachotage* la conduite d'un bachot, ou la fonction des *bachoteurs*, bateliers qui dirigent ces sortes d'embarcations.

BACHOTE, terme de pêche, baquet qu'on emplit d'eau et qui sert à transporter à dos de cheval des poissons d'eau douce vivants.

BACICI (Giovanni-Batista GAULI, dit LE), peintre génois, né en 1639, alla à Rome dès l'âge de quatorze ans, et reçut du Bernin des leçons et des secours. En peu de temps il devint grand artiste, et excella surtout dans le portrait. On cite comme un chef-d'œuvre celui qu'il fit, de souvenir, d'une personne morte depuis vingt ans. Il était bon coloriste, et excellait à rendre les raccourcis. Sa touche est légère, ses dessins corrects et pleins de feu. Le Bacici mourut en 1709.

BACILE. Voy. CRITHME.

BACILLAIRE, (de *bacillus*, petit bâton), expression usitée en minéralogie pour indiquer la disposition en forme de baguettes ou de prismes très-allongés, qu'affectent surtout certaines substances minérales, telles que le plomb carbonaté, le quartz, l'épidote, l'amphibole, etc.

BACINET ou BASSINET, casque léger en fer, sans visière et sans gorgerin, que portaient au moyen âge les soldats. Ce mot, par extension, s'étendait aux hommes qui portaient cette coiffure. Ainsi on disait cent bacinets pour désigner cent soldats portant le bacinet. On appelle vulgairement de ce nom une espèce de renoncule, la *renoncule bulbeuse*.

BACKGAMMON (en gallois, *petite guerre*), mot emprunté de l'anglais, qui distingue une espèce de jeu de table qui se joue dans un trictrac avec des cornets et des dés. C'est à peu près le même que les Français nomment *toute table*, espèce de trictrac.

BACKHUYSEN (Ludolf), peintre hollandais, né à Embden en 1631. Il se distingua surtout dans les marines et les tempêtes. Ses tableaux sont remarquables par leur exactitude et la beauté du coloris. Outre ses talents en peinture, il était encore graveur et poëte. Il mourut en 1709. On voit au musée du Louvre, à Paris, une *marine* de Backhuysen, donnée à Louis XIV, en 1668, par la ville d'Amsterdam.

BACLAGE, nom donné en marine, 1° à la fermeture supplémentaire d'un port; 2° à l'arrangement dans un port des bateaux qui ont du chargement à déposer sur un quai, un rivage, ainsi que des canots et chaloupes désarmés; 3° au droit que l'on paye aux officiers de police chargés de cet arrangement. *Bâcler*, c'est effectuer ce bâclage.

BACON (Roger), né en 1214 à Ilchester, dans le comté de Sommerset (Angleterre). Il étudia d'abord à Oxford; puis à Paris, où il s'applique aux mathématiques et à la médecine. De retour dans sa patrie en 1240, il se livra avec ardeur à l'étude des langues et de la philosophie. Vers la même époque, il entra dans l'ordre de Saint-François. Les soins religieux ne l'arrachèrent pas à ses études et à ses travaux. Sa brillante réputation, qui se répandit bientôt dans tout le monde savant, excita la jalousie des moines de son ordre. En 1280, sous le pontificat de Nicolas III, le général des franciscains, Jérôme de Esculo, condamna sa doctrine et rendit contre lui une sentence d'emprisonnement, qui fut confirmée par le pape. Accusé d'être magicien et astrologue, Bacon ne recouvra la liberté qu'en 1291 et mourut en 1294. Philosophe, mathématicien et astronome distingué, ce savant nous a laissé plusieurs traités remarquables, entre autres son *Opus majus* ou *grand Ouvrage* (Londres, 1733). Cet écrit philosophique est divisé en six parties. La première traite des quatre causes universelles de l'ignorance; la deuxième montre que la sagesse est unie, et est contenue dans les saintes Écritures; la troisième traite de l'utilité de la grammaire; la quatrième, de la puissance des mathématiques; la cinquième, de la perspective; la sixième, de la valeur et de l'emploi de l'expérience dans la science. Ses autres ouvrages sont le *Miroir de l'alchimiste*, des traités *sur l'admirable Pouvoir de l'art et de la nature*, *de la Nullité de la magie*, *des Moyens de retarder les infirmités de la vieillesse*, etc. Tous ces ouvrages sont en latin. On attribue encore à Bacon l'invention du télescope et de la poudre à canon. Ses contemporains l'avaient surnommé *le Docteur admirable*.

BACON (François), baron de Vérulam et vicomte de Saint-Alban, célèbre philosophe anglais, né à Londres en 1561, était fils de NICOLAS BACON, jurisconsulte, garde du grand sceau et membre du conseil privé sous la reine Élisabeth, mort en 1579. François Bacon étudia au collège de la Trinité à Cambridge. Il y fit de tels progrès que, dès l'âge de seize ans, il écrivit une réfutation de la philosophie d'Aristote. Forcé de se livrer à l'étude du droit afin de s'assurer des moyens honorables d'existence, il parut au barreau avec éclat, et fut nommé en 1589, conseiller extraordinaire de la reine Élisabeth. En 1593, il fut élu membre de la chambre des communes. Jacques I<sup>er</sup> le nomma successivement chevalier (1603), solliciteur général en 1607, garde des sceaux, lord grand chancelier (1619) avec le titre de baron, et l'éleva enfin à la pairie. Accusé d'avoir trafiqué des places et des privilèges pendant qu'il remplissait ces derniers emplois, il fut condamné à une forte amende, à l'emprisonnement, et fut déclaré indigne de siéger au parlement; mais le roi lui fit remise de l'amende, ne le laissa que peu de temps en prison, et lui assigna une pension considérable. Bacon mourut en 1626. C'est surtout comme philosophe et comme écrivain que Bacon doit être envisagé. Ses ouvrages, qui sont en grand nombre, roulent sur la philosophie, la morale, la politique et l'histoire. Ses ouvrages philosophiques se résument dans l'*Instauratio magna* (*grande rénovation*), divisée en plusieurs parties. Dans la première, intitulée *de Dignitate et Augmentis scientiarum* (*de la dignité et du progrès des sciences*), il fait sentir l'importance et la dignité des sciences, qu'il passe toutes en revue, et en donne une classification complète et méthodique. Mais, reconnaissant que le principal obstacle au progrès des sciences se trouvait dans la mauvaise méthode qu'on avait suivie jusqu'à lui, il proposa de suivre une marche nouvelle, une méthode fondée sur l'observation de la nature et l'expérimentation, qui consiste à s'élever graduellement des effets aux causes, des faits particuliers aux généraux et aux lois de la nature. Il substitua cette méthode et témoignage des sens à la méthode syllogistique ou de raisonnement, enseignée par Aristote et adoptée universellement avant Bacon. C'est là l'objet de la deuxième partie de l'*Instauratio magna*, intitulée *novum Organum* (*nouvel organe ou interprétation de la nature*). Les autres parties de cet immense ouvrage ne sont qu'ébauchées. Bacon doit être regardé comme le père de la philosophie expérimentale, comme celui qui a indiqué la meilleure théorie, la méthode la plus logique pour diriger l'intelligence dans l'étude. Il fut aussi remarquable comme jurisconsulte, et comme savant en histoire naturelle, que comme philosophe. On a de lui l'*Exemple d'un traité de justice universelle par aphorismes*, des *Essais de morale* (*Sermones fideles*) et une *Histoire du règne de Henri VIII*.

BACONISME, nom donné quelquefois à la philosophie de Bacon, ennemie de celle d'Aristote.

BACOPE AQUATIQUE, plante du genre *lysimachie*, qui croît à Cayenne sur le bord des ruisseaux. On l'appelle vulgairement *herbe aux brûlures*.

BACS, comitat de Hongrie, borné au N. par ceux de Pesth et de Czongrad, à l'O. par celui de Barania, au S. par celui de Szerem, et à l'E. par celui de Torontal. Sa superficie est de 377 lieues carrées, et sa population de 298,000 habitants. Il produit du froment, du chanvre, du vin, du tabac. Son chef-lieu est Bacs, près du Danube, avec 7,000 habitants. Elle a un évêché grec.

BACTRÉOLE, nom donné par les batteurs d'or aux rognures de feuilles d'or qui servent à composer l'or en coquilles, avec lequel on peint en miniature.

BACTRES ou ZARIASPE, capitale de la Bactriane sur le fleuve *Bactre* ou *Bactrus* (aujourd'hui le *Dehasch*, rivière qui se jette dans l'*Ochus*). Elle fut la plus puissante cité de l'Orient longtemps avant Babylone. 2,000 ans avant J.-C., elle était la métropole des nations du N.-O. et du S.-O. de l'Asie, telles que les Mèdes, les Gètes et les Indiens. Ninus, roi d'Assyrie, voulant conquérir la Bactriane, mit le siège devant cette capitale; il eût échoué devant ses murs sans un stratagème de Sémiramis, femme d'un de ses principaux officiers. La ville se rendit, et Ninus épousa Sémiramis en reconnaissance de ce succès, qu'il ne devait qu'à elle seule. Bactres porte aujourd'hui le nom de *Balkh*.

BACTRIANE (du mot persan *bakhter*, qui signifie *orient*), grande et fertile contrée de l'Asie centrale, à l'orient de la Perse. Elle était bornée au N. par le fleuve Oxus (aujourd'hui le *Djihoun*), qui la séparait de la Sogdiane; à l'O. par la Margiane, province de Perse; à l'E. par la Scythie; au S. par l'Inde et les monts Paropamisus. Sa capitale était *Bactres*, aujourd'hui *Balkh*; ses principaux fleuves étaient l'*Ochus*, le *Bactres* ou *Bactrus*, et le *Dargomanes*, affluent de l'Ochus. La Bactriane comprenait ainsi les pays connus aujourd'hui sous les noms de *Badakschan* et la partie orientale du Khoraçan. — Les habitants de la Bactriane ou *Bactriens* étaient sauvages et ignorants. Ils décapitaient leurs prisonniers de guerre, dont ils conservaient les crânes, et faisaient mourir les vieillards et les infirmes. — L'histoire des premiers temps de la Bactriane est à peine connue. Ce qu'il y a de certain, c'est qu'avant l'empire des Mèdes et des Perses elle fut le centre d'une puissante domination. Ce pays, après avoir eu des rois particuliers, fut conquis par Ninus, roi d'Assyrie, vers 2114 avant J.-C.; il tomba ensuite au pouvoir de Cyrus, roi de Perse (536), puis à celui des Macédoniens, et enfin fit partie du royaume de Syrie après la mort d'Alexandre (323 avant J.-C.). Vers 255 avant J.-C., sous le règne d'Antiochus II, Théodote ou Diodote, gouverneur de la Bactriane, souleva les peuples de ces contrées, et se fit déclarer roi. Ses successeurs devinrent si puissants, qu'ils poussèrent leurs conquêtes dans l'Inde bien au delà des provinces où Alexandre avait pénétré. Mais le septième de ces princes, Eucratide II, ne put résister à l'invasion des Parthes et des Scythes. Il fut vaincu et tué dans une grande bataille l'an 141 avant J.-C. La Bactriane appartint alors aux Parthes, et depuis aux rois de Perse. Les Arabes musulmans en firent la conquête vers l'an 650 de J.-C., et la Bactriane ou Khoraçan fut soumise à la domination des diverses dynasties qui s'y succédèrent. Conquis par Gengiskan en 1222, elle fit partie de l'empire mogol fondé par Djataï, l'un des fils de ce conquérant. Tamerlan la soumit en 1369, et ses successeurs y régnèrent jusqu'en 1500. A cette époque les Ouzbeks, issus de Gengiskan, recouvrèrent ce royaume. Depuis lors, le Khoraçan oriental a tantôt appartenu aux xans ouzbeks, tantôt il a eu un souverain particulier. Vers 1736, Nadir-Schah, roi de Perse, devint maître de la Bactriane. Après sa mort, Ahmed-Schah ayant fondé le royaume de Caboul, en 1747 y ajouta la plus grande partie de ce pays. Mais cette monarchie a été démembrée. En 1826, Balkh a été conquis par un prince ouzbek, Mir-Mourad-Bey, qui y règne encore, et les pays de Khotan et de Badakhschan, qui avaient aussi dépendu de l'ancienne Bactriane, ont chacun un prince indépendant.

BACTROPÉRATE (des mots grecs *bactron*, bâton, et *péra*, besace), littéralement *celui qui porte un bâton et une besace*. Les ennemis de la philosophie désignaient par ce nom les philosophes d'Athènes pour les tourner en ridicule.

BACULITHE, genre de mollusques de la classe des céphalopodes. Ces coquilles ne se trouvent qu'à l'état fossile; elles sont cylindriques et comprimées, et atteignent une grande taille (trois ou quatre pieds). On les trouve rarement entières; mais au contraire elles sont très-communément répandues par fragments, et offrent quelques ressemblances avec des vertèbres d'animaux supérieurs; c'est ce qui les a fait nommer *vertèbres fossiles* par les anciens naturalistes.

BACULOMÉTRIE (du latin *baculus*, bâton, et du grec *métron*, mesure), terme de géométrie, art de mesurer des hauteurs au moyen de bâtons ou de verges.

BAD (myth.), génie persan qui présidait aux vents. Un mois de l'année des Orientaux porte son nom.

BADAIL, terme de pêche, filet du genre de ceux qu'on appelle dragues, fait en forme de chausse, et qu'on traîne au fond de l'eau.

BADAJOZ, province d'Espagne, formée de parties de l'Andalousie et de l'Estramadure. Elle est bornée au N. par celle de Caceres, à l'E. par celle de Ciudad-Real, au S. par celles de Cordoue, de Séville et d'Huelva, et à l'O. par le Portugal. Sa superficie est de 516 lieues carrées, et sa population de 301,235 habitants. Sa capitale est Badajoz, capitale de toute l'Estramadure. Cette province produit du lin, du chanvre, des olives, peu de grains, des aromates; ses pâturages nourrissent des moutons à laine très-fine. Ses richesses minérales consistent en mines d'argent, de cuivre, de soufre, de salpêtre et de marbre.

BADAJOZ, ville forte d'Espagne, chef-lieu des provinces d'Estramadure et de Badajoz, et résidence du capitaine général de ces provinces et d'un évêque, sur les frontières du Portugal, à 70 lieues de Madrid. Population, 13,000 âmes. On y remarque une belle église cathédrale dédiée à saint Jean, et un magnique pont sur la Guadiana, bâti par les Romains, et qui a, dit-on, dix-huit cent soixante-quatre pieds de long. Elle est défendue par des châteaux et les forts Saint-Michel et Saint-Christophe. *Badajoz* possède des fileries, des teintureries et des manufactures royales de chapeaux, et fait un commerce peu important. Cette ville, connue par les Romains sous le nom de *Colonia Pacentis* ou de *Pax Augusta*, fut conquise par les Goths au ve siècle, et par les Maures au vIII[e]. Près de ces murs fut livrée, en 1109, une bataille appelée *des sept Comtes*, et gagnée par Youssouf, roi de Maroc, sur les Espagnols. Au moyen âge, elle fut le siège d'un duché appartenant à un seigneur particulier. Prise par les Castillans au xve siècle, elle résista aux sièges qu'en fit l'armée portugaise en 1660 et en 1705. Les Français sous les ordres du maréchal Soult s'en emparèrent le 11 mars 1811. Cette même année, les Anglais l'assiégèrent deux fois sans résultat, et furent obligés de l'abandonner. Le 6 avril 1812, elle fut assiégée de nouveau et prise d'assaut par les Anglo-Espagnols sous les ordres de Wellington, après une résistance de vingt jours de la part des Français. — Badajoz est encore célèbre par deux traités de paix qui y furent signés entre le Portugal et l'Espagne : le premier en 1729, par lequel les rois des deux pays contractèrent une double alliance; le deuxième le 6 juin 1801, signé par le premier régent de Portugal et Charles IV roi d'Espagne, à la suite de la guerre que fit au Portugal le prince de la Paix, Godoï.

BADAMIER ou TERMINALIER, genre de la famille des combrétacées, renfermant des arbres ou arbrisseaux originaires de l'Inde et de l'Ile Maurice. Leur port est très-élégant, les fleurs, petites et blanchâtres, sont disposées en épis solitaires. Le fruit est ovoïde, comprimé, et contient un noyau osseux. Le *badamier benjoin* est un arbrisseau dont la tige droite et couverte d'une écorce brune se divise en rameaux nombreux et étagés; les feuilles, étroites, lancéolées, pointues, entières, velues en dessous, d'un vert jaune et à nervures rouges, sont disposées à l'extrémité des rameaux. Cet arbrisseau fournit une matière résineuse, odorante, analogue au benjoin, et propre à remplacer l'encens. Son bois, très-estimé pour les constructions, est également recherché par les charrons et les menuisiers. L'écorce sert à tanner le cuir et à le teindre en rouge. Le *badamier amande* est un très-grand arbre de forme pyramidale, dont les branches échelonnées par étages, sont décorées de rosettes de feuilles jaunes et de petites grappes à fleurs blanches. Son fruit, que l'on confit et que l'on emploie dans la teinture en noir, renferme une amande très-agréable au goût, et ayant celui de la noisette : on en retire une huile excellente, qui ne rancit pas. Cet arbre se nomme vulgairement *arbre à huile* et *bois à canots*. Le *badamier vernis* ou *ignan* est un arbre de petite grandeur, indigène à Java et sur les montagnes de l'Inde et de la Chine. Son port est triste, ses feuilles d'un vert sombre et très-rapprochées. Le suc qui s'écoule de cet arbre naturellement ou par incision est résineux, caustique et laiteux. Ses émanations sont très-dangereuses. Ce suc, employé par les Chinois comme vernis, est brillant, se dessèche avec rapidité; on s'en sert pour enduire les habitations et les meubles que l'on vend en Europe sous le nom de *laque*.

BADE, terme de marine et de charpentage désignant l'ouverture du compas qui mesure les joints ou vides entre une pièce de bois et la face d'une autre pièce.

BADE, grand-duché d'Allemagne, un des États de la confédération germanique. Borné au N. par le grand-duché de Hesse et la Bavière; à l'E. par la Bavière, le Wurtemberg et la principauté de Hohenzollern; au S. par le lac de Constance et le Rhin, qui le séparent de la Suisse; à l'O. par le Rhin, qui le sépare de la France. Sa superficie est de 754 lieues carrées, et sa population de 1,208,690 habitants, dont 810,400 professent la religion catholique romaine; 19,420 Juifs, et le reste protestants évangéliques. La famille régnante appartient à cette dernière religion, qui compte vingt-huit diocèses et trois cent dix-huit pastorats. L'Eglise catholique a un archevêché à Fribourg, créé en 1831, et dont relèvent les évêchés de Mayence, Fulde, Rothembourg, Limbourg, Nassau et Wurtemberg. Le grand-duché a deux universités, celles de Fribourg et d'Heidelberg. Les revenus sont de 9,520,280 florins (environ 20 millions de francs), et la dette publique de 14,605,000 florins (32 millions de francs).— Le pays de Bade forme une bande longue et étroite, qui s'étend du N. au S. sur la rive droite du Rhin; il se compose de plaines fertiles, coupées par des vallées pittoresques et des montagnes couvertes de forêts. Le sol produit des grains de toute espèce en grande quantité, surtout de l'épeautre, des fruits, des vins estimés, du tabac, du chanvre, de la garance; les pâturages nourrissent d'excellents bestiaux. Les montagnes renferment des mines de fer très-riches et bien exploitées. L'industrie compte plusieurs établissements de bijouterie, des fabriques de toiles peintes, de café-chicorée, de boutons, de chapeaux de paille, d'horloges en bois dites *coucous* (on en fabrique annuellement 100,000), de jouets d'enfants, de vinaigre, de kirschen-wasser. Saint-Blaise a une belle manufacture d'armes. Le commerce est très-florissant, et est favorisé par la situation du pays entre la France, l'Allemagne et la Suisse. — Le grand-duché de Bade est un État monarchique et héréditaire. Il fut d'abord un margraviat érigé en 1052 en faveur d'Hermun Ier, deuxième fils de Berthold Ier, duc de Carinthie et frère de Berthold II, duc de Zeringen. Le vingt et unième margrave, Christophe, étant mort en 1567, l'aîné de ses fils, Bernard III, prit le titre de margrave de *Baden-Baden*, et reçut en héritage une partie des ses États. Ernest, septième fils de Christophe, hérita du reste, et prit le titre de margrave de *Baden-Durlach*. Le septième successeur de Bernard III, chef de la branche des Baden-Baden, Auguste-Georges, étant mort en 1771 sans postérité, Charles-Frédéric, huitième successeur d'Ernest, de la branche des Baden-Durlach, réunit dans sa main tous les domaines de sa maison. En 1803, il obtint l'érection du margraviat de Bade en électorat; en 1806, il prit le titre de grand-duc, et ses États furent considérablement agrandis. En vertu du pacte de famille de 1817, il fut réglé que les femmes succéderaient au trône, à défaut d'héritiers mâles. La charte du 21 août 1818, octroyée par le grand-duc Charles-Louis-Frédéric, établit dans le pays de Bade un gouvernement représentatif, composé de deux chambres. La première se compose de vingt membres, dont huit députés de la noblesse, deux des universités, un évêque catholique, un évêque protestant; et huit autres membres, que le grand-duc a le droit de nommer, sans avoir égard ni au rang et à la naissance. La deuxième chambre est composée de soixante-cinq députés des villes et bailliages. En 1815, le grand-duché de Bade accéda à la confédération germanique; il y occupe la septième place, et a trois voix à la diète. Son contingent à l'armée fédérale est de 10,000 hommes, formant la deuxième division du huitième corps de cette armée. — En 1819, le grand-duché avait été divisé en six cercles ou départements (c'étaient ceux de *Murg-et-Pfinz*, divisé en onze bailliages (chef-lieu, *Durlach*); de la *Kinzig*, quatorze bailliages (chef-lieu, *Offenbourg*); de *Treisam-et-Wiesen*, quinze bailliages (chef-lieu, *Fribourg*); du *Lac-et-Danube*, quinze bailliages (chef-lieu, *Constance*); du *Neckar*, quatorze bailliages (chef-lieu, *Manheim*); du *Mein-et-Tauber*, huit bailliages (chef-lieu, *Wertheim*). Depuis 1832, il n'est plus divisé qu'en quatre cercles; ce sont ceux : 1º du *Rhin-Moyen*, chef-lieu *Carlsruhe*, capitale du grand-du.hé et siége du gouvernement; 2º du *Lac*, chef-lieu *Constance*; 3º du *Haut-Rhin*, capitale *Fribourg*; 4º du *Bas-Rhin*, capitale *Manheim*. Chaque cercle est divisé en plusieurs arrondissements, nommés *ober* et *bezirks-aemter*.

BADE ou BADEN, ville de Souabe, qui fut longtemps la résidence des margraves de Bade. Elle est située à 2 lieues du Rhin, 8 de Strasbourg, et environ 135 de Paris. Sa population est de 3,500 habitants. Son château est d'une grande beauté. Il est bâti dans une position d'où se déroule une vue magnifique. Bade possède un riche musée d'antiquités. L'industrie s'y exerce sur la fabrication des draps et des cordages. Bade est célèbre par ses eaux minérales. Vingt-six sources sont exploitées. Les principales ont une chaleur de 48 ou 50 degrés du thermomètre Réaumur. Les Romains connaissaient cette ville sous le nom de *Civitas Aurelia aquensis*.

BADE ou BADEN, petite ville de l'archiduché d'Autriche, à 5 lieues et demie de Vienne. Population, 2,500 habitants. Cette ville est célèbre par ses nombreuses sources d'eaux minérales, qui y attirent annuellement 7 à 8,000 étrangers. On en compte douze principales, entre autres celles *de Joseph*, *de Thérèse*, *du Calvaire* et *des Femmes*. Leur chaleur est entre 27 et 29 degrés du thermomètre Réaumur. Ces eaux, qui sont composées de carbonates de chaux et de magnésie, de sulfates de chaux, de magnésie et de soude, et d'hydrochlorates de soude et d'alumine, sont recommandées contre les rhumatismes et les maladies de la peau. Cette ville portait, sous les Romains, le nom d'*Aqua Pannonicæ*.

BADE, *Thermæ Helveticæ* des Romains, ville de Suisse, dans le canton d'Argovie, sur les bords de la Limmat. Population, 1,700 habitants. Cette ville fut choisie pour lieu de réunion de la diète helvétique, et jusqu'en 1712 c'est dans ses murs que cette assemblée tint ses séances. Elle est célèbre par ses sources d'eaux minérales sulfureuses, qui y attirent tous les ans un grand nombre d'étrangers. On y compte deux cents salles de bains particuliers et deux grandes pour les pauvres.

BADE (Louis-Guillaume, margrave ou prince de), connu en Allemagne sous le nom de LUDWIG-WILHEM Ier, *margrave de Baden-Baden*, guerrier illustre du XVIIe siècle, né à Paris en 1655. Il fit ses premières armes sous Montécuculli. Après la mort de Turenne en 1675, il harcela l'armée française qu'il força de reculer. En 1677, il défendit avec succès Fribourg contre les Français, et succéda la même année à son grand-père Guillaume, margrave de Baden-Baden (son père était mort en 1669). En 1683, pendant la guerre de l'Autriche avec prince de l'empire ottoman, il alla, sous les ordres du duc de Lorraine, camper sous les murs de Vienne, attaquée par Cara-Mustapha. Après la défaite des Turks, il les poursuivit avec acharnement et les vainquit au combat de Barcan ; les ennemis étaient commandés par le célèbre Tœkéli. Le prince de Bade ne se distingua pas moins dans la guerre de Hongrie. Il s'empara de plusieurs villes, entre autres de Simonthorn et Caposwar (1686), d'une partie de la Servie (1689), et remporta la victoire de Pessarowitz (24 septembre). L'année suivante, il enleva la Transylvanie aux Turks, commandés par Tœkéli, et gagna sur eux la fameuse bataille de Salankemen (16 août 1661), où le grand vizir fut tué. Nommé en 1693 généralissime des troupes de l'empire contre Louis XIV, roi de France, il reprit sur les Français Heidelberg et les autres places du Palatinat, obtint des succès en Alsace, et continua de guider les rives du Rhin jusqu'à la paix de Ryswick en 1697. En 1702, pour la guerre de la succession, il commanda de nouveau l'armée impériale, passa le Rhin en 1701, et s'empara de plusieurs places françaises, entre autres de Landau. En 1703, il établit cette ligne de défense de la forêt Noire au Rhin, par Buhl et Stollhafen, qui l'a rendu si célèbre. Ses dernières campagnes furent signalées par de nombreux désastres, et Villars le battit plusieurs fois. Le prince Louis mourut en 1707. Il avait fait vingt-six campagnes, commandé vingt-cinq siéges, et livré treize batailles.

BADELAIRE, terme de blason désignant une épée courte, large et recourbée comme un sabre.

BADERNE, terme de marine qui s'applique à un cordage tressé comme un lacet, avec lequel on soutient les chevaux contre le roulis. On en met aussi sous les cabestans et dans les diverses parties exposées à de grands frottements, comme garniture ou fourrure.

BADI, petit poignard à l'usage des habitants de l'île de Java.

BADIA-Y-LEBLICH (Domingo), né en Biscaye (Espagne) en 1766, et plus connu sous le pseudonyme d'*Aly-Bey*. Ce célèbre et savant voyageur, doué d'un esprit aventureux, partit d'Espagne en juin 1801 pour visiter l'Afrique septentrionale, afin de faire mieux connaître les pays habités par les musulmans, dont il parlait déjà la langue. Il débarqua à Tanger en 1803, se rendit à la cour de Maroc sous un déguisement turk, et sous la fausse désignation de descendant des Abbassides. Il passa ensuite à Tripoli, à Chypre, en Egypte et en Arabie, but principal de son voyage. Il parvint à pénétrer dans le temple de la Mecque et dans la mosquée d'Omar à Jérusalem. De retour en Europe en 1808, il s'attacha à Joseph Bonaparte, créé roi d'Espagne, et nommé intendant de Ségovie en 1809, et préfet de Cordoue en 1812. Il vint à Paris en 1814, où il publia le récit de ses voyages. En 1817, il présenta au ministre des affaires étrangères un projet de voyage dans le centre de l'Afrique, et partit, au mois de décembre de la même année, avec le grade de maréchal de camp au service de France. Il mourut empoisonné, en 1819, par ordre du gouvernement turk.

BADIAN ou BADIANE, genre de la famille des magnoliacées, renfermant des arbrisseaux toujours verts et exhalant une agréable odeur de toutes leurs parties. La *badiane de la Chine* ou *du Japon*, nommée vulgairement *anis étoilé*, à cause de la forme qu'affecte son fruit, peut s'acclimater dans nos départements méridionaux. Son feuillage rappelle celui du laurier, ses fleurs sont jaunes et odorantes. Les semences que renferment les fruits ont l'arôme de l'anis et du fenouil. Les Chinois les font entrer dans la plupart de leurs mets, et les associent au thé et au café. En France, elles servent à la fabrication du ratafia de Boulogne, et à parfumer les liqueurs spiritueuses qu'on nomme *anisettes*. Le bois de la badiane, nommé *bois d'anis*, peut servir aux ouvrages de tour et à la marqueterie. On connaît encore la *badiane à grandes fleurs rouges* et la *badiane à petites fleurs*, connue en Europe depuis 1771, toutes deux originaires des Florides. Les fruits et les feuilles de ces deux plantes ont les mêmes propriétés que la badiane de la Chine. Ils servent à préparer une liqueur excellente.

BADIGEON, espèce de peinture en détrempe dont se servent les maçons pour donner aux enduits de plâtre la couleur des pierres pulvérisées et délayées dans l'eau. *Badigeonner*, c'est colorer un mur ou un pan de bois avec du badigeon. Souvent on ajoute au badigeon une substance qui en change la couleur, de l'ocre pour le rendre jaunâtre, du noir de fumée pour le rendre gris ou noir. *Badigeon* se dit encore, 1º en sculpture, d'un mélange de plâtre avec de la pierre pulvérisée, mis en détrempe pour remplir les trous des figures et en réparer les défauts; 2º en menuiserie, de sciure de bois détrempée avec de la colle forte pour remplir les gerçures et autres défectuosités du bois.

BADILLON ou BODILLON, seigneur franc qui fut attaché à un poteau et fouetté par ordre de Childéric II, roi des Francs. Il s'en vengea en massacrant ce roi, la reine Bléchilde et un enfant encore en bas âge.

BADILLON, terme de marine, nom donné à de petites brochettes qu'on cloue sur le gabari (modèle, patron de la courbure que doit avoir une pièce de bois dans les constructions navales). Elles servent à indiquer la largeur d'une pièce de bois, tandis que le gabari lui-même indique son contour.

BADINANT, nom donné dans les parlements de Paris et de Rouen à un conseiller qui était le neuvième de sa chambre, et qui n'était des grands commissaires que quand un des huit premiers était absent. C'est aussi le nom d'un cheval surnuméraire dans un attelage.

BADINES. Ce mot, dont le sens vulgaire indique une baguette légère ou une sorte de fouet à l'usage des cavaliers, désigne, en termes de serrurerie, les pincettes légères dont on se sert pour attiser le feu des cheminées.

BADIUS (Josse), surnommé *Ascensius*, du village d'Assche en Belgique, où il était né en 1462. Il étudia en Flandre et en Italie, et professa les belles-lettres à Lyon depuis 1491 jusqu'en 1511 qu'il vint à Paris, où il monta la fameuse imprimerie connue sous le nom de *prælum Ascensianum*. Le besoin le força à suspendre ses travaux littéraires pour se consacrer uniquement à sa profession d'imprimeur, qu'il exerça jusqu'à sa mort (1535).

BADOARIO, BADOERO, BADOUER ou BADOUARI, noble et ancienne famille de Venise, l'une des douze appelées *apostoliques*. Dans les premiers temps de la république, elle s'appelait *participati* ou *partitiati*. Elle a donné sept doges et un tribun à Venise. — ANGELO BADOARIO ou PARTECIPATO fut élu doge en 809, après la mort d'Obelerio Antenori. Il est regardé comme le fondateur du palais de la place Saint-Marc. C'est lui qui le premier divisa Venise en quartiers. Il mourut en 827. — Son fils GIUSTINIANO lui succéda. Ce doge soutint l'empereur Michel II contre les Sarrasins, et posa les fondements de l'église dédiée à saint Marc. Il s'était associé dans le gouvernement son frère GIOVANNI, qui lui succéda après sa mort, arrivée en 829. Il soumit les Narantins et les habitants de Malamocco, qui s'étaient soulevés. Quelque temps après, les Vénitiens révoltés contre lui le contraignirent (836) à se retirer dans un couvent. — ORSO ou URSUS BADOARIO succéda en 864 à Pietro Gradenigo. Il battit les Sarrasins qui ravageaient les côtes de la Dalmatie, et reçut en récompense de l'empereur grec le titre élevé de *protospataire*. Il mourut en 881. Son fils GIOVANNI BADOARIO II lui succéda, et fut constamment en guerre avec le comte de Comachio. Il abdiqua en 887. Son successeur fut Pietro Candiano Ier. PIETRO BADOARIO Ier, qualifié seulement du nom de *tribun*, succéda en 888 à Pietro Candiano Ier, et mourut en 912. ORSO BADOARIO II lui succéda, et se fit moine en 932. PIETRO BADOARIO II succéda en 939 à Pietro Candiano II, et mourut en 942. Son successeur fut Pietro Candiano III. — Depuis cette époque, la famille Badoario n'a donné aucun doge à Venise. Ses membres occupèrent toujours les premiers emplois de la république, comme sénateurs, ambassadeurs, etc. L'histoire en mentionne quelques-uns : GIOVANNI-ANDREA BADOARIO, qui le premier se servit de grands vaisseaux dans un combat naval ; ALBERTI BADOARIO, ambassadeur de Venise à Rome en 1590 ; LUIGIO BADOARIO, gouverneur de Constantinople pour Venise, et qui conclut avec les Turks une paix par laquelle on leur céda la Morée. ANGELO BADOARIO, sénateur vénitien, accusé en 1607 d'entretenir une correspondance secrète avec Alphonse de la Cuéva, ambassadeur d'Espagne, fut condamné à la confiscation de ses biens et à perdre la qualité de noble. Mais cette sentence fut mitigée et réduite à un an de prison, à l'exclusion de toutes les charges.

BADROUILLE, débris de vieux cordages pelotés en étoupe bien goudronnée, pour servir à allumer le bois du chauffage, lorsqu'on veut nettoyer la carène d'un bâtiment, et même à chauffer dans le cas d'une forte pluie qui empêcherait les fagots de rester allumés.

BAEREBISTE, roi des Daces, vivait un demi-siècle avant J.-C. Ce prince, contemporain de Sylla, de César et d'Auguste, rendit plusieurs lois pour remettre la sobriété en honneur chez ses sujets, et pour accroître leur ardeur belliqueuse. Il leur interdit l'usage du vin, leur ordonna d'arracher les vignes, et fut obéi avec précipitation. Il combattit les Sarmates, et arrêta leur marche victorieuse sur les rives du Borysthène (Dniéper) 20 ans avant J.-C. ; il détruisit l'armée des Boïens, nation gauloise établie dans la Pannonie, et s'avança dans l'Illyrie. Auguste fit marcher une armée contre lui l'an 15 avant J.-C. Baerebiste tomba sous les poignards de quelques assassins avant d'avoir pu se mesurer avec les légions romaines.

BÆRENFELS, ancienne et noble famille de Bâle. Ils tiraient leur nom d'un château situé au-dessous du village de Grellingue. Cette famille possédait l'office héréditaire d'échanson de l'évêque de Bâle. Plusieurs de ses membres furent élevés aux plus hautes dignités dans leur patrie. CONRAD DE BÆRENFELS fut deux fois consul à Bâle en 1342 et 1368. — WERNER lui fut également en 1376 et 1382. — ARNOLD fut nommé bourgmestre de Bâle en 1394 et 1402. — Un autre ARNOLD, petit-fils du précédent, le fut aussi en 1435 et 1441, de même que JEAN DE BÆRENFELS (1458 et 1469). Ce dernier fit bâtir la première arcade de pierre du pont sur le Rhin à Bâle.

BÆTYLES ou BÉTILES, pierres informes que les Orientaux croyaient représenter la Divinité avant l'invention de la sculpture. Ils les regardaient comme animées, et les consultaient comme des oracles. On les nommait aussi ABADIR.

BAEZA, BAEÇA, le *Basti* des anciens, ville d'Espagne dans l'Andalousie (province de Grenade), siège d'un évêché, avec une population de 15,000 habitants. On admire plusieurs monuments magnifiques, entre autres la cathédrale et une belle fontaine. Cette ville a été la résidence des rois maures, sous la domination desquels elle a eu jusqu'à 150,000 habitants. Elle eut jadis une université. Baeza fut prise sur les infidèles après la célèbre bataille de Sierra-Morena, le 16 juillet 1512. Elle est la patrie de plusieurs savants, entre autres GASPARD DE BAEZA, célèbre jurisconsulte, né en 1540, et qui a laissé plusieurs ouvrages de droit.

BAF, nom donné aux jumarts, qu'on suppose provenir de l'union du taureau et de la jument. On nomme *bifs* ceux qui, dit-on, résultent de l'union du cheval et de la vache.

BAFETAS ou BAFFETAS, toile de coton blanc, très-grosse, qui vient des Indes orientales. Les meilleures sont celles de Surate. Il y en a de différentes largeurs qu'on nomme *orgagis*, *nossaris*, *candivis*, *néranis*, *dabouis*, des noms des lieux où ces toiles se fabriquent.

BAFFA, ville de l'île de Chypre, chef-lieu d'un sandjiakat. Baffa est bâtie sur l'emplacement qu'occupa jadis *Paphos*.

BAFFIN (MER, GOLFE OU BAIE DE), le plus grand et le plus septentrional des golfes de l'Amérique du Nord, dans l'océan Glacial. Il est compris entre la Groënland à l'E., l'Arctic-Highland au N.-E., les terres boréales au N.-O., et les îles de l'Amérique septentrionale à l'O. Il fut découvert en 1616 par le navigateur anglais Williams Baffin (né en 1584, mort en 1622), qui lui donna son nom. Ce golfe communique à l'océan Atlantique par les détroits de Baffin et de Davis, entre le cap Chidley, le long de la côte de Labrador, et le cap Farewel, le long de la côte du Groënland occidental. Il est joint à la baie d'Hudson par un groupe d'îles situé près la côte S.-O. du détroit de Davis. Le golfe de Baffin est très-abondant en baleines. Il est rempli de glaces immenses qui rendent la navigation presque impraticable dans ses parages pendant la plus grande partie de l'année. Il est, depuis plusieurs années, le théâtre des courses des navigateurs, qui cherchent un passage au N.-O. Il a été exploité par le capitaine Parry (1821), après avoir traversé, s'est avancé dans la mer Polaire par le détroit de Lancastre.

BAGACES ou BAGASSES, nom donné, dans les colonies, aux cannes à sucre, lorsqu'on a exprimé le sucre qu'elles contenaient. On les conserve dans des hangars nommés *cases*, pour les faire sécher ; on s'en sert ensuite pour chauffer les chaudières. On nourrit les chevaux, les bœufs et les porcs avec celles qui ont été trop brisées et réduites au moulin en trop petits fragments.

BAGATELLE, petit château situé à l'extrémité du bois de Boulogne, non loin de Paris, près des rives de la Seine. Ce fut d'abord une simple maison de campagne, appartenant à mademoiselle de Charolais, fille du régent (vers 1720). Le comte d'Artois (depuis Charles X) l'acheta en 1778. Il fit reconstruire le château en soixante-quatre jours, et en fit un séjour très-agréable. Sous la révolution, après avoir été désigné par un décret de la convention (1794) pour servir à un établissement public, ce château fut loué à des entrepreneurs de feux d'artifice et de fêtes champêtres. La restauration le rendit au comte d'Artois, qui nomma le château *Babiole*. Il appartint successivement au duc et à la duchesse de Berry. Après 1830, il a été mis en vente, et est passé dans des mains étrangères.

BAGATTINO, monnaie de cuivre de Venise, de la valeur d'un demi-sou.

BAGAUDES (en latin, *bagaudæ*), nom donné par les historiens aux paysans qui se révoltèrent contre les Romains dans toute l'étendue des Gaules, l'an 285 de J.-C. Les étymologistes ne sont point d'accord sur l'origine de ce mot. La plupart le font dériver de la légion d'*Alaudæ* (ainsi nommée parce que les soldats de cette légion avaient des casques surmontés d'une *alouette* (en latin, *alauda*), laissée par César aux environs de Paris. Ces soldats s'étaient alliés à des familles gauloises, et dès le IIIe siècle de J.-C. ils avaient formé une population considérable sous le nom de *Bagaudæ*, et s'étaient révoltés contre l'empereur Maximien. Cette rébellion éclata à Saint-Maur des Fossés, près de Paris, ainsi que l'attestent les vieilles chartes, qui appellent ce lieu *Château des Bagaudes*, et la porte de l'ancienne enceinte de Paris, du côté de Saint-Maur, *porta Bagaudarum* ou *Bauda* (aujourd'hui place Baudel ou *Baudoyer*). Elle avait été organisée par Amandus et Elianus. L'empereur Maximien Hercule marcha en personne contre les rebelles, qui furent exterminés. Le nom de *Bagaudes* a été encore donné, 1o à des paysans et à des esclaves qui se révoltèrent dans la Bretagne en 435 ; leur chef Tibaton fut vaincu par Litorius ; 2o à des corps de paysans armés qui se sont insurgés dans différentes provinces de France dans les premiers temps du moyen âge. Enfin on voit en Espagne des *Bagaudes* se soulevant aux environs de Tarragone (452), et battus par les Romains et les Visigoths unis. Les chroniqueurs ont appelé *Bagaude* ou *Bagaudie* les lieux où les paysans ou les soldats insurgés tenaient leurs assemblées.

BAGDAD ou BAGHDAD (autrefois la *Babylonie*), pachalik de la Turquie d'Asie, borné au N. par le Diarbekir et les montagnes de Sindjar, au S. par le golfe Persique, à l'O. par l'Euphrate, à l'E. par la Perse. Sa superficie est de 5,340 lieues carrées, et sa population de 650,000 habitants. Ses villes les plus importantes sont *Bagdad*, chef-lieu, *Bassora* et *Merdin*.

BAGDAD, ville de la Turquie d'Asie, bâtie sur les ruines de Séleucie et de Ctésiphon, par le calife Abou-Djafar-Abdallah-al-Mansor, l'an 762 de J.-C., sur la rive occidentale du Tigre. Ce prince en fit la capitale de son empire, et cette ville parvint bientôt au plus haut degré de splendeur et de puissance. Saccagée plusieurs fois, Bagdad demeura constamment en la possession des Abbassides jusqu'à la fin de leur empire. Elle tomba, en 1258, au pouvoir de Houlagou, roi des Mogols, et fut conservée par ses successeurs, souverains de la Perse. En 1339, Haçan-Ilkani se rendit souverain à Bagdad, dont il était gouverneur, et y fonda la dynastie des *Ilkhanides*. Le sultan Ahmed, le quatrième de ces princes, fut chassé de sa capitale en 1392 par Tamerlan, qui détruisit cette grande cité. Ahmed revint à Bagdad après la mort du conquérant (1406), et en fit relever les murailles. Mais il fut encore dépossédé par Kara-Youssouf (1410), qui y fonda la dynastie de *Kara-Coïounlu*, c'est-à-dire, du mouton noir (ainsi nommée de l'enseigne qui le distinguait). Ses descendants y régnèrent jusqu'au 1468, que Bagdad tomba au pouvoir d'Ouzoun-Hacan, prince de la dynastie d'*Ak-Koïounlu* ou du mouton blanc. En 1508, Bagdad fut prise par le schah de Perse, Ismael, fondateur de la dynastie des sofis. Le sultan ottoman Soliman Ier s'en empara en 1534 ; les Persans l'ayant reprise en 1590, les Turks s'en emparèrent de nouveau en 1638, après un siège de trois mois. Depuis cette époque, Bagdad n'a pas cessé de faire partie de la Turquie. Cette ville renferme environ 80,000 habitants ; elle est le lieu d'entrepôt des productions de l'Arabie, de la Perse, de l'Inde et de l'Europe, entre lesquelles elle fait un commerce immense. Elle possède de riches et nombreux bazars, des fabriques de porcelaine, de maroquins, d'étoffes en soie, en coton et en laine, de coutellerie, etc.

BAGGESEN (Emmanuel), poëte danois vers la fin du XVIIIe siècle, s'est rendu célèbre par ses odes, ses satires et ses chansons populaires. Son ouvrage le plus estimé est celui de *Parthénaïs*. Né en 1784, il mourut en 1826.

BAGHÉRONA, monnaie de Bologne, de cuivre, valant un demi-sou du pays.

BAGNE, nom donné, en Turquie, au bâtiment dans lequel sont renfermés les esclaves du sultan. En France, il désigne celui qui sert de prison aux criminels, que l'on a nommés *forçats* ou *galériens*. Ces établissements permanents de prisonniers, formés dans quelques ports de mer, tels que ceux de Gênes, Naples, Malte, Brest, Toulon et Rochefort, avaient pour principale destination le service intérieur et les travaux des ports. En France, depuis 1789, les forçats ont le même costume, sont soumis au même régime et aux mêmes travaux, sous la surveillance des *gardes-chiourme*. Ils sont classés d'après la durée de leur peine, et peuvent travailler pour leur propre compte pendant certaines heures. Les condamnés sont attachés deux à deux à la même chaîne, et ce n'est que pour récompenser leur bonne conduite qu'on les sépare quelquefois, en leur donnant une chaîne moins pesante à porter. Leur costume se compose d'un pantalon, d'un gilet, d'une houppelande et d'un bonnet. A Brest, les condamnés de cinq à dix ans de bagne ont le costume de couleur rouge. Ceux qui ont un plus long temps à faire se distinguent par un bonnet vert. Les condamnés à vie ont la houppelande rouge avec une large raie brune, couvrant les épaules et la poitrine, et le bonnet d'une couleur brun foncé. A Toulon, le costume est rouge, le bonnet est de laine tricotée; à Rochefort, c'est le même costume, ainsi qu'à Lorient. Ces quatre bagnes sont placés sous l'autorité des préfets maritimes, la surveillance des commissaires de marine, et la garde des gardes-chiourme. Ils dépendent du ministère de la marine. Les bagnes de Brest et de Rochefort sont destinés à recevoir les condamnés à plus de dix ans de travaux forcés; celui de Toulon, les condamnés à dix années de travaux forcés et au-dessous; celui de Lorient, les militaires condamnés aux travaux forcés pour insubordination. Ces bagnes, qui renferment de 7 à 8,000 criminels, coûtent à l'État la dépense de 2,571,000 francs environ, et lui rapportent environ 2,089,286 francs.

BAGNE, terme de verrerie, tonneau dans lequel on passe au tamis la terre à pots et le ciment pour en faire la matière de pots.

BAGNÈRES DE BIGORRE, sur l'Adour, chef-lieu d'arrondissement du département des Hautes-Pyrénées, à 5 lieues de Tarbes, 8 de Barèges, à 23 de Toulouse, et environ 200 de Paris. Population, 7,568 habitants. Bagnères est située au débouché de la vallée de Campan, entre le gave et la colline de l'Olivet. Le site et les promenades de cette ville sont admirables. On y trouve des sources d'eaux minérales inodores et limpides, d'une saveur piquante et saline, d'une température fort élevée. Elles sont laxatives, favorisent les hémorragies; on les conseille contre les pâles couleurs, les engorgements d'entrailles et de foie, dans les hémorroïdes, dans les maladies de la peau, les vieilles blessures, les maladies de poitrine, d'estomac, de nerfs, etc. La réputation de ces eaux est très-ancienne; elles étaient connues des Romains. Il y a trente sources considérables, entre autres celles de *la Reine*, du *Foulon*, du *Dauphin*, du *Roc de Lannes*, des *Jeux*, de *Saint-Roch*. Bagnères est visitée annuellement par cinq à six mille étrangers attirés moins par ses eaux que par les beaux sites et les plaisirs qu'on y goûte. Ces six mille étrangers y laissent de 3 à 400,000 francs. Bagnères possède un magnifique établissement de bains, nommé *hôtel des Thermes*, un collège, un tribunal de première instance et de commerce, ainsi que de belles carrières de marbre.

BAGNÈRES DE LUCHON, chef-lieu de canton de l'arrondissement de la Haute-Garonne, dans l'arrondissement de Saint-Gaudens, et à 9 lieues S.-O. de cette ville. Population, 2,500 habitants. Cette petite ville est située au pied des Pyrénées, près du défilé de l'Arboust, dans la vallée de Luchon. Bagnères est célèbre par ses eaux minérales, connues des Romains, qui nommaient cette ville *Aquæ Convenarum*. Ces eaux sont exploitées depuis 1775. Il y a huit sources principales. Elles sont très-sulfureuses. La plus chaude est à 59 degrés centigrades. On les recommande dans les affections de la peau, dans les dartres, les rhumatismes, etc. Bagnères de Luchon est fréquentée annuellement par douze à quinze mille étrangers, qui y laissent environ 300,000 francs. Ce mouvement commence en mai et dure jusqu'en octobre.

BAGNES, vallée de Suisse, dans le Valais, longue d'environ 10 lieues, et traversée par la Dranse. Les glaciers de Tzermotane la terminent à l'E. et au S. Cette vallée est très-fertile. Longtemps on y exploita des mines de plomb argentifère, de cuivre et de cobalt. Bagnes renfermait un établissement de bains très-fréquenté. Des inondations et des avalanches terribles ont détruit en 1545 et 1818 ces sources de richesses.

BAGNOLES, petit village du département de l'Orne, à 4 lieues de Domfront et 60 de Paris, renfermant un établissement d'eaux thermales assez fréquenté. Ces sources sont connues depuis le xvie siècle. Depuis 1822, il y a à Bagnoles un établissement de bains militaires pouvant contenir deux cents malades. La température de l'eau est de 26 degrés centigrades. Elle contient du sel marin, du muriate de magnésie et de chaux. Ces eaux, dont on fait usage en bains, douches et boissons, sont toniques, rétablissent les fonctions de l'estomac, et sont bonnes contre la chlorose, les rhumatismes et la paralysie.

BAGNOLET, village du département de la Seine, à une demi-lieue à l'E. de Paris, et au S. de Pantin. Il en est fait mention dans les titres de l'abbaye de Saint-Denis en 1273 et 1276. En 1590, la terre de Bagnolet fut achetée par le duc d'Orléans; le père de Louis-Philippe Ier la vendit vers la fin du xviiie siècle. On avait découvert en 1750, à Bagnolet, une mine de kaolin, terre à porcelaine. La trace s'en est perdue depuis. On trouve près de ce village des carrières de plâtre et de moellon.

BAGNOLET, terme de marine, toile goudronnée pour couvrir les bittes des galères afin de les préserver de la pluie.

BAGNOLS, petit village du département de la Lozère, à 3 lieues de Mende. Population, 398 habitants. Le village de Bagnols est bâti en amphithéâtre, au pied d'énormes roches calcaires. Il doit son origine à une source d'eau thermale qui naît au bas du village, et qui fournit 172 mètres cubes d'eau par vingt-quatre heures. L'établissement thermal renferme huit baignoires et deux piscines. L'eau est à 45 degrés centigrades. Elle est de couleur opaline, et contient du muriate de magnésie et du sulfate de chaux. On l'emploie dans les rhumatismes et les paralysies. On l'administre en bains, douches et boissons. Le 23 octobre et le 6 décembre 1793, les Espagnols furent vaincus par les Français sur les hauteurs de Bagnols.

BAGOAS, eunuque égyptien, contribua puissamment à soumettre l'Égypte à Artaxercès Ochus, roi des Perses, et l'empoisonna ensuite pour venger les outrages faits par ce prince à la religion de son pays (338 ans avant J.-C.). Il mit ensuite sur le trône Arsès, le plus jeune des fils d'Artaxercès, et fit mourir ce jeune roi, qu'il ne pouvait maîtriser à son gré, trois ans après. Il appela alors à la couronne Darius Codoman, qu'il voulut également faire périr peu de temps après; mais ce dernier le prévint, et lui fit empoisonner l'an 334 avant J.-C. — Le nom de *Bagoas* revient souvent dans l'histoire des Perses, parce qu'il signifiait un *eunuque*, et était commun à tous les eunuques.

BAGRADA (hist. anc.), aujourd'hui le *Mesjarda*, fleuve d'Afrique, prend sa source dans les montagnes, passe à Thébeste, et se jette dans la Méditerranée entre Utique et Carthage. C'est sur les bords de ce fleuve que Régulus tua ce serpent monstrueux dont il envoya la dépouille à Rome. — C'est aussi le nom d'une rivière de Perse, qui, prenant sa source dans les montagnes, coule au S. et se jette dans le golfe Persique.

BAGRATION (LE PRINCE Pierre), général russe, né en Géorgie en 1765, entra au service de Russie en 1782 comme simple sergent, et fit ses premières armes contre les peuplades du Caucase en 1783. Colonel en 1788, il se distingua dans la guerre de Pologne. Il accompagna Suvarov en Italie en 1799. Le 10 avril, il s'empara de Brescia; le 15 du même mois, il remporta un avantage important contre le général Serrurier, et le lendemain obligea Moreau à se retirer dans la plaine de Marengo. Revenu en Russie, il partagea la disgrâce de Suvarov. En 1805, il fut chargé du commandement de l'avant-garde de l'armée envoyée au secours des Autrichiens, et éprouva des revers en Souabe. Nommé lieutenant général, il se distingua à la bataille d'Austerlitz par une retraite habile, et combattit à Eylau, Heilsberg et Friedland. Il soumit la Finlande en 1808, commanda en Moldavie l'année suivante, et vint prendre part à la bataille de Smolensk le 18 août 1812, et à celle de la Moskowa le 16 septembre 1812. Il fut blessé mortellement à cette dernière, et mourut dix-huit jours après.

BAGUE, anneau d'or, d'argent ou de tout autre métal. Leur usage remonte à la plus haute antiquité. — Ce nom de *bague* désigne plus particulièrement un anneau suspendu à une espèce de clef, et que, dans les carrousels, il fallait emporter en courant au bout d'une lance. Les jeux de cette nature prenaient le nom de *jeux de bague*. — *Bague* signifie encore, en termes de facteurs d'orgues, un anneau soudé sur le corps d'un tuyau, et au travers duquel passe la rosette qui sert à accorder les jeux d'anches; 2o en termes de marine, de petits cercles en bois, en fer ou en cordage, servant à tenir les voiles d'étai le long du draille respective; 3o un petit anneau coulant placé au bourrelet de la baïonnette. Il sert à fixer la baïonnette au bout du fusil.

BAGUENAUDE, nom donné au fruit du *baguenaudier*. C'est une gousse d'un vert rougeâtre et remplie d'air, qui se dégage avec bruit, en rompant les parois qui la retiennent, quand on les comprime subitement et avec force. *Baguenauder*, c'est se livrer à cet amusement, et par extension, s'amuser à des choses frivoles.

BAGUENAUDIER, genre de la famille des légumineuses, renfermant des arbrisseaux très-agréables à la vue et qui croissent spontanément en plusieurs lieux de l'Europe. Le *baguenaudier ordinaire*, très-commun dans nos bosquets, atteint de dix à douze pieds; ses feuilles sont composées de neuf à onze folioles ovales arrondies, un peu échancrées au sommet. Les fleurs sont jaunes. Les fruits ou *baguenaudes* (voy.) sont des gousses vésiculeuses d'un vert rougeâtre. Cet arbrisseau est connu sous le nom de *faux séné*, parce que ses feuilles et ses fruits sont purgatifs, administrés à fortes doses. Ils peuvent servir de fourrage. On cultive encore le *baguenaudier d'Éthiopie*, à fleurs d'un beau rouge.

BAGUETTE (du latin *baculus*, bâton), nom donné communément à un petit morceau de bois ou de métal, de quelques lignes d'épaisseur, plus ou moins long, rond et flexible. On emploie les baguettes à une infinité d'usages. On appelle, 1o *baguettes de tambour*, deux petits bâtons courts et renflés en forme de boutons à leurs extrémités, dont on se sert pour tirer des sons du tambour, des timbales, du tambourin, etc. 2o *Baguette d'arquebuse, de fusil, de pistolet*, une baguette dont on se sert pour presser la poudre, la bourre, etc., qu'on met dans le canon de ces armes. On faisait autrefois les baguettes en baleine ou en bois flexible; maintenant ces dernières se composent que pour les armes de chasse. A l'armée, on a des baguettes de fer ou d'acier; les Prussiens s'en servirent les premiers en 1703. 3° Les artificiers appellent *baguette* une espèce de petit bâton qu'ils emploient pour la construction de diverses pièces d'artifice. Ils nomment *baguette à rouler* celle qui leur sert à rouler les cartouches ou cartons d'artifice ; *baguette à redoubler*, celle qui sert à redoubler les cartons sur le massif ; *baguette à charger*, une baguette percée plus ou moins, pour recevoir la broche et laisser un vide dans la cartouche ; *baguette en massif*, un bâton court, qui n'est pas percé, avec lequel on charge la composition qui excède la broche ; *baguette de fusée*, celle qui est attachée à une fusée pour diriger sa course. 4° En termes d'architecture, c'est une petite moulure ronde en forme de baguette. Elle reçoit plusieurs noms selon la diversité des ornements dont on la couvre. Ainsi il y a des *baguettes à roses*, *à rubans*, *à cordons*, etc. 5° Les ciriers et les chandeliers appellent *baguettes à mèches*, *à bougies*, *à tremper*, diverses sortes de bâtons dont ils se servent pour enfiler leurs mèches. 6° Les hongroyeurs appellent *baguette* un morceau de bois long et rond, plus gros au milieu qu'aux extrémités, et qui leur sert à unir et à aplanir leur cuir. — On a donné la *baguette* à plusieurs officiers publics comme marque de commandement et d'autorité. Ainsi on nomme *huissier de la baguette noire* le premier huissier de la chambre du roi d'Angleterre. — En marine, la *baguette* est le nom d'un petit mâtereau léger, destiné à recevoir ou soutenir les cornes de certains mâts. — *Passer par les baguettes* est supporter une position qu'on impose aux soldats qui commettent des fautes de discipline, et qui consiste à passer, les épaules nues, entre deux haies formées par les soldats de la compagnie, autant de fois que le porte la condamnation, et à recevoir en cet état des coups de la baguette dont chacun d'eux est armé. Ce supplice n'est plus en usage en France ; il est encore infligé en Angleterre, en Allemagne, en Prusse et en Russie.

BAGUETTE DIVINATOIRE, branche fourchue de coudrier, d'aune, de hêtre, de pommier ou de noisetier, au moyen de laquelle on prétendait découvrir les mines, les sources d'eaux cachées, les trésors enfouis, la retraite des criminels, etc. Celui qui faisait l'opération devait tenir la baguette inclinée vers la terre, et malgré la résistance de ses deux mains elle se dirigeait vers l'endroit où il y avait du métal ou de l'eau. L'art de s'en servir s'appelait *rabdomancie*. Les plus fameux rabdomantes ont été Jacques Aymar et Pennet.

BAGUETTE SACRÉE, baguette que portaient les ambassadeurs envoyés par les anciens Francs aux peuples avec qui ils étaient en guerre. C'était la marque de leur mission.

BAHAMA, une des principales îles Lucayes, dans le voisinage des Antilles et de Cuba. Cette île a 20 lieues de long sur 5 de large. Elle est fertile et jouit d'un climat salubre. Ses habitants sont nombreux. — On nomme, 1° *vieux canal de Bahama*, un bras de mer qui va de l'océan Atlantique au golfe du Mexique. Il a 125 lieues de long ; 2° *nouveau canal de Bahama* ou *golfe de Floride*, un bras de mer s'étendant le long de la côte des Florides, et qui a environ 100 lieues de long ; 3° *banc de Bahama*, un grand banc de sable qui a 135 lieues de long sur 30 de large, entre la côte N. de Saint-Domingue et la pointe du détroit de Bahama.

BAHAR, nom donné à Batavia à la valeur de 10,000,000 de *caches*.

BAHAR ou BEHAR, vaste contrée de l'Indoustan, traversée par le Gange, et bornée au N. par le Népaul, au S. par le Bérar, à l'O. par le territoire d'Oude, et à l'E. par le Bengale. Sa superficie est de 9,630 lieues carrées, et sa population de 10,974,000 habitants. Après avoir formé deux royaumes indépendants, celui de *Magadha* au midi, et le *Tirhouz* ou *Trihouta* au N., elle fut soumise aux Turks, qui la divisèrent en sept districts. Les Anglais s'en étant emparés en 1765, la partagèrent en six juridictions, qui sont *Bahar*, *Ramgur*, *Bhagulpore*, *Tirhout*, *Sarum* et *Shad-Abad*. La capitale est *Patna* ou *Padmavati*, avec 312,000 habitants. — La province de Bahar est fertile et bien cultivée. Elle produit beaucoup de sucre, tabac, coton, opium, indigo, poivre, lin, chanvre, et des fruits délicieux. On y trouve des mines de fer et de salpêtre, des fabriques d'opium, de bétel, de toiles de coton, de tabac, d'outils en fer, des raffineries de sucre et de salpêtre, de belles distilleries.

BAHARIAH ou BAHARITES, première dynastie des mamelucks d'Egypte, composée par des esclaves turcomans, que des Tartares avaient vendus à des marchands d'Egypte. Malek-Saleh-Magmeddin, roi de ce pays, de la race des Ayoubites, les acheta de ces marchands. Plusieurs de ces esclaves étant arrivés aux premières charges de l'Etat, s'emparèrent de l'autorité souveraine, et proclamèrent l'un d'eux, Ezzeddin-Bey, sultan d'Egypte. Leur dynastie commença l'an 1270 de J.-C., et dura jusqu'en 1406.

BAHAVOLPOUR ou BUHAWULPOOR, principauté de l'Afghanistan dans la province de Moultan. Ses villes les plus importantes sont *Bahavolpour* et *Ahmedpour*. Cet Etat fut fondé, en 1769, par le prince dont il porte le nom.

BAHEIREH, province de la basse Egypte, bornée au N. par la Méditerranée, au S. par le désert de Libye. Sa capitale est *Alexandrie*.

BAHIA ou SAN-SALVADOR, province du Brésil, bornée au N. par celle de Pernambuco, au S. par celles de Rio-Janeiro et de Minas-Geraes, à l'O. par cette dernière et par celle de Goyaz, à l'E. par l'océan Atlantique. Elle a 436 lieues de long sur 205 de large. Elle est divisée en cinq districts *Ilheos*, *Bahia*, *Jacobena*, *Seregippe* et *Porto-Seguro*. Cette province est très fertile, et produit en abondance du sucre, du coton, du tabac, du café, etc. On y trouve aussi des mines d'or et d'argent, mais qui ne sont pas exploitées. La capitale, appelée *Bahia* ou *San-Salvador*, est bâtie à l'entrée et sur le bord oriental de la baie de Tous-les-Saints. Cette ville est très-grande, mais mal construite. Ses environs présentent des points de vue magnifiques. On y admire quelques monuments, entre autres la bourse, le jardin public, les arsenaux, le San-Pedro. Le port de Bahia offre un bon mouillage à l'abri de tous les vents, et qui ne présente aucun danger. La population de cette ville est de 100,000 habitants, dont 30,000 blancs, autant de mulâtres et 40,000 nègres. Bahia est le siége d'un archevêché. Son commerce consiste en toiles, draps, chapeaux, souliers, soieries, indiennes, sucre, coton, tabac, café, acajou, gomme et indigo.

BAHR-EL-ABIAD, grande rivière d'Afrique, qui prend sa source dans les monts de la Lune, au S. du Darfour, se joint au Bahr-el-Azrek pour former le Nil. Sa longueur est de 325 lieues environ avant sa confluent. C'est le *Nil supérieur* de quelques géographes.

BAHREIN ou AOUAL, groupe d'îles situé dans le golfe Persique. Les principales sont celles de *Bahrein*, *Samahe*, *Tarout*, *Arad*, à peu de distance de Bassorah. Ces îles sont célèbres par la pêche qu'y font les Arabes des perles très-abondantes dans ces parages. Ces perles sont moins blanches que celles de Ceylan et du Japon, mais beaucoup plus grosses et plus régulières. Cette pêche se fait au mois de juillet et d'août. Les îles Bahrein sont fertiles en dattiers, figuiers, vignes et cotonniers.

BAHUS. Voy. BOHUS.

BAHUT, mot ancien qui désigne une sorte de coffre dont le couvercle fait en voûte est recouvert de cuivre ou de fer, et garni de clous rangés avec soin. En termes d'architecture, le *bahut* est le profil bombé de l'appui d'un quai, d'un parapet, d'une terrasse ou d'un fossé. — Les jardiniers disent qu'une plate-bande, une couche, est en *bahut* ou *en dos de bahut* lorsqu'elle est bombée et arrondie sur sa largeur. — Le *bahutier* est l'ouvrier qui fait des coffres, valises, malles et autres ouvrages de cette nature.

BAI, couleur de rouge brun ou de châtaigne plus ou moins foncé. Il se dit aussi du poil des chevaux et du cheval qui a le poil de cette couleur. Le bai a plusieurs nuances, *bai clair*, *bai doré*, *bai brun*, *bai châtain*, *bai cerise*. On appelle *bai miroité* ou *à miroir* la couleur d'un cheval dont le corps est parsemé de taches rondes d'un bai plus clair que le reste de sa robe.

BAICTAKLAR, nom donné aux porte-drapeaux, en Turquie.

BAIDAR, bateau recouvert de cuir, portant une voile, et allant à l'aviron. Cette embarcation est en usage chez les Kamtschadales.

BAIE (bot.), nom général donné à tout fruit charnu et simple dont la pulpe est molle et succulente à sa maturité et renferme une ou plusieurs graines ; tels sont la *groseille*, le *raisin* ; les fruits charnus composés ou multiples, tels que la *figue*, la *fraise*, la *mûre*, etc., ne conservent pas le nom de baie, et sont appelés *syncarpe*, *sorose* et *sycone*. Les baies sont de forme allongée ou arrondie, et renferment une ou plusieurs graines. Les oiseaux et plusieurs animaux mammifères font leur nourriture des baies.

BAIE (géogr.), enfoncement de la mer dans les terres, où les vaisseaux s'abritent contre les vents. Une baie est plus grande qu'une *anse*, moins profonde qu'un *golfe*, et moins fermée qu'une *rade*. C'est une sorte d'enfoncement souvent très-ouvert, et formé par les sinuosités de la côte. Cette distinction n'est pas toujours observée par les géographes, qui nomment improprement *baies* des étendues d'eau plus considérables qu'un golfe, et qui devrait être appelées *mers*, telles que la *baie d'Hudson*, celle de *Baffin*, etc.

BAIE (archit.), nom donné à toutes sortes d'ouvertures percées dans les murs pour y faire une porte ou une fenêtre.

BAIE-MAHAUT (LA), quartier de la Guadeloupe (colonie française en Amérique). Ce quartier, le plus bas, le plus inondé de toute l'île, en est aussi le plus malsain. Il est bordé d'un côté par la rivière Salée, bras de mer long d'environ 6,000 mètres, et navigable pour les bateaux seulement, parce que les hauts-fonds de ses deux embouchures ne répondent pas à la profondeur de son canal. La Baie-Mahaut, où s'ouvre l'embouchure N. de la rivière Salée, se nomme le *grand Cul-de-Sac*. Elle est formée en partie par huit îlots et par plusieurs rangs de hauts-fonds qui forment un bassin de 5 à 6 lieues de long sur 1 à 3 lieues de large, où les vaisseaux peuvent se mettre en sûreté. Le *petit Cul-de-Sac*, où s'ouvre l'embouchure S. de la rivière, forme la baie de la Pointe-à-Pitre. Le bourg de *la Baie-Mahaut* renferme quelques chaumières éparses au bord de la mer.

BAIES ou BAIA, ville antique d'Italie, dans la Campanie, située entre le cap Misène et Pouzzole, dans un golfe particulier qui fait partie de celui de Naples. Baies doit sa célébrité aux bains d'eaux thermales qu'elle renfermait et à sa position délicieuse sur le bord de la mer. Ce fut jadis le rendez-vous général des Romains de distinction, qui y possédaient des maisons de plaisance et des châteaux magnifiques. On n'en voit plus que des ruines et des débris.

BAIETTE, BAYETTE ou BAGUETTE, étoffe de laine non croisée et fort large, un espèce de flanelle très-lâche, et tirée au poil d'un côté. On en fabrique en Angleterre, en Flandre, et dans quelques provinces de France. Les Espagnols et les Portugais l'appellent *bactas*.

BAIF (Jean-Antoine DE), né à Venise un 1531, était fils de Lazare de Baïf, ambassadeur de France à Venise et en Allemagne. Laissé orphelin et sans secours à l'âge de quinze ans, il fut obligé de se créer une ressource par la pratique des lettres. Charles IX, qui sut apprécier son talent, le nomma secrétaire de sa chambre. Vers l'an 1570, Baïf établit dans le faubourg Saint-Marceau une *académie de musique*, qui eut un grand succès, puisque Charles IX lui accorda des lettres patentes, et que Henri III voulut assister à l'une de ses séances (1578). C'est cette académie qui donna, dit-on, naissance au *grand opéra*. Baïf fut le premier à tenter d'introduire l'usage des vers français mesurés par syllabes longues et brèves, à la manière des Grecs et des Romains. Cet essai, quoique adopté par Ronsard et autres poëtes contemporains, ne réussit nullement. Baïf mourut en 1591. Ses œuvres contiennent neuf livres de *poëmes*, sept livres intitulés *les Amours*, cinq livres de *Jeux* ou pièces de théâtre, cinq livres de *Passe-temps* et des *Mimes*, suite de maximes et réflexions morales ou satiriques pleines de verve et de chaleur.

BAÏKAL (Lac ou Mer de), nommé aussi *Bayakhal* (c'est-à-dire, *grande mer*) et *Sviatoï-More* ou *Socaloïe-More* (c'est-à-dire, *mer sainte*), grand lac de l'Asie septentrionale, dans la Sibérie, compris dans le gouvernement russe d'Irkoutsk, vers la frontière de la Chine. Il a environ 175 lieues de longueur sur une largeur moyenne de 30, et 466 lieues de circonférence. Sa profondeur est immense et varie de 140 à 1,400 pieds. Ses eaux sont légères, douces et d'une extrême limpidité. Couronné de coteaux élevés et de montagnes, le Baïkal recueille les eaux d'un grand nombre de rivières, entre autres l'*Angara*, la *Bargousine*, le *Sélenga*, fleuves très-considérables, et ses eaux s'écoulent par l'Angara inférieure. Les bords de ce lac sont beaux et pittoresques. La navigation sur le Baïkal est très-dangereuse à cause des rochers et des écueils sans nombre qu'on y trouve. Les tempêtes y sont extrêmement fréquentes. Ses eaux ont des crues périodiques ressemblant aux flux et au reflux de la mer. Elles sont très-poissonneuses, et la pêche des veaux marins est une branche de commerce très-importante pour les habitants de cette contrée. On y trouve aussi beaucoup d'éponges de mer. Le Baïkal renferme plusieurs îles où l'on trouve des mines de fer, cuivre, plomb, houille et soufre. La plus importante est Olkhon, qui a 18 lieues de longueur sur 6 de largeur. — On nomme *monts du Baïkal* la chaîne de montagnes qui bordent le Baïkal. Elles sont très-élevées, escarpées et formées de roches serpentineuses et calcaires, de granit, de schistes, de pyroxène, appelé *baïkalite*, et de brèches siliceuses.

BAIL (au pluriel, Baux), terme de jurisprudence. C'est le contrat par lequel celui qui est propriétaire d'une chose ou qui en a temporairement la disposition la donne en garde à un tiers pour en jouir et en recueillir les fruits pendant un temps déterminé, moyennant un prix annuel. — Le mot *bail* avait autrefois une signification plus étendue et était le synonyme absolu de garde. *Donner un mineur en bail*, c'était le mettre en tutelle. Le contrat de bail, tel qu'il existe aujourd'hui, est encore le plus usuel de tous les contrats. Tout ce qui est susceptible de conservation et de donner régulièrement des fruits ou des bénéfices peut en être l'objet. Mais il s'applique plus spécialement aux fonds de terre qui sont donnés en ferme. Le bail qui comprend les services personnels de l'homme prend le nom de *contrat de louage* ; celui qui s'applique aux bestiaux, *bail à cheptel* ou *cheptel* ; celui qui comprend le logement ou le mobilier qui le garnit, *contrat de location*, *bail de maison* ou *bail à loyer* ; celui qui comprend le louage des héritages ruraux, *bail à ferme* ou *de biens ruraux*. Notre législation nomme encore le bail qui se rapporte aux devis, marchés ou prix faits pour l'entreprise d'un ouvrage convenu, lorsque la matière est fournie par le propriétaire. Tout bail, quel qu'en soit l'objet, peut être fait verbalement ou par écrit, et d'après les usages des lieux. (Voy. le Code civil, livre III, titre VIII, articles 1708-1778.) — On nomme *baux par anticipation* ceux que l'on fait longtemps avant l'expiration du bail courant. Tous ceux faits plus de deux années avant l'expiration du bail courant, lorsqu'ils émanent d'un simple administrateur, sont réputés nuls, si l'administrateur n'a plus les pouvoirs au moment de l'ouverture du bail ; ainsi le mari pour les biens de sa femme, le tuteur pour ceux du mineur, ne peuvent pas faire de baux par anticipation ; ce droit n'appartient qu'au propriétaire. On appelle *baux à cens* le bail par lequel un seigneur féodal affermait un bien à l'un de ses vassaux ; on disait *baux de clame*, lorsque les bestiaux étaient saisis en dommage et qu'ils étaient remis entre les mains de la justice pour faire prononcer l'amende ou la *clame* encourue ; cela se pratique encore dans les forêts de l'État ; *baux à complant, à moisson* ou *à portion de fruits*, ceux par lesquels le propriétaire d'une vigne la donnait à loyer sous la condition que le preneur lui remettrait une portion des fruits ; *baux à convenant* ou *à domaine congéable*, particuliers à la Bretagne, et par lesquels le propriétaire d'une maison et terres de la campagne ayant besoin d'argent, ou voulant assurer les rentes d'une terre éloignée et n'avoir pas l'embarras des réparations, donnait sa terre et sa maison à une autre personne, à la charge de payer une rente et de faire les corvées ordinaires pour en jouir par le preneur à perpétuité ; *baux emphytéotiques*, location faite ordinairement pour quatre-vingt-dix-neuf ans d'un terrain inculte et abandonné, à la charge par le fermier de le défricher, de construire et de le mettre en pleine valeur ; *baux à l'extinction du feu* ou *de la chandelle*, les baux qui se faisaient dans les fermes du roi à la chandelle ; aussitôt la chandelle éteinte, les enchères n'étaient plus reçues. Les *baux judiciaires* sont ceux faits par la seule autorité de justice des biens saisis sur un propriétaire poursuivi par ses créanciers ; les *baux à locatairie* ou *à culture perpétuelle* étaient des baux par lesquels le propriétaire aliénait à perpétuité la jouissance du bien qui lui appartenait, tout en se réservant la propriété foncière ; les *baux à longues années* sont ceux qui ont une durée de plus de neuf ans ; les *baux de mariage* étaient une dénomination qui s'appliquait autrefois au mariage lui-même ; les *baux maritimes* concernent les services des gens de mer en cours de voyage ; les *baux de mineur* étaient une dénomination qui s'appliquait autrefois au mineur à l'égard de son tuteur ; les *baux naturels* sont une dénomination donnée à la tutelle exercée par le père ou par la mère ; les *baux en nourriture* étaient un contrat par lequel une personne se donnait elle-même à bail pour être nourrie et entretenue, moyennant le payement annuel d'une somme arrêtée à forfait : ce contrat était surtout usité pour les mineurs et les vieillards qui voulaient s'assurer une existence tranquille ; les *baux en payement* sont ceux par lesquels le débiteur donne la chose qui lui appartient à bail à son créancier pour se libérer de sa dette : ce contrat a pris, quant aux immeubles, la dénomination d'*antichrèse* ; les *baux au rabais* sont ceux où l'adjudication est faite, non pas aux enchères, mais au rabais : ce contrat s'applique au bail d'ouvrages à faire ; c'est l'entrepreneur qui soumissionne au meilleur marché qui devient adjudicataire du bail au rabais ; les *baux à rentes* étaient jadis un contrat de vente dans lequel seul le prix était représenté par une rente foncière, irrachetable, en sorte que le vendeur, bien que dessaisi de la propriété de son fonds, était réputé avoir toujours des droits sur lui, à raison de la rente qu'il s'était réservée ; les *baux de territoires* étaient ceux par lesquels un seigneur féodal recevait en garde de son seigneur dominant le territoire soumis à sa justice ; les *baux à vie* sont ceux qui n'ont d'autre terme que la vie du preneur. Le prix stipulé dans ces contrats est une somme déterminée à forfait pour toute la durée éventuelle du bail ou de la vie du preneur.

BAILE, titre qu'on donnait à l'ambassadeur de Venise résidant à Constantinople.

BAILLARD ou Baillarge, nom donné vulgairement à l'*orge commune*, à l'*orge gauloise* ou *distique*, et à l'*orge en éventail*, parce que, dans les temps de la féodalité, le froment étant de droit réservé au maître, il ne restait au tenancier de bail que l'orge pour fabriquer son pain. — C'est aussi le nom d'un brancard de teinturier pour égoutter les soies.

BAILLE, terme de marine, moitié de tonneau en forme de baquet, de forme régulière, plus large du fond que du haut. On s'en sert à divers usages. — C'était autrefois une sorte de retranchement qui n'est plus usité. Le *baille-blé* est, en termes de meunier, la tringle qui fait tomber le grain sur la meule.

BAILLEMENT, phénomène physiologique qui consiste en une profonde inspiration avec écartement considérable des mâchoires. Cette inspiration lente et involontaire est suivie d'une expiration prolongée plus ou moins sonore. On pense que le bâillement est déterminé par un embarras dans la circulation pulmonaire. Les causes qui le produisent sont l'ennui, la fatigue, le besoin de dormir, la faim, la vue d'une personne qui bâille, la monotonie des sons, etc. Ce malaise précède souvent l'invasion de certaines fièvres intermittentes. Il peut même par sa fréquence et son opiniâtreté, constituer un véritable maladie.

BAILLET, cheval à poil roux tirant sur le blanc.

BAILLET (Adrien), né en 1649 à la Neuville (Oise), embrassa d'abord l'état ecclésiastique, qu'il quitta pour se livrer entièrement à l'étude, fut ensuite régent d'humanités au collége de Beauvais, en dernier lieu bibliothécaire de l'avocat général Lamoignon, chez lequel il mourut en 1706. Ce savant critique a composé une foule d'ouvrages encore très-estimés, dont les plus célèbres sont les *Vies des saints*, l'*Histoire des démêlés du pape Boniface VIII avec Philippe le Bel*, l'*Histoire de Hollande* et les *Jugements des savants sur les principaux ouvrages des auteurs*.

BAILLEUL, bourg en Normandie, à une lieue et demie d'Argentan (Orne). Jean de Bailleul d'Harcourt, mort en 1306, et Edouard de Bailleul, mort en 1342, l'un et l'autre rois d'Ecosse, étaient originaires de cette ville, dont ils étaient primitivement seigneurs, et dont ils gardèrent le nom. — Un autre bourg du même nom, compris dans le département du Nord, fut jadis une place très-forte. Elle avait été fortifiée par Robert le Frison, comte de Flandre (1071). Après avoir appartenu quelque temps aux Espagnols, Bailleul fut cédé par eux à la France (1679). Cette ville est aujourd'hui sans défense, et ses fortifications ont été entièrement détruites.

BAILLEUL ou Baliol (Jean de), seigneur de Bailleul, en Normandie, fut reconnu roi d'Ecosse par Edouard Ier, roi d'Angleterre, lorsqu'après la mort d'Alexandre III (1289) et de sa petite-fille Marguerite de Norwége, vacant, plusieurs prétendants se disputaient le trône vacant. Ce faible roi prodigua d'abord les actes les plus humiliants d'hommage et de servitude envers Edouard ; mais l'orgueil écossais se révolta de l'abus que le monarque anglais fit de la bassesse de son rival, et Bailleul lui-même s'en indigna. Il refusa de comparaître devant le parlement de Newcastle où Edouard l'avait cité, fit un traité offensif et défensif avec la France contre l'Angleterre. La guerre éclata entre Edouard et Bailleul. Celui-ci, vainqueur un moment sur terre et sur mer, puis vaincu à Dumbard en 1294, alla se remettre à la discrétion d'Édouard, signa l'aveu de sa rébellion, l'abdication de sa couronne, et fut envoyé prisonnier à la Tour de Londres avec son fils. Il obtint ensuite la permission d'aller à Oxford, où il fonda le collège qui porte encore son nom, renouvela son abdication, reconnut Edouard pour maître absolu de l'Écosse, et se retira en Normandie, où il mourut en 1305 ou 1306

BAILLEUL (Edouard de), fils du précédent, fut secrètement appelé de Normandie par Édouard III, roi d'Angleterre, pour être placé sur le trône d'Ecosse (1332). Il envahit ce pays qui, depuis la mort de son père, avait été tour à tour défendu contre les Anglais par l'intrépide Wallace, gouverné par les partisans de sa famille, et enfin soumis à Robert et à David Bruce. A la tête d'une armée de 10,000 hommes, il remporta plusieurs victoires sur les Ecossais, prit quelques villes, et se fit couronner à Scone. Battu plus tard par les partisans de David Bruce, il fut rétabli par Édouard III, qui gagna la fameuse bataille d'Hallidown, où périrent 12,000 Ecossais. Bailleul ne se montra que l'indigne vassal de ce roi. Souvent déposé par ses sujets et rétabli par Édouard, et toujours soumis aux ordres de ce monarque, il finit par céder la couronne au roi d'Angleterre (1356). On ignore l'époque de sa mort.

BAILLEUR, nom donné, en jurisprudence, à celui qui cède, qui baille à ferme, par opposition à celui qui prend une ferme, et qu'on appelle preneur. En parlant d'une femme, on dit bailleresse. — On nommait bailleur de tables un officier qui, dans les halles d'Amiens, fournissait aux marchands des tables pour étaler leurs marchandises.

BAILLI (du mot bajulus ou balivus de la basse latinité), nom donné autrefois aux juges seigneuriaux chargés, dans les grands fiefs, de rendre ou de faire rendre la justice au nom de leurs seigneurs. A l'exemple de leurs grands vassaux, les rois créèrent cette charge dans leur domaine, et l'on appela bailli un officier royal d'épée, qui rendait la justice dans une certaine étendue du territoire de la France. Les baillis royaux avaient la triple administration de la justice, des finances et des armes. Ils présidaient à toutes les assemblées générales relatives à la police des villes, et faisaient procéder aux élections des maires et échevins; ils pouvaient de plus convoquer le ban et l'arrière-ban, ce qui leur donnait le droit de porter l'épée. Dans le XIVe siècle, on retira les armes et l'administration des finances de l'office des baillis. Il ne leur resta plus que celle de la justice. Louis XII ordonna (1498) qu'à l'avenir ces fonctionnaires seraient gradués dans les universités de droit. Charles IX (1560) régla que les baillis seraient de robe courte. Jusqu'en 1789, pour être reçu dans cet office, il fallait être gentilhomme de nom et d'arme. Les baillis devaient rester dans leur province, et la visiter quatre fois l'année. Outre les baillis royaux dont nous venons de parler, ce nom de bailli avait été encore adopté par les officiers et juges subalternes dans les bourgs et les villages; bientôt même ce ne fut plus qu'à eux seuls qu'il fut donné. Dans le langage habituel, les hauts et puissants seigneurs dédaignèrent ce titre voué au ridicule, et dont le théâtre s'était servi comme du type grotesque de l'autorité subalterne en France; ils ne le conservèrent plus que dans leurs actes officiels. Les baillis ont été supprimés en 1789. — Il y a encore en Suisse et en Allemagne des baillis et des grands baillis, magistrats préposés à l'exécution des lois, dans certains districts qu'on nomme bailliages.

BAILLI, titre de dignité dans l'ordre de Malte. Il y avait des baillis conventuels, des baillis capitulaires, et un grand bailli. Les premiers étaient les chefs des huit langues qui composaient l'ordre; les deuxièmes possédaient les bailliages de l'ordre; le troisième, dont la dignité correspondait à celle de grand-croix, était au-dessus de celle des commandeurs. Cette charge était unique et attachée à la langue d'Allemagne.

BAILLI DE L'EMPIRE, titre que prenait au moyen âge, en Allemagne, le prince qui remplissait les fonctions de régent pendant les vacances du trône impérial.

BAILLI DE L'ARSENAL, nom donné autrefois à un juge établi pour prononcer sur les contestations entre les ouvriers employés à l'artillerie et leurs officiers et administrateurs.

BAILLI DU PALAIS, juge qui avait juridiction dans l'intérieur du palais du roi pour toutes les causes civiles et criminelles. Cette charge fut instituée en 1338, par le dauphin Charles. Juvénal des Ursins prit le premier en 1443 le titre de bailli du palais. On disait auparavant concierge ou capitaine.

BAILLI ERRANT, officier de justice en Angleterre, que le shérif envoie dans les lieux de sa juridiction signifier ses ordres. Il y a aussi des baillis qui administrent les subdivisions des comtés. On les nomme en anglais baillifs.

BAILLIAGE, juridiction d'un bailli dans une certaine étendue de pays. C'était aussi le nom du tribunal qui rendait la justice au nom du bailli. (Voy. ce mot.) — Il y avait un bailliage de l'artillerie de France, un bailliage ou capitainerie royale des chasses. Ce dernier tribunal était composé d'un bailli, d'un lieutenant général, d'un procureur du roi et d'un greffier. En 1718, on y ajouta quatre exempts, un receveur des amendes et un voyer.

BAILLIAGE. On nommait ainsi, dans l'ordre de Malte, la première dignité après celle du grand prieur. Il y avait cinq chaque prieuré un bailliage; dans celui de France, il y avait le bailliage de la Morée et celui de la trésorerie, dont le chef-lieu était la commanderie de Saint-Jean de Latran, à Paris.

BAILLIAGE se dit, en Suisse et en Allemagne, d'un district dont la direction et l'administration sont confiées à un magistrat qui porte le titre de bailli.

BAILLIE (Robert), théologien presbytérien, né à Glascow, en Ecosse, en 1599, fut un des plus zélés soutiens du parti presbytérien. Il fut membre, en 1638, de l'assemblée de Glascow, tenue par les Ecossais pour la défense de leur religion, et d'où sortit le fameux covenant. Il fut toujours fidèlement attaché à la maison des Stuarts, et mourut en 1662. On a de lui un livre très-estimé, en latin, intitulé Opus historicum et chronologicum (ouvrage historique et chronologique).

BAILLIF (Le), un des quinze quartiers de la Guadeloupe (colonie française en Amérique). Le bourg du Baillif, sur la rivière de ce nom, a été détruit deux fois par les Anglais, et est maintenant à peu près désert.

BAILLIVE, nom donné à la femme d'un bailli.

BAILLY (Jean-Sylvain), né à Paris en 1736 d'un père peintre, et auteur de plusieurs ouvrages dramatiques. Il composa dès l'âge de seize ans, en 1752, deux tragédies, Clotaire et Tancrède. Mais il renonça bientôt à ce genre de littérature, et se tourna du côté des sciences. Il étudia l'astronomie sous l'abbé de la Caille, et fit de grands progrès dans les mathématiques. En 1762, il présenta à l'académie des sciences un Recueil d'observations lunaires; et, l'année suivante, l'abbé de Lacaille étant mort, il lui succéda dans cette illustre compagnie. Il publia alors un nouveau Recueil astronomique contenant le calcul d'un grand nombre d'observations d'étoiles zodiacales et (1766) un Essai sur la théorie des satellites de Jupiter avec des tables de leurs mouvements. Bailly s'attacha ensuite à l'académie des sciences, et publia sur ce sujet des Lettres sur l'origine des sciences et sur celle des peuples de l'Asie, puis l'Astronomie ancienne, moderne, indienne et orientale. Il fut admis en 1784 à l'académie française, et l'année suivante à celle des inscriptions et belles-lettres. En 1789, lors de l'ouverture des états généraux, il fut nommé député par les électeurs de Paris. Nommé doyen du tiers état, il présida l'immortelle séance du jeu de paume (20 juin 1789), et continua à présider l'assemblée quand elle se fut constituée en assemblée nationale. Nommé maire de Paris (16 juillet), il embrassa avec une égale ardeur la cause du peuple et celle de Louis XVI. Sa popularité se perdit à la suite du coup d'État du 17 juillet 1791, où il fit disperser par les armes l'attroupement du peuple qui demandait le prononcé immédiat de la déchéance de Louis XVI. Forcé de donner sa démission, il se retira à Nantes chez un ami. Il fut appelé à Paris en 1793 comme témoin à décharge dans le procès de Marie-Antoinette; puis arrêté et condamné par le tribunal révolutionnaire à être exécuté sur le champ de Mars, sous divers prétextes spécieux (novembre 1793). Bailly subit le supplice avec le plus grand courage.

BAILLY DE JUILLY (Edme-Louis-Barthélemy), né à Troyes en 1760, était lors de la révolution oratorien et professeur au collège de Juilly. Le département de Seine-et-Marne le nomma en 1790 député à la convention nationale. Bailly se prononça dans le procès de Louis XVI pour l'appel au peuple, le bannissement, et ensuite pour le sursis. En mai 1794, il fut nommé secrétaire de la convention. Dans la journée du 1er prairial an III (20 mai 1795), il occupa le fauteuil en remplacement de Vernier. Devenu ensuite membre du comité de sûreté générale, il s'opposa constamment aux jacobins, et fut un des membres du conseil des cinq-cents. Il fit partie du corps législatif en 1798. Après les événements du 18 brumaire, il fut nommé préfet du Lot, et mourut en 1819 officier de la Légion d'honneur.

BAIN, immersion dans une espèce de cuve en bois, en métal ou en marbre, appelée baignoire. Les bains, considérés sous le rapport médical, se divisent en bains entiers et bains locaux, c'est-à-dire en bains de tout le corps, ou en bains de quelques parties du corps seulement. Sous le rapport hygiénique, ils sont chauds, froids ou tempérés. On emploie ordinairement l'eau pure dans les bains, et, suivant que le cas l'exige, cette eau est chargée de médicaments destinés à opérer sur le malade. Le bain, employé souvent comme remède spécial, est encore plus souvent employé par principe d'hygiène ou de propreté. Les Orientaux en font un usage quotidien ; et les anciens avaient ainsi que les peuples de l'Orient des bains publics. Voy. BAINS.

BAIN. Ordre militaire d'Angleterre, institué par Richard II dans le XIVe siècle. Les chevaliers portaient une écharpe de soie bleu céleste, chargée de trois couronnes d'or, avec la devise : tres in uno, par allusion aux trois vertus théologales. Georges Ier en 1725 remit en usage cet ordre presque oublié avant lui. Il se compose de trente-six chevaliers, qui portent un ruban rouge moiré et la médaille citée plus haut.

BAINS (balneæ). Il y en avait à Rome un grand nombre, soit publics, soit particuliers. Les premiers étaient ouverts à une certaine heure du jour, et le pauvre y était admis moyennant un quadrans, c'est-à-dire un liard. Après le bain, on faisait usage de la pierre ponce et des parfums, afin de rendre la peau plus douce et plus belle. Les empereurs, pour capter la faveur populaire, bâtirent jusqu'à huit cents bains magnifiques. Les Romains avaient coutume de lire dans le bain. Les bains étaient divisés en deux parties, l'une pour les femmes, l'autre pour les hommes. Il reste encore un assez grand nombre d'édifices antiques destinés aux bains, appelés thermes. — En chimie on appelle bains des vases que l'on place sur un fourneau et dans lesquels on a mis différentes substances : tels sont les bains de sable contenant du sable, les bains-marie contenant de l'eau, et les bains de vapeur contenant de la vapeur aqueuse.

BAINS (LES ou FORT-LES-), place forte du département des Pyrénées-Orientales, commencée en 1760 par ordre de Louis XIV, et achevée bientôt après. Le fort des Bains est bâti sur la crête d'une montagne qui domine le village et la vallée de ce nom, et au pied de laquelle coule la rivière du Tech. Tout près du village sont les sources d'eau minérale. — BAINS est aussi une ville de la Lorraine, près de Toul, dans le département de la Meurthe. Population, 1,800 habitants. On la nomme ainsi des sources minérales qui existent dans son voisinage. — BAINS-DE-RENNES ou de MONTFERRAND est un village du département de l'Aude qui renferme des eaux thermales très-fréquentées. — BAINS est un village des Vosges, chef-lieu de canton, à 8 lieues d'Epinal. Population, 2,600 habitants. Elle a des eaux thermales excellentes.

BAÏONNETTE. V. BAYONNETTE.

BAÏOQUE ou BAÏOQUES, monnaie de cuivre qui se fabrique et a cours à Rome et dans l'Etat ecclésiastique. Il vaut environ 9 deniers de France.

BAIRAM, fête des Turks, instituée par Mahomet vers 623, et célébrée après le jeûne ou carême du ramazan. Ils célèbrent deux baïrams tous les ans : l'un suit immédiatement le ramazan, comme Pâques suit le carême dans l'Eglise catholique ; c'est le grand Baïram. L'autre ou le petit Baïram vient soixante-dix jours après. Cette fête dure trois jours pendant lesquels tout travail est suspendu. Le jour qui suit le ramazan, il faut que le temps soit beau et qu'on puisse apercevoir la nouvelle lune, sans quoi le Baïram est remis au lendemain.

BAIREUTH ou BAIROUT, ville du pachalik d'Acre en Syrie, qui est l'entrepôt des Maronites et des Druses qui y portent leurs cotons et leurs soies, et reçoivent en retour du riz, du tabac, du café et de l'argent. C'est l'ancienne Béryte, patrie de Sanchoniathon. Maintenant son port est comblé, et elle a environ 12,000 habitants. Baïrout possède un évêché grec.

BAISE, rivière de France, qui a sa source dans le département des Hautes-Pyrénées. Elle forme deux branches qui se réunissent au département du Gers, passe à l'Isle, Condom, Nérac où elle commence à être navigable au moyen de sept écluses, et se jette dans la Garonne vis-à-vis Aiguillon, après un cours de 57 lieues.

BAISE-MAINS. Hommage que le vassal rendait au seigneur du fief en lui baisant la main. C'était un hommage accompagné d'offrandes que l'on faisait aux prêtres dans quelques cérémonies de l'Eglise. Il exprime aussi en termes féodaliques, la redevance pécuniaire ou en denrées que les tenanciers payaient au seigneur foncier à chaque renouvellement du bail. Depuis on l'a appelé pot-de-vin ou épingles de madame.

BAISEMENT DES PIEDS, hommage et adoration du pape en lui baisant les pieds. On appelle encore ainsi la coutume observée dans l'Eglise catholique, par laquelle le jeudi saint l'officiant qui a célébré la messe lave et baise les pieds de treize vieillards ou de treize enfants en commémoration du pareil acte de Jésus-Christ au festin qui précéda sa passion.

BAISSE, terme de bourse indiquant la diminution de valeur des fonds publics.

BAIUS (Michel), théologien du XVIe siècle qui, pour amener à l'Eglise catholique les calvinistes, adopta tout en le rejetant une partie de leur doctrine. Ses erreurs, condamnées par le pape Pie V, ont été renouvelées par Jansénius. Baïus mourut en 1589.

BAIVA, divinité des Lapons, qui selon eux préside au feu.

BAJAZET ou BAYEZID. Deux sultans turks ont porté ce nom. — BAJAZET Ier, surnommé Ilderim ou Gilberin, c'est-à-dire, l'Eclair, succéda à son père Amurat Ier en 1387. Il soumit l'Asie-Mineure presque tout entière. Vainqueur des chrétiens à Nicopolis, il fut lui-même vaincu et fait prisonnier par Tamerlan à la bataille d'Ancyre (1402), et mourut dans les fers en 1403. — BAJAZET II succéda en 1481 à son père Mahomet II. Il attaqua en vain les mameluks d'Egypte, et, après avoir remporté quelques avantages sur les Vénitiens, il fut forcé en 1512 par son fils Sélim d'abdiquer, et périt presque aussitôt empoisonné par son ordre. — BAJAZET, prince musulman, fils d'Achmet Ier et frère d'Amurath IV, fut étranglé par l'ordre de son frère, et défendit sa vie contre les meurtriers. Il n'est célèbre que pour avoir fourni à Racine le sujet d'une tragédie.

BAJULE, officier de la cour de l'empire grec, qui était le précepteur des princes. Ce mot passa de Constantinople en Italie, où il désigna des officiers civils exerçant des fonctions analogues à celles des baillis, et en France où il désignait, comme en Grèce, le précepteur des princes.

BAKEL, établissement français dans le Sénégal, à 104 lieues de Saint-Louis, sur la rive gauche du Sénégal. Il fut fondé en 1818. Le gouvernement entretient des troupes à Bakel pour faciliter le commerce.

BAKKER (Pierre), poète hollandais né en 1715, mort en 1801, membre de l'académie des sciences de Leyde. Il a composé un poème, l'Inondation, très-estimé, et des chansons satiriques contre les Anglais.

BAKOU, district de la province de Chirvan, dans le gouvernement russe de la Géorgie. Sa capitale est Bakou, l'ancienne Albanopolis, place forte de première classe sur la mer Caspienne, à 45 lieues de Derbent. Son port est le plus fréquenté de la mer Caspienne. La pêche des phoques, qui se fait sur une île située à quelques lieues seulement, donne chaque année cinq à six mille phoques. Son commerce se borne au sel, à l'huile de noix, qui passe pour la meilleure qui soit au monde, et au naphte, qui se trouve en abondance dans les environs, et dont on exporte annuellement de 60 à 80,000 quintaux métriques. Le produit en est d'environ 250,000 francs. Les Persans regardent Bukou comme une ville sainte. Elle a été gouvernée par un khan jusqu'en 1813. Population, 20,000 habitants.

BALA, servante de Rachel, que Jacob prit pour femme à la prière de Rachel, jalouse de la fécondité de sa sœur. Elle donna à Jacob deux fils, Dan et Nephtali. — Bala est aussi le nom d'une ville de Judée, appelée aussi Ségor, engloutie avec Sodome et Gomorrhe.

BALAAM, prophète juif, fils de Béor, qui partit pour aller maudire les Israélites, obéissant aux ordres de Balac, roi des Moabites. En chemin, l'ânesse sur laquelle il était monté s'arrêta et se plaignit à lui de ce qu'il la frappait pour la faire avancer. Aussitôt Balaam vit un ange tenant une épée, qui lui dit de continuer sa route. Lorsqu'il voulut maudire les Israélites, il ne trouva que des bénédictions.

BALAGHAT, province de l'Indoustan bornée au N. par celle de Visapour ou Bidjapour, à l'E. par le Karnatic, au S. par celle de Salem. Elle appartient aux Anglais, et est située le long des monts Gates dans la présidence de Madras. Sa population est de 1,917,000 habitants, et sa superficie de 3,135 lieues carrées. Sa capitale est Ahmednagar.

BALAGUER (autrefois Bergusia), ville d'Espagne dans la province et à 8 lieues au N. de Lérida. Elle a 3,700 habitants, et donne son nom à un col ou passage, qui commande la route depuis Tarragone jusqu'à l'embouchure de l'Ebro, et où est le fort Saint-Philippe. Balaguer fut prise par Stahrenberg en 1709 et par le duc de Vendôme en 1710.

BALAI. Outre la signification ordinaire, ce mot désigne, en vénerie, la queue d'un chien, et en fauconnerie celle des oiseaux.

BALAIS (Rubis), pierre précieuse que l'on trouve dans l'Inde au delà du Gange et particulièrement à Ceylan, et dont la couleur est celle de vin paillet.

BALANCE, instrument dont on se sert pour peser les corps. La balance ordinaire se compose d'un levier ou fléau droit, qui peut osciller librement sur un axe fixe. Il est partagé par le point d'appui en deux bras égaux, aux extrémités desquels sont suspendus des bassins qui servent à peser les corps. Quand les bassins sont vides, le fléau, à l'état de repos, doit se tenir horizontal. La balance d'essai sert à vérifier le titre des métaux et à peser les substances d'un grand prix. Le couteau de cette balance pose sur un plan d'agate ou d'acier trempé très-dur. Ce plan doit être horizontal, immobile et très-poli, le couteau est aussi trempé très-dur, à tranchant vif et sous forme de triangle équilatéral. Cette balance est d'une exactitude presque mathématique. La balance romaine est une balance à bras inégaux, dont l'axe est placé très-près de l'extrémité du bras auquel se trouve suspendu le corps que l'on veut peser. Cette balance est un levier dans lequel un petit poids peut faire équilibre à une grande masse. Il suffit pour cela d'éloigner plus ou moins le poids du point d'appui. Dans la balance danoise, c'est le fléau lui-même qui contre-balance le poids à peser. Dans la balance à levier coudé, on n'emploie qu'un seul poids pour mesurer les différents corps. La romaine ne convient qu'à l'évaluation de poids assez considérables. La balance-pendule est relative à la théorie du levier courbé qui prend une position d'équilibre différente pour chaque poids attaché à l'une de ses extrémités. Elle sert pour le commerce en gros. La balance de torsion, inventée par Coulomb vers 1784, sert à mesurer l'intensité de la force magnétique ou électrique. La BALANCE, symbole de la justice et de l'égalité, désigne en astronomie, un des douze signes du zodiaque et une constellation située dans l'hémisphère austral.

BALANCE, en termes de commerce, comparaison générale du commerce actif et passif d'une nation et d'un particulier. Ce mot s'emploie aussi pour désigner le solde du livre de compte d'une maison de commerce.

BALANCE HYDROSTATIQUE. Cette balance ne diffère de la balance ordinaire que par l'addition d'un crochet suspendu à un de ses plateaux et auquel on peut accrocher un corps. Elle sert à reconnaître la perte de poids qu'éprouve un corps pesé dans un liquide.

BALANCELLE, embarcation d'origine napolitaine, pointue des deux bouts, à un mât, gréée d'une voile à antenne et montant de dix-huit à vingt avirons. Les balancelles sont aujourd'hui plus communes en Espagne ; il en a de plus grandes, qui sont construites à poupe carrée. Les Espagnols s'en servent pour le cabotage et la pêche dans la Méditerranée.

BALANCEMENT. Ce mot désignait autrefois l'action de vérifier si les axes des deux couples (nommés par cette raison couples de balancement), placés de l'avant et de l'arrière du maître bau d'un grand bâtiment en construction, se trouvaient exactement dans le plan longitudinal qui passe par la quille, l'étrave et l'étambot. Dans la construction d'un bâtiment, on balance les couples à mesure qu'on les élève sur la quille.

BALANCIER, pièce d'horlogerie terminée par une verge attachée à son centre, et dont le mouvement oscillatoire règle celui de toutes les parties de l'horloge. On appelle encore ainsi une machine à frapper les monnaies et les médailles, composée d'une vis à pression, et qui se meut par un fléau de fer chargé de plomb par les extrémités.

BALANCIERS, organes membraneux, au nombre de deux, placés sous l'origine des ailes des insectes diptères, et qui, selon quelques auteurs, aident et rendent plus rapide l'action du vol. Ils sont placés au-dessous des cuillerons, et sont composés d'une tige filiforme, terminée par un bouton ovale ou triangulaire.

BALANCINE, nom donné, en marine, à un cordage qui se rend au haut des mâts, et qui sert à tenir les vergues carrées dans une position horizontale. Il y en a un de chaque bord.

BALANE, genre de mollusques appelés aussi *glands de mer*. Il a la plus grande analogie avec les anatifes. Ces animaux ont une coquille en forme de tube testacé, s'ouvrant par plusieurs valves ou battants mobiles. Les Chinois mangent l'animal que renferme une des espèces, et ils ont le goût des écrevisses, assaisonné avec du sel et du vinaigre.

BALANOPHORÉES, famille de plantes formée par Richard, et se composant des quatre genres *balanophora, cynomorium, langsdorffia* et *helosis*. Ce sont des plantes aux fleurs unisexuées, réunies sur un axe garni de poils ou d'écailles.

BALANT (mar.), partie lâche et pendante d'une manœuvre agitée par le vent ou le mouvement du bâtiment. — État de ce qui oscille ou balance.

BALAOU, sorte de goélette en usage en Amérique, commune dans les Antilles. Les Américains du Nord ont des balaous de quatre-vingts et quatre-vingt-dix pieds de longueur, et d'un tirant d'eau de douze à treize pieds de l'arrière, montant vingt-quatre avirons et plus. C'est une excellente embarcation, peu connue en Europe. Sa mâture, inclinée sur l'arrière, est beaucoup plus élevée que celle des goélettes, et ce sont des mâts de choix très-élastiques.

BALARUC, petit bourg à 4 lieues de Montpellier, qui doit sa renommée à ses eaux salines et thermales, souveraines contre les affections scrofuleuses, les gouttes, les douleurs rhumatismales, etc.

BALATON ou PLATTEN, lac de Hongrie, situé dans les comitats de Szalad, de Schimogh et de Veszprim. Il a une superficie de 32 lieues carrées, et communique au Danube par le Sio; le gouvernement autrichien songe à le faire communiquer par un canal. On y trouve beaucoup de poissons.

BALAUSTES, fleurs desséchées du grenadier sauvage. (Voy. ce mot.) Elles sont employées dans la médecine comme astringent.

BALBEK, ville de la Célé-Syrie, au pied de l'Anti-Liban, fameuse par son temple du Soleil, dont la construction est attribuée à Antonin le Pieux. Elle s'appelait autrefois Héliopolis. Sa population actuelle est de 1,200 habitants.

BALBIN (Décius *Cælius*), sénateur d'une illustre naissance, deux fois consul, fut élu par le sénat empereur, conjointement avec *Maxime*, pour défendre l'empire contre *Maximin*. Pendant l'absence de son collègue, Balbin fut tué en 238 par les soldats mutinés. Il avait régné un an, et s'était fait aimer par ses mœurs douces, son éloquence et son talent pour la poésie.

BALBOA (Vasco Nunez DE), Castillan, né vers 1475, qui découvrit la mer du Sud, et qui, après avoir fait passer à la cour d'Espagne une grande quantité de richesses, fut accusé par ses envieux d'insubordination, et décapité en 1517 par l'ordre de Pedrarias, son ennemi, gouverneur de Darien.

BALBUTIEMENT, prononciation imparfaite et vicieuse, qui consiste à parler avec hésitation ou interruption, tout en répétant les mots. Le balbutiement est continu ou accidentel. Le balbutiement a souvent lieu dans quelques maladies.

BALBUZARD, oiseau de la famille des faucons, long de près de deux pieds, et portant un manteau brun, et la tête plus ou moins variée de blanc. Sa nourriture consiste en poissons, qu'il va chercher jusqu'au fond de l'eau; il se trouve en Europe, en Asie, en Afrique, en Amérique, et sur le bord des eaux de presque tout le globe. On l'appelle aussi *aigle pêcheur*.

BALCON, petite plate-forme en saillie, qui, dans l'origine, était de petites tourelles d'où on lançait des traits sur les ennemis. — On appelle *balcon*, dans une salle de spectacle, le prolongement de la première galerie jusqu'à l'avant-scène, séparé de cette galerie par une cloison, et formant ainsi une loge des deux côtés du théâtre.

BALDAQUIN, ouvrage d'architecture, élevé en forme de dais ou de couronne sur plusieurs colonnes en forme de couronnement à un autel. — On appelle *baldaquin* un dais que l'on porte sur la tête du saint sacrement ou du pape dans quelques cérémonies.

BALDE DE UBALDIS (Jacques), célèbre jurisconsulte de Pérouse du XIVe siècle. Il fut le disciple et le rival de Bartole.

BALDER, second fils d'Odin et de Frygga et l'Apollon de la mythologie scandinave. Tué par Hoder (personnification de la nuit), Balder (le jour) doit rester seul avec Hoder après la destruction de l'univers et des autres dieux.

BALE ou BALLE, enveloppe coriace ou espèce d'écaille qui se trouve dans les graminées, et qu'en économie rurale on appelle *menue paille*. Celle de l'avoine servent à remplir des paillassons.

BALE, canton de Suisse, dont la superficie est de 25 lieues carrées, et la population de 50,000 habitants, dont 5,699 sont catholiques. Situé au N. de celui de Soleure, et au S. du Rhin. Il a été récemment partagé en deux cantons : *Bâle ville*, capitale Bâle, et *Bâle campagne*, capitale Liestall. Son gouvernement est composé d'un conseil de cent cinquante membres. La ville de Bâle, située sur le Rhin, et célèbre par le concile qui s'y tint en 1431, et par les traités conclus entre la république française, la Prusse et l'Espagne, a une population de 16,400 habitants.

BALÉARES (ILES), groupe d'îles de la Méditerranée sur les côtes de l'Espagne, à laquelle il appartient, et ainsi nommé à cause de ses habitants autrefois habiles à tirer de l'arc et de la fronde. Il se compose principalement des îles d'Ivica, de Majorque, de Minorque et de Formentera. Les vaisseaux qui vont d'Espagne en Afrique, ou de France en Afrique, relâchent à Port-Mahon, capitale de l'île de Minorque.

BALEINE, poisson énorme de l'ordre des cétacés, dont la longueur ordinaire est de soixante à soixante-dix pieds, et dont les caractères distinctifs sont les fanons, ou lames de corne, qui bordent la mâchoire supérieure, et les évents à double ouverture, qui sont placés sur le milieu du front, et qui lui servent à respirer et à rejeter l'eau de sa gorge. La pêche de la baleine, qui se fait plus particulièrement sur les côtes du Groënland, et dans les mers qui avoisinent les pôles, est l'objet d'une des opérations commerciales les plus importantes. L'huile de la baleine, et ses fanons, qui sont cette espèce de corne fibreuse, qui prend vulgairement le nom de *baleine*, forment une branche spéciale de commerce.

BALEINIERE, embarcation longue, étroite et légère, les deux bouts semblables, servant aux navires baleiniers (équipés pour la pêche de la baleine) à suivre la baleine, enfilant une longue ligne étalinguée au harpon lorsqu'il a percé entre les côtes de l'animal. — On donne aussi le nom de *baleinières* à des canots légers, faits dans cette forme.

BALEINOPTÈRE. Voy. RORQUAL.

BALEN (Henri VAN), peintre de l'école flamande, né en 1580, et qui fut le maître de Vandyck.

BALESTON, nom donné en marine à une perche qui, dans certains petits bâtiments, sert à étendre une voile au large sur l'arrière et au-dessus de son mât. Le gros bout appuyé sur le pied du mât, de sorte que le baleston traverse la voile diagonalement.

BALI, île de la Malaisie, séparée de l'île de Java par le détroit qui porte son nom. Sa superficie est de 26 lieues carrées, et sa population de près de 1,000,000 d'habitants. Elle se divise en huit petites principautés indépendantes : Karrang-Assem, Giangour, Tabanan, Biling, Klong-Klong, Tamanbali, Mengui et Badong. Les plus importantes sont les deux premières. Le radjah de Karang-Assem est le plus puissant, et autrefois celui de Klong-Klong dominait sur toute l'île. Les Baliuais sont mahométans et belliqueux. Ils font peu de commerce avec les autres peuples de la Malaisie.

BALI, langue savante des Siamois, dans laquelle sont écrits les principaux livres de la religion siamoise.

BALIN. On appelle ainsi, en économie rurale, le grand drap qui reçoit le grain lorsqu'on le crible ou qu'on le vanne.

BALIOL (Jean), prétendant à la couronne d'Écosse après la mort de la reine Marguerite (1290). Soutenu par Édouard Ier, roi d'Angleterre, il obtint le trône, mais fut l'esclave de l'Anglais. Il voulut en secouer le joug, fut défait et privé du trône. Son fils Édouard fit une invasion en Écosse pour regagner la couronne qu'il ne garda pas longtemps, et mourut sans enfants après avoir fait au roi d'Angleterre l'abandon de ses droits. Voy. BAILLEUL.

BALI-SAUR, animal carnassier très-remarquable, de la famille des plantigrades. Il a le port d'un ours, le museau, les yeux et la queue d'un cochon. Il grogne comme l'ours, et est omnivore. Il se trouve dans les montagnes qui séparent le Boutan de l'Indoustan.

BALISE, corps flottant portant un fanal, et attaché à des chaînes d'amarrage. Il sert à indiquer pendant la nuit aux navires la direction qu'ils doivent prendre. On appelle *baliseur* le garde surveillant l'espace de terrain que les propriétaires riverains sont obligés de laisser libre sur les bords des fleuves et des rivières pour le halage.

BALISIER, plante exotique herbacée, à fleurs rouges ou jaunes, et à graines noirâtres, dont les Indiens et les Américains retirent une belle teinture de pourpre. La beauté des feuilles, la forme compliquée et l'éclat de ses fleurs la font cultiver dans les jardins. Elle appartient à la famille des cannées.

BALISTE, ancienne machine de guerre inventée par les Phéniciens et destinée à lancer des pierres et autres projectiles d'une grosseur extraordinaire. Ce servait aussi à battre en brèche. Ce nom est encore celui d'un genre de poissons habitant les pays chauds, et remarquables par la vivacité de leurs couleurs, et par la cuirasse à compartiments qui revêt leurs corps.

BALISTIQUE, théorie et pratique des corps solides lancés en l'air à l'aide d'un moteur quelconque et plus particulièrement des projectiles lancés en l'air par les bouches à feu. C'est alors la *pyrobalistique*.

BALIVEAUX, en agronomie, jeunes arbres nés de semence, et plus particulièrement chênes, hêtres, frênes ou châtaigniers, que l'on réserve lors de la coupe des taillis pour les faire croître en futaie. Les forestiers en distinguent trois sortes : *ceux de l'âge du taillis*, c'est-à-dire, venus de semence au même temps que lui ; *les modernes*, c'est-à-dire, ceux qui ont deux ans d'aménagement au moins, et trois au plus ; enfin les *anciens*, comptant quatre-vingts ans dans un taillis de vingt ans, cent dans un taillis de vingt-cinq, et cent vingt dans un taillis de trente ans. On appelle *balivage* l'action de marquer les baliveaux.

BALKAN, chaîne de montagnes qui traversent la partie septentrionale de la Turquie, appelée par les anciens Hémus, par les Turks Eminéh-Dag. Elle est la continuation du système alpique, et ses branches se lient aux montagnes du Pinde, de l'Olympe et du Parnasse.

BALKH, province de la Boukharie, autrefois la Bactriane. Elle est bornée par l'Afghanistan propre, le Khorasan, la Boukharie et le Turkestan. Sa superficie est de

286 lieues carrées, et sa population de 1,000,000 d'habitants, divisés, comme dans la Boukharie, en Ouzbeks et en Tadjiks. La capitale est Balkh, autrefois *Bactres* sur le Djihoun, à 9 lieues de Bokhara. Elle a 7,000 habitants, et est l'entrepôt du commerce de l'Inde avec la grande Boukharie.

BALLADE, chanson dont le sujet est ordinairement un trait d'histoire vrai ou romanesque, développé sous la forme d'une ode et divisé en plusieurs strophes. Son origine remonte au XIIe siècle, et l'usage s'en est conservé en Angleterre, en Irlande et en Écosse.

BALLE, petite boule de plomb que l'on coule dans des moules en fer ou en cuivre composés de deux pièces réunies par une charnière et percées de deux cavités demi-sphériques dans lesquelles on coule le plomb fondu.

BALLESTEROS (Don Francisco), général espagnol et ministre de la guerre, né à Saragosse en 1770, mort en 1832. Il avait soutenu avec éclat les droits de sa patrie dans la guerre de l'indépendance, lorsque Ferdinand VII à son retour lui donna le portefeuille de la guerre. Il fut l'un des instigateurs de la constitution donnée par Ferdinand, et calquée sur celle de 1812. Il protesta contre l'annulation de tout ce qui avait été fait sous cette constitution, et se retira en France, où il mourut.

BALLET, action théâtrale et dramatique à laquelle la danse est mêlée. Il y a des ballets-opéras et des ballets-pantomimes. L'invention des ballets date du XVe siècle.

BALLIN (Claude), né à Paris en 1625, d'un père orfèvre, embrassa l'état de son père et porta son art au plus haut point. Il grava d'une manière admirable les quatre âges du monde sur quatre grands bassins d'argent, achetés par le cardinal de Richelieu. Il n'avait alors que dix-neuf ans. Il exécuta pour Louis XIV des tables d'argent, des guéridons, des canapés, des candélabres, des vases, etc. On estimait surtout les bas-reliefs où il avait ciselé les songes de Pharaon. Après la mort de Varin, il eut la direction du balancier des médailles et des jetons, et mourut en 1678.

BALLON, mot qui s'emploie pour synonyme d'aérostat. (Voy. ce mot.) — En chimie, on appelle ainsi un gros matras ou un gros vase de verre qui sert de récipient dans quelques opérations chimiques.

BALLOTE, genre de plantes de la famille des labiées, dont une espèce, à l'odeur fétide, appelée aussi *marrube noir*, croît en abondance dans les lieux stériles, et passe pour antispasmodique, résolutive et détersive. On emploie à Saint-Domingue, dans les bains chauds, la *ballote odorante*, dont l'odeur approche de celle de la lavande.

BALON, bateau de plaisance à Surate. Il est peu arrondi, et très-élevé à ses extrémités. Les balons de Siam sont plus petits ; ce sont des pirogues étroites. Ceux du roi, sculptées et dorées, ont cependant jusqu'à cent pieds de longueur et cinq pieds de largeur. Plus de quatre-vingts rameurs ou payageurs les conduisent. Au Pérou, les pêcheurs ont deux balons réunis avec des peaux de loups marins remplis d'air, et s'en servent comme d'un petit canot.

BALSAMIERS, arbrisseaux de la famille des térébinthacées. Le *balsamier élémifère*, le *balsamier giléad* et le *balsamier de la Mecque*, sont les plus connus. Le premier, originaire du Brésil, fournit par incision la résine *élémi*. Le second produit le baume connu sous le nom de *térébenthine de Giléad*. Le troisième est un arbrisseau de l'Arabie, des feuilles et des rameaux duquel on retire un suc blanc et résineux formant une huile limpide très-employée comme cosmétique par les riches musulmanes, et qui, mêlée à d'autres drogues, forme le baume de la Mecque. Voy. ce mot.

BALSAMINE, genre de plantes de la famille des géraniées, dont on trouve un assez grand nombre d'espèces dans les champs et les jardins. Les feuilles de celle qui naît dans les bois, ainsi que ses fleurs, teignent la laine en rouge. Elle est employée en médecine comme diurétique. Celle des jardins, originaire de l'Inde, s'emploie comme vulnéraire, et est remarquable par les couleurs variées de ses fleurs. Les balsamines forment le groupe des balsaminées.

BALSAMITE, genre de plantes de la famille des corymbifères. La balsamite odorérante, qui porte les noms de *menthe coq*, *d'herbe au coq*, de *grand baume*, pousse naturellement dans le midi de la France, et est cultivée dans les jardins. On l'emploie en médecine comme tonique, antispasmodique, vermifuge, et comme un puissant correctif de l'opium.

BALSE ou BALZE, sorte de catimaron ou radeau, construit avec des tronçons d'arbres d'un bois très-léger, toujours en nombre impair, allant aussi à la voile, et dont se servent les Péruviens. Il y a des balses qui ont plus de soixante pieds de long sur dix-huit à vingt de large, qui naviguent très-bien le long des côtes. Il y a aussi des balses sur les côtes du Brésil.

BALTADJY, soldat turk de la deuxième garde intérieure du sérail. Le corps des baltadjys est de 400 hommes. Leur chef est le baltadjy-keyassy. Ils doivent leur nom de baltadjys, qui signifie *fendeurs de bois*, à l'emploi qu'ils occupent, celui d'approvisionner de bois tous les appartements du palais du grand seigneur.

BALTHAZAR, dernier roi de Babylone de la race des Nabuchodonosor. Dans un festin qu'il donna pendant le siège de sa capitale par Cyrus et les Perses, une main écrivit ces mots : *Manc, thecel, phares,* qui, expliqués par le prophète Daniel, étaient le présage de sa mort et de la ruine de son empire. En effet, la nuit même de cette apparition, Cyrus pénétra dans la ville dont il s'empara, et Balthazar fut trouvé parmi les morts l'an 539 avant J.-C.

BALTIMORE, ville considérable des États-Unis, capitale du comté de ce nom, dans l'État de Maryland. Elle a un bon port, et fait avec toutes les nations un commerce très-étendu. Sa population est de 70,000 habitants. Elle a une université célèbre.

BALTIQUE (Mer), grand golfe de l'Europe septentrionale, qui communique avec la mer du Nord par les détroits du Cattégat, du grand Belt et du petit Belt, et qui baigne les côtes de la Suède, de la Russie, de la Prusse et du Danemarck. Elle forme les golfes de Bothnie et de Finlande, et a une superficie de 13,000 lieues carrées. Tous les vaisseaux qui vont dans la mer Baltique payent un tribut au roi de Danemarck, et ce tribut rapporte de 7 à 800,000 francs par an.

BALUE (Jean), cardinal, évêque d'Évreux et d'Angers, né en 1421. Il s'éleva de la plus basse extraction aux plus grandes dignités, et obtint la faveur de Louis XI, contre lequel il conspira. Il fut enfermé par son ordre dans une cage de fer, que lui-même avait fait construire. Il y resta douze ans, jusqu'en 1481. Il mourut en 1491.

BALUSTRADE, rang de petits piliers façonnés en pierre ou en bois, qui dans les églises séparent le chœur de la nef, et en général terminent une terrasse, un balcon, enfin une pièce d'une forme quelconque. On appelle *balustre* chacun de ces piliers.

BALUZE (Étienne), savant distingué, né à Tulle en 1630, mort en 1718. Il s'est fait un nom recommandable parmi les historiens et les érudits par ses travaux sur *les Capitulaires des rois de France*, et son *Histoire des papes d'Avignon*. Il a aussi composé l'*Histoire généalogique de la maison d'Auvergne*, et un grand nombre d'autres ouvrages utiles à la science historique.

BALZAC (Jean-Louis GUEZ DE), né à Angoulême en 1594. Écrivain élégant et membre de l'académie française, il fut l'un des réformateurs de la langue, et mourut en 1655. Outre ses *Dissertations littéraires*, il a publié plusieurs traités, tels qu'*Aristippe*, *le Barbon*, *le Prince*, *le Socrate chrétien* ; mais il est plus généralement connu par le recueil de ses *Lettres*.

BALZANES ou BALSANES, taches rondes de poils blancs que certains chevaux ont au-dessus du sabot, et qu'ils apportent en naissant. Au XVIe siècle, c'était un signe de haute qualité.

BAMBARA, royaume du centre de l'Afrique, habité par des nègres et des Maures, et traversé par le Niger. Il a 150 lieues de long sur 100 de large, et sa capitale *Ségo* renferme 30,000 habitants. Les nègres retirent du fruit de l'arbre *shéa* un beurre végétal. Le Baodou et Tombouctou sont tributaires du roi de Bambara.

BAMBERG, ancienne principauté d'Allemagne, de 110 lieues carrées de superficie, avec une population de 200,000 habitants. Actuellement siège des autorités bavaroises du cercle de Mein supérieur, et d'un archevêché. Son ancienne capitale, Bamberg, maintenant capitale du cercle de Mein supérieur, est célèbre par son université et pour la culture de ses jardins, et a une population de 20,000 habitants. Elle était aussi autrefois le siège d'un margraviat.

BAMBOU, la plus grande des plantes de la famille des graminées, ressemblant assez au roseau, et croissant dans les terrains sablonneux des deux Indes. Le genre bambou comprend deux espèces : le *bambou illy*, haut de soixante pieds, et le *bambou lélébé*, moins haut que le précédent. Les usages auxquels on fait servir le bambou sont très-nombreux. En Chine, on fait du papier avec sa seconde écorce, et les Indiens se nourrissent de ses jeunes pousses et se bâtissent des cabanes avec son bois. Il rend aussi une liqueur douce, que l'on croit être le *tabaxir* des anciens, et qui, concrétée par l'action du soleil brûlant, tenait lieu de sucre avant la découverte des cannes à sucre. C'est avec les jeunes chaumes et les jeunes branches que l'on fait les cannes recherchées connues sous le nom de *bambous*.

BAMBOUK, royaume de l'Afrique centrale entre le Sénégal et la Gambie, et habité par les Mandingues. Ce pays est soumis à un gouvernement aristocratique. Le pouvoir du roi est limité par celui des chefs nommés *farims*, qui ont chacun un village. La population, qui professe le mahométisme, est de 60,000 âmes, et la capitale est Bambouk, située à 30 journées de Tombouctou, et à 11 de Benowm dans le pays des Foulahs. Le Bambouk abonde en or, qui se trouve partout, et qui y est mêlé à une terre argileuse.

BAMFF, comté d'Écosse entre ceux de Murray, d'Inverness, d'Aberdeen et la mer. Sa superficie est de 180 lieues carrées, et sa population de 40,000 habitants. Sa capitale est Bamff, à l'embouchure de la Doverne, et à 19 lieues d'Aberdeen. Le commerce consiste en blé, bestiaux, saumons et toiles. On y trouve aussi du marbre et de l'alun.

BAN, en termes de législation, annonce publique d'une chose, telle que les bans du mariage, et la résidence assignée au condamné en surveillance. C'est dans ce dernier sens que, pour dire qu'un condamné en surveillance a quitté la résidence qui lui avait été assignée, on dit qu'il a *rompu son ban*.

BAN et ARRIÈRE-BAN, convocation des grands vassaux par le roi, et des vassaux d'un fief par le seigneur de ce fief, pour un service militaire. La durée de ce service avait été fixée par plusieurs rois de France, et entre autres par François 1er, à quarante jours.

BANAL. On appelait ainsi tout ce qui est dans l'étendue du lieu où les vassaux sont redevables de quelques droits au seigneur, et tout ce qui est commun à ceux qui résident dans l'étendue de ce lieu et payent un droit quelconque. Ainsi il y avait un four banal, des moulins banaux, des pressoirs banaux.

**BANALITÉ**, droit qu'avait anciennement le seigneur d'un fief de forcer ses vassaux à aller travailler aux moulins ou aux fours banaux qu'il possédait dans l'étendue de sa juridiction. À la révolution, ce droit fut aboli sans indemnité.

**BANANIER**, arbrisseau de la famille des musacées, à feuilles longues et vertes, à fleurs jaunâtres, et qui porte les fruits de même couleur, appelés *bananes*. Les bananes sont pulpeuses, un peu épaisses, et rendent quand on les pressure une liqueur appelée *vin de bananes*. Cuites, elles sont un aliment sain et nourrissant. Les feuilles, d'une étendue prodigieuse, servent à couvrir la nudité des habitants des pays où elles croissent. On trouve le bananier en Afrique et dans les deux Indes.

**BANAL-GRANZE**, gouvernement de Hongrie, se composant des parties orientale et méridionale de l'ancien Banat, dont la capitale était Temeswar, et qui était situé entre le Maros, le Danube, la Theiss, la Transylvanie et la Valachie. Sa superficie est de 401 lieues carrées, et sa population de 174,631 habitants.

**BANATS** ou **BANNATS**, provinces et gouvernements de Hongrie, tels que la Croatie, la Servie, etc., et dont le gouverneur s'appelait *ban*. Ce titre, selon quelques-uns, n'était donné qu'aux princes du sang de Hongrie.

**BANC DU ROI** (en anglais, *king's bench*), nom d'une cour souveraine d'Angleterre, consistant en un juge suprême ou président et trois juges. Elle connaît des crimes de haute trahison, des attentats contre le gouvernement et la sûreté publique, et, par extension, elle juge aussi des causes civiles entre particuliers. Son nom vient de ce qu'autrefois le roi présidait sur un banc placé au-dessus des autres juges. Elle est une des trois cours de haute justice de Westminster.

**BANC** (géogr.), hauts-fonds très-étendus qui se trouvent sous la surface des eaux, et qui causent souvent le naufrage des vaisseaux. Le plus célèbre est le banc de sable de Terre-Neuve, qui porte aussi le nom de Grand-Banc, et dans le voisinage duquel on fait la pêche de la morue.

**BANCA**, île de la Malaisie, séparée de Sumatra par un détroit qui porte son nom. Sa superficie est de 468 lieues carrées, et sa population de 15,000 habitants. Mintou, située à une lieue dans les terres, a une population d'environ 800 habitants chinois et malais. L'île de Banca est fameuse par ses mines d'étain, dont l'exploitation est entre les mains d'environ 3,000 Chinois, et qui donnent, année commune, cinquante-huit pour cent.

**BANCS**, nom donné aux immenses associations de poissons ou d'animaux aquatiques qui voyagent par troupes. Les maquereaux, les thons, les harengs, voyagent par troupes, et on a rencontré de ces bancs qui n'avaient pas moins de près d'une lieue d'étendue. On donne aussi le nom de *bancs* à ces récifs à fleur d'eau formés par la réunion des polypiers, des madrépores et autres zoophytes, ou bien encore à la réunion des infusoires ou animaux microscopiques qu'on rencontre souvent dans les bassins d'eau dormante.

**BANCS** (minéral.). Voy. ROCHES.

**BANDA**, groupe d'îles dans la mer des Indes, composé des îles Banda-Neira, Banda, Lator, Aïj et Rosingain, et appartenant aux Hollandais, qui ont un résident à Nassau, capitale de l'île Banda-Neira. Ces îles sont remarquables en ce qu'elles sont exclusivement réservées à la culture du muscadier. La récolte moyenne annuelle est estimée à cinq cent trente mille livres de muscade et cent cinquante mille livres de macis ou enveloppe interne de la noix. Les îles Banda comptent à peu près 6,000 habitants.

**BANDA-ORIENTAL**, république appelée aussi Cisplatine, dont Montevideo est la capitale. Elle est bornée par le Rio de la Plata, l'Uruguay et le Brésil. Elle fut détachée en 1828 de la république de Buénos-Ayres, et reconnue par elle et par le Brésil comme État libre et indépendant. Voy. URUGUAY.

**BANDAGES**, appareils divers appliqués dans un but curatif sur une partie quelconque du corps. L'art d'appliquer les bandages est une branche très-importante de la chirurgie. Parmi les bandages, on distingue les bandages herniaires, qui, formés d'une bande élastique, garnie de peau, munie d'une ou plusieurs pelotes, et retenue par des courroies, sont destinés à contenir les hernies.

**BANDE**. On appelle ainsi tout morceau d'étoffe, de toile, de fer, de papier, etc., dont la largeur et l'épaisseur sont peu considérables relativement à la longueur. — En termes d'imprimerie, on appelle *bandes* les pièces de fer sur lesquelles roule le train de la presse. — En termes de blason, la bande est une pièce appelée honorable, et qui traverse l'écu diagonalement, de gauche à droite. — En termes de billard, la bande est le bord de la table sur laquelle on joue. — En termes de marine, on appelle *bandes de ris* des bandes de toile transversales cousues sur l'avant d'une voile pour la renforcer et y percer les œils destinés à recevoir les garcettes de ris. — En architecture, on appelle ainsi les principaux membres des architraves, des archivoltes et des chambranles qui ont peu de hauteur et de saillie sur une grande longueur. — En astronomie, on appelle bandes de Saturne et de Jupiter des bandes parallèles qui entourent le disque de ces deux planètes, et qui sont des espèces de zones obscures. — Du mot de *bande*, pris aussi pour bannière, et d'où l'on a formé *banderole*, vient le nom de bandes donné à des réunions de gens armés.

**BANDELETTES**. On appelait ainsi, chez les anciens, de petites bandes de linge ou d'étoffe dont les pontifes se couvraient la tête, et dont ils entouraient aussi celle des victimes. — En architecture, ce terme s'emploie pour désigner de petites moulures plates aussi hautes que saillantes.

**BANDELLO** (Matteo), poète italien, né dans le Milanais vers 1480, mort en 1561, près d'Agen, dont il avait été évêque. On lui doit un recueil très-connu de *Nouvelles*, dans le genre de Boccace. On a encore de lui *Les trois Parques*, dans un recueil très-rare de poésies, intitulé *onze Chants composés par Bandello à la louange de la signora Lucrèce Gonzague*.

**BANDES MILITAIRES**. On appelait autrefois ainsi des compagnies levées autrement que par la voie du ban et de l'arrière-ban, c'est-à-dire, formées de volontaires soldés par un souverain, des communes ou un chef particulier, et se vendant à ceux qui voulaient les employer. En Italie, on s'appelaient *condottieri*. On les appela, en France, *compagnies françaises*.

**BANDINELLI** (Baccio), sculpteur et peintre italien du XVIᵉ siècle, né à Florence en 1487, mort en 1559. On a de lui une copie fameuse du Laocoon; un bas-relief représentant une *Descente de croix*, qui le fit nommer, par Charles-Quint, chevalier de Saint-Jacques; le groupe colossal d'Hercule, vainqueur de Cacus; les statues de Léon X et de Clément VII, etc. Quoique bon dessinateur, il ne réussit pas dans la peinture.

**BANDITS**, mot venu de l'italien, et désignant d'abord les bannis, puis les meurtriers à gages, et enfin tous les assassins et voleurs de grand chemin. Ils infestent plus particulièrement le royaume de Naples et la Sicile, et forment une espèce d'association.

**BANDOULIÈRE**, espèce de baudrier servant à soutenir une arme quelconque. Il n'est plus porté maintenant que par les gendarmes et les gardes-chasse.

**BANDOULIERS**, nom donné aux voleurs qui habitaient les monts Pyrénées, et qui étaient primitivement composés de Gascons et d'Espagnols. On l'a étendu à toutes sortes de voleurs.

**BANGUE**, espèce de chanvre des Indes qui s'élève à une grande hauteur, et dont les feuilles sont constamment alternes. On le cultive pour mâcher et fumer ses feuilles, et à cause de ses graines, qui, mêlées avec l'opium, l'arec et le sucre, procurent une sorte d'ivresse, et sont en usage chez les Indiens pour dissiper la tristesse. C'est sans doute pour cette raison que Adanson croit que le bangue est le népenthès des anciens.

**BANIALUKA**, ville de la Turquie d'Europe, capitale de la Bosnie, et résidence du pacha qui commande à toute la province. Elle est sur le Verbas, aux frontières de la Croatie, et a 12,000 habitants.

**BANIANS**, caste idolâtre des Indes, composée principalement de cultivateurs et de marchands qui croient à la métempsycose. Ils s'abstiennent de manger de la chair et du poisson, ont des hôpitaux pour les bestiaux, font leurs marchés sans parler et seulement en faisant des signes de la main. Cette caste s'est dispersée dans tout l'Orient de même que les Juifs; on charge les Banians de toutes les commissions de l'Inde.

**BANIER** (L'ABBÉ Antoine), né à Dalet en Auvergne en 1673, fit ses études au collége de Clermont. Il vint à Paris, et obtint la place de bibliothécaire du président de Metz et celle de précepteur de ses enfants. Peu de temps après, il donna un ouvrage intitulé *Explication historique des fables* (1711). Il fut admis à l'académie des inscriptions et belles-lettres en 1716 comme associé, et en 1728 comme pensionnaire. Dans les Mémoires de cette académie, on trouve plus de trente dissertations qu'il composa pour éclaircir plusieurs parties de la mythologie. Il est l'auteur de la *Traduction* et des *Explications des Métamorphoses d'Ovide*. On lui doit encore une édition des *Cérémonies et Coutumes religieuses de tous les peuples du monde*. Paris, 1741.

**BANIER** (Jean), général suédois de Gustave-Adolphe, né en 1596, mort en 1641. Après la mort de Gustave-Adolphe, il obtint le commandement en chef d'un corps de 16,000 hommes, avec lequel il fut la terreur de l'ennemi. Entre autres batailles qu'il remporta sur les impériaux dans la guerre de trente ans, est celle de Wittstock en 1636, remportée sur les troupes saxonnes et celles de l'empereur. Il prit aux ennemis dans le cours de son commandement plus de six cents drapeaux.

**BANISTÈRE**, genre de plantes de la famille des malpighiacées. Parmi les espèces de ce genre, on remarque la *banistère anguleuse* du Brésil et des Antilles, qui passe pour un sudorifique des plus puissants, et pour un antidote du venin des serpents.

**BANKOK**, ville d'Asie dans le royaume de Siam, à 15 lieues de Siam, et à 6 lieues de l'embouchure du Meinam. A Bankok, il y a un comptoir portugais et un grand nombre de négociants chinois. Elle a un grand nombre de temples, dont un contient quinze cents statues.

**BANKS** (Sir Joseph), naturaliste célèbre, né en 1740 dans le comté de Lincoln en Angleterre, mort en 1820. Il accompagna l'illustre capitaine Cook dans un de ses voyages, et il visita avec son ami Solander l'intérieur de la Terre de Feu. Ce fut par ses soins que l'arbre à pain fut apporté aux îles d'Amérique. Nommé membre de l'Institut de France, et président de la société royale de belles-lettres, il reçut du roi d'Angleterre la dignité de pair. — On a appelé de son nom, BANKSIE, un genre de la famille des protées.

**BANLIEUE**, terrain ou étendue de pays qui environne une ville à la distance d'une lieue. — On le dit aussi des bornes et de l'étendue d'une juridiction.

**BANNE**, grande manne faite avec des branchages, et où l'on met le charbon dans les transports. — C'est encore une grosse toile qui sert à couvrir des marchandises qui se trouvent dans un bateau, un magasin ou une voiture.

**BANNERET**. On donnait ce nom autrefois

au chevalier qui avait le droit de porter bannière. Pour porter bannière, il fallait avoir cinquante lances, outre un nombre proportionnel d'archers et d'arbalétriers. Les fiefs à bannière se divisaient en trois ordres : les fiefs des grands bannerets ou comtes, ceux des barons ou vicomtes, et ceux des simples châtelains ou vavasseurs. La bannière de ces derniers était arrondie en forme d'écusson à la partie inférieure, tandis que celle des autres bannerets était carrée. Il y avait des écuyers bannerets et des chevaliers bannerets. La paye des premiers était de trente livres tournois par mois, et celle des seconds de soixante livres, qu'ils ne touchaient que lorsqu'ils étaient en campagne.

BANNIÈRE, étendard propre à chaque grand feudataire, et même aux chevaliers qui avaient le pouvoir de lever cinquante lances. (Voy. BANNERET.) La bannière de France était une draperie de velours azur frangée, parsemée de fleurs de lis d'or sans nombre, et attachée le long d'une trabe ou bâton long. Elle était portée à la guerre par le premier écuyer de France. Elle était bien distincte de l'oriflamme. Quant aux autres bannières, elles différaient suivant les armoiries et le caprice du possesseur.

BANNISSEMENT, peine infamante consistant dans l'expulsion du territoire d'un pays. Elle est à perpétuité ou à temps, et rend celui qu'elle a frappé incapable d'exercer une charge publique, en lui ôtant tous les droits de citoyen. Le bannissement chez les Grecs s'appelait ostracisme. (Voy. ce mot.) Sous la révolution française, il prit un caractère particulier qui lui valut le nom de déportation.

BANNOCKBURN, ville d'Ecosse dans le comté d'à 1 lieue et demie de Sterling, où se livra le 24 juin 1314 une bataille célèbre entre Edouard II, roi d'Angleterre, et Robert Bruce, roi d'Ecosse, et dans laquelle ce dernier fut vainqueur. La bataille de Bannockburn sauva l'Ecosse du joug de l'Angleterre.

BANQUE, établissement commercial qui facilite la négociation des effets et des échanges des commerçants. La banque de France, instituée le 14 avril 1803, a le privilège exclusif d'émettre des billets au porteur payables à vue. Ce privilège lui a été accordé par des lois des 24 germinal an XI (14 avril 1803) et 22 avril 1806, et lui est concédé pour quarante ans à compter du 1er vendémiaire an XII (23 septembre 1803). La direction générale des affaires est confiée à un gouverneur dont le traitement est fixé à 100,000 francs. Les principales banques d'Europe sont celles de Londres, de Hambourg, d'Amsterdam, de Copenhague, de Vienne, de Saint-Pétersbourg et de Berlin.

BANQUEROUTE, abandonnement de biens que font les commerçants à leurs créanciers pour cause d'insolvabilité feinte ou réelle. La banqueroute est *simple* lorsqu'il n'y a que des fautes graves à reprocher au banqueroutier; elle est *frauduleuse* lorsqu'il s'est rendu coupable de dol. La peine infligée par le Code pénal au délit de banqueroute simple est celle de l'emprisonnement, dont la durée ne peut être moindre d'un mois, et ne peut excéder deux ans. Le crime de banqueroute frauduleuse est puni par une peine de cinq à vingt ans de travaux forcés.

BANQUIER, négociant qui, moyennant un salaire, aide et facilite les échanges de l'argent et des lettres de change. La plupart du temps, ce sont les banquiers qui font les opérations de l'emprunt.— On appelle encore banquier celui qui, dans certains jeux de hasard, fait la banque, c'est-à-dire, garde et fournit l'argent du jeu.— On appelle *banquier expéditionnaire en cour de Rome* un officier de cette cour chargé de faire venir de la pénitencerie de la chancellerie du pape les bulles, les dispenses, les expéditions, etc.

BANTAM, royaume de la partie occidentale de l'île de Java, avec une superficie de 35 lieues carrées, et une population de 230,000 habitants, dont la capitale, Bantam, entretient avec les Hollandais, qui y ont un établissement, et avec une infinité de marchands de toutes les nations, un commerce très-étendu de poivre, de laque et de camphre. Bantam est à 22 lieues de Batavia.

BAOBAB, arbre gigantesque d'Afrique, d'Amérique et d'Océanie, de la famille des malvacées, et dont les fruits, appelés au Sénégal *pain de singe*, font une branche de commerce du pays. Toutes les parties du baobab abondent en mucilage; les nègres en font sécher les feuilles à l'ombre, et les réduisent en une poudre qu'ils appellent *lalo*, et qui leur sert d'aliment. Avec les cendres du fruit qu'ils font brûler, les nègres composent un excellent savon. La hauteur du tronc du baobab excède rarement douze ou quinze pieds, et acquiert avec l'âge une circonférence de quatre-vingts à quatre-vingt-dix pieds, et il est couronné par un énorme faisceau de branches atteignant jusqu'à soixante et soixante-dix pieds de longueur. On doit beaucoup de détails sur cet arbre à Adanson; c'est ce qui l'a fait nommer *adansonia*.

BAOUL, royaume d'Afrique au Sénégal, s'étendant depuis le cap Rouge jusqu'à la pointe de Serène. Les Français y ont un comptoir considérable, et y trouvent des provisions pour la colonie de Gorée.

BAPAUME, chef-lieu de canton du département du Pas-de-Calais, à 5 lieues d'Arras. Population, 4,000 habitants. Dans le XIe siècle, ce n'était qu'un château fort. Dans le XIVe siècle, Eudes, duc de Bourgogne, y fonda une cité très-importante, dont les Espagnols s'emparèrent. Louis XIII la reprit en 1641. Elle fut cédée en 1659 à Louis XIV par le traité des Pyrénées. Bapaume est très-bien fortifiée. Il y a aussi un collége.

BAPTÊME, cérémonie du christianisme, qui consiste à répandre de l'eau sur la tête de celui qu'on baptise. Cette cérémonie rend chrétiens ceux qui ne le sont pas, et se pratique ordinairement à l'égard des enfants. — Les marins font subir, en imitation de cette cérémonie, une espèce de baptême appelé *baptême de la ligne* ou *du bonhomme Tropique* à ceux qui passent pour la première fois les tropiques ou la ligne équinoxiale.

BAPTES, prêtres de Cottyto, déesse de l'impureté, qui célébraient à Athènes des fêtes nocturnes en son honneur. Ils y commettaient tant d'indécences que, selon Juvénal, la baisante se lassait elle-même. Le poëte Eupolis fit contre eux une pièce qui lui valut d'être plongé dans la mer.

BAPTISTÈRE, édifice ordinairement séparé des églises, et dans lequel on baptisait les néophytes chrétiens. Les plus fameux baptistères sont ceux de Saint-Jean de Latran, à la métropole de Ravenne, de celle de Florence, etc. Le baptistère diffère des fonts baptismaux, en ce que ces derniers ne sont que le réservoir qui contient l'eau du baptême. Il n'y a guère qu'en Italie où l'on trouve encore des baptistères séparés des églises.

BAR, comté, en France, dont la capitale était Bar-le-Duc. Il a été réuni à la France en 1766, et forme le département de la Meuse. Le plus ancien comte connu est Ferri Ier, mort en 984, tige de la maison de Lorraine. En 1355, le comté de Bar fut érigé en duché en faveur de Robert. En 1431 s'effectua la réunion des duchés de Bar et de Lorraine sur la tête de René d'Anjou. Cédé à la France en 1659 par le traité des Pyrénées, rendu à la Lorraine par le traité de Riswick, donné enfin au roi de Pologne Stanislas, il fut réuni à sa mort (1769).

BAR-LE-DUC ou BAR-SUR-ORNAIN, ancienne capitale du duché de Bar, maintenant chef-lieu du département de la Meuse. Sa population est de 15,000 habitants. Elle est divisée par l'Ornain en haute et basse. Elle est à 60 lieues de Paris. Elle a un collége et une société d'agriculture et des arts.

BAR-SUR-AUBE, ancienne ville, sous-préfecture du département de l'Aube, à 16 lieues de Troyes. Population, 3,890 habitants. Elle a un tribunal de première instance. Sous les deux premières races, Bar-sur-Aube appartint au domaine de la couronne; au commencement de la troisième, elle eut des comtes particuliers; enfin elle fut de nouveau réunie à la couronne avec la Champagne. Le 24 janvier 1814, le maréchal Mortier, duc de Trévise, en position dans cette ville, livra un combat acharné à la grande armée alliée, conduite par le prince de Schwartzenberg; les Autrichiens furent repoussés, et eurent 1,500 hommes de tués.

BAR-SUR-SEINE, ville de France, sous-préfecture du département de l'Aube, à 9 lieues de Troyes. Population, 2,269 habitants. Elle a un tribunal de première instance. Erigée en comté sous les rois de la première race, au XIVe siècle elle était une ville importante, et fut brûlée trois fois, en 1359, 1433 et 1478. Son église, de style gothique, est un monument remarquable.

BARAC, fils d'Abinoëm, quatrième juge des Hébreux, qui succéda à Aod. Il fut choisi par Dieu pour affranchir son peuple de la servitude de Jabin, roi d'Asor et des Chananéens. Il marcha avec Débora vers Cadès, capitale de Nephtali, et vainquit Sisara, général de Jabin, l'an 1285 avant J.-C.

BARANIA, comitat de Hongrie, au S. de celui de Tolna. Sa superficie est de 228 lieues carrées, sa population de 203,895 habitants. Sa capitale est Pesth. (Voy. ce mot.) Il y a des houillères ou mines de charbon de terre.

BARAQUES. En stratégie, on appelle ainsi des espèces de cabanes construites par les troupes en campagne. On appelle *baraquement* la branche de l'art stratégique qui s'occupe de la construction des baraques et de leur distribution. En Angleterre seulement, on a systématisé le baraquement qui forme une branche spéciale dirigée par le *barrak-master-general* (assistant quarter-maître général).

BARATIER (Jean-Philippe), jeune savant allemand, né en 1721 dans la principauté d'Anspach. Il savait à l'âge de huit ans le français, le latin, le grec et l'hébreu, et soutint à l'âge de quatorze ans, et dans l'espace d'un jour, quatorze thèses d'une science extraordinaire. Il mourut à l'âge de dix-neuf ans, en 1740, après avoir laissé, entre autres ouvrages: *Défense de la monarchie sicilienne; Recherche chronologique sur la succession des papes, depuis saint Pierre jusqu'à Victor*, etc.

BARAT ou BARATERIE, malversation ou prévarication d'un patron de navire par naufrage, échouement volontaire ou fausse route. La baraterie est crime ou délit suivant les circonstances, et est punie de peines très-sévères chez toutes les nations.

BARATURE, gouffre très-profond, dans l'Attique, où l'on précipitait les grands criminels. Il était revêtu de pierres de taille, en forme de puits; et dans le mur de revêtissement, on avait scellé, d'espace en espace, des crampons de fer crochus, dont quelques-uns avaient la pointe en haut et d'autres de côté, pour accrocher et déchirer les criminels dans leur chute.

BARATTE, vase en bois, plus large en bas qu'en haut, et dans lequel on bat le beurre, au moyen d'un bâton introduit par une ouverture placée sur la planche supérieure. Le bâton avec lequel on bat le beurre est ordinairement garni à son extrémité inférieure d'une plaque de bois découpée à quatre ailes. La baratte est faite de douves.

BARBACANE, en termes de fortifications, ouverture faite dans les murailles de distance en distance, destinée à faire écouler les eaux et à protéger les tireurs.

BARBACOLE, jeu de hasard, appelé autrement *hocca* ou *pharaon*. Voy. PHARAON.

BARBADE (Ile), l'une des Antilles, dont on estime le *rhum*, et dont on retire annuellement 15,000 barriques de sucre brut.

On y compte 20,000 blancs et 80,000 esclaves. Elle appartient aux Anglais, et sa capitale est Bridge-Town. Une liqueur assez estimée porte le nom d'eau ou de crême des Barbades.

BARBARA ou BARABRA, grande contrée de la Nubie, dont Moscho est la capitale, et qui s'étend depuis le tropique du Cancer jusqu'au pays des Shangallas. Elle est habitée par des nègres, dont la peau est luisante et d'un noir ardent, et qui, selon quelques auteurs, sont la souche des Berbers, qui habitent la régence d'Alger, les royaumes de Maroc, de Tunis et de Tripoli.

BARBARES. Les Grecs et les Romains donnaient cette qualification à tous les peuples qui ne parlaient pas leur langue. Les barbares donnaient le même nom aux Grecs et aux Romains. — C'est aussi un nom donné aux peuples asiatiques, germains, slaves ou scandinaves, qui, du IXe au Xe siècle, se jetèrent sur l'empire romain et les parties de l'Europe civilisées. Parmi ces barbares figurent les Huns, les Alains et les Bulgares, de la famille asiatique; les Goths, les Wisigoths, les Gépides, de la famille scythico-germanique; les Vandales, les Suèves, les Bourguignons, les Francs, de la famille germanique; les Saxons, les Teutons, les Cimbres et les Normands, de la famille scandinave.

BARBARIE, grande contrée au N. de l'Afrique, renfermant les empires de Maroc et de Fez, la régence d'Alger, le Barcah et les royaumes de Tunis et de Tripoli. C'était l'Afrique proprement dite des Romains. Elle renferme encore le Biledulgérid, dont elle est séparée par l'Atlas. La population des Etats barbaresques, dont les éléments successifs furent avec les peuples autochthones, les Carthaginois, les Romains, les Vandales, les Egyptiens, les Arabes, les Turcs, les Espagnols même, est partagée en six classes: 1° les Kabyles, qui ne parlent point la langue arabe, mais la langue schilah, et qu'on croit être les descendants des aborigènes; 2° les Arabes; 3° les Maures, mélange de Kabyles, d'Arabes et d'autres peuples; 4° les Turks, qui sont tous soldats; 5° les Koulouglis, venus des Maures et des Turks; 6° les Juifs.

BARBARIGO, famille illustre de Venise, qui a donné deux doges à cette république. Le premier, Marco Barbarigo, fut élu doge en 1482, et mourut en 1485. Le second, frère du précédent, Agostino Barbarigo, lui succéda, et mourut en 1501.

BARBAROUX (Charles), né à Marseille en 1767. Député à la convention nationale, et membre du parti de la Gironde, il s'éleva constamment contre Robespierre, et conçut le projet d'établir dans le midi une république, si Robespierre établissait son despotisme du nord. A la chute des girondins, arrêté près de Bordeaux avec Salles et Guadet, il périt sur l'échafaud à Bordeaux en 1794.

BARBE, assemblage des poils qui poussent au visage de l'homme à l'époque de la puberté. Elle a été de tous temps, chez presque tous les peuples, un signe de grandeur et de dignité. Les peuplades nègres et les indigènes de l'Amérique ne portent pas de barbe. Les Asiatiques et les Arabes d'Afrique portent une longue barbe. Les Européens la rasent presque tous. — On donne le nom de barbe à une variété de cheval né en Barbarie.

BARBE (ILE), petite île sur la Saône, à une demi-lieue au-dessus de Lyon. Cette île est d'un si bel aspect, que, d'après la tradition, Charlemagne conçut le projet de venir l'habiter.

BARBE. On a étendu le sens de ce mot jusqu'à désigner, 1° les poils qui se voient au menton de la chèvre, à la poitrine du dindon, à la figure de certains singes et aux fanons des baleines; 2° chez les oiseaux, les faisceaux de petites plumes ou poils qui pendent à la base du bec, mais surtout les petites lames de substance cornée, qui sont implantées sur les côtés de la tige des plumes. Les barbes sont elles-mêmes garnies latéralement de lames plus petites, appelées barbules, qui servent à les unir entre elles; 3° chez les insectes, les poils longs et assez roides, qui garnissent le front de certains diptères, et entourent la base de leur trompe; 4° les touffes poilues placées sur un ou plusieurs points d'une partie quelconque des plantes, tels que les filaments des étamines des molènes, le style et le stigmate des gesses, etc.; 5° le filet qui termine ou accompagne la balle des blés, orges et autres graminées. On nomme vulgairement barbe de bouc le salsifis sauvage et la clavaire coralloïde; barbe de capucin la nigelle de Damas, les usnées, ainsi que la chicorée sauvage, qui, renfermée dans un tonneau rempli de terre, pousse des jets allongés et blancs, qu'on mange en salade; barbe de chèvre la spirée; barbe de Dieu ou barbon l'andropogon; barbe de Jupiter la joubarbe, le fustet et l'anthyllide argentée; barbe de moine la cuscute; barbe de renard l'astragale adragant; barbe de vieillard le géropogon; barbe espagnole la caragala ou tillandsie.

BARBE (Sainte), vierge et martyre, née à Nicomédie et fille de Bioscoride, sectateur zélé du paganisme. Cet homme cruel, voyant que sa fille était chrétienne et ne voulait pas renoncer à sa foi, lui trancha lui-même la tête d'un coup d'épée, sous le règne de Galérius selon les uns, de Maximien Daïa selon les autres. On célèbre la fête de sainte Barbe le 4 décembre. Elle est la patronne des aubergistes et des artilleurs.

BARBE (SAINTE-). On donnait autrefois ce nom à un retranchement sur la partie de l'arrière du premier pont, comprise entre l'arcasse (face postérieure de la poupe) et une cloison qu'on formait sur l'arrière du mât d'artimon, à bord des vaisseaux et frégates. On y appliquait des étagères établies pour recevoir les garde-feux (voy. ce mot) ainsi que les poudres. Dans la sainte-barbe logeait le maître canonnier; le chirurgien-major, les élèves, le commis aux revues et l'aumônier y couchaient.

BARBEAU, nom vulgaire, 1° d'un poisson du genre cyprin, qui vit dans les eaux douces, et qui se distingue de ses congénères par la présence de quatre barbillons, dont deux sur le bout du museau et deux à l'angle de la mâchoire; 2° du bleuet. On nomme barbeau jaune des centaurées à fleurs dorées, barbeau musqué la centaurée musquée, etc.

BARBÉ-MARBOIS (François, marquis DE), fils du directeur des monnaies de Metz, né dans cette ville en 1745. La protection du ministre de la marine, maréchal de Castries, contribua le faire nommer consul général aux Etats-Unis, et puis intendant de Saint-Domingue. Il revint en France en 1790, et rentra dans le département des affaires étrangères, où il avait commencé à être employé dès 1768. En 1795, le département de la Moselle le nomma député au conseil des anciens. Dans le mois de septembre 1796, il en fut élu secrétaire. Rangé au nombre des ennemis du directoire, il fut condamné à la déportation lors de la révolution du 18 fructidor an V (4 septembre 1797), et fut transporté à la Guiane. Il rentra en France après le 18 brumaire, et était conseiller d'État lorsqu'en 1801 il remplaça M. Dufresne dans la charge de directeur du trésor public, érigée en ministère en septembre 1801. En 1804, il fut nommé membre du sénat conservateur, et en 1805 grand officier de la Légion d'honneur, puis comte de l'empire. En 1808, il fut nommé premier président de la cour des comptes. Louis XVIII le créa pair de France en 1814. En août 1815, il fut nommé garde des sceaux et ministre de la justice jusqu'en mai 1816. Il reprit sa charge de président de la cour des comptes. Il a publié un assez grand nombre d'ouvrages.

BARBERINI, famille célèbre de Florence, issue de Francisco Barberini, noble florentin, poëte et jurisconsulte remarquable, mort en 1348. Cette famille prit un rang distingué parmi la noblesse d'Italie, après le pontificat de Maffeo Barberini sous le nom d'Urbain VIII. Elle a donné plusieurs cardinaux, et jouit de la principauté héréditaire de Palestrine.

BARBEROUSSE. Deux souverains d'Alger ont porté ce nom. Le premier, surnommé Harouch, pirate célèbre, se rendit maître d'Alger, et se plaça sur le trône (1516). Il fut tué en 1518 dans une bataille navale contre les Espagnols. — Le second, surnommé Schéreddin ou Khaïr-Eddin, son frère et son successeur, fut général des armées navales de Soliman II, sultan des Turks. Il s'empara de Tunis, dévasta la Sicile, vainquit l'amiral Doria dans le golfe d'Ambracie, et les chrétiens devant l'île de Candie. Vaincu par Charles-Quint, il mourut en 1547.

BARBÉSIEUX (Louis-François LE TELLIER, marquis DE), troisième fils du ministre Louvois, fut nommé ministre de la guerre après la mort de son père en 1691 (il avait alors vingt-trois ans), et mérita par sa conduite légère les reproches de Louis XIV. Il mourut en 1701 à trente-trois ans.

BARBET, espèce de chien appelé aussi caniche et chien canard. C'est celui dont l'intelligence paraît la plus susceptible de développement. Il est très-attaché à son maître, aime beaucoup l'eau, et peut être employé pour la chasse à l'étang. Tout son corps est couvert de poils longs et frisés, variant du blanc pur au noir foncé. Le chien barbet appartient à la race des épagneuls.

BARBEZIEUX, ville de France, sous-préfecture du département de la Charente, à 10 lieues d'Angoulême. Population, 2,756 habitants. Elle a un tribunal de première instance. Son arrondissement renferme six cantons, quatre-vingt-sept communes, et 58,042 habitants. Elle a des eaux minérales. Barbezieux ou Barbezil était autrefois une seigneurie appartenant à la maison de la Rochefoucauld. Elle passa dans celle de Louvois; mais, rendue à ses anciens seigneurs, elle resta jusqu'à la révolution aux aînés de cette famille. C'était autrefois une ville murée, dont les fortifications furent rasées au XVIIe siècle.

BARBICAN, genre d'oiseaux de la famille des barbus ou buccones, au bec court, gros, élevé. Les bords tranchants de la mandibule supérieure sont armés de deux ou d'une seule forte dent; les mandibules, sillonnées ou lisses; l'inférieure, moins haute que la supérieure; le tarse est de la longueur du doigt externe. On connaît huit espèces de barbicans. Les plus connus sont le barbican masqué noir, rouge et cendré, long de sept pouces, et le grand barbican.

BARBIER D'AUCOUR (Jean), avocat au parlement de Paris, né à Langres en 1641, mort pauvre en 1694. Critique ingénieux et éclairé, il est l'auteur des Sentiments de Cléanthe sur les entretiens d'Ariste et d'Eugène, contre le père Bouhours, jésuite; de l'Onguent pour la brûlure, contre les jésuites; d'Apollon vendeur de Mithridate, contre Racine. Il n'a fait que des critiques.

BARBIER DE SÉVILLE (LE), pièce en cinq actes de Beaumarchais, dont le héros est devenu si populaire sous le nom de Figaro. Deux musiciens ont traité ce sujet. Le Barbiere di Siviglia de Paisiello est son chef-d'œuvre, mais il a vieilli. Celui de Rossini, dont la partition fut écrite en treize jours, fut représenté pour la première fois à Rome en 1816, et se joue encore sur presque tous les théâtres.

BARBILLONS, filaments qu'on rencontre autour de la bouche de certaines espèces de poissons, et qu'on a regardés comme organes du tact. Ce mot désigne aussi, 1° les antennules, et les palpes des animaux articulés; 2° une sorte de mamelon servant de pavillon à l'orifice extérieur des glandes maxillaires, et qu'on rencontre chez les chevaux à côté du frein de la langue.

BARBON, genre de plantes de la famille

des graminées. Le barbon ou *jonc odorant*, qui croît dans les sables de l'Arabie et de l'Inde, a une odeur voisine de celle de la rose et une saveur amère et aromatique. Il est tonique et excitant, et entre dans la composition de la thériaque. — Le *barbon indien* ou *nard* est employé par les habitants de Java pour l'assaisonnement du poisson et de la viande.

BARBOTAN, petite ville de France, département du Gers, à 10 lieues de Condom. Elle doit son importance à ses eaux minérales sulfureuses, dont la chaleur varie de 24 à 32 degrés Réaumur, et qui sont fréquentées annuellement par huit cents ou mille malades.

BARBOTE, appelée aussi gade-lotte, poisson du genre gade, dont le foie est très-bon à manger. Il a le bec et la queue pointus, et ne vit que dans l'eau douce.

BARBOU, famille d'imprimeurs, célèbre par l'élégance et la correction des ouvrages sortis de ses presses. Le premier que l'on connaisse est Jean Barbou, qui, établi à Lyon, donna un 1530 les œuvres de Clément Marot. Le premier des Barbou qui se fixa à Paris fut Jean-Joseph, reçu libraire en 1704 par arrêt du conseil, et mort en 1752. Le dernier des Barbou, Hugues, mort en 1808, a cédé son fonds à M. Auguste Delalain.

BARBOUDE (LA), une des Antilles, à 15 lieues à l'E. d'Antigoa. Elle a de 6 à 7 lieues de tour et 1,500 habitants. Elle n'a point de port, et appartient aux Anglais. Elle produit de l'indigo, du tabac, du sucre, du gingembre, des fruits et des bestiaux.

BARBUS ou BUCCONES, famille d'oiseaux grimpeurs, caractérisés par un bec conique, renflé latéralement, et garni à sa base de plusieurs faisceaux de barbes roides, dirigées en avant. Les ailes sont courtes et leur vol lourd. Ces oiseaux habitent les contrées les plus chaudes des deux continents. Ils vivent solitaires dans les forêts, et ont un régime omnivore. Les *barbus* proprement dits habitent l'archipel asiatique, le promontoire indien et l'Amérique. Ils ont le corps massif, la tête grosse, les jambes courtes.

BARCAH, vaste désert de l'Afrique septentrionale, dépendant du bey turk de Tripoli. Il est habité par des Arabes féroces et hospitaliers. L'ancienne ville de Barcé, aujourd'hui Barcah, fondée 515 ans avant J.-C., était célèbre dans l'antiquité.

BARCAROLLE, chanson de gondolier en dialecte vénitien, dont les mélodies sont ordinairement suaves et agréables. Leur mouvement est modéré, en mesure binaire à divisions ternaires. Les compositeurs en ont introduit dans plusieurs opéras.

BARCAS, famille noble et ancienne de Carthage, dont descendaient Amilcar, surnommé par cette raison Barcas, et Annibal. Elle se fit un parti puissant, connu dans les annales de Carthage sous le nom de faction barcine, et opposée à celle des Hannon. Par son moyen, elle disposait à son gré de toutes les charges de l'État.

BARCELONE, province d'Espagne, formée de parties de l'ancienne Catalogne. Elle est bornée à N. par la France, au S. par la Méditerranée, à l'E. par la province de Girone, à l'O. par celle de Tarragone et Lérida. Sa superficie est de 380 lieues carrées, et sa population de 569,250 habitants. Sa capitale est Barcelone. Voy. ce mot.

BARCELONE, ville d'Espagne, capitale de la Catalogne, et célèbre par son commerce immense avec toutes les nations et par son port. Elle a eu autrefois des comtes particuliers depuis 864 jusqu'en 1162, époque de la mort de Raimond-Bérenger IV, dont les descendants occupèrent le trône d'Aragon jusqu'en 1410. La population actuelle de Barcelone est de 110,000 habitants.

BARCELONETTE, ville de France, chef-lieu de sous-préfecture du département des Basses-Alpes, sur la rive droite de l'Ubaye, à 19 lieues de Digne. Population, 2,144 habitants. Elle a un tribunal de première instance. Il y a à Barcelonette un collège et une école normale primaire. Ancienne capitale des Saliens et des Esubiens, selon quelques auteurs, elle fut reconstruite en 1223 par Raimond-Bérenger, comte de Provence. Elle fut plusieurs fois prise, reprise, ravagée, incendiée; elle passa tour à tour, avec la vallée qui porte son nom et dont elle était le chef-lieu, au pouvoir des rois de Savoie et de France. Enfin, par le traité d'Utrecht en 1713, elle fut cédée, ainsi que la vallée, à la France en échange d'une portion de territoire du Dauphiné. On voit à Barcelonette un monument érigé à Manuel.

BARCLAY DE TOLLY (LE PRINCE), fils d'un pasteur de la Livonie. Il reçut une éducation distinguée, qui le mit en état d'obtenir un avancement rapide dans la carrière des armes, qu'il embrassa de bonne heure. Ses talents militaires le firent élever dans la campagne d'Allemagne au grade de général-major. Dans la campagne de 1806 à 1807 en Pologne, il se distingua et mérita le grade de général d'infanterie russe, auquel il fut promu après la campagne de Finlande en 1808. Après celle de Suède en 1810, il fut nommé ministre de la guerre. En 1812, on lui confia le commandement de la première armée d'Occident. Il fut mis à la tête des armées combinées de Russie et de Prusse en 1813, après les batailles de Lutzen et de Bautzen. Ce fut lui qui commanda toute la campagne de 1814, après laquelle il fut nommé feld-maréchal. Il commanda encore l'armée d'invasion en 1815, et mourut en 1818, commandeur de l'ordre de Saint-Louis, feld-maréchal russe, etc.

BARDANE, plante aux feuilles larges, dont le dessous est cotonneux, aux fleurs purpurines, de la famille des cynarocéphales, tribu des carducacées. La *bardane officinale* est une plante bisannuelle qui croît naturellement en Europe le long des chemins et dans les terres incultes, et dont la racine, diurétique et diaphorétique, est employée en médecine contre les dartres et les autres maladies de la peau.

BARDANE PHILIPPIQUE, général des troupes de l'impératrice Irène, voulant monter sur le trône de Constantinople, se fit proclamer empereur en même temps que Nicéphore. Mais le peuple se révolta contre lui; Rufus l'enleva de son palais à moitié endormi, et le transporta dans l'hippodrome, où on lui creva les yeux en 803.

BARDARIOTES, soldats de la garde des empereurs de Constantinople. Ils étaient vêtus de rouge, couverts d'un bonnet à la persane, appelé *auguot*, bordé de drap couleur de citron, et armés de bâtons et de baguettes pour éloigner le peuple du passage de l'empereur.

BARDAS, patrice de l'empire d'Orient, frère de l'impératrice Théodora et tuteur de son neveu Michel III (842). Il corrompit par la débauche le jeune empereur, enferma Théodora dans un cloître, et chassa saint Ignace du siége patriarcal pour y placer l'eunuque Photius, son neveu, qui fut l'auteur du schisme d'Orient. Nommé césar, il fut assassiné en 866 par Basile le Macédonien, favori de Michel III.

BARDAS SCÉLÈRE, général grec, beau-frère de l'empereur Jean Zimiscès. Après la mort de ce prince (975), il se souleva contre Basile II, et prit le titre d'empereur. Vaincu par Bardas Phocas, il s'enfuit chez les Perses, entreprit une seconde fois l'empire avec Phocas, qui s'était aussi révolté. À la mort de son collègue, il se soumit à l'empereur Basile, et mourut en 990.

BARDE, prêtre du second ordre chez les Celtes et les Germains, qui avait la fonction de chanter sur la harpe les exploits des héros et d'animer les guerriers au combat. Les bardes les plus célèbres sont, chez les Bretons, Fingal, Ossian son fils, Moriin et Cadwallon.

BARDEAU, petit mulet qui provient de l'accouplement d'un cheval et d'une ânesse.

BARDESIANISTES, secte de chrétiens, ainsi nommés de Bardesane, leur chef, philosophe gnostique vivant dans le IIe siècle à Édesse (Mésopotamie). Les bardesianistes soutenaient que les actions des hommes étaient nécessitées, et que Dieu lui-même n'était sujet au destin. Ils niaient la résurrection des morts, l'incarnation de Jésus-Christ, prétendant que c'était seulement un corps fantastique qui était né de la vierge Marie et que les Juifs avaient crucifié.

BARDIGLIO ou BARDIGLIANE, nom que l'on donne à une variété siliceuse, bleue, de sulfate de chaux, qui s'exploite dans le Milanais, en Italie, pour faire des tables, des cheminées, etc.

BARDILI (Chrétien-Geoffroi), philosophe célèbre de l'école allemande de Kant, né en 1761, mort en 1808. Conseiller de cour et professeur de philosophie à Stuttgard, il fut le créateur d'une théorie philosophique formant la transition entre l'idéalisme de Fichte et l'absolutisme de Schelling. Il regardait la pensée comme identique et absolue, et comme étant l'*unité*.

BARDOTTIER, genre de plantes de la famille des sapotiliers, renfermant un arbre de l'île Bourbon, où on le nomme *bois de natte*, à cause de l'usage qu'on y fait de son bois, débité par lattes, pour couvrir les maisons. Ses fruits sont gros et bons à manger.

BARDYLIS de simple charbonnier devint chef de voleurs, et affranchit l'Illyrie, sa patrie, du joug des Macédoniens. Il se fit déclarer roi, défit Perdiccas, roi de Macédoine, et fut vaincu 359 avant J.-C. par Philippe, frère et successeur de Perdiccas. Né en 434, il mourut en 344 avant J.-C. Clitus, son fils et son successeur, trompa la vigilance d'Alexandre le Grand, et revint dans son royaume, après en avoir été chassé. Il laissa un fils, Bardylis II, qui lui succéda, et donna sa fille Bircenna en mariage à Pyrrhus, roi d'Épire.

BARÉGES, petit village du département des Hautes-Pyrénées, à 7 lieues de Bagnères de Bigorre, autant de Tarbes, et 157 lieues de Paris, connu pour ses eaux minérales, sulfureuses et thermales, qu'on emploie pour guérir les maladies de la peau. Baréges n'est habité que de mai à septembre.

BAREZZI (Étienne), peintre de Milan, connu pour avoir découvert le moyen d'enlever des murs les peintures à fresque à l'aide d'une toile recouverte d'un certain enduit. Il fixait d'abord cette toile sur la muraille, en détachait les couleurs, et les appliquait ensuite, au moyen de cette même toile, sur une table de bois préparée exprès.

BARGE, genre d'échassiers longirostres, caractérisés par un bec droit et long, quelquefois légèrement arqué vers le haut. Les barges ressemblent beaucoup aux bécasses. Elles ont le bec plus long, la taille plus élancée et les jambes plus élevées. Elles fréquentent les marais salés et les bords de la mer. La *barge aboyeuse* ou *rousse* habite les bords de la Baltique, l'Angleterre et l'Allemagne. Elle est rousse, avec le dos brun et la queue rayée de blanc et de noir, dans l'été; d'un brun gris foncé, à plumes bordées de blanc, en hiver, avec la poitrine brune et le ventre blanc sale.

BARI, ancienne partie de l'Apulie, province du royaume de Naples, bornée par le golfe de Venise, la Basilicate, la Capitanate et la terre d'Otrante. Sa superficie est de 290 lieues carrées, et sa population de 340,000 habitants. Sa capitale, Bari, située sur le golfe de Venise, a un évêché et 18,937 habitants. Elle remonte à une haute antiquité, et a été trois fois détruite. La terre de Bari est très-fertile; elle produit du grain, du lin, des amandes, du tabac, du vin, des fruits, des câpres. Il y fait en été une chaleur extrême.

BARIGEL, officier qui à Rome commande les sbires, et qui est chargé de veiller à la sûreté publique.

BARIL, mesure de capacité pour les légumes secs, en usage à la Martinique et à la Guadeloupe (colonies françaises en Amérique). Elle vaut 6,496 pouces cubes ou 112 pintes de Paris. Il se subdivise en demi, quart et demi-quart. — Le baril est aussi une mesure de liquides portugaise. Il vaut 18 almudes, c'est-à-dire 297 litres 72 centilitres français. Dans le commerce, le baril anglais est une mesure de vin contenant 126 pintes de Paris; le baril de Florence, une mesure de liquides qui contient 20 bouteilles; baril de harengs, une mesure qui contient 1,000 harengs; baril de savon, un poids de 252 livres.

BARIL, petit tonneau dont la capacité varie suivant les usages auxquels on le fait servir. Un baril de poudre contient 50 kilogrammes. En France, les ordonnances qui concernent le barillage prescrivent de donner au baril le huitième de la capacité d'un muid, ou 18 boisseaux de Paris.

BARILLET, en termes de marine, petit baril. En termes d'anatomie, c'est une cavité assez grande qui se trouve derrière le tambour de l'oreille. En termes d'hydraulique, c'est 1° un corps de bois arrondi en dedans et en dehors, avec un clapet posé sur le dessus; 2° le piston d'une pompe à bras qui n'a point de corps de pompe, mais qui joue dans un tuyau de plomb, et qui tire l'eau par aspiration d'un puits ou d'une citerne. En termes d'horlogerie, c'est une espèce de boîte cylindrique ou tambour, dans laquelle est renfermé le grand ressort.

BARITON, genre de voix d'homme qui tient le milieu entre la basse-taille et le ténor.

BARKOCHÉBAS, brigand fanatique qui se disait l'étoile prédite par Balaam. Les Juifs se soulevèrent l'an 134 de Jésus-Christ. Barkochébas, vainqueur de Tinnius Rufus en plusieurs rencontres, fut assiégé dans Bither, siège de sa puissance, par Jules Sévère, général d'Adrien. Après trois ans de siège, Barkochébas fut tué avec 580,000 Juifs. Les Juifs ont dans leur liturgie un jour de jeûne solennel en commémoration de la défaite de Barkochébas.

BARLOW (Joël), poëte américain né dans l'État de Connecticut. On lui conféra en 1793 le droit de citoyen français, à cause de ses opinions libérales. (Il avait déjà soutenu, les armes à la main, la cause de l'indépendance.) Nommé ambassadeur à Paris, il suivit en cette qualité Napoléon en Russie, et mourut en 1812 lors de la retraite de l'armée française. Il est l'auteur du premier poëme épique de l'Amérique du Nord, la Colombiade.

BARMÉCIDES, famille puissante et célèbre du Khorasan en Perse. Son élévation commença sous le règne d'Aboul-Abbas Ier, calife des Abbassides, en la personne de Khaled, et finit sous celui du calife Haroun-al-Raschid en celle de Djiafar, massacré en 803 avec presque tous les membres de sa famille, par ordre du calife. La fin tragique des Barmécides a fourni à la Harpe le sujet d'une tragédie qui n'a pu se soutenir.

BARNABÉ (Saint), nommé primitivement Joseph, était né dans l'île de Chypre, de la tribu de Lévi. Les anciens Pères ont prétendu qu'il était un des soixante-douze disciples de Jésus-Christ. Il fut envoyé à Antioche pour affermir les nouveaux disciples, puis à Tarse en Cilicie, d'où il ramena saint Paul à Antioche, où tous deux furent déclarés apôtres des gentils. Ils annoncèrent l'Évangile ensemble en divers lieux, jusqu'à ce qu'il allât avec saint Marc en Chypre, où, suivant la plus commune opinion, il fut lapidé par les Juifs après l'an 51. Les Latins et les Grecs font sa fête le 11 juin.

BARNABITES, chanoines réguliers de la congrégation de Saint-Paul, dont l'ordre prit naissance à Milan en 1536, et dont le fondateur fut Antoine-Marie-Zacharie. Ils se dévouèrent aux missions, aux prédications, à l'instruction de la jeunesse. Il n'y en a plus maintenant qu'en Espagne et dans quelques endroits de l'Italie.

BARNAVE (Antoine-Pierre-Joseph-Marie), né à Grenoble en 1761. Il suivit d'abord la carrière du barreau, et remplit avec distinction les fonctions d'avocat au parlement de Grenoble. Élu en 1789 député aux états généraux, il fut bientôt, quoique jeune encore, placé au rang des premiers orateurs. Mirabeau, qu'il combattit souvent avec avantage, disait de lui : C'est un jeune arbre qui sera un jour un mât de vaisseau si on le laisse croître. Barnave fut l'un des trois députés qui eurent mission d'aller à Varennes chercher la famille royale. Depuis ce voyage, ses opinions, jusqu'alors démocratiques, changèrent visiblement, et il embrassa avec chaleur le parti de la famille royale. Accusé d'impopularité, il fut emprisonné, jugé et condamné par le tribunal révolutionnaire. Il périt sur l'échafaud à l'âge de trente-deux ans, le 29 novembre 1793.

BARNEVELDT (Jean d'OLDEN), né en 1549, grand pensionnaire et avocat général de Hollande. Il protégea et sauva sa patrie de l'ambition de l'Angleterre, et fit nommer stathouder Maurice de Nassau. Bientôt après, il se fit chef du parti populaire, croyant sans doute que Maurice aspirait au pouvoir suprême. Le stathouder le fit arrêter, juger et condamner. Il mourut sur l'échafaud à soixante-douze ans en 1617.

BAROCCIO (Frédéric), peintre italien né en 1528 à Urbin, mort en 1612. Il imita avec succès la manière du Titien, de Raphaël et du Corrège. On met au nombre de ses ouvrages les plus remarquables un Incendie de Troie, une Descente de croix et une Sépulture.

BAROMÈTRE (du grec baros, meteron, mesure de la pesanteur), instrument destiné à mesurer les variations qu'éprouve la pression de l'atmosphère. Il a été inventé par Torricelli en 1643. Le baromètre à cuvette consiste en un tube de verre long d'environ trois pieds, fermé par un bout et ouvert par l'autre, et plongé verticalement par son extrémité ouverte dans une cuve remplie de mercure, de manière qu'une partie de ce mercure, en raison du poids de l'atmosphère qui pèse sur la surface du bain, se tient à une certaine hauteur dans le tube. Pour construire un baromètre, on a un tube de verre bien droit et de diamètre égal partout; on le fait sécher pour en chasser l'air et l'humidité; on y verse du mercure, que l'on y fait bouillir, pour achever de chasser tout l'air du tube. Quand le tube est plein, on ferme son extrémité ouverte avec le doigt, et on le plonge dans une cuvette pleine de mercure. La hauteur de la colonne barométrique est ordinairement de vingt-huit pouces. On divise le tube en un certain nombre de parties, qui sont des degrés de baromètre. Le baromètre à siphon n'a pas de cuvette, ou plutôt le tube lui-même en tient lieu; il est recourbé par le bas, et forme deux branches, dont l'une est plus courte que l'autre qui a plus de 28 pouces. Le baromètre à cadran ne diffère du précédent qu'en ce que, au-dessus de l'orifice de la plus courte branche, se trouve une petite poulie parfaitement mobile, et dont le centre est fixé à celui d'un cadran, derrière lequel est attaché le baromètre. Cette poulie correspond à une aiguille destinée à parcourir des divisions écrites sur le cadran, et sa circonférence est entourée d'un fil aux extrémités duquel sont suspendus deux petits poids, dont l'un pénètre dans l'intérieur du tube, et l'autre est libre au dehors.

BARON (du mot germain bar, homme), titre commun à tous les grands feudataires, et qui a été donné à tout possesseur d'un grand fief sans être duc ni comte. En Angleterre, les barons ont conservé le titre de barons. La couronne de baron est un simple cercle rasé, entortillé de rangs de petites perles.

BARON (Michel BOYRON, dit), comédien célèbre et tragédien non moins fameux, élève et ami de Molière, né à Paris en 1653, mort en 1729 à quatre-vingt-deux ans. Comme comédien, il faisait le plus grand cas de son art et de lui-même. « Tous les cent ans, disait-il, on peut voir un César, mais il en faut dix mille pour produire un Baron. » Comme auteur, il fut assez médiocre, et a donné sept comédies, dont la meilleure est l'Homme à bonnes fortunes.

BARONIUS (César), né à Sora dans le pays de Naples en 1538, mort en 1607. Cardinal et bibliothécaire du Vatican, il s'est rendu fameux par ses Annales religieuses, en douze volumes in-folio, qui est l'ouvrage le plus riche en documents sur l'histoire ecclésiastique et religieuse depuis Jésus-Christ jusqu'en 1198.

BAROZZIO. Voy. VIGNOLE.

BARQUE, petit bâtiment de cent à cent cinquante tonneaux au plus, employé le plus souvent dans le cabotage. Il y en a qui portent trois mâts, et d'autres n'en ont qu'un ou deux. C'est particulièrement dans la Méditerranée que se trouve la plus grande affluence de barques.

BARRA (Joseph), né à Palaiseau (Seine-et-Oise). Tambour dans l'armée républicaine envoyée dans la Vendée, il n'avait que douze ans lorsque, cerné par les Vendéens qui lui ordonnèrent, sous peine de mort, de crier Vive Louis XVII, il s'écria, Vive la république! et mourut percé de coups. La convention lui décréta les honneurs du Panthéon, et sa mort héroïque fut chantée par Chénier et Collin d'Harleville.

BARRABAS, Juif qui était emprisonné pour ses crimes en même temps que Jésus-Christ. Le peuple, qui, selon une coutume établie, pouvait exiger la délivrance d'un prisonnier au jour de Pâque, donna la préférence à Barrabas.

BARRADA, Barra ou Barrc, mesure de longueur dont on se sert en Portugal pour mesurer les draps, les serges, les toiles, etc. 6 barradas font 10 cavidos ou cabidos, et chaque cabido fait quatre septièmes d'aune de Paris. — On s'en sert dans quelques endroits de l'Espagne. Elle est alors la même que la verge de Séville.

BARRAGE, droit ancien établi pour la réparation des ponts et principalement du pavé, compris plus tard dans le bail général des aides. On appelait encore ainsi le droit que payaient les marchands aux seigneurs sur les terres desquels ils passaient.

BARRAS. On donne ce nom au suc résineux qui découle du pin maritime, et qui reste séché sur l'arbre en masses jaunes. Lorsqu'il est liquide, on le nomme galipot.

BARRAS (Paul-François-Jean-Nicolas, vicomte DE), né en 1755 d'une famille ancienne et noble de Provence, mort en 1829. Nommé en 1796 par la convention nationale général en chef de l'armée de Paris et de l'intérieur, puis l'un des cinq directeurs élus par la constitution de l'an III (1795), homme faible et voluptueux, il laissa le soin des affaires à ses collègues, et se démit de son pouvoir à la journée du 18 brumaire (9 novembre 1799). Sa carrière politique s'est alors arrêtée.

BARRAUX (Fort), place forte de quatrième classe, sur la rive droite de l'Isère, à 9 lieues N.-E. de Grenoble, qui, située près de la frontière de la Savoie, domine la route de Grenoble à Chambéry, et défend l'entrée de la vallée de Grésivaudan. Population, 1,300 habitants. Charles-Emmanuel, duc de Savoie, le fit construire en 1597, et, lorsqu'il fut garni de canons et de munitions, le connétable de Lesdiguières le surprit dans la nuit des Rameaux 1598, et s'en empara.

BARRE. On appelle ainsi des amas de sables ordinairement mouvants, qui bouchent l'entrée ou le passage d'un fleuve ou d'un port. Celle de Bayonne roule d'un rivage à l'autre de l'Adour, et l'entrée du port très-difficile. — On appelle barre d'eau une masse d'eau roulant sur la surface des eaux, et ordinairement produite par la rencontre des eaux grossies du fleuve avec celles de la mer. Sur les bords de la Dordogne, ce phénomène prend le nom de *mascaret*. Sur le fleuve des Amazones, les Indiens l'appellent *Pororoca*. — On appelle encore barre, en marine, le levier fixé à la tête du gouvernail, et qui sert à le manœuvrer.

BARRE, ligne qui sépare du public les juges du tribunal ou les membres d'une assemblée, et qui est indiquée par une barre ou des barreaux. Les avocats et les avoués qui composent le barreau restent toujours à la barre du tribunal. Les pétitions se présentaient à main armée à la barre de la convention.

BARRE, pièce de bois, de fer, etc., étroite et longue. En termes de commerce, c'est une mesure d'ouvrage usitée en Espagne et en Portugal. C'est aussi une manière d'évaluer, en Afrique, les marchandises qu'on achète. En termes de blason, c'est une pièce honorable de l'écu, qui va du haut de la partie gauche au bas de la partie droite. En musique, ce sont les lignes verticales qui séparent une mesure d'une autre. — En architecture, on appelle *barre d'appui* la barre sur laquelle on s'appuie à une rampe d'escalier ou à un balcon de fer; *barre du godet*, une barre qui soutient les gouttières; *barre de languette*, une barre de fer aplati qui se pose particulièrement aux manteaux des cheminées de briques, et qui sert à soutenir la languette de la cheminée ou son devant; *barre de linteau*, une barre de fer qui se pose aux portes et aux croisées, au lieu de linteaux en bois; *barre de trémie*, une barre de fer qui sert à soutenir les plâtres des foyers des cheminées.

BARRES, nom donné à l'espace, qui, dans la mâchoire du cheval, existe entre les canines et les molaires, et sur lequel porte le mors. Chez les ruminants et les rongeurs, c'est la place vide existant entre les incisives et les molaires.

BARREAU, lieu où se rassemblent les avocats, et l'ordre même des avocats. Ce mot vient de celui de *barre*, qui désigne la ligne qui sépare le public des juges d'un tribunal.

BARREAUX MAGNÉTIQUES, barres de fer auxquelles les physiciens ont communiqué la vertu magnétique.

BARREAUX (Jacques VALLÉE, seigneur DES), né à Paris en 1602, mort en 1673. Il vécut livré aux plaisirs, et est connu par son sonnet célèbre : *Grand Dieu, tes jugements sont remplis d'équité*, qu'il composa pendant une maladie. On le lui a contesté. Il ne nous reste rien de ses poésies épicuriennes.

BARRÊME (François), né à Lyon, mort en 1703. Son *Arithmétique*, son livre des comptes faits, appelé communément *Barrême*, ses *Changes étrangers*, lui ont acquis une célébrité plus populaire que savante.

BARRICADES. On a donné le nom de journée des Barricades au jour mémorable dans lequel Henri III fut enfermé dans le Louvre par les barricades construites par les partisans du duc Henri de Guise. C'était le 12 mai 1588.

BARRICADES (SECONDE JOURNÉE DES). On a donné ce nom au jour célèbre dans l'histoire de France où, sous le règne de Louis XIV, la reine et Mazarin ayant fait arrêter deux conseillers au parlement, Broussel et Blancmesnil, le peuple courut aux armes, éleva des barricades, assiégea la régente dans le Palais-Royal, et força la cour à relâcher les deux magistrats. C'était le 27 août 1648.

BARRIÈRE (Pierre), dit *la Barre*, né à Orléans, conçut le dessein d'assassiner Henri IV, encouragé, dit-on, à ce crime par le père Varade, recteur des jésuites de Paris. Barrière ayant fait part de son projet à un dominicain italien nommé Séraphin Banchi, ce religieux fit avertir le roi par un seigneur de la cour. Barrière fut arrêté, tenaillé et rompu vif à Melun en 1593.

BARRIÈRES (TRAITÉ DES), nom donné au traité particulier signé en 1713 par les Hollandais, et par lequel ils se réservaient le droit de tenir garnison dans Furnes, Ypres, Tournai, Menin, Charleroi, Mons, Namur, etc., qui étaient en quelque sorte les barrières du royaume.

BARRIÈRES. On appelle ainsi les lieux où résident à la porte des villes les commis du fisc chargés de percevoir le prix des entrées. Paris a cinquante-six barrières, dont dix-huit au N., vingt à l'E. et dix-huit au S.; telles sont la barrière Saint-Denis, la barrière du Roule, du Trône, de Ménilmontant, de Picpus, de Montmartre, de Belleville, des Martyrs, etc.

BARRINGTON, famille noble d'Angleterre, qui a donné plusieurs hommes célèbres. Le docteur Shute Barrington, comte palatin, lord évêque de Durham, né en 1732, devint successivement chapelain du roi d'Angleterre, docteur en droit, évêque de Laudoff et de Salisbury, enfin en 1791, de Durham. Il était fils de John Shute, vicomte de Barrington, né en 1678, ministre de la reine Anne, et député au parlement, mort en 1730, auquel on doit l'ouvrage si connu des *Miscellanea sacra*. Daines Barrington, fils de John Shute, fut comme lui publiciste et légiste plein de mérite. Il était membre de la société des antiquaires, et vice-président de la société royale des sciences de Londres. Il mourut en 1800. Son plus célèbre ouvrage est, *Observation sur les statuts*. Samuel Barrington, son frère, né en 1729, mourut en 1800. Il était parvenu au grade de contre-amiral.

BARROS (Jean DE), né à Viseo en Portugal en 1496, mort en 1570. Ce célèbre historien, précepteur du roi Jean III, qui le nomma gouverneur des colonies portugaises en Guinée, et trésorier des Indes, a composé l'*Histoire de l'Asie et des Indes* en portugais, publiée en 1552, 1553, 1583 et 1602. Il est aussi l'auteur de *Clarimond*, roman historique.

BARROW (Isaac), célèbre géomètre, physicien et théologien anglais, maître du fameux Newton, auquel il céda sa chaire de l'université de Cambridge. Né en 1630, il mourut en 1677. On a de lui les *Leçons mathématiques, d'optique et de géométrie*, ainsi que ses *Traités de théologie*. Il avait ébauché le calcul des infiniment petits.

BARRY (Jeanne GOMART-VAUBERNIER, comtesse DU), née à Vaucouleurs en 1744. Fille d'un simple commis aux vivres, elle fit à Paris la connaissance du comte Jean du Barry, qui la fit élever au rang de favorite. Elle succéda à la duchesse de Grammont dans la faveur de Louis XV en 1769, et exerça sur ce monarque un empire absolu. On lui fit épouser le comte Guillaume du Barry, qui servit de prête-nom. A la mort de Louis XV, elle fut reléguée à Luciennes avec une forte pension. Elle y vécut jusqu'en 1793, époque à laquelle elle fut condamnée à mort par le tribunal révolutionnaire, et périt sur l'échafaud le 7 décembre.

BARS, comitat de Hongrie, situé au N. de celui de Gran. Sa superficie est de 136 lieues carrées, et sa population de 115,779 habitants.

BART (Jean), marin célèbre, né à Dunkerque en 1651, et qui, fils d'un simple pêcheur, s'éleva jusqu'au rang de chef d'escadre malgré l'obstacle que lui opposaient les prérogatives du rang. Il se fit capitaine de corsaire, fut nommé chef d'escadre en 1691. En 1692, il brûla quatre-vingt-six bâtiments anglais, et fit une descente à Newcastle : il attaqua trois vaisseaux hollandais escortant une flotte chargée de blé dont il se rendit maître. Il enleva en 1694 au contre-amiral hollandais Hidde une flotte de plus de 100 voiles, chargée de blé, et qu'il venait de capturer. Cette action lui valut des lettres de noblesse. Il mourut en 1702.

BARTAS (Guillaume DE SALLUSTE, seigneur DU), né près de Nérac en 1544, mort en 1590. Il était de la religion calviniste, et fut chargé par Henri de Navarre, depuis Henri IV, de missions diplomatiques en Angleterre, en Danemarck et en Ecosse Poëte dur, mais original et énergique, il a composé un poëme, *la Semaine de la création du monde*, et plusieurs autres pièces de poésies variées.

BARTAVELLE, nom vulgaire de la perdrix grecque, ressemblant beaucoup à la perdrix rouge, et répandue dans tout l'empire ottoman, dans le royaume des Deux-Siciles et dans la Suisse. Sa chair est blanche et fort estimée. On lui fait la chasse de la même manière qu'à la perdrix grise.

BARTHÉLEMY (François, marquis DE), pair de France, né à Aubagne en 1750, neveu de l'abbé Barthélemy. Destiné à la carrière diplomatique, il accompagna en Angleterre, en qualité de secrétaire de légation l'ambassadeur d'Adhémar, et après son départ il y resta en qualité de chargé d'affaires. En décembre 1791, il fut nommé ministre plénipotentiaire en Suisse. En 1795, il négocia la paix avec la Prusse, l'Espagne et la Hesse. Le 7 prairial an V (juin 1797), il fut élu membre du directoire exécutif. Il se trouva enveloppé dans la proscription du 18 fructidor, et fut déporté à la Guyane avec Pichegru, Ramel, Barbé-Marbois, etc. Il parvint à s'évader avec six de ses compagnons, et revint en France après la révolution de brumaire. Nommé membre du sénat, puis commandeur de la Légion d'honneur, vice-président du sénat et comte de l'empire, il fut sous la restauration appelé à la chambre des pairs, et nommé grand officier de la Légion d'honneur. Nommé ministre d'État le 5 octobre 1815, il fut ensuite créé marquis, et continua de siéger à la chambre des pairs.

BARTHÉLEMY (L'ABBÉ Jean-Jacques), né près d'Aubagne dans la Provence en 1716. Homme désintéressé, modeste et érudit, qui se fit un nom dans le monde savant et littéraire par son fameux ouvrage intitulé *Voyage du jeune Anacharsis en Grèce*. Il eut reçu l'année suivante (1789) à l'académie française, et nommé en 1795 garde du cabinet des médailles à la bibliothèque. Il mourut la même année, après avoir échappé à la fureur révolutionnaire. On a encore de lui plusieurs autres ouvrages, et entre autres un *Voyage en Italie*.

BARTHÉLEMY (LA SAINT-), jour fameux dans les annales françaises par le massacre presque universel des protestants, le 24 août 1572, jour de la Saint-Barthélemy. L'amiral Coligny, Téligny son gendre, Guerchy, Larochefoucauld, Lavardin, et une foule de seigneurs protestants, furent égorgés. Ce massacre se continua les jours suivants, et fut imité dans les provinces. Le vicomte d'Orthe, gouverneur de Bayonne, l'évêque de Lisieux Hennuyer, le président Jeannin à Dijon, Simiane de Cordes et de Tende en Dauphiné, résistèrent, ainsi que quelques autres hommes courageux, aux ordres de la cour.

BARTHEZ (Pierre-Joseph), né en 1734 à Montpellier, mort en 1806. Ce médecin célèbre de l'école de Montpellier fit revivre la doctrine d'Hippocrate, et voulut expliquer par la théorie du *principe vital* tous les actes de la vie. Parmi ses nombreux ouvrages, on distingue principalement *nouveaux Éléments de la science de l'homme*, *Mémoires sur les fluxions*, la *nouvelle Mécanique des mouvements de l'homme et des animaux*, et le *Traité des maladies goutteuses*. A sa mort, il était membre de l'académie des sciences de Paris, Berlin, Gœttingue et Stockholm, membre titulaire de la cour des aides et médecin consultant de l'empereur.

BARTHOLE (Paul), né en 1305 dans la marche d'Ancône, mort en 1355, l'un des plus célèbres jurisconsultes du XIV° siècle, dont l'autorité fut si puissante qu'on ne lui donnait que les titres pompeux de *Flambeau du droit*, *le premier des Interprètes du droit*. On le regarde comme le rédacteur de la bulle d'or. (Voy. ce mot.) Docteur à l'université de Bologne, professeur de droit à Pise et à Pérouse, il a laissé plusieurs ouvrages, qui sont des *Commentaires sur toutes les parties du droit romain*, formant treize volumes in-folio.

**BARTON** (Élisabeth), paysanne née dans le comté de Kent en Angleterre, qui prophétisa et déclama contre le divorce et l'hérésie régnante. Impliquée dans une conspiration contre le roi Henri VIII, elle fut exécutée en 1534. Le chancelier Thomas Morus et Fischer, évêque de Rochester, furent enveloppés dans sa condamnation.

**BARUCH**, disciple et secrétaire du prophète Jérémie et prophète lui-même. Après la mort de ce prophète, qu'il avait suivi en Egypte, il se retira à Babylone, où il composa ses prophéties en six chapitres, qui n'existent plus que dans la version grecque, et où il mourut l'an 593 avant J.-C. Enchanté de ses ouvrages, la Fontaine demandait à tout le monde : *Avez-vous lu Baruch?*

**BARYTE**, nom donné par les chimistes au protoxyde de baryum. C'est une substance alcalino-terreuse, solide, poreuse, d'une couleur grise et d'une saveur caustique. Le carbonate de baryte, appelé aussi *spath pesant aéré* ou *withérite*, est employé en Angleterre pour la destruction des animaux nuisibles. On l'y vend comme mort aux rats. Le sulfate de baryte ou barytine est principalement employé pour alimenter les laboratoires de chimie.

**BARYTE**, substance métallique formée d'oxygène et d'un métal particulier auquel on donne le nom de baryum. La baryte ne se trouve pas dans la nature à l'état de pureté; mais on la rencontre combinée avec l'acide carbonique, et principalement avec l'acide sulfurique. De là deux variétés de baryte: la *baryte carbonatée* ou *withérite*, la *baryte sulfatée* ou *barytine*. La baryte est solide, poreuse, pesante, d'une saveur caustique. Son emploi sur l'économie animale est très-meurtrier. On ne s'en sert point en médecine: elle n'entre que dans la composition de l'hydrochlorate de baryte, dont on se sert quelquefois pour combattre les maladies scrofuleuses.

**BARYTINE** ou SULFATE DE BARYTE, appelée aussi *barytite hépatique*, *pierre puante*, substance minérale du genre baryte. Elle est tantôt jaunâtre, tantôt rougeâtre, olivâtre, brunâtre, blanche, blanchâtre et bleuâtre. Sa pesanteur est environ quatre fois et demie celle de l'eau. Elle est dure, inattaquable par l'acide nitrique, et se fondant au chalumeau en un émail blanc.

**BARYUM**, métal brillant, solide, d'une grande ductilité, plus pesant que l'eau, s'oxydant au contact de l'air, non volatil, susceptible de s'allier avec l'argent, le platine. Il n'a point d'usages. On l'obtient en soumettant à l'action de la pile voltaïque de l'hydrate de baryte réduit en bouillie claire avec de l'eau.

**BAS**, vêtement en coton, en fil, en laine ou en soie, qui couvre le pied et la jambe, et que l'on fait au tricot ou au métier. L'art de faire les bas au métier fut inventé dans le XVIe siècle par un Français, qui, rebuté dans sa patrie, alla offrir sa découverte aux Anglais. Ceux-ci s'attachèrent tant de prix, qu'ils défendirent sous peine de mort de l'exporter hors de leur île. Les métiers à bas furent apportés en France, en 1656, par Jean Hindres, Français.

**BASALTE**, roche silicieuse et volcanique, brune, noirâtre ou verdâtre, d'une cassure matte, sonore, dure, et que l'on trouve groupée en masse. Les formes habituelles des basaltes sont le prisme ou la sphère. On les trouve communément en Auvergne, en Ecosse, et dans les îles environnantes. La fameuse chaussée des Géants en France, et la grotte de Fingal dans l'île de Staff, sont basaltiques. Dans quelques pays, on fait servir le basalte à l'empierrement des routes. Parfois on entend sortir des masses de basalte des sons semblables à ceux d'un orgue.

**BAS-BLEUS**. On nomme ainsi, dans les salons de France, mais principalement dans ceux d'Angleterre, les femmes beaux esprits et auteurs formant une espèce de coterie littéraire et politique.

**BASCHI** ou BACHI, mot turc qui, précédé du nom commun à plusieurs officiers du sérail, en désigne le chef. Ainsi le *bostangis-bachi* est le chef des jardiniers.

**BASCULE**, machine composée d'une barre dont le milieu repose sur un point fixe, et qui peut ainsi osciller librement. Le jeu de la bascule est un jeu dans lequel une personne se trouve à une des extrémités de la barre, et descend, tandis qu'une autre personne s'élève avec l'autre extrémité, et réciproquement.

**BASCULE** (SYSTÈME DE). En politique, on a donné ce nom au système par lequel le pouvoir ou l'action gouvernementale se place entre deux partis, de manière à soutenir tantôt l'un, tantôt l'autre. — On a appelé *ministère à bascule* le ministère Decazes sous le règne de Louis XVIII.

**BASE**. En géométrie, c'est la ligne sur laquelle une figure est posée, le côté sur lequel un corps est appuyé. — En pharmacie, c'est le principal des ingrédients qui entrent dans un remède.

**BASE**. On appelle ainsi, en chimie, tout corps ayant la propriété de saturer les acides et de former des sels. On distingue trois espèces de bases : les bases *acidifiables*, les bases *salifiables*, et les bases *métalliques*, appelées aussi *alcalis*, *terres* et *oxydes métalliques*.

**BASELLE**, plante de la famille des chénopodées, et originaire des Indes. Elle est blanche ou rouge, et ses feuilles sont employées en guise d'épinards. Le suc de ses baies noires, employé aux Indes, dans la médecine, donne une belle couleur de pourpre.

**BAS-FOND**. On appelle ainsi un fond très-bas ou une élévation quelconque du fond de la mer. On ne les trouve qu'en se servant d'une sonde, et les plus grands vaisseaux peuvent passer dessus sans le moindre danger. Les bas-fonds diffèrent des basses, en ce que celles-ci sont de petits bancs de sable ou de corail que la mer recouvre toujours, mais sans que la distance qui les sépare de la surface de l'eau soit très-grande.

**BASILAIRE**, os de la tête qui est situé au haut de la bouche. — C'est aussi le nom d'une artère et d'une apophyse situées dans cette partie de la tête. — En botanique, on donne cette épithète à tout organe placé à la base d'une partie quelconque. L'embryon est *basilaire* quand il est logé tout entier dans la portion du périsperme la plus voisine du style.

**BASILE** (Saint), surnommé *le Grand*, né en 329, mort en 379. Cet évêque célèbre de Césarée, l'un des Pères de l'Eglise, et l'ennemi déclaré des ariens, dont il réfuta les doctrines avec autant de chaleur que de talent, était l'ami de saint Grégoire de Nazianze. Ses œuvres, qui se composent de *sermons*, de *lettres*, d'*homélies*, de *commentaires* et de *traités de morale*, et qui forment trois volumes in-folio, l'ont mis au rang des plus grands orateurs de l'Eglise.

**BASILE**. Deux empereurs grecs de Constantinople ont porté ce nom. Le premier, surnommé le Macédonien, fut associé à l'empire par l'empereur Michel, qui l'avait, de simple soldat, élevé au rang d'écuyer et de grand chambellan, et resta seul maître du pouvoir en 867 par l'assassinat de Michel. Il rétablit le patriarche Ignace, et chassa Photius, qu'il rétablit un an après. Il s'empara de Césarée, et mourut en 886, tué à la chasse par un cerf, après dix-sept ans de règne. — BASILE II, fils de l'empereur Romain le Jeune, succéda à Zimiscès en 976, et eut pour collègue son frère Constantin. Il apaisa les deux révoltes de Bardas et de Phocas, vainquit en 1014 les Bulgares et les Sarrasins, et mourut à soixante-dix ans en 1024, après cinquante ans de règne.

**BASILÉ**, nom donné aux poils des plantes qui sont supportées par un mamelon, comme dans l'ortie.

**BASILIC**, genre de la famille des labiées, renfermant des plantes aromatiques et cultivées dans nos jardins. Le *basilic commun* ou *grand basilic*, originaire des Indes, a une tige droite, légèrement velue, haute d'un pied environ. Ses feuilles sont petites, en forme de cœur, et dentelées sur les bords. Les fleurs sont blanches ou purpurines, et rassemblées en groupes de cinq à six à l'extrémité des rameaux. Le basilic sert de condiment à nos mets. Son infusion théiforme est stimulante et antispasmodique. — Le *basilic à petites feuilles* ou *basilic noir* de Ceylan, à feuilles ovales, vertes ou violettes, à fleurs charnues, petites, blanches, et disposées par anneaux, ne s'élève qu'à six ou sept pouces, et forme un petit buisson. Son odeur est forte. — Le *basilic anisé* fournit un assaisonnement très-agréable.

**BASILICAIRE**, officier ecclésiastique qui assistait autrefois le pape ou un évêque lorsqu'il disait la messe.

**BASILICATE**, anciennement la Lucanie, province du royaume de Naples, bornée par la Calabre citérieure, les terres de Bari et d'Otrante, le golfe de Tarente et les principautés ultérieure et citérieure. Sa superficie est de 604 lieues carrées, sa population de 378,000 habitants. Sa capitale est Potenza. La Basilicate produit du blé, du maïs, de l'huile, du safran, du coton et de la soie.

**BASILICON** (ONGUENT). On appelle ainsi, en pharmacie, un onguent composé de cire jaune, d'huile, de cire grasse et de poix, et qu'on emploie en médecine pour exciter la suppuration.

**BASILIQUE**, nom donné à une veine située à la partie interne du pli du coude, au-devant de l'artère humérale. Elle remonte le long de la partie interne du bras, au-devant du nerf cubital, et s'enfonce dans le creux de l'aisselle, pour se continuer avec la veine axillaire. C'est une des veines où se pratique la saignée du bras. — La *veine médiane basilique* est une des branches de la précédente.

**BASILIQUES**, édifices qui autrefois étaient des maisons royales, et qui plus tard furent les églises des premiers chrétiens. Elles différaient des temples en ce qu'elles avaient les colonnes en dedans, tandis que ceux-ci les avaient en dehors. En Italie, on remarquait les basiliques de Saint-Jean de Latran, de Saint-Pierre à Rome et de Saint-Paul hors des murs, de Saint-Laurent et de Saint-Clément à Rome, de Saint-Fortunat à Ravenne, etc.; en France, celles de Saint-Germain l'Auxerrois à Paris, de Saint-Saturnin à Toulouse, etc.

**BASILIQUES**, nom donné à un recueil des lois romaines traduites en grec par ordre de l'empereur Basile.

**BASILOVITCH** ou VASILIÉVITCH (Ivan), affranchit sa nation de la domination des Tartares, et jeta les fondements du puissant empire de Russie. Il fut le premier qui se donna le titre de czar, prit en 1554 la ville d'Astrakan sur les Tartares nogais, celle de Kasan, et conquit toute la Sibérie. Il envahit la Livonie. Il institua la milice permanente des strélitz, et ordonna que l'administration de la justice serait gratuite. Il avait succédé à Vasili IV, son père, en 1534, et mourut en 1584. Il eut pour successeur Féodor Ier, son fils.

**BASIN**, étoffe de fil de coton, semblable à la futaine, mais plus fine et plus forte.

**BASINE**, femme de Basin, roi de Thuringe, quitta son mari pour venir en France épouser le roi Childéric. La première nuit des noces, elle pria Childéric de se lever et d'aller voir ce qui se passait; Childéric avait vu des lions. Elle le pria d'y retourner encore; Childéric vit cette fois des loups se battant entre eux. Il y retourna une troisième fois, et vit des chiens se disputant des os. Basine lui explique cela, en lui disant que c'était là le symbole de la force de leurs descendants: les lions désignaient la force de leurs fils, les loups la division de leurs petits-fils, les chiens la faiblesse de leurs arrière-petits-fils. C'est de Basine que naquit Clovis.

BAS JUSTICIER, seigneur qui autrefois avait droit de basse juridiction. Les juges qu'il commettait ne pouvaient décider que pour des sommes qui ne dépassaient pas la valeur de 3 livres 15 sous; et ils ne pouvaient condamner pour délits envers eux à une amende de plus de 7 sous 6 deniers.

BASKERVILLE (John), célèbre imprimeur anglais et fondeur de caractères, né en 1706 dans le comté de Worcester, mort en 1775. Il fut le premier typographe de son temps, et fondit en 1750 de nouveaux caractères d'imprimerie, avec lesquels il publia plusieurs classiques anglais, latins, etc. Beaumarchais les acheta en 1779 au prix de 3,700 livres sterling (91,575 francs), pour les employer à l'édition des œuvres de Voltaire connue sous le nom d'édition de Kehl.

BASNAGE, famille renommée de protestants, qui a donné plusieurs savants et plusieurs avocats. Les plus célèbres de cette famille furent Henri Basnage, éditeur du Dictionnaire universel de Trévoux, né en 1656, et mort en 1710; et Jacques Basnage, son frère, né en 1653, et mort en 1723, à qui l'on doit l'*Histoire des Juifs* et la *République des Hébreux*.

BASOCHE. Voy. BAZOCHE.

BASQUES, peuple appelé autrefois Vascons et Cantabres, et qui se donne le nom d'*Escualdunac*. Il habite en France et en Espagne les versants des monts Pyrénées, et forme une population de 800,000 habitants. Les provinces basques françaises sont la basse Navarre, le Labourd, le bois de Mixe et la Soule. Les provinces basques espagnoles sont la haute Navarre, la Biscaye et le Guipuzcoa. La langue basque est, suivant l'opinion des savants, l'une des plus anciennes du monde. Elle n'a presque pas de monuments littéraires ou du moins très-peu.

BAS-RELIEF, ouvrage de sculpture ayant peu de saillie, et dont les figures sont représentées comme aplaties sur le fond. Les bas-reliefs sont appliqués et attachés sur un champ ou fond quelconque, ou bien ils font partie de la matière dans laquelle ils ont été travaillés. Les bas-reliefs de l'antiquité les plus célèbres sont ceux qui se trouvent sur les vases étrusques.

BAS-RHIN. Voy. RHIN.

BASSANO, famille de peintres célèbres de l'école vénitienne, originaire de Bassano, ville d'Italie. Giacomo ou Jacques Bassano, nommé Giacomo del Ponte, né en 1510, peignit des paysages et des animaux avec beaucoup de vérité, et excella aussi dans le portrait. Il mourut en 1592. Ses principaux tableaux sont *les Vendeurs chassés du temple*, *Noé avec sa famille*, les portraits du Tasse, de l'Arioste, etc. Il eut quatre fils, peintres distingués comme lui. François, né en 1540, mourut en 1594. Son plus beau tableau est l'*Enlèvement des Sabines*. Léandre, surnommé le *Chevalier*, né en 1560, mourut en 1623. Ses plus beaux tableaux sont *Jésus-Christ*, *Marthe et Marie*, l'*Adoration des bergers*, le *Départ de Jacob*, un *tableau de famille*. Jean Baptiste, né en 1553, mourut en 1613. Jérôme, né en 1560, mourut en 1622.

BASSANO, ville d'Italie, sur la Brenta. Population, 10,000 habitants. Son industrie variée et son commerce la rendent importante. On y admire le gymnase, le jardin botanique et le cabinet de minéralogie. Bonaparte s'en empara, le 8 septembre 1796, sur Wurmser, général autrichien; après une sanglante bataille, 5,000 prisonniers, 35 pièces de canon, furent le fruit de cette victoire. Cette ville fut encore prise deux fois par les Français, le 11 janvier 1801 par le général Moncey, et le 5 novembre 1805 par Masséna.

BASSE, voix la plus grave de toutes. On donne aussi ce nom au *violoncelle*, qui dans ses quatre cordes, sans démancher, a à peu près l'étendue de la voix de basse.

Par extension, on nomme *basse* la partie la moins élevée de toute espèce de musique, celle qui sert de base à l'harmonie.

BASSE CHANTANTE, la partie la plus grave de la musique vocale.

BASSE CHIFFRÉE, partie de basse surmontée de chiffres indiquant les accords dont on doit l'accompagner. On la nommait autrefois *basse continue* lorsqu'elle était écrite pour un instrument, parce qu'elle n'était pas interrompue comme la basse vocale. On en attribue l'invention à Louis Viadana, dans le XVIIe siècle. On disait jadis *enseigner la basse continue* pour dire *enseigner l'harmonie*. Le mot qui fait le sujet de cet article est seul en usage aujourd'hui.

BASSE CONTRAINTE (en italien, *basso ostinato*), formule de basse que les anciens compositeurs se proposaient avec l'obligation de changer sans cesse le chant et l'harmonie.

BASSE-CONTRE, variété de la voix de basse dont le timbre est plus fort que celui de la voix de basse moyenne, appelée *basse-taille*, qui est moins étendue dans le haut, et qui a quelques notes de plus dans le bas.

BASSE DE HAUT-BOIS. Voy. BASSON.

BASSE DE VIOLE (en italien, *viola da gamba*), instrument qui servait à faire la partie de basse instrumentale avant l'invention du violoncelle. Il avait six à sept cordes.

BASSE DE VIOLON. (Voy. VIOLONCELLE.) On appelait encore ainsi autrefois la *contre-basse* et une basse de grandeur moyenne, nommée aussi *basse de chœur*.

BASSE ÉTOFFE, terme de potier d'étain, qui se dit d'un mélange de plomb et d'étain.

BASSE FONDAMENTALE, nom donné par le compositeur Rameau à une basse rationnelle, composée des notes graves et fondamentales de certains accords, laquelle servait de preuve, selon lui, de la régularité de l'harmonie. Ce système n'est plus en vogue dans les écoles.

BASSE-FOSSE, sorte de cachot creusé en fosse à quelque profondeur, et dont les parois étaient revêtues de maçonnerie. On y descendait les prisonniers au moyen d'une échelle, et on la refermait avec une trappe.

BASSE GOUTTE, droit d'égout sur un héritage voisin.

BASSE JUSTICE, ancienne juridiction qui ne connaissait que des délits de simple police.

BASSE LISSE, sorte de tapisserie à chaîne horizontale.

BASSE MER se dit de la mer retirée et lorsque l'eau n'est pas plus haute qu'elle ne l'était avant qu'elle ne commençât à monter. Il est opposé à *pleine mer*.

BASSE-POINTE, un des quartiers de l'arrondissement de Saint-Pierre dans la Martinique (Guadeloupe). C'est le quartier le plus beau, le plus salubre et le mieux cultivé de la Martinique. Ses produits sont en sucre, cacao, café et vivres. On y voit peu de terrain en friche. Le sucre de la Basse-Pointe passe pour être le plus beau de la colonie. Le chef-lieu du quartier de la *Basse-Pointe*, joli bourg situé entre la paroisse de Macouba et de la Grande-Anse.

BASSET, espèce de chien de la race des épagneuls. Il a la tête forte, munie d'oreilles longues et pendantes, la queue longue, les jambes courtes, droites et grosses. Le poil de cet animal est ras et marqué de taches noires ou brunes, plus ou moins étendues et nombreuses, sur un fond blanc. Quelquefois il est noir avec des taches fauves. La longueur du corps est de vingt-cinq à vingt-huit pouces.

BASSE-TAILLE, voix de basse moyenne, moins grave que la *basse-contre* et moins élevée que le *bariton*. C'est aussi le nom de la voix de basse des chœurs.

BASSE-TERRE, chef-lieu de la colonie française de Guadeloupe et résidence du gouvernement colonial, sur la côte occidentale de la Guadeloupe proprement dite.

Sa population est de 9,000 habitants, dont 4,000 esclaves. Sa fondation remonte à 1635. Elle fut détruite en 1691, 1703 et 1759 par les Anglais, et en 1782 par un horrible incendie. Cette ville s'est relevée de ses ruines. Elle est située au pied des montagnes, au bord de la mer, et forme deux quartiers, séparés par la rivière aux Herbes. Elle est protégée du côté de la terre par le fort Richepanse, et du côté de la mer par plusieurs batteries. La ville est propre et bien bâtie. On y remarque l'hôtel du gouvernement, l'hôpital, le palais de justice, deux belles églises, l'arsenal et le jardin colonial. Il y a plusieurs écoles. — La Basse-Terre est encore le nom du quartier du même nom. — Quelquefois on l'étend à toute la partie S.-O. de la Guadeloupe, nommée Guadeloupe proprement dite, séparée de l'autre partie de l'île, appelée *Grande-Terre*, par la rivière Salée.

BASSICOT ou HAQUET, cage de charpente ouverte par en haut, où l'on met les masses de pierres qui se tirent des ardoisières, dans l'Anjou.

BASSIERS, amas de sable et de cailloux dans les rivières.

BASSIGNY, petite subdivision de la haute Champagne, dont Chaumont était le chef-lieu. Il s'appelait autrefois *Bassiniensis pagus* ou *Bassiniacus ager*. En 870, il faisait partie du royaume de Lothaire, et se trouvait compris dans le diocèse de Toul; depuis, il fut compris presque en entier dans le diocèse de Langres, et forma un des plus grands bailliages de France. Ce pays souffrit beaucoup des guerres civiles et religieuses des XVIe et XVIIe siècles. Le Bassigny forme en partie le département de la Haute-Marne.

BASSIN. En anatomie, on appelle ainsi la partie du tronc qui termine inférieurement l'abdomen. Il supporte en arrière la colonne vertébrale, et est supporté, en avant par les fémurs.

BASSIN, système de vallées plus ou moins considérables qui aboutissent à une plus grande, en sorte que les eaux de toutes les vallées supérieures viennent se réunir à un seul courant d'eau, qui reçoit le nom de *fleuve* ou de *rivière*, et qui va à son tour se déverser dans un lac ou une mer. La France se divise en treize bassins, cinq grands et huit petits. Les premiers sont formés par le Rhin, le Rhône, la Seine, la Loire et la Garonne. Les seconds sont formés par le Var, la Moselle, la Meuse, la Somme, la Vilaine, la Vendée, la Charente et l'Adour.

BASSIN, réservoir de plus ou moins d'étendue et de profondeur, de figure circulaire, polygonale ou irrégulière, ordinairement destiné à contenir de l'eau. Pour construire les bassins, on creuse d'abord le terrain, dont on consolide bien le fond; on étend dessus une couche de béton: quand le béton est sec, on le couvre d'une couche de ciment fait de gros sable, que l'on étend avec la truelle; sur cette couche, on en jette une autre composée de tuiles pilées et pétries avec de la chaux éteinte.

BASSINET, petite poche membraneuse, qui occupe la partie postérieure de la scissure du rein. Elle est placée derrière l'artère et la veine rénales. Allongée de haut en bas, aplatie d'avant en arrière, elle est irrégulièrement ovale, et se rétrécit beaucoup inférieurement pour se continuer avec l'uretère. — C'est aussi le nom vulgaire de la *renoncule bulbeuse*.

BASSINET, petite pièce creuse de la platine d'une arme à feu, et destinée à recevoir l'amorce. On a inventé en 1818 un bassinet appelé *bassinet de sûreté*, parce qu'il empêche les armes à feu de partir accidentellement.

BASSOMPIERRE (LE MARÉCHAL François DE), né en 1579, mort en 1646. Il fut l'ami et un des favoris de Henri IV, qui le nomma colonel général des Suisses et des Grisons. Nommé maréchal de France en 1605, il exerça un grand empire sur Mariede Médicis et son fils Louis XIII. Richelieu, à qui il portait ombrage, le fit emprisonner à la Bastille en 1631. Il y resta douze ans. Négociateur habile, général distingué et courtisan à bonnes fortunes, il se signala dans plusieurs siéges, et nous a laissé des *Mémoires* contenant l'histoire de sa vie.

BASSON, instrument de musique à anche et à vent. Il est composé de plusieurs pièces de bois percées de trous et armées de clefs, et se joue avec une anche adaptée à un canal de cuivre appelé *bocal*. Les Italiens l'appellent *fagotto*. Il est au hautbois ce que le violoncelle est au violon.

BASSORA, BALSORA ou BASRACH, la seconde ville du pachalik de Bagdad dans l'Irak Arabi sur le Schat-el-Arab. Elle est fameuse par son commerce avec les marchands de toutes les nations. Elle fut bâtie en 635 par Otbah, et appartient aux Turks depuis 1775. On lui donne de 50 à 60,000 habitants.

BASSORINE, substance particulière qui reste sous forme de gelée lorsqu'on traite dans l'eau la gomme adragante, la gomme de Bassora, de cerisier, ou la graine de lin, les pepins de coing, la racine des jacinthes, etc. La bassorine est insoluble dans l'eau, elle sert aux usages.

BASSUS, nom de plusieurs écrivains et poëtes romains. BASSUS AUFIDIUS, écrivain du siècle d'Auguste, avait composé des guerres de Germanie. — BASSUS CÆSIUS poëte lyrique du temps de Néron, force la à qui Perse adressa sa sixième satire. Il nous reste de lui quelques vers. — BASSUS JULIUS, orateur du siècle d'Auguste, dont Sénèque nous a conservé quelques harangues. — Il y a aussi un homme d'État, du nom de LUCILIUS BASSUS, qui abandonna le parti d'Othon, et livra sa flotte à Vespasien.

BASTAN, vallée d'Espagne, dans la province de Pampelune. Elle est bornée au N. par le département des Pyrénées, et a une superficie de 30 lieues carrées. Le 24 juillet 1794, les Français y remportèrent sur les Espagnols une victoire qui leur ouvrit le chemin de l'Espagne.

BASTE (Pierre), né à Bordeaux en 1768, dut son avancement à son courage et à ses services. Entré dans la marine en 1781 comme simple matelot, il passa par tous les grades et obtint, au siége de Mantoue, le commandement de la flottille armée sur les lacs. Il fit partie de l'expédition d'Égypte et de celle de Saint-Domingue, dans lesquelles il se distingua. En 1807, chargé de former à Dantzig une flottille destinée à la reddition de Pillau, il s'empara de 42 bâtiments chargés de vivres. En 1808, il passa en Espagne, où, après avoir pris de force la ville de Jaën, il se maintint avec 1,200 hommes seulement dans un espace de 20 lieues. Il fit la campagne d'Autriche (1809) comme colonel des marins de la garde, et contribua au gain de la bataille de Wagram. Élevé à la dignité de comte (1809) et de contre-amiral (1811), il fut tué en 1814 à l'affaire de Brienne. Il était commandeur de la Légion d'honneur.

BASTERNE, espèce de chariot couvert et traîné par des bœufs, en usage chez les Romains, de qui l'usage en passa aux Francs de la première race. C'était aussi une espèce de litière à l'usage des dames, traînée par des mules.

BASTIA, ville de Corse, chef-lieu d'arrondissement, à 300 lieues de Paris et 23 d'Ajaccio. Population, 11,336 habitants. Cette ville est très-ancienne. Longtemps capitale de la Corse, elle fut la république chef-lieu du département du Golo, alors que la Corse en formait deux. Elle a un port, une citadelle, une cour royale, un tribunal de première instance et de commerce, un collège et une école primaire modèle.

BASTIDE, nom donné aux maisons de campagne dans la Provence.

BASTILLE. On nommait ainsi autrefois un château défendu par plusieurs tours. C'était aussi une forteresse bâtie à Paris en 1370, sous Charles V, par Hugues Aubriot, prévôt de cette ville. Elle fut destinée dès l'origine à protéger Paris contre toute invasion d'ennemis. Elle servit plus tard sous les règnes de Louis XI, de Henri III, Henri IV, Louis XIII, Louis XIV, Louis XV, et jusqu'en 1789, de prison d'État. La Bastille, située près de la porte Saint-Antoine, fut assiégée, le 14 juillet 1789, par le peuple de Paris. Vainement défendue par le gouverneur de Launay, elle fut emportée d'assaut et démolie entièrement. L'emplacement qu'elle occupait forme maintenant la place de la Bastille. On y a élevé d'abord un éléphant colossal en maçonnerie; il a été remplacé en 1839 par une colonne en fonte, que l'on a nommée *colonne de juillet*, et sur laquelle ont été gravés les noms des morts en 1830.

BASTILLE se dit, en termes de blason, 1o des pièces qui ont des créneaux renversés vers la pointe de l'écu; 2o de l'écu lui-même, lorsqu'il était garni de tours.

BASTINGAGE, bande d'étoffe ou de toile, que l'on tend autour du plat-bord d'un navire, et qui, tout en servant de décharge, garantit pendant le combat les matelots du feu de l'ennemi, et dérobe à ce dernier la connaissance de ce qui se fait sur le pont.

BASTINGUE, terme de marine, bandes d'étoffe ou de toile matelassée, qu'on tend autour du plat-bord des vaisseaux de guerre, et qui sont soutenues par des pointilles, afin de préserver ceux qui sont sur le pont des balles pendant le combat.

BASTION, ouvrage de fortification soutenu de murailles, de gazon ou de terre battue, et disposé en pointe sur les angles saillants du corps d'une place, avec des faces et des flancs qui se défendent les uns les autres. Le *bastion irrégulier* est celui qui a de l'irrégularité dans ses faces, flancs, etc., de même que dans ses angles du flanc et de l'épaule; le *bastion régulier* est celui qui a ses faces égales, ainsi que ses flancs et ses angles; le *bastion détaché* est celui qui est isolé à l'égard de l'enceinte; le *bastion coupé*, celui dont la pointe est retranchée, et qui, à sa place, a un ou deux angles rentrants. Les *bastions pleins* sont ceux dont toute la capacité se trouve remplie des terres du rempart; le *bastion plat* est celui qui est construit sur une ligne droite, et dont, par conséquent, les deux demi-gorges ne font point d'angle; les *bastions vides* sont ceux dont le rempart est mené parallèlement aux flancs et aux faces, de manière qu'il reste un vide dans le milieu du bastion; le *bastion simple* est celui dont les flancs sont en ligne droite; le *bastion à flanc concave* et *à orillons* est celui dont les flancs convexes sont disposés en ligne courbe, et dont l'épaule est arrondie.

BASTONNADE, punition infligée à coups de bâton, et dont l'usage est très-répandu chez les Russes, les Turks et les Barbaresques. On inflige la bastonnade aux soldats délinquants en Russie et en Allemagne. Autrefois elle était usitée en France; la révolution de 1789 l'a fait entièrement disparaître chez nous.

BATAILLE, action générale et importante entre deux armées sur un terrain d'une grande étendue. Une action ne mérite le nom de *bataille rangée* que lorsqu'un général en chef déploie en personne la totalité ou la grande majorité de ses forces, et qu'il combat avec l'armée ennemie pendant très-longtemps. On appelle *ordre de bataille* la disposition particulière que chaque général donne à son corps d'armée sur le champ de bataille. Il y a des *ordres de bataille obliques, parallèles, perpendiculaires, convexes, concaves*, etc.

BATAILLON, fraction d'un régiment, ordinairement composée de huit compagnies, dont deux d'élite (*grenadiers* et *voltigeurs*) et six de *fusiliers* ou *chasseurs*. Chaque bataillon renferme environ 800 hommes. Le nombre des bataillons dans chaque régiment varie beaucoup et n'est jamais absolu. Le bataillon est commandé par un officier supérieur; il a son drapeau, son chef, son adjudant-major, son chirurgien, son adjudant et son caporal-tambour, qui sont tous en dehors des compagnies. On nomme *chefs de bataillon* les officiers qui sont à la tête des bataillons. On dit un *bataillon carré, rond* ou *triangulaire*, selon qu'il affecte l'une de ces trois formes.

BATALHA, bourg de l'Estramadure portugaise, à 5 lieues de Santarem, et 22 de Lisbonne. Il est remarquable par un magnifique couvent de dominicains, fondé par Joam Ier en 1385, en mémoire de la victoire d'Aljubarra, qu'il remporta sur le roi de Castille. Ce couvent, d'architecture gothico-sarrasine, est l'un des plus magnifiques d'Europe, et fut bâti par un Irlandais nommé Hacket. Le bourg de Batalha a 2,000 habitants.

BATARA, genre de passereaux de la famille des pies-grièches, renfermant des oiseaux insectivores, qui vivent cachés dans les broussailles d'Amérique et d'Afrique. On remarque entre autres espèces le *batara rayé de Cayenne*, long de six pouces six lignes, le *batara maculé* et le *batara noir*.

BATARD. On entend généralement par ce mot un enfant né hors d'un légitime mariage; le terme légal est enfant naturel. Un enfant naturel qui aura été légitimé et reconnu par le mariage subséquent des père et mère jouit des mêmes droits que l'enfant légitime, suivant les dispositions du Code civil. — On appelle *abatardissement* l'affaiblissement et l'anéantissement progressifs des qualités qui distinguent une race d'êtres.

BATARDEAU, massif de maçonnerie qui traverse toute la largeur d'un fossé ou d'une rivière, et qui est destiné à retenir les eaux. Il s'emploie surtout dans les fortifications.

BATAVES, peuples de Germanie qui habitaient les contrées comprises entre la mer du Nord, la Meuse et le Rhin, et que les anciens appelaient *Insula Batavorum*. C'est aujourd'hui le Pays-Bas.

BATAVIA, province de l'île de Java formée de l'ancien royaume de Jacatra. Sa superficie est de 194 lieues carrées, et sa population de 332,015 habitants. La province de Batavia abonde en indigo, café, cannes à sucre, riz, etc., et a pour capitale Batavia. Voy. ce mot.

BATAVIA, ville capitale de l'île de Java, bâtie en 1619 sur les ruines de l'ancienne Jacatra. Elle est le centre du commerce et de la puissance des Hollandais dans les Indes, et la résidence du gouverneur général et du conseil suprême. Elle est l'entrepôt général du commerce de l'Inde orientale, et sa population est de 47,000 habitants.

BATEAU, nom de bâtiment petit et de transport, qui sert principalement sur les rivières. Les deux espèces de bateaux qui méritent le plus de fixer l'attention sont les bateaux à vapeur et les bateaux sous-marins. Les premiers, naviguant à l'aide de roues mues par l'action de la vapeur, ont été inventés ou plutôt mis en usage en 1807 dans l'Amérique, et sont maintenant généralement répandus. Les bateaux sous-marins, destinés à la navigation au milieu même de la mer ont été pour la première fois mis en usage par l'Américain Bushnell en 1787. On appelle *bateau de poste* un bateau destiné à conduire les voyageurs en très-grande diligence; *bateau de loch*, un morceau de bois fixé à la ligne de loch.

BATH, ville d'Angleterre dans le comté de Sommerset, dont la population est de 31,500 habitants, et qui doit sa célébrité aux eaux minérales qui s'y trouvent et y attirent un grand concours d'Anglais et d'étrangers. Elles sont employées dans les maladies du foie et de l'estomac, dans la goutte et les scrofules

**BATHILDE** (Sainte), esclave d'Archambaud, maire du palais, épousa Clovis II, roi de France, après la mort duquel elle devint régente du royaume, qu'elle gouverna avec sagesse pendant la minorité de son fils. Forcée par les grands de quitter le pouvoir, elle se retira à l'abbaye de Chelles qu'elle avait fondée, et mourut en 680. Elle fut canonisée par le pape Nicolas Ier.

**BATHORI.** Voy. BATTORI.

**BATHURST**, famille noble et ancienne d'Angleterre, dont les membres sont depuis le règne de Georges III en possession des fonctions les plus éminentes. ALLEN BATHURST, membre du conseil de ce prince, fut l'ami de Pope et d'Addison. Son fils HENRY, comte BATHURST, né en 1713, mort en 1794, devint successivement solliciteur, procureur général du prince de Galles, avocat du roi, juge des plaids communs, et en 1771 lord chancelier. La même année il avait été créé lord, baron d'Apsley. Un fils d'Henry a été président du commerce, ministre de la guerre et des colonies; et un de leurs parents, HENRY lord BATHURST, est évêque de Norwich.

**BATHYLLE**, célèbre danseur, natif d'Alexandrie, et rival du fameux danseur Pylade, était esclave de Mécène, favori d'Auguste. Bathylle excellait dans les sujets voluptueux. Les Romains, selon qu'ils prenaient parti pour Bathylle ou pour Pylade, étaient *bathylliens* et *pyladions*, et plus d'une fois il y eut entre ces deux partis des querelles sanglantes.

**BATIMENT**, en marine, nom donné à toutes sortes de navires. On distingue les bâtiments en *bâtiments marchands* et *bâtiments de l'État*. Ces derniers comprennent les bâtiments de guerre, les bâtiments de transport, les bâtiments de charge, les bâtiments à vapeur, les bâtiments à rames, à un, deux et trois mâts. Les bâtiments uniquement affectés au service des grands ports sont les *réserves*, les *pontons*, les *cure-môles*, les *maries-salopes*, les *chalands*, les *citernes*, *chaloupes*, etc.

**BATISTE**, toile blanche de lin ou de chanvre, dont le fil est très-fin et le tissu très-serré. Son nom vient de ce qu'elle a été mise en usage pour la première fois par Baptiste Chambrai, dans le XIIIe siècle. On emploie pour la tisser un fil très-blanc nommé *rame*, que l'on cultive dans le Hainaut français. La meilleure batiste vient de la Belgique et des Indes. La *batiste d'Écosse* est une étoffe de coton à tissu très-serré.

**BATITURES**, écailles ou parcelles de métaux qui se détachent de la masse lorsqu'elle est forgée.

**BATMAN**, poids de Turquie. Il y en a de deux sortes; l'un composé de 6 ocquos, chaque ocquos pesant 3 livres trois quarts de Paris; l'autre composé aussi de 6 ocquos, mais chaque ocquos ne pesant que 15 onces. — C'est aussi un poids de Perse. Il y en a aussi de deux sortes: le premier, qui est le poids du roi, et qui s'appelle *batman de Chahi*, pèse 12 livres 12 onces de Paris, et sert aux marchandises usuelles; le second, appelé *batman de Tauris*, pèse 5 livres 14 onces de Paris, et s'emploie pour les marchandises de *négoce*.

**BATON**, long morceau de bois, de peu d'épaisseur, servant à divers usages. L'usage du bâton comme marque de dignité remonte à la plus haute antiquité. Dans les siècles les plus reculés, les princes et les personnes considérables portaient, pour marque de distinction, un bâton fait en forme de sceptre. Cet usage était général chez les Babyloniens. A Rome, les principaux magistrats portaient des bâtons pour marque de leur dignité; celui du consul était d'ivoire, celui du préteur était d'or, le *bâton augural* (*lituus*), recourbé en forme de crosse, servait aux augures dans leurs cérémonies religieuses. — Les premiers rois de France portaient le sceptre d'une main et le bâton de l'autre. Le bâton à la hauteur d'un homme était recouvert de lames d'or, auxquelles on substitua la main de justice au XIVe siècle. Les évêques et les abbés prirent aussi cette marque de distinction; mais ils terminèrent leur bâton pastoral par un bec recourbé, ce qui forma la crosse. Il n'est fait mention de la crosse que dans le XIe siècle. Voy. les art. suivants.

**BATON DE MARÉCHAL**, petit bâton court et arrondi, revêtu de velours, de couleur violette, que portent les maréchaux de France. Il était sous les Bourbons parsemé de lys, sous l'empire d'aigles, et maintenant de coqs.

**BATON PASTORAL**, bâton terminé par un bec recourbé et formant une crosse, que portaient en signe de puissance les évêques et les abbés.

**BATON** (sens divers). C'est, à proprement parler, un morceau de bois, en général de forme allongée et de peu d'épaisseur. On l'étend à plusieurs choses de forme cylindrique ou allongée. Ainsi on dit un *bâton de cire*, etc. — On nomme *bâton de vadel* ou *guipon*, en marine, un long bâton où l'on attache des bouchons d'étoupe, et dont on se sert pour goudronner le navire; *bâton d'hiver*, une espèce de petit mât qu'on substitue à chacun des mâts de perroquet, dans la saison des vents. — Les orfèvres appellent *bâton à dresser* un rouleau par le moyen duquel on met de niveau une plaque de métal mince. — En architecture, le *bâton* est un gros anneau, ou ouverture en saillie, qui fait ornement dans la base des colonnes. — En musique, c'est une petite barre qui servait autrefois à marquer les silences; lorsqu'elle ne prenait qu'un espace de deux lignes dans une portée, il était le signe d'un silence de deux mesures; il en marquait quatre lorsqu'il traversait deux espaces. On les remplace aujourd'hui par des chiffres. — Les raffineurs de sucre nomment *bâton de preuve* un bâton que le raffineur trempe dans la cuite pour faire l'essai de la matière. Le *bâton à cimenter* ou *à égriser* est un morceau de bois dans lequel les lapidaires enchâssent les cristaux et les pierres à l'aide d'un mastic, pour les égriser. — En termes de serrurier, on appelle *bâton rompu* un morceau de fer coudé en angle plus ou moins obtus. — En termes de blason, le *bâton* est une bande placée sur l'écu. On l'appelle *péri en bande* ou *péri*, lorsqu'elle va de droite à gauche, et *péri en barre*, quand elle va de gauche à droite. Ce dernier était mis pour les bâtards.

**BATON**. On nomme vulgairement *bâton de Jacob* l'asphodèle jaune, *bâton d'or* la giroflée jaune à fleurs doubles, *bâton de Saint-Jean* la persicaire et la giroflée à fleurs rouges, *bâton pastoral* ou *royal* l'asphodèle blanc. Ce nom leur vient de leurs fleurs, lesquelles sont disposées en épi long et cylindrique.

**BATONI** (Pompeo Girolamo), peintre italien, né à Lucques en 1708, mort en 1787. Chef de la nouvelle école romaine, il a composé un grand nombre de tableaux, dont les sujets sont presque tous religieux ou historiques. On admire surtout *la sainte Cène*, *la Madeleine*, *la Vierge* et *l'Entrevue à Rome de Joseph II et du grand-duc de Toscane*.

**BATONNIER**. Dans l'acception la plus générale, ce mot désigne le chef d'une confrérie. Il s'emploie plus particulièrement pour désigner le chef des avocats qui préside au conseil de discipline.

**BATOU-KAN**. Voyez BATU.

**BATRACHOMYOMACHIE** (LA), poëme héroï-comique attribué à Homère, et dont le sujet est la guerre des rats et des grenouilles. (En grec, *batrachos* signifie grenouille; *mus*, rat; et *maké*, combat.)

**BATRACIENS**. Ce nom, dérivé du mot grec *batrachos* (grenouille), s'applique, en histoire naturelle, aux animaux qui ont avec ce reptile des rapports plus ou moins nombreux de forme et d'organisation. Les batraciens ont une peau ou enveloppe extérieure, nue et muqueuse, la tête fortement déprimée. Les animaux qui composent cet ordre subissent diverses métamorphoses pendant le cours de leur vie. Parvenus à leur état définitif, ils n'ont pas tous les mêmes formes. Les uns, comme les grenouilles, ont le corps renflé, court, trapu, les pieds de derrière très-développés, rapprochés l'un de l'autre par l'absence du bassin, les orteils allongés, réunis par des membranes, et point de queue. On les nomme *batraciens anoures* ou *sans queue*, *batraciens nageurs* ou *sauteurs*, et *batraciens proprement dits* (rainettes, crapauds, pipas). D'autres ont un corps plus allongé, des pieds courts à doigts libres, l'anus disposé en une fente longitudinale, et une queue plus ou moins longue. On les nomme *batraciens marcheurs* ou *urodèles* (salamandres, tritons). On les divise en *batraciens sauroïdes* ou *pseudosauriens*, qui ont de l'analogie avec les reptiles sauriens, et en *batraciens ichthyoïdes*, qui présentent une certaine analogie avec les poissons. Le nombre des pieds, en général de quatre, et celui des doigts, ainsi que leur forme, varie beaucoup suivant les genres que l'on considère. Certains batraciens respirent à l'aide de poumons (*pipas*); d'autres, à l'aide de branchies (*axolotl*); quelques-uns, avec les branchies et les poumons successivement, suivant l'époque de leur vie (*grenouille*, *crapaud*); d'autres enfin ne présentent de branchies complètes à aucune époque de leur vie. Ceux qui respirent à l'aide de branchies se nomment *pérennibranches*; ceux qui respirent successivement à l'aide de branchies et de poumons, suivant la volonté de l'animal, *caducibranches*; les derniers, *abranches* ou *pseudobranches*. Les batraciens sont en général amphibies. Quelques genres ont des dents. Ces animaux sont herbivores ou carnivores; ils vivent ordinairement isolés, et leur vie est très-longue. On les trouve dans toutes les parties du monde.

**BATTAGE**, opération qui a pour but de séparer les grains de leur épi, et les graines de leurs enveloppes ou capsules. Le blé, le seigle, les pois, les haricots, le trèfle, la luzerne, etc., se battent au fléau ou sous les pieds des chevaux ou des bœufs. La navette, le colza et toutes les graines fines, oléagineuses ou d'une contexture peu solide, se frappent avec des baguettes ou sur les parois d'un tonneau défoncé par un bout. On égrène le maïs à la main.

**BATTANT** ou BATAIL. C'est dans une cloche la partie en cuivre ou en fer suspendue au milieu de la cloche, et qui produit les sons en frappant successivement les deux parois. — C'est aussi en général le nom de chaque moitié d'une chose qui peut s'ouvrir en deux parties.

**BATTAS**, peuples anthropophages qui habitent l'île de Sumatra. Ils mangent les prisonniers de guerre, les criminels, les époux adultères et les vieillards. Ils forment une population d'environ 9,000 individus. Ils reconnaissent un Dieu suprême, ont des assemblées délibérantes, possèdent une langue et une écriture particulières, et savent presque tous écrire.

**BATTE**, nom donné 1° à un sabre de bois que portent les arlequins; 2° à la partie polie et luisante d'un corps d'épée; 3° au cercle d'une boîte de montre qui paraît dès qu'on a ouvert la lunette; 4° aux plaques d'étain dont les potiers se servent pour faire des pièces de rapport. — La *batte* est aussi un petit bâton rond dont on se sert pour battre le beurre.

**BATTEMENT**. On donne ce nom, en médecine, aux mouvements de contraction ou de dilatation du cœur et des artères. — On appelle encore ainsi les mouvements spasmodiques que l'on observe quelquefois dans les muscles des paupières, de la face, des membres, dans les organes intérieurs, tels que le cœur, l'estomac, etc., ainsi qu'aux pulsations que font éprouver certaines parties enflammées. — En termes d'architecture, c est un triangle de bois ou de fer plat qui cache la jonction de deux ventaux d'une porte, d'une croisée, etc. — C'est aussi en musique, 1° le trille, 2° l'action de battre la mesure.

BATTERIE, division des régiments d'artillerie en France. (Voy. ARTILLERIE.) Chaque régiment a au seize. Les bouches à feu attachées à chaque batterie sont au nombre de six.

BATTERIE, tout ouvrage de fortification où sont placées des pièces d'artillerie dans les places. Les batteries sont à embrasure, pour que les canonniers soient plus à couvert. On nomme *batterie enterrée*, celle dont la plate-forme est au-dessus du rez-de-chaussée ou du niveau de la campagne; *batterie croisée*, celle qui est composée de deux batteries assez éloignées l'une de l'autre, et qui tirent de manière que leurs coups se rencontrent en un même point, à angles droits; *batterie d'enfilade*, celle qui découvre la longueur de quelque ouvrage de fortification, et dont le boulet peut emporter par le flanc tous ceux qui sont rangés sur une ligne faisant face au parapet; *batteries de revers* ou *meurtrières*, celles qui battent le derrière d'un ouvrage, et tirent en même temps contre le dos de ceux qui le défendent; *batteries en barbe* ou *en barbette*, les plates-formes ou parapets, élevées de quatre pieds de haut, pleines et sans aucune ouverture, derrière lesquelles on place le canon : dans les ouvrages de campagne, les batteries sont à barbette; *batteries de mortier*, un lieu préparé pour tirer les mortiers sur une ville assiégée; *batteries en écharpe* ou *de bricole*, celles dont les boulets se réfléchissent dans les environs de la partie contre laquelle on les tire, et qu'ils ne font qu'effleurer; *batteries à ricochet*, celles dont les pièces sont chargées d'une petite quantité de poudre suffisante pour porter les boulets vers le commencement des faces attaquées; *batteries en rouage*, celles qu'on emploie pour démonter l'artillerie de l'ennemi; *batteries directes*, celles qui battent à peu près perpendiculairement les côtés des ouvrages devant lesquels elles sont placées; *batteries par camarades*, celles dont les pièces tiennent ensemble sur une même ligne et au même endroit; *batteries d'un chemin couvert*, celles qu'on établit sur la partie supérieure du glacis, pour battre en brèche, dès qu'on est maître du chemin couvert. Les *batteries de côté* sont à embrasure et à barbette. Les *batteries flottantes* sont des radeaux sur desquels on établit des pièces pour combattre des vaisseaux ou battre des points qui ne sont accessibles que par eau. Les *batteries rasantes* sont placées assez bas pour tirer à fleur de terre. — C'est aussi le nom, 1° de la pièce d'acier qui couvre le bassinet des armes à feu, et contre laquelle donne la pierre que porte le chien; 2°, les diverses manières de battre le tambour, comme la *diane*, la *retraite*, la *générale*, etc.

BATTERIE ÉLECTRIQUE. C'est, en termes de physique, l'assemblage de jarres électriques ou de bouteilles de Leyde, disposées de telle manière, qu'au moyen de tiges de métal leurs surfaces intérieures communiquent toutes ensemble, et qu'il y a de même communication avec leurs surfaces extérieures. Cet appareil augmente beaucoup les effets électriques.

BATTEUR D'OR, artisan qui bat les lames d'or, et les réduit à coups de marteau en feuilles très-minces, destinées à la dorure.

BATTEUX (Charles), né près de Reims en 1713, mort en 1780. Professeur de philosophie grecque et latine au collège de France, membre de l'académie française en 1761, et de celle des inscriptions en 1754, il a publié un grand nombre d'ouvrages, parmi lesquels la traduction en prose d'*Horace*, le *Cours de belles-lettres*, le *Traité de la construction oratoire*, et les *quatre Poétiques* (d'Aristote, de Vida,

de Boileau et d'Horace), tiennent les premiers rangs.

BATTOREE ou BATTORIE, nom donné par les villes hanséatiques aux comptoirs qu'elles possédaient hors d'elles.

BATTORI, noble et ancienne famille de Transylvanie, qui a donné plusieurs princes à cet État, et un roi à la Pologne. Elle s'est partagée en deux branches, *Battori de Battor* et *Battori de Somlyo*. — ÉTIENNE BATTORI DE SOMLYO, qui vivait dans le XVe siècle, fut palatin de Hongrie et fut tué à la bataille de Varna (1444). — Un de ses descendants, ÉTIENNE BATTORI, devint prince de Transylvanie en 1571, après la mort de Jean-Sigismond; fut élu roi de Pologne, se distingua dans la guerre contre les Russes, et mourut en 1586. — SIGISMOND BATTORI, son neveu, né en 1572, devint prince ou waivode de Transylvanie en 1581, et combattit les Turks avec succès. En 1598, il échangea sa principauté avec l'empereur Rodolphe contre quelques terres en Silésie, une pension et le chapeau de cardinal. Il chercha plus tard à recouvrer sa principauté, fut élu de nouveau par les états de Transylvanie (1601); mais, défait par le waivode de Valachie, tous ses efforts furent inutiles pour recouvrer ses États, et fut contraint d'abandonner entièrement la Transylvanie à l'empereur. Il mourut en 1613. — GABRIEL BATTORI frère du précédent, fut élu waivode de Transylvanie, en reconnaissant la suzeraineté de l'empereur Matthias. Il se mit sous la protection des Ottomans et des Tartares, et battit les troupes impériales envoyées contre lui (1611). Ses cruautés le firent détester de ses sujets, qui élurent à sa place Betlem Gabor. Gabriel Battori fut assassiné en 1612. La famille de Battori s'éteignit dans sa personne.

BATTUS (myth.), berger de Pylos qui promit à Mercure de ne dire à personne que ce dieu avait dérobé les troupeaux d'Apollon. Il trahit son secret, et fut changé en pierre de touche.

BATTUS. Trois rois de la ville de Cyrène en Afrique ont porté ce nom. — BATTUS Ier conduisit une colonie de Théra, sa patrie, l'une des Cyclades, dans la Libye, où il s'établit l'an 631 avant J.-C. Il régna quarante ans, et mourut laissant le trône à son fils Arcésilas Ier. — BATTUS II, fils et successeur d'Arcésilas Ier en 573 avant J.-C., fut surnommé *l'Heureux*, battit l'armée d'Apriés, roi d'Égypte, et les Libyens, et mourut l'an 544 avant J.-C. — BATTUS III, surnommé *le Boiteux*, monta sur le trône l'an 544 avant J.-C. Son autorité fut transférée par le peuple à un sénat.

BATU, prince tartare, petit-fils de Gengis-Kan, succéda à son père Touchy-Kan dans le royaume de Captchac en 1223. Il fondit en Europe avec une puissante armée, ravagea la Pologne, la Hongrie, la Bulgarie et la Russie, qu'il réduisit à une dure servitude. Il renouvela ses invasions en 1252, et vainquit le grand-duc André Yaroslawitz. Il mourut en 1255. La Russie continua à être possédée par les Tartares jusqu'en 1500, que le grand-duc Basile parvint à les chasser.

BATZ ou BATZEN, monnaie d'Allemagne et de Suisse qui a différentes valeurs, selon l'alliage dont elle est composée. 15 batz valent environ un florin. Le batz vaut 14 à 15 centimes de France.

BAU, en termes de marine, solive qui se met avec plusieurs autres d'un flanc à l'autre du vaisseau, pour affermir les bordages et soutenir le tillac. Le *grand bau* ou *maître bau* est celui du premier pont qui traverse le premier couple le plus ouvert.

BAUCHE, espèce de mortier fait avec de la terre mêlée avec de la paille ou du foin haché, dont on se sert dans les constructions rurales, soit pour lier les pierres d'un mur, soit pour boucher les vides qui se trouvent entre les chevrons d'une maison.

BAUCIS (myth.), vieille femme de Phrygie, épouse de Philémon, reçut dans sa cabane Mercure et Jupiter qu'avaient re-

pousse tous les habitants de leur bourg, qui les prenaient pour de simples étrangers. Lorsque Jupiter, pour punir les habitants inhospitaliers, détruisit le bourg, il conserva la cabane de Philémon et de Baucis, et la transforma en un temple dont ils furent les prêtres. Sur la demande qu'ils firent à Jupiter, ils furent le même jour changés, Baucis en tilleul et Philémon en chêne.

BAUDEQUIN, ancienne monnaie de cuivre usitée en France, qui valait 6 deniers ou 25 centimes actuels. Elle fut supprimée en 1308.

BAUDET. Voy. ÂNE.

BAUDIN (Nicolas), né à l'île de Rhé en 1750. Fort jeune encore, il prit du service de la marine marchande, et fut nommé en 1786 sous-lieutenant de vaisseau dans la marine royale réorganisée par le maréchal de Castries. Bientôt il se fit une juste réputation de navigateur habile et de naturaliste distingué. Chargé d'une expédition lointaine, il revint en France en 1798, rapportant une cargaison précieuse en objets d'histoire naturelle. Il entreprit en 1800 un second voyage autour du monde. Il reconnut les côtes de la Nouvelle-Hollande, et arriva après avoir couru de grands périls, et avoir perdu la moitié de l'équipage et une partie des savants qui l'avaient accompagné, à l'île de France, où il mourut en 1803.

BAUDIN (Pierre-Charles-Louis), connu sous le nom de *Baudin des Ardennes*, né à Sédan en 1748, fut l'instituteur des enfants du président Gilbert des Voisins, et devint en 1783 directeur des postes à Sédan. Nommé maire de cette ville en 1790, il fut l'année suivante élu député à l'assemblée législative. Membre de la convention, il vota la détention et le bannissement de Louis XVI, puis l'appel au peuple et le sursis. Il défendit constamment et avec chaleur la république, et fut membre du conseil des anciens, dont il devint secrétaire, commissaire aux archives et enfin président. Il mourut en 1799 membre de l'Institut; il était un des rédacteurs du *Journal des savants* et de la *Sentinelle*.

BAUDOIN ou BAUDOUIN. Deux empereurs grecs de Constantinople et cinq rois de Jérusalem ont porté ce nom. — BAUDOIN Ier, comte de Flandre, fut élu en 1204 empereur de Constantinople par les Français et les Vénitiens alliés. Battu et fait prisonnier par les Bulgares en 1205, il fut assassiné par eux l'année suivante, et son crâne servit de coupe à leur roi. — BAUDOIN II de la maison de Courtenay, élu empereur de Constantinople en 1228, fut assiégé dans sa capitale par Michel Paléologue, et forcé de s'enfuir déguisé pour échapper à son rival, qui avait pris d'assaut la ville. Il mourut en Italie en 1273, à cinquante-cinq ans. — BAUDOIN Ier succéda à son frère Godefroi de Bouillon en 1100 sur le trône de Jérusalem. Il conquit Edesse, Césarée, et battit les Sarrasins à Ascalon. Il mourut en 1118. — BAUDOIN II succéda au précédent, et remporta en 1120 une victoire mémorable sur les Sarrasins, qui plus tard en 1124 le firent prisonnier. Il mourut en 1131. — BAUDOIN III succéda, sous la tutelle de sa mère, à Foulques d'Anjou, son père, en 1144. Il prit Ascalon et autres places, et mourut en 1163. — BAUDOIN IV succéda à Amaury, son père, en 1174, et résigna ensuite la couronne à Baudoin V, son neveu. Il mourut en 1185. — BAUDOIN V, fils de Guillaume de Montferrat et de Sibylle de Montfort, sœur de Baudoin IV, ne régna qu'un an, et mourut empoisonné, laissant le trône à Guy de Lusignan, que sa mère Sibylle avait épousé en deuxièmes noces.

BAUDRIER, bande de cuir large de quatre ou cinq doigts, qui, prenant depuis l'épaule droite, vient aboutir au côté gauche, et qui est composée de la bande et de deux pendants au travers desquels on passe l'épée. Les Romains le nommaient *cingulum militare*. — On nomme vulgairement *baudrier de Neptune* la *laminaire saccharine*, qui atteint quelquefois vingt pieds de longueur.

BAUDROIE, Lophie ou Race pécheresse, genre de la famille des acanthoptérygiens, renfermant des poissons remarquables par la grosseur de leur tête, qui entre pour plus de deux tiers dans le volume total de l'animal. Elle est très-large, déprimée, arrondie en avant, avec plusieurs points de la surface hérissés d'épines. C'est à son extrémité qu'est située la bouche, qui offre une fente considérable. La mâchoire inférieure dépasse la supérieure, et toutes deux portent des dents en crochet très-aiguës. Les yeux sont placés sur le milieu de la tête. Le corps est court, gros et conique. La peau de ces poissons est tout à fait dépourvue d'écailles. Pour se procurer leur nourriture, les baudroies se tiennent au fond de l'eau et se cachent sous la vase, ne laissant paraître que les filaments dont leur bouche est entourée, et qu'elles ont soin d'agiter pour les faire ressembler à des vers. De cette manière elles trompent et attirent des poissons sur lesquels elles se jettent dès qu'elles les voient à leur portée. La *baudroie commune* (*diable de mer* ou *galanga*) atteint quelquefois cinq pieds de longueur. Sa couleur est fauve marbré de brun. Elle habite la mer Méditerranée. Sa chair est coriace et de mauvais goût.

BAUDRUCHE, pellicule supérieure du boyau du bœuf dont on fait une espèce de parchemin, qui sert aux batteurs d'or pour réduire l'or en feuilles, et qu'on emploie pour faire de petits aérostats.

BAUGE, nom donné, 1° au gîte que le sanglier se choisit dans les lieux écartés et humides, 2° au nid de l'écureuil. Ce mot est encore synonyme de *bauche*.

BAUGÉ, sur la rive droite du Couësnon, chef-lieu d'arrondissement du département de Maine-et-Loire, à 9 lieues et demie d'Angers. Population, 3,553 habitants. Elle a un tribunal de première instance et un collège. Elle commerce en bois, toiles, bestiaux, chapellerie. En 1421, le maréchal de la Fayette, général des armées de Charles VII, battit complétement près de Baugé le duc de Clarence, général de l'armée anglaise.

BAUHINIE, genre de plantes de la famille des légumineuses, renfermant des espèces remarquables à cause de leurs propriétés médicinales. La *bauhinie cotonneuse* est regardée comme un excellent vermifuge, et ses racines pilées sont appliquées avec succès sur les tumeurs scrofuleuses, et servent dans les maladies des yeux.

BAUME, nom donné à des substances végétales, naturelles, solides ou liquides, plus ou moins aromatiques, d'une saveur amère et piquante, inflammables, composées de résine, d'acide benzoïque, et d'une huile essentielle particulière à laquelle elles doivent leur odeur, qui laissent dégager leur acide par l'action de la chaleur, qui sont solubles dans l'alcool affaibli, l'éther, et qui, traitées par les alcalis, donnent un benzoate soluble, et laissent précipiter la résine. Les baumes sont d'un usage fréquent en médecine comme stimulants; en pharmacie et dans l'art culinaire, pour aromatiser les médicaments et les mets. Les parfumeurs en font la base de leurs cosmétiques et des parfums qu'on brûle dans les maisons. On ne connaît que cinq baumes naturels, le *baume du Pérou*, celui *de Tolu*, le *benjoin*, le *styrax solide* ou *storax*, et le *styrax liquide*. Il existe une foule de préparations pharmaceutiques et de sucs résineux, d'une odeur balsamique, auxquels on donne improprement le nom de baumes; mais ils en diffèrent essentiellement par leur composition et leurs propriétés. Voy. les articles suivants.

BAUME ACOUSTIQUE, médicament composé de diverses huiles, teintures et essences. On l'emploie dans le cas de surdités accidentelles et atoniques; on en imbibe du coton que l'on introduit dans l'oreille.

BAUME ANODIN DE BATES, savon contenant du camphre et de l'opium en dissolution, et qui est employé contre les névralgies et les rhumatismes chroniques.

BAUME APOPLECTIQUE, composé emplastique de plusieurs baumes proprement dits, de résines et d'huiles volatiles. Son odeur est très-agréable. Il agit quelquefois comme antispasmodique. On l'enferme dans une boîte que l'on porte sur soi.

BAUME BLANC, ou de Constantinople, ou d'Égypte. Voy. Térébenthine de Judée.

BAUME BRUN. Voy. Baume du Pérou.

BAUME D'ACIER ou d'Aiguille, onguent d'un rouge brun, composé de tritoxyde de fer et d'huile, que l'on prépare, tantôt en chauffant de l'alcool, de l'huile d'olive et du nitrate de fer, obtenu avec de l'acier et de l'acide nitrique, tantôt en versant dans une dissolution alcoolique de savon médicinal une assez grande quantité de nitrate de fer ordinaire. On lave le précipité, et on le fait fondre au bain-marie. On l'emploie sous forme de frictions dans les douleurs articulaires.

BAUME D'ARCOEUS, sorte d'onguent mou, dont on se sert en chirurgie pour hâter la cicatrisation des ulcères, et pour s'opposer aux effets des contusions, meurtrissures, etc. On l'obtient en faisant liquéfier à une douce chaleur deux parties de suif de mouton, une partie de graisse de porc, une partie et demie de térébenthine et autant de résine; on passe à travers un linge serré, et on agite le mélange jusqu'à ce qu'il soit complétement refroidi.

BAUME D'EAU ou aquatique. Voy. Menthe.

BAUME DE CARPATHIE, résine produite par une espèce de pin qui croît en Suisse, en Hongrie et sur les monts Krapacks.

BAUME DE FIORAVENTI, nom donné à divers produits obtenus en distillant plusieurs substances résineuses et balsamiques, et un grand nombre de matières végétales aromatiques, préalablement macérées dans l'alcool. Le *baume de Fioraventi spiritueux*, employé en frictions dans les rhumatismes chroniques, est le premier produit fourni par la distillation, au bain-marie, du mélange dont nous parlons. Le *baume huileux* s'obtient en enlevant le marc qui reste dans l'alambic, et en le distillant jusqu'à une cucurbite de fer ou de terre vernissée. Il a l'aspect d'une huile citrine. Le *baume de Fioraventi noir* n'est autre chose que l'huile noire que l'on obtient lorsqu'on élève assez la température pour charbonner les matières contenues dans la cucurbite.

BAUME DE GENEVIÈVE, composé de cire, de térébenthine, d'huile, de vin rouge, de camphre, etc., qu'on emploie dans les plaies contagieuses, la gangrène, etc.

BAUME DE HONGRIE, résine découlant du *pin sauvage*.

BAUME DE LABORDE ou de Fourcroy, pommade liquide calmante, composée de plantes aromatiques, de résines, de baumes, de térébenthine, d'aloès, de thériaque et d'huile d'olive. On s'en sert dans les gerçures et crevasses de la peau et du sein.

BAUME DE LA MECQUE, du Grand-Caire, de Judée ou de Syrie. Voy. Térébenthine de Judée.

BAUME DE SOUFRE, soufre dissous dans l'huile. On l'a préconisé contre la phthisie pulmonaire, les maladies de reins et de la vessie.

BAUME DE TOLU, ou de Saint-Thomas, ou de Carthagène, baume fourni par le *myroxylon toluifera*, de l'Amérique méridionale. Il est en masses solides, cassantes, se ramollit à la chaleur des doigts. Il est de couleur ambrée, transparent lorsqu'il est pur, rougeâtre ou grisâtre, terne, opaque quand il a été mélangé avec des corps étrangers, d'une odeur suave et très-douce, d'une saveur également douce et agréable. On emploie le *sirop balsamique* et les *pastilles de Tolu* dans les catarrhes pulmonaires chroniques.

BAUME DE VIE D'HOFFMANN, teinture excitante, composée d'ambre gris et de plusieurs huiles volatiles dissous dans l'alcool.

BAUME DU BRÉSIL et de Copahu. Voy. ce mot et Térébenthine.

BAUME DU CANADA. On appelle ainsi une résine qui découle naturellement ou en incision d'un pin originaire du Canada. C'est une espèce de térébenthine dont l'odeur est moins désagréable que celle de la térébenthine de copahu, dont elle partage les propriétés médicales. Elle est d'une couleur ambrée, jaunâtre et s'emploie pour composer un vernis qui s'étend facilement sur les tableaux, et a plusieurs avantages sur les vernis ordinaires, entre autres celui d'être moins cassant.

BAUME DU COMMANDEUR, dissolution stimulante et saturée de plusieurs baumes et résines dans l'alcool. On l'emploie à l'intérieur et en frictions.

BAUME DU PÉROU, suc résineux, d'une saveur âcre, un peu amère, inflammable, soluble dans l'alcool, insoluble dans l'eau, et contenant beaucoup d'acide benzoïque. On le retire du *myroxylon*, arbre de la famille des légumineuses, et qui croît au Mexique, dans la Colombie, etc. Il y en a quatre variétés : le *baume d'incision*, le *baume en coque*, le *baume d'or sec*, et le *baume de lotion*. Les trois premiers sont blancs, jaunâtres et très-odorants; le quatrième est noirâtre, sirupeux, d'une odeur agréable. Le baume du Pérou est employé contre les blessures, pour le pansement des plaies, et comme un excitant de la membrane muqueuse des poumons, dans le cas de catarrhes chroniques. — On donne quelquefois ce nom au *mélilot odorant*.

BAUME DU SAMARITAIN, onguent que l'on prépare en faisant bouillir à petit feu parties égales d'huile et de vin. On l'emploie dans les ulcères douloureux.

BAUME HYPNOTIQUE, liniment narcotique et calmant, composé d'huile exprimée de semences de jusquiame, de pavot blanc, de camphre et d'extrait d'opium. On l'emploie en frictions.

BAUME NERVAL, onguent composé de corps gras, d'huiles volatiles, de baume du Pérou, de camphre, etc. Il est employé en frictions dans les entorses, les douleurs nerveuses et rhumatismales.

BAUME OPODELBOCH ou Opodeltoch, médicament formé d'alcool, tenant en dissolution du savon, de l'ammoniaque, de l'hydrochlorate de soude, du camphre, et les huiles essentielles du thym et du romarin. Il est employé en frictions dans les entorses et les douleurs rhumatismales.

BAUME SAXON, mélange de plusieurs huiles volatiles. On l'emploie en frictions.

BAUME TRANQUILLE, huile d'olives tenant en dissolution certains principes de plantes narcotiques et aromatiques et du mucilage. On l'emploie en frictions comme calmant.

BAUME VERT DE METZ, composé de plusieurs huiles fixes, tenant en dissolution du sous-carbonate de cuivre, du sulfate de zinc, de la térébenthine, de l'aloès, et les huiles essentielles de genièvre et de girofle. Il est vert et caustique. On l'emploie pour hâter la cicatrisation des ulcères atoniques, sur lesquels on l'applique.

BAUME (La), famille ancienne de Bresse qui a donné plusieurs personnages distingués. — Pierre de la Baume, évêque de Genève en 1523, fut chassé de son siége par les calvinistes en 1535, et son siége fut transféré à Annecy par Paul III, qui fit la Baume cardinal. Il mourut archevêque de Besançon en 1544. — Nicolas-Auguste de la Baume, marquis de Montrevel, maréchal de France en 1703, fut envoyé contre les camisards, qu'il battit en plusieurs occasions sans pouvoir les réduire. Il mourut en 1716, à soixante-dix ans. Son frère continua la postérité de ce marquis.

BAUME (La Sainte-), montagne située dans le département du Var, à 3 lieues et demie de Saint-Maximin, et à 8 lieues des villes d'Aix, de Marseille et de Toulon. Au sommet se trouve une grotte célèbre où, dit-on, sainte Madeleine demeura pendant trente-trois ans, et finit sa vie. Autrefois on faisait des pèlerinages à la Sainte-Baume.

BAUME-LES-DAMES, petite ville du département du Doubs, chef-lieu d'arrondissement, à 7 lieues et demie de Besançon. Population, 2,467 habitants. Son arrondissement renferme sept cantons, cent quatre-vingt-sept communes et 64,384 habitants. Elle a un tribunal de première instance et un collége, et commerce en tannerie, papeterie, forges, verrerie. Le nom de cette ville lui vient d'une ancienne et célèbre abbaye de bénédictines fondée vers le Ve siècle.

BAUMÉ (Antoine), pharmacien français, né à Senlis en 1728, mort en 1804. Il a donné son nom à un aréomètre très-employé dans le commerce, et dont il est l'inventeur. Il a publié plusieurs ouvrages, dont le plus connu est ses *Éléments de pharmacie*.

BAUMGARTEN (Alexandre-Gottlor), philosophe et penseur profond du XVIIIe siècle. Il fonda la science de l'*esthétique*, et la développa dans ses *Metaphysica* et *Esthetica*. Né en 1714, il fut en 1740 professeur de philosophie à Francfort-sur-l'Oder, et mourut en 1762.

BAUMIER. Voy. BALSAMIER.

BAUTRU (Guillaume), comte de Céran, né à Angers en 1588, mort en 1665, fut un des beaux esprits du XVIIe siècle, et membre de l'académie française. Il fut une des créatures de Richelieu et du cardinal Mazarin, introducteur des ambassadeurs et ministre plénipotentiaire en Flandre, en Espagne, en Angleterre et en Savoie.

BAUTZEN, ville du royaume de Saxe, sur la Sprée, rendue célèbre par la victoire qu'y remporta le 22 mai 1813 l'armée française, commandée par Napoléon, sur l'armée combinée russo-prussienne forte de 160,000 hommes, et commandée par l'empereur de Russie, Alexandre.

BAUX, petit village sans importance, situé non loin d'Eyguières (département des Bouches-du-Rhône), à 10 lieues d'Arles. Ce village, placé au sommet d'une colline adossée au penchant des Alpines, a été autrefois la résidence des hauts et puissants seigneurs qui disputaient aux comtes de Barcelone la souveraineté de la Provence. Il ne reste que des ruines de leurs palais.

BAVE, salive écumeuse, épaisse et visqueuse, qui sort de la bouche. Cet écoulement involontaire de la salive se voit chez les enfants, les vieillards. On l'observe aussi dans certaines maladies, telles que l'épilepsie, l'hydrophobie ou rage, etc. Le virus de la rage paraît résider dans la bave des animaux atteints de cette maladie.

BAVIÈRE, royaume d'Allemagne, dont la capitale est *Munich*. Il est borné au N. par les États saxons, au S. par le Tyrol, à l'E. par l'Autriche, à l'O. par les États de Bade et de Wurtemberg. Son étendue est de 4,038 lieues carrées, et sa population de 3,800,000 habitants. La Bavière a été un duché depuis le VIe siècle jusqu'en 1806, époque à laquelle l'électeur Maximilien IV fut couronné roi de Bavière sous le nom de *Maximilien Ier*. Le 26 mai 1818, il a donné une constitution à ses peuples. Le roi est aidé de deux chambres, celle des sénateurs et celle des députés. Dans la première, on admet les princes de la famille royale, les dignitaires et les officiers de la couronne, les archevêques, les chefs des anciennes familles de princes et de comtes, un évêque désigné par le roi, chaque président du consistoire général protestant, et les personnes que le roi nomme membres de cette chambre, à titre héréditaire ou seulement à vie. Le nombre des membres de la deuxième chambre est fourni, savoir : un huitième par la classe des propriétaires nobles ne faisant pas partie de la précédente, un huitième par le clergé, un quart par les villes et les bourgs, la moitié par la classe des autres propriétaires fonciers, et trois membres par les trois universités du royaume. Les chambres n'ont aucun droit d'initiative, ne se rassemblent qu'en vertu d'une convocation expresse du gouvernement, une fois au moins tous les trois ans, et votent le budget pour six ans. Le roi nomme le président et approuve leur jugement. — Les revenus sont de 76,000,000, la dette publique de 230, l'armée de 58,000 hommes. — La religion dominante est le catholicisme. — Le sol de la Bavière est peu fertile. Il y a peu de commerce et d'industrie. — On la divise naturellement en *haute Bavière*, capitale *Munich*, et *basse Bavière*, capitale *Ingolstadt*. — La Bavière occupe la troisième place à la confédération germanique. Elle a trois voix à la diète, et fournit 35,600 hommes à l'armée fédérative. La Bavière est divisée en huit cercles, ceux d'Isar, de Danube supérieur, Danube inférieur, Regen, Rezat, Mein supérieur, Mein inférieur et Rhin; ces cercles sont subdivisés en districts ou *landgerilchen*.

BAYADÈRES, danseuses et courtisanes de l'Inde remarquables par leur grâce voluptueuse et souvent lascive. Elles appartiennent à de grands seigneurs, aux sultans, etc., ou bien elles sont libres, et ces dernières sont plus particulièrement des prostituées.

BAYARD (Pierre DU TERRAIL, seigneur DE), surnommé *le chevalier sans peur et sans reproche*, né près de Grenoble en 1476. Le brave et héroïque capitaine se distingua surtout dans les guerres d'Italie. Il défendit Mézières, et mourut à la retraite de Romagnano en 1525. Sa modestie et sa générosité ne lui méritent pas moins d'éloges que ses vertus militaires.

BAYER (Jean), savant astronome allemand, né à Augsbourg vers la fin du XVe siècle. Il publia en 1603 un ouvrage excellent sur la science astronomique, intitulé *Uranométria*, espèce d'atlas céleste, qui renferme les cartes de toutes les constellations. Il fut anobli par l'empereur Léopold.

BAYES. Voy. BAIES.

BAYEUX, sur l'Aure, chef-lieu d'arrondissement du département du Calvados, à 7 lieues de Caen. Population, 10,303 habitants. Elle a un tribunal ressortissant de l'archevêché de Rouen, un tribunal de première instance, un tribunal de commerce, un collége, une bibliothèque de 7,000 volumes, une cathédrale gothique magnifique et un hôtel de ville où l'on conserve une des antiquités les plus curieuses et les plus précieuses du moyen âge, la tapisserie de la reine Mathilde. Cette broderie, sur une toile de lin, de vingt pouces de large et de deux cent quatorze pieds de long, retrace les événements du règne et de l'expédition de Guillaume le Conquérant. A l'époque de la fondation de Bayeux est très-ancienne. Au temps de César, elle était déjà une cité importante, nommée d'abord *Arægenus Nœomagus*, puis *Bayocassium*. Dans le moyen âge, Bayeux acquit une grande importance, et fut la capitale du Bessin.

BAYLE (Pierre), fameux philosophe sceptique, né à Carlat, dans le département de l'Ariège en 1647, mort en 1706 à Rotterdam, étudia au collége des jésuites à Toulouse. Il est surtout connu comme compilateur, comme journaliste et comme l'auteur du *grand Dictionnaire historique et critique*, et de la *République des lettres*. Chaste dans ses mœurs et austère dans sa conduite, il fut dans les dernières années de sa vie professeur de philosophie à Rotterdam. Il apprit dans ses ouvrages à douter, mais à douter sans athéisme. Il était de la religion réformée. Le ministre protestant Jurieu, son ennemi, lui fit perdre sa place, et lutta constamment contre lui.

BAYLEN, village d'Espagne, dans la province de Jaën, à 4 lieues et demie d'Andujar, où se livra le 18 juillet 1807 un combat sanglant entre les Français, commandés par les généraux Dupont et Vedel, et les Espagnols, commandés par le général Castanos. L'armée française, battue et enfermée entre deux troupes d'ennemis, fut forcée de capituler. 17,000 hommes, restes de la bataille, périrent sur les pontons ou dans les îles Baléares, où ils étaient prisonniers.

BAYONNE, place forte de première classe, port de France, à une lieue de l'Océan, au confluent de la Nive et de l'Adour, qui la partagent en trois quartiers, et chef-lieu d'arrondissement du département des Basses-Pyrénées. Population, 16,000 habitants. Cette ville, dont on ne peut préciser l'époque de la fondation, était la capitale du pays des Basques. Conquise par Charles VII sur les Anglais, au XVe siècle, elle a soutenu depuis deux sièges contre les Espagnols en 1495 et 1551. La ville possède de belles fortifications, ouvrage de Vauban; un hôtel des monnaies, marquées L; une cathédrale, assez belle; un bon port sur l'Adour, des tribunaux de commerce et de première instance, une direction des douanes, etc. Bayonne a en outre de magnifiques promenades, entre autres les *allées marines*. L'Autriche, l'Angleterre, et autres grandes puissances, ont des consuls à Bayonne. Cette ville fait un grand commerce. Elle possède un évêché érigé entre 1823, suffragant de l'archevêché d'Auch, et un séminaire diocésain, qui compte deux cent dix élèves.

BAYONNETTE ou BAIONNETTE, arme ainsi nommée de Bayonne, où elle fut inventée en 1670. C'est une dague d'un pied et demi de longueur, qui s'adapte au canon du fusil par un manche creux que l'on nomme *douille*. Elle n'est aiguisée qu'à sa pointe. Sa lame, de forme conique allongée, présente une face plate avec au dos une forte arête qui va en s'élargissant. Une courbure d'un pouce et demi entre la douille et la lame tient la baïonnette suffisamment éloignée du canon du fusil de manière à ne pas contrarier l'alignement. Les fantassins chargent quelquefois à la baïonnette. Ses blessures sont très-dangereuses.

BAZADOIS, subdivision de la basse Gascogne, comprise entre la Guienne, l'Agenois et le Condomois. Sa capitale était Bazas. Il forme aujourd'hui l'arrondissement de Bazas, dans le département de la Gironde.

BAZAR. Dans les pays orientaux, et surtout en Turquie, en Égypte et en Perse, on appelle ainsi un marché destiné à l'exposition et à la vente des produits commerciaux. Les bazars sont immenses. Celui d'Ispahan pourrait contenir plus de 20,000 hommes. — En France, on a donné le nom de bazars aux magasins où l'on trouve réunis un grand nombre de produits commerciaux.

BAZAS, petite ville du département de la Gironde, chef-lieu de sous-préfecture, à 16 lieues de Bordeaux. Population, 4,255 habitants. Elle a un tribunal de première instance, une société d'agriculture, et une belle cathédrale. L'origine de cette ville est très-ancienne. Sous les Romains, elle s'appelait *Vasales* et puis *Cosio*. Elle eut autrefois un évêque, et pendant longtemps les ducs de Gascogne l'habitèrent. Elle était capitale du Bazadois.

BAZIRE (Claude), né à Dijon en 1764. Commis aux archives des États de Bourgogne, il fut en 1790 nommé membre du directoire du district de Dijon, et en 1791 élu par le département de la Côte-d'Or député à l'assemblée législative. Il proposa le licenciement de la garde du roi, fut créer le comité de surveillance, et prétendit prouver l'existence d'un *comité autrichien*, à la tête duquel était la reine de France. Il demanda la sécularisation des ordres religieux, le libre exercice des cultes, et proposa un décret d'arrestation contre Lafayette. Bazire fit défendre les inhumations dans les églises. Nommé en 1792 membre de la convention nationale, il vota l'abolition de la royauté, et fut envoyé à Lyon, où il organisa une municipalité nouvelle. Devenu membre du comité de sûreté générale (1793), il y plaida la cause de l'humanité, demanda qu'on ne mît plus hors la loi les prévenus qui parviendraient à s'échapper. Il osa s'élever contre le système de la terreur. Décrété d'arrestation, il fut condamné à mort, et décapité le 1er avril 1794. En 1797, le corps législatif accorda une pension alimentaire à la veuve et à la fille de Bazire.

BAZOCHE, confrérie des anciens clercs du parlement de Paris, formant une juridiction dont le chef portait le titre de *roi*, et les sous-chefs celui de *princes de la bazoche*. Elle subsista depuis Philippe le Bel jusqu'en 1789. Les clercs de la bazoche représentaient sur la table de marbre de la grande salle du palais des *mystères*, des *farces* et des *sotties*. Cette coutume, venant de Louis XII, subsista jusque vers le xvi siècle. — Les clercs des procureurs de la chambre des comptes formaient une autre confrérie connue sous le nom d'*empire de Galilée.*

BDELLIUM, gomme résineuse qui découle d'un arbre encore inconnu des naturalistes, et qui vient du Levant et des Indes orientales. Elle est apportée en masses fragiles, de forme variée, de couleur jaune, grise ou brune, d'une odeur suave, et d'une saveur amère. Elle s'emploie dans la médecine vétérinaire et dans quelques préparations emplastiques.

BDELLOMÈTRE, instrument de médecine propre à remplacer les sangsues, et qui permet de calculer la quantité de sang que l'on veut tirer. Son mécanisme est réglé pour une plus prompte ou plus lente émission. Le bdellomètre a été inventé en 1819 par le docteur Sarlandière.

BÉARN, province de France qui forme aujourd'hui presque tout le département des Basses-Pyrénées, et dont la capitale était Pau. Elle a 22 lieues de longueur sur 23 de largeur. C'était une vicomté, dont le premier possesseur fut Centule Ier, second fils de Loup Centule, duc de Gascogne (819). Il passa dans la maison de Moncade en 1170, dans celle de Foix en 1290, dans celle de Grailly en 1381, et enfin dans celle d'Albret en 1484.

BÉATIFICATION, acte par lequel le pape déclare qu'une personne dont la vie a été marquée par des actes de sainteté, et quelquefois par des miracles, jouit après sa mort du bonheur éternel, et que les fidèles sont autorisés à lui rendre un culte religieux. Dans la *béatification*, le pape ne prononce que comme personne privée, et use seulement de son autorité pour accorder à certaines personnes, à un ordre religieux, à une communauté, le privilège de rendre un béatifié un culte particulier. Dans la *canonisation*, le pape parle comme juge, après un examen juridique, et détermine l'espèce du culte qui doit être rendu au nouveau saint par l'Église. L'origine de la béatification remonte à Alexandre III. Cet acte n'a lieu que cinquante ans après la mort du saint.

BÉATITUDE, possession du souverain bien, du bonheur éternel. La *béatitude objective* est Dieu seul, bien éternel, infini, universel; la *béatitude formelle* consiste dans la connaissance, l'amour de Dieu et la joie de le voir et de l'aimer; c'est aussi l'action par laquelle on possède l'objet qui rend heureux, tandis que l'*objective* est l'objet dont la possession rend heureux; la *béatitude surnaturelle* est la possession de la grâce et des vertus surnaturelles dont disposent l'homme juste au bonheur éternel et l'assemblage des biens que la nature ne peut acquérir par ses propres forces. — On nomme *béatitudes évangéliques* les huit maximes que J.-C. a placées à la tête du discours sur la montagne, et qui renferment l'abrégé de sa morale.

BÉATRIX. Plusieurs princesses ont porté ce nom. — BÉATRIX de Lorraine épousa le duc Boniface de Toscane, et fut mère de la comtesse Mathilde. (Voy. ce mot.) — BÉATRIX, fille de Renaud, comte de Bourgogne, épousa en 1156 Frédéric Ier, empereur d'Allemagne. — BÉATRIX, fille de Thomas, comte de Savoie, épousa en 1220 Raimond Berenger, comte de Provence, protégea les troubadours, et fonda, entre autres établissements, un couvent de dominicains près de Sisteron (1248), et une commanderie de Saint-Jean de Jérusalem (1260). On voit encore son tombeau dans l'église de Saint-Jean à Aix. Elle eut quatre filles : Marguerite, femme de saint Louis; Éléonore, femme de Henri III, roi d'Angleterre; Sancie, femme de Richard de Cornouailles, roi des Romains, frère de Henri III; et Béatrix. — Cette dernière épousa en 1245 Charles de France, comte d'Anjou, frère de saint Louis. Elle mourut à Nocera en 1268, peu de temps après son couronnement comme reine de Naples. — BÉATRIX de Portugal épousa en 1521 Charles III, duc de Savoie, et fut renommée par sa sagesse et sa beauté.

BEATTIE (James), poète écossais et philosophe distingué, né dans le comté de Kincardine en 1735, mort en 1803, professeur de philosophie morale à l'université d'Édimbourg, puis d'Aberdeen. Il combattit le scepticisme de Hume, ainsi que Reid, et mérita par ses leçons claires et élégantes un rang distingué parmi les moralistes. Ses principaux ouvrages sont : *Essai sur la nature et l'immutabilité de la vérité*, *Dissertations morales et critiques*, le *Ménestrel* et le *Jugement de Paris*, poèmes.

BEAUCAIRE, sur la rive droite du Rhône, chef-lieu de canton du département du Gard, l'*Ugernum* des anciens, à 6 lieues de Nîmes. Population, 10,000 habitants. Elle est située entre le Rhône, le canal de Beaucaire et une belle chaîne de rochers. Un pont suspendu de quatre cent cinquante mètres la réunit à Tarascon. Cette ville est célèbre par la foire qui s'y tient depuis le 1er jusqu'au 28 juillet, et qui y attire en temps de paix jusqu'à trois cent mille personnes. C'est le rendez-vous des plus riches marchands et négociants de l'Europe, et même du Levant et de l'Afrique. Beaucaire possède une bibliothèque publique de 14,000 volumes.

BEAUCE, pays très-fertile en blé, renfermant le Chartrain, le Dunois et le Vendômois, et qui maintenant fait partie du département d'Eure-et-Loir. Chartres en était la capitale. Il était compris entre l'Ile-de-France, la Normandie, la Bretagne et la Loire.

BEAUCHAMP (Charles-Grégoire, marquis DE), né en Poitou en 1731. Entré de bonne heure au service, il se distingua à la bataille de Rosbach, où il reçut quatorze blessures, et parvint au grade de maréchal de camp. Il fut nommé en 1789 député de la noblesse de la sénéchaussée de Saint-Jean d'Angely aux états généraux, et émigra après la session (1791). Rentré en France en 1803, il mourut en 1817. — Alphonse de Beauchamp, né à Monaco en 1767, est l'auteur de l'*Histoire de la guerre de Vendée* et d'un grand nombre d'autres ouvrages.

BEAUFORT (François DE VENDÔME, duc DE), né en 1616 de César de Vendôme, fils naturel de Henri IV et de Gabrielle d'Estrées. Il se joignit dans la guerre de la Fronde aux princes de Condé et de Conti, et devint l'idole de la populace. Il fut nommé pour cette raison *le Roi des halles*. Emprisonné à Vincennes en 1643, il mourut en 1669. Il a passé pour être le *Masque de fer*.

BEAUGENCY, petite ville du département du Loiret, sur la rive droite de la Loire, à 6 lieues et demie d'Orléans. Population, 5,000 habitants. Elle fait un commerce assez étendu de vins, et avait autrefois des sires particuliers, qui subsistèrent depuis l'an 1000 jusqu'en 1292, époque à laquelle le dernier sire Raoul vendit sa seigneurie à Philippe le Bel. Elle a eu deux conciles, l'un en 1104, l'autre en 1152.

BEAUHARNAIS. Cette famille a donné deux personnages célèbres. — Le premier, ALEXANDRE, vicomte DE BEAUHARNAIS, né en 1760, mourut sur l'échafaud en 1794, après avoir soutenu sous Rochambeau la cause de l'indépendance américaine, et avoir été en 1792 général en chef de l'armée du Rhin. — Le second, EUGÈNE BEAUHARNAIS, fils du précédent et de Joséphine de la Pagerie, depuis impératrice des Français, naquit en 1781, fut adopté par Napoléon pour son fils, devint bientôt prince d'Eichstedt et de Leuchtemberg, puis vice-roi d'Italie en 1805. Il épousa la fille du roi de Bavière, et mourut en 1824. Il s'est fait une réputation justement acquise d'homme loyal et courageux par sa bravoure et sa fidélité à Napoléon.

BEAUHARNAIS (François, marquis DE), chef de cette famille à l'époque de la révolution, naquit à la Rochelle en 1756, et fut nommé en 1789 député suppléant de la noblesse de Paris aux états généraux. Il vota constamment avec le côté droit, et se montra toujours dévoué au roi et à la famille royale. Sa fille fut mariée à M. de Lavalette, aide de camp de Napoléon. — FANNY, comtesse de Beauharnais, était fille d'un receveur général des finances, et naquit à Paris en 1738. Elle se fit remarquer par son inclination et ses talents pour la poésie, et épousa l'oncle du marquis de Beauharnais et d'Alexandre, vicomte de Beauharnais. Elle réunissait chez elle les savants du xviiie siècle. Elle a fait plusieurs ouvrages, et est morte en 1813. — Son fils CLAUDE, comte de Beauharnais, né en 1756, était officier aux gardes françaises sous Louis XVI. Il épousa la fille du comte de Marnézia, membre de l'assemblée constituante, et en eut Stéphanie Beauharnais, mariée à Charles, grand-duc de Bade, en 1806. Nommé sénateur en 1804, il fut nommé en 1810 chevalier d'honneur de Marie-Louise. En 1814, il fut appelé à la chambre des pairs, et mourut en 1819.

BEAUJEU (Anne DE), fille du roi Louis XI, épouse de Pierre de Bourbon, sire de Beaujeu, connétable de France. Elle gouverna le royaume de France en qualité de régente, après la mort de son père (1461), pendant la minorité de son frère Charles VIII, jusqu'en 1468. Elle fut l'ennemie du duc d'Orléans, depuis Louis XII, qui, dit-on, avait refusé son amour, et mourut en 1522.

BEAUJOLAIS, petit pays de France, occupant maintenant le premier arrondissement du département du Rhône, long de 16 lieues et large de 12. Il a été anciennement une baronnie, dont le premier possesseur fut en 890 Béraud Ier, troisième fils de Guillaume II, comte de Forez. La sirerie de Beaujeu passa en 1400 dans la maison de Bourbon. Marie de Bourbon la porta en 1626 dans la maison d'Orléans; qui la possède encore.

BEAUJOLAIS (COMÉDIENS DU COMTE DE), théâtre élevé dans le Palais-Royal pour amuser l'enfance du comte de Beaujolais, le plus jeune des fils du duc d'Orléans, et sur lequel parurent d'abord des marionnettes. Ce théâtre s'ouvrit le 24 mai 1784; l'année suivante, on remplaça les marionnettes par des enfants, et, comme les Italiens avaient seuls le privilège de chanter, ces enfants jouaient la pantomime, tandis qu'on chantait et qu'on parlait pour eux dans les coulisses. Le petit théâtre Beaujolais cessa d'exister en 1790, et quelques acteurs passèrent, avec le directeur, les fournisseurs, etc., au théâtre Louvois.

BEAULIEU (Blanche DE), jeune Vendéenne que le général Marceau sauva des mains de ses soldats, qui allaient la faire périr. Dénoncé lui-même à la convention comme ayant sauvé un ennemi, il fut lui-même mis en accusation, et son procès s'instruisait, lorsque le représentant Bourbotte, à qui il avait sauvé la vie, le défendit contre ses juges et déchira la procédure. Marceau ne put réussir à sauver sa protégée Blanche de Beaulieu, qui mourut sur l'échafaud.

BEAULIEU (LE BARON DE), général d'artillerie au service d'Autriche, né aux environs de Namur en 1725. Il se distingua pendant la guerre de sept ans, fut promu au grade de lieutenant-colonel, et rentra dans ses foyers décoré de l'ordre de Marie-

Thérèse, dans l'insurrection du Brabant, il eut le commandement d'un corps d'armée comme général-major. Il se distingua dans les guerres contre la France en 1792 et 1793. En 1794, il fut nommé commandant de la province de Luxembourg. En 1796, il fut nommé général d'artillerie, et alla prendre le commandement en chef de l'armée d'Italie, livra les batailles de Montenotte, de Millesimo, de Dego, de Ceva, Vico et Mondovi. Il reçut l'ordre de remettre le commandement de l'armée entre les mains du feld-maréchal Wurmser, et se retira à Lintz, où il mourut en 1800.

BEAUMANOIR (Jean IV*, sire de), issu d'une des plus nobles maisons de Bretagne, fut un des seigneurs qui embrassèrent le parti de Charles de Blois contre le comte de Montfort. Il se distingua surtout dans le *combat des Trente*, où trente Bretons, dont il était le chef, combattirent et vainquirent trente Anglais, commandés par Bembro (1351) entre Josselin et Ploërmel. Il mourut en 1366.

BEAUMARCHAIS (Pierre-Caron de), né à Paris en 1732. Fils d'un horloger et horloger lui-même, cet écrivain célèbre, qui doit sa renommée à ses *Mémoires* et à quelques pièces de théâtre, parmi lesquelles on distingue *le Barbier de Séville* et le *Mariage de Figaro*, s'introduisit à la cour à la faveur de son esprit naturel et de ses talents sur la harpe et la guitare. Ses deux procès, l'un avec le conseiller Goëzmann, l'autre avec Guillaume Kornmann, lui acquirent une prompte réputation. Il mourut en 1799, après avoir été membre de la première commune provisoire de Paris.

BEAUMELLE (Laurent-Angliviel de la), né dans le diocèse d'Alais en 1727, mort en 1773. Savant littérateur et critique distingué, il est surtout célèbre par ses *Mémoires sur madame de Maintenon*, ses *Pensées*, et ses diatribes contre Voltaire, qui lui fit de son côté une guerre de personnalités et d'injures.

BEAUMONT (Christophe de), né au château de la Roque, près Sarlat, en 1703, embrassa l'état ecclésiastique, et fut d'abord chanoine et comte de Lyon. Nommé évêque de Bayonne en 1741, il passa à l'archevêché de Vienne en 1745, et en 1746 à celui de Paris. Il eut de longues disputes religieuses avec les jansénistes, au sujet de la bulle *Unigenitus*. Il mourut en 1781.

BEAUMONT (François de). Voy. Adrets.

BEAUMONT (John), né en 1585 dans le Leicestershire, d'un juge aux plaids communs. Cet ancien auteur dramatique a fait, en société avec Francis Fletcher, né en 1576, et fils de l'évêque de Bristol, un grand nombre de pièces, dont le nombre monte à cinquante-trois, selon d'autres à cinquante-sept. Beaumont mourut en 1615, et Fletcher en 1625. Leurs plus célèbres pièces sont *les Coups du sort* (the Chances), et celle qui a pour titre *Rule a wife and have a wife* (Ayez une femme, et sachez la diriger).

BEAUMONT-LE-ROGER, sur la rive droite de la Rille, chef-lieu de canton du département de l'Eure, à 4 lieues de Bernay, entre Evreux et Lisieux. Population, 2,800 habitants. Les ducs de Normandie en firent une place forte; elle prit ensuite le nom de Roger, qui l'embellit beaucoup en 1100. Elle fut plus tard érigée en comté, et possédée par plusieurs seigneurs particuliers. Saint Louis l'acheta en 1263, et la réunit au domaine royal. Depuis, il devint l'apanage de plusieurs princes et grandes familles du royaume.

BEAUMONT-LE-VICOMTE ou -sur-Sarthe, chef-lieu de canton du département de la Sarthe, à 6 lieues et demie de Mamers. Population, 2,331 habitants. Cette ville a été bâtie par les anciens vicomtes du Mans. Guillaume le Conquérant la prit à diverses fois. Elle porta jadis le titre de vicomté. L'héritière de ces vicomtés, Agnès, fille de Richard III, le porta, en 1253, en mariage à Louis de Brienne, roi de Jérusalem. De cette maison, le vicomté passa dans celle d'Alençon. L'héritière, Françoise d'Alençon, le transmit à la maison de Bourbon en 1513. En 1543, François 1er l'érigea en duché-pairie.

BEAUMONT (Madame le Prince de), née à Rouen en 1711, se consacra uniquement à la composition d'ouvrages pour l'éducation de la jeunesse. Tous ses écrits sont d'un style facile, pleins d'une bonne morale, et très-instructifs. Elle mourut en 1780. On a d'elle le *Magasin des enfants*, celui *des Adolescents*, le *Triomphe de la vérité*, des *Instructions pour les dames*, etc.

BEAUMONT-SUR-OISE, petite ville du département de Seine-et-Oise, à 8 lieues N. de Paris et 5 de Pontoise. Population, 1,892 habitants. Cette petite ville est très-ancienne. Elle fut érigée en comté en 1230, par Louis IX, en faveur de son frère, comte d'Artois. En 1333, Philippe de Valois l'érigea en comté-pairie en faveur de Robert d'Artois. Dans la suite, il fut compris dans l'apanage de la branche de Bourbon-Conti.

BEAUNE, ville de France, chef-lieu d'arrondissement du département de la Côte-d'Or, à 8 lieues de Dijon, renommée par ses vignobles, qui sont les meilleurs de la Bourgogne. Sa population est de 9,735 habitants. Elle a un tribunal de première instance et un de commerce, un hôpital, un collège, et une bibliothèque publique de 4,000 volumes. Elle exporte annuellement 40,000 pièces de vin.

BEAUPRÉ, bas mât d'un navire qui, placé à peu près horizontalement ou obliquement sur l'avant, est destiné à recevoir les voiles triangulaires appelées *focs*. Il est de taille moyenne.

BEAUPRÉAU, ville du département de Maine-et-Loire, près de l'Èvre, chef-lieu de sous-préfecture, à 15 lieues d'Angers. Population, 3,207 habitants. Elle a un tribunal de première instance. La terre de Beaupréau, autrefois baronnie, puis marquisat, fut en 1562 érigée en duché-pairie en faveur de Charles de Bourbon, prince de la Roche-sur-Yon. La ville avait alors deux églises paroissiales, une collégiale, un chapitre, etc. En 1793, sous les murs de Beaupréau, se livra un combat sérieux entre les Vendéens et l'armée républicaine, commandée par le général Lignonier, qui y fut complètement défaite.

BEAUREPAIRE, commandant de la place de Verdun, avait, avant 1789, servi en qualité d'officier de carabiniers; il fut nommé en 1791 commandant du premier bataillon de Maine-et-Loire, et chargé de la défense de Verdun. Cette place ayant été sommée de se rendre le 31 août 1792, par le prince de Brunswick, et le conseil de défense ayant résolu de capituler, Beaurepaire aima mieux mourir que d'avoir à rendre, et se brûla la cervelle. La convention ordonna que son corps fût transféré au Panthéon, une pension fut accordée à sa veuve, et une section de Paris prit son nom.

BEAUSSET (Louis-François de), né à Pondichéry en 1748, fut sacré évêque d'Alais en 1784. En 1791, il se déclara contre la constitution civile du clergé, et émigra peu de temps après. Rentré en France sous le consulat, il fut en 1806 chanoine du chapitre impérial de Saint-Denis, et conseiller titulaire de l'université en 1808. En 1815, le roi le nomma président du conseil royal de l'université et pair de France. L'année suivante, il fut reçu à l'académie française. L'évêque de Beausset reçut le chapeau de cardinal. Biographe distingué, on lui doit l'*Histoire de Fénelon* et celle de *Bossuet*, ouvrages très-estimés.

BEAUVAIS, ville de France, chef-lieu du département de l'Oise, dont la population est de 12,867 âmes, et qui est célèbre par sa belle cathédrale gothique, et par le siège mémorable qu'elle soutint en 1472 contre le duc de Bourgogne, à la tête de 80,000 hommes, et dans lequel les femmes, commandées par Jeanne Hachette, contribuèrent au succès Elle a un évêché un collége royal, un tribunal de première instance, de commerce, et est à 22 lieues de Paris.

BEAUVOISIS, petit pays de France enclavé aujourd'hui dans le département de l'Oise, et faisant autrefois partie de la Picardie, puis de l'Ile-de-France. Sa capitale était Beauvais. Il a 18 lieues de longueur sur 12 de largeur.

BEAUZÉE (Nicolas), né à Versailles en 1717, mort en 1789. Littérateur instruit et laborieux, membre de l'académie française, il a fait dans l'Encyclopédie les articles de grammaire. On distingue, parmi ses nombreux ouvrages la *Grammaire générale*, une traduction de Salluste et de Quinte-Curce, et une nouvelle édition des *Synonymes de l'abbé Girard*.

BÉBÉ (Le nain), son nom véritable était Nicolas Ferry. Il naquit dans les Vosges en 1741. Il n'avait à sa naissance qu'environ neuf pouces, et pesait quinze onces. Un sabot, à demi rempli de laine, fut son premier berceau. A quinze ans, âge auquel il eut atteint toute sa croissance, il avait deux pieds, et pesait environ neuf livres sept onces. Il fut élevé à la cour de Stanislas, roi détrôné de Pologne, qui en fit un de ses amusements, et mourut de vieillesse à vingt-cinq ans en 1764.

BÉBRYCES, peuples d'Asie, originaires de la Thrace, habitant la Bébrycie (ancien nom de la Bithynie). Ils étaient très-forts dans les combats du ceste.

BEC, nom donné à un organe faisant les fonctions de la bouche chez les oiseaux, et renfermant souvent les organes de l'odorat. Il se compose de deux pièces nommées *mandibules*, et affecte diverses formes.

BEC. On nomme ainsi, en entomologie, 1° une avance cornée, cylindrique ou conique de la bouche, comme on l'observe dans les charançons, etc.; 2° l'espèce de suçoir qui fait le caractère de l'ordre des hémiptères.

BECCARIA (César Bonesana, marquis de), né à Milan en 1735, mort en 1793, célèbre légiste italien, auteur du fameux *Traité des délits et des peines*, qui parut en 1764, et qui lui mérita les noms d'homme de génie et d'homme de bien. Ce livre fut traduit dans toutes les langues. La société de Berne fit frapper pour lui une médaille, expression des vœux de la Suisse entière, et l'impératrice Catherine II le transcrivit dans les lois promulguées par elle.

BÉCARRE, signe de musique qui marque que l'on doit ramener au ton naturel la note devant laquelle il est placé, et qui a déjà été altéré par un dièse ou un bémol.

BÉCASSE, genre de la famille des échassiers longirostres, renfermant des oiseaux caractérisés par un bec long, droit, mou et très-grêle, renflé à sa pointe. La *bécasse ordinaire* est longue de treize à quatorze pouces; elle a le haut de la tête, le cou, le dos, les couvertures des ailes variées de marron, noir et gris; quatre bandes transversales noires sur le cou; de chaque côté de la tête est une petite bande noire qui s'étend depuis le coin de la bouche jusqu'aux yeux; le bec et les pieds sont couleur de chair, ombrés de gris. La bécasse habite les bois ou les plaines marécageuses; sa nourriture consiste en vers et insectes. Sa chair est excellente.

BÉCASSEAUX, oiseaux de rivage caractérisés par un bec long, faiblement arqué, mou et flexible, aux deux mandibules sillonnées jusque près de la pointe; aux narines latérales placées dans la membrane qui recouvre le sillon nasal; aux pieds grêles, ayant en arrière le doigts entièrement divisés. Ces oiseaux habitent le bord des lacs, des marais et les côtes de la mer. Le *bécasseau* cocorli ou *alouette de mer*, commun en Europe, est long de sept pouces et demi. Au genre *bécasseau* appartient le *combattant*.

BÉCASSINE, espèce du genre *bécasse*, qui s'en distingue par la partie inférieure du tarse (jambes) dénuée de plumes La *bécassine ordinaire* est longue de dix pouces, y compris le bec qui a trois; sa tête est divisée par deux raies longitudinales noires et trois rougeâtres; le menton est blanc, le cou varié de brun et de rougeâtre; la poitrine et le ventre sont blancs; le dessus du corps est varié de brun, de rouge pâle et de noir. La bécassine vole avec rapidité, et habite les contrées marécageuses. La double bécassine, très-commune en France, est plus grande d'un tiers que la précédente. La petite bécassine ou la sourde a sept pouces et demi de long. Elle n'a qu'une bande noire sur la tête; le fond du manteau a des reflets vert bronzé; un demi-collier gris occupe la nuque; ses flancs sont mouchetés de brun comme la poitrine. Elle habite les prairies marécageuses.

BEC-CROISÉ, genre de passereaux conirostres, renfermant des oiseaux à bec robuste, épais et comprimé, dont les mandibules sont tellement courbes que leurs pointes s'entre-croisent en sens inverse. Les narines sont petites, rondes et recouvertes de plumes dirigées en avant. Les becs-croisés habitent le nord des deux continents. Le bec-croisé des pins, long de six pouces, a le plumage verdâtre, les ailes et la queue brunes, le bec et les pieds noirs. Cet oiseau se nourrit de graines de pins et de fruits.

BEC DE CIGOGNE ou BEC DE GRUE. Voy. GÉRANIUM.

BEC-DE-CORBIN, espèce de hallebarde courte ou de pertuisane dont le fer avait de la ressemblance avec le bec d'un corbeau. Elle était portée par les compagnies de gentilshommes préposés à la garde du roi.

BEC DE CUILLER, petite lame fort mince qui sépare la portion osseuse de la trompe d'Eustache du canal destiné au passage du muscle interne du marteau.

BEC DE CUILLER, instrument dont on se sert en chirurgie pour l'extraction des balles. C'est une tige d'acier longue de sept à huit pouces, qui porte un bouton à l'une de ses extrémités, et à l'autre une petite cavité dans laquelle on engage la balle pour l'amener au dehors.

BEC-DE-FAUCON, arme garnie d'une massue et plus souvent d'un fer crochu ressemblant au bec du faucon. On se servait de cette arme dans les combats pour tirer à terre les gens d'armes, et les assommer ensuite.

BEC-DE-LIÈVRE, nom donné à la division naturelle ou accidentelle des lèvres constituant un état qui est contraire à la prononciation, la respiration, la succion, et qui donne lieu à un écoulement de salive qui jette les enfants dans l'épuisement. Les suites en sont souvent si dangereuses, qu'on est obligé de coudre les deux bords de la division.

BEC EN CISEAUX ou COUPEURS D'EAU, genre de palmipèdes, distingués par leurs petits pieds, leurs longues ailes, leur queue fourchue, mais surtout par leur bec, dont la mandibule supérieure est d'un tiers plus petite que l'inférieure; toutes deux sont droites et comprimées. Le bec en ciseau noir est blanc, à calotte et manteau noirs, avec une bande blanche sur l'aile, et les grandes plumes de la queue blanches en dehors; le bec et les pieds sont rouges. Ces oiseaux dont la taille égale celle d'un pigeon, vivent dans les mers d'Amérique.

BECS-FIGUES, nom vulgaire du gobemouche noir et du gobe-mouche à collier, oiseaux très-délicats, propres aux contrées du midi, dont la chair est grasse et très-agréable. Ils vivent d'insectes et de fruits.

BECS-FINS, genre de passereaux dentirostres, renfermant des oiseaux distingués par un bec droit, grêle, en forme d'alène, dont la base est plus élevée que large. La mandibule supérieure est souvent échancrée à sa pointe; l'inférieure, toujours droite; les narines sont basales et ovoïdes, à moitié fermées par une petite membrane. Ce genre renferme plus de trois cents espèces remarquables par leurs formes élégantes, leur petite taille et la mélodie de leur chant. Elles habitent toutes les parties du monde. Le rossignol, la fauvette, le rouge-gorge, appartiennent à ce genre.

BÊCHE, outil de fer, large et tranchant, avec un manche de bois d'environ trois pieds. On s'en sert pour creuser et couper la terre. On distingue 1° la bêche ordinaire; 2° la petite poncins, dont le fer a dix-huit pouces de hauteur; 3° la grande poncins, qui a deux pieds de hauteur, six pouces et demi de large au sommet, et quatre et demi à la base; 4° le triant, triandin ou triandine fourche, à trois dents plates, renforcées et larges d'un pouce, en usage dans les terrains pierreux; 5° la bêche à hoche-pied, qui diffère par une addition au support d'un pouce de largeur, où l'on pose le pied pour enfoncer la bêche; 6° la bêche de Lucques, qui diffère de la précédente en ce que le hoche-pied, au lieu de descendre et de s'appuyer sur la tête de la douille, s'arrête et se fixe à un pied environ de ce point; 7° la bêche à nervures, qui présente sur sa surface et parallèlement au manche trois nervures ou renflements qui lui donnent de la solidité; 8° la bêche du bas Milanais, armée d'un fer de dix-huit pouces de long, légèrement coudé dans son centre. — C'est aussi le nom vulgaire d'un insecte du genre attelabe.

BÉCHER (Jean-Joachim), auteur de la première théorie scientifique de la chimie, né à Spire en 1635. Il fut successivement professeur à Mayence, conseiller aulique impérial à Vienne, et premier médecin de l'électeur de Bavière. Il fut le premier qui appliqua la chimie à la physique, et qui chercha dans la nature la cause des phénomènes inorganiques de ces deux sciences. Il chercha un acide primitif et fondamental dont tous les autres seraient formés, et vérifia les expériences de la combustion. Bécher mourut en 1685. Il a laissé un ouvrage célèbre, Physica subterranea, où il expose sa théorie nouvelle.

BÉCHIQUES. On désigne ainsi, en médecine, les remèdes employés contre la toux, tels que les fleurs de violettes, la guimauve, les tortues, etc.

BECHLEC ou BESLIK, monnaie d'argent de Turquie, valant 5 paras ou 45 centimes de France.

BECKET (Thomas), archevêque de Cantorbéry, qui s'éleva d'un rang très-bas à celui de favori et de ministre de Henri II, roi d'Angleterre, qui le promut au siège de Cantorbéry. Thomas Becket voulut défendre contre l'autorité royale les prérogatives de son église, et périt assassiné en 1170 par des serviteurs du roi, qui fit plus tard pénitence sur son tombeau. Thomas Becket fut canonisé.

BÉCLARD (Pierre-Augustin), né à Angers en 1785. Il étudia pendant quatre ans à l'école secondaire de médecine de cette ville, et sortit victorieux de tous les concours. Il vint à Paris en 1809, et devint successivement répétiteur du célèbre chirurgien Roux, prosecteur de la faculté, docteur en chirurgie, chef des travaux anatomiques, chirurgien en chef de l'hospice de la Pitié, et en 1818 professeur à l'école de médecine de Paris. Il mourut en 1825, membre de l'académie royale de médecine. Il est des collaborateurs du nouveau Dictionnaire de médecine, et l'un des rédacteurs du Journal de médecine, chirurgie, pharmacie.

BÈDE dit LE VÉNÉRABLE, né en 672 dans le diocèse de Durham, en Angleterre, mort en 735. Cet auteur ecclésiastique du VIIIe siècle est surtout connu par son Histoire ecclésiastique des Anglais et ses Commentaires sur l'Ecriture sainte.

BEDEAU, nom donné dans les universités à un employé subalterne, dont la fonction est, dans toutes les cérémonies publiques, de marcher avec une masse devant le recteur et les principaux membres de l'université. Autrefois il y avait un bedeau général dans chaque université et un bedeau particulier dans chacune des facultés. Ils introduisaient les professeurs dans la salle des cours, et se tenaient au bas de sa chaire pendant la durée entière de la leçon. Ces bedeaux jouissaient de nombreux privilèges supprimés en 1789. — Dans les églises catholiques, on donne le nom de bedeaux à des employés laïques, vêtus de robes noires, rouges ou bleues, et ayant à la main une verge de baleine noire, qui précèdent le clergé dans les cérémonies, et maintiennent le bon ordre dans l'église pendant l'office.

BÉDÉGAR ou BÉDÉGUARD, galle ou tumeur chevelue et très-odorante, qui est produite sur les jeunes rameaux des rosiers par la piqûre d'insectes du genre cynips. Elle est spongieuse, d'un vert rougeâtre, de forme ovoïde ou sphéroïde; au centre se trouve l'habitation des larves du cynips. On s'est beaucoup servi de bédégar dans l'ancienne médecine. Maintenant il est inusité.

BEDFORT (John PLANTAGENET, duc DE), prince anglais, troisième fils de Henri IV, commanda en 1422 l'armée des Anglais contre Charles VII, et fut nommé régent de France la même année pour son pupille Henri V, qu'il fit couronner roi de France à Paris. Il mourut en 1435, après avoir remporté plusieurs victoires sur les Français.

BEDFORT, comté d'Angleterre, entre ceux de Hartford, de Buckingham, Northampton, Huntingdon et Cambridge. Sa superficie est d'environ 78 lieues carrées, et sa population de 67,350 habitants. Il produit du blé et des pâturages. — Chef-lieu, Bedfort, autrefois Lactodurum, à 16 lieues de Londres. Elle commerce en blé, et renferme des manufactures de dentelles.

BEDLAM, immense et bel établissement destiné au séjour des aliénés et des criminels. L'ancien hospice de Bedlam, qui remontait à Henri VIII, a été rebâti en 1812. Maintenant il contient quatre cents fous et soixante condamnés, et est situé à quelques milles de Londres, au midi de cette ville.

BEDOUINS, peuples nomades du nord de l'Afrique, qui habitent les plaines qui bordent la Méditerranée. Ils sont divisés en tribus dont le chef s'appelle cheik. Ils sont cruels et guerriers, massacrent ordinairement leurs prisonniers, et combattent à cheval avec des carabines. Leur vêtement est une couverture de laine appelée bernous.

BEDRIAC, village de la Gaule Cisalpine, près de Crémone, où l'armée de l'empereur Othon fut vaincue l'an 69 par celle de Vitellius, et où les troupes de ce dernier furent en 69 vaincues à leur tour par celles de Vespasien.

BEEL-PHÉGOR, divinité des Ammonites, des Madianites et des Moabites, que l'on identifie avec le soleil. Elle désignait la puissance fécondante.

BEEL-ZÉBUTH, dieu des Accaronites, puissance éminemment malfaisante, la même que le Pluton des Grecs, et qui est devenue synonyme de prince des démons.

BEETHOVEN (Ludwig VAN), fameux compositeur allemand, né à Bonn en 1770, mort en 1827. Ses symphonies nombreuses, dont les plus remarquables sont la symphonie en la, la symphonie héroïque et la symphonie pastorale; ses opéras, dont le plus beau est Fidelio; ses quatuors et ses autres œuvres, pleines d'originalité et de génie, sont ses titres à la célébrité.

BÉFANA (LA) en italien, fantôme, coutume encore en usage à Rome. On est dans l'habitude, le jour de Noël, de donner les étrennes, et on fait croire aux enfants que c'est une femme vêtue d'une grande robe noire, grande comme nature, assise sous le manteau de la cheminée, portant de la main droite une gaule, et dans l'autre une lettre qu'elle est censée avoir reçue des enfants de la maison, qui vient apporter leurs étrennes s'ils sont sages, et les punir s'ils ne le sont pas. Comme ensuite, ce jour-là, on fait voir dans les maisons des représentations pittoresques de la crèche où naquit l'enfant Jésus, les enfants offrent à l'enfant Jésus les confitures et les friandises qu'ils ont reçues de la béfana. On ignore l'origine de cette coutume et du nom de *béfana*.

**BEFFROI**, grosse cloche que, dans le moyen âge, on ne sonnait que dans des circonstances particulières, et qui était une sorte de tocsin. On la sonnait pendant vingt-quatre heures pour la naissance d'un fils de France. On la sonnait encore pour convoquer les habitants d'une ville.

**BEG.** Voy. BEY.

**BÉGAIEMENT**, prononciation vicieuse consistant dans la répétition de la même syllabe. Elle est *habituelle* ou *accidentelle*. Dans le premier cas, le bégaiement est le résultat d'une organisation vicieuse de la langue ou du palais, ou d'une mauvaise habitude. Dans le second, il est occasionné par un état de maladie.

**BÉGLERBEG** (mot turk signifiant *prince des princes*), titre que prennent les gouverneurs des royaumes et des grandes provinces, qui composent l'empire ottoman, qui sont des pachas à trois queues. Leur nombre a varié de vingt-six à trente-six.

**BÉGONIACÉES**, famille de plantes créée par Richard pour le seul genre *bégone*.

**BÉGUINS**, espèce de religieux qui formaient des réunions monastiques. Les béguines étaient des filles ou des veuves qui, sans faire de vœux, se réunissaient entre elles, et portaient un vêtement noir. On appelait le lieu où elles demeuraient *béguinage*. — On appelle encore *béguins* ou *beggards* des hérétiques d'Allemagne au XIIIe siècle qui défendaient l'exercice des vertus, et disaient que l'homme, pouvant devenir aussi parfait que Jésus-Christ, ne devait pas prier, etc. Ils furent condamnés au concile de Vienne, en 1312, par le pape Clément V.

**BEHAIM** (Martin), célèbre cosmographe et navigateur, né à Nuremberg en 1430, mort en 1506. Il fit plusieurs voyages du Portugal en Afrique, et en 1485 Juan II, roi de Portugal, le créa chevalier de l'ordre du Christ. En 1492, il revint à Nuremberg, où il fit un globe terrestre de vingt pouces de diamètre, sur lequel il dessina ses découvertes. On croit qu'il avait connaissance du continent américain.

**BEHEN BLANC** ou BEHMEN ABIAD, racine blanche, d'une odeur aromatique, d'une saveur styptique. Elle est produite par la *centaurée behen*, du mont Liban. Elle est très-tonique; la médecine moderne n'en tire aucun usage. On nomme quelquefois *behen blanc* la racine du *cucubale* ou *silène*.

**BEHEN ROUGE** ou BEHMEN ACKMAR, racine originaire de la Syrie, qu'on trouve dans le commerce par tranches compactes d'un rouge noir. Elle est astringente et tonique. On l'employait autrefois contre les hémorragies et les diarrhées.

**BEIRA**, province du Portugal entre celles de Douro-e-Minho, Tras-os-Montes, de l'Estramadure portugaise et l'Océan. Sa superficie est de 1422 lieues carrées, et sa population de 952,500 habitants. Capitale, COÏMBRE. La Beira produit des grains, un vin excellent, des fromages, et renferme des salines et des mines de fer et de marbre.

**BÉJAUNE**, terme de fauconnerie désignant un jeune oiseau qui n'est pas sorti du nid, et qui n'a point encore formé. Ce mot a passé dans le langage pour désigner un jeune homme simple et sans expérience.

**BEKKER** (Balthazar), théologien et philosophe allemand né près de Groningue en 1634, mort en 1698, qui, dans un ouvrage intitulé *le Monde enchanté*, a combattu l'existence des démons, et considéré celle des anges comme probable sans être démontrée. Ce livre, ainsi qu'un autre, la *Nourriture des parfaits*, ont fait beaucoup de bruit, ont été combattus et défendus vigoureusement.

**BERRYTES**, dynastie arabe du royaume de Maroc, qui a régné à Fez du Xe au XIe siècle, et qui eut pour chef Ebn-Aby-Bekr.

**BELA.** Quatre rois de Hongrie ont porté ce nom. — BELA Ier succéda en 1061 à André Ier, et mourut en 1063. — BELA II succéda en 1132 à Étienne II, et mourut en 1141. — BELA III succéda en 1173 à Etienne III, et mourut en 1196. — BELA IV succéda en 1235 à André II, et mourut en 1260.

**BÉLANDRE**, bâtiment à fond plat qu'on emploie dans le nord. Il est fortement construit pour la charge; sa voilure ressemble un peu à celle du senau. Il a des drisses pour le plus près du vent. Il y a de petites bélandres, gréées en lieu, d'environ soixante tonneaux. Les Espagnols appellent *bélandres* les sloops.

**BÉLEMNITES.** On a ainsi nommé du grec *bélemnos*, flèche, certaines coquilles fossiles affectant une forme allongée. On les nomme aussi *orthocéralithes* et *pierres de lynx*. On les rencontre le plus ordinairement dans les montagnes de seconde formation; mais elles se trouvent dans les pays à couches, et même dans les craies. On a reconnu que les bélemnites avaient la même organisation que les ammonites.

**BÉLÉNUS**, dieu des Gaulois, des Illyriens et des Paunoniens, qui n'est autre que le soleil, l'Apollon des Grecs, l'Orus des Égyptiens et le Baal des Phéniciens.

**BELETTE**, espèce du genre *putois*, renfermant des mammifères, un peu plus petits que le rat, longs de six pouces quatre lignes environ, dont la queue mesure un pouce six lignes. Toutes les parties supérieures du corps, c'est-à-dire, le dessus de la tête, le dessus et les côtés du cou, ainsi que du tronc et la face interne des membres sont d'un beau marron clair; la mâchoire inférieure, le dessous du cou, le ventre et les membres à leur partie interne sont couverts de poils blancs. Une petite tache brune existe à la mâchoire inférieure. Le mufle et les yeux sont noirs. La belette se trouve dans toute l'Europe méridionale et tempérée. Elle est carnassière, et s'introduit souvent dans les habitations rurales, où elle tue les poulets et mange les œufs.

**BELFAST**, ville et port d'Irlande dans le comté d'Antrim, province d'Ulster. Ses filatures et ses manufactures de toiles occupent journellement deux mille individus. Sa population de 40,000 âmes, et le produit de ses exportations annuelles est de 2,900,000 livres sterling (71,775,000 francs).

**BELFORT**, sur la Savoureuse, chef-lieu d'arrondissement du département du Haut-Rhin, à 16 lieues S.-O. de Colmar. Population, 6,000 habitants. Cette ville est entourée de belles fortifications, et d'une citadelle, ouvrage de Vauban (1688). On y remarque les casernes et l'église paroissiale. Elle a une bibliothèque publique de 20,000 volumes, un collège et un tribunal de commerce et de première instance. Belfort est placé à la réunion de six grandes routes (Paris, Strasbourg, Lyon, Bâle, la Lorraine et Montbéliard). Aussi cette ville est-elle l'entrepôt du commerce de presque toute la France avec l'Alsace, la Lorraine, la Suisse et l'Allemagne.

**BELGIQUE**, contrée d'Europe, bornée à N. par la Hollande, au S. par la France, à l'E. par le Rhin et à l'O. par la mer du Nord. Sa capitale est BRUXELLES; sa population est de 3,749,000 habitants, presque tous catholiques, et sa superficie de 524 lieues carrées. Elle se divise en neuf provinces, qui sont : *Anvers, Liège, Luxembourg, Namur, Limbourg, Hainaut, Flandre occidentale, Flandre orientale* et *Brabant*. Le gouvernement est monarchique et représentatif, le pouvoir législatif réside dans les deux chambres des représentants et du sénat. La première est composée de quatre-vingt-douze membres, choisis parmi les contribuables; la deuxième est composée de cinquante et un membres choisis parmi ceux qui payent au moins 1,000 florins d'impôts. La Belgique fit partie de la Gaule Belgique sous César, des Pays-Bas dans le moyen âge et les temps modernes, fut réunie à la France en 1795, forma les départements des *Deux-Nèthes*, de l'*Ourthe*, des *Forêts*, de *Sambre-et-Meuse*, de la *Meuse-Inférieure*, de *Jemmapes*, de la *Lys*, de l'*Escaut* et de la *yle*, fut réunie à la Hollande en 1815 sous Guillaume de Nassau et depuis la révolution de 1830, qui a chassé du trône les Nassau, gouvernée par le prince de Saxe-Cobourg sous le nom de Léopold Ier.

**BELGRADE**, grande ville de Turquie, capitale de la Servie, au confluent du Danube et de la Save. Sa situation locale favorise son commerce, qui est très-étendu. Elle a une population de 30,000 habitants, et soutint plusieurs siéges, entre autres celui de 1456, où elle fut défendue contre les Turks par le fameux Hunniade.

**BÉLIDAH**, ville d'Afrique, à 8 lieues S. d'Alger, dans une contrée fertile et peuplée, quoique exposée aux tremblements de terre. Les Français s'en sont emparés plusieurs fois, et la possèdent encore aujourd'hui.

**BÉLIDOR** (Bernard FOREST DE), ingénieur et mathématicien célèbre, né en Catalogne en 1697, d'un officier français, mort en 1761. Ses deux ouvrages intitulés, l'un *Architecture hydraulique*, l'autre le *Bombardier français*, lui ouvrirent les portes de l'Académie des sciences de France, d'Angleterre et de Prusse, et lui firent donner les places d'inspecteur de l'arsenal de Paris, de brigadier des armées, et d'inspecteur général des mineurs.

**BÉLIER**, mâle de la brebis. Il est en état d'engendrer à dix-huit mois; mais on en emploie ordinairement à cet usage qu'à l'âge de trois ans. Un seul peut suffire à vingt ou vingt-cinq brebis.

**BÉLIER**, machine de guerre des anciens, composée d'une grosse poutre suspendue, destinée à battre en brèche dans l'attaque d'une muraille.

**BÉLIER HYDRAULIQUE**, machine inventée en 1796 par Montgolfier, et destinée à élever l'eau par le choc des eaux elles-mêmes.

**BÉLISAIRE**, habile général de Justinien II. Les guerres successives qu'il soutint contre les Perses, les Vandales d'Afrique et les Goths d'Italie, lui procurèrent les honneurs du triomphe. Il fut accusé par des envieux, et privé de ses biens, que l'empereur lui rendit bientôt. Il mourut en 561, aveugle selon quelques historiens.

**BELLADONE**, genre de plantes de la famille des solanées, à fruits rouges, et de la grosseur des cerises, renferment un poison narcotique très-actif. Elles croissent près des buissons en Europe, et montent à la hauteur de deux mètres. On retire de leurs baies cueillies avant leur maturité une belle couleur verte à l'usage des peintres en miniature. Elles fournissent à la médecine des propriétés précieuses. On emploie la poudre de leur racine dans la coqueluche des enfants. L'extrait de cette plante, infusée dans l'eau, sert dans l'opération de la cataracte. On applique encore les feuilles et les baies sur les cancers et les hémorroïdes.

**BELLARMIN** (Robert), cardinal, archevêque de Capoue, né à Montepulciano (Toscane) en 1542, de Cynthie Servin, sœur du pape Marcel II. Entré à dix-huit ans dans la compagnie de Jésus, il montra un génie si précoce, qu'on le chargea de prêcher même avant qu'il ne fût prêtre. Il professa la théologie à Louvain, et prêcha dans cette ville avec tant de succès, que les protestants venaient d'Angleterre et de Hollande pour l'entendre. Grégoire XIII le choisit pour donner des leçons de controverse dans le collège qui venait de fonder, et Sixte V le donna ensuite, en qualité de théologien, au légat qu'il envoya en France en 1590. Il fut nommé par Paul V bibliothécaire du Vatican, et mourut en 1621. Parmi ses nombreux ouvrages, le plus fameux est son *Corps de controverses*, arsenal des théologiens catholiques contre leurs adversaires.

**BELLAY** (du), famille originaire d'Anjou, qui a donné plusieurs diplomates et guerriers fameux. Les plus célèbres furent GUILLAUME DU BELLAY, général de François Ier, mort en 1565; le cardinal JEAN DU

18

BELLAY, et MARTIN DU BELLAY, morts, l'un en 1560, l'autre en 1559, ses frères. Guillaume et Martin du Bellay ont laissé des *Mémoires*. — Un de leurs parents, JOACHIM DU BELLAY, acquit une juste réputation par ses poésies, et mourut en 1559.

BELLEAU (Remi), mort en 1577, fut l'un des sept poëtes de la Pléiade française de Ronsard, et se fit remarquer par son goût et sa verve abondante. Il était né en 1528 à Nogent-le-Rotrou.

BELLE-DAME, nom vulgaire d'un papillon du genre *vanesse*, et de trois plantes, l'*amaryllis*, la *belladone* et l'*arroche*.

BELLE DE JOUR, nom vulgaire du *liseron tricolore*.

BELLE DE NUIT, nom vulgaire du *nyctage* et du *salvia*.

BELLE DE VITRY, variété de pêche assez estimée.

BELLE D'UN JOUR, nom de l'*hémérocalle* et de l'*asphodèle*.

BELLEFOREST (François DE), né dans le comté de Comminges en 1530, mort en 1583. Historiographe de France, il a publié l'*Histoire des rois de France qui ont eu le nom de Charles* et les *Annales de l'Histoire générale de France*. On a encore de lui les *Nouvelles tragiques*, dans lesquelles Voltaire a puisé le sujet de Tancrède, et Shakspeare celui de Roméo et Juliette.

BELLEGARDE, dans le département des Pyrénées-Orientales et le canton de Céret, forteresse destinée à défendre le col du Perthus. Le fort de l'Ecluse en est une dépendance.

BELLE-ILE, île de l'Océan, appartenant à la France, et comprise dans le département du Morbihan. Elle est à 4 lieues de Quiberon et à 10 de Lorient. Cette île a environ 26 kilomètres carrés de superficie. Elle forme un canton partagé en quatre communes (*Palais*, *Bangor*, *Loc-Maria* et *Sauzon*), et dont la population totale est de 8,240 habitants. Palais, chef-lieu de l'île, en a 3,590. Cette île appartint dans le Xᵉ siècle à un comte de Cornouailles, qui en fit présent à l'abbaye de Quimperlé. Les moines la cédèrent dans le XVIᵉ siècle à Charles IX, qui y fit élever une citadelle et plusieurs maisons. Henri IV l'érigea en un marquisat-pairie, qui fut acheté en 1658 par Fouquet, dans la famille duquel il resta. Le duc d'Orléans le réunit à la couronne en 1718. Belle-Ile possède un excellent mouillage et deux ports d'échouage. Les îles de *Houat* et de *Hœdic*, éloignées de 3 à 4 lieues, en sont une dépendance.

BELLÉROPHON, héros de la mythologie grecque, fils de Glaucus roi de Corinthe, meurtrier de Bellérus son frère, et vainqueur du monstre appelé la Chimère, qui désolait la Lycie.

BELLEY, petite ville du département de l'Ain, chef-lieu d'arrondissement, à une lieue et demie du Rhône et 18 lieues trois quarts de Bourg. Population, 4,286 habitants. Belley possède un tribunal de première instance, et un évêché suffragant de l'archevêché de Besançon, et érigé dans le Vᵉ siècle.

BELLIARD (Augustin-Daniel), né à Fontenay en Vendée en 1769, mort en 1832. Fait général de brigade à Arcole, il fut successivement nommé général de division et major général de la cavalerie, fit partie de l'expédition d'Egypte, se distingua aux batailles de Lubeck, d'Iéna, d'Eylau, de Friedland. Pair de France, grand cordon de la Légion d'honneur, il conserva l'estime des hommes du pouvoir jusqu'à sa mort.

BELLINI (Vincenzo), né à Palerme en 1808, mort en 1834. Ce jeune compositeur, dont la réputation est européenne, s'est distingué par les opéras de *il Pirata* (le Pirate), *Bianca e Ferrando* (Blanche et Fernand), *la Straniera* (l'Etrangère), *i Capuletti e i Montecchi* (les Capulets et les Montecchi), *Norma*, *i Puritani* (les Puritains).

BELLINZONA ou BELLENZ, ville de Suisse, un des chefs-lieux du canton du Tésin,
sur la gauche de la rivière de ce nom. Population, 1,600 habitants. On y parle italien. Cette ville est très-commerçante.

BELLONE (myth.), déesse de la guerre, sœur et femme de Mars. Elle préparait le char et les chevaux de ce dieu. Les poëtes la représentent les cheveux épars, tenant une torche d'une main et de l'autre un fouet dont elle se sert pour animer les combattants. Elle avait un temple à Rome, dans lequel le sénat donnait audience aux ambassadeurs et aux généraux. A la porte du temple était une colonne contre laquelle le hérault lançait une pique lorsque l'on déclarait la guerre. Bellone avait en Cappadoce un temple servi par trois mille prêtres, nommés *bellonaires*, qui célébraient ses fêtes en se perçant avec leurs épées, et lui offraient le sang qui coulait de leurs blessures.

BELLOTE, variété de chêne-vert à feuilles rondes, bordées de dents épineuses et d'un gris glauque en dessous, que l'on trouve dans le midi de la France. Ses fruits allongés et assez gros sont alimentaires.

BELLOVÈSE, chef gaulois qui, le premier, traversa les Alpes, et alla fonder Milan dans le nord de l'Italie, l'an 590 avant J.-C. Il régna sur la Gaule Cisalpine, et ses soldats allèrent s'établir jusque dans l'Etrurie, dans la Ligurie et les Apennins.

BELLOY (Pierre-Laurent-Buirette DE), membre de l'académie française, né à Saint-Flour en 1727, mort en 1775. Poëte français connu par ses tragédies du *Siège de Calais*, de *Gaston et Bayard*, *Gabrielle de Vergy* et *Pierre le Cruel*.

BELLOY (J.-Baptiste DE), né à Morangiès (Oise) en 1709, embrassa la carrière ecclésiastique, et devint successivement vicaire général et archidiacre de Beauvais sous le cardinal de Gèvres. Nommé en 1751 évêque de Glandèves (Basses-Alpes), il fut député en 1755 à l'assemblée du clergé que l'on convoqua pour le rétablissement de la paix dans l'Eglise gallicane, troublée par le schisme qu'avait causé la bulle *Unigenitus*. La même année, il fut nommé évêque de Marseille, et rétablit la paix dans son diocèse. Pendant la révolution, il refusa de prêter les serments imposés aux prêtres par la convention, et se retira à Chambly (Oise). En 1801, il sacrifia le premier son titre d'évêque pour donner l'exemple de la soumission au gouvernement, et faciliter la conclusion du concordat. En 1802, Napoléon le nomma l'archevêque de Paris, et en 1803 il reçut le chapeau de cardinal. Il fut fait comte, sénateur, grand aigle de la Légion d'honneur, et mourut en 1808. L'empereur lui fit ériger un monument, témoignage de la haute considération que lui avaient méritée ses vertus.

BELLUNE, province du royaume lombard-vénitien, au S. et à l'E. du Tyrol. Sa superficie est de 160 lieues carrées, et sa population, de 114,770 habitants. Chef-lieu, *Bellune*, à 55 lieues de Milan. Population, 7,655 habitants. Elle produit de la soie et de la cire. Cette ville a un évêché. Elle fut érigée sous l'empire en duché en faveur du maréchal Victor.

BÉLOMANCIE, divination autrefois en usage chez les Orientaux, et qui se faisait au moyen de flèches. Une des manières de la pratiquer consistait à marquer des flèches de différents signes, à les mettre dans un sac, et en tirer un nombre convenu. Selon qu'elles étaient marquées de tels ou tels signes, on concluait du succès ou de la non-réussite de l'entreprise. Une autre manière consistait à avoir trois flèches : sur l'une d'elles, on écrivait : *Dieu me l'ordonne*; sur la deuxième : *Dieu me le défend*; la troisième ne renfermait pas d'inscription. On en tirait une au hasard. La première conseillait l'entreprise, la deuxième dissuadait de la faire, et la troisième n'indiquait rien; on recommençait l'opération. La bélomancie est très-ancienne, et était en usage chez les Assyriens.

BELOUTCHISTAN, contrée de la Perse orientale, de 18,000 lieues carrées, et dont
la population est de 2,700,000 habitants. Kelat, sa capitale, a 20,000 habitants, et est la résidence du kan. Les Beloutches ou indigènes se divisent en *Brahoués*, *Nharoués* et *Mayschis*.

BELSUNCE DE CASTEL-MORON (Henri-François-Xavier de), évêque de Marseille, né en 1671 en Périgord, mort en 1755. Il signala son zèle et sa charité dans la peste de Marseille en 1720 et 1721. Son dévouement a été célébré par plusieurs poëtes.

BELT (GRAND et PETIT), détroits du Danemarck unissant la mer Baltique au Sund et au Kattégat, et ainsi à la mer du Nord. Le grand Belt sépare les îles de Séeland et de Laland de l'île de Fionie, et le petit Belt sépare l'île de Fionie du Jutland.

BÉLUS ou BEL, roi d'Assyrie, chassa les Arabes de Babylone, où il s'établit, en 1322 avant J.-C., le siège de son empire. Ninus, son successeur et son fils, lui fit rendre les honneurs divins, et il fut adoré, dit-on, sous le nom de Bel ou Baal. Voy. ce mot.

BELVÉDÈRE, petit pavillon qui couronne et domine les maisons de plaisance. Le plus fameux belvédère est celui du Vatican, élevé par Bramante. — On a appelé l'*Apollon du Belvédère* une statue très-belle d'Apollon découverte à Capo d'Anzo (l'ancienne Antium) dans le XVᵉ siècle, et placée par le pape Jules II au Belvédère du Vatican. Cette statue, enlevée à Rome en 1797, et apportée en France, a été rendue en 1815.

BELZÉBUTH, ou MORDMONDA, ou COAITA, espèce du genre *atèle*, renfermant des singes d'un noir brun, moins foncé sur la croupe; le ventre est blanc ou jaunâtre. Cette espèce est très-répandue dans les Guyanes; sa démarche est lente, son caractère doux et timide; elle habite par troupes les bords de l'Orénoque, où les Indiens la chassent pour s'en nourrir.

BELZONI (J.-B.), né à Padoue en 1778, fut élevé à Rome. Il quitta cette ville lorsque les Français s'en furent emparés, vint en Angleterre en 1803, et entreprit le métier d'acteur à Londres. Il quitta l'Angleterre en 1812, et vint en Egypte, où il parvint à ouvrir plusieurs pyramides dont on n'avait pu trouver l'entrée, les tombeaux des rois de Thèbes, et le temple d'Ypsamboul (1815-17) près de la deuxième cataracte du Nil. Il visita les côtes de la mer Rouge, la ville de Bérénice et l'oasis de Jupiter Ammon. Il publia en 1821 la relation de ses découvertes, et reçut une médaille de Padoue, sa ville natale. Il allait voyager en Afrique, lorsqu'il mourut en 1823.

BEMBEX (en grec, *toupie*), genre d'insectes hyménoptères, de la famille des mellites, nommés ainsi à cause de la forme de leur abdomen. Ils ont la forme et la couleur des guêpes, la bouche des abeilles et les mœurs des sphèges. On les trouve dans les lieux sablonneux et exposés au soleil.

BEMBO (Pierre), d'une famille noble de Venise, où il naquit en 1470, fut secrétaire de Léon X, qui l'éleva au cardinalat, et l'un des écrivains italiens de la renaissance qui voulurent le plus imiter les phrases cicéroniennes. Son *Histoire de Venise*, ses *Azolins*, dialogues sur la nature de l'amour, et ses poésies, sont les plus célèbres de ses ouvrages. Il mourut en 1547 évêque de Bergame.

BÉMOL, signe de musique qu'on place ou à la clef ou devant une note. Dans le premier cas, il modifie toutes les notes placées sur le même degré que lui; dans le second, il fait baisser d'un demi-ton la note devant laquelle il est placé.

BEN ou MORINGA, genre de la famille des légumineuses, renfermant des arbres propres aux Indes. Le *ben oléifère* est de grandeur moyenne. Ses feuilles sont deux ou trois fois ailées, ses fleurs blanches; son fruit est une gousse à trois valves ou parties, et à environ un pied de longueur, et se mange lorsqu'elle est tendre et verte. Le bois de cet arbre, nommé *bois néphrétique*, est amer et un peu âcre. On l'emploie dans les néphrites calculeuses. La décoction de sa racine est antispasmodique. Les feuilles fraîches du bén, appliquées en cataplasme sur la peau, y exercent une action rubéfiante. — Les *noix de bens*, ou graines qui renferment les gousses de ces arbres, contiennent une amande blanchâtre, dont l'huile ne rancit pas. Cette huile est très-recherchée des parfumeurs.

BÉNARÈS, ville de l'Indoustan, capitale du Delhy. Les Indous la regardent comme une cité sainte, et elle est le centre de leur religion. Elle est bâtie sur la rive gauche du Gange, et sa population est de 80,000 habitants.

BENDER, ville de la Russie d'Europe, capitale de la Bessarabie. Sa population actuelle est de 10,000 âmes. Elle appartient aux Russes depuis la paix de Bukarest en 1812. C'est là que Charles XII se retira après la bataille de Pultawa.

BENEDETTE (Benoît CASTIGLIONE, dit LE), peintre célèbre, né à Gênes en 1616. Élève de Van-Dyck et de Page, il dota de ses talents Rome, Naples, Florence, Parme, Venise, et se fixa auprès du duc de Mantoue. Benoît réussissait également dans l'histoire, le portrait et le paysage ; mais son talent particulier était de peindre des pastorales, des animaux et des marchés. Il mourut en 1670. Ses plus fameux ouvrages sont la *Nativité*, les *Vendeurs chassés du temple*, des *Bacchantes* et des *Satyres*, etc.

BÉNÉDICTINS, congrégation religieuse fondée en 529 par saint Benoît. Les camaldules, les cisterciens (ou de Citeaux), les chartreux, les célestins, etc., sont sortis de son sein. On lui doit un grand nombre de travaux utiles aux sciences. Mais la plus célèbre congrégation de cet ordre fut celle de Saint-Maur, fondée en 1621 sous la protection de Richelieu, et à laquelle on doit l'*Art de vérifier les dates*, la *Collection des historiens de France*, l'*Histoire de la littérature française*, et une foule d'autres ouvrages précieux.

BÉNÉDICTINES, religieuses de l'ordre de Saint-Benoît, dont l'ordre fut fondé en 530 par sainte Scholastique, sœur de saint Benoît. Elles portaient une robe noire et un scapulaire noir aussi, et dessous la robe une tunique blanche ou noire, qui n'était point teinte.

BÉNÉDICTION, prières ou souhaits que fait une personne pour une autre, un père pour ses enfants. La bénédiction a pour objet d'attirer le secours du ciel sur la tête de la personne bénie, ou de rendre une chose sacrée et vénérable. L'usage de donner la bénédiction remonte à une haute antiquité ; on le retrouve chez les Hébreux. Chez les catholiques, cette cérémonie se fait par des aspersions d'eau bénite, des signes de croix, de prières conformes au sujet de la solennité. Elle a été appliquée à tous les objets du culte divin, et même aux objets étrangers au culte. Le prêtre donne la bénédiction à la fin de la messe, et l'évêque sur son passage. La *bénédiction de la rose d'or* fut instituée par le pape Urbain V, en 1366, en faveur de la reine Jeanne. À cette fin, il bénit une rose d'or avec de l'encens, du baume et du musc, l'envoya à la princesse, et décréta qu'on en bénirait une semblable chaque année. Cet usage se continue de nos jours. — La *bénédiction nuptiale* est une cérémonie du culte catholique par laquelle un homme et une femme, déjà mariés civilement, sont mariés chrétiennement, et sans laquelle il n'y a pas de mariage aux yeux de l'Église. — La *bénédiction apostolique* est le salut que donne le pape au commencement de ses bulles.

BÉNÉFICE. Dans les premiers temps qui suivirent la conquête des Francs, les bénéfices étaient des portions de terres allodiales distribuées à temps ou à vie à de vieux guerriers en récompense de leurs services. Ils entraînaient ordinairement l'obligation du service militaire. — Les *bénéfices ecclésiastiques*, dont l'usage s'est maintenu jusqu'en 1789, étaient des abbayes, des prieurés, des canonicats donnés à des laïques sous certaines obligations.

BÉNÉFICE D'INVENTAIRE. En jurisprudence, c'est un privilège accordé par la loi à l'héritier qui craindrait de compromettre sa fortune personnelle en acceptant une succession dont il ne connaît pas les forces et les charges. L'effet de ce privilège est d'opérer la séparation du patrimoine de l'héritier de celui de la succession, en empêchant toute confusion entre eux.

BÉNÉVENT, ville des États romains, capitale de la délégation de ce nom, autrefois capitale d'un duché possédé par les Lombards depuis 571 jusqu'en 774. Il devint alors une principauté qui fut donnée en 1806, par Napoléon, à son ministre Talleyrand. Bénévent, maintenant siège d'un archevêché, a 13,900 habitants.

BÉNÉVENT, délégation des États romains, avec titre de principauté, enclavée dans la *principauté intérieure* (royaume de Naples). Elle a 7 lieues carrées, et renferme 20,350 habitants. Capitale, *Bénévent*.

BENGALE, vaste contrée d'Asie, bornée au N. par les monts Himâlayâ, au S. par la mer, à l'E. par l'empire Birman, et à l'O. par le pays des Mahrattes. Sa longueur est de 150 lieues, sa largeur est de 125 lieues, sa population d'environ 25,000,000 d'habitants, et sa capitale *Calcutta*. Le Bengale, dont les Anglais se sont emparés en 1765, est le siège de leur puissance dans les Indes.

BENGALI. Voy. GROS-BEC, HOLOCENTRE et CHÉRODON.

BENGUELA, royaume du Congo, entre ceux d'Angola et Matamba. Sa superficie est de 20,800 lieues carrées. Il renferme des éléphants, des rhinocéros, des zèbres, des antilopes et des mines de sel et de cuivre. Il commerce en dents d'éléphant. Sa capitale est *Saint-Philippe de Benguela*.

BEN-HADAD ou BENADAD, nom de trois rois de Syrie. — BENHADAD Ier, fils d'Hésion, secourut Asa, roi de Juda, contre Baasa, roi d'Israël, vers l'an 948 avant J.-C. — BENHADAD II, son fils et son successeur, fut le plus célèbre des souverains de Damas. Battu par Achab, roi d'Israël, il reprit les armes, le battit et le tua. Il fut assassiné l'an 921 avant J.-C. par Hazaël, qui lui succéda. — BENHADAD III succéda, l'an 838 avant J.-C., à son père Hazaël, fut vaincu trois fois par Joas, roi d'Israël, et reçut après sa mort les honneurs divins.

BÉNIGNE (Saint), apôtre de Bourgogne et martyr. Son histoire est très-incertaine. Ordonné prêtre par saint Polycarpe, il fut envoyé dans les Gaules vers la fin du règne d'Antonin le Pieux. Après avoir fait de nombreuses conversions à Autun et à Langres, il reçut la couronne du martyre à Dijon en 179. On célèbre sa fête le 1er novembre. — SAINT-BÉNIGNE est une abbaye de l'ordre de Saint-Benoît, située dans la ville de Dijon, et fondée au VIe siècle par Grégoire, évêque de Langres, qui, ayant trouvé les reliques de saint Bénigne, bâtit autour de son tombeau une église et un monastère, qu'il dota de son propre bien. En 1651, cette abbaye passa aux bénédictins de Saint-Maur, et fut détruite à la révolution. La nouvelle cathédrale, dédiée à saint Bénigne, appartenait autrefois à l'abbaye de ce nom. Cette église a été terminée en 1288. Elle renferme de belles sculptures.

BENIN, royaume d'Afrique en Guinée, qui s'étend sur la côte et jusqu'à plus de 40 lieues dans l'intérieur des terres entre les royaumes de Dahomey et de Biafra. Sa capitale s'appelle aussi *Benin*. Ce royaume, dont le souverain peut armer aisément 100,000 hommes, fournit beaucoup de coton, de poivre et de miel. C'est sur ses côtes qu'on pêche le corail bleu. Les Anglais font avec le Benin un assez grand commerce.

BENINCASA, genre de plantes de la famille des cucurbitacées, qui tiennent le milieu entre la courge et le concombre. Le *bénincasa porte-cire* est originaire de la Chine. Cette plante est annuelle et persistante ; sa tige, flexible et sarmenteuse, est munie de vrilles ; les feuilles sont cordiformes, lobées, découpées, et les fleurs rouges, roulées, évasées. Le fruit ressemble à une grosse pierre, et exhale l'odeur du concombre. Les feuilles, la tige et les fruits du bénincasa sont couverts d'une efflorescence blanchâtre ou cire végétale, qui se renouvelle lorsqu'on l'enlève. Le feuillage peut servir de nourriture aux vaches. Cette plante utile réussit en France.

BENIOWSKI (Maurice-Auguste, comte DE) né à Verbowa (Hongrie), servit la maison d'Autriche pendant la guerre de sept ans, jusqu'en 1758, en qualité de lieutenant. Après la mort de son père, il eut des contestations avec ses beaux-frères, et fut forcé par un décret impérial de fuir en Pologne, où il entra dans la confédération contre les Russes. Il fut nommé colonel, commandant de cavalerie et général quartier-maître. Fait prisonnier par les Russes (1769), il fut envoyé au Kamtschatka (1770), et employé avec ses compagnons d'infortune aux travaux les plus pénibles. Le gouverneur Nilof, s'étant intéressé à Beniowski, le chargea d'enseigner le français et l'allemand à ses enfants. Alphanasia, la plus jeune de ses filles, devint éprise de Beniowski. Celui-ci avait formé avec ses amis le projet de s'enfuir du Kamtschatka ; Alphanasia fut la confidente de ce projet, et s'enfuit avec lui (1771), quoiqu'il fût marié. Arrivé en France après de nombreux obstacles, il fut envoyé à Madagascar (1774), y fonda des établissements, et fut déclaré roi (1776) par les habitants. Il offrit ses services aux Anglais (1783), et arriva à Madagascar (1785). Forcé de combattre contre les Français, il fut tué le 23 mai 1786. Il a laissé la relation de ses voyages.

BÉNITE (Eau), eau consacrée par les prêtres catholiques avec des cérémonies particulières. Cette consécration se fait le dimanche, mais plus solennellement à la Pentecôte et le samedi saint. Cet usage remonte à une haute antiquité. Les anciens se purifiaient avec de l'eau lustrale. (Voy.). Les prêtres hébreux se lavaient dans un bassin placé à l'entrée du temple, et appelé *mer*. Dans les premiers temps du christianisme, il y avait des réservoirs d'eau bénite à l'entrée de chaque église, afin que les fidèles qui recevaient alors la communion sur la main pussent eux-mêmes l'hostie à leur bouche, pussent se laver les mains et la bouche. Cet usage n'est plus. L'usage de mettre de l'eau bénite à l'entrée des églises. On se sert de cette eau dans l'église pour bénir les fidèles et les objets du culte, ou ceux qui n'appartiennent pas au culte, pour exorciser, etc. — Les vases qui renferment l'eau bénite se nomment *bénitiers*. Ce sont des vaisseaux de marbres taillés en coquille ordinairement. Les plus beaux sont ceux de l'église de Saint-Silvestre qui sont en bronze, et ceux de Saint-Pierre à Rome, en marbre. L'institution de l'eau bénite dans l'Église catholique remonte au pape saint Alexandre.

BENJAMIN, douzième et dernier fils de Jacob et de Rachel, qui mourut en le mettant au monde. Il mourut à cent onze ans, et donna son nom à la plus petite mais la plus fidèle des tribus d'Israël.

BENJOIN, substance balsamique que l'on retire du *styrax benjoin*, arbre de la famille des ébénacées, qui croît à Java, à Sumatra et dans presque toute la Malaisie. C'est un baume solide, d'une odeur très-suave, d'une saveur douce, qui s'emploie avec succès dans la médecine et la toilette. C'est avec lui qu'on forme le *lait virginal*. On l'administre, comme béchique, vulnéraire et incisif, dans des potions, des fumigations, des opiats, des pastilles, etc.

BENNINGSEN (Louis-Auguste, baron DE), général russe, né à Bantelin (Hanovre) en 1745. Il fut vaincu par les Français à Eylau et à Friedland. Après la paix de Tilsitt, il se retira dans ses terres. En 1812, il commanda l'armée russe, combattit à Leipzig, et fit le blocus de Hambourg. Nommé gouverneur dans le midi de la Russie, il mourut en 1826. Il a laissé des *mémoires*.

**BENOIT.** Quatorze papes ont porté ce nom. — BENOIT Ier succéda en 574 à Jean III, et mourut en 578. — BENOIT II succéda au pape Léon II en 684, et mourut en 685. — BENOIT III, Romain, fut élu pape après Léon IV en 855, et mourut en 858. — BENOIT IV, Romain, élu en 900 après Jean IX, mourut en 903. — BENOIT V succéda en 964 à Jean XII, et mourut en 965. — BENOIT VI, Romain, successeur de Jean XIII en 972, fut étranglé en 974 par ordre de l'antipape Boniface. — BENOIT VII, successeur de Jean en 975, mourut en 983. — BENOIT VIII, évêque de Porto, élu en 1012 après Sergius IV, défit les Sarrasins et les Grecs, et mourut en 1024. — BENOIT IX, successeur de Jean XIX en 1033, fut chassé du trône pontifical en 1044, rentra à Rome en 1048. Chassé une seconde fois, il remonta sur la chaire papale en 1047, et mourut en 1054, après avoir renoncé à sa dignité en 1048. — BENOIT X, antipape, élu en 1058, fut chassé quelques mois après par Nicolas II, et mourut en 1059. — BENOIT XI fut fait pape en 1304 après Boniface VIII, et fut empoisonné à Pérouse en 1304. — BENOIT XII, Français, succéda à Jean XXII, et mourut à Avignon en 1342. — BENOIT XIII, Romain, fut élu en 1724 après Innocent VIII. — BENOIT XIV (Prosper Lambertini), né à Bologne en 1675, fut nommé en 1724 archevêque de Théodosie, cardinal en 1728, archevêque de Bologne en 1731, et pape en 1740 après Clément XII, et mourut en 1758. On a de lui un *Martyrologe* et des *OEuvres théologiques* en seize volumes in-folio.

**BENOIT (Saint)**, né à Norcia dans le duché de Spolette en 480, mort en 543. Il fut le fondateur de l'ordre des bénédictins, et s'établit d'abord à Subiaco, à 40 milles de Rome, puis au Mont-Cassin en 528. La règle de Saint-Benoît, œuvre vraiment philosophique et morale, recommandait entre autres choses le travail des mains, et c'est à ce commandement que l'ordre dut sa prospérité.

**BENOIT (Saint-)** et **SAINTE-ROSE**, une des communes ou quartiers de l'arrondissement du Vent (île Bourbon). La population est de 10,870 habitants, dont 2,456 blancs, 887 hommes de couleur libres, et 7,527 esclaves. Le chef-lieu est *Saint-Benoît*, joli bourg traversé par la rivière des Marsouins. On y trouve une église, un presbytère et une maison commune. Il y a une justice de paix. Saint-Benoît et Sainte-Rose nomment cinq députés au conseil colonial.

**BENOITE**, genre de plantes de la famille des rosacées, à fleurs droites et terminales, à feuilles radicales ternées et à tige droite. La *benoîte commune* passe pour vulnéraire, sudorifique, astringente, et on l'emploie contre les hémorragies et les fièvres intermittentes. On l'a proposée pour remplacer le quinquina, d'où lui est venu son nom *benoîte* ou *bénîte* à toutes ces propriétés médicales.

**BENSERADE (Isaac DE)**, poète français, bel esprit, né à Lions en Normandie en 1612, mort en 1691, membre de l'académie française depuis 1674. Toute la cour fut partagée en deux factions par rapport au sonnet de *Job* et celui d'*Uranie* par Voiture.

**BENTHAM (Jérémie)**, célèbre publiciste anglais, né à Londres en 1747, mort en 1832. Ce jurisconsulte distingué établit sa réputation en Angleterre, par son *Panopticon*, et en France par sa *Législation civile et pénale*. Le principe de l'utilité était la base de toutes ses théories.

**BENTHEIM**, comté de la Hanovre, dont la superficie est de 35 lieues carrées, et la population de 25,500 habitants. Sa capitale est Bentheim, et son possesseur actuel le prince de Bentheim-Steinfurt.

**BENTINCK (Guillaume)**, premier comte de Portland, né en Hollande d'une famille noble. Il vint en Angleterre avec le prince d'Orange, et se dévoua pour lui, en couchant avec ce prince lorsqu'il avait la petite vérole. Le prince d'Orange, devenu roi, créa Bentinck comte de Portland, et l'employa dans plusieurs fonctions. Il mourut en 1709. — GUILLAUME-HENRI CAVENDISH BENTINCK, né en 1774, fut nommé en 1803 gouverneur de Madras. Nommé, à son retour, ministre plénipotentiaire auprès du roi de Naples Ferdinand, il conduisit des troupes en Sicile pour la garantir des attaques des Français. Forcé en 1811 par la reine Caroline de quitter l'île, il y fut renvoyé par le parlement (1812) pour s'emparer de l'administration du pays. Il y apporta une constitution nouvelle, et quitta la Sicile en 1814. Commandant des forces anglaises sur la Méditerranée, il força la garnison française de Gênes à se rendre, et fut nommé ambassadeur à Rome et membre du parlement. Il fut élu en 1827 gouverneur général des Indes, défendit les sutties, et améliora la position des Européens en Asie.

**BENTIVOGLIO**, famille illustre de Bologne, dont elle a été pendant quelque temps souveraine, et qui a donné à l'Italie plusieurs guerriers, poètes et cardinaux, entre autres Guy BENTIVOGLIO, cardinal, né en 1579, mort en 1644, politique et écrivain, à qui l'on doit l'*Histoire des guerres civiles de la Flandre*, des *mémoires*, et une *Relation de la Flandre*.

**BENZOIQUE (ACIDE)**, acide que l'on obtient ordinairement avec le benjoin. Il est solide, a une saveur piquante et amère, et une odeur comme celle de l'encens. Formé d'oxygène, d'hydrogène et de carbone, il forme avec les bases des sels appelés *benzoates*. On l'emploie en médecine dans les maladies chroniques pulmonaires.

**BÉOTIE**, contrée de la Grèce dont Thèbes était la capitale, et qui était située au S. de la Phocide et des Locriens. Ses habitants passaient pour avoir peu d'esprit. Elle est la patrie d'Hésiode, de Plutarque, de Pélopidas, de Pindare, d'Épaminondas et de Corinne. Les principales villes de la Béotie formaient une confédération appelée *ligue béotienne*, et dont les chefs, au nombre de onze, étaient appelés *béotarques*.

**BÉRAMS**, grosses toiles de coton qui viennent des Indes orientales, et particulièrement de Surate. Il y a des *bérams* blancs unis et des *bérams* rayés de couleur.

**BÉRAR** ou **MAGNADECHARA**, province de l'Indoustan, qui appartient en partie aux Mahrattes et en partie au souba du Décan. Cette province produit des grains, de l'opium, du coton, du riz et du fer. La capitale est Elitchpour.

**BÉRAUN**, cercle de Bohême, entre ceux de Pilsen, Rakonitz, Klattau, Tabor, et le district de Prague. Sa superficie est de 160 lieues carrées, et sa population de 124,750 habitants. — Capitale, *Béraun*, à 5 lieues de Prague. Cette ville fait un grand commerce en poteries.

**BERBÉRIDÉES**, famille de plantes dicotylédonées polypétales, renfermant des herbes ou arbrisseaux à feuilles alternes, à fleurs à divisions égales, au nombre de quatre à six. Le fruit est une baie à plusieurs graines. Le type de la famille est la *berbéridée* ou *épine-vinette*.

**BERBERS**, peuples indigènes de l'Afrique septentrionale, répandus dans le Maroc, la Barbarie et le désert. Ils forment quatre nations distinctes : 1° les *Amazirghs*, répandus dans le Maroc ; 2° les *Kabyles*, dans les montagnes de Tunis et d'Alger ; 3° les *Tibbous*, dans le grand désert, entre le Fezzan et l'Égypte ; 4° les *Touariks*, habitants du Sahara. Ils ont le teint rouge et noirâtre, la taille haute, le corps grêle et maigre. Ils ont des prêtres ou marabouts, et obéissent à des cheiks.

**BERBETH** ou **OUD**, instrument de musique à quatre cordes, dans les sons duquel les Arabes prétendent trouver un antidote contre les maux de l'humanité. Les quatre cordes du *berbeth* s'appellent, la première *zir* (mi), la deuxième *metsni-mothlik* (si), la troisième *motsellets* (sol), la quatrième *bem* (ré). Ce sont les premières cordes de la guitare, instrument qui fut importé en Espagne par les Arabes.

**BERBICE**, gouvernement de la Guyane anglaise, qui tire son nom du fleuve *Berbice*. Il est situé entre le Courantin et le gouvernement de Demerary. Cette colonie fertile, et devenue salubre par l'assainissement des marais, fut cédée à l'Angleterre par les Hollandais (1814). Sa superficie est de 648 lieues carrées. — Sa capitale est *Nouvelle-Amsterdam*, à l'embouchure du Berbice. Le Berbice produit du café, du coton, du tabac, du sucre et du cacao.

**BERCE** ou **BRANC-URSINE**, plante vivace de la famille des ombellifères, aux fleurs blanches, aux feuilles grandes et découpées. Elle croît en abondance dans le nord de l'Europe, et les Russes, les Polonais et les Lithuaniens retirent de ses semences et de ses feuilles fermentées une liqueur appelée *parst*, qui leur tient lieu de bière.

**BERCY**, sur la rive droite de la Seine, à une lieue de Paris. Population, 5,000 habitants. Cette ville possède de nombreux entrepôts de vins, eaux-de-vie, huiles, vinaigre, qui fournissent presque entièrement à la capitale.

**BÉRÉCÉCING** ou **SADE** et **SÉDE** représente, dans la mythologie parse, le feu primitif, d'où dérivent les six espèces de feux suivants : *gouchasp*, feu des étoiles, consacré à Anahid (Vénus) ; *mihr*, feu du soleil, consacré à Mithra (le soleil) ; *bersin*, feu de la foudre, consacré à Jupiter ; *behram*, feu des métaux, consacré à Mars ; *khordad*, feu des plantes, consacré à la lune ; *nériocenq*, feu des animaux, consacré à Mercure. Bérécécing est lui-même consacré à Saturne.

**BÉRÉCYNTHIE** (myth.), surnom de Cybèle, pris du mont Bérécynthe en Syrie, où elle était particulièrement adorée. La déesse était honorée sous ce nom dans les Gaules.

**BÉRENGARIENS**, hérétiques partisans de Bérenger de Tours, né en 998 et mort en 1088, philosophe scolastique qui nia la transsubstantiation du corps de Jésus-Christ. Les erreurs de Bérenger furent condamnées au concile de Rome en 1050, à celui de Verfeil et de Paris dans la même année.

**BÉRENGER**, disciple d'Abeilard, né dans le Poitou, est l'auteur d'une *apologie* mordante de son maître contre saint Bernard. Deux rois d'Italie ont porté ce nom. — BÉRENGER Ier, fils du duc de Frioul, se fit déclarer en 893 roi d'Italie, se rendit odieux, fut chassé et rétabli, et périt assassiné en 924. — BÉRENGER II, fils du marquis d'Ivrée et de la fille du précédent, prit en 950 le titre de roi d'Italie. Il tyrannisa tellement ses sujets qu'ils appelèrent l'empereur Othon, qui l'envoya en Allemagne, où il mourut en 966.

**BÉRENGÈRE**, reine de Léon et de Castille, fille de Raimond IV, comte de Toulouse, et célèbre par sa beauté. Elle devint l'épouse d'Alphonse VIII, roi de Léon (1128), et contribua au bonheur de ses peuples. Les Maures ayant rassemblé une grande armée pour marcher au secours du château d'Auréja, assiégé par Alphonse, entourèrent Tolède, où ils se trouvait la reine, et la sommèrent de se rendre. Bérengère leur envoya un héraut pour leur rappeler leur galanterie, et leur dire qu'ils trouveraient à Auréja le roi de Léon bien disposé à les recevoir. Les Maures accédèrent à cette proposition, à condition que la reine viendrait recevoir les hommages de leur admiration. Bérengère satisfit à leur demande, et délivra ainsi Tolède. Elle envoya les corps des généraux maures tués dans une bataille à leurs épouses. Bérengère mourut en 1149.

**BÉRÉNICE.** Il y en a eu cinq. — BÉRÉNICE, fille de Ptolémée Philadelphe, fut l'épouse d'Antiochus, roi de Syrie, et mourut en 248 avant J.-C., étranglée par les ordres de Laodicée, sa rivale. — BÉRÉNICE, veuve de Ptolémée Évergète, roi d'Égypte, fit vœu de consacrer sa chevelure à Vénus, et depuis ce temps on a donné le nom de

Chevelure de Bérénice à une constellation. — BÉRÉNICE, fille de Ptolémée Aulète, fit déposer et tuer son mari Séleucus. Elle fut mise à mort 55 ans avant J.-C. — BÉRÉNICE, nièce d'Hérode, et femme de son fils Aristobule, se rendit complice de la mort de son époux. — BÉRÉNICE, fille d'Agrippa l'ancien, et sœur d'Agrippa le jeune, rois des Juifs. Elle fut aimée de l'empereur Titus, et a fourni à Racine le sujet d'une tragédie.

BÉRÉZINA, rivière de Russie, dans le gouvernement de Minsk, célèbre par le passage de l'armée française en 1812, lors de la retraite de Moscou. Le pont se rompit, et un grand nombre de soldats furent engloutis dans la Bérézina, avec les bagages. Le cours de la Bérézina, qui se jette dans le Dniéper, est de 85 lieues.

BERG, autrefois grand-duché d'Allemagne, dont les villes principales sont Cologne et Dusseldorf. Sa superficie est de 300 lieues carrées, et sa population de 743,740 habitants. Le grand-duché de Berg, donné d'abord à Murat, puis à Louis Napoléon, appartient maintenant à la Prusse, et forme les trois provinces de Clèves-Berg.

BERGAME ou BERGAMASQUE, province du royaume lombard-vénitien, entre la Valteline, le Tyrol, Brescia et Crémone. Sa superficie est de 220 lieues carrées, et sa population de 300,125 habitants. Elle renferme des mines de fer et de cuivre. Ses habitants sont industrieux, leur langage est le plus grossier de l'Italie. Le Bergame formait, sous Napoléon, le département du Sério. La capitale est Bergame, à 10 lieues de Milan, entre le Sério et le Brembo. Sa population est de 24,500 habitants. Cette ville a un évêché, et est la patrie de Maffei, du Tasse, etc. — BERGAME, place forte et cité industrieuse, a des manufactures de soie filée, tapisseries, etc., et exporte du fer, du marbre, des fromages et des draps.

BERGAMOTE, fruit du bergamottier, espèce d'orange à fruit parfumé, que l'on cultive dans le midi de l'Europe. On fait avec sa peau des bonbonnières qui exhalent une odeur suave.

BERGASSE (Nicolas), né à Lyon en 1750. Avocat en cette ville, il jouissait d'une réputation honorable, quand il vint plaider au parlement de Paris. C'est là qu'il se montra si éloquent dans l'affaire Kormann. Le banquier Kormann demandait une séparation avec son épouse. Il choisit Bergasse pour son avocat, et Beaumarchais embrassa la cause de la femme du banquier. Dans cette lutte fameuse, les deux champions employèrent toutes les ressources du talent et de l'adresse. Bergasse gagna son procès. Nommé en 1789 député de Lyon aux états généraux, il y parut rarement, et parla peu à l'assemblée. Il se prononça pour la réunion des trois ordres, et abandonna les siens. Incarcéré en 1793, amené de Tarbes à Paris, et sur le point d'être jugé par le tribunal révolutionnaire, il fut sauvé par le 9 thermidor. Il vécut depuis dans la retraite, et mourut en 1830. Il a laissé une foule de libelles sur la politique, le magnétisme, les questions morales, etc. Il s'était montré, lors de la révolution, dévoué à l'ancienne monarchie, aux intérêts du clergé et de la noblesse.

BERGEN, grand bailliage du royaume de Norwège, dont la ville capitale est Bergen, la ville la plus considérable après Christiania. Il a 1,743 lieues carrées de superficie, et 184,000 âmes de population.

BERGERAC (CYRANO DE), né en Périgord en 1620, mort en 1655. Cet écrivain s'est fait remarquer par son originalité. On connaît son Voyage à la lune, œuvre spirituelle et comique, et sa comédie du Pédant joué.

BERGERAC, chef-lieu d'arrondissement de la Dordogne, sur la rivière de ce nom, à 11 lieues de Périgueux. Population, 8,557 habitants. Ce n'était autrefois qu'une bourgade avec châtellenie, qui appartenait aux seigneurs de Pons, et qui passa au XIVe siècle au Périgord. Elle appartint ensuite aux rois de France (1336), et aux Anglais jusqu'en 1450. Cette ville eut plusieurs sièges à soutenir pendant les guerres civiles et religieuses. Louis XIII fit raser ses fortifications. Bergerac a un théâtre et un tribunal de première instance et de commerce. Cette ville exporte des vins, des grains, des papiers, de la faïence, de la toile.

BERGERIES DE L'ETAT. Il y en a plusieurs en France où l'on élève des moutons appartenant à des races espagnoles ou anglaises; celle de Rambouillet est célèbre par ses mérinos qui se distinguent parmi ceux des autres pays. Ces bergeries coûtent à l'Etat plus qu'elles ne lui rapportent; elles sont des écoles destinées au perfectionnement des races d'animaux domestiques.

BERGERONNETTE, oiseau à longs pieds, au bec droit et grêle, à la queue longue, de la famille des passereaux. C'est un oiseau de passage qu'on trouve dans toute l'Europe, et qui arrive dans nos contrées au printemps. L'habitude qu'il a d'abaisser et de lever sa queue l'a fait encore nommer hoche-queue et basse-quouette. Elle doit son nom de bergeronnette à ce qu'elle rôde continuellement autour des bergeries et des troupeaux.

BERGERS. On appelle ainsi ceux qui gardent les bêtes à laine dans les champs, qui en prennent soin dans la bergerie, et les médicamentent au besoin. Le berger ne doit conduire au champ son troupeau que lorsque la rosée du matin est dissipée, éviter les chemins fangeux, les lieux marécageux ou humides, les herbages trop succulents et nourrissants. L'avoine élevée, la fétuque des brebis, la pimprenelle, le sainfoin sauvage, conviennent à la nourriture des bêtes à laine. Quant aux soins à donner à l'étable, il doit veiller à ce qu'elle ait une température moyenne, qu'elle soit spacieuse, salubre et bien aérée. Pendant l'hiver, la nourriture que les bêtes à laine préfèrent est la paille d'avoine, les fèves, etc., enfin les graines de toutes les espèces féculeuses ou graminées.

BERGHEM (Nicolas), né à Harlem en 1624. Son nom de famille était Van-Harlem. Une aventure de jeunesse lui fit donner le nom de Berg-hem (en flamand, cachez-le). Ce peintre célèbre, élève de Goyen, fut bon paysagiste. Il travaillait en chantant, et a laissé un grand nombre de tableaux, parmi lesquels on distingue la Vue du Colisée à Rome, Vue des côtes de Nice, l'Ange qui apparaît à un berger. Nicolas Berghem mourut en 1683.

BERGIER (L'abbé Nicolas-Sylvestre), né à Darnay en Franche-Comté en 1718, devint successivement professeur de théologie, curé de Flangebouche pendant seize ans, principal du collége de Besançon, chanoine de la métropole de Paris, et confesseur du roi. Il s'est fait connaître par un grand nombre d'écrits savants et utiles, où l'érudition est choisie, la logique serrée, et la discussion attachante. Il mourut en 1790, membre de l'académie de Besançon et membre associé de celle des inscriptions et belles-lettres. On lui doit le Dictionnaire théologique de l'Encyclopédie méthodique, l'Apologie de la religion chrétienne contre Boullanger, le Déisme réfuté par lui-même contre Rousseau, l'Examen du matérialisme, réfutation du Système de la nature, et d'autres ouvrages.

BERG-OP-ZOOM, place forte considérable du Brabant septentrional, sur l'Escaut, et dont la population est 6,000 habitants. Assiégée en vain par le duc de Parme en 1581, et par le marquis de Spinola en 1622, elle tomba en 1747 et en 1795 au pouvoir des Français, qui la rendirent aux Pays-Bas par le traité de Paris. Le marquisat de Berg-op-Zoom dépendait de la maison palatine.

BERGUES, ville fortifiée, sur la Colme, chef-lieu de canton du département du Nord, à 2 lieues et demie de Dunkerque. Population 6,800 habitants. Cette ville, importante pour l'agriculture, est le centre du commerce des grains de tout le pays. Sa fondation remonte à l'an 900. Bergues possède une bibliothèque de 1,000 volumes et un bel hôpital.

BÉRIBÉRI, nom donné dans les Indes orientales à une maladie qui consiste dans la faiblesse et le tremblement des membres, quelquefois même de tout le corps, avec engourdissement douloureux des parties affectées, et obscurcissement de la voix. Les malades ne peuvent marcher qu'accroupis et à la manière des brebis (en indien, béribéri). Cette maladie, considérée comme un rhumatisme ou une paralysie, est incurable, mais rarement mortelle.

BÉRIL, nom donné à une variété d'émeraude qui est vert clair, jaune ou jaunâtre. Les Italiens l'appellent aqua marina ou aigue-marine. Elle a servi de tout temps aux graveurs de pierre, et elle entre dans la composition de la mosaïque, dont on fait en Italie des tables et des revêtements précieux.

BÉRING (DÉTROIT DE), détroit au N. de l'Asie, qu'il sépare de l'Amérique septentrionale, et qui a 15 lieues de large. Il y a encore une île de ce nom, qui est sur la côte orientale du Kamtschatka.

BERINGHEN (Jacques-Louis, marquis DE), comte du Châteauneuf et du Plessis-Bertrand, chevalier des ordres du roi et son premier écuyer, gouverneur des citadelles de Marseille, né à Paris en 1651, d'une famille originaire de Gueldres. Il fut reçu dans l'ordre de Malte, et son éducation fut très-soignée. Après la mort de son frère, il vint à la cour de France, où Louis XIV lui accorda l'exercice de la charge de son premier écuyer, et fut fait quelques années après chevalier de l'ordre du Saint-Esprit. Il suivit le roi dans ses expéditions, et fut envoyé en 1707 au-devant de la reine d'Angleterre, qui se réfugiait en France. En 1707, il fut enlevé dans son carrosse par les ennemis, qui le prirent pour le roi, mais fut rendu peu de temps après. Beringhen fut nommé dans la suite conseiller du royaume, directeur général des ponts et chaussées. Il fut membre honoraire de l'académie des belles-lettres, et fut le protecteur des artistes. Il mourut en 1721.

BERKELEY (Georges), philosophe irlandais, né dans le comté de Kilkenny en 1684, mort en 1753. Evêque anglican de Cloyne en Irlande, il appartient par ses écrits à l'école de Descartes et de Mallebranche. Ses principaux ouvrages philosophiques sont la Théorie de la vision et les Principes de la connaissance. Dans le dernier ouvrage se trouve développé son système d'idéalisme. On lui doit encore les Dialogues d'Hylas et de Philonoüs et les Recherches sur l'entendement humain.

BERKS, comté d'Angleterre entre ceux d'Oxford, Glocester, Buckingham, Surrey et Southampton. Sa superficie est de 90 lieues carrées, et sa population de 132,000 habit. La capitale est Reading, à 25 lieues de Londres. Population, 1,200 âmes. La partie orientale du Berks est fertile, l'O. produit des grains. Ce comté renferme des manufactures de toiles et d'étoffes de laine. — Berks est aussi le nom d'un comté de la Pennsylvanie, dont le chef-lieu est Reading (3,465 âmes), à 22 lieues de Philadelphie, et la population de 46,800 habitants. — Comté du Massachussetts (Etats-Unis), dont le chef-lieu est Lenox, à 45 lieues de Boston, et la population de 35,730 habitants.

BERLIN, ville d'Allemagne, capitale de la Prusse, sur la Sprée. Elle a 4 lieues de circonférence, et renferme 240,000 habitants. Elle se compose des six villes de Cologne sur la Sprée, Berlin proprement dit, Neustadt, Friedrichswerder, Friedrichstadt et Friedrichs-Wilhemstadt. Outre le palais royal, l'arsenal, l'opéra, etc., elle a encore de magnifiques édifices. Bâtie dans le XIIe siècle, Berlin devint la capitale de l'électorat de Brandebourg et de la moyenne Marche. Elle a vingt-sept églises (quatorze luthériennes, onze calvinistes, une catholique, une synagogue), une université, fondée en 1810, des académies des sciences, etc., une bibliothèque, cinq gymnases, trois collèges, une école militaire, et une de sourds et muets.

BERLINE, voiture suspendue à ressorts et recouverte d'une espèce de capote qu'on peut relever ou abaisser à volonté. Il paraît que la première fut fabriquée à Berlin, dans le XVIIe siècle, par Philippe Chiese, architecte de l'électeur de Brandebourg Frédéric-Guillaume.

BERLUE, aberration du sens de la vue qui transmet l'image d'objets imaginaires. Elle dépend d'une opacité légère dans les parties transparentes de l'œil, la cornée, le crystallin, le corps vitré. D'autrefois, elle est idiopathique, et survient dans ceux qui ont les yeux fixés sur des objets brillants ou très-petits. Les phénomènes sont très-variés. Des corps circulaires agités d'un mouvement continuel, des points étincelants ou noirs, des toiles qui voltigent dans l'air, etc., tels sont les objets qui se montrent sans cesse ou par intervalles chez les personnes affectées de berlue. Ces aberrations n'ont pas de durée limitée, et finissent quelquefois par gêner la vision. Les saignées, les vapeurs et les fomentations, les topiques, les vomitifs et les purgatifs sont employés avec succès.

BERMANN (Torbern Olof), physicien et mathématicien suédois, né en 1735, mort en 1784. Professeur de chimie à Upsal en 1767, il a fait sur cette science des travaux très-utiles. Il publia une partie de ses grands ouvrages, en 1779, sous le titre d'*Opuscules physiques et chimiques*. Parmi ses autres écrits, les plus importants sont un *Traité de minéralogie* et une *Description physique du globe terrestre*.

BERME, terme de fortifications, chemin de quatre pieds de large entre le pied du rempart et le fossé. — On appelle aussi *berme* le chemin qu'on laisse entre une levée et le bord d'un canal ou d'un fossé pour retenir les terres. — Les amidonniers donnent ce nom à un tonneau où ils font fermenter le froment dont ils composent l'amidon.

BERMUDE. Trois rois de Léon, en Espagne, ont porté ce nom. BERMUDE Ier ou VÉRÉMOND succéda en 789 à Maurogat, et mourut en 791, laissant pour successeur Alphonse II. — BERMUDE II, surnommé *le Goutteux*, succéda à Ramire III en 982. Il acquit le royaume de Galice, fut attaqué et défait par les Maures, qu'il battit à son tour. Il mourut en 999. — BERMUDE III succéda en 1027 à Alphonse V, et fut dépouillé de ses Etats par Sanche le Grand, roi de Navarre. Il fut le dernier des rois successeurs de Pélage, et mourut en 1037.

BERMUDES, îles de l'Amérique septentrionale, au nombre de quarante. Les plus considérables sont *Bermude*, *Saint-David*, *Saint-Georges* et *Sommerset*. Elles appartiennent aux Anglais. On en a retiré la *bermudienne*, plante de la famille des iridées, dont on cultive dans nos jardins quatorze espèces, et dont la fleur ressemble à celle du lis.

BERMUDIEN, espèce de sloop des Bermudes, réputé bien construit pour la marche et les qualités. On nomme ces petits bâtiments, bateaux des Bermudes, bateaux d'Amérique. Leur longueur est de soixante pieds, leur bau de vingt pieds. Ils sont d'un grand tirant d'eau.

BERNAGE, mélange de quelques céréales et de graines légumineuses, que l'on sème en automne, pour être fauchées au commencement du printemps, et servir aux animaux domestiques de passage de la nourriture sèche à la nourriture verte. Les Romains empruntèrent ce système aux Gaulois.

BERNARD, duc de Saxe-Weimar, l'un des plus grands capitaines du XVIIe siècle, né en 1600, mort en 1639. Général de l'armée protestante et de Gustave-Adolphe, il se distingua sur les champs de bataille de l'Allemagne; et, après la mort de ce prince, il commanda ses armées.

BERNARD (Saint), abbé de Clairvaux, né en Bourgogne en 1091, d'une noble famille, mort en 1153. Son éloquence, son savoir et sa piété eurent une influence très-étendue sur son siècle. Il prêcha à Vezelay en 1147 la seconde croisade, et combattit les doctrines d'Abailard au concile de Sens en 1140. Il refusa tous les honneurs, et institua les bernardines, religieuses de l'ordre de Cîteaux. Ses œuvres ont été réunies et publiées en 1690 par le père Mabillon. Sa vie a été écrite par Lemaître (1649) et Villefore (1704).

BERNARD (Joseph-Pierre, surnommé GENTIL-), né à Grenoble en 1708, mort en 1776. Ses poésies légères et érotiques, parmi lesquelles on distingue les poèmes de l'*Art d'aimer* et de *Phrosine et Médor*, et son opéra de *Castor et Pollux*, furent les fondements de sa réputation. On le surnomma l'*Ovide français*.

BERNARD (Samuel), fils d'un peintre-graveur, né en 1651, mort en 1739. Il fut l'un des célèbres traitants enrichis sous le ministère Chamillart. Sa fortune s'élevait à 33,000,000 de capital. Il prêta à tous les seigneurs, à Louis XIV et à Louis XV, et fut très-bienfaisant à l'égard des pauvres.

BERNARD DE MENTHON (Saint), né en 923 dans le voisinage d'Annecy, s'est rendu recommandable par les deux hospices appelés le grand et le petit Saint-Bernard, qu'il fit élever à ses frais, et où les voyageurs trouvent encore un asile contre les dangers du passage des Alpes. Saint Bernard de Menthon mourut en 1008.

BERNARD (SAINT-), célèbre montagne des Alpes, à 10,380 pieds au-dessus du niveau de la mer. A 7,542 pieds est un hospice célèbre, fondé par saint Bernard de Menthon, et habité par des religieux qui, à l'aide de chiens, vont à la recherche des voyageurs ensevelis sous la neige. Le passage du grand Saint-Bernard par le premier consul Bonaparte et ses troupes est un des prodiges opérés par l'armée française.

BERNARD (PETIT SAINT-), montagne qui fait partie de la chaîne des Alpes grecques, entre Aost et la Savoie. Elle a pris son nom d'un hospice élevé à l'instar du grand Saint-Bernard. Son sommet est élevé de 1,125 toises. C'est le passage le plus commode des Alpes. Il fut franchi par Annibal lorsque ce général marchait sur Rome.

BERNARDIN DE SAINT-PIERRE (Jacques-Henri), écrivain distingué, auteur de *Paul et Virginie* et des *Etudes de la nature*, deux chefs-d'œuvre, chacun dans son genre. Il fut professeur de morale à l'école normale, et membre de l'Institut. Né au Havre en 1737, il mourut à Paris en 1814.

BERNARDINS, religieux fondés par saint Robert, abbé de Cîteaux. Ils suivent la règle de Saint-Benoit son les usages de Cîteaux; et on les appelle *bernardins*, à cause de saint Bernard, qui a beaucoup illustré et réformé leur ordre. Ils avaient une robe blanche avec un scapulaire noir dans le cloître, et une robe noire hors du cloître. Il y avait aussi des *bernardines* ou religieuses qui suivent la règle de Saint-Benoît, et ont le costume de bernardins.

BERNAY, sur la rive gauche de la Charentonne, chef-lieu d'arrondissement de l'Eure, à 12 lieues d'Evreux. Population, 6,605 habitants. Elle a un tribunal de commerce et une chambre des manufactures. Bernay fait un grand commerce en toiles, grains, papier, fer, bestiaux, cuir et chandelles. Cette ville, si connue dans toute l'ancienne province de Normandie par ses manufactures, a des foires très-considérables. La plus fameuse est la foire de chevaux qui se tient le mercredi de la cinquième semaine de carême, et dure quatre jours; elle occupe de quarante à cinquante maquignons.

BERNBOURG (ANHALT-), l'une des trois principautés d'Anhalt, dont la superficie est de 30 lieues carrées, et la population de 38,400 habitants. Sa capitale est *Bernbourg*, ville de 4,800 habitants, sur la Saale. Cette principauté échut en 1865 à Joachim-Ernest, cinquième fils de Louis Ernest, et ce sont ses descendants qui en sont les possesseurs actuels. Son contingent fédéral est de 970 hommes.

BERNE, canton de Suisse, dont le chef-lieu est Berne, la superficie de 335 lieues carrées, et la population de 388,000 habitants, dont 40,000 catholiques et 250,000 réformés. Le pouvoir est exercé par un avoyer et deux cent quatre-vingt-dix-neuf conseillers municipaux, dont deux cents pour la ville de Berne, et le reste pour les autres villes et les campagnes. Ces magistrats sont élus par les membres du conseil ordinaire, composé de vingt-sept membres, et ceux du sénat ou grand conseil. Le canton de Berne est le plus important de tous les cantons de la Suisse. Sa capitale a 17,260 habitants, et il fournit pour contingent fédéral 104,800 francs et 5,824 hommes.

BERNE (mar.) se dit de la situation du pavillon de poupe au haut de son bâton, où il est ferlé. *Mettre un pavillon en berne*, c'est le plier dans sa hauteur, de manière qu'il ne fasse qu'un faisceau; c'est un signal adopté en mer pour demander du secours, surtout lorsque la mise en berne est appuyée d'un coup de canon. Un bâtiment de commerce hisse son pavillon en berne, en partant, pour appeler son équipage à bord. On met aussi en berne à l'approche d'une entrée de port, rivière, etc., pour appeler, demander le pilote pratique du lieu.

BERNI (Francesco), poète célèbre d'Italie, né en Toscane à la fin du XVe siècle, mort en 1543. Son style est passé en proverbe pour désigner un style burlesque, mais agréable et spirituel. Il a fait un poème, l'*Orlando inamorato* (Roland amoureux), qu'il refit sur l'ouvrage du Boïardo.

BERNIER (François), né à Angers vers 1628, étudia d'abord la médecine à Montpellier; mais, entraîné par sa passion pour les voyages, il partit en 1654 pour la Syrie, parcourut l'Egypte, et se rendit au Mogol. Il resta pendant douze ans à la cour de l'empereur Aureng-Zeyb, qu'il accompagna dans les voyages, et il fut le médecin. Il revint en France en 1670, passa en Angleterre en 1683, et mourut à Paris en 1686. Il a laissé une relation très-exacte de l'état de l'Inde. Elève et ami de Gassendi, il résuma, mit en ordre et traduisit en français les idées de ce philosophe dans son *Abrégé de la philosophie de Gassendi*. Il fit avec Boileau la *Requête* et l'*Arrêt burlesque*, écrits pour le maintien de la doctrine d'Aristote.

BERNINI (Giovanni-Lorenzo), appelé le cavalier Bernin. A la fois peintre, architecte et sculpteur, il mérita les bienfaits dont le comblèrent Louis XIV et la cour de Rome. C'est surtout comme architecte et statuaire qu'il s'est rendu célèbre. Ses plus beaux ouvrages sont la colonnade de Saint-Pierre à Rome, le maître-autel, le tabernacle et la chaire de l'église de ce nom, et l'extase de sainte Thérèse. Né à Naples en 1598, il mourut en 1680.

BERNIS (François-Joachim-Pierre DE), cardinal archevêque d'Alby et membre de l'académie française, né dans le département de l'Ardèche en 1715, mort en 1794. Il parvint par le crédit de madame de Pompadour au ministère des relations extérieures, et fit déclarer la guerre à la Russie. Sa carrière diplomatique l'a rendu moins fameux que ses *poésies* spirituelles et légères et son poème des *Saisons*. Il a fait encore un poème de la *Religion vengée*.

BERNOUILLI, famille de mathématiciens célèbres dans le monde scientifique. —Les plus illustres de ses membres furent JACQUES, né à Bâle en 1654, mort en 1705, à qui l'on doit la *Théorie des infiniment petits*; —JEAN, son frère, né en 1667, mort en 1748, qui peut être considéré comme le créateur du *Calcul exponentiel* et du *Calcul intégral*, et DANIEL, fils du précédent, né à Groningue en 1700, mort en 1782, auquel la mécanique est redevable d'un excellent *Traité d'hydrodynamique*.

BERNSTORFF, famille célèbre d'Allemagne, qui a produit de grands hommes d'État. — J.-HARTWIG-ERNEST, comte de Bernstorff, né en 1712 à Hanovre, entra au service de Frédéric, roi de Danemarck (1732), qui le nomma ambassadeur à la cour de Pologne ; en 1733, il fut envoyé à la diète de Ratisbonne, et en 1744 à la cour de France. Nommé ensuite successivement chambellan (1746), secrétaire d'État et membre du conseil privé (1750), il accompagna Christian VII dans ses voyages. Il assura la paix au Danemarck pendant la guerre de sept ans. Ses ennemis et surtout Struensée, favori du roi, obtinrent (1770) Christian à lui envoyer sa démission (1770). Rappelé après la chute de Struensée, il fut nommé conseiller intime et ministre d'État. Il mourut en 1772. Bernstorff donna la liberté à ses serfs, et leur fit distribuer le premier des terres, en les affranchissant des charges féodales. Il institua des écoles d'accouchement, et consacra pour les pauvres le quart de ses revenus. Il favorisa le commerce, et protégea les sciences et les arts. Les paysans de ses domaines lui élevèrent un monument. — Son neveu, ANDRÉ-PIERRE, né à Hanovre en 1735, entra au service du roi de Danemarck en 1758, et aida son oncle dans toutes ses entreprises et ses réformes. Il lui succéda dans ses fonctions de ministre d'État (1772). Il contribua au renouvellement du traité d'alliance avec l'Angleterre, et augmenta la puissance du Danemarck de 45 milles carrés. En 1784, il prépara l'acte d'affranchissement de la servitude dans le Holstein et le Schleswig, et, quoiqu'il n'approuvât pas la révolution française, il déclara que le Danemarck n'entrerait dans aucune alliance contre la France. Il mourut en 1797. — Son fils CHRISTIAN fut nommé en 1818 ministre des affaires étrangères en Prusse.

BEROÉ, genre de zoophytes acalèphes, composé d'animaux à corps ovale ou globuleux, garni de côtes saillantes hérissées de filaments ou de dentelles, dans lesquelles on aperçoit des ramifications vasculaires, et une sorte de mouvement de fluide. La bouche est à une extrémité. Ces animaux, composés d'une sorte de gélatine transparente, se résolvent en eau, pour peu qu'on les blesse ou les touchant ; ils ne peuvent vivre un instant hors de l'eau, et se dissolvent dans l'alcool. On ne connaît pas leur mode de reproduction ni de nourriture. — BEROÉ est dans la mythologie la nourrice de Sémélé. Junon prit ses traits pour persuader à Sémélé d'exiger de Jupiter qu'il la visitât dans l'éclat de sa gloire.

BÉROSE, astronome chaldéen à qui les Athéniens, en reconnaissance de ses heureuses prédictions, élevèrent une statue dont la langue était dorée. Il avait composé une *Histoire de la Chaldée*, et d'autres ouvrages dont on trouve des fragments dans Flavius Josèphe. Il était prêtre de Bélus, et vivait, à ce que l'on croit, du temps d'Alexandre (III° siècle avant J.-C.).

BERQUEN (Louis DE), né à Bruges au xv° siècle, découvrit par hasard, en 1476, le moyen de tailler le diamant. Il acheva de leur donner le poli au moyen d'une roue et de la poudre de ces mêmes diamants.

BERQUIN (Arnaud), écrivain aimable, né à Bordeaux en 1749, mort en 1791. Il a dû sa popularité aux recueils gracieux qu'il a composés pour la jeunesse. Son *Ami des enfants* obtint en 1784 le prix décerné par l'académie française à l'ouvrage le plus utile. Il a fait encore des romances et des idylles.

BERRI, province de France, au S. de la Loire, et dont Bourges était la capitale. Elle forme aujourd'hui les départements de l'Indre et du Cher. Autrefois comté, le Berri, réuni à la couronne en 1100, a été donné comme duché en apanage à plusieurs princes, et entre autres à Jean, troisième fils du roi Jean II; mort en 1416, et à Charles, deuxième fils de Charles X, assassiné par Louvel en 1820. Les moutons du Berri sont très-renommés.

BERRI (CANAL DE) ou CANAL DU CHER, canal exécuté seulement en partie, et qui commence près des mines de Commentri (Allier), se partage au Rimbé en deux branches, l'une qui va rejoindre l'Auboie et le suit jusqu'à son embouchure dans la Loire, l'autre qui rejoindra le Cher à Saint-Aignan.

BERRUYER (Joseph-Isaac), né à Rouen en 1681 d'une famille noble, prit l'habit de jésuite, et, après avoir professé longtemps les humanités, il se retira à la maison professe de Paris, et y mourut en 1758. Il est fameux par son *Histoire du peuple de Dieu*, tirée des seuls livres saints (1728 et 1734) en 8 volumes in-4°. Le texte sacré y est revêtu des couleurs des romans de l'époque. Cet ouvrage fut condamné par la cour de Rome (1734-1757). — JEAN-FRANÇOIS BERRUYER, général né en 1738 à Lyon en 1737 d'une famille de négociants estimés. Il embrassa la carrière des armées en 1753, et combattit en Allemagne (1758-61). Il fit ensuite les campagnes de Corse, et fut nommé lieutenant général des carabiniers (1792). En 1793, il commanda l'armée de l'intérieur dirigée contre les Prussiens. Général en chef de l'armée de l'ouest en 1793, il remporta sur les Vendéens une victoire signalée, et fut nommé inspecteur général des armées des Alpes et d'Italie. Il fut élu par le directoire commandant en chef de l'hôtel des Invalides jusqu'à sa mort (1804).

BERS, préparation pharmaceutique composée de semence de jusquiame, d'opium, de safran, etc., dont les Égyptiens font usage pour s'enivrer. — On a encore appelé *bers*, dans le moyen âge, un berceau.

BERTAUD (Jean), évêque de Séez, né à Caen en 1552, mort en 1611, poète élégant, élève de Ronsard, qu'il surpassa en pureté et en facilité. Il a composé un grand nombre de poésies sacrées et profanes, des psaumes, des sonnets, etc. On lui doit une *Oraison funèbre de Henri IV*, et une traduction de saint Ambroise.

BERTHIER (Alexandre), né à Versailles en 1753, général distingué, chef de l'état-major de Napoléon. Il fut investi par lui des titres de prince de Wagram et de Neufchâtel, en récompense de ses nombreux services. Habile dans l'exécution des plans qui lui étaient confiés, il ne gagna pas de bataille, mais il contribua au gain d'un grand nombre. Après avoir été nommé par Louis XVIII capitaine de ses gardes, il se retira à Bamberg à l'arrivée de Napoléon de l'île d'Elbe, et mourut en 1815 d'une attaque d'apoplexie.

BERTHOLÉTIE, grand arbre du Brésil, de la famille des savonniers, au fruit sphérique de la grosseur de la tête, et divisé en huit loges contenant chacune six ou huit noix. On en retire une huile abondante propre à brûler, et qu'on exporte en Angleterre et en Portugal.

BERTHOLLET (Louis), né dans la Sarthe en 1748, mort en 1822. Ce chimiste célèbre a découvert la poudre fulminante, à laquelle il a donné son nom. Il découvrit aussi le procédé de désinfection au moyen du chlore, et publia un grand nombre d'ouvrages, dont l'un, la *Statique chimique*, suffisait seul pour l'illustrer. Il avait fait partie de l'expédition d'Égypte, et était membre de l'académie des sciences.

BERTIN (Antoine), né à l'île Bourbon en 1722, mort en 1760. Ce poète érotique, ami de Parny, fut comparé pour ses œuvres légères au poète latin Properce. Un recueil d'élégies, intitulé *les Amours*, fit sa réputation littéraire.

BERTIN (Saint), né dans le territoire de Constance, sur le haut Rhin, se joignit à deux de ses amis, et alla trouver saint Omer, son parent, à l'abbaye du Luxeuil (633). Ils y furent ordonnés prêtres, et n'en sortirent qu'en 639 pour aller assister saint Omer, élu évêque de Térouane. Ils s'appliquèrent à l'instruction religieuse des peuples, et se retirèrent ensuite dans une abbaye que saint Omer leur avait fait bâtir. Saint Bertin en fut le second abbé. Il se démit de sa dignité entre les mains de son disciple Rigobert, et passa le reste de ses jours dans la contemplation et dans toutes les pratiques régulières jusqu'à sa mort arrivée en 709.

BERTINAZZI (Charles), connu sur le théâtre italien sous le nom de *Carlin*, né à Turin en 1713. Il remplit avec beaucoup de succès le rôle d'arlequin, à Paris, et devint célèbre par la vérité de son jeu et par ses saillies heureuses. Il ne perdit rien de sa vivacité, de son enjouement et de sa souplesse, même dans un âge très-avancé. Il mourut en 1783. Il a laissé une comédie en trois actes, intitulée *les Métamorphoses d'Arlequin*.

BERTON (J.-B.), né en 1774 à Francheval (Ardennes), entra à l'école militaire de Brienne à dix-sept ans, et fut plus tard à celle d'artillerie de Châlons (Marne). Colonel en 1808, puis adjudant-commandant, il devint successivement chef d'état-major des généraux Sébastiani et Valence. Il combattit avec courage à la bataille de Talaveira, à celles d'Almaciel et d'Ocaña. Avec 2,000 hommes, il s'empara de Malaga, défendu par 7,000 Espagnols, et en fut gouverneur jusqu'en 1813. Nommé général de brigade, il commanda à la bataille de Toulouse (1814) une partie des troupes, et combattit en 1815 à Waterloo. Privé de sa retraite après la rentrée des Bourbons, il s'unit à Saumur à l'association des *chevaliers de la liberté*. Le 20 février 1822, il se rendit à Thouars à la tête de 50 hommes armés, et proclama un gouvernement provisoire, et se dirigea sur Saumur, aux cris de *Vive Napoléon II*. Forcé de renoncer à cette entreprise devant les troupes plus nombreuses que la sienne, il fut fait prisonnier, jugé par la cour royale de Poitiers, et condamné à mort. Il subit son supplice le 5 octobre 1822.

BERTRADE ou BERTHE DE MONTFORT, fille de Simon, comte de Montfort, épousa en 1089 Foulques, comte d'Anjou. Philippe I°, roi de France, qui venait de répudier la reine Berthe, vit Bertrade à Tours et en devint éperdument épris. Bertrade s'évada de Tours et vint rejoindre le roi à Orléans. Elle obtint d'être séparée de Foulques, et épousa Philippe. Yves, évêque de Chartres, s'éleva seul contre cette union et fit excommunier le roi et Bertrade dans un concile tenu en 1094 à Autun, et dans celui de Plaisance présidé par Urbain II (1095), confirmé en 1096. Philippe fut forcé, pour apaiser les révoltes qui allaient s'allumer, d'aller trouver Urbain II à Nîmes, et de lui promettre de se séparer de Bertrade ; mais il s'en rapprocha en 1097, fut excommunié de nouveau, en 1108. Bertrade prit le voile à l'abbaye de Fontevault. Elle mourut en 1118. Elle avait eu trois enfants de Philippe.

BERTRAND (Saint), évêque de Comminges en Gascogne, né vers le milieu du xi° siècle. Il descendait des comtes de l'Isle-Jourdain, et, par sa mère, des comtes de Toulouse. Il fut archidiacre de l'église de Toulouse, et peu d'années après, évêque de Comminges. Il rétablit l'église de cette ville, que l'on regarde comme son patron, son restaurateur et son second fondateur. Il mourut vers l'an 1126, après cinquante ans d'épiscopat, et fut canonisé par Clément V. On célèbre sa fête le 16 octobre.

BERTRAND DE MOLLEVILLE (Antoine-François), né à Toulouse en 1744, devint, sous le ministère du chancelier Maupeou, maître des requêtes et intendant de la Bretagne. En qualité de commissaire du roi, il fut chargé de dissoudre le parlement de Rennes, et faillit perdre la vie dans cette entreprise. Nommé ministre de la marine (1791) en remplacement de Thévenard, une opposition très-vive éclata contre lui dans l'assemblée législative. On l'accusa d'avoir trompé le corps législatif dans les états de revue des officiers de la marine de Brest, de n'avoir employé que des *aristocrates* pour l'expédition de Saint-Domingue, et de s'opposer à l'émancipation des noirs. L'assemblée déclara cependant qu'il n'y avait point lieu à l'accusation. Bertrand, ayant donné sa démission, fut nommé chef de la police secrète. Il s'efforça d'affaiblir l'ascendant que les tribunes de l'assemblée conservaient pendant les délibérations; mais il n'y put réussir. Après avoir vainement essayé une évasion de Louis XVI, décrété d'accusation (1792), il se réfugia en Angleterre, et consacra sa vie à des études littéraires jusqu'en 1814. On a de ce ministre une *Histoire de la révolution de France* (dix volumes in-8°, Londres, 1802) et une *Histoire d'Angleterre depuis l'invasion des Romains jusqu'à la paix de 1763*, six volumes in-12 (1815).

BÉRULLE (Pierre), né en 1575 près de Troyes, mort cardinal en 1629. Il fut le fondateur et le premier général de la congrégation de l'Oratoire, instituée en 1613. Ses *OEuvres de controverse et de spiritualité* ont été publiées en 1644.

BERWICK, comté d'Ecosse, entre ceux de Haddington, Edimbourg, Roxbourg et l'Angleterre. Sa superficie est de 55 lieues carrées, et sa population de 30,779 habitants. — La capitale est *Berwick*, près de l'embouchure de la Tweed, à 16 lieues de Londres. Elle forme un district séparé avec des priviléges particuliers. Elle commerce en cuirs, saumons, etc.

BERWICK (James Fitz-James, duc de), fils naturel du duc d'York, depuis Jacques II, roi d'Angleterre, et d'Arabella Churchill, sœur du duc de Marborough, né en 1671, mort en 1734 au siége de Philipsbourg. Il entra au service de l'Autriche, puis à celui de la France, où il fut naturalisé, et où il reçut le bâton de maréchal en 1706. Il remporta en Espagne la célèbre victoire d'Almanza. Il fut la souche des ducs de Fitz-James, dont la race subsiste encore.

BÉRYL. Voy. Béril.

BÉRYLLIENS, secte d'hérétiques dont le chef fut Bérylle, évêque de Bosra en Arabie vers 240. Ils niaient la divinité du Verbe. Bérylle fut, dans une dispute théologique, vaincu par Origène, qui le ramena aux doctrines orthodoxes. Sa secte n'en subsista pas moins.

BERZÉLITHE, substance blanchâtre, rosâtre, violâtre ou verdâtre, à structure lamellaire, présentant souvent un éclat vif ou nacré, dure, rayant fortement le verre et étincelant sous le choc du briquet. Elle est insoluble dans les acides, et fusible au chalumeau. Elle se trouve en petits filons dans quelques mines de fer. C'est dans cette substance que l'on a découvert en 1818 l'oxyde de lithium. La *berzélithe* est la même que la *pétalithe*. Elle a reçu son nom du célèbre chimiste suédois Berzélius.

BESAIGUE, instrument de fer long d'environ trois pieds et demi, qui sert aux charpentiers pour redresser et réparer le bois. Par l'un des bouts, il ressemble à un ciseau tranchant.

BESANÇON, ancienne et belle ville de France, chef-lieu du département du Doubs. Elle a 33,000 habitants, et une cour d'appel. Devenue dans le moyen âge ville libre et impériale, elle fut cédée par l'empereur d'Espagne en 1681. Deux fois conquise par Louis XIV, elle resta définitivement à la France en 1674. Elle est la patrie de Suard, Mairet, Boissard, Millot et le cardinal de Granvelle. Cette ville a un archevêché d'où ressortissent les évêchés de Strasbourg, Metz, Verdun, Belley, Saint-Dié et Nancy.

BESALU, comté d'Espagne, dont la capitale est située en Catalogne, sur le Rio-Flavia. Ce pays eut ses comtes particuliers, issus de la maison de Barcelone.

BESANT ou Bysant, monnaie d'or pur, de 24 carats, qui fut frappée pour la première fois à Byzance. L'usage s'en répandit en France dans les XIIe et XIIIe siècles. On croit qu'elle valait environ 50 francs de notre monnaie actuelle.

BESICLES, sortes de lunettes doubles que l'on maintient devant les yeux par un ressort ou un mécanisme quelconque. Leur invention, due à Alexandre Spina de Pise, ne remonte pas au delà du XIVe siècle.

BESMES, domestique de la maison des Guises, qui se distingua à la tête des assassins, dans le massacre de la Saint-Barthélemy. Ce fut lui qui porta le premier coup à l'amiral de Coligny.

BESORCH, petite monnaie d'étain qui a cours à Ormuz (Perse), et qui vaut 3 deniers.

BESSARABIE ou Boudjak, ancienne province de la Turquie d'Europe, située entre le Dniester, le Pruth, la mer Noire et le Danube. Sa superficie est de 1,800 lieues carrées, sa population de 430,000 âmes, et sa capitale est *Bender*. Elle appartient maintenant aux Russes, auxquels la Turquie l'a cédée en 1812, par le traité de Bukarest.

BESSARION (Jean), cardinal, patriarche titulaire de Constantinople et archevêque de Nicée, né à Trébisonde en 1389, mort en 1472. Il fut un des patrons de la renaissance et un de ceux qui firent connaître le néoplatonisme. Il traduisit la *Métaphysique* d'Aristote, et fit un *Traité contre un calomniateur de Platon*.

BESSES, peuples de Thrace qui habitaient sur la rive gauche du Strymon, au nord du mont Rhodope. Ils eurent longtemps des rois particuliers; mais ils furent deux fois soumis par les Romains. Ils s'efforcèrent de secouer leur joug sous Auguste; mais ils furent vaincus par Pison, et restèrent fidèles à Rome.

BESSIÈRES (Jean-Baptiste), né à Preissac (département du Lot) en 1768, tué d'un boulet de canon la veille de la bataille de Lutzen en 1813. Dévoué à Napoléon, et aussi brave que généreux, il se distingua surtout aux batailles de Médina de Rio-Seco, d'Eylau, d'Iéna, de Friedland, etc. En 1804, il fut fait maréchal de l'empire, et élevé en 1808 à la dignité de duc d'Istrie. Il commanda constamment la vieille garde.

BESSIN, ancienne division de la basse Normandie, dont la capitale était *Bayeux*, ville de 10,000 âmes, ayant titre de vicomté. Le Bessin se divisait lui-même en haut et bas, le premier au levant, le second au couchant.

BESSUS, satrape ou gouverneur de la Bactriane, qui s'empara après la bataille d'Arbèles de la personne de Darius, et le fit périr pour prendre le titre de roi. Il tomba au pouvoir d'Alexandre, et celui-ci l'abandonna aux parents de Darius, qui le firent mettre en croix.

BESTIAIRES. On appelait ainsi, à Rome et à Athènes, dans l'arène, ceux qui combattaient les bêtes féroces. C'était des criminels, des esclaves, des prisonniers de guerre, et alors on les livrait sans armes et sans défense; ou bien c'était encore des jeunes gens de bonne famille qui, pour s'exercer ou faire parade de leur force, descendaient armés dans l'arène. Les chrétiens furent pour la plupart exposés aux bêtes.

BESTUCHEFF-RIUMIN (Alexis), fils d'un simple officier écossais, obtint la confiance de Pierre Ier, tsar de Russie. Son esprit, la hardiesse de ses conceptions, le firent bientôt distinguer. Il fut nommé ministre à la cour de Stokholm, puis à celle de Copenhague. Attaché à Anne Ivanowna, duchesse de Courlande, il fut chargé par elle, aussitôt qu'elle monta sur le trône de Russie, de diverses négociations dont il s'acquitta avec honneur. Dévoué à Biren, il ne partagea pas son exil. Sous Elisabeth, il devint grand chancelier, et régla toutes les affaires importantes du gouvernement. Il se montra toujours l'ennemi de la France. Exilé par Elisabeth, il fut rappelé par Catherine II, qui le créa feld-maréchal, et mourut à Pétersbourg en 1766.

BÉTAIL, nom collectif des animaux mammifères soumis à la domesticité. On distingue les bestiaux en *gros bétail*, qui comprend les bêtes chevalines, telles que le cheval, le mulet, etc., et les bêtes bovines, telles que le taureau, la vache, etc.; et en *menu bétail*, qui comprend les bêtes à laine, telles que le bélier, le mouton, etc., les bêtes à poil, la chèvre, le bouc, etc., et les bêtes à soie, telles que le cochon, la truie.

BÊTE. On nomme vulgairement *bête à Dieu* ou *à Martin*, les coccinelles; *bête à feu*, les *lampyres*, *taupins*, *fulgores* et scolopendres; *bête à grandes dents*, le *morse*; *bête de la mort*, les *chouettes*, *blaps*; *bête noire* ou *des boulangers*, le *blaps*, le *grillon* et le *ténébrion*; *bête puante*, la *mouette*; *bêtes rouges*, les *tiques*.

BÉTEL, plante sarmenteuse des Indes, cultivée près de la mer, et grimpante à la manière des vignes. Les Indiens forment avec ses feuilles, de l'arec et de la chaux, une préparation masticatoire appelée aussi *bétel*, et dont ils mâchent continuellement. Le bétel est bon pour l'estomac, mais il gâte et fait tomber les dents.

BÉTHANIE, petite ville à environ 2,000 pas de Jérusalem, au pied du mont des Oliviers. C'est là que demeuraient Marthe et Marie, et leur frère Lazare que Jésus-Christ ressuscita. C'est aussi là que Marie répandit sur la tête du Sauveur un vase de parfums.

BÉTHENCOURT (Jean de), gentilhomme normand, ayant appris que quelques aventuriers avaient fait des découvertes dans l'Océan occidental, s'embarqua pour les vérifier. Il descendit dans une des Canaries (1402), et entreprit la conquête des autres, à l'aide de secours que lui avait donnés Henri III, roi de Castille. Il soumit Lancerote, Forlaventure et l'Ile-de-Fer. Pour achever ses conquêtes, il vint demander de nouveaux secours en France, et amena aux Canaries des gentilshommes, des soldats, des artisans et leurs femmes. L'année suivante il alla à Rome, après avoir laissé son neveu maître de la colonie, et obtint d'Innocent VII la nomination d'un évêque aux Canaries. Il mourut en 1425. Son neveu Mariot de Béthencourt céda les Canaries à Henri de Portugal (1424).

BETHLÉEM, petite ville de la Palestine dans la tribu de Juda à 2 lieues de Jérusalem, où naquit dans une crèche et au milieu de la nuit Jésus-Christ.

BETHLÉEMITES, ordre de religieux hospitaliers fondé dans le XVIIe siècle aux îles Canaries par Pierre de Béthencourt, pour servir les malades dans les hôpitaux. Ils portaient au cou une médaille représentant la naissance de Jésus-Christ à Bethléem.

BETHSABÉE, femme d'Urie, épousa David, qui avait eu avec elle un commerce criminel du vivant de son mari, qu'il fit ensuite périr. Après la mort de David, Salomon fit placer sa mère sur le trône auprès de lui. Quelques rabbins regardent le trente et unième chapitre des Proverbes comme une instruction que Bethsabée donna à Salomon, et que ce prince plaça dans le recueil de ses maximes.

BÉTHULIE, ville de Syrie, dans la tribu de Zabulon, célèbre par le siége qu'en fit Holopherne, par la mort de ce général (voy. Judith), et par la défaite des Assyriens qui assiégeaient cette ville. — Béthulie était le nom qu'avaient donné les Francs à une citadelle construite en Syrie sur le sommet d'un rocher, et que les Arabes appellent *Belthi-el-Franki*.

BÉTHUNE, ville forte sur la Brette, chef-lieu d'arrondissement du Pas-de-Calais, à 7 lieues de Lille et 9 d'Arras. Population, 6,889 âmes. Béthune n'est connue que depuis l'an 1000. Elle était alors gouvernée par des seigneurs qui prenaient le titre d'*avoués de Saint-Waast d'Arras*. La race de ces seigneurs s'étant éteinte (1248), Béthune appartint aux comtes de Flandre et à d'autres familles. Elle passa à l'Espagne sous Charles VIII, jusqu'en 1645, que Gaston d'Orléans s'en empara. Vauban l'entoura de fortifications. Béthune a un tribunal de première instance, et des fabriques de toiles. Elle commerce en bestiaux, bijoux, quincailleries, etc.

BÉTIQUE, contrée de l'Espagne ancienne, ainsi nommée du fleuve Bétis (le Guadalquivir). Elle comprenait l'Andalousie et une partie du royaume de Grenade. Elle était très-renommée pour sa fertilité, la beauté de ses laines, et ses mines d'or.

BETLEM-GABOR, waivode ou prince de Transylvanie, né en 1580, se fit proclamer en 1620 roi de Hongrie. Ses guerres avec l'Autriche, auxquelles le célèbre Walstein mit fin, en 1626, par une victoire décisive remportée sur son général le comte de Mansfeld, le précipitèrent du trône. Il mourut en 1629.

BÉTOINE, plante vivace, de la famille des labiées, aux fleurs rouges ou blanches, aux feuilles velues et oblongues, et dont les racines à odeur forte sont purgatives. Ses feuilles peuvent se prendre en guise de tabac. Les anciens lui attribuaient beaucoup de vertus, et employaient ses fleurs et ses feuilles en décoction contre la goutte, la sciatique, etc.

BÉTON, sorte de mortier composé de chaux, de sable et de gravier, qui est susceptible de prendre corps instantanément, et qui est destiné principalement, vu son extrême dureté, à être employé dans l'eau.

BETTE, genre de la famille des chénopodées, renfermant des plantes très-utiles, qui se cultivent en France. La bette poirée est une plante culinaire, dont les feuilles servent à adoucir l'acidité de l'oseille. Sa racine est cylindrique, ligneuse; sa tige est droite, haute d'un mètre, garnie de feuilles larges, ovales, portées sur des pétioles épais; les fleurs sont petites et blanchâtres. Une autre espèce est la betterave, dont la racine grosse et charnue atteint un volume très-considérable. Il y en a trois variétés, la jaune, la blanche et la rouge. On la cultive comme plante culinaire. — Depuis 1811, on s'en sert pour faire un sucre excellent, qui réunit les qualités du sucre des colonies; la racine de la betterave cuite peut donner un vin doux, très-agréable, et d'excellentes confitures. — Les feuilles de la bette sont émollientes et relâchantes; l'on s'en sert pour panser les vésicatoires et les cautères; on en mange les pétioles comme les cardons et le céleri.

BETTERAVE, plante du genre bette, dont il y a trois espèces, la rouge, la blanche et la jaune. La première se réserve pour les bestiaux, et est un aliment domestique; la seconde et la troisième servent à l'extraction du sucre de betterave, qui réunit à tous les avantages du sucre de cannes la propriété de se cristalliser à un plus haut degré, et dont la fabrication remonte seulement à 1812. De la racine de la betterave cuite on retire un vin doux fort agréable, et une très-bonne confiture; avec la pulpe on fabrique du papier.

BÉTYLES, pierres que les Orientaux regardaient comme animées et comme des dieux. Ils les consultaient comme des oracles. Elles servent de talismans, d'amulettes et de préservatifs contre les maladies et les sortilèges.

BEURNONVILLE (Pierre RIEL, comte DE), né en 1752 à Champignolle (Bourgogne), fut d'abord surnuméraire parmi les gendarmes de la reine et partit pour les Indes, comme simple soldat, sur la flotte du bailli de Suffren. Nommé major de l'île Bourbon, puis destitué, il acheta une charge d'officier dans la garde suisse du comte de Provence (Louis XVIII). Au commencement de la révolution, il se distingua dans l'armée du Nord, rédigea les rapports de Dumouriez, et lorsque le corps d'armée dirigé sur Trèves (1792). Nommé par la convention ministre de la guerre (1793), il offrit bientôt sa démission; rappelé de nouveau à ces fonctions, il fut chargé d'arrêter Dumouriez; mais, fait prisonnier par ce général, il ne fut rendu à la liberté que vingt et un mois après. Nommé ensuite commandant de l'armée de Sambre-et-Meuse, puis de celle de Hollande, et inspecteur général d'infanterie. Nommé sénateur en 1805, comte de l'empire (1808), il vota en 1814 en faveur de la famille royale. Louis XVIII le fit ministre d'État et pair de France. En 1816, il fut nommé maréchal de France.

BEURRE, substance molle, de couleur jaune ou blanche, dont l'usage comme aliment est très-répandu. On l'obtient au moyen du battage du lait, ou bien de la crème épaissie. Il se fond très-facilement, et est insoluble dans l'eau. On donne le nom de beurre à plusieurs préparations chimiques, telles que le beurre d'antimoine, celui de bismuth, le beurre d'arsenic, etc.

BEURRE. On nomme ainsi vulgairement plusieurs chlorures métalliques. Tels sont le beurre ou chlorure d'antimoine, le beurre de bismuth ou chlorure de bismuth, le beurre d'étain ou chlorure d'étain.

BEURRE DE CACAO, ou HUILE CONCRÈTE DE CACAO, corps solide et cassant, d'une couleur jaune pâle, d'une saveur et d'une odeur agréable, rancissant avec facilité. On l'obtient en torréfiant légèrement des amandes de cacao, les dépouillant de leur écorce, puis les réduisant en pâte très-ferme et très-homogène, en le pilant d'abord dans un mortier de fonte échauffé par les charbons ardents, et en le broyant ensuite sur la pierre à chocolat. On l'étend dans une certaine quantité d'eau, et on le fait bouillir pendant un quart d'heure; on laisse refroidir le tout, et on enlève le beurre, qui vient à la surface du liquide. On le purifie en le filtrant au bain-marie. On le coule ensuite dans des moules. Il est employé en médecine comme relâchant.

BEURRE DE CIRE, produit de la distillation de la cire; dont on se sert en médecine.

BEURRE DE COCO, substance grasse et concrète, que l'on obtient du fruit du cocotier, de la même manière que le beurre de cacao. Ce beurre est très-doux, fort agréable, et sert aux Indiens pour l'assaisonnement des mets.

BEURRE DE GALAM, substance grasse, concrète, jaunâtre, un peu grenue, d'une saveur douceâtre, produite par les graines d'un végétal appartenant à la famille des sapotées. On s'en sert pour assaisonnement en Afrique.

BEURRE DE MONTAGNE ou DE ROCHE, mélange d'argile, d'alumine sulfatée, d'oxyde de fer et de pétrole, que l'on trouve dans les schistes de la Silésie.

BEURRE DE MUSCADE, mélange d'huile fixe et d'huile essentielle, qu'on obtient en amassant des noix muscades dans un mortier échauffé; formant une pâte que l'on enferme dans des sacs de coutil, et en les soumettant ensuite à la presse entre deux plaques métalliques échauffées dans l'eau bouillante; il s'écoule un liquide, qui bientôt se solidifie. Le beurre de muscade est épais, d'une couleur de macis, d'une odeur très-agréable. On s'en sert en médecine pour les frictions.

BEURRÉ, nom d'une sorte de poire ainsi appelée parce qu'elle est douce et fondante, et qui mûrit en septembre et en octobre.

BEVAERING ou LANDWEHR, une des trois parties qui composent l'armée suédoise. Indépendamment de l'armée nationale permanente, il existe encore une force armée disponible, qui peut à chaque instant être appelée à la défense du pays. C'est la bevaering. Elle se compose de tous les hommes âgés de vingt et un à vingt-cinq ans. Cette armée, prête à marcher au premier signal, armée et habillée au compte du gouvernement, ne reçoit de solde qu'en campagne, ou lorsqu'elle est appelée à prendre les armes; elle réunit tous les ans, au mois de juin, pendant quatorze jours, dans les camps, pour y être exercée aux manœuvres militaires. Il y a, dans tous les régiments d'infanterie, un certain nombre d'officiers spécialement affectés à ce service. Les jeunes soldats arrivent au lieu de réunion avec leurs vêtements habituels; les effets d'armement et d'habillement leur sont aussitôt délivrés, mais pour la durée du temps des manœuvres seulement. Dès qu'elles sont terminées, on les retire pour les déposer dans des magasins. Cette armée se compose de 130,000 hommes.

BEVERNINGK (Jérôme VAN-), l'un des hommes d'État de la Hollande, qui rendit le plus de services à sa patrie. Né en 1814, il mourut en 1690. Les pacifications de Munster, de Bréda, d'Aix-la-Chapelle et de Nimègue furent son ouvrage. Partisan de Witt d'abord, puis de Guillaume III, il consacra ses dernières années aux loisirs littéraires.

BEWICK (Thomas), célèbre artiste anglais à qui l'on doit le perfectionnement de la gravure sur bois. Il mourut en 1795.

BEY ou BEG, titre donné, en Turquie et dans les pays soumis à la domination ottomane, aux gouverneurs d'une ville ou d'une province. Le gouverneur de la régence d'Alger s'appelait dey par exception.

BEYDER, petite province d'Hindoustan, entre celles de Bérar et de Gandouanah. Sa superficie est de 3,325 lieues carrées. Sa capitale est Beyder, à 26 lieues d'Hayder-Abad.

BEZBORODKO (Alexandre, prince DE), s'éleva du rang de secrétaire du prince Romanzof à celui de secrétaire de la chancellerie et de ministre secrétaire d'État des affaires extérieures. Il devint le plus puissant de tous les ministres, qu'il supplanta; et, à l'avènement de Paul Ier, il fut élevé à la dignité de prince. Il mourut en 1798.

BÈZE (Théodore DE), célèbre ministre de la religion réformée, né à Vézelay en Nivernais en 1519, mort à Genève en 1605. Il prit une part active à tous les événements des guerres civiles religieuses de la France. Il prit une part célèbre au fameux colloque de Poissy en 1561, et fut après Calvin le chef de l'Église de Genève. On a de lui un grand nombre d'ouvrages, des élégies, des épitaphes, et d'autres poésies parfois licencieuses.

BÉZIERS, ville ancienne de France, chef-lieu d'arrondissement du département de l'Hérault. Sa population est de 16,769 habitants. Elle eut autrefois des vicomtes de la maison des comtes de Toulouse, dont le dernier fut Raymond Roger en 1209, époque à laquelle Béziers fut saccagée et livrée aux flammes par les croisés contre les albigeois. A Béziers passe le canal du Midi.

BÉZOARDS, concrétions qui se forment dans l'estomac, les intestins et la vessie des animaux, et auxquelles on a attribué des vertus médicamenteuses. On les divise en orientaux et occidentaux. Les premiers viennent de l'Asie; les autres, de l'Amérique et de l'Europe.

BEZOUT (Étienne), mathématicien célèbre, né à Nemours (Seine-et-Marne), en 1730, mort en 1783. Il s'est fait un nom honorable par sa Théorie des équations algébriques, son Traité de la navigation, et son Cours complet de mathématiques, dont la popularité a été si grande. Il était membre de l'académie des sciences et examinateur des élèves de la marine et de l'artillerie.

BHAGAVAD-GITA (myth., chant divin), épisode célèbre du poëme indien Mahâbhârata. Il peut être considéré comme la source principale de la philosophie religieuse de l'Inde.

BHAVANI (myth.), déesse hindoue, fille, sœur et femme de Siva. Elle est la cause, la suprême créatrice, le principe femelle de la création. Elle se prend pour la lune, et est aussi l'Isis hindoue.

BIA, nom donné par les Siamois à de petits coquillages blancs qui servent de monnaie. 8 *bias* ne forment pas tout à fait un denier : 800 *bias* forment un *souang* (à peu près 5 sous), et il faut 8 *souangs* pour un *tical*.

BIAFRA, royaume d'Afrique, sur la côte orientale de la Guinée supérieure, au N. de celui de Benin, dont il est séparé par une chaîne de montagnes et par le désert de Seth. Sa capitale est Biafra, à 148 lieues de Gingiro.

BIANOR ou OCNUS, roi d'Etrurie, fils du Tibre et de la devineresse Manto selon la mythologie. On lui attribue la fondation de *Mantoue*, à laquelle il donna le nom de sa mère. On voyait encore son tombeau du temps de Virgile, le long du chemin qui menait de Rome à Mantoue.

BIARITZ, petite ville du département des Basses-Pyrénées, à une lieue et demie de Bayonne. Population, 1,800 habitants. Ce village pittoresque est situé sur des bancs de rochers qui s'élèvent à plus de cent pieds au-dessus du niveau de la mer. C'est sur une petite anse, au bas du rocher, et que l'on nomme *Port-Vieux*, que l'on prend des bains de mer très-renommés dans le midi.

BIARQUE, nom d'un officier de Constantinople, qui avait l'intendance des vivres. A Rome, il s'appelait *præfectus annonæ*.

BIAS, l'un des sept sages de la Grèce, né à Priène, en Ionie, l'an 570 avant J.-C. Il se livra à l'étude de la philosophie pratique et des lois de sa patrie. Ses maximes pleines de sagesse et de sentiments élevés ont été recueillies par Diogène Laërce.

BIBARS. Deux sultans des mameluks ont porté ce nom. — BIBARS Ier succéda en 1250 à Kothouz, qu'il avait assassiné. Il est aussi nommé Bondochar. Il s'empoisonna lui-même par mégarde en 1277, après avoir pris Césarée, Jaffa, Antioche et une foule d'autres villes. Il était le quatrième sultan de la dynastie des Baharytes. — BIBARS II, douzième sultan baharyte, successeur de Mohammed en 1309, déposa la couronne deux mois après.

BIBERACH, ville de la Souabe, où se livra, le 9 mai 1800, une bataille entre les troupes françaises commandées par le général Saint-Cyr, et les troupes autrichiennes commandées par le général Kray, dans laquelle les Français furent vainqueurs, et les Autrichiens perdirent 4,000 hommes.

BIBION, genre d'insectes diptères, connus aussi sous le nom de *mouches de Saint-Marc* et de *mouches de Saint-Jean*. Ils se rencontrent partout, et ne sont ni utiles ni nuisibles à l'homme.

BIBLE, le livre par excellence, celui dans lequel sont contenus les dogmes traditionnels de la religion chrétienne, ou l'Ecriture sainte. Il y a des Bibles hébraïques, grecques et latines. La Bible se divise en Ancien et Nouveau Testament.

BIBLIOTHÉCAIRE, celui qui est chargé du soin, de la conservation et du service d'une bibliothèque. Les plus célèbres furent les Bignon, qui, depuis 1642, et de père en fils, furent les bibliothécaires du roi.

BIBLIOTHÈQUE, emplacement destiné à la collection d'ouvrages imprimés ou manuscrits. Ce mot désigne aussi cette collection elle-même. Il existe à Paris trente-sept bibliothèques publiques, qui contiennent 1,900,000 volumes imprimés, 108,800 manuscrits, 100,000 médailles, 1,000,000 estampes, et 300,000 cartes ou plans. Les bibliothèques publiques des départements sont au nombre de deux cent quatre, et contiennent 2,340,000 volumes imprimés, et 50,000 manuscrits.—La *Bibliothèque royale*, à Paris, une des plus considérables collections de livres qui existe au monde, a été établie sur les bibliothèques particulières des rois de France. Charles IX, le premier, leur assigna un local particulier dans une tour du Louvre. C'est en 1721 que la bibliothèque royale fut transportée dans les bâtiments qu'elle occupe aujourd'hui. Maintenant elle possède 450,000 volumes imprimés, 450,000 brochures et pièces fugitives. Elle s'enrichit chaque année de 6,000 ouvrages nationaux et de 3,000 ouvrages étrangers. Elle possède en outre 60,000 manuscrits, 1,600,000 estampes, 100,000 médailles, camées, etc.

BIBLIQUES (Sociétés), sociétés fondées dans la Grande-Bretagne pour la propagation des livres saints parmi les classes pauvres. La première fut fondée en 1804. Depuis ce temps, d'autres sociétés bibliques ont été établies sur le même plan en Allemagne, en Suède, en Danemarck, en Russie, etc., et leur nombre s'élève à plus de trois mille.

BICEPS, tout muscle, dont l'une des extrémités est profondément divisée en deux attaches. L'un, situé à la partie antérieure du bras, fléchit l'avant-bras sur le bras; l'autre, situé à la partie postérieure de la cuisse, fléchit la jambe sur la *cuisse*, ou celle-ci sur la jambe. Il est aussi rotateur de la jambe en dehors. On nomme *bicipital* ce qui a rapport au biceps.

BICÊTRE, prison, hospice et maison de retraite à une demi-lieue de S. de Paris, dans le département de la Seine. Destiné sous Louis XIV à recevoir des pauvres, il reçut sous les règnes suivants des prisonniers d'État, des vagabonds, des aliénés. Maintenant la prison renferme des reclusionnaires, des condamnés à mort et des forçats attendant le départ de la chaîne. L'hospice est destiné aux infirmes, aux vieillards et aux aliénés de la classe pauvre. La maison de retraite sert d'asile à des vieillards qui payent pension.

BICHAT (Xavier), né à Thoirette dans la Bresse en 1771, mort en 1802, médecin célèbre, et un de ceux qui contribuèrent le plus à l'extension de la science physiologique. Il fut l'élève de Desault, dont il publia les *Œuvres chirurgicales*. En 1799, il publia *Vues nouvelles sur les nombreuses causes des rétentions d'urine*. L'année suivante, il publia son *Traité des membranes*, ses *Recherches physiologiques sur la vie et la mort*, et son *Traité d'anatomie générale*. Ces deux derniers ouvrages sont deux chefs-d'œuvre.

BICHE, nom donné à la femelle du cerf. Elle n'a pas de bois sur la tête, et est d'une couleur tirant sur le bai rouge. Elle porte un seul petit, qu'on nomme *faon*, pendant huit mois.

BICHERÉE, mesure de terre dans certaines provinces. Celle du Lyonnais est de 200 pieds carrés. Celle du Beaujolais est de 400 pieds.

BICHET, ancienne mesure de grains, variable selon les localités. A Paris, le bichet était la huitième partie du setier, et valait 2 boisseaux.

BICHIR, poisson de la famille des ésoces. Son corps est allongé et revêtu d'écailles pierreuses. Il habite les vases du Nil, et est très-recherché par les pêcheurs. On croit qu'il est carnivore.

BICHON, petite et jolie race de chiens, de la famille des épagneuls. Ils ont le nez court, le poils long, blanc et très-fin. La femelle se nomme *bichonne*. Les dames de distinction avaient jadis la coutume d'avoir toujours des bichons avec elles. — C'est aussi un insecte du genre *bombyle*.

BICHOT, mesure de grains en usage à Dijon, et pesant 336 livres. Le bichot contenait 108 pintes (grande mesure).

BICONJUGUÉ, épithète donnée aux feuilles dont le pétiole commun se divise en deux rameaux chargés chacun de deux folioles, comme dans une *mimosa*.

BICOQUE, village d'Italie, à une lieue de Milan, où l'armée française, commandée par Lautrec, fut battue en 1521 par celle des impériaux.

BICORNE, partie d'une plante, surmontée par deux prolongements en forme de cornes. — On a aussi nommé *bicornes* la famille des *bruyères* et *éricinées*.

BICUSPIDÉ se dit des feuilles et des autres parties des plantes qui sont divisées au sommet, de manière à être terminées par deux pointes divergentes et dressées.

BICZOW, cercle de Bohême entre la Prusse, le Buntzlau, Kaursim et Kœnigingraetz. Sa superficie est de 140 lieues carrées, et sa population de 10,000 habitants. Le chef-lieu est *Neu-Biczow*, à 18 lieues de Prague. Population, 2,400 âmes. Cette ville commerce en pierres précieuses.

BIDASSOA, petite rivière qui sépare la France et l'Espagne, et se jette dans l'Océan au-dessous de Fontarabie. Elle forme vis-à-vis d'Irun l'île des Faisans, où fut conclue entre le cardinal Mazarin pour la France et don Louis de Haro pour l'Espagne, la paix de 1659, appelée aussi paix des Pyrénées.

BIDENTALES, prêtres chargés à Rome de purifier le lieu où était tombée la foudre, en y immolant une brebis de deux ans. Le lieu frappé de la foudre s'appelait *bidental*, et la brebis du sacrifice *bidens*.

BIDENTÉ, nom donné aux parties des plantes qui présentent deux dents.

BIDET, petit cheval excellent pour la selle. Il est très-vigoureux, sobre et tenace. Sa jument est très-féconde.

BIDIGITI-PALMÉ, nom donné aux feuilles composées, dont les pétioles secondaires, sur les côtés desquels sont attachées les folioles, partent au nombre de deux du sommet du pétiole commun.

BIDJAPOUR ou VIZAPOUR, province de l'Hindoustan sur l'océan Indien, très-fertile en blé et en riz, et occupée par les Mahrattes. Sa capitale est Bidjapour ou Visapour, et ses principales villes sont Bombay et Goa, chefs-lieux des établissements des Portugais et des Anglais. Sa superficie est de 52,722 lieues carrées, et sa population de 7,000,000 d'habitants.

BIDJAPOUR ou VIZAPOUR, capitale de la province de Bidjapour, à 88 lieues de Bombay. Elle possédait autrefois quatre-vingt-dix-huit mille quatre cent cinquante-six maisons et seize cents mosquées. Bidjapour a une forteresse qui embrasse 3 lieues, et renferme des mausolées superbes, dont un coûta 17,500,000 francs, et employa six mille cinq cent trente-trois ouvriers pendant trente-sept ans. Cette ville est bien déchue de son ancienne splendeur. Il reste encore de ruines magnifiques.

BIDON, vaisseau de bois contenant sept chopines, dans lequel on distribue le vin à l'équipage d'un vaisseau.

BIDPAI, fabuliste indien, connu aussi sous le nom de Pilpaï. C'était un brahmine, qui vivait quelques siècles avant J.-C., et qui est l'auteur d'un recueil de fables appelé en hindou *Pantchâ-Tantrâ*, et qui l'a fait surnommer l'Esope indien.

BIEN PUBLIC (Ligue du), ligue formée contre le roi Louis XI par les grands vassaux, et entre autres Charles, comte de Charolais, le duc de Bourbon, le duc de Berri, le comte de Dunois, etc. Les deux armées rivales se rencontrèrent près de Montlhéry en 1465. Le gain du combat fut indécis; mais le roi, pour dissiper la révolte, accorda ce que chaque seigneur demandait.

BIENNE, lac de Suisse au canton de Neufchâtel, et ville près du lac de ce nom. Il a 4 lieues de long. La ville de Bienne, située sur le lac à l'embouchure de la Suse, a 2,820 habitants, et sert d'entrepôt au commerce de Neufchâtel.

BIENS. On appelle ainsi, en jurisprudence, tout ce qui est susceptible de fonder un droit ou une action. Ils se divisent en *biens corporels* et *incorporels*, et en *biens meubles* et *immeubles*. On appelle *biens-fonds* tous les biens immeubles corporels, tels que les fonds de terre, les vignes, les bois, les édifices, etc. On appelle *biens communaux* ceux à la propriété ou au produit desquels les habitants d'une commune ont un droit acquis. Enfin on a appelé, du temps de la révolution, *biens nationaux*, ceux qu'on appelait auparavant *biens domaniaux*, et qui étaient les domaines de la couronne. Ils furent vendus en 1790 avec ceux des particuliers qui, étant confisqués, faisaient d'après ce système partie des biens nationaux.

BIÈRE, boisson fermentée, composée de graines de céréales, et d'orge en particulier. On aromatise la bière avec le houblon, le buis, le bois de quassia, etc. Lorsque la liqueur fermentée est très-concentrée, on l'appelle *double bière*. La bière est fort en usage chez les peuples du Nord, où elle tient lieu de vin.

BIES-BOSCH, lac de Hollande, entre Dordrecht et Gertruydemberg. Il a 12 lieues carrées de superficie. L'espace occupé par ce lac était autrefois très-peuplé et fertile. Mais en 1421 le Vahal et la Meuse, ayant rompu leurs digues, le submergèrent, et engloutirent soixante-douze villages et 100,000 habitants.

BIÈVRE (MARÉCHAL, marquis DE), né en 1747, mort en 1789. Il s'est rendu célèbre par ses calembours et ses jeux de mots recueillis dans le *Bievriana* en 1801. Il a fait des pièces de théâtre, dont les plus remarquables sont le *Séducteur* et les *Réputations*.

BIÈVRE. Voy. CASTOR et HARLE.

BIÈVRE, petite rivière de France dont la source est dans le département de Seine-et-Oise. La Bièvre arrose la vallée d'Arcueil, passe aux Gobelins, et se jette dans la Seine après avoir traversé une partie du faubourg Saint-Marceau. Son cours, lent et embarrassé par plus de cent vingt usines, qu'il alimente, n'a qu'un développement de 22,000 mètres. Ses eaux sont bourbeuses.

BIEZ, en hydraulique, canal élevé qui contient et conduit des eaux pour les faire tomber sur les roues d'un moulin.

BIF, nom donné au produit supposé de l'ânesse et du taureau.

BIFARIÉ, nom donné à l'arrangement sur deux séries opposées de plantes quelconques d'une plante, comme dans les lycopodes.

BIFÈRE, plante qui fleurit et fructifie deux fois l'an.

BIFIDE, divisé longitudinalement en deux portions étroites jusqu'à la moitié environ. Si ces portions sont larges, on dit *bilobé*; si elles sont courtes, on dit *bidenté*; si elles sont longues, *biparti*.

BIFURCATION, séparation d'une partie en deux autres. Ce mot est employé en anatomie et en histoire naturelle. On dit *bifurqué* pour tout ce qui est divisé en deux parties opposées.

BIGAMIE, crime de celui qui contracte deux mariages en même temps. La bigamie, qui autrefois en France conduisait à la potence, est punie maintenant des travaux forcés à temps. En Suède, on inflige la peine de mort; en Angleterre, on condamne le bigame à une réclusion qui a été précédée de la combustion de la main, et en Suisse le corps du bigame était coupé par la moitié.

BIGARADE, variété d'oranges.

BIGARADIER, nom d'une espèce d'oranger qui vit plus de quatre cents ans, et qui monte à la hauteur de vingt-deux pieds. Il porte la bigarade, sorte d'orange aigüe, qui a sur la peau plusieurs excroissances.

BIGARREAU, nom d'une variété de cerises de la grosseur des guignes, et dont la forme approche de celle du cœur. Sa chair est très-ferme. C'est le fruit du *bigarréautier*.

BIGE et BIGAT, chariot à deux chevaux chez les Romains, employés à la course et quelquefois à la guerre. Le denier, monnaie d'argent qui avait figuré un char (*biga*), s'appelait *bigat* si le char n'avait que deux chevaux, *quadrigat* s'il y en avait quatre.

BIGNON, famille renommée de savants. —JÉRÔME BIGNON, né en 1590, mort en 1656, étonna par son érudition précoce le monde savant. Il publia des *Traités des antiquités romaines* et de l'*Élection des papes*, fut nommé avocat général au parlement de Paris en 1626, et bibliothécaire du roi en 1642. — JEAN-PAUL BIGNON, petit-fils de Jérôme, né en 1662, mort en 1743,

membre de l'académie française et bibliothécaire du roi, protégea les gens de lettres, travailla au *Journal des savants*, et publia entre autres ouvrages les *Explications historiques des médailles* du règne de Louis XIV.

BIGNONIACÉES, famille de plantes dicotylédones, renfermant des arbres et arbustes élégants, et des herbes toutes remarquables par la grandeur et l'éclat de leurs fleurs. Leurs feuilles sont généralement opposées ou ternées, et presque toujours composées. Elle renferme les genres bignonia, catalpa, etc.

BIGNONIA, genre de plantes exotiques de la famille des bignoniacées. Ce sont des arbustes qui peuvent servir à la décoration des berceaux, et qui se trouvent dans les contrées équinoxiales. La seule espèce acclimatée chez nous est la *bignone orangée*, qui forme de petits bouquets mêlés de pourpre et d'orange.

BIGORRE, comté et ancienne province de France, dont Tarbes était la capitale, et qui a peu près 80 lieues carrées de superficie. Cette province avait ses comtes particuliers, qu'elle conserva depuis le IXe siècle jusqu'en 1289, où le comté passa dans la maison de Béarn et de Foix. Elle avait aussi des états dont les sessions étaient annuelles et la durée de huit jours, et qui étaient présidés par l'évêque de Tarbes. Le Bigorre forme maintenant le département des Hautes-Pyrénées.

BIGRES, individus riverains des forêts, qui avaient soin d'y chercher des abeilles, de les rassembler et de les élever dans des ruches. Ils avaient le droit d'abattre les arbres où elles se trouvaient, à leur profit et sans redevance. Ils s'arrogèrent ensuite le droit de prendre dans les forêts le bois dont ils avaient besoin pour leur chauffage, d'où ils furent appelés *francs bigres*. Un édit royal de 1669 supprima ce dernier droit.

BIGUES, en termes de marine, longues et grosses pièces de bois, que l'on passe dans les sabords des vaisseaux pour les soulever ou les coucher.

BIRHAC, comitat de Hongrie, entre ceux d'Arad, de Bekes, de Szabole, et la Transylvanie. Population, 287,000 habitants. Ce pays est chaud et très-fertile.

BIJOU, ouvrage d'orfèvrerie destiné à la parure. Les bijoux sont d'or, d'argent et de pierres précieuses. Au moyen âge, les bijoux devinrent un des attributs de la noblesse, et les vilains n'avaient pas droit d'en porter. La bijouterie est cette branche de l'orfèvrerie qui s'occupe de la confection des bijoux.

BIJUGUÉ, nom donné aux parties des végétaux qui offrent deux lobes, ou des divisions élargies, séparées par un sinus obtus plus ou moins arrondi à son fond. — Les *plantes bilobées* sont les dicotylédones.

BILAN, état de l'actif et du passif, c'est-à-dire des gains et des pertes d'un négociant. C'est une espèce d'inventaire qu'un commerçant failli doit déposer au tribunal de commerce.

BILATÉRAL ou SYNALLAGMATIQUE. On appelle ainsi, en jurisprudence, tout acte réciproque, c'est-à-dire, tout acte dans lequel les contractants s'obligent réciproquement les uns envers les autres. Tels sont les contrats de bail, de vente, etc.

BILBAO, ville d'Espagne, capitale de la Biscaye, dont le port est très-commerçant et la population de 12,000 habitants. Elle a soutenu plusieurs sièges contre les Anglais et contre les troupes des différents partis dans les guerres civiles. Elle est à 2 lieues de la mer, à 16 de Saint-Sébastien, et à 85 de Madrid.

BILE, liquide plus ou moins consistant, et provenant de la sécrétion du foie. La bile de l'homme, qui est verte ou d'un vert jaunâtre, renferme de l'eau, de l'albumine, de la résine, de la soude libre, de la matière jaune, du phosphate, du sulfate et de l'hydrochlorate de soude, du phosphate de chaux et de la rouille (oxyde de fer). Dans les arts, on se sert de la bile du bœuf pour dégraisser les étoffes de laine.

BILÉDULGÉRID, grande contrée du nord de l'Afrique, située au S. du mont Atlas jusqu'au désert de Sahara. Il renferme huit pays : les royaumes de Suz, de Tafilet et de Sedjelmesse, appartenant au Maroc; le Tegorarin et le Zab, appartenant à la régence d'Alger; enfin le Biledulgerid propre, le royaume de Fezzan, les oasis de Denguelah et de Syouah, appartenant à la régence de Tripoli.

BILIEUX. On appelle ainsi le tempérament de l'homme chez qui la prédominance du foie occasionne une coloration de teint jaune ou basané. L'homme bilieux est vif, ardent, ferme et persévérant. Néron, Tibère, Louis XI avaient le tempérament bilieux.

BILL. On appelle ainsi, en Angleterre, dans le langage parlementaire, un projet de loi quelconque. Il y a des bills d'intérêt particulier et des bills d'intérêt public. Chaque bill subit trois lectures et trois votes successifs, et doit avoir la sanction des deux chambres des lords et des communes.

BILLARD, table plus longue que large, recouverte d'un tapis vert, dont le dessus forme un plan horizontal, et sur lequel peuvent se mouvoir des billes d'ivoire. Le jeu du billard est maintenant très-répandu en France, en Angleterre et dans le reste de l'Europe.

BILLARDIÈRE, plante de la famille des solanées, originaire de l'Océanie, et dont une espèce, la *billardière sarmenteuse*, transportée en France, est cultivée dans nos serres. Ses fleurs sont d'un vert jaunâtre, et ses feuilles ovales et velues.

BILLAUT (Adam), menuisier de Nevers, mort en 1662, appelé *le Virgile au rabot*. Ses poésies et ses chansons, qui lui méritèrent plusieurs pensions de personnages de la cour, ont été publiées par lui en deux volumes, *le Villebrequin* et *les Chevilles*.

BILLET, en jurisprudence, toute reconnaissance d'une dette. Parmi les billets ou effets de commerce, on distingue les *billets à ordre* et les *billets au porteur*. Les billets à ordre sont seuls payables dans le lieu même où ils ont été souscrits. Les billets au porteur sont payables à celui qui en est porteur.

BILOCULAIRE, parties des plantes qui ont deux loges. Telle est la capsule du lilas.

BILLON, mélange de substances métalliques pour la fabrication de menue monnaie d'un titre inférieur à l'argent et supérieur au cuivre. Le billonnage ou fabrication du billon est un crime qui entraîne la peine capitale s'il s'agit de pièces d'or et d'argent, et les travaux forcés à perpétuité s'il s'agit de monnaies de cuivre.

BILLONNAGE, opération agricole qui consiste à labourer le terrain avec une charrue à deux versoirs, de manière à rejeter la terre à droite et à gauche, et à former des raies profondes appelées *billons*. La largeur des billons varie depuis un jusqu'à deux, trois, quatre, six, huit et même douze et vingt-quatre pieds en Angleterre.

BIMANE, famille de mammifères dont les caractères sont des membres séparés, onguiculés, deux mains à pouce opposable, et trois sortes de dents, incisives, molaires et canines. Cette famille ne comprend que l'homme et l'orang-outang.

BINAGE. En agriculture, on appelle ainsi un second labour donné à une terre pour ameublir le sol et enterrer les fumiers et les autres engrais que l'on a répandus sur les champs. Les jardiniers appellent *binage* un travail léger pour diviser la terre autour des plantes, arracher et détruire les herbes qui peuvent les étouffer. Cette opération se fait avec une *binette*, espèce de petite pioche en fer, dont un côté est à deux pointes et l'autre est tranchant.

BINAIRE, en arithmétique, système de numération composé de deux chiffres seulement, 1 et 0. Leibnitz, qui en fut l'inventeur, donna à ce système dans le XVIIe siècle une sorte de célébrité. — En chimie, on appelle *binaires*, les composés de deux corps simples ; ainsi l'acide sulfurique est un composé de soufre et d'oxygène, et par conséquent binaire.

BINAIRE (mus.). La mesure binaire est la division de la durée musicale en temps pairs, c'est-à-dire, par 2 ou par les multiples de 2 comme 4, 8, 16, etc. Les mesures binaires sont de deux espèces : la première renferme celles dont les divisions de chaque temps sont aussi binaires, comme la mesure à deux temps, $\frac{2}{4}$ et $\frac{2}{8}$. L'autre espèce comprend les mesures binaires à temps ternaires, comme la mesure à $\frac{6}{8}$ (six-huit).

BINOCLES, lorgnettes à double tube, appelées aussi *jumelles*, inventées dans le XVII<sup>e</sup> siècle pour le spectacle.

BINOME, expression algébrique ou numérique de deux termes séparés par les signes *plus* ou *moins*. Le célèbre Newton donna une formule pour élever directement un binôme à une puissance quelconque, et on l'a appelée le *binôme de Newton*.

BINOT, petite charrue destinée à enterrer la graine semée avant le dernier labour.

BIOGRAPHIE, art de recueillir les faits de la vie d'un individu pour en faire une sorte d'histoire. Les plus célèbres biographes de l'antiquité sont Plutarque et Cornélius Népos. Dans les temps modernes, ce sont Bayle, Moreri, la Bletterie, Fléchier.

BIOMÉTRIE, mesure de l'intensité et de la durée de la vie d'un être. La vie des êtres n'a pas une même intensité. Les mousses, les haricots reprennent la vie après une longue interruption. Les reptiles et les poissons manifestent une grande intensité vitale. La longueur de l'existence est ordinairement proportionnée à la durée de la croissance.

BION, poëte grec, né à Smyrne, et vivant 265 ans avant J.-C. Ses idylles et ses élégies, dont il ne nous reste que dix, et dont *l'Écolier maitre* et *le Berger oiseleur* sont les plus gracieuses et les plus délicates, ont été traduites en prose par Clairfons et Gail, en vers par Longepierre et Poinsinet de Sivry.

BION, philosophe cynique, disciple de Cratès et de Théophraste, était né à Borysthène. Il se rendit célèbre comme poëte, musicien et philosophe, et composa des satires pleines de sens et d'enjouement. Il mourut l'an 241 avant J.-C.

BIPARTI, nom donné aux parties des végétaux divisées de manière que la scissure excède manifestement le milieu de leur longueur, ou s'avance plus ou moins près de la base. Il diffère de *bifide*, parce qu'il indique une division plus profonde.

BIPARTILE. On nomme ainsi ce qui est susceptible de se partager spontanément en deux parties. Telles sont les légumes des plantes légumineuses.

BIPÈDES. En histoire naturelle, on applique ce nom aux animaux qui n'ont que deux pieds seulement.

BIPENNE, hache à deux tranchants, en usage surtout chez les peuples de la Thrace, de la Scythie et de Germanie. La bipenne des Francs s'appelait *francisque*. Elle était l'arme des Amazones, des Egyptiens et des Romains.

BIPENNÉE, nom donné aux feuilles composées dont le pétiole commun porte latéralement des pétioles secondaires, qui eux-mêmes, portent latéralement des folioles. Telles sont les feuilles de la fumeterre.

BIRAGUE (René DE), garde des sceaux de France en 1570, et chancelier de France en 1573, était né à Milan d'une noble famille en 1507. Ce fut lui qui conseilla et organisa chez les Guise et Médicis la Saint-Barthélemy. Il mourut en 1583 dans la disgrâce de Henri III, et après avoir obtenu le chapeau de cardinal.

BIRAGUE (Clément), graveur en pierres fines, né à Milan, qui florissait en Espagne sous Philippe II (XVI<sup>e</sup> siècle), et qui passe pour être l'inventeur de la gravure sur diamant.

BIRD-GRASS, plante du genre *agrostis* dont, en Amérique, on fait des prairies artificielles, parce que cette plante, de la famille des graminées, est très-bonne pour le pâturage. L'usage des prairies de *bird-grass* est passé d'Amérique en Angleterre, et d'Angleterre en France. Le bird-grass vient partout.

BIREN (Ernest-Jean DE), duc de Courlande, né en 1690. Il s'éleva, de fils de piqueur qu'il était, au rang de chambellan de la duchesse Anne de Courlande, depuis impératrice de Russie, qui le nomma encore son chambellan, et le fit élire duc de Courlande en 1737. Il fut favori et ministre d'État jusqu'en 1740. À cette époque l'impératrice mourut laissant le trône à son petit-neveu Ivan, sous la régence de Biren. Renversé après vingt-deux jours de gouvernement, celui-ci fut exilé en Sibérie, où il resta un an. Élisabeth le rappela ; Pierre III le fit remettre en liberté, et Catherine II lui rendit ses biens. Il fut reconnu de nouveau duc de Courlande en 1763, et mourut en 1772.

BIRIBI, jeu de hasard, dont les instruments sont un grand tableau qui contient soixante-dix cases numérotées et un sac contenant soixante-quatre petites boules aussi numérotées. Si la boule que l'on retire a le même numéro que celui sur lequel on a placé son argent, on vous paye soixante-quatre fois la mise.

BIRKENFELD, principauté du duché d'Oldenbourg, dont la superficie est de 10 milles géographiques carrés, et la population de 21,500 habitants ; Birkenfeld, à 8 lieues de Trèves, en est le chef-lieu. — Le trône de Bavière est actuellement possédé par un descendant d'une branche qui portait le nom de Birkenfeld, et une branche collatérale porte encore ce nom. Elle est appelée de droit à succéder à la branche régnante. Toutes deux descendent de Christian, petit-fils de Wolffgang, duc de Deux-Ponts, cinquième descendant de l'empereur Robert III.

BIRMAN, empire d'Asie, qui occupe toute la péninsule au delà du Gange, et qui comprend les royaumes de Pégu, d'Ava et d'Arracan. Sa superficie est évaluée à 84,000 lieues carrées, et sa population à 10,000,000 d'âmes. Son empereur, qui réside à Ummerapourra, capitale du royaume d'Ava, prend le titre de *monarque aux pieds dorés*. En 1827, les Anglais se sont emparés d'une grande partie de cet empire.

BIRMINGHAM, ville considérable et très-commerçante d'Angleterre, au comté de Warwick. Ses manufactures et ses fabriques ont considérablement accru sa prospérité. Elle se trouve à 27 lieues de Londres, dans une plaine entrecoupée par des mines de houille. Sa population est de plus de 100,000 âmes, et elle est jointe par un chemin de fer à la ville de Manchester.

BIRON (Charles DE GONTAULT, duc DE), maréchal de France, ambassadeur en Angleterre et en Savoie. Il rendit un grand nombre de services à Henri IV pendant sa guerre avec les ligueurs, et il trahit sa faveur. Accusé d'avoir conspiré contre lui, il fut jugé et condamné par le parlement. Il fut exécuté dans la Bastille en 1602. — Son père, ARMAND GONTAULT DE BIRON, avait aussi été maréchal de France, et commandait à Arques et à Ivry. Il fut tué en 1592 au siège d'Epernay.

BISAILLE, mélange de pois des champs et de vesces communes, que l'on sème annuellement sur les jachères, et qui est propre à la nourriture des animaux.

BISALTES, peuples de la Thrace, de la Scythie ou de la Macédoine, habitant la Bisaltie. Bisaltus, fils du Soleil et de la Terre, était, selon la mythologie, le père des Bisaltes. Voy. THRACE.

BISANNUEL, nom donné aux plantes qui vivent deux ans.

BISCAÏEN, mousquet de Biscaye, de fort calibre, ou fusil de rempart. On donne aussi ce nom au plus petit des boulets de canon.

BISCAYE, province de l'Espagne septentrionale comprenant les provinces d'Alava, de Guipuscoa et la Biscaye proprement dite, dont la capitale est Bilbao. Ce pays, qui a eu ses souverains particuliers jusqu'en 1479, jouit de priviléges très-nombreux et très-étendus, accordés par le roi Philippe II. La Biscaye proprement dite ou province de Bilbao a 15 lieues de long sur 25 de large, et sa population est de 200,000 âmes.

BISCUIT, sorte de pain qui a subi une double cuisson. Le biscuit de mer est un biscuit que la facilité que l'on a de le conserver pendant longtemps a fait adopter pour aliment des marins. C'est cette double cuisson qui lui donne cette propriété de ne point s'altérer. — Il y a des biscuits gâteaux et des biscuits purgatifs.

BISE, nom particulier donné au vent du nord qui règne dans le fort de l'hiver, et souffle entre l'est et le septentrion. Les Italiens l'appellent *tramontana*.

BISEAU, extrémité taillée en talus. Les organistes donnent ce nom à un petit morceau d'étain ou de plomb qui couvre le tuyau et sert au résonnement de l'orgue.

BISET, espèce du genre *pigeon*. Elle a treize pouces de longueur totale, et de vingt-six d'envergure. Sa couleur est gris d'ardoise, un tour du cou vert changeant ; une double bande noire sur l'aile et le croupion blanc. Le biset sauvage est la source de tous nos pigeons de colombier. Cet oiseau nous abandonne tous les hivers pour se réfugier en Afrique et en Asie. Sa chair est excellente.

BISEXUEL. Voy. HERMAPHRODITE.

BISMILLAH, c'est-à-dire, *au nom de Dieu*. C'est le début de tous les chapitres du Koran, excepté un. C'est par ce mot que les Turks commencent leurs prières et leurs remerciments.

BISHOP, punch vineux composé de vin sucré, d'orange, de girofle et de muscade, dont l'usage est répandu dans la Hollande et dans quelques autres contrées septentrionales.

BISMUTH, métal solide, d'un blanc jaunâtre, très-fragile, et formé de lames fort brillantes. Il s'emploie pour donner à l'étain un degré de dureté suffisant, et entre dans la composition du *blanc de fard*, employé pour blanchir la peau. Le bismuth entre encore dans l'alliage connu sous le nom de *métal de Darcet*, qu'on emploie utilement dans le clichage des médailles.

BISON, espèce de bœuf sauvage de l'Amérique septentrionale, qui a une longue barbe, une bosse sur les épaules, et la tête couverte d'une laine épaisse. Sa chair est très-recherchée des indigènes. Pendant l'hiver, le bison s'étend dans les forêts ; l'été, il habite les prairies.

BISSAGOS, groupe d'îles de l'océan Atlantique, sur la côte de la Sénégambie, au nombre de seize, qui sont : Assaracs, Bulama, Bissao, Bussi, Canebac, Carache, Cavallo, Corbite, Cove, Cuzegut, Formose, Galine, Gontera, Mauterre, Mil et Yate. L'île de Bissao est la plus considérable, et a 40 lieues de circonférence. Sa capitale, *Bissao*, a 8,000 habitants. L'île, qui est très-fertile en riz, mil, poivre, vin de palmier, appartient aux Anglais.

BISSEXTILE, année composée de 366 jours, et que l'on obtient de quatre en quatre par l'intercalation d'un jour au mois de février, qui est trouve alors de 29 jours au lieu de 28 qu'il a dans les années communes. Cette composition des années bissextiles date de la réforme julienne.

BISSON (Henri), enseigne de vaisseau, né en 1793 à Guémené (Morbihan). Il avait parcouru en cette qualité les mers de l'Inde avant la dernière campagne d'Orient. Chargé de prendre le commandement d'un brick forban, dans la guerre de l'indépendance de la Grèce, il fut investi par deux mislicks de pirates N'ayant que quinze hommes à leur opposer, il offrit la plus vigoureuse résistance, mais blessé dangereusement, ayant déjà perdu neuf hommes, et voyant le pont envahi, il se traîna à la chambre aux poudres, y mit le feu, et fit sauter le bâtiment (dans la nuit du 5 au 6 novembre 1827). Les chambres votèrent une pension à la sœur de Bisson.

BISTORTE, adjectif qui s'applique à toute racine présentant deux coudes, et à la plante appelée *renouée*.

BISTORTE, plante du genre *renouée*, dont les racines sont contournées en forme d'S. Elle s'emploie, en Suisse et en France, pour la nourriture des bestiaux. Ses racines sont astringentes et toniques.

BISTOURI, instrument tranchant dont les chirurgiens se servent pour couper les chairs et faire des incisions. Il tire, dit-on, son nom de la ville de Pistori ou Pistole en Italie, qui était autrefois renommée pour la fabrication des bistouris.

BISTRE, couleur d'un brun roussâtre que l'on retire de la suie, et dont on faisait autrefois un fréquent usage. Les peintres pour leurs croquis, les architectes pour leurs dessins. En peinture, on l'a remplacée par la *sépia*.

BITAUBÉ (Paul-Jérémie), né à Kœnigsberg en Prusse, en 1730, d'une famille française, membre de l'Institut de France, mort en 1808. Il vint s'établir en France en 1786, et s'y fit connaître avantageusement par les productions suivantes : *Joseph*, poëme en prose; *Guillaume de Nassau ou les Bataves*, poëme, et la traduction d'*Herman et Dorothée*, de Gœthe. Il avait déjà publié à Berlin la *Traduction de l'Iliade et de l'Odyssée*, et une *Réfutation de la Profession de foi du vicaire savoyard*.

BITCHE, petite place forte du département de la Moselle, sur un rocher presque à pic, chef-lieu de canton, à 10 lieues S.-E. de Sarreguemines. Population, 3,800 habitants. Cette place est destinée à défendre le défilé des Vosges entre Weissembourg et Sarreguemines. Elle a une très-belle forteresse, qui passe pour imprenable.

BITERNÉE (Feuille), celle dont le pétiole commun se termine par trois pétioles secondaires, dont chacun porte trois folioles. Telles sont celles de la *fumeterre bulbeuse*.

BITHYNIE, contrée de l'Asie-Mineure formant aujourd'hui les provinces de Kutaïeh et des Côtes de l'Anatolie. Sa capitale est *Broussa* ou *Bursa*, l'antique Pruse. Elle forma un royaume puissant, qui dura depuis 285 jusqu'en 75 avant J.-C. A cette époque, elle fut réduite en province romaine. Elle passa aux empereurs grecs, puis aux Turks, qui y fondèrent une ville.

BITORD, petit cordage composé de deux ou trois, quelquefois quatre fils de caret, goudronnés et tortillés ensemble. On le fait avec du gros fil de caret neuf, et on le conserve en pelottes dans les corderies. On l'emploie à garnir diverses manœuvres pour les préserver du frottement. On fait peu de bitord *blanc*, c'est-à-dire, non goudronné.

BITTERN, nom donné en chimie à l'eau mère qui reste lorsqu'on fait cristalliser le sel contenu dans l'eau de mer.

BITTES, assemblage de charpente formé de deux montants verticaux de bois de chêne et d'un traversin placé sur leur face arrière, le tout avec de fortes dimensions. Les bittes servent à amarrer les câbles quand on a des ancres au fond. On en construit quelquefois deux paires dans les grands vaisseaux; elles sont simples dans la batterie des frégates et des autres bâtiments.

BITUME, nom générique donné à des substances combustibles de la classe des carbures d'hydrogène, tantôt liquides, tantôt solides, ou ayant la mollesse de la poix. A l'état solide, ils sont très-friables, se pulvérisent facilement entre les doigts, et se fondent à une température peu élevée. Ils s'enflamment facilement, et brûlent avec flamme et fumée épaisse, en dégageant une odeur forte qui leur est particulière. Leur pesanteur spécifique est ordinairement moindre que l'eau. Tels sont l'*asphalte*, le *malthe* et le *naphte*. Les bitumes servent en Égypte de combustible, en Perse et en Chine d'éclairage; on en enduit des bois et les câbles qu'on veut préserver de l'humidité; on les emploie avec avantage dans les constructions hydrauliques. En les mélangeant avec du sable, on en fait des dalles extrêmement commodes et du plus bel aspect.

BITURIGES, peuples de l'ancienne Gaule Celtique. Ils habitaient, à l'époque de l'invasion romaine, le territoire dont s'est formé depuis le Berri. *Avaricum* (Bourges) était leur capitale. Les Romains ne s'emparèrent du pays des Bituriges qu'après de longs combats et une grande résistance de la part des habitants. Ils ne possédèrent jusqu'au VIᵉ siècle. (Voy. Berri.) Les Bituriges étaient un des peuples les plus puissants de la Gaule.

BIVOUAC ou BIVAC, en stratégie, établissement des soldats en plein air autour de grands feux. C'est une espèce de campement à la belle étoile. Le bivaquement est une partie de l'art stratégique en usage seulement depuis les guerres de la révolution.

BLACK (Joseph), né à Bordeaux en 1728, physicien et chimiste écossais fameux, qu'on a surnommé le *Nestor de la révolution chimique*. On lui doit la découverte du calorique latent. Il démontra très-clairement et très-ingénieusement dans ses *Expériences sur la magnésie blanche, la chaux vive et quelques autres substances alcalines*, l'existence d'un fluide aériforme qu'il appelle *air fixe*; et cette découverte peut être regardée comme la mère de celles de Cavendish et Lavoisier. Il mourut en 1799.

BLACK-DROPS (*gouttes noires*), préparation de l'opium avec l'acide acétique, très-usitée en Angleterre. On en donne de deux à six gouttes dans une potion. Six gouttes contiennent un grain d'opium.

BLACKSTONE (William), célèbre jurisconsulte anglais, né en 1723 à Londres, mort en 1780. Il fut élu plusieurs fois membre de la chambre des communes, et s'est rendu célèbre par son ouvrage si connu, *Commentaires sur les lois anglaises*. Cet ouvrage a eu plusieurs éditions en Angleterre et dans le reste de l'Europe.

BLAIR (Hugues), orateur et écrivain distingué, professeur de rhétorique à Édimbourg, où il naquit en 1718, et où il mourut en 1800. Il attira à son cours un grand nombre d'auditeurs par ses brillantes leçons. Ses *Oraisons sacrées* et son *Cours de littérature et de belles-lettres* lui ont fait un nom recommandable.

BLAIREAU, genre de mammifères, de la famille des carnassiers plantigrades, caractérisés par un corps bas sur jambes, des pieds à cinq doigts, munis d'ongles robustes, propres à fouiller; une queue courte et velue, une poche remplie d'une humeur grasse et infecte, placée auprès de l'anus. Le *blaireau ordinaire* est long de deux pieds deux pouces, non compris la queue; le pelage est long et bien fourni; gris brun par-dessus, noir en dessous. Une bande longitudinale noire existe de chaque côté de la tête, passant sur l'œil et sur l'oreille. Cet animal habite les bois sombres, où il se creuse un terrier tortueux et oblique. Il fait sa nourriture de tout ce qu'il peut prendre. Pris jeune, il s'habitue à la domesticité. On le trouve dans l'Europe et l'Amérique du Nord.

BLAISE (Saint), évêque de Sébaste en Arménie, souffrit de grandes persécutions sous l'empereur Dioclétien, et mourut pour la défense de la foi sous Licinius (316). On fait sa fête en Occident le 3 février. On invoque saint Blaise particulièrement pour la guérison des maladies des enfants et des bestiaux. Il est le patron des cardeurs.

BLAISE (Saint-), ordre militaire composé d'ecclésiastiques et de laïques, dont les uns devaient prêcher la foi, et les autres la soutenir les armes à la main. Ils portaient une robe de laine blanche, sur laquelle était brodée une croix rouge. La règle était celle de Saint-Basile. Cet ordre fut institué, en même temps que les templiers (XIIᵉ siècle), par les rois d'Arménie ou de Jérusalem.

BLAKE (Robert), célèbre amiral anglais, né dans le comté de Sommerset en 1599, mort en 1657. Il se distingua surtout dans les guerres contre la Hollande, où il combattit Tromp avec succès depuis 1650 jusqu'à sa mort.

BLAKE (William), graveur, peintre et poëte anglais, né à Londres en 1757, mort en 1828. Il a publié un recueil de soixante-quinze pièces de poésie, intitulé les *Chants de l'innocence et de l'expérience*, accompagnant chaque pièce d'un dessin original et remarquable. Il publia encore *les Portes du paradis*, en seize dessins; le *Pèlerinage de Cantorbéry*, etc.

BLANC, maladie des végétaux, caractérisée par une sorte de poussière blanche qui se manifeste sur les feuilles. Le *blanc sec* recouvre presque en entier la plante qu'il affecte, s'observe en été après de grandes pluies suivies de coups de soleil violents. Cette maladie est due à l'altération du tissu cellulaire. Le *blanc mielleux* ou *lèpre au meunier* s'observe en juillet et septembre, et se reconnaît à une substance blanchâtre et un peu visqueuse qui semble formée de petits filaments enlacés. Cette maladie, qui attaque principalement les arbres fruitiers, fait avorter les boutons.

BLANC-AUNE. Voy. ALISIER.

BLANC D'ALBATRE, sulfate de chaux réduit en poudre fine et employé dans la grosse peinture en détrempe.

BLANC DE BISMUTH ou DE FARD (*sous-nitrate de bismuth*, lavé à grande eau), substance qui se présente en flocons blancs ou en paillettes nacrées très-légères, que l'on obtient en étendant d'eau le dissoluté de bismuth dans l'acide nitrique, et qu'on employait autrefois pour donner de la fraîcheur au teint flétri. Ce cosmétique est abandonné aujourd'hui.

BLANC D'ESPAGNE (*carbonate de chaux*), composé d'acide carbonique et d'oxyde de calcium, réduit en poudre, puis en pâte au moyen de l'eau, et enfin transformé en petites masses carrées, dont on fait un fréquent usage. La plus grande partie vient en France du département de l'Aube.

BLANC DE CÉRUSE (*sous-carbonate de plomb*), composé d'acide carbonique et de protoxyde de plomb, formant une espèce de croûte blanchâtre employée dans la peinture à l'huile. L'usage de cette couleur, pour ceux qui la fabriquent ou s'en servent, occasione de fortes coliques connues sous le nom de *coliques de plomb* ou *des peintres*.

BLANC DE CHAMPIGNON, substance blanche, très-fine et filamenteuse, qui forme la partie rudimentaire des champignons. Les jardiniers le placent sur des couches préparées à cet effet quand ils veulent obtenir des champignons comestibles.

BLANC D'EAU. Voy. NÉNUPHAR.

BLANC DE HOLLANDE, variété du *peuplier blanc*.

BLANC DE L'OEIL, nom vulgaire de la *sclérotique*.

BLANC D'OEUF, partie de l'œuf dans laquelle se trouve renfermé le jaune. C'est de l'*albumine*.

BLANC DE PERLE, cosmétique obtenu en précipitant le dissoluté de nitrate de bismuth par l'hydrochlorate de soude ou par le tartrate acide de potasse.

BLANC DE ZINC, précipité obtenu à l'aide de la potasse dans le dissoluté de zinc par l'acide sulfurique.

BLANC (Le), petite ville sur la Creuse, chef-lieu d'arrondissement du département de l'Indre à 16 lieues de Châteauroux Population, 4,804 habitants. Le Blanc était autrefois le siège d'une châtelenie qui relevait de la seigneurie de Châteauroux. Il reste encore quelques débris des anciennes fortifications de cette place, jadis très-forte, et qui a soutenu plusieurs siéges. Le Blanc a un tribunal de première instance, et commerce en vins, bois et fer.

BLANCHARD VELOUTÉ, herbe vivace appelée aussi *houque laineuse*, et qui se trouve dans la plupart des prairies naturelles en abondance. On peut faire un très-bon pâturage en l'associant avec le trèfle, la minette et d'autres herbes.

BLANCHE. Plusieurs princesses de ce nom ont régné sur la France, la Castille, la Flandre, la Sicile et l'Aragon. — BLANCHE D'ARTOIS, reine de Navarre, épousa Henri Ier, roi de Navarre, et en secondes noces Edmond d'Angleterre. Elle fonda en France l'abbaye d'Argensoles, de l'ordre de Cîteaux, et mourut vers 1300. — BLANCHE DE BOURBON, épousa Pierre le Cruel, roi de Castille, en 1352. Elle n'avait alors que quatorze ans. Le roi, épris de Marie de Padilla, fit enfermer la malheureuse Blanche à Médina Sidonia, où elle fut empoisonnée en 1361. Les Français s'empressèrent d'aller venger sa mort sous les ordres de Duguesclin. — BLANCHE DE BOURGOGNE, fille d'Othon IV, épousa en 1307 le comte de la Marche, fils de Philippe le Bel, roi de France. Elle imita la conduite licencieuse de Marguerite de Bourgogne. (Voy. ce mot.) Mais elle ne subit pas le sort de la reine, elle se retira au couvent de Maubuisson, où elle prit le voile. Elle mourut en 1325. — BLANCHE CAPELLO. Voy. CAPELLO.

BLANCHE (mus.), un des caractères employés dans la notation de la musique. Sa durée, dans la mesure, est de la moitié d'une ronde. Elle vaut deux noires, quatre croches, huit doubles croches, etc. La blanche appartient à la division binaire de la mesure.

BLANCHE DE CASTILLE, reine de France, mère de saint Louis et femme de Louis VIII, née en 1185 d'Alphonse II, roi d'Aragon et d'Éléonor d'Angleterre. Deux fois régente dans des circonstances difficiles (1231 et 1248), elle assura par sa fermeté la tranquillité du royaume, et mérita les éloges de la postérité par ses vertus et son amour maternel. Elle mourut en 1252.

BLANCHE (MER) ou BELOE MORE, grand golfe de l'océan Septentrional, entre la Laponie russe et le gouvernement d'Arkhangel. Sa superficie est d'environ 3,750 lieues carrées.

BLANCHET, morceau de laine blanche à travers laquelle on filtre des sirops et plusieurs autres liquides denses.

BLANCHISSAGE, acte de reblanchir ce qui était blanc, et qui diffère en cela du *blanchiment*, qui a pour but de donner la couleur blanche aux matières qui ne l'ont pas. On blanchit ordinairement le linge de deux manières, à la lessive ou à la vapeur.

BLANC-MANGER, gelée animale combinée à une émulsion d'amandes douces, sucrée et aromatisée avec de l'eau de fleurs d'oranger et de l'huile essentielle de citron. C'est un manger délicieux, que la médecine recommande dans les convalescences et les maladies chroniques.

BLANC RAISIN ou BLANC RHASIS, onguent composé de céruse, de cire blanche et d'huile d'olive, dont on se sert comme dessiccatif.

BLANKENBOURG, district du duché de Brunswick, entre l'Anhalt, la Prusse, le Hanovre. Il renferme les trois juridictions de Blankenbourg, de Hasselfelde et Walkeried. Sa superficie est de 16 lieues carrées, et sa population de 35,640 habitants. Capitale, *Blankenbourg*, à 2 lieues d'Halberstadt. Cette ville commerce en marbres précieux. Elle fut sous la révolution le résidence de Louis XVIII.

BLANQUETTE, sorte de vin blanc, doux et spiritueux, très-renommé, qui vient dans la Gascogne et le bas Languedoc. L'espèce la plus connue est la *blanquette*

de Limoux. — On appelle encore blanquette une poire d'été de forme ronde mais allongée, dont la saveur est très-agréable.

BLAPS, genre d'insectes de l'ordre des coléoptères, qui habite les lieux obscurs, sales et humides, les habitations. Il est de couleur noire, et répand au toucher une odeur désagréable. Il ne vole pas, mais court avec beaucoup de vitesse.

BLAS, terme par lequel le médecin Van-Helmont désignait la force du mouvement. Il distinguait le *blas meteoros* ou des corps célestes, et le *blas humanum*, qui opérait dans l'homme.

BLASON, appelé aussi *art héraldique*, science qui s'occupe de la connaissance et de l'explication des armoiries. Dans l'explication des armoiries on distingue trois choses, l'écu, les émaux et les pièces ou meubles. — L'*écu*, qui représente l'ancien bouclier, est tantôt rond, tantôt en losange, tantôt en forme de carré long, se terminant à la partie inférieure et au milieu par une pointe. Cette partie de l'écu a reçu le nom de *pointe*; le *chef* est la partie de l'écu directement opposée à la pointe. L'écu se divise en quatre partitions, et se subdivise en dix-sept répartitions. Les quatre sont le *parti*, formé par une ligne perpendiculaire divisant l'écu; le *coupé*, formé par une ligne horizontale; le *tranché*, par une ligne diagonale de droite à gauche; et le *taillé*, par une ligne diagonale de gauche à droite. — Les *émaux* sont les noms collectifs donné aux métaux, couleurs ou fourrures qui colorient l'écu. Il y a deux métaux, l'or et l'argent; cinq couleurs, l'*azur* (bleu), les *gueules* (rouge), le *sinople* (vert), le *sable* (noir) et le *pourpre* (violet); et deux fourrures, l'*hermine* et le *vair* (fourrure d'écureuil). — Les pièces dites *honorables* sont au nombre de neuf. Ce sont : le *chef*, bande occupant la partie supérieure de l'écu; la *fasce*, bande horizontalement posée au milieu de l'écu; le *pal*, bande verticalement placée au milieu de l'écu; la *croix*, formée de la fasce et du pal réunis; la *bande*, placée diagonalement de droite à gauche; la *barre*, l'opposé de la bande; le *chevron*, formé de la bande et la barre réunies de manière à former un V renversé; le *sautoir*, formé du croisement de la bande et de la barre en forme d'X et le *pairle*, en forme d'Y. Les *meubles* sont les choses qui couvrent l'écu, telles que des oiseaux, des fleurs, etc. L'origine des blasons remonte aux croisades. Les seigneurs, à leur départ pour la Palestine, voulant se distinguer les uns des autres, placèrent des armoiries sur leurs armes. Ce fut là l'origine du blason.

BLASPHÈME, injure contre un culte quelconque, et principalement contre le christianisme. L'auteur de la première loi sur le blasphème fut en France Louis le Débonnaire, qui statua le dernier supplice pour les blasphémateurs. Philippe Auguste les condamna à être jetés dans un sac à la rivière, et Louis IX les condamna à être marqués au front. La dernière ordonnance contre le blasphème est de 1631.

BLASTÈME, nom donné, dans les plantes, au corps qui porte les cotylédons, et qui comprend la radicule, la plumule et le collet.

BLATIER, marchand forain qui va chercher le blé dans les campagnes, et le transporte aux marchés de proche en proche. Il y avait à Paris, du temps de saint Louis, une communauté de blatiers, à laquelle ce prince avait donné des statuts.

BLATTE, genre d'insectes orthoptères qui ne se montrent que la nuit, et qui habitent les planchers des maisons où ils sont un véritable fléau. Car ils mangent le pain, la farine, etc., et causent de très-grands ravages. La blatte est ordinairement d'un brun foncé.

BLAYE, ville du département de la Gironde, avec sous-préfecture, un port assez commerçant et une citadelle sur les bords de la Gironde. Sa population est de

3,855 habitants; la largeur de la Gironde à Blaye est de 1,900 toises. En 1832, la duchesse de Berri fut enfermée dans la citadelle sous la garde du général Bugeaud.

BLÉ. Voy. FROMENT.

BLÉ. On nomme *blé à chapeaux* une espèce de blé cultivée en Toscane, dont la paille, haute de quelques centimètres, sert à fabriquer des chapeaux estimés; *blé amidonnier*, une espèce peu répandue qui fournit un bel amidon; *blé avrillet*, le froment que l'on sème en mars et en avril; *blé barbu*, celui dont les épis sont garnis de barbe : on nomme encore ainsi le *sorgho*; *blé blanc*, deux variétés qui fournissent une très-belle farine; *blé cotonneux* ou *français*, une variété que l'on cultive dans le haut et bas Rhin, en Italie et en Espagne; *blé méteil*, un mélange de blé et de seigle qui prend le nom de *méteil de froment* ou *de seigle*, selon la proportion dominante. On connaît encore le *blé d'Égypte, de Pologne, de Taganrok, Fellemberg, Lammas, vivace,* etc. — On appelle *blé brout* celui qui est attaqué par la rouille; *blé charbonné*, celui qui est noirci par la carie; *blé coulé*, un blé dont les grains sont petits, peu farineux; *blé échauffé*, celui dont une fermentation intérieure a détruit la partie alimentaire; *blé mouillé*, un grain altéré par les pluies; *blé vermoulu*, celui qui est gâté par la présence d'insectes.

BLÉ. On nomme vulgairement *blé barbu* ou *de Guinée* le sorgho; *blé de Canarie* ou *d'oiseau*, l'alpiste; *blé de vache*, le mélampyre des champs, la saponaire rouge et le sarrasin; *blé lentilleux*, un mélange de lentilles et de seigle qu'on sème dans le Jura; *blé noir*, la renouée et le sarrasin; *blé turc*, de Turquie, d'Espagne ou d'Italie, le maïs; *blé de la Saint-Jean*, le seigle.

BLEIME, meurtrissure ou rougeur qui survient quelquefois à la sole des talons du cheval, et qui est suivie d'épanchement de sang ou de formation de pus. Elle est *naturelle* ou *accidentelle*.

BLEKINGEN, province de Suède entre celles de Kronoberg, Christianstad, Calmar et la mer Baltique. Sa population est de 67,200 habitants. Sa capitale est *Carlskrona*, à 90 lieues de Stockholm, 82 de Copenhague. Cette province produit des pâturages estimés, de la poix, du goudron, du cuir, des peaux et du suif.

BLÉSOIS, pays situé sur le bord de la Loire, et dont Blois était la capitale. Il a 20 lieues de longueur sur 11 de large. Il forme maintenant le département de Loir-et-Cher. Il se divise en *haut* et *bas Blésois*.

BLETTE, plante potagère, rafraîchissante, et qui a une saveur assez fade. Elle croît naturellement partout, et se sème dans les jardins. Elle appartient à la famille des atriplicées.

BLETTERIE (Jean-Philippe-René DE LA), écrivain français distingué, né en 1696 à Rennes, mort en 1772. Professeur d'éloquence au collège de France, et membre de l'académie des inscriptions et belles-lettres. Son *Histoire de Julien l'Apostat* et sa *Vie de l'empereur Jovien* furent les fondements de sa réputation.

BLEU, nom d'une des sept couleurs primitives, qui forme un grand nombre d'espèces. Le *bleu de Prusse* est un corps solide d'un bleu extrêmement foncé, et très-employé dans la peinture. On l'obtient par la calcination de plusieurs matières, telles que du sang desséché, des rognures de corne, du sous-carbonate de potasse, etc. Le *bleu d'outremer* s'obtient par le broyage du lapis-azuli, pierre qui vient de l'Asie, et s'emploie encore beaucoup en peinture. Le *bleu de cobalt*, mélange provenant de phosphate de cobalt et d'alumine, découvert par M. Thenard, et pouvant remplacer le bleu d'outremer.

BLEUES (MONTAGNES), chaîne de montagnes de l'Amérique septentrionale, et qui traversent la Jamaïque de l'E. à l'O. On donne encore ce nom à la branche orientale des monts Alleghani, qui s'étend dans divers États de l'Amérique septentrionale, et se termine près de l'Hudson aux hauteurs de Westpoint.

BLIN, terme de marine, pièce de bois carrée munie de plusieurs barres clouées à angle droit et en travers. Ces pièces servent à pousser les coins de bois sur la quille d'un vaisseau lorsqu'on veut le mettre à l'eau.

BLINDAGE, en termes de fortifications, abri ménagé dans un siège par les travailleurs contre les projectiles d'artillerie, au moyen de *blindes*, morceaux de bois, ou branches entrelacées qu'on enferme entre deux rangs de pieux dressés ou de claies.

BLOC, instrument de punition des prisonniers dans les colonies. Il est formé de deux pièces de bois d'une longueur indéterminée, ayant au moins quatre pouces d'épaisseur, et sept ou huit de hauteur, réunies à une de leurs extrémités par une charnière qui sert à ouvrir la moitié supérieure. Ces pièces sont percées d'un nombre de trous en forme de demi-cercle du diamètre de la jambe d'un homme; quand on lui a fait placer le bas d'une ou de ses deux jambes, ces pièces se rejoignent et se ferment au moyen d'un cadenas.

BLOCKAUS, en termes de fortifications, redoute détachée de la masse des ouvrages fortifiés, ordinairement construite en bois, et communiquant sous terre à ces ouvrages principaux dont elle n'est que le poste avancé.

BLOCUS, opération militaire consistant à occuper les avenues d'une place, soit pour empêcher les sorties, soit pour la réduire et l'obtenir par famine. On appelle *blocus continental* le système d'exclusion générale par lequel Napoléon voulait interdire à l'Angleterre tout accès sur le continent européen.

BLOIS, ville de France sur la Loire, capitale du Blésois, et chef-lieu du département de Loir-et-Cher. Sa population actuelle est de 15,000 habitants. Ce fut dans cette ville que se tinrent les états généraux de 1577 et de 1588, dans lesquels Henri III fit assassiner le duc et le cardinal de Guise. Blois a eu des comtes particuliers qui ont joué un grand rôle dans l'histoire de France. Le plus ancien comte date de 830, et le comté ne fut réuni à la couronne qu'en 1498. Blois a un évêché.

BLONDEL (François), né en 1617 à Ribemont en Picardie, mort en 1696, membre de l'académie des sciences, professeur de mathématiques au collège de France, maréchal de camp et conseiller d'État. Ce fut lui qui bâtit l'arc de triomphe de la porte Saint-Denis. Il a fait les ouvrages suivants : *Cours d'architecture*, *Art de jeter les bombes*, *Manière de fortifier les places*, etc. Il était aussi un littérateur distingué.

BLONDEL DE NÉELE ou NESLE, troubadour du XIIᵉ siècle, né en Picardie, fut le confident de Richard Cœur de lion, roi d'Angleterre. Pendant la captivité de ce prince, Blondel voyagea en Allemagne, pour tâcher de le délivrer, et ce fut en chantant une romance française, qu'il avait composée pour Richard, qu'il découvrit le château où Léopold, duc d'Autriche, l'avait fait enfermer en 1192, et qu'il délivra son roi. Blondel reçut de grandes récompenses de Richard, et mourut en Angleterre. Les manuscrits de la bibliothèque royale renferment vingt-neuf chansons de ce poëte. Le dévouement de Blondel a fourni à Grétry le sujet d'un opéra intitulé *Richard Cœur de lion*.

BLOUNT (Charles), né à Upper-Halloway (province de Middlesex), d'une famille célèbre dans les fastes de la littérature anglaise. Il publia en 1680, à vingt-six ans, la traduction des deux premiers livres de la *Vie d'Apollonius de Tyanes*, par Philostrate. Les notes qu'il y ajouta ne tendent qu'à tourner la religion en ridicule. Ce livre fut condamné en Angleterre. Blount, étant devenu amoureux de la veuve de son frère, tâcha de s'en faire aimer. Mais, n'ayant pu y réussir, il se brûla la cervelle en 1693. On a encore de ce déiste fameux *Les Oracles de la raison*, l'*Histoire des opinions des anciens touchant l'état des âmes après la mort*, etc.

BLOUSE, vêtement ordinairement en toile, qui est l'ancien *sayon* des Gaulois, et qui est surtout en usage chez les gens de la campagne. — On appelle encore *blouse* chacun des six trous des coins et des côtés d'un billard.

BLUCHER (LÉBRECHT DE), feld-maréchal de Prusse, prince de Walhstadt, chevalier de presque tous les ordres militaires de l'Europe, né en 1742 à Rostock, mort en 1819. Ce célèbre général prussien, de la maison de Grossen-Rensow dans le Mecklembourg, se distingua surtout par la résistance qu'il opposa aux armées de Napoléon. Il se couvrit de gloire aux journées de Bautzen, de Haynau et de Leipsig. Le roi de Prusse lui a fait ériger à Berlin une statue de douze pieds de haut. On en a érigé encore une à Breslau en 1827.

BLUET, plante à fleurs bleues, de la famille des cynarocéphales, qui croît naturellement dans les blés, qu'elle étouffe souvent. Elle est annuelle.

BLUTEAU ou BLUTOIR, instrument qui sert à séparer le son de la farine, et qui se compose d'une petite roue en bois montée sur un petit arbre de fer. — Les corroyeurs appellent aussi *bluteau* un paquet de laine avec lequel ils essuient les cuirs chargés auparavant d'une bière aigre.

BOA, serpent énorme, qui habite les creux des arbres ou des rochers de l'Amérique et des Indes. Il avale des hommes tout entiers, ainsi que des animaux d'une grosseur plus qu'ordinaire. Il est dépourvu de venin. La plus grande espèce atteint de vingt-sept à trente pieds de long. L'huile qu'on retire de son corps est très-bonne pour les contusions et les meurtrissures. Le boa appartient à l'ordre des ophidiens.

BOCAGE, petit pays de la basse Normandie, dans le diocèse de Lisieux, dont la capitale était Vire, et qui fait aujourd'hui partie du département du Calvados.

BOCARD, appareil de cassage ou de pilage de substances très-dures, et qu'on emploie principalement pour réduire en fragments les minerais. Le bocardage se fait à sec ou à l'eau.

BOCARDAGE, opération minéralogique, qui s'exécute à l'aide d'une mécanique composée de plusieurs pièces de bois mobiles appelées *pilons*, qui sont placées verticalement et maintenues dans cette position par des coulisses en charpente. Ces pilons sont armés à leur extrémité d'une masse de fer, plus ou moins lourde, selon la dureté des minerais qu'ils doivent écraser. Un arbre horizontal, mû par l'eau ou toute autre puissance mécanique, accroche en tournant ces pilons au moyen de parties saillantes appelées *cames*, qui entrent dans une échancrure ménagée dans les pilons, et les laisse ensuite retomber dans une auge longitudinale, creusée dans le sol. Chaque auge contient de trois à six pilons, et constitue une *batterie* ou *bocard*. On soumet ensuite les matières métalliques concassées au triage et au lavage qui les débarrassent de toute substance étrangère.

BOCCACE (Jean), écrivain et nouvelliste florentin, né à Paris en 1313, mort en 1375. Il est considéré comme le père de la prose italienne, et s'est fait une grande réputation par son *Décaméron*, recueil de cent nouvelles en dix journées. On a encore de lui la *Théséide*, la *Vie du Dante*, *Traité de la généalogie des dieux*, *Fiammetta*, *Admète*, etc.

BOCCAGE (Marie-Anne LEPAGE, épouse de FIQUET DU), femme auteur, membre des académies des Arcades de Rome, de celles de Bologne, Padoue, Lyon et Rouen, née à Rouen en 1710, morte en 1802. Elle a imité le en vers le *Paradis perdu*, de Milton, et *la Mort d'Abel*. Sa tragédie *les Amazones* n'eut pas de succès. Elle est encore l'auteur d'un poëme en dix chants, intitulé *la Colombiade*. On lui avait donné pour devise : *Formâ Venus, arte Minerva* (Vénus pour la beauté, Minerve pour le génie).

BOCCANEGRA, famille célèbre dans l'histoire de la ville de Gênes. GUILLAUME BOCCANEGRA, né de parents obscurs, fut nommé chef par le peuple, lorsque Gênes fut érigée en république (1252). Son orgueil l'ayant rendu odieux, il fut chassé trois ans après son élection. Son petit-fils, SIMON, fut le premier doge de Gênes, et fut élu en 1339. Il exerça son pouvoir avec une grande sévérité, exclut les nobles de tous les emplois, et bannit de Gênes ceux dont l'influence lui paraissait dangereuse. Ses barbaries soulevèrent contre lui une ligue formidable, qui vint mettre le siège devant Gênes en 1347. Le doge se démit de sa dignité. Rétabli en 1356, il mourut empoisonné en 1362. Sous son autorité, les Génois firent la conquête de l'île de Chio, et défirent les Tartares, qui avaient mis le siège devant Caffa, colonie génoise. Son frère, ÉGIDE BOCCANEGRA, fut fait amiral d'Alphonse II de Castille et comte de Palma; et son fils, BAPTISTE, ayant cherché à soulever ses compatriotes contre les Français, fut décapité par l'ordre du maréchal de Boucicaut en 1401.

BOCCHERINI (Louis), célèbre compositeur de musique, né à Lucques en 1740, mort en 1806. Ses œuvres ont un caractère éminemment religieux, et forment cinquante-huit pièces, tant *symphonies* que *sextuor*, *quintetti*, *trios*, *duos*, *sonates*. On admire aussi son *Stabat mater*.

BOCCHUS, roi de Gétulie, ligué avec Jugurtha, son gendre, contre les Romains, fut vaincu deux fois par Marius. Il rechercha ensuite l'amitié de ses vainqueurs, et laissa Jugurtha à Sylla. Il eut pour prix de sa trahison une partie du royaume de ce prince, vers l'an 100 avant J.-C.

BOCHART (Samuel), ministre protestant, né à Rouen, en 1599, d'une famille distinguée. Il fit paraître beaucoup de disposition pour les langues orientales, et apprit l'hébreu, le syriaque, le chaldéen, l'arabe, l'éthiopien, etc. Il alla à Stockholm en 1652, sur la demande de la reine Christine, pour lui donner de grands témoignages d'estime. Il mourut à son retour, en 1667. Il était membre de l'académie de Caen. Ses principaux ouvrages sont son *Phaleg* et son *Chanaan* ou *Géographie sacrée* (1646), son *Hierozoïcon* ou *Histoire des animaux de l'Écriture*, et son *Traité des minéraux, des plantes, des pierreries, dont la Bible fait mention* (1793-96).

BOCHNIA, cercle de Gallicie, au S. du royaume de Pologne. Sa population est de 180,000 habitants. Il produit de l'albâtre et du sel. Le chef-lieu est *Bochnia*, à 9 lieues de Kracovie. Population, 3,500 âmes.

BOCHORIS ou BOCCHORIS, roi d'Égypte, succéda à Psammus l'an 781 avant J.-C., et régna quarante-quatre ans. Il fut le législateur de son pays, et favorisa le commerce. Ayant voulu réformer les mœurs de son peuple et s'opposer aux superstitions, les Égyptiens appelèrent Sabacus, roi d'Éthiopie, pour venger leur culte profané. Bochoris, vaincu, fut brûlé vif. On croit que ce roi n'est autre que Pharaon.

BODIN (Jean), célèbre publiciste français, né à Angers en 1530, et mort de la peste en 1596. Savant distingué, il a laissé plusieurs ouvrages, dont le plus fameux est la *République*; les autres sont la *Démonomanie*, le *Naturalisme*, etc.

BODLÉIENNE (BIBLIOTHÈQUE), bibliothèque d'Oxford, provenant de celle de Thomas Bodley, mort en 1612, et qui légua ses livres à l'université d'Oxford. Cette bibliothèque est la plus riche de l'Angleterre.

BOECE (Anicius Manlius Torquatus Severinus), né en 425, l'un des hommes les plus illustres du VIᵉ siècle par ses vertus, ses talents, ses fautes et ses malheurs. Consul en 487, et une seconde fois en 490, il devint ministre de Théodoric, roi des Goths. Accusé de trahison, il fut emprisonné et mourut en 525. Il composa dans sa prison son beau livre *de la Consolation de la philosophie*.

BOÉDROMION, troisième mois de l'année des Athéniens, correspondant avec la fin de notre mois d'août et le commencement de septembre.

BOEHM (Jacob), né à Gœrlitz en Lusace en 1575, mort en 1624. Il eut de fréquentes extases pendant sa vie, et publia plusieurs ouvrages mystiques, entre autres *l'Aurore*. Le reste de ses ouvrages est très-nombreux.

BOERHAAVE (Hermann), médecin fameux, né près de Leyde en 1668, mort en 1738. Il mérita d'être appelé *le prince des médecins*, et fut membre des académies des sciences de Paris et de Londres. Ses ouvrages et ses opinions furent pendant longtemps l'oracle du monde médical. Ses *Institutions* et ses *Aphorismes* sont ceux qui lui attirèrent le plus de renommée.

BOETCHER (Jean-Frédéric), inventeur de la porcelaine de Saxe, né en 1682 dans le bailliage de Reuss, mort en 1719. Poursuivi, comme alchimiste qui se vantait de faire de l'or, par les envoyés du roi de Prusse, il se réfugia à la cour de Saxe. Il leurra pendant longtemps le roi de promesses frivoles, et, pour éviter son courroux, il s'adonna à la recherche d'une sorte de porcelaine qu'il trouva en 1704. En 1710, il fonda à Albrechtsburg la célèbre fabrique de porcelaine qui s'y trouve encore aujourd'hui.

BOEUF, genre d'animaux mammifères, de l'ordre des ruminants, et caractérisé par ses deux cornes, disposées à peu près en forme de croissant. Le *bœuf ordinaire*, qui n'est autre qu'un taureau coupé, est un animal domestique dont les services et l'utilité sont depuis longtemps fort étendus. Il y a encore d'autres espèces de bœufs, telles que le bison, le buffle, l'aurochs, etc.

BOEUF A BOSSE. Voy. ZÉBU.

BOEUF D'AMÉRIQUE ou DES ILLINOIS. Voy. BISON.

BOEUF GRAS, ancienne coutume répandue dans toute la France, et qui consiste à promener dans les rues, le jour du jeudi gras, un bœuf orné de bouquets de fleurs et de rubans. On regarde cette cérémonie comme l'emblème commémoratif de la fécondité de la terre.

BOG ou BUG, grande rivière de Russie, qui se jette dans le Dnièper, et qui est l'*Hypanis* des anciens. Les anciens Slaves l'adoraient comme un dieu. Le nom de Bog, en langue slave, signifiait Dieu, et désignait le Dieu suprême.

BOGAHA (myth.), l'arbre-dieu dans la mythologie des bouddhistes; traversa les airs pour se rendre à Ceylan, où il devait abriter de son ombre Boudha, et enfonça ses racines à la place qu'il occupe encore aujourd'hui à Annarodjpouram. Quatre-vingt-dix bouddhistes fervents ont été enterrés au pied de cet arbre, et, devenus anges, veillent à la sûreté des pèlerins. Autour du Bogaha sont des huttes pour loger les pèlerins. Les Chingalais ont planté d'autres bogahas; mais ils sont secondaires, et ne jouissent pas d'une aussi grande vénération que celui d'Annarodjpouram.

BOGDANOVITCH (Hippolyte-Fédérovitch), né à Pérévolotchna en Russie (1743), vint à Moscou en 1754. Il voulut se faire acteur; mais, entraîné par son goût pour la poésie, il se livra tout entier à l'étude de cet art. Aidé de la protection du comte Michel Dachkof, il fut nommé en 1761 inspecteur à l'université de Moscou, puis attaché comme traducteur au collège des affaires étrangères. En 1762, il accompagna le comte Beloselski à Dresde, avec le titre de secrétaire de légation, et se consacra jusqu'en 1768 à l'étude des arts et de la poésie. En 1775, il écrivit son poëme de *Psyché* et d'autres ouvrages dramatiques et historiques. En 1785, il fut nommé président du conseil des archives de l'empire, et mourut en 1803.

BOGOMILES, secte d'hérétiques de Constantinople au commencement du XIIᵉ siècle. Ils niaient entre autres choses le mystère de la sainte Trinité. Cette secte, con- damnée en 1118, et confondue avec celle des Bulgares, existe encore aujourd'hui en Russie.

BOGORIS, premier roi chrétien des Bulgares, déclara la guerre à Théodora (841), qui gouvernait alors l'empire grec pour Michel, son fils. Elle répondit si sagement aux ambassadeurs, que Bogoris renouvela son traité de paix avec l'impératrice. La sœur de ce prince était chrétienne; elle lui persuada de recevoir le baptême, et cette cérémonie s'accomplit en 861. L'année suivante, Bogoris envoya son fils à Rome demander des évêques et des prêtres au souverain pontife.

BOGOTA (SANTA-FÉ DE), ville de l'Amérique méridionale, capitale de la Colombie et de la Nouvelle-Grenade, et chef-lieu de la province de Cundinamarca. Sa population est de 30,000 âmes. Elle est bâtie sur un plateau élevé au-dessus du niveau des mers de 8,196 pieds, et c'est dans ses environs que se trouve la fameuse cataracte de Tequendama, haute de 588 pieds, et formée par la rivière Funzha ou Rio de Bogota.

BOGUE, genre de poissons de la famille des sparoïdes, que l'on pêche sur les côtes de la Méditerranée. Il renferme encore deux autres espèces, la saupe et l'oblade. La chair du bogue ordinairement est très-recherchée par les habitants de la Provence et de Nice à cause de sa bonté.

BOHÊME, royaume d'Allemagne faisant partie de l'empire d'Autriche. Son étendue est de 2645 lieues carrées, et sa population de 3,500,000 habitants. La capitale est Prague, et elle est divisée en 17 cercles, qui sont Prague, Kaurzim, Beraun, Rakonitz, Saatz, Leitneritz, Buntzlau, Biczow, Kœnigingrætz, Chrudim, Czáslau, Tabor, Budweis, Prachin, Klattau, Pilsen et Ellnbogen. Elle fut anciennement habitée par les Boïens, remplacés ensuite par les Tchèques. Elle a eu d'abord des ducs (de 680 à 1198), puis des rois héréditaires et ensuite électifs, et depuis 1526 elle est gouvernée par des princes de la maison d'Autriche. La religion dominante est le catholicisme. Ses revenus sont de 50,000,000 de francs, et son armée de 60,000 hommes.

BOHÉMIENS. Ce nom désigne, en France, un peuple nomade et vagabond qui parut pour la première fois en Europe dans le XVᵉ siècle, et qui, selon quelques savants, est originaire de l'Inde. Les Bohémiens, voleurs et diseurs de bonne aventure, sont appelés en Angleterre *Gypsies*, et en Espagne *Gitanos*.

BOHÉMOND. Sept princes de ce nom ont occupé la principauté d'Antioche. — BOHÉMOND Iᵉʳ, fils de Robert Guiscard et prince de Tarente, se distingua dans la première croisade. En 1098, il s'empara d'Antioche, qui fut érigée en principauté, et peu après il prit Laodicée. Il mourut en 1111. — BOHÉMOND II succéda au précédent, son père, sous la tutelle de sa mère Constance, et mourut en 1131, à vingt-quatre ans. — BOHÉMOND III succéda en 1163 à Constance, sa mère, fille de Bohémond II et femme de Raymond de Poitiers, et mourut en 1201. — BOHÉMOND IV, son fils, lui succéda, et mourut en 1233. — BOHÉMOND V, son fils, lui succéda, et mourut en 1251. — BOHÉMOND VI, son fils, lui succéda, et mourut en 1284. — BOHÉMOND VII, son fils, lui succéda et mourut en 1287.

BOHR, géant de la mythologie scandinave, né du sein des rochers, qui fut le père des trois plus antiques dieux, Odin, Vilé et Vé. Bohr et ses fils ayant tué le géant Ymer, jetèrent dans le gouffre appelé Ginunga-Gap son corps, et en formèrent la terre. Bohr, se promenant avec un de ses fils sur le bord de la mer, saisit deux planches qui surnageaient, et en forma l'homme et la femme.

BOHUS ou GOTHEMBOURG (GOTHEMBORG), gouvernement de la Suède formé de l'ancienne province de Westrogothie. Sa superficie est de 195 lieues carrées, et sa population de 146,691 habitants. La capitale est Gothembourg.

BOIÉLDIEU (Adrien), né à Rouen en 1776, mort en 1834. Musicien et compositeur distingué par l'originalité, la grâce et la mélodie de ses œuvres. Parmi ses nombreux opéras, on remarque en première ligne *la Dame Blanche* et le *petit Chaperon rouge* ; en seconde ligne *les Voitures versées*, *le Calife de Bagdad*, *les Deux-Nuits*, *Jean de Paris*, *ma tante Aurore*, *Béniowski*, *le nouveau Seigneur du village* et *la Fête du village voisin*.

BOIENS, nation nombreuse de la Gaule Celtique, que leurs migrations successives en Germanie, où ils s'établirent dans le pays appelé de leur nom Bohême; en Italie, où ils s'établirent dans la Gaule Cispadane; et en Asie-Mineure, où ils laissèrent leur nom à la Galatie, dispersèrent et firent disparaître du monde historique.

BOILEAU-DESPRÉAUX (Nicolas), critique fameux du siècle de Louis XIV, né à Paris en 1636, mort en 1711. Son *Art Poétique*, ses *Épîtres* et ses *Satires* l'ont fait surnommer le *Maître du Parnasse* et le *Maître du bon goût*. Il fut quelquefois injuste dans ses jugements, mais il était d'un caractère généreux. Il était l'ami de Racine, de Molière et de la Fontaine. Il fut reçu en 1684 membre de l'académie française, et fut l'un des premiers membres de l'académie naissante des inscriptions et belles-lettres. Louis XIV le nomma son historiographe, avec Racine, et lui donna une pension de 2,000 livres. Boileau est aussi l'auteur du poëme héroï-comique en six chants *le Lutrin*, et d'une traduction du *Traité du sublime de Longin*. Deux de ses frères, Gilles Boileau, né en 1631 et mort en 1669, membre de l'académie française, et Jacques Boileau, né en 1635, mort en 1716, se sont fait connaître par de nombreux ouvrages, et sont deux littérateurs assez estimés.

BOIS, substance fibreuse, dure et compacte, à filaments et à écorce, formant la racine, le tronc et les branches d'un arbre ou d'un arbuste. Les bois se divisent en bois de construction, tels que ceux du sapin, du cèdre, du chêne, du châtaignier, du cerisier, du buis, de l'acajou, etc., et en bois de chauffage, tels que ceux du saule, du chêne, du noyer, de l'orme, etc. L'aménagement (voy. AMÉNAGEMENT), l'exploitation et le semis des bois sont des opérations qui exigent une étude spéciale. — On donne aussi le nom de *bois* aux cornes solides et caduques des cerfs, des chevreuils, des daims, des élans et des rennes, qui servent à reconnaître le nombre d'années de l'animal.

BOIS. On nomme vulgairement *bois à aiguilles*, les arbres résineux; *bois à balai*, le bouleau, la bruyère, le cornouiller, le genêt, etc.; *bois à baguette*, le sébestier; *bois à boutons*, le cephalanthe; *bois abroutis*, les arbres que les bestiaux ont broutés; *bois à cassave*, l'aralie; *bois à cochon*, le gomart, l'icaquier et l'hedwige; *bois à coton*, le peuplier de Virginie et autres arbres dont la graine est surmontée d'une aigrette cotonneuse; *bois à dartres*, la danaïde et le millepertuis; *bois à enivrer*, les plantes lactescentes, telles que le *tithymale*, le *phyllanthe*, et le *galega soyeux*; *bois à feuilles*, les arbres dont les feuilles tombent et se renouvellent tous les ans; *bois à flambeau*, les arbres résineux; *bois amande*, le laurier *pichurim*, et le *maryle* ou *cique*; *bois à caleçons*, la bauhinie; *bois amer* ou *d'absinthe*, la cassie ou *quassia*; *bois à pians*, le mûrier, le *fagarier*; *bois à poudre*, le *nerprun*; *bois arada*, l'*icaquier*; *bois-ban*, le sébestier; *bois baroq* ou *à baraques*, le chigommier à épis simples; *bois bénit*, le buis; *bois blanc*, l'aubier, le tremble, le bouleau, les saules, le peuplier, le tilleul, le *séringa*; *bois bracelet*, le jacquinier; *bois-brai*, le sébestier; *bois cabri* et *cabril*, l'*engiphylo* et le *fagarier*; *bois coca*, le *câprier ferrugineux*; *bois capitaine*, le *mourciller*; *bois carré*, le *framé*; *bois couleuvre*, l'*ophioxyle*, le nerprun ferrugineux, le *vomitier*; *bois d'acajou*, le *cedrel* et la swietenie; bois d'acossois, le millepertuis; bois d'agatis et d'agouti, le gatilier; bois d'Agra, un bois odorant dont les Chinois font de jolis meubles; bois d'aguilla, un arbre d'Afrique, dont l'écorce aromatique était autrefois très-recherchée; bois d'aigle, l'excœcaria; bois d'ainon, le robinier des haies; bois d'amarante, le mahogoni des indiens; bois d'amourette, l'acacia mimosa; bois d'anis, l'abadiane, l'avocatier; bois d'anisette, le poivrier; bois d'arc, le cytise des Alpes; bois de cannelle, le cannelier; le cabril; bois de fer, le siredoxyle, la thymélée; bois de chambre, l'agave; bois de chandelles, le basalmier, le dragonnier et l'érithalide; bois de chêne, les bignones; bois de chenilles, le volkaméria; bois de chik, le sébestier; bois de citron, le citronnier, le balsamier, etc.; bois de crocodile, la clutella musquée; bois de cuir, le dircé; bois de dentelles, le lagetto; bois d'ébène, le plaqueminier et l'ébénier; bois de fer, le siredoxyle, le robinier, etc.; bois de fièvre, les quinquinas et le millepertuis; bois de frêne, la bignone; bois de garou, le laureole, bois d'Inde, le myrte et le campêche; bois de lessive, le cytise; bois lousteau, le fusain; bois de mai, l'aubépine, bois de Perpignan, le micocoulier; bois de reinette, la dodonée; bois de Rhodes, un balsamier, un sebestier et deux espèces de liseron: ces bois, rouges et à odeurs de roses servent à faire de meubles. En médecine, on les emploie dans les poudres sternutatoires et les parfums; bois doux, celui qui a peu de fils ou de nœuds; bois dur, le charme du Canada et les arbres dont la contexture du bois est ferme, la fibre grosse et serrée; bois gentil, le lauréole, la thymélée; bois imparfait, l'aubier; bois incorruptible, le sassafras; bois Isabelle, le laurier rouge, le myrte à feuilles rondes; bois jaune, le tulipier, le sumac, la broussonetie, etc.; bois-jean, l'ajonc; bois laiteux, les euphorbes, le mancenillier; bois laurier, le croton; bois néphrétique, le bouleau; bois puant, l'anagyris; bois punais, le cornouiller; bois salíné, le prunier et le ferolier; bois néphrétique, un bois jaunâtre, compacte, pesant, d'une saveur amère et un peu âcre; on ignore la plante qui le produit. Il est recommandé contre les maux de nerfs. Bois immortel. Voy. Erithryne. Bois major. Voy. Erythroxyle.

BOIS-LE-DUC, ville de Hollande, capitale du Brabant septentrional, sur le Dommel et l'Aa, à 18 lieues d'Amsterdam. Sa population est de 13,800 habitants. Ses fortifications sont très-nombreuses et très-redoutables. Elle a des coutelleries, des quincailleries, des fabriques d'aiguilles et d'étoffes de laine.

BOIS SACRÉS. Dès les premiers âges du monde, les hommes ne connaissaient ni villes, ni maisons. Ils habitaient les bois, et célébraient dans les lieux les plus écartés des forêts les mystères de leur religion. Plus tard, on bâtit des temples, qu'on entoura de bois, pour conserver cette coutume antique. Ces bois étaient sacrés aussi bien que les temples; on s'y assemblait, et on y faisait des repas publics aux jours de fête. Couper des arbres de ces bois était un sacrilège. On y consacrait les plus hauts et les plus grands arbres aux dieux, et on avait soin d'abattre ceux qu'on croyait attirer le tonnerre. Rome était entourée de bois sacrés, dont le plus célèbre était celui d'Egérie.

BOISGELIN (Jean-de-Dieu-Raimond de Cucé), né à Rennes en 1732, fut nommé évêque de Lavaur en 1765, et archevêque d'Aix en 1770. Il apaisa les troubles dans la Provence, suscités par les édits du chancelier Maupeou. En 1776, il fut nommé membre de l'académie française; en 1787, il fut appelé à l'assemblée des notables, et en 1789 il fut envoyé aux états généraux, comme député du clergé, par la sénéchaussée d'Aix. Il y vota la séparation des trois ordres, et proposa l'abolition de toute redevance féodale. Il établit le droit de propriété du clergé et l'intérêt de la nation de lui conserver ses biens. Il s'éleva en faveur des dîmes, contre les assignats, et offrit au nom du clergé un emprunt de 400,000,000. Après la session de l'assemblée constituante (1790), il se retira en Angleterre. Revenu en France en 1801, il fut nommé archevêque de Tours, puis cardinal, et mourut en 1804. Il a laissé quelques ouvrages.

BOISROBERT (François le Métel de), né à Caen en 1592. Poète et bel esprit, l'abbé de Boisrobert était le favori de Richelieu. Il était joueur, gourmand et débauché. Il fut un des fondateurs de l'académie française, dont les séances se tinrent longtemps chez lui. Il mourut en 1662. Boisrobert a laissé des poésies, des contes et des pièces de théâtre.

BOISSEAU, ancienne mesure usitée pour les corps secs et solides, tels que grains, fruits, farine, charbon, sel, etc. Elle variait suivant les localités. Le boisseau de Paris contenait à peu près le tiers d'un pied cube, et pesait environ 13 litres. C'était la douzième partie du setier et la cent quarante-quatrième partie du muid.

BOISSON. On appelle ainsi tout liquide qu'on introduit dans les voies digestives, destiné, soit à apaiser la soif, soit à exciter le système nerveux. Les boissons désaltérantes sont les boissons aqueuses et les boissons fermentées; les boissons excitantes sont les boissons aromatiques et les boissons alcooliques.

BOISSY D'ANGLAS (François - Antoine de), né en 1756 dans le département de l'Ardèche, mort en 1826. Il fut élu député à la convention nationale, qu'il présidait à la journée du 1er prairial an III (20 mai 1795), et que sa fermeté et son courage dans ces circonstances critiques sauvèrent de l'attaque des factieux. Sa noble conduite lui mérita les applaudissements et les remerciments de l'assemblée et de la France. Elu président du conseil des cinq-cents (1796), il fut enveloppé dans la proscription du 18 fructidor et exilé. Il sortit de cet exil après le 18 brumaire, fut nommé par Napoléon sénateur et commissaire extraordinaire. Il fut élevé en 1814 au rang de pair de France, et en 1816 membre de l'académie des inscriptions et belles-lettres. Il revint à la culture des lettres, et ses œuvres ont été publiées sous le titre d'Etudes littéraires et poétiques d'un vieillard.

BOISSY (Louis de), né à Vic (Auvergne) en 1694, fut d'abord destiné à l'état ecclésiastique. Il vint à Paris, pour y jouer des tragédies, et publia des satires, qui n'eurent pas de succès. Ses comédies, entre autres les Dehors trompeurs, le Babillard et le Français à Londres, furent mieux accueillies. En 1751, Boissy fut nommé membre de l'académie française; il se chargea ensuite de la direction d'un journal, la Gazette de France, et puis plus tard du Mercure de France. Il mourut en 1758.

BOIVIN (Louis), né en 1689 à Montreuil (Normandie), fit ses études à Rouen. Il vint à Paris encore jeune, et se livra à l'étude de la philosophie, de la jurisprudence, de la médecine et de la théologie. Il fut, pendant sa vie, consulté par un grand nombre de savants, et reçut une place à l'académie. Boivin mourut en 1724. Il avait beaucoup écrit, mais il publia peu d'ouvrages. — Son frère, Jean Boivin de Villeneuve, né en 1693, fut son élève. Il fut nommé l'un des gardes de la bibliothèque du roi, et découvrit, en parcourant un manuscrit des homélies de saint Ephrem, sous l'écriture du texte, l'écriture d'un manuscrit plus ancien; c'était l'Ancien et le Nouveau Testament. Boivin fut un des membres de l'académie; il publia des éditions de plusieurs ouvrages anciens, tels que l'Histoire byzantine de Grégoras, les anciens Mathématiciens de Thévenot, et la Batrachyomachie d'Homère. Il mourut en 1727.

BOJARDO ( Le comte Matteo-Maria ), poète italien, né à Scandiano en 1434, mort en 1494. Il est surtout connu par son poëme l'Orlando inamorato (Ro'and amoureux), qui a été refait par le Berni. Il est encore l'auteur d'églogues latines, de sonnets, d'une comédie en vers de Timon, et de plusieurs traductions.

BOKHARAH ou Bouckharah, capitale de la grande Boukharie. Sa population est de 70,000 habitants, et elle est la résidence du kan.

BOL, remède composé de poudres, de pulpes, d'extraits, de sirops, etc., plus volumineux et plus mou que la pilule, et dont la consistance est plus solide que celle de l'électuaire.

BOLAIRE (Terre), argile oreuse, autrefois d'un très-grand usage en médecine, et qui vient d'Asie. La plus estimée était celle d'Arménie. Les Turks en font un commerce assez étendu.

BOLBONNE, abbaye du diocèse de Mirepoix, et de l'ordre de Cîteaux depuis 1150. Elle subsistait auparavant suivant la règle de Saint-Benoît. Les comtes de Foix étaient les fondateurs de cette abbaye, et y avaient leur sépulture. Ce fut dans le monastère de Bolbonne que Philippe III, roi de France, accorda la paix au comte de Foix (1272). Bolbonne a donné à l'Eglise le pape Benoît XII. Cette abbaye fut détruite au XVIe siècle par les calvinistes, et les religieux furent forcés de se retirer dans le collége qu'ils avaient à Toulouse dans la rue qui porte leur nom. Ils rebâtirent depuis leur abbaye, qui a subi le sort de toutes les autres à la révolution.

BOLERO, air espagnol qui sert à la fois de chanson et d'air de danse. Cet air est souvent en mode mineur et dans la mesure à trois temps. Il s'accompagne ordinairement avec la guitare. On connaît un grand nombre de boleros.

BOLESLAS. Six ducs ou rois de Pologne, ont porté ce nom. — Boleslas Ier, surnommé le Grand, né en 967, succéda au duc Mieczyslas, son père, en 992. Il organisa le premier une armée régulière. Il s'empara de la Silésie, et poussa ses conquêtes jusqu'au Danube et à la Theiss. Allié et ami de l'empereur Othon III, il reçut de ce prince le titre de roi. Après la mort d'Othon (1002), irrité de la trahison de son successeur Henri, il lui enleva la Lusace et la Misnie; il s'empara, en 1003, de la Bohême, de la Moravie, et remporta de grandes victoires sur l'empereur, les Prussiens et les Poméraniens. Il conquit presque toute la Russie, et mourut en 1025. Il protégea les sciences, et fonda des couvents de bénédictions chargés de propager l'instruction. — Boleslas II le Hardi succéda à Casimir Ier en 1058. Il vainquit les Hongrois (1060), les Bohémiens (1062), les Russes (1067 et 1076); et, excommunié par Grégoire VII, pour avoir fait périr un évêque, mourut en 1080. — Boleslas III Bouche de travers succéda à Wladislas Ier en 1102, eut à lutter contre Zbigniew, son frère naturel, contre l'empereur et le roi de Bohême, en 1139, après avoir gagné quarante-sept batailles. — Boleslas IV le Frisé succéda à Wladislas II en 1149, subjugua les Prussiens, et mourut en 1173. — Boleslas V le Chaste succéda à Leszek le Blanc en 1227, et mourut en 1279. — Boleslas VI fut élu roi en 1269 par les habitants d'une partie de la Pologne, et déposédé par les Allemands la même année.

BOLET, genre de plantes de la famille des champignons, très-répandu dans toute la France. Les plus connus sont le bolet onguliforme, dont la couleur est grisâtre, qui est aussi appelé agaric de chêne, parce qu'il croît sur les troncs des chênes et des hêtres, et le bolet amadouvier, qui sert, ainsi que le précédent, à la fabrication de l'amadou. — On obtient de l'amadou en faisant tremper dans une dissolution de nitre des tranches de ces agarics, préalablement soumis à l'opération du battage.

BOLINGBROCKE ( Henri-Saint-Jean, lord vicomte de), ministre de la guerre et des affaires étrangères sous la reine Anne, né près de Londres en 1672, mort en 1751. Il fut l'un des hommes d'État les plus célèbres du XVIIIe siècle, et l'un des fondateurs de ce qu'on appela *le parti philosophique*. Ses *Mémoires* peuvent servir à l'histoire d'Angleterre, et son *Traité des partis* est regardé comme un chef-d'œuvre de polémique ministérielle. Il était aussi ambassadeur en France.

BOLIVAR (Simon), né en 1785, à Caracas, dans le nord de l'Amérique méridionale. Défenseur de l'indépendance de sa patrie, il affranchit la Colombie du joug des Espagnols. Nommé dictateur, puis président de la république de la Colombie en 1819, il l'administra jusqu'en 1830, époque à laquelle il donna sa démission, qui fut acceptée. Victime de l'ingratitude, il mourut en 1830, accablé de chagrins.

BOLIVIA, nouvelle république de l'Amérique méridionale, formée en 1825 du haut Pérou, et qui doit sa constitution au grand homme dont elle porte le nom, à Bolívar. Sa capitale est *Chuquisaca ou la Plata*. Sa superficie est de 54,360 lieues carrées, et sa population de 1,090,000 habitants. Elle se divise en six départements: *la Paz, Oruro, Potosi, Chuquisaca, Cochabamba et Santa-Cruz*, et est gouvernée par un président à vie. Le premier fut le général Sucre; le président actuel est le général Santa-Cruz.

BOLLANDISTES, nom sous lequel on désigne les écrivains, presque tous de l'ordre des jésuites, qui ont travaillé à la célèbre collection des *Actes des saints*, composée de cinquante-trois volumes, et commencée par Jean Bollandus, né dans les Pays-Bas en 1596.

BOLOGNE, légation des Etats romains. Sa superficie est de 185 lieues carrées, et sa population de 290,000 habitants. Sa capitale est *Bologne*. Ce pays produit des coings, des raisins, des melons, de belles truffes, et renferme des manufactures de gaze, crépons, papier, savon, etc.

BOLOGNE, ville épiscopale des Etats de l'Eglise, chef-lieu de la délégation du même nom, riche, bien peuplée, et remarquable par ses beaux monuments et ses grands hommes. Sa population est de 70,000 habitants. Elle est à 58 lieues de Rome.

BOMBARDE, bâtiment à fond plat doublé en forts bordages croisés diagonalement, et destiné à recevoir un mortier d'une grosseur extraordinaire, dont la charge exige jusqu'à vingt-quatre et trente livres de poudre. Les bombardes servent à l'attaque des places maritimes, et ont été inventées par Lepetit-Renau, dans le XVIIe siècle.

BOMBARDE, instrument à vent en bois, percé de trous, dont on se servait aux XVIe et XVIIe siècles. Cet instrument était une espèce de hautbois, et se jouait avec une anche. Il y avait la *bombardone*, qui avait une étendue de deux octaves ou *contre-basse de bombarde*; la *bombarde*, qui comprenait deux octaves et avait quatre clefs; la *bombarde ténor*, qui avait trois clefs, et était plus haute que les précédentes. Il y avait d'autres espèces de bombardes. Ces instruments avaient le son rude et fort.

BOMBAY, petite île de l'océan Indien, sur la côte occidentale de l'Indoustan, qui renferme la ville du même nom, chef-lieu de la troisième présidence de la compagnie anglaise dans les Indes. Cette présidence, qui se compose de Bombay et de son territoire, des provinces de Guzarate et d'Adjémir, de la ville de Surate et des îles Salsette, Eléphanta et Carandja, comprend une superficie de 71,000 lieues carrées, et une population de 10,000,000 et demi d'habitants. La ville de Bombay a une population de 160,000 habitants.

BOMBE, projectile en fer fondu, percé d'une lumière, et s'emplissant de poudre, que l'on lance avec un mortier, et qui décrit une courbe appelée *parabole*. Elle sert aux bombardements des places assiégées. Elle est de huit à dix pouces de diamètre, et pèse de vingt à cinquante kilogrammes. On croit qu'elle n'est en usage en France que depuis 1634.

BOMBYCE, genre d'insectes de l'ordre des lépidoptères, qui renferme les phalènes ou papillons de nuit et le ver à soie. Le *bombyce du mûrier*, ou ver à soie proprement dit, originaire de l'Asie, est devenu domestique dans notre pays, et fabrique la soie. Le cocon qu'il forme est composé de fils blancs, vert pomme ou jaune d'or.

BOMILCAR, général carthaginois et premier magistrat de la république, croyant pouvoir s'emparer facilement de la souveraine autorité, entra dans la ville et massacra un grand nombre d'habitants. La jeunesse de Carthage ayant marché contre lui, il fut pris et attaché à une croix (508 avant J.-C.). — C'est aussi le nom d'un Africain mis à mort par ordre de Jugurtha, après avoir servi pendant quelque temps d'instrument aux cruautés de ce prince.

BONACE. Les marins appellent ainsi l'intervalle de beau temps qui, sur mer, précède ou suit l'orage, lorsque le vent s'est abattu ou a cessé, que le ciel est devenu serein et les flots tranquilles.

BONAPARTE, famille ancienne de Florence, dont une branche, établie en Corse, a donné à la France l'empereur, Napoléon Bonaparte, né à Ajaccio en 1769, de Charles Bonaparte et de madame Lætitia Ramolino, mort le 5 mai 1821, à Sainte-Hélène. Nous ne pouvons qu'esquisser à grands traits la vie de ce conquérant si fameux dans l'histoire de l'Europe. En 1788, il sort de l'école de Brienne et entre sous-lieutenant dans le régiment d'artillerie de la Fère. Deux ans après, il retourne en Corse avec le général Paoli, et revient en France pour assister, l'année suivante, au siège de Toulon (1793). Il est nommé chef de bataillon, puis colonel et général, en 1795. Le 5 octobre (13 vendémiaire), il défend la convention nationale contre les sections révoltées, et reçoit en récompense le commandement en chef de l'armée de l'intérieur. L'année suivante (1796), il épouse Joséphine Beauharnais, et va commander en chef l'armée d'Italie, dans cette campagne mémorable, illustrée par les batailles d'Arcole, de Montenotte, de Lodi, de Rivoli, etc. En 1798, il va se mettre à la tête de l'armée d'Egypte, où il aborde le 2 juillet. Après avoir gagné la fameuse victoire des Pyramides, remporté des succès, essuyé des revers et échoué devant Saint-Jean-d'Acre, il fait un coup d'Etat, revient en France, et dans la journée du 18 brumaire renverse le directoire et s'empare du pouvoir. Le 13 du mois suivant (décembre), il est nommé consul, et bientôt après ouvre en Italie faire la seconde campagne, si célèbre par la fameuse bataille de Marengo (14 juin 1800), qui le met à même de dicter des conditions à l'Autriche. En 1802, il dépose un instant les armes pour signer la paix générale d'Amiens, et il est nommé consul à vie. Enfin, le 18 mai 1804, il se fait nommer empereur. Ici s'arrête la carrière de Bonaparte et commence celle de Napoléon. Voy. ce mot.

BONAPARTE (Joseph), né en 1768, frère aîné de Napoléon. Sa carrière politique, tout à fait subordonnée à celle de son frère, ne commence qu'en 1806, époque à laquelle Napoléon lui donna le trône des Deux-Siciles. Deux ans après (1808), il fut mis sur celui d'Espagne, qu'il ne garda pas longtemps. Il l'abandonna en 1813, et depuis l'abdication de Napoléon il vécut aux Etats-Unis sous le nom de comte de Survilliers.

BONAPARTE (Lucien), prince de Canino, frère puîné de Napoléon, né en 1775. Il fut président du conseil des cinq-cents et aida son frère, dans la journée du 18 brumaire, à se saisir du pouvoir. Il refusa tous les titres et les dignités que son frère lui offrit, et s'ambitionna que la gloire littéraire. Il vécut à Rome au milieu de sa famille jusqu'en 1840, époque de sa mort.

BONAPARTE (Louis) né en 1778. Placé par Napoléon sur le trône de Hollande en 1806, il se fit aimer des peuples qu'il était appelé à gouverner; mais bientôt, menacé de la colère de Napoléon, auquel il n'obéissait pas sans doute selon tous ses vœux, il abdiqua en 1810, et se retira dans les Etats romains, sous le nom de comte de Saint-Leu.

BONAPARTE (Jérôme), le plus jeune des frères de Napoléon. Né en 1784, et placé par lui sur le trône de Westphalie en 1808, il gouverna sagement son royaume. En 1813, il fut forcé de quitter le trône et l'Allemagne; mais après le désastre de Waterloo, il alla se fixer dans les Etats du roi de Wurtemberg, dont il avait épousé la fille, il rentra en France après la révolution de 1848.

BONAPARTE (Madame Lætitia RAMOLINO), née à Ajaccio en 1750, non moins remarquable par sa beauté que par la noblesse de son caractère. Elle épousa, à dix-sept ans, Charles Bonaparte, un des juges de l'île de Corse, que l'état de sa santé éloigna quelques années après de son pays natal. En 1793, quand les Anglais s'emparèrent de la Corse, madame Bonaparte alla se réfugier à Marseille, où elle vécut dans une grande médiocrité, avec Joseph, son premier fils et ses filles. Après le 18 brumaire, qui mit Napoléon, son deuxième fils, à la tête du gouvernement consulaire, elle vint à Paris. En 1804, elle eut une maison, dont le comte de Cossé-Brissac fut premier chambellan, et fut nommée par l'empereur *protectrice générale des établissements de charité*. En 1814, madame Lætitia trouva un asile à Rome, et fut traitée avec de grands égards par les souverains pontifes. Elle est morte en 1836. Elle avait eu huit enfants, cinq fils, *Joseph* l'aîné, *Napoléon*, *Lucien*, *Louis* et *Jérôme*, et trois filles: *Elisa* (voy. BACCIOCHI), *Pauline* (voy. BORGHÈSE), et *Caroline* (voy. MURAT).

BONASIENS, hérétiques du IVe siècle, qui prétendaient que Jésus-Christ n'était Fils de Dieu que par adoption.

BONAVENTURE (Saint), né l'an 1221 en Toscane, fut disciple d'Alexandre de Hales, et devint en 1256 général de l'ordre des frères mineurs. Il fut fait en 1270 cardinal, et mourut en 1274. Il fut canonisé en 1482 par Sixte IV. Ses ouvrages, qui renferment des *sermons*, des *Commentaires sur l'Ecriture* et des *opuscules moraux et religieux*, l'ont fait mettre au rang des Pères de l'Eglise. On lui avait donné le nom de *Docteur séraphique*.

BONCHAMP (Charles-Melchior ARTUS DE), né en 1760, d'une famille fort ancienne d'Anjou. Capitaine de grenadiers au régiment d'Aquitaine, il assembla en 1797 des Vendéens, et fut, après d'Elbée, le généralissime de leurs armées. Il mourut la même année (1793) d'une blessure à la bataille de Chollet. Sa modestie, sa loyauté et sa générosité furent admirées même de ses ennemis.

BON-CHRÉTIEN, sorte de poire dont il y a deux espèces, l'une d'été, l'autre d'hiver. On cueille cette dernière en novembre, et on la serre, pour la conserver et la manger ensuite en compote. Elle pèse souvent deux livres.

BONDE, ouverture circulaire pratiquée sur le flanc d'un tonneau par laquelle on le remplit. On la bouche avec des morceaux de bois de forme conique appelés bondons.

BONDOU, un des royaumes les plus puissants de la Sénégambie, qui a 50 lieues de large, et qui est habité par les Yolofs, les Bondouckes et les Foulahs. Son gouvernement est monarchique, et sa capitale actuelle *Boulébané*.

BONDRÉE, nom d'une espèce de buse distincte des autres parce qu'elle a l'espace compris entre la commissure du bec et de l'œil garni de plumes écailleuses. La bondrée, brune en dessus et ondée de brun et de blanc en dessous, se tient sur les arbres en plaine. Elle se nourrit de grenouilles, de lézards et d'insectes.

BONDUC ou CHICOT DU CANADA, arbre originaire du Canada, dont le tronc a soixante pieds de haut, aux feuilles bipinnées, de deux ou trois pieds de longueur. Son bois est propre à plusieurs arts. Le bonduc ne craint pas les hivers et vient sans culture et sans soin. Il se multiplie par graines et par racines, et réussit très-bien en Europe.

BONE, ville maritime de la régence d'Alger, qui faisait autrefois avec les Génois un commerce très-étendu. Elle appartient maintenant aux Français, qui y ont une garnison. Elle est à 80 lieues d'Alger et à 27 de Constantine.

BONET (Théophile), né à Genève en 1620, mort en 1689, médecin célèbre que l'on peut regarder comme le fondateur de l'anatomie pathologique. Ses ouvrages les plus remarquables sont : *Sepulchretum sive Anatomia practica* (anatomie pratique), *Medicina septentrionalis collatitia* (médecine du Nord recueillie).

BONIFACE (Saint), né vers 680, dans le comté de Devon, en Angleterre. Ses prédications en Frise et en Thuringe lui ont fait donner le surnom d'*Apôtre de l'Allemagne*. Sa vie tout entière fut occupée à la conversion des barbares. Il mourut en 775, après avoir quitté l'archevêché de Mayence. On a de lui *trente-neuf lettres*, des *canons* et des *homélies*. Son livre de *l'Unité de la foi* est perdu.

BONIFACE. Il y a eu neuf papes de ce nom. — BONIFACE Ier succéda, en 418, au pape Zozime, et mourut en 422. — BONIFACE II succéda à Félix IV en 530, et mourut en 532. — BONIFACE III, Romain, succéda en 616 au pape Sabinien, et mourut la même année. — BONIFACE IV, né dans l'Abruzze, succéda en 608 au précédent, et mourut en 604. — BONIFACE V, Napolitain, successeur de Dieudonné ou Adéodat en 617, mourut en 625. — BONIFACE VI, élu en 896, après Formose, mourut quinze jours après. — BONIFACE VII, antipape, nommé pape en 984, mourut en 985. — BONIFACE VIII (Benoît Gaëtani), élu pape en 1294, après Célestin V. Ses querelles avec Philippe le Bel, roi de France, divisèrent la chrétienté. Assiégé par les envoyés de Philippe dans Anagni, pris, maltraité et délivré peu après par les habitants de la ville, il mourut peu de jours après en 1303. — BONIFACE IX (Pierre Tomacelli), Napolitain, cardinal en 1381 et pape en 1366, après Urbain VI, est accusé de népotisme, d'avarice et d'usure. Il institua les annates perpétuelles, et mourut en 1404.

BONIFACIO, petite ville de la Corse, à l'extrémité méridionale de cette île, à 18 lieues d'Ajaccio, chef-lieu de canton. Population, 2,944 habitants. Cette ville est renfermée tout entière dans l'enceinte d'une vaste forteresse, mais incapable d'une longue résistance. Elle a un tribunal de commerce. C'est dans le voisinage de cette ville que se fait la pêche du corail. Bonifacio donne son nom à un détroit qui sépare la Corse de la Sardaigne. Sa largeur est de 4 lieues.

BONITE, poisson du genre des scombres ou maquereaux, qui se trouve principalement entre les tropiques, et que les gourmets estiment autant que le maquereau. Ces poissons se trouvent aussi sur les côtes de la Méditerranée, où ils sont l'objet de spéculations importantes parce qu'on les fait saler comme le thon.

BONN, jolie ville d'Allemagne, au cercle de Cologne, ancienne résidence de l'électeur et dont l'université, composée de cinq facultés, est encore célèbre. Sa population est de 10,000 habitants.

BONNE-ESPÉRANCE (CAP DE), promontoire situé à l'extrémité méridionale de l'Afrique, dans le pays des Hottentots. Il fut découvert en 1487 par Barthélemy Diaz. Les Anglais y ont un établissement qui se compose de cinq districts, a une superficie de 128,154 milles carrés, et une population de 22,000 habitants, non compris les indigènes.

BONNET (Charles), naturaliste et philosophe, né à Genève en 1720, mort en 1793. Observateur ingénieux, moraliste consolant et métaphysicien distingué. Il a publié un grand nombre d'ouvrages, parmi lesquels on distingue son *Essai analytique sur les facultés de l'âme* et la *Palingénésie philosophique*. Il était membre de la plupart des académies d'Europe.

BONNETTERIE, nom générique donné aux tissus tricotés ou faits au métier, tels que les bonnets, les gilets de laine, les gants, etc.

BONNET VERT, nom par lequel on désigne souvent un condamné aux travaux forcés à perpétuité, parce que, dans les bagnes, c'est ce qui le distingue des autres condamnés.

BONNETTES (mar.), petites voiles qu'on attache au bas des grandes, quand il fait beau temps ou quand le vent est faible, afin d'aller plus vite.

BONNEVAL (Claude-Alexandre, comte DE), né dans le Limousin en 1675. Cet homme, célèbre par les vicissitudes de sa fortune, quitta d'abord le service de la France, où il s'était distingué par ses talents militaires, pour celui du prince Eugène, et contribua au gain de la bataille de Péterwaradin (1716). Il laissa ensuite ce prince pour prendre du service dans l'armée turque. Il fut nommé successivement pacha de Roumélie et général d'artillerie, ou topigi-bachi, sous le nom d'*Achmet-Pacha*. Il mourut en 1747.

BONNIVET (Guillaume GOUFFIER, seigneur DE), amiral de France, commandant les troupes de François Ier en Italie. Il se distingua dans plusieurs batailles; mais, son imprudence ayant été cause de la perte de la bataille de Pavie, il se jeta par désespoir au milieu des ennemis et se fit tuer (1525).

BONS-FILS, anciens frères pénitents du tiers ordre de Saint-François, dont l'existence remonte à 1615. Ils se portaient pas de linge, et couchaient tout habillés sur des paillasses.

BONS-HOMMES, religieux qui parurent en Angleterre en 1259, et qui professaient la règle de Saint-Augustin. Ils portaient un habit bleu. — En France, on a donné ce nom aux moines de l'ordre des minimes.

BONZES, nom générique donné par les Portugais aux prêtres du Japon, et servant aujourd'hui à désigner les prêtres de ce pays, de la Chine et de la Cochinchine. Ils se divisent en plusieurs sectes, mais se rattachent tous à une même religion, dont le fondateur est Xaca.

BOOZ, fils de Salmon et de Rahab, épousa Ruth, quoiqu'il fût alors d'un âge avancé. Il en eut un fils, *Obed*, père de Jessé et aïeul de David.

BORA (Catherine DE), fille d'un simple gentilhomme allemand, était religieuse du couvent de Nimptschen, à 2 lieues de Wittemberg. En 1523, elle quitta le voile avec huit autres religieuses, pendant les troubles suscités dans l'Église par Luther. Le réformateur publia une apologie pour justifier leur conduite. Catherine, retirée à Wittemberg, y vécut avec toute sorte de libertés parmi les étudiants de l'université. Luther, épris de sa beauté, l'épousa en 1526, et conserva toujours une vive affection pour elle. Catherine survécut à son époux, et mourut en 1552.

BORATES, sels produits par la combinaison de l'acide borique avec les bases.

BORAX ou SOUS-BORATE DE SOUDE, substance saline composée d'acide borique et de soude. On la trouve à l'état brut dans les lacs ou sur les bords du sol, en Perse, en Tartarie, en Transylvanie et en Saxe. Le borax sert à souder les métaux dont il facilite aussi la fusion, à appliquer l'or et les couleurs dans la peinture sur porcelaine. La médecine l'emploie à l'intérieur comme astringent contre les aphtes et les ulcérations de la langue.

BORDA (Jean-Charles), né à Dax en 1733, mort en 1799, membre de l'académie des sciences et de l'Institut, capitaine de vaisseau. Ce mathématicien célèbre, à qui l'on doit l'invention du *cercle de réflexion*, dont l'usage est général dans la marine, et de la méthode des doubles pesées, est aussi le fondateur des écoles de construction navale, a publié plusieurs mémoires sur la *Théorie des projectiles*. Il est aussi l'un des auteurs du système métrique.

BORDAGE, un termes de marine, planches qui couvrent en dehors les côtes ou les membres d'un navire. L'épaisseur du bordage est de trois ou quatre pieds au-dessus de la flottaison.

BORDEAUX, une des plus grandes villes de France, chef-lieu de préfecture du département de la Gironde, à 143 lieues trois quarts de Paris, et 22 lieues de l'embouchure de la Gironde dans l'Océan. — Après avoir appartenu aux Romains sous le nom de *Burdigala* (voy.), cette ville fut prise par les Visigoths en 417, puis par Clovis, roi des Francs, en 609. Les Sarrasins la ravagèrent dans le VIIIe siècle, et les Normands dans le IXe. Les ducs d'Aquitaine la rebâtirent en 811, et y établirent leur séjour. La dernière héritière, Éléonore de Guienne, par son second mariage avec Henri, roi d'Angleterre, fit passer Bordeaux sous la domination anglaise. Il revint à la couronne sous Philippe le Bel (1293). Charles VII le reprit sur les Anglais en 1451 date de la soumission définitive de la Guienne aux rois de France. Bordeaux a acquis peu à peu une grande importance. Il est situé sur la Garonne, laquelle est bordée de quais magnifiques sur environ une lieue de longueur. Son port offre une courbe de 6,700 mètres de développement. La largeur de la rivière varie de 5 à 600 mètres; sa profondeur, de 9 mètres à mer haute, et de 6 mètres à mer basse. En tous temps les navires de cinq cents à six cents tonneaux y peuvent arriver. Le port peut contenir 1,200 navires. Il communique à la Méditerranée par la Garonne et le canal du Midi. On admire encore à Bordeaux la *place Royale*, la place *Dauphine*, la *Bourse*, et surtout le magnifique pont sur la Garonne, bâti en pierres et en briques. Sa longueur est de quatre cent quatre-vingt-sept mètres ; sa largeur de quatorze mètres quatre-vingt-six centimètres. Il repose sur dix-sept arches en maçonnerie. Deux pavillons, décorés de portiques, s'élèvent à chaque extrémité du pont. Ce pont, commencé en 1810, ne fut achevé qu'en 1822. Il a coûté 6,500,000 francs. Le grand théâtre, un des plus beaux qui existent en Europe, commencé en 1777, et achevé en 1780, a coûté 3,000,000 de francs, et peut contenir quatre mille spectateurs. Bordeaux possède en outre plusieurs hôpitaux, une bibliothèque publique de 110,000 volumes, un musée d'histoire naturelle et des antiques, un musée de tableaux et un jardin des plantes. Bordeaux possède un hôtel des monnaies, dont la marque est K, un commissariat royal de marine, un tribunal de première instance et de commerce, une faculté de théologie, une école secondaire de médecine, un collége royal de première classe, une école normale primaire, plusieurs académies et un archevêché érigé dans le XIVe siècle, d'où ressortissent les évêchés d'Agen, Angoulême, Poitiers, Périgueux, la Rochelle et Luçon. —Bordeaux est l'entrepôt des denrées coloniales pour une partie de la France méridionale et centrale. On évalue annuellement à 200 le nombre des gros bâtiments qui arrivent à Bordeaux de l'Inde et des colonies. Celui des vaisseaux qui partent pour la même destination est à peu près égal. On porte le mouvement annuel du port à 6,800 bâtiments, entrés ou sortis. Il y existe de grands chantiers de construction, des fabriques de cordage, de résine, de goudron, de barriques ; des raffineries de sucre, des manufactures d'indiennes, des chapelleries et des tintureries. Le principal aliment du commerce de Bordeaux est l'exportation des vins du territoire bordelais ou *vins de Bordeaux* (son arrondissement seul en fournit annuellement au commerce 773,200 hectolitres), et celle des eaux-de-vie de Cognac et d'Armagnac. On fabrique aussi dans cette ville des liqueurs estimées et une *anisette* du meilleur goût.

BORDÉE, terme de marine qui signifie deux choses : la route tenue par un vaisseau au plus près du vent, et la décharge de toute l'artillerie d'un des côtés du navire.

BORDEU (Théophile), médecin fameux, né en 1722 dans la vallée d'Ossan en Béarn, et mort en 1776. Ses ouvrages les plus connus sont ses *Lettres sur les eaux minérales du Béarn*, et ses *Recherches sur le pouls*. Son esprit facile l'a fait surnommer *le Voltaire de la médecine*.

BORDIER, terme qui, au moyen âge, désignait le métayer d'une ferme ou maison rustique soumise à des redevances. Il est encore en usage dans plusieurs contrées de la France.

BORE, corps simple découvert simultanément en 1807 par Davy en Angleterre, et MM. Gay-Lussac et Thénard en France. Il est solide, pulvérulent, très-friable, insipide, inodore, d'un brun verdâtre, et ne se trouve pas dans la nature qu'à l'état de combinaison.

BORÉE, vent du nord, divinisé par les anciens. On le représentait avec des ailes et des cheveux blancs, et les Athéniens célébraient en son honneur des fêtes annuelles appelées *Boréasmes*.

BORGHÈSE, famille romaine riche et puissante, dont les palais à Rome renferment entre autres beautés les chefs-d'œuvre des grands peintres de l'Italie. Le prince Camille Borghèse, né en 1775, épousa en 1803 Pauline Bonaparte, sœur de Napoléon. Pauline avait été déjà mariée en premières noces au général Duphot, tué à Rome en 1797, en secondes noces au général Leclerc, mort à Saint-Domingue. Elle était née en 1780.

BORGIA (César), second fils naturel du pape Alexandre VI, né vers 1457. Cardinal, puis duc de Valentinois, il quitta la barrette de cardinal pour épouser Charlotte d'Albret. Louis XII se ligua avec lui pour conquérir le Milanais, et l'aida à s'emparer de la Romagne et de plusieurs villes sur les seigneurs les plus influents de l'Italie, que César Borgia fit mettre à mort. Après la mort de son père, il se remit aux mains des Espagnols, et fut enfermé au château de Médina en Espagne. Il s'échappa et fut tué en 1507 d'un coup de feu au siége de Viane.

BORGOU, royaume de l'Afrique centrale près du fleuve Kouarra. Il est composé d'une confédération de petits rois, qui sont tous despotiques, et qui obéissent au roi de Boussa. Ils sont idolâtres. Les villes les plus remarquables sont *Boussa* qui a 12,000 âmes, *Kiama* qui a 30,000 âmes, et *Ouaoua* qui a 18,000 habitants.

BORIQUE (ACIDE) ou SEL SÉDATIF DE HOMBERG, corps solide, blanc, inodore et d'une saveur légèrement aigre. Il est en usage dans la médecine et la pharmacie, et sert aussi à la préparation du borax.

BORIS-GODUNOFF, grand écuyer de Moscovie et beau-frère du grand-duc Iwan Ier, fut régent de l'État pendant le règne de Féodor. Voulant s'emparer de la couronne, il fit tuer Démétrius, frère de Fœdor, à Uglitz, où on l'élevait, en empoisonna ensuite, selon quelques-uns, le tzar Féodor lui-même. Il feignit de refuser la couronne, mais il employa secrètement toutes sortes de moyens pour l'obtenir par l'élection des grands. Après avoir obtenu ce qu'il souhaitait, il fut renversé du trône par un imposteur nommé *Griska*, qui prenait le nom de Démétrius, et était protégé par le waivode de Sandomir. Boris mourut de chagrin en 1605, et son rival fit mettre à mort Féodor Borisowitch, son fils, avec sa mère, la même année.

BORN (Bertrand DE), vicomte de Hautefort, près de Périgueux, se distingua au XIIe siècle par sa galanterie et ses poésies amoureuses. Les guerres de Richard, roi d'Angleterre, avec Philippe Auguste, fournirent à Bertrand l'occasion de signaler sa valeur. Hélène, sœur de Richard, reçut ses hommages, et fut célébrée par ce poète. Bertrand de Born finit ses jours sous l'habit de moine de Citeaux. On conserve douze pièces de poésie du comte de Hautefort.

BORNAGE, séparation de deux héritages contigus. Cette séparation s'opère par le placement de bornes, dont le déplacement ou la suppression entraîne la peine d'emprisonnement.

BORNÉO (en malais, *Varouni*), une des trois îles de la Sonde dans la mer des Indes, sous la ligne équinoxiale. Elle a 266 lieues de long sur 235 de large, et renferme des mines d'or et de diamants. Elle fait avec les Hollandais, qui y ont établi un comptoir, et avec les Chinois, un commerce très-étendu de riz, de coton, et surtout de poivre et de camphre. Sa capitale est *Bornéo*, résidence du sultan, et qui contient plus de 78,000 habitants.

BORNHOLM, île du Danemarck, située dans la Baltique, au S.-E. de la province de Schonen, et à 40 lieues de Copenhague. Sa superficie est de 36 lieues carrées, et sa population de 20,000 habitants. Elle produit du grain, des légumes, du lin, du chanvre, et renferme des mines de houille, de marbre, de chaux, de grès, etc. Elle a de bons pâturages, et nourrit des chevaux, du gros bétail, des moutons, etc. L'industrie des habitants a pour objet des brasseries, des distilleries, des tuileries, etc. La capitale est *Rœnne*.

BORNOU, royaume de l'intérieur de l'Afrique, contigu aux royaumes de Nubie et de Nigritie, et appelé aussi Soudan oriental. Sa surface est évaluée à 100,000 milles carrés, et sa population à 2,000,000 d'habitants. Le souverain réel est un cheik qui a toute l'autorité, tandis que le sultan est relégué dans une espèce d'exil. La capitale est *Kouka*, sur le Tchad, qui a 40,000 habitants. Les habitants sont les *Kanouris* et les *Kanembous*. Ceux-ci habitent les rives du Tchad, et sont bons chasseurs et prompts à la course.

BORRAGINÉES, famille de plantes dicotylédones, aux fleurs monopétales, disposées en épis unilatéraux, aux feuilles alternes, rudes au toucher, et souvent couvertes de poils, à la racine vivace. Elle comprend un grand nombre de genres, dont le plus connu est la bourrache.

BORROMÉE (Saint Charles), né dans le Milanais en 1538, mort en 1584. Ses vertus et son zèle religieux lui ont valu les honneurs de la canonisation en 1610. Ses ouvrages les plus estimés sont ses *Actes de l'Église de Milan* et ses *homélies*.

BORROMÉES (ILES), îles situées dans le lac Majeur, et au nombre de trois. Ce sont *Isola-Bella*, transformée par le comte Borromée en jardins, en bosquets et en palais; *Isola-Madre* et *Isola-Superiore*.

BORSOD, comitat de Hongrie, entre ceux de Gomor, de Torna, d'Abaoujvar, de Zempsen, de Szaboles et Heves. Sa superficie est de 180 lieues carrées, et sa population de 164,000 habitants. Le chef-lieu est *Miskolez*.

BORYSTHÈNE, grand fleuve de la Sarmatie d'Europe, qui se jette dans le Pont-Euxin. C'est aujourd'hui le Dniéper.

BOSCHIMANS, nation du midi de l'Afrique voisine des Hottentots. Les Hollandais leur font la chasse comme aux ours. Ils vivent de racines et d'insectes, et empoisonnent leurs flèches avec un poison très-subtil. Les piqûres des animaux vénéneux ne produisent sur eux aucun effet. Ils vivent jusqu'à un âge très-avancé.

BOSCOVICH (Royer-Joseph), physicien et philosophe autrichien, né à Raguse en 1787. Il a fait de grandes et importantes découvertes en astronomie. Ses ouvrages les plus célèbres sont son poème latin des *Éclipses* et sa *Théorie de la philosophie naturelle réduite à une seule loi*.

BOSNIE, province de la Turquie européenne, autrefois comprise dans l'Illyrie. Elle a 90 lieues de long sur 50 de large, et tire son nom de la Bosna qui l'arrose. Elle se divise en haute et basse. La basse Bosnie comprend les trois sandjakats de Banialouka, d'Obrach et de Bosna-Séraï, et a pour villes principales Banialouka et Bosna-Séraï. Cette dernière a 13,000 habitants. La haute Bosnie comprend l'Hertzegovine, capitale Mostar, qui a 9,000 habitants; la Croatie turque, capitale Bihacs, qui a 9,000 habitants; et la Dalmatie turque, capitale Skardine.

BOSON, roi de Provence, fondateur de la monarchie de peu de durée appelée royaume de Bourgogne transjurane. Il était frère de Richilde, femme de Charles le Chauve, qui l'avait créé duc de Milan. Il mourut en 388, laissant son royaume à Louis, son fils, plus tard empereur.

BOSPHORE (en grec, *bousporos*, passage du bœuf). Deux détroits portèrent ce nom dans l'antiquité. L'un, appelé aujourd'hui détroit de Constantinople, joint le Pont-Euxin (mer Noire) à la Propontide (mer de Marmara), et s'appelait Bosphore de Thrace; l'autre, appelé aujourd'hui détroit de Caffa, joignait les Palus-Méotides (mer d'Azof) au Pont-Euxin, et s'appelait Bosphore Cimmérien. Ce nom de Bosphore Cimmérien a été aussi donné à un royaume qui occupait la Chersonèse Taurique (aujourd'hui Crimée). Fondé par Archæanax vers l'an 485 avant J.-C., le royaume du Bosphore passa en 438 avant J.-C. au Thrace Spartacus, dont les descendants régnèrent jusqu'en 112 avant J.-C., où Mithridate, roi de Pont, devint aussi roi du Bosphore. Il tomba ensuite entre les mains de princes inconnus, qui régnèrent jusqu'aux invasions des Huns. La dynastie des Archæanactides avait régné de 485 à 438; celle des Leuconides de 438 à 112 avant J.-C.

BOSSAGE, en architecture, nom général donné aux saillies qui débordent la surface ou le parement d'un mur.

BOSSE, difformité qui résulte de la déviation des os du tronc, et plus fréquemment de la colonne vertébrale. Cette difformité peut être ou en arrière, ou en avant, ou sur les côtés. Dans le premier cas on la nomme *gibbosité*, dans le second, *cambrure* ou *recourbement*, dans le troisième *obstipation*. Les jeunes personnes y sont en général plus sujettes que les garçons.

BOSSE (TRAVAIL EN). On donne le nom d'ouvrage relevé en bosse à tout travail en relief, soit dans l'orfèvrerie, soit dans l'architecture. En sculpture, on donne le nom de bosse à des figures de plâtre moulées sur des statues antiques ou sur la nature elle-même. Le dessin de ces figures prend le nom de ronde-bosse.

BOSSEMAN, en termes de marine, celui qui a le soin de veiller aux ancres, aux cables et aux bouées. Dans l'ancienne marine française, on lui donnait le nom de second contre-maître.

BOSSOIRS, en termes de marine, pièces de bois au nombre de deux, placées en saillie à l'avant d'un vaisseau, et servant à la manœuvre des ancres.

BOSSUET (Jacques-Bénigne), évêque de Meaux, membre de l'académie française, né à Dijon en 1627, mort en 1704. Ce génie éloquent du siècle de Louis XIV s'est rendu célèbre par ses *Oraisons funèbres*, qui sont des chefs-d'œuvre de véhémence, de hardiesse et de sublime. Les plus fameuses sont celle de Madame, prononcée en 1671, et celle du grand Condé, prononcée vers la fin de sa vie. Son *Discours sur l'histoire universelle*, composé pour le dauphin dont il était le précepteur, et son *Histoire des variations*, ont montré toute la hauteur et la variété de son génie. Ses controverses religieuses avec Fénelon ne lui ont peut-être pas mérité autant d'éloges.

BOSSUT (Charles), né en 1730 dans le département du Rhône, mort en 1814. Les ouvrages les plus connus de ce mathématicien profond sont l'*Histoire des mathématiques*, qui eut un succès prodigieux, et son *Cours de mathématiques*, qui obtint presque autant de vogue.

BOSTANDJYS, jardiniers du sérail du grand seigneur en Turquie, organisés en corps militaire vers le commencement du XVIIe siècle. Ils sont au nombre de dix mille, et sont chargés de la garde extérieure du sérail, de celle des forêts, de la police et de la surveillance. Ils sont rameurs des barques du sultan, exécuteurs des hautes œuvres, et obéissent à un chef, le *bostandjy-baschi*, dont le lieutenant est le *couschdjy-baschi*, qui remplit à la cour les fonctions de grand chambellan et de préfet de police.

**BOSTON**, ville des États-Unis de l'Amérique septentrionale, chef-lieu de l'État de Massachussetts, l'une des vingt-quatre républiques de l'Union. Grande, belle et florissante, au fond de la baie de Massachussetts, Boston a une population de 80,000 habitants. Son commerce maritime est très-considérable et son port peut contenir 500 navires. Elle est la patrie de Franklin, et se trouve à 15 lieues de Washington.

**BOSTON**, jeu de société qui se joue à quatre personnes avec des cartes entières, c'est-à-dire avec les *deux*, *trois*, *quatre*, *cinq* et *six*. Il tire son nom de la ville d'Amérique qui porte ce nom, et n'est que l'emblème allégorique de l'indépendance progressive des Américains des États-Unis. Il commença d'être en usage vers 1778.

**BOSWELLIA**, genre de la famille des térébinthacées, renfermant des plantes au calice libre, à la corolle pentapétale, à dix étamines, à capsule à trois côtes, à trois loges, à trois valves. Le *boswellia serrata* est un arbre aux fleurs petites, verdâtres, disposées en épis axillaires, très-commun dans la province de Bérar en Indoustan. C'est lui qui donne l'encens, au moyen d'incisions pratiquées profondément à son tronc. L'encens, d'abord liquide, ne tarde pas à se solidifier.

**BOTA**, mesure de liquides en usage chez les Espagnols et les Portugais, et équivalente à 468 pintes de Paris (un peu plus de 470 litres).

**BOTANIQUE**, science faisant partie de l'histoire naturelle, et traitant de tout ce qui se rapporte au règne végétal. Son objet est l'étude des plantes et leur classification naturelle ou artificielle. Il y a eu trois méthodes principales pour la classification des plantes : celle de Tournefort modifiée plus tard par M. Guiart, celle de Linné modifiée par Richard, celle de Jussieu modifiée par Lamarck et de Candolle. La première est basée sur les différentes formes de la corolle, et divise les plantes en *pétalées* ou *apétalées*, c'est-à-dire, à fleurs et sans fleurs apparentes. La seconde base la classification sur les organes sexuels, et divise les plantes en *phanérogames* (qui ont des organes sexuels apparents) et *cryptogames* (qui ont les organes sexuels non apparents). Enfin la troisième méthode est basée sur tous les caractères naturels des plantes qu'elle divise en *acotylédones* (dont la fleur et les graines sont peu connues), *monocotylédones* (à un seul cotylédon), *dicotylédones* (à deux cotylédons). La botanique, considérée dans ses rapports avec la culture des champs, forme une branche appelée *botanique agricole* ; considérée dans ses rapports avec les arts, elle est *industrielle* ; dans ses rapports avec la médecine, elle est *médicale*.

**BOTANY-BAY**, baie de la côte orientale de la Nouvelle-Hollande, où les Anglais voulurent établir en 1788 une colonie pour la déportation des criminels ; le sol offrant trop d'aridité, on la transporta cinq lieues plus au N., à l'endroit où s'est élevé Sydney. En 1808, la colonie possédait 49,600 acres de terres en culture, 55,450 bêtes à cornes, 3,675 chevaux, 202,242 moutons et 24,822 porcs. Le territoire reçut le nom de Nouvelle-Galles du Sud, et fut confiée aux soins d'un gouverneur, dont le premier fut Arthur Philip, de 1788 à 1792. Sir Francis Grose fut gouverneur depuis 1792 jusqu'en 1798 ; le capitaine Hunter, depuis 1795 jusqu'en 1800 ; Gidley King, depuis 1800 jusqu'en 1806 ; William Bligh, de 1806 à 1808. Le lieutenant-colonel Johnston, puis le lieutenant-colonel Foveaux, et enfin le colonel Paterson, le furent par intérim jusqu'en 1810. Le colonel Macquarie le fut de 1810 à 1821. Les généraux Brisbane et Darling lui succédèrent. Le dernier était encore gouverneur en 1830. La population de la Nouvelle-Galles du Sud monte à 55,000 âmes. Le nombre annuel des déportés est, terme moyen, de trois mille hommes et six cents femmes. Après l'expiration de leur peine,

les condamnés ou *convicts* peuvent retourner en Angleterre, mais à leurs frais, ou rester dans la colonie, et alors on leur donne un *terrain* et des vivres.

**BOTCHICA** (myth.), suivant les Muyscas, peuples de la Colombie, est le législateur du plateau de Bogota, dans l'Amérique du Sud. La tradition rapporte qu'il était fils du Soleil, et que, sa femme Huythaca ayant inondé la terre pour en faire périr les habitants, il la chassa du globe, et qu'elle devint la lune, condamnée à tourner sans cesse autour de la terre pour expier sa faute. Il établit le culte du Soleil, et disparut après deux mille ans de séjour sur la terre.

**BOTHNIE**, province considérable de Suède, située des deux côtés du golfe de même nom, entre la Norwège, la Russie, le Jœmtland et le Wester-Norrland. Anciennement elle formait les provinces d'Uléaborg, de Westro-Bothnie, de Torneo, de Luléa, de Pitéa, d'Uméo et d'Assle. Maintenant elle forme les deux capitaineries ou préfectures de Norr-Botten (Bothnie septentrionale) et Wester-Botten (Bothnie orientale ou Cajanie). Ses côtes sont fertiles : elle produit des fourrures et des poissons.

**BOTHNIE** (GOLFE DE), golfe formé par la partie septentrionale de la mer Baltique, et ayant 130 lieues de long sur 40 de large. Il est souvent glacé, et la mer s'en retire peu à peu.

**BOTHWELL** (JAMES HEPBURN, comte DE), était chef de la puissante famille des Hepburns, dont l'influence était fort grande dans le Lothian oriental et le comté de Berwick, et possédait entre autres charges importantes celle de lord gardien de toutes les marches, lorsque Marie Stuart épousa Darnley. Ce fut lui qui fit sauter la maison qu'habitait l'époux de la reine, et que la rumeur publique accusa d'avoir été son assassin. Ce qui fit soupçonner Marie Stuart d'avoir été sa complice, c'est qu'elle le créa duc d'Orkney le 12 mai 1566 (Darnley était mort le 9 janvier), et qu'elle l'épousa le 15 du même mois. Les grands seigneurs d'Écosse ayant marché contre eux, et les ayant joints à Carberry-Hill le 15 juin 1567, Bothwell gagna Dunbar, d'où il se rendit par mer à Lerwick. Il fit le métier de pirate sur les mers du Nord ; mais, bientôt attaqué et pris par des vaisseaux danois, il fut jeté dans les donjons du château de Malmay, où il mourut en 1576.

**BOTOCOUDOS**, peuples sauvages du Brésil, qui se percent les oreilles et les lèvres de grandes chevilles de bois pour ornement. On n'est parvenu à en civiliser qu'une petite partie. Les autres sont anthropophages, et font entre eux et avec les Brésiliens une guerre continuelle.

**BOTRYOIDE**, nom donné, en minéralogie, aux substances disposées en grains ou en petites masses mamelonnées en forme de grappes.

**BOTTELAGE**, opération agricole qui consiste à lier en bottes la paille et les fourrages. Les hommes qu'on y emploie sont appelés *botteleurs*. Les bottes pèsent ordinairement dix livres chacune.

**BOTTES**, chaussure d'un cuir montant jusqu'à mi-jambe, fort en usage aujourd'hui. On distingue les bottes à l'écuyère destinées aux postillons et aux hommes de peine, les bottes molles, chaussure des salons, et les bottines ou bottes raccourcies. On appelle *bottier* l'artisan qui confectionne tous ces genres de chaussure.

**BOTZARIS** (MARC), l'un des Grecs qui se sont distingués dans l'insurrection contre les Turks en 1821. Il naquit dans les montagnes de Souli, en Albanie, l'an 1780. Il avait fait ses premières armes au service de France, dans un régiment albanais, où son père et son oncle étaient majors en 1807. Lors du soulèvement de la Grèce, il fut nommé *stratarque* de la Grèce occidentale. Il surprit le camp de l'ennemi à la tête de quelques braves, et fut mortellement blessé dans cette entreprise. Transporté à Missolonghi, il y expira en 1823.

**BOUC**, animal domestique, mâle de la chèvre. L'odeur désagréable du bouc est passée en proverbe. Cette odeur s'étend à sa chair comme à sa peau. Cependant en Espagne, pour transporter le vin, on se sert d'outres de peaux de bouc. La chair du bouc est dure et difficile à digérer.

**BOUC ÉMISSAIRE**. La cérémonie du bouc émissaire appartient aux Juifs, et se célébrait dans le mois de *tizri* (septembre), le 10 de ce mois. Le grand prêtre recevait deux boucs de la main des princes du peuple, et en immolait un. L'autre, sur lequel on chargeait de toutes les iniquités d'Israël et des imprécations universelles, était traîné dans le désert, et jeté dans les précipices par un homme qui, à son retour, se purifiait. Le nom juif du bouc émissaire est *hazazel*.

**BOUCAGE**, plante de la famille des ombellifères, répandant une odeur très-forte, et dont il y a plusieurs espèces. Les graines de l'une d'elles sont connues sous le nom d'*anis*. (Voy. ce mot.) À Francfort et dans d'autres lieux, on teint l'eau-de-vie avec une huile bleue, fournie par les semences de ces plantes.

**BOUCANIERS**, aventuriers chasseurs, qui allaient à la chasse des bœufs sauvages et des autres animaux, pour en avoir les peaux. Ils en faisaient sécher la viande à la fumée. Les boucaniers, dont l'origine remonte à l'an 1660, et qui occupaient les Antilles en troupes organisées, ne sont plus aujourd'hui réunis en corps. On appela *boucans* les huttes dans lesquelles ils habitaient, et faisaient sécher les viandes et les peaux des animaux morts.

**BOUCHARDON** (EDME), sculpteur et architecte français, élève de Coustou, né en 1698, mort en 1762. Ce fut lui qui construisit la fontaine de Grenelle, et qui fit la belle statue équestre de Louis XV, qui a été détruite. Il travailla aussi au parc de Versailles, qu'il remplit de statues mythologiques ou allégoriques. On distingue encore parmi ses nombreux ouvrages les bustes des cardinaux de Rohan et de Polignac, l'*Amour adolescent*, un *homme domptant un ours*.

**BOUCHE**, cavité à peu près ovale, comprise entre les deux mâchoires, interceptée latéralement par les joues, circonscrite en devant par les lèvres, en arrière par le voile du palais et par le pharynx, en haut par la voûte palatine, en bas par la langue. Chez l'homme, sa direction est horizontale. Les parois de la bouche sont tapissées par une membrane muqueuse. On trouve dans la bouche les dents, les gencives, la langue, les glandes salivaires, etc. C'est dans cette partie que les aliments sont coupés, broyés par les dents, imprégnés de sucs salivaires, et soumis ensuite à la déglutition. La bouche renferme les organes du goût ; elle sert à la respiration, à l'articulation des sons, à l'expulsion, à la succion, etc. Chez quelques animaux, la bouche et l'anus sont une même chose ; chez les autres, elle subit diverses modifications, et se rapproche plus ou moins de celle de l'homme. — On appelle *bouche amère*, *pâteuse*, *sèche*, les sensations d'amertume, d'empâtement et de sécheresse, dont la bouche est le siège dans beaucoup de maladies, et surtout dans les maladies bilieuses. — On donne le nom de *bouche* à l'ouverture horizontale pratiquée au bas d'un tuyau d'orgue. L'air introduit par le pied du tuyau se brise sur la lèvre de cette bouche, et produit le son. Les tuyaux à anche n'ont pas de bouche. — Les *tuyaux bouchés* sont des tuyaux fermés à leur extrémité supérieure. Ils rendent des sons plus bas que ceux qui seraient ouverts. — Les *sons bouchés* sont les sons qu'on tire du cor en introduisant la main dans le pavillon.

**BOUCHE** (OFFICIERS DE), nom donné aux officiers chargés autrefois d'apprêter et de servir la nourriture du roi. Ceux qui étaient à la tête de ces serviteurs étaient le grand maître, le grand panetier et l'écuyer tranchant. Les offices étaient au nombre de sept, l'échansonnerie-bouche, la cuisine-bouche, la paneterie-bouche, l'échansonnerie du commun, la cuisine du commun, la paneterie du commun et la fruiterie.

BOUCHER (François), peintre français, né en 1704, mort en 1770. Premier peintre, après la mort de Carle Vanloo (1765), et directeur de l'académie de peinture, il s'est fait remarquer par ses jolies compositions qui lui ont fait donner le surnom de *Peintre des Grâces*. Les plus célèbres de ses ouvrages sont la collection des *Amours*, le *Retour de la chasse de Diane* et la *belle Villageoise*. Il était né à Paris, et était l'élève de Lemoine.

BOUCHER, celui qui tue les bestiaux destinés à la consommation et se charge de les vendre en détail. Il y a des bouchers publics et des bouchers particuliers. La loi force les bouchers à tuer les bestiaux dans un lieu affecté à cet usage, et nommé abattoir.

BOUCHES A FEU, nom générique donné à toutes les armes à feu trop lourdes pour être portatives. Elles sont de trois sortes, les canons, les mortiers et les obusiers. Les bouches à feu se font en bronze ou en fonte de fer.

BOUCHES - DU - RHONE, département français, région S.-E., formé par une partie de l'ancienne Provence, du territoire d'Avignon et du comtat-Venaissin. Il a pour limites, au N. les départements de Vaucluse et des Basses-Alpes, à l'E. celui du Var, à l'O. celui du Gard, et au S. la Méditerranée. Il tire son nom du Rhône, qui sur son territoire se décharge dans la mer par deux bouches principales. Sa superficie est de 506,847 arpents métriques, et sa population de 430,000 habitants. Il se divise en trois arrondissements, Marseille (chef-lieu), Aix et Arles. Il est compris dans la huitième division militaire et dans le ressort de l'académie et de la cour d'appel d'Aix, et dans les diocèses d'Aix et de Marseille. On y remarque le beau port de Marseille, le chemin de fer, l'aqueduc de Roquefavour, les ruines romaines d'Arles, les canaux d'irrigation, etc. — Le sol du département, entre-coupé de plaines, de montagnes, de rochers, de vallées, d'étangs et de marais, présente en général un aspect aride. Les deux plaines de *la Camargue* et de la *Crau* offrent une grande fertilité. Le département est sillonné à l'E. et au S.-E. de quelques montagnes, élevées d'environ 1,000 mètres au-dessus du niveau de la mer; et dans la partie septentrionale, une chaîne de montagnes, nommées *Alpines* ou *Aupies*, qui s'étendent d'Orgon, sur la Durance, jusqu'à Saint-Gabriel, près du Rhône. Les étangs sont nombreux; celui de Berre a 10 lieues de tour. Le climat est très-chaud, très-sec en été et dans le printemps, humide en hiver et en automne. Le département est exposé au souffle du *mistral*, vent qui vient du N.-O. et qui dessèche les parties du sol qu'il atteint. Sur sa superficie le département compte 51,275 en forêts, 37,857 en vignes, et 190,000 environ de marais. Le produit annuel du sol est de 1,700,000 hectolitres de céréales et parmentières, et 820,000 de vins. Si la récolte est insuffisante en céréales, elle donne un excédant considérable en vins. On cultive en grand l'olivier, le mûrier et le tabac. Les races d'animaux domestiques sont très-belles. La richesse minérale consiste en mines de houille, carrières de marbre, d'ardoises, de gypse, etc. L'industrie commerciale du département est, pour ainsi dire, limitée à celle dont Marseille est le centre, et qui est dans le plus grand état de prospérité progressive.

BOUCHOTTE (J.-B.-Noël), né à Metz en 1754, entra au service à seize ans, et fit la campagne de 1792 en qualité de capitaine au régiment d'Esterhazy-hussards. Nommé colonel en 1793, il fut appelé le 4 avril au ministère de la guerre, lorsque les Autrichiens avaient envahi la frontière du nord. Il recruta 300,000 hommes, procura de nouvelles armes, refit des magasins de vivres. L'extinction des guerres civiles, de grandes victoires et de grands succès contre les ennemis diminuèrent l'inquiétude générale causée par la lenteur des préparatifs. On créa onze armées par les soins du ministre dans moins de quatre mois, et on pourvut à leur approvisionnement. Il demanda ensuite sa démission, mais il ne l'obtint qu'en 1794. Il fut plusieurs fois dénoncé à la convention, et subit quinze mois de détention (1795-96); mais, rendu à la liberté, il se retira à Metz au sein de sa famille.

BOUCICAUT (Jean LE MAINGRE DE), né en 1364, mort en 1421 en Angleterre, maréchal de France. Il prit le parti des armes à dix ans, et quatre ans après fit des prodiges de valeur à Rosebecque, où il tua un Flamand d'une taille gigantesque (1378). Il se signala contre les Turks, les Vénitiens et les Anglais. Fait prisonnier à Azincourt, il fut conduit en Angleterre, où il mourut.

BOUCLIER, arme défensive en usage chez les peuples de l'antiquité, et chez les chevaliers au moyen âge, pour se défendre et se préserver des coups des ennemis. On le portait attaché au bras gauche avec des courroies. Les plus célèbres boucliers de l'antiquité furent les boucliers d'Achille, décrit par Homère, d'Enée, décrit par Virgile, et d'Hercule, décrit par Hésiode.

BOUDDHA (myth.), fondateur de la secte religieuse appelée bouddhisme. Il s'appelait aussi Gautamas et Sakyanumi, et était fils de la vierge Mayâ. Les brahmes l'adorèrent comme la neuvième incarnation de Wishnou, et on fixe l'époque de sa venue vers l'an 1000 avant J.-C. Il réforma la religion des brahmes, blâma et réprouva les sacrifices sanglants prescrits par les Védas et les Pouranas, (voy. BRAHMANISME), nia l'existence des purs esprits, et n'admit l'existence réelle et absolue que de la matière. Le bouddhisme, après avoir lutté longtemps contre le brahmanisme, a fini par être expulsé de l'Inde; mais il a envahi le Thibet, la Chine, la Mongolie et les îles de la Malaisie et des Indes orientales. On fait monter le nombre actuel des bouddhistes dispersés dans tous ces pays à 240,000,000.

BOUÉE, en termes de marine, tout corps flottant destiné à marquer la place d'un objet qu'on veut y retrouver, ou dont on veut se préserver. Les bouées ne s'emploient guère que pour marquer le lieu où ont été jetées les ancres, et pour aider les hommes tombés à la mer à regagner le navire. Dans le dernier cas, on les appelle bouées de sauvetage. Les bouées sont ou en liège, ou en tonnes vides, ou en tôle, ou bien encore en fagots.

BOUES MINÉRALES ou BOUES DES EAUX, sorte de limon que l'on trouve dans les réservoirs de certaines eaux minérales. On n'exploite guère en médecine que celles de Bagnères-de-Luchon et de Barbotan; elles sont toniques, résolutives, et combattent les douleurs articulaires chroniques.

BOUFFES, nom donné aux chanteurs et aux comiques italiens, venus pour la première fois en France en 1752. En 1789, ils ont eu un théâtre particulier, appelé d'abord théâtre de Monsieur, puis théâtre Favart et enfin théâtre des Italiens. On a donné le nom d'opéra buffa à toute sorte d'opéra en langue italienne qu'on y jouait. Maintenant cette dénomination n'embrasse plus que les opéras-comiques.

BOUFFLERS (Louis-François duc DE), maréchal de France, né en 1644. Il s'immortalisa par la défense de Lille, en 1708, et contribua au gain de plusieurs batailles. Il mourut en 1711. On a dit de lui que *son cœur était mort le dernier*. — Un membre de la même famille que lui, Stanislas, chevalier DE BOUFFLERS, fils de la marquise de Boufflers, poëte, philosophe et ami de Voltaire, a laissé la réputation de chansonnier aimable. Ce fut lui qui, en 1791, fit décréter la propriété des découvertes et des inventions en faveur de leurs auteurs. Né en 1737, il mourut en 1815.

BOUGAINVILLE (Louis-Antoine DE), capitaine de vaisseau, membre de l'Institut, né à Paris en 1729, mort en 1811. Après avoir été avocat au parlement et mousquetaire noir, il devint aide de camp de Chevert, secrétaire d'ambassade à Londres et puis aide de camp du marquis de Montcalm. Il fut blessé, fait colonel et chevalier de Saint-Louis avant l'âge, dans la guerre d'Amérique. Nommé quelque temps après capitaine de vaisseau, il s'embarqua pour faire son voyage autour du monde, dont il a publié la relation, et auquel il doit une grande partie de sa célébrité. Ce fut lui qui découvrit l'île de Taïti. Il avait publié, en 1752, *Traité du calcul intégral*, 2 volumes in-4°.

BOUGIE, appelée autrefois chandelle de cire. Elle doit son nom à la ville de Bougie, sur la côte septentrionale de l'Afrique, maintenant occupée par une garnison française, et à 40 lieues d'Alger, dont les environs produisent de la cire en abondance. On distingue deux espèces de bougies : la *filée*, qui est très-petite et que l'on roule sur elle-même, et la bougie de table qui se fait de deux sortes, l'une qui se fabrique comme la chandelle et que l'on appelle bougie *coulée* ou *moulée*, et l'autre qui se fait comme les cierges et que l'on nomme bougie *à la cuillère*.

BOUGRAN, espèce de grosse toile de chanvre gommée et calandrée (qui a passé par la machine qui donne le lustre aux draps), dont on se sert pour doubler les habits et leur faire ainsi mieux conserver leur forme.

BOUGUER (Pierre), né au Croisic (Loire-Inférieure) en 1698, étudia les mathématiques sous la direction de son père. En 1717, l'académie des sciences de Paris couronna son *Mémoire sur la mâture des vaisseaux*, et se l'associa en 1731. Il fut choisi en 1736, avec Godin et La Condamine, pour aller au Pérou déterminer la figure de la terre. A son retour, il travailla pendant trois ans au *Journal des savants*. Il mourut en 1758. Il a laissé plusieurs ouvrages, entre autres la *Figure de la terre*, un *Traité d'optique*, un *Traité de la navigation*, etc.

BOUHOURS (Dominique), né à Paris en 1628, entra chez les jésuites à l'âge de seize ans. Après avoir professé les humanités, il fut chargé de l'éducation des princes de Longueville, et ensuite de celle du marquis de Seignelai, fils de Colbert. Il mourut à Paris en 1702. Ses principaux ouvrages sont *les Entretiens d'Ariste et d'Eudoxe* (1671), *Remarques et doutes sur la langue française*, *Pensées ingénieuses des Pères de l'Eglise* (1700), la *Traduction du Nouveau Testament* (1697), etc.

BOUIDES ou BOWAIDES, dynastie de rois de Perse. Les Bouïdes ou descendants de Bouïah formaient une famille qui se rendit indépendante de l'autorité des kalifes de Bagdad et qui régna en Perse sur l'Irak-Arabi, le Kouzistan, le Kerman et le Tabaristan, depuis l'an 930 jusqu'à l'an 1056, époque à laquelle elle fut supplantée par les Gaznévides et les Seldjoucides.

BOUILLE Les pêcheurs appellent ainsi une longue perche de la forme d'un rabot à l'un de ses bouts et grosse à l'autre. On l'emploie pour faire tomber le poisson dans les filets en remuant la vase et en troublant l'eau.

BOUILLÉ (François-Claude-Amour, marquis DE), né à Cluzel en Auvergne en 1739, mort en Angleterre en 1803. Colonel du régiment de Vexin, puis maréchal de camp, il fut nommé gouverneur général des îles du Vent, qu'il défendit contre les attaques des Anglais. Nommé en 1790 général en chef de l'armée de la Meuse, il soumit les révoltés de Nancy, et fut, l'année suivante, choisi par le roi Louis XVI pour faciliter son évasion de France. L'entreprise ayant échoué par la découverte du roi et son arrestation à Varennes, il s'éloigna du royaume et s'enfuit en Angleterre, où il publia des *Mémoires sur la révolution*.

BOUILLEURS (Tuyaux), système de petits tuyaux formant un espèce de gril, composé de canaux de fusil communiquant par leurs extrémités et remplaçant, dans les voitures à vapeur des chemins de fer, les chaudières dans les autres machines. On les remplit d'eau, et on les place sur un foyer de chaleur. La vapeur se développe bien plus tôt que dans les chaudières, à cause de la multiplicité des surfaces chauffantes.

BOUILLON, mixtion aqueuse qui a bouilli pendant un temps déterminé avec de la viande ou des herbes, selon qu'ils servent de nourriture ou de remèdes. Il y a ainsi deux sortes de bouillons, les bouillons alimentaires et les bouillons médicamenteux. Les premiers renferment pour la plupart de l'osmazôme et de la gélatine.

BOUILLON, petite ville de Belgique, dans le duché de Luxembourg, et capitale du duché du même nom. Godefroy de Bouillon, un des chefs de la première croisade et roi de Jérusalem, avait, en partant, vendu le duché à l'évêque de Liége, qui le céda à la maison de la Marck. Cette maison le porta dans celle de la Tour par le mariage de Charlotte de la Marck avec Henri de la Tour-d'Auvergne, vicomte de Turenne et père du grand Turenne.

BOUILLON BLANC, plante du genre molène et de la famille des solanées, qui croît en abondance dans les lieux incultes d'Europe, et dont les fleurs jaunes, adoucissantes et pectorales, sont employées en infusion dans toutes les affections catarrhales.

BOUILLOTE, ancien jeu de société fort en usage pendant la révolution. Il n'est autre chose que le brelan.

BOUIN, île de l'Océan appartenant à la France, et faisant partie du département de la Vendée, à 14 lieues et demie des Sables-d'Olonne. Population, 2,540 habitants. Cette île, dont la superficie est de 3 lieues carrées, est triangulaire et marécageuse, séparée de la terre ferme par un bras de mer de peu de largeur. Le chef-lieu est *Bouin*, vers le centre de l'île, et entouré de marais salants.

BOUKHARIE, pays de l'Asie, dans la Tartarie Indépendante, passant pour être le plus riche de l'Asie septentrionale. Il se divise en grande Boukharie et petite Boukharie : cette dernière prend encore le nom de royaume du Kaschgar. (Voy. ce mot.) La grande Boukharie, dont la superficie est de 10,000 lieues carrées, se divise en trois khanats, celui de Bokharah, celui de Samarkand et celui de Balkh. Les deux premiers sont au N., le dernier est au S. de l'Amou. On ne connaît la population que du khanat de Bokharah, qui a 2,500,000 habitants. Cette population indigène se divise en Guzbeks et en Tadjiks. Elle comprend aussi des Kalmoucks, des Arabes, des Kirghizes, des Afghans, des Juifs, des Bohémiens et des Persans. Les Boukhares font avec la Chine, le Thibet, les Kalmoucks, les Mongols et la Russie, un commerce très-étendu en coton, lapis-lazuli, fourrures, châles, etc., qui emploie six mille chameaux.

BOULAINVILLIERS (Henri, comte DE), né à Saint-Saire en Normandie en 1658, mort en 1722. Historien fécond, il s'est surtout occupé de l'histoire nationale, et a publié, entre autres ouvrages, une *Histoire de France jusqu'à Charles VIII*, des *Mémoires historiques sur l'ancien gouvernement de France jusqu'à Hugues Capet*, et l'*Histoire de la pairie de France*.

BOULANGER, ouvrier qui vend et fabrique le pain. Au nombre des peines dont sont passibles les boulangers en contravention aux lois, se trouve la confiscation de leur approvisionnement au profit des hospices, et une amende qui varie selon la nature du délit.

BOULANGER (Nicolas-Antoine), né à Paris en 1722, travailla peu dans sa jeunesse. Cependant ayant lutté opiniâtrement contre son inaptitude, il parvint à la surmonter. Trois ou quatre ans d'étude lui suffirent pour être utile au baron de Thiers, qu'il accompagna à l'armée en qualité d'ingénieur. Il entra ensuite dans les ponts et chaussées, et exécuta dans la Champagne, la Bourgogne et la Lorraine, différents travaux publics. Une mort prématurée l'enleva aux sciences et aux lettres en 1759. Il a fait, entre autres ouvrages, deux surtout célèbres, le *Traité du despotisme oriental* et l'*Antiquité dévoilée*. Quelques-uns lui attribuent aussi le *Christianisme dévoilé*, qui est du baron d'Holbach.

BOULAQ ou BOULAK, port du Caire, dans la basse Egypte, sur la rive orientale du Nil, et dans lequel abondent toutes les marchandises venant du Delta. Il est à une demi-lieue du Caire, et renferme de superbes bains publics. Les habitants de cette ville, révoltés en 1800 contre les armées françaises, furent soumis par le général Friant, après une résistance opiniâtre. La population de Boulaq est de 16,000 habitants.

BOULE (EAU DE), liqueur tonique qui se prépare en mettant des boules de mars dans de l'eau-de-vie, qui dissout le tartrate de potasse et de fer dont elles sont formées. On l'emploie comme tonique dans les contusions.

BOULE DE MARS ou DE NANCY (*tartrate de potasse et de fer*), composé que l'on obtient d'un mélange de crème de tartre, de limaille de fer porphyrisée et de vin rouge. On en forme une pâte liquide, qu'on arrose de temps en temps avec de l'eau-de-vie, et que l'on chauffe peu à peu jusqu'à 60 ou 64 degrés Réaumur. La limaille s'oxyde ; le mélange devient brun foncé. Lorsqu'il est encore mou, on en forme des boules qu'on imprègne d'eau-de-vie, et qu'on laisse sécher. Les boules de mars sont noirâtres, d'une surface lisse et polie, d'une cassure légèrement grenue, inodore, d'une saveur styptique, et solubles dans l'eau. — On les emploie dissoutes dans de l'eau alcoolisée comme résolutives ou astringentes, dans les cas de meurtrissures, de contusions, d'hémorragies, etc.

BOULE DE NEIGE, nom vulgaire du *viorne opale*, dont les fleurs sont réunies en boules.

BOULEN (Anne DE), fille de sir Thomas de Boulen, et l'une des épouses de Henri VIII. Elle naquit vers 1500, et fut successivement dame d'honneur de la reine Marie d'Angleterre, femme de Louis XII, roi de France, et de la reine Claude, femme de François Ier. Après la mort de cette dernière, elle revint en Angleterre, et fut nommée dame d'honneur de la reine Catherine d'Aragon. Henri VIII, qui en devint amoureux, répudia sa première femme pour l'épouser en 1532. Il en eut, en 1533, la fameuse Elisabeth. Mais bientôt Henri, amoureux de Jeanne Seymour, l'accusa d'adultère, la fit juger et condamner. Elle fut exécutée en 1536.

BOULET. C'est, chez le cheval, l'articulation du pied qui est au bas du canon. Un cheval est *bouleté* lorsque le tendon du muscle fléchisseur du boulet se rétracte, ou que le muscle extenseur du pied est relâché.

BOULET, projectile en fer destiné à être lancé par un canon. Le poids du boulet indique la force du calibre de la pièce à laquelle il convient. Ainsi, un boulet de trente-six livres indique un canon de trente-six, et réciproquement. On employait autrefois dans la marine les boulets ramés et les boulets en chaînes. On ne sert plus que des boulets rouges, qui sont en métal, et qu'on lance avec des batteries incendiaires.

BOULEVARD. On appelle ainsi d'abord un rempart, puis une promenade. Comme terme de tactique militaire, on dit : Luxembourg est le boulevard de la Belgique, Berg-op-Zoom de la Hollande, Mayence de l'Allemagne. Comme promenade, ce mot est beaucoup plus employé. Les boulevards de Paris sont les plus beaux et les plus étendus. Ils ont trois parties principales : 1º l'ancien boulevard du nord, commençant sur la rive droite de la Seine, près du grenier d'abondance, et finissant à l'esplanade de l'église de la Madeleine ; 2º l'ancien boulevard planté vers 1761, au midi, et allant depuis la route d'Orléans jusqu'à l'esplanade des Italiens ; 3º le boulevard neuf ou grand boulevard, qui longe le mur extérieur de la capitale.

BOULINGRIN (de l'anglais *bowling green*, jeu de boule verte), partie de terrain recouverte de gazon, et entourée de glacis semblables à ceux qui empêchent les boules de sortir dans un jeu de boules. La forme des boulingrins varie suivant le goût de l'ordonnateur.

BOULINE. Les marins appellent ainsi la corde qui sert à tendre, à effacer la voile, et la porter de côté pour courir dans la direction du vent.

BOULLONGNE, famille de peintres français, originaire de Picardie. — Louis BOULLONGNE, né en 1609, mort à Paris en 1674, excellait particulièrement à copier les tableaux des anciens peintres. Il laissa deux fils, Louis et Bon, et deux filles, Geneviève et Madeleine, qui cultivèrent avec succès la peinture. — BON BOULLONGNE, né en 1649, étudia à Rome en qualité de pensionnaire du roi, et se forma à l'étude des grands maîtres. De retour en France, il fut professeur à l'académie de peinture, eut une pension de Louis XIV, qui le nomma son peintre, et fut employé par ce prince dans l'église des Invalides, au palais et à la chapelle de Versailles, à Trianon, etc. Il mourut en 1717. Il excellait dans le coloris. Parmi ses tableaux, on distingue le *Combat d'Hercule contre les Centaures*, *Vénus, Pan et Syrinx*. — LOUIS BOULLONGNE, son frère cadet, né en 1657, fut aussi pensionnaire du roi à Rome, et devint directeur de l'académie de peinture. Louis XIV le nomma son premier peintre, lui donna des lettres de noblesse, le fit chevalier de Saint-Michel, et des pensions à ces honneurs. Il mourut en 1733.

BOULOGNE-SUR-MER, ancienne capitale du Boulonais, maintenant sous-préfecture du département du Pas-de-Calais. Elle est située sur la Manche à 9 lieues de l'Angleterre. Sa population est de 20,856 habitants, et ce qui y attire un grand concours de malades, c'est la renommée de ses bains de mer, heureusement employés contre les affections nerveuses, les spasmes hystériques, les palpitations, etc. Elle fut, depuis le IXe siècle jusque vers le XIIe, gouvernée par des comtes, qui furent de la maison royale. En 1477, Louis XI réunit le Boulonais à la couronne. Bonaparte avait établi en 1801, à Boulogne, un camp protégé par une flotte destinée à transporter ses troupes sur les côtes de l'Angleterre, qu'il méditait d'envahir. La flotte anglaise essaya de bombarder Boulogne ; mais elle ne put y parvenir.

BOUQUET (Dom Martin), religieux de l'ordre des Bénédictins et de la congrégation de Saint-Maur, né à Amiens en 1685, mort en 1754. Il fut chargé de la précieuse collection des historiens de la Gaule et de la France, dont il ne put publier que huit volumes, et dont poursuivie les bénédictins dom Clément, dom Brial, etc.

BOUQUETIN, sorte de bouc qui vit sur les sommets des plus hautes montagnes d'Europe et d'Asie. Ses cornes sont longues et grosses, et croissent d'un nœud chaque année. On peut apprivoiser les bouquetins en les prenant lorsqu'ils sont petits. Leur poil extérieur est rude, et cache une toison plus fine.

BOUQUIN. On donne ce nom aux vieux livres, et celui de bouquiniste au marchand qui en fait profession d'en vendre. Celui de *bouquineur* est plus particulièrement affecté aux hommes qui recherchent les vieux livres ou les bouquins.

BOURACAN, étoffe non croisée, semblable au camelot, mais tissue de poil de chèvre, et d'un grain beaucoup plus gros que celui du camelot ordinaire. On l'emploie principalement pour des manteaux destinés à préserver de la pluie en voyage.

**BOURBON**, appelée aussi *Mascareigne*, île dépendante de l'Afrique, et appartenant à la France. Le gouverneur réside à Saint-Denis, dont la population est de 10,000 habitants. Celle de l'île entière s'élève à 88,581, parmi lesquels 18,747 blancs, 6,387 affranchis et 63,447 esclaves. Elle produit en abondance le riz, le sucre, le café, le coton, le cacao, la muscade, le cocotier, l'indigo, le blé et la vanille. La superficie est de 253,167 hectares.

**BOURBON**, maison célèbre qui a occupé les trônes de France, d'Espagne et des Deux-Siciles. La généalogie de cette maison, qui se lie à Robert le Fort, duc et marquis de France en 861, ne commence véritablement qu'à Robert, comte de Clermont, sixième fils de saint Louis, qui épousa l'héritière du Bourbonnais. La maison de Bourbon se divisa, à partir des fils de Louis Ier, duc de Bourbon, en deux branches, la branche aînée ou celle des ducs de Bourbon, éteinte en 1527, et la cadette ou branche des comtes de la Marche et de Vendôme. Charles de Bourbon-Vendôme eut deux fils, tiges respectives, l'un de la branche des Bourbons qui parvinrent à la royauté, l'autre des princes de Condé; et cette dernière branche se divisa encore en deux, celle de Condé et celle de Conti. Quant à la branche des Bourbons royaux, elle se divisa en deux, celle des Bourbons de la branche aînée déchue en 1830, et celle des Orléans, qui a ensuite occupé le trône. — Les Bourbons d'Espagne se rattachent à ceux de France par Philippe V, d'abord duc d'Anjou, puis roi d'Espagne, petit-fils de Louis XIV. — Ceux de Naples se rattachent, ainsi que ceux de Lucques, à ceux d'Espagne, les premiers par Ferdinand Ier, roi de Naples, troisième fils de Charles III, roi d'Espagne; les seconds par l'infant don Philippe, duc de Parme, de Plaisance et de Guastalla, fils de Philippe V.

**BOURBON** (Charles, duc DE), si connu sous le nom de connétable de Bourbon, second fils du comte de Montpensier, Gilbert, naquit en 1489. Il fut fait connétable en 1515, et devint plus tard vice-roi du Milanais. Il n'était que de la branche cadette, et hérita de la branche aînée. Il se couvrit de gloire à Marignan; mais forcé par l'injustice de la reine mère, qui lui contestait ses domaines, de sortir de France, il offrit ses services à Charles-Quint, dont il conduisit les armées pendant les guerres d'Italie. Il fut tué en 1527 au siège de Rome, et ne laissa pas de postérité.

**BOURBON** (Charles DE), fils de Charles, duc de Vendôme, cardinal-archevêque de Rouen et légat d'Avignon, né en 1523. Après la mort de Henri III en 1589, il fut proclamé roi par les ligueurs et le duc de Mayenne sous le nom de Charles X. Tombé entre les mains de Henri IV, dont il était l'oncle paternel, il fut emprisonné à Fontenay, où il mourut en 1590.

**BOURBON-L'ARCHAMBAULT**, chef-lieu de canton du département de l'Allier, à 6 lieues un quart de Moulins. Population, 3,200 habitants. Cette petite ville est située au fond d'une petite vallée qu'arrose le Burge. Les ducs d'Aquitaine en firent une place forte qui, dès le vinᵉ siècle, avait déjà de l'importance. Pepin l'assiégea et la prit en 759. Bourbon devint le chef-lieu d'un petit territoire érigé en sirerie par Charles le Simple. Bourbon possède des eaux minérales; les unes sont ferrugineuses et froides, les autres chaudes et carboniques. Ces eaux sont employées pour le traitement de la paralysie et des rhumatismes.

**BOURBONNAIS**, province de la France centrale, qui forme aujourd'hui le département de l'Allier. L'histoire du Bourbonnais, dont la capitale était Moulins, est celle des sires de Bourbon, qui le possédaient tout entier. Les sires de Bourbon paraissent pour la première fois dans le xᵉ siècle. Ils se continuent jusqu'en 1272, époque à laquelle Béatrix de Bourgogne, héritière de la sirerie de Bourbon, épousa Robert, comte de Clermont, fils de saint Louis. En 1327, à la mort du connétable de Bourbon, le Bourbonnais fut réuni à la couronne. Louis XIV donna, en 1661, le duché de Bourbon aux princes de Condé, qui l'ont conservé jusqu'au dernier membre de cette famille, mort en 1830.

**BOURBONNE-LES-BAINS**, petite ville à 7 lieues de Langres, dans le département de la Haute-Marne. Elle a des eaux minérales qu'on emploie contre les rhumatismes chroniques, les sciatiques, les paralysies, etc. Elle a 3,400 habitants, et se trouve à 70 lieues de Paris.

**BOURBON-VENDÉE**, autrefois Roche-sur-Yon, puis Napoléonville, ville de France, chef-lieu du département de la Vendée, et dont la population est de 2,810 habitants. Elle se trouve à 89 lieues de Paris.

**BOURBOTTE** (LE CONVENTIONNEL), né à Vaux près d'Avallon. Député en 1792 par le département de l'Yonne à la convention nationale, il demanda la mise en jugement de la reine, après avoir voté la mort de Louis XVI sans appel et sans sursis. Envoyé à Orléans pour y examiner la conduite des chefs de la légion germanique, accusés d'incivisme, il passa bientôt dans les départements de la Vendée, où il prit part à la guerre avec autant de talent que d'intrépidité. Sauvé par Marceau, il le préserva lui-même d'une mise en jugement. (Voy. BEAULIEU (Blanche de). Son administration, dans ces pays insurgés fut telle, que le comité de salut public se vit obligé de casser ses arrêtés comme trop rigoureux. Envoyé à l'armée de Rhin et Moselle, il y montra les mêmes talents qu'à celle de l'ouest. Invisible dans l'insurrection du 12 germinal, il devint le commandant avoué de celle qui éclata le 1er prairial, et qui avait pour but de rétablir la faction de la montagne. Arrêté, jeté en prison avec Gougeon, Romme, Duquesnoy, Duroy et Soubrany, et transféré au château du Taureau (Finistère), il y resta vingt-trois jours. Ramené à Paris, il fut condamné à mort le 13 juin 1795, et exécuté.

**BOURDAINE** ou **BOURGÈNE**, arbuste d'Europe, du genre *nerprun*, ayant une hauteur de dix à douze pieds, et croissant dans les terrains humides. Le charbon de son bois est très léger et sert à la fabrication de la poudre à canon. Son fruit est une baie successivement verte, rouge et noire. Son écorce intérieure est médicamenteuse.

**BOURDALOUE** (Louis), né à Bourges en 1632, mort en 1704, de l'ordre des jésuites. Cet orateur religieux fut si éloquent, qu'on l'appelait *le Prédicateur des rois et le roi des prédicateurs*. Il n'eut point menés bientôt jusqu'à la cour de Louis XIV. Il prêcha devant ce prince les carêmes de 1672, 1674, 1675, 1680, 1682, et les avents de 1670, 1684, 1686, 1689, 1691 et 1693, honneur qui ne fut accordé qu'à lui. Il obtint le même succès dans les provinces où le roi l'envoya; sur la fin de ses jours, il se voua aux assemblées de charité, aux prisons et aux hôpitaux. Ses œuvres, recueillies par le père Bretonneau en quinze et dix-huit volumes, sont ainsi distribuées : *Avent*, un volume; *Carême*, trois volumes; *Exhortations*, deux volumes; *Dominicales*, quatre volumes; *Panégyriques*, deux volumes; *Mystères*, deux volumes; *Retraites*, un volume; *Pensées*, trois volumes.

**BOURDON**, genre d'insectes au corps court et velu, de la famille des hyménoptères, qui se réunissent en société comme les abeilles, et se trouvent communément partout. Le bourdon des pierres est le plus généralement connu. — On donne aussi le nom, 1º au mâle de l'abeille; 2º à un jeu de l'orgue, dont les tuyaux inférieurs sont en bois et dont les tuyaux supérieurs en étain; 3º à une grosse cloche servant ordinairement à sonner le tocsin; 4º à une espèce de bâton, renflé en haut d'une pomme et garni en bas d'un fer pointu, que portaient les pèlerins.

**BOURDON** (Sébastien), peintre et graveur français, né à Montpellier en 1616, mort en 1671, directeur de l'académie de peinture. Il se fit un nom célèbre à vingt-sept ans par son tableau du *Martyre de saint Pierre*, qui est son chef-d'œuvre. Il peignit, pour l'église Saint-Gervais de Paris, le *Supplice de saint Gervais et de saint Protais*. Un des principaux tableaux de Saint-Pierre, à Rome, est de sa main. Il a composé et gravé les *Œuvres de miséricordes* et des *paysages* fort estimés.

**BOURDONNAYE** (Bernard-François MAHÉ DE LA), né à Saint-Malo en 1699, mort en 1754. Nommé en 1735 gouverneur de l'île de France, il fut le véritable fondateur de cette colonie. Il arma, en 1746, une flotte contre les Anglais, qu'il vainquit à la bataille navale de Négapatnam, s'empara de Madras et fit lever le siège de Pondichéry; mais, rappelé en France pour rendre compte de sa conduite, il fut enfermé à la Bastille, où il resta trois ans et demi prisonnier. Après ce temps, on reconnut son innocence, et on lui rendit tous ses biens; mais il mourut bientôt de chagrin et de fatigues. Sa veuve obtint en dédommagement de ses pertes une pension de 2,400 livres.

**BOURG**, ville de France, chef-lieu du département de l'Ain. Sa population est de 7,147 habitants. Elle se trouve à 88 lieues de Paris, et est la patrie de Vaugelas, de Lalande et du général Joubert. Sa cathédrale gothique, nommée la cathédrale de Brou, est un monument remarquable.

**BOURG** (Anne DU), conseiller au parlement de Paris, né à Riom en 1521, neveu d'Antoine du Bourg, chancelier de France. Ce magistrat intègre, mais attaché au calvinisme, défendit la cause de ses coreligionnaires contre l'édit de Châteaubriant, promulgué par Henri II. Il fut emprisonné, jugé et condamné à être brûlé en Grève. Il subit son supplice, dont l'arrêt fut fermeté en 1559.

**BOURGANEUF**, sur la rive gauche du Taurion, chef-lieu d'arrondissement, à 7 lieues et demie du Guéret. Population, 2,849 habitants. Bourganeuf a un tribunal de première instance et un conservateur d'hypothèques. Son arrondissement renferme quatre cantons, quarante-quatre communes, et 37,965 habitants. Les ouvriers de cet arrondissement émigrent vers les départements de la Seine, du Rhône, de Seine-et-Marne et de la Marne. C'est à Bourganeuf que fut enfermé le prince Zizim, confié aux soins du grand maître Pierre d'Aubusson.

**BOURGELAT** (Claude), né à Lyon en 1712, mort en 1779. Fondateur des écoles vétérinaires en France en 1765, et regardé comme le créateur de l'*hippiatrique* ou médecine des animaux domestiques et plus particulièrement des chevaux, il a publié divers ouvrages, et entre autres *nouveau Traité de cavalerie*, *Éléments d'hippiatrique*, et l'*Anatomie comparée de tous les animaux dont s'occupe l'art vétérinaire*. Il a fait dans l'Encyclopédie de Diderot les articles relatifs au vétérinaire, et l'art vétérinaire, et joignit au titre de directeur et d'inspecteur général des écoles vétérinaires celui d'inspecteur et de commissaire général des haras du royaume.

**BOURGEOISIE**, classe de citoyens intermédiaire entre le peuple et la noblesse, et comprenant les négociants, les marchands, les artisans aisés, les gens de loi et de finance et les propriétaires. Le droit de bourgeoisie, appelé aussi droit de cité, est la réunion de tous les avantages ou privilèges attachés à l'habitation et à l'établissement du domicile. Les Romains donnaient le droit de cité à un grand nombre de peuples qu'ils avaient vaincus. En Suisse, le droit de bourgeoisie est le droit de nationalité, et ce droit ne peut être accordé qu'après des formalités voulues par la loi, et de même dans les villes libres d'Allemagne.

**BOURGEONS**, petits corps qui s'élèvent sur la tige et sont formés d'écailles ou de stipules avortées dans lesquels se forme une partie nouvelle du végétal. On distingue trois sortes de bourgeons : 1º les bourgeons à feuilles ou à bois, 2º les bourgeons à fleurs ou à fruits, et 3º les bourgeons mixtes. Les premiers ne produisent que des branches chargées seulement de feuilles ; les seconds ne donnent que des fleurs ; les troisièmes donnent à la fois des feuilles et des fleurs.

BOURGES, ville de la France centrale, chef-lieu du département du Cher, dont la population est de 18,200 habitants. Elle était anciennement capitale de la première Aquitaine ; elle le devint ensuite du Berry. Elle est la patrie de Jacques Cœur et de Louis XI, et se trouve à 57 lieues de Paris. La cathédrale et l'hôtel de ville sont deux monuments remarquables.

BOURGMESTRE, magistrat de Belgique, de Hollande et d'Allemagne, dont les fonctions sont analogues à celles des maires parmi nous. Ses attributions varient néanmoins selon les localités ; mais généralement il est chargé de la police, quelquefois de la justice et de l'administration des deniers communaux.

BOURGOGNE, une des plus fertiles provinces de la France orientale, dont la capitale était Dijon. Elle comprend maintenant les départements de la Côte-d'Or, de l'Yonne, de Saône-et-Loire et de l'Ain, dont la superficie réunie est de 2,715,185 hectares, et la population de 1,598,374 habitants. Son principal commerce est en vins d'une qualité supérieure qu'elle produit en abondance. Mais c'est surtout aux environs de Dijon que se trouvent les meilleurs vins de toute la Bourgogne. Outre ses vins, la Bourgogne a encore une grande quantité de forges et d'usines, de mines de charbon de terre, de tuileries, de foins et de bois. Elle fut d'abord habitée par les Eduens, puis par les Burgondes ou Bourguignons, qui s'y établirent en 407. Les rois francs la partagèrent entre eux depuis 534 jusqu'en 880. De 880 à 1032, la Bourgogne fut une principauté ducale. Elle fut ensuite gouvernée par des ducs bénéficiaires depuis 1032 jusqu'en 1075, ces ducs furent de la race capétienne, et par les ducs héréditaires depuis 1075 jusqu'en 1477, époque à laquelle Louis XI, profitant de la mort du duc Charles le Téméraire, réunit la Bourgogne à la couronne.

BOURGOGNE (CANAL DE), canal de France, traversant les départements de la Côte-d'Or et de l'Yonne (Bourgogne). Il est destiné à joindre la Méditerranée à l'Océan par la Saône et le Rhône d'un côté, et l'Yonne et la Seine de l'autre, c'est-à-dire qu'il fait communiquer ensemble la Saône et l'Yonne, en partant de Saint-Jean-de-Losne, en passant par Dijon, Veurai, Pouilli, Montbart, Tonnerre, Saint-Florentin, Brinon, et joignant l'Yonne au hameau de la Roche. Son développement est de 54 lieues. Le canal de Bourgogne, projeté par Henri IV, et commencé en 1775, est encore en construction, et a été livré seulement en partie à la navigation depuis 1807.

BOURGOGNE (Louis, duc DE), né à Versailles en 1682, fils du dauphin Louis et petit-fils de Louis XIV, marié en 1697 à la princesse Adélaïde de Savoie, dont il eut Louis XV, et mort en 1712. Les leçons de Fénelon ramenèrent à des sentiments plus doux son caractère violent, colère et passionné pour tous les plaisirs. Fénelon, son précepteur, composa pour lui le *Télémaque*. Il eut, en 1702, le commandement de l'armée de Flandre ; en 1703, il fut généralissime de l'armée d'Allemagne. En 1708, sa mésintelligence avec le duc de Vendôme contribua à la défaite d'Oudenarde et à la prise de Lille. En 1711, devenu dauphin par la mort de son père, il fut, l'année suivante, enlevé par une maladie violente et inexplicable, ainsi que son épouse et son fils ainé. Sa mère était Marie-Anne de Bavière.

BOURGOGNE (THÉÂTRE DE L'HÔTEL DE). L'origine de ce théâtre remonte aux confrères de la Passion, qui, de même que les clercs de la basoche, représentaient des mystères. Ils achetèrent, vers l'an 1547, l'emplacement de l'hôtel des ducs de Bourgogne, démoli en 1543. Ils y firent bâtir un théâtre, où ils ne purent représenter que des sujets profanes, et sur lequel se dirent les farces de Gros-Guillaume, de Gautier-Garguille et de Jodelet. Les comédiens de l'hôtel de Bourgogne, qui abordèrent par la suite des sujets sérieux, luttèrent pendant longtemps contre les comédiens de la troupe de Molière, et en 1677 leur théâtre fut fermé. Réouvert en 1716, il fut clos en 1783, époque à laquelle les comédiens passèrent à la salle Favart. Sur l'emplacement de l'hôtel de Bourgogne, démoli en 1784, a été bâtie la halle aux cuirs.

BOURGS-POURRIS. On appelait en Angleterre bourgs (*boroughs*) les localités qui avaient le droit d'envoyer des représentants à la chambre des communes. Parmi ces bourgs, un grand nombre qui avaient été autrefois importants, tombèrent dans l'abandon, et ne formèrent plus que de chétifs hameaux, que souvent un riche propriétaire se trouvait posséder en entier. Les hameaux ayant conservé le droit d'élection, ces propriétaires disposaient alors de l'élection, et le ministère, ainsi que l'aristocratie, avait en son pouvoir une grande partie des voix de la chambre des communes, ces bourgs avaient reçu le nom de *bourgs-pourris*. La réforme de lord Grey en 1832, en changeant les circonscriptions électorales, a fait disparaitre ces abus.

BOURGUIGNONS, peuples de race germaine, habitant dans le nord de cette contrée la même pays que les Suèves et les Vandales. Expulsés de leur patrie par les Gépides, les Bourguignons se jetèrent dans la Thuringe, et tâchèrent de pénétrer en Gaule ; mais ce ne fut qu'en 407 que, sous la conduite de leur roi Gondicaire, ils franchirent le Rhin, et s'établirent dans le pays des Eduens. Gondeband fut le successeur de Gondicaire et l'auteur de la loi Gombette. Ses enfants occupèrent le trône jusqu'en 584, époque à laquelle la mort de Gondemar favorisa le partage du trône entre les rois francs, successeurs de Clovis.

BOURIGNON (Antoinette), née à Lille en 1616. Sa difformité naturelle diminua avec l'âge. À l'âge de se marier, elle s'enfuit dans un désert habillée en ermite, et reçut de l'archevêque de Cambrai une solitude dans laquelle elle forma une petite communauté, bientôt dissoute. Elle parcourut diverses villes, Gand, Malines, Amsterdam, prophétisant et prétendant avoir des révélations. Elle mourut à Franeker en 1680. On a d'elle vingt et un volumes in-8° pleins de fanatisme. Poiret, son disciple, a orné ce recueil de la vie de cette illuminée.

BOURKHANS, dieux adorés par les Kalmoucks. Ils sont de deux classes, les bons et les méchants. Les premiers sont représentés avec une figure gracieuse et riante ; les seconds, avec une bouche horrible et deux yeux menaçants. Les statues ont jusqu'à seize pieds de hauteur, et jamais moins de quatre pieds.

BOURNOU, grand royaume de la Nigritie, borné au N. par le Sahara, à l'E. par la Nubie, au S. par le Mandara et des pays inconnus, à l'O. par le Cachena. Sa superficie est d'environ 800 lieues carrées, et la population de 2,000,000 d'habitants. Le pays est brûlant, fertile et sablonneux. Il fait un grand commerce d'or, d'esclaves et de civette avec le Fezzan. Il possède une armée nombreuse et des rois électifs. La seule ville du royaume est Bournou, à 225 lieues de Dongola, 500 de Tripoli, 330 de Tombouctou. Elle a 20,000 maisons.

BOURRACHE, plante annuelle de la famille des borraginées, dont il y six à sept espèces herbacées. La *bourrache commune* ou *officinale*, selon les uns originaire du Levant, selon d'autres indigène, est cultivée dans les jardins. Ses feuilles, alternes, larges et ridées, sont d'un vert foncé et pelleuses ; ses fleurs ont la forme d'une étoile et sont bleues, couleur de chair ou blanches. Aucune plante n'est employée si communément en médecine. On l'emploie dans les catarrhes pulmonaires et dans les affections rhumatismales, et son suc est au rang des dépuratifs. Elle a été très-vantée comme cordiale.

BOURRE. On nomme ainsi le poil de quelques animaux employé dans la fabrication des meubles. Quelques végétaux portent la même substance, et on l'emploie aux mêmes usages.

BOURREAU, officier chargé d'exécuter les arrêts d'un tribunal quelconque. On l'appelait encore autrefois l'exécuteur des hautes œuvres. Dans plusieurs pays, notamment en Hollande et en Suisse, la charge de bourreau est forcément héréditaire.

BOURRÉE, air de danse à deux temps, originaire d'Auvergne, on la dansait autrefois même à la cour. Il fut fort en vogue du temps de la régence.

BOURRELET, coiffure circulaire en forme de bandeau, qui entoure la tête des enfants. On le fait en baleines ou en branches d'osier. — On appelle ainsi, en botanique, ces sortes de renflements que l'on remarque sur tous les végétaux ligneux. Il y en a de trois sortes : le bourrelet *naturel*, qui se forme sur les branches et les rameaux des arbres, et qui marque le point d'où doivent sortir des boutons ; le bourrelet *artificiel*, dû à la culture par marcottes et par boutures, à la greffe ou à une ligature ; le bourrelet *accidentel*, déterminé par des accidents.

BOURRELET, renflement qui se remarque sur le bord ou la surface externe de plusieurs coquilles.

BOURRELIER, artisan qui fabrique et qui vend des harnais, des bâts, des brides, des licous, des colliers, etc., pour les chevaux, les ânes et les mulets.

BOURSAULT (Edme), né à Mussi l'Evêque en Bourgogne en 1638, mort en 1701. Il ne savait pas le latin, et ce fut ce qui l'empêcha d'accepter la place de sous-précepteur que lui offrait Louis XIV auprès du dauphin. Il fut secrétaire de la duchesse d'Angoulême, veuve de Charles de Valois, fils naturel de Charles IX, et se fit un nom par l'originalité de ses pièces de théâtre. Son théâtre, assez volumineux, est surtout connu par la comédie en vers le *Mercure galant* ou *la Comédie sans titre*, et celle d'*Esope à la ville*. Il est encore l'auteur d'un *Traité sur la véritable étude des souverains*. Il fut d'abord l'ennemi, puis l'ami de Boileau.

BOURSE. Les naturalistes nomment ainsi, 1° les capsules des anthères ; 2° la membrane qui renferme certains champignons avant leur entier développement ; 3° les bourgeons courts et coniques des arbres fruitiers qui ne produisent que des boutons à fleurs. — Les *bourses muqueuses* et *sébacées* sont de petits follicules muqueux, sébacés, qu'on trouve dans l'épaisseur des membranes muqueuses et de la peau ; les *bourses synoviales* sont les membranes qui revêtent les articulations, et surtout celles qui se déploient autour des tendons pour favoriser leur glissement. — *Bourse*. Voy. MACHE. — *Bourse à pasteur*. Voy THLASPI. — On appelle encore bourses les sommes annuelles accordées par le gouvernement à chaque collège royal, et destinées à pourvoir à l'entretien d'un certain nombre d'élèves, qui alors sont dits boursiers.

BOURSE, lieu public où les négociants et les banquiers des grandes villes de commerce se rassemblent pour traiter des affaires. Le résultat des négociations et des transactions de la bourse, de la hausse et de la baisse, détermine le cours du change, des marchandises et des assurances. Nul commerçant failli ne peut se présenter à la bourse avant d'avoir obtenu sa réhabilitation. Les bourses d'Europe les plus remarquables comme monuments sont celles de Paris, commencée en 1808 et finie en 1824 sur les dessins de M. Brongniart ; de Londres, bâtie en 1666 ; de Saint-Pétersbourg, terminée en 1811, et d'Amsterdam, terminée en 1613.

BOUSE, fiente de bœuf et de vache, dont on se sert dans l'Inde pour faire du feu, et dans l'Europe pour cicatriser les plaies des arbres et des végétaux. Mais son plus grand emploi est comme engrais. On emploie la bouse de vache dans la teinture des toiles peintes.

BOUSIERS, genre d'insectes coléoptères, de la tribu des scarabéides, qui vivent dans les bouses de vache, où ils trouvent à la fois leur nourriture et leur habitation. Les plus gros des bousiers entraient autrefois dans la composition de l'huile des scarabées. Les espèces qui viennent dans nos pays sont toutes de couleur noire, et sont longues de huit à neuf lignes.

BOUSSAC, petite ville de la Creuse, chef-lieu d'arrondissement, à 12 lieues de Guéret. Population, 879 habitants. Cette ville est située sur un rocher escarpé et presque inaccessible. On attribue sa fondation à Jean de Brosse, maréchal de France. Le tribunal de première instance est à *Chambon*, chef-lieu de canton à 6 lieues de Boussac.

BOUSSOLE, instrument de physique qui consiste dans une boîte dans laquelle est placée librement sur un pivot une aiguille aimantée qui sert à diriger les pilotes dans les vaisseaux, en leur traçant leur route. L'invention de la boussole a été attribuée par les uns aux Chinois, par les autres à Flavio Gioja, Napolitain du XIII<sup>e</sup> siècle, par d'autres enfin aux Provençaux, chez qui elle était connue sous le nom de *marinette*.

BOUSTROPHÉDON, sorte d'écriture commune à plusieurs peuples de l'antiquité, et entre autres aux Grecs, aux Phéniciens, aux Étrusques et aux Hébreux. L'écriture boustrophédon consistait à écrire de gauche à droite sans discontinuer, et de droite à gauche, également sans discontinuer.

BOUTAN ou PETIT THIBET, pays assez fertile de l'Asie centrale, entre le Bengale et le grand Thibet; sa largeur est de 12 lieues, et sa longueur de 20 lieues. Il a pour capitale *Tassidudon*, à 100 lieues de Lassa, espèce de château fort à sept étages. Au quatrième habite le daeb-radjah, prince séculier du pays; au septième habite le dharma-radjah ou pontife souverain. C'est dans le Boutan que se trouve la chaîne de l'Himâlayâ, dont un sommet à plus de 4,800 toises.

BOUTARGUE ou BOTARGUE, préparation faite, en Italie et dans la Provence, avec des œufs et le sang d'un poisson, le *muge*, qu'on sale fortement. Cette préparation est très-excitante, et sert d'assaisonnement.

BOUTEILLE, vase de verre, de terre cuite ou de cuir, à ouverture étroite, et destiné à contenir des liquides. On fabrique les bouteilles de verre de la manière suivante. On a un tube de fer assez long, et semblable à un canon de fusil, au bout duquel se trouve une masse de verre en fusion. On souffle; cette masse se gonfle, et prend la forme du moule où on la met.

BOUTEILLE DE LEYDE, vase en verre, destiné à augmenter l'intensité des effets électriques. Il est rempli de feuilles de cuivre très-minces au milieu desquelles plonge une tige de métal. La bouteille de Leyde a été découverte en 1746 à Leyde par Cuneus et Muschenbroeck.

BOUTEILLIER (GRAND), officier attaché au service de la couronne, dont l'office fut remplacé par celui de grand échanson, et qui avait soin de tout ce qui avait rapport à la boisson du roi. La charge de grand bouteillier, qui existait en 1300, ne paraît plus dans l'histoire après Louis XI.

BOUTERWEK (Frédéric), professeur de philosophie à l'université de Gœttingue, né dans le royaume de Hanovre en 1766, mort en 1828. Littérateur et philosophe, il est connu par plusieurs ouvrages littéraires et philosophiques, et entre autres par un grand et célèbre ouvrage intitulé: *Histoire de la poésie et de l'éloquence modernes*. Il a encore écrit une *Esthétique*, un *Manuel des sciences philosophiques*, et la *Religion de la raison*.

BOUTHILLIER, famille originaire d'Angoulême.—LÉON BOUTHILLIER, comte de Chavigny, fils de Claude Bouthillier, surintendant des finances, fut secrétaire d'État. Louis XIII le nomma par son testament ministre d'État et du conseil de régence. Mais il fut quelque temps après éloigné des affaires, ainsi que son père. Léon fut le premier qui fit imposer les tailles par les intendants des finances. Son cousin fut le célèbre abbé de Rancé. Léon Bouthillier mourut en 1652. — HENRI BOUTHILLIER de Rancé, en 1634, chevalier de Malte en 1681, fut créé en 1718 lieutenant général des galères. Il mourut en 1726.

BOUTO, divinité égyptienne du premier rang, qui représente l'éternité, la nuit du chaos, l'eau, le limon du Nil, la matière fécondée. Elle est la mère de toutes choses.

BOUTOIR. Les chasseurs appellent ainsi le museau du sanglier, et ce nom a été étendu à tous les museaux analogues, tels que ceux du cochon, des tapirs, des coatis, des balisaurs, des taupes, etc. Ces museaux servent aux animaux à fouiller la terre et à soulever un sol humide et de peu de consistance.

BOUTON, petite pièce de forme lenticulaire ou hémisphérique, qui sert à retenir les parties opposées d'un vêtement. Les boutons sont en bois, en or, en argent, en nacre, ivoire, os, corne, etc. — En botanique, ce mot désigne l'état de la fleur avant son épanouissement. Quand il s'emploie pour désigner les corps arrondis et proéminents que l'on remarque le long des rameaux ligneux, il est synonyme de *bourgeon*. On donne le nom de bouton d'or à plusieurs espèces de renoncules, et celui de bouton d'argent à plusieurs achillées.

BOUTON. On nomme vulgairement *bouton d'argent l'achillée sternutatoire*, la *camomille romaine*, la *renoncule aux feuilles d'aconit*; *bouton de bachelier*, la *lychnide visqueuse*; *bouton de culotte*, un *radis blanc*; *bouton d'or*, plusieurs *renoncules* et l'*immortelle jaune*; *bouton de la mariée*, la *lychnide visqueuse*; *bouton noir*, la *belladone commune*; *bouton rouge*, le *gainier du Canada*.

BOUTONS. En médecine, on donne ce nom aux tumeurs petites, arrondies, isolées et pour la plupart de temps rouges, qui viennent sur la peau. On les distingue en boutons *vésiculeux* et en *prurigineux*. Ces derniers, les plus communs, causent une démangeaison plus ou moins vive.

BOUTOU, espèce d'arme dont se servent les Caraïbes. C'est une massue plate, épaisse de deux pouces, longue de trois pieds et demi. Elle est faite d'un bois dur et pesant, et peut facilement casser un membre et fendre la tête. Les Caraïbes s'en servent avec beaucoup d'adresse, et la teignent de diverses couleurs.

BOUTS-RIMÉS, pièces de vers dont les rimes sont indiquées, et avec lesquelles on est obligé de faire les vers. On donne encore ce nom aux rimes elles-mêmes.

BOUTTEVILLE (François DE MONTMORENCY, comte DE), gouverneur de Senlis, acquit une grande célébrité pour son adresse et son intrépidité dans les duels. S'étant battu en 1627 contre le marquis de Beuvron, au mépris des ordonnances sévères de Louis XIII, il fut arrêté à Vitry, et décapité à Paris la même année. Il était fils de Louis de Montmorency, et père du célèbre maréchal de Luxembourg.

BOUTURE, branche d'un arbre, d'un arbrisseau ou d'une plante herbacée à racine vivace, que l'on sépare de la tige même, et que l'on met en terre pour qu'elle y prenne racine et reproduise le végétal dont elle a été séparée. Le saule, les agaves, la menthe poivrée, les peupliers, les oliviers, les groseilliers et en général toutes les plantes grasses se reproduisent par boutures. Les boutures doivent se faire à la fin de l'hiver ou à la fin de l'automne, suivant qu'on a à planter des arbustes de pleine terre ou des arbres résineux.

BOUVART (Michel-Philippe), docteur et professeur en médecine de la faculté de Paris, membre de l'académie des sciences, né à Chartres. Il pratiqua la médecine avec succès. Il combattit la pratique de Sutton pour l'inoculation, et il introduisit en France l'usage du *polygala* de Virginie contre la morsure des reptiles venimeux Il a laissé quelques ouvrages peu importants. Bouvart mourut en 1787.

BOUVET, outil de menuisier, dont on se sert pour creuser des rainures et des languettes. Il se compose d'un fût de deux à trois décimètres de long et d'un fer.

BOUVIER. Outre la signification ordinaire, ce mot désigne encore une constellation qui se trouve dans l'hémisphère boréal après la grande Ourse, et qu'on appelle aussi Boötès.

BOUVINES, village de France, dans le département du Nord, à 2 lieues de Lille, entre cette ville et Tournay; célèbre par la grande victoire que Philippe Auguste y remporta sur les Anglais et l'empereur Othon en 1214. Dans une ligue formée contre la France par le roi d'Angleterre Jean sans Terre et l'empereur Othon IV, étaient entrés plusieurs grands vassaux de France, entre autres les comtes de Flandre et de Boulogne. La France était menacée d'un morcellement entre les alliés; Philippe Auguste marcha à la rencontre des Allemands, qui, réunis aux Anglais et aux Flamands, envahissaient le nord de la France. L'armée française rencontra au pont de Bouvines celle des ennemis forte de 150,000 hommes. Après un instant de danger pour la vie du roi, la bataille est gagnée, les comtes de Flandre et de Boulogne sont faits prisonniers, et Othon mis en fuite.

BOUVREUIL, genre d'oiseau de l'ordre des passereaux, que l'on trouve dans toute l'Europe, dans les bois et les taillis. Il y en a plusieurs espèces. La plus connue est le bouvreuil commun, long de six pouces, de dos cendré, au ventre rouge et à la calotte noire. La durée de sa vie est de cinq à six ans.

BOUYOUK-DEREH, ville d'Anatolie sur la côte du Bosphore, à 5 lieues de Constantinople, autrefois lieu de plaisance où les sultans de Turquie venaient se promener et se divertir. Maintenant c'est à Bouyouk-Dereh que les ambassadeurs des puissances étrangères à Constantinople ont leurs maisons de plaisance. La beauté et l'agrément de son site lui ont fait donner son nom, qui veut dire *vallée agréable*.

BOVADILLA ou BOBADILLA (Don François DE), commandeur de l'ordre de Calatrava, fut nommé en 1500 gouverneur général des Indes par Ferdinand, roi d'Espagne. A peine fut-il arrivé à Saint-Domingue, qu'il traita ses sujets avec une grande hauteur. Il somma don Diègue Colomb; frère de Christophe, de lui livrer la citadelle de Saint-Domingue, dont il avait la garde. Sur son refus, il s'en empara à force ouverte. Christophe Colomb étant venu au secours de son frère, Bovadilla lui fit mettre les fers aux pieds, de même qu'à don Diègue et Barthélemy Colomb, et les renvoya en Espagne. Ferdinand et Isabelle, indignés de ce procédé, rappelèrent Bovadilla. Il périt dans la traversée (1502).

BOXEUR. Ce mot désigne les hommes qui, en Angleterre, s'adonnent à une espèce de pugilat. L'art de boxer est devenu l'art à la mode, et les grands seigneurs eux-mêmes ne dédaignent pas de se mesurer à coups de poing avec l'homme du peuple ou l'artisan. Il y en a même qui nourrissent et élèvent des hommes destinés à ces sortes de combats auxquels assistent les seigneurs et une foule nombreuse.

BOYACA, département de la Colombie, entre ceux de Cundinamarca, de Magdalena, de Zulia et d'Orénoque. Sa superficie est de 4,800 lieues carrées, et sa population de 444,000 habitants. Sa capitale est TUNJA, et il se subdivise en quatre provinces, qui sont celles de *Tunja*, de *Casanare*, de *Pamplona* et de *Socorro*, avec des capitales du même nom.

BOYARD. On appelait ainsi en Russie les seigneurs ou sénateurs possesseurs de fiefs. Ce titre équivalait à celui de barons ou grands vassaux en France. En Transylvanie, on appelle *boyard* le parent du vayvode de cette province.

BOYAU. Ce mot, autrefois synonyme d'*intestins*, dans le langage scientifique, n'est plus employé maintenant que pour désigner, dans l'art militaire, une tranchée étroite et tortueuse, dirigée vers une place assiégée. Ce sont des retranchements qui servent à lier les attaques du front de la place.

BOYAUDERIES, ateliers des *boyaudiers*, ouvriers qui préparent les intestins des animaux, soit pour la fabrication des cordes d'instrument, soit pour la confection de la baudruche. L'état de putréfaction dans lequel se trouvent les matières destinées à être travaillées, rend le séjour de ces ateliers fétide et insupportable pour touts autres que les ouvriers.

BOYER (Claude), né à Alby en 1618, mort en 1698, membre de l'académie française. Il a laissé vingt-deux pièces dramatiques, parmi lesquelles *Judith* et *Agamemnon* eurent un succès passager.

BOYER (Jean-Baptiste), président de la république d'Haïti (Saint-Domingue). Né dans ce pays, il embrassa la carrière militaire, défendit Haïti contre les Anglais, et remplaça le général Beauvau dans le commandement de Jacmel, place importante de l'île. D'abord allié des troupes françaises, il conçut ensuite le projet de délivrer sa patrie, et de réconcilier les noirs et les mulâtres (Boyer était lui-même au nombre de ces derniers). Une petite république se forma, et Boyer en fut nommé président après Péthion. Il n'eut d'abord le gouvernement que d'une partie de l'île. Mais bientôt après Haïti embrassa en entier le parti de la république naissante, que depuis ce temps le général Boyer a administré avec sagesse et prudence.

BOYER-FONFRÈDE (Jean-Baptiste), né à Bordeaux en 1766, fut d'abord nommé membre de l'assemblée législative, puis de la convention nationale, par le département de la Gironde. Il se montra l'ennemi constant des jacobins, et s'y distingua par ses talents oratoires. Il attaqua plusieurs fois Marat, et lors de la proscription de son parti en 1793 il fut effacé de la liste. Mais, comme il éleva la voix pour défendre ses collègues, il fut arrêté et condamné à mort, ainsi que plusieurs autres députés girondins. Il monta sur l'échafaud en chantant : Plutôt la mort que l'esclavage, etc.

BOYLE (Robert), né en 1626 à Lismore en Irlande, mort en 1691. Ce physicien et philosophe célèbre, héritier des talents de Bacon, a doté la science d'importantes découvertes. Il perfectionna la machine pneumatique, et renversa par ses démonstrations la théorie chimique qui n'admettait que trois corps simples, le *sel*, le *soufre* et le *mercure*. Ses principaux ouvrages sont : *Histoire générale de l'air, nouvelles Expériences physico-mécaniques sur les ressorts de l'air*, et le *Chrétien naturaliste*. Il institua en 1663 la société royale de Londres, et donna chaque année 300 livres sterling (à peu près 8,500 francs) pour la propagation de la foi en Angleterre. Il fit traduire à ses frais l'Évangile pour le répandre parmi les masses indigentes.

BOZE (Jean Gros), né à Lyon en 1680, se livra à l'étude de la jurisprudence, et fut reçu avocat au parlement. Mais il s'adonna bientôt exclusivement à des recherches sur les antiquités et les médailles. Plusieurs dissertations ingénieuses sur la numismatique et d'autres monuments lui ouvrirent les portes de l'académie des inscriptions et belles-lettres (1705). L'année suivante, il en devint le secrétaire perpétuel. L'académie française se l'associa en 1715, et on lui confia en 1719 la garde du cabinet des médailles du roi. Il mourut en 1753. On a de lui : *Histoire métallique de Louis XIV, Histoire de l'empereur Tétricus*, les *éloges historiques* renfermés dans les Mémoires de l'académie, et plusieurs *dissertations*.

BRABANÇONS, nom donné, dans le moyen âge, aux troupes d'aventuriers et de brigands appelés aussi *routiers, malandrins, cottereaux*, dont le métier était de dévaster les villages et les campagnes, ou de se mettre au service du premier venu. On les appelait ainsi de ce qu'ils venaient en grande partie du Brabant.

BRABANT, ancienne province des Pays-Bas. Sa superficie est de 116 lieues carrées, et sa population de 483,858 habitants. Elle se divise en *Brabant méridional*, appelé autrefois autrichien, capitale Bruxelles, et en *Brabant hollandais ou septentrional*, capitale *Bois-le-Duc*. Le Brabant nommait huit membres à la deuxième chambre des états généraux, et avait des états provinciaux composés de quatre-vingt-un membres. Le Brabant a eu des ducs qui ont commencé vers 1110 avec *Godefroy le Barbu*, de la maison de Louvain, et ont fini avec *Philippe*, comte de Saint-Paul, qui laissa ses États à Philippe le Bon, duc de Bourgogne.

BRABANT MÉRIDIONAL, province du royaume de Belgique, bornée au N. par la province d'Anvers, au S. par celle de Namur et le Hainaut, à l'O. par la Flandre orientale, et à l'E. par le Limbourg et la province de Liége. Sa superficie est de 69 lieues carrées, 15 dixièmes, et sa population de 458,900 habitants. Elle se divise en trois districts, et a pour capitale *Bruxelles*. Elle a des pâturages et est fertile en houblon, chanvre, grains ; on y trouve beaucoup de brasseries. Elle envoie quatorze députés à la chambre des représentants, et sept au sénat.

BRABANT SEPTENTRIONAL, province du royaume de Hollande, bornée au N. par la Hollande et la Gueldre, au S. par la Belgique, à l'O. par la Zélande, et à l'E. par la Belgique et le grand-duché du Bas-Rhin. Sa superficie est de 484,896 hectares, et sa population de 327,328 habitants. Elle est fertile et a beaucoup de fabriques. Sa capitale est *Bois-le-Duc*.

BRABEUTES, officiers qui, chez les Grecs anciens, présidaient aux jeux solennels et sacrés. Leur nombre n'était pas fixé ; mais cette magistrature était le plus souvent exercée par sept ou neuf membres, choisis parmi les familles les plus recommandables, et nommés *athlothètes-époptes*. Les rois ne dédaignaient pas d'exercer eux-mêmes la fonction de brabeutes. Les prix distribués par ces officiers étaient appelés *brabeia*.

BRACCIO DI MONTONE (André), célèbre général italien, né en 1368 à Pérouse, fit ses premières armes sous le comte de Montefeltro, puis sous Albéric de Barbiano. Privé de sa fortune par une révolution démocratique, et forcé, par la jalousie de son général, de s'évader de son camp, il servit comme *condottiere* plusieurs souverains d'Italie. Pour recouvrer sa patrie, il servit Ladislas, roi de Naples, contre le pape et les Florentins ; il s'empara de Pérouse, où il faillit trouver la mort, par la trahison de Ladislas. Braccio se mit alors au service des Florentins et de Jean XXIII, et profita de la mort de Ladislas et de la déposition du pape pour attaquer Pérouse, dont il s'empara (1416). Il se rendit maître de Rome, il vainquit deux fois Sforza (1420), et combattit, pour Jeanne de Naples, contre le pape et Louis d'Anjou. Devenu prince de Capoue et grand connétable du royaume de Naples, il fut vaincu, pour la première fois, par Jacques Caldora, et mourut (1421). Ses soldats, appelés *bracceschi*, laissèrent croître leur barbe, et témoignèrent la plus grande douleur.

BRACCIOLINI DELL' API (François), poëte italien, né à Pistoye (Toscane), d'une famille noble, en 1556. Il avait près de quarante ans lorsqu'il embrassa l'état ecclésiastique. Il fut placé par Urbain VIII, en qualité de secrétaire, auprès d'Antoine Barberini, frère du pontife. Après la mort d'Urbain VIII, il se retira dans sa patrie, et y mourut en 1645. Ce fut à l'occasion d'un *poëme* en vingt-trois chants qu'il avait composé sur l'élection de ce pape, que celui-ci voulut qu'il ajoutât à son nom le surnom *dell' Api*, et à ses armes trois abeilles. Ses plus belles poésies sont la *Croce riacquistata*, poëme héroïque de quinze chants ; le *Scherno degli Dei* (1626) où il tourne en ridicule les divinités du paganisme. On a encore de lui des *tragédies*, des *comédies* et des *pastorales*.

BRACELET, sorte d'ornement fort ancien que les Grecs et les Romains portaient au bras. Les hommes l'avaient adopté aussi bien que les femmes. Les filles n'en portaient jamais avant d'être fiancées. On récompensait la valeur des guerriers par la *donation* de bracelets. Les anciens en avaient en toute sorte de métal, et leur forme figurait un serpent ou un cordon tressé et terminé par deux têtes de serpents. En France, ce n'est que depuis le règne de Charles VII que les femmes ont adopté l'usage des bracelets, des colliers et des pendants d'oreille.

BRACHÉLYTRES, famille d'insectes de la section des pentamères, de l'ordre des coléoptères. Les brachélytres sont des insectes très-allongés, à la tête et au corselet aussi larges que l'abdomen, à la bouche armée de fortes mâchoires, aux antennes composées d'articles granuliformes, aux élytres courtes, à l'abdomen mobile et pouvant lancer une liqueur volatile.

BRACONNIER. On donne ce nom à celui qui ne vit que du produit de sa chasse, et qui chasse sur les terres d'autrui ou dans les forêts du gouvernement. Le braconnage, n'étant aujourd'hui considéré par la loi que comme un *délit* de chasse, n'entraîne que l'amende, tandis que la loi ancienne condamnait aux galères, au bannissement, à la flétrissure et au fouet, indépendamment de l'amende.

BRACTÉATES, espèce de monnaies du moyen âge, fabriquées avec des feuilles d'or et d'argent, et frappées d'un seul côté, de manière que l'effigie était en creux d'un côté et en relief de l'autre. On en fit encore en cuivre, et elles n'eurent guère de cours que dans les pays où l'argent romain n'était pas en usage.

BRACTÉES. On appelle ainsi, en botanique, de petites feuilles nommées aussi *folioles florales*, quelquefois semblables au reste des feuilles, mais le plus souvent différentes de couleur ou de forme. Elles s'insèrent à la base des fleurs qu'elles soutiennent tout en ajoutant à leur éclat, et les enveloppent avant leur développement. Les plus petites s'appellent *bractéoles*.

BRACHINES, genre d'insectes coléoptères pentamères, qui éjaculent de l'extrémité de l'abdomen, quand ils se croient en danger, une liqueur volatile, qui sort avec fumée et explosion, et qui peut occasionner une brûlure. On les trouve plus généralement dans les pays chauds, et la plus grande espèce d'Europe a cinq à six lignes de long, et est connue sous le nom de *tirailleur*. Au printemps, on les voit rassemblés sous les pierres. Ces insectes sont voraces, fort agiles, volent avec beaucoup de rapidité et vivent dans presque toutes les matières végétales ou animales en putréfaction.

BRACHIONIDES, famille d'animaux compris entre les polypes et les crustacés. Leur corps est invisible à l'œil nu, contractile et recouvert d'un test solide, transparent, percé postérieurement pour donner passage à une queue rétractile et fissée. Ils sont ovipares. Les brachionides vivent dans les eaux douces et pures ; ils y nagent avec rapidité. Jusqu'ici on n'a pu jamais les rencontrer dans des réunions fétides. Cette famille comprend onze genres.

BRACHIOPODES, classe de mollusques qui renferme des animaux à coquilles bivalves, munis de deux bras charnus garnis de nombreux filaments, qu'ils peuvent étendre hors de la coquille, ou retirer en dedans, et dont la bouche est entre les bases des bras. Les brachiopodes se fixent aux rochers par un pédoncule fibreux ou par l'adhérence même de l'une de leurs valves. On les trouve rarement à l'état vivant ; mais on en connaît beaucoup à l'état fossile.

BRACHMANES, anciens philosophes et prêtres indiens, ainsi nommés du nom du Dieu Brahmâ. Ils se dévouaient entièrement au service de leurs dieux, et, après trente-sept ans d'épreuves, pendant lesquels ils jeûnaient et s'abstenaient de toute sorte de plaisirs, il leur était permis de se marier. Leurs croyances religieuses et leurs usages se retrouvent de nos jours dans la caste des brahmes. Les Grecs avaient appelé les brachmanes les *gymnosophistes*, c'est-à-dire, sages nus.

BRACHYSTOCHRONE, terme de géométrie qui désigne la courbe par laquelle les corps descendent le plus vite possible. Le problème de la brachystochrone fut proposé par Jean Bernouilli, en 1696, aux savants de l'Europe, et résolu par Leibnitz, Jacques Bernouilli, Newton et le marquis de l'Hôpital. Voy. CYCLOÏDE.

BRACHYURES, ordre de crustacés dont le tronc est tantôt en segment de cercle ou presque carré, tantôt arrondi, ovoïde ou triangulaire. Ils ont les antennes petites et les yeux portés sur de longs pédicules. Ils ont dix pattes et la queue très-courte. Les brachyures comprennent deux sections, les MONOCÈLES et les HÉTÉROCÈLES. — Les *quadrilatères*, les *arqués*, les *nageurs*, les *cristimanes*, les *cryptopodes*, les *notopodes*, les *orbiculaires*, les *triangulaires* et les *hypophthalmes* constituent neuf tribus de ces ordres. Les brachyures renferment soixante dix-sept genres.

BRADLEY (James), célèbre astronome anglais, membre de plusieurs académies, né dans le comté de Glocester en 1692, et mort en 1762. Il découvrit en 1727 l'aberration de la lumière, et en 1747 la nutation de l'axe terrestre. Ses *mémoires* et ses *observations astronomiques*, faites à l'observatoire royal de Greenwich, dont il était directeur, ont enrichi l'astronomie de faits nouveaux.

BRADSHAW (Jean), né en 1586, était président de la haute cour de justice qui fit le procès à Charles Ier, roi d'Angleterre, et le condamna à mort. Nommé président du parlement, on lui accorda une garde pour la sûreté de sa personne, un logement à Westminster et une pension de 5,000 livres sterling (123,750 francs), et des domaines immenses. Il ne jouit pas longtemps de ces récompenses, rentra dans la vie privée, et mourut en 1659. Son corps, avec celui de Cromwell, lors du rétablissement de Charles II, fut déterré, pendu à Tyburn et brûlé.

BRADYPE, genre de mammifères, de l'ordre des édentés et de la famille des tardigraves, connus vulgairement sous le nom de *paresseux*. Les bradypes se divisent en deux genres : le *bradype unau* et le *bradype aï*, qui habitent les forêts de la Guiane et du Brésil, et qui sont également stupides. Ils ne peuvent presque pas marcher, mais grimpent avec agilité.

BRAGA, autrefois *Augusta Bruccarum*, ville de Portugal, capitale de la province d'Entre-Douro-e-Minho, sur le Cavédo, à 36 lieues de Bragance. Sa population est de 14,450 habitants. Braga a un archevêque qui est le primat du royaume.

BRAGADINI, une des quatre familles nobles de Venise, appelées *évangéliques*. — MARC-ANTOINE BRAGADINI, gouverneur de Famagouste en 1570, ne rendit cette ville à Mustapha, général des Turks, qui l'assiégeait, qu'après s'être vu réduit à la dernière extrémité. La capitulation fut honorable ; mais les Turks en violèrent les conditions. Après avoir fait massacrer plusieurs soldats chrétiens, Mustapha fit couper le nez et les oreilles de Bragadini, le fit traîner dans la place publique et écorcher tout vif (1571). On remplit sa peau de foin, et l'attacha au haut de sa capitane. — MARC BRAGADINI fut d'abord capucin. Il quitta ensuite le froc pour se livrer à la vie la plus licencieuse. Il s'adonna à l'alchimie et prétendit qu'il avait trouvé le secret de faire de l'or. Proscrit à cause de ses fourberies et de ses mœurs déréglées, il se réfugia en Bavière. Mais ayant persévéré dans la même conduite, il fut pris et eut la tête tranchée à Munich en 1590.

BRAGANCE, ville fortifiée de Portugal, capitale du duché de ce nom et de la province de Tra-os-Montes. Le roi Alphonse V l'érigea en duché l'an 1442, et l'an 1640 Jean II, huitième duc de Bragance, monta sur le trône à la suite de la révolution qui arracha le trône de Portugal à l'Espagne, et prit le nom de Jean IV. Ses descendants lui ont succédé, et gouvernent encore le Portugal et le Brésil. La population de Bragance est de 3,000 âmes.

BRAHMA, Etre suprême de la religion hindoue, qu'il ne faut pas confondre avec le dieu *Brahma*, qui n'est qu'une de ses manifestations. BRAHMA, considéré comme manifestation de l'Etre suprême, constitue avec Siva et Vishnou deux autres formes de l'Etre suprême, la *trimourti* ou trinité indienne, dans laquelle Brahma est regardé comme le créateur, Vishnou comme le conservateur, et Siva comme le destructeur. Les livres sacrés de la religion de Brâhma ou du brahmanisme sont les *Védas* et les *Pouranas*. Le nombre des sectateurs du brahmanisme s'élève à 80 à 100,000,000.

BRAHMA-POUTRA ou FLEUVE DE BRAHMA, fleuve d'Asie qui prend sa source dans les montagnes du Thibet et se jette dans le Gange, non loin du golfe de Bengale, après avoir, dans un cours de 680 lieues, arrosé le royaume d'Assam, l'empire Birman et le Bengale oriental.

BRAHMES, appelés encore brahmines, caste indienne où se trouvent les prêtres, les savants et les fonctionnaires. Elle se distingue des autres par un costume particulier et un cordon de trois ficelles composées chacune de neuf fils. Les brahmes ont seuls le droit de lire les Védas ou livres sacrés, et il n'y a que les rajahs ou radjahs (princes du pays) qui puissent en entendre la lecture.

BRAI, poix retirée du sapin et du pin, et dont on distingue trois variétés : le *brai liquide* ou *goudron*, que l'on retire des sapins trop vieux pour fournir la térébenthine ; le *brai sec* ou *arcanson*, appelé communément *colophane*, que l'on emploie dans la musique et dans la préparation des onguents et des emplâtres, et qui n'est que le suc résineux du pin distillé et condensé ; le *brai gras*, qui n'est autre qu'un mélange à parties égales de colophane, de goudron et de poix noire.

BRAIES, vêtement qui couvrait le corps depuis la ceinture jusqu'aux genoux. Il était en usage chez les Gètes, les Sarmates, les Germains et les Gaulois. La Gaule Narbonnaise, c'est-à-dire, en-deçà des Alpes par rapport à nous, et au delà par rapport aux Romains, avait pour cette raison été appelée par eux *Braccata*, et les habitants *Braccati* (qui ont des braies).

BRAILOW (BRAILA), forteresse très-importante, sur la rive septentrionale du Danube, en Valachie. Elle est sous le commandement d'un pacha à trois queues, et renferme 30,000 habitants. La forteresse proprement dite est située au confluent du Danube et du Sereth. On embarque dans le port de Braïlow du blé pour Constantinople, et les produits de la pêche de l'esturgeon y sont considérables. Les Russes se sont rendus maîtres de Braïlow en 1828 (19 juin).

BRAMANTE (Francisco-Lazzari), né en 1444 à Castel-Duranto, dans l'Etat d'Urbin, mort en 1514. Cet architecte fameux, qui enseigna son art au célèbre Raphaël d'Urbin, exécuta le projet de Jules II de joindre le Belvédère au Vatican, et commença en 1506 la magnifique entreprise de la construction de la basilique de Saint-Pierre à Rome, continuée par Raphaël, San-Gallo et Michel-Ange. Il ne put l'achever avant sa mort. Le Bramante était aussi peintre et poète. On a de lui des sonnets et d'autres pièces fugitives

BRANCAS, famille illustre originaire du royaume de Naples, où elle s'appelait *Brancaccio*, et qui s'établit en France en 1378. Une des branches les plus distinguées de cette famille fut celle des Villars-Brancas. Louis de Brancas, marquis de Céreste, servit honorablement sur terre et sur mer Louis XIV et Louis XV, et fut employé dans plusieurs ambassades. Il reçut de Louis XV le bâton de maréchal, et mourut en 1750.

BRANCHE, production que le tronc ou la tige d'un arbre jette de côté et d'autre. On distingue plusieurs sortes de branches : les branches *à bois*, qui ne donnent ni fleurs ni fruits ; les branches *à fruits*, celles qui portent des fleurs et des fruits ; les branches *folles* ou *chiffonnes*, qui sont maigres et sans valeur ; les branches *gourmandes*, qui absorbent toute la nourriture des branches voisines, et qu'on doit couper, etc. On ne touche pas ordinairement aux grosses branches ; on se sert des moyennes pour y placer les greffes, et des petites comme boutures.

BRANCHIDES, famille originaire de Milet, dont les membres exerçaient les fonctions de prêtres de Branchus ou d'Apollon Didyméen, ainsi nommé du temple de Didyme, où il rendait des oracles consultés comme ceux de Delphes. Xercès brûla le temple d'Apollon, et transporta les Branchides sur les rives de l'Oxus. Lors de la conquête de l'empire de Perse par Alexandre, ils furent sacrifiés à la haine héréditaire que leur portaient les Milésiens de son armée, et passés tous au fil de l'épée

BRANCHIES, organes des animaux qui vivent dans l'eau, propres à la respiration de l'oxygène dissous ou mêlé dans l'eau. Ils consistent en deux ou plusieurs ouvertures en forme de panache, de feuille, de filaments, de cône, etc. Chez les poissons, elles sont situées aux côtés du cou, dans ces fentes vulgairement nommées *ouies*. Les larves ou têtards des reptiles, les crustacés et les mollusques ont aussi des branchies. La diversité de ces organes a fait établir plusieurs genres de poissons et de mollusques, tels que les *branchiopodes*, les *branchiostèges*, les *branchiures*, etc.

BRANCHIOPODES, crustacés dont le corps est ovale oblong, mou ou presque gélatineux, et ne sont attachés qu'à la base du thorax à son extrémité postérieure, de sorte que l'abdomen a la forme d'une queue, toujours terminée par des appendices. Tous ces animaux sont aquatiques ; un grand nombre habitent les mares, les fossés, les bassins. Ils sont ovipares. Les genres les plus connus de cette famille sont les *branchipes*, qui se trouvent en abondance dans les eaux bourbeuses. Ces animaux microscopiques nagent sur le dos, en frappant l'eau avec leur queue. Ils semblent se nourrir des petits corpuscules que les courants apportent à leur bouche. Leur nom vient de ce que leurs pieds renferment les branchies, et servent ainsi à la respiration.

BRANCHIOSTÈGES, parties membraneuses ou osseuses dont l'usage est de couvrir et de protéger les branchies des poissons. La membrane branchiostège est située entre les mâchoires et l'épaule de ces animaux, et renferme des pièces cartilagineuses ou osseuses. Ces diverses parties constituent l'*appareil branchiostège*, qui concourt, avec l'*opercule*, aux mouvements respiratoires des poissons. — Groupe de poissons à branchies libres, dépourvus de côtes et d'arêtes. Tels sont les balistes, les lophies, etc.

BRANDEBOURG (ELECTORAT DE), grande province des Etats du roi de Prusse, dont la superficie est de 749 milles carrés, et la population de 1,479,000 habitants. Elle se divise en Marche électorale, qui comprend l'ancienne Marche, capitale *Stendal* ; la Priegnitz, capitale *Perleberg* ; la Marche centrale, capitale *Berlin* ; l'Uker-Marche, capitale *Prenzlau* ; et en Nouvelle-Marche, capitale *Kustrin*. Elle est la première province de la Prusse dans l'ordre administratif. Le premier margrave de Brandebourg fut en 1134 Albert l'Ours, comte d'Ascanie. Ses enfants occupèrent le margraviat jusqu'en 1303. Othon IV avait été en 1302 élevé au rang d'électeur. La branche des électeurs de Brandebourg, tige de la maison royale de Prusse, commence en 1415 à Frédéric VI de Hohenzollern. L'électeur Frédéric III se fit couronner roi de Prusse en 1701 sous le nom de Frédéric I<sup>er</sup>.

BRANDES (Ernest), publiciste allemand et écrivain distingué, né à Hanovre en 1758, mort en 1810. Il fut le directeur et le bienfaiteur de l'académie de Gœttingue depuis 1791 jusqu'en 1806. Il a publié, entre autres ouvrages, des *Considérations politiques sur la révolution française*, et un livre *sur la Position sociale des femmes*. — JEAN-CHRÉTIEN BRANDES, acteur et auteur dramatique, né à Stettin en 1735, mort à Berlin en 1799. Il fut l'élève de Lessing, et composa un grand nombre de pièces de théâtre, dont les plus célèbres sont *le Marchand anobli* et *le Comte d'Olsbach*.

BRANDEVIN, eau-de-vie brûlée ou faite avec du grain, qui est en usage surtout dans les basses classes du peuple et chez les militaires.

BRANDON, marque mobile que l'on suspend à un objet pour donner une indication quelconque, et notamment pour annoncer qu'un objet mobilier est en vente. La saisie-brandon a pour but la saisie et la vente des fruits pendants par racine ou des racines sur pied.

BRANDT, alchimiste allemand, né en 1674, mort en 1768. En cherchant la pierre philosophale dans l'urine, après une distillation de cette liqueur avec du charbon, il découvrit dans son récipient du phosphore. Il garda son secret, qui fut deviné par Kuntel, chimiste de l'électeur de Saxe.

BRANLE, air de danse fort en usage en France au XVI<sup>e</sup> et au XVII<sup>e</sup> siècle. Il y en avait de deux sortes : l'un, originaire du Poitou, était fort gai; on le dansait en rond. L'autre, moins vif, venait de la Bretagne. Les branles les plus connus sont le *branle des lavandières*, celui *des sabots*, celui *de la moutarde* et celui *des ermites*.

BRANLE-BAS. En termes de marine, on appelle branle-bas du combat les préparatifs qui se font sur un vaisseau lorsqu'il est sur le point de combattre. Ce mot vient de ce que les hamacs, appelés aussi *branles*, sont décrochés et mis dans les filets du bastingage pour offrir un obstacle aux boulets de l'ennemi.

BRANTOME (Pierre DE BOURDEILLES, abbé DE), né en Périgord en 1527, mort en 1614. Il vécut dans l'intimité de Charles IX, de Henri III et de Henri IV, et a publié des *Mémoires* nécessaires à ceux qui veulent connaître l'histoire secrète de ces princes. On a de lui *Vie des grands capitaines étrangers*, *Vie des dames illustres et des dames galantes*, les *Anecdotes touchant les duels et les rodomontades des Espagnols*. Il avait été gentilhomme de la chambre et chevalier de l'ordre du roi.

BRAS. On appelle ordinairement ainsi tout le membre supérieur depuis l'épaule jusqu'à la main; mais à proprement parler ce n'est que la portion du membre qui s'étend de l'épaule au coude. Le reste prend le nom d'*avant-bras*. Le bras n'est composé que d'un seul os, long et cylindrique, appelé *humerus*.

BRAS-ARMÉ, ordre militaire du Danemarck, institué sous le règne de Christian IV. Dans la suite, il fut uni à celui de l'*Eléphant*, et les armoiries sont placées avec celles de ce dernier ordre.

BRAS DE LEVIER, partie d'un levier, comprise entre le point d'appui et le point où est appliquée la force ou la résistance.

BRAS SÉCULIER, pouvoir d'exécution appartenant à la puissance temporelle en opposition à la puissance spirituelle.

BRASIDAS, célèbre général lacédémonien, qui vainquit plusieurs fois les Athéniens, leur enleva un grand nombre de villes dans la Chalcidique, et mourut des blessures qu'il reçut l'an 422 avant J.-C., au siège d'Amphipolis, qu'il défendait contre les Athéniens. On institua en son honneur des fêtes appelées *Brasidées*, dans lesquelles on n'admettait que les Spartiates, qui étaient punis d'une amende s'ils ne s'y rendaient pas.

BRASQUE, enduit charbonneux dont on couvre la surface des creusets dans lesquels on réduit des mines. C'est une pâte faite avec de la poudre de charbon et de l'eau.

BRASSAGE, en termes de monnayage, façons diverses que l'on donne, en se remuant avec les bras, aux métaux avant ou après la fonte. Il existait jadis le droit de brassage, consistant dans le droit qu'avait le maître des monnaies de prendre sur chaque marc d'or, d'argent ou de billon, la somme de 3 livres par marc d'or, et 18 sous par marc d'argent.

BRASSARDS, sortes de manches en fer, ou en mailles de fer, qui s'ajoutaient aux armes défensives dans le premier cas, et tenaient à demeure dans le second. Les Perses s'en servaient; l'usage en passa aux chevaliers du moyen âge, et on s'en est servi en France jusqu'à Henri III.

BRASSE, ancienne mesure de longueur encore en usage dans la marine. Il y en a de trois espèces. La grande brasse, dont se servent les vaisseaux de guerre; elle est de 6 pieds. La moyenne, dont se servent les vaisseaux marchands, est longue de 5 pieds et demi, et la petite brasse, en usage parmi les patrons de barque, et longue seulement de 5 pieds.

BRASSEUR, ouvrier d'une brasserie, c'est-à-dire, d'une fabrique de bière. Les brasseurs allemands et anglais ont en général plus de réputation que les brasseurs français. Pour fabriquer la bière, on fait d'abord germer le grain avec lequel on fait cette liqueur, puis on le fait sécher dans un four appelé *touraille*. Le grain ainsi préparé s'appelle *drèche*. On sépare le son de la drèche en la concassant. Cette opération se fait en la mettant sous les meules d'un moulin. Puis on met les matières extraites de la drèche dans de l'eau chauffée qu'on appelle *moût*. On porte ce mélange dans une chaudière, et on l'y laisse fermenter. La liqueur qu'on en retire est la bière.

BRASURE, métal ou alliage métallique, composé de cuivre fondu et de borax, destiné à réunir entre elles les parties séparées d'un métal moins fusible ou de deux métaux entre eux.

BRAURONIES (myth.), fêtes en l'honneur de Diane, célébrées tous les cinq ans à Brauron, bourg de l'Attique. On y immolait un bouc ou une chèvre, et l'on y chantait en chœur les poésies d'Homère. De jeunes filles, appelées *arctoi*, dont les plus jeunes avaient cinq ans et les plus âgées dix ans, venaient se consacrer à Diane. La loi athénienne ordonnait cette consécration avant le mariage, on ne pouvait contracter avant cette cérémonie.

BRAVA, pays de la côte d'Ajan (côte orientale) en Afrique. Il a près de 80 lieues de long sur 90 de large, et est borné au N. par le royaume de Magadoxo, au S. par le Zanguebar, à l'E. par la mer Indienne, à l'O. par les montagnes qui le séparent des Gallas. C'était autrefois un royaume ; maintenant c'est une république aristocratique gouvernée par un conseil composé de douze membres, et qui paye chaque année aux Portugais un tribut de 400 livres pesant d'or. Sa capitale est Brava, sur l'océan Indien, brûlée en 1506 par Albuquerque, et faisant un commerce étendu d'étoffes d'or, d'argent et de soie.

BRAVO, nom donné, en Italie, à des assassins à gage, salariés par les grands seigneurs et même les Etats. Le maréchal d'Ancre, Concini, avait amené en France une troupe de *bravi*, à chacun desquels il donnait 1,000 livres. — *Bravo* est un adjectif italien signifiant *bon*, et qui est passé dans la langue française pour exprimer l'admiration.

BRAVOURE (AIR DE), air de musique où le compositeur introduit des difficultés destinées à mettre en relief le talent d'un chanteur. On en faisait autrefois un grand usage. Ils commencent maintenant à disparaître de la scène, devenue plus dramatique.

BRAY, petit pays de France entre le Vexin, la Picardie et le pays de Caux, et faisant maintenant partie du département de la Seine-Inférieure et de celui de l'Oise. Il a 18 lieues de long sur 5 de large (superficie de 2,946 hectares), et se divise en Bray normand et Bray picard. Sa population est de 3,800 habitants.

BRAYER, bandage herniaire, consistant dans une bande d'acier peu large, et recouverte de cuir, dont une extrémité se termine par une plaque de fer auquel elle est rivée, également recouverte de cuir et tapissée d'une substance molle. On l'appelle la *pelote*.

BRAYÈRE, genre de plantes de la famille des rosacées, qui renferme le *kaboltz*, plante d'Abyssinie, d'Arabie et d'Egypte, assez semblable à l'aigremoine. L'infusion de ses fleurs débarrasse d'un ver intestinal, appelé *tœnia*, qu'elle fait sortir du corps par la voie des déjections.

BRÉBEUF (Guillaume DE), né à Rouen en 1618, mort en 1661. Il débuta dans le monde littéraire par une *Traduction du septième livre de l'Enéide*, en vers burlesques, et une version semblable du *premier livre de Lucain*. Il publia en 1658 sa traduction en vers de *la Pharsale de Lucain*, ouvrage qui eut un grand succès. Il a fait une foule d'autres poésies, épigrammes, œuvres diverses, etc.

BREBIS, bête à laine, femelle du bélier, qui, lorsqu'on la tond, donne une grande quantité de laine, et qui ne vit pas plus de neuf à dix ans. Elle porte cent cinquante jours, c'est-à-dire, environ cinq mois, et ne met plus bas après six ou sept ans. Les brebis appelées flandrines et les brebis de la Saintonge et du Poitou sont regardées comme les meilleures. Chez les anciens, la brebis servait d'holocauste, et était sacrifiée principalement sur les autels des Furies.

BRÈCHE. En géologie, ce mot désigne une espèce de marbre composé de fragments angulaires de diverses couleurs réunis par une pâte calcaire de couleur différente. On appelle *fausse brèche* le marbre veiné qui a l'apparence de la brèche, et qui semble composé de fragments. — Brèche, en termes de stratégie, désigne une ouverture faite dans un mur, autrefois au moyen des machines de guerre, maintenant au moyen des bouches à feu, pour échancrer l'enceinte d'une place, ouvrir un passage aux colonnes des troupes de siège, et donner l'assaut. La *brèche praticable* est celle qui entame le corps d'une place, en faisant une ouverture de trente à quarante mètres, et qui peut laisser passage aux assiégeants pour donner l'assaut, ou aux assiégés pour se rendre.

BRÉDA, ville du Brabant hollandais, à 10 lieues d'Anvers et 9 de Bois-le-Duc, place forte dont les eaux et les marais contribuent encore à fortifier. Son commerce est assez étendu. On y voit le château des Nassau, à qui appartenait la baronnie de Bréda. Elle est la patrie du fameux sculpteur Desjardins, et sa population est d'à peu près 11,000 habitants.

BRÈDE, plante herbacée de la Malaisie, de l'Inde, des Antilles, etc., dont les feuilles se mangent comme les épinards. La plus connue est la *brède morelle*, nommée *laman* aux Antilles, *sajor* aux îles de la Malaisie; elle s'emploie comme aliment recherché, et s'apprête d'un grand nombre de manières.

BRÉDERODE (Henri, comte DE), vingt et unième seigneur de ce nom, issu des anciens comtes de Hollande, né à Bruxelles en 1531. Les vexations du cardinal de

Granvelle ayant rendu la domination espagnole odieuse dans les Pays-Bas, Bréderode s'empressa de se joindre à Guillaume de Nassau et aux comtes d'Egmont et de Hoorn, pour en arrêter les progrès. En 1565, il signa le compromis formé par la noblesse belge pour le maintien de ses libertés et des priviléges de son pays. En 1566, il présenta, avec Louis de Nassau, à Marguerite de Parme, gouvernante des Pays-Bas, la célèbre requête qui fut comme le signal de cette insurrection, terminée par l'abdication de cette gouvernante. Bréderode s'expatria en 1567. Le duc d'Albe prononça contre lui une sentence de bannissement perpétuel. Bréderode mourut en 1581. — Son frère naturel, LANCELOT, signa le compromis de 1565. En 1569 et 1570, il s'arrêta avec les gueux marins, et concourut à la prise de la Brille (1572). Frédéric, fils du duc d'Albe, s'étant emparé de Harlem, qu'il défendait, le fit décapiter en 1573.

BREDOUILLEMENT, vice de prononciation qui consiste dans une trop grande précipitation en parlant. Il diffère du bégaiement en ce que celui-ci consiste dans la répétition des mêmes syllabes.

BREF. Ce mot désigna d'abord un acte judiciaire quelconque. Il est maintenant restreint à certains actes émanés de la cour des papes et appelés *brefs apostoliques*. Ceux-ci se divisent en deux classes : les brefs *pontificaux* émanant directement du pape et les brefs *de la pénitencerie*. D'abord ce ne fut que des affaires de peu d'importance, telles que les lettres du pape à un monarque, qui furent traitées dans les brefs. Plus tard, on les employa comme les bulles. (Voy. ce mot.) Le bref le plus célèbre est celui par lequel le pape Clément XIV supprima, en 1773, l'ordre des jésuites.

BREF-DÉLAI, abréviation des délais ordinaires de procédure, qui sont de huit jours. On peut donner assignation à bref-délai toutes les fois qu'il y a urgence, mais avec l'autorisation du juge.

BRÉGUET (Abraham-Louis), né à Neufchâtel en Suisse, en 1747, mort à Paris en 1823. Cet horloger célèbre, membre de l'Institut et du bureau des longitudes, s'illustra par la perfection de ses montres perpétuelles inventées en 1650, et qui étaient susceptibles de dérangements fréquents. L'horlogerie lui est redevable d'une foule d'inventions, telles que le pare-chute régulateur, les cadratures de répétition, les ressorts timbrés qui ont donné naissance aux boîtes et tabatières à musique. Il a inventé en outre un grand nombre d'échappements et un thermomètre métallique. On lui doit encore les chronomètres de poche et de marine.

BREITKOP (Jean-Gottlob-Emmanuel), imprimeur et habile fondeur de caractères allemand, né à Leipzig en 1719. Ses études dans les langues, sa connaissance approfondie dans son art, le mirent à même de publier plusieurs ouvrages précieux, tels que l'*Histoire de l'imprimerie*, *Essai sur l'histoire de l'invention de l'imprimerie*. Il eut le premier l'idée d'imprimer la musique, les cartes de géographie, les caractères chinois, etc., avec des caractères mobiles. Il mourut en 1794, laissant une des plus importantes imprimeries et fonderies en caractères de toute l'Allemagne.

BRELAN, jeu de hasard qui se joue à trois, à quatre ou à cinq, avec des cartes de piquet, en donnant trois cartes à chaque joueur. On appelle aussi *brelan* une maison où l'on donne publiquement à jouer, ou une maison particulière où l'on joue gros jeu.

BRELOQUE. On dit dans les armées *battre la breloque* pour dire battre de la caisse, qui appelle les soldats à la distribution des vivres.

BRÊME (DUCHÉ DE), province du Hanovre qui fait partie de la sénéchaussée de Stade, et dont on évalue la population à 195,000 habitants et la superficie à 125 milles carrés. L'évêché de Brême, dont le premier possesseur fut Willehead en 788, fut érigé en archevêché à l'avénement d'Ansgar en 847. L'archevêché de Brême fut sécularisé en 1648, par le traité de Westphalie, et Frédéric de Danemarck, nommé roi de Danemarck en 1644, fut le dernier archevêque. Converti en duché, il resta à la Suède jusqu'en 1712, où il passa au Danemarck qui le céda à l'électeur de Hanovre. Après s'être successivement passé entre les mains des Suédois et des Français, il est revenu en 1813 à la maison de Hanovre.

BRÊME, ancienne ville hanséatique sur le Weser, à 13 lieues de la mer du Nord, maintenant l'une des quatre villes libres d'Allemagne. Sa population est de 37,700 habitants, et le gouvernement est confié à un sénat composé de quatre bourgmestres, deux syndics et vingt-quatre sénateurs, tous de la religion réformée et non luthérienne; car tout emploi public est interdit à ces derniers. Elle est l'entrepôt du commerce de toute la partie de l'Allemagne arrosée par le Weser. La monnaie courante est la *rixdale*, qui vaut 3 francs 95 centimes de notre monnaie. Brême, avec Francfort-sur-le-Mein et Hambourg, forment une voix collective à la confédération germanique.

BRENNUS, chef de Gaulois Sénonais qui, après avoir ravagé le nord de l'Italie et l'Étrurie, vainquit les Romains à la bataille de l'Allia, et entra à Rome, qu'il pilla et brûla l'an de Rome 364. Il allait recevoir une somme de 1,000 livres d'or à condition qu'il épargnerait le Capitole, et qu'il quitterait le territoire de la république, lorsque le dictateur Camille arrive, rompt le traité, lui livre bataille l'an 388 avant J.-C. et le défait complétement.

BRENNUS, général gaulois qui pénétra à la tête d'une armée nombreuse dans la Grèce, qu'il ravagea, et s'approche du temple de Delphes pour en enlever les trésors; mais il fut repoussé, et se tua 278 ans avant J.-C. Les débris de son armée allèrent fonder en Asie-Mineure le royaume de Galatie ou Gallo-Grèce. On croit que le nom de Brennus signifie chef dans la langue celtique.

BRENTA, rivière d'Italie, qui prend sa source près de Trente et se jette dans le golfe de Venise, après 40 lieues de cours. Cette rivière est célèbre par une bataille qui s'y livra en 1796 entre les Français et les Autrichiens, où ces derniers furent vaincus.

BRÉQUIGNY (Louis-Georges OUDART FEUDAIX DE), né à Granville en 1716, mort en 1795, membre de l'académie des inscriptions et belles-lettres, dont il enrichit les *Mémoires* d'une foule de dissertations savantes et curieuses. Ses ouvrages les plus remarquables sont l'*Histoire des révolutions de Gênes* et les *Vies des anciens orateurs grecs*. Il a publié le *Recueil des diplômes, des chartes et des lettres pour servir à l'histoire de France*, et la *Collection des lois et ordonnances des rois de la troisième race*.

BRESCIA, province du royaume lombard-vénitien, entre celles de Vérone, Mantoue, Bergame, Crémone et le Tyrol. Sa superficie est d'environ 238 lieues carrées, et sa population de 306,000 habitants. Le sol est très-fertile. La capitale est *Brescia*. Voy. ce mot.

BRESCIA, ville du royaume lombard-vénitien, capitale du Brescian, et dont la population est de 34,168 habitants. Elle soutint plusieurs siéges contre les Français et les Vénitiens. Le plus célèbre est celui de 1512, où Gaston de Foix et Bayard l'emportèrent d'assaut. En 1516, elle rentra sous la domination vénitienne, et en 1814 elle tomba avec le reste de la république sous le pouvoir des Autrichiens.

BRESCOU, île et fort du département de l'Hérault, dans la Méditerranée, à un quart de lieue d'Agde. Ce fort, presque imprenable, entouré de batteries creusées dans le roc, renferme des magasins, des casernes et des cachots qui ont souvent logé des prisonniers d'État. Ce fort sert encore à renfermer les enfants dans lesquels se montrent des dispositions vicieuses.

BRÉSIL, nouvel empire de l'Amérique méridionale, composé des anciennes colonies portugaises. Sa superficie est de 483,000 lieues carrées, et sa population de 5,310,000 hommes, tant noirs que blancs et Indiens. Le Brésil se divise en dix-huit provinces : Rio-Janeiro, San-Paulo, Santa-Catarina, San-Pedro, Matto-Grosso, Goyaz, Minas-Geraës, Espiritu-Santo, Bahia, Sergipe, Alagoas, Pernambuco, Parahyba, Rio-Grande, Seara, Piauhy, Maranhâo et Para. Rio-Janeiro ou Saint-Sébastien est la capitale de l'empire brésilien. Les villes les plus remarquables sont Bahia, Pernambuco, Villa-Rica, San-Paulo et Para. Les tribus indiennes qui l'habitent et qu'on n'a pas pu civiliser sont les Botocoudos, les Mundrucus, les Guaycurus, les Bororos, etc.; et les fleuves qui l'arrosent sont l'Amazone, le Rio-Negro, le Tocantin, la Madeira, l'Uruguay, le Parana, le Rio-Doce et le San-Francisco. Le Brésil produit en abondance toutes sortes de bois, végétaux, oiseaux curieux et utiles. Il a des mines d'or, de fer et de cuivre. Le Brésil, découvert en 1500 par le Portugais Pedro Alvarez Cabral, fut gouverné d'abord par les juntes provinciales obéissant à un gouverneur envoyé du Portugal. En 1821, les juntes se révoltèrent contre la métropole, dont elles secouèrent le joug. Don Pedro, fils aîné du roi Jean VI, fut élu empereur en 1824. Forcé d'abdiquer en 1831, il le fit en faveur de don Pedro II, son fils, à peu près âgé d'un an.

BRÉSIL (BOIS DE) ou BRÉSILLET. Voy. FERNAMBOUC (Bois DE).

BRESLAU, ville d'Allemagne, capitale de la Silésie, de la régence, du cercle, de l'évêché et de la principauté de Breslau. Sa population est de 84,904 habitants. Elle a une université formée en 1811, qui a cinq facultés, et dont la bibliothèque est de 130,000 volumes. Son commerce est florissant. En 1794, ses opérations s'élevaient par an à 40,000,000 de rixdales. Elle est le siége d'un évêché catholique, qui comprend cent dix-sept cures et renferme 1,000,000 de catholiques. Cet évêché, fondé en 966 par Miecyslas Ier, duc de Pologne, a été sécularisé en 1810, et l'évêque actuel reçoit, en dédommagement de la confiscation des biens ecclésiastiques, de la Prusse 12,000 rixdales, de l'Autriche 30,000 florins. La rixdale vaut à Breslau 3 francs 76 centimes de notre monnaie.

BRESSE, ancienne province de France, dont Bourg était la capitale, et qui forme aujourd'hui la plus grande partie du département de l'Ain. La Bresse fut gouvernée dans les temps féodaux par les sires de Beaugé, depuis la première moitié du XIe siècle jusqu'en 1402, époque à laquelle les ducs de Savoie l'achetèrent. En 1601, la Bresse, avec trois autres petits pays attenants, fut échangée contre le marquisat de Saluces.

BRESSUIRE, petite ville des Deux-Sèvres, chef-lieu d'arrondissement, sur une colline, au pied de laquelle coule l'Argenton, à 17 lieues et demie de Niort. Population, 1,947 habitants. Cette ville était dans le moyen âge une place forte défendue par un château; elle a beaucoup souffert du temps des guerres contre les Anglais, celles de religion et la guerre de la Vendée. Bressuire a un tribunal de première instance, et fait un grand commerce en flanelles, serges, toiles, mouchoirs, etc.

BREST, place forte et port de mer de France, situé à l'extrémité du département du Finistère, et dont la population est de 36,000 âmes. Son port est un des meilleurs de France, dans une grande baie, dont l'entrée s'appelle le Goulet. La rade peut contenir 500 vaisseaux de guerre. Brest a un arsenal, un préfet maritime et un bagne. Elle est le chef-lieu d'une sous-préfecture et du deuxième arrondissement maritime. Elle a une école navale établie à bord du vaisseau *l'Orion*. Les élèves, qui ne peuvent avoir plus de seize ans, y sont admis après un concours, et y restent deux ans.

BRETAGNE, ancienne province de France, embrassant l'étendue des départements d'Ille-et-Vilaine, Morbihan, Finistère, Côtes-du-Nord et Loire-Inférieure (3,449,296 hectares). Elle fut primitivement habitée par les Gaulois, puis par les Kymris ou Cimbres. Réduite en province romaine par Jules César la quatrième année de son expédition des Gaules, elle fut envahie dans le Vᵉ siècle par les Bretons, chassés d'Angleterre, et reçut le nom de petite Bretagne, pour la distinguer de la Grande-Bretagne. Elle s'appelait avant Armorique. La Bretagne fut gouvernée d'abord par des princes qui portèrent d'abord le titre de rois, et dont l'histoire est peu connue, puis par des comtes et des ducs. Charles le Chauve institua en 856 à titre héréditaire le duché de Bretagne en faveur d'Hérispoé, dont la postérité gouverna la Bretagne jusqu'en 1213, époque à laquelle commença le règne de la maison de Dreux dans la personne de Pierre de Dreux, arrière-petit-fils de Robert, deuxième fils de Louis VI. La mort de Jean III, en 1341, occasionna une guerre civile entre les partisans du comte de Blois et du comte de Montfort. Ce dernier obtint le duché de Bretagne, que ses enfants gardèrent jusqu'en 1491, époque à laquelle Anne, héritière de Bretagne, fille du dernier duc François II, la porta en dot à Charles VIII, puis à Louis XII. François Iᵉʳ la réunit à la couronne en 1532. Le chef-lieu de la Bretagne était Rennes, siège du parlement de Bretagne, institué en 1553 par Henri II. C'est dans la basse Bretagne (département du Morbihan et du Finistère) que se parle l'ancien celtique ou bas breton.

BRETAGNE (ANNE DE MONTFORT, duchesse DE), fille et héritière du duc François II, née en 1476, morte en 1544. Elle fut en 1491 mariée à Charles VIII, roi de France, et administra le royaume pendant l'expédition de ce prince en Italie ; à sa mort, elle épousa Louis XII (1499), sur lequel elle exerça un grand empire. Elle est la première reine qui ait eu des gardes à elle, et qui ait porté le deuil en noir, tandis qu'auparavant on le portait en blanc.

BRETAGNE (Arthur DE), fils de Geoffroy le Beau, comte d'Anjou et quatrième fils du roi d'Angleterre Henri II. Il fut proclamé duc de Bretagne à la mort de son père, et devait épouser Marie, fille de Philippe Auguste. Mais son oncle Jean sans Terre le fit mourir en 1202, à Rouen, pour avoir son héritage.

BRETAGNE (GRANDE-). On comprend sous ce nom l'ensemble des deux royaumes d'Angleterre et d'Ecosse, formant une île séparée du continent par la mer du Nord et la Manche. On appelait autrefois Albion. L'Ecosse n'a été réunie à l'Angleterre qu'à l'avénement de Jacques VI, roi d'Ecosse, au trône d'Angleterre en 1603.

BRETAGNE (NOUVELLE-), nom donné à l'ensemble des possessions anglaises au N. de l'Amérique septentrionale. Elle comprend le Canada, la Nouvelle-Ecosse, le Nouveau-Brunswick, le Labrador, le Maine oriental, la Nouvelle-Galles, le Nouveau-Cornouailles, le Nouveau-Hanovre et de vastes contrées encore incultes. La superficie de la Nouvelle-Bretagne est d'environ 1,105,000 lieues carrées, et sa population de 700,000 habitants. — On donne aussi le nom de Nouvelle-Bretagne à un archipel du Grand-Océan au N.-E. de la Guinée. Il a été découvert par Roggeween et Carteret.

BRETEUIL (Louis-Auguste LE TONNELIER, comte DE), né en 1730 à Preuill (Indre-et-Loire), mort en 1807. Après avoir été en 1758 nommé par Louis XV ministre plénipotentiaire près de l'électeur de Cologne, et en 1760 près de la cour de Russie, et, après avoir été chargé de plusieurs missions diplomatiques à Stockholm, en Hollande, à Naples et à Vienne, il revint en France en 1783, et fut appelé au ministère d'État du département de la maison de Louis XVI. Il améliora le régime des prisons, et quitta volontairement le ministère en 1787. Il a figuré dans la fameuse affaire du collier, où il soutint la reine contre le cardinal de Rohan. A l'époque de la révolution, il quitta la France, où il revint en 1802.

BRETIGNY (TRAITÉ DE), traité conclu en 1360, le 1ᵉʳ mai, entre Edouard III, roi d'Angleterre, et le dauphin de France, Charles, fils de Jean le Bon, et depuis, Charles V, à la suite de la guerre désastreuse terminée par la bataille de Poitiers et la captivité du roi Jean. Edouard III, par ce traité, renonçait à ses prétentions sur la couronne de France ; mais, en retour, on lui abandonnait le duché d'Aquitaine, comprenant la Guyenne, le Poitou, l'Aunis, la Saintonge et l'Angoumois. On lui cédait en outre les comtés de Ponthieu et de Guines et la vicomté de Montreuil. Ce traité ne reçut pas d'exécution.

BRETONS, peuples de la Grande-Bretagne et de la Bretagne, que l'on croit être d'origine celtique ou gauloise. Les Bretons habitèrent primitivement le nord de l'Angleterre, et émigrèrent en partie sous la conduite de Conan Mériadec, dans le Vᵉ siècle, pour se jeter dans l'Armorique, à laquelle ils donnèrent leur nom.

BRETTE. On appelait autrefois ainsi une espèce d'épée longue et étroite, que portaient les spadassins. C'est de là qu'est venue la qualification de *bretailleur*.

BREUGHEL, famille célèbre de peintres flamands, dont les plus fameux furent Pierre Breughel, surnommé le *Vieux*, Jean Breughel, surnommé de *Velours*, son fils, et Pierre Breughel, surnommé le *Jeune*, frère de Jean. Le premier, né près de Bréda vers 1530, et mort en 1590, excella dans les sujets champêtres et burlesques ; le second, né en 1565, mort en 1640, s'est distingué dans la peinture du paysage et des petites figures. Rubens l'employa dans quelques-uns de ses tableaux pour peindre cette partie. Ses tableaux les plus renommés sont *le Paradis terrestre*, *Cérès et Flore*, *Vénus et Vulcain*. Le troisième, né en 1569 à Bruxelles, mort en 1625, excella dans la peinture des scènes de sorciers, de démons, et fut à cause de cela appelé Breughel d'*Enfer*. Son chef-d'œuvre est l'*Histoire de la chute des anges rebelles*.

BREUVAGE, liqueur préparée, destinée à produire des effets extraordinaires. Les anciens appelaient ainsi leurs philtres destinés à inspirer de la haine ou de l'amour. On donne plus particulièrement ce nom à tous les médicaments liquides que les médecins vétérinaires administrent aux chevaux.

BRÈVE, terme de monnaie, quantité d'espèces monnayées provenant d'une même fonte, que les ouvriers doivent remettre en retour des matières brutes qui leur a données. — En histoire naturelle, genre d'oiseaux insectivores originaires des climats chauds.

BREVET, acte notarié dont il ne reste pas minute. Les brevets qui établissent, en faveur d'un fonctionnaire quelconque, le titre en vertu duquel il exerce, sont expédiés par la chancellerie. — On appelle *brevets d'invention* des actes délivrés par l'autorité, et qui ont pour objet de constater en faveur de celui qui réclame la priorité d'une invention. Voy. INVENTION (Brevets d').

BRÉVIAIRE, livre d'office à l'usage des ecclésiastiques, abrégé de tous les livres qui servent au chœur pour l'office divin, et que les ecclésiastiques doivent dire chez eux lorsqu'ils ne peuvent y assister. Le bréviaire en usage est le bréviaire romain.

BRÉVIATEURS, secrétaires ou écrivains des brefs, dans l'empire d'Orient (*scriptores brevium*). On donne encore ce nom à Rome à ceux qui écrivent ou dictent les brefs et les rescrits du pape.

BRÉVIPENNES, famille d'oiseaux de l'ordre des échassiers ou des gallinacés proprement dits. Ces oiseaux sont incapables de voler, car il n'ont que des rudiments d'ailes ; mais ils courent très-vite, ils n'ont que de deux à quatre doigts à chaque pied. La famille des brévipennes renferme les genres *autruche*, *nandou*, *casoar*, *dronte*, etc.

BRIANÇON, sur la rive droite du Clairet, chef-lieu d'arrondissement du département des Hautes-Alpes, à 22 lieues et demie de Gap. Population, 2,939 habitants. Briançon a toujours été une place forte et un point militaire d'une grande importance. Lors de la chute de l'empire d'Occident, les Briançonnais s'érigèrent en république, et, protégés par la situation de leur ville, réussirent à défendre leur indépendance ; mais, fatigués de discordes civiles et d'un gouvernement despotique, ils se soumirent aux dauphins du Vicnnois. Briançon est situé sur la pente d'un mamelon, au haut d'une vallée qui communique du Piémont au midi de la France. Elle est entourée d'une triple enceinte de murs et défendue par sept forts. Briançon a un tribunal de première instance, et a des fabriques de cristaux de roche, des manufactures de clous, faux, des filatures de coton, des fonderies de cuivre et de cloches, etc.

BRIARE, sur la rive droite de la Loire, chef-lieu de canton, à 4 lieues de Gien. Population, 2,730 habitants. Cette petite ville est située à la jonction même du canal de Briare avec la Loire. Ce canal est le premier entrepris en France. Il fut commencé sous Henri IV et achevé en 1740 sous Louis XV. Il établit, par sa jonction avec le canal du Loing à Montargis, une communication entre la Loire et la Seine. Son cours est de 14 lieues.

BRIARÉE (myth.), fameux géant de la mythologie grecque, fils du Ciel et de la Terre, et qui avait cinquante têtes et cinquante bras. Lors de la révolte des géants contre les dieux., il fut foudroyé par Jupiter qui l'ensevelit sous l'Etna, et, lui ayant ensuite pardonné, le fit asseoir auprès de lui avec Cellus et Gygès pour qu'ils lui servissent de gardes.

BRICE (Saint), né à Tours, disciple de saint Martin, fut dans sa jeunesse possédé du démon. Mais, s'étant converti, s'adonna à la pratique des vertus, et fut choisi pour remplacer saint Martin à l'évêché de Tours. Dieu lui suscita de grandes persécutions. Il fut accusé d'avoir séduit une religieuse, et chassé de son siège malgré les miracles qui prouvèrent son innocence. Il rentra dans son église sept ans après son expulsion, et la gouverna avec une grande sagesse. Il mourut en 444. On célèbre sa fête le 13 novembre.

BRICK, navire pourvu de deux mâts perpendiculaires et d'un beaupré gréé comme celui des trois-mâts. Il diffère des goëlettes, et est en général plus petit que les trois-mâts. Actuellement en France, la marine royale compte 33 bricks et goëlettes, et ces bricks ne sont pas de plus de 300 tonneaux.

BRICOLE, large bordure de cuir qui passe autour du poitrail du cheval et sur laquelle s'appuie son effort. On appelle encore ainsi une bande de cuir qui sert aux hommes de peine à porter leurs fardeaux.

BRIDAINE (Jacques), né à Uzès en 1701, mort en 1767. Ce prédicateur véhément et modeste, qui ne voulut jamais d'autre titre que celui de missionnaire, s'est surtout rendu fameux par son sermon sur l'*Eternité*, qu'il prononça en 1751 dans le carême qu'il prêcha à Saint-Sulpice de Paris. Il publia des cantiques spirituels réimprimés un grand nombre de fois. Il avait reçu du pape Benoît XIV le privilège de faire des missions dans toute la chrétienté. Les élans de son génie étaient puissamment secondés par la puissance et la plénitude de son organe.

BRIDGEWATER (Francis EGERTON, duc DE), né en 1736, mort en 1803. C'est à lui que l'Angleterre doit le premier canal navigable, celui qui porte son nom. Il confia l'exécution de son projet à James Brindley, et y consacra une partie de l'immense fortune dont il avait hérité de son frère en 1748. Le canal, commencé en septembre 1760, fut achevé en cinq ans. Ce canal commença à Worsley, à environ 7 milles de Manchester, dans le comté de Lancastre et se continua jusqu'à Manchester. Le duc de Bridgewater obtint la permission de le continuer jusqu'à Liverpool et la Mercey. Un des travaux les plus étonnants de cette immense entreprise, c'est le pont-aqueduc de Barton, sur la rivière d'Irwel. Il a cent quatre-vingt-six mètres de longueur sur onze de largeur, et sa hauteur au-dessus du niveau de la rivière est de plus de dix-neuf mètres. Le duc de Bridgewater consacra au canal entier 7,000,000 de francs.

BRIE, ancienne province de France avec titre de comté. Elle a formé les départements de Seine-et-Marne et de l'Aisne en partie, et présente une superficie de 202 lieues carrées. Elle se divisait en *Brie champenoise*, dont Meaux était la capitale, en *Brie française*, qui avait pour capitale Brie-Comte-Robert, et en *Brie pouilleuse*, dont la capitale était Château-Thierry. Le beurre et les fromages de Brie, qui ont été et sont encore très-estimés, viennent de la Brie française. Les anciens comtes de Brie résidaient à Provins. Le comté a été réuni à la couronne avec la Champagne en 1361.

BRIENNE, petite ville du département de l'Aube, sur la rivière de ce nom, séjour ordinaire des anciens comtes de la maison de Brienne. Ce comté, qui commença en 990 avec Engilbert I<sup>er</sup>, et dont les possesseurs jouèrent un rôle politique dans le moyen âge, passa dans la maison d'Enghien, puis dans celle de Luxembourg, qui le posséda jusqu'en 1605. A cette époque, il passa dans celle de Béon, d'où il arriva en 1623 dans la famille de Loménie. La ville de Brienne possédait une école militaire, où Bonaparte fit sa première éducation, et qui ne subsiste plus.

BRIENNE (BATAILLE DE), bataille livrée en 1814, lors de l'invasion des troupes coalisées en France. Le maréchal Blucher, avec une armée de 123,000 hommes, força à la retraite l'armée de Napoléon, que ce dernier commandait en personne, et qui n'était forte que de 35,000 hommes.

BRIEUX (SAINT-), sur le Gouet, chef-lieu du département des Côtes-du-Nord, à 111 lieues et demie de Paris. Population, 10,420 habitants. Cette ville doit son origine à un monastère fondé en 480 par saint Brieux, moine anglais qui se réfugia en Bretagne pour fuir les persécutions des Saxons. Saint-Brieux fut, au moyen âge, une ville indépendante, dont la justice et la police appartenaient à l'évêque. Le régime municipal s'y établit en 1579. Elle envoyait, avant la révolution, deux députés aux états de la province. La ville soutint en 1799 avec courage l'attaque des chouans. — Saint-Brieux a une bibliothèque de 24,000 volumes. Il est le chef-lieu d'un arrondissement de concours pour la vente des chevaux, établi en 1807. — Cette ville a des fabriques de toiles, des tanneries, des papeteries, des filatures de coton et des manufactures de draps. Il existe, près de Saint-Brieux, une source d'eau minérale ferrugineuse.

BRIGADE, agrégation tactique de soldats, formant une demi-division. L'officier supérieur qui en a le commandement prend le nom de général de brigade ou maréchal de camp. La brigade se compose au moins de deux régiments. — On appelle *brigade de gendarmerie*, un corps de gendarmerie à pied ou à cheval, commandé par un brigadier ou maréchal des logis.

BRIGADE DE SÛRETÉ, troupe d'agents de la police de Paris, organisée par le fameux Vidocq en 1812. Le nombre des individus qui la composent est aujourd'hui de quarante. Le chef de la brigade a 5,000 francs de traitement fixe. Ceux qui sont le plus faiblement payés ont 1,200 francs. Il leur est alloué en outre des gratifications et des primes.

BRIGANDINE, espèce d'armure légère faite de lames de fer jointes ensemble et qui servaient de cuirasse. Les soldats qui portaient cette armure s'appelaient *brigands*. Plus tard, à l'occasion des vols que commirent ces soldats pendant la captivité du roi Jean (1356), on donna le nom de *brigand* pour synonyme au mot *voleur*.

BRIGANTES, peuples du nord de la Grande-Bretagne, habitant le pays connu aujourd'hui sous le nom de comtés d'York, de Lancastre, de Durham, de Westmoreland et de Cumberland. Ils furent soumis par le général romain Petilius Cérealis vers le milieu du 1<sup>er</sup> siècle après J.-C.

BRIGANTIN, petit brick employé surtout par les corsaires de Tunis et de la Barbarie. — On appelle *brigantine* une grande voile que l'on grée sur l'arrière du grand mât, et qui s'étend sur un long espars dans le brick et le brigantin.

BRIGHTON ou BRIGHTELMSTONE, ville du comté de Sussex en Angleterre, à 22 lieues de Londres, et dont la population est de 35,000 habitants. C'est un des bains de mer les plus brillants et les plus fréquentés du royaume.

BRIGITTE ou BRIGIDE (Sainte). L'Eglise célèbre la fête de plusieurs saintes de ce nom. — La première, vierge, patronne d'Irlande, abbesse de Kildare, surnommée *Thaumaturge*, à cause de ses nombreux miracles, était née vers le milieu du v<sup>e</sup> siècle, d'une famille illustre d'Irlande. Elle prit le voile avec plusieurs de ses compagnes et fit construire divers monastères. Elle mourut en 1570 et fut ensevelie à Kildare, où les religieuses, pour honorer sa mémoire, instituèrent un feu sacré et perpétuel. L'archevêque de Dublin le fit éteindre en 1220. On célèbre sa fête le 1<sup>er</sup> février. — Fille de Birger, prince du sang royal de Suède, née en 1302. A treize ans, son père la maria à un jeune seigneur, dont elle eut huit enfants, auxquels elle communiqua sa piété. Son époux s'étant retiré dans le monastère d'Alvastre, de l'ordre de Cîteaux, elle fit le partage de ses biens entre ses enfants, se couvrit d'un rude cilice, et vécut dans la plus grande austérité. Elle nourrissait douze pauvres, les servait elle-même, leur lavait les pieds, et mendiait avec eux dans les cours de ses voyages. Elle alla à Rome et y mourut en 1373. Elle fut canonisée en 1391. On célèbre sa fête le 8 octobre. — Elle a laissé des *constitutions* en trente-un chapitres, destinés à des religieux appelés depuis *brigittins*, et huit livres de *révélations*.

BRIGITTE (SAINTE-) ou BRICIEN, ordre militaire établi par sainte Brigitte de Suède en 1366, sous le pontificat d'Urbain V, qui lui donna la règle de Saint-Augustin. Leurs armes étaient une croix de Malte d'azur, sous laquelle était une langue de feu. Les devoirs des chevaliers étaient d'ensevelir les morts, d'assister les veuves, les orphelins, les hôpitaux et de combattre les hérétiques.

BRIGNOLE-SALÉ, famille noble et sénatoriale de Gênes, qui a donné un pape à sa patrie. — ANTOINE-JULES, né en 1605, après avoir rempli diverses charges honorables dans sa patrie, embrassa l'état ecclésiastique. Il entra ensuite dans la société des jésuites à l'âge de quarante-sept ans (1652). Il se consacra tout entier à l'éloquence de la chaire, et mourut en 1665. On a de lui quelques ouvrages. — JEAN-FRANÇOIS, élu doge en 1746, après François Imperiali, termina sa magistrature en 1748, et eut pour successeur César Cattaneo.

BRIGNOLLES, sur le Carami, chef-lieu d'arrondissement du département du Var, à 12 lieues et demie de Draguignan. Population, 5,940 habitants. Cette ville est propre et salubre. Elle a un tribunal de première instance et de commerce, et un commerce en eau de fleurs d'oranges, huile, vins, liqueurs, etc. Elle produit les excellentes prunes sèches connues sous le nom de *brignolles*. Brignolles possède une bibliothèque publique de 1,200 volumes.

BRINDES (en Italien, *Brindisi*), ville du royaume de Naples, dans la terre d'Otrante, sur le golfe Adriatique. Cette ville autrefois célèbre, fournissait d'huîtres les tables des patriciens de Rome, avec laquelle elle communiquait par la voie Appienne. C'était l'entrepôt du commerce de l'Italie, de la Grèce et de l'Afrique, et le port où l'on s'embarquait pour l'Orient.

BRINDONIER, genre d'arbres de la famille des guttifères, à forme pyramidale, à rameaux opposés, aux feuilles d'un vert luisant. On retire du *brindonier de l'Inde* ou *brindoym* un suc résineux jaune analogue à la gomme gutte. Son fruit rouge et épineux, réduit en gelée ou en sirop, est très-recherché dans l'Inde, et s'emploie avec succès contre les fièvres aiguës.

BRINVILLIERS (Marguerite D'AUBRAY, marquise DE). Cette femme, que ses crimes ont rendue célèbre, avait épousé en 1651 Antoine Gobelin, marquis de Brinvilliers. Livrée à un commerce criminel avec le chevalier de Sainte-Croix, habile empoisonneur, elle suivit ses conseils, et empoisonna son père, ses deux frères, sa sœur et un grand nombre d'autres personnes. Découverte par des circonstances qui suivirent la mort de Sainte-Croix, elle fut condamnée par contumace à avoir la tête tranchée. On la fit prisonnière bientôt après à Liége, et elle fut décapitée et brûlée en place de Grève en 1676.

BRIOUDE, près de la rive gauche de l'Allier, chef-lieu d'arrondissement de la Haute-Loire, à 16 lieues du Puy. Population, 5,099 habitants. Cette ancienne ville s'appelait *Brivas* sous les Romains. Elle fit plus tard partie de la basse Auvergne et fut dévastée par les Bourguignons, par les Francs (523) et par les Sarrasins (IX<sup>e</sup> siècle). Au X<sup>e</sup> siècle, le comte d'Auvergne institua, pour préserver l'église Saint-Julien de Brioude les incursions des Normands, vingt-cinq chevaliers qu'il chargea de la défense de cette église. Brioude souffrit beaucoup des guerres entre les Anglais et celles de la religion. Elle a un tribunal de première instance et de commerce, et renferme des manufactures de toiles et de draps. Brioude a un collége situé sur une colline, et une église consacrée à saint Julien et fondée au IX<sup>e</sup> siècle.

BRIQUE, mélange d'argile commune et de sable pulvérisé que l'on pétrit, que l'on moule, et que l'on fait cuire ou sécher au soleil. Dans le premier cas, elles sont *cuites*; dans le second, elles sont *crues*. On emploie également les deux espèces pour la construction des voûtes, fours, maisons, etc.

BRIQUET, nom générique de tous les instruments destinés à procurer du feu. Le *briquet ordinaire* est une petite pièce d'acier dont on se sert pour frapper sur un caillou et en faire jaillir une étincelle que l'on reçoit sur l'amadou ou sur un corps facile à enflammer. On connaît d'autres espèces de briquets, le *briquet oxygène*, le *briquet physique* ou *phosphorique*, le *briquet pneumatique* ou à *air* et le *briquet d'hydrogène*. Le briquet phosphorique est une petite boîte de poche qui contient des allumettes soufrées et un flacon rempli de phosphore fondu et renfermant une petite broche de fer rouge. Par le moyen de cette broche, on oxyde le phosphore et il suffit d'y plonger une allumette pour qu'elle prenne feu sur-le-champ. Le *briquet à air* est un petit cylindre creux de métal, dans lequel joue un piston à frottement, garni à son extrémité de quelque substance très-inflammable. En poussant le piston, on comprime l'air contenu dans le cylindre; le calorique contenu dans l'air se dégage et enflamme la matière mise au bout du piston. Le *briquet d'hydrogène* consiste en un vase rempli de gaz hydrogène, qui peut s'en échapper par une ouverture capillaire; à l'instant où le gaz s'écoule, on l'enflamme par l'étincelle électrique. — Le *briquet* est une arme de taille des soldats de l'infanterie française. Le *sabre-briquet* avait remplacé l'ancienne épée; il a été remplacé lui-même par le sabre-poignard.

BRIQUETTE, nom d'une espèce de combustible, mélange de charbon de terre ou de coke avec de l'argile, disposé en forme de briques. On les brûle avec un foyer à grille, de même que le charbon de terre.

BRIS, fracture ou effraction. C'est en ce sens qu'on dit *bris de clôture*, *de porte*, *de prison*, *de scellés*. Le *bris* de navire s'entend de la perte du navire par suite d'un accident arrivé en mer, alors qu'on a pu en sauver les débris. Autrefois on confisquait tout ce qui restait d'un vaisseau naufragé et brisé sur les côtes. Cet usage fut consacré par la loi en France jusque vers la fin du XVII<sup>e</sup> siècle. Il fut aboli en 1681 par Louis XIV.

BRISANTS, pointes de rochers qui s'élèvent quelquefois au-dessus des eaux de la mer, ou s'arrêtent seulement à leur niveau. Les brisants sont très-dangereux pour les vaisseaux qui flottent auprès d'eux. Le courant les entraîne sur ces rochers, où il est très rare qu'ils se brisent.

BRISÉIS (myth.), fille de Brisès, frère de Chrysès, prêtre d'Apollon. Elle échut par le sort entre les mains d'Achille, à la suite du partage des captifs fait après la prise de Lyrnesse, ville qu'elle habitait, par l'armée des Grecs. Agamemnon, général grec, pour se venger d'un affront qu'il avait reçu d'Achille, alla enlever Briséis, qu'il lui rendit quelque temps après. Le héros fut si sensible à la perte de sa captive qu'il aimait beaucoup, qu'il refusa de prêter aux Grecs le secours de ses armes. Le désir de venger la mort de son ami Patrocle, tué par le Troyen Hector, put seul l'exciter à prendre une nouvelle part à la guerre.

BRISES, nom donné à deux espèces de vent frais : l'une qui souffle le matin, et qui vient de la mer ; elle s'appelle *brise du large* ; l'autre qui souffle à la chute du jour et qui part de la terre pour se diriger vers la mer ; on l'appelle *brise de terre*. Les brises sont produites par les vapeurs de l'Océan, tantôt éclaircies par le soleil, tantôt condensées après sa disparition.

BRISGAU, pays d'Allemagne faisant partie du grand-duché de Bade depuis 1805. Cette contrée a une superficie de 87 lieues carrées, et une population de 140,000 habitants. Ce pays était jadis un landgraviat de la Souabe méridionale, et comprenait la prévôté d'Ortenau. Sa capitale était *Fribourg* ou *Freyburg*.

BRISSAC (Charles DE COSSÉ, duc DE), né en 1505, embrassa la carrière militaire, fut nommé en 1547 colonel de la cavalerie légère, puis grand maître de l'artillerie ; la guerre ayant éclaté en Italie, il s'y distingua par sa bravoure, et fut nommé maréchal de France et gouverneur du Piémont. Il s'empara d'un grand nombre de villes dans ce pays, qu'il administra avec une grande sagesse. Rappelé en France après la mort de Henri II, et ne pouvant obtenir le payement des 100,000 livres empruntées pour la solde de ses troupes, il sacrifia pour acquitter cette dette de l'État la dot de sa fille. Il mourut en 1563.

BRISSON (Barnabé), avocat général et président du parlement de Paris, né en 1531 à Fontenay en Poitou. Après la mort de Henri III, qui l'avait employé dans plusieurs ambassades, il défendit sa mémoire contre la faction des seize, qui le firent emprisonner au petit Châtelet, où il fut pendu en 1791. On a de lui plusieurs ouvrages d'érudition et de jurisprudence.

BRISSON (Mathurin-Jacques), né à Fontenay-le-Comte (Vendée) en 1723, étudia sous le savant Réaumur la physique et l'histoire naturelle. En 1770, il remplaça Nollet pour professer la physique expérimentale au collège de Navarre, et pour enseigner la physique et l'histoire naturelle aux enfants des princes. Ce fut lui qu'on chargea du soin de faire placer convenablement des paratonnerres sur les principaux édifices publics. Il mourut en 1806. Ses principaux ouvrages sont *le Règne animal* (1756), *l'Ornithologie* (1760), un *Dictionnaire raisonné de physique* (1781), et un *Traité de la pesanteur spécifique des corps* (1787).

BRISSOT DE WARVILLE (Jean-Pierre), né à Chartres en 1754. Député à l'assemblée législative, puis membre de la convention nationale, il se lia avec les Girondins dont il partageait les opinions, et qui prirent de lui le surnom de *brissotins*. Robespierre, qui redoutait son influence, le dénonça à la convention le 28 mai 1793, comme chercha à préparer une constitution aristocratique. Attaqué le 31 mai avec les girondins dans le sein de la convention, il fut mis en accusation et tenta de s'échapper. Mais, repris à Moulins et reconduit à Paris, il fut condamné à mort, et exécuté en octobre 1793. C'était lui qui avait fait déclarer la guerre à l'Angleterre et à la Hollande. Il avait publié plusieurs ouvrages, entre autres, la *Théorie des lois criminelles* et le *Traité de la vérité*.

BRISTOL, ville d'Angleterre, dans le comté de Sommerset et sur les deux rives de l'Avon, l'un des ports les plus commerçants des Iles-Britanniques, siège d'un évêché. Elle est à 32 lieues de Londres, et sa population est de 100,000 âmes. Son port, l'un des quatre ports marchands du royaume, ne reçoit que des vaisseaux de 38,000 tonneaux. Sa bourse est une des plus fréquentées de l'Europe.

BRISTOL (CANAL DE), bras de l'Océan sur la côte O. de l'Angleterre, entre le pays de Galles et les comtés de Monmouth, Sommerset, Devon et Cornouailles. On donne encore ce nom à un canal d'Angleterre qui réunit les deux mers par la jonction de la Saverne à la Tamise.

BRITANNICUS (Claudius Tibérius), fils de l'empereur Claude et de Messaline, l'an 42 de J.-C. Écarté du trône par les artifices d'Agrippine, seconde femme de Claude et mère de Néron, il fut empoisonné par ordre de ce jeune empereur, qui redoutait son ascendant sur les Romains (l'an 55 de J.-C.). Sa mort a fourni à Racine le sujet de *Britannicus*, une de ses plus belles tragédies.

BRITANNIQUES (ILES-). On comprend sous ce nom général les trois royaumes d'*Angleterre*, d'*Ecosse* et d'*Irlande*, ainsi que les îles *Shetland*, les *Sorlingues*, les *Orcades*, les *Hébrides*, les îles de *Man*, *Anglesey*, *Wight*, et toutes les îles qui dépendent de ces trois royaumes.

BRITO (Bernard DE), né à Alméida en Portugal en 1569, entra dans l'ordre de Citeaux, et mérita par ses vastes connaissances le titre de premier historiographe de Portugal. On a de lui une histoire de ce royaume, en latin, intitulée *Monarchia Lusitana*, en sept volumes. Les deux premiers seulement sont de lui, et conduisent jusqu'au règne de Henri III. Francisco et Antonio Brandamo, ses confrères, ont continué cette histoire jusqu'à Alphonse III. On a encore de Brito la *Chronique de l'ordre de Citeaux* et une *Géographie ancienne du Portugal*. Il mourut en 1617.

BRITOMARTIS (myth.), nymphe de Crète célèbre par sa beauté, était fille de Jupiter et de Charmis. Elle fut passionnée pour la chasse et fut l'inventrice des filets. Quelques écrivains l'ont confondue avec Diane, et ont prétendu qu'elle s'était précipitée dans la mer pour se soustraire aux poursuites amoureuses de Minos. Les Crétois l'adorèrent sous le nom d'*Alphœa*, et comme déesse des alliances.

BRIVES-LA-GAILLARDE, dans un vallon riant, sur la rive gauche de la Corrèze, chef-lieu d'arrondissement du département de ce nom, à 7 lieues de Tulle. Population, 8,200 habitants. Cette ville dépendait autrefois du Périgord. Elle en fut détachée, sous Charles V, pour être réunie au Limousin. Elle eut longtemps la prétention d'être la capitale du bas Limousin. Cette ville, grande et bien bâtie, possède un bel hôpital, un tribunal de première instance. Elle commerce en vins, truffes et volailles truffées, huile de noix, et a des fabriques de bougies et des blanchisseries de cire. C'est la patrie du cardinal Dubois.

BRIZE, genre de plantes de la famille des graminées, que l'on trouve abondamment dans les prés naturels de la France et de toute l'Europe, et qui est remarquable par l'élégance de son port, par ses petits épis teints de pourpre, et par ses fleurs pendantes d'une belle couleur jaune. La brize procure aux chèvres et aux moutons une nourriture recherchée par ces animaux. Les anciens lui attribuaient une propriété narcotique ; ce qui l'avait fait nommer *brize*, du grec *brizein*, endormir.

BRIZO (myth.), chez les anciens, déesse des songes ou plutôt des prédictions qui se faisaient par les songes. On appelait de son nom, *brizomantie*, la divination qui avait pour objet l'explication des songes.

BROC, vase à anse fait ordinairement de bois, garni de cercles, et ayant un bec évasé. On s'en servait surtout pour distribuer et vendre du vin. Le broc servait aussi de mesure. A Paris on l'appelait la *quarte*, et ailleurs le *pot*. Dans quelques endroits, le broc contenait deux pintes, dans d'autres douze.

BROCANTEURS, marchands d'objets d'art et de curiosité, comme des livres rares, etc., qu'ils achètent pour les revendre ensuite. C'est particulièrement sur les tableaux qu'ils fondent leur commerce et leurs gains.

BROCART, nom d'une étoffe tissue d'or, d'argent, où bien d'or et d'argent à la fois, tant en chaîne qu'en trame. Cette étoffe a été très en usage dans le moyen âge. Il est devenu par la suite l'appellation commune des étoffes de soie, de satin broché, de gros de Naples ou de Tours, etc. On appelle *brocatelle* une étoffe de soie ou de coton faite à l'imitation du brocart.

BROCHE, tringle de fer pointue par un bout, dont on se sert pour rôtir la viande en la faisant tourner devant le feu. Les *tourne-broches* sont destinés à exécuter ce mouvement. Ces mécanismes ont lieu par de simples engrenages, dont le modérateur est un volant au lieu d'un balancier, et qui sont animés par un poids, ou sont mus par un courant d'air, qui donne le mouvement au volant, et par suite au rouage, ou enfin par des boîtes pour régulateurs. — En termes de serrurerie, c'est une pointe de fer qui fait quelquefois partie d'une serrure, et qui doit entrer dans le trou d'une clef forée ; c'est aussi un morceau de fer dont les serruriers se servent pour tourner plusieurs pièces à chaud et à froid. — Les tonneliers donnent ce nom aux bouchons coniques de bois avec lesquels ils ferment les trous par lesquels on vide la bonde. — La *broche* du rouet à filer est la verge de fer qui passe à travers les fuseaux. — En termes de chasse, *broche* indique les défenses du sanglier et le premier bois du chevreuil. — Ce mot se dit encore de certaines aiguilles de fil de fer, qui servent à tricoter des bas, à faire du ruban et autres étoffes. — *Broche* a une foule d'autres acceptions dans les arts ; mais toutes ses applications se rattachent à un instrument de forme longue et menue, destiné à soutenir ou traverser d'autres parties.

BROCHER. En termes de passementier, c'est passer de l'or, de l'argent avec de la soie ou de la laine entre des broches ou aiguilles qui servent à faire le *brocart*. Les étoffes brochées d'or ou d'argent imitent toute espèce de dessins. On a étendu ensuite ce mot à l'opération qui consiste à enrichir une étoffe de fils d'argent et d'or et de chenille, etc. — *Brocher* et *brochant*, en termes de blason, se disent des bandes, lions, aigles, etc., que l'on fait passer d'un bout de l'écu à l'autre, ou qui traversent sur d'autres pièces. — Les maréchaux ferrants *brochent* pour enfoncer les clous qui passent au travers de la corne du sabot d'un cheval, afin de le faire tenir. Autrefois on se servait de ce mot pour désigner l'action de piquer un cheval avec des éperons pour le faire courir plus vite.

BROCHET, poisson de la famille des esoces, au corps allongé et comprimé latéralement, aux mâchoires garnies de dents aiguës et au museau pointu. L'espèce la plus connue est le *brochet commun* qui se trouve en abondance dans les fleuves, les lacs et les étangs de l'Europe, et dont on connaît la prodigieuse voracité. Il se nourrit de poissons, et sa chair est très-recherchée.

BROCHETTE, en termes de fondeur, petit cylindre de bois ou de laiton sur lequel on marque les différentes épaisseurs des cloches.

BROCHEUR, ouvrier dont l'emploi est de plier les diverses feuilles d'un livre, de les placer dans leur ordre de pagination, de les coudre ensemble et de les couvrir.

BROCHURE, petit opuscule formé de la réunion de plusieurs feuilles imprimées, formant moins d'un volume ordinaire et non relié. La brochure a été de tous temps l'œuvre des publicistes et de ceux qui se montraient hostiles au pouvoir. Elle a aussi renfermé des mémoires scientifiques ou littéraires, et généralement tous les ouvrages qui ne dépassaient pas des bornes assez limitées. — On appelle encore *brochure* l'art du brocheur, c'est-à-dire, la réunion même des feuilles d'un ouvrage quelconque.

BROCHUS (Henri-Berthold), poëte allemand, né à Hambourg en 1680, mort en 1747. Membre du sénat de sa ville natale, il fut chargé de plusieurs missions importantes qu'il remplit avec distinction. Mais ce qui lui procura le plus d'estime et de réputation fut ses poésies religieuses, et entre autres son ouvrage intitulé: *Jouissances terrestres rapportées à Dieu*.

BROCOLI, sorte de chou à peu près semblable au chou-fleur, et dont on distingue plusieurs espèces. Les plus répandues sont le *brocoli blanc* et le *brocoli violet*. Le premier, dont la saveur est plus délicate que celle du chou-fleur, et qui se mange comme lui, se sème en mai et en juin, pour en pouvoir jouir en hiver.

BRODEAU, famille originaire de Tours, d'où sont sortis plusieurs hommes de lettres. — VICTOR BRODEAU, mort en 1540, est l'auteur de plusieurs pièces de poésie et du poëme des *Louanges de notre Sauveur Jésus-Christ*. Il était valet de chambre et secrétaire de François Ier. — JULIEN BRODEAU, avocat au parlement de Paris, et mort en 1653, a laissé des *Commentaires sur la coutume de Paris*; la *Vie de Charles Dumoulin* et des *Notes sur les arrêts de Louet*.

BRODEQUIN, chaussure qui a passé des anciens chez les modernes, et qui couvrait le pied et la moitié de la jambe. Maintenant c'est une espèce de bottines se laçant sur le devant ou le côté, et qui sert principalement aux femmes et aux enfants. On dit, *chausser le brodequin*, pour parler d'un poëte ou d'un acteur comique, et par opposition au *cothurne*, qui n'est chaussé que par les poëtes tragiques. — On appelait autrefois *brodequin* une sorte de torture ou de question dont l'usage était généralement répandu. On entourait les jambes de petits ais forts et épais que l'on liait ensemble, de manière à ce que deux de ces ais se trouvassent entre les deux jambes. On introduisait à coups de maillet des coins de fer ou de bois entre les deux ais qui séparaient les jambes, et il s'opérait par là une pression qui brisait les os.

BRODERIE, dessin tracé sur un tissu quelconque avec un fil d'or, d'argent, de soie ou de coton. Les broderies les plus simples sont dites au *plumetis*, au *point de marque*, à l'aiguille ou au *crochet*, à la main et au métier. Les broderies sont généralement l'ouvrage des femmes. Celles en or et en argent se font sur des métiers à broder. Les brodeurs formaient, avant la révolution, une corporation particulière. En musique, on appelle *broderies* ou *fioritures* les traits rapides et brillants qu'un chanteur ajoute à la musique écrite pour faire briller l'étendue de son talent et la flexibilité de sa voix.

BRODY, ville de la Gallicie, aux frontières de la Russie, qui offre la particularité remarquable d'une population qui, sur 13,300 âmes, compte 16,000 Juifs. Ces derniers y ont une école polytechnique, et le commerce très-considérable qu'ils font avec la Crimée, la Russie et la Turquie, consiste dans l'échange des produits polonais contre les chevaux, le bétail, la cire, le suif, le miel et les pelleteries de ces trois pays.

BROECKHUYSEN (Jean VAN-), poëte latin de la Hollande, qui fut d'abord apothicaire, et servit ensuite dans la marine sous les ordres de Ruyter. Les différentes éditions qu'il a données de Tibulle, de Properce et de Sannazar, prouvent l'étendue de son érudition. On a publié en 1712 un recueil de ses poésies hollandaises et un poème *Céladon* ou *le Désir de revoir sa patrie*. Né à Amsterdam en 1649, il mourut en 1707.

BROGLIE, famille originaire du Piémont, et établie dans le Quercy dès le XIVe siècle. — VICTOR-MAURICE, comte DE BROGLIE, né en 1639, servit avec distinction dans les guerres de Louis XIV, et fut créé en 1724 maréchal de France. Il contribua puissamment à la victoire de Denain, et mourut en 1727. — VICTOR-FRANÇOIS, duc DE BROGLIE, maréchal de France, prince du saint-empire, né en 1718, mourut en 1804. Créé maréchal à quarante-deux ans, il acquit la réputation de général habile, et fut exilé en 1762. Louis XVI l'appela près de lui en 1789, le nomma ministre de la guerre et commandant des troupes rassemblées autour de sa personne. Il était gouverneur de Metz lorsque la révolution éclata, et il encouragea de tous ses moyens l'émigration. Accusé devant l'assemblée constituante, il fut sauvé par l'éloquence courageuse de son fils. Il demeura dans l'exil jusqu'en 1804, et il mourut en rentrant en France. — CHARLES-LOUIS-VICTOR, son fils, député à l'assemblée constituante, et général des troupes françaises, périt sur l'échafaud en 1794.

BROGUES, chaussure des montagnards écossais. Ce sont des souliers grossièrement faits, et attachés avec des courroies.

BROIE, BROYE ou BRAYE, instrument avec lequel on rompt le chanvre après qu'il a subi l'opération du rouissage, afin de pouvoir le filer plus aisément. On appelle *brayage* l'opération elle-même, et *brayeuse* l'ouvrière qui fait ordinairement ce travail.

BROMALES ou BRUMALES, fêtes instituées à Rome par Romulus. Elles recevaient leur nom de Bromius, surnom de Bacchus, en l'honneur duquel on le célébrait. Comme cette célébration avait lieu dans le mois de décembre, on les appelait aussi *hiémales*.

BROMBERG, petite ville de la Prusse, dans la province de Posen, à 13 lieues de Thorn. Population, 7,750 habitants. En 1657 fut conclu dans cette ville un traité entre les Polonais et l'électeur de Brandebourg, par lequel ce dernier fut reconnu duc de la Prusse orientale.

BROME, genre de plantes de la famille des graminées, qui se trouvent en abondance dans les prairies naturelles et artificielles. Les grains du brôme *seglin* ou *seigle*, et du brôme *broue*, mêlés à la farine de froment, donnent un pain excellent, et servent à engraisser les volailles. Torréfiées, elles peuvent remplacer le café. On a remplacé l'avoine des chevaux par les graines du brôme *stérile*. C'est de l'ensemble de ces bonnes qualités que la plante a reçu le nom de *bromos*, qui signifie *bonne nourriture*.

BROME, substance simple, ainsi appelée à cause de sa fétidité (en grec, *bromos*), et découverte en 1826 par M. Balard de Montpellier. Le brôme est liquide à l'état de température ordinaire, et se condense à 25 degrés au-dessous du zéro. Il est d'un rouge brun foncé, et sa saveur est âpre et prononcée. Il jouit de propriétés très-délétères, et entre en ébullition à 47 degrés au-dessus du zéro. On le trouve dans les eaux mères provenant de la cristallisation du sel marin, dans les eaux de la mer Morte, dans presque toutes les salines du continent, et surtout dans celles d'Allemagne.

BROMÉLIACÉES, famille de plantes monocotylédones, appartenant aux liliacées de Tournefort. Elle renferme l'*ananas*, l'*agave*, le *karatas*, le *bromelia*, etc. Les fruits des broméliacées sont composés de baies à trois loges, et quelquefois tellement unies qu'elles ne forment qu'un seul fruit composé.

BROMURES, corps résultant de la combinaison du brôme avec les autres corps simples. Ils sont solides ou liquides. Le brômure de plomb a été employé en médecine dans les affections scrofuleuses, dartreuses ou syphilitiques.

BRONCHES. On appelle ainsi, en anatomie, les deux conduits qui naissent de la bifurcation de la trachée-artère, et qui s'introduisent dans les poumons pour y porter l'air nécessaire à la respiration.

BRONGNIART (Alexandre-Théodore), architecte fameux, né en 1739 à Paris, où il mourut en 1813. On lui doit la construction de la Bourse de Paris, et d'un grand nombre d'autres ouvrages qui lui ont fait une haute réputation. Ses enfants, dont l'un est depuis 1800 directeur de la manufacture de Sèvres, membre de l'Institut et naturaliste distingué, se sont également distingués par leurs talents dans plusieurs branches de la science.

BRONZE, alliage de cuivre et d'étain dans diverses proportions, servant anciennement à fabriquer des épées et d'autres armes avant que l'acier fût connu, et dont on fait maintenant les cloches, les canons, les médailles, les statues, les cymbales, etc. Pour le bronze des médailles, des statues, des canons, etc., on mélange cent parties de cuivre avec dix parties d'étain, et pour le bronze des cloches, on mélange cent parties de cuivre avec vingt à vingt-cinq parties d'étain, et on y ajoute quelquefois du zinc et de l'antimoine. Les plus beaux monuments qui aient été faits en bronze sont la statue équestre de Louis XIV, que l'on voyait autrefois sur la place Vendôme, et qui avait vingt et un pieds de haut, celle de Pierre Ier à Saint-Pétersbourg, et la colonne de la place Vendôme, surmontée de la statue de Napoléon. — On a cherché à imiter par des compositions diverses la couleur du bronze. Pour bronzer une statue en plâtre, en bois, en terre cuite, etc., on emploie un mélange de colle forte, de bleu de Prusse, de noir de fumée et d'ocre jaune. On a en outre le soin d'appliquer sur les parties saillantes de la surface que l'on bronze une poudre du cuivre rouge.

BRONZINO (Agnolo), dit *le Bronzin*, né en Toscane. Ce peintre célèbre réussit dans l'histoire et le portrait. On voit de ses ouvrages à Pise, à Florence et à Dresde. Les plus célèbres sont *Léda et le Cygne*, et les portraits de *Médicis II*, de la *duchesse Eléonore*, de Cosme Ier, et du *prince de Dresde*. Il mourut à Florence, vers 1570, à l'âge de soixante-neuf ans.

BROSIME, genre de la famille des urticées. C'est un grand arbre de la Jamaïque, dont les fleurs sont en chatons globuleux ou allongés, couverts d'écailles orbiculaires, et les feuilles alternes. Les différentes parties de cet arbre sont laiteuses. Les fruits du brosime sont un aliment sain et agréable, facile à digérer, et viennent pendant les grandes sécheresses. Les feuilles fournissent un excellent fourrage aux animaux domestiques.

BROSSARD (Sébastien DE), maître de musique et chanoine de l'église de Meaux, après avoir rempli les mêmes fonctions à Strasbourg. Il excella dans la théorie de la musique, et mourut en 1730, à l'âge de soixante-dix ans. Il fut le premier qui publia un *Dictionnaire de musique*. Jean-Jacques Rousseau fit de nombreux emprunts à cet ouvrage. Il avait aussi composé des *motets*, des *cantates*, etc.

BROSSE (Jacques DE), architecte de la reine Marie de Médicis, qui construisit le palais du Luxembourg, commencé en 1615 et terminé en 1620, le portail de l'église Saint-Gervais, une partie de l'aqueduc d'Arcueil, et le fameux temple de Charenton, détruit en 1685.

BROSSE (Pierre DE LA), chambellan de Philippe le Hardi, qui, né en Touraine d'une famille obscure, fut d'abord barbier de saint Louis et ensuite favori de son fils. Pour perdre la reine Marie dans l'esprit de son époux et jouir sans partage de la faveur du roi, il fit, dit-on, empoisonner Louis, fils aîné de Philippe de sa première femme, et accusa la reine, sa marâtre, de ce crime. Découvert par la révélation d'une béguine, il fut jugé et pendu à Montfaucon en 1278. — GUY DE LA BROSSE, médecin de Louis XIII, fut le fondateur du jardin des plantes de Paris. Il mourut en 1641.

BROSSE, instrument dont on se sert pour nettoyer les habits, les souliers, les voitures, etc. Les brosses se font en soies de porc ou de sanglier, en crins de cheval, en brins de bruyère, en racines de riz. On emploie aussi les brosses en médecine. — Les peintres appellent brosses de gros pinceaux dont les poils ont même longueur, et les naturalistes donnent ce nom aux amas de poils roides ou soies courtes insérées perpendiculairement dans la peau. Ce sont particulièrement les insectes qui en sont chargés.

BROSSES (Charles DE), premier président du parlement de Bourgogne, né à Dijon en 1709, mort en 1777. Ce magistrat érudit a publié entre autres ouvrages les Lettres sur Herculanum, l'Histoire du VIIe siècle de la république romaine, le Traité de la formation mécanique des langues, et l'Histoire de la navigation aux terres australes. Il était l'ami de Buffon, de Montesquieu, et d'un grand nombre d'autres hommes célèbres de l'époque.

BROSSETTE (Claude), né à Lyon en 1671, mort en 1743. On lui doit une Histoire de la ville de Lyon; mais il est surtout connu par ses Commentaires sur les œuvres de Boileau, dont il était l'ami. Il a fait en outre un Commentaire sur les œuvres de Régnier. Il était de l'académie de Lyon et bibliothécaire de cette ville.

BROTTIER (Gabriel), né à Tanney (Nièvre) en 1723, entra dans la société des jésuites. Toute sa vie fut une étude continuelle. Il savait les langues de l'antiquité, la médecine, l'histoire sacrée et profane, ancienne et moderne, la chronologie, etc. Il publia une édition de Tacite avec d'excellentes notes (1771), une édition de Pline le Naturaliste (1779), le Traité des monnaies romaines, hébraïques et grecques, comparées avec celles de France, une foule d'éditions de plusieurs écrivains anciens et modernes. Brottier mourut en 1789.

BROU. On appelait autrefois ainsi l'enveloppe demi-charnue qui recouvre le fruit du noyer. Maintenant il désigne les enveloppes charnues ou pulpeuses qui entourent un noyau solitaire et osseux, comme dans l'amandier, le cerisier et le pêcher. On lui donne particulièrement le nom de drups. Le brou de noix bouilli dans l'eau donne une couleur employée dans la teinture, et on s'en sert pour composer une liqueur appelée aussi brou de noix.

BROUAGE ou BROUE, ville maritime et place forte du département de la Charente-Inférieure, vis-à-vis l'île d'Oléron et à une lieu de Marennes. Population, 800 âmes. Cette ville a été fondée en 1555 par Jacques, seigneur de Pons, et fortifiée pendant les guerres de religion. Après la prise de la Rochelle, Richelieu la fit fortifier de nouveau, et l'érigea en gouvernement, dont il fut le premier titulaire. Elle possédait un hâvre excellent, comblé par les vases au XVIIe siècle. Les environs de Brouage sont couverts de marais salants. Ce sont les plus belles salines de France.

BROUET, espèce de mélange en usage dans les repas des Grecs et des Romains. Le bouet noir des Spartiates était un de leurs mets les plus recherchés. On appelait au moyen âge brouet de l'épousée ou de l'accouchée un mélange d'œufs, de lait et de sucre, que l'on portait aux deux époux le lendemain de la noce.

BROUETTE, caisse suspendue sur une roue et à deux brancards, qui sert à transporter des matériaux de construction et autres. On en a attribué l'invention au célèbre Pascal. Plus les bras sont longs, moins celui qui en fait usage se fatigue.

BROUILLARDS, espèces de vapeurs plus ou moins denses, plus ou moins humides, et qui sont dues au refroidissement de l'atmosphère. Les brouillards secs qui enveloppent sans cesse les régions polaires sont, à ce que l'on croit, essentiellement liés aux éruptions volcaniques. — On appelle papier brouillard une espèce de papier non collé que l'on emploie à divers usages.

BROUSSA ou BURSAH, autrefois Pruse, ville de l'Anatolie (Asie-Mineure), dans le gouvernement des Côtes. Elle a une population de 60,000 âmes, et fournit beaucoup de soies brutes, dont on estime l'exportation à 3,600,000 francs. Ses environs abondent en eaux thermales au pied du mont Olympe, où elle est située. Broussa fut fondée par Prusias Ier, roi de Bithynie, et devint la capitale de son empire. Elle demeura, après la défaite de Mithridate, au pouvoir des Romains. Les empereurs grecs de Constantinople la conservèrent jusqu'en 1326, où elle fut prise par Orkhan II, sultan des Turks. Elle demeura le siége de l'empire ottoman jusqu'en 1420, que Mahomet Ier le transporta à Andrinople.

BROUSSAIS (François-Joseph-Victor), médecin célèbre, né à Saint-Malo en 1772. Après avoir étudié sous son père les premiers principes de littérature et de médecine, il partit comme simple soldat en 1792 dans les armées de la république. Rangé plus tard parmi les officiers de santé de la marine marchande, il vint ensuite à Paris, et devint l'élève des docteurs Pinel et Bichat. Il fut reçu docteur l'an XI, après lecture de sa thèse intitulée Recherches sur la fièvre hectique. De retour à l'armée en 1805, il servit comme médecin en Hollande, en Allemagne et en Espagne, et son zèle et ses talents le firent bientôt universellement connaître. Broussais fut médecin en chef de l'hôpital du Val-de-Grâce, professeur de la faculté de médecine, membre du conseil de santé et commandeur de la Légion d'honneur. Il mourut en 1838, membre de l'académie des sciences morales. On a de lui plusieurs mémoires, une Histoire des phlegmasies chroniques, un Traité de l'irritation et de la folie.

BROUSSEL (Pierre), conseiller au parlement de Paris, qui, à cause de son opposition à la régente Anne d'Autriche et au cardinal Mazarin fut appelé le Tribun du peuple. Il fut arrêté le 26 août 1648, par ordre du cardinal, avec plusieurs autres membres du parlement. Le peuple s'ameuta pour lui faire rendre la liberté. Il fut promu au gouverneur de la Bastille, et rentra dans l'obscurité à la fin de la guerre de la Fronde. Il mourut en exil.

BROUSSONETIE. On a donné ce nom au mûrier à papier, bien différent de celui qui produit les vers à soie. On obtient de son écorce un fil propre à la fabrication du papier et des étoffes. La broussonetie se trouve dans l'Inde dont elle est originaire, dans l'Amérique et l'Europe où elle s'emploie à la fabrication du papier, à défaut de chiffons. L'étoffe que l'on fait avec la filasse de cet arbre est douce, fraîche, très-blanche, et susceptible de prendre toutes les couleurs.

BROUSSONNET (Pierre-Auguste), médecin distingué né à Montpellier, en 1761, mort en 1807. A dix-huit ans docteur de l'université, et à vingt-quatre nommé membre de l'académie des sciences à l'unanimité, il se distingua par une sagacité rare et précoce. Il a laissé plusieurs ouvrages, dont les plus célèbres sont la première Décade des poissons, l'Histoire des chiens de mer, et un grand nombre de mémoires savants. Il avait été membre de l'assemblée législative, et en 1806, du corps législatif.

BROWN (Ulysse-Maximilien DE), célèbre général, né en 1705 à Bâle, d'une famille noble et ancienne d'Irlande. Il fit ses premières armes à dix ans, et fut présent au siége de Belgrade en 1717. Il fut nommé chambellan de l'empereur (1732) et colonel en 1734. Il se distingua dans la guerre d'Italie, et brûla, en présence de l'armée française, le pont que le maréchal de Noailles avait fait jeter sur l'Adige. En 1739, il fut nommé par l'empereur Charles VI général-feld-maréchal-lieutenant et conseiller aulique. Il commanda en 1741 l'infanterie de l'armée autrichienne à la bataille de Molwitz. Il passa ensuite en Bavière, et força les Français d'abandonner les bords du Danube. La reine de Hongrie le nomma son ministre plénipotentiaire et son conseiller intime (1743). Il retourna en Italie en 1744 et 1746, chassa les Espagnols du Milanais, et gagna la bataille de Plaisance en 1746, contre les Français. Il s'empara de Gênes, du comté de Nice, entra en France, et allait s'emparer de la Provence lorsqu'il fut rappelé en 1747. Nommé gouverneur de Transylvanie en 1749, il vainquit les Prussiens en 1756. Brown mourut en 1757.

BROWN (Jean), né en 1735 dans le comté de Berwick en Écosse, mort en 1788. Il était devenu le chef d'une secte de médecine dont les principes étaient en opposition avec ceux des maîtres d'alors. Selon lui, tout agissant sur le corps humain, tout est stimulant ou doué d'une puissance excitative, et il y a dans tous les corps animés un principe correspondant qu'il appelle l'excitabilité. En conséquence, il plaçait tous les moyens curatifs dans le plus ou moins d'excitation. Il développa sa nouvelle méthode dans ses Éléments de médecine.

BROWNE (Georges, comte DE), homme d'État et général distingué, né en Irlande en 1698. Il prit du service en Russie, et fut fait en 1730 major. Il sauva la vie d'Anne Ivanovna, menacée d'une conspiration, et prit part à toutes les guerres de la Russie jusqu'en 1762. Il fit la campagne de Pologne, et arrêta avec 3,000 hommes toute l'armée turque. Pris à la bataille de Krotzka, il parvint bientôt à s'échapper (1739), et fut nommé général-major. Il combattit, dans la guerre de sept ans, pour l'Autriche. Nommé gouverneur de Livonie, sous Pierre XII, il fonda des établissements utiles, réforma des abus, et mourut en 1792, après avoir servi la Russie pendant soixante-quatre ans.

BROWNISTES, hérétiques ainsi nommés de leur chef Robert Brown. Robert commença à émettre ses opinions en 1580, en prenant le titre de patriarche de l'Église réformée. Il se sépara des anglicans, des presbytériens et des catholiques. Il obtint la permission de bâtir une église en Zélande. Mais il retourna en Angleterre en 1589, y abjura ses erreurs, et mourut en 1630. Les brownistes continuèrent l'exercice de leur religion. Ils condamnaient la bénédiction des mariages, le baptême, la prière vocale, et se séparaient des autres Églises, parce qu'on y tolérait des hérétiques avec qui l'on n'aurait pas dû communiquer. Leur gouvernement ecclésiastique était de forme démocratique; les ministres étaient choisis par la société entière. Les brownistes furent chassés d'Angleterre par Élisabeth, et se réfugièrent à Amsterdam.

BROYEUR, ouvrier qui broie les couleurs pour la peinture à l'huile ou en détrempe. On emploie, pour le broyage, des pierres dures, telles que le porphyre, le grès compacte ou le marbre, les molettes (instruments avec lesquels on écrase et on broie, et qui sont de même nature). On broie à sec ou à l'huile. Dans ce dernier cas, on humecte graduellement d'huile la substance que la molette écrase te réduit en poudre fine.

BRUANT, genre de passereaux de la famille des conirostres, (au bec en forme de cône), composé d'espèces nombreuses, qui toutes se nourrissent de graines, de baies et d'insectes, et pour la plupart quittent pendant l'hiver les régions du nord pour s'approcher des pays méridionaux. Les bruants les plus communs sont le *bruant jaune*, le *bruant proyer* et l'*ortolan*.

BRUCE (Robert), roi d'Ecosse, fils de Robert Bruce, lord d'Annandale, descendant de David de Huntingdon, prince royal d'Ecosse. Après la mort de la reine Marguerite, son père se mit sur les rangs des prétendants à la couronne. Mais celle-ci fut donnée à John Baliol. Après la mort de William Wallace (1303), le jeune Robert se ligue avec John Comyn, pour délivrer l'Ecosse du joug anglais. Il débarque en Ecosse, se fait couronner roi à Scone en 1306, bat les Anglais au comté de Pembroke en plusieurs rencontres, et soulève toute l'Ecosse, qui s'unit à lui pour chasser les Anglais. Edouard II envahit l'Ecosse pour soumettre Robert Bruce; mais il est taillé en pièces à la bataille de Bannockburn en 1314. Bruce institua un parlement appelé le *parlement noir*, et mourut en 1329, laissant le trône à son fils David.

BRUCE (Jacques), célèbre voyageur écossais, né en 1730 à Kinnaird (Stirling), fit ses études au collège d'Edimbourg, et vint à Londres, où il épousa la fille d'un marchand de vin. Ayant perdu sa femme et son beau-père, il accepta le consulat d'Alger. Il passa ensuite en Asie, et découvrit en 1770 les sources du Nil. Il servit comme médecin dans l'armée du prince d'Abyssinie. En 1773, Bruce revint en Angleterre, et publia le récit de ses voyages. Il mourut en 1794.

BRUCÉE, arbrisseau d'Abyssinie, rapporté par le voyageur écossais Bruce, et dont les feuilles, pointues et bordées de quelques poils, sont dans l'Abyssinie employées avec succès contre la dyssenterie. On le cultive chez nous en serre chaude, où il atteint la hauteur de deux mètres. Son écorce passe pour être la fausse angusture. (Voy. ce mot.) On croit qu'il appartient à la famille des térébinthacées.

BRUCHE, genre d'insectes coléoptères tétramères, qui ont le prolongement de la tête court, large, et en forme de museau avec des palpes très-visibles. Ils sont de petite taille, mais se trouvent quelquefois en assez grand nombre pour être considérés comme un fléau pour l'agriculture. Leurs larves attaquent et détruisent les fèves, les pois et les lentilles. On les nomme communément *cussons*.

BRUCINE, substance alcaline végétale, d'une blanc noir comme l'acide borique, quelquefois en masse spongieuse, très-peu soluble dans l'eau, insoluble dans l'éther et les huiles grasses. Soumise à l'action du feu, la brucine se décompose et donne des produits ammoniacaux. Elle forme, avec les acides, des sels acides et des combinaisons neutres. Sa saveur est amère et persistante; son odeur est nulle. La brucine a été découverte dans l'écorce de la fausse angusture et dans la fève de Saint-Ignace. Elle jouit de propriétés vénéneuses très-énergiques.

BRUCKER (Jean-Jacques), savant distingué, né à Augsbourg en 1696, mort en 1770. On l'a considéré comme le père de l'histoire de la philosophie. Entre autres ouvrages, on lui doit l'*Histoire critique de la philosophie conduite depuis le berceau du monde jusqu'à nos jours*, six volumes in-4°, ouvrage dont lui-même et plusieurs autres savants ont donné des abrégés, et qui jouit d'une grande réputation.

BRUCTÈRES, anciens peuples de la Germanie, qui, voisins des Chauces et des Frisons, habitaient les bords de la Lippe et de l'Ems, une partie de la Westphalie, le pays de Munster et d'Osnabruck. Les Bructères, qui firent partie de la confédération connue sous le nom de Francs, s'éteignirent dans le VIII siècle.

BRUEYS (François-Paul, comte DE), né à Uzès, vers 1750. Nommé contre-amiral au service de la république française, il eut le commandement de la flotte qui sortit en juin 1797 de Toulon, et conduisit en Egypte l'armée du général Bonaparte. Attaqué près d'Aboukir par la flotte anglaise de l'amiral Nelson, il se défendit vaillamment, et périt emporté par un boulet sur son banc de quart en 1798.

BRUEYS (David-Augustin DE), né à Aix en 1640, mort en 1723, a fait un grand nombre de comédies, dont quelques-unes en société avec Palaprat. Les meilleures de ses pièces sont le *Grondeur*, le *Muet* et l'*Avocat patelin*.

BRUGES, belle et grande ville de la Belgique, siège d'un évêché et chef-lieu de la Flandre occidentale. Sa population est de 56,000 habitants. Elle possède un grand nombre de manufactures. Au moyen âge, Bruges était le dépôt des marchandises de l'Italie, qu'elle faisait passer dans tout le Nord. Elle fut déclarée en 1471 le seul marché des villes hanséatiques dans les Pays-Bas. Son commerce et ses priviléges la rendirent une des villes libres les plus puissantes de l'Europe. Elle se révolta plusieurs fois contre les ducs de Bourgogne et les gouverneurs français.

BRUGES (Jean DE) ou VAN-EYCK, né à Eyck vers 1370, mort en 1440. Ce peintre, élève de son frère Hubert Van-Eyck, est fameux par la découverte de la peinture à l'huile, qu'il substitua à la peinture avec des couleurs délayées au moyen de la colle ou de la gomme. Ses tableaux sont recherchés pour la beauté de leur coloris et leur ancienneté, et les plus estimés sont le *Jugement dernier* et les *Noces de Cana*.

BRUGNON, espèce de pêche moins grosse que les pêches ordinaires, qui mûrit au mois de septembre. Le brugnon violet à la peau lisse et colorée, et à la chair ferme, est le plus estimé.

BRUHL (Henri, comte DE), né en Thuringe en 1700, mort en 1763, ministre d'Auguste III, électeur de Saxe et roi de Pologne. Né d'une famille ancienne, mais peu fortunée, il s'éleva rapidement, et devint le favori d'Auguste III. Il épousa la comtesse de Kollowrath, favorite de la reine, et parvint à éloigner le comte de Sulkowrski. Il devint ainsi premier ministre, et, s'il ruina l'Etat par ses prodigalités et son luxe, sa libéralité protégea les belles-lettres. Son fils Frédéric Aloysius fut l'auteur de quelques pièces de théâtre, dont la meilleure est le *Bourgmestre* (der Bürgermeister), et une traduction en français de l'*Alcibiade* de Meissner.

BRUINE, petite pluie formée par la condensation des vapeurs qui constituent le brouillard. La bruine est nuisible aux blés et aux boutons des arbres et des vignes auxquels elle s'attache, et qu'elle brûle plus ou moins.

BRUIT, résultat du mouvement vibratoire des molécules des corps solides, liquides ou gazeux, perçu par l'organe de l'ouïe. Il diffère du son en ce que l'oreille n'apprécie pas sa régularité, et que les vibrations ne sont pas *isochrones* (d'égale durée), et ne se succèdent pas avec assez de rapidité pour donner à l'oreille une sensation continue.

BRUIX (Eustache), né à Saint-Domingue en 1759, mort en 1805. Il fut reçu en 1776 dans le corps de la marine; employé dans la guerre d'Amérique, il servit avec distinction sous les amiraux d'Orvilliers, de Grasse et d'Estaing, et obtint dans la révolution un avancement rapide. Il fut, en 1793, nommé commandant de l'*Indomptable*, puis licencié, et enfin rappelé en 1794. Il remplit jusqu'en 1796 les fonctions de major général de l'escadre de l'amiral Villaret. Il fut ensuite nommé major général de la marine, puis amiral et ministre de la marine. Il eut, en 1804, le commandement de la flottille de Boulogne.

BRULART (Nicolas), seigneur de Sillery et de Puisieux (Champagne), né en 1544, fut conseiller au parlement en 1573, maître des requêtes, ambassadeur en Suisse (1595-1602), président à mortier au parlement de Paris (1595), et ambassadeur en Italie (1599) pour faire conclure le mariage de Henri IV avec Marie de Médicis. Garde des sceaux, en 1604, il fut nommé chancelier de France (1607). Après la mort de Henri IV, il fut dépouillé de sa charge (1616), et mourut en 1624. — Son fils, PIERRE BRULART, secrétaire d'Etat, s'empara de Montpellier en 1622, et mourut en 1640.

BRULEMENT DES CORPS, coutume en usage chez les peuples de l'antiquité, et particulièrement chez les Romains et les Grecs. Il se retrouve encore dans l'Inde, sous le nom de *suttée* ou *sulty*; mais avec cette différence que dans ce dernier pays c'est un sacrifice imposé aux veuves par le préjugé, et regardé comme un devoir; tandis que chez les premiers ce n'était qu'un devoir rendu aux morts, ou plutôt une manière de disposer de leurs restes.

BRULERIE, fabrique d'eau-de-vie et liqueurs alcooliques. Dans ce sens, il est synonyme de *distillerie*. Il désigne encore une fabrique où l'on brûle les bois dorés et les tissus d'or et d'argent pour retirer ces matières des objets avec lesquels elles sont tissues ou mêlées. Les brodeurs et les orfèvres font surtout usage de la brûlerie pour ne pas perdre les matières d'or et d'argent.

BRULOT, bâtiment quelconque destiné à faire sauter celui vers lui le navire sur lequel on l'a dirigé. Pour cela, on place dans la cale des barils de poudre, sur le pont et dans l'entre-pont, sur les vergues et les gréements, on répand un grand nombre d'artifices, de bombes, de grenades, et l'on arrose tout cela avec de l'huile de térébenthine; des grappins sont destinés à accrocher le vaisseau ennemi, et à le faire sauter avec le brûlot.

BRULURE, lésion produite par l'action du feu ou de corps échauffés, sur nos organes. On distingue trois degrés principaux dans la brûlure : 1° rubéfaction et gonflement de la peau; 2° destruction de l'épiderme et ulcérations; 3° désorganisation de la chair, qui paraît comme charbonnée. On emploie avec succès les remèdes populaires, tels que la pulpe de carotte, celle de pomme de terre, etc. — En agriculture, on appelle *brûlure* la désorganisation opérée dans les arbres en espaliers, et particulièrement dans les pêchers, par l'effet alternatif de la gelée et du dégel, en art vétérinaire on donne ce nom à une maladie des moutons, caractérisée par la soif, la rougeur des yeux, l'amaigrissement, etc.

BRUMAIRE, mois du calendrier républicain résultant de la réforme opérée en 1792, et correspondant à la dernière moitié du mois d'octobre, et la première de celui de novembre. Le 1er brumaire était le 22 octobre. — La journée du 18 brumaire (9 novembre 1799) est célèbre dans l'histoire de la révolution française par la chute du pouvoir directorial. Le général Bonaparte, que ses frères Lucien et Joseph avaient instruit de l'instant favorable à ses desseins, abandonne son armée en Egypte, part pour la France, où il arrive le 15 vendémiaire (6 octobre), gagne à son parti deux directeurs, Sieyes et Roger-Ducos, ainsi qu'un grand nombre de généraux, et se présente au conseil des cinq-cents, accompagné d'une escorte nombreuse: Il le dissout avec l'aide de son frère Lucien; bientôt après, il force les directeurs d'abdiquer, et s'établit consul avec Sieyes et Roger-Ducos.

BRUME, phénomène météorologique, qui a les mêmes causes que le brouillard, et qui n'est autre que le brouillard lui-même, mais seulement celui qui se forme sur les rivières et les grandes masses d'eau, et y séjourne longtemps, parce que l'évaporation de l'eau y entre pour beaucoup. Les brumes sont très-dangereuses sur mer et très-redoutées des vaisseaux, qu'elles égarent et conduisent sur des écueils.

**BRUMOY** (Pierre), jésuite né à Rouen en 1668, mort en 1742. Il a publié des poëmes tels que celui des *Passions*, des tragédies et des comédies, telles que *Jonathas*, le *Couronnement de David*, *Plutus* et la *Boîte de Pandore*; mais ce qui l'a surtout rendu célèbre, c'est son ouvrage du *Théâtre des Grecs*, contenant des traductions analysées des tragédies grecques. Il continua l'*Histoire de l'Eglise gallicane* des pères de Longueval et Fontenay.

**BRUNCK** (Richard-François-Philippe), savant helléniste, né à Strasbourg en 1729, et mort en 1803. On doit à ce philologue savant et distingué, membre de l'Institut, un grand nombre d'éditions de plusieurs auteurs grecs, tels que Anacréon, Aristophane, Sophocle, Euripide, Apollonius de Rhodes, etc., et de l'*Anthologie grecque*. On lui doit encore une édition des poëtes *gnomiques* grecs. Il était receveur des finances.

**BRUNE** (Guillaume-Marie-Anne), maréchal de France, né à Brives-la-Gaillarde (Corrèze) en 1763. Il obtint de brillants succès comme général en chef de l'armée d'Italie, et fut envoyé comme ambassadeur à Constantinople, où il resta jusqu'en 1806. Il fut créé maréchal et grand'croix de la Légion d'honneur, lors de l'organisation de l'empire. Lors des cent jours, il fut nommé chef de l'armée du Var, et, après la chute de Napoléon, il se mit en route pour la Bretagne, dans le dessein d'éviter la réaction des royalistes. A son passage à Avignon, il fut arrêté et massacré par la populace, le 2 août 1815.

**BRUNEAU** (Mathurin), fils d'un sabotier, naquit à Vezins (Maine-et-Loire) en 1784. Sentant l'aversion pour le métier qu'exerçait son père, il voyagea en France, en se faisant passer pour le fils du baron de Vezins. Malgré ce titre, il resta pendant plusieurs mois au service de la comtesse de Turpin-Crissé. En 1803, il fut renfermé à Saint-Denis comme vagabond; remis en liberté, il s'embarqua à Lorient comme aspirant de marine. Arrivé aux Etats-Unis, il déserta et revint en France (1816) avec un prétendu passeport où il était nommé *Charles de Navarre, citoyen des Etats-Unis*. Il alla dans le Maine-et-Loire, et chercha à se faire passer pour Louis XVII, dauphin de France. Plus tard, il persuada la veuve Philipeaux, qui avait un fils à l'armée, qu'il était ce fils, et se fit donner 800 francs. Arrêté à cause de cette dernière fourberie, il réussit à intéresser à son sort, comme fils de Louis XVI, un grand nombre de personnes. Traduit devant le tribunal de Rouen (1818), il fut condamné à sept ans de détention et à être remis, après ce temps, entre les mains de l'autorité militaire, comme déserteur. Bruneau ne se pourvut pas en cassation.

**BRUNEHAUT**, fille d'Athanagilde, roi des Visigoths d'Espagne, épousa en 568 Sigebert, roi d'Austrasie, l'un des quatre fils de Clotaire I<sup>er</sup>. Devenue régente pour son fils Théodebert, elle voulut gouverner seule et sans le secours des grands. Elle fut la rivale de Frédégonde, et, si elle se rendit odieuse par ses cruautés, son ambition et ses galanteries, ses libéralités et ses fondations lui méritèrent l'estime des autres. Clotaire II, fils de Frédégonde et héritier de sa haine, la fit prisonnière, et l'accusa d'avoir fait périr dix princes. Elle fut abandonnée aux fureurs et aux insultes de la soldatesque, et fut ensuite traînée à la queue d'un cheval indompté en 613. On lui doit la construction de superbes chaussées en Flandre et en Picardie, et la fondation d'une foule d'églises, de monastères et d'hôpitaux.

**BRUNELLE**, genre de plantes de la famille des labiées. La brunelle *commune* est regardée comme astringente et vulnéraire, et jouit encore d'autres propriétés médicamenteuses, telles que celle de guérir les aphthes, etc. La brunelle *à grandes fleurs* est une plante vivace, aux fleurs en épi bleues, pourpres, rosées ou blanches, qui fleurit en juillet, et sert à l'ornement des jardins.

**BRUNELLESCHI** (Philippe), né à Florence en 1377, mort en 1446. Cet architecte habile construisit en 1420 la magnifique coupole de l'église *Santa-Maria del Fiore* (Sainte-Marie des Fleurs) à Florence. Cette coupole a cent vingt-cinq pieds de hauteur, et du sol de l'église au sommet de la croix on compte trois cent trente pieds. Sa circonférence est d'à peu près trois cent quatre-vingt-onze pieds. Une de ses autres constructions est le palais Pitti, qui devint depuis celui des grands-ducs de Toscane. Brunelleschi cultiva aussi la poésie.

**BRUNISSOIR**, instrument d'acier trempé ayant la forme d'une amande plus ou moins allongée, et fixé par un de ses bouts à un manche de bois. Il sert à brunir, c'est-à-dire, à polir une pièce de métal. Les serruriers, les armuriers, les couteliers, les graveurs, les relieurs, les potiers d'étain, mais plus particulièrement les horlogers, les ciseleurs et les orfévres, se servent du brunissoir. On appelle *brunissage* l'opération de brunir une pièce quelconque de métal, et *brunisseur* l'ouvrier qui brunit. Pour brunir, on emprunt ordinairement le bout de l'instrument de sanguine.

**BRUNN**, cercle de Moravie, entre ceux d'Olmutz, Hradisch, Iglau et Znaym, l'Autriche et la Bohême. Sa superficie est de 44 lieues carrées, et sa population de 66,000 habitants. La capitale est *Brunn*.

**BRUNN**, capitale du cercle de ce nom et de la Moravie, siège du gouvernement provisoire de la Moravie silésienne, des autorités du cercle et d'un évêché. Sa population est de 36,000 habitants, et son commerce le plus florissant de toute la contrée. Elle possède un château fort, le Spielberg, haut de huit cent seize pieds, en y comprenant la montagne sur laquelle il est situé. Il sert actuellement de prison d'Etat.

**BRUNO** (Saint), né à Cologne en 1051, mort en 1101 dans le monastère qu'il avait fondé en Calabre. Il fut le fondateur des chartreux, qu'il assujettit à la règle de Saint-Benoît accommodée à leur genre de vie. Ce fut en 1084 que, forcé d'abandonner la ville de Reims, où il était chanoine, il se retira près de Grenoble, dans la solitude connue sous le nom de la Grande Chartreuse. Appelé en 1090 à la cour de Rome, il la quitta en 1091 pour se retirer au monastère della Torre en Calabre, où il mourut. Il fut canonisé en 1514.

**BRUNO** (Giordano), né à Nola dans le royaume de Naples au milieu du XVI<sup>e</sup> siècle. Penseur hardi, il s'éleva contre la philosophie d'Aristote. Il fut d'abord dominicain, mais quitta bientôt l'habit religieux. Sa liberté excessive dans ses pensées et ses paroles le fit chasser successivement de Genève, où il avait apostasié, de Lyon, de Paris, de Londres, de Wittemberg. Il fut arrêté à Venise par l'inquisition, envoyé à Rome, et jeté dans les cachots du saint-office. Il y laissa deux ans (1598 à 1600), et le 17 février 1600 il fut brûlé vif. Ses principaux ouvrages sont *la Déroute de la bête triomphante*, où il cherche à établir la fausseté de toutes les religions, et où il prétend que c'est à la loi naturelle à régler les notions de bien et de mal moral; *le Souper du jour des Cendres*, et des traités sur *la Cause unique et sur l'infini universel*.

**BRUNSWICK**, duché d'Allemagne, limitrophe au royaume de Hanovre et à la Prusse. Il est arrosé par le Weser, comprend la principauté de Wolfenbuttel, et se divise en six districts, qui sont *Wolfenbuttel, Schœningen, Harz, Leine, Weser* et *Blankenbourg*, dont la population réunie est de 240,500 habitants, et la superficie de 70 milles carrés. La religion dominante est la luthéranisme. Brunswick et Nassau occupent la treizième place à la diète, et ont deux voix dans l'assemblée générale. Le contingent fédéral de Brunswick est de 2,000 hommes, ses revenus de 5,000,000 de francs, sa dette de 14,243,700 francs. Sa capitale est *Brunswick*, dont la population est de 35,000 âmes, et qui fait un commerce assez étendu. L'érection du territoire de Brunswick en duché eut lieu en 1235 en faveur de Henri *l'Enfant*, de la maison des Guelfes. En 1711, Georges, de la branche cadette de Brunswick, fut appelé à l'électorat de Hanovre, et forma la maison de Hanovre, qui possède maintenant le trône d'Angleterre. En 1830, le duc Charles, fils et successeur du duc Frédéric-Guillaume, fut renversé du trône ducal, et remplacé par son frère Guillaume.

**BRUNSWICK** (Antoine-Ulric DE LUNEBOURG DE), né en 1633, hérita de son frère Rodolphe-Auguste. Il fut ensuite coadjuteur de l'évêque protestant d'Halberstadt, et embrassa la religion catholique en 1710. Il mourut en 1714. Il est l'auteur de deux romans, *Aramène* et *Octavie*. — FERDINAND, duc DE BRUNSWICK, né en 1721, entra en 1740 au service de Prusse, se distingua dans la guerre de Silésie (1744) et de sept ans. Il força les Français d'évacuer la rive droite du Rhin, et remporta sur eux plusieurs avantages. Il s'occupa beaucoup de l'institution de la franc-maçonnerie, et mourut en 1792.— MAXIMILIEN-JULES-LÉOPOLD, neveu du roi de Prusse, naquit en 1722. Après avoir servi avec distinction, il périt en 1785, en voulant porter du secours à des paysans surpris par une inondation de l'Oder. — CHARLES-GUILLAUME-FERDINAND, duc DE BRUNSWICK-LUNÉBOURG, né en 1735, fit ses premières armes sous Frédéric le Grand, roi de Prusse, et se distingua dans les guerres contre la France (1758-60). Lors de la révolution française, il commanda les Prussiens, et essuya de grands revers. Il reprit les armes en 1806, fut vaincu à Iéna, et mourut la même année. Il avait cultivé les lettres et les sciences avec succès. — FRÉDÉRIC-AUGUSTE, duc DE WOLFENBUTTEL-BRUNSWICK-OELS, frère du précédent, né en 1740, servit sous Frédéric II, roi de Prusse, et brilla dans la carrière littéraire. Il fut membre de l'académie de Berlin, et mourut en 1805. Il a composé des *tragédies*, des *discours* et des *traductions*.

**BRUNSWICK** (New-), contrée de la Nouvelle-Bretagne, dans l'Amérique septentrionale. Elle est située entre le golfe Saint-Laurent, la baie de Fundi, la Nouvelle-Ecosse, le bas Canada et les Etats-Unis. Sa superficie est de 5,020 lieues carrées, et sa population de 65,000 habitants. Ce pays, quoique froid, est très-fertile, mais peu cultivé. La pêche fournit aux habitants une branche de commerce très-active. La capitale est *Frederick-Town* ou *Sainte-Anne*, dans le comté d'Yorck.

**BRUT.** On appelle ainsi les corps inorganiques, tels que les pierres, les minéraux, par opposition aux corps organisés. L'accroissement des corps bruts se fait par simple juxtaposition d'un corps semblable à eux. Les caractères de ces corps sont leur forme anguleuse, leur volume indéterminé, leur composition constante. Ils sont tantôt simples, tantôt composés de trois éléments au plus.

**BRUTIUM**, province de la Grande-Grèce, comprise maintenant dans le royaume de Naples, et portant aujourd'hui le nom de Calabre ultérieure et citérieure. Les Brutiens descendaient des bergers lucaniens, qui, s'étant révoltés contre leur maître, s'établirent dans le Brutium. On les nomme, suivant quelques auteurs, Brutiens à cause de la lâcheté avec laquelle ils se soumirent à Annibal dans la seconde guerre Punique. Depuis ce temps, ils furent un objet de mépris, et les Romains ne les employèrent qu'à des ouvrages serviles. Les villes étaient Rhegium (Reggio), Crotone, Consentia (Cosence) et Mamertium.

**BRUTUS.** Deux Romains célèbres ont porté ce nom. Le premier, Lucius Junius Brutus, était fils de Marcus Junius et de Tarquinia, sœur de Tarquin le Superbe. Les injustices et les cruautés de son oncle, qui avait fait périr son père et son frère siné, l'encouragèrent dans le projet qu'il avait conçu de renverser Tarquin. Il contrefit l'insensé, et l'outrage fait à Lucrèce, épouse de Collatin, lui fournit l'occasion de se venger. Après l'expulsion des rois, il fut élu consul avec Collatin, l'an 509 avant J.-C. Il condamna à mort, et fit décapiter ses deux fils, qui avaient conspiré pour le rétablissement des Tarquins. Il périt l'an 245 de Rome (507 ans avant J.-C.), percé par le glaive d'Aruns, fils de Tarquin, qu'il perça lui-même au même instant. — MARCUS JUNIUS BRUTUS, surnommé *le dernier des Romains*, était fils de Marcus Junius et de Servilie, sœur de Caton. Brutus épousa Porcia, fille de ce dernier. Brutus conjura contre César, qui avait été son bienfaiteur, et qu'il croyait aspirer à la tyrannie. Il fut un de ceux qui l'assassinèrent dans la basilique de Pompée, où se tenait ce jour-là le sénat. Poursuivi par Marc Antoine et Octave, il fut forcé de sortir de Rome, et de se retirer en Grèce avec Cassius. Vaincu à la bataille de Philippes, l'an 43 avant J.-C., il se fit tuer par le rhéteur Straton.

BRUXELLES, capitale de la Belgique et du Brabant, située sur la rivière de Senne, et communique avec Anvers et le Hainaut par deux canaux, qui facilitent son commerce, qui consiste en draps, tapis, armes et dentelles appelées *points de Bruxelles*. On évalue sa population à 100,000 âmes. Ses monuments les plus remarquables sont l'hôtel de ville, le palais du prince d'Orange, l'église de Sainte-Gudule, et les bâtiments de la place royale. Elle a donné le jour au célèbre anatomiste André Vésale, au fameux médecin Van-Helmont, au prince de Ligne, aux peintres Van-Champagne, Vander Meulen, Vander Borgt, Van-Orley. Capitale du Brabant autrichien avant la révolution de 1789, elle fut en 1793 réunie à la France, et devint le chef-lieu du département de la Dyle. En 1815, Guillaume, prince d'Orange, y fut proclamé roi des Pays-Bas; et en 1830 la révolution qui le précipita du trône pour y mettre le prince Léopold de Saxe-Cobourg a séparé les deux États et fait Bruxelles capitale de la Belgique.

BRUYÈRE (Jean DE LA), moraliste célèbre, né à Dourdan en Normandie en 1638, mort en 1696. Il fut d'abord trésorier de France à Caen, et ensuite placé en qualité de professeur d'histoire par Bossuet auprès du duc de Bourgogne, avec 1,000 écus de pension. Il fit paraître en 1687 son ouvrage si célèbre sous le nom de *Caractères de la Bruyère*, où il railla finement, mais sans injustice, le courtisan, le bourgeois, le financier et l'homme de robe du siècle de Louis XIV. Il eut beaucoup de peine reçu en 1693 à l'académie française. Il avait aussi traduit les *Caractères* de Théophraste.

BRUYÈRE, genre de plantes de la famille des éricinées ou éricacées, la plupart exotiques, et renfermant plus de quatre cents espèces. Les bruyères se reproduisent par boutures, et sont recherchées des bêtes à laine. Les espèces les plus intéressantes sont 1° la bruyère *vulgaire*, qu'on trouve partout, qui a des fleurs roses ou lilas pâle, s'épanouissant en juillet, août, septembre et octobre. Les usages qu'on en fait sont très-nombreux, et dans plusieurs pays elle remplace le bois de chauffage; 2° la bruyère *à balai*, croissant dans les terrains sablonneux. Ses racines deviennent très-grosses et donnent le meilleur charbon connu. Les landes de Bordeaux, de la Sologne et de l'ouest, le département de la Sarthe, les montagnes des environs de Paris, etc., sont couvertes de bruyères.

BRUYS (Pierre DE), hérésiarque, prêcha d'abord ses opinions dans le Dauphiné, sa patrie, et parcourut ensuite la Provence et le Languedoc. Il rebaptisait les peuples, fouettait les prêtres, emprisonnait les moines, renversait les croix et les autels. Ses excès le firent condamner à être brûlé en 1147. Il soutenait que le baptême était inutile avant l'âge de puberté, condamnait la messe, les prières pour les morts. Ses disciples furent appelés *pétrobusiens*. — HENRI DE BRUYS fut un ermite du XVI° siècle, qui adopta les opinions de Pierre de Bruys. La violence que leur auteur avait employée pour établir sa doctrine ne lui ayant pas réussi, Henri prit la voie de l'insinuation et de la singularité, et acquit bientôt le renom d'un grand saint. Appelé dans le diocèse du Mans, il obtint la permission de prêcher. A l'audition de ses sermons, le peuple entra en fureur contre le clergé, pilla les maisons et les biens des prêtres. Eugène III envoya, en 1147, saint Bernard dans cette province pour détruire le mal causé par Henri. Celui-ci prit la fuite; mais il fut arrêté et enfermé dans les prisons de Toulouse, où il mourut. Les *henriciens*, ses disciples, se répandirent dans les provinces méridionales. Ses sectateurs formèrent dans la suite l'hérésie des albigeois.

BRYONE, genre de plantes de la famille des cucurbitacées. L'espèce la plus connue est la bryone *commune* ou *couleuvrée*, plus vulgairement appelée *vigne vierge*, plante grimpante qui croît dans les haies, les bois ou les lieux incultes. Ses fleurs sont disposées en grappes d'un blanc verdâtre, et sa racine, grosse et charnue, appelée aussi *navel du diable*, est vénéneuse et purgative. En la lavant ou en la faisant cuire, elle devient un bon aliment.

BRYOPHYLLE, arbuste d'Amérique qui s'élève à la hauteur de vingt et un pieds. Les feuilles sont pétiolées, opposées, charnues, ovales. Les fleurs sont pendantes en ombelle terminale, tubuleuses et grandes. Le bryophylle est originaire des Moluques, et peut se naturaliser en Europe. Les feuilles de cet arbre curieux, appliquées sur la terre humide, y prennent racine au bout de trois semaines.

BRZECZANI, cercle de Gallicie. Sa superficie est de 200 lieues carrées, et sa population de 176,940 habitants. Sa capitale est Brzeczani, avec 800 habitants, à 15 lieues de Lemberg.

BRZESCIE, ville de Pologne, capitale de la Polésie, située sur le Bug. Elle est célèbre par la bataille qui eut lieu près de ses murs le 18 septembre 1794, entre les Polonais commandés par le général Siérakofsky et les Russes aux ordres de Souvarof. Trahis par les Juifs, qui formaient une partie de la population de Brzescie, les Polonais furent culbutés par la cavalerie russe, et laissèrent le passage libre à l'armée de Souvarof, qui vint fondre sur celle de Kosciusko, et se rendit odieuse à l'Europe par le massacre de Praga.

BUACHE (Philippe), premier géographe du roi et membre de l'académie des sciences, gendre de Guillaume de Lille, hérita des talents de son beau-père et publia un grand nombre de cartes estimées. Il mourut en 1773. On a de cet auteur un *Essai de géographie physique*, des *Considérations géographiques et physiques sur les découvertes de la mer du Sud* (1753), et une *carte* pour servir à l'intelligence de l'histoire sainte.

BUANDERIE, bâtiment avec un fourneau et des cuviers, disposé de manière à pouvoir faire la lessive. Chaque hôpital possède une buanderie.

BUBALE, animal mammifère ruminant du genre antilope. Il a les cornes annelées et recourbées en arrière. Il vit par petites troupes dans les déserts de l'Afrique, et se désigne par les noms de *bœuf d'Afrique*, *vache-biche*, *taureau-cerf*, etc.

BUBASTES, ville de la basse Egypte, sur un des bras du Nil, où les Egyptiens adoraient le chat en l'honneur de Diane, qui avait pris cette forme lors de la fuite des dieux en Egypte. Dans la fête de Bubastes, Diane était considérée comme la lune. On lui immolait un bœuf.

BUBON. Les médecins appellent ainsi une tumeur inflammatoire formée par les glandes lymphatiques de dessous la peau, et particulièrement par celles de la région inguinale, de l'aisselle et du cœur. Il y a trois espèces de bubons, le bubon simple, le bubon pestilentiel et le bubon syphilitique.

BUBON, genre de plantes de la famille des ombellifères. Le *bubon de Macédoine* croît dans le midi de la France et est cultivé dans nos jardins. Il a une tige herbacée, couverte d'un duvet blanchâtre, et des fleurs blanches employées anciennement pour guérir l'inflammation des aines. — Le *bubon galbanum*, arbrisseau de trois ou quatre pieds de haut, portant des fleurs jaunes, fournit la gomme-résine appelée *galbanum*, employée par les médecins comme antispasmodique.

BUCARDE, genre de mollusques acéphales (sans tête apparente), de la famille des lamellibranches, ordre des conchacés. L'espèce la plus répandue se trouve sur les côtes de la Rochelle, où elle sert de nourriture, et où elle est connue sous le nom de *sourdon*.

BUCCELLAIRES, officiers de la cour de Constantinople; qui formaient à l'empereur une sorte de garde, et qui étaient chargés de veiller aux provisions de bouche. Leur emploi correspondait à celui de *munitionnaires de l'armée*.

BUCCIN, espèce de trombone dont le pavillon (partie inférieure qui s'évase) est taillé en forme de gueule de serpent, et dont le son est sec et dur.

BUCCINE, grande trompette des Romains employée en temps de guerre. Elle était de forme conique. Le mot de *buccine* a été longtemps employé par les poètes comme synonyme de trompette.

BUCCONÉS. Voy. BARBUS.

BUCENTAURE, bâtiment de parade dont on se servait à Venise pour la célébration du mariage du doge avec la mer. C'était une sorte de galère très-haute, desservie par des rameurs et couronnée par une espèce d'estrade demi-circulaire, d'où chaque année, le jour de l'Ascension, le doge jetait un anneau dans l'Adriatique en signe qu'il l'épousait. Cette coutume remonte au doge Sebastiano Ziani (1173).

BUCÉPHALE, cheval d'Alexandre le Grand, roi de Macédoine. Son nom (en grec, *tête de bœuf*) provient de la ressemblance de sa tête avec celle d'un bœuf. Il ne se laissait monter que par Alexandre, et s'agenouillait toujours pour le recevoir. Il fut blessé dans une bataille, emporta son maître hors de la mêlée, et tomba mort dès qu'il l'eût mis en sûreté. Il avait trente ans. Le prince reconnaissant bâtit sur l'Hydaspe, en l'honneur de Bucéphale, une ville que l'on croit être maintenant celle de Lahore.

BUCER (Martin), né à Schelestadt en 1491. D'abord dominicain, il embrassa plus tard la religion réformée, dont il fut un des plus zélés prédicateurs. Il fut regardé par ses coreligionnaires comme leur plus habile théologien. Il mourut en 1551 en Angleterre, où il avait été appelé par l'archevêque de Cantorbéry, Thomas Cranmer. On a de lui un *Commentaire sur les psaumes*, les *Explications de l'Evangile* et un grand nombre d'ouvrages de controverse.

BUCHAN (Wilhem), médecin écossais, né en 1729, mort en 1805. Il s'est rendu célèbre par un ouvrage écrit en anglais, intitulé *Médecine domestique*, dont il y a eu dix-huit éditions, et qui a été traduit dans la plupart des langues d'Europe.

BUCHANAN (Georges), poëte et historien écossais, né en 1506, mort en 1582. Il fut professeur au collége Sainte-Barbe à Paris. Jacques V, roi d'Ecosse, lui confia ensuite l'éducation de son fils naturel le comte de Murray; Marie Stuart le chargea de celle de son fils Jacques VI. On lui reprocha de s'être déchaîné contre elle, qui ne fut jamais que sa bienfaitrice, et de l'avoir calomniée. Il a laissé une *Histoire d'Ecosse* en douze livres, à laquelle on fait le reproche de partialité pour ce qui regarde les ennemis de sa maîtresse et surtout Elisabeth. On le compte au nombre des premiers poëtes modernes.

BUCHE. On appelle bûche de Noël une bûche ou grosse souche de bois que l'on met au feu par derrière les autres la veille de Noël. Cela se faisait autrefois dans les familles avec de grandes cérémonies. On y suspendait des fruits, des gâteaux, des dragées, etc., que l'on destinait aux petits enfants. Ceux-ci venaient chercher toutes ces friandises avant que l'on plaçât la bûche dans le foyer. — On nomme contrôleur de la bûche un officier établi dans les ports et dans les chantiers pour veiller à ce que les bois soient de la longueur et de la grosseur voulues. — On appelle encore bûche l'établi des épingliers et un instrument à cordes de laiton que l'on fait résonner, soit avec le pouce, soit avec une petite baguette.

BUCHER. C'était autrefois une pyramide de bois sur laquelle les anciens plaçaient le corps de leurs morts pour les brûler. Il y avait des bûchers publics élevés dans la campagne, au milieu d'une enceinte appelée Ustrinum, et les bûchers particuliers. On les construisait avec de l'if, du pin, du frêne, du cyprès, auxquels on ajoutait quelquefois la plante appelée papyrus. Le bûcher était de forme carrée, à trois ou quatre étages, et l'on y versait du vin, du lait, du miel, des parfums, de l'encens, des aromates et de l'huile. On recueillait après la combustion les cendres dans une urne.

BUCKELDIUS, Hollandais, inventa en 1416, la manière de saler et d'encaquer les harengs. Ses compatriotes reconnaissants lui élevèrent un monument.

BUCKINGHAM ou BUCKS, comté d'Angleterre, entre ceux d'Oxford, Northampton, Bedford, Middlesex, Berks et Surrey. Sa superficie est d'environ 270 lieues carrées, et sa population de 135,000 habitants. Ce comté fait un grand commerce en blé, orge, avoine, et nourrit de beaux troupeaux. La capitale est Buckingham, à 15 lieues de Londres.

BUCKINGHAM (Georges VILLIERS, duc DE), seigneur anglais, descendant d'une ancienne famille de Normandie, qui passa en Angleterre en 1066. Il se rendit célèbre par la faveur dont il fut comblé par Jacques 1er et Charles 1er. Il fut présenté à la cour en 1612, et fut nommé grand échanson en 1613. En 1615, il fut fait baron, et en 1616 grand écuyer, puis garde du grand sceau, grand trésorier, amiral et duc de Buckingham. Parvenu au rang de premier ministre, il fut envoyé ambassadeur en Espagne, où il fit conclure un mariage projeté entre le prince Charles et l'infante d'Espagne, puis en France (1625), où il se fit remarquer par ses amours pour la reine Anne d'Autriche, et d'où il ramena la princesse Henriette, qui épousa le prince Charles. Il fit plus tard déclarer la guerre à la France et voulut, mais vainement, secourir les protestants de la Rochelle en 1627. Il fut assassiné par Felton en 1628, au moment où il allait mettre à la voile pour une deuxième expédition contre la France. Il était né en 1592.

BUCKLER (Jean) ou SCHINDERHANNES, célèbre chef de voleurs au XVIIIe siècle. Né de parents pauvres en Allemagne, il entra au service d'un bourreau. Ayant dérobé quelques objets à son maître, il fut arrêté et reçut vingt-cinq coups de bâton. Il mena depuis une vie errante, et rassembla une bande nombreuse qui jeta longtemps la terreur en Allemagne. Fait prisonnier après de nombreuses recherches, il fut condamné à mort et exécuté en 1803.

BUCOLIQUES, nom générique donné aux poésies champêtres. Les auteurs qui se sont le plus distingués dans la composition des bucoliques sont, chez les anciens, Théocrite, Virgile, Bion et Moschus; chez les modernes, Racan, Ségrais, de Fontenelle et madame Deshoulières. Un recueil d'églogues ou poésies champêtres, dû à Virgile, porte le nom de Bucoliques.

BUCRANES. On appelle ainsi, en architecture, les têtes décharnées d'animaux, et surtout de bœufs, employées comme ornement dans les frises et les autres parties des monuments et des édifices publics.

BUDDOU (myth.), divinité des Siamois qui, au rapport de saint Clément d'Alexandrie, est le fondateur de la secte des gymnosophistes. Ses prêtres, appelés vihars, sont voués au célibat, et ne tuent jamais d'animaux. Son temple s'appelle Véhar. On lui consacre des jeunes filles, que l'on nomme les femmes de l'idole, et qui deviennent pour la plupart des danseuses et des courtisanes. Les jésuites croient que c'est l'apôtre saint Thomas; d'autres voient dans Buddou la même divinité que le Dieu Fo des Chinois.

BUDE ou OFEN, ville d'Allemagne, capitale du royaume de Hongrie, et située sur le Danube, qui la sépare de Pesth. Elle est le siège de deux évêques, l'un catholique, l'autre grec, et sa population est évaluée à 33,000 âmes. Parmi ses édifices, on remarque le magnifique palais des anciens rois, où l'on conserve l'ancienne couronne des rois de Hongrie. Bude est maintenant le siège du vice-roi et de toutes les autorités centrales du royaume.

BUDÉ (Guillaume), né à Paris en 1467, mort en 1540. Savant distingué, contemporain et ami d'Érasme, il fut maître des requêtes et bibliothécaire du roi. Il se distingua plus particulièrement dans ses études sur les langues latine et grecque, et sur l'archéologie Son ouvrage le plus connu des érudits est son traité de Asse et partibus ejus (de l'as et de ses parties), Venise, 1522. Ce fut à son instigation que François 1er fonda le collége de France.

BUDINS, peuples de la Scythie d'Europe, habitant, vers les sources du Borysthène, le pays qui forme aujourd'hui la Russie polonaise. On les disait devins et magiciens, et leur divinité était Bacchus, dont ils célébraient la fête tous les trois mois.

BUDGET, compte rendu de l'état des finances du royaume, soumis chaque année à l'examen des chambres. Le budget se compose des dépenses, des recettes et de la dette publique. Chaque chambre, la chambre des députés nomme une commission chargée de l'examen du budget. Ce terme, pris alors en général, s'applique aussi aux comptes de l'administration de chaque ministère formant des parties du budget général. Le budget du ministère de la justice s'est élevé ces dernières années à 39,661,540 francs; celui des affaires étrangères à 57,305,700 francs; celui de l'instruction publique à 18,399,000 francs; celui de l'intérieur à 39,533,000 francs; celui du commerce et des travaux publics à 48,287,000 francs; celui de la guerre à 386,643,000 francs; celui de la marine à 65,373,000 francs, et celui des finances à 71,516,400 francs; l'intérêt de la dette publique s'élève au chiffre de 349,391,979 francs.

BUDSDO (myth.), idole des Japonais appelée aussi Xaca. Le dieu Budsdo est le fondateur du budsdoïsme, religion très-étendue dans le Japon depuis l'an 63 de l'ère chrétienne. Le fond du budsdoïsme consiste en cinq préceptes négatifs communs du reste à tous les cultes indiens : 1° Tu ne tueras point. 2° Tu ne voleras point. 3° Tu ne commettras point d'adultère. 4° Tu ne mentiras point. 5° Tu ne boiras point de liqueurs fortes. Budsdo, né à Sicka (contrée céleste), environ 1000 ans avant J.-C., était à dix-neuf ans disciple de l'ermite Dandokf. Ses disciples, à lui, recueillirent après sa mort ses sentences, et en formèrent un livre intitulé le Fohekio (livre des belles fleurs), dont les Japonais font autant de cas que nous de la Bible.

BUDWEIS, cercle de Bohême, entre ceux de Tabor et de Prachin, et l'Autriche. Sa superficie est d'environ 483 lieues carrées, et sa population de 169,025 habitants. Le chef-lieu est Budweis, sur la Moldaw, à 8 lieues de Bechin; sa population est de 5,800 âmes. Cette ville a un évêché et commerce en draps.

BUENOS-AYRES, l'un des États composant la république Argentine ou la confédération de la Plata, dans l'Amérique méridionale. Elle appartenait depuis 1778 à l'Espagne, qui y avait un vice-roi. En 1810, elle s'est constituée en république qui a une superficie de 178,000 lieues carrées, et une population de 170,000 âmes. Ses revenus s'élèvent à 21,080,000 francs; ses dépenses à 15,758,000 francs; la dette publique à 25,568,000 francs; ses forces militaires sont d'environ 30,000 hommes. Elle se divise en quatorze provinces, et sa capitale est Buenos-Ayres, située sur la rive droite du Rio de la Plata, et dont la population est de 60,000 hommes. Elle est le siège d'un évêché, et a une université.

BUENOS-AYRES, province de la confédération buenos-ayrienne, entre celles d'Entre-Rios, de Corrientes, la mer et la république d'Uruguay. Sa superficie est de 20,000 lieues carrées, et sa population de 160,000 âmes. La capitale est Buenos-Ayres. (Voy.)

BUEN-RETIRO, château de plaisance des rois d'Espagne situé aux portes de Madrid, à l'extrémité de la ville opposée à celle où se trouve l'habitation royale. Ce palais, formant un carré régulier flanqué d'une tourelle à chaque angle, s'ouvre sur la promenade du Prado, et domine la ville.

BUFFA (Opéra). Voy. BOUFFONS.

BUFFET. Dans le sens le plus vulgaire, ce mot désigne une espèce d'armoire destinée à enfermer la vaisselle et le linge de table. On appelle buffet d'orgues le corps de menuiserie où sont renfermées les orgues, et souvent l'orgue tout entier.

BUFFLE, espèce de bœuf qui vit dans les marais ou près des rivières. Il se distingue par ses cornes toujours élargies à la base qui couvre une grande partie du front, et dont le côté interne est aplati, tandis que le côté externe est arrondi. Il a le poil noir, rude et peu fourni, et son cuir est spongieux et résiste aux armes tranchantes. Aussi sert-il à fabriquer les baudriers et toute la bufleterie, etc., du soldat. Le buffle, originaire de l'Inde, se trouve en Italie, en Grèce, en Transylvanie, en Asie et en Afrique. Les espèces diverses de buffles sont le buffle proprement dit, le buffle arni, dont les cornes ont quatre ou cinq pieds chacune, le buffle du Cap, le buffle gour et le buffle gayal.

BUFFLETERIE, dénomination générale qu'on donne aux diverses baudes de buffle dont le soldat est paré, comme porte-giberne, porte-carabine, porte-sabre ou épée. Sa couleur est ordinairement blanche.

BUFFON (Georges-Louis LECLERC, comte DE), membre de l'académie française et de celle des sciences, né à Montbard en Auxois (Côte-d'Or) en 1707, mort en 1788. Il s'immortalisa par son ouvrage si célèbre, regardé comme un monument d'éloquence, de correction et d'harmonie dans le style, comme de grandeur et de génie dans les vues, l'Histoire naturelle, générale et particulière, qui parut en 1749. Il eut pour collaborateurs dans cet ouvrage Daubenton, Mertrud, Guéneau de Montbelliard et l'abbé Bexon. L'histoire des quadrupèdes ovipares, des serpents et des poissons, fut faite après sa mort par Lacépède. Il a aussi composé les Époques de la nature, la Théorie de la terre, et des traductions de la Statique des végétaux de Hales, et du Traité des fluxions de Newton. Il avait succédé en 1789 à Dufay dans la charge d'intendant du jardin royal des plantes.

BUFFONIE, genre de plantes de la famille des cariophylées, renfermant deux espèces, l'une vivace, l'autre annuelle. Cette dernière, la buffonie à feuilles menues, aux fleurs blanches et aux feuilles petites, pointues et réunies deux à deux à leur base, se trouve dans les terrains secs et arides du midi de la France, de l'Espagne et de l'Angleterre. Elle doit son nom à ce que le crapaud (en latin bufo) se plaît sous les touffes de cette plante.

BUFFONINE, humeur muqueuse fournie par les organes appelés cryptes de la peau

176 BUK    BUL    BUN

externe du crapaud qui forment une masse glanduleuse à côté de chaque oreille et des tubercules sur le dos. C'est un fluide blanchâtre, d'une certaine âcreté, irritant la peau fine des femmes et des enfants, et y déterminant une éruption de boutons. On l'a regardé comme vénéneux, mais à tort.

BUGALET, petit bâtiment à deux mâts, employé sur les rades et côtes du Finistère pour le transport des poudres, passagers, marchandises, provisions, etc. Il porte une misaine et une grande voile carrée, un hunier et un ou deux focs. Son mât de misaine est très-court.

BUGEY, petite province de France avec titre de comté, faisant maintenant partie du département de l'Ain. Elle présente une superficie de 100 lieues carrées couvertes de pâturages. Elle avait pour capitale *Belley*.

BUGLE, genre de plantes herbacées, vivaces et souvent rampantes, de la famille des labiées. La *bugle commune* à tige carrée, aux fleurs bleues, est très commune dans les premiers jours du printemps, et passe pour astringente et vulnéraire. La *bugle pyramidale*, aux feuilles velues, est cultivée dans les jardins.

BUGLE ou BUGLE-HORN, trompette à clefs dont on se sert dans la musique militaire et celle d'opéra. On attribue son invention à M. Halliday.

BUGLOSSE, genre de plantes de la famille des borraginées, renfermant un grand nombre d'espèces, dont les plus connues et les plus utiles sont la *buglosse d'Italie*, aux feuilles roides et oblongues, aux fleurs réunies en grappe, qui possède les mêmes propriétés médicinales que la bourrache, et la *buglosse des teinturiers*, plante exotique naturalisée dans le midi de la France, et dont la racine connue, sous le nom d'*orcanelle*, sert à teindre en rouge les laines et les cuirs.

BUGRANE, genre de plantes de la famille des légumineuses, renfermant un grand nombre d'espèces, dont la plus connue est la *bugrane des champs*, appelée vulgairement *arrête-bœuf*. Sa racine est comptée par les médecins au nombre des cinq racines apéritives mineures; mais on en fait un usage fréquent seulement en hippiatrique. D'autres espèces, telles que la *bugrane élevée*, la *bugrane queue de renard*, etc., servent à l'ornement des jardins.

BUIS, genre de plantes de la famille des euphorbiacées. L'arbre primitif se trouve dans les forêts de la Grèce, de l'Espagne, du midi de la France et dans les îles de la Méditerranée, où il atteint une hauteur de vingt à trente mètres. L'emploi du buis dans les parterres est en bordures. Pour cela, on le tond tous les ans au ciseau. Son bois, et particulièrement celui de sa racine, est excellent pour les ouvrages de tour et de tabletterie, et pour une foule de petits objets d'art et d'économie usuelle. Il est le plus pesant de tous les bois d'Europe. On multiplie le buis par graines, par marcottes et par boutures. La fleur et les feuilles sont vertes. On emploie quelquefois ces dernières dans la fabrication de la bière. Son fruit est rouge.

BUISSON, nom collectif de tous les arbrisseaux et arbustes sauvages très-rameux, épineux ou non épineux. On dit, *faire l'école buissonnière*, en parlant des écoliers qui, au lieu de se rendre à l'école, s'amusent à courir par les champs et les buissons.

BUISSON ARDENT, buisson qui, selon l'Ecriture sainte, parut en feu à Moïse, près de la montagne d'Horeb, et du milieu duquel il entendit une voix qui lui disait, en l'appelant par son nom, d'ôter ses sandales, parce que ce lieu était saint.

BUIUK-DÉREH. Voy. BOUYOUK-DÉREH.

BUKAREST ou BUCHAREST, capitale de la Valachie, sur la rivière Dembovitza. C'est la résidence du hospodar de la Valachie et le siége d'un archevêché dépendant du patriarche grec de Constantinople. Sa population est de 80,000 habitants. On porte le nombre de ses églises à trois cent soixante-six. Cédée à l'Autriche en 1718, puis rendue aux Turks en 1739, souvent prise, puis restituée par les Russes, elle a été définitivement prise par ces derniers en 1806. Deux congrès ont eu lieu à Bukarest. Dans le premier, en octobre 1772, la Russie et la Turquie tentèrent un accommodement rompu par les intrigues des puissances étrangères; dans le second, en mai 1812, la Porte ottomane, réduite à cesser les hostilités, conclut la paix avec la Russie, et lui céda le tiers de la Moldavie, la Valachie et toute la Bessarabie, les forteresses de Khoczim, de Bender, d'Ismaïl et de Kilia.

BUKOWINE, petite province démembrée de la Moldavie et réunie à la Gallicie depuis 1777, époque à laquelle la Porte l'abandonna à l'Autriche, qui l'a fait peupler en 1781. La capitale est Czernowitz, où les Grecs unis ont un évêque, et la population totale est évaluée à près de 130,000 âmes. On y a découvert une mine de sel aussi beau que celui qu'on retire de celle de Wilicza.

BUL, huitième mois de l'année ecclésiastique des Hébreux, et le second de leur année civile, correspondant au mois d'octobre. Il était composé de vingt-neuf jours, dont le sixième était un jour de jeûne, parce que c'était dans ce jour que Nabuchodonosor avait fait périr Sédécias et ses fils.

BULBE, corps charnu formé d'écailles insérées les unes sur les autres, et naissant au-dessus de la racine chevelue d'un certain nombre de plantes vivaces. La bulbe fait partie de la racine; aussi on appelle *plantes bulbeuses, bulbifères* celles dont la racine produit une bulbe. L'oignon est une bulbe, la tulipe, le lis, la jacinthe, le narcisse, etc., naissent d'une bulbe.

BULBILLE, petite bulbe ou bourgeon qui, placée en terre, reproduit la plante comme de véritables graines, et qui se développe sur plusieurs végétaux, soit à l'aisselle de leurs feuilles, soit à la place ou au milieu des fleurs.

BULGARES, nom donné à une secte de manichéens qui s'éleva sous le règne de l'empereur Basile, vers le milieu du IXe siècle. Ils n'admettaient que le Nouveau Testament, et niaient la nécessité du baptême. On donna dans la suite ce nom à d'autres sectaires, tels que les patarins, les vaudois, etc., parce qu'ils reconnaissaient un chef spirituel tenant son siége en Bulgarie.

BULGARIE, province de la Turquie d'Europe, dont la capitale est *Sophie*, et qui se divise en quatre sandjiakats. Les principales villes sont Varna, Widdin, Nicopoli et Silistria. Son étendue est évaluée à 70 milles de longueur et trente de largeur. — La Bulgarie, ancienne Mœsie, fut envahie dans la fin du Ve siècle par les Bulgares, peuples de race indo-scythique. Ils s'avancèrent jusqu'au fond du Danube, d'où ils inquiétèrent Constantinople. Une de leurs hordes, conduite par Asparuch, traversa le fleuve en 679 et jeta les fondements du premier royaume des Bulgares, dans le pays compris entre le Danube, le mont Hémus et la mer Noire. Ils assiégèrent plusieurs fois Constantinople et ravagèrent l'empire grec. L'empereur Basile soumit la Bulgarie en 1019. Elle s'affranchit en 1186, forma le second royaume des Bulgares et fut depuis 1260 soumise aux Tartares Nogais. Le sultan Amurat Ier subjugua en partie la Bulgarie, et Bajazet, son successeur, acheva cette conquête en 1396. La capitale du premier royaume (de 679 à 1186) avait été Persthlava sur le Danube; celle du second fut Ternova (de 1186 à 1396).

BULL (John), terme significatif par lequel les écrivains ou les orateurs anglais, plus particulièrement, désignent le peuple d'Angleterre. Ce mot, en anglais, veut dire Jean le Taureau.

BULLANT (Jean), architecte et sculpteur français, vivant en 1540, et mort en 1578. On lui doit le château d'Ecouen, qu'il bâtit pour le connétable Anne de Montmorency. En 1564, il fut chargé par Catherine de Médicis de construire les Tuileries, conjointement avec Philibert Delorme. On lui doit aussi la colonne connue sous le nom de Médicis, engagée dans les constructions de la halle au blé, ainsi que le bel hôtel du Carnavalet, rue Culture-Sainte-Catherine.

BULLE, lettres du pape expédiées sur parchemin, au bas desquelles est suspendu par un cordon mi-parti de jaune et de rouge un sceau de forme ronde portant d'un côté les têtes de saint Pierre et de saint Paul, et de l'autre le nom du pape qui expédie la bulle. Les bulles, divisées selon leur importance en grandes et petites bulles, traitent des affaires de l'Eglise, des donations apostoliques, des canonisations, etc. Les plus célèbres sont les bulles *In Cœnâ Domini*, *Execrabilis*, *Ausculta fili*, *Clericis laïcos*, *Unam sanctam*, la bulle *Unigenitus*. Cette dernière, arrachée en 1713 au pape Clément XI par le jésuite Letellier, condamnait cent et une propositions du père Quesnel. — On a appelé *bulles d'or* des constitutions scellées en or, et données par divers princes. La plus connue, appelée par excellence *Bulle d'or*, ouvrage du jurisconsulte Barthole, fut promulguée en 1356 par l'empereur Charles IV à la diète de Nuremberg, et régla depuis ce temps le droit politique de l'Allemagne. Elle est divisée en trente chapitres, traitant de l'élection du roi des Romains, des devoirs, des droits, du rang des électeurs, etc., etc. Les lettres papales, ainsi que les constitutions des empereurs, doivent leur nom de *bulles* à ce qu'elles portaient un sceau d'or, d'argent ou de plomb, et que les Romains appelaient *bulla* un petit ornement d'or ou d'argent en forme de cœur, porté autour du cou par les enfants qui n'avaient pas encore pris la *prétexte*.

BULLET (Pierre), architecte français, né vers le milieu du XVIIe siècle. Il fut l'élève de François Blondel, et construisit, en 1674 la porte Saint-Martin. Il bâtit aussi l'église de Saint-Thomas d'Aquin et le quai Pelletier. Son *Traité d'architecture pratique* est regardé comme un bon ouvrage, et a été réimprimé plusieurs fois. Il avait paru en 1691. Bullet mourut au commencement du XVIIIe siècle.

BULLETIN. Ce mot a diverses acceptions. Il désigne généralement une espèce de note dans laquelle on rend compte, à des intervalles plus ou moins rapprochés, souvent jour par jour et d'heure en heure, de la situation d'une affaire ou de l'état d'une personne ou d'une chose. Les plus célèbres sont les bulletins de la grande armée, qui annonçaient la marche et les opérations de l'armée de Napoléon. — On appelle aussi *bulletins* de petits billets qui servent aujourd'hui, dans les élections, à inscrire les noms des ceux auxquels on donne son suffrage. On se sert de ces bulletins pour l'élection des jurés et des députés. — On appelle encore *bulletin* un recueil ou une collection volumineuse; tels sont le *Bulletin universel des sciences et de l'industrie*, créé en 1824, espèce de revue encyclopédique terminée en 1830, et le *Bulletin des lois*, recueil officiel des lois, ordonnances et règlements qui nous gouvernent, établi par la loi du 14 frimaire an II de la république (5 décembre 1795), et qui se continue encore.

BUMÉLIE, genre de plantes de la famille des sapotées, renfermant des arbrisseaux des Antilles et du Pérou. La *bumélie réclinée* est un arbuste de cinq à six pieds, aux rameaux épineux recourbés vers la terre, et qui sert, dans le midi de la France, à former des haies vives.

BUNGO, royaume du Japon, l'un des plus considérables de l'île de Ximo; la capitale est Funay. Le Bungo renferme des mines d'argent et d'étain. Le roi de Bungo envoya, en 1582, des ambassadeurs au pape Grégoire XIII, après s'être converti au christianisme.

BUNTZLAU, cercle de Bohême, entre

ceux de Kaursim, Leitmeritz, la Saxe et la Prusse. Sa superficie est de 264 lieues carrées, et sa population de 332,000 habitants. — La capitale est Tung-Buntzlau, sur l'Elbe, à 12 lieues de Prague. La population est de 3,592 habitants.

BUONDELMONTE, gentilhomme florentin du XIII<sup>e</sup> siècle, devait épouser une demoiselle de la famille des Amédéi, lorsqu'il devint épris d'une jeune fille de la famille des Donati. Les Amédéi, furieux à la nouvelle du mariage qu'avait contracté Buondelmonte avec cette jeune fille, jurèrent sa perte, et le firent assassiner par un scélérat nommé Lamberti. À la nouvelle de cet assassinat, l'on courut aux armes, et la noblesse se divisa en deux factions, les *Buondelmonte* d'une part, les *Uberli* et les *Amédéi* de l'autre; les premiers prirent dans la suite le parti des papes, et furent appelés *Guelfes*; les seconds prirent celui des empereurs, et furent appelés *Gibelins*. Telle fut, selon quelques historiens, l'origine de ces guerres civiles qui ensanglantèrent l'Italie pendant tant de siècles.

BUONTALENTI (Bernardo), architecte florentin, né en 1535, mort en 1608. Le grand-duc de Toscane, Cosme de Médicis, lui servit d'appui et de protecteur. Élève de Vasari pour l'architecture, de Michel-Ange pour la sculpture, et du Bronzino pour la peinture, il devint l'un des artistes les plus distingués. Il construisit le palais Pitti en partie, le palais Piazza, la villa Marignola, la porte *delle Suppliche* (des Supplices) à Florence, la galerie des *Affizii nuovi* ou muséum de Florence, et le *Casino* de Saint-Marc; il fortifia les villes de Livourne, de Pistoia, de Porto-Ferrajo, de Grossetto, etc.

BUPHONIES, fêtes célébrées à Athènes, le 14 du mois de scirrophorion (10 juin), en l'honneur de Jupiter Polieus (gardien de la ville). On y immolait un bœuf, en mémoire de ce qu'autrefois un de ces animaux, ayant mangé un gâteau sacré, fut tué d'un coup de hache par un prêtre, et on jetait le glaive du sacrifice à la mer, parce que Solon avait défendu d'attenter à la vie des bœufs. Le prêtre s'appelait *Bouphonos* (meurtrier du bœuf). On appelait encore ces fêtes *Diipolies*.

BUPHTALME, genre de plantes de la famille des corymbifères, comprenant des herbes et des arbrisseaux à feuilles alternes, à fleurs souvent terminales. Le *buphtalme à feuilles de saule*, et le *buphtalme à grandes fleurs*, à tiges herbacées et à feuilles alternes, qui peuvent remplacer avantageusement le thé, dont ils ont les propriétés, appartiennent au midi de la France.

BUPLÈVRE, genre de la famille des ombellifères, aux fleurs jaunes et aux feuilles simples. On cultive en orangerie le *buplèvre coriacé*. La plus connue de toutes les espèces est le *buplèvre à feuilles rondes ou oreille de lièvre*, arbrisseau du midi de la France, donnant en grand nombre, de juin en août, des fleurs jaunes disposées en ombelle. Le buplèvre a été mis au rang des médicaments astringents.

BUPRESTE, genre d'insectes coléoptères pentamères, renfermant cent quarante-trois espèces très-remarquables dont le belles couleurs métalliques. On a cru qu'ils enflaient leur venin le corps des bœufs qui les avalaient, et c'est ce qui leur a fait donner le nom de bupreste, qui signifie *enfle-bœuf*. Les plus brillants de ces insectes, dont les plus gros ont jusqu'à vingt-deux lignes de longueur, sont les buprestes *à bande dorée, joyeux, porte-or, indigo, chrysis, enflammé* et *fulminant*.

BUQUOY (Charles DE LONGUEVAL, comte DE). Ses talents militaires le firent appeler d'abord par le roi d'Espagne Philippe III et l'empereur Ferdinand II au commandement de leurs armées en 1519. Il défit complétement l'armée des mécontents de Bohême, et battit dans la Hongrie, qui avait élu pour roi Betlem-Gabor. Il défit complétement ce dernier en 1621, et mourut la même année dans une petite rencontre.

BURAT. Voy. BURE.

BURATTES, peuple nomade de la Sibérie, habitant les environs du lac Baïkal, dans le gouvernement d'Irkoutsk. Ils payent un tribut à la Russie, et s'occupent de l'éducation du bétail composé de moutons, chevaux, chèvres et chameaux. Ils ont la figure, les cheveux noirs et les grandes oreilles des Kalmoucks.

BURCHIELLO (Giovanni Dominico), né à Florence vers 1380, mort en 1448. Ce poëte extraordinaire était barbier à Florence. Ses poésies, qui pour la plupart consistent en *sonnets* souvent licencieux et si obscurs qu'ils ont été vainement donné une place distinguée parmi les poëtes italiens.

BURDIGALA, nom ancien de Bordeaux. (Voy. ce nom). Elle était la capitale des Bituriges Vivisci, dans la deuxième Aquitaine. Entre autres monuments bâtis par les Romains et conservés jusqu'à nos jours, on remarque l'amphithéâtre Gallien. Burdigala eut, dans le IV<sup>e</sup> siècle, des écoles publiques très-renommées, d'où sortirent Exupère, Ausone et saint Paulin.

BURE, sorte d'étoffe grossière de laine rousse, formant l'habillement des gens de la campagne, et des corporations ecclésiastiques qui ont fait vœu de pauvreté. On a aussi appelé *bural* l'étoffe de bure la plus grossière, et *buratine* une étoffe dont la chaîne est de soie et la trame de grosse bure.

BUREAU. Ce mot a un grand nombre d'acceptions. Il désignait dans le principe un petit pupitre couvert de bure verte. Il est devenu le synonyme d'office, d'étude ou de cabinet de juridiction. De là un grand nombre de bureaux, tels que les bureaux du ministère, de l'enregistrement des domaines, des messageries, le bureau central, les bureaux de tabac et de loterie, et le bureau des longitudes. Ce dernier, établi par la convention, a pour attributions de cultiver les sciences astronomiques, de les perfectionner et de leur donner des applications. Chaque année, le bureau des longitudes publie un annuaire renfermant des aperçus savants et des applications utiles. Outre les bureaux de finance, de police, etc., il y a aussi le bureau de paix et de conciliation établi en 1791, et qui est composé de six membres renouvelés tous les deux ans, et formés par le conseil général de la commune dans toutes les villes où il y avait un tribunal de district, et conciliait les contestations des parties entre elles. — On a appelé *bureaux d'esprit* des réunions fameuses dans les deux derniers siècles, tenues par une femme bel esprit, et composées de tous les poëtes, littérateurs ou femmes auteurs. Tels étaient les salons de l'hôtel de Rambouillet, de la duchesse du Maine, de la marquise du Châtelet, de M<sup>me</sup> du Boccage, de la marquise du Deffant, de M<sup>me</sup> Doublet et de M<sup>me</sup> Geoffrin.

BUREAUCRATIE, système d'action directe du gouvernement sur les revenus de l'État. On appelle *bureaucrate* tout homme faisant partie d'une administration sédentaire, et plus particulièrement un employé dans un ministère. Dans chaque bureau se trouve un chef ayant la haute surveillance et la direction de l'administration du bureau.

BUREN (Maximilien D'EGMOND, comte DE), descendant des ducs de Gueldre, chevalier de la Toison d'or, et général des armées de Charles-Quint. Il soutint en 1536 la guerre contre François I<sup>er</sup> avec 30,000 hommes de pied et 8,000 chevaux, et brûla la ville de Saint-Paul, qu'il avait prise d'assaut. Il mourut en 1548, laissant une fille, qui épousa Guillaume de Nassau, surnommé *le Taciturne*, prince d'Orange, et en eut entre autres enfants le comte de Buren.

BURETTES, petits vases à goulot ordinairement d'argent, et servant à contenir le vin et l'eau destinés au sacrifice de la messe. L'officier chargé de porter les burettes devant le prêtre officiant dans la cathédrale de Paris prend le nom de *burettier*.

BURGANDINE, nom donné à la plus belle espèce de nacre fournie par l'écaille d'un limaçon à bouche ronde, commun aux Antilles, et nommé *burgau*.

BURGER (Gottfried-Auguste), poëte allemand, né dans la principauté d'Halberstadt en 1748, mort en 1794. Il se rendit célèbre et populaire dans toute l'Allemagne par ses *poésies*, élégies et ballades pleines de naïveté et de fraîcheur. Parmi ces dernières, celles qui furent le fondement de sa renommée sont: *Lénore, le sauvage Chasseur, Lénardo et Blandine, la Fille du pasteur de Taubenheim*. Ses œuvres forment sept volumes, dont deux de poésies, odes, sonnets, épigrammes, chansons, etc. Les autres renferment des traductions de la *Batrachomyomachie*, des cinq premiers chants de l'*Iliade*, du quatrième livre de l'*Enéide*, de quelques tragédies de Shakspeare.

BURGOS, province d'Espagne, formée d'une partie de la Vieille-Castille, entre celles de Ségovie, Soria, de Biscaye, de Léon et le golfe de Gascogne. Sa superficie est de 1,000 lieues carrées, et sa population de 470,600 habitants. Elle est divisée en trois parties, *Burgos, Santander, Logrono*. La capitale est *Burgos*.

BURGOS, ville d'Espagne, capitale de la Vieille-Castille, à 32 lieues de Bilbao et à 48 de Madrid. Son commerce consiste principalement dans l'exportation de la laine appelée *burgalèse*, et des étoffes qui se fabriquent avec cette laine. Elle est le siége d'un archevêché, et a une population de 10,000 âmes. On y voit une belle cathédrale gothique et le monument élevé en l'honneur du Cid, dont elle est la patrie. Sous ses murs se livra, le 10 novembre 1808, une bataille dans laquelle les Français battirent les Espagnols, et s'emparèrent de la ville. En 1812, son château fut attaqué par Wellington, et défendu avec succès par le *général Foy*.

BURGOYNE (John), général anglais et écrivain dramatique. Fils naturel de lord Bingley, il embrassa dans sa jeunesse la carrière militaire; en 1762, il commanda un corps de troupes anglaises, destiné à soutenir le Portugal contre l'Espagne. Appelé au conseil de la guerre au conseil privé et à la chambre basse, il fut en 1777 envoyé au Canada, où il se distingua dans la guerre contre l'indépendance américaine. Il s'empara de Ticondérago; mais, après deux combats à Saratora, il fut forcé de mettre les armes, et de se rendre avec son armée au général Gate. Il revint en Angleterre, où il mourut en 1792. Ses meilleures comédies sont celles du *bon Ton* et de *l'Héritière*.

BURGRAVE (en allemand, *burggraf*, comte du château), seigneur ou gouverneur d'un château en Allemagne, jouissant des droits régaliens, chargé d'y rendre la justice, d'y prélever les impôts et d'en commander la garnison. On appelait *burgravial* la dignité de burgrave et le pays qui leur était soumis. Tels étaient les burgraviats de Nuremberg, de Friedberg, etc.

BURIDAN (Jean), né à Béthune (Pas-de-Calais), mort vers 1358. Dialecticien fameux et recteur de l'université de Paris, il est moins célèbre par ses *Commentaires sur Aristote* que par son sophisme de l'*âne*. Il supposait un de ces animaux, ayant faim et soif, et placé à égale distance d'une mesure d'avoine et d'un seau d'eau faisant une égale impression sur ses organes, et disait que cet âne, ou bien mourrait de faim et de soif, ou bien se tournerait d'un côté plutôt que d'un autre, et par conséquent avait le libre arbitre.

BURIN, barre quadrangulaire d'acier trempé, d'environ douze centimètres de long, avec un manche court en bois, et présentant une pointe plus ou moins aiguë, avec laquelle le graveur grave sur le cuivre ou tout autre métal. La gravure au burin diffère beaucoup des autres gravures sur cuivre à l'eau-forte, au lavis, en mezzo-tinte, au pointillé, etc. — On appelle aussi *burin* un instrument que les dentistes emploient pour nettoyer les dents, en sorte que l'on dit *buriner*, pour graver au burin et ôter la carie d'une dent.

BURKE (Edmond), né à Dublin en 1730, mort en 1797. Ce jurisconsulte et publiciste célèbre, membre de la chambre des communes et du conseil privé, se distingua au parlement par son éloquence vive et chaleureuse, et dans le monde littéraire par son *Traité du sublime et du beau*. Son pamphlet *contre la Révolution française* a été réfuté avec succès par un Français, M. Depont. Burke fut l'ami de Fox, et l'un des partisans de l'opposition.

BURKER, qualification nouvellement créée en Angleterre et dans les autres pays pour désigner un homme qui assassine en serrant le nez et la bouche pour étouffer, et qui fait métier de vendre les cadavres à des anatomistes. Cette expression vient de William Burke qui, en 1828, fut pendu à Édimbourg, convaincu de ce crime atroce, dont on comprendra la cause en sachant qu'en Angleterre la loi n'abandonne à la dissection que les cadavres des suppliciés ; ce qui cause de grandes lacunes dans les travaux anatomiques. Le besoin fit naître plusieurs sortes d'industries, telles que celle de Burke et des hommes qui allaient déterrer les cadavres, et que pour cette raison on appelait *hommes de résurrection*.

BURLAMAQUI (Jean-Jacques), célèbre moraliste et publiciste Génevois, né en 1694, mort en 1748. Professeur de droit naturel à l'université de Genève, il a laissé trois ouvrages qui ont assuré sa réputation ; ce sont les *Principes du droit naturel*, les *Éléments du droit naturel* et les *Principes du droit politique*.

BURLEIGH (William-Cecill, baron DE), né en 1521, mort en 1598. Secrétaire d'État, puis grand trésorier d'Angleterre, il fut surnommé par Élisabeth *le Caton anglais*, et l'aida souvent par de sages conseils. Il perdit dans l'esprit de la reine les deux favoris Leicester et Sussex afin de demeurer seul au pouvoir. Il signa pour l'Espagne des traités de paix fort avantageux pour l'Angleterre, et s'attira l'estime des savants par ses connaissances, et des hommes politiques par son infatigable activité.

BURLESQUE (STYLE), sorte de poésie triviale employée pour rendre ridicule une chose grave. Elle diffère de la poésie héroï-comique en ce que celle-ci consiste à décrire pompeusement les actions et les choses basses et communes. Les poëtes burlesques les plus connus sont les Italiens Berni, chez les Français Scarron.

BURLETTA, nom que l'on donne en musique à une sorte de petit opéra-comique, ou en général aux pièces légères et badines.

BURNET (Gilbert), né en 1643 à Édimbourg, l'un des plus zélés promoteurs de la révolution de 1688 qui renversa Jacques II et les Stuarts. Il s'attacha au parti du prince d'Orange, depuis Guillaume III. Il fut nommé par lui précepteur du duc de Glocester, et promu en 1689 à l'évêché de Salisbury. Il a publié l'*Histoire de la réforme*, qui lui mérita les remercîments du parlement, des *Mémoires pour servir à l'histoire d'Angleterre*, et d'autres ouvrages accusés de partialité. On le regarde comme le Bossuet de l'Angleterre.

BURNS (Robert), poëte écossais, né dans le comté d'Ayr en 1758. Il cultiva les champs jusqu'à vingt-quatre ans, et composa au milieu de ce pénible travail ses poésies pleines de vigueur et de charme. Ses pièces les plus connues sont : *Tam O'Shanter*, petit poëme, *Cotter's Saturday-night* (la nuit du samedi dans la cabane), etc. Ses œuvres ont été publiées plusieurs fois en Écosse, où on ne le connaissait que sous le nom du *Cultivateur d'Ayrshire*, et en Angleterre, où il était connu sous le nom de *Poëte écossais*. Il mourut en 1796.

BURRHUS (Afranius), commandant des gardes prétoriennes, et gouverneur de l'empereur Néron, qu'il retint d'abord par la sévérité de ses mœurs. Il approuva le meurtre de Britannicus, et plus tard, accusé d'avoir conspiré contre l'empereur, il se retira de la cour, et mit, dit-on, fin à ses jours par le poison, l'an 62 de J.-C.

BURSCHENSCHAFT (en français, *ligue des bursche*), mot allemand désignant une association secrète établie vers 1815, entre les étudiants (bursche) des douze universités de l'Allemagne ; les uns y voient un but politique, les autres, une association scientifique ; du reste, elle existe encore.

BUSARD, genre d'oiseaux de l'ordre des rapaces, et de la famille des falconidés, aux tarses grêles et élevés, au demi-collier de plumes, allant du menton aux oreilles. Les busards sont plus agiles et plus rusés que les buses. On les trouve ordinairement dans les marais et les lieux humides, où ils saisissent leur proie et où ils construisent leur nid. Le busard *harpaye* ou *roux*, se trouve en France, et surtout en Hollande ; il habite les roseaux, où il fait sa pêche. Le busard *bleu*, ou oiseau Saint-Martin, se trouve en France et en Allemagne, en Angleterre, dans l'Afrique et l'Amérique septentrionale. Le busard *montagu* se trouve en Hongrie, en Pologne et en Autriche.

BUSBECQ (Augier-Ghislain DE), né en Flandre en 1522. Ambassadeur auprès de Soliman II, sultan des Turks, il publia des lettres curieuses sur son ambassade. Les *Lettres à l'empereur Rodolphe II*, imprimées en 1630, sont utiles à ceux qui s'occupent d'intérêts politiques. Ce fut lui qui introduisit en Europe le lilas, et y apporta un grand nombre de monuments antiques, et entre autres celui d'Ancyre, et environ deux mille quarante manuscrits grecs. Ce savant diplomate mourut en 1593.

BUSCHE (en allemand, *buchen*), monnaie de compte d'Aix-la-Chapelle, qui vaut la sixième partie d'un marc.

BUSCHE, BUCH ou BUYSSE (mar.), sorte de bâtiments dont se servent les Hollandais pour la pêche du hareng et du maquereau. Ils peuvent porter quatre-vingts tonneaux, et sont d'une forte construction.

BUSCHETTO DA DULICHIO, architecte du XIe siècle, natif de l'île de Dulichium. On lui doit la construction de la magnifique cathédrale de Pise. Il remit le premier en honneur les ordres de l'architecture grecque, et se distingua par ses connaissances en mécanique appliquée à l'architecture.

BUSE, genre d'oiseaux de l'ordre des rapaces, et de la famille des falconidés, aux ailes généralement obtuses, au bec courbé dès sa base et aux tarses forts, nus, mais assez courts, et garnis d'écailles sur le devant. Les buses, plus grandes que les busards, ont vingt et vingt-deux pouces de long, et sont des oiseaux de proie ignobles, dont on n'a pu tirer aucun parti pour la chasse. L'espèce la plus connue est la buse *commune*, qui se trouve en Hollande et en France, où elle se tient dans les bois touffus qui avoisinent les champs. Son air stupide, devenu proverbial, provient de la faiblesse de ses yeux. — On appelle encore *buse* un tuyau qui, dans les mines, sert de communication entre les puits, et y conduit l'air.

BUSENBAUM (Hermann), jésuite, né en 1600 à Nattelen en Westphalie, mort en 1668. Son fameux ouvrage, *Medulla theologiæ moralis* (moelle de théologie morale), eut cinquante éditions. Le parlement de Toulouse fit brûler publiquement ce livre en 1757, et celui de Paris le condamna en 1761.

BUSHEL, mesure anglaise de capacité, de 55 litres.

BUSIRIS, ville d'Égypte dans la province du Delta ou basse Égypte, capitale d'un des trente-six nomes ou préfectures de cette contrée. La déesse Isis y avait un temple célèbre. Elle doit son nom, selon les uns, à Osiris, qui y fut enterré dans un bœuf en bois (*bous*) ; selon d'autres, à un prince du nom de Busiris. — Plusieurs princes égyptiens ont porté le nom de Busiris. Le plus célèbre, dans la mythologie grecque, est le fils de Neptune et de Libye, qui immolait à Jupiter les étrangers qui abordaient dans ses États. Il fut lui-même tué par Hercule, auquel il voulait faire subir le même sort.

BUSK, nom de la fête que célèbrent quelques tribus d'Américains indigènes à l'époque de la moisson. Cette fête est leur principale réjouissance, et c'est alors qu'ils commencent l'année.

BUSSEROLE, espèce d'arbousier, appelé aussi *raisin d'ours*. C'est un arbrisseau traînant et toujours vert, dont les ours recherchent, dit-on, les fruits, et dont les feuilles, astringentes et diurétiques, sont recommandées dans la maladie appelée néphrite calculeuse (inflammation des reins avec calculs ou pierres) ; la busserole vient du nord de l'Europe.

BUSSY (Roger DE RABUTIN, comte DE), né à Épiry (Nièvre) en 1618, mort en 1693. Mestre de camp général de la cavalerie légère, il se fit à l'armée et à la cour beaucoup d'ennemis par son caractère caustique. Son *Histoire amoureuse des Gaules* le fit enfermer à la Bastille en 1666, et envoyer en exil où il demeura seize ans. Il avait été, en 1666, élu membre de l'académie française. Ses *lettres* ont été recueillies par le père Bouhours, en sept volumes in-12. On a de lui des *mémoires* en trois volumes. — Son fils, évêque de Luçon, membre de l'académie française comme son père, mourut en 1736, à l'âge de soixante-sept ans. Il fut l'éditeur des lettres de madame de Sévigné, sa cousine, et fut célébré par Voltaire et Gresset.

BUSSY-LECLERC (Jean), un des chefs de la faction des Seize pendant la Ligue. Le duc de Guise lui donna le commandement de la Bastille, où Bussy enferma en 1589 le parlement de Paris, qui avait refusé de se joindre au chef du parti opposé à la maison royale. En 1591, lorsque Mayenne délivra Paris de la faction des Seize, Bussy eut la vie sauve en rendant la Bastille. Il se retira à Bruxelles, où il reprit son ancien métier de maître d'armes, et mourut vers 1634.

BUSTE, représentation de la partie supérieure du corps humain, c'est-à-dire, de la tête, du cou, des épaules et d'une partie de la poitrine, finissant un peu au-dessus des mamelles. Un grand nombre de personnages célèbres ont été sculptés en buste, et on a publié plusieurs collections de bustes antiques. Les plus connues sont celles de Belletris et de Gronovius.

BUSTUAIRES, nom donné, chez les Romains, aux gladiateurs qui se battaient entre eux auprès du bûcher (en latin, *bustum*), à la cérémonie des obsèques d'un mort. Les premiers bustuaires paraissent l'an de Rome 489 (264 ans avant J.-C.) aux funérailles de Brutus, sous le consulat d'Appius Claudius Caudex et de Marcus Fulvius Flaccus. Les premiers bustuaires ne combattirent que devant des bûchers. Cette manie devint bientôt un jeu et passa à l'amphithéâtre, où elle servit de divertissement au peuple.

BUT-EN-BLANC. On appelle *tirer de but-en-blanc*, tirer depuis le lieu où l'on est posté et qui a été fixé, jusqu'à celui où est attaché le blanc. L'expression de but-en-blanc est aussi devenue synonyme de tir direct, c'est-à-dire, un tir provenant d'une arme placée horizontalement. Enfin, dans le tir du fusil de rempart, le but-en-blanc est le point dont le tireur est à une distance telle que, pour y atteindre, il doit mettre en correspondance directe la visière (petit bouton métallique mis au bout du canon pour conduire l'œil) et ce point.

BUTE (John Stuart, baron DE MOUNTSTUART et comte DE), homme d'État anglais, né en Écosse vers 1700, mort en 1792. Membre du parlement anglais en 1737, il ne fut pas réélu en 1741. Nommé en 1751 chambellan du prince de Galles et en 1760 membre du conseil privé, il remplaça en 1761, comme ministre secrétaire d'État, lord Holderness. Il supplanta dans la confiance du roi le célèbre Pitt, conclut la paix avec la France et se rendit odieux au peuple, dont les murmures le forcèrent à donner sa démission. Il se retira dans ses terres, où il se livra à l'étude de la botanique, et écrivit pour la reine ses *Tables botaniques*, contenant la description de toutes les plantes de l'Angleterre, ouvrage magnifique, tiré seulement à seize exemplaires et dont les frais montèrent à plus de 10,000 livres.

BUTE, île d'Écosse formant, avec celle d'Arran, un comté. Cette île, très-fertile en pâturages, a 4 lieues de long sur une de large, et renferme le bourg royal de Rothsay, qui donnait le titre de duc et était la propriété des aînés de la maison royale d'Écosse. Les deux comtés de Bute et de Caithness nomment alternativement un membre au parlement d'Angleterre.

BUTÈS (myth.), fils de Borée. Étant venu en Sicile, il épousa Lycaste, surnommée *Vénus* à cause de sa beauté. Il eut pour fils Érix, qui, pour cette raison, est souvent appelé *fils de Vénus*.—Général de Darius, roi des Perses, se jeta dans les flammes avec sa famille, pour ne pas se rendre à Cimon, général athénien.

BUTHROTE (aujourd'hui BUTRINTO), ville d'Épire, dont elle était autrefois la capitale, vis-à-vis de Corcyre (Corfou). Énée y aborda en allant en Italie, et y trouva Andromaque mariée à Hélénus et pleurant encore la mort d'Hector. Elle a un bon port.

BUTIN, portion de dépouilles faites sur un ennemi en temps de guerre. Le butin, d'usage immémorial, a été pendant longtemps la seule indemnité des armées. Le butin est, de nos jours, partagé entre les marins, suivant un mode de partage régulier et fixé par les lois, tandis qu'il n'en est pas ainsi chez les troupes de terre. En Angleterre, la loi règle le partage du butin. Elle donne au soldat une part, au colonel vingt-cinq parts et au feld-maréchal deux mille.

BUTLER, famille noble d'Angleterre. JACQUES ou JAMES, duc D'ORMOND, fils de Thomas de Londres, écuyer, né en 1610. Il se distingua tellement par ses exploits contre les rebelles irlandais que Charles I<sup>er</sup>, de comte d'Ormond qu'il était, le créa marquis. Lorsque Cromwell aborda en Irlande, il se retira en France. Il contribua beaucoup à la restauration de Charles II, et reçut en récompense le titre de conseiller et de duc. En 1662, il fut nommé lord-lieutenant d'Irlande, et mourut en 1698. Il fut enterré à Westminster. — THOMAS BUTLER, comte D'OSSORY, son fils, né à Kilkenny en 1643, fut enfermé par Cromwell à la Tour de Londres et fut relâché huit mois après. A la restauration, il fut nommé lieutenant général de l'armée d'Irlande; en 1666, il fut créé pair sous le titre de lord Butler de Moore-Park. En 1673, il fut nommé amiral de la flotte, et, à la bataille de Mons (1677), il commanda toutes les forces de la Grande-Bretagne. Il mourut en 1680.

BUTLER (Samuël), poëte anglais, né à Strensham, dans le comté de Worcester, en 1612, mort en 1680. Il est l'auteur du fameux poëme d'*Hudibras*, espèce de Don Quichotte anglais du temps de Cromwell. Ce poëme, satire ingénieuse des partisans de Cromwell, ne contribua pas peu, selon l'opinion générale, au triomphe de Charles II. L'originalité anglaise, et la verve comique de ce poëme, l'ont rendu presque intraduisible. Butler était secrétaire de lord Carbury, président de la principauté de Galles, et intendant de son château de Ludlow.

BUTOME, genre de plantes de la famille des joncées ou des alismacées, dont l'espèce la plus jolie et la plus connue est le *butome en ombelles* ou *jonc fleuri*, aux fleurs roses, disposées en ombelles, suspendues à une tige de quatre pieds de hauteur, sortant d'une touffe de feuilles longues et tranchantes. On a créé avec le *butome*, l'*hydrocléis* et le *limnocharis*, la famille des *butomées*, renfermant ces trois genres de plantes aquatiques.

BUTOR, nom donné à une espèce de héron, à jambes plus courtes que dans l'espèce commune, au cou plus garni de plumes, et paraissant plus gros. Le butor a la gorge blanche et le dos brun. Sur tout le corps sont disséminées des taches noirâtres. Il se fait remarquer par un cri singulier semblable au mugissement d'un taureau, et vit de grenouilles et d'animaux aquatiques. On trouve le butor en Europe, en Amérique et en Afrique. Il a communément trois pieds de long.

BUTTE, élévation de terre plus ou moins considérable, destinée tantôt à faciliter dans un champ l'écoulement des eaux, tantôt à servir de but. De cette dernière acception, on appelait *roi des buttes* celui qui avait remporté le prix au tir, à l'arquebuse ou à l'arbalète; *buttière*, une sorte d'arquebuse; et *poudre de butte*, de la poudre à canon très-fine dont on chargeait cette arme.

BUTTÉE, massif de pierres destiné, en architecture à soutenir un effort latéral, à empêcher l'écartement d'un mur ou la poussée d'une voûte. On *butte* avec des contre-forts, des piliers, des arcs-buttants ou boutants, des chaînes de fer, des talus, etc.

BÜTTNER (Carl-Willhem), naturaliste et philologue allemand, né à Wolfenbuttel en 1716, mort en 1801. Professeur à Gœttingue et ensuite à l'université d'Iéna, il s'occupa surtout de l'histoire primitive des peuples, de la filiation et du classement des langues. Il ne put achever son grand ouvrage, intitulé *Prodromus linguarum*. Tout ce qu'on a de lui est: *Tableaux comparatifs des alphabets* (au nombre de quarante-sept) *des différents peuples anciens et modernes*, *Explication d'un almanach impérial du Japon*, *Observations sur quelques espèces de lœnia*, et une *Liste des noms d'animaux usités dans l'Asie méridionale*.

BUTTURA (Antonio), né près de Vérone, à Malsésine, sur le lac de Garde, en 1771, mort en 1832. Ce littérateur distingué, forcé en 1799 d'émigrer en France, et de quitter l'Italie, où il était secrétaire général du congrès de Venise, parvint, par le crédit de M. Français (de Nantes), en 1800, à la place de professeur de langue et de littérature italienne, à Saint-Cyr, et se fit naturaliser Français. Il fut ensuite successivement nommé chef de bureau des archives du département des relations extérieures du royaume d'Italie, et consul général de France à Fiume. Il a traduit en vers l'*Art poétique* de Boileau, *Iphigénie en Aulide* de Racine, etc., et s'est fait un nom par plusieurs éditions, telles que la *Bibliothèque poétique italienne*, la *Bibliothèque de prose italienne*, *les quatre grands Poètes italiens*, et un *Dictionnaire italien-français et français-italien*.

BUTURE, grosseur qui survient quelquefois à l'articulation de la jambe d'un chien, et provenant d'un excès de fatigue. En termes de vénerie ou de chasse, on appelle un chien affecté de cette difformité un chien *buté*.

BUTYRIQUE (ACIDE), acide récemment découvert par M. Chevreul dans le beurre, dont il est le principe odorant, et formé d'oxygène, d'hydrogène et de carbone. Il forme avec l'eau un *hydrate* qui jouit à peu près toutes les propriétés physiques des huiles volatiles. Il produit avec les bases alcalines des sels appelés *butyrates*, qui à l'état sec sont inodores et à l'état humide exhalent l'odeur de beurre frais.

BUVETTE, lieu autrefois établi dans toutes les cours et juridictions, où les conseillers, les avocats, les plaideurs, etc., allaient se reposer quelques instants de l'exercice de leur charge, se rafraîchir, et même manger et boire. On appelait *buvetier* celui qui tenait ces sortes d'établissements.

BUXTORF, famille de savants qui tous se sont distingués dans la littérature hébraïque, et ont été professeurs de langues orientales à Bâle. Le plus fameux est Jean Buxtorf, né en 1564 à Kamen en Westphalie, mort en 1629, à qui l'on doit le *Trésor de la grammaire hébraïque*, la *Synagogue juive*, les *Concordances hébraïques*, etc., etc., et d'autres ouvrages précieux.

BUZOT (François-Nicolas-Léonard), né à Évreux en 1760. Avocat dans sa ville natale, sa réputation le fit nommer député du tiers état aux états généraux de 1789 Républicain ardent, il se rangea, après la mort de Louis XVI, dans le parti des girondins, et attaqua avec énergie les jacobins et Robespierre. Il fut nommé membre du comité de salut public, et fut proscrit le 2 juin 1793. Il s'enfuit dans le Calvados, qu'il tenta de soulever. Déclaré traître à la patrie, et mis hors la loi, il s'embarqua pour Bordeaux, dans les environs duquel, après avoir erré longtemps, il fut trouvé mort avec Pétion, à demi dévoré par les animaux.

BY, grand fossé qui traverse un étang, et qui sert à recevoir et à retenir les eaux quand on veut vider l'étang.

BYBLOS, ville de la Phénicie, à peu de distance de la mer. On y célébrait en l'honneur d'Adonis des fêtes qui avaient lieu à l'époque où le fleuve Adonis, qui coule près de Byblos, se chargeait d'une couleur rouge provenant de ses alluvions et de ses débordements. Les habitants croyaient que c'était le sang d'Adonis qui rougissait le fleuve, et pleuraient alors sa mort.

BYNG (John), amiral anglais, fils de l'amiral Georges Byng, vicomte de Torrington, qui avait battu les Espagnols dans la Méditerranée, dont il avait été créé commandant en chef. John Byng, aussi brave que son père, fut moins heureux dans ses expéditions. Envoyé en 1756 contre l'escadre française de la Galissonnière, pour empêcher la prise de Mahon, il le combattit le 20 mai, et fut forcé de se retirer à Gibraltar. A son arrivée en Angleterre, il fut mis en jugement et exécuté le 14 mars 1757.

BYRON (John), célèbre marin anglais, né en 1723, mort en 1786. Il est surtout fameux par son voyage autour du monde, dans lequel il découvrit une île à laquelle il donna son nom. Ce voyage, entrepris en 1764 avec deux frégates, dura vingt-deux mois, et la relation en a été publiée par un de ses officiers. En 1758, il avait été nommé commodore d'une flottille qui se distingua dans la guerre contre la France. John Byron fut père du capitaine Byron et grand-père du célèbre lord Byron.

BYRON (Georges GORDON, lord), né en 1788, mort en 1824. Il descendait par son père d'une famille très-ancienne, originaire de Normandie, et venue en Angleterre avec Guillaume le Conquérant en 1066; et par sa mère des Gordons, comtes de Huntley, alliés à la maison royale d'Écosse. Ce poète célèbre, dont la jeunesse fut orageuse et dissipée, débuta dans la carrière littéraire par un choix de poésies fugitives, *Loisirs d'un mineur* et *Heures d'oisiveté*. Ce fut en 1805. Il voyagea pour se distraire de ses ennuis, et parcourut la Grèce, l'Espagne, l'Italie et le Portugal. *Child-Harold*, poëme, fut le résultat de ce voyage poétique, et parut en 1812. Il publia successivement dans la même année le *Giaour*, la *Fiancée d'Abydos*, et en 1814 *le Corsaire*. En 1815, il épousa miss Milbanke, dont il se sépara en 1816. En 1817, lord Byron quitta l'Angleterre, et arriva en Italie, où il publia *le Vampire*, *Manfred* et les *Lamentations du Tasse*. En 1821, il publia *Don Juan* et *Marino Faliero*, puis *Sardanapale*, les *Deux Foscari*, etc. En 1823, il courut en Grè-

soutenir la cause de l'indépendance, et mourut à Missolonghi, où il avait pris à sa solde un corps de Souliotes.

BYRSA, citadelle de Carthage où Esculape avait un temple, et où Sophonisbe, femme d'Asdrubal, se brûla lorsque la ville fut prise par les Romains. On l'avait appelée *Byrsa*, qui signifie cuir, parce que, dit-on, en arrivant en Afrique Didon acheta autant de terrain qu'elle en put enfermer dans la peau d'un bœuf réduite en bandes très-minces et très-étendues.

BYSSUS ou BYSSE, nom donné aux filaments à l'aide desquels les mollusques acéphales fixent sur les rochers leur coquille bivalve (à deux battants). Les anciens appliquaient ce nom à plusieurs substances végétales qui servaient à fabriquer des étoffes précieuses par la rareté et la finesse de la matière dont elles étaient tissues. On appelle encore *byssus* une sorte de plante cryptogame de l'ordre des lichens, qui se développe en filaments entrelacés à la surface de la terre et des corps humides. L'espèce la plus connue est le *byssus à soie*, qui forme dans les mines de larges touffes d'un blanc éclatant, composées de filaments plus déliés que la soie la plus fine et la plus belle.

BYSTROPOGON, genre de plantes de la famille des labiées, renfermant des arbrisseaux et des herbes exotiques. On en cultive plus particulièrement deux espèces : le *bystropogon plumeux*, arbrisseau des Canaries portant des fleurs bleues, et reconnaissable aux poils touffus qui garnissent l'orifice du calice, et le *bystropogon ponctué*, qui a les feuilles ponctuées, et les fleurs en têtes globuleuses. Ces plantes redoutent l'hiver, et doivent être rentrées dans l'orangerie.

BYTTNÉRIACÉES, famille de plantes créée par R. Brown, et composée en général d'arbustes tous exotiques, couverts en grande partie de poils étoilés, et portant des feuilles simples et alternes. On compte parmi les genres la *byttnérie*, l'*abrome*, la *commersonie*, la *séringie*, l'*ayenie*, la *théobrome*, la *guichenotie*, la *thomasie*, la *keraudrenie* et le *lasiopétale*. La byttnérie, qui a donné son nom à la famille, renferme plusieurs espèces d'arbrisseaux exotiques; deux de ces espèces sont cultivées dans les serres : la *byttnérie à feuilles ovales* et la *byttnérie cordée*.

BYZACÈNE, province romaine de l'Afrique propre (pays de Carthage), dont les villes étaient *Byzacium*, *Hadrumète* et *Tysdrus*. Elle répond maintenant à l'Etat de Tunis.

BYZANCE, ville d'Europe fondée 658 ans avant J.-C. sur le Bosphore de Thrace par Byzas, chef d'une colonie de Mégariens. La beauté de sa situation, et des raisons politiques la firent choisir par Constantin pour être la capitale de l'empire d'Orient, l'an 328 de J.-C. Elle prit alors le nom de Constantinople (voy. ce mot), fut divisée comme Rome en quatorze régions, et eut un amphithéâtre, un grand cirque, un forum, etc.

BYZANTIN (EMPIRE), empire appelé aussi d'Orient, formé en 395 par le partage que fit Théodose de l'empire romain entre ses deux fils Arcadius et Honorius. Arcadius eut l'empire de Byzance ou d'Orient, qui comprenait, en Asie, les contrées situées en deçà de l'Euphrate, les côtes de la mer Noire et de l'Asie-Mineure; en Afrique, l'Egypte, et plus tard l'Afrique propre, la Mauritanie, la Cyrénaïque; en Europe, tous les pays compris entre les détroits jusqu'à la mer Adriatique et le Danube. L'empire byzantin ou d'Orient, dont le trône fut occupé successivement par les successeurs d'Arcadius, les Comnène, les Ducas, les Cantacuzène; attaqué par les Huns, les Bulgares, les Perses, traversa huit siècles sans se démembrer. Vers 1204 le démembrement s'opéra par la formation des principautés particulières, et par celle des deux empires de Trébisonde et de Nicée. Enfin il se vit enlever pièce à pièce ses provinces par les Arabes, puis par les Turks, et succomba en 1453 avec Constantinople.

BYZANTINE (ÉCOLE). On appelle ainsi l'école d'architecture qui, empruntant les formes sarrazine et gothique, donna à Constantinople et à toute cette partie de l'Europe orientale des monuments remarquables, tels que la mosquée de Sainte-Sophie, élevée en 537 par les ordres de l'empereur Justinien, et due au sculpteur Anthémius de Tralles, en Lydie. L'architecture byzantine, qui se répandit, sous Charlemagne, en Allemagne, en Angleterre, en France et en Espagne, porte aussi le nom de *néo-grecque*.

BYZANTINS (HISTORIENS), collection d'historiens grecs qui ont écrit un grand nombre d'ouvrages sur les révolutions du Bas-Empire ou de l'empire byzantin. Ils contiennent l'histoire de cet empire depuis le IVe siècle jusqu'à la conquête ottomane. Il y a eu plusieurs éditions des historiens byzantins. Les plus répandues sont celles de Duchesne, imprimée en trente-six volumes in-folio, à Paris en 1648, et celle de Niebuhr en 1828, qui n'a pas été terminée. Les plus célèbres écrivains du Bas-Empire sont Zozime, Procope, Nicéphore, Georges Acropolite, Agathias, Anne Comnène et Constantin Porphyrogénète.

# C

## CAA

C, la troisième lettre de l'alphabet et la deuxième des consonnes. Le c a la prononciation douce devant les voyelles *e*, *i* et *y*; devant *a*, *o* et *u*, il a la prononciation du *k*; toutefois c est sifflant devant *a*, *o* et *u*, pourvu qu'il y ait une cédille (*ç*) dessous. Chez les Grecs, le C était remplacé par le K. — Considéré comme lettre numérale, le c valait 100 chez les Romains; cc valaient 200; ccc, 300; cD, 400; Dc, 600; Dcc, 700; Dccc, 800; cIƆ, 1,000; IICIƆ, 2,000; IIICIƆ, 3,000; xcIƆ, ou ccIƆƆ, ou cM, 10,000; ccCIƆƆ ou cM, 100,000; ccM, 200,000; DccccIƆƆ, 800,000; ccccIƆƆƆ, 1,000,000. c̄ surmonté d'une barre valait 100,000 ; c̄c̄, 200,000, etc. — Le c retourné désignait aussi le *silique*, poids de la valeur de deux drachmes. En abréviation, c indiquait, à Rome, le prénom *Caius*. Cette lettre y était réputée funeste ou de mauvais augure, parce que, pour condamner un criminel, les juges jetaient dans l'urne une tablette sur laquelle était écrit un c, première lettre de *condemno* (je condamne). Aussi désignait-on par le c, dans les calendriers, les jours néfastes. — En musique, un c est le signe de la mesure à quatre temps; un c barré, celui de la mesure à deux temps. Dans les livres de commerce et dans la banque, C. O. ou C/O signifie *compte ouvert*; C/C, *compte courant*; M/C, *mon compte*, etc. — C est employé dans l'alphabet chimique pour désigner le salpêtre; c'est aussi une manière d'indiquer dans les formules la chaux, les substances calcaires et les oxydes métalliques.

— C est aussi la marque de la monnaie de Caen; CC, celle de la monnaie de Besançon.

CAA, mot qui, en langue brésilienne, signifie *herbe*, et qui entre dans la composition du nom d'un grand nombre de plantes. Telles sont le *caa-opia* ou *mille-pertuis bacciſère*, le *caa-pomonga* ou *dentelaire grimpante*, le *caa-ponga* ou *amaranthine vermiculaire*, etc.

CAABA ou KAABA, édifice carré, construit en pierre, dans le temple de la Mecque, et dont la construction est due, selon les mahométans, à Adam, après son expulsion du paradis terrestre. Abraham et son fils Ismaël l'auraient ensuite rebâti. Il a vingt-quatre coudées de long sur vingt-trois de large et vingt-sept de hauteur. Il est couvert au sommet d'un riche damas blanc brodé en or, et la voûte, qui est double, est supportée par trois colonnes de bois d'aloès, entre lesquelles sont suspendues de petites lampes d'argent. Au nord de la Caaba se trouve la pierre blanche (sépulture d'Ismaël), dans une enceinte semi-circulaire, longue de cinquante coudées; elle est fort antique, et les Arabes la tiennent en grande vénération. Vers le sud-est se trouve le puits nommé Zem-Zem, qui, dit-on, jaillit autrefois du désert pour donner de l'eau à Agar et à son fils. Au coin sud-est de la Caaba se trouve, enchâssée dans de l'argent, la fameuse pierre noire que l'on prétend être une des pierres précieuses, reçue et transmise par Mahomet. Avant la naissance de Mahomet, la Caaba était un temple consacré aux idoles. Voy. MECQUE (La).

CAANTHUS, fils de l'Océan et de Téthys. Son père lui ordonna de poursuivre Apollon, qui avait enlevé sa sœur Mélia. Caanthus, ne pouvant l'atteindre, mit, pour se venger, le feu au temple du dieu, qui le tua à coup de flèches.

CAATH, fils de Lévi, père d'Amram, d'Adar, d'Hébron et d'Oziel, et aïeul de Moïse, naquit en 1723 avant J.-C. et mourut à l'âge de cent trente-trois ans, l'an 1590 avant J.-C. La famille de Caath, dont une branche donnait les grands pontifes, fut chargée, pendant les marches du désert, de porter l'arche et les vases sacrés du tabernacle.

CAB ou CABUS, mesure hébraïque qui contenait 1 litre 75 centilitres. Elle différait du *cad* ou *cadus*.

CABALE ou CABBALE (en hébreu, *kabbalah* du verbe *kibbel*, recevoir par tradition) Dans le sens propre, ce mot signifie l'explication orale de la loi de Dieu; mais on donne plus particulièrement ce nom à la doctrine mystique et à la philosophie occulte des Juifs. On divise ordinairement la cabale en *théorique* (iyyounith) et en *pratique* (maasith). La première expose la doctrine de l'émanation, les différents noms de Dieu, des anges et des démons, leur influence sur le monde sublunaire, et en outre un mode d'interprétation mystique pour faire retrouver ses doctrines dans l'Ecriture sainte. La seconde renferme une science chimérique qui enseigne l'art d'enchaîner les puissances supérieures pour les faire agir sur le monde inférieur et produire par là des effets surnaturels.

CABALETTA, phrase musicale courte, d'un retour périodique et d'un mouvement animé, qui se place à la fin des airs, des duos et des autres morceaux d'opéra La cabaletta est un moyen dont on se sert pour indiquer la fin d'un morceau et provoquer les applaudissements.

CABAN, sorte de redingote ou de capote en forme de fourreau, chaussée à l'envers et ayant un capuchon. Les matelots et plus particulièrement les Provençaux s'en servent lorsqu'ils sont de quart et qu'il fait mauvais temps. Elle est faite de grosse étoffe brune.

CABANE. Outre la signification ordinaire, ce mot désigne encore, en termes de marine, une couchette de cinq pieds neuf ou dix pouces de long et de vingt-six à vingt-huit pouces de large, on bâtit en dedans des murailles de l'arrière des bâtiments de commerce pour les passagers et les derniers officiers. Dans les bâtiments de guerre, on donne ce nom aux chambres des maîtres, qui sont placées dans les entre-ponts ou les faux ponts.

CABANIS (Pierre-Jean-Georges), médecin, philosophe et littérateur, né à Cosnac (Charente-Inférieure) en 1757. Il fut successivement représentant du peuple au conseil des cinq-cents, professeur d'hygiène à la faculté de médecine de Paris, membre de l'Institut national, classé des sciences morales et politiques, et, après la révolution du 18 brumaire, appelé au sénat conservateur. Parmi ses nombreuses productions, son plus grand titre de gloire est le fameux *Traité du physique et du moral de l'homme*, dans lequel il cherche à expliquer par les fonctions matérielles toute la vie de l'homme, vie physique et vie intellectuelle.

CABARET, lieu où l'on vend du vin en détail, soit pour l'emporter, soit pour le boire dans le lieu même. Avant l'introduction du café et l'établissement des cafés publics en France, les cabarets étaient des lieux de rendez-vous, de société, fréquentés par les *gens comme il faut*. — On appelle encore *cabaret*, 1° un plateau sur lequel on met des tasses, des verres, des carafons, etc., pour prendre du café et des liqueurs; 2° une plante de la famille des aristoloches et du genre *asaret*. Le *cabaret des murailles* est le cynoglosse.

CABARRUS (François, comte DE), né à Bayonne en 1752. Il obtint la confiance du ministre des finances d'Espagne et imagina, pour rétablir le crédit épuisé, de créer un papier-monnaie portant intérêt. Il fut ensuite directeur de la nouvelle banque de San-Carlos (1782), établit en 1785 l'association commerciale des îles Philippines, et fut nommé conseiller des finances. Tombé en disgrâce après la mort de Charles III, il recouvra bientôt sa faveur, et fut nommé plénipotentiaire au conseil de Rastadt (1797). Nommé ministre des finances par Ferdinand VII, il conserva cette place sous le règne de Joseph Bonaparte, et mourut en 1820.

CABAS, nom d'une ancienne voiture ou grand coche, dont le corps était d'osier clissé. Cette voiture n'est plus en usage aujourd'hui. — On donne aussi le nom de *cabas* à un panier plat à anses, fait en paille tressée ou en point de tapisserie, et dans lequel les dames mettent leurs emplettes ou les petits ouvrages de main.

CABEÇA ou CABESSA (en espagnol, *tête*). On distingue par ce mot une des deux espèces principales de soie dont le commerce se fait dans les Indes orientales. La soie *cabeça* est plus fine que l'autre espèce, appelée soie *barille* (en espagnol, *ventre*).

CABESTAING (Guillaume DE), troubadour du XIIe siècle et du comté de Roussillon, appartenant au roi d'Aragon, Alphonse II. Né sans fortune et sans père, Guillaume entra au service du seigneur Raimond de Castel-Roussillon, qui le donna pour écuyer à dame Marguerite, son épouse. Épris des charmes de sa maîtresse, Cabestaing en fut payé de retour. Raimond ayant découvert cette intrigue, tua l'écuyer et fit servir son cœur à Marguerite qui, apprenant ce qui avait fait son horrible festin, se jeta par le balcon et se tua. Les chansons qui nous restent de Cabestaing sont au nombre de sept.

CABESTAN, machine formée d'un cylindre autour duquel s'enroule une corde. Ce cylindre, placé verticalement, est mis en mouvement par deux barres en croix qui forment quatre leviers. Le cabestan sert à faire mouvoir des corps pesants et diffère du *treuil* (voy.) par sa position. Il s'emploie principalement pour les navires pour les manœuvres de l'ancrage.

CABIAI, genre de mammifères un peu grands, de l'ordre des rongeurs. Ces animaux sont intermédiaires entre les cochons et les rongeurs. Ils sont de forte taille, mais craintifs. Ils ont un museau épais, des jambes courtes et un poil grossier de couleur brun jaunâtre. Ils vivent par troupes dans l'Amérique méridionale. On distingue le *cabiai capybare* et le *cabiai éléphantipède*. Leur chair est peu estimée, mais leur peau est recherchée.

CABIDO ou CAVIDO, mesure de longueur dont on se sert en Portugal et surtout à Lisbonne. Elle contient 2 pieds 11 lignes.

CABILLAUDS, nom d'une faction célèbre qui parut en Hollande vers 1350, après la mort du comte Guillaume III, mort sans enfants. Sa sœur Marguerite, femme de l'empereur Louis V, s'était emparée du pouvoir, dont son fils Guillaume, comte d'Ostrevant, n'avait que la lieutenance. La division s'étant mise entre eux, les partisans du comte prirent le nom de *Cabillauds* du hollandais *kabeljaauws*, nom d'un poisson qui dévore les autres, et ceux de Marguerite prirent le nom d'*Hameçons*. Les premiers portèrent des chaperons gris, les seconds des chaperons blancs. Les Cabillauds, d'abord vainqueurs des Hameçons, furent plus tard vaincus, et, après une lutte de cent quarante ans, ces deux partis s'éteignirent.

CABINET. Dans le sens propre, ce mot désigne un appartement plus petit que les autres, et consacré ordinairement à l'étude et au travail. On a donné la qualification de cabinets aux différents gouvernements, et c'est en ce sens qu'on appelle *courriers du cabinet* des courriers portant la livrée du prince et exclusivement chargés des dépêches adressées aux hauts fonctionnaires, aux généraux, aux ambassadeurs, etc. — On a appelé *cabinet noir* le bureau secret entretenu à grands frais dans l'hôtel de l'intendance générale des postes, sous les règnes de Louis XV et même de Louis XVI, pour amollir les cachets, lire les lettres et les recacheter. — Enfin on a donné le nom de *cabinets* à des collections de tableaux, de médailles, d'estampes, d'antiquités, d'anatomie, d'histoire naturelle, etc. -Voy. GALERIES.

CABIRES (myth.), divinités antiques dont on ne sait pas au juste le nombre, et qui recevaient un culte particulier. Les uns en comptent deux, Jupiter et Bacchus; les autres quatre, Axiéros, Axiocersa, Axiocersus et Casmillus, répondant à Cérès, à Proserpine, à Pluton et à Mercure des enfers. Le culte mystérieux des Cabires prit, dit-on, naissance en Phénicie, d'où les Pélasges l'apportèrent en Grèce. Les Romains les adorèrent comme dieux pénates; mais le lieu où leurs fêtes se célébraient avec le plus de pompe était à Samothrace, où les princes et les héros se faisaient initier à leurs mystères. On les appelle encore *Dioscures, Corybantes et Anaces*.

CABLE, cordage très-gros, composé de trois aussières (on appelle ainsi les cordes composées de trois ou quatre torons, chacun au moins de six fils de caret), de telle sorte que le câble ainsi fait n'occupe que le tiers de la longueur qu'avaient les cordes avant la torsion. C'est avec les câbles qu'on amarre un bâtiment quand il est à l'ancre. Il y en a depuis six pouces de circonférence pour les petits bâtiments jusqu'à vingt-quatre pouces pour les plus grands. La longueur d'un câble est fixée à cent vingt brasses ou six cents pieds. — En Danemarck, le *câble* est une mesure de longueur qui vaut 164 mètres 8 décimètres 7 centimètres français.

CABOCHIENS, nom donné à une faction célèbre dans l'histoire des guerres civiles de la France au XVe siècle, et qui s'appela ainsi de Simon Caboche, écorcheur de bêtes, qui en fut le chef. On donna aussi aux cabochiens le nom d'*écorcheurs*. Ils portaient un chaperon blanc.

CABOLETTO, monnaie de billon de Gênes. La valeur du caboletto est d'environ 20 centimes de France.

CABOMBÉES, famille de plantes monocotylédones. Le genre qui sert de type est le *cabomba*, plante commune dans les eaux courantes, à la Guyane, en Caroline et en Géorgie. Elle a des tiges longues avec des feuilles très-découpées si elles croissent sous l'eau, mais ovales et entières si elles s'étendent à sa surface.

CABONIGRO, espèce de sagontier, du genre *palmier*, portant une sorte de chevelure noire très-fournie, qui est employée, aux Manilles, à faire des cordages pour la marine. Le cabonigro a l'avantage de se conserver dans l'eau douce et dans l'eau de mer. On donne à ces câbles plus de grosseur, parce que cette espèce de crin qui les compose ne peut pas être assez cordée.

CABOT (Jean et Sébastien), célèbres navigateurs du XVe siècle, nés, le premier à Venise, le second à Bristol. Henri VII, jaloux de partager les avantages de la découverte de l'Amérique, chargea Jean Cabot et son fils Sébastien de chercher un passage aux Indes orientales par le nord-est. Les deux navigateurs firent voile au printemps de 1497. La découverte et la prise de possession de Terre-Neuve (New-foundland) furent les résultats de l'expédition, dans laquelle Jean Cabot mourut. Sébastien quitta en 1528, pour le service d'Espagne, celui d'Angleterre, où il revint en 1548. Il donna au roi un plan pour la découverte d'un passage aux Indes et à la Chine par le nord. Une compagnie établie en 1554 en obtint le privilège, et Cabot en fut nommé gouverneur perpétuel. Il mourut en 1557. C'est à lui qu'on doit les premières observations sur la déviation de l'aiguille aimantée.

CABOTAGE, terme exprimant l'action de naviguer de cap en cap et sans trop s'éloigner des côtes. On distingue le *grand cabotage*, où l'on voyage d'un port à un autre, dans les environs desquels on les perdant quelquefois de vue, d'avec le *petit cabotage*, où l'on suit les terres sans s'en écarter.

CABOTIN, nom donné au comédien qui va de ville en ville. La dénomination de *cabotin*, entraînant nécessairement avec elle l'idée de médiocrité et de vagabondage, est devenue un terme de mépris. — CABOTIN est aussi le nom d'un avocat au parlement de Paris, que les louanges de Colletet n'ont pu sauver de l'oubli. Il fit imprimer, en 1665, une paraphrase en vers burlesques de vingt-six aphorismes d'Hippocrate.

CABOUL, CABOULISTAN, ou mieux KABOUL, KABOULISTAN, royaume de l'Asie centrale, borné au N. par la Tartarie Indépendante, au S. par la mer des Indes, à l'O. par la Perse, à l'E. par l'Indoustan. Sa superficie est de 45,000 lieues carrées, et sa population est portée à 8,500,000 habitants. Le Caboulistan comprend l'Afghanistan, le Belouchistan, le Khorasan, les provinces de Balkh, de Sindhi et de Kachemyr. Caboul ou Kaboul (voy. ce mot), capitale de l'Afghanistan, est aussi la capitale du Caboulistan. Aujourd'hui toutes les contrées qui formaient le Caboulistan se démembrent et forment des États séparés. Lahore et Kachemyr sont envahies par les Seïks ; le Belouchistan a un kan presque indépendant ; le Sindhi obéit à un triumvirat de princes. La province de Balkh tend à faire partie de la Boukharie ; enfin le Khorasan appartient en partie à la Perse. Toutes ces provinces formaient autrefois le vaste empire des Afghans, qui a été pendant longtemps la puissance prépondérante de l'Asie, et qui commença en 1747. Maintenant cet empire est réduit à l'Afghanistan.

CABRAL (D. Pedro Alvarez), célèbre navigateur portugais qui commanda la seconde flotte que le roi D. Emmanuel, roi de Portugal, envoya aux Indes en 1500, et découvrit, le 26 avril 1500, les côtes du Brésil dont il prit possession au nom de son maître.

CABRE. On donne ce nom à un appareil de même nature que la chèvre, mais plus grossièrement construit. Le câbre est composé de trois perches fortes et longues, liées solidement avec une corde vers l'un de leurs bouts. Ces perches se dressent, le lien placé en haut, et on éloigne à volonté les bouts inférieurs qui servent de pieds. Une poulie est attachée par son axe au lien supérieur.

CABRERA (Bernard de), favori de Martin, roi de Sicile, voulut s'emparer de la couronne après la mort de son maître en 1409. Blanche de Navarre, veuve de Martin et régente du royaume, ayant refusé de l'épouser, Cabrera lui déclara la guerre; mais il ne put parvenir à s'en emparer, et fut lui-même fait prisonnier. Ferdinand, successeur de Martin, lui accorda sa grâce à condition qu'il quitterait la Sicile. Il mourut vers 1415. — D. Luiz de Cabrera, historien espagnol, né à Cordoue dans le XVIe siècle, a composé un *Traité pour entendre et écrire l'histoire*, et une *Histoire de Philippe II*, depuis 1527 jusqu'en 1583.

CABRERA, une des îles Baléares, à 4 lieues au S. de l'île Majorque. Elle a un port assez commode, mais elle est déserte.

CABRES, peuplade sauvage et guerrière qui habite le pays compris entre les plaines de S. Juan de los Llanos (Colombie, département de l'Orénoque) et les bords de l'Orénoque. Les Cabres sont anthropophages et sont ennemis des Caraïbes, auxquels ils font une guerre acharnée.

CABRI, nom donné au petit de la chèvre. Ce mot s'écrivait autrefois *cabril*, et vient du latin *capra*, chèvre. Il est probable que c'est des mœurs et des habitudes de la chèvre et du chevreau qu'on a formé tous les mots qui expriment les sauts, tels que *cabriole, cabrioleurs, se cabrer*, etc.

CABRIÈRES, bourg du département de Vaucluse, à 3 lieues E. de Cavaillon, et à 6 d'Avignon. Il est célèbre par le massacre qui s'y fit en 1545, par ordre du parlement d'Aix, de ses habitants protestants, ainsi qu'à Mérindol.

CABRIOLET, sorte de voiture à deux roues, dont la caisse est portée sur deux brancards, et qu'un seul cheval peut traîner, quoique souvent on y en attelle un second pour porter le postillon qui conduit, ou seulement pour aider à la marche. Voy. CARROSSE.

CABROL (Barthélemy), né à Gaillac, étudia la chirurgie et fut choisi, en 1570, pour démontrer publiquement l'anatomie dans les écoles de Montpellier. Il fut ensuite nommé chirurgien de l'hôpital Saint-André de la même ville, et Henri IV, ayant créé en 1595 une charge de dissecteur royal dans ces écoles, Cabrol l'obtint de préférence à beaucoup d'autres. On a de lui un traité intitulé *Alphabet anatomique*, et plusieurs autres ouvrages.

CABYLES ou KABYLES, nom donné aux tribus berbères qui occupent, dans la régence d'Alger, le versant occidental de l'Atlas. Ce sont les indigènes ou les descendants des Vandales. Ils parlent la langue *schillah*, langue complètement distincte de la langue arabe. Les Cabyles sont belliqueux, pauvres et vindicatifs. Les hommes sont en général d'une belle stature, mais maigres et brunis par le soleil. Leur chevelure est noire, et ils sont revêtus de haillons. Les Cabyles sont divisés en diverses tribus et cultivent la terre. Voy. BARBARIE, BERBERS et ALGER.

CACALIE, genre de la famille des synanthérées, section des corymbifères. On connaît en Europe quatre espèces de cacalies: la *cacalie alpine*, presque entièrement glabre ou sans duvet, à tige simple, à feuilles écartelées, minces, cordiformes, dentelées, à fleurs purpurines en corymbe régulier; la *cacalie pétasite*; la *cacalie à feuilles blanches* et la *cacalie sarrasine*, aux fleurs jaunes.

CACAO, fruit du *cacaoyer*. (Voy. ce mot.) On donne aussi ce nom aux amandes de ce fruit. Il est à peu près de la grosseur et de la forme de nos concombres; la pulpe blanche, ferme, gélatineuse, acide, est agréable au goût; on l'emploie à faire des liqueurs spiritueuses. Les graines du fruit, semblables à une grosse olive et au nombre de vingt-cinq à quarante, sont d'un brun roussâtre. On les fait sécher au soleil, puis on les pile, on les broie aussi fin que possible, et, préparées avec du sucre, de la cannelle et de la vanille, elles forment le chocolat. On retire encore du cacao une huile concrète qui s'épaissit naturellement et est connue sous le nom de *beurre de cacao*. On s'en sert comme médicament, comme antidote des poisons corrosifs, et surtout comme cosmétique.

CACAOYER ou CACAOTIER, arbre de la famille des byttnériacées, assez semblable par le port et l'aspect à un cerisier de moyenne taille. Son bois blanc, poreux, cassant et fort léger, est recouvert d'une écorce couleur de cannelle; sa hauteur est d'un mètre et demi. Ses fleurs sont petites, jaunâtres, réunies en faisceaux nombreux et sans odeur; son fruit, appelé *cacao*, donne les graines connues aussi sous ce nom. Le cacaoyer qu'on cultive dans l'Amérique du Sud, produit pendant vingt-cinq ou trente ans. Il lui faut une terre bonne et légère, ni trop sèche, ni trop humide, et une exposition abritée des vents.

CACATOES, genre d'oiseaux de l'ordre des grimpeurs, de la famille des perroquets. Ils ont sur la tête une huppe formée de plumes longues et étroites qui se couchent et se redressent à leur gré. Leur bec est grand, épais et crochu, et le tour de leur œil nu. Leur plumage est généralement de couleur blanche. Ils sont les plus dociles des perroquets, et fréquentent de préférence les terrains humides. Ils vivent dans les îles Moluques et la Nouvelle-Hollande.

CACATOIS ou CACATOA. On appelle ainsi, en marine, les plus petits mâts que l'on grée, dans les grands bâtiments, au-dessus de ceux de perroquets; ils ont leurs vergues, voiles et bonnettes comme les autres mâts, et, sur leurs flèches, on établit dans les beaux temps des cacatois volants ou papillons.

CACAULT (François), né à Nantes en 1722. Professeur de mathématiques à l'école militaire, il fut envoyé à Gênes en 1796, comme ministre de la république française; en cette qualité, il signa, avec le général Bonaparte, le traité de Tolentino. Nommé en 1798, par le département de la Loire-Inférieure, député au conseil des cinq-cents, il présenta, le 15 août, un projet sur le mode de reddition des comptes des ministres, et proposa la dégradation civique pour ceux qui ne se soumettraient pas à cette mesure. Après la journée du 18 brumaire, Cacault fut membre du nouveau corps législatif, et envoyé en 1801 à Rome, où il resta douze ans en qualité d'ambassadeur. Élu membre du sénat conservateur, il mourut en 1805, commandant de la Légion d'honneur.

CACERES, province d'Espagne, faisant partie de l'Estramadure et bornée au N. par celle de Salamanque, au S. par celle de Badajoz, à l'O. par le Portugal et à l'E. par celle de Tolède. Sa superficie est de 1,050 lieues carrées, sa population de 127,275 habitants. La capitale est CACERES (autrefois *Castra-Cœcilia*), place forte sur la rivière de Sabror, à 12 lieues d'Alcantara et 19 de Badajoz. L'armée des alliés défit près de cette ville, en 1706, l'arrière-garde du maréchal de Berwick.

CACHALOT, genre de cétacés dont le corps présente une forme elliptique plus ou moins arrondie, et qui se distinguent surtout par l'étroitesse et l'allongement de la mâchoire inférieure. Leurs dents coniques ou cylindriques, creusées, pèsent jusqu'à deux livres. La taille du cachalot varie de vingt à soixante et soixante-quinze pieds; celle des femelles est constamment plus petite. Les cachalots voyagent en troupes immenses qui occupent quelquefois un espace de 20 lieues. On affirme que ces cétacés préfèrent la partie équatoriale du Grand-Océan. On les pêche pour en obtenir l'*ambre gris*, qu'on trouve dans le canal alimentaire de quelques-uns sous forme d'excréments endurcis. Mais la substance la plus précieuse qu'ils fournissent est le *blanc de baleine* ou *cétine*. On distingue les cachalots en deux sections: les *cachalots* proprement dits renfermant le *cachalot trumpo*, le *grand cachalot* et le *petit cachalot*, et les *physétères* renfermant le *physétère microps* et le *physétère tursio*.

CACHE-ENTRÉE. Les serruriers donnent ce nom à une pièce qui sert à cacher l'entrée d'une serrure, de manière qu'on ne puisse y rien introduire pour la forcer ou la crocheter. On en a imaginé de beaucoup d'espèces; mais les plus ingénieuses et les plus simples que l'on connaisse sont celles qui ont été importées d'Égypte par les savants qui suivirent l'expédition.

CACHEMIRE. Voy. KACHEMYR.

CACHEMIRE, nom donné aux châles qui nous viennent du royaume de Kachemyr, et qui sont tissus avec le duvet des chèvres de ce pays, qu'on leur enlève dans certaines saisons, à l'aide d'un peigne propre à cet objet. C'est une étoffe légère, moelleuse et douce au toucher, chargée de dessins bizarres de diverses couleurs brochés dans le tissu même. Le duvet nous vient par la voie de Kasan en Russie, et son prix, rendu à Paris, est de 17 francs le kilogramme. Ce duvet est naturellement grisâtre, mais il se blanchit facilement. Les véritables cachemires se fabriquent par des procédés extrêmement longs et coûteux, leur prix est très-élevé. Il varie de 2,000 à 10,000 francs. M. Ternaux est le premier qui ait fabriqué en France, avec la laine de cachemire, des châles parfaitement imités, qu'on nomme *cachemires français*.

CACHENA, royaume de la Nigritie, borné au N. par celui d'Asben, au S. par celui de Melli, à l'O. par le Haoussa, et à l'E. par le Bournou. Sa superficie est de 980 lieues carrées environ. Sa capitale est *Cachena*, sur la rive gauche du Niger, qui traverse le pays de l'O. à l'E. Elle est à 310 lieues de Mourzouk et à 250 de Tombouctou. Elle fait avec le Fezzan un grand commerce, et est habitée par des nègres mahométans. Le royaume de Cachena est tributaire de celui de Tombouctou.

CACHET, petit instrument de pierre ou de métal destiné à sceller les lettres, les brevets, etc., à l'aide d'une matière molle qui en conserve l'empreinte. On grave en creux sur le cachet une figure, une légende, des armoiries, etc. On a dernièrement inventé des cachets à empreinte mobile. — L'origine des cachets remonte à la plus haute antiquité. L'un des plus fameux est celui que formait l'anneau de Salomon, anneau qui donnait, selon les Orientaux, le pouvoir de faire l'avenir et de commander aux génies. Celui de François Ier était orné d'une salamandre. Il y avait un soleil sur celui de Louis XIV.

CACHET (LETTRES DE), lettres scellées du cachet particulier du roi. On les appelait encore *lettres closes*, pour les distinguer des *lettres patentes*, scellées par le chancelier du grand sceau de l'État. Les lettres de cachet étaient des ordres en vertu desquels ceux contre qui elles étaient lancées étaient jetés en prison, au mépris de toutes les lois, pour y subir une détention dont la durée était le plus souvent arbitraire. C'était le moyen qu'employaient les gens en faveur pour se débarrasser de ceux qui les gênaient. Sous le ministère du cardinal de Fleury, le nombre des lettres de cachet ne monta pas à moins de quatre-vingt mille parfaits. L'abolition ou du moins la diminution dans le nombre des lettres de cachet eut lieu sous le règne de Louis XVI par Malesherbes. Elles n'ont été supprimées qu'à la révolution, mais à l'unanimité des suffrages.

CACHEXIE, altération dans l'état habituel du corps. Quelques médecins, regardant la cachexie comme une maladie particulière, ont distingué la CACHEXIE *cancéreuse, laiteuse, scorbutique*, etc. Dans ce derniers temps, on a désigné par ce mot l'état de dépérissement qui survient dans un certain nombre de maladies chroniques, et qui en marque la période la plus avancée. Ainsi la cachexie scorbutique est l'état de dépérissement qui se manifeste à une certaine époque dans le malade atteint de scorbut, et qui ne doit pas être confondu avec la diathèse; car celle-ci existe dès le commencement de l'affection.

CACHIRI, liqueur spiritueuse de la Guyane et du Brésil, qui a la saveur du poiré, et peut enivrer. On la retire de la racine tuberculeuse du manioc, que l'on râpe, que l'on étend d'une certaine quantité d'eau. On fait ensuite bouillir ce mélange en le remuant jusqu'au fond du vase pour que la racine ne s'attache pas, et puis on laisse fermenter.

CACHOT, prison souterraine dans laquelle ni l'air ni le jour ne peuvent pénétrer. La *basse-fosse* était une sorte de cachot. On n'enfermait ordinairement dans les cachots que ceux qui étaient coupables de grands crimes. Louis XVI rendit une loi qui ordonnait la suppression de toutes les prisons souterraines.

CACHOU, extrait préparé avec le cœur du bois, les feuilles, les écorces et les fruits de plusieurs arbres des Indes orientales, et surtout du Bengale, de la famille des légumineuses. On l'obtient en faisant macérer dans l'eau les tiges ou les fruits légèrement écrasés et pris un peu avant leur maturité; on évapore ensuite cette macération à feu nu, et on en achève la dessication à la chaleur du soleil. Il existe dans le commerce trois sortes de cachou : le *cachou du Bengale*, en masses de couleur brunâtre; le *cachou Bombay*, plus brun que celui du Bengale; le *cachou en sorte*, d'une couleur noirâtre. Le cachou est employé en médecine comme astringent et détersif. On l'emploie aussi en pastilles comme stomachique.

CACHRYDE, genre de la famille des ombellifères, renfermant plusieurs espèces, dont une seule croît en Europe. C'est la *cachryde* ou *armarinte à fruits lisses*, à tige cylindrique, rameuse, de six décimètres de haut, aux fleurs jaunes, en ombelles bien garnies. Les cachrydes renferment, comme les autres ombellifères, une huile volatile et un suc gommo-résineux. Les peuples du Volga font de la racine du *cachryde odontalgique* (pour les dents) le même usage que nous faisons de celle du pyrèthre.

CACIQUE ou CASSIQUE, genre d'oiseaux de l'ordre des passereaux. Les espèces de ce genre appartiennent à l'Amérique, et se nourrissent de baies, de graines et d'insectes. Ces oiseaux suspendent leurs nids à l'extrémité des plus petites branches des arbres élevés. Ils se rassemblent en troupes nombreuses, et ont un cri désagréable et peu sonore. Leur chair a une odeur musquée, qui lui donne mauvais goût. Les espèces les plus connues sont les *caciques rouge*, *yacou* et *huppé*.

CACIQUES, ancienne dénomination donnée en Amérique aux gouverneurs de province, aux généraux d'armée, et même aux souverains d'Hispaniola (Saint-Domingue) et des autres Antilles. Le pouvoir des caciques était héréditaire et absolu; leurs sujets avaient pour eux une vénération qui allait presque jusqu'à l'idolâtrie. On prétend que, lors de la mort d'un cacique, la plus chérie de ses femmes était immolée sur sa tombe.

CACOCHYMIE, altération morbide des parties fluides et des humeurs des corps organisés, animaux et végétaux. Celle des végétaux se manifeste par l'*étiolement*; celle de l'homme qui, selon quelques anciens médecins, est la cause immédiate de la cachexie est due à la surabondance de la pituite, de la bile, de la mélancolie, du lait, etc.

CACOLET, nom donné à des espèces de paniers attachés sur le flanc des ânes, des mulets, des chevaux. Ils sont au nombre de deux. On place dedans les marchandises, les provisions, etc. — *Voyager en cacolet*, c'est voyager assis dans des cacolets. Cette monture est usitée dans les Pyrénées et les Landes.

CACONGO, petit royaume de la Guinée méridionale, entre ceux de Loango, de Congo et la mer, sur le Zaïre. Les habitants ont du goût pour le commerce, et trafiquent en petites pièces d'étoffes, pelles, haches, tabac en poudre, etc. Les Portugais et les Hollandais y font le même commerce qu'à Loango. La capitale est *Kingelé*. Sa superficie est de 120 lieues environ.

CACTÉES, CACTOÏDES, CIERGES ou NOPALÉES, famille de plantes dicotylédonées, ayant de grands rapports avec les portulacées et les ribésiées, et composée d'un seul groupe formant deux grandes tribus. Les plantes les plus connues de cette famille sont les *cactus*, les *mélocactes*, etc.

CACTIER ou CACTUS, nom générique sous lequel on comprend les plantes de la première tribu des cactées. Le nombre des espèces connues de cactiers est très-grand. Toutes sont originaires de l'Amérique équatoriale. La forme des cactiers est très-variable. Les uns, tels que le *mélocacte*, le *mamillaire*, le *cactier monstrueux*, le *petit cactier*, présentent une masse sphéroïque, dont la grosseur varie d'un œuf de poule à un gros potiron, hérissée de toutes parts de tubercules cotonneux au sommet, et couvert de petites pointes divergentes. Mais les espèces les plus connues sont le *cactier raquette* ou *figuier d'Inde*, dont la tige d'un vert de mer est garnie de rameaux composés d'articulations comprimées et aplaties, portant des épines rousses, disposées par petits bouquets du centre desquels sort une fleur solitaire, inodore et jaune, faisant place en août à un fruit succulent, de la grosseur d'une figue, à pulpe aqueuse et rougeâtre; le *cactier à cochenille* ou *nopal*, sur lequel on élève l'insecte qui donne la cochenille, et dont les articulations sont oblongues, épaisses et presque entièrement lisses; et le *cactier meloniforme* ou *melon épineux*. Voy. MÉLOCACTE.

CACUS (myth.), fameux berger du mont Aventin, qui infestait le Latium par ses vols et qui était fils de Vulcain. Il vola quelques-uns des bœufs qu'Hercule avait enlevés à Géryon, et les enferma dans son antre en les tirant par la queue. Hercule à son réveil, trompé par cet artifice, allait s'éloigner, lorsque les bœufs qui lui restaient ayant beuglé, ceux qui étaient dans l'antre leur répondirent, et décelèrent le larcin. Hercule tua Cacus, et les habitants des lieux circonvoisins lui élevèrent un temple en reconnaissance.

CADALOUS, évêque de Parme, concubinaire et simoniaque, fut élu pape en 1061 par la faction de l'empereur Henri IV contre Alexandre II, et prit le nom d'Honorius II. Ayant voulu soutenir son élection par les armes et n'ayant pu y réussir, il fut condamné en 1062 par tous les évêques d'Allemagne et d'Italie, et déposé par le concile de Mantoue en 1064. Il périt misérablement sans avoir voulu quitter la papauté.

CADAMOSTO (Luigi), né à Venise en 1432, se consacra à la navigation, et dans un voyage se fit connaître à l'infant don Henri de Viseu, qui s'occupait à faire des découvertes sur la côte occidentale de l'Afrique. Il obtint du prince une caravelle, avec laquelle il mit à la voile le 22 mars 1455. Après avoir mouillé à Madère, reconnu les îles Canaries, le cap Blanc, le cap Vert, pénétré en Sénégal, il arriva jusqu'à l'embouchure de la Gambia, et revint en Portugal. Il fit un second voyage en 1456, et demeura à Lagos (Portugal) jusqu'à la mort de l'infant duc de Viseu. Retourné dans sa patrie, il y publia la relation de ses voyages.

CADASTRE, partie de l'administration qui a pour objet d'établir l'assiette de l'impôt foncier et de le répartir convenablement. On parvient à ce résultat en évaluant les étendues et les qualités des propriétés foncières, les étendues en levant un plan des terrains, les qualités en faisant, 1° reconnaître et classifier le territoire, 2° en classant chaque parcelle d'après l'ordre de classification adopté, 3° en formant le tarif des évaluations. Ces derniers travaux se font par communes, et sont exécutés par des *propriétaires classificateurs* nommés par le conseil municipal. — Ce n'est que sous le gouvernement impérial qu'on a mis en exécution l'idée de la confection d'un cadastre de la France. Cette entreprise se continue encore.

CADAVRE, état d'un corps privé de vie. Les circonstances qui accompagnent les premières heures de la mort et annoncent l'état de cadavre sont la roideur des membres, les saillies osseuses plus prononcées, la peau décolorée, la face et les lèvres livides, l'absence complète de la respiration, du pouls, des battements de cœur, la froideur des membres. Quelques jours après la mort, la roideur cadavérique fait place à une mollesse qui augmente avec la putréfaction. Quelque insensibles que soient les cadavres, on a cependant fait à l'aide du galvanisme contracter les muscles de quelques-uns, de manière à produire une sorte de mouvement dans le cadavre.

CADE, nom vulgaire du genévrier dans le midi de la France. On donne le nom d'*huile de cade*, dans le commerce, à deux huiles, l'une tirée du genévrier, et l'autre qui est la partie la plus fluide de l'huile qui se dégage du bois de pin dans l'opération pratiquée pour le convertir en charbon.

CADÉE (LIGUE) OU DE LA MAISON-DIEU, seconde ligue des Grisons, formée en 1396. Elle comprenait tout le pays compris entre les comtés de Bormio et de Chiavenna et la Valteline au S., la ligue des dix Droitures, le Tyrol et le canton de Glaris au N. Sa capitale était Coire, aujourd'hui capitale du canton des Grisons, et elle renfermait dix communautés.

CADELLE, on donne dans le midi de la France à la larve du *trogossile mauritanique*, qui attaque le blé dans les greniers et dévore sa substance farineuse. On l'appelle aussi *chevrette brune*.

CADENAS, espèce de petite serrure qui n'est pas fixée au meuble ou à la porte qu'elle est destinée à fermer. La forme des cadenas varie beaucoup. Les pièces essentielles d'un cadenas sont : une serrure renfermée dans une petite caisse de métal, dont le pêne est poussé par le moyen d'une clef; un demi-anneau, dont l'une des extrémités est montée sur une charnière qui lui permet de tourner et d'approcher son autre bout d'une ouverture où il entre et où il est saisi par le pêne de la serrure. Pour fermer une porte ou un meuble, on dispose deux pitons aux deux panneaux qu'on veut réunir, et on les retient en y enfilant l'anneau du cadenas.

CADENCE, terminaison d'une phrase musicale, ou repos momentané. On peut appeler les cadences la ponctuation harmonique. Quand la cadence termine le sens musical, elle s'appelle *parfaite*, et correspond au point. Quand elle n'est qu'un repos momentané et incomplet, elle s'appelle *cadence rompue* et *demi-cadence*. La *cadence parfaite* procède de la dominante à la tonique par un accord parfait ou de septième; la *cadence rompue* a lieu lorsque le sens d'une phrase fait pressentir une *cadence parfaite* évitée par le compositeur; la *demi-cadence* est le repos sur l'accord parfait de la dominante. — On emploie encore le mot de cadence comme synonyme de *trille* et de *point d'orgue*.

CADENETTE, espèce de chevelure militaire qui a précédé le *crapaud*, et qui se porta depuis 1767 jusqu'à l'introduction du catogan et de la *queue*. C'était une tresse partant du milieu du crâne et se retroussant sous le chapeau. La *cadenette* n'était portée que par l'infanterie.

CADÉTES, peuples de la Gaule, qui habitaient autrefois le diocèse de Bayeux, et qui sont bien distincts des *Calètes*, habitant le pays de Caux.

**CADETS.** On a appelé ainsi, dans l'armée, de jeunes volontaires français qui servaient sans paye et sans être enrôlés. Ils portaient l'enseigne de la compagnie, qui avait ordre de n'en recevoir pas plus de deux, et étaient libres de renoncer au service. — C'est de cet usage que vint celui des *cadets gentilshommes*, élevés aux frais de l'Etat, et que leur avancement amenait au grade d'enseigne. Pendant quelque temps, on les réunit en corps; plus tard, on les attacha à différents corps. La révolution a détruit l'institution et les priviléges des *cadets*. — Il en existe encore dans les armées hessoise, américaine, autrichienne, danoise, etc., et la Russie a un *corps de cadets de terre* et un *de mer*, établissements destinés à l'éducation des jeunes gens de famille noble.

**CADI** ou **CADHY**, magistrat turk du quatrième ordre, qui cumule les diverses fonctions que remplissent chez nous les commissaires et inspecteurs de police, les juges de paix, les notaires et les présidents des tribunaux civils et criminels. Le cadi remplit même, à défaut d'*imam*, les fonctions de ministre de la religion. Ils nomment *eux-mêmes* leurs lieutenants ou *naïbs*, qui forment le cinquième ordre de magistrats dans les bourgs et les villages. Le nombre des cadis est de trois cent quarante-deux, partagés en deux départements, savoir, cent dix-neuf dans la Turquie d'Europe, et deux cent vingt-trois dans l'Anatolie. Les jeunes gens qui se destinent à cette magistrature font leurs études dans le *Medressch* ou collége de Bajazet II, à Constantinople.

**CADIL**, nom donné à l'unité des mesures de capacité en France, dans le premier système de division, tel qu'il avait été décrété le 1er août 1793. Le cadil ou *décimètre cubique* devait être la 1000e partie du mètre cube, et équivalait à une pinte et un vingtième, mesure de Paris. La mesure usuelle de la contenance d'un cadil devait avoir pour les liquides 6 pouces 4 lignes un quart de hauteur sur 3 pouces 2 lignes un huitième de large, et pour les matières sèches 4 pouces et un vingtième de ligne tant en hauteur qu'en largeur.

**CADI-LESKER** et mieux **CADHY-EL-ASKER**, charge de Turquie qui donnait autrefois à son possesseur la judicature militaire, selon le sens littéral du mot de *cadhy-el-asker*. Cette charge fut créée en 1362 par Amurat 1er, qui en fit le chef suprême des *ulémas* (savants, lettrés). Mahomet II créa deux cadhys-el-askers, l'un pour l'Anatolie (*Sadr-Anadoly*), l'autre pour la Roumélie (*Sadr-Roum*). Ce-dernier est devenu le premier magistrat de l'empire ottoman. C'est lui qui obtient ordinairement la charge de *mufty*. Il connaît de tous les procès civils et criminels que le divan et le vizir lui renvoient, et nomme les cadis.

**CADIX**, province d'Espagne formée d'une partie de l'Andalousie, et bornée au N. par celle de Séville, au S. par le détroit de Gibraltar, à l'O. par la mer et la province d'Huelva, et à l'E. par celle de Málaga. Sa superficie est de 260 lieues carrées, et sa population de 244,220 habitants. Sa capitale est *Cadix*.

**CADIX**, belle, forte et riche ville d'Espagne, capitale de la province de ce nom, à l'extrémité occidentale d'une langue de terre reliée à l'île de Léon, à 18 lieues de Gibraltar, et 120 de Madrid. Cadix est une des villes les plus commerçantes de l'Europe. Son port, qui est excellent, est l'entrepôt du commerce de l'Amérique espagnole, et même de toute l'Espagne. Il est défendu par six forts, et consiste en deux golfes appelés, le premier *baie de Cadix*, le second *baie de Puntalès*; le premier renferme les vaisseaux de commerce, le second les vaisseaux de guerre. La population de Cadix est de 80,000 habitants. Elle a une cathédrale en marbre très-belle, trois couvents, une académie des beaux-arts, des écoles de dessin, une école nautique et mathématique, un observatoire, des hôpitaux, etc. Bombardée par les Anglais en 1792 et 1800, elle fut ravagée par une épidémie (1800) et assiégée par les Français en 1811.

**CADMÉE**, nom de la citadelle de Thèbes, en Béotie, qui prit son nom de Cadmus, son fondateur. Elle était assise sur une hauteur, et constitua d'abord une ville à elle seule; mais elle ne fut par la suite qu'une citadelle par rapport à Thèbes, la ville basse.

**CADMIE.** Ce mot a servi à désigner plusieurs substances chimiques; ainsi on a appelé *cadmie naturelle* ou *fossile* le cobalt; *cadmie naturelle*, *calamine* ou *pierre calaminaire*, l'oxyde de zinc qui est jaune ou rougeâtre; *cadmie artificielle* ou *des fourneaux*, l'oxyde de zinc qui se sublime pendant la fonte de ce métal, et va s'appliquer aux parois intérieures du fourneau. Enfin le même nom a été donné à tous les sublimés métalliques qui sont produits dans les fontes.

**CADMIUM**, métal presque aussi blanc que l'étain, insipide et inodore, mou, facile à ployer, plus fusible que l'étain, et ayant une pesanteur spécifique de 8,640. On ne l'a pas encore trouvé à l'état natif. On rencontre le cadmium en Silésie particulièrement, dans les mines de zinc, à l'état de sulfure et d'oxyde, mais en très-petite quantité. On le retire des minerais de zinc. Sa rareté fait qu'il est sans usages.

**CADMUS** (myth.), fils d'Agénor, roi de Phénicie, qui, selon la fable, fut envoyé par son père pour chercher Europe, sa sœur, enlevée par Jupiter, avec défense de reparaître devant lui qu'il ne l'eût trouvée. N'ayant pu découvrir les traces de sa sœur, il suivit le conseil de l'oracle de Delphes, et s'arrêta en Béotie où il combattit et vainquit, avec le secours de Minerve, un dragon qui avait dévoré ses compagnons de voyage. Il sema les dents du monstre, qui donnèrent naissance à des hommes armés, qui se massacrèrent réciproquement, et dont il ne resta que cinq, qui aidèrent Cadmus à bâtir la ville de Thèbes. Dans la suite, chassé par ses sujets, il s'enfuit en Illyrie; mais sa race régna sur Thèbes. — Cadmus passe pour avoir importé en Grèce l'écriture inventée par les Egyptiens. Il paraît néanmoins qu'il n'apporta que les seize lettres simples, et on lui attribue l'invention de la fonte des métaux et de l'exploitation des mines. — Quelques-uns ont vu dans Cadmus l'emblème de la civilisation avec les obstacles qu'elle éprouve. L'établissement de Cadmus en Béotie eut lieu vers l'an 1360 avant J.-C.

**CADOCHE** ou **KADOSCH**, trentième grade de la franc-maçonnerie; qui est le plus haut point dans l'échelle de cette association. Le cadoche était aussi appelé *grand Elie chevalier*. Ce mot vient sans doute de l'hébreu *kadash* (*sacré*). Voy. FRANC-MAÇONNERIE.

**CADOUDAL** (Georges), fils d'un meunier, né à Brech (Morbihan) en 1769, prit part à la première insurrection royaliste du Morbihan en 1793, se joignit aux Vendéens. Il devint bientôt le chef de l'insurrection bas-bretonne, et résista pendant longtemps aux troupes républicaines. Forcé de licencier ses troupes par suite des combats de Grandchamp et d'Elven (1800), il se retira à Londres, où le comte d'Artois lui donna le cordon rouge et le grade de lieutenant général. Suivi de Pichegru et de quelques autres officiers, il vint débarquer le 21 août 1803 sur la côte de Normandie. L'objet de cette expédition était un complot contre le premier consul. Arrêté le 9 mars 1804 à Paris, il fut condamné et exécuté le 25 juin.

**CADRAN**, en horticulture, maladie qui affecte particulièrement les arbres, et qui reçoit aussi le nom de *cadranure*. Cette maladie, qui se fait connaître au moyen de fentes circulaires et rayonnantes, est une espèce de dépérissement sans remède produit par la sécheresse, et dont les vieux arbres seuls sont atteints. — On nomme aussi *cadran* un genre de mollusques trachélipodes, à coquille univalve, orbiculaire, en cône déprimé.

**CADRAN**, plaque circulaire de différente substance, sur laquelle on grave ou l'on peint les heures, les minutes et les autres divisions du temps, indiquées par des aiguilles conduites par un mouvement d'horlogerie, et mobiles autour du centre du cadran. On fabrique les cadrans en verre, en argent, et plus communément en émail, quelquefois d'une seule pièce. Les cadrans émaillés sont formés d'une plaque mince de cuivre rouge, sur laquelle on fixe de l'émail des deux côtés. L'émail dont on se sert doit être blanc; on le vend en pains, et, pour l'employer, on pile ces pains dans un mortier d'acier trempé, puis on fait fondre l'émail.

**CADRAN SOLAIRE**, surface sur laquelle on décrit un assemblage de lignes telles que l'ombre d'un stylet métallique implanté dans cette surface indique l'heure par sa coïncidence successive avec chacune de ces lignes. Les cadrans solaires reposent tous sur le principe qu'un point quelconque de la surface de la terre peut, sans erreur sensible, être considéré comme le centre de la sphère céleste, et tout plan parallèle à l'équateur, comme le plan même de l'équateur. Or si, par le centre de la sphère céleste, on suppose passer une tige métallique, représentée par l'axe imaginaire de la terre, et si on suppose de plus que le plan de l'équateur, au lieu d'être imaginaire, soit un plan sensible et réel, l'ombre du stylet, formée par les rayons du soleil qui parcourt un cercle parallèle à l'équateur, parcourra successivement tous les points correspondants du plan de l'équateur. Il en sera de même pour les cadrans formés sur un point quelconque de la surface de la terre, pourvu que le stylet soit dans la direction de l'axe de la terre, que le cercle soit parallèle à celui de l'équateur, et que l'une des lignes horaires rencontre la *méridienne*. Tout se réduit donc à placer le stylet, et à chercher une *méridienne*.

**CADRATURE.** On appelle ainsi les pièces d'horlogerie placées entre le cadran et la platine d'une montre, et plus particulièrement celles qui composent la répétition. On fait jouer la cadrature dans les montres de répétition en poussant le bouton, dans les pendules en tirant un cordon. L'ouvrier spécial qui fait les cadratures prend le nom de *cadraturier*.

**CADRE**, assemblage carré de quatre pièces de bois. — Les marins couchent quelquefois sur des cadres en fer supportant un matelas, et les passagers ou les officiers s'en servent comme de lits, quand ils n'ont pas de chambres. — On appelle *cadre de troupes* les autorités d'un corps, les chefs d'un bataillon, d'une compagnie, d'un peloton, etc. La permanence des cadres non remplis en temps de paix est une question qui n'a pas été résolue.

**CADUCÉE** (myth.), baguette surmontée de deux ailes et entrelacée de deux serpents formant un arc à l'extrémité. Le caducée était l'attribut de Mercure, qui reçut d'Apollon en échange de la lyre. Les deux serpents désignaient la prudence, et les ailes la diligence. Avec cette baguette, Mercure conduit des âmes aux enfers, et les en fait sortir.

**CADUCITÉ**, avant-dernière phase de l'existence des êtres organisés, et plus particulièrement de l'homme. La caducité, dont les signes caractéristiques sont l'imbécillité et la faiblesse musculaire, commence à l'âge de soixante-dix ans, et va jusqu'à quatre-vingts ans, *époque où commence la décrépitude*.

**CADUQUE** (MEMBRANE). On a donné ce nom à la plus extérieure des enveloppes du fœtus des mammifères. Cette membrane, classée parmi les séreuses, tapisse les parois de l'utérus, auquel elle fixe l'œuf, et paraît remplir des usages importants relatifs à la nutrition du fœtus. Elle perd de son épaisseur jusqu'à la fin de la gestation.

**CADURQUES**, peuples de la Gaule, habitant le pays où se trouve aujourd'hui Cahors (Cadurci), et qui de leur nom a été appelé *Quercy*. Les Cadurques ne cédèrent pas sans résistance aux Romains, et *Uxellodunum* (aujourd'hui *Capdenac*), après la défaite de Vercingétorix, eut la gloire de résister, la dernière de toutes les cités gauloises, à l'effort des armées romaines. Les vases fameux appelés *cadurques* étaient fabriqués par les potiers en terre de Cahors, et les Romains avaient bâti dans cette dernière ville un théâtre qui porte encore le nom de *cirque des Cadurques*.

**CADWALLON**, prince de North-Wales pendant le règne de son père Cadvan. A sa mort, il lui succéda dans la principauté du pays de Galles. Battu par Edwin, roi de Northumberland, il passa en 620 en Irlande, et fut rétabli sur le trône, par son neveu Braint-Hir, en 633; il prit alors le titre de roi des Bretons. Il protégea beaucoup les bardes, et mourut en 660. Sa charité le fit compter pour un des trois rois que les Anglais ont nommés *Blessed* (bénis).

**CÆCILIA**, famille plébéienne de Rome, descendue de Cæcus, l'un des compagnons d'Énée, ou de Cæculus, fils de Vulcain, et fondateur de Præneste. La maison Cæcilia fut fertile en guerriers illustres et en citoyens distingués.

**CÆCILIA**, loi proposée l'an de Rome 693 par Cæcilius Métellus Nepos, et qui avait pour objet d'exempter l'Italie de toutes sortes de taxes. — **Didia**, loi décrétée l'an de Rome 653, sous le consulat de Quintus Cæcilius Métellus et de Titus Didius, et qui ordonnait : 1º que tout projet de loi serait affiché pendant trois jours avant d'être présenté à l'assemblée du peuple; 2º que les différentes clauses d'un projet de loi seraient classées par ordre de matières, et présentées, les unes après les autres, à la sanction du peuple. — Loi sur les foulons, décrétée sous les auspices du censeur Cæcilius Métellus. — Loi décrétée l'an de Rome 701, qui rendit à la censure les droits dont le tribun Clodius l'avait dépouillée.

**CÆCILIUS**. Plusieurs personnages célèbres de Rome ont porté ce nom. — Cæcilius Claudius Isidorus, laissa à ses héritiers 4,116 esclaves, 3,600 paires de bœufs, 257,000 têtes de menu bétail, et 600,000 livres d'argent comptant. — Cæcilius Epirus, affranchi d'Atticus, ouvrit une école à Rome, et apprit, dit-on, à lire à Virgile. — Orateur sicilien du siècle d'Auguste, qui composa un *Parallèle entre Démosthènes et Cicéron*, et un *Essai critique sur les harangues* du premier.

**CÆCILIUS STATIUS**, poète comique latin, né dans les Gaules, était affranchi et contemporain d'Ennius et de Térence. Ce poète, au rapport des historiens, composa plus de trente comédies, parmi lesquelles on nomme *Nauclerus, Epiclerus, Pausymaque, Syracuse, l'Andrienne, l'Usurier, la Fourberie, Ephestion, Cratinus, Asolus, les Annales*, etc. On trouve quelques-uns de ses fragments dans le *Corpus poetarum*. Cæcilius mourut un an après son ami Ennius, l'an de Rome 586.

**CÆCULUS** (myth.), fils de Vulcain. Sa mère le mit au monde, fécondée par une étincelle sortie de la forge de ce dieu. Il fut nommé Cæculus à cause de la petitesse de ses yeux. Après avoir quelque temps exercé le métier de voleur, il fonda la ville de Préneste; n'ayant pas pu faire venir, il implora le secours de son père, qui fit tout à coup paraître une grande flamme au milieu d'une multitude assemblée. Après ce prodige, il n'eut pas de peine à trouver des sujets.

**CÆCUM**, nom donné à la première portion des gros intestins, parce qu'elle se prolonge inférieurement sous la forme d'un cul-de-sac. La direction du *cæcum* est verticale; son volume surpasse celui du colon et du rectum. Il est placé entre la fin de l'intestin grêle et le commencement du colon. Il est formé par une membrane séreuse appartenant au péritoine, par une membrane muqueuse et par une tunique musculeuse, composée de fibres transversales.

**CÆLIA**, loi décrétée l'an de Rome 635, sous les auspices du tribun Cælius. Elle ordonna que, dans les causes de trahison portées devant le peuple, les citoyens donneraient leurs votes sur les tablettes, ce qui était déroger à la loi Cassia.

**CÆLIUS** (Mont), une des sept collines sur lesquelles Rome était bâtie. Romulus l'entoura d'une palissade et d'un fossé; ses successeurs l'environnèrent d'un mur, et Tullus Hostilius l'ajouta à la ville de Rome et fit bâtir son palais. Le mont Cælius reçut son nom de Cælius Vibennius.

**CÆLIUS**. Plusieurs personnages célèbres de Rome ont porté ce nom. — Orateur romain qui prit des leçons de Cicéron et qui, accusé par Clodius de complicité avec Catilina, d'avoir tué les ambassadeurs d'Alexandrie et commis un adultère avec Clodia, femme de Métellus, fut défendu par ce célèbre orateur. Il mourut jeune. — Cælius Vibennius, roi des Toscans, qui amena du secours à Romulus dans la guerre contre les Céniciens et les Antemnates, et donna son nom au mont Cælius. — Cælius Sabinus, auteur contemporain de Vespasien, composa un traité sur les édits des édiles curules. — Cælius Aurelianus (Lucius), médecin méthodiste qui florissait vers la fin du IIIe siècle, et dont il nous reste deux traités, l'un sur les affections rapides ou lentes, et l'autre sur les maladies aiguës et chroniques. — Cælius Antipater (Lucius), qui vivait 120 ans avant J.-C., composa une histoire romaine dont Brutus fit l'abrégé.

**CÆNIS** (myth.), fille d'Élatus qui, ayant été outragée par Neptune, obtint de ce dieu la faculté de changer de sexe et d'être invulnérable. Devenue homme, elle prit le nom de *Cæneus*. Dans la guerre des Lapithes contre les Centaures, Cænée offensa Jupiter, qui l'accabla sous le poids d'une forêt, et le changea en oiseau. Cænée reprit son premier sexe dans les enfers.

**CÆPIO** (Servilius), consul romain pendant la guerre des Cimbres, l'an de Rome 648. Il était de la famille Servilia et de la branche des Cæpio. Il pacifia l'Espagne révoltée par Viriathe. Peu de temps après, il fut nommé proconsul à Toulouse, où il pilla le temple de Minerve, plein de trésors qui, dans la suite, furent appelés *aurum Tolosanum* (or de Toulouse). Dans son second consulat avec Manlius, on l'envoya contre les Cimbres, qui le battirent près du Rhône. Le peuple, irrité, fit confisquer ses biens, et fut enfermé dans une prison, d'où il fut tiré par la populace et mis en pièces. Son cadavre fut jeté aux gémonies. Tous ceux qui avaient eu part à son sacrilège connurent une fin aussi déplorable, et c'est de là qu'est venu le proverbe latin : *Avoir de l'or de Toulouse*, pour dire, *être malheureux*.

**CÆRES**, ville de l'Étrurie, auparavant nommée *Agylla*, à 8 milles de Rome. Lorsque Énée vint en Italie, elle obéissait à Mézence; mais elle secoua le joug de ce prince pour embrasser le parti des Troyens. C'est à Cæres que les Romains s'enfuirent et transportèrent le feu sacré de Vesta lors de la prise de Rome par les Gaulois. Pour reconnaître la généreuse hospitalité des habitants, ils leur donnèrent dans la suite le droit de bourgeoisie, mais sans droit de suffrage. C'est de là qu'on appelait *Cærites tabulæ* le tableau sur lequel les censeurs faisaient inscrire les citoyens qu'ils privaient du droit de voter.

**CÆSALPINIE**, genre de la famille des légumineuses, composé de végétaux arborescents, naissant entre les tropiques, et renfermant plusieurs espèces, dont deux surtout sont très-connues, le *cæsalpinia echinata*, qui fournit le *bois de Brésil* ou *brésillet de Pernambouc*. (Voy. **Fernambouc**.) Il a des rameaux longs et des fleurs en grappe, panachées de rouge et de jaune. La seconde est le *cæsalpinia sappan* ou *campêche sappan*, originaire des Indes orientales, où il sert aux mêmes usages que le premier. Le bois de ces deux arbres est aussi beaucoup employé pour l'ébénisterie et la marqueterie.

**CÆSIO**, genre de poissons qui ont de grands rapports avec les mendoles et les picarels. Ils ont la bouche des smaris, quoique un peu moins extensible. Neuf espèces composent le genre *cæsio*. Le type est le *cæsio tilé*, au corps en fuseau, couvert d'écailles presque carrées; son dos et ses flancs paraissent d'un bleu d'acier, ses nageoires paraissent argentées ou noirâtres.

**CAEN**, au confluent de l'Orne et de l'Odon, chef-lieu de préfecture du Calvados, à 56 lieues de Paris. Population, 39,140 habitants. Elle fut bâtie sur l'emplacement de la cité des Viducassiens, et devint la capitale de la basse Normandie. — Caen a une cour royale, des tribunaux de première instance et de commerce, une académie, des facultés des lettres, des sciences et de droit, une école secondaire de médecine, un collège royal de deuxième classe, une école normale primaire, une académie royale des sciences, arts et belles-lettres, une société d'agriculture et de commerce, une société de médecine, une société des antiquaires de Normandie, une société linnéenne du Calvados, etc., un jardin de botanique, un muséum de peinture, un cabinet d'histoire naturelle, de physique, de chimie et d'anatomie, une bibliothèque de 47,000 volumes, etc.

**CAERLÉON** (autrefois *Isca Silurum*), petite ville d'Angleterre, dans le comté et à 3 lieues de Monmouth, à l'embouchure de l'Ouske. Elle fut bâtie par les Romains, et on y voit encore les restes d'un amphithéâtre. Elle fut d'abord le siège d'un archevêché, transféré ensuite à Saint-David.

**CAERMARTHEN**, comté d'Angleterre, entre ceux de Cardigan, Pembroke, Glamorgan, Monmouth, Brecknock et la mer. Sa superficie est de 150 lieues carrées, et sa population de 90,000 habitants. Le sol de ce comté est très-fertile. Ses productions consistent en blé et pâturages. La capitale est *Caermarthen*, autrefois *Maridunum*, à 68 lieues de Londres, sur la Towy. Sa population est de 8,900 habitants. Elle est reconnue comme la première de la principauté de Galles.

**CAERNARVON**, comté d'Angleterre, dans la principauté de Galles, entre ceux de Denbigh, de Merioneth et la mer. Sa superficie est de 134 lieues carrées, et sa population est de 60,000 habitants. Il est couvert de montagnes, dont la plus élevée est le *Snowdon*, la plus haute montagne d'Angleterre. Le gros bétail, les moutons et les chèvres forment sa richesse. Le chef-lieu est *Caernarvon*, à 86 lieues de Londres. Sa population est de 4,600 habitants. Elle a un des principaux ports d'Angleterre. C'est là que naquit Édouard II.

**CAFÉ**, nom donné à la graine du caféier et à la liqueur que l'on obtient d'elle lorsqu'elle est torréfiée, réduite en poudre et infusée dans de l'eau. Cette liqueur accélère la circulation du sang, favorise la digestion, et anime les fonctions du cerveau. Elle est en outre un remède contre l'opium, puisqu'elle écarte le sommeil. — On donne à la découverte du café diverses origines. Selon la plupart, le supérieur d'un couvent d'Arabie, instruit de l'effet qu'avaient les graines du caféier sur des chèvres, en fit prendre à ses moines pour les empêcher de se livrer au sommeil. Son introduction en France date de 1669. Le café est aujourd'hui également répandu en Orient, en Europe et en Amérique.

**CAFÉS**, lieux publics où l'on va prendre le café et autres boissons ou liqueurs. Le premier café établi en France fut ouvert à Paris en 1672 par l'Arménien Pascal. Étienne d'Alep et Procope de Florence en établirent bientôt d'autres sur le même

# 186     CAF     CAG     CAI

plan Dès 1554, il y avait sous le règne de Soliman II des cafés publics à Constantinople. Le grand vizir Kouprougli, sous le règne de Mahomet IV, les fit fermer, et n'autorisa que les seuls cabarets. Aujourd'hui les cafés sont devenus des sortes de rendez-vous politiques où l'on discute les affaires du jour.

**CAFÉIER**, joli arbrisseau de la famille des rubiacées, haut de dix à treize mètres, à tige droite, très-rameuse, couverte de feuilles d'un beau vert luisant, aux fleurs blanches, au fruit de couleur rouge renfermant deux graines accolées l'une à l'autre. Ces graines sont le *café*. Le caféier est originaire de l'Abyssinie et d'Arabie. On le donna en 1714 au jardin des plantes de Paris. Les caféiers des Antilles couvrent maintenant une surface de dix myriamètres carrés. On a calculé que l'Amérique et l'Asie fournissent à l'Europe plus de 40,000,000 de kilogrammes de graines, dont 10,000,000 au moins pour la France. On distingue trois variétés de caféiers, le *moka*, le *mascareigne* et le *martinique*.

**CAFETIÈRE**, vase de terre ou de métal dans lequel on fait du café. Il y a deux principales espèces de cafetières, les *cafetières à la Debelloy*, formées de deux vases superposés; le vase supérieur porte à son fond un filtre en fer-blanc percé d'une infinité de petits trous; il reçoit sur ce filtre le café en poudre, que l'on tasse avec un fouloir; on verse ensuite l'eau bouillante sur cette poudre à travers un grillage qui la divise, et le vase inférieur reçoit le produit de la filtration. La seconde espèce de cafetière est la *cafetière à sifflet*, dont le mécanisme est beaucoup plus compliqué.

**CAFFA**. Voy. KAFFA.

**CAFFARELLI DU FALGA** (Louis-Marie-Joseph-Maximilien-Auguste), né d'une famille noble au Falga (Haute-Garonne) en 1756. Sorti de l'école de Sorrèze, il entra dans le corps royal du génie, et fit ses premières campagnes à l'armée du Rhin. En 1792, destitué pour avoir refusé d'applaudir à la déchéance de Louis XVI, il fut détenu pendant quatorze mois, et ne rentra au service qu'après le 9 thermidor. Une blessure qu'il reçut près de Creutznach, en combattant aux côtés de Marceau, nécessita l'amputation de sa jambe gauche. Il fut nommé en même temps membre de l'institut national, et il se fit distinguer par d'excellents mémoires sur l'instruction publique, sur des matières philosophiques et diverses branches de l'administration. En 1798, il suivit en Égypte, en qualité de général de brigade, chef du génie, le général Bonaparte, qui l'avait admis dans son intimité. Au siège de Saint-Jean d'Acre (1799), il fut blessé au coude. Amputé aussitôt, il expira dix-huit jours après.

**CAFFARO** (Pascal), un des plus grands musiciens de l'Italie, né dans les Etats romains en 1706. À dix-huit ans, il accompagna à Naples le marquis d'Odierna, son protecteur, et entra au conservatoire della Pieta, où il eut pour maître le célèbre Léonard Léo, auquel il succéda dans le conservatoire. Quelques années après, il fut nommé maître de musique de la chapelle royale. Il composa aussi pour le théâtre, et mourut à Naples en 1787.

**CAFFIÉRI**, famille de sculpteurs italiens. — Le premier fut PHILIPPE CAFFIÉRI, né à Rome en 1634, appelé en France par le cardinal Mazarin en 1660, employé par Colbert et Seignelai, qui lui fit accorder l'inspection de la marine à Dunkerque, et mort en 1716. — JACQUES CAFFIÉRI, sculpteur et fondeur, fils de Philippe, né à Paris en 1678, mourut en 1755, laissant plusieurs bustes en bronze très-estimés. — JEAN-JACQUES CAFFIÉRI, son fils, né en 1723, devint sculpteur du roi, professeur de l'académie de peinture, membre de l'académie des sciences et belles-lettres de Rouen, et membre honoraire de celle de Dijon. Il mourut en 1792. Ses œuvres les plus remarquables sont le buste de Molière, ceux d'Helvétius, de Corneille, de Piron, de Quinault, de Lulli et de Rameau.

**CAFRERIE**, grand pays de l'Afrique méridionale, borné au N. par la Nigritie et l'Abyssinie, à l'O. par le Congo et la mer, à l'E. par l'océan Indien et le Monomotapa, au S. par le cap de Bonne-Espérance. Sa superficie est évaluée à environ 386,000 lieues carrées, et sa population à 3,860,000 habitants. La Cafrerie est divisée en plusieurs royaumes presque tous idolâtres. On classe sa population en trois races, les *Cafres*, les *Barrolous* et les *Betchouanas*. Les habitants de la Cafrerie sont noirs, mais bien faits, grands, propres, agiles et belliqueux. Ils voyagent en caravanes ou en hordes, et ont pour religion le fétichisme. La circoncision est en usage parmi eux, et ils montrent beaucoup de croyance dans la magie. On trouve dans la Cafrerie de bons pâturages, beaucoup de *mimosas*, de l'aloès, des euphorbes, du corail, du sable d'or, du fer, des antilopes, des gazelles, etc.

**CAFTAN** ou **CAFETAN**, nom sous lequel les Turks désignent une sorte de pelisse en étoffe plus ou moins riche, doublée de zibeline, de marte ou d'autres fourrures précieuses, que le grand seigneur distribue, dans les jours de solennité, aux principaux officiers de la Porte, et même aux ambassadeurs. Quelle que soit la personne qui reçoive le caftan, l'usage l'oblige à le mettre sur-le-champ par-dessus ses vêtements ordinaires, et de se présenter ainsi devant celui qui en a fait cadeau.

**CAGE**. On donne en général ce nom à une loge quelconque destinée à renfermer un objet. Mais on le dit plus particulièrement des petites *loges* de fils de fer ou d'osier dans lesquelles on renferme les oiseaux. Il est aussi des cages destinées aux animaux féroces. — Louis XI fit construire des cages de fer dans lesquelles il fit enfermer ses ennemis, et entre autres le cardinal Balue. Tamerlan, après avoir vaincu Bajazet, sultan des Turks, le fit traîner à sa suite dans une cage de fer. — On appelait chez les Romains *cages pullaires* (*caveæ pullariæ*) celles où l'on renfermait les poulets sacrés.

**CAGLIARI** (autrefois *Iolas* et *Caralis*), ville de Sardaigne, résidence du vice-roi, capitale de cette île et de la province du Cap-Cagliari. (Cette province occupe le S. de l'île dans une superficie d'environ 600 lieues carrées, avec une population d'environ 300,000 habitants.) Cagliari est le siège d'un archevêché et d'une université reconstituée en 1765. Elle a un bon port, et fait un grand commerce. Sa population est de 35,000 habitants.

**CAGLIARI**. Voy. CALIARI.

**CAGLIOSTRO** (Joseph BALSAMO, connu sous le nom d'ALEXANDRE, comte DE), fameux imposteur, né à Palerme en 1743, de parents pauvres et obscurs. Sans fortune, il parvint, en faisant des dupes, à une opulence qui parut inexplicable. Il parcourut l'Europe, l'Asie, et même le nord de l'Afrique, sous des noms divers, opérant des cures merveilleuses qui firent croire qu'il avait fait un pacte avec le diable. En 1785, il vint à Paris, où il figura dans l'affaire du collier. Enfermé à la Bastille, et acquitté par le parlement de Paris, il fut exilé. Il se retira en Angleterre, et arriva en 1789 à Rome, où l'inquisition le condamna à mort comme *illuminé* et *franc-maçon*. Cette peine fut commuée en une prison perpétuelle. Il mourut au château Saint-Léon en 1795. Il se donnait pour grand alchimiste et pour fondateur de la franc-maçonnerie égyptienne.

**CAGNARD**. Les ciriers nomment ainsi une espèce de cuvier sans fond dont ils placent le petit diamètre en haut. Ils y introduisent la chaudière qui contient la cire, et qui remplit parfaitement le cagnard, sur les bords duquel elle repose. Cette cuve sert à conserver la chaleur

**CAGOTS**, AGOTS ou AGOTACS, race d'hommes voués au mépris des autres hommes et habitant les versants des Pyrénées, en Navarre et en Béarn. Ils étaient comme les parias du moyen âge, et leur dégradation était telle qu'ils ne pouvaient exercer que le seul métier de fendeurs de bois. Ils étaient obligés de porter une casaque rouge, marquée d'un pied d'oie. Dans les églises, ils avaient une enceinte particulière, à laquelle ils arrivaient par une porte séparée. Dans les villes, des établissements leur étaient consacrés, de même qu'aux lépreux, et portaient le nom de *cagoteries*. L'on ne sait rien de certain sur leur origine, que les uns rattachent aux Goths, et les autres aux Sarrasins. — On retrouve les Cagots en Bretagne sous le nom de *Caqueux* et *Cacous*.

**CAGUE**, petit navire hollandais d'environ cinquante pieds de long, au mât incliné sur l'avant. Elle fait la pêche, le petit cabotage, et navigue dans l'intérieur.

**CAHAWBA**, ville des Etats-Unis, autrefois capitale de l'Etat d'Alabama; au confluent du Cahawba avec l'Alabama. Elle est maintenant remplacée comme capitale par Tusculoosa, à 18 lieues de Tusculoosa, et chef-lieu du comté Dallas.

**CAHIER DES CHARGES**. On appelle ainsi le cahier contenant l'exposé de toutes les conditions qui doivent faire partie d'un contrat mis en adjudication. Toutes les ventes judiciaires se font sur un cahier de charges dont la forme est réglée par le Code de procédure; pour les adjudications administratives, le cahier des charges est réglé par l'administration elle-même.

**CAHIERS DES BAILLIAGES**, nom donné aux mandats donnés aux députés aux états généraux de 1789. Tous les habitants des bourgs et des villages s'étaient assemblés par l'ordre du roi, et avaient nommé des députés pour porter le cahier de leurs plaintes et doléances dans une autre assemblée où tous les cahiers particuliers furent réduits en un seul. Ce cahier fut porté par de nouveaux députés, réduits au quart des premiers, à l'assemblée générale des bailliages, où les cahiers définitifs furent arrêtés. Ces cahiers s'accordaient à demander l'abolition des cabinets noirs, des lettres de cachet, la liberté de la presse, la responsabilité des ministres envers la nation, l'abolition des charges vénales, la juste répartition des impôts, etc.

**CAHIS**, mesure de grains en usage en Espagne, et particulièrement à Cadix et à Séville. Le cahis se divise en 12 *harsellas*, qui font à peu près les quatre cinquièmes du setier de Paris. Cette mesure vaut 8 boisseaux 6 litrons, ancienne mesure de France.

**CAHORS**, ville de France, chef-lieu de préfecture du département du Lot, à 139 lieues et demie de Paris. Population, 12,950 habitants. Elle a un tribunal de première instance et un tribunal de commerce, une académie, un évêché, un collège royal de troisième classe, une école normale primaire, une bibliothèque publique de 12,000 volumes, une société d'agriculture et des arts, et une pépinière départementale. Ses manufactures de draps font avec les gants sa principale industrie. — Cahors existait avant la conquête de César, portait le nom de *Divona*, et était la capitale des Cadurques. Quatre voies romaines aboutirent à Cahors, la première allant à Toulouse, la deuxième à Bordeaux, la troisième à Périgueux, la quatrième à Lyon. Elle était avant la révolution la capitale du Querçy. Cahors a un évêché qui ressort de l'archevêché d'Albi.

**CAHUSAC** (Louis DE), écuyer, né à Montauban, fut reçu avocat à Toulouse, et devint secrétaire de l'intendance de Montauban. Le comte de Clermont le nomma secrétaire de ses commandements. Il mourut à Paris en 1769. Il a fait plusieurs ouvrages, entre autres, l'*Histoire de la danse ancienne et moderne*, *Grigri*, roman, *Pharamond*, *le Comte de Warwick*, *Manlius*, tragédies, et plusieurs comédies et opéras.

**CAIC** ou **CAÏQUE**, nom donné, en Amérique, aux rochers qui s'élèvent de la mer, où ils semblent former de petites îles.

CAIÈTE (myth.), nourrice d'Énée, suivit ce prince dans sa navigation, et mourut en abordant en Italie. Énée lui fit bâtir un tombeau au lieu où fut élevée plus tard la ville de *Caieta* (aujourd'hui Gaëte).

CAIEU ou CAYEU. On nomme ainsi, en botanique, un petit bulbe que produit un autre bulbe, qui le remplace, et qui naît soit dans sa substance soit au-dessous. Les caïeux ne sont attachés à la tige que par un filet mince, qui se brise aisément, et souvent de lui-même. Ils peuvent se développer eux-mêmes après avoir été détachés du bulbe qui les a produits.

CAILLE, oiseau de l'ordre des gallinacées et du genre perdrix. Les cailles sont peu sociables, et vivent isolées dans les champs couverts de moissons ou dans les herbes. Elles courent avec agilité et volent très-rarement. Originaires des contrées chaudes du globe, elles arrivent au printemps en Europe, et émigrent aux approches de l'hiver. Les femelles pondent quinze à seize œufs bariolés de brun sur un fond jaune. La chair de la caille est considérée comme très-bonne, et diffère peu de celle de la perdrix. On emploie divers instruments pour chasser les cailles; ce sont les *appeaux*, le *tramail* ou *hallier*, la *tirasse* et le *traîneau*.

CAILLE (Nicolas-Louis DE LA), astronome célèbre, né à Rumigny (Aisne) en 1713. Il fit ses études avec succès au collége de Lisieux à Paris, et fut ordonné diacre. Il se consacra tout entier à l'astronomie, et partagea avec Cassini de Thury le travail immense de la ligne méridienne ou de la projection du méridien qui, passant par l'Observatoire, traversait tout le royaume. Dès l'âge de vingt-cinq ans, il fut nommé professeur de mathématiques au collége Mazarin. L'académie des sciences le reçut au nombre de ses membres en 1741. En 1750, il entreprit le voyage du cap de Bonne-Espérance, dans le dessein d'examiner les étoiles australes qui ne sont pas visibles sur notre horizon. Dans l'espace de quatre ans, il détermina la position de neuf mille huit cents étoiles jusqu'alors inconnues. Il mourut en 1762. On lui doit entre autres ouvrages les *Leçons d'astronomie* et plusieurs *mémoires*.

CAILLEBOTTIS, espèce de panneau à jour, formé de petites lattes de différente épaisseur réunies, faites en treillis, et clouées les unes sur les autres à angles droits. Elles laissent entre elles environ quatre pouces carrés, servant à fermer une écoutille de vaisseau, et à donner de l'air et du jour entre les ponts.

CAILLETTE, fou de la cour des rois de France Louis XII et François Ier. On croit qu'on lui avait donné ce nom à cause de sa niaiserie. (Autrefois le mot de *caillette*, qui signifie aujourd'hui *bavarde* ou *commère*, était employé comme synonyme de niais.) Il est l'un des héros du roman du bibliophile Jacob, intitulé *les deux Fous*.

CAILLETTE. On appelle ainsi, en anatomie, le quatrième estomac des ruminants; c'est la plus grosse des poches après la panse. Elle a reçu son nom à cause de la *présure* qu'on y trouve particulièrement chez les jeunes animaux. Les parois en sont épaisses et ridées. Elle communique à l'intestin par l'orifice pylorique. Cet estomac est le seul développé tant qu'il tette l'animal; la rumination alors ne s'opère pas. On a aussi donné à la caillette le nom de *franche mulle*.

CAILLOU. On donne ce nom à toutes les pierres siliceuses, c'est-à-dire, composées essentiellement de silice, quelle que soit leur couleur. C'est ainsi qu'on a appelé *caillou d'Égypte* un beau jaspe qui se forme en fragments arrondis dans les plaines qui bordent le Nil; *caillou de Rennes*, une réunion de petits fragments de quartz jaspe tantôt rouges, tantôt jaunes, à ciment siliceux et fin. — En géologie, on désigne sous le nom de *cailloux roulés* les fragments arrondis de quartz, de silex, provenant de la craie, du granit, du gneiss et d'autres roches qui forment les dépôts diluviens ou de transport que l'on remarque dans certaines plaines.

CAILLY (LE CHEVALIER Jacques DE), né à Orléans en 1604, se disait descendant de la pucelle d'Orléans. Il cultiva les lettres avec beaucoup de succès, et mourut, en 1674, chevalier de l'ordre de Saint-Michel et gentilhomme ordinaire du roi. On a de lui un petit recueil d'*épigrammes*, publiées sous le nom du chevalier d'Aceilly, dont les plus fameuses sont celles sur l'antiquité et sur les étymologistes.

CAIMACAN, et mieux CAIM-MEKAN, nom d'une dignité éminente dans l'empire ottoman, entraînant avec elle idée de substitut, de lieutenant. — On l'applique spécialement à deux officiers supérieurs; l'un est le lieutenant du grand vizir, dont il est en quelque sorte le secrétaire d'État et le chef du divan, où il n'a cependant que voix consultative. Sa commission est suspendue lorsque le grand vizir est auprès du sultan. Cet officier est plus particulièrement connu sous le nom de *kehaya-bey*. — Le second est véritablement le substitut du vizir, qu'il remplace en cas d'absence. Il est nommé aussitôt après son départ, et entre en fonctions immédiatement. Le caïmacan est ordinairement nommé pacha à trois queues lorsqu'il cesse ses fonctions temporaires de caïmacan.

CAIMAN, nom générique donné, en Amérique, par les indigènes et les nègres, aux reptiles, crocodiles ou alligators. Les nègres prisent beaucoup la chair des caïmans, et surtout celle de la queue, qu'ils font rôtir. Voy. ALLIGATORS.

CAIMBÉTOUR, province de l'Indoustan, dans le Dekkan, entre celles de Maïssour (Mysore), de Salem, de Malabar et de Cochin. Sa superficie est de 255 lieues carrées, et sa capitale *Caïmbétour*, à 35 lieues à l'E. de Calicut. Le sol du Caïmbétour est très-fertile. Autrefois cette province faisait partie du royaume de Mysore; maintenant elle appartient aux Anglais.

CAIN, premier fils d'Adam et d'Éve, naquit sur la fin de la première année du monde, et s'adonna à l'agriculture. Jaloux de ce que les offrandes d'Abel, son frère, avaient été acceptées de Dieu, tandis que les siennes avaient été rejetées, il tua son frère l'an du monde 130. Il fut maudit après lui pour fratricide, et fut condamné à errer dans le monde. Le Seigneur lui imprima un signe pour empêcher que ceux qui le trouveraient ne le tuassent. Il se retira dans la terre de Nod, à l'orient de celle d'Éden, où il eut un fils, Hénoch, dont il donna le nom à une ville qu'il y bâtit. On ne sait comment Caïn mourut. On croit qu'il fut tué par Lamech.

CAINAN, fils d'Enos, naquit l'an du monde 325. Il fut père de Malaléel, et mourut âgé de neuf cent dix ans l'an du monde 1235. — CAINAN, fils d'Arphaxad et père de Salé, n'est pas dans le texte hébreu, ni dans la Vulgate, mais dans le Septante et dans saint Luc.

CAÏNITES, secte de gnostiques, qui étaient des disciples de Valentin, de Nicolas et de Carpocrate, et qui parurent vers l'an 159 de notre ère. Ils pensaient que deux principes, l'un la sagesse ou vertu supérieure, et l'autre l'*hystère* ou vertu postérieure, créatrice du ciel et de la terre, avaient eu commerce avec Ève; que du premier était né Caïn et du second Abel. Ils légitimaient ainsi le meurtre d'Abel, puisque ce meurtre n'avait été que le triomphe de la vertu supérieure sur la vertu postérieure. Voy. CARPOCRATIENS.

CAINORFICA, instrument à clavier de l'invention de Roellig, facteur d'instruments à Vienne, et qui a la forme d'une harpe. Les cordes sont mises en vibration par des archets cylindriques qui se meuvent au moyen du pied, et qui augmentent ou diminuent l'intensité du son en raison de la pression du doigté sur la touche. Il y a plusieurs sortes de cainorfica.

CAÏPHE successeur de Simon, était grand prêtre des Juifs l'année de la mort de Jésus-Christ, qui, ayant été pris par les soldats, fut d'abord amené chez Anne, beau-père de Caïphe. Anne le renvoya à Caïphe, qui dit, en parlant du Sauveur, qu'il fallait qu'un homme mourût pour tout le peuple, afin que la nation ne pérît point, et qui le condamna à mort. Vitellius, gouverneur de Syrie, le déposa deux ans après la mort de Jésus-Christ, et on croit qu'il se tua de désespoir.

CAIQUE. On donnait autrefois ce nom à l'esquif qui servait une galère, et dont l'avant et l'arrière étaient terminés en pointe comme les bateaux de pêche. Maintenant les caïques connus dans l'Archipel sont de petits canots montés par trois hommes et allant à la voile et à l'aviron. — On donne encore ce nom à de petits bâtiments en usage dans le Levant, ainsi qu'à des petites barques armées quelquefois en corsaire sur la mer Noire et montées par des Cosaques. — Enfin le nom de *caïque* est encore donné à des chaloupes canonnières construites en chêne, portant un canon de 36 derrière et une caronade de 36 devant.

CAIRE (LE) (en arabe, *el Kagerah*, ville de la victoire), grande ville, capitale de l'Égypte, près des bords du Nil. Sa population est de 290,000 habitants, Maures, Cophtes, Grecs, Turks et étrangers. Elle a 53 quartiers, 71 rues, 300 rues, 56 marchés, 400 mosquées, un château fort, bâti sur un rocher, traversé par un grand canal, et dans lequel se trouve le *puits de Joseph*, taillé dans le roc à une profondeur de cent quatre-vingts pieds sur quarante de circonférence. On voit encore au Caire le *méhias* ou nilomètre, qui tombe en ruines, et un hôpital pour deux mille cinq cents aveugles. La peste et l'ophthalmie sont les principaux fléaux de cette ville, dont les rues sont sales et étroites. Bâtie vers 975 par les califes fatimites, elle fut embellie par les diverses dynasties qui ont régné en Égypte, excepté par les Ottomans. Le sultan Sélim II la conquit en 1517 sur les mameluks, et depuis elle resta soumise aux Turks. Prise par les Français en 1798, elle se révolta contre eux le 21 octobre. Cinq mille rebelles périrent. Les Anglais s'en emparèrent en 1802, et en 1803 elle fut rendue aux Turks.

CAISSE, dans l'acception générale, sert à désigner une boîte ou un coffre composé de quatre planches assemblées avec des clous et destiné à renfermer des marchandises. — Dans l'acception particulière, ce mot désigne tout à la fois les valeurs en numéraire qu'a chez lui un banquier, un commerçant, etc., le lieu où est placé le coffre qui les renferme, et ce coffre même.

CAISSE, en agriculture, coffre de bois goudronné en dedans, peint à l'extérieur et ouvert en dessus, qu'on remplit d'une terre convenablement préparée, dans laquelle on plante les végétaux qui doivent être rentrés en serre durant l'hiver. La caisse est ordinairement carrée et renforcée aux angles par des équerres en fer qui empêchent la poussée des terres.

CAISSE. En marine, les caisses sont employées avec succès pour la conservation de l'eau, des biscuits, des légumes, etc. Celles à eau sont ordinairement de la forme d'un cube parfait, et sont faites en fer battu. Les plus grandes, employées à bord des frégates et des vaisseaux de ligne, ont un mètre 22 centimètres de côté, et contiennent environ 2,000 litres d'eau. Il y en a d'autres pour les bricks et petits bâtiments qui n'ont qu'un mètre 12 centimètres et même 90 centimètres de côté. Elles remplacent en partie le lest des navires. Les caisses à eau ont été inventées par l'Anglais Dickenson vers 1808.

CAISSE ROULANTE, tambour plus grand que les tambours ordinaires, mais d'un son plus doux. On s'en sert dans la musique militaire pour marquer le rhythme et exécuter des roulements.

CAISSE ROYALE ou DES EMPRUNTS, établissement fondé sous le règne de Louis XIV et établi à l'hôtel des Fermes, pour y recevoir des deniers des particuliers qui voulaient prêter leur argent à intérêt. Les fermiers donnaient des billets au porteur pour valeur reçue comptant. Ces billets avaient cours sur la place, sous le nom de *promesses des gabelles*. A la mort de Louis XIV, ces billets furent convertis en *billets de l'État* et acquittés en entier sous Louis XV.

CAISSE D'AMORTISSEMENT, espèce de banque fondée en l'an VIII (1800), et destinée à éteindre ou à amortir la dette publique. Cette caisse d'amortissement reçut une nouvelle organisation en 1816. Elle est placée, ainsi que la *caisse des dépôts et consignations*, sous la surveillance d'une commission rééligible tous les trois ans, nommée par le roi et composée de six membres. Les deux caisses d'*amortissement* et de *dépôts et consignations* sont dirigées et administrées par un même *directeur général*, auquel est adjoint un *sous-directeur*. Il n'y a aussi qu'un seul *caissier général*. Chaque année, une dotation est affectée au service de la caisse d'amortissement et employée, au fur et à mesure des versements, en achats de rentes sur le grand-livre de la dette publique, rentes qui ne peuvent plus être vendues ni mises en circulation.

CAISSE D'ÉPARGNE. Voy. ÉPARGNE.

CAISSE DES DÉPÔTS ET CONSIGNATIONS. Cette caisse, fondée en 1816, est établie spécialement pour recevoir seule toutes les consignations et dépôts, faire les services relatifs à la Légion d'honneur, à la compagnie des canaux, aux fonds de retraites, recevoir les fonds provenant des caisses d'épargne, etc. Cette caisse a des préposés pour son service dans toutes les villes où il y a des tribunaux de première instance. Elle paye l'intérêt de toute somme y consignée, à raison de deux pour cent, à compter seulement du seizième jour depuis la date de la consignation. Elle a les mêmes directeurs que la caisse d'amortissement.

CAISSE DES INVALIDES, caisse formée par les retenues de différents produits et entre autres sur la solde des troupes permanentes. Cette caisse est fort riche. Son institution date de Louis XIV. C'est avec une partie de ses fonds qu'on paye les retraites, les pensions, etc. Elle est à la disposition du ministère de la marine et de la guerre.

CAISSE DU TYMPAN, nom donné par Fallope à une cavité qui fait partie de l'appareil auditif, et qu'on a comparée à un tambour ou caisse militaire. Elle renferme les osselets de l'ouïe, est fermée en dehors par la membrane du tympan, et communique avec la trompe d'Eustache (canal évasé) et avec des cellules développées dans les os du crâne par d'autres ouvertures.

CAISSON, chariot traîné par quatre chevaux et recouvert en toile goudronnée, tendue sur un couvercle en dos d'âne, fermant à cadenas et ouvrant à charnières dans le sens de la longueur. C'est dans ces chariots que se placent les munitions. Un caisson transporte 750 kilogrammes, et occupe un espace de 4 mètres de long. — Il y a aussi des caissons d'ambulance, etc.

CAISSON. En architecture, on appelle ainsi les compartiments symétriques et renfoncés qui divisent et ornent souvent un plafond ou une voûte. Quelquefois on borde les caissons avec des feuilles d'or ou d'autres ornements, et on place au milieu une rosace en sculpture.

CAITHNESS, comté d'Écosse, le plus septentrional de tous, entre celui de Sutherland et la mer. Sa superficie est de 50 lieues carrées, et sa population de 12,000 habitants. La partie S.-O. de ce comté est très-montagneuse. On y trouve des pâturages abondants, du blé, du gibier. Dans l'intérieur des terres, on parle la langue gaélique. La capitale est *Wick*, port de mer à 30 lieues d'Aberdeen. Le comté de Caithness n'est séparé des Orcades que par le détroit de Pentland. Il nomme, alternativement avec le comté de Bute, un député au parlement.

CAIUS, prénom très-commun à Rome, de même que celui de *Caia*. Le C, dans les inscriptions, indique, lorsqu'il est dans sa position naturelle, le prénom *Caius*, c'est-à-dire, le masculin; lorsqu'il est renversé Ɔ, il indique le prénom féminin *Caia*. — On connaît plus particulièrement sous le nom de *Caius* CAIUS CALIGULA.

CAIUS (Saint), pape, était originaire de Dalmatie. Il fut élu à la place de saint Eutychien le 16 décembre 283, et mourut le 22 avril 296. Il était parent de l'empereur Dioclétien et oncle de sainte Suzanne. Il ordonna que tous les clercs passeraient par tous les sept ordres inférieurs de l'Église avant de pouvoir être ordonnés évêques.

CAJEPUT (HUILE DE), huile volatile extraite par la distillation des feuilles d'un *mélaleuque*. Elle est très-fluide, transparente, ne donne aucun dépôt, répand une odeur qui rappelle à la fois celle de la térébenthine, du camphre, de la menthe poivrée et de la rose, et est de couleur vert bleuâtre. Cette huile, fréquemment employée en médecine comme antispasmodique, a été mise en usage en 1832 pour le traitement du choléra-morbus.

CAJETAN (Thomas DA VIO, connu sous le nom de CARDINAL), né à Gaëte (*Cajeta*) en 1469. A l'âge de seize ans, il entra dans l'ordre des frères prêcheurs, obtint en 1494 le grade de docteur, et, après avoir professé la philosophie à Rome et à Paris, fut nommé général de son ordre en 1508. Léon X le promut en 1517 au cardinalat. L'année suivante, il fut envoyé en qualité de légat en Allemagne, pour activer la guerre contre les Turks et s'opposer aux progrès de l'hérésie de Luther. Il eut avec Luther trois conférences à Augsbourg. En 1519, il revint à Rome. Adrien VI, qui succéda à Léon X, l'envoya en Hongrie pour y soutenir la guerre contre les Turks. Il mourut en 1534. Ses ouvrages sont le *Commentaire sur les saintes Ecritures*, le *Traité sur la comparaison de l'infaillibilité du pape et de celle des conciles*, etc.

CAKILE, genre de la famille des crucifères, renfermant des plantes dont la plus remarquable est le *cakile des sables*, qui se plaît sur les côtes baignées par la mer. Cette plante charnue, que l'on brûle en certains endroits pour en retirer la soude, a une tige diffuse, haute de trente centimètres, garnie de feuilles ailées et de bouquets à fleurs rougeâtres ou blanches. En prenant ce genre pour type, on a établi dans la famille des crucifères la tribu des *cakilinées*.

CAL. On a donné ce nom, en pathologie, au mode de réunion des fragments d'un os fracturé. Les anciens pensaient que la réunion des fractures se faisait par l'intermède d'une matière collante, appelée *suc osseux*, qui s'épanchait dans les fragments, acquérait de la consistance et servait à les réunir. Il est reconnu aujourd'hui que le cal est une véritable cicatrice formée par le développement du réseau vasculaire, cicatrice comblée dans la suite par le phosphate calcaire qui lui donne la consistance de l'os. Lorsque la réunion des fragments est achevée, l'os conserve un léger renflement au lieu où existait la fracture.

CALABAR (Fernandez), mulâtre brésilien, né à Porto-Calvo (Alagoas), se distingua dans la guerre avec les Hollandais, dont il embrassa le parti contre sa patrie. En 1634, lorsque la ville de Nazareth était devenue le dernier refuge des Portugais, il l'enleva, et reçut en récompense le titre de sergent-major (*sargento mor*). Rio-Grande et Parahyba tombèrent entre les mains des Hollandais. Pris par les Portugais, il fut exécuté à Porto-Calvo, sa patrie, et sa tête fut clouée sur les remparts. Les Hollandais donnèrent son nom à une ville, un territoire et deux rivières de la Guinée, où ils ont un comptoir

CALABER (Quintus), poëte grec de Smyrne, composa au commencement du IIIe siècle un poëme en quatorze chants, qui est une espèce de supplément de l'Iliade, et qui est connu sous le nom de *Paralipomènes d'Homère*. Cet ouvrage, élégamment écrit, fut trouvé par le cardinal Bessarion dans un monastère de la terre d'Otrante. La meilleure édition est celle de Paw, Leyde, 1734.

CALABRE, grande province du royaume de Naples, bornée au N. par la Basilicate, et de tous les autres côtés par la mer. Sa superficie est d'environ 900 lieues carrées, et elle se divise en *Calabre citérieure* au N., capitale Cosenza, population 341,248 habitants; et en *Calabre ultérieure* au S., population, 420,000 habitants. La Calabre ultérieure se divise en Calabre ultérieure première, capitale Reggio, et Calabre ultérieure seconde, capitale Catanzaro. La Calabre est traversée de l'E. à l'O. par les Apennins. Le commerce de la Calabre consiste en soie, blé, huile, figues, raisins, manne très-estimée, talc, marbre, chevaux et mulets, etc. Elle a des mines d'or et d'argent, et est infestée par les brigands. Elle est exposée à de fréquents tremblements de terre. — La Calabre était autrefois le *Brutium*. Voy. ce mot.

CALABROIS (Matthias PRETI, dit LE), peintre italien, né en 1643 dans la Calabre. Lanfranc fut son maître dans la peinture. Il peignit sur le plafond de l'église Saint-Jean à Malte la vie de cet apôtre; ce qui lui valut le titre de *chevalier de grâce*, une commanderie et une forte pension. Il mourut à Malte en 1699. Ses principaux tableaux se voient à Modène, à Naples et à Malte. On les estime pour la vigueur du coloris, le relief des figures, la variété des inventions et l'art des ajustements.

CALAHORRA, l'ancienne *Calagurris*, ville épiscopale d'Espagne, dans la province et à 28 lieues à l'E. de Burgos. Le pays des environs de Calahorra est très-fertile. Sous les Romains, *Calagurris* soutint un siége mémorable contre Pompée, et ses habitants aimèrent mieux manger leurs femmes et leurs enfants que de se rendre. Calagurris fut la patrie de Quintilien.

CALAIS, port de mer sur la Manche, à 8 lieues de Boulogne, chef-lieu de canton de cet arrondissement. Population, 10,457 habitants. La ville est défendue par une forte enceinte bastionnée. La citadelle la couvre du côté de la campagne. Un phare éclaire le port; Calais est le point de France le plus rapproché d'Angleterre (7 lieues). Elle a un tribunal de commerce, une bourse, une école royale de dessin, une *société royale d'agriculture, de commerce, des sciences et des arts*, une école d'hydrographie, une bibliothèque publique de plus de 12,000 volumes. Calais est une des neuf places de guerre du département. Le port de Calais commença à acquérir de la célébrité sous le règne de Philippe Auguste. En 1347, Édouard III, roi d'Angleterre, s'en empara par famine. Les Anglais restèrent maîtres de Calais jusqu'en 1558, époque à laquelle elle fut reprise par François, duc de Guise. Elle tomba en 1596 au pouvoir de l'archiduc Albert, et, deux ans après, la paix de Vervins la restitua à la France.

CALAIS (SAINT-), sur la rivière d'Anille, chef-lieu d'arrondissement du département de la Sarthe, à 12 lieues et demie du Mans. Population, 3,638 habitants. Son arrondissement renferme six cantons, cinquante-et-une communes et 71,334 habitants. Elle a un tribunal de première instance et un collége. Elle commerce en grains, fils, toiles, etc., et a des fabriques d'étamines, de serges, de toiles.

CALAIS et ZÈTHÈS (myth.), fils de Borée et d'Orithye, avaient des ailes comme leur père. Étant partis avec les Argonautes pour la conquête de la toison d'or, ils furent reçus avec bonté par Phinée, roi d'Arcadie ou de Thrace, qui les pria de délivrer des harpies. Habiles à tirer de l'arc, ils les poursuivirent jusqu'aux îles

Plotes, où Isis vint leur ordonner de s'arrêter. Ils obéirent, et ces îles s'appelèrent *Strophades*, du nom de leur retour. Hercule tua ensuite les deux frères, qui furent changés en vents.

CALALOU, mets dont on fait dans les colonies de l'Amérique et de l'Inde un usage journalier. Sa base est la décoction du fruit de la *kelmie esculenta* et des herbes cuites, comme la *morelle à fruit noir*, les *amarantes verte et blanche*. On y ajoute du poivre long, du girofle, etc. Les créoles mangent du calalou à tous leurs repas.

CALAMAGROSTIS, plante du genre roseau, et vulgairement connue sous le nom de *roseau des sables*. Munie de racines très-longues et traçantes, elle jouit au plus haut degré de la propriété de fixer les masses de sables mouvants. De temps immémorial, les peuples du Jutland et de la Zélande la sèment en lignes très-serrées, pour opposer une barrière aux sables mouvants déposés par l'Océan. Le *calamagrostis* est mangé par les bestiaux; on le convertit aussi en engrais.

CALAMBOUR, bois des Indes, de couleur verdâtre et très-odorant, que l'on vend en bûches chez les droguistes, et dont les ébénistes se servent pour les ouvrages de marqueterie. On l'emploie aussi pour la confection des chapelets.

CALAMENT, nom donné à une espèce de menthe. (Voy. ce mot.) On emploie la *menthe calament* en décoction comme stomachique. Ses fleurs ont la forme de gueule, et sont de couleur pourpre.

CALAMINE, nom donné à une mine de zinc oxydé, mélangée le plus ordinairement d'oxyde de fer, de plomb sulfuré et de parties terreuses. On en distingue trois variétés : la *calamine lamelleuse* d'Angleterre, la *calamine chatoyante* de Daourie et le *zinc calamine commune*, opaque, rougeâtre, impure, que l'on trouve en Souabe, en Carinthie, en France, etc. La calamine, appelée en médecine *cadmie fossile et tuthie*, n'est employée comme astringente qu'après avoir été lavée et triturée dans l'eau, pour en séparer les parties les plus grossières. Elle entre dans la composition de plusieurs onguents et emplâtres. On l'appelle encore *pierre calaminaire*.

CALAMITE. On a donné ce nom, en matière médicale, à la qualité la moins estimée du storax. (Voy. ce mot.) On l'enferme dans des tiges de roseaux ; c'est ce qui lui a fait donner son nom. Son odeur est peu forte, et sa saveur est amère. Le storax calamite est souvent mélangé de sable, poussière de bois, et autres ordures. — On a donné le nom de *calamite blanche* à une espèce de marne ou d'argile blanche qui attire la salive, quand on la goûte, comme l'aimant attire le fer. Autrefois on lui attribuait des vertus nombreuses, réduites aujourd'hui à celles des terres bolaires.

CALAMITES, groupe de végétaux fossiles, appartenant au terrain de houille, et présentant des tiges simples, articulées, marquées de stries longitudinales et régulières, terminées chacune par de petits points ronds imprimés autour de l'articulation. M. A. Brongniart a prouvé que les calamites appartiennent à la famille des *prêles*.

CALAMUS, nom latin du *roseau*. On a donné le nom de *calamus aromaticus* au roseau aromatique, plante de la famille des aroïdes, aux feuilles en faisceau, aux fleurs petites, très-serrées, de couleur jaunâtre. La racine du calamus est seule employée en médecine comme tonique et stomachique. Elle est cylindrique, noueuse, de la grosseur du doigt, grisâtre extérieurement. Elle entre dans la thériaque et le mithridate. — On a donné le nom de *calamus alexandrinus* à une plante de l'Égypte et de l'Inde, l'*andropogon nardus*. On apporte de l'Inde en petites bottes longues d'un pouce. Il entre dans la thériaque.

CALAMUS, sorte de mesure qui avait 6 coudées hébraïques et 6 palmes. La coudée hébraïque avait 24 doigts ou 6 palmes, ce qui fait environ 20 pouces et demi.

CALAMUS SCRIPTORIUS (roseau à écrire), nom donné à l'instrument avec lequel on écrivait avant qu'on se servît des plumes. Il y avait deux sortes de *calamus* : le *stylet*, ordinairement en métal, en os, etc., aplati par un bout et pointu à l'autre, avec lequel on écrivait sur des tablettes enduites de cire ; et le *calamus* proprement dit, fait de jonc ou de roseau, et avec lequel on écrivait sur le parchemin. Les Arabes, les Persans, les Turks, les Arméniens écrivent encore aujourd'hui avec ces roseaux.

CALANDRE, genre d'insectes coléoptères, hyncrophores. Ils ont la tête terminée par une trompe cylindrique, longue, un peu courbée ; une bouche petite, munie de mandibules dentelées, de palpes coniques et presque imperceptibles ; les pattes fortes avec les jambes dentelées ; l'abdomen terminé en pointe ; le corps allongé, elliptique et très-déprimé en dessus. Ces insectes ont la démarche lente. Ils attaquent principalement les semences, et occasionnent souvent de grands dégâts. Leurs larves s'introduisent dans le blé, le seigle, le riz, les palmiers, et détruisent en fort peu de temps les récoltes amassées dans les greniers.

CALANDRE (technol.), machine qui sert dans le *calandrage*, opération qui a pour but de donner du lustre aux étoffes. On parvient à ce but en comprimant entre des cylindres, à l'aide d'une force suffisante, la pièce d'étoffe imbibée du *parou* ou *parement* convenable. Il résulte de cette forte compression l'aplatissement du fil qui a servi à la confection de l'étoffe, et le remplissage de tous les vides laissés par l'action du tissage ; le *parement* se desséchant durant l'action de la calandre, la surface devient lisse et comme glacée. Il y a deux sortes de calandres : la calandre proprement dite la plus ancienne. Elle est composée d'une caisse en forme de parallélépipède rectangle, remplie de poids plus ou moins lourds, et supportée par deux cylindres en bois, autour desquels on roule les étoffes qu'on veut calandrer. Ces cylindres reposent sur une plate-forme en bois très-unie. On fait rouler les cylindres en imprimant à la caisse un mouvement de va-et-vient.

CALANUS, philosophe indien de la secte des *gymnosophistes*, suivit Alexandre dans son expédition contre les Indes et dans la Perse. Étant tombé malade dans sa quatre-vingt-troisième année, il fit élever un bûcher et y monta, couronné de fleurs, devant l'armée du conquérant. Interrogé sur ce qu'il avait à dire à Alexandre, il répondit qu'il n'avait rien à lui dire, et qu'il le reverrait dans peu de temps à Babylone. Alexandre étant mort trois mois après dans cette ville, ces paroles furent regardées comme une prophétie.

CALAO, genre d'oiseaux de l'ordre des passereaux syndactyles, au bec long, gros, plus élevé que large, légèrement courbé, et surmonté d'une protubérance cornée qui s'accroît avec l'âge ; aux pieds courts, forts, musculeux, à plante élargie ; aux ailes médiocrement longues, mais amples ; et dont les trois premières rémiges sont étagées avec la quatrième ou la cinquième plus longue. Les calaos sont des oiseaux tristes et taciturnes qui se réunissent en bandes nombreuses dans les forêts en Asie, en Afrique, et dans les îles de la mer des Indes. Leur vol est lourd et de peu de durée. Tous sont omnivores et se nourrissent de fruits, de chair fraîche et même de charogne.

CALAS (Jean), négociant de Toulouse et protestant, fut accusé d'avoir étranglé, le 13 octobre 1761, Marc-Antoine, son fils en haine de la religion catholique, qu'il voulait, dit-on, embrasser, ou qu'il professait secrètement. Arrêté avec sa famille et le fils d'un avocat nommé Lavaysse, il fut mis à la torture, condamné sur de simples soupçons, mais sans preuves, et rompu vif le 9 mars 1762, à l'âge de soixante-huit ans. Jean-Pierre Calas, frère puîné de Marc-Antoine, fut condamné au bannissement ; Rose Cabibel, femme de Calas, sa servante et Lavaysse furent mis hors de cour. Voltaire, instruit de la légèreté de la procédure, obtint un arrêt du conseil royal (9 mars 1765), qui réhabilita la mémoire de Calas.

CALASCIONE, sorte de luth monté de deux cordes, dont le corps est très-petit et dont le manche est fort long. Cet instrument est en usage dans le royaume de Naples.

CALATAYUD, province d'Espagne, entre celles de Navarre, de Saragosse, de Teruel, de Cuenca et de Soria. Elle est, en partie, formée de l'ancienne province d'Aragon. Sa superficie est de 370 lieues carrées, et sa population est de 243,640 habitants. Elle est fertile en grains, vin, huile et fruits.

CALATAYUD, ville, au confluent du Xalon et du Xicola, à 15 lieues de Saragosse et à 42 de Madrid. Elle a des manufactures d'armes, des fabriques de savon, etc. Cette ville est la capitale de la province du même nom.

CALATHE, genre d'insectes coléoptères, de la famille des carnassiers. Ces insectes ne dépassent guère six lignes de long. Ils sont déprimés ; leurs couleurs sont le plus souvent sombres, et presque jamais métalliques. On les trouve communément courant à terre, ou couchés sous les pierres; les végétaux, les écorces, etc.

CALATHIDE, nom donné, en botanique, à l'assemblage des fleurons, des demi-fleurons et des bractées, qui constituent une fleur composée, comme celle du pissenlit, du soleil, etc. La *calathide flosculeuse* est celle qui n'est composée que des fleurons (chardon, artichaut). La *calathide semiflosculeuse* est celle qui n'a que des demi-fleurons (laitue, chicorée) ; la *calathide radiée* est formée de fleurons au centre et de demi-fleurons à la circonférence (reine marguerite).

CALATHUS. Les Grecs appelaient ainsi un vase en terre appelé par les Latins *quadillum*. Le calathus avait d'abord servi à recevoir le lait et le vin. Il était en usage dans les Dionysiaques, les Thesmophories et les solennités de Diane et de Minerve. Il était un des attributs d'Osiris et de Sérapis ; ce dernier le portait sur la tête. C'était aussi l'attribut de Priape, de Sylvain, des Parques, de Cérès, de Junon et des divinités champêtres. Dans les Thesmophories, on allait le chercher en procession à Éleusis.

CALATOR. On appelait ainsi, chez les Romains, un crieur public attaché au service des magistrats ; c'était une espèce de bedeau qui faisait cesser les travaux pendant les sacrifices.

CALATRAVA, l'ancienne *Uretum*, ville d'Espagne, dans la province et à 8 lieues de Ciudad-Réal. Elle commerce en vin, blé, gibier, troupeaux, et a des mines abondantes de mercure. Elle est bâtie sur la Guadiana, et est le chef-lieu de l'ordre militaire de Calatrava.

CALATRAVA (ORDRE DE), ordre militaire institué en 1158 par Don Sanche III, roi de Castille, pour défendre la ville de Calatrava contre les incursions des Maures. D'abord connu sous le nom de *Saint-Julien*, l'ordre de Calatrava fut confirmé par Alexandre III en 1164, et par Innocent III en 1199. Les chevaliers suivaient la règle de Cîteaux et en portaient l'habit, mais accommodé à la vie militaire. Le pape Adrien VI annexa à la couronne d'Espagne la nomination à la grande prêtrise, réservée au souverain pontife auparavant. Les chevaliers portent sur l'estomac une croix de gueules fleurdelisée de vert, accostée en pointe de deux manottes d'azur. Leur habit est un grand manteau blanc. Ils font vœu de pauvreté, d'obéissance et de chasteté conjugale (car ils peuvent se marier une fois). Ils possèdent cinquante-six commanderies et sept sieurs prieurés.

CALAZOPHILACES, prêtres grecs chargés d'observer les grêles, les orages et les tempêtes, pour les détourner par le sacrifice d'un agneau ou d'un poulet. Au défaut de ces animaux, ou s'ils en tiraient un augure défavorable, ils se piquaient le doigt avec un canif, et croyaient apaiser les dieux par l'effusion de leur sang. Ils avaient été institués par Cléon.

CALCAIRE. On désigne sous ce nom une espèce minérale et une roche. Dans l'une et dans l'autre, c'est un composé d'oxyde de calcium (chaux) et d'acide carbonique. En minéralogie, le carbonate de chaux ou chaux carbonatée se divise en deux sous-espèces, le *calcaire* et l'*arragonite*. Considéré comme sous-espèce minérale, le calcaire est *spathique*, c'est-à-dire, à l'état cristallin ; spathique *lamelleux*, c'est-à-dire, à l'état lamelleux, et spathique *saccharoïde*, c'est-à-dire, en cristaux grenus. A cette variété appartiennent les *marbres*. Considéré comme roche, c'est-à-dire, comme une masse minérale formant de grands dépôts dans la nature, le calcaire affecte des formes très-variées : on le trouve dans les terrains les *plus anciens* et dans les plus modernes.

CALCANEUM, os du talon, le plus grand du tarse, celui qui soutient le poids du corps dans la station et la marche. Sa forme est cubique et allongée. On a aussi donné ce nom à l'os du jarret du cheval.

CALCÉDOINE, nom donné de la ville de Chalcédoine (voy. ce mot) à une variété d'agate qui est d'un blanc laiteux, d'une transparence nébuleuse, et que l'on taille pour faire des bijoux d'ornement. Les calcédoines les plus estimées nous viennent de l'Islande et des îles Fœroé. Celles dont la pâte est très-fine et l'intérieur comme pommelé sont appelées *calcédoines orientales*.

CALCÉOLE, genre de mollusques fossiles de l'ordre des brachiopodes et de la famille des térébratules. Elles sont épaisses, équilatérales, très-inéquivalves triangulaires. On connaît trois espèces de calcéoles.

CALCHAS (myth.), célèbre devin grec, fils de Thestor, fit les fonctions de grand prêtre dans l'armée des Grecs. Il prédit que Troie ne succomberait qu'après dix ans de siège et par le secours d'Achille, et que la flotte, retenue en Aulide par les vents contraires, ne ferait voile que lorsque Iphigénie serait immolée. Il mourut à Colophon, de douleur de n'avoir pu deviner aussi exactement que Mopsus le nombre de figues que portait un figuier.

CALCINATION, action de transformer en chaux vive le carbonate calcaire à l'aide d'une forte chaleur qui dégage l'acide carbonique du carbonate. On étend encore le nom à toute opération qui consiste à traiter par le feu une substance quelconque jusqu'à ce qu'elle ait perdu les matières décomposables ou volatiles qu'elle contient. Les vases qui servent à cette opération ne doivent pas être attaquables par le corps que l'on veut calciner. On emploie ordinairement des creusets de platine.

CALCINATO, petite ville du royaume lombard-vénitien, près de la Chiesa, à 4 lieues de Brescia, fameuse par la bataille qui s'y livra le 19 avril 1706 entre l'armée française, commandée par le duc de Vendôme, et les armées impériales par le comte de Reventlau. Ces derniers, vaincus, laissèrent sur le champ de bataille 3,000 morts, autant de prisonniers, 6 pièces de canon, 1,000 chevaux. Cette victoire ne coûta pas 800 hommes à l'armée française.

CALCIUM, métal blanc, plus pesant que l'eau, solide à la température ordinaire, très-altérable au contact de l'eau et de l'air. Il n'existe pas à l'état natif, et on ne le rencontre qu'à l'état d'oxyde, uni à des oxydes ou à l'un des acides sulfurique, carbonique, phosphorique, etc. On l'obtient en décomposant par la *pile* une pâte d'un sel calcaire quelconque et d'eau. Le calcium, se rendant au pôle négatif, y trouve du mercure avec lequel il se combine. On le sépare ensuite du mercure par la distillation. Le calcium a été découvert par Davy.

CALCUL, réalisation des opérations qu'il faut faire sur les nombres donnés par une question pour la résoudre. Ce mot de *calcul* vient du latin *calculus*, pierre, parce que les anciens employaient, de petites pierres pour effectuer les diverses opérations arithmétiques. Les Chinois se servent pour calculer d'une sorte de lyre dont les cordes portent de petites boules enfilées et mobiles ; les Russes ont pour calculer un instrument à peu près semblable. — On a étendu le nom de calcul à toutes les branches de la science des nombres qui emploient des procédés qui leur sont propres pour exécuter des opérations mathématiques. C'est dans ce sens que l'on dit *calcul différentiel, exponentiel, intégral, des fluxions, des probabilités,* et *calcul numérique*.

CALCULS, concrétions inorganiques qui peuvent se former dans toutes les parties du corps des animaux, mais qu'on trouve le plus ordinairement dans les organes destinés à servir de réservoir et dans les conduits excréteurs. Ainsi on en trouve dans la vessie, les reins, l'estomac, l'intestin, la vésicule du fiel, les conduits biliaires, etc. On attribue la formation des calculs au retard, aux obstacles que les fluides éprouvent dans leur circulation à travers les filières qu'ils parcourent, et à l'agglomération des principes concrescibles qu'ils renferment, déterminée par ces obstacles. Les calculs affectent diverses formes, et sont composés de différentes matières.

CALCUTTA, ville de l'Indoustan, capitale de la présidence du Bengale et de toute l'Inde anglaise, à 30 lieues de la mer. Sa population est de 800,000 habitants. Elle est divisée en deux parties : *Black-Town* et *Chornigée*, renfermant le palais du gouverneur, les pagodes, les mosquées. Calcutta est le siège du gouverneur et du conseil des possessions anglaises. Elle a une cour de justice, un évêque anglican et une célèbre société asiatique. Le commerce consiste en produits d'Europe et en denrées américaines, asiatiques, polynésiennes. — Simple comptoir en 1690, Calcutta fut fortifiée en 1695. Prise par le radjah El-Daoulas en 1756, les Anglais s'en emparèrent en 1757.

CALDARA. Voy. CARAVAGE.

CALDERARI (*chaudronniers*), nom donné à une des sociétés secrètes qui s'élevèrent en Italie à la suite de la fermentation produite par les événements politiques de 1813. Son but était d'assurer l'unité gouvernementale de l'Italie et l'affranchissement de toute domination étrangère ; mais, quoique poursuivant le même objet, les *calderari* étaient les ennemis des *carbonari*, dont ils étaient loin d'avoir l'éducation et les manières.

CALDERON DE LA BARCA (Don Pedro), poète espagnol, né en 1600. Il fit comme simple soldat quelques campagnes en Italie et dans les Pays-Bas. Le roi Philippe IV, instruit de son talent pour l'art dramatique, le manda en 1636, et l'institua directeur des spectacles, fêtes et jeux publics. Il composa quinze cents pièces, dont les plus fameuses sont : *le Prince constant, Héraclius, la Vie est un songe, On ne badine pas avec l'amour, l'Alcade de Zalamea, Se défier des apparences*. Devenu chanoine de Tolède en 1652, il renonça au théâtre profane, et composa soixante-huit *autos sacramentales* (actes sacramentaux), qui ressemblent pour le fond aux anciens mystères. Il mourut en 1687.

CALDERON (Don Rodrigue), homme d'Etat rendu fameux par sa fortune et ses malheurs. Né à Anvers d'un soldat espagnol et d'une Flamande, il s'éleva jusqu'à la faveur du duc de Lerme, premier ministre de Philippe III, et obtint le titre d'Oliva, marquis de Siete-Iglesias et secrétaire d'Etat en 1618, la disgrâce de son protecteur entraîna la sienne. Accusé de l'empoisonnement de la reine Marguerite, il fut jeté dans un cachot (1619).

Deux ans après, le comte-duc d'Olivarès le sacrifia à la haine publique contre le duc de Lerme. Il mourut sur l'échafaud le 31 octobre 1621.

CALDERWOOD (David), célèbre théologien de l'Eglise presbytérienne, né en 1575 en Ecosse. En 1604, il se prononça contre l'épiscopat, et s'opposa vigoureusement au projet qu'avait Jacques VI de réunir l'Eglise d'Ecosse à celle d'Angleterre. La violence de sa conduite le fit bannir d'Ecosse ; il se retira en Hollande, où il publia un ouvrage célèbre, intitulé *Altare Damascenum*, contre l'Eglise d'Angleterre. Il retourna à Edimbourg en 1636, et écrivit une *Histoire ecclésiastique d'Ecosse*. Il mourut en 1651.

CALDIERO, petit village du royaume lombardo-vénitien, près de l'Adige, et à 3 lieues de Vérone, où se livra en 1796 un combat qui précéda la bataille d'Arcole, et dans lequel Bonaparte, qui voulait culbuter les Autrichiens, fut vaincu. — En 1805 (30 octobre), le maréchal Masséna, commandant l'armée française, fut forcé de se retirer près de là devant l'archiduc Charles ; mais ce ne fut qu'après avoir fait 3,000 prisonniers. L'armée française put passer l'Adige. Le 16 octobre 1813, il s'y livra encore un combat entre les Français commandés par le prince Eugène, et les Autrichiens commandés par le général Hiller. La position de Caldiero fut emportée par nos troupes.

CALE, fond intérieur d'un bâtiment, compris d'un bout à l'autre au-dessous du faux pont, ou du premier pont dans ceux qui n'ont pas de faux pont. La cale est divisée en grands compartiments ; la *grande cale*, qui contient les caisses d'eau, les câbles et presque tous les cordages de rechange ; la *cale à vin*, dessous l'emplacement qu'occupe la cambuse dans les grands bâtiments du roi ; les autres compartiments sont les *soutes aux poudres, à biscuit, aux voiles, au charbon*, etc.

CALE DE CONSTRUCTION, nom donné aux plans sur lesquels les vaisseaux sont construits à terre. Ces plans sont inclinés d'un pouce par pied afin que le bâtiment y glisse, entraîné par son propre poids, quand on le lance à la mer. S'il se trouve un toit bâti au-dessus du bâtiment en construction, on appelle la cale, *cale couverte*. La longueur des cales de construction, y compris celle de l'avant-cale, est d'environ trois cents pieds.

CALE (SUPPLICE DE LA), punition exemplaire que l'on inflige sur les vaisseaux aux coupables de vol, etc. On attache le délinquant à un cordage bien enduit de suif, qui est passé dans une poulie, au bout de la grande vergue. On hisse le coupable jusqu'à la hauteur de la vergue, et on le laisse retomber de son poids dans la mer. On répète ce supplice jusqu'à trois fois. Cette manière de *donner la cale* s'appelle *cale mouillée*. La *cale sèche*, autrefois en usage, était la même chose que l'*estrapade*.

CALEB, de la tribu de Juda, fut envoyé avec Josué et dix autres députés, pour aller explorer la terre de Chanaan. Josué et lui rassurèrent le peuple épouvanté par le récit de leurs compagnons de voyage ; aussi furent-ils les seuls de tous ceux qui étaient sortis d'Egypte qui entrèrent dans la terre promise. Les Israélites étant entrés dans la terre de Chanaan, Caleb eut en partage les villes d'Hébron et de Débir. Il mourut à l'âge de cent quatorze ans.

CALEBASSE. On donne ce nom, en Amérique et en Afrique, aux fruits de diverses plantes de la famille des cucurbitacées, dont les naturels dessèchent la peau, après avoir vidé le fruit, et en font des vases, des bouteilles, des ustensiles de ménage, etc. La plante qui porte ces fruits forme dans le genre *courge* la section des *courges* proprement dites. Il y a trois variétés de calebasses ; la *cougourde*, qui affecte la forme d'une bouteille étranglée ; la *gourde* et la *trompette*. L'espèce *calebasse* a la tige grimpante et sillonnée, les feuilles arrondies, lanugineuses, d'un vert pâle, les fleurs blanches et très-ouvertes.

**CALEBASSIER.** Voy. CRESCENTIE.

**CALÈCHE**, sorte de carrosse coupé et de structure légère. Le mot de *calèche* vient du polonais *kolesse*, qui signifie une petite voiture à laquelle on attelle un cheval.— On a encore appelé *calèche* une parure de femme aujourd'hui passée de mode. C'était un chapeau en toile ou en étoffe légère de soie, soutenue par des baleines.

**CALEDONIAN-RIVER**, fleuve de l'Amérique septentrionale, dans la Nouvelle-Calédonie. Il sort d'un lac de même nom, et se divise en deux bras qui tombent, l'un dans le golfe de Géorgie, l'autre dans la baie de l'Amirauté. Son cours est de 70 lieues.

**CALÉDONIE**, nom ancien étendu par les uns à toute l'Écosse, et limité par les autres au pays situé au N. du Forth et de la Clyde. La Calédonie paraît n'avoir été connue des Romains qu'à l'époque où Agrippa y pénétra avec son armée (l'an 80). Adrien éleva un mur l'an 121 pour protéger la Grande-Bretagne romaine des incursions des Calédoniens. Les Calédoniens, malgré cet obstacle, envahirent plusieurs fois les terres occupées par les Romains. Septime Sévère les força de se soumettre.—Les Calédoniens orientaux s'appelaient *Pictes* ou *Cruitnich*, en langue gaélique, *épi* ou *cosse de blé*. Les Calédoniens occidentaux recevaient le nom de *Scotts* (en langue celtique, *vagabonds*). Les premiers étaient les *Lowlanders*, les seconds les *Highlanders* d'aujourd'hui, et tous deux se faisaient une guerre acharnée et constante. Les Calédoniens étaient d'origine celtique.

**CALÉDONIE** (NOUVELLE-), contrée de la Nouvelle-Bretagne, entre les monts Rocheux à l'O., l'Amérique russe au N., les États-Unis au S. Sa superficie est de 26,800 lieues carrées. Ses côtes sont très-découpées et bordées d'îles nombreuses; elle renferme d'immenses volcans, de grands fleuves. Le climat de la Nouvelle-Calédonie est assez doux, et fertile dans quelques endroits. Les indigènes qui l'habitent sont au nombre de 100,000, divisés en un grand nombre de tribus, les Takolites, les Nas-Kontains, les Ouacailes, les Nagails, les Atènes. La Nouvelle-Calédonie a été découverte en 1556 par Urdanieta.

**CALÉDONIE** (NOUVELLE-), grande île de la mer Pacifique, dans la portion de l'Océanie appelée Mélanésie, au S. de l'archipel des Nouvelles-Hébrides. Sa superficie est de 1,620 lieues carrées. La population, composée d'hommes noirs, aux cheveux laineux et à la peau grasse, laids, disgracieux, misérables, mais de haute stature, est de 50,000 habitants. Le nom que les indigènes donnent à cette île est *Balade*. Parmi les dépendances de cette île sont les îlos Beauprè, Loyalty, l'île de l'Observatoire, l'île des Pins et les îles Botanique et Hohohoua. La Nouvelle-Calédonie a été découverte par Cook (1774).

**CALÉFACTEUR**, appareil destiné à la cuisson économique des aliments et inventé par M. Lemare. Le mérite de cet appareil est dans le bon emploi de la chaleur développée par la combustion du charbon. Le foyer est entouré et recouvert d'une double enveloppe métallique pleine d'eau, et très-propre, en conséquence, à conserver la chaleur. Une autre enveloppe en étoffe ouatée empêche la déperdition de la chaleur par les parois extérieures du vase. Le caléfacteur présente, par conséquent, économie de combustibles et conservation de chaleur sans soin et sans frais.

**CALENBERG**, principauté du royaume de Hanovre, bornée au N. par celle de Lunebourg, au S. par le duché de Brunswick, à l'O. par les principautés de Lippe-Detmold et Lippe-Schauenbourg, à l'E. par l'évêché d'Hildesheim. La superficie est de 338 lieues carrées, et la population de 139,230 habitants. Elle a pour chef-lieu *Hanovre*, et forme le gouvernement de Hanovre. C'est un pays montagneux, dont le sol est pierreux, et qui nourrit des bêtes à laine et beaucoup de chevaux Elle produit du houblon, du lin, du tabac, et a des manufactures de laine et des forges.

**CALENDARIO** (Philippe), sculpteur et architecte du XIVᵉ siècle, éleva à Venise les magnifiques portiques, soutenus de colonnes de marbre, qui environnent la place Saint-Marc. Cet ouvrage fit sa réputation et sa fortune. La république le combla de biens, et le doge l'honora de son alliance.

**CALENDERS**, moines turks et persans, dont le nom signifie *or pur*. Ils furent institués vers 1370 par *Calender-Youssouf*, Arabe d'Espagne. Leur ordre dégénéra bientôt, et ce ne sont plus que des charlatans ou des jongleurs, faisant bonne chère, et adonnés à la débauche. Le seul précepte du Koran qu'ils observent est l'ablution. Ils se rasent la barbe et la tête, renoncent au mariage, et portent des habits plus courts que ceux des Turks et d'une seule couleur.

**CALENDES**, nom que donnaient les Romains au premier jour de chaque mois, fixé à celui de la nouvelle lune. Ce jour-là, un des petits pontifes appelait le peuple au Capitole, lui annonçait les fêtes qu'il devait célébrer pendant le mois, et lui apprenait combien de jours devaient s'écouler jusqu'aux nones, qui arrivaient le 7 dans les mois de trente et un jours, et le 5 dans les autres. Les Romains comptaient les jours en les rapportant aux calendes, aux nones et aux ides; ainsi ils disaient la veille, l'avant-veille, le troisième, le quatrième jour avant les calendes, et de même pour les nones et les ides. Les calendes étaient des jours de fête, dont le lendemain était réputé néfaste. Le payement des dettes était fixé aux calendes de chaque mois. Aux calendes de mars commençait l'année romaine; à celles de janvier, les consuls entraient en charge. Les calendes étaient consacrées à Junon. — On dit, *Renvoyer aux calendes grecques*, pour dire renvoyer indéfiniment; car les Grecs n'avaient pas de calendes, mais des *néoménies*.

**CALENDES** (FRÈRES DES) ou CALENDER HERREN, société ou confrérie de laïques et d'ecclésiastiques, née dans le XIIIᵉ siècle, et qui devait son nom à ce qu'elle s'assemblait tous les premiers jours du mois (*calendæ*) pour régler les fêtes, les aumônes, les jours de jeûne, etc., pour tout le mois. Cette société, qui s'était répandue en France et dans presque toutes les villes d'Allemagne, fut abolie à cause des abus qui s'y étaient introduits.

**CALENDRIER**, distribution du temps en périodes plus ou moins longues, imaginées pour les usages sociaux. On entend encore par ce mot une table qui contient l'ordre des jours, des semaines, des mois et des époques remarquables ou des fêtes qui arrivent pendant le cours de l'année.

**CALENDRIER ROMAIN**. Il doit son origine à Romulus, qui composa l'année de trois cent quarante jours divisés en dix mois. Numa fixa la durée de l'année solaire à trois cent soixante-cinq jours, et celle de l'année lunaire à trois cent cinquante-quatre. Il voulut en conséquence que l'année romaine fût composée de douze mois, alternativement de vingt-neuf et de trente jours, et que de deux en deux ans on ajoutât un mois intercalaire, alternativement de vingt-deux et de vingt-trois jours. Cette année étant si peu concordante avec le cours du soleil, que Numa avait confié aux pontifes le soin d'accorder les années avec les mouvements célestes. Ce soin ayant été négligé, le calendrier romain était tombé du temps de Jules César dans une si prodigieuse confusion, que l'équinoxe civil s'écartait de l'équinoxe astronomique de près de trois mois, et l'ordre des saisons se trouvait interverti. César, d'après les conseils de l'astronome Sosigènes, adopta l'année astronomique de trois cent soixante-cinq jours, et il ordonna que, tous les quatre ans, on ajouterait au dernier mois un jour, pour former une année de trois cent soixante-six jours, qui fut appelée bissextile. Dans chaque mois on comptait la *calende*, les *nones* et les *ides* (le 1ᵉʳ, le 5 ou le 7, et le 13 du mois). La confusion de l'année julienne nécessita la réforme grégorienne. Voy. ce mot.

**CALENDRIER RÉPUBLICAIN**. La convention nationale, ayant aboli le calendrier grégorien, lui substitua, par un décret du 24 novembre 1793, un calendrier entièrement basé sur le système décimal. L'ère des *Français* data de la première année de la république, c'est-à-dire, du 22 septembre 1792, à minuit. L'année se divisa en douze mois de trente jours chacun, suivis de cinq jours complémentaires, appelés *sans-culottides*. De quatre en quatre ans, on ajouta à ces cinq jours un sixième, et cette période de quatre ans reçut le nom de *franciade*. Les noms des mois furent, pour l'automne, *vendémiaire*, *brumaire*, *frimaire*; pour l'hiver, *nivôse*, *pluviôse*, *ventôse*; pour le printemps, *germinal*, *floréal*, *prairial*; pour l'été, *messidor*, *thermidor*, *fructidor*. Chaque mois fut divisé en trois parties égales de dix jours chacune, appelées *décades*. Les noms des jours de la décade furent *primidi*, *duodi*, *tridi*, *quartidi*, *quintidi*, *sextidi*, *octidi*, *nonidi*, *décadi*. On substitua aux noms des saints des noms de végétaux, d'animaux, d'instruments aratoires, etc. Le calendrier républicain fut aboli par un décret du 21 fructidor an xiv (1805).

**CALENDRIER DE FLORE**. On a donné ce nom à un calendrier indiquant les noms des fleurs qui se développent dans tel ou tel mois. Ainsi il y a *janvier*, l'ellébore noir; *février*, l'aune, le saule-marceau, le noisetier, etc.; *mars*, le buis, l'if, le cornouiller, l'amandier, le pêcher, l'abricotier, le groseiller épineux, la giroflée jaune, la primevère, etc.

**CALENTURE**, nom sous lequel on désigne une maladie qui attaque les marins lorsqu'ils traversent la zone torride. L'invasion a lieu la nuit pendant le sommeil; l'individu devient brûlant, son pouls précipité, sa tête s'exalte, et dans son délire la mer lui semble être une verte prairie, vers laquelle il veut se précipiter. Souvent les efforts réunis de plusieurs hommes ne peuvent l'en empêcher. Un autre phénomène est la viscosité du sang, qui ne sort qu'avec une difficulté extrême. On saigne le malade, et on lui administre des boissons rafraîchissantes.

**CALEPINO** ou DA CALAPIE (Ambroise), religieux augustin, né à Calepio près de Venise en 1435, entra dans l'ordre des augustins en 1451, et mourut aveugle en 1510. Il s'est rendu célèbre par son *Dictionnaire des langues latine, italienne*, etc. (1502), augmenté depuis par Passerat, la Cerda, Chifflet et d'autres lexicographes. L'édition la plus complète de ce dictionnaire est celle de Bâle (1590 ou 1627) en onze langues, y compris le polonais et le hongrois. — Le mot de *calepin* est passé dans la langue pour exprimer un dictionnaire ou plutôt un recueil de notes et d'extraits.

**CALÈTES.** Voy. CADÈTES.

**CALFAT**, ouvrier embarqué sur les grands bâtiments pour l'entretien du *calfatage*, et qui s'emploie aussi dans les ports à calfater les coutures ou les joints des bordages pour empêcher les eaux de s'introduire intérieurement tant du dehors que par les ponts. Le calfat est chargé de l'entretien des pompes, de fermer tout accès à l'eau. Les calfats employés dans les ports sont encore chargés de chauffer les carènes et de les visiter en sondant les piqûres, etc., avec un gros fil de fer.

**CALFATAGE**, opération par laquelle on fait entrer de l'étoupe roulée en cordon et enduite de poix dans les fentes des bâtiments.

**CALIARI** (Paolo), surnommé PAUL VÉRONÈSE, peintre italien, né à Vérone en 1532. Badila Caliari, son oncle, fut son maître. Le palais de Saint-Marc à Venise offre plusieurs de ses chefs-d'œuvre. Les plus célèbres sont les *Noces de Cana*, le *Repas de Jésus-Christ chez Simon*, le *Repas chez Lévi le publicain*. Il mourut à Venise en 1588. Ses élèves furent ses deux fils *Carlo* et *Gabriel*, morts l'un en 1596, l'autre en 1631, et son frère *Benedetto*, mort en 1598.

**CALIBRE**, dimension comparable du diamètre du tube d'une arme à feu et du diamètre du projectile de cette arme. Le calibre du tube est sa partie vide; il se mesure à la bouche de l'arme à feu. Celui du projectile son diamètre s'il est sphérique, ou le moindre diamètre de son milieu s'il est ovoïde. Le calibre des pièces d'artillerie a varié d'abord depuis une livre de balles jusqu'à douze cents. Aujourd'hui le boulet de six est le plus faible des calibres français.

**CALICE**. On donne ce nom, en botanique, à l'enveloppe la plus extérieure d'une fleur. Le calice est *monosépale*, c'est-à-dire, d'une seule pièce (œillet, primevère), ou *polysépale*, c'est-à-dire, composé de plusieurs pièces distinctes, séparables sans déchirure (tilleul, renoncule). La couleur verte du calice suffit ordinairement pour le distinguer de la corolle.

**CALICE**, vase consacré par l'évêque, et destiné au sacrifice de la messe. On y met le vin que l'on doit consacrer. Les anciens calices étaient d'or, d'argent, de cuivre, d'étain, de corne, de verre, de bois, etc. On y gravait l'image du Sauveur, et ils étaient munis d'anses. Ils étaient très-grands, et servaient à la communion du peuple, qui alors communiait sous les deux espèces. Le communiant buvait le vin du calice au moyen d'un chalumeau d'argent. Aujourd'hui il n'est permis de se servir que de calices d'or, d'argent ou d'étain.

**CALICOT**, toile de coton, moins fine que la percale, tissée sur un métier de tisserand à deux marches, comme la toile du lin ou du chanvre. Cette toile n'est pas croisée. Elle sert, en blanc, pour faire des chemises, des rideaux, des draps de lit, etc. Ce sont des sortes de toiles qu'on imprime ordinairement. La fabrication du calicot ne remonte guère en France qu'au commencement de ce siècle.

**CALICULE** (bot.), espèce de collerette, formée de petites écailles, qui semble être un second calice. Elle se trouve en dehors du calice proprement dit.

**CALICUT**, ville de l'Indoustan, sur la côte du Malabar, à 120 lieues de Goa. Sa population est de 20,000 habitants. Elle a un comptoir anglais. Son territoire produit du poivre, du gingembre, de l'aloès, du riz en abondance. Calicut fut le premier port de l'Inde visité par les Européens. Les Portugais y abordèrent en 1498, sous la conduite de Vasco de Gama. Calicut appartient maintenant aux Anglais.

**CALIFE**. Voy. KHALIFE.

**CALIFORNIE**, grande presqu'île de l'Amérique septentrionale, bornée au N. par la Nouvelle-Californie, à laquelle elle se rattache par un isthme, et de tous les autres côtés par l'Océan. Sa superficie est d'environ 15,240 lieues carrées. Sa population est de 2,700 habitants, presque sauvages. La Californie est généralement aride, mais très-fertile en grains et en fruits dans plusieurs parties. On pêche des perles sur les côtes. La *Vieille-Californie* était autrefois une intendance du Mexique, dont la capitale était *Loreto*, ville bâtie en 1730. Aujourd'hui elle forme un des quatre territoires de la confédération mexicaine.

**CALIFORNIE** (NOUVELLE-), ancienne intendance du Mexique, bornée par la Vieille-Californie, le Grand-Océan, l'intendance de Sonora, le Nouveau-Mexique et les États-Unis. Sa superficie est de 75,225 lieues carrées, et sa population de 16,000 âmes. Le climat est doux, le pays est fertile. La capitale est *Monterey*, sur l'océan Atlantique. Aujourd'hui la Nouvelle-Californie forme un des quatre territoires de la confédération mexicaine.

**CALIGE**, genre de crustacés de la tribu des pinnodactyles et de l'ordre des branchiopodes. On les connaissait autrefois sous le nom de *poux de poissons*, parce qu'en effet ils vivent habituellement sur ces animaux, s'y tenant accrochés, soit avec les pieds à onglets, soit avec deux petits bras situés à l'extrémité antérieure de leur corps.

**CALIGES** (en latin, *caligæ*), brodequins, bottines, qui couvraient le pied et une partie de la jambe. Les *caliges* étaient portées par les soldats romains, et c'est de là que prit son nom Caius César, connu dans l'histoire sous le nom de *Caligula*. Ce prince avait en effet l'habitude de porter des caliges. Les rois de France, à leur sacre, chaussaient les caliges, et les chanoines de Besançon les prenaient pour officier.

**CALIGULA** (Caius César), empereur romain, fils de Germanicus et d'Agrippine, naquit à Antium le 13 de l'ère chrétienne. Tibère l'adopta de bonne heure, et la mort lui laissa le trône en 37. Pendant les huit premiers mois de son règne, il donna les plus grandes espérances; mais il se montra bientôt orgueilleux, voluptueux et cruel. Il voulut être adoré comme un dieu, et se fit offrir des sacrifices. Il fit abattre les statues des grands hommes et mettre les siennes à la place des dieux, donna l'exemple des mauvaises mœurs en commettant un inceste avec ses trois sœurs, et en établissant dans son palais des lieux de prostitution. Il créa son cheval pontife et consul, et le logea dans un magnifique appartement. Chéréa, tribun des gardes prétoriennes, le poignarda l'an 41.

**CALIORNE**, nom par lequel on désigne le plus gros et le plus fort palan dont on se sert dans la marine. La réunion des deux poulies et des cordages ou garants forme la caliorne, qui est ordinairement à trois rouets dans chaque poulie, ou trois à la poulie supérieure, et deux seulement à la poulie inférieure. Les caliornes servent à embarquer et à débarquer les canons, les plus grandes embarcations, etc. On en a une de chaque bord au grand mât et à celui de misaine dans les vaisseaux et frégates.

**CALIXTE**. Voy. CALIXTE.

**CALIXTE** (Georges), théologien luthérien, né à Medelbury dans le Holstein en 1586, fut professeur de théologie à Helmstadt en 1614, et mourut en 1656. On a de lui l'*Anti-Moguntius*, un *Traité latin contre le célibat des clercs*, etc. Il a donné son nom à une secte de luthériens appelés *calixtins* ou *syncrétiques*, qui s'imaginaient pouvoir réunir les différentes sectes luthériennes, qui se haïssaient autant entre elles qu'elles haïssaient la religion catholique. Les calixtins admettaient les calvinistes à leur communion.

**CALIXTINS**, nom donné aux hérétiques de Bohème qui croyaient que le calice était nécessaire à tous les fidèles, même aux enfants nouvellement nés. Ils parurent au XVe siècle, et eurent pour auteur un nommé Jacobel. Son successeur fut Roquesane, homme ambitieux qui empêcha la réunion des calixtins à l'Eglise catholique, parce qu'on lui refusa l'archevêché de Prague, qu'il demandait.

**CALLAO**, grande et forte ville du Pérou, dans la province et à 2 lieues de Lima, à qui elle sert de port. Sa population est de 5,000 habitants. La rade de son port passe pour la plus belle, la plus grande et la plus sûre du Grand-Océan.

**CALLE**, plante de la famille des aroïdées. Le fruit est une baie à plusieurs loges, renfermant chacune une ou plusieurs graines. Les espèces de calles, au nombre de quatre ou cinq, sont des plantes herbacées à tige rampante, à épi fertide, au suc âcre et vénéneux. Une espèce, la *calle des marais*, est commune dans le nord de l'Europe. Sa racine, épaisse et charnue, contient une fécule abondante et nutritive quand le lavage lui a ôté son âcreté naturelle.

**CALLE** (LA), port d'Afrique, à 8 lieues à l'E. de Bone, et à 40 de Constantine. C'est le comptoir de la compagnie d'Afrique établie à Marseille pour la pêche du corail et la traite des grains, de la laine, des cuirs et de la cire. Ce port, reste d'une assez grande ville, est situé sur un rocher stérile, entouré par la mer de trois côtés, et défendu par un bon mur du côté de la terre. Après le départ du consul de France à Alger, lors de l'insulte que lui fit le dey (1827), le fort la Calle fut complètement pillé et ruiné de fond en comble.

**CALLIAS**. Plusieurs personnages de l'antiquité ont porté ce nom. — 1° CALLIAS, poëte grec, fils de Lysimaque : ses ouvrages sont perdus. On le surnommait le *Cordier*, parce qu'il était obligé de faire des cordes pour vivre. — 2° CALLIAS, un des plus riches propriétaires de mines d'Athènes. Espérant séparer l'or qui, suivant lui, se trouvait dans le sable rouge du minerai d'argent, les procédés qu'il employa lui firent découvrir le *cinabre* (l'an 407 avant l'ère chrétienne). Il paya les dettes de Cimon, à condition que ce dernier lui donnât Elpinice, sa sœur et la femme.

**CALLICHROME**, genre d'insectes coléoptères, longicornes, famille des cérambycins. Tout leur mérite git dans leurs belles couleurs. Ce sont des insectes à couleurs métalliques très-brillantes, de taille souvent assez grande, et dont plusieurs répandent une odeur assez musquée pour les faire découvrir sur les arbres où ils se tiennent.

**CALLICRATE**. Plusieurs personnages célèbres de l'antiquité ont porté ce nom. — CALLICRATE, Athénien, appelé aussi Callippe, s'empara de la souveraine puissance à Syracuse, en trompant Dion qui avait perdu sa popularité, et en l'assassinant. Il fut chassé par les fils de Denys, et assassiné après un règne de treize mois l'an 353 avant J.-C. — CALLICRATE, ancien sculpteur grec, se rendit célèbre par la finesse et la délicatesse de ses figures. Il avait gravé sur des grains de millet des vers entiers d'Homère. On dit même qu'il fit un chariot, avec son conducteur, ses chevaux et leur attelage, qu'une seule aile de mouche pouvait couvrir.

**CALLICRATIDAS**, général spartiate, succéda à Lysandre dans le commandement de la flotte lacédémonienne, prit Méthymne et défit en plusieurs rencontres la flotte athénienne commandée par Conon. En présence des ennemis, près des îles Arginuses, et fut obligé de combattre des forces supérieures, et fut tué dans le combat l'an 406 avant J.-C.

**CALLIDIE**, genre d'insectes coléoptères, tétramères, famille des longicornes. On ne connaît rien des mœurs de ces insectes; on sait que leurs larves vivent dans le bois; on les trouve habituellement sur les arbres; ils volent avec beaucoup de facilité. On a divisé ce genre en trois : les *certalles*, où la tête est aussi large que le corselet, qui est presque cylindrique; les *clytes*, où la tête est plus étroite que le corselet, qui est élevé et presque globuleux; les *callidies* proprement dites, où la tête est aussi plus étroite que le corselet, mais un peu déprimé.

**CALLIMAQUE**, sculpteur et architecte de Corinthe, fut surnommé par les Athéniens *Cathalecos*, c'est-à-dire, le premier artiste en son genre. Il inventa le chapiteau corinthien orné de feuilles d'acanthe. Cette idée lui vint d'une acanthe qui environnait une corbeille placée sur le tombeau d'une jeune Corinthienne. Cette corbeille était couverte d'une tuile qui, recourbant les feuilles, leur faisait prendre le contour des volutes. Il plaça, dans le temple de Minerve à Athènes, une lampe d'or dont la mèche, sans doute composée d'amiante, brûlait sans se consumer.

**CALLIMAQUE**, poëte grec, né à Cyrène. Il fut garde de la bibliothèque de Ptolémée Philadelphe, et vécut vers l'an 280 avant J.-C. Il ouvrit à Alexandrie une école où il eut pour disciple Apollonius de Rhodes, qu'il punit de son ingratitude en le tournant en ridicule dans une satire intitulée l'*Ibis*. Il avait composé huit cents ouvrages, parmi lesquels un *Traité sur les oiseaux*, les *Vies des hommes il-*

*lustres*, en cent vingt livres, *Galatée* et *Hécale*, poëmes. Il ne nous reste, de tous ses ouvrages, que trente et une *épigrammes*, une *élégie* et des *hymnes*, publiés en 1675 par madame Dacier.

CALLIMORPHE, genre d'insectes de l'ordre des lépidoptères, section des faux bombyces. Les callimorphes portent leurs ailes en toit, et ont les mêmes habitudes que les bombyces.

CALLINIQUE, natif d'Héliopolis en Syrie, fut l'auteur de la découverte du *feu grégeois*, contre lequel l'eau n'avait aucun empire. Sous le règne de Louis XV, un chimiste de Grenoble renouvela les effets de l'invention de Callinique, et mourut emportant avec lui son secret. Callinique vivait vers l'an 670 avant J.-C.

CALLIONYME, genre de poissons. Ils ont les ouïes ouvertes seulement par un trou de chaque côté de la nuque, les nageoires ventrales placées sous la gorge, écartées et plus longues que les pectorales, la tête oblongue et déprimée, la peau lisse, les couleurs variées et brillantes. Le nombre des espèces connues est peu considérable; on les trouve dans la Méditerranée.

CALLIOPE (myth.), une des neuf Muses, présidait à l'éloquence et à la poésie épique. Les poëtes la représentent comme une jeune fille couronnée de lauriers, avec un air majestueux, tenant de la main droite une trompette, de la gauche des livres, et ayant à ses pieds l'*Iliade*, l'*Odyssée* et l'*Énéide*.

CALLIPATIRA, fille de Diagoras et femme de l'athlète Callianax, accompagna son fils Pisidore aux jeux olympiques, déguisée en maître d'exercices. Au moment où Pisidore fut déclaré vainqueur, l'excès de sa joie dévoila son sexe. Elle fut arrêtée; car il était défendu aux femmes, sous peine de mort, de paraître aux jeux olympiques. On lui fit grâce en considération de son fils; mais on ordonna qu'à l'avenir les maîtres d'exercice seraient nus ainsi que les athlètes. D'autres racontent ce fait de *Bérénice*, sœur de Callipatira.

CALLIPHON. Deux personnages célèbres de l'antiquité ont porté ce nom : l'un était un peintre de Samos, fameux par ses tableaux d'histoire; l'autre était un philosophe qui faisait consister le bonheur dans la réunion des plaisirs et de la vertu. Son système philosophique a été combattu par Cicéron.

CALLIPIDE, acteur tragique, contemporain de Sophocle, était de Lacédémone. Lorsque Alcibiade revint à Athènes, il y amena Callipide, qui, revêtu de ses habits tragiques, donnait l'ordre aux rameurs. On remarque que, malgré son talent, il corrompit cependant un des premiers la déclamation théâtrale en la surchargeant de gestes outrés.

CALLIPE. Voy. CALLICRATE.

CALLIPYGE (*aux belles fesses*), surnom de Vénus. Deux jeunes Athéniennes d'une grande beauté, mais très-pauvres et d'une naissance obscure, ayant été exclues du combat de beauté qui avait lieu tous les ans dans le temple de Vénus, furent aperçues par deux frères. Ces jeunes gens, riches et bien nés, les épousèrent, et, par reconnaissance, les deux sœurs élevèrent un temple à Vénus Callipyge.

CALLIRRHOÉ (myth.), fille du fleuve Scamandre, épousa Tros, dont elle eut Ilus, Ganymède et Assaracus. — Fille de l'Océan et de Téthys, fut mère d'Echidna, d'Orthos et de Cerbère, qu'elle eut de Chrysaor. — Fille de Phocus, roi de Béotie, que sa beauté et sa sagesse firent rechercher par trente jeunes riches Béotiens. Phocus les amusait tous, tantôt sur un prétexte, tantôt sur un autre. Les jeunes prétendants, offensés de ces refus, conspirèrent contre lui, et le tuèrent. Callirrhoé se cacha, et vint au milieu d'une assemblée demander le secours des Béotiens contre les meurtriers de son père. Ces derniers, pris dans Hyppote, où ils s'étaient réfugiés, furent brûlés vifs. — CAL-

LIRRHOÉ, jeune fille de Calydon, fut aimée éperdument par Corésus, grand prêtre de Bacchus, et dédaigna son amour. Bacchus, pour venger son prêtre, envoya une peste dans la contrée. L'oracle, consulté, dit qu'il fallait immoler au dieu Callirrhoé. Au moment du sacrifice, Corésus se tua. Callirrhoé, déchirée de remords, alla se jeter dans une fontaine, à laquelle elle donna son nom.

CALLISTÉES, fêtes pendant lesquelles les femmes de Lesbos se présentaient dans le temple de Junon, où l'on décernait un prix à la plus belle. Il y avait chez les Parrhasiens une fête semblable, instituée par Cypsélus, dont la *femme* reçut la première le prix de la beauté. Les Éléans avaient une institution analogue; mais chez eux c'étaient les hommes qui disputaient le prix de la beauté. Le vainqueur recevait une armure complète, qu'il consacrait dans le temple de Minerve.

CALLISTHÈNE, historien grec, écrivit en grec une *histoire* de sa patrie en dix livres. Cette histoire, qui ne nous est pas parvenue, commençait à la paix d'Artaxercès, et finissait au pillage du temple de Delphes par Philomélus. On croit qu'il est le même que le suivant.

CALLISTHÈNE, philosophe grec, disciple et parent d'Aristote, accompagna Alexandre dans ses expéditions. Ayant refusé d'adorer le roi *à la persane*, on l'accusa, l'an 328 avant J.-C., d'avoir conspiré contre lui. Il fut chargé de chaînes, eut les lèvres, le nez et les oreilles coupés, et fut, ainsi mutilé, traîné à la suite d'Alexandre, enfermé avec un chien dans une cage de fer. Il mit fin à ses jours avec du poison, l'an 328 avant J.-C. Tous ses ouvrages sont perdus.

CALLISTO ou HÉLICE (myth.), fille de Lycaon, roi d'Arcadie, et nymphe de Diane. Jupiter la séduisit, et la rendit mère d'Arcas. Diane, ayant découvert sa grossesse, la chassa de sa cour, et Junon la changea en ourse. Mais Jupiter la plaça dans le ciel avec son fils Arcas, où ils forment les constellations de la grande et de la petite Ourse.

CALLISTRATE, fils d'Empédus, général athénien, fut envoyé en Sicile, où il commanda la cavalerie des Athéniens. Ayant été vaincu près du fleuve Asinarus, il se fit jour à travers les ennemis, arriva à Catane avec sa troupe, revint seul par le chemin de Syracuse fondre sur les vainqueurs, qui pillaient son camp, en fit un grand carnage, et, se dévouant pour le salut des siens, périt glorieusement, après avoir ainsi donné aux siens un moyen de salut.

CALLISTRATE, orateur athénien, pour lequel Démosthène abandonna l'école de Platon, et dont il fut le disciple pour l'art oratoire. Il accusa Chabrias d'avoir laissé surprendre Orope par les exilés et les Thébains, et s'unit à Iphicrate pour faire condamner Timothée. Cet orateur fut envoyé dans plusieurs ambassades, et finit par être exilé. Ayant ensuite osé revenir à Athènes, sans avoir été rappelé, il fut mis à mort.

CALLITRIC, genre de plantes à feuilles ovales, d'un beau vert, disposées en rosette, les unes nageant à la surface des eaux douces et courantes, les autres spatulées, quelquefois même arrondies, habituellement submergées. Les racines sont longues, vermiculaires, les tiges délicates et flottantes. Tous les callitrics végètent pendant huit à dix mois de l'année, et meurent après ce temps. Par leur décomposition au milieu des étangs, ils produisent un excellent terreau.

CALLITHRICHE, genre de mammifères de la famille des sagouins ou géopithèques. Ils ont la tête petite, arrondie, le museau court, les oreilles grandes, la queue longue, le corps assez grêle, et le pelage agréablement coloré. L'espèce type est le *saïmiri*, appelé aussi *sapajou-aurore*, *singe-écureuil*, long de dix à onze pouces, et de couleur gris olivâtre. Le saïmiri est le plus intelligent et le plus élégant de

tous les singes. On le trouve au Brésil et à la Guyane, où il vit par troupes.

CALLIXTE. Trois papes ont porté ce nom. — CALLIXTE Ier, fils du Romain Domitius, succéda à saint Zéphyrin en 217, et souffrit le martyre l'an 222. On célèbre sa fête le 14 d'octobre. Il fit construire le cimetière de la voie Appienne. — CALLIXTE II (Guy de Bourgogne), était fils de Guillaume II, dit *Tête-hardie*, comte de Bourgogne. Nommé archevêque de Vienne en 1083, il fut élu pape après la mort de Gélase II (1119). Il alla en Italie avec une armée, s'empara de l'antipape Bourdin (Grégoire VIII), et réconcilia avec le saint-siége l'empereur Henri V, avec lequel il fit un traité touchant les investitures. Il mourut en 1124. On lui attribue un livre *de Miraculis sancti Jacobi* (de Compostelle), et un traité *de Vita et obitu sanctorum*. — CALLIXTE III (Alphonse de Borgia), né à Xativa (Espagne). Il fut d'abord chanoine de Lérida, ensuite cardinal-évêque de Valence, et enfin pape en 1455, après Nicolas V. Il excita toute l'Europe à prendre les armes contre les Turks, mais sans succès. Il réhabilita la mémoire de Jeanne d'Arc, et mourut en 1458. On a de lui quelques *épîtres* et l'*Office de la Transfiguration*.

CALLORHINQUE, genre de poissons au museau garni d'un long lambeau charnu comparable, pour la forme, à une houe. Le genre *callorhinque* a été formé d'une des espèces du genre *chimère*, la *chimère antarctique*, qu'on nomme aussi *poisson-coq* ou *poisson-éléphant*. Voy. CHIMÈRE.

CALLOSITÉ, endurcissement de l'épiderme ou de quelque autre partie qui prend une consistance cornée. On le dit encore de l'induration qui survient sur les bords des ulcères par suite de l'irritation et de l'engorgement continuels des tissus. Chez les animaux, on donne ce nom à certaines parties recouvertes d'une peau plus épaisse, souvent rugueuse, raboteuse, dépourvue de poils, et quelquefois colorée.

CALLOT (Jacques), peintre, dessinateur et graveur, né à Nancy en 1593. Ayant entrepris le voyage de Rome, il fut obligé de se mettre, faute d'argent, à la suite d'une troupe de bohémiens, et passa à Florence. Il y resta jusqu'à la mort du grand-duc Cosme II, son protecteur. Il mourut en 1635. Son œuvre contient environ seize cents pièces, ses *Foires*, ses *Supplices*, ses *Misères de la guerre*, ses *Siéges*, ses *Vues*, son *Parterre*, sa fameuse *Tentation de saint Antoine*, son *Martyre des Innocents*, ses *Gueux contrefaits*, etc.

CALMANDE ou CALLEMANDE, étoffe de laine lustrée d'un côté comme le satin, qu'on ne fait presque plus aujourd'hui. Il y avait des calmandes rayées, d'autres unies; il y en avait aussi à fleurs. La soie et le poil de chèvre entraient dans la fabrication de ces dernières. Cette étoffe était fabriquée comme le satin.

CALMANTS, nom donné à une classe de médicaments qui apaisent la douleur et l'irritation.

CALMAR ou ENCORNET, genre de mollusques céphalopodes, de l'ordre des cryptodibranches, famille des décapodes, composé d'animaux marins, munis d'un sac allongé, cylindrique, aux bras sessiles assez égaux, pédonculés, longs et terminés en massue. Les calmars sont des mollusques très-voraces et agiles, qui habitent généralement la haute mer. Ils répandent dans l'eau à volonté une encre noire très-divisible, qui leur sert d'appât pour la pêche de la morue, et fournissent une nourriture agréable et abondante.

CALMAR, une des douze capitaines ou préfectures de la Gothie (Suède), bornée au N. par celle de Linkœping, à l'O. par celles de Jonkœping et de Kronoberg, au S. par celle de Bleking, à l'E. par la mer. Sa superficie est d'environ 800 lieues carrées, et sa population de 160,739 habitants.

CALMAR, grande et très-forte ville, à 50 lieues de Copenhague, chef-lieu de la capitanie du même nom (Suède), avec un port sur la mer Baltique. Sa population est de 6,000 habitants. Elle a un évêché, une académie, un chateau fort et un chantier pour la construction des vaisseaux. — Le *détroit de Calmar* sépare l'île d'OEland de la terre ferme, et a 2 lieues de large.

CALMAR (Union de), acte proposé par la reine Marguerite, surnommée *la Sémiramis du Nord*, fille du roi de Danemarck Waldemar III, et approuvé par les états de Suède à Calmar (1397). Cet acte ordonnait l'union perpétuelle et irrévocable des trois royaumes, portait que les trois (Danemarck, Suède et Norwége) n'auraient qu'un seul roi, qui serait élu par les sénateurs et les députés des trois royaumes, que chaque royaume conserverait sa constitution, son sénat et sa législation particulière. Cette union fut bientôt rompue par l'animosité naturelle des trois pays.

CALMET (Dom Augustin), bénédictin, né à Mesnil-la-Horgne (Meuse) en 1672. Il entra en 1688 dans la congrégation de Saint-Vannes, et fut envoyé en 1704 à l'abbaye de Munster. Il y forma une académie de religieux occupés des livres saints. Abbé de Senones en 1728, il mourut en 1757. Il a composé l'*Histoire de l'Ancien et du Nouveau Testament*, le *Dictionnaire historique, critique et chronologique de la Bible*, l'*Histoire ecclésiastique et civile de la Lorraine*, la *Bibliothèque des écrivains de la Lorraine*, des *Commentaires sur la Bible*, etc.

CALMOUCKS. Voy. KALMOUKS.

CALO-JEAN. On connaît sous ce nom dans l'histoire deux princes, l'un des Bulgares, et l'autre empereur de Constantinople. L'empereur est Jean Comnène, deuxième du nom (voy. JEAN), ainsi surnommé à cause de sa beauté. Le roi des Bulgares est Joannitz. Qui se soumit à l'Église romaine sous Innocent III en 1202, et fit la guerre à l'empereur Baudoin. L'ayant fait prisonnier, il le retint à Ternova ; ensuite il le fit mourir en 1206. Il mourut lui-même bientôt après.

CALODROME, genre d'insectes coléoptères, de la famille des charançonites, au corps allongé, à la tête courte, au tarse extraordinairement allongé ; c'est ce qui lui a fait donner le nom qu'il porte *calodrome* (en grec, *je cours sur des échasses*). On ignore la cause de cette anomalie et sa destination. La seule espèce du genre est un insecte de la côte de Coromandel, long de huit millimètres, et de couleur ferrugineuse.

CALOMEL, nom donné, dans le commerce, au *mercure doux* (proto-chlorure de mercure), *plomb corné* ou *mercure muriaté*. On l'obtient naturel ou factice en sublimant ensemble dans un vase quatre parties de sublimé corrosif (deuto-chlorure de mercure) et trois parties de mercure métallique. Il se présente en masses blanches, insipides, inodores, tout à fait insolubles dans l'eau, se jaunit et finit par se noircir si on l'expose à l'air. Le calomel est employé en médecine comme vermifuge et purgatif. Autrefois après six sublimations on l'appelait *calomelas*, et après neuf *panacée mercurielle*.

CALOMNIATEURS. Les peines imposées aux calomniateurs ont varié beaucoup. Les Romains leur faisaient subir la peine du *talion*, c'est-à-dire, la même peine que l'accusé eût soufferte s'il eût été convaincu du crime dont on l'accusait. La loi *Remmia* ordonnait que les calomniateurs seraient marqués au front d'un fer chaud avec la lettre K. Constantin abrogea cette loi. Le concile de Latran les a jugés indignes de l'état ecclésiastique. Aujourd'hui la loi punit le calomniateur d'un emprisonnement de six mois à cinq ans, et d'une amende de 50 à 2,000 francs, selon la gravité de l'injure.

CALONNE (Charles-Alexandre DE), né à Douai en 1734. Destiné à la magistrature, il fut nommé successivement avocat général au conseil provincial d'Artois, procureur général au parlement de Douai, maître des requêtes et membre du conseil d'État. Il fut ensuite intendant de Metz, puis de Lille ; enfin il fut nommé en 1783 contrôleur général des finances. Il trouva les finances dans un état déplorable. Cependant il donnait des fêtes, et avec un emprunt de 800,000,000 payait les dettes des princes, soldait l'arriéré, achetait Saint-Cloud et Rambouillet. Après quatre années d'administration, il convoqua l'assemblée des notables (1787), devant laquelle il accusa Necker du déficit des finances. L'année suivante, le roi lui retira le portefeuille et l'exila en Lorraine. Lors de l'émigration, il était en Angleterre, et se dévoua à la cause des princes. En 1802, il rentra en France, et mourut la même année. Il a fait plusieurs ouvrages politiques.

CALOPE, genre d'insectes de l'ordre des coléoptères hétéromères, famille des taxicornes. Il a été séparé par Fabricius du genre *cérambyx*, et se rapproche du genre *cistèle*.

CALOPHYLLE ou CALABA, genre de la famille des guttifères, renfermant des arbres plus ou moins élevés. L'espèce la plus intéressante est la *calophylle inophylle*, grand arbre au tronc épais, à l'écorce résineuse et visqueuse, de couleur verte, qui solidifiée porte le nom de *gomme* ou *résine de tacamahaca* ; aux fleurs ordinairement blanches, odorantes ; aux fruits globuleux, charnus et jaunâtres. Cet arbre croit naturellement dans les Indes orientales et les îles de l'Afrique.

CALORIFÈRES. On désigne par ce mot les fourneaux, poêles et divers appareils destinés à porter la chaleur dans les appartements, les étuves, les ateliers, etc. On emploie trois sortes de calorifères : les calorifères à air, composés d'une chambre de chauffage et de tuyaux destinés à porter l'air échauffé où l'on veut ; les calorifères à vapeur, composés d'une chaudière pour la formation de la vapeur et de tuyaux de conduite qui amènent la vapeur, de tuyaux de condensation qui la font retourner à l'état liquide, et de tuyaux de dégorgement qui lui fournissent une issue ; les calorifères à eau chaude, composés d'une chaudière et de tuyaux dans lesquels passe constamment de l'eau bouillante, qui échauffe l'air ambiant. Les tuyaux des calorifères sont en fonte ou en cuivre.

CALORIMÈTRE, instrument à l'aide duquel on mesure les quantités de chaleur émises ou absorbées par différents corps, dans certaines circonstances, c'est-à-dire, le calorique spécifique de ces corps. — On donne plus particulièrement ce nom à celui qu'ont inventé Lavoisier et Laplace. Il se compose de trois cavités concentriques, en cuivre ou en fer-blanc, excepté la cavité intérieure, qui est en grillage de fil de fer. Le tout est recouvert de deux couvercles creux. La cavité intérieure est destinée à mettre le corps que l'on veut examiner, la cavité intermédiaire à contenir de la glace, et la cavité extérieure aussi. Ces deux dernières sont inférieurement terminées chacune par un robinet. La cavité extérieure ne sert qu'à préserver la suivante de l'air ambiant, et d'après la quantité d'eau fondue dans la moyenne on connaît la quantité de calorique fourni par le corps pour ramener à l'état liquide la glace mise à zéro.

CALORIQUE, fluide impondérable, invisible, élastique, d'une ténacité extrême, susceptible de se mouvoir comme la lumière sous forme de rayons, et regardé comme la cause de la chaleur. On le connaît sous trois états principaux : le *calorique rayonnant*, le *calorique spécifique* et le *calorique latent*.

CALORIQUE LATENT, celui qui semble faire partie constituante des corps, et qui n'est pas sensible à tous nos instruments. Le calorique latent passe à l'état de calorique sensible, dans le cas de la glace fondante ; au contraire, une partie du calorique sensible passe à l'état de calorique latent, dans celui de la fusion des métaux ; de sorte que le calorique latent est le calorique fourni par les corps pour opérer son changement d'état. Le calorique tend à se mettre en équilibre dans tous les corps.

CALORIQUE RAYONNANT. C'est celui qui s'élance de toutes les parties d'un corps chaud, et dont les rayons traversent l'air et les gaz avec la plus grande facilité sans les échauffer. Si ces rayons tombent sur un corps, ils sont *absorbés* ou *réfléchis* ; absorbés, si le corps n'est pas poli ; *réfléchis*, s'il est poli. Les corps qui *absorbent* s'échauffent beaucoup ; ceux qui *réfléchissent* les rayons calorifiques s'échauffent beaucoup moins.

CALORIQUE SPÉCIFIQUE. C'est celui qu'absorbent différents corps pour s'élever au même nombre de degrés, sous un poids et à une pression communes. La mesure du calorique spécifique, qui varie suivant le pouvoir absorbant des corps, est indiqué par le *calorimètre*. Voy. ce mot.

CALOSIRES, anciens guerriers égyptiens qui, avec les *hermotybes*, formaient la milice particulière du roi. Il leur était défendu de se livrer à aucun art mécanique, ou de cultiver eux-mêmes leurs terres, qui devaient être par des laboureurs auxquels on les affermait moyennant une redevance annuelle. On leur donnait des fiefs militaires qui circulaient sans cesse et passaient, d'année en année, d'un soldat à l'autre.

CALOSOME, genre d'insectes coléoptères, famille des carnassiers. Ce sont d'assez grands insectes, à l'abdomen presque carré. L'espèce qui sert de type est le *calosome sycophante* long de huit à dix lignes, d'un noir violet. La larve vit dans le nid des chenilles processionnaires, dont elle se nourrit. Le *calosome inquisiteur* vit, ainsi que le précédent, sur le chêne, et fait la chasse aux chenilles et aux insectes.

CALOTTE, espèce de petit bonnet de cuir, de laine, de satin ou d'autre étoffe, qu'on porta d'abord pour le besoin, mais qui par la suite devint un ornement de tête, surtout pour les ecclésiastiques. — La calotte rouge est la coiffure des cardinaux. Le cardinal de Richelieu est le premier ecclésiastique qui ait porté la calotte en France. Les prêtres portent une calotte noire, les évêques une calotte violette.

CALOTTE (accept. div.), emplâtre agglutinatif dont on recouvre toute la tête d'un teigneux, après l'avoir rasée, et qu'on enlève ensuite avec violence, afin d'arracher les bulbes des cheveux, et avec eux le principe qui contient la teigne. — En architecture, cavité ronde en forme de bonnet, imaginée pour augmenter l'élévation d'une chapelle, d'un cabinet, d'une alcôve, etc., relativement à leur largeur. — En termes de fourbisseurs, c'est la partie de la garde d'une épée sur laquelle on applique le bouton au-dessus du pommeau. — En termes d'horlogerie, c'est une espèce de couvercle qui s'ajuste sur le mouvement d'une montre afin que la poussière ne puisse pas y pénétrer.

CALOTTE (RÉGIMENT DE LA), nom donné à une association demi-grave, demi-bouffonne, exerçant une sorte de censure. Les fondateurs de cette association furent Aymond, portemanteau du roi, et Emmanuel de Torsac, exempt des gardes du corps. Les *calottins* élisaient un généralissime, faisaient frapper des médailles, et avaient adopté un étendard où un sceau où se trouvaient une calotte, une pleine lune, un rat, un drapeau, une marotte, deux singes habillés, bottés, avec l'épée au côté. La devise était : *Favet Momus, luna influit* (Momus favorise, la lune influe). Les *calottins* distribuaient des brevets en vers à tous ceux qui avaient fait quelque grande sottise.

CALOYER, nom donné aux moines grecs qui suivent la règle de Saint-Basile. C'est toujours parmi eux que l'on choisit les évêques et les patriarches. Leur habit est une simple soutane noire ou brune, avec une ceinture et un bonnet de même couleur. Les caloyers font vœu d'abstinence, d'obéissance et de chasteté. Ils couchent par terre, se flagellent et se stigmatisent plusieurs fois la semaine. Les caloyers habitent les îles de l'Archipel et le mont Athos. Il y a aussi des *caloyères*, religieuses qui suivent la règle de Saint-Basile.

CALPAC, la partie solide, le centre du turban des Turks. C'est sur le calpac qu'on roule les plis du turban.

CALPE, montagne d'Espagne, vis-à-vis d'Abyla, montagne d'Afrique. Ce sont les Colonnes d'Hercule. Calpé prit le nom de Gibraltar, de l'arabe *Tarik.* — Calpé était aussi un port de Bithynie, situé sur les bords du Pont-Euxin, à l'embouchure du fleuve du même nom, qui a reçu depuis le nom d'*Aqua*. Les Argonautes y abordèrent.

CALPÉ, course de juments qui faisait partie des jeux olympiques. Elle consistait à courir avec deux juments, monté sur l'une et tenant l'autre en main. Sur la fin de la course, on se jetait à terre, on prenait les deux juments par leur mors, et l'on achevait ainsi la carrière.

CALPRENÈDE (Gauthier de Costes, chevalier, seigneur de la), né au château de Toulgon (Dordogne). Il vint à Paris (1632), et entra en qualité de cadet dans le régiment des gardes. Vers l'an 1648, il fut nommé gentilhomme ordinaire de la chambre. Il mourut en 1663. Les plus célèbres de ses romans sont *Cléopâtre, Faramond, Cassandre, Sylvandre.* Il a fait aussi des pièces de théâtre : *le Comte d'Essex, Bradamante, Jeanne d'Angleterre, Bélisaire, Herménégilde, la Mort de Mithridate*, etc.

CALPURNIA, famille patricienne qui descendait, selon Plutarque, de Calpus, fils de Numa. — Il y avait trois lois romaines de ce nom. Une contre le péculat, une autre militaire, et la dernière promulguée, l'an de Rome 604, contre ceux qui achetaient les suffrages dans les élections.

CALPURNIA, fille de Lucius Pison, fut la quatrième femme de Jules César. La nuit qui précéda l'assassinat de son époux, elle rêva que sa maison s'écroulait, et que l'on poignardait César dans ses bras. Calpurnia voulut l'empêcher d'aller au sénat ; mais elle ne put y réussir. Après la mort de Jules César, elle demeura dans la maison de Marc Antoine.

CALPURNIA, fille de Marius, fut sacrifiée par son père aux dieux, qui lui avaient promis en songe la victoire sur les Cimbres à cette condition. — Il y a encore de ce nom une femme de Pline le Jeune et une maîtresse de Claude.

CALPURNIUS. Plusieurs Romains ont porté ce nom. — Calpurnius Bestia, noble romain, se laissa corrompre par Jugurtha. Il tua, dit-on, sa femme dans son lit. — Calpurnius Crassus, patricien, fut envoyé avec Régulus contre les Massiliens. Ayant été fait prisonnier dans une rencontre, les Massiliens voulurent l'immoler à Neptune ; mais Bisaltia, fille du roi, qui l'aimait, le fit échapper. Peu de temps après, Calpurnius ayant vaincu le prince africain, Bisaltia se tua de désespoir. — Calpurnius Galerianus, fils de Pison, fut mis à mort par ordre de Mucien. — Lucius Calpurnius Pison, neveu du précédent, fut assassiné dans le même temps en Afrique. — Calpurnius, surnommé *Frugi*, composa des annales. Il vivait vers l'an 180 de J.-C.

CALPURNIUS (Titus), poète bucolique de Sicile, né vers l'an 250, contemporain de Némésien, poète bucolique comme lui, qui le combla de bienfaits et l'arracha à la misère. Il nous reste de lui sept églogues.

CALQUE, action de transporter un dessin d'un corps sur un autre, en passant une pointe sur les traits du premier, afin de les imprimer sur l'autre. La manière la plus simple de calquer est de copier tous les traits du dessin qu'on veut calquer, au moyen de la transparence du papier. D'autres fois on fixe une feuille de papier blanc, sur cette feuille une autre feuille de papier, sur laquelle on a frotté de la sanguine ou de la mine de plomb en poudre. On tourne sur le papier blanc le côté imprégné de mine de plomb, et l'on pose par-dessus le dessin qu'on veut calquer ; ensuite avec une pointe de métal fine et mousse on passe sur les traits qu'on veut calquer, et qu'on reproduit ainsi.

CALTANISETTA, province de la Sicile, faisant autrefois partie de la province de Mazzara. Sa superficie est de 130 lieues carrées, et sa population de 156,000 habitants. La capitale est *Caltanisetta*, à 23 lieues de Palerme. Sa population est de 8,500 habitants.

CALUMET, pipe de sauvage, particulièrement en usage chez les peuplades de l'Amérique septentrionale. C'est un symbole de paix, quelquefois de guerre. Les calumets sont ornés de plumes d'oiseaux. Une fois que deux sauvages ont fumé dans le même calumet, il existe entre eux deux un pacte d'amitié inviolable. Les calumets de guerre ont la tige peinte de vermillon.

CALUS (myth.), élève de Dédale, inventa la scie et le compas. On dit que Dédale en conçut une telle jalousie qu'il tua Calus. Ce fut à cause de ce meurtre qu'il fut obligé de sortir d'Athènes, où le crime avait été commis, et de s'enfuir dans l'île de Crète.

CALVADOS, rocher qui borde la mer dans une étendue de 4 à 5 lieues au N. de Bayeux, le long de la côte de France. Ces rochers, qui ont pris leur nom d'un vaisseau espagnol qui faisait partie de l'invincible *Armada*, et qui s'y brisa en 1588, ont donné leur nom au département du Calvados.

CALVADOS, département maritime de la France, borné au N. par la Manche, au S. par les départements de la Manche et de l'Orne, à l'O. par celui de la Manche, à l'E. par celui de l'Eure. Il est formé de parties de la basse Normandie et du Lieuvain (haute Normandie). Sa superficie est de 570,427 hectares, et sa population de 500,000 habitants. Il se divise en six arrondissements : *Caen*, chef-lieu de préfecture, *Bayeux, Vire, Falaise, Lisieux* et *Pont-l'Évêque*. On y remarque les rochers du Calvados, la belle plaine de Caen, les pâturages excellents qui fournissent en abondance du laitage et des bœufs gras, etc. Il est compris dans le ressort de la quatorzième division militaire, du diocèse de Bayeux, de l'académie et de la cour d'appel de Caen. Le département abonde en excellents légumes, et la culture des pommes de terre y est très-répandue. Les pommiers y sont cultivés en grand. Les chevaux du Calvados sont très-estimés. La filature des laines et des cotons, la fabrication des draps, des étoffes de laine, des molletons, des flanelles, etc., forme la branche principale de l'industrie du Calvados.

CALVAIRE, en hébreu, *Golgotha* [*le crâne*]), petite montagne au N. du mont de Sion, aujourd'hui renfermée dans l'enceinte de Jérusalem. On y exécutait les criminels, et ce fut là que Jésus-Christ expira sur la croix. Il y a sur le Calvaire l'église du Saint-Sépulcre, entourée au dedans et au dehors de plusieurs chapelles pour les Latins, les Grecs, les Coptes, les Arméniens, les Abyssins, les Nestoriens, les Géorgiens et les Maronites.

CALVAIRE (Congrégation de Notre-Dame du), ordre de religieuses bénédictines, fondé à Poitiers par Antoinette d'Orléans, de la maison de Longueville. En 1620, Marie de Médicis fit venir les religieuses à Paris, et les établit près du palais du Luxembourg. Le but de leur institution était d'honorer le mystère de la compassion de la sainte Vierge aux douleurs de Jésus-Christ, son fils, et il y avait continuellement des religieuses au pied de la croix nuit et jour.

CALVANIER. On appelle ainsi l'ouvrier qu'on loue durant le temps de la moisson pour arranger les gerbes dans la grange ou les établir en meules, genre de travail qui exige une adresse et une habitude particulières.

CALVART (Denis), peintre flamand, né à Anvers en 1552, ouvrit une école à Bologne en Italie. De cette école sortirent le Guide, l'Albane, le Dominiquin, et plusieurs autres grands maîtres. Calvart mourut à Bologne en 1619. Ses ouvrages les plus remarquables sont à Bologne, à Rome et à Reggio.

CALVI, à 17 lieues au N. d'Ajaccio, chef-lieu d'un arrondissement de la Corse. Sa population est de 1,382 habitants. C'était autrefois une des principales villes de la Corse, par son antiquité et la force de son château flanqué de cinq bastions. Calvi a un tribunal de première instance et un collège. Elle est une des dix places de guerre de la Corse, et commerce en vins et huiles.

CALVIN ou Cauvin (Jean), fondateur de la secte des calvinistes, naquit à Noyon en 1509. Après avoir étudié le droit à Orléans et à Bourges, il vint à Paris, où il se fit connaître par son *Commentaire sur les livres de la Clémence*, de Sénèque. Son ardeur à soutenir sa nouvelle doctrine l'obligea de quitter Paris. Il parcourut la France, et se rendit à Bâle, où il publia, en 1535, son livre fameux de l'*Institution chrétienne*, qu'il composa pour servir d'apologie aux réformés condamnés aux flammes par François Ier, et qui est l'abrégé de toute sa doctrine. Il vint ensuite à Genève, d'où il fut chassé en 1538. Rappelé trois ans après, il y exerça le souverain pouvoir. Calvin mourut en 1564.

CALVINISTES ou protestants réformés, nom donné aux réformés qui suivent la doctrine de Calvin. Ils nient la présence réelle de Jésus-Christ dans l'eucharistie, le sacrifice de la messe, la vertu des sacrements qu'ils réduisent à deux, le baptême et la cène ou eucharistie. Ils nient aussi la liberté de l'homme, la nécessité des bonnes œuvres pour le salut. Ils admettent une prédestination et une grâce nécessitantes ; rejettent le purgatoire, les indulgences, l'invocation des saints, la prière pour les morts, la hiérarchie, les jeûnes et les cérémonies de l'Église. Ils disent que, pour être sauvé, il suffit de croire sans aucun doute qu'on le sera en effet. — Genève fut le berceau du calvinisme, qui s'étendit de là en France, en Hollande et en Angleterre. Il est encore dans toute sa vigueur en Écosse, aussi bien que dans une partie de la Prusse et de la Suisse. En France, le calvinisme s'introduisit sous le règne de François Ier ; et ses luttes, devenues politiques, avec la religion catholique, furent la cause de neuf guerres civiles. Tantôt vaincus, tantôt vainqueurs, les calvinistes reçurent de l'édit de Nantes l'assurance de leur liberté de conscience. La révocation de cet édit (1685) n'éteignit point le calvinisme. Le nombre des calvinistes d'Europe monte à 13,210,000, dont 900,000 en France. Les protestants réformés ou calvinistes (confession de Genève) ont en France des pasteurs, des consistoires et des synodes (loi du 8 avril 1802). Les consistoires de chaque église réformée se composent d'un ou des pasteurs attachés à cette église, et d'anciens ou notables laïques, choisis parmi les citoyens les plus imposés au rôle des contributions directes. Les consistoires veillent au maintien de la discipline, à l'administration des biens de l'église, et à celle des deniers provenant des aumônes. Tous les deux ans, les anciens sont renouvelés par moitié. Les élections des pasteurs sont faites par les consistoires, et confirmées par le roi. Les synodes sont chargés de veiller sur tout ce qui concerne la célébration du culte, l'enseignement de la doctrine et la conduite des affaires ecclésiastiques. Leurs décisions sont soumises à l'approbation du roi. Cinq églises consistoriales forment l'arrondissement d'un synode. Chaque synode est composé du pasteur ou de l'un des pasteurs, et d'un ancien ou notable de chaque église consistoriale, il ne peut s'assembler sans la permission du gouvernement, ni durer plus de six jours. Il existe à Montauban un séminaire et une faculté de théologie protestante. Quatre cent trente-huit édifices sont consacrés au culte protestant de la confession de Genève en France.

CALVUS (Cornélius Licinius), orateur romain aussi célèbre par ses harangues que par son goût pour la satire. Il disputa à Cicéron la palme de l'éloquence, et amusa les Romains par les traits malins qu'il décochait contre César et contre Pompée.— Plusieurs médecins ont porté le nom de *Calvus*, qui en latin signifie chauve.

CALYCANTHE, genre de plantes de la famille des rosacées, originaires, pour la plupart, de l'Amérique septentrionale. Ce sont des arbrisseaux dont la tige ligneuse et ramifiée porte des feuilles opposées et simples. Les calycanthes font l'ornement des jardins. Le plus commun est le *calycanthe pompadour* ou *arbre aux anémones*, arbrisseau de six à huit pieds, à bois odoriférant, aux fleurs d'un rouge anémone, et exhalant un parfum de melon, de pomme de reinette et d'ananas.

CALYCÉRÉES, famille de plantes dicotylédonées, monopétales épigynes à anthères conjointes (*épicorollie synanthérie* de Jussieu). Elle se rapproche des *dipsacées* et des *synanthérées*, et se compose de quatre genres : le *boopis*, l'*anthæmoïdes*, le *calycera* et le *cryptocaspha*.

CALYCIFLORES. C'est, dans la classification de M. de Candolle, la seconde division des végétaux dicotylédonés : elle comprend ceux dont la corolle est insérée sur le calice.

CALYDON, ville d'Étolie, arrosée par le fleuve Evenus (aujourd'hui Fidari.) Elle reçut son nom, selon la fable, de Calydon, bisaïeul d'OEnée, roi de ce pays. Ce prince, ayant offensé Diane, la déesse fit ravager la contrée par un sanglier énorme. Tous les princes de la Grèce se liguèrent à l'envi pour le détruire dans cette chasse célèbre connue dans les poètes sous le nom de chasse du sanglier de Calydon. Méléagre, qui le tua, offrit sa hure à Atalante.

CALYPSO (myth.), nymphe et déesse du silence. Elle régnait dans l'île d'Ogygie (*Gozo*). Ulysse ayant fait naufrage sur les côtes de cette île, Calypso lui donna l'hospitalité, et lui offrit l'immortalité, s'il voulait l'épouser. Le héros refusa, et, après un séjour de sept ans, pendant lequel il la rendit mère de deux fils, Nausithoüs et Nausinoüs, il quitta Ogygie par ordre de Jupiter. Calypso ne se consola jamais de son départ. Fénelon a supposé que Télémaque avait trouvé aussi un refuge dans cette île.

CALYPTRE, voile dont se couvraient les prêtres païens pendant la célébration de leurs mystères. — Ce mot désigne aussi, en histoire naturelle, la coiffe des semences des mousses. On nomme *calyptré* tout ce qui porte une coiffe semblable.

CALYPTRÉES, genre de mollusques à coquilles univalves, conoïdes, à sommet vertical, imperforé et central, à base orbiculaire. Il y en a qui présentent une véritable double coquille en forme de cloche, comme dans la *calyptrée tubifère*.

CAMACANS-MONGOYOS, peuplade sauvage de l'Amérique du Sud, habitant dans le Brésil la province de Minas-Geraës. Les Camacans - Mongoyos appartiennent à la race des Tapuyas. De nomades qu'ils étaient, la nécessité les a réduits à se livrer à l'agriculture. En partie civilisés, ils ont adopté l'usage des vêtements. Leur industrie principale consiste dans la fabrication du *charo*, bonnet de plumes formant une espèce de couronne. Ils ont conservé les usages de leurs ancêtres.

CAMACÉES, nom donné par Lamarck à une famille de conchylères ayant pour caractères la coquille inéquivalve, irrégulière, fixée, une seule dent grossière à la charnière.

CAMAIEU (mot corrompu de *camehuia*), nom donné par les Orientaux à l'agate onyx, et désignant une imitation de la forme des objets par le moyen d'une seule couleur (la peinture est alors dite *monochrôme*), variée par le seul effet du clair-obscur, c'est-à-dire, par l'emploi de la même couleur plus claire ou plus sombre.

CAMAIL, petit vêtement que les évêques portent par-dessus le rochet, et qui s'étend depuis le cou jusqu'au coude, comme un grand collet. Les évêques assistent aux actes, aux cérémonies, en camail et en rochet. Le camail est noir ou violet.

CAMALDULES ou ROMUALDINS, ordre de religieux fondé (1012) en Italie par saint Romuald. Ils suivaient la règle de Saint-Benoît, et portaient un habit blanc. L'ordre des camaldules est composé d'ermites et de cénobites. Il y avait cinq congrégations de camaldules : celle de Saint-Michel de Murano ; celle de Camaldoli, chef d'ordre ; celle des ermites de Saint-Romuald ou du mont de la Couronne ; celle de Turin et celle de France ou de Notre-Dame de la Consolation. Il y avait aussi des religieuses *camaldules*.

CAMARE. On appelle ainsi le fruit multiple dont l'*aconit* et le *delphinium* présentent un exemple. C'est une réunion de capsules, s'ouvrant en deux valves par leur côté interne, et contenant une ou plusieurs graines.

CAMARÈS, chef-lieu de canton du département de l'Aveyron, à 5 lieues de Saint-Affrique. Population, 2,800 habitants. Cette petite ville, très-ancienne, est située sur une montagne dont le pied est baigné par le Dourdou. Elle est célèbre par deux sources minérales froides situées à peu de distance de la ville, l'une au hameau d'Andabre, et l'autre au village de Prugnes. Toutes deux sont qualifiées d'*eaux de Camarès*. Ces eaux sont ferrugineuses et gazeuses. On en fait usage en boissons, pour rétablir les fonctions de l'estomac, guérir les embarras du foie, la gravelle, etc.

CAMARGO (Marie-Anne CUPIS DE), célèbre danseuse, née à Bruxelles en 1710. Elle débuta à Bruxelles, vint à Rouen, puis à Paris, où elle parut en 1726 dans l'opéra d'*Atys*. Elle obtint de grands succès, et quitta l'Opéra en 1734. Elle y rentra six ans après, et se retira du théâtre en 1751 avec une pension de la cour. Elle mourut en 1770.

CAMARGUE, île du département des Bouches-du-Rhône, formée par la bifurcation du Rhône un peu au-dessus d'Arles, jusqu'à son embouchure dans la Méditerranée. Sa superficie est de 142,481 hectares, dont environ 24,000 de terres de bonne qualité, 24,000 de marais et d'étangs, et le reste de pâturages salés, de plaines stériles et de plages. La partie défrichée produit du blé, de l'orge, de l'avoine et un peu de vin ; la partie inculte nourrit de grands troupeaux. La partie inondée donne du sel abondamment.

CAMARILLA, mot espagnol signifiant une *petite chambre*, et passé dans la langue française pour désigner le conseil intime du chef d'un État, d'un personnage puissant, composé ordinairement de ses familiers ou des hommes attachés à sa personne. La première *camarilla* dont l'histoire d'Espagne fasse mention est celle d'Alphonse X, vers le milieu du XIIIe siècle.

CAMARINE, ville de Sicile, bâtie 582 ans avant J.-C. près d'un lac du même nom. Elle fut détruite par les Syracusains, et rebâtie par un certain Hipponoüs. Les habitants ayant desséché le lac de Camarine malgré la déclaration de l'oracle, une peste ravagea toute la contrée. De là vint le proverbe latin *Camarinam movere*, que l'on appliquait à toute entreprise dangereuse. —Il y avait aussi une ville d'Italie du nom de *Camarine*.

CAMBACÉRÈS (Jean-Jacques RÉGIS), duc de Parme, né à Montpellier en 1753. Reçu en 1774 conseiller en la cour des comptes, aides et finances de Montpellier, il rédigea les cahiers pour les états généraux de 1789. Député, puis président à la convention (1792), il eut la plus grande part à la rédaction du Code civil. Placé au comité de salut public, dont il eut la présidence, il fut aussi chargé du ministère des relations extérieures. Membre du conseil des cinq-cents, il en fut élu président (22 octobre 1796). Il fut chargé, sous le directoire, du portefeuille de la justice. Nommé consul avec Bonaparte, et archichancelier de l'empire, il administra plusieurs fois la France pendant l'absence de Napoléon. Lors des *cent-jours*, il fut chargé du portefeuille de la justice et appelé à la présidence de la chambre des pairs. Il rentra ensuite dans la vie privée, et mourut en 1824.

CAMBAYE, ville de l'Indoustan, dans le Guzarate, sur le golfe de Cambaye, à 40 lieues de Surate. Sa population est de 30,000 habitants. Son port est très fangeux, et il n'y a que les petits bateaux qui y entrent. Ses habitants sont presque tous Banians. Dans le voisinage, il y a une factorerie anglaise. Elle commerce en indigo et en salpêtre.

CAMBDEN. Voy. CAMDEN.

CAMBIAZI ou CANGIAGE (Lucas), peintre génois, né à Moneglia en 1527. Dès l'âge de quinze ans, il fit des tableaux qui reçurent beaucoup d'éloges. Appelé par Philippe II, roi d'Espagne, à sa cour, il mourut à l'Escurial en 1585. Ses principaux ouvrages sont, à Bologne, une *Nativité*; à Naples, un *Christ à la colonne ;* à Milan, une sainte *Famille*, une *Nativité* et un *Christ mort*.

CAMBISTE (de l'italien *cambio*, change). On donne ce nom à ceux qui se mêlent du négoce des lettres et billets de change, qui vont régulièrement sur la place ou à la bourse, pour s'instruire du cours de l'argent, afin de pouvoir faire à propos des traites ou remises, ou des négociations d'argent, billets, lettres de change, etc.

CAMBIUM, substance blanche, limpide, sans odeur, d'une saveur douce, puis visqueuse, tenant également du mucilage et de la gomme, et qui n'est autre chose que la sève, dépouillée de toutes ses parties étrangères. On la trouve, à la fin du printemps et de l'été, entre l'aubier et l'écorce des arbres. On la regarde comme le principe du bois et de sa solidification.

CAMBO, village des Basses-Pyrénées, situé sur les bords de la Nive, à 3 lieues de Bayonne. On y trouve deux sources sulfureuses chaudes, à une température de 17 degrés Réaumur. On les emploie comme stimulantes, fondantes et purgatives. Il y a annuellement environ quatre cents personnes.

CAMBOGE ou DON-NAÏ, royaume d'Asie, occupant la partie S.-O. de l'empire d'Annam. Il est borné au N. par le Laos, à l'E. par la Cochinchine, à l'O. par le royaume de Siam ; au S. par la mer et par le Tsiompa. Sa superficie est d'environ 7,800 lieues carrées, et sa population de 1,000,000 d'habitants. Il commerce en benjoin, cire, laque, riz, peaux, etc.

CAMBOGE ou MÉÏ-KONG (Mi-con), fleuve d'Asie, qui prend sa source dans le Yun-nan, traverse le Laos, passe à Lang-Chang, et après avoir séparé le Tsiompa du Camboge, se jette dans la mer de Chine.

CAMBOGE, capitale du Camboge, sur le Méï-Kong, à 90 lieues de la mer. Elle a 30,000 habitants.

CAMBON (Joseph), ministre des finances sous la convention, né à Montpellier en 1756. Il fut nommé de la députation de l'Hérault à l'assemblée législative et à la convention nationale. Il fut chargé pendant cinq ans de l'administration générale des finances de la république. Il rendit un service immense à l'État en créant le grand-livre de la dette publique. Cambon demanda la fonte des statues royales, et vota, sans appel au peuple, la mort de Louis XVI. Dernier président de l'assemblée législative, et membre de la convention, il s'éleva contre l'organisation du tribunal révolutionnaire, et s'opposa de tous ses moyens à la tyrannie toujours croissante de Robespierre. Il mourut en 1820.

CAMBOUIS, nom donné à l'*axonge* ou *graisse de porc*, dont on enduit les extrémités de l'essieu des roues de voitures. On donne aussi ce nom au *vieux-oing*, quand il est combiné avec une partie du fer des roues. On le dit propre à résoudre les hémorroïdes.

CAMBRAI, ville forte de France, avec citadelle, chef-lieu de sous-préfecture du département du Nord, sur l'Escaut, à 13 lieues et demie de Lille. Sa population est de 17,616 habitants. Cambrai, connue des Romains sous le nom de *Cameracum*, était autrefois la capitale des *Nervii*. Elle eut beaucoup d'importance dans le moyen âge. En 1529, la paix y fut signée entre François Ier et Charles-Quint. Prise en 1595 par les Espagnols, elle fut réunie en 1667 par Louis XIV. Elle était la capitale du Cambresis. Autrefois archevêché, puis simple évêché en 1802, il est redevenue enfin un archevêché en 1841. Cambrai a des tribunaux de première instance et de commerce, un collége, une bibliothèque publique de 30,000 volumes, une *société d'émulation*, des *écoles de dessin, de sculpture, de peinture, de musique*, etc.

CAMBRASINES, toiles fines d'Egypte. On leur a donné ce nom, parce qu'elles ressemblent beaucoup aux toiles de Cambrai. — Il y a aussi des *cambrasines* que l'on tire de Smyrne. Elles sont de deux sortes : celles qui viennent de Perse et celles qu'on apporte de la Mecque; les premières conservent leur nom ; les autres, qui sont jaunâtres, mais plus douces et plus fines que les premières, prennent le nom de *mamoudis*.

CAMBRESIS, petite contrée de France, de 10 lieues de long, ayant autrefois titre de comté, et dont la capitale était *Cambrai*. Après avoir appartenu d'abord aux rois francs, le Cambresis tomba sous la domination des empereurs, et plus tard sous celle des évêques, dont l'autorité souveraine fut bornée par Charles-Quint, et enfin annulée par Louis XIV, lorsque celui-ci recouvra le Cambresis en même temps que la Flandre. La province fut définitivement réunie à la France en 1678 par le traité de Nimègue.

CAMBRIDGE, comté d'Angleterre, borné au N. par celui de Lincoln, à l'O. par ceux de Northampton, d'Huntingdon et de Bedford, à l'E. par ceux de Norfolk et de Suffolk, au S. par ceux d'Hertford et d'Essex. Sa superficie est de 349,826 hectares, et sa population de 108,000 habitants. Il produit du blé, du colza, du chanvre, et nourrit beaucoup de bestiaux.

CAMBRIDGE, sur le Cam, à 17 lieues de Londres. Sa population est de 12,000 habitants. Elle a une université fameuse, comprenant douze colléges, et fondée ou du moins restaurée par Edouard Ier. La ville de Cambridge envoie quatre députés au parlement, dont deux pour l'université. C'est la capitale du comté de même nom.

CAMBRIDGE (Adolphe-Frédéric, duc DE), comte de Tipperary, baron de Culloden, né en 1774 de Georges III, roi d'Angleterre. Destiné au métier des armes, il quitta bientôt le service pour aller étudier à l'académie de Goettingen. En 1794, il fut nommé colonel, duc de Cambridge, et appelé à la chambre des pairs, où il siégea sur les bancs de l'opposition. Envoyé en 1803 à la défense du Hanovre, il fut battu. Lorsque l'Angleterre eut reconquis le Hanovre, il fut nommé gouverneur général en 1816, et ses fonctions ne cessèrent qu'en 1837.

CAMBRONNE (Pierre-Jacques-Etienne, baron DE), né en 1770 à Saint-Sébastien, près Nantes. Il s'enrôla comme grenadier dans les volontaires nationaux de Loire-Inférieure, et il parvint au grade de capitaine. Nommé major de l'île d'Elbe, il accompagna Napoléon à l'île d'Elbe, et commanda l'avant-garde de l'armée de l'île d'Elbe à son retour. Il suivit l'empereur à l'armée, et commandait la garde à la bataille de Waterloo. On lui attribue les paroles : *La garde meurt et ne se rend pas.*

CAMBRURE, LORDOSIS ou RÉCURVATION, noms donnés à la courbure excessive des vertèbres en avant, constituent une des trois difformités des bosses. On observe souvent la cambrure des lombes et du cou chez les enfants scrofuleux et rachitiques. Celle des jambes et des genoux se trouve dans la même classe. Quant à celle des vertèbres du dos, elle est beaucoup plus rare.

CAMBUSE, portion du faux pont d'un vaisseau, fermée au-dessus du premier plan de la cave, sous l'écoutille de l'avant, dans les grands bâtiments. C'est de là que les vivres sont distribués en rations, trois fois par jour, aux équipages. Dessous la cambuse, se trouvent arrimés en pièces, le vin, l'eau-de-vie, etc., dans la *cale au vin*.

CAMBYSE, fils de Cyrus, roi des Perses, succéda à son père l'an 529 avant J.-C. L'an 525 avant J.-C., il conquit l'île de Chypre et l'Egypte, en faisant à ses soldats un abri des animaux vénérés par les Egyptiens. Il détacha 50,000 hommes pour aller détruire le temple de Jupiter Ammon. La faim, la soif et les sables détruisirent cette armée. A Memphis, il fit massacrer le boeuf Apis et ses prêtres. Il quitta ensuite l'Egypte pour retourner en Perse, où le faux Smerdis s'était fait proclamer roi. Il mourut en chemin, à Ecbatane, des suites d'une blessure, l'an 522 avant J.-C.

CAMDEN (Guillaume), surnommé *le Strabon, le Varron et le Pausanias de l'Angleterre*, né à Londres en 1551. Il se livra à la recherche des antiquités de la Grande-Bretagne qu'il parcourut en entier, et publia un ouvrage intitulé, *Britanniæ descriptio*. La reine Elisabeth le récompensa par l'office de roi d'armes du royaume. Il mourut en 1623. On a encore de lui des *Annales du règne d'Elisabeth*.

CAME, genre de mollusques à coquille épaisse, solide, inéquivalve, irrégulière. L'animal a le manteau peu ouvert inférieurement pour le passage du pied, qui est très-petit. Les espèces de cames sont nombreuses; leur couleur dominante est le blanc mat et le citron. On en connaît à l'état fossile.

CAME, sorte de dent implantée dans l'*arbre*, que fait tourner une roue mue ordinairement par un courant d'eau, et qui soulève des marteaux, des pilons, etc. Lorsque le mécanisme doit faire mouvoir plusieurs marteaux ou pilons, les cames sont disposées sur le cylindre de manière que leur ensemble forme une *vis* ou *hélice*.

CAMÉE, nom donné aux pierres gravées en relief. Les têtes antiques ou les figures groupées forment le sujet des camées. Les images ont une couleur différente de celle du fond, sur lequel elles semblent collées et se détachent en saillie ou en relief. On en fait des cachets, des bagues et d'autres bijoux. On fait des camées artificiels sur la faïence, sur la porcelaine, sur les émaux, etc.

CAMEIROMOR, officier qui, en Portugal, commande d'une manière absolue aux valets de chambre du palais, habille et déshabille le roi, et exerce sa juridiction sur tout ce qui tient au service intérieur de la maison du roi.

CAMÉLÉON, reptile d'Afrique et d'Amérique, ayant quatre pieds, la tête volumineuse, quadrangulaire, comprimée latéralement, le corps court, fortement comprimé, denté sur le dos, la queue arrondie, les membres longs et grêles. Il est célèbre par la propriété qu'il possède, de changer de couleur. Elle est due à l'existence simultanée de deux matières colorantes, qui, se répandant dans les parties superficielles de la peau de l'animal, suivant la contraction et les divers états de l'animal, produisent ces colorations diverses. Le caméléon possède encore la propriété de s'enfler et de se désenfler à volonté, et celle de tirer subitement la langue à une assez grande distance pour saisir les objets.

CAMÉLÉON, une des douze constellations méridionales ajoutées, pendant le XVIe siècle, à celles que les anciens avaient découvertes au midi du zodiaque. Elle est sur la colure des équinoxes et au dedans du cercle polaire antarctique.

CAMÉLÉON MINÉRAL (*manganate* et *oxy-manganate de potasse*), combinaison chimique que l'on obtient en mêlant des parties égales de peroxyde de manganèse et de potasse hydratée. Traitée par l'eau, de pourpre qu'elle était, cette combinaison devient rouge ponceau, et, par l'addition de plusieurs matières, elle passe au vert, par le violet foncé, le bleu indigo et le bleu pur.

CAMÉLIENS, famille d'animaux ruminants correspondant au genre *chameau*. Elle est partagée en deux groupes, les *chameaux* proprement dits et les *lamas*.

CAMÉLÉOPARD, nom sous lequel les anciens connaissaient la *girafe*.

CAMELINE, genre de la famille des crucifères, établi sur une petite plante, la *cameline cultivée*, dont on retire une huile qui perd bientôt l'odeur fraîche et pénétrante d'ail, qu'elle exhale étant fraîche. Brûlée, cette huile jette une lumière vive et éclatante, et rend peu de fumée. Elle est siccative; on l'emploie avec succès pour les fritures.

CAMELLIA, genre de la famille des hespéridées, ayant pour type un arbre des Philippines appelé aussi *rose du Japon* et *de la Chine*. On en connaît deux espèces : le *camellia du Japon* ou *Tsubakki*, et le *camellia thé*. La première est un arbrisseau toujours vert, haut de trois et quatre mètres, fourni d'un grand nombre de rameaux à écorce brunâtre, ornés en tout temps de feuilles ovales, lisses, d'un vert luisant et foncé en dessus, aux fleurs solitaires d'un rouge vif, inodores.

CAMELOT, étoffe non croisée, raide et sèche, que l'on fabrique comme la toile. On en faisait de diverses matières (poils de chèvre, laine et soie) et de diverses largeurs. Chacune de ces petites étoffes, que l'on portait en été, avait une dénomination particulière. Elles ne sont plus de mode aujourd'hui.

CAMERA. On appelait ainsi, à Gênes, la chambre des procurateurs, composée de huit membres spécialement chargés de la régie des finances et des revenus de la république. La *camera* s'occupait encore, conjointement avec le sénat, de la direction des affaires extérieures, de l'administration des armées, etc.

CAMERA (Musique DA) ou DE CHAMBRE, nom donné à des compositions familières et fugitives, chantées ordinairement après le repas. Palestrina, Monteverde, Haydn, Beethoven ont travaillé pour la musique de chambre.

CAMERARIUS. Deux littérateurs et historiens allemands ont porté ce nom. — JOACHIM Ier CAMERARIUS, né à Bamberg en 1500, mourut à Leipsig en 1574. Il contribua beaucoup aux progrès des sciences et des belles-lettres par les bonnes éditions, les versions, les traductions et les commentaires qu'il a donnés d'un grand nombre d'auteurs grecs et latins. Il coopéra à la publication de la *Confession d'Augsbourg* de Mélanchton. — JOACHIM II CAMERARIUS, son fils, né à Nuremberg en 1534, mort en 1598, est regardé comme un des plus savants médecins et botanistes de son siècle. Il a laissé, en allemand et en latin, des ouvrages fort estimés sur la botanique.

CAMÉRIER (du latin *camerarius*, chambrier), dignité ecclésiastique et séculière. Le pape a des camériers ou chambriers qui sont prélats, et dont l'habit est une soutane avec des manches pendantes jusqu'à terre. Les uns sont chargés des aumônes du pape, les autres du soin de l'argenterie, des joyaux, des reliquaires. Pour les *camériers séculiers*, voy. CHAMBRIER.

CAMERINO, délégation des Etats romains, entre celles de Fermo, d'Ascoli, de Spolète, de Pérouse, d'Urbin, d'Ancône et de Macerata. Sa superficie est de 140 lieues carrées, et sa population de 227,315 habitants. Son chef-lieu est *Camerino*, ville épiscopale, sur une montagne, près de l'Apennin et du fleuve Chiento, à 10 lieues de Spolète. Elle a des fabriques de soie.

**CAMERISIER** ou **CAMÉCERISIER**, genre d'arbrisseaux de la famille des caprifoliacées. On les trouve dans les pays montagneux de l'Europe, où ils forment des buissons. On cultive surtout le *camerisier de Tartarie* ou *cerisier nain*, haut de un à deux mètres, aux fleurs roses, auxquelles succèdent des baies rouges de la grosseur d'une groseille. Le bois du camerisier est dur.

**CAMÉRISTE**, nom donné en Italie, en Espagne et en Portugal, à une femme de chambre. A Madrid, la première charge du palais est celle de la première camériste ou *camereira-mayor*, surintendante de la maison royale, chargée d'accompagner la reine en tous lieux. Elle a sa place marquée dans le carrosse royal. Quelquefois elle exerce les fonctions de gouvernante de la reine. — A Lisbonne, la *camereira-mayor* donne la chemise à la reine, marche derrière elle en public, et soutient la queue de son manteau.

**CAMERLINGUE.** Il y a deux fonctionnaires de ce nom à la cour de Rome. Le premier est celui du pape. C'est un cardinal qui préside la chambre apostolique, administre la justice, et a la direction de tous les domaines pontificaux. Pendant la vacance du siège, il fait battre monnaie et publie des édits. Sa dignité est à vie. — Le camerlingue des cardinaux est un cardinal élu pour un an seulement, par ordre d'ancienneté, par le sacré collège. Il reçoit tous les revenus qui appartiennent au collège des cardinaux, et les distribue à la fin de chaque année à ceux des cardinaux qui résident à Rome.

**CAMÉRONIENS**, secte de calvinistes écossais, qui ont pris leur nom de Richard Caméron, et qui se séparèrent des presbytériens en 1666. Ils tenaient leurs assemblées religieuses dans les champs, et affectaient une plus grande rigidité de principes que les presbytériens. — Le nom de caméroniens a encore été donné aux sectaires de Jean Caméron, Ecossais et professeur de théologie dans l'académie de Saumur, né à Glasgow en 1580. C'étaient des calvinistes mitigés qui suivaient à peu près les opinions d'Arminius touchant la grâce, le libre arbitre, etc.

**CAMERTES**, peuples d'Italie, habitant l'Ombrie (*Umbria*). Leur alliance avec les Romains date de l'an 444. Caius Marius donna le droit de bourgeoisie à mille camertes qui s'étaient bien conduits dans une guerre.

**CAMILLA** (myth.), fille de Métabus et de Casmilla, reine des Volsques, avait été élevée dans les bois, nourrie de lait de cavale, et accoutumée aux exercices de la chasse. Elle se mit à la tête d'une armée, avec trois autres femmes aussi courageuses qu'elle, et vint au secours de Turnus, attaqué par Enée. Elle fit des prodiges de valeur. Elle fut tuée traîtreusement par Aruns.

**CAMILLE** (Marcus Furius Camillus), Romain, surnommé *le second Romulus*. Après avoir été censeur et tribun militaire, il fut créé dictateur, et termina glorieusement le *siége de Véies*, qui depuis dix ans occupait les principales forces de la république. Il s'empara de Falisque (396 ans avant J.-C.), dans le *siége de laquelle* il renvoya aux habitants un pédagogue qui avait voulu lui livrer les enfants des principaux citoyens de la ville. De retour à Rome, accusé d'avoir détourné une partie du butin fait à Véies, il se bannit volontairement. Pendant son exil, les Gaulois ayant assiégé Rome, les Romains l'élurent dictateur. Camille accourut d'Ardée à leur secours, et, selon Tite Live, reprit la ville sur l'ennemi. Il mourut de la peste l'an 355 avant J.-C.

**CAMILLES**, nom donné, chez les Romains, à de jeunes enfants qui servaient dans les sacrifices, et dont le père et mère devaient être vivants.

**CAMIONS**, petits chariots à roues basses, qui servaient à transporter les personnes ou les fardeaux. Dans les chantiers, les ouvriers les traînent à l'aide de bretelles. — On nomme encore ainsi, 1° de très-petites épingles ; 2° un vase de terre où les peintres en bâtiment mettent leurs couleurs.

**CAMISARDS**, nom donné aux protestants des Cévennes, qui, après la révocation de l'édit de Nantes, défendirent à main armée leur indépendance religieuse et même leur vie. S'étant tous couverts d'une blouse ou chemise, pour se reconnaître et cacher leurs armes, on les appela par la suite *camisards*. Le maréchal de Montrevel fut envoyé contre eux avec 20,000 hommes, et ne put les réduire ; le maréchal de Villars, qui le remplaça, traita avec les chefs des révoltés, et finit ainsi cette guerre, qui durait depuis plusieurs années (1704). Les autres chefs ayant été pris l'année suivante, les camisards furent forcés de se soumettre.

**CAMISARDS BLANCS** ou **CADETS DE LA CROIX**, bandes de jeunes catholiques au nombre de 5 ou 600, sans discipline, sans chefs, et qui se ruaient sur les protestants sans distinction d'âge ni de sexe, pillant et brûlant leurs maisons. Ces bandes, organisées en vertu d'une bulle du pape Clément XI (1703), qui accordait à ces *croisés* indulgence plénière, marchaient avec les troupes royales. Ils furent détruits par les *camisards*.

**CAMISARDS NOIRS**, nom que prit une bande de voleurs et de pillards sortis de la Provence, et qui se fit appeler ainsi pour dissimuler le véritable but de leur association, qui était de rançonner et de piller tous les partis. Les vrais camisards les exterminèrent.

**CAMISOLE**, chemisette légère. — C'est aussi un vêtement dont on se sert pour contenir les maniaques ou les individus en proie à un violent délire. Il se ferme par derrière, emboîte comme un corset le tronc depuis le cou jusqu'au ventre, et se ferme par derrière. On le fait avec une étoffe de résistance, ordinairement du coutil. On l'appelle encore *gilet de force*.

**CAMMA**, dame de Galatie, qui, ayant perdu son mari Sinetus par la perfidie de Sinorix, résolut de punir le meurtrier. Elle feignit de consentir à l'épouser. La coutume du pays obligeait les époux à boire dans la même coupe. Camma but la première la liqueur qu'elle avait empoisonnée, et la donna ensuite à Sinorix, qui vida sans méfiance la coupe fatale. Ils expirèrent bientôt après l'un et l'autre. Ce trait a fourni à Thomas Corneille le sujet d'une tragédie.

**CAMOENS** (Don Luiz), poëte portugais, né à Lisbonne en 1517, d'une famille noble, originaire d'Espagne. Il étudia à l'université de Coïmbre, et parut ensuite quelque temps à la cour, où sa passion pour Catherine d'Ataïde, dame du palais, le fit exiler à Santarem, dans l'Estramadure. Ayant obtenu la permission de servir dans l'armée navale qui allait secourir Ceuta, il s'embarqua pour Goa en 1553. Ses satires contre le vice-roi le firent exiler à Macao, où il conçut le plan de son célèbre ouvrage *la Lusiade*. Rappelé en Portugal, il fit naufrage dans la traversée, et se sauva à la nage en tenant son poëme de la main droite. De retour à Lisbonne (1570), il y végéta dans la misère, et mourut à l'hôpital en 1579. Son poëme de *la Lusiade* l'a rendu très-célèbre.

**CAMOMILLE**, genre de plantes de la famille des corymbifères, à feuilles très-découpées, à fleurs grandes, ordinairement solitaires, tantôt jaunes et tantôt pourprées. Les camomilles croissent en Europe, et répandent une odeur pénétrante, due à la présence d'une huile essentielle, de couleur azurée et très-volatile. On distingue la *camomille romaine*, dont les fleurs prises en infusion théiforme sont fébrifuges et stomachiques ; la *camomille fétide* ou *maroute*, et la *camomille des teinturiers*, qui teint la laine en jaune aurore.

**CAMOUFLET.** En termes de fortifications, *donner un camouflet*, c'est souffler de la fumée souterraine contre l'ennemi, dans les ouvrages avancés, pour l'étouffer, le suffoquer ou le forcer à se retirer. Pour cela, on fait passer dans un trou percé dans la terre un canon de fusil ouvert par les deux bouts, et dans l'intérieur duquel on met une composition de poudre et de soufre, qu'on enflamme, et dont on souffle la fumée vers l'ennemi.

**CAMP**, lieu, terrain sur lequel une armée s'établit pour stationner. Les adjudants généraux vont d'abord reconnaître les lieux, tracer les lignes du camp, et marquer l'emplacement des divisions, brigades et régiments. Les adjudants-majors des corps les accompagnent, et indiquent aux fourriers la place des compagnies. Les troupes arrivent et prennent alors position. On les loge dans les tentes ou des baraques, bâties sur plusieurs lignes parallèles. Celles des officiers sont en arrière de leurs compagnies, celles des chefs de bataillon en arrière du centre de leur bataillon, celle du colonel en arrière du centre de son régiment. Plus loin sont les cuisines. Le quartier général est en arrière du camp, mais aussi rapproché que possible. On nomme *camp de rassemblement* un camp où l'on assemble une armée au commencement d'une campagne ou d'une guerre ; *camp de passage*, celui qu'on ne doit occuper que peu de temps ; *camp stable*, celui qu'on doit occuper longtemps ; *camp retranché*, celui qui est défendu par des retranchements ; *camp volant*, une troupe qu'on envoie à l'ennemi pour faire diversion, afin d'être libre d'achever un dessein important. — On forme quelquefois un *camp* à peu de distance des villes pour exercer les troupes. — Les anciens ne faisaient presque jamais des camps de passage comme les modernes. Leurs camps étaient de véritables forteresses, capables de résister à de longs siéges. On en voit encore des ruines. Voy. **CAMPS**.

**CAMPAGE.** C'était, chez les anciens, une sorte de *caliges* ou *bottines* que portaient les empereurs et les principaux officiers de l'armée. Les campages étaient plus ou moins ornés, suivant le rang de celui qui les portait.

**CAMPAGNE**, espace de temps consacré aux actions de guerre et au rassemblement d'une armée. Les campagnes de mer et les campagnes hors d'Europe sont, en temps de paix, comptées comme moitié en sus de leur durée ; elles le sont, en temps de guerre, comme le double de cette durée. Il faut, pour constituer une campagne, que les corps de l'armée aient été formés. Dans les supputations qui regardent la solde de retraite, une campagne porte accroissement à cette solde ; cet accroissement est du vingtième de la retraite du grade actuel. Vingt campagnes équivalent à trente années de service.

**CAMPAGNE DE ROME**, l'ancien *Latium*, province des États romains, bornée au N. par les délégations de Spolète et Rieti et l'Abruzze ultérieur, au S. par la mer, à l'E. par la terre de Labour, à l'O. par celles de Viterbe et Civita-Vecchia. Sa superficie est de 100 lieues carrées ; sa population de 287,185 habitants. La Campagne de Rome ne produit presque rien. Rome en est la capitale. Elle forme aujourd'hui la délégation de Rome.

**CAMPAGNOL**, genre de mammifères rongeurs, assez semblables aux rats, et vivant dans les champs ou sur le bord des eaux. Ils ont quatre doigts et une longue queue. L'espèce type du genre est le *rat d'eau*, plus grand que le rat ordinaire. Son poil est d'un gris brun foncé. Il se creuse le long de l'eau des trous peu profonds. On connaît encore le *schermaus* ou *rat de Strasbourg*, et le *campagnol* ou *petit rat des champs*, long de trois pouces (quatre pouces avec la queue), au pelage jaune brun dessus et blanc sale dessous. On trouve dans les champs et les jardins. Il se multiplie avec une rapidité extrême, et cause au cultivateur des torts irréparables.

CAMPAGUS. Voy. Campage.

CAMPAN, bourg des Hautes-Pyrénées, sur l'Adour, chef-lieu de canton, à 2 lieues de Bagnères. Sa population est de 4,471 habitants. Il donne son nom à la riche et belle vallée dont il occupe le centre. Cette vallée est bien cultivée, et abonde surtout en pâturages. A la base du *Pêne de Lheyris*, longue montagne qui a 5,920 pieds d'élévation, est une caverne remarquable par des stalactites d'albâtre; et plus vers le haut de la vallée se trouve la célèbre carrière de marbres de Campan, veinés de blanc et de vert sur un fond gris ou brun.

CAMPAN (Henriette Genet, connue sous le nom de Madame), naquit à Paris en 1752. A quinze ans, elle fut nommée lectrice de Mesdames Victoire, Louise et Sophie, filles du roi. Marie-Antoinette, alors dauphine de France, lui fit épouser en 1772 le fils de son secrétaire intime, M. Campan. Elle suivit partout sa bienfaitrice, dont elle fut séparée au Temple. Elle ouvrit, à Saint-Germain, un petit pensionnat qui ne tarda pas à jouir d'une grande célébrité. Napoléon ayant fondé, pour les filles et nièces des officiers de la Légion d'honneur, la maison impériale d'Ecouen, M<sup>me</sup> Campan, nommée directrice et surintendante de cette maison, organisa cet établissement, et y fit régner l'ordre le plus sévère. Au retour du roi, les fonctions de M<sup>me</sup> Campan cessèrent. Elle mourut en 1822, laissant des *Mémoires* sur la cour de Louis XV, de Louis XVI, du consulat et de l'empire, des *nouvelles* et plusieurs *comédies* manuscrites.

CAMPANE, nom donné au corps du chapiteau de l'ordre corinthien, qui ressemble à une cloche renversée (en latin, *campanum*), quand il est privé de feuilles et d'ornements. — On appelle encore ainsi, 1° un ornement d'architecture en forme de crépines, d'où pendent des houppes ou clochettes; 2° des ornements en forme de clochettes, qui sont placés au bas du faîte ou d'un comble dans un édifice.

CAMPANELLA (Thomas), dominicain calabrais, né à Stilo en 1568. Il se distingua de bonne heure par sa sagacité philosophique. Accusé de magie, il fut emprisonné comme coupable de lèse-majesté et de haute trahison. Enfin il fut mis en liberté en 1626, après vingt-sept ans de captivité. Il se retira en France, où il mourut en 1639. — Campanella a composé plusieurs ouvrages philosophiques. Il avait entrepris de fonder la philosophie sur la nature et l'expérience, et cherché à faire tomber la philosophie d'Aristote.

CAMPANELLES, ornement, 1° au liseron, 2° à de petites clochettes.

CAMPANIE, ancienne contrée d'Italie, bornée par le Latium, le Samnium, le Picenum et la mer. Elle était célèbre par la fertilité du sol et la variété de ses sites. *Capoue* en était la capitale. La Campanie répond à la terre de Labour actuelle.

CAMPANIFORMES (*en forme de cloche*), nom général donné, en botanique, aux calices et aux corolles évasés vers le sommet. — Dans le système botanique de Tournefort, les campaniformes formaient la première classe des végétaux, comprenant toutes les plantes dont les fleurs offraient plus ou moins la forme d'une clochette. Tels étaient les *melons*, les *garances*, les *mauves*, les *solanées*, etc.

CAMPANILE, sorte de tour ronde ou carrée, bâtie tout près des églises sans en faire partie. L'usage de ces tours est général en Italie. Le campanile de Pise est aussi connu sous le nom de *Tour penchée* (*Torre-pendente*). Sa hauteur est de cent quarante-deux pieds; sa forme est celle d'un cylindre environné de huit rangs de colonnes posés les uns sur les autres. La tour a douze pieds d'inclinaison. — Le campanile de Bologne, appelé aussi *Garifendi*, a cent quarante-quatre pieds de haut et huit pieds deux pouces d'inclinaison.

CAMPANULACÉES, famille de plantes lactescentes, herbacées; quelquefois arbrisseaux; à feuilles le plus ordinairement alternes, très-rarement opposées; aux fleurs assez grandes, tantôt disposées en thyrse ou en épi, tantôt rapprochées en capitule, quelquefois rassemblées dans un calice commun; aux étamines en nombre égal aux divisions de la corolle, qui sont presque toujours régulières; à la graine fort petite, nue.

CAMPANULE, genre de plantes de la famille des campanulacées, à laquelle il sert de type. Ces plantes sont herbacées, ou des sous-arbrisseaux et des arbustes. Toutes se font remarquer par la forme élégante et la beauté de leurs fleurs, habituellement d'un bleu foncé. On mange en salade les racines et les fanes des *campanules raiponce, doucette, à feuilles de pêcher et gantelée*.

CAMPANULÉ. Voy. Campaniforme.

CAMPASPE ou Pancaste, l'une des plus belles femmes de l'Asie, et maîtresse d'Alexandre, qui la fit peindre par Apelles. Le peintre ne put voir ses charmes sans devenir éperdument amoureux, et Alexandre lui céda généreusement Campaspe. Ce trait a fait le sujet de plusieurs tableaux et d'un opéra.

CAMPBELL, clan écossais qui habitait les montagnes du comté d'Argyle, et qui descendait, selon la tradition, de Diarmid, compagnon d'armes d'Ossian. Un des chefs des Campbells, Callum, ayant mérité par ses exploits le surnom de *More* (le Grand), ses successeurs les chefs du clan prirent le titre de *Mac-Callum-More* (Fils de Callum le Grand). Les Campbells occupèrent un rang distingué parmi les clans gaéliques de l'Ecosse. Leur chef prenait le titre de comte d'Argyle.

CAMPBELL (Archibald), comte d'Argyle, né en 1598. Il fut l'un des plus zélés défenseurs de l'union presbytérienne contre Charles I<sup>er</sup>, roi d'Angleterre. Pendant que Charles I<sup>er</sup> était battu par les troupes du parlement, emprisonné et exécuté, James Graham, comte de Montrose, ennemi du marquis d'Argyle, rassemblait les troupes royales d'Ecosse, et tailla en pièces dans deux batailles le clan des Campbells, le marquis d'Argyle et les troupes du parlement. Mais, bientôt fait prisonnier, Montrose fut conduit à Edimbourg en 1650. Charles II, rétabli sur le trône, fit juger, condamner et exécuter Campbell en 1661.— Son fils, Archibald Campbell, lord de Lorn, comte d'Argyle, fut accusé de trahison sous son père, et condamné à avoir la tête tranchée. Il se sauva en Hollande, fut ramené ensuite en Ecosse, où il fut arrêté et décapité (1685).

CAMPBELL (John), petit-fils d'Archibald, comte d'Argyle, et fils d'Archibald, duc d'Argyle, naquit en 1671. Nommé en 1705 haut commissaire près du parlement d'Ecosse, il se distingua comme guerrier et comme homme d'État. Le roi récompensa ses services en lui donnant l'ordre de la Jarretière en 1710. En 1712, il eut le commandement militaire de l'Ecosse. En 1715, il battit le comte de Mar's-Army à Dublin, et contraignit le Prétendant à sortir du royaume. En 1719, il fut créé pair d'Angleterre, lord-duc de Greenwich et baron de Chatham. Il mourut en 1743.

CAMPBELL (Thomas), poète anglais, né à Glasgow en 1777. Il débuta en 1799 par *les Plaisirs de l'Espérance*, poëme. Un petit roman en vers, *Gertrude de Wyoming*, est regardé comme son chef-d'œuvre, ainsi que la *Bataille de Hohenlinden*, *Lochiel*, la chanson des *Matelots*. Son seul ouvrage en prose est intitulé *Annales du règne de Georges III jusqu'à la paix d'Amiens*.

CAMPE (Joachim-Henri), philologue allemand, né à Brunswick en 1748. Il étudia la théologie à Helmstadt et à Halle, fut aumônier d'un régiment et puis directeur de l'institut de Dessau. Il mourut en 1818. Il a écrit pour l'enfance le *petit Livre de morale à l'usage des enfants*, la *petite Bibliothèque des enfants*, le *Robinson du jeune âge*, un *Dictionnaire allemand*, etc.

CAMPÊCHE (Baie de), baie du golfe de Mexique, entre la presqu'île de Yucatan et l'Etat de Nouveau-Santander. Sa largeur est d'environ 375 lieues. Elle baigne les Etats de Nouveau-Santander, de Potosi, de Queretaro, de Puebla, de Vera-Cruz et d'Yucatan. — La ville de Campêche, qui a 6,000 habitants, dans l'Etat de Yucatan, a un bon port sur la côte orientale de la baie de ce nom. C'est à 18 lieues de là que se trouve le bois de teinture dit *bois de Campêche*.

CAMPÊCHE (Bois de), bois de teinture fourni par un arbre du genre *hæmatoxylon*. C'est le bois de cet arbre dépouillé de son aubier. Ce bois est compacte, très-dur, susceptible de recevoir un beau poli sans devenir brillant, exhalant une odeur assez forte de violette. Par son infusion dans l'eau, il donne une couleur de brun foncé, qui, mêlée avec des gommes et du sulfate de fer, peut tenir lieu d'encre. Par sa décoction, il fournit une couleur rouge foncée et même pourpre, dont on varie les teintes en y mettant plus ou moins d'eau. On emploie le campêche en médecine comme un astringent. Les marchands s'en servent pour sophistiquer les vins et les liqueurs.

CAMPEMENT. Voy. Camps grecs, hébreux, romains.

CAMPEN (Jacques Van-), seigneur de Rambroeck, né à Harlem, et célèbre comme peintre et architecte. Il construisit le palais du prince Maurice à la Haye, l'ancienne salle de spectacle d'Amsterdam, les mausolées des amiraux Tromp, Van-Galen, et le magnifique hôtel de ville d'Amsterdam, qui a coûté 78,000,000, et qui est orné de peintures et de sculptures des plus rares et des marbres les plus précieux. Campen mourut en 1658.

CAMPER (Pierre), né à Leyde en 1722. Il étudia la physique avec S'Gravesande, l'anatomie avec Albinus, et la médecine avec Boërhaave. A vingt-quatre ans, il fut reçu docteur en philosophie et en médecine, grâce à deux thèses sur la *vision* et sur l'*œil*. En 1750, il fut nommé professeur de théologie, de chirurgie et de médecine à Amsterdam, et écrivit des *mémoires*. Il mourut en 1789. Camper fut l'un des premiers à deviner l'existence des races d'animaux antédiluviens.

CAMPHORIQUE (Acide), acide solide, susceptible de cristalliser en cristaux plumeux, d'une saveur amère, peu soluble dans l'eau, plus soluble dans l'alcool et les huiles volatiles. Il résulte de l'action de la distillation d'un mélange de huit parties d'acide nitrique et une de camphre. Cet acide n'a point d'usages.

CAMPHRE, produit immédiat des végétaux, que l'on trouve dans plusieurs plantes de la famille des labiées et des synanthérées, mais que l'on extrait principalement du *camphrier*. Pour cela, on coupe par petits morceaux toutes les parties du camphrier, que l'on introduit avec de l'eau dans une cucurbite; l'on fait bouillir, et le camphre se volatilise et va se déposer sur les parois intérieures d'un chapiteau de terre cuite adapté au-dessus de la cucurbite. C'est là le camphre brut du commerce, en masses grenues, grisâtres, un peu humides. On le purifie ensuite, et alors il est blanc, transparent, lisse, fragile, etc., d'une odeur forte, aromatique et désagréable, d'une saveur âcre et brûlante. Il est très-volatil, et se sublime même à la température ordinaire. Sa pesanteur spécifique est de 0,9887. Le camphre est très-employé en médecine, à l'intérieur et à l'extérieur. Il jouit de propriétés sédatives et sudorifiques. On l'emploie contre la peste, les maladies putrides, etc. Il est vénéneux à la dose de deux ou trois gros.

CAMPHRE ARTIFICIEL, substance que l'on obtient en cristaux blancs, brillants, d'une forme indéterminable, d'une odeur analogue à celle du camphre. Elle est plus légère que l'eau. On l'obtient en saturant de gaz acide hydrochlorique l'huile essentielle de térébenthine. Ce produit n'a point d'usages.

CAMPHRÉE, genre de plantes de la famille des chénopodées, qui croissent dans les lieux stériles et sablonneux des contrées méridionales. La *camphrée de Montpellier*, petit arbrisseau d'un pied, à rameaux longs et blanchâtres, à feuilles alternes, petites, nombreuses, à fleurs verdâtres, exhale une forte odeur de camphre, et jouit de propriétés médicinales, particulièrement contre l'asthme et l'hydropisie.

CAMPHRIER, arbre du genre *laurier* et de la famille des laurinées, originaire des contrées montueuses de l'Orient. Il a le port du tilleul, l'écorce du tronc raboteuse et grisâtre, les feuilles ovales, longues, alternes, d'un beau vert luisant; les fleurs blanches, petites, en panicule; les fruits pourpres, noirâtres, à une seule graine, de la grosseur du pois chiche. On en retire du camphre.

CAMPIGLIA (Giovanni-Dominica), peintre toscan, né à Lucques en 1692. Il remporta à Rome le grand prix de l'académie de Saint-Luc, sur un dessin admirable représentant le *Triomphe d'un guerrier victorieux*. Il peignit des tableaux pour presque toutes les églises d'Italie, et mourut en 1744.

CAMPISTRON (Jean GALBERT DE), né à Toulouse en 1665. Son goût pour la poésie et les belles-lettres l'amena à Paris. Racine fut son guide dans la carrière dramatique. Ayant composé en 1686 la pastorale héroïque d'*Acis et Galatée* pour le duc de Vendôme, ce prince le fit secrétaire de ses commandements et ensuite secrétaire général des galères. Nommé mainteneur des jeux floraux de Toulouse en 1694, et membre de l'académie française en 1701, il mourut en 1723. Ses pièces les plus connues sont *Virginie*, *Arminius*, *Andronic*, *Alcibiade*, *Tiridate*, *Juba*, *Phocion*, *Adrien*; *Phraate*, *Aëtius*, *Pompéia*, tragédies; le *Jaloux désabusé*, l'*Amante amant*, comédies; *Achille*, *Alcide*, *Acis et Galatée*, opéras.

CAMPNER-DAILER, monnaie d'argent de Hollande, valant 28 *stuyvers*, ou 2 francs 85 centimes de notre monnaie.

CAMPO-FORMIO, village du Frioul, à une lieue et demie au S. d'Udine, célèbre par le traité conclu entre la France et l'Autriche le 17 octobre 1797. Le plénipotentiaire du côté de la France fut le général Bonaparte; celui du côté de l'Autriche, le comte de Cobentzel. L'Autriche reconnaissait la république française, la république cisalpine, cédait le Brisgau au duc de Modène, et était autorisée à se mettre en possession de Venise et des Etats de cette république à la gauche de l'Adige. La France devait posséder les îles Ioniennes et Mayence.

CAMPOMANÈS (D. Pedro-Rodriguez, comte DE), né au commencement du xviiie siècle dans les Asturies. Il passait pour le jurisconsulte le plus habile de l'Espagne. En 1765, il fut nommé par Charles III procureur fiscal du conseil royal et suprême de Castille. L'Espagne lui dut la liberté du commerce des grains, d'utiles règlements contre la mendicité, et l'expulsion des jésuites. Président du conseil de Castille à l'avénement de Charles IV, il fut nommé ministre d'Etat jusqu'à l'avénement du comte de Florida-Blanca. Campomanès mourut en 1802.

CAMPRA (André), musicien célèbre, né à Aix en 1660, se fit d'abord connaître par des motets exécutés dans les églises et par des concerts particuliers. Nommé maître de musique de la maison professe des jésuites à Paris, il fut bientôt appelé à la maîtrise de la métropole. Ses opéras de l'*Europe galante*, du *Carnaval de Venise*, d'*Hésione*, d'*Alcine*, de *Téléphe*, de *Tancrède*, de *Camille*, etc., firent sa réputation. Il mourut en 1744.

CAMPS, nom donné aux lieux retranchés où stationnent les armées en campagne. La forme des camps varie suivant la disposition du terrain. Cependant chaque peuple affectait une disposition particulière. Ainsi les Grecs adoptaient généralement la forme circulaire. Chez eux, les Lacédémoniens passaient pour les plus habiles dans l'art de fortifier les camps.

CAMPS HÉBREUX. Moïse donna aux camps des Hébreux la forme rectangulaire. Dans le centre était le tabernacle. Les lévites, au nombre de vingt-deux mille, rangeaient leurs tentes autour du tabernacle, suivant l'ordre de leurs troupes et de leurs divisions.

CAMPS ROMAINS. Les Romains avaient adopté la forme quadrangulaire, et ils entouraient leur camp de tous côtés d'un fossé (*vallum*), communément de neuf pieds de profondeur sur douze de large, revêtu d'un parapet (*agger*) haut de trois à quatre pieds et fortifié d'une palissade. Le camp avait quatre portes, une de chaque côté. Celle qui regardait l'ennemi s'appelait *prætoria* ou *extraordinaria*. Celle qui lui correspondait s'appelait *decumana* ou *censoria*. Comme le camp était partagé en deux, dans la direction parallèle à l'ennemi, par une voie longitudinale, large de six pieds, et qui s'appelait *principia*, les deux portes auxquelles elle aboutissait prenaient le nom de *principialis dextra* et *principialis sinistra*. Une autre voie, appelée *via quintana*, traversait le camp parallèlement à l'autre. Chaque te . te contenait dix soldats et un officier appelé *decanus*.

CAMPS DE CÉSAR, nom donné aux camps romains retranchés, qui remontent à une assez grande antiquité, et qu'on attribue à César dans ses nombreuses expéditions.

CAMUS (Jean-Pierre), né à Paris en 1582, fut promu à l'évêché de Belley. Il instruisit ses administrés, s'éleva contre tous les abus, et particulièrement contre les moines. Il a fait contre eux plusieurs ouvrages: le *Traité de l'ouvrage des moines*, *les deux Ermites*, l'*Antimoine bien préparé*, etc. Saint François de Sales lui ayant donné le conseil de faire des romans pieux, il écrivit *Dorothée*, *Alcime*, *Daphnide*, *Carpie*, *Spiridion*, *Hyacinthe*, *Alexis*. Après avoir travaillé pendant vingt ans au salut des fidèles, il se retira à l'hôpital des Incurables, où il mourut en 1652. Il était bon prédicateur, et on a de lui plus de deux cents sermons.

CAMUS (Armand-Gaston), né à Paris en 1740, était avant la révolution avocat au parlement de Paris. La ville de Paris le nomma député du tiers état aux états généraux (1789). Il s'exprima avec force en faveur de la constitution civile du clergé, se plaignit des dépenses des ministres, proposa la suppression des ordres de Malte, etc., et demanda que la liste civile fût réduite. Il fut ensuite nommé archiviste national et bibliothécaire du corps législatif. Le département de la Haute-Loire le nomma député à la convention nationale; il en fut nommé secrétaire. Livré à l'Autriche, il demeura longtemps prisonnier, et fut échangé contre Marie-Thérèse, fille de Louis XVI. Il entra au conseil des cinq-cents, dont il fut le président, et mourut en 1804.

CANA. Deux villes de Palestine ont porté ce nom. — 1o CANA en Galilée, de la tribu de Zabulon, où Jésus-Christ fit son premier miracle, en changeant l'eau en vin à des noces où il avait été invité avec sa mère et ses disciples. Un des meilleurs tableaux de Paul Véronèse est connu sous le nom de *Noces de Cana*. — 2o CANA, dans la tribu d'Aser, surnommée *Cana la Grande*.

CANAAN. Voy. CHANAAN.

CANADA, grande contrée de l'Amérique septentrionale, dans la Nouvelle-Bretagne, bornée au N. par la Nouvelle-Galles, la baie d'Hudson et le Labrador, au S. par les Etats-Unis, à l'E. par la Nouvelle-Brunswick et le golfe Saint-Laurent, à l'O. par le lac des Rois et les Etats-Unis. Sa superficie est d'environ 70,000 lieues carrées. Il se divise en HAUT CANADA, séparé du bas Canada par l'Ottawa, occupant la partie occidentale, divisé en huit districts et vingt-trois comtés, et ayant 130,000 habitants : la capitale est *New-Yorck* ou *Niagara*; et en BAS CANADA, occupant la partie orientale, divisé en quatre districts et vingt et un comtés : sa population est de 335,000 habitants, sa capitale est *Québec*, capitale de tout le Canada. Il y a plus de civilisation dans le bas Canada, qui fait un grand commerce de bois et de fourrures. Le haut Canada a beaucoup de sauvages qui vivent de chasse et de pêche. Découvert en 1497 par J. et Sébastien Cabot, les Français furent les premiers qui s'y établirent, sous la conduite de Samuel de Champlain, en 1608. Il fut cédé à l'Angleterre (1763). Le Canada est maintenant gouverné par un gouverneur général investi du pouvoir exécutif, deux chambres législatives, l'une de sept membres pour le haut Canada, et l'autre de quinze pour le bas Canada, un lieutenant gouverneur et un conseil exécutif pour chaque province.

CANAL, rivière artificielle creusée, soit pour porter des bateaux, soit pour amener des eaux dans un lieu où leur présence est nécessaire. Les pays où la canalisation est le plus avancée sont les Etats-Unis, l'Angleterre et la France. Au nombre des canaux les plus importants des Etats-Unis, on cite le grand *canal d'Erié* dans le New-York, long de 362 milles anglais, et joignant l'Hudson au le Erié. — En Ecosse, on remarque le *canal Calédonien*, qui peut recevoir des frégates de 32 canons, et qui joint la mer du Nord à l'océan Atlantique par le lac Ness, qu'il traverse dans le comté d'Inverness. — En Angleterre, on trouve les canaux de *Bristol* et de *Bridgewater*. — En France, les plus remarquables sont ceux de *Languedoc* ou *du Midi*, *du Centre* ou *de Bourgogne*, *de Briare*, *de Saint-Quentin*, *de l'Ourcq*. — En Egypte, on admire le *canal de Soueys*, qui joint le Nil à la mer Rouge.

CANAL. On a donné ce nom, en anatomie, à des cavités étroites, plus ou moins allongées, destinées à laisser passer certains liquides, ou à recevoir des organes divers.

CANAL MÉDULLAIRE. En botanique, on donne ce nom à une espèce d'étui longitudinal occupant le milieu de la tige, renfermant la moelle. La forme du canal médullaire varie suivant la disposition des fleurs sur la tige; ainsi son aire est allongée, si les feuilles sont opposées; triangulaire, si elles sont verticillées par trois; polygonale, si elles sont alternes.

CANAL. Ce mot est employé, en géographie, comme synonyme de *détroit*.

CANALICULÉ, nom donné aux parties des plantes et principalement aux feuilles et aux pétioles qui offrent une rainure longitudinale plus ou moins large ou profonde.

CANANOR, ville de l'Indoustan dans le Maïssour (Mysore), avec un port sur la côte de Malabar, à 182 lieues au S. de Bombay. Sa population est de 20,000 habitants. Elle fait un grand commerce de poivre, de cardamome, de gingembre, de tamarin, de bois de santal, etc. Bâtie par le gouverneur portugais Alweyda, elle tomba au pouvoir des Hollandais en 1664, et plus tard à celui des Anglais, auxquels elle appartient.

CANARD, genre d'oiseaux aquatiques de l'ordre des palmipèdes. On a divisé le genre canard en deux sections : les *hydrobates* et les *canards proprement dits*. Ces derniers ont le bec moins haut que large à sa base, le cou moins allongé que celui des cygnes, les jambes courtes et placées très en arrière. Leur nourriture se compose indistinctement d'insectes, de poissons, de végétaux et de graines. La section des canards proprement dits se divise en cinq espèces : les *souchets*, les *tadornes*, les *sarcelles*, les *canards musqués* et les *canards vrais*. Ces derniers se reconnaissent à leur cou emplumé et à leur bec proportionné, non gibbeux. Ils se subdivisent encore en *pilets* et en *canards*. Parmi ces derniers sont les *canards sauvages* et les *canards domestiques*.

CANARD MUSQUÉ, espèce de canard du sous-genre des canards proprement dits. Le caractère des canards musqués est d'avoir le bec épais à sa base, la membrane des doigts réticulée, et les joues, le tour des yeux et une partie de la tête garnis de caroncules charnues. L'épithète de *musqués* leur a été donnée parce qu'ils exhalent une forte odeur de musc. Le mâle est entièrement d'un noir brun, lustré de vert sur le dos, avec une tache blanche sur les ailes. Son bec est rouge ainsi que ses pieds et ses caroncules. Le canard musqué est d'un bon rapport.

CANARD DOMESTIQUE, petite subdivision de l'espèce des *canards vrais* et de la section des canards proprement dits. Les canards domestiques ne sont que des variétés de canards sauvages, dont ils n'ont pas cependant les vives couleurs. Les canards fournissent un aliment sain et agréable, et un salé qui se conserve très-bien. L'incubation des femelles dure un mois.

CANARD SAUVAGE, petite subdivision de l'espèce des *canards vrais*. Elle est le type des races de canards domestiques. Les canards sauvages habitent le nord des deux continents, et sont de passage dans presque tous les pays d'Europe. Lo mâle a la tête et le cou d'un vert très-foncé, un collier blanc au bas du cou, et les parties supérieures rayées de brun cendré et de gris blanchâtre, la poitrine marron foncé, le bec d'un jaune verdâtre, les pieds orangés; sa longueur est d'un pied dix pouces. Les canards sauvages volent par troupes nombreuses, et ont le vol très-élevé. Leur chair est très-estimée.

CANARDIÈRE, nom donné 1° à un fusil long de dix à onze pieds, et propre à tuer des canards; 2° à un lieu couvert et préparé où l'on se met en embuscade pour prendre des canards; 3° à des ouvertures pratiquées dans les murs des châteaux forts, d'où l'on tirait de loin sans se découvrir.

CANARIE (GRANDE-), principale île du groupe des Canaries, près de l'Afrique occidentale. Sa superficie est de 149 lieues carrées. La population est de 55,100 habitants. Elle abonde en grains, vins, fruits, miel, cire, bétail, volaille, gibier et excellent sucre. La capitale de l'île est *Canarie* ou *Ciudad-Real de las Palmas* (ville royale des Palmes), grande et belle ville, avec un château fort, sur la côte orientale de l'île. Sa population est de 12,000 habitants. C'est la résidence de l'évêque et du conseil des îles Canaries.

CANARIES, groupe d'îles sur la côte occidentale de l'Afrique, au nombre de treize, dont sept habitées. Ce sont *Palma, Fer, Gomera, la Grande-Canarie, Ténériffe, Fortaventura* et *Lancerotte*. La population des îles Canaries est de 203,000 habitants, tous Espagnols. La race des *Guanches*, population indigène, est éteinte. — En partie fréquentées par les Carthaginois, elles furent connues des Romains sous le nom d'*îles Fortunées*. Elles retombèrent dans l'oubli jusqu'en 1344. En 1404, Jean de Bethencourt les conquit pour le roi d'Espagne, qui les possède encore, et qui y a un gouverneur.

CANARIS. Voy. SERIN.

CANCALE (département d'Ille-et-Vilaine), chef-lieu de canton, à 17 lieues de Rennes. Sa population est de 3,000 habitants. Elle a un bon port sur l'Océan, et une anse appelée aussi *anse de Cancale*. On y pêche d'excellentes huîtres, que l'on exporte en grande partie pour Paris. La pêche annuelle s'élève plus de 1,500,000 huîtres.

CANCEL, la partie du chœur d'une église qui est entre le maître-autel et la balustrade qui le renferme.

CANCELLAIRE, genre de mollusques de la famille des trachélipodes canalifères. Il renferme des coquilles univalves, ovales ou turriculées, à la columelle plicifère (qui porte des plis). Le genre cancellaire est composé de cinquante espèces, toutes belles et rares, et toutes fort recherchées.

CANCELLARIUS, nom donné par les Romains à un officier subalterne qui se tenait dans un lieu fermé de grilles et de barreaux appelés *cancelli*, pour copier les sentences des juges et les autres actes judiciaires. Ils étaient payés par rôles d'écriture. Quelques auteurs ont traduit le mot *cancellarius* par chancelier.

CANCER, maladie caractérisée par la dégénérescence des tissus et la formation de tumeurs dures, d'un blanc grisâtre ou bleuâtre, environnées de grosses veines, qui, par leur disposition ressemblant aux pattes du crabe ou cancer, lui ont fait donner ce nom. Les causes qui déterminent le cancer sont peu connues; les affections tristes de l'âme, un coup porté sur un organe, une inflammation aiguë ou chronique, etc., sont les causes les plus influentes. Il n'est pas bien certain que le cancer soit héréditaire; c'est communément dans l'âge mûr, de trente-six ans à cinquante, qu'il se développe. Les femmes, qui ont ordinairement le tempérament lymphatique, y sont généralement plus sujettes que les hommes. Le cancer attaque plus particulièrement le sein, l'œil, le nez. Dans le plus grand nombre de cas, l'extirpation du cancer est le seul remède contre une mort longue et douloureuse.

CANCER ou ÉCREVISSE, nom du quatrième signe du zodiaque et d'une constellation boréale. L'été commence, pour les habitants de l'hémisphère boréal, lorsque le soleil entre dans le signe du Cancer. C'est l'hiver qui commence, au contraire, pour les habitants de l'autre hémisphère.

CANCER (TROPIQUE DU), l'un des petits cercles de la sphère parallèles à l'équateur, et passant à l'une des extrémités du signe zodiacal, dont il emprunte le nom. Ce tropique, qui est situé dans l'hémisphère septentrional, est éloigné de l'équateur de 23 degrés 28 minutes. C'est ce cercle que le soleil paraît décrire le jour du solstice d'été.

CANCRE, nom dont on s'est servi pour désigner plusieurs crustacés à courte queue, de la famille des *brachyures*, et entre autres le *crabe*.

CANDACE, reine d'Ethiopie, vivait du temps d'Auguste. Elle fut tellement chérie de ses sujets, que toutes les reines qui lui succédèrent voulurent porter son nom. L'Ecriture (Actes des apôtres) fait mention d'une *Candace*, reine d'Ethiopie, qui se convertit au christianisme par le moyen d'un de ses eunuques baptisé par le diacre saint Philippe.

CANDAHAR, province d'Asie, dans l'Afghanistan proprement dit, au N.-O., entre les provinces de Balkh, de Sindhi, le Beloutchistan et la petite Tartarie. Sa superficie est d'environ 46,500 lieues carrées, et sa population d'environ 4,000,000 d'habitants.

CANDAHAR ou KANDAHAR, grande et belle ville, bâtie sur l'emplacement de l'*Alexandria* du *Paropamisus*, à 108 lieues au S.-O. de Kaboul. Sa population est de 40,000 habitants. Candahar est le centre du commerce entre la Perse et l'Inde. Elle fut de 1747 à 1773 le siége de l'empire fondé par Ahmed-Khan-Abdalli, qui appartient à l'un des trois fils du vizir Feth-Ali-Khan. C'est la capitale de la province du même nom.

CANDAULE, dernier roi de Lydie de la race des Héraclides, assassiné par Gygès.

CANDEISCH ou KHANDEISCH, province de l'Indoustan, entre celles de Malvah, de Gandouanah, de Goudjerate ou Guzarate et d'Aurengabad. Sa superficie est d'environ 3,900 lieues carrées, sa population d'environ 4,000,000 d'habitants. La capitale est *Gaulna*. Le sol est très-fécond. La province de Candeisch est une de celles qui sont encore soumises aux Mahrattes, du moins nominativement.

CANDÉLABRE, espèce de support sur lequel les anciens plaçaient les lampes qu'ils ne voulaient pas suspendre au plafond. Le plus souvent le candélabre affectait la forme d'un balustre ou d'une colonne cannelée, couronnée par une sorte de chapiteau. On en a trouvé qui avaient plus de sept pieds de haut.

CANDI, nom donné au sucre cristallisé lentement et ordinairement en grosses masses. — On appelle *candis* des fruits ordinairement entiers, sur lesquels on a fait candir le sucre, après qu'ils ont été cuits dans le sirop. On les fait sécher à l'étuve. — On appelle encore *candis* les confitures liquides, à la surface desquelles, lorsqu'on les a gardées longtemps, on trouve une croûte dure, qui n'est autre chose que du sucre qui, à la longue, s'y est candi.

CANDI, royaume de l'île de Ceylan, occupant la partie centrale de l'île. Il est habité par les Chingulais, qui suivent la religion de Bouddha. Sa capitale est *Candi*, ville naturellement fortifiée par ses hautes montagnes et ses défilés. Dans son voisinage, on trouve beaucoup de riz. Le royaume de Candi appartient aux Anglais depuis 1815.

CANDIDAT, nom donné par les anciens à ceux qui briguaient les charges à cause de l'usage où ils étaient de revêtir un habit blanc durant les deux années destinées aux épreuves de leur candidature. La première année de leur poursuite des magistratures (*annus professionis*), les candidats haranguaient le peuple. Cela s'appelait *profiteri nomen suum*, avouer son nom, parce qu'on énumérait le mérite des ancêtres et les services qu'ils avaient rendus. Au commencement de la seconde année, les candidats priaient les magistrats d'inscrire leur nom parmi les prétendants, et ils étaient admis ou non admis à solliciter les suffrages du peuple.

CANDIE, grande île d'Europe, dans la mer Méditerranée, au S. de l'Archipel, à 400 lieues de Marseille. Elle a une superficie de 610 lieues carrées. Sa population, composée de Turks, de Grecs et de Juifs, est de 300,000 habitants. Le sol est fertile, mal cultivé, produisant des grains, du safran, des vins excellents, des huiles. Candie est divisée en trois districts, *Candie, Canée* et *Rétimo*. La capitale est *Candie*. — L'île de Candie, autrefois l'île de Crète, était célèbre par les Héraclides et par les lois du sage Minos. Vers l'an 1450, une colonie d'Eoliens et de Doriens y descendit. Les Crétois substituèrent ensuite au gouvernement monarchique le gouvernement républicain. Il y avait dix magistrats annuels appelés *cosmes*, et un conseil de vingt-huit sénateurs. L'an 67 avant J.-C., Quintus Cæcilius Métellus soumit la Crète à la domination romaine. L'an 823, elle passa sous la domination musulmane. C'est des musulmans que descendent les *Abadiotes*, qui, au nombre d'environ 4,000, forment une partie de la population grecque de l'île. Rendue à l'empire d'Orient en 961, Candie fut vendue aux Vénitiens en 1204, et prise (1669) par les Turks après une guerre de vingt-cinq ans. En 1833, la Turquie a cédé Candie au pacha d'Egypte.

CANDIE, capitale de l'île de Candie ou de Crète, dans la Méditerranée. Cette ville est très-forte; elle est bâtie sur les ruines de l'ancienne *Héraclée*, sur la côte septentrionale de l'île. Sa population est de 12,000 habitants. Elle a un archevêché grec, un consulat français et un bon port pour les barques. Elle soutint contre les Turks (1669) un siége de deux ans trois mois vingt-sept jours, et ne se rendit que le 27 septembre.

CANDIL ou CANDY, mesure en usage au Bengale, à Cambaye et aux Indes, pour le riz, le poivre et autres grains. Elle contient 14 boisseaux, et pèse environ 500 livres. Le candil sert à jauger les navires, de même qu'en Europe c'est le tonneau. Ainsi on dit qu'un bâtiment est du port de 400 candils, pour dire qu'il peut porter 200,000 pesant. Aux Indes françaises, le candy vaut 234 kilogrammes 963 grammes. Il se subdivise en 20 *maoney*, en 160 *vis*, 6,400 *pollam* ou 64,000 *pagodes*.

**CANDJIAR** ou **KRISS**, poignard large de trois doigts, long comme baïonnettes, qui est l'arme ordinaire des Indiens de la péninsule du Gange, de Malakka, des Malais des îles Sumatra, Java, Timor, Bornéo, etc. Ce poignard est quelquefois d'or, quelquefois contourné en zigzag.

**CANÉE** (LA), ville forte et deuxième place de l'île de Candie. Sa population est de 16,000 habitants. Elle a un consul de France, et était, sous les Turks, la résidence d'un pacha. Elle fait le commerce le plus considérable de l'île. — Nommée autrefois *Cydonia*, elle fut bâtie par une colonie de Samos. On croit que Minos y fit sa résidence.

**CANENTE** ou **VÉNILIE** (myth.), nymphe, fille de Janus et femme de Picus, roi de Laurentum. Circé ayant changé son mari en pivert, elle en conçut tant de douleur, et versa tant de larmes que son corps s'évapora peu à peu, en sorte qu'il ne lui resta plus que la voix. Elle fut mise avec son époux au rang des dieux indigènes de l'Italie.

**CANEPETIÈRE**, nom donné à une espèce du genre *outarde*, appelée aussi *petite outarde*. Elle recherche les lieux arides, et se nourrit de graines, d'insectes et de vers. Elle niche dans les herbes et les champs ; sa taille est de dix-huit pouces de long. Ses habitudes sont celles de la grande outarde.

**CANÉPHORES**, nom donné dans les cérémonies religieuses des anciens aux jeunes filles, et depuis à toutes les statues de femme portant des corbeilles sur la tête.

**CANÉPHORIES**, fêtes célébrées à Athènes en l'honneur de Bacchus selon les uns, et de Diane selon les autres, et dans lesquelles le père et la mère des jeunes filles à marier les conduisaient au temple de Minerve, avec une corbeille pleine de présents, pour rendre heureux le mariage projeté.

**CANEPIN**, pellicule extrêmement mince que les mégissiers, les gantiers, les peaussiers enlèvent de dessus les peaux de chevreau, de mouton, d'agneau. Avec les grands morceaux on fait des objets de curiosité, tels que des gants qu'on renferme dans une coquille de noix. Les couteliers et les chirurgiens s'en servent pour essuyer les lames fines, les tranchants délicats, les bistouris, etc.

**CANETTE**. C'est, en termes de manufactures, un petit tuyau de bois ou de roseau, sur lequel on met le fil ou la soie pour la trame d'une étoffe. C'est aussi, 1° une mesure de liquides, usitée principalement pour la bière ; 2° en termes de blason, un oiseau représenté sans pied.

**CANEVAS**, grosse toile écrue, en chanvre ou en lin, fort claire, tissue régulièrement à petits carreaux. On emploie ordinairement cette toile pour faire des ouvrages de tapisserie. Comme c'est dessus que l'on brode le nom de *canevas* au plan d'une pièce, d'un ouvrage quelconque sur lequel on bâtit l'ouvrage.

**CANEVETTE** (petite cave), coffret fermant à clef, divisé intérieurement en douze, dix-huit ou vingt-quatre compartiments carrés, pour caser debout des flacons ou des bouteilles de rhum, d'arack, tafia ou eau-de-vie, que les officiers ou les maîtres embarquent en provisions particulières à bord des grands bâtiments.

**CANG-Y** (myth.), dieu des Chinois, régissant les cieux inférieurs et ayant sur l'homme pouvoir de vie et de mort. Il est toujours suivi de trois génies subalternes, dont l'un dispense la pluie, le second fait prospérer les navigations, le troisième préside aux naissances et à l'agriculture.

**CANGE** (Charles DU FRESNE DU), né à Amiens en 1610. Après avoir fréquenté le barreau de Paris, il se retira à Amiens, où il acheta une charge de trésorier de France, et où il se consacra entièrement à l'étude de l'histoire ancienne et moderne. Ses ouvrages sont l'*Histoire des empereurs latins de Constantinople*, le *Glossaire de la basse latinité*, le *Glossaire de la langue grecque du moyen âge*. Il a donné des éditions de Joinville, des *Annales de Zonare*, de *Cinname*, de la *Chronique paschale d'Alexandrie*, etc. Il mourut en 1688.

**CANGUE**, supplice en usage dans plusieurs contrées de l'Asie, et notamment en Chine. Dans quelques pays, c'est une grande table percée de trois trous, l'un pour passer le cou et les autres pour passer les mains. Ailleurs, c'est une espèce de triangle de bois qu'on fixe au cou du patient, et auquel une de ses mains est attachée. C'est une sorte de carcan.

**CANICHE.** Voy. BARBET.

**CANICULAIRES** (JOURS), nom donné aux jours pendant lesquels la chaleur est ordinairement la plus grande. Ils s'étendent communément du 24 juillet au 23 août. Ils ont reçu leur nom de la *Canicule* parce que, pendant cet espace de temps, cette étoile et le soleil se lèvent en même temps.

**CANICULE**, nom donné à l'étoile la plus brillante de la constellation du grand Chien, et de toutes les étoiles fixes. Elle est placée sur la gueule du Chien, et se nomme aussi *Sirius* et *Sothis*. L'époque où le lever de la Canicule correspond avec celui du soleil précède les plus grandes chaleurs de l'année, qui engendrent de graves maladies. Chez quelques peuples, cette époque était funeste ; elle était bienfaisante pour d'autres peuples (les Egyptiens), qui n'éprouvaient pas ces influences malignes.

**CANIF**, petit instrument tranchant, dont la lame est forte étroite et pointue, et dont on se sert pour tailler les plumes. On a fait aussi des canifs qui taillent les plumes d'un seul coup. Ce sont des espèces de tenailles, dont l'intérieur des mâchoires est garni de parties tranchantes, qui ont la forme doit avoir une plume bien taillée. En introduisant la plume dans l'instrument, et en serrant fortement, on taille la plume. Les canifs sont d'acier fondu.

**CANIGOU** (MONT), un des pics de la chaîne orientale des Pyrénées. Sa hauteur audessus du niveau de l'Océan est de 2,781 mètres (8,562 pieds).

**CANINES**, on donne ce nom à quatre dents situées entre les incisives latérales et les petites molaires de chaque mâchoire, ainsi nommées parce que leur forme les fait ressembler aux crocs des chiens. On les appelle encore *laniaires*, parce qu'elles déchirent les aliments ; *angulaires*, *conoïdes*, à cause de leur forme, et *œillères*, parce qu'on suppose qu'entre elles et les yeux il y a un rapport intime.

**CANINI**, famille de peintres et de sculpteurs italiens. — GIOVANNI-ANGELO CANINI, peintre et graveur, né à Rome, fut disciple du Dominiquin. Il excellait à dessiner les pierres gravées. Il mourut en 1666. Son frère, MARCO-ANTONIO CANINI, habile sculpteur et peintre, termina un ouvrage que son frère n'avait fait qu'ébaucher : les *Images des héros et des grands hommes de l'antiquité, dessinées sur les médailles, les pierres antiques et les autres monuments.*

**CANINO**, bourg des Etats romains, près de Viterbe. Le pape l'érigea en principauté en faveur de Lucien Bonaparte.

**CANISTRE**, mesure en usage pour le thé, et qui vaut 75 à 100 livres, ancienne mesure française.

**CANITIE**, blancheur des poils et surtout des cheveux. Ce phénomène est le plus souvent l'effet des progrès de la vieillesse. Mais quelquefois il a lieu presque soudainement chez les individus encore dans toute la force de l'âge. Les causes des canities subites sont fort peu connues. On cite quelques exemples d'individus dont les poils sont devenus blancs dans un temps très-court, à la suite d'une émotion violente. Les enfants qui offrent ce phénomène en naissant sont ordinairement atteints d'une cécité incurable.

**CANIVEAUX**, terme de paveur, par lequel on désigne des pavés qui, étant plus gros que les autres, un peu inclinés et assis alternativement, traversent le milieu d'un ruisseau, d'une cour ou d'une rue. On s'en sert pour faire des ruisseaux dans les cuisines et les passages étroits. Une pierre est *taillée en caniveau* quand elle est creusée d'une rigole pour l'écoulement de l'eau.

**CANJARES** ou **CRICS**, poignards larges et longs, à poignée terminée en pointe. Ces poignards sont empoisonnés ; c'est l'arme ordinaire des Indiens. Voy. CANDJIAR.

**CANNAMELLE**, genre de plantes de la famille des graminées. Son caractère distinctif est d'avoir deux valves au calice, garnies d'un duvet long et soyeux ; une seule fleur pâle à deux valves mutiques ou terminées par une barbe. Les espèces qui le composent se font remarquer par leur port et leurs usages. La plus intéressante est la *canne à sucre*.

**CANNE**, nom vulgaire donné aux plantes à tiges droites, articulées par intervalles, et qui laissent échapper de leurs nœuds des feuilles formant gaine à leur base. *Canne* désigne spécialement les *roseaux*. — On nomme *canne à main* le *rotang* ; *canne bamboche*, le bambou ; *canne congo* ou de l'*Inde*, le *balisier* et le *pacocaahing* ; *canne de rivière*, l'*alpinie* et le *pacocaatinga* ; *canne de Tabago*, une espèce de *palmier* ; *canne marronne*, le *gouet*, le *scirpe* et l'*alpinie* ; *canne roseau*, *canne royale*, et *canne-vèle*, le *roseau à quenouilles*.

**CANNE A SUCRE** (*cannamelle officinale*), plante vivace du genre *cannamelle*, à racine fibreuse, à tiges très-lisses, luisantes, articulées, garnies chacune de quarante à quatre-vingts nœuds, et hautes de trois ou quatre mètres. Elles sont remplies d'une moelle succulente qui, étant exprimée, porte le nom de *vin de canne*. C'est de cette liqueur qu'on extrait le sucre. De chaque nœud partent de longues feuilles, embrassant la tige à leur naissance, et faisant à leur partie supérieure une sorte d'éventail. Le sommet de la tige, appelée *flèche*, est couvert de petites fleurs blanchâtres. La canne à sucre met cinq à six mois pour parvenir à son entier accroissement. Outre le sucre, elle donne des sirops que l'on convertit en *alcool*, en *rhum* et en d'autres liqueurs. Elle fournit aux bestiaux un excellent fourrage. — La canne à sucre est originaire d'Asie ; de là on la porta en Amérique, où elle est généralement cultivée, surtout aux Antilles.

**CANNE**, bâton servant d'arme ou de support, ordinairement conique, que l'on tient par le gros bout. Les meilleures cannes pour support sont les joncs et les bambous. Comme arme, on distingue les *cannes à vent* ou *fusils à vent* et les *cannes à poudre*, dont la poignée cache un ressort qui fait partir le projectile introduit par l'autre extrémité, en faisant partir l'amorce. — Dans les régiments, les tambours-majors et tambours-maîtres sont armés d'une canne ornée d'une pomme d'argent et d'un cordon. Ils s'en servent pour commander aux tambours.

**CANNE D'ARMES**, nom donné à un court bâton, arme de demi-longueur, employée dans les tournois, dans les carrousels et dans les combats singuliers, quand les vilains y prennent part. Le fer était quelquefois en croissant, en trident, en double croix, etc.

**CANNE**, mesure de longueur. La canne hébraïque avait 123 pouces ou 10 pieds 3 pouces de notre mesure. La canne des Romains valait, selon les uns, 6 pieds 11 pouces de roi ; selon d'autres, 4 pieds 5 pouces 8 lignes. La canne de France a beaucoup varié. Dans la Provence et le Languedoc, elle est de 8 pans ou *empans*. Celle de Toulouse valait un mètre 79 centimètres 61 millimètres.

**CANNEBERGE** ou **COUSSINET DES MARAIS**, espèce du genre *airelle*. Cette plante se plaît dans les terrains marécageux du nord de l'Europe. Ses tiges sont déliées, ligneuses et garnies de petites feuilles. Sa fleur isolée donne, en se dépouillant, un fruit rouge et très-acide. Les Russes font de ce fruit une boisson de couleur rosée très-rafraîchissante et antiscorbutique. Dans les arts on s'en sert pour nettoyer et blanchir l'argenterie.

CANNELLE, nom donné à l'écorce du *cannelier*, privée de son épiderme. On distingue dans le commerce les *cannelles de Ceylan*, *de la Chine*, *de Cayenne* et *de Malte*. Celle de Ceylan a la forme de morceaux cylindriques longs de 3 à 4 pieds, formés de couches minces, de couleur blonde, d'odeur aromatique, d'une saveur chaude et piquante. Elle est journellement employée en médecine, dans les diarrhées, plusieurs fièvres, etc., et en pharmacie. La cannelle de la Chine est beaucoup plus épaisse que l'autre ; sa couleur est plus prononcée, son odeur plus forte. On en retire l'huile essentielle conservée dans des flacons scellés du sceau du gouvernement et d'un prix très-élevé.

CANNELLE BLANCHE, écorce produite par un arbre de l'Amérique de la famille des magnoliacées. Elle est roulée, blanche, épaisse, d'une saveur âcre, d'une odeur suave. Elle est tonique et excitante. On l'emploie quelquefois en médecine contre le scorbut et la dyspepsie.

CANNELLE (PAYS DE LA), nom donné à une contrée de l'île de Ceylan, d'environ 14 lieues, qui abonde en cannelle, la meilleure de l'univers. Ce pays s'étend depuis le nord de Negombo jusqu'à la rivière de Mélipa.

CANNELLE, CANNETTE OU RODINET, tuyau de bois ou de métal dont on se sert pour donner écoulement aux liquides contenus dans des cuves ou des tonneaux, et pour suspendre cet écoulement à volonté quand cela est nécessaire. On donne plus particulièrement le nom de *cannelle* ou *cannette* à ceux qui sont en bois.

CANNELIER, arbre de la famille des laurinées. Son tronc est de quinze à vingt pieds de haut sur un pied et demi de diamètre ; l'écorce est d'un roux grisâtre ; le bois doux, léger, poreux, odorant ; les feuilles sont opposées, ovales, lisses, odorantes ; les fleurs petites, blanches, nombreuses ; le fruit est une baie ovale, bleuâtre, renfermant une amande rougeâtre fournissant une huile concrète dite *cire de cannelle*, avec laquelle on fait des bougies. Le cannelier croît en Asie, en Océanie et en Amérique.

CANNELURE, nom donné à un petit canal creusé longitudinalement ou en hélice, sur la surface d'un cylindre ou d'un cône en fer, en fonte ou en cuivre, tels que les cylindres de filature, les fûts de colonnes, etc. Les cannelures droites ou en hélice s'exécutent avec des machines construites à cet effet.

CANNES, petit village d'Apulie, près de l'Aufide, où Annibal battit les consuls Paulus Æmilius et Terentius Varron. 40,000 Romains périrent dans cette sanglante défaite, le 21 mai 216 ans avant J.-C. Cannes est maintenant un village du royaume de Naples, dans la terre de Bari, près d'Ofanto, à 3 lieues de Barletta. On nomme encore ce lieu *Campo di sangue* (champ du sang).

CANNES (Var), chef-lieu de canton, à 4 lieues de Grasse. Sa population est de 3,544 habitants. Elle a un petit port sur la Méditerranée. Il ne peut être fréquenté que par des bateaux de pêche et de petit cabotage. Elle commerce en vins, huiles, citrons, oranges, etc. On y pêche des sardines, des anchois. C'est à Cannes que débarqua, le 1er mars 1815, Napoléon, à son retour de l'île d'Elbe.

CANNETILLE, lame, fil ou trait d'or, d'argent ou de cuivre, contournés sur un mandrin de diverses façons et grosseurs. Lorsque ces traits sont sortis de dessus le mandrin, ils conservent la forme qu'ils y ont reçue avec une sorte d'élasticité qui permet leur emploi sous le nom de canne-
tille dans plusieurs genres d'ouvrages de broderie, passementerie, fleurs artificielles, bretelles, etc., ainsi que dans une foule de petits ouvrages d'agrément. La cannetille se prépare dans les ateliers de guimperie établis à Paris ou à Lyon. Nuremberg avait depuis longtemps le monopole de celles de cuivre et de laiton ; mais une fabrique en ce genre, établie à Trévoux, l'a emporté sur les fabriques allemandes.

CANNIBALES, nom donné aux sauvages anthropophages.

CANNING (Georges), né en Irlande en 1770. Il choisit la carrière du barreau, et entra au parlement en 1793, comme représentant de Newport. Il dit qu'il fallait déclarer une guerre à mort à la France républicaine. Réélu en 1796, il devint sous-secrétaire d'État aux affaires étrangères sous le ministère de lord Grenville. Élu de nouveau à la chambre des communes en 1802, il devint trésorier de la marine et ministre des affaires étrangères en 1807. On lui attribue l'enlèvement de la flotte danoise et le bombardement de Copenhague. Réélu au parlement en 1812, il accepta en 1814 le poste d'ambassadeur à Lisbonne, et fut successivement président du bureau des Indes, ministre des affaires étrangères (1822) et premier lord de la trésorerie. Il mourut en 1827. Il se montra toujours le défenseur des catholiques et l'ennemi de l'esclavage.

CANO (Alonzo), né à Grenade en 1600, fut à la fois peintre, sculpteur et architecte. Le duc d'Olivarès le manda à Madrid en 1638, et lui donna la place de directeur général des ouvrages royaux et celle de maître de dessin du prince des Asturies. Il mourut à Grenade en 1676. Parmi ses ouvrages, on remarque trois *statues* ; le tableau de la *Conception de la sainte Vierge* à Grenade, une *Madeleine en pleurs* à Madrid, une *Vierge à deux figures*, etc.

CANOBIN. Voy. KANOBIN.

CANON, nom donné à une bouche à feu de forme cylindrique, renflée vers une extrémité. Les canons fondus sont en laiton, en bronze ou en fer non ductile ; les canons forgés se font en fer, et quelquefois en fer et acier. Pour faire des pièces en bronze de 8 et au-dessous, on mélange huit parties d'étain avec cent de cuivre ; pour des pièces de 12 et au-dessus, on mélange onze parties d'étain pour cent de cuivre. On moule les canons de deux manières, en *coquille* et en *terre*; pour mouler en coquille, on fabrique le moule, et, après l'avoir scié en deux, on fait deux demi-moules dans lesquels on coule. Le moulage en terre se fait au moyen de moules composés d'argile, de sable, de brique pilée, de plâtre, de cire, de crottin de cheval, etc. Les canons forgés ne s'emploient que pour les fusils, pistolets, etc. — On croit que les canons ont été inventés par Berthold Schwartz. Pour la première fois, les Anglais s'en servirent à la bataille de Crécy (1346). — Les canons dont on se sert sur les vaisseaux sont en fer. Leurs calibres sont de 36, 30, 24, 18, 12 et 8. Le premier pèse 7,200 livres ; le sixième 2,450.

CANON (théol.). On a donné ce nom à la plupart des lois de l'Église, et surtout aux décisions des conciles généraux. Ces lois sont la règle de la foi et de la discipline ecclésiastique. On a appelé *canons des apôtres* ceux dont l'existence remonte au temps des apôtres ou de leurs disciples. La collection des canons forme le *droit canonique* ou *canon*. — On a donné encore le nom de *canon*, 1° à cette partie de la messe qui suit la préface jusqu'au *Pater* ; 2° au catalogue des livres sacrés et inspirés de Dieu. Le canon des livres de l'Ancien Testament attribué à Esdras ne renferme que vingt-deux ou tout au plus vingt-quatre livres.

CANON, pièce de musique, dans laquelle la mélodie se répète elle-même par la répétition du chant principal, pris successivement par deux, trois ou un plus grand nombre de voix, de manière à former une harmonie correcte, que l'on peut pousser à l'infini. Il est des *canons* où la mélodie est imitée par mouvement contraire ; d'autres où l'imitation se fait à reculons, et qui se nomment *canons en écrevisse* ; d'autres enfin où différentes mélodies marchent ensemble, et qu'on appelle *doubles*, *triples*, etc.

CANON. Les vétérinaires donnent ce nom à la partie de la jambe du cheval comprise entre le genou ou le jarret et le boulet (articulation).

CANON (sens divers). On a nommé ainsi dans les deux derniers siècles une sorte de parure très à la vogue, et qui consistait en un ornement d'étoffe attaché au bas de la culotte et froncé. — En termes d'imprimerie, le *gros canon*, le *petit canon*, le *double* et le *triple canon*, sont de gros caractères dont on se sert quelquefois. — En mathématiques, un *canon* est une règle générale pour la solution de plusieurs questions du même genre. On dit mieux une *formule*. — On nomme *canon emphytéotique* un revenu annuel que doit celui qui a pris en héritage à bail emphytéotique. — En termes de chronologie, *canon* signifie tantôt des tables chronologiques, tantôt la méthode pour résoudre certains problèmes de chronologie. — On appelle *canon pascal* une table des fêtes mobiles, où l'on marque, pour un cycle de dix-neuf ans, la fête de Pâques et les autres fêtes qui en dépendent.

CANON DES AUTEURS CLASSIQUES, nom donné à la liste des prosateurs et des poètes les plus remarquables de l'ancienne Grèce, faite vers l'an 200 avant J.-C. par Aristophane de Byzance et Aristarque, son disciple. Voici ce canon : *poëtes épiques*, Homère, Hésiode, Pisandre, Panyasis, Antimaque ; *poëtes iambiques*, Archiloque, Simonide, Hipponax ; *poëtes lyriques*, Alcman, Alcée, Sapho, Stésichore, Pindare, Bacchylide, Ibycus, Anacréon, Simonide ; *poëtes élégiaques*, Callimaque, Mimnerme, Philétas, Callinus ; *poëtes tragiques*, Eschyle, Sophocle, Euripide, Ion, Achæus, Agathon ; *poëtes comiques*, Épicharme, Cratinus, Eupolis, Aristophane, Phérécrate, Platon, Antiphane, Alexis, Ménandre, Philippide, Diphile, Philémon, Apollodore ; *historiens*, Hérodote, Thucydide, Xénophon, Théopompe, Éphore, Philiste, Anaximène, Callisthène ; *orateurs*, Antiphon, Andocide, Lysias, Isocrate, Isée, Eschine, Lycurgue, Démosthène, Hypéride, Dinarque ; *philosophes*, Platon, Xénophon, Eschine, Aristote, Théophraste.

CANONARQUE. On donnait autrefois ce nom, 1° à un officier subalterne de l'Église de Constantinople ; il était au-dessous des lecteurs ; 2° à un officier qui, dans les anciens monastères, sonnait pour assembler les moines aux heures de la collecte ou de l'assemblée.

CANONIALES. On appelle ainsi les petites heures de bréviaire, qui sont *prime*, *tierce*, *sexte* et *none*. Cela vient de ce qu'autrefois on appelait *canon* l'office ecclésiastique.

CANONICAT, titre d'un bénéfice de chanoine. Il y avait en France cette différence entre le *canonicat* et la *prébende*, que le canonicat était simplement un privilège qui donnait une place au chœur ou au chapitre d'une église cathédrale ou collégiale ; tandis que la *prébende* était une certaine portion de bien ecclésiastique que l'Église accordait à une personne dans une cathédrale ou collégiale.

CANONIQUE (DROIT) ou CANON, collection des lois, des canons, des usages de l'Église, formée des décisions des conciles, des constitutions des papes, des écrits des saints Pères. Plusieurs collections de ce genre ont paru en grec et en latin ; une des plus connues est celle de Gratien (1150). La plus complète est celle de saint Raimond de Penafort, publiée en 1230 sous le titre de *Décrétales*. Une nouvelle collection, formée par Clément V, fut publiée par Jean XXII en 1317, sous le nom de

*Clémentines*. Quelques années après, ce même pape fit paraître un recueil de ses propres constitutions, appelées *Extravagantes*. C'est de ces collections et de deux autres que se compose le *Droit canonique*.

CANONIQUES (Livres), livres sacrés et authentiques qui ont autorité dans l'Eglise comme faisant partie de la Bible. On les nomme ainsi parce qu'ils sont dans le catalogue des livres sacrés ou *canon*. Ils sont divisés en *proto-canoniques*, qui sont au nombre de vingt-deux : la *Genèse*, l'*Exode*, le *Lévitique*, etc. Les livres *deutéro-canoniques* sont au nombre de seize ; ce sont : *Tobie*, *Judith*, la *Sagesse*, l'*Ecclésiastique*, les *Macchabées*, les *quatre Evangiles*, les *Actes des apôtres*, quatorze épîtres de saint Paul, deux de saint Pierre, trois de saint Jean, un de saint Jacques, une de saint Jude, un de l'*Apocalypse*. On les nomme *deutéro-canoniques* parce qu'ils ne font partie que du canon du concile de Trente. Ils ne sont pas reconnus par les protestants.

CANONISATION, déclaration légitime et solennelle par laquelle on met au canon ou au catalogue des saints une personne qui a vécu dans une vie sainte, et on autorise le culte qui lui est dû. Dès les premiers temps de l'Eglise, après la vérification des actes du martyre par l'évêque en présence de son clergé, on élevait un autel sur le tombeau du nouveau saint ; on y célébrait les saints mystères. Aujourd'hui, pour canoniser un saint, on instruit à Rome un procès dans lequel on va à la recherche de tous les actes de la vie du candidat à la canonisation. Dans ce procès, l'*avocat du diable* cherche à contester ses titres par tous les moyens. La *congrégation des rits* est chargée de la canonisation..

CANONNIÈRE, embarcation matée et voilée, allant aussi à l'aviron, et nommée communément *chaloupe canonnière*. Les chaloupes canonnières des Suédois et des Russes sont supérieures à celles de France ; elles ont vingt-quatre avirons : celles de France ont une ou plusieurs bouches à feu. On a donné le nom de *caïque* à une sorte de *chaloupes canonnière*.

CANONNIERS, nom donné aux *artilleurs* chargés de manœuvrer les canons. Il y a en France treize compagnies de canonniers-vétérans, dirigées chacune par un capitaine commandant. Voici leur résidence, d'après l'ordre des numéros de ces compagnies, *Brest*, *Saint-Omer*, *Antibes*, *Perpignan*, *la Rochelle*, *Bayonne*, *Montpellier*, *Toulon*, *Bastia*, *Cherbourg*, *Nantes*, *le Havre* et *Marseille*. Ces compagnies font le service des côtes.

CANOPE (myth.), dieu des Egyptiens qui présidait aux fleuves et à la mer. On le représente sous la forme d'un grand vase surmonté d'une tête humaine, et couvert de caractères hiéroglyphiques. Selon Strabon, ce dieu était un pilote de Ménélas, qui, étant mort sur les côtes de la morsure d'un serpent, obtint un superbe tombeau près de l'une des embouchures du Nil, où l'on bâtit ensuite la ville de *Canope*.

CANOPE, ville d'Egypte, située à 12 milles d'Alexandrie, célèbre par son temple de Sérapis. Elle fut fondée par les Spartiates, qui la nommèrent d'abord Amyclée. C'est de son nom qu'une branche du Nil, la bouche Canopique, a pris nom.

CANOPUS, belle étoile de la première grandeur, située à l'extrémité méridionale de la constellation Argo dans l'hémisphère boréal. C'est une des plus brillantes étoiles du ciel.

CANOSA, autrefois *Canusium*, ville du royaume de Naples, dans la terre de Bari. Sa population est de 3,000 âmes. C'est à *Canusium* que se réfugia l'armée romaine après la bataille de Cannes. Elle avait été, dit-on, bâtie par Diomède. Ses habitants étaient appelés *Bilingues*, parce qu'ils parlaient deux langues, celle de leur fondateur et celle des peuples voisins.

CANOT, embarcation sans pont, à rames et à voile, destinée au service d'un bâtiment. On emploie aussi beaucoup de canots pour le service des différentes directions dans les grands ports ; ils n'ont ordinairement que deux avirons.—On donne aussi ce nom aux petites barques qu'emploient les sauvages pour naviguer sur les rivières ; elles sont, la plupart du temps, creusées dans des arbres, ou faites d'écorce.

CANOURGUE (LA), sur l'Urugne, chef-lieu de canton du département de la Lozère, à 4 lieues et demie de Marvejols. Population, 1,850 habitants. Cette ville, située dans un vallon agréable et fertile, est très-ancienne. Elle est depuis un temps immémorial le centre d'une fabrication de serges et d'étoffes de laine, connues sous le nom de *cadis de la Canourgue*. C'étaient, avant la révolution, les seules doublures que l'on employait pour l'habillement des troupes.

CANOVA (Antonio), statuaire italien, né à Possagno en 1757. Admis à l'académie des beaux-arts de Venise, il y remporta plusieurs prix. En 1802, le pape Pie VII le nomma inspecteur général de tous les objets et de toutes les entreprises d'art dans les Etats de l'Eglise. Napoléon l'appela auprès de lui pour faire le buste de Marie-Louise et sa statue. En 1815, il vint en qualité d'ambassadeur du pape à Paris pour enlever les objets d'art que nos armées avaient apportés en France. Le pape le nomma préfet des beaux-arts à Rome, et fit inscrire son nom sur le livre d'or du Capitole. Il mourut en 1822. Ses plus beaux ouvrages sont *Psyché debout*, *Vénus et Adonis*, *Marie Madeleine repentante*, l'*Amour et Psyché debout*, *Hébé versant le nectar*, *Hercule lançant Lycas contre un rocher*, *les trois Grâces*, etc.

CANSTRISE, officier de l'Eglise de Constantinople. C'était lui qui avait soin des habits pontificaux du patriarche, qui l'aidait quand il s'habillait, et qui pendant la messe tenait la boîte à encens et le voile du calice, et donnait l'eau bénite au peuple pendant qu'on chantait l'hymne de la sainte Trinité. Il avait place dans les jugements.

CANTAAR ou CANTAR, poids en usage en Orient. Il vaut 110 livres de poids de mer.

CANTABILE, adjectif italien pris substantivement, et indiquant en général une mélodie d'un caractère doux et gracieux, et d'un mouvement lent.

CANTABRES, ancien peuple d'Espagne, habitant la côte septentrionale de la Tarraconnaise (aujourd'hui provinces vascongades). Les Cantabres, peuple belliqueux, luttèrent pendant deux cents ans leur indépendance contre la politique envahissante de Rome. Agrippa seul parvint à les réduire sous le règne d'Auguste. — On appelait de leur nom océan CANTABRIQUE la portion de l'Océan qui baignait les côtes habitées par eux.

CANTABRES, chaîne de montagnes d'Espagne, dans la province de Guipuscoa, se rattachant aux Pyrénées par l'O., et s'étendant jusqu'aux caps Ortegat et Finistère. Les monts Cantabres séparent la Biscaye de l'Aragon, de la Navarre, des Asturies et du royaume de Léon.

CANTACUZÈNE, famille célèbre de Byzance, illustrée par l'empereur Jean Cantacuzène, qui, retiré dans un cloître, écrivit l'histoire de sa vie. Les autres membres de cette famille qui ont eu quelque célébrité sont MATTHIEU CANTACUZÈNE, fils de Jean, et associé par lui à l'empire ; GEORGES et ALEXANDRE CANTACUZÈNE. Ces deux derniers princes servaient en Russie lors du soulèvement de la Grèce. Ils servirent en Morée sous les drapeaux de leur compatriote Ypsilanti, et contribuèrent puissamment à la défense de la cause de la liberté.

CANTAL, chaîne de montagnes volcaniques faisant partie des monts d'Auvergne. Elle traverse le département auquel elle donne son nom, et se rattache aux monts d'Auvergne par la chaîne des Dores. Ses principales montagnes sont le *Plomb du Cantal*, haut de 1,856 mètres au-dessus du niveau de la mer ; le *Puy-Mary*, haut de 1,754 mètres, et le *pic de Grioux*, haut de 1,690.

CANTAL, département central de France, formé de la haute Auvergne et d'une partie du Velay. Il est borné au N. par les départements du Puy-de-Dôme, de la Haute-Loire, de la Corrèze ; à l'E. par la Haute-Loire et la Lozère ; au S. par la Lozère, l'Aveyron, le Lot ; à l'O. par le Lot et la Corrèze. Sa superficie est de 574,087 hectares, et sa population de 260,000 habitants. Il se divise en quatre arrondissements : *Aurillac*, chef-lieu, *Mauriac*, *Murat* et *Saint-Flour*. On y remarque des montagnes basaltiques, la haute cime appelée *Plomb du Cantal* et les pâturages de Saleis qui ont donné naissance à une des plus belles races de bétail de France, etc. Il est compris dans la dix-neuvième division militaire, et dans le ressort de la cour d'appel de Riom, du diocèse de Saint-Flour et de l'académie de Clermont. — L'agriculture est très-peu avancée dans ce département ; le seigle, le sarrasin, la châtaigne et la pomme de terre forment la principale nourriture des hab. du départ. Le *Cantal* est celui qui fournit la plus grande quantité de fromages d'Auvergne. Toute l'industrie est tournée vers l'exploit. des produits agricoles et l'engrais des bestiaux. Il se fait une émigration annuelle d'un grand nombre d'habitants qui vont exercer à Paris le métier de porteurs d'eau, commissionnaires, etc. Ils sont appelés vulgairement *Auvergnats*.

CANTALOUP, variété de melon, dont le caractère est d'être couvert de protubérances de diverses formes et couleurs. On leur a donné ce nom parce qu'ils furent cultivés pour la première fois à *Cantalupo*, petite ville d'Italie. On en distingue un grand nombre de sous-variétés. On les sème sur couche, et ils s'élèvent sous châssis et sous cloches.

CANTARE, mesure de capacité pour les liquides, usitée en Portugal. C'est la moitié de l'almude. Elle vaut 8 litres 27 centilitres français. — En Espagne, la *cantare* est une mesure de capacité qui vaut 16 litres de France. Elle doit contenir 34 livres espagnoles d'eau (15,640 grammes français). Elle se divise en 8 *acumbres*, et 6 font un *muid*.

CANTATE, genre de composition poétique, ayant de la ressemblance avec l'ode et le poëme, et qui est faite pour être chantée. On y distingue deux parties : les *récits* et les *airs*. J.-B. Rousseau est celui qui a mis le premier les cantates en usage. — On a donné le nom de *cantate* à une sorte d'oratorio qu'on représente quelquefois sur la scène, ou qui requiert l'emploi d'un grand nombre de chanteurs, de choristes et d'instruments. La *Primavera* de Chérubini, la *Création du monde* d'Haydn, et *Armide* de Beethoven, sont les *cantates* les plus connues.

CANTEMIR (Démétrius), naquit en 1673. Nommé hospodar de Moldavie (1710), et mécontent du grand vizir, il s'attacha à Pierre le Grand, qu'il suivit en Russie, où il fut élevé à la dignité de prince et de conseiller intime. Il mourut en 1723. On a de lui l'*Histoire de l'origine et de la grandeur et de la décadence de l'empire ottoman*, l'*Histoire ancienne et moderne de la Moldavie*, etc. — Son fils ANTIOCHUS CANTEMIR fut membre de l'académie de Pétersbourg, ambassadeur à Londres et à Paris. Il mourut en 1744, après avoir fait plusieurs satires, fables, traductions, etc.

CANTERBURY. Voy. CANTORBÉRY.

CANTHARIDE, genre d'insectes coléoptères, famille des trachélides. Ils ont la tête large, le corselet long et incliné en avant, les antennes filiformes ou sétacées, les élytres arrondies ; leur couleur ordinaire est un vert métallique brillant. Les cantharides vivent sur les branches du lilas et surtout du frêne. Elles sont employées en médecine, en poudre, en teinture alcoolique ou éthérée, et sous forme d'onguent ou d'emplâtre, pour exciter les vésicatoires; car elles jouissent d'une propriété vésicante extraordinaire. Leur usage doit être très-modéré. Appliquée à forte dose sur la peau, ou introduite dans l'estomac de l'homme, la poudre de cantharide agit comme poison très-énergique. Ces propriétés sont attribuées à une huile verdâtre et fluide que renferme le corps de ces insectes.

CANTHARIDIENS, tribu d'insectes de l'ordre des coléoptères, de la section des hétéromères, famille des trachélides, ayant pour caractères la tête verticale, les palpes filiformes, l'abdomen mou, les élytres flexibles, tombant le plus souvent sur les côtés. On les connaît aussi sous le nom de *vésicants*, à cause de la propriété caustique qu'ils possèdent.

CANTHÈRE, genre de poissons composant une tribu de la famille des sparoïdes, caractérisée par un corps ovale, une bouche étroite, un museau à peine protractile, et par une rangée de dents en velours ou en cardes. On en connaît douze espèces, dont quatre originaires de la Méditerranée. La chair des canthères est assez estimée.

CANTHUS, le coin, l'angle de l'œil ou la commissure des paupières. — On nomme *grand canthus* ou *canthus* proprement dit la commissure interne des paupières qui répond au nez, et *petit canthus* la commissure externe qui est dirigée vers la tempe. — On a encore nommé *canthus* l'angle d'une cruche ou de tout autre vase par lequel on fait couler le liquide qu'il contient ; de là est venu le verbe *décanter*.

CANTINE, petit coffre à compartiments, destiné à renfermer des bouteilles. — C'est aussi, dans les casernes ou en arrière des camps, un lieu où l'on vend aux soldats le vin, la bière et les liqueurs. — On nomme *cantinière* une femme chargée d'en faire la distribution et la vente. On en tolère une par bataillon et par deux escadrons. Elles doivent avoir des patentes visées par le commandant de la gendarmerie. On les a assujetties depuis peu à un costume particulier.

CANTIQUE, hymne religieux. Les cantiques font partie de la liturgie de toutes les religions. Leurs mélodies varient selon les nations, les langues et les usages particuliers à chaque Église. — L'Église catholique n'admet que sept cantiques canoniques ; celui que composa Moïse après le passage de la mer Rouge, celui de Débora après la défaite de Sisara, celui de Judith, celui de David à la mort de Saül, celui de Zacharie, celui de Siméon et celui de la sainte Vierge (*Magnificat*).

CANTIQUE DES CANTIQUES (en hébreu, *Schir Haschirim*), livre sacré attribué à Salomon. Il est divisé en huit chapitres. C'est un dialogue entre l'*époux* et l'*épouse* (Jésus-Christ et l'Église), qui y sont représentés tantôt comme un roi et une reine, tantôt comme un berger et une bergère. Ce livre peint le mariage spirituel de Jésus-Christ avec l'Église et l'âme fidèle. Le sentiment le plus commun est que Salomon le composa pour célébrer son mariage avec la fille du roi d'Égypte.

CANTON. Voy. KANGTON.

CANTON, subdivision administrative du territoire français. Le canton est une division de l'arrondissement, qui lui-même est une division du département. Le canton se divise à son tour en communes. Le nombre des cantons de France est de 2,971. Dans chaque chef-lieu de canton, il y a un juge de paix. Chaque canton élit un membre au conseil général du département (sauf le cas où il est nécessaire, pour ne pas dépasser le nombre trente voulu par la loi, que plusieurs cantons se réunissent pour le nommer qu'un seul membre) et au conseil d'arrondissement. — On appelle encore *canton* une portion de territoire, un district. — En termes de blason, le *canton* est une portion carrée de l'écu qui joint un des angles, soit à droite, soit à gauche.

CANTONNÉ se dit, 1° en architecture, de l'encoignure d'un édifice orné d'une colonne, d'un pilastre ou de tout autre corps qui excède le nu du mur; 2° d'un régiment qui est en cantonnement. — En termes de blason, on dit qu'une croix est *cantonnée de quatre étoiles* lorsqu'elle est accompagnée de quatre étoiles dans les espaces qu'elle laisse vides.

CANTONNEMENT, circonscription territoriale considérée sous un rapport spécial. On distingue les *cantonnements de pêche*, qui comprennent la partie navigable des fleuves et rivières dépendant du domaine public, dans lesquels l'administration donne le droit de pêcher ; les *cantonnements de chasse*, qui comprennent les parties des forêts dépendant des domaines de l'État où il est permis de chasser.

CANTONNEMENT MILITAIRE, terrain de campagne où des troupes sont accidentellement établies.

CANTONNEMENTS D'USAGES, nom donné à la division complète des droits du propriétaire et de l'usager, et la conversion du droit de ce dernier en un droit complet de propriété pleine et entière.

CANTORBÉRY, ville d'Angleterre, capitale du comté de Kent, sur la Stour, à 16 lieues de Londres. Sa population est de 12,750 habitants. Elle envoie deux députés au parlement, et est le siège d'un archevêché dont le titulaire est primat d'Angleterre et premier pair du royaume. La principale industrie consiste en fabriques de soie et de coton, introduites par des réfugiés français. — Cantorbéry, jadis appelée *Cant-wara-rig*, fut la capitale du royaume de Kent jusqu'en 596.

CANULE, instrument allongé, creux, ordinairement cylindrique, et ouvert à ses deux extrémités. Les canules se font le plus ordinairement avec le fer, le plomb, l'argent, etc. Dans quelques cas, on emploie des canules de gomme élastique, de bois, de carton. Le reste des canules pour porter le cautère dans les parties profondes, pour introduire dans les cavités divers médicaments, etc. Elles s'adaptent à divers instruments, et entre autres aux seringues.

CANULÉIUS, tribun du peuple, se fit aimer à Rome des plébéiens par son opposition aux patriciens. Il souleva le peuple vers l'an 445 avant J.-C., et fit décréter que les plébéiens pourraient s'allier avec les patriciens, chose qu'avait défendue la loi des douze tables.

CANUT. Six rois de Danemarck ont porté ce nom. — CANUT Ier succéda en 863 à Éric II, et mourut en 873. — CANUT II, surnommé *le Grand*, était le plus jeune fils de Suénon Ier, qui venait de conquérir l'Angleterre (1015). Désigné pour lui succéder, Canut eut à poursuivre la conquête de son royaume. Il remporta sur son rival Edmond Côte de fer la bataille d'Asseldun (1016), et partagea avec lui l'Angleterre. Edmond eut le pays situé au nord de la Tamise, et Canut tout le reste. La mort d'Edmond le rendit maître de tout le royaume. Devenu roi de Danemarck en 1018 par la mort de son frère Harold, il détrôna Olaüs, roi de Norwége (1030), et mit en sa place Suénon, son fils aîné. Il mourut en 1035. Il avait désigné pour lui succéder en Angleterre HARDI-CANUT et CANUT III, son dernier fils. Ce prince, étant en Danemarck lors de la mort de son père, fut proclamé roi de ce pays, tandis que les Danois proclamaient son frère Harald en Harold à Londres. Les partisans d'Hardi-Canut le proclamèrent à leur tour, sorte que l'Angleterre fut divisée en deux partis, le nord pour Hardi-Canut, et le midi pour Harald. Ce dernier devint maître de tout le royaume. A sa mort, Hardi-Canut lui succéda (1039). Il mourut en 1042. — CANUT IV *le Saint*, fils de Suénon II, succéda en 1080 à son frère Harald III, entreprit l'expédition d'Angleterre, qui ne réussit point, et mourut en 1086). Il fut mis au rang des martyrs, et canonisé en 1100. — CANUT V succéda à Éric V en 1147, et fut tué par son rival Suénon III (1155). — CA-NUT VI, fils de Waldemar Ier, lui succéda en 1185. Il fit la guerre aux habitants de la Scanie et de la Poméranie, et mourut en 1210, après avoir subjugué le Holstein.

CANUT. Deux rois de Suède ont porté ce nom. — CANUT Ier, fils d'Éric IX, surnommé *Bonde* (paysan), s'était réfugié en Norwége après la mort de son père, assassiné en 1160. Il revint en Suède en 1167, et mourut en 1195. — CANUT II, de la maison des *Folkunges*, se révolta en 1229 contre Éric XI, et le chassa du trône, qu'il occupa cinq ans (1234).

CANUT (Saint), duc de Jutland et roi des Obotrites (Holstein et Mecklenbourg), était fils d'Éric III *le Bon*, roi de Danemarck. L'empereur Lothaire érigea ses États en royaume (1128). Magnus, fils d'Harald IV, craignant qu'il ne fît valoir ses droits sur le Danemarck, le fit assassiner en 1133. Il a été mis au rang des martyrs. On célèbre sa fête le 10 juillet.

CANZONE, sorte de poésie lyrique italienne, consistant en une suite de stances dont les vers sont disposés dans un ordre déterminé, et semblable en tout à celui qui a été observé dans la première stance. Il doit y avoir cinq stances au moins, vingt au plus, et chacune doit se composer de neuf à vingt vers. Cet ordre cesse à la fin de la pièce, dont la dernière stance est formée de vers plus courts et de rimes différentes.

CANZONETTA, petite pièce de poésie italienne qui se rapproche beaucoup de notre *chanson*.

CAORSINS ou CORSINS. Voy. CAURSINS.

CAOUANNE, nom donné à une espèce de tortue du genre chélonée, à la carapace revêtue d'une écaille divisée en compartiments, aux pieds antérieurs, longs et étroits. Sa couleur est brune ou roussâtre. La caouanne se trouve sur les côtes de la Méditerranée et de l'Océan. Sa chair est mauvaise et d'une odeur musquée ; sa graisse fournit une huile estimée pour le calfatage et l'éclairage.

CAOUTCHOUC ou GOMME ÉLASTIQUE, substance végétale extrêmement élastique, d'une couleur blonde ou brunâtre, imperméable à l'eau et aux gaz. Cette substance est fournie par l'*hevea de la Guyane*, arbre de la famille des euphorbiacées. Les naturels l'obtiennent à l'aide d'incisions faites au tronc de cet arbre. Le caoutchouc est surtout employé pour enlever les traces de crayon et pour fabriquer des instruments de chirurgie, des souliers imperméables à l'eau, etc. On en revêt aussi des étoffes qu'on rend par ce moyen imperméables.

CAP, pointe de terre qui s'avance dans la mer.

CAP, nom donné à la colonie établie au cap de Bonne-Espérance (Afrique). Cette colonie appartient maintenant aux Anglais. La capitale de la colonie est *Cap-Town*, qui a 18,000 habitants, est citadelle et un bon port très-bien fortifié.

CAP. On donne le nom, en marine, 1° à l'éperon qui est à la proue d'un navire : *avoir le cap au large*, c'est mettre la proue du vaisseau du côté de la mer ; 2° à tout cordage servant à quelque manœuvre ; 3° au chef des escouades de matelots ou de journaliers employés dans les arsenaux. — Une étoffe à *cap et à queue*, c'est une pièce d'étoffe qui est entière ; un *cap de forçats* est un journalier qu'on établit pour commander ou guider les forçats dans quelque travail ; un *cap de compas*, en marine, est un trait vertical marqué en dedans de l'espèce de cuvette où est enfermée la rose des compas de route. Il se trouve avec le pivot sur lequel tourne cette rose, sur une ligne droite parallèle au grand axe du bâtiment, et détermine sur la rose l'air de vent de la route, en même temps qu'il indique où est le cap.

CAPA-AGA, CAPI-AGA, gouverneur des portes du sérail à Constantinople.

CAP-BRETON, île de l'Amérique septentrionale dans le golfe Saint-Laurent, au

S.-O. de Terre-Neuve, et au N.-E. de la Nouvelle-Ecosse. Sa superficie est d'environ 1,500 lieues carrées. Sa capitale est Louisbourg. Elle fut prise par les Français en 1713, qui changèrent son nom en celui d'*Ile Royale*. Les Anglais s'en rendirent maîtres en 1758. On fait la pêche de la morue sur ses côtes.

CAP-CORSE ou CAPE-COAST, établissement anglais sur la côte d'Or en Guinée, dans le royaume d'Affetu. Sa population est de 8,000 habitants. L'établissement du Cap-Corse a perdu de son importance depuis l'abolition de la traite des nègres et l'invasion des Ashantis en 1825.

CAP-FRANÇAIS, ville belle et riche de l'île d'Haïti (Saint-Domingue), ancienne capitale de la partie française de l'île, et aujourd'hui capitale de la république haïtienne sous le nom de *Cap-Haïtien*. Elle est située sur la côte septentrionale de l'île, à 50 lieues de Port-au-Prince, et à 90 de Saint-Domingue. Elle a 6,000 habitants. Son port est l'un des mieux placés de l'île.

CAPACITÉ, volume d'un corps. On nomme *mesures de capacité* celles qui servent à déterminer le volume des liquides et des matières sèches. L'unité de mesure pour les liquides est le *litre*. Il se divise en *décilitres*, subdivisés ensuite en *centilitres*. Ses multiples sont le *décalitre*, l'*hectolitre* et le *kilolitre*. — Pour les matières sèches, l'unité de mesure de capacité est aussi le *litre* : 18 litres valent un *boisseau*.

CAPANÉE (myth.), prince argien, fils d'Hipponoüs et mari d'Evadné. Il fit partie de l'expédition des sept chefs contre Thèbes. Son mépris pour les dieux était tel, qu'il déclara qu'il prendrait cette ville malgré Jupiter. Ce dieu, irrité de son impiété, le tua d'un coup de foudre. Sa femme se précipita sur son bûcher.

CAPDENAC, sur une montagne formant une presqu'île entourée par le Lot, dans le département de ce nom, à une lieue et demie S. de Figeac. Population, 1,400 habitants. Cette ville est l'ancienne *Uxellodunum*, qui, après la défaite de Vercingétorix, résista la dernière de toutes les cités gauloises à l'effort des armées romaines. Capdenac, plus tard occupé successivement par les Visigoths et par les Francs, devint une place forte importante. Après avoir été prise par les Anglais, cette ville subit le sort de l'Armagnac, et fut réunie à la couronne de France. Par la suite, François Ier la céda au duc d'Alençon. Sully s'y retira en 1614, après sa disgrâce. On y voit encore son château et des débris des anciennes fortifications.

CAPDUEILH (PONS DE), troubadour et baron dans le diocèse du Puy. Il fut l'amant de la belle Azalaïs de Mercœur, femme d'un comte d'Auvergne, dont il chanta les grâces et la beauté, et dont il déplora la mort dans un chant mélancolique et funèbre. Il excita les chevaliers à la croisade de 1190, où il mourut. On a *vingt pièces* de ce poëte.

CAPE, vêtement de dessus, long et sans manches, avec un capuchon. La cape était l'habit des seigneurs, du peuple et même des gens d'église. — En marine, on dit *mettre à la cape*, pour dire qu'un vaisseau se dispose à supporter un coup de vent en mer. Pour cela il faut *dégréer* les vergues, les mâts de perroquet, ne conserver dehors que très-peu de voiles, et avoir la barre du gouvernail au vent.

CAPEL (Lord Arthur), fils de sir Henri Capel, mort en 1648, était en 1640 représentant du comté d'Hertford au parlement. Il s'y distingua par sa modération. Dans la guerre qui éclata entre le roi et le parlement, il servit le premier. En 1648, il défendit Colchester contre les forces du parlement. Forcé de se rendre et conduit à la Tour, malgré les conditions de la capitulation, il fut condamné à être décapité, et mourut dignement sur l'échafaud. — Son fils, lord ARTHUR CAPEL, créé comte d'Essex, nommé en 1679 premier lord de la trésorerie, accusé d'avoir conspiré, fut envoyé à la Tour, où on le trouva égorgé avec un rasoir (1683).

CAPEL et CAPELAN, nom vulgaire du *lampyre* et d'une espèce de *gade*. Les vétérinaires nomment *capelet* une espèce de loupe qui se développe chez le cheval dans l'épaisseur des téguments vers la pointe du jarret, et se présente sous la forme d'une tumeur mobile, de la grosseur d'une petite pomme. On l'appelle encore *passe-campagne*.

CAPELINE, sorte de bandage qui, par sa figure, ressemble à une *capote* ou à un capuchon. On en distingue plusieurs espèces, telles que la *capeline de tête* ou *bonnet d'Hippocrate*, employée autrefois pour rapprocher l'écartement des sutures; la *capeline de la clavicule*; la *capeline* pour l'amputation du bras dans l'article, celle pour l'amputation de la cuisse, etc.

CAPELLA (Martianus Mineus Felix), poëte latin, natif de Carthage, composa vers l'an 480 avant J.-C. un poëme intitulé: *de Nuptiis Philologiæ et Mercurii et de septem artibus liberalibus* (des *Noces de la Philologie et de Mercure, et des sept arts libéraux*). On a encore de Martianus Capella un *Traité sur la musique*.

CAPELLO (Bianca), d'une des plus illustres familles patriciennes de Venise, fut aimée d'un jeune Florentin, Pietro Bonaventuri. Elle s'enfuit avec lui de la maison paternelle, et l'épousa secrètement à Florence. Le grand-duc de Toscane l'ayant vue en devint amoureux, et, Bonaventuri ayant été assassiné en 1574, Bianca se fit sa maîtresse et son épouse en 1579. En 1588, le grand-duc et la grande-duchesse, dînant avec le cardinal Ferdinand de Médicis, frère du grand-duc, et qui devait lui succéder, furent saisis de convulsions subites, et moururent empoisonnés quelques heures après.

CAPELUCHE, bourreau de Paris, principal agent du duc de Bourgogne dans les massacres des Armagnacs, qui eurent lieu en 1418. Capeluche, après que les troubles eurent été apaisés, fut arrêté, condamné et décapité par son valet, auquel il donna, avant l'exécution, une leçon pour abattre adroitement une tête.

CAPESTERRE (LA), l'un des quartiers de la Guadeloupe (colonie française en Amérique). Le bourg de *Capesterre* ou du *Marigot* est un des plus considérables de l'île. On y remarque une habitation jadis seigneuriale, entourée de belles allées. Il y a à la Capesterre une justice de paix.

CAPET, nom qui fut substitué à celui de Louis XVI pendant la révolution. On l'étendit aussi à sa famille.

CAPÈTES, nom donné autrefois aux boursiers du collège Montaigu, fondés par Jean Standone en 1480, et ainsi appelés parce qu'ils portaient de petits manteaux que l'on connaît sous le nom de *capes* ou *capels*.

CAPÉTIENS, nom donné à la troisième race des rois de France, qui se continue encore, et dont le chef fut Hugues Capet, fils de Hugues le Grand, duc de France. Celui-ci était fils de Robert Ier, roi de France et fils de Robert le Fort, duc de France et comte de Blois, dont le père était Théodebert, fils de Nivelon ou Nebelong. Ce dernier était fils de Childebrand, fils de Pepin d'Héristal. — Parmi les Capétiens, on a distingué plusieurs branches: 1° les *Capétiens directs*, qui règnent de 987 à 1328, et qui finissent avec Charles le Bel. — 2° Les *Valois*, qui se rattachent aux Capétiens directs par Charles, second fils de Philippe le Hardi, et se divisant en deux branches: les *Valois directs* et les *Valois-Orléans*. Les premiers règnent de 1328 à 1498, et finissent avec Charles VIII; les seconds, qui se rattachent aux premiers par Louis, duc d'Orléans, second fils de Charles V, règnent de 1498 à 1589, et finissent avec Henri III. — 3° Les *Bourbons*, se rattachant aux Capétiens directs par Robert, comte de Clermont, second fils de saint Louis, et se divisant en deux branches: les *Bourbons directs* et les *Bourbons-Orléans*. Les premiers règnent de 1589 à 1830, et finissent avec Charles X. Les seconds, qui se rattachent aux premiers par Philippe, duc d'Orléans, second fils de Louis XIII, règnent depuis 1830 en la personne de Louis-Philippe Ier.

CAPHARÉE, haute montagne et promontoire de l'île d'Eubée (Négrepont), sur lequel un grand nombre de vaisseaux grecs, revenant de la guerre de Troie, vinrent se briser, attirés par un fanal que Nauplius, roi de l'île, y avait mis pendant la nuit, afin de venger ainsi la mort de son fils Palamède tué par Ulysse.

CAPHARNAÜM, ville de Judée, où Jésus-Christ faisait sa principale demeure pendant le temps de sa prédication. Elle était située dans la Galilée, à l'orient et sur le bord du lac de Génézareth (mer de Galilée ou de Tibériade). On ignore aujourd'hui sa véritable position.

CAPHITOS, ancienne mesure des Juifs. Elle égalait un hectolitre 26 litres de nos nouvelles mesures.

CAPHTOR, nom donné, dans l'Ecriture, à l'île d'où sont sortis les Philistins, appelés aussi *Caphtorins* et *Céréthims*. On pense que cette île est l'île de *Crète*, parce que les mœurs, les dieux des Philistins et des Crétois étaient les mêmes.

CAPI-AGASSY ou CAPOU-AGASSY, titre que porte à Constantinople le chef des eunuques blancs du sérail. Dans les cérémonies, le capi-agassy est toujours auprès du grand seigneur; dans le sérail, il a seul le droit de l'accompagner jusqu'à la porte de l'appartement des femmes. Il est chargé de commander et de surveiller les pages ou *itch-oglans*. Il a sous lui cinq officiers considérables, le *mir-alem*, le *capoudjiler-kiethoudassy*, le gouverneur des pages, le surintendant des bâtiments du sérail et le grand maître de la garde-robe. Le capi-agassy est obligé d'avoir un harem.

CAPI-KIAHIA, nom des agents entretenus à Constantinople par les pachas pour verser les taxes annuelles qu'ils doivent au trésor, présenter leurs demandes ou leurs réclamations au sultan ou au divan, et veiller à leurs intérêts à leur sûreté.

CAPI-KOULY (en turk, *esclave de la porte*). On nommait autrefois ainsi les janissaires et les spahis, pour les distinguer des troupes féodales, qui n'étaient pas comme eux soldées par le trésor.

CAPIDJY ou CAPOUDJY (en turk, *esclave de la porte*), nom donné aux portiers ou huissiers du sérail de Constantinople. Leur nombre est de quatre cents. Ils sont commandés par quatre capitaines, qui sont de garde chacun à leur tour, avec cinquante de leurs hommes, le jour où s'assemble le divan; les cinquante autres veillent toujours aux portes extérieures du palais. Leur costume est celui des janissaires.

CAPIDJY-BACHY, nom que portent les chambellans du grand seigneur. Ce sont eux qui, prenant sous le bras les ambassadeurs et ceux qui ont l'audience du grand seigneur, les conduisent en sa présence, qui sont chargés des missions les plus périlleuses, telles que porter à un pacha l'ordre de sa déposition, de l'étrangler, en un mot tout ce qui a pour objet l'exécution des ordres du sultan.

CAPILLACÉ se dit des plantes dont les racines sont garnies de filaments ou de petites fibres semblables à des cheveux (en latin, *capilli*).

CAPILLAIRE, nom donné à tous les objets dont la ténuité peut être comparée à celle d'un cheveu. Ainsi on dit un tube *capillaire*. En botanique, des parties sont *capillaires* quand elles sont longues, chevelues, filamenteuses

CAPILLAIRES (méd.), vaisseaux étroits qui servent de communication entre les artères et les veines. Leur ensemble forme le *système capillaire*, que Bichat divisait en *général*, pénétrant dans la structure de tous les organes, et servant de moyen de communication entre les artères qui proviennent de l'aorte et les veines de toutes les parties du corps; et en *pulmonaire*, contenant le sang qui des artères va aux veines pulmonaires, et subit l'influence de la respiration.

CAPILLAIRE, plante du genre *adianthe*, et de la famille des fougères, des feuilles de laquelle on retire le sirop qui porte son nom, et auquel on attribue des propriétés sudorifiques très-marquées. Elle a de six à huit pouces de haut et est formée par des feuilles dont le pétiole commun, mince, luisant, de couleur puce et d'abord nu, se couvre ensuite de nombreuses folioles alternes, vertes, d'une odeur faible mais agréable.

CAPILLARITÉ, propriété qu'ont les liquides de se déprimer ou de s'élever dans les tubes capillaires, et en général dans les vases qui les contiennent. La capillarité est due à l'attraction du liquide sur lui-même et sur le solide avec lequel il est en contact. Les effets de la capillarité ne sont guère sensibles que dans les tubes capillaires.

CAPILOTADE (de l'espagnol *capirotada*), nom donné à un ragoût fait de débris de volaille et de pièces de rôti dépecées. — On donnait aussi ce nom à un recueil de chansons, qu'on appelait aussi *alphabet de chansons*, et qui contenait autant de chansons qu'il y a de lettres dans l'alphabet; de plus, la première commençant par la première lettre de l'alphabet, la seconde par la seconde, et ainsi de suite.

CAPISCOL, nom par lequel on désignait autrefois le *préchantre* (præcentor) ou premier des chantres. Il présidait au chœur, et veillait à ce que l'on observât les rubriques et les cérémonies.

CAPISTRAN (Saint Jean DE), né en 1385 à Capistran en Italie (Abruzzes). Il exerça d'abord une charge de judicature. Étant entré ensuite dans l'ordre de Saint-François, il signala son éloquence et son zèle dans le concile de Florence, pour la réunion de l'Église grecque avec l'Église latine; dans la Bohême, contre les hussites; dans la Hongrie, contre les Turks. Lorsque Huniade défendit Belgrade contre ces derniers, Capistran, à la tête d'une troupe de croisés, se jeta dans la place, et fit lever le siège. Il mourut en 1456. Le pape Alexandre VIII le canonisa en 1690, et on fait sa fête le 23 d'octobre.

CAPISTRUM, partie de la tête des oiseaux qui entoure la base du bec.

CAPITAES DOMATO (capitaine des bois), nom donné, au Brésil, à des hommes dont l'occupation est d'aller à la recherche des noirs marrons dont la fuite leur est signalée, et de s'en emparer. Les *capitaës domato* sont toujours des hommes de couleur, mais libres; ils forment entre eux une sorte de milice. L'on accorde 156 francs 25 centimes pour chaque noir fugitif qu'ils ramènent à leur maître. Cette somme est partagée entre eux. L'institution des *capitaës domato* remonte à 1720.

CAPITAINE (armée de terre), grade créé en 1555. Il correspondait dans le principe à celui de *colonel*, qu'il a précédé de plus de deux siècles. — C'est aujourd'hui le chef et le premier officier d'une compagnie. Il visite tous les jours sa compagnie. Dans l'infanterie, il y a deux classes de capitaines. La différence consiste seulement dans la solde, qui est de 2,400 francs pour ceux de la première, et de 2,000 pour ceux de la seconde classe. Dans l'artillerie et la cavalerie, il y a des capitaines en premier et en second. Le capitaine en premier commande l'escadron. — Il y a un certain nombre de capitaines dans le corps royal d'état-major. — On nomme *capitaine garde-côtes* celui qui commande la milice établie pour s'opposer à la descente des ennemis sur les côtes; *capitaine de port*, un officier préposé à la police maritime d'un port; *capitaine de marine*, un chef des soldats gardiens d'un port; *capitaine de pavillon*, le capitaine commandant un vaisseau sur lequel est embarqué un officier général.

CAPITAINE (mar.), titre de tout marin chef d'un bâtiment. On ne peut être reçu capitaine d'un bâtiment de commerce qu'après avoir servi douze mois dans un équipage sur ceux de l'État, et satisfait à l'examen théorique et pratique exigé. — Dans la marine royale, il y a, 1° les *capitaines de vaisseau*, qui ont rang de *colonel*, et qui commandent les vaisseaux de ligne et les frégates de premier rang. A terre, ils commandent les divisions des équipages de ligne de première classe, et remplissent les fonctions de majors généraux, majors et directeurs du port, dans les chefs-lieux d'arrondissements maritimes; 2° les *capitaines de frégate*, qui ont rang de *lieutenant-colonel*, et qui commandent les frégates de deuxième et troisième rang, les corvettes de 24 canons et les corvettes de charge. A terre, ils commandent en premier les divisions d'équipages de ligne de deuxième classe, et en second les divisions des équipages de ligne de première classe Ils remplissent les fonctions d'aides-majors et sous-directeurs des ports; 3° les *capitaines de corvette*, qui ont rang de *chef de bataillon*, et qui commandent tous les bâtiments de guerre portant de 10 à 22 bouches à feu, les bâtiments à vapeur et tous les transports armés en guerre. Ils remplissent les fonctions de seconds à bord des vaisseaux portant pavillon d'un officier général. A terre, ils commandent en second les divisions d'équipages de ligne de deuxième classe, et remplissent les fonctions de sous-aides-majors.

CAPITAINE D'ARMES, sous-officier pris autrefois dans les troupes de la marine, maintenant dans les équipages de ligne, qui fait à bord des vaisseaux la police sous l'officier chargé du détail et les officiers de service. Il a aussi de toutes les armes menues qu'il fait entretenir en bon état par l'armurier. Il y a des capitaines d'armes de première et de deuxième classe. Les premiers ont rang d'adjudant-sous-officier; les seconds, de sergent-major.

CAPITAINE, genre de poissons originaires d'Amérique, ressemblant beaucoup aux labres, dont ils se distinguent en ce que les rayons de la première dorsale s'élèvent en longs filets flexibles, et de ce que leurs pharyngiens n'ont de dents qu'à leur partie postérieure. Le *capitaine* ou *grand pourceau*, long de trois ou quatre pieds, a le dos couvert d'écailles violettes.

CAPITAINERIE, division territoriale. Le territoire de la France qui s'étend le long des côtes avait été divisée autrefois en capitaineries, dans chacune desquelles se trouvait un capitaine général avec un état-major, qui était chargé de surveiller la défense des côtes, et d'organiser des compagnies de gardes-côtes. L'on comptait avant la révolution cent dix capitaineries. — Il y avait aussi des capitaineries établies pour l'administration des forêts. Elles étaient *simples* ou *royales*, suivant que dans leur territoire il se trouvait ou il ne se trouvait pas une maison royale.

CAPITAL, somme d'argent qu'on a empruntée ou prêtée, qui porte intérêt, et qui doit être remboursée à une époque fixe ou indéterminée. Ce mot s'entend aussi des fonds d'une association, et qui font la base de l'entreprise commerciale. — On entend encore par *capital*, non-seulement une somme d'argent, mais aussi tout produit du travail humain converti en instrument de travail. Ainsi une terre mise en valeur, des troupeaux, des bâtiments, sont des *capitaux*.

CAPITALE, ville qui occupe le premier rang dans un État ou une province, parce qu'elle est le siége du gouvernement ou de l'administration. La Suisse a six capitales, dans lesquelles la diète générale se réunit alternativement. Ce sont *Zurich*, *Bâle*, *Lucerne*, *Soleure*, *Fribourg* et *Berne*.

CAPITALISTE, nom donné à l'homme qui possède une somme d'argent qu'il place à de certaines conditions dans les entreprises d'industrie.

CAPITAN, nom du bouffon sérieux de notre vieille comédie. Le capitan était essentiellement fanfaron, et parlait sans cesse de tuer, de massacrer, etc. Le capitan était, pour le théâtre français, ce qu'était le *matamore* pour le théâtre espagnol.

CAPITAN-PACHA ou CAPOUDAN-PACHA, grand amiral de l'empire ottoman. Il est à la fois le commandant de toutes les flottes turques, le général des galères, le surintendant général de la marine. Il n'a au-dessus de lui que le grand vizir, et ne rend compte qu'au sultan. Il commande aux officiers de la marine et aux gouverneurs des provinces maritimes. Il nomme à tous les emplois, à tous les grades, ordonne les levées de matelots, les constructions et les réparations. Le capitan-pacha est membre du divan, où il siége immédiatement après le grand vizir.

CAPITAN-PACHA (GOUVERNEMENT DU), province turque comprenant les îles de l'Archipel et quelques côtes d'Europe. Elle renferme onze sandjiakats: Andro, Chio, Métélin, Naxi, Rhodes, Egribos, Suglah, Biga, Galiboli, Lépante et Kodjeah-Yli.

CAPITANATE, province du royaume de Naples, bornée au N. par le golfe de Venise, au S. par la Basilicate et la Principauté ultérieure, à l'E. par la terre de Bari, à l'O. par l'Abruzze citérieure et le comté de Molise. Sa superficie est de 400 lieues carrées, et sa population de 225,000 habitants. Elle produit du blé, du vin, du safran, des fruits, du sel, etc. Le chef-lieu est *Foggia*. La Capitanate répond à une partie de l'Apulie et du Samnium.

CAPITANIE, mot synonyme de *gouvernement* dans la subdivision des provinces du Brésil.

CAPITATION, imposition qui se faisait par tête ou par personne dans les besoins pressants de l'État. Elle fut, pour la première fois en France, établie sous le règne du roi Jean II par les états généraux de 1356. Elle devait être proportionnée à la valeur des biens, et fixée à quatre pour cent sur les revenus de 100 livres, à deux pour cent sur les revenus au-dessous de 100 livres, à un pour cent au-dessous de 40 livres. Ceux qui en étaient exempts étaient les pauvres, les veuves, les enfants en tutelle et les moines cloîturiers. La capitation fut supprimée en 1698. Rétablie de nouveau en 1701, elle fut supprimée définitivement à la révolution.

CAPITATION DES JUIFS, imposition frappée par Moïse sur le peuple hébreu. Elle se prélevait par tête à chaque dénombrement du peuple, et était d'un demi-sicle (environ 16 sous de notre monnaie). Les Israélites devaient, en retour de cet impôt, être exempts de plaies. Au retour de la captivité de Babylone, ils obtinrent de ne payer qu'un quart de sicle.

CAPITAUX (PÉCHÉS), nom donné par l'Église aux péchés mortels, qui donnent naissance à tous les autres, et sont au nombre de sept. Ce sont l'*orgueil*, l'*avarice*, l'*envie*, la *colère*, la *gourmandise*, la *luxure* et la *paresse*.

CAPITÉ, nom donné en botanique, aux parties des plantes qui ont la forme d'une tête ou qui sont renflées au sommet. Tels sont les filets des étamines de la *dianelle*. Quelques botanistes ont appelé *capitées* les plantes de la famille des *cinarocéphales*, parce que leurs fleurs forment une espèce de tête (en latin, *caput*).

CAPITOLE, temple et forteresse de Rome, sur le mont Capitolin et près de la roche Tarpéienne. Servius Tullius les commença; ils furent achevés par Tarquin le Superbe. Le temple occupait quatre arpents. La façade principale était ornée de trois rangs de colonnes, et les autres côtés seulement de deux. On y montait par un escalier de cent marches. La porte était d'airain et le toit d'or. Le Capitole fut brûlé trois fois. Domitien le rebâtit pour la quatrième fois, et dépensa 1,200 talents. Les consuls et les magistrats y offraient des sacrifices en entrant en charge, et y dirigeaient leur marche dans le triom-

**phe.** — On prétend que le nom de *Capitole* vient de ce qu'on trouva dans les fondements la tête fraîche d'un homme appelé *Tolus*, et en mémoire duquel on augura que Rome deviendrait la capitale du monde. — Plusieurs villes des Gaules avaient des capitoles, entre autres Toulouse et Saintes. — Le Capitole moderne de Rome est un vaste édifice bâti sur les dessins de Michel-Ange.

**CAPITOLIN** (Jules), historien latin du IIIe siècle, qui a composé les Vies d'Antonin et de Varus, et celles de Claudius Albinus, de Macrin, des deux Maxime, des trois Gordien. Son ouvrage se trouve dans le recueil intitulé *Scriptores historiæ Romanæ Latini veteres* (anciens écrivains latins de l'histoire romaine).

**CAPITOLINS** (Jeux), jeux consacrés à *Jupiter Capitolin*, c'est-à-dire, protecteur du Capitole, et établis l'an 387 avant J.-C. par Camille, vainqueur des Gaulois. Ils se célébraient tous les cinq ans, et consistaient en courses, en exercices gymnastiques et en concours musical. Les premiers vainqueurs recevaient des couronnes ornées de rubans appelés *lemnisques*. On conduisait au Capitole un vieillard revêtu d'une robe de pourpre, portant au cou une bulle d'or, et précédé d'un héraut criant : *Sardiens à vendre*. L'origine de cet usage est inconnue.

**CAPITOLO** (en italien, *chapitre*), sorte de poésie épistolaire dans le genre badin, satirique ou burlesque, fort en usage dans le XVIe siècle. Ces pièces sont en rimes croisées (*terze rime*) et en vers de dix, onze et douze syllabes.

**CAPITOULS**, nom donné aux magistrats municipaux de la ville de Toulouse, qui vient sans doute de ce qu'ils siégeaient au capitole de cette ville. Ils formaient à la fois un conseil d'administration ou du gouvernement et un tribunal. Leur nombre était de huit. Leur dignité s'appelait *capitoulat*, et conférait la noblesse.

**CAPITULAIRES**, nom donné aux lois civiles et canoniques rendues par les rois de France des deux premières races dans les assemblées des évêques et des seigneurs du royaume. Les évêques rédigeaient en articles (*capitules*) les règlements qui regardaient la discipline ecclésiastique. Les seigneurs dressaient les ordonnances, le roi les confirmait. Les Capitulaires ont été en vigueur en France et en Allemagne jusqu'au règne de Philippe le Bel. Les plus célèbres des Capitulaires sont ceux de Charlemagne.

**CAPITULATION**, traité par lequel une troupe de soldats, une ville, etc., s'engage à mettre les armes à certaines conditions. Les *capitulations de siège* ne doivent être conclues que dans les cas d'une pénurie de vivres ou de munitions rendant sa défense impossible, ou à l'instant où l'ennemi livre un assaut de nature à mettre en péril la vie des assiégés. Les articles de la capitulation sont débattus devant le conseil de défense, et arrêtés par le gouverneur. Elle est signée par tous les membres du conseil et par les chargés de pouvoirs de l'assiégeant.

**CAPITULATIONS DES EMPEREURS D'ALLEMAGNE** (*pacta conventa*), nom donné à des sortes de contrats, de concordats dressés par les électeurs avant l'élection de l'empereur, et que celui-ci était tenu de ratifier et de faire observer après son élection. Ces *capitulations* datent du règne de Charles-Quint (1519).

**CAPITULE**, terme de bréviaire qui désigne un petit chapitre ou quelques versets tirés de l'Ecriture sainte, et relatifs à l'office du jour, que l'on récite après les psaumes et avant l'hymne. Le capitule des complies se dit après l'hymne, et il est suivi d'un *répons* comme dans les petites heures.

**CAPITULE** (bot.), mode d'inflorescence où les fleurs sont réunies en tête ou sommet d'un pédoncule commun. Considéré dans son ensemble, le capitule est, 1° *flosculeux* s'il se compose uniquement de fleurons ou petites fleurs à corolle régulière, comme dans l'*artichaut*; 2° *semiflosculeux* s'il ne porte que des demi-fleurons à corolle irrégulière et prolongée sur un côté en forme de languette, comme dans le *pissenlit*; 3° *radié* lorsqu'il présente des fleurons sur le centre de son disque, et des demi-fleurons à sa circonférence, comme dans les *marguerites*.

**CAPITULÉ**, nom donné aux groupes de fleurs disposées en capitule.

**CAPNOMANCIE**, divination qui consistait à observer la fumée, pour en tirer des présages. Si la fumée qui s'élevait de l'autel était légère, peu épaisse, si elle s'élevait droit en haut sans se répandre autour de l'autel, l'augure était favorable. Une autre sorte de capnomancie consistait à observer la fumée qui s'élevait lorsqu'on avait jeté de la graine de pavot ou de sésame sur des charbons allumés.

**CAPO D'ISTRIA**, ville de l'Istrie, située au fond du golfe de Trieste, dans une petite île jointe à la terre ferme par un pont-levis, à 3 lieues de Trieste. Elle a 10,000 habitants et un évêché suffragant de celui d'Udine. — Autrefois *Ægidia*, Capo d'Istria appartint successivement aux Génois et aux Vénitiens. Maintenant elle fait partie de l'empire d'Autriche.

**CAPO-D'ISTRIA** (Jean-Antoine, comte), né à Corfou en 1776. Il fut chargé, en 1800, d'organiser l'administration des îles Céphalonie, Ithaque et Sainte-Maure. Depuis, il fit constamment partie du gouvernement de la république russe des Ioniennes, et fut, de 1802 à 1807, ministre de l'intérieur, des affaires étrangères, de la marine et du commerce. En 1809, appelé en Russie, il fut employé au département des affaires étrangères, et fut nommé ministre en 1815. Lors du soulèvement de la Grèce en 1822, la politique hostile de la Russie envers elle le força de se démettre de cet emploi. En 1827, il fut appelé par l'assemblée nationale de la Grèce à la présidence de ce pays pour sept ans. Sa conduite mécontenta bientôt les Grecs, et se fit une opposition chaleureuse dès les premiers mois de sa présidence. En 1831, il périt assassiné.

**CAPO-TASTO**, petite pièce de bois ou d'ivoire qui se fixe au manche de la guitare au moyen d'une vis, et qui fait l'office d'un sillet mobile dont l'effet est d'élever l'accord général de l'instrument d'un ou de plusieurs tons, afin de ne point obliger l'instrumentiste à faire le *barré* (position des doigts en travers du manche de la guitare) avec la main, et lui laisser plus de liberté.

**CAPON**, nom donné anciennement aux Juifs, et qui, par analogie, a été employé pour désigner quelqu'un qui a peur ou qui ne joue pas de franc jeu. — En termes de marine, c'est une machine composée d'une grosse poulie et d'une corde, au bout de laquelle est un croc de fer qui sert à lever l'ancre quand on a coupé le câble ; ce qui s'appelle *caponner l'ancre*.

**CAPONNIÈRE**, pièce de fortification ou galerie de communication établie entre les ouvrages d'une place fortifiée. Les caponnières sont en général propres à défendre les fossés.

**CAPORAL**, grade créé en 1534, sous le titre de *cap-d'escadre*. Le titre de caporal date de 1558. Les caporaux commandent les *escouades*, et ne sont distingués des soldats que par un double galon de laine rouge ou jaune, suivant l'arme, au-dessus de chaque parement de l'uniforme. Les fonctions de caporal sont remplies dans l'artillerie, la gendarmerie et la cavalerie, par un *brigadier*.

**CAPOTE**, espèce de capuchon en mousseline ou en étoffe de soie noire ou de couleur bordée de dentelles, que les dames portaient en négligé. — On a encore ce nom à un grand chapeau à forme peu élevée, à bord large et égal en tout sens, autour duquel pend une large dentelle, et que l'on place horizontalement sur la tête. — On a aussi désigné par le nom de *capote* une redingote ou un surtout que les hommes mettent par-dessus leurs habits, quoique sans capuchon, et un vêtement de dessus des soldats.

**CAPOUDJILER-KETKHOUDASSY** (maître d'hôtel), chef des huissiers ou portiers du sérail de Constantinople (voy. CAPIDJI). Il remplit dans les cérémonies la charge de maréchal de la cour, et tient à la main un bâton garni de lames d'argent.

**CAPOUE**, ville du royaume de Naples, dans la terre de Labour, sur le Vulturne, à 6 lieues de Naples. Sa population est de 18,000 habitants. C'est une des places fortes de l'Italie. Elle est située à une lieue de l'ancienne *Capoue*, capitale de la Campanie, fondée, dit-on, par Capys, compagnon d'Énée. Elle était si opulente qu'on l'appelait la seconde Rome. Ses vins passaient pour les meilleurs de l'Italie. Annibal ayant passé l'hiver qui suivit la bataille de Cannes à Capoue, ses soldats se laissèrent corrompre par les délices de cette ville, que les Romains saccagèrent pour avoir reçu Annibal dans leurs murs. Capoue fut entièrement détruite par les Lombards dans le VIIe siècle.

**CAPPADOCE**, province de l'Asie-Mineure, bornée N. par le Pont, au S. par la Cilicie et la Syrie, à l'O. par la Lycaonie et la Galatie, à l'E. par l'Arménie. Le pays qu'elle occupait correspond aujourd'hui à la *Caramanie*. Sa capitale était *Césarée* (aujourd'hui Kaisarieh). Les Cappadociens étaient appelés par les Grecs *Syriens et Leuco-Syriens*. Leur caractère a passé pour être superstitieux et pervers. Les chevaux de Cappadoce étaient très-estimés. — Soumise aux rois d'Assyrie, puis conquise par les Mèdes environ 700 ans avant J.-C., la Cappadoce forma, sous la domination de ces différents peuples, un État monarchique séparé, quoique dépendant. Le premier roi connu est Pharnace, vers l'an 670 avant J.-C. Le dernier fut Archélaüs, mort l'an 17 de l'ère chrétienne. La Cappadoce fut alors réduite en province romaine.

**CAPPARIDÉES**, famille de plantes dicotylédonées polypétales, qui renferme des herbes, des arbrisseaux ou des arbres portant des feuilles alternes, simples ou digitées. Les genres sont au nombre de dix. Le *câprier* est le type de cette famille.

**CAPPEL**, montagne de Suisse dans le canton de Zurich, entre Zurich et Zug. Elle est au pied de la chaîne de l'Albis, qui a 5 lieues de long, et dont les sommets principaux sont l'Albis qui a 1,851 pieds de haut, et l'Utliberg qui en a 2,790. C'est sur le mont Cappel que se livra en 1531 la bataille dans laquelle Zwingle périt.

**CAPELLONO**, monnaie d'argent de Modène (Italie), de la valeur de 2 sous ou 10 centimes de France. Le *capellino* vaut la moitié du *capellono*.

**CAPPERONNIER** (Claude), né à Montdidier (Picardie) en 1671. Il vint à Paris en 1688, et se livra à l'étude du grec. L'université de Bâle lui offrit une chaire de professeur extraordinaire en grec. En 1722, il fut nommé professeur de grec au collége royal à Paris, et garde de la bibliothèque du roi. Il mourut en 1744. On a de lui une édition de *Quintilien et des anciens rhéteurs latins*.

**CAPPERONNIER** (Jean), né à Montdidier en 1716, mort en 1775, était membre de l'académie des inscriptions et belles-lettres, professeur de grec au collége royal. Il a donné plusieurs éditions de Joinville, d'Anacréon, de César, de Plaute, etc.

**CAPPONI** (Pierre), magistrat de Florence, s'est fait un nom par son intrépidité. Lorsque Charles VIII, dans sa marche contre Naples, exigea que les Florentins lui fournissent de l'argent, Capponi, un de leurs députés vers ce prince, s'écria en déchirant le papier qui contenait des conditions onéreuses à sa patrie : *Eh bien ! faites battre vos tambours et nous ferons sonner nos cloches*. Cette hardiesse sauva sa patrie.

**CAPRAIRE**, genre de plantes de la famille des scrofulaires. Son nom lui vient de ce que ses espèces sont très-recherchées des chèvres. Il renferme des arbrisseaux qui croissent surtout aux Antilles. La *capraire multifide*, aux fleurs purpurines, est petite et donne par l'infusion de ses feuilles une boisson théiforme qui ne le cède en rien au thé de la Chine. C'est ce qui lui fait donner le nom de *thé de Mexique*.

CAPRARA (Énée, comte DE), seigneur de Siklos, et général des armées impériales, était natif de Bologne en Italie. Il fit quarante-quatre campagnes, et se signala surtout dans celle de 1685, lorsque, sous le commandement du duc de Lorraine, il prit d'assaut, sur les Turks, la ville de Neuhausel. Il commanda souvent en chef l'armée impériale, et mourut en 1601, à soixante-dix ans.

CAPRARA (Jean-Baptiste), cardinal-prêtre du titre de saint Onuphre, archevêque de Milan, légat *à latere* du saint-siège, et sénateur du royaume d'Italie, né à Bologne en 1733 de François, comte de Montecocolli. Ce fut lui qui sacra roi d'Italie Napoléon, le 28 mai 1805, dans la cathédrale de Milan. Il mourut aveugle et infirme en 1810.

CAPRE, nom donné non pas au fruit ni à la graine du câprier, mais au bouton fructifère que l'on coupe avant l'épanouissement de la fleur. Sa grosseur est alors celle d'un petit pois. La variété de *câpre* la meilleure est la *câpre ronde*, cultivée dans les départements des Bouches-du-Rhône et du Var. Elle est ferme et même dure au toucher, verte, avec un teint rouge purpuré. La cueillette des câpres commence en juin et finit en août. Quand elle est finie, on étend les câpres sur un linge, en plein air, mais à l'ombre. Après cela on les met dans le vinaigre. On s'en sert comme condiment.

CAPRÉE (en italien, *Capri*), île du royaume de Naples dans le golfe de ce nom. Sa superficie est d'environ 3 lieues carrées. Le sol est couvert d'orangers, de myrtes, de grenadiers, etc. Le chef-lieu de l'île est *Capri*, qui a un bon port. L'île de Caprée est célèbre par le séjour et les débauches de Tibère (27-37 après J.-C.); ce fut là qu'il mourut. En 1808, le roi de Naples Joachim Murat fit assiéger l'île de Caprée possédée par les Anglais. Elle fut emportée d'assaut.

CAPRICORNE, dixième signe du zodiaque, qui donne son nom au tropique méridional, et constellation qui renferme vingt-huit étoiles remarquables. Au 21 décembre, quand le soleil entre dans le signe du Capricorne, l'hiver commence pour les peuples septentrionaux; c'est au contraire le premier soleil d'été pour les habitants de l'hémisphère austral.

CAPRICORNE, genre d'insectes coléoptères, famille des longicornes. Ils sont remarquables par la longueur de leurs antennes, et vivent dans le tronc des arbres. L'espèce qui habite le saule est d'un beau vert; elle a une odeur de rose très-prononcée ; ce qui lui a fait donner le nom de *capricorne musqué*.

CAPRIER, genre d'arbustes de la famille des capparidées, contenant environ une trentaine d'espèces, à feuilles alternes et simples, à fleurs grandes, blanches, donnant naissance à une baie sphérique, ou ovale. L'espèce la plus répandue est le *câprier épineux*. Il monte à près de deux mètres. Son fruit est une capsule verte, grosse comme une olive pointue par les deux bouts, qui, cueillie et confite, se mange sous le nom de *cornichon de câpres*.

CAPRIFICATION, procédé anciennement employé dans tout l'Orient pour hâter la maturité des fruits et avoir des figues de primeur dont la chair soit excellente. Ce procédé, restreint aujourd'hui à quelques îles de l'archipel grec, consiste à placer sur un figuier des figues remplies d'une espèce d'insectes, les *cynips*, qui, sortant chargés de poussière fécondante, s'introduisent dans l'intérieur des figues, et en provoquant ainsi la maturité.

CAPRIFOLIACÉES, famille de plantes qui a pour type le *chèvrefeuille*. Elle comprend deux sections, les *caprifoliées* et les *sambucinées*. Les caprifoliacées renferment des arbrisseaux à tiges ligneuses et grimpantes, aux feuilles opposées et réunies par la base.

CAPRIQUE (ACIDE), acide solide qui se trouve dans le savon du beurre de vache, sous forme de petites aiguilles incolores, à la température de 16 degrés au-dessus de zéro. A 18 degrés, il est liquide. La densité est de 0,9103. Il est très-soluble dans l'alcool, et à peine dans l'eau. Son odeur rappelle un peu celle du bouc.

CAPROMYS, genre de mammifères de l'ordre des rongeurs et de la famille des murins. Ce sont des animaux grimpeurs et herbivores. Leurs pieds sont très-robustes. L'espèce la mieux connue est le *capromys de Fournier* de la taille d'un lapin de moyenne grosseur, au pelage grossier, d'un brun noirâtre, lavé de fauve. Ils se tiennent comme les kangurous ; leur voix est un petit cri aigu.

CAPSAIRES, nom que les Grecs et les Romains donnaient à ceux qui prenaient soin des habits dans les bains publics. On appelait encore ainsi des esclaves qui accompagnaient les enfants aux écoles publiques, et qui portaient leurs livres dans un coffret appelé *capsa*.

CAPSULAIRES, nom donné par Richard aux fruits secs et qui s'ouvrent d'eux-mêmes quand leurs graines sont mûres. Tels sont le *follicule*, fruit de la famille des apocynées ; la *gousse* de la famille des légumineuses ; la *silique* et la *silicule*, fruit des crucifères, et la *capsule*.

CAPSULE, enveloppe ou petite boîte qui, dans quelques végétaux, contient les graines et s'ouvre d'elle-même pour être venues au plus haut degré de maturité. Si elle est divisée en une loge, on l'appelle *uniloculaire; biloculaire*, si elle en a deux, etc. Si elle est formée de plusieurs valves ou panneaux, on l'appelle *multivalve*; elle est *bivalve*, si elle n'en a que deux, etc. Si elle s'ouvre par le milieu des loges, elle s'appelle *loculicide* ; si elle s'ouvre vis-à-vis les cloisons dont l'ouverture divise ordinairement en deux lames, elle est dite *septicide* ; elle est *septifrage*, si les cloisons restent en place au moment de la séparation des valves.

CAPSULE, petite boîte cylindrique ouverte d'un côté, qui se place sur la cheminée d'un fusil, de manière à s'y emboîter parfaitement. Au fond de la capsule est l'amorce, composée d'un mélange de poudre fulminante et de poudre ordinaire. Quand on veut tirer le fusil, on redresse le chien, qui, lorsqu'on presse la détente, va frapper un coup sec sur la capsule. L'amorce prend feu et le fusil part.

CAPSULE, vase arrondi, en forme de calotte, dont on se sert en chimie pour faire évaporer un liquide.

CAPSULES (anat.), espèces de sacs dont la fonction est d'envelopper un organe.
— Les *capsules articulaires* sont les ligaments membraneux qui entourent et coiffent, pour ainsi dire, les articulations. — Les *capsules surrénales* ou *atrabilaires* sont deux petits corps placés dans l'abdomen, au-dessus des reins, dont ils embrassent l'extrémité supérieure. Ils sont de couleur brune, jaunâtre, nuancée de rouge. — Les *capsules synoviales* sont des membranes qui ont une grande analogie avec les membranes séreuses, existant dans toutes les articulations, et formant des poches transparentes, sans ouverture.

CAPTAL, titre féodal équivalent dans quelques provinces du midi au titre de comte. Le *captal de Buch*, seigneur du petit pays de Buch dans les Landes, près de la rivière de Lérie, a joué un rôle important dans les guerres civiles de la France au XIVe siècle. Son nom était Jean de Grailly. Le mot de *captal* est remplacé souvent par *capoudat* et *captaut*.

CAPTATOIRE, toute disposition testamentaire provoquée par l'artifice d'un héritier ou légataire. On nomme captation l'emploi de moyens artificiels pour capter un héritage.

CAPTIVITÉ, état de celui qui est retenu par force sous la puissance d'un autre. Les captivités successives du peuple entier des Juifs sont célèbres dans l'histoire sacrée. On en compte huit. La première est celle d'Égypte, qui commença l'an 1574, et finit l'an 1491 avant J.-C.; la seconde commença l'an 1413, et finit l'an 1405 avant J.-C.; la troisième commença en 1343, et finit en 1325 avant J.-C.; la quatrième commença l'an 1305, et finit l'an 1285 avant J.-C.; la cinquième commença l'an 1252, et finit l'an 1245 avant J.-C.; la sixième commença l'an 1205, et finit l'an 1187 avant J.-C.; la septième commença l'an 1156 avant J.-C., et finit la même année ; la dernière, qui fut la grande captivité des Juifs à Babylone, commença l'an 605 avant J.-C., et finit soixante-dix ans après, l'an 536 avant J.-C., époque à laquelle Zorobabel ramena en Judée les Israélites.

CAPUCE ou CAPUCHON, partie du vêtement des moines ou des religieux servant à leur couvrir la tête, et taillée en cône. Autrefois les chanoines mettaient le capuchon de l'aumusse sur la tête. Les bénédictins et les bernardins avaient deux sortes de capuchons, l'un noir et qui se portait journellement, l'autre blanc, qui se portait dans les cérémonies.

CAPUCIATS, nom donné, dans le XIVe siècle, en Angleterre, à des hérétiques, partisans de Wiclef, parce qu'ils ne se découvraient point devant le saint sacrement, et gardaient leur capuce ou chaperon. On les appelait encore *encapuchonnés*.

CAPUCINE, genre de plantes de la famille des géraniées, originaires de l'Amérique méridionale. La *grande capucine* (cresson du Pérou ou du Mexique), plante annuelle, aux fleurs d'un jaune orangé, irrégulières, grimpant le long de la tige d'un arbre ou des murs, et la *petite capucine*, sont cultivées dans les potagers. On en cueille les fleurs pour les salades, les boutons des fleurs à peine formés, et les graines encore vertes, pour les confire au vinaigre et remplacer les câpres.

CAPUCINE, nom donné aux colliers de fer ou de cuivre qui servent à assujettir le canon du fusil sur le bois.

CAPUCINES, religieuses de l'ordre des capucins, appelées aussi *filles de la Passion*. Elles allaient nu-pieds, ne vivaient que d'aumônes, et faisaient maigre toute l'année. Marie-Laurence Longa les institua à Naples en 1538, sous la troisième règle de Saint-François. Elles prirent plus tard la règle de Sainte-Claire.

CAPUCINES (mar.), courbes en fer ou en bois qui s'ajoutent à un vieux bâtiment pour le renforcer.

CAPUCINS (FRÈRES ERMITES OU MINEURS), religieux de l'ordre de Saint-François, ainsi nommés à cause de leur grand capuchon pointu. Ils étaient vêtus de gris, portaient la barbe et allaient nu-pieds. C'était une réforme des cordeliers, entreprise l'an 1525 par Matteo Baschi, religieux observantin du couvent de Monte-Fiascone, dans le duché d'Urbin, en Italie. Henri III les établit à Paris en 1578. La maison où ils étaient devint le chef-lieu de leur ordre en France. Paul V érigea leur congrégation en ordre, et donna le nom de général à leur supérieur. Cet ordre, divisé anciennement en plus de cinquante provinces et trois custodies, contenait environ quinze cents couvents et vingt-cinq mille religieux, sans compter les missions du Brésil, de Congo, de Barbarie, etc.

CAPULE, nom donné, chez les Romains, à une bière ou cercueil pour porter les morts en terre. De là vient qu'on appelait les vieillards *capulares senes*, et les condamnés à mort *capulares rei*, pour exprimer que les uns et les autres étaient près du tombeau.

CAPURIONS, magistrats de police dans

l'ancienne Rome. Auguste les établit au nombre de dix-huit dans les dix-huit quartiers de Rome, pour faire observer le bon ordre et remplir les fonctions de nos *commissaires*.

CAPUTIES, Capuciés ou Capuciati, fanatiques qui parurent vers la fin du XIIe siècle, l'an 1186. Ils prirent pour signe de leur association un capuchon blanc, au bout duquel pendait une petite lame de plomb. Un bûcheron fut l'auteur de cette secte. Il publia que la sainte Vierge lui avait apparu et lui avait donné son image et celle de son Fils, avec cette inscription : *Agneau de Dieu qui ôtez les péchés du monde, donnez-nous la paix*. Il ajoutait que la sainte Vierge lui avait ordonné de porter cette image à l'évêque du Puy, afin qu'il prêchât en faveur de cette secte. Les caputiés furent bientôt dissipés par les troupes que les seigneurs et le clergé leur opposèrent.

CAPYS (myth.), fils d'Assaracus et d'une fille du Simoïs, épousa Thémis et en eut Anchise, père d'Énée. — Capys, Troyen qui suivit Énée en Italie et fonda, dit-on, la ville de Capoue. Il était un de ceux qui voulaient qu'on détruisît le cheval de bois.

CAQUE, petit baril dans lequel on enferme les harengs après les avoir apprêtés et salés. L'ouvrier qui fait ce travail se nomme Caqueur, ou Caqueuse si c'est une femme. L'art d'encaquer les harengs est dû à un Hollandais nommé Buckeldius. C'est de la caque qu'est venu le proverbe : *La caque sent toujours le hareng*, pour dire que, quelque effort que l'on fasse pour cacher un défaut d'habitude, l'habitude l'emporte toujours. — On appelle encore *caque* un tonneau destiné à renfermer de la poudre, ou dans lequel les chandeliers mettent le suif fondu qui doit servir à faire la chandelle moulée.

CAQUENLIT. Voy. Mercuriale.

CAQUETS DE L'ACCOUCHÉE, nom donné à une mode qui, depuis le XIVe siècle, fut très-suivie en France. L'usage était que les femmes se visitassent entre elles pendant leurs couches. On donnait le nom de *caquets de l'accouchée* à ces réunions intimes, et à ces causeries familières. Un livre imprimé en 1622 porte le nom de *Caquets de l'accouchée*. C'est un recueil de pièces satiriques présentant un tableau fidèle des mœurs de la cour et de la ville.

CAQUEUX. Voy. Cagots. On nomme encore ainsi le couteau avec lequel les pêcheurs vident les poissons qui doivent être salés.

CARABE, genre d'insectes coléoptères, de la famille des carnassiers. Ils sont longs de six à quinze lignes, ont la tête allongée, horizontale; les yeux ronds, très-saillants; les élytres ovoïdes, relevées tout autour; les ailes manquent. Ces insectes vivent principalement de chenilles, ainsi que leurs larves.

CARABÉ. Voy. Ambre jaune.

CARABINE, arme à feu, portative et courte. Son intérieur est rayé en hélice. La carabine se charge à balle forcée, et à cet effet elle est munie d'une forte baguette d'acier. Les cannelures de l'intérieur, qui contribuent à l'entretenir dans sa direction primitive, font que la carabine porte plus juste et plus loin qu'un fusil ordinaire. C'est aussi le nom d'un fusil court, dont la cavalerie est armée.

CARABINIER, soldat qui porte une carabine. Les *carabiniers à cheval* font partie de la cavalerie de réserve. Il y en a deux régiments, dont l'uniforme est habit bleu céleste, à boutons blancs, à grenade et à numéro; le casque est en cuivre, avec chenille rouge. La buffleterie est jaune, avec figure blanche. Les épaulettes sont écarlates. Les armes sont la cuirasse en cuivre, le sabre à lame droite et tranchante des deux côtés, le pistolet et la carabine. La taille exigée est de cinq pieds cinq pouces. Les *carabiniers à pied* étaient des hommes d'élite, exercés conformément au genre de l'arme qu'ils portaient, et qui faisaient partie des compagnies de chasseurs des bataillons d'infanterie légère. Ils ont été abolis en France en 1752. — Dans l'infanterie, le mot *carabinier* est synonyme de *grenadier*.

CARABIQUES, tribu d'insectes coléoptères, de la famille des carnassiers, ayant pour caractères, les mâchoires terminées simplement en pointe, la tête ordinairement plus étroite que le corselet, les mandibules pointues à leur extrémité, trois articulations seulement aux palpes labiaux.

CARACAL, espèce de chat, que l'on regarde comme le lynx des anciens. Il est fauve isabelle en dessus, avec les oreilles noires extérieurement. Le caracal habite en Afrique et en Asie. On en connaît plusieurs variétés.

CARACALLA, habit des anciens Gaulois, consistant en un manteau qui s'ouvrait par devant et s'attachait au moyen d'agrafes. Il ne descendait qu'à mi-jambe.

CARACALLA (Marc Aurèle Antonin), né à Lyon, en 188, de l'empereur Septime Sévère, et de Julia Domna. Il porta dans sa jeunesse le nom de *Bassianus*; plus tard il fut surnommé *Caracalla*, à cause de l'habit gaulois de ce nom qu'il aimait à porter. Après la mort de Septime Sévère (211), il partagea l'empire avec son frère Géta. Il le fit poignarder entre les bras de leur mère, et le fit mettre ensuite au rang des dieux. Il se livra à toutes sortes de débauches et d'infamies. Il épousa sa mère, et vécut publiquement avec elle. Ses cruautés le rendirent odieux à ses sujets. Macrin le fit périr l'an 217.

CARACARA, genre d'oiseaux de proie. Ils ont le bec droit à sa base, allongé; les tarses nus, écussonnés; les ongles émoussés, les ailes longues. Ce sont des oiseaux de l'Amérique, dont les mœurs sont celles des vautours. Les caracaras se divisent en trois groupes : les *iribins*, comprenant une espèce unique, le *caracara noir*; les *rancancas*, comprenant le *petit aigle d'Amérique* et le *rancanca à ventre blanc*; les *caracaras* proprement dits, dont la principale espèce est le *caracara du Brésil*.

CARACAS, ancienne capitainerie de l'Amérique espagnole, bornée au N. par la mer des Antilles, à l'E. par l'océan Atlantique, au S. par le Brésil, à l'O. par la Nouvelle-Grenade. Depuis 1810, elle forme sept provinces de la Colombie, savoir : *Cumana, Barcelona, Guyana*, qui ont formé le département de Maturin; *Caracas, Varinas*, qui ont formé la république de Venezuela; *Margarita* et *Maracaybo*, qui ont formé le département de Zulia ou Sulia. La province de Caracas a environ 1,370 lieues carrées de superficie, et sa population est de 350,000 habitants.

CARACAS, capitale de la province de Caracas et de la république de Venezuela (Amérique), autrefois capitale de toute la capitainerie. Sa population est de 50,000 âmes. Son commerce est assez considérable : il se fait par le port de la Guyra, petite ville située à trois lieues de Caracas. Elle est le siège d'un archevêché, d'une cour supérieure de justice, d'une université, etc.

CARACCIOLI (Giovanni), né dans l'Ombrie, inspira une passion violente à Jeanne II, reine de Naples, dont il était secrétaire. Cette princesse le combla de bienfaits, le fit grand connétable du royaume et duc de Melfi. En 1432, cette princesse, emportée ou inconstante, fit assassiner le duc.

CARACCIOLI (Louis-Antoine), né à Paris en 1723, embrassa la profession militaire, et devint colonel au service de la Pologne. Il revint ensuite dans sa patrie, où il ne s'occupa plus que de littérature, et où il mourut en 1803. Ses écrits ont la morale ou l'histoire pour objet. Le plus connu de tous est celui qui a pour titre : *Lettres intéressantes du pape Clément XIV* (Ganganelli). Il a aussi composé les *Vies* de plusieurs personnages célèbres.

CARACCIOLO (François), amiral napolitain, frère du duc de Rocca-Romana. Après avoir obtenu les premiers grades dans la marine napolitaine, Caracciolo alla achever de se former dans la marine anglaise. Il commandait les vaisseaux napolitains qui firent partie de la flotte combinée à laquelle Toulon fut livré en 1793. Le commandement des bâtiments de guerre qui devaient transporter en Sicile le roi Ferdinand IV et sa famille lui fut confié. Il fut ensuite renvoyé à Naples, où il fut nommé ministre de la marine. Il repoussa des côtes une flotte anglo-sicilienne qui voulait y débarquer. Au mépris de la capitulation signée par le cardinal Ruffo, l'Anglais Nelson et le chef des troupes françaises, Caracciolo fut livré à une junte d'enquête, qui, présidée par Speciale, rendit contre lui une sentence de mort. Il fut pendu aux vergues de son vaisseau (1799).

CARACOLE (de Caracol, ce qui est fait en hélice, en spirale. C'est aussi le mouvement en rond ou en demi-rond qu'on fait faire à un cheval. — En histoire naturelle, c'est le nom vulgaire d'un haricot d'Amérique, qu'on cultive comme plante d'ornement, et dont les fleurs sont contournées en spirale.

CARACORA, embarcation des Moluques, longue, étroite, ayant peu de creux, très-relevée aux deux extrémités. Il y a des caracoras de cent quinze pieds de long. Armés en guerre, ils prennent jusqu'à quatre-vingt-dix hommes. — Aux îles de la Sonde, le caracora est un bâtiment ponté, d'une grande longueur et fort léger.

CARACTACUS, prince breton dont le nom gaélique était *Caradog*, fils de Branab-Llyr. Il était roi du peuple appelé par les Romains *Silures*. Le préteur Publius Ostorius marcha contre lui, et le défit. Caractacus se réfugia auprès de Cartismandua, reine des Brigantes, qui le livra aux Romains l'an 52. Caractacus fut conduit à Rome, et amené devant Claude, qui le rétablit dans ses Etats, où il mourut l'an 54.

CARACTÈRE, signe distinctif d'une chose. — En théologie, le *caractère* est une marque spirituelle et ineffaçable, imprimée dans l'âme, qui distingue ceux qui l'ont reçue de ceux qui ne l'ont pas reçue, et qui les rend capables de recevoir ou d'administrer les choses saintes qui regardent le culte de Dieu. En pathologie, il est quelquefois synonyme d'*essence*. — En histoire naturelle, il exprime les traits principaux qui appartiennent à un être ou à un phénomène quelconque, et qui le distinguent de tous les autres.

CARACTÈRES D'IMPRIMERIE, nom donné à de petits parallélipipèdes métalliques dont chacun porte gravée en relief, à une de ses extrémités, une lettre ou quelque autre figure employée dans l'impression des livres. Ces caractères sont formés d'un alliage d'antimoine et de plomb. L'invention des caractères mobiles d'imprimerie est due à Schœffer vers l'an 1460. On a distingué pendant longtemps deux seules espèces de caractères d'imprimerie, le *caractère romain* et le *caractère italique*. Depuis quelques années, on y en a introduit cinq autres : la *bâtarde*, la *coulée*, l'*anglaise*, la *ronde* et la *gothique*. Les chiffres par lesquels on désigne les caractères de diverses grandeurs indiquent le nombre de points ou de sixièmes de ligne qu'a la *force du corps*, c'est-à-dire, la hauteur entière du caractère. Ce sont : 5 ou *parisienne*, 6 ou *nonpareille*, 7 ou *mignonne*, 7 et demi ou *petit-texte*, 8 ou *gaillarde*, 9 ou *petit-romain*, 10 ou *philosophie*, 11 ou *cicéro*, *plilotique*, 12 ou *saint-augustin*, 14 ou *gros-texte*, 16 ou *gros-romain*. Il y en a encore quatre autres qui s'emploient pour les titres et les affiches; ce sont, 1° le *petit-parangon* (double du petit-romain), 2° le *gros parangon* (une philosophie et un petit-romain), 3° le *petit-canon* (double du saint-augustin), 4° le *gros-canon* (double du gros-romain).

**CARACTÉRISTIQUE.** On appelle *caractéristique* d'un logarithme le nombre entier qui entre dans ce logarithme. Par exemple, 2 est la caractéristique de 2,02118930, logarithme de 105.

**CARAFA**, famille célèbre d'Italie, établie à Naples, qui a donné un pape à l'Église, JEAN-PIERRE CARAFA (Paul IV). — ANTONIO CARAFA, créé cardinal en 1568, et mort en 1591, a donné des éditions du texte des Septante et de la Vulgate. — Le prince CHARLES-MARIE CARAFA, ambassadeur d'Espagne à la cour de Rome, prince de la Roccella et de Butero, a composé un ouvrage, *l'Ambassadeur politique chrétien*, dans lequel on trouve la description des cérémonies observées à Rome, Naples, Madrid, Constantinople, etc., pour la réception des ambassadeurs. Il mourut en 1695.

**CARAFA** (Charles), de la maison illustre des Carafa. Il naquit l'an 1561, et prit le parti des armes, qu'il quitta à l'âge de trente-quatre ans pour se consacrer au service de Dieu. Il établit à Naples plusieurs maisons de repenties. Il fonda une congrégation pour les missions, approuvée par le pape Grégoire XV en 1621, sous le nom de *Congrégation des ouvriers pieux*. Carafa mourut en 1633.

**CARAGROUCHI**, petite monnaie d'argent de Turquie, qui vaut environ 3 francs de France.

**CARAÏBES**, tribu indienne habitant autrefois les Antilles. Elle habite maintenant les côtes de la Guyane. Les Caraïbes des Antilles étaient anthropophages, et avaient pour religion le culte des mauvais esprits. Ils marchaient nus, et étaient vifs et guerriers. Leur race a été en partie détruite lors de la conquête de l'Amérique par les Espagnols.

**CARAÏTES**, nom donné à une secte de Juifs qui rejette les traditions rabbiniques et le Talmud, et ne reconnaît pour divins que les livres canoniques de l'Ancien Testament. Le nom de *caraïtes* leur vient de l'hébreu *karaïm*, signifiant *gens attachés au texte de l'Écriture*. La fondation de cette secte remonte, dit-on, à l'an 759. Les caraïtes se sont conservés jusqu'à nos jours dans quelques contrées de l'Orient, de la Russie et de la Pologne.

**CARAMANIDES**, dynastie musulmane commencée par Caraman-Beg, en 1300, dans la Caramanie. Leur capitale était *Konieh*. Le dernier prince fut Pir-Ahmed-Beg, vaincu par Mahomet II, et mort en 1482.

**CARAMANIE**, ancienne province de l'Asie, bornée à l'E. et à l'O. d'où porte son nom et par l'Arie ou Ariane, au S. par le golfe Persique et la mer Érythrée (mer des Indes), à l'E. par la Gédrosie, à l'O. par la Perse. Sa capitale était *Harmosia*, aujourd'hui *Ormuz*. La Caramanie répond au *Kerman*.

**CARAMANIE**, grande contrée de la Turquie asiatique, bornée au N. par l'Anatolie et le pachalik de Sivas, au S. par la Méditerranée, à l'E. par le pachalik de Marach, à l'O. par l'Anatolie. Sa superficie est d'environ 5,650 lieues carrées, et sa population de 2,300,000 habitants. La Caramanie est un pays fertile; elle a beaucoup de vignes, des fruits et des salines considérables. Elle comprend les anciennes provinces de la Lycie, de la Pamphylie, de la Cilicie, de la Cappadoce, et renferme aujourd'hui les pachaliks de *Konieh* avec sept sandjiakats, d'*Adana* avec deux sandjiakats, et d'*Itchil* avec trois sandjiakats, et les sandjiakats de *Marach*, de *Kars* et de *Malatiah* dans le pachalik de *Marach*.

**CARAMBOLIER**, genre de la famille des rhamnées, renfermant des arbres des Indes orientales. Une espèce, le *pommier de Goa*, de douze à quinze pieds de hauteur, produit des fruits jaunâtres, du volume d'un œuf de poule et d'une acidité agréable. Son écorce, pilée avec le riz et le bois de santal, s'emploie en cataplasmes; on ordonne son fruit contre la dyssenterie et les fièvres bilieuses. On en prépare un sirop rafraîchissant. L'*averhoa bilimbi* donne des fruits acides, que l'on confit au sucre, au vinaigre ou au sel, et que l'on mange comme les groseilles, des câpres ou les olives; on en fait un sirop très-employé dans les maladies inflammatoires.

**CARAMEL**, sucre fondu et durci, brûlé; on appelle encore ainsi une pâte faite avec du sucre, de l'huile d'amandes douces, etc.

**CARAMOUSAL**, navire du commerce en Turquie, dont l'arrière est très-élevé. Il porte un grand mât, un beaupré et un petit mât de l'arrière, une grande voile et une petite voile de l'arrière.

**CARANUS**, premier roi de Macédoine, conduisit une colonie grecque d'Argos dans l'Émathie, et jeta les fondements du royaume de Macédoine, l'an 813 avant J.-C. Il régna vingt-huit ans, et eut pour successeur Cænus, qui régna vingt-trois ans; à ce dernier succéda Tyrmas, qui régna quarante-cinq ans. Le successeur de ce dernier fut Perdiccas.

**CARANX**, genre de poissons à corps oblong, à ligne latérale cuirassée de pièces ou de bandes écailleuses, à queue épineuse, parce que la fin de la ligne latérale est armée d'un aiguillon qui lui sert à mettre en déroute ses ennemis. L'espèce type de ce genre est le *saurel* ou *maquereau bâtard*, de couleur argentée, qui se trouve dans l'océan Atlantique et la Méditerranée, et dont la chair est bonne à manger.

**CARAPA**, genre d'arbres de la famille des méliacées, à feuilles alternes, aux fleurs disposées en grappes. Il ne renferme que deux espèces. Les habitants de la Guyane tirent une huile des amandes de la première, et les Européens emploient son tronc pour faire des mâts de navire.

**CARAPACE**, nom donné à l'enveloppe supérieure ou *test* des tortues et des crustacés formant une voûte résistante et le plus souvent osseuse, et sous laquelle ils retirent leur tête, leurs membres et leur queue dans les moments de danger ou dans les temps de repos. Elle est recouverte par une sorte de cuir, et plus communément par l'écaille.

**CARAQUE**, navire portugais, autrefois très-grand, étroit par le haut et rond, mais fort élevé sur l'eau. Les caraques portaient jusqu'à deux mille tonneaux et faisaient le voyage des Indes orientales et du Brésil. Les caraques d'aujourd'hui sont moins grandes, et ont beaucoup de creux. Elles servent à la guerre et au commerce. — C'est aussi une espèce de cacao très-estimé et d'une qualité supérieure.

**CARARA**, poids dont on se sert dans quelques contrées d'Italie, et particulièrement à Livourne, pour la vente des laines. Il pèse 160 livres du pays, ce qui revient à 110 livres 5 onces 3 gros, poids de marc.

**CARASI-OGLI**, dynastie turque établie vers l'an 1327 sur les débris des sultans seldjoucides d'Iconium (Konieh), et détruite par Amurat I<sup>er</sup>, sultan des Turks. Elle occupait la Troade, la Mysie et une partie de la Phrygie.

**CARAT**, poids dont on se sert pour peser l'or et les pierres précieuses. Le diamant du grand Mogol pèse, dit-on, 279 carats; chaque carat est de 4 grains. Le titre de l'or est fixé à 24 carats; mais, quelque soin que l'on prenne, on ne peut jamais le faire aussi à ce point. Quand il y a dans l'or une vingt-quatrième partie d'argent ou de cuivre, son titre est à 23 carats; s'il y en a deux, il est à 22, et c'est celui qu'emploient d'ordinaire les orfèvres.

**CARATI** ou CABIN, monnaie qui vaut la quatre-vingtième partie d'une piastre dans l'Arabie.

**CARATURE**, mélange d'or et d'argent, ou d'or, d'argent et de cuivre, avec lequel on fait les aiguilles d'essai pour l'or.

**CARAUSIUS** reçut de Maximien Hercule, empereur de Rome, le commandement d'une flottille chargée de défendre les côtes de la Gaule Belgique et de l'Armorique. Mais, ayant appris qu'il se ménageait un parti chez les peuples voisins, l'empereur ordonna sa mort. Carausius, averti de cet ordre, passa aussitôt en Angleterre (287), et s'y fit reconnaître empereur. Dioclétien l'associa à la puissance souveraine. Carausius périt assassiné par Allectus, un de ses officiers, l'an 294.

**CARAVAGE** (Michel-Ange AMÉRIGI, dit LE), peintre milanais, né à Caravaggio en 1569. Il avait d'abord porté le mortier aux maçons. Doué d'une âme ardente mais satirique et querelleuse, il appela en duel le Josepin, qui refusa de se battre parce que Caravage n'était pas chevalier. Celui-ci alla à Malte se faire recevoir chevalier servant. En revenant, emprisonné pour un autre et dénué de tout, il mourut (1609). Ses chefs-d'œuvre sont *le Christ au tombeau*, *la Mort de la Vierge*, *une jeune Bohémienne*, *saint Jean-Baptiste*, *une sainte Famille*, *Tobie*, *David vainqueur de Goliath*.

**CARAVAGE** (Polydore CALDARA, dit LE), peintre lombard, disciple de Raphaël, naquit dans le Milanais en 1495. Il travailla à la décoration du Vatican, composa et grava une suite de frises et de vases très-estimés. Il mourut en 1543. Son plus beau tableau est celui de *saint Paul*.

**CARAVANE**, réunion plus ou moins nombreuse de marchands, de voyageurs et de pèlerins, qui vont de compagnie, avec ou sans escorte, pour traverser les déserts de l'Afrique et de l'Arabie. Dans le nord de la Perse, dans l'Inde et dans quelques autres contrées de l'Orient, on leur donne le nom de *kafilah*. Le conducteur de caravane, dont les fonctions n'ont rien que d'honorable, porte le titre de *tchehar-wadar* (propriétaire ou guide de quadrupèdes). Les caravanes vont à petites journées. La plus célèbre est la caravane sacrée des pèlerins musulmans qui se rendent à la Mecque.

**CARAVANSÉRAIL**, et mieux CARAVAN-SÉRAI (palais de caravane), nom donné aux vastes hôtelleries des pays orientaux, où descendent les caravanes, les voyageurs et les marchands. Elles sont ordinairement construites en pierres de taille, et quelquefois en marbre. Tout autour règne une banquette de deux ou trois pieds de haut, sur laquelle chacun étend son tapis pour dormir. Deux gardiens veillent nuit et jour contre les incendies et les voleurs.

**CARAVANSÉRASKIER**, intendant ou gardien d'un caravansérail.

**CARAVELLE**, nom que les Turks donnent aux grands navires, et les Portugais à de petits bâtiments gréés en voiles latines, qui naviguent bien. — On nomme aussi *caravelles*, sur les côtes de France, les bâtiments qui vont à la pêche du hareng sur les bancs. Ils ont ordinairement de vingt-cinq à trente tonneaux.

**CARBEQUI**, monnaie de cuivre de Teflis en Géorgie, valant une demi-chaouri, c'est-à-dire, 10 centimes 25 millièmes de notre monnaie.

**CARBET**, nom donné dans les colonies à une case ou maison commune. Ce nom vient de ce que les Caraïbes avaient autrefois des huttes pointues dans lesquelles se rassemblait le grand conseil de la nation, et qu'on appelait *carbet*. On a donné encore ce nom à une sorte de toiture pour servir d'abri, dans une anse ou une crique, aux embarcations contre le soleil et la pluie.

**CARBET** (LE), bourg de la Martinique (colonie française en Amérique). Il consiste dans la réunion de quelques cases autour d'une église et d'un presbytère. Il est situé sur la petite rivière du Carbet. Le quartier est malsain. C'est là qu'a eu lieu le premier établissement des Français à la Martinique. — On nomme *pitons du Carbet* un groupe de trois monts élevés qui se trouvent, dans cette île, à peu de distance du bourg du Carbet. Leur hauteur culminante est de 1,765 mètres.

**CARBON**, orateur romain célèbre, qui se tua pour n'avoir pu corriger les mœurs licencieuses de ses compatriotes. Il eut deux fils. L'aîné suivit, comme son père, la carrière du barreau, et fut tué par les soldats, dans le temps des guerres civiles, en voulant rétablir l'ancienne discipline. — Cnéius Carbon, le second, embrassa le parti de Marius, et eut une grande autorité dans Rome, où il remplaça Cinna dans le commandement. Etant en Sicile pendant son troisième consulat, il y fut assassiné par ordre de Pompée.

CARBONARI (mot italien qui signifie *charbonniers*), société politique et secrète, dont l'origine date de l'époque de la dissolution des républiques italiennes, et dont le but général était le rétablissement de la liberté et du gouvernement républicain. Elle prit son nom d'une vieille association maçonnique répandue en France, et connue sous le nom de *charbonniers*. Les carbonari d'Italie furent détruits en 1819, peu de temps après leur naissance. Quant aux carbonari de France, ou *charbonniers*, affiliés aux associations italiennes, ils en avaient adopté les statuts et les règlements. Ils se divisaient en cercles ou *ventes* de quatre classes : les ventes particulières, les ventes centrales, les hautes ventes et la vente suprême. Les premières étaient composées chacune de vingt associés. Les députés de vingt ventes particulières formaient une vente centrale ; chaque vente centrale avait un député qui seul communiquait avec la haute vente, et celle-ci avait son délégué près la vente suprême. Les statuts prescrivaient des peines contre l'indiscrétion, même involontaire, et la mort contre la trahison et le parjure. La cotisation mensuelle était d'un franc. Chaque carbonaro devait être pourvu d'un fusil de munition avec sa baïonnette et de vingt-cinq cartouches.

CARBONATE, genre de minéraux de la famille des carbonides, comprenant des corps plus ou moins solides, solubles dans les acides avec effervescence et dégagement d'acide carbonique.

CARBONATES, nom générique des sels neutres, résultat de la combinaison de l'acide carbonique avec les bases salifiables. Ils prennent le nom de *sous-carbonates* lorsqu'ils se présentent avec excès de base. On connaît le sous-carbonate d'ammoniaque (*alcali volatil*), le sous-carbonate de chaux (*craie, marbre, pierre calcaire*), le sous-carbonate de cuivre (*malachite*), le sous-carbonate de fer (*craie martiale, fer aéré*), le sous-carbonate de magnésie (*magnésie blanche*), le sous-carbonate de plomb (*céruse, plomb spathique*), le sous-carbonate de potasse (*potasse du commerce, sel de tartre*).

CARBONE, un des douze corps simples non métalliques, très-dur, toujours solide, inodore, insipide, insoluble. Il entre dans la composition de toutes les matières végétales et animales, et se combine avec l'oxygène pour former l'acide carbonique. Privé du contact de l'air et de l'oxygène, il n'éprouve aucune action de la chaleur, raye l'acier et le verre, réfracte la lumière avec le plus vif éclat. Dans son état de pureté, il constitue le *diamant*.

CARBONE (minéral.). Ce genre se compose de l'espèce appelée diamant, et d'autres substances qui s'y réunissent comme appendices, telles que le *graphite*, l'*anthracite*, la *houille*, la *tourbe*, le *lignite*, le *stippite*, la *terre de Cologne*, et même le *terreau*.

CARBONIDES, famille de minéraux comprenant les genres *carbone*, *carbonate*, *carbonite* ou *oxalate*, *mellate*, *urate*, *carbure* et *carbonoxyde*. Ce dernier se compose d'une seule espèce, l'*acide carbonique*.

CARBONIEN (Edit), décret porté sous la république, à Rome, adopté ensuite sous les empereurs, portait que, si l'on disputait à un jeune homme impubère les qualités de fils et d'héritier tout à la fois, la question d'état se jugerait avant sa puberté, et la question d'hérédité sur-le-champ.

CARBONIQUE (Acide), appelé aussi *acide aérien, acide méphitique, acide crayeux, air fixe*. Acide formé sur 100 parties de 27,376 de carbone et de 72,624 d'oxygène. Sa densité est de 1,5248. Il est gazeux, incolore, élastique, transparent, doué d'une saveur aigrelette et d'une odeur piquante. Il éteint les corps enflammés et asphyxie les animaux. C'est principalement dans les cavernes des puits volcaniques, au fond de certains puits et dans l'intérieur des mines, qu'il existe à l'état libre. L'acide carbonique en dissolution dans l'eau constitue les sources acidules gazeuses. C'est ce qui donne le moyen de faire des eaux minérales gazeuses factices. On l'emploie en médecine comme rafraîchissant, antiseptique et diurétique. On l'obtient en décomposant le sous-carbonate de chaux par l'acide hydrochlorique ou sulfurique affaibli.

CARBONISATION, opération par laquelle on sépare du carbone plusieurs substances auxquelles il est uni dans divers charbons minéraux, et dans les matières animales ou végétales des corps organisés. Cette opération se fait en soumettant ces diverses substances à l'action de la chaleur; les gaz se dégagent; ceux qui sont fixes et indécomposables par la chaleur restent mêlés au charbon que l'on obtient. En carbonisant la houille, on est parvenu à utiliser pour l'éclairage le gaz hydrogène carboné, et le résidu charbonneux qu'on obtient est le *coke* ou charbon de terre épuré.

CARBURES, combinaison des métaux avec le carbone. Le *per-carbure de fer* constitue la *plombagine*, et le *proto-carbure de fer* est l'*acier*. Le *carbure de soufre* est un liquide incolore, d'une odeur vive et pénétrante et d'une saveur caustique. Il est connu sous le nom de *liquide de Lampadius*.

CARCAISE. Voy. Carquaise.

CARCAJON ou Carcajou, nom vulgaire du *blaireau* et du *couguar*.

CARCAN, collier de fer adapté à un poteau, et servant à fixer le criminel condamné à l'exposition. Le supplice du carcan était connu des Romains. Sur la poitrine et le dos du patient étaient fixés deux écriteaux mentionnant son nom et son crime. La peine du carcan, autrefois appliquée dans notre législation à celui qui fait des sceaux, timbres et marques du gouvernement, un usage auquel ils n'étaient pas destinés; à tout fonctionnaire prévaricateur, etc., a été supprimée en 1832, et remplacée par la dégradation civique.

CARCASSONNE, sur l'Aude, chef-lieu de préfecture du département de l'Aude, à 192 lieues de Paris. Sa population est de 17,394 habitants. Elle a un évêché suffragant de l'archevêché de Toulouse, des tribunaux de première instance et de commerce, un collége, une bibliothèque publique de 6,000 volumes, une société royale d'agriculture. Sous la domination romaine, elle avait le titre de ville de la province romaine. Les Visigoths s'en emparèrent, et après eux les Sarrasins. Elle fut soumise aux rois de France par Pepin le Bref. Elle faisait partie du royaume d'Aquitaine sous Louis le Débonnaire, qui y établit un comte. Raimond-Trencavel II, mort en 1263, fut le dernier. Carcassonne fut pris en 1209 par Simon de Montfort, pour avoir embrassé la cause des vaudois. Carcassonne, depuis cette époque, a toujours fait partie du domaine des rois de France.

CARCÈRES (du latin *carcer*, prison, ou *coercere*, retenir), sortes de loges qui servaient, chez les anciens, à enfermer les chars, les chevaux et les bêtes féroces destinés au cirque. Ils étaient sur le côté du cirque, où il n'y avait pas de loges pour les spectateurs. Chaque carcère était voûté et assez spacieux. C'était de la carcère que s'élançaient dans la carrière les chars et les chevaux.

CARCÉRULAIRES, nom donné aux fruits simples à péricarpe sec et indéhiscent. Telle est la *carcérule*, laquelle est arrondie dans le grenadier, réniforme dans l'anacarde, etc.

CARCINODES, ce qui ressemble aux cancres.

CARCINOMATEUX, ce qui a rapport au carcinome.

CARCINOME, ce qui ressemble au cancre. C'est aussi le nom d'une tumeur indolente, différente du cancer. Certains auteurs attachent à ces deux mots un sens exactement semblable; d'autres s'en servent pour désigner le cancer commençant ou le cancer dans lequel le tissu affecté prend l'aspect de la substance cérébrale.

CARCINUS, poëte tragique grec d'Agrigente, vivant dans le ve siècle avant notre ère. Il avait fait un poëme *sur l'Enlèvement de Proserpine*. Il ne nous reste de lui que des fragments. — Citoyen de Rhégium, qui fut père d'Agathocle, et qui l'exposa à cause d'un songe qu'il avait eu pendant la grossesse de sa femme. — Général athénien qui, sous le gouvernement de Périclès, ravagea le Péloponèse.

CARDAMINE, genre de plantes de la famille des crucifères et de la tribu des arabidées. La plupart sont des plantes herbacées, à fleurs bleues ou roses, à feuilles de forme très-variée. La plus intéressante est la *cardamine des prés* ou *cresson élégant*, qui passe pour antiscorbutique, et qu'on mange en salade.

CARDAMOME, nom donné par les Grecs au *cresson alénois*. Voy. Cresson et Alénois.

CARDAN (Jérôme), philosophe italien né à Pavie en 1501. Après avoir exercé la médecine à Padoue, à Milan, à Pavie, à Bologne, il fut à Rome, où il obtint une pension du pape, et où il se laissa mourir de faim en 1576, pour accomplir un horoscope qui avait dit qu'il ne vivrait pas au delà de soixante-quinze ans. Ses *œuvres* sont un amas de folies, de connaissances et d'absurdités. Les principaux de ses ouvrages sont le traité *de Subtilitate* (sur la *subtilité*), et celui *de Rerum varietate* (sur la *variété des choses*).

CARDE, instrument qui sert à séparer les brins de laine, de coton, ou de toute autre substance analogue, pour les disposer à la filature. Les cardes sont formées d'une bande de cuir percée d'une infinité de trous, dans lesquels on enfile des petits bouts de fil de fer qu'on nomme *dents*. Chaque fil de fer porte deux dents. Le cuir est ensuite appliqué sur une planche ou sur un cylindre de bois; la réunion de ces pièces forme une carde. Pour carder, on fait usage de deux cardes, dont une est tenue fixe, soit sur le genou, avec la main, soit sur un banc; on passe l'autre, chargée de laine, par-dessus, en tirant à soi.

CARDES CYLINDRIQUES, sortes de cardes consistant en deux rouleaux recouverts de bandes de cuir hérissées de petites dents de fil de fer, tournant en sens contraire, l'un doucement, l'autre plus vite. C'est sur celui qui tourne doucement que l'on met la laine.

CARDENAS (Barthélemy de), peintre espagnol, né en 1547, mort à Valladolid en 1606. La plupart de ses ouvrages sont peints à l'huile. Ses principaux ouvrages sont *la partie principale du cloître de Notre-Dame d'Atocha*, des *dominicains de Madrid*, *les peintures du cloître du couvent de Saint-Paul*, la fameuse *Gloire de quarante pieds carrés*, une *Cène*, et plusieurs autres morceaux très-estimés à Valladolid.

CARDÈRE, genre de la famille des dipsacées, renfermant de grandes herbes ayant le port des chardons, à tiges anguleuses et hérissées d'épines, à feuilles opposées, à fleurs réunies en tête surmontée d'un involucre, et dont on connaît quatre espèces bisannuelles qui croissent naturellement en France. Une des plus communes est la *cardère sauvage*, aux fleurs d'un bleu rougeâtre, et dont les têtes à l'état sec servent à carder les laines.

CARDES, nom donné aux côtes des feuilles du *cardon* et de la *poirée*, dont on fait des plats fort estimés après les avoir blanchies. Voy. Bette et Cardon.

**CARDEUR.** Voy. Carde.

**CARDIA**, orifice supérieur ou œsophagien de l'estomac. Voy. ce mot.

**CARDIACÉES**, famille de mollusques établie par Cuvier pour les animaux qui ont le manteau ouvert en avant, avec deux ouvertures séparées, l'une pour les excréments, l'autre pour la respiration. Cette famille a été élevée au rang d'ordre, renfermant les sept familles des *camaris*, des *bucardes*, des *cyclades*, des *nymphacées*, des *vénus*, des *lithophages* et des *mactres*.

**CARDIAGRAPHIE**, partie de l'anatomie qui donne la description du cœur.

**CARDIAIRE**, ce qui est relatif au cœur.

**CARDIALGIE**, douleur de l'estomac. Elle est presque toujours symptomatique de quelque autre affection, telle que l'inflammation, l'embarras gastrique, l'altération du tissu de l'estomac, l'introduction de substances vénimeuses, etc. Elle est caractérisée par une douleur continue ou intermittente, le plus souvent exacerbante, plus ou moins vive, occupant la partie moyenne de l'épigastre. Le traitement consiste dans l'emploi des adoucissants et des antispasmodiques à l'intérieur et à l'extérieur.

**CARDIAQUE**, nom donné à ce qui appartient au cœur ou au cardia (région supérieure de l'estomac). Il y a deux *artères cardiaques* ou *coronaires*, qui naissent de l'aorte immédiatement au-dessus des valvules sigmoïdes. Il y a de chaque côté ordinairement trois nerfs cardiaques. — Pour les médicaments cardiaques, voy. Cordiaux.

**CARDIER**, ouvrier qui fabrique des cardes. Cette fabrication consiste en deux opérations principales, qui s'exécutent aujourd'hui au moyen de machines : la confection des dents et la préparation des bandes de cuir criblées de trous.

**CARDIFF**, ville d'Angleterre, chef-lieu du comté de Glamorgan, à 56 lieues de Londres, sur la Taaffe. Elle fait un commerce considérable avec Bristol. Sa population est de 2,500 habitants.

**CARDIGAN**, comté d'Angleterre dans la principauté de Galles, borné au N. par celui de Mérioneth, au S. par ceux de Pembroke et de Caërmarthen, à l'O. par la mer d'Irlande, à l'E. par ceux de Montgomery et de Brecknock. Sa superficie est de 90 lieues carrées, et sa population de 51,000 habitants. Le comté est divisé en cinq *hundreds* ou centuries. La capitale est CARDIGAN.

**CARDIGAN**, petite ville bâtie près du canal de Saint-Georges, à 75 lieues de Londres, sur la rivière d'Ygby, où l'on pêche les meilleurs saumons de l'Angleterre. Sa population est de 4,000 âmes. Elle fait un bon commerce avec l'Irlande. La baie de Cardigan est un grand golfe fort avancé dans les terres. Sa largeur est d'environ 30 lieues.

**CARDINAL**, dignité ecclésiastique la plus élevée après la papauté. Les cardinaux ont seuls le droit d'élire le pape et d'être élus papes. Ils ne sont point compris dans les lois pénales, à moins qu'ils n'y soient nommément cités. Le pape peut seul procéder contre eux qu'en trois cas, l'hérésie, le schisme et le crime de lèse-majesté. Leur nombre a varié souvent. Une bulle de Sixte V, datée de 1586, l'a porté à soixante-dix. L'âge exigé pour le cardinalat est vingt-cinq ans. Le costume se compose du chapeau de couleur rouge, de forme plate, aux grands bords, d'où pendent de longs cordons de soie rouge, de la barette, espèce de bonnet rouge, de la mitre, de la soutane, du rochet, du mantelet, de la mozette et de la chape papale sur le rochet dans les grandes cérémonies. Les cardinaux ont droit de porter la pourpre et un manteau royal de six aunes de queue. Leur vêtement est rouge, rose sèche ou violet, selon la différence des temps. — C'est le pape qui fait la promotion des cardinaux.

**CARDINAL**. On a donné vulgairement ce nom à plusieurs oiseaux. Le *cardinal d'Amérique* est le *tangara rouge* du Cap; le *cardinal du Cap* est une espèce de *gros-bec*; le *cardinal du Canada*, du *Mexique* et à *collier*, le *tangara rouge*; le *cardinal carlsonien* est une espèce de *bouvreuil*; le *cardinal commandeur* est le *troupiale*; le *cardinal dominicain huppé* et le *cardinal huppé* sont deux espèces de *gros-bec*; le *cardinal noir ou rouge huppé* est le *siserin malimbe*. Le nom de *cardinal* sert encore à désigner un poisson du genre *spare*, un mollusque du genre *cône*, un papillon du genre *argynne* et un insecte du genre *pyrochroa*.

**CARDINAL** (Pierre), troubadour du XIVe siècle, né au Puy en Velay. Il fut élevé pour entrer dans les ordres, et abandonna cette profession pour celle de troubadour. Il composa peu de chansons, mais il excella, dit-on, dans les *sirventes*. On a de lui cinquante-huit pièces, dont vingt-sept *tensons*. Il mourut en 1306, presque centenaire.

**CARDINALES** (Vertus), nom donné par les théologiens à la prudence, la justice, la force et la tempérance, parce qu'on a rapporté à ces quatre chefs tous les actes de vertu.

**CARDINALES**, nom donné aux dents des coquilles de mollusques acéphales, qui se trouvent placées immédiatement sous les sommets, et qui sont d'ordinaire les plus importantes. On dit encore le *bord cardinal*, la *lame cardinale*, pour indiquer la partie ou le bord de la coquille qui porte la charnière.

**CARDINAUX** (Points), nom donné aux quatre points les plus diamétralement opposés de l'horizon, le nord et le sud, l'est et l'ouest. Les deux premiers sont les deux extrémités de la ligne méridienne, les deux autres sont les deux extrémités d'une ligne perpendiculaire à la méridienne.

**CARDITE**, genre de mollusques acéphales. L'animal a le manteau ouvert dans toute sa moitié inférieure et en avant; il porte en arrière un orifice particulier pour l'anus et un tube pour la respiration. La coquille est très-épaisse, solide, équivalve, à sommets recourbés en avant, à charnière munie de deux dents inégales.

**CARDON**, plante du genre artichaut, bisannuelle, originaire des côtes de Barbarie. On en possède trois : le *cardon de Tours*, armé de toutes parts d'aiguillons pointus, à côte légèrement concave, un peu rougeâtre ; le *cardon d'Espagne* ; le *cardon plein*. Outre la côte des cardons, on mange encore la fleur, connue sous le nom de *chardonnette*, a la vertu de faire cailler le lait.

**CARDONNE** (Dionis-Dominique de), secrétaire-interprète pour la langue arabe et garde des manuscrits orientaux de la bibliothèque du roi, devint professeur de langues turque et persane au collège de France. Il mourut en 1783, après avoir laissé une *Histoire de l'Afrique et de l'Espagne sous la domination des Arabes*, une traduction des *Fables indiennes* de Bidpay et des *Mélanges de littérature orientale*.

**CARDUACÉES**, une des trois grandes tribus de la famille des composées, correspondant à peu près aux *flosculeuses* de Tournefort et aux *cinarocéphales* de Jussieu. On les a divisées en deux sections, selon le point d'attache de la graine par sa base (*carduacées vraies*) ou par son côté (*centaurées*). Elles renferment les genres *artichaut*, *centaurée*, etc.

**CARELET**, espèce de poisson du genre plic.

**CARÊME**. On appelle ainsi l'espace des jours de jeûne qui précèdent la fête de Pâques. On attribue l'institution du carême aux apôtres; mais ce ne fut que vers le IXe siècle qu'on commença à jeûner quarante jours précis en commémoration du jeûne de Jésus-Christ dans le désert. Les Grecs commencent l'abstinence après le dimanche de la Sexagésime, et le lundi d'après la Quinquagésime ils commencent le carême. Ils avaient, outre le carême de Pâques, celui des Apôtres, celui de l'Assomption, de Noël et de la Transfiguration. La manière la plus universelle de jeûner en carême autrefois était de s'abstenir de chair et de vin, et de ne manger qu'une fois par jour après vêpres, que l'on disait à six heures du soir. On nomme *carême-prenant* les trois jours gras qui précèdent le mercredi des Cendres.

**CARENCE**, terme qui vient du mot latin *carere*, et qui signifie manquement de quelque chose. Ainsi un *acte de carence* est un procès-verbal qui se fait pour constater qu'un défunt n'a rien laissé dans sa succession ou a laissé très-peu de chose.

**CARÈNE**. On entend par ce mot tous les fonds extérieurs d'un bâtiment, c'est-à-dire, la partie qui est submergée lorsqu'il est chargé. Les qualités d'un bâtiment de mer dépendent de la forme de sa carène. — On appelle *carénage* l'opération qui consiste à réparer la carène d'un bâtiment. Pour caréner, on chauffe la carène, on la nettoie, on la calfate, et, après avoir changé des bordages, on la double en bois ou en cuivre.

**CARÈNE**, nom spécialement attribué, en botanique, aux deux pétales inférieurs des fleurs papilionacées, parce que, rapprochés et souvent même soudés par leur bord, ils offrent quelque ressemblance avec la carène d'un vaisseau. — On appelle pour cette raison *caréné* ce qui, offrant une crête longitudinale, est semblable à la carène d'un vaisseau. Telles sont les glumes de plusieurs graminées, les valves de la cosse du pois, etc.

**CARENTAN**, sur la rive gauche de la Taute, chef-lieu de canton du département de la Manche, à 7 lieues de Saint-Lô. Population, 2,800 habitants. Cette ville, située dans un pays marécageux, est comprise parmi nos places de guerre, sans doute à cause de sa position, car elle n'est défendue que par d'anciennes fortifications demi-ruinées. La Taute forme dans la ville un petit port, où de grosses barques peuvent remonter avec la marée.

**CARET**, nom donné à une espèce de chélonée ou tortue de mer, à museau allongé, aux lames cornées, au disque composé de treize plaques à bords entiers, au plastron composé de douze plaques; le caret est d'une teinte brune, plus ou moins foncée, marbré de taches irrégulières, rougeâtres. Ce sont les plaques du disque de cette tortue qui fournissent la substance si recherchée, connue dans le commerce sous le nom d'*écaille*.

**CARET** (Fil de), nom donné, en marine, au fil fait avec des fibres du chanvre, qui sert à fabriquer tous les cordages employés dans la marine. En tirant le fil de caret du dévidoir sur lequel il a été roulé, on le passe vivement dans du goudron bien chaud, et il est immédiatement roulé sur un nouveau dévidoir, où se fil est réservé jusqu'à sa confection en cordage.

**CARETTE**, cadre de deux pieds et demi de long sur un pied et demi de large, qui fait partie du métier à fabriquer les étoffes de soie.

**CAREW** (Georges), né dans le Devonshire (Angleterre) en 1557. Il embrassa la profession des armes. Jacques Ier le fit gouverneur de Guernesey, ensuite *master-general* de la marine et conseiller privé. Il mourut en 1629. On a de lui une *Histoire des guerres d'Irlande*.

**CAREW** (Georges), élève du collège d'Oxford, secrétaire du chancelier Halton, fut envoyé ambassadeur en Pologne. Il fut un des commissaires pour le traité d'union de l'Ecosse avec les deux royaumes. Il mourut en 1613.

**CAREW** (Alexandre), député du comté de Cornouailles au parlement de 1640. Il fut nommé gouverneur de l'île et du fort de Saint-Nicolas à Plymouth pour le parlement. Comme il penchait pour le parti de la cour, il fut arrêté, jugé par une cour martiale et décapité en 1644.

**CARGADORS**, mot espagnol sous lequel on connaît à Amsterdam, les courtiers chargés de chercher du fret pour les navires en chargement, ou d'avertir les marchands qui ont des marchandises à voiturer par mer, ou des vaisseaux prêts à partir, et pour quels lieux ils sont destinés.

CARGAISON, réunion de toutes les marchandises que peut embarquer un bâtiment de commerce, celles qui forment sa principale charge. Ceux de l'État ne reçoivent pas de cargaison, mais seulement leurs munitions de guerre et de bouche prises à bord après le lest.

CARGUE, terme de marine employé pour désigner toute espèce de cordage destiné à replier les voiles contre les vergues, ce qui s'appelle *carguer*. Les *cargues-points* sont amarrées aux deux points ou angles du bas de la voile ; les *cargues-boulines* sont amarrées au milieu des côtés de la voile ; les *cargues-fonds* sont amarrées au milieu du bas de la voile. On appelle encore les premières *tailles-points*, les secondes *contre-fanons*, et les troisièmes *tailles de fond*.

CARIACOU, boisson fermentée, composée de sirop de canne, de cassave et de patates. On en fait usage à Cayenne.

CARIAMA ou MICRODACTYLUS, genre d'oiseaux de l'ordre des gallinacés. Le *cariama de marcgrave* habite l'Amérique septentrionale, et sa longueur totale est de trente à trente-deux pouces; ses tarses, qui sont de sept à huit pouces, sont de couleur jaune; une huppe de plumes surmonte son front, le plumage est d'un grisâtre roux, ses ailes sont courtes, sa queue longue et arrondie.

CARIATIDE. Voy. CARYATIDES.

CARIBERT ou CHEREBERT, l'aîné des fils de Clotaire I<sup>er</sup>, eut en partage, à la mort de son père, en 561, les provinces dont Paris fut le chef-lieu, et mourut en 567. Il répudia sa femme Ingeberge pour épouser Mirofléde, fille d'un ouvrier en laine, qu'il répudia ensuite. Comme il ne laissa que des filles, son royaume fut partagé entre ses frères. Il était roi d'Aquitaine. — Il ne faut pas le confondre avec Caribert II, frère de Dagobert I<sup>er</sup>, et aussi roi d'Aquitaine, mort en 631. Dagobert, aussitôt après sa mort, fit égorger son fils en bas âge, Chilpéric. On prétend qu'il avait encore deux fils, Boggis et Bertrand, qui, sauvés par leur aïeul maternel, Amand, duc des Gascons, recouvrèrent plus tard l'héritage de leur père, et furent les premiers ducs d'Aquitaine.

CARICA, nom vulgaire du *figuier*, de l'*euphorbe* et du *papayer*.

CARIE, province de l'Asie-Mineure, bornée au N. par le Méandre ou Madre, qui la séparait de la Lydie, au S. et à l'O. par la mer, à l'E. par la Lycie. Sa capitale était Halicarnasse (aujourd'hui Boudroun). On nomma d'abord la Carie Phénicie, parce qu'une colonie de Phéniciens s'y établit. Elle reçut ensuite le nom de Carie de son premier roi Car, petit-fils de Manès. Une colonie de Doriens s'établit dans le pays appelé de leur nom Doride. Soumis par Crésus, roi de Lydie, les Cariens passèrent sous le joug des monarques persans, qui érigèrent la Carie en royaume gouverné par des tyrans. La Carie subit ensuite le joug des Romains. Elle fournissait un grand nombre d'esclaves. De là vient qu'on appela souvent à Rome les esclaves *Cariens*. Aujourd'hui elle est connue sous le nom d'*Aïdin-Ili*, et forme une partie du sandjiakat d'*Aïdin* et celui de *Mentechê*.

CARIE, ulcération des os. Elle est ordinairement précédée d'une douleur locale plus ou moins vive. L'os se gonfle, s'ulcère et donne lieu à une suppuration plus ou moins abondante, qui a son siège dans les parties organisées de l'os. La carie attaque spécialement la partie spongieuse des os. Ses causes sont les vices scorbutiques ou scrofuleux et les contusions sur l'os. Souvent l'amputation de l'os carié est le seul remède. — On a étendu ce nom à certaines maladies des arbres, qui pénètrent jusque dans leur tronc. La carie du froment est attribuée à un végétal particulier de la famille des mousses.

CARIEUX, ce qui a rapport, ce qui appartient à la carie

CARIGNAN, sur le Chiers, chef-lieu de canton du département des Ardennes, à 5 lieues de Sedan. Population, 1,500 habitants. Cette petite ville est située sur la frontière de l'ancienne principauté de Sédan. Elle se nommait anciennement *Ivoi*, et faisait partie du Luxembourg français. Henri II la prit en 1552, et la rendit cinq ans après. Le maréchal de Châtillon s'en empara en 1662. Louis XIV donna Ivoi et ses dépendances au comte de Soissons de la maison de Savoie, et l'érigea en duché-pairie sous le nom de Carignan. Ce duché passa de la maison des comtes de Soissons dans celle des Penthièvre, qui l'acheta en 1751.

CARIGNAN, petite ville des Etats sardes, dans la province et à 3 lieues de Turin. Elle a titre de principauté, et a donné son nom à une branche de la maison régnante de Sardaigne, les princes de Savoie-Carignan.

CARILLON, collection de cloches accordées de manière à former une échelle chromatique d'environ deux octaves et demie, ou même trois (on les accorde en limant les bords des timbres ou en les amincissant sur le tour). Ces cloches sont suspendues dans un clocher et sont mises en vibration au moyen de ressorts mus par un double clavier; l'un élevé, et qui sert à jouer les notes intermédiaires en frappant les touches avec les poings, et l'autre plus bas, qui sert pour les notes graves, et se joue avec les pieds. Il y a aussi des carillons placés dans les horloges qui font entendre un air; ils se composent de cordes métalliques mises en vibration par des marteaux qui les frappent. Ces marteaux sont mus au moyen de pointes fixées à une roue, comme dans la vielle et les orgues de Barbarie.

CARILLON (bot.). Voy. CAMPANULE.

CARILLON ÉLECTRIQUE, petit carillon composé de trois timbres suspendus à une tige de métal, celui du milieu par une soie, et les deux autres par une chaîne métallique. Deux petites boules de métal sont suspendues par des soies entre le timbre du milieu et les timbres extrêmes. Si on veut communiquer la tige de métal avec le conducteur d'une machine électrique en action, les deux timbres s'électrisent, et alors les deux boules sont alternativement attirées et repoussées par les deux timbres électrisés et celui du milieu, qui ne l'est pas : ce qui occasionne un petit carillon qui dure tant qu'il y a de l'électricité.

CARIN (Marcus Aurelius CARINUS), fils aîné de l'empereur Carus, naquit l'an 249, fut déclaré césar par son père en 282, et auguste en 283. Il reçut le commandement des Gaules et du Nord, tandis que Carus allait en Orient combattre les Perses. A la mort de son père, il fut reconnu empereur avec son frère Numérien (284). Il combattit et tua dans une bataille, près de Vérone, Julien, qui avait pris le titre d'empereur. Il marcha ensuite contre Dioclétien, qu'il défit dans plusieurs combats. Il fut assassiné l'an 285.

CARINAIRE, genre de mollusques à coquille univalve très-mince, en cône, aplatie sur les côtés; à sommet en spirale involutée et très-petite; à dos garni d'une carène dentée; à ouverture ovale, oblongue, rétrécie vers l'angle de la carène. Il appartient à la classe des gastéropodes et à l'ordre des nucléobranches.

CARINES. On désigne par ce nom les femmes dont la profession était, chez les anciens, de pleurer les morts dans les cérémonies des funérailles. Ce nom leur faisait venir de Carie, et c'était ce qui leur faisait donner le nom de *carines*.

CARINTHIE, province de l'empire d'Autriche, bornée au N. par l'archiduché d'Autriche, au S. par la Carniole et le Frioul, à l'O. par le Tyrol, et à l'E. par la Styrie. Sa superficie est de 170 lieues carrées, et sa population de 300,000 habitants. Sa capitale est *Klagenfurth*. On y fabrique des ouvrages d'acier dit *brescia*. Elle était autrefois divisée en haute Carinthie, capitale *Villach*, et en basse Carinthie, capitale *Klagenfurth*. La Carinthie forme aujourd'hui deux cercles du royaume d'Illyrie, celui de Klagenfurth et celui de Villach. Celui-ci a appartenu à la France de 1809 à 1814. — La Carinthie faisait autrefois partie du *Noricum*. Soumise à Charlemagne, elle eut sous les descendants des marquis ou margraves dépendants du duché de Bavière. En 976, la Carinthie fut érigée en duché. En 1335, elle fut adjugée à Albert, duc d'Autriche, dont les descendants la possèdent encore.

CARISSIMI (Jean-Jacques), célèbre musicien, né à Venise en 1582. Son mérite le fit appeler en 1649 à la direction de la chapelle pontificale et du collége allemand de Rome. C'est à lui qu'on doit l'introduction des accompagnements d'orchestre dans la musique d'église. Il perfectionna le récitatif. C'est l'un des premiers auteurs qui aient composé des cantates. La meilleure est celle du *Jugement de Salomon*.

CARISTIES, nom donné à une fête de famille que les Romains célébraient, le 20 du mois de février, en l'honneur de la déesse de la Concorde. On n'y admettait point les étrangers. Les parents seuls étaient invités, et s'envoyaient mutuellement leurs présents.

CARITABLES. C'étaient des ecclésiastiques, prêtres et titulaires d'un bénéfice appelé *Carité*, desservi deux fois le jour dans l'église Saint-Étienne de la ville de Corbie, dans le diocèse d'Amiens. La Carité a commencé à être établie vers l'an 1048. Alors le nombre des caritables était de quarante. Ce nombre était réduit à vingt depuis l'an 1218. Ce bénéfice produisait 150, 200 ou 300 livres, selon le nombre des caritables assistants.

CARL, monnaie d'or de Bavière qui vaut 10 florins 42 kreutzers (24 francs 15 centimes de notre monnaie). Les demi et les quart de carl sont à proportion. — C'est aussi une monnaie d'or de Brunswick, qui vaut 5 thalers (18 francs 85 centimes). Il y a des doubles et des demi-carls.

CARLE (Pierre), né à Valleranque dans les Cévennes, en 1666. Il prit du service en Angleterre (1688-1697). Son mérite l'éleva au rang de quatrième ingénieur du royaume. En 1694, il remplissait l'emploi de maréchal général des logis de l'armée de mer. Naturalisé Anglais en 1693, il passa en 1701 au service du roi de Portugal, et devint successivement maréchal de camp, maréchal général des logis de l'armée, lieutenant général, et enfin ingénieur en chef du roi de Portugal. Il défendit Barcelone contre le roi d'Espagne Philippe V. Il se retira en Angleterre en 1720, et y mourut en 1730.

CARLE-MARATTE. Voy. MARATTE.
CARLE-VANLOO. Voy. VANLOO.
CARLIN. Voy. BERTINAZZI.

CARLIN, petite monnaie d'argent usitée à Naples. Elle vaut 8 sous 2 centimes et demi de France ; une pièce de 12 carlins de 120 grains vaut 5 francs 19 centimes ; le *ducat* de 10 carlins de 100 grains vaut 4 francs 25 centimes; une pièce de 2 carlins vaut 85 centimes. Considéré comme monnaie de compte, le carlin est la dixième partie du ducat. — A Palerme et à Messine, le carlin vaut 39 centimes de France. — C'est aussi une monnaie de billon de Rome, qui vaut 7 bayoques et demie (39 centimes). On la nomme aussi *carolino*. Il y a des pièces de 2 carlins dont la valeur est double. — En Sardaigne, le *carlin* est une monnaie d'or de Sardaigne, qui vaut 40 francs 33 centimes de France ; il y a un *demi-carlin*, qui vaut 24 francs 66 centimes 50 centièmes. — C'est aussi une monnaie d'or qui a cours au Piémont, et qui vaut 150 francs. Il y a des *demi-carlins* qui valent 75 francs. — On nomme encore *carlin* une sorte de petit chien au nez écrasé. Voy. DOGUIN.

CARLINGUE ou CONTRE-QUILLE. On appelle ainsi la pièce la plus longue et la plus grosse pièce de bois qui soit employée dans le fond de cale d'un vaisseau. Elle est ordinairement composée de plusieurs pièces mises bout à bout. On appelle *carlingue de pied de mât* la pièce de bois que l'on met au pied de chaque mât.

CARLISLE, ville d'Angleterre, capitale du comté de Cumberland, à 78 lieues de Londres. Sa population est de 30,000 habitants. Elle a titre de comté, et envoie deux députés au parlement. Elle a une manufacture de toiles peintes et de nankin, des chapelleries, des coutelleries, etc. — Autrefois *Luguvallum*, Carlisle fut ruinée en 900 par les Danois. Guillaume le Roux la rétablit. Elle a un évêché.

CARLOMAN (du germain *karl man*, homme robuste), fils aîné de Charles Martel et frère de Pepin le Bref. A la mort de son père (741), il eut en partage l'Austrasie et une partie de la Germanie. Il dépouilla avec Pepin, leur frère Griffon, qu'il tint enfermé dans un château des Ardennes. Plusieurs victoires remportées sur Théodoric, duc des Saxons, et Théobald, duc des Allemands, illustrèrent son règne. Il se retira au monastère du Mont-Cassin, et sortit de sa retraite pour ménager une entrevue entre Pepin et Astolphe, roi des Lombards. Il mourut en 755.

CARLOMAN, fils de Pepin le Bref et frère de Charlemagne, eut en partage, après la mort de son père (768), l'Austrasie, la France germanique, la Provence et une partie de l'Aquitaine. La mésintelligence se mit bientôt entre les deux frères. Carloman mourut en 771. Ses fils se réfugièrent, avec la reine Gerberge, leur mère, d'abord en Bavière, puis chez Didier, roi des Lombards. Ils furent pris à Vérone, livrés au vainqueur, et périrent dans l'oubli.

CARLOMAN, fils de Louis le Bègue et d'Hermengarde, régna en 879 à son père conjointement avec son frère Louis III. Il eut en partage la Bourgogne et l'Austrasie. Sous leur règne, Bozon, comte de Provence, se fit élire roi, et les Normands firent une invasion que Carloman repoussa à prix d'argent. Louis III étant mort en 882, Carloman devint seul roi, et mourut en 884.

CARLOMAN, fils de Louis le Germanique, succéda à son père en 876. Il joignit à l'héritage paternel la Pannonie, la Carinthie et les royaumes des Slaves, des Bohèmes et des Moraves. Il fut encore roi d'Italie, et tenta de se faire couronner empereur. Il mourut en 880.

CARLONE, famille de sculpteurs génois, dont le chef fut TADDEO CARLONE, né près de Lugano, et mort en 1613. Il se fit une grande réputation par quatre statues pour le palais Francolercaro, par la fontaine du prince Doria et les chapelles de la Miséricorde de Saint-Sisto et de Saint-Laurent. — Ses deux fils JEAN et JEAN-BAPTISTE CARLONE, nés l'un en 1590 et l'autre en 1592, et morts, l'un en 1630, l'autre en 1639, furent le premier peintre, et le second architecte.

CARLOS (Don), infant d'Espagne, fils de Philippe II et de Marie de Portugal, naquit à Valladolid en 1545. Il indisposa contre lui son père par son caractère hautain et indocile. En 1563, Philippe, qui n'avait d'autre héritier direct que don Carlos, le déclara incapable de régner, et fit venir en Espagne ses deux neveux les archiducs Rodolphe et Ernest d'Autriche, afin de leur assurer la réversibilité de ses Etats. Don Carlos résolut en 1565 de quitter l'Espagne, et de se mettre à la tête des rebelles de Hollande. Le roi résolut de s'assurer de lui, et fit instruire son procès par le conseil d'Etat. Pendant la durée du procès, don Carlos mourut subitement, d'une fièvre maligne selon les uns, et empoisonné selon les autres.

CARLOSTAD (André-Rodolphe), dont le véritable nom était BODENSTEIN, chanoine, archidiacre et professeur de théologie à Wittemberg. Il devint doyen de l'université de cette ville, et donna, en cette qualité, le bonnet de docteur à Luther, qu'il combattit d'abord, et en faveur duquel il se déclara ensuite. Il se brouilla bientôt avec lui. Il écrivit contre le système de Luther sur l'eucharistie et mourut dans la misère à Bâle en 1541.

CARLOVINGIENS ou KAROLINGS, nom donné à la seconde race des rois de France, dont le chef fut Pepin le Bref, et qui reçut son nom de Charles Martel, son père, ou de Charlemagne, son fils. (Voy. ces mots.) On a fait remonter l'origine des Carlovingiens jusqu'aux Mérovingiens par Ansbert, de la maison romaine des Ferreoli d'Anvergne, et gendre de Clotaire Ier. Cet Ansbert fut, dit-on, le père de saint Arnoul, qui eut deux fils, Anségise et Clodulphe. Le premier fut père de Pepin d'Héristal, qui eut entre autres enfants Charles Martel et Childebrand : le premier, père de Pepin le Bref ; le second, selon quelques généalogistes, devint la tige des Capétiens. Cette race comprend, outre la branche royale de France, les branches d'Italie et d'Allemagne, remontant toutes à Charlemagne, roi d'Italie et empereur d'Allemagne. La race impériale des Carlovingiens s'éteignit avec Louis IV, mort en 987.

CARLOW, comté d'Irlande dans la province de Leinster, borné au N. par les comtés de Queen's County, de Kildare et de Wicklow, à l'E. par ce dernier et celui de Wixford, au S. par ce dernier, à l'O. par celui de Kilkenny. Sa superficie est de 70 lieues carrées, et sa population de 80,000 âm. Il est couvert de forêts. Sa capitale est *Carlow*, ville de 6,600 habitants, à 17 lieues de Dublin. Elle envoie un député au parlement.

CARLOWITZ, ville de l'Esclavonie militaire, sur le Danube, à 13 lieues de Belgrade. Sa population est de 3,600 habitants. Elle est le siége d'un archevêché grec. C'est dans cette ville que fut conclu, le 26 janvier 1699, entre l'Autriche, la Pologne, les Vénitiens et les Turks, un traité célèbre, par lequel l'empereur Léopold Ier conserva la Transylvanie, l'Esclavonie, et la Pologne recouvra Kaminiek, l'Ukraine et la Podolie.

CARLSBAD, ville royale de Bohème à 3 lieues et demie de cercle d'Ellnbogen. Sa population est de 3,000 âmes. Elle est fameuse par ses bains chauds qui guérirent Pierre Ier, et qui sont souverains contre l'âcreté du sang, la gravelle, etc.

CARLSKRONA, ville de Suède, capitale de la préfecture de Blékingen, sur la mer Baltique, à 90 lieues de Stockholm. Sa population est de 20,000 habitants. Fondée en 1679 par Charles XI, c'est, après Stockholm, la ville la plus remarquable du royaume ; elle est l'arsenal de la marine suédoise ; son port est si commode et si grand que toute la flotte royale peut y être à couvert.

CARLSRUHE, ville d'Allemagne, capitale du grand-duché de Bade, dans le cercle de Murg-et-Pfing ou Pfintz-et-Entz, à une lieue et demie du Rhin et 3 lieues de Dourlach. Sa population est de 19,700 habitants. Elle a un gymnase, une école normale, une institution pour les sourds-muets, une bibliothèque de 70,000 volumes, et plusieurs manufactures d'amidon, de tabac, de tabatières, des fabriques d'acier, et bijouterie. Carlsruhe a été fondée en 1715 par Charles-Guillaume, margrave de Bade.

CARLSTAD, préfecture de Suède, bornée à l'O. par la Norwège, au S. par la préfecture d'Elfsborg et le lac Wener, au N. par celle de Stora-Kopparberg (Dalécarlie), et à l'E. par celle d'OErebro. Sa superficie est de 145 lieues carrées, et sa population est de 140,000 habitants. Elle est formée de l'ancienne province de Vermoeland. Le cheflieu est *Carlstad* sur le lac Wener, à 69 lieues de Stockholm. Sa population est de 2,200 habitants.

CARLSTADT, ville de l'empire d'Autriche, capitale de la Croatie militaire, à 11 lieues d'Agram, sur la Kulpe. Sa population est de 3,200 habitants. C'est un grand passage pour les marchandises de Hongrie. Cette ville communique avec Fiume, Trieste, Segnia, etc., par une chaussée magnifique conduite à travers les Alpes à une très-grande hauteur, et construite par l'empereur Charles VI. Carlstadt a un évêché.

CARMAGNOLA (Francisco), célèbre condottière, ainsi appelé du lieu de sa naissance. Il parvint à la dignité de général de Philippe Visconti, duc de Milan. Il soumit à l'obéissance de ce prince Parme, Crémone, Bergame, Brescia, etc. Mais, retiré chez les Vénitiens et devenu général de leur armée, Carmagnola marcha contre Philippe, et le contraignit à demander la paix. Ses services ne l'empêchèrent pas d'être traité comme un traître. Ayant été battu dans un combat naval, il fut accusé de complicité avec l'ennemi et condamné au supplice de l'estrapade ; ensuite on lui coupa la tête (1432).

CARMAGNOLE, ville forte du Piémont, à 6 lieues de Turin. Sa population est de 12,000 habitants. Elle commerce en grains, lin, soie, et a une citadelle. — C'est aussi le nom d'une ronde révolutionnaire dirigée contre la reine Marie-Antoinette, et datant de 1792. Chaque couplet se termine par le refrain : *Dansons la carmagnole, vive le son du canon.* — Le costume de la carmagnole consistait en un gilet-veste, un large pantalon, garni en cuir, un bonnet de police ou un bonnet rouge.

CARMATHES, nom arabe d'une troupe d'hérétiques musulmans, dont le fondateur fut Al-Faradj-al-Carmath, né dans l'Irak à la fin du VIIIe siècle. Leur chef prenait le titre de *massoum* (protégé de Dieu) et la qualité d'*imam* ou de pontife. Ils buvaient et mangeaient sans scrupule tout ce qui était prohibé par le Koran, dont ils détruisaient tous les préceptes par des interprétations allégoriques. Ils ravagèrent plusieurs fois l'Irak, l'Arabie et l'Egypte. Ils s'éteignirent vers l'an 1000.

CARME, terme dont on se sert au jeu de trictrac pour signifier un coup de dés où l'on amène les deux quatre.

CARMEL (Mont), montagne de la Palestine, dans le pachalik et à 3 lieues et demie d'Acre. Sa hauteur est de 350 toises. Au sommet se trouve un monastère bâti par les carmes, et consistant en cinq cellules creusées dans le roc. Vers le pied de la montagne, on voit la grotte d'Elie où ce prophète fit sa demeure, et qui est très-honoré même des Turks et des Arabes.

CARMEL (NOTRE-DAME DU MONT-), ordre militaire de chevaliers hospitaliers, fondé par Henri IV, roi de France, sous la règle de Notre-Dame du Mont-Carmel. Les chevaliers devaient être Français, au nombre de cent, pour marcher en temps de guerre auprès du roi. Leur collier était un ruban auquel pendait une croix d'or, sur laquelle était gravée une image de la sainte Vierge et environnée de rayons d'or. Le manteau de l'ordre était chargé de la même croix. Cet ordre fut uni en 1608 à celui de Saint-Lazare.

CARMELINE, la deuxième espèce de laine qu'on tire de la vigogne.

CARMÉLITES, religieuses qui suivent la même règle que les carmes. On distingue les *carmélites de la congrégation de France*, instituées par Françoise d'Amboise, duchesse de Bretagne, en 1467 ; et les *carmélites de la réforme de sainte Thérèse*, instituées en 1533 par cette sainte, et établies en France par le cardinal de Bérulle.

CARMEN, nom donné aux lois des douze tables, à Rome.

CARMENTALE, nom d'une porte de Rome, située entre le Tibre et le pont Capitolin. Elle conduisait au champ de Mars. Elle fut dans la suite appelée *Scelerata* (maudite), parce que c'est par cette porte que sortirent les 300 Fabiens qui périrent tous dans un combat.

CARMENTALIS, flamine romain chargé du culte de la nymphe Carmenta.

CARMENTA (myth.), prophétesse d'Arcadie, accompagna son fils Evandre en

Italie où elle fut accueillie honorablement par le roi Faunus, environ soixante ans avant la guerre de Troie. Son vrai nom était *Nicostrate*. Tant qu'elle vécut, elle fut l'oracle de l'Italie, et obtint après sa mort les honneurs divins. Elle avait à Rome un temple où l'on ne pouvait pénétrer avec des vêtements de cuir.

CARMENTALES, fêtes célébrées à Rome le 11 et le 15 de janvier en l'honneur de Carmenta. On y suppliait la déesse de rendre les femmes fécondes, et de les aider dans les douleurs de l'enfantement.

CARMES, ordre religieux qui tire son nom du mont Carmel, demeure des prophètes Élie et Élisée, dont les carmes prétendent descendre par une succession non interrompue. Ce qui paraît le plus vraisemblable, c'est que vers l'an 1112 Albert, patriarche latin de Jérusalem, rassembla plusieurs ermites qui vivaient séparément sur le mont Carmel, et leur donna une règle qui fut approuvée par le pape Honoré III l'an 1226. Les carmes portaient d'abord des habits blancs, ils prirent ensuite des habits rayés, et l'on vit qu'on les appelait les *frères barrés*. Le pape Martin leur donna des manteaux blancs. Saint Louis, revenant de la terre sainte, amena les carmes en France. — Les carmes se partageaient entre, 1° ceux de l'ancienne observance, que l'on appelait *mitigés*; ils n'avaient qu'un général, auquel obéissaient quarante provinces et la congrégation de Mantoue, qui avait un vicaire général; 2° ceux de l'étroite observance, que l'on appelait *déchaux* ou *déchaussés*.

CARMES DÉCHAUSSÉS, ainsi nommés parce qu'ils allaient nu-pieds, étaient ceux qui avaient embrassé la réforme de sainte Thérèse, vers le milieu du XVI siècle. Les carmes déchaussés avaient deux généraux, l'un pour l'Espagne, et l'autre pour l'Italie et le reste de l'Europe. Les carmes déchaussés furent envoyés en France par le pape Paul V sous le règne de Louis XIII.

CARMES (Eau des). On a donné ce nom à un mélange de huit parties d'alcool de mélisse, d'une partie d'alcool de romarin, de thym, de cannelle, de deux parties d'alcool de muscades, d'une partie d'alcool d'anis vert, de marjolaine, d'hyssope, de sauge, d'angélique, de girofles, de quatre parties d'alcool d'écorce de citron ; et de deux parties d'alcool de coriandre. Ce médicament, dont les carmes seuls avaient la recette, est tonique, stimulant et stomachique.

CARMIN, substance solide, pulvérulente, d'un beau rouge, que l'on obtient en faisant bouillir de la cochenille dans de l'eau légèrement alcaline et versant dans la liqueur un soluté de sulfate d'alumine. On fait encore du carmin en ajoutant de l'alun dans un décocté de cochenille, préparé avec de l'eau de pluie filtrée dans un vaso d'étain. Le carmin est la plus belle couleur rouge employée par les peintres surtout dans la miniature. On s'en sert dans la fabrication des fleurs artificielles et dans la coloration des pastilles des confiseurs.

CARMINATIFS. On donne ce nom aux médicaments simples ou composés auxquels on attribue la faculté de faire sortir les gaz développés dans le canal digestif. L'*anis*, le *thé*, la *lavande*, la *camomille*, sont des carminatifs.

CARMONTELLE, né à Paris en 1717, mort en 1806. D'abord lecteur du duc d'Orléans, il fut ensuite ordonnateur des fêtes de ce prince. Il doit son titre littéraire à ses *Proverbes dramatiques*, petites pièces dont l'action se rapportait à quelque maxime populaire dont elles démontraient la justesse. Il a fait encore d'autres ouvrages.

CARN, monument anciennement consacré aux cérémonies religieuses dans les montagnes de l'Écosse.

CARNA (myth.), divinité romaine qui présidait aux gonds des portes ainsi qu'aux parties vitales de l'homme, au foie, au cœur, aux intestins dont elle procurait la santé. Les Romains lui offraient du miel, du lard et des végétaux. Carna était originairement une nymphe, nommée *Grané*, que le roi Janus enleva, et à qui il donna l'inspection des portes et le pouvoir de chasser des maisons les oiseaux de mauvais augure. Les fêtes de Carna (*Cardia*) se célébraient au mois de juin.

CARNAC, village du département du Morbihan, à 8 lieues de Lorient. Population, 3,500 habitants. Carnac est célèbre par les monuments druidiques qui se trouvent dans ses environs au bord de la mer. Ce sont des rochers granitiques au nombre de plus de quatre mille, élevés d'environ vingt pieds, ayant la forme d'un obélisque grossier, sur un espace d'environ 3,000 mètres de longueur et 20 de largeur. Ces monuments s'étendent sur onze lignes qui forment des allées perpendiculaires à la côte.

CARNASSIERS, ordre d'animaux mammifères quadrupèdes onguiculés. Ces animaux se nourrissent pour la plupart de chair ou de matières animales. On partage les carnassiers en cinq familles : 1° les *chéiroptères*, 2° les *insectivores*, 3° les *plantigrades*, 4° les *digitigrades*, 5° les *amphibies*. Cuvier ne fait qu'une seule famille des trois dernières sous le nom de *carnivores*.

CARNASSIERS, famille d'insectes de l'ordre des coléoptères pentamères, dont le caractère principal consiste à avoir la bouche munie de six palpes, dont deux à chaque mâchoire ; celles-ci se terminent toujours en pointe aiguë. Les carnassiers sont des insectes chasseurs et coureurs, se nourrissant de proie vivante. Leur corps est cylindrique, composé de douze anneaux. Les carnassiers se divisent en TERRESTRES, qui comprennent les tribus des *cicindelètes* et des *carabiques*, et en AQUATIQUES, qui comprennent la tribu des *hydrocantharus*.

CARNATION, en termes de blason, couleur de chair.

CARNATE, ancien royaume de l'Indoustan, entre les Cirkars septentrionaux, le Balaghat, le Travancore, le Cochin et le Salem. Sa superficie est d'environ 14,000 lieues carrées, et sa population de 10,000,000 d'habitants. Sa capitale était Madras, le Carnate ou *Karnatic* est un pays très-chaud, où les famines sont fréquentes. Le Karnatic appartient aux Anglais, et fait aujourd'hui partie de la présidence de Madras.

CARNAVAL, temps de réjouissance qui commence le lendemain des Rois et dure jusqu'au carême. On trouve le mot de *carnaval* des mots latins *carno vale*, adieu la chair, ou de *carn-aval*, parce qu'on mange alors beaucoup de chair pour se dédommager de l'abstinence qui doit suivre. Le carnaval est une institution païenne qu'on retrouve presque tout entière dans les saturnales. Le plus célèbre *carnaval* était celui de Venise, où l'on venait autrefois de toutes les parties de l'Europe. Un des jours les plus gais du carnaval est le *mardi gras*.

CARNÉADE, philosophe grec, né vers l'an 218 avant J.-C. à Cyrène en Afrique. Il fut le fondateur de la *troisième académie*, et enseigna qu'il n'y avait aucune vérité démontrée, mais que quelques-unes étaient probables. Les Athéniens l'envoyèrent en ambassade à Rome l'an 150 avant J.-C. Il fit tellement briller son éloquence, que Caton le Censeur se hâta de faire renvoyer l'ambassade, de peur qu'il ne corrompît les mœurs romaines. Il mourut l'an 128 avant J.-C.

CARNÉES, fêtes célébrées en Grèce, et surtout à Sparte, en l'honneur d'Apollon Carnéus. Ces fêtes commençaient le 7 du mois de *carnius* ou *métagitnion* (août), et duraient neuf jours. Elles étaient une imitation de la manière dont les Spartiates vivaient dans les camps. Les ministres de ces fêtes, au nombre de quatre-vingt, s'appelaient *carnéates*. Il y avait des concours de chant, de musique et de poésie, institués par Carnus, fils de Jupiter et favori d'Apollon, et nommés *carnéades*.

CARNÈLE, terme de monnaie, bordure qui paraît autour du cordon d'une monnaie, et qui ferme la légende.

CARNIFICATION (transformation en chair). On désigne sous ce nom l'altération morbide qui s'opère dans certains organes, dont le tissu acquiert accidentellement une consistance analogue à celle des parties charnues. Le plus souvent c'est dans les organes dont la consistance est naturellement moins compacte que celle des muscles qu'a lieu cette transformation, dans les poumons en particulier ; dans ce cas, elle prend le nom particulier d'*hépatisation*.

CARNIOLE, province de l'empire d'Autriche, bornée au N. par la Carinthie, au S.-E. par la Croatie, au S.-O. par le golfe de Venise. Sa superficie est de 508 lieues carrées, et sa population de 400,000 habitants. La capitale est *Laybach*. La Carniole est traversée par les Alpes. Elle a des mines de fer, de plomb, de mercure, d'étain, de vitriol et de cinabre. La Carniole se divise en *haute*, *basse*, *moyenne* et *intérieure*. — Autrefois habitée par les *Carni*, la Carniole était comprise dans la Pannonie. Elle fut longtemps un margraviat ou marquisat ; en 1231, elle fut érigée en duché. Le traité de Vienne du 14 octobre 1809 la céda à la France, à qui elle resta jusqu'en 1814. A cette époque, elle fut rendue à l'Autriche. Elle forme aujourd'hui les trois cercles de Laybach, d'Adelsberg et de Neustadt.

CARNIVORES, nom donné aux animaux qui se nourrissent de chair. Cuvier a fait des carnivores une famille des carnassiers, renfermant les plantigrades, les digitigrades et les amphibies. Le peu de longueur des intestins, le volume relativement plus considérable du foie et des glandes accessoires, sont les qualités distinctives des carnivores.

CARNOT (Lazare-Nicolas-Marguerite), né à Nolay (Côte-d'Or) en 1753. Il se livra à l'étude des mathématiques, et entra en 1771 au service dans l'arme du génie. Le département du Pas-de-Calais le nomma en 1791 député à l'assemblée législative, où il se dévoua au triomphe de la cause de la liberté. Le Pas-de-Calais le réélut député à la convention nationale. Il vota la mort du roi. Membre du comité du salut public, il s'occupa exclusivement de diriger les opérations militaires. Président de la convention nationale (1794), il fut élu membre du conseil législatif par dix-sept départements. Il siégeait au conseil des anciens, lorsqu'il fut nommé membre du directoire exécutif, où il eut la direction de la guerre. Proscrit, il se retira en Allemagne jusqu'au 18 brumaire. Bonaparte lui confia le ministère de la guerre. Membre du tribunat, il vota contre l'empire, et rentra ensuite dans la vie privée. En 1813, Napoléon le chargea de la défense d'Anvers. Après les cent-jours, pendant lesquels il avait été chargé du ministère de l'intérieur, Carnot fut exilé, et mourut à Magdebourg en 1823. Son meilleur écrit est son *Traité de la défense des places*.

CARO (Annibal), né à Citta-Nuova en Istrie l'an 1507, fut successivement secrétaire de plusieurs prélats, puis du duc de Parme, Pierre-Louis Farnèse, qui l'envoya en mission auprès de Charles-Quint. Il finit sa vie dans l'étude et la retraite en 1656. Il a écrit plusieurs ouvrages, une *Traduction de l'Enéide de Virgile* en vers italiens, des *sonnets*, des *lettres*, etc.

CAROCHO, nom donné par les Espagnols et les Portugais à une espèce de mitre en papier ou en carton, sur laquelle sont peintes des flammes et des figures de démons. On la mettait sur la tête de ceux qui avaient été condamnés à mort par le tribunal de l'inquisition.

CAROLIN, monnaie d'argent qui a cours en Suède, et qui a reçu son nom de celui de Charles (*Carolus*), qui portait le roi qui le premier la fit frapper. Elle vaut environ 17 sous de France. — C'est aussi le nom d'une monnaie d'or de Cologne, qui a la même valeur que les anciens louis de France (23 francs 85 centimes).

CAROLINA, petite ville d'Espagne, dans l'Andalousie, à 11 lieues de Jaën. Sa population est de 3,000 habitants. Elle est le chef-lieu des peuplades établies dans la Sierra-Morena, entre Ecija et Cordoue, par don Pablo Olavide, qui fit défricher les terres auparavant incultes, et les peupla d'habitants.

CAROLINE, fille de Jean-Frédéric, marquis de Brandebourg-Anspach et d'Eléonore-Louise, sa seconde femme, naquit en 1682. Elle avait été demandée en mariage par Charles III, roi d'Espagne; mais elle épousa en 1705 le fils de l'électeur de Hanovre, depuis roi d'Angleterre sous le nom de Georges Ier, et en eut quatre fils et cinq filles. Sa piété et sa modération lui méritèrent l'estime de ses sujets. Après la mort de son époux, elle fut régente du royaume.

CAROLINE (Amélie-Elisabeth), fille du duc Charles-Guillaume-Ferdinand de Brunswick-Wolfenbuttel et de la princesse Augusta d'Angleterre, sœur de Georges III, naquit en 1768. Elle épousa en 1795 le prince de Galles, plus tard Georges IV. Deux mois après, son époux se sépara d'elle avec éclat, et cette scission scandaleuse dura toute sa vie. Caroline vécut jusqu'en 1806, éloignée de la cour, à Blackheath, et mourut en 1821 subitement.

CAROLINE BONAPARTE. Voy. MURAT.

CAROLINE D'AUTRICHE (Marie-), fille de Marie-Thérèse et de l'empereur François Ier, naquit en 1752. Elle épousa en 1768 Ferdinand IV, roi de Naples. La jeune reine s'empara facilement de l'esprit de son époux, et confia le pouvoir à son favori Acton. C'est par Acton et Caroline que fut organisé ce tribunal d'inquisition politique, connu sous le nom de junta de sûreté. Lors de l'invasion des Français en 1798, elle s'enfuit à Palerme avec le roi et Acton. La cour revint à Naples en 1799. Une nouvelle junte, présidée par Speziale, fut formée et proscrivit tous ceux qui avaient fait parti du gouvernement provisoire. Chassée en 1805 de son royaume par Joseph Bonaparte, Caroline tenta vainement de le recouvrir, et mourut en 1814.

CAROLINE (Mathilde), née en 1751 de Frédéric-Louis d'Angleterre, prince de Galles, épousa en 1766 Christiern VII, roi de Danemarck. Détestée de la reine mère Marie-Julie, la jeune reine cherchait à se faire un parti dans la cour, et s'attacha au favori du roi, Jean-Frédéric Struensée; la reine douairière et son fils le prince Frédéric formèrent de leur côté un parti qui l'emporta sur celui de Struensée et de la reine. Le 17 janvier 1772, la reine, Struensée et leurs amis furent arrêtés. La première fut transférée avec la princesse Louise-Augusta, sa fille, à la forteresse de Kronenburg. Séparée de celle-ci par décision du conseil aulique, elle fut renvoyée en Angleterre, où elle mourut en 1775.

CAROLINE (Loi), nom donné au célèbre code criminel de l'empereur Charles-Quint. Les Allemands l'appellent Carolina. Ce code, adopté par la diète de Ratisbonne en 1532, fait aujourd'hui, en matière pénale, la base du droit commun de toute l'Allemagne. On en attribue la rédaction à Jean de Schwarzenberg, gentilhomme de Franconie.

CAROLINE DU NORD, un des Etats qui forment la confédération des Etats-Unis de l'Amérique septentrionale. Il est borné au N. par la Virginie, au S. par la Caroline du Sud, à l'E. par la mer, à l'O. par le Tennessée. Sa superficie est de 43,800 lieues carrées, et sa population de 492,386 habitants, dont 245,601 esclaves. La Caroline du Nord produit du riz très-estimé et des grains. La Caroline du Nord se divise en huit districts renfermant cinquante-huit comtés. Sa capitale est Raleigh.

CAROLINE DU SUD, un des Etats qui forment la confédération des Etats-Unis de l'Amérique septentrionale. Il est borné au N. par la Caroline du Nord, au S. par la Géorgie, à l'E. par la mer Sa superficie est de 30,030 lieues carrées, et sa population de 312,491 habitants, dont 265,784 esclaves. Le sol est très-fertile. La capitale est Columbia. La Caroline du Sud est divisée en neuf districts renfermant quarante-trois comtés. — Les Carolines ont été découvertes en 1512 par l'Espagnol Ponce de Léon. Toutes deux se soulevèrent avec la Géorgie et les autres Etats pour assurer leur indépendance, et formèrent les Etats primitifs.

CAROLINES (ILES), archipel de la Polynésie, borné au N. par celui des Mariannes, au S. par la Mélanésie, à l'O. par l'archipel des Philippines, à l'E. par les îles de l'archipel Samoa ou des Navigateurs. Il a 225 lieues du N. au midi, et 1,025 de l'O. à l'E. L'archipel des Carolines comprend les îles Pelew ou Peliou ou Palaos, le groupe d'Hogolen ou de Roug, l'île d'Ualan, les groupes de Ralik, de Radak, de Gilbert, etc. Il se compose de quarante-six groupes renfermant jusqu'à six cents îles. On évalue la population de tout l'archipel à environ 9,000 âmes. Les îles Carolines ont été découvertes en 1686 par le navigateur espagnol Lazeano.

CAROLINS (Livres), nom donné à quatre livres composés, sous le nom de livres de Charlemagne, pour réfuter le second concile de Nicée. Ces livres regardent le culte des images établi dans ce concile, qui portait qu'on devait rendre aux images des saints non-seulement le même culte absolu qu'on rend aux originaux, mais même à la sainte Trinité. Les livres carolins ont été attribués selon les uns à Alcuin, selon d'autres à Angilram, évêque de Metz.

CAROLUS, ancienne monnaie d'Angleterre, valant autrefois 13 livres 16 sous de France. C'est aussi le nom d'une ancienne monnaie de billon de France, de la valeur de 10 deniers, qui parut sous le règne de Charles VIII, et n'eut cours que sous son règne.

CARON. Voy. CHARON.

CARON (Augustin-Joseph) parvint du grade de soldat à celui de lieutenant-colonel (1814). Impliqué dans la conspiration d'août 1820, il comparut devant la cour des pairs, et fut absous. Il quitta alors le service et se retira à Colmar. Une nouvelle conspiration ayant été découverte à Bedfort en janvier 1821, Caron fit proposer à plusieurs officiers de se réunir à lui pour faire évader les prisonniers. Trahi par des conjurés, il fut arrêté, jugé par un conseil de guerre, et fusillé le 1er octobre 1821.

CARONADE, bouche à feu moins lourde et moins longue que le canon, inventée en 1774 à Carron, près de Stirling, en Ecosse. C'est une arme simple, légère, sans bourrelet, sans moulures, sans ornements, employant peu de poudre, et portant jusqu'à quarante-huit livres de balles, et même jusqu'à soixante-huit. Les caronades, mises en usage pour la première fois en 1779 par la marine anglaise, sont en fer, du calibre de 36 pour les vaisseaux et frégates du premier rang; le 24 sert aux autres frégates; les 18 et les 12 aux corvettes, bricks, goëlettes, etc.

CARONCULE, petite éminence charnue. La caroncule lacrymale est un petit renflement rougeâtre, placé dans le grand angle de l'œil, et formant un repli de la conjonctive. — La caroncule est, en ornithologie, une excroissance charnue, molle, dénuée de plumes, qui sert d'ornement au front, à la gorge et aux sourcils des oiseaux. — La caroncule, en botanique, est un renflement qu'on remarque à la surface de certaines graines, en forme de cœur dans le haricot, et en forme de crête blanchâtre dans la chélidoine, etc.

CAROTIDE, nom donné en médecine aux artères qui portent le sang aux diverses parties de la tête. On distingue, 1° les artères carotides, au nombre de deux, remontant un peu obliquement en dehors de chaque côté du cou; 2° la carotide externe, particulièrement destinée à la face et à l'extérieur du crâne; 3° la carotide interne, qui remonte au-devant de la colonne vertébrale derrière le crâne.

CAROTTE, genre de plantes de la famille des ombellifères. La plus utile espèce est la carotte commune, dont la racine est forte, alimentaire, conoïde, succulente, d'une saveur douce. On en compte de cinq à six variétés. Les plus connues sont la blanche, la jaune et la rouge. Cultivée dans les jachères, la carotte améliore le sol qu'elle remue à la profondeur de 27 et 30 centimètres. Sa récolte est toujours certaine. On la sème en mars et en avril, ou au mois de septembre. On confit la carotte au sucre et au vinaigre.

CAROUBE, CAROUGE ou GARROBE, nom donné à la silique ou gousse du caroubier, longue de vingt et un centimètres et large de trois, obtuse, aplatie, pendante, épaisse à ses bords, lisse, pulpeuse en dedans, de couleur marron. On la cueille vers la mi-août. Sa pulpe est ordinairement rougeâtre, charnue, renfermant plusieurs fèves elliptiques, noires, dures et luisantes. Ce fruit est un très-bon aliment. On en retire une excellente eau-de-vie. On fait entrer la caroube dans les préparations pharmaceutiques.

CAROUBIER, genre de la famille des légumineuses, renfermant des arbres toujours verts, hauts de huit à dix mètres, dont la cime, étalée comme celle du pommier, est garnie d'un grand nombre de branches tortueuses, irrégulières, souvent pendantes. Ses feuilles sont coriaces, luisantes, d'un vert bleuâtre, servant, à cause du principe astringent qu'elles renferment, à la préparation du cuir en guise de tan. Ses fleurs sont d'un pourpre foncé; le fruit est une gousse nommée caroube.

CAROUGE, genre d'oiseaux vivant par paires ou par petites troupes dans les prairies. Ils sont entomophages (mangeurs d'insectes) et carnivores; leur ponte est de quatre ou cinq œufs, et se répète plusieurs fois dans l'année. Les principales espèces sont le carouge solitaire, le carouge chrysocéphale et le carouge aux ailes jaunes.

CARPATHES. Voy. KRAPACKS.

CARPATHIENNE (Mer), nom donné par les anciens à la portion de la Méditerranée comprise entre les îles de Candie (Crète) et de Rhodes. Elle a pris son nom de l'île de Carpathus, aujourd'hui Scarpanto, située entre Rhodes et Crète. Sa superficie est d'environ 12 lieues carrées. On y trouve des mines de fer, des carrières de marbre, et plusieurs bons ports. La mer Carpathienne porte aujourd'hui le nom de mer de Scarpanto.

CARPE, nom donné en anatomie à la partie du bras intermédiaire entre l'avant-bras et la main, et qu'on nomme vulgairement poignet. Le carpe est formé par deux rangées de petits os courts, mais intimement entre eux.

CARPE, genre de poissons de la famille des cyprinoïdes; la bouche est petite, garnie de barbillons et dépourvue de dents; le corps est couvert d'écailles assez grandes. L'espèce la plus connue est la carpe vulgaire, au corps aplati, un peu comprimé, de couleur vert olivâtre, jaunâtre en dessous. La carpe se nourrit du frai d'autres poissons, d'insectes et de quantité de substances animales et végétales. Les carpes se multiplient avec une très-grande facilité. Leur chair est très-recherchée comme aliment.

CARPÉE, danse militaire en usage chez les Eniens et les Magnésiens, peuples de la Thessalie. Un des danseurs mettait bas ses armes, et faisait semblant de labourer et de semer. Un second danseur imitait l'action d'un voleur qui s'approche. Il se livrait entre eux deux un combat en cadence et au son de la flûte. Si le voleur remportait la victoire, il liait le laboureur, et emportait les bœufs. Cette danse armée fut instituée pour accoutumer les paysans à se défendre contre les incursions des brigands.

CARPENTARIE (GOLFE DE), vaste golfe de l'Australie, au N. de cette contrée. Il a 130 lieues de profondeur sur 110 de large.

CARPENTARIE (TERRE DE), portion de

la terre d'Arnheim comprise autour du golfe du même nom. La côte orientale du golfe est uniforme, sablonneuse, stérile; elle se termine par le détroit de Torrès. Les habitants de la terre de Carpentarie font avec les Chinois de la Malaisie un grand commerce de *tripans* ou *biches de mer*. Le golfe et la terre de Carpentarie ont pris leur nom de Carpenter, navigateur hollandais qui les découvrit.

CARPENTE, espèce de chariot à deux roues, traîné par des mules, et servant, chez les Romains, à porter les matrones, les dames de distinction, et même les impératrices. Les vestales avaient droit de se servir d'une carpente.

CARPENTRAS, ville de France, chef-lieu de sous-préfecture du département de Vaucluse, à 7 lieues d'Avignon. Sa population est de 9,817 habitants. Elle a un tribunal de première instance, un collège, une bibliothèque publique de 22,000 volumes, et un musée d'antiques et de curiosités naturelles. — Carpentras, avant l'invasion romaine, s'appelait *Carpentoracte*, et était la capitale des Méméniens. Son nom romain fut *Forum Neronis*. En 1313, le pape Clément V résolut de fixer à Carpentras la demeure du saint-siége, et fit construire un superbe aqueduc, qui joint la ville au mont Ventoux, et alimente les fontaines de la ville. Il a 2 lieues et demie de longueur totale.

CARPHOLOGIE, nom donné en pathologie à l'agitation automatique des mains, qui tantôt semblent chercher des flocons dans l'air, et tantôt roulent ou palpent, de diverses manières, les draps ou les couvertures du lit dans lequel le malade est couché. Ce phénomène n'a guère lieu que dans les maladies aiguës les plus graves, et indique toujours un très-grand danger.

CARPOCRATE, hérésiarque du IIe siècle, et natif d'Alexandrie. Il prétendait que Jésus-Christ était un homme simplement, fils de Marie, quoique plus parfait que tous les autres hommes; que le monde avait été fait par les anges; qu'il n'y a aucun mal dans la nature, et que ce n'est que l'opinion qui fait le mal; qu'on ne pouvait arriver à la perfection qu'on ne se fût livré aux crimes les plus abominables; il rejetait l'Ancien Testament, et niait la résurrection des morts. Ses disciples furent appelés *carpocratiens*.

CARPOCRATIENS. Voy. CARPOCRATE.

CARPTOR, nom que les Romains donnaient à l'esclave chargé de découper les viandes.

CARQUAISE ou CARCAISE, nom donné, dans l'art du verrier, à un petit fourneau dans lequel on recuit le verre pour lui donner de l'élasticité et une certaine solidité. C'est principalement dans la fabrication des glaces coulées que cette dénomination est en usage. Dans ce cas la carquaise est un long four en voûte de tombeau.

CARQUOIS, étui destiné à contenir des flèches, et qui se porte sur le dos au moyen d'une attache. Le carquois est inséparable de l'arc. On le trouve chez les peuplades sauvages du nouveau monde, où il est le plus souvent fait en peaux. — Les personnages de la fable auxquels on donne le carquois sont *Diane*, l'*Amour*, *Apollon*, les *Amazones*, etc.

CARRA (Jean-Louis), né à Pont-de-Vesle (Saône-et-Loire) en 1743. Secrétaire de l'hospodar de Moldavie décapité par ordre du sultan, il revint en France, où il exerça les mêmes fonctions auprès du cardinal de Rohan. Il coopéra à la rédaction du *Mercure national*, et fonda le journal des *Annales patriotiques*. Devenu bibliothécaire national, il fut élu député à l'assemblée législative et à la convention nationale, dont il devint secrétaire. Il vota la mort de Louis XVI. Ses relations avec les girondins le rendirent suspect au comité de salut public. Il fut décrété d'accusation, et envoyé à l'échafaud le 1er novembre 1793. Il a écrit l'*Histoire de la Moldavie et de la Valachie*, des *Annales politiques*, des *Mémoires historiques sur la Bastille*, etc.

CARRABAS, nom donné à une voiture publique qui faisait le service des environs de Paris, et surtout des routes de Versailles et de Saint-Germain. C'était une sorte de cage en osier, longue, étroite, pouvant à peine contenir douze à quinze individus. Les carrabas étaient attelés de huit chevaux.

CARRACHE, famille de peintres célèbres de l'école bolonaise. Le premier fut Louis CARRACHE, né à Bologne en 1545. Il fut le chef de l'école de Bologne, et mourut en 1619. Ses plus beaux tableaux sont ceux relatifs à l'*Histoire de saint Benoît et de sainte Cécile*, *Jésus au tombeau*, le *Repos en Egypte*, la *Vierge et saint Hyacinthe*, la *Vocation de saint Matthieu*, l'*Eau et l'Air*, un *saint François*.

CARRACHE (Annibal), peintre bolonais, cousin de Louis Carrache et son élève, naquit à Bologne en 1560. Il laissa des élèves célèbres, entre autres le Guide, l'Albane, le Guerchin. La galerie du cardinal Farnèse est un chef-d'œuvre de l'art. Il mourut en 1618. Ses plus beaux tableaux sont la *Résurrection*, les *trois Marie*, une *Nativité*, le *Martyre de saint Étienne*, le *Christ mort sur les genoux de la Vierge*, *Jésus avec la Samaritaine*, le *Massacre des Innocents* et l'*Assomption*.

CARRACHE (Augustin), frère du précédent, élève de Louis Carrache, naquit à Bologne en 1557. Il mourut à Parme en 1602. Il a gravé plusieurs morceaux au burin d'après le Corrége, le Tintoret, Paul Véronèse et d'autres grands peintres. Les principaux tableaux d'Augustin sont la *Communion de saint Jérôme*, le *Feu* dit le *fameux Pluton*, le *Martyre de saint Barthélemi*, *Hercule étouffant les serpents*, l'*Assomption*, *sainte Cécile* et *sainte Marguerite*, etc.

CARRACHE (François), dit le *Franceschino*, naquit à Venise en 1595. Il excella dans le dessin, et mourut à Rome en 1622. — ANTOINE CARRACHE, fils naturel d'Augustin, né à Venise en 1583, fut élève d'Annibal Carrache, son oncle, et l'un des plus grands dessinateurs de son temps. Il mourut en 1618.

CARRARA, petite principauté d'Italie, faisant partie du duché de Massa-Carrara. Sa capitale est *Carrara* ou *Carrare*, à 2 lieues de Massa, et 9 de Lucques. Elle est très-renommée par ses marbres, qui rivalisent avec ceux de Paros.

CARRARE (François), d'une famille illustre d'Italie, qui s'était emparée de la souveraineté de Padoue. François Carrare prit le parti du roi de Hongrie contre les Vénitiens, et dicta des conditions désavantageuses à Venise. Secondé du duc d'Autriche, du patriarche d'Aquilée et des Génois, il s'empara de Chiozza. Fait prisonnier à Vienne, il finit ses jours dans le château de Côme (à la fin du XIVe siècle). — Son fils, FRANÇOIS, eut le bonheur de s'évader, rentra à Padoue en 1390, et déclara la guerre aux Vénitiens. Fait prisonnier avec ses deux fils Jacques et François, ils furent amenés à Venise et mis à mort en 1405. Padoue resta aux Vénitiens.

CARRÉ. En géométrie, quadrilatère qui a ses quatre côtés égaux et ses quatre angles droits. La surface du carré s'obtient en multipliant par lui-même le nombre qui exprime la longueur de son côté. — En algèbre, on appelle *carré d'un nombre* le produit de la multiplication de ce nombre par lui-même. Le carré de 12 est 144. Il est dit aussi la racine carrée pour la racine seconde. — On appelle en arithmétique *carré magique* un carré divisé en cellules, dans lesquelles on dispose une suite de nombres en proportion arithmétique, de telle manière que les sommes de tous ceux qui se trouvent dans une même bande horizontale, verticale ou diagonale, soient toutes égales entre elles.

CARRÉ. On appelle ainsi, en stratégie, une formation en bataille à quatre aspects ou quatre fronts, qui a pour objet de résister sur tous les points à des charges de cavalerie. Le bataillon carré est un ordre auquel l'infanterie a recours quand elle est privée d'appuis. Aux angles du carré, on place d'ordinaire des canons pour les défendre.

CARRÉ, mesure de superficie usitée dans quelques colonies françaises en Amérique. A la Martinique, il a 100 *pas* de chaque côté (le *pas* vaut 3 pieds 6 pouces), et vaut 122,500 pieds carrés. A la Guadeloupe, il a aussi 100 *pas* de côté (le *pas* vaut 3 pieds), et vaut 90,000 pieds carrés.

CARREAU, nom donné principalement à la pierre dont on pave les chambres. Ce pavé est quelquefois de pierre calcaire ou de marbre. — Le terme de *carreau* s'emploie dans les arts pour un grand nombre d'objets, et désigne souvent des corps taillés en carré. C'est ainsi qu'on dit un *carreau de vitre*, etc.

CARREAU, instrument de fer dont se servent les tailleurs pour aplatir les retraitures des coutures faites dans les étoffes épaisses, telles que celles du drap, du velours, etc. Ce fer est une lame épaisse et d'environ dix pouces de longueur, au-dessus de laquelle est soudée une anse qui va d'un bout à l'autre et sert de manche

CARREAU. C'est le nom de l'une des couleurs dans les cartes à jouer; elle est figurée par de petits carrés rouges placés en losange sur la carte.

CARREAU, arme ancienne, ainsi appelée à cause de la forme de son fer, qui était à quatre carrés et pyramidal. C'était un gros trait. La *verge* ou hampe du carreau était ordinairement empennée d'airain, au lieu d'avoir des ailes de plume comme les flèches. — Les *carreaux* étaient aussi des pierres très-pesantes lancées par les mangonneaux.

CARREAU, nom vulgaire de la maladie appelée *atrophie mésentérique*, c'est-à-dire, la dégénérescence tuberculeuse des glandes mésentériques. Cette maladie, dont les causes sont en général les mêmes que celles des scrofules, attaque particulièrement les enfants, et se manifeste ordinairement à l'époque du sevrage. Elle est caractérisée par la dureté excessive du ventre, qui devient plus gros et rond. 

CARREAU ÉLECTRIQUE, carreau de verre revêtu des deux côtés d'une feuille métallique, de l'étain par exemple, et pouvant servir à faire les mêmes expériences que la *bouteille de Leyde*.

CARRÉE. On appelait autrefois ainsi, en musique, une figure de note (désignée aussi sous le nom de *brève*) à cause de sa forme, qui offrait en effet un carré régulier. La durée de cette note était égale à celle de deux rondes, qu'on appelait alors *semi-brèves*.

CARREFOUR, lieu dans les villes ou les villages où quatre rues se croisent. Au moyen âge, c'est dans les carrefours que les crieurs publics avaient soin de se rendre pour annoncer les nouvelles ordonnances. Certains carrefours de Paris ont servi pendant longues années de lieux de supplice.

CARRELAGE, opération qui consiste à paver un lieu en y posant des carreaux. Les carreleurs ne posent que les carreaux en terre glaise cuite; quant à ceux en marbre ou en pierre, ce sont les marbriers. Pour carreler, on couvre les vides des solides avec des liteaux de bois que l'on fait tenir avec des clous. On place une couche de mortier d'un pouce d'épaisseur, et par-dessus un pouce de poussière. C'est sur ce fond que l'on place les carreaux.

CARRELET. Ce mot a plusieurs acceptions dans les arts industriels. — Les bourreliers, les selliers, les cordonniers, les emballeurs se servent d'une grande aiguille en fer, dont le bas du côté de la pointe est carré, pour coudre de gros ouvrages ou pour piquer des matelas, des toiles d'emballage, etc. Cette aiguille se nomme *carrelet*. — On appelle encore *carrelet* une espèce de filet en forme de nappe carrée, en usage sur les côtes de France. On le retient sur le fond, au moyen de deux demi-cerceaux croisés et d'une perche qui sert à le relever vivement lorsqu'on aperçoit du poisson au-dessus. — En pharmacie, c'est un châssis quadrangulaire en bois, sur lequel on fixe un linge qui sert à passer diverses préparations pharmaceutiques.

CARRENNO (Don Juan de), peintre espagnol né à Abile, dans les Asturies, en 1614. Sa manière tient du Titien et de Vandyck; aussi les Espagnols le placent entre ces deux peintres. Il peignait l'histoire et le portrait, et était l'un des plus grands coloristes de son siècle. Charles II le nomma son peintre. Il mourut à Madrid en 1685. Ses principaux ouvrages sont une *Magdeleine dans le désert*, une *sainte Famille*, une *Conception de la Vierge*, *Jésus le Nazaréen*, un *Baptême de Jésus-Christ*.

CARRERA (D. José-Miguel), général américain, né à Santiago (Chili). Il était major des grenadiers à l'époque où des troubles éclatèrent dans l'Amérique du Sud. Il força le congrès à déposer la junte et à la remplacer par une commission dont il voulut faire partie. Il destitua les principaux fonctionnaires, et fit dissoudre le congrès. En 1813, par effet de la contre-révolution, il fut privé du commandement de l'armée et retenu prisonnier à Chillan, avec son frère D. Luiz. En 1814, ils s'échappèrent de leur prison et opérèrent une nouvelle révolution; la junte fut rétablie, la charge de directeur abolie, et D. José-Miguel réintégré dans la charge de général en chef. L'Espagne étant parvenue à reconquérir une partie du Chili, José-Miguel à la tête de 500 hommes, fit pendant plus de trois ans une guerre cruelle aux généraux indépendants. Vaincu le 31 août 1821 à la Punta del Medano, José-Miguel fut fusillé.

CARREY. Voy. CAREW.

CARRIER (Jean-Baptiste), né à Yolai (Cantal) en 1756. Il était, à l'époque de la révolution de 1789, procureur à Aurillac. Le département du Cantal le nomma son représentant à l'assemblée nationale. Le 9 mars 1793, il fit décréter l'établissement du tribunal révolutionnaire. Il fut envoyé en mission dans le Calvados pour y dissiper les attroupements formés en faveur des girondins. A son retour, délégué en Vendée, il arriva à Nantes le 8 octobre 1793. Pour vider plus promptement les prisons, il eut recours aux *noyades*, pour lesquelles il fit construire des bateaux à soupape qui, s'entr'ouvrant, précipitaient dans les flots des centaines de victimes. On évalue à quinze mille le nombre des personnes tuées de cette manière. Il rentra en 1572, au sein de la convention. Mais tous ses crimes furent dévoilés, et il fut traduit au tribunal révolutionnaire, qui l'envoya à l'échafaud (1794).

CARRIERA (Rosa-Alba), peintre, née à Venise en 1572, morte en 1757. Elle s'attacha à la miniature et au pastel. Elle fut reçue par l'académie de peinture de Paris et presque toutes les académies d'Italie. Elle était grande musicienne, et touchait supérieurement le clavecin. La galerie de Dresde possède d'elle une collection de cent cinquante-sept morceaux.

CARRIÈRES, nom donné aux lieux où la nature a déposé la pierre par couches, plus ou moins épaisses et étendues. Les pierres sont *calcaires* ou *siliceuses* : les *marbres*, les *moellons*, les *pierres à chaux*, etc., sont de la première espèce; les *meulières*, les *grès*, etc., sont de la seconde. L'exploitation des carrières se fait en formant des galeries souterraines qui se dirigent selon les dispositions naturelles de la couche, en y laissant des parties intactes pour soutenir les voûtes, en sorte que la carrière imite une sorte de village souterrain, habité et percé de rues. On emploie quelquefois la poudre à canon pour détacher et fendre de grandes pierres de rocher.

CARRIK ou CARRICK, espèce de redingote à collet ample, ou à plusieurs collets, dont on se sert en Angleterre.

CARROCCIO, char sacré et porte-étendard des armées chrétiennes au moyen âge. C'était un immense chariot à quatre roues recouvertes de fer, au milieu duquel s'élevait plus ou moins haut, plus communément un grand mât surmonté d'une croix et d'un étendard. Vers le milieu était placé un christ de grandeur naturelle; au pied s'appuyait un autel où un prêtre célébrait les saints mystères. Sur le caroccio étaient dix à douze chevaliers, qui en avaient la garde. On attribue ce char de ralliement aux Italiens de la Lombardie. Une voile placée vers la partie supérieure du mât concourait à alléger le fardeau, quand le vent était favorable.

CARRON, petite ville d'Ecosse, dans le comté de Stirling, à peu de distance de Glasgow, sur la rivière de ce nom. C'est là que se trouve la forge la plus considérable de l'Europe; elle emploie seize cents ouvriers. On y a inventé, en 1774, le canon connu sous le nom de *carronade* ou *caronade*.

CARROSSE, grande voiture à quatre ou six places, suspendue, couverte et fermée, à quatre roues. Les carrosses nous sont venus d'Italie. La reine Catherine de Médicis est une des premières qui ait employé un carrosse en France. Sous François Ier, en 1547, on n'en comptait que deux, dont l'un appartenait à la reine, et l'autre à Diane de France. De tous les pays de l'Orient, la Valachie et la Moldavie sont les seuls où les habitants fassent usage de carrosses.

CARROUSEL, nom donné à des courses magnifiques et chevaleresques qui furent surtout en usage sous le règne de Louis XIV. Les premiers carrousels se trouvent chez les Maures. Ceux du siècle de Louis XIV sont les plus magnifiques. Les seigneurs s'y divisaient en quadrilles, et le combat à l'épée et à la lance, avec la course de bague, formait le fond principal sur lequel étaient basés ces divertissements. Chacun des seigneurs de ces quadrilles était vêtu de couleurs significatifs aux couleurs de sa dame, et avec son cheval brillamment empanaché. Une place de Paris a conservé le nom de *Carrousel*.

CARRUQUE. C'était, chez les anciens Romains, une espèce de chariot à l'usage des gens de qualité et même des plébéiens. Les premiers l'ornaient d'argent; il était à quatre roues, et tiré ordinairement par des mules. Les carruques communes étaient garnies de cuivre ou d'ivoire.

CARSTENS (Asmus-Jacob), peintre célèbre, né en 1754 au village de Sankt-Jurgen près de Sleswig (Danemarck). Encore jeune, il donna les tableaux de la *Mort d'Eschyle*, d'*Adam et Eve auprès de l'arbre de la science*. Après avoir fait un voyage à Rome, il revint à Berlin, où il fit paraître le tableau des *quatre Éléments* et celui de la *Chute des anges*, qui lui valut une place de professeur à l'académie de Berlin avec une pension de 450 rixdales. Il mourut en 1798. Ses principaux tableaux sont ceux d'*Œdipe roi*, de *Mégaponte*, etc.

CARTABU, cordage volant qui sert très-souvent aux bâtiments pour descendre quelque chose des hunes, ou pour y monter quelque chose. On le passe quelquefois dans une poulie placée en tête du mât, pour faciliter la manœuvre quand le corps est lourd.

CARTE, figure plane qui représente la terre ou une de ses parties. L'invention des cartes géographiques est attribuée à Anaximandre. Les cartes sont universelles ou particulières. Les premières représentent toute la surface de la terre, ou seulement la surface d'un hémisphère. Les cartes particulières représentent quelques parties de la terre. On distingue des cartes géographiques les cartes *hydrographiques* ou *marines*, dans lesquelles on ne représente que la mer, les îles et les côtes. — On nomme *carte de sûreté* une permission de séjour à Paris, délivrée par le préfet de police.

CARTEAUX (Jean-François), né en 1751 à Allevant (Haute-Saône). Il fut recueilli par le célèbre peintre Doyen. Mais il abandonna ce métier pour celui de soldat. Dans la journée du 14 juillet 1789, il fut employé en qualité d'aide de camp de la ville de Paris. Nommé lieutenant de la garde nationale à cheval, il fut nommé général en 1793. Nommé commandant des troupes contre les Marseillais révoltés, il les dispersa, après s'être emparé de Pont-Saint-Esprit, d'Avignon et de Marseille. Il commanda les opérations du siège de Toulon, et s'empara de la ville. Nommé général en chef de l'armée d'Italie, et accusé de trahison, il fut conduit à Paris en 1794 et renfermé à la Conciergerie. Le 9 thermidor le sauva. Remis en activité en 1795, il conserva son grade jusqu'en 1800. Bonaparte le nomma en 1801 administrateur de la loterie. Carteaux mourut en 1813.

CARTEL, lettre ou billet de défi par lequel on provoque quelqu'un en un combat singulier. L'usage des cartels fut très-fréquent au moyen âge et dans les temps de chevalerie. Les anciens le connaissaient. Plutarque rapporte qu'Antoine envoya un cartel à Auguste, qui le refusa. — On donne aussi ce nom à une boîte de pendule, en forme de cul-de-lampe, qui s'applique contre le mur. Les cartels, ordinairement en bronze doré, ne sont plus de mode.

CARTERET (John, vicomte), comte de Granville, mort en 1763. En 1711, il siégeait à la chambre des lords, où il se distingua par son attachement à la maison de Hanovre. En 1719, il fut envoyé ambassadeur en Suède. En 1721, il fut secrétaire d'État, et en 1724 vice-roi d'Irlande. Il gouverna ce pays jusqu'en 1730. En 1742, il fut nommé secrétaire d'État. Ce seigneur favorisa toujours les lettres.

CARTERON, nom donné aux tisserands à des lames de bois plates, d'un pouce de large, et d'une longueur plus grande que la largeur de la chaîne. Ces lames, toujours au nombre de deux, servent à tenir les fils écartés, qui se croisent sur elles afin de les empêcher de se mêler.

CARTERON, nom donné, dans l'Amérique, à l'homme ou la femme provenant de l'union d'un blanc avec une mulâtresse, ou d'un mulâtre avec une blanche. — Le carteron est aussi un poids qui est la quatrième partie de la livre.

CARTES A JOUER, petits rectangles formés de feuillets de cartons minces et lissés, ordinairement blancs et sans taches d'un côté, et peints de l'autre de figures différentes. On appelle *têtes* les figures, c'est-à-dire, le *roi*, la *dame* et le *valet* ; et points, les cartes qui n'ont pas de figures, et qui sont marquées de simples *piques*, *trèfles*, *carreaux* ou *cœurs*, dont le nombre varie de 1 (as) à 10. On distingue en général les jeux de cartes en deux sortes: les jeux entiers, composés de cinquante-deux cartes, et ayant les 2, les 3, les 4, les 5 et les 6 de chaque couleur, et le jeu de piquet, qui n'en ont que trente-deux. Le *cœur* et le *carreau* sont colorés en rouge, le *pique* et le *trèfle* en noir. — On attribue généralement l'origine des cartes à jouer à Jacquemin Gringonneur, imager du roi Charles VI ; d'autres la reculent jusqu'à Charles VII, et voient dans *Argine* (reine de trèfle) Marie d'Anjou, femme de ce prince; dans la *Hire* (valet de cœur), le brave capitaine de ce monarque; dans le *cœur*, la pointe d'un trait d'arbalète; dans le *carreau*, le fer carré d'une grosse flèche; dans le *trèfle*, la garde d'une épée; et dans le *pique*, la lance d'une pertuisane.

CARTÉSIANISME, nom donné à la doctrine philosophique du célèbre Descartes. Cette doctrine se résume tout entière dans le *doute méthodique*, c'est-à-dire, un doute rationnel, par lequel on substitue progressivement, et par des raisonnements rigoureux, les croyances de l'expérience à celles de la routine et de l'habitude. C'est par une suite de ces raisonnements que Descartes pose le principe sur lequel il base toutes ses croyances : *Je pense, donc j'existe*. Son école fut spiritualiste, et ce spiritualisme alla plus tard jusqu'à l'idéalisme. Il n'admet que des substances ; l'une qui pense et l'autre qui est étendue.

CARTHAGE (en punique, *Karthahadath*), ancienne ville d'Afrique, capitale de la Zeugitane, sur une presqu'île au fond d'un golfe de même nom. Elle se divisait en trois parties principales : 1° *Mégalie* (la ville propre), 2° *Byrsa* (la citadelle), 3° *Cothon* (le port). Selon quelques auteurs, Carthage fut fondée 1259 ans avant J.-C. par des Phéniciens chassés de leur pays par l'Israélite Josué, fils de Nun ; selon d'autres, par Didon ou Elisa, sœur du roi de Tyr (869 avant J.-C.). La puissance de Carthage s'étendit bientôt sur une grande partie du littoral de l'Afrique Elle fonda une colonie en Corse, s'empara de la Sardaigne, et domina en Espagne et en Sicile. Ses démêlés avec Rome donnèrent naissance aux trois guerres puniques, à la suite desquelles elle fut prise et incendiée (146 avant J.-C.). Vingt-trois ans après, relevée à peu de distance de l'ancienne ville sous le nom de *Colonia Junonia*, elle fut la capitale de l'Afrique, et eut un évêque. Son diocèse embrassait l'*Afrique propre*, la *Byzacène*, la *Numidie*, les deux *Mauritanies* et la province de *Tripoli*. Prise par les Vandales en 439, elle devint la capitale de leur empire. Les Arabes la détruisirent pour la seconde fois en 697, et elle ne s'est plus relevée. — Carthage était gouvernée par deux magistrats, d'abord à vie, plus tard annuels, les *suffètes* (sophetim), et par un sénat de cent membres.

CARTHAGÈNE (autrefois *Carthago nova*), ville d'Espagne, dans la province et à 11 lieues de Murcie. Son port, dans lequel se trouvent un chantier et un arsenal maritime, est le meilleur de l'Espagne. La population de Carthagène est de 29,000 habitants. Elle commerce en olives, soude excellente, laines fines, soie, raisin sec, nattes, et surtout en câbles de sparterie. — Bâtie par les Carthaginois Asdrubal l'an 220 avant J.-C., elle était destinée à être l'entrepôt du commerce de Carthage en Espagne. Mais Scipion l'Africain s'en empara l'an 210 avant J.-C.

CARTHAGÈNE, province de la Colombie, faisant partie du département de Magdalena. Sa superficie est de 4,300 lieues carrées, et sa population de 170,000 habitants.

CARTHAGÈNE, capitale de la province de ce nom et du département de Magdalena, ville épiscopale, située vis-à-vis d'une vaste et riche, à 146 lieues de Santa-Fé de Bogota. Sa population est d'environ 30,000 âmes. Son port est le meilleur de l'Amérique, et elle fait un grand commerce de perles et d'émeraudes. Elle est la première place forte de la république. — Fondée en 1533 par don Pedro de Heredia, elle fut surprise par les Anglais en 1585, et pillée par les Français en 1697.

CARTIAME, genre de plantes de la famille des synanthérées, section des carduacées, renfermant une vingtaine d'espèces, dont une surtout est connue : c'est le *carthame officinal* ou *safran bâtard* et *safranon*, à la tige de trente-deux centimètres de haut, droite, cylindrique, dure et lisse, couverte de feuilles simples, entières et vertes ; aux fleurs d'un jaune orangé. Ses fleurs contiennent deux substances colorantes bien distinctes, l'une jaune, l'autre rouge. Cette dernière est la seule employée. Elle sert aux teinturiers, et entre dans la composition du rouge auquel ont recours les dames. On prépare encore avec les étamines une espèce de laque à l'usage des peintres, et qu'ils appellent *rouge végétal* ou *vermillon d'Espagne*. Quant aux graines, on en exprime une huile douce d'excellente qualité. On mange leur amande, qui est très-purgative.

CARTIER (Jacques), navigateur français né à Saint-Malo, découvrit en 1554 une grande partie du Canada, qu'il visita avec beaucoup de soin (Cabot n'avait découvert que les îles). Cartier a laissé une description détaillée du pays, des îles, des ports, des côtes, sous le nom de *brief Récit de la navigation faite ès îles de Canada, Hochelage, Saguenay et autres*. Paris, 1565.

CARTILAGES, nom donné, en anatomie, aux parties solides du corps des animaux, de couleur blanche, laiteuse, flexibles, compressibles, très-élastiques, moins dures et moins pesantes que les os. Plusieurs cartilages avec l'âge et se convertissent en de véritables os. Les cartilages sont formés de quarante-quatre parties d'albumine, de cinquante-cinq d'eau, et d'une partie de phosphate de chaux.

CARTILAGINEUX, grande division de poissons dits chondroptérygiens, relativement à l'ensemble de leur organisation. Leur squelette est formé de substance cartilagineuse, et demeure constamment dans cet état. L'appareil operculeux manque ; le bassin est d'une seule pièce transverse, qui ne s'articule pas à l'épine, et porte de chaque côté une lame ou tige à laquelle adhèrent les rayons de la ventrale. Les raies, les squales, les lamproies, sont des poissons cartilagineux.

CARTON, nom donné à un papier de forte épaisseur. On fait des cartons de trois espèces différentes : les premiers, formés par la réunion de plusieurs feuilles de papier collées les unes sur les autres, comme celui des cartes à jouer, et nommés *cartons de collage* ; les seconds, fabriqués avec des rognures de papier ou le vieux papier qu'on délaye dans l'eau, et qu'on réduit en pâte pour la seconde fois, on les appelle *cartons de second moulage* ; les troisièmes, fabriqués dans les papeteries avec des pâtes formées par les chiffons grossiers et tous les rebuts de la manufacture, on les appelle *cartons de premier moulage*. Ils se font comme le papier. Les cartons portent ordinairement le nom des papiers qui servent à les composer. Le *carton couvert* est celui qui est revêtu d'une feuille de papier blanc ; le *carton gauffré*, celui sur lequel on a fait des dessins en relief.

CARTON-PIERRE. Voy. Ardoise.

CARTONS, nom donné aux grands dessins faits par les peintres pour servir de modèle à leurs grands tableaux, et surtout aux peintures à fresque. — Les plus beaux cartons sont ceux de Raphaël, de Jules Romain, de Michel-Ange, de Léonard de Vinci.

CARTON. En termes d'imprimerie, c'est un feuillet qu'on réimprime pour y faire quelques changements ou corrections importantes. — En termes d'architecture, c'est un contour dessiné sur une feuille de carton ou de fer-blanc pour tracer les profils des corniches. — En termes de rubanier, le *carton* est la partie du métier qui est attachée d'une part à la barre de la poitrinière, et l'autre au premier travers de lames, au moyen de deux ficelles qui le tiennent suspendu un peu au-dessus de l'ensuple de devant. Il sert à poser les navettes et les sabots, lorsqu'il y en a plusieurs.

CARTOPHYLAX, officier ecclésiastique de l'Eglise de Constantinople. Il rédigeait les sentences du patriarche, les signalait et y apposait le sceau. Il gardait toutes les chartes qui regardaient les droits de l'Eglise, jugeait toutes les causes en matières ecclésiastiques, et approuvait toutes les promotions aux évêchés, abbayes, etc.

CARTOUCHE. On appelle ainsi, en architecture, un espace de forme ordinairement régulière, ménagé dans une frise, une corniche, ou dans toute autre partie d'un bâtiment, pour y placer une inscription, des trophées, des armoiries, etc. Ce mot s'applique aussi à l'espace réservé au titre d'une carte de géographie, et d'autres parties d'un dessin ayant une destination analogue. Dans les inscriptions hiéroglyphiques égyptiennes, on trouve souvent des groupes de figures enfermées dans de petits encadrements composés de deux lignes verticales ou horizontales, arrondis par le haut et par le bas, et posés sur une base rectangulaire. Ce sont des *cartouches*. Ils étaient ordinairement réservés pour les noms des divinités, des dynasties ou des rois.

CARTOUCHE, charge d'une arme à feu contenue dans un cylindre fait de papier, de serge, de parchemin ou de fer-blanc. Ce nom est plus spécialement réservé à la charge d'un fusil. Pour la confection des cartouches, on se sert de *mandrins* ou cylindres de bois dur et sec, longs de sept pouces sur cinq lignes trois quarts de diamètre. L'un des bouts est arrondi pour ne pas blesser la main, et l'autre creux pour recevoir la balle. Après avoir coupé le papier d'une manière particulière, et en forme de trapèze, on le roule autour du mandrin, ensuite on le remplit de poudre. Il faut une livre de poudre pour quarante cartouches.

CARTOUCHE (Louis-Dominique), célèbre voleur, né à Paris en 1693. Son père le fit étudier au collège de Louis-le-Grand ; mais il s'enfuit des mains de son père, et vécut pendant quelque temps dans la société de quelques bohémiens. De retour à Paris, il rallia autour de lui beaucoup de soldats et de brigands, dont il devint le chef, et avec lesquels il désola Paris. Dénoncé par un de ses plus intimes confidents, il fut pris le 6 octobre 1721, et, en vertu d'une sentence de parlement, rompu vif en place de Grève le 26 novembre. On a fait sur Cartouche plusieurs pièces, et entre autres *Cartouche* ou *les Voleurs*, comédie de Le Grand.

CARTULAIRE, nom donné aux recueils des contrats de vente, d'achat, d'échange, des privilèges, immunités et autres chartes des églises, des monastères, des chapitres, des seigneuries. Le plus ancien cartulaire connu est celui de l'abbaye de Saint-Bertin, rédigé sur la fin du xe siècle. D'autres mettent avant celui de saint Odon, mort, dit-on, en 962.

CARTULAIRE, officier de l'Eglise, dont la charge consistait, dans l'origine, uniquement à garder les chartes ou papiers qui concernaient le public. Chez les Latins, le cartulaire de Rome présidait aux jugements ecclésiastiques, au lieu du pape, et gardait les clochettes de l'Eglise. A Constantinople, le *grand cartulaire* était un officier impérial qui gardait le registre public et menait le cheval de l'empereur.

CARTWRIGHT (Guillaume), théologien et poète anglais, né en 1611 dans le comté de Glocester. Il devint un célèbre prédicateur, et mourut en 1644. Il a donné quatre pièces de théâtre, des *poésies* et des *sermons*.

CARTWRIGHT (Edmond), né à Marnhem en 1743, ecclésiastique, recteur de Boadby-Merwood dans le comté de Leicester et de Marnhem, prébendier de Lincoln, a perfectionné les moyens de tisser, de peigner la laine, etc. Les chefs de manufactures de Manchester adressèrent au parlement une pétition pour qu'il obtînt une gratification de 10,000 livres sterling (247,500 francs).

CARUS (Marcus Aurelius), empereur romain, né à Narbonne, vers l'an 230, d'une famille originaire de Rome. Il s'éleva par son mérite au consulat et aux premières dignités militaires. Il exerçait la charge de préfet du prétoire lorsqu'il fut élu empereur, après la mort de Probus, en 282. Il marcha contre les Sarmates, qu'il soumit. Il porta bientôt après la guerre en Perse, reprit la Mésopotamie et vainquit Varanès II près de Ctésiphon. Il fut tué par la foudre au milieu d'un orage sur les bords du Tigre en 283. Les Romains le mirent au rang des dieux.

CARVI, genre de plantes de la famille des ombellifères, renfermant une seule espèce. Le *carvi des prés*, plante herbacée, bisannuelle, dont la tige, de soixante-cinq centimètres de haut, lisse et rameuse, est garnie de feuilles pointues et de fleurs d'un blanc jaunâtre, petites, disposées en ombelles. Ses semences verdâtres et odorantes fournissent une huile essentielle, ont les mêmes propriétés que l'anis, et entrent dans la composition de plusieurs liqueurs.

CARVILIUS. Plusieurs personnages de l'antiquité ont porté ce nom. — CARVILIUS, roi d'une partie de la Grande-Bretagne, attaqua la flotte de César par l'ordre de Cassivélaunus. — SPURIUS CARVILIUS MAXIMUS, capitaine romain, fut consul avec Papirius Cursor, l'an 293 avant J.-C. Il s'empara d'Amiterne, de Conicnium, de Palumbi, d'Herculanum, etc. De retour à Rome, il obtint les honneurs du triomphe, et déposa au Capitole une statue colossale faite avec les hausse-cols pris sur les Samnites. — SPURIUS CARVILIUS MAXIMUS, son fils, consul avec Quintus Fabius Maximus l'an de Rome 524, passe pour le premier Romain qui répudia sa femme. D'autres attribuent cette innovation à CARVILIUS RUGA, l'an 500 de Rome.

CARYATIDES, figures de femmes servant d'appui aux entablements, et soutenant d'une main un panier posé sur leur tête, et sur lequel reposent les corniches et les autres saillies d'architecture. L'origine des caryatides vient, selon Vitruve, de ce que les Grecs ayant pris la ville de Carye (Laconie), alliée avec les Perses, réduisirent les femmes en esclavage. Les architectes, pour perpétuer leur opprobre, firent de ces figures de femmes, vêtues de longues robes, le fût de la colonne ionique. — On appelait aussi *caryatide* une danse lacédémonienne en l'honneur de Diane.

CARYOPHYLLAIRES, ordre de polypiers lamellifères, institué par Lamarck pour les polypiers pierreux et non flexibles, qui ont des cellules étoilées et terminales, cylindriques, épatées, jamais à parois communes. Cet ordre renferme les genres *caryophyllie, turbinolopse, turbinalie, fongée et cyclalithe.*

CARYOPHYLLÉES, nom donné à des fleurs qui ont de la ressemblance avec celles de l'œillet (en latin, *caryophyllus*). Elles ont une corolle régulière à cinq pétales, et dont les onglets fort longs sont cachés dans le calice. — C'est aussi le nom d'une famille de plantes dicotylédonées, renfermant des genres à la tige cylindrique, souvent noueuse et comme articulée, aux feuilles opposées, réunies par leur base, aux fleurs blanches ou rougeâtres. Elle renferme deux groupes, les *dianthées* (au calice tubuleux) et les *alsinées* (au calice étalé).

CARYOPHYLLIE, genre de polypiers subcylindriques actiniformes, pourvus de tentacules courts en couronne double ou simple. Ces tentacules sont épais et perforés, saillant à la surface d'étoiles ou de loges cylindro-coniques. Le tout formant un polypier solide, conique, fixe par la base, et appartenant à la famille des caryophyllaires.

CAS, nom donné, en grammaire, à la terminaison diverse des noms, faite pour exprimer le genre et le nombre. La langue française n'a pas de cas; le latin a six cas: le *nominatif*, qui représente l'être qui agit; le *génitif*, qui est le signe de la possession; le *datif*, qui indique l'attribution; l'*accusatif*, qui représente l'être qui reçoit l'action; le *vocatif*, où l'on invoque, l'on interroge, et l'*ablatif*, qui exprime la privation, le repos. Le grec a cinq cas, les mêmes que le latin, l'ablatif excepté. L'allemand a six cas, l'arménien en a dix; l'ancien arabe en a trois, et l'arabe moderne n'en a pas, ainsi que l'hébreu, le syrien, le phénicien, le chinois, le birman, le siamois, le turc, etc.

CAS FORTUITS. On donne ce nom aux événements qui ne peuvent être prévus, ou qu'on ne peut empêcher quoiqu'on les prévole. Un homme n'est point tenu des cas fortuits qui arrivent à une chose dont il est dépositaire. Cette règle a cependant deux exceptions: la première, lorsque la chose périt par la faute du possesseur; la seconde, si, par une clause particulière, on s'est rendu responsable des cas fortuits

CAS PRÉSIDIAUX ou PRÉVÔTAUX. On appelait ainsi ceux des crimes qui, présentant des caractères plus graves que les autres, paraissaient devoir être promptement punis, et qui étaient en conséquence jugés par un tribunal présidial ou prévôtal, précipitamment et en dernier ressort sans appel. Les crimes commis par les vagabonds, les crimes commis par les gens de guerre, les désertions, les vols de grands chemins ou avec effraction, les sacrilèges, les assassinats, les séditions populaires, l'altération de la fabrication des monnaies, étaient des cas *prévôtaux* ou *présidiaux.*

CAS PRIVILÉGIÉS, nom donné aux causes criminelles qui sortaient du droit commun, et dont la connaissance était dévolue à des juges qui avaient le privilège de dépouiller la cause de toutes les garanties qui lui étaient assurées par la loi. Cette expression s'appliquait, en outre, spécialement aux crimes concernant l'Eglise, ou commis par des hommes d'église, mais dont la connaissance était dévolue aux juges séculiers, à l'exclusion des juges ecclésiastiques qui exerçaient la juridiction pour les délits touchant l'Eglise.

CAS RÉDHIBITOIRES, nom donné, en jurisprudence, aux vices propres à la chose qui fait l'objet du contrat, que le vendeur ou le bailleur s'est efforcé de dissimuler au moment de la convention, et dont la découverte instantanée permet à l'acheteur ou au preneur de rompre le contrat.

CAS RÉSERVÉS, nom donné, en théologie, aux péchés griefs, dont le pape, l'évêque et les autres supérieurs majeurs tels que les généraux ou provinciaux des ordres religieux, se réservent l'absolution. La violence envers les clercs, moines, évêques, cardinaux; la simonie, la falsification des lettres pontificales, l'expulsion des églises, la communication d'un clerc avec un excommunié, les excommuniés qui auraient refusé de sortir d'une église, etc., etc., sont des cas réservés au pape.

CAS ROYAUX, nom donné autrefois aux crimes qui donnent directement atteinte à la majesté et à l'autorité du prince, aux droits de sa couronne, à la dignité de ses officiers et à la sûreté publique. Le crime de lèse-majesté, le sacrilège, la rébellion aux ordres émanés du roi et de ses officiers, les assemblées illicites, les séditions, la fabrication, l'altération de la monnaie, le crime d'hérésie, le rapt et l'enlèvement d'une personne par force et par violence, étaient des cas royaux, dont le jugement était réservé aux baillis, sénéchaux et juges présidiaux.

CAS IRRÉDUCTIBLE. On donne ce nom, en algèbre, à celui où les trois racines d'une équation du troisième degré sont réelles et inégales.

CASAL, province des Etats sardes, qui a 9,500 habitants, et dont la capitale est *Casal,* à 14 lieues de Milan et 18 de Turin. Sa population est de 18,200 habitants. Elle était autrefois capitale du Montferrat. Elle commerce en soie, et se trouve dans un pays fertile, sur la rive droite du Pô. Elle est le siège d'un évêché.

CASANOVA (François), peintre de batailles et de paysage, né à Londres en 1732. Il vint à l'âge de vingt-cinq ans se fixer à Paris, et fut reçu en 1763 membre de l'académie royale de peinture. Le prince de Condé le chargea de plusieurs grands tableaux pour sa galerie du palais Bourbon. Il mourut près de Vienne en 1805.

CASAQUE, manteau à longues manches, qui se mettait par-dessus l'habit, surtout pour monter à cheval. — On donnait autrefois le nom de *casaque d'armes* à un manteau à manches longues et fermées, ouvert par devant, à pans prolongés, se mettant par-dessus l'armure, le justaucorps ou la soubreveste. La casaque des militaires de cour était ornée de fleurs de lis; celle des compagnies d'ordonnance était à la livrée des capitaines

CASAS (Barthélemi DE LAS), né à Séville en 1474. Il suivit à l'âge de dix-neuf ans son père Antonio de Las Casas, qui accompagna Christophe Colomb à son second voyage en Amérique. De retour en Espagne, il fut ecclésiastique et curé. Il quitta sa patrie pour aller travailler au salut et à la liberté des Indiens. Indigné de la cruauté des gouverneurs espagnols, il retourna dans sa patrie pour porter ses plaintes et celles des Indiens devant le conseil de Charles-Quint, qui fit des ordonnances très-sévères contre les persécuteurs. Devenu évêque de Chiapa au Mexique, il écrivit le livre intitulé *brevissima Relacion de la destruycion de los Indios.* Il démit de son évêché en 1551, et mourut en 1566.

CASAUBA. Voy. CASBAH.

CASAUBON (Isaac), né en 1559 à Genève, il professa d'abord les belles-lettres dans sa patrie, et ensuite la langue grecque à Paris. Henri IV lui confia la garde de sa bibliothèque en 1603. Jacques Ier, roi d'Angleterre, l'appela auprès de lui après la mort de ce prince. Il mourut en 1614. Casaubon s'exerça à traduire et commenter plusieurs grands auteurs grecs et latins, Diogène de Laërce, Aristote, Théophraste, Strabon, Théocrite, Athénée, etc.

CASBAH ou KASBAH, nom donné, en Afrique, aux citadelles des villes, et entre autres d'Alger, de Bone, d'Oran, etc. Celle d'Alger est située au sommet du triangle que forme la ville, sur une hauteur qui la domine tout entière. La casbah renfermait les trésors accumulés par les deys d'Alger. Le dernier, Hussein-Pacha, fit de la casbah une forteresse où il resta jusqu'au 4 juillet 1830; le lendemain elle fut occupée par les Français. On évalue le trésor qu'on y trouva à 47,639,010 francs 84 centimes.

CASCADE, chute d'eau considérable d'un fleuve ou d'une rivière. Celle de Gavarnie, dans les Pyrénées, est une des plus belles que l'on connaisse. La plus célèbre du monde est la cataracte du Niagara, qui a une lieue de long et une hauteur de cent quarante-quatre pieds. Le bruit qu'elle cause s'entend de 15 à 20 lieues, et les vapeurs qui s'en élèvent se voient à 25 lieues de distance.

CASCADES (MÉTHODE DES), nom donné, en algèbre, à une méthode par laquelle, dans la résolution d'une équation, on approche toujours plus de la valeur de l'inconnue, par des équations successives, qui vont sans cesse en baissant d'un degré.

CASCANE. C'est, en termes de fortifications, un trou ou cavité en forme de puits que l'on fait dans le terre-plein, près d'un rempart, pour découvrir ou couper la mine des ennemis. On dit mieux *puits* ou *écoute.*

CASCARILLE, nom donné à l'écorce d'un petit arbre indigène des îles Bahama, du genre *croton.* On l'importe principalement d'Eleutheria, l'une des îles Bahama. Elle consiste en morceaux d'environ six ou huit pouces de long, qui ont à peine un dixième de pouce d'épaisseur. Ils sont roulés et couverts d'un épiderme mince et blanchâtre. Elle a une odeur épicée, agréable, et une saveur amère, aromatique et chaude. On l'emploie en pharmacie et en parfumerie.

CASE, nom donné, dans l'Inde et les colonies, aux cabanes qu'habitent les nègres. Elles sont le plus souvent construites en roseaux ou en terre délayée et durcie au soleil. — Au jeu de l'échecs, la case est chacune des places qui sont marquées par une sorte de flèche. Au jeu des échecs, c'est un des carrés de l'échiquier. La *case du diable* est, au trictrac, la deuxième flèche du grand jan.

CASÉIQUE (ACIDE), acide de couleur jaunâtre, d'une consistance sirupeuse, d'une saveur de fromage amer et acide à la fois Il existe en grande quantité dans les fromages faits, et c'est à lui qu'ils doivent leur saveur. Il forme avec l'ammoniaque un sel incristallisable

CASEMATE, nom donné, en termes de

fortification, à un lieu voûté, construit sous terre, et à l'épreuve de la bombe. Les officiers du génie divisent les casemates en cénacles pratiqués dans les pans des bastions d'une forteresse, de manière à servir de chambres de caserne à la garnison, en cas de bombardement; on y perce des embrasures dans les flancs des bastions; on y place des pièces qui, en cas d'assaut livré au corps de la place, tirent à mitraille.

CASEMATES A FEU, nom donné à des triples plates-formes garnies de pièces de canon. On les tirait à cartouches sur les assaillants, s'ils tentaient le passage du fossé.

CASENAVE (Antoine), né à Lemboye (Basses-Pyrénées) en 1763. Avant la révolution, il exerçait les fonctions de substitut de l'avocat général au parlement de Pau. En 1792, il fut nommé député à la convention nationale; dans le procès du roi, il vota la réclusion du monarque et de sa famille, jusqu'à la paix, l'exil perpétuel à cette époque, et la fixation de la majorité aux deux tiers au moins. Il employa tout son crédit à protéger les victimes de ces temps malheureux. Elu membre du conseil des cinq-cents, il fut membre de la commission législative qui rédigea la constitution de l'an VIII. Il passa au nouveau corps législatif, dont il fut secrétaire et plus tard vice-président. Il fit partie de la chambre des représentants de 1815, et mourut en 1816.

CASERETTE, forme dans laquelle on fait des fromages.

CASERNE, bâtiment spécialement destiné au logement des militaires. Les Grecs, n'ayant pas de troupes permanentes, n'avaient pas de casernes. Chez les Romains, elles avaient un seul étage au-dessus du rez-de-chaussée, et il régnait sur tout le pourtour de cet étage une galerie extérieure sur laquelle ouvraient les portes des chambres occupées par les soldats. Outre la caserne des prétoriens, il y avait à Rome onze casernes.

CASERNET, cahier sur lequel on inscrit les noms des ouvriers qui se trouvent à l'appel dans les ports. Les casernets servent aussi à tenir les notes sur les divers travaux et les consommations.

CASÉUM, substance d'un blanc jaunâtre, insipide, inodore, soluble dans les acides et l'alcool, plus pesante que l'eau, existant en grande partie en dissolution dans le lait. On l'obtient en mêlant du lait écrémé avec de l'acide sulfurique étendu. Coagulé, séché et mêlé à une plus ou moins grande quantité de beurre, le caséum constitue le fromage. Il est composé de carbone, d'oxygène, d'hydrogène et d'azote.

CASH, monnaie de cuivre usitée au Tonquin. 200 cash valent environ un franc de notre monnaie.

CASI, chef de la religion mahométane chez les Mongols.

CASIASQUIER, surintendant de justice en Turquie.

CASILINUM, ville de Campanie, sur le Vulturne, à une lieue de l'ancienne Capoue. Annibal l'assiégea, et elle fut défendue par les soldats de Préneste, qui ne se rendirent qu'après avoir été forcés de se nourrir de chats et de souris, et réduits à la moitié par la guerre et la famine. C'est sur l'emplacement de Casilinum qu'a été bâtie la nouvelle Capoue.

CASIMIR, nom donné en technologie à un drap léger, croisé, qu'on a d'abord fabriqué avec la plus belle laine; on en fait depuis peu de temps en coton. On confectionne surtout des pantalons et des gilets en casimir.

CASIMIR. Cinq rois de Pologne ont porté ce nom.—CASIMIR Ier, fils de Mieczyslas Ier, lui succéda en 1034, sous la régence et la tutelle de sa mère Rixa. Il civilisa les Polonais, fit renaître le commerce et l'agriculture, reprit la Silésie, fit rentrer dans l'obéissance la Poméranie et la Prusse, et défit près de Plock (1047), Maslaw, duc de Mazovie. Casimir mourut en 1058 à quarante-deux ans.—CASIMIR II, dit le Juste, fils de Boleslas III, succéda en 1177 à son père Mieczyslas III, déposé à cause de sa conduite tyrannique. Ce prince se fit aimer par sa bonté et sa justice, et mourut en 1194 à l'âge de cinquante-six ans.—CASIMIR III, surnommé le Grand, succéda, à l'âge de vingt-trois ans (1333), à Wladislas IV. Il conquit la Cujavie sur les chevaliers teutoniques, et la Wolhinie sur les Tartares. Il fonda et dota des églises, des hôpitaux et l'université de Cracovie. Il mourut en 1350.—CASIMIR IV, fils de Jagellon, fut appelé au trône en 1447, après la mort de Wladislas, son frère. Il subjugua la Valachie, ordonna par un édit l'étude et l'usage de la langue latine, et mourut en 1492. — CASIMIR V ou JEAN CASIMIR, fils de Sigismond III, d'abord jésuite et cardinal, fut élu roi après la mort de Wladislas VII, son frère, en 1648. Il fut d'abord défait par Charles-Gustave, roi de Suède, qu'il repoussa ensuite. En 1661, il remporta une victoire sur les Moscovites. En 1667, il descendit du trône, et se retira en France dans l'abbaye de Saint-Germain des Prés, que Louis XIV lui donna. Il mourut en 1672.

CASIMIR (Saint), fils de Casimir IV, roi de Pologne, grand-duc de Lithuanie, disputa à l'âge de treize ans la couronne de Hongrie à Matthias Corvin, ou plutôt ce fut son père qui la disputa pour lui. Il se retira ensuite au château de Dobski, où il vécut dans la piété et la chasteté. Il mourut en 1484 à l'âge de vingt-trois ans. Il fut canonisé en 1521.

CASINO, nom italien qui désigne à la fois le lieu où se rassemble une société particulière pour se livrer au plaisir de la conversation et du jeu, et cette société même. Ce nom vient du mont Casino, dans la province napolitaine de la terre de Labour, situé dans une position délicieuse. On y venait en pèlerinage à un couvent de bénédictins, où l'on trouvait toutes sortes de plaisirs.

CASIRI (Michel), célèbre orientaliste, né en 1710 à Tripoli en Syrie. Après avoir fait ses études à Rome, il retourna dans l'Orient, puis dans cette ville, où il professa les langues syriaque, arabe et chaldéenne. En 1748, il se rendit à Madrid, obtint une place à la bibliothèque royale, et devint membre de l'académie historique. Il mourut en 1791. Il a écrit un ouvrage dans lequel il a réuni tous les manuscrits arabes de l'Escurial sous le titre de Bibliotheca Arabico-Hispana (bibliothèque arabe-espagnole).

CASLEU, neuvième mois de l'année sacrée des Hébreux, et le troisième de l'année civile. Il avait trente jours pleins, et répondait à la fin de novembre et au commencement de décembre.

CASOAR, genre d'oiseaux de l'ordre des échassiers et de la famille des brévipennes, assez voisins des autruches. Les casoars sont gloutons et stupides; leur taille est très-haute; leur corps massif est couvert de plumes lâches, noirâtres, assez analogues à des poils; leur tête est surmontée d'un casque osseux, brun par devant et jaune dans tout le reste; ce casque a trois pouces de haut, sur un pouce de diamètre à sa base et trois à son sommet; sur le devant du cou, il existe de chaque côté une caroncule mince, de couleur rouge. Au croupion, les plumes sont tombantes, et remplacent la queue. Les ailes sont extrêmement courtes. Le bec, les pieds et les ongles sont de couleur noire. Les casoars se trouvent en Océanie.

CASPIENNE (MER), grand lac situé aux confins de l'Europe, entre la Russie à l'O. et au N., la Tartarie à l'E., la Perse au S. Sa superficie est de 12,850 lieues carrées, et sa profondeur de 400 ou de 450 pieds. Il est salé et très-poissonneux. La pêche produit plusieurs millions de roubles. La mer Caspienne est sans communication apparente avec d'autres mers. Elle reçoit le Volga, le Kour, l'Ouraï, le Terek, l'Aksaï, le Samour, le Svidoura, etc.—Les anciens la connaissaient sous le nom d'Hyrcanum ou de Caspium mare.

CASPIENNES (PORTES), nom donné à un passage du Caucase entre Derbend et la mer Caspienne.

CASQUE, arme défensive qui protège et orne la tête. La forme du casque a beaucoup varié. Le casque troyen avait la forme du bonnet phrygien. Les casques des Grecs étaient très-ornés et ordinairement surmontés de divers oiseaux ou animaux. Les peuples de la Colchide portaient des casques de bois; ceux des Éthiopiens étaient des peaux de cheval avec les oreilles et la crinière. Le casque des Gaulois était armé de cornes de taureau. Chez les Romains, le casque n'était pas moins orné que chez les Grecs. — Au moyen âge, l'usage du casque fut généralement répandu. Maintenant il est la coiffure de la grosse cavalerie, et se fabrique en cuir bouilli, revêtu de feuilles de cuivre jaune.

CASQUE. On appelle ainsi en botanique la lèvre supérieure des corolles bilabiées, lorsqu'elle est voûtée et concave. On en voit un exemple dans la sauge, l'ortie jaune, l'aconit.—Quelques entomologistes donnent le nom de casque à une partie de la bouche des orthoptères. — En ornithologie, on donne ce nom à un tubercule calleux recouvert d'une substance cornée qui occupe le sommet de la tête de certains oiseaux.

CASQUE. C'est le nom d'un genre de coquilles univalves marines, ressemblant beaucoup aux buccins, dont cependant elles diffèrent par la forme longitudinale de leur bouche, qui est toujours étroite et dentée sur le bord gauche. La coquille des casques est fortement bombée dans presque toutes les espèces.

CASSAGNE (Jacques), abbé, garde de la bibliothèque du roi, membre de l'académie française et de celle des inscriptions et belles-lettres, né à Nîmes en 1634. Il vint de bonne heure à Paris, où il se fit connaître par des sermons et des poésies. Il était sur le point de prêcher à la cour, lorsque Boileau lança contre lui un trait de satire qui fut cause de sa folie. Il mourut à l'hôpital de Saint-Lazare en 1679.

CASSANA, famille de peintres vénitiens. —JEAN-FRANÇOIS CASSANA, né en 1611 à Gênes, vint s'établir à Venise. Alexandre II, duc de la Mirandole, le fit venir à sa cour, où il mourut en 1691. — NICOLO CASSANA, dit le Nicoletto, son fils, naquit à Venise en 1659, et mourut à Londres où l'avait fait venir la reine Anne, dont il fit le portrait. Il peignait bien l'histoire et le portrait. Son plus beau tableau est celui de la Conjuration de Catilina. — Son frère, JEAN-AUGUSTIN CASSANA, dit l'abbé Cassana à cause de son costume, peignit le portrait, mais excella surtout dans la peinture des fleurs, des animaux et des fruits.

CASSANDRE (myth.), fille de Priam, roi de Troie, et d'Hécube, avait reçu d'Apollon le don de prophétie. Cependant, comme elle ne voulut pas répondre à sa passion, le dieu irrité décréditat ses prédictions, quelque véritables qu'elles fussent. Aussi les Troyens, qui la crurent folle, l'enfermèrent. La nuit de la prise de Troie, elle se réfugia dans le temple de Minerve, où Ajax lui fit violence. Dans le partage du butin, elle tomba au pouvoir d'Agamemnon, qui l'aima et l'emmena en Grèce. Elle lui prédit le malheur qui l'attendait à son retour, mais il ne la crut pas et périt assassiné. Cassandre fut assassinée avec lui.

CASSANDRE, fils d'Antipater, s'empara de la Macédoine l'an 317 avant J.-C. Il épousa Thessalonice, sœur d'Alexandre le Grand; assiégea dans Pydna Olympias, mère du feu roi, et la fit mettre à mort. Il se trouvait ainsi à peu près maître de la Macédoine. Il fit périr Roxane et Barsine, femmes du grand Alexandre, ainsi qu'Alexandre et Hercule, ses fils. Antigone lui ayant déclaré la guerre, Cassandre s'allia avec Lysimaque et Séleucus, et battit complétement son adversaire à Ipsus, l'an 301 avant J.-C. Trois ans après, Cassandre mourut l'an 298 avant J.-C.

CASSANDRE, nom d'un personnage comique emprunté à la comédie italienne, et dont le rôle est celui d'un vieillard toujours dupé. Presque toujours Cassandre a une nièce ou une pupille qu'il cache à tous les yeux, et qui finit par tromper ses efforts. Ce fut en 1780 que commença à Paris la vogue du personnage de Cassandre. Ainsi il y a des pièces de *Cassandre oculiste*, de *Cassandre mécanicien*, de *Cassandre astrologue*, de *Cassandre le pleureur*, etc.

CASSANO, petite ville du royaume lombard-vénitien, sur l'Adda, 8 lieues de Milan. Elle est célèbre par la bataille qui s'y livra le 16 août 1705, entre les Français, commandés par le duc de Vendôme, et les impériaux, commandés par le prince Eugène. Ce dernier y fut vaincu ; en 1799, il y eut encore une bataille livrée entre les Français et les Austro-Russes.

CASSATION, en jurisprudence, annulation prononcée par l'autorité supérieure d'un arrêt ou d'un jugement rendu en dernier ressort. Le pouvoir d'annulation appartient à un tribunal spécial, institué en 1790 sous le nom de *tribunal de cassation*, et connu depuis 1804 sous celui de *cour de cassation*. C'est une juridiction supérieure, chargée de maintenir l'uniformité de jurisprudence, d'empêcher les cours et les tribunaux de sortir de leurs attributions légales, etc. Elle prononce sur les demandes en cassation, contre les arrêts et jugements en dernier ressort rendus par les cours et les tribunaux. Elle a droit de censure et de discipline sur les cours royales et les cours criminelles. Elle peut suspendre les juges de leurs fonctions, et les mander auprès du ministre de la justice pour rendre compte de leur conduite. Le délai pour se pourvoir en cassation, en matière civile, est de trois mois à dater du jour de la signification du jugement ; en matière criminelle, correctionnelle ou de police, le condamné n'a que trois jours. La cour de cassation siége à Paris. Elle se divise en trois chambres, chacune de quinze conseillers et d'un président, nommés à vie par le roi. Elle a en outre un premier président ; ce qui porte le nombre de ses membres à quarante-neuf. Pour être membre de la cour, il faut être âgé de trente ans accomplis et licencié en droit. La première chambre ou *chambre des requêtes* statue sur l'admission ou le rejet des requêtes en cassation ou en prise à partie, et sur les demandes, soit en règlement de juges, soit en renvoi d'un tribunal à un autre pour cause de suspicion légitime, soit en annulation des actes par lesquels les cours et tribunaux ont excédé leurs pouvoirs. La *chambre de cassation civile* prononce définitivement sur les demandes en cassation et en prise en partie, lorsque les requêtes ont été admises, et, sans admission préalable, sur les matières d'expropriation pour cause d'utilité publique. La *chambre de cassation criminelle* prononce sur les demandes en cassation en matière criminelle, correctionnelle, de police et de gardes nationales, sans qu'il soit besoin d'arrêt préalable d'admission. La cour de cassation ne connaît pas du fond des affaires ; mais elle casse les jugements et arrêts rendus sur des procédures dans lesquelles les formes ont été violées, qui contiennent quelque contravention expresse à la loi, et renvoie le fond du procès à la cour ou au tribunal qui doit en connaître. Il y a près de cette cour un procureur général du roi, six avocats généraux, un greffier en chef, nommés par le roi, et quatre commis-greffiers ; il est établi près de la cour soixante avocats.

CASSAVE, nom donné à la fécule de la racine de manioc, préparée aux Indes et dans les contrées chaudes de l'Amérique, en l'étendant sur des disques de fer, et en la faisant cuire à une forte chaleur, afin d'en chasser le principe vénéneux. On en forme ainsi une sorte de pain ou de gâteau qui forme la nourriture des naturels du pays.

CASSE, genre de plantes de la famille des légumineuses. Ces plantes resserrent leurs feuilles le soir, et les étalent chaque matin. Les deux espèces d'usage en médecine sont la *casse purgative* et la *casse d'Italie*, qui, toutes deux, purgent bien. La première porte vulgairement le nom de *canéficier* et de *casse en bâton*, à cause de ses gousses noirâtres, cylindriques, longues d'un mètre et quelquefois plus. La pulpe qui entoure les graines est la seule partie employée en médecine.

CASSE, nom donné, en termes d'imprimerie, à une table coupée horizontalement en deux compartiments appelés *casseaux*. Le plus haut se nomme *haut de casse* et l'autre *bas de casse*. Chacun est divisé en compartiments nommés *cassetins*. Le haut de casse a quatre-vingt-dix-huit, et le bas de casse cinquante-quatre. Dans les premiers, on met les grandes majuscules, les petites majuscules, les lettres accentuées, les lettres liées (æ, œ), les parenthèses, les paragraphes, etc. Dans les seconds, on met les lettres minuscules, les chiffres, les signes de ponctuation. Chaque compositeur a ordinairement trois casses complètes, dans la place où il travaille.

CASSE. On nomme vulgairement *casse de chêne rouvre* ; *casse aromatique* un bois ou odorante, une espèce de *cannelier* ; *casse giroflée*, une autre espèce de cannelier ; *casse-lunette*, le bluet ; *casse-pierre*, le *bacille*, la *pariétaire* et les *saxifrages* ; *casse-pot*, le castreau, *casse-noyau* ou *casse-rognon*, le gros-bec.

CASSE-NOIX, genre d'oiseaux de la famille des corbeaux, au bec en cône long et effilé à sa pointe, à bords tranchants, et garni à sa base de plumes ; la mandibule supérieure est plus longue que l'autre ; les narines sont rondes ; le corps est d'un gris fuligineux, le bec et les pieds de couleur livide, les ailes et la queue blanches. Le casse-noix se tient sur les arbres, se nourrit d'insectes et de larves ; il recherche aussi les fruits, les noyaux, et surtout les noisettes.

CASSEAU. Voy. Casse.

CASSEL, ville de France, chef-lieu de canton du département du Nord, à 8 lieues et demie d'Hazebrouck. Elle a un collège et commerce en bestiaux, huile, chapeaux, dentelles, bas. — Cassel, autrefois *Castellum Morinorum*, était la capitale des Morins, peuple gaulois du littoral. En 1070, Philippe Ier y fut battu par Robert le Frison. En 1328 Philippe de Valois, victorieux des Flamands révoltés contre leur comte, saccagea la ville, et en 1677 Philippe, duc d'Orléans, y battit le prince d'Orange. L'année suivante elle fut réunie à la France.

CASSEL, ville d'Allemagne, capitale de la Hesse électorale, sur la Fulde, à 29 lieues de Hanovre. Sa population est de 26,000 habitants. Elle se divise en trois parties : la *ville neuve haute*, la *ville neuve basse* et la *vieille ville*. Cassel a un muséum, des écoles de génie, de peinture, de sculpture, d'architecture, de médecine, de chirurgie. Elle fut, de 1807 à 1814, le chef-lieu du royaume de Westphalie, créé par Napoléon pour Jérôme Bonaparte, son frère.

CASSEROLE, ustensile de cuisine avec une queue en fer. On fait des casseroles en fer-blanc, en cuivre jaune ou laiton, en fonte de fer étamée, et quelquefois couverte d'un vernis. Ces dernières sont les meilleures, parce qu'elles ne contractent aucun goût désagréable, et ne s'oxydent pas.

CASSENEY, mesure de superficie usitée dans l'Inde française, et qui vaut 53 ares 51 centiares de nos nouvelles mesures.

CASSE-TÊTE, arme des sauvages de l'Amérique et de l'Océanie. C'est une massue faite d'un bois très-dur.

CASSIA, loi décrétée, l'an de Rome 649, sous les auspices de Cassius Longinus, par laquelle tout citoyen déclaré incapable de remplir aucun poste de l'armée fut en même temps exclu du sénat. — Loi décrétée sous les auspices du préteur Cassius, par laquelle les plébéiens furent admis dans l'ordre des patriciens. — Loi de l'an de Rome 616, qui rendit les suffrages indépendants et libres, en obligeant les citoyens à donner leurs votes sur des tablettes. — Loi de l'an de Rome 267, qui ordonna que le territoire conquis sur les Herniques serait partagé entre les Romains et les Latins. — Loi de l'an de Rome 596, qui accorda les honneurs consulaires à Titus Anicius et à Octavius, le jour qu'ils triompheraient, pour avoir vaincu les Macédoniens.

CASSIA, famille célèbre de Rome. Cette famille se divisait en deux branches, dont l'une portait le nom de *Viscellina*, et l'autre celui de *Longina*.

CASSI-ASCHER, grand prévôt chez les Turks.

CASSICAN, genre d'oiseaux omnivores. Ils ont la voix criarde et les habitudes bruyantes. Certaines espèces ont le brillant plumage des oiseaux de paradis ; mais toutes ont quelques rapports avec les corbeaux par la forme de leur corps. Leur bec est très-long et très-fort.

CASSIDAIRES, tribu d'insectes coléoptères de la famille des cycliques. Les insectes qui forment cette tribu ont les antennes très-rapprochées à leur insertion à la partie supérieure de la tête, droites ; les yeux entiers ; les pattes courtes, contractiles, avec des tarses déprimés.

CASSIDE, genre d'insectes de la tribu des cassidaires, et vulgairement nommés *tortues*, *scarabées-tortues*. Ils sont plats en dessous et convexes en dessus. La *casside verte* est commune sur les artichauts. Les larves des cassides, qui se trouvent souvent sur le chardon, se parent du soleil et des autres accidents en se faisant un abri de leurs excréments, qu'elles accumulent à l'extrémité de leur corps, et qu'elles replient ensuite sur elles-mêmes.

CASSIDE, espèce d'idylle ou de poésie élégiaque en usage chez les Arabes. Elle se compose de distiques dont le nombre ne peut être au-dessous de neuf ni au-dessus de cent. Les deux vers du premier distique riment ensemble, et, dans tous les distiques suivants, la même rime doit revenir au deuxième vers : on n'a point égard au premier.

CASSIE. Voy. Mimosa et Acacie.

CASSIEN (Jean), Gaulois ou Scythe d'origine, naquit vers 360. Ayant été élevé parmi les solitaires de la Palestine, il s'enfonça dans les solitudes les plus reculées de la Thébaïde. Il fut fait diacre à Constantinople. De là il passa à Marseille, où il fut ordonné prêtre. Il fonda des monastères d'hommes et de filles, et leur donna une règle. Il mourut vers l'an 433. Les Grecs et les habitants de Marseille l'honorent comme un saint. On a de lui douze livres d'*Institutions monastiques*, vingt-quatre *Conférences des Pères du désert*, et un *Traité de l'Incarnation* contre Nestorius.

CASSIN (Mont), montagne du royaume de Naples, à 9 lieues N.-E. de Gaëte. Au sommet se trouve une célèbre abbaye de bénédictins. Elle fut fondée l'an 529 par saint Benoît. Enrichi par les libéralités des princes lombards, le monastère du Mont-Cassin fut ravagé en 884 par les Sarrasins. On y voit le tombeau de Carloman, fils aîné de Charles-Martel et oncle de Charlemagne, et celui de Pierre de Médicis, frère aîné de Léon X.

CASSINI (Jean-Dominique), né à Perinaldo (comté de Nice) en 1625. Il s'appliqua à l'étude de l'astronomie, dans laquelle il fit des progrès si rapides, que le sénat de Bologne lui donna la chaire d'astronomie. Il régla les différends que les cours irréguliers et les inondations du Pô occasionnaient entre Ferrare et Bologne. Pour récompense, il reçut la surintendance des eaux de l'Etat ecclésiastique. Louis XIV le fit demander au sénat de Bologne, et le reçut avec toute sorte d'honneurs. L'académie des sciences lui ouvrit ses portes en 1669. Il découvrit quatre satellites de Saturne, et prolongea la méridienne de Paris jusqu'à l'extrémité du Roussillon. Il mourut en 1712.

CASSINI (Jacques), géomètre et astronome, fils de Dominique Cassini, né à Paris en 1677. Il fut reçu en 1694 à l'académie des sciences. Il manquait à la méridienne de la France une perpendiculaire. Il la décrivit en 1733 depuis Paris jusqu'à Saint-Malo, et la prolongea en 1734 depuis Paris jusqu'au Rhin, près de Strasbourg. Il mourut en 1756. On a de lui deux ouvrages très-estimés : les *Eléments d'astronomie, avec les tables astronomiques*, et la *Grandeur et figure de la terre*.

CASSINI DE THURY (César-François), géomètre et astronome, petit-fils de Dominique Cassini, naquit à Thury en 1714. En 1736, il fut reçu à l'académie des sciences. Il fut le premier qui conçut le plan d'une description géométrique de la France. Son travail, connu sous le nom de *Carte de Cassini*, a été terminé par son fils Jacques-Dominique Cassini, directeur de l'Observatoire, forme une collection de cent quatre-vingt-deux feuilles. Il mourut en 1784. Il était directeur de l'Observatoire.

CASSIODORE (Marcus Aurelius Senator Cassiodorus), Calabrais, né vers 490, premier ministre du roi Théodoric, consul en 514, préfet du prétoire sous Athalaric, Théodat et Vitigès, quitta le monde après la chute de ce dernier prince, vers l'an 540. Il bâtit un monastère, et s'y retira. C'est dans cette retraite qu'il composa ses *Traités philosophiques*, une *Chronique* depuis le déluge jusqu'en 519, un *Commentaire sur les Psaumes*, des *Explications sur les Actes des apôtres, les Epîtres*, et l'*Histoire des Goths*.

CASSIOPE (myth.), femme de Céphée, roi d'Ethiopie, et mère d'Andromède, eut la vanité de se croire plus belle que Junon. Cette déesse l'en punit en faisant ravager l'Ethiopie par un monstre marin. L'oracle ordonna d'exposer Andromède à la fureur du monstre. Mais Persée délivra cette princesse. Jupiter mit Cassiope au rang des constellations. Cette constellation boréale, située près du pôle nord, et renfermant cinquante-cinq étoiles principales, porte le nom de *Cassiopée*.

CASSIS ou GROSEILLIER NOIR, espèce du genre *groseillier*, renfermant des arbrisseaux qui montent à cinq ou huit pieds de haut. Ses tiges droites, ses feuilles et ses fruits répandent une odeur forte. Les feuilles sont vertes, à trois ou cinq divisions, et parsemées de points jaunâtres et résineux ; les fleurs sont oblongues, d'un vert blanchâtre, portées sur un calice rougeâtre. Les fruits sont noir foncé. Le cassis habite les bois des montagnes exposées au nord. Son fruit a été jadis préconisé contre les maux d'estomac. Il est trop acerbe pour être mangé cru. On en fait cependant un excellent ratafia. Voy. l'art. suiv.

CASSIS, nom donné à une liqueur stomachique dont on a vanté les propriétés médicinales. Cette sorte de ratafia est faite avec les graines du *cassis* ou groseillier noir, égrenées et écrasées, avec deux gros de cannelle, un gros de girofle, cinq litres d'eau-de-vie et deux livres et demie de sucre pour trois livres de cassis. On met le tout dans un bocal bien bouché ; on l'y laisse pendant quinze jours, en remuant le bocal une fois par jour ; on passe à travers un linge et on filtre la liqueur.

CASSITÉRIDES (ILES), nom donné par les anciens aux îles Sorlingues, appelées par les Anglais *Silly*, parce qu'ils en tiraient beaucoup d'étain.

CASSITÉRITE, nom donné, en minéralogie, à l'oxyde d'étain, appartenant à la famille des stannides. Ce minéral, ornement des collections par sa couleur brune, quelquefois jaunâtre ou blanchâtre, son éclat et sa cristallisation, se compose de quatre-vingt-onze à quatre-vingt-dix-neuf pour cent d'oxyde-d'étain, de quelques parties d'oxyde de fer, et quelquefois de manganèse et de silice.

CASSIUS (Spurius Viscellinus) se distingua contre les Sabins, fut trois fois consul (l'an 252, 261 et 268 de Rome), et reçut deux fois les honneurs du triomphe. Ce fut lui qui proposa pour la première fois une loi agraire. Une telle loi, proposée par un patricien, excita contre Spurius Cassius la haine de son ordre. On l'accusa d'aspirer à la royauté, et il fut précipité du haut de la roche Tarpéienne l'an de Rome 269 (484 avant J.-C.). Sa maison fut rasée, et on bâtit à la place un temple à la déesse Tellus.

CASSIUS (Caius Longinus), d'abord questeur sous Crassus, se signala contre les Parthes, et les chassa de Syrie. Il embrassa le parti de Pompée, et se trouva à la bataille de Pharsale. Il fut du nombre de ceux à qui César accorda la vie. Il épousa Junie, sœur de Brutus, et conspira avec lui pour la mort de César. A la bataille de Philippes, Cassius fut vaincu par Antoine, et se donna la mort l'an 42 avant J.-C.

CASSIUS HEMINA (LUCIUS), le plus ancien historien romain, vivait l'an 606 de Rome. Il avait composé des *Annales romaines* en quatre livres.

CASSIUS (Titus Severus) se fit tellement remarquer par son esprit satirique, qu'Auguste porta une loi contre les libelles. Il fut exilé dans l'île de Sériphe, où il mourut de chagrin et de misère l'an 33 de J.-C.

CASSIUS (Avidius) se distingua par sa valeur et sa conduite sous les empereurs Marc Aurèle et Vérus. Cassius, ayant été proclamé empereur en Syrie, fut tué par trahison au bout de trois mois, l'an 175. On envoya sa tête à Marc Aurèle.

CASSOLETTE, petite boîte d'or, d'argent ou de métal, dans laquelle on fait brûler des parfums. — En architecture, on donne aussi ce nom à une espèce de vase isolé, peu élevé, mi-partie composé de membres d'architecture et de sculpture, du sommet et des côtés duquel s'exhalent des figures de flammes ou de parfums.

CASSONADE, sucre non raffiné et en poudre, qu'on apporte en Europe dans les caissons.

CASSOVIE, ville de Hongrie, capitale du comitat d'Abaoujvar, à 22 lieues d'Agria. Son nom en hongrois est Kaschau. Sous ses murs se livra en 1389 une bataille entre Amurat Ier et les chrétiens ligués. Amurat vainqueur tomba lui-même sur le champ de bataille.

CASTAGNETTES, instrument de musique d'origine espagnole, composé de deux petites pièces concaves, faites en forme de coquille. Ces petites pièces s'attachent aux doigts au moyen de cordons. En les frappant l'une contre l'autre en marquant la mesure, on fait entendre un bruit parfaitement cadencé. C'est au son des castagnettes que les Espagnols dansent le boléro, le fandango, etc. Les anciens connaissaient les castagnettes.

CASTAGNO (André del) fut le premier peintre de Toscane qui connut la manière de peindre à l'huile. Ce fut lui qui travailla en 1478 au tableau que la république fit faire, où était représenté l'*Exécution des conjurés contre les Médicis*. Cet ouvrage le fit haïr du peuple, qui ne l'appela plus qu'*André des pendus*.

CASTAGNOLE, genre de poissons acanthoptérygiens, dans la famille des squammipennes. Les castagnoles ont les nageoires verticales, qui n'ont qu'un petit nombre de rayons épineux, le museau très-court, le profil élevé.

CASTALIE (myth.), fontaine du Parnasse, dont les eaux inspiraient le génie de la poésie à ceux qui en buvaient. Elle était consacrée aux muses, qui furent appelées *Castalides*. Elle avait pris son nom de la nymphe Castalie, fille d'Achéloüs.

CASTEL (Louis-Bertrand), né à Montpellier en 1688. Il entra en 1703 dans l'ordre des jésuites. Il écrivit un *Traité de la pesanteur universelle*. Tout dépendait, selon lui, de deux principes, la gravité des corps et l'action des esprits ; l'une qui faisait tendre sans cesse au repos, l'autre qui rétablissait les mouvements. Ses *Mathématiques universelles* eurent un grand succès. Il mourut en 1757. Il avait fait exécuter un *clavecin oculaire*, dans lequel il établissait entre le blanc et le noir une série de couleurs, répondant aux demi-tons du clavecin, et formant par leur union un beau spectacle.

CASTEL, mot venant du latin *castellum*, château, et qui a été longtemps employé par nos anciens auteurs et surtout par les poètes dans ce sens. Le mot de castel entre dans la composition d'un grand nombre de villes de France et d'Italie, telles que *Castel-Sarrazin*, *Castelnaudary*, *Castel-Maggiore*, *Castellane*, etc.

CASTELA, genre de plantes de la famille des rhamnées, originaires de l'Amérique méridionale. Le *castela* couché est un arbrisseau, divisé en plusieurs rameaux flexibles, longs d'un mètre, subdivisés en un grand nombre de petites branches terminées en pointes épineuses, garnies de feuilles oblongues, d'un vert luisant, aux fleurs purpurines, auxquelles succèdent quatre drupes ovales, de la grosseur d'un pois ordinaire, et d'un beau rouge.

CASTELLAN, titre donné en Pologne aux sénateurs qui sont revêtus des premières dignités après les palatins du royaume. On nommait *Castellanie* un territoire dont ils étaient, pour ainsi dire, les gouverneurs.

CASTELLANE, ville de France, chef-lieu de sous-préfecture du département des Basses-Alpes, sur la rive droite du Verdon, à 10 lieues de Digne. Sa population est de 2,105 habitants. Elle a un tribunal de première instance, un collége et une société d'agriculture. Castellane était une seigneurie dont les barons se prétendaient les vassaux immédiats des rois d'Arles, et refusaient de reconnaître la souveraineté des comtes de Provence. Le dernier de ces barons eut la tête tranchée à Marseille en 1257, et son château fut réuni au domaine du comte.

CASTELLI, famille de peintres génois. — BERNARD CASTELLI, né en 1557, bon dessinateur, excellent coloriste, réussissait dans le portrait. Il peignit l'histoire, les grands poètes de son temps, et grava les figures de la *Jérusalem délivrée* du Tasse, son intime ami. Il mourut en 1629. Son fils, VALERIO CASTELLI, né en 1625, excella dans les batailles et les sujets d'histoire. Il mourut en 1659.

CASTELLON DE LA PLANA, province d'Espagne faisant partie du royaume de Valence, et bornée au N. par celle de Tarragone, au S. par celle de Valence, à l'E. par la mer, et à l'O. par celle de Teruel. Sa superficie est de 170 lieues carrées, et sa population de 160,000 habitants. La capitale est *Castellon de la Plana*, à 12 lieues de Valence. Sa population est de 12,000 habitants.

CASTELNAU (Pierre DE), archidiacre de Maguelonne, fut employé par Innocent III en qualité de légat extraordinaire, spécialement chargé de l'extirpation de l'hérésie qui était en ce pays forte et puissante. Il avait pour collègue Raynier, moine de Cîteaux. L'orgueil du légat mécontenta les seigneurs et Raymond VI, comte de Toulouse. Castelnau mourut assassiné.

CASTELNAU (Michel DE), seigneur de Mauvissière, fut employé par Charles IX et Henri III dans plusieurs négociations aussi importantes que difficiles, et fut en 1592, après avoir été cinq fois ambassadeur en Angleterre. Ses *mémoires*, publiés en 1669, sont au nombre des monuments curieux qui nous restent de l'histoire de son temps. — JACQUES, marquis de Castelnau, son petit-fils, fut maréchal de France, et eut le commandement de l'aile gauche à la bataille des Dunes en 1658. Il mourut à trente-huit ans en 1658. — HENRIETTE-JULIE DE CASTELNAU, comtesse de Murat, petite-fille du maréchal, mourut en 1716 à quarante-cinq ans. Elle a laissé des *chansons*, des *poésies*, des *contes de fées* et un roman intitulé *le Lutin de Kernosi*.

CASTELNAUDARY (Aude), ville de France, sur le bord du canal du Midi, chef-lieu de sous-préfecture, à 10 lieues de Carcassonne. Sa population est de 9,383 habitants. Elle a un tribunal de première instance, un tribunal de commerce, un collége et une société philotechnique. Elle est bâtie en amphithéatre sur une petite éminence au pied de laquelle passe le canal du Midi, qui forme un bassin de six cents toises de tour.

CASTEL-SARRAZIN (Tarn-et-Garonne), près de la rive droite de la Garonne, chef-lieu de sous-préfecture, à 7 lieues de Montauban. Sa population est de 7,092 habitants. Elle a un tribunal de première instance et un collége. L'histoire de cette ville n'est bien connue que depuis le XII<sup>e</sup> siècle.

CASTÉRA-VERDUZAN ou DU-VIVENT, bourg du département du Gers, à 8 lieues et demie de Condom. Population, 960 habitants. Il y existe un établissement d'eaux thermales qui peut être regardé comme un des plus beaux de France. On y distingue deux sources : l'une est sulfureuse, et on la fait chauffer pour l'administrer en bains. L'autre est ferrugineuse et usitée en boissons. Elle est limpide, incolore, agréable, d'une saveur métallique et agréable. Ces eaux sont antispasmodiques et adoucissantes pour le système nerveux.

CASTES, nom donné aux diverses tribus ou familles formant une nation, et distinctes les unes des autres par leurs mœurs, le sang et la différence des races. La plus ancienne division de peuples en castes différentes est celle des Indous. Ils se divisent en quatre castes principales. Les *brames*, sortis de la tête de Brahma ; les *wattryas*, sortis de ses bras ; les *vaïscias*, de son ventre, et les *soudras*, de ses pieds ; les premiers forment la classe sacerdotale ; les seconds sont voués au service des armes ; les troisièmes, composés d'agriculteurs et de négociants, les derniers comprennent les artisans, les ouvriers et les serviteurs. Après les soudras, il existe encore quelques castes mixtes et méprisées, provenant de mariages des membres de diverses castes les uns avec les autres. Au-dessous d'elles viennent les *parias*, et au-dessous de ceux-ci les *poulias*, auxquels les brames, contestent même le droit de les regarder en face. L'Egypte antique avait quatre castes : celle des prêtres ou choens, celle des guerriers, celle des artisans et celle des cultivateurs.

CASTI (Jean-Baptiste), poëte italien, né en 1721 à Prato (Toscane), fit ses études au séminaire de Montefiascone, où il devint plus tard professeur de belles-lettres. L'empereur Joseph II le nomma *poeta cesareo* (poëte de la cour). Il mourut à Paris en 1803. Il a composé un poëme philosophique, *les Animaux parlants*, *Tartaro*, des *Nouvelles galantes*, et les opéras-comiques de *la Grotte de Trophonius* et du *Roi Théodore à Venise*.

CASTICE, nom donné, à Goa, aux enfants nés de parents portugais.

CASTILLAN, monnaie d'or d'Espagne, qui vaut 6 francs 42 centimes de France.

CASTILLE, ancien royaume d'Espagne, borné au N. par les Asturies, à l'E. par l'Aragon, la Navarre et le royaume de Valence, au S. par le royaume de Murcie et l'Andalousie, à l'O. par le royaume de Léon et l'Estramadure. L'agriculture y est négligée et l'industrie peu développée. — La Castille appartint successivement aux Romains, aux Goths et aux Maures. Reprise sur ces derniers par les chrétiens, elle eut des comtes particuliers jusqu'en 1033, époque du règne de Ferdinand I<sup>er</sup>, premier roi. La Castille forma un royaume tantôt réuni, tantôt séparé de ceux de Galice et de Léon. La réunion définitive s'opéra en 1230. Réuni avec le royaume d'Aragon en 1469, par Ferdinand et Isabelle, il forma la monarchie espagnole. La Castille se divise en deux provinces, la *Vieille* et la *Nouvelle-Castille*.

CASTILLE (VIEILLE-), ancienne province d'Espagne, bornée au N. par les Asturies, la Biscaye et la Navarre, à l'E. par l'Aragon, au S. par la Nouvelle-Castille, à l'O. par le royaume de Léon. Sa superficie est de 1,600 lieues carrées, et sa population de 913,670 habitants. Sa capitale était *Burgos*. Elle a formé les six provinces de *Burgos*, de *Soria*, d'*Avila*, de *Ségovie*, de *Santander* et de *Logrono*.

CASTILLE (NOUVELLE-), ancienne province d'Espagne, bornée au N. par la Vieille-Castille, à l'E. par l'Aragon et le royaume de Valence, au S. par le royaume de Murcie et l'Andalousie, à l'O. par l'Estramadure. Sa superficie est de 3,098 lieues carrées et sa population est de 1,100,480 habitants. Elle a reçu le nom de *Nouvelle* parce qu'elle a été la dernière reconquise sur les Maures. Sa capitale est *Madrid*. Elle forme les cinq provinces de *Cuenca*, de *Guadalaxara*, de *Ciudad-Real* ou *Manche*, de *Madrid* et de *Tolède*.

CASTILLE (CANAL DE), canal d'Espagne, commençant dans la province de Burgos et suivant d'abord la vallée de la Pisuerga, dont les eaux servent à l'alimenter. Il change de direction près de Herrera, franchit la Pieza, atteint le Carrion près de Calahorra, et se jette dans cette rivière, un peu au-dessus de Palencia. Le Carrion se jetant dans la Pisuerga, et la Pisuerga dans le Duero, ce canal est destiné à faire communiquer le Duero avec l'Océan.

CASTILLO (Antoine), peintre espagnol, fils du peintre Augustin Castillo, né en 1565, naquit à Cordoue en 1605. Il acquit bientôt une grande réputation. Il mourut en 1667. Ses plus beaux tableaux sont *saint Philippe*, *la Vierge du Rosaire entre saint Roch et saint Étienne* ; les *saints martyrs, protecteurs de Cordoue*, *Asciscle et Victoire* ; l'*Assomption*, *saint Michel*, *saint Raphaël*, l'*Invention de la croix*, etc.

CASTILLON (Jean DE), comte de Mouchan, né à Carboste près Mézin (Condomois) vers 1648. Il entra dans les mousquetaires en 1672. Il prit en 1688 une compagnie dans le régiment de Bourbonnais, et se distingua aux siéges de Philipsbourg, de Manheim et de Frankendal. Nommé colonel, il fut fait aide-major général de l'armée d'Allemagne, et se signala aux batailles de Spire et d'Hochstedt. Il fit en Espagne les fonctions de major général de l'infanterie, et servit aux siéges de Gibraltar et à celui de Barcelone. Il fut tué en 1709 au siège de Tortose.

CASTINE. On donne ce nom dans les forges au fondant calcaire que l'on emploie lorsque le minerai que l'on traite contient une forte proportion d'argile ; la meilleure castine est celle qui contient la plus grande qualité de sous-carbonate de chaux.

CASTLEREAGH (Robert STEWART, lord), marquis de Londonderry, naquit en Irlande en 1769. Membre en 1790 de la chambre des communes, il fut l'instrument des mesures rigoureuses du gouvernement anglais sur l'Irlande, dont il avait été nommé gouverneur. Par un bill présenté au parlement, il opéra la réunion de l'Angleterre à l'Irlande (1801). Nommé en 1807 ministre de la guerre, en 1813 ministre des affaires étrangères, il refusa, à la première déchéance de Napoléon, d'accéder aux articles qui lui conservaient le titre d'empereur avec un traitement convenable. Il demanda avec instance l'abolition de la traite, et fut, après la bataille de Waterloo, revint plénipotentiaire en France. Il se suicida en 1822 par suite d'une aliénation mentale.

CASTOR ou BIÈVRE, genre de mammifères de l'ordre des rongeurs. Leur longueur totale est de trois pieds environ ; ils ont près d'un pied de haut ; leurs formes sont lourdes et ramassées ; le pelage, bien fourni, est d'un roux marron. La vie des castors est aquatique ; ils se nourrissent de feuilles, de racines et d'écorces d'arbres. Ils mettent beaucoup d'industrie dans la fabrication de leur demeure, qu'ils construisent toujours dans une rivière ou un lac. Les huttes qu'ils élèvent ont la forme d'un dôme de quatre pieds. On chasse les castors pour obtenir leur fourrure, qu'on emploie dans la fabrication des chapeaux, etc. On les trouve dans l'Amérique septentrionale, dans toute l'Asie et dans le nord de l'Europe jusqu'au Rhône.

CASTOR DE MER. Voy. HARLE et LOUTRE

CASTOR (HUILE DE), nom que les Anglais donnent à l'huile de ricin.

CASTOR et POLLUX (myth.), frères d'Hélène et fils de Léda, eurent pour pères, Pollux Jupiter, et Castor Tyndare. Ils suivirent Jason à la conquête de la toison d'or, purgèrent l'Hellespont et les mers voisines des pirates qui les infestaient, et firent la guerre aux Athéniens pour recouvrer Hélène, leur sœur enlevée par Thésée. Ayant été invités aux noces de Lyncée et d'Idas, ils enlevèrent Phœbé et Talaïra, femmes de ces deux princes, qui les attaquèrent. Castor tua Lyncée, et fut tué par Idas ; celui-ci succomba à son tour sous les coups de Pollux. Pollux, qui avait obtenu de Jupiter l'immortalité, pria ce dieu de rendre la vie à Castor, ou de le priver lui-même de l'immortalité. Le dieu y consentit, à condition qu'ils vivraient alternativement, et mourraient l'un après l'autre. Jupiter mit au rang des constellations sous le nom des *Gémeaux*. On les appelait aussi *Dioscures* et *Tyndarides*.

CASTORÉUM, substance animale particulière, grasse, onctueuse, très-odorante, sécrétée dans des poches ovoïdes placées dans le voisinage des organes de la génération du castor. Elle est composée d'une huile volatile très-fétide, d'acide benzoïque, d'une résine, d'adipocire, d'une matière colorante rouge et de mucus. Le castoréum est employé comme antispasmodique dans le traitement de l'hystérie et de l'hypochondrie et de beaucoup d'affections nerveuses. En pharmacie, on en prépare des teintures éthérées et alcooliques.

CASTOYEMENT, vieux mot de la langue française, signifiant *remontrance*, *instruction*, *avis*, *précepte*, *conseil*, *enseignement*. Il est employé dans ce dernier sens dans le livre intitulé *Castoyement d'un père à son fils*, imité en vers français, au XIV<sup>e</sup> siècle, du latin du Juif Pierre-Alphonse, vivant au XII<sup>e</sup>.

CASTRAMÉTATION, nom donné à la manière de camper particulière à chaque peuple. Les Grecs et les Romains furent les premiers peuples qui adoptèrent un ordre régulier de castramétation. Les premiers avaient adopté la forme parallélogrammatique, les seconds la forme carrée. Plus tard, ils adoptèrent la forme d'un parallélogramme, dont la profondeur avait une fois et demie la largeur du front. Aujourd'hui les armées sont partagées par divisions et par brigades, ou plutôt par bataillons pour l'infanterie, par escadrons pour la cavalerie, et par batteries pour l'artillerie.

CASTRAT, nom donné à un chanteur en voix de contralto ou de soprano, qui, dans son enfance et avant la mue, a été privé des organes de la génération, dans le but d'empêcher les changements que font subir à la voix les phénomènes de la puberté, et de conserver au chanteur une voix flexible et aiguë. La voix de ces chanteurs avait un timbre et un accent beaucoup plus pénétrant que celui des femmes. On tolérait autrefois dans les Etats romains l'opération de la castration. Depuis le pape Clément XIV, qui fulmina contre cet abus, elle est sévèrement défendue.

CASTREJON (Antoine), peintre d'histoire, né à Madrid en 1635, mort en 1690. Ses principaux ouvrages sont une *Présentation au temple*, un *Ange terrassant le dragon*, l'*Histoire de la Vierge*, la *Révélation du purgatoire de saint Patrice*.

CASTRENSE, nom donné à une couronne que les anciens Romains donnaient au soldat qui avait le premier pénétré dans le camp ennemi. Dans l'origine, elle était composée d'un simple rameau d'arbre, ordinairement de chêne; plus tard, on la fit en or, et on y figurait des pieux et des palissades, qui l'entouraient comme autant de rayons.

CASTRES, ville de France, chef-lieu de sous-préfecture du département du Tarn, à 12 lieues au S. d'Alby, sur l'Agout. Sa population est de 16,418 habitants. Elle a un tribunal de première instance, un tribunal de commerce, une bibliothèque de 6,500 volumes, des cours publics de dessin linéaire et de géométrie. Ses fabriques de ratines, de couvertures, de bonneteries, de flanelles, de molletons, etc., font de Castres la première ville du département sous le rapport de l'industrie. — Elle avait autrefois le titre de comté, et était le siège d'un évêché suffragant de celui d'Alby. En 1519, le comté de Castres fut réuni à la couronne. Plus tard elle s'érigea en république. Louis XIII la soumit en 1619, et fit raser ses fortifications.

CASTRIES (Charles-Eugène-Gabriel DE LA CROIX, marquis DE), né en 1727. Officier dès l'âge de seize ans, il fit les campagnes de Flandre, et (1758) fut fait lieutenant général. Il fit lever le siège de Wesel, et se distingua dans les campagnes de 1761 et de 1762. Nommé successivement commandant en chef de la gendarmerie, gouverneur général de la Flandre et du Hainaut, et ministre de la marine en 1780, il fut promu en 1783 à la dignité de maréchal de France. Il fut membre de l'assemblée des notables (1787), et émigra dès le commencement de la révolution. Il commanda en 1792 une division de l'armée des émigrés lors de l'invasion des Prussiens en Champagne, et mourut en 1801.

CASTRIOT. Voy. SCANDERBERG

CASTRO (Inès DE). Voy. INÈS.

CASTRO (Jean DE), fils de don Alvarez de Castro, gouverneur de la chambre civile de Lisbonne, naquit en 1500. Il suivit Charles-Quint à l'expédition de Tunis, et i t nommé en 1546 vice-roi des Indes. Il remporta plusieurs victoires sur les ennemis du Portugal dans cette partie du monde, vainquit le souverain de Cambaye, et mourut en 1548.

CASTRUCCIO—CASTRACANI naquit à Lucques vers 1281. Habitué au métier des armes, il passa en Angleterre et en France, où il signala sa valeur. Il retourna en 1313 en Italie, et retira à Pise. Il se mit à la tête des Gibelins, qui s'emparèrent de Lucques, et fut élu gouverneur de la ville. Pour 1320, il se fit reconnaître seigneur de la ville, fit sur les Florentins, ses ennemis, des conquêtes importantes, et soumit en 1325 la ville de Pistoia et son territoire. Il soumit la république de Pise; son alliance avec l'empereur Louis de Bavière lui valut les titres de sénateur de Rome, comte du palais de Latran et duc de Lucques. Il mourut en 1328.

CASUARINE ou FILAO, genre de végétaux arborescents, de la famille des myricées. Ces plantes, à rameaux allongés, grêles, cannelés et grisâtres, sont cultivées dans les jardins. Les plus belles espèces sont la *casuarine à feuilles de prêle* ou *filao de l'Inde*, de trente pieds de haut, la *casuarine tuberculeuse* et la *casuarine dystile*. Le bois des casuarines est très-dur et très-compacte. Les sauvages en font des armes et des ustensiles. C'est le seul bois dont ils permettent aux Européens de se servir.

|* CASUEL, nom donné aux revenus fortuits et incertains, qui viennent irrégulièrement et dont l'échéance n'est pas fixe. — Ce mot désigne plus particulièrement les honoraires accordés aux curés, vicaires et autres ecclésiastiques, consistant dans les offrandes, rétributions de messes, mariages, sépultures, etc.

CASUISTES. Les théologiens nomment ainsi les docteurs qui ont écrit ou que l'on consulte sur les cas de conscience. Les plus fameux casuistes sont saint Thomas, saint Antonin, Dominique, Soto, etc.

CASYS, prêtres persans.

CATABAPTISTES, nom général donné à tous les hérétiques qui ont nié la nécessité du baptême, surtout pour les enfants.

CATACAUSTIQUE, nom donné, en optique, à une espèce de courbe formée par la réflexion des rayons lumineux; c'est-à-dire que, si l'on suppose une infinité de rayons réfléchis infiniment proches les uns des autres, une courbe se trouvera formée par les points de rencontre de ces rayons. *Cette courbe se nomme catacaustique.*

CATACLYSME. On nomme ainsi les bouleversements qui changent totalement la surface du globe, et qui sont ordinairement accompagnés de grandes inondations. C'est à ces inondations qu'on attribue la formation de ces amas de cailloux roulés, qui forment un terrain nommé *diluvium* ou *blocs erratiques*. L'origine de ces terrains est due à une masse d'eau considérable, qui les a détachés de montagnes assez éloignées. — Le déluge universel et celui d'Ogygès en Grèce ont été des cataclysmes.

CATACOMBES (*cryptes* ou *hypogées*), nom donné à des cavités souterraines, naturelles ou creusées par la main des hommes, et qui sont destinées à servir de sépulture aux morts. En Égypte, l'usage des catacombes remonte à une grande antiquité. Celles de Thèbes sont les plus belles; situées dans la vallée de *Biban-el-Molouk* (*les portes des rois*), elles étaient destinées à être les tombeaux des pharaons. — Les catacombes de Rome, descendant à quatre-vingts pieds de profondeur, et s'étendant au loin dans la campagne de Rome, sont un vaste labyrinthe de galeries étroites et peu élevées. C'est là que les premiers chrétiens enterraient leurs morts, et se dérobaient aux persécutions. — Les catacombes de Paris, situées entre la barrière d'Enfer et la barrière Saint-Jacques, sous une plaine appelée la *Tombe-Issoire*, étaient autrefois des carrières où l'on prenait des matériaux pour la construction du vieux Paris. En 1780, on y transporta les restes mortels qui encombraient les cimetières.

CATACOUSTIQUE, science qui a pour objet les sons réfléchis, les échos.

CATADIOPTRIQUE. On se sert de ce mot pour désigner ce qui appartient à la fois à la catoptrique et à la dioptrique, ou les appareils d'optique dans lesquels on fait usage en même temps de la réflexion et de la réfraction de la lumière.

CATAFALQUE, nom donné à une élévation en charpente dressée dans un monument, dans une église, pour les grandes cérémonies funèbres. Les catafalques doivent être un ensemble d'architecture, de sculpture et de peinture. Le plus célèbre catafalque est celui qui fut fait à Florence pour les obsèques de Michel-Ange.

CATALANI (Angélique), célèbre cantatrice, née à Venise en 1785, débuta sur le théâtre de la *Fenice* à Venise. Elle vint à Paris en 1806, et se fit entendre dans deux concerts à Saint-Cloud devant l'empereur. En 1815, elle obtint le privilége de l'Opéra italien de Paris. Après avoir parcouru l'Europe, elle s'arrêta à Florence, où elle jouit de la fortune que lui acquit son talent. Sa voix était d'une étendue immense. Elle s'étendait du *la* au grave, et s'élevait jusqu'au *fa* suraigu.

CATALECTES, nom donné à des fragments d'ouvrages anciens qui n'ont pas été achevés, ou que l'on n'a pas trouvés en entier. — On a aussi appelé *vers catalectes* ou *catalectiques* les vers imparfaits auxquels il manquait quelques pieds ou quelques syllabes, par opposition aux vers *acatalectiques*, auxquels il ne manquait rien de ce qui devait entrer dans leur structure.

CATALEPSIE, maladie caractérisée par la suspension complète des sensations et des mouvements volontaires, et par l'aptitude des muscles à conserver la position qu'on leur communique. Cette maladie est fort rare; elle attaque les personnes d'un tempérament nerveux, d'une susceptibilité vive, d'un caractère mélancolique. Les femmes y sont plus sujettes que les hommes. Elle se développe presque toujours à la suite d'une forte émotion ou d'une méditation profonde.

CATALOGNE, ancienne province de l'Espagne, bornée au N. par les Pyrénées, au S. par le royaume de Valence, à l'E. par la Méditerranée, à l'O. par l'Aragon. Sa superficie est de 1,588 lieues carrées, et sa population de 1,119,857 habitants. La Catalogne est la partie la plus riche et la plus peuplée de l'Espagne. Son commerce maritime est très-étendu. Elle a de nombreuses manufactures et des fabriques d'étoffes, de fer, de papier, etc. Elle se divise en quatre provinces, celles de *Barcelone*, de *Lérida*, de *Tarragone* et de *Girone*, et est commandée par un capitaine général, qui a titre de gouverneur. En 1640, la Catalogne se donna à la France, et retourna à l'Espagne par un traité de 1652. La capitale de la Catalogne est *Barcelone*.

CATALOGUE, liste alphabétique ou méthodique d'objets de même nature. Plusieurs catalogues de bibliothèques publiques ont été imprimés à diverses époques. Les plus remarquables sont ceux de la bibliothèque impériale de Vienne (8 vol. in-fol.), de Paris (10 vol. in-fol.), de la ville de Lyon (2 vol. in-8°).

CATALOGUE D'ÉTOILES, table de la position des étoiles fixes à une époque donnée. Le plus ancien est celui que Ptolémée nous a conservé dans son *Almageste*, renfermant 1,022 étoiles. Celui de Flamstead, publié en 1725, et connu sous le nom de *Catalogue britannique*, renferme 2,884 étoiles. Celui de Piazzi, publié à Palerme, en renferme 6,500.

CATALPA, genre de la famille des bignoniacées, dont on connaît deux espèces. L'une est le *catalpa en arbre*, haut de cinq à six mètres, qui a des feuilles très-grandes, très-légères, d'un beau vert satiné, des fleurs blanches, marquetées de points pourpres et de raies tracées en jaune dans l'intérieur. Son bois est veiné, poreux et fort clair.

CATAMARCA, une des quatorze provinces de la confédération buénos-ayrienne, entre celles de Jujuy, de Salta, de Tucuman, de Rioja, de Santiago, de San-Juan et de Cordova. Sa superficie est de 2,900 lieues carrées environ, et sa population de 15,000 habitants. La capitale est *Catamarca*.

CATANE, intendance de la Sicile, bornée au N. par celle de Messine, au S. par celle de Syracuse, à l'O. par celle de Caltanisetta, à l'E. par la mer. Sa superficie est d'environ 290 lieues carrées, et sa population de 300,000 habitants. La capitale est *Catane*.

CATANE, ville de Sicile, à 40 lieues de Palerme et 13 de Syracuse, sur le bord de la mer et au pied de l'Etna. Sa population est de 80,000 habitants. Elle a un évêché et une université, et fait un grand commerce maritime. Plusieurs fois renversée par des tremblements de terre, elle a été autant de fois relevée avec magnificence. — Catane fut fondée 753 ans avant J.-C. par une colonie de Chalcidiens.

CATANEO, famille noble de Gênes, l'une des dix-huit familles patriciennes de la ville. Elle a donné plusieurs doges à la république, parmi lesquels OBERTO CATANEO, élu en 1528. Il ne régna que deux ans, et tous ceux qui lui succédèrent gouvernèrent de même jusqu'au dernier. — CESARE CATANEO succéda, en mars 1748, à Jean-François Brignole-Salé, et finit ses fonctions en 1750. Il mourut en janvier 1769.

CATAPAN, nom donné principalement par les empereurs grecs du Bas-Empire à l'officier qu'ils chargeaient d'administrer et de défendre leurs possessions dans l'Italie méridionale. Ces catapans commencent au règne de Basile le Macédonien, et finissent à l'an 1071. — On appelait encore à Naples *catapan* un officier public préposé aux vivres, aux poids et aux mesures.

CATAPELTE, instrument de supplice en usage dans les premiers siècles de l'ère chrétienne, et renouvelé plus tard sous d'autres formes. C'était une espèce de pressoir ou de presse composée de planches entre lesquelles on mettait et on pressait le patient. Les païens s'en servaient souvent pour tourmenter les chrétiens.

CATAPHRACTES ou CATAFRACTAIRES, soldats des milices grecque et asiatique portant une armure nommée *cataphracta*. Cette armure embrassait tout le corps, qu'elle couvrait de fer eux et leurs chevaux. — On désigne aussi par ce mot un vaisseau de guerre des anciens, long et ponté à la différence de ceux qu'on nommait *aphractes*, et qui n'avaient point de pont.

CATAPHRACTES, genre de poissons de la famille des silures. Ils ont la tête couverte de plaques larges et dures, des barbillons, deux nageoires dorsales, des lames longitudinales et dures de chaque côté du corps.

CATAPLASME, médicament destiné à être appliqué extérieurement sous la forme d'une bouillie épaisse. On compose les cataplasmes dans des buts très-différents et avec un grand nombre de substances de qualités souvent opposées. Les farines, les corps gras, la mie de pain, l'eau, le lait, le vin, l'huile, certaines graines, etc., sont la base ordinaire des cataplasmes.

CATAPULTE, machine de guerre propre à lancer des traits et des javelots dans une ville assiégée. On en attribue l'invention aux Syriens, et Vitruve assure qu'elles lançaient au loin des pierres pesant jusqu'à cent livres. Athénée parle de deux catapultes dont l'une avait trois palmes et l'autre quatre, et qui lançaient des traits à trois et quatre stades.

CATARACTAIRES, nom donné, dans les premiers siècles du christianisme, aux geôliers ou gardes des portes. Ils tiraient leur nom de la *cataracte*, sorte de barreaux de fer servant de clôture, et correspondant à nos herses du moyen âge.

CATARACTE, nom donné aux grandes cascades. On connaît particulièrement sous ce nom les *cataractes du Nil*, auxquelles on donne aussi celui de *cataractes de Syène*, et qui sont formées par des pics s'élevant au-dessus des eaux, et barrant le Nil dans tous les sens. Il n'y a plus haute n'a pas plus de quatre pieds de haut. (Voy. CASCADE.) — En termes d'hydraulique, *cataracte* exprime la différence de hauteur du niveau des eaux d'amont d'un pont au niveau d'aval des eaux du même pont.

CATARACTE, nom donné à une espèce de cécité, survenant comme par l'effet d'un voile qui tomberait sur les yeux. Elle consiste dans l'opacité du crystallin ou de sa membrane, opacité qui s'oppose au passage des rayons lumineux et empêche la vision. Les causes de cette affection sont nombreuses, comme le séjour prolongé dans le grand jour, l'impression d'une vive lumière, les coups, les chutes, etc. La cataracte ne peut être guérie que par une opération chirurgicale, qui consiste à enlever l'obstacle qui s'oppose au passage de la lumière à travers la pupille. Pour cela, on emploie deux méthodes : dans la première, appelée *par abaissement*, on passe à travers la sclérotique et les membranes sous-jacentes une aiguille tranchante avec laquelle on abaisse le crystallin dans la partie inférieure du corps vitré; dans la seconde, ou *par extraction*, on ouvre avec un instrument particulier la cornée transparente, la partie antérieure de la capsule crystalline, et on fait sortir le crystallin à travers la pupille et l'incision extérieure de la cornée. — CATARACTE NOIRE. Voy. AMAUROSE.

CATARINA (SANTA-), province du Brésil, bornée au N. par celle de Saint-Paul, à l'E. par la mer, à l'O. par celle de Saint-Paul et de Rio-Grande do Sul ou San-Pedro, et au S. par cette dernière. Sa superficie est d'environ 3,000 lieues carrées, et sa population de 40,000 habitants. La capitale est *Nostra-Senhora do Desterro*, dont la population est de 8,000 habitants. La province de Santa-Catarina fait un grand commerce d'huile de baleine.

CATARRHE, mot employé en médecine pour désigner un écoulement de fluide par une membrane muqueuse. Les catarrhes ont reçu différents noms suivant la partie du corps qu'ils occupent. Ainsi il y a des *catarrhes gastriques*, des *catarrhes intestinaux*, des *catarrhes nasaux*, des *catarrhes de l'oreille*, des *catarrhes pulmonaires*. Voy. GASTRITE, DIARRHÉE, CORYZA, OTITE, PULMONAIRE.

CATARRHININS, nom donné par Geoffroy au premier groupe de la famille des singes, renfermant ceux qui appartiennent à l'ancien continent. Ils ont quatre caractères communs et distinctifs : cinq dents molaires de chaque côté et à chaque mâchoire ; toujours des callosités et souvent des abajoues ; les uns sont dépourvus de queue ; les autres ont une queue plus ou moins longue.

CATASTASE, nom donné chez les anciens à la troisième partie du poème dramatique, dans laquelle les intrigues nouées dans l'épitase se soutiennent, continuent, augmentent jusqu'à ce qu'elles se trouvent préparées pour le dénoûment, qui forme le sujet de la *catastrophe* ou dernière partie.

CATASTE, terme employé par les anciens pour signifier un escalier à degrés où l'on faisait les exécutions et les entraves qu'on mettait aux esclaves pour les empêcher de fuir quand on les exposait en vente.

CATEAU-CAMBRÉSIS, petite ville du département du Nord, chef-lieu de canton, à 5 lieues de Cambray. Sa population est de 4,000 habitants. Elle a un collège et des foires de toutes marchandises, et surtout de chevaux. Elle est célèbre par le fameux traité de paix conclu en 1559 entre Henri II, roi de France, et Philippe II, roi d'Espagne.

CATÉCHÈSE, nom donné aux explications courtes et méthodiques de la doctrine chrétienne et des mystères de la foi pour ceux qui veulent se faire chrétiens. Les catéchèses ne se faisaient point autrefois dans l'église, mais dans le baptistère, ou dans quelque autre lieu hors de l'église.

CATÉCHISME, instruction qui apprend les choses qu'un chrétien doit savoir. On donne aussi ce nom au livre qui contient ces instructions. On nomme *catéchiste* celui qui enseigne le catéchisme. Cette charge a été longtemps une des plus honorables de l'Église. Les conciles recommandent aux curés de faire tous les dimanches des catéchismes dans leurs paroisses. — Quant aux livres appelés *catéchismes*, ils varient pour chaque diocèse, et ont pour type celui du concile de Trente. Les protestants ou plutôt chaque secte ont aussi son catéchisme. Celui des luthériens est connu sous le nom de *catéchisme d'Heidelberg* ; celui des Églises sociniennes polonaises porte le nom de *catéchisme de Racovie*.

CATÉCHUMÈNE, nom donné à ceux qui désiraient le baptême, et qui se disposaient à le recevoir en se faisant instruire des mystères de la religion. Il y avait autrefois trois degrés ou trois classes de catéchumènes. La première était celle des auditeurs, parce qu'on les admettait à entendre la prédication dans l'église ; la seconde était celle des *orantes et genuflectentes* (priant et fléchissant les genoux), parce qu'ils assistaient aux prières des fidèles ; la troisième était celle des compétents (*competentes*), parce qu'ils étaient suffisamment disposés au baptême. La durée du catéchuménat était de deux ans. Les catéchumènes ne pouvaient entendre la messe que depuis l'Introït jusqu'à l'offertoire : cette partie de la messe portait le nom de *messe des catéchumènes*. Pour admettre un catéchumène, on lui imposait les mains, et on lui faisait sur lui des signes de croix. Après l'avoir exorcisé, lui avoir soufflé au visage, et lui avoir appliqué de la salive au nez et aux oreilles, on lui mettait du sel dans la bouche, et on lui faisait des onctions sur la poitrine et les épaules ; cérémonies qui se pratiquent encore sur l'enfant dans l'administration du baptême.

CATÉGORIES. On appelle ainsi, en termes de logique, les classes diverses, servant à réunir les objets de même nature. Les catégories d'Aristote, qui seules ont acquis quelque célébrité, sont au nombre de dix : à savoir, 1° la *substance*, 2° la *quantité*, 3° la *qualité*, 4° la *relation*, 5° l'*agir*, 6° le *souffrir*, 7° l'*où*, 8° le *quand*, 9° la *situation*, 10° l'*avoir*.

CATÉIA, dard pesant employé par les anciens Germains et par les Gaulois. Il était garni d'une chaîne à l'aide de laquelle on le retirait après l'avoir lancé une fois.

CATEL (Guillaume), conseiller au parlement de Toulouse, né en 1529, mort en 1626. On a de lui une *Histoire des comtes de Toulouse* et des *Mémoires du Languedoc*. Catel est le premier qui ait joint à l'histoire des preuves des faits avancés. Son histoire est le meilleur des documents que l'on possède sur l'histoire du Languedoc.

CATEL (Charles-Simon), compositeur français, né à l'Aigle en 1773, vint fort jeune à Paris, et obtint la protection de Sacchini, qui le fit entrer à l'école royale, où il apprit la composition sous Gossec. Attaché en 1790 au conservatoire en qualité de professeur adjoint, en 1792 au corps de musique de la garde nationale, en 1795, époque où s'organisa le conservatoire royal, Catel y fut nommé professeur d'harmonie, et composa un *Traité d'harmonie*. Membre en 1815 membre de l'Institut, il mourut en 1830. Parmi ses opéras, on cite l'*Auberge des Bergères*, *Sémiramis*, *Wallace*, les *Aubergistes de qualité*, les *Artistes par occasion*, *Zirphile et Fleur de Myrte*, etc.

CATEL ou CATEUX, terme signifiant une chose qui tient le milieu entre les immeubles et les meubles, qui de sa nature est immeuble et qui néanmoins est partage meuble, et se partage de même. Il y a deux espèces de cateux, les *cateux verts* et les *cateux secs*. Parmi les premiers se trouvent les grains, les foins pendants par racine, etc. ; parmi les seconds sont les moulins, les granges, les navires, les étables, etc.

CATEL (DROIT DE MEILLEUR), droit qu'avaient plusieurs seigneurs dans différentes provinces des Pays-Bas, et qui consistait à prendre, après le décès de leurs hoirs ou vassaux, le meilleur meuble qui se trouvait en la succession, lit, tapisserie, bague, vaisselle d'argent, cheval, etc.

CATERVAIRES, gladiateurs romains qui combattaient en troupes, et formaient une sorte de mêlée.

CATHARES, nom général donné à tous les hérétiques qui affectaient une plus grande pureté que les autres chrétiens, et qui se croyaient en effet plus purs qu'eux.

CATHARMATES, sacrifices des anciens où l'on immolait des hommes, dans le but de faire cesser une calamité publique. Ce mot vient du grec *catharma* (purification).

CATHARTE, genre d'oiseaux formé par diverses espèces de vautours, et renfermant des espèces à tête nue ainsi que du haut du cou, au bec grêle, allongé, droit jusqu'au milieu et convexe en dessus, aux narines longitudinales, aux ongles courts et obtus. L'espèce la plus connue est l'*urubu*, de la taille d'une oie et de couleur noire. Les urubus vivent de charogne et d'immondices.

CATHARTIQUES, nom donné aux remèdes purgatifs qui agissent plus vivement que les laxatifs, mais moins fortement que les drastiques. On donne le nom de sel *cathartique amer* au *sulfate de magnésie.*

CATHAY, nom donné par les anciens voyageurs à la Chine, ou du moins à une contrée voisine de la Chine, que l'on croit être la Tartarie chinoise. Selon Marco Polo de Venise, le Cathay avait pour capitale *Cambalu.* Selon le même voyageur, Coblaye en était alors le souverain (1260). C'est en allant à la recherche du Cathay que Christophe Colomb découvrit l'Amérique.

CATHÉDRALE, nom donné à l'église épiscopale d'une ville, parce que c'était celle où l'évêque avait son siège (*cathedra*). — La forme des cathédrales varie beaucoup; cependant elles ont pour la plupart la forme d'une croix. L'architecture varie aussi suivant les temps; mais les plus belles cathédrales sont d'architecture gothique. Une des plus anciennes qu'on connaisse est celle de Sainte-Sophie à Constantinople. Celle de Saint-Pierre à Rome est la plus belle et la plus magnifique du monde chrétien. En France, les plus belles cathédrales sont celle de Notre-Dame de Paris; celle de Rheims, qui passe pour un chef-d'œuvre de l'architecture gothique, et construite de 1212 à 1242. Sa longueur est de cent quarante-six mètres, sa largeur de trente; l'élévation de sa voûte est de trente-six mètres, et celle des clochers de quatre-vingts. Celle de Strasbourg, commencée en 1015 et achevée en 1315 par Steinbach ; la hauteur de son clocher est de quatre cents pieds. La cathédrale d'Orléans (1287) et celle d'Amiens (1220-1280).

CATHÉDRATIQUE (Droit ou Cens), sorte de tribut qui se payait à l'évêque; on l'appelait aussi *synodatique,* parce qu'il se payait ordinairement dans les synodes par ceux qui y assistaient. Les moines étaient exempts du droit cathédratique, que payaient tous les ecclésiastiques d'un diocèse.

CATHELINEAU (Jacques), général vendéen, né en 1758, au Pin-en-Mauge (Maine-et-Loire), où il exerçait en 1793 la profession de tisserand ou de marchand de laine. Lorsque la convention ordonna une levée de 300,000 hommes, Cathelineau, profitant du mécontentement universel, rassemble quelques hommes, attaque et défait Chollet. Réuni au général d'Elbée, il combattit longtemps sous ses ordres, et se distingua à la tête des armées vendéennes. Nommé généralissime des troupes royales, il attaqua sans succès Nantes, et mourut des suites d'une blessure (1793).

CATHÉRÉTIQUES (du grec *cathairein*, ronger, détruire), nom donné aux substances employées extérieurement pour ronger ou consumer peu à peu les végétations charnues qui s'élèvent à la surface des plaies ou des ulcères, ou détruire les excroissances qui naissent parfois sur les membranes muqueuses. Ce sont des *caustiques* très-doux.

CATHERINE (Sainte), vierge et martyre, fille de Ceste, tyran d'Alexandrie, souffrit le martyre sous l'empire de Maximin. On n'a commencé à parler d'elle qu'au xıe siècle : à cette époque, on trouva le cadavre d'une jeune fille sans corruption au mont Sinaï en Arabie, et on la nomma *Aicatharine* (vraiment pure), mot d'où les Latins firent *Catharina* (Catherine). Les philosophes font prise pour leur patronne, parce qu'on rapporte dans ses actes qu'elle disputa, à l'âge de dix-huit ans, contre cinquante sages qui furent vaincus par elle. L'Église célèbre sa fête le 25 novembre.

CATHERINE DE SIENNE (Sainte), née à Sienne en 1347, embrassa, à l'âge de vingt ans, le tiers ordre de Saint-Dominique. Elle réconcilia les Florentins avec Grégoire XI, résidant alors à Avignon, et joua un grand rôle dans toutes les querelles du schisme. Elle écrivit en faveur d'Urbain, et mourut à Rome en 1380. Sainte Catherine de Sienne fut canonisée en 1461, par Pie II. On attribue à cette sainte des *Poésies italiennes,* quelques *Traités de dévotion,* des *lettres* et des *épîtres.*

CATHERINE DE FRANCE, fille de Charles VI, roi de France, épousa Henri V, roi d'Angleterre. Après la mort de ce prince en 1422, elle se maria secrètement à Owen Tudor, gentilhomme du pays de Galles. Ce second mariage, tenu fort secret du vivant de Catherine, ne fut rendu public qu'à sa mort, arrivée en 1438. Owen Tudor fut aussitôt mis en prison, et eut la tête tranchée. Catherine eut de Tudor deux fils, l'un sir Jasper Tudor, comte de Pembroke, et sir Edmond, père de Henri de Richmond, depuis Henri VII.

CATHERINE D'ARAGON, fille de Ferdinand V, roi d'Aragon, et d'Isabelle, reine de Castille, épousa en 1501 Arthur, fils aîné de Henri VII. Ce prince étant mort cinq mois après, le nouveau prince de Galles, depuis Henri VIII, épousa la veuve de son frère. Son époux ne tarda pas à s'en dégoûter et à proposer un divorce. Il fit prononcer une sentence de répudiation que le pape refusa d'autoriser. Catherine ne voulut jamais consentir à la dissolution de son mariage. Cette fermeté la fit éloigner de la cour en 1531. Exilée à Kimbalton, elle mourut en 1536 à cinquante-cinq ans.

CATHERINE DE MÉDICIS. Voy. Médicis.

CATHERINE DE PORTUGAL, fille de Jean IV, roi de Portugal, née en 1638, épousa en 1661 Charles II, roi d'Angleterre. En 1693, elle retourna en Portugal, où elle fut déclarée régente, en 1704, par le roi Pierre, son frère. Catherine continua de faire la guerre à l'Espagne. Pendant sa régence, l'armée portugaise reconquit sur les Espagnols plusieurs places importantes. Cette princesse mourut en 1705.

CATHERINE DE BOURBON, princesse de Navarre, duchesse de Bar, fille d'Antoine de Bourbon et de Jeanne d'Albret, et sœur de Henri IV, naquit à Paris en 1558. Son frère, devenu roi de France, la maria en 1599 avec Henri de Lorraine, duc de Bar. Elle persista dans le protestantisme même après l'abjuration de son frère. Elle mourut sans enfants à Nancy en 1604. — Une de ses aïeules, CATHERINE DE FOIX, épousa Jean d'Albret, roi de Navarre, que Ferdinand dépouilla de son royaume en 1512. Elle mourut la même année que le roi son époux, en 1516.

CATHERINE DE LORRAINE, fille de Charles, duc de Mayenne, et nièce du duc de Guise le Balafré, avait épousé en 1599 Charles de Gonzague, duc de Nevers et de Mantoue. Elle mourut en 1618 âgée de trente-trois ans. Henri IV avait tenté vainement de lui inspirer l'amour.

CATHERINE PARR. Voy. Parr.

CATHERINE. Deux impératrices de Russie ont porté ce nom. — CATHERINE ALEXIOWNA, simple paysanne, née en Livonie en 1689, devait le jour à des parents pauvres, dont le nom était Alfendey. Pendant la guerre entre la Suède et la Russie, elle tomba entre les mains de deux soldats suédois, auxquels l'arracha un de ses amis d'enfance, qu'elle épousa à Marienbourg. Cette ville ayant été assiégée et son mari tué, Catherine fut faite prisonnière. Pierre le Grand, l'ayant vue, en devint éperdument amoureux ; le mariage suivit de près son inclination naissante (1707), et fut rendu public en 1712. Elle fut couronnée en 1724, et, après la mort de ce prince (1725), déclarée souveraine impératrice de toutes les Russies. Elle se montra digne de régner par son humanité et sa fermeté, et mourut en 1727. — CATHERINE II ALEXIOWNA (Sophie-Auguste-Dorothée d'Anhalt-Zerbst), née à Stettin en 1729, du prince d'Anhalt-Zerbst Christian-Auguste, gouverneur de Stettin, épousa en 1748 le duc Charles de Holstein-Gottorp. Ses intrigues galantes avec le chambellan Soltikoff, le Polonais Poniatowski et Grégoire Orloff, détruisirent tout accord avec son époux. Après la mort d'Élisabeth, son mari étant monté sur le trône sous le nom de Pierre III, une conspiration menée par la princesse Daschkoff, Orloff et plusieurs grands, ôta l'empire à ce prince pour le donner à Catherine (1762). Pierre III mourut étranglé. Elle fit la guerre aux Turks avec succès, et partagea la Pologne avec la Prusse et l'Autriche. Elle mérita le surnom de *mère de la patrie* en faisant creuser des canaux, en encourageant le commerce et les sciences, fondant des hôpitaux, établissant des écoles, rendant la justice régulière. Elle fut en correspondance avec Voltaire et d'Alembert, etc. Elle avait formé le projet de chasser les Turks d'Europe, et de se faire couronner impératrice d'Orient à Constantinople. Elle mourut en 1796.

CATHERINE DU MONT SINAÏ (SAINTE-), ordre de chevalerie établi en 1063. Les chevaliers s'engageaient à suivre la règle de Saint-Basile, à garder le corps de sainte Catherine leur patronne, à défendre les pèlerins et l'Église catholique. Ils portaient sur un habit blanc les instruments du martyre de sainte Catherine, c'est-à-dire, une demi-roue armée de pointes tranchantes, et traversée par une épée teinte de sang. Cet ordre est aujourd'hui éteint.

CATHERINE, ordre russe de dames, fondé en 1714 par le tzar Pierre Ier après la victoire navale d'Aland, remportée par les Russes sur les Suédois, en l'honneur de sa femme Catherine.

CATHERINE (Sainte). Voy CATARINA (Sainte).

CATHÈTE, nom donné en géométrie à une droite tombant perpendiculairement sur une autre. Ainsi les cathètes d'un triangle rectangle sont les deux côtés qui comprennent l'angle droit.

CATHÈTE D'INCIDENCE. En optique, c'est une ligne droite menée d'un point éclairé et rayonnant perpendiculairement au plan du miroir réfléchissant.

CATHÈTE DE RÉFLEXION. C'est une perpendiculaire menée de l'œil ou d'un point quelconque d'un rayon réfléchi sur le plan de réflexion.

CATHÉTER, nom donné à divers instruments dont on se sert dans l'opération de la taille.

CATHOLICISME. On entend par ce mot les articles de foi, les dogmes, les maximes de la religion ou de l'Église catholique. Voy. Église et Religion.

CATHOLICON D'ESPAGNE, nom d'une satire ingénieuse contre la Ligue et Philippe II, roi d'Espagne, publiée pour la première fois en 1593. L'auteur se nommait le Roi, était chanoine de Rouen, et avait été aumônier du duc de Bourbon. Le Catholicon d'Espagne fait partie de la satire Ménippée, qui eut le même but, et dont les résultats furent les mêmes, c'est-à-dire, le ridicule répandu sur la Ligue et ses fauteurs.

CATHOLICOS. Voy. Catholique.

CATHOLIQUE, nom donné à la véritable Église chrétienne, et qui marque l'universalité de l'Église répandue dans tous les lieux et parmi toutes les nations de la terre. — *Catholique* est le titre que prirent, dès le règne de Justinien, certains prélats ou patriarches d'Orient, et entre autres le patriarche de Perse et celui d'Arménie. — On appelait aussi *catholiques* certains officiers ou magistrats qui avaient soin de faire payer les tributs dans les provinces. — Les papes ont donné quelquefois le nom de *roi catholique* aux rois de France et de Jérusalem. Le titre est maintenant affecté au roi d'Espagne (depuis 1492). Voy. Église, Diocèse, Pape, etc.

CATI, sorte d'apprêt que l'on donne aux étoffes de laine, et principalement aux draps, pour les rendre plus fermes et leur donner un plus joli aspect. On distingue deux manières de donner le cati : le *catissage à chaud* et le *catissage à froid*. La première consiste à plier le drap d'abord en deux dans sa longueur, puis en zigzag, en observant bien qu'il ne s'y fasse aucun faux pli. On met une feuille de carton bien fin et bien lisse. La pièce ainsi préparée, on place sur la presse, entre deux plateaux de bois d'aune, une plaque de fonte de fer et de la grandeur de la pièce chauffée. On place cette pièce sur le plateau de la presse; on en place une seconde dessus, et ainsi de suite En pressant alors et en les laissant pendant vingt-quatre heures au moins, les pièces sont caties. Le cati à froid ne diffère du premier que par l'absence de la plaque de fonte.

CATILINA (Lucius Sergius), naquit vers l'an de Rome 646. Dérobé par son crédit au dernier supplice qu'il méritait pour avoir fait violence à une vestale et avoir tué son propre frère, il fut questeur de Sylla dans les guerres civiles, exerça en Afrique les fonctions de préteur (686). S'étant deux fois inutilement présenté pour le consulat et ayant eu Cicéron pour concurrent, il résolut de le faire assassiner et de renverser les hommes du pouvoir. Cicéron, averti par Fulvie, maîtresse d'un conjuré, accusa Catilina, qui se défendit mal et qui sortit de Rome pour se réfugier en Etrurie. Petréius, lieutenant d'Antoine, collègue de Cicéron, le poursuivit, l'attaqua et le tailla en pièces. Il mourut dans ce combat (61 ans avant J.-C.).

CATILINAIRES, nom de quatre harangues composées et prononcées par Cicéron lors de la conspiration de Catilina. Elles sont remarquables par la véhémence des pensées, la hardiesse des tours et l'énergie des expressions. A la suite de ces discours, Catilina fut banni de Rome.

CATIMARON ou CATAMARAN, espèce de petit radeau en usage aux Indes orientales, servant à faire la pêche et à porter des dépêches aux bâtiments qui passent près des côtes ; ils sont formés de tronçons de cocotiers, réunis les uns à côté des autres et liés par des cordages. Il y en a qui ont jusqu'à vingt pieds de longueur sur six à sept de largeur. Ils vont à la pagaye avec trois, deux ou un seul homme.

CATINAT (Nicolas DE) naquit à Paris en 1637. Il quitta le barreau pour les armes, et servit d'abord dans la cavalerie. En 1667, il fut nommé lieutenant dans le régiment des gardes. Il se signala dans plusieurs combats. Lieutenant général en 1688, il s'empara de toute la Savoie et d'une partie du Piémont. Il se distingua également en Flandre. Il était maréchal de France depuis 1693. La guerre s'étant rallumée en 1701, il fut mis en Italie à la tête de l'armée française contre le prince Eugène, qui commandait celle de l'empire. Il mourut en 1712. Ses soldats l'appelaient le Père la Pensée.

CATISSAGE. Voy. CATI.

CATISSOIR, petit couteau non tranchant, à l'aide duquel les doreurs enfoncent l'or dans les filets.

CATOGAN, coiffure imitée des modes prussiennes, et particulière à l'infanterie dans le XVIII° siècle. C'était une pelote de cheveux se roulant sur eux-mêmes, noués par le milieu et pendant à une hauteur fixée. La queue remplaça en 1792 le catogan.

CATON (Marcus Porcius), surnommé le Censeur, naquit l'an 233 avant l'ère chrétienne. Il servit d'abord dans la seconde guerre punique et fut tribun des soldats en Sicile, ensuite préteur en Sardaigne, qu'il acheva de subjuguer. Il fut ensuite fait consul l'an 193 avant J.-C., s'empara d'une grande partie de l'Egypte, et fut nommé censeur. Son premier soin fut de réformer le luxe et les mœurs des Romains. Il mourut en oubliant par l'exécution de Carthage l'an 151 avant J.-C. Il laissa un Traité de l'agriculture et un ouvrage célèbre intitulé les Origines, contenant l'histoire des rois de Rome, des détails sur les villes d'Italie, des mémoires sur la première et la seconde guerre punique, et l'histoire de la république romaine jusqu'à l'époque de l'expédition de Galba dans la Lusitanie.

CATON D'UTIQUE (Marcus Porcius), petit-fils de Caton le Censeur, naquit l'an de Rome 660. Elevé à la dignité de questeur, il demanda le tribunat pour empêcher un homme corrompu de l'obtenir ; il se ligua avec Cicéron contre Catilina et ses complices. Envoyé contre Ptolémée, roi d'Egypte, qui s'était révolté, il triompha et

revint à Rome. Il obtint la préture Lorsque César passa le Rubicon, Caton conseilla au sénat de confier le salut de la république à Pompée, qu'il suivit à Dyrrachium. Il fut chargé de l'approvisionnement de l'armée et du commandement de la flotte. Ayant appris en Afrique la mort de Pompée, il refusa de prendre le commandement de l'armée d'Afrique, et se fortifia dans Utique. Lorsqu'il se vit sur le point de tomber entre les mains de César, il se tua à coups d'épée.

CATOPTRIQUE, nom donné à une des branches de l'optique, qui a pour objet les lois de la réflexion de la lumière. Toutes les surfaces polies réfléchissent la lumière ; mais, comme il n'y a que quelques métaux simples et quelques amalgames qui soient susceptibles de prendre un poli parfait, on ne construit les miroirs qu'avec des substances métalliques. Les miroirs de verre ne doivent leurs propriétés réfléchissantes qu'à l'amalgame de mercure et de zinc dont leur surface postérieure est revêtue.

CATOPTROMANCIE, sorte de divination qui se faisait au moyen d'un miroir. Cette divination était fort en usage à Patras en Achaïe. Les malades en danger de mort faisaient descendre un miroir attaché à un fil dans une fontaine qui était devant le temple de Cérès ; ils se regardaient ensuite dans ce miroir, et jugeaient de l'issue de la maladie.

CATTARO, cercle de la Dalmatie autrichienne, borné au N. par celui de Raguse et l'Herzégovine, au S. et à l'E. par le Monténégro, à l'O. par la mer. Sa superficie est de 105 lieues carrées, et sa population de 98,890 habitants. La capitale est Cattaro, sur le canal de son nom, ville forte, à 4 lieues de Scutari. Sa population est de 5,000 habitants. Elle a un château fort, qui sert de prison d'Etat.

CATTEGAT, détroit qui sépare la Suède du Jutland, et joint la mer du Nord à la mer Baltique. Sa largeur en face de Gothenborg est de 60 lieues.

CATTES, peuples de la Germanie, qui faisaient, avec les Bructères, les Chauces, les Chamaves, les Sicambres, etc., partie de la confédération connue sous le nom de Francs.

CATTI, monnaie de compte de Siam, qui vaut 20 taels.

CATULLE (Caïus Valerius Catullus), poète érotique latin, né à Vérone l'an 86 avant J.-C. Il vint à Rome sous le patronage de Manlius. Nourri dans les lettres grecques, il fut le premier qui fit passer avec succès le rhythme grec dans les vers latins. Ses plus célèbres compositions sont le Chant nuptial, Atys et Cybèle, les Noces de Thétis et de Pélée, la Veillée de Vénus. Catulle mourut l'an 57 avant J.-C.

CATULUS. Plusieurs Romains célèbres ont porté ce nom. — CAIUS LUTATIUS CATULUS, consul l'an 510 de Rome avec Aulus Posthumius Albinus. Il fit voile avec 300 vaisseaux contre Amilcar, amiral carthaginois, et mit fin par cette victoire à la première guerre punique. — QUINTUS LUTATIUS CATULUS, consul avec Marius l'an de Rome 650, défit avec lui les Cimbres. Jaloux de la valeur de Marius, il chercha à l'étouffer avec de la vapeur de charbon.

CATZ (Jacob VAN-), pensionnaire de Hollande et de West-Frise, garde des sceaux des mêmes Etats, et stathouder des fiefs, naquit l'an 1577 à Browershaven en Zélande. Poète ingénieux, il mérita le surnom de la Fontaine hollandais, et mourut en 1660. Ses poésies, presque toutes morales, ont été imprimées plusieurs fois.

CATZENELLNBOGEN, ancien comté d'Allemagne, sur le Rhin et le Mein. Ce dernier le divisait en haut et bas. La capitale du premier était Darmstadt. Il appartient maintenant au duché de Nassau. Le comté de Catzenellnbogen, qui produit du blé, de la garance, etc., a une population de 13,000 habitants.

CAUCA, département de la Colombie, tirant son nom de la Cauca, rivière qui prend sa source près de Popayan, et a son embouchure dans la Magdalena. Il est borné au N. par la mer des Antilles, au S. par le département de l'Equateur, à l'O. par celui de l'Isthme et le Grand-Océan, à l'E. par celui de Cundinamarca. Sa superficie est d'environ 18,000 lieues carrées, et sa population de 195,000 habitants. Sa capitale est Popayan. Il se divise en quatre provinces : Choco, capitale Novita ; Buenaventura, capitale Buenaventura ; Popayan, capitale Popayan ; et Pasto, capitale Pasto.

CAUCASE, chaîne de montagnes s'étendant entre la mer Noire et la mer Caspienne, de Derbend à l'embouchure du Kouban, dans une longueur de 158 lieues sur une largeur qui varie depuis 26 jusqu'à 88 lieues. Les cimes les plus élevées du Caucase sont : l'*Elbrouz*, haut de 5,442 mètres ; le *Muguinvari*, haut de 4,710 mètres ; et le *Schah-Dag*, haut de 4,519 mètres. Le pays que sillonne le Caucase, ou *isthme caucasien*, est le berceau de la race, nommée *race caucasique*, qui a peuplé l'Europe et une partie de l'Asie. Il est habité par un nombre infini de petites nations qu'on divise en sept classes principales, savoir : les *Abazes*, les *Géorgiens*, les *Circassiens* ou *Tcherkesses*, les *Ossètes*, les *Kistes*, les *Lesghiz* et les *Tartares*. Ces derniers, seuls, sont de race étrangère.

CAUCASE, gouvernement de la Russie d'Europe, borné au N. par ceux d'Astrakhan et des Cosaques du Don, au S. par la chaîne du Caucase, à l'E. par le Daghestan et la mer Caspienne, à l'O. par la mer d'Azof. Sa superficie est d'environ 10,880 lieues carrées, et sa population de 101,000 habitants. Sa capitale est *Géorgievsk*, ville forte, sur le Podcoumok. Le climat est doux, le pays plat et fertile en maïs, vin, fruits, safran, olive, chanvre, etc. Il y a des salines considérables, et produit des fourrures et du miel

CAUCASIENNE (RÉGION). Voy. CAUCASE, n° 1.

CAUCHEMAR, sorte de rêve et d'oppression consistant dans un sentiment de suffocation qui survient pendant le sommeil, et qui à la fin produit le réveil. Il semble à celui qui éprouve ce symptôme qu'un poids énorme est placé sur sa poitrine, qu'il se forme sous lui un précipice, qu'un fantôme le poursuit, et qu'il lui est impossible de fuir. Le réveil termine cet état de malaise. Le cauchemar provient souvent du surchargement de l'estomac par les aliments, de la pression d'un membre sur un autre, et principalement sur le cœur. Les phénomènes extraordinaires du cauchemar avaient fait croire dans le moyen âge aux *incubes* et aux *succubes*, démons masculins et féminins, qui ont donné lieu à des contes ridicules.

CAUCHON (Pierre), évêque de Beauvais et puis de Lisieux, l'un des plus zélés partisans de la maison de Bourgogne et des Anglais contre Charles VII, était fils d'un vigneron. Il fut l'un des juges de Jeanne d'Arc, et mourut subitement après, en 1443. Calixte VI l'excommunia après sa mort. Ses ossements furent déterrés, et jetés à la voirie.

CAUDALE, nom donné à la nageoire qui termine la queue de presque tous les poissons ; à l'exception d'une variété du *cyprin doré de la Chine*, on la trouve verticale chez tous. Celle des cétacés est horizontale. Sa forme varie beaucoup.

CAUDATAIRE (en latin, *syrmatis gerulus* et *minister ab trabeæ cauda*), nom donné à l'officier qui porte la queue du pape, des cardinaux et des prélats. Ces derniers n'admettaient autrefois à cet honneur que des petits gentilshommes, des cadets de famille, décorés pour la plupart de la croix de Saint-Louis.

CAUDÉ (du latin *cauda*, queue), nom en termes de blason, aux étoiles qui ont une queue, et, en histoire naturelle, aux parties terminées par un appendice en forme de queue.

**CAUDEBEC**, port de France sur la rive droite de la Seine, chef-lieu de canton du département de la Seine-Inférieure, à 4 lieues d'Ivetot. Population, 2,860 habitants. Caudebec est bien bâti, bordé de quais ombragés, au pied d'une montagne boisée, au débouché d'une belle vallée parcourue par la petite rivière de Sainte-Gertrude. Son port, sûr et commode, situé à une distance à peu près moyenne entre Rouen et le Havre, est cependant peu fréquenté. Ce qui rend Caudebec remarquable, c'est sa magnifique église, bâtie de 1416 à 1484, et qui est un des plus beaux monuments d'architecture sarrasine. — Par extension, on nomme *caudebec* un chapeau fait de laine d'agneau ou de poil, et qu'on fabrique à Caudebec en Normandie.

**CAUDEX**, nom donné à toute la partie d'une plante qui n'est point ramifiée. Le *caudex descendant* est le pivot central de la racine ; le *caudex ascendant* est le tronc du végétal.

**CAUDIMANES**, nom donné aux animaux dont la queue est flexible, musculeuse et prenante, comme les singes.

**CAUDINES** (FOURCHES). Voy. FOURCHES CAUDINES.

**CAULAINCOURT** (Armand-Auguste-Louis DE), né à Caulaincourt (Somme) en 1773. Il entra au service à quinze ans, et parvint au grade de chef d'escadron. Il fut ensuite envoyé dans plusieurs missions diplomatiques. En 1802, il devint le troisième aide de camp du premier consul. A l'avénement de Napoléon, il fut porté à la dignité de grand écuyer. Nommé en 1803 général de brigade, il fut chargé de plusieurs missions. On lui a attribué, mais à tort, celle qui eut pour objet l'enlèvement du duc d'Enghien. En 1805, il fut nommé général de division et duc de Vicence. On connaît son opposition constante à la guerre de Russie, après laquelle il fut appelé au ministère des relations extérieures. Retiré à la campagne après l'abdication de Fontainebleau, il revint à Paris lors du retour de Napoléon, et fut encore chargé du ministère des relations extérieures. Exclu en 1814 de la chambre des pairs, il mourut en 1828.

**CAULESCENT** ou **CAULIFÈRE**, nom donné aux plantes pourvues d'une tige, comme les arbres. Ce mot et les deux suivants viennent du latin *caulis* (tige).

**CAULICOLES**, terme d'architecture désignant des tiges qui sont roulées en volutes sous le tailloir du chapiteau corinthien. On les nomme aussi *tigettes*.

**CAULINAIRE**, nom donné, en botanique, à toutes les parties de la plante qui naissent de la tige. Il ne faut pas confondre les feuilles caulinaires des feuilles radicales. Les premières sont insérées médiatement ou immédiatement sur la tige, les secondes, au contraire, partent immédiatement du collet de la racine.

**CAUMARTIN** (Louis-Urbain LE FEBVRE DE), marquis de Saint-Ange, d'abord conseiller au parlement, puis maître des requêtes, intendant des finances et conseiller d'Etat, mort sous-doyen du conseil d'Etat en 1720, à soixante-sept ans, était de la même famille que LOUIS LE FEBVRE DE CAUMARTIN, président du grand conseil, garde des sceaux en 1622, et mort en 1623 à soixante-douze ans. Ce fut un magistrat plein d'esprit et de savoir.

**CAUNUS**. Voy. BIBLIS.

**CAURALE**, genre d'oiseaux de l'ordre des échassiers, au bec un peu épais, long, droit, dur et renflé à sa pointe ; aux pieds longs, grêles ; aux ailes amples. Ce genre ne renferme qu'une seule espèce de l'Amérique méridionale, où elle est connue sous le nom de *petit paon des roses* et d'*oiseau du soleil*. Le caurale est de la taille d'une perdrix, au cou long et mince, à queue large et étalée, ainsi qu'aux jambes peu élevées. Son plumage est nuancé, par bandes et par lignes, de brun, de fauve, de roux et de noir.

**CAURIS**, espèce de coquillage blanc des îles Maldives, qui est la monnaie la plus commune dans la Nigritie centrale et sur le plateau de la Sénégambie en Afrique, et au Bengale en Asie. Dans cette dernière contrée, 2,400 cauris équivalent à 25 sous de France. Dans la Nigritie, il ne faut que 250 cauris pour représenter la même valeur.

**CAURROY** (François-Eustache DU), sieur de Saint-Frémin, né à Gerberoy près Beauvais en 1549, fut l'un des plus grands musiciens de son siècle et maître de chapelle des rois Charles IX, Henri III et Henri IV. Il fut encore chanoine de la sainte Chapelle et prieur de Saint-Ayeul de Provins. Sa *Messe des morts* à quatre parties est une belle composition. Du Caurroy mourut en 1609.

**CAURSINS** ou **CORSINS**, nom donné dans le XIIIᵉ siècle à des marchands ou trafiquants usuriers de France, d'Angleterre, des Pays-Bas et de la Sicile. Ils étaient en grande rivalité avec les Juifs, et étaient soutenus par la cour de Rome. Henri III les expulsa d'Angleterre en 1240 et en 1251. En 1250, le duc de Brabant, Henri III, les chassa aussi de ses Etats par son testament. Enfin saint Louis lança contre eux un édit en 1268. — On fait venir leur nom de la ville de Cahors, où ils faisaient un grand commerce. D'autres le font venir d'une famille de négociants de Florence, les *Corsini*.

**CAUS** (Salomon DE), ingénieur du XVIIᵉ siècle, né à Blois vers 1590, Il fut longtemps au service de l'électeur palatin. On ne le connaît que par un *Traité de perspective*, et principalement par un ouvrage imprimé à Francfort en 1615, et intitulé les *Raisons des forces mouvantes, avec diverses machines tant utiles que plaisantes*, dans lequel on trouve la première exposition scientifique de la théorie des machines à vapeur, et même dans lequel il donne l'idée d'une machine de ce genre.

**CAUSARIENS**, nom donné à Rome à certains corps d'armée formés de malades et de vieillards, que, dans des circonstances dangereuses, on obligeait de s'enrôler aussi bien que les hommes dans la force de l'âge et de la santé.

**CAUSES MORBIFIQUES**, dénomination sous laquelle on comprend tout ce qui produit ou concourt à produire des maladies. Les causes qui agissent d'une manière manifeste sont nommées *spécifiques* ou *déterminantes* ; tels sont les venins, les poisons, etc. Les autres, dont l'action est cachée, sont nommées *obscures*. On les divise en deux séries : les causes *prédisposantes*, auxquelles se rattachent les dispositions particulières de l'économie et toutes les circonstances qui agissent en la modifiant peu à peu en et en préparant ainsi le corps à telle ou telle affection ; les causes *occasionnelles*, qui amènent ces maladies.

**CAUSIE**, chapeau de poil ou de laine que portaient les Macédoniens, et qui était formé de manière à tenir lieu de casque. La causie, entourée d'un bandeau de pourpre, était en Macédoine l'ornement et le signe distinctif de la royauté.

**CAUSIMOMANTIE** (du grec *causimos*, combustible, et *manteia*, divination.), divination par le feu, en usage chez les anciens peuples de l'Orient. Le présage était heureux lorsque des objets jetés dans le feu y brûlaient avec facilité.

**CAUSSE**, nom donné, dans les Cévennes, à une terre blanche, marneuse et très-peu fertile.

**CAUSTIQUE**, nom donné, en géométrie, à une courbe formée par l'intersection des rayons lumineux partant d'un point rayonnant, et réfléchis ou réfractés par une autre courbe. Chaque courbe a ses deux caustiques, l'une produite par la réflexion, la *catacaustique* ; l'autre produite par la réfraction, la *diacaustique*. L'invention de ces courbes est attribuée à Tschirnhausen (1682).

**CAUSTIQUES**, nom donné, en médecine, aux corps qui brûlent ou désorganisent les matières animales. Ce sont des moyens thérapeutiques puissants qui agissent à la manière du feu, des alcalis purs ou des acides concentrés. Les plus actifs sont nommés *escharrotiques* ; les autres, moins violents, portent le nom de *cathérétiques* ; en général aussi, on les appelle *corrosifs*.

**CAUTÈRE**, corps dont on se sert pour brûler ou désorganiser les parties vivantes sur lesquelles on l'applique. On distingue plusieurs sortes de *cautères*. Le plus usité est la potasse caustique. — Le *cautère actuel* est le calorique concentré et brûlant immédiatement durant son application, qui se fait à l'aide d'instruments composés d'une tige métallique, de forme et de dimensions variables, que l'on fait rougir au feu, et d'un manche destiné à tenir l'instrument sans se brûler. Tantôt ce manche est fixe ; d'autres fois il s'adapte à la tige au moyen d'une vis de pression. Ces instruments sont eux-mêmes appelés *cautères*. — Mais la signification la plus commune du mot *cautère* est un petit ulcère artificiel qu'on peut établir, soit en faisant à la peau une incision de plusieurs lignes, soit en détruisant au moyen de la pierre à cautère (potasse caustique) un point circonscrit de la peau. On entretient un cautère au moyen de l'écorce de *saintbois* ou garou. On les met le plus ordinairement au bras ou aux jambes.

**CAUTERETS**, village du département des Hautes-Pyrénées, dans le canton de Luz, et sur la rive droite du gave de Pierre-Fitte, dans une situation délicieuse, à 4 lieues d'Argelès. Sa population est de 1,100 habitants. — On trouve à Cauterets des eaux chaudes et sulfureuses, que l'on prescrit en boissons, en bains et en douches, pour faire cesser les vomissements, accélérer la circulation du sang, résoudre certains engorgements, guérir les catarrhes anciens et les maladies scrofuleuses, etc. Le nombre des sources est de dix. Les plus fréquentées sont celles de *la Raillère*, de *Pause* et des *Espagnols* ou de *la Reine*.

**CAUTION**. On appelle ainsi la personne qui s'oblige pour une autre, et qui répond en son nom de la sûreté de quelque engagement. On distingue généralement trois sortes de cautions ; savoir : 1º les cautions volontaires, 2º les cautions ordonnées par la loi, 3º les cautions ordonnées en justice sur les demandes ou sur les offres des parties, ou d'office par le juge ; c'est-à-dire qu'il y a des cautions *conventionnelles*, *légales* et *judiciaires*.

**CAUTIONNEMENT**, acte par lequel la caution se soumet à l'obligation. En matière criminelle, dans certains cas, on met le prévenu en liberté provisoire, sous condition d'un cautionnement qui ne peut être au-dessous de 500 francs. On exige encore un cautionnement payable par les employés et fonctionnaires publics, cautionnement destiné à garantir, soit l'administration des deniers publics, soit la gestion obligée des intérêts des particuliers.

**CAUX** (PAYS DE), contrée de France qui appartient à l'ancienne province de Normandie. Elle comprenait tout le pays situé entre la Seine, l'Andelle, la Bresle et la mer, depuis Tréport jusqu'au Havre. Le pays de Caux avait une superficie de 75 lieues carrées. Il se divisait en *grand* et *petit Caux*, séparés par la Béthune. Dans le premier, qui a formé les arrondissements du Havre, d'Ivetot, et une partie de celui de Dieppe, se trouvait le *pays de Caux* proprement dit, capitale Caudebec, chef-lieu de canton, sur la Seine, avec 3,000 habitants. Le *petit Caux* a formé une partie de l'arrondissement de Dieppe.

**CAVAGNOLE**, nom d'un jeu qui a été apporté de Gênes en France vers le milieu du XVIIIᵉ siècle, et qui consiste en une espèce de loto, composé de petits tableaux à cinq cases, contenant des figures et des numéros.

**CAVALCADOURS** (ECUYERS), nom donné aux écuyers qui avaient plus spécialement la surveillance de l'éducation et de l'entretien des chevaux du roi. Ils précédaient les vingt écuyers en charge, qui servaient par quartier, et recevaient les ordres du premier écuyer.

**CAVALCANTI** (Guido), poëte et philosophe florentin, élève de Brunetto Latini et ami du Dante, devint, après la mort de son beau-père Farinata degli Uberti, chef du parti des Gibelins. Il mourut en 1300, laissant divers ouvrages en vers et en prose. Ses *sonnets* et ses *canzoni* sont très-estimés.

**CAVALERIE**, réunion d'hommes combattant à cheval. — Les cavaliers grecs et romains se divisaient en deux espèces : la *cavalerie pesante*, dont les armes étaient la lance, la pique, la hache, l'épée, le javelot et la masse d'armes; et la *cavalerie légère*, qui se servait en outre de l'arc et de la fronde. La première était couverte de cuirasses complètes, la seconde n'avait que le casque et la petite cuirasse de cuir et de métal. — Au moyen âge, la cavalerie française fut partagée en quinze compagnies de cent hommes d'armes. La réunion d'un homme d'armes, de cinq archers, d'un *coutilier* (écuyer qui portait un couteau au côté) et d'un page ou valet, qui l'accompagnaient, formait une *lance fournie*. Louis XI la fixa à six hommes; Louis XII à sept, François Ier à huit. — Actuellement la cavalerie française se compose de quatre compagnies de cavaliers vétérans, de trois sortes de cavalerie : la *cavalerie de réserve*, qui comprend douze régiments (deux de carabiniers et dix de cuirassiers, dont l'effectif est de 10,464 hommes et 8,064 chevaux); la *cavalerie de ligne*, qui comprend vingt régiments (douze de dragons et huit de lanciers, dont l'effectif est de 12,196 hommes et 12,096 chevaux) ; la *cavalerie légère*, qui comprend vingt-deux régiments (douze de chasseurs français, six de hussards et quatre de chasseurs d'Afrique), dont l'effectif est de 19,838 hommes et de 15,840 chevaux) : ce qui porte l'effectif général de la cavalerie française à 44,498 hommes et 35,980 chevaux.

**CAVALIER**, homme à cheval. — On appelle *cavalier de fortification* une sorte d'ouvrages dominants, dont l'usage était connu des anciens. C'étaient des terrasses dont ils se servaient dans les siéges offensifs, et qu'ils construisaient de charpente et d'autres matériaux. Ils les élevaient le plus possible du rempart pour jeter de là des traits et des pierres dans la place. — Les cavaliers modernes sont destinés à servir d'enveloppe à des batteries foudroyantes, etc.

**CAVALIER** (Jean), fils d'un paysan des Cévennes, est fameux par le rôle qu'il joua dans les guerres des Camisards, dont il fut un des chefs. De garçon boulanger, il devint prédicant, et chef d'une multitude de paysans enthousiastes. Le maréchal de Villars négocia avec lui en 1704, et Cavalier promit de faire quitter les armes à son parti, à condition qu'on lui permettrait de lever un régiment dont il serait colonel. Epié en France, il passa au service de l'Angleterre, et mourut gouverneur de l'île de Jersey.

**CAVALIERI** (Bonaventure), religieux de l'ordre des jesuates, né à Milan en 1598. Il fut professeur de mathématique à Bologne, et disciple de Galilée. Il passa en Italie pour être l'inventeur du calcul des *infiniment petits*. Il mourut en 1647. Sa méthode pour la géométrie, connue sous le nom des *indivisibles*, consiste à admettre que les lignes sont composées d'une infinité de points, les surfaces d'une infinité de lignes, et les volumes ou corps d'une infinité de surfaces superposées.

**CAVALIERS**, nom donné dans le XVIIe siècle, en Angleterre, aux partisans de la cause royale et de la famille des Stuarts, en opposition aux *têtes rondes*, appelés ainsi parce qu'ils portaient les cheveux courts par derrière, et qu'ils étaient du parti du parlement ou de Cromwell.

**CAVALIERS VÉTÉRANS**. Il y en a en France quatre compagnies. Leur uniforme est un habit-veste en drap bleu, boutonnant droit sur la poitrine ; le collet, les parements et les passe-poils sont garance ; les boutons sont blancs, à étoiles, ayant pour exergue *cavaliers vétérans*. Le pantalon est garance. Ces cavaliers ont les bottes de la cavalerie légère, le schako des chasseurs et une casquette en drap bleu. Ils ont un manteau-capote blanc, et un porte-manteau garance, à passe-poils bleus. Leurs armes sont le mousqueton et le sabre de la cavalerie légère.

**CAVALOT**, nom d'une espèce de monnaie de France, dont le nom vient de ce qu'elle portait pour effigie l'image de saint Second à cheval. Elle se fabriquait sous Louis XII, et valait 6 deniers.

**CAVALOT**, ancien canon long de sept à dix pieds, fait de fer battu, pesant depuis quarante-six jusqu'à soixante livres.

**CAVAN**, comté d'Irlande, dans la province d'Ulster, borné au N. par ceux de Fermanagh et de Monaghan, au S. par ceux de West-Meath et d'East-Meath, à l'E. par celui de Leitrim. Sa superficie est de 50 lieues carrées, et sa population de 95,000 habitants. La capitale est *Cavan*, à 24 lieues de Dublin. Elle commerce en toiles.

**CAVATINE**, sorte d'air ordinairement de courte durée et exécuté par un seul artiste. La cavatine s'appelait autrefois *air*. Aujourd'hui elle est composée souvent d'un récitatif et de deux ou trois mouvements alternativement lents et vifs.

**CAVAZZA** (Pietro-Francisco), peintre italien de l'école bolonaise, né à Bologne en 1675, fut l'élève de Viani, et mourut en 1733. Son talent consistait principalement à peindre l'histoire sacrée. Il possédait l'une des plus riches et des plus nombreuses collections d'estampes, composée de plus de vingt mille gravures.

**CAVE**, lieu souterrain, ordinairement voûté, destiné le plus souvent à recevoir et conserver diverses substances, mais particulièrement le vin. La meilleure cave est celle où le thermomètre se maintient toujours entre 10 degrés et 10 degrés un quart de chaleur, uniformité dans la température qui s'obtient, dans nos climats tempérés, en creusant à une profondeur de quatre mètres. Il convient d'exposer les caves au nord. — VEINE CAVE. Voy. VEINE. — En termes de chronologie et de calendrier, on a nommé *caves* les mois lunaires de vingt-neuf jours, par opposition à ceux de trente, qu'on nomme pleins. L'*année lunaire cave* a trois cent cinquante-trois jours.

**CAVEA**, nom donné par les Romains, 1° aux loges souterraines où l'on gardait les bêtes destinées à combattre dans l'amphithéâtre ; 2° à la plate-forme située au-dessus de ces loges, et assignée pour place à la multitude.

**CAVEAU**, nom donné à un lieu souterrain, assez semblable à la *cave*. — C'est aussi le nom d'une société gastronomique et chantante, formée pour la première fois chez Landelle, dont l'établissement, situé au carrefour Bussy, était connu sous le nom de *Caveau*. Elle fut fondée par Piron, Gallet, Collé et Crébillon fils. Dispersés en 1749, les membres du Caveau formèrent une seconde réunion, qui se termina en 1796. Le *Caveau moderne*, réinstitué en 1806, cessa ses réunions en 1817. Désaugiers en fut le président.

**CAVEÇON** ou **CAVESSON**, espèce de bride, qui se compose d'une bande de fer tournée en arc, ayant un anneau au milieu, montée d'une têtière et d'un sous-gorge que l'on attache à la bouche du cheval quand on veut le dresser.

**CAVEDONE** (Jacques), peintre milanais, né à Sassuëlo dans le Modénois en 1580. Il fut l'élève d'Annibal Carrache. Peu de peintres ont mieux entendu l'art de dessiner le nu, et manié le pinceau avec plus de facilité : il mourut en 1660. Ses principaux tableaux sont à Bologne.

**CAVELÉE**, nom donné par les tanneurs à une mesure dont ils se servent pour mesurer le tan. La cavelée d'écorce est composée de cinq paquets, qui ont chacun cinq pieds de longueur et autant de circonférence.

**CAVENDISH**, famille noble d'Angleterre, originaire du comté de Suffolk. Le premier fut sir WILLIAM CAVENDISH, mort en 1557, écuyer du cardinal Wolsey.

**CAVENDISH** (Thomas), gentilhomme anglais, né dans le comté de Suffolk. Après avoir parcouru une partie de l'Amérique, il entreprit en 1586 un voyage autour du monde, et en apporta de nouvelles connaissances. De retour à Plymouth en 1588, il fit en 1591 un nouveau voyage autour du monde avec cinq vaisseaux, et aborda en Brésil. Il mourut en route.

**CAVENDISH** (William), né en 1640, fut en 1661 représentant du commerce de Derby au parlement. En 1689, il fut nommé conseiller privé; en 1694, il fut créé duc de Devonshire, et fut un des régents du royaume pendant l'absence du roi. Il mourut en 1707.

**CAVENDISH** (Henri) s'est rendu célèbre comme chimiste et comme physicien. Né en 1735, il se livra tout entier à l'étude des sciences. Il découvrit les propriétés spéciales du gaz hydrogène, et le premier reconnut la composition de l'eau. Il constata la densité de la terre, qu'il trouva être plus grande de quatre fois et un quart que celle de l'eau. Membre de la société royale de Londres, il mourut en 1810. Ses ouvrages se trouvent tous dans les *Transactions philosophiques*.

**CAVERNES**, nom donné, en géologie, à de grandes cavités souterraines naturelles, que l'on remarque dans certaines montagnes. L'origine des cavernes est attribuée, suivant quelques-uns, à des torrents souterrains, selon d'autres, à des sources chargées d'acide carbonique, et parvenues à dissoudre des roches calcaires ; d'autres enfin leur ont donné pour causes les fréquents soulèvements de la surface du globe qui ont formé, en remuant les roches calcaires, ces cavités agrandies ensuite par les eaux. Le sol des cavernes est ordinairement composé d'une couche de cailloux roulés et d'argile rougeâtre. Leur étendue varie beaucoup. La plupart renferment des dépôts d'ossements fossiles que les eaux diluviennes y ont apportés. Souvent elles sont tapissées de stalactites.

**CAVESSON**, Voy. CAVEÇON.

**CAVIAR**, mets préparé dans plusieurs parties de l'Orient avec les œufs de l'esturgeon. Pour cela, on vide l'esturgeon femelle ; on sépare les œufs et on les nettoie en les faisant passer par un tamis très-fin. On les met ensuite dans des baquets avec du sel. Le caviar est fort recherché dans la Russie, la Turquie, l'Allemagne et l'Italie.

**CAVITÉ** se dit de tout ce qui est creux. Ainsi la bouche et les fosses nasales sont des cavités. Les *cavités splanchniques*, en anatomie, sont celles qui renferment les viscères ; elles sont au nombre de trois : 1° la *cavité cranienne* ou le *crâne* ; 2° la *cavité thoracique* ou la *poitrine* ; 3° la *cavité abdominale* ou l'*abdomen*. — La *cavité pelvienne* est le BASSIN (voy.) ; les *cavités nasales*, les FOSSES NASALES ; la *cavité gutturale*, le PHARYNX ; la *cavité digitale du cerveau* ou *cavité ancyroïde* est une cavité triangulaire, dont la base est en avant, et qui se voit à la partie postérieure des ventricules latéraux du cerveau, à l'endroit où ils se recourbent pour changer de direction. — Les cavités des os sont divisées en *articulaires* et en *non-articulaires*, selon qu'elles servent ou non aux articulations. Les cavités articulaires sont nommées *cotyloïdes*, *glénoïdes* ou *alvéoles* ; les autres sont connues sous les noms de *fosses*, *sinus*, *rainures*, *sillons*, *trous*, *cellules*, etc.

**CAVOYE** (Louis d'OGER, marquis DE), grand maréchal des logis de la maison du roi, né en 1640, fut élevé auprès de Louis XIV. Il se rendit en Hollande, où il acquit un nom célèbre par une action hadie, qui sauva la flotte de la république en 1666. De retour en France, il suivit Louis XIV dans toutes ses campagnes, où son intrépidité lui mérita le titre de *brave Cavoye*. Il mourut en 1716.

CAXAMARCA, ville du Pérou, très-belle et très-grande, à 9 lieues de la rivière des Amazones. Sa population est de 10,000 habitants. Dans ses environs on trouve des mines d'or. C'est là que Pizarre rencontra Atahualpa, Inca du Pérou, et qu'il le fit prisonnier. Caxamarca était autrefois le chef-lieu d'une province de même nom.

CAXTON (William), né en 1410 dans le comté de Kent (Angleterre). Il fut employé dans diverses négociations par le roi d'Angleterre Edouard IV, et, pendant son séjour à la cour de Charles le Téméraire, il fut chargé par Marguerite d'Yorck, son épouse, de traduire en anglais une collection de légendes intitulée, *Recueil des histoires de Troyes*. Ce fut lui qui introduisit l'imprimerie en Angleterre. Il mourut en 1494.

CAYENNE, île de l'Amérique méridionale, dans la Guyane. L'île a une superficie de 12 lieues carrées, et est située dans un petit golfe, à l'embouchure de la rivière de *Cayenne*. Le sol est montagneux, sec et aride. — C'est sur la côte occidentale de Cayenne qu'est bâtie *Cayenne*, chef-lieu de la Guyane française, et le siège du gouvernement colonial. Sa population est d'environ 3,000 habitants. Elle a été fondée en 1635. Elle a une cour royale formée de huit conseillers, dont un président, de deux conseillers-auditeurs, d'un procureur général, un tribunal de première instance et un tribunal de paix. Elle est la résidence du conseil colonial de l'île, formé des députés élus par les six arrondissements électoraux de la Guyane française. Cayenne en nomme trois pour sa part, et l'île de Cayenne cinq.

CAYENNE. C'est en marine, 1° un lieu à terre où les matelots à bord d'un vaisseau dans un port viennent faire bouillir leur chaudière; 2° un lieu de dépôt dans les ports, où l'on reçoit les matelots de levée.

CAYES, nom que portent, dans les grandes Antilles, des bancs formés de vase, de corail et de madrépores; sortes d'îlots unis qu'on découvre sur les arbustes qui poussent dessus. La bande du nord de l'île de Cuba est garnie de cayes.

CAYET (Pierre-Victor-Palma), né en 1525 à Montrichard (Touraine), fut attaché en qualité de ministre protestant à Catherine de Bourbon, sœur de Henri IV, et déposé dans un synode, sur l'accusation de magie. Cette condamnation hâta son abjuration : il la fit à Paris en 1595, et mourut docteur en Sorbonne et professeur d'hébreu au collège royal de France. On a de lui la *Chronique novennaire* (de 1589 à 1598), l'*Heptaméron de la Navarride* ou *Histoire entière du royaume de Navarre depuis le commencement du monde*.

CAYEU. Voy. CAÏEU.

CAYLUS (Marthe-Marguerite DE VALOIS, marquise DE VILLETTE ET DE), naquit en 1673. Elle était petite-fille d'Artémise d'Aubigné, tante de madame de Maintenon, et fut élevée à la cour sous les yeux de cette dernière, qui la força d'abjurer le calvinisme. Elle épousa en 1686 Jean-Anne de Tubières, marquis de Caylus, menin du dauphin. Devenue veuve à trente-deux ans, elle mourut en 1729. Ses *Souvenirs* ont obtenu beaucoup de succès.

CAYLUS (Anne-Claude-Philippe DE TUBIÈRES DE GRIMOARD, DE PESTELS DE LÉVIS, comte DE), marquis d'Esternay, naquit à Paris en 1692. Il était fils de la précédente. Il se distingua d'abord dans la carrière des armes, et après plusieurs voyages en Grèce et dans le Levant se livra entièrement à l'étude de l'antiquité et à la pratique des arts. Son *Recueil d'antiquités égyptiennes, étrusques, grecques, romaines et gauloises*, le fit nommer à l'académie des inscriptions et belles-lettres. Il a fait plusieurs ouvrages, et entre autres des *Contes orientaux*. Il mourut en 1765.

CAZALÈS (Jean-Antoine-Marie DE), naquit en 1757 à Grenade (Haute-Garonne). Il était avant la révolution capitaine au régiment des chasseurs à cheval de Flandre, et fut élu député de la noblesse de Rivière-Verdun aux états généraux de 1789. Il s'y montra un des plus ardents défenseurs de la monarchie. On admira son éloquence dans les discussions qui s'élevèrent sur le serment des prêtres, concernant la constitution civile du clergé, sur le projet d'ôter au roi le droit de conclure la paix ou de déclarer la guerre. En 1791, il envoya sa démission, se retira en Angleterre, et revint à Paris en février 1792. Obligé de fuir encore, il rejoignit en Allemagne les princes français, dans l'armée desquels il fit la campagne de 1792. De retour en France (1803), il fut élu en 1805 membre du corps législatif, et mourut la même année.

CAZAN, Juif qui entonne les prières dans les synagogues.

CAZELLES, nom donné, dans le métier du fileur d'or, à bobines portant à une de leurs extrémités des gorges dont la diamètre va toujours en diminuant, et servant à dévider le fil, au fur et à mesure qu'il est tiré. C'est successivement dans ces gorges que l'on engage la corde qui les fait bouger.

CAZOTTE (Jacques), né à Dijon en 1720. D'abord contrôleur de la marine à la Martinique, puis maire de Pierry près d'Epinay, où il s'était retiré, il se livra à la culture des lettres, et publia le roman d'*Olivier*. Il se montra l'adversaire des principes de la révolution. Arrêté (1792), il fut jeté dans les prisons de l'Abbaye. Lors des massacres de septembre, Cazotte fut sauvé par le dévouement de sa fille Elisabeth, âgée de seize à dix-sept ans, qui se jeta dans les bras de son père, et lui fit un rempart de son corps. Arrêté de nouveau, il fut traduit devant le tribunal révolutionnaire, et périt sur l'échafaud le 25 septembre 1792. Il a fait encore le *Diable amoureux*, le *Lord impromptu*, etc.

CÉANOTHE, nom par lequel les anciens désignaient plusieurs espèces de plantes. Il a été donné par Linné à un genre d'arbustes de la famille des rhamnées, aux feuilles alternes, entières, aux fleurs petites, en grappes terminales ou axillaires. On cultive dans nos jardins le *céanothe de l'Amérique septentrionale* et le *céanothe africain*.

CÉBÈS, philosophe thébain, disciple de Socrate, vivait environ 405 ans avant J.-C. Il assista à ses derniers moments, et se fit avantageusement connaître par trois dialogues, et surtout par son *Tableau de la vie humaine*, ouvrage qui est parvenu jusqu'à nous.

CÉBRÉNIA, nom donné à un canton de la Troade, dont Cébrénus, sur le fleuve du même nom, était la capitale. C'était aussi de là qu'OEnone, fille de Cébrénus, prenait le nom de *Cébrénis*.

CÉBRION, genre d'insectes coléoptères, famille des serricornes, aux mandibules arquées et aiguës; aux antennes de onze articles, longues dans les mâles, courtes dans les femelles; à la tête inclinée. Le plus connu est le *cébrion géant*, long de sept à huit lignes, à la tête, aux antennes et au corselet noirs, au reste du corps fauve.

CÉBRIONITES, tribu d'insectes de la section des malacodermes, famille des serricornes, ordre des coléoptères. Le caractère de cette tribu consiste dans les mandibules arquées, terminées en une simple pointe; au corps de forme généralement oblongue, convexe, avec la tête inclinée ; un corset presque toujours transversal, plus large postérieurement.

CECCANO (Annibal), né dans le pays de Labour, fut archevêque de Naples. Jean XXII l'honora du chapeau de cardinal en 1327. Clément VI l'envoya pour conclure la paix entre Philippe VI et Edouard III, roi d'Angleterre. Il se trouvait à Rome lorsque le tribun Rienzi y exerçait son pouvoir tyrannique. Ses gens ayant été insultés et son palais saccagé par la populace, Ceccano excommunia Rienzi et ses complices. Le pape lui donna la légation de Naples; il mourut en 1350.

CECCO D'ASCOLI (Francesco DE STABILI, dit), naquit en 1257 à Ascoli. La poésie, la théologie, les mathématiques et la médecine l'occupèrent tour à tour. Le pape Jean XXII l'appela à Avignon pour être son médecin. Il vint successivement à Florence et à Bologne, où il enseigna l'astrologie et la philosophie, depuis 1322 jusqu'en 1325. Dénoncé à l'inquisition comme hérétique, il abjura ses opinions; mais, accusé d'avoir soumis Jésus-Christ même à l'empire des astres, il fut condamné à être brûlé, et exécuté en 1327.

CECIL. Voy. BURLEIGH.

CÉCILE (Sainte), Romaine, née de parents nobles, fut mariée malgré la résolution secrète qu'elle avait prise de garder une virginité perpétuelle, et convertit dès les premiers jours de ses noces son époux Valérien au christianisme. Elle souffrit, dit-on, le martyre en Sicile sous le règne d'Alexandre Sévère. L'Eglise célèbre sa fête le 22 novembre. Sainte Cécile, dit-on, mêlait aux chants qu'elle adressait au Seigneur le son des instruments. C'est pourquoi les musiciens l'ont prise pour patronne.

CÉCILIA. Voy. CÆCILIA.

CÉCILIE, genre de reptiles à corps allongé, cylindrique; dépourvus de pieds; revêtus d'une peau molle couverte d'un mucus gélatineux, garnie de petites écailles minces, disposées en rangées transversales ; à tête déprimée, petite; au museau arrondi, obtus; à bouche petite, à mâchoire non extensible, aux yeux petits; au tronc grêle, de grosseur égale partout. Les cécilies vivent dans l'eau.

CÉCILIUS. Voy. CÆCILIUS.

CÉCINA (Aulus Severus) commandait en Germanie une armée sous les ordres de Germanicus, lors de la révolte des légions romaines. Pour arrêter les soldats fuyards, il se coucha par terre au travers de la porte du camp, et les soldats, n'osant passer sur le corps de leur général, le calme se rétablit peu à peu. Il combattit ensuite et vainquit Arminius.

CÉCINA (Alienus), né à Vicence, entra fort jeune dans le parti de Galba, qui le fit questeur et le mit à la tête d'une légion. Accusé de péculat, il s'attacha à Vitellius, et devint un de ses principaux lieutenants. Il combattit Othon et fit la guerre en Italie. Il conspira contre l'empereur Vespasien, qui le fit mettre à mort.

CÉCITÉ, abolition de la faculté de voir. Ce phénomène peut dépendre de beaucoup de maladies fort différentes ; telles que l'*amaurose*, les *taies*, la *cataracte*, le *glaucome*, l'*ophthalmie*, etc. Quelques individus l'apportent en naissant.

CÉCOGRAPHIE, nom donné à la méthode d'écriture particulière aux aveugles. Dans une table de métal sont gravés en creux les divers caractères de l'alphabet, l'aveugle, tenant dans la main un stylet, en suit les contours ; après un exercice plus ou moins long, il quitte le stylet pour le crayon, et en état de tracer les lettres sur le papier. Pour conserver entre les lignes la même distance, on se sert d'un grillage de fils de métal, le long desquels on conduit le crayon, et, pour ne pas mêler les lettres, on suit la marche du crayon avec l'index de la main gauche.

CÉCROPIE, premier nom de la ville d'Athènes, de Cécrops son fondateur. On donnait aussi souvent le même nom à toute l'Attique. Par la même raison, on donnait aux Athéniens le nom de *Cécropiens* et de *Cécropides*, qui servit souvent de distinction honorable à ceux qui signalaient leur courage dans les combats.

CÉCROPIE. Voy. COULEQUIN.

CÉCROPS, Egyptien natif de Saïs, conduisit une colonie dans l'Attique, environ 1556 ans avant J.-C. Il jeta, dit-on, les premiers fondements d'Athènes. Il adoucit les mœurs sauvages des habitants, les réunit dans douze bourgs ou villages, leur donna des lois, et introduisit parmi eux le culte des dieux d'Egypte. Ce fut lui qui institua le mariage. Il apprit à cultiver l'olivier, et mourut après un règne de cinquante ans. On représente Cécrops comme un monstre, moitié homme et moitié serpent, soit parce qu'il parlait deux langues, soit parce qu'il commandait aux Grecs et aux Egyptiens.

CÉCROPS II, septième roi d'Athènes, fils d'Erechtée, régna quarante ans, et mourut l'an 1307 avant J.-C. Il avait épousé Métiadusa, sœur de Dédale, dont il eut Pandion.

CÉCROPS, genre de crustacés de l'ordre des branchiopodes, famille des caligides, deuxième tribu des hyménopodes. Ce genre a quelque analogie avec les limules, les caliges et les argules. Une des espèces vit sur les branchies du turbot.

CÉDAR, nom donné, 1° à une rivière de l'Etat de Virginie, dans le comté de Kockbridge, remarquable par un pont naturel de quatre-vingt-dix pieds; 2° à une rivière des Etats-Unis dans l'Etat de Missouri; 3° à deux lacs de l'Amérique septentrionale, dont l'un se trouve à 21 lieues à l'E. du lac Winnipeg, et dont l'autre est une des sources du Mississipi.

CÉDAR, fils d'Ismaël, et père des Cédréens ou Cédaréniens, qui habitaient au voisinage des Nabuthéens, dans l'Arabie Déserte; mais leur demeure était principalement dans la partie méridionale de l'Arabie Déserte, au nord de l'Arabie Pétrée et de l'Arabie Heureuse. Aussi quelquefois l'Ecriture donne le nom de Cédar à toute l'Arabie Déserte.

CEDITIUS (Quintus), tribun des soldats en Sicile, se signala par une action hardie l'an 254 avant J.-C. Tandis que l'armée romaine, enveloppée par les ennemis, était sans espoir de salut, il offrit au consul Attilius Collatinus de se mettre à la tête de quatre cents jeunes gens déterminés, et d'aller attaquer les ennemis d'un côté, afin que l'armée pût se dégager de l'autre. Ce qu'il avait prévu arriva, les Romains furent sauvés, et Ceditius, seul de tous ses compagnons, revint de son expédition.

CEDMONÉENS, anciens habitants de la terre promise, descendus de Chanaan, fils de Cham. Leur demeure était au delà du Jourdain, à l'orient de la Phénicie, aux environs du mont Liban. On croit que le fameux Cadmus, fondateur de Thèbes, était Cedmonéen d'origine. Les Cedmonéens étaient Hévéens.

CEDONULLI, coquille univalve, appartenant au genre cône, et habitant les mers de l'Amérique méridionale et des Antilles. Elle offre sur le milieu de son dernier tour deux fascies transverses, composées de taches irrégulières d'un blanc légèrement bleuâtre, circonscrites de brun; le fond est parsemé de petits points rangés en lignes assez symétriques. Cette coquille est considérée comme l'une des plus précieuses qui ornent les cabinets. Son prix est rarement moindre de 300 francs.

CÉDRAT, fruit du cédratier. Son écorce est très-épaisse, recouverte d'un épiderme qui renferme une huile essentielle très-odorante et fort estimée. On fait de son écorce des confitures assez recherchées. On les coupe par quartiers pour la confiture sèche, et on les met entiers pour la confiture liquide. On fait avec la peau du cédrat une excellente liqueur : pour cet effet, on la cueille avant leur entière maturité; on râpe la peau dans l'eau-de-vie, ou bien on en coupe des zestes qu'on fait infuser dans ce liquide.

CÉDRATIER, nom donné à une espèce du genre citronnier, formant un arbre aux feuilles ovales lancéolées, la plupart aiguës et dentées, d'un vert foncé; fleurs peu nombreuses, petites, violâtres, donnant naissance à des fruits lisses, d'a-

bord rouges, puis verts, et enfin jaunes, nommés cédrats. (Voy. ce mot.) On distingue le grand et le petit poncire et la pomme du paradis, cultivés à Florence et à Gênes. — Transporté très-anciennement de l'Asie méridionale en Syrie et en Palestine, le cédratier était pour les Juifs un arbre sacré. Ce furent eux qui l'apportèrent en Italie, d'où il se répandit dans le reste de l'Europe.

CÈDRE, genre de la famille des conifères, renfermant un arbre célèbre par son élévation et par l'indestructibilité de son bois, recherché pour les constructions nautiques, pour les temples et les autres grands édifices. Autrefois il croissait spontanément sur les hautes montagnes du Liban, où l'on n'en voit plus un seul. Il est maintenant assez répandu en Europe. Son bois est résineux, blanchâtre, dégageant une odeur agréable quand on le brûle; ses feuilles sont petites, courtes, éparses, roides et piquantes, d'un vert sombre; ses rameaux horizontaux, et s'éloignant du tronc de la distance de plus de dix mètres. Le terme de son existence est inconnu.

CÈDRE. On a nommé cèdre-acajou la swietenia mahogoni; cèdre blanc, le cyprès à feuilles de thuia; cèdre de Goa ou de Busaco, le cyprès glauque; cèdre d'encens ou d'Espagne, le genévrier de cèdre de la Jamaïque, le guazume; cèdre de la Sibérie, une espèce de pin; cèdre des Bermudes, le genévrier bermudien; cèdre lycien, le genévrier de la Phénicie; cèdre rouge, l'iciquier; et le genévrier de Virginie, qu'on appelle encore cèdre de Virginie.

CEDRELA ou CÉDRÈLE. Voy. CÉDRELÉES.

CÉDRELÉES, petite famille de plantes, séparée des méliacées. Le type est l'acajou à planches, que les botanistes appellent cèdrèle. Ce genre a été ainsi appelé du cèdre, auquel il ressemble. Son tronc acquiert des dimensions telles, qu'on en construit des canots tout d'une pièce, de quarante pieds de long sur cinq de large. Le bois en est ordinairement rouge. Il y en a aussi de marbré, de jaune, de couleur de chair. Il pourrit difficilement dans l'eau, et est inattaquable aux vers. On en fait des meubles qui communiquent au linge qu'on y renferme une odeur suave.

CÉDRÉNUS (Georges), moine grec du XIᵉ siècle, qui a laissé une Chronique depuis le commencement du monde jusqu'au règne d'Isaac Comnène (1057). Ce n'est qu'une compilation de divers auteurs, et principalement de Georges Syncelle.

CEDRIA, liqueur que les anciens Egyptiens préparaient pour l'embaumement de leurs momies de seconde classe. Elle avait la propriété de dissoudre les viscères; on l'introduisait dans le ventre, et, lorsqu'elle avait produit l'effet voulu, on la laissait s'écouler; on couvrait ensuite le corps de natron, et après soixante-dix jours on le remettait aux parents.

CEDRINUM (VINUM), vin de cèdre, que l'on prépare en mêlant une demi-livre de baies de cèdre écrasées avec six pintes de vin doux. Il est échauffant, diurétique et astringent.

CÉDRITES, sorte de vin très-échauffant, préparé avec du vin doux et de la racine de cèdre. C'est un bon vermifuge.

CÉDRON (en hébreu, obscurité), torrent qui coulait dans une vallée à l'orient de Jérusalem, entre cette ville et le mont des Oliviers, et qui allait se jeter dans la mer Morte. On croit que son nom lui venait de la profondeur de la vallée, ombragée d'arbres, dans laquelle il coulait. La vallée de Cédron était la voirie de Jérusalem.

CÉDULE, billet portant promesse de payer une somme à la volonté du créancier, ou dans un temps préfix. La cédule diffère de la promesse ou obligation, en ce que la cédule est sous seing privé, et que le créancier sous cédule n'est que créancier chirographaire, tandis que l'obligation est passée par-devant notaire et que le créancier est hypothécaire.

CÉDULE ÉVOCATOIRE, acte par lequel on demandait au conseil privé l'évocation d'un procès que l'on avait en quelqu'une des cours sur le fondement qu'il y avait un certain nombre de juges qui se trouvaient parents ou alliés de la partie adverse.

CÉDULE et CONTRE-CÉDULE, actes employés dans les provisions consistoriales émanées de Rome. Par la cédule, on fait savoir au cardinal vice-chancelier que la provision d'un évêché ou d'une abbaye est accordée par sa sainteté. — La contre-cédule est un acte tout à fait semblable, par lequel le vice-chancelier fait savoir aux officiers de la chancellerie de procéder à l'expédition des bulles.

CEINTES se dit, en marine, de tous les cordages qui ceignent, qui lient ou environnent un vaisseau.

CEINTRAGE, travail qui a pour objet de ceindre la carène d'un bâtiment. Les câbles, les grelins ou les aussières employés à faire une ceinture serrée, sont les cordages qui forment le ceintrage, opération qu'on commence toujours par l'avant en venant de l'arrière.

CEINTRE. Voy. CINTRE.

CEINTURE, ornement destiné à entourer et ceindre les reins et à retenir les vêtements. Les ceintures étaient fort en usage chez les Juifs. Lorsqu'ils mangeaient la pâque, ils avaient la ceinture autour de leurs reins. Ils en portaient aussi lorsqu'ils travaillaient ou qu'ils allaient en voyage. Dans le deuil, ils ne prenaient que des ceintures de cordes. Au moyen âge, elles servaient de bourse, et étaient larges et creuses. Un arrêt de saint Louis de l'an 1420 avait défendu aux femmes de mauvaise vie de porter la robe à collet renversé, la queue et la ceinture dorée. Comme elles n'observèrent pas toujours cette règle, on a fait de là le proverbe : bonne renommée vaut mieux que ceinture dorée. — Les jeunes filles grecques portaient une ceinture de laine de brebis nouée d'une façon particulière, que l'on appelait nœud d'Hercule, et que le mari défaisait lui-même le jour de ses noces.

CEINTURE (CHRÉTIENS DE LA), nom donné aux chrétiens d'Asie, et principalement ceux de Syrie et de la Mésopotamie, qui sont presque tous nestoriens ou jacobites. Ce nom leur vint de ce que Motavahkek, dixième calife de la maison des Abbassides, obligea les chrétiens et les Juifs l'an 806 de porter une large ceinture de cuir. — Pour l'ordre de la ceinture, voy. CORDELIÈRE.

CEINTURE FUNÈBRE. Voy. LITRE.

CEINTURE DE LA REINE, droit fort ancien, destiné à l'entretien de la maison de la reine, et qui se levait à Paris de trois en trois ans. Ce droit, appelé autrefois la taille du pain et du vin, fut d'abord de trois deniers sur chaque muid de vin; augmenté dans la suite, il fut étendu à d'autres denrées, comme le charbon.

CEINTURE DE VÉNUS ou CESTE, espèce de ceinture à laquelle les anciens attachaient le pouvoir d'inspirer l'amour et de charmer les cœurs. L'effet le plus merveilleux était de rendre aimable la personne qui la portait, même aux yeux de celui qui avait cessé d'aimer. Junon emprunta cette ceinture à Vénus pour aller charmer Jupiter sur le mont Ida. — En termes d'astrologie, on nomme ceinture de Vénus une ligne de la main qui commence entre le deuxième et le troisième doigt, puis va jusqu'au petit, en décrivant une courbe.

CEINTURE. En termes d'architecture, c'est une sorte de liteau en bas et au haut d'une colonne. On le nomme aussi filet. En termes de marine, ce sont des pièces de charpente qui entourent les vaisseaux, et servent à leur liaison.

CÉLADON, personnage sentimental, type des damoiseaux, et particulièrement des amants-bergers. Ce nom est celui du héros du roman de l'Astrée, qui se précipita dans les eaux du Lignon pour ne pas survivre aux froideurs de sa bergère, et qui, sauvé par trois nymphes, fut insensible à leurs charmes.

CÉLADON. C'est le nom d'une couleur verte, blafarde, indécise, mêlée de blanc, ou tirant sur le blanc, ou bien qui tient le milieu entre le bleu et le vert tendre.

CÉLANO, petite ville du royaume de Naples dans l'Abruzze ultérieure première, près du lac Célano, autrefois *lac Fucin*, qui se décharge dans la mer par un canal souterrain.

CÉLASTRE, genre de plantes de la famille des rhamnées, renfermant plus de quarante espèces, qui toutes sont arbustes ou arbrisseaux. Les Arabes mangent les baies du *célastre bon à manger*, et préparent encore avec elles une boisson enivrante et une liqueur très-alcoolique. Le *célastre du Canada* est appelé *bourreau des arbres*, parce qu'il s'enroule autour d'eux, et les presse si fortement qu'il les fait périr.

CÉLASTRINÉES, nom donné par R. Brown à une famille qu'il a séparée des rhamnées, et comprenant les genres *célastre*, *cassine*, *fusain*, *polycardie*, *staphylier*, etc. Cette division n'a pas été adoptée.

CÉLATE, nom donné autrefois au devant d'un casque, et quelquefois au casque entier.

CÉLÉBARIS, sorte de javelot avec la pointe duquel, à Rome, on faisait la coiffure des nouvelles mariées. C'était afin de rappeler que les premiers mariages chez les Romains s'étaient faits au milieu des combats.

CÉLÈBES, île de la Malaisie, au S.-E. de Bornéo, dont elle est séparée par le détroit de Macassar (Mangkassar), à l'O. des Moluques. Elle se compose de quatre presqu'îles allongées, liées par des isthmes étroits, et séparées par trois baies profondes. Sa superficie est d'environ 16,000 lieues carrées, et sa population de 3,200,000 habitants, divisées en cinq nations : les *Bouguis* ou *Ouguis*, qu'on a considérés comme le foyer de la civilisation des peuples malais et polynésiens ; les *Mangkassars*, les *Mandars*, les *Kaïlis* et les *Manadois*. L'île abonde en riz, coton, muscades, girofles, etc., et fait un grand commerce. Une partie de l'île Célèbes est soumise aux Hollandais, qui y possèdent le royaume de Mangkassar ou Macassar et les résidences de Bonthaïn, de Maros et de Manado. Le reste est divisé en plusieurs petits royaumes indépendants. Celui de *Boni*, dont la capitale est *Bayoa* avec environ 10,000 âmes (sa population est de 230,000 âmes, et sa superficie de 600 lieues carrées), est le plus considérable.

CÉLÈNE, ville de Phrygie, ancienne capitale de ce royaume. Cyrus le Jeune y avait un palais et un parc remplis de bêtes fauves, au milieu duquel passait le Méandre. Xercès, après sa défaite en Grèce, bâtit une forte citadelle à Célène. Antiochus Soter détruisit cette ville, et en transporta les habitants à Apamée. On prétend que ce fut dans le voisinage de Célène que Marsyas disputa à Apollon le prix de la musique.

CÉLÉNO (myth.), nom d'une des harpyes. — Fille d'Hyamus, eut d'Apollon un fils nommé Delphus. — Fille d'Ergée et de Neptune. — Une des Danaïdes. — Une des filles d'Atlas, enlevée par Hercule.

CELER, architecte que Néron employa avec Sévère pour construire sa *maison dorée*, appelée ainsi parce que l'or s'y trouvait en grande quantité à l'intérieur et à l'extérieur. Les marbres les plus rares et les pierres précieuses y étaient prodigués de toutes parts.

CÉLÈRES, nom d'un corps de trois cents jeunes Romains qui formaient la garde particulière de Romulus. Il les avait choisis dans les meilleures familles de Rome, en les faisant élire par les suffrages des trente curies, dix par chaque curie. Les célères étaient à cheval et armés de piques ; ils accompagnaient partout le prince, dont ils étaient les gardes du corps et les aides de camp. Leur chef s'appelait *tribun des célères*. Les célères disparurent avec les rois.

CÉLERI, variété de l'*ache*, transformée par la culture en plante potagère, la culture lui ayant fait perdre sa saveur désagréable et son odeur forte. On distingue plusieurs sous-variétés de céleri : le *céleri long* ou *tendre*, dont la couleur est d'un vert clair ; le *céleri court* ; le *céleri-rave*, à la racine semblable à celle d'un navet, etc. Le céleri est une plante saine, agréable, alimentaire, dont on mange la base des pétioles et des jeunes tiges ; la racine et les graines sont employées en médecine, la première comme apéritive, les secondes comme semences chaudes.

CÉLESTE (myth.), divinité de Carthage, qui paraît être la même que la lune, et qu'on représente quelquefois montée sur un lion. Héliogabale en fit apporter la statue à Rome pour l'épouser publiquement, en obligeant les sénateurs de lui faire des présents de noces.

CÉLESTIN. Cinq papes ont porté ce nom. — Célestin Ier (Saint), Romain de naissance, fils de Priscus, succéda en 423 à Boniface Ier. Il fit condamner la doctrine de Nestorius par un concile tenu à Rome en 430. Il mourut en 432. — Célestin II (Guy du Châtel), natif de Tifferne en Italie, disciple du célèbre Abailard. Cardinal en 1128, il succéda en 1143 à Innocent II. Il mourut en 1144. — Célestin III (Hyacinthe Bobocardi), Romain, cardinal en 1145, succéda en 1191 à Clément III, sacra la même année l'empereur Henri VI, qu'il investit de la Pouille et de la Calabre. Il donna, quelque temps après, la Sicile à Frédéric, fils d'Henri, à condition qu'il payerait au saint-siège un tribut. Il mourut en 1198, après avoir fait prêcher les croisades. — Célestin IV (Geoffroy Castiglione), Milanais, fils de la sœur d'Urbain III. Cardinal en 1234, il fut élu pape en 1241 après Grégoire IX, et mourut dix-neuf jours après son élection. — Célestin V (Pierre de Mouron), né à Isernia, dans le royaume de Naples, en 1215. Il fonda l'ordre monastique des *célestins*, passant sa vie dans le jeûne et les prières. Il fut élu pape en 1294 après Nicolas IV. Il ordonna que l'élection des papes aurait lieu dans un conclave fermé, et déclara qu'il serait permis aux papes d'abdiquer le pontificat ; ce qu'il fit en 1296 à l'instigation du cardinal Gaëtano (Boniface VIII), qui le fit emprisonner à Fumone, où il mourut. Il fut canonisé, et sa fête se fait le 19 de mai.

CÉLESTINE, nom qu'on donne, en minéralogie, à un composé d'acide sulfurique et de strontiane, à cause de la teinte généralement bleuâtre de ses cristaux. La France possède cette substance dans les Cévennes et dans les environs de Paris. Elle sert, dans les laboratoires de chimie, à préparer la *strontiane*.

CÉLESTINO, sorte de clavecin à archet, inventé en Allemagne vers 1784 par un mécanicien nommé Walker. Un cordon de soie, placé sous les cordes, était mis en mouvement au moyen d'une roue de pédale ; et de petites poulies, mises au bout de chaque touche, approchaient ce cordon des cordes.

CÉLESTINS, ordre de religieux ainsi nommé du pape Célestin V, qui le fonda en 1244 sur la montagne de Mujella, où il s'était retiré avec plusieurs religieux. On les appela encore *mouronites*, de son premier nom *Pierre de Mouron*. On leur donnait encore les noms de *religieux de Saint-Damien*. Confirmé en 1274, l'ordre des célestins fut introduit en France par Philippe le Bel en 1300. Ils suivaient la règle de Saint-Benoît. Leur habit était une robe blanche, un chaperon et un scapulaire noir. En 1417, les célestins possédaient en France vingt et un monastères, et composaient la *congrégation de France*, dont la maison chef d'ordre était à Paris. L'ordre des célestins fut supprimé en 1778.

CÉLESTINS (Ermites-), nom donné en 1294 par le pape Célestin V à quelques religieux de l'ordre de Saint-François, qui souhaitaient de mener une vie plus austère et plus retirée. Les persécutions qu'ils éprouvèrent les obligèrent de se retirer dans l'Achaïe dès le commencement du pontificat de Boniface VIII. On les traita d'hérétiques ; on fit souffrir à quelques-uns les plus rigoureux supplices, et leur institut fut éteint vers l'an 1309.

CÉLEUS (myth.), roi d'Eleusis, père de Triptolème, qu'il eut de Mélanire. Cérès, à qui il donna l'hospitalité, reconnut ce service en enseignant l'agriculture à son fils. La simplicité de ses vêtements devint proverbiale. On attribue à Céleus l'invention de plusieurs instruments d'agriculture.

CÉLIA. Voy Cælia.

CÉLIBAT, état de celui qui n'est pas marié. A Sparte, le célibat était en honneur ; à Rome, sous le règne d'Auguste, les célibataires étaient assujettis à des impôts spéciaux. La loi qui oblige les ecclésiastiques au célibat n'est pas une loi divine. Mais cette coutume remonte au berceau du christianisme ; car, depuis les premiers siècles de l'Eglise, nul ne put se marier après l'ordination. Les prêtres grecs et les ministres de la religion réformée ne suivent pas la règle du célibat.

CÉLICOLES, hérétiques dont le nom signifie *adorateurs du ciel*, et qui parurent sur la fin du IVe siècle. Ils pervertirent le baptême, et tenaient pour le reste quelque chose du paganisme et du judaïsme. Honorius fit on confirma contre eux plusieurs lois. Les célicoles avaient des supérieurs qu'on appelait *majeurs*.

CELIMONTANA, une des portes de l'ancienne Rome, nommée aussi *Asinaria*, et qui conduisait au mont Celius. — On appelait *regio Celimontana* un quartier de Rome comprenant le mont Celius et la vallée située entre cette colline et le mont Esquilin.

CÉLINE (Sainte), vierge du Ve et du VIe siècle, était née à Meaux. Elle était fiancée à un jeune seigneur de la ville de Meaux, lorsque sainte Geneviève y passa ; elle lui demanda l'habit des vierges qui se consacraient à Dieu sous sa conduite. Elle fut obligée, pour échapper à la colère de son fiancé, de se réfugier vers l'église, les portes du baptistère s'ouvrirent d'elles-mêmes, dit-on, pour la laisser passer, et enfin elle passa le reste de ses jours dans l'abstinence et la chasteté.

CELIUS. Voy. Cælius.

CELLAIRE, genre de polypiers, qui sert de type à l'ordre des cellariées dans la division des polypiers flexibles, cellulifères. Les cellaires sont des polypiers phytoïdes, articulés, cartilagineux, cylindriques, rameux, à cellules éparses sur leurs surfaces.

CELLAMARE (Antoine de Giudice, prince de), né à Naples en 1657, fut élevé auprès de Charles II, roi d'Espagne. Il devint en 1712 ministre du cabinet. Nommé en 1715 ambassadeur extraordinaire à la cour de France, il y fut, à l'instigation du cardinal Albéroni, l'âme d'une conspiration contre le duc d'Orléans, régent du royaume. Il s'agissait d'arrêter ce prince, de convoquer les états généraux pour changer la forme du gouvernement, de soulever enfin en faveur du roi d'Espagne, Philippe V ; mais cette conspiration échoua. A son retour en Espagne, il fut fait capitaine général des frontières de la Vieille-Castille, et mourut en 1733.

CELLARIÉES, troisième ordre des polypiers cellulifères dans la division des flexibles. Les cellariées varient beaucoup dans leur forme ; leurs couleurs desséchées sont d'un blanc jaunâtre ; quelques-unes sont d'un blanc éclatant, d'un brun foncé ; d'autres vertes, rouges, jaunes. On a divisé l'ordre des cellariées en cinq sections, les *crisies*, les *acamarchis*, les *loricules* et les *eucratées*.

CELLARIUS (Christophe), né à Smalkalde en 1638, célèbre professeur d'éloquence et d'histoire à Hall en Saxe, mort en 1707, s'est fait un nom parmi les savants, par plusieurs ouvrage de sa composition, et par la réimpression de plusieurs auteurs anciens. On a de lui, entre autres, une *Description du monde ancien*, le meilleur ouvrage que nous ayons sur la géographie ancienne; une *Histoire ancienne*, abrégé de l'histoire universelle, etc.

CELLE, vieux mot qui désignait autrefois le lieu de retraite d'un ermite.

CELLE (Sœurs de la), nom donné à une partie des religieuses hospitalières du tiers ordre de Saint-François, qui n'avaient point de rentes, vivaient des aumônes qu'elles recevaient, et allaient servir les malades hors des monastères.

CELLE. Plusieurs villes portent ce nom. L'une d'elles est une ville de Hanovre, dans la principauté de Lunebourg, à 9 lieues de Hanovre. Sa population est de 10,000 habitants. Elle a la cour d'appel générale du royaume, et plusieurs sociétés scientifiques.

CELLÉPORE, genre de polypiers flexibles, cellulifères, servant de type à l'ordre des celléporées, et offrant pour caractères principaux un amas de petites cellules ou vésicules calcaires, serrées les unes contre les autres, et percées chacune d'un petit trou; au polype isolé. Ils sont peu remarquables par leurs formes et leurs couleurs. On les trouve ordinairement en plaques plus ou moins étendues sur toutes les productions marines.

CELLÉPORÉES, ordre de polypiers flexibles, cellulifères, dont le genre type est le *cellépore*. Les cellépores sont en général microsecpiques; on les rencontre dans toutes les mers, où elles adhèrent aux rochers, aux plantes, aux crustacés, aux mollusques testacés.

CELLÉRAGE, droit seigneurial qui se levait sur le vin lorsqu'il était dans le cellier.

CELLÉRIER. Le Digeste donne ce nom à celui qui était préposé à l'examen des comptes. Dans les monastères, le *cellérier* était celui qui avait soin des provisions et de la nourriture des religieux. Dans les chapitres des chanoines, le *cellérier* était celui qui avait soin de faire distribuer aux chanoines le pain, le vin, l'argent, à raison de leur assistance au chœur, et qui était chargé du soin des affaires temporelles. — L'on donnait le nom de *cellérière* à une dignité ou à un office semblable exercé dans les communautés de femmes par des religieuses chargées du soin de l'administration temporelle de la maison.

CELLIER, lieu ordinairement voûté, situé au rez-de-chaussée d'une maison, et destiné à renfermer et à conserver les vins et autres provisions. Il faut que le cellier au vin soit exposé au septentrion, qu'il soit frais, presque obscur, éloigné des étables, des fours, des tas de fumier, des citernes, des eaux, etc., afin que le vin ne contracte pas un mauvais goût.

CELLIER (Remi), né à Bar-le-Duc en 1688, entra dans la congrégation de Saint-Vannes et de Saint-Hydulphe, où il occupa plusieurs emplois, et mourut en 1761 prieur titulaire de Flavigni. On a de ce savant une *Histoire générale des auteurs sacrés et ecclésiastiques*, contenant leurs vies, le catalogue, la critique, l'analyse de leurs ouvrages; à saint Bernard.

CELLINI (Benvenuto), peintre, sculpteur et graveur florentin, né à Florence en 1500. Il excella surtout dans l'orfévrerie. Clément VII lui confia la défense du château Saint-Ange lors du siège de Rome par le connétable de Bourbon. Cellini étant venu en France, François Ier le combla de bienfaits. Il sculpta *Persée tranchant la tête de Méduse*, un *crucifix* en marbre et plusieurs *vases* et autres ouvrages qui font l'admiration des curieux. Cellini mourut en 1570.

CELLITES ou MECCIENS, nom d'une congrégation religieuse répandue en Allemagne et dans les Pays-Bas, et fondée vers l'an 1309 par un Italien nommé Meccio. Les cellites s'appelaient aussi *alexiens*, du nom de saint Alexis, leur patron. Cette congrégation, d'abord composée de séculiers, n'admit des prêtres qu'en embrassant la règle de Saint-Augustin, et en formant des vœux. Les cellites soignaient les infirmes; surtout ceux qui étaient attaqués de maladies contagieuses, enterraient les morts et servaient les fous.

CELLULAIRE (Tissu), tissu organique formant un assemblage de lamelles, de filaments très-fins, mous, blanchâtres, extensibles, entre-croisés en une foule de sens différents, laissant dans leurs intervalles des espèces de cellules irrégulières, qui communiquent toutes les unes avec les autres. Ce tissu entoure et pénètre tous les organes de l'économie. Il est fort abondant sous la peau et entre les muscles, auxquels il forme des couches fort épaisses.

CELLULES. On appelle ainsi, en anatomie, les petites cavités que présentent les lames du tissu cellulaire, le canal médullaire des os, etc. — En botanique, on donne ce nom tantôt à de petits vides, dont la généralité compose l'ensemble du tissu cellulaire, tantôt à de petites chambres séparées les unes des autres par autant de cloisons, ou aux loges dans lesquelles sont renfermées les graines et les semences.

CELLULES. On appelle ainsi les parties creuses qui servent d'habitation aux polypes, et qui leur tiennent lieu de coquilles.

CELLULES, nom donné à des lieux fermés servant de retraite aux religieux ou aux religieuses. Les cellules renferment ordinairement un lit, une chaise, une table, quelques images et quelques livres de piété. Les cardinaux assemblés au conclave sont enfermés dans des cellules. — Les cellules sont en usage dans le système pénitentiaire d'Amérique ou plutôt des États-Unis.

CELLULES D'ABEILLES. Voy. Alvéoles.

CELLULEUX (Tissu) ou spongieux, nom donné spécialement à la partie spongieuse des os. C'est le résultat de l'entre-croisement d'une foule de lames osseuses, qui se portent dans tous les sens et laissent entre elles des cellules d'une étendue variable, de forme en général très-irrégulière, qui communiquent toutes ensemble. Ce tissu se rencontre principalement aux extrémités des os longs, et forme la presque totalité de la plupart des os courts.

CÉLOCES, vaisseaux ou plutôt petites barques des anciens, dépourvues d'éperons. Les céloces avaient seulement deux rames. Ils étaient remarquables par leur légèreté et la rapidité de leur course.

CÉLONITE, genre d'insectes hyménoptères, de la famille des diploptères. Le seul insecte connu de ce genre a l'abdomen plat en dessous, et la propriété de se mettre en boule. Il est de couleur noire.

CELS (Jacques-Martin), célèbre botaniste, né à Versailles en 1743. Receveur des droits d'entrée à l'une des barrières de Paris, il fut privé par les anarchistes au commencement de la révolution, et cet événement le força de profiter de ses études pour se procurer un autre moyen d'existence. Il créa un jardin où les botanistes trouvaient dans toutes les saisons les plantes les plus rares. Il était membre de l'Institut, section d'économie rurale, et de la société d'agriculture du département de la Seine. Il est mort en 1806.

CELSE (Aurelius Cornelius Celsus), de la famille d'Hippocrate Cornelia, fut surnommé l'*Hippocrate des Latins*, et vivait sous Auguste et Tibère. Il avait écrit un ouvrage encyclopédique en vingt livres, sous le titre *de Artibus*, où il traitait de la philosophie, de la rhétorique, de la tactique militaire, de l'agriculture et de la médecine. Il n'en reste que les livres VI-XIV, qui traitent de la médecine. Les quatre premiers livres regardent les maladies internes; le cinquième et le sixième les maladies externes, et les deux derniers les maladies chirurgicales.

CELSE, philosophe épicurien du IIe siècle, qui publia sous le règne d'Adrien un libelle plein d'injures contre le judaïsme et le christianisme, et intitulé, *Discours véritable*. Cet ouvrage, qui ne nous est pas parvenu, a été réfuté par Origène. C'est à lui que Lucien dédia son *Pseudomantis*.

CELSIE, genre de plantes de la famille des solanées. Ces espèces, peu nombreuses, sont herbacées, originaires des contrées orientales, des îles de l'Archipel, de l'Égypte et de la Barbarie. L'espèce la plus connue est la *celsie du Levant*, plante annuelle de quarante centimètres de haut. Ses fleurs sont petites et d'un jaune pâle.

CELSUS (Caius Titus Cornelius), Romain que les Africains obligèrent d'accepter l'empire du temps de l'empereur Gallien en l'an 265. Il fut assassiné sept jours après. Les habitants de Siccé laissèrent manger son corps par les chiens, et attachèrent son effigie à une poteuce.

CELSUS (Juventius) conspira contre Domitien, et fut arrêté. Il échappa à la mort en diffèrant toujours de nommer ses complices, jusqu'à la mort de Domitien (96). — Juventius Celsus, son fils, jurisconsulte célèbre, fut deux fois consul, au rapport de Pomponius, et vécut jusque sous le règne d'Antonin le Pieux, sous lequel il fit en second les fonctions de secrétaire. Il a laissé trente-neuf livres de *Digestes*, vingt des *Institutes* et treize d'*Épîtres*.

CELTES, nom donné par les Grecs aux peuples qui habitaient les contrées comprises entre l'Océan et les Palus-Méotides, et particulièrement aux habitants de l'Espagne et de la Gaule. Il est aujourd'hui reconnu que le nom de Celtes n'était réellement porté que par un peuple, les Gaulois ou Gaëls. Selon un historien grec, les Gaulois auraient été appelés *Celtes* de Celtus, fils d'Hercule et de Poliphème. — Les Gaulois établis en Espagne sur les bords de l'Èbre (*Ibère*) avaient pris le nom particulier de Celtibériens. Ils se défendirent courageusement contre les Carthaginois et ensuite contre les Romains. — Les Bretons, les Basques, les Irlandais et les habitants du comté de Galles en Angleterre, sont des peuples d'origine celtique, c'est-à-dire, gauloise.

CELTIBÉRIENS. Voy. Celtes.

CELTIQUE (Gaule). Avant Auguste, on comprenait sous ce nom l'espace immense qui s'étend du Rhin à la Méditerranée. Plus tard, ces limites furent restreintes, et la Celtique fut bornée au N. par la Belgique et les Germains, au S. par les Aquitaines. Elle se composait des quatre Lyonnaises. (Voy. ce mot.) On a étendu quelquefois ce nom jusqu'à désigner la Gaule entière.

CEMBALO, nom donné à plusieurs instruments de la nature du clavecin. — Le *cembalo angelico* est une sorte de clavecin inventé à Rome, et qui, au lieu de plumes aux sautereaux, avaient des morceaux de cuir revêtus de poils, lesquels imitaient la mollesse des doigts et modifiaient le son avec douceur. — Le *cembalo* ou *nicordo*, appelé aussi *protée*, était un instrument à corde, inventé en 1670 par un Florentin nommé François Nigelli. — Le *cembalo organistico* est un piano-forte avec un clavier de pédale, inventé par l'abbé Trentin à Venise.

CEMBRA ou Cembro, espèce du genre pin, qui croît dans les Alpes et le Dauphiné.

CÉMENT, matière de nature particulière, telle que des charbons, des sels, etc., qu'en fait calciner au feu, et à l'aide de laquelle on cémente un corps métallique.

CÉMENTATION, sorte de stratification dont l'objet principal est de faire agir, à une forte chaleur, une matière appelée *cément* sur une substance métallique simple ou composée. La cémentation a pour objet de déterminer quelques combinaisons ou décompositions. Le fer, soumis à la cémentation du charbon, est transformé en *acier*. La cémentation peut s'opérer au moyen de divers mélanges. Le charbon en poudre est toujours la base du cément; mais on y ajoute ordinairement quelque autre *ingrédient*, comme dé la cendre, de la suie, du sel, du vieux cuir brûlé, etc. On enveloppe toujours le corps à cémenter de tous côtés par le cément.

**CÉMENTATION DE L'ACIER.** On range dans des caisses, sur des couches de charbon, le fer coupé en barres d'une longueur convenable. On élève peu à peu la température, et on la maintient au degré convenable pendant un temps qui varie, et qui n'est pas moindre de quatre-vingts heures. Le meilleur acier cémenté est fourni par l'Angleterre.

**CENACLE**, nom ancien des salles à manger. Comme elles étaient placées à l'étage le plus élevé de la maison, on donnait aussi ce nom à l'étage le plus haut de la maison. C'était une espèce de terrasse.

**CÉNACLE DE JÉRUSALEM.** C'était un grand bâtiment construit à l'extrémité méridionale de la ville, et qui se composait d'une église terminée par un dôme, et d'un couvent appartenant aux moines de l'ordre de Saint-François, transférés depuis au monastère de Saint-Sauveur.

**CENCHRÉES**, ville du Péloponèse sur l'Archipel, servant de port à Corinthe. Saint Paul s'y embarqua pour aller à Jérusalem. Après l'introduction du christianisme, Cenchrée avait son propre évêque, différent de celui de Corinthe.

**CENCHRITE**, pierre composée d'un assemblage de petits grains pétrifiés qui ressemblent à des grains de millet (en grec, *kenchros*).

**CENCI (Béatrix)**, jeune dame romaine, fille de Francesco Cenci, qui, marié en secondes noces, traitait avec la plus grande barbarie ses enfants du premier lit. Il fit lui-même violence à Béatrix, sa fille, qui alla chercher un asile auprès du pape. Peu de temps après, Francesco Cenci périt assassiné. Les soupçons tombèrent sur Béatrix Cenci et ses frères. Béatrix et sa sœur furent suppliciées le 11 septembre 1599, et leur frère Giacomo Cenci fut tué à coups de massue.

**CENDÉBÉE**, général des troupes d'Antiochus Sidétès, fils de Démétrius, roi de Syrie. Il fit plusieurs courses sur les terres des Juifs, sous la sacrificature de Simon, et fut défait dans une grande bataille que lui livrèrent Jean et Judas, fils de Simon, l'an 172 avant J.-C.

**CENDRÉE**, cendre qu'on emploie en minéralogie pour la formation des coupelles. — C'est aussi le nom de l'oxyde de plomb produit pendant la fusion de ce métal.

**CENDRES**, produit solide, résultat de la combustion de toutes les substances employées comme combustibles. Indépendamment des houilles et des tourbes, les végétaux surtout fournissent des cendres. Ceux d'entre eux qui croissent loin des bords de la mer donnent des cendres renfermant de la potasse; ceux au contraire qui croissent près de la mer donnent des cendres renfermant de la soude. — On emploie, comme moyens d'amendement et d'engrais les cendres de la tourbe, du charbon de terre et des végétaux.

**CENDRES BLEUES**, nom donné à une couleur bleue employée en très-grande quantité pour la fabrication des papiers peints, au moyen de laquelle on a cherché à imiter la couleur naturelle de l'espèce de carbonate de cuivre connue sous le nom de *bleu des montagnes*. Pour préparer les cendres bleues, on ajoute de la chaux éteinte dans une dissolution faible de nitrate de cuivre, en agitant bien le mélange. On laisse déposer, on décante, et on lave à plusieurs reprises.

**CENDRES GRAVELÉES**, nom donné au résidu de la combustion des lies de vin desséchées. C'est un *sous-carbonate de potasse*. — On donne aussi actuellement ce nom au produit de l'incinération du marc de raisin, des grattures de tonneaux, des vinasses, etc., que l'on falsifie presque toujours avec du sable et de la brique pilée, et qu'on emploie à beaucoup d'usages, et surtout à la teinture.

**CENDRES D'ORFÈVRE**, nom donné aux cendres provenant des foyers où l'on fond l'or et l'argent, aux débris de creusets, aux balayures d'atelier et à tous les déchets qui renferment une quantité sensible de ces métaux. On brûle tout cela pour en retirer les matières qui y sont contenues.

**CENDRES VOLCANIQUES**, mot employé pour désigner les matières pulvérulentes que rejettent les volcans en éruption, et qui n'ont aucun rapport avec les cendres. Ce sont des fragments de laves réduites à la consistance de gravier par le brisement, et entremêlées quelquefois de sable. L'éjection violente de ces matières a produit souvent des pluies connues sous le nom de *pluies de cendres*, qui ont déposé sur le sol des couches d'un pied d'épaisseur.

**CENDRES (MERCREDI DES)**, premier jour du carême. Dans ce jour, avant ou après la célébration des saints mystères, le prêtre, paré des ornements de deuil, et debout sur les marches, bénit une cendre formée des vieux rameaux bénits, des linges qui ne peuvent plus servir à l'autel; trace sur le front de tous ceux qui se présentent une croix avec des cendres, en disant : *Memento, homo, quia pulveris es, et in pulverem reverteris* (souviens-toi, homme, que tu n'es que poussière, et que tu retourneras en poussière). Cette coutume remonte à l'origine du christianisme. Elle a été empruntée des païens, qui composaient avec la cendre d'une génisse rousse, immolée au jour de l'expiation solennelle, une espèce de lessive ou d'eau lustrale dont on se servait pour se purifier lorsqu'on avait touché un mort ou assisté à ses funérailles.

**CENDRES (SUPPLICE DES)**, supplice particulier à la Perse, et dont on ne se servait que pour les grands criminels. Pour l'infliger, on remplissait de cendre jusqu'à une certaine hauteur une tour des plus hautes, du sommet de laquelle on jetait le criminel dans l'intérieur; ensuite on remuait la cendre autour de lui avec une roue jusqu'à ce qu'il fût étouffé.

**CENDRIER**, partie du fourneau qui est placée au-dessous de la grille portant le combustible, et destinée à recevoir les cendres. Le cendrier, dont la grandeur dépend de celle du fourneau et de la quantité de cendres, est formé d'une porte qu'on ouvre pour le vider ou pour laisser entrer l'air extérieur.

**CENDRURES**, nom donné à de petites veines que l'on rencontre quelquefois dans l'acier, et qui constituent la plus mauvaise qualité. Lorsque ces cendrures se rencontrent au tranchant d'un instrument, elles rendent ce tranchant grossier, et lui donnent l'apparence d'une grosse scie. Alors il arrache et ne peut pas couper fin.

**CÈNE**, nom donné chez les Romains au repas du soir, où toute la famille était réunie dans le cénacle, et où les amis étaient invités. Mais on donne plus particulièrement ce nom au repas symbolique et mystérieux que Jésus-Christ a fait avec ses apôtres la veille de la passion, et dans lequel il leur dit : *Mangez : ceci est mon corps; buvez : ceci est mon sang*. C'est aussi dans ce repas que Jésus-Christ annonça à ses disciples que Judas Iscariote le trahirait.

**CÈNE (FAIRE LA)**, c'est faire le lavement des pieds, qui se pratique encore à Rome et dans toutes les églises en commémoration de Jésus-Christ qui, avant de faire la cène avec ses disciples, voulut leur laver les pieds et les essuyer de sa main. Voy. JEUDI SAINT.

**CENIS (MONT)**, montagne formant le point de réunion des Alpes Grecques et des Alpes Cottiennes, et située entre Turin et Chambéry. Elle est élevée de 1,445 toises au-dessus du niveau de la mer. Dans une plaine dite *Madeleine* se trouve un hospice célèbre à l'instar de celui du grand Saint-Bernard. Le mont Cenis est traversé par une route magnifique construite par Napoléon de 1802 à 1811, et conduisant de Lans-le-Bourg à Suse, distantes de 5 lieues. Elle n'a pas moins de dix à vingt pieds de large.

**CENNINI (Bernard)**, orfèvre de Florence, au milieu du XV° siècle, fut le premier qui introduisit l'imprimerie dans cette ville. Ses deux fils, DOMINIQUE et PIERRE, fabriquèrent eux-mêmes leurs poinçons, et formèrent des matrices; le premier livre qui soit sorti de leurs presses, et le seul qui reste d'eux, est de l'an 1471. Il est intitulé : *Virgilii Opera omnia cum commentariis Servii*.

**CÉNOBION**, nom donné en botanique au fruit composé de plusieurs petites boîtes sans valves ni sutures, sans style et sans stigmate, comme dans les *labiées*, les *ochnacées*, la *bourrache*, la *vipérine*, etc. Les petits péricarpes qui le composent sont des *érèmes*.

**CÉNOBITE**, nom donné aux religieux qui vivent en communauté, par opposition à l'*anachorète* qui vit dans la solitude, et à l'ermite qui vit dans le désert. On regarde saint Pacôme comme le premier instituteur de la vie cénobitique en Orient. Les disciples vivaient ensemble au nombre de trente ou quarante dans chaque maison, et trente ou quarante de ces maisons formaient un monastère habité en conséquence par douze cents ou seize cents cénobites. Outre celui qui dirigeait les monastères, il y avait encore un abbé qui le gouvernait; chaque maison avait un supérieur ou prévôt (*præpositus*); chaque centaine de moines, un surveillant (*centenarius*), et chaque dizaine, un doyen (*decanus*). Les *moines* ont succédé aux cénobites.

**CÉNOMYCE**, genre de plantes cryptogames. On compte jusqu'à cinquante espèces de cénomyces, presque toutes croissant sur la terre ou sur les bois pourris, et d'une couleur jaune verdâtre. Ces plantes ont des folioles étalées, des tiges simples ou rameuses, cylindriques, fistuleuses, terminées ou par des rameaux divisés en une sorte de panicule, ou par un entonnoir.

**CÉNOTAPHE**, nom donné au tombeau vide que l'on élevait à un citoyen mort dans une contrée éloignée, et qui n'avait pas reçu les honneurs de la sépulture. Les cénotaphes étaient consacrés au mort avec des cérémonies funèbres réglées par les lois. Ordinairement on appelait trois fois son âme pour qu'elle vînt en prendre possession.

**CENS**, nom donné par les Romains au dénombrement du peuple fait à Rome par les censeurs tous les cinq ans. Servius Tullius, sixième roi de Rome, établit le premier cens, par lequel chaque citoyen était obligé de se faire inscrire sur le registre public, de déclarer son nom, sa qualité, sa demeure, le nombre de ses enfants et de ses esclaves. — Les Romains appelaient aussi *cens* une redevance annuelle imposée aux immeubles dans les provinces. Les préposés à la perception de cet impôt fixaient la quotité des revenus des biens imposés et la quotité de l'impôt. — Le *cens* était jadis en France une rétribution annuelle et seigneuriale perçue sur une chose ou une personne : aujourd'hui on distingue le *cens électoral* et le *cens d'iligibilité*; le premier est la quotité de l'impôt dont le payement est nécessaire pour être électeur. Depuis 1830, il est de 200 francs; le second est la quotité de l'impôt dont le payement est nécessaire pour être élu. Fixé à 1,000 francs de contributions directes par la charte de 1814, ce cens a été réduit en 1830 à 500 francs.

**CENSAL**, nom d'un courtier ou d'un agent de change dans les ports du Levant. C'est entre leurs mains que passent les diverses opérations du commerce maritime. Un statut de 1257 parle du serment que les *censaux* devaient renouveler tous les ans à l'hôtel de ville, le jour de la Purification, entre les mains du viguier et des consuls.

**CENSEURS**, magistrats créés à Rome au nombre de deux l'an 443 avant J.-C., et dont les fonctions, d'abord bornées au dénombrement des citoyens, à la distribution des impôts et à l'estimation des biens de chaque Romain, s'étendirent plus tard à la surveillance et à l'inspection des mœurs publiques et de l'éducation de la jeunesse. Ils pouvaient même dégrader les sénateurs dont la conduite était irrégulière. Il fallait avoir été consul pour être promu à la dignité de censeur, et, quoiqu'elle donnât moins de puissance, elle était plus honorable que le consulat. Les censeurs avaient la chaise curule et toutes les marques consulaires, à l'exception des faisceaux. Ils ne pouvaient être réélus. La durée de la censure, d'abord étendue à cinq ans, fut bornée dans la suite à dix-huit mois. Les empereurs abolirent cette magistrature, en s'en arrogeant toutes les prérogatives.

CENSEURS DES LIVRES, nom donné à des personnes préposées pour examiner les livres et leurs écrits, et en porter leur jugement. Les puissances ecclésiastiques et séculières ont établi dans leurs États des censeurs pour examiner les écrits qu'on veut imprimer, afin de faire disparaître tout ce qui serait contraire à la religion et aux mœurs. Les docteurs de Sorbonne avaient, avant la révolution, le privilège exclusif de la censure des livres de théologie, de philosophie et de piété. Sur leur certificat, il était accordé des priviléges pour l'impression des livres. Depuis cette époque, les censeurs prirent le nom de *censeurs royaux*. La censure a été abolie en France par la charte de 1830.

CENSEURS D'ÉTUDES, nom donné, dans les colléges royaux, à des administrateurs autrefois nommés *préfets* et chargés de maintenir le mode d'enseignement prescrit par les lois, les ordonnances, les décisions du conseil de l'université, et les règlements de police extérieure. Les censeurs prennent rang immédiatement après les proviseurs.

CENSIER, nom donné au seigneur qui avait droit de lever des cens dans l'étendue de sa seigneurie.

CENSITEURS, nom donné par les Romains aux magistrats qui procédaient aux recensements particuliers dans les provinces et les colonies.

CENSIVE, nom donné à l'étendue d'une seigneurie du seigneur censier, ou pour la nature des héritages tenus à titre de cens et par conséquent roturiers, puisque les fiefs ne pouvaient être chargés de cens, ou pour la redevance qui se payait annuellement au seigneur par les propriétaires et détenteurs d'héritages roturiers situés dans l'étendue de sa seigneurie.

CENSORIENNE (Loi), loi qui fixait chaque année, à Rome, l'impôt que devaient payer les citoyens.

CENSORINUS, savant grammairien du IIIᵉ siècle, a laissé un ouvrage : *de Die natali*, dans lequel il traite de la naissance de l'homme, des mois, des jours et des années. Cet ouvrage a été imprimé à Cambridge (1695) et à Leyde (1767). Censorinus avait aussi composé un ouvrage *des Accents*, souvent cité par Sidoine Apollinaire et par Cassiodore.

CENSORINUS (Appius Claudius), d'une famille sénatoriale, avait été deux fois consul. Après avoir servi la république dans les ambassades et dans l'armée, il s'était retiré dans ses terres aux environs de Bologne ; mais les soldats vinrent en tumulte lui offrir l'empire, qu'ils le forcèrent d'accepter l'an 270. Censorinus n'accepta qu'à regret cet honneur, et fut massacré par les soldats sept jours après son élévation.

CENSURE, nom donné en théologie à une peine spirituelle qui ôte l'usage de certains biens spirituels, tels que les sacrements, à un chrétien coupable et opiniâtre dans son péché, jusqu'à ce qu'il l'abandonne. On admet trois sortes de censures : l'*excommunication*, la *suspense* et l'*interdit*. Les autres sont la *déposition*, la *dégradation*, l'*irrégularité* et la *cessation*

*à divinis*. On divise encore les censures en celles qui sont portées par le droit ou censures *à jure*, et en celles qui sont prononcées par un supérieur légitime ou censures *ab homine*. On distingue ces dernières en *latæ sententiæ*, qu'on encourt par le seul fait qu'on a commis l'action défendue, et en *ferendæ sententiæ*, que l'on n'encourt qu'après que le supérieur a déclaré qu'on les a encourues. Les censures *ab homine* doivent être précédées de trois monitions, et il faut huit jours d'intervalle entre chaque monition.

CENT et CENTAINE, nombres collectifs qui servent à représenter dix fois dix unités. La centaine est formée de dix dizaines. — En termes de commerce, le mot *cent* sert à exprimer le poids ou une certaine quantité de choses dont on trafique : un *cent de sel* de Marennes, de Brouage ou de l'île de Ré, était 28 muids à 24 boisseaux par muid. — Un *cent de bois* est la mesure des bois de charpente en œuvre de différentes longueurs et grosseurs, dont une fois la quantité de douze pieds de long sur six pouces d'épaisseur.

CENTAURE, constellation méridionale placée sous la queue de l'Hydre, au-dessus de la voie lactée. Elle ne renfermait que cinq étoiles dans le catalogue de Flamstead, mais elle en a un grand nombre dans celui de La Caille, une entre autres de la première grandeur.

CENTAURÉE, genre de la famille des carduacées. Les fleurs se composent de fleurons très-développés et de nombreuses aigrettes. Ce genre renferme la *grande* et la *petite centaurée*, employées en médecine, dans le traitement des fièvres intermittentes, en infusion ou en décoction ; la première sert principalement comme stomachique, vulnéraire et apéritive.

CENTAURES (myth.), monstres de Thessalie, moitié hommes et moitié chevaux, nés d'Ixion et d'une nue que Jupiter avait substituée à Junon. Le combat des Centaures et des Lapithes est célèbre dans l'histoire poétique. Ce combat fut la suite d'une querelle survenue aux noces de Pirithous et d'Hippodamie. Les Centaures, ivres de vin, voulurent enlever cette princesse et les femmes qui assistaient à la fête. Hercule fondit sur eux avec les Lapithes, en tua un grand nombre, et les força se réfugier en Arcadie, où il les extermina presque tous dans la suite. — On explique l'existence fabuleuse des Centaures, en disant que c'étaient des peuples de Thessalie qui les premiers avaient dompté les chevaux.

CENTENAIRE, nom donné à ceux qui arrivent à l'âge de cent ans, ou qui le dépassent. Un des plus célèbres centenaires est Fontenelle, né en 1657, et mort en 1757. La France comptait en 1830 cent quatorze centenaires. Les départements qui en avaient le plus étaient ceux du Gers, onze ; de la Gironde, sept ; des Landes, six ; de la Seine-Inférieure, cinq ; de Saône-et-Loire, cinq ; de la Loire, cinq.

CENTENIER, officier de la milice romaine qui succéda au *centurion*. Du temps de Charlemagne, les centeniers commandaient les soldats qu'enrôlait un comte. Le centenier marchait avant l'*aldionnaire*, et était officier. Les centeniers disparaissent sous la troisième race.

CENTÉSIMALE. On donne ce nom à une division du cercle. Le quart de la circonférence étant pris pour unité, on le divise en 100 degrés, le degré en 100 minutes, la minute en 100 secondes, etc. Cette division n'a pas été généralement adoptée.

CENTI, mot qui, joint aux noms des nouvelles mesures françaises, désigne une unité *cent fois* plus petite que l'unité génératrice. Ainsi un *centimètre* est la centième partie d'un *mètre*, etc.

CENTIARE, la centième partie de l'*are*, mesure de superficie. Elle équivaut à un mètre carré (vingt-six centièmes de toise carrée).

CENTIÈME DENIER, nom donné autrefois à un impôt établi en 1803, qui était

payé par les nouveaux acquéreurs d'un bien meuble ou immeuble, et qui consistait dans la centième partie du prix ou de l'estimation de ce bien. Il n'y avait que ce qui venait par succession en ligne directe, ou par donation, ou par contrat de mariage, qui fût exempt de ce droit. On avait six mois pour le payer.

CENTIGRADE, nom donné à toute division d'une ligne en cent parties. — Le thermomètre centigrade inventé par le Suédois Celsius, est divisé en cent parties égales appelées *degrés*. Le 0 est marqué au point de la glace fondante, et 100 à celui de l'eau bouillante. Pour convertir les degrés centigrades en degrés Réaumur, il faut multiplier le nombre de degrés centigrades donnés par 4/5 ; pour avoir des degrés Fahrenheit, il faut le multiplier par 9/5.

CENTIGRAMME. C'est, dans le système métrique, la centième partie de l'unité de poids, du gramme. Le centigramme équivaut à peu près à un cinquième de grain.

CENTILITRE, nom donné, dans le système métrique, à la centième partie de l'unité de capacité, c'est-à-dire, du litre. Le centilitre équivaut à peu près à un demi-pouce cube.

CENTIME, nom donné à la centième partie d'un franc. Il faut donc cent centimes pour faire un franc 100 centimes, et 5 pour faire un sou.

CENTIMÈTRE, nom donné, dans le système métrique, à la centième partie du mètre. Le centimètre vaut 4 lignes 432 millièmes de ligne.

CENTISTÈRE, la centième partie du stère, vaut 2917 dix-millièmes d'anciens pieds cubes.

CENT-JOURS. On connaît sous ce nom l'époque qui s'est écoulée entre le retour de Napoléon de l'île d'Elbe et sa seconde abdication. Le 1ᵉʳ mars, Napoléon, parti le 25 février de l'île d'Elbe avec 900 hommes, débarque à Cannes, entre à Grenoble, puis à Lyon ; le 20 mars 1815 il arrive à Paris, et recompose un ministère ; le 22 avril, il publie l'*Acte additionnel aux constitutions de l'empire* ; le 1ᵉʳ juin, il tient un *champ de mai*, dans lequel il reçoit le serment du peuple et des armées ; le 12 du même mois, il va se mettre à la tête d'une armée de 400,000 hommes. La perte de la bataille de Waterloo, le 18 juin, le porte à revenir à Paris, où la résistance des chambres le force d'abdiquer le 22. Une commission exécutive est nommée, et composée de Fouché, président, Caulaincourt, Carnot, Quinette et Grenier. Le 8 juillet, Louis XVIII rentre à Paris ; quelques jours après, Napoléon s'embarque sur le *Bellérophon* pour être conduit à Sainte-Hélène.

CENTLIVRE (Suzanne FREEMAN, femme), auteur dramatique anglais, née vers l'an 1667 à Holbeach dans le Lincolnshire, fit ses études à Cambridge déguisée en homme. Elle se retira ensuite à Londres, où elle se consacra à l'art dramatique. Ses plus belles pièces sont l'*Affaire*, l'*Amour par aventure*, le *Joueur*, un *Coup hardi pour une femme*. Suzanne Centlivre mourut en 1723. Ses pièces, auxquelles on reproche un cynisme extraordinaire pour une femme, sont au nombre de quinze.

CENTON, pièce de vers composée en entier de vers ou de fragments de vers pris dans un même auteur ou dans différents écrivains, et disposés seulement dans un nouvel ordre, de manière à former un sens différent de l'original. On connaît principalement les *centons virgiliens* et les *centons d'Homère*. — Le mot vient de ce que les Romains se servaient autrefois d'habits faits de pièces rapportées, appelés *centons*.

CENTRAL, nom donné à tout ce qui a rapport à un centre. — En physique, on appelle *feu central* celui que l'on suppose être placé au centre de la terre. — En astronomie, l'*éclipse centrale* est celle où les centres des deux astres coïncident exactement, et sont en ligne droite avec l'œil de l'observateur.

**CENTRALE** (Règle), nom donné, en géométrie, à une règle ou méthode pour trouver le centre et le rayon du cercle qui peut couper une parabole donnée dans des points dont les abscisses représentent les racines réelles d'une équation du 3e ou 4e degré qu'on se propose de construire.

**CENTRALES** (Forces), nom donné à celles qui proviennent directement d'un certain point ou centre, ou qui y tendent; ou bien ce sont celles qui déterminent un corps en mouvement à tendre vers un centre ou à s'en éloigner. Aussi on les a divisées en deux espèces, selon qu'elles approchent ou qu'elles repoussent du centre; on les appelle dans le premier cas *centripètes*, et dans le second *centrifuges*.

**CENTRE**, point également éloigné des extrémités d'une ligne, d'une surface ou d'un solide. — Le *centre d'un cercle* est un point également distant de tous les points de la circonférence. — Le *centre d'une section conique* est le point qui divise en deux son diamètre. Dans une ellipse, ce point est dans la figure; il est dehors dans l'hyperbole; et dans la parabole il est à une distance infinie du sommet. — En politique, on donne le nom de *centre* à la partie d'une assemblée qui siège au milieu de la salle, et qui ordinairement est dévouée au pouvoir, ou dont les opinions tiennent le milieu entre celles du côté droit et du côté gauche.

**CENTRE D'ATTRACTION D'UN CORPS**, nom donné au point d'un corps dans lequel, si toute sa matière était réunie, son action sur une molécule éloignée serait toujours la même, ainsi que cela est tant que le corps conserve sa propre forme. On le définit encore le point vers lequel des corps tendent par leur gravité, ou autour duquel une planète tourne comme autour d'un centre, y étant attirée par l'action de la gravité.

**CENTRE DE GRAVITÉ**, nom donné au point d'un corps par lequel passe la résultante de toutes les actions partielles de la pesanteur sur chaque molécule matérielle du corps. Pour le trouver, il faut suspendre le corps par un fil à l'une de ses extrémités, et marquer sur lui le prolongement du fil de suspension; le centre de gravité se trouvera sur cette ligne. Si on suspend encore le corps par une autre extrémité, et si on marque sur le corps le prolongement du fil, le centre de gravité se trouvera sur cette ligne; devant par conséquent se trouver sur cette ligne et sur l'autre, il se trouvera à leur intersection. Le centre de gravité d'un cercle est au centre du cercle; celui d'un parallélogramme, au point où se coupent les diagonales.

**CENTRE D'ÉQUILIBRE**. C'est pour les corps plongés dans un fluide le même point que le centre de gravité est pour les corps dans l'espace; c'est-à-dire c'est un certain point sur lequel un corps ou un système de corps resteront en équilibre dans toutes les positions, s'ils y sont suspendus.

**CENTRE NERVEUX**. On appelle ainsi les organes d'où les nerfs tirent leur origine.

**CENTRER**, action de placer le centre de l'axe d'une lunette, de manière que toutes les parties du champ soient semblables et situées de la même manière par rapport à cet axe. De tous les moyens employés pour obtenir ce résultat, le plus simple est celui de couvrir l'objectif avec un plan que l'on promène sur sa surface, en le présentant au soleil; il faut alors que l'image réfléchie par la partie convexe fasse un cercle concentrique et parallèle à celui de l'image donnée par la surface concave.

**CENTRIFUGE**, force par laquelle un mobile tourne autour d'un centre s'efforce de s'éloigner de ce centre. Si on fait tourner un corps attaché à un fil, ce fil éprouvera pendant le mouvement une tension, qui sera précisément la force *centrifuge*; ou plutôt, si après avoir fait tournoyer un corps, on le laisse s'échapper, il prendra la direction de la tangente au point où il se sera échappé. La force centrifuge est dirigée suivant cette direction, et c'est sa combinaison avec la force centripète qui forme le mouvement circulaire du corps. Tous les corps tournant sur eux-mêmes éprouvent vers la direction perpendiculaire à leur axe une tension qui a produit dans la terre l'aplatissement des pôles et le renflement vers l'équateur. C'est encore la combinaison de la force centrifuge avec la force centripète qui produit l'orbite des planètes autour du soleil.

**CENTRIPÈTE**, nom donné à la force opposée à la force centrifuge, c'est-à-dire, par laquelle le corps en mouvement autour d'un centre est attiré vers ce centre. La force centripète est toujours égale à la force centrifuge.

**CENTRISQUE**, genre de poissons branchiostèges, dont les caractères sont d'avoir le museau très-allongé, les mâchoires sans dents, le corps très-comprimé. Sa forme tubuleuse et son museau l'ont fait comparer, tantôt à une bécasse, tantôt à un éléphant, tantôt à un soufflet. On l'appelle *soffietta*, *trombetta* ou *trumpet*.

**CENTROBARIQUE**, nom donné à la méthode employée pour déterminer le volume des solides de révolution par le mouvement des centres de gravité. Cette méthode a été découverte dans le XVIIe siècle par le père Guldin, jésuite.

**CENTRONOTE**, nom employé pour désigner un grand genre de poissons de la famille des scomberoïdes, comprenant les *pilotes*, les *liches*, les *élacates* et les *trachinotes*.

**CENTRONS**, peuples des Gaules, qui habitaient le pays aujourd'hui connu sous le nom de Tarentaise (Savoie). Ayant voulu s'opposer au passage de César, les Centrons furent complètement battus. — Les Centrons étaient aussi un peuple des Gaules, habitant près de Courtrai et soumis aux Nerviens.

**CENTROTE**, genre d'insectes hémiptères, de la famille des cicadaires, caractérisé par la forme allongée de la partie postérieure de leur prothorax, dont les côtés sont dilatés en forme de corne. Les centrotes sont de couleur noire, et saillants avec facilité.

**CENT-SUISSES**, troupe d'infanterie privilégiée, armée de hallebardes. Les rois de France, depuis l'année 1453, avaient à leur service des soldats suisses, qui jouissaient d'une haute paye, et qui étaient en quelque sorte leurs gardes du corps. Leur costume était un habit à l'espagnole, bleu (plus tard on le fit rouge), galonné d'or. Sous Louis XI, les Cent-Suisses prirent le nom de compagnie des Cent-Suisses ordinaires du corps du roi. Ils furent supprimés à la fin du règne de Louis XVI. Rétablis sous Louis XVIII en 1817, sous le nom de *grenadiers gardes à pied du corps du roi*, ils furent de nouveau licenciés en 1830.

**CENTUMVIRS**, magistrats qui rendaient la justice à Rome et jugeaient les causes que le préteur soumettait à leur décision. Pour composer ce tribunal, on choisissait trois citoyens dans chacune des trente-cinq tribus, ce qui faisait un nombre de cent cinq. Néanmoins on les appela *centumvirs*, nom tiré du nombre cent (*centum*, cent; *viri*, hommes). Ils gardèrent ce nom dans la suite, et jusque sous Auguste, qui les porta au nombre de cent quatre-vingts. Leur tribunal était surmonté d'une pique, ce qui fit appeler leurs décrets *judicium hastæ* (jugement de la pique). On ne pouvait ajourner une cause portée devant eux, et leurs jugements étaient sans appel.

**CENTURIATEURS**. Voy. CENTURIES DE MAGDEBOURG.

**CENTURIE**, division du peuple romain en agrégations de cent hommes, tant pour le civil que pour le militaire. Cette division fut due au roi Servius Tullius, qui partagea le peuple en six classes, et chaque classe en un nombre de centuries indéterminé. La première classe, composée de ceux dont les biens avaient au moins la valeur de 100,000 as, fut subdivisée d'abord en quatre-vingts, puis en quatre-vingt-dix-huit centuries; la deuxième, la troisième et la quatrième classe, formées de citoyens qui possédaient la première 75,000, la deuxième 50,000 et la troisième 25,000 as, renfermaient chacune vingt centuries; la cinquième classe, composée des citoyens qui possédaient 10,000 as, était divisée en trente centuries; la sixième, formée des citoyens les plus pauvres, ne formait qu'une centurie. Elle renfermait ceux qui, n'ayant aucune propriété, n'étaient comptés que pour leur personne (on les nommait *capite censi*), et ceux qui, ayant quelque bien, n'avaient que de quoi nourrir leur famille (*proletarii*). Ainsi, le nombre total des centuries fut porté à cent quatre-vingt-neuf. On nommait *classici* les citoyens de la première classe, et *infra classem* ceux des autres classes. Dans l'élection des consuls, le vote des lois, l'application des peines capitales, le peuple s'assemblait et votait par centuries. Ces réunions se nommaient *comitia centuriata*.

**CENTURIE**. Dans les armées romaines, c'était une compagnie de cent hommes, qui formait la soixantième partie de la légion, la sixième de la cohorte et la moitié du manipule.

**CENTURIE**, mesure de surface chez les Romains, valait 100 jugerum, c'est-à-dire, avait 2,400 pieds romains en tous sens, et valait 962 toises 34 pieds 96 pouces carrés ou 50 hectares.

**CENTURIES DE MAGDEBOURG**, corps d'histoire ecclésiastique écrit par des ministres protestants de Magdebourg (1560). Il est divisé par siècle ou *centurie*. Cette histoire commence à Jésus-Christ, et va jusqu'à l'année 1296. Chaque centurie se divise en seize chapitres. Cet ouvrage, écrit contre l'Église romaine, a été réfuté par Baronius dans ses *Annales*. On donne le nom de *centuriateurs* aux ministres (J. Wigand, M. Judex, B. Faber, A. Corvinus et Th. Holzhuter) qui ont fait cet ouvrage, et dont le chef était Matthias Flacius Illyricus.

**CENTURION**, officier des armées romaines commandant la centurie. Les centurions portaient pour marque distinctive de leur dignité une canne faite d'un cep de vigne, et appelée *vitis*. Ils étaient choisis par les tribuns, en vertu de l'ordre des consuls, par lesquels la nomination était approuvée. Le centurion de la première centurie du premier manipule des triaires, appelé *dux legionis* ou *primipilus*, commandait la légion, et présidait les autres centurions. Il portait dans les combats l'étendard de la légion. Il pouvait siéger avec les consuls et les tribuns.

**CENTUSSIS**, monnaie romaine de 100 as, ou plutôt somme de 100 as. Voy. ce mot.

**CEORLS**, nom donné en Angleterre, à l'époque des Anglo-Saxons, à la troisième classe des habitants de ce pays, composée de ceux qui étaient complètement libres et descendaient d'hommes libres. Les céorls étaient en général des gentilshommes fermiers; et quand ils acquéraient la propriété de cinq *hydes* de terre sur lesquelles il y avait une église, une cuisine, un clocher et une grande porte, lorsqu'ils obtenaient un office à la cour du roi, ils devenaient *thanes* ou nobles. Quelquefois les céorls étaient les compagnons (*huscarles*) des comtes, et les suivaient à la guerre.

**CEP**, souche ou pied de vigne. La grosseur et la hauteur du cep varie suivant le pays et la méthode de culture. Chaque année, le cep se dépouille de son écorce par parcelles longues et étroites, et comme par écailles, lesquelles s'accumulent les unes sur les autres, et servaient de retraite aux insectes, qui en sortent pour dévorer les bourgeons. Quand le cep est sec, on emploie la souche comme bois de chauffage.

**CÉPHAËLIS**, plante vivace de la famille des rubiacées, croissant dans les lieux humides couverts de forêts, au Brésil. Elle fleurit en décembre, janvier, février, et mars, et produit l'*ipécacuanha*. Ses feuilles sont opposées, étalées, ovales, d'un vert foncé; ses fleurs agrégées en un épi solitaire.

CÉPHALALGIE, nom donné, en pathologie, aux douleurs de tête. Il n'y a presque aucune maladie chronique ou aiguë dont la céphalalgie ne soit un symptôme. La céphalalgie idiopathique ou nerveuse est ordinairement vive, périodique, occupant toute la tête ou bornée à une portion. On la nomme alors *migraine*. Elle est souvent héréditaire, et commence quelquefois alors dès les premières années, mais plus ordinairement vers l'âge de la puberté. Les affections morales tristes, et l'application profonde ou prématurée à l'étude, en sont fréquemment les causes. Le traitement consiste en pédiluves, topiques froids ou narcotiques, douches sur la tête, sangsues aux tempes, etc.

CÉPHALANTHE, nom donné, par certains botanistes, à l'assemblage des fleurons qui forment les fleurs composées. Ce mot est synonyme de *calathide*.

CÉPHALARTIQUES, nom donné par les anciens médecins aux remèdes qu'ils croyaient propres à combattre les maladies de la tête. On les a encore appelés *céphaliques*.

CÉPHALE (myth.), fils de Mercure et d'Hersé. Il épousa Procris, fille d'Erechtée, roi d'Athènes. Il fut aimé de l'Aurore, qui l'enleva, mais qui ne put vaincre ses dédains. La déesse, en le renvoyant, lui donna le privilège de changer de forme pour éprouver la fidélité de sa femme. Céphale s'étant présenté déguisé en marchand à Procris, et celle-ci étant prête à se laisser séduire par ses présents, Céphale se découvrit, et reprocha son infidélité à Procris, qui parvint néanmoins à se réconcilier avec lui. Jupiter lui fit présent d'un dard qui ne manquait jamais son coup. Céphale aimait passionnément la chasse. Un jour, Procris l'épia et le suivit au milieu des bois, où son époux, harassé de fatigue, appelait le zéphyr (*aura*). Procris ayant fait quelque mouvement dans le feuillage, Céphale, la prenant pour une bête fauve, lança son javelot et la tua. Jupiter le changea en rocher.

CÉPHALES, mot employé pour désigner les mollusques munis d'une tête, par opposition aux *acéphales*, qui n'en ont pas.

CÉPHALIQUE, nom donné, en anatomie, à ce qui a rapport à la tête, et particulièrement à la grande veine superficielle externe du bras et de l'avant-bras. Elle commence sur le dos de la main, remonte sur le bras, et s'ouvre dans la veine axillaire. Les anciens lui avaient donné ce nom, parce qu'ils croyaient qu'elle avait des rapports avec la tête, et que c'était elle qu'il fallait ouvrir dans les affections de cette partie.

CÉPHALOIDES ou CAPITÉES. Voy. CYNAROCÉPHALES.

CÉPHALON, historien grec d'Ionie, auteur d'une Histoire de Troie et d'un abrégé d'histoire universelle. Ce dernier ouvrage, qui commençait au siècle de Ninus, et finissait à celui d'Alexandre, était divisé en neuf livres, à chacun desquels l'auteur avait donné le nom d'une muse. Céphalon vivait sous Adrien. — CÉPHALON est l'ancien nom donné à la ville de Rome, sans doute à cause de la tête trouvée dans les fondements du Capitole.

CÉPHALONIE, une des sept îles qui composent la république des villes ioniennes, au S. de l'Albanie, au N. de Zante, et à l'entrée du golfe de Patras. Sa superficie est de 50 lieues carrées. Sa population est de 60,000 habitants. La capitale est *Argostoli*, sur une montagne, avec une population de 4,000 habitants. Le climat est doux, le sol très-fertil en huile, melons, vin rouge, muscat excellent, raisins de Corinthe, citrons, grenades, oranges, cire, etc. — Céphalonie, autrefois appelée *Same*, avait quatre villes : *Pali*, *Krani*, *Pronos* et *Samè*; ce qui lui avait fait donner le nom de *Tetrapolis*. Céphalonie appartenait aux Vénitiens depuis 1446, lorsque les Français s'en rendirent maîtres en 1797. Ils furent forcés de la céder en 1799 à la flotte turco-russe.

CÉPHALONOMANTIE, espèce de divination qui se faisait au moyen de la tête d'un âne, que l'on faisait griller en récitant des prières, afin de découvrir l'auteur d'un crime.

CÉPHALOPODES, quatrième ordre de mollusques au corps mollasse, inarticulé, épais, charnu, et contenu intérieurement dans un sac musculeux, à tête libre, saillante hors du sac, et couronnée de bras tentaculaires; à deux gros yeux sessiles, immobiles et sans paupières, à bouche terminale, verticale, et armée de deux fortes mandibules cornées, qui sont crochues, et ressemblent assez à un bec de perroquet. Tous les céphalopodes sont carnassiers, et se nourrissent de crabes et autres animaux marins. Ces animaux vivent longtemps dans la mer. L'ordre des céphalopodes renferme onze familles, les *octopodes*, les *décapodes*, les *spirulées*, les *nautilacées*, les *ammonées*, les *péristellées*, les *stichostègues*, les *énallostègues*, les *hélicostègues*, les *agathistègues* et les *entomostègues*.

CÉPHALOPTÈRE, genre d'oiseaux de la famille des corbeaux, composé d'une seule espèce, au plumage d'un beau bleu noir, avec la tête et la base du cou en avant, ornées d'un panache formant une sorte de parasol, composé de plumes étroites, très-longues; à la queue longue et légèrement arrondie.

CÉPHALOTE, nom donné, en histoire naturelle, à un genre de la famille des chéiroptères, voisin des roussettes, et à un genre de coléoptères, de la section des pentamères, famille des carnassiers, tribu des carabiques.

CÉPHAS, l'un des soixante-douze disciples de Jésus-Christ, dont parle saint Paul dans l'Épître aux Galates. On croit que c'est le même que saint Pierre; car *Kepha* veut dire en syriaque *Pierre*.

CÉPHÉE (myth.), roi d'Éthiopie, mari de Cassiopée et père d'Andromède. Il accompagna les Argonautes, et fut placé après sa mort au rang des constellations. La constellation qui porte son nom est située dans l'hémisphère boréal, et renferme trente-cinq étoiles. Elle est située entre le *Dragon* et *Cassiopée*. — Un autre Céphée, roi d'Arcadie, fils de Lycurgue, assista à la chasse du sanglier de Calydon. Minerve l'avait rendu invincible en lui attachant sur la tête un cheveu de Méduse. — *Céphée* est le nom, en histoire naturelle, d'un mollusque du genre *méduse*, que l'on trouve dans les mers chaudes et tempérées.

CÉPHISE, fleuve de la Grèce qui prenait sa source à Lilæa dans la Phocide, passait au N. de Delphes et du Parnasse, entrait dans la Béotie, et se jetait dans le lac Copaïs. Les Grâces, aimant à s'y baigner, selon les traditions de la fable, on leur donna le nom de *déesses du Céphise*. — Il y avait encore deux fleuves de ce nom, un dans l'Argolide et l'autre dans l'Attique. Ce dernier était honoré comme un dieu par les habitants d'Oropo.

CÉPION. Voy. CÆPIO.

CÉRA DE PALMA (*cire de palmier*), corps résineux combustible, produit par un palmier de l'Amérique méridionale, appelé *céroxyle*. On l'obtient de l'exsudation naturelle de cet arbre, et en mettant cette substance à bouillir dans de l'eau. La céra de l'ina est d'une jaune blanchâtre. Elle est d'une légèreté remarquable, et sert à fabriquer des bougies qui donnent une belle lumière et peu de fumée.

CÉRAISTE, genre de plantes de la famille des caryophyllées, la plupart vivaces, presque toutes d'Europe. On les aime à cause de la multitude, de l'éclatante blancheur de leurs fleurs. Elles sont recherchées par les bestiaux dans les pâturages où elles abondent. Les céraistes, appelées par Tournefort *myosotis*, sont cultivées dans les jardins, et s'élèvent jusqu'à près d'un mètre.

CÉRAM (en malais, *Sirang*), une des îles Moluques, à l'E. de Bourou, et à l'O. de la Papouasie (Nouvelle-Guinée). Sa superficie est d'environ 800 lieues carrées, et sa population d'environ 40,000 habitants. L'intérieur de l'île est habité par les indigènes presque noirs, et connus sous le nom d'*Alfouras*. Les habitants des côtes sont Malais. *Saoua* et *Ouarou* sont les ports principaux de Céram. Les Hollandais ont établi un poste à Atiling, près de la première ville.

CÉRAMBYCINS, tribu d'insectes de l'ordre des coléoptères, famille des longicornes. Les insectes qui la composent se reconnaissent à leur labre très-apparent, à leurs yeux toujours échancrés pour recevoir la base des antennes, qui sont ordinairement longues. Les cuisses sont toujours en forme de massues et comme portées sur un pédoncule. Ils ont les couleurs brillantes.

CÉRAMBYX, genre d'insectes qui a été partagé en deux autres : *callichrome* et *capricorne*. Voy. ces mots.

CÉRAMES, vases de terre cuite dont se servaient les Grecs dans leurs repas.

CÉRAMIAIRES, famille de plantes cryptogames, caractérisée par des filaments articulés, qui produisent à l'extérieur des capsules parfaitement distinctes. Cette famille comprend une foule d'espèces aquatiques, très-déliées, d'un port élégant, d'une couleur agréable, soit brunâtre, soit rouge, purpurine ou verte. Les céramiaires se trouvent dans la mer, les fontaines et les eaux courantes.

CÉRAMIE, genre de plantes cryptogames de la famille des céramiaires, caractérisé par des filaments cylindriques, articulés par sections, qui sont marquées intérieurement d'une seule macule de matière colorante, par des capsules externes, solitaires, nues, opaques; la couleur des céramies varie du pourpre au violet, et la forme d'arbustes, et croissent dans l'Océan.

CÉRAMIE ou ART CÉRAMIQUE, nom donné à la fabrication de toutes sortes d'objets en terre, en faïence, en porcelaine, en verre, tels que briques, vases, etc. — La poterie est plus ancienne que la faïence et la porcelaine. On faisait de la matière de la poterie, non-seulement des vases, mais des statues. Il y a eu chez les anciens des fabriques célèbres de poteries. — Avant le xive siècle, on ne connaissait en Europe aucune poterie à pâte compacte. — Les vraies porcelaines européennes ne remontent pas au delà du commencement du xviiie siècle. La vraie porcelaine à pâte dure fut fabriquée en Europe vers 1725. Voy. BOETCHER.

CÉRAMION, nom que les Grecs donnaient à l'amphore romaine et au *métrétès*.

CÉRAMIQUES, nom de deux quartiers de la ville d'Athènes, ainsi appelés de Céramus, fils de Bacchus et d'Ariane. On appelait l'un *Céramique du dedans*, et c'était un des plus beaux quartiers d'Athènes, orné de portiques, de théâtres, de temples; il servait de lieu de réunion et de promenade. Le second était le *Céramique du dehors*, faubourg où l'on faisait des tuiles, et où Platon avait son académie. On a prétendu qu'il servait encore de sépulture à ceux qui étaient morts pour la patrie. C'était aussi la demeure des femmes de mauvaise vie.

CÉRAMIQUES ou CÉRAMICIES, combats ou jeux établis en l'honneur de Prométhée, de Vulcain et de Minerve, et célébrés dans un quartier d'Athènes, nommé *céramique*, trois fois par an. Ils consistaient en partie à arriver au bout d'une carrière, sans éteindre un flambeau qu'on portait.

CÉRAPTÈRE, genre d'insectes de l'ordre des coléoptères, de la famille des xylophages. Les céraptères ont la lèvre grande, les palpes très-visibles, les élytres longues et de forme parallélogrammatique et les tarses courts.

CÉBASONTE (en latin, *Cerasus*), ville de la Cappadoce, sur les bords de la mer Noire, d'où Lucullus apporta à Rome les premières cerises.

CÉRASTE, nom d'une espèce du genre des vipères, qui se fait remarquer par une petite corne pointue qu'elle porte sur chaque sourcil, et qui lui a fait donner aussi le nom de *serpent cornu*; elle est grisâtre, et se tient cachée dans le sable en Egypte, en Libye, etc. Les anciens en ont souvent parlé.

CÉRAT, espèce de pommade en usage pour dessécher les plaies légères, adoucir la peau, prévenir les gerçures, etc. Le cérat se fait en prenant une partie de cire vierge, divisée en très-petits morceaux, et quatre parties d'huile d'amandes douces. En faisant fondre ensemble, et en y mêlant trois parties d'eau de roses, on finit par obtenir une pommade très-lisse et comme crémeuse. — Ce cérat reçoit le nom de *cérat de Galien*; on nomme *cérat de Goulard* celui auquel on ajoute, en outre, une très-petite quantité d'extrait de Saturne (sous-acétate de plomb). — Le *cérat soufré* diffère de ce dernier, en ce que l'extrait de Saturne y est remplacé par le soufre.

CÉRATINE, genre d'insectes de l'ordre des hyménoptères, famille des mellifères, section des apiaires. Les cératines sont de petits insectes à couleurs bronzées ou noires, et n'offrant seulement que quelques taches blanchâtres à la partie antérieure de la tête. Ils ont de grands rapports avec les abeilles.

CÉRATOTOME, nom donné à un instrument destiné à couper la cornée transparente dans l'opération de la cataracte par extraction. C'est un petit couteau, dont la lame, fixée sur le manche, à dix-huit lignes de longueur, et ressemble à celle d'une *lancette à grain d'avoine*. Cette lame est tranchante dans toute la longueur de l'un de ses côtés, et pendant trois lignes seulement de l'autre, vers la pointe.

CÉRAUNIAS ou CÉRAUNITE, nom donné par les anciens à la *pyrite martiale globuleuse* (sulfure de fer radié), qu'ils regardaient et que l'on a aussi regardé plus tard comme une pierre de foudre, parce que c'est une substance métallique, qui a la propriété de faire feu sous le briquet.

CÉRAUNIENS ou KÉRAUNIENS, chaîne de monts de la Roumélie ou ROUM-ILI (Turquie). Elle part du Pinde et se dirige vers l'O. en projetant au N. des branches qui joignent les montagnes illyriennes, et qui s'avancent au loin dans la mer. Voy. ACROCÉRAUNIENS.

CERBÈRE (myth.), chien célèbre dans la fable, né de l'union de Typhon avec Echidna. Il était frère du lion de Némée, d'Orthus, de l'hydre de Lerne et de la Chimère. Hésiode lui donne cinquante têtes, Horace cent, et la plupart des mythologues trois. Il veillait à la porte des enfers pour empêcher les vivants d'y pénétrer, et les morts d'en sortir. On l'apaisait en lui jetant des gâteaux de pavots et de miel. Hercule l'arracha des enfers lorsqu'il en ramena Alceste.

CERBÈRE, constellation boréale, ne renfermant que quatre étoiles qui sont aux environs de la main d'Hercule.

CERBÈRE, genre de plantes de la famille des apocynées, renfermant un arbre du Brésil, dont les noix servent de parure aux Américains méridionaux. (Voy. AHOUAI.) — CERBÈRE est aussi le nom d'une espèce de couleuvre.

CERCAIRE, genre d'animaux infusoires, de la famille des cercariées, au corps très-petit, transparent, diversiforme, muni d'une queue particulière très-simple. Les cercaires vivent dans les infusions animales. Un des plus curieux habite le tartre des dents.

CERCARIÉES, famille d'infusoires ayant pour caractère un corps globuleux ou discoïde, parfaitement distinct d'une queue inarticulée, simple et postérieure. La famille des cercariées renferme les animaux spermatiques, et comprend, selon M. Bory de Saint-Vincent, six genres : *tripos*, *cercaire*, *zoosperme*, *virguline*, *turbinile*, *hestrionille*.

CERCEAU (Jean-Antoine DU), né à Paris en 1670. Il entra à l'âge de dix-huit ans dans l'ordre des jésuites, et s'y fit un nom par son talent pour la poésie française et latine. Il mourut à Véret en 1730. Du Cerceau est auteur d'une *Histoire de Thamas Kouli-Khan*, *sophi de Perse*, et d'une *Histoire de la conjuration de Rienzi*. Il a fait aussi pour les pensionnaires du collège Louis-le-Grand plusieurs comédies, dont les plus remarquables sont: l'*Enfant prodigue* et les *Incommodités de la grandeur*.

CERCEAU, cercle de bois ou de fer, dont le principal emploi est pour lier les cuves, les tonneaux et les barriques. Les meilleurs cerceaux sont de châtaignier, de frêne, de saule-marceau, de tremble, de noisetier, etc.

CERCEAU (JEU DU). Il consiste chez nous à garnir un cerceau de grelots, et à le faire tourner sur son axe en le poussant à l'aide d'un petit bâton. Les anciens le connaissaient et le mêlaient à tous leurs exercices. — Il y avait chez eux deux sortes de jeux de cerceau. Le premier, appelé *cricelaria*, consistait à prendre un grand cercle, autour duquel étaient attachés plusieurs anneaux, à l'élever en l'air et à le faire tourner transversalement au-dessus de la tête, plus ou moins vite, en le dirigeant avec une baguette. — Le second, appelé *trochus*, consistait à prendre un cercle petit, garni à sa circonférence de petits anneaux, à le jeter en l'air et à le rattraper en dansant.

CERCLE, figure plane terminée par une ligne courbe dont tous les points sont à égale distance d'un point pris dans l'intérieur de la figure, et qu'on nomme le *centre*.

CERCLE D'APPARITION PERPÉTUELLE, petit cercle parallèle à l'équateur, et décrit du point le plus septentrional de l'horizon. Toutes les étoiles renfermées dans ce cercle ne se couchent jamais et sont toujours présentes sur l'horizon. — On donne par opposition le nom de CERCLE D'OCCULTATION PERPÉTUELLE, à un cercle parallèle à l'équateur, décrit du point le plus méridional de l'horizon, et au-dessous duquel sont des étoiles qui ne sont jamais visibles sur l'horizon.

CERCLE RÉPÉTITEUR, instrument inventé par Borda, et servant à mesurer l'angle formé par deux objets terrestres. Il est composé d'un pied surmonté d'un cercle entier de cuivre, divisé en trois cent soixante degrés, et muni de lunette et de lunettes. On mesure l'angle formé par deux objets terrestres, en répétant successivement les observations sur toutes les parties de la circonférence du cercle. Le cercle répétiteur s'emploie également dans les opérations astronomiques et géodésiques, et on s'en est servi pour la mesure de l'arc du méridien, qui sert de base au nouveau système des poids et mesures.

CERCLE DE RÉFLEXION. Voy. SEXTANT.

CERCLES DE HAUTEUR, DE LONGITUDE, DE LATITUDE, VERTICAUX, POLAIRES, Voy. ALMICANTARATS, LONGITUDE, LATITUDE, AZIMUTHS, POLAIRES.

CERCLES DE LA SPHÈRE, ceux qui coupent la sphère, et dont la circonférence est à sa surface. On distingue les *grands* et les *petits cercles*; les premiers sont ceux qui ont leur centre au centre même de la sphère, et la divisent en deux parties égales appelées *hémisphères*. Les grands cercles de la sphère sont l'*équateur*, le *méridien*, l'*horizon*, l'*écliptique* et les deux *colures*. — Les seconds sont ceux qui n'ont pas leur centre au centre de la sphère, et qui la divisent en deux parties inégales.

CERCLES, nom donné, en géographie, à certaines divisions territoriales d'un Etat, et particulièrement aux provinces de l'empire germanique. — La première division de l'Allemagne en cercles est due à l'empereur Wenceslas (1387). Ce prince n'en établit que quatre. Albert II (1438) les porta au nombre de six. Mais ce ne fut réellement qu'en 1500, sous l'empereur Maximilien Ier, que l'Allemagne fut partagée eu six cercles : ceux de *Bavière*, de *Franconie*, de *Saxe*, du *Rhin*, de *Souabe* et de *Westphalie*. La diète de Cologne (1512) ajouta à ces six cercles quatre nouveaux cercles; ceux de *Bourgogne*, d'*Autriche*, du *Bas-Rhin* et de *Haute-Saxe*. Le cercle de Bourgogne ayant été séparé de l'empire, le nombre des cercles fut réduit à neuf.

CERCODIENNES, famille de plantes séparée des onagraires, dont elle diffère principalement par la pluralité des styles. Elle renferme les genres *haloragis*, *gonotocarpe*, *myriophyllon*, et *proserpinaca*.

CERCOPE, genre d'insectes hémiptères, de la section des homoptères, famille des cicadaires. Les cercopes ont un grand rapport avec les cigales.

CERCOPITHÈQUES, nom donné aux singes qui ont de longues queues, mais plus particulièrement la *guenon*. Ce mot vient du grec *cerkos*, queue, et *pithèkos*, singe. — C'étaient aussi, chez les anciens, une espèce de singes que les Egyptiens avaient divinisés.

CERCOPONHÈDRES (c'est-à-dire, en grec, *demeure des Cercopes*), défilé pratiqué entre le mont OEta et le pays des Trachyniens. C'est par ce défilé que passèrent les Perses, pour surprendre les Lacédémoniens qui défendaient les Thermopyles.

CERCUEIL, coffre de bois, de plomb ou d'autres matières, qui sert à enfermer les cadavres. — Chez les Egyptiens, c'était une caisse ordinairement de bois de sycomore ou de cèdre, dans laquelle on déposait la momie, et ornée de peintures analogues à la destination du cercueil. Quelquefois ce cercueil est enfermé dans un second, et celui-ci dans un troisième. — L'usage des cercueils fut renouvelé par les chrétiens. On avait établi en Gaule un grand nombre de lieux où se trouvaient un grand nombre de cercueils. Ceux de Civeaux, village à 6 lieues de Poitiers, au nombre de 6 à 7,000 et en pierre, ont acquis une certaine célébrité.

CERCURE, vaisseau léger, dont se servaient les pirates chez les anciens.

CERCYON (myth.), fameux voleur qui exerçait ses brigandages dans l'Attique, et qui, forçant les passants à lutter contre lui, massacrait ceux qu'il avait vaincus. Il avait une force si extraordinaire, qu'il faisait plier les plus gros arbres l'un vers l'autre, y attachait ensuite ceux qu'il avait vaincus, et les faisait périr en laissant redresser les arbres. Thésée, après l'avoir vaincu, lui fit subir le même supplice. Cercyon était, dit-on, fils de Neptune ou de Vulcain, et roi d'Eleusis.

CERDA (Charles DE LA), petit-fils de Ferdinand de la Cerda, gendre de saint Louis et fils aîné d'Alphonse IX, roi de Castille. Ferdinand, étant mort avant son père, Sanche, fils puîné d'Alphonse, monta sur le trône à l'exclusion de la branche de la Cerda, qui vint s'établir en France. Charles fut un des favoris du roi Juan, qui lui donna en 1350 l'épée de connétable. Il s'attira la haine de Charles le Mauvais, comte d'Evreux et roi de Navarre, qui le fit assassiner dans son lit, au château de l'Aigle, en 1354. — LOUIS DE LA CERDA, son frère, nommé amiral de France en 1341, servit Philippe VI dans la guerre contre les Anglais, et Charles, comte de Blois, contre celle de Bretagne. Il s'empara de Jean de Montfort et de villes de Guérande et de Dinan, et vivait encore en 1351. Son fils unique, assassiné par ordre de Pierre le Cruel, ne laissa pas d'enfants.

CERDAGNE, petite contrée d'Espagne, moitié espagnole, moitié française. La partie française fait partie du département des Pyrénées-Orientales. Sa capitale était *Mont-Louis*. La partie espagnole a pour capitale *Puycerda*. La Cerdagne a eu ses comtes particuliers. Le premier fut Oliba Cabreta, fils puîné de Miron, comte de Barcelone, mort en 990. Bernard-Guilaume, arrière-petit-fils de Wifred, fils d'Oliba, étant mort en 1117, Raymond-Bérenger III, comte de Barcelone, lui succéda, et le comté de Cerdagne fut réuni à celui de Barcelone. Jean II, roi d'Aragon, l'engagea en 1462 au roi Louis XI pour la somme de 200,000 écus. Une partie est restée à la France.

CERDONIENS, hérétiques du IIe siècle, suivant les erreurs de Cerdon, né en Syrie, et qui vint à Rome vers l'an 152. Cerdon reconnaissait deux principes de toutes choses, l'un bon et l'autre mauvais. Ce dernier était, selon lui, le créateur du monde et de la loi. Il soutenait que Jésus-Christ n'avait eu qu'une chair apparente; qu'il n'avait souffert qu'en apparence, et qu'il n'était né dans la Vierge. Il admettait la résurrection de l'âme, et niait celle du corps. Il rejetait l'Ancien Testament et ne recevait qu'une partie du Nouveau.

CÉRÉALES. On a donné ce nom aux plantes de la famille des graminées, qui sont la base fondamentale de la nourriture des hommes. Les céréales se limitent, à proprement dire, au froment, au seigle, à l'orge, à l'avoine; cependant on y réunit encore l'*alpiste*, la *fétuque flottante*, le *maïs*, le *millet*, le *riz*, le *sarrasin*, le *sorgho* et le *zizanie*. (Voy. ces mots.) Les principes immédiats les plus abondants de toutes ces plantes sont la fécule et la matière végéto-animale. On en fait du pain, des préparations alimentaires, des liqueurs fermentées; on les donne aux bestiaux comme fourrage vert et sec; leur paille couvre les toits, sert de litière et d'engrais. Les céréales alimentent, en France, un commerce de 2,000,000,000.

CÉRÉALES, fêtes en l'honneur de Cérès, instituées à Rome par l'édile Mummius, et célébrées tous les ans le 7 avril. Les dames romaines y étaient vêtues de blanc, et portaient des flambeaux en mémoire du voyage de la déesse. On offrait à la déesse des gâteaux saupoudrés de sel et des grains d'encens, du miel, du lait et du vin. On lui immolait des cochons. Les Céréales chez les Romains étaient les THESMOPHORIES chez les Grecs.

CEREALIS (Petilius), général romain, proche parent de Vespasien, qui le chargea de marcher contre Claudius Civilis et Classicus, chefs des Bataves et des Gaulois révoltés; il les mit en déroute et brûla leur camp. Tacite en parle avec éloge.

CÉRÉBRAL, tout ce qui a rapport au cerveau.

CÉRÉBRALE (FIÈVRE), nom donné à une variété de la fièvre nerveuse, dans laquelle les principaux symptômes portent sur les fonctions du cerveau, et dans laquelle la céphalalgie prédomine.

CÉRÉMONIAL, ordre observé dans les occasions solennelles, et principalement à la naissance, au mariage et à la mort. Il varie suivant les divers peuples. Le cérémonial, dans les cours, porte le nom d'*étiquette*.

CÉRÉMONIAL POLITIQUE. On donne ce nom à celui qui préside aux relations des divers États entre eux. Lors de la conclusion d'un traité entre deux puissances, il en est fait deux exemplaires; chacun n'est signé que par une des parties. — Dans les lettres, les empereurs et les rois se qualifient réciproquement de *frère*, et donnent le titre de *cousin* aux princes qui leur sont inférieurs. Les empereurs et les rois s'écrivent ordinairement en français. Les princes allemands se donnent entre eux le nom de *cousin*. Lorsque des souverains de même dignité se font visite, ils se cèdent mutuellement le pas.

CÉRÉMONIES. Voy. CÉRÉMONIAL.

CÉRÉOPSE, genre de la famille des lamellirostres, voisin de celui des *oies*. La seule espèce est le *céréopse cendré*, à bec très-court, fort, obtus, presque aussi élevé à sa base que long, couvert d'une cire qui s'étend presque jusqu'à la pointe; aux ailes amples, à la tête d'un blanc pur et au reste du corps cendré.

CÉRÈS (myth.), déesse de l'agriculture, fille de Saturne et de Cybèle, sœur de Jupiter. Pluton ayant enlevé sa fille Proserpine, Cérès courut par toute la terre pour la chercher. Elle découvrit enfin le lieu de sa retraite, et obtint de Jupiter son retour, si elle n'avait rien mangé dans les enfers. Comme elle avait mangé quelques grains de grenade, Cérès ne put obtenir rien autre que le séjour de Proserpine serait de six mois sur la terre et de six mois dans les enfers. Tous les poëtes attribuent à Cérès l'invention de l'agriculture, et la font présider aux moissons. On la représente couronnée d'épis, tenant une torche d'une main, et l'autre une tige de pavots. Pour les fêtes et mystères de Cérès, voy. ELEUSIS, THESMOPHORIES, CÉRÉALES, AMBARVALES, etc.

CÉRÈS, nom donné par l'astronome Piazzi à la planète qu'il découvrit en 1801. Son extrême petitesse n'a pas encore permis de déterminer son diamètre, ni le temps de sa rotation sur elle-même. Celui de sa révolution autour du soleil est de seize cent quatre-vingt-un jours douze heures neuf minutes (quatre ans deux cent vingt et un jours douze heures neuf minutes). Sa distance au soleil est d'environ 95,000,000 de lieues. Cérès est située entre Mars et Jupiter.

CERET, ville du département des Pyrénées-Orientales, chef-lieu de sous-préfecture, au pied des Pyrénées, sur le Tech, à 9 lieues de Perpignan. Sa population est de 3,251 habitants. Elle a un collége et un tribunal de première instance. On admire son pont magnifique d'une seule arche, sur le Tech. Ceret est connu dans l'histoire pour avoir servi, en 1660, de point de réunion aux commissaires chargés de fixer les limites respectives de la France et de l'Espagne.

CERF, genre de mammifères, de l'ordre des ruminants, caractérisé par des protubérances frontales, recouvertes de peau et appelées *bois*. Ses autres caractères sont trente-deux dents, huit incisives à la mâchoire inférieure, et vingt-quatre molaires; des larmiers et un mufle dans la plupart des espèces; des oreilles médiocres et peu pointues; la queue très-courte. Le bois n'existe, à l'exception de la femelle de l'espèce *renne*, que chez les mâles. Il tombe tous les ans vers l'époque du rut, et est remplacé par un autre ordinairement plus fort. Les cerfs sont de tous les ruminants les plus élégants et les plus agiles; leurs jambes sont minces et élevées; leur corps est svelte et gracieusement arrondi; leur cou est long et arqué. On a divisé le genre cerf en huit sections, les *élans*, les *daims*, les *rennes*, les *axis*, les *chevreuils*, les *cervules*, les *daguets* et les *cerfs* proprement dits. Ces derniers se distinguent par des bois longs et sessiles à andouillers basilaires et médians, sous-coniques. L'espèce la plus répandue est le *cerf commun*; il est d'un brun fauve sur tout le corps, excepté la croupe et la queue qui sont d'un fauve pâle. Le cerf vit par troupes plus ou moins nombreuses. On le trouve dans presque toute l'Europe, et dans une partie de l'Asie. Sa chasse est devenue l'objet d'un art particulier, qui a son langage propre. Ainsi on appelle *jeune cerf* le cerf depuis trois ans jusqu'à huit; *cerf dix cors jeunement*, le cerf de six ans; *cerf dix cors*, celui de sept; et *vieux cerf*, celui qui atteint huit ans. A l'époque du rut, le cerf fait entendre un cri rauque et particulier, que l'on appelle *râler* ou *bramer*. Pendant les six premiers mois qui suivent la naissance, le petit cerf se nomme *faon*. La chair du cerf est très-estimée, et son bois sert à faire des manches de couteaux, de serpette, des pommes de canne, des pipes, etc.; râclé et réduit en fragments minces, on en obtient, au moyen de l'eau bouillante, une gélatine très-saine et très-nourrissante, appelée *gelée de corne de cerf*.

CERFEUIL, genre de plantes de la famille des ombellifères. Le *cerfeuil cultivé* est une plante herbacée, potagère, an-nuelle, dont les feuilles, assez semblables à celles du persil, ont une saveur et une odeur légèrement aromatiques. Le cerfeuil est très-fréquemment employé dans les cuisines; sa culture est très-facile; les bestiaux et surtout les lapins le mangent avec avidité. Une seconde espèce, appelée *cerfeuil d'Espagne* ou *musqué*, a des semences dont le parfum et le goût rappellent celles de l'anis, et qui, vertes et hachées, se mangent dans la salade.

CERF-VOLANT, nom donné à une sorte de châssis fort léger, fait de roseaux ou d'autre bois pliant, et recouvert de papier. Il a la forme d'un cœur, et porte, attachée à la pointe, une queue plus ou moins longue, faite de flocons de papier ou de laine, liés de distance en distance à une ficelle. Le cerf-volant est un jouet d'enfant, que l'on enlève dans l'air au moyen d'une longue ficelle. — Le *cerf-volant électrique* est un cerf-volant auquel on attache un fil de métal pour le rendre propre à soutirer l'électricité des nuages, au moyen d'une pointe métallique qu'il porte à son sommet.

CERF-VOLANT. On désigne vulgairement ainsi un insecte de l'ordre des coléoptères, le plus gros de ceux qui se trouvent en France. On l'appelle ainsi à cause de ses cornes dentelées, assez semblables à celles du cerf. C'est le *lucane cerf*.

CÉRIGNOLES, ville du royaume de Naples, dans la Capitanate, à 8 lieues de Manfredonia. Elle est célèbre par la bataille qui s'y livra en 1513 entre les Français et les Espagnols. Ces derniers, commandés par Gonsalve de Cordoue, furent vainqueurs.

CÉRIGO, île de l'Archipel, au S. de la Morée, faisant partie de la confédération des îles Ioniennes. Sa superficie est d'environ 8 lieues carrées, et sa population de 10,000 habitants. Le chef-lieu est *Kapsali*. La ville principale est *Cérigo*, qui a un port sur la côte méridionale de l'île, et une population de 8,000 habitants. On y voit les ruines d'un temple de Vénus. — Cérigo est l'ancienne *Cythère*.

CÉRINE, substance de la nature de la cire, obtenue en traitant la cire des abeilles par l'alcool bouillant. La cérine a été aussi retirée du liége. Cette substance est peu connue et sans usages.

CÉRINTHIENS, hérétiques partisans de Cérinthe, disciple de Simon le Magicien, qui vivait vers l'an 66. Il enseignait que Jésus-Christ était homme, fils de Joseph et de Marie, rendu seulement sacré et *christ* par la vertu du baptême. Il soutenait que ce n'était pas Dieu qui avait fait le monde, mais une vertu bien inférieure à lui; qu'après la résurrection générale les saints jouiraient du royaume terrestre et charnel de mille ans avec Jésus-Christ; ce qui a donné naissance à la secte des *millénaires*.

CÉRION, nom donné, en botanique, à une espèce de fruit uniloculaire, à une seule graine; tels sont les fruits des graminées. Le cérion est *globuleux* dans le millet, *oblong* dans le froment, *canaliculé* dans l'avoine, *nu* dans le maïs, *induvié* dans le riz.

CERISE, fruit du cerisier. C'est un drupe charnu, arrondi, légèrement sillonné d'un côté, au noyau ovale et lisse. Sa couleur varie du rouge pâle au rouge noir. On fabrique avec les cerises des confitures, du ratafia, du kirsch-wasser, une sorte de vin, etc. — Les cerises sont légèrement acides et rafraîchissantes. On en connaît plusieurs variétés : le *bigarreau*, blanchâtre, ferme et serré; la *merise*, noire et sucrée; les *guignes*, la *griotte*, etc. — A Hambourg, on célèbre la *fête des Cerises*. Des chœurs d'enfants parcourent les rues, tenant en main des rameaux très chargés de cerises. On fait remonter cet usage au temps de la guerre des hussites (1432), qui, marchant contre la ville d'Hambourg, furent attendris par une députation d'enfants couverts de draps mortuaires. Le chef des hussites, Procope Nasus, combla de caresses les suppliants, les régala avec des cerises, et épargna la ville.

**CERISIER**, genre de la famille des rosacées, tribu des amygdalées, aux feuilles ovales, lancéolées et finement dentées sur les bords; aux fleurs blanches, à cinq pétales. Cet arbre est indigène d'Europe. Les principales espèces de cerisier sont le *bigarreautier* et le *griottier*. L'écorce et le bois du cerisier sont employés dans les arts et en médecine. Le bois est d'un beau rouge, et sert en menuiserie et en marqueterie. Il est aussi très-bon pour le chauffage. Du tronc découle une gomme dont on se sert communément.

**CERISOLES**, village des États sardes, dans le Piémont, à 2 lieues E. de Carmagnole, où se livra le 14 avril 1544, le lundi de Pâques, une bataille célèbre entre les impériaux, commandés par le marquis du Guast, général de Charles-Quint, et les Français, aux ordres du comte d'Enghien. La perte des impériaux fut considérable; ils laissèrent 12,000 morts et 3,000 prisonniers. 300,000 francs en argent monnayé ou en vaisselle et quatorze canons tombèrent au pouvoir des Français.

**CÉRITE**, mine que l'on trouve en Suède et qui est principalement composée d'oxyde de cérium, de silice et d'oxyde de fer. Elle se présente en masses opaques, de couleur rouge ou brune, d'une pesanteur spécifique de 4,66. — *Cérite* ou *cérithe* est le nom d'un genre de coquilles univalves, turriculées, à l'ouverture oblongue, oblique. On en trouve de fossiles.

**CÉRITES**, peuple d'Italie, dans l'Étrurie, habitait le long de la mer entre les Tarquiniens et les Véiens. Leur ville s'appelait *Cæres*, et était de la plus haute antiquité. Elle portait anciennement le nom d'*Agylla*.

**CÉRIUM**, métal découvert en 1804. Il est cassant et infusible. Dans la nature, on ne le trouve que combiné soit avec l'oxygène, la silice et le fluor ou phtore, soit avec l'acide carbonique. On l'extrait en traitant son oxyde purifié par le charbon. On appelle *cérérite* une de ses combinaisons à l'état d'oxyde avec la silice; *flucérine* et *basicérine*, deux combinaisons de cérium avec le fluor; *yttriocérite*, sa combinaison avec l'yttrium; *carbocérine*, sa combinaison avec l'acide carbonique. Sa couleur varie suivant ses combinaisons.

**CERNUATEURS**, nom donné par les Romains à une espèce de sauteurs.

**CERNUNNUS** (myth.), divinité gauloise, que quelques-uns confondent avec Diane, parce qu'elle était invoquée par les chasseurs, et d'autres avec Bacchus, parce qu'elle était représentée avec des cornes, de longues oreilles et un anneau passé dans chacune des cornes.

**CÉROMA**, lieu dans les gymnases des anciens où les athlètes se frottaient d'huile.

**CÉROMANTIE**, divination qui se faisait au moyen de la cire. Elle consistait à faire fondre de la cire et à la verser goutte à goutte dans de l'eau. On en tirait, selon la forme que prenait la cire, des présages heureux ou malheureux.

**CÉROXYLE**, genre de la famille des palmiers, le plus grand de tous les arbres connus de cette famille. Il atteint une hauteur de cent soixante à deux cents pieds. Il doit son nom à la propriété qu'il possède de donner de la cire. (Voy. CERA DE PALMA.) Le fruit du céroxyle est un drupe violet, sucré, très-recherché des écureuils et des oiseaux.

**CERQUEMANEUR**, juge, expert ou maître juré qu'on faisait venir autrefois pour planter les bornes d'un héritage, ou pour les rasseoir et les replanter. Le cerquemaneur avait une certaine juridiction pour juger les différends.

**CERQUOZZI** (Michel-Ange), dit MICHEL-ANGE DES BATAILLES, peintre romain, né à Rome en 1602. Son surnom *des batailles* lui vient de son habileté à représenter cette sorte de sujets. Il se plaisait aussi à peindre des marchés, des pastorales, des foires et des pinturas; ce qui lui a fait encore appeler *Michel-Ange des bambochades*. Il excellait aussi à peindre des fruits. Il mourut en 1660.

**CERTIFICAT**, nom donné, en jurisprudence, au témoignage écrit et confirmé par la signature de celui qui l'a accordé. On connaît plusieurs sortes de certificats: les *certificats de vie*, *d'indigence*, *de capacité*, *d'origine*, *de propriété*, *de résidence*, *de bonne vie et mœurs*, etc. Dans la révolution, on exigeait des *certificats de civisme*. La loi du 18 thermidor an III les a supprimés.

**CERTIFICATEUR**. On donnait en général ce nom à ceux qui délivraient les certificats. On appelait *certificateur de caution* ou *contre-pleige* celui qui se rendait caution d'une caution, en certifiant celle-ci solvable. Le certificateur n'était obligé qu'au défaut de la caution. Aujourd'hui la caution n'a pas besoin d'être certifiée.

**CERTIFICATEUR DE CRIÉES**, officier qui faisait le rapport à l'audience, en présence de dix avocats et procureurs, de l'exploit de saisie et du procès-verbal des criées pour, sur son rapport, les criées être certifiées par le juge, et par les avocats et procureurs présents.

**CÉRULAIRE**. Voy. MICHEL.

**CÉRUMEN**, nom donné à l'humeur onctueuse semblable à la cire par ses propriétés physiques, et tapissant l'intérieur du conduit auditif externe. C'est une matière jaune et amère, d'une odeur légèrement aromatique. On lui assigne pour usages de lubrifier la peau qui tapisse le conduit auditif, d'entretenir la souplesse de cette partie, d'empêcher les insectes de s'y introduire, et de diminuer un peu l'intensité du son. Le cérumen est sécrété par les *glandes*, *follicules* ou *cryptes cérumineux*, qui garnissent les parois du conduit auriculaire externe; au sortir des follicules, il est liquide; il se durcit à l'air. Le cérumen est composé de mucus albumineux, d'une matière grasse semblable à celle de la bile, d'un principe colorant, de soude et de phosphate de chaux.

**CÉRUS** (myth.), dieu de l'occasion chez les Romains, le même que *Chairos*, dieu du temps favorable chez les Grecs. On le représente avec des ailes, ayant des cheveux par devant et chauve par derrière.

**CÉRUSE** (BLANC DE) ou BLANC DE PLOMB, nom donné, dans le commerce, au *sous-carbonate de plomb*. C'est une préparation, à une certaine époque, en usage pour colorer en blanc les bois et les meubles; elle se mêle facilement à l'huile, conserve sa couleur, s'étend aisément sous le pinceau, et recouvre bien les surfaces qu'on veut enduire. Elle est employée, ou seule, comme matière colorante, ou avec d'autres couleurs, pour leur donner du corps. La céruse est aussi appelée *blanc de Krems*, parce que ce fut dans cette ville qu'on fit les premières préparations de cette couleur. On l'obtient en faisant passer un courant de gaz acide carbonique à travers une dissolution de sous-acétate de plomb soluble.

**CERUTTI** (Joseph-Antoine-Joachim), né à Turin en 1738. Après avoir été élevé par les jésuites, il entra dans leur ordre et fut professeur de leur collège à Lyon. Appelé à Nancy auprès du roi Stanislas, il y composa son *Apologie de l'ordre des jésuites*. Venu à Paris quelque temps avant la révolution, il en devint un des plus zélés partisans. Mirabeau, dont il était l'ami, s'aida souvent de sa collaboration, et ce fut lui qui à sa mort prononça son éloge funèbre. Il publia la *Feuille villageoise*, journal destiné à faire pénétrer l'éducation dans les campagnes. Cerutti mourut en 1792.

**CERVANTÈS SAAVEDRA** (Michel), célèbre écrivain espagnol, né en 1547 à Alcala de Hénarès. Après avoir été valet de chambre du cardinal Acquaviva, il s'engagea sous les drapeaux de Marc-Antoine Colonna, duc de Palliano, général de l'armée envoyée au secours des Vénitiens. Voulant retourner dans sa patrie, il s'embarqua et fut fait prisonnier par un corsaire algérien. Après un esclavage de cinq ans, il fut racheté, et revint en Espagne, où il publia plusieurs ouvrages. Son plus célèbre est *Don Quichotte de la Manche*, qui a été traduit dans toutes les langues, et qui renferme une satire ingénieuse de la chevalerie errante, ou plutôt des mœurs de l'époque. Cervantès composa cet ouvrage en prison. Il mourut en 1616.

**CERVEAU**, mot employé souvent comme synonyme d'*encéphale*, mais plus souvent encore pour désigner la première partie seulement de cette masse nerveuse. Le cerveau proprement dit occupe toute la partie supérieure de la cavité du crâne, s'étendant du front aux fosses occipitales supérieures, et borné en arrière par un repli de la dure-mère, qui s'appelle *tente du cervelet*. Sa forme est symétrique, régulière, ovoïde, légèrement comprimée sur les côtés, et aplatie en dessous. On distingue dans le cerveau deux substances: l'une grisâtre, molle, spongieuse, d'où naissent les filaments nerveux; l'autre blanche, plus ferme, parsemée de beaucoup de rameaux vasculaires, qui constitue ces mêmes filaments. Le docteur Gall pense que le cerveau est l'organe matériel de la pensée, des sentiments moraux et des facultés intellectuelles, et que chaque partie est affectée à une faculté particulière. Il est, en effet, reconnu que l'intelligence est plus ou moins étendue en proportion directe de la grosseur ou de la petitesse du cerveau. Le cerveau du bœuf est la huit cent soixantième partie du poids de son corps; celui de l'éléphant, la cinq centième partie de ce poids; celui du cheval, la quatre centième partie; dans le chien, la proportion varie depuis la quarante septième jusqu'à la cent soixante et unième partie; dans l'homme, la proportion varie de la vingt-deuxième à la trentième partie du poids du corps.

**CERVELAS**, espèce de saucisse fabriquée par les charcutiers. Le cervelas ordinaire est un mélange de porc frais maigre, de veau, de lard et de beaucoup d'épices, le tout haché ensemble, et entassé dans un boyau de porc. Les *cervelas de Milan*, qui ont beaucoup de réputation, sont faits avec du porc frais maigre, du lard, du sel, du poivre, des ciboules, arrosés de vin blanc, de sang de porc, de cannelle et de girofle en poudre.

**CERVELET**, nom donné à la partie postérieure du cerveau. Sa forme peut être comparée à deux sphéroïdes déprimés, placés l'un à côté de l'autre sur un plan horizontal, et confondus par une partie de leur surface. Le cervelet est plus mou et plus léger que le cerveau. Sa surface présente un assemblage de lames grises, concentriques, régulières, plus étendues en arrière, plus courtes en devant. La face inférieure du cervelet présente au milieu un enfoncement profond, qui loge le commencement de la moelle vertébrale.

**CERVELLE**, nom donné vulgairement au *cerveau*. Voy. ce mot.

**CERVICAL**, ce qui appartient au cou et particulièrement à la partie postérieure de cette région.

**CERVIN** (MONT), montagne de Suisse faisant partie de la chaîne des Alpes, et s'élevant à une hauteur de 1,717 toises. Le mont Cervin est situé dans le canton de Valais.

**CERVOISE**, espèce de bière faite de blé ou d'orge macéré, puis séché, rôti et moulu, qu'on faisait tremper et cuire avec du houblon. C'était la boisson des anciens Gaulois et des peuples scandinaves.

**CERVONI**, né à Soëria en Corse, en 1767, de Thomas Cervoni, qui avait été un des chefs les plus influents de l'insurrection commandée par Paoli. Il s'enrôla comme simple soldat dans le régiment de royal-Corse. En 1790, il fut nommé chef de l'une des divisions du directoire de la Corse. En 1792, il obtint une sous-lieutenance dans le régiment de cavalerie de royal-Navarre, et devint général de brigade. Il contribua à la prise de Toulon et à la victoire de Lodi. Nommé en 1809 chef d'état-major de l'armée du maréchal Lannes, il fut tué sur le champ de bataille d'Eckmuhl, la même année.

**CÉRYCES.** On appelait ainsi, à Athènes, les messagers du sénat et du peuple, pris dans la famille des Céryces, dont on faisait remonter l'origine jusqu'à Céryx, fils de Mercure. C'était une fonction sacerdotale des plus relevées chez les Grecs. Un des droits attachés particulièrement à la famille des Céryces était de fournir tous les ans deux intendants des blés du temple d'Apollon.

**CÉSAIRE (Saint),** né en 470, près de Châlons-sur-Saône. Il entra en 490 dans le monastère de Lérins. En 500, il fut élevé sur le siège archiépiscopal d'Arles. Il établit un monastère de filles, et leur donna une règle, adoptée depuis par plusieurs autres monastères, et divisée en quarante-trois articles. Il présida aux conciles d'Agde (506), d'Orange (529), et mourut en 544. On a de lui des *homélies* et d'autres *ouvrages*. — Saint CÉSAIRE, frère de saint Grégoire de Nazianze, fut médecin de l'empereur Julien, questeur en Bithynie, et mourut en 368.

**CESALPINI (André),** savant médecin et philosophe, né en 1519 à Arezzo. Il devint premier médecin du pape Clément VIII. Le premier il connut la circulation du sang. Comme philosophe, il n'admettait, avec Aristote, deux substances : Dieu et la matière. Le monde était, selon lui, peuplé d'âmes humaines, de démons, de génies, etc., tous êtres matériels. On lui doit une méthode botanique fondée sur l'organisation des plantes et principalement sur les parties de la fructification.

**CÉSAR (Caius Julius),** naquit à Rome l'an 654 de Rome (100 avant J.-C.). Il était de la famille Julia. Il fit ses premières armes sous M. Minucius Thermus, préteur en Asie. Son éloquence et sa libéralité lui firent bientôt beaucoup d'amis. Il obtint la dignité de grand prêtre, vacante par la mort de Metellus, et fut ensuite nommé gouverneur d'Espagne. De retour à Rome, il se lia avec Crassus et Pompée, avec lesquels il forma le premier triumvirat (l'an 60 avant J.-C.). Il venait d'être nommé consul avec M. Calpurnius Bibulus, dont il brisa les faisceaux pour exercer seul la puissance. Il obtint pour cinq ans le gouvernement des Gaules, qui, plus tard, lui fut prolongé encore pour cinq ans, et parvint à soumettre, après de longues résistances, les populations guerrières de ce pays. Il fit une descente en Bretagne, jusqu'alors inconnue aux Romains, et força les Germains à regagner leur pays (l'an 60 à l'an 50 avant J.-C.). Prenant occasion des honneurs extraordinaires rendus à Pompée, César demanda le consulat avec prolongation de ses gouvernements. Apprenant que sa demande est rejetée, il passe les Alpes et le Rubicon, et marche contre Rome, dont il s'empare. Il poursuit Pompée, son rival, en Espagne, le défait dans plusieurs rencontres. La bataille de Pharsale le laisse maître de l'empire (49 ans avant J.-C.). Après avoir rendu l'Egypte tributaire, anéanti le parti de Pompée en Afrique et en Espagne, il retourna à Rome, où on lui décerne la dictature perpétuelle. Il embellit Rome et réforma le calendrier. Cependant une conspiration s'ourdissait contre lui, et le jour des ides de mars de l'an 44 avant J.-C., il fut assassiné au milieu du sénat. Il avait composé plusieurs ouvrages; il ne nous reste que ses *Commentaires sur les guerres des Gaules et les guerres civiles.*

**CÉSAR,** nom donné à tous les empereurs romains qui furent de la même maison que Jules-César. Il n'y en a réellement que cinq, savoir : Auguste, Tibère, Caligula, Claude et Néron. Mais ce surnom fut étendu aussi à Galba, Othon, Vitellius, Vespasien, Titus et Domitien, quoiqu'ils ne fussent pas de la famille Julia. Suétone nous a laissé une histoire de ces douze empereurs; il y compte Jules César, sous le titre d'*Histoire des douze Césars.* Les princes qui régnèrent ensuite portèrent ce surnom comme une simple dignité. Depuis Dioclétien, il fut réservé à l'héritier de l'empire, tandis que l'empereur prenait le titre d'*Auguste.*

**CÉSARÉE.** Neuf villes de l'empire romain et une île ont porté ce nom. — L'île était située dans l'océan Britannique, à l'O. du peuple gaulois les Vénètes. — Les villes les plus célèbres sont CÉSARÉE de Cappadoce, dont elle était la capitale, sur la rive gauche de l'Halys. C'est aujourd'hui *Kaïsarieh.* — CÉSARÉE de Bithynie, située dans la partie orientale de cette contrée, entre le fleuve Rhyndacus et le mont Olympe. — CÉSARÉE de Cilicie, bâtie sur le Pyrame, à quelque distance de la mer, plus connue sous le nom d'*Anazarbe.* — CÉSARÉE de Palestine, située sur la mer, entre Dora et Apollonie, et bâtie par Hérode, 24 ans avant J.-C. — CÉSARÉE de Mauritanie, appelée aussi *Tingis* (aujourd'hui *Tanger*).

**CÉSARIENNE (OPÉRATION),** nom donné à l'opération chirurgicale par laquelle on extrait l'enfant du sein de la mère par une incision pratiquée à certains endroits du bas-ventre. Il paraît que cette opération était connue avant Jules César, qui, au rapport de Pline, en tira son nom ; car il était né d'une suite d'une semblable opération. Elle est extrêmement dangereuse.

**CÉSARIENS,** nom donné par les Romains aux gladiateurs destinés à combattre dans les jeux auxquels assistaient les empereurs.

**CESARINI (Julien),** d'une famille noble de Rome, fut nommé en 1426, par le pape Martin V, cardinal. Il présida au concile de Bâle, et parut avec éclat à celui de Florence. Le pape Eugène IV l'envoya en Hongrie pour prêcher la croisade contre les Turks, malgré le traité d'alliance fait avec eux par Ladislas, roi de Hongrie. Casarini persuada de rompre avec eux, et périt à la bataille de Varna en 1444.

**CÉSARION,** fils de Jules César et de Cléopâtre, né à Alexandrie l'an 78 avant J.-C., fut désigné, à l'âge de treize ans, comme roi de Chypre, d'Egypte et de Coelésyrie, par sa mère et Marc Antoine. Il fut mis à mort le 30 avant J.-C., par l'ordre d'Auguste, qui redoutait en lui un rival.

**CESAROTTI (Melchior),** l'un des plus célèbres littérateurs et des poëtes italiens du XVIIIe siècle, né à Padoue en 1730. Professeur de rhétorique au séminaire de cette ville, il acquit une grande réputation littéraire en publiant une traduction d'*Homère* et de *Démosthènes*; mais de tous ses ouvrages en vers, le plus justement célèbre est sa traduction d'*Ossian.* On lui doit encore un *Cours raisonné de littérature grecque.* Il mourut en 1808.

**CÉSÈNE,** belle et forte ville d'Italie, dans les Etats pontificaux, dans la légation de Forli, à 5 lieues de Forli, située au pied d'une montagne sur le Sapio. Elle a un évêché et une population de 4,000 habitants. Elle est la patrie de Pie VI et de Pie VII.

**CÉSONIE (Cæsonia Milonia)** fut la quatrième femme de l'empereur Caligula, qui l'épousa en 39 J.-C., et qui l'aima avec passion. Caligula ayant été assassiné, le tribun Cœlius Lupus fut envoyé pour se défaire de Césonie et de sa fille Julia Drusilla. Césonie fut égorgée avec sa fille.

**CESPITIUM,** nom donné par les Romains à un tribunal de gazon (*cespes*), sur lequel, dans les camps, les généraux rendaient la justice et haranguaient les troupes.

**CESSART (Louis-Alexandre DE),** né à Paris en 1719. Il entra au service en 1742 comme gendarme de la maison du roi. Il s'attacha ensuite à la direction des ponts et chaussées. Il obtint en 1751 le grade d'ingénieur de la généralité de Tours. Il fit avantageusement connaître par la construction du pont de Saumur (1775). Il passa à la généralité de Rouen, et fut chargé de la construction des quais de cette ville et des travaux du Havre. Choisi en 1781 pour la direction de ceux de Cherbourg, il construisit le port de cette ville. Le pont en fer des Arts, à Paris, fut son dernier ouvrage. Cessart mourut en 1806. Il était inspecteur général des ponts et chaussées.

**CESSION DE BIENS,** nom donné en jurisprudence à l'abandon qu'un débiteur fait de tous ses biens à ses créanciers, lorsqu'il se trouve hors d'état de payer ses dettes. Tous les débiteurs ne sont pas admis à faire cession. La cession n'éteint pas l'obligation de payer ; elle ne fait que la suspendre.

**CESTE,** nom donné par les anciens à la *ceinture de Vénus.*—On connaît plus particulièrement sous ce nom une espèce de gantelet composé de plusieurs courroies ou bandes de cuir de moyenne largeur, entrelacées de manière à couvrir exactement la main, et dont les unes, en se croisant, passaient par-dessous la main, pour venir s'attacher après plusieurs tours autour du poignet et de l'avant-bras. Souvent on garnissait ces courroies de clous, de plaques de métal, etc. Le combat du ceste consistait en une sorte de pugilat avec des cestes. On distinguait, 1º les *imantes*, faites de simples courroies; 2º les *myrmèces*, qui faisaient éprouver à celui qui en était frappé des picotements semblables à ceux que fait éprouver la morsure des fourmis ; 3º. les *meiliques,* mous et unis, dont on se servait dans les exercices gymnastiques ; 4º les *sphères,* destinées aux simples exercices.

**CESTIPHORES,** athlètes grecs qui combattaient avec des cestes.

**CESTRE,** nom donné à une flèche ou un petit trait que l'on lançait à l'aide d'une grande fronde appelée *sphendone* par les Grecs ; les Romains appelaient le cestre *verriculum cum frondâ.* Le cestre avait un fer aigu, long de deux palmes ou un pied ; sa hampe, garnie de lames de bois, était longue d'une demi-coudée (9 à 10 pouces), et grosso comme le doigt. Le cestre fut inventé par les Macédoniens vers l'an 580 de Rome (173 avant J.-C.).

**CESTREAU,** genre de plantes de la famille des solanées, indigènes des parties chaudes de l'Amérique. Les cestreaux sont des arbrisseaux, à feuilles toujours vertes, et d'un joli aspect, figurant très-bien dans les jardins paysagers. Les fleurs du *cestreau à baies noires* sont jaunes, et rappellent celles du jasmin. Leur odeur est fétide le jour, délicieuse pendant la nuit.

**CESTROSPHENDONE.** Voy. CESTRE.

**CÉSURE,** repos ou suspension qui a lieu au milieu d'un vers, et qui en sépare les deux parties ou hémistiches. La césure partage le vers alexandrin, qui a douze syllabes, en deux hémistiches de six syllabes chacun. Dans le vers de dix syllabes, la césure partage le vers en deux hémistiches, le premier de quatre syllabes, le second de six.

**CÉTACÉS,** ordre de mammifères renfermant tous les animaux qui, avec une organisation intérieure analogue à celle des mammifères, ont la forme extérieure et les habitudes des poissons. Les cétacés parviennent en général à une taille assez grande, et c'est parmi eux que l'on trouve ces animaux gigantesques qui habitent les mers profondes et plus particulièrement les mers intertropicales. Ce qui caractérise particulièrement les cétacés est un appareil de l'arrière-bouche, au moyen duquel l'eau engloutie dans leur énorme bouche est rejetée avec force par les narines placées à la base de la tête, et nommées *évents.* On divise les cétacés en deux sections : les *cétacés vrais* ou ordinaires, renfermant les *lamentins,* les *dugongs* et les *stellères* ; et les *cétacés herbivores,* renfermant les *baleines,* les *cachalots,* les *marsouins,* les *narvals* et les *baleinoptères* ou *rorquals.*

**CETERACH,** genre de la famille des fougères, renfermant des plantes qui croissent en Europe. Ou les trouve sur les rochers et les vieilles murailles, sous forme de touffes de petites feuilles d'un vert foncé, épaisses, coriaces, recouvertes d'écailles en dessous. Ces plantes étaient très-usitées autrefois comme un pectoral, un adoucissant, un astringent et un apéritif. Aujourd'hui la médecine les a presque abandonnées.

**CETHEGUS**, nom de plusieurs Romains célèbres. — MARCUS CORNELIUS CETHEGUS fut consul l'an de Rome 548 (205 ans avant J.-C.) avec Publius Sempronius Tuditanus. — CAIUS CORNELIUS CETHEGUS fut consul l'an de Rome 256 (196 avant J.-C.) avec Quintus Minucius Rufus. — PUBLIUS CORNELIUS CETHEGUS fut consul l'an de Rome 571 (182 avant J.-C.) avec Marcus Bæbius. — CAIUS CORNELIUS CETHEGUS, catilinaire, conjura avec Catilina à la ruine de sa patrie, et d'avoir été le plus emporté de ses complices, fut étranglé dans sa prison.

**CÉTÉLY**, fils de Javan et petit-fils de Japhet. Des écrivains ont prétendu que Céthim peupla l'île de Chypre ; d'autres, l'île de Crios ; d'autres, la Cilicie ; d'autres, l'Achaïe ; d'autres, l'Italie ; d'autres, la Macédoine.

**CÉTHURA**, seconde femme d'Abraham, que ce patriarche épousa à l'âge de cent quarante ans, et dont il eut six enfants : Zamram, Jecsan, Madan, Madian, Jesbor et Sué. C'est d'eux que sortirent les Madianites, les Ephéens, les Sabéens, etc.

**CÉTINE**, nom donné à la substance appelée aussi spermis ceti, blanc de baleine, que l'on trouve en dissolution ou en suspension dans une huile grasse qui entoure le cerveau et la moelle épinière du physétère macrocéphale. Voy. CACHALOT.] La cétine se présente en masses plus ou moins volumineuses, d'un beau blanc, d'un aspect nacré, formées par une infinité de petites écailles brillantes, douces et onctueuses au toucher, légèrement odorantes, insolubles dans l'eau. On obtient la cétine en exposant à l'air l'huile grasse qui la porte. Dans les arts, on en fabrique des bougies diaphanes, et elle entre dans la préparation de plusieurs cosmétiques.

**CÉTO** (myth.), fille de Neptune et de la Terre, épousa son frère Phorcys, dont elle eut les Phorcyades et les Gorgones.

**CÉTOINE**, genre d'insectes de l'ordre des coléoptères, famille des lamellicornes, composé d'un grand nombre d'espèces remarquables par leurs couleurs métalliques et variées. Il a servi de type à une division des scarabées sous le nom de mélitophiles, renfermant des insectes à mandibules nulles, à mâchoires membraneuses, garnies de faisceaux de poils. Cette division des mélitophiles a été divisée en trois groupes : les trichiides, les cétoniies et les cyrtoniides.

**CÉTRAIRE**, genre de plantes cryptogames. La plus intéressante est celle connue sous le nom de lichen d'Islande, qui fait la base de la nourriture de quelques peuples du Nord, et que l'on emploie comme médicament contre les maladies de poitrine, les atonies, les diarrhées, etc. On en prépare des tisanes, des sirops, des pâtes, des gelées, des tablettes, etc. Cette plante à fronde foliacée, sèche et coriace, serrée, divisée en lanières rameuses, irrégulières, d'un gris jaunâtre. Leur odeur est fade, leur saveur amère et mucilagineuse.

**CÉTRE**, bouclier rond, léger, de deux pieds de diamètre, à l'usage de la cavalerie et de l'infanterie romaine. Il était fait de cuir d'éléphant. Il n'y entrait pas de bois. Les Portugais se servaient anciennement de cètres.

**CETTE**, ville de France, chef-lieu de canton du département de l'Hérault, avec un port de mer sur la Méditerranée, à l'embouchure du canal du Languedoc. Sa population est de 10,638 habitants. Elle a un tribunal de commerce, un tribunal de prud'hommes pêcheurs, un entrepôt de sel, une bourse de commerce, et fait un grand commerce des produits du Midi. Cette est située à 7 lieues de Montpellier. — Son port commode, sûr et fréquenté, est abrité par deux môles, défendu par deux forts et par une citadelle. Sa profondeur est de dix-huit pieds. Il peut contenir jusqu'à 500 navires. — Cette ville a été fondée sous Louis XIV.

**CEURAWATHS**, nom donné à la première des quatre principales sectes des bramines dans les Indes. Ces sectaires vont pieds nus, avec un bâton blanc à la main, boivent de l'eau froide, n'allument jamais de feu, et ont pour habit une pièce de toile qui leur pend depuis le ventre jusqu'aux genoux ; le reste du corps n'est couvert que par un petit morceau de drap. Les ceurawaths sont méprisés par les autres bramines, qui ne veulent ni boire ni manger avec eux.

**CEUS** (myth.), fils de Titan et de la Terre, épousa Phœbé, dont il eut Latone et Astérie. Jupiter ayant abusé de la première, Céus prit les armes contre lui, et fut foudroyé comme ses frères.

**CEUTA**, ville d'Afrique dans le royaume de Maroc, située sur la côte méridionale du détroit de Gibraltar, en face et à 5 lieues de Gibraltar. La population de Ceuta est de 5,000 âmes. On attribue sa fondation aux Carthaginois. Sous le règne de Claude, elle devint la métropole de la Mauritanie Tingitane. Les Arabes la nommèrent Sébtah. Jean Ier, roi de Portugal, s'empara de Ceuta sur les rois de Maroc, et cette ville passa en 1580 avec le Portugal sous le joug espagnol. Elle demeura au pouvoir de l'Espagne, qui la possède encore.

**CÉVADILLE**, nom d'un fruit qui nous vient de l'Amérique, et qui est composé d'une capsule à trois loges, mince, sèche, s'ouvrant par le haut, d'une couleur rouge pâle, renfermant des semences noirâtres, allongées, pointues. La cévadille paraît provenir d'une espèce de veratrum. Elle jouit de propriétés sternutatoires, purgatives et cathartiques. Elle excite la salivation, et est employée, à l'extérieur, en poudre, pour tuer les poux des enfants, à l'intérieur, du l'ébénisterie en bois, lavements en infusions, pour détruire les vers intestinaux.

**CÉVENNES**, chaîne de montagnes occupant la partie S. du centre de la France, et se liant par les montagnes de Cordilières avec les Pyrénées, et par les montagnes du Charolais, au N., avec la Côte-d'Or et le plateau de Langres. On peut les diviser en deux parties, dont le nœud est le mont de la Loire : les Cévennes méridionales, dont les pics les plus élevés sont le mont de la Loire, haut de 1,467 mètres ; le pic d'Arifous, haut de 849 mètres ; et le pic de Montant, haut de 1,046 mètres ; les Cévennes septentrionales, dont les sommets les plus élevés sont le Gerbier des Joncs, haut de 1,522 mètres ; le mont Mézenc, haut de 1,774 mètres ; le mont Pilat, haut de 1,072 mètres. Les Cévennes s'étendent dans les départements du Gard, de l'Aude, de l'Hérault, de la Lozère et de l'Ardèche, et donnent naissance à un grand nombre de rivières. Les Cévennes ont été de 1688 à 1790 le théâtre des guerres de religion. Voy. CAMISARDS.

**CEYLAN**, grande île de la mer des Indes, au S. de l'Indoustan, dont elle est séparée par le détroit de Manaar. Sa superficie est de 700 lieues carrées, et sa population de 1,300,000 habitants. Les habitants se divisent en Waïsses ou Weddahs, peuple grossier, sauvage, noir et errant, et en Chingulais, qui habitent le S., et qui sont civilisés et industrieux, et suivent le culte de Bouddha. La cannelle et les épices y abondent. On fait sur les côtes des pêches de perles. La capitale de l'île de Colombo. Au centre se trouve le royaume de Candi. Depuis 1815, l'île de Ceylan tout entière appartient aux Anglais.

**CEYX** (myth.), fils de Lucifer, roi de Trachinie, était mari d'Alcyone, fille d'Éole. Ce prince, voulant aller consulter l'oracle de Claros sur la métamorphose de son frère en épervier, partit sur un vaisseau, et périt dans un naufrage. Il fut métamorphosé avec Alcyone en alcyon.

**CHABAN** ou CHABBAN, troisième mois de l'année des anciens Arabes, correspondant à notre mois de mai. La lune de chabban était une des trois pendant lesquelles les mosquées étaient ouvertes pour la prière de nuit ou teraïd.

**CHABANOIS** (ANTELME ou AIMAR IV), moine de Saint-Cybar dans le XIe siècle, a laissé une Chronique de l'histoire de France, un Catalogue des abbés de Saint-Martial de Limoges, des lettres et plusieurs sermons.

**CHABANNES**, nom d'une famille illustrée par plusieurs grands hommes. Le plus célèbre est Jacques de Chabannes, seigneur de la Palisse, maréchal de France, gouverneur du Bourbonnais, de l'Auvergne, du Forez, du Beaujolais et du Lyonnais, qui fut l'un des plus vaillants hommes de guerre de son temps. Il suivit en Italie Charles VIII et Louis XII, et périt à la bataille de Pavie en 1525.

**CHABANON** (Nicolas DE), né en Amérique en 1730, mort à Paris en 1792, membre de l'Académie française et de celle des Inscriptions et belles-lettres. Il a publié des tragédies, dont la plus célèbre est Eponine. Sa traduction des odes de Pindare est estimée. Il eut avec Voltaire, Chamfort et Thomas, des liaisons très-intimes.

**CHABLAGE**, mot dérivé de chable ou chableau, grosse corde dont se servent les bateliers pour tirer les bateaux et les fils contre le courant sur les rivières, et désignant l'action de veiller, sur certaines rivières, à ce qu'une faible le passage des gros bateaux sous les ponts et par les endroits difficiles. Le préposé à ces fonctions portait autrefois le nom de chableur. Il est désigné aujourd'hui par celui d'inspecteur des ports.

**CHABLAIS**, petite contrée, bornée au N. par le lac de Genève, à l'E. par le Valais, au S. par le Faucigny, à l'O. par le territoire de Genève. Le Chablais, dont la capitale est Thonon, produit du blé, du vin, des châtaignes, des fruits, du gibier, et fait aujourd'hui partie de la Suisse.

**CHABLIS**, petite ville du département de l'Yonne, et chef-lieu de canton, à 5 lieues d'Auxerre. Population, 2,340 habitants. Cette ville est célèbre par ses vignobles, qui produisent l'excellent vin blanc de Chablis, qu'on exporte à Paris et à l'étranger.

**CHABOT** (Philippe DE), seigneur de Brion, d'une famille illustre originaire du Poitou, amiral de France, gouverneur de Bourgogne et de Normandie, fut pris à la bataille de Pavie (1525) avec François Ier. Il commanda, l'an 1535, l'armée du Piémont. Accusé de malversation, il fut dégradé et condamné à une amende de 70,000 écus. Il mourut en 1543. Sa postérité masculine s'est éteinte dans la personne de son fils. — D'une des branches collatérales descendait le fameux GUY DU CHABOT, seigneur de Jarnac. Voy. CHATAIGNERAIE.

**CHABOT** (François), surnommé le Capucin, célèbre républicain, né à Saint-Geniez (Aveyron) en 1756, embrassa l'état de capucin, et le quitta sitôt que les décrets de l'assemblée constituante le lui permirent. Il fut nommé membre de cette assemblée, où il se distingua par ses motions véhémentes. On le vit en même temps allumer l'insurrection et arracher les épitres des massacres, demander la mise hors la loi de La Fayette et sauver l'abbé Sicard. Nommé député à la convention, il introduisit le costume grossier qui distinguait alors les prétendus patriotes sans-culottes. Arrêté comme complice de Danton, il périt sur l'échafaud en 1794.

**CHABOT**, genre de poissons acanthoptérygiens, qui ont la tête large, déprimée, cuirassée, et diversement armée d'épines ou de tubercules. Les chabots sont remarquables en ce que, lorsqu'ils sont irrités, ils enflent leur tête en remplissant d'air leurs ouïes. Les espèces les plus connues sont le chabot de rivière, petit poisson noirâtre, long de quatre à cinq pouces, très-estimé pour la bonté de sa chair, et le chabot de mer ou scorpion de mer, dont la chair est peu délicate. La maison de Chabot portait dans ses armes des chabots.

**CHABRIAS**, général athénien, qui se distingua dans le IVe siècle avant J.-C., après la guerre du Péloponèse. Il alla au secours des Béotiens attaqués par Agésilas, et parvint à éloigner ce général. Chabrias secourut la suite Nectanébus, roi d'Egypte, qu'il fit remonter sur le trône, conquit l'île de Chypre, et vint mettre le siège devant la ville de Chios, où il périt dans un combat naval, l'an 358 avant J.-C.

CHACABOUT ou XACABOUT, nom donné aux partisans d'une secte établie dans le royaume de Siam, dans une partie du Japon et dans le Tonquin par un solitaire de ce nom, qui donna dix préceptes à ses disciples. Ces préceptes leur défendent le meurtre, le larcin, les souillures du corps, la médisance, la colère, etc. Ceux qui les transgressent doivent passer en divers corps pendant l'espace de trois mille ans avant que de partager la joie éternelle des justes.

CHACAL, quadrupède du genre chien, qui paraît former le passage entre le loup et le renard. Son museau est pointu et grisâtre; son corps est couvert d'un pelage gris, jaune foncé en dessus, se rapprochant en dessous du blanchâtre; ses jambes sont d'un fauve clair. Sa queue, peu fournie, ne descend qu'au talon, se termine à son extrémité. Les chacals sont voraces, ne vivent que de petite proie ou de cadavres, et chassent par troupes. On les trouve aux Indes, dans l'Asie-Mineure et en Afrique.

CHACONNE, air de danse, aujourd'hui tombé en désuétude, et dont l'étendue était assez considérable. Il servait de finale aux opéras ou aux ballets, et eut beaucoup de vogue au XVIe siècle. — Sous Louis XIV, on appela *chaconne* un ruban qui servait à attacher le col de la chemise, et dont les deux bouts pendaient.

CHACTAS, nation puissante de l'Amérique septentrionale, habitant un pays riant et fertile entre l'Alabama, le Tombighi et la Mississipi. Les Chactas étaient à peu près au nombre de 25,000.

CHAFOIN. Voy. FURET et FOUINE.

CHAGRIN, nom donné à une espèce de cuir grené, couvert de papilles rondes, serré, solide, qu'on tire de Constantinople, de Tunis, d'Alger, de Tripoli, de quelques endroits de la Syrie, et même de la Pologne. Le chagrin gris est le plus estimé et le meilleur de tous pour l'usage; mais le rouge est le plus cher. Les peaux des chevaux, des ânes, des mulets, sont celles que l'on emploie, et c'est la partie de la peau qui couvrait la croupe qui sert à cette fabrication. Pour grener le cuir, on sème dessus des graines de moutarde, et on met à la presse.

CHAILLOT, nom donné à l'une des enclaves de Paris, premier arrondissement, quartier des Champs-Élysées. Chaillot était autrefois un village, et encore aujourd'hui c'est une sorte de village au milieu de Paris. Érigé en faubourg (1659) par Louis XIV, Chaillot fut en 1784 compris dans l'enceinte de Paris. C'est là que se trouve la fameuse pompe à feu qui fournit d'eau presque toute la capitale. Elle est située entre le quai de Billy et l'allée des Veuves.

CHAINE. On appelle ainsi, dans l'art du tisserand, l'assemblage des fils qui forment la longueur de la pièce. Ce sont ces fils qui, après avoir été ourdis, sont montés sur les ensuples et sont alternativement levés et baissés pour recevoir dans ce croisement d'autres fils introduits à l'aide de la navette, et dont l'ensemble s'appelle *trame*.

CHAINE D'ARPENTEUR, chaîne formée de tiges en gros fil de fer, dont les bouts sont recourbés en boucles pour recevoir un anneau. Ces tiges ou *chaînons* ont toutes même longueur, et sont jointes bout à bout par l'anneau qui passe dans deux boucles. Les dimensions de cette chaîne varient au gré des ingénieurs. La chaîne d'arpenteur sert à mesurer les distances.

CHAINES. On appelle ainsi la réunion d'un certain nombre d'anneaux métalliques entrelacés les uns dans les autres et flexibles en tous sens. On en fait d'or, d'argent, de fer, de cuivre, d'acier, etc. — Celles de fer sont les plus employées. C'est au physicien Vaucanson que l'on doit la première idée des chaînes d'engrenage pour la transmission du mouvement de rotation dans les machines. On nomme *chaîne à la Catalogne*, une chaîne composée d'anneaux ronds ou elliptiques, en fer, mis les uns dans les autres, de manière que chaque anneau en renferme deux; *chaîne carrée*, celle aux anneaux elliptiques, ployés en deux et entrelacés les uns dans les autres; *chaîne en gerbe*, celle dont les chaînons sont courbés en S; *chaîne sans fin*, celle dont les chaînons se tiennent tous. On se sert de chaînes de fer, au lieu de câbles, pour amarrer les vaisseaux. — Les chaînes et les fers sont les liens dont on charge les condamnés au bagne. — On emploie encore des chaînes pour barrer l'entrée des ports aux vaisseaux.

CHAINES DE MONTAGNES, nom donné à la réunion de plusieurs montagnes dont la base se touche. L'ensemble de plusieurs chaînes constitue un *groupe*, et la réunion de plusieurs groupes forme un *système*. Ainsi les monts Krapacks forment une chaîne qui fait partie du système Alpique.

CHAINETTE, ligne courbe formée par une corde parfaitement flexible qui, suspendue lâchement à deux points fixes, est abandonnée à l'action de sa propre pesanteur. Cette courbe a des propriétés curieuses en mécanique théorique. L'architecte s'en sert pour décorer les sculptures qui embellissent les édifices. La courbe produite par les fils de fer qui soutiennent un pont suspendu est une chaînette.

CHAIR. On donne ordinairement ce nom à toutes les parties molles des animaux et plus spécialement à l'ensemble de leurs muscles. — Les pythagoriciens ne mangeaient point de chair, et les Hébreux s'abstenaient de celle de certains animaux qu'ils regardaient comme impurs.

CHAIRE (hist. eccl.), siège élevé d'où parle celui qui enseigne à une réunion de fidèles. — On appelle *chaire épiscopale* le siège de pierre ou de bois sur lequel s'asseyait autrefois l'évêque pendant l'office, au milieu de ses prêtres qui étaient assis à ses côtés en forme de cercle dans l'enceinte de l'autel. C'est à cause de la chaire épiscopale (en latin, *cathedra*), que l'église épiscopale a reçu le nom de cathédrale.

CHAISE, siège qui a un dos sur lequel on s'appuie. Le bois que l'on emploie particulièrement pour les jolies chaises est celui de merisier, de cerisier, de hêtre ou de noyer. On teint les premiers en couleur d'acajou. Le dernier se teint avec le brou de noix.

CHAISE A PORTEURS, petite caisse servant de voiture, fermée de glaces et couverte, dans laquelle on porte une seule personne. L'usage des chaises à porteurs est antérieur à celui des voitures. Elles sont aujourd'hui passées de mode.

CHAISE DE POSTE, voiture légère, commode, qui ne convient guère qu'à une seule personne. Elle est montée sur deux roues et tirée par deux chevaux seulement, conduits par un postillon. Leur établissement date de 1664, et du ministère de Colbert.

CHAISE CURULE, siège d'honneur, en usage chez les temps anciens de Rome. Elle était d'ivoire et s'appelait *curule*, soit parce que ses pieds étaient courbés en dedans, soit parce qu'on la plaçait sur un char. La chaise curule, d'abord réservée aux rois, le fut ensuite à ceux qui exerçaient la dictature, le consulat, la censure, la préture et l'édilité. Les sénateurs qui avaient passé par tous ces emplois se faisaient porter au sénat dans une chaise curule. On qualifiait de nobles (*nobiles*) les descendants des magistrats curules.

CHAISE STERCORAIRE, nom donné à une chaise de marbre qui est à gauche en dehors de la grande porte de Saint-Jean de Latran, à Rome. On y faisait autrefois asseoir le pape nouvellement couronné, et on le relevait ensuite en prononçant ces paroles du prophète: *Suscitans de pulvere egenum et de stercore erigens pauperem, ut sedeat cum principibus et solium gloriæ teneal*. Quelques auteurs ont prétendu que cette chaise était une chaise percée, et que le but de cette cérémonie était de s'assurer du sexe de l'élu. Cette coutume a duré jusqu'à Léon X.

CHAISE (LA). Voy. LACHAISE.

CHAISE-DIEU (LA), célèbre abbaye de l'ordre de Saint-Benoît, située dans la petite ville de ce nom, à 5 lieues de Brioude. Elle était sous l'invocation de saint Vital et de saint Agricole. Elle fut fondée, en 1046 par saint Robert. L'an 1640, le cardinal de Richelieu, qui en était abbé, fit réunir cette maison à la congrégation de Saint-Maur.

CHALAIS (Henri DE TALLEYRAND, prince DE), cadet de l'illustre maison de Talleyrand, parut à la cour de Louis XIII, et son esprit et ses grâces plurent à ce roi, qui le nomma grand maître de la garde-robe. Gaston, frère du roi, en fit son favori Un complot s'étant formé pour assassiner le cardinal de Richelieu, ce dernier, empressé de profiter de l'occasion de faire tomber une tête de grand seigneur, fit accuser Chalais, par le comte de Louvigny, d'avoir conspiré contre la vie du roi. Le procès fut informé et Chalais condamné à perdre la tête. Il monta sur l'échafaud le 19 août 1626.

CHALATHUS. Voy. CALATHUS

CHALAZE, nom donné, en botanique, à une petite proéminence légèrement colorée, quelquefois spongieuse, d'autres fois calleuse, qui se trouve sur la surface externe de certaines espèces de semences, à l'insertion du cordon ombilical. Les anatomistes donnent ce nom aux deux ligaments ou plutôt aux cordons blanchâtres qui, fixés d'une part à la membrane externe de l'œuf, et de l'autre à la tunique propre du jaune, suspendent celui-ci et le maintiennent en place.

CHALAZOPHYLACES. Voy. CALAZOPHYLACES.

CHALCÉDOINE, ancienne ville de Bithynie, fondée vis-à-vis de Byzance par une colonie de Mégariens, sous les ordres d'Argias, l'an 685 avant J.-C. Chalcédoine fut d'abord nommée *Colbusa* et *Procerastis*. Aujourd'hui les Turks l'appellent *Kadi-Keni*. Elle a un archevêché grec. Chalcédoine est fameuse par la tenue du quatrième concile œcuménique, l'an 451, à l'occasion de l'hérésie d'Eutychès.

CHALCIDE, genre de reptiles, renfermant des animaux à tête pyramidale, quadrangulaire, revêtue de plaques brigonales; au tronc et à la queue garnis en dessus et en dessous d'écailles quadrangulaires, à quatre pieds souvent rudimentaires, si petits qu'ils peuvent à peine servir à marcher. Les chalcides ont, du reste, l'organisation intérieure et extérieure, ainsi que les mœurs et les habitudes des lézards.

CHALCIDITES, tribu d'insectes de l'ordre des hyménoptères, de la famille des pupivores, renfermant des insectes ornés souvent de couleurs métalliques très-brillantes, et ayant presque toujours la faculté de sauter. Leurs antennes sont coudées, et la partie au-dessus du coude est en forme de massue allongée.

CHALCIS, ancienne ville de l'île d'Eubée, dont elle était la capitale. Elle avait été fondée par une colonie athénienne. Elle était une des plus fortes places de la Grèce; et on prétend que l'île se joignait autrefois au continent près de cette ville. Chalcis est aujourd'hui *Négrepont* ou *Egripo*.

CHALCONDYLE (Démétrius), Grec, né à Candie, se réfugia en Italie après l'invasion des Turks, et mourut à Rome en 1513. On a de lui une *Grammaire grecque* et une édition d'*Homère*, qui porte son nom, et qui passe pour chef-d'œuvre typographique, soit parce qu'elle est en beaux caractères avec de grandes marges, soit parce qu'on la croit le premier livre grec imprimé. — LÉONIC CHALCONDYLE écrivit, dans le xve siècle, une *Histoire des Turks*.

CHALCOS, poids et monnaie grecque, pesait et valait la huitième partie de l'obole, c'est-à-dire, pesait environ un grain, et valait 2 centimes français. — C'était aussi un poids juif, qui valait 9 centigrammes 7 milligrammes de nos nouvelles mesures.

CHALDÉE, contrée d'Asie au S. de la Babylonie et au N.-O. du golfe Persique. Comme les Chaldéens s'emparèrent de la Babylonie, on a aussi étendu ce nom à cette dernière contrée. Les Chaldéens sont appelés *Casdim* dans la Genèse, qui les fait descendre de *Casd*, fils de Nachor, frère d'Abraham. On s'accorde à placer l'origine des Chaldéens dans le N. de l'Asie-Mineure, au S.-E. de la mer Noire. A Babylone, les Chaldéens formaient la caste des prêtres, et se trouvaient possesseurs presque exclusifs des connaissances en astronomie et en astrologie. Leur culte était le sabéisme. On nomme *chaldaïque* tout ce qui concerne les Chaldéens.

CHALE ou SCHALL, sorte de vêtement long ou carré, qui sert, dans l'Orient, aux deux sexes, de turban, de manteau et de ceinture, quelquefois même de tapis, et qui, en Europe, entre dans la parure des femmes comme fichu. Les châles sont originaires de l'Inde; et les plus beaux sont ceux qu'on connaît sous le nom de *cachemires*.

CHALEF, genre de la famille des éléagnées, dont il est le type, et qui a pour cette raison aussi le nom de famille des *chalefs*. La principale espèce est connue vulgairement sous le nom d'*olivier de Bohême*. Il s'élève à quinze ou vingt pieds; ses fleurs sont jaunes et d'une odeur agréable; son feuillage est argenté.

CHALET, espèce de cabane faite de branches d'arbres, à toit plat et bas, recouvert de chaume, et en usage seulement dans les montagnes de la Suisse. Les chalets sont uniquement destinés à faire des fromages, dont la vente rapporte à la Suisse 15,000,000 de francs par an. On en trouve à près de 1,100 toises au-dessus du lac de Genève.

CHALEUR, sentiment qui résulte de l'action produite sur nos organes par un agent qui a reçu des physiciens le nom de *calorique*.

CHALEUR ANIMALE. On donne ce nom à la quantité de calorique constamment dégagée par le corps des animaux vivants. C'est du plus ou moins de chaleur dégagée que l'on part pour établir la distinction des animaux à sang froid et des animaux à sang chaud. La température du corps des premiers est la même à peu près que celle du milieu où ils se trouvent placés, et varie avec celle du milieu; celle du corps des seconds diffère de la température du milieu, et se conserve à peu près la même, malgré les variations atmosphériques. Parmi les derniers sont rangés les oiseaux et les mammifères; parmi les premiers, tous les autres animaux. Les physiologistes assignent pour cause productive de la chaleur l'acte respiratoire.

CHALEUR CENTRALE ou TERRESTRE, nom donné à la chaleur que l'on trouve à diverses profondeurs de la terre. Des auteurs, considérant la température élevée des eaux thermales, l'ont attribuée à la chaleur produite par les décompositions et les réactions chimiques. L'hypothèse de Fourrier, qui consiste à supposer au centre de la terre un foyer puissant de chaleur, est aujourd'hui presque universellement adoptée. En effet l'observation a montré qu'à la surface de la terre, la chaleur constante est de 10 degrés, et qu'elle augmente en allant vers le centre d'un degré environ par vingt-cinq mètres. A une demi-lieue de la surface, la température du sol est celle de l'eau bouillante, et à 28 lieues il possède une chaleur suffisante pour fondre toutes les laves et la plupart des roches connues; ce qui fait présumer que vers le centre du globe règne une chaleur excessive qui doit en tenir le noyau en fusion.

CHALIZA. Les Juifs donnent ce nom à la cérémonie par laquelle une femme veuve déchausse les souliers de son beau-frère, qui devrait l'épouser suivant la loi, et se procure par ce moyen la liberté de se marier à qui elle veut.

CHALONS-SUR-MARNE (*Catalaunum* des anciens), ville de France, chef-lieu du département de la Marne, sur la rive gauche de cette rivière, à 41 lieues de Paris. Sa population est de 12,413 habitants. Elle est le siége d'un évêché, qui ressort de l'archevêché de Reims. Elle possède des tribunaux de première instance et de commerce, un collége, une bibliothèque publique de 20,000 volumes, un cabinet d'histoire naturelle, un jardin des plantes, une société d'agriculture, commerce, sciences et arts, et une école royale des arts et métiers. — En 451 se livra dans les environs de Châlons la bataille dans laquelle le célèbre Attila, roi des Huns, avec 500,000 hommes, fut vaincu par les Francs de Mérovée réunis aux Romains, commandés par Aëtius, et aux Visigoths de Théodoric.

CHALONS-SUR-SAONE, sur la rive droite de la Saône, chef-lieu de sous-préfecture du département de Saône-et-Loire, à 15 lieues de Mâcon. Sa population est de 12,220 habitants. Elle a des tribunaux de première instance et de commerce, un collége, une école de dessin, un comice agricole et une bibliothèque de 10,000 volumes. C'est à Châlons-sur-Saône que commence le canal du Centre, qui unit la Saône et la Loire. — Autrefois *Cabillonum*, Châlons fut plusieurs fois détruite et rebâtie. Elle fut pendant longtemps la capitale de la Bourgogne et ensuite celle d'un comté. Le premier comte connu est Théodoric Ier (830). En 1247, il fut réuni à la Bourgogne.

CHALOSSE, petite contrée de la Gascogne, dont Saint-Sever était la capitale. Elle fait aujourd'hui partie du département des Landes.

CHALOTAIS (Louis-René DE CARADEUC DE LA), procureur général au parlement de Rennes, né en 1701, fut l'un des premiers magistrats qui figurèrent dans l'affaire de l'expulsion des jésuites. Son *compte rendu de leurs constitutions* a acquis une grande célébrité. Le duc d'Aiguillon, gouverneur de Bretagne, ayant voulu faire enregistrer des édits qui portaient atteinte aux priviléges de cette province, le parlement et la Chalotais s'y opposèrent énergiquement. Ce dernier fut arrêté; une commission le jugea et le condamna. Il fut exilé et revint ensuite en France. Il mourut en 1785 dans l'exercice de ses fonctions. On a de lui des *mémoires*.

CHALOUPE, forte embarcation dont on se sert dans les ports sur les rades et pour le service des navires. Les chaloupes vont au moyen des avirons et quelquefois de voiles. Lorsque les navires sont en pleine mer, la chaloupe reste fixée sur le pont. Elle sert à faire de l'eau, des vivres, et à tous les besoins du bâtiment auquel elle est attachée.

CHALOUPE CANNELÉE. Voy. ARGONAUTE.

CHALUMEAU, intrument de musique fort ancien, composé dans l'origine d'un roseau percé de plusieurs trous. Le chalumeau était le favori des bergers, et figure dans les anciennes églogues. — Le chalumeau moderne était une espèce de hautbois, encore en usage dans quelques campagnes du midi de la France. — On donne aussi, en musique, le nom de *chalumeau* aux sons graves de la clarinette, c'est-à-dire, à ceux de la dernière octave.

CHALUMEAU, vase d'or ou d'argent, fait en forme de plume ou de chalumeau. L'un des bouts de ce chalumeau était large, convexe ou fait en bouton, et l'autre était plus petit et uni. Autrefois, quand on communiait sous les deux espèces, le prêtre mettait à sa bouche le plus petit bout, et, faisant tremper l'autre dans le calice, suçait le vin consacré. Il passait ensuite le chalumeau au diacre et au sous-diacre, qui en faisaient de même.

CHALUMEAU, cylindre creux, de cuivre, d'argent ou de verre courbé et renflé en boule, terminé par un petit tube conique dont l'ouverture est fort petite. On se sert de cet instrument pour faire jaillir, en y soufflant dedans, un courant d'air rapide sur la flamme d'une bougie, que l'on veut diriger sur un objet. On s'en sert souvent en physique et dans certains métiers.

CHALUMEAU DE BROOKS, chalumeau à l'aide duquel on peut produire une température assez élevée pour fondre un grand nombre de substances. Il est disposé de manière à ce qu'on puisse condenser fortement un mélange de deux volumes de gaz hydrogène et d'un volume de gaz oxygène qu'on enflamme ensuite.

CHALYBES, ancien peuple de l'Asie-Mineure, dans le voisinage du Pont. Les Chalybes étaient autrefois très-puissants, et maîtres d'une vaste contrée abondante en mines de fer. Ils attaquèrent avec courage les dix-mille dans leur retraite. Une partie de leur pays fut conquise par Crésus. Quelques auteurs pensent que les Chalybes étaient des peuples d'Espagne.

CHAM, fils de Noé, et frère de Sem et de Japhet. On croit qu'il était le plus jeune de tous. Son père s'étant un jour endormi, Cham l'aperçut dans une posture indécente, et, au lieu de le cacher, l'alla dire à ses frères; ce qui lui attira la malédiction de Noé. Cham eut l'Afrique en partage. On croit que les Égyptiens l'adorèrent sous le nom de *Jupiter Ammon*.

CHAMADE, batterie de caisse par laquelle l'assiégeant d'une place, à l'instant de donner l'assaut, avertissait les assiégés d'avoir à se rendre. Battue par les assiégés sur la brèche, la chamade équivalait à une proposition de suspension d'armes. Il était d'usage, sitôt la chamade entendue, de suspendre les hostilités et de discontinuer les travaux du siége. L'usage du drapeau blanc se joignait à la chamade.

CHAMÆROPS ou PALMIER NAIN, genre de la famille des palmiers ou, seul de sa famille, croît en Europe. C'est le palmier le plus petit. Il est souvent même sans tige; ses feuilles, profondément digitées et portées sur un pédoncule épineux, font l'effet d'un large éventail, d'où le nom de *palmier éventail*.

CHAMAKHI, ville de la Russie caucasienne, capitale du Chirvan. (Voy. ce mot.) Sa population est de 5,000 habitants. Chamakhi fait un grand commerce de soie.

CHAMANISME, une des plus anciennes religions idolâtres, professée aujourd'hui par les Finnois et les Tartares, les Samoyèdes, les Ostiaks, les Tongouses, les insulaires de l'Océanie, etc. Les chamanistes adorent l'Être suprême, créateur du monde; des dieux mâles et femelles du second ordre: les uns bons, et présidant chacun à une branche spéciale de l'administration du monde, les autres mauvais. Le plus grand d'entre eux se nomme ordinairement *chaïtan*, et est presque aussi puissant que l'Être suprême. Les chamanistes rendent, après la mort, un culte divin à leurs ancêtres, à leurs héros et à leurs prêtres; ces derniers s'appellent *chamans*.

CHAMBELLAGE, ancien droit seigneurial qui se payait aux seigneurs féodaux dans certaines mutations de fiefs relevant d'eux, et qui était différent suivant les lieux et les coutumes. — On appelait aussi *chambellage* le droit qui était dû au premier huissier de la chambre des comptes par ceux qui y faisaient foi et hommage. On l'appelait encore *chambellenage* et *chambrelage*.

CHAMBELLAN, officier d'une cour, qui commande à tout ce qui regarde le service intérieur de la chambre. On donne le nom de *grand chambellan* au chambellan du roi pour le distinguer de celui des princes. Le premier grand chambellan connu est Gauthier de Villebéon, mort en 1205. Le trente-neuvième et dernier fut

Geoffroi-Maurice de la Tour, duc de Bouillon, au XVIIe siècle. Cette charge fut alors supprimée, et ses attributions partagées entre les grands maîtres de la garde-robe et les premiers gentilshommes de la chambre. Le grand chambellan avait le commandement supérieur dans la chambre du roi, en faisait les honneurs, et quand le roi tenait un lit de justice il était assis à ses pieds, sur un carreau de velours violet.

CHAMBERS (Ephraïm), né à Milton dans le comté de Westmoreland en Angleterre, étudia dans le collège d'Oxford, et conçut le projet d'un dictionnaire universel, dont les deux premiers volumes in-folio parurent en 1728, et qui fut augmenté ensuite de trois autres volumes. Ce dictionnaire, qui donna l'idée de l'*Encyclopédie française*, est connu sous le nom d'*Encyclopédie* ou *Dictionnaire de Chambers*. Chambers mourut à Isington en 1740.

CHAMBÉRY, ville des Etats sardes, capitale de la Savoie, à 38 lieues de Turin, 132 de Paris. Elle est le siège d'un archevêché et d'un sénat royal ou cour de justice suprême. Sa population est de 12,273 habitants. Elle a une société d'agriculture, une société royale, une bibliothèque publique, des fabriques de bas, de soie, etc., des tanneries, des papeteries. — L'existence de Chambéry ne remonte guère au delà du Xe siècle. Des seigneurs particuliers la possédèrent jusqu'en 1230, époque à laquelle elle fut cédée à Thomas Ier, comte de Savoie. Les Français la possédèrent de 1792 à 1815, et elle fut le chef-lieu du département du Mont-Blanc. Elle fut réincorporée au royaume de Sardaigne à cette époque.

CHAMBON, montagne faisant partie de la chaîne des Cévennes, et située près de la rivière d'Ondine (département de la Loire). Sa hauteur est de 538 mètres (1,620 pieds) au-dessus du niveau de la mer. On nomme encore *chambon*, dans le même département, une terre noire chargée d'humus, mêlée de sable fin et formée surtout par les alluvions de la Loire. Elle est très-fertile.

CHAMBORD, bourg du département de Loir-et-Cher, remarquable par un célèbre château, situé sur le Cosson, à une lieue de la rive gauche de la Loire, à 4 lieues à l'O. de Blois. Ce château fut construit par le fameux Primatice, sous le règne de François Ier, sur les ruines d'un plus ancien, qui avait appartenu aux comtes de Blois. Son architecture est dans le goût de la renaissance; le château principal ou donjon a la forme quadrangulaire; il est flanqué de quatre grosses tours et entouré d'un bâtiment rectangulaire, dont une des façades aligne le donjon et est d'une architecture semi-gothique. Ce château est situé au milieu d'un parc de 12,000 arpents, clos de murs et d'une grande beauté. François Ier fit de Chambord son séjour favori. Louis XV en fit don au maréchal de Saxe. Louis XVI le donna en 1777 à la famille de Polignac. En 1804, il fut donné en dotation à la Légion d'honneur; plus tard, il fut érigé en principauté de Wagram, en faveur du maréchal Berthier. Sa veuve le vendit en 1820, pour être offert au duc de Bordeaux qui le possède encore.

CHAMBRANLE, cadre en pierre ou en bois qui orne ou soutient une porte, une croisée ou l'âtre d'une cheminée. Il est formé de deux montants verticaux et d'une traverse ou pièce horizontale. Souvent ce cadre est décoré par des moulures, des cannelures ou autres ajustements.

CHAMBRAY (Jacques-François DE), chevalier de l'ordre de Saint-Jean de Jérusalem, né à Evreux en 1687. Il s'acquit une grande réputation dans la guerre qu'il fit toute sa vie aux infidèles, sur lesquels il prit onze vaisseaux. Le grand-maître, en récompense de ses services, le fit vice-amiral et commandant général des troupes de terre et de mer de la religion. Il fit construire à ses frais, dans l'île de Goze, une forteresse appelée *cité neuve de Chambray*. Il mourut à Malte en 1756.

CHAMBRE. On nomme ainsi, 1° la partie du bassin d'un port de mer la plus retirée; 2° en termes de tisserand, la fente de peigne par où passent deux fils; 3° un endroit dans les mines où l'on met la poudre; 4° un espace situé entre les deux portes d'une écluse; 5° deux parties du globe de l'œil : l'une *antérieure* est l'espace compris entre la face postérieure de la cornée et la face antérieure de l'iris; l'autre *postérieure* est située entre la face postérieure de l'iris et la face antérieure du crystallin. Ces deux chambres sont remplies par l'humeur aqueuse, et communiquent ensemble par l'ouverture de la pupille.

CHAMBRE, mot signifiant communément un lieu fermé entre plusieurs murailles, et qui a été étendu au lieu où siégeaient les législateurs, ou bien à tous les sièges de juridiction et d'administration locale ou générale.

CHAMBRE APOSTOLIQUE, tribunal de Rome qui a la direction de tout ce qui concerne le domaine temporel du pape, et qui est présidée par le cardinal camerlingue. Elle est composée du gouverneur de Rome qui en est vice-président, d'un trésorier général, d'un auditeur, d'un président, d'un avocat général, d'un procureur fiscal, d'un commissaire et de douze clercs de chambre.

CHAMBRE ARDENTE, nom donné à la chambre érigée dans chaque parlement par François II pour l'extirpation de l'hérésie, et dont les arrêts étaient souverains et exécutés sans délai. — On a aussi appelé chambres ardentes les commissions extraordinaires établies sous Louis XIV contre les empoisonneurs, et pendant la régence contre les fermiers ou administrateurs des revenus publics, et lors du visa des actions de la banque de Law.

CHAMBRE DES BLÉS, juridiction spéciale prise dans le parlement, et dont le but était l'assurance de l'approvisionnement de la capitale. La durée de cette chambre ne fut que d'un an (1788-89).

CHAMBRE CIVILE, nom donné particulièrement à une ancienne juridiction du Châtelet, à Paris, dont le lieutenant civil était le seul juge. On n'y jugeait que des affaires sommaires. — Maintenant on appelle *chambres civiles* celles de première instance ou d'appel et de cassation, établies dans les principales villes maritimes et manufacturières, pour connaître exclusivement des causes civiles.

CHAMBRE CLAIRE ou CAMERA LUCIDA, instrument d'optique imaginé par le docteur Wollaston, et transportant l'image d'un objet sur un papier avec les dimensions que l'on juge à propos de lui donner, et en conservant ses couleurs et ses apparences naturelles. Il ne reste plus, pour en avoir une copie fidèle, que de suivre au crayon les traits et le contour de cette image projetée, et de la colorier. La chambre claire est composée d'un prisme, dont une des faces est légèrement concave.

CHAMBRE DE COMMERCE, nom donné à des assemblées de négociants, résidant dans les villes les plus commerçantes de France, et chargées de présenter au roi leurs vues sur les moyens d'accroître la prospérité du commerce et d'indiquer les causes qui en arrêtent les progrès. Les membres de ces assemblées sont électifs, et se renouvellent par tiers tous les ans. Leur nombre varie de neuf à quinze, suivant l'importance des villes qui les possèdent.

CHAMBRE DES COMPTES, tribunal dont l'origine remonte aux premiers siècles de la monarchie. Il y avait en France plusieurs chambres des comptes. Celle de Paris était la plus importante. Vingt-neuf procureurs préparaient et discutaient les affaires. Les magistrats de cette chambre siégeaient par semestre, une moitié depuis le 1er janvier jusqu'au 1er juillet, l'autre moitié le reste de l'année. Ces charges conféraient la noblesse au premier degré et exemptaient de gabelles, aides, subventions, péage, etc. Tous les édits, déclarations, ordonnances, les comptes de ceux qui maniaient les deniers de l'Etat, les lettres-patentes relatives aux apanages royaux, les douaires des reines, étaient adressés à la chambre des comptes, pour y être enregistrés, ainsi que les traités de paix, les contrats de mariage des rois, etc. — La chambre des comptes, supprimée en 1789, fut rétablie par un décret du 16 septembre 1807, sous le nom de *cour des comptes*. Voy.

CHAMBRE CONSULTATIVE DES ARTS ET DES MANUFACTURES, nom donné à des assemblées de manufacturiers qui se tiennent dans certaines villes commerçantes de France. Ces chambres envoient aux conseils généraux du commerce et des manufactures des réclamations sur l'état de l'industrie manufacturière et sur les moyens de l'améliorer. Elles nomment en outre des membres du conseil général des manufactures.

CHAMBRE AUX DENIERS, tribunal dont les attributions étaient les mêmes que celles de l'intendance de la liste civile. Elle avait trois trésoriers qui alternaient chaque année, avaient chacun sous leurs ordres deux contrôleurs pour viser les ordonnances de payement, et étaient eux-mêmes sous les ordres du grand maître de France.

CHAMBRE DES DÉPUTÉS. Voy. DÉPUTÉS.

CHAMBRE ECCLÉSIASTIQUE, DIOCÉSAINE ou DES DÉCIMES, tribunal où l'on jugeait par appel les différends qui arrivaient sur la levée des décimes. Il y avait en France neuf chambres ecclésiastiques : celle de Paris, appelée aussi *chambre souveraine*, et composée de quelques conseillers-clercs au parlement et de commissions déléguées par les autres chambres ecclésiastiques, et celles de Rouen, de Tours, de Bordeaux, de Pau, de Toulouse, d'Aix, de Lyon et de Bourges. Les chambres ecclésiastiques étaient ordinairement composées de l'archevêque du lieu, des autres prélats du diocèse, d'un député de chacun des diocèses du ressort, de trois conseillers-clercs au parlement et du présidial du lieu. Elles s'assemblaient tous les huit jours.

CHAMBRE ÉTOILÉE, haute cour de justice d'Angleterre, exclusivement composée de lords, siégeant au conseil et prononçant souverainement sur toutes les contestations féodales, religieuses, civiles et criminelles. Elle confisquait à son profit et à celui du trésor royal. Son existence remonte aux temps antérieurs au règne de Henri VII. Elle fut abolie par le long parlement.

CHAMBRE IMPÉRIALE, tribunal institué par l'empereur Maximilien Ier et composé, à l'époque de son institution, d'un grand juge, qui devait être choisi parmi les princes ou comtes, et de seize assesseurs, tirés en partie de la noblesse, en partie de la classe des jurisconsultes. Ils étaient nommés par l'empereur. La chambre impériale exerçait une juridiction d'appel sur les causes qui avaient été jugées par les tribunaux établis dans les Etats de l'empire et jugeait les discussions qui s'élevaient entre deux Etats de l'empire.

CHAMBRE JULIENNE, nom donné à l'une des salles du palais du sénat, à Rome, dans laquelle était placée la fameuse statue de la Victoire, qu'Auguste avait fait apporter de Tarente. Auguste fit la dédicace de la chambre julienne en l'honneur de Jules César, l'an de Rome 724 (19 avant J.-C.)

CHAMBRE NOIRE, tribunal secret établi à Florence et ressemblant beaucoup au conseil des dix à Venise, institué par la régence autrichienne et le général Sommariva qui la présidait la veille de l'entrée des Français à Florence. La chambre noire fut abolie par le général Miollis, qui commandait en Toscane.

CHAMBRE OBSCURE ou CHAMBRE NOIRE, instrument d'optique composé d'une boîte où la lumière ne parvient que par un trou; ce qui fait que les rayons, émanés d'un objet, se croisent en un certain point, donnent une représentation de l'objet en raccourci. Pour rendre l'image plus nette et mieux dessinée, on a adapté à l'orifice un verre convergent. Un des usages les plus fréquents de la chambre obscure est de l'employer à faire avec facilité des vues d'une grande exactitude, et les peintres s'en servent dans ce but. On attribue l'invention de la chambre obscure à Jean-Baptiste Porta, mort en 1515.

CHAMBRE DES PAIRS. Voy. PAIRS.

CHAMBRE DES RÉUNIONS, chambre établie dans le parlement de Metz en 1679, par Louis XIV, à l'effet d'examiner la nature et l'étendue des cessions qui lui avaient été faites par les traités de Westphalie, des Pyrénées, d'Aix-la-Chapelle et de Nimègue. C'est par suite des arrêts de cette chambre et des cours souveraines de Besançon et de Brisach, que Louis XIV s'empara de Strasbourg et de plusieurs autres villes. Le traité de Riswick ayant annulé ces arrêts, Louis XIV consentit à restituer toutes les réunions situées ou faites hors de l'Alsace.

CHAMBRE SYNDICALE DE LA LIBRAIRIE ET DE L'IMPRIMERIE, juridiction commerciale ressortissant de la police, organisée en 1618 et composée d'abord d'un syndic et de quatre adjoints, dont deux imprimeurs et deux libraires. Ils étaient élus par tous les libraires et tous les imprimeurs, et étaient les mandataires des libraires et les imprimeurs de la capitale. La chambre syndicale de la librairie et de l'imprimerie a été supprimée en 1790.

CHAMBRE DES TERRIERS. On appelait ainsi le dépôt des états détaillés de la consistance du domaine, que rapportaient tous les cinq ans, à l'appui de leurs comptes, les receveurs généraux des domaines. La chambre des terriers était une dépendance de la chambre des comptes. Voy. ce mot.

CHAMBRE DES VACATIONS, tribunal créé par un édit de 1519, pour juger les affaires criminelles et civiles urgentes et qui n'exigeaient pas de longs débats, et juger ainsi pendant le temps des vacances des autres chambres. Maintenant les tribunaux entrent en vacances depuis le 1er septembre jusqu'au 31 octobre inclusivement. Les tribunaux de commerce n'ont point de vacances. Dans la cour de cassation, la chambre criminelle seule reste assemblée et prend le titre de *chambre des vacations*.

CHAMBRE DU VISA, tribunal extraordinaire établi en 1716, pendant la régence du duc d'Orléans, pour vérifier et viser les comptes de tous les agents du trésor. — On donne encore plus particulièrement ce nom à la commission établie en 1723 pour juger les malversations commises par les préposés au visa des billets de la banque de Law.

CHAMBRÉE, réunion d'hommes de troupes soumis à un chef spécial, et logeant dans une même chambre, soit à la caserne, soit dans une tente ou baraque. Les chambrées sont le plus généralement composées d'une escouade, c'est-à-dire, environ dix à douze hommes. La chambrée était appelée chez les Romains *contubernium*, *décurie* chez les Grecs, et *décarkie* chez les Grecs du Bas-Empire.

CHAMBRES DE RHÉTORIQUE, institutions littéraires des Pays-Bas, dont les membres étaient divisés en *chefs*, portant les noms d'*empereur*, de *grand doyen*, de *capitaine*, de *prince*, de *facteur*, d'*expert*, et en frères *camaristes ordinaires*. Il y avait en outre un *fiscal* chargé du maintien et du bon ordre, un *enseigne* et un *bouffon*. Les rhétoriciens (*redeykers*) s'exerçaient à la composition de toutes sortes de vers, et ouvraient des concours à certaines époques. Les chambres de rhétorique de Gand et d'Ypres passent pour les plus anciennes de la Flandre.

CHAMBRIER, officier qui avait soin de la chambre du roi, et commandait aux domestiques appelés valets de chambre. Il était connu chez les Romains sous le nom de *præpositus sacri cubiculi*, et sa charge était une des plus nobles charges de l'empire romain. Celui qui en était revêtu avait le titre d'*illustre*. — En France, le chambrier donnait les ordres dans la chambre du roi, et signait autrefois les lettres patentes en qualité de grand officier de la chambre. Le *grand chambrier* avait juridiction sur tous les marchands et artisans du royaume. — On regarde généralement Renaud, chambrier de Henri Ier, en 1060, comme le premier qui ait porté ce titre. L'office de chambrier fut supprimé en 1545 par François Ier.

CHAMBRIÈRE. Ce mot désigne, 1° un bâton mobile, fixé au moyen d'un anneau à la queue d'une charrette ou sur le devant pour le soutenir et soulager le cheval limonier; 2° un outil de maréchal qui sert à arranger ou le fer à cheval ou le charbon dans le feu de la forge.

CHAMEAU, genre de mammifères de l'ordre des ruminants. Les dents des chameaux sont au nombre de trente-quatre, savoir: douze molaires supérieures, dix inférieures, deux canines à chaque mâchoire, six incisives en bas et deux en haut. Les chameaux n'ont que de simples ongles et une semelle calleuse aux pieds. Leur cou est très-long et courbé en S. Leur lèvre supérieure est renflée et fendue; leur estomac a cinq poches; leurs mamelles sont ventrales et au nombre de quatre. Les loupes graisseuses ou *bosses* qu'ils ont sur le dos sont un des principaux caractères qui distinguent entre elles les espèces de chameaux. Elles sont au nombre de deux, le *chameau* et le *dromadaire*. Les bosses du premier sont au nombre de deux et tombantes; son corps est couvert de poils laineux très-touffus et très-longs, de couleur brun roussâtre. En Turquie, en Perse, en Arabie, en Egypte, en Barbarie, etc., le transport des marchandises ne se fait que par le moyen des chameaux. Il y en a qui portent jusqu'à mille livres pesant, et qui font 10 lieues par jour. Ils sont d'une très-grande sobriété, et s'abstiennent de boire pendant un temps très-long. — On nomme *chameau turc* le chameau proprement dit; *chameau d'Arabie*, le dromadaire; *chameau léopard*, le *giraffe*; *chameau du Pérou*, le *lama*; *chameau de rivière*, le *pélican*; *chameau marin*, l'*ostracion*.

CHAMEAU, très-grand bâtiment d'une forme particulière, en usage depuis 1688 en Hollande. On en place un de chaque côté d'un vaisseau qu'on veut faire passer sur un petit fond, et on l'y attache après l'avoir rempli d'eau. On fait ensuite jouer les pompes, et les eaux des chameaux qui soulèvent par ce moyen le vaisseau. Les chameaux font alors, pour ainsi dire, corps avec le vaisseau aussi longtemps qu'il le faut, et on les détache ensuite pour rendre la voile.

CHAMFORT (Sébastien-Roch-Nicolas), né en 1741 près de Clermont en Auvergne, vint à Paris où il publia les *Eloges de Molière et de la Fontaine*, qui méritèrent le prix de l'académie française. Ses petites comédies de *la Jeune Indienne* et du *Marchand de Smyrne*, sa tragédie de *Mustapha et Zéangir*, obtinrent de grands succès. Chamfort fut reçu en 1781 membre de l'académie française. Il embrassa les principes de la révolution, et fut l'ami de Mirabeau, qui l'employa pour rédiger ses discours. Chamfort, emprisonné sous Robespierre, conçut tant d'horreur pour la captivité que, plus tard élargi et menacé encore de la réclusion, il se suicida et mourut en 1794.

CHAMILLART (Michel DE), né en 1651, fut d'abord conseiller au parlement de Paris et maître des requêtes. Nommé en 1689 à l'intendance de Rouen, il fut appelé en 1689 à la place de contrôleur général des finances, et en 1707 au ministère de la guerre. Il parvint, dit-on, à capter la faveur royale par son adresse au billard, jeu qui plaisait beaucoup à Louis XIV. Il se démit de ces deux emplois en 1708 et en 1709. Il mourut en 1721.

CHAMOIS, espèce du genre *antilope*, se tient en troupes peu nombreuses dans les hautes montagnes. On le trouve principalement dans les Alpes et dans les Pyrénées, où il prend le nom d'*isard*. La taille du chamois est celle d'une chèvre; son pelage, assez long et bien fourni, se compose de poils soyeux et de poils laineux; il est brun foncé en hiver, et brun fauve en été; ses cornes sont d'abord droites, puis recourbées subitement en arrière. On chasse les chamois pour leur chair et principalement pour leur peau.

CHAMOISEUR, artisan qui s'occupe de la préparation des peaux de chamois. Cet art exige plusieurs opérations successives. On emploie la peau de chamois pour faire des gants, des ceintures, des culottes, et même des vestes et des bas. Autrefois le commerce des peaux de chamois était très-considérable en France, mais il a beaucoup diminué depuis quelques années.

CHAMOND (SAINT-), au confluent du Gier et du Janon, chef-lieu de canton du département de la Loire, à 2 lieues et demie de Saint-Étienne. Population, 7,600 habitants. Saint-Chamond est une ville bien percée et bien bâtie, dont l'origine remonte au commencement du VIIe siècle. Elle doit son importance actuelle à une fabrique célèbre de rubans, qui date du XVe siècle, à l'industrie du moulinage des soies, au travail du fer et à la fabrication des clous. Elle a un collège et une petite bibliothèque publique. Elle possède aussi des mines de houille en activité, situées à 411 mètres au-dessus du niveau de la mer.

CHAMOS (myth.), divinité ou idole des Chananéens et des Moabites. On l'adorait sur les monts couverts de chênes. Salomon lui éleva un temple sur le mont des Oliviers. On croit que Chamos est le même dieu que *Comus* des Grecs; mais saint Jérôme en fait le même que *Belphégor*.

CHAMOUNY, village de la Savoie à 18 lieues de Genève, à 3,184 mètres au-dessus du niveau de la mer. Il a une population de 1,700 habitants. Il est situé dans la célèbre vallée à laquelle il donne son nom. Cette vallée est formée au N. par le Brevent et les Aiguilles-Rouges, au S. par le groupe du Mont-Blanc. Elle est arrosée par l'Arve, qui prend sa source au col de Balme, situé à l'extrémité S.-O. de la vallée. Les prairies, favorisées par l'humidité du sol et des roches, forment la principale richesse de cette vallée.

CHAMOUSSET (Claude-Humbert PIARRON DE), maître des comptes, né à Paris en 1717. Il ne vécut que pour se rendre utile à ses concitoyens, et porta jusqu'à la passion le zèle du bien public. C'est à lui qu'on doit l'invention de la petite poste de Paris. Il fit de sa maison un hôpital, et il y entretint une pharmacie au profit des pauvres. Il loua une maison à la barrière de Sèvres, et en fit un modèle pour les hôpitaux. Il parvint à faire donner un lit séparé à chaque malade à l'Hôtel-Dieu, et mourut en 1773.

CHAMP, espace de terre cultivée ou susceptible de l'être, qui n'est pas fermée de murailles. — On appelait *champ clos* un lieu enfermé de barrières, dans lequel deux ou plusieurs personnes, au moyen âge, vidaient par les armes leurs différends. C'était un terrain qu'on couvrait de sable, et qu'on entourait d'une double barrière avec des échafauds pour le roi, les dames, les juges du camp, etc.

CHAMP. En optique, on appelle *champ* d'une lunette l'étendue des objets qu'elle peut embrasser. La grandeur du champ d'un instrument dépend de la grandeur du foyer et de l'ouverture de l'oculaire. Plus le foyer est long et plus l'ouverture est grande, plus le champ est considérable.

CHAMP, nom donné en termes de blason au fond d'un écu.

CHAMP D'ASILE, nom donné à la colonie de réfugiés et de proscrits français fondée au Texas, en 1815, par les frères Lallemand. Cette colonie, établie d'abord avec six cents hommes, s'accrut bientôt avec rapidité. Chacun des colons reçut vingt arpents de terre avec les instruments de culture et de construction qui lui étaient nécessaires. Les Etats-Unis, qui contestaient aux Espagnols le territoire du Texas, s'en étant emparés, le Champ d'Asile fut détruit. En indemnité, le gouvernement des Etats-Unis donna aux colons le pays d'Alabama, et la nouvelle colonie reçut le nom d'*Etat* ou *canton de Marengo*, placé sous la protection des Etats-Unis. On bâtit une ville appelée *Aigleville*; mais la plupart des colons ayant eu la liberté de revenir en France, cette nouvelle colonie cessa d'exister, du moins en partie.

CHAMP DE MARS, grande plaine située hors des murs de Rome, où la jeunesse romaine avait coutume de s'exercer à la lutte, à lancer le disque le javelot, à dompter les chevaux, à conduire des chars. Elle était ornée de statues, de colonnes, de portiques et d'arcs de triomphe, et s'appelait *champ de Mars*, parce qu'elle était consacrée au dieu de la guerre. On lui donnait aussi le nom de *Tiberium*, à cause du voisinage du Tibre. On y tenait les assemblées du peuple, on y élisait les magistrats, et on y donnait audience aux ambassadeurs. C'était aussi là qu'on brûlait les corps des citoyens illustres. — Le champ de Mars avait été donné par une vestale au peuple romain; Tarquin le Superbe, qui s'en empara, y sema du blé. Lors de l'expulsion des rois, le peuple en arracha les blés et les jeta dans le Tibre. Arrêtés par les sables, ces blés formèrent une petite île, que le sable charrié par le fleuve agrandit avec le temps, et qui fut nommée *île Sacrée* ou *d'Esculape*.

CHAMP DE MARS, vaste plaine située entre le quai d'Orsay et l'Ecole militaire, à Paris. Le 14 juillet 1790 eut lieu dans le champ de Mars le serment de la fédération, prêté sur un autel.

CHAMP DE MARS ET DE MAI, nom donné aux assemblées nationales des rois des deux premières races, dans lesquelles les lois, préparées par les évêques et le roi, étaient soumises à l'approbation des Francs. Il y en avait deux par an; l'une au mois de mars, et l'autre en mai; ce qui leur avait fait donner leur nom. On les appelait aussi *placites*.

CHAMPAGNE, province considérable de France, située entre le Hainaut, le Luxembourg, la Bourgogne, la Lorraine, la Franche-Comté, etc. Sa superficie est d'environ 2,600 lieues carrées. La Champagne, dont la capitale est *Troyes*, se divise en *haute* et *basse*, séparées l'une de l'autre par la Marne. On donnait le nom particulier de *Champagne pouilleuse* à la partie du département de la Marne comprise entre Sezanne et Vitry. La Champagne abonde en bois, grains, blé, etc., et produit une grande quantité de vins rouges et blancs excellents, dont la réputation est connue partout. (Les meilleurs sont ceux de Sillery, d'Aï, de Vertus, d'Epernay.) La Champagne a formé les quatre départements de la Marne, de la Haute-Marne, de l'Aube et des Ardennes, et une partie de celui de l'Yonne. — La Champagne faisait anciennement partie de la Gaule chevelue (*Gallia comata*), plus tard de la Gaule Celtique et Belgique; sous le gouvernement des rois francs austrasiens, elle fut gouvernée par des ducs, depuis 570 jusqu'à 714. A ces ducs succédèrent des comtes héréditaires, pairs de France, jusqu'en 1284, que Philippe le Bel épousa Jeanne de Navarre, fille et héritière de Henri III, quatorzième comte de Champagne.

CHAMPAIGNE (VAN-), famille célèbre de peintres flamands. — PHILIPPE VAN-CHAMPAIGNE, né à Bruxelles en 1602, vint à Paris en 1621, et reçut les leçons du Poussin. Il obtint la place de peintre du roi, avec une pension de 1,200 livres. Lors de l'établissement de l'académie de peinture en 1648, il fut reçu un des premiers, et en fut nommé recteur. Il mourut en 1674. Ses plus beaux tableaux sont le *Vœu de Louis XIII*, l'*Apparition de saint Gervais et de saint Protais à saint Ambroise* et la *Translation de leurs corps*, une *Cène*, etc. — Son neveu, JEAN-BAPTISTE VAN-CHAMPAIGNE, né à Bruxelles en 1643, mourut en 1688 professeur de l'académie de peinture.

CHAMPS ÉLYSÉES, nom donné à la partie des enfers païens où les âmes des justes allaient jouir, après la mort, du bonheur éternel. Les anciens supposaient que les champs Elysées étaient au centre de la terre; Platon les plaçait aux îles Fortunées (Canaries?). — On donne encore le nom de *champs Elysées* à une vaste promenade, située à l'extrémité occidentale de Paris, entre la Seine, la place de la Concorde et l'avenue de Neuilly. Les champs Elysées ont été plantés pour la première fois en 1760.

CHAMPART, droit de prendre sur-le-champ une certaine partie des blés ou autres fruits d'une terre labourable, avant que celui qui tenait la terre en champart enlevât ce qui devait en rester pour lui. Le champart était plus ou moins fort, selon les lieux et les coutumes. Il était en quelques endroits la dixième partie des fruits, en d'autres la douzième, etc. Il y avait deux espèces de champart, l'un *seigneurial*, l'autre *foncier*. Il était seigneurial quand l'héritage, sur lequel il était dû n'était chargé d'aucune autre redevance envers le seigneur. Il était foncier quand l'héritage était en outre chargé d'un cens ou d'une autre redevance seigneuriale.

CHAMPAUBERT, village du département de la Marne, à 11 lieues à l'O. de Châlons, célèbre par la bataille qui s'y livra en 1814 entre l'armée de Napoléon et celle des alliés, ou plutôt celle des Prussiens, et dans laquelle ces derniers furent vaincus.

CHAMPDIVERS (ODETTE DE), fille d'un marchand de chevaux, plut à Charles VI, dont l'esprit était déjà affaibli. Subjugué par Odette, il obéissait comme un enfant à ses prières, dans les moments de sa folie. On l'appelait la *petite reine*. Elle mourut avant Charles VI (en 1396).

CHAMPEAUX (Guillaume DE), archidiacre de Paris dans le XIIe siècle, fonda une communauté de chanoines réguliers à Saint-Victor-les-Paris, et y professa avec distinction. Abailard fut son disciple et plus tard son rival. Guillaume de Champeaux mourut en 1121 après avoir été quelque temps évêque de Châlons-sur-Marne. On a de lui plusieurs ouvrages.

CHAMPEIN (Stanislas), compositeur français, né à Marseille en 1753. Il vint à Paris en 1776, et y acquit bientôt une grande réputation. Son premier ouvrage scénique fut *le Soldat français*, en deux actes (1779). L'année suivante, il donna la *Mélomanie*, qu'on regarde comme son meilleur opéra. Il mourut en 1830, membre associé de l'académie des sciences et arts de Marseille. On cite parmi ses autres opéras : *les Dettes*, *le nouveau Don Quichotte*, *le Baiser*.

CHAMPIGNONS, ordre de plantes cryptogames divisé en cinq familles, savoir : les *champignons* proprement dits, les *lycoperdacées*, les *hypoxilons*, les *mucédinées* et les *urédinées*. Les champignons présentent dans leur structure huit sortes d'organes, qui se réduisent quelquefois à six. Ce sont, 1o une *racine* filamenteuse; 2o la *bourse* ou *volva*, sorte de poche qui entoure la plante; 3o le *pédicule* ou *stype*, organe qui supporte le chapeau; 4o le *tégument* ou *voile*, membrane qui, partant du sommet de la base du pédicule, enveloppe le chapeau; 5o le *chapeau*; 6o la *membrane séminifère*, lisse et unie, formée par un très-grand nombre de petites capsules membraneuses, appelées *theca* ou *ascus*; 7o les *capsules*, sortes de petits sacs membraneux, renfermant les sporules; 8o les *sporules*, graines qui servent à la reproduction. La durée moyenne de la vie des champignons est de huit à dix jours. Ils croissent dans les lieux sombres et humides, au pied ou sur le tronc des vieux arbres, sur les bois pourris, etc. Les champignons réputés dangereux sont d'une odeur herbacée, fade, vireuse, désagréable, très-prononcée, rappelant celle du soufre, de la terre humide; une saveur astringente, acerbe ou fade, nauséeuse; une consistance molle,

aqueuse, grenue, compacte, fibreuse; une couleur livide, rouge sanguine.

CHAMPION. On appelait ainsi, au moyen âge, celui qui combattait en champ clos pour la cause d'un autre. Celui qui prouvait sans fraude la perte d'un de ses membres, celui qui avait passé l'âge de soixante ans, celui qui était attaqué de maladie imprévue et les femmes étaient admis à se faire remplacer par un champion. Les armes du champion étaient le bâton et l'épée. Il combattait à pied et jamais à cheval; le champion vaincu était puni de mort L'institution des champions est disparue avec le XVIe siècle.

CHAMPION DU ROI, nom donné à un chevalier qui, après le couronnement du roi d'Angleterre, entre à cheval, armé de toutes pièces, dans la salle de Westminster, jette son gant à terre, et présente un cartel à quiconque nierait que le nouveau prince est légitime roi d'Angleterre.

CHAMPIONNET (Jean-Etienne), né en 1762 à Valence (Drôme). A quatorze ans, il s'engagea dans les gardes wallonnes, et servit comme volontaire dans le régiment de Bretagne au siège de Gibraltar. En 1793, il prit Spire, Worms et Frankendal. Le général Hoche, pour le récompenser, lui donna le grade de général de division. Il contribua au gain de la bataille de Fleurus; il passa bientôt après à l'armée d'Italie, et commanda l'armée du royaume de Naples, dont il s'empara. Destitué et mis en jugement, il fut acquitté, réintégré dans son grade et mis à la tête de l'armée des Alpes, avec laquelle il battit les Autrichiens à Fenestrelle. Il remplaça ensuite Moreau à l'armée d'Italie, et fut, après le 18 brumaire, contraint de donner sa démission. Il mourut en 1799.

CHAMPLAIN (Samuel DE), né à Brouage (Charente-Inférieure). Envoyé par Henri IV dans le nouveau monde en qualité de capitaine de vaisseau, on peut le regarder comme le fondateur de la colonie du Canada, dont il fut le premier gouverneur. Ce fut lui qui fit bâtir la ville de Québec. Il travailla beaucoup à l'établissement d'une nouvelle compagnie pour le commerce du Canada, fondée en 1628 sous le nom de *compagnie des associés*, à leur tête était le cardinal de Richelieu. Samuel de Champlain mourut en 1635. On a de lui les *Voyages de la nouvelle France* de 1603 à 1629. Il a donné son nom à un lac du Canada.

CHAMPLAIN, grand lac de l'Amérique septentrionale, situé entre le Canada, l'État de Vermont et celui de New-Yorck. Sa superficie est d'environ 490 lieues carrées. Il communique au fleuve Saint-Laurent par la rivière Sorell, à 12 lieues de Montréal.

CHAMPMESLÉ (Marie DESMARES, femme de Charles Chevillet, sieur DE), célèbre comédienne, née à Rouen en 1644. Elle débuta au théâtre du Marais en 1669 avec un grand succès. Elle passa avec son mari à celui de Bourgogne en 1670. Elle le suivit en 1679 au théâtre de Guénégaud, et mourut en 1698. Elève de Racine, elle fut formée par lui à l'art de la déclamation, et profita si bien de ses leçons, qu'elle éclipsa toutes ses rivales. Elle remplissait les premiers rôles tragiques. Son mari, mort en 1701, moins bon acteur qu'elle dans le tragique, réussissait mieux dans le comique. Il joignait à ses talents d'acteur ceux d'auteur dramatique. Les plus remarquables sont : *Je vous prends sans verd*, *les Grisettes*, *le Parisien*, etc.

CHAMPOLLION LE JEUNE (Jean-François), célèbre archéologue, né à Figeac (Lot) en 1790. Dès sa jeunesse, il se livra avec ardeur à l'étude des langues orientales et surtout de la langue copte, et occupa pendant plusieurs années les places de professeur d'histoire à la faculté de Grenoble et de bibliothécaire de cette ville. En 1814, par l'explication de la triple inscription de Rosette, il parvint en 1822 à déchiffrer les anciennes écritures de l'Egypte, découverte qui fut accueillie du monde savant avec enthousiasme. Chargé par le gouvernement de faire un voyage en Egypte en 1828, il en rapporta une riche collection de notes, de dessins, d'inscriptions, etc. L'académie des inscriptions et belles-lettres l'admit au nombre de ses membres, et on créa pour lui en 1831 une chaire d'archéologie au collège royal de France. Il mourut en 1832. On a de lui plusieurs ouvrages sur l'Egypte.

CHAMPSÈS, nom sous lequel les anciens Egyptiens connaissaient le crocodile, et qu'on réserve aujourd'hui pour désigner le crocodile du Nil.

CHANAAN, fils de Cham. Il fut maudit avec son père par Noé, et l'effet de cette malédiction parut sur les Chananéens, ses descendants, qui furent anathématisés de Dieu et détruits par les Israélites, qui s'emparèrent de leur pays. Ce pays avait reçu le nom de *terre de Chanaan*, et cette terre, promise à la postérité d'Abraham, fut appelée dans la suite *Judée, Palestine, terre sainte*. On croit que les Chananéens qui purent échapper au fer des Israélites se réfugièrent en Afrique. Chanaan eut onze fils, qui furent pères d'autant de peuples.

CHANCELIER, officier dont les principales fonctions étaient autrefois d'écrire ou de faire écrire les chartes, les ordonnances royales, de leur imprimer le sceau royal et de les contre-signer. L'office de chancelier est aussi ancien que la monarchie; il n'était que le cinquième des grands officiers de la couronne. Sous la première race, on l'appela *référendaire*; plus tard il reçut les noms d'*apocrisiaire*, d'*archinotaire* et enfin de *chancelier*. Le pouvoir du chancelier fut restreint par la création de l'emploi de garde des sceaux. Le dernier avant la révolution fut M. Champion de Cicé, archevêque de Bordeaux, en 1790. Rétablis en 1814, le titre et l'office de chancelier furent supprimés en 1830 et rétablis en 1837 en faveur du baron Pasquier. — Les honneurs attribués à la charge de chancelier étaient très-étendus. L'un d'eux était et est encore la présidence de la chambre des pairs. L'élection appartient au roi. La reine, les princes du sang, avaient aussi leur *chancelier* chargé de la direction de leurs domaines.

CHANCELIER DE L'UNIVERSITÉ, nom donné à celui qui scellait les lettres de grâces et de provisions que l'on délivrait dans l'université. Il y avait dans l'université de Paris deux chanceliers, l'un qui était du chapitre de la cathédrale, l'autre qui était religieux de Sainte-Geneviève. L'origine de ces deux dignités vient de ce qu'il y avait autrefois deux célèbres écoles publiques à Paris, l'une dans la ville, l'autre sur la montagne de Sainte-Geneviève.

CHANCELIER DE L'EMPIRE (Arcni-), officier qui, dans les institutions impériales, était chargé de la promulgation des lois. Il partageait avec le grand juge, ministre de la justice, le travail annuel adressé à l'empereur sur les abus qui avaient pu s'introduire dans l'administration de la justice, présidait la haute cour impériale, signait tous les brevets de nominations de l'ordre judiciaire, et était grand officier du palais impérial. — L'*archichancelier de l'Etat* était un autre grand dignitaire de l'empire, chargé de la promulgation des traités de paix et d'alliance, et des déclarations de guerre.

CHANCELLADE (Chanoines réguliers de), congrégation de chanoines réguliers de Saint-Augustin, qui se forma en France vers 1128 par plusieurs ecclésiastiques réunis sous la conduite de Foucauld, abbé de Cellefrouin, en 1133, ils furent constitués par Guillaume de Rochelblanche, évêque de Périgueux, et prirent l'habit de chanoines réguliers, en faisant profession de la règle de Saint-Augustin.

CHANCELLERIE. On distingue trois sortes de chancellerie : la chancellerie de France, la chancellerie romaine et la chancellerie d'Angleterre. — Il y avait en France la *grande* et la *petite chancellerie*. La grande suivait toujours le roi, et c'était celle où l'on scellait les édits, les lettres d'anoblissement, les abolitions, les établissements, etc. La grande chancellerie était une juridiction souveraine, présidée par le chancelier assisté de deux maîtres des requêtes, de deux secrétaires du roi. — La petite chancellerie était celle qui se trouvait établie près le parlement de Paris pour les lettres de moindre conséquence.

CHANCELLERIE D'ANGLETERRE, juridiction souveraine, spécialement établie pour statuer en dernier ressort sur tous les procès civils de tous les comtés. Le garde du sceau est le seul juge; il a douze assistants ou assesseurs, qui n'ont que voix consultative. Les lettres pour la convocation du parlement, les proclamations, tous les actes de l'autorité royale, sont expédiés à la chancellerie; vingt-quatre clercs sont attachés au travail des bureaux.

CHANCIR. On appelle ainsi l'état de toute substance qui commence à moisir. En agriculture, on dit que le fumier, que les fruits sont chancis, quand ils se moisissent. Les confitures peu cuites ou peu sucrées se chancissent. La moisissure est une plante de la famille des champignons; elle est formée d'une multitude infinie de petits globules pédiculés, qui s'ouvrent et répandent une poudre brune.

CHANCELLERIE ROMAINE, tribunal dont la juridiction s'étend sur l'expédition des lettres apostoliques, des bulles, etc.

CHANCRE, nom donné, en agriculture, à une maladie ordinaire aux arbres. C'est un ulcère où la sève se porte avec abondance; l'écorce se détruit, et le bois est attaqué de pourriture. On arrête les progrès de ce mal en enlevant la partie malade jusqu'au vif, et recouvrant la place avec de la vase ou de la bouse de vache. — En médecine, ce nom aussi ce nom à de petits ulcères cancéreux et aux aphthes malins des enfants, ainsi qu'aux ulcères qui attaquent quelquefois les bestiaux.

CHANDELEUR, fête que l'on célèbre, dans l'Eglise romaine, le 2 de février, en l'honneur de la purification de la sainte Vierge. On l'appelle ainsi à cause des chandelles ou des cierges allumés que l'on fait bénir ce jour-là.

CHANDELIER, ustensile dont on se sert pour supporter les chandelles, les bougies, etc., pendant la combustion. On emploie pour la fabrication des chandeliers de fer, l'étain, le plomb, le cuivre poli ou verni, argenté ou doré, l'argent, l'or, le cristal, la porcelaine, la faïence, la terre cuite, le bois, etc. — Moïse fit placer dans le tabernacle un chandelier d'or battu à sept branches. Il était du poids d'un talent, avec un pied d'or et une tige accompagnée de sept branches ornées à distances égales de six fleurs, comme de lys, d'autant de boucles, et de six coupes placées alternativement. Au-dessus de la tige et des six branches du chandelier étaient des lamperons d'or amovibles, dans lesquels on mettait l'huile et la mèche. On allumait les sept lampes tous les soirs, et on les éteignait le matin.

CHANDELIER. On désigne encore par ce mot, 1° des pièces de bois plantées debout sur une traverse, dont on remplit l'entre-deux de fascines pour protéger une armée; 2° de petites barres de fer arrondies, dont on se sert en marine, et qui sont destinées à soutenir ou à recevoir quelque chose; 3° un bâton porté sur un pied, et traversé par deux branches dont la distance et la longueur servent à jauger ou à mesurer la forme qu'il faut donner à un vase que l'on tourne.

CHANDELLE, cylindre de suif traversé dans sa longueur par une mèche en tissu végétal, dont la combustion sert à l'éclairage. Pour que la chandelle soit de bonne qualité, on ne doit employer que le suif de mouton ou de brebis, le suif de bœuf ou de vache, quantité égale de chacun. Les chandelles se fabriquent de deux manières : elles sont moulées ou bien à *la baguette*. Pour les premières, on se sert de moules en verre ou en métal, dans lesquels, après y avoir introduit les mèches, on coule le suif. Pour les secondes, on emploie des baguettes de bois de noisetier, garnies de plusieurs mèches, et la chandelle résulte des plongements successifs de ces mèches dans le suif fondu et des refroidissements de ce suif. Pour blanchir les chandelles, on n'a qu'à les exposer au grand air, qui les sèche.

CHANDERNAGOR, ville de l'Indoustan, située sur le bras du Gange appelé l'*Hougly*, à 8 lieues au N. de Calcutta. Sa population est de 42,000 habitants. Chandernagor appartient aux Français depuis 1814; mais ce poste est bien déchu de son ancienne prospérité. Tout le commerce de cette partie de l'Inde est absorbé par la ville anglaise de Calcutta. Chandernagor est du reste complètement enclavée dans les possessions anglaises.

CHANDOS (Jean), chevalier de la Jarretière, fut nommé par Edouard III, roi d'Angleterre, lieutenant général de toutes les provinces que le prince possédait en France. Ce fut lui qui fit prisonnier Bertrand Duguesclin, à la bataille d'Auvry en 1364. Lorsque Edouard III érigea le duché d'Aquitaine en principauté en faveur du prince de Galles, Chandos devint le connétable du jeune prince. Il fut tué en 1369, au combat de Lussac en Poitou, contre les barons révoltés.

CHANFREIN. On appelle ainsi, en technologie, une inclinaison pratiquée au-dessus d'une corniche ou imposte. — Mais on donne plus communément ce nom à la partie du corps du cheval qui s'étend depuis les oreilles et l'intervalle des sourcils jusqu'au nez. — Autrefois le *chanfrein* était une pièce de l'armure des chevaux, consistant en un masque d'une matière solide, couvrant la tête du cheval depuis ses oreilles jusqu'à ses naseaux, et orné au milieu du front d'une pointe d'acier. Il y a des chanfreins de cuivre ciselé, d'acier poli, de fer bronzé, de cuir bouilli, etc.

CHANGE, opération commerciale par laquelle un négociant vend l'argent qui lui est dû dans différentes villes, après en avoir reçu la valeur de celui qui l'a acheté. Cet échange mutuel se fait au moyen d'une sorte de contrat appelé *lettre de change*, qui ainsi sert à opérer l'échange des fonds à recevoir dans divers lieux contre de l'argent comptant ou toute autre valeur L'invention des lettres de change est attribuée aux Juifs, qui, s'étant réfugiés en Lombardie après avoir été chassés de France (1181 et 1316), donnèrent à des voyageurs des lettres portant aux dépositaires des fonds qu'ils y avaient laissés de les remettre à ces voyageurs, qui leur en avaient payé la valeur. Cependant il paraît que le change n'était pas étranger aux Romains. Les opérations de change se subdivisent en opérations de changes intérieurs et étrangers.

CHANGE (Prix de), prix auquel on vend dans un lieu l'argent qui doit être reçu dans un autre. De deux nations qui changent ensemble, l'une donne toujours à l'autre une de ses monnaies, ou une quantité fixe de sa monnaie, pour laquelle cette autre lui donne en retour de la sienne un prix plus ou moins grand, selon les circonstances. Le prix du change dans telle ou telle circonstance est ce qu'on appelle *cours du change*.

CHANGEANTES, nom donné aux étoiles qui changent d'éclat ou dont la lumière augmente et diminue alternativement. On les nomme plus particulièrement *étoiles périodiques*. On connaît treize étoiles changeantes. L'une des plus remarquables est l'*omicron* de la *Baleine*, qui conserve son plus grand éclat pendant environ quinze jours. Elle est alors de la deuxième grandeur. Elle décline ensuite pendant trois mois, jusqu'à devenir invisible, ce qui dure à peu près cinq mois. Ensuite elle reparaît, et va en croissant pendant les trois derniers mois de sa période, dont la durée est de trois cent trente-quatre jours vingt et une heures.

CHANGEURS, nom donné à ceux qui font le commerce du change. Voy. CAMBISTES.

CHANG-SI, province de la Chine propre, au N., bornée par la Mongolie et les provinces de Chen-si, de Pe-tché-li ou Tchy-li et de Ho-nan. Sa superficie est d'environ 14,000 lieues carrées, et sa population de 14,004,210 habitants. La province de Chang-si, et mieux *Chan-si*, est très-fertile. Le chef-lieu de la province de Chan-si est *Taï-youan* ou *Taï-yuen*.

CHANG-TI, nom sous lequel les Chinois honoraient l'Etre suprême, souverain principe de toutes choses. Considéré sous ce point de vue, ils le nommaient aussi *Tien*.

CHANG-TONG ou CHAN-TOUNG, province de la Chine propre, à l'E., bornée par la mer Jaune et les provinces de Pe-tché-li ou Tchy-li, de Ho-nan et de Kiang-nang ou Kiang-sou. Sa superficie est d'environ 15,000 lieues carrées, et sa population de 28,958,764 habitants. Sa capitale est *Tsi-nan-fou*, à 96 lieues de Péking.

CHANOINE, celui qui possède une prébende dans une église collégiale ou cathédrale. On divise les chanoines en réguliers et en séculiers. Ces derniers sont ceux qui ont abandonné la vie commune pour vivre en leur particulier, et qui peuvent jouir de leur patrimoine, outre les revenus de l'église. — On appelle encore ainsi, mais dans un autre sens, de simples laïques qu'on reçoit chanoines par honneur. Les chanoines réguliers sont ceux qui ont joint à la vie commune les pratiques et les vœux solennels des religieux, et qui réunissent l'état clérical et le régulier. La plupart suivaient la règle de Saint-Augustin. L'habit distinctif du canonicat est l'aumusse et le *camail*. Leurs obligations se réduisent à trois principales : la première est de résider dans le lieu où est située l'église dont ils sont chanoines; la seconde, d'assister à l'office canonical qui se célèbre dans cette église; la troisième, de se trouver aux assemblées du chapitre.

CHANOINESSE. C'était, pour les femmes, ce que le chanoine était pour les hommes. Il y avait deux sortes de chanoinesses : les *séculières* et les *régulières*. Les premières étaient des filles qui possédaient les prébendes qui leur étaient affectées par la fondation, et qui chantaient l'office au chœur comme les chanoines, mais qui ne faisaient point de vœu, et qui pouvaient se marier, excepté l'abbesse. Les chanoinesses régulières étaient une sorte de religieuses qui suivaient la règle de Saint-Augustin, et qui portaient un surplis de toile fine sur une robe de serge blanche, un voile noir sur la tête et une aumusse sur le bras.

CHANSON, petit poëme divisé en couplets ou strophes, à refrain régulier ou irrégulier, et adapté à un air facile à retenir. La chanson est originaire de France, où elle prit naissance vers le ixe siècle. La chanson la plus célèbre du moyen âge fut celle de Roland, que les soldats chantaient en allant au combat. Les trouvères et les troubadours en ont composé un grand nombre dans les xiie et xiiie siècles. Piron, Collé, Panard, Désaugiers, Béranger, sont les chansouniers dont la renommée est la plus populaire. — Le *God save the King* et le *Rule Britannia*, sont deux chansons populaires en Angleterre. Les Prussiens ont leur *Chasse sauvage de Lutzow*, les Français la *Marseillaise*, le *Chant du départ*, etc. Les *sayas* des anciens Scandinaves leur sont bien connues; ainsi que les *masureks* des Polonais.

CHANT, émission du son d'une manière variée et appréciable. Le chant est instinctif dans la race humaine; mais l'habitude et l'exercice en ont fait un art qui a ses règles comme tout autre. L'usage du chant est général pour célébrer les louanges de la Divinité. Dans l'Eglise catholique, celui du chant alternatif a commencé du temps des apôtres même.

CHANT AMBROISIEN, chant ecclésiastique, composé des quatre tons des Grecs, dits authentiques, le dorien, le phrygien, le lydien et le mixolydien, que saint Microlet, évêque de Milan, et, selon d'autres, saint Ambroise, choisit pour former le chant de l'église de Milan.

CHANT GRÉGORIEN ou ROMAIN, chant ecclésiastique qui est celui dont on se sert à l'église quand tout le monde chante à l'unisson. Il diffère du chant ambroisien dans quelques détails de forme, plutôt que dans la tonalité. On l'appelle *grégorien*, parce que ce fut saint Grégoire le Grand qui le corrigea sur le chant ancien au vie siècle, et l'établit dans l'Italie. Pepin et Charlemagne ordonnèrent l'établissement du chant grégorien dans toutes les églises de France.

CHANTAL (Jeanne-Françoise FRÉMIOT DE), née à Dijon en 1572. Elle épousa Christophe de Rabutin, baron de Chantal. Son mari ayant été tué à la chasse, elle fit vœu de ne point se remarier. Dans un voyage qu'elle fit à Dijon en 1604, elle connut saint François de Sales, et se mit sous sa conduite. Ce fut elle qui jeta, avec ce saint, les premiers fondements de l'ordre de la Visitation à Annecy en 1610. Le reste de sa vie fut employé à fonder de nouveaux monastères, et à les édifier par ses vertus et son zèle. Elle mourut à Moulins en 1641. Clément XII la canonisa en 1767.

CHANTE-PLEURE. On appelle ainsi des fentes à jour pratiquées d'espace en espace dans les murs d'un enclos sujet à être inondé, pour permettre aux eaux de s'écouler. — C'est aussi un petit cuvier dont les tonneliers se servent comme d'entonnoir. Il est échancré au bord supérieur pour faciliter le versement de la liqueur sans en perdre ; le fond est percé d'un trou garni d'une douille, qu'on entre dans la bonde du tonneau à remplir.

CHANTERELLE, nom donné à la plus fine des cordes d'un instrument de musique, qui rend, lorsqu'on la pince, les sons les plus aigus. La chanterelle est dans le violon le *mi* d'en haut; dans la basse et l'alto, le *la* d'en haut. Jusqu'à présent on a regardé les chanterelles qui viennent de Naples, comme ayant une qualité supérieure à celles qu'on fabrique en France.

CHANTERELLE, genre de champignons qui ont un chapeau bien distinct, charnu ou membraneux, qui a la forme d'une ombelle ou d'un cône renversé et tronqué au sommet. La chanterelle comestible est de couleur jaune doré ; sa chair, un peu moins jaune que le pédicule, est épaisse et dessous du chapeau, est très-saine. Crue, elle a le goût un peu poivré.

CHANTEURS, nom donné aux oiseaux qui se font remarquer par l'étendue de leur voix et la facilité qu'ils ont de lui faire subir les variations plus ou moins agréables et nombreuses. Les espèces les plus intéressantes appartiennent à l'ordre des passereaux ou à celui des grimpeurs. Le coq est le seul que l'on trouve dans l'ordre des gallinacés.

CHANTIER, lieu où l'on travaille, dans un port, le bois de construction navale. Un bâtiment en construction a sa quille sur des exhaussements ou chantiers qui portent toute la masse pendant qu'on le bâtit. Les billots qui servent de chantier sous toute la longueur de la quille d'un bâtiment sont placés à un ou six pieds de distance les uns des autres ou au milieu des cales de construction. Les plus beaux chantiers de construction sont à Brest, à Toulon et à Rochefort.

CHANTILLY, bourg du département de l'Oise, situé sur la Nonette, à 2 lieues de Senlis et à 10 de Paris. Sa population est de 2,524 habitants. Il a des manufactures de porcelaines, de blondes, de dentelles, de coton, etc. On y voit le fameux château de Chantilly, qui existait en 900, et qui appartint successivement à la famille de Bouteiller; puis à celles de Laval, d'Orgemont, et enfin à celle de Montmorency. Après la mort de Henri de Montmorency, décapité en 1632, Louis XIII confisqua Chantilly et le donna à Henri de Bourbon, prince de Condé, dont la famille l'a conservé jusqu'en 1830. Il appartient en ce moment au duc d'Aumale, héritier du dernier des Condé. Le parc de Chantilly est encore un des plus curieux de France. Il offre de délicieuses promenades. Près de Chantilly se trouve la célèbre forêt de ce nom, dont l'étendue superficielle est d'environ 3,800 hectares.

CHANTOCÉ (Gilles DE BRETAGNE, seigneur DE), second fils de Jean IV, duc de Bretagne, et de Jeanne de France, sœur de Charles VII, fut envoyé en Angleterre en qualité d'ambassadeur, par François Ier, son frère, successeur de Jean IV. A son retour, il fut arrêté et condamné à mort par le conseil secret du duc, et étouffé entre deux matelas, après trois ans et dix mois de prison, vers la nuit du 24 au 25 avril 1450. Pierre II, successeur de François, fit punir les complices de la mort de Gilles.

CHANTRE, nom donné à ceux qui sont chargés de chanter à l'église les cantiques et l'office du jour. Plus souvent désigne par ce nom celui qui conduit le chœur des chantres. On lui donnait autrefois le nom de *præcentor*, de *primicerius* et de *chorévèque*. Dans ce sens, la chantrerie de la cathédrale de Paris était la seconde dignité du chapitre. Le préchantre de cette ville avait la juridiction sur tous les maîtres et maîtresses d'école, sur toutes les personnes qui tenaient pension, et sur les répétiteurs de l'université.

CHANVRE, genre de la famille des urticées. La tige du chanvre est droite, creuse, rude au toucher, haute de deux mètres, et sortant d'une racine fusiforme; ses feuilles sont vertes, velues; ses fleurs verdâtres forment de petites grappes sortant de l'aisselle des feuilles supérieures, et remplacées par une coque bivalve, ovoïde, renfermant une graine solitaire, grisâtre, qui porte le nom de *chènevis*, et sert à la nourriture des volailles et des oiseaux domestiques. Elle fournit une huile excellente pour la table, la peinture et l'éclairage. Lorsque l'écorce du chanvre est jaunie, on l'arrache brin à brin ; on en fait des poignées qu'on fait sécher au soleil et rouir ; puis, après plusieurs opérations, on obtient un fil plus ou moins fin qui sert à faire de la toile.

CHANVRE. On nomme vulgairement *chanvre aquatique* le *bident à calice feuillé*; *chanvre de Canada*, l'*apocin à fleurs herbacées*; *chanvre de Crète*, la *datisque cannabine*, *chanvre des Américains*, l'*agave*; *chanvre du Japon*, la *spirée*; *chanvre piquant*, l'*ortie à feuilles de chanvre*.

CHAODINÉES, famille naturelle de plantes cryptogames, ayant pour type le genre *chaos*, qui renferme cette espèce d'enduit muqueux répandu à la surface des corps imprégnés d'humidité et colorant en vert. La famille des chaodinées renferme trois sections : les *chaodinées* proprement dites, les *tremellaires* et les *diphyses*.

CHAONIE, contrée montagneuse de l'Epire, qui, selon la fable, reçut son nom de Chaon, fils de Priam, tué involontairement par son frère Hélénus. Elle était située entre l'Atintanie, la Molosside et la mer. Ses villes principales étaient *Panorme*, *Chimère* et *Oricium*. Dans un bois de cette contrée étaient des colombes (*Chaoniæ aves*), qui rendaient les oracles. On donnait anciennement le nom de *Chaonius victus* au gland, nourriture des premiers habitants de ce pays.

CHAOS (myth.), assemblage confus d'éléments inertes, qui existait, selon les poëtes, avant la formation du monde, et dont un être supérieur se servit pour le former. Cette doctrine a été embellie par Hésiode, à qui d'autres poëtes l'ont empruntée. Le Chaos était le plus ancien des dieux; on l'invoquait comme l'une des divinités infernales.

**CHAOURI**, monnaie d'argent qui a cours à Téflis en Géorgie, et vaut 22 centimes et tiers de notre monnaie.

**CHAPE.** On nomme ainsi en mécanique, 1° un trou percé dans le bois, dans le fer, etc., et destiné à recevoir les extrémités de l'essieu d'une poulie, d'une balance, d'un tour; 2° des bandes de fer recourbées en demi-cercle, entre lesquelles sont suspendues et tournent des poulies sur un pivot qui les traverse et leur sert d'axes.

**CHAPE**, ornement d'église, que portent ordinairement les chantres des fêtes solennelles. Les évêques et les autres officiants en portent aussi. La chape, qui vient originairement du manteau des anciens appelé *penula*, avait autrefois, comme ce manteau, un capuchon qui couvrait la tête. La chape des pontifes romains était pourpre, celle des clercs et simples ecclésiastiques noire ou blanche. Celle des évêques était un manteau ou *pallium* d'étoffe de soie et d'or.

**CHAPE DE SAINT-MARTIN**, voile de taffetas sur lequel le saint était peint, et qui avait reposé un jour ou deux sur son tombeau. C'était une espèce d'étendard dont les ducs d'Anjou étaient gardiens comme sénéchaux de France, et qu'on portait à l'armée sous la première et la seconde race.

**CHAPEAU**, partie du vêtement qui sert à couvrir la tête. Les chapeaux de femmes sont communément formés d'une étoffe de soie ou de peluche, et quelquefois de paille. Les chapeaux de paille pour femmes viennent d'Italie bruts et sans apprêts, soit simplement en bandes ou nattes tressées à sept, neuf, onze et même treize brins de paille entière ou divisée, de bois blanc, de sparteries, etc.; soit sous la forme qu'ils doivent conserver. Les chapeaux pour hommes se font en feutre ou en soie. Ces derniers se composent d'une carcasse mince de feutre gommé, imperméable à l'eau, sur laquelle on colle une enveloppe de peluche de soie. Quant aux chapeaux feutres, voy. FEUTRES. — L'usage des chapeaux ne remonte pas au delà de Charles VI. Ils eurent d'abord la forme d'une simple calotte fort petite; les ailes s'étendirent, et finirent plus tard par être relevées d'abord sur deux, puis sur trois côtés, dans les *tricornes*. Le chapeau à claques n'est qu'une modification du tricorne. — Le *chapeau rouge* est la coiffure distinctive des cardinaux depuis 1245.

**CHAPEAU.** En histoire naturelle, c'est la partie supérieure d'un champignon, plus ou moins large, étendue horizontalement, de forme hémisphérique, et portant les graines ou *sporules* propres à la reproduction de la plante.

**CHAPEAU CHINOIS**, instrument de percussion dont on fait usage dans la musique militaire, et que l'on fait résonner en l'agitant par secousses. Il a la forme d'une sorte de chapeau ou de coiffure chinoise et est en cuivre. Des sonnettes ou grelots suspendus à ses bords produisent le son.

**CHAPEAUX** (Les), nom d'une faction politique qui, de 1738 à 1772, divisa la Suède par son opposition avec le parti des *bonnets*. Ces derniers étaient les partisans de la Russie, tandis que les chapeaux étaient dévoués à la France. Les premiers avaient été nommés *bonnets*, à cause de leur attachement à la paix avec la Russie.

**CHAPELAIN**, nom donné à celui qui dessert une chapelle. Les rois avaient huit chapelains, c'est-à-dire, huit ecclésiastiques, qui servaient leur oratoire par quartiers, et dont le chef portait le nom d'*archichapelain*. Pendant les temps féodaux, le chapelain était le lecteur et le secrétaire du seigneur auquel il était attaché. — Dans l'ordre de Malte, les *chapelains* étaient des clercs conventuels formant le second rang de cet ordre, les chevaliers tenant le premier et les servants d'armes le troisième.

**CHAPELAIN** (Jean), poëte français, né à Paris en 1595. D'abord précepteur des enfants du marquis de la Trousse, grand prévôt de France, il fit paraître son *Jugement de l'Adonis* de Marini, plusieurs *odes* et le poëme de la *Pucelle*. Les satires de Boileau contre lui sont connues, et il est reconnu qu'elles sont un peu injustes. Le nom de Chapelain avait été si imposant en littérature, qu'il fut choisi par l'académie française, dont il était un des membres fondateurs, pour rédiger la critique du *Cid* de Corneille. Chapelain mourut en 1674.

**CHAPELET**, réunion de plusieurs grains enfilés, qui servent à compter le nombre des *Pater* et des *Ave* qu'on veut dire en l'honneur de Dieu et de la Vierge Marie. Un chapelet est ordinairement composé de cinq *Pater* et de cinquante *Ave*, qu'on récite, les premiers sur cinq gros grains, les seconds sur cinquante petits. Lorsque le nombre des *Ave* monte à cent cinquante et celui des *Pater* à quinze, c'est-à-dire, lorsqu'on dit trois chapelets, cela s'appelle dire le *rosaire*. — On attribue à Pierre l'Ermite l'invention du chapelet; d'autres en font honneur à sainte Gertrude. — En termes d'architecture, c'est une baguette ornée de petits grains.

**CHAPELET HYDRAULIQUE**, machine qui sert ou qui peut servir à élever l'eau d'un puits ou d'une rivière à des hauteurs indéterminées. Elle se compose d'une chaîne sans fin, ordinairement en cuivre, dont les maillons, réunis à articulation, portent des disques en cuir fort, qu'on fait circuler à l'aide d'un tambour, et qui, en passant successivement dans le tuyau vertical, dont le bas plonge dans l'eau et le même calibre que les disques, élèvent l'eau dans ce tuyau, de la même manière que le piston le fait monter dans une pompe ordinaire.

**CHAPELLE**, oratoire dans lequel il n'y a qu'un autel, et où l'on ne peut dire la messe qu'avec la permission de l'évêque diocésain. On distingue les chapelles qui sont dans les églises, dont elles font partie, et celles qui sont hors des églises. Dans l'abbaye de Westminster, à Londres, se trouve la chapelle de Henri VII, remarquable par la richesse de ses ornements mauresques et par les tombeaux de Marie Stuart et d'Elisabeth. — Les musulmans ont, comme nous, des chapelles sépulcrales et expiatoires, que les Turks appellent *turbé*, et les Arabes, les Persans et les Africains mahométans *meschedā*.

**CHAPELLE**, nom donné à la réunion des musiciens qui exécutent de la musique dans une église ou dans la chapelle d'un prince.

**CHAPELLE** (LA SAINTE-), église fondée par saint Louis en 1245, et construite par l'architecte Pierre de Montreuil. C'est une des plus beaux monuments du moyen âge et d'architecture gothique. C'était la paroisse de tous les officiers, domestiques, etc., attachés au service du roi, et de toutes les personnes qui demeuraient dans la cour du palais. A la révolution, la Sainte-Chapelle fut dépouillée de ses reliques, et depuis elle a été affectée au dépôt des archives de la cour des comptes.

**CHAPELLE** (Claude - Emmanuel LUILLIER, surnommé), fils naturel d'un maître des comptes, naquit en 1616 au village de la Chapelle entre Paris et Saint-Denis. Le jeune Chapelle eut Gassendi pour maître dans la philosophie, et se fit bientôt connaître par sa réputation de poëte facile, voluptueux et badin. On connaît le *Voyage*, en prose et en vers, qu'il fit en société avec Bachaumont. Il mourut en 1686. — Il ne faut pas le confondre avec JEAN DE LA CHAPELLE, né à Bourges en 1655, et mort en 1723, membre de l'académie française On a de lui plusieurs ouvrages.

**CHAPERON**, sorte de capuchon ou de vêtement de tête, qui était la coiffure ordinaire du temps de Charles V. La couleur du chaperon servait à distinguer les différents partis. Ceux des princes, des nobles et de leurs dames, étaient en tissu fin, soie, etc., et chargés de broderies et même de pierreries. Les femmes des principaux magistrats les portaient en velours, les autres bourgeoises en drap. Les femmes quittèrent le chaperon plus tard que les hommes.

**CHAPERON.** On donne ce nom, en maçonnerie, à la partie supérieure d'un mur de clôture formant une sorte de couverture en dos d'âne pour rejeter l'eau.

**CHAPERON**, espèce de coiffe dont on couvrait les yeux des oiseaux de fauconnerie. Le *chaperon de rust* était destiné aux oiseaux non dressés. — En termes d'artillerie, c'est un petit toit que l'on met sur la lumière du canon. — En termes d'horlogers, c'est une plaque ronde qui se monte sur l'extrémité du pivot d'une roue.

**CHAPERON**, nom donné, en histoire naturelle, à la partie du corps des insectes qui est immédiatement au-dessus de la bouche, et à laquelle est attachée la lèvre supérieure, parce qu'elle couvre ou abrite la bouche.

**CHAPIERS**, nom donné aux chantres, parce qu'ils portent ordinairement la chape.

**CHAPITEAU.** On appelle ainsi, en architecture, la partie qui termine une colonne ou un pilastre. La pierre plate et carrée qui surmonte le chapiteau s'appelle *abaque* ou *tailloir*. Le renflement qui se trouve au-dessous de l'abaque s'appelle *ove*, ou *quart de rond*. Le second renflement, placé plus bas, a reçu le nom d'*astragale*, et l'espace entre eux deux s'appelle le *gorgerin*. La forme et les ornements du chapiteau varient beaucoup. Il y a des chapiteaux *doriques*, *ioniques*, *corinthiens*, *toscans* et *composites*.

**CHAPITEAU.** C'est, en chimie, la partie d'un alambic, dans laquelle s'opère la condensation des vapeurs qui s'élèvent de la cucurbite.

**CHAPITRE**, communauté d'ecclésiastiques qui desservent une église cathédrale ou collégiale. La réunion de tous les membres du clergé en divers chapitres ne paraît pas remonter au delà du vie siècle. Le pouvoir régulièrement exercé par les chapitres se réduisait à l'administration du temporel, à la disposition des bénéfices, et à la faculté d'arrêter les règlements intérieurs de discipline de la communauté. L'assemblée dans laquelle ces règlements étaient arrêtés a reçu aussi le nom de *chapitre*. Les chanoines laïques n'ont pas droit de suffrage dans le chapitre.

**CHAPON**, nom donné à un jeune coq auquel on a enlevé les parties essentielles à la génération, afin de donner plus de délicatesse à sa chair. On lui coupe aussi la crête. On le destine encore à élever les poussins. Pour cela faire, on choisit le chapon plus vigoureux, on lui ôte la plume sous le ventre, on frotte la peau avec des orties et on l'enivre en lui faisant avaler de la mie de pain trempée dans du vin. Ensuite on le met sous une cage avec deux ou trois poulets assez grands, qui, lui passant sous le ventre, adoucissent l'âpreté de ses piqûres et l'engagent, par ce soulagement, à les recevoir. Les chapons les plus estimés sont ceux du Mans.

**CHAPPARS**, courriers du roi de Perse, chargés des dépêches de cour pour les provinces. Ils ont le singulier privilége de s'emparer sans indemnité de tous les chevaux qu'ils rencontrent, sans que l'on puisse opposer de résistance.

**CHAPPE** (Claude), né à Brulon (Sarthe) en 1763. Il se livra à l'étude de la physique et perfectionna l'art des signaux, qui véritablement existait avant lui. Il présenta en 1792 à l'assemblée législative la machine qu'il nomma *télégraphe*. On ne s'en servit pour la première fois qu'en 1793. Il fut dans la suite nommé administrateur du télégraphe, place qu'il occupa jusqu'à sa mort, arrivée en 1806. — Il ne faut pas le confondre avec JEAN CHAPPE D'AUTEROCHE, célèbre astronome, membre de l'académie des sciences, né en 1722 à Mauriac (Cantal), mort en 1769.

**CHAPTAL** (Jean-Antoine), comte de Chanteloup, né à Nosaret (Lozère) en 1756. Il étudia la médecine à Montpellier et se distingua tellement, que les états du Languedoc créèrent pour lui une chaire de chimie à Montpellier. Il est un des principaux auteurs de la fabrication de l'acide sulfurique et de la teinture du coton en rouge d'Andrinople. Lors de la formation de l'école polytechnique, il fut appelé à y professer. En 1798, il fut nommé membre de l'Institut. Après le 18 brumaire, nommé conseiller d'État, il fut, huit mois après, appelé au ministère de l'intérieur, qu'il administra jusqu'en 1804. Il fut appelé en 1814 à la direction générale du commerce et des manufactures, et nommé ministre d'État et pair de France. Chaptal mourut en 1832. On connaît son ouvrage *sur l'Industrie française et ses Éléments de chimie*.

**CHAR**, voiture à deux roues dont se servaient les anciens dans les combats, les jeux, les triomphes. Les médailles et les historiens de l'antiquité nous les représentent comme étant traînés ordinairement par deux chevaux attelés de front à un timon et guidés par un homme debout sur le devant du char. Les chars des dames romaines s'appelaient *basternes*. On attribue l'invention des chars à Erichthonius, roi d'Athènes. Il y avait plusieurs espèces de chars qui portaient, chez les Romains, les noms de *biges*, *triges*, *quadriges*, suivant le nombre de chevaux attelés. Il y avait encore des chars à six chevaux de front, qu'on appelait *séjuges*, ou à sept, qu'on nommait *septijuges*.

**CHARACÉES**, famille de plantes cryptogames formée par Richard, et se composant d'un genre unique, le *chara* ou *charagne*, appelé aussi *lustre d'eau*. Les charas sont des plantes aquatiques qui croissent dans les eaux stagnantes; leur odeur est fétide, leurs tiges rameuses, faibles, flottantes, cassantes, hérissées de pointes ou lisses à leur surface.

**CHARACINS**, nom sous lequel on a réuni tous les poissons de la famille des salmones qui n'ont pas plus de quatre ou cinq rayons aux ouïes. Ce groupe renferme les *curimates*, les *serra-salmes*, les *raïis*, les *hydrocyns*, les *citharines*, les *piabuques*, les *tétragonoptères*, les *anostomes*, les *serpes*.

**CHARADE**, petite pièce de vers renfermant une espèce d'énigme dans laquelle on divise un mot en autant de parties qu'il y a de syllabes, de manière que chaque syllabe ait un sens complet. On définit successivement chaque partie, et l'on propose de deviner quel est le mot qu'elles forment. Elle diffère du *logogriphe* en ce que celui-ci fait subir au mot qu'il donne à deviner une décomposition complète.

**CHARAG**, tribut que les chrétiens et les juifs payent au grand seigneur en Turquie. Les prêtres, les religieux chrétiens, les rabbins des juifs et les femmes ne le payent pas. Les hommes commencent à le payer à neuf ou à seize ans. Il est plus ou moins fort, suivant les lieux: quelquefois il monte à 10, 12 et 15 francs.

**CHARANÇON**, genre d'insectes coléoptères, famille des rhyncophores. Le genre charançon était autrefois très-nombreux en espèces. On en a détaché la plupart pour former des genres différents dont le nombre s'élève aujourd'hui à cent cinquante. Parmi ces genres se trouvent les calandres, qui peuvent donner une idée des mœurs des charançons. Tous sont des insectes dévorants, qui détruisent le blé.

**CHARANÇONITES**, tribu d'insectes de l'ordre des coléoptères, section des tétramères, famille des rhyncophores ayant pour caractères : le dessous des tarses muni d'un duvet court, formant des pelotes dans presque tous; le pénultième article trilobé; les antennes de onze articles, coudées, terminées en massue.

**CHARBON**. Voy. **ANTHRAX**.

**CHARBON**. On donne ce nom à une maladie qui attaque la graine des céréales, et qui est produite par une espèce de cryptogame parasite que l'on appelle *uredo carbo*. Dans cette maladie, les graines sont détruites et transformées en une poussière noire, inodore et très-facile à détacher.

**CHARBON**, nom donné au produit solide, noir et fixe, obtenu en décomposant les matières végétales et animales par le feu dans les vaisseaux clos, et dans lequel *saline*, qui constitue les cendres, et l'autre dite *charbonneuse*. On distingue trois sortes de charbons: le *charbon animal*, le *charbon minéral* et le *charbon végétal*.

**CHARBON ANIMAL**, nom donné au charbon qu'on obtient en distillant dans des vases clos, à une température un peu au-dessus du rouge cerise, les os de divers animaux. Ce charbon, qui est d'un gris noirâtre et brillant, est employé plus particulièrement pour enlever la matière colorante qui accompagne diverses substances et surtout celle qui est unie aux sucres bruts obtenus des cannes et des betteraves. Aussi aujourd'hui on l'emploie généralement dans le raffinage et la préparation du sucre.

**CHARBON MINÉRAL**. On donne ce nom aux charbons que l'on tire de la terre, et particulièrement au *charbon de terre* ou *houille*. On désigne encore ainsi un charbon nouvellement connu, que l'on obtient en calcinant en vases clos un minerai de schiste bitumineux que l'on a proposé pour remplacer le charbon animal dans la fabrication et le raffinage du sucre. La beauté du noir que l'on obtient avec le schiste bitumineux rend facile son application en peinture, dans la fabrication du cirage et d'autres matières.

**CHARBON VÉGÉTAL**, nom donné au charbon qu'on obtient en calcinant les matières végétales. Le plus connu est le *charbon de bois*, qu'on emploie dans la fabrication de la poudre à canon, de l'encre d'imprimerie, de l'acier, etc. On se sert du charbon de bois, 1° pour priver les substances végétales et animales qui commencent à se putréfier, de leur odeur et de leur saveur désagréables; 2° pour rendre potable l'eau chargée de débris animaux; 3° pour décolorer un grand nombre de liquides. En médecine, on l'emploie comme antiputride, sous le nom de *magnésie noire*; on l'a également administré contre la teigne, dans le pansement des ulcères de mauvais aspect, etc. — Les bois durs et compactes sont ceux qui donnent le meilleur charbon.

**CHARBONNIERS**, nom donné à ceux qui fabriquent le charbon végétal. Autrefois la corporation des charbonniers jouissait de priviléges remarquables. Lors des mariages, des naissances des princes du sang, une députation de charbonniers était admise à la cour. Un autre de leurs priviléges était d'occuper par leurs délégués, aux représentations gratis des théâtres, les deux grandes loges de l'avant-scène, dites du roi et de la reine.

**CHARBOUGLION**, nom donné par les vétérinaires à une inflammation ulcéreuse de la membrane pituitaire. Cette maladie emporte le plus grand nombre d'animaux qui en sont atteints.

**CHARCAS**, nom donné autrefois à une province de Bolivia ou du haut Pérou, appelée aujourd'hui *Chuquisaca* ou *la Plata*.

**CHARDON**, genre de la famille des synanthérées, renfermant les herbes épineuses les plus aimées des abeilles et des ânes. L'espèce la plus commune est le *chardon-Marie* (chardon argenté, de Notre-Dame, lacté et taché). Elle est remarquable par la grandeur, la beauté de ses feuilles chargées d'épines, et l'éclat de ses fleurs purpurines. Les agriculteurs la coupent lorsqu'elle est à moitié fleurie, pour la piler et la donner aux bestiaux, ou pour la brûler, soit pour chauffer les fours, soit pour en retirer la potasse.

**CHARDON**. On appelle vulgairement *chardon acanthe* le *pédane*; chardon aux ânes, l'*onoporde*; *chardon bénit*, la *centaurée chausse-trape*; *chardon bénit des Parisiens*, le *carthame laineux*, *chardon bleu*, le *panicaut améthyste*, *chardon à bonnetier*, la *cardère*; *chardon des prés*, la *cnique*; *chardon des Indes*, le *cactier à côtes droites*; *chardon doré*, la *centaurée solsticiale*; *chardon du Brésil*, l'*ananas*; *chardon échinope*, l'*échinops ou boulette*; *chardon étoilé*, la *chausse-trape étoilée*; *chardon hémorroïdal*, la *sarrète des champs*; *chardon laiteux*, la *centaurée galactide*; *chardon prisonnier*, le *carthame à roseau*; *chardon Notre-Dame* ou *Marie* (voy. **CHARDON**); *chardon roland* ou *roulant*, le *panicaut champêtre*.

**CHARDON A FOULON**. Voy. **CARDÈRE**.

**CHARDON** (NOTRE-DAME DU), ordre militaire institué en 1370 à Moulins, par Louis II, dit *le Bon*, duc de Bourbon, le jour de la Purification. Il était composé de vingt-six chevaliers, qui portaient la ceinture de couleur bleu céleste, sur laquelle on lisait ce mot : *Esperance*. Le grand manteau de cet ordre était de bleu céleste, doublé de satin rouge, et le grand collier de fin or, composé de losanges et de demi-losanges émaillés de vert, duquel pendait, sur l'estomac, un ovale dans lequel était l'image de la sainte Vierge, entourée d'un soleil d'or, couronnée de douze étoiles d'argent, avec un croissant de même sous ses pieds, et au bout une tête de chardon émaillée de vert.

**CHARDONNERET**, nom vulgaire d'une espèce du genre *moineau*, ainsi nommée parce qu'elle se nourrit des graines de chardon. Le chardonneret est un oiseau qui présente pour le mâle et la femelle deux systèmes différents de coloration. Le premier, toujours mieux paré, plus vif, le chant plus agréable; la femelle, dont les couleurs sont plus sombres, est triste et sans ramage. Le chardonneret est recherché pour la gentillesse de son chant. Il construit son nid sur les arbres les plus élevés. Il se tient dans les bois et les parcs.

**CHARENTE**, fleuve de France, qui a sa source à Chéronnac (Haute-Vienne), à 2 lieues de Rochechouart, traverse les départements de la Charente et de la Charente-Inférieure, auxquels il donne son nom, et se jette dans l'Océan au-dessus de Rochefort et vis-à-vis de l'île d'Oléron. Son cours est de 320,000 mètres. La Charente est navigable jusqu'à Angoulême. Les vaisseaux la remontent jusqu'à Tonnai-Charente.

**CHARENTE**, département de la France occidento-centrale, formé de l'Angoumois et de la Saintonge, borné au N. par les départements de la Vienne et des Deux-Sèvres, à l'E. par ceux de la Haute-Vienne et de la Dordogne, au S. par ceux de la Dordogne et de la Charente-Inférieure, à l'O. par celui de la Charente-Inférieure. Il tire son nom de la principale rivière qui l'arrose. Sa superficie est de 588,243 hectares, et sa population de 383,000 habitants. Il se divise en cinq arrondissements: Angoulême (chef-lieu), Cognac, Barbezieux, Confolens et Ruffec. On y remarque le château de la Rochefoucauld, le champ de bataille de Jarnac, les vignobles de Cognac qui produisent la meilleure eau-de-vie du monde, etc. Il est compris dans la onzième division militaire, le diocèse d'Angoulême, et le ressort de l'académie et de la cour d'appel de Bordeaux. La principale richesse du département consiste dans le produit des vignobles, qui sont en général convertis en eaux-de-vie, en truffes (le produit de leur vente donne 300,900 francs annuellement), en sel. Les principaux établissements industriels sont des distilleries, des fabriques de papier, des fonderies. Il y a des mines de fer et des carrières.

**CHARENTE-INFÉRIEURE**, département maritime de la France, région de l'O., formé de l'Aunis, de la Saintonge et de plusieurs petites îles. Il est borné au N. par les départements de la Vendée et des Deux-Sèvres, à l'E. par ceux de la Charente et de la Dordogne, au S. par celui de la Gironde, à l'O. par l'Océan. Sa superficie est de 608,050 hectares, et sa population de 470,000 habitants. Il se divise en six arrondissements : *la Rochelle* (chef-lieu), *Jonzac, Marennes, Rochefort, Saint-Jean d'Angely* et *Saintes*. On y remarque le port de la Rochelle, l'île de Ré, l'île d'Oléron, l'arsenal maritime de Rochefort, l'arc de triomphe romain du pont de Saintes, le vieux pont de Taillebourg, etc. Il est compris dans la onzième division militaire, le diocèse de la Rochelle, et dans le ressort de l'académie et de la cour d'appel de Poitiers. Le commerce est alimenté par les productions en vins, eaux-de-vie, sels, grains et céréales, par la distillation des liqueurs, les huîtres, la pêche des sardines. Le sel qu'on recueille sur les côtes est le meilleur de France. Les ports font des armements pour la pêche de la morue.

CHARENTON, bourg du département de la Seine, chef-lieu de canton, sur la rive droite de la Marne, à 3 lieues de Sceaux et 2 de Paris. Sa population est de 1,449 habitants. Il se divise en *deux parties*, l'une *Charenton-le-Pont* et l'autre *Charenton Saint-Maurice*. C'est dans cette dernière que se trouve le fameux hospice pour les aliénés des deux sexes, connu sous le nom de *Maison royale*, et fondé en 1741 par Sébastien Lebianc. Le gouvernement républicain le réunit à la direction générale des hôpitaux de Paris, mais la destination n'en fut point changée. Cet établissement peut contenir quatre cents personnes. Les admissions d'aliénés à titre gratuit ne peuvent être autorisées que par le ministre. Il y a trois classes de pensionnaires : ceux payant 1,800 francs et au-dessus, ceux payant 1,000 francs et ceux payant 720 francs. La maison de Charenton est administrée par l'autorité immédiate du ministre de l'intérieur, et placée sous la surveillance d'une commission nommée par lui. — A Charenton-le-Pont se trouvait autrefois un fameux temple protestant construit en 1606 et démoli en 1685.

CHARÈS, nom de plusieurs hommes célèbres de l'antiquité.— Les plus connus sont CHARÈS, général athénien à la bataille de Chéronée, et dont l'incapacité contribua à la perte de la bataille.— CHARÈS de Mytilène, *isangèle* (huissier de la chambre) d'Alexandre le Grand, qui rassembla des particularités sur la vie de ce prince, et en composa un ouvrage dont il ne nous reste que quelques fragments. — CHARÈS, sculpteur lydien, disciple de Lysippe, qui s'immortalisa par le fameux *colosse de Rhodes*, qu'il mit douze ans à élever.

CHARETTE DE LA CONTRIE (François-Athanase), général vendéen, né en 1763 à Gouffé (Loire-Inférieure). Il entra d'abord au service de la marine, et était lieutenant de vaisseau au moment de la révolution. Il émigra quelque temps, et rentra ensuite en France. Il se mit à la tête des insurgés vendéens, et se rendit maître de Pornic et de Machecoult. Il vint avec les autres chefs royalistes mettre le siège devant Nantes. Il devint la terreur des républicains, qui parvinrent à lui faire signer un traité de pacification, presque aussitôt rompu. Charette, après avoir cherché à favoriser la descente de Quiberon, fut fait prisonnier et transféré à Nantes, où il fut fusillé le 29 mars 1796.

CHARGE. On appelle ainsi tout ce que peut contenir ou porter un objet destiné à porter un fardeau. Dans un bâtiment, la *ligne de charge* ou de flottaison est celle du niveau de l'eau sur la carène. On tire à *charge de combat* lorsqu'on met dans un canon le nombre de livres de poudre égal au tiers de son calibre. — En stratégie, on appelle *charge à l'arme blanche* une marche vive et brusque par laquelle des attaquants se précipitent sur l'ennemi. Actuellement les charges d'infanterie se font à la baïonnette, en ordre de bataille, en colonne d'attaque ou en colonne serrée, et les *charges* de cavalerie au sabre.

CHARILAUS, roi de Sparte, fils de Polydecte et neveu de Lycurgue, fut élevé par les soins de son oncle, qui gouverna pendant sa minorité. Il déclara la guerre aux Argiens, sur lesquels il gagna une victoire. Il fit ensuite la guerre aux Tégéates, qui le firent prisonnier, et le relâchèrent à condition qu'il ne reprendrait plus les armes. Charilaüs mourut l'an 770 avant J.-C., à soixante-quatre ans, et eut pour successeur Nicandre, son fils. Archélaüs avait été son collègue.

CHARILÉES, fêtes célébrées à Delphes tous les neuf ans pour honorer la mémoire de Charila, jeune fille orpheline, qui, pendant une famine, n'ayant pu obtenir du roi que du mépris, se pendit de désespoir. Le roi présidait à la fête, et distribuait du grain aux assistants. On portait devant lui la statue de Charila, à laquelle il donnait un soufflet avec sa chaussure, et on l'enterrait ensuite dans un lieu désert, après l'avoir pendue.

CHARIOT, voiture à quatre roues, destinée à transporter, par terre et au moyen d'animaux attelés, toutes sortes de fardeaux. Les *chariots à voiles* furent inventés par Simon Stevin de Bruges, mathématicien du comte Maurice de Nassau. — Les *chariots à vapeur*, appelés aussi *waggons*, et universellement employés pour le transport des fardeaux à la suite des voitures à vapeur, ont été inventés par Montgolfier, et perfectionnés en 1770 par M. Cugnot, ingénieur militaire. Les Anglais s'emparèrent de cette idée, et y apportèrent encore plus de perfection.

CHARIOT DE GUERRE, chariot qui, chez les anciens, servait à la guerre. On en connaît de deux sortes : les uns servaient de monture aux princes et aux généraux, les autres étaient destinés à rompre les bataillons des ennemis, en les lâchant contre eux. Le timon était armé de piques, avec des pointes de fer qui s'avançaient. Les jougs des chevaux avaient aussi des pointes longues de trois coudées. A l'essieu étaient attachées des broches de fer, armées de faux à leurs extrémités. Entre les rais des roues on plaçait des dards, et les jantes des roues étaient garnies de faux qui mettaient en pièces tout ce qu'elles rencontraient. Quelquefois les chariots étaient couverts de soldats armés.

CHARISIES, fêtes instituées en l'honneur des Grâces, que les Grecs appelaient *Charites*. Une des particularités de ces fêtes était de danser pendant toute la nuit ; celui qui résistait le plus longtemps à la fatigue et au sommeil obtenait pour prix un gâteau de miel et d'autres friandises appelées *charisia*.

CHARISTICAIRES. C'étaient, chez les Grecs, des espèces de commendataires ou donataires, qui jouissaient de tous les revenus de monastères ou d'hôpitaux qui leur étaient attribués, sans en rendre compte à personne.

CHARISTIES. Voy. CARISTIES.

CHARITÉ, l'une des trois vertus théologales, par laquelle nous aimons Dieu pour lui-même, et notre prochain comme nous-mêmes pour l'amour de Dieu. — L'ordre religieux de la *Charité* fut institué par saint Jean de Dieu pour le service des malades, approuvé en 1520 par Léon X, et confirmé par Paul V en 1617. — L'ordre religieux de la *Charité de la sainte Vierge*, établi dans le diocèse de Châlons-sur-Marne par Guy, seigneur de Joinville, et de Bourg-Saint-Georges, sur la fin du XIIIe siècle, fût approuvé sous la règle de Saint-Augustin par les papes Boniface VIII et Clément VI.

CHARITÉ CHRÉTIENNE, ordre établi par Henri III en faveur des soldats estropiés au service de l'État. Les chevaliers portaient une croix sur le manteau, au côté gauche, avec de la croix ces mots en broderie d'or, *Pour avoir fidèlement servi*.

CHARITÉ DE NOTRE-DAME (HOSPITALIÈRES DE LA), religieuses instituées en 1624 par Simone Gaugain, connue sous le nom de mère *Françoise de la Croix*, pour rendre aux femmes malades les mêmes services que les religieux de la congrégation de Saint-Jean de Dieu rendaient aux hommes. Elles suivaient la règle de Saint-Augustin, et joignaient aux trois vœux ordinaires celui d'exercer l'hospitalité envers les femmes malades.

CHARITÉ (FILLES OU SŒURS DE LA), congrégation religieuse et hospitalière, instituée dans la Bresse en 1617 par saint Vincent de Paule et Mme le Gras à Paris. On les appelait aussi *servantes des pauvres*. Les sœurs de la Charité furent placées sous la direction du supérieur général des missions. Elles étaient autrefois vêtues de gris, ce qui leur avait fait donner le nom de *sœurs grises*, et depuis elles ont pris le noir. Leur coiffure est blanche, très-avancée, et se nomme *cornette*. Leur principal emploi est de faire le service des bureaux de charité et des hôpitaux. Elles soignent les malades, et leur administrent les médicaments prescrits par les médecins. Elles sont aussi vouées à l'instruction de la classe pauvre. Les sœurs de la Charité sont admises à faire des vœux simples après cinq ans d'épreuve seulement, et ces vœux, elles ne les font que pour un an.

CHARITÉ (BUREAUX DE), bureaux chargés de la distribution à domicile des secours. A Paris, ces bureaux sont au nombre de douze et sous la direction du préfet de la Seine et du conseil général de l'administration des hospices. Douze médecins et quatorze chirurgiens sont attachés à chaque bureau.

CHARITES. Voy. GRÂCES.

CHARITON, écrivain grec du Bas-Empire, natif d'Aphrodise dans la Carie, et secrétaire du rhéteur Anaxagore. Il vivait à la fin du IVe siècle. On a de lui un roman publié pour la première fois en 1750, et intitulé *les Amours de Chœréas et Callirhoé*.

CHARIZY et mieux AL-HARIZY (Yehouda-Ben-Salomon-Ben), célèbre rabbin du XIIIe siècle, l'un des écrivains les plus remarquables du moyen âge, né en Espagne. Il traduisit en hébreu les poésies de l'Arabe Hariri (*les Makâmât*). On lui doit un ouvrage original du même genre, en hébreu, sous le titre de *Tahkemoni*.

CHARLEMAGNE. Voy. CHARLES.

CHARLEMONT, fort du département des Ardennes, sur une montagne, à 9 lieues de Namur et dans la commune de Givet, dont il fait partie. Le fort de Charlemont fut bâti par Charles-Quint en 1555.

CHARLEROI, petite et forte ville de la Belgique, sur la Sambre et le Piéton, à 8 lieues de Namur et de Mons. Sa population est de 4,400 habitants. Elle a des fabriques de laine et de clous. On y trouve des mines de charbon de terre, des moulins à scier et des briqueteries. Bâtie par les Espagnols en 1666, elle fut presque aussitôt cédée à la France ; à la paix, elle leur fut rendue. En 1794, Charleroi fut pris par les armées françaises, et resta à la France jusqu'en 1814. La France l'a perdue après la bataille de Waterloo (1815).

CHARLES MARTEL, fils de Pepin d'Héristal et de sa concubine Alpaïde, naquit en 690. Il avait vingt-quatre ans à la mort de son père. Plectrude, sa veuve, qui voulait gouverner au nom de Théobald et d'Arnoul, ses petits-fils, fit enfermer Charles Martel à Cologne. Les Austrasiens l'en firent sortir en 715, et le nommèrent maire du palais. Charles battit Rainfroi, maire de Neustrie, et s'empara de la Neustrie et de la Bourgogne. Il substitua à la place de Chilpéric II, en 718, un fantôme de roi nommé Clotaire IV, et à la mort de celui-ci il rétablit Chilpéric. Il battit ensuite les Saxons et les Frisons, et tailla en pièces les Sarrasins, qui avaient envahi la France près de Poitiers en 732. C'est à cause de cette victoire que Charles reçut le surnom de *Martel*, comme s'il se fût servi d'un marteau pour écraser les barbares. Il les chassa entièrement de l'Aquitaine, et mourut en 741 à Crécy-sur-Oise.

CHARLES. Dix rois de France ont porté ce nom.—CHARLES Ier, plus connu sous le nom de CHARLEMAGNE, fils aîné de Pepin le Bref, naquit en 742, et succéda à son père en 768, avec son frère Carloman. Il eut en partage l'Austrasie, la Neustrie, quelques provinces de la Germanie et de l'Aquitaine. Après la mort de Carloman (771), il réunit sous son pouvoir toute la monarchie française. Appelé en Italie par le pape Adrien, il assiége Didier, roi des Lombards, dans Pavie (773), s'en empare, ajoute à ses titres celui de *roi des Lombards*, et confirme au pape la dotation de son père Pepin. Le soulèvement des Saxons l'appelle au delà du Rhin (775). Après les avoir soumis, il passe en Espagne pour rétablir un émir sarrasin à Saragosse, et perd dans sa retraite la journée de Roncevaux (778), où son neveu Roland fut tué. Après avoir défait les Saxons et soumis en 785 le fameux Witikind, après s'être rendu maître de l'Allemagne et de l'Italie, il se fait couronner à Rome empereur d'Occident par le pape Léon III (800). Après avoir mis fin à la guerre de Saxe qui avait duré trente-trois ans, reçu des ambassades du calife Haroun-al-Raschid et de l'empereur d'Orient Nicéphore, il meurt à Aix-la-Chapelle en 814. L'empire de Charlemagne s'étendait en Espagne jusqu'à l'Èbre, en Italie jusqu'au Vulturne, en Allemagne jusqu'à la Theiss et la Vistule. Il fut le restaurateur et le protecteur des lettres, fonda plusieurs monastères et académies, et donna un grand nombre de lois connues sous le nom de *Capitulaires*. — CHARLES II, dit *le Chauve*, fils de Louis le Débonnaire et de Judith de Bavière, né à Francfort sur le Mein en 823, eut d'abord en partage la Germanie. A la mort de son père (840), il s'unit avec Louis le Germanique, son frère, contre Lothaire, leur autre frère, et la victoire de Fontenai (841) lui donna l'Aquitaine avec la Neustrie. Les Normands ayant envahi la Neustrie, Charles leur opposa l'or au lieu du fer. A la mort de Lothaire II, roi de Lorraine (869), Charles le Chauve partagea ses Etats avec Louis le Germanique. A la mort de l'empereur Louis II (875), il se fit nommer empereur. Il mourut (877) empoisonné par le juif Sédécias, son médecin et son favori. — CHARLES III, dit *le Simple*, fils posthume de Louis le Bègue, né en 879, fut longtemps éloigné du trône pendant sa minorité. Foulques, archevêque de Reims, et Héribert, comte de Vermandois, le firent reconnaître en 893. Détrôné encore une fois par Eudes, il remonta sur le trône à la mort de son rival (898). Pour apaiser la fureur des Normands, il donna à Rollon, leur chef, la main de sa fille Gisèle avec la Neustrie et la Bretagne, à condition qu'il embrasserait le christianisme. Les seigneurs le déposèrent, et mirent à sa place Robert, frère d'Eudes (922). Charles lui livra bataille et le tua. Battu par Hugues, fils de Robert, il se réfugia chez Héribert, comte de Vermandois, qui l'enferma à Péronne, où il mourut en 929. — CHARLES IV, dit *le Bel*, troisième fils de Philippe le Bel, était comte de la Marche lorsqu'il succéda en 1322 à son frère Philippe le Long. Il fit avec l'Angleterre une guerre terminée par un traité (1325), rendit des ordonnances en faveur des lépreux et des juifs, et mourut en 1328. — CHARLES V, dit *le Sage*, fils de Jean II et de Bonne de Luxembourg, né en 1337, fut le premier enfant de France qui porte le titre de *dauphin*. Il fut couronné à Reims en 1364. Duguesclin reprit sur les Anglais le Poitou, la Saintonge, la Guyenne, etc., et bientôt il ne leur resta plus que Bordeaux, Calais, Cherbourg, Bayonne et quelques forteresses. Charles mourut à Vincennes en 1380. C'est à lui que l'on doit l'édit qui fixait la majorité des rois à quatorze ans. La bibliothèque du roi lui doit son origine, et il fit construire la forteresse de la Bastille. — CHARLES VI, dit *le Bien-Aimé*, fils de Charles V, né à Paris en 1368, monta sur le trône en 1380. Sa jeunesse livra la France à l'avarice et à l'ambition de ses trois oncles, les ducs d'Anjou, de Berry et de Bourgogne. Le premier accabla le peuple d'impôts ; ce qui donna lieu à la révolte des *maillotins*. Charles gagna en 1382 sur les Flamands révoltés la bataille de Rosebecque. Il épousa en 1385 Isabeau de Bavière. Il se préparait à la guerre avec l'Angleterre lorsque, marchant contre Jean de Montfort, duc de Bretagne, qui avait donné asile à Pierre de Craon, meurtrier du connétable Olivier de Clisson, un événement bizarre le rendit furieux. Pendant sa démence, les troubles les plus funestes divisèrent le royaume, et les querelles du duc d'Orléans avec le duc de Bourgogne ensanglantèrent la capitale et les provinces. La défaite d'Azincourt (1415) couvrit la France de deuil. La reine, mère et épouse dénaturée, appelle l'Anglais, et s'unit avec le duc de Bourgogne pour faire proclamer Henri V, roi de France (1420). Charles VI mourut en 1422. — CHARLES VII, dit *le Victorieux*, fils du précédent, né à Paris en 1403, fut reconnu roi seulement par les provinces méridionales, et appelé pour cette raison *roi de Bourges*, où il avait été couronné. La perte de plusieurs batailles contre les Anglais et le siège d'Orléans lui faisaient désespérer de soutenir la couronne, lorsque Jeanne d'Arc paraît, fait lever le siège d'Orléans, gagne au roi Auxerre, Troyes, Châlons, Soissons, Compiègne, le fait couronner à Reims en 1429. Charles entre à Paris en 1437, et chasse tout à fait les Anglais de son royaume, où il ne leur resta plus que Calais. Il établit en 1438 la *pragmatique sanction*, rendit la taille perpétuelle, et institua une troupe régulière de 5,400 archers. Il mourut en 1461. La conduite de son fils Louis XI avait empoisonné ses jours.—CHARLES VIII, dit *l'Affable* et *le Courtois*, fils de Louis XI, né à Amboise en 1470, fut sacré à Reims en 1484, et gouverna sous la régence de sa sœur Anne de Beaujeu. Son mariage avec Anne de Bretagne (1491) lui assura la possession de la Bretagne. Il envahit l'Italie (1494), et s'empara du royaume de Naples, qu'il fut obligé d'abandonner l'année suivante. La victoire de Fornoue (1495) assura sa retraite. Il mourut en 1498.— CHARLES IX, fils de Henri II et de Catherine de Médicis, né en 1550, succéda en 1560 à François II, son frère. Ce fut sa minorité que son règne occupa le mieux. Les protestants se révoltèrent plusieurs fois; ce qui donna naissance à plusieurs guerres civiles. Le massacre de la Saint-Barthélemy, dans lequel, dit-on, il tira avec une arquebuse sur ses sujets, fut concerté par lui, sa mère, les Guise et Gondi. Il mourut bientôt après en proie aux plus violents remords en 1574. C'est sous son règne que fut bâti le palais des Tuileries. —CHARLES X, fils du dauphin Louis et petit-fils de Louis XV, né à Versailles en 1757. Il épousa en 1773 Marie-Thérèse de Savoie, morte en 1805, et dont il eut le duc d'Angoulême et le duc de Berry. Il porta avant de monter sur le trône le nom de *comte d'Artois*, et mena dans sa jeunesse une vie qui ne fut pas exempte de désordres. A la révolution, il émigra vers les autres princes, et arma contre la France la première coalition. Décrété d'accusation par l'assemblée nationale, il ne cessa de solliciter l'appui des puissances étrangères pour délivrer le roi. Ce fut lui qui en 1814 revint le premier en France, où le titre de lieutenant général du royaume lui fut déféré, et où il conclut le premier traité de Paris. A la mort de Louis XVIII (1824), il monta sur le trône, et fut sacré à Reims. L'expédition de Morée (1828) fut le principal événement de son règne, qui fut clos par la prise d'Alger (1830). Poussé par ses conseillers et ses ministres, il se crut assez fort pour faire paraître les fameuses ordonnances (25 juillet), qui prononcèrent la dissolution de la chambre des députés, et supprimèrent la liberté de la presse. Le peuple se souleva ; après trois jours d'insurrection, Charles X abdiqua en faveur du duc de Bordeaux, et sortit de France (1830) pour se retirer d'abord au palais d'Holy-Rood, puis à Prague. Il mourut en 1836 près de cette ville.
CHARLES LE GROS. Voy. CHARLES, empereur.

CHARLES. Il y a eu sept empereurs d'Allemagne qui ont porté ce nom. — CHARLES Ier. Voy. CHARLEMAGNE. — CHARLES II. Voy. CHARLES LE CHAUVE. — CHARLES III, dit *le Gros*, troisième fils de Louis le Germanique, né vers 832, eut en partage après la mort de son père (876) la Souabe, la Suisse et l'Alsace. En 880, après la mort de son frère Carloman, il hérita du royaume d'Italie. En 881, il fut élu empereur. A la mort de Louis III (882), il succéda aux royaumes de Saxe et de Lorraine. En 884, à la mort de Carloman, il fut reconnu roi de France. Il acheta la paix des Normands, et, méprisé de tous, il fut déposé en 887. Il mourut en 888. — CHARLES IV, de la maison de Luxembourg, fils de Jean, roi de Bohême, et petit-fils de Henri VII, naquit en 1316, fut élu en 1346 roi des Romains, et succéda en 1347 à l'empereur Louis V. Après avoir fait confirmer sa première élection, longtemps contestée, et prodigué pour affermir son autorité l'or et les dignités de l'empire, il alla en Italie se faire couronner (1354), et y vendit tous les droits de l'empire, en cédant Padoue et Vérone aux Vénitiens, renonçant à la suzeraineté des terres pontificales, et nommant Galéas Visconti *vicaire perpétuel de l'empire* en Lombardie. Dans le second voyage qu'il y fit en 1368, il acheva de ruiner la puissance impériale en trafiquant des prérogatives et des Etats. En 1356, il tint à Nuremberg une diète où il présenta la fameuse BULLE D'OR, et la Silésie, la Lusace, la Moravie furent incorporées à la Bohème. Ayant en outre été se faire couronner roi d'Arles par Urbain V (1365), il mourut en 1378. — CHARLES V, plus connu sous le nom de CHARLES-QUINT, fils de Philippe le Beau et de Jeanne la Folle, naquit à Gand en 1500. Il hérita, à la mort de son père (1506), de tous les Etats de la maison d'Autriche, et à celle de Ferdinand le Catholique (1516) de tous ceux de la maison royale d'Espagne. A la mort de Maximilien Ier, son grand-père, il fut élu empereur (1519). Sa rivalité avec François Ier alluma la guerre entre lui et ce prince en 1521. Le théâtre en fut d'abord l'Espagne, puis le Milanais. Ligué avec Henri VIII, Charles-Quint gagne le connétable de Bourbon, qui conduit son armée en France et est repoussé honteusement (1524) ; la bataille de Pavie lui livre son rival prisonnier, et le traité de Cambrai amène une réconciliation. Il porta ses armes en Afrique et entra victorieux dans Tunis (1535). La guerre se ralluma de nouveau entre lui et François Ier (1536), et fut terminée par le traité de Nice (1538). En 1539, les Gantois s'étant révoltés, il traversa la France pour s'y rendre, et passa six jours à Paris, où François Ier le traita avec une générosité chevaleresque. Après une expédition inutile contre Alger (1541), une autre guerre contre la France (1542) et contre les protestants d'Allemagne (1552), il se retira (1556) au monastère de Saint-Just en Castille, où il se fit moine. Il fit célébrer ses obsèques, quoique étant encore vivant, et surécut sur les prières des morts. Une fièvre maligne le saisit la nuit de cette comédie funèbre et l'emporta en 1558. — CHARLES VI, cinquième fils de l'empereur Léopold, né en 1685, fut déclaré archiduc en 1687. Son père et son frère Joseph Ier s'unirent avec l'Angleterre, la Savoie et la Hollande, pour lui procurer le trône d'Espagne, vacant par la mort de Charles II. Il fut forcé de se démettre de ses prétentions, et succéda en 1711 à son frère l'empereur Joseph Ier. Le traité de Rastadt (1714) consacra sa renonciation à la couronne d'Espagne, et lui donna les royaumes de Naples et de Sardaigne. Il seconda les Vénitiens dans la guerre contre les Turks, qui se termina par la paix de Passarowitz (1718). Une guerre contre l'Espagne, qui lui avait enlevé la Sardaigne, fut terminée par le traité de Vienne (1725). L'année

d'avant, il avait fait recevoir comme une loi fondamentale la *pragmatique sanction*, par laquelle il appelait à la succession des Etats de la maison d'Autriche, au défaut d'enfants mâles, sa fille aînée et ses descendants. Le parti qu'il prit dans la guerre de Pologne lui fut funeste, et alluma la guerre. Le traité de Vienne de 1753 ne lui conserva en Italie que le duché de Milan et les Etats de Parme et de Plaisance. Après une guerre malheureuse contre les Turks, Charles VI mourut en 1740. — Charles VII, fils de Maximilien-Emmanuel, électeur de Bavière, lui succéda en 1726 dans ses Etats électoraux. En 1731, il protesta avec l'électeur de Saxe contre la pragmatique sanction. Après la mort de Charles VI (1740), soutenu par les armées françaises, il se fit couronner successivement duc d'Autriche à Lintz, roi de Bohême et se gue et empereur à Francfort (1742). Mais bientôt Marie-Thérèse lui reprit tout ce qu'il avait conquis. Il recouvra cependant ses Etats, qui lui avaient été enlevés, et mourut en 1745.
CHARLES-QUINT. Voy. Charles V, empereur d'Allemagne.
CHARLES. Quatre rois d'Espagne ont porté ce nom. — Charles Ier. Voy. Charles-Quint. — Charles II, fils de Philippe IV, lui succéda en 1665. Sa mère, Marie-Anne d'Autriche, eut la régence du royaume avec six conseillers. D'un esprit faible et ignorant, son unique soin fut le choix d'un successeur. Son premier testament, fait en 1698, appelait au trône le prince de Bavière, neveu de sa femme. En 1700, son second testament déclara Philippe de France, duc d'Anjou, héritier de toute la monarchie espagnole. Il mourut en 1700, et en lui finit la maison d'Autriche. — Charles III, fils de Philippe V et d'Elisabeth Farnèze, né en 1716. Héritier des droits de son père sur le royaume de Naples et de Sicile, il se mit à la tête d'une armée espagnole, se jeta sur le royaume de Naples, et, après avoir défait les ennemis à Bitonto, prit Gaëte, Capoue, et se fit déclarer roi de Naples en 1734. L'année d'après, il fut couronné à Palerme roi des Deux-Siciles sous le nom de Charles IV. Il gouverna son royaume avec sagesse et douceur, et fit commencer les fouilles des ruines d'Herculanum. En 1759, il fut appelé au trône d'Espagne par la mort de son frère Ferdinand VI, et céda celui des Deux-Siciles à Ferdinand IV, son troisième fils. Le *Pacte de Famille* qu'il conclut avec la France lui fut nuisible dans la première guerre où l'entraîna contre l'Angleterre. Les résultats de celle de 1778 furent plus heureux. Charles III mourut en 1789. — Charles IV, fils du précédent et de Marie-Amélie de Saxe, né à Naples en 1748. Il succéda en 1789 à son père. Il fut bon jusqu'à la faiblesse, et donna toute sa confiance à don Manuel Godoï, prince de la Paix. Il n'entra dans la coalition contre la France qu'après la mort de Louis XVI, et conclut quelque temps après une alliance avec la république française, après l'invasion de ses Etats faite par les ordres de Napoléon. Forcé par les circonstances d'abdiquer en faveur de son fils Ferdinand VII (1808) il vint à Bayonne, conformément à la volonté de Napoléon, et celui-ci lui signifia que la postérité des Bourbons était déchue du trône d'Espagne. Il obtint la faculté de se retirer à Marseille, se rendit à Rome en 1811, et mourut à Naples en 1816.
CHARLES. Deux rois d'Angleterre, de la maison des Stuarts, ont porté ce nom. — Charles Ier, fils de Jacques Ier, naquit à Dumferling (Ecosse) en 1600, succéda à son père en 1625, et épousa Henriette de France, fille de Henri IV. Son règne commença par des murmures contre lui; la faveur du duc de Buckingham y contribua beaucoup. Les guerres malheureuses d'Espagne et de France ôtèrent au gouvernement ce qui lui restait de popularité. L'opposition du parlement et l'attitude hostile de la réforme presbytérienne l'engagèrent

dans des voies de rigueur, dont l'instrument fut le comte de Strafford. Charles fut forcé de convoquer un cinquième parlement (le *long parlement*) (1640), qui demanda la tête de Strafford et l'obtint. Deux ans après, poussé à bout par l'opiniâtre résistance de la chambre des communes, il sortit de Londres pour commencer la guerre civile. Les comtés du nord et de l'ouest seuls embrassèrent sa cause. Les batailles d'Edge-Hill, de Newbury (1643), de Marston-Moor et de Naseby (1645), le perdirent. Charles, désespéré, alla se jeter dans les bras de l'armée d'Ecosse, qui le livra au parlement anglais. Il eut la tête tranchée le 30 janvier 1649. — Charles II, fils du précédent, né en 1630. Il était à la Haye lorsqu'il apprit la mort funeste de son père. Reconnu par les Ecossais et par les Irlandais, il passa d'Ecosse en Angleterre, où il fut battu par Cromwell à Dunbar et à Worcester (1651). Il se sauva avec beaucoup de peine à travers mille périls, et se réfugia en France. Le général Monck le rétablit sur le trône en 1660, après la mort de Cromwell. L'année suivante, il fut couronné à Londres. Sa prodigalité et la dépravation de ses mœurs déshonorèrent son règne et ses qualités. Il vécut entouré de maîtresses et de favoris, fonda en 1660 la société royale de Londres, et vendit Dunkerque à Louis XIV 250,000 livres sterling (6,187,500 francs). Il mourut en 1685 sans postérité légitime.
CHARLES. Trois rois de Bohême ont porté ce nom. — Charles Ier. Voy. Charles IV, empereur. — Charles II. Voy. Charles VI, empereur. — Charles III. Voy. Charles VII, empereur.
CHARLES. Deux rois de Hongrie ont porté ce nom. — Charles Ier (*Charles-Robert* ou *Charobert*), fils de Charles de Naples, surnommé *Martel*, et de Clémence de Hapsbourg, monta sur le trône en 1310, après Othon de Bavière, et mourut en 1342. Son père, né en 1272, avait été déclaré roi de Hongrie en 1290, après la mort de Ladislas IV *le Cuman*, en opposition à Albert d'Autriche, et était mort roi titulaire de Hongrie en 1295. — Charles II. Voy. Charles VI, empereur.
CHARLES. Il y a quatorze rois de Suède de ce nom, ou plutôt sept. — Charles, fils de Swerker, fut le premier de ce nom, bien que, sur la foi d'une généalogie fabuleuse, on le compte pour le septième. Il monta sur le trône en 1162, et mourut assassiné. — Charles VIII, fils de Canut Bonde, monta sur le trône en 1448 par l'élection des notables. Il avait été déjà nommé en 1435 administrateur du royaume par le roi Eric XIII, et il avait de fait gouverné comme tel. Devenu roi, il eut à soutenir contre le Danemarck une guerre, à la suite de laquelle il fut remplacé par Christian ou Christiern Ier (1457). Retiré à Dantzig, il fit plusieurs tentatives pour s'emparer du trône, et n'y remonta qu'en 1467. Il mourut en 1470 à soixante et un ans. — Charles IX, troisième fils de Gustave Wasa, né en 1550, porta d'abord le titre de duc de Sudermanie, de Néricie et de Wermland. A la mort de Jean III (1592), le duc Charles prit en main les rênes du gouvernement en l'absence de son neveu Sigismond, qui se rendit bientôt odieux aux Suédois en voulant rétablir la religion catholique. Le parti du roi et celui du duc se livrèrent plusieurs combats. Le dernier fut vainqueur à Linkœping (1598), et en 1604 il accepta la couronne. Après une guerre contre la Pologne et contre la Russie, Charles IX mourut en 1611. — Charles X (Charles-Gustave), né en 1622, à Nykœping, de Jean-Casimir, comte palatin, et de Catherine, fille de Charles IX, monta sur le trône en 1654 par l'abdication de Christine. Il fit d'abord la guerre à la Pologne (1656) et ensuite au Danemarck. Il s'avança d'île en île jusqu'aux portes de Copenhague, où il conclut un traité qui lui donnait les provinces de Halland, de Blekingen et de Scanie. Il mourut en 1660. — Charles XI, fils du précédent et d'Hedwige-Eléonore de Holstein, né en 1655, monta sur le trône

en 1660 sous la régence de la reine mère, du prince Adolphe-Jean, son oncle, et de quatre conseillers. Lorsqu'il prit en main les rênes du gouvernement en 1672, il avait dix-sept ans. Deux ans après, Christiern V, roi de Danemarck, lui ayant déclaré la guerre, Charles le battit en différentes occasions, à Helmstadt, à Lunden, à Landskroon, et n'en perdit pas moins toutes les places qu'il possédait en Poméranie. Il les recouvra par le traité de Nimègue (1676), et mourut en 1697. Il avait presque annulé le pouvoir du sénat et gouvernait ses sujets avec une autorité absolue. — Charles XII, fils du précédent et d'Ulrique-Eléonore de Danemarck, né en 1682. Dès son enfance, il montra l'ambition d'imiter Alexandre, et lors de son couronnement, il arracha la couronne des mains de l'archevêque d'Upsal. Le Danemarck, la Pologne et la Russie s'étant liguées contre lui, il les attaqua tous l'un après l'autre. Il força le Danemarck à conclure la paix avec lui en moins de six semaines, marcha contre les Russes, qui assiégeaient Narva au nombre de 100,000 hommes, et remporta sur eux une victoire signalée (1700). Il marcha contre la Pologne, détrôna le roi Auguste, et fit élire à sa place, en 1705, Stanislas Leczinski. Il tourna ensuite ses armes contre la Russie; mais la fortune l'abandonna à Pultava (1709). Il fut défait par le czar Pierre le Grand, et lui-même obligé de se réfugier en Turquie. Il demeura d'abord à Bender, puis à Andrinople et à Demotica; enfin le sultan le força de partir. De retour en Suède (1714), il leva une armée et attaqua la Norwége. Au siège de Frédéricshall, il fut tué d'une balle partie du côté des Suédois en 1718. Voltaire a écrit son histoire. — Charles XIII, né en 1748, second fils du roi Adolphe-Frédéric et de Louise-Ulrique de Prusse, second du grand Frédéric. Nommé aussitôt après sa naissance grand amiral de Suède, et en 1772 duc de Sudermanie, il épousa en 1774 Hedwige-Elisabeth-Charlotte de Holstein-Gottorp. Gustave III mourant (1792) lui confia la régence de son fils. La révolution de 1809 ayant fait descendre Gustave IV du trône, Charles fut proclamé roi la même année. Il commença par procurer à la Suède une paix générale, et par se choisir un successeur dans la personne de Chrétien-Auguste de Holstein-Augustenbourg, qui prit le nom de Charles-Auguste et mourut en 1810 subitement. Alors le choix des états, confirmé par le roi, appela à la dignité de prince royal Jean-Baptiste Bernadotte, maréchal de l'empire. En 1814, la Norwége lui fut réunie à la Suède. En 1816, Charles XIII entra dans la sainte alliance, et mourut en 1818. Le prince royal lui succéda sous le nom de Charles XIV Jean.
CHARLES. Trois rois de Navarre ont porté ce nom. — Charles Ier. Voy. Charles IV de France. — Charles II, dit *le Mauvais*, comte d'Evreux, né en 1332, succéda en 1349 à Jeanne II, sa mère. Il fit assassiner Charles de la Cerda, et fut arrêté par l'ordre de Charles V. Charles le Mauvais, s'étant échappé de sa prison, conçut le projet de se faire roi de France. Il tenta de s'emparer de Paris, et ne put y réussir. Il fit un roi de France une guerre terminée par un traité de paix en 1365. Il mourut en 1387, consumé par un incendie qui s'alluma sur les draps imprégnés d'eau-de-vie et de soufre dont il s'était couvert pour guérir sa lèpre ou ranimer son corps épuisé. — Charles III, dit *le Noble*, succéda à Charles le Mauvais, son père, en 1387. Il mourut après un règne heureux en 1425.
CHARLES. Quatre rois de Naples ont porté ce nom. — Charles Ier d'Anjou, fils de Louis VIII, roi de France, né en 1220. Il épousa en 1246 Béatrix, héritière de Provence, qui l'accompagna en Egypte, où il suivit saint Louis, son frère. Il fut fait prisonnier en 1250. A son retour, il s'empara de la Provence. Le pape l'investit en 1265 du royaume de Naples et de Sicile. Après la bataille de Nocera et la

mort de Conradin, Charles fut véritablement roi. Ses oppressions soulevèrent le peuple, qui répondit par les Vêpres siciliennes. Charles mourut à Naples en 1285 avec le titre de roi de Jérusalem, que lui avait cédé Marie, fille du prince d'Antioche. — Son fils CHARLES II lui succéda, et fut surnommé *le Boiteux*. Il mourut en 1309 à soixante et un ans. — CHARLES III, de la famille de Duras ou Durazzo, dit *le Petit*, succéda à la reine Jeanne Ire, qu'il avait fait périr (1382). Il était né en 1345 de Louis de Duras, comte de Gravina et petit-fils de Jean, huitième fils de Charles le Boiteux. Son concurrent fut Louis, duc d'Anjou, mort en 1384. Appelé à la couronne de Hongrie, il fut assassiné en 1386 par ordre d'Elisabeth, mère de Marie, reine de Hongrie. — CHARLES IV. Voy. CHARLES III d'Espagne.

CHARLES. Cinq ducs de Savoie et trois rois de Sardaigne ont porté ce nom. — CHARLES Ier, duc de Savoie, succéda à Philibert Ier en 1482, et mourut en 1489. — CHARLES II Jean-Amé succéda en 1489 à Charles Ier, et mourut en 1496. — CHARLES III ou *le Bon* succéda en 1504 à Philibert II, et mourut en 1553. — CHARLES-EMMANUEL Ier, dit *le Grand*, succéda en 1580 à l'âge de dix-huit ans à son père Philibert-Emmanuel. Il fit la guerre à la France, à laquelle il prit le marquisat de Saluces, et mourut en 1630. — CHARLES-EMMANUEL II, fils de Victor-Amédée Ier, né en 1634, fut reconnu duc en 1638 après la mort de François-Hyacinthe, son frère. Il protégea les gens de lettres, et fit plusieurs travaux utiles. — CHARLES-EMMANUEL III, fils de Victor-Amédée II, roi de Sardaigne, né en 1701, monta sur le trône en 1730 par suite de l'abdication de son père. Il prit part à toutes les guerres de son siècle, et mourut en 1773. Il donna un *code* de lois. — CHARLES-EMMANUEL IV succéda à son père Victor-Amédée III en 1796, et abdiqua en 1802 en faveur de son frère Victor-Emmanuel IV. Il mourut à Rome en 1819. — CHARLES-FÉLIX, frère du précédent, devint roi de Sardaigne en 1821 après l'abdication de Victor-Emmanuel IV. Il mourut en 1831, laissant la couronne au prince de Carignan, aujourd'hui CHARLES-ALBERT.

CHARLES LE TÉMÉRAIRE, duc de Bourgogne, né à Dijon en 1433 de Philippe le Bon. Il porta dans sa jeunesse le nom de comte de Charolais, et fut l'ennemi irréconciliable de Louis XI, avec qui il fut toujours en guerre. Il entra dans la ligue du Bien public, et succéda à son père en 1467. Il vainquit à Saint-Tron les Liégeois révoltés et soumit les Gantois. Ce fut lui qui livra le connétable de Saint-Paul à Louis XI, qui lui remit en revanche Saint-Quentin, Ham, Bohain, etc. Incapable de repos, il fit la guerre aux Suisses, qui remportèrent sur lui les victoires de Granson et de Morat (1476). Les Suisses firent des ossements des vaincus une pyramide connue sous le nom d'*ossuaire de Morat*. Charles le Téméraire périt en 1477, défait par le duc de Lorraine, et fut tué en se sauvant après la bataille qui se donna près de Nancy, qu'il avait assiégé. Sa seconde femme, Marguerite d'Yorck, ne lui donna pas d'enfants. Il avait eu de la première une fille unique, Marie, qui épousa l'archiduc Maximilien, depuis empereur.

CHARLES LE BON, comte de Flandre, fils de Canut, roi de Danemarck, succéda à Baudoin, qui l'institua son héritier en 1119. Il s'appliqua constamment à rendre les Flamands heureux. Ses vertus lui firent donner le surnom de *Vénérable*. On lui offrit le trône de Jérusalem après la mort de Baudoin II, et l'empire après celle de Henri V; mais il refusa l'un et l'autre. Une famille puissante, qu'il avait offensée en punissant un de ses membres, arma contre lui des assassins, qui le tuèrent dans l'église de Saint-Donatien à Bruges en 1124.

CHARLES D'ORLÉANS, comte d'Angoulême, fils aîné de Louis, duc d'Orléans, et de Valentine de Milan, naquit à Paris en 1391. Il se conduisit en héros à la funeste bataille d'Azincourt, où il fut fait prisonnier en 1415. Il essaya de faire valoir sur le Milanais les droits qu'il tenait de sa mère, et mourut en 1465. Ce prince mérita, par ses talents en poésie, d'être placé au premier rang des écrivains de son siècle. Les bibliothèques du roi et de l'Arsenal possèdent chacune un manuscrit de ses poésies. La plupart sont sous le titre de *Départie d'amour*. Charles d'Orléans laissa de sa première femme Charles, duc d'Angoulême, père de François Ier, et de sa seconde, Marie de Clèves, Louis, duc d'Orléans, depuis Louis XII.

CHARLES DE VALOIS, fils naturel de Charles IX, roi de France, et de Marie Touchet, né en 1573. Il fut destiné dès sa jeunesse à l'ordre de Malte. En 1587, il fut reçu grand prieur de France; alors il se qualifia *Charles d'Orléans, grand prieur de France*. En 1589, Henri III lui donna les comtés de Clermont et d'Auvergne, avec la baronnie de la Tour. Il reçut de là le titre de *comte d'Auvergne*. Il renonça dès lors à l'ordre de Malte. Henri IV le nomma en 1590 son gouverneur et lieutenant général au pays d'Auvergne. Le comte d'Auvergne le suivit dans la plupart de ses expéditions militaires, et entra dans la conspiration de Biron. Mais il reçut sa grâce. Il ne fut point corrigé, et conspira une seconde fois avec la marquise de Verneuil, sa sœur utérine. Enfermé à la Bastille en 1604, il n'en sortit qu'en 1616. En 1620, Diane, légitimée de France, étant morte, Charles de Valois, son héritier, prit le titre de duc d'Angoulême. Il mourut en 1650.

CHARLES DE FRANCE. Voy. VALOIS.

CHARLES. Il y a eu cinq ducs de Lorraine de ce nom. — CHARLES Ier, fils puîné de Louis d'Outremer, né à Laon en 953, revendiqua la couronne de France après la mort de Louis V, et tenta vainement de faire valoir son droit par les armes. Il fut pris à Laon en 991 et renfermé dans une tour à Orléans, où il mourut en 994. — CHARLES II, fils du duc Jean, lui succéda en 1391, à l'âge de vingt-cinq ans. Il se signala dans plusieurs combats, fut fait connétable en 1418, et mourut en 1430. — CHARLES III succéda au duc François, son père, en 1545, à l'âge de trois ans, sous la régence de Christine de Danemarck, sa mère, et mourut en 1608. — CHARLES IV, fils de François, comte de Vaudemont et petit-fils de Charles III, né en 1604, devint duc de Lorraine avec la duchesse Nicole, sa femme, après la mort de son oncle le duc Henri II. Il se brouilla souvent avec la France, qui le dépouilla deux fois de ses Etats et le réduisit à subsister de son armée, qu'il louait aux princes étrangers. En 1641 et en 1662, il signa des traités de paix. Il mourut en 1675. En 1634, il avait cédé le duché de Lorraine à Nicolas-François, son frère. Ses galanteries ne sont pas moins célèbres que son humeur aventurière. — CHARLES V, second fils du duc Nicolas-François, né à Vienne en 1643, succéda à son oncle Charles IV en 1675, dans le duché de Lorraine ou plutôt dans le titre de duc. L'empereur Léopold n'eut point de plus grand général ni d'allié plus fidèle. Il commanda les armées avec gloire, et mourut en 1690.

CHARLESTOWN ou CHARLESTON, ville des Etats-Unis, la plus considérable de la Caroline du Sud. Elle est à 200 lieues de Philadelphie et à 300 de Boston. Sa population est de 30,000 habitants, et elle est le chef-lieu d'un district. Elle est bâtie sur une péninsule, au confluent de l'Ashley et du Cooper. Son port est bien défendu, et elle fait un commerce considérable avec l'Europe et les Indes occidentales. — Plusieurs autres villes des Etats-Unis portent ce nom, entre autres Charlestown dans le New-Yorck, à 14 lieues d'Albany, avec 5,500 habitants; et Charlestown dans le Massachussets, près Boston, avec 8,000 habitants.

CHARLEVILLE, ville de France, sur la rive gauche de la Meuse, chef-lieu de canton du département des Ardennes, à un quart de lieue de Mézières. Sa population est de 7,773 habitants. Elle a des tribunaux de première instance et de commerce, un collège, une école normale primaire, des cours de géométrie et de mécanique appliquées aux arts, une bibliothèque publique de 22,000 volumes, un hôpital, un cabinet d'histoire naturelle et d'antiquités. Elle a plusieurs fabriques, et surtout une manufacture d'armes à feu de luxe, les plus estimées en France après celles de Paris. — Fondée en 1605 par Charles de Gonzague, duc de Nevers et de Mantoue, Charleville était autrefois une place de guerre; mais ses fortifications ont été rasées en 1686.

CHARLEVOIX (Pierre-François-Xavier DE), de l'ordre des jésuites, né à Saint-Quentin en 1684, professa avec distinction les humanités et la philosophie. Il travailla pendant vingt-quatre ans au *Journal de Trévoux*, et mourut en 1761. On a de lui plusieurs ouvrages, et entre autres l'*Histoire du Paraguay*, l'*Histoire et description du Japon*, et l'*Histoire de l'île de Saint-Domingue*.

CHARLIER. Voy. GERSON.

CHARLOTTE DE SAVOIE, fille de Louis, duc de Savoie, et d'Anne de Chypre, devint reine de France par son mariage avec Louis XI, qui passa en secondes noces.

CHARLOTTE DE BOURBON, fille de Jean Ier de Bourbon, comte de la Marche, devint reine de Chypre par son mariage avec Jean II, roi de Chypre, en 1489.

CHARLOTTE DE CHYPRE, fille de Jean III, épousa en premières noces Jean de Portugal, duc de Coïmbre, et en secondes noces Louis, duc de Savoie. Après la mort de son père (1463), elle fut couronnée à Nicosie souveraine de Chypre, de Jérusalem et d'Arménie. Elle en fut dépossédée par Jacques, son frère naturel, et mourut à Rome de paralysie en 1487, après avoir fait donation du royaume de Chypre à son neveu le duc de Savoie.

CHARLOTTE DE BRUNSWICK-WOLFENBUTTEL, née en 1684, épousa en 1711 Alexis Petrovitch, fils de Pierre le Grand, czar de Russie. Elle mourut en 1715 après avoir accouché d'un fils qui monta sur le trône sous le nom de Pierre II. On a prétendu qu'elle s'était fait passer pour morte, et qu'elle avait couru le monde, cherchant des aventures.

CHARLOTTE (ILE DE LA REINE-), île de l'océan Pacifique, sur la côte occidentale de l'Amérique du Nord. Elle fut visitée par Dixon en 1781, et par Vancouver en 1796. Elle est habitée par des peuplades anthropophages divisées en tribus. — Il y a encore une île de la Reine-Charlotte dans la mer du Sud, découverte par Wallis en 1767. Elle n'a pas de mouillage. — Il y a aussi un détroit de ce nom entre la pointe N.-E. et l'île S. de la Nouvelle-Zélande.

CHARME, genre de la famille des amentacées, renfermant des arbres indigènes à l'hémisphère boréal. Une seule provient du Canada; les autres appartiennent à l'Europe. Le *charme commun* est un arbre au tronc rarement droit et bien arrondi, revêtu d'une écorce unie, blanchâtre, marbrée, surchargée de lichens, portant une tête ordinairement très-grosse, très-touffue. Dès qu'il est élevé en palissade, on l'appelle *charmille*. Le bois du charme est dur, compacte et blanc; il est recherché pour les manches d'outils, les ouvrages du tourneur, du charpentier, du menuisier. On l'emploie pour vis de pressoir, maillets, roues de moulin et bois de chauffage. On possède deux variétés du charme commun. L'une à feuilles panachées, l'autre à feuilles semblables à celles du chêne.

CHARME-HOUBLON, genre de la famille des amentacées, renfermant deux espèces exotiques, l'une d'Italie, l'autre de la Virginie. Les fruits de la première espèce sont surmontés de follicules ovales et disposés autour d'un axe commun. L'une a les feuilles ovales, pointues, bordées de dents aiguës; celles de l'autre sont plus grandes, lancéolées et chargées de poils.

Le charme-houblon a reçu son nom de ses capsules aplaties imitant le cône du houblon.

CHARMILLE. Voy. CHARME.

CHARNIER, nom donné particulièrement au lieu où l'on dépose les os des morts. C'est une espèce de galerie couverte, contiguë aux églises paroissiales ou à la chapelle de quelques anciens hôpitaux. — Le *charnier des Innocents*, à Paris, était jadis un vaste enclos, fermé par trois portes, qui servait de cimetière à Paris. Le charnier des Innocents n'a été supprimé qu'en 1765, par arrêt du parlement, et sur son emplacement a été construit le grand marché de la halle.

CHARNIÈRE. On donne en général ce nom à une pièce composée de trois parties qui servent à réunir, par exemple, une boîte avec son couvercle, de manière que le dessus puisse s'ouvrir sans se séparer du dessous.

CHARNIÈRE. En conchyliologie, la *charnière* est cette partie du bord supérieur de la coquille qui est diversement modifiée, et qui sert à solidifier l'articulation des valves. La charnière est *dentée* ou *édentée*, suivant qu'il y a présence ou absence de dents. Les intervalles creux qui séparent les dents de la charnière ont reçu le nom de *fossette* ou de *gouttière*.

CHAROLAIS, petit pays de France, de 12 lieues de long sur 7 de large, borné au N. et à l'O. par l'Autunois, au S. et à l'E. par le Mâconnais. Le Charolais était le premier comté de la province et des états de Bourgogne. Ce ne fut d'abord qu'une châtellenie qui faisait partie du Brionnais, et qui passa successivement à la maison des comtes de Châlons-sur-Saône dans celle de Bourgogne en 1237. Charles le Téméraire portait du vivant de son père le titre de comte de Charolais. Le Charolais suivit le sort de la Bourgogne, et fut donné en 1559 à Louis II, prince de Condé. La capitale était *Charolles*.

CHAROLLES, ville de France, sous-préfecture du département de Saône-et-Loire, à 17 lieues de Mâcon. Sa population est de 2,984 habitants. Elle est située au confluent de la Semonce et de l'Arconce. Elle a des tribunaux de première instance et de commerce et un collége.

CHARON (myth.), l'une des divinités infernales, fils de l'Érèbe et de la Nuit. C'était le nautonnier des enfers, qui transportait pour une obole les âmes des morts au delà du Styx et de l'Achéron. Il n'admettait dans sa barque les ombres de ceux qui n'avaient pas reçu la sépulture que cent ans après les avoir laissés errer sur le rivage. On le représente sous les traits d'un vieillard robuste, triste, avec une barbe blanche et touffue, un front chargé de rides. La fable de Charon et de sa barque est empruntée des Égyptiens de Memphis, qui enterraient leurs morts au delà d'un lac. Plusieurs ont regardé Charon comme un prince puissant qui a donné les lois à l'Égypte, et le fit le premier sur les sépultures un droit avec le résultat duquel il fit construire un labyrinthe où l'opinion commune plaçait le vestibule des enfers.

CHARON DE LAMPSAQUE, fils de Pythoclès et de Pythos, vivait dans le ve siècle. On doit à cet historien une *Histoire de Perse* dont il ne nous reste que des fragments, une *Histoire de Crète*, une *Histoire d'Éthiopie*, de la *Libye et de la Grèce*.

CHARONDAS, natif de Catane, donna des lois à la ville de Thurium, dont il divisa les habitants en dix tribus. Parmi ses lois, il s'en trouvait une qui défendait à tout citoyen de venir dans l'assemblée publique avec des armes. Charondas ayant enfreint cette loi par mégarde, et quelqu'un l'en ayant fait apercevoir, il se tua aussitôt d'un coup d'épée, l'an 446 avant J.-C.

CHAROST (Armand-Joseph DE BÉTHUNE, duc DE), né à Versailles en 1728. Il consacra sa vie et sa fortune au bonheur de son pays. La Bretagne et le Berry lui durent les améliorations les plus utiles. Il perça des routes, abolit les corvées dans ses domaines, fonda des institutions de bienfaisance pour les orphelins, les femmes en couches, etc., encouragea la culture du lin en Picardie, et fit, au commencement de la révolution, un don patriotique de 100,000 francs. Nommé en 1799 maire du dixième arrondissement de Paris, il périt victime de son zèle en 1800.

CHARPENTIER, artisan qui fait tous les ouvrages en bois, tels que toits, planchers, ponts, échafaudages, moulins, grues, etc. Les outils du charpentier sont des scies, des haches, des tarières, la bésaiguë. Il fait usage du fil à plomb, de l'équerre, de la règle, etc. — Le mot de charpentier est venu de celui de charpente, qui signifie la carcasse solide sur laquelle on bâtit ou sur laquelle un système organisé est basé. Ainsi on appelle *charpente osseuse* le squelette du corps des animaux.

CHARPENTIER (François), né à Paris en 1620. Destiné d'abord au barreau, il s'adonna ensuite à l'étude des langues savantes et de l'antiquité. Il fut mis par Colbert à la tête de l'académie naissante des inscriptions et belles-lettres, et devint directeur perpétuel de l'académie française. Il a publié un grand nombre d'ouvrages, et il contribua plus que personne au dessin de la belle suite de médailles qu'on a frappées sur le siècle de Louis le Grand. Charpentier mourut en 1702 doyen de l'académie française.

CHARPIE, nom donné à des filaments qu'on obtient en effilant du linge usé qu'on a d'abord coupé par petits morceaux, ou bien en le ratissant avec la lame d'un couteau. La première s'appelle *charpie brute*, la seconde *charpie râpée*. Avec la première on fait des plumasseaux, des mèches, des tampons, des pelotes dont on se sert pour panser les plaies, les ulcères, les fistules, etc.

CHARRETTE, voiture à deux roues, destinée à transporter les marchandises par terre. Elle se compose de deux limons assez prolongés pour servir de limonière à un cheval, de deux ridelles, de plusieurs éparts qui réunissent les limons et forment le fond de la charrette, etc. En général, avec la charrette, on fait plus de travail avec moins de dépense.

CHARRON, ouvrier qui construit toute espèce de charrettes, de fourgons, de tombereaux, de traîneaux, etc. Les bois les plus propres au charronnage sont l'orme, le frêne, le charme, l'érable, le chêne. On les distingue en deux sortes : le *bois en grume*, qui a encore son écorce et qui n'est ni équarri ni débité avec la scie, et le *bois de sciage*, qui a subi cette opération et qui a été réduit à des épaisseurs convenables.

CHARRON (Pierre), né à Paris en 1541. Fils d'un libraire, il devint avocat au parlement, et quitta le barreau pour s'appliquer à l'étude de la théologie et de l'éloquence de la chaire. Il fut successivement *théologal* de Bazas, d'Acqs, de Lectoure, d'Agen, de Cahors et de Bordeaux. En 1595, Charron fut député à Paris pour l'assemblée générale du clergé, et choisi pour son secrétaire. Il mourut à Paris en 1603. On connaît son fameux *Traité de la sagesse*, dans lequel il expose sa philosophie, qui est un scepticisme hardi pour son siècle. Il y disait, entre autres choses, que toutes les religions venaient des hommes et non de Dieu, en exceptant toutefois le christianisme.

CHARRUAS, nation qui habite l'Amérique méridionale, ou plutôt qui habitait les bords du Rio de la Plata à son embouchure, de l'Uruguay, du Rio-Negro et de l'Ybicuy. Elle est presque entièrement détruite aujourd'hui, surtout depuis la présidence de D. Fructuoso Ribera en 1832. Nus et d'une saleté repoussante, les Charruas ne se lavent jamais; ils ne connaissent ni société, ni musique, ni lois, ni religion. Ils étaient de très-habiles cavaliers. Leur férocité était telle qu'on la retrouve dans leurs usages les plus familiers.

CHARRUE, machine destinée à labourer la terre. Chaque pays a son espèce de charrue. Cependant elles peuvent se réduire à quatre, types de toutes les autres : 1° la *charrue à avant-train*, à un seul versoir en fonte; 2° la *brandissoire* ou *charrue sans avant-train*; 3° la *charrue tourne-oreille*, dite *de France*; avec ou sans versoir; 4° la *charrue à buter*, à deux versoirs mobiles et opposés, avec ou sans avant-train. On nomme en général *corps de charrue* la partie qui pénètre dans la terre, la coupe et la renverse successivement. Les parties qui le forment sont le *soc*, le *versoir* ou *oreille*, le *sep*, la *semelle* et le *coutre*. — La charrue des Romains était un crochet dont une branche entrait dans la terre et l'autre servait à la traîner. L'*araire* du Gers a conservé cette forme.

CHARTA-MAGNA. Voy. CHARTE (Grande).

CHARTE, nom sous lequel on désigne les anciens titres expédiés sous le sceau d'un prince, d'un seigneur, d'une église, d'une communauté, etc. La connaissance des chartes fait l'objet de la *diplomatique*. On distingue plusieurs sortes de chartes.

CHARTE ANDELANE, acte de donation qui transmettait directement de la main du donateur dans celle du donataire.

CHARTE CONSTITUTIONNELLE, nom donné à la constitution que Louis XVIII, lors de sa rentrée en France (1814), établit pour conserver et défendre les droits de la couronne et du peuple. Elle fut promulguée le 4 juin 1814 et revue le 7 août 1830. Elle déclare les Français égaux devant la loi et libres de professer chacun sa religion; la censure abolie à jamais; l'inviolabilité des propriétés; la puissance législative commise à trois pouvoirs collectifs, le roi, la chambre des députés et celle des pairs; la garantie de la dette publique, et enfin tous les droits proclamés par la révolution de 1789.

CHARTE (GRANDE), nom donné à la charte accordée en 1215 aux Anglais par le roi Jean sans Terre. Elle est devenue la base du droit constitutionnel de l'Angleterre. Cette charte, arrachée au roi par la révolte des barons et le courage adroit du primat Langton, garantissait à la nation, représentée par le clergé et la noblesse, la liberté des personnes et des propriétés; le libre vote de l'impôt, la liberté de l'Église d'Angleterre, et renfermait en germe la loi de l'*habeas corpus*.

CHARTE PARTIE. Voy. CHIROGRAPHAIRES.

CHARTE PRÉCAIRE, acte par lequel on demandait ou on acceptait un usufruit.

CHARTE PRESTAIRE, acte par lequel une église ou un monastère abandonnait à un particulier l'usufruit de quelques terres à certaines conditions.

CHARTES (ÉCOLE DES), école créée par une ordonnance royale du 22 février 1821. Les cours y sont divisés en *élémentaires*, dont la durée est d'un an, et qui ont pour objet d'apprendre à déchiffrer et à lire les chartes des diverses époques, et en cours de *diplomatique* et de *paléographie française*, dont la durée est de deux ans, et dont le but est d'expliquer les divers dialectes du moyen âge, d'enseigner les moyens de vérifier les dates, l'authenticité des chartes, etc. C'est parmi les élèves de l'école des chartes que sont choisis les archivistes et bibliothécaires des départements. On admet après concours un certain nombre d'élèves, qui reçoivent un traitement de 800 francs par an.

CHARTES APENNES, procès-verbaux des désastres, incendies ou tout autre malheur public, que dressaient les magistrats du lieu où étaient arrivés ces désastres. Une de ces chartes était affichée en public, l'autre était délivrée aux victimes du malheur.

CHARTES BÉNÉFICIAIRES, donations faites par les rois des deux premières races en France aux prêtres, abbayes, guerriers, à condition de vasselage ou de service militaire. Voy. BÉNÉFICE.

CHARTES DE MUNDEBURDE, nom donné aux chartes de défense et de protection données par les rois aux églises ou aux monastères. Celles délivrées par les évêques et les seigneurs se nomment *salvitates*

**CHARTES PARICLES**, chartes ainsi nommées parce qu'on délivrait un exemplaire du contrat à chaque personne présente et intéressée.

**CHARTIER** (Alain), né à Bayeux en 1386, archidiacre de Paris, conseiller au parlement, secrétaire de Charles VI et de Charles VII, fit les délices de la cour sous ces deux princes, qui l'envoyèrent en ambassade vers plusieurs souverains. On lui donna le nom de *Père de l'éloquence française*. Ses œuvres sont en prose et en vers. Alain Chartier mourut en 1449. — JEAN CHARTIER, son frère, bénédictin, chantre de l'église de Saint-Denis, est auteur d'une *Histoire de Charles VII* et des grandes *Chroniques de France*.

**CHARTRAIN** (PAYS), petite contrée de la France faisant partie de la Beauce. En y comprenant le Dunois, il pouvait avoir 25 lieues de long sur 10 de large. On donnait le nom de *Chartrain français* à la partie septentrionale et à la partie orientale du diocèse de Chartres, qui avait Mantes pour capitale, et dont les principales villes étaient Dreux, Dourdan, etc. — Le pays chartrain était autrefois habité par les *Carnutes*, et les druides. C'était la résidence du sénat druidique et le lieu où se tenaient les assemblées nationales.

**CHARTRES**, ville de France, chef-lieu de préfecture du département d'Eure-et-Loir, sur l'Eure, à 22 lieues et demie de Paris. Sa population est de 14,439 habitants. Elle a des tribunaux de première instance et de commerce, un évêché suffragant de l'archevêché de Paris et érigé dans le IIe siècle, un collége, une école normale primaire et une bibliothèque publique de 30,000 volumes. — Avant l'ère chrétienne, Chartres était la cité des *Carnutes*. César lui donna le nom d'*Autricum*, qu'elle porta jusqu'au IVe siècle; depuis le IXe siècle, elle eut des comtes particuliers, qui devinrent comtes de Champagne. Le comté de Chartres vint ensuite dans la maison de Châtillon. Vendu à Philippe le Bel, il fut donné en apanage à Charles, son frère, comte de Valois, dont le fils, Philippe VI, le réunit à la couronne en 1258. François Ier l'érigea en duché pour Renée de France, duchesse de Ferrare. En 1623, le duché de Chartres revint à la couronne, et fut compris dans l'apanage des ducs d'Orléans.

**CHARTREUSE** (LA GRANDE-), célèbre monastère du Dauphiné, dans les montagnes de l'Isère, à 3 lieues de Grenoble, fondé par saint Bruno, et chef d'ordre de l'ordre des chartreux. — On a donné ce nom celui de *chartreuses* à tous les autres monastères de chartreux. — Les chartreuses étaient des religieuses de l'ordre de Saint-Bruno qui mangeaient toujours en commun, en observant du reste la même règle que les chartreux.

**CHARTREUX**, ordre de religieux fondé par saint Bruno en 1084. Leur fondateur ne laissa point de règle particulière; leurs statuts furent dressés par le P. de Guignes, cinquième général des chartreux, et appelés *coutumes de la Grande-Chartreuse*. Les chartreux portaient l'habit blanc, et vivaient chacun dans un logement séparé sous un cloître. Ils faisaient tous les jours l'office en commun; mais ils ne pouvaient manger ensemble, ni parler entre eux, qu'à certains jours marqués. Le jeûne et le silence presque continuel, l'abstinence de chair, même dans les plus grandes maladies, la clôture perpétuelle, le cilice qu'ils ne quittaient jamais, formaient la principale partie de leur institut.

**CHARTRIER** (en latin, *tabularium*), lieu où l'on gardait les chartes d'une abbaye, d'une communauté, d'une seigneurie, etc. Les églises avaient leurs chartriers, dont la garde était confiée à des clercs appelés *cartophylaces, cartularii, scriniarii*.

**CHARYBDE** (myth.), gouffre situé sur la côte de Sicile, vis-à-vis d'un autre gouffre appelé *Scylla*, situé sur la côte de l'Italie. C'était autrefois un écueil funeste aux navigateurs, et Ulysse y perdit une grande partie de sa flotte. On croit que Charybde est aujourd'hui *Capo di Faro*. C'était, dit-on, une vieille femme qui fut frappée de la foudre et changée en gouffre pour avoir dérobé les bœufs d'Hercule. On connaît le proverbe que l'on applique à ceux qui, pour éviter un mal, tombent dans un pire : *tomber de Charybde en Scylla*.

**CHAS**, trou d'une aiguille. C'est aussi le nom d'une pièce carrée de fer, d'acier ou de cuivre, percée dans son milieu d'un petit trou par où passe un fil auquel un plomb est suspendu, et dont le côté est égal au diamètre du cercle qui forme la base du plomb, afin qu'en posant le chas contre un mur le plomb se trouve aussi contre le mur, si celui-ci est d'aplomb.

**CHASSE**, poursuite destructive de tout ce qui peut nuire à nos intérêts ou servir à nos besoins. On distingue la chasse en deux espèces : celle aux *quadrupèdes* et celle aux *volatiles*. En Allemagne et dans les autres pays du nord, on chasse les bêtes féroces avec l'épieu ou le couteau. En Perse, on va à la chasse des gazelles avec l'once apprivoisé; à cet effet, on le conduit sur les lieux, et, quand la gazelle paraît, l'once, qu'on lâche, en trois sauts l'attrape et l'étrangle. Quant au cerf, au chevreuil, au chamois et au sanglier, on les force à l'aide des chiens, et on les tue à l'aide de l'épieu ou à coups de fusil. Le renard et le loup se prennent dans des *trappes* ou des *traquenards*. Le lièvre et le lapin se chassent avec des chiens et se tuent à coups de fusil. Ce dernier se chasse aussi au furet et au panneau. — Dans le moyen âge, la chasse aux oiseaux de rivière au moyen du faucon ou du gerfaut forma une branche spéciale de l'art du chasseur, la *fauconnerie*. — Le droit exclusif de la chasse était uniquement attribué aux anciens seigneurs hauts justiciers. Aujourd'hui la nécessité du port d'armes moyennant finance a été imposée sous une peine correctionnelle de 30 à 60 francs, avec confiscation de l'arme.

**CHASSE**, nom donné, en musique, à certains airs de cor ou d'autres instruments, dont la mesure, le rhythme, le mouvement rappellent les airs que ces mêmes instruments donnent à la chasse. — On appelle encore ainsi une symphonie, une ouverture dont les divers motifs sont des airs de chasse, et dont les effets tendent à imiter l'action de la chasse, telle que l'ouverture du *jeune Henri* de Méhul.

**CHASSE**, vaisseau où sont enfermées les reliques des saints. Les anciennes châsses ont la forme d'églises gothiques. Les châsses étaient ordinairement placées sous les autels les plus remarquables; quelquefois elles étaient placées à une certaine élévation. On les bénissait solennellement avant que d'y renfermer les reliques. Les églises où l'on conservait le plus de châsses étaient la cathédrale de Cologne, la Sainte-Chapelle de Paris, Saint-Victor de Marseille, Saint-Laurent de l'Escurial, etc.

**CHASSE**. On nomme ainsi, en mécanique, l'espace libre qu'il faut accorder à une machine ou à quelqu'une de ses parties pour en augmenter ou en faciliter l'action.

**CHASSE**. Dans une balance, c'est la partie perpendiculaire au fléau, et par laquelle on soutient la balance quand on veut s'en servir. — Les lunettiers nomment ainsi la monture d'une lunette, dans laquelle les verres sont placés.

**CHASSE**. En chirurgie, on appelle ainsi une sorte de manche composé de lames mobiles de corne, d'écaille ou d'ivoire, et réunies seulement l'une à l'autre vers la partie qui tient à la lame de l'instrument.

**CHASSE-MARÉE**, petit navire français qui sert au cabotage dans la Manche et l'océan Atlantique, et au transport de la marée. Le chasse-marée a trois mâts, dont chacun porte une voile carrée. Un gréement très-léger, une forme particulière de carène, le rendent propre aux mers étroites et à la marche.

**CHASSÉ** (Claude-Louis-Dominique DE), seigneur de Ponceau, né en 1698 aux environs de Rennes, était fils d'un cultivateur. Il devint un des plus célèbres acteurs de l'Opéra, où il débuta en août 1721. Il remplit les premiers rôles avec succès jusqu'en 1757, qu'il se retira du théâtre. Il mourut en 1786. Il jouissait depuis cinquante ans de la pension de musicien de la chambre du roi, que Louis XV lui avait donnée.

**CHASSELAS**, nom d'une variété de raisin très-estimée et de couleur blanche.

**CHASSELOUP-LAUBAT** (François, comte DE), né en 1754 à Saint-Sernin (Aveyron), entra, au commencement de la révolution, au service comme volontaire. Officier du génie en 1793, il parvint successivement aux grades de général de brigade et de général de division. En 1811, il entra au conseil d'État. Au retour de la campagne de Russie, il fut nommé sénateur et comte de l'empire. Après les cent-jours, il entra dans la nouvelle chambre des pairs, et fut nommé en 1816 commandeur de l'ordre de Saint-Louis. Il mourut en 1833. On a de lui différents ouvrages sur l'artillerie et les fortifications.

**CHASSENEUX** (Barthélemy DE), né à Issy-l'Évêque, près d'Autun, en 1480. Il passa du parlement de Paris, où il était conseiller, à celui de Provence, dont il fut président. Il occupait ce poste lors de l'arrêt rendu contre les vaudois de Cabrières, de Mérindol, etc., et il en empêcha tant qu'il vécut l'exécution, qui n'eut effectivement lieu qu'à sa mort, qui eut lieu en 1542.

**CHASSEURS**, sous-arme de la cavalerie légère. Il y a en France douze régiments de chasseurs, chacun de cinq escadrons. Leurs armes sont le sabre semi-courbe, affilé de ce côté, tranchant d'un seul côté; les pistolets et le mousqueton. Dans chaque régiment, deux escadrons sont armés de lances. La taille exigée pour les hommes est de cinq pieds deux pouces. Leur uniforme est l'habit vert, aux parements en pointe, jonquille, cramoisi, écarlate ou vert, suivant les corps. Le shako et son cordon sont *garance*; le plumet est en crin noir, tombant sur le devant du shako. Les boutons sont blancs, à numéro; les épaulettes ont le corps vert et les franges et torsades *garance*. Les officiers portent l'épaulette d'argent. La buffleterie est blanche.

**CHASSEURS D'AFRIQUE**, sous-arme de la cavalerie légère française, destinée spécialement au service d'Afrique. Elle se compose de quatre régiments, dont l'uniforme est un habit-capote *bleu céleste*, à la polonaise, boutonnant droit sur la poitrine au moyen de neuf gros boutons; à basques tombantes en forme de jupon, à gros plis de ceinture, croisant par devant et ouvert par derrière. La couleur des collets, passe-poils et parements est *jonquille* ou *bleu céleste*, selon les régiments. Les boutons sont sphériques et blancs, le pantalon *garance*; la coiffure consiste en un czaspsa garance, avec galon bleu et cordon en laine garance; le pompon à la couleur de l'escadron. Les chasseurs ont une ceinture en tissu et à cinq bandes de couleurs opposées, en laine *garance* et *bleu céleste*. La buffleterie est blanche. Les officiers portent l'épaulette d'argent.

**CHASSIE**, humeur sébacée qui s'amasse au bord des paupières et les colle quelquefois. Elle est de couleur jaunâtre, et remplit à l'égard de l'œil le même office que le cérumen dans l'oreille. La chassie est fournie par les follicules glanduleux de Meibomius, lorsque l'épaisseur des cartilages tarses. L'écoulement de la chassie constitue une maladie connue sous le nom de *lippitude*.

**CHASSIRON** (TOUR DU), fanal de la pointe septentrionale de l'île d'Oleron, à 6 lieues du *Château-Île-d'Oleron*, situé sur une tour, avec deux feux, et servant à indiquer l'entrée du pertuis d'Antioche, qui sépare l'île d'Oleron de celle de Ré.

**CHASSIS.** On appelle ainsi un assemblage de fer ou de bois, ordinairement carré, destiné à environner un corps et à le contenir. — Au théâtre, on donne le nom de *châssis* à de forts assemblages élevés perpendiculairement, et sur lesquels on fixe les décorations. Ces châssis ont par en bas une armature en fer, au moyen de laquelle ils entrent dans une rainure du plancher, où ils peuvent glisser.

**CHASSIS DE COUCHES**, sortes de cadres de bois revêtus par-dessus d'un vitrage destiné à laisser pénétrer les rayons solaires, tout en préservant du froid les végétaux. La plupart des melons sont cultivés sous châssis.

**CHASTELAIN** (Georges), gentilhomme flamand et chevalier attaché au service des ducs de Bourgogne, né à Gand vers 1404, et mort près de Valenciennes en 1474. Orateur, historien et poète, il a mis en vers les événements mémorables de son temps, sous le titre de *Récollection des merveilleuses advenues en nostre temps*, etc. On lui attribue aussi *le Chevalier délibéré* ou *la Mort du duc de Bourgogne devant Nancy*, et les *Chroniques des ducs de Bourgogne*.

**CHASTELARD.** Voy. CHATELARD.

**CHASTELET** (Gabrielle-Émilie LE TONNELIER DE BRETEUIL, marquise DU), née en 1706. Elle se distingua par des connaissances au-dessus de son sexe, et se livra particulièrement à l'étude des mathématiques et de la philosophie. Elle traduisit les *Principes* de Newton, et les commenta. Voltaire fut lié de bonne heure avec elle, d'abord par l'amitié et ensuite par l'amour, et leur liaison troubla sa vie tout en nuisant à sa réputation. Elle mourut en 1749.

**CHASTELLUX** (Claude DE BEAUVOIR, seigneur DE), vicomte d'Avalon et maréchal de France, d'une famille noble et ancienne, mourut à Auxerre en 1453. Les services qu'il rendit à la cathédrale d'Auxerre lui firent accorder à lui et à sa postérité, en 1423, une prébende avec droit de la desservir l'épée au côté. — FRANÇOIS-JEAN, marquis de Chastellux, maréchal de camp, membre de l'académie française et de diverses autres sociétés littéraires, mort en 1788, a fait un *Voyage dans l'Amérique septentrionale* et un traité *de la Félicité publique*.

**CHASUBLE**, ornement d'église que le prêtre met par-dessus son aube pour dire la messe. Les chasubles des anciens étaient rondes et fermées de tout côté, excepté à l'endroit où l'on passait la tête pour se vêtir. Comme elles étaient incommodes, on commença à les faire moins longues, ensuite on les a insensiblement échancrées, et à présent elles ne forment plus qu'une bande longue et large par devant et une autre par derrière. Parmi les Latins, la chasuble de l'évêque ne diffère pas de celle des prêtres; chez les Grecs, celle de l'évêque est parsemée de quantité de croix, au lieu que celle des prêtres n'a, comme dans l'Église latine, qu'une grande croix.

**CHAT**, genre de l'ordre des carnassiers digitigrades, distingués par les pieds antérieurs, qui ont cinq doigts armés d'ongles rétractiles ou griffes, et au moyen desquels l'animal s'attache à sa proie et aux corps contre lesquels il veut grimper. La langue de ces animaux est mince, et couverte à sa face supérieure de papilles cornées dont la pointe est dirigée en arrière ; les oreilles sont courtes, en cornet triangulaire et dressé ; la queue le plus souvent longue et mobile, la tête arrondie, le museau court, les yeux diurnes ou nocturnes, les pupilles rondes ou verticales, le pelage riche et composé de poils de couleur généralement fauve. Le genre *chat* se divise en deux sous-genres, le premier comprenant toutes les espèces aux ongles rétractiles, et le second renfermant les espèces aux ongles non rétractiles.

**CHAT**, espèce du genre *chat*. Le *chat sauvage* est grand ; son pelage, d'un blanc grisâtre en dessous et d'un gris foncé en dessus, est nuancé de jaunâtre et varié de bandes plus foncées ; la queue est annelée de noir et de gris fauve. On le trouve en Europe et dans une partie de l'Asie. Sa nourriture consiste en oiseaux de toutes sortes et en petits mammifères rongeurs ou carnassiers qu'il guette et poursuit sans cesse. C'est de cette espèce que l'on fait descendre le *chat domestique*, qui se trouve aujourd'hui sur presque toute la terre habitée, et dont le pelage varie par le croisement des races. On connaît son excessive irritabilité et son adresse pour détruire les souris et les rats. Les Égyptiens l'adoraient comme un dieu, et les Suisses l'ont choisi comme le symbole de la liberté.

**CHAT DE MER** ou MARIN. Voy. APLYSIE, ROCHER, CHIMÈRE, ANARRHIQUE.

**CHAT-HUANT**, nom vulgairement donné aux espèces du genre *chouette*, et particulièrement à la *chouette des bois* ou *hulotte*, oiseau que l'on trouve en Europe dans les grandes forêts, et qui se nourrit de rats, de taupes, de mulots, de grenouilles, etc. Le chat-huant se distingue par des disques qui entourent les yeux, par son bec courbé dès sa base et l'absence d'aigrettes. Son plumage est grisâtre, tacheté de blanc et de brun.

**CHATAIGNE**, fruit du *châtaignier*. On le nomme aussi *marron* lorsqu'il est gros, rond et solitaire dans son brou. La châtaigne sert de nourriture à une très-grande quantité d'habitants des montagnes. L'enveloppe coriace et brune des châtaignes s'appelle *tan*. En Espagne, en Auvergne, dans le Limousin et la Corse, où elles font la principale nourriture du peuple, on les dessèche au four, et dans cet état de siccité on les nomme *castagnons*. Elles gardent alors leur suc, et peuvent être conservées très-longtemps. Pour les manger, on les ramollit dans l'eau et on en fait de la *polenta* ; ou bien on les convertit en farine sous la meule, et on en fait du pain, des gâteaux, etc. Les volailles engraissées avec des châtaignes acquièrent un goût excellent. — On donne le nom de *châtaigne d'eau* ou *marine* à la *macre*. On appelle *châtaigne du Brésil* le fruit de la *bertholétie* ; *châtaigne de cheval* ou *marron d'Inde*, l'*hippocastane* ; *châtaigne de Malabar*, les fruits de l'*artocarpe* et du *jacquier* ; *châtaigne de mer*, l'*oursin*.

**CHATAIGNIER**, genre de la famille des amentacées, renfermant des arbres indigènes aux climats tempérés de l'Europe. Le châtaignier pousse lentement ; mais, coupé dès l'âge de vingt ans, il donne des jets très-vigoureux, acquiert des dimensions énormes, et vit plus de deux à trois siècles. Il ne commence à porter des fruits qu'à trente ans. Son bois est excellent pour faire des charpentes légères et des futailles. Il n'est pas d'un bon chauffage.

**CHATEAU**, habitation royale ou seigneuriale située à la campagne. — Les châteaux jouent un grand rôle au moyen âge, où ils étaient la demeure des seigneurs. Ils étaient presque tous bâtis sur des lieux élevés. Un mur d'enceinte, garni de meurtrières, flanqué de tours, et entouré d'un large fossé, les protégeait contre les attaques du dehors. La communication du dehors au dedans se faisait au moyen d'un *pont-levis*. Les fenêtres étaient rares, les escaliers nombreux, les salles d'une étendue monotone.

**CHATEAU D'EAU**, bâtiment plus ou moins décoré, renfermant un réservoir d'eau, où le liquide est contenu, pour se distribuer ensuite en divers lieux, selon les besoins. Ce réservoir doit être élevé à une hauteur plus grande que celle de tous les lieux où l'eau doit se rendre.

**CHATEAUBRIANT**, petite ville de France, sous-préfecture du département de la Loire-Inférieure, dans un pays couvert de sablonneux, sur la rive gauche du Cher, à 19 lieues de Nantes. Sa population est de 3,709 habitants. Elle a un tribunal de première instance, et commerce en fer. La fondation de Châteaubriant ne remonte qu'à 1056. En 1160, elle fut érigée en baronnie.

**CHATEAUBRIANT** (Françoise DE FOIX, comtesse DE), fille de Jean de Foix, vicomte de Lautrec, et sœur du fameux Lautrec et du maréchal de Foix, épousa Jean de Laval, comte de Châteaubriant. Elle fut la favorite de François Ier, qui la quitta pour la duchesse d'Étampes. L'historien romancier Varillas rapporte que Jean de Laval, dans un accès de jalousie, fit ouvrir les veines à sa femme. Cette histoire est aujourd'hui regardée comme un conte. La comtesse de Châteaubriant, née en 1475, mourut en 1537.

**CHATEAUBRUN** (Jean-Baptiste VIVIEN DE), né à Angoulême en 1686, maître d'hôtel ordinaire du duc d'Orléans, fut reçu membre de l'académie française en 1753. Il avait donné en 1714 une tragédie de *Mahomet II*, et quelques années après *les Troyennes*, jouée en 1754. Il mourut à Paris en 1775. Il est aussi auteur des tragédies de *Philoctète* et d'*Astyanax*.

**CHATEAU-CHINON**, petite ville de France, sous-préfecture du département de la Nièvre, à 20 lieues de Nevers. Sa population est de 3,865 habitants. Elle a un tribunal de première instance, une société d'agriculture et des manufactures considérables de draps. Elle est située près de la rive gauche de l'Yonne. — Autrefois *Castrum Caninum*, elle est située sur une des montagnes du Morvan. En 1475, il se livra auprès de Château-Chinon une bataille entre l'armée de Louis XI et du duc de Bourgogne, où celle-ci fut taillée en pièces. Elle appartient ensuite aux princes de Condé, dont un la céda à Louis XIII pour le pays de Gex.

**CHATEAU-DU-LOIR**, au confluent de l'Ive et du Loir, chef-lieu de canton du département de la Sarthe, à 10 lieues et demie de Saint-Calais. Population, 4,200 habitants. Cette ville est ancienne. Elle soutint dans le XIe siècle un siège de sept ans contre Geoffroy Martel, comte d'Anjou. Elle est aujourd'hui l'entrepôt d'un roulage considérable de Tours à Rouen et à Rennes, circonstance qui entretient l'activité du commerce et de la population. Château-du-Loir a un collège.

**CHATEAUDUN**, ville du département d'Eure-et-Loir, chef-lieu de sous-préfecture, à 11 lieues de Chartres, près du Loir. Sa population est de 6,461 habitants. Elle a un tribunal de première instance, une bibliothèque publique de 5,600 volumes, un collège, des tanneries considérables. — Châteaudun était le chef-lieu du comté de Dunois.

**CHATEAU-GONTIER**, sur la Mayenne, chef-lieu d'arrondissement du département de la Mayenne, à 7 lieues de Laval. Sa population est de 6,143 habitants. Elle a un tribunal de première instance, un collège, une société d'agriculture, etc. — Cette ville doit son origine à un château fort, construit au commencement du IXe siècle par Foulque Nerra, comte d'Anjou.

**CHATEAU-LANDON**, sur le Surain, chef-lieu de canton du département de Seine-et-Marne, à 8 lieues de Fontainebleau. Population, 2,600 habitants. Cette petite ville est très-ancienne ; elle fut au moyen âge la capitale du Gâtinais et la résidence des comtes du province. Elle fut prise par les Anglais en 1426, et reprise par les troupes de Charles VII l'année suivante. La pierre des environs de Château-Landon est assez estimée.

**CHATEAULIN**, ville du département du Finistère, sous-préfecture, à 6 lieues de Quimper, avec un port sur la rive droite de l'Aulne, au confluent de l'Isolle et de l'Ellé. Sa population est de 2,783 habitants. Elle a un tribunal de première instance et une société d'agriculture.

**CHATEAUNEUF DE RANDON**, bourg du département de la Lozère, chef-lieu de canton, à 6 lieues de Mende. Sa population est de 607 habitants. Cette petite ville, située sur une montagne, était autrefois fortifiée et fut, jusqu'à la fin du xviie siècle, le siége d'une des baronnies du Gévaudan. Il doit sa célébrité au siége que les Anglais y soutinrent, en 1380, contre le fameux connétable du Guesclin. Celui-ci y mourut, et le gouverneur, en rendant la place, posa les clefs de la ville sur son cercueil.

CHATEAU-PORCIEN, sur la rive droite de l'Aisne, chef-lieu de canton du département des Ardennes, à 2 lieues et demie de Réthel. Population, 2,500 habitants. Cette ville est ancienne. Après avoir été une simple seigneurie, relevant du comté de Sainte-Ménehould, elle fut érigée en comté par Philippe le Bel, roi de France. Charles IX y joignit quelques terres, et l'érigea en 1561 en principauté en faveur de Charles de Crouy. Cette principauté passa en 1608 dans la maison de Gonzague de Mantoue, et en 1668 dans celle du duc de Mazarin. La ville fut prise deux fois par les Espagnols (1650 et 1652), et reprise autant de fois par les Français.

CHATEAURENAUD (François-Louis Rousselet, comte de), d'une maison ancienne de Touraine, servit la France sur terre et sur mer. En 1661, il se distingua à l'expédition de Gigeri. Nommé chef d'escadre en 1673, il défit deux ans après Ruyter, conduisit un convoi en Irlande en 1689, et en ramena l'année suivante les troupes françaises et dix-huit mille Irlandais. Ses nombreux services lui méritèrent le grade de vice-amiral en 1701, et le bâton de maréchal en 1704. Il mourut en 1716 à quatre-vingts ans.

CHATEAUROUX, sur la rive gauche de l'Indre, chef-lieu de préfecture du département de l'Indre, à 65 lieues de Paris. Sa population est de 11,587 habitants. Elle a un tribunal de première instance et un tribunal de commerce, un collége, une société d'agriculture, sciences et arts, une bibliothèque publique, etc.—Elle doit son nom et sa fondation à Raoul, prince de Déols, de la maison des ducs d'Auvergne, vers le milieu du xe siècle. Philippe Auguste la réunit à la couronne. Henri II de Bourbon, prince de Condé, en devint possesseur. Louis XIII l'érigea en 1616 en duché-pairie en faveur de ce prince et de ses descendants. Charles de Bourbon, comte de Clermont, le rendit à Louis XV, qui la donna à sa maîtresse, Marie-Anne de Mailly-Nesle, duchesse de Châteauroux.

CHATEAUROUX (Marie-Anne de Mailly-Nesle, duchesse de), née en 1717, épousa en 1734 Louis-Jean, marquis de la Tournelle, dont elle devint veuve en 1742. Louis XV devint épris d'elle, lui donna le duché de Châteauroux, et la fit dame du palais de la reine en 1743. Elle voulut faire excuser son titre de favorite par la manière dont elle usait de son ascendant sur le roi. Ce fut elle qui le décida à se mettre à la tête de ses armées en Flandre, et l'entraîna en Alsace pour arrêter les progrès de l'ennemi. Louis XV l'avait nommée surintendante de la maison de la dauphine. Elle mourut en 1744.

CHATEAU-SALINS, ville du département de la Meurthe, chef-lieu de sous-préfecture, à 7 lieues et demie de Nancy, sur la petite Seille. Sa population est de 2,708 habitants. Château-Salins doit son nom aux salines qu'il renferme.

CHATEAU-THIERRY, ville du département de l'Aisne, chef-lieu d'arrondissement, à 20 lieues de Laon, sur la Marne. Sa population est de 4,697 habitants. Elle a un tribunal de première instance et un collége. — Elle doit son origine à un château que Charles Martel y fit construire en 720 pour loger le roi Thierry III. Elle fut plusieurs fois ravagée. Ce fut près de ses murs que se livra, le 12 février 1814, le combat glorieux qui fut le prélude de la fameuse bataille de Montmirail.

CHATEIGNERAYE (François de Vivonne, seigneur de la), fils puîné d'André de Vivonne, grand sénéchal de Poitou. Il parut avec distinction à la cour sous François Ier et Henri II, dont il était le favori. L'indiscrétion de ses propos le brouilla avec Guy Chabot, seigneur de Jarnac, son ami. En effet, il avait publié partout que Jarnac s'était vanté à lui, d'avoir obtenu les faveurs de Magdelaine de Puignyon, sa belle-mère. Le 10 juillet 1547, un combat singulier eut lieu en champ clos dans le parc de Saint-Germain en Laye, en présence du roi. La Châteigneraye tomba blessé au jarret d'un coup inattendu (d'où est venu le proverbe, coup de Jarnac), et mourut trois jours après, à l'âge de vingt-huit ans.

CHATEL (Du), famille ancienne de Bretagne.—Tanneguy du Chatel, grand maître de la maison du roi Charles VII, combattit avec courage à Azincourt, et se montra toujours attaché au parti du dauphin Charles contre celui du duc de Bourgogne. On lui a imputé le meurtre de Jean sans Peur. Charles VII lui donna le gouvernement de Provence, où il mourut en 1449 avec la réputation d'un grand capitaine et d'un habile politique. — Tanneguy du Chatel, vicomte de la Bellière, neveu du précédent, fit enterrer à ses frais Charles VII. Il mourut en 1477.

CHATEL (Pierre du), en latin Castellanus, l'un des plus savants prélats du xvie siècle, né à Arc-en-Barrois. Il fut lecteur et bibliothécaire du roi François Ier, qui lui donna l'évêché de Tulle en 1539, et celui de Mâcon en 1544. Grand aumônier de France en 1548, il devint évêque d'Orléans en 1551, et mourut en 1552. Il était très-versé dans les langues orientales.

CHATEL (Jean), fils d'un marchand drapier de Paris. Le 27 décembre 1594, il tenta d'assassiner Henri IV à l'hôtel du Bouchage, où il s'était glissé. Ce prince reçut un coup de couteau qui lui fendit la lèvre et lui cassa une dent. Châtel fut écartelé le 29 décembre de la même année, et se montra insensible aux douleurs du plus affreux supplice. Les jésuites, qui l'avaient, dit-on, exalté et poussé à ce crime, furent bannis du royaume par un arrêt du parlement de Paris, qui ne fut pas exécuté dans l'étendue de ceux de Bordeaux et de Toulouse.

CHATELAIN, seigneur qui avait droit d'avoir maison forte, châtellenie et haute justice annexée à sa seigneurie, avec droit de supériorité sur d'autres justices. On appelait aussi châtelains les juges qui rendaient la justice dans l'étendue de la terre d'un seigneur châtelain. Il y avait deux sortes de juges châtelains : les royaux, qui étaient ceux des terres du domaine du roi, et les seigneuriaux, qui étaient ceux des terres appartenant à des seigneurs particuliers. — Dans le degré hiérarchique de la noblesse, le châtelain venait immédiatement après le baron. Le châtelain n'avait pas de couronne pour timbrer son écusson, et ne pouvait fortifier que son château.

CHATELARD (Du), gentilhomme dauphinois, était attaché à la maison de Montmorency. Epris de Marie Stuart, il la suivit et eut l'imprudence de se cacher la nuit dans sa chambre. Il fut condamné à perdre la tête et exécuté.

CHATELET. Voy. Chastelet.

CHATELET, nom donné au fort avancé qui protégeait une ville. Les deux châtelets de Paris formaient deux châteaux forts qui, des deux côtés de la Seine, fermaient les abords de la Cité. La tête du Pont-au-Change, à droite de la rivière, était défendue par le grand châtelet, et celle du petit châtelet. On attribue la construction de ces deux forteresses à Jules César. La dernière fut démolie en 1782, et la première en 1802. Le petit châtelet servait de prison à la prévôté. Le grand châtelet formait la justice ordinaire de la ville, qui s'exerçait au nom du prévôt.

CHATELLERAULT, ville de France, chef-lieu de sous-préfecture du département de la Vienne, à 10 lieues de Poitiers, sur la Vienne. Sa population est de 9,437 habitants. Elle a un tribunal de première instance et de commerce, un collége, une des deux grandes manufactures d'armes blanches qui existent dans le royaume. Châtellerault est célèbre par ses fabriques de coutellerie. — Elle fut fondée au xie siècle. C'était autrefois le chef-lieu d'une élection, d'une sénéchaussée, d'un consulat pour les marchands, et d'un corps de ville avec un maire perpétuel. En 1574, Châtellerault fut érigé en un duché-pairie qui fut réuni au domaine de la couronne.

CHATHAM (William Pitt). Voy. Pitt.

CHATHAM, ville d'Angleterre, dans le comté de Kent, à 10 lieues de Londres, attenante à Rochester. Sa population est de 13,000 habitants. Elle a un bon port et un arsenal maritime, le plus important du royaume. — Il y a aussi deux comtés de ce nom, l'un en Géorgie, chef-lieu Savannah, l'autre dans la Caroline du Nord, chef-lieu Pittsburg. Il y a aussi une île du Grand-Océan, près de la Nouvelle-Irlande, découverte par Vancouver et nommée Chatham.

CHATIÈRE, nom donné, en hydraulique, à une espèce de pierrés souterraine, ménagée pour donner issue aux eaux d'un bassin. Ce canal consiste en un conduit en pente de trois décimètres de largeur sur une longueur convenable. Il aboutit à un trou appelé puisard, où les eaux se perdent. — On donne aussi ce nom à un trou carré qu'on pratique en bas des greniers pour laisser aux chats la facilité d'y entrer.

CHATILLON-SUR-SEINE, ville de France, chef-lieu de sous-préfecture du département de la Côte-d'Or, à 20 lieues de Dijon, sur la rive droite de la Seine. Sa population est de 4,175 habitants. Châtillon-sur-Seine a un tribunal de première instance, un tribunal de commerce, un collége, une bibliothèque publique, riche de 5,000 volumes. — Les ducs de Bourgogne de la première race habitèrent Châtillon et lui donnèrent de l'importance. En 1814, il se tint à Châtillon un congrès entre le duc de Vicence, ambassadeur de Napoléon, et ceux des souverains alliés.

CHATILLON-SUR-SÈVRE, chef-lieu de canton du département des Deux-Sèvres, dans l'arrondissement de Bressuire. Population, 1,120 habitants. Cette ville existait du temps des Romains sous le nom de Mauléon (Mons Leonis). Elle a conservé ce nom jusqu'en 1737, époque à laquelle le duc de Châtillon l'acheta, lui donna son nom, et la fit ériger en duché-pairie. Cette ville, souvent détruite pendant les guerres de religion, et encore beaucoup à souffrir pendant la guerre de la Vendée, parce qu'elle fut le quartier général et le siége du gouvernement des insurgés.

CHATILLON. Deux maisons célèbres de France ont porté ce nom : l'une est celle de Châtillon-sur-Loing (Loiret), l'autre, celle de Châtillon-sur-Marne (Marne), remontait par une succession non interrompue, de mâle en mâle, au temps de Henri Ier. Elle possédait les principautés d'Antioche et de Tabarie en Orient, le duché de Bretagne en France, celui de Gueldre en Allemagne ; les comtés de Réthel, de Saint-Pol, de Nevers, de Blois, de Chartres, de Soissons, de Dunois, de Peuthièvre, de Périgord, de Porcéan, de Dammartin ; la vicomté de Limoges, les vidamés de Reims, de Laon et de Châlons-sur-Marne, etc., etc. Elle descendait d'Ursus, comte de Champagne vers l'an 880, et s'éteignit en 1762.
— Châtillon (Renaud de), troisième fils de Henri de Châtillon, suivit à la croisade Louis VII. Il s'y distingua, et épousa en 1152 Constance, princesse d'Antioche. Fait prisonnier à la bataille de Tibériade (1187), il fut mis à mort par Saladin.—Châtillon (Gaucher de), sénéchal de Bourgogne et bouteiller de Champagne, suivit le roi Philippe Auguste au voyage de la terre sainte, et se distingua au siége de Saint-Jean d'Acre (1191). Il ne se distingua pas moins à la conquête de la Normandie et à la bataille de Bouvines, et mourut comblé d'honneur et de gloire en 1219

**CHATIMENTS MILITAIRES**, peines corporelles infligées aux soldats. L'usage en était général en France avant la révolution. Sous les Valois, l'estrapade, l'amputation d'un poignet, la transformation de la langue, l'*essoreillade* ou extirpation des oreilles, étaient les châtiments les plus communs. Depuis Henri IV jusqu'à Louis XIV, ils ne consistèrent plus que dans le piquet ou la suspension par un bras, un seul pied pouvant s'appuyer; dans l'application des coups de plat d'épée et dans la bastonnade. Depuis Louis XIV jusqu'à la révolution, les châtiments militaires étaient les baguettes, les bretelles, le cheval de bois, les coups de plat de sabre et le piquet. Depuis la révolution, tout châtiment corporel a été aboli.

**CHATON**, nom donné, en bijouterie, à la partie de la monture d'une bague dans laquelle on doit enchâsser un diamant ou autre pierre précieuse. Les bords du chaton sont *sertis*, c'est-à-dire, rivés sur la pierre.

**CHATON**, nom donné, en botanique, à l'assemblage de fleurs unisexuelles, sessiles, ou légèrement pédonculées, autour d'un axe central, qui tombe de lui-même après la maturité. Le saule, le noyer, le pin, le cèdre, etc., ont leurs fleurs disposées en chaton.

**CHATOUILLEMENT**, sensation qui résulte d'un mode particulier d'attouchement, qui consiste le plus ordinairement dans l'action légère, rapide des doigts ou de tout autre moyen sur certaines parties. Les hypocondres, la paume des mains, la plante des pieds, la lèvre supérieure, les orifices de la bouche, du nez et de l'oreille, etc., sont les régions les plus propres au chatouillement. On a tenté de l'employer comme moyen curatif chez les enfants d'un naturel indolent, d'une constitution lymphatique, et comme moyen perturbateur dans l'épilepsie. On a vu le chatouillement donner la mort.

**CHATRE (LA)**, ville de France, chef-lieu de sous-préfecture du département de l'Indre, à 8 lieues et demie de Châteauroux, sur l'Indre. Sa population est de 4,343 habitants. Elle a un tribunal de première instance, un collège, et commerce en laine et tanneries. C'est une ville ancienne, qui fut longtemps une seigneurie dépendante de la principauté de Déols. Elle fut donnée à Ebbes, fils de Raoul le Chauve, seigneur de Châteauroux.

**CHATSWORTH**, village d'Angleterre, dans le comté de Derby, à 2 lieues de Chesterfield. Marie Stuart y fut dix-sept ans prisonnière (1552 à 1569), et fut ensuite transférée à Fotheringay.

**CHATTERTON (Thomas)**, poète et littérateur anglais, né à Bristol en 1752. Malgré son extrême jeunesse, il devint antiquaire consommé, et enrichit les journaux des extraits vrais ou supposés de quelques manuscrits anciens. Il vint à Londres à l'âge de dix-sept ans, et y vécut du produit de sa prose et de ses vers. Bientôt après, forcé par la misère, il s'empoisonna au mois d'août 1770. Il avait donné ses vers comme venant d'un poète du XVe siècle, Thomas Rowley. La *Bataille de Hastings*, le roman du *Chevalier, Clotilde, Amour et Folie*, la tragédie de *Bristowe*, sont ses œuvres les plus remarquables.

**CHATZINTZARIENS**, hérétiques qui se moquaient du *Trisagion*, et que l'empereur Théodose le Jeune fit chasser de Constantinople. — Il ne faut pas les confondre avec les *chatzintzariens* ou *stauro-lâtres*, hérétiques nestoriens, admettant deux personnes en Jésus-Christ, et n'adorant, dit-on, que la croix. Ils observaient un jeûne annuel le jour de la mort d'*Arteslurtzus*, chien de Sergius, un de leurs chefs.

**CHAUCER (Geoffroy)**, poète anglais, né à Londres en 1328. Il fut élève des universités de Cambridge et d'Oxford. En 1370, il était porte-bouclier d'Édouard III. Sous le règne de Richard II, il fut obligé de s'expatrier pour avoir embrassé la doctrine de Wiclef. Il mourut en 1400 à Londres, et fut enterré à Westminster. On l'a surnommé *le Père de la poésie anglaise*. Parmi ses poésies, on remarque les *Contes de Canterbury (Canterbury Tales)*.

**CHAUCES**, un des peuples germains qui formaient la confédération des Francs. Ils habitaient le pays connu aujourd'hui sous le nom de *Frise*.

**CHAUDE**. Les verriers appellent ainsi le degré de cuisson qu'ils donnent à la matière propre à faire des verres. — Les ouvriers qui forgent le fer ou l'acier entendent par *donner une chaude*, soit l'action de faire chauffer le fer suffisamment pour qu'il puisse être forgé, soit l'action de le forger. Ils appellent *chaude grasse* ou *suante* celle où le fer sortant de la forge est bouillonnant et presque en fusion.

**CHAUDES (Eaux-)**, village du département des Basses-Pyrénées, situé dans une gorge de la vallée d'Ossau, à une lieue de Laruns, et 8 de Pau. On y trouve six sources de températures diverses, et dont la plus élevée est de 35 degrés 25 centièmes (centigrades). Les eaux, parfaitement limpides et incolores, s'appliquent au traitement des rhumatismes et des paralysies.

**CHAUDES-AIGUES**, chef-lieu de canton du département du Cantal, à 6 lieues de Saint-Flour. Sa population est de 2,351 habitants. On y trouve des eaux minérales, dont la température varie de 30 à 80 degrés. Elles sont ferrugineuses, et déposent une ocre ou rouge jaunâtre. Il y a douze sources différentes; celle du *Parc* est la plus copieuse. Outre les usages domestiques et médicinaux, elles servent encore à l'incubation artificielle des œufs.

**CHAUDET (Antoine-Denis)**, sculpteur français, né en 1763 à Paris, remporta à vingt et un ans le premier prix de sculpture (1784), sur le sujet de *Joseph vendu par ses frères*. Il fit depuis le groupe de l'*Emulation de la gloire* pour le péristyle du Panthéon, les statues d'*Œdipe*, de *Cyparisse*, de *Sabatier*, de *David roi*, du cardinal *Maury*, de *Lamoignon*, de *Malesherbes*, etc., la *Bélisaire*, la *Sensibilité*, le *Nid d'Amour*, *Paul et Virginie*. Il fut membre de l'Institut, quatrième classe.

**CHAUDIÈRE**, grand vase de métal dans lequel on fait chauffer, dissoudre, bouillir ou cuire diverses substances, soit alimentaires, soit à l'usage des arts chimiques, industriels ou pharmaceutiques. On fabrique des chaudières avec le cuivre rouge en planches, le fer battu ou laminé, la fonte de fer et le plomb. On fait aussi des chaudières avec de la tôle de fer. Pour les chaudières des bateaux à vapeur, on a adopté généralement la forme cylindroïde.

**CHAUDRON**, ustensile de cuisine fabriqué par le *chaudronnier*, et consistant en un vase de cuivre légèrement conique, fait d'une seule pièce et plus petit qu'une chaudière. L'art du chaudronnier se divise en trois classes : 1° les *chaudronniers grossiers*, qui emploient le cuivre rouge et le laiton ; 2° les *chaudronniers planeurs*, qui ne s'occupent qu'à planer, polir et brunir les planches de cuivre rouge qui servent aux graveurs ; 3° les *chaudronniers faiseurs d'instruments de musique et d'acoustique*, qui ne fabriquent qu'en laiton les instruments à vent ou à percussion.

**CHAUFFAGE**, nom donné à tout emploi de combustibles destiné à élever la température d'un milieu quelconque. Les moyens les plus employés sont les bois de chêne, de hêtre, de peuplier, de frêne, de tilleul, etc., mis en usage dans les cheminées ou des poêles et les calorifères. — Le chauffage à la vapeur, dont la découverte est due à Rumford, présente des avantages marqués. On s'en sert pour sécher les toiles en les enroulant sur des cylindres creux que la vapeur traverse. On l'emploie aussi dans quelques apprêts industriels. Un mètre carré de fonte, de vingt millimètres d'épaisseur, chauffé constamment par la vapeur, élève la température de 67 mètres cubes d'air de 20 degrés.

**CHAUFFAGE**, droit accordé à quelques seigneurs, communautés, officiers ou autres particuliers, de faire couper du bois pour leur provision dans les forêts du roi. Ceux qui l'avaient ne pouvaient prendre du bois qu'autant qu'ils en avaient besoin pour leur usage.

**CHAUFFERETTE**, petit coffre de métal, dont le couvercle est percé d'un grand nombre de trous pour laisser passer la chaleur produite par un petit foyer de braise placé à l'intérieur. Les femmes seules s'en servent pour se chauffer les pieds. On a inventé dernièrement une chaufferette économique, qui a reçu de son inventeur, Mme Chambon, le nom d'*augustine*. Elle se compose d'une lampe qui brûle au moyen d'huile, et d'un réservoir de chaleur échauffé par la lampe.

**CHAUFFEURS**, nom donné à une classe de brigands qui, pendant les dernières années du XVIIIe siècle et les premières du XIXe, dévastèrent les départements de l'est et du midi de la France. Ils étaient appelés ainsi, parce qu'ils faisaient brûler les pieds de leurs victimes pour leur faire déclarer où se trouvaient leurs trésors. Ils ne reparurent plus depuis l'exécution d'un de leurs chefs, Jean Buckler dit *Schinderhanner* (1803).

**CHAUFOURNIER**, artisan qui s'occupe de la fabrication de la chaux. La première opération est le *fumage*, qui a pour but de laisser à toute la masse de pierre calcaire amassée dans le four le temps de s'échauffer avant qu'elle ressente le contact de la flamme, et qui consiste à allumer un feu peu actif. Les chaufourniers appellent *rebutlage* l'instant où la partie *inférieure*, chauffée jusqu'au rouge presque blanc, fait dilater si vivement l'air contenu dans les interstices supérieurs, qu'il réagit sur la flamme qu'il repousse.

**CHAULAGE**, opération qui a pour but d'empêcher de se produire la charbon ou la carie sur les arbres, et qui consiste à passer dans une lessive alcaline le grain avant de le semer. Tantôt on emploie la chaux éteinte, tantôt on y mêle du sel, du salpêtre ou du jus de fumier. Le chaulage fait gonfler le grain, et a l'avantage de diminuer la quantité de la semence répandue, sans nuire à la récolte.

**CHAULIEU (Guillaume-Amfrye de)**, abbé d'Aumale, seigneur de Fontenai (Eure), où il naquit en 1639, fut maître des comptes et conseiller d'État à brevet. Il fut l'élève et l'ami de Chapelle. Voltaire l'appelait l'*Anacréon du Temple*, parce qu'il logeait au Temple chez le duc de Vendôme. L'abbé de Chaulieu mourut à Paris en 1720. Ses *poésies* ont eu plusieurs éditions.

**CHAULTERIES** ou **Chauderies**, sorte de caravansérails, ou auberges bâties dans l'Inde sur les grandes routes, et ouvertes aux voyageurs de toutes les croyances et de toutes les castes. Les chaulteries offrent un vaste bâtiment d'architecture régulière, qui se subdivise en un grand nombre de petites chambres.

**CHAUME**, nom sous lequel on désigne la tige des graminées. Le chaume est solide à sa base, formé au centre de cellules peu allongées, et uni vers la circonférence de cellules extrêmement fines et allongées. Il est prouvé par l'analyse chimique que le chaume des graminées et surtout les nœuds contiennent beaucoup de silice. Les paysans peu fortunés couvrent leurs cabanes de chaume.

**CHAUMETTE (Pierre-Gaspard)**, fils d'un cordonnier de Nevers, né en 1763. Le ministre Roland lui donna dans les départements une mission qu'il remplit avec succès. De retour à Paris, il fut nommé en 1792 procureur de la commune de Paris. Il prit alors le nom d'*Anaxagoras*. Ses actes de cruauté et de despotisme approchent de la démence. Emprisonné par ordre de la convention, il fut condamné à mort par le tribunal révolutionnaire, et exécuté (1794) comme conspirateur.

CHAUMONT, sur un plateau élevé, entre la Marne et la Suize, chef-lieu de préfecture du département de la Haute-Marne, à 62 lieues de Paris. Sa population est de 8,318 habitants. Elle a un tribunal de première instance, un tribunal de commerce, un collège, une société d'agriculture, commerce et arts, une bibliothèque publique de 35,000 volumes. — Chaumont remonte au IXᵉ siècle. La mort du sire de Chaumont, tué à la terre sainte, fit réunir cette châtellenie au domaine des comtes de Champagne. En 1814, les empereurs d'Autriche et de Russie et le roi de Prusse y conclurent un traité d'alliance offensive et défensive contre Napoléon. Depuis 1821, Chaumont est classé comme place de guerre.

CHAUSSE, nom donné, en technologie, à un cône très-allongé, formé de brins de laine feutrée comme les chapeaux. La chausse sert à filtrer les liqueurs, c'est-à-dire, à en séparer les molécules très-fines et solides qui en troublent la transparence.

CHAUSSE (ORDRE DE LA), ordre militaire, institué à Venise dans le XVᵉ ou le XVIᵉ siècle. Il était composé de jeunes Vénitiens de la meilleure noblesse. Les chevaliers portaient une chausse qui s'étendait depuis la cuisse droite jusqu'au pied, et qui était divisée de bandes de plusieurs couleurs, les unes en long, les autres en travers. Les chevaliers devaient combattre pour la foi et pour le service de la république.

CHAUSSE DE MAILLES, portion du costume de mailles qui embrassait l'espace compris entre la cuisse et le pied. Les chausses de mailles appartenaient à l'armure à haubert, et les écuyers ne pouvaient les porter. Leur bord supérieur s'accrochait au bord inférieur de la cotte de mailles.

CHAUSSE-TRAPE, machine de guerre destinée à la défense d'un ouvrage fortifié, ou à une embuscade. Elle consistait en une étoile de fer à quatre pointes tellement disposées qu'en la jetant par terre elle avait un de ses piquants dressé à plus de 100 millimètres au-dessus du sol. Les Grecs et les Romains ont employé les chausses-trapes, qu'ils appelaient *chardon*, *tribolos*, *tribulus*, et qu'ils semaient dans les lieux où devait passer la cavalerie.

CHAUSSE-TRAPE, genre de la famille des carduacées, que l'on reconnaît à l'épine qui termine les folioles des involucres. Ce genre a été séparé des *centaurée*, et renferme onze espèces indigènes. Le type du genre est la *chausse-trape*, *calcitrape* ou *chardon étoilé*, dont la tige est rameuse, étalée, les feuilles pinnatifides, linéaires, dentées; les fleurs axillaires et terminales, de couleur pourpre. Ses feuilles infusées dans du vin blanc ont souvent bien réussi dans les fièvres intermittentes.

CHAUSSÉE (Pierre-Claude NIVELLE DE LA), auteur dramatique, né à Paris en 1691. Il est le premier qui ait mis en faveur sur le théâtre français ce qu'on appela le *comique larmoyant* ou la tragédie domestique. Sa *Mélanide* est citée comme le chef-d'œuvre de ce genre; mais ses meilleures pièces sont l'*École des Mères* et la *Gouvernante*. Reçu membre de l'académie française en 1736, il mourut en 1754.

CHAUSSÉE, élévation de terre soutenue par des pieux ou un vêtement de pierre, pour servir de chemin à travers un marais, ou pour s'opposer aux inondations. Les premières sont de véritables routes; les secondes sont des sortes de digues. — On connaît les célèbres chaussées romaines appelées, en Picardie et en Belgique, *chaussées Brunehaut*. L'opinion la plus vraisemblable les attribue à Brunehaut, femme de Sigebert, roi d'Austrasie, qui du moins les fit réparer.

CHAUSSÉE D'ANTIN. Voy. ANTIN.

CHAUSSÉE DES GÉANTS, fameux monument basaltique, situé à l'extrémité occidentale de l'Europe, au nord de l'Irlande, dans le comté d'Antrim. Il est entièrement composé de piliers s'enfonçant perpendiculairement dans la terre, ou plutôt d'énormes prismes verticaux atteignant de quarante à cinquante pieds de hauteur. La chaussée des Géants forme le promontoire du Pleaskin-Bengore, qui a plus de 300 pieds de hauteur au-dessus du niveau de la mer.

CHAUSSIER (François), médecin, né à Dijon en 1746. D'abord secrétaire perpétuel de l'académie de cette ville, il vint à Paris, en 1794, concerter avec Fourcroy la réforme de l'enseignement médical, contribua à l'organisation de l'école de santé, dont il fut un des professeurs, et où il ouvrit un cours d'anatomie, et donna une grande impulsion à l'étude de la physiologie. Il fut en même temps nommé professeur de chimie, à l'école polytechnique. Il mourut en 1828, professeur à la faculté de médecine de Paris, membre de l'Institut et de plusieurs autres sociétés savantes. On a de lui un grand nombre de mémoires et d'ouvrages.

CHAUSSURE, nom donné à cette partie du vêtement qui couvre la jambe ou le pied. Les chaussures des Hébreux étaient faites de cuir, de lin, de jonc ou de bois. Ils les déposaient dans l'intérieur de la maison et dans le deuil. Celles des Égyptiens étaient en feuilles de papyrus. — Les chaussures des Grecs étaient attachées sous la plante des pieds par des courroies. Les *crépides* ou *harpides* étaient réservées aux militaires; les *arbulai* étaient larges et commodes; les *blautai* se portaient dans l'intérieur des maisons; les *carbatinai*, à la campagne; les *embatai* étaient celles des comédiens; les *cothurnes* ou *embades*, celles des tragiques. Les *persiques* étaient blanches et pour les femmes. — Les Romains avaient deux espèces principales de chaussures: le *calceus* (soulier) et la *solea* (sandale); la chaussure des sénateurs était de couleur noire et atteignait le milieu de la jambe. Au sommet du pied était placé un croissant d'or ou d'argent. Celle des femmes était blanche, rouge, jaune ou pourpre.

CHAUVE-SOURIS, tribu de l'ordre des chéiroptères. Les doigts des pieds sont réunis par une membrane mince et formant de véritables ailes. Les mamelles sont pectorales et au nombre de deux. Pendant le jour, les chauves-souris se cachent et restent accrochées, au moyen de leurs pieds de derrière, aux voûtes des lieux sombres. Leur nourriture se compose d'insectes et de fruits. On les trouve dans les deux continents. La tribu des chauves-souris se divise en deux autres tribus: celle des *chéiroptères frugivores* ou *roussettes méganyctères*, et des *chauves-souris vraies* ou *chéiroptères insectivores*.

CHAUVELIN (François, marquis DE), né vers 1757, fils du marquis de Chauvelin, maître de la garde-robe du roi, lui succéda dans cet office. Il entra de bonne heure au service, et fut nommé aide de camp de Rochambeau. Nommé en 1792 ministre plénipotentiaire à Londres, il revint en France lors de la rupture de la paix, fut incarcéré, et ne recouvra sa liberté qu'après le 9 thermidor. Successivement tribun, membre du corps législatif, préfet de la Lys, conseiller d'État, il fut élu député par le département de la Côte-d'Or, et s'y montra l'un des plus ardents adversaires du système ministériel. Il mourut à Paris en 1832.

CHAUX, nom vulgaire du *protoxyde de calcium*, qui se rencontre dans la nature diversement combiné aux acides. La chaux est d'une saveur âcre, caustique, blanche lorsqu'elle est pure. Elle verdit le sirop de violette et rougit le papier de curcuma. Elle est indécomposable par la chaleur; exposée à l'air, elle en attire l'humidité. Sa pesanteur spécifique est de 2,300. Elle est soluble dans quatre cents fois son poids d'eau. Lorsqu'on verse de l'eau sur la chaux vive, elle absorbe à l'instant l'eau, et le résultat prend le nom de *chaux éteinte*, parce qu'elle a perdu une grande partie de son âcreté brûlante. Un de ses usages les plus importants est la composition des ciments et des mortiers. L'espèce dont on se sert est la *chaux hydraulique*, qui, exposée à l'air, prend une consistance crayeuse et n'est pas susceptible de prendre le poli. On emploie la *chaux grasse* (celle qu'on obtient en calcinant complètement les pierres à chaux les plus pures, et qui très-blanche) pour déféquer le jus des cannes, le suc des betteraves, pour clarifier le sucre, pour purifier le gaz hydrogène carboné pour l'éclairage, pour enlever à la soude et à la potasse l'acide carbonique. Elle sert à préparer les matières animales dont on veut extraire la gélatine, les peaux dans les tanneries, à dessécher l'air des étuves, à préserver de l'humidité et à chauler les grains, etc. La *chaux maigre* provient de la calcination des pierres qui renferment des proportions assez fortes de silice, d'alumine et de fer. Elle est ordinairement de couleur grise ou fauve. — On prépare la chaux en décomposant le carbonate de chaux naturel à l'aide d'une température élevée. Le gaz acide carbonique se dégage, et la chaux reste solide.

CHAVARIA ou CUAIA, genre d'oiseaux de la famille des kamichis, qu'on rencontre au Paraguay et au Brésil. Le chavaria n'a pas de corne sur le sommet de la tête. Son occiput est orné d'un cercle de plumes susceptibles de se relever. Son plumage est d'un plombé noirâtre, avec plusieurs taches blanches. C'est un oiseau massif, qui a le cou long et la tête petite. Il se défend à l'aide des éperons dont ses ailes sont armées.

CHAYÉ. C'est la plus petite monnaie de Perse; elle vaut 22 centimes 22 millièmes de monnaie de France.

CHAZINZARIENS. Voy. CHATZINTZARIENS.

CHEBEC, petit bâtiment à trois mâts de la Méditerranée, gréé en voiles carrées et latines. On l'arme quelquefois en guerre, et il va bien à l'aviron.

CHEF, mot qui a vieilli, et qui désigne la partie la plus élevée de la tête de l'homme. — On donne le nom de *chef-d'œuvre* à une œuvre capitale ou première sous le rapport du mérite et de la perfection. Chaque corps de métier avait autrefois son chef-d'œuvre, convenu et arrêté d'avance, que chacun des aspirants à la maîtrise était tenu d'exécuter à la lettre. — En termes de blason, on appelle ainsi la partie supérieure de l'écu. Les armes de France étaient autrefois composées de trois fleurs de lis d'or en champ d'azur, deux en chef et une en pointe. — On nomme *chef abaissé* celui qui est placé sous un autre chef; *chef bandé*, celui qui est divisé en six parties par cinq lignes diagonales; *chef chargé*, celui sur lequel on voit un ou plusieurs meubles; *chef cousu*, celui qui se rencontre métal sur métal, couleur sur couleur; *chef denché*, celui dont le bord inférieur est coupé par des dents, comme celles d'une scie; *chef échiqueté*, celui qui est divisé en deux ou trois rangs de carreaux; *chef émanché* ou *emmanché*, celui qui, dans sa partie inférieure, a de grandes dents en pointes, qui entrent les unes dans les autres, ou dont la partie inférieure se termine en plusieurs angles très-aigus; *chef engrêlé*, celui qui a en haut et en bas de petites dents fines, dont les cavités sont arrondies; *chef losangé*, celui qui est divisé en losanges; *chef retrait*, celui qui n'a en hauteur que la moitié de sa proportion ordinaire; *chef soutenu*, un chef abaissé sous un autre, qui n'a que la moitié de sa proportion ordinaire, et qui est coupé par une espèce de chef appelé *divise*, par lequel il semble soutenu; *chef surmonté*, celui qui a un autre au-dessus de lui. — On appelait *chef-cens* le premier cens établi par un seul emphytéotique; *chef de péage*, le lieu où un péage était établi; *chef-seigneur*, celui de qui plusieurs chefs relevaient.

CHEF-LIEU. C'était, en matière bénéficiale, le principal *lieu* ou manoir d'un bénéfice qui avait d'autres bénéfices ou annexes dans sa dépendance. — Aujourd'hui on donne ce nom à la principale ville d'un district, d'un département, d'un canton, etc. C'est dans le chef-lieu du département que résident le préfet, le maréchal de camp commandant le département, et le lieutenant général commandant la division, si le chef-lieu l'est d'une division, etc.

CHEF D'ORDRE. C'était le nom qu'on donnait autrefois aux abbayes ou maisons religieuses qui avaient été ordinairement le berceau d'un ordre, et qui étaient celles dont dépendaient les autres maisons de cet ordre. Ainsi la maison chef d'ordre des chartreux était la Grande-Chartreuse. Les abbayes chefs d'ordre étaient toutes régulières, et c'était là que se tenaient les chapitres généraux.

CHEF DE BATAILLON, grade militaire créé en 1774. Les chefs de bataillon portent une épaulette à graines d'épinard à gauche et une contre-épaulette à droite. Ils sont responsables de l'instruction théorique et pratique de leur bataillon. Ils en surveillent la discipline, le service, la tenue, l'entretien des effets, etc. Le chef de bataillon porte aussi le nom de commandant.

CHEF D'ESCADRON, grade créé en 1774, et équivalent, dans la gendarmerie, l'artillerie et la cavalerie, à celui de chef de bataillon. Dans la cavalerie, il commande deux escadrons.

CHEF D'ÉTAT-MAJOR, grade qui est le même que le taxiarque grec, le questeur ou le préfet d'armes romain, le maréchal de l'ost du moyen âge, le chancelier d'armée du XVIe siècle, le maréchal des logis des XVIIe et XVIIIe siècles, et les quartiers-maîtres généraux des armées d'Angleterre, d'Allemagne et du Nord. Les fonctions actuelles du chef d'état-major ou du major général consistent à régler les marches, asseoir les camps, expédier les ordres, combiner les convois et les fourrages, surveiller la partie administrative, et assigner aux combattants leur poste avant la bataille.

CHEIKH ou SCHEIKH, mot arabe signifiant un vieillard, et qu'on donne indistinctement à tout homme respectable par son âge, ses talents, sa piété, etc. De là vient que ce titre est spécialement attribué aux chefs des tribus d'Arabes, parce que le droit de commander aux autres est généralement déféré au plus âgé. C'est le titre que portait le souverain des Ismaéliens ou Assassins, qui régnait dans le Djebal (contrée montagneuse de la Perse septentrionale), et portait pour cette raison le nom de cheikh-el-djebal ; ce que les historiens ont traduit par senior montis (vieux de la montagne). En Egypte, le plus puissant des vingt-quatre beys portait le titre de cheikh-al-belad (prince du pays), et avait toute l'autorité au Caire et dans le Delta. La seconde dignité était celle d'emir-el-hadjy (chef des pèlerins). Le gouverneur de Médine porte le nom de cheikh-el-harem (prince du saint lieu).

CHÉIROMYS, genre de mammifères de l'ordre des rongeurs selon les uns, et des quadrumanes selon les autres. Ce genre a été formé sur l'aye-aye, animal nocturne, très-remarquable par sa queue et ses dents, qui lui donnent quelque ressemblance avec les écureuils, tandis que ses membres postérieurs ont, comme ceux des quadrumanes, leur pouce opposable aux autres doigts, qui sont très-allongés et très-grêles. L'aye-aye se nourrit d'insectes.

CHÉIROPTÈRES, famille de mammifères de l'ordre des carnassiers, renfermant des individus qui ont un repli de la peau étendu entre les membres et les doigts des extrémités antérieures. On les divise en deux grandes tribus : les galéopithèques, appelés pleuroptères et chats volants, et les chauves-souris.

CHÉLIDOINE, genre de la famille des papavéracées, dont les plantes vivaces laissant couler un suc jaune très-âcre et corrosif lorsqu'on blesse une de leurs parties, exhalant une odeur fétide lorsqu'on les froisse, sont rejetées par les bestiaux. La chélidoine est émétique et purgative, et s'emploie avec succès, en décoction, dans les affections de la peau, les scrofules, les dartres, la jaunisse, etc. La chélidoine commune est une plante aux fleurs jaunes disposées en ombelle terminale.

CHÉLIDONIES, fêtes célébrées dans l'île de Rhodes, et dans lesquelles les jeunes gens allaient de porte en porte chantant et demandant la charité.

CHÉLINGUE, embarcation de la côte de Coromandel, au fond plat. Elle a beaucoup de creux et un très-petit tillac de l'arrière et de l'avant. Ce sont les seules embarcations propres à passer sur les barres de Pondichéry, de Madras, etc. Elle a trois avirons.

CHÉLONÉ (myth.), nymphe changée en tortue par Mercure pour n'avoir pas assisté aux noces de Jupiter et de Junon, et condamnée à un éternel silence pour avoir tourné ces dieux en ridicule.

CHÉLONÉES (oiacopodes ou rémipèdes), nom qui sert uniquement à désigner les tortues de mer, c'est-à-dire, les chéloniens marins rémipèdes. Leur carapace est cordiforme, plus évasée et arrondie en avant, terminée en pointe et dentelée en arrière, peu bombée à son centre. Les pieds sont aplatis, étalés en nageoires ; la tête est couverte de plaques, la bouche, fortement comprimée sur les côtés, est bordée par une lame cornée, tranchante, analogue au bec des perroquets. Les chélonées vivent habituellement en troupes, dans l'eau, près des côtes. Elles ne viennent à terre que pour déposer leurs œufs dans des trous pratiqués au milieu du sable. Les chélonées parviennent à une taille assez considérable. On en a vu de sept à huit pieds de longueur et du poids de sept à huit cents livres.

CHÉLONIENS, nom sous lequel on désigne la famille entière des tortues. Ce sont des reptiles à corps court, globuleux, revêtus d'une enveloppe plus ou moins solide, connue sous le nom de carapace, au dedans ou au-dessous de laquelle la tête et les extrémités peuvent être rétractées en tout ou en partie. Leur tête est pyramidale, obtuse, à museau plus ou moins mousse. La queue est ronde, conique, plus ou moins courte. En général, les chéloniens sont muets, et ne donnent guère qu'un léger sifflement. Les mâles sont plus petits que les femelles. Ils se divisent, d'après la nature de leurs pieds et de leurs habitudes, en chéloniens marins rémipèdes ou chélonées, en chéloniens aquatiques palmipèdes ou émydes, et en chéloniens solipèdes terrestres ou tortues proprement dites.

CHELLES, village du département de Seine-et-Marne, près de la Marne, à 6 lieues de Paris. On y voyait autrefois une célèbre abbaye de religieuses bénédictines, fondée l'an 662 par sainte Bathilde, femme de Clovis II, et qui devint sa retraite quelques années plus tard.

CHELSEA, village d'Angleterre, dans le comté de Middlesex, sur les bords de la Tamise, au S.-O., et près de Londres. C'est là que se trouve le magnifique hôpital royal des invalides de terre.

CHELTENHAM, ville d'Angleterre, dans le comté de Glocester, à 3 lieues de cette ville. Sa population est de 4,000 habitants. Cheltenham doit sa célébrité à ses eaux minérales fameuses, qui attirent chaque année un grand concours d'Anglais et d'étrangers.

CHÉLUM (autrefois Hydaspes), rivière de l'Indoustan, qui a sa source dans la province de Cachemire ou Kachemyr. Elle est navigable pour les vaisseaux de deux cents tonneaux jusqu'à Sirinagar. Elle se réunit au Chen-ab (l'Akesines des anciens), et reçoit, 14 lieues plus bas, à Djafierabad, le Ravi (Hydrastes), et ces trois rivières réunies opèrent leur jonction avec le Sind (Indus), 40 lieues plus bas, à Outcho (Moultan).

CHELY-D'APCHER (Saint-), chef-lieu de canton du département de la Lozère, à 8 lieues de Marvejols. Population, 1,850 habitants. Cette petite ville, qui fut pendant la révolution le chef-lieu d'un district et le siège d'un tribunal, est le centre du commerce des mines du pays. Elle est située au milieu des montagnes.

CHEMAGE, droit qu'on payait au seigneur pour passer avec des charrettes dans certains chemins.

CHÉMÉ, ancienne mesure grecque pour les liquides. Elle valait 2 cochliarion, c'est-à-dire, 44957 cent millièmes de centilitre, nouvelle mesure française.

CHEMIN ou ROUTE, espace en longueur, peu large, par où l'on va d'un lieu à un autre, soit à pied, soit en voiture, soit à cheval. Pour les chemins des Romains, voy. VOIES ROMAINES. En France, on distingue, selon leur destination, trois sortes de chemins : les chemins royaux, faits et entretenus aux frais de l'État. Il y en a quelques-uns qui ont vingt ou vingt-quatre mètres de largeur. Les chemins de traverse ou départementaux, faits et entretenus aux frais des départements ; et les chemins vicinaux, entièrement à la charge des communes et même de quelques particuliers. On emploie pour le pavé des chemins trois sortes de pavés : 1° ceux en grès dur, 2° les cailloux choisis, 3° les pierres ordinaires grossièrement taillées. L'art de rendre les chemins aussi viables que possible est celui de rendre leur surface unie et très-peu compressible. Le meilleur procédé est celui de M. Mac'Adam, ingénieur anglais ; en sorte qu'on dit macadamiser un chemin, pour dire construire suivant la méthode de Mac'Adam. Cette méthode consiste à en réduire la convexité à la cent vingtième partie de leur largeur.

CHEMIN COUVERT, ouvrage de fortification qui fait partie des dehors d'une place, et qui consiste en une voie ou un terrain à ciel ouvert qui communique au fond du fossé au moyen de rampes ou d'escaliers. L'invention du chemin couvert date du commencement des guerres de la Hollande contre Philippe II.

CHEMIN DE FER, voie de transport où les chariots se meuvent sur deux lignes parallèles de barres de fer appelées par les Anglais rails, et soutenues de distance en distance par des pierres solidement appuyées. Les chemins de fer ont été inventés en 1824 par les Anglais, et sont aujourd'hui généralement adoptés. L'Angleterre est le pays du monde où il y a le plus de chemins de fer ; leur étendue est de 12,000 kilomètres. Les États-Unis et l'Allemagne viennent après ; la France n'occupe que le troisième rang, elle en a en 1855 4,000 kilomètres. La Belgique en est entièrement couverte. L'Italie et l'Espagne sont les pays les plus arriérés. Les wagons ou chariots sont traînés sur les chemins de fer par des machines à vapeur ; on fait par ce moyen jusqu'à 100 kilomètres à l'heure ; la moyenne est 32.

CHEMINÉES, nom donné aux conduits qui évacuent les produits gazeux de la combustion. Ils sont ordinairement de forme rectangulaire, et sont fondés sur le principe que deux colonnes d'air de même hauteur ne sont plus en équilibre quand l'une d'elles devient plus chaude que l'autre, d'où il suit que la plus froide doit soulever la plus chaude. On a inventé une foule de moyens pour empêcher les cheminées de fumer.

CHEMISE, vêtement de linge qui se place ordinairement sur la peau, et qui pend depuis le cou jusqu'au delà des genoux. — Les premières chemises qu'on porta furent en serge ; celle qui servait au sacre des rois de France était en soie, ouverte et garnie de cordons aux endroits où le prince devait recevoir l'onction. Au moyen âge, l'usage était presque général d'ôter tous les vêtements, et même la chemise, pour se mettre au lit.

CHEMNITZ, ville d'Allemagne, dans la

Saxe, au cercle d'Ertzebirge et à 7 lieues d'Annaberg. C'est la première ville manufacturière et la seconde ville commerciale du royaume. Elle a une population de 16,000 habitants, et renferme douze manufactures de coton, qui fournissent chaque année 50,000 pièces de coton, outre une grande quantité de draps de la même étoffe Chemnitz est l'entrepôt du coton dit *coton de Macédoine.*

CHENAL, nom donné en général à un courant d'eau bordé de terres en talus ou de deux petits murs, et destiné à conduire cette eau à un moulin, à une forge, etc. C'est aussi un petit canal pratiqué le long d'un toit pour l'écoulement des eaux de pluie.

CHÊNE, genre de la famille des amentacées, renfermant plus de quarante espèces. On les divise en *chênes proprement dits, chênes à fruits mangeables, chênes nains, chênes verts, chênes-liéges* et *chênes aquatiques*. Le chêne blanc est préféré aux autres pour la bâtisse, la menuiserie, la construction des navires. Le tronc est droit, revêtu d'une écorce lisse, d'un blanc cendré, puis brune et crevassée; la cime est ample et couronne la tige, qui arrive souvent à quatorze mètres de hauteur. Le chêne blanc pèse environ cinquante livres par pied cube. Il est incorruptible. Parmi les chênes à fruits mangeables, dont les espèces produisent des fruits appelés *glands* qui participent du goût de la châtaigne et de la noisette, se trouvent les *chênes bellote* et *castillan*. Parmi les chênes nains, on trouve celui qui produit la galle. Parmi les chênes verts, on remarque le *chêne-yeuse* et le *chêne au kermès*. Le chêne-liége, haut de dix mètres, produit le liége. Les anciens avaient consacré le chêne à Jupiter. C'est dans son écorce que réside le principe appelé *tannin*. Réduite en poudre grossière, elle prend le nom de *tan*.

CHÈNEVIS, nom donné à la graine de chanvre.

CHÈNEVOTTE, nom donné aux tiges ligneuses du chanvre, après que le rouissage et le teillage en ont séparé la filasse. On emploie les chènevottes, dans les campagnes, à chauffer le four ou à faire des allumettes, quelquefois même à la fabrication du papier.

CHÉNIER (Marie-André DE), fils de Louis de Chénier, consul général de France à Constantinople, naquit à cette ville en 1763. Nommé à vingt ans sous-lieutenant dans le régiment d'Angoumois, il quitta les armes pour la diplomatie, et vint à Paris en 1790. Il fonda le *Journal de Paris*, feuille à la fois ennemie des royalistes et des jacobins. Il rédigea la lettre par laquelle Louis XVI, après sa condamnation, réclama le droit d'appeler de la convention au peuple. Arrêté et traduit devant le tribunal révolutionnaire, il fut condamné et périt sur l'échafaud (25 juillet 1794). Nul poète n'a su mieux que lui prêter à la langue française la physionomie du grec. Ses plus belles productions sont *la jeune Captive*, ode; *le Malade, la jeune Tarentine*, élégies.

CHÉNIER (Marie-Joseph DE), frère du précédent, né à Constantinople en 1764. Entré en 1781 dans un régiment de dragons, il quitta bientôt la profession militaire pour se livrer tout entier aux lettres. Il embrassa avec ardeur les principes de la révolution, et fut nommé représentant du peuple, puis membre de la convention. Ses opinions furent celles des girondins; il vota comme eux dans le procès de Louis XVI, et échappa aux fureurs révolutionnaires. Après le 9 thermidor, il travailla avec une ardeur infatigable à réparer les atrocités de la terreur. Il contribua à la révolution du 18 brumaire, et fut nommé inspecteur général de l'instruction publique. Destitué de cet emploi, il mourut en 1811. On cite parmi ses œuvres les tragédies de *Caius Gracchus*, de *Henri VIII*, de *Timoléon*, de *Fénelon*, de *la Mort de Calas*, de *Tibère*, etc; *la Promenade à Saint-Cloud*, l'*Epître sur la calomnie*, l'*Epître à Voltaire* et le *Chant du départ*. On lui a reproché ses liaisons avec les ennemis de son frère.

CHENILLE, nom des larves des papillons ou lépidoptères. L'existence sous forme de chenille commence à la sortie de l'œuf, et dure jusqu'à la transformation en *chrysalide*. Le corps allongé, cylindrique, est composé de douze anneaux, et terminé en avant par une tête écailleuse, où l'on voit de chaque côté six points noirs, que l'on remarque comme des yeux. Les chenilles muent trois ou quatre fois avant de se transformer en chrysalides. Une des chenilles est le ver à soie. Les chenilles sont les ennemis les plus redoutables de toutes espèces de plantes. Aussi les agriculteurs sont forcés par la loi d'écheniller leurs arbres et leurs haies.

CHENILLE, nom donné à un petit ouvrage de passementerie en forme de cordon de chaque côté duquel la trame, coupée, effilée, dépasse les fils de chaîne qui la tiennent unie, de manière que la chenille, après sa dernière préparation, ne consiste qu'en un léger tors, présentant une suite de poils semblables à ceux dont l'insecte qui porte ce nom est hérissé.

CHENONCEAUX, village du département d'Indre-et-Loire, à 2 lieues et demie d'Amboise. Population, 385 habitants. La terre de Chenonceaux appartint d'abord à la famille de Marques, originaire d'Auvergne, et qui y fit construire un château fort, détruit sous Charles VII. Sous François Ier, Thomas Bohier, seigneur de Chenonceaux, fit construire un autre château, que l'on considère comme un des plus beaux de France. Il est bâti sur le Cher, et en grande partie supporté par des voûtes au-dessus de la rivière. En 1535, le seigneur de Chenonceaux en fit don à François Ier. Il appartint successivement à Diane de Poitiers, à Catherine de Médicis, à la veuve de Henri III, au duc de Vendôme, et passa en 1733 en la possession du littérateur Dupin, qui réunit dans ce château les personnages les plus illustres de son époque. Chenonceaux échappa aux fureurs de la révolution, et est encore de nos jours visité par de nombreux voyageurs.

CHÉNOPODE, genre de plantes de la famille des chénopodées, plus connu sous les noms d'*ansérine* et de *patte-d'oie*, et type de la famille.

CHÉNOPODÉES, famille connue aussi sous le nom d'ATRIPLICÉES.

CHEN-SI. Voy. CHANG-SI.

CHÉOPS ou CHEMMÈS, roi d'Egypte, successeur de Rhampsinite, régna vers l'an 1178 avant J.-C. Il fit bâtir la grande pyramide, pour laquelle il dépensa 1,060 talents, seulement en végétaux pour la nourriture des ouvriers, et changea en tyrannie le gouvernement, qui avait été jusqu'alors très-modéré. Il mourut après cinquante-six ans de règne, et son frère CHÉPHREN, qui lui succéda, ne fut pas moins tyran que lui. Il bâtit une autre pyramide, et mourut exécré des peuples.

CHÉPHREN. Voy. CHÉOPS.

CHEPTEL. Voy. BAIL.

CHER, rivière de France qui a sa source dans le département de la Creuse, près de Mérinchal, longe le département de la Creuse, traverse celui de l'Allier, celui auquel il donne son nom, celui de Loir-et-Cher, et se jette dans la Loire, à trois-quarts de lieue de Tours. Le Cher est navigable depuis Vierzon (Cher) et flottable depuis Chambonnais (Creuse). Son cours est de 78 lieues, dont 48 flottables et 19 navigables.

CHER, département central de France, formé du Berry et d'une partie du Bourbonnais, et borné au N. par les départements de la Nièvre, du Loiret et de Loir-et-Cher, à l'E. par la Nièvre, au S. par la Creuse, par l'Allier et l'Indre, à l'O. par l'Indre. Sa superficie est de 740,125 hectares, et sa population de 306,000 habitants. Il se divise en trois arrondissements, Bourges (chef-lieu), Saint-Amand et Sancerre, et nommait quatre députés. Il est compris dans la quinzième division militaire et le ressort du diocèse, de l'académie et de la cour d'appel de Bourges. On y remarque la cathédrale de Bourges, l'ancien hôtel de Jacques Cœur transformé en hôtel de ville, le canal du Berry, l'ancienne principauté d'Henrichemont, etc. L'agriculture y est peu avancée; le chanvre est un des plus beaux produits; les moutons de ce département sont très-estimés. Les établissements métallurgiques y occupent le premier rang.

CHÉRAFS, nom donné aux changeurs banians établis en Perse.

CHERBOURG, port de mer sur l'Océan, chef-lieu de sous-préfecture du département de la Manche, à 12 lieues de Saint-Lô. Sa population est de 18,443 habitants. Cherbourg est le chef-lieu du premier arrondissement maritime, et a en cette qualité un préfet maritime. Il a un tribunal de première instance, un tribunal de commerce, un collége, une bibliothèque publique de 3,500 volumes, etc. — Du temps de Clovis, Cherbourg se nommait *Carusburi*. Louis XVI et Napoléon en ont fait un des plus beaux ports de France, dont la rade peut contenir 400 vaisseaux. Elle est protégée par trois forts : le *fort Royal*, le *fort d'Artois* et le *fort de Querqueville*. Une digue superbe, longue de 3,768 mètres et haute de 20 mètres, est établie pour défendre la rade.

CHERCHEUR, petite lunette adaptée aux télescopes dont le champ est petit, pour trouver plus facilement les astres, et les ramener dans l'axe optique.

CHERCHEURS, secte de religionnaires anglais, qui disaient qu'aucune des religions établies parmi les chrétiens n'est la vraie religion établie par Jésus-Christ sur la terre. Ils ajoutaient cependant que cette vraie religion était révélée dans l'Ecriture, quoiqu'on ne l'y eût pas encore trouvée, aussi lisaient-ils assidument les livres saints pour la découvrir.

CHÉRÉA (Cassius), tribun d'une cohorte prétorienne, fut le chef de la dernière conspiration qui se forma contre Caligula, et dans laquelle ce monstre fut assassiné. Il fit ensuite massacrer Césonie, femme de Caligula, et Drusille, sa fille, et voulut rétablir la république; mais, n'ayant pas empêché les soldats d'élire un nouvel empereur, Claude le fit mourir ainsi que les principaux conjurés.

CHEREM, nom sous lequel les Hébreux connaissaient une espèce d'anathème. Ils en distinguaient trois sortes : le *niddui* ou séparation, le premier et le moindre des trois ; le *cherem*, qui privait l'excommunié de la plupart des avantages sociaux, et le *schammata*, qui entraînait la peine de mort. La sentence de *cherem* ne pouvait être prononcée qu'en présence de dix personnes, et l'excommunié pouvait être absous par neuf Juifs et même par un seul, pourvu qu'il fût docteur de la loi.

CHÉRIBON, royaume de l'île de Java, sur la côte septentrionale, à l'E. de Batavia. Sa population est de 90,000 habitants. La capitale porte sur une baie à 60 lieues de Batavia. Sa population est de 25,000 habitants.

CHÉRIF ou SCHÉRIF (en arabe, *prince, seigneur*). Ce titre a été attribué à divers dignitaires. Avant Mahomet, il était dévolu exclusivement aux dix membres du gouvernement aristocratique de la Mecque. On a conservé dans cette ville le nom de *chérifs* aux princes héréditaires qui, depuis Mahomet, s'y sont maintenus et sont souverains absolus de l'Hedjaz. Outre ces chérifs, il y en a trois autres branches qui ont régné en Afrique ; les *édrissites*, dont le chef Edris fonda la ville et le royaume de Fez qu'ils ont possédé depuis 788 jusqu'en 820 ; les deux autres branches ont régné à Maroc et à Fez, l'une depuis l'an 1515 environ, l'autre depuis 1550. C'est à cette dernière qu'appartienne les empereurs actuels de Maroc.

CHÉRIF, pièce d'or d'Egypte, valant 6 francs 78 centimes de France.

**CHEROKEES**, tribu indienne de l'Amérique du Nord, dans les Etats-Unis, entre ceux de Géorgie, de Tennessée et de Mississipi. Ils sont au nombre de 13,000, tous bien faits et belliqueux, et se divisent en quatre nations : celle des *Cherokees* proprement dits, des *Chikasas*, des *Chactaws* et des *Muscogulgues*. Les Cherokees commencent à se civiliser et à labourer leurs terres avec la charrue. Ils fabriquent aussi de la toile.

**CHÉRON** (Elisabeth-Sophie), fille d'un peintre en émail de la ville de Meaux, née à Paris en 1648. Elle se livra à l'étude de la peinture, et fut reçue en 1672 membre de l'académie de peinture et de sculpture. Elle obtint du succès dans la musique et la poésie. L'académie des Ricovrati de Padoue l'honora du surnom d'*Erato*, et l'admit dans son sein. Elle mourut à Paris en 1711. Cette femme extraordinaire savait le latin et l'hébreu. On a d'elle le poëme des *Cerises renversées*, une ode sur le *Jugement dernier*, etc. — Louis-Claude Chéron, né à Paris en 1758, mort à Poitiers, préfet du département de la Vienne en 1807, a fait plusieurs comédies.

**CHÉRONÉE**, ville de Béotie, sur les bords du Céphise. Elle s'appelait autrefois *Arné*. Elle est célèbre par deux batailles qui s'y livrèrent, l'une en 447 avant J.-C., et dans laquelle les Béotiens vainquirent les Athéniens; l'autre le 2ᵉ août de l'an 338 avant J.-C., et dans laquelle Philippe, roi de Macédoine, avec 32,000 hommes vainquit l'armée des Grecs forte de 300,000 hommes. La victoire de Chéronée assura la prépondérance de la Macédoine sur le reste de la Grèce. — Chéronée est aussi la patrie de Plutarque.

**CHERSO** (autrefois *Crepsa*), île qui fait partie des îles illyriennes, dans le golfe de Venise, sur les côtes de la Morlaquie L'air y est bon, le pays abondant en bétail ; le vin, l'huile et le miel excellents.

**CHERSON.** Voy. Kherson.

**CHERSONÈSE**, mot grec que les Latins ont traduit par celui de *péninsule*, et nous par celui de *presqu'île*. Les chersonèses les plus célèbres chez les anciens sont au nombre de cinq : 1º le *Péloponèse* ; 2º la *Chersonèse de Thrace*, presqu'île entourée au S. par la mer Egée, à l'O. par le golfe de Mélas, à l'E. par l'Hellespont, et unie au continent par un isthme de 37 stades de largeur. Elle était autrefois séparée du continent par une muraille nommée *Macronticos*, construite par Miltiade, fils de Cypsélus, qui y avait conduit une colonie athénienne. 3º La *Chersonèse Taurique* (aujourd'hui la *Crimée*), située entre le Pont-Euxin et le Palus-Méotide ; 4º la *Chersonèse Cimbrique*, presqu'île de la Germanie septentrionale, aujourd'hui connue sous le nom de *Jutland* ; 5º la *Chersonèse Dorée* (*Aurea*), aujourd'hui presqu'île de Malacca, presqu'île de l'Inde, située au delà du Gange.

**CHÉRUBINS** ou Chéruб, nom donné, en théologie, aux esprits célestes qui tiennent le second rang de la première hiérarchie. — Les *chérubins* étaient aussi les deux figures placées aux extrémités du propitiatoire des Juifs. On n'est pas d'accord sur l'objet que représentaient ces figures; la plupart croient que c'était la tête d'un bœuf, d'autres prétendent que c'était un mélange de la forme humaine, de celle du bœuf, de l'aigle, du bœuf et du lion.

**CHÉRUBINS** (Ordre des), ordre militaire de Suède, appelé aussi *ordre de Jésus, collier et ordre des Séraphins*, et institué par Magnus IV en 1334. Le collier était composé de chérubins d'or émaillés de rouge, et de croix patriarcales d'or sans émail, en mémoire du siège métropolitain d'Upsal. De ce collier pendait un ovale d'or émaillé d'azur, dans lequel était un nom de Jésus en or. Cet ordre fut aboli par Charles IX.

**CHÉRUSQUES**, peuples de Germanie, qui habitaient le pays compris entre l'Elbe et le Weser. Ils soutinrent longtemps la guerre contre les Romains, qu'ils défirent dans la fameuse bataille livrée dans les forêts connues sous le nom de *Teutoburgiensis saltus*. Le célèbre Arminius ou Hermann, qui avait appris chez les Romains le métier des armes, était celui qui avait, en soulevant les Chérusques ses compatriotes, été la cause du désastre.

**CHERVI**, plante indigène et vivace, qui se multiplie par ses semences qui sont légèrement aromatiques, et qui appartient à la famille des ombellifères. On la cultivait autrefois pour ses propriétés médicamenteuses aujourd'hui fort peu estimées ; elle est cultivée de nos jours comme plante potagère pour ses racines, que l'on mange comme celles du salsifis. Les semences de chervi sont employées par les distillateurs et les liquoristes.

**CHESAPEAKE**, grande baie des Etats-Unis, entre l'Etat de Virginie, celui de Maryland et celui de Delaware. Sa superficie est d'environ 629,330 hectares; elle s'avance environ de 115 lieues dans l'intérieur, et sa largeur varie de 3 à 7 lieues. Sa profondeur est presque partout de neuf brasses ; c'est la plus grande et la plus sûre des Etats-Unis.

**CHESNE** (Du) Voy. Duchesne.

**CHESSY**, petite ville du département du Rhône, sur l'Azergue, à 3 lieues et demie S.-O. de Villefranche. Population, 520 habitants. On trouve près de cette ville une des plus belles mines de cuivre du royaume. Elle est exploitée avec succès depuis les Romains.

**CHESTER**, comté d'Angleterre, entre ceux de Shrop, de Denbigh, de Stafford, de Derby, de Lancastre, de Flint et la mer. Sa superficie est de 32 lieues carrées, sa population de 270,100 habitants. Le climat est très-sain, le sol fertile, les pâturages excellents. Il commerce en fromages très-renommés, connus sous le nom de *fromages de Chester*. La capitale est *Chester*.

**CHESTER** (autrefois *Deva*), sur la Dee. Sa population est de 17,000 habitants. Elle a un évêché et fait un commerce considérable. — Cette ville, capitale du comté de ce nom, est à 60 lieues de Londres. — Il y a encore plusieurs comtés de ce nom en Amérique ; l'un dans la Pensylvanie, avec 40,000 habitants, chef-lieu *Westchester* ; un autre dans la Caroline du Sud, dans le district de *Pinckney*.

**CHESTERFIELD** (Philippe Dormer-Stanhope, comte de), célèbre homme d'Etat, orateur et écrivain anglais, né à Londres en 1694. Il obtint en 1722 l'emploi de capitaine aux gardes suisses, et le bourg de Saint-Germain (Cornouailles) le choisit pour son représentant au parlement. La mort de son père (1726) le fit entrer dans la chambre haute. En 1728, il fut nommé ambassadeur en Hollande. Nommé grand maître d'hôtel de Georges II et vice-roi d'Irlande; il en revint en 1748, et remplit les fonctions de secrétaire d'Etat. Il mourut en 1773. On connaît parmi ses nombreux ouvrages les *Lettres à son fils*.

**CHÉTODONS.** Voy. Chœtodons.

**CHÉTOPODES**, classe d'animaux articulés extérieurement, et munis d'appendices non articulés, ressemblant à de la soie. C'est une des deux classes de la famille des annélides créée par Blainville. Parmi les chétopodes sont les *arénicoles*, les *lombrics*, les *néréides*, etc.

**CHEVAGE**, droit de 12 deniers parisis qui se payait tous les ans au roi, sous peine d'amende, en quelques provinces, par les bâtards et aubains mariés, qui y étaient établis. — D'autres disent qu'il consistait en 7 sols 6 deniers parisis.

**CHEVAL**, genre de mammifères de l'ordre des pachydermes, composant à lui seul la famille des *solipèdes*, se distinguant par la présence d'un doigt seulement à chaque pied. Les chevaux sont herbivores. Leur vue est bonne, perçante, et peut même s'exercer pendant la nuit ; les yeux sont à fleur de tête ; les oreilles sont généralement grandes, mobiles et disposées en sorte de cornets. Les narines sont largement ouvertes. Les dents sont au nombre de quarante-deux : six incisives, deux canines et quatorze molaires en haut, et six incisives, deux canines et douze molaires à la mâchoire inférieure. Entre les incisives et les molaires se trouve un espace vide appelé *barre*, dans lequel on place le mors. Les espèces de ce genre sont toutes originaires du grand plateau central de l'Asie et de l'Afrique orientale et méridionale. Deux seules, le *cheval* proprement dit et l'*âne*, ont été réduites à l'état de domesticité. Les autres sont le *dzigguetai*, le *zèbre*, le *couagga*, etc.

**CHEVAL DOMESTIQUE.** Il a la taille d'à peu près quatre pieds et demi. En France, on distingue trois races principales : la race *normande*, fournissant les bons chevaux de trait et de carrosse plutôt que les autres ; la race *limousine* et la race *navarrine*, donnant les meilleurs chevaux de selle de la France. Parmi les races étrangères, celle qui présente le type de la perfection est la race *arabe*, fournissant des chevaux excellents pour la rapidité de leur course et leurs qualités comme étalons.

**CHEVAL BARDÉ**, monture de campagne des chevaliers et des gens d'armes. Les parties qui composaient les bardes s'appelaient *girel*, *housse*, *pissière*, *sambuc*, *selle d'armes* et *testière*. Le cheval bardé se retrouve aussi dans l'ancienne milice des *cataphractaires*.

**CHEVAL DE FRISE**, machine de guerre employée comme arme défensive, comme retranchement portatif, et consistant en une grosse pièce de bois hérissée de pointes de tous côtés. On croit que les chevaux de frise ont tiré leur nom de la ville de Groningue en Frise, au siège de laquelle ils ont été employés pour la première fois en 1594.

**CHEVAL MARIN.** Voy. Morse et Hippopotame.

**CHEVALERIE**, association semi-religieuse et semi-guerrière, née avec la société féodale et morte avec elle, c'est-à-dire, dont l'âge s'étend depuis le XIᵉ jusqu'au XVIᵉ siècle. La vie et l'histoire de la chevalerie se résume dans celle du chevalier. Avant de parvenir à ce grade, il fallait passer par divers emplois subalternes. Ainsi l'enfant passait à sept ans des mains des femmes dans celles des hommes, sous les noms de *varlet*, *varleton*, *damoiseau* ou *paige* (page) ; il servait de domestique au maître chargé de son avenir. Après ce premier noviciat dans lequel on formait le jeune homme aux exercices de la guerre et des tournois, il devenait *écuyer*, grade qui lui donnait le droit de porter l'épée. Tantôt il était *échanson*, *bouteillier*, *chambellan* ou *connétable*. En temps de guerre, les écuyers étaient chargés du soin de conduire les chevaux de leur maître. Chacun de ces noviciats durait sept années. Le candidat, après ce temps, pouvait prétendre au titre de chevalier, qui lui était conféré avec des cérémonies particulières. Les chevaliers se divisaient en *bacheliers* et *bannerets*. — Différents ordres naquirent du sein de la chevalerie, et s'en partagèrent les devoirs, dont les principaux étaient : servir son Dieu, son roi, sa dame.

**CHEVALET.** On appelle ainsi, en technologie, une longue pièce de bois soutenue horizontalement par quatre pieds, dont deux sont assemblés entre eux avec la pièce, à chacun de ses bouts. — Dans l'art du luthier, le *chevalet* est une pièce de bois à peu près carrée, que l'on dispose perpendiculairement à la table sonore d'un instrument à cordes, et qui sert à en soutenir les cordes. Les chevalets viennent tous fabriqués de Mirecourt (Vosges), d'où on les tire par centaines. Ces chevalets sont en bois d'érable.

**CHEVALET**, ancien instrument de torture consistant en un cheval de bois dont le dos allait en diminuant comme un tranchant de couteau. On asseyait sur cette machine ceux qu'on voulait tourmenter, et on leur attachait aux pieds et aux mains des poids, afin qu'ils souffrissent davantage. On suspendait aussi les patients sous le chevalet par les pieds et les mains, et on les brûlait avec des flambeaux ardents, ou on les déchirait avec des tenailles.

CHEVALIER, nom donné au membre d'un ordre de chevalerie. — Au moyen âge, on armait un *chevalier* avec des cérémonies particulières. Le candidat passait la nuit qui précédait son investiture à prier Dieu dans une église, et faire ce qu'on appelait la *veille d'armes*. Le lendemain, après avoir communié et s'être habillé de rouge, il faisait serment à genoux de n'épargner ni sa vie ni ses biens à la défense de la religion, à faire la guerre aux infidèles, protéger les orphelins et les veuves, etc. ; ensuite on lui chaussait les éperons dorés ; on lui ceignait son épée qui avait été bénite par un prélat, et avait longtemps séjourné sur un autel. Puis celui qui l'armait chevalier, après l'avoir embrassé, lui donnait sur l'épaule droit ou trois coups de plat d'épée, en disant : *Je te fais chevalier au nom du Père, du Fils, et du Saint-Esprit*. Le chevalier qui se déshonorait par une lâcheté était dégradé. On le conduisait d'abord sur un échafaud, où l'on brisait et foulait aux pieds toutes ses armes ; on traînait son écu dans la boue, et le héraut d'armes lui jetait sur la tête un bassin d'eau chaude. On le tirait ensuite de l'échafaud avec des cordes ; on le mettait sur une claie, couvert d'un drap mortuaire, et on le conduisait à l'église, où on faisait sur lui les mêmes cérémonies que sur les morts. — Autrefois, quand on disait *chevalier de l'ordre du roi*, cela désignait un chevalier de l'ordre de Saint-Michel ; quand on disait *des ordres du roi*, cela désignait un chevalier des deux ordres de Saint-Michel et du Saint-Esprit.

CHEVALIER, genre d'oiseaux de la famille des longirostres, au bec un peu grêle, presque rond, aux ailes médiocres. Les chevaliers voyagent par petites troupes, et se nourrissent d'insectes, de vers, etc. Ils fréquentent le bord des fleuves et les prairies inondées. Le plus grand est le *chevalier gambette*, aux pieds rouges et au plumage brun.

CHEVALIER, genre de poissons osseux originaires de l'Amérique, très-voisins des tambours, et remarquables par leur corps comprimé, allongé, élevé aux épaules et finissant en pointe vers la queue.

CHEVALIER. On nommait autrefois *chevaliers ès lois* le chancelier et le premier président du parlement de Paris ; *chevalier de justice*, celui qui était obligé de faire les preuves de noblesse exigées par l'ordre de Malte ; *chevalier du guet*, le commandant des archers du guet ; *chevalier de l'arquebuse*, celui qui était reçu dans la compagnie des chevaliers de l'arquebuse, qui s'amusaient à ce jeu. — On a appelé *chevaliers du poignard* les jeunes nobles qui, en 1791, avaient formé l'entreprise de délivrer Louis XVI, et qui avaient caché, pour effectuer leur dessein, des armes dans les armoires du château des Tuileries.

CHEVALIER, titre que prennent, en Angleterre, les nobles qui sont au-dessus des écuyers.

CHEVALIERS, second ordre de la république romaine, intermédiaire entre les patriciens et les plébéiens. Il fallait, pour être chevalier, une fortune de 400,000 sesterces. Chacun d'eux recevait un cheval entretenu aux frais de la république, et avait le droit de porter un anneau d'or avec une robe ornée de pourpre. Des places ordinaires leur étaient réservées dans les spectacles et les jeux publics. — Les *chevaliers* formaient aussi à Athènes la seconde classe des citoyens. Pour être admis à en faire partie, il fallait avoir 300 mesures de revenu et être en état de nourrir un cheval de guerre. — *Les Chevaliers* est le titre d'une des comédies d'Aristophane.

CHEVAUCHANT, nom donné aux feuilles qui, pliées ou courbées en gouttières, s'emboîtent réciproquement.

CHEVAUCHEMENT (chirurg.), déplacement des fragments d'une fracture, dans lequel les deux pièces se croisent et sont placées à côté l'une de l'autre.

CHEVAU-LÉGERS. On appelait ainsi autrefois une classe inférieure de la cavalerie des feudataires, et plus tard une sous-arme attachée à la gendarmerie du moyen âge. C'étaient des soldats armés à la légère, pourvus d'avant-bras et de gantelets, coiffés d'un armet, combattant avec la pistolète, et montés sur des courtauds. — La compagnie des chevau-légers de la garde, créée en 1599, fut abolie en 1787.

CHEVÊCHE, genre de la famille des strigidés, ou chouettes. L'espèce la plus remarquable du genre est le *harfang* au corps blanchâtre, avec des taches brunes éparses, et au bec noir ; il est long de deux pieds et se nourrit de lièvres, de rats, de souris et de lapins. La *chevêche à pieds emplumés* est un oiseau indigène du nord de l'Europe, au dos brun semé de gouttes blanches.

CHEVECIER, dignitaire des églises et des monastères, préposé à cette partie de l'église qui est le *chevet*, c'est-à-dire, l'autel. Cette dignité a été confondue à tort avec celle de *primicier*.

CHEVELÉ se dit, en blason, d'une tête dont les cheveux sont d'un autre émail.

CHEVELU (Cuir), nom donné à la peau qui couvre le crâne et donne naissance aux cheveux.

CHEVELURE, ensemble des cheveux de l'homme. — Chez les Gaulois, la longue chevelure était une marque d'honneur et de liberté. — Chez les Francs, la longue chevelure était aussi particulière aux hommes libres et surtout aux rois : aussi, lorsqu'on voulait dégrader un prince, on lui rasait les cheveux. Ce fut François Ier qui, pour cacher une cicatrice qu'il avait au visage, amena la mode de porter la barbe longue et les cheveux courts. Louis XIII fit changer cette mode, et c'est ce qui amena l'usage des perruques, qui acquirent sous Louis XIV une dimension extraordinaire. — Les Hébreux portaient les cheveux dans toute leur longueur, les prêtres seuls se les faisaient couper. — Chez les anciens, la coutume était de consacrer sa chevelure à une divinité. Bérénice, reine d'Egypte, offrit dans le temple de Vénus sa chevelure pour le retour de son mari, et on a donné pour cette raison le nom de *Chevelure de Bérénice* aux sept étoiles de la queue du Lion, parce que les anciens croyaient que les cheveux de cette princesse avaient été transformés en étoiles.

CHEVERT (François), né en 1695 à Verdun-sur-Meuse, s'éleva du poste de simple soldat au grade de lieutenant général. Il se distingua particulièrement à l'escalade de Prague en 1741, et à la journée d'Hastembock en 1757. C'est à lui que l'on doit le succès de cette bataille. Il mourut en 1769, lieutenant général des armées du roi.

CHEVESTRE ou CHEVÊTRE, bandage qu'on applique autour de la tête lors de la fracture ou de la luxation de la mâchoire inférieure. Selon la manière dont il est fait, ce bandage est appelé *simple*, *double*, *oblique*, etc.

CHEVEUX. On appelle ainsi les poils qui recouvrent le crâne dans l'espèce humaine. La forme, la couleur, le nombre des cheveux, varient suivant les pays, les climats, les races. Chez les nègres, ils sont fins, laineux, crépus, etc. Dans leur couleur, ils présentent les nuances suivantes : *noir, brun, châtain foncé, châtain clair, blond et roux* ; ils deviennent blancs par le progrès de l'âge. Les cheveux naissent dans le tissu cellulaire sous-cutané, où se trouve placé leur bulbe, qui a la plus grande analogie avec ceux des autres poils. Ils sont composés de deux parties, une extérieure, tubuleuse, transparente, de nature épidermoïde, et l'autre intérieure, qui leur communique sa couleur.

CHEVILLE, nom général donné à tout morceau de bois ou de fer arrondi qui sert à arrêter les assemblages de charpenterie ou de menuiserie. — Les *chevilles* servent, dans l'art du luthier, à donner aux cordes des instruments de musique la tension convenable. Dans les forte-pianos, où les cordes sont métalliques, les chevilles sont des cylindres d'acier à surface rugueuse, dont un bout est travaillé en carré. Celles des violons, altos, violoncelles, guitares, etc., ont la tête plate et ovale, et sont en bois d'ébène ou de palissandre. — En anatomie, on appelle *cheville du pied* la bosse formée par la réunion des deux malléoles, qui ne sont autre chose que les parois latérales de la boîte articulaire du pied de l'homme et des vertébrés pourvus de jambes.

CHEVILLÉ, nom donné, en termes de blason, au cerf qui porte plusieurs dards ou oreilles à la sommité de son bois, en forme de couronne.

CHEVOTET (Jean-Michel), architecte du roi et de la première classe de l'académie d'architecture, né à Paris en 1698. Il fut l'élève des Audran et de le Blond, et remporta le premier prix à l'académie. En 1732, le roi le nomma à une place dans l'académie d'architecture. Il fit construire sur ses dessins l'église et la maison des frères de la Charité à Château-Thierry. Il mourut en 1772.

CHÈVRE, genre de ruminants à cornes dirigées en haut et en arrière, comprimées transversalement, aux oreilles droites, à la langue douce, au corps assez svelte, aux jambes robustes, aux mamelles au nombre de deux, à la queue courte. Le pelage est composé de deux sortes de poils, les uns très-fins et très-doux, cachés par les autres, qui sont lisses et plus longs. Le menton est le plus souvent garni d'une barbe. A l'état sauvage, les chèvres recherchent les lieux les plus élevés et les plus escarpés, se réunissent par troupes nombreuses, et marchent conduites par un vieux mâle. Leur nourriture consiste en herbes et en bourgeons. On connaît plusieurs espèces de chèvres domestiques : la *chèvre commune*, la *chèvre sans cornes*, la *chèvre de Cachemire*, qui donne le poil ou le duvet avec lequel on fabrique les châles de ce nom ; la *chèvre de Juida*, en Afrique ; la *chèvre du Thibet*, etc. — La chèvre fournit deux fois plus de lait que la brebis, et donne un fromage excellent.

CHÈVRE, machine qu'on destine à élever des fardeaux considérables, et qui sert principalement dans les grandes constructions pour porter aux étages supérieurs les pierres, les matériaux, etc. Elle est formée de deux longues pièces de bois qu'on nomme les *bras*, et qui sont assemblées avec une troisième, qui est plus courte, en forme de triangle. Au sommet, on dispose une *poulie* ou une *moufle* ; la corde, qui passe sur cette poulie, va s'attacher au fardeau qu'on veut enlever ; l'autre bout enroule le cylindre d'un treuil horizontal qu'on nomme *moulinet*, qui peut tourner à l'aide de leviers ou par une roue à chevilles.

CHÈVREFEUILLE, genre de la famille des caprifoliacées, dont il est le type. Les chèvrefeuilles sont des arbrisseaux grimpants, sarmenteux, à feuilles simples et opposées, cultivés pour la plupart dans les jardins d'agrément. Ils se font remarquer par la beauté de leurs formes, la vivacité des couleurs et l'odeur suave des fleurs. L'espèce la plus connue est le *chèvrefeuille des jardins*, dont on fait des berceaux.

CHEVRETTE. Voy. CRANGON.

CHEVREUIL, nom d'un sous-genre du genre cerf, renfermant des animaux aux bois sessiles, ramifiés. Toutes les espèces de chevreuils ont une ligne blanche, bordée de noir, qui coupe obliquement le bout de leur museau. Le *chevreuil* est plus petit que le cerf et le daim, dont il offre à peu près les formes générales ; son pelage est fauve ou gris brun, ses côtes blanches ; ses bois, assez petits, sont rameux et rugueux. La femelle, appelée *chevrette*, ne diffère du mâle que par l'absence du bois. On estime la chair du chevreuil plus que celle du cerf. Il est répandu dans toute l'Europe tempérée.

CHEVREUSE (Marie DE ROHAN-MONTBAZON, duchesse DE), née en 1600 d'Hercule de Rohan, duc de Montbazon, épousa en 1617 Charles d'Albert, duc de Luynes, connétable de France; après la mort duquel elle se remaria en 1622 à Claude de Lorraine, duc de Chevreuse, ci-devant prince de Joinville, mort en 1657 à soixante-dix-neuf ans. La duchesse de Chevreuse fut célèbre par sa beauté et son esprit. Elle entra dans toutes les conspirations contre le cardinal de Richelieu. Exilée par ce dernier, elle revint à la cour et mourut en 1679.

CHEVRON. En termes de blason, c'est une pièce de l'écu composée de deux bandes plates, réunies par le haut, s'élargissant en bas et s'écartant de manière à représenter un compas à demi ouvert. On nomme chevron abaissé celui dont la tête ou la pointe se termine au centre de l'écu; chevron alaizé ou alézé, celui dans lequel les extrémités des branches ne touchent point les bords de l'écu; chevron brisé ou éclaté, celui dont la pointe paraît fendue par le haut, sans que les branches soient entièrement détachées; chevron chargé d'un autre, celui qui est composé de deux émaux; chevron couché, celui dont la pointe est tournée vers un flanc de l'écu; chevron écimé, celui dont la pointe est coupée; chevron failli ou rompu, celui dont une branche est séparée en deux; chevron ondé, celui dont les branches sont en onde; chevron parti, celui qui a ses deux branches de deux émaux différents; chevron ployé, celui dont les branches ont leur superficie creusée en portion de cercle; chevron renversé, celui qui a sa pointe ou au bas ou au cœur de l'écu, et ses branches vers les angles du chef. — On dit qu'un écu est chevronné quand il est rempli de chevrons alternatifs de métal et de couleur, en nombre égal. Une pièce chevronnée est celle qui est chargée de chevrons.

CHEVRON, pièce de bois de sciage de trois à quatre pouces de gros, qui porte les tuiles ou ardoises d'un bâtiment. Les chevrons sont situés en pente, et forment par leur ensemble un plan incliné.

CHEVRONS DE SERVICE ou D'UNIFORME sont des galons en couleur tranchante, placés en angles sur la manche gauche du vêtement des soldats, et indiquant des marques ostensibles de service. Un chevron annonce dix ans de service; deux en annoncent quinze; trois, vingt. Une ordonnance de 1821 a institué des demi-chevrons.

CHEVROTAIN, genre de mammifères, qui appartient à la famille des ruminants sans cornes. Ils sont caractérisés par la présence de trente-quatre dents, dont deux canines très-longues et douze molaires à la mâchoire supérieure, et huit incisives et douze molaires à l'inférieure. Leurs pieds sont bisulqués; leurs poils, courts, durs et cassants; leurs mamelles, au nombre de deux. Ces animaux sont très-remarquables par leur élégance et leur légèreté. Ils sont herbivores et habitent l'Inde. Parmi les espèces, la plus connue est celle du porte-musc, qui a la queue très-courte et le corps couvert d'un poil gros et court. Ce qui le fait surtout remarquer est une poche située sous le ventre du mâle, et qui se remplit de cette substance odorante si recherchée en médecine et en parfumerie sous le nom de musc.

CHÉZY (Antoine-Léonard DE), célèbre orientaliste, élève de M. de Sacy, né à Paris en 1773. La chaire de sanscrit qu'il occupait au collège de France avait été créée pour lui par Louis XVIII. Il mourut à Paris en 1832 membre de la Légion d'honneur, de l'académie des inscriptions et belles-lettres, professeur de persan à l'école spéciale des langues orientales. On a de lui une traduction du poëte persan Djamy, les Amours de Joseph et de Zuleikha.

CHIAOUX, espèce d'huissier chez les Turks. Le chiaoux-bachi est chargé, en l'absence du grand vizir, de présider le tribunal suprême et de rendre la justice au peuple.

CHIAPA, un des dix-neuf États qui composent la confédération mexicaine, borné au N. par celui de Tabasco, à l'O. par ceux d'Oaxaca et de Vera-Cruz, et de tous les autres côtés par la république de Guatimala. Sa superficie est d'environ 1,040 lieues carrées, et sa population de 60,000 habitants. La capitale est Chiapa-el-Real ou Ciudad-el-Real, avec 8,000 habitants, sur le Guijalva, à 45 lieues de Tabasco. Elle commerce en cacao, coton, sucre, etc. Le climat du Chiapa est très-chaud, le sol est couvert de forêts. On y voit encore les derniers restes de la nation des Chapanègues, qui formaient une république puissante.

CHIARAMONTI, nom de famille du pape Pie VII.

CHIARVATAR, officier public en Perse, chargé de lever un droit sur les marchandises et les personnes qui entrent.

CHIASMOS. C'est, en anatomie, le concours ou la rencontre de deux parties, qui font entre elles une croix. Telle est la rencontre des deux nerfs optiques.

CHIAVENNA, ville du royaume lombardo-vénitien, à 3 lieues du lac de même nom, à 16 lieues au S. de Coire. Elle était autrefois capitale d'un comté qui appartenait à la république helvétique. Ce comté avait une population de 12,000 habitants. Elle fait un grand commerce de vins, de fruits exquis.

CHIBOUQUE, nom turk de la pipe.

CHICA, boisson faite dans le Pérou avec la farine de maïs séchée au soleil, et mise à fermenter avec de l'eau. Sa saveur est celle d'un mauvais cidre.

CHICHE (Pois), genre de la famille des légumineuses. Le pois chiche est annuel, porte en juillet des fleurs petites, violettes, quelquefois blanches, qui sont remplacées par une gousse enflée, rhomboïdale, à deux semences. Cette gousse sert d'aliment aux hommes dans tous les pays qui bordent la Méditerranée. Dans le nord, il n'est généralement employé que comme fourrage. Les cafetiers font rôtir sa graine et la substituent au café.

CHICHESTER, ville d'Angleterre, capitale du comté de Sussex, à 20 lieues de Londres, et 4 de la mer. Elle a un évêché et une très-belle cathédrale. Sa population est seulement de 6,000 habitants. Elle commerce principalement en grains. Autrefois Chichester était la résidence des rois des Saxons méridionaux.

CHICORACÉES, tribu de plantes de la famille des synanthérées, dont le type est le genre chicorée. Les fleurs qu'elles portent sont jaunes pour la plupart. Les tiges contiennent un suc laiteux qui leur est propre. On divise les chicorées en deux sections.

CHICORÉE, genre de la famille des synanthérées, tribu des chicoracées. Il ne renferme que cinq espèces, dont deux sont généralement cultivées pour la nourriture de l'homme, pour celle des animaux domestiques, et comme plantes médicinales. La première, la chicorée sauvage, est une plante vivace, à la racine grosse, pivotante, fusiforme, que l'on coupe par petits morceaux, qu'on emploie torréfiés en guise de café. On l'appelle communément petite chicorée, et ses feuilles vertes se mangent en salade. La médecine emploie leur décoction comme tonique, stomachique, apéritive. Quand on l'a laissé étioler dans des caves de température moyenne et privées de toute lumière solaire, ses feuilles blanchissent, et on la vend alors sous le nom de barbe de capucin.

CHICOT, fou de Henri IV, était né en Gascogne et fut toujours aimé de ce prince. Il se trouva en 1591 au siége de Rouen, où il fit prisonnier le comte de Chatigny, de la maison de Lorraine, qui, désespéré de se voir le prisonnier d'un bouffon, lui donna au travers du corps un coup d'épée dont il mourut quinze jours après.

CHIEN, genre de mammifères de la famille des carnassiers digitigrades, caractérisé par la présence de cinq doigts aux pieds de devant, et quatre seulement à ceux de derrière; les ongles ne sont point rétractiles, et la langue est douce. Les chiens ont l'odorat très-fin, la vue susceptible de s'exercer même pendant la nuit, l'ouïe délicate. Le pelage est composé de poils soyeux et de poils laineux. Le genre chien se divise en deux sous-genres. Le premier, renfermant les chiens à pieds d'hyènes qui n'ont que quatre doigts à tous les pieds, c'est-à-dire, les chiens peints, de la taille des loups et habitant le midi de l'Afrique; le deuxième, divisé en deux sections: les chiens proprement dits et les renards. Les chiens proprement dits se divisent en trois familles, les mâtins, les épagneuls et les dogues. Parmi les nombreuses variétés de chiens connues, quatre surtout se font remarquer par leur intelligence et leur utilité. Le chien de Terre-Neuve, que l'on dit né de l'union d'un dogue anglais avec une louve indigène à l'île de Terre-Neuve. Il est de la taille du chien danois et de couleur noire. On connaît son utilité pour sauver les personnes qui tombent à l'eau et sont en danger de se noyer. Le chien des Alpes, né de l'union d'un chien de berger avec une femelle du mâtin; on le dresse à la recherche des voyageurs égarés dans les Alpes; il les appelle par ses aboiements et leur porte des secours. Le chien de berger, habile à conduire les troupeaux, et le chien de garde ou chien de basse-cour, qui appartient d'ordinaire à la race des mâtins ou des dogues. — Les anciens immolaient le chien à Hécate, à Mercure et à Mars. Les Égyptiens l'avaient en grande vénération, et leur dieu Anubis était adoré sous la forme du chien.

CHIEN. Trois constellations portent ce nom. La première, le grand Chien, contient trente et une étoiles, au nombre desquelles on remarque Sirius, la plus brillante de toutes les étoiles de la première grandeur. La deuxième, le petit Chien, contient quatorze étoiles, dont une de la première grandeur, nommée Procyon. La troisième, celle des Chiens de chasse, contient vingt-cinq étoiles.

CHIEN. L'arquebusier donne ce nom a une pièce de la platine d'un fusil : c'est celle qui porte la pierre. On arme le chien quand on le relève vers la partie postérieure du canon du fusil; on le désarme quand on l'abaisse sur le bassinet.

CHIEN (ORDRE DU), ordre militaire institué en 1102 par Bouchard IV de Montmorency, qui, vaincu par Louis, fils de Philippe le Bel, vint à Paris suivi d'un grand nombre de chevaliers, portant un collier fait en façon de tête de cerf, avec une médaille où se trouvait gravé un chien, pour symbole de la fidélité qu'ils voulaient garder au roi dans la suite. On croit que c'est de là que la maison de Montmorency porte un chien pour cimier de ses armes.

CHIEN. On nomme chien d'eau le cabiai; chien de mer ou marin, le phoque et le requin; chien-rat, la mangouste; chien des bois, le raton; chiens volants, les roussettes.

CHIENDENT, nom vulgaire de deux espèces de graminées appartenant à deux genres différents : le froment et le panic. L'espèce la plus connue est le triticum repens, dont la tige s'élève à trois ou quatre pieds, et porte des feuilles longues et étroites. La racine de chiendent sert avec celle de réglisse à faire la tisane populaire qu'on administre au début de toutes les maladies.

CHIENDENT. On nomme chiendent aquatique la fétuque flottante; chiendent à brosselles, la dactyle pelotonné; chiendent fossile, l'amiante; chiendent marin, le vulpin; chiendent queue de renard, le vulpin; chiendent ruban, le roseau panaché; chiendent à vergettes, le barbon digité.

**CHIETI** (autrefois *Reate*), ville archiépiscopale du royaume de Naples, capitale de l'Abruzze citérieure, sur un mont près l'Alterno, à 45 lieues de Naples. Sa population est de 12,400 habitants.

**CHIFFONNIERS**, nom sous lequel on comprend tous ceux qui font le trafic de vieux chiffons de linges, de vieux papiers et autres substances destinées pour la fabrique des papiers et des cartons. Les départements de l'Ain, de la Côte-d'Or, de Saône-et-Loire et de l'Yonne, sont ceux où il s'en fait le plus grand commerce. La plupart des chiffonniers de Paris font le métier d'*écorcheurs*, et vendent aux émailleurs l'huile qu'ils retirent de la graisse du cheval.

**CHIFFRES**, caractères particuliers avec lesquels on écrit les nombres. Ceux de l'arithmétique moderne sont, à ce que l'on croit, originaires de l'Inde, et par conséquent on les appelle improprement *chiffres arabes*. Les Grecs et les Romains écrivaient les nombres au moyen des lettres de leurs alphabets.

**CHIFFRES** (mus.), nom donné aux chiffres qui, placés au-dessus des notes d'une partie de basse, désignent les accords qui doivent les accompagner. Ainsi l'accord parfait majeur se chiffre par un 3, un 5, un 8, selon qu'il se termine à la tierce, à la quinte ou à l'octave. Quand un accord est le même que le précédent, au lieu de le chiffrer on y place un trait —.

**CHIGOMMIER**. Voy. COMBRET.

**CHIHUAHUA**, l'un des dix-neuf États qui composent la confédération mexicaine, borné à N. par les territoires de la Nouvelle-Californie et du Nouveau-Mexique, à l'E. par les États de Sonora-y-Cinaloa et de Durango, au S. par ce dernier, à l'O. par le territoire du Nouveau-Mexique. Sa superficie est d'environ 8,500 lieues carrées, et sa population de 178,200 habitants. Sa capitale est *Chihuahua*, grande ville, avec une des plus belles églises du Mexique, une académie militaire florissante, un grand aqueduc, de riches mines d'argent, et 30,000 habitants. Le Chihuahua renferme de riches mines d'argent.

**CHILDEBERT**. Trois rois francs ont porté ce nom. — CHILDEBERT I<sup>er</sup>, un des quatre fils de Clovis, régna à Paris après la mort de son père (511). Il se joignit à ses frères pour s'emparer de la Bourgogne. Il partagea ensuite avec Clotaire l'héritage de Clodomir et de ses enfants qu'ils avaient assassinés. Il fondit sur l'Auvergne, et marcha contre Amalaric, roi des Wisigoths en Espagne. Il seconda la révolte de Chramne, et mourut en 558. — CHILDEBERT II, fils de Sigebert et de Brunehaut, succéda à son père dans le royaume d'Austrasie en 575. Il se ligua avec Gontran, son oncle, roi d'Orléans et de Bourgogne, et conclut avec lui en 585 le *traité d'Andelot*, qui assurait aux leudes l'inamovibilité des bénéfices. Il porta ensuite les armes en Italie, mais sans succès. Après la mort de Gontran (593), il hérita des royaumes d'Orléans et de Bourgogne. Il mourut en 596. — CHILDEBERT III, fils de Thierry III, succéda de nom à son frère Clovis III, en 695, à l'âge de douze ans. Il mourut en 711, laissant le trône à son fils Dagobert III, après avoir régné seize ans sous la tutelle ou plutôt la tyrannie de Pepin d'Héristal.

**CHILDEBRAND**, prince franc qui, d'après Frédégaire et ses continuateurs, était fils de Pepin le Gros et frère de Charles Martel. Quelques auteurs ont prétendu qu'il est la tige des rois de France de la troisième race.

**CHILDÉRIC**. Trois rois francs ont porté ce nom. — CHILDÉRIC I<sup>er</sup>, fils de Mérovée, lui succéda en 456. Chassé pour sa conduite débauchée, il se retira en Thuringe, d'où il ne fut rappelé qu'en 463. Il prit avec Egidius, patrice romain dans les Gaules, Cologne, Trèves, la Lorraine, Beauvais et Paris. Il mourut en 481. Il avait épousé Basine, dont il eut Clovis. — CHILDÉRIC II, fils puîné de Clovis II et de sainte Bathilde, roi d'Austrasie en 660, le fut en 670 de toute la monarchie franque, par la mort de Clotaire III, son frère, et la retraite forcée de Thierry III. Saint-Léger, évêque d'Autun, régla sa conduite. Mais après sa mort il se rendit odieux aux seigneurs. Bodilon, l'un d'eux, l'assassina en 673 dans la forêt de Livri, avec Dagobert, son fils aîné. Daniel seul survécut. — CHILDÉRIC III, dernier roi mérovingien, fut tiré d'un monastère en 742, par Pepin le Bref, et déposé dix ans après (752). Enfermé dans le monastère de Sithieu, puis dans ceux de Saint-Bertin et de Saint-Omer, il y mourut en 755.

**CHILI**, contrée de l'Amérique du Sud, formant une bande étroite comprise entre les Cordillères, la mer, et borné par l'océan Pacifique, la Patagonie, la république de Buenos-Ayres et celle de Bolivia. Sa superficie est de 13,436 lieues carrées, et sa population de 1,503,000 habitants. Le climat est tempéré ; le pays abonde en mines d'or et d'argent. L'agriculture y est encore peu avancée. Le Chili est divisé en huit provinces, subdivisées en districts : *Coquimbo, Aconcagua, Santiago, Colchagua, Maula, Concepcion, Valdivia* et *Chiloé*. — Découvert par don Diego Almagro vers 1525, le Chili, qui appartenait auparavant aux Incas du Pérou, forma de 1525 à 1810 une colonie espagnole. Le 10 septembre 1810, le Chili entra en lutte avec le Pérou, sa métropole, et après une lutte de sept ans, le général Saint-Martin conquit son indépendance. Après plusieurs révolutions, la république fut proclamée. Le pouvoir exécutif est confié à un président nommé pour quatre ans ; le pouvoir législatif à un sénat élu pour six ans et composé de neuf membres, et à une chambre nationale élue pour huit ans, composée de cinquante membres au moins, de cinq cents au plus.

**CHILIADE**. On appelle ainsi, en arithmétique, l'assemblage de plusieurs choses semblables qu'on compte par mille. C'est ainsi que, dans les tables de logarithmes, on nomme *première chiliade* les logarithmes des dix premiers nombres naturels.

**CHILIARQUE**, officier de l'ancienne milice grecque, dont le nom répond à celui de commandant de mille *oplites* ; mais le nombre réel était de mille vingt quatre. Le *chiliarque* était commandant d'une *chiliarchie*, troupe qui était la moitié de la *mérarchie*, et qui se divisait en deux *pentacosiarchies*. Il y avait dans une grande phalange seize chiliarchies.

**CHILIASTES**. Voy. MILLÉNAIRES.

**CHILIOGONE**, polygone régulier de mille côtés. La somme des angles est égale à 1996 angles droits.

**CHILIOMBE**, nom donné, chez les anciens, à un sacrifice de mille bœufs.

**CHLOÉ** (Archipel de), archipel de l'océan Pacifique, situé au S. du Chili dont il forme une province sur les côtes de la Patagonie. Les Espagnols l'appellent *Ancud*. Ce groupe comprend quatre-vingt-deux îles ou îlots, hérissés de montagnes et couverts de bois. On porte sa population à 90,000 habitants. Les plus grandes îles sont : *Isla-Grande, Achao, Lemiu, Gequi*, etc. La première, appelée aussi *Chiloé*, a environ 50 lieues de long sur 10 à 12 de large. Elle fut découverte en 1558 par les Espagnols. L'île produit du lin, des céréales, des pommes de terre et des légumes. Les deux seules villes de l'île et de l'archipel sont *Castro*, la plus importante des deux, et *San-Carlos de Chucao* ou *Calbuco*, qui a le meilleur port, et où réside le gouverneur de l'archipel.

**CHILOGNATHES**, famille d'insectes de l'ordre des myriapodes, renfermant des individus au corps cylindrique, muni d'un grand nombre de pieds disposés par paire sur chaque anneau, aux antennes de sept articles. Les chilognathes vivent des débris des végétaux sous lesquels on les trouve souvent, ainsi que sous les écorces des arbres.

**CHILON**, l'un des sept sages de la Grèce, éphore de Sparte vers l'an 556 avant J.-C., mena une vie toujours conforme à ses préceptes, et mourut de joie en embrassant son fils, qui avait remporté le prix du ceste aux jeux olympiques. Ce fut lui qui fit graver en lettres d'or ces maximes au temple de Delphes : *Connais-toi toi-même, et ne désire rien de trop avantageux.*

**CHILOPODES**, famille d'insectes de l'ordre des myriapodes, au corps allongé mais déprimé, à la bouche armée de deux pieds-mâchoires, percés en dessous pour laisser écouler une liqueur vénéneuse. La morsure de quelques espèces d'une grande taille peut donner lieu à des accidents graves. Ces insectes sont carnassiers, évitent la lumière ; aussi les trouve-t-on le plus souvent sous les pierres, les écorces d'arbres et les fumiers. Voy. SCOLOPENDRE.

**CHILPÉRIC**. Deux rois francs ont porté ce nom. — CHILPÉRIC I<sup>er</sup>, un des quatre fils de Clotaire I<sup>er</sup>, eut en partage, après la mort de son père (561), le royaume de Soissons. Il épousa ensuite en 567 Galswinthe ou Galsuinde, fille d'Athanagilde, roi des Wisigoths. Cette princesse ayant été trouvée étranglée dans son lit, et Chilpéric ayant épousé Frédégonde, sa suivante, Brunehaut, sœur de Galswinthe, excita son mari Sigebert I<sup>er</sup> à venger la mort de sa belle-sœur. Chilpéric, après plusieurs guerres, mourut assassiné, à Chelles, en revenant de la chasse (584), par Landry, amant de Frédégonde. — CHILPÉRIC II, fils de Childéric II, porta le nom de *Daniel*, et succéda en 715 à Dagobert III. Il voulut combattre Charles Martel, et fut défait. Il mourut en 720.

**CHIMAI**, petite ville du royaume des Pays-Bas (Hainault), à 4 lieues de Rocroi. Sa population est de 1,000 habitants. C'est une seigneurie et pairie, qui passa successivement dans les maisons de Châtillon, de Croy, de Lignes Arembergh, etc. En 1750, Victor-Maurice Riquet de Caraman ayant épousé Anne-Gabrielle de Hennin, la principauté de Chimai est devenue le patrimoine de la maison de Caraman.

**CHIMBORAÇO**, montagne de la Colombie, faisant partie de la chaîne des Andes, dont elle est un des pics les plus élevés. Sa hauteur est de 6,330 mètres. On la voit en mer à 80 lieues de distance. Elle est de nature volcanique.

**CHIMÈNE** (en espagnol, *Ximena*), héroïne célèbre de la tragédie du *Cid*, l'amante de D. Rodrigue de Bivar. — Les romanciers ont donné à François I<sup>er</sup>, pendant sa captivité à Madrid, une maîtresse qui a la force d'accepter la main d'Éléonore, reine de Portugal, afin de pouvoir retourner en France, et qu'ils appellent *Chimène de l'Infantado*.

**CHIMÈRE** (myth.), monstre de la fable, né de Typhon et d'Echidna. Il avait une tête de lion, un corps de chèvre et une queue de serpent. Il vomissait le feu et ravageait la Lycie. Bellérophon, fils de Glaucus, roi de Corinthe, en délivra le pays par le secours de Neptune, qui lui donna Pégase, cheval ailé. On explique ce mythe en disant que la Chimère était quelque montagne dont le sommet nourrissait des lions, le milieu des chèvres et le pied des serpents. Bellérophon, sans doute, la rendit habitable.

**CHIMÈRE**, genre de poissons de l'ordre des chondroptérygiens ou cartilagineux. La *chimère arctique* vit au milieu de l'Océan septentrional, et se nourrit de crabes, de mollusques, etc. Elle est longue de trois pieds pendant sa jeunesse, et sa couleur est jaunâtre avec des taches noires. On l'a surnommée le *roi des harengs*, dont elle poursuit les bandes innombrables.

**CHIMIE**, science qui s'occupe de l'action intime et réciproque des molécules intégrantes des corps les unes sur les autres. Elle a tantôt été appelée *pyrotechnie* ou *art du feu*, *chrysopée*, *argyropée*, c'est-à-dire, *fabrication de l'or*, *de l'argent*, tantôt *science spagyrique*, *physique particulière*, etc. — On fait remonter la chimie à une époque très-reculée, mais ce n'est que de nos jours qu'elle est devenue une véritable science. Elle s'est élevée sur les débris de la science des alchimistes, qui, en voulant parvenir à leur grand œuvre, la *pierre philosophale*, en ont ouvert les premiers sentiers. Stahl fut le premier qui, par sa théorie du *phlogistique*, fit faire à la science un pas immense. Après lui vinrent Priestley, Cavendish, Lavoisier, Fourcroy, Guyton-Morveau et Berthollet; c'est à ces derniers qu'est due la nomenclature chimique qui est encore en usage aujourd'hui. Dans cette nomenclature, les corps simples sont divisés en corps simples non métalliques et en corps simples métalliques. Les combinaisons de l'oxygène avec les autres corps forment la base des autres dénominations d'*acides* et d'*oxydes*. La terminaison *ique* est employée pour désigner un acide avec une certaine combinaison d'oxygène, et la terminaison *eux* pour en désigner un autre. On termine en *ates* le nom des sels neutres résultant de la combinaison des acides avec les bases salifiables, et en *ures* le nom des corps composés de deux substances simples autres que l'hydrogène et l'oxygène.

CHIMOINE, sorte de stuc ou de ciment, formé de chaux faite avec des coquilles calcinées, qui, par sa blancheur et le poli qu'il est susceptible de prendre, imite très-bien le marbre.

CHIMPANZÉ, genre de singes appartenant à la famille des catarrhiniens et propre à l'Afrique. Il a la face nue, le museau court, le front arrondi, les conques auriculaires très-grandes, mais de forme humaine; les mains munies d'ongles plats, des callosités aux fesses, peu de poils, point de queue ni d'abajoues; son nez est camus, et ses yeux petits, mais expressifs. Les chimpanzés marchent et grimpent avec facilité. Ils sont d'un tempérament fort lascif.

CHINA (myth.), divinité des peuples septentrionaux et de la côte de Guinée en Afrique. On la représente comme une tête de bélier pétrie avec de la farine de millet, des plumes, du sang et des cheveux. On brûle du miel devant cette idole.

CHINAGE ou CHINURE, art qui consiste à représenter un tissu quelconque, formé, non par la variété des fils de couleurs différentes placés l'un à côté de l'autre, mais par des variétés de couleurs ou de nuances dans le même fil. Ce genre de fabrication nous a été porté de la Chine, d'où lui est venu son nom. Pour chiner une étoffe, il faut donner aux fils de la chaîne des couleurs différentes, et disposer ces couleurs sur ces fils, de manière qu'après que l'étoffe sera travaillée elles y représentent un dessin.

CHINCAPIN, nom donné à une espèce de *châtaignier* qui croît abondamment dans tous les sols en Louisiane, dans les deux Carolines, la Géorgie et les Florides, où il s'élève de dix à douze pieds. Son fruit, qui est alimentaire, et qu'on vend sur les marchés aux États-Unis, a la saveur de la châtaigne et le volume de la noisette.

CHINCHILLA, genre de mammifères appartenant, selon les uns, à l'ordre des rongeurs, selon d'autres, à la famille des murins, et faisant le type de la petite tribu des chinchillines, qui renferme en outre les genres *viscache* ou *logostome* et *lagotis*. Les chinchillas habitent par familles les montagnes, dans lesquelles ils se pratiquent des terriers nombreux et très-profonds. Ils sont longs de quinze pouces environ; leur pelage est d'un beau gris ondulé de blanc à la face supérieure du corps et très-clair en dessous; aussi leur peau est très-recherchée pour les fourrures, et c'est principalement pour l'obtenir qu'on leur fait la chasse. On trouve le chinchilla au Chili.

CHINCHILLA, province d'Espagne, formée d'une partie du royaume de Murcie. Elle est bornée au N. par la province de Cuença, à l'O. par celle de Ciudad-Real, au S par celle de Murcie, à l'E. par celles de San-Felipe et d'Alicante. Sa superficie est de 477 lieues carrées, et sa population de 195,155 habitants. — La capitale est *Chinchilla*, à 55 lieues de Madrid. Sa population est de 6,500 habitants. On fait dans son territoire des creusets pour la fonte de l'or et de l'argent.

CHINE ou EMPIRE CHINOIS. Cet empire comprend, 1° la Chine propre, 2° la Mandchourie, la Mongolie, 3° la Corée, 4° le Thibet et le petit Thibet, 5° la petite Boukharie, 6° la Dzoungarie, 7° les îles Formose, Haïnan, etc. La superficie de l'empire chinois est de 650,000 lieues carrées, et sa population de 363,000,000 d'habitants. Les bornes de l'empire chinois sont, au N. la Sibérie, à l'O. l'Indoustan et la Tartarie Indépendante, au S. le Birman, l'Annam et la mer, à l'E. l'océan Pacifique. Les revenus de l'empire sont de 600,000,000 de francs. On trouve dans la Chine des mines de fer, de cuivre, d'étain, de vif-argent, d'argent et d'or; des grains, des légumes, etc.; des étoffes de soie, de coton et de bourre, des toiles de chanvre, etc. On y cultive en grand le thé, qui se distribue dans tout le reste du globe. Le commerce intérieur est très-actif. Elle est sortie depuis quelques années de son immobilité; les Anglais lui ont fait la guerre et ont obtenu un traité qui ouvre cinq ports au commerce étranger; depuis, la France et d'autres nations ont obtenu des traités semblables. Une insurrection formidable est venue en outre menacer l'empire d'une désorganisation complète. L'agriculture est très-honorée. Les Chinois sont des peuples de race mongole, et ont les yeux obliques et bridés. Ils connaissent depuis un grand nombre de siècles l'imprimerie à l'aide des planches gravées en bois, la poudre à canon, la boussole, l'art de faire la porcelaine. Ils ont un grand amour pour les sciences et les arts, mais ils ne perfectionnent rien; l'immutabilité est leur caractère. Mille règlements prescrivent l'étiquette à suivre dans toutes les actions de la vie. La nation est divisée en trois classes : les lettrés, les artisans et les cultivateurs. La langue est monosyllabique; l'écriture est composée de quatre-vingt mille signes hiéroglyphiques, exprimant, non des mots, mais des idées entières. Le gouvernement est absolu et aristocratique. Différentes classes d'officiers civils et militaires, appelés *mandarins*, régissent les diverses branches de l'administration au nom de l'empereur. Il n'y a point en Chine de religion fixe; chacun professe la sienne comme il l'entend; mais cependant celle de *Fo*, introduite dans l'Indoustan l'an 65 de J.-C., et dont les prêtres sont nommés *bonzes*, est la plus répandue. On y trouve 100,000 chrétiens. — La Chine, à laquelle les Chinois donnent le nom de *Tchoung-Kouë* (royaume du milieu), était très-peu connue des anciens, qui l'appelaient *Sérique*. Au moyen âge, elle fut connue sous celui de *Cathay*. — L'histoire chinoise remonte à vingt-deux siècles avant J.-C. On compte vingt-deux dynasties successives, dont la première, celle des *Hia*, commence l'an 2205 avant J.-C., et finit en 1767; les autres sont celles des *Chang* (de 1783 à 1137); des *Tchéou* (de 1137 à 256); des *Thsin* (de 255 à 206); des *Han* (de 202 avant J.-C. à 220 de J.-C.); des *Weï* (de 220 à 265), simultanément avec les Hans; des *Tçins* (de 265 à 419); des *Soung du Nord* (420-477); des *Tsi* (478-501); des *Liang* (502-556); des *Tchin* (557-580); des *Souï* (581-617); des *Thang* (618-905); des *Héou-Liang* (907-921); des *Héou-Thang* (923-934); des *Héou-Tsin* (936-944); des *Héou-Han* (947-948); des *Héou-Tcheou* (950-954); des *Soung* (960-1279) (régnant simultanément avec les *Kin*, de 1123 à 1260, et 1280 à 1279 avec les *Youan* ou *Mongols*); des *Youan* ou *Mongols* (1279-1368); des *Ming* (1369-1644) (régnant simultanément avec les *Taï-Thsing* depuis 1616 jusqu'en 1644); enfin celle des *Taï-Thsing*, actuellement régnante depuis 1644.

CHINE PROPREMENT DITE, partie de l'empire chinois, bornée au N. par la Mongolie et la grande muraille (cette muraille s'étend depuis la mer Jaune ou *Liao-Toung* jusqu'à l'extrémité du Chen-si, dans un espace de 5 à 600 lieues. Elle a été construite par Thsin-chi-Hoang-ti, premier empereur de la dynastie des Thsin, pour défendre la Chine de l'invasion des Tartares. Sa hauteur est presque partout de vingt-cinq pieds, et son épaisseur de seize pieds), au S. par la mer de Chine, à l'O. par les Kalmouks de Koukounoor, les Sifans, le Thibet, à l'E. par la mer Jaune. Sa superficie est de 194,000 lieues carrées, et sa population de 317,136,822 habitants. Elle est divisée en dix-huit provinces. PEKING est la capitale de la Chine.

CHINE (MER DE), partie de l'océan Pacifique qui baigne les côtes de la Chine. Elle y forme trois golfes, la mer-Jaune, les golfes de Corée et de Tonquin.

CHINILADDAN, roi d'Assyrie, successeur de Saosduchin, vers l'an 667 avant J.-C., défit et tua Phaortes, roi des Mèdes, mais Cyaxare, fils et successeur de ce prince, assiégea Ninive; comme il était sur le point de la prendre, Chiniladdan se brûla dans son palais vers l'an 626 avant J.-C. Quelques auteurs le confondent avec Sardanapale; d'autres avec Nabuchodonosor, dont fait mention le livre de Judith.

CHINON, sur la Vienne, chef-lieu de sous-préfecture du département d'Indre-et-Loire, dans un pays fertile et agréable, à 12 lieues de Tours. Sa population est de 6,859 habitants. Elle a un tribunal de première instance et un collège. Elle fait un grand commerce de peaux de veaux, de chèvres et de basanes corroyées. — Lors de l'invasion des Francs, Chinon était déjà une ville importante. Henri II, roi d'Angleterre, y mourut en 1189, et Charles VII y fit son séjour lorsque les Anglais étaient maîtres de Paris. Rabelais naquit à une lieue de cette ville.

CHINT, toiles des Indes propres à être imprimées. On appelle *chint-séronges* des toiles de coton blanches, propres à être imprimées et mises en couleur, qui se fabriquent aux Indes orientales, et dont les pièces n'ont que six aunes de long sur trois quarts de large; *chintes-mamodés*, celles qui ont sept aunes et demie de long sur une demi-aune de large; *chint-broad*, celles qui ont la même longueur sur trois quarts de large; *chint-surat*, celles qui ont huit aunes de long sur trois quarts de large.

CHIONÉ (myth.), fille de Deucalion, qui fut aimée d'Apollon et de Mercure. Elle eut du premier Philamon, grand joueur de luth, et du second Autolycus, célèbre voleur. Chioné, se voyant belle, osa se préférer à Diane. Cette déesse, pour la punir, lui perça la langue avec une flèche. Chioné en mourut peu après.

CHIOS, île de l'Archipel, entre celles de Samos, de Lesbos ou Metelin et la côte de l'Asie-Mineure. Sa superficie est d'environ 50 lieues carrées, et sa population de 120,000 âmes. Elle produit du coton, de la soie, du mastic végétal renommé, des oranges, des citrons, des vins, etc. La capitale est *Khio* ou *Chio*, bâtie sur les ruines de l'ancienne *Scio*, dans une plaine extrêmement fertile, sur la côte O. Elle a un archevêché et un évêché grecs et des fabriques de soie considérables. Sa population est de 30,000 habitants. Les vins de Chios, si recherchés des anciens, sont encore aujourd'hui très-estimés. — Chios fut habitée primitivement par une colonie de Pélasges. On cite au nombre de ses rois Œnopion, Hippoclus, Hector, Minos. Avant qu'elle portât le nom de Chios, elle s'appelait *Æthalie*, *Macris* et *Pitiuze*. Chios, appelée aujourd'hui *Khio* ou *Scio*, fut conquise par les Turks en 1575. En 1822, Chios fut dévastée par un massacre célèbre.

CHIOURME, nom donné à la réunion de plusieurs forçats dans les bagnes.

CHIOZZA, petite ville du royaume lombardo-vénitien, à 6 lieues de Venise, près des lagunes Elle a un port et des salines. Elle a un évêché. Elle était autrefois appelée *Fossa Claudia*.

CHIPAGE, opération du tanneur dans la préparation des veaux dits d'*alun*, à l'usage des relieurs. L'ouvrier chargé de ce travail s'appelle l'*auvergneur* ; la dissolution de tan dans laquelle on fait macérer les peaux se nomme *auvergne*. — *Chiper les cuirs*, c'est leur donner l'apprêt à la danoise. Au lieu de les étendre dans la fosse, on les coud, on les remplit de tan et d'eau, et on les met dans les fosses pleines de solution de tan.

CHIPPEWAYS, tribus indiennes de l'Amérique septentrionale, habitant dans les territoires du nord-ouest et du Missouri le pays à l'ouest et au sud du lac Supérieur. — Le fort CHIPPEWAY est situé à la frontière du Canada, à une lieue au-dessus du saut du Niagara.

CHIQUE, insecte du genre *puce* et de l'ordre des parasites, très-commun aux Antilles et dans l'Amérique méridionale. Il est plus petit que la puce ordinaire; la femelle, après avoir été fécondée, pénètre dans le tissu de la plante des pieds, s'y nourrit et y dépose ses œufs, qui causent une démangeaison bientôt insupportable. Le séjour des œufs sous la peau peut même causer un abcès. Le seul remède est l'extraction de la chique, opération faite très-adroitement par les nègres.

CHIRAC (Pierre), né en 1650 à Conques (Aveyron), entra d'abord dans l'état ecclésiastique. Il devint membre de la faculté de Montpellier en 1682, et y enseigna cinq ans avec succès. Il obtint en 1692 la place de médecin de l'armée de Roussillon. Il remplit les mêmes fonctions à celle d'Italie en 1706 et à celle d'Espagne en 1707. Le régent le nomma en 1715 son premier médecin, et en 1730 il eut la même place auprès de Louis XV. Il eut (1718) la surintendance des jardins royaux. Il mourut en 1732.

CHIRAZ. Voy. CHYRAZ.

CHIROGRAPHAIRES, nom donné en diplomatie à certaines chartes, au haut desquelles se trouvent des caractères coupés par le milieu. Pour dresser ces actes, on écrivait sur une feuille de parchemin en commençant un peu plus bas que le milieu de la feuille, puis on retournait le parchemin, et l'on écrivait le même acte en commençant aussi plus bas que le milieu de la feuille; puis, entre les deux copies, on écrivait le mot *chirographe*, et on coupait la feuille par le milieu, de manière que le mot se trouvât divisé en deux parties, une sur chaque copie.

CHIROMANCIE, divination fondée sur l'inspection des linéaments de la main. On donne le nom de *lignes de vie* à ces lignes du creux de la main, provenant de la contraction des muscles, et que les Bohémiens et autres chiromanciens prenaient pour objet de leurs observations.

CHIRON (myth.), fils de Saturne et de Phillyra, était un centaure. Il se rendit recommandable par ses talents dans la médecine et la chirurgie. Suidas dit qu'il avait composé un *Livre de la médecine des chevaux*. Il enseigna les sciences à Esculape, et eut pour élèves Achille, Castor, Pollux, Hercule, Jason, Thésée, etc. Hercule lui ayant par mégarde fait une blessure incurable, Chiron pria les dieux de terminer ses jours, et ses vœux furent exaucés. Il fut placé dans le ciel, où il forma la constellation du *Sagittaire*.

CHIRONECTE, genre de mammifères didelphes caractérisé principalement par la présence de membranes interdigitales aux pieds de derrière. La queue est cylindrique, écailleuse, longue et prenante. Le museau est pointu et les oreilles nues et arrondies. L'espèce unique de ce genre est le *chironecte yapok*, long de dix-huit pouces. Il se tient toujours sur le bord des eaux, et il nage avec facilité.

CHIROPLASTE, machine en cuivre ou en bois qui s'adapte au clavier des pianos, et qui est destinée à donner une bonne position aux mains des élèves commençants, ainsi qu'à guider les mouvements de leurs doigts. Elle a été inventée à Dublin par M. Logier, qui en a fait ensuite l'objet d'une méthode d'enseignement à Londres.

CHIROTE, genre de reptiles saurophidiens, au corps cylindrique, de même volume que la tête, qui est ovoïde, terminée par un museau arrondi, avec une queue courte, conique, obtuse, à écailles quadrilatères, juxtaposées en anneaux, égales sur tout le corps; la bouche est petite, non dilatable. Les chirotes se rapprochent beaucoup des amphisbènes par leur structure intérieure.

CHIRURGIE, science qui apprend à connaître et à guérir les maladies externes du corps humain, et qui traite de toutes celles qui ont besoin, pour être guéries, de l'opération de la main ou de l'application des topiques. — L'art chirurgical est attribué par la fable au centaure Chiron et à Esculape. Mais on peut regarder Hippocrate comme le fondateur de la chirurgie. Abandonnée pendant la première partie du moyen âge, la chirurgie, apportée en France au commencement du XIVe siècle par Lanfranc de Milan, fut organisée par les statuts du *collège des chirurgiens*, institué vers la fin du XIIIe siècle. — En Espagne, les barbiers sont encore en possession des connaissances chirurgicales.

CHIRURGIEN, celui qui exerce la chirurgie. Dans l'armée française, on a des chirurgiens-majors et aides-majors, attachés au service de santé des corps. Leur création remonte à 1651. Depuis 1815, il n'y a dans chaque régiment qu'un chirurgien-major avec un aide-major chirurgien attaché à chaque bataillon. Le premier est assimilé pour le grade au capitaine, et les chirurgiens aides-majors aux lieutenants. — Sur les vaisseaux de premier rang, il y a un chirurgien-major, deux chirurgiens en second, trois aides-pharmaciens et plusieurs élèves.

CHIRVAN, province du gouvernement russe de Géorgie, bornée N. par le Daghestan, à l'E. par la mer Caspienne, à l'O. par la Grusinie, au S. par la Perse. Le Chirvan est divisé en quatre districts, Kouba, Chéki, Bakou et Chamakhi. La capitale est *Chamakhi*.

CHITINE, substance découverte par M. A. Odier en traitant par la potasse à chaud les élytres et les autres parties solides des insectes.

CHITONISQUE, petite tunique de laine que les Grecs portaient sur la peau en guise de chemise.

CHIZEROTS, race d'habitants que l'on trouve dans quelques communes avoisinant la Saône, et notamment de Boz (Ain) et à Iluchizy (Saône-et-Loire), et que la tradition fait descendre des Sarrasins qui inondèrent la France au VIIIe siècle. Il y a encore trente ans, les Chizerots portaient de larges culottes plissées, des vestes longues, bordées de galon, des ceintures rappelant le costume oriental. Ils s'adonnent à l'agriculture et cultivent principalement le sarrasin, le maïs et le millet, avec lequel ils se préparent un mets qu'ils nomment *pilé*, et qui n'est autre que le *pilau* des Arabes.

CHLAMYDE, vêtement des anciens, commun aux Grecs et aux Romains, et consistant dans une sorte de manteau tout ouvert, retroussé sur l'épaule droite, où il s'attachait. Les Grecs portaient la *chlamyde* en temps de paix comme en temps de guerre; mais les Romains ne s'en servaient qu'en campagne.

CHLAMYDOSAURE, genre de reptiles de l'ordre des sauriens, voisin des dragons et des sitanes, et qui doit son nom à l'existence d'une sorte de collerette ou pèlerine membraneuse, située sur les côtés du cou et formée par deux lambeaux semi-circulaires, revêtus d'écailles petites, uniformes, carénées comme celles du reste du corps. Le chlamydosaure vit d'insectes. On le trouve à la Nouvelle-Hollande.

CHLANIDION, espèce de manteau à l'usage des femmes grecques, qui s'appelait aussi *himation*. Le chlanidion était une partie de l'habillement des Babyloniens. Il se mettait sur la dernière tunique, enveloppait les épaules, mais ne descendait pas si bas aux Babyloniens qu'aux femmes grecques.

CHLÉNACÉES, famille de plantes proposée par Aubert du Petit-Thouars, et offrant de l'analogie avec les *ébénacées* de Jussieu et les *styracinées* de Richard. Les chlénacées renferment quatre genres.

CHLÈNE, ancien vêtement des Romains, qu'ils appelaient aussi *lène* ou *lana*. C'était une espèce de surtout qui servait à garantir du froid. Il y avait des chlènes doubles et simples, des fourrées et des non fourrées. On s'en servait la nuit en guise de couverture. Aussi elles étaient carrées. Les femmes portaient aussi une sorte de chlène d'une étoffe plus douce et plus légère, et appelée *chlanis* ou *chlanidion*.

CHLOÉIES, fêtes célébrées tous les ans à Athènes en l'honneur de Cérès. Elles étaient accompagnées de danses et de jeux. On immolait un bélier à la déesse. Le nom de *Chloé* est un surnom de Cérès qui signifie *verdure*. On le donnait aussi aux femmes, qui joignaient à une grande beauté beaucoup de simplicité.

CHLORATES, sels résultant de la combinaison de l'acide chlorique avec une base. Tous les chlorates sont décomposables par le feu et les acides forts, et ont pour la plupart la propriété, 1° de fuser sur les charbons ardents ; 2° de former par leur mélange avec quelques substances avides d'oxygène, telles que le soufre, le phosphore, le charbon, etc., des poudres qui détonent avec plus ou moins de violence par la chaleur, et que le choc seul suffit souvent pour enflammer ; 3° d'être solubles dans l'eau. Tous les chlorates sont le produit de l'art. Le plus connu est le *chlorate de potasse* (muriate sur-oxygéné de potasse), employé pour obtenir le gaz oxygène pur et les briquets oxygénés, pour faire une poudre fulminante, comme amorce dans les armes à feu, et comme stimulant en médecine.

CHLORE, une des douze substances simples non métalliques, que l'on ne trouve jamais dans la nature que combinée à des substances métalliques. Le chlore, appelé autrefois *acide muriatique oxygéné*, est gazeux, d'un jaune verdâtre, d'une saveur désagréable, d'une odeur suffocante. Il jaunit la teinture de tournesol, éteint les bougies allumées. Il a une très-grande affinité avec l'hydrogène, et est soluble dans l'eau. Le chlore liquide a les mêmes propriétés. Le chlore s'obtient en chauffant dans une fiole du peroxyde de manganèse et de l'acide hydrochlorique concentré, ou bien en traitant un mélange de sel de cuisine (quatre parties) et d'une partie de peroxyde de manganèse avec deux parties d'acide sulfurique étendu d'eau. À l'état gazeux, le chlore est employé en médecine comme moyen hygiénique, pour détruire les miasmes putrides, purifier l'air des prisons, des hôpitaux, etc. On l'emploie aussi comme astringent et tonique. Il sert avec succès contre le typhus, la gale, la fièvre putride, etc. ; pour blanchir les laines, les toiles, le papier, etc. Uni à la potasse, le chlore liquide constitue l'*eau de javelle*, employée dans le blanchiment du linge. Le chlore a été découvert en 1774 par Scheele, qui l'appela *oxyde marin déphlogistiqué*.

CHLORION, genre d'insectes hyménoptères, de la famille des fouisseurs, renfermant des insectes à tête grande, aplatie, large ; aux mandibules très-développées, tranchantes. Leur couleur est d'un vert émeraude doré ou un peu violet. Les chlorions sont remarquables par l'adresse avec laquelle ils tuent les kakerlacs ou ravets, pour qu'ils servent de nourriture à leurs larves. La piqûre de leur aiguillon est venimeuse et extrêmement douloureuse.

CHLORIQUE (ACIDE), acide découvert

par Gay-Lussac, et qui est formé de 100 parties de chlore et de 113,95 d'oxygène en poids Il est le produit de l'art. Il est toujours liquide et incolore. Sa saveur est très-acide. Il n'a pas d'odeur sensible. Il ne sert qu'à former les chlorates. Il ne faut pas le confondre avec l'acide *chloreux* (acide muriatique sur-oxygéné), formé de 100 parties de chlore et de 22,79 d'oxygène en poids. Il est gazeux, d'un jaune verdâtre très-foncé.

CHLORIS (myth.), déesse des fleurs, femme de Zéphyre, et la même que *Flore*. — Fille d'Amphion et de Niobé, qui épousa Nélée, roi de Pylos, dont elle eut une fille et douze fils, qui, à l'exception de Nestor, furent tous tués par Hercule.

CHLOROMYS. Voy. AGOUTI.

CHLOROPHYLLE. Voy. FÉCULE VERTE.

CHLOROSE, maladie propre aux jeunes filles et aux veuves, et caractérisée par la langueur générale, la coloration verdâtre ou pâle de la peau, et divers accidents nerveux. On lui a aussi donné pour cette raison le nom de *pâles couleurs*.

CHLORURES, nom donné à tous les corps composés de chlore et d'une substance simple autre que l'oxygène et l'hydrogène. On distingue les chlorures en *métalliques* et en *non métalliques*. Ceux-ci sont les chlorures de phosphore, de soufre, d'iode et d'azote. Les autres sont en très-grand nombre. La plupart des chlorures s'emploient en médecine ou dans les arts. Ceux de soude et de chaux jouissent, au plus haut degré, des propriétés désinfectantes, anti-contagieuses et stimulantes. On les emploie dans le pansement des ulcères infects, des plaies compliquées de pourriture, des brûlures larges et superficielles, des engelures, etc. — Le *protochlorure de mercure* est le *calomel*, et le *deuto-chlorure de mercure* est le *sublimé corrosif*.

CHOA, province méridionale de l'Abyssinie, qui, réunie à celle d'Efat, forme un royaume dont *Ankober* est capitale.

CHOC, rencontre brusque de deux corps qui se heurtent. On appelle *choc droit* celui où le point de contact des corps se trouve sur la droite supposée menée par leurs centres de gravité. Le *choc oblique* est celui qui est fait de toute autre manière. Au moment du choc, la vitesse se partage entre les deux corps dans un rapport qui dépend de leurs masses. Comme les corps ne jouissent que d'une élasticité très-imparfaite, une partie de leur *force vive* est perdue dans le choc. Aussi l'on tâche le plus que possible, dans l'exécution des machines, d'éviter les percussions, qui diminuent et détruisent la puissance motrice. — On nomme *choc en retour*, en physique, le choc éprouvé par un individu placé sous un nuage orageux, lorsque la foudre éclate à une certaine distance de lui.

CHOCOLAT, préparation alimentaire obtenue des amandes de cacao, rôties et réduites en pâte, avec du sucre et des aromates. Lorsque le cacao est torréfié et mondé, on le pile dans un mortier chaud jusqu'à ce qu'il en résulte une pâte liquide, et on y met du sucre en diverses fois. On broie ensuite cette pâte avec un rouleau de fer sur une pierre à broyer, et on coule la pâte, avec de la vanille et de la cannelle en poudre, etc., dans des moules de ferblanc de forme diverse. Le chocolat est un aliment convenable pour l'estomac, quoiqu'il soit un peu lourd. Souvent on accroît sa qualité nutritive en y ajoutant d'autres substances alimentaires, telles que le salep, le tapioka, l'osmazôme ; et alors on lui donne les noms d'*analeptique*, de *phyligène*, etc. — Les Mexicains paraissent être les premiers peuples qui aient eu l'idée d'employer comme aliment le chocolat. Les Espagnols l'importèrent en Europe.

CHOCOLATIÈRE, espèce de cafetière cylindrique ou légèrement conique, dans laquelle on prépare le chocolat. Son couvercle est percé d'un trou au milieu, dans lequel on fait passer le manche du moussoir, afin de pouvoir l'agiter circulairement en le faisant rouler entre les mains.

CHOCZIM, ville de la Russie d'Europe, dans la Moldavie, sur le Dniester, à 6 lieues de Kaminieck. Sa population est de 20,000 habitants. Elle a un beau château. Il s'y livra deux batailles entre les Polonais et les Turks, l'une en 1621, l'autre en 1683.

CHODORLAHOMOR, roi des Elyméens vers l'an 1925 avant J.-C. Les rois de Babylone et de la Mésopotamie relevaient de lui. Il étendit ses conquêtes jusqu'à la mer Morte. Chodorlahomor fut un des quatre rois ligués contre les cinq de la Pentapole de Sodome, et vaincus par Abraham, dont il avait fait prisonnier le neveu Loth.

CHOENISQUE, nom donné, chez les anciens, à un ornement en forme de cou d'oie, par lequel était ordinairement terminée la proue des navires.

CHOENIX ou CHENIX, mesure de capacité pour les choses sèches chez les Grecs. Elle valait 0829174 dix millionièmes de *boisseau*, ou un litre 0 décilitre 7 centilitres et 862 dix millièmes de nos nouvelles mesures. C'était la quarante-huitième partie du *médimne*.

CHOEPHORES (du grec *choé*, libation, et *phéro*, porter), titre d'une pièce d'Eschyle, auteur grec. Le sujet est le meurtre de Clytemnestre par Oreste, son fils. Ce nom lui vient des femmes du chœur qui vont offrir des libations expiatoires à la cendre d'Agamemnon.

CHOERILE, poëte tragique d'Athènes, auteur de cent cinquante tragédies, dont treize furent couronnées. — Poëte grec, ami d'Hérodote, qui, ayant composé un poème sur la victoire que les Athéniens avaient remportée sur Xercès, reçut de la république une pièce d'or pour chaque vers, et fut mis, par un décret, à côté d'Homère. — Poëte grec, un des amis et des flatteurs d'Alexandre. On dit que ce prince lui proposa de lui donner autant de pièces d'or qu'il y avait de bons vers dans ses poésies, et autant de soufflets qu'il s'en trouverait de mauvais. Six vers seulement ayant mérité la récompense, Alexandre fit mourir Chœrile.

CHOETODONS, genre de poissons de la division des thoraciques, renfermant des espèces aux dents déliées plus ou moins, et semblables à des crins mobiles et élastiques ; au museau un peu avancé, portant une ouverture très-étroite à leur bouche, de petites écailles sur leurs nageoires dorsales et anales ; un corps élevé, et enfin le corps à la queue aplatis fortement latéralement. Les chœtodons sont bons à manger.

CHOEUR, partie principale de l'église entre la nef et le sanctuaire, où sont placés les prêtres et les chantres, et qui est environnée de murs ou de balustrades pour en fermer l'entrée au peuple. — Cœur, en termes de théologie, signifie un ordre ou rang de quelques-unes des hiérarchies des anges. Il y a neuf chœurs des anges et trois hiérarchies.

CHOEUR, réunion de personnes qui parlent ou qui chantent. Dans la musique, le chœur est ordinairement composé de quatre ou cinq espèces de voix, c'est-à-dire de voix de femmes aiguës, appelées *dessus* ou *soprano*, de voix de femmes graves ou *contralto*, de *ténor* et de *basse*. Dans les chœurs, il y a toujours plusieurs personnes pour chanter chaque partie. On met des chœurs dans les opéras et dans la musique d'église. — Dans la poésie dramatique, les chœurs ont été employés surtout par les Grecs et les Romains. Chez eux, le chœur était divisé en deux parties, qui s'adressaient la parole et se répondaient alternativement. C'était un personnage faisant partie de l'action. Le coryphée ou chef des chœurs parlait au nom de tous.

CHOGRAMME, nom qu'on donne ordinairement aux serrures mécaniques à combinaisons. Ces sortes de serrures sont incrochetables. Leur construction est fondée sur le principe des cadenas à combinaisons.

CHOIN (Marie-Émilie JOLY DE), d'une famille noble de Bresse, originaire de Savoie. Elle fut placée vers 1690 auprès de la princesse de Conti ; le dauphin, qui la vit, en devint amoureux. Quelques auteurs prétendent qu'il l'épousa secrètement. Mlle de Choin n'aspira point à la fortune, et ne voulut aucun rang. Après la mort du dauphin (1711), elle se retira dans une maison qu'avait habitée Mme de la Fayette. Elle y mourut en 1730 ou en 1744.

CHOISEUL (Charles DE), marquis de Praslin, d'une des plus illustres familles de France, sortie de celle des anciens comtes de Langres, brilla au siége de la Fère en 1580, à celui de Paris en 1589, et au combat d'Aumale en 1592. Henri IV le fit capitaine de ses gardes, et Louis XIII lui donna en 1619 le bâton de maréchal de France. Il mourut en 1626, à l'âge de soixante-trois ans. — CÉSAR DE CHOISEUL DU PLESSIS-PRASLIN, duc et pair de France, neveu du précédent, fut fait maréchal de France en 1645, et gagna en 1648 la bataille de Francheron, et en 1650 celle de Réthel contre le maréchal de Turenne, qui commandait alors l'armée des Espagnols. Il mourut à Paris en 1673, à soixante-dix-huit ans. — CLAUDE DE CHOISEUL, de la branche de Francière, dit le comte de Choiseul, reçut en 1693 le bâton de maréchal de France, et mourut en 1711, à plus de soixante-dix-huit ans.

CHOISEUL-STAINVILLE (Étienne-François, duc DE), né en 1719. Lieutenant général en 1749, il dut son élévation à Mme de Pompadour, dont le crédit le fit envoyer ambassadeur à Rome, puis à Vienne. En 1758, il entra au ministère des affaires étrangères. En 1761, il y joignit celui de la guerre et celui de la marine. Louis XV se laissa gouverner tous les départements de l'État. Ce fut lui qui conclut la paix avec l'Angleterre. La destruction des jésuites fut son ouvrage. Une de ses dernières opérations fut le mariage du dauphin avec Marie-Antoinette. En 1770, le parti du duc de Richelieu et du duc d'Aiguillon fit exiler Choiseul à Chanteloup. Il mourut à Paris en 1785.

CHOISEUL - GOUFFIER (Marie-Gabriel-Auguste-Laurent, comte DE), né en 1752. Son amour pour les sciences et les arts lui fit entreprendre à vingt-quatre ans un voyage en Grèce. De retour trois ans après, il publia le résultat de ses découvertes dans son ouvrage intitulé *Voyage pittoresque en Grèce*. Il fut reçu en 1779 membre de l'académie des inscriptions et belles-lettres, et de l'académie française en 1784. Envoyé en Turquie comme ambassadeur, il y conserva son crédit jusqu'au moment de la révolution française. Il quitta alors Constantinople et passa en Russie. De retour en France en 1802, il fut nommé en 1814 pair de France et membre du conseil privé. Il mourut en 1817.

CHOISY (François - Timoléon DE), prieur de Saint-Lô et grand doyen de la cathédrale de Bayeux, né à Paris en 1644, mort dans cette ville en 1724, membre de l'académie française. Il fit partie de l'ambassade expédiée à Siam pour convertir le roi de ce pays, et y embrassa les ordres sacrés. On a de lui l'*Histoire de l'Église*, le *Journal du Voyage de Siam*, l'*Histoire de France*, des *mémoires*, etc.

CHOLÉDOQUE (CANAL), nom donné en médecine au conduit qui résulte de la jonction des canaux cystique et hépatique, le premier venant de la vésicule du fiel, le second venant du foie. Il fait partie de l'appareil excréteur de la bile, et s'ouvre dans la partie postérieure de la seconde courbure de l'intestin duodénum.

CHOLÉRA-MORBUS, maladie des voies digestives, caractérisée par des vomissements et des déjections fréquentes et douloureuses de bile, avec anxiété générale, altération profonde de la physionomie, syncopes et mouvements convulsifs. On distingue deux sortes de choléra : le *choléra sporadique*, présentant tous les caractères d'une maladie non épidémique, et le *choléra asiatique*, regardé comme épidémique, et différant du premier par l'absence presque totale de déjections bilieuses. La durée du choléra-morbus est en général fort courte; son traitement consiste dans l'emploi des boissons délayantes et des préparations opiacées.—Appelé par les Chinois *holouan*, par les Indiens *mordechi*, le choléra-morbus asiatique fut importé de l'Inde transgangétique en 1819 dans l'île de Java. Après avoir ravagé les îles de la Sonde, de Ceylan, de France, de Bourbon, de Madagascar, il envahit l'Arabie, et pénétra en Perse, en Syrie et en Égypte. De la Perse, il s'étendit en Russie, qu'il parcourut dans toute son étendue. De là il envahit les armées polonaises, l'Allemagne, l'Angleterre et la France. La terrible *peste noire*, que les chroniques contemporaines du XIVe siècle prétendent avoir emporté la moitié de la population de l'ancien continent, n'est, selon l'opinion de quelques auteurs, autre chose que le choléra-morbus.

CHOLESTÉRIQUE (Acide), acide solide, jaune orangé, en masse ou bien en aiguilles blanches, entrant en fusion à 58 degrés, peu soluble dans l'eau, et provenant de la réaction de la cholestérine (substance trouvée dans les calculs biliaires de l'homme) sur l'acide nitrique.

CHOLLET, près de la Moine, chef-lieu de canton du département de Maine-et-Loire, à 4 lieues et demie de Beaupréau. Sa population est de 7,345 habitants. Il a un tribunal de commerce, un collège, une chambre des manufactures, et nomme un député. Chollet est depuis longtemps célèbre par ses fabriques de mouchoirs, de siamoises, de flanelles, de toiles, etc. On peut évaluer la totalité des produits annuels de ces diverses fabrications à plus de 20,000,000 de francs. En 1793, Chollet, théâtre d'une bataille entre les Vendéens et les républicains, fut incendié et ruiné.

CHOMER ou HOMER, mesure ancienne, la même que le *corus*, et contenant 10 *baths* ou 298 pintes une chopine un demi-setier et quelque chose de plus.

CHOMPRÉ (Pierre), licencié en droit, né à Nancy en 1698, mort en 1760 à Paris, où il avait levé une pension. On a de lui plusieurs ouvrages, dont les principaux sont le *Dictionnaire abrégé de la fable* et le *Dictionnaire abrégé de la Bible*.

CHONDROPTÉRYGIENS, l'une des trois grandes divisions des poissons, dans laquelle rentrent les poissons dont le squelette est cartilagineux. Voy. CARTILAGINEUX.

CHONOS, petit archipel de l'océan Pacifique, qui forme un groupe nombreux de rochers et d'îlots, situé entre les îles de Chiloé au N. et la presqu'île de Patagonie au S. Ce pays fait partie de la province de Chiloé. Ses insulaires sont bons marins.

CHOPINE, ancienne mesure de liquides, qui contenait la moitié d'une pinte, ou 16 onces et demie d'eau.

CHOQUARD, genre d'oiseaux de l'ordre des passereaux, renfermant plusieurs espèces, et entre autres le *choucas* et le *coracias*. Leur bec est médiocre, plus ou moins arqué, échancré à sa pointe ou non; les pieds forts, robustes; les tarses plus longs que le doigt du milieu, les ailes à quatrième et cinquième rémiges les plus longues. Les choquards ont les mœurs des corbeaux, et habitent les plus hautes vallées des Alpes.

CHORAGES. On désigne par ce mot la partie des théâtres des anciens qui formait le fond des coulisses. C'est là qu'on disposait quelquefois les chœurs de musique, et qu'on gardait les habits et les instruments de la scène.

CHORÉE. Voy. DANSE DE SAINT-GUY.

CHORÉGE. C'était chez les Grecs le directeur de leurs spectacles, il en réglait les dépenses, soit que le spectacle se donnât à ses frais, soit qu'il se donnât aux frais publics. Il y avait un *chorége* dans chaque tribu. — C'était aussi le nom du chef des chœurs.

CHORÉVÊQUE, clerc qui exerçait la plupart des fonctions épiscopales dans les villages où il était envoyé par les évêques. Les chorévêques gouvernaient et visitaient les paroisses qui leur étaient soumises, corrigeaient le peuple et le clergé; ils assistaient même quelquefois aux conciles. On fait remonter l'origine de cette dignité au temps des apôtres. L'usage commença à s'en perdre dès le Xe ou XIe siècle. Aux chorévêques succédèrent les archidiacres chez les Latins, et les exarques chez les Grecs.—A Trèves, la dignité de *chorévêque* était attribuée à quatre chanoines. A Cologne, ce nom est donné au premier chantre.

CHORIAMBE. C'est dans l'ancienne poésie grecque et latine un pied ou mesure composée d'un *chorée* ou *trochée* et d'un *iambe*, c'est-à-dire, de deux brèves entre deux longues.

CHORIER (Nicolas), avocat au parlement de Grenoble, né à Vienne (Isère) en 1609, mort en 1692, est l'auteur d'un grand nombre d'ouvrages historiques, parmi lesquels on distingue l'*Histoire du Dauphiné*, le *Nobiliaire du Dauphiné*, l'*Histoire généalogique de la maison de Sassenage*, etc.

CHORION, nom donné, en anatomie, à l'enveloppe la plus extérieure de toutes celles qui entourent l'œuf des mammifères. Il sert à l'union de l'œuf avec l'utérus. — Le *chorion* ou *derme* est la partie la plus épaisse de la peau.

CHOROBATE, espèce de niveau dont se servaient les anciens. C'était une pièce de bois de vingt pieds de long, soutenue aux extrémités par d'autres pièces, et qui avait dans la partie supérieure un canal que l'on remplissait d'eau avec quelques petits plombs qui pendaient aux côtés pour établir le niveau. C'était là toute la longueur de leurs nivellements; car, pour construire leurs ouvrages, ils transportaient le chorobate de vingt en vingt pieds.

CHOROÏDE, nom donné, en anatomie, à une des membranes intérieures de l'œil. Elle est placée entre la sclérotique et la rétine; en arrière, elle offre une ouverture qui livre passage au nerf optique; en avant, elle se termine vers la grande circonférence de l'iris. Elle est mince, fort molle, facile à déchirer, revêtue en dedans par un enduit noir très-foncé. Les usages de cette membrane paraissent être d'absorber les rayons lumineux qui ne doivent pas servir à la vision.

CHORON (Alexandre-Etienne), né à Caen en 1771. Nommé en 1793 répétiteur pour la géométrie descriptive à l'école normale, et devenu l'année suivante chef de brigade à l'école polytechnique, il n'en sortit que pour se livrer à l'étude de l'art de la musique. En 1815, il fut nommé directeur de l'Opéra. Cette école, fondée en 1817, ne fut d'abord qu'une école primaire destinée à l'instruction musicale des enfants en bas âge, pour lesquels il composa sa *Méthode concertante*, espèce de solfège un peu élémentaire, et devint dans la suite un conservatoire de musique classique. Choron mourut en 1834. On a de lui un *Manuel de musique vocale et instrumentale*, un *Dictionnaire historique des musiciens*, en société avec Fayolle, etc.

CHOSROES. Deux rois de Perse ont porté ce nom. — CHOSROES Ier, dit *le Grand*, fils et successeur de Cabadès en 531, donna la paix aux Romains, qu'il repoussa en 542 par Bélisaire, qui le força de rentrer dans ses États. Après la mort de Justinien, il fondit sur l'empire, et n'accorda une trêve de trois ans qu'après beaucoup de ravages. Il la rompit en 579, désola la Mésopotamie et la Cappadoce, et fut défait par l'armée de l'empereur Tibère II. Il mourut en 579.—CHOSROES II succéda en 590 à son père Hormisdas III, qu'il fit périr, et fut chassé quelque temps après comme lui. L'empereur Maurice l'accueillit avec bonté et le fit proclamer roi une seconde fois. Il envahit l'empire romain (604), défit les Romains en plusieurs occasions, et ravagea la Palestine. Forcé bientôt de prendre la fuite, Chosroës désigna son fils cadet pour son successeur. Siroës, son fils aîné, le fit enfermer dans un cachot, où il mourut de faim en 628.

CHOU, genre de la famille des crucifères. La tige du chou, herbacée et bisannuelle, est quelquefois tortueuse, demi-ligneuse, portant en son sommet des feuilles charnues, vertes, et ayant des fleurs nombreuses, d'un jaune pâle, disposées en panicules. On peut ranger les variétés de choux sous sept races principales: le *chou-colza*; le *chou vert* ou *chou à tête*, appelé ainsi à cause de la couleur glauque de son feuillage, et auquel on donne aussi le nom de *chou frisé*, quand ses feuilles à lobes nombreux sont déchiquetées en nombreuses lanières; le *chou cabus*, qui a les feuilles entières, concaves, se recouvrant les unes par les autres en pommes ou têtes très-serrées; le *chou-fleur*, chez qui la surabondance de la sève convertit les têtes et les rameaux en une masse charnue, épaisse, tendre, mamelonnée ou grenue, blanche, que l'on mange avec plaisir; le *chou-rave*, dont la tige est terminée dans la partie inférieure par un renflement ovale ou arrondi, à pulpe tendre, succulente et bonne à manger; le *chou-navet*, aux racines très-grosses et comestibles, et le *chou-roquette*, que l'on mange en salade. Le *chou-brocoli* est une variété mitoyenne entre le chou-fleur et le chou vert.

CHOU. On nomme *chou oléifère* le colza; *chou* de Chine, la *brède*; *chou bâtard*, l'*arabette tourette*; *chou caraïbe*, le *gouet* et la *brède*; *chou de chien*, la *mercuriale des bois*; *chou de mer*, un *liseron*; *chou gras*, la *patience*; *chou marin*, le *crambe*; *chou palmiste*, le gros bourgeon qui termine la tige des palmiers; *chou poivré*, le *genét*.

CHOQUAN, nom donné à une semence inconnue apportée du Levant, et un peu semblable aux têtes de *semen-contra*. Sa couleur est d'un vert jaunâtre, et sa saveur un peu aigrelette. On l'emploie quelquefois dans la teinture et dans la fabrication du carmin.

CHOUAN, nom sous lequel sont connus les quatre frères *Cottereau*, contrebandiers du département de la Mayenne, appelés *chouans* parce que, dans leurs incursions nocturnes, ils avaient adopté pour signal de ralliement le cri de la chouette. Ils parcouraient en 1793 les environs de Laval, lorsque, réunis à d'autres vagabonds, ils imaginèrent de faire la guerre au nom de Louis XVIII. On donna par extension le nom de *chouans* à tous les partisans de la cause royale, non organisés en troupes régulières, et faisant la guerre derrière les buissons et dans les forêts. La chouannerie s'étendit plus particulièrement sur la rive droite de la Loire, c'est-à-dire, dans les départements de la Mayenne, de la Loire-Inférieure et d'Ille-et-Vilaine. Les chouans ont été détruits avec les Vendéens.

CHOUCAS. Voy. CHOQUARD.

CHOUCROUTE (en allemand, *sauerkraut*), aliment salubre, d'un usage presque général dans le Nord, faite avec le *chou quintal* (on appelle ainsi les plus gros des choux cabus, qui pèsent jusqu'à trente-huit et quarante kilogrammes). On le coupe en rubans menus et fins qu'on mêle à du sel et des graines de carvi ou de genièvre, on soumet cette préparation à la fermentation déterminée par l'eau végétale que fournit le chou. On remplace souvent l'eau de végétation par une saumure faite à froid. Préparée de cette manière et tenue dans un lieu frais, la choucroute s'y conserve pendant toute l'année.

CHOUETTES, famille d'oiseaux de l'ordre des accipitres, appelée aussi du nom de *strixidés* ou *strigidés*. Les chouettes ou *accipitres nocturnes* ont la tête grosse et les yeux très-grands, à pupilles énormes, dirigés en avant et plus ou moins complètement entourés par un cercle de plumes effilées; l'appareil n'a pas une grande ordinaire. Le bois sont leur demeure ordinaire, et ils passent la journée entière sur les branches des arbres les plus touffus, dans des buissons épais ou des vieux troncs. Ils se nourrissent de petits oiseaux, de taupes, de mulots, d'insectes, etc. La famille des chouettes ou strigidés se divise en deux groupes : le premier renfermant les genres à disques incomplets, le second renfermant les genres à disques complets. Le genre *chouette* renferme plusieurs espèces, et entre autres les *hiboux*. — La chouette était consacrée à Minerve.

CHOU-KING, ancien livre sacré des Chinois, un des cinq que les Chinois appellent *king* (sacrés). Le Chou-king, qui commence au règne d'Yao (2356 ans avant J.-C.), est le livre historique le plus célèbre et le plus authentique des Chinois, jusqu'à l'an 720 de notre ère. Il fut recueilli ou compilé par Confucius (Khoung-Fou-Tseu) dans le vie siècle. Ce philosophe le réduisit de cent chapitres à cinquante. — Les quatre autres livres sacrés des Chinois sont le *Chi-king* ou *livre des vers*, le *Y-king* ou *livre des changements*, le *Tao-te-king*, livre composé par le philosophe Lao-Tseu, et qui est l'évangile de ses sectateurs, et le *Ta-hio-king*, ouvrage de Confucius, qui y expose toute sa doctrine.

CHOUS, mesure pour les liquides, en usage dans la Grèce. Elle équivalait à 2 pintes 918 millièmes. Le chous valait 72 cyathes 48 oxybaphons 12 cotyles et 6 xestes. Elle était la sixième partie du diota et la douzième du métrétès.

CHRAMNE, fils naturel de Clotaire Ier, se révolta contre lui, excité par son oncle Childebert, et se ligua avec le comte de Bretagne. Clotaire, ayant livré bataille à son fils, le vainquit et le brûla, ainsi que toute sa famille, dans la cabane où il s'était réfugié, en vie siècle.

CHRÊME. Il y en a de deux sortes : l'un, qui se fait avec de l'huile d'olive et du baume, qui sert aux *sacrements du baptême*, de la confirmation et de l'ordre; l'autre, qui est d'huile seulement, qui sert à l'extrême-onction. Dans l'Église grecque, outre l'huile et le baume, on y mêle jusqu'à trente-cinq espèces d'aromates. C'est l'évêque qui consacre solennellement le saint chrême, le jour du jeudi saint, en faisant des prières sur lui, en y faisant le signe de la croix et soufflant dessus.

CHRÉTIEN DE TROYES, poète français du XIIe siècle, qui florissait vers 1150. Il était natif de Troyes en Champagne, et chroniqueur de Jeanne, comtesse de Flandre. On a de lui, dans les manuscrits de la bibliothèque impériale, les romans de *Lancelot du Lac*, de *Perceval et Gallois*, du *Chevalier au Lyon*, du *Graal*, etc. Chrétien de Troyes mourut en 1191.

CHRÉTIEN, monnaie d'or usitée dans le Danemarck et le Holstein. Elle valait 20 francs 95 centimes de France.

CHRÉTIENS. On appelle ainsi ceux qui sont baptisés et qui font profession de croire en Jésus-Christ. Selon saint Luc, ce nom fut donné pour la première fois dans Antioche aux disciples de Jésus-Christ. On leur donne un grand nombre de noms, tels que ceux d'*élus*, de *conservíteurs*, de *déiféres*, de *christifères*, de *dogmatiques*, de *jesséens*, de *thérapeutes*, etc.

CHRÉTIENS, nom donné à une nouvelle secte protestante des États-Unis, fondée par les pasteurs Morgan Rees et Elias Smith au commencement du XIXe siècle. Cette société reconnaît pour membre de sa communion toute personne qui croit au Sauveur, adopte le Nouveau Testament comme unique règle de foi, et ne reconnaît d'autre chef que Jésus-Christ. Sa discipline est congrégationnaliste.

CHRÉTIENS DE SAINT-THOMAS, nom qu'on donne aux anciens chrétiens de la presqu'île de l'Inde, qui sont nestoriens et sous la juridiction de leur patriarche. On leur donne ce nom parce qu'on croit que l'apôtre saint Thomas leur a annoncé l'Évangile. Selon d'autres, c'est un marchand nestorien nommé Thomas.

CHRÉTIENS DE SAINT-JEAN, secte de chrétiens qui demeuraient autrefois le long du Jourdain, et qui demeurent aujourd'hui dans la Mésopotamie et dans la Chaldée. Tous les ans, ils célèbrent une fête qui dure cinq jours, pendant lesquels leur évêque les baptise tous du baptême de saint Jean. Ils ne baptisent que dans les rivières, et ne croient pas au mystère de la sainte Trinité. Ils observent le dimanche. Ils n'ont ni jeûne ni pénitence.

CHRISMAL, vaisseau dans lequel les anciens moines portaient sur eux de l'huile bénite pour en oindre les malades. Celui qui oubliait le chrismal, allant en un lieu éloigné, recevait quinze coups de fouet.

CHRISME, nom donné au monogramme de Jésus-Christ dans les anciens manuscrits. Il est formé d'un P avec une croix de Saint-André dessous.

CHRIST, mot qui vient du grec, signifie *oint*, et répond à l'hébreu *messiah*. Il est attribué exclusivement à Jésus-Christ. Voy. JÉSUS-CHRIST.

CHRIST. Deux ordres de chevalerie portent ce nom. — L'ORDRE DU CHRIST est un ordre militaire, fondé l'an 1317 par Denis Ier, roi de Portugal, pour défendre ses États contre les Maures. Jean XXII le confirma en 1319 sous le nom de milice de Jésus-Christ, et donna aux chevaliers la règle de Saint-Benoît avec les constitutions cisterciennes. Alexandre VI leur permit de se marier. L'ordre a été depuis réuni à la couronne. Les chevaliers portent une robe de laine blanche avec une croix patriarcale de gueules sur la poitrine, chargée d'une autre croix d'argent. — L'ORDRE DU CHRIST est un ordre militaire de Livonie, institué en 1205 par Albert, évêque de Riga, pour défendre les nouveaux chrétiens. Les chevaliers portaient sur leur manteau une épée et une croix par-dessus.

CHRISTIAN. Voy. CHRISTIERN.

CHRISTIANIA, capitale du royaume de Norwège et du diocèse d'Aggerhuus, à 112 lieues de Stockholm, à l'extrémité du golfe qui porte son nom. Sa population est de 20,600 habitans. Elle est grande, très-industrieuse, et a un port excellent sur la baie d'Anslo. Elle a des fabriques de savon, de vitriol et de papier. Christiania est le siège d'un évêché, d'une université fondée en 1811 et connue sous le nom de *Frédérécie* (elle a dix-huit professeurs, un observatoire, deux cents étudians, etc.), d'une cour de justice. Elle est la ville où se rassemble le *storthing* ou diète du royaume. Brûlée en 1567, Christiania a été rebâtie en 1614.

CHRISTIANISME, nom donné à la religion chrétienne, prêchée par Jésus-Christ et ses apôtres. Le christianisme se répandit de la Judée, qui fut son berceau, dans l'Europe et le nord de l'Afrique. Malgré les nombreuses persécutions qui décimèrent les fidèles, la religion chrétienne fit d'immenses progrès dans l'empire romain, où elle prit peu à peu la place du paganisme, que les efforts des empereurs ne purent sauver. Les supplices les plus raffinés furent inventés pour lasser la constance des martyrs, dont le sang consolidait de plus en plus le culte naissant. Avec Constantin, le christianisme monta sur le trône impérial et devint la religion de l'État. Son introduction dans les Gaules date de l'an 170. Saint Anschaire, dans le IXe siècle, introduisit la foi chrétienne en Suède et en Danemarck. Dès 596, saint Augustin, premier évêque de Cantorbéry, l'avait apportée en Angleterre. Aujourd'hui l'Europe compte 174,704,797 chrétiens, l'Asie 17,000,000, l'Amérique presque tout entière est chrétienne.

CHRISTIANSAND, diocèse de Norwège, le moins grand, mais le plus fertile. Sa superficie est de 1,828 lieues carrées, et sa population de 134,000 habitants. Il occupe la partie méridionale de la Norwège. Le commerce y est entretenu par la pêche des perles, des saumons, homards et maquereaux, jointe à différentes qualités de bois. — La capitale est Christiansand, à 55 lieues de Christiania. Sa population est de 5,000 habitants. Elle a un évêché, un bailli, un collège et un port sûr et commerçant. Elle fut bâtie en 1641 par Christiern IV, et achevée en 1675.

CHRISTIANSTAD, préfecture de Suède, en Gothie, bornée au N. par celles de Halland et de Kronoberg, à l'E. par celle de Bléking et la mer, au S. par la mer et la préfecture de Malmœhus, à l'O. par le Cattégat. Sa superficie est de 365 lieues carrées, et sa population de 145,380 habitants.

CHRISTIANSTAD, capitale de la préfecture de ce nom, sur les bords de l'Holgea, à 55 lieues de Stockholm. Sa population est de 3,150 habitants. Elle est très-commerçante et a beaucoup de fabriques. — Christianstad est aussi le nom de la capitale de l'île de Sainte-Croix, dans les Antilles, résidence du gouverneur des possessions danoises dans les Antilles. Sa population est de 5,000 habitants.

CHRISTIERN. Sept rois de Danemarck ont porté ce nom. — CHRISTIERN ou CHRISTIAN Ier, fils de Thierry, comte d'Oldenbourg, succéda en 1448 à Christophe de Bavière. Il chassa du trône de Suède le roi Charles X, et en fut élu roi en 1457. Sept ans après (1464), son despotisme l'en fit chasser à son tour. Il mourut en 1481. — CHRISTIERN II *le Cruel* succéda en 1513 à Jean, son père. Il se rendit exécrable par ses cruautés. Gustave Wasa, échappé des fers de ce tyran, affranchit sa patrie du joug danois, et les Danois eux-mêmes lui firent signifier, en 1523, l'acte de sa déposition. Christiern se retira en Flandre dans les États de Charles-Quint, son beau-frère. Après avoir erré dix ans, il fit de vains efforts pour remonter sur le trône, fut pris et jeté dans une prison, où il mourut en 1559. — CHRISTIERN III succéda en 1534 à son oncle Frédéric Ier. Il institua le collège de Copenhague, rassembla une belle bibliothèque, et mourut en 1559. — CHRISTIERN IV succéda en 1588 à Frédéric II, son père, fit la guerre aux Suédois, et fut élu chef de la ligue protestante contre l'empereur, pour le rétablissement du prince palatin, en 1625. Il mourut en 1648 à soixante et onze ans. — CHRISTIERN V succéda en 1670 à Frédéric III. Il se ligua avec les princes d'Allemagne pour faire la guerre aux Suédois, qui battirent ses troupes en diverses rencontres. Il mourut en 1699 à cinquante-quatre ans. — CHRISTIERN VI succéda en 1730 à son père Frédéric IV, et mourut en 1740 laissant le trône à son fils Frédéric V, auquel succéda en 1766 son fils CHRISTIERN ou CHRISTIAN VII, né en 1749. Il visita l'Allemagne, la Hollande, l'Angleterre et la France, et accorda toujours à son retour, lettres et grand secours. Il établit dans ses États la liberté de la presse. La reine mère Julie-Marie, et son fils Frédéric, profitant de l'état d'aliénation mentale où se trouvait Christian, gouvernèrent en son nom, jusqu'à sa mort arrivée en 1808.

CHRISTINE DE FRANCE, fille de Henri IV et de Marie de Médicis, née en 1606, épousa en 1619 Victor-Amédée, duc de Savoie. Cette sage princesse consacra tous ses jours à la pratique des vertus et à l'éducation de ses enfants. Nommée régente de son fils Charles-Emmanuel II, elle gouverna pendant sa minorité avec beaucoup de prudence, fonda des églises, des hôpitaux, et mourut en 1663.

CHRISTINE DE PISAN. Voy. PISAN.

CHRISTINE DE SUÈDE, née en 1626 de Gustave-Adolphe et de Marie-Éléonore de Brandebourg, succéda en 1632 à son père mort au milieu de ses victoires. Reine à six ans, elle gouverna en roi, et rien n'échappa à l'activité de son esprit. Elle apprit huit langues et se familiarisa avec la lecture des anciens. Elle fit venir à sa cour Descartes, Grotius et plusieurs autres savants. Elle gouverna avec sagesse et affermit la paix dans son royaume. Elle contribua beaucoup à la conclusion de la paix de Westphalie (1648). Le goût décidé qu'elle avait pour les sciences et les arts, la conspiration de Messénius et l'ambition de donner à l'Europe un spectacle extraordinaire, la déterminèrent à abdiquer, en 1654, en faveur de son cousin Charles-Gustave. Travestie en homme, elle parcourut l'Europe, et embrassa ensuite la religion catholique. A la mort de Charles-Gustave, elle tenta inutilement de remonter sur le trône de Suède. Elle mourut à Rome en 1689.

CHRISTINE, monnaie d'argent de Suède, de la valeur de 75 centimes.

CHRISTOPHE (Saint), natif de Samo en Lycie, eut la tête tranchée l'an 250, pendant la sanglante persécution de l'empereur Dèce contre les chrétiens. On le représentait ordinairement d'une taille prodigieuse, et on le plaçait communément au portail des cathédrales, parce que, dans le moyen âge, on s'imaginait ne pouvoir mourir subitement, ni par accident, le jour qu'on avait vu une image de ce saint. Son nom, qui en grec signifie *Porte-Christ*, a accrédité la légende qui le représente portant l'enfant Jésus sur ses épaules et traversant les mers.

CHRISTOPHE (Saint-), une des îles Antilles, entre Saint-Barthélemy et Antigoa. Elle a une superficie d'environ 12 lieues carrées, et une population de 6,000 blancs et 36,000 nègres. Elle est coupée dans presque toute sa longueur par des montagnes entassées et stériles, et est fertile en gingembre, sucre, indigo, cacao, etc. On y trouve des salines. — Saint-Christophe a été découvert en 1493 par Christophe Colomb, qui lui donna son nom. Depuis 1805, elle appartient aux Anglais.

CHRISTOPHE, Romain de naissance, chassa du trône pontifical le pape Léon V, s'en empara en novembre 903 et fut chassé à son tour l'année suivante, relégué dans un monastère et chargé de chaînes ; il est regardé comme antipape par plusieurs auteurs. — CHRISTOPHE, fils aîné de Romain Lecapène et de Théodora, fut associé à l'empire par son père en 920. Il mourut en 931.

CHRISTOPHE. Trois rois de Danemarck ont porté ce nom. — CHRISTOPHE Ier succéda en 1252 à Abel, et mourut en 1259. — CHRISTOPHE II succéda en 1321 à Eric VIII ou *le Jeune*, et mourut en 1338. — CHRISTOPHE III, fils de Jean de Bavière, comte palatin, et de Sophie, sœur d'Eric IX, fut appelé au trône après ce dernier en 1438. Il passa en Suède, et se rendit à Stockholm, où il fut proclamé roi de Suède en 1441. Sa mort, arrivée en 1448, fut l'époque de la désunion des trois royaumes.

CHRISTOPHE (Henri), nègre, né en 1767, dans l'île de Saint-Chistophe, selon les uns, et dans l'île de Sainte-Croix, selon les autres. Lors de la révolution de 1790, il prit avec chaleur la défense de la liberté des noirs. Toussaint Louverture, alors généralissime les noirs, le nomma général de brigade, et en fit son favori. Dessalines, qui lui succéda, le fit un des personnages les plus importants d'Haïti. Christophe et Péthion ayant suscité une émeute dans laquelle Dessalines fut égorgé en 1806, Christophe fut proclamé sur-le-champ président et généralissime de l'État d'Haïti. En 1811, il se fit couronner et sacrer roi d'Haïti, dans la ville du Cap, sous le nom de *Henri Ier*. Ce fut un despote cruel et avide d'argent, qu'il acquérait par des exactions épouvantables. Ses soldats s'insurgèrent, et Christophe, pour ne pas tomber entre les mains du peuple, se tua d'un coup de pistolet en 1820.

CHRISTOVAO DEL REY (SAN-), ville du Brésil, chef-lieu de la province Sergipe del Rey, sur le San-Francisco. Sa population est de 10,000 habitants.

CHROMAMÈTRE, instrument composé d'un petit corps sonore, avec un long manche divisé par demi-tons, et monté d'une corde sur laquelle on fait glisser un capotaste mobile ; qui varie les intonations selon les divisions du manche. Une touche de clavier ordinaire fait mouvoir un marteau qui frappe la corde et la fait résonner. Cet instrument, inventé en 1827 par M. Roller, facteur de pianos à Paris, est destiné à faciliter l'accord du piano à ceux qui n'en ont pas l'habitude.

CHROMATES, sels résultant de la combinaison de l'acide chromique avec les bases. Ils sont tous colorés en jaune ou en rouge, et s'emploient beaucoup en peinture. Le *chromate de potasse* est employé dans la fabrication des toiles peintes, pour obtenir ces jaunes dits *jaunes aladins*. On en fait aussi usage quelquefois pour la teinture sur soie et sur coton. Le chromate de potasse s'obtient en traitant le chromate de fer par le nitre. — Le *chromate de fer* est un minerai gris de fer, que l'on emploie pour obtenir tous les autres chromates. — Le *chromate de plomb* existe à l'état natif et constitue le *plomb rouge de Sibérie*.

CHROMATIQUE, genre de musique où l'on procède par plusieurs demi-tons consécutifs, et où les modulations sont fréquentes et rapides. Il tenait le milieu entre le *diatonique* et l'*enharmonique*. On donne aujourd'hui le nom de gamme chromatique à une gamme formée de demi-tons.

CHROME, métal solide, fragile, d'un blanc grisâtre, presque infusible, possédant une pesanteur spécifique de 3,900. Il a été découvert en 1797, par Vauquelin, dans le plomb rouge de Sibérie, reconnu pour être du chromate de plomb. Il s'obtient en calcinant son oxyde avec du charbon, à une température élevée. Son oxyde, d'une belle couleur vert d'émeraude, est employé pour peindre en vert l'émail et la porcelaine. Le chrome est sans usages, mais on emploie diverses préparations dans lesquelles il entre.

CHROMIQUE (ACIDE), acide formé d'oxygène et de chrome, qui existe dans le chromate de plomb, le rubis spinelle, etc. Il est rouge, solide, et forme avec les bases des sels colorés. Sa découverte est due à Vauquelin. On l'obtient en dissolvant, dans de l'acide nitrique affaibli, du chromate de baryte.

CHRONIES, fêtes célébrées par les Athéniens en l'honneur de Saturne, et les mêmes que les Saturnales (voy.) chez les Romains.

CHRONIQUE, nom donné aux histoires générales ou particulières rédigées par époques. On appelle cependant plus particulièrement ainsi les vieilles narrations du passé et du moyen âge.

CHRONIQUES, nom donné aux maladies dont la durée est longue, et dont les symptômes se développent et se succèdent avec lenteur. Cette dénomination est opposée à celle de maladies aiguës.

CHRONIQUES (GRANDES) DE FRANCE ou CHRONIQUES DE SAINT-DENIS, nom donné aux chroniques écrites dans l'abbaye de Saint-Denis, et traduites du latin en français par Guillaume de Nangis, à ce que l'on croit. Il paraît qu'elles ont été commencées au IXe siècle, et on regarde comme leur premier auteur Suger, abbé de Saint-Denis. Elles contiennent les principaux événements de l'histoire de France jusqu'en 1355, et se composent des ouvrages d'Aymoin, d'Eginhard, de l'historien anonyme connu sous le nom de *l'Astrologue*, de Glaber, Guillaume de Jumièges, de Sager, de Rigord, et Guillaume le Breton et de Guillaume de Nangis.

CHRONIQUE SCANDALEUSE, nom donné à l'histoire de Louis XI depuis 1460 jusqu'en 1483, attribuée à Jean de Troyes, greffier de l'hôtel de ville de Paris.

CHRONOGRAMME, formule ou millésime d'un fait contenu dans certaines lettres des mots ayant chez les Romains une valeur numérique. Pierre le Grand, par exemple, voulant consacrer la mémoire de la victoire de Pultava arrivée en 1714, fit frapper une médaille avec ces mots : PULTAVA MIRA CLADE INSIGNIS. Si on additionne les lettres numérales de cette légende, qui sont V ou U, L, V, M, I, C, L, D, I, I, I, on trouve en somme 1714.

CHRONOLOGIE, science qui s'occupe de la division des temps et de la détermination certaine de l'époque des événements principaux de l'histoire des peuples. Les modifications du terrain, la géographie, les histoires sont les fondements de la chronologie. Les principales époques d'où partent les chronologistes pour arriver à la connaissance précise du temps sont les *ères*.

CHRONOMÈTRE. Voy. GARDE-TEMPS.

CHRUDIM, cercle de Bohême entre les cercles de Czaslaw et de Kœniggrætz et la Moravie. Sa superficie est de 150 lieues carrées, et sa population de 24,500 habitants. La capitale est *Chrudim*, à 20 lieues de Prague, sur la Chrudimka. Elle est remarquable par ses bains.

CHRYSALIDE, nom donné à la *nymphe* des papillons à cause de la couleur dorée ou argentée de ses taches. Cependant la couleur du plus grand nombre des chrysalides est brune, mais nuancée de brun plus ou moins clair, ou foncé jusqu'au noir, ou plus ou moins rougeâtre et marron. La chrysalide remplace la chenille et est elle-même remplacée par le papillon, dernier état sous lequel se présentent à nos yeux les insectes lépidoptères.

CHRYSANTHÈME, genre de la famille des corymbifères, renfermant un grand nombre de plantes herbacées, annuelles ou vivaces. La couleur des fleurs est généralement d'un jaune doré. L'espèce la plus connue est le *chrysanthème des prés* ou *grande marguerite*, que l'on trouve dans toutes les prairies. Le *chrysanthème des moissons* fournit une belle teinture jaune. Le *chrysanthème des Indes* ou *reine marguerite*, a de grandes fleurs d'un pourpre foncé.

CHRYSAOR (myth.), né du sang répandu par Méduse, à qui Persée avait coupé la tête, parut dès sa naissance armé d'une épée d'or. Il épousa la nymphe Callirrhoé, dont il eut Géryon et Echidna. Chrysaor fut, dit-on, le premier qui sut travailler l'ivoire et l'unir à l'or.

CHRYSARGIRE, impôt qui se payait tous les quatre ans par les marchands, le menu peuple et les gens de mauvaise vie. Il se payait en or et en argent. Selon Zozime, Constantin l'établit ; l'empereur Anastase l'abolit.

CHRYSÈS (myth.), grand prêtre d'Apollon à Sminthe et à Lyrnesse. Achille ayant fait captive sa fille Chryséis dans le sac de Lyrnesse, qui fut échut en partage à Agamemnon, qui refusa de la rendre à son père Chrysès. Celui-ci invoqua Apollon, qui affligea l'armée des Grecs d'une maladie contagieuse. Les Grecs ayant, selon l'avis de Calchas, renvoyé Chryséis, la peste cessa. — CHRYSÈS, fils de Chryséis et d'Agamemnon, succéda à son grand-père maternel dans la charge de grand prêtre d'Apollon à Sminthe.

CHRYSIDES, tribu d'insectes de l'ordre des hyménoptères, famille des pupivores, renfermant des insectes de petite taille et d'égale largeur partout. Leur tête est inclinée, les antennes de treize articles, coudées et filiformes ; le thorax est cylindrique ; l'abdomen est ovalaire ; leurs téguments brillent de tout l'éclat de l'or et des pierreries. Les chrysides pondent leurs œufs dans le nid de quelque autre hyménoptère, qu'ils dévorent ensuite.

CHRYSIPPE, philosophe stoïcien, né à Soles (Cilicie) en 280, se distingua parmi les disciples de Cléanthe, successeur de Zénon. La logique fut sa principale étude, et on vanta la subtilité de son esprit. Diogène Laërce a donné le catalogue de ses ouvrages, qui, selon lui, se montaient à trois cent onze traités de dialectique. Il fut l'antagoniste d'Épicure, et mourut l'an 207 avant J.-C.

CHRYSOCALQUE, *similor, cuivre jaune, or de Manheim*, alliage de cuivre et de zinc, du prince Robert, *laiton*. On donne ces différents noms à des alliages de cuivre et de zinc, dont quelques-uns doivent offrir l'apparence de l'or. Voy. LAITON.

CHRYSOCHLORE, genre de mammifères de l'ordre des carnassiers insectivores, renfermant des animaux assez semblables aux taupes, et ayant le museau court, large et relève, les pieds de devant courts, robustes, propres à fouiller la terre, et munis de trois ongles seulement. Ce sont les seuls mammifères qui présentent des couleurs métalliques. Une des plus belles espèces est le *chrysochlore du Cap*, au poil brun à reflets vert métallique et cuivreux.

CHRYSOLITHE, nom donné à diverses substances minérales, et principalement à la *cymophane* et au *péridot*. — La chrysolithe était la dixième pierre précieuse dans le rational du grand prêtre des Hébreux, sur laquelle était gravé le nom de Zabulon. Elle était transparente, de couleur d'or, et mêlée de vert jetant un beau feu.

CHRYSOLOGUE (Noël ANDREY, connu sous le nom de PÈRE), né à Gy (Haute-Saône) en 1728. Il entra dans l'ordre des capucins, et se livra tout entier à l'étude des sciences, et particulièrement à l'astronomie et à la géologie. Il est l'auteur d'un planisphère projeté sur l'équateur, en deux feuilles, de la *Théorie sur la surface actuelle de la terre*, et de beaucoup d'autres ouvrages. Le P. Chrysologue mourut en 1808.

CHRYSOLORAS (Emmanuel), savant grec du XVᵉ siècle, qui émigra de Grèce en Italie. Il s'arrêta longtemps à Venise, professa ensuite à Pavie et à Rome la langue grecque, et la fit renaître, ainsi que la langue latine. L'Italie et les lettres lui durent beaucoup. Chrysoloras mourut en 1415, à quarante-sept ans.

CHRYSOPHYLAX, ministre inférieur du temple de Delphes, gardien du trésor, chargé de puiser tous les jours de l'eau de la fontaine de Castalie, de balayer le temple avec des rameaux de laurier cueillis sur les bords de cette source, et de chasser à coups de flèches les oiseaux qui venaient se reposer sur les statues dont le temple d'Apollon était environné.

CHRYSOSTOME (Saint Jean), l'un des Pères de l'Eglise, né à Antioche en 344. Il étudia la philosophie sous Andragathias, et l'éloquence sous Libanius. Ordonné lecteur par saint Mélèce, il se retira chez les anachorètes des montagnes de Syrie. Revenu en 381 à Antioche, il fut ordonné diacre par saint Mélèce, et prêtre par saint Flavien. Il concerta avec ce dernier le discours destiné à fléchir la colère de Théodose, irrité par la sédition du peuple d'Antioche, et fut élevé en 398 sur le siège archiépiscopal de Constantinople. Il arracha le ministre Eutrope à la fureur du peuple et des soldats. Exilé pour n'avoir pas voulu qu'on élevât une statue à l'impératrice Eudoxie en 403, il mourut en 407. Ses *sermons* et ses *homélies* l'ont mis au rang des premiers orateurs chrétiens.

CHTHONIES, fêtes célébrées en l'honneur de Cérès sous le surnom qui vient du temple que Chthonia, fille d'Erechthée, lui fit *éver*), dans lesquelles les prêtres allaient en procession, suivis des magistrats et d'un grand concours de femmes et d'enfants vêtus de blanc et couronnés de fleurs. Derrière eux, on traînait une génisse qui n'avait point encore porté le joug. Lorsque la procession était arrivée au temple, on déliait la victime, et quatre vieillards l'immolaient. On amenait une seconde, une troisième, une quatrième génisse, que des vieilles femmes sacrifiaient à leur tour. On avait soin que toutes les victimes tombassent du même côté.

CHUCHTER ou CHOUCHTER, ville de la Perse ou de l'Iran, capitale du Khousistan, à 75 lieues à l'O. d'Ispahan. Sa population est de 15,000 habitants. Chuchter fait un grand commerce de drap d'or et de soie. Son territoire comprend en partie l'ancienne *Susiane*.

CHUQUISACA ou LA PLATA, un des six départements de l'Etat du Pérou ou Bolivia, borné au N. par ceux de Cochabamba et de Santa-Cruz de la Sierra, à l'E. par celui de Potosi, à l'O. par le Brésil, au S. par la république de Buenos-Ayres. Sa superficie est d'environ 7,779 lieues carrées, et sa population de 306,610 habitants. Il répond à l'ancienne province de Charcas, et est couvert de forêts qui fournissent d'excellent bois. On y trouve un grand nombre de mines d'or et d'argent.

CHUQUISACA ou LA PLATA, capitale du département de ce nom, ville archiépiscopale, sur la rive gauche du Cachimayo, dans une plaine environnée de montagnes, à 200 lieues de Cuzco et 24 de Potosi. Elle est aussi la capitale de toute la Bolivie. Sa population est de 12,000 habitants. Elle a été fondée en 1539 par le capitaine D. Pedro d'Anzurès sous les ordres de Pizarre.

CHURCHILL (WINSTON) DE WOOTTON-BASSET, gentilhomme anglais, né en 1620, dans le Dorsetshire, d'une ancienne famille, suivit le parti de Charles II, qui l'honora de divers emplois et le créa chevalier. Il mourut en 1688, comblé des bienfaits de Jacques II, et membre de la société royale de Londres. Il avait composé les *Vies des rois de la Grande-Bretagne*, depuis l'an du monde 2855 jusqu'en 1660 de notre ère. Sa fille, ARABELLA CHURCHILL, fut la maîtresse de Jacques II, dont elle eut deux fils et deux filles, et JOHN CHURCHILL, son fils, fut le grand Marlborough.

CHURCHILL (Charles), poëte anglais, né à Westminster en 1731. Elève de l'école de Westminster, il mena une vie assez désordonnée, et mourut à Boulogne en 1764. Il est surtout célèbre par ses satires. Sa *Rosciade* est écrite avec verve et correction. Les Anglais le placent immédiatement après Pope et Dryden.

CHUS, premier fils de Cham et père de Nemrod-Chus. C'est aussi un nom de pays. L'Ecriture marque trois pays de Chus, savoir : l'Ethiopie, l'ancienne demeure des Scythes sur l'Araxe, et une contrée de l'Arabie Pétrée sur les frontières de l'Egypte.

CHUS, mesure des anciens, qui valait environ 6 setiers.

CHUSTAKEN, la dixième partie du florin de l'empire en Hongrie.

CHUTE, action d'un corps qui suit les lois de la pesanteur. Un corps, dans sa chute, suit des lois constantes. Le mouvement d'un corps qui tombe est uniformément accéléré. Les espaces parcourus sont proportionnels aux carrés des temps employés à les parcourir. Dans la première seconde de sa chute, l'espace parcouru par un corps est de 4 mètres 904 millimètres ou 15 pieds un dixième. Pour obtenir l'espace parcouru par un corps qui tombe depuis un temps donné, il faut donc multiplier le carré du temps par 15 pieds un dixième.

CHUTE (horl.), espace parcouru par la roue de rencontre, et le petit coup qui résulte du choc d'une dent avec l'entre-palette. Dans un échappement bien fait, il faut que la chute soit égale sur chaque palette.

CHUTÉENS, peuples habitant le pays situé au delà de l'Euphrate. Salmanasar les transporta dans la Samarie, à la place des Israélites, qui y demeuraient auparavant. Assaradon, roi de Babylone, les fit instruire dans la religion hébraïque. Les Samaritains sont descendus des Chutéens.

CHYLE, nom donné au fluide qui sépare des aliments pendant l'acte de la digestion, et qui doit ensuite former le sang. Lorsqu'il se sépare du chyme dans l'intestin grêle, c'est une matière plus ou moins épaisse, blanche ou grisâtre, suivant la nature des aliments dont elle provient. Prise alors par les vaisseaux chylifères, qui le conduisent depuis les intestins jusqu'au canal thoracique, elle y subit une transformation nouvelle. C'est alors un liquide d'un blanc de lait, d'une saveur douce, d'une odeur spermatique, et composé, comme le sang, d'une partie séreuse et de fibrine. C'est alors qu'il se mêle au sang. — On a donné le nom de *chylification* à la production du chyle, et de *chylose* à l'élaboration que subit ce liquide dans l'appareil qui sert à son absorption et à sa circulation.

CHYLIFÈRE, nom donné aux vaisseaux qui conduisent le chyle depuis les intestins jusqu'au canal thoracique.

CHYLIFICATION, formation du chyle par suite de la digestion.

CHYME, sorte de pulpe grisâtre et homogène, semi-liquide, en laquelle sont convertis les aliments après un certain temps de séjour dans l'estomac. Poussé par les mouvements péristaltiques de l'estomac, le chyme franchit peu à peu le pylore, et parvient dans le duodénum, où, mêlé aux autres humeurs qu'il rencontre, il devient jaunâtre, amer, et se sépare en deux parties : l'une qui constitue le chyle, et l'autre qui passe dans le gros intestin pour être repoussée au dehors sous forme d'excréments.

CHYPRE, grande île de la Méditerranée, située au midi de la Caramanie et à l'O. de la Syrie. Sa superficie est d'environ 1,140 lieues carrées, et sa population de 70,000 habitants, dont 30,000 Grecs. Le sol est fertile, l'agriculture négligée. Les vins sont exquis après quarante ans de barrique, et connus sous le nom de *vins de Chypre*; les fruits sont excellents. On trouve du coton, du bois, d'abondantes mines de cuivre, du jaspe rouge, du cristal de roche dit *diamant de Paphos*. La capitale de l'île est Nicosie, ville de 15,000 âmes. Chypre est le siége d'un pachalik turk, sous le gouvernement du capitan-pacha, et est subdivisée en trois sandjakats. — L'île de Chypre était consacrée à Vénus Cyprine, à laquelle elle avait donné naissance. Elle fut peuplée par des colonies phéniciennes et grecques. Tributaire des rois de Perse vers l'an 352 avant J.-C., Chypre tomba, en 313 avant J.-C., au pouvoir de Ptolémée Lagus, après la mort de Nicoclès III, roi de Paphos et de Salamine. Elle appartint à l'Egypte, tantôt comme une province, tantôt comme un royaume tributaire, jusqu'en 58, que les Romains s'en emparèrent. Elle fit partie de l'empire d'Orient, et fut gouvernée par des ducs. Richard Cœur de lion, roi d'Angleterre, s'empara de cette île en 1191, et la donna à Guy de Lusignan, dont les successeurs la possédèrent jusqu'en 1473. Jean III, dernier roi, la laissa à sa fille Charlotte, duchesse de Savoie; mais Jacques, son frère naturel, l'usurpa. Il épousa la Vénitienne Catherine Cornaro, qui céda cette île à la république de Venise en 1489. Venise en jouit jusqu'en 1571, que Selim II, sultan des Turks, s'en rendit maître.

CHYPRE ou DU SILENCE (ORDRE DE), ordre militaire institué en 1192 par Guy de Lusignan, premier roi de cette île, pour la défendre contre les infidèles. Les chevaliers portaient un collier composé de lacs d'amour de soie blanche entrelacés de lettres R et S en or. Au bout de ce collier pendait une médaille d'or, sur laquelle était gravée une épée dont la lame était d'argent, la garde d'or, avec la devise : SECURITAS REGNI. L'ordre de Chypre, qui était sous la règle de Saint-Basile, fut aboli en 1489.

CHYRAZ, grande ville de Perse, capitale du Farsistan, sur le Bend-Emir, à 75 lieues d'Ispahan, 155 de Téhéran, et 15 de l'ancienne Persépolis. Sa population est de 30,000 habitants. Elle est la plus belle ville de la Perse pour sa position, qui est délicieuse. Elle renferme des palais magnifiques, un grand nombre de mosquées et plusieurs bazars. Chyraz fait un grand commerce, surtout de vins, que produisent ses environs, qui sont réputés pour être les meilleurs de l'Asie. Fondée en 693, elle a été détruite par un tremblement de terre en 1824, et rebâtie en partie.

CHYTRES (de *chitra*, marmite), fête athénienne pendant laquelle on faisait cuire dans des marmites toutes sortes de légumes qu'on offrait pour les morts à Bacchus et à Mercure. Deucalion institua cette fête après le déluge qui porte son nom.

CIARA. Voy. SEARA.

CIBBER (Colley), fameux acteur et auteur dramatique anglais, né à Londres en 1671, monta sur le théâtre à l'âge de trente ans, et s'y fit un nom distingué par l'excellence de son jeu. Dégoûté de sa profession, il la quitta en 1731 et mourut en 1757. Ses comédies sont au nombre de quinze.

**CIBLE**, sorte de cadre de bois assujetti à des pieux, et sur lequel sont figurés un ou plusieurs buts pour exercer les soldats à l'étude du tir du fusil. Guibert a été le promoteur de ce genre d'exercice. — Dans le moyen âge, un vilain, payé s'il était libre, et contraint s'il était serf, servait de cible vivante à la lance ou à l'épée des chevaliers.

**CIBO**, famille ancienne d'Italie. — CATHERINE CIBO, duchesse de Camerino, dans la Marche d'Ancône, fille de François Cibo, comte d'Anguillara, et de Madeleine de Médicis, avait une facilité étonnante pour l'étude. Elle savait l'hébreu, le grec, le latin, la philosophie et la théologie. Le pape Léon X, son oncle, la maria à Vareno, duc de Camerino, dont elle n'eut qu'une fille, JULIE, mariée à Guy Ubaldo, duc d'Urbin. Catherine fonda le premier couvent de capucins en Italie, et mourut en 1557.

**CIBOIRE**, vase sacré qui sert à conserver les hosties consacrées pour la communion. Il doit être d'or ou d'argent doré; sa hauteur doit être de neuf pouces pour l'ordinaire, six pour le pied et trois pour la coupe. Il faut changer les hosties et purifier le ciboire au moins tous les quinze jours. — On appelle aussi ciboire un dais élevé sur quatre colonnes au-dessus du maître-autel. Dans plusieurs églises, il y avait au milieu de ces ciboires, dans le dedans et au-dessous de la croix, une colombe d'or ou d'argent suspendue, dans laquelle on conservait l'eucharistie pour les malades.

**CIBOULE**, plante potagère et bisannuelle, appartenant au genre ail. Ses bulbes allongés forment une touffe d'où s'élance une petite tige terminée par une tête conique, qui a l'odeur de l'ail commun, dont elle a la ressemblance. Ses feuilles sont creuses, pointues, hautes de vingt-cinq centimètres. On en cultive trois variétés : la blanche, la rouge et la vivace. On connaît trois usages dans les ragoûts. La cibonle est originaire des montagnes froides de l'Europe et de l'Asie.

**CIBOULETTE**, plante bulbeuse et vivace du genre ail. On l'appelle encore civette et appétit. Ses feuilles sont semblables à celles du jonc; les fleurs, disposées en groupes, sont de couleur purpurine. On mange la ciboulette avec les salades; elle entre comme assaisonnement dans différents mets. On la cultive en planches et en bordures.

**CICADAIRES**, famille d'insectes de l'ordre des hémiptères, section des homoptères, ayant pour caractères: antennes toujours terminées par une soie, les ailes entièrement diaphanes, et disposées en toit pendant le repos. Tous les insectes composant cette famille vivent sur les végétaux, qu'ils percent avec leur trompe; la plupart sont propres aux pays chauds. Parmi les cicadaires se trouve le genre cigale.

**CICATRICE**, production membraniforme, d'abord rougeâtre, puis blanchâtre, et plus ou moins épaisse, qui se forme à la surface des plaies. Les ulcères après leur guérison. La cicatrice est de nature celluleuse, et varie beaucoup de forme, de consistance et d'épaisseur. Elle résulte de l'affaissement et de la réunion des bourgeons celluleux et vasculaires, qui se développent sur les solutions de continuité, ou bien de l'exsudation d'une lymphe plastique, coagulable, analogue à celle des fausses membranes. La cicatrice des os a reçu le nom de cal.

**CICATRISATION**, action par laquelle les parties d'une plaie divisées se réunissent soit immédiatement soit par un corps intermédiaire. On peut diviser en quatre temps le travail de la cicatrisation. Dans le premier, le tissu organique irrité s'enflamme. Dans le second, il se développe à sa surface des bourgeons rougeâtres, vésiculaires, dont la réunion produit une surface rugueuse, inégale et rouge. Dans le troisième temps, ces bourgeons charnus reçoivent à l'intérieur une substance analogue à celle de l'organe affecté, ou rejettent au dehors un liquide blanc appelé pus. Dans le quatrième temps, la cicatrisation s'achève par l'affaissement des cellules des bourgeons vidées peu à peu par la suppuration et par leur rapprochement.

**CICÉRO**, nom donné à un caractère d'imprimerie dont on fait beaucoup usage; il est plus fort que la philosophie et moins fort que le saint-augustin. Le corps du cicéro a onze points ou une ligne cinq sixièmes. Son nom vient de ce que les premiers imprimeurs qui allèrent à Rome s'en servirent pour imprimer les *Épitres familières de Cicéron* (1467).

**CICÉROLE**. Voy. CHICHE (Pois).

**CICÉRON** (Marcus Tullius), né l'an de Rome 647 (105 avant J.-C.) à Arpinum (Arpino). La crainte qu'il lui inspirait Sylla lui fit quitter Rome et aller à Athènes, où il se livra à son amour pour les sciences et les lettres. De retour à Rome, il se destina à la tribune, et déploya bientôt des talents qui le firent regarder comme le plus grand orateur de son siècle. Envoyé en Sicile comme questeur, et nommé édile à son retour, il plaida contre Verrès, et prononça ces fameux discours connus sous le nom de *Verrines*. Nommé préteur, il obtint l'an de Rome 689 le consulat, malgré la brigue de Catilina, qui trama pour se venger sa fameuse conjuration. Cicéron, averti par Fulvie, la déjoua, et fit arrêter et mettre à mort tous les conjurés. Condamné à l'exil par les menées du tribun Clodius, il fut peu de temps après rappelé avec empressement par le sénat et le peuple. Envoyé en Cilicie en qualité de proconsul, il fit la guerre avec succès, et, après avoir balancé longtemps entre César et Pompée, se joignit au dernier, qu'il suivit en Grèce. Après la défaite de Pompée, il se réconcilia avec le vainqueur, se réunit ensuite à Octave, et commença contre Antoine la suite de ses harangues sous le nom de *Philippiques*. Octave abandonna bientôt Cicéron à la vengeance d'Antoine. Il fut assassiné l'an 43 avant J.-C. Ses discours les plus célèbres sont les *Verrines*, les *Catilinaires*, la *Milonienne*, etc. Ses trois livres de l'*Art oratoire*, ses *Traités sur la rhétorique*, son livre *de l'Orateur*, son *Traité de la république* et son *Traité des lois* ont aussi une grande célébrité.

**CICÉRON** (Marcus Tullius), fils du fameux Cicéron, fut collègue d'Auguste dans le consulat. Il se déshonora par sa passion pour le vin, qui lui fit donner le surnom de *Bicongius*, c'est-à-dire, qui boit deux conges ou six pintes. Pendant sa courte administration, il ordonna que les statues d'Antoine seraient détruites. — QUINTUS TULLIUS CICÉRON, frère de l'orateur, fut nommé préteur et reçut en l'an de Rome 691 le département de l'Asie, où il demeura trois ans. Il fut ensuite lieutenant de César dans les Gaules, mais abandonna son parti pour celui de Pompée. Compris dans la proscription des triumvirs, il fut tué avec son fils en 43 avant J.-C.

**CICERONE**, nom donné en Italie aux individus qui font voir aux étrangers les curiosités des villes et des environs.

**CICINDÈLE**, genre d'insectes de l'ordre des coléoptères, section des pentamères, famille des carnassiers, tribu des cicindélides. Les cicindèles ont la tête saillante, les mandibules très-développées, fortement dentelées intérieurement, susceptibles d'un très-grand écartement, quand l'insecte veut s'en servir, les yeux gros. Ces insectes habitent ordinairement les endroits sablonneux, vivent de chasse, et volent avec rapidité.

**CICINDÉLÈTES**, tribu d'insectes de l'ordre des coléoptères, de la section des pentamères, famille des carnassiers. Les caractères sont d'avoir les mâchoires terminées par un onglet mobile, les yeux très-gros et saillants, les mandibules très-avancées et fortement dentées intérieurement, les pieds longs. Les principaux genres sont : cicindèle, manticore et collinre.

**CICOGNARA** (Léopold, comte), né en 1767 à Ferrare. Il s'occupa de bonne heure de l'étude des sciences et des beaux-arts. Appelé à prendre part aux événements politiques de 1796 en France, il fut successivement membre du corps législatif, ministre plénipotentiaire de la république cisalpine à Turin, député aux comices de Lyon et conseiller d'État du royaume d'Italie. Décoré de la couronne de fer, et nommé président de l'académie des beaux-arts de Venise, il consacra son existence aux travaux littéraires. Ses plus célèbres ouvrages sont le *Traité de la sculpture* et l'*Histoire de la sculpture en Italie depuis sa renaissance*. Cicognara mourut à Venise en 1834.

**CICONES**, peuple de Thrace dans le voisinage de l'Hèbre. A son retour de Troie, Ulysse les subjugua, et pilla Ismare, leur capitale, pour les punir d'avoir donné des secours à Priam. Les bacchantes, femmes des Cicones, mirent Orphée en pièces pour se venger de ses mépris.

**CICUTAIRE**, genre de la famille des ombellifères, renfermant des plantes au nombre desquelles on place la *ciguë*. La *cicutaire aquatique* ou *ciguë vireuse* est commune dans les marécages du nord de la France et de l'Allemagne. Sa tige, rameuse et haute de deux à trois pieds, est garnie de feuilles amples, découpées en un grand nombre de folioles dentées; les fleurs sont blanches; la racine, charnue, creuse et coupée de diaphragmes, répand un suc jaunâtre, vénéneux comme tout le reste de la plante. On la regarde même comme plus active que la *grande ciguë*.

**CID** (LE), surnom qui vient du maure *al-seid*, et qui signifie *seigneur*. C'est le nom que donnèrent au fameux don Rodrigue Diaz de Bivar les députés maures chargés de lui apporter le tribut qu'il avait imposé à leurs chefs. Né à Burgos vers l'an 1040, il se signala contre les Maures à la bataille de Graos (1063), où fut tué don Ramire Ier, roi d'Aragon, et servit don Sanche dans la guerre contre Alphonse, son frère, roi de Léon. Il s'attacha ensuite à ce dernier, et épousa en 1074 dona Ximena ou Chimène Diaz, fille du comte don Diego Alvarez des Asturies. Il quitta la Castille et la cour d'Alphonse VI, et, après la mort d'Yahias, roi de Tolède, se rendit maître de Valence, où il demeura jusqu'à sa mort en 1099.

**CIDARIS**, bonnet du grand prêtre des Hébreux. Il était de coton, à peu près de la forme d'un turban ou d'une mitre, avec une lame d'or par devant.

**CIDRE**, liqueur spiritueuse faite avec le jus des pommes, et dont l'usage remplace le vin dans bon nombre de la France. C'est dans la Normandie que l'on prépare le meilleur cidre. Le cidre est parfait quand il est limpide, de couleur ambrée, piquant au goût, sans acidité ni fadeur. Pour le fabriquer, on pile les pommes dans un moulin à meules verticales, tournant dans une auge circulaire. Quand les pommes sont à demi écrasées, on y ajoute environ un cinquième de leur poids d'eau de rivière ou de mare, puis on les met dans une cuve pour laisser écouler le jus, qui est mis dans des tonneaux où il fermente. Après cinq à six jours, on le tire.

**CIEL**, voûte sphérique, concave, lieu apparent des astres. On a aussi donné ce nom au séjour particulier que chaque peuple de la terre a attribué à Dieu. Les Grecs l'avaient divinisé sous le nom de *Cœlus* ou plutôt d'*Uranus*. C'était, selon eux, le plus ancien des dieux, et le fils de la Terre. Il eut un grand nombre d'enfants. Saturne, l'un d'eux, surprit son père pendant la nuit, et le mutila avec une faux. Du sang qui coula sur la terre naquirent les géants, les furies et les nymphes Méliées; le reste fut jeté dans la mer, et de l'écume qui s'éleva fut formée Vénus, que les flots portèrent dans l'île de Chypre.

**CIERGE**, longue chandelle de cire légèrement conique, que l'on place sur un chandelier, et qu'on brûle sur les autels, aux enterrements et autres cérémonies religieuses. Les cierges se fabriquent en versant doucement sur les mèches, de haut en bas, avec une cuiller de fer, de la cire fondue; on les arrose ainsi dix à douze fois de suite, jusqu'à ce que les cierges ou les bougies aient atteint la grosseur qu'on veut leur donner; puis on les roule sur une table unie pour les polir.

**CIERGE PASCAL**, nom donné à un grand cierge qu'on bénit solennellement à l'office du samedi saint avant la messe. C'est un diacre qui le bénit, et y attache cinq grains d'encens. On l'allume avec le feu nouveau du samedi saint, et on le laisse brûler ordinairement pendant les offices du temps pascal. On regarde communément ce cierge comme la figure de Jésus-Christ ressuscité.

**CIERGES**. Voy. CACTÉES.

**CIGALE**, genre d'insectes de l'ordre des hémiptères, famille des cicadaires. Les caractères qui les distinguent sont d'avoir trois yeux lisses, des antennes d'au moins six articles, un organe musical, situé à la base de l'abdomen dans les mâles, et de n'avoir pas les jambes disposées pour le saut. L'organe musical consiste en deux demi-sphères coriaces ordinairement tendues, mais susceptibles de se plier comme les feuilles d'un soufflet, et munies de parties coriaces élastiques à l'entre-deux des plis. C'est le frottement qui produit cette espèce de stridulation qui distingue la cigale. Les femelles sont dépourvues d'organes musicaux. La tête a la forme d'un triangle écrasé, aux deux angles de la base duquel sont placés les yeux qui sont très-saillants. Les cigales vivent dans les forêts des pays chauds de la sève des arbres qu'elles percent de leur trompe.

**CIGARE**, terme emprunté de l'espagnol pour désigner un petit rouleau fait de feuilles de tabac. On regarde comme les meilleurs ceux qui viennent de la Havane.

**CIGNANI** (Charles), peintre bolonais, né en 1628, fut l'élève de l'Albane. Clément XI, qui avait employé souvent son pinceau, le nomma président de l'académie de Bologne, appelée encore aujourd'hui *académie clémentine*. Ses ouvrages les plus fameux sont la coupole de la Madona del Fuoco de Forli, où ce peintre a peint l'*Assomption de la sainte Vierge*, *Adam et Eve*, une *sainte Famille*, la *Chasteté de Joseph*, etc. Cignani mourut en 1719.

**CIGOGNE**, tribu de l'ordre des échassiers et de la famille des cultrirostres, renfermant les genres *cigogne* proprement dit, *jabiru*, *ombrette*, *tentale* et *spatule*. Les cigognes proprement dites ont le bec gros, médiocrement fendu et long. On divise le genre cigogne en deux sections: les vraies *cigognes*, qui ont la tête emplumée, et les *marabous*, qui ne l'ont pas et qui ont le bec très-gros. On ne connaît que cinq espèces de cigognes, dont deux seulement se rencontrent en France. Ces oiseaux vivent dans les marais, et se nourrissent principalement de reptiles, d'oiseaux, de poissons, etc. Ils n'ont pas de voix; ils se livrent à de longs voyages, et émigrent tous les ans par bandes nombreuses.

**CIGUE**, genre de la famille des ombellifères, qu'on reconnaît à ses fleurs blanches, à ses fruits globuleux, relevés de côtes crénelées en forme de petits tubercules, renfermés dans un involucre de plusieurs folioles linéaires, étalées en tous sens. Les espèces de ce genre sont des espèces herbacées, annuelles, bisannuelles ou vivaces. La *grande ciguë*, aux feuilles grandes, d'un vert très-foncé et d'un peu luisantes, est une plante vénéneuse, qui, comme on sait, servit de poison à Socrate et à Phocion. C'est une des trois plantes auxquelles on donne le nom de ciguë; les deux autres sont la *cicutaire* et l'*œthuse*.

**CILIAIRE**, nom donné à tout ce qui a rapport aux cils. — On appelle *corps ciliaire*, un anneau qui entoure le crystallin en manière de couronne placée derrière l'iris. Il ressemble au disque d'une fleur radiée, et résulte de la réunion des *procès ciliaires*. On appelle ainsi les replis de la membrane choroïde. Ils sont placés les uns à côté des autres, en rayonnant, et sont logés dans des renfoncements spéciaux de la partie antérieure du corps vitré. Leur nombre varie de soixante à quatre-vingts.

**CILICE**, sorte d'habit d'étoffe grossière et de couleur noire ou sombre, fort en usage chez les Hébreux, qui le portaient avec des cendres dans les temps de deuil et de disgrâce. Les anciens moines allaient souvent vêtus de *cilice*, c'est-à-dire, d'habits grossiers, rudes et d'une couleur sombre. On prétend qu'ils reçurent ce nom, parce que les Siciliens les avaient inventés principalement pour les soldats et les matelots. Plus tard on les fit de crin.

**CILICIE**, province de l'Asie-Mineure, bornée au N. par la chaîne du Taurus, au S. par la mer, à l'E. par l'Euphrate, et à l'O. par la Pisidie et la Pamphilie. Elle se divisait en Cilicie montagneuse ou *Trachée* et Cilicie de plaine. Entre le fleuve *Sarus* et le *Taurus* se trouvait le défilé connu sous le nom de *Portes de Cilicie*. Elle reçut son nom de *Cilix*, fils d'Agénor et frère de Cadmus, qui y conduisit une colonie phénicienne et lui donna des rois. Après la conquête de la Cilicie par Alexandre et à la mort de ce dernier, *Plistarque*, fils d'Antipater, en fut roi en 306 avant J.-C. Les Ciliciens, qui faisaient le métier de pirates, furent vaincus par Pompée. La Cilicie fut réduite en province sous Vespasien. Elle fait aujourd'hui partie de la Caramanie.

**CILICIENNE** (MER), nom donné par les anciens à la mer qui baignait les côtes de la Cilicie. Cette partie de la Méditerranée était étroite et resserrée entre les côtes du continent et l'île de Chypre.

**CILICIENNES** (PORTES), défilé célèbre à l'entrée de la Cilicie, formé par le fleuve Sarus et par la chaîne du Taurus.

**CILIÉ**. Voy. CILS.

**CILS** (zoolog.), poils qui garnissent les yeux de tous les mammifères. Chez l'homme, ils sont durs, roides et disposés sur deux ou trois rangs. On leur assigne pour usage de s'opposer à l'introduction dans l'œil des corps étrangers. Les paupières de plusieurs espèces d'oiseaux sont également garnies de cils. Dans les insectes, ce nom sert à désigner les poils roides qui se remarquent sur les bords de certains organes. — Dans les animaux rayonnés, on nomme *cils* les appendices qui rappellent la forme des cils des paupières, et qui sont situés sur le corps ou certains organes de ces animaux.

**CILS** (bot.). Ce sont les poils qu'on observe sur la circonférence de certaines parties des plantes. On donne pour cette raison le nom de *ciliés* aux organes dont le bord est garni de poils roides et nombreux.

**CIMABUÉ** (Giovanni), peintre et architecte de Florence, né en 1230. Il est regardé comme le restaurateur de la peinture en Europe. On possède encore quelques restes de ses tableaux à fresque où le fond est d'or. Ils sont très-rares à cause de leur ancienneté. Charles Ier, roi de Naples, l'honora d'une visite, et lorsqu'il eut achevé un tableau de la Vierge tout le peuple le conduisit au bruit des trompettes jusqu'à l'église où il devait être placé. Cimabué mourut en 1300.

**CIMAISE**, sorte de moulure en doucine, qui termine la corniche d'un bâtiment. Son profil se compose de deux arcs de cercle présentant la figure de la lettre S. — Les menuisiers en bâtiments appellent ainsi une pièce de bois ornée de moulures, servant de couronnement aux lambris d'appui.

**CIMAROSA** (Dominique), célèbre compositeur italien, né à Naples en 1754, fit ses études au conservatoire de Loretto, où il fut l'élève de Durante. L'impératrice Catherine II l'appela à Saint-Pétersbourg. Il mourut dans les cachots de Venise en 1801. Son chef-d'œuvre est le *Mariage secret*. Ses plus beaux opéras après celui-ci sont: *l'Italienne à Londres*, le *Directeur dans l'embarras*, les *Ennemis généreux*.

**CIMBÉBASIE**, contrée d'Afrique, bornée au N. par la Guinée méridionale, au S. par le gouvernement du Cap, à l'O. par l'océan Atlantique, et à l'E. par les déserts sablonneux de l'Afrique centrale. C'est un pays stérile et triste, qui doit son nom à la peuplade noire et sauvage des *Cimbébas*, qui erre sur le rivage.

**CIMBEX**, genre d'insectes de l'ordre des hyménoptères, famille des porte-scie, tribu des tenthrèdines. Ces insectes sont grands de huit à neuf lignes. Leur tête est bombée en dessus, très-plate en dessous, les yeux ovales, convexes; les mandibules très-tranchantes, les pattes antérieures courtes et les postérieures très-développées.

**CIMBRES** ou KIMRIS, peuples de race celtique, habitant la Chersonèse Cimbrique (Danemarck). Réunis aux Teutons, ils envahirent les provinces de l'empire romain l'an 109 avant J.-C. Ils vainquirent les Romains dans une première bataille, et leur tuèrent 80,000 hommes. Mais Marius attaqua les Teutons près d'Aix, en égorgea 20,000, en fit 90,000 prisonniers, l'an 102 avant J.-C. Marchant ensuite contre les Cimbres qui avaient été défaits en Espagne, et qui étaient entrés en Italie par un autre chemin, il les atteignit sur les bords de l'Athésis, et les tailla en pièces au nombre de 140,000 (101 avant J.-C.). Les Cimbres étaient si courageux que, dans les combats, ils se liaient les uns aux autres pour mieux résister à l'ennemi.

**CIME**, nom donné aux assemblages de fleurs, dont les pédoncules communs, nés d'un même point de la tige, se subdivisent ensuite irrégulièrement et se terminent tous à peu près à la même hauteur.

**CIMENT**. On nomme ainsi, soit le sable et divers corps durs écrasés qui entrent dans la composition des mortiers, soit les mortiers eux-mêmes. Les meilleurs ciments se préparent avec les morceaux cassés de briques et les tessons ou morceaux de grès cassés. On broie les matières pour le ciment dans des moulins; en Angleterre, on en voit dont les meules verticales en fonte sont mues par une machine à vapeur.

**CIMENT ROMAIN**, nom donné à la chaux hydraulique, qui a la propriété de faire prise sous l'eau, et d'acquérir avec le temps une grande dureté. Cette dénomination vient de ce que, dans les constructions romaines, les pierres sont liées par une matière extrêmement dure. On en fait en Angleterre un usage très-considérable pour maçonner les fondations, les caves, les citernes, les aqueducs, etc. On le prépare avec des pierres calcaires, très-argileuses, compactes.

**CIMETERRE**, arme de taille dont les Orientaux se servent en la coulant de la pointe au manche. C'est un coutelas ou un damas pesant, à manche et à lame convexe, courbe, s'élargissant vers la pointe et s'échancrant à son extrémité. Le cimeterre était devenu une arme romaine et byzantine sous le nom d'*acinaces*.

**CIMETIÈRE**, lieu destiné à enterrer les morts. Dans les premiers temps du christianisme, les catacombes servaient de cimetières. Chez les Romains, les cimetières des particuliers se trouvaient dans le lieu où le voulaient les membres de la famille. Quant aux corps des hommes de la lie du peuple et des esclaves, ils étaient jetés dans une sorte de voirie appelée *puticuli* ou *culinæ*. La loi des douze tables défendait d'enterrer les morts dans les villes. L'usage de bénir les cimetières est très-ancien. C'est l'évêque qui fait cette bénédiction, ou un prêtre à qui il en donne commission.

**CIMICIDES**, nom donné à la première division de l'ordre des insectes hémiptères, celle des hétéroptères, ou à la tribu des membraneuses.

**CIMIER**, ornement qui forme la partie

supérieure d'un casque terminé en pointe. On prétend que les Cariens ont été les inventeurs du cimier. — Dans le moyen âge, le *cimier* était autrefois la plus grande marque de noblesse. On le portait dans les tournois. — En vénerie, ce mot s'entend de la pièce de chair qui se lève le long du dos et des reins du cerf, du daim, du chevreuil, etc. Dans la curée, cette partie se donnait au maître de la chasse.

CIMMÉRIEN (BOSPHORE). Voy. BOSPHORE.

CIMMÉRIENS, peuples voisins du Palus-Méotide, qui habitaient la presqu'île connue aujourd'hui sous le nom de *Crimée*. Chassés par les Scythes, ils envahirent l'Asie-Mineure, et s'emparèrent des Etats de Cyaxare, roi des Mèdes. Après les avoir possédés pendant vingt-huit ans, ils en furent chassés par Alyatte, roi de Lydie.

CIMMÉRIENS, peuples de Campanie, qui vivaient de pillage et demeuraient dans des cavernes souterraines. On imagina de là que leur pays était plongé dans l'obscurité et privé de jour. Virgile et Ovide y placèrent le Styx, le Phlégéton et les demeures des ombres.

CIMON, général athénien, fils de Miltiade. Sa jeunesse fut débauchée, et sa vieillesse pleine de vertus. A la mort de Miltiade, il fut mis en prison parce qu'il ne put pas payer l'amende à laquelle son père avait été condamné (50 talents), et ne recouvra sa liberté que lorsque Callias satisfit pour lui au fisc public. Sa valeur à la bataille de Salamine attira sur lui l'attention générale. Nommé généralissime des forces athéniennes et grecques, il devint la terreur des Perses, auxquels il prit en un jours 200 vaisseaux, et dont il défit l'armée de terre. Il leur enleva leurs plus fortes places d'Asie. Il employa ses richesses à fortifier et à embellir sa patrie. Il y fonda des écoles publiques, et se hâta de rétablir la paix entre Lacédémone et Athènes. Envoyé avec 200 vaisseaux au secours de l'Egypte et de l'île de Chypre attaquées par les Perses, il détruisit la flotte ennemie et mourut l'an 449 avant J.-C.

CINABRE, substance minérale composée de cent parties de mercure et de seize de soufre (les chimistes lui donnent le nom de *sulfure rouge de mercure*). Le cinabre est *natif* ou *artificiel*. On trouve le premier en masse compacte, d'un violet plus ou moins foncé, dans les terrains secondaires; le second s'obtient par voie de sublimation, et se présente sous forme de masses plus ou moins épaisses, d'un rouge brun sous son entier, et d'un rouge vif lorsqu'on le réduit en poudre. Dans ce dernier état, et mélangé avec de l'eau, il constitue le *vermillon*. Les Hollandais sont en possession exclusive de la fabrication du cinabre. On l'emploie, à cause de la beauté de sa couleur, en peinture, dans la coloration de la cire à cacheter et d'autres objets d'art.

CINALOA, province du Mexique formant avec celle de Sonora l'Etat de Sonora y Cinaloa. Voy. SONORA.

CINAROCÉPHALES, groupe de plantes de la famille des synanthérées ou composées, et correspondant aux *flosculeuses* de Tournefort et aux *carduacées* de R. Brown. Il a pour type l'*artichaut*, et renferme les plantes à tête d'artichaut.

CINCHONINE, substance végétale, alcaline, blanche, translucide, cristalline, de saveur légèrement amère, découverte par M. Duncan d'Edimbourg dans le *cinchona* ou *quinquina*. C'est une des bases salifiables qui composent le quinquina; l'autre est la *quinine*.

CINCIA, loi décrétée l'an de Rome 549 sous les auspices de Marcus Cincius, tribun du peuple. Elle avait pour objet de défendre aux juges de percevoir des droits ou de recevoir des présents.

CINCINNATI, ville belle et florissante des Etats-Unis, dans l'Ohio, à 45 lieues de Columbus, sur la rive droite de l'Ohio, chef-lieu du comté Hamilton. Sa population est de 10,000 habitants.

CINCINNATI ou CINCINNATUS. C'était une société composée d'officiers de l'armée et de la marine des Etats-Unis, établie le 14 avril 1783, et portée dès son origine à plus de dix mille membres. Les *cincinnati* avaient dans chaque Etat une assemblée provinciale. C'était une sorte de noblesse militaire incompatible avec l'esprit d'une république et tombée aujourd'hui dans l'oubli.

CINCINNATUS (Lucius-Quintus), de l'illustre famille Quintia, ainsi surnommé parce qu'il portait des cheveux bouclés et frisés. Il perdit sa fortune pour payer les cautions et les amendes encourues par Quintius Céson, son fils. Obligé de cultiver son champ pour vivre, il fut tiré de la charrue pour être consul l'an 458 avant J.-C. Le consul Minucius s'étant laissé surprendre par les Eques, il fut arraché à ses travaux rustiques pour être dictateur, vainquit les Eques et les Volsques, rentra à Rome en triomphe, et retourna à son champ. Il en fut tiré une troisième fois, à l'âge de quatre-vingts ans, par son frère le consul Titus Quintius Capitolinus, pour être dictateur. Après avoir déjoué les projets ambitieux de Spurius Melius et triomphé des Prénestins, il abdiqua la puissance dictatoriale.

CINCIUS ALIMENTUS (Lucius), historien romain qui composa l'histoire d'Annibal en grec, et dont les ouvrages ne sont pas parvenus jusqu'à nous. Il fut préteur en Sicile, où il fut fait prisonnier par les troupes d'Annibal. Tite Live, Aulu-Gelle et Arnobe parlent de lui.

CINCLE, genre d'oiseaux de l'ordre des passereaux, voisin des merles, dont il se distingue par son bec comprimé, droit, à mandibules également hautes. Les oiseaux de ce groupe sont vulgairement connus sous le nom de *merles d'eau*; ils vivent d'insectes aquatiques, et se tiennent habituellement dans les marais. Ils sont longs de sept pouces et de couleur brun cendré.

CINÉAS, Thessalien, ministre et favori de Pyrrhus, roi d'Epire, vint à Rome demander la paix de la part de ce prince, et ne put l'obtenir. A son retour, il dit à Pyrrhus que le sénat lui avait paru une assemblée de rois. Sa mémoire était si grande, qu'il saluait par leurs noms, le lendemain de son arrivée à Rome, tous les sénateurs et les chevaliers.

CINÉENS, peuple de l'Asie, descendant de *Cin*, et habitant dans des rochers et des montagnes presque inaccessibles, au couchant de la mer Morte. Il y avait aussi des Cinéens en Arabie Pétrée, puisque Jéthro, beau-père de Moïse et prêtre de Madian, était Cinéen. Les terres des Cinéens se trouvèrent dans le partage de Juda, et, en considération de Jéthro, on épargna ceux qui voulurent se soumettre aux Hébreux. Les autres se confondirent depuis avec les Amalécites et les Iduméens.

CINÉRAIRE, genre de la famille des synanthérées, tribu des corymbifères, renfermant un assez grand nombre d'espèces, presque toutes herbacées. L'espèce type est la *cinéraire maritime* très-abondante sur les rochers de la Méditerranée, et qu'on reconnaît à son aspect blanchâtre et cendré, à ses fleurs jaunes, très-apparentes à cause de la grandeur des rayons. Ses feuilles sont pinnatifides et à lobes obtus.

CINNA (Lucius Cornelius), de l'illustre famille des Cornelius, fut l'un des plus fougueux partisans de Marius. Nommé consul l'an de Rome 665 avec Cneius Octavius, il voulut rappeler Marius, et fut obligé de sortir de Rome. Retiré chez les alliés, il lève une armée de 30 légions, et vient accompagné de Marius, de Carbon et de Sertorius, assiéger Rome, dont il s'empare. La ville est inondée du sang des citoyens; les plus illustres sénateurs sont les victimes de sa rage, et Octavius, son collègue, a la tête tranchée. Nommé 666 consul pour la seconde fois avec Caius Marius, pour la troisième en 667 avec Cneius Papirius Carbon, et pour la quatrième en 668 avec le même, il fut assassiné à Ancône l'an 84 avant J.-C. par un centurion de son armée.

CINNA (Cneius-Cornelius), fils d'une petite-fille de Pompée, fut convaincu d'une conspiration contre Auguste dans la trente-cinquième année de son règne. L'empereur, à la prière de l'impératrice, lui pardonna, et eut même la générosité de lui conférer le consulat l'année suivante. Cinna fut, dit-on, si reconnaissant qu'il lui légua ses biens en mourant. Ce fait a fourni à Corneille le sujet d'une de ses plus belles tragédies.

CINNAMÈS (Jean), historien grec du XIIe siècle, qui prend le titre de *grammairien royal*, et qui accompagna l'empereur Manuel Comnène dans la plupart de ses voyages. Il écrivit l'histoire de ce prince en six livres. Le premier contient la vie de Jean Comnène, et les cinq autres celle de Manuel.

CINNAMOME, aromate dont parle l'Ecriture, et qu'on croit être le même que la *cannelle*.

CINNARE ou CINNOR, instrument de bois inventé avant le déluge par Jubal, fils de Lamech, et dont on jouait dans le temple de Jérusalem. On confond quelquefois cet instrument avec la *cithare*.

CINNYRIDÉES, famille d'oiseaux établie par Lesson, et comprenant les deux familles des *certhiadés* et des *philédons*.

CINQ-MARS (Henri COIFFIER, dit RUZÉ-D'EFFIAT, marquis DE), second fils d'Antoine Coiffier, marquis d'Effiat et maréchal de France, dut sa fortune au cardinal de Richelieu, intime ami de son père; qui l'avait placé auprès du roi Louis XIII, dont il devint le favori et successivement capitaine aux gardes, grand maître de la garde-robe du roi (1637), et deux ans après grand écuyer de France. Mécontent des brusqueries de Richelieu, il excita Gaston, duc d'Orléans, à la révolte, et attira dans son parti le duc de Bouillon. On envoya un émissaire en Espagne pour conclure un traité qui devait ouvrir la France aux Espagnols. Le roi étant allé en personne (1642) conquérir le Roussillon, Cinq-Mars l'y suivit pendant que Richelieu était malade à Tarascon. Ce dernier, ayant découvert le traité, en donna avis au roi, qui fit arrêter Cinq-Mars à Narbonne. Transféré à Lyon, il y eut la tête tranchée en 1642 avec de Thou, son ami.

CINQUE-PORTS, nom donné à huit ports d'Angleterre investis de grands priviléges. Ce sont Douvres, Sandwich, Hastings, Hythe, Romney, Winchelsea, Rye et Seaford.

CINQUE-TERRE, nom donné collectivement à cinq villages du duché de Gênes, sur la côte. Ce sont Monte-Rosso, Vernazza, Corriglia, Menarnola, Rimaggiore.

CINQUIN (*cinquino*), monnaie de Naples qui est le quart du carlin ou la quarantième partie du ducat.

CINTAR, poids des anciens Juifs valant 40 mines de Moïse, ou 9,600 drachmes, c'est-à-dire, 48 livres 10 onces 4 gros 61 grains et 5 septièmes de grain, ou 2 myriagrammes 2 kilogrammes 3 hectogrammes 5 décagrammes 2 grammes 2 décigrammes 6 centigrammes 6 milligrammes de nos nouvelles mesures. — C'était aussi une monnaie juive qui valait 9,600 drachmes ou 40 mines de Moïse, c'est-à-dire, 4,938 francs 30 centimes de notre monnaie. Il en fallait un quart pour un *talent*.

CINTRE, nom donné, en architecture, à la forme sous laquelle on construit une arcade ou une voûte, en pierre ou en bois, dont les pièces s'appuient les unes sur les autres, et, par leur poussée mutuelle ou tendance vers leur centre, contribuent à la solidité. La pièce qui forme le cintre en haut, se nomme *clef*; sa forme est celle d'un coin, qui par son poids presse les pièces voisines et les maintient à leur place. Quand une voûte est circulaire, on dit qu'elle est en *plein cintre*, on la qualifie de *surmontée* ou de *surbaissée* quand elle est ovale, et que le haut est plus élevé dans le premier cas, et moins élevé dans le second, que la demi-largeur à la naissance de la voûte. On donne aussi le nom de *cintre* à la partie du plafond d'une salle de spectacle et située au-dessus du théâtre, et où l'on place les diverses machines.

CINYRAS (myth.), roi de Chypre, fils de Paphus et mari de Cenchréis, dont il eut une fille appelée *Myrrha*. Celle-ci, ayant conçu pour son père un amour incestueux, trompa Cinyras, qui en eut un fils nommé *Adonis*. Lorsque Cinyras apprit ce crime, il voulut donner la mort à sa fille, qui se déroba à sa colère, s'enfuit en Arabie, où elle fut changée en arbre, qui porte l'encens. Cinyras, dit-on, se tua lui-même. Ses richesses passèrent en proverbe comme celles de Crésus.

CIOTAT (LA), petite ville du département des Bouches-du-Rhône, chef-lieu de canton dans l'arrondissement et à 5 lieues de Marseille. Elle a un tribunal de commerce, et exporte des olives, du vin muscat estimé, des fruits secs, etc. Son port est formé par deux petits môles. On y construit des vaisseaux. Sa population est de 5,427 habitants. Elle a une école d'hydrographie.

CIPAYE, nom donné, dans l'Inde, à tous les indigènes qui servent militairement la cause européenne. L'armée anglaise comptait, en 1856,230,000 cipayes dans ses rangs.

CIPIERRE (Philibert DE MARCILLY, seigneur DE), gentilhomme mâconnais, capitaine de cinquante hommes d'armes, et gouverneur de la ville d'Orléans. Il fut choisi pour veiller à l'éducation de Charles IX, qui le fit gentilhomme de sa chambre. Il mourut à Liége en 1565. — RENÉ DE SAVOIE, seigneur DE CIPIERRE, fils de Claude de Savoie, comte de Tende, gouverneur et grand sénéchal de Provence. Il était protestant, et fut assassiné en 1562 par une troupe de mutins dans Fréjus, où il s'était sauvé.

CIPOLIN, espèce de marbre de couleur blanc grisâtre veiné de gris, de vert et quelquefois de bleu, propre à la décoration intérieure des édifices publics. Le cipolin est d'une grande beauté en colonnes et en plaques, et reçoit un beau poli. Les anciens l'ont employé fréquemment, et le nommaient *lapis Phrygius*. On croit qu'ils s'en servaient aussi comme pierre à aiguiser; c'est l'usage qu'on en fait encore à Jersey sous le nom d'*éclats de Jersey*. Au nombre des cipolins celui où le marbre est reconnu en France sont Barèges, Sainte-Marie aux Mines (Vosges), la Corse, etc.

CIPPE, petite colonne, quelquefois sans base et sans chapiteau, dont le plus grand ornement était une inscription rappelant un souvenir. La forme ordinaire du cippe était quadrangulaire, et sa partie supérieure quelquefois creusée en forme de cratère contenait des autels. L'inscription funéraire commence ordinairement par ces lettres : D. M. (*Diis Manibus*), suivies des prénoms, nom et surnom du mort. Les cippes servaient aussi de colonnes milliaires.

CIRAGE, composition faite pour noircir les chaussures, et leur donner une sorte de vernis en les brossant. Le cirage le plus commun est composé de trente onces de noir d'ivoire ou de fumée, trente de mélasse, trois et demie d'acide sulfurique (huile de vitriol), autant d'acide muriatique ou hydrochlorique (esprit de sel marin), douze onces d'acide acétique faible (vinaigre), deux de gomme arabique et trois d'huile d'olive. D'abord on étend l'acide sulfurique dans au moins six fois son poids d'eau, et on le mêle avec la mélasse et l'acide muriatique dans une terrine ; puis, après avoir délayé le noir d'ivoire dans autant d'eau qu'il faut pour en faire une bouillie épaisse, on y ajoute peu à peu le mélange d'acides et de mélasse ; enfin on introduit le vinaigre et la gomme arabique préalablement dissoute dans l'huile, puis on bat le tout ensemble.

CIRCASSIE, contrée d'Asie, dans l'isthme caucasien, entre le Daghestan, la *Géorgie*, l'Imirétie, l'Abazie, la mer Noire et le Caucase. Sa superficie est de 4,266 lieues carrées, et sa population de 550,000 habitants, composées de Circassiens ou *Tcherkesses*, d'Abases, etc., tous d'origine tartare. La race des habitants est très-belle; les femmes surtout sont, comme les Géorgiennes, recherchées pour tous les harems. La Circassie est enclavée dans la Russie européenne; mais les chefs de tribus sont indépendants, et se font perpétuellement la guerre. Le gouvernement est une aristocratie féodale; un chef qui a titre de prince gouverne et a sous lui les *uxdens* ou ancienne noblesse ; puis viennent les affranchis et les serfs, sur qui le maître a droit de vie et de mort. — L'agriculture est négligée dans la Circassie. Les principales villes sont *Taman*, avec 6,000 habitants ; *Anapa*, avec 3,000 ; *Kepli*, avec 4,000.

CIRCÉ (myth.), célèbre magicienne, fille du Soleil et de la nymphe Perséis, était sœur d'Oétès, roi de Colchide et de Pasiphaé, femme de Minos. Elle épousa un prince sarmate, auquel elle assassina pour s'emparer de son royaume. Chassée par ses sujets, elle se réfugia dans l'île d'Œa, sur la côte d'Italie. Ulysse, à son retour de Troie, ayant été poussé par les vents sur les côtes de cette île, tous ses compagnons furent changés en pourceaux par les boissons magiques de Circé. Pour lui, elle en devint amoureuse, et en eut un fils nommé Télégonus. — *Circé* est le titre d'une cantate de Rousseau.

CIRCÉE, petit genre de la famille des onagrariées, renfermant des espèces herbacées qui habitent les forêts et les lieux ombragés, montueux, où elles sont extrêmement communes, et où elles fleurissent au milieu de l'été. La *circée pubescente*, à laquelle on donne vulgairement les noms d'*herbe à la magicienne* et d'*herbe aux sorciers*, parce qu'aux temps de la superstition elle était fort recherchée par les imposteurs et les charlatans, à la tige droite, haute de quarante centimètres, garnie de feuilles opposées, aiguës ; des fleurs blanches ou rougeâtres, disposées en longues grappes terminales.

CIRCINE ou CIRCINAL (formé en cercle), adjectif par lequel on indique en botanique la disposition des feuilles, lorsqu'elles se roulent sur elles-mêmes de haut en bas. Plusieurs genres de la famille des droséracées et les fougères renferment des plantes aux feuilles *circinées*.

CIRCONCELLIONS, nom d'une certaine secte de donatistes, qui s'élevèrent en Afrique dans le IVe siècle, parce qu'ils couraient de tous côtés en commettant une infinité de violences. Ils n'étaient pas seulement cruels envers les autres, mais encore envers eux-mêmes, et tous ces fanatiques étaient honorés comme des saints par ceux de leur parti.

CIRCONCISION, cérémonie observée chez tous les peuples descendus d'Abraham, et pratiquée sur tous les enfants mâles chez les Juifs, et sur les enfants des deux sexes chez les mahométans. La loi judaïque ordonne de la faire le huitième jour. Chez tous les autres peuples, cette cérémonie n'a lieu que dans la quatorzième année. — On célèbre le premier jour de l'an la fête de la *Circoncision de Notre-Seigneur Jésus-Christ*. Ce n'est que dans le IVe siècle que cette fête a été établie régulièrement par l'Église. Depuis le concordat de 1801, elle n'est plus obligatoire.

CIRCONSCRIT. On nomme en géométrie *polygone circonscrit à un cercle* celui dont les côtés sont des tangentes au cercle ; *cercle circonscrit à un polygone*, celui dont la circonférence passe par tous les sommets des angles du polygone ; *hyperbole circonscrite*, celle qui coupe ses asymptotes, et dont les branches renferment au dedans d'elles les parties coupées de ces asymptotes. — En médecine, une *tumeur circonscrite* est celle qui est bien distincte dans tout son contour des parties auxquelles elle est contiguë ou sur lesquelles elle s'est développée.

CIRCONFÉRENCE, courbe dont tous les points sont à égale distance d'un autre point qu'on nomme *centre*. Toute circonférence, grande et petite, contient son diamètre le même nombre de fois, c'est-à-dire trois fois plus 14159. C'est ce qu'on appelle le rapport de la circonférence au diamètre. Pour avoir la circonférence, il faut donc répéter le diamètre trois fois et un septième à peu près.

CIRCONFLEXE (du latin *flectere*, fléchir ; *circum*, autour), ce qui est courbé circulairement. On donne ce nom à plusieurs organes en anatomie. Il y a des *artères circonflexes* aux bras et aux jambes.

CIRCONVALLATION (LIGNES DE), nom donné, en fortification, aux fossés et parapets dont on entourait les camps des assiégeants d'une place pour se mettre à l'abri des attaques de l'ennemi qui veut venir au secours de la place. On donnait, par opposition, le nom de *lignes de contrevallation* aux fortifications qui défendent le camp d'une armée assiégeante des attaques de la garnison de la place assiégée.

CIRCULAIRE, tout ce qui a rapport au cercle. — On donnait anciennement le nom de *nombres circulaires* à ceux dont toutes les puissances se terminent par le chiffre qui les exprime ; ainsi 5 et 6 étaient des nombres circulaires, parce que toutes leurs puissances, 25, 125, 625, etc., 36, 216, 1296, etc., se terminent par ces nombres mêmes. — On donne le nom de *circulaires* aux instructions écrites qu'un chef d'administration adresse à tous ses subordonnés pour leur servir de règle de conduite.

CIRCULATION, mouvement progressif d'un fluide dans des vaisseaux. La *circulation du sang* est un des faits les plus importants de la vie animale. Il part du ventricule gauche du cœur, se répand dans tout le corps par les artères, passe dans les vaisseaux capillaires, où il de dans les veines, revient au cœur où il entre par l'oreillette droite de cet organe, puis dans le ventricule correspondant, qui l'envoie dans l'artère pulmonaire pour être distribué dans les poumons, d'où il sort par les veines pulmonaires pour se rendre dans l'oreillette et le ventricule gauche, et partir de nouveau. On voit que dans ce trajet le sang décrit un mouvement circulaire double. On appelle *petite circulation* le cercle qu'il parcourt dans les poumons, et *grande circulation* sa course dans tout le corps. C'est pendant la circulation que s'opèrent les sécrétions, les exhalations et la nutrition, et que se développe la chaleur animale. C'est au médecin anglais Harvey qu'est due la découverte de la circulation du sang.

CIRCUMINCESSION, nom donné par les Latins à la merveilleuse existence des trois personnes de la sainte Trinité, les unes dans les autres, selon les paroles de Jésus-Christ : *Je suis dans mon Père et mon Père est dans moi*. Les Grecs lui donnent le nom de *périchorèse*.

CIRCUMNAVIGATION, voyage autour du monde. Le premier voyage de circumnavigation fut entrepris par le Portugais Ferdinand Magalhaëns ou Magellan, parti de Séville en 1519, le 20 septembre, avec cinq vaisseaux. Il mourut en route, mais un de ses vaisseaux, conduit par Jean-Sébastien Cano, revint par le cap de Bonne-Espérance à Séville, où il arriva le 5 septembre 1522, après un voyage de onze cent vingt-quatre jours. Après lui vinrent Drake, Anson, Byron, Bougainville, Cook, la Peyrouse, d'Entrecasteaux, Vancouver, et de nos jours Kotzebue, Duperrey, d'Urville, Laplace, Rienzi, etc.

CIRCUMPOLAIRES, nom donné, en astronomie, aux étoiles situées près de notre pôle boréal, et qui tournent autour sans jamais s'abaisser au-dessous de notre horizon. Plus le pôle est élevé au-dessus de l'horizon d'un lieu, et plus le nombre des étoiles circumpolaires est grand pour ce lieu.

CIRE, substance grasse et ductile, fournie par les abeilles, et constituent la partie solide, disposée en alvéoles. On obtient la cire du commerce en faisant fondre cette partie solide. Après la fusion, elle est sèche et cassante, de saveur agréable, et est connue sous le nom de *cire jaune*. Les meilleures cires jaunes nous viennent de Russie et de Hambourg. On les emploie pour le frottage des parquets et des meubles. La cire de la Saintonge, du Gâtinais, de la Beauce et de la Bretagne, est recherchée pour le blanchiment, opération qui donne la *cire vierge*. On l'obtient en la faisant fondre avec de la crême de tartre en poudre, et en l'exposant à l'action successive de la lumière. L'art de modeler en cire a été connu dès la plus haute antiquité, et pratiqué principalement par les Grecs et les Romains. On a depuis quelque temps employé la cire pour représenter le corps humain, et on a fait un grand nombre de *salons de figures* de cire. Mais c'est surtout dans la préparation des pièces anatomiques que la cire a été utilement employée. On attribue l'emploi de ce procédé à l'abbé Gaëtano Giulio Zumbo, de Syracuse, en 1701. On a fait aussi des fleurs en cire.

CIRE (ornith.), nom donné à une membrane ordinairement colorée, qui recouvre la base du bec et surtout celle de la mandibule supérieure chez plusieurs oiseaux. Les rapaces diurnes, les perroquets, les canards, les hoccos sont pourvus de cette membrane, qui prend les noms de *mamelonnée*, lorsqu'elle offre des mamelons; *furfuracée*, lorsqu'elle offre des écailles blanches et caduques; *caronculée*, lorsqu'elle offre des points charnus, etc.

CIRE D'ESPAGNE ou A CACHETER. Combinaison de substances résineuses qui sert à sceller le papier, auquel elle doit s'attacher fortement lorsqu'elle est de bonne qualité. Pour former la cire à cacheter, on fait fondre avec précaution quatre parties en poids de *gomme laque*; on y mèse ensuite une partie de *térébenthine de Venise*, et enfin on y ajoute, en remuant fortement, trois parties de cinabre ou vermillon. On forme les bâtons en les moulant; la sorte de cire que l'on prépare ainsi est rouge. Pour faire de la cire noire on met, au lieu de vermillon, du noir de fumée. Pour toutes les autres cires de couleur, on substitue au cinabre la couleur propre qu'on veut leur donner.

CIRE A SCELLER, cire molle qu'on vend en bâtons, et dont se servent les juges de paix et autres officiers publics pour mettre les scellés dans les cas ordonnés par les lois. Elle est ordinairement de couleur rouge, et se compose de quatre parties de cire blanche, une partie de térébenthine de Venise et de cinabre. Pour l'appliquer, on n'a besoin que de la ramollir entre les doigts.

CIRIER, artisan qui travaille la cire pour en fabriquer des cierges ou des bougies. On distingue deux sortes de bougies, la *filée* et celle de *table*. Cette dernière se fabrique de deux façons, elle est *coulée* ou *moulée* et *à la cuiller*; la première se fabrique de la même façon que les chandelles, et la seconde de la même façon que les cierges. (Voy. BOUGIE, CHANDELLE, CIERGES.)

CIRIER ou ARBRE A CIRE, arbre du genre *galé* et de la famille des aménéacées, aux racines rameuses, pivotantes et roussâtres; à l'écorce grise, mince; aux rameaux cylindriques, portant des feuilles vertes, alternes, lancéolées, roides, rejetées; aux petites baies charnues, globuleuses, produisant une matière odorante, luisante, sèche, friable, fort analogue à la cire des abeilles, que l'on obtient en faisant bouillir dans l'eau les graines du fruit. Le cirier croît naturellement en Amérique, et réussit en Europe.

CIRKARS, province de l'Indoustan sur le golfe du Bengale, formant une bande assez étroite de côtes, entre les provinces de Bérar et d'Haïderabad et la mer. Sa superficie est d'environ 855 lieues carrées, et sa population de 300,000 habitants. Le climat est très-chaud, le sol graduellement fertile en s'éloignant du rivage. Les Cirkars se divisent en cinq districts ou *cirkars*. La capitale est *Masulipatan*, ville riche et peuplée de 60,000 habitants, à 60 lieues de Golconde. On y trouve les toiles peintes les plus estimées des Indes. La province et la ville appartiennent aux Anglais.

CIROGRAPHE. Voy. CHIROGRAPHAIRE.
CIRON. Voy. ACARUS.

CIRQUE, grand espace couvert de sable, destiné chez les Romains aux courses, aux jeux et aux spectacles de toute espèce. On en comptait huit à Rome. Le plus magnifique, celui que Tarquin l'Ancien avait tracé entre le mont Palatin et le mont Aventin. Il avait environ deux mille cent quatre-vingt-sept pieds de long et neuf cent soixante de large. Il pouvait contenir trois cent mille spectateurs. Jules César y fit creuser un large canal rempli d'eau qui pouvait, en un instant, donner au peuple le spectacle d'une *naumachie*. C'est dans le grand cirque que se donnaient les *grands jeux* ou *circenses ludi*. Ils étaient dédiés au dieu Consus, et furent institués par Romulus lorsqu'il voulut enlever les Sabines. Ces jeux consistaient dans le saut, la lutte, le disque, le pugilat, la course à cheval, et celle des chars, cinq exercices appelés par les Grecs *pentathle*. Dans les cirques, on distingue les *carcères*; les *metæ* ou bornes en forme de colonnes ou de pyramides, autour desquelles passaient les concurrents, et l'*épine* (*spina*); large mur de quatre pieds de haut, qui partageait l'arène dans presque toute sa longueur, et autour de laquelle tournaient les chars.

CIRQUE OLYMPIQUE, nom donné au vaste établissement des écuyers Franconi, bâti en 1827 sur le boulevard du Temple, et dans lequel on représente des mimodrames à grand spectacle, ornés de tableaux, de musique, et où les chevaux entrent toujours. On y joue aussi depuis 1830 des comédies et des vaudevilles. — On nomme ainsi encore tous les établissements de ce genre.

CIRRES, appendices qui accompagnent souvent les rames des pieds dans les annélides. On pense que ces filets tubuleux, subarticulés, souvent rétractiles, sont fort analogues aux antennes des insectes.

CIRRHES, appendices filamenteux, simples ou rameux, nus, se courbant diversement, se tortillant de mille manières, s'enroulant à tout ce qui les habituellement en spirale, et au moyen desquels certaines plantes faibles s'attachent à d'autres corps pour s'élever et se soutenir. On donne indistinctement et à mesure leur production le nom de *vrilles* et de *mains*. Les cirrhes varient suivant les plantes.

CIRRHIPÈDES, CIRRHOPODES ou CIRRIPÈDES, classe d'animaux sans vertèbres, formant le passage naturel entre les crustacés et les annélides, et comprenant ceux dont le corps mou est pourvu d'appendices longs, cornés, appelés *cirres*. La classe des cirripèdes renferme les genres *anatife, balane, diadème, gland de mer*, etc.

CIRSAKAS, étoffe des Indes, soie et coton, mais où il entre peu de la première matière. Cette étoffe très-fine, qui a été fort en vogue chez les femmes pour les habits négligés, était ordinairement rayée. Elle se vend en pièces de huit à quatorze aunes de longueur sur deux tiers à cinq sixièmes de largeur.

CIRSE, genre de la famille des synanthérées, tribu des carduacées, renfermant des plantes confondues avec les chardons, dont elles diffèrent par leur aigrette plumeuse. Ce sont des herbes épineuses, habitantes des lieux incultes, aux fleurs purpurines ou jaunes. Le réceptacle des cirses est mangé dans quelques contrées comme celui de l'artichaut. L'espèce la plus commune est le *chardon hémorroïdal*, dont on emploie contre les hémorroïdes les tubercules produits sur la tige et les feuilles par un insecte.

CIRTHA, ancien nom de la ville de *Constantine* en Afrique.

CISAILLE, gros et fort ciseau à longues branches, avec lequel on coupe à froid toutes sortes de métaux. On s'en sert dans les grandes forges, dans les martinets, pour couper les barres de fer; on s'en sert également dans les laminéries, les ateliers de chaudronnerie, de poêlerie, de ferblanterie, etc., pour couper et tailler les tôles. Les branches des fortes cisailles sont en fonte, et n'ont pas moins de huit à dix pieds de long sur une largeur de huit à dix pouces près de l'œil.

CISALPINE (GAULE), partie septentrionale de l'Italie, située entre le fleuve Rubicon et les Alpes. Elle répond aujourd'hui au royaume lombardo-vénitien, au Piémont, aux duchés de Gênes, de Parme, de Modène, et à une partie des Etats romains. Elle se divisait en *Gaule Cispadane* et en *Gaule Transpadane*, la première en deçà du Pô par rapport à Rome, la seconde au delà. On avait donné à cette partie de l'Italie le nom de Gaule, parce qu'elle avait été peuplée par une colonie de Gaulois.

CISALPINE (RÉPUBLIQUE), république fondée par le consul Bonaparte, à Milan, le 9 juillet 1797. Elle était bornée au N. par la Suisse, à l'E. par l'Illyrie, au S.-E. par la mer Adriatique, au S. par les Etats romains et les duchés de Parme et de Plaisance, à l'O. par le Piémont. Son étendue superficielle était de 2,248 lieues carrées. Il y eut, comme en France, un directoire composé de cinq membres et deux conseils législatifs. Elle était divisée en vingt départements. Elle reçut ensuite le nom de *république italienne*. Milan en était la capitale. La république cisalpine finit avec la création du royaume d'Italie (1804). En 1814, le congrès de Vienne mit l'Autriche en possession de la république cisalpine, qui prit le nom de royaume lombardo-vénitien.

CISEAU, outil de fer, de cinq à six pouces de long, aciéré dans sa partie inférieure jusqu'à quinze et dix-huit lignes de long, et limé en un seul biseau, trempé et aiguisé bien tranchant : on y met un manche en bois. Les ouvriers qui travaillent le bois se servent du ciseau; ils présentent son tranchant sur la partie du bois qu'ils veulent couper, et frappent avec un maillet de bois sur le bout du manche.

CISEAUX, instrument composé de deux branches tranchantes réunies par un axe qui est ordinairement une vis. Ce sont deux leviers du premier genre, mobiles sur un point d'appui commun. A l'extrémité des deux bras, sur lesquels s'exerce la puissance, sont pratiqués deux anneaux, dans lesquels on passe les doigts. Les deux autres bras sont en acier trempé, aiguisé et tranchant. Les tranchants glissent l'un contre l'autre, et c'est entre eux que passe l'étoffe que l'on coupe, en rapprochant les deux anneaux avec les doigts. Cet instrument est très-connu.

CISELET, morceau d'acier long d'environ cinq à six pouces, et depuis deux jusqu'à cinq lignes de carré, dont un bout est limé carrément, en dos d'âne, en creux, quelquefois pointillé. L'autre bout sert de tête, sur laquelle on frappe avec un marteau. On s'en sert pour ciseler.

CISELEUR, artiste qui façonne une matière solide quelconque au moyen d'un instrument, ou plutôt qui exécute des bas-reliefs de peu de saillie sur les métaux. Après avoir passé au feu une pièce mince de métal pour la ramollir, le ciseleur dessine grossièrement dessus les grands contours de son sujet; ensuite il emboutit les parties qui doivent être les plus saillantes. Après avoir fait recuire la pièce de nouveau, il la met en *ciment* (le ciment est une pâte composée de cire, de résine et de brique mise en poudre et tamisée), il remplit les creux de sa pièce de ciment, et sculpte ensuite le relief.

CISRHÉNANE, ancien nom de la partie de la Germanie placée sur la rive gauche du Rhin, et par conséquent en deçà (en latin, *cis*) du Rhin par rapport aux Romains.

**CIST** ou **KIST**, vaisseau de la contenance de 2 pintes environ, dans lequel on mettait jadis du vin.

**CISPADANE.** Voy. CISALPINE.

**CISPLATINE** (RÉPUBLIQUE). Voy. BANDA-ORIENTAL.

**CISSAMPELOS**, genre d'arbrisseaux sarmenteux de la famille des ménispermées, indigènes aux contrées équinoxiales, aux feuilles simples, pétiolées; aux fleurs disposées en groupes axillaires. Le suc du *cissampelos pareira* est employé, au Brésil, contre la morsure venimeuse des serpents. Sa racine, connue dans nos pharmacies sous le nom de *pareira brava*, jouit de grandes propriétés toniques et diurétiques.

**CISSOÏDE**, courbe inventée par le géomètre grec Dioclès pour résoudre le problème, alors célèbre, de la construction de deux moyennes proportionnelles entre deux lignes données.

**CISTE**, genre de plantes de la famille des cistées, à laquelle il a donné son nom, renfermant des plantes indigènes au midi de l'Europe, arbustes ou sous-arbrisseaux, à feuilles simples et opposées, à fleurs pédonculées, axillaires, assez grandes, jaunes, roses ou blanches, et disposées tantôt en épis ou en grappes terminales, tantôt solitaires. Plusieurs espèces produisent la gomme odorante connue en médecine sous le nom de *ladanum* ou *laudanum*.

**CISTE MYSTIQUE**, corbeille qu'on portait en grande pompe dans les orgies et les mystères de Cérès, de Cybèle, et dans plusieurs autres cérémonies religieuses. Les jeunes filles qui les portaient recevaient pour cette raison le nom de *cistophores*. Elles étaient d'une condition distinguée. On les appelait aussi *canéphores*. On trouve des médailles ou plutôt des monnaies anciennes sur lesquelles sont gravés des cistes, et appelées aussi *cistophores*. Elles étaient si communes, que la levée du tribut se nommait quelquefois *levée du cistophore*.

**CISTÉES** ou **CISTINÉES**, petite famille de plantes dicotylédonées polypétales et hypogynes, composée d'arbrisseaux, de sous-arbrisseaux et d'herbes; à feuilles le plus souvent opposées, à fleurs en épi ou en corymbe ombellé, quelquefois solitaires; à semences fines, assez nombreuses, et contenues dans une, trois, cinq ou dix loges. Elle ne renferme que les genres *ciste* et *hélicanthème*.

**CISTELLA** (COMBAT DE), combat livré le 5 mai 1795 à Cistella en Catalogne, au pied de la montagne Noire, et dans lequel le général français Guillaume, à la tête d'une brigade de quinze cents hommes, culbuta les Espagnols, qui avaient voulu le surprendre. Cette journée coûta à l'ennemi plus de 800 morts et environ 1,000 prisonniers.

**CISTERCIENS**, nom donné aux religieux bénédictins de l'ordre de Citeaux.

**CISTULE.** On nomme ainsi, en botanique, le conceptacle qui, dans les fruits, contient les corps reproducteurs, lorsqu'il est globuleux et clos dans sa jeunesse, et qu'il s'ouvre dans sa maturité : tel est celui des *sphærophores*.

**CISTOPHORES.** Voy. CISTE MYSTIQUE.

**CISTOPHORE**, monnaie d'argent des anciens Grecs, valait environ 3 drachmes.

**CITADELLE**, lieu particulier d'une place de guerre, fortifié de manière à commander sur la place et sur la campagne. On place ordinairement les citadelles sur l'enceinte, de manière qu'une partie est enclavée dans la ville, et l'autre saillante sur la campagne. Une citadelle est le plus souvent pentagone, régulière et à deux issues. En France, une citadelle peut avoir pour commandant un adjudant de place.
— Les citadelles ont existé de toute antiquité. L'*Acropolis* était celle d'Athènes, le *Capitole* celle de Rome, *Ilion* celle de Troie.

**CITATION**, ajournement, exploit de demande formé devant la justice de paix. Toute citation doit contenir la date des jour, mois et an; les nom, profession et domicile du demandeur; les nom, demeure et immatricule de l'huissier. La loi a voulu qu'indépendamment du délai d'un jour au moins laissé entre la citation et la comparution, il fût ajouté un jour pour chaque distance de trois myriamètres entre le domicile de la personne citée et le lieu où elle doit comparaître.

**CITÉ**, en latin *civitas*, nom donné aux villes principales d'un pays. Jérusalem a été appelée la cité sainte, parce qu'elle était le centre de la seule religion véritable. — La *Cité de Dieu* est un ouvrage de saint Augustin, divisé en vingt-deux livres, dans lequel il trace une vive peinture des deux cités, la céleste et la terrestre, c'est-à-dire, du ciel et de la terre. — Les cent cinquante villes municipales (*municipia*) qui existaient dans les Gaules lors de l'invasion des Francs étaient appelées *cités*.

**CITÉ.** On nomme ainsi à Paris une île de la Seine où était située l'ancienne Lutèce, et qui fut le berceau de Paris. Là se trouvent encore aujourd'hui l'église Notre-Dame et le Palais de Justice. Il y avait autrefois dans cette partie de Paris un théâtre établi en 1792 et supprimé en 1807. La salle a été depuis changée en un lieu de festins et de danses, sous le nom de *Prado*.

**CITEAUX**, village du département de la Côte-d'Or, à 2 lieues de Nuits, où s'éleva en 1098 la célèbre abbaye de bernardins, chef d'ordre de l'ordre qui portait son nom. Elle fut bâtie par Robert, abbé de Molesme. L'ordre prit naissance en 1109. Il devint bientôt très-étendu, et compta au nombre de ses réformes les trappistes, les feuillants, etc. L'ordre de Citeaux était divisé en différentes filiations ou congrégations. Chacune avait un abbé, et tout l'ordre général avait pour supérieur l'abbé de Citeaux, qui était général d'ordre, conseiller-né au parlement de Dijon, et chef de dix-huit cents monastères d'hommes et presque autant de filles. Après lui venaient les quatre abbés de la Ferté, de Pontigny, de Clairvaux et de Morimond, qu'on appelait les *quatre premières filles* de Citeaux. Les cisterciens avaient des collèges dans les universités les plus fameuses.

**CITERNE**, lieu souterrain et voûté, construit pour servir de réservoir où puissent être contenues et conservées les eaux pluviales. Les citernes sont utiles pour conserver l'eau destinée non-seulement à la boisson, aux bains et aux autres usages domestiques, mais encore aux teintures, blanchiments, etc. Plusieurs pays, tels que la Syrie et la Hollande, ne sont habitables que par le secours de ces constructions. On admire à Constantinople une citerne qui passe pour la plus belle du monde. Les voûtes portent sur deux rangées de deux cent douze piliers chaque.

**CITERNE**, petit bâtiment gréant une voile carrée sur un mât très-court placé au centre. Il sert à porter de l'eau douce aux bâtiments en armement sur les rades. La citerne a un bassin construit dans toute l'étendue de sa cale et garanti de l'eau de la mer. Elle porte 30 à 40 tonneaux.

**CITHARE**, instrument de musique des anciens, dans lequel quelques antiquaires voient la *chélys* inventée par Mercure et modifiée par Apollon. Selon l'opinion la plus vraisemblable, c'était un instrument assez semblable à la guitare, à laquelle il a donné son nom, formant un ovale qui allait en se diminuant par une de ses parties, où il se terminait en un seul manche droit, surmonté lui-même d'un chevillier recourbé en dedans et légèrement incliné sur un côté. A droite et à gauche se trouvaient les chevilles destinées à tendre les cordes.

**CITHÉRON**, montagne de Béotie, située au midi de l'Asope et séparant la Béotie de l'Attique. Le mont Cithéron était consacré à Jupiter Cithéronius et aux muses. C'est sur son sommet qu'Actéon, changé en cerf, fut déchiré par ses chiens, et qu'Hercule tua un énorme lion. Le mont Cithéron avait été un des noms de Cithéron, roi de Platée en Béotie, qui réconcilia Jupiter et Junon.

**CITOYEN**, bourgeois ou habitant d'une ville, jouissant des priviléges de la bourgeoisie et des droits de cité. En 1792, les noms de *citoyen*, *citoyenne*, furent substitués à *monsieur*, *madame*, et se perdirent à l'époque de l'empire. La loi ne qualifie *citoyens actifs* que ceux qui sont nés en France d'un père français, ou qui, nés d'un père étranger, ont fixé leur résidence en France; ceux qui, nés en pays étrangers d'un père français, ont prêté le serment civique en s'établissant en France, etc.

**CITRATES**, sels résultant de la combinaison de l'acide citrique avec les bases salifiables. Ils sont tous sans usage, excepté le *citrate de chaux*, dont on extrait l'acide citrique.

**CITRIQUE** (ACIDE), acide composé sur cent parties de 33,811 de carbone, de 59,859 d'oxygène et de 6,330 d'hydrogène. Il est solide, blanc, cristallisé en prismes rhomboïdaux, et existe libre dans un grand nombre de fruits; mais c'est toujours du jus de citron qu'on l'extrait en saturant le suc par le sous-carbonate de chaux, et en décomposant par l'acide sulfurique le citrate de chaux qui s'est formé. L'acide citrique est employé en médecine comme antiseptique, rafraîchissant et diurétique. Broyé avec du sucre et aromatisé avec un peu d'essence de citron, il constitue la limonade sèche.

**CITRON**, fruit du *citronier*. Il est de forme ovoïde, d'un rouge brun et triste en naissant, et prenant à l'approche de la maturité une couleur de jaune clair. Il offre une double écorce; l'une extérieure, vulgairement dite le *zeste*, est raboteuse, mince, remplie d'une huile essentielle très-aromatique; l'autre intérieure, connue sous le nom de *ziste*, blanche, épaisse, tendre, charnue, contre laquelle s'appuie la pulpe acide et juteuse, ainsi que les neuf à dix loges où sont renfermées les graines. Etendu avec de l'eau et édulcoré avec du sucre ou du sirop, le suc de citron constitue la *limonade*.

**CITRONELLE**, nom donné à plusieurs plantes qui répandent une odeur de citron quand on froisse leurs feuilles entre les doigts. Ce sont l'*armoise-aurone*, la *verveine à trois feuilles*, la *mélisse officinale*, le *syringat odorant*.

**CITRONIER**, espèce du genre *oranger*, de la famille des hespéridées, originaire de la zone torride. Cet arbre, haut de quatre à cinq mètres au plus, a la tige grisâtre, les rameaux anguleux et violets dans leur jeune âge, plus tard arrondis et verdâtres, garnis de feuilles ovales oblongues, d'un vert clair. Ses fleurs, blanches en dedans, violacées au dehors, exhalent une odeur faible. Le fruit est le *citron*. Le citronier compte peu de variétés.

**CITROUILLE**, nom donné vulgairement à toutes les espèces de *courges*, et qui doit être réservé à une espèce de la section *pepon* et du genre *courge*. On la connaît aussi sous le nom de *giraumont*. Elle a le fruit très-gros, à coque de couleurs différentes et dont la forme varie singulièrement. La citrouille a la chair fine, pâle et excellente à manger.

**CITULE**, genre de poissons renfermant cinq espèces, dont la plus intéressante est la *belle citule* ou *belle carangue*, de couleur argentée, aux nageoires jaunes. C'est le poisson le plus commun en hiver au marché de Massuah, en Egypte, où on le désigne par le nom de *bajad*.

**CIUDAD-REAL**, province d'Espagne, formée de l'ancienne Manche, entre celles de Tolède, de Cuenca, de Badajoz, de Jaen, de Cordoue et de Chinchilla. Sa superficie est de 98 lieues carrées, et sa population de 372,810 habitants. Elle produit des grains, des fruits, du safran, des olives, du vin excellent. On y trouve de la laine, du chanvre, du lin, de la cire, de la soie, des bestiaux, des peaux, de la potasse, du mercure, du cinabre, de l'antimoine. — Le chef-lieu est Ciudad-Real, à 36 lieues de Madrid, ancienne capitale de la Manche. Sa population est de 9,000 habitants. On y prépare des peaux pour les gants Elle a des hôpitaux.

CIVADIÈRE, vergue gréée au-dessous du mât de beaupré pour servir à retenir les haubans des bout-dehors des mâts de foc qui passent à chaque extrémité de cette vergue. La voile est aussi appelée civadière.

CIVE, nom donné faussement à la ciboule et à la ciboulette, et désignant un oignon dégénéré. La cive a du reste toutes les propriétés de l'oignon, et on s'en sert comme la ciboule.

CIVETTE, genre de mammifères de la famille des carnassiers digitigrades, renfermant des animaux qui ont la tête longue, le museau pointu, le nez terminé par un mufle assez large, ayant les narines grandes et percées sur ses côtés, la langue à papilles cornées, une poche plus ou moins profonde placée au-dessous de l'anus, renfermant une matière grasse, odorante, onctueuse, de la consistance du miel ou de l'axonge, de couleur d'abord blanche, puis brune, d'une odeur forte et quelquefois fétide et d'une saveur âcre et brûlante. Cette matière, nommée aussi civette, est très-employée en parfumerie. On s'en servait autrefois en médecine comme stimulante et antispasmodique. La queue de l'animal est longue, couverte de poils; le pelage est bien fourni. Le genre civette se divise en deux sous-genres, la civette proprement dite et la genette. Les civettes habitent l'Afrique. Elles sont carnivores.

CIVETTE (bot.). Voy. Ciboulette.

CIVILIS (Claudius), Batave illustre par sa noblesse et sa valeur, vivait dans le 1er siècle. Accusé d'avoir voulu troubler le repos de l'empire sous Néron, il fut mis aux fers; Galba l'en tira. Civilis, pour venger son injure, souleva contre Rome les Bataves et leurs alliés. S'étant joint aux Gaulois, il défit Lupercus et Herennius Gallus, partisans de Vitellius, et feignit de ne combattre que pour Vespasien. La révolte qu'il suscita dans les Gaules ayant détrompé les Romains (70 de J.-C.) qu'il avait attirés dans son parti, ils l'abandonnèrent. Petilius Cerealis l'attaqua près de Trèves, et le défit. Une seconde action repoussa Civilis au delà de la Meuse. Civilis obtint son pardon.

CIVIQUE (Couronne), couronne de feuilles de chêne avec les glands, que donnait le général d'armée à un citoyen qui avait conservé la vie à un autre citoyen en tuant son ennemi dans une bataille ou dans un assaut.

CIVITA-VECCHIA, ville des Etats romains, à 14 lieues de Rome, chef-lieu d'une délégation, renfermant une partie de l'ancien patrimoine de Saint-Pierre. Sa superficie est de 122 lieues carrées, et sa population de 198,000 habitants. Civita-Vecchia a un port, un arsenal et des fortifications dues à Urbain VIII. Elle exporte du soufre brut, de l'alun de Rome, de la laine, de l'huile, de la soude et des grains. La population de Civita-Vecchia est de 6,000 habitants.

CIVOLI ou Cigoli (Ludovico), peintre et architecte, né à Cigoli en Toscane l'an 1559, s'appelait Gardi. Elève d'Alexandre Allori, il fut reçu en qualité de peintre à l'académie de peinture de Florence, et comme poëte à celle de la Crusca. Son chef-d'œuvre pour l'architecture est le palais Ranuccini à Florence. Son tableau du Martyre de saint Etienne le fit nommer le Corrège florentin. Ses autres ouvrages sont : une Vénus avec un Satyre, le Sacrifice d'Isaac et un Ecce homo. Il mourut à Rome en 1613.

CIVRAI, petite ville du département de la Vienne, sous-préfecture, sur la rive droite de la Charente, à 15 lieues de Poitiers. Sa population est de 2,293 habitants. Elle a un tribunal de première instance et un collège. Les châtaignes de Civrai sont très-estimées; on recueille aussi d'excellentes truffes dans son arrondissement.

CIZIQUE. Voy. Cyzique.

CLACKMANNAN, comté d'Ecosse, entre ceux de Kinross, de Perth, de Stirling, de Linlithgow et de Fife. Sa superficie est de 26 lieues carrées, et sa population de 13,700 habitants. Il produit du blé, du sel, etc. On y trouve des pâturages et du charbon de terre. La capitale est Clackmannan, au fond du golfe de Forth, à 8 lieues d'Edimbourg.

CLADOBATE, nom donné par Cuvier aux animaux du genre tupaïa.

CLAIE, nom donné par le vannier à un tissu formé de plusieurs bâtons menus et parallèles, plus ou moins espacés, et fixés par une chaîne d'osier et d'autres bâtons menus et flexibles. On s'en sert dans le jardinage pour tamiser les terres. Les orfévres donnent ce nom à une sorte de marchepied qui se pose par terre sous leur établi, et dans les creux duquel tombent la limaille et les paillettes d'or et d'argent qui se détachent des ouvrages.

CLAIN, rivière de France qui prend sa source sur les confins du département de la Charente, traverse celui de la Vienne, passe à Poitiers et se jette dans la Vienne à une lieue de Châtellerault. Il est navigable pendant 2 lieues. En 1600, il l'était jusqu'à Poitiers. On doit ouvrir un canal de Poitou qui joindra la Vienne à la Charente par le Clain.

CLAIR (Saint), premier évêque de Nantes, vint dans les Gaules vers l'an 280, sous le règne de Probus. On croit que c'est le même que saint Clair d'Aquitaine, qui de cette province pénétra dans la Bretagne. Saint Clair, né à Rochester, prêcha la foi chrétienne dans le diocèse de Rouen, et fut assassiné en 894.

CLAIR-OBSCUR, effet de lumière rendu dans un tableau par le peintre, sans avoir égard à la variété des couleurs, à leurs tons ni à leurs nuances. La science du clair-obscur est donc celle de la disposition de la lumière dans un tableau. Raphaël et le Poussin ne possédaient ni l'un ni l'autre cette partie importante de l'art. Ceux des peintres fameux qui ont le mieux employé le clair-obscur sont le Corrège et Van-Dyck.

CLAIRAUT (Alexis-Claude), célèbre mathématicien, né en 1713 à Paris d'un père géomètre. Il montra dès sa jeunesse un très-grand génie pour les sciences. Il fut du nombre des académiciens qui déterminèrent la forme de la terre. Il soumit au calcul l'équilibre qui, selon le système newtonien, retient la lune entre le soleil et la terre. L'aberration des étoiles et des planètes lui doit encore une théorie. Il composa pour la marquise du Chastelet ses Eléments de géométrie. On lui doit encore la Théorie de la lune et la Théorie de la figure de la terre. Clairaut mourut en 1765.

CLAIRCE, nom donné dans les raffineries de sucre au sirop de sucre brut traité par le charbon ou tout autre agent propre à décolorer, et clarifié avec du sang et des œufs.

CLAIRE (Sainte), née à Assise en 1193 d'une famille noble, prit en 1212 des mains de saint François l'habit de pénitente à Notre-Dame de la Portioncule. Elle s'enferma ensuite dans l'église de Saint-Damien, où elle demeura quarante-deux ans avec plusieurs compagnes. Cette église fut le berceau de l'ordre appelé en Italie delle Povere Donne (des pauvres femmes), et en France de Sainte-Claire ou clarisses. Sainte Claire mourut en 1253. Sa fête se célèbre le 12 d'août. Les religieuses de son ordre sont divisées en damianistes, scrupuleuses observatrices de la règle donnée à leur fondatrice par saint François; et en urbanistes, qui suivent les règlements mitigés donnés par Urbain VI.

CLAIRET, vin rouge faible et de couleur peu foncée. C'est aussi le nom d'une composition pharmaceutique, préparée en faisant infuser des plantes odorantes dans du vin et en y ajoutant du sucre et du miel.

CLAIRETS ou Clérets, abbaye de filles de l'ordre de Cîteaux, fondée vers le commencement du XIIIe siècle, dans le diocèse de Chartres, par Mathilde de Brunswick, femme de Geoffroi, comte du Perche, et sœur de l'empereur Othon IV. Les religieuses portaient le nom de clairettes. D'abord sous la conduite des abbés de la trappe, elles passèrent sous la filiation de Clairvaux et retournèrent en 1690 sous celle de la trappe.

CLAIRETTE. Voy. Mache.

CLAIRFAIT (François-Sébastien-Charles-Joseph de Croix, comte de), né en 1733 près de Binche (Hainaut). Entré au service en 1743, il fit la guerre de sept ans. Les services qu'il rendit dans celle de 1788 à 1789 contre la Turquie lui firent obtenir le grade de général d'artillerie. Commandant du corps autrichien qui en 1792 pénétra dans la Champagne avec l'armée prussienne, il s'empara de Stenai et Longwy, et perdit la bataille de Jemmapes. Nommé en 1795 feld-maréchal, il eut à tenir tête contre trois armées françaises; il les repoussa, et fit lever le siége de Mayence. Rappelé à Vienne en 1796, il fut nommé au conseil aulique de la guerre, et mourut en 1798.

CLAIRON, instrument de musique semblable à la trompette, mais dont le tube est moins gros, et qui sonne l'octave aiguë de la trompette ordinaire. Il fut longtemps en usage chez les Maures, qui le transmirent aux Portugais, qui s'en servaient dans la cavalerie et la marine.

CLAIRON, jeu d'anche en étain qu'on emploie dans les orgues de France et des Pays-Bas, et qui sonne l'octave aiguë du jeu de même espèce appelé trompette, et la partie aiguë de la clarinette.

CLAIRON (Claire - Josèphe - Hippolyte Leyris de la Tude, connue sous le nom de), célèbre actrice, née à Condé (Nord) en 1723. Elle se sentit de bonne heure un penchant irrésistible pour le théâtre, et débuta avec succès, à peine âgée de douze ans, sur la scène de la comédie italienne. Elle passa ensuite sur celle de Rouen, de Gand et de Dunkerque. Elle reçut l'ordre de venir débuter à l'Opéra en mars 1743, puis à la comédie française, où elle fut admise dans l'emploi des soubrettes. Elle débuta le 19 septembre 1743 dans le rôle tragique de Phèdre, et produisit un effet prodigieux. Elle devint ainsi la rivale de Mlle Dumesnil. Des désagréments la décidèrent à demander sa retraite en 1766. Elle mourut en 1803. Elle excellait dans les rôles de Phèdre, de Médée, de Didon, d'Athalie, d'Aménaïde et de Roxane. On a d'elle des mémoires.

CLAIRONES, tribu d'insectes de l'ordre des coléoptères, de la section des pentamères, famille des serricornes, renfermant des insectes au corps cylindrique, à la tête et au corselet plus étroits que l'abdomen, aux antennes toujours plus grosses à l'extrémité, soit en massue, soit en scie. On trouve ces insectes, soit sur les fleurs, soit sur le tronc des arbres. Leurs larves sont toutes carnassières.

CLAIRVAUX, célèbre abbaye de l'ordre de Cîteaux, située dans le département de l'Aube. Saint Bernard, qui la fonda, en fut le premier abbé en 1115. L'abbaye de Clairvaux était régulière, et avait sa dépendance en France dix-huit abbayes d'hommes et vingt-huit de filles. Elle avait quarante abbayes d'hommes et de filles en pays étranger. — Depuis la révolution, les bâtiments de l'abbaye de Clairvaux ont été convertis en une maison centrale de détention pour les condamnés des départements de l'Ain, des Ardennes, de l'Aube, de la Côte-d'Or, du Jura, de la Marne, de la Haute-Marne, de la Meurthe, de la Meuse, de la Moselle, de la Nièvre, de Saône-et-Loire et de l'Yonne. Elle renferme plus de deux mille individus employés, séion leur capacité, au battage, à l'épluchage, à la filature, au tissage, etc., du coton.

CLAMECY, au confluent du Beuvron et de l'Yonne, chef-lieu d'arrondissement du département de la Nièvre, à 18 lieues de Nevers. Sa population est de 5,539 habitants. Elle a des tribunaux de première instance et de commerce, un collège, une société d'agriculture, et commerce en bois et papeteries.

CLAN, nom donné à chaque tribu des *highlanders écossais*, offrant la même organisation de la famille primitive, c'est-à-dire, un nombre limité d'individus, obéissant à l'autorité patriarcale et héréditaire d'un chef nommé *tiern* en langue gaélique. L'organisation des Ecossais par clans a été brisée par la défaite de Culloden, vers laquelle la nationalité écossaise s'est perdue.

CLANCULAIRES ou OCCULTES, secte particulière d'anabaptistes, qui croient qu'ils peuvent sans crime déguiser leur foi, et qu'il n'y a jamais d'obligation de la confesser. On les appelle aussi *hortulaires*, *jardinaires* ou *frères jardiniers*, parce qu'ils ne s'assemblent pas dans les églises, mais dans les jardins.

CLANDESTINE, genre de la famille des pédiculariées, renfermant des plantes herbacées, qui vivent en parasites sur les racines des arbres et autres végétaux habitant les lieux couverts et humides. Elles se ramifient dans leur partie supérieure, et sont garnies d'écailles au lieu de feuilles ; leurs fleurs sont grandes, blanches, bleuâtres ou violacées, groupées en forme d'épi. On attribue à la *clandestine à fleurs droites* la propriété de rendre fécondes les femmes stériles.

CLAPET, pièce principale d'une pompe, faisant l'office d'une soupape destinée à ouvrir et à fermer alternativement le passage de l'eau qu'on veut élever. Le clapet est formé d'un cuir garni sur ses faces opposées de deux rondelles ou platines de métal, qui lui servent de doublure. Ces trois épaisseurs sont fortement serrées l'une sur l'autre par des vis. Il porte d'un côté une queue par laquelle il est attaché au piston ou au diaphragme qui ferme le tuyau de la pompe. La pression de l'eau la force de découvrir l'orifice du piston quand on l'enfonce, et cette même pression, quand on le retire, le force de le fermer.

CLAPIER ; nom donné au *lapin domestique*, et au lieu fermé de tous côtés où on le tient.

CLAPPERTON (Hugues), célèbre voyageur écossais, né en 1788 à Annan (Dumfrieshire). Embarqué dès l'âge de treize ans, il fut élevé en 1806 au grade de *midshipman* (enseigne). Revenu du Canada en 1817, mis à la demi-solde et retiré à Lochmaren (Ecosse), le capitaine Clapperton obtint d'accompagner en 1820 le docteur Oudney dans l'intérieur de l'Afrique. C'est dans ce voyage que l'existence du royaume de Bornou, de plusieurs villes importantes, fut révélée à l'Europe. Il arriva à Sackatou, capitale de l'empire de Fellatahs, dont le sultan Mohammed Bello lui fit un bon accueil. Au second voyage qu'il y fit, il n'en fut pas de même, et Clapperton mourut de chagrin à Sackatou.

CLAQUE-BOIS ou RÉGALE, instrument de percussion à touches, composé de dix-sept bâtons de bois dur et sonore, qui vont en diminuant de longueur, et dont chacun fait entendre les sons d'une des notes de la gamme, quand on les frappe avec un marteau, de la même manière à peu près que le clavecin et l'épinette.

CLAQUE, double soulier imparfait dans lequel on fait entrer le vrai soulier, et qui tient le pied chaudement à l'abri de l'humidité. Cette espèce de chaussure a été imitée de celle des Turks.

CLARA (DIDIA). Voy. DIDIA.

CLARE, comté d'Irlande dans la province de Munster, entre ceux de Galloway, de Limerick, de Kilkenny, de Tipperary et l'Océan. Sa superficie est d'environ 160 lieues carrées, et sa population de 100,000 habitants. Le comté produit du blé, des pâturages, des bons chevaux. — La capitale est *Ennis*, sur la rive droite du Shannon. Elle envoie un député au parlement.

CLARENCE (Georges D'YORCK, duc DE), second fils de Richard, duc d'Yorck, et frère d'Édouard IV. Le comte de Warwick, mécontent de ce que le roi avait dédaigné ses conseils, arma l'Angleterre contre lui, et attira dans son parti le duc de Clarence, qui bientôt se repentit d'avoir aidé la maison de Lancastre, et rappela son frère Édouard. Sa trahison à la bataille de Barnet (il passa à son frère avec 12,000 hommes) redonna le trône à Édouard. Celui-ci, se méfiant de Clarence, lui permit de choisir le genre de mort qui lui paraîtrait le plus doux. On le plongea, selon ses désirs, dans un tonneau de malvoisie, et on lui trancha ensuite la tête (1483). Clarence laissa un fils, Edouard, comte de Warwick, qui fut enfermé par Henri VII à la Tour de Londres, et qui, ayant tenté d'en sortir, fut décapité en 1499.

CLARENDON (Edouard HYDE, comte DE), né dans le comté de Wilts en 1608. Il se distingua par ses talents et sa capacité dans les affaires. l. fut surtout célèbre comme chancelier d'Angleterre. Disgracié à cause de sa grande franchise et de sa droiture incompatible avec la politique de Charles II, il se retira à Rouen, où il mourut en 1674. Sa fille, Anne Hyde, avait épousé Jacques, duc d'Yorck, depuis Jacques II. On a du comte de Clarendon une *Histoire de la rébellion depuis 1641 jusqu'au rétablissement de 1660*, est fort estimée.

CLARENINS, religieux d'une congrégation de l'ordre de Saint-François, qui a pris son nom de la Clarène, petite rivière de la Marche d'Ancône. Cette congrégation fut fondée vers l'an 1302 par Ange de Cordon, religieux de l'Observance, qui se joignit ensuite aux ermites célestins. Cette congrégation, approuvée en 1317, et qui avait été jusque-là sous la juridiction des ordinaires, se partagea en deux partis ; les uns qui s'unirent aux frères mineurs, et les autres qui furent contraints en 1510, par Jules II, de s'incorporer avec les observantins. Pie V les supprima en 1566.

CLARENS, village de la Suisse, dans le canton de Vaud, sur le bord du lac Léman, dans une situation délicieuse. Il est célèbre parce que Rousseau y place l'action de la Nouvelle-Héloïse.

CLARIFICATION ; opération qui consiste à déterminer la séparation des substances étrangères tenues en suspension dans un liquide, dont elles troublent la transparence. Il y a deux méthodes principales de clarification ; l'une fondée sur des moyens purement mécaniques, comme le repos, la filtration, etc., et l'autre qui résulte de combinaisons contractées, c'est-à-dire, de véritables actions chimiques, comme du blanc d'œuf battu dans de l'eau.

CLARINETTE, instrument à vent, composé d'un tube creusé, selon la longueur, d'un canal cylindrique nommé *perce*, de quinze millimètres de diamètre, et terminé par une partie évasée en cône, dite la *patte* ou le *pavillon*. A l'autre extrémité est le *bec*, auquel est ajustée une languette mince de roseau, appelée *anche*. Le tube est percé de trous qu'on bouche avec les doigts ou avec des clefs, et qui servent à modifier les intonations. La clarinette possède près de quatre octaves, à partir du *mi*, au-dessous du plus grave des sons du violon. Les sons qui s'étendent de ce *mi* jusqu'au *si bémol* à la *douzième* prennent le nom de *chalumeau* ; du *si naturel* jusqu'à l'*ut dièse* au-dessus, forment une octave et un ton, ce sont ceux du *clairon* ou de la *clarinette*. Du *ré* de la deuxième octave jusqu'au *contre-ut*, le son est dit aigu. Le doigté de la clarinette est très-difficile et très-compliqué. Elle a été inventée à Nuremberg vers 1700.

CLARKE (Samuel), savant Anglais, né en 1675 à Norwich. Il acquit bientôt la réputation d'un des philosophes les plus profonds de son siècle, et parvint par son mérite au rang de chapelain de la reine Anne (1706) et bientôt après (1709), de recteur ou curé de la paroisse de Saint-Jacques de Westminster. Il mourut en 1729. Il est surtout connu par ses sermons sur l'existence et les attributs de Dieu, regardés comme la plus forte et la plus belle démonstration qui jamais en ait été faite.

CLARKE (Henri-Jacques-Guillaume), duc de Feltre, né à Landrecies en 1765, entra en 1781 à l'école militaire de Paris, et parvint successivement aux grades de lieutenant, de colonel et de général de brigade. Chef d'état-major de l'armée du Rhin, et plus tard chef du bureau topographique, il dut à ses services (1795) le grade de général de division. Bonaparte l'admit dans son intimité. Il fut en 1800 nommé commandant extraordinaire de Lunéville. Il fut appelé en 1807 au ministère de la guerre, et (1814) par Louis XVIII à la pairie, et de nouveau au ministère de la guerre. Il cessa de l'être en 1817, et fut nommé maréchal de France. Il mourut en 1818.

CLAROS, ville d'Ionie, célèbre par un oracle d'Apollon. Elle fut bâtie, dit-on, par Manto, fille de Tirésias, qui s'enfuit de Thèbes après la prise de cette ville par les Epigones. Manto ne cessant point de pleurer le malheur de sa patrie, il se forma de ses larmes un lac près duquel elle jeta les fondements du temple d'Apollon.

CLASSIFICATION, distribution méthodique des objets, et marche suivie pour y arriver. On a donné le nom de *systèmes artificiels* aux classifications dans lesquelles on a groupé les êtres d'après des considérations n'ayant rapport qu'aux modifications présentées par une seule de leurs parties, telles qu'en botanique celle de Tournefort, fondée sur la forme de la corolle, et celle de Linné fondée sur les organes sexuels. On donne au contraire le nom de *méthodes naturelles* aux classifications fondées sur l'ensemble de l'organisation des êtres.

GLASTIQUE (ANATOMIE), nom sous lequel on désigne spécialement les pièces d'anatomie artificielle inventées par M. le docteur Auzoux en 1822, et faites avec une composition semblable au carton-pâte, qui se coule dans des moules, et prend en se séchant la dureté du bois. Ces pièces reproduisent la forme, la couleur, les dimensions et la situation des parties solides du corps humain, et peuvent ainsi se monter et se démonter pour servir aux démonstrations anatomiques.

CLATHROÏDÉES, tribu des champignons appartenant à la famille des champignons proprement dits. Elle renferme des champignons à sporules (graines), réunies en une membrane épaisse, gélatineuse, étendue à la surface d'une partie du champignon, ou renfermées dans son intérieur, et comprend les *clathroïdes* et les *phalloïdes*.

CLAUDE. Deux empereurs romains ont porté ce nom. — CLAUDIUS TIBERIUS DRUSUS, fils de Drusus et oncle de Caligula, né à Lyon l'an 10 avant J.-C. Après la mort de Caligula, les soldats l'élevèrent à l'empire l'an 41 de J.-C. Il conféra par un décret aux Gaulois le droit d'entrer au sénat, et fit en personne une expédition dans la Grande-Bretagne (an de J.-C. 42). Il prit à cette occasion le surnom de *Britannicus*. Gouverné par ses favoris Narcisse et Pallas, et par sa femme Messaline, il punit de mort les monstrueuses débauches de cette dernière, et épousa sa nièce Agrippine, qui, pour assurer l'empire à son fils Néron, fit empoisonner Claude avec un goût de champignons l'an de J.-C. 54. — MARCUS AURELIUS FLAVIUS CLAUDIUS, surnommé *le Gothique*, né dans l'Illyrie ou la Dalmatie en 214, d'abord tribun militaire sous Dèce, ensuite gouverneur d'Illyrie sous Valérien, fut déclaré empereur l'an 268, après la mort de Galien. Il défit le rebelle Auréole, et remporta sur les Goths, qui pillaient la Thrace et la Grèce, la sanglante bataille de Naïsse

(*Nissa* en Servie). La peste l'emporta en 270.

CLAUDE LORRAIN. Voy. GELÉE.

CLAUDE DE FRANCE. Deux princesses du sang royal de France ont porté ce nom. — La première, fille de Louis XII et d'Anne de Bretagne, née à Romorantin en 1499, épousa en 1514 François, comte d'Angoulême, depuis roi sous le nom de François Ier. Elle fut couronnée à Saint-Denis en 1517, et mourut à Blois en 1524, après avoir donné le jour à trois princes et à quatre princesses. Son extrême bonté, sa piété sincère, l'avaient fait surnommer la *bonne reine*. — La seconde, septième enfant de Henri II et de Catherine de Médicis, née à Fontainebleau en 1547, épousa en 1558 Charles II, duc de Lorraine, dont elle eut une illustre postérité. Elle mourut en 1573.

CLAUDE (Saint), natif de Salins en Bourgogne, chanoine et archevêque de Besançon, quitta cette dignité pour se renfermer dans le monastère de Saint-Ouyan de Joux, qui, bâti sur le mont Jura, porta jusqu'au XIIIe siècle ce nom, qu'il quitta pour celui de Saint-Claude. Il en fut abbé, et mourut en 703 à quatre-vingt-dix-neuf ans. On célèbre sa fête le 6 de juin. — Il y a encore deux saints de ce nom : l'un, compagnon du martyre des saints Nicostrate, Castose, Victorin et Symphorien, à Rome ; l'autre, frère de saint Astère et de saint Néon, martyrisé avec eux en 285 à Egé en Cilicie.

CLAUDE (SAINT-), ville de France, chef-lieu d'arrondissement du département du Jura, à 13 lieues et demie de Lons-le-Saulnier, sur la Bienne. Sa population est de 5,222 habitants. Elle a un tribunal de première instance, un tribunal de commerce, un évêché érigé en 1742, et qui ressortit de l'archevêché de Lyon, un collége, une société d'agriculture et des tabletteries et quincailleries. — Elle doit son origine à une célèbre abbaye de bénédictins. Presque détruite en 1799 par un incendie, elle a été rebâtie en 1800.

CLAUDIA, famille patricienne de Rome, dont le chef fut Clausus, roi des Sabins, qui réunit ses forces à celles de Turnus contre Énée. C'est de ce prince que descendait Appius Claudius, qui, peu après l'expulsion des Tarquins, vint à Rome avec cinq mille clients. La famille Claudia donna à la république un grand nombre d'hommes illustres, et fut honorée de vingt-huit consulats, cinq dictatures, sept censures et six triomphes.

CLAUDIA, vestale, de la famille patricienne des Claudius. Accusée d'un inceste, elle tira seule avec sa ceinture le vaisseau sur lequel était la statue de Cybèle, qu'on venait de chercher en Phrygie, et qui se trouvait engravé dans le Tibre, et montra ainsi son innocence par ce prodige que Vesta opéra en sa faveur.

CLAUDIA (Antonia), fille de l'empereur Claude, épousa d'abord Cneius Pompeius, et ensuite Sylla Faustus, dont elle eut un fils. Son mari ayant été assassiné par ordre de Néron l'an 62 de J.-C., Néron, veuf de Poppée, voulut l'épouser, et, ne pouvant dompter ses refus, la fit mourir.

CLAUDIA (jurispr.), loi décrétée l'an de Rome 702 sous les auspices de Marcus Claudius Marcellus, et qui avait pour objet de défendre aux absents d'envoyer leurs suffrages dans les élections. — Loi qui défendit de prêter aux mineurs sous la condition d'être payé à la mort de leurs parents. — Loi décrétée l'an de Rome 535 sous les auspices du tribun de Rome Quintus Claudius, et qui avait pour objet d'ôter aux sénateurs la faculté de faire le commerce ; il leur fut défendu d'avoir chez eux un vaisseau contenant plus de trois cents amphores. La même défense fut étendue aux secrétaires et aux agents des questeurs. — Loi décrétée l'an de Rome 576, qui permit aux alliés de retourner dans leur patrie après avoir été inscrits sur les registres publics.— Loi qui priva du droit de bourgeoisie la colonie établie par César à Novicomum.

CLAUDICATION, action de boiter, qui est l'effet du raccourcissement ou de l'allongement de l'un des membres abdominaux, de l'ankylose de leurs articulations, de la paralysie de leurs muscles, etc. — Les vétérinaires ont établi plusieurs degrés dans la claudication ; savoir : la *feinte*, la *boiterie basse* et la *marche à trois jambes*. Dans le premier, la claudication est à peine apparente ; dans le second, elle est moins obscure ; dans le troisième, le membre malade ne peut pas servir à la progression de l'animal.

CLAUDIEN (Claudius), poëte latin, natif d'Alexandrie en Égypte, florissait sous Arcadius et Honorius, qui lui firent ériger une statue dans la place Trajane. Il fut l'ami de Stilicon, et à sa disgrâce il quitta la cour, et passa le reste de sa vie dans la retraite et l'étude. Ses meilleurs ouvrages sont des *Poëmes sur Rufin et Eutrope*, l'*Enlèvement de Proserpine* et le *Consulat d'Honorius*.

CLAUDIUS PULCHER (Publius), fils d'Appius Claudius Cæcus, consul l'an de Rome 503 avec Lucius Julius Pullus, perdit une bataille navale contre les Carthaginois. Attaqué par Asdrubal à la hauteur de Drépane, et, voyant que les poulets sacrés ne voulaient pas manger, il les fit jeter à la mer en disant : *S'ils ne veulent pas manger, qu'ils boivent*, et engagea le combat. Il fut vaincu par Asdrubal, qui coula à fond plusieurs vaisseaux romains, en prit 93, et poursuivit les autres jusqu'auprès de Lilybée. De retour à Rome, Claudius Pulcher fut déposé et condamné à l'amende.

CLAUSE, article d'un contrat, charge ou condition d'un testament. Il y a des clauses de différentes sortes : on appelle *clause comminatoire* une clause stipulant une certaine peine ; *clause dérogatoire*, une clause d'un testament dans laquelle on déclarait que si certaine phrase qui se trouvait dans un premier testament ne se trouvait pas dans un autre fait plus tard, ce dernier ne serait pas valide ; *clause irritante*, celle par laquelle une ordonnance enjoint quelque chose et annule tout ce qui serait fait au contraire ; *clause résolutoire*, celle qui par son accomplissement opère la révocation de l'obligation, et remet les choses au même état que si l'obligation n'avait pas existé ; *clause pénale*, par laquelle une personne, pour assurer l'exécution d'une convention, s'engage à quelque chose en cas de l'inexécution.

CLAUSTRAL, qui appartient au cloître. — Un *prieur claustral* est le régulier qui gouverne le monastère, à la différence du prieur commendataire qui en perçoit seulement une partie des fruits, et qui n'a point de juridiction sur les religieux. Les *offices claustraux* étaient, dans les abbayes, certaines charges auxquelles les abbés nommaient les religieux à leur gré.

CLAUSUS. Voy. CLAUDIA.

CLAVAIRE, genre de champignons, type de la famille des clavariées, caractérisé par un champignon charnu, simple, en massue ou à rameaux dressés, sans pédicule distinct, à la membrane séminifère lisse, couvrant toute sa surface, mais ne présentant de capsules que vers la partie supérieure. La *clavaire cendrée*, la *clavaire coralloïde* de couleur blanche et la *clavaire fauve* de couleur jaune sont bonnes à manger.

CLAVARIÉES, famille de plantes champignons proprement dits, renfermant toutes les espèces à membrane fructifère, recouvrant en totalité ou en partie la substance propre du champignon, qui n'ont pas de pédicule distinct, qui ont la forme de massue simple, et dont les rameaux sont dressés. La famille des clavariées comprend les genres *clavaire*, *pistillaire*, *crinule*, *typhule*, etc.

CLAVEAU, pierre taillée en forme de coin, qui sert à former une plate-bande au-dessus d'une fenêtre, d'une corniche, etc., et qui maintient en équilibre les pierres du haut de la fenêtre. On décore souvent le claveau de sculptures. — On emploie encore le mot *claveau* comme synonyme de *clavelée*, et comme nom du virus renfermé dans les pustules de la clavelée.

CLAVECIN, instrument de musique à clavier, formé de cordes sonores métalliques, tendues et accordées, qu'on fait résonner en posant les doigts sur le clavier, et qui ne diffère du *forte-piano* qu'en ce que, dans ce dernier, les touches du clavier frappent les cordes à l'aide de petits marteaux, tandis que dans le clavecin l'extrémité postérieure du clavier porte une lame de bois nommée *sautereau*, qui est armée d'une petite pointe de plume de corbeau qui pince les cordes.

CLAVECIN OCULAIRE, clavecin inventé par le P. Castel, et dans lequel les sept couleurs primitives répondaient aux sept tons de la musique. L'*ut* répondait au bleu, l'*ut dièse* au céladon, le *ré* au vert gai, le *ré dièse* au vert olive, le *mi* au jaune, le *fa* à l'aurore, le *fa dièse* à l'orangé, le *sol* au rouge, le *sol dièse* au cramoisi, le *la* au violet, le *la dièse* au violet bleu, le *si* au bleu d'iris.

CLAVECIN ou ORGUE DES SAVEURS, clavecin inventé par l'abbé Poncelet, et semblable à un buffet d'orgues portatif, dont le clavier était disposé, comme à l'ordinaire, sur le devant. L'action de deux soufflets formait un courant d'air continu porté par un conducteur dans une rangée de tuyaux acoustiques. Vis-à-vis ces tuyaux était disposé un pareil nombre de fioles remplies de liqueurs qui représentaient les saveurs primitives ; ces saveurs répondaient aux tons de la musique de la manière suivante : l'acide à l'*ut*, le fade au *ré*, le doux au *mi*, l'amer au *fa*, l'aigre-doux au *sol*, l'austère au *la*, le piquant au *si*.

CLAVEL ou CLAVELADE. Voy. RAIE BOUCLÉE.

CLAVELÉE, maladie éruptive et contagieuse, qui attaque les bêtes à laine, et qui a beaucoup de ressemblance avec la petite vérole. Elle est due au virus claveleux du *claveau*.

CLAVETTE, morceau de fer plat, plus étroit d'un bout que de l'autre, et qui sert dans beaucoup de machines à arrêter un boulon. On l'enfonce à coups de marteau dans une mortaise pratiquée dans le bout du boulon opposé à la tête.

CLAVICORNES, famille d'insectes de l'ordre des coléoptères, de la section des pentamères, ayant pour caractères : des élytres ne recouvrant souvent pas entièrement l'abdomen, quatre palpes, les antennes en massue à leur extrémité, les pieds seulement propres à la course.

CLAVICULE. Un des os de l'épaule de l'homme, à laquelle il sert d'arc-boutant. Il est régulier, légèrement contourné en S italique, et placé au-dessus et en avant de la poitrine entre le sternum et l'acromion. Moins courbée et plus longue chez la femme que chez l'homme, la clavicule est prismatique, triangulaire d'un côté, large et aplatie de l'autre. Elle est composée d'une couche épaisse de tissu compacte à l'extérieur, et de tissu spongieux à aréoles vastes dans l'intérieur.

CLAVI-CYLINDRE, instrument de musique, inventé par le physicien Chladni en 1793. Il était composé d'une sorte de piano à quatre octaves et demie, et pour le jouer on faisait tourner un cylindre de verre placé dans la caisse, et qui, en abaissant les touches, faisait frotter contre sa surface les corps qui produisaient des sons.

CLAVIER (mus.), assemblage des touches juxtaposées et rangées en lignes parallèles devant le musicien. Ces touches sont les extrémités d'autant de leviers dont l'autre extrémité va attaquer les cordes qu'on veut faire résonner. Les instruments à clavier sont l'*orgue*, le *piano*, le *clavecin*, la *vielle* et l'*épinette*. Les claviers des pianos ont six octaves ou six octaves et demie. Chaque octave est formée de douze touches, dont sept d'ivoire et cinq d'ébène ; celles d'ivoire rendent les notes de

CLAVIÈRE (Etienne), banquier de Genève, où il naquit en 1735. Il prit part aux troubles insurrectionnels qui éclatèrent en 1782, et fut l'un des déportés à cause de ses principes républicains. Rappelé en France en 1789 par Necker, il fut du nombre des Génevois qui formèrent le noyau du club des jacobins. Appelé en 1792 au ministère des contributions publiques, il fut destitué au mois de juin suivant. Après la déchéance du roi, Clavière fut réintégré dans ses fonctions, et devint membre du conseil exécutif. Arrêté et décrété d'accusation, il se poignarda pour échapper à la mort (1793).

CLAVIFORME, nom donné aux parties des plantes qui ont la forme d'une massue.

CLAVIJO Y FAXARDO, savant et littérateur espagnol, qui dut sa célébrité à la faute de laquelle il se rendit coupable envers la sœur de Beaumarchais, qui raconte ce fait dans ses *Mémoires*, et qui a aussi fourni à Gœthe le sujet d'un drame allemand. Auteur à Madrid du *Pensador* (Penseur), journal espagnol, et du *Mercure historique et politique de Madrid*, il fut vice-directeur du cabinet d'histoire naturelle, place qu'il occupait à sa mort arrivée en 1806.

CLAVI-LYRE, instrument de musique, inventé vers 1820 à Londres par un artiste nommé Batteman. C'est une espèce de harpe à cordes de boyau verticales, qui résonnent au moyen d'un clavier. M. Dietz le père a inventé en 1812, à Paris, un instrument de ce genre appelé *clavi-harpe*.

CLAVIPALPES, famille d'insectes de l'ordre des coléoptères, de la section des tétramères, renfermant des insectes aux antennes terminées par une massue, aux mâchoires armées intérieurement d'une dent cornée; leur corps est arrondi, bosselé; leurs mandibules dentées indiquent des animaux rongeurs. Le principal genre est celui des *érotyles*.

CLAVUS ANNALIS. Voy. CLOU.

CLAYMORE, longue épée écossaise. C'était aussi le nom du cri de guerre des anciens Ecossais.

CLAYONNAGE, nom donné à toute disposition formée avec des claies. — En agriculture, c'est un système de treillage dans lequel on emploie des gaulettes flexibles liées entre elles par de petits brins de bouleau ou d'osier. On l'emploie avec avantage pour le soutènement des terrains meubles et peu consistants.

CLAZOMÈNE, ville d'Ionie, sur la côte de la mer Egée, entre Smyrne et Chios. Elle fut fondée l'an de Rome 98 par les Ioniens, et donna le jour à Anaxagore et à plusieurs hommes illustres. Clazomène est aujourd'hui *Vourla*, à 10 lieues O. de Smyrne.

CLÉANDRE, esclave d'origine phrygienne, sut gagner les bonnes grâces de l'empereur Commode, qui en fit son favori et son chambellan en 182, après la mort de Perennius. Créé ministre d'État, il vendit toutes les charges de l'empire, et désigna en une seule année vingt-cinq consuls. Son insolence et sa cruauté soulevèrent le peuple, et Commode fut contraint de le faire décapiter l'an 190.

CLÉANTHE, philosophe stoïcien, né à Asson (Éolide) d'abord athlète, il se rangea parmi les disciples de Zénon, dont il remplit la place au Portique après sa mort. Il eut pour disciples le roi Antigone et Chrysippe, qui lui succéda dans l'enseignement des dogmes stoïciens. Ce philosophe, qui florissait environ l'an 240 avant J.-C., se laissa mourir de faim à l'âge de quatre-vingt-dix-neuf ans.

CLÉAR, cap de la côte méridionale de l'Irlande, à l'extrémité occidentale du comté de Corck.

CLÉARQUE, Spartiate qui, envoyé à Byzance par sa patrie, profita des troubles de cette ville pour s'y ériger en tyran. Rappelé par Lacédémone, il aima mieux se réfugier auprès du jeune Cyrus, frère d'Artaxercès, en Ionie, que de lui obéir Après la mort de Cyrus, arrêté par Tissapherne avec plusieurs officiers grecs, il fut envoyé au roi, qui ne le fit mourir l'an 403 avant J.-C.

CLÉCHÉ se dit, en termes de blason, d'une pièce ouverte à jour, et qui laisse voir le champ de l'écu par des ouvertures semblables à des anneaux.

CLÉDONISMANTIE, sorte de divination qui consistait à tirer de bons ou mauvais augures de certaines paroles prononcées en une circonstance. Ainsi, par exemple, les anciens s'imaginaient que le mot *incendie* prononcé dans un repas était de mauvais augure; Léotychidas, roi de Sparte, sollicité par un Samien de faire la guerre aux Grecs, apprenant qu'il se nommait *Hégésistrate* (général d'armée), s'écria : J'accepte l'augure d'Hégésistrate.

CLEEF (VAN-), famille de peintres flamands. — JOSEPH VAN-CLEEF, surnommé *le Fou*, né à Anvers de Wilhelm Van-Cleef, peintre, fut reçu à l'académie de cette ville en 1518, et devint un des meilleurs coloristes de son temps. — HENRI VAN-CLEEF, né à Anvers vers 1500, fut bon peintre de genre et de paysages. Son frère MARTIN VAN-CLEEF, né à Anvers en 1520, fut élève de Franc Flore, et mourut à l'âge de cinquante ans. Il eut quatre fils, tous bons peintres : GILLES, MARTIN, GEORGES et NICOLAS. — GUILLAUME VAN-CLEEF, frère de Martin et de Henri, peignit très-bien en grand, et mourut jeune. — JEAN VAN-CLEEF, né à Vanloo en 1646, mort en 1716, eut pour maître Gaspard Crayer, et devint un des plus grands maîtres flamands.

CLEF ou CLÉ, petit instrument que l'on emploie pour ouvrir ou fermer les serrures. Il est composé d'un *anneau*, d'une *tige* et d'un *panneton*, qui est fendu ou percé de différentes manières, suivant la confection de la serrure et des gardes qui y sont placées. — On nomme *clef forée* celle dont la tige est creusée, et *clef bénarde*, celle qui est terminée par un bouton. Les clefs des Romains étaient en bronze; celles que l'on fait maintenant sont ordinairement en fer.

CLEF (horlog.), pièce de fer, de cuivre ou d'acier, forée d'un trou carré auquel on donne un calibre égal à celui de l'*arbre carré* qu'il s'agit de tourner pour remonter la montre ou la pendule en roulant le grand ressort sur son axe central. Les clefs de montres se font à bas prix et en fabrique.

CLEF (archit.). On appelle ainsi la pierre qu'on place au sommet d'une voûte, et qu'on embellit quelquefois de sculptures et d'ornements variés. Elle supporte l'action de toutes les pierres qui, taillées en coin, c'est-à-dire, plus étroites vers l'*intrados* (partie qui regarde le centre), tendent à glisser et à s'enfoncer dans la voie que la voûte recouvre. La fonction de la clef est donc de consolider et de fixer toutes les parties d'une voûte. On appelle *clef à crossette*, celle qui a la forme d'un T; *clef pendante*, celle qui est chargée d'un ornement descendant plus bas que les voussoirs qui forment le sommet de la voûte; *clef en bossage* ou en *pointe de diamant*, celle qui a de la saillie.

CLEF D'OR (GENTILSHOMMES DE LA), nom donné à de grands officiers de la cour d'Autriche et d'Espagne, qui portaient à la ceinture une clef d'or, insigne du droit qu'ils avaient d'entrer dans la chambre de l'empereur ou du roi.

CLEF ou CLÉ (mus.), signe ou caractère qui se met au commencement d'une portée pour indiquer le degré d'élévation ou de gravité des notes qui y sont placées, et le genre de voix ou d'instrument auquel les voix appartiennent. Le nombre des clefs est de sept, divisées en trois catégories, une clef d'*ut*, quatre clefs d'*ut* et deux clefs de *fa*. La clef de *sol*, qui se pose à la seconde ligne de la portée, présente le diapason du *premier dessus*; celle d'*ut* posée sur la première ligne, celui du *second dessus*; celle d'*ut* sur la deuxième ligne, celui du *contralto* de femme; la clef d'*ut* sur la troisième ligne, celui de la *haute-contre*; la clef d'*ut* sur la quatrième ligne, celui du *ténor*; la clef de *fa* sur la troisième ligne, celui du *baryton* concordant ou *basse-taille*; la clef de *fa* sur la quatrième ligne, celui de la voix de *basse*, la plus grave de toutes. On trouve aussi dans quelques anciennes pièces de musique la clef de *sol* sur la première ligne. Elle correspond à la clef de *fa* sur la quatrième ligne; seulement les notes sont placées à une octave en dessus de cette clef de *fa*. — On donne encore, en musique, le nom de *clefs* à des soupapes de métal qui servent à boucher et à ouvrir les trous des instruments à vent, tels que le hautbois, la flûte, le basson, que les doigts ne peuvent atteindre.

CLÉLIE, jeune fille romaine, donnée en otage à Porsenna, roi d'Etrurie lorsqu'il mit le siége devant Rome vers l'an 507 avant J.-C., se sauva, et passa le Tibre à la nage, malgré les traits qu'on lui décochait. Porsenna, à qui on la renvoya, lui permit de s'en retourner et d'emmener avec elle celles de ses compagnes qu'elle voudrait. Elle choisit les plus jeunes. Le sénat lui fit ériger une statue équestre sur la place publique.

CLÉMATÈRES, vases à boire des anciens, petits, creux et sans oreilles. Ils étaient ornés de branches de sarments de vigne, en grec *cléma*, et c'est de là qu'ils tirent leur nom.

CLÉMATIDÉES, petite tribu de la famille des renonculacées, que l'on a formée pour le genre *clématite* et le genre *naravelia*.

CLÉMATITE, genre de la famille des renonculacées, renfermant trente espèces, servant à garnir des berceaux, les murs nus ou toute autre palissade. Leurs fleurs reposent solitaires sur de longs pétioles, et sont de couleur bleue dans la *clématite des buissons*, de couleur pourpre ou violette dans la *clématite viorne*, blanches dans la *clématite commune*, grandes et bordées au dehors d'une membrane veloutée et ondulante dans la *clématite crépue*, petites, peu odorantes et disposées en sorte de panicule dans la *clématite commune*. Les feuilles de celle-ci, vertes, écrasées et appliquées sur la peau, sont vésicantes et caustiques. Les mendiants y avaient jadis recours pour s'excorier les jambes et les bras, et attirer la commisération publique. Ses tiges sont employées à faire des paniers, des corbeilles et autres ouvrages de vannerie.

CLÉMENCE ISAURE. Voy. ISAURE.

CLÉMENCE DE HONGRIE, fille du roi de Hongrie, épousa en 1315 Louis X dit *le Hutin*, roi de France, qui faillit périr dans un naufrage en se rendant auprès de son époux. Louis X, à sa mort arrivée en 1316, la laissa enceinte. Elle accoucha sept mois après d'un prince nommé Jean, qui ne vécut que cinq jours.

CLÉMENCET (Dom Charles), savant bénédictin, né à Painblanc, entra en 1722, à l'âge de dix-huit ans, dans la congrégation de Saint-Maur. Après avoir enseigné avec distinction la rhétorique à Pont-le-Voy, il fut appelé à Paris dans le monastère des Blancs-Manteaux, où il mourut en 1778. C'est lui qui composa, avec D. Durand et D. Clément, l'*Art de vérifier les dates*. Chargé par ses supérieurs de continuer l'*Histoire littéraire de France*, il en donna le dixième, le onzième et le douzième volume. On lui doit l'*Histoire littéraire de Port-Royal* et plusieurs autres ouvrages.

CLÉMENT D'ALEXANDRIE (Saint), philosophe platonicien qui, devenu chrétien, s'attacha à saint Pantenus, qui gouvernait l'école d'Alexandrie. Elevé au sacerdoce, il lui succéda dans la direction de cette école l'an 190. Il eut un grand nombre de disciples, et entre autres Origène et Alexandre, évêque de Jérusalem, et mourut vers l'an 217. Parmi ses ouvrages les plus célèbres sont ses *Stromates* ou *Tapisseries*, tissues des maximes de la philosophie chrétienne, son *Pédagogue*, ses

*Hypotyposes* ou *Instructions*, et son *Exhortation aux païens*. Saint Clément d'Alexandrie portait avant le baptême le nom de *Titus Flavius Clemens*.

CLÉMENT. Quatorze papes ont porté ce nom. — CLÉMENT Ier, Romain de naissance, succéda en 67 à saint Lin, et abdiqua en 76. Il souffrit, dit-on, le martyre vers l'an 100. Les Grecs l'honorent le 24 de novembre, et les Latins le 23. — CLÉMENT II, Saxon, appelé auparavant *Suidger*, évêque de Bamberg, succéda en 1046 à Grégoire VI, et mourut en 1047. — CLÉMENT III, Romain, évêque de Préneste ou de Palestrine, élu pape en 1187, après la mort de Grégoire VIII, mourut en 1191, après avoir publié une croisade contre les Sarrasins. — CLÉMENT IV (*Guy le Gros Fulcodi*), né de parents nobles, à Saint-Gilles, devint secrétaire de saint Louis, archevêque de Narbonne, cardinal-évêque de Sabine, et légat en Angleterre. Il fut élu pape en 1265, après Urbain IV, et mourut en 1268. — CLÉMENT V, appelé auparavant *Bertrand de Goth*, né à Villandran près de Bordeaux, archevêque de cette ville en 1300, fut élu pape en 1305, après Benoît XI. Ce fut lui qui abolit en 1312 l'ordre des templiers. Ses décrets sont connus sous le nom de *Clémentines*. Il mourut en 1314. — CLÉMENT VI (*Pierre-Roger*), Limousin, archevêque de Rouen et cardinal, fut élu pape en 1342, après Benoît XII. Il fixa le jubilé de l'année sainte de cinquante en cinquante ans, et travailla pour la réunion des Grecs et des Arméniens. Il mourut en 1352. — CLÉMENT VII (*Jules de Médicis*), fils posthume de Julien de Médicis, tué en 1478, et cousin germain de Léon X, qui le créa cardinal en 1513 et lui donna les archevêchés de Florence, d'Embrun, de Narbonne, et l'évêché de Marseille, fut élu pape en 1523, après la mort d'Adrien VI. Il forma, avec François Ier, les princes d'Italie et le roi d'Angleterre, une coalition contre Charles-Quint, connue sous le nom de *sainte ligue*. Ce fut sous son pontificat que Rome fut saccagée en 1527, et que l'Angleterre se sépara de l'Eglise catholique. Il mourut en 1534. — CLÉMENT VIII (*Hippolyte Aldobrandini*), né à Fano, cardinal en 1585, succéda en 1592 à Innocent IX, réconcilia à l'Eglise le roi de France Henri IV, réunit au saint-siège le duché de Ferrare, et organisa le premier les fameuses congrégations *de auxiliis* touchant la grâce et le libre arbitre, contribua beaucoup à la paix de Vervins, condamna les duels, et mourut en 1605. — CLÉMENT IX (*Jules Rospigliosi*), né en 1599 à Pistoie (Toscane), cardinal-secrétaire d'Alexandre VII, lui succéda en 1667. Il déchargea ses peuples des tailles et des subsides, ménagea la paix qui fut conclue à Aix-la-Chapelle en 1668, opéra la réconciliation connue sous le nom de *paix de Clément IX*, touchant la condamnation du livre et des propositions de Jansénius, canonisa saint Pierre d'Alcantara et sainte Madeleine de Pazzi, et mourut en 1669. — CLÉMENT X (*Jean-Baptiste-Emile Altiéri*), Romain, fait cardinal par Clément IX, lui succéda en 1670, et mourut en 1676, à quatre-vingt-six ans. Son pontificat fut doux et pacifique. — CLÉMENT XI (*Jean-François Albani*), né à Pesaro en 1649, cardinal en 1690, fut élu en 1700, après Innocent XII. Son pontificat fut troublé par la guerre de la succession d'Autriche et les querelles du jansénisme. En 1713, il donna la fameuse bulle *Unigenitus* contre cent et une propositions du livre du P. Quesnel, et mourut en 1721. — CLÉMENT XII (*Laurent Corsini*), né en 1652 à Rome, succéda en 1730 à Benoît XIII, abolit une partie des impôts, fit châtier ceux qui avaient malversé sous le pontificat précédent, et donna ses revenus aux pauvres. Il mourut en 1740. Le peuple romain lui érigea une statue de bronze. — CLÉMENT XIII (*Charles Rezzonico*), né à Venise en 1693, cardinal en 1737, fut élu pape en 1758, après Benoît XIV. Son pontificat est célèbre par l'expulsion des jésuites du Portugal, de la France, de l'Espagne et du royaume de Naples, malgré tous les efforts qu'il fit pour l'empêcher. Il perdit le comtat Venaissin et la principauté de Bénévent, qui ne furent rendus au saint-siège que sous son successeur. Il mourut en 1769. — CLÉMENT XIV (*Jean-Vincent-Antoine Ganganelli*), né à Santo-Arcangelo, près de Rimini, en 1705, entra à dix-huit ans dans l'ordre des frères mineurs conventuels, fut créé cardinal en 1759, et élu pape en 1769, après Clément XIII. Il donna en 1773 le fameux bref qui éteignit pour toujours la compagnie de Jésus, et mourut en 1774. Il avait établi à Rome un muséum. On lui a attribué des *lettres* qui sont l'œuvre de Caraccioli.

CLÉMENT (Jacques), dominicain, né à la Sorbon près de Réthel en 1567, venait d'être fait prêtre, lorsqu'il prit la résolution d'assassiner Henri III. Encouragé dans ce dessein par son prieur Bourgoing, et excité dans sa haine par la duchesse de Montpensier, sœur du duc de Guise, il partit de Paris, et fut présenté le 1er août 1589 à Henri III, qui se trouvait alors à Saint-Cloud, et auquel il présenta une lettre. Pendant qu'il la lisait, il le frappa au bas-ventre d'un coup de couteau; et périt lui-même percé de mille coups. Son corps fut ensuite traîné sur la claie, tiré à quatre chevaux, et brûlé. La Sorbonne délibéra de demander sa canonisation, et son portrait fut placé sur les autels de Paris. Sixte-Quint prononça son éloge dans un consistoire.

CLÉMENT (Jacques), célèbre compositeur de musique, natif de Brabant, devint le premier maître de chapelle de l'empereur Charles-Quint, et resta toute sa vie au service de ce prince. Il mourut avant l'année 1540. Le sobriquet de *Clemens non papa* lui fut donné pour le distinguer du pape Clément VII, dont il était le contemporain. Ses principaux ouvrages sont des *messes à quatre voix*, des *hymnes à quatre parties*, des *chansons françaises*, une *messe des morts*, etc.

CLÉMENT (Dom François), religieux bénédictin de la congrégation de Saint-Maur, né à Bèze en Bourgogne en 1714. Appelé à Paris par ses supérieurs, il se dévoua, comme la plupart de ses confrères, à l'étude approfondie de l'histoire. Il fit paraître avec dom Brial les volumes 12 et 13 des anciens historiens de France, et passa treize ans à compléter l'*Art de vérifier les dates*, commencé par les bénédictins D. Antine, Durand et Clémencet. Il mourut en 1793.

CLÉMENT (Jean-Marie-Bernard), critique fameux, né en 1742 à Dijon, où il occupa d'abord une chaire d'éloquence. Il vint ensuite à Paris. D'abord admirateur de Voltaire, il se prononça ensuite contre lui. Voltaire le surnomma *l'Inclément*, à cause de son excessive sévérité. Il mourut en 1812. Son *Tableau annuel de la littérature* et ses *Observations sur différents écrits qui ont paru de nos jours* lui ont fait la réputation d'un littérateur instruit. On a encore de lui des tragédies de *Médée*, de *Cicéron* et de la *Jérusalem délivrée*.

CLEMENTI (Muzio), compositeur et pianiste célèbre, né en 1746 à Rome. Il est le chef de l'école moderne de piano. La collection de ses œuvres est immense. Elles sont écrites en partie pour le clavecin et en partie pour le piano. Il mourut à Londres en 1830.

CLÉMENTINES, nom donné à la partie du droit canon qui renferme les décrétales du pape Clément V et les canons du concile de Vienne, publiés en 1317 par l'autorité de Jean XXII. — On appelle aussi *Clémentines* un recueil de pièces faussement attribuées à saint Clément Ier, pape, et rempli de pièces apocryphes, de fables et d'erreurs.

CLENCHE ou CLINCHE, partie extérieure du loquet d'une porte, sur laquelle on applique le pouce pour l'élever. Elle est, à proprement parler, la bascule du loquet.

CLÉOBIENS, hérétiques de l'Eglise naissante de Jérusalem, qui niaient l'autorité des prophètes, la toute-puissance de Dieu et la résurrection, qui attribuaient la création du monde aux anges, et prétendaient que Jésus-Christ n'était pas né d'une vierge. Ils eurent pour chef un certain Cléobe ou Cléobule, disciple de Thébutes et compagnon de Simon, chef des simoniens.

CLÉOBIS et BITON (myth.), fils de Cydippe, prêtresse de Junon à Argos, n'ayant pas trouvé de bœufs pour les atteler au char de leur mère, s'attachèrent eux-mêmes au joug et traînèrent le char jusqu'au temple, éloigné de 45 stades. Cydippe ayant prié les dieux de leur accorder le don le plus précieux aux mortels, ils s'endormirent pour ne plus se réveiller.

CLÉOBULE, un des sept sages de la Grèce, fils d'Evagoras, natif de Lindos, fut contemporain et ami de Solon. Il fit un voyage en Egypte pour s'instruire de la philosophie des habitants. Il mourut vers l'an 560 avant J.-C., dans sa soixante-dixième année. — Sa fille *Cléobuline* se rendit également célèbre par son esprit et par sa beauté. Les Egyptiens admirèrent ses *énigmes*.

CLÉOMBROTE, troisième fils d'Anaxandride, roi de Sparte, et frère de Cléomène Ier et de *Léonidas*, fut père du célèbre Pausanias, qui défit Mardonius à Platée l'an 479 avant J.-C.

CLÉOMBROTE. Deux rois de Sparte, de la branche des Euristhénides, ont porté ce nom. — CLÉOMBROTE Ier, fils de Pausanias II, succéda en 383 avant J.-C. à son frère Agésipolis Ier, mort en faisant la guerre aux Olynthiens. Cléombrote fut envoyé deux fois contre les Thébains, et fut tué dans la célèbre bataille de Leuctres l'an 381 avant J.-C. — CLÉOMBROTE II, gendre de Léonidas, roi de Sparte, se fit élire au préjudice de son beau-père, par les artifices de Lysandre, l'an 244 avant J.-C. Chélonide, sa femme, alla consoler son père de sa disgrâce. Ce dernier ayant été appelé et Cléombrote chassé à son tour, elle partagea alors l'exil de son époux.

CLÉOMÈDE, fameux athlète d'Astypalée, une des Cyclades, qui, ayant tué involontairement un de ses antagonistes aux jeux olympiques, fut privé du prix et devint fou. De retour à Astypalée, il entra dans une école et rompit les colonnes qui soutenaient le bâtiment. Poursuivi à coups de pierres, il se réfugia dans un tombeau, et quand on voulut l'en faire sortir, on ne le trouva plus. L'oracle de Delphes, consulté sur ce prodige, répondit qu'il était le dernier des héros demi-dieux, et les Astypaléens lui rendirent les honneurs divins.

CLÉOMÈNE. Trois rois de Sparte, de la branche des Euristhénides, ont porté ce nom. — CLÉOMÈNE Ier succéda à son père Anaxandride l'an 530 avant J.-C., vainquit les Argiens, et délivra Athènes du joug des Pisistratides. Il tourna ensuite ses armes contre les Eginètes, qu'il punit aussi cruellement, et fit déclarer infâme son collègue Démarate, qui n'avait pas voulu marcher contre eux. Il se tua dans un accès de folie l'an 491 avant J.-C. — CLÉOMÈNE II succéda vers l'an 370 avant J.-C. à son père Agésipolis II, et mourut après un règne paisible l'an 309 avant J.-C. — CLÉOMÈNE III succéda l'an 236 avant J.-C. à son père *Léonidas* II. Ses victoires sur les Achéens lui facilitèrent l'exécution qu'il avait conçue d'arracher l'autorité aux éphores. Il les fit assassiner, fit revivre la plupart des lois de Lycurgue, procéda à un nouveau partage des terres, abolit les dettes, bannit le luxe, la mollesse et l'intempérance, et, après avoir affermi son autorité, attaqua les Achéens. Vaincu à Sellasie, l'an 226 avant J.-C., par les troupes d'Aratus et d'Antigone, Cléomène se retira en Egypte, où il fut bien accueilli de Ptolémée Evergète. Il encourut la disgrâce de son successeur, qui le fit mettre en prison. Il se donna la mort en 219 avant J.-C.

CLÉOMÈNES, sculpteur athénien, fils d'Apollodore, florissait dans la CLIIIe ou la la clive olympiade. Digne successeur de Praxitèle, ses beaux ouvrages le placent au premier rang des artistes grecs. La collection des antiques de Wilson-House, en Angleterre, renferme quatorze statues attribuées à Cléomènes; mais la plus belle sculpture due à son ciseau est la célèbre *Vénus de Médicis*, le modèle de la beauté par excellence.—Son fils CLÉOMÈNES, sculpteur comme lui, est l'auteur d'une statue connue sous le nom de *Germanicus*, mais qu'on croit représenter *Mercure*.

CLÉON, Athénien, fils d'un corroyeur et corroyeur lui-même, parvint par ses intrigues à obtenir une si grande autorité à Athènes, qu'il se fit donner le commandement des armées. Il s'empara de Thoron en Thrace, et battit les Lacédémoniens retirés dans l'île de Sphactérie. Mais peu après, ayant été envoyé contre Brasidas, général lacédémonien qui s'était jeté dans Amphipolis, il fut vaincu et massacré avec tous les siens, l'an 422 avant J.-C.

CLÉONYME, fils de Cléomène II, roi de Sparte, appela Pyrrhus à son secours, parce qu'on l'avait exclu du trône pour y placer Arée, fils de son frère Acrotatus. Cette démarche déplut tellement aux Spartiates que les femmes mêmes s'armèrent pour chasser le prince étranger l'an 273 avant J.-C.

CLÉOPATRE. Trois reines d'Egypte ont porté ce nom. — CLÉOPATRE, fille de Ptolémée Epiphane, veuve et sœur de Ptolémée Philométor, voulut assurer la couronne à son fils après la mort de son père; mais Ptolémée Evergète II ou Physcon, roi de la Cyrénaïque, s'y étant opposé, elle l'épousa, à condition que son fils serait roi après la mort de Physcon.—CLÉOPATRE, fille de la précédente et de Ptolémée Philométor, épousa son oncle Physcon, qui venait de répudier sa mère, et fut, après sa mort, maîtresse de l'Egypte. Elle donna le trône à son second fils, Ptolémée Alexandre, au préjudice de l'aîné, Ptolémée Soter ou Lathyrus. Elle voulut exercer seule l'autorité royale et forma des complots contre la vie du jeune roi, qui prévint sa mère en la faisant mourir l'an 89 avant J.-C.—CLÉOPATRE, fille de Ptolémée Aulète, épousa son frère Ptolémée Denys, avec qui elle succéda à son père l'an 51 avant J.-C. Répudiée et expulsée par son époux, elle eut recours à César, qui la replaça sur le trône et en eut un fils. Ptolémée s'étant noyé dans le Nil, Cléopâtre régna conjointement avec Ptolémée le Jeune, son autre frère. Mais elle le fit empoisonner. Antoine, qui l'avait appelée à comparaître devant son tribunal, fut subjugué par ses charmes et la fit proclamer reine d'Egypte, de Chypre et de Cœlé-Syrie. Cet affront fait à Octavie, sa femme, sœur d'Octave, alluma entre ces deux héros la guerre, terminée par la bataille d'Actium, où Cléopâtre, qui avait suivi son amant, prit la fuite avec 30 vaisseaux. Réfugiée en Egypte avec Antoine et apprenant la mort d'Antoine et l'arrivée d'Octave, elle se fit piquer par un aspic pour ne pas tomber entre ses mains, et mourut l'an 30 avant J.-C., à l'âge de trente-neuf ans. Après sa mort, l'Egypte fut réduite en province romaine.

CLÉOPATRE, fille de Ptolémée Philométor, roi d'Egypte, épousa d'abord Alexandre Bala, roi de Syrie, puis Démétrius. Ce dernier lui ayant préféré Rodogune, elle offrit sa main à son frère Antiochus. Séleucus, qu'elle avait eu de Démétrius, fut assassiné par elle; elle apaisa le peuple en couronnant Antiochus, son second fils, qu'elle voulut empoisonner, et qui la força de prendre le poison qu'elle avait préparé pour lui. Elle mourut ainsi l'an 120 avant J.-C. Elle est célèbre par le rôle qu'elle joue dans la *Rodogune* de Corneille.

CLÉOPATRE. Deux princesses du sang royal de Macédoine ont porté ce nom. — CLÉOPATRE, nièce d'Attale, un des généraux de Philippe, roi de Macédoine, épousa ce prince, qui venait de répudier Olympias. Après le meurtre de ce prince, Olympias la fit arrêter et mettre à mort avec Caranus et Ærope, qu'elle avait eus de Philippe. — CLÉOPATRE, fille de Philippe et d'Olympias, sœur du grand Alexandre, épousa son oncle Alexandre, roi d'Epire. Après sa mort, retirée à Sardes en Lydie, elle allait, pour échapper à la tyrannie d'Antigone, se joindre à Ptolémée, lorsqu'elle fut mise à mort par l'ordre d'Antigone l'an 309 avant J.-C.

CLÉOPHAS, oncle et disciple de Jésus-Christ, était frère de Joseph, et avait épousé Marie, sœur de la sainte Vierge Quelques auteurs disent qu'il fut père de saint Siméon, le second évêque de Jérusalem, de saint Jacques le Mineur, apôtre qui, selon d'autres, est fils d'Alphée, de saint Jude, de Joseph. Jésus-Christ lui apparut avec un autre disciple au bourg d'Emmaüs. Les Grecs l'honorent comme apôtre le 30 octobre, et les Latins le 25 septembre.

CLEPSYDRE ou HORLOGE D'EAU, instrument dont les anciens se servaient pour mesurer le temps. Les clepsydres les plus simples consistaient en un large tube de verre portant une échelle divisée de manière que l'eau, s'écoulant, marquait par l'abaissement de son niveau les heures par sa correspondance avec les divisions. Toutes, du reste, étaient fondées sur le principe de l'abaissement progressif de la surface d'une colonne d'eau renfermée dans un vase, et s'écoulant par un petit orifice situé à la partie inférieure du vase. Les clepsydres furent, dit-on, inventées en Egypte sous les Ptolomées. Pour les clepsydres de sable, voy. SABLIERS.

CLÉRAMBAULT (Louis-Nicolas), musicien, né à Paris en 1676, appartenait à une famille attachée au service du roi depuis Louis XI. Louis XIV le nomma surintendant des concerts particuliers de Mme de Maintenon. Il était déjà organiste de Saint-Cyr. Il mourut à Paris en 1749. On a de lui cinq livres de *cantates*; celle d'*Orphée* est regardée comme son chef-d'œuvre.

CLÉRAMBAULT (Philippe DE), comte de Palluau, d'une famille connue dès le XIIIe siècle, naquit en 1606, et servit en qualité de mestre de camp de la cavalerie légère aux siéges de Philipsbourg, de Dunkerque, de la Bassée et de Courtrai. Il repoussa vivement les Espagnols qui assiégeaient cette dernière ville en 1648. Maréchal de France en 1653, il mourut en 1665. — Son fils, JULES DE CLÉRAMBAULT, abbé de Saint-Taurin d'Evreux, l'un des quarante de l'académie française, mourut en 1714.

CLERCS, nom donné à tous les ecclésiastiques en général, depuis les tonsurés jusqu'aux prélats. Il est, en ce sens, opposé à celui de laïque. Il se prend aussi plus particulièrement pour celui qui n'a reçu que la simple tonsure ou les ordres mineurs. — On a donné le nom de *clercs acéphales* aux clercs qui ne voulurent plus vivre en commun avec l'évêque, comme ils y vivaient auparavant, à la différence des clercs chanoines, qui continuèrent la vie commune avec l'évêque. — On appelle encore de nos jours *clerc de notaire* celui qui travaille sous un notaire.

CLERCS DE LA VIE COMMUNE, congrégation de clercs ou de chanoines réguliers, nommés aussi *frères de la vie commune*. Ils furent rassemblés dans sa maison, vers la fin du XIVe siècle, par Gérard Groot ou le Grand, natif de Deventer. Florent Radivivius, l'un de ses premiers disciples, mit ces clercs en congrégation, et ils se répandirent dans la Frise, la Westphalie, la Gueldre, le Brabant et la Flandre.

CLERCS RÉGULIERS, nouveau genre de prêtres vivant en communauté, et formant diverses sociétés ou congrégations, dont les unes exigeaient les vœux solennels, les autres seulement des vœux simples; d'autres n'en exigeaient aucun. Les *théatins*, institués en 1524 par Jean-Pierre Caraffa, évêque de Théate, furent les premiers clercs réguliers. Après vinrent les *barnabites* ou *clercs réguliers de Saint-Paul*, les *jésuites* ou *clercs réguliers de la compagnie de Jésus*, etc.

CLERFAIT. Voy. CLAIRFAIT.

CLERGÉ, nom donné à la réunion des clercs ou au corps des ecclésiastiques. Les différents ordres de clercs, depuis le simple tonsuré, jusqu'au prélat, forment la hiérarchie cléricale. Celle de l'Eglise catholique se compose du *pape*, chef spirituel de toute l'Eglise, des *cardinaux*, puis des *archevêques*, ensuite des *évêques*, des *vicaires généraux*, des *curés*, des *vicaires*, des simples *prêtres*, des *diacres*, des *sous-diacres*, des *minorés* et des *tonsurés*. — L'Eglise anglicane, seule de toutes les Eglises réformées, a conservé l'épiscopat. Pour le clergé de l'Eglise grecque, voy. GRECQUE. Dans l'Eglise arménienne, l'ordre des simples prêtres comprend la corporation des *vartabieds* ou docteurs. Ils se divisent en deux classes, celle des *majeurs* ou *grands vartabieds*, qui portent, comme marque distinctive de leur caractère, un bâton autour duquel sont entrelacés deux serpents; et celle des *mineurs* ou *petits vartabieds*, dont les membres ne portent à leur espèce de caducée qu'un seul serpent. Le chef de la religion est le patriarche ou *catholicos*, qui réside au couvent d'Eczmiagin ou Edgmiazin. Le clergé arménien n'est obligé à la loi du célibat qu'autant que l'on n'est pas marié avant d'entrer dans les ordres. Le prêtre marié ne peut parvenir à la dignité d'évêque.

CLERMONT, ville de France, chef-lieu d'arrondissement du département de l'Oise, à 6 lieues et demie de Beauvais. Population, 2,950 habitants. Cette ville est ancienne et placée dans une situation pittoresque sur une colline dont la petite rivière de la Brèche baigne le pied. Elle est propre et bien bâtie. Elle possède une bibliothèque publique de 12,000 volumes, un collége, un tribunal de première instance et de commerce, et une maison centrale de détention pour femmes.

CLERMONT-FERRAND, ville considérable de France, chef-lieu du département du Puy-de-Dôme, à 97 lieues de Paris. Sa population est de 31,509 habitants. Elle a un tribunal de première instance, un tribunal de commerce, un évêché érigé dans le IIIe siècle, suffragant de l'archevêché de Bourges, une école secondaire de médecine, un collége royal de troisième classe, une académie des sciences, belles-lettres et arts, et une académie de géologie et de botanique. — Clermont portait, avant l'invasion romaine, le nom de *Nemosus*. Sous la domination romaine, elle prit le nom de *Nemetum*, et plus tard celui d'*Augusto-Nemetum*. Les Romains avaient institué à Clermont un sénat, qui subsista jusqu'au VIIIe siècle. A cette époque elle était la capitale des Etats de Waïfre, duc d'Aquitaine. En 1212, Philippe Auguste la réunit au royaume de France, et en fit la capitale de l'Auvergne. Elle était gouvernée par des seigneurs qui s'intitulaient comtes de Clermont et dauphins d'Auvergne.

CLERMONT–TONNERRE, famille ancienne et distinguée du Dauphiné, qui remonte au XIe siècle, et se divisa en plusieurs branches. Elle est différente de celle des comtes de Clermont en Beauvoisis, qui produisit sous Philippe Auguste un connétable, Raoul de Clermont, mort en 1191, et qui s'éteignit vers l'an 1400. — FRANÇOIS DE CLERMONT-TONNERRE, né en 1629, embrassa l'état ecclésiastique, occupa successivement trois sièges épiscopaux, et mourut en 1701 évêque de Noyon et membre de l'académie française. — GASPARD DE CLERMONT-TONNERRE, de la branche de Crusy, obtint en 1747 le bâton de maréchal de France, et mourut en 1781. — STANISLAS, comte DE CLERMONT-TONNERRE, petit-fils du maréchal, né en 1747, fut élu député de la noblesse de Paris aux états généraux, fonda le club des amis de la monarchie, destiné à faire contre-poids à celui des jacobins, présida deux fois l'assemblée, et périt victime de la fureur populaire dans la journée du 10 août. Son père, le duc de Clermont, périt avec courage sous la hache révolutionnaire, en 1793, à l'âge de soixante-quatorze ans.

CLÉROMANTIE, sorte de divination que les anciens pratiquaient au moyen des dés, des osselets, des cailloux et des fèves. On les agitait dans un cornet, et, après avoir adressé une prière à Mercure, on les jetait sur une table, et l'on pronostiquait l'avenir, selon les caractères et les nombres donnés par le hasard.

CLÉRY, né en 1762, valet de chambre auprès de Louis XVI dans la prison du Temple, montra beaucoup de zèle et de fidélité. Il est surtout connu par le testament de l'infortuné monarque, dans lequel il recommande Cléry à sa famille. Cléry a publié à Londres en 1808 un *Journal de ce qui s'est passé à la tour du Temple pendant la captivité de Louis XVI, roi de France*, ouvrage qui a été traduit dans la plupart des langues de l'Europe. Cléry mourut à Vienne (Autriche) en 1809.

CLET (Saint), pape, succéda en 77 à saint Clément, et reçut la couronne du martyre en 83. Saint Anaclet lui succéda. Les décrétales qu'on lui a supposées plus de sept cents ans après sa mort, et qui portent encore son nom, ne sont pas de lui.

CLÈVE (Corneille Van-), sculpteur, d'une famille originaire de Flandre, né à Paris en 1645. Il eut pour maître François Auguier, qu'il seconda dans le travail des bas-reliefs de la porte Saint-Martin. Le groupe de marbre placé dans le jardin des Tuileries, et représentant la *Loire* et le *Loiret*, est de Van-Clève. Il mourut à Paris en 1732.

CLÈVES, ancien duché d'Allemagne, qui s'étendait à la droite et à la gauche du Rhin, borné au N. par la Gueldre et le comté de Zutphen, au N. et à l'E. par le bas évêché de Munster, au S. par le comté de la Marck et le duché de Berg, à l'O. par la Gueldre. Aujourd'hui la rive droite appartient à la Prusse, et forme une partie de la province de Clèves-Berg, qui a 450 lieues carrées, et 1,000,000 d'habitants. Elle forme les régences de *Dusseldorf* et de *Cologne*, a pour chef-lieu *Cologne*. On y cultive le tabac; le commerce, assez considérable par la navigation du Rhin, consiste en bois, charbon et en produits de l'industrie manufacturière. La partie du duché de Clèves qui est située sur la rive gauche appartient au royaume des Pays-Bas.

CLÈVES, ville des Etats prussiens, ancienne capitale du duché de même nom, sur le Rhin, en face du fort Schunck, à 5 lieues de Nimègue et 28 de Cologne. Sa population est de 7,520 habitants.

CLÈVES, famille célèbre d'Allemagne, descendue des anciens comtes de Teisterband, et que quelques-uns font remonter jusqu'à Childebert II et même Charlemagne. En 996 Conrad, comte de Clèves, fut reconnu à la diète de Worms comme l'un des premiers des quatre comtes héréditaires du saint-empire. La race des anciens comtes s'étant éteinte en 1368 dans la personne de Jean II, Adolphe de la Marck en prit possession. Ce fut pour son fils Adolphe II que le comté de Clèves fut en 1517 érigé en duché. A la mort de Jean-Guillaume, décédé sans enfants en 1609, les possessions de la maison de Clèves furent partagées entre l'électeur de Brandebourg, qui eut les comtés de la Marck et de Ravensberg et le duché de Clèves, de la maison de Neubourg, de la maison palatine de Bavière, qui eut la seigneurie de Ravenstein et, les duchés de Juliers et de Berg. Joachim Murat posséda momentanément les duchés de Clèves et de Berg, qui revinrent en 1814 à la Prusse.

CLÈVES (Marie DE), fille de François Ier, duc de Nevers, inspira une passion violente au duc d'Anjou, depuis Henri III; mais elle épousa son cousin germain Henri Ier, prince de Condé, et mourut en couches en 1574, à l'âge de vingt et un ans. Les poëtes du temps la célébrèrent sous le nom de *la belle Marie*. Henri III se montra inconsolable de sa perte. Il y a un roman fameux sous le titre de *la Princesse de Clèves*.

CLIBANAIRES (du grec *clibanos*, four), nom d'une ancienne milice et cavalerie persane. Les clibanaires étaient armés d'une cuirasse recourbée en voûte et faite en forme de four.

CLICHAGE, opération par laquelle on tire une empreinte sans moule sur du métal fondu et étalé, en y enfonçant une page, une planche entière, ou une matrice quelconque, composée de caractères mobiles ou stéréotypes. La composition dont on veut avoir l'empreinte se fixe, les lettres en bas, sur le bout inférieur d'une tige verticale en fer ou en cuivre, assujettie à se mouvoir librement dans le sens de sa longueur entre des coussinets qui lui servent de guides. Le haut de la tige porte une boule métallique d'un poids proportionné à la superficie de la planche à clicher. Une détente tient cet appareil élevé d'environ un pied au-dessus d'un billot en bois sur lequel on place le métal en fusion, et deux pièces de tôle de fer demi-cylindriques, fermant exactement, entourent l'appareil. Pour clicher, on ferme les portes qui, faisant lâcher la détente, font tomber la matrice sur le métal en fusion de tout son poids.

CLICHY (CLUB DE). Voy. CLUB.

CLIENT, nom donné à celui qui a chargé un avocat de la défense de son affaire ou qui a sollicité son juge. — A Rome, les *clients* étaient ceux qui se mettaient sous la protection d'un patricien, qu'ils appelaient pour cette raison *patron*. Les clients devaient le respect à leurs patrons, et ceux-ci aide et protection à leurs clients. Le client devait contribuer à doter les filles du patron, le racheter, lui ou ses enfants, lorsqu'il était fait prisonnier, payer les dépenses de ses procès, soutenir sa candidature aux charges publiques. S'il mourait sans testament, le patron héritait de ses biens. Celui-ci lui donnait des repas, lui faisait des distributions, soit de vivres, soit d'argent, dans les occasions solennelles.

CLIGNEMENT, mouvement par lequel on rapproche les paupières pour diminuer l'impression d'une lumière trop vive ou pour apercevoir des objets éloignés. Ce mouvement est propre à ceux qui ont la vue basse, et diffère du *clignotement* en ce que, dans ce dernier, les paupières se rapprochent et s'éloignent rapidement, résultat qui est l'effet d'une disposition maladive.

CLIGNOTANTE (MEMBRANE), membrane qui, chez les oiseaux, se trouve placée entre le globe de l'œil et les paupières, et que l'animal tire à volonté au-devant du premier pour se garantir de l'action d'une lumière trop vive. C'est une véritable troisième paupière dont on trouve un rudiment dans les mammifères quadrupèdes, et en particulier dans les chevaux.

CLIMAT, nom donné par les géographes à l'espace du globe terrestre compris entre deux cercles parallèles à l'équateur. Mais on entend ordinairement par *climat* une terre soumise à des influences particulières de chaleur atmosphérique, de saison, de qualité, etc., qui la rendent différente d'une autre sous le rapport des circonstances physiques. On divise le globe en *climats chauds*, *climats tempérés* et *climats froids*. Les premiers sont compris entre les deux tropiques jusqu'au 30e degré de latitude boréale et australe; les seconds commencent vers le 31e degré, et s'étendent jusqu'au 55e ou 60e; les derniers sont situés entre les cercles polaires. Dans les climats chauds, la température moyenne est de 22 à 25 degrés; la vie est rapide, les habitants mous, nerveux, exaltés, vindicatifs, lascifs, enclins au fanatisme; les peuples des climats extrêmement froids sont en général trapus, rabougris, de petite taille, de caractère timide, etc. Ceux des climats tempérés participent à la fois des qualités des climats chauds et des climats froids, et présentent l'organisation la plus heureuse.

CLIMATÉRIQUE (ANNÉE). Voy. ANNÉE.

CLIMAX (d'un mot grec signifiant *degré*, *échelle*), figure de rhétorique indiquant que le discours s'élève ou descend comme par degrés. — En termes de musique ancienne, c'est 1º un trait où deux parties vont à la tierce, en montant et en descendant diatoniquement; 2º un trait de chant qui est répété plusieurs fois de suite, et toujours un ton plus haut. C'est une espèce de canon.

CLINANTHE, nom donné, en botanique, à l'extrémité élargie d'un pédoncule qui porte plusieurs fleurs, comme dans la *scabieuse*, le *grand soleil*, le *dorstenia*, etc. Après la floraison, le clinanthe est creusé de petites fossettes comme dans l'*onoporde*; couvert de poils, de soies ou de paillettes, comme dans l'*absinthe*, la *centaurée*, etc.

CLINIQUE. On appelle ainsi la sorte d'enseignement pratique fait par chaque médecin au lit même des malades, afin de faire mieux connaître et apprécier les différentes maladies. Il y a à Paris huit *cliniques*, dont quatre médicales, trois chirurgicales et une d'accouchement. Les premières cliniques remontent au célèbre Boërhaave.

CLINQUANT, nom donné en général à une lame d'or ou d'argent très-mince, ou de cuivre doré ou argenté, qu'on ajuste à la broderie, qu'on met dans les galons et les rubans pour augmenter leur brillant et leur donner plus d'éclat. Ces feuilles, qu'on obtient très-minces par le moyen du laminoir, ont quelquefois une de leurs surfaces couverte d'une couleur rouge, bleue ou verte, etc., recouverte d'un vernis.

CLINTON (Henri), gentilhomme anglais, chevalier de l'ordre du Bain, petit-fils de François Clinton, comte de Lincoln. Nommé en 1758 capitaine des gardes, en 1778 général en Amérique, il revint en 1782 en Angleterre, où il publia la relation de sa conduite. Remplacé en Amérique par le général Carleton, il fut nommé gouverneur de Limerick, puis membre du parlement, et enfin gouverneur de Gibraltar. Il mourut en 1795.

CLINTON (Georges), né en 1739 dans la Nouvelle-Angleterre, était à dix-huit ans lieutenant dans le régiment colonial. Elu en 1773 l'un des députés de sa province à l'assemblée coloniale, il montra beaucoup de patriotisme, et fut nommé membre du congrès en 1775. Il occupa le grade de brigadier général de milice jusqu'en 1777. Nommé peu de temps après gouverneur de l'Etat de New-York, il rendit dans ce poste des services importants à sa patrie. En 1804, il devint vice-président des Etats-Unis et président du sénat, et mourut généralement regretté en 1812.

CLIO (myth.), l'une des neuf Muses, filles de Jupiter et de Mnémosyne. Elle préside à l'histoire. On la représente couronnée de laurier, tenant une trompette d'une main et un livre de l'autre; elle tient quelquefois le plectre et le luth. Ses fonctions sont de conserver le souvenir des actions des héros et des grands hommes. On lui attribuait l'invention de la guitare. Elle eut de Pierus, fils de Magnès, Hyacinthe, Hymenée et Jalème. CLIO est le titre du premier livre de l'histoire d'Hérodote.

CLIQUET, petit levier qu'on emploie pour empêcher une roue à dents obliques, appelée *roue d rochet*, de tourner dans un certain sens. C'est une petite languette qui, est engagée dans l'une de ces dents, et s'oppose à son mouvement de rotation dans un sens. En sens contraire, les dents soulèvent le cliquet, et le dégagent; la rotation se fait alors sans obstacle. On fait un fréquent *usage* du cliquet dans les machines et surtout en horlogerie.

CLISSON (Olivier IV, sire DE), d'une des

premières familles de Bretagne, né en 1336, était fils d'Olivier III, sire de Clisson, à qui Philippe de Valois fit trancher la tête sur le soupçon d'une intelligence avec le roi d'Angleterre. Sa mère, Jeanne de Belleville, arma trois vaisseaux, courut les mers, et infesta les côtes de la Normandie. Olivier de Clisson contribua par sa bravoure au gain de la bataille d'Aurai (1363), qui assura à Montfort la possession de la Bretagne. Bientôt après, mécontent du duc, il passa au service de Charles V, qui le nomma son lieutenant dans les provinces de l'ouest. Après la mort de du Guesclin il reçut, en 1380, l'épée de connétable, et contribua puissamment à chasser les Anglais de la France. Il mourut en 1407.

CLISTHÈNES, magistrat athénien de la famille des Alcméonides, fit un nouveau partage du peuple, qu'il divisa en dix tribus au lieu de quatre, et fut l'auteur de la loi connue sous le nom d'*ostracisme*. Clisthènes fit chasser par cette loi le tyran Hippias, et rétablit la république l'an 510 avant J.-C. Il était aïeul de Périclès.

CLITORIS, organe sexuel de la femme.

CLITUS, frère d'Hellanice, nourrice d'Alexandre fut le favori de ce prince, auquel il sauva la vie au passage du Granique, en coupant d'un coup de sabre le bras d'un satrape qui allait abattre de sa hache la tête du héros. Dans un accès de colère, ce prince le tua d'un coup de javelot, au milieu d'un festin, parce que Clitus, en courtisan maladroit, plaçait Philippe fort au-dessus d'Alexandre. Ce dernier fut ensuite inconsolable de la mort de Clitus.

CLIVAGE, propriété qu'ont les substances minérales d'être réunies en lames parallèles sous une direction qui dépend de la nature du minéral, et de laquelle les lapidaires profitent pour abréger leur travail, en séparant par la cassure les parties nuageuses et mal colorées. Le nombre des clivages est très-différent dans les différents corps : il y en a trois dans la chaux sulfatée.

CLIVE (Catherine), célèbre actrice anglaise, née en 1711, morte en 1785, entra jeune au théâtre de Drury-Lane, et excella dans la comédie. En 1732, elle épousa un avocat frère du lord Clive, et en 1769 elle quitta le théâtre.

CLIVE (Lord Robert), baron DE PLASSEY, né en 1725 dans le comté de Shrop, partit en 1743 pour les Indes orientales comme employé de la compagnie de Madras, et entra en 1746 au service militaire. Il parvint par ses services aux grades de lieutenant-colonel et de gouverneur du fort Saint-David. En 1760, Clive fut nommé pair d'Irlande. Il mourut en 1814.

CLOACINE (myth.), divinité qui présidait aux égouts de Rome. Titus Tatius, ayant trouvé par hasard une statue de Vénus dans un cloaque, l'érigea en divinité sous le nom de *Cloacine*.

CLOAQUE, aqueduc voûté et souterrain pour l'écoulement des eaux pluviales et des immondices. Il est synonyme d'*égout*. A Rome, les égouts avaient été commencés par Tarquin l'Ancien et achevés par Tarquin le Superbe. Ils étaient fort larges, et bâtis sous terre, de manière que Rome se trouvait en quelque sorte suspendue sur eux. Ils étaient si solides et si bien construits, que pendant sept cents ans ils n'eurent pas besoin de réparation. Les officiers chargés du soin des égouts se nommaient *curatores cloacarum urbis*.

CLOAQUE. On appelle ainsi, chez divers animaux, une cavité ou réceptacle commun formé par l'extrémité du tube intestinal, recevant à l'intérieur les orifices des voies urinaires, génératrices et du rectum, et ayant une seule issue au dehors. On a substitué dernièrement à ce mot celui de *vestibule commun*, attendu que l'acception du mot cloaque, dans le sens d'une sentine commune, n'est point applicable à tous les animaux.

CLOCHE, vase de métal qui résonne par percussion, et qui est en usage pour avertir et appeler au loin. Les cloches sont composées d'un alliage métallique appelé *bronze*. Leur forme est celle d'une demi-sphère, qu'on allonge par une partie évasée. La région la plus épaisse est celle où frappe le *battant*, qui est suspendu par un anneau à la partie supérieure, appelée *cerveau*. — Ce n'est que depuis le VIe siècle que les grosses cloches sont employées dans les églises pour annoncer les heures des prières chrétiennes. On croit communément que c'est saint Paulin, évêque de Nole, qui introduisit le premier dans son église. — La coutume de bénir les cloches et de les baptiser fut établie sous le pontificat du pape Jean XIII. C'est l'évêque qui fait ordinairement cette cérémonie. Après avoir exorcisé et béni le sel et l'eau, il lave avec l'aspersoir le dedans et le dehors de la cloche, et fait sept onctions en forme de croix en dehors avec l'huile des infirmes, et quatre en dedans avec le saint chrême. Après avoir nommé le saint sous l'invocation duquel la cloche est bénite, on parfume le dedans de la cloche, on chante l'évangile, et le célébrant, en faisant sur elle le signe de la croix, termine ainsi la cérémonie.

CLOCHE. Les jardiniers donnent ce nom à un vase de terre mince, d'un assez grand diamètre, avec un bouton au sommet, et dont on se sert pour concentrer la chaleur et accélérer la végétation des plantes qu'on élève sur couches. On en fait aussi en terre cuite.

CLOCHE. Dans les arts physiques et chimiques, une *cloche* est un vase cylindrique terminé par une calotte sphérique, par un bouton ou par un robinet en cuivre. Ces différentes espèces de cloches en verre ou en cristal sont d'un usage fréquent en chimie pour recueillir les gaz, faire le vide, etc.

CLOCHE DE PLONGEUR, vase ouvert par en bas et fermé de tous les autres côtés, dans lequel on peut descendre des hommes au fond de l'eau et les y laisser des heures entières, sans avoir à craindre pour leur vie ou leur santé. La cloche du plongeur est en usage, soit pour retirer du fond de la mer des corps qui y sont plongés, soit pour faire des constructions sous-marines. Lorsqu'on enfonce la cloche dans l'eau, l'eau ne peut la remplir toute, et laisse un espace vide où en la même temps plusieurs hommes peuvent se tenir. Comme l'air se corrompt, et n'est plus propre à la respiration, on adapte à la cloche un tuyau de cuir renforcé d'anneaux solides, qui communique à une machine à compression, par laquelle on refoule l'air dans la cloche. On attribue l'invention de la cloche de plongeur à un Américain nommé Will. Philps.

CLOCHE, nom vulgaire des ampoules qui surviennent sur la peau.

CLOCHER, construction le plus souvent en forme de tour carrée, ronde ou polygonale, élevée au-dessus ou à côté d'une église, pour y suspendre les cloches. Les clochers les plus élevés sont, en France, celui de Strasbourg (140 mètres) ; en Autriche, celui de Saint-Étienne à Vienne (138 mètres) ; à Hambourg, celui de Saint-Michel (130 mètres) ; et celui de Saint-Pierre à Rome (119 mètres).

CLODIA (jurisp.), loi décrétée l'an de Rome 695, sous les auspices du tribun Clodius, pour réduire Chypre en province romaine, et forcer Ptolémée, roi d'Egypte, à vendre les bijoux de sa couronne. Par cette loi, Caton fut nommé pour assister à cette vente en qualité de préteur. Il en rapporta le produit à Rome. — Loi décrétée l'an de Rome 695 par le tribun Clodius, pour défendre l'un des censeurs de noter d'infamie toute personne qui n'aurait pas été accusée et condamnée en même temps par son collègue. — Loi décrétée l'an de Rome 695, qui ordonna de distribuer gratis au peuple une certaine quantité de blé qu'on lui vendait auparavant six as le boisseau. — Loi décrétée l'an de Rome 695, qui appelait en jugement quiconque aurait fait mourir un citoyen sans l'avoir auparavant traduit devant le peuple, et sans avoir observé les formalités légales.

CLODION, surnommé *le Chevelu*, parce qu'il ordonna, dit-on, que les princes du sang royal porteraient des cheveux longs. On le fait fils et successeur d'un certain Pharamond, dont l'existence est contestée. Chef des Francs, il pénétra en 428 dans les Gaules, et s'établit sur les confins du diocèse de Tongres, près Bruxelles, où il mourut en 477. Il prit, dit-on, les villes de Tournai, de Cambray et d'Amiens. On croit qu'il eut deux fils, Clodebald et Clodomir, dont Mérovée fut le tuteur.

CLODIUS (Publius), sénateur romain de la famille Claudia, déshonora son nom par son ambition, son avarice et la dépravation de ses mœurs. La voix publique l'accusa d'inceste avec ses trois sœurs. Il pénétra, déguisé en femme, dans la maison de César, dont la femme Pompeia, qu'il aimait, célébrait les mystères de la bonne déesse, d'où les hommes étaient exclus. Traduit en justice, il échappa à châtiment en corrompant ses juges. Il se fit plébéien de patricien qu'il était, afin de briguer le tribunat qu'il obtint, et pendant lequel il fit exiler Cicéron. Clodius fut tué par Milon l'an 33 avant J.-C., et Cicéron se chargea de la défense du meurtrier.

CLODOALD. Voy. CLOUD.

CLODOMIR, l'aîné des fils de Clovis et de Clotilde, eut en partage après la mort de son père (511) le royaume d'Orléans. Il combattit Sigismond, roi de Bourgogne, le fit prisonnier et le fit jeter dans un puits (524) avec sa femme et ses deux enfants. Il fut tué lui-même à Véseronce (Isère) l'an 524, par les troupes de Gondemar, frère de Sigismond. Clodomir laissa trois fils : Gonthaire et Théodebald, qui furent assassinés par Clotaire et Childebert, leurs oncles, et Clodoald, qui échappa au massacre, et fut depuis saint Cloud.

CLOISON, espèce de petit mur mince, servant à diviser l'espace contenu entre les gros murs, afin de former des pièces ou des cabinets. On fait les cloisons de cinq sortes différentes : en pierres de taille, en briques, en plâtre, en charpente revêtue de plâtre et en menuiserie.

CLOISON, nom donné par analogie à toute sorte de parois séparant des cavités ou des espaces creux. En botanique, ce sont des lames membraneuses, placées en général verticalement et partageant l'intérieur du fruit en plusieurs loges.

CLOÎTRE, assemblage carré de quatre galeries ou portiques couverts, qui servent de lieu de retraite aux religieux. L'espace découvert qui se trouve au milieu s'appelle *préau*. Le cloître est d'ordinaire placé entre l'église, le chapitre et le réfectoire, et au-dessous du dortoir.

CLONIQUES, nom donné aux convulsions dans lesquelles les parties sont agitées de mouvements opposés et de secousses plus ou moins fortes. On nomme *toniques* celles dans lesquelles les membres affectés restent dans une immobilité plus ou moins complète.

CLOOTZ (Jean-Baptiste de), baron prussien, plus connu sous le nom d'*Anacharsis*, né à Clèves en 1755. Possesseur d'une grande fortune, il la dissipa en Angleterre. Appelé en France par la révolution, il donna 12,000 livres pour faire la guerre aux rois, et offrit de lever une légion prussienne sous le nom de *légion vandale*. Nommé par le département de Seine-et-Oise député à la convention, il y fit la guerre à Jésus, dont il se déclara l'ennemi personnel, et publia une brochure intitulée *République universelle*. Arrêté comme hébertiste, il fut condamné à mort et exécuté (1794).

CLOPORTE, genre de l'ordre des crustacés isopodes, de la section des ptérygibranches, famille des cloportides, renfermant de petits animaux ovales qui fuient la lumière et recherchent les endroits humides, sous les pierres et les vieilles poutres. Ils se nourrissent de matières végétales et animales en état de décomposition, et marchent lentement. On a renoncé généralement à l'usage médical qu'on en faisait anciennement. — Le *cloporte préparé* des pharmaciens est l'*armadille*.

CLOPORTIDES, famille de crustacés, de l'ordre des tétracères ou des isopodes, de la section des ptérygibranches, renfermant des animaux à deux antennes apparentes, au corps ovale, plat en dessous, convexe en dessus, susceptible de contraction, et composé d'une tête et de treize anneaux, les sept premiers portant chacun une paire de pattes simples et terminées par un onglet, les six derniers formant une espèce de queue. Les genres les plus remarquables de cette famille sont les *cloportes*, les *porcellions*, etc.

CLOSTERCAMP, petite ville de Westphalie, près de Rhinberg, où se livra, le 16 octobre 1760, une bataille célèbre entre les Français commandés par le marquis de Castries, et les Hanovriens aux ordres du prince de Brunswick, et dans laquelle ces derniers furent vaincus. Elle fut précédée du dévouement de d'Assas.

CLOTAIRE. Quatre rois francs de la première race ont porté ce nom. — CLOTAIRE Ier, quatrième fils de Clovis et de Clotilde, eut en partage en 511, après la mort de son père, le royaume de Soissons. Il suivit Thierry à la guerre contre les Thuringiens, et joignit ses armes à celles de Clodomir contre les Bourguignons. Après la mort de Clodomir, il assassina ses fils, et partagea avec Childebert le royaume d'Orléans. Après la mort de Théodebald, petit-fils de Thierry Ier (553), il réunit à ses possessions le royaume d'Austrasie, et après celle de Childebert (558) toutes les possessions des Francs. Il mourut à Compiègne en 561, à l'âge de soixante-quatre ans, à la suite des remords que lui causa la mort de son fils Chramne, qu'il avait fait brûler avec toute sa famille dans une cabane. Il laissa quatre fils : *Caribert, Gontran, Chilpéric* et *Sigebert*. — CLOTAIRE II, fils de Chilpéric Ier, lui succéda en 584, à l'âge de quatre mois, sous la tutelle de Frédégonde, sa mère, qui le soutint contre les efforts de Childebert et de Brunehaut. Après la mort de sa mère, il fut défait par Théodebert, roi d'Austrasie, et par Thierry, roi de Bourgogne. Il fit égorger les quatre enfants de ce dernier, et condamna Brunehaut à une mort cruelle. Il réunit ainsi toute la monarchie franque, dompta les Saxons, tua de sa main leur duc Berthold, et mourut en 628, laissant deux fils : *Dagobert*, qu'il avait désigné de son vivant roi d'Austrasie, et *Caribert*. — CLOTAIRE III, fils aîné de Clovis II, lui succéda en 656 dans les royaumes de Bourgogne et de Neustrie, et régna jusqu'en 670, sous la tutelle d'Ebroïn. Il mourut alors vers l'âge de quatorze ans de règne, à l'âge de dix-neuf ans et sans enfants. — CLOTAIRE IV, proclamé par Charles Martel roi d'Austrasie en 717, mourut en 719.

CLOTHO (myth.), la plus jeune des trois Parques, filait la destinée des hommes. On la représente avec une longue robe de diverses couleurs et une couronne ornée de sept étoiles. Les Grecs croyaient qu'elle résidait souvent dans la lune pour en régler les mouvements.

CLOTHO, genre d'arachnides, de l'ordre des pulmonaires, famille des aranéides ou fileuses, section des tubitèles, renfermant des individus au corps orbiculaire, déprimé ou à peine convexe, aux pattes de longueur moyenne, à l'abdomen ovale. Ils ont un appareil qui leur est propre, situé entre les filières, et consistant en un pinceau de poils implanté sur deux lignes opposées, de manière à former deux espèces de valves pectiniformes, qui s'ouvrent et se ferment à la volonté de l'animal.

CLOTILDE (Sainte), fille de Chilpéric, roi des Bourguignons, et nièce de Gondebaud, épousa en 493 Clovis, et contribua beaucoup à la conversion de son époux. Elle excita ses fils à faire la guerre à Sigismond, fils du meurtrier de son père, et prit soin des fils de Clodomir. Clotaire et Childebert lui ayant envoyé des ciseaux et un poignard, en lui faisant dire de choisir ce qu'elle désirait pour ses petits-fils, elle répondit qu'elle aimait mieux les voir morts que moines. Témoin de tous les malheurs arrivés à sa postérité, elle se retira à Tours, où elle mourut en 543, à l'âge de soixante-dix ans. On célèbre sa fête le 3 de juin.

CLOTILDE, fille de Clovis, épousa Amalaric, roi des Wisigoths, qui la maltraita à un tel point, qu'elle appela ses frères à son secours. Délivrée de la tyrannie de son époux, elle mourut en revenant en France en 531.

CLOTILDE DE SURVILLE (Marguerite-Eléonore DE VALON-CHALYS), née, selon l'opinion générale, dans le Vivarais, vers l'an 1405. On lui attribue des *poésies* remarquables par la pureté, l'élégance et le charme du style, et qu'on a dit être supposées. Elles furent publiées par M. Vanderbourg sur un manuscrit, vrai ou supposé, donné par M. de Surville, descendant de Clotilde.

CLOTURE, nom général de tout ce qui sert à fermer un espace de terrain. Les murs de clôture formant la séparation entre deux héritages ont ordinairement dix pieds de haut.

CLOTURE, obligation des religieux et des religieuses de ne point sortir de leurs monastères, et de n'y introduire personne qu'à certaines conditions. La *clôture* est encore une enceinte où nul séculier ne peut pénétrer. Les parloirs sont hors de la clôture. Les religieuses faisaient autrefois vœu de clôture perpétuelle. Les lois ecclésiastiques sur leur clôture remontent au IVe siècle. En France, le roi et la reine pouvaient seuls entrer dans les monastères cloîtrés avec la permission des supérieurs ecclésiastiques. Depuis le concordat, le maire de l'arrondissement a le droit de visiter en tout temps les couvents.

CLOU, petit morceau de fer ou de cuivre, dont un des bouts porte une tête, tandis que l'autre est façonné en pointe, et qui sert à réunir et fixer ensemble deux ou trois pièces de bois ou de métal. On fabrique des clous de trois manières différentes. Ils sont *forgés, découpés et façonnés à froid*, ou *fondus* et *jetés dans un moule*. Les clous forgés sont faits en fer en verge ou fenton de bonne qualité, qu'on laisse chauffer à blanc. Parmi les clous découpés et façonnés à froid sont les *clous d'épingle*, appelés aussi *pointes de Paris*, et les clous en cuivre, employés pour le doublage des vaisseaux. On appelle *cloutier* l'ouvrier qui fabrique les clous.

CLOU. Voy. FURONCLE.

CLOU DE GIROFLE. Voy. GIROFLE.

CLOU DE L'OEIL. Voy. STAPHYLÔME.

CLOU DE RUE, nom donné par les vétérinaires à tout corps étranger qui pénètre dans le pied des chevaux ou à la maladie qui en résulte. On en distingue trois espèces : 1° le clou de rue *simple*, qui ne perce que la fourchette charnue ou la sole; 2° le *grave*, qui pénètre jusqu'au tendon du muscle fléchisseur du pied, ou jusqu'aux ligaments de l'os de la noix ou du pied; 3° le clou de rue *incurable*, qui atteint l'os de la noix ou l'os coronaire dans leurs parties cartilagineuses.

CLOUD (Saint) ou CLODOALD, le plus jeune des enfants de Clodomir, qui fut sauvé du massacre que Clotaire et Childebert firent de ses deux autres frères, et se retira auprès d'un solitaire, nommé Séverin, enfermé dans une cellule près de Paris. Il fut ordonné prêtre en 551 et mourut en 560. Sa fête se célèbre le 7 septembre. Son ermitage a donné naissance à la ville de *Saint-Cloud*.

CLOUD (SAINT-), bourg du département de Seine-et-Oise, sur la rive gauche de la Seine, à 2 lieues et un quart de Paris et de Versailles. Sa population est de 1,035 habitants. Il est remarquable par son château royal, formé de quatre bâtiments différents. Le parc et le bois offrent une surface d'environ 4 lieues, et sont l'œuvre de le Nôtre. Des cascades, de vastes bassins, des orangeries ornent ou plusieurs parc de Saint-Cloud. Saint-Cloud est aussi célèbre par sa foire, qui dure vingt et un jours et qui commence le 8 septembre. — L'origine de Saint-Cloud vient de l'ermitage qu'y fonda un des fils de Clodomir, mort en odeur de sainteté. C'est à Saint-Cloud que Jacques Clément assassina Henri III en 1589, et que Bonaparte opéra en 1799 la révolution qui renversa le directoire, et lui donna le pouvoir consulaire. Ce fut pendant longtemps sa résidence favorite.

CLOUTIÈRE, CLOUVIÈRE, CLOUIÈRE ou CLOUETTE, pièce de fer carrée fixée horizontalement entre les deux axes qui lui servent d'appui, et à l'extrémité de laquelle on a pratiqué un ou plusieurs trous carrés ou ronds, dans lesquels on fait entrer de force la tige de fer rouge dont on veut faire les clous, en sorte que la partie qui excède la cloutière se rabat sous le marteau et forme la tête du clou.

CLOVIS. Trois rois francs de la première race ont porté ce nom. — CLOVIS Ier, fils de Childéric Ier et de Basine, né vers l'an 467, doit être regardé comme le véritable fondateur de la monarchie franque dans les Gaules. Il succéda à Childéric en 481. La victoire de Soissons, qu'il remporta en 486 sur Syagrius, le rendit maître de toutes les possessions romaines dans le centre de la Gaule. Vainqueur des Allemands à Tolbiac près de Cologne en 496, il avait, dit-on, fait vœu d'embrasser le christianisme, et il tint sa promesse. Il fut baptisé par saint Rémy, archevêque de Reims. Vainqueur d'Alaric, roi des Wisigoths, à Vouillé, en 507, il acquit ainsi toutes les provinces méridionales, à l'exception de la Septimanie ; mais il fut vaincu près d'Arles par Théodoric en 509. Il avait dès 500 rendu la Bourgogne tributaire ainsi que l'Armorique. Il mourut en 511. On lui attribue la rédaction de la *loi salique*. Il avait péri plusieurs de ses parents pour avoir leurs richesses. Clovis laissa quatre fils, *Clodomir, Clotaire, Childebert* et *Thierry*, et une fille, *Clotilde*. — CLOVIS II, fils de Dagobert Ier, lui succéda en 638 dans les royaumes de Neustrie et de Bourgogne, à peine âgé de neuf ans, sous la tutelle de sa mère Nantilde. Archambauld, maire du palais, régna sous son nom. Clovis II mourut en 655 à vingt-trois ans. Il avait eu de Batilde trois fils, *Thierry, Clotaire III* et *Childéric II*. — CLOVIS III, fils de Thierry III, lui succéda en 691, et mourut à quatorze ans, en 695, après avoir régné sous la tutelle de Pepin d'Héristal.

CLUB, mot anglais, anglais et désignant toute assemblée ou réunion de gens pour discuter des affaires d'Etat. La première société politique qui prit le nom de *club* fut celle établie par le duc d'Orléans dans son Palais-Royal, peu de temps après l'indépendance des Etats-Unis. Avant 1789, les plus célèbres étaient ceux des *Américains*, fondé en 1785, des *étrangers*, de la *société olympique*, etc. Ils furent tous supprimés en 1789. Les clubs qui se formèrent en 1789 ou après cette époque sont ceux des *jacobins*, des *cordeliers*, des *feuillants*, etc. Celui de Clichy n'a été que la continuation de celui des feuillants, quant aux doctrines et aux tendances. Il devint fameux sous le directoire, comme parti formé des députés du centre.

CLUENTIA, famille patricienne de Rome, qui prétendait descendre de Cloanthus, l'un des compagnons d'Enée. Cluentius, un des membres de cette famille, accusé par sa mère d'avoir assassiné son père, l'an 54 avant J.-C., fut défendu par Cicéron, qui prononça à cette occasion une belle harangue.

CLUNY, sur la Crosne, chef-lieu de canton du département de Saône-et-Loire, à une lieue de Mâcon. Sa population est de 4,152 habitants Elle a un collège et un dépôt royal de chevaux, où se trouvent quarante étalons. Cluny n'était qu'un village, lorsqu'en 910 Guillaume Ier, duc d'Aquitaine et comte d'Auvergne, y fonda la célèbre abbaye qui devint chef-lieu de toute la congrégation de l'ordre de Saint-Benoît qui portait son nom. Ses abbés étaient ordinairement des cardinaux ou des grands personnages. Ils disposaient d'une foule de bénéfices.

CLUPE, groupes de poissons abdominaux, à corps écailleux, à mâchoire supérieure formée comme dans les salmones, au milieu par les intermaxillaires sans pédicule, et sur les côtés par les maxillaires; à une seule dorsale; à ventre caréné et denté. Ce groupe renferme un grand nombre de genres intéressants, et entre autres les *harengs*, les *sardines* et les *aloses*.

CLUSIÉES, groupe de plantes intermédiaire entre la famille des guttifères et celle des hypéricinées, aux anthères allongées, aux fruits multiloculaires, à loges polyspermes, renfermant les genres *clusier, godoya, mahurea* et *marila*.

CLUSIER, genre de la famille des guttifères, et mieux de celle des clusiées, renfermant des arbres ou arbrisseaux tous exotiques, remarquables par leur feuillage grand, ovale, épais, d'un beau vert, ses tiges radicantes et ses fleurs généralement très-apparentes. Parmi les espèces, au nombre de six environ, on remarque le *clusier rose* des Antilles, où l'on se sert de sa résine pour panser les chevaux.

CLUSIUM, ville d'Etrurie, aujourd'hui *Chiusi*, à 9 lieues d'Orvietti. Au N. de la ville était un lac appelé *Clusina lacus*, qui s'étendait jusqu'à *Arretium* (Arezzo), et communiquait avec l'Arno. Clusium fut assiégée par les Gaulois sous la conduite de Brennus, et les Romains, ambassadeurs dans cette ville, attirèrent l'orage sur Rome en défiant les étrangers. Elle fut prise et pillée par les Gaulois. L'ancienne Clusium est la patrie de Michel-Ange.

CLYDE, rivière d'Ecosse qui prend sa source au comté de Dumfries, dans la vallée d'Annandale, traverse les comtés de Lanarck, de Renfrew et de Dumfries, arrose Lanarck, Glasgow, Renfrew, Dumfries, et se jette dans le golfe qui porte son nom, au-dessous de cette dernière ville.

CLYSSUS, nom sous lequel les anciens chimistes désignaient un mélange de divers produits de la même substance. Ainsi le composé de l'eau distillée, de l'esprit, de l'huile d'absinthe, était appelé *clyssus*. On nommait encore ainsi les médicaments obtenus en faisant détoner le nitre avec différentes substances, et en concentrant les vapeurs qui s'exhalaient. Le *clyssus d'antimoine* ou du *soufre* était le produit volatil provenant de la détonation du nitre par l'antimoine ou le soufre. Le *clyssus de nitre* était le même produit, provenant de la détonation par le charbon.

CLYSTÈRE, opération pharmaceutique qui consiste à introduire par l'anus dans les gros intestins, au moyen d'une seringue, un liquide dont la composition et la température varient suivant les maladies qu'on traite.

CLYTEMNESTRE (myth.), fille de Tyndare, roi de Sparte, et de Léda, naquit avec son frère Castor, d'un œuf que sa mère eut de Jupiter, métamorphosé en cygne. Elle épousa Agamemnon, roi d'Argos. Pendant l'absence de son époux, Clytemnestre vécut publiquement avec Egisthe, cousin d'Agamemnon. A son retour, il périt assassiné par sa coupable épouse et son amant. Oreste aurait été égorgé avec son père, si Electre, sa sœur, ne l'avait soustrait aux regards. Après cet attentat, Clytemnestre épousa publiquement Egisthe, qu'elle fit monter sur le trône. Après une absence de sept ans, Oreste, de retour, la tua de sa propre main avec son amant.

CLYTIE (myth.), fille de l'Océan et de Téthys, fut aimée d'Apollon, qui la quitta pour s'attacher à Leucothoé. Clytie irritée découvrit cette intrigue au père de sa ri-

vale, qui la tua. Apollon ne lui témoignant plus que du mépris, elle se laissa mourir de faim, et fut changée en tournesol, fleur qui regarde toujours le soleil.

CNAZON ou DISCERNICULUM, espèce d'aiguille dont les femmes romaines se servaient pour séparer leurs cheveux.

CNEIUS, prénom commun à un grand nombre de Romains, et que portait entre autres le grand Pompée, qui s'appelait *Cneius Pompeius*.

CNIQUE, genre de la famille des cinarocéphales, renfermant une espèce connue sous le nom de *chardon bénit*. Elle a la tige droite, laineuse, haute de quarante centimètres et garnie de feuilles oblongues, un peu épineuses. Ses fleurs sont jaunes, très-amères et employées en médecine comme sudorifiques, toniques, apéritives.

CNOUPHIS ou CNEPH (myth.), nom sous lequel les anciens Egyptiens adoraient le principe générateur mâle de l'univers, une des manifestations d'Amon - Ra, tandis qu'ils adoraient dans *Néith* (la Minerve des anciens) le principe générateur femelle. Cnouphis avait produit un œuf de sa bouche, et il en était sorti le dieu *Phtha*, qui était l'agent, l'ouvrier qui devait coordonner et régulariser les diverses parties dont se compose le monde visible. On représente Cnouphis sous la forme humaine, avec une tête de bélier verte, deux longues cornes, le disque et le serpent *Uræus*, ou bien encore sous la forme d'un bélier richement caparaçonné, la tête ornée du disque.

CO, particule venue du latin *cum* (avec), qui ne s'emploie pas isolément, mais qu'on joint à une foule de mots pour exprimer la simultanéité d'action ou la communauté d'intérêts. Tels sont les mots *coaccusés, coassociés, coéranciers, codébiteurs*, etc.

COACTEURS, nom donné à Rome à ceux qui exigeaient le prix de ce qui avait été acheté dans les ventes publiques, et qui étaient chargés de faire payer les impositions.

COADJUTEUR, ecclésiastique adjoint à un prélat pour lui aider à faire ses fonctions. Le coadjuteur avait droit de succéder au bénéficier qu'il aidait dans ses fonctions. Depuis le concile de Trente, les coadjutoreries sont restreintes en France aux évêchés seulement. Les coadjuteurs des évêques doivent eux-mêmes être évêques *in partibus infidelium*, car autrement ils ne pourraient pas faire les fonctions épiscopales.

COAGULATION, phénomène chimique qui consiste dans la solidification totale ou partielle et souvent instantanée d'un liquide. Plusieurs substances végétales et animales peuvent être coagulées par la chaleur : toutes celles par exemple qui contiennent de l'albumine, comme par ex. le sang, le blanc d'œuf, etc. Il en est d'autres qui pour être coagulées exigent la présence d'un acide ou d'un autre corps étranger, comme par exemple le lait, la bière, etc. Deux dissolutions salines susceptibles de se décomposer réciproquement, et de donner naissance à une composition insoluble qui se précipite en larges caillots, se coagulent par leur mélange, etc.

COAGULUM, nom donné au produit de la coagulation.

COAPTATION, action de rétablir dans leurs rapports naturels les fragments d'un os fracturé ou de remettre à sa place un os luxé. La coaptation est le seul procédé nécessaire pour la réduction de quelques fractures, comme par exemple celles du crâne, des os propres du nez, des côtes, etc., et pour l'opérer on emploie diverses espèces de leviers ou seulement les doigts.

COASSEMENT, nom donné au cri particulier des batraciens ou plutôt de quelques-uns des batraciens. Cette voix qui les distingue paraît due au renflement des sons dans les sortes de sacs gutturaux que l'on voit saillir quelquefois sur les côtés du cou; car ils n'ouvrent pas la bouche pour chanter. Le coassement est un bruit

aigre, râlé, saccadé, monotone, plus ou moins sourd ou clair.

COATI, genre de mammifères de l'ordre des carnassiers plantigrades, ayant la queue très-longue, poilue mais non prenante, le nez excessivement long et très-mobile. Le genre coati comprend deux espèces, toutes deux des contrées chaudes de l'Amérique méridionale, le *coati roux* ou *quachi*, qui a le pelage d'un roux vif, brillant, et est long de deux pieds cinq pouces, et le *coati brun*, au pelage jaunâtre en-dessous et brun ou fauve en dessus. Les coatis sont nocturnes. Ils vivent dans les bois et se nourrissent de vers, d'insectes, de petits mammifères, d'oiseaux et d'œufs. Ils grimpent avec une grande facilité et vont en petites troupes. Ils sont de mœurs douces et peuvent être facilement apprivoisés.

COBALT ou COBOLT, métal découvert par le chimiste Brandt en 1733. Il est solide, dur, cassant, ductile au moyen de la chaleur, de couleur gris de plomb, à texture grenue. Sa pesanteur spécifique est de 8,5384. Il fond à environ 130 degrés du pyromètre de Wedgwood, et jouit de propriétés magnétiques. Le cobalt ne se rencontre jamais dans la nature à l'état de pureté, mais bien combiné 1o avec l'oxygène, 2o avec le fer, le nickel, l'arsenic et le soufre, 3o avec l'oxygène et un acide. On nomme *phosphate de cobalt* une substance composée d'acide phosphorique et de cobalt. Elle est excessivement vénéneuse, sans doute parce que les mines où elle est contenue renferment de l'arsenic. La *poudre de cobalt* ou *poudre aux mouches* est de l'oxyde d'arsenic contenant un peu de cobalt. Ses principaux minerais sont la *cobaltine* ou *cobalt gris*, mélange de cobalt, d'arsenic et de soufre, et la *smaltine* ou *cobalt arsenical*, mélange de cobalt, d'arsenic et de quelques parties de fer, de cuivre, de manganèse et de nickel. Le cobaltine sert à la préparation du *smalt*. On emploie les dissolutions de cobalt à faire le *bleu de Thénard* et une *encre sympathique*.

COBAYE, genre de mammifères de l'ordre des rongeurs, famille des caviens, renfermant deux espèces : l'*apéréa*, petit animal qui n'a point de queue, et dont les doigts ne sont point réunis par une membrane. Ses ongles sont courts, robustes, en forme de petits sabots. L'apéréa est le type sauvage du *cochon d'Inde*. L'autre espèce est le *cobaye austral*. Les cobayes se nourrissent de fruits, de graines et de jeunes pousses; quelques-uns ont la facilité de grimper. Ils vivent dans les plaines par petites familles, et se creusent des terriers dans lesquels ils se retirent ordinairement pendant le jour.

COBBETT (William), écrivain anglais, fils d'un fermier du comté de Surrey, né en 1766. Il s'enrôla en 1783, et partit pour la Nouvelle-Ecosse. En 1794, il prit son congé et s'établit à Philadelphie, où il effraya bientôt les membres du congrès et le gouvernement par ses virulentes sorties dans un journal qu'il signait *Peter Porcupine* (Pierre le Hérisson). De retour en Angleterre, il institua à Londres un journal sous le nom de *the Porcupine* (le Hérisson), qu'il changea plus tard en celui de *Weekly Register* (Registre hebdomadaire), et qui est encore un des recueils les plus populaires de la Grande-Bretagne. Sa *Grammaire anglaise* est restée classique. En 1824, il publia ses célèbres lettres sur l'*histoire de la réforme*. Il a été nommé membre de la chambre des communes.

COBÉE, genre de la famille des bignoniacées, dont on ne connaît qu'une seule espèce, la *cobée grimpante*, dont la tige flexible acquiert, en quelques mois, une longueur de plus de quinze mètres, aux feuilles composées, aux grandes fleurs, qui d'un rouge brun passent à un violet intense. La cobée forme de jolies guirlandes, qui garnissent les croisées, les terrasses, les berceaux et les tonnelles, et qui grimpent comme les capucines et les chèvrefeuilles le long des murs.

**COBENTZEL** ou **COBENEL** (Louis, comte de), né à Bruxelles en 1753. Il n'avait que vingt-sept ans lorsque la cour d'Autriche le nomma son ambassadeur en Russie. Ce fut lui qui rédigea en 1795 le traité de la triple alliance de la Russie, de l'Autriche et de l'Angleterre, contre la France. Il signa en 1797, avec Bonaparte, le célèbre traité de Campo-Formio, et retourna à Saint-Pétersbourg en qualité d'ambassadeur en 1798. Il signa aussi le traité de Luneville en 1801 avec Joseph Bonaparte, et, de retour à Vienne, il reçut le portefeuille des affaires étrangères, qu'il a gardé jusqu'en 1805. Il mourut à Vienne en 1809. — PHILIPPE-JEAN, comte de COBENTZEL, son cousin, né à Laybach en 1741, mort en 1810, signa en 1779 le traité de Teschen, et fut en 1801 envoyé comme ambassadeur à Paris.

**COBHAM.** Voy. OLDCASTLE.

**COBI** ou **CHAMO**, grand désert occupant le plateau central de l'Asie, et s'étendant à l'E. en Mongolie, à l'O. dans la petite Boukharie, au S. vers le Thibet et la Chine. Sa longueur est d'environ 500 lieues. Le climat est très-froid, le terrain salé, sablonneux; il renferme quelques oasis, entre autres celles d'*Hami* et de *Lop*. On désigne par le nom de *Chamo* la partie orientale, et par *Cobi* la partie occidentale.

**COBITE**, genre de poissons de la famille des cyprins, renfermant des espèces à la tête petite, au corps allongé, revêtu de petites écailles et enduit de mucosité; à bouche peu fendue, sans dents, entourée de barbillons et de lèvres propres à sucer; aux ouïes peu ouvertes. Nos eaux douces produisent trois espèces remarquables de cobites, qu'on appelle plus communément *loches*. La première est la *loche franche*, petit poisson de quatre ou cinq pouces, nuagé et pointillé de brun sur un fond jaunâtre, a six barbillons, et dont la chair est très-agréable. La deuxième est la *loche d'étang*, quelquefois longue d'un pied, avec des raies longitudinales brunes et jaunes, et dix barbillons. La troisième est la *loche de rivière* ou *cobite lœnia*, qui n'atteint jamais au delà d'un ou deux décimètres.

**COBLENTZ**, régence des États prussiens dans la province du Bas-Rhin, entre celles d'Aix-la-Chapelle et de Trèves, le duché de Clèves-Berg et la Westphalie. Sa superficie est de 334 lieues carrées, et sa population de 392,240 habitants. La capitale est *Coblentz*.

**COBLENTZ**, ancienne et forte ville, au confluent du Rhin et de la Moselle, à 116 lieues de Paris, et 11 de Bonn. Sa population est de 14,000 habitants. Elle se compose de la vieille ville et de la nouvelle, appelée aussi *Clémentstadt*, protégée par deux forts, le fort François et le fort Alexandre. Elle est une des plus fortes places des États prussiens et la clef de l'Allemagne. Le principal commerce consiste en vins de France et de la Moselle. Coblentz était sous les Romains *Confluentes*. Elle devint la résidence de l'électeur de Trèves. Elle fut prise en 1794 par les Français et reprise la même année par les Prussiens.

**COBOURG** (SAXE-), duché d'Allemagne, borné à l'O. et au N. par le duché de Saxe-Hildburghausen, à l'E. et au S. par la Bavière, à l'E. par la principauté de Schwartzbourg-Rudolstadt. Sa superficie est de 132 lieues carrées, et sa population de 145,000 habitants. Il se compose de la principauté de Cobourg proprement dite, du bailliage de Thémar, de celui de Snalfeld et de la principauté de Lichtenberg. Ses revenus s'élèvent à 1,424,500 francs. Il a une voix à l'assemblée générale de la diète. Les deux duchés de Saxe-Cobourg et de Saxe-Gotha sont aujourd'hui réunis et forment celui de *Saxe-Cobourg-Gotha*. — La capitale est *Cobourg*, à 10 lieues de Bamberg, sur l'Itz. Sa population est de 9,000 habitants. Elle est très-commerçante, a plusieurs fabriques et manufactures. Le collège est très-célèbre.

**COBOURG** (Frédéric-Josias, duc DE SAXE-), grand-oncle du duc actuellement régnant et du roi des Belges, né en 1787, entra au service d'Autriche, qui le nomma feld-maréchal. Il prit Choczim en 1788, et conjointement avec le général russe Souvarof battit les Turks auprès de Forkchan. Il assiégea le grand vizir auprès de Mortinestie, et prit Bucharest. En 1793, il obtint le commandement de l'armée dirigée contre les Français, les battit auprès d'Aldenhoven et de Nerwinde, prit Valenciennes, Condé, Cambrai et Landrecies. Défait en plusieurs endroits, il repassa le Rhin, déposa le commandement général, et mourut en 1815.

**COCA**, genre de la famille des malpighiées. La tige est forte, couverte d'une écorce blanchâtre; les branches sont droites, rougeâtres, garnies de feuilles elliptiques, entières, d'un vert lustré; les fleurs sont petites, solitaires ou réunies en faisceaux, et de couleur jaune et blanche; le fruit est un drupe sec, rouge, oblong, monosperme. Ce coca était autrefois la plante sacrée des Péruviens, qui la brûlaient sur les autels du Soleil, et encore aujourd'hui les Boliviens mâchent trois fois par jour, le matin, à midi et le soir, ses feuilles roulées en boule avec un peu de terre calcaire ou des semences de *quinua* (espèce d'*ansérine*).

**COCAGNE**, nom que les fabricants de pastel donnent aux pains coniques qu'ils forment sous la feuille du pastel après qu'elle a été écrasée sous la meule. La grande fortune qu'avaient amassée les fabricants de pastel dans le haut Languedoc et la fertilité prodigieuse du sol où croît le pastel avaient fait appeler *pays de cocagne* ces sortes de contrées. Telle est une des explications données à la locution *pays de cocagne*, qui exprime une contrée imaginaire où les habitants vivent dans une extrême abondance sans aucun travail.

**COCARDE**, ornement aux couleurs de la nation, que les militaires portent fixé à leur coiffure. La cocarde est aussi portée dans les temps de trouble et de révolution par les citoyens, qui indiquent par ce signe qu'ils sont prêts à défendre un parti. L'usage de la cocarde est devenu général depuis la guerre de 1701. Dans la guerre de 1756, la cocarde française était *blanche et verte*. La couleur nationale adoptée en 1789 fut *bleue et rouge*. La couleur blanche fut y ajoutée que le 17 juillet lorsque le roi adopta la nouvelle cocarde à l'hôtel de ville. Depuis cette époque, la cocarde tricolore a été le signe de la nation, excepté de 1814 à 1830, époque pendant laquelle la restauration rétablit la cocarde blanche.

**COCCÉIENS**, sectaires de Hollande, partisans de Jean Coccéius ou Cox, professeur de théologie à l'académie de Leyde. Ils croyaient que Jésus-Christ aurait un signe visible sur la terre, postérieur à celui de l'antéchrist qu'il abolirait, et antérieur à la conversion des Juifs et de toutes les nations. Mais la principale particularité de cette secte consiste dans la méthode particulière d'expliquer l'Écriture. Leurs principes sont qu'il faut donner aux paroles du texte sacré toute l'énergie possible, que tout y est mystérieux et allégorique, et que l'histoire de l'Église chrétienne y est entièrement renfermée.

**COCCÉIUS** (Jean) ou Cox, né à Brême en 1603, professeur de théologie à Leyde, était très-savant dans les Écritures, ce qui lui a fait donner le surnom de *Scripturarius*. Ses *Commentaires sur la Bible* sont remplis de singularités. Il mourut à Leyde en 1669. Ses partisans sont appelés *coccéiens*. — HENRI COCCÉIUS, né à Brême en 1644, professeur en droit à Heidelberg, à Utrecht et à Francfort-sur-l'Oder, mourut dans cette dernière ville en 1719. — Son fils SAMUEL COCCÉIUS, né à Francfort-sur-l'Oder vers la fin du XVIIᵉ siècle, mort en 1755, s'éleva par sa profonde connaissance du droit public aux places de ministre d'État et de grand chancelier du grand Frédéric, qui lui confia la réformation de la justice. Le Code de 1747 fut son ouvrage.

**COCCINELLE**, genre de coléoptères, famille des aphidiphages, renfermant des insectes d'une forme ronde, convexe en dessus, et d'une taille qui généralement ne dépasse pas deux ou trois lignes. Les coccinelles, qu'on appelle communément *bêtes à bon Dieu*, *vaches à bon Dieu*, *tortues*, *scarabées hémisphériques*, etc., sont en général rouges, jaunes ou noires, avec des points disséminés. Elles ont la faculté, quand on les inquiète, de faire sortir par les jointures de leurs genoux, une liqueur jaunâtre, mucilagineuse, nauséabonde, qui sert probablement à écarter leurs ennemis. Elles sont carnassières.

**COCCULUS**, genre de la famille des ménispermées, renfermant des arbres, dont un, le *cocculus suberosus*, fournit la *coque du Levant*. Voy. ce mot.

**COCCYX**, petit os symétrique, triangulaire, situé sur la ligne médiane ou moyenne, à la partie postérieure du bassin, et qui termine en bas et en arrière la colonne vertébrale chez l'homme et les animaux qui n'ont point de queue. On l'a nommé *coccyx* parce qu'on a cru le trouver de la ressemblance avec le bec de coucou. Cet os est presque tout éponyeux. Il s'articule presque seulement avec le sacrum.

**COCHABAMBA**, un des six départements qui composent la république de Bolivia. Il est borné au N. par celui de Santa-Cruz, au S. par celui de Chuquisaca ou la Plata, à l'E. par celui de Santa-Cruz, et à l'O. par ceux de la Paz et d'Oruro. Sa superficie est d'environ 700 lieues carrées, et sa population de 90,000 habitants. On peut l'appeler avec raison le grenier du Pérou, car il produit abondamment toutes sortes de grains et de semences. — La capitale est *Cochabamba*, à 30 lieues de Chuquisaca. Sa population est d'environ 40,000 habitants.

**COCHE**, nom donné autrefois à un grand carrosse de voyage qui n'est plus en usage aujourd'hui. L'usage des coches existait encore au commencement du XVIIᵉ siècle. La dénomination de *coche* a été conservée seulement pour désigner un grand bateau couvert, destiné à porter des voyageurs.

**COCHÉE**, nom donné autrefois à des pilules officinales purgatives, qui produisaient des évacuations abondantes, et qui avaient la forme d'une graine (en grec, *coccos*).

**COCHENILLE**, genre de l'ordre des hémiptères, famille des gallinsectes, renfermant des insectes dont les mâles ont le corps allongé et sont pourvus d'ailes. C'est une jolie mouche de couleur de feu; les femelles sont aptères (sans ailes), ont le corps ovalaire et plat; elles sont pourvues d'un bec tubulé ou qu'elles insèrent dans la plante pour en aspirer le suc dont elles se nourrissent. Cet insecte précieux, que nous devons au nouveau monde, est extrêmement recherché pour sa couleur rouge, qui fournit la teinture la plus belles nuances d'écarlate et de pourpre. On distingue dans le commerce deux espèces de cochenilles : la *fine*, connue sous le nom de *mestèque*, parce qu'on en fait les principales récoltes à Mestèque, dans la province d'Honduras (Guatimala). Cette espèce est récoltée sur les nopals ou cactus, où on la fait venir, et on nomme *nopaleries* les plantations où l'on cultive des nopals à cet effet. L'autre espèce est appelée *sylvestre* ou *sauvage*; on la ramasse sur des plantes où elle vient naturellement; elle est moins chère et fournit moins de teinture. On apporte la cochenille sous la forme de petits grains de forme irrégulière, ordinairement convexe d'un côté, avec des cannelures, et concave de l'autre avec des enfoncements. Sa couleur est d'un gris ardoisé, mêlé de rougeâtre et couvert d'une poussière blanche.

**COCHENILLE DE PROVENCE**, espèce de *kermès*.

**COCHENILLIER.** Voy. CACTUS.

COCHE-PIERRE. Voy. Gros-bec.

COCHER, celui qui mène un coche ou une voiture quelconque. — C'est aussi le nom d'une constellation boréale, composée, selon Flamstead, de soixante-six étoiles. La plus brillante est la *Chèvre*. Le Cocher est situé entre *Persée* et les *Gémeaux*, au-dessus du *Taureau*. Il forme, sur le firmament, un grand pentagone régulier. Son nom en latin est *Auriga*, et en grec *Héniochos*.

COCHEREL, village du département de l'Eure, à 3 lieues d'Évreux et une de Pacy, où se livra, le 16 mai 1364, une célèbre bataille entre les troupes du roi Charles V, commandées par le connétable Bertrand du Guesclin, et celles du roi de Navarre Charles le Mauvais, commandées par Jean de Grailly, le captal de Buch. Le captal de Buch y fut fait prisonnier, et perdit la bataille. La nouvelle de la victoire arriva à Reims le 18 mai, veille du sacre de Charles V.

COCHEVIS. Voy. Alouette.

COCHIN, ville de l'Indoustan, sur la côte de Malabar, à 45 lieues de Travancore et 40 de Calicut, capitale d'un petit État borné au N. par le Malabar propre, au S. par le Travancore proprement dit, à l'O. par l'Océan, et faisant partie du royaume de Travancore. Elle est située dans une île sur la côte de l'Inde, et fait un grand commerce de poivre et de cannelle. — Cochin était une ville très-considérable lorsque les Portugais y abordèrent. Ils en furent depuis chassés par les Hollandais. Aujourd'hui elle appartient aux Anglais.

COCHIN (Henri), célèbre avocat, né à Paris en 1687, se consacra de bonne heure au barreau, et fut reçu avocat en 1706. Il s'attacha d'abord au grand conseil. Ses progrès furent si rapides, qu'à trente ans son nom était compté parmi ceux des plus habiles soutiens du barreau. Dès qu'il parut au parlement, devenu l'oracle du public, il fut consulté de toute la France, et mourut à Paris en 1747. Ses œuvres ont été recueillies en six volumes in-4°. — Jacques-Denis Cochin, né à Paris en 1720, docteur en Sorbonne, curé de Saint-Jacques du Haut-Pas, mort en 1783, fonda trois ans avant sa mort, vis-à-vis l'Observatoire, l'hospice qui porte son nom, et fut le père des pauvres.

COCHIN, famille de graveurs français, originaire de Troyes. Elle a produit, sous Louis XIII et Louis XIV, Nicolas Cochin, né à Troyes, élève de Callot, et qui a gravé dans le goût de son maître; et Noel Cochin, mort à Venise en 1695, qui a exécuté une grande partie des planches de la collection de Beaulieu. — Charles-Nicolas Cochin, né à Paris en 1688, mort en 1754, a gravé *Rébecca*, *saint Basile* et l'*Origine du feu*, d'après Feu Lemoine; *Jacob et Laban*, d'après Restout; la *Noce de village*, d'après Vatteau. — Son fils, Charles-Nicolas Cochin, né à Paris en 1715, mort en 1790, dessinateur du cabinet du roi, garde des dessins du Louvre, chevalier de l'ordre de Saint-Michel et secrétaire de l'académie de peinture, perfectionna la gravure à l'eau-forte.

COCHINCHINE ou Nuoc-Annam (Annam méridional), presqu'île et royaume d'Asie, faisant partie du royaume d'Annam, et bornée au N. par le Tonquin, à l'O. par le Laos et le Cambogé, au S. par le Ciampa ou Tsiompa, à l'E. par la mer. Sa superficie est d'environ 8,000 lieues carrées, et sa population de 1,450,000 habitants. Sa capitale est *Hué-Fou*, chef-lieu de la province du même nom, avec un port sur le golfe de Tonquin. La Cochinchine produit du maïs, du millet, des fèves, du sucre, du bétel, de la cannelle, du poivre, du thé, du coton, de la soie, de l'indigo, de la laque. Le riz est la principale nourriture des habitants. — Vers la fin du XVIIe siècle, un prince tonquinois, révolté contre son souverain, y fonda un royaume indépendant, qui depuis trente ans a été en proie aux incursions et aux guerres des Tonquinois.

COCHLÉARIA, appelée vulgairement *cranson*, genre de la famille des crucifères, renfermant des plantes herbacées ou vivaces, quelquefois couvertes de duvet ou de poils épars. Les fleurs sont ordinairement blanches, se rangent en grappes terminales, et sont portées par des pédicelles filiformes. La plus connue est le *cochléaria de Bretagne*, appelé aussi *raifort sauvage* et *cran de Bretagne*. Sa racine, qui est fort grosse et charnue, contient abondamment un principe volatil, dans qui résident toutes ses vertus médicales. C'est la base du sirop antiscorbutique, de l'alcool ou esprit de cochléaria, et de plusieurs teintures. On râpe cette racine, pour la manger avec le bouilli en guise de moutarde.

COCHLIARION, petite mesure grecque de capacité pour les choses liquides. Elle valait la moitié du chême et la huit mille six cent quarantième partie du métrétès, c'est-à-dire, 0 centilitre 44957 cent millièmes de centilitre. — C'est aussi une mesure grecque pour les choses sèches. Elle valait la dixième partie du cyathe et la onze mille cinq cent vingtième partie du médimne, c'est-à-dire, 0 centilitre 445 millièmes de centilitre.

COCHON, genre de mammifères de l'ordre des pachydermes, divisé en deux groupes: le premier renfermant ceux qui ont les pieds postérieurs tridactyles (à trois doigts) et les antérieurs tétradactyles (à quatre doigts); ce groupe comprend les genres *pécari*, *chœropotame* et *anthracothérium*. Le deuxième groupe renferme ceux qui ont les quatre pieds tétradactyles (à quatre doigts), et comprend les genres *babiroussa*, *phascochœre*, et le genre *cochon* proprement dit. Ce genre est caractérisé par des dents canines fortes, sortant de la bouche et se recourbant dans le haut, quelquefois très-longues, dépourvues de racines proprement dites, et croissant pendant toute la vie de l'animal; les autres dents varient suivant les espèces. Les *cochons* proprement dits et les *sangliers* ont six incisives, deux canines et quatorze molaires à chaque mâchoire. Le nez est prolongé en boutoir; les yeux petits, à pupille ronde; les oreilles assez développées et cartilagineuses; la queue médiocre. Ces animaux sont omnivores et très-gloutons. Ils aiment les pays marécageux, et leur plaisir est de se vautrer dans la fange. L'espèce la plus connue est le *cochon domestique*, dont on retrouve le type sauvage dans le *sanglier*.

COCHON DOMESTIQUE ou Porc, variété du genre *cochon*, dont le type existe à l'état sauvage sous le nom de *sanglier*. Le porc mâle s'appelle *verrat*, sa femelle *truie*, leurs petits *porcs* ou *pourceaux*, et lorsqu'ils sont privés des facultés génératrices *cochons*. Les porcs aiment les glands, les faînes et tous les fruits sauvages. Ils fouillent la terre avec leur boutoir pour y chercher les larves d'insectes et les racines, principalement celles de la gesse et de la carotte, les tubercules de la truffe, et la grosse souche des fougères, dont ils sont très-avides. La truie peut porter jusqu'à vingt porcs. La chair du cochon est très-savoureuse; on la mange salée ou non divisée. La différence dans les couleurs de la robe divise les cochons par régions. La couleur noire appartient particulièrement au midi, la blanche au nord; au centre, la couleur participe de ces deux extrêmes. Partout les cochons à soie rousse passent pour être les meilleurs.

COCHON DE BLÉ ou Petit cochon. Voy. Hamster.

COCHON-CERF. Voy. Babiroussa.

COCHON DE TERRE. Voy. Pangolin.

COCHON D'INDE, nom donné à l'*apéréa*, animal du genre *cobaye*, réduit à l'état de domesticité. Son pelage est teint des trois couleurs noire, blanche et rousse, disposées par larges plaques et sans symétrie. La longueur varie quelquefois à onze pouces. Il vit d'herbes, de fruits, de son et de pain. La femelle porte jusqu'à douze petits. Le corps du cochon d'Inde est trapu et court, son cou gros et sa tête peu distincte. Sa chair est assez bonne à manger; mais ses habitudes sont sales.

COCHRANE (Robert), maçon écossais, fut employé à plusieurs grands travaux par Jacques III, qui le créa comte de Mar, et en fit son favori. Ce monarque lui accorda des distinctions si marquées, que les autres courtisans se jetèrent sur lui, sans être retenus par la présence du roi, et le pendirent au pont de Lawder en 1484. Archibald, comte de Douglas, qui en cette circonstance avait seul dit qu'il *attacherait le grelot au chat* (I will bell the cat), à cette occasion le surnom d'*Attache-grelot* (Bell-the-cat).

COCHRANE (Alexandre-Thomas, lord), fils aîné de lord Archibald Cochrane, comte de Dundonald, naquit en 1775, et entra de bonne heure dans la marine. Élève de son oncle Alexandre Forster-Cochrane, il n'avait que vingt-cinq ans lorsqu'il fut capitaine de frégate. Nommé membre et chevalier de l'ordre du Bain, il fut dépouillé de cet ordre et chassé du parlement par suite d'un jugement motivé par les fausses nouvelles qu'il avait répandues sur les prétendues victoires de Napoléon. Après 1818, il commanda avec bonheur les forces navales du Chili et puis du Brésil. L'empereur D. Pedro le nomma en 1823 marquis de Maranham. Il passa en 1826 au service de la Grèce en qualité d'amiral. Lord Alexandre Cochrane est mort à Paris en 1832.

COCILIO, poids de 11 onces.

COCLÈS (Publius Horatius), surnommé *Coclès* (le borgne), parce qu'il avait perdu un œil dans un combat, Romain célèbre qui gardait le pont du Tibre lors du siège de Rome par Porsenna. Il soutint le choc des ennemis, tandis que ses compagnons d'armes coupaient le pont derrière lui. Lorsqu'ils eurent achevé, il se jeta tout armé dans le Tibre, et gagna le rivage à la nage, quoiqu'il fût grièvement blessé. Pour honorer sa valeur, le consul Publicola lui fit élever une statue d'airain dans le temple de Vulcain.

COCO, fruit du cocotier. Il a le volume d'un très-gros melon d'eau ou pastèque, et est de forme ovoïde ou sphérique. Sous une écorce verdâtre ou lisse est un brou filandreux, élastique, enveloppant un noyau monosperme, à coque ovale, oblongue, un peu pointue, très-épaisse, ligneuse, très-dure, et creusée à son sommet de trois trous inégaux, dont l'un, beaucoup plus grand, est toujours ouvert. La coque est remplie d'une chair très-blanche, ayant un goût suave, et la consistance d'une crème un peu épaisse, très-appétissante, au milieu de laquelle on trouve une liqueur rafraîchissante, de couleur laiteuse, un peu sucrée, qui s'affermit et disparaît quand le fruit est vieux. La pulpe du coco se change en une amande blanche, dont la chair est ferme et imite celle de la noisette.

COCO DES MALDIVES, de Salomon, ou Coco de mer. Nom donné au fruit d'un palmier, le *lodoïcée*.

COCON ou Coque, enveloppe plus ou moins habilement préparée par quelques larves d'insectes pour s'enfermer à l'état de nymphe. Ce cocon peut être de différentes sortes. Dans les chenilles, il est filé plus ou moins serré, selon que les espèces doivent rester au jour, se cacher sous la feuille ou s'enterrer. Dans les coléoptères, la coque se fait le plus souvent avec des matériaux étrangers à l'insecte, et réunis au moyen d'un gluten particulier. Dans les hyménoptères, les uns font des coques complètes filées très-serrées, les autres bouchent seulement l'entrée de la cellule où ils ont été nourris. C'est en définitive le cocon du *bombyx* du mûrier qu'on obtient la soie.

COCOTIER, genre de la famille des palmiers, qui renferme des arbres d'une taille gigantesque peuplant l'Afrique, les Indes, le continent méridional de l'Amérique et les Antilles. Le tronc, haut de vingt-cinq à trente mètres, n'est pas rameux, et est couronné au sommet par une touffe de feuilles très-longues, les unes dressées, les autres étendues horizontalement, étroites, pointues, larges d'un mètre; au centre du sommet est un bourgeon allongé, fort tendre et très-bon à manger, qu'on nomme *chou*. L'arbre périt quand on le coupe. A la base intérieure des feuilles les plus basses pend une grappe de fleurs nombreuses, jaunâtres, qui prend le nom de *régime*, et dont chacune peut donner naissance au fruit. (Voy. Coco.) Le bois du cocotier est assez dur et assez solide pour entrer dans les constructions. Avec les fibres qui enveloppent la noix, on prépare une filasse assez longue et assez forte pour servir de cordages et pour calfater les vaisseaux. On fait avec la coque des vases de différentes sortes. La séve obtenue par incision, et mise à fermenter, donne, au bout de quelques heures, une liqueur sucrée appelée *vin de cocotier*. On retire aussi de l'huile de l'amande de la noix.

COCRÈTE ou CRÊTE DE COQ. Voy. RHINANTHE.

COCYTE (myth.), fleuve des enfers qui était, dit-on, formé des larmes des coupables, et qui se perdait parmi les eaux de l'Achéron. Les mânes de ceux qui n'avaient point été inhumés erraient pendant cent ans sur ses bords avant que de pénétrer dans l'Elysée. On représente le Cocyte sous la forme d'un vieillard tenant une urne d'où s'échappent des flots qui vont se perdre dans l'Achéron après avoir décrit un cercle.

CODE, nom donné à une collection de lois sur une même matière. La plupart des jurisconsultes reconnaissent aujourd'hui en France neuf codes : le *Code politique*, composé de la charte et des lois organiques qui en sont la conséquence. Ce code régit les droits et les devoirs politiques des citoyens. Le *Code civil*, qui règle tout ce qui a rapport aux droits civils, à la personne et à la propriété des citoyens. Le *Code de commerce*, relatif à toutes les transactions commerciales. Le *Code de procédure civile*, indiquant les règles qui doivent être suivies dans les instructions devant les tribunaux civils. Le *Code d'instruction criminelle*, qui règle le mode légal d'instruction des délits et des crimes. Le *Code pénal*, qui détermine la nature des délits et des crimes et leur punition. Le *Code rural*, qui renferme les règles imposées par les lois à l'agriculture et à tout ce qui dépend des travaux agricoles. Le *Code forestier*, qui régit tout ce qui a rapport à l'administration des forêts; et le *Code de la pêche fluviale*, qui règle tout ce qui a rapport aux fleuves, aux rivières, etc. — Les codes les plus fameux avant la révolution étaient le *Code Michault*, dû à Michel de Marillac, garde des sceaux, et publié en 1629; et le *Code Louis*, renfermant onze ordonnances de Louis XIV. — Le Code qui nous régit aujourd'hui est dû à Napoléon; et les différents codes qui le composent, rédigés par les fameux jurisconsultes Henrion de Pansey, Tronchet, Merlin, Treilhard, Portalis, Berlier, etc., ont été promulgués successivement depuis le 5 mars 1803 jusqu'en 1810. Le Code forestier et celui de la pêche fluviale seulement sont dus à la restauration.

CODE. On a nommé encore ainsi un recueil des lois, des ordonnances, des constitutions des empereurs et des rois. Grégoire et Hermogène, deux savants jurisconsultes, ayant recueilli les constitutions des empereurs depuis Adrien jusqu'à Constantin, on nomma ces deux recueils *Code Grégorien* et *Code Hermogénien*. L'empereur Théodose le Jeune en fit un autre appelé *Code Théodosien*, où il recueillit toutes les constitutions des empereurs depuis Constantin jusqu'à lui. Alaric, roi des Goths, fit faire en 506 une nouvelle compilation du droit romain, tirée de ces trois codes *Grégorien*, *Hermogénien* et *Théodosien*, qu'il publia sous le nom de *Code Théodosien*. Le code d'Alaric fut pendant longtemps tout le droit romain qui s'observât en France. L'empereur Justinien ayant donné commission à Tribonien de composer un nouveau code, comprenant un résumé de ceux de Grégoire, d'Hermogène et de Théodose, avec quelques constitutions de Justinien, ce code, publié en 528 en 534, et appelé *Code de Justinien* ou de *Trébonien*, fit la troisième partie du droit romain. On a donné le nom de *Code des lois antiques* à un recueil qui comprend les lois des Wisigoths, un édit de Théodoric, roi des Goths d'Italie, les lois bourguignonnes ou gombettes, saliques et ripuaires.

CODE DE PRUSSE, recueil de dispositions légales qui régissent uniformément toutes les provinces du royaume de Prusse. Ce code, rédigé par le grand chancelier Carmer, fut adopté définitivement en 1791, et promulgué de nouveau par Frédéric-Guillaume III le 5 février 1794.

CODÉCIMATEURS. Nom donné autrefois à plusieurs seigneurs qui percevaient les dîmes d'une même paroisse. Les codécimateurs étaient tenus de payer solidairement la portion requise au curé qui n'avait point de gros, ou un supplément si le gros ne montait pas à 300 livres. Ils devaient aussi 150 livres pour le vicaire, quand l'évêque le jugeait nécessaire.

CODÉIQUE (ACIDE), nom donné par Sertuerner à l'un des acides découverts par M. Robiquet dans l'opium, dont il est l'un des principes constitutifs. Il y entre dans la proportion de 3 à 74. Cet acide se combine à un grand nombre de bases; mais le plus connu est le *codéate de morphine*, auquel est due l'influence énergique que l'opium possède sur l'économie animale. L'autre acide qui se trouve dans l'opium est l'acide *méconique*. Voy. ce mot.

CODICILLAIRE (CLAUSE), clause qu'on insère pour l'ordinaire dans les testaments afin de leur donner force, sinon comme testaments, par le défaut de quelques solennités requises, au moins comme un codicille et comme un acte de dernière volonté.

CODICILLE, dernière volonté moins solennelle qu'un testament, ou écrit par lequel on ajoute ou l'on change quelque chose à un testament, soit sous seing privé, soit devant des personnes publiques. Le codicille diffère du testament en ce que le codicille ne peut contenir d'institution d'héritier, et n'est pas sujet à toutes les formalités des testaments. Il faut cinq témoins pour un codicille.

CODRUS, dernier roi d'Athènes, fils de Mélanthus. Dans la guerre que les Héraclides firent aux Athéniens, l'oracle annonça que la victoire se déclarerait pour la nation dont le roi périrait dans le combat. Les Héraclides ordonnèrent en conséquence d'épargner la vie de Codrus. Mais ce prince, ayant pris les armes et les habits d'un simple soldat, se jeta dans la mêlée, et fut tué par les ennemis, qui ne le reconnurent pas. Les Athéniens vainqueurs proclamèrent Codrus *Père de la patrie*, et pour honorer sa mémoire abolirent la royauté, en confiant le pouvoir à des archontes. Codrus mourut l'an 1095 avant J.-C.

COECUM. Voy. CÆCUM.

COEFFICIENT, en algèbre, quantité par laquelle une autre quantité est multipliée. Lorsqu'une lettre n'est précédée d'aucun nombre, elle est toujours censée avoir 1 pour coefficient. Dans $3b$, $Vx$, etc., $3$ et $V$ sont le coefficient de $b$, $V$ celui de $x$. — La méthode des *coefficients indéterminés*, entrevue par Viète et développée par Descartes, consiste à supposer une équation avec des coefficients indéterminés dont on fixe ensuite la valeur par la comparaison de ses termes avec ceux d'une autre équation qui doit lui être égale.

COELÉ-SYRIE, contrée de Syrie, entre le mont Liban et l'Antiliban, où l'Oronte, aujourd'hui *El-Aassi*, prend sa source. Elle fut ainsi nommée par Antiochus Cyzicenus, à qui elle échut en partage, lorsqu'il partagea avec son frère Antiochus Gryphus les domaines de son père, l'an 112 avant J-C. La capitale était *Damas*.

COELLO (Alonzo-Sanchez), peintre portugais, d'abord élève de Raphaël à Rome, et puis d'Antonio Moro en Espagne. Son talent distingué le fit appeler *le Titien portugais*, et lui mérita la faveur de Philippe II, roi d'Espagne, qui le combla de bienfaits. Il mourut en 1590, à l'âge de soixante-quinze ans. Il peignit l'histoire et le portrait.

COELUS. Voy. CIEL et URANUS.

COEMPTIO, sorte de mariage usitée chez les Romains. Les deux personnes qui devaient s'unir se donnaient réciproquement une petite pièce de monnaie. En même temps l'homme demandait à la femme si elle voulait devenir mère de famille; celle-ci répondait que oui, puis adressait une semblable demande à l'homme, qui répondait de la même manière.

COESNON, rivière de France, dans le département d'Ille-et-Vilaine, qui prend sa source près de Fougères, et a son embouchure dans la Manche entre Pontorson et le mont Saint-Michel. Le Coësnon formait autrefois la limite de l'ancien duché de Bretagne.

COETIVY, ancienne famille de Bretagne, qui a fourni un amiral de France : PRÉGENT DE COETIVY, distingué par sa valeur et sa prudence à la guerre, fut amiral de France en 1439, et tué d'un coup de canon au siège de Cherbourg en 1450, après s'être signalé à la bataille de Formigny. Il ne laissa point d'enfants. L'un de ses frères n'eut qu'un fils, CHARLES DE COETIVY, mort vers 1500. Celui-ci eut une fille, LOUISE DE COETIVY, qui porta les biens de sa maison dans celle de la Trémouille.

COETLOGON (Alain-Emmanuel DE), né en 1646 d'une famille noble et ancienne de Bretagne, passa du service de terre à celui de mer en 1670, se trouva à onze batailles navales, entre autres aux combats de Bantry en Irlande (1688), de la Hogue (1692) et de Velez-Malaga (1704). En 1716, il fut promu au grade de vice-amiral. Il mourut en 1730 maréchal de France et chevalier des ordres du roi.

COEUR, organe musculaire creux et contractile, d'où partent les vaisseaux qui conduisent le sang dans toutes les parties du corps, et où viennent se rendre ceux qui le rapportent de ces mêmes parties. Il est composé de deux cavités au moins : l'une appelée *oreillette*, destinée à recevoir le sang provenant de toutes les parties du corps; l'autre destinée à pousser ce fluide dans les organes, est appelée *ventricule*. Dans l'homme, le cœur est un muscle conoïde, aplati, obliquement dirigé en avant, en bas, à gauche, et situé dans la poitrine à gauche entre les deux lames du médiastin. Il est revêtu à l'extérieur d'un feuillet membraneux très-mince. Il a deux ventricules: l'un, appelé *ventricule droit* parce qu'il est situé à droite de l'organe, donne naissance par sa base à l'artère pulmonaire et communique inférieurement avec l'*oreillette droite*, qui reçoit les deux veines caves et les veines cardiaques; l'autre, appelé *ventricule gauche* parce qu'il est situé à gauche de l'organe, donne naissance par sa base à l'artère aorte, et communique inférieurement avec l'*oreillette gauche*, qui reçoit les quatre veines pulmonaires. Tel est le cœur dans l'homme et les autres mammifères. Des expériences nombreuses tendent à prouver que les *ganglions cervicaux* président au mouvement du cœur. Ils sont situés au-devant de la région cervicale de la colonne vertébrale.

COEUR (Jacques), né à Bourges d'un marchand obscur, s'éleva par ses talents jusqu'aux plus hautes dignités et devint *argentier* de Charles VII, c'est-à-dire, son trésorier. Il lui prêta généreusement 200,000 écus d'or pour entreprendre la conquête de la Normandie. Son commerce s'étendait dans toutes les parties du monde connu. Il devint le plus riche particulier de l'Europe. Charles VII l'envoya en 1448, avec d'autres ambassadeurs, à Lausanne pour finir le schisme de Félix V. Il fut mis en jugement à son retour. La cour plénière lui fit son procès et le condamna à l'amende honorable, à une amende de

100,000 écus et au bannissement. On osa même lui attribuer la mort d'Agnès Sorel. Jacques Cœur parvint à se sauver à Rome. Calixte III lui ayant donné le commandement d'une flotte contre les Turks, il mourut à l'île de Chio en 1456. Louis XI ayant ordonné la révision du procès, la mémoire de Jacques Cœur fut réhabilitée.

CŒUR DE SAINT-THOMAS, nom donné aux fruits d'une espèce d'acacia.

CŒUR. En termes de blason, c'est le milieu de l'écu.

CŒUR-DE-BŒUF. Voy. COROSSOLIER.

COFFINHAL (Jean-Baptiste), né à Aurillac (Cantal) en 1746, embrassa d'abord la profession de médecin, et la quitta pour la jurisprudence. Il était homme de loi à Paris lorsqu'il fut nommé juge du tribunal du 10 août. Il fut appelé en 1793 à la vice-présidence du tribunal révolutionnaire, et fut l'un de ceux dont le nom parut le plus souvent à la tête des sentences de mort qui ensanglantèrent cette époque. Mis hors la loi au 9 thermidor comme complice de Fouquier-Tinville et de Robespierre, et se trouvant enfermé à l'hôtel de ville avec Henriot, il se disputa avec lui et le jeta par la fenêtre. Parvenu à s'échapper, il se réfugia dans l'île des Cygnes, où il se tint caché pendant deux jours sans manger. Pressé par le besoin, il sortit de sa retraite, fut livré à la convention, condamné à mort et exécuté.

COFFRE, ancien meuble en forme de caisse, avec un couvercle à charnières fermant à clef, pour serrer les hardes, l'argent, les papiers précieux, etc. On l'appelle bahut lorsqu'il a un couvercle voûté. — On appelle coffre ou coffret les petits coffres qui sont placés sur l'avant-train des caissons de munitions, et ceux qu'on place dans les batteries pour y renfermer quelques gargousses seulement. Le coffret est un diminutif du caisson.

COFFRE, genre de poissons de la famille des sclérodermes, renfermant plusieurs espèces qu'on trouve dans les mers des Indes et près des côtes de Guinée. Les coffres sont appelés ainsi parce qu'ils ont, au lieu d'écailles, des compartiments osseux et réguliers soudés en une sorte de cuirasse inflexible qui leur revêt la tête et le corps, en sorte qu'ils n'ont de mobile que la queue, les nageoires, la bouche et une petite lèvre qui garnit le bord de leurs ouïes. L'espèce de coffre la plus connue est le coffre triangulaire, à enveloppe triangulaire, avec épines, d'un brun rougeâtre, et long de quinze à dix-huit pouces.

COGNAC, ville de France, chef-lieu de sous-préfecture du département de la Charente, sur la rive gauche de cette rivière, à 10 lieues d'Angoulême. Sa population est de 3,499 habitants. Elle a un tribunal de première instance, un tribunal de commerce, etc. On connaît la réputation des eaux-de-vie de Cognac. — Cette ville faisait autrefois partie de la Saintonge. Au XIIe siècle, elle fut réunie à l'Angoumois. C'est dans le parc de Cognac, au pied d'un arbre, que Louise de Savoie, duchesse d'Angoulême, mit au monde en 1494 François 1er. C'est à Cognac que fut conclu le 21 mai 1526 le traité entre François 1er, le pape Clément VII, les Vénitiens, Sforza, duc de Milan, et le roi Henri VIII, et connu sous le nom de sainte ligue. Plus tard, les états assemblés dans cette ville déclarèrent qu'ils résisteraient à toute tentative faite pour aliéner la Bourgogne en faveur de Charles-Quint.

COGNATION, lien de parenté entre tous les descendants d'une même souche et d'une même tige, tant par les hommes que par les femmes. Il diffère en cela de l'agnation, qui ne comprend que les descendants par les mâles. — Dans droit romain, cognation signifie seulement le lien de parenté qui existe entre ceux qui descendent d'une même souche par les femmes, et cognats (nom) qui ont entre eux ce lien de parenté. Les anciennes lois romaines favorisaient les agnats au préjudice des cognats.

COGNÉE, outil de fer plat et tranchant, en forme de hache, emmanché au bout d'un morceau de bois plus ou moins long, et servant à fendre, à trancher et à couper.

COHAHUILA Y TEXAS, un des dix-neuf Etats de la confédération mexicaine, borné au N. par les Etats-Unis et le territoire du Nouveau-Mexique, au S. par les Etats de Durango et de San-Luis Potosi, à l'O. par le désert de Mapimi, qui le sépare de l'Etat de Chihuahua. Sa superficie est d'environ 34,000 lieues carrées, dont 24,000 pour Texas. Sa population de 80,000 habitants. Sa capitale est Coahuila, appelée aussi Monclova et Montelovez. On trouve dans l'Etat de Cohahuila d'immenses pâturages. Voy. TEXAS.

COHÉSION, nom donné à la force attractive qui s'exerce entre les molécules de même nature, par opposition à l'affinité, qui s'exerce entre les molécules de nature hétérogène. Elle est contre-balancée dans tous les cas par une force opposée, le calorique, dont l'effet est de disjoindre les parties des corps. On a dernièrement trouvé que le meilleur moyen de déterminer la cohésion des pierres est de les tremper pendant une demi-heure dans une solution bouillante et saturée de sulfate de soude. On peut augmenter la cohésion de certains métaux par la percussion, ou en les tirant à la filière.

COHOBATION, nom donné par les anciens à une opération qui consistait à remettre plusieurs fois de suite le produit d'une distillation sur son résidu, et à distiller de nouveau, afin d'obtenir un produit plus chargé de principes volatils. Les alchimistes avaient souvent recours à cette opération, et se servaient d'un instrument appelé pélican; c'était un alambic en verre dont le chapiteau avait deux tuyaux recourbés, qui ramenaient le liquide distillé dans la cucurbite. On emploie encore la cohobation dans les pharmacies.

COHORN (Menno, baron DE), surnommé le Vauban hollandais, né en 1641 au château de Lettinga-Staate, près de Britzum (Frise), fit paraître de bonne heure son génie pour la guerre et les fortifications. Capitaine à l'âge de seize ans, il se distingua à Maëstricht, à Senef, à Cassel et à Saint-Denis. Nommé quelques années après colonel des deux bataillons de Nassau-Frise, la prise de Namur par les Français qui s'en étaient emparés lui valut le grade d'ingénieur en chef et de lieutenant général. Il fortifia et défendit la plupart des places des états généraux. Il mourut à la Haye, en 1704, gouverneur de la Flandre hollandaise. On a de Cohorn un Traité des fortifications.

COHORTE, corps d'infanterie romaine, ordinairement composé de 600 hommes, et formant la dixième partie de la légion. Son épaisseur a varié entre cinq et dix rangs. Chaque cohorte avait ses boucliers peints d'une manière particulière, et était suivie de chariots portant les flèches et les javelots de rechange. — Sous l'empire, lors de la formation de la Légion d'honneur, cet ordre fut partagé en seize cohortes. — On distinguait 1° les cohortes légionnaires, composées de soldats romains; 2° les cohortes alariæ ou sociæ, les troupes auxiliaires d'infanterie fournies par les peuples alliés; 3° les cohortes prétoriennes, un corps de troupes composé indistinctement de Romains et d'étrangers, et qui était chargé de garder la personne du général ou de l'empereur (voy. PRÉTORIENS); 4° les cohortes urbaines, chargées de veiller à la sûreté de Rome; elles étaient au nombre de quatre, chacune de 1,500 hommes, et commandées par un préteur nommé prætor tutelaris; 5° les cohortes vigilium, destinées à servir dans les incendies; on ignore le nombre. Elles étaient divisées en quatorze corps de garde, et obéissaient chacune à un tribun, et toutes au præfectus vigilium.

COICTIER ou COYTHIER (Jacques), né à Poligny d'une famille ancienne, devint premier médecin de Louis XI et premier président de la chambre des comptes de Paris. Il exerça sur l'âme de ce monarque un empire absolu fondé sur la crainte qu'il lui inspirait. Le roi, revenu de la faiblesse qu'il avait pour ce médecin, ayant donné ordre au grand prévôt de s'en défaire, Coictier, averti, répondit que son art lui annonçait que le roi vivrait seulement quatre jours après lui. Jacques Coictier se retira alors de la cour, et fit construire une maison sur laquelle il fit graver ces mots : A l'abri Coictier. Il mourut à Poligny au commencement du XVIe siècle.

COIFFE, espèce de coiffure légère portée par les femmes. — En anatomie, on donne ce nom à la portion des enveloppes du fœtus dont la tête se trouve quelquefois revêtue au moment de la naissance, et qu'on regardait comme un heureux augure; d'où vient l'expression, être né coiffé.

COIFFE (bot.), enveloppe membraneuse qui recouvre, dans les mousses, l'ovaire non développé et qui offre des caractères différents, selon les différents genres. Ainsi tantôt elle représente une sorte de cloche, dont les bords sont entiers ou lacinés; tantôt elle a la forme d'un capuchon fendu latéralement et se détachant obliquement.

COIFFURE, mode d'arrangement des cheveux sur la tête, et tout ce qui sert à couvrir ou à orner la tête. — Les principales coiffures que portaient les femmes, chez les anciens, étaient la calyptra, qui formait un réseau sous lequel on réunissait la chevelure; la tholia, qui n'en était qu'une variété; la nembé, qui consistait dans un croissant servant à diminuer la largeur du front; l'anadème, consistant en une sorte de ruban qui formait plusieurs spirales autour de la tête; le strophe, qui n'était qu'un simple bandeau de laine; le corymbion, qui réunissait les cheveux en nœuds sur le haut de la tête en forme de touffe; le flammeum et le diadème. Les femmes de Sparte portaient la chevelure négligée et retenue par un simple nœud. — Au moyen âge, les coiffures les plus connues sont l'escoffion, dont la forme a beaucoup varié, et le hennin, inventé vers la fin du XIVe siècle, et qui se perpétua jusque vers le milieu du siècle suivant. C'était une coiffure élevée en pointe, et du sommet de laquelle pendait un long voile flottant; elle était d'une hauteur prodigieuse. — Dans le XVIe siècle parut la féronnière. — Dans le XVIIe siècle, la mode était de se faire brelauder, c'est-à-dire, de se faire couper court les cheveux, et puis de les faire friser; puis vint vers 1680 la mode des fontanges, du nom de Mme de Fontanges, qui les mit à la mode; c'était un ruban qui entourait la tête. Depuis cette époque, la coiffure a varié et varie presque tous les jours.

COIFFURE MILITAIRE. Elle varie en France suivant les armes. Les principales sont le casque, le shako, le colback, le bonnet d'oursin. La coiffure négligée est, pour tous les soldats, le bonnet de police, que l'on fabrique avec du drap de la couleur de l'habit. Avant la révolution, la cadenette, le catogan, la queue, furent successivement en usage. La révolution a mis à la mode les titus, dans lesquels les cheveux sont coupés, sinon ras, du moins assez courts.

COIGNASSIER, genre de la famille des rosacées, dont on connaît aujourd'hui trois espèces, arbrisseaux peu élevés, à feuilles simples, ovales, très-cotonneuses, aux fleurs grandes, roses ou d'un rouge écarlate, et aux fruits ordinairement pyriformes, quelquefois arrondis, bons à manger. Le coignassier se prête aisément aux greffes des poiriers, des pommiers, des néfliers, etc.

COIGNY, ancienne famille de France, originaire de Normandie. — FRANÇOIS DE FRANQUETOT, duc DE COIGNY, maréchal de France, né à Franquetot en basse-Normandie l'an 1670, servit avec distinction, gagna la bataille de Parme sur les impériaux le 29 juin 1734, et celle de Guastalla le 19 septembre suivant. Il mourut en 1759.—Le duc de COIGNY, élu député de la noblesse de Caen aux états généraux de 1789, émigra en 1792, et suivit Louis XVIII lors de sa rentrée en 1814, et fut immédiatement nommé gouverneur de l'hôtel des Invalides et membre de la chambre des pairs. Il fut nommé en 1816 maréchal de France, et mourut en 1831.

COIMBRE, ville de Portugal, capitale de la province de Beira, à 46 lieues de Lisbonne, 28 de Porto et 25 de Braga, sur la rive droite du Mondego. Sa population est de 15,000 habitants. Son territoire est très-agréable, abondant en vignes, fruits et oliviers. Elle a un évêché, une université célèbre et la seule du royaume, fondée en 1290, un riche musée, une belle cathédrale, des fontaines magnifiques, dix-huit collèges, etc. Elle est la résidence de la direction générale d'instruction publique du royaume, et le centre d'un commerce considérable en poterie vernissée, ouvrages de corne, cure-dents de bois, etc. — Coïmbre a été la résidence de plusieurs rois de Portugal, dont on y voit encore les tombeaux.

COIN, machine simple composée d'un prisme triangulaire de fer, de bois ou de toute autre matière dure; on l'insère par le tranchant de l'une de ses arêtes dans une fente pratiquée au milieu d'un corps que l'on veut diviser en deux, et l'on frappe sur l'extrémité opposée, appelée *tête du coin*. Ce choc, forçant le coin à pénétrer dans la fente, écarte les parois du corps. On emploie les coins à couper les bûches selon leur longueur, et à serrer certaines pièces les unes sur les autres dans un assemblage. On peut considérer comme des coins les couteaux, les canifs, les ciseaux, les épingles, les clous, etc.

COIN DES MONNAIES, pièce d'acier sur laquelle on grave en creux les traits qui doivent saillir en relief à la surface des pièces de monnaie ou des médailles. Pour faire prendre au métal l'empreinte des coins, on emploie deux coins, l'un dessus, adhérant à la vis du balancier et portant *un côté de la pièce*, l'autre placé sur une rotule en acier au-dessous, et donnant l'empreinte opposée. La légende, le cordon ou *grènetis*, etc., s'impriment avec des coins particuliers. Le coin doit être fait en acier d'excellente qualité, pour qu'il ne se brise pas sous l'effort du balancier. On le grave et on le trempe ensuite de tout son dur. On donne encore au coin les noms de *poinçon*, de *matrice* et de *carré*.

COIN DU ROI et COIN DE LA REINE, noms donnés à deux célèbres factions musicales qui commencèrent en 1752, et dont la première, celle du *coin du roi*, était composée des partisans de la vieille musique, de la musique française. On la nommait ainsi parce qu'ils avaient adopté pour leur quartier général la partie de la salle de l'Opéra située sous la loge du roi. Le *coin du roi* était protégé par M<sup>me</sup> de Pompadour. Le *coin de la reine*, dont les principaux chefs étaient d'Alembert et l'abbé Canaye, et qui était ainsi appelé parce que ceux qui le composaient se plaçaient du côté opposé de ceux du *coin du roi*, au-dessous de la loge de la reine, était composé des partisans de la musique italienne, c'est-à-dire, *dilettanti* de l'époque.

COING, fruit du coignassier. Il a la forme d'une pomme pyriforme ou même tout à fait ronde, de couleur jaune citron et d'une odeur extrêmement prononcée. Sa chair est cotonneuse, un peu coriace, acide, légèrement acerbe, et pour cette raison on le mange rarement cru. On fait avec le coing un ratafia fort bon, une sorte de cidre assez agréable, une eau-de-vie excellente, une gelée appelée *cotignac*. Réduit à l'état de sirop, ou préparé en confitures, il entre dans la composition de plusieurs électuaires. Les graines fournissent, par décoction, une eau mucilagineuse reconnue puissante contre les ophthalmies inflammatoires. On cueille le coing à la fin d'octobre.

COINS, nom donné aux dents incisives des chevaux les plus rapprochées des crochets et les plus courtes. Elles sont au nombre de quatre, deux à chaque mâchoire.

COIRE, ville de Suisse, chef-lieu du canton des Grisons, à 22 lieues de Constance et 12 de Zurich. Sa population est de 6,000 âmes. Elle a un évêché, plusieurs églises, un arsenal et un hôtel de ville, où se rassemble tous les trois ans la diète générale des Grisons. — Coire était sous les Romains, *Curia Rhœtorum*. Dans le VII<sup>e</sup> siècle, Victor, comte de Coire, s'empara de l'autorité sur tout le pays des Grisons. De 640 à 800, ce pays fut soumis à la domination des évêques de Coire. Depuis 1798, elle est la capitale du canton.

COIX ou LARMILLE, genre de la famille des graminées, renfermant des plantes indigènes aux Indes orientales, aux racines annuelles et vivaces, à tige ferme, élevée, aux feuilles larges, aux fruits en forme de perles brillantes, renfermant une très-bonne farine. Ces fruits, durs, luisants, servent à faire des chapelets, des colliers. On cultive dans nos jardins une espèce de ce genre, la *larme de Job*.

COKE ou COAK, nom donné, en Angleterre et par suite en France, au charbon de terre épuré, qu'on obtient en carbonisant de grandes masses de houille, opération qui enlève au charbon de terre ses principes volatils. Une des plus importantes qualités du coke est d'avoir une grande densité.

COL. Mot employé comme synonyme de *cou* (voy. ce mot) et de *défilé* ou *gorge*. On connaît sous ce nom, sept principaux passages des Alpes. — Le *col d'Agnelle* conduit de Guillestre (Hautes-Alpes) en France à Château-Dauphin dans le Piémont. — Le *col d'Argentière* traverse les Alpes à l'E. de Barcelonnette, et au N. du comté de Nice. — Le *col de Balme* est un mont des Alpes entre Chamouni et Martigny, élevé de 2,501 mètres ou 7,086 pieds au-dessus du niveau de la mer. — Le *col de Limon*, à 6 lieues de Coni en Piémont. Il conduit de Coni à Sospello. — Le *col de la Seigne* est un passage des Alpes entre le Piémont et la Savoie. Il est élevé de 2,469 mètres ou 7,578 pieds au-dessus du niveau de la mer. — Le *col de Tende*, ainsi nommé de la montagne de Tende, est entre le Piémont et le département du Var. Il est élevé de 1,795 mètres ou 5,464 pieds au-dessus du niveau de la mer.

COLARBASIENS, hérétiques du II<sup>e</sup> siècle, dont le chef fut Colarbase, disciple de Valentin. Il enseignait sur la génération et la vie des hommes dépendaient des sept planètes: que la plénitude et la perfection de la vérité et de la religion étaient renfermées dans l'alphabet grec, et que pour cela Jésus-Christ était appelé *Alpha et Omega*.

COLARDEAU (Charles-Pierre), né à Janville (Eure-et-Loir) en 1732, cultiva dès son enfance la poésie et les belles-lettres. Il débuta en 1758, par la traduction en vers de l'*Épître d'Héloïse à Abailard* de Pope, et fit paraître successivement les tragédies d'*Astarté* et de *Calixte*, l'*Ode sur le patriotisme*, le *Temple de Gnide*, la traduction des *Nuits d'Young*, les *Épîtres à Minette et à M. Duhamel*, le poëme des *Hommes de Prométhée*, etc. Il mourut en 1776.

COLASSE (Paschal), né à Reims en 1636. D'enfant de chœur de l'église Saint-Paul, à Paris, il devint l'élève, et le gendre de Lulli, qu'il prit pour modèle dans toutes ses compositions, et mourut à Versailles en 1709, maître de musique de la chapelle du roi. Son opéra de *Thétis et Pélée*, est regardé comme un bon ouvrage. Il a laissé des *motets*, des *cantiques*, des *stances*.

COLATURE, nom donné à la filtration d'un liquide, et particulièrement au liquide.

COLBACK ou KOLBACH. Mot venu du turk *kalpack* ou *colpak*, bonnet d'ours en forme de cône tronqué, orné d'un gland et de cordonnets comme les bonnets de grenadiers et de carabiniers, mais sans plaque, sans visière et sans cordons. Le colback était jadis porté par les officiers des hussards et des chasseurs, aujourd'hui il est réservé aux musiciens de ces corps et aux tambours-majors de l'infanterie française.

COLBERT (Jean-Baptiste), né à Reims en 1619, il fut placé en 1648 chez le secrétaire d'État le Tellier, qui le céda au cardinal Mazarin. Celui-ci le nomma son intendant et le gratifia en 1660 de la charge de secrétaire des commandements de la jeune reine. Il le recommanda au roi, qui le nomma intendant des finances. Après la disgrâce de Fouquet, Colbert eut la direction des finances avec le titre de contrôleur général (1661). Il porta successivement la réforme dans toutes les branches du revenu et des dépenses publiques, diminua les tailles presque de moitié, bannit le trafic honteux des emplois, et parvint en vingt-deux ans à augmenter les revenus de plus de 28,000,000. Chargé en 1664 de la surintendance des bâtiments, arts, et manufactures, il créa des chambres d'assurance, multiplia les entrepôts, ouvrit des routes nouvelles, fit réparer les grands chemins devenus impraticables, construire le célèbre canal du Languedoc. Sous son administration, les draps fins, les étoffes de soie, le cuir maroquiné, la belle faïence, le fer-blanc, l'acier, les glaces de miroirs, etc., furent fabriqués pour la première fois dans le royaume. Ce fut lui qui établit l'académie des inscriptions et belles-lettres (1663), celle des sciences (1666), celle d'architecture (1671). Appelé en 1669 au ministère de la marine, il forma les compagnies des Indes, établit des arsenaux à Brest, à Toulon, Dunkerque et au Havre, fonda le port de Rochefort, forma les colonies de Cayenne, de Cayenne et de Madagascar, etc. Il mourut en 1683.

COLBERT (Jean-Baptiste), marquis de Croissy, second frère du grand Colbert, fut ministre des affaires étrangères après la disgrâce de Pompone, fut chargé par Louis XIV de plusieurs négociations et ambassades importantes dont il s'acquitta avec succès, et mourut en 1696, à soixante-sept ans. — ÉDOUARD-FRANÇOIS COLBERT, comte DE MAULEVRIER, autre frère du grand Colbert, ministre d'État et chevalier des ordres du roi, fut lieutenant général de ses armées et mourut en 1693. — JEAN-BAPTISTE COLBERT, marquis de SEIGNELAY, fils aîné du grand Colbert, né à Paris en 1651, eut la survivance du ministère de la marine et mourut en 1690. — JEAN-BAPTISTE COLBERT, marquis DE TORCY, frère cadet du précédent, né en 1665, fut nommé en 1688 secrétaire d'État au département des affaires étrangères, surintendant général des postes en 1699, et mourut à Paris en 1746, membre de l'académie des sciences. Il a laissé des *Mémoires pour servir à l'histoire des négociations depuis le traité de Riswick jusqu'à la paix d'Utrecht*.

COLBERT (Auguste-Marie-François), né à Paris en 1777, servit comme soldat jusqu'en 1796. Sa bravoure lui fit donner en Égypte, sur le champ de bataille de Salahié, le grade de chef d'escadron. Nommé colonel du dixième régiment de chasseurs à cheval sur le champ de bataille de Marengo, il se distingua en 1805 au combat d'Elchingen. Élevé au grade de général de brigade, il fut envoyé en Espagne, où il périt en 1809 sur le champ de bataille.

COLCHAGUA, province du Chili, bornée au S. par celle de Maule, à l'O. par le Grand-Océan, à l'E. par les Andes, au N. par la province de Santiago. Sa population est de 150,400 habitants, et sa superficie de 845 lieues carrées. Elle nourrit de nombreux troupeaux de chèvres et de mulets; on y trouve des mines d'or et de cuivre. La capitale est *Curico*, qui n'est qu'un village. Les autres villes importantes sont *Talca*, avec 1,200 âmes, sur le Rio-Claro, et *San-Fernando*.

COLCHESTER, ville d'Angleterre, ancienne capitale du comté d'Essex, à 6 lieues de la mer, sur la rivière de Coln, et à 18 lieues de Londres. Sa population est de 40,000 habitants. Cette ville renferme la première manufacture de draps de l'Angleterre, et fait un grand commerce de laine. — Colchester fut bâtie l'an 124 avant J.-C., par Coilus, prince breton. Elle se rendit en 1648 à l'armée du parlement, après un siège mémorable dans lequel les habitants essuyèrent toutes les horreurs de la famine. Colchester est à 8 lieues de Chelmsford, la nouvelle capitale.

COLCHICACÉES ou COLCHICÉES, famille de plantes monocotylédones, composée de plantes herbacées aux racines fibreuses ou tubérifères, à tige simple et rameuse, aux feuilles alternes, engaînantes par la base; aux fleurs terminales au calice coloré, à six divisions égales, etc. Cette famille a été créée par Mirbel, qui l'avait nommée *mérendérées*. Le nom de *colchicacées* est dû à de Candolle, et celui de *mélanthiacées*, à R. Brown. Les principaux genres sont : *colchique, mélanthe,* etc.

COLCHIDE, contrée célèbre de l'Asie-Mineure, située au S. de la Sarmatie asiatique, au N. de l'Arménie, à l'E. du Pont-Euxin et à l'O. de l'Ibérie. La Colchide répond à la *Mingrélie* d'aujourd'hui. Les peuples les plus connus de la Colchide étaient les *Abasci*, les *Suani*, les *Lazi*, etc. Les villes principales étaient *Cyta*, aujourd'hui *Cutaïs*, capitale du pays; *Dioscurias* ou *Sébastopolis*, aujourd'hui *Iskuriah*; *Pithyus*, aujourd'hui *Pitchenda*. La Colchide est célèbre par l'expédition des Argonautes, qui date de l'an 1330 avant J.-C., et qui avait pour but la conquête de la toison d'or. Les Colchidiens, Egyptiens d'origine, s'y étaient établis lorsque Sésostris étendit ses conquêtes vers le nord.

COLCHIQUE, genre de plantes, type de la famille des colchicacées, reconnaissable à la racine, surmontée d'un tubercule charnu ou bulbe solide; aux fleurs dont le calice est terminé inférieurement par un tube très-long et très-grêle; aux fleurs généralement roses, enveloppées, avant de s'épanouir, dans des gaînes ou spathes membraneuses. L'espèce la plus connue est le *colchique d'automne*, appelé aussi *veilleuse, veillotte, safran bâtard, tue-chien*, qui se trouve dans les prairies de presque toute la France, et donne en septembre de quatre à douze fleurs rose purpurin. La bulbe de cette plante, presque entièrement composée d'amidon, contient cependant un suc âcre et vénéneux.

COLCOTAR. Nom sous lequel on connaît dans le commerce le peroxyde de fer, que l'on obtient, en calcinant à une température très-élevée, le sulfate de fer ou *couperose verte*. On appelle encore le colcotar *potée rouge, rouge brun d'Angleterre, rouge de Prusse*. Lorsque le sulfate de fer est pur, et que l'opération a été poussée assez loin, le résidu est du peroxyde de fer pur. On l'emploie pour polir les glaces, les métaux, etc.

COLÉOPTÈRES. Premier ordre des insectes caractérisé par ses premières ailes en forme d'étuis appelées *élytres*, et destinées à recouvrir les autres. Ils ont tous la tête immédiatement unie au corselet; des antennes de forme variable, mais le plus souvent de onze articles; des yeux assez grands : leur bouche se compose d'un *labre*, de deux *mandibules* cornées et deux *mâchoires* d'un ou deux *palpes*; le corselet est formé du *prothorax*, en arrière duquel se trouve une petite pièce triangulaire appelée *écusson*. Du second segment naissent les élytres. Le nombre des articles des tarses varie de trois à cinq. C'est sur ce nombre qu'est fondée la division que Geoffroy a faite des coléoptères en quatre sections : les *pentamères*, qui ont cinq articles à tous les tarses; les *hétéromères*, qui en ont cinq aux quatre tarses antérieurs et quatre aux deux derniers; les *tétramères*, qui ont quatre articles à tous les tarses; et les *trimères*, qui n'en ont que trois. Les coléoptères, appelés aussi

*vaginipennes* et *éleuthérates*, subissent des modifications complètes.

COLÉOPTILE (du grec *coléos*, étui, et *ptilon*, aile ou plumule). Nom donné par quelques botanistes à l'espèce de gaîne ou étui dans lequel est renfermée la gemmule des plantes monocotylédones. Lors de la germination, elle la perce pour développer ses feuilles.

COLÉORHIZE, espèce de poche ou de fourreau qui, dans l'embryon de tous les végétaux monocotylédones, recouvre et enveloppe la radicule, et qui fait partie du corps cotylédonaire. Il se brise lors de la germination, pour laisser passer la radicule, qui est la racine future. Dans les cotylédonées, au contraire, la radicule n'a pas d'enveloppe. C'est de là qu'est parti Richard pour établir sa division des végétaux en deux grandes classes : les ENDORHIZES, répondant exactement aux monocotylédonées, et dans lesquelles il existe une coléorhize; et les EXORHIZES, répondant exactement aux dicotylédonées, et dans lesquelles il n'y a point de coléorhize.

COLÈRE, émotion subite et violente, ou plutôt fureur momentanée de l'âme, qui semble avoir pour cause une vive excitation dans le système nerveux. Tous les tempéraments ne sont pas également irritables. Les gens bilieux, mélancoliques, nerveux, sont très-sujets à la colère profonde, ardente, impétueuse. La colère a souvent pour conséquence de terribles maladies, telles que l'apoplexie, le tétanos, l'épilepsie, les fièvres cérébrales, les vomissements, les convulsions, le mutisme, l'hydrophobie et la mort.

COLERIDGE (S.-J.), poëte anglais, né en 1773 à Ottery Sainte-Marie en Devonshire, étudia au collège de Jésus à Cambridge, et débuta dans la carrière littéraire par un volume d'*Essais historiques* en 1794, et la *Chute de Robespierre*, drame historique. Il composa pour le public de Bristol les *Conciones ad populum* ou *Harangues au peuple*, et la feuille intitulée *the Watchman*. Il traduisit quelques pièces dramatiques de Schiller, composa les principaux articles du journal ministériel, le *Morning post*. Il mourut en 1834. Les Mélanges qu'il a publiés sous le titre de l'*Ami* sont, avec la nouvelle intitulée *Christabel*, les plus célèbres de ses ouvrages.

COLETTE (Sainte), réformatrice de l'ordre de Sainte-Claire, née à Corbie en Picardie en 1380, distribua aux pauvres le peu de bien qu'elle avait, et se fit successivement béguine, urbaniste et bénédictine; mais ensuite elle prit l'habit du tiers-ordre de Saint-François, et travailla à réformer les *clarisses* ou religieuses de Sainte-Claire; mais n'ayant pu réussir en France, elle se retira en Savoie, où elle établit sa réforme, qui se répandit ensuite dans plusieurs provinces. Elle mourut à Gand en 1447. On donna le nom de *colétans* aux franciscains qui embrassèrent l'autorité de sa règle. Léon X les réunit en 1517 aux observantins.

COLIBRI, genre d'oiseaux de l'ordre des passereaux, famille des ténuirostres. Les colibris sont caractérisés par leur bec recourbé, dont l'arête est peu marquée, et qui est plus long que la tête; par leurs pieds impropres à la marche, à trois doigts devant et un derrière; par leur langue extensible, divisée à son sommet en deux filets; par ses ailes étroites et très-allongées. Ils sont tous remarquables par la petitesse de leur taille et l'éclat souvent métallique de leurs couleurs, qui imitent l'or, le rubis, la topaze, etc. Ils se nourrissent de petits insectes mous et du suc des fleurs, qu'ils pompent dans les nectaires au moyen de leur langue. On trouve les colibris au Brésil, à la Guyane, au Paraguay et aux Antilles.

COLIGNY (Gaspard I$^{er}$, DE), d'une ancienne maison de Bresse, le premier de sa famille qui se soit établi en France, épousa Louise de Montmorency, sœur aînée du

connétable Anne de Montmorency, dont le crédit l'éleva au rang de maréchal en 1516, de chevalier de l'ordre et lieutenant du roi en Champagne et en Picardie, et mourut en 1522. Il avait eu quatre fils: ODET, cardinal de CHATILLON et archevêque de Toulouse, puis évêque de Beauvais, mort en 1571; PIERRE, son aîné, mort en bas âge; GASPARD, qui fut le fameux Coligny; et FRANÇOIS, seigneur d'ANDELOT.

COLIGNY (Gaspard II, DE), né en 1516 à Châtillon-sur-Loing, porta les armes dès sa plus tendre jeunesse, et se signala sous François I$^{er}$ à la bataille de Cérisoles, et sous Henri II, qui le fit colonel général de l'infanterie française, et amiral de France, en 1552. Après la mort de Henri II, il se mit à la tête des calvinistes, ses co-religionnaires, et forma un parti puissant hostile au pouvoir. Après la mort de Condé, tué à Jarnac en 1569, Coligny fut le seul chef du parti calviniste. Après la paix de 1571, il parut à la cour, où il fut accablé de caresses par la reine mère et son fils Charles IX. Le vendredi 15 août, Coligny, revenant du Louvre, fut blessé par un coup d'arquebuse que lui tira d'une fenêtre Maurevert, à la solde des Guises. Charles IX et sa mère s'empressèrent d'aller le voir et le consoler; mais ce n'était que pour mieux assurer leur vengeance. La nuit du massacre de la Saint-Barthélemy (24 août 1572), Coligny fut assassiné par Besmes. Son cadavre fut exposé pendant trois jours à la fureur du peuple, et enfin pendu par les pieds au gibet de Montfaucon. Sa postérité mâle s'éteignit dans la personne de Henri-Gaspard, né en 1649 et mort en 1657.

COLIMA, territoire de la confédération mexicaine, situé entre les Etats de Xalisco et de Méchoagan et la mer Pacifique. Sa superficie est d'environ 650 lieues carrées. La capitale est *Colima*, grande et riche ville, dans une vallée de même nom, très-agréable et très-fertile, à 50 lieues de Méchoagan et 45 de Guadalaxara.

COLIMAÇON, nom vulgaire des *hélices terrestres*.

COLIN, petite section du genre *perdrix*, renfermant des oiseaux qui ont le bec court et arrondi, les tarses sans éperons et la queue très-courte. Ils sont un peu plus grands que les cailles, dont ils ont les mœurs, et qu'ils remplacent dans l'Amérique. Leur plumage est ordinairement gris brun, cendré en dessus.

COLIN-MAILLARD (Jean), guerrier fameux du pays de Liége, ainsi surnommé à cause du maillet, qu'il était son arme de prédilection. Ses exploits lui méritèrent l'honneur d'être fait chevalier en 999 par Robert, roi de France. Dans la dernière bataille qu'il livra au comte de Louvain, il eut les deux yeux crevés, et continua de combattre aveuglé par ses écuyers. C'est de là qu'est venu le jeu de *colin-maillard*.

COLIOU, genre d'oiseaux de la famille des conirostres fringillés, qui ne comprend qu'un petit nombre d'espèces, toutes des contrées chaudes de l'ancien monde. Ce sont des oiseaux lourds, qui se nourrissent de graines et de fruits. Ils font leurs nids dans les buissons, et les rapprochent les uns des autres, de telle sorte qu'il s'en trouve ordinairement plusieurs dans le même endroit. Ils dorment, en se tenant suspendus par les pieds, la tête en bas.

COLIQUE. Nom donné à tout ce qui a rapport à l'*intestin colon*. On entend plus généralement sous ce nom toute douleur vive et exacerbante, qui a son siège dans l'abdomen.

COLIQUE NERVEUSE ou SPASMODIQUE, ou CONVULSIVE. Nom donné à celle qui n'est le symptôme d'aucune autre affection, et paraît avoir son siége dans les intestins. Une émotion vive, le refroidissement du corps, la suppression d'une évacuation habituelle, en sont les causes les plus ordinaires. La durée habituelle de la colique est de quelques heures.

COLIQUE SATURNINE, appelée aussi *co-*

lique de plomb ou *des peintres* et *colique métallique*. C'est une maladie produite par l'action du plomb, et caractérisée par des douleurs abdominales exacerbantes, par des vomissements de matières vertes ou jaunes, une constipation opiniâtre, la rétraction des parois abdominales, des mouvements convulsifs, etc. La durée de la colique de plomb est souvent courte; d'autres fois elle donne lieu à la paralysie des membres et même à la mort. Certaines professions y sont exposées : les plombiers, les peintres, les fabricants de blanc de céruse, les broyeurs de couleurs, les potiers d'étain. La cause spécifique de cette maladie est le plomb ou tout autre métal introduit, soit par les voies digestives, soit par les voies aériennes et les pores de la peau. La colique de plomb est aussi quelquefois due à la sophistication des vins.

COLIQUE BILIEUSE, douleur de ventre produite par la bile accumulée dans les intestins ou dans quelques-uns de ses propres conduits.

COLIQUE D'ESTOMAC, douleur qui occupe la région de l'estomac. Voy. CARDIALGIE.

COLIQUE INFLAMMATOIRE. Voy. ENTÉRITE.

COLIQUE DE MADRID, affection caractérisée par une attaque brusque et subite, l'amertume de la bouche, le dégoût, la constipation, la tension de l'épigastre, de fortes douleurs dans les hypocondres, au commencement. Les souffrances deviennent excessives, sont accompagnées de vomissements, et au bout d'un certain temps, les membres inférieurs deviennent paralytiques. Souvent il survient des convulsions, du délire. La maladie se termine quelquefois par des sueurs ou des évacuations alvines d'une grande abondance. Elle est due à l'action de l'air froid, à l'introduction du plomb dans les voies digestives, etc.

COLIQUE MÉTALLIQUE, celle qui est produite par le plomb (voy. COLIQUE SATURNINE) ou par le cuivre. Celle qui est due à cette dernière cause ne diffère de la colique de plomb que par le dévoiement qui l'accompagne.

COLIQUE VÉGÉTALE ou DE POITOU. C'est une affection qui a beaucoup d'analogie par ses symptômes avec la colique saturnine, et qui a été attribuée à l'usage des vins nouveaux, des cidres mal fermentés, des fruits crus ; mais elle diffère de la colique de plomb par son invasion, qui est brusque, par l'état du ventre, qui est gonflé. Le traitement consiste dans l'emploi combiné des purgatifs et des narcotiques.

COLIS, terme usité dans le commerce pour désigner des marchandises en expédition, soit qu'elles soient expédiées en balle, en ballot ou en caisse. Chaque balle, ballot ou caisse est ce qu'on appelle un *colis*.

COLISA, genre de poissons qui habitent les étangs, les marais et les fossés de l'Inde. Ils ont le corps oblong, élevé, comprimé verticalement, rude au toucher, agréablement varié de couleurs; leur tête est petite, ovale, couverte d'écailles jusque sous la gorge; leur bouche petite, protractile; les dents manquent ou sont très-petites; les opercules couverts d'écailles; la dorsale règne tout le long du dos. Les colisas sont très-petits et agréables au goût.

COLISÉE, nom donné à l'amphithéâtre de Rome, soit parce qu'il fut construit près du lieu où se voyait le *colosse* de Néron, statue en bronze de cent vingt pieds, que cet empereur avait fait placer à l'entrée de son palais, soit à cause de sa grandeur *colossale*. Il fut commencé par Vespasien lors de son retour de la guerre contre les Juifs et terminé par Titus. Sa forme est elliptique. Il offre à l'extérieur trois rangs de quatre-vingts arcades. Extérieurement sa circonférence est de seize cent quatre-vingt pieds, et la hauteur de cent cinquante-sept. Depuis sa fondation jusqu'en 523, le Colisée servit aux combats des gladiateurs et des bêtes féroces. — A Paris, le *Colisée* était un immense édifice bâti pour servir de vaux-hall, et dont l'ouverture eut lieu le 25 mai 1771. Il fut démoli en 1784.

COLLAGE, dernière opération que l'on fait subir au papier en l'imprégnant de colle de peaux. Aujourd'hui le collage se fait dans la cuve même et au moment de la fabrication du papier. Pour cela on se sert de fécule ténue en suspension à froid dans la cuve à pâte. Chaque feuille en sort imprégnée de cette fécule humide; il ne faut plus que l'exposer dans une étuve chauffée au point de faire éclater les grains de fécule, qui alors sont transformés en empois, et le papier se trouve collé.

COLLATÉRALE (LIGNE). On appelle ainsi, en droit, la série des degrés entre personnes qui ne descendent pas l'une de l'autre, mais qui remontent à un auteur commun. Une ligne n'est *collatérale* que par rapport à une autre qu'on appelle *directe*. Les parents collatéraux sont ceux qui sortent d'une même souche et qui ne sont point au rang des ascendants ni descendants. Ils sont appelés ainsi parce qu'au lieu de les ascendants et les descendants sont dans une même ligne qui les lie successivement les uns aux autres, les frères et sœurs et tous les autres plus éloignés sont ceux que les uns à côté des autres, chacun dans sa ligne, sous les ascendants qui leur sont communs.

COLLATEUR, celui qui donnait des bénéfices, qui y pourvoyait. On divisait en deux classes les collateurs des bénéfices. Dans la première on mettait les collateurs *généraux*, ainsi nommés de l'étendue des droits de leur place dans la disposition des bénéfices, c'est-à-dire, le pape, les évêques et les souverains. Dans la seconde on mettait les collateurs *particuliers*, dont le pouvoir ne s'étendait qu'à la collation des bénéfices dont ils étaient considérés comme fondateurs, ou dont la disposition leur appartenait par concession ou autres titres particuliers.

COLLATIN (Lucius Tarquinius), neveu de Tarquin le Superbe et mari de Lucrèce. Après l'outrage fait à cette dernière par son cousin Sextus, Collatin s'unit à Brutus, chassa les Tarquins de Rome, et fut le premier consul conjointement avec Brutus l'an 509 avant J.-C. Mais, comme le nom de Tarquin était odieux aux Romains, il se démit du consulat et se bannit volontairement de sa patrie.

COLLATIN (MONT), une des sept collines de Rome. Elle tirait son nom de la porte *Collatine*, appelée ainsi parce que c'était celle par où l'on passait pour aller à *Collatie*, ville bâtie sur les bords de l'Anio par le peuple d'Albe, et où Sextus avait outragé Lucrèce.

COLLATION (en latin, *cænula*), petit repas qu'on fait entre ceux du matin et du soir. Il a son origine dans celui qu'on fait au soir les jours de jeûne, et celui-là s'est insensiblement introduit dans les monastères, où l'on avait coutume de faire une lecture dans le chapitre avant complies. Cette lecture s'appelait *collation*, parce qu'on y lisait les conférences ou *collations* des saints Pères. La collation n'était pas encore en usage au XIIIᵉ siècle.

COLLE, préparation destinée à unir entre elles les diverses parties d'un tout, et qui a pour base la farine ou certains produits animaux. La première s'appelle *colle de pâte*, la seconde *colle forte* et *colle de poisson*. La colle de pâte se prépare en délayant de la farine ordinaire de blé, d'abord avec peu d'eau, puis en augmentant peu à peu la quantité de liquide. Les colleurs ou afficheurs, les cartonniers, les tisserands font un grand usage de cette colle, qui est presque entièrement formée d'amidon.

COLLE A BOUCHE, substance presque transparente, de couleur jaune rouge, dont on se sert pour coller des parties dont l'étendue n'est pas considérable, et qu'on détrempe avec la salive. On la prépare avec la *colle de Flandre*, sorte de colle forte dont le goût est moins prononcé que celui des autres. On fait dissoudre cette substance dans l'eau bouillante, on y ajoute du sucre et on y mêle, avant qu'elle soit refroidie, quelques gouttes d'essence de citron, ou tout autre aromate; puis on laisse sécher à l'étuve, après l'avoir coupée au moyen d'un fil de laiton en tablettes étroites, minces et allongées.

COLLE DE POISSON ou ICHTHYOCOLLE, substance blanchâtre, sèche, tenace, demi-transparente, contournée de diverses manières, et plus particulièrement sous forme de lyre, composée de membranes enroulées. Son goût est fade; elle est presque insipide et coriace. Macérée dans l'eau froide, elle se gonfle, s'étend, se ramollit et se sépare en feuillets membraneux. A la température de l'eau bouillante, elle se dissout dans l'eau et se prend par le refroidissement en gelée blanche, demi - transparente. La colle de poisson est de la gélatine presque pure ; on la prépare avec la vessie aérienne des esturgeons et plus particulièrement du grand esturgeon. Pour cela, on trempe dans l'eau les vessies aériennes des esturgeons; on les enferme dans une toile, et, après les avoir serrées, amollies entre les mains et tordues en petits cylindres que l'on contourne en forme de lyre, on les fait sécher à une température douce. On emploie l'ichthyocolle pour clarifier la bière, le vin, les liqueurs, le café, pour donner du lustre, etc.

COLLE D'OS. Voy. GÉLATINE.

COLLE FORTE, produit gélatineux qu'on fabrique avec un grand nombre de matières, appelées *colles-matières-sèches*. Ce sont des *brochettes* (pellicules minces enlevées par le mégissier de dessus. les peaux), des *effleurures* (épiderme séparé par les buffletiers), des rognures de cuir appelé *buenos-ayres* et de parchemin, des *tanneries* (débris que les tanneurs séparent des peaux avant de les travailler), des *patins* (gros tendons des quatre pieds de bœufs), des *nerfs de bœuf*, des *peaux de gants, de lapin, de veau, des pieds de bœuf* et des débris d'indigo. C'est en faisant bouillir toutes ces matières préparées dans une chaudière, qu'on obtient la colle forte. On l'emploie dans la peinture en détrempe ; les fabricants de papier s'en servent pour tous les papiers collés, les menuisiers, les ébénistes, les emballeurs en font un fréquent usage. On distingue plusieurs qualités de colles fortes; les plus connues sont celles de *Flandre* (voy. COLLE A BOUCHE); de *Paris*, qui est très-bonne ; de *Givet*, qui est très-diaphane.

COLLÉ (Charles), fameux chansonnier, né à Paris en 1709. Il cultiva avec succès le genre dramatique. Sa première pièce fut une parodie de la Chaussée, intitulée *Alphonse l'Impuissant*. Il fut bientôt pour le théâtre du duc d'Orléans, son protecteur, plusieurs petites pièces qui y furent applaudies, telles que *le Rossignol*, *la Veuve*, *le Galant escroc*, *Nicaise*, *Jocondé*, *le Jaloux corrigé*. Ses comédies de *Dupuis et Desronais* et de la *Partie de chasse de Henri IV* ont une grande réputation. Ses chansons firent à cette époque beaucoup de bruit; celle qu'il publia sur la *Prise du Port-Mahon* lui valut de la cour une pension de 600 livres. Il mourut en 1783. Collé fut, avec Panard, un de ceux qui fondèrent la société gastronomique et littéraire du *Caveau*.

COLLECTAIRE, livre qui renferme les capitules et les oraisons qui se disent aux heures cérémoniales. Autrefois c'était un livre qui renfermait généralement toutes les oraisons appelées *collectes*.

COLLECTE, mot employé pour signifier 1º toute recette ou recouvrement de deniers fait sur un certain nombre de personnes qui se réunissent pour concourir à une dépense commune; 2º pour toutes les oraisons qu'on dit à la messe : les collectes, introduites par les papes Gélase et saint Grégoire, se diversifient selon la différence des solennités ; 3º pour la portion du sacrifice de la messe qui suit le *Gloria in excelsis*, parce que le prêtre recueille les vœux et les prières de tous par le mot *oremus* (prions). Dans le premier sens, la *collecte* se disait plus particulièrement de l'impôt sur le sel, de la taille et de tous les autres impôts de communauté.

COLLECTEUR, celui qui était nommé par les habitants d'une paroisse pour asseoir et lever la collecte, c'est-à-dire, la *taille*. Les collecteurs étaient solidairement tenus de payer aux receveurs des tailles le montant des impositions portées par le rôle, sauf à eux de se faire payer par les taillables ou imposables. L'office de collecteur avait particulièrement pour objet le recouvrement de l'impôt sur le sel, et la perception de la taille et de tous les impôts de communauté. — On désignait autrefois aussi, sous le nom de *collecteurs des amendes* ou *sergents collecteurs*, les officiers chargés de faire payer les amendes prononcées par jugement.

COLLÈGE, assemblée de certains corps ou sociétés. C'est dans ce sens qu'on dit le *sacré collège*, pour désigner le corps des cardinaux, composé des cardinaux-évêques, des cardinaux-prêtres et des cardinaux-diacres. L'évêque d'Ostie est de droit doyen du sacré collège. C'est sur l'avis du sacré collège que le pape nomme les cardinaux. — COLLÈGE ÉLECTORAL. Voy. ÉLECTORAL.

COLLÈGE, lieu établi pour enseigner les belles-lettres, la grammaire, la rhétorique, la philosophie, etc. On distingue en France deux sortes de collèges : les collèges *royaux* et les collèges *communaux*. Le nombre des premiers s'élève à trente-neuf, dont onze de première classe, dix-neuf de deuxième et neuf de troisième. Le nombre des seconds s'élève à trois cent vingt-sept. Chaque collège royal se trouve sous la direction d'un *proviseur*, qui administre pour le compte de l'État; chaque collège communal, sous celle d'un *principal*, qui administre pour son propre compte. Outre les professeurs, il y a encore dans les premiers un *censeur des études*, un *aumônier* et un *économe*.

COLLÈGE, nom donné en Hollande aux différentes chambres de l'amirauté, établies à Amsterdam, Rotterdam, Horn, Middelbourg et Harlingen.

COLLÈGE DE FRANCE ou COLLÈGE ROYAL, célèbre établissement d'enseignement supérieur, fondé à Paris par François Ier, en 1530, sur le plan des anciennes académies de la Grèce. Les professeurs de cet établissement, qui ne renferme point d'internes, sont des cours publics, sont nommés par le ministre de l'instruction publique, sur la double présentation de l'établissement et de la classe correspondante de l'Institut. Le nombre total des cours est de vingt-cinq : *langue et littérature grecques, langues hébraïque, syriaque et chaldaïque, éloquence latine, médecine, philosophie grecque et latine, mathématiques; langue arabe, astronomie, histoire naturelle des corps organisés, histoire naturelle des corps inorganiques, histoire et morale, littérature française, poésie latine, chimie, physique mathématique, physique expérimentale, droit de la nature et des gens, persan, turk, langue et littérature sanskrites, langue et littérature chinoises et tartare-mandchou, économie politique, histoire des législations comparées, archéologie, langue savle*.

COLLÈGE DES MARCHANDS, nom donné dans les villes hanséatiques aux lieux où s'assemblent les négociants.

COLLÈGE ROYAL DE LA FLÈCHE. Voy. FLÈCHE.

COLLÈGES, nom donné, chez les Romains, à certaines divisions de la classe sacerdotale. Les pontifes, les augures, les septemvirs des fêtes et les quindécemvirs formaient ce qu'on appelait les quatre collèges des prêtres. Plus tard, on étendit l'application de ce mot aux autres corporations de prêtres, et même à toute assemblée d'hommes exerçant ensemble des fonctions semblables, comme aux tribuns, aux consuls, aux questeurs, etc.

COLLÈGES BRITANNIQUES, établissements fondés en France pour l'éducation des jeunes catholiques d'Angleterre, d'Écosse et d'Irlande, qui désireraient venir faire leurs études en France, et qui la plupart se destinent à la prêtrise. L'administration de ces établissements, qui se divisent en *fondations anglaises, irlandaises* et *écossaises*, et dont les revenus sont déposés au trésor public français, est confiée à des ecclésiastiques originaires de la Grande-Bretagne, sous la surveillance du ministre de l'instruction publique. L'instruction y comprend l'Écriture sainte, le dogme, la morale, la philosophie et les humanités.

COLLÉGIALE, nom donné autrefois à l'église où il y avait un chapitre de chanoines, mais sans siège épiscopal. Il y avait des collégiales qui étaient de fondation royale, dont le roi conférait les prébendes, et d'autres qui étaient de fondation ecclésiastique. La collégiale de Forcalquier en Provence était la seule en France qui jouissait de tous les droits des cathédrales; aussi prenait-elle le titre de *con-cathédrale*.

COLLÉGIENS, sectaires de Hollande, ainsi appelés parce qu'ils se rassemblent en particulier les premiers dimanches de chaque mois. Dans ces assemblées, chacun a la liberté de parler, de prier, de chanter, d'expliquer l'Écriture. Ils s'assemblent seulement deux fois l'an, de toute la Hollande à Rinsbourg, village à 2 lieues de Leyde, pour y faire la communion, qui leur est donnée par le premier venu. Les collégiens sont formés des arminiens et des anabaptistes.

COLLERETTE, vêtement du cou porté par les femmes, et affectant des formes très-variées. La *collerette* diffère du *collet* en ce que celui-ci est presque toujours montant le long du cou, tandis que la collerette se rabat sur les autres vêtements. — En botanique, on donne ce nom aux folioles qui accompagnent l'ombelle des plantes de la famille des ombellifères.

COLLET, partie de l'habillement qui avoisine le cou, et qui termine les autres vêtements. — C'est aussi une pièce de linge, plissé ou non, qu'autrefois on redressait et on soutenait par une carte ou un fil de fer. — En botanique, le *collet* est la partie du végétal qui unit la tige à la racine, et qui est le point intermédiaire entre ces deux organes. — Dans le métier à la Jacquart, on donne ce nom à de petites ficelles doubles, d'environ huit pouces, passées dans chacun des crochets de la mécanique, terminées par un anneau dans lequel sont retenues les bouches des branches ou arcades qui opèrent le dessin. La planche que traversent ces petites ficelles s'appelle *planche à collets*. — En anatomie, on nomme *collet des dents* la partie de ces organes intermédiaire à la couronne et à la racine. — Dans les champignons, c'est l'espèce de couronne que l'on voit à la partie supérieure du pédicule.

COLLETÉ, nom donné, en termes de blason, aux animaux qui ont des colliers d'un émail différent.

COLLETET (Guillaume), né à Paris en 1598, avocat au conseil, fut l'un des membres de l'académie française lors de sa fondation. Le cardinal de Richelieu le mit au nombre des cinq auteurs qu'il avait choisis pour la composition des pièces de théâtre. Il fit seul *Cyminde*, et travailla aux comédies intitulées *l'Aveugle de Smyrne* et *les Tuileries*. Richelieu lui fit présent de 600 livres pour six mauvais vers qui se trouvaient dans cette dernière. Il mourut à Paris en 1659. Ses *œuvres* renferment des *odes*, des *stances*, des *sonnets*, etc. — FRANÇOIS COLLETET, son fils, né à Paris en 1628, n'est guère connu que par la place que Boileau lui a donnée dans ses *satires*.

COLLIER, ornement composé de diverses matières, et qui se porte au cou. Le collier des ordres militaires est une chaîne d'or émaillée, ornée de divers insignes, et au bout de laquelle pend une croix ou tout autre signe distinctif de l'ordre. Le premier souverain qui ait mis un collier d'ordre autour de ses armes est l'empereur Maximilien Ier, et le premier roi de France, Louis XI. — Les colliers sont de la plus haute antiquité. On en distinguait trois sortes chez les Grecs : les *triques*, ou colliers à trois pendeloques, qui avaient presque la forme d'un œil; les *tanteuristes*, garnis de pierreries, qui, en s'entre-choquant, produisaient un petit bruit; les *murènes*, composés d'anneaux entrelacés qui imitaient la peau de ce poisson.

COLLIER ( ORDRE DU ) ou DE SAINT-MARC ou DE LA MÉDAILLE, ordre de chevalerie que le doge et le sénat de l'ancienne république de Venise conféraient à leurs sujets ou aux étrangers de distinction, et dont les titulaires portaient seulement le collier ou la chaîne d'or, avec une médaille, sur laquelle était représenté le lion de Saint-Marc, tenant entre ses pattes un livre ouvert, où sont ces paroles: *Pax tibi, Marce, evangelista meus*.

COLLIER ( PROCÈS DU ), procès fameux qui eut pour occasion le collier acheté par le cardinal de Rohan au nom de la reine Marie-Antoinette, et dont l'importance fut exagérée par les passions politiques de l'époque. Ce collier avait été commandé par Louis XV aux joailliers de la couronne, Bohmer et Bassanges, en 1774. Ce monarque voulait en faire cadeau à la comtesse du Barry; mais la mort le surprit avant qu'il fût achevé. La comtesse de Lamotte, fameuse intrigante, voulant se l'approprier, s'insinua auprès du cardinal de Rohan, qui se trouvait alors disgracié de la cour, et lui escroqua plusieurs sommes, en supposant des lettres de la reine au cardinal. Elle lui fit ensuite entendre que la reine désirait le fameux collier, et lui présenta l'achat de cette superbe parure, estimée à 1,600,000 francs, comme un moyen puissant de faire sa cour. L'achat en fut fait, et le collier remis entre ses mains. Un billet écrit à la reine par les joailliers, qui n'avaient pas reçu le payement de leur fourniture, découvrit l'intrigue et les manœuvres de Mme de Lamotte, qui, arrêtée et mise en jugement, fut condamnée à la marque. Le cardinal de Rohan, enfermé à la Bastille, fut déchargé de l'accusation.

COLLIMATION, nom de la ligne optique, supposée passer par les deux pinnules d'un graphomètre lorsqu'on vise un objet. — Dans une lunette, c'est l'axe optique ou la ligne qui passe par le centre des verres.

COLLIN D'HARLEVILLE (Jean-François), né à Maintenon (Eure-et-Loir) en 1755. Il se livra de bonne heure à son penchant pour la littérature, et débuta dans la carrière des lettres par quelques poésies légères, publiées dans le *Mercure de France*. En 1778, il composa *l'Inconstant*, comédie en cinq actes et en vers, qui obtint un grand succès. En 1795, il fut nommé membre de l'Institut. Il mourut en 1806. Ses pièces les plus célèbres sont *l'Optimiste*, *les Châteaux en Espagne*, le *vieux Célibataire*, *Monsieur de Crac dans son petit castel*.

COLLIOURE, petite ville du département des Pyrénées-Orientales, dans un enfoncement, sur le bord de la mer, à 4 lieues de Perpignan. Sa population est de 3,272 habitants. Elle est une des places fortes du département. Il y a un sous-commissaire de la marine et une école d'hydrographie. Cette ville était connue du temps des Romains sous le nom de *Cauco Illiberis*. Elle fut rebâtie par Goiffre, comte de Roussillon. Le port, défendu par plusieurs ouvrages, est peu sûr, et ne peut recevoir que des bâtiments de petite dimension. Les vins connus sous le nom de *grenache de Collioure* sont très-recherchés.

COLLIQUATION, nom donné en médecine à la diminution progressive des parties solides du corps, avec excrétion abondante des liquides. Les anciens l'attribuaient à la liquéfaction des solides et à l'état des liquides qui perdaient une partie de leur densité. — On nomme *colliquatifs* divers flux qui produisent l'épuisement rapide des malades, et qui semblent être le résultat de la colliquation.

COLLOQUE, conférence entre plusieurs personnes savantes pour terminer un point de religion. Ce terme n'est d'usage que pour signifier le COLLOQUE DE POISSY, ouvert le 9 septembre 1561, et dans lequel Théodore de Bèze et Pierre-Martyr Vermiglio de Florence, avec dix ministres de la religion calviniste, représentèrent leur parti. Six cardinaux, trente-six évêques et un grand nombre de docteurs en théologie, parmi lesquels Despences et Xaintes, représentèrent l'Église catholique. Le roi Charles IX, la reine Catherine de Médicis, avec la famille royale, y assistèrent. Ce colloque fut rompu après le 26 septembre, et n'eut point le succès qu'on en attendait, c'est-à-dire, la réconciliation des calvinistes et des catholiques.

COLLOT-D'HERBOIS (Jean-Marie), fameux conventionnel, débuta dans la carrière théâtrale, où il obtint peu de succès. Sifflé à Lyon, il voua à cette ville la haine la plus cruelle. Il se rendit à Paris au commencement de la révolution, et publia à la fin de 1791 l'*Almanach du P. Gérard*, qui remporta le prix proposé par la société des jacobins pour l'ouvrage qui ferait le mieux sentir au peuple les avantages de la nouvelle constitution monarchique. Devenu membre de la commune du 10 août et du conseil attaché au ministère de la justice, il fut un des premiers à prononcer la déchéance de Louis XVI, dont plus tard il vota la mort. Nommé membre de la convention nationale, il remplit une courte mission dans les départements de l'Aisne et de l'Oise, et fut appelé au comité de salut public. Envoyé à Lyon, il fit périr dans ses exécutions journalières plus de six mille personnes. Dénoncé comme le complice de Robespierre, il fut arrêté le 1er mars 1795, et déporté à Cayenne. Tourmenté un jour par une fièvre ardente, il but une bouteille d'eau-de-vie et expira (1796). Il avait aussi été auteur dramatique. La plus connue de ses pièces est le *Paysan magistrat*.

COLLUTHIENS, disciples de Colluthus, prêtre et curé d'une paroisse d'Alexandrie, au commencement du IVe siècle, qui se sépara de l'Église vers 316, tint des assemblées à part, et ordonna même des évêques. Il enseignait que Dieu n'avait point créé les méchants et n'était point l'auteur des peines et des afflictions de cette vie. Ses disciples se mêlèrent avec les méléciens et les ariens.

COLLYBISTIQUE (du grec *collubos*, change de monnaies). On donne ce nom à un contrat en vertu duquel, chez les anciens, une personne transportait à une autre, pour un prix convenu, les fonds ou l'argent qu'elle avait dans un autre pays.

COLLYRE, médicament solide, d'une forme allongée et cylindrique, propre à être introduit dans les oreilles, les narines, l'anus, etc. On lui donnait ce nom parce qu'il était fait comme la queue d'un rat, et qu'il entrait dans sa composition des poudres et quelques matières gluantes. Aujourd'hui le nom de *collyre* indique un remède destiné à être appliqué sur l'œil ou sur la conjonctive. On en distingue de deux sortes : les collyres *simples*, qui sont les eaux distillées, et les collyres *composés*, qui ont pour véhicule ces mêmes préparations aqueuses, dans lesquelles on ajoute des substances variées.

COLLYRIDIENS, hérétiques qui s'élevèrent vers l'an 373, et qui furent ainsi appelés parce que dans le culte qu'ils rendaient à la sainte Vierge ils lui offraient des gâteaux par le ministère des femmes. Cette superstition passa de la Thrace et de la Scythie dans l'Arabie.

COLMAN (Georges), poëte dramatique anglais, né à Florence en 1733. Sa première pièce, *Polly Honeycomb*, parut en 1760, et eut un succès prodigieux. Il composa vingt-six pièces de théâtre, parmi lesquelles *le Mariage clandestin* et *la Femme jalouse*. Après avoir été directeur des deux théâtres de Hay-Market et de Covent-Garden, il devint fou, et mourut à Paddington, dans une maison d'aliénés, en 1794. On l'appelle *le petit Colman*, pour le distinguer de GEORGES COLMAN, le plus jeune de ses fils, né en 1767, bon poëte dramatique et traducteur de *Térence*.

COLMAR, ville de France, chef-lieu de préfecture du département du Haut-Rhin, sur la Lauch, à 97 lieues de Paris. Sa population est de 15,442 habitants. Elle a un tribunal de première instance, un tribunal de commerce, un collége, une école normale primaire, une bibliothèque publique riche de 60,000 volumes, et un musée. Avant la révolution, Colmar était le siége du conseil supérieur d'Alsace, qui avait les mêmes droits et les mêmes priviléges que les parlements. — Colmar, autrefois *Columbaria* ou *Colmaria*, fut bâtie, dit-on, sur les ruines de l'ancienne *Argentuaria*. Sous les rois francs, ce n'était qu'une ferme royale qui s'agrandit depuis par la réunion de l'Alsace à l'empire, et devint bientôt la seconde villes impériales. Les Suédois s'en emparèrent en 1632, la gardèrent deux ans. Au XVIIe siècle, elle était entourée de fortifications, que Louis XIV fit raser en 1673.

COLMAR (CONSPIRATION DE), nom donné au mouvement insurrectionnel qui éclata à Béfort le 31 décembre 1820, et qui était organisé par les partisans de la charbonnerie française et les militaires. On l'appela ainsi, parce que le procès intenté contre ses chefs fut jugé par la cour d'assises de Colmar. La trahison d'un sous-officier fit échouer le complot, et de tous les prisonniers quatre furent condamnés à cinq ans de prison. Ce sont Tellier, Dubland, Guinard et Pailhès. Le colonel Caron seul fut fusillé.

COLOCASIE, espèce du genre *gouet*, dont la racine charnue, alimentaire, blanche, arrondie, est estimée en Asie, en Afrique et en Amérique, une des meilleures et des plus farineuses. Les anciens Egyptiens en cultivaient beaucoup. Dans l'Inde et à la Chine, elle fait la base de la subsistance du peuple. On y mange également ses feuilles radicales cuites et crues. La racine est âcre lorsqu'elle est crue, et fade et douce après la cuisson. La plante monte à plus d'un mètre.

COLOCZA, ville de la haute Hongrie, capitale du comtat cisdanubien de Bath, sur le Danube, à 20 lieues de Bude. Elle a un archevêché.

COLOGNE (ÉLECTORAT DE), ancien État d'Allemagne, situé à droite et à gauche du Rhin, et borné par l'électorat de Trèves. Il fait aujourd'hui partie du grand-duché du Bas-Rhin, et appartient à la Prusse. La partie à la gauche du Rhin contient 140 lieues carrées et 150,000 habitants; celle à la droite du Rhin a 20 lieues carrées et 11,000 habitants. La partie du S.-E. est en vignobles; celle du N. manque de vin : mais on y cultive des grains et du lin. Le pays renferme des minéraux, et en particulier des mines de cuivre. Autrefois la capitale était *Cologne*. L'électeur de Cologne était l'archevêque de cette ville. Il sacrait l'empereur alternativement avec l'archevêque de Mayence.

COLOGNE, ville d'Allemagne, capitale de la Prusse rhénane, c'est-à-dire, du grand-duché du Bas-Rhin, et autrefois capitale de l'électorat de ce nom, sur la rive gauche du Rhin, à 90 lieues de Paris, 180 de Vienne. Sa population est de 61,900 habitants, dont 2,472 réformés et 371 juifs. Cologne est le siége d'un archevêché, du gouvernement de la province, du tribunal de première instance, etc. Elle a une bibliothèque de 60,000 volumes, et plusieurs beaux établissements publics. Sa cathédrale, qui a quatre cents pieds de long sur cent vingt-six pieds de large, est un des plus beaux édifices gothiques. Le port de Cologne est très-fréquenté. Son commerce consiste en draps, toiles, aiguilles, coton, soie, tabac et eaux spiritueuses. La fabrication de l'*eau de Cologne* occupe quinze fabriques. — Fondée par la célèbre Agrippine sous le nom de *Colonia Agrippina*, elle fut, dans le moyen âge, une des villes libres impériales. Elle était gouvernée par un sénat très-puissant.

COLOGNE (EAU DE), célèbre préparation liquide appelée aussi *alcoolat de citrons composé*, et employée uniquement comme eau de toilette. Il existe un grand nombre de recettes pour la fabrication de l'eau de Cologne; la suivante est généralement employée : deux onces d'essence de bergamote, autant d'essence de citron, de limete, d'orange et de petit-grain; une once d'essence de cédrat, autant d'essence de romarin; quatre gros d'essence de lavande et d'essence de fleurs d'oranger; deux gros d'essence de cannelle; douze livres d'alcool à 32 degrés. Après avoir distillé au bain-marie jusqu'à siccité, on ajoute au liquide obtenu trois livres d'alcoolat de mélisse composé, et huit onces d'alcoolat de romarin; puis on mêle exactement. L'eau de Cologne sous ce nom à ce qu'elle se fabrique en grande partie dans la ville de Cologne.

COLOMB (Christophe), célèbre navigateur, né en 1442 à Cogoreto près de Gênes, ou à Gênes même. Élevé pour la navigation, il conçut de bonne heure la pensée des découvertes. Les Génois l'ayant traité de visionnaire, et Jean II, roi de Portugal, lui ayant refusé du service, il se rendit à la cour d'Espagne, où, après avoir attendu pendant plus de six ans, il obtint de la reine Isabelle 3 petits bâtiments. Il partit du port de Palos le vendredi 3 août 1492. Après un voyage de trente-trois jours depuis les Canaries où il s'était arrêté, voyage pendant lequel il eut à essuyer les reproches de ses compagnons et les murmures séditieux de ses matelots, il découvrit la première île de l'Amérique, *Guanahami*, qu'il nomma *San-Salvador*, les *Lucayes*, *Cuba*, *Haïti*, qu'il appela *Hispaniola*, et rentra au port de Palos le 14 mars 1493. Avec une seconde escadre, composée de 17 bâtiments, il partit pour un second voyage le 25 septembre 1495, et découvrit successivement *la Dominique*, *Marie-Galande*, *la Guadeloupe*, *Antigoa*, *Saint-Christophe*, les *Iles sous le vent*, *la Jamaïque*, etc. Dans un troisième voyage, arrêté par le gouverneur Bovadilla, il fut retenu prisonnier quatre années par les manœuvres de ses ennemis. Dans son quatrième voyage, il découvrit le continent américain, qui a depuis de son nom été appelé *Colombie*, et mourut en 1506 en proie aux chagrins que lui causait l'ingratitude de Ferdinand et d'Isabelle.

COLOMB (don Barthélémi), frère aîné de Christophe Colomb, se rendit en Angleterre pour engager Henri VIII à donner à son frère les secours nécessaires pour faire des découvertes. Il eut part aux libéralités que le roi de Castille fit à Christophe, et fut anobli en 1493 avec lui et son autre frère don Diego. Don Barthélémi mourut en 1514, après avoir bâti la ville de Saint-Domingue. — Son neveu, don FERNAND COLOMB, fils de Christophe, entra dans l'état ecclésiastique, et laissa en mourant sa riche bibliothèque à l'église de Séville. Cette bibliothèque a depuis été appelée *la Colombine*. Il écrivit vers l'an 1530 la *Vie* de son père.

COLOMB (ORDRE DE SAINT-), ordre monastique d'Irlande, réuni dans la suite à celui des chanoines réguliers, et fondé par saint Colomb, Colmkil ou Columban, né en 521 et mort en 597. Il avait sous sa dépendance deux cent monastères. Le chef d'ordre était à Dair-Maigh ou Derry, aujourd'hui *Londonderry*, ou, selon d'autres, dans l'île de Hy ou de Jona, appelée de son nom *Ycolmkill*, au nord de l'Irlande. Il s'y trouve une règle en vers gaëliques, dictée par saint Colomban.

COLOMB ou COLOMBAN (Saint), abbé de Luxeuil, né dans le Leinster en 566, et qui, après avoir habité le monastère de Bancos en Irlande, passa en France vers l'an 590, et bâtit vers l'an 600 les célèbres monastères de Luxeuil et de Fontaine. Exilé à Besançon par le roi Thierry II, il passa de là en Suisse et en Italie, où il fonda l'abbaye de Bobbio, et où il mourut en 615. On a de lui une règle longtemps pratiquée dans les Gaules, des *lettres*, des *traités ascétiques*, etc., etc.

COLOMBAGE, terme de charpentier désignant un rang de solives posées à plomb dans une cloison faite de charpente.

COLOMBAIRE (en latin, *columbarium*), sorte de caveau funéraire dans lequel les Romains déposaient les *ollaires* ou urnes funèbres renfermant les cendres des morts. La similitude des niches dont il se composait et où les urnes étaient rangées par étages avec une inscription à chacune d'elles, avec les colombiers, lui avait fait donner le nom de *columbarium*. Les plus beaux colombaires conservés sont ceux des familles *Pompeïa* et *Livia*.

COLOMBAN. Voy. COLOMB (Ordre de Saint-).

COLOMBE, genre d'oiseaux de l'ordre des passereaux, ou selon d'autres des gallinacés. Les espèces de ce genre sont désignées vulgairement sous le nom de *pigeons*, et classées en trois sections : 1° les *columbi-gallines*, caractérisées par leurs tarses élevés et leur bec grêle et flexible ; 2° les *vraies colombes*, qui ont les pieds plus courts que les autres, avec un bec semblable (*ramier, colombin, tourterelle*, etc.) ; 3° les *columbars*, qui ont le bec gros, de substance solide, et comprimé sur les côtés. — La colombe est le symbole de l'innocence, de la douceur, de la simplicité, de la candeur et de la fidélité. Les Syriens l'adoraient, et c'était l'oiseau favori de Vénus. Quand une femme juive allait au temple après ses couches, elle devait offrir au Seigneur un agneau et une colombe. Noé, selon la Genèse, en fit sortir une de l'arche pour s'assurer de la retraite des eaux, et cette colombe rapporta une branche d'olivier vert. — On représente le Saint-Esprit sous la forme d'une colombe.

COLOMBE, nom donné autrefois, chez les Grecs et les Latins, à un vase de métal en forme de colombe, où on renfermait l'eucharistie. Il était suspendu au-dessus de l'autel.

COLOMBE (ORDRE DE LA), ordre de chevalerie fondé en 1379 par Jean Ier, roi de Castille, ou en 1399 par Henri III, son fils, ou enfin par don Pedro. Les chevaliers portaient une colombe d'or émaillée de blanc, la tête en bas. Ils faisaient vœu de chasteté conjugale. Cet ordre ne dura pas longtemps.

COLOMBIA DE TAKOUTCHÉ-TESSÉ, grande rivière de l'Amérique septentrionale, qui a sa source dans les monts Rocheux par 53 degrés de latitude N., traverse une immense vallée, bordée d'arbres et de monts, dans la Nouvelle-Calédonie, et se jette dans l'Océan Pacifique après un cours de 320 lieues. Sur ses rives sont une foule de tribus sauvages telles que les Nagails, les Atnas, les Takollies, etc.

COLOMBIA. Voy. COLUMBIA.

COLOMBIE, grande contrée de l'Amérique septentrionale, bornée au N. par la mer des Antilles et le Guatimala, à l'O. par l'Océan Atlantique et la Guyane anglaise, au S. par le Brésil et le bas Pérou, à l'E. par le Grand-Océan. Sa superficie est d'environ 830,000 milles carrés de 60 au degré, ou 345,380 lieues carrées, et sa population de 2,800,000 habitants. Le climat est généralement chaud et malsain. Les productions consistent en sucre, cacao, indigo, café, grains, quinquina. On y trouve des mines d'or, d'argent, de cuivre, de pierres précieuses. La capitale de la Colombie est *Bogota*. Elle est divisée en douze départements subdivisés en provinces : *Cundinamarca, Cauca, Isthme, Magdalena, Boyaca, Venezuela, Zulia, Orénoque, Maturin, Equateur, Guayaquil et Assuay.* — Découverte par Christophe Colomb, elle appartient dès l'origine aux Espagnols. En 1810, une révolution éclate dans le Venezuela, qui se déclare libre et indépendant; la Nouvelle-Grenade suit cet exemple, et les batailles de San-Diego (15 juin 1819) et de Sogamoso (7 août 1819), gagnées par le célèbre Bolivar, chassent les dernières armées espagnoles du territoire. Constituée définitivement en 1819, la république de Colombie fut gouvernée par deux chambres, l'une de vingt-huit sénateurs, l'autre de quatre-vingt-quinze représentants, et un conseil formé du président, du vice-président et des ministres renouvelés tous les quatre ans. En 1829, malgré les efforts du dictateur Bolivar, la république de Colombie se divisa en trois républiques indépendantes l'une de l'autre : celle de *Venezuela*, celle de l'*Equateur* et celle de la *Colombie* proprement dite ou *Nouvelle-Grenade*, avec Santa-Fé de Bogota pour capitale.

COLOMBIE ou NOUVELLE-GRENADE, une des trois républiques formées de l'ancienne république de Colombie, et divisée en cinq départements subdivisés en provinces, en cantons et en paroisses. Sa superficie est de 73,067 lieues carrées, et sa population de 1,320,000 habitants. Les revenus s'élèvent à 18,000,000 de francs. La dette publique consiste en 200,000,000 de francs ; l'armée s'élève à 10,000 hommes. Le président est élu pour deux ans, le sénat pour huit ans, les représentants pour quatre ans.

COLOMBIER, lieu dans lequel on élève les pigeons. On adopte généralement pour les colombiers la forme ronde ; on y pratique tout autour des trous ou *boulins*, les uns ronds, les autres carrés, qui servent de nids aux pigeons. Il y en a qui en ont depuis le haut jusqu'au rez-de-chaussée, et qu'on appelle *colombiers de pied*. Les autres sont bâtis sur piliers et sur solives, et ont dessous un cellier ou une étable. Ils n'ont point de boulins depuis le bas jusqu'en haut; on les appelle *volets* et *fuyés*. — Il n'y avait autrefois que les seigneurs hauts justiciers et les seigneurs de fiefs avec censive et terre en domaine jusqu'à 50 arpents qui pouvaient avoir des *colombiers de pied*. Les autres ne pouvaient avoir des *volets* qu'avec 50 arpents de terre labourable, situés autour de leur maison. En Normandie, le droit de colombier était attaché au plein fief de haubert; il n'était pas permis de bâtir un colombier sur une roture.

COLOMBIN ou PETIT RAMIER, une des quatre espèces de pigeons sauvages qui se trouvent en Europe. Cet oiseau est un peu plus petit que le ramier; il est d'un gris d'ardoise changeant en couleur de vin sur la poitrine, et en vert sur le côté du cou.

COLOMBINE, nom qu'on donne à la fiente des pigeons, et quelquefois par extension à celle des autres oiseaux domestiques. Elle est regardée comme un des plus puissants engrais animaux. On l'emploie seule et sans mélange pour les terres fortes et froides, et elle est propre à toutes les terres quand on la fait entrer dans un composé. On la recommande aussi pour la culture de la vigne. — COLOMBINE est aussi le nom d'un personnage de la comédie italienne, épouse d'Arlequin, et jouant quelquefois le rôle de soubrette.

COLOMBO, ville forte de l'île de Ceylan, sur la côte occidentale, avec trois forts et une bonne citadelle. Son port ne peut recevoir que de petits vaisseaux. On connaît sous le nom de *racine de Colombo* la racine du *ménisperme palmé*, connue en Europe depuis la fin du XVIIIe siècle, et apportée de Colombo, ville de Ceylan, de Mozambique et de diverses parties des Indes. On la vend dans le commerce, coupée en tranches d'un à trois pouces de diamètre, ou en morceaux longs de deux pouces au plus. Son écorce est épaisse, raboteuse, d'un vert brun. Elle a une odeur légèrement aromatique et une saveur amère et un peu piquante. On l'emploie en médecine pour arrêter les diarrhées et les vomissements opiniâtres.

COLON. On appelait ainsi, dans le droit romain, celui qui était le fermier d'autrui, c'est-à-dire, cultivait la terre pour autrui. Il ne pouvait garder pour lui qu'une partie de la moisson. On appelle *colon partiaire* le fermier qui prend un héritage à bail sous la condition d'un partage de fruits. Comme la malheureuse condition de ces fermiers les portait plus que tout autre à émigrer, on a donné le nom de *colons* aux habitants des établissements formés au dehors par des aventuriers qui abandonnaient leur patrie.

COLON, portion des gros intestins, étendue depuis le cæcum jusqu'au rectum. Il offre extérieurement, dans toute sa longueur, trois gouttières qui répondent à ses fibres charnues, longitudinales, et entre ces gouttières, des bosselures arrondies, séparées les unes des autres par des rainures transverses. Il présente quatre portions : 1° le *colon lombaire droit* ou *ascendant*, situé dans la région lombaire droite, et s'étendant de la partie supérieure du cæcum jusque sous le foie et les dernières côtes asternales droites ; 2° le *colon transverse* ou *arc du colon*, situé dans la partie supérieure de la cavité abdominale ; 3° le *colon lombaire gauche* ou *descendant*, situé au-dessous de la rate, au centre du rein, et dont la direction est verticale ; 4° l'*S iliaque du colon* ou la *circonvolution iliaque du colon*, qui occupe la fosse iliaque gauche et y forme une double courbure en S.

COLONE, éminence voisine d'Athènes, où Œdipe se retira après son exil. C'est en ce lieu que Sophocle a placé la scène de son *Œdipe à Colone*.

COLONEL, grade créé en 1584. Les colonels commandent les régiments, les places fortes, et remplissent les fonctions de chefs d'état-major des divisions de l'armée et des divisions territoriales. Le colonel est responsable de la police, de la discipline, de la tenue et de l'instruction de son régiment ; il en dirige l'administration, assisté du conseil d'administration ; il a le droit de nommer aux grades de caporal et de sous-officier, et prononce l'admission des sous-officiers, caporaux et soldats dans les compagnies d'élite. De 1793 à 1803, les colonels eurent le titre de *chefs de brigade*. Le signe distinctif du colonel consiste en ses deux épaulettes à graines d'épinard, en or ou argent. La solde d'activité est de 5,000 francs.

COLONEL GÉNÉRAL, un des grands offices de la couronne, un grand bénéfice sans charge d'âmes. Sous François Ier, Henri II, et jusqu'à Louis XIV, la charge de colonel général de l'infanterie était la première dignité militaire, après le grade de maréchal. Louis XIV la supprima ; Louis XVIII la rétablit, et jusqu'à la révolution de 1830, le roi a porté le nom de colonel général de l'infanterie.

COLONIAUX (BATAILLONS), troupes organisées, spécialement destinées à servir dans les colonies françaises. Il y avait autrefois des bataillons coloniaux appelés *bigorneaux*, et à la disposition de la marine. Ils étaient habillés de bleu ; leurs garnisons étaient l'île de Ré ou l'île d'Oléron. Une ordonnance récente a supprimé tous les bataillons coloniaux, celui des Cipayes excepté.

COLONIE, établissement formé dans un pays étranger. Les colonies ont été formées par suite d'un accroissement de population, ou par les suites de l'ambition, de la violence et de la guerre, ou bien par esprit de commerce. Les colonies anciennes de Tyr, de Carthage et de Marseille avaient surtout des relations commerciales pour motif de leurs établissements. Celles de Rome ont été les plus fameuses. On en compte jusqu'à cent cinquante en Italie, soixante en Afrique, environ trente en Espagne, et à peu près autant dans les Gaules. Les habitants des colonies *romaines* étaient citoyens romains et avaient droit de suffrage, sans avoir part néanmoins aux charges et aux honneurs de la république. Ils différaient de ceux des *colonies latines*, en ce que ces derniers n'avaient droit de suffrage qu'autant que le magistrat le leur permettait, et qu'ils n'étaient reçus citoyens romains qu'après avoir exercé quelque magistrature dans une ville latine. Il y avait aussi des colonies militaires, composées de soldats vétérans auxquels on donnait des terres pour récompense de leurs services.

COLONIES AGRICOLES, nom donné aux colonies fondées dans l'intérieur même des contrées habitées de l'Europe, afin de défricher et de livrer à l'agriculture les terres incultes et stériles, et par ce moyen utiliser une foule de bras. La plus ancienne colonie agricole française date de 1750; elle fut fondée au Ban de la Roche (Vosges), par Stouber, et portée au plus haut point de perfection par Oberlin. La colonie de *la Caroline*, fondée en 1768 dans la Sierra-Morena (Espagne), par D. Pablo Olavidès, compte cinquante-huit villages et plusieurs métairies, et sa population s'élève à 10,000 âmes.

COLONIES MILITAIRES, établissements militaires destinés à donner des soldats à l'armée et des bras au sol. Les colonies militaires sont nées en Russie sous le règne de l'empereur Alexandre. C'est un système nouveau de recrutement par lequel l'armée colonisée est toujours prête à marcher au moindre signal. En effet, elle conserve sa composition générale et comprend, 1° l'infanterie, 2° la cavalerie, 3° l'artillerie, 4° les sapeurs et les pionniers. Elle se divise en corps, divisions, brigades et régiments. La population se divise en *mobile*, qui doit être toujours disponible, et en *immobile*, qui ne quitte jamais ses foyers. Cette dernière comprend les chefs de ménages, des invalides, des habitants primitifs dont l'âge excède quarante-cinq ans et des familles de tous. Plusieurs districts ont été colonisés. De nos jours, le général Bugeaud a tenté l'établissement d'une colonie militaire de spahis à Méserghin dans la province d'Oran.

COLONIES, nom donné généralement aujourd'hui aux établissements d'agriculture et de commerce fondés dans l'Inde, l'Afrique, l'Amérique ou l'Océanie, et appartenant à diverses puissances européennes. — Les colonies françaises se composent de l'*Algérie*, des *îles Saint-Pierre et Miquelon*, de la *Guyane française*, du *Sénégal*, de l'*île de Gorée*, de l'*île Bourbon* et de l'*île Sainte-Marie de Madagascar*, de la *Guadeloupe*, de la *Martinique* et de quelques autres îles dans l'archipel des Antilles; d'établissements dans l'*Inde*, à *Pondichéry*, *Karikal*, *Chandernagor*, *Yanaon*, etc. Les colonies sont placées pour leur défense et leur administration dans le département de la marine et des colonies. Le ministre en est, au nom du roi, l'administrateur responsable. Les colonies dans l'Inde orientale et en Afrique, ainsi que celles de Saint-Pierre et Miquelon, sont régies par des ordonnances du roi. Celles de la Martinique, de la Guadeloupe, de Bourbon et de la Guyane, reçoivent du pouvoir législatif du royaume les lois relatives à l'exercice des droits politiques, les lois civiles et criminelles, les lois qui règlent les pouvoirs spéciaux des gouvernements en ce qui est relatif aux mesures de haute police et de sûreté générale; les lois sur l'organisation judiciaire, sur le commerce, le régime des douanes, la répression de la traite des noirs et celles qui ont pour but de régler les relations entre la métropole et les colonies. Dans ces mêmes colonies, les ordonnances royales (les conseils coloniaux ou leurs délégués préalablement entendus), statuent sur l'organisation administrative, le régime municipal excepté; sur la police de la presse, sur l'instruction publique, sur l'organisation et le service des milices, sur les conditions et les formes des affranchissements, etc. Les matières qu'il n'est pas nécessaire de régler par des lois ou par des ordonnances du ressort des *conseils coloniaux*. (Voy.) Les colonies ont à Paris un *conseil des délégués* auprès du gouvernement. (Voy. CONSEIL.) Les gouverneurs des colonies sont nommés par le roi; ils sont les dépositaires de l'autorité royale dans les colonies, rendent des arrêtés et des décisions pour régler les matières d'administration et de police, et pour l'exécution des lois, ordonnances et décrets publiés dans la colonie; ils déterminent les époques d'ouverture, de révision et de publication des listes électorales; convoquent les collèges électoraux, et fixent le lieu de leur réunion; convoquent les conseils généraux, et peuvent les proroger ou les dissoudre. Ils présentent au conseil colonial des projets de décrets, et donnent ou refusent leur assentiment à ceux adoptés par le conseil. Il y a auprès de chaque gouverneur un *conseil privé* (Voy.). — Les races distinctives qui peuplent les colonies sont celles des *blancs*, Européens ou descendants d'Européens, et des *hommes de couleur* (nègres ou *noirs*, mulâtres, cartérons, etc.), et de plus, dans quelques établissements, des peuplades indiennes. Les blancs seuls sont maîtres avec les mulâtres, ils forment la population libre; les noirs sont en grand nombre et presque tous esclaves et livrés aux travaux les plus pénibles. Une loi du 24 avril 1833 a consacré l'égalité civile et politique entre la population blanche et la population libre de couleur, sous les conditions prescrites par les lois. La question de l'abolition de l'esclavage a été souvent portée à la tribune législative, mais elle n'a pas encore reçu de solution. Les Codes français sont en exercice dans les colonies. La justice y est rendue, au nom du roi, par des tribunaux de paix, de première instance, des cours royales et des cours d'assises.

COLONNA, famille ancienne et illustre de Rome, qui a fourni plusieurs savants, hommes d'État et de guerre, et cardinaux, parmi lesquels on distingue GIOVANNI COLONNA, mort en 1245; GIACOMO COLONNA, mort en 1318; GIOVANNI COLONNA, mort en 1508; POMPEIO COLONNA, neveu de Prosper Colonna, évêque de Rieti, créé cardinal par Léon X, privé de tous ses bénéfices par Clément VII, qu'il délivra lors du siége de Rome, et qui lui donna la légation de la Marche d'Ancône, et mort en 1532, à cinquante-trois ans, vice-roi de Naples; MARC-ANTONIO COLONNA, archevêque de Salerne et bibliothécaire du Vatican, mort en 1597; ASCANIO COLONNA, évêque de Palestrine, vice-roi d'Aragon, fils de Marco-Antonio Colonna, duc de Palliano, et mort en 1608. Voy. les articles suivants.

COLONNA (Fabricio), célèbre capitaine, fils d'Édouard Colonna, duc d'Amalfi, s'attacha au roi de Naples, et devint connétable de Naples. Il commandait l'avant-garde à la bataille de Ravenne (1512), où il fut fait prisonnier. Il mourut en 1520.

COLONNA (Marco-Antonio) se distingua dans les guerres d'Italie contre les Français, au parti desquels il fut attiré par François Ier en 1516. Il fut tué au siége de Milan en 1522, à quarante-neuf ans.

COLONNA (Prosper), fils d'Antonio, prince de Salerne et oncle du précédent, embrassa le parti des ennemis de la France, et défit les Français à la Bicoque en 1522. Il mourut en 1523, à soixante et un ans, avec la réputation d'un habile capitaine.

COLONNA (Marco-Antonio), duc de Palliano, grand connétable de Naples, vice-roi de Sicile, combattit à la bataille de Lépante (1571) en qualité de lieutenant général des galères du pape. Il entra à Rome en triomphe, et mourut en Espagne en 1585.

COLONNA (Lorenzo-Onuphre), grand d'Espagne, chevalier de la Toison d'or, connétable de Naples, prince de Palliano et de Castiglione, mourut en 1689. Il avait épousé Marie Mancini, nièce du cardinal Mazarin.

COLONNA (Victoria), fille de Fabricio Colonna, épousa Ferdinand-François d'Avalos, marquis de Pescaire, et mourut en 1541. Elle excella dans la poésie.

COLONNADE, réunion de colonnes placées symétriquement en galerie ou en circuit, et servant de décoration ou de promenade. Les plus célèbres colonnades sont celle du Louvre et celle de Saint-Pierre de Rome. La première, construite par Claude Perrault, a cinq cent vingt-cinq pieds de long, et se divise en deux parties par l'avant-corps du milieu. Chaque partie se compose de colonnes corinthiennes cannelées et accouplées. La seconde, commencée en 1661, se divise en deux parties ayant chacune cent quarante-deux colonnes doriques et embrassant la place de Saint-Pierre par deux arcs de cercle. Elle forme trois allées; celle du milieu est assez large pour que deux voitures y puissent passer.

COLONNE, pilier circulaire destiné à soutenir une portion de bâtiment. Toute colonne se compose de trois parties : la *base*, sur qui repose le reste de la construction; le *fût*, placé immédiatement au-dessus de la base; et le *chapiteau*, qui la surmonte. Les colonnes sont ordinairement unies; cependant dans l'ordre corinthien et l'ionique on en voit de *cannelées* dans toute leur hauteur. Il y en a qui ne soutiennent aucune portion d'édifice, et qui sont placées dans un lieu pour consacrer le souvenir d'un fait. Les principales en ce genre sont la *colonne Trajane*, dont la hauteur est de cent trente-deux pieds, et qui est d'ordre dorique. Elle se compose de trente-quatre blocs de marbre blanc, et est sculptée à son pourtour : le bas-relief, en spirale, représente les victoires remportées par Trajan sur les Daces. La *colonne Antonine*, élevée en l'honneur de Marc Aurèle Antonin, et représentant les victoires de ce prince sur les Marcomans. Elle a cent quarante-huit pieds de haut, et se compose de vingt-huit blocs de marbre. — La *colonne de la place Vendôme*, élevée à Paris sur la place Vendôme en 1806 par l'architecte Lepeyre, par l'ordre de Napoléon, pour perpétuer le souvenir de la célèbre campagne de 1805. Elle est revêtue de quatre cent vingt-cinq plaques de bronze, dont la matière a été fournie par les canons conquis à Ulm et à Austerlitz. Le fût est enveloppé d'un bas-relief qui ceint vingt-deux fois la *colonne*. La hauteur totale du monument, avec la statue de Napoléon qui la termine, est de cent trente-cinq pieds, non compris le piédestal.

COLONNE VERTÉBRALE. Voy. VERTÉBRALE.

COLONNES D'HERCULE, nom donné aux deux montagnes de *Calpé* et d'*Abyla* (voy. ces mots), parce qu'Hercule poussa, dit-on, jusque-là ses voyages.

COLONNES MILLIAIRES, colonnes que les Romains plaçaient sur les routes et les chaussées de mille en mille pas, et sur lesquelles ils gravaient la distance en milles de la ville où la route commençait. Les chiffres sont précédés des lettres M ou MP, *milliarium* ou *milliarium passuum*. Auguste fit élever à Rome, dans le milieu du Forum, une colonne de marbre blanc, appelée *milliarium aureum* parce que la boule en était dorée, et de laquelle toutes les autres comptaient les distances et les principales voies qui y aboutissaient.

COLOPHANE, BRAI SEC ou ARCANSON, produit solide, brunâtre, transparent, inflammable, d'une odeur résineuse et d'une saveur amère, qui est employé par les pharmaciens dans la confection de quelques onguents et emplâtres, et par les joueurs de violon pour frotter l'archet et l'empêcher de glisser sur les cordes. C'est à Mirecourt (Vosges) que l'on prépare les plus grandes quantités de colophane. On l'obtient en distillant la térébenthine. Elle tire son nom de la ville de *Colophon* en Ionie, d'où on la tirait autrefois.

COLOPHON, ville d'Ionie, bâtie près de la mer par Mopsus, fils de Manto, et peuplée par une colonie athénienne conduite par les fils de Codrus. Apollon y avait un temple. Elle fut la patrie de Xénophanes, de Nicander, de Mimnermus, et l'une des villes qui se disputèrent l'honneur d'avoir donné le jour à Homère.

COLOQUINTE, fruit d'une espèce de concombre, le *cucumis colocynthis* ou concombre amer, qui croît naturellement sur les côtes sablonneuses et maritimes de la Barbarie, de l'Egypte, de la Syrie et des autres contrées du Levant. Elle a les tiges grêles, anguleuses, hérissées de poils et couchées ; les feuilles profondément laciniées, à découpures obtuses, velues et blanchâtres en dessous ; les fleurs jaunâtres, grandes ; les fruits globuleux, d'abord verdâtres, puis jaunes, à écorce mince et dure, et dont la pulpe, blanche, spongieuse, est d'une excessive amertume et extrêmement purgative. On l'emploie sèche dans l'apoplexie, l'hydropisie, la colique des peintres, à très-petites doses. Le commerce la tire d'Alep.

COLORADO. Plusieurs rivières de l'Amérique portent ce nom. Deux se trouvent en Mexique : l'une, qui arrose le Texas, se jette dans la baie de San-Bernardo, formée par le golfe du Mexique, après un cours de 180 lieues ; l'autre a sa source dans la Sierra de las Crullas, à l'O. des monts Rocheux, et se jette dans le golfe de Californie après un cours de 300 lieues. — Rivière de l'Amérique du Sud, qui a sa source dans le versant oriental des Andes, et se jette dans l'océan Atlantique, après un cours de 350 lieues.

COLOREDO (François, comte DE), né en 1731, exerça à la cour de Vienne plusieurs emplois élevés. Après avoir été ministre des conférences, vice-chancelier de l'empire, négociateur et grand chambellan, il fut ministre de la guerre en 1805, et mourut en 1807. — Son frère, WENCESLAS, comte DE COLOREDO, né en 1735, embrassa la carrière militaire fort jeune, et obtint, à l'âge de soixante ans, le grade de feldmaréchal. Il fut ministre de la guerre, et mourut de peu de temps après.

COLOSSE DE RHODES, statue d'Apollon, ouvrage du sculpteur Charès, qui la commença l'an 300 avant J.-C., et y travailla pendant dix ans. Elle était d'airain, et haute de soixante-dix coudées. Ses pieds reposaient sur deux môles à l'entrée du port de Rhodes, en sorte que les vaisseaux passaient à pleines voiles entre ses jambes : un homme pouvait à peine embrasser un pouce. Dans l'intérieur, on avait ménagé des escaliers qui conduisaient au sommet du monument, d'où l'on découvrait les côtes de Syrie, et même les vaisseaux qui naviguaient dans les mers d'Egypte. Le colosse de Rhodes avait coûté 300 talents (1,370,625 francs). Renversé quatre-vingts ans après son érection par un tremblement de terre, il devait être relevé avec l'argent que les peuples voisins envoyèrent à Rhodes ; mais les Rhodiens se partagèrent cet argent, sous prétexte que l'oracle de Delphes avait défendu de le relever. Il resta ainsi au milieu des ruines jusqu'au vııe siècle, que les Sarrasins le vendirent à un Juif d'Edesse, qui chargea neuf cents chameaux de ses débris.

COLOSTRE, nom donné au premier lait qui se produit après l'accouchement. Il est doux, légèrement sucré, très-séreux, moins consistant que celui qui est sécrété dans la suite. Il paraît doué de propriétés purgatives qui le rendent propre à faire évacuer le méconium de l'enfant nouveau-né.

COLOURI. Voy. SALAMINE.

COLUMBARS, section du genre colombe, caractérisée par leur bec plus gros que celui des autres oiseaux du genre, solide, comprimé sur les côtés, caréné en dessus, droit à sa base et crochu vers le bout ; les pieds sont larges et bien bordés, les ailes longues et pointues. On ne trouve ces oiseaux que dans les contrées les plus chaudes de l'ancien continent.

COLUMBIA, district fédéral des Etats-Unis, sur le Potowmack, entre les Etats de Virginie et de Maryland. Sa superficie est de 16 lieues carrées ou 75 milles anglais carrés, et sa population de 39,600 maisons. *Washington*, capitale des Etats-Unis, en est la capitale. Il est sous la direction immédiate du gouvernement, possède de nombreuses fabriques et manufactures, plusieurs maisons de banque, et fait un grand commerce.

COLUMBIA. Voy. OREGON.

COLUMBIA, ville des Etats-Unis de l'Amérique septentrionale, à 40 lieues de Charles-Town, capitale de la Caroline du Sud, et siège du gouvernement, sur la rivière de Santec. Elle a plusieurs collèges.

COLUMBI-GALLINES, section du genre colombe, caractérisée par la médiocrité de leur bec, qui est peu grêle et gibbeux vers le bout, et dont la mandibule supérieure est sillonnée sur les côtés et inclinée vers la pointe, et par la courbure de leurs ailes. Une des espèces les plus remarquables est le GOURA ou *pigeon couronné*, de l'archipel des Indes, qui est tout entier d'un bleu d'ardoise, avec du marron et du blanc à l'aile ; sa tête est ornée d'une huppe verticale de longues plumes effilées. Le goura est de la taille du dindon.

COLUMBIQUE (ACIDE), acide formé de 8,485 parties d'oxygène sur 100 de columbium, et découvert par M. Hatchett. Il est blanc, pulvérulent, inodore, insipide, beaucoup plus pesant que l'eau. On le trouve dans la nature combiné avec quelques oxydes métalliques.

COLUMBIUM, métal d'un gris foncé, ressemblant un peu au fer, inattaquable par tous les acides, infusible aux plus hautes températures. Réduit en poudre, il devient presque brun. Il est très-rare ; on ne le trouve qu'à l'état d'acide, combiné tantôt avec les oxydes de fer et de manganèse, tantôt avec l'yttria. Il a été découvert en 1802 par M. Ch. Hatchett, qui lui donna ce nom en l'honneur de Christophe Colomb. Il est le même que le tantale.

COLUMBO. Voy. COLOMBO.

COLUMBUS, ville des Etats-Unis, capitale de l'Etat d'Ohio, sur la rivière de Scioto, à 100 lieues O. de Washington. Elle a une banque, et une population de 1,500 habitants.

COLUMELLAIRES, famille d'animaux invertébrés, instituée par Lamarck pour cinq genres de coquilles comprenant les *colombelles*, les *mitres*, les *volutes*, les *marginelles* et les *volvaires*. Les caractères assignés à cette famille sont : point de canal à la base de l'ouverture, mais une échancrure subdorsale plus ou moins distincte, et des plis à la columelle.

COLUMELLE. C'est en botanique 1° l'axe vertical de quelques fruits, qui persiste après la chute des autres parties, comme dans le *géranium* ; 2° le petit axe filiforme que l'on observe au centre de l'urne des mousses.

COLUMELLE, en conchyliologie, partie du côté gauche de la coquille qui se voit dans l'intérieur, et qui s'applique sur l'axe de la coquille ; autrement dit, c'est l'espèce de petite colonne qui forme l'axe de toutes les coquilles spirales. La columelle peut être *lisse, dentée, calleuse, ridée, striée, aplatie, tranchante, droite, arquée, oblique, tronquée*, etc.

COLUMELLE (Lucius Junius Moderatus Columella), né à Cadix, vivait sous le règne de Claude, et composa vers l'an 42 de notre ère ses deux fameux ouvrages, le *Traité de l'agriculture*, en douze livres (*De re rustica*), et le *Traité sur les arbres* (*De arboribus*). Ces ouvrages sont précieux par les préceptes et par le style. Le douzième livre du Traité sur l'agriculture est écrit en vers. Les anciens surnommèrent Columelle *le Père de l'agriculture*. La meilleure édition de ses œuvres est celle de Gesner, imprimée à Leipsig en 1735, et réimprimée en 1772.

COLUMELLÉ, ce qui est pourvu d'une columelle.

COLURES, nom donné à deux grands cercles de la sphère, qui passent tous deux par les pôles du monde, et dont l'un passe par les points équinoxiaux, et s'appelle *colure des équinoxes*, et dont l'autre passe par les points solsticiaux, et s'appelle *colure des solstices*. Les deux colures se coupent perpendiculairement et divisent le zodiaque et l'équateur en quatre parties égales.

COLUTHUS, poète grec, natif de Lycopolis, aujourd'hui *Syout*, en Egypte, et qui vivait sous le règne de l'empereur Anastase Ier au commencement du vıe siècle. Il nous reste de lui un poème sur l'*Enlèvement d'Hélène*. Cet ouvrage fut découvert au xve siècle par le cardinal Bessarion.

COLYBES, offrande de grains et de légumes cuits, que les Grecs font en l'honneur des saints et des morts. Pour cela, ils font légèrement cuire du blé, et le mettent en petits morceaux avec des plats avec différents légumes. Ils prient ensuite Dieu de bénir ces fruits et ceux qui en mangeront. On a coutume de bénir et de distribuer les colybes aux fidèles le premier samedi de carême.

COLZA, espèce de chou que l'on cultive dans quelques localités pour former des prairies momentanées, et comme fourrage d'hiver, propre aux bêtes à cornes en particulier. Mais elle est plus particulièrement cultivée comme plante oléagineuse. La plus belle graine se garde pour semence ; l'autre fournit une huile abondante, de bonne qualité, qu'on peut employer comme huile comestible. Le marc se donne aux bestiaux. La récolte du colza se fait du 15 juin au 1er juillet. On possède deux variétés de colza : l'une hâtive, à fleurs blanches, qui se sème au printemps ; l'autre tardive, à fleurs jaunes, qui se met en terre à la mi-juin.

COMA, mot grec francisé, et désignant un sommeil profond d'où il est très-difficile de tirer les malades. C'est un symptôme qui a lieu dans beaucoup de maladies. On distingue deux variétés de coma : 1° le *coma vigil*, qui est accompagné de délire, et dans lequel le malade a les yeux fermés ; mais il les ouvre quand on l'appelle, et les referme aussitôt ; il parle seul et change fréquemment de position ; 2° le *coma somnolentum*, dans lequel le malade parle quand on le réveille, se tait et reste immobile dans les intervalles.

COMACCHIO, petite ville d'Italie, dans les Etats romains, entre des lagunes très-poissonneuses, à peu de distance de la mer et à 8 lieues de Ravenne. L'air y est malsain, et elle n'est habitée que par des pêcheurs, qui y prennent quantité d'anguilles. Les lagunes de Comacchio sont aussi appelées *lac* ou *vallées de Comacchio*. Comacchio a un évêché.

COMAGÈNE, contrée de Syrie bornée à l'O. par la Cilicie, à l'E. par l'Euphrate, au N. par la Cappadoce, et répondant à une partie de la Caramanie, et du pachalik d'Alep. *Samosate* en était la capitale.

COMANE, ville de Cappadoce où Bellone avait un temple célèbre, desservi par plus de six mille ministres des deux sexes. Le chef des prêtres était très-puissant, et ne reconnaissait d'autre supérieur que le roi ; aussi était-il toujours choisi parmi les princes de la maison royale.

COMANIE, province d'Asie à l'O. de la mer Caspienne et au S.-O. du Volga, le long du fleuve Kouma, qui prend sa source aux monts de Circassie et se perd dans divers petits lacs à l'O. de la mer Caspienne. On donnait le nom de *Comanie extérieure* à la partie située entre le Volga et le Jaïck ou Oural. Tout ce pays, dont *Saraï* était la capitale, fait maintenant partie du gouvernement du Caucase. Elle est habitée par les *Comans* ou *Komans*, peuplade bulgare, amenée prisonnière en Russie et fixée sur le Volga sous le nom de *Tchouvaches*.

COMARCA, nom donné, au Brésil, à une grande subdivision d'une province. Ainsi la province de *San-Paulo* se divise en trois comarcas, ceux de *San-Paulo*, d'*Ytu* et de *Paranagua et Coryliba*. Ce mot signifie en portugais territoire, frontière, confins, banlieue, et il peut répondre parfaitement à notre division départementale.

**COMASSIR**, monnaie de billon de l'Inde, vaut 16 centimes de France.

**COMATEUSE**, variété de la fièvre nerveuse cérébrale.

**COMATEUX**, ce qui concerne le *coma*.

**COMBAT DE COQS**, sorte de tournoi dans lequel on arme deux coqs l'un contre l'autre, profitant de cette insurmontable antipathie qui les distingue. On retrouve les combats de coqs chez les Celtes et les Scandinaves. Les Grecs les aimaient beaucoup; ils avaient lieu sur le théâtre d'Athènes en mémoire de la bataille de Salamine. Ils furent adoptés plus tard par les Romains. De nos jours, ils forment pour les Anglais un de ces amusements qu'ils appellent *sports*, et qui absorbent la plus grande partie de leurs loisirs. Quand un combat de coqs doit avoir lieu, on le fait annoncer par des crieurs publics et par des annonces insérées dans les journaux, et, pour que le combat soit plus tôt terminé, on a soin d'armer l'éperon de chaque coq d'une lame tranchante.

**COMBAT DES TRENTE**, combat célèbre qui eut lieu pendant les guerres de la succession de Bretagne entre trente chevaliers bretons commandés par Jean IV, sire de Beaumanoir, et trente chevaliers anglais aux ordres de sir Richard Bembro. Ce combat, dans lequel les Anglais furent vaincus, se livra entre Ploërmel et Josselin, au chêne de Mi-Voie, le 27 mars 1351. Bembro, ou plutôt Pembrock, fut tué. — Aujourd'hui on voit sur le lieu du combat un obélisque de granit, de quinze mètres de hauteur, terminé en 1823.

**COMBAT JUDICIAIRE**, combat particulier aux temps du moyen âge, et dans lequel les citoyens avaient droit de vider leurs contestations privées par la voie des armes. On l'appelait aussi le *jugement de Dieu*. Lorsqu'un gentilhomme en appelait un autre, et si l'un et l'autre étaient chevaliers, ils combattaient à cheval armés de toutes pièces, et portant toute sorte d'armes excepté le couteau à pointe et la masse d'armes moulue. Si un gentilhomme appelait un vilain du combat, il combattait à pied comme le vilain, et avec les mêmes armes. Si, au contraire, c'était le vilain qui appelait le gentilhomme, il combattait à pied et le gentilhomme à cheval, armé de toutes pièces. On pouvait, dans certains cas, se faire remplacer par un *champion*. Avant le combat, la justice faisait publier trois bans : par l'un, il était enjoint aux parents des parties de se retirer; par l'autre, on avertissait le peuple de garder le silence; par le troisième, il était défendu, sous les peines les plus sévères, de porter secours à l'un ou à l'autre des combattants. Les combattants arrivaient alors accompagnés d'un parrain et d'un prêtre; chacun d'eux jurait sur la croix que son droit était bon. Alors la lice était ouverte, et le maréchal du camp criait: *Laissez-les aller*. Le combat commençait aussitôt, et ne finissait que lorsqu'un des combattants s'avouait vaincu, en criant *Grâce!* Le dernier combat judiciaire ordonné par les tribunaux se livra en 1386. Ces duels furent abolis à la fin du xvie siècle.

**COMBATTANT**, genre d'oiseaux connus aussi sous le nom de *paons de mer*, de l'ordre des échassiers longirostres. Ils sont remarquables par leurs habitudes belliqueuses et les changements qu'ils éprouvent dans leur coloration et la nature de leur plumage aux différentes saisons de l'année. Les combattants se livrent entre eux les combats les plus acharnés pendant les mois d'avril et de mai, pour la possession des femelles. Leur cou et leur poitrine sont garnis de longues plumes qui forment une sorte de bouclier, et qu'ils hérissent au moment de l'attaque. Leur plumage est tantôt blanc ou gris, tantôt roux ou noir, avec des reflets violets. Les combattants sont communs en Picardie, en Angleterre, en Hollande, en Russie, Sibérie, etc.

**COMBINAISON** (chim.), acte par lequel des corps de nature différente s'unissent de manière à former un tout homogène dans toutes ses parties. Il diffère du *mélange* en ce que, dans celui-ci, les molécules des corps se mêlent sans former un tout homogène. — En algèbre, réunion de plusieurs objets en groupes composés d'un nombre quelconque de ces objets. Par exemple, les cinq lettres $a$, $b$, $c$, $d$, $e$ étant données, les groupes $ab$, $bc$, $cd$, $de$, $ac$, etc., formés par la réunion de ces lettres deux à deux, ou les groupes $abc$, $abd$, $abe$, $cbd$, etc., formés par la réunion de ces mêmes lettres trois à trois, et ainsi de suite, sont les combinaisons des cinq lettres $a$, $b$, $c$, $d$, $e$.

**COMBLE**, ensemble des pièces de bois qui soutiennent le poids du toit d'un édifice. On distingue trois principales espèces de combles : les *combles simples*, qui n'ont guère qu'une pente ou un égout, et qu'on nomme *appentis*; les *combles à deux égouts*, et les *combles en croupe*. Souvent, pour pratiquer des pièces habitables dans les combles, on fabrique des *mansardes*. En Italie, les combles sont peu rapides et presque plats. En général cependant, dans les pays chauds la hauteur du comble n'est que le quart de la base. Cette hauteur est ordinaire en France le tiers ou la moitié seulement.

**COMBOLOIO**, rosaire des mahométans. Il est composé de quatre-vingt-dix-neuf grains.

**COMBRAILLES**, petit pays de France, occupant les arrondissements de Boussac (Creuse), de Montluçon (Allier) et de Riom (Puy-de-Dôme). Son chef-lieu était *Evaux*, où l'on trouve des sources thermales, dont l'une, dite le *Puits de César*, a une température de 58,75 degrés centigrades, et l'autre, nommée la *Petite-Source*, une de 48. Evaux est un chef-lieu de canton de l'arrondissement d'Aubusson. Le pays de Combrailles était autrefois habité par les *Cambiovicenses*, dont la capitale présumée est *Chambon*, chef-lieu de canton de l'arrondissement de Boussac, à une lieue d'Evaux, avec 1,136 habitants. Elle a un tribunal de première instance.

**COMBRET**. Voy. **COMBRÉTACÉES**.

**COMBRÉTACÉES**, famille de plantes dicotylédones, créée par R. Brown. Elle renferme des arbres, des arbrisseaux et même des arbustes. Le genre type est le *combret*. Ce genre renferme quinze espèces, toutes exotiques, dont une seule, connue sous le nom d'*aigrette de Madagascar*, est cultivée dans les serres en Europe ; c'est le *combret écarlate* ou *chigomier*, aux fleurs petites, écarlates, nombreuses et disposées en grappes; aux fruits capsulaires, oblongs, renfermant une graine unique; aux feuilles opposées, ovales, oblongues, un peu coriaces, entières et d'un beau vert.

**COMBURENT**. Voy. **COMBUSTION**.

**COMBUSTIBLE**, nom donné, en chimie, à tout corps susceptible de s'unir chimiquement avec l'oxygène. Les principales classes de combustibles sont le *bois*, le *charbon*, la *tourbe*, la *houille* et le *coke*. Parmi les combustibles, il en est qui donnent une grande flamme, tels que les bois en général, et en particulier les bois blancs, les charbons de terre flambants, etc. Il en est d'autres dont la chaleur s'étend moins loin ; tels sont le coke, la tourbe, le charbon de bois, le charbon de tourbe et certains charbons de terre. On parvient à l'appréciation des quantités relatives de chaleur dégagée par différents combustibles dans leur combustion au moyen du calorimètre.

**COMBUSTION**, phénomène chimique d'où résulte la production du feu, et qui consiste en un dégagement de chaleur capable d'élever la température des corps au point où ils sont incandescents. Dans ce phénomène, l'oxygène se combine avec les corps, et prend le nom de *corps comburent*. Le chlore, l'iode et le fluor, seuls de tous les éléments, doivent être considérés comme *comburents*, parce qu'ils jouissent, à l'égard des autres corps, des mêmes propriétés que l'oxygène. Avant Lavoisier, on croyait que, lorsqu'un corps brûlait, il se dégageait un principe invisible et insaisissable appelé *phlogistique*. Toutes les fois que ce principe se dégageait d'un corps, il cessait d'être combustible. Aujourd'hui on est porté à croire que la combustion dépend de la combinaison du fluide positif électrique du corps comburent avec le fluide négatif du corps brûlé.

**COMBUSTION SPONTANÉE**, phénomène dans lequel le corps humain s'enflamme spontanément, en certaines circonstances, et est réduit en cendres. On le regarde généralement comme résultant de l'usage habituel et excessif des liqueurs alcooliques, et déterminé par le contact ou le voisinage de quelque corps enflammé. L'obésité est aussi regardée comme la circonstance qui y dispose le plus. Les combustions spontanées sont plus communes chez les femmes que chez les hommes. On a observé qu'une flamme bleuâtre parcourt toutes les parties du corps, et qu'une fumée noire, épaisse, s'échappe du cadavre et couvre les meubles et les murs d'un enduit onctueux et noir.

**CÔME** (LAC DE), autrefois *Larius lacus*, lac d'Italie, dans le royaume lombardo-vénitien, sur les frontières de la Suisse. Sa superficie est d'environ 18 lieues carrées; ses bords sont extrêmement pittoresques. Il reçoit l'Adda, la Méra, la Lira, et est entouré de monts dont le plus élevé, le Legnone, a 8,538 pieds ou 2,808 mètres. Le lac de Côme est élevé de 654 pieds au-dessus du niveau de la mer.

**CÔME**, province du royaume lombardo-vénitien, dans le gouvernement de Milan, entre celles de Milan, de Sondrio, de Bergame et le Piémont. Sa superficie est d'environ 22 lieues carrées, et sa population de 30,000 habitants. La capitale est *Côme*, sur le lac de même nom, à 9 lieues de Milan et 32 de Turin, avec un évêché. Sa population est de 7,800 habitants. On y remarque une cathédrale en marbre très-belle, des palais magnifiques, et beaucoup d'industrie. Elle est la patrie des deux Pline, de Paul Jove, Clément XIII, Innocent XI, Volta, Canova.

**COMÉDIE**, poème dramatique offrant en action l'imitation des mœurs comiques. On attribue l'invention de cet art au poète grec Aristophane, comme on attribue à Thespis celle de la tragédie. On a divisé chez les Grecs la comédie en trois époques distinctes : la *comédie ancienne*, introduite vers la LXXXIIe olympiade, et à laquelle se rattachent quelques pièces d'Aristophane, d'Eupolis, de Cratinus. On y censurait les vices en nommant les personnes. La *comédie moyenne*, à laquelle appartient le *Plutus* d'Aristophane, et qui fut un passage entre la comédie ancienne et la comédie nouvelle. La *comédie nouvelle*, qui fut réduite à censurer généralement les vices, et à laquelle appartiennent les pièces de Ménandre. — La comédie romaine n'est qu'une imitation de la comédie grecque. Chez les Romains, on distinguait trois espèces de comédies, qu'on appelait *prætextatæ*, *trabeatæ* et *tunicatæ*, selon que les personnages de ces pièces étaient tirés d'une classe de la société plus ou moins élevée. Il y avait aussi les *mimes* et les *atellanes*. — On peut diviser la comédie chez les modernes en deux genres : la *comédie de caractère* ou *de mœurs*, qui a pour objet de peindre un caractère particulier ou les caractères généraux, d'une classe, d'une nation, telle que l'*Avare* de Molière; et la *comédie d'intrigue*, où les personnages sont placés dans des situations embarrassantes, telle que le *Mariage de Figaro* de Beaumarchais.

**COMÉDIE-FRANÇAISE**. Voy. **THÉÂTRE-FRANÇAIS**.

**COMÉDIE-ITALIENNE**, nom sous lequel a été désigné, dans les deux derniers siècles, un théâtre de Paris où des acteurs italiens jouaient en italien des pièces improvisées, entremêlées de scènes françaises, et plus tard des comédies françaises. Établie en 1680 et abolie en 1697, la Comédie-Italienne fut réinstituée en 1716. En 1762, elle fut réunie à l'Opéra-Comique.

**COMER.** Voy. Com.

**COMÈTE**, astre errant et lumineux, qui se compose de trois parties bien distinctes: le *noyau*, la *nébulosité* qui l'entoure, et la *chevelure* qui le précède ou le suit. C'est l'ensemble de la chevelure et du noyau qui forme la *tête* de la comète. À la suite ou en avant de cette tête se trouve le plus souvent une longue traînée lumineuse que l'on appelle la *barbe* ou la *queue* de la comète. Les comètes décrivent dans l'espace des ellipses très-allongées dont le soleil occupe toujours un des foyers. Les lois de leur gravitation sont les mêmes que celles des planètes. Cette théorie est due à Newton. La durée de la révolution n'est pas la même. Celle de 1786, 1795, 1805, 1832, 1835, appelée aussi *comète d'Encke*, parce que ce professeur découvrit sa périodicité, la fait dans une période de douze ans sept jours. Les comètes de Halley et de Biela sont les seules jusqu'à ce jour dont le retour périodique ait été vérifié par le fait. La dernière décrit en six ans trois quarts une ellipse peu excentrique; la première le fait en soixante-quinze ou soixante-seize ans.

**COMICES**, assemblée du peuple romain, ainsi nommée du *comitium*, portion du forum, où elle se tenait. Il y en avait de trois sortes: les *comices par curies*, institués par Romulus; les *comices par centuries*, établis par Servius Tullius; et les *comices par tribus*, introduits par les tribuns. Dans les derniers temps de la république, on n'assemblait plus les comices que par tribus ou par curies. C'est dans ces assemblées qu'on élisait les magistrats et tous les officiers de l'État. Un tribun qui ne partageait pas l'opinion de ses collègues était en droit de dissoudre les comices. Ils étaient également dissous lorsqu'un des assistants était attaqué d'épilepsie. Anciennement on y donnait son suffrage à haute voix; dans la suite, on délivra à chaque citoyen deux bulletins, sur l'un desquels étaient écrites les deux lettres U. R., c'est-à-dire, *uti rogas* (j'y consens), et sur l'autre la lettre A., c'est-à-dire, *antiquo*, qu'on interprétait ainsi: je rejette la loi proposée, parce que l'ancienne est préférable. Dans le cas où les bulletins U. R. étaient en plus grand nombre que les bulletins A., la loi était adoptée; dans le cas contraire, elle était rejetée. Les comices prenaient le nom de l'objet qui lui était propre. Ainsi les *comices ædilitia* nommaient les *édiles*, les *comicia calata* nommaient le *roi des sacrifices* et les *flamines*, les *comicia censoria* élisaient les *censeurs*.

**COMICES AGRICOLES**, nom donné aux sociétés d'agriculture établies dans quelques villes de France.

**COMICIALES**. On nommait autrefois ainsi en Allemagne les délibérations de la diète de Ratisbonne.

**COMICILES**, assemblées partielles des Romains.

**COMINES.** Voy. Commines.

**COMIRS**, espèces de bateleurs, la plupart Provençaux, qui parcouraient la France en chantant les ouvrages des troubadours, et s'accompagnaient avec des instruments. On les nommait aussi *jongleurs*, *conteurs*, *musards*, *plaisantins*, *pantomimes*.

**COMITATS**, nom donné aux provinces de Hongrie, gouvernées chacune par un comite supérieur, un receveur des tailles ou percepteur, un notaire, quatre présidents de juridiction supérieure et quatre inférieurs. Un comitat se divise en deux ou plusieurs districts. La Hongrie proprement dite renferme quarante-six comitats; treize *cisdanubiens*, c'est-à-dire, dans le cercle en deçà du Danube; onze *transdanubiens*, c'est-à-dire, dans le cercle au delà; dix *cistibiscains*, c'est-à-dire, dans le cercle en deçà de la Theiss; douze *transtibiscains*, c'est-à-dire, dans le cercle au delà. L'Esclavonie, la Croatie hongroise et la Transylvanie sont aussi divisées en comitats; savoir: la première en trois, la deuxième en trois et la troisième en dix. Les comitats sont aussi appelés *gepanaschaften* ou *varmegye*.

**COMITÉ**, réunion de délégués spéciaux pour préparer les projets de lois ou examiner une question, une affaire, et en faire le rapport. Ainsi il y a des *comités consultatifs des arts et manufactures*, *de l'artillerie*, etc. L'assemblée constituante se divisa en comités dès sa formation. Le plus célèbre est celui de la constitution, créé par décret du 6 juillet 1789 pour l'examen et l'ordre des décrets, et composé de huit députés. L'assemblée législative établit d'abord sept comités; leur nombre s'éleva postérieurement à vingt-trois. — Sous la *convention*, ce nombre changea. Les plus célèbres sont les comités de surveillance, de sûreté générale et de salut public.

**COMITÉ CENTRAL D'INSTRUCTION PRIMAIRE**, comité fondé à Paris en 1833. Il remplit pour cette ville les fonctions de comité d'arrondissement. Il est chargé d'inspecter ou de faire inspecter toutes les écoles primaires communales ou privées de cette ville. Il doit envoyer chaque année au préfet de la Seine et au ministre de l'instruction publique l'état de situation de tous les établissements qui ont l'instruction primaire pour objet; il doit provoquer les réformes et les améliorations, et proposer les encouragements qu'il convient d'accorder à cet enseignement. Il nomme les instituteurs communaux sur la présentation du conseil municipal, procède à leur installation, reçoit leur serment, et exerce envers eux une juridiction disciplinaire qui peut s'étendre jusqu'au droit de révocation, sauf appel au ministre de l'instruction publique. Il nomme les notables qui siègent dans les comités locaux et spéciaux avec le maire, le juge de paix et les ministres de la religion. Il correspond avec ces comités pour assurer la surveillance des écoles et procurer l'exécution des règlements. — Douze comités locaux sont chargés de la surveillance des écoles dans chaque arrondissement municipal, sous la présidence des maires. Ces comités sont chargés de veiller à la salubrité des écoles, à l'admission des enfants, au maintien des règlements; ils doivent faire connaître au comité central tous les besoins des établissements d'éducation primaire situés dans leur arrondissement respectif, et de transmettre au préfet les renseignements pris sur les candidats qui se présentent pour remplir les places d'instituteurs des écoles primaires de Paris.

**COMITÉ CONSULTATIF DE L'ARTILLERIE**, comité établi à Paris, et chargé de rechercher les moyens propres au perfectionnement de l'artillerie en France. Il est composé de sept lieutenants généraux, inspecteurs généraux d'artillerie. Il est présidé par le lieutenant général le plus ancien de ceux qui en font partie. Un officier supérieur d'artillerie en est le secrétaire.

**COMITÉ CONSULTATIF DES ARTS ET MANUFACTURES**, comité chargé d'indiquer au ministre de l'agriculture et du commerce les perfectionnements importants à opérer sur les arts et les manufactures. Les membres sont au nombre de six et d'un secrétaire. Il y a de plus huit membres honoraires.

**COMITÉ CONSULTATIF DES GRAVEURS**, comité établi à Paris près la commission des monnaies et médailles, et composé de cinq membres choisis par le ministre des finances sur une liste de douze candidats, formée par la réunion des graveurs en médailles résidant à Paris. Les candidats sont pris parmi les membres de l'académie royale des beaux-arts, les sculpteurs ou graveurs en médailles ayant fait des modèles, exécuté des médailles, ou exposé au musée royal du Louvre, ou remporté un prix pour la gravure des coins monétaires. Ce comité est chargé de donner son avis sur la reproduction des coins hors de service appartenant à l'État, et servant à la fabrication des médailles, sur la désignation des artistes à qui cette reproduction peut être confiée, sur les prix à leur allouer, sur la réception des travaux commandés, sur les perfectionnements à apporter dans la fabrication des monnaies et médailles. Le comité est renouvelé tous les deux ans; les membres peuvent être réélus.

**COMITÉ CONSULTATIF PRÈS LA PRÉFECTURE DE LA SEINE**, comité composé de douze membres, et qui est appelé à donner son avis sur les instances et questions contentieuses dont il est saisi par un mémoire du préfet. Le préfet est président du comité. Il y a un vice-président et un secrétaire archiviste du comité.

**COMITÉ DES FORTIFICATIONS**, comité faisant partie du corps royal du génie, et destiné à donner son avis sur tout ce qui concerne les fortifications. Il est composé de neuf membres et d'un président.

**COMITÉ LOCAL, COMITÉ D'ARRONDISSEMENT.** Voy. Instruction publique.

**COMITÉ DE SALUT PUBLIC.** Il fut établi par les décrets des 18 mars et 6 avril 1793, et composé de dix membres, Barrère, Billaud-Varennes, Collot-d'Herbois, Carnot, Couthon, Robert Lindet, Robespierre, G.-A. Prieur, Saint-Just et Jean-Bon Saint-André. Le comité de salut public avait reçu un pouvoir sans bornes de l'assemblée nationale, et avait établi un gouvernement provisoire et révolutionnaire. Il avait l'inspection immédiate de tous les corps constitués et des fonctionnaires publics, devait, à la fin de chaque mois, rendre compte à la convention des résultats de ses travaux. Le comité de salut public se faisait rendre compte tous les dix jours, par le conseil exécutif, de l'exécution des lois et mesures militaires, et dénoncer les infractions des fonctionnaires. Le comité de salut public a fini avec la session révolutionnaire.

**COMITÉ DE SURETÉ GÉNÉRALE.** Il fut établi par décret du 30 mai 1792, et fut composé de membres dont le nombre a souvent varié. Il ne s'occupait que des affaires qui lui étaient renvoyées par les décrets de la convention, et exerçait la haute police de l'administration civile ou judiciaire. Une partie de ses attributions passa au comité de salut public. Le comité de sûreté générale cessa d'exister avec la convention.

**COMITÉ DE SURVEILLANCE.** Chaque département, chaque district ou section de Paris et chaque société populaire en avait un. Ils furent érigés en autorités publiques par la loi du 14 frimaire an II, et correspondaient directement avec les comités de salut public et de sûreté générale. Ils furent substitués, pour tout ce qui concernait la police intérieure, aux administrations de district.

**COMITÉS HISTORIQUES.** Il y a près le ministère de l'instruction publique un *comité historique de la langue et de la littérature françaises*; un *comité historique des chroniques, chartes et inscriptions*; un *comité historique des sciences*, et un *comité historique des monuments et des arts*. Les trois premiers sont composés de seize membres et d'un secrétaire; le quatrième, de vingt-quatre membres et d'un secrétaire. Ils ont des membres correspondants dans les départements.

**COMITIUM**, partie du forum, à Rome, où se tenaient les *comices*.

**COMMA**, petit intervalle dont on fait usage dans la musique théorique. Il y en a de plusieurs sortes. Le premier, qu'on nomme *comma syntonique*, est la différence qui existe entre le ton majeur représenté par la proportion 9 : 8, et le ton mineur qui s'exprime par 9 : 10 ; différence qui est la neuvième partie d'un ton, et qui se représente par la proportion 81 : 80. Le second comma s'appelle *comma diatonique* ; c'est la différence qui existe entre l'octave juste, représentée par 1 : 2, et le dernier terme de douze quintes successives ; différence exprimée par les nombres 531441 : 534288. — On donne encore à ce dernier le nom de *comma de Pythagore*.

COMMAND. Voy. Déclaration.

COMMANDANT, nom donné, dans l'armée française, à tout officier qui a un commandement quelconque. On l'attribue plus communément aux lieutenants généraux et aux maréchaux de camp qui commandent les divisions de l'armée active, ou les divisions militaires, ou les principales places fortes du royaume. On l'applique aussi aux chefs d'escadron et de bataillon.

COMMANDE, nom donné autrefois à la taille due par des personnes de condition servile, et employé souvent comme synonyme de dépôt. — Le droit de commande était un droit que le seigneur prenait tous les ans sur les veuves de condition servile durant leur viduité. — On appelait commande de bestiaux le contrat par lequel on donnait à un berger ou à un laboureur un troupeau de bétail pour en avoir soin, à charge de le nourrir et d'en jouir pendant un certain temps.

COMMANDEMENT, en termes de droit, acte ou exploit que fait un huissier, en vertu d'un jugement ou d'un autre titre exécutoire, par lequel il commande, au nom de la justice, de satisfaire aux obligations ou engagements énoncés dans le titre. Le commandement non suivi d'exécution dans les trois mois ne peut plus autoriser à saisir, et il faut le renouveler si l'on veut procéder régulièrement. — Autrefois les secrétaires d'État portaient le titre de *secrétaires des commandements* ; et ce titre a été aussi étendu aux secrétaires des princes et princesses de la famille royale. — On donne le nom de commandements de Dieu aux dix préceptes connus sous le nom de *Décalogue* (voy. ce mot), et celui de commandements de l'Église aux six préceptes dus aux pasteurs de l'Église.

COMMANDERIE, revenu affecté aux chevaliers des ordres militaires. Dans l'ordre de Malte, la commanderie était une subdivision et dépendance d'un grand prieuré, qui était lui-même une division des *langues*. L'administration des commanderies était confiée à d'anciens chevaliers comme retraite ; les provisions de la chancellerie de Malte en stipulaient ordinairement la durée à dix ans. On distinguait deux sortes de commanderies : les commanderies *de rigueur*, données exclusivement à l'ancienneté, et celles *de grâce*, accordées par le grand maître et à son choix.

COMMANDEUR, chevalier et religieux profès d'un ordre militaire, pourvu d'une commanderie. Dans l'ordre de Malte, la dignité de *grand commandeur* était la première de l'ordre après celle du grand maître. Il était chef ou *pilier* de la langue de Provence, la première et la plus ancienne de l'ordre. Il était président-né du *commun trésor*, de la chambre des comptes, et nommait, avec l'approbation du grand maître, les officiers des deux juridictions, ceux de l'infirmerie et de l'église de Saint-Jean. — Il fallait, pour être admis au titre de *commandeur* de l'ordre de Malte, 1° être de la nation où était située la commanderie ; 2° compter quelques années de service actif à Malte ou sur les galères de la religion. — Les commandeurs des autres ordres ne sont que titulaires sans aucune commanderie réelle.

COMMANDEUR (oiseau). Voy. Troupiale.

COMMANDITE, société dans laquelle une des personnes intéressées n'est point dénommée dans la *raison commerciale* et désignée dans sa signature, et prête seulement son argent sans faire aucune fonction d'associé. Le commanditaire n'est engagé solidairement que jusqu'à la concurrence des sommes qu'il a versées.

COMMELINÉES, famille de plantes monocotylédonées, renfermant des espèces vivaces ou annuelles, à racine fibreuse ou formée de tubercules charnus ; à feuilles alternes, engaînantes à leur base. Le genre *commeline*, qui emprunte son nom des botanistes hollandais Jean et Gaspard Commelyn, nés, le premier en 1629, et le second en 1636, est le genre type de la famille des commelinées, créée par R. Brown. Les fleurs des commelines sont d'un bleu velouté ; leurs feuilles, ovales, lancéolées ou cordiformes.

COMMENDE, administration des revenus d'un bénéfice qu'on donnait à un séculier pour en jouir par économat pendant six mois, à un autre évêque ou à un simple ecclésiastique pour faire les fonctions pastorales en attendant la nomination du titulaire. On appelait *commendataire* celui qui était pourvu d'une commende. — L'abbé commendataire, opposé à l'abbé régulier, était un clerc séculier pourvu par le pape d'une abbaye, avec permission d'en percevoir les fruits pendant sa vie. Il y avait deux sortes de commendes : les *libres*, qui étaient lorsqu'un bénéfice donné en commende pouvait continuer sur le même pied par la résignation, la démission du commendataire, ou retourner en règle ; les *décrétées*, qui devaient retourner en règle par la démission, résignation ou décès du titulaire. On fait remonter l'origine des commendes au pape Léon IV.

COMMENSAUX. On donnait autrefois ce nom : 1° aux officiers de la maison du roi, de celle de la reine, des enfants de France et autres princes du sang qui avaient ce qu'on nommait une maison en titre d'office, dont l'état s'envoyait à la cour des aides. Ils jouissaient de plusieurs privilèges, avaient droit de *committimus* au grand et au petit sceau, et étaient exempts de tailles, de corvées personnelles, de guet et de garde. 2° Aux ecclésiastiques attachés au service de la personne des prélats, tels que les aumôniers, chapelains, etc.

COMMENSURABLE, nom par lequel on désigne les quantités qui peuvent être mesurées par une mesure commune. Ainsi deux lignes droites, dont une aurait quinze mètres de long et l'autre dix-sept, sont deux lignes *commensurables*, parce qu'elles sont toutes deux mesurées par une même ligne prise pour unité, le mètre. Dans le cas contraire, elles sont *incommensurables*.

COMMERCE, échange d'argent ou de marchandises qu'on fait à dessein de profiter sur les remises ou la vente qu'on en fait. Le commerce, facilitant la vente des produits manufacturiers ou territoriaux, est une source de richesses et de prospérités. Tyr et plus tard Carthage paraissent avoir été les premières villes qui aient été en possession du monopole commercial. Rome hérita de la puissance commerciale de Carthage, et Marseille devint bientôt sa rivale. Sous les empereurs, Alexandrie devint l'entrepôt des marchandises de l'Asie et de l'Afrique. Au commencement du XIᵉ siècle, Venise et Gênes s'élevèrent, et le commerce de l'Europe passa entre leurs mains. Il s'établit alors une grande ligne commerciale depuis l'Inde jusqu'aux contrées les plus septentrionales de l'Europe. Sur les débris de la puissance commerciale de Venise et de Gênes s'éleva celle du Portugal (XVᵉ siècle) dans l'Inde, de l'Espagne (XVIᵉ) dans l'Amérique, de la Hollande (commencement du XVIIᵉ) dans les îles de la Sonde, et de l'Angleterre, dont la politique envahissante substitua partout ses comptoirs à ceux des autres nations, et cherche à dominer exclusivement sur toutes les mers et à écraser la France, sa rivale, qui en quelques années a acquis une prospérité commerciale qu'elle n'avait pu obtenir pendant plusieurs siècles.

COMMERCY, petite ville de France, chef-lieu de sous-préfecture du département de la Meuse, à 7 lieues trois quarts de Bar-le-Duc, sur la rive gauche de la Meuse. Sa population est de 3,622 habitants. Elle a un collège. — Elle doit son nom, *Commarchia*, à sa position sur les frontières de la Lorraine et du Barrois. Elle existait dès le IXᵉ siècle, et ses seigneurs avaient le titre de *damoiseaux*. Plus tard, elle devint le siège d'une principauté et le chef-lieu d'un bailliage important. La cour souveraine nommée les *grands-jours*, y tint ses séances.

COMMETTAGE, opération par laquelle on réunit un nombre plus ou moins grand de fils de caret pour en former des cordes de diverses grosseurs. C'est en commettant les fils de caret qu'on a le *bitord* ; en commettant le *bitord* on a les *lorons*, dont le commettage produit le *grelin* ; en commettant le grelin on a le *câbleau*, et en commettant le *câbleau* on a les *câbles*.

COMMEWYNE, rivière de l'Amérique méridionale, dans la Guyane hollandaise. Elle se jette dans le fleuve Surinam, au fort Amsterdam. Ses bords sont couverts de belles plantations de cafiers et surtout de cannes à sucre.

COMMINATOIRE, menace qu'on fait de quelque peine dans une loi, mais qu'on n'exécute point à la rigueur. En droit, la *peine comminatoire* est celle qui résulte d'une disposition de la loi ; la *clause comminatoire* résulte seulement de la volonté des parties qui ont ajouté au contrat une disposition pénale contre celui des contractants qui refuserait d'exécuter une obligation. — On appelait autrefois *censure comminatoire* celle dont le supérieur menace les contrevenants à ses lois, mais qu'on n'encourt point par le seul fait et sans une nouvelle sentence du supérieur.

COMMINES (Philippe de la Clite, sire de), né à Commines (Flandre) en 1445, passa sa jeunesse à la cour de Charles le Téméraire, dont il abandonna le service pour celui de Louis XI en 1472. Son nouveau maître le fit conseiller et chambellan, sénéchal de Poitiers, et l'admit au petit nombre de ses conseillers les plus intimes. À la mort de Louis XI (1483), il fut nommé membre du conseil de régence ; mais, accusé d'avoir favorisé le parti du duc d'Orléans, il fut enfermé par ordre d'Anne de Beaujeu au château de Loches. Après deux ans de prison, il fut employé par la cour à diverses négociations, et mourut en 1509, à soixante-quatre ans. Ses *Mémoires pour l'histoire de Louis XI et de Charles VIII* depuis 1464 jusqu'en 1498 lui ont mérité le surnom de *Tacite français*.

COMMINGES, petit pays de France dans l'ancienne Gascogne, borné par l'Armagnac, le Bigorre, le Conserans, le bas Languedoc et les Pyrénées. Sa superficie est d'environ 108 lieues carrées. Il a formé une partie des départements du Gers, de la Haute-Garonne et de l'Ariège. *Saint-Bertrand de Comminges*, chef-lieu de canton du département de la Haute-Garonne, était autrefois la capitale du Comminges, qui se divisait en *haut*, situé vers le midi, et en *bas*, situé vers le nord. Les anciens habitants du Comminges s'appelaient *Convenæ*. Charlemagne et ses successeurs firent gouverner le Comminges par un comte particulier. En 1244, Marguerite, fille et héritière de Pierre-Raymond II, mourut sans enfants, après avoir fait don de son comté à Charles VII, roi de France. Louis XI le donna en 1478 à Odet d'Aydie, dont la postérité masculine s'éteignit en 1545. À cette époque, le comté de Comminges fut réuni à la couronne.

COMMINUTIF (du latin *comminuere*, briser), nom donné aux fractures dans lesquelles les os sont écrasés et réduits en un grand nombre de fragments. La réduction et l'écrasement des os sont ce que nomment *comminution*.

COMMIRE (Jean), jésuite, né à Amboise en 1625 et mort à Paris en 1702, est surtout connu par ses *poésies latines*, dont le caractère distinctif est l'élégance, l'abondance et la facilité. Ses *fables* et ses *odes* sont ce qu'il a fait de mieux. On a encore de lui des *Idylles sacrées et profanes* et des *Paraphrases sacrées*.

COMMISE, terme de jurisprudence féodale exprimant la confiscation d'un fief en faveur du seigneur féodal. Un fief tombait *en commise* par le forfait ou la violence du vassal envers le seigneur, ou par le désaveu, c'est-à-dire, le refus que faisait le vassal de tenir un fief mouvant du seigneur.

COMMISSAIRE, nom général de tout commis ou délégué pour quelques fonctions particulières. — On donnait autrefois le nom de *commissaire enquêteur et examinateur* à un officier de justice dont la principale fonction était de veiller à ce qui regarde la police. Il avait rang et séance dans les bailliages et autres sièges après le dernier des conseillers, et lorsqu'il rapportait il avait voix délibérative. — Les *commissaires apostoliques* étaient des ecclésiastiques qui jugeaient l'appel des sentences des officiaux primatiaux.

COMMISSAIRE GÉNÉRAL, charge qui a longtemps existé dans nos armées avant la révolution. C'était un emploi de troisième officier général de cavalerie. Un régiment dans chaque arme portait la même dénomination.

COMMISSAIRE DES GUERRES, emploi existant avant la révolution, tendant à être fondu dans l'intendance militaire. Les commissaires des guerres étaient chefs de l'administration ; ils avaient la surveillance de tout ce dont se compose le matériel de la guerre, tel que la solde, les vivres, les hôpitaux, transports, arsenaux et marchés. Ils se divisaient en *commissaires ordonnateurs*, qui avaient rang de colonels ; *commissaires de première classe*, qui avaient rang de chefs d'escadron ; *commissaires de deuxième classe*, qui avaient rang de capitaines de cavalerie, et *commissaires-adjoints*, qui avaient rang de lieutenants. La création des inspecteurs aux revues diminua de beaucoup l'importance des commissaires des guerres, qui furent bornés aux magasins et aux hôpitaux de l'armée.

COMMISSAIRES DE MARINE, officiers de l'administration maritime en France, qui ont pour fonctions les approvisionnements navals, les revues des employés au service, le payement des soldes et tous les détails de comptabilité. Ils restent dans l'administration centrale à Paris ou dans les ports, et se divisent en *commissaires généraux*, au nombre de neuf, dont le grade est assimilé à celui de contre-amiral ; en *commissaires principaux*, au nombre de six ; en *commissaires de première classe* (dix-sept) et de *deuxième classe* (vingt-sept), assimilés aux capitaines de vaisseau ; en *sous-commissaires de première classe* (trente-deux) et de *deuxième classe* (soixante-quinze), assimilés aux lieutenants de vaisseau.

COMMISSAIRE DE POLICE, officier chargé de maintenir la police dans les villes, et qui remplit à la fois des fonctions administratives et des fonctions judiciaires. La loi les charge de veiller au maintien et à l'exécution des lois de police municipale et correctionnelle, et leur enjoint de dresser tous procès-verbaux tendant à constater le flagrant délit. Leur institution remonte à un édit du mois de novembre 1699, et leur office spécial était de faire exécuter les ordres des lieutenants généraux de police.

COMMISSAIRE-PRISEUR, officier public chargé d'expertiser les meubles, d'en faire la prisée, et d'en opérer la vente aux enchères. Les commissaires-priseurs étaient autrefois connus sous la dénomination d'*huissiers-priseurs*. Leurs charges, auxquelles sont attachées des clientèles, se vendent un prix plus ou moins élevé suivant les bénéfices probables qu'elles peuvent procurer.

COMMISSAIRE DU ROI, officier qui représente le roi devant les conseils de guerre, et qui avec le rapporteur remplit une partie des fonctions exercées par le procureur du roi ou ses substituts seuls. Celles du capitaine qui est le *commissaire du roi* sont de requérir simplement l'application de la peine portée au Code pénal contre la nature de délit qui vient d'être constaté, de veiller à l'exécution des lois et ordonnances, de se pourvoir contre leur infraction. Il n'est pas le conservateur et l'interprète de la loi.

COMMISSION, pouvoir qu'on donne à une personne ou à une réunion de personnes d'exercer une charge ou de prononcer quelque jugement en certaines occasions. — On appelle encore *commission* le droit qui est dû pour payement des soins qu'on a donnés à une affaire. C'est ainsi qu'on accorde un huitième pour cent de commission aux agents de change sur le capital des rentes qu'ils négocient à la bourse, soit pour vendre, soit pour acheter.

COMMISSION DES MONNAIES ET MÉDAILLES, commission établie à Paris, et chargée, 1° de juger le titre et le poids des espèces fabriquées, et de surveiller dans toute l'étendue de la France l'exécution des lois monétaires, la fabrication des monnaies et l'essai des ouvrages d'or et d'argent ; la confection des coins monétaires et des poinçons de la garantie ; 2° de délivrer, conformément aux lois, aux essayeurs de commerce et aux essayeurs des bureaux de garantie, les certificats de capacité dont ils doivent être pourvus avant d'entrer en fonctions ; 3° de statuer sur les difficultés relatives au titre et à la marque des lingots et ouvrages d'or et d'argent, dans toute l'étendue de la France ; 4° de surveiller les opérations des fonctionnaires des ateliers monétaires. Elle propose les tarifs servant à déterminer le titre et le poids d'après lesquels les espèces et matières d'or et d'argent sont échangées dans les hôtels des monnaies. Elle fait aussi procéder, toutes les fois que c'est nécessaire, à la vérification des espèces monnayées, françaises ou étrangères, du titre des lingots du commerce, et des ouvrages d'or et d'argent, et de la marque des poinçons de l'État, apposée sur ces ouvrages. Cette commission doit aussi surveiller la fabrication des médailles d'or, d'argent et de bronze, en proposer les tarifs, en faire constater le titre et en autoriser la délivrance et mise en vente, après avoir observé les mêmes formalités que celles prescrites pour les jugements des espèces monnayées.

COMMISSION MILITAIRE, tribunal exceptionnel qui se compose de cinq juges, y compris le président, et qui a son rapporteur, son commissaire du roi et son greffier. Les membres sont au choix d'un officier général auquel le ministre délègue le soin de les désigner. Leur sentence, sans appel, est exécutoire dans les vingt-quatre heures. Le condamné n'a de moyen de salut que le recours en grâce. Du reste toutes les commissions militaires observent les formalités en usage dans les conseils de guerre. Les crimes d'État sont ceux que ces commissions jugent ordinairement.

COMMISSION MIXTE DES TRAVAUX PUBLICS, commission créée à Paris en 1816. Elle est chargée de délibérer et de donner son avis sur les affaires qui sont renvoyées à son examen et qui intéressent les départements des travaux publics, de l'intérieur, de la guerre et de la marine, dans les travaux d'utilité publique qui sont projetés dans la zone militaire du royaume. Elle est composée d'un président, de trois conseillers d'État, de deux inspecteurs généraux du génie militaire, d'un inspecteur général des ponts et chaussées, d'un inspecteur général des travaux maritimes, d'un secrétaire archiviste. Les membres et le président sont nommés par le roi.

COMMISSION ROGATOIRE, pouvoir envoyé par un juge à un autre dont il n'est point le supérieur, pour le prier de faire dans son ressort quelque instruction nécessaire pour un procès qu'il a à juger, ou pour le prier de permettre un ajournement dans son ressort.

COMMISSURE, nom donné, en anatomie, au point où deux parties se réunissent. C'est dans ce sens qu'on dit *commissures des lèvres, des paupières*, en parlant des angles de ces parties. On se sert aussi de ce mot pour indiquer le moyen à l'aide duquel deux parties se trouvent unies ; ainsi les commissures du cerveau sont de petits faisceaux médullaires, situés transversalement l'un en avant et l'autre en arrière du ventricule moyen du cerveau.

COMMITTIMUS, droit ou privilége autrefois accordé par le roi à certaines personnes ou communautés d'assigner aux requêtes de l'hôtel ou du palais, en toutes leurs affaires pures personnelles, possessoires ou mixtes, de faire renvoyer devant une juridiction d'exception une cause pour laquelle le privilégié était assigné devant les juges ordinaires, et d'intervenir dans une cause *pendante*, c'est-à-dire en jugement, lors même qu'il n'y avait pas été assigné, mais dans laquelle il se prétendait intéressé. On distingue deux sortes de *committimus* : celui du *grand sceau*, qui s'étendait par tout le royaume, et qui avait lieu quand il s'agissait de 1,000 livres et au-dessus ; et celui du *petit sceau*, qui ne pouvait être exécuté que dans le ressort d'un parlement, et qui avait lieu quand il s'agissait de 200 livres et au-dessus jusqu'à 1,000 livres. Ceux qui avaient droit de *committimus* au grand sceau étaient les princes du sang, les princes, les ducs et pairs, les commensaux de la couronne, etc. Ceux qui avaient droit de *committimus* au petit sceau étaient les officiers du parlement, plusieurs communautés, chapitres, etc. L'usage des *committimus* a commencé d'an 1367.

COMMITTITUR, ordonnance mise par le président d'un tribunal au bas d'une requête, et par laquelle il commet à un conseiller ou tel juge pour diriger une enquête, une vérification, une expertise, etc.

COMMODAT, espèce de prêt par lequel on donne gratuitement une chose, meuble ou immeuble, à une personne pour un certain usage et un certain temps, à condition que, ce temps expiré, elle rendra la même chose en nature et non pas une chose semblable. L'emprunteur prend le nom de *commodataire*.

COMMODE, meuble fabriqué par les menuisiers ou les ébénistes, et qui est destiné à serrer le linge et les habits. La hauteur d'une commode n'excède jamais un mètre, et sa capacité est remplie par des tiroirs ; son dessus est ordinairement en marbre. On fait des commodes de différentes sortes ; leur nom varie selon leur forme et leur usage.

COMMODE (Lucius Ælius Aurelius Antoninus Commodus), fils de Marc Aurèle et arrière-petit-fils de Trajan par sa mère Faustine, naquit à Rome en 161. Après la mort de son père (180), il fut proclamé empereur et devint un second Néron pour la débauche et la cruauté. Il corrompit ses sœurs, et n'eut pas moins de six cents femmes et garçons destinés à ses plaisirs. Comme il ambitionnait le surnom d'*Hercule*, il se couvrait d'une peau de lion et portait une massue à l'exemple de ce héros. Il se montrait en public, et combattait avec les gladiateurs. Marcia, une de ses concubines, qu'il voulait faire mourir avec le préfet du prétoire Lætus et le chambellan Eclectus, l'empoisonna, et, comme le poison agissait trop lentement, elle le fit étrangler par un athlète l'an 192 de J.-C.

COMMODORE, nom sous lequel on désigne, chez les Américains, les Anglais et les Hollandais, un capitaine de vaisseau qui commande quelques bâtiments de guerre réunis. C'est l'équivalent de chef de division en France. Le titre de commodore est celui d'un emploi conféré temporairement, et non celui d'un grade effectif.

COMMUNALISTES ou FILLEULS. On appelle ainsi des prêtres composant une espèce de communauté dans presque toutes les paroisses des diocèses de Clermont et de Saint-Flour (Auvergne), et qui ont usurpé de temps immémorial la plus grande partie des fonctions des curés, jusqu'à porter l'étole aux processions, donner la bénédiction au prédicateur, chanter les grand'messes, administrer les sacrements et se dire co-curés.

COMMUNAUTÉ, société d'hommes qui vivent en un même lieu, et qui ont les mêmes lois et les mêmes usages. — On appelle *communauté conjugale* la société de biens que la loi ou les conventions du contrat de mariage établissent entre les époux, et qui a pour objet primitif et principal les acquisitions faites au cours de l'union. Le mari administre seul les biens communs : il peut les vendre, les aliéner et les hypothéquer sans le concours de sa femme; mais celle-ci a la faculté d'y renoncer, et de se libérer ainsi de toutes les dettes dont l'association est chargée. Autrefois la renonciation s'exerçait sous une forme particulière. La femme s'approchait de la tombe de son mari, et jetait sur la terre la bourse et les clefs pendues à sa ceinture.

COMMUNAUTÉ RELIGIEUSE, réunion de personnes pieuses, vivant en commun dans un même local, et ne possédant rien en propre. Les communautés religieuses se divisent en *séculières*, telles que les séminaires et autres maisons composées d'ecclésiastiques qui ne font pas le vœu et ne sont pas astreints à une règle particulière; et en *régulières*, comprenant les chapitres, les couvents de religieuses et ceux de religieuses.

COMMUNAUX, nom donné aux biens qui appartiennent aux habitants d'une ville, d'un bourg ou d'un village, et où ils ont certains droits, tels que celui de faire paître leurs troupeaux, couper du bois pour leurs usages, etc. Les biens communaux, qui consistent ordinairement en varennes, prés, bois, appartiennent à tous en commun, à personne en particulier. Ils ne sauraient être aliénés, et s'ils l'étaient les habitants pourraient y entrer de plein droit.

COMMUNES, corps des habitants restreints dans une même localité, et possédant en commun des biens appelés *communaux*. La commune est une division du *canton*, et la plus petite des circonscriptions territoriales. Autrefois on a donné le nom de *communes* au tiers état, c'est-à-dire au peuple. Ainsi donc l'affranchissement des communes n'est autre que celui du peuple du joug des seigneurs. Cet affranchissement cependant fut, pour la plupart, restreint aux villes. L'époque des croisades leur offrit l'instant favorable, et leur permit d'acheter la liberté de s'administrer elles-mêmes. La plus ancienne charte d'affranchissement que l'on connaisse est celle que la petite ville de Meulan acheta du comte Robert en 1189. Après elles vinrent les villes de Laon, de Noyon, d'Orléans. Les rois de France, et particulièrement Louis le Gros, favorisèrent l'émancipation des municipalités, parce qu'elles élevaient une barrière entre eux et le pouvoir féodal; mais ce fut presque toujours hors de leurs domaines propres. La révolution de 1789, en renversant la puissance des seigneurs, a consolidé pour jamais l'émancipation municipale. Le corps municipal de chaque commune, Paris excepté, se compose du *maire*, de ses *adjoints* et des *conseillers municipaux*. Voy. les mots de DÉPARTEMENT et FRANCE.

COMMUNES (CHAMBRE DES). Voy. PARLEMENT.

COMMUNION, mot généralement employé pour désigner la participation à la sainte eucharistie. Depuis le concile de Constance en 1414, il est défendu, sous peine d'excommunication, de communier les fidèles sous l'espèce du vin; le prêtre seul communie sous les deux espèces du pain et du vin, quand il dit la messe; lorsqu'il communie sans la dire, il ne peut recevoir que l'espèce du pain. Le prêtre qui donne la communion commence par ceux qui sont les premiers du côté de l'épître. Il fait le signe de la croix avec l'hostie sur la personne qu'il communie, en disant : *Corpus Domini nostri Jesu Christi custodiat animam tuam in vitam æternam, amen*. — Dans l'Église protestante de France, on communie sous les deux espèces, et il y a ordinairement quatre communions par an. — En Allemagne et en Italie, on donne la communion aux criminels condamnés à mort; en France, on ne la leur donne pas.

COMMUTATION, nom donné, en astronomie, à l'angle formé au centre du soleil par le rayon vecteur de la terre et celui d'une autre planète. On peut encore définir la *commutation* : la distance entre la terre et le lieu d'une planète réduit à l'écliptique.

COMNÈNE, famille célèbre et ancienne de Grèce, issue de la famille romaine *Flavia* par *Flavius Comanus Maximus*, appelé *Comanus* parce qu'il avait soumis les Comans l'an 469 de J.-C. C'est de Comanus qu'on a fait Comnène. Ce Flavius Comanus était cousin germain de l'empereur Olybrius. La première branche s'éteignit en 650; mais la seconde se continua jusqu'à Flavius Isaac Manuel Comnène, général des armées de Basile II et préfet d'Orient en 976, dont le fils Flavius Nicéphore, prince d'Astracanie et d'Argyre, fut élevé aux premières dignités de l'empire par Romain II, et dont le petit-fils, ISAAC, monta sur le trône impérial. Une fille d'Alexis Ier, neveu d'Isaac, THÉODORA, forma, en épousant CONSTANTIN L'ANGE, la tige des ANGE COMNÈNE, plus tard empereurs. D'ISAAC, frère de Théodora, descendit la branche des empereurs de Trébizonde. La famille des Comnène se continua par NICÉPHORE ou GEORGES, le plus jeune des fils de DAVID, dernier empereur de Trébizonde. CONSTANTIN IV, dont les aïeux avaient fait en Laconie pendant près de deux cents ans la guerre aux Turks, trahi et non vaincu, fut forcé de s'expatrier et aborda à Gênes en 1676. Il s'y fixa, et ses descendants, dont quelques-uns passèrent au service de France, se continuent encore.

COMNÈNE (Isaac), fils aîné de Flavius-Nicéphore Comnène, fut proclamé en 1057 empereur de Constantinople par les troupes qu'il commandait en Asie, et força Michel VI le Stratiotique de lui céder l'empire. Après s'être rendu redoutable à ses voisins et avoir fait pendant deux ans et trois mois le bonheur de ses peuples, il abdiqua l'empire en 1059 et se retira dans un monastère.

COMNÈNE (Alexis). Deux empereurs de Constantinople ont porté ce nom. — ALEXIS Ier, fils de Jean Comnène, frère cadet d'Isaac, fut couronné empereur en 1081. Il triompha de Robert Guiscard, duc de Calabre, et de son fils Bohémond, avec le secours des Vénitiens et des Turks. Attaqué par ces derniers, il appela le secours des croisés de l'Occident, qu'il se hâta ensuite de faire traverser le Bosphore, et s'allia contre eux avec les infidèles. Il usa d'une excessive sévérité envers les manichéens, et mourut l'an 1118 à l'âge de soixante-dix ans, avec la réputation d'un profond politique. Il avait, en reconnaissance des services de son frère Isaac, créé en sa faveur la charge de *sebastocrator* (auguste souverain), qui lui donnait le premier rang après l'empereur. — ALEXIS II, dit *Porphyrogénète*, fils de Manuel Comnène, lui succéda à l'âge de treize ans sous la tutelle de sa mère. Andronic, son cousin, s'empara de la régence en 1182, et fit étrangler l'impératrice mère. Associé à l'empire en 1183, il fit subir le même sort à Alexis II la même année.

COMNÈNE (Jean). Voy. JEAN.

COMNÈNE (Manuel). Voy. MANUEL.

COMNÈNE (Andronic), fils d'Isaac Comnène, frère de l'empereur Jean et fils d'Alexis Ier, nommé collègue du jeune Alexis II en 1163, parvint au trône la même année en le faisant assassiner. Il avait alors soixante et onze ans. Il épousa Agnès de France, fille de Louis VII et veuve d'Alexis II. Sa cruauté fit révolter contre lui ses sujets Isaac : l'Ange, son parent, qu'il avait proscrit, est proclamé empereur; et Andronic, traîné dans la boue par la populace, meurt en 1185 après avoir subi les derniers outrages.

COMNÈNE (Isaac l'Ange). Voy. ISAAC.

COMNÈNE (Alexis l'Ange), frère d'Isaac l'Ange, souleva l'armée contre lui, lui fit crever les yeux, et se fit proclamer empereur en 1195. Alexis, son neveu, alla implorer contre lui le secours des croisés qui assiégeaient Zara, et qui vinrent mettre le siège devant Constantinople. Cette ville fut prise dix jours après. Malgré les représentations de son épouse et de son gendre, Théodore Lascaris, Alexis prit la fuite et se jeta avec son fils dans les bras de Murtzuphle, qui les fit étrangler et se fit proclamer empereur en 1204.

COMORES, groupe d'îles de la mer des Indes, au nombre de quatre, dans le canal de Mozambique. Ce sont *Anjouan, Mayotte, Molsille* ou *Moeli*, et *Comore* ou *Angareja*. Le sol en est fertile; les eaux y abondent; les habitants sont civilisés et mahométans. Elles appartiennent à un sultan indépendant qui siège à Anjouan. Il est presque continuellement en querelle avec les pirates madécasses.

COMORN, cap situé au S. de l'île de Ceylan, à 48 lieues O. de la ville de ce nom. — C'est aussi le nom d'un comitat transdanubien de Hongrie, entre ceux de Presbourg, de Neutra, de Barsch, de Gron, de Pesth, de Stuhlweissenbourg et de Raab. Sa superficie est de 54 milles géographiques carrés, et sa population de 111,865 habitants. On y trouve du vin, du froment, du bois, du bétail, des chevaux, du marbre, des eaux minérales. — Le chef-lieu de COMORN, ville forte, dans l'île de Schutt, au confluent du Waag et du Danube, à 23 lieues de Vienne. Elle a un gymnase, des fabriques de draps, de cuirs, etc.

COMPACT, terme de droit qui signifie 1° la bulle ou l'indult de Paul IV, du 25 mai 1555, contenant plusieurs dispositions favorables aux cardinaux, d'après lesquelles il est dit que, dans le diocèse dans lequel ils seront collateurs ordinaires, ils pourront conférer librement tous les bénéfices ecclésiastiques qui appartiennent à leur collation ; 2° un accord fait entre le saint-siège et la Bretagne, par lequel tous les collateurs ordinaires avaient droit de conférer les bénéfices qui vaquaient pendant les quatre mois de mars, juin, septembre et décembre, tandis que les huit autres mois appartenaient au pape.

COMPAGNIE, assemblée de plusieurs personnes réunies pour le plaisir de jouir des agréments de la société, ou association formée pour entreprendre, exercer ou conduire des opérations commerciales. — En arithmétique, on appelle *règle de compagnie* une règle dont l'usage est très-nécessaire pour arrêter les comptes entre les marchands ou les négociants, lorsqu'un certain nombre de personnes, ayant fait ensemble un fonds, se propose de partager le gain ou la perte proportionnellement à la mise de chacun. On résout cette règle au moyen des proportions, en disant : la *mise totale* est au *gain total* comme la *mise de chacun* est au *gain de chacun*. On calcule les pertes de la même manière.

COMPAGNIE, réunion de soldats dont le nombre varie suivant les cas et les armes. — La compagnie d'infanterie est de 80 hommes sur le pied de paix, et de 120 sur le pied de guerre. C'est une subdivision du bataillon, qui en renferme huit : six appelées *du centre*, une *de grenadiers* et une *de voltigeurs*. La compagnie est commandée par le *capitaine*, ayant sous ses ordres des lieutenants et des sous-lieutenants, des sous-officiers, caporaux ou brigadiers. Sous Louis XIV on n'achetait pas les compagnies d'infanterie, mais seulement celles des gardes françaises, qui étaient des charges honorifiques. Sous Louis XV, elles valaient encore 80,000 francs. — On achetait les compagnies des régiments étrangers, parce qu'elles appartenaient aux colonels. — La compagnie de cavalerie n'a pas plus de 60 à 80 hommes. Avant la révolution, ceux qui étaient pourvus d'une de ces compagnies déposaient au trésor une finance qui n'était restituée qu'avec réduction, et qui dans certains cas était confisquée. Elle était, suivant les différentes armes, de 7, 8 et 10,000 livres.

COMPAGNIES DES INDES, nom donné aux associations commerciales destinées à exploiter le commerce des Indes orientales ou occidentales. — La COMPAGNIE HOLLANDAISE DES INDES ORIENTALES, formée de la réunion de diverses sociétés de commerce qui existaient depuis 1595, fut établie en 1602. Administrée par dix directeurs, cette compagnie faisait la paix ou la guerre, envoyait des ambassadeurs, entretenait des armées, etc. Elle conquit le cap de Bonne-Espérance, plusieurs places sur les côtes de Malabar et de Coromandel, Ceylan, les Moluques, les îles de la Sonde, et fit de Batavia le centre de sa puissance commerciale. Son privilège fut prolongé jusqu'en 1795. Rétablie depuis la restauration de Nassau, elle n'est plus qu'une société de marchands, sans force et sans pouvoir. — La COMPAGNIE ANGLAISE DES INDES, établie par la reine Elisabeth en 1600, et à laquelle se réunit en 1702 une autre compagnie formée depuis la chute de Jacques II, a fait des conquêtes extraordinaires dans l'Indoustan, et le Bengale est devenu le centre de sa puissance. La COMPAGNIE FRANÇAISE DES INDES fut établie en 1664 par les soins de Colbert, et supprimée par décret de l'assemblée constituante du 14 août 1790.

COMPAGNONNAGE, second degré du noviciat qu'il fallait autrefois faire pour arriver à la maîtrise. On était admis au grade de compagnon après cinq années d'apprentissage, et ce n'était qu'après cinq ans de compagnonnage qu'on était admis à produire un chef-d'œuvre, condition indispensable pour parvenir à la maîtrise. — Aujourd'hui on entend par compagnonnage l'association des ouvriers dans une même profession, pour s'entr'aider, se secourir et se procurer de l'ouvrage. Il y a encore dans chaque ville une mère des ouvriers, chez qui les compagnons en voyage trouvent logement, nourriture à bas prix et même à crédit, et l'indication des maisons où ils pourront avoir du travail.

COMPAIR. En termes de musique, corrélatif de lui-même. Les tons compairs, dans le plain-chant, sont l'authente et le plagal, qui lui correspond. Ainsi le premier ton est compair avec le second, le troisième avec le quatrième, et ainsi de suite. Chaque ton pair est compair avec celui qui le précède.

COMPAN, petite monnaie d'argent qui a cours dans quelques endroits des Indes orientales, et qui vaut 9 sous 8 deniers tournois.

COMPARSES. On appelait ainsi l'entrée des quadrilles dans un carrousel pour se montrer aux spectateurs des galeries avant l'ouverture des joutes. — Aujourd'hui on donne ce nom aux groupes d'hommes et de femmes représentant, sur un théâtre, les assemblées de soldats ou de peuple, et qui ne parlent jamais.

COMPARUTION (MANDAT DE), acte de procédure qui est surtout d'usage dans l'instruction des affaires criminelles, et qui contient l'ordre délivré par le juge chargé des poursuites, qui ose, soit le prévenu, soit le témoin d'un crime, vienne comparaître devant lui pour subir un interrogatoire; en cas de résistance, le mandat de comparution est immédiatement changé en mandat d'amener.

COMPAS, instrument qui sert à décrire des cercles et à mesurer des longueurs. Le compas ordinaire est formé de deux branches de laiton triangulaires qui vont en s'amincissant de plus en plus au bout, qui est en acier et très-acéré, et qui se joignent à l'autre extrémité, nommée tête, par une charnière qui permet de les écarter sans soubresauts. Dans certains compas, l'une des pointes d'acier qui terminent les branches de laiton, et qui y sont ordinairement brasées, au lieu de l'être, est prolongée par une petite tige carrée ou triangulaire destinée à entrer dans un canal creusé dans la branche de laiton. Une vis de pression la fixe dans cette position; on permet de l'enlever pour y substituer, soit une tige garnie d'un crayon, soit une allonge pour tracer de grandes circonférences, soit une tige et une ligne ou une roulette. — L'invention du compas ordinaire remonte aux temps de l'antiquité. Les poètes grecs l'attribuent à Talaüs, neveu de Dédale. — Nous avons aujourd'hui des compas de différentes espèces. Plusieurs ont les branches courbes, afin de pouvoir mesurer des longueurs ou tracer des cercles sur une surface courbe.

COMPAS D'ARPENTEUR, grand compas en bois, ayant une toise de longueur environ, muni d'un appareil propre à maintenir les branches écartées à une distance fixée, et qui sert à mesurer le terrain, comme le compas ordinaire mesure le papier.

COMPAS AZIMUTAL, boussole surmontée d'un cercle divisé en degrés, et portant un index mobile, avec une fente pour viser les objets, au-devant de laquelle est un fil tendu du centre de l'instrument au sommet de l'index. Pour prendre la direction du soleil ou d'une étoile près de l'horizon, on tourne l'index jusqu'à ce que l'ombre du fil, s'il s'agit du soleil, tombe sur la fente de l'index, ou jusqu'à ce ce fil coupe l'étoile vue au travers de la fente, s'il s'agit d'une étoile. Le cercle divisé fait connaître l'angle entre la direction de l'aiguille aimantée et celle de l'astre, c'est-à-dire, l'azimut magnétique de l'astre; ce qui fait connaître la variation de l'aiguille, en comparant cet azimut avec l'azimut réel.

COMPAS D'ÉPAISSEUR. Il est composé de deux branches en S, dont l'une est renversée de droite à gauche, et croisée par l'autre, de manière à former le chiffre 8 : on assemble ces branches à leur milieu par un clou qu'on rive des deux côtés. C'est autour de cet axe qu'on peut faire mouvoir les deux S et ouvrir les extrémités plus ou moins. Comme il faut que la distance de l'arc aux deux bouts des S soit précisément la même de part et d'autre, en pinçant les parois opposées du corps entre les pointes déliées de l'un des bouts, on juge, par l'écartement des pointes opposées, de l'épaisseur du corps en cet endroit.

COMPAS DE PROPORTION, instrument dont l'invention a été disputée à Galilée par Balthazar Capra, un de ses élèves, et qui consiste en deux règles de cuivre, fixées l'une à l'autre par une extrémité, de manière à pouvoir écarter l'une de l'autre angulairement. Le compas de proportion, sur les deux règles duquel sont tracées à la surface des divisions, est fondé sur les propriétés des triangles semblables, et sert à résoudre divers problèmes de géométrie.

COMPAS DE RÉDUCTION ou A COULISSE, instrument qui, lorsqu'il est ouvert, a la forme d'un X, et qui est fondé sur le principe que les triangles semblables ont leurs côtés homologues proportionnels. La rotation se fait autour d'un axe, placé quelque part sur la longueur des branches, en un point qui coupe chacune d'elles en deux parties du même rapport. Le compas de réduction sert à réduire les dimensions d'un plan dans un rapport donné.

COMPAS A TROIS BRANCHES. C'est un compas ordinaire dont l'axe de rotation à la tête est soudé à une troisième branche de même force et longueur que les deux autres, mais qui porte aussi sa tête à charnière, en sorte qu'elle est aussi mobile, soit pour s'écarter des deux autres, soit pour tourner sur l'axe. Ce compas sert à prendre trois points à la fois, et à transporter des triangles d'un dessin sur un autre.

COMPAS A VERGE, instrument qui consiste en une longue règle portant deux boîtes de laiton, dont l'une est fixée à un bout, et dont l'autre est en forme de curseur, et peut glisser le long de la règle. On assujettit l'une avec des vis, l'autre avec une vis de pression; la boîte fixe porte une pointe sèche, et le curseur peut à volonté présenter une autre pointe, un crayon ou un tire-ligne. Cet instrument sert à décrire de très-grands arcs de cercle ou à mesurer de grands intervalles.

COMPENDIUM, mot latin synonyme des termes abrégé, sommaire, épitome. En général, on entend par compendium un abrégé des diverses branches de la philosophie classique ou d'un traité complet de cette philosophie.

COMPENSATEUR, nom donné à un pendule destiné à corriger les variations de température causées par la dilatation ou la contraction du métal qui compose les pendules. Comme le temps de l'oscillation dépend de la longueur de la tige, si la chaleur dilate la tige, le temps de l'oscillation augmente, et le pendule retarde ; il avance, au contraire, par une diminution dans la température. Pour y remédier, on construit le pendule de cette manière : un cadre de fer est suspendu par une tige de fer qui peut tourner autour d'un point ; ce cadre de fer supporte un cadre de cuivre, qui supporte un deuxième cadre de fer; ce cadre de fer, un deuxième cadre de cuivre, et c'est au milieu de ce dernier qu'est fixée la tige de fer dont l'autre extrémité porte la lentille. Lorsque la température augmente, comme les cadres de fer se dilatent vers le bas, et ceux de cuivre vers le haut, les premiers descendent la lentille et les autres la remontent. On parvient, au moyen du calcul, à produire une compensation exacte.

COMPENSATIONS (SYSTÈME DES), système philosophique dû à M. Azaïs, par lequel il admet un équilibre parfait de l'univers par voie de compensations exactes ; c'est-à-dire que, dans les destinées humaines, tout se balance et se compose d'une manière juste et exacte.

COMPÈRE, celui qui tient un enfant sur les fonts de baptême. Il est compère de la femme ou de la fille avec laquelle il tient l'enfant et des père et mère de l'enfant, et contracte avec eux une alliance spirituelle qui est un empêchement dirimant du mariage ; aussi l'Église ne le permet-elle aujourd'hui qu'avec dispense.

COMPERNE, nom que les Romains donnaient aux statues ayant les pieds joints.

COMPERSONNIERS, nom donné avant 1789 à ceux qui tenaient en commun une même terre, à la charge de payer au seigneur une redevance pour laquelle ils étaient tous solidairement obligés.

COMPÉTENCE, droit qui appartient à chacun de rechercher, de statuer sur ce prononcer dans les limites de ses attributions. Chaque tribunal, chaque juge a sa compétence spéciale, qui comprend les affaires de certaine nature. Les juges de paix, par exemple, étendent leur compétence sur toutes les demandes qui ne s'élèvent pas au-dessus de 100 francs, et prononcent en dernier ressort la demande ne dépasse pas 50 francs. Les tribunaux civils de première instance et de commerce prononcent en dernier ressort sur toute demande qui ne dépasse pas 1,000 francs, et à charge d'appel sur toutes les autres. — On appelait autrefois compétence la dignité de compétent (competens), l'un des degrés du catéchuménat. On admettait les compétents par le signe de la croix et l'imposition des mains.

COMPIÈGNE, sur l'Oise, chef-lieu d'arrondissement du département de ce nom, à 15 lieues de Beauvais. Sa population est de 8,879 habitants. Elle a un tribunal de première instance, un tribunal de commerce, un collége, une bibliothèque de 28,000 volumes. Son *château royal*, un des plus remarquables de France par son étendue et son ordonnance, a été rebâti par Louis XV, terminé sous Louis XVI, entièrement restauré par Napoléon. Près de Compiègne se trouve la fameuse forêt de ce nom, dont la superficie est d'environ 15,000 hectares. François I$^{er}$ y fit percer huit grandes routes; Louis XIV en fit ouvrir cinquante-quatre autres plus petites, et Louis XV deux cent trente. — Dans l'origine, Compiègne était une maison royale de chasse des rois de la première race. Charles le Chauve l'agrandit, et la nomma *Carlopolis*. Dans le XV$^e$ siècle, les Anglais s'en emparèrent; Charles VII les en chassa: dans le siége, Jeanne d'Arc tomba au pouvoir des ennemis (1431).

COMPITALES, fêtes que les Romains célébraient dans les carrefours, le 12 janvier et le 6 mars, en l'honneur des dieux lares. Tarquin le Superbe, ou, selon d'autres, Servius Tullius, les institua sur la foi d'un oracle qui ordonna d'offrir tête pour tête aux dieux lares. On leur immolait en conséquence des victimes humaines. Mais, après l'expulsion des Tarquins, Brutus abolit cet usage barbare, et substitua des têtes de pavots et des mannequins. Les ministres de ces fêtes étaient les esclaves, qui jouissaient de la liberté pendant leur durée.

COMPLÉMENT. On appelle ainsi, en général, toute partie qui, ajoutée à une autre, forme une unité naturelle ou artificielle. Le complément d'un arc ou d'un angle de 60 degrés est un angle ou un arc de 30 degrés, parce que ces deux nombres ajoutés l'un à l'autre font 90 degrés, mesure d'un angle droit. Le sinus du complément d'un arc se nomme le *cosinus* de cet arc.

COMPLÉMENT ARITHMÉTIQUE. On appelle ainsi un nombre dont un autre diffère de l'unité de l'ordre immédiatement au-dessus. Par exemple, 4 est le complément de 6, parce que 10 ou l'unité du second ordre, immédiatement au-dessus de 6, égale $4+6$. Pour avoir le complément, il suffit de prendre pour chacun des chiffres qui le composent ce qui lui manque pour égaler 9, sauf pour le chiffre des unités, dont il faut prendre qui lui manque pour égaler 10.

COMPLEXE. On appelle ainsi toute quantité qui est composée de plusieurs parties, telles que $A+B-D$, etc. — En arithmétique, on nomme *quantités complexes* celles qui sont formées d'entiers et de fractions. Par exemple, $8\frac{2}{3}$ est un nombre complexe; 8 mètres 4 décimètres 5 centimètres sont des nombres complexes.

COMPLIES, du *toir*, qui est la dernière partie de l'office du bréviaire. On commence complies par une courte leçon tirée de l'Ecriture, qui répond à la lecture spirituelle des conférences ou des vies des Pères que les moines faisaient dans le cloître ou dans le chapitre. Ensuite on récite trois psaumes sous une seule antienne, une hymne, un capitule et un répons bref, le cantique de Siméon, etc. Les Grecs n'ont point de complies; chez eux, les vêpres sont le dernier office du jour.

COMPONÉ. C'est, en termes de blason, le nom des bordures, bandes, sautoirs, etc., qui sont composés de pièces carrées d'émaux alternés. — On nomme *compon* chacune des parties égales, carrées et alternatives qui forment le blason componé.

COMPONENDE, office de la cour de Rome dépendant du dataire. On y envoie toutes les suppliques, reçues et signées, qui doivent payer, afin de les taxer. — COMPONENDE se prend aussi pour le droit ou la taxe qui se paye aux officiers de la cour de Rome pour l'expédition des bulles.

COMPONIUM, instrument inventé vers 1820 par le mécanicien hollandais Vinkel, et composé d'un orgue à cylindre d'une grande perfection, et dont le mécanisme est resté un secret. Le componium exécutait des variations inépuisables par une combinaison admirable.

COMPOSÉ, nom donné, en arithmétique, à un nombre formé par la multiplication de plusieurs autres. Ainsi 30, 63, 72 sont des nombres *composés*, parce qu'ils sont formés, le premier de la multiplication de 5 par 6, le second de celle de 7 par 9, le troisième de celle de 8 par 9. — On appelle, en mécanique, *pendule composé* celui qui consiste en plusieurs poids conservant constamment la même position entre eux, et oscillant autour d'un centre commun de mouvement. — La *raison composée* est le rapport formé par le produit des *antécédents* et par celui des *conséquents* de deux ou de plusieurs rapports. Par exemple, $18:36$ est la *raison composée* de $3:4$ et de $6:9$.

COMPOSÉE, nom donné, en botanique, à l'assemblage de petites fleurs qui, réunies sur un réceptacle commun, forment la fleur générale du soleil, du dahlia, du chardon et autres plantes de la même classe. C'est de ce caractère que Tournefort composa sa famille des COMPOSÉES, que l'on a remplacée par le nom de SYNANTHÉRÉES. — On nomme *feuille composée* celle qui est formée de la réunion d'un nombre plus ou moins grand de petites feuilles articulées sur un pétiole commun.

COMPOSÉS, nom donné, en chimie, aux corps qui renferment au moins deux sortes de matières, mais qui peuvent en contenir 3, 4, 5, etc. De là leurs dénominations de corps *binaires, ternaires, quaternaires*, etc.

COMPOSITE (ORDRE), un des cinq ordres d'architecture, ainsi nommé parce qu'il est formé de l'ionique et du corinthien. C'est dans le chapiteau que consiste ce mélange: il est corinthien, mais avec des volutes ioniennes.

COMPOSITEUR, ouvrier qui, dans l'imprimerie, travaille uniquement à l'arrangement des caractères, c'est-à-dire à la casse, dans laquelle il lève les unes après les autres les lettres dispersées dans les divers cassetins, dont l'assemblage donne les planches ou formes destinées à l'impression. — Il ne faut pas le confondre avec le *compositeur*, celui qui invente de la musique, et qu'en Italie on appelle *maître* (*maestro*).

COMPOSITION, art d'inventer et d'écrire de la musique, suivant certaines règles dictées par le goût et les ouvrages des grands maîtres. L'art de la composition ou du contre-point renferme l'art de la mélodie et celui de l'harmonie. Dans toute composition, après avoir déterminé le ton et la mesure, la basse doit commencer par la première note, et, le dessus par la quinte ou l'octave, rarement par la tierce, et jamais par aucun autre intervalle.

COMPOSITION, stipulation qui se faisait, chez les nations barbares, par une convention réciproque entre un offensé et un offenseur; ou, à défaut de ceux-ci, entre les parents de l'un et de l'autre, et qui était une sorte de satisfaction accordée par l'offenseur à l'offensé.

COMPOST, mot emprunté des Anglais, et par lequel on désigne, en agriculture, toute espèce de mélange fait pour fertiliser la terre. Le fumier des ruminants est un compost plus propre aux terres légères, tandis que celui des chevaux et des mulets convient mieux aux terres fortes. La *colombine*, la fiente des volailles, les marcs de fruit, etc., sont des composts qui forment les engrais les plus actifs.

COMPOSTELLE (SAINT-JACQUES DE), en espagnol, *Santiago de Compostela*, ville d'Espagne, ancienne capitale de toute la Galice, et aujourd'hui dans la province de la Corogne, à 110 lieues de Madrid. Sa population est de 30,000 habitants. Elle est le siége d'un archevêché, et d'une université célèbre érigée en 1532, avec trois colléges, parmi lesquels est le collége major de *Fonseca*. Dans la cathédrale repose, suivant la tradition de l'Espagne, le corps de l'apôtre saint Jacques le Majeur, au tombeau duquel on faisait autrefois de toute la chrétienté un pèlerinage fameux. La ville commerce en vins, fruits, poissons.

COMPOSTEUR, instrument d'imprimerie dont le compositeur se sert pour former les lignes de l'ouvrage qu'il compose. C'est un morceau de tôle, de fer ou de feuille de cuivre de dix pouces de long environ, coudé en équerre dans sa longueur. Le compositeur a un bout terminé par un talon fixe, tandis que sur la longueur de l'instrument il en existe un semblable mobile, mais qu'on fixe au moyen d'une vis et d'un écrou, selon la justification de l'ouvrage auquel on travaille. — Dans les manufactures de soie, c'est une petite baguette de bois sur laquelle on passe les portées de la chaîne d'une étoffe de soie pour la plier.

COMPRESSE, morceau de linge simple ou plié en plusieurs doubles qui servent, dans les pansements, à défendre les parties malades du contact de l'air et des corps extérieurs, à y retenir appliqués certains remèdes. Suivant leur forme, leur situation, leur direction et leur usage, les compresses ont été appelées *longuettes, carrées, triangulaires, prismatiques, graduées, fendues, en croix de Malte, obliques, circulaires*, etc.

COMPRESSIBILITÉ, propriété inhérente aux corps de diminuer de volume par la pression. Tous les corps sont compressibles à un degré plus ou moins fortement. Parmi les solides, les corps les plus poreux cèdent facilement à la pression. Les liquides et les corps les plus homogènes diminuent au contraire très-faiblement de volume. On a reconnu que, dans l'eau et le mercure seulement parmi les liquides, la diminution de volume est proportionnelle à la pression. Il existe une loi importante de la compressibilité des gaz, découverte à peu près à la même époque par Mariotte en France et par Boyle en Angleterre, c'est-à-dire, *le volume d'un gaz est réciproquement proportionnel à la pression qu'il supporte.*

COMPRESSION, action produite sur un corps qu'on essaye de forcer à occuper un moindre volume. La compression joue un grand rôle dans les arts. C'est par elle qu'on frappe les monnaies et les médailles, qu'on fait monter l'eau dans les pompes foulantes, qu'on forme l'empreinte des timbres sur les étoffes ou le papier, qu'on imprime les ouvrages de science et de littérature.

COMPRESSION (FONTAINE DE). Elle consiste en un vase de cuivre à parois très-fortes, muni d'un écrou sur lequel on peut visser un tube de fer, dont la partie inférieure descend à peu près au fond du vase, et dont la partie supérieure est terminée par une vis destinée à recevoir un ajutage ou une pompe foulante. Pour charger la fontaine, on la remplit à moitié d'eau, et on y comprime de l'air à l'aide d'une pompe foulante. Si on remplace la pompe foulante par un ajutage, le liquide s'élève à une hauteur plus ou moins grande, suivant la quantité plus ou moins grande d'air accumulé sur sa surface.

COMPRESSION (POMPE DE), pompe foulante qui se compose d'un cylindre et d'un piston massif. De son extrémité supérieure, le cylindre est percé d'une ouverture qui, lorsqu'on relève le piston au-dessus, laisse entrer l'air. A son autre extrémité, il porte une soupape qui s'ouvre de haut en bas, et par laquelle on refoule l'air dans le vase où on veut le comprimer.

COMPROMIS, terme de commerce, écrit signé des parties, qui conviennent d'un ou plusieurs arbitres à la décision desquels elles promettent de souscrire, sous peine par le contrevenant de payer une somme désignée. Le compromis n'a d'effet que pendant trois mois, à moins qu'on n'ait stipulé un plus long espace de temps.

COMPTABILITÉ, mode dont on fait usage pour être en mesure de rendre un compte. Le mot de comptabilité est synonyme de *tenue des livres*. On distingue deux sortes de comptabilité : la *tenue des livres en partie simple*, dans laquelle on n'inscrit que les débiteurs et les créanciers avec le chiffre qu'ils doivent ou qui leur est dû ; et la *tenue des livres en partie double*, dans laquelle non-seulement on ouvre un compte par débit et par crédit à chaque individu avec lequel on est en rapport d'affaires, mais encore on établit un compte pour chaque sorte d'objets, de valeur et même de circonstances particulières au commerce dont il s'agit.

COMPTABLE, celui qui tient une comptabilité. Pami les fonctionnaires du gouvernement, il en est dont les emplois entraînent une responsabilité financière; on les appelle *agents comptables*.

COMPTE (matière commerciale), état de tous les effets reçus, acquis, administrés ou déposés. — On appelle *compte courant* tout crédit ouvert par un banquier à un particulier pour un temps illimité et pour toutes affaires courantes. Les comptes des deniers publics sont soumis à la vérification d'un tribunal qui, pour cette raison, a reçu le nom de *chambre*, puis *cour des comptes*. Voy. ces mots.

COMPTE-FILS, petit instrument dont on se sert pour apprécier le degré de finesse d'une étoffe, en comptant le nombre de fils qui entrent dans la trame ou la chaîne, dans un carré de grandeur déterminée. C'est une loupe soutenue sur deux montants de cuivre, à une distance convenable d'un disque percé d'un trou carré à travers lequel on regarde l'étoffe.

COMPTE-PAS, instrument appelé aussi *pédomètre* et *odomètre*, et qui est destiné à indiquer par approximation la longueur d'une route par le nombre de pas qu'on fait en la parcourant. Le plus célèbre est celui de Bréguet. Il a la forme d'une montre, portant un cadran divisé en 100 parties pour désigner 100 doubles pas, au centre duquel est un second cadran ou disque mobile, divisé aussi en 100, dont chaque unité indique 100 doubles pas. Une seule aiguille marque les unités sur le cadre extérieur et les centaines sur le disque mobile ; cet effet est produit par deux roues et un pignon.

COMPTEUR, instrument destiné à dispenser un ouvrier d'être attentif aux mouvements d'une machine dont il veut compter les révolutions ou les excursions alternatives de va-et-vient, et qui indique combien de ces mouvements ont été accomplis dans un temps donné, et même avertit au besoin par une sonnerie, un choc ou autrement, de l'instant où ces effets sont produits.

COMPTEUR. Les horlogers donnent ce nom à une machine qui sert aux astronomes et aux physiciens à fixer avec exactitude de très-petites durées. Un pendule à demi-secondes fait baisser, à chacune de ses doubles oscillations, un levier qui frappe sur un timbre, en sorte qu'à chaque seconde on entend un son.

COMPTOIR, nom donné, en commerce, à la table sur laquelle se font les comptes et les payements, et étendu à certains établissements commerciaux, destinés spécialement au commerce d'un peuple. Dans ce sens, il est synonyme de *factorerie*.

COMPULSOIRE, recherche d'une pièce pour en faire copie. Ainsi, *compulser* est contraindre par autorité de justice une personne publique à délivrer l'expédition d'un acte dont il garde la minute, et dont on a intérêt d'avoir la communication. Les compulsoires ne peuvent se faire que par autorité de justice.

COMPUT, terme de chronologie, qui ne se dit que des supputations du temps qui ont pour but de régler les fêtes mobiles, comme le *cycle solaire*, le *nombre d'or*, l'*épacte*, l'*indiction romaine* et la *lettre dominicale*.

COMTAT - VENAISSIN, petit pays de France, borné au N. par le Dauphiné, à l'E. et au S. par la Provence, et à l'O. par le Rhône. Il a formé avec le comté d'Avignon et la principauté d'Orange la totalité du département de Vaucluse. *Venasque* en fut la capitale, avec un évêché jusque vers le xi<sup>e</sup> siècle, époque à laquelle l'évêché fut transféré à *Carpentras*, qui fut dès lors la capitale. — Le Comtat fit, dans le moyen âge, partie du marquisat de Provence. En 1125, il échut à Alphonse Jourdain, comte de Toulouse. Raimond VII le céda en 1229 au saint-siége, qui y renonça en 1234. Jeanne, comtesse de Poitou, le légua en 1271 à Charles d'Anjou, deuxième du nom, roi de Naples et comte de Provence. Philippe le Hardi s'en empara et le céda en 1273 au pape Grégoire X. Il fut réuni à la France en 1791.

COMTE ( en latin, *comes* ), dignitaire dont le rang est inférieur à celui de *marquis* et supérieur à celui de *baron*. Sous les Romains, on appelait ainsi tous les officiers de la maison impériale, choisis parmi les familles sénatoriales ; tels étaient le *comes stabuli* ou connétable ; le comes *wrarii*, surintendant des finances ; le *comes domesticorum*, capitaine des gardes ; le *comes rerum privatarum*, ministre du trésor impérial ; etc. — Sous les deux premières races des rois de France, le *comte du palais* était le premier dignitaire de l'État après le maire du palais (*major domûs*). Les comtes envoyés dans les provinces s'y rendirent héréditaires comme tous les autres seigneurs féodaux. Ils surmontèrent leur blason d'une couronne formée simplement de pointes avec des perles.

COMTE PALATIN. Cette dignité était conférée par les empereurs d'Allemagne et les papes. Le pouvoir de ces comtes, restreint à l'Allemagne, s'étendait à donner le degré de docteur, donner des armoiries, anoblir des roturiers, légitimer des bâtards, etc.

COMTE (Théatre de M.), théâtre fondé en 1817, dans la rue du Mont - Thabor, par le célèbre physicien, ventriloque et prestidigitateur Louis-Apollinaire-Christin-Emmanuel Comte, né à Genève en 1788, transporté en 1820 dans le passage des Panoramas, et en 1827 à côté du passage Choiseul. Il fut d'abord spécialement consacré à l'amusement et à l'instruction de l'enfance et de la jeunesse ; puis, continuant à être destiné à de jeunes élèves dans l'art théâtral, il a étendu de beaucoup son répertoire et sa spécialité, puisqu'on y joue des opéras-comiques.

COMITÉ, étendue de pays soumis à la juridiction d'un comte, et dignité de comte. Le mode d'érection de certains domaines en *comtés-pairies* était le même que celui usité pour les duchés - pairies. — A l'avénement de Hugues Capet (987), il y avait en France quarante-six comtés, dont trois furent érigés en duchés dans la suite ; savoir : ceux de Valois, de Vendôme et de Bretagne. — Le titre de comte-pair était attaché aux évêchés de Beauvais et de Châlons. Les chanoines de l'église cathédrale de Lyon portaient le titre de comtes de Lyon.

COMUS (myth.), dieu des Romains et des Grecs qui présidait à la joie, aux festins, aux ris, aux danses nocturnes et à la toilette. On le représente sous les traits d'un jeune homme ivre, couronné de fleurs et tenant dans sa main une torche prête à tomber. Ceux qui célébraient ses fêtes couraient la nuit au manque à la clarté des flambeaux, la tête couronnée de fleurs, accompagnés de jeunes garçons et de jeunes filles chantant et dansant en jouant des instruments.

CONCANIENS, ancien peuple d'Espagne, qui nourrissait principalement de lait mêlé avec du sang de cheval. *Concana*, aujourd'hui *Santillane*, était leur capitale.

CONCARNEAU, petite ville du département du Finistère, chef-lieu de canton, sur l'Océan, à 5 lieues de Quimper. Sa population est à 2,200 habitants. Elle est située dans une petite île, cointe de murailles et flanquée de tours. Le port est parsemé de rochers qui en rendent l'accès difficile, et peut contenir environ 300 barques. La pêche de la sardine occupe presque exclusivement les habitants.

CONCAVE, nom donné à une surface sphérique dont un des côtés est creux, par opposition aux surfaces convexes, qui sont rondes et bombées. Les verres concaves ont la propriété de rendre divergents les rayons lumineux. Les objets vus à travers les verres concaves paraissent plus proches et plus petits ; aussi ne s'en sert-on que pour les besicles destinées aux myopes.

CONCENTRATION, opération chimique qui a pour but de rapprocher sous un moindre volume diverses solutions, plus ou moins étendues. On *concentre* l'acide sulfurique en faisant vaporiser , au moyen de la chaleur, la plus grande quantité d'eau qu'on puisse lui enlever par ce procédé. Son poids est alors de 1845, l'eau étant 1000. La concentration de plusieurs acides fixes s'opère aussi en faisant vaporiser l'eau dans laquelle ils sont étendus. — En optique, la *concentration* est l'action de rassembler les rayons solaires au foyer d'une lentille.

CONCENTRIQUE. On appelle ainsi, en géométrie, ce qui a le même centre. Deux cercles ou deux courbes quelconques qui ont un même centre se nomment *concentriques*.

CONCEPTACLE, enveloppe ou petite capsule qui renferme les séminules ou corps reproducteurs dans les plantes cryptogames. Les amas de conceptacles ont reçu le nom de *sores*. Dans les fougères, ils se forment à la face inférieure des feuilles, le long des nervures et des veines, ou bien à leur extrémité.

CONCEPTION ou Imprégnation, fonction exercée par les femelles des animaux vivipares, et qui a pour résultat la formation de l'embryon dans le sein de la mère.

CONCEPTION DE LA SAINTE VIERGE, fête qu'on célèbre le 8 décembre dans l'Eglise latine pour honorer la pureté de la conception de Marie et sa sanctification. Elle a commencé, selon quelques-uns, vers la fin du xi<sup>e</sup> siècle.

CONCEPTION (Ordre de la), congrégation religieuse de filles, fondée par Béatrix de Silva, d'une famille noble de Portugal. Le pape Innocent VIII l'approuva en 1489, et lui donna la règle de Cîteaux. Après la mort de Béatrix, ses compagnes suivirent la règle de Sainte-Claire, sans changer ni leur habit ni leur nom de Conception immaculée. En 1511, Jules II leur donna une règle particulière. — Il y a aussi un ordre militaire de ce nom, confirmé en 1624 par le pape Urbain VIII.

CONCEPTION (La), ou Penco, ou la Mocha, ville de l'Amérique méridionale, dans le Chili, sur le bord de la mer, dans la baie de Penco. Sa population est de 14,000 habitants. Elle a un évêché et est la capitale d'une province du même nom, bornée au N. par celle de Maule, au S. par celle de Valdivia, à l'E. par les Andes, et à l'O. par l'océan Pacifique. Sa superficie est d'environ 1,090 lieues carrées, et sa population de 700,000 habitants. — La ville de la Conception, qui est la capitale de la grande juridiction du S., a été fondée en 1550, par Pierre de Valdivia.

CONCEPTUALISME, doctrine due à Abailard, et qui consiste à n'admettre ni la valeur des choses, ni la forme des mots, selon ce qu'ils paraissent exprimer, mais selon qu'on peut les concevoir. Le conceptualisme était une sorte de terme moyen entre la doctrine des *réalistes* et celle des *nominaux*.

CONCERT (en italien, *academia*), réunion d'un assez grand nombre de musiciens qui exécutent des morceaux d'ensemble, soit pour la musique vocale, soit pour la musique instrumentale. Les concerts prirent naissance dans ce qu'on appelait la musique de chambre. Dans les xvi<sup>e</sup> et xvii<sup>e</sup> siècles, on donnait un concert de violons, un concert de flûtes, de hautbois, de trompettes; car jamais les instruments d'espèce différente ne jouaient ensemble. Les premiers concerts publics furent établis en France en 1725 par Anne-Danican-Philidor. On les appela *concerts spirituels*, parce qu'on n'y exécutait que de la musique sacrée. Cet établissement, qui donnait par an vingt-quatre concerts, fut ruiné par la révolution en 1791. Les concerts se sont extrêmement multipliés de nos jours; il en est peu cependant qui soient régulièrement périodiques, si ce n'est ceux que donne tous les hivers le Conservatoire à Paris.

CONCERTANT. Voy. Concerto.

CONCERTO, pièce de musique qui sert à faire briller le talent d'un instrumentiste, pendant qu'il est accompagné par un orchestre. On regarde généralement Torelli, célèbre violoniste italien, mort au commencement du XVIII<sup>e</sup> siècle, comme l'inventeur des concertos. — C'est du mot *concerto* qu'on dit *symphonie concertante*, pour exprimer un morceau servant à faire briller le talent de quelques instrumentistes, que les autres accompagnent, et où ces instrumentistes se font entendre tour à tour. — On dit un *trio*, un *quatuor concertant*, pour indiquer des pièces dans lesquelles les différentes parties brillent et concertent alternativement.

CONCETTI, mot italien qui indique une pensée brillante et ingénieuse, et qui est passé dans notre langue pour indiquer tout ce qui ressemble au clinquant du bel esprit.

CONCHA, mesure employée par les Athéniens, et qui valait une demi-once des anciennes mesures françaises.

CONCHIFÈRES, nom donné par Lamarck à une classe de mollusques qui correspond aux acéphales de Cuvier.

CONCHOÏDE, courbe inventée par le géomètre grec Nicomède pour résoudre les problèmes de la duplication du cube et de la trisection de l'angle. C'est une ligne courbe qui, prolongée indéfiniment, se rapproche sans cesse d'une ligne droite, sans jamais pouvoir la rencontrer.

CONCHOLEPAS, genre de mollusques trachélipodes, famille des purpurifères, créé pour une espèce seulement, à raison de l'ouverture très-ample de sa coquille univalve marine, et de deux petites dents qu'elle porte à la base de son bord droit. Elle a été d'un prix extraordinaire; aujourd'hui elle est devenue commune, et les plus beaux exemplaires se vendent 5 francs ou au plus.

CONCHYLIOLOGIE, partie de la zoologie qui s'occupe de l'étude du test des mollusques. On a inventé plusieurs systèmes basés sur la forme des coquilles, sur les dents de la charnière des bivalves, sur les plis de la columelle des univalves, etc. Depuis les travaux de Blainville et de Cuvier, on est parvenu pour la conchyliologie à une méthode naturelle. Voy. Mollusque.

CONCIERGERIE. On appelait autrefois ainsi l'étendue de la juridiction du *concierge du palais du roi*, officier de justice préposé pour maintenir l'ordre dans l'intérieur du palais du roi et pour prononcer sur tous les différends qui pouvaient s'élever dans cette enceinte. — Les autres seigneurs, à l'imitation du roi, voulurent avoir un concierge, et ce mot est devenu le synonyme de *portier* et même de *geôlier*.

CONCIERGERIE, prison de Paris dépendante du palais de justice, et qui a joué un grand rôle dans les événements politiques de la révolution.

CONCILE, assemblée légitime des pasteurs de l'Église, pour régler les affaires qui regardent la foi, les mœurs et la discipline ecclésiastique. Il y a trois sortes de conciles: 1° les conciles généraux ou œcuméniques, qui représentent le corps de l'Église universelle et ont par eux-mêmes une autorité suprême et infaillible, que quelques-uns ont même placée au-dessus de celle du pape. Ce dernier seul a le droit de les convoquer; aux évêques seuls appartient le droit de juger et de prononcer. Avant l'ouverture des conciles généraux, on ordonne des jeûnes et des prières, et le jour de l'ouverture le pape prononce un discours devant l'autel, indique les causes de la convocation du concile, et récite la prière *Adsumus, Domine, sancte Spiritus*. On chante ensuite les litanies, l'évangile *Si peccaverit frater tuus*, et le *Veni Creator*. Les Pères prennent leur rang, on prononce le décret de convocation, et l'on chante le *Te Deum*. Les Italiens ne comptent que dix-neuf conciles généraux. Les Français en ajoutent deux. 2° Les conciles nationaux, assemblées des prélats d'une nation auxquelles préside un patriarche ou un primat. Tels sont les conciles de Tolède, de Carthage, d'Orléans et de Paris, etc. 3° Les conciles provinciaux, assemblées des évêques d'une province ecclésiastique, auxquelles préside l'archevêque ou le métropolitain.

CONCINI. Voy. Ancre.

CONCLAVE, nom donné à l'assemblée de tous les cardinaux qui se trouvent à Rome pour faire l'élection du pape, et au lieu où ils s'assemblent pour procéder à cette élection. Ce mot vient du latin *cum clave*, et signifie *sous clef*, parce que le conclave est fermé au dedans et au dehors. Le conclave se tient toujours à Rome dans le Vatican. C'est un assemblage d'autant de cellules qu'il y a de cardinaux présents à l'élection. Chaque cellule est faite de bois de sapin et n'a que vingt-deux pieds de long sur vingt de large. On doit entrer au conclave onze jours après la mort du pape. Lorsque le conclave est fermé, il n'y reste que les cardinaux et deux conclavistes pour chaque éminence. Deux fois par jour, les cardinaux se rendent à la chapelle de Sixte IV, où se tient le scrutin. On leur apporte chaque jour leur repas.

CONCLAVISTE, domestique que chaque cardinal a auprès de lui dans le conclave. Chacun des cardinaux a deux conclavistes qui doivent être à son service au moins depuis un an. Quelquefois on en accorde un troisième aux cardinaux princes et aux cardinaux vieux ou infirmes. Le pape élu leur fait distribuer une somme d'argent, ils ont le droit de bourgeoisie et de ville de l'État ecclésiastique qu'ils veulent choisir.

CONCLUSION, dernière partie et but de tout raisonnement. Dans la langue du droit, le ministère public prend ses *conclusions*, une partie prend ses *conclusions*, c'est-à-dire, dépose dans des actes l'objet de sa demande, sauf à le développer ensuite comme elle l'entendra. On appelle conclusions subsidiaires celles qui ne sont prises que par prévision pour le cas seulement où les conclusions principales ne seraient point accueillies. Aujourd'hui toutes conclusions doivent être rédigées par écrit, signées de l'avoué et déposées au moment où s'ouvrent les plaidoiries.

CONCOMBRE, genre de la famille des cucurbitacées, renfermant un grand nombre d'espèces, toutes annuelles, à tiges se traînant sur le sol ou grimpantes, originaires des régions chaudes du vieux continent. Ce genre renferme les *concombres proprement dits*, les *melons* et les *dudaïms*. Parmi les premiers le *concombre commun*, plante potagère, aux tiges longues, rameuses, rudes au toucher; aux fleurs jaunes et disposées deux ou plusieurs ensemble; aux fruits allongés, presque cylindriques, légèrement recourbés en arc, à surface tantôt blanche, verdâtre ou jaune. Ils sont aqueux, d'un goût légèrement prononcé, se mangent crus, cueillis verts et mis à confire dans le vinaigre, on les appelle *cornichons*. Une autre espèce de concombre est la *coloquinte*. On a étendu vulgairement le sens du mot *concombre* à diverses plantes, telles que le *giclet* et les *courges*.

CONCOMITANT, nom donné, en médecine, aux signes ou symptômes qui en accompagnent d'autres plus importants. Ce mot vient du latin *concomitare* (accompagner).

CONCORD, ville des États-Unis, capitale de l'État de New-Hampshire, à 22 lieues de Boston et 19 de Portsmouth, sur la rive gauche de la Merrimack. Sa population est de 2,400 habitants. Elle fait un grand commerce, et est située dans une position agréable. — C'est aussi une ville de l'État de Massachussets, à 6 lieues de Boston, où commença la révolution américaine de 1775.

CONCORDANCE, action de faire accorder plusieurs choses entre elles. — On appelle *Concordances de la Bible* des dictionnaires qui renferment, par ordre alphabétique, tous les mots de la Bible, et qui sont très-utiles, soit pour trouver les passages dont on ne sait qu'une partie, et s'assurer du livre et du chapitre où ils se trouvent, soit pour voir en les conférant leurs significations. Les concordances latines sont les plus anciennes de toutes. On doit leur invention à Hugues de Saint-Cher ou de Saint-Thierry, premier cardinal de l'ordre de Saint-Dominique, qui employa, dit-on, à cet ouvrage cinq cents religieux de son ordre, et mourut en 1262. Il y a des concordances hébraïques, chaldaïques, syriaques, grecques, etc.

CONCORDANT, nom donné, en musique, à celle des parties qui tient le milieu entre la taille et la basse, et qu'on appelle aussi *ténor*, et, en poésie, aux vers qui ont plusieurs mots communs et qui cependant présentent un sens opposé ou différent, par suite d'autres mots contraires.

CONCORDAT, nom sous lequel on désignait dans l'origine les conventions qui réglaient les difficultés et les droits respectifs entre les évêques, des abbés, etc. On a ensuite donné ce nom aux pactes conclus entre les deux puissances sacerdotale et séculière. On connaît dans ce sens trois concordats: 1° le concordat de Léon X conclu à Bologne (Italie) le 16 août 1516, entre ce pontife et François I<sup>er</sup>, roi de France. Il abolit la pragmatique sanction, et renferma différents règlements touchant les bénéfices. Il porte que le roi nommera dans les six mois, à compter du jour de la vacance du siège, à tous les évêchés, archevêchés et abbayes, une personne d'au moins vingt-sept ans, docteur ou licencié en théologie. Ce concordat éprouva beaucoup d'opposition de la part du parlement, du clergé et de l'université. 2° Le concordat germanique, conclu en avril 1447 entre le pape Nicolas I<sup>er</sup>, l'empereur Frédéric III et les princes d'Allemagne. Il ne régla rien de particulier. 3° Le concordat de 1801, conclu entre Bonaparte et le pape Pie VII, régla le rétablissement du culte catholique en France et la circonscription des diocèses, et sanctionna la constitution civile du clergé décrétée par l'assemblée constituante. Il fut promulgué solennellement dans l'église de Notre-Dame à Paris.

CONCORDAT COMMERCIAL, contrat passé entre le failli et ses créanciers, et qui a pour objet de modifier l'état du failli en lui permettant de reprendre le cours de ses affaires. Tout traité par lequel les créanciers, abandonnant leurs droits antérieurs, consentent novation avec le failli, constitue un concordat. Malgré le concordat, le failli ne peut pas exercer les autres droits dont les faillis sont privés, jusqu'à ce qu'il ait été complètement réhabilité.

CONCORDE (myth.), divinité païenne, fille de Jupiter et de Thémis. Les Romains l'adoraient, et avaient en son honneur un temple superbe sur le Capitole, où s'assemblait le sénat. On la représente couronnée d'une guirlande de fleurs, ayant dans une main deux cornes d'abondance entrelacées, et dans l'autre un faisceau ou une grenade.

CONCORDE (Formule de), un des livres symboliques les plus importants de l'Église

314 CON

protestante. C'est une compilation publiée en 1579, par ordre de l'électeur Auguste de Saxe, de toutes les pièces les plus authentiques qui concernent le luthéranisme. La *Formula de concorde* est l'ouvrage de dix théologiens réunis à Closter-Bergen.

CONCORDES ÉVANGÉLIQUES, livres composés des propres termes des quatre évangélistes, pour en démontrer l'union et la parfaite concordance. On distingue ceux de Gerson, de Jansenius, de Denys Amelotte, etc.

CONCOURS, action simultanée de plusieurs personnes ou plusieurs choses pour produire un effet qu'elles ne produiraient pas séparément. — On appelle aussi de ce nom les luttes scientifiques ou littéraires dont le but est l'admission du prétendant à une place. Ainsi tous les ans, au mois de septembre, a lieu dans l'université le *concours pour l'agrégation*, en présence de bureaux composés de professeurs, et présidés, soit par un inspecteur général, soit par un conseiller de l'université. Les épreuves sont publiques. Il y a concours pour l'agrégation en humanités et en grammaire, en belles-lettres, en histoire, en philosophie et dans les chaires scientifiques. — A l'académie française et dans les quatre classes de l'Institut, il y a chaque année concours de poésie et d'éloquence.

CONCOURS GÉNÉRAL. C'est le nom donné, en France, à la lutte académique qui, chaque année, a lieu entre l'élite des élèves des collèges royaux de Paris et de Versailles, depuis les classes de rhétorique, de philosophie, de hautes mathématiques, jusqu'à la sixième. Chaque collège envoie dix élèves par classe, et le nombre moyen des concurrents est de soixante-douze à quatre-vingts pour chaque faculté. Les compositions commencent ordinairement du 20 au 25 juillet, et la distribution des prix a lieu du 17 au 20 août, dans la grande salle de la Sorbonne, sous la présidence du ministre et en présence du conseil royal de l'instruction publique.

CONCRET, terme philosophique employé pour désigner un être avec tous ses éléments réunis, ses modifications et ses qualités, par opposition au mot *abstrait*, qui désigne ce que nous retirons d'un objet composé, pour le considérer à part et indépendamment du composé auquel il se rapporte. — En arithmétique, les nombres *concrets* sont ceux dont la qualité des unités est désignée, tels que 20 hommes, 46 chevaux, etc.

CONCRÉTIONS, substances solides, d'une forme irrégulière, dont les particules se sont réunies plus ou moins lentement et par voie de sédiment. Les concrétions animales sont des matières solides qui s'accumulent dans la vessie, les reins, les intestins de l'homme et de tous les animaux. On les appelle *calculs, bézoards*.

CONCRÉTIONS (minér.), masses pierreuses et métalliques présentant ordinairement des couches parallèles, souvent concentriques, comme dans les stalactites et les stalagmites qui tapissent les parois de certaines grottes. — On donne aussi ce nom aux *ludus*. — Les végétaux eux-mêmes offrent des exemples de ces agglomérations de substances dures, siliceuses ou calcaires.

CONCUBINE, femme qui, sans être mariée, vit avec un homme comme s'il en était ainsi. Dans l'ancienne loi juive, les concubines étaient permises. Ainsi Abraham, qui avait pour femme Sara, eut pour concubines Agar et Céthura. David avait sept femmes et dix concubines ; Salomon avait sept cents femmes et trois cents concubines. Les enfants des concubines n'héritaient pas des biens du père; mais le père pouvait de son vivant les pourvoir et leur faire des présents. Le concubinage est proscrit par les lois divines.

CONCUSSION, abus fait par un fonctionnaire public de son autorité en recevant de l'argent qui ne lui est pas dû. Les peines portées contre les concussionnaires ont beaucoup varié. Chez les Romains, ils étaient punis de mort ; cette peine fut ensuite réduite à une amende pécuniaire. Cambyse, roi des Perses, fit écorcher tout vif le juge concussionnaire, et fit recouvrir le siége de son tribunal de sa peau. Autrefois, en France, les peines étaient arbitraires. Le Code pénal indique la réclusion comme peine infligée à la concussion.

CONDAMINE (Charles-Marie DE LA), chevalier de Saint-Lazare, naquit à Paris en 1701. Il renonça à la carrière des armes pour s'adonner aux sciences, et entreprit différents voyages. Il fut choisi en 1736, avec Godin et Bouguer, pour aller au Pérou déterminer la figure de la terre, et descendit la rivière des Amazones pendant plus de 500 lieues. Il mourut en 1774. On a de lui un grand nombre d'ouvrages, et entre autres plusieurs *Mémoires sur l'inoculation*, dont il ne contribua pas peu à propager l'usage.

CONDAMNATION, jugement qui condamne. Il y a des *condamnations par défaut* lorsqu'en matière civile la partie condamnée n'est pas présentée. Elles deviennent *condamnations par contumace* quand il s'agit d'un grand criminel ; des *condamnations contradictoires* lorsque le jugement a été rendu après discussion, etc. On distingue trois sortes de condamnations : les condamnations *au grand criminel*, qui sont la réclusion, les travaux forcés, le bannissement, la confiscation, la dégradation civique, la déportation, l'exposition, la mort civile, la surveillance de la haute police et la peine de mort ; les condamnations *en police correctionnelle*, qui sont l'amende, la confiscation, l'interdiction des droits civils ou civiques, l'emprisonnement, la surveillance de la haute police ; les condamnations *en simple police*, qui sont l'amende, la confiscation et l'emprisonnement.

CONDÉ, ville de France, chef-lieu de canton du département du Nord, dans l'arrondissement et à 8 lieues de Valenciennes. Sa population est de 6,079 habitants. C'est une des seize places fortes du département. Elle a donné son nom à une branche de la maison de Bourbon.

CONDÉ-SUR-NOIREAU, au confluent de la Druance et du Noireau, chef-lieu de canton du département du Calvados, dans l'arrondissement et à 6 lieues de Vire. Sa population est de 5,562 habitants. Elle a un tribunal de commerce. — Condé-sur-Noireau est une ville très-ancienne et très-commerçante, qui embrassa une des premières le protestantisme.

CONDÉ (Louis I<sup>er</sup> DE BOURBON, prince DE), duc d'Enghien, marquis de Conti, né en 1530, était le cinquième et le dernier fils de Charles de Bourbon, comte de Vendôme. Il fit sa première campagne sous Henri II, et après sa mort se jeta dans le parti des réformés. Il fut, dit-on, le moteur secret de la conspiration d'Amboise, et, arrêté peu de temps après, il fut condamné à perdre la tête. La mort de François II le sauva. Il se mit de nouveau à la tête des protestants, se rendit maître de plusieurs villes. Blessé et pris à la bataille de Dreux (1562), il fut mis en liberté par l'édit de pacification d'Amboise. Il perdit en 1567 la bataille de Saint-Denis, fut tué à la bataille de Jarnac le 13 mars 1569.

CONDÉ (Henri I<sup>er</sup> DE BOURBON, prince DE), fils du précédent, né en 1552, succéda à son père dans le commandement du parti calviniste conjointement avec le roi de Navarre (Henri IV). Il leva des troupes étrangères en 1575, se signala à Coutras (1587), et mourut en 1588, empoisonné, dit-on, par sa femme Charlotte de la Trémouille, à Saint-Jean d'Angély.

CONDÉ (Henri II DE BOURBON, prince DE), fils du précédent, naquit en 1588 six mois après la mort de son père. Elevé dans la religion catholique, il épousa en 1609 Charlotte de Montmorency, dont Henri IV devint éperdument amoureux. Les suites de cette union brouillèrent le prince de Condé avec le roi, et le premier sortit de France, où il ne revint qu'après la mort de Henri IV. Il se révolta plusieurs fois contre la cour de Louis XIII. Emprisonné à la Bastille en septembre 1616, il n'en sortit qu'en 1619. Après la mort de Louis XIII, il fut établi chef du conseil de régence, et mourut en 1646.

CONDÉ (Louis II DE BOURBON, prince DE), surnommé *le grand Condé*, fils du précédent, naquit en 1621 à Paris. A vingt-deux ans (1643), il n'était encore que duc d'Enghien, lorsqu'il gagna sur les Espagnols la célèbre bataille de Rocroi. Il passa en Allemagne, et s'immortalisa dans les trois combats qu'il livra devant Fribourg au général Mercy. En 1648, rappelé en Flandre par la mauvaise fortune de nos armes, il tailla en pièces l'armée de l'archiduc Léopold à Lens en Artois (1648). Dans la guerre de la Fronde, il prit d'abord le parti de la cour, et fit entrer dans Paris le roi, la reine et le cardinal Mazarin. Enfermé par l'ordre de ce dernier à Vincennes (1649), il fut un an après mis en liberté et gratifié du gouvernement de Guyenne. Il se met tout à coup à la tête de l'armée de la Fronde, attaque le maréchal d'Hocquincourt, général de l'armée royale, et le met en déroute. Il courut dans le nord se réunir à celui des Espagnols. La paix des Pyrénées le rendit à la France (1660). Après la mort de Turenne (1675), il continua la guerre d'Allemagne avec avantage. La goutte l'obligea de demander sa retraite. Dans son château de Chantilly, il cultiva les lettres et s'entoura des célébrités de l'époque. Il mourut en 1686.

CONDÉ (Henri-Jules DE BOURBON, prince DE), fils du grand Condé, naquit en 1643, et mourut en 1709. Il se signala dans diverses occasions sous son père, et surtout en 1672 au passage du Rhin, et en 1674 à la bataille de Senef. Il avait épousé en 1663 Anne de Bavière, princesse palatine, dont il eut plusieurs enfants, parmi lesquels Louis III et Anne-Louise-Bénédictine, qui épousa en 1692 le duc du Maine.

CONDÉ (Louis III, duc DE BOURBON, prince DE), fils du précédent, né en 1668, servit avec distinction devant Philipsbourg sous les ordres du grand dauphin, suivit le roi aux sièges de Mons (1689) et de Namur (1692), se signala à Steinkerque (1692) et à Nerwinde (1693), et mourut subitement à Paris en 1710. Il avait été de Louise-Marie de France, fille légitimée de Louis XIV, trois fils : Louis-Henri ; Charles, comte de Charolais, né en 1700, mort en 1760 ; Louis, comte de Clermont, abbé de Saint-Germain des Prés, né en 1709.

CONDÉ (Louis-Henri, duc DE BOURBON, prince DE), fils du précédent, et connu sous le nom de *duc de Bourbon*, naquit en 1692. A la mort de Louis XIV, le régent le fit déclarer par le parlement chef du conseil de régence, et en 1716 il le nomma surintendant de l'éducation du roi. A la mort du duc d'Orléans, il remplit la place de premier ministre. Sous son administration du pays, chargé d'exactions, murmura, et l'accusa, lui et sa maîtresse, la marquise de Prie, des maux que son inaptitude faisait peser sur la France. Il conclut le mariage de Louis XV avec Marie Leczinska, et fut aussitôt disgracié (1726) par les intrigues du cardinal de Fleury, qui, non content de le supplanter, le fit exiler à Chantilly, où il mourut en 1740.

CONDÉ (Louis-Joseph, duc DE BOURBON, prince DE), fils unique du précédent, naquit en 1736. Il avait hérité de son père des dignités de gouverneur de Bourgogne et de grand maître de la maison du roi. Il se distingua dans la guerre de sept ans, et gagna en 1762 la bataille de Johannisberg sur les Prussiens. Il présida le quatrième bureau des deux assemblées des notables (1787 et 1788), et émigra en 1789. En 1793, il forma sur la frontière d'Allemagne un corps de troupes qui prit le nom d'*armée de Condé*. De retour en France en 1814, il mourut en 1818.

**CONDÉ** (Louis-Henri-Joseph, duc DE BOURBON, prince DE), fils du précédent, naquit en 1756. Il épousa en 1770 Louise-Thérèse d'Orléans, dont il eut le duc d'Enghien. En 1782, il fut nommé chevalier de Saint-Louis et maréchal de camp. En 1787, il présida le cinquième bureau de l'assemblée des notables, et émigra en 1789 avec son père. Il partagea le sort de celui-ci, et revint avec lui en 1814. Louis XVIII le créa colonel de l'infanterie légère. Il se suicida en 1830. Il avait institué héritier de sa fortune, qui s'élevait à 60,000,000 f, le duc d'Aumale, quatrième fils de Louis-Philippe Ier.

**CONDENSATEUR**, nom donné, en physique, à un appareil destiné à accumuler ou condenser de grandes quantités d'électricité. Le condensateur ordinaire se compose de deux plateaux métalliques séparés l'un de l'autre par un plateau de verre. Le supérieur est muni d'un manche isolant, et l'inférieur repose sur un pied conducteur. — On connaît encore le *condensateur à lame d'or* et le *condensateur à taffetas*.

**CONDENSATEUR**, machine qui sert à condenser de l'air dans un espace donné, ou à l'aide de laquelle on force un corps à occuper un moindre volume. — Les distillateurs appellent condensateur le vase intermédiaire entre la chaudière et le réfrigérant, et dans lequel se rendent les vapeurs au sortir de la chaudière. Il ne faut pas le confondre avec le *condenseur*, qui n'est autre que le réfrigérant, et qui reçoit les vapeurs venant du condensateur. C'est dans le condenseur qu'elles se liquéfient.

**CONDENSATION**, passage d'un corps de l'état de raréfaction à un état plus dense. On dit que les gaz sont condensés, lorsqu'ils sont amenés à l'état liquide ou solide. — La rosée, le givre, la pluie, les brouillards, les nuages, la neige, sont des phénomènes dus à la condensation des vapeurs de l'atmosphère. — On appelle *hygromètres de condensation* ceux qui sont fondés sur la condensation de la vapeur éprouve par le refroidissement.

**CONDILLAC** (Etienne-Bonnot DE), célèbre philosophe du XVIIIe siècle, abbé de Mureaux, naquit à Grenoble en 1715. Il embrassa l'état ecclésiastique, et fut choisi pour faire l'éducation de l'infant don Ferdinand, duc de Parme. En 1768, il fut reçu membre de l'académie française et ensuite de celle de Berlin, et mourut en 1780. Condillac fut, avec Locke, le chef de l'école sensualiste; il rattacha tout à la sensation. Le plus célèbre de ses écrits, celui qui contient la plus grande partie de son système, est le *Traité des sensations*. On a encore de lui le *Traité des systèmes*, l'*Essai sur l'origine des connaissances humaines*, un *Cours d'études* pour le jeune prince son élève, etc.

**CONDILOPES**, grande coupe, dont le nom signifie *pieds à jointures*, et établie par Latreille, comme principal démembrement de la classe des animaux invertébrés articulés, renfermant des animaux au corps invertébré, articulé, pourvu d'yeux, d'antennes, d'une bouche composée de mâchoires gisant horizontalement, de pieds articulés, onguiculés au bout. Les animaux compris dans cette coupe sont les *arachnides*, les *crustacés*, les *myriapodes* et les *insectes*.

**CONDOM**, ville de France, chef-lieu de sous-préfecture du département du Gers, à 11 lieues d'Auch. Sa population est de 7,144 habitants. Elle est située sur la rive droite de la Baïse, et a un tribunal de première instance, un collège et une société d'agriculture. — Elle doit son origine à un monastère qui fut fondé avant le IXe siècle. Condom était la capitale du *Condomois*.

**CONDOMOIS**, petit pays de France, qui faisait partie de la Guyenne, et qui était borné au N. par l'Agenois, au S. par l'Armagnac, à l'O. par le Bazadois, et à l'E. par la Lomagne. Sa superficie était d'environ 145 lieues carrées. Il faisait anciennement partie du pays habité par les *Nitiobriges*, et fut compris dans l'Aquitaine. Il eut longtemps des seigneurs particuliers dépendants des ducs de Gascogne, et fut réuni à la couronne en 1451. Condom en était la capitale. Il a formé l'arrondissement de Condom (Gers).

**CONDONATS** ou **OBLATS**. On appelait autrefois ainsi deux sortes de moines. Les premiers étaient ceux qui demeuraient auprès des monastères de filles, dont ils recevaient les choses nécessaires à la vie, et auxquelles ils administraient les sacrements. Les seconds étaient ceux qui desservaient les cures dépendantes des abbayes où ils avaient fait profession.

**CONDOR**, oiseau de proie du genre sarcorhamphe, et de la famille des vautours; on l'appelle encore *vautour des Andes*. Le mâle a sur la tête une crête cartilagineuse, garnie de petites papilles mamelonnées, de couleur rouge violet ou violet presque noir. L'arrière de la tête et le cou, le dessous de la gorge, ainsi que le sabot, sont nus et de la couleur de la tête. Tout le plumage du corps, ainsi que la queue et une partie des ailes sont noirs; le reste est blanc. Les ailes du condor ont huit pieds d'envergure, et son corps a une longueur totale de trois pieds deux pouces. Ils habitent par troupes nombreuses la grande chaîne des Andes.

**CONDORCET** (Marie-Jean-Antoine-Nicolas CARÉTAT marquis DE), né à Ribemont (Somme) en 1743. Il dut sa première célébrité à ses travaux et ses succès dans les mathématiques, travaux qui le firent recevoir à l'académie des sciences, dont il devint le secrétaire. Ami de d'Alembert et de presque tous ses illustres contemporains, il fut aussi l'un des disciples de Voltaire, dont il propagea les doctrines dans ses écrits. Désigné sous l'assemblée constituante pour gouverneur du dauphin, il fut successivement appelé à l'assemblée législative et à la convention. Dénoncé comme partisan des girondins, il fut mis hors la loi (1793). Fait prisonnier, il s'empoisonna dans sa prison le 28 mars 1794. Il a composé l'*Esquisse des progrès de l'esprit humain*, et les *Éloges des académiciens morts depuis 1699*.

**CONDORMANTS**, hérétiques du XIIIe siècle, qui ne parurent que dans l'Allemagne, et qui s'assemblaient dans une lieue près de Cologne, où ils adoraient, dit-on, une image de Lucifer. On les appela *condormants* parce qu'ils couchaient tous ensemble. Leur chef, qui était un homme de Tolède, périt dans un naufrage, comme il passait en Angleterre. — On appela aussi de ce nom des anabaptistes du XVIe siècle

**CONDOTTIERI**, mot italien qui signifie *conducteurs*, et qui désigne les capitaines des bandes mercenaires qu'au moyen âge différents États d'Italie tenaient à leur service. Quoique ennemis de nom, les *condottieri* étaient frères et compagnons de fait. Ils simulaient seulement les combats qu'ils se livraient, et exigeaient une paye considérable pour eux et leurs soldats. Leur rapine aboutir pour le brigandage et la rapine égalait leur mauvaise foi. — Le plus célèbre condottière fut Jacques Attendolo, surnommé *Sforza*, qui ouvrit à ses descendants le trône de Milan.

**CONDRIEU**, petite ville du département du Rhône, au pied d'une colline, sur la rive droite du Rhône, à 7 lieues de Lyon. Sa population est de 3,864 habitants. Condrieu est renommé par ses excellents vins blancs. On dit que le plant qui les produit fut apporté de Dalmatie, par ordre de l'empereur Probus. — La seigneurie foncière de Condrieu appartenait à la maison de Villars, qui a fourni aux armées françaises le célèbre maréchal de ce nom.

**CONDUCTEUR**, corps qui possède la propriété de transmettre le fluide calorique ou le fluide électrique de proche en proche, dans sa masse. Pour les premiers, voy. CONDUCTIBILITÉ. — On appelle corps *bons conducteurs* de l'électricité ceux qui laissent passer le fluide électrique à travers leurs particules sans lui opposer d'obstacle; et corps *mauvais conducteurs*, ceux qui le conduisent difficilement et opposent une résistance à son mouvement. Parmi les corps bons conducteurs, nous pouvons citer les métaux, le charbon calciné, les fils de lin, l'eau et les liquides en général, les substances humides; parmi les mauvais conducteurs, le verre, les résines, la soie, la terre sèche, les briques, les pierres, le charbon non calciné, les huiles, les gaz secs, le corps humain et le globe terrestre. — On appelle aussi *conducteur* tout corps destiné à conduire l'électricité. Ainsi, dans la machine électrique, on nomme ainsi les deux cylindres de métal. Voy. MACHINE ÉLECTRIQUE.

**CONDUCTIBILITÉ**, propriété qu'ont les corps de transmettre de proche en proche, dans leur masse, le fluide électrique et le fluide calorique. Pour la conductibilité électrique, voy. CONDUCTEUR. On attribue généralement la conductibilité calorique à un rayonnement de molécule à molécule. Les solides n'ont pas tous la même conductibilité; les métaux sont meilleurs conducteurs que les corps non métalliques, et parmi les métaux, l'or, le platine, l'argent et le cuivre sont meilleurs conducteurs que le fer, l'acier, l'étain et le zinc. En général, les corps réduits en filaments et en poussière sont les plus mauvais conducteurs du calorique. — Le mercure est de tous les liquides le meilleur conducteur du calorique. Aussi on éprouve, en plongeant la main dans ce corps, une sensation de froid plus intense que dans tout autre liquide. Plusieurs phénomènes tendent à prouver que la conductibilité calorique est presque insensible dans les gaz.

**CONDUIT**, appareil destiné à conduire un liquide ou fluide jusqu'au lieu où il doit être employé. — En anatomie, ce mot est synonyme de canal. Tel est le conduit auditif. Les *conduits nourriciers* sont de petits conduits qui transmettent des vaisseaux à l'organe médullaire des os longs, au tissu cellulaire des extrémités de ces mêmes os et des os courts, ainsi qu'au tissu compacte. Ceux qui sont traversés par les vaisseaux de la moelle sont très-prolongés, et se rencontrent sur le corps des os longs.

**CONDUITE DES EAUX**, voie artificielle par laquelle on amène les eaux au lieu de leur destination, lorsque cette voie n'est ni un *canal* ni un *aqueduc*. La conduite suit les pentes naturelles du sol, descend dans les lieux profonds, et remonte sur les flancs des coteaux. On emploie des tuyaux en bois, en grès ou en fonte de fer. On enduit les joints de *mastic à froid*, formé de suif et de poudre de briques, sous consistance de cire.

**CONDUPLIQUÉ**, nom donné, en botanique, aux feuilles qui, étant encore renfermées dans le bourgeon, sont pliées en deux longitudinalement et placées les unes à côté des autres. Ainsi sont les feuilles du tilleul, du rosier, du cerisier, du chêne, etc. Les cotylédons sont dits *condupliqués*, quand ils offrent la même disposition.

**CONDYLE**, nom donné, en anatomie, à un nœud, une éminence, une saillie articulaire, arrondie dans un sens et aplatie dans l'autre. De CONDYLE est dérivé celui de CONDYLOME, par lequel les pathologistes désignent des excroissances charnues, molles, qui sont le résultat de la végétation morbide du tissu cellulaire cutané, et qui se développent en diverses parties du corps. — On nomme *condylien* ce qui a rapport à un condyle, et *condyloïde* ce qui lui ressemble.

**CONDYLE**, petite mesure de longueur des Grecs, valait 1 pouce 6 lignes, ou 4 centimètres de nos mesures.

**CONDYLURE**, genre de mammifères, de l'ordre des carnassiers, de la famille des insectivores talpiens de Blainville, et qui a pour caractères le corps trapu, le museau très-prolongé, garni de crêtes membraneuses disposées en étoiles autour des narines; point d'oreilles externes; les yeux extrêmement petits; les pieds antérieurs courts, larges et robustes, à cinq doigts munis d'ongles, et propres à fouir de même que ceux des taupes; les pieds postérieurs grêles, à cinq doigts; la queue de longueur médiocre. Ces animaux sont à peu près de la taille des taupes, dont ils ont aussi les formes et les habitudes. On les trouve dans l'Amérique septentrionale.

CONE, corps rond engendré par la révolution d'une droite en glissant sur le contour d'une circonférence de cercle, qui est la *base*, et passant constamment par un point fixe pris hors de cette base, et qu'on nomme *sommet*. Le cône est *droit* quand tout la ligne qui joint le sommet au centre du cercle est perpendiculaire au plan de la base; il est *oblique* dans le cas contraire. On définit encore le cône droit, le corps engendré par la révolution d'un triangle rectangle tournant autour de l'un des côtés de l'angle droit. Les pains de sucre ont la forme d'un cône droit. La surface d'un cône droit s'obtient en multipliant le produit de la circonférence de sa base par la moitié de son côté. On appelle *côté du cône* toute droite menée du sommet à la circonférence de la base. Le volume du cône est égal au produit de sa base par le tiers de sa hauteur.

CONE TRONQUÉ ou TRONC DE CONE, portion de cône dont on a retranché la partie supérieure, en le coupant par un plan parallèle à la base. La surface extérieure d'un cône tronqué s'obtient en multipliant par son côté la demi-somme des circonférences des deux bases, et son volume en multipliant 0,2618 par la hauteur du tronc et par le carré de la somme des diamètres des bases, *moins* le produit de ces diamètres.

CONE, genre de mollusques gastéropodes, de l'ordre des pectinibranches, famille des buccinoïdes, dont la coquille se reconnaît à sa spire tout à fait plate ou peu saillante, formant la base d'un véritable cône dont la pointe est à l'extrémité opposée; à son ouverture étroite, rectiligne ou à peu près, étendue d'un bout à l'autre, sans renflements ni plis. Tous sont recouverts d'un épiderme membraneux, s'enlevant par couches longitudinales par la dessication. Les cônes habitent toutes les mers. On en connaît près de deux cents espèces: le *cône drap d'or*, long de près d'un pouce et demi, d'un beau jaune doré, avec des lignes ondulées de brun et de taches blanches triangulaires; le *cône amiral*; le *cône codonulli*, etc.

CONE. On désigne ainsi, en botanique, les fleurs femelles des végétaux, qui ont pour cette raison reçu le nom de *conifères*. Les cônes, que l'on a aussi nommés *strobiles*, sont composés d'écailles persistantes, ordinairement disposées en forme conique. C'est à l'aisselle de ces écailles que sont les fleurs et plus tard les fruits. Telle est la *pigne* ou pomme de pin.

CONÉGLIANO, petite ville du royaume lombardo-vénitien, à 8 lieues au N. de Trévise. Napoléon l'érigea en duché en faveur du maréchal Moncey, aujourd'hui gouverneur des Invalides.

CONFALON, confrérie établie par Clément IV ou par quelques Romains, en 1264 ou 1267, et qui prit son nom du mot italien *confalone*, étendard, gonfalon, parce qu'elle portait la bannière de la sainte Vierge, sa patronne. Grégoire XIII l'érigea en archiconfrérie l'an 1583. Le dessein principal de cette association fut de délivrer les chrétiens captifs des Sarrasins.

CONFARRÉATION, cérémonie qui était la manière la plus sacrée de faire les mariages chez les Romains, et qui consistait à faire manger en présence de dix témoins, d'un pontife ou d'un flamine dial, d'un même gâteau de froment, aux personnes qu'on unissait. La femme épousée de cette sorte de façon participait à tous les droits de son mari, prenait une part in succession égale à celle de ses enfants, et, à défaut de ces derniers, était reconnue hé-

ritière universelle: ce qu'on appelait *convenire in manum tanquam agnata*.

CONFECTION, en pharmacie, préparation de consistance pulpeuse, et composée de plusieurs drogues en poudre ordinairement tirées du règne végétal, et d'une certaine quantité de sirop ou de miel. C'est ainsi que la *confection d'archigènes* est composée de demi-once de castoréum, d'autant de poivre long et noir, de styrax, de galbanum, de costus, d'opium, de deux gros de safran et de sirop d'armoise. On l'a préconisée dans les maladies nerveuses.

CONFÉDÉRATION, union d'appui et d'intérêt contractée avec des conventions particulières, entre des corps, des partis, des villes, de petits princes, pour faire ensemble cause commune et défendre leurs droits.

CONFÉDÉRATION, nom donné, en Pologne, aux ligues de la noblesse armée pour s'opposer aux empiétements du pouvoir royal ou pour sauver la patrie d'un péril imminent. On connaît la célèbre confédération de Bar, formée le 29 février 1768 pour soustraire la Pologne à la domination étrangère, et qui succomba en 1771, après quatre ans de lutte contre la Russie.

CONFÉDÉRATION DU RHIN ET CONFÉDÉRATION GERMANIQUE, nom donné à deux confédérations célèbres des Etats allemands, ligués pour leur défense et leurs intérêts communs. La première était une espèce de ligue fédérative formée le 26 septembre 1805 au traité de Presbourg, sous les auspices de Napoléon, entre tous les Etats d'Allemagne qui s'étaient séparés de l'empereur d'Autriche. Elle était divisée en deux collèges: savoir, celui des rois et grands-ducs, et celui des princes et ducs. Le premier collège comprenait quatre royaumes, cinq grands-duchés, et le territoire d'Erfurt et de Catzenellnbogen. Le deuxième comprenait onze duchés et onze principautés. La confédération du Rhin fut dissoute en 1814 à la chute de Napoléon, et fut remplacée par la *confédération germanique*. Cette ligue est formée de quarante Etats distincts qui traitent de leurs intérêts à une assemblée générale de leurs députés, nommée *diète*. Le nombre de voix à la diète est réglé par le degré d'importance des Etats. Chacun en outre doit fournir un certain contingent de troupes et une somme d'argent convenus par avance. Voici le nom de ces Etats, avec l'ordre qu'ils occupent à la diète: les *Etats autrichiens, les Etats prussiens, la Bavière, le Hanovre, le Wurtemberg, la Saxe, Bade, Hesse-Darmstadt, Hesse-Cassel, Holstein et Lauenbourg, Luxembourg, Mecklembourg-Schwerin, Nassau, Brunswick, Holstein-Oldenbourg, Saxe-Weimar, Hambourg, Saxe-Cobourg-Gotha, Saxe-Meiningen, Saxe-Altenbourg, Mecklembourg-Strelitz, Lippe-Detmold, Schwarzbourg-Rudolstadt, Anhalt-Dessau, Waldeck, Francfort, Brême, Schwarzbourg-Sondershausen, Lubeck, Hohenzollern-Sigmaringen, Anhalt-Bernbourg, Anhalt-Kœthen, Reuss-Schleitz, Reuss-Lobenstein, Lippe-Schauembourg, Reuss-Greiz, Hesse-Hombourg, Hohenzollern-Hechingen, Lichtenstein, Kniphausen*. Voy. ces mots.

CONFÉRENCE, assemblée de plusieurs personnes instruites sur une certaine matière, et dans laquelle on traite de cette matière. Parmi les conférences religieuses, la plus célèbre est celle de Carthage, tenue en cette ville en 411, par ordre de l'empereur Honorius, et dans laquelle les donatistes furent confondus par saint Augustin. Les conférences ecclésiastiques étaient autrefois très-fréquentes, et encore aujourd'hui elles ont lieu entre les prêtres de chaque canton. On a donné aussi le nom de CONFÉRENCES aux corps d'ouvrages renfermant le résultat des travaux de ces assemblées. Les plus fameux sont les Conférences de Tours, Poitiers, Paris, Besançon, la Rochelle, Périgueux, Luçon et surtout d'Angers.

CONFÉRENCE, nom donné, dans la secte méthodiste anglaise à une sorte de tribunal suprême composé de cent pasteurs, qui nomment à toutes les places vacantes et à la haute direction des revenus et des biens de la secte.

CONFÉRENCE (jurispr.). On donne ce nom à des ouvrages dans lesquels on a rapproché différentes lois, différents textes, différents passages.

CONFÉRENCES (MAITRES DES). Voy. ECOLE NORMALE.

CONFERVÉES, famille de plantes cryptogames, caractérisée par des filaments tubuleux, cylindriques, vitrés, simples ou rameux, articulés et contenant une matière colorante; la fructification consiste en des gemmes intérieures, tout à fait nues, non capsulaires. Les *confervées*, que l'on rencontre quelquefois dans les infusés aqueux, habitent les eaux douces ou salées, la surface des bois pourris et des murs humides. La sécheresse les détruit ou les fait disparaître pour jamais. Le genre type de la famille des confervées est le genre *conferve*.

CONFESSEUR, nom donné 1° aux martyrs; 2° aux saints distingués des apôtres, évangélistes, martyrs, docteurs ou vierges; 3° aux prêtres séculiers ou réguliers qui administrent le sacrement de la pénitence.

CONFESSION, accusation et déclaration de ses péchés faite par un pénitent à un prêtre qui a juridiction sur lui, pour en recevoir la pénitence et l'absolution. La confession a été instituée par Jésus-Christ, qui donna à ses disciples le pouvoir de remettre les péchés. Les lois canoniques commandent aux prêtres le secret de la confession sous peine d'une pénitence perpétuelle. La loi du secret ne lie pas seulement le confesseur par rapport aux vivants, mais aussi à l'égard des morts. Les calvinistes et la plupart des sectes réformées rejettent la confession. — Autrefois on prescrivait dans certains cas la confession publique des péchés. Nectaire, évêque de Constantinople, l'abolit. — Après la révocation de l'édit de Nantes, on exigea des *billets de confession* sous peine des galères perpétuelles et de la confiscation des biens. Aujourd'hui les billets de confession ne sont exigés que pour le mariage religieux.

CONFIDENCE. En termes de jurisprudence féodale, c'était une sorte de pacte illicite, de fidéicommis par lequel on jouissait en tout ou en partie des fruits d'un bénéfice sous le nom d'autrui, sans en posséder le titre, ou on le conservait pour quelqu'un. La *confidence* était défendue sous les mêmes peines que la simonie, et les confidentiaires étaient excommuniés par le fait même et déchus des bénéfices obtenus ainsi.

CONFIRMATION, l'un des sept sacrements de l'Eglise, produit la grâce habituelle, dont les dons du Saint-Esprit sont la suite, et ne peut être conféré qu'une fois parce qu'il imprime à l'âme un caractère ineffaçable. Il faut pour recevoir la confirmation être en état de grâce. Les cérémonies de la confirmation consistent en ce que l'évêque, qui seul a droit de confirmer, étend la main sur ceux qui doivent être confirmés et qui sont à genoux, récite sur eux une oraison par laquelle il invoque le Saint-Esprit, trempe le pouce de la main droite dans le saint chrême dont il fait un signe de croix sur le front du confirmé, en disant: *Je vous marque du signe de la croix et je vous confirme du chrême du salut*, et donne un léger soufflet sur la joue de celui qu'il a confirmé, en disant: *La paix soit avec vous*.

CONFISCATION, adjudication, au profit du roi ou des seigneurs hauts justiciers, des biens d'un homme condamné à mort. Chez les Romains, tous les biens d'un homme accusé et poursuivi criminellement étaient irrévocablement confisqués, s'ils ne paraissaient pas dans le temps qui lui était prescrit. La confiscation avait été reçue par toutes les nations et admise en

France dès les premiers temps de la monarchie. Il y avait cependant des provinces, telles que le Lyonnais, le Mâconnais, le Forez, le Beaujolais et l'Angoumois, où la confiscation n'avait pas lieu. — Aujourd'hui la peine de la confiscation des biens est abolie. On n'admet que des confiscations partielles dans certains cas.

CONFISEUR, artisan qui fait des confitures de toutes les espèces et toutes sortes de bonbons ou d'ouvrages en sucre. Les confitures sont *sèches* ou *liquides*. Les premières sont des fruits entiers ou coupés par quartiers, des racines, des tiges de quelques plantes et des écorces de certains fruits. Quand ils ont une saveur trop forte on les *blanchit*, c'est-à-dire, on les fait bouillir dans une quantité d'eau suffisante, jusqu'à ce qu'une partie de la saveur ait été enlevée. On plonge ensuite les fruits dans du sucre, et on les y fait cuire. Les confitures *liquides* sont celles dont les fruits sont confits dans un sirop fluide et transparent, qui a ordinairement la couleur du fruit avec lequel il a bouilli.

CONFITEOR, terme par lequel on désigne, dans le langage de l'Ecriture, la prière qui *renferme une accusation générale de ses péchés*, qu'on récite avant de se confesser. On la dit aussi au commencement de la messe, à prime, à complies, etc.

CONFITURES. Voy CONFISEUR.

CONFLANS, bourg du département de Seine-et-Oise, à une lieue de Pontoise et 6 de Paris, où fut conclu le 1er octobre 1465 un fameux traité entre Louis XI et le comte de Charolais. Il fut immédiatement suivi de celui de Saint-Maur, que ce même monarque conclut avec les princes qui composaient la ligue du *bien public*, le 30 octobre de la même année. Par ces traités, Charolais se fit donner en toute propriété Boulogne, Guines, Roye, Montdidier et Péronne; il se fit donner pour lui et son successeur, sauf rachat ensuite moyennant 200,000 écus d'or, le Ponthieu, le Vimeu et les villes de la Somme. Le frère du roi obtint la Normandie. Tous les autres seigneurs reçurent de l'argent comptant, des pensions, de nouvelles seigneuries. Ce traité fut, peu de temps après, violé par Louis XI.

CONFLUENCE ou CONFLUENT, point de jonction de deux cours d'eau qui viennent se réunir l'un à l'autre.

CONFLUENT DES SINUS. C'est, en anatomie, une cavité lisse et polie, de forme irrégulière, dans laquelle viennent se rendre plusieurs des sinus de la dure-mère. Elle est placée au-devant de la protubérance occipitale interne, à la réunion des trois grands replis de la méninge. Elle offre six ouvertures.

CONFLUENTES, nom donné à certaines maladies caractérisées par l'éruption de pustules qui sont très-contiguës et se réunissent en quelque sorte. C'est particulièrement à une espèce de *variole* qu'on a appliqué cette épithète.

CONFOLENS, ville de France, chef-lieu d'arrondissement du département de la Charente, à 19 lieues d'Angoulême, sur la rive droite de la Vienne. Sa population est de 2,687 habitants. Elle a un tribunal de première instance, un collége et un hôpital, et commerce en bois de construction et en merrain. — Les seigneurs de Thouars possédaient jadis la terre de Confolens à titre de comté; elle passa ensuite dans plusieurs autres maisons.

CONFORMISTES. On appelle ainsi, en Angleterre, tous ceux qui suivent la doctrine autorisée par les lois de l'État ou de l'Eglise anglicane; et on appelle *non-conformistes* tous ceux qui ne la suivent pas, tels que les luthériens, les presbytériens, les anabaptistes, etc.

CONFORMITÉ OCCASIONNELLE, acte de religion usité en Angleterre, qui consiste à se réunir à l'Eglise anglicane pour un temps, et à participer à sa communion lorsque l'occasion le demande, par exemple, lorsqu'il s'agit d'être élu membre du parlement.

CONFRÉRIE, société de personnes qui s'assemblent pour faire quelques exercices de religion et de piété. — Il y a des confréries *ecclésiastiques*, qui sont sous la direction de prêtres séculiers ou réguliers, et des confréries *laïques*, sous la direction des laïques. On ne peut ériger une confrérie sans la permission de l'évêque diocésain. On en compte plusieurs sortes en France: celles de *dévotion*, telles que les confréries de Notre-Dame, du scapulaire, etc.; celles de pénitents, répandues surtout à Lyon, en Provence et en Languedoc; celles de marchands et de négociants, celles d'artisans et de corps de métiers. — On connaît la *confrérie de la Passion*, dont les membres jouaient les mystères sur les théâtres.

CONFRONTATION, formalité de la procédure criminelle, par laquelle on met le témoin en présence de l'accusé, pour qu'il ait à déclarer si la personne représentée devant lui était bien celle à laquelle se rapportent les faits dont il a témoigné. On appelle *confrontation par tourbe* celle dans laquelle l'accusé se mêle à plusieurs personnes entre lesquelles le témoin doit le distinguer. — Chez les Hébreux, la confrontation était remplacée par une coutume qui servait de confirmation à la déposition, et qui consistait à placer ses mains sur la tête de celui contre lequel on déposait.

CONFUCIUS, nom latinisé de KNOUNG-FOU-TSEU, célèbre philosophe chinois, né l'an 551 avant notre ère. Dès sa jeunesse, il s'adonna à la philosophie. Mandarin à dix-sept ans, il se démit de ses fonctions à la mort de sa mère, selon la coutume, et se consacra, dans une retraite obscure et une méditation profonde, à l'étude des anciens. Il fonda une école suivie par un grand nombre de disciples. Le roi de Lou l'appela à sa cour, et le nomma son premier ministre. Il s'appliqua surtout à corriger les mœurs par l'autorité de ses maximes et de ses exemples, réforma l'administration de la justice, et régla la perception des impôts. Exilé par les intrigues de ses ennemis, il mourut l'an 479 avant notre ère. Ses descendants jouissent de grands honneurs, et possèdent seuls le titre de nobles héréditaires. On est redevable à Confucius d'avoir mis en ordre les principaux ouvrages historiques des Chinois. (Voy. CHOU-KING.) Il a composé le *Ta-Hio* (grande étude) et le *Tchoung-Chou-King* (la fixité dans le milieu). Ces deux ouvrages renferment toute sa morale. La doctrine de Confucius est aujourd'hui suivie par tout ce que la Chine a d'hommes éclairés.

CONGÉ ou CONCHES, vaisseau de bois ou de métal pour mesurer le minerai. — Le CONCE était, chez les Grecs, une mesure pour les choses liquides, qui était la cent soixantième partie de l'amphore, la huitième de l'amphore et la quatrième de l'urne. Elle valait, de nos mesures, 3 litres 2 décilitres. — Il y avait aussi le *conge sacré* ou *lagène*, mesure juive de capacité pour les choses sèches, et qui valait de nos mesures 2 litres 62 centilitres.

CONGÉ, dispense accordée par un supérieur à un inférieur d'accomplir un devoir prescrit. — Le *congé de location* est l'acte par lequel le propriétaire et le locataire déclarent qu'ils vont se séparer, et que le bail qu'ils avaient formé entre eux cessera d'avoir son cours. — Le *congé maritime* est le passe-port ou l'autorisation écrite que le maître d'un navire est obligé de prendre pour pouvoir sortir du port. — En jurisprudence, on donne le nom de *congé-défaut* au jugement par lequel le juge renvoie le défendeur de la demande toutes les fois que celui qui a intenté l'action ne se présente pas pour la soutenir.

CONGÉ (archit.), espèce de moulure employée dans les meubles et les bâtiments, et qui joint le fût de la colonne à ses deux ceintures.

CONGÉ MILITAIRE. Le congé absolu se donne au militaire qui a fait le temps prescrit par la loi, huit ans dans toutes les armes. Le congé est expédié des bureaux du ministère de la guerre. Il est rempli et signé au régiment par les membres du conseil d'administration, approuvé par l'inspecteur général et vu par l'intendant militaire. — Les *congés de semestre*, qui n'ont qu'une courte durée, se donnent ordinairement en octobre pour jusqu'au 1er avril. Les militaires qui partent en congé de semestre ont droit à un rappel de demi-solde à leur retour, sans accessoires pour les officiers, et des deniers de poche seulement pour les sous-officiers et soldats. — Chez les Romains, quiconque abandonnait l'armée sans congé était puni comme déserteur, c'est-à-dire, battu de verges et vendu comme esclave.

CONGÉLATION, passage d'un corps de l'état liquide à l'état solide, par suite de la perte du calorique. L'eau se congèle à des températures inférieures au zéro du thermomètre. Le mercure se congèle à 39 degrés 44 centièmes du thermomètre centigrade. Les liquides alcooliques se congèlent plus difficilement que l'eau pure.

CONGÉLATION (pathol.), nom donné à tous les phénomènes morbides directement déterminés par l'application du froid aux surfaces vivantes. Lorsque le froid agit à la fois sur toutes les parties du corps, et que l'individu n'a pas assez de force pour y résister, ses forces l'abandonnent, son corps s'engourdit, et il tombe dans un sommeil qui est bientôt suivi de l'apoplexie ou de l'asphyxie. Lorsque le froid, comme il arrive le plus souvent, agit seulement sur certaines parties, ces parties deviennent d'abord rouges ou bleues, puis d'un blanc sale, marbrées de taches livides, sèches, dures et semblables à de la corne. Les extrémités, telles que le nez, les pieds, les mains, les oreilles, sont plus sujettes que le reste du corps à ces congélations partielles, que la plupart du temps on fait disparaître au moyen de frictions avec de la neige ou de la glace pilée.

CONGÉNITAL ou CONGÉNIAL, épithète donnée aux maladies que les enfants apportent en venant au monde. Ainsi les maladies congénitales dépendent d'un vice dans l'organisation primitive des individus.

CONGESTION, accumulation d'un liquide dans une partie quelconque de l'économie corporelle. La congestion sanguine est un des symptômes de l'inflammation. Les congestions vers la tête sont plus fréquentes dans l'enfance que dans tout autre âge. Dans la période de la jeunesse qui touche à l'âge adulte, et dans le commencement de cette dernière période, les congestions vers la poitrine sont plus communes; mais c'est surtout dans l'âge suivant que se montrent les congestions au ventre. On connaît deux méthodes: la méthode *déplétive* consiste à diminuer la masse du sang; la méthode *dérivative*, à déterminer dans un point plus ou moins éloigné une irritation plus forte.

CONGIAIRES, nom donné à une gratification faite par les empereurs au peuple romain. Elle consista, dans l'origine, en un conge de vin ou d'huile, et conserva le même nom dans la suite, quoiqu'on donnât beaucoup plus d'un conge, et souvent de l'argent au lieu de dons en nature.

CONGLOBÉ, assemblé en rond. En botanique, on appelle ainsi les fleurs et les feuilles qui sont rassemblées en boule. — En anatomie, les *glandes conglobées* sont les mêmes que les ganglions lymphatiques. Voy. ce mot.

CONGLOMÉRATS, nom donné, en géologie, à différentes espèces de roches composées de fragments d'autres roches liés entre eux par un ciment plus ou moins dur, plus ou moins grossier. Toutes les roches formées par voie d'agrégation mécanique sont de ce genre.

CONGLOMÉRÉ, réuni en pelote. En anatomie, on appelle *glandes conglomérées* les glandes dont les lobules sont réunis sous une même membrane, comme le rein, le foie, les glandes salivaires, etc.

CONGO, Coango ou Zaïre, grand fleuve de l'Afrique, qui prend sa source dans le lac Zambre, aux frontières du Mono-Emugi, et qui se jette dans l'océan Atlantique, après avoir arrosé le royaume de Congo. Il a une lieue de large à son embouchure. Il a en quelques lieues 900 pieds de profondeur. Sa profondeur moyenne est de 250 pieds. On ne peut le remonter que l'espace de 11 lieues; au delà il se resserre entre des rochers.

CONGO, royaume d'Afrique, dans la Guinée méridionale, borné au N. par le royaume de Loango et celui de Cacongo, au S. par ceux d'Angola et de Matamba, à l'E. par ceux de Mono-Emugi et des Molouas, à l'O. par la mer. Sa superficie est d'environ 18,000 lieues carrées. Le sol du Congo est très-fertile; il a des mines de fer, de cuivre et des salines. Les indigènes sont noirs et hospitaliers, mais très-vindicatifs; ils ont plusieurs femmes, et ils les emploient aux travaux les plus rudes. La capitale est San-Salvador ou Banza-Congo, située sur une montagne, à 40 lieues de la mer. Sa population est d'environ 25,000 habitants. Le Congo, qui a été découvert en 1487 par le Portugais Diego Cam, n'est aujourd'hui soumis que de nom aux Portugais, qui y conservèrent pendant longtemps une grande influence. — On a encore donné le nom de Congo à toute la Guinée méridionale.

CONGRE, espèce de poissons du genre murène, de l'ordre des malacoptérygiens apodes et de la famille des anguilliformes. Ses caractères sont d'avoir les ouïes ouvertes de chaque côté sous la nageoire pectorale, la mâchoire supérieure la plus longue et le corps arrondi. La principale espèce est le *congre commun*, de la grosseur de la jambe et long ordinairement de six à sept pieds. Il est très-vorace. On le pêche dans plusieurs endroits, principalement sur les côtes de France et d'Angleterre. On le fait sécher pour l'expédier au loin.

CONGRÉGATION, assemblée de personnes pieuses en forme de confrérie. — On appelle encore ainsi la réunion des cardinaux commis par le pape, et distribués en plusieurs chambres pour exercer certains offices. Il y a quelques-unes de ces congrégations qui sont fixes et ordinaires; d'autres, que les papes établissent extraordinairement pour discuter quelques affaires, et qui cessent après la discussion. Chaque congrégation a son chef ou président et son secrétaire. Il n'y a que le président qui signe les lettres et les actes de la congrégation.

CONGRÉGATION DE L'INDEX. Elle est composée de plusieurs cardinaux et d'un secrétaire de l'ordre de Saint-Dominique, de plusieurs théologiens qu'on appelle *consulteurs*, et auxquels on donne des livres à examiner pour en faire leur rapport à la congrégation, dans laquelle ils n'ont pas voix délibérative. Cette congrégation, qui se tient devant le pape ou chez le plus ancien cardinal, examine tous les livres qui traitent de la foi, et en condamnent ou bien en permettent la lecture.

CONGRÉGATION DES MISSIONS, congrégation religieuse dont les fonctions consistent à diriger la communauté des sœurs de la Charité, à former les élèves du sanctuaire dans les et à occuper dans les échelles du Levant les missions françaises de Constantinople, Naxie, Smyrne, Anthoura, Damas, Alep, Tripoli, Santorin et Salonique. Elle a été fondée par saint Vincent de Paule. Les prêtres de cette congrégation, appelés encore *lazaristes*, envoient aussi des missionnaires à Pékin et dans plusieurs provinces de la Chine. Ils dirigent à Macao un séminaire, fondé pour l'éducation des jeunes Chinois qui se destinent à l'état ecclésiastique, et possèdent trois établissements en France, situés à Montdidier (Somme) avec deux cents élèves, à Roye (Somme) avec cent élèves, et à Montolieu (Aude) avec deux cent cinquante élèves. Des congrégations établies à l'étranger, sous le titre de *provinces*, dépendent de la congrégation française, et sont administrées par un visiteur nommé par le *supérieur général*.

CONGRÉGATION DU PAPE ou consistoriale, congrégation composée de quelques cardinaux, prélats et théologiens, dont le nombre n'est pas fixé, et qui a pour chef le cardinal-doyen quand il réside à Rome. Elle se tient ordinairement quelques jours avant le consistoire, et on y traite de l'érection des archevêchés et des églises cathédrales, des réunions, suppressions ou résignations des évêchés, des coadjutoreries, des taxes et annates de tous les bénéfices qui sont à la collation du pape. Cette congrégation a été instituée par Sixte-Quint.

CONGRÉGATION DES RITS, établie par Sixte-Quint. Outre les cardinaux, dont le nombre dépend du pape, il y a plusieurs prélats, dont l'un est secrétaire; le maître du sacré palais, le sacristain du pape, un ou plusieurs maîtres de cérémonies, et plusieurs religieux professeurs en théologie. Cette congrégation s'occupe de tout ce qui regarde la célébration de la messe et des offices divins, l'administration des sacrements, les rits ou cérémonies de l'Église, la béatification ou la canonisation des saints, etc., et se tient une fois le mois.

CONGRÉGATION DU SAINT-ESPRIT, congrégation religieuse fondée en 1703, à Paris, pour former à l'état ecclésiastique les jeunes gens peu aisés. Leur destination, avant la révolution, était les emplois les moins recherchés et les plus pénibles; le service des hôpitaux et des missions. La congrégation du Saint-Esprit a fourni des ecclésiastiques qui se sont consacrés aux missions de la Chine, des Indes, du Canada et de l'Afrique, c'est-à-dire, de Gorée, de la Sénégambie et du Sénégal.

CONGRÉGATION DU SAINT-OFFICE, instituée par Paul III et augmentée par Paul IV et Sixte-Quint. Elle est ordinairement composée de douze cardinaux, assistés de plusieurs théologiens de divers ordres séculiers et réguliers, qu'on appelle *consulteurs* et *qualificateurs du saint-office*, parmi lesquels il y a toujours un un cordelier et trois dominicains; savoir : le général de l'ordre, le maître du sacré palais et le commissaire du saint-office. Cette congrégation connaît des hérésies et de tout ce qui regarde la foi, l'apostasie, etc. Il n'y a que les cardinaux qui y aient voix délibérative.

CONGRÉGATIONNALISTE, forme d'organisation ecclésiastique instituée en Angleterre par un certain nombre de chrétiens qui se séparèrent de l'Église anglicane. Les congrégationalistes adoptèrent une voie moyenne entre les *indépendants*, séparés en Églises absolument indépendantes les unes des autres, et les *presbytériens*, strictes observateurs de la discipline de Calvin; c'est-à-dire, ils établirent l'usage de communications dogmatiques et disciplinaires purement officieuses entre les diverses Églises, tout en maintenant soigneusement le principe que nulle d'elles n'a le droit d'influencer les affaires d'une autre Église. Aux États-Unis, il y a plus de 3,000,000 de chrétiens congrégationalistes.

CONGRÈS, mode de procédure qui s'appliqua pendant longtemps en France aux demandes de nullité de mariage ou en divorce formées par la femme contre son mari pour cause d'impuissance, et dans lequel la preuve justificative de la demande devait être faite devant des experts chargés de déposer leur rapport au greffe. L'immoralité de cette épreuve judiciaire fit prononcer par le parlement de Paris son abolition par un arrêt du 18 février 1677.

CONGRÈS, réunion des diplomates de plusieurs États pour concilier les prétentions opposées de puissances belligérantes. Les plus célèbres congrès furent celui de *Munster et d'Osnabruck*, ouvert en décembre 1644 pour la conclusion d'une paix générale entre la France, la Suède, l'Empereur, le roi d'Espagne et le pape; celui d'*Aix-la-Chapelle*, qui termina par la paix de ce nom la guerre entre la France et l'Espagne; le congrès d'*Altona*, tenu en 1687, et qui eut pour résultat la paix d'Altona, en vertu de laquelle le duc de Holstein recouvra ses États avec tous ses droits de souveraineté. Mais les plus célèbres qui se soient tenus de nos jours sont ceux de *Châtillon*, de *Vienne*, de *Paris*, de *Laybach* et de *Vérone*. Pour le premier, voy. CHATILLON; pour le second, voy. VIENNE. Le troisième amena la conclusion du traité de Paris du 20 novembre 1815, et fut tenu par les ministres d'Autriche, de la Grande-Bretagne, de Prusse, de Russie et de France. Le quatrième, tenu en 1821 à l'occasion des mouvements insurrectionnels de Naples et du Piémont, fut la continuation de celui de *Troppau*; les rois s'y constituèrent en *sainte alliance*. Le cinquième dura depuis le mois d'octobre jusqu'en décembre 1822, et eut pour résultat la guerre entreprise par la France pour replacer Ferdinand VII sur le trône d'Espagne.

CONGRÈS SCIENTIFIQUE, réunion libre, à une époque et dans un lieu fixé à l'avance, de savants pour conférer sur l'état et les progrès des sciences, et se communiquer leurs travaux. La Suisse et l'Allemagne ont donné le premier exemple de réunions de ce genre. En France, le premier fut celui de Caen, suivi de ceux de Clermont, de Poitiers, de Toulouse et de Metz.

CONGRÈVE (William), auteur dramatique anglais, né en 1672 à Barsa, près Leeds (Yorkshire). Il fut d'abord destiné par son père à l'étude des lois; mais il la négligea pour s'occuper de littérature. Ses pièces l'ont fait surnommer *le Térence anglais*. Congrève mourut en 1729. Ses célèbres comédies sont *le Vieux Garçon*, *Amour pour amour*, *la Fiancée en deuil*, *le Chemin du monde*, *le Fourbe doublement*. On a encore de lui des *odes*, des *opéras*, des *pastorales*, etc.

CONGRÈVE (Sir William), colonel anglais, né vers 1760 dans le comté de Middlesex. Il doit sa célébrité à l'invention des fusées qui portent son nom (1808). Ces fusées ont la forme de boîtes allongées, une feuille de tôle recouvre le corps de la fusée, qui est en carton fort, et a un bout en fer, avec une mèche rendue inextinguible. Elles pèsent ordinairement dix-huit livres, et ont quatre pieds de long sur quatre pouces de diamètre. Lorsqu'elles sont lancées, elles parcourent une ligne horizontale, et, en éclatant, d'autres petites fusées très-meurtrières, qui éclatent à leur tour. Ce projectile incendiaire brûle d'une flamme vive; mais un épais nuage de fumée le dérobe à la vue. Ces fusées brûlent dans l'eau.

CONGRÈVE (FUSÉES A LA). Voy. CONGRÈVE (Sir William).

CONI, ville des États sardes, à 14 lieues de Turin et 42 de Milan. Ses environs sont de 9,000 habitants. Elle a une bonne citadelle.

CONIFÈRES, famille de plantes dicotylédonées. Les fleurs mâles sont ordinairement en chaton; les fleurs femelles, solitaires, réunies en globule et disposées en cône; les tiges sont ligneuses; le fruit disposé en cône dans la plupart des genres; les feuilles persistantes, en général linéaires. Les genres compris dans cette famille se distribuent en trois sous-ordres distincts, savoir : les taxinées, aux fleurs femelles, distinctes les unes des autres, attachées à l'aisselle d'une écaille ou au fond d'une sorte de capsule, et aux fruits simples; les cupressinées, aux fleurs femelles, dressées, peu nombreuses et qui forment le fruit plus ou moins arrondi, quelquefois charnu; et les abiétinées, au fruit en cône, formé d'écailles imbriquées.

CONIQUES (Sections), lignes courbes que donne la section d'un cône par un plan. Il y en a de quatre espèces différentes : le *cercle*, l'*ellipse*, la *parabole* et l'*hyperbole*. On pourrait mettre aussi le *triangle* au nombre des sections coniques; car, toutes les fois que le plan coupant passe par le sommet, la section est un triangle.

CONIROSTRES, famille d'oiseaux de l'ordre des passereaux, créée par Cuvier pour tous les oiseaux qui ont le bec conique et sans échancrure. Elle renferme les *alouettes*, les *mésanges*, les *moineaux* ou *fringillés*, les *étourneaux*, les *pique-bœuf*, les *sittèles*, les *corbeaux*, les *paradisiers* et les *rolliers*.

CONJOINT (mus.). Voy. Degré (mus.).

CONJOINT, en botanique, nom donné aux organes de même nature qui sont soudés ensemble. Les *feuilles conjointes* sont des feuilles opposées ou verticillées, soudées entre elles par leur partie intérieure, comme dans le *chardon*, la *saponaire*, le *chèvrefeuille*. Dans le *houblon*, les *stipules* sont *conjointes*; dans la *vigne*, il y a des *pétales conjoints*, et dans les *synanthérées* et les *malvacées*, des *étamines conjointes*.

CONJOINT (jurispr.). On appelle ainsi les époux qui sont unis ou joints par la formule sacramentale du mariage, *conjungo vos*, pour le religieux, et, *au nom de la loi, je vous unis*, pour le civil.

CONJOINTE (Règle). C'est, en mathématiques, une opération qui a pour but de déterminer le rapport de deux nombres dont les rapports avec d'autres nombres sont connus. Les négociants font un emploi fréquent de la règle conjointe dans leurs opérations de change.

CONJONCTION (astron.), rencontre de deux astres ou de deux planètes au même point du zodiaque. Elle est le premier *aspect*, comme l'opposition est le dernier. La lune se trouve tous les mois en conjonction avec le soleil : c'est ce qu'on nomme *nouvelle lune*. On divise les conjonctions en *héliocentriques* et en *géocentriques*. Les premières sont celles qu'on observerait si l'on était dans le soleil; les secondes sont les conjonctions vues de la terre. Les conjonctions *géocentriques* des planètes sont *inférieures* ou *supérieures*, selon que les planètes sont entre la terre et le soleil, ou selon que le soleil est entre la terre et la planète. — On distingue encore les conjonctions en *vraies*, lorsque les deux astres ont une même latitude et une même longitude, et en *apparentes*, lorsque ayant la même longitude leurs latitudes diffèrent.

CONJONCTIVE, membrane muqueuse, ainsi appelée parce qu'elle unit le globe de l'œil aux paupières. Elle revêt le bord libre et la face postérieure des paupières, couvre la caroncule lacrymale et se réfléchit sur la portion apparente du globe de l'œil auquel elle adhère entièrement, surtout au niveau de la cornée transparente, où elle est fort mince. Elle fournit des prolongements qui pénètrent dans les conduits lacrymaux, l'intérieur des conduits excréteurs de la glande lacrymale et les follicules palpébraux.

CONJUGUÉ, nom donné, en botanique, aux feuilles composées dont les folioles sont disposées par paires des deux côtés du pétiole; la feuille conjuguée est dite *uniguée, bijuguée, trijuguée, multijuguée*, etc., selon qu'elle offre une, deux, trois ou un plus grand nombre de paires au pétiole. Le *sainfoin* a des feuilles *conjuguées*.

CONJURATION, complot formé contre la vie ou la liberté d'une ou de plusieurs personnes, ou contre une forme particulière de gouvernement. Les plus célèbres conjurations sont celles de Catilina, de Venise, dont l'histoire a été écrite par l'abbé de Saint-Réal (voy. Cueva, Jaffier), des Pazzi contre les Médicis, d'Amboise, de Badœuf, etc. Voy. tous ces noms.

CONNAISSEMENT, contrat qui appartient au droit commercial maritime, et qui fait connaître les marchandises en chargement sur un navire. Il renferme la déclaration de ces marchandises, le nom de ceux qui les ont chargées, celui des personnes auxquelles elles sont adressées, le lieu de leur destination et le prix du fret.

CONNAUGHT ou Connacie, une des quatre provinces de l'Irlande, à l'O. de cette contrée, bornée par la mer, par le Munster et par le Loinster. Sa superficie est d'environ 342 milles géographiques carrés, et sa population de 483,500 habitants. Le Connaught renferme cinq comtés, *Mayo, Sligo, Leitrim, Roscommon*, et *Galloway*. Le terroir est assez fertile en blé et en pâturages. — Le Connaught avait autrefois ses rois ou ses chefs particuliers. Le dernier, Roderick O'Connor, fut dépouillé par Henri II, roi d'Angleterre, en 1172.

CONNECTICUT, fleuve de l'Amérique septentrionale, qui prend sa source sur la frontière S. du bas Canada, sépare l'État de Vermont de celui de New-Hampshire, traverse ceux de Massachussets et de Connecticut, et se jette dans l'Océan, au détroit de Long-Island, après un cours de 100 lieues.

CONNECTICUT, un des États-Unis de l'Amérique septentrionale, borné au N. par celui de Massachussets, à l'O. par celui de New-York, à l'E. par celui de Rhode-Island. Sa superficie est de 4,030 lieues carrées, et sa population de 297,050 hab. Il tire son nom du fleuve *Connecticut*. La capitale est *Hartford*, sur la rive droite du Connecticut. Il se divise en huit comtés; le sol est montagneux à l'O., mais fertile en blé et en légumes. On y trouve beaucoup de minéraux. L'industrie manufacturière est très-active, surtout en étain. Il est le centre du commerce de l'Union. — Ce fut en 1633 qu'une colonie anglaise vint s'y établir pour la première fois.

CONNECTIF, corps ou organe de forme variable, qui, dans l'étamine d'un certain nombre de végétaux, sert à unir les deux loges de l'*anthère*, qui, dans ce cas, ne sont pas simplement accolées ou séparées par le filet. Le connectif existe d'une manière marquée dans l'*éphémère de Virginie* et dans la *sauge*.

CONNÉTABLE, charge en titre d'office qui existait dans l'empire romain sous le nom de *comte de l'étable* (comes stabuli), et qui fut en usage dès la première race. Sous les deux autres races, le connétable eut le commandement supérieur des armées après le roi, qu'il accompagnait à la guerre, et dont il ceignait l'épée. Il était aussi chargé de la surveillance des écuries, et prenait à la cour ainsi qu'à l'armée le premier rang après le roi. Il portait l'épée royale nue et haute dans les grandes cérémonies. Albéric (1060) fut le premier connétable. On en compte vingt jusqu'au duc de Lesdiguières, mort en 1627. A cette époque, Louis XIII supprima la charge de connétable, que Napoléon rétablit en faveur de son prince de Wagram, qui n'a pas eu de successeur.

CONNÉTABLIE, corps de troupes dont le connétable de France était le chef, formait la garde d'honneur des maréchaux de France, et fut supprimée en même temps que la maison militaire du roi.

CONNIVENT, nom donné, en botanique, aux parties dont les divisions sont rapprochées, ou tendent manifestement à se rapprocher. Le calice du chou est presque *connivent*. Quelques feuilles, telles que celles de l'arroche des jardins sont *connivantes* pendant le sommeil de la plante à laquelle elles appartiennent.

CONNIVENTES (Valvules), rides transversales, en général falciformes, qui font saillie dans la cavité de l'intestin grêle, et qui sont formées spécialement par la membrane muqueuse de l'intestin. Elles ont pour usage de retarder le cours du chyme, et d'augmenter la surface absorbante et exhalante.

CONOÏDE (géom.), corps formé par la révolution d'une section conique autour de son axe. Ces corps prennent différents noms selon la nature de la courbe qui les produit; le *conoïde parabolique* est le *paraboloïde*, le *conoïde elliptique* le *sphéroïde*, etc. Communément on appelle *conoïdes* les solides dont la forme approche plus ou moins de celle d'un cône. Le volume et la surface d'un conoïde s'obtiennent de la même façon que ceux du *cône*.

CONON, général athénien, forma le dessein de rétablir sa patrie dans sa première grandeur. Il fut nommé gouverneur de toutes les îles soumises à la république d'Athènes, et força le Lacédémonien Callicratidas à lever le siège de Mitylène. Vaincu par Lysandre à la hauteur d'Ægos-Potamos (405 ans avant J.-C.), il s'exila volontairement, et se retira à la cour d'Artaxerce, qui à cause de lui déclara la guerre aux Lacédémoniens; amiral de la flotte du monarque persan, il gagna sur les Spartiates la bataille de Cnide (394 avant J.-C.), où Lysandre fut tué. Il ravagea les côtes de la Laconie, environna Athènes d'une forte muraille. Arrêté par le satrape de Sardes, Tiribaze, il mourut en prison l'an 393 avant J.-C.

CONON, né en Sicile d'une famille originaire de Thrace, fut élu pape le 21 octobre 686 après la mort de Jean V, et mourut le 21 septembre de l'année suivante. C'était un vieillard vénérable par sa candeur et sa simplicité.

CONOPSAIRES, tribu d'insectes de l'ordre des diptères, famille des athéricères, ayant pour caractères une trompe saillante en forme de siphon, qui est tantôt cylindrique, tantôt conique ou sétacé. Le genre type de la tribu est le genre *conops*, dont les espèces ont la tête très-volumineuse par rapport à leur corps; les yeux ovalaires; la trompe deux fois plus longue que la tête; l'abdomen long, très-rétréci à la base; les pattes de grandeur moyenne et robustes. Les conops vivent sur les fleurs; on les trouve assez souvent dans les prairies où ils volent avec beaucoup de vivacité.

CONQUE, mesure grecque pour les liquides, valait 2 *mystres*, ou de nos mesures 2 centilitres un quart.

CONQUE, cavité qui présente le pavillon de l'oreille, et qui est bornée par les éminences *tragus*, *antitragus* et *anthélix*. Elle présente au fond l'orifice externe du conduit auditif. — On donne aussi ce nom à tout le pavillon de l'oreille.

CONQUES, nom donné improprement, dans le commerce, à de grandes coquilles concaves dont les *Tritons* de l'antiquité se servaient, suivant la fable, en forme de trompettes. Lamarck donne ce nom à une famille de coquilles bivalves divisée en *fluviatiles* et en *marines*, et comprenant sept genres : *cyprine*, *cythérée*, *vénus*, *vénéricarde*, *cyclade*, *syrène* et *galathée*.

CONQUÊTS, terme de jurisprudence opposé à celui d'Acquêts, et signifiant toute acquisition faite des deniers de la communauté conjugale, tandis que par celui d'*acquêts* on entend les biens propres à chaque époux et acquis individuellement. Les conquêts sont de véritables acquêts de la communauté.

CONRAD. Quatre empereurs d'Allemagne ont porté ce nom. — Conrad Ier, comte de Franconie, fut élu roi de Germanie en 912 après la mort de Louis IV, et mourut en 918. — Conrad II, dit *le Salique*, fils d'Herman, duc de Franconie, fut élu empereur en 1024 après la mort de Henri II. Il eut à combattre la plupart des ducs révoltés contre lui. Il acquit le royaume de Bourgogne en vertu de la donation de Raoul III, dernier roi, mort en 1038, et à titre d'époux de Gisèle, sœur puînée de ce prince. Il mourut à Utrecht en 1039. — Conrad III, duc de Franconie, fils de Frédéric, duc de Souabe, né en 1094. Il fut élu en 1138 après la mort de Lothaire II, auquel il avait disputé l'empire. Ce fut sous son règne que naquirent les deux célèbres partis des Guelfes et des Gibelins, les premiers partisans du duc de Bavière, Welf, opposés à l'empereur; les seconds, partisans des empereurs, et ainsi appelés, de Weiblingen, petit village où avait été élevé leur général Frédéric, duc de Souabe. Son expédition dans la terre sainte fut moins heureuse que sa guerre contre la Bavière. Il mourut en 1152. — CONRAD IV, duc de Souabe, et fils de Frédéric II, se fit élire empereur après la mort de son père en 1250. Le pape Innocent IV fit prêcher une croisade contre lui et contre Mainfroi, son frère naturel. Conrad passa en Italie pour se faire reconnaître roi des Deux-Siciles. Il prit Naples, Capoue, Aquino, et mourut en 1254, à la fleur de son âge.

CONRAD DE MARPURG, religieux franciscain, docteur en théologie, persécuteur des hérétiques, fut l'apôtre de l'inquisition en Allemagne. Innocent II le nomma premier inquisiteur d'Allemagne, et dans cette qualité Conrad s'occupa pendant vingt ans à rechercher et à faire brûler un nombre infini de personnes, la plupart innocentes. Ayant cité devant son tribunal le comte de Sayn, celui-ci s'adressa au roi des Romains, qui convoqua une assemblée à Mayence, où Conrad fut convaincu d'avoir suborné ses témoins. Après une diète tenue à Francfort, Conrad, retournant à Marpurg, fut assassiné près de cette ville en 1233.

CONRADIN, né en 1252 de Conrad IV et d'Elisabeth, fille d'Othon, duc de Bavière, n'avait que trois ans lorsque son père mourut, laissant la régence du royaume de Naples à Mainfroi, qui fatigua les papes par ses incursions sur les terres pontificales. Urbain IV ayant donné l'investiture du royaume de Naples à Charles d'Anjou, frère de saint Louis, et Mainfroi ayant été tué dans la bataille de Bénévent, Conradin passa en Italie, et, après avoir perdu une bataille, fut fait prisonnier par son compétiteur près du lac Fucin en 1268, et eut la tête tranchée.

CONRART (Valentin), conseiller-secrétaire du roi, né à Paris en 1603, mort en 1675. C'était chez lui que se tenaient les assemblées qui furent l'origine de l'académie française, dont il fut le secrétaire perpétuel. Cette académie se forma en 1629 dans sa maison, et s'y assembla jusqu'en 1634. On a de lui des *Extraits de Martial*, un *Traité de l'action de l'orateur*, des *Lettres à Félibien*, etc. Conrart était parent du célèbre Antoine Godeau, depuis évêque de Vendôme.

CONSALVI (Hercule), cardinal et principal ministre de Pie VII, né à Rome en 1757. Après avoir occupé plusieurs places de judicature, il entra comme secrétaire dans le conclave qui s'ouvrit à Venise en 1799. Le pape le nomma pro-secrétaire d'Etat aussitôt après son exaltation, et cardinal en 1800. Il mit de l'ordre dans les finances, et encouragea l'industrie et l'agriculture. En 1814, chargé de défendre les intérêts de Rome auprès des puissances alliées, il se rendit à Londres, réussit dans ses négociations, et obtint à Vienne des succès non moins brillants. Léon XII le nomma préfet de la propagande. Il mourut en 1824.

CONSANGUIN, terme qui désigne les enfants nés d'un même père et non pas d'une même mère, tandis qu'on appelle *utérins* ceux qui sont nés d'une même mère et non pas d'un même père, et *germains* ceux qui sont d'un père et d'une mère communs. La *consanguinité* est le degré de parenté paternelle, parenté qui s'étend au sixième ou au septième degré, dans l'ordre adopté pour la filiation.

CONSCRIPTION, levée annuelle de soldats qui s'effectue pour le recrutement de l'armée, et destinée soit à l'organisation, soit au complément des armées. Le mode de conscription qui est aujourd'hui en usage a été établi par une loi du 10 mars 1818. Tous les ans chaque département fournit un certain nombre de conscrits pris dans la classe de ceux qui ont atteint leur vingtième année, et désignés par le sort. La loi permet les remplacements, dont elle fixe les conditions, et admet des exemptions et des dispenses qu'elle détermine, telles que les maladies contagieuses, la claudication, l'hydropisie, la surdité, etc. Chez les Romains, les tribuns légionnaires choisissaient parmi les hommes appelés au service, et passés en revue au champ de Mars ceux qu'ils jugeaient aptes à servir ; ce qui s'appelait *legiones legere* (choisir les légions). Dans le moyen âge, la conscription portait le nom de *ban et arrière-ban*. Depuis François Ier jusqu'en 1792, le recrutement de l'armée régulière ou permanente se fit par mode d'enrôlement volontaire, remplacé alors par la réquisition et la levée de bataillons de volontaires. La conscription est en usage dans la Prusse, l'Autriche, la Russie et plusieurs autres États.

CONSCRITS (Pères), en latin *patres conscripti*, nom donné chez les Romains aux sénateurs admis dans le sénat par Brutus et Publicola après l'expulsion des rois. Le sénat était alors composé de deux cents sénateurs, dont la moitié était appelée *patres majorum gentium*, et dont l'autre moitié était appelée *patres minorum gentium*. Les premiers descendaient des sénateurs établis par Romulus, et les seconds de ceux du corps des plébéiens par Tarquin l'Ancien. — On donnait encore le nom de *pères conscrits* à ceux que l'on tirait de l'ordre des chevaliers pour les placer dans le sénat.

CONSÉCRATION, cérémonie par laquelle on destine certaines choses ou certaines personnes au culte et au service de Dieu. C'est en ce sens qu'on dit la consécration d'un autel, d'un calice, d'une église.

CONSÉCRATION. Ce mot se dit plus particulièrement de l'action par laquelle le prêtre qui célèbre la messe change le pain et le vin au corps et au sang de Notre-Seigneur Jésus-Christ, et de la partie de la messe qui commence par ces paroles du texte latin : *Qui pridiè quàm pateretur*, et continue jusqu'à la prière : *Undè et memores*.

CONSÉCRATION. Dans l'Église protestante, on entend ce mot l'acte par lequel un ministre reçoit le pouvoir de desservir une église en qualité de pasteur. Elle consiste dans l'imposition des mains, qui lui confie le droit d'administrer les sacrements.

CONSEIL, avis donné à une personne sur une affaire, et, par extension, assemblée réunie pour donner des avis, et même pour rendre des jugements. — Dans la langue du droit, on désigne par le mot de *conseil* toute personne déléguée par la justice pour assister quelqu'un de ses conseils. Aujourd'hui, dans toute procédure criminelle, tout prévenu a la faculté de se faire assister d'un conseil ; et, dans les affaires portées devant les cours d'assises, il faut, à peine de nullité, qu'au moment où s'ouvrent les débats, l'accusé se présente accompagné de son conseil ; s'il n'en a pas, il doit lui en être donné un d'office. — En termes de procédure, on donne le nom de *droit de conseil* à la rétribution accordée aux avoués comme émolument particulier.

CONSEIL ACADÉMIQUE, conseil résidant auprès du recteur dans chaque académie. Le recteur en est le président.

CONSEIL D'ADMINISTRATION, réunion de tous les fonctionnaires qui, dans chaque branche de l'administration, ont le droit de déterminer quelles sont les mesures à prendre. On le dit plus particulièrement de la réunion des officiers qui, dans un corps d'armée, se réunissent en conseil pour arrêter les comptes du corps. Tout corps militaire, quelque petit qu'il soit, a son conseil d'administration, qui varie suivant la composition du corps. Le conseil d'un régiment, présidé par le colonel ou l'officier qui le représente, se compose de deux officiers supérieurs, deux capitaines, un lieutenant et un sous-officier ; celui d'un bataillon est présidé par le chef de bataillon et composé de deux capitaines, d'un lieutenant et d'un sous-officier ; celui d'une compagnie, du capitaine, d'un lieutenant et d'un sous-officier. Tous les membres du conseil sont solidairement responsables. Ils font faire toutes les recettes et ordonnent toutes les dépenses. Ils vérifient et arrêtent les comptes du quartier-maître, celui d'un agent et leur secrétaire, ceux du capitaine d'habillement et des compagnies. Les membres du conseil d'administration sont choisis par leurs pairs et au scrutin pour un an. Dans les administrations des postes, des douanes, des contributions indirectes, de l'enregistrement, des tabacs et des forêts, les *conseils d'administration* sont composés des directeurs généraux et des sous-directeurs.

CONSEIL D'ALSACE, ancienne cour de justice, établie en Alsace, qui avait l'autorité d'un parlement et rendait des arrêts souverains. Elle tenait ses séances à Colmar ; où elle avait été transférée en 1698. Elle a été abolie par la révolution.

CONSEIL DE L'AMIRAUTÉ. Voy. AMIRAUTÉ.

CONSEIL DES ANCIENS et CONSEIL DES CINQ-CENTS, nom des deux chambres qui composaient le corps législatif, institué en France par la constitution de l'an III (23 juin 1795). La convention avait décrété qu'elle entrerait de droit, au moins pour les deux tiers, dans la composition de ces deux chambres. La dernière, ainsi appelée du nombre de ses membres, devait proposer, discuter et décréter les lois, qui subissaient ensuite les chances de l'acceptation ou du rejet du *conseil des anciens*, composé de deux cent cinquante membres. Le costume des membres était un manteau écarlate, brodé en laine, avec un bonnet de velours surmonté d'une aigrette tricolore. Un décret des conseils des anciens du 8 brumaire an VIII (9 novembre 1799) transféra le corps législatif à Saint-Cloud, chargea Bonaparte de veiller à la sûreté de Paris, et le lendemain prononça la dissolution du directoire. Bonaparte trouva une grande opposition au conseil des cinq-cents, et ses jours furent même en péril ; mais la fermeté de son frère Lucien, alors président, et l'invasion de la force armée l'aidèrent à continuer son œuvre, et à substituer à la puissance du corps législatif et du directoire sa propre autorité sous le titre de consul.

CONSEIL D'ARRONDISSEMENT, conseil qui fait, dans chaque arrondissement, la répartition des contributions directes, foncière et mobilière, entre les communes de l'arrondissement, donne son avis motivé sur les demandes en décharge formées par les communes, exprime son opinion sur l'état et les besoins de l'arrondissement, et le remet au sous-préfet pour être adressée au préfet. Il se rassemble chaque année à une époque fixée par le gouvernement, et la durée de sa session ne peut excéder quinze jours. Chaque conseil d'arrondissement est composé d'autant de membres que l'arrondissement a de cantons sans qu'il puisse y en avoir moins de neuf. Ils sont élus pour six ans parmi les citoyens domiciliés dans le département, payant depuis un à 150 francs de contributions directes, dont le tiers dans l'arrondissement, et qui, jouissant des droits civils et politiques, sont âgés de vingt-cinq ans accomplis, et sont renouvelés par moitié tous les trois ans.

CONSEIL AULIQUE. Voy. AULIQUE.

CONSEIL DES BATIMENTS CIVILS, conseil établi près du ministre des travaux publics, à Paris. Il examine les projets et devis concernant les constructions et réparations de tous les bâtiments civils du royaume, les projets des alignements des rues et places de Paris et des grandes villes ; il donne également son avis sur les questions d'art soumises à son examen par le ministre.

CONSEIL COLONIAL, conseil institué en 1833 dans chacune des quatre principales colonies françaises (Martinique, Guadeloupe, Guyane et Bourbon), et composé, à la Martinique et à la Guadeloupe, de vingt membres âgés de trente ans, payant 600 francs de contributions directes, ou possédant 60,000 francs de propriétés; à Bourbon, de vingt membres âgés de trente ans, payant 400 francs de contributions directes, ou possédant 40,000 francs de propriétés; et à la Guyane, de seize membres seulement, mais soumis aux mêmes conditions. Les membres des conseils coloniaux sont élus pour cinq ans par les collèges électoraux, dont font partie tous les Français âgés de vingt-cinq ans, nés ou domiciliés depuis deux ans dans la colonie et payant 300 francs de contributions, ou possédant 30,000 francs de propriétés (à la Guadeloupe et à la Martinique) et 200 francs de contributions ou 20,000 fr. de propriétés (à Bourbon et à la Guyane). Les conseils coloniaux ont chaque année une session ordinaire. Ils règlent par des décrets rendus sur la proposition du gouverneur, les matières qui ne doivent pas être l'objet d'ordonnances royales, discutent et votent le budget intérieur de la colonie, déterminent l'assiette et la répartition des contributions directes, donnent leur avis sur toutes les dépenses à la charge de l'Etat, etc., et peuvent être dissous par les gouverneurs.

*CONSEIL DES DÉLÉGUÉS DES COLONIES.* Les colonies avaient à Paris des délégués du gouvernement, savoir : la Martinique, la Guadeloupe et l'île Bourbon, chacune deux, et la Guyane un ; total, sept délégués. Les délégués étaient nommés pour cinq ans par les conseils coloniaux. Ils recevaient un traitement payé par la colonie qu'ils représentaient. Tout Français, âgé de trente ans et jouissant des droits civils, pouvait être choisi pour délégué. Les délégués, réunis en conseil, étaient chargés de donner au gouvernement central les renseignements relatifs aux intérêts généraux des colonies, et de suivre auprès de lui l'effet des délibérations et des vœux des conseils coloniaux.

*CONSEIL DE DISCIPLINE*, réunion des notables qui, dans chaque corporation, sont chargés de maintenir la discipline et de veiller au maintien de la dignité du caractère des membres. Les avocats ont un *conseil de discipline* qui forme un véritable tribunal ; les avoués, les huissiers et les notaires ont aussi le leur, seulement on se sert pour eux plus communément du mot de *chambre de discipline.*

*CONSEIL D'ÉTAT*, réunion de magistrats choisis pour donner leur avis sur tout ce qui intéresse l'administration générale du pays et sur les affaires contentieuses dont les lois réservent la connaissance à l'administration générale. Le conseil d'Etat, créé le 24 décembre 1799, se compose de conseillers d'Etat, de maîtres des requêtes et d'auditeurs. Il y a encore des membres honoraires. Les membres ne sont point inamovibles; ils sont répartis en six sections: 1º contentieux, 2º législation et justice administrative, 3º guerre et marine, 4º intérieur et instruction publique, 5º commerce, agriculture et travaux publics, 6º finances. Les attributions du conseil d'Etat sont la rédaction des projets de loi, la préparation des règlements et ordonnances d'administration publique, et la solution des difficultés qui s'élèvent en matière administrative. Les avocats aux conseils du roi et à la cour de cassation peuvent seuls plaider devant le conseil d'Etat dans certaines affaires contentieuses dont il connaît. La constitution intérieure du conseil d'Etat a été plusieurs fois remaniée dans ces derniers temps. La constitution républicaine de 1848 en avait fait un corps électif, dont les membres étaient choisis par l'assemblée législative; la constitution impériale de 1853 a rendu la nomination au chef de l'Etat et a porté le traitement des conseillers à 25,000 fr.

*CONSEIL DE FAMILLE.* Voy. FAMILLE.

*CONSEIL GÉNÉRAL D'AGRICULTURE*, conseil créé en 1819, mais souvent remanié depuis, et composé d'un nombre très-variable de propriétaires ou membres de sociétés d'agriculture, appelés par le ministre du commerce. Il donne son avis sur les questions de législation et d'administration, et sur les projets et mémoires relatifs à l'agriculture.

*CONSEIL GÉNÉRAL DU COMMERCE*, conseil composé de membres nommés pour trois ans par les chambres de commerce, et pris, soit dans leur sein, soit dans leur circonscription. Chaque chambre nommait un membre, à l'exception de celle de Paris, qui en nommait huit, et de celles de Lyon, Marseille, Bordeaux, Nantes, Rouen et du Havre, qui en nommaient chacune deux. Ce conseil tenait une session annuelle, dont le ministre de l'agriculture et du commerce fixait l'époque et la durée ; des convocations extraordinaires pouvaient, en outre, être ordonnées. Les fonctions étaient gratuites.

*CONSEIL GÉNÉRAL DE DÉPARTEMENT*, conseil établi dans chaque département, et qui s'assemble chaque année à une époque fixée par le gouvernement. La durée de la session ne peut excéder quinze jours. Le nombre de membres du conseil doit être égal à celui des cantons du département, sans toutefois excéder le nombre de trente. Les membres des conseils généraux sont élus pour neuf ans parmi les citoyens âgés de vingt-cinq ans au moins, et payant 200 francs de contributions directes dans le département, et sont renouvelés par tiers tous les trois ans. Les conseils généraux font la répartition des contributions directes entre les arrondissements ; ils statuent sur les demandes en réduction faites par les conseils d'arrondissement et les communes ; ils déterminent dans les limites de la loi le nombre des centimes additionnels dont l'imposition est demandée pour les dépenses des départements ; ils expriment leur opinion sur l'état et les besoins des départements, et la remettent aux préfets pour être adressée aux ministres.

*CONSEIL GÉNÉRAL DES MANUFACTURES*, conseil composé de vingt membres nommés pour trois ans par vingt des chambres consultatives des arts et manufactures, et de quarante membres nommés par le ministre de l'agriculture et du commerce, avec l'approbation du roi. En outre, douze membres du conseil général du commerce entrent dans ce conseil, qui a été depuis 1848 deux fois remanié comme les deux autres.

*CONSEIL GÉNÉRAL DES MINES*, conseil composé de six inspecteurs généraux, dont trois de première classe et trois de seconde, et d'un ingénieur en chef, secrétaire, et présidé par le ministre des travaux publics ou par le sous-secrétaire d'Etat. Il examine tout ce qui a rapport à l'exploitation et à une administration des mines en France.

*CONSEIL GÉNÉRAL DES PONTS ET CHAUSSÉES*, conseil auquel sont soumises toutes les affaires relatives aux travaux des ponts et chaussées, et dont les inspecteurs généraux sont membres permanents, tandis que les inspecteurs divisionnaires y viennent à tour de rôle, au nombre de six, y prendre séance pendant neuf mois. L'inspecteur divisionnaire attaché à la marine est membre de ce conseil, qui se divise en deux sections, les routes et ponts et la navigation, et qui est présidé par le ministre des travaux publics ou par le sous-secrétaire d'Etat.

*CONSEIL DE GUERRE*, tribunal chargé de juger les délits des militaires et de leur faire l'application du Code pénal. La composition des conseils de guerre varie suivant le grade des accusés. Ils ont toujours six juges, un président, un rapporteur, un commissaire du roi et un greffier. Les conseils ordinaires sont composés d'un (colonel), d'un chef de bataillon, de trois capitaines, d'un lieutenant ou sous-lieutenant et d'un sous-officier. Le rapporteur est capitaine. Quand il s'agit de juger un général de division, le troisième capi- taine, le lieutenant et le sous-lieutenant font place à trois lieutenants généraux, dont un préside. Alors un intendant militaire doit servir de rapporteur. Il y a pour chaque division active aux armées, ou territoriale dans l'intérieur, deux conseils de guerre composés de la même manière. Quand le premier a jugé, si le condamné en appelle et si le conseil de révision casse le jugement, l'affaire est portée devant le second conseil, qui juge en dernier ressort, à moins que le conseil de révision n'infirme encore ce second jugement. Dans ce cas, la connaissance de l'affaire appartient au ministre lui-même. La création des conseils de guerre remonte à 1797.

*CONSEIL JUDICIAIRE*, personne chargée spécialement par justice d'assister une autre personne dans la direction et l'administration de ses affaires. Le conseil judiciaire remplit auprès des personnes qui en ont besoin l'office d'un véritable *curateur.*

*CONSEIL DES MINISTRES*, réunion des ministres où se traitent toutes les affaires de l'Etat. Le conseil des ministres se compose des ministres secrétaires d'Etat ayant portefeuille et de ceux sans portefeuille appelés par le chef de l'Etat à y prendre séance. Il délibère sur les matières de haute administration, sur tout ce qui tient à la sûreté de l'Etat et à la politique générale du royaume. Il est présidé, quand le prince n'y assiste pas, par un des ministres, qui est considéré comme le chef politique de l'administration, et qui a le titre de *président du conseil.*

*CONSEIL MUNICIPAL*, conseil chargé, dans chaque commune, de surveiller l'administration des biens communaux et de prendre toutes les mesures capables d'assurer la prospérité de la commune. Les conseillers municipaux sont élus pour six ans, par l'assemblée des électeurs communaux, qui se compose des citoyens les plus imposés aux rôles des contributions directes de la commune, âgés de vingt et un ans accomplis, dans les proportions suivantes : pour les communes de 1,000 âmes et au-dessous, un nombre égal au dixième de la population ; ce nombre s'accroîtra de cinq pour cent habitants en sus de 1,000 jusqu'à 5,000; de quatre par cent habitants en sus de 5,000 jusqu'à 15,000; de trois par cent habitants au-dessus de 15,000. L'assemblée des électeurs communaux se compose en outre d'un grand nombre de personnes telles que les anciens fonctionnaires, militaires, etc., retraités, les officiers de la garde nationale, les membres des divers tribunaux, etc. Les électeurs nomment 10 conseillers dans les communes de 500 habitants et au-dessous, 12 dans celles de 500 à 1,500, 16 dans celles de 1,500 à 2,500, 21 dans celles de 2,500 à 3,500, 23 dans celles de 3,500 à 10,000, 27 dans celles de 10,000 à 30,000, et 36 dans celles de 30,000 et au-dessus. Les conseils municipaux sont renouvelés par moitié tous les trois ans, et se réunissent quatre fois par an : au commencement des mois de février, mai, août et novembre. Chaque session peut durer dix jours. Le maire est président. Dans les communes où il y a plus de trois adjoints, le conseil s'augmente d'un nombre de membres égal à celui des adjoints au-dessus de trois : dans celles où il a été nommé un ou plusieurs adjoints supplémentaires, le conseil s'augmente d'un nombre égal à celui de ces adjoints.

*CONSEIL DE PRÉFECTURE*, sorte de tribunal de première instance pour la justice administrative, qui est présidé par le préfet lorsqu'il y assiste ; en cas de partage, ce fonctionnaire a voix prépondérante. Le conseil de préfecture, dont les membres sont nommés par le roi et révocables, prononce sur les demandes des particuliers tendant à obtenir la décharge ou la réduction de leur cote de contributions directes; sur les difficultés entre les entrepreneurs de travaux publics et l'administration, concernant les indemnités dues aux particuliers, à raison des terrains pris ou fouillés pour la confection des routes, canaux et autres ouvrages publics; sur les autorisations de plaider demandées par les communes; sur le contentieux des domaines nationaux, etc. Il règle les comptes communaux s'élevant de 100 à 10,000 francs.

CONSEIL PRIVÉ DES GOUVERNEURS DES COLONIES. Il y a auprès de chaque gouverneur des colonies françaises un conseil privé, dont il doit prendre l'avis en certains cas déterminés par les ordonnances. Ce conseil se compose, sous la présidence du gouverneur, du commandant militaire, de l'ordonnateur, du directeur général de l'intérieur, du procureur général, de l'inspecteur colonial, des membres des conseils coloniaux (trois à la Martinique et à la Guadeloupe, deux à la Guyane et à Bourbon), de l'inspecteur colonial et du secrétaire archiviste. Le conseil privé a des fonctions analogues à celles des conseils de préfecture en France.

CONSEIL DES PRUD'HOMMES. Voy. PRUD'HOMMES.

CONSEIL DE RECRUTEMENT ou DE RÉVISION, conseil établi dans chaque département pour prononcer sur l'aptitude à servir des hommes tombés au sort. Il se compose du préfet, du général commandant, d'un officier supérieur désigné par le ministre, d'un conseiller de préfecture et de l'officier de gendarmerie. Ceux qui croient avoir des motifs d'exemption se présentent devant ce comité, qui les fait visiter par des officiers de santé à ses ordres, et prononce, sur leur avis, la réforme ou l'admission au service.

CONSEIL DE RÉVISION. Il y a deux sortes de conseils de ce nom. Les premiers sont la même chose que ceux de recrutement; les seconds, appelés encore *conseils d'appel*, sont institués pour réviser les jugements des conseils de guerre; ils ne jugent pas le fond du procès, ils se prononcent sur l'exécution des formes. S'ils confirment le jugement rendu par le premier conseil, ce jugement est définitif. S'ils ne le confirment pas, c'est alors que le second conseil de guerre se saisit de la procédure. Chaque conseil de révision ou d'appel n'est composé que de cinq membres: un officier général, président, un colonel, un chef de bataillon ou d'escadron, et deux capitaines. Le rapporteur est un officier supérieur.

CONSEIL ROYAL DE L'INSTRUCTION PUBLIQUE, conseil établi auprès du ministre de l'instruction publique, et dont les attributions comprennent la discussion des projets de règlements et de statuts pour les écoles des divers degrés, celle des autres objets présentés au conseil par le ministre, le jugement des questions relatives à la police, à la comptabilité des facultés, colléges, etc.; l'arrêté du budget de ces écoles, l'admission ou rejet des ouvrages qui doivent être placés dans les bibliothèques des colléges ou mis entre les mains des élèves, etc. — Ce conseil, dont les membres étaient nommés par le roi et révocables, a reçu depuis 1848 de profondes modifications qui en ont changé la nature.

CONSEIL DE SALUBRITÉ, créé à Paris en 1802 près la préfecture de police. Ses attributions embrassent l'hygiène publique, l'examen sanitaire des halles et marchés, cimetières, tueries et voirie, des chantiers d'équarrissage et autres établissements insalubres; amphithéâtres de dissection, vidanges, bains publics, visite des prisons, secours à donner aux noyés et asphyxiés, épidémies, statistique médicale et tableaux de mortalité, recherches pour assainir les lieux publics et perfectionner les procédés des professions qui peuvent compromettre la salubrité. Le conseil tient séance de quinze en quinze jours à la préfecture de police.

CONSEIL SUPÉRIEUR DE COMMERCE, conseil réorganisé en 1831 et appelé à donner ses avis sur les projets de lois et ordonnances concernant le tarif des douanes et leur régime, en ce qui intéresse le commerce; sur les projets de traités de commerce et de navigation; sur la législation commerciale des colonies; sur le système des encouragements pour les grandes pêches maritimes; sur les vœux des conseils généraux de commerce, des manufactures et du conseil d'agriculture, et sur toutes les questions que le ministre de l'agriculture et du commerce juge à propos de lui soumettre.

CONSEIL DES TRAVAUX DE LA MARINE, conseil créé en 1831, et composé de: un vice-amiral président, un inspecteur des travaux hydrauliques, un inspecteur général des constructions navales, un colonel inspecteur du matériel de l'artillerie de la marine, un inspecteur divisionnaire, deux capitaines de vaisseau et deux inspecteurs de la marine, dont un secrétaire. Ce conseil est chargé de donner son avis sur toutes les affaires qui ont pour objet l'examen des mémoires, rapports, plans, devis estimatifs, tarifs de main-d'œuvre, etc., relatifs aux constructions navales, au matériel de l'artillerie, etc., etc.

CONSEILLER, titre donné aux membres d'un conseil, et étendu aux membres des hautes cours de justice, telles que la cour de cassation, la cour des comptes et les cours royales. Il y avait autrefois des conseillers clercs ou ecclésiastiques, créés en 1373 par Charles IX, qui remplissaient dans les parlements, les présidiaux, etc., des charges spéciales et à eux réservées. Parmi les conseillers clercs, il s'en trouvait qu'on appelait *conseillers clercs nés*, parce qu'ils faisaient partie, soit du parlement, soit de toute autre juridiction, par le seul fait de leur dignité. Tels étaient l'archevêque de Paris et l'abbé de Cluny. — Les notaires portaient autrefois le nom de *conseiller garde-note* et *garde-scel*.

CONSEILLERS D'ÉPÉE ou CONSEILLERS DE ROBE COURTE, ceux des conseillers qui avaient le droit de siéger l'épée au côté. C'était le privilége des princes du sang, des ducs et pairs, des gouverneurs de province, des baillis, des sénéchaux, etc.

CONSEILLERS D'ÉTAT, nom donné aux magistrats qui font partie du conseil d'Etat. Ils sont *en service ordinaire*, employés aux travaux intérieurs et habituels des comités, ou *en service extraordinaire*, autorisés à participer aux travaux des comités et aux délibérations du conseil. Le nombre de ces derniers ne peut excéder les deux tiers du nombre des conseillers d'État en service ordinaire.

CONSEILLERS MAITRES A LA COUR DES COMPTES. Ce sont ceux qui jugent et prononcent sur toutes les affaires portées devant cette cour. Ils sont répartis en trois chambres. Aucune affaire n'est jugée en dernier ressort qu'après examen fait par lui du travail des référendaires. Les conseillers maîtres sont au nombre de dix-huit.

CONSEILLERS PENSIONNAIRES. C'était autrefois une charge particulière, établie dans les villes des Pays-Bas pour éclairer les échevins sur les décisions qu'ils avaient à rendre.

CONSEILLERS RÉFÉRENDAIRES A LA COUR DES COMPTES. Ils sont chargés de la vérification des comptes, et peuvent entendre à cet effet les comptables ou leurs fondés de pouvoirs; ils en font rapport aux chambres qui donnent leur avis, mais n'ont pas voix délibérative. Lorsque l'examen du compte exige le concours de plusieurs référendaires, un référendaire de première classe a la direction du travail. Il y a dix-huit conseillers référendaires de première classe et soixante-deux de seconde classe.

CONSENS, nom donné autrefois à une petite note, qui portait que tel ou tel procureur constitué par la procuration *ad resignandum*, et correspondant du banquier, avait consenti à la resignation et à l'expédition de la présente signature, et que l'original de la présente procuration était demeuré à la chancellerie ou à la chambre apostolique. Le jour du consens était le jour que la résignation du bénéfice était admise en cour de Rome, et que le correspondant du banquier avait rempli et signé la procuration qu'il lui avait envoyée.

CONSENTEMENT, adhésion réelle ou tacite à une demande qu'on a faite. La femme ne peut s'obliger sans le consentement de son mari, et l'enfant, même majeur, sans le consentement de ses père et mère.

CONSENTES (DIEUX), nom donné à Rome aux douze grands dieux, *dii majorum gentium*, parce qu'ils composaient le conseil de Jupiter. Ces dieux étaient: Jupiter, Neptune, Apollon, Mars, Mercure, Vulcain, Junon, Vesta, Minerve, Vénus, Diane et Cérès.

CONSERANS. Voy. COUSERANS.

CONSERVATEUR, titre donné à plusieurs fonctionnaires proposés à la surveillance d'un dépôt. Les musées, les bibliothèques, les cabinets de médailles et d'histoire naturelle ont tous des *conservateurs*. — Aujourd'hui on connaît, en outre, sous ce nom deux classes de fonctionnaires publics : les *conservateurs des eaux et forêts*, officiers qui ont dans leurs attributions la surveillance des bois et des rivières ; et les *conservateurs des hypothèques*, appelés autrefois *conservateurs des décrets volontaires*, officiers établis pour la conservation des priviléges et hypothèques. Leur charge est de tenir des registres hypothécaires, sur lesquels ils doivent porter toutes les hypothèques dont la déclaration leur est faite ; ils sont aussi chargés d'opérer la transcription de tous les actes de vente d'immeubles pour lui donner toute publicité. Il y en a un dans chaque arrondissement ; ils sont nommés par l'administration, et assujettis à un cautionnement.

Autrefois il y avait dans chaque université deux *conservateurs*, l'un des *priviléges apostoliques*, qui veillait à la conservation des priviléges accordés par les papes aux universités, et qui connaissait des matières spirituelles entre ecclésiastiques ; l'autre des *priviléges royaux*, c'est-à-dire, de ceux qui avaient été accordés par le roi, et qui connaissait des causes spirituelles et mixtes des régents, des écoliers, des suppôts de l'université.

CONSERVATION, état de garder une chose dans une parfaite intégrité. C'est en ce sens qu'on dit la conservation des corps, art connu des anciens Egyptiens, et dont on parlera à l'article EMBAUMEMENT et à celui de MOMIE. — On donne encore le nom de CONSERVATION à l'étendue de la juridiction d'un conservateur. La France est divisée, sous le rapport de l'administration des forêts, en trente-deux *conservations* ou arrondissements, qui comprennent chacun un certain nombre de départements.

CONSERVATOIRE, établissement d'instruction publique, dont l'objet est de conserver et d'accroître les connaissances acquises dans un genre spécial. On en connaît de deux classes : les *conservatoires de musique* et ceux des *arts et métiers*. Le premier conservatoire de musique fut fondé à Naples en 1537, sous l'invocation de *Santa-Maria di Loreto*, par Giovanni di Tappia, prêtre espagnol. Bientôt on vit s'élever dans la même ville le conservatoire de *Santo-Onofrio* et plus tard celui *della Pietà*. En 1799, le conservatoire de Santa-Maria di Loreto fut supprimé et réuni à celui de Santo-Onofrio, qui existait encore en 1806, époque à laquelle il forma avec celui della Pietà un *collége royal de musique*. Celui de Paris fut établi en 1784 sous le nom d'*école de chant*, puis en 1793 par M. Sarrette sous le nom d'*institut royal de musique*, et définitivement organisé en 1795. A l'époque du 14 octobre 1808, le conservatoire comprit deux écoles spéciales, l'une de *musique*, l'autre de *déclamation*. Chaque école eut un comité chargé de la surveillance de l'enseignement et de l'inspection des études. Il a été institué annuellement des prix aux élèves des deux écoles qui se distinguent le plus dans un concours. On ne peut être admis dans l'école de chant qu'après un examen subi devant les professeurs ou le directeur. On y compte environ quatre cents élèves des deux sexes, qui reçoivent gratuitement l'instruction musicale dans toutes ses branches.

CONSERVATOIRE DES ARTS ET MÉTIERS, vaste établissement public dont l'origine est due à Vaucanson, et qui est placé à Paris dans les bâtiments de l'ancienne abbaye de la rue Saint-Martin. C'est un dépôt de machines, d'appareils, d'instruments et d'outils de tout genre. Les galeries du conservatoire sont ouvertes au public le dimanche et le jeudi. Le conservatoire des arts et métiers est placé dans les attributions du ministre de l'intérieur, et administré par un directeur et un sous-directeur. On y fait des cours gratuits de géométrie descriptive, de mathématiques élémentaires, de dessin des machines, d'ornement et de figures. En 1819, une ordonnance royale créa quatre cours : l'un de mécanique, l'autre de chimie appliquée aux arts, le troisième de physique et de démonstration des machines, et le dernier d'économie industrielle. Le conservatoire des arts et métiers ne date que de 1794.
— Il y a aussi à Metz et à Toulouse des conservatoires des arts et métiers.

CONSERVE, préparation pharmaceutique composée d'une substance végétale en poudre, et d'une certaine quantité de sucre. — En optique, on appelle *conserves* des lunettes presque planes, ordinairement colorées en vert, et quelquefois garnies en dehors d'une pièce triangulaire en taffetas de même couleur, qui ont pour objet de conserver la vue en diminuant l'impression d'une lumière trop vive, et en grossissant un peu les objets. La propriété de ces lunettes est due à l'oxyde de cuivre ou vert-de-gris, qui est combiné avec le verre.

CONSERVE. En marine, on dit que deux navires sont de *conserve* lorsqu'ils voyagent de compagnie.

CONSIGNATION, action par laquelle on dépose en main sûre de l'argent ou des papiers. — Cependant on désigne plus spécialement par ce mot les dépôts ordonnés par justice ou effectués volontairement dans une caisse publique pour opérer une libération sujette à être contestée. Cette caisse a reçu le nom de *caisse des dépôts et consignations*. En fait de commerce, remettre les marchandises *en consignation*, c'est en opérer le dépôt dans une maison de commission pour parvenir plus facilement à la vente. — Dans le commerce maritime, toutes les marchandises qui composent la cargaison sont *consignées* sur le navire, et dans ce cas la principale conséquence de la *consignation* est d'affecter les marchandises, non pas seulement au payement du fret, mais aussi à tous les risques maritimes.

CONSIGNE. Dans la langue militaire, on appelle ainsi une sorte d'emprisonnement qui retient pour un temps déterminé un militaire ou une catégorie de militaires à la chambre, à la caserne ou aux portes d'une ville. — Les *consignes* sont aussi des ordres d'injonction qui varient suivant qu'il s'agit du service de garnison, de campagne, de route.

CONSIGNE (mar.). On nommait ainsi, à bord des bâtiments de guerre, le lieu où l'on conservait pour le service une lampe allumée dans un fanal. Aujourd'hui on donne ce nom au poste situé dans le faux pont où se tient le caporal de garde, et d'où doivent partir les feux accordés par l'officier de service pour l'éclairage des travaux intérieurs, et, dans les ports, à des préposés à la garde du matériel des navires.

CONSISTOIRE, nom donné au lieu où s'assemblait le conseil intime et secret des empereurs romains, et ce conseil même. On l'a ensuite étendu au collège des cardinaux, c'est-à-dire, au conseil du pape. Il y a deux sortes de consistoires : le public, qui s'assemble dans la grand'salle du palais de Saint-Pierre, et où le pape préside en habits pontificaux sur un trône ; on y traite des causes judiciaires, de la canonisation des saints, etc. : le secret, qui se tient dans une chambre écartée du palais, qu'on appelle la chambre du *Papegai*. Il n'y a que les cardinaux qui y soient admis pour délibérer sur les affaires de l'État ou de l'Église. On y propose les évêchés, on y préconise les évêques.

CONSISTOIRE, dans la religion protestante, conseil ou assemblée instituée pour régler les affaires, la police et la discipline. Les consistoires se composent du pasteur ou des pasteurs attachés à l'église consistoriale, et d'anciens ou notables laïques, choisis parmi les citoyens les plus imposés au rôle des contributions directes. Ils veillent au maintien de la discipline, à l'administration des biens de l'église et à celle des deniers provenant des aumônes. Ils peuvent destituer les pasteurs et remplir les places vacantes. Cette organisation consistoriale est commune aux cultes luthérien et calviniste. Dans cette dernière communion, cinq églises consistoriales forment l'arrondissement d'un *synode*. Dans la communion luthérienne, cinq églises consistoriales forment une *inspection*. Il y a en outre dans l'Église luthérienne un *consistoire général*, résidant à Strasbourg, ayant l'administration supérieure de toutes les églises consistoriales et de toutes les inspections.

CONSOLE (archit.), corps en saillie, plus ou moins orné, qui sert à porter des vases ou des figures en avant du mur d'un bâtiment. On fait la console en bois, en pierre ou en fer ; son profil a le plus souvent beaucoup de rapport avec la lettre *S*. — On a étendu la signification de ce mot à un meuble qui se place entre deux croisées, ordinairement au-dessous d'une glace, et qui porte des fleurs ou des fruits. — On donne aussi le nom de CONSOLE à la partie supérieure de la harpe, qui contient la portion la plus compliquée du mécanisme des pédales, et à laquelle tiennent les chevilles qui servent à attacher les cordes.

CONSOLIDÉ (TIERS), nom sous lequel on désigne le remboursement fait par la loi de l'an VI<sup>e</sup> (1798) des deux tiers de la dette publique française en bons sur les domaines nationaux recevables en payement de ces domaines, et la continuation du payement du *tiers* seulement de chaque rente sur l'État, *consolidé* par l'inscription au grand-livre. La dette, qui s'élevait à 258,000,000 de rente annuelle, se trouva ainsi réduite au tiers, c'est-à-dire, à 86,000,000. Cette mesure, qui fut une véritable banqueroute, fut commandée par l'épuisement des finances.

CONSOMMATION, mise en usage et en service des produits agricoles ou industriels. De la sorte des objets de consommation : ceux qui sont dus à la nature, et dont l'exploitation emploie un grand nombre de bras ; et ceux qui sont dus à l'industrie, et qui font également vivre un grand nombre de bouches. La consommation ne suffit pas toujours à la production, et c'est ce qui engendre les crises de détresse commerciale et industrielle, en forçant les ateliers de rester sans débouché certain des produits manufacturiers. D'un autre côté, la consommation des objets de luxe est moins que toute autre propre à répandre l'aisance dans toutes les classes de la société.

CONSOMPTION, diminution progressive dans le volume du corps. Ce phénomène précède la mort dans la plupart des maladies chroniques, et notamment dans la phthisie pulmonaire. — Quelques auteurs ont appelé la fièvre hectique *fièvre de consomption* parce que son principal phénomène est l'amaigrissement.

CONSONNANCE, nom donné, en musique, à la réunion simultanée de plusieurs sons qui forment ensemble un accord, et dont l'effet est agréable à l'oreille. On appelle pour cette raison *intervalles consonnants* ceux qui sont composés de sons formant des consonnances. Ces intervalles sont la tierce, la quarte, la quinte, la sixte et l'octave. Le renversement des intervalles consonnants produit des consonnances. On divise les consonnances en *parfaites*, qui cessent d'être des consonnances si on les altère, ce sont la *quinte* et l'*octave*; et en *imparfaites*, qui peuvent être majeures ou mineures sans cesser, d'être des consonnances, ce sont la tierce et la sixte.

CONSONNE, sorte de lettres ainsi appelées parce qu'elles ne peuvent exprimer un son qu'avec le secours des voyelles On a divisé les consonnes en *labiales*, *linguales*, *palatales*, *dentales*, *nasales* et *gutturales*, suivant qu'on emploie pour les prononcer les lèvres, la langue, le palais, les dents, le nez ou le gosier.

CONSOUDE, genre de plantes de la famille des borraginées, ayant les fleurs terminales et axillaires, disposées en panicules corymbiformes, les feuilles hérissées de poils roides et épais. On cultive dans les jardins de botanique la *consoude d'Orient*, la *consoude de Russie* et la *consoude officinale*, plante herbacée s'élevant à cinq ou six décimètres, très-branchue, velue au toucher ; aux feuilles ovales, rudes au toucher ; aux fleurs dont la couleur varie du rouge purpurin au blanc sale. Sa racine charnue, et noirâtre, est extrêmement astringente, mais tempérée par un mucilage abondant. On l'emploie contre la diarrhée.

CONSTABLE, magistrat anglais chargé de maintenir l'ordre dans des cas urgents, et arrêter les délinquants pris en flagrant délit. Les constables portent pour insignes de leurs fonctions, un bâton de bois qui a trois pieds de long sur un pouce et demi d'épaisseur et au haut duquel est placé l'écusson royal ou une baguette de quatre pouces, surmontée d'une petite couronne. Chaque année, ils sont nommés par les communes ; les particuliers aisés à qui ces *fonctions sont conférées* peuvent se faire remplacer par un *deputy-constable*. — Il y avait autrefois en Angleterre, la charge de *lord haut constable* (lord high constable), qui fut d'abord héréditaire dans la famille des Stafford, comtes de Buckingham, et qui s'éteignit sous Henri VIII. Cette charge équivalait à celle de connétable en France. — Celle de *constable des communes* (petty constable) s'est maintenue jusqu'à nos jours.

CONSTABULAIRE, nom donné au moyen âge au gouverneur d'un château.

CONSTANCE (LAC DE), en latin *Brigantinus lacus*, et en allemand *Boden-See*, *Bodmer-See* et *Zellersee*, lac d'Europe situé entre la Suisse et l'Allemagne, et traversé par le Rhin dans toute sa longueur. Sa superficie est d'environ 28 lieues carrées, et sa profondeur moyenne d'environ 850 toises. Le lac de Constance est le plus poissonneux de la Suisse ; il offre une branche de commerce pour les habitants

CONSTANCE, ville d'Allemagne, dans le grand-duché de Bade, chef-lieu du cercle de Lac-et-Danube ou de Seekreis, sur la rive gauche du lac du même nom. Sa population est de 4,420 habitants. Elle a un évêque qui prend le titre de prince du saint-empire, et qui jadis était souverain de Constance et des environs, pays formant l'*évêché de Constance*, qui avait 12 lieues carrées de superficie et 869,778 habitants. — Bâtie vers l'an 297 par l'empereur Constance Chlore, père de Constantin, elle devint une des plus florissantes villes de la Suisse dont elle fit partie jusqu'en 1805, époque à laquelle le traité de Presbourg la donna au grand-duché de Bade.

CONSTANCE (CONCILE DE), concile qui se tint à Constance en 1414, et qui dura jusqu'en 1418. Il y se trouva vingt-neuf cardinaux, quatre patriarches, cent soixante évêques et plus de cinq cent soixante abbés et docteurs, outre l'empereur Sigismond. Le cardinal de Brogni présida le concile, qui avait pour mission de mettre fin au schisme d'Occident, c'est-à-dire, de juger les prétentions des antipapes Benoît XIII (Pierre de Luna) et Grégoire XII (Ange Corario), opposés au pape. légitime Jean XXIII. Grégoire XII renonça au pontificat, et Jean XXIII fut déposé; Benoît XIII seul ne voulut jamais renoncer à cette dignité. Le concile élut souverain pontife Martin V (Othon Colonna). On condamna aussi dans le concile de Constance les hérésies de Jean Wiclef, de Jean Hus et de Jérôme de Prague. Ces deux derniers y furent brûlés vifs.

CONSTANCE. Deux empereurs romains ont porté ce nom. — CONSTANCE CHLORE, ainsi surnommé à cause de sa pâleur, était fils d'Eutrope, seigneur distingué de la haute Mesie, et naquit vers 250. Il fut en 292 nommé César, et mérita ce titre par ses victoires dans la Grande-Bretagne et dans la Germanie. Devenu empereur par l'abdication de Dioclétien, il partagea l'empire avec Galère Maximien en 305, et eut les Gaules, l'Espagne et la Grande-Bretagne. Constance Chlore mourut à York en 306. — CONSTANCE II (*Flavius Julius Constantius*), second fils de Constantin le Grand, naquit à Sirmium en 317, fut fait césar en 323 et élu empereur en 337. Dans le partage qu'il fit avec ses frères de l'empire de Constantin, Constance eut l'Orient, la Thrace et la Grèce. Il fit lever en 338 aux Perses le siège de Nisibe et fut ensuite vaincu neuf fois par les généraux persans. La bataille de Murse mit fin à la révolte de Magnence, et l'empire romain se trouva en 353 réuni sous l'autorité de Constance. Les prospérités de Julien, vainqueur dans les Gaules, réveillèrent sa jalousie. Il marchait contre lui, lorsqu'il mourut en 361.

CONSTANCE DE NYSSE, général des armées romaines sous Honorius, qui lui fit épouser en 417 Placidie, sa sœur, et l'associa à l'empire, vainquit Flavius Claudius Constantin, Géronce, Jovin, chassa les Goths des Gaules, et fit prisonnier le rebelle Attale. Il ne posséda la dignité impériale qu'environ sept mois et mourut en 421, regretté comme guerrier, comme politique et comme le soutien de l'empire. Valentinien III, son fils, lui succéda.

CONSTANCE. Plusieurs princesses ont porté ce nom. La plus célèbre est CONSTANCE DE PROVENCE, reine de France, fille de Guillaume V, comte d'Arles. Elle épousa en 908 le roi Robert, que le pape venait de contraindre à se séparer de Berthe, sa première femme. Le caractère impérieux de Constance ne fit qu'ajouter aux regrets du roi. Elle poussa la tyrannie jusqu'à faire assassiner, sous les yeux mêmes de son époux, Hugues de Beauvoir, son confident. Ce fut elle qui amena de la Provence les premiers troubadours. Constance mourut à Melun en 1032, et fut inhumée à Saint-Denis.

CONSTANCE (VIN DE), qualité de vin très-estimée, que l'on recueille de vignobles situés dans le voisinage de la ville du Cap (cap de Bonne-Espérance) en Afrique. Ces vins acquièrent de la valeur avec l'âge.

CONSTANT. Deux empereurs ont porté ce nom. — CONSTANT Ier (*Flavius Julius Constans*), troisième fils de Constantin le Grand, naquit en 320 et fut proclamé césar en 333. Il eut en partage l'Italie, l'Afrique et l'Illyrie, après la mort de son père, et les Gaules, l'Espagne et la Grande-Bretagne, après celle de son frère Constantin. Maître de tout l'Occident, Constant protégea l'orthodoxie contre les ariens. Magnence, s'étant fait proclamer empereur en Afrique, le fit tuer en 350. — CONSTANT II (*Héraclius Constantinus*), fils d'Héraclius II, né en 630, succéda en 641 dans l'empire d'Orient à son oncle Héracléonas. Vaincu par les Sarrasins, il alla cacher au fond de son palais la honte de sa défaite. Depuis ce temps, soupçonneux et cruel, il n'épargna pas même son frère Théodose, et le fit tuer en 639. Après avoir pillé Rome (663), il se retira dans la Sicile, qu'il épuisa de ses rapines. Il fut tué en 668 à Syracuse par André, fils du patrice Troïle.

CONSTANT DE REBECQUE (Henri-Benjamin) naquit à Genève en 1767. Il vint en France en 1795, et se présenta en 1796 à la barre du conseil des cinq-cents pour réclamer les droits de citoyen français, comme descendant d'une famille expatriée par la révocation de l'édit de Nantes. Il publia en 1797 les brochures intitulées *des Réactions politiques* et *des Effets de la terreur*. Appelé au tribunat en 1799, il s'éleva contre les empiétements du pouvoir consulaire, et fut du nombre de ceux que le premier consul élimina en 1802. Forcé de quitter la France, il voyagea avec madame de Staël, et fixa sa résidence à Gœttingue. En 1814, il revint à Paris. Au retour de Napoléon de l'île d'Elbe, il combattit d'abord son invasion ; mais ensuite il reçut le titre de conseiller d'État. Après le retour des Bourbons, il passa en Angleterre et ne revint à Paris qu'en 1816. Depuis il se consacra entièrement à la défense de la cause des libertés constitutionnelles, soit dans les journaux le *Temps*, le *Mercure*, la *Minerve*, le *Courrier*, la *Renommée*, soit à la chambre des députés, où il siégea toujours sur les bancs de l'opposition. Il mourut en décembre 1830. Il a laissé une foule d'écrits, dont les plus fameux sont le *Traité de la religion, considérée dans sa source, ses formes et ses développements*; l'*Histoire du polythéisme romain*; *Florestan*, poëme; *Adolphe*, nouvelle, etc.

CONSTANTIA. Deux princesses ont porté ce nom. — FLAVIA JULIA VALERIA CONSTANTIA, fille aînée de l'empereur Constance Chlore, embrassa le christianisme en 311, avec son frère Constantin, qui, deux ans après, lui fit épouser Licinius. Après la mort de l'impératrice-mère Hélène, Constantia, veuve de Licinius, eut le plus grand ascendant sur l'esprit de son frère. Elle soutint le parti des ariens, et mourut vers 330. — FLAVIA JULIA CONSTANTIA, fille posthume de Constance II et de Faustine, naquit en 362. Le tyran Procope, voulant s'attacher les soldats, à qui la mémoire de Constance était chère, prit Constantia sous sa protection. Elle épousa Gratien en 373, et mourut en 383, à l'âge de vingt et un ans.

CONSTANTIN. Treize empereurs d'Orient ont porté ce nom. — CONSTANTIN Ier dit *le Grand* (Caïus Flavius Valerius Aurelius Claudius Constantinus), fils de Constance Chlore, naquit à Naïsse en 272 ou 274. Déclaré empereur par les troupes après la mort de son père (306), il se trouva ainsi maître de la Grande-Bretagne, de l'Espagne et des Gaules. Ses premiers exploits furent contre les Francs et les Bructères. La mort violente de Sévère et celle de Maximien le délivra de deux compétiteurs. Vainqueur de Maxence, compétiteur à l'empire, il reçut du sénat le titre de premier auguste. L'année suivante, il publia le fameux édit en faveur des chrétiens, qui mit terme à la persécution commencée par Dioclétien, et assura le triomphe de la religion chrétienne. Vainqueur de Licinius près de Cibalis en Pannonie (314), il s'en défit en le faisant étrangler, et resta ainsi seul maître de l'empire; mais ses cruautés le rendirent odieux au peuple de Rome. Constantin prit alors le parti de transporter l'empire à Byzance, à laquelle il donna le nom de *Constantinople* (330). Il partagea son empire en deux, celui d'Orient et celui d'Occident. Il marchait contre les Perses, lorsqu'il mourut en 337. Il avait rendu d'excellentes lois, surtout contre les délateurs. — CONSTANTIN II, dit *le Jeune* (Flavius Julius Constantinus), fils aîné du précédent, naquit à Arles en 316. A la mort de son père, il eut pour sa part les Gaules, l'Espagne et la Grande-Bretagne. Jaloux de celle de son frère Constant, il marcha contre lui, fut défait et tué près d'Aquilée en 340. Il avait remporté plusieurs victoires sur les Sarmates, les Goths et les Francs. — CONSTANTIN III, fils d'Héraclius, lui succéda en 641, avec son frère Héracléonas. Constantin mourut dans la même année, empoisonné, dit-on, par sa belle-mère. Son fils Constant II monta sur le trône. — CONSTANTIN IV, surnommé *Pogonat* ou *Barbu*, fils de Constant II, succéda à son père en 668, après avoir puni le rebelle Mizizi. Les Sarrasins, profitant des troubles de l'empire, mirent sept fois le siège devant Constantinople (672-77); mais la terrible invention du feu grégeois sauva la ville et força les ennemis à demander la paix. Vaincu par les Bulgares, Constantin se vit forcé de leur payer un tribut. Le meurtre de ses deux frères, Tibère et Héraclius, le rendit odieux à ses sujets. Il mourut en 685, à l'âge de trente-sept ans. — CONSTANTIN V, surnommé *Copronyme*, naquit à Constantinople en 719. Fils de Léon l'Isaurien, il succéda à son père en 741, et surpassa encore sa fureur contre les images des saints. Il fit périr un grand nombre d'ecclésiastiques et d'évêques, et mourut de la peste en 775. Il avait remporté sur les Bulgares la bataille d'Anchiale en Thrace (754). — CONSTANTIN VI, fils de Léon IV, né en 770, succéda à son père en 780, sous la tutelle d'Irène, sa mère, qui voulut s'emparer du pouvoir, et qui fut forcée de s'exiler sur les bords de la Propontide. Elle saisit l'occasion d'une invasion des Bulgares pour faire descendre son fils du trône, et lui fit crever les yeux en 792. Constantin mourut quelque temps après. — CONSTANTIN VII, surnommé *Porphyrogénète*, fils de Léon VI, lui succéda à l'âge de six ans, en 911, sous la tutelle de sa mère Zoé Carbonopsime, qui fut bientôt éloignée du pouvoir par le grand amiral de l'empire, Romain Lécapène. Celui-ci repoussa les Bulgares et les Russes, fut exilé par ses propres fils dans une île de la Propontide. L'impératrice Hélène gouverna toujours son époux. Elle vendit les dignités de l'Église et de l'État, opprima le peuple et l'accabla d'impôts. Constantin mourut en 959. Il avait cultivé les lettres avec succès. On a de lui la *Vie de l'empereur Basile le Macédonien*, deux livres de thèmes ou positions géographiques, un *Traité des cérémonies de la cour byzantine*, etc. — CONSTANTIN VIII, fils de Romain II, succéda en 976 à Jean Zimiscès, conjointement avec son frère Basile II, et mourut en 1028, donnant son sceptre à sa fille Zoé à Argyre-Romain. — CONSTANTIN IX, surnommé *Monomaque* ou *le Gladiateur*, avait été relégué à Mitylène par l'empereur Michel le Paphlagonien. Il dut son élévation à l'empire à l'amour que conçut pour lui l'impératrice Zoé, veuve de Romain-Argyre et femme de Michel le Paphlagonien. Elle lui donna sa main et l'empire en 1042. Sous son règne, les Turks commencèrent à s'élever sur les débris de l'empire grec en Asie, et les Normands en Italie. Il mourut vers la fin de 1054. — CONSTANTIN X (Ducas), fils d'Andronic, succéda en 1059 à Isaac Comnène, qui, en abdiquant volontairement la couronne, le désigna pour son successeur. Son indolence et sa lâcheté enhardirent de nouveau les barbares à fondre sur l'empire. Il laissa trois fils qui devaient lui succéder sous la tutelle de leur mère Eudoxie. — CONSTANTIN XI (Ducas), frère de l'empereur Michel Parapinace, fut son collègue à l'empire, et disputa le trône à Nicéphore Botoniate et à Nicéphore Brienne après sa mort. Il mourut en 1082. — CONSTANTIN XII (Ducas) fut le collègue d'Alexis Comnène, de 1081 à 1086. — CONSTANTIN XIII (Paléologue), surnommé *Dragosès*, est compté quelquefois comme le quinzième du nom, suivant les auteurs, qui comprennent dans ce nombre *Constantin*, fils de Basile le Macédonien, créé auguste par son père en 868, et mort avant son père en 878, et *Constantin*, fils de Romain Lécapène, déposé avec ses frères en 944, et relégué à Ténédos, puis à Samothrace, où il fut massacré dans une tentative qu'il fit pour s'échapper. Fils de l'empereur Manuel Paléologue, Constantin Dragosès, né en 1403, succéda en 1448 à son frère Jean Paléologue. Son imprudence, qui ne sut pas assez ménager le terrible Mahomet II, accéléra sa ruine. Le sultan vint assiéger Constantinople par terre et par mer Les Turks escaladèrent les murailles, et Constantin trouva la mort en se précipitant au milieu des rangs ennemis. Ainsi tomba Constantinople, le 29 mai 1453, après un siège de cinquante-huit jours, et ainsi, finit l'empire d'Orient.

CONSTANTIN (Flavius Claudius Constantinus), simple soldat, fut revêtu de la pourpre en 407 par les légions cantonnées dans la Grande-Bretagne, et passa dans les Gaules, où il régna près de quatre ans. Il eut d'abord à soutenir une guerre contre Honorius. Constant, son fils, marcha contre Géronce, qui avait fait épouser la dignité d'empereur en Espagne à un certain Maxime, sous le nom duquel il espérait jouir de l'autorité souveraine. Mais Géronce le défit, le tua, et vint assiéger son père Constantin dans Arles. Constance de Nysse, envoyé contre eux par Honorius, fit d'abord périr Géronce, et força ensuite Constantin de se rendre à discrétion, après quatre mois de siège. Constantin fut mis à mort en 411.

CONSTANTIN. Un pape et un antipape ont porté ce nom. — CONSTANTIN, natif de Syrie, succéda en 708 à Sisinnius, fit un voyage en Orient, où il fut reçu avec magnificence par l'empereur Justinien II, et illustra la tiare par son zèle et ses vertus. Il mourut en 715. — L'antipape est CONSTANTIN-TIDEUI, frère de Totôn, duc de Népi, en Toscane. Il s'empara du saint-siège en 767, avant l'élection d'Etienne III, pour avoir reçu la tonsure cléricale. Il fut tonsuré et sacré évêque de Rome par Georges, évêque de Préneste, et demeura plus d'un an en possession du saint-siège. Il fut chassé en 762 de l'Église de Rome, condamné dans un concile l'année suivante et enfermé dans un monastère.

CONSTANTIN, grand-prince de Russie, succéda en 1216 à son père Vsévolod, après avoir vaincu et chassé son frère Georges, qui avait usurpé ses possessions. Il rappela son frère près de lui peu de temps après, le déclara héritier de la grande-principauté, et lui donna Souzdal. Il mourut en 1219, sans avoir rien fait de remarquable. Georges lui succéda.

CONSTANTIN (Manassès), historien grec, florissait vers l'an 1150, sous l'empereur Manuel Comnène. Il écrivit en vers grecs un *Abrégé de l'histoire*, qui fait partie de la Byzantine. C'est une chronique depuis Adam jusqu'à Alexis Comnène. On a encore de lui les *Amours d'Aristandre et de Callithée*.

CONSTANTIN PAULOVITCH, grand-duc de Russie, second fils de Paul Ier et frère de l'empereur Alexandre, naquit en 1779. Il se signala en 1799, sous le commandement de Souvarof, comme soldat et comme capitaine. Il abdiqua, du vivant même de son frère Alexandre, tous ses droits de succession au trône, par un acte sous seing privé (1822). Après la mort d'Alexandre, il refusa la couronne qui lui était offerte pour la céder à son frère Nicolas. Il était depuis 1815 vice-roi de Pologne, lorsqu'il mourut en 1831 à la suite du soulèvement de cette contrée.

CONSTANTINE (Flavia Julia Constantina), fille ainée de l'empereur Constantin le Grand et de Fausta, fut mariée en 335 au jeune Hannibalien, que son père avait fait roi de Pont. Hannibalien ayant été assassiné peu de temps après, elle resta veuve et demeura ainsi pendant quatorze ans. En 351, son frère Constance lui fit épouser Gallus, son cousin, qu'elle précipita de crime en crime. Ammien Marcellin lui attribue la mort de plusieurs personnages de distinction. Elle mourut en 354.

CONSTANTINE, en arabe *Qostantinah*, ville forte de la régence d'Alger, située à 63 lieues d'Alger, 15 de la mer, dans l'intérieur des terres. Sa population est de 40,000 habitants. Elle est bâtie sur un rocher haut et escarpé, taillé à pic, d'où l'on précipitait jadis les criminels. On y voit encore de très-beaux restes d'architecture romaine, et particulièrement un arc de triomphe. — Constantine est la *Cirtha* des anciens, ville de Numidie, capitale des Etats de Massinissa. On y conduisit une colonie des Sittiens, sous les auspices de Jules César, et c'est pourquoi elle fut aussi nommée *Julia*. Elle fut le siège d'un évêché. Rebâtie par une fille de Constantin, qui l'embellit, elle changea de nom. Sous la domination turque, elle était la capitale d'une des quatre grandes provinces de la régence d'Alger, gouvernée par un *bey*. Après la conquête d'Alger par les troupes françaises (1830), Achmet, bey de Constantine, refusa de reconnaître l'autorité de la France. Une première expédition fut dirigée contre la ville de Constantine, mais sans succès. Une seconde, commandée par le lieutenant général comte de Damremont, gouverneur général de la régence d'Alger, eut un résultat plus heureux. Après plusieurs jours de tranchée, le général Damremont fut emporté par un boulet, le 12 octobre. Le lieutenant général d'artillerie Valée (qui devint depuis maréchal), prit le commandement, donna le signal de l'assaut, et, après une vive résistance, la place fut emportée le 13 octobre 1837.

CONSTANTINOPLE. Une des plus grandes et des plus célèbres villes de l'Europe et du monde, sur le détroit qui porte son nom, à 660 lieues de Paris. Elle est bâtie en amphithéâtre, et les maisons sont en bois. Elle a de beaux monuments, parmi lesquels on doit mettre au premier rang la mosquée de Sainte-Sophie, longue de deux cent soixante-dix pieds, et large de deux cent quarante. On y compte quatorze mosquées impériales ou *djamys*, cinq cents mosquées d'ordre inférieur. Le port est magnifique, et peut renfermer 1,200 vaisseaux. Le commerce d'exportation consiste en laine, cuirs, maroquins, peaux de chamois, cire, alun, mastic, poil de chèvre, coton et bois. — Constantinople a une population de 500,000 habitants, dont 200,000 Turks, 100,000 Grecs, et le reste Juifs, Arméniens et Européens. Elle est la capitale de la province de Roumélie ou *Roum-Ili*, et de tout l'empire ottoman. Elle est la résidence d'un patriarche grec. — Fondée en 326, sur les ruines de l'ancienne Byzance, par Constantin, qui y transporta le siège de l'empire romain et en fit une nouvelle Rome, elle était comme celle-ci partagée en quatorze quartiers, et avait un capitole. Elle fut la métropole de l'empire d'Orient, appelé aussi Bas-Empire, empire grec ou byzantin, pendant plus de onze cents ans. Prise par les Latins en 1204, elle fut reprise par les Grecs en 1259. Mahomet II s'en empara en 1453 et en fit la capitale de son empire. Depuis lors elle est la résidence des sultans. Les Turks l'appellent *Istamboul* ou *Stamboul*.

CONSTANTINOPLE (CONCILES DE). Il y en a eu quatre-vingt-dix-neuf, dont quatre œcuméniques ou généraux. Le premier, tenu en 381, fut le second concile général. Il s'y trouva cent cinquante évêques, et saint Mélèce, évêque d'Antioche, le présida. Ce concile fut célébré pour confirmer celui de Nicée et reconnaître la divinité du Saint-Esprit, attaquée par Macédonius. — Le deuxième, tenu en 553, sous le pape Vigile et l'empereur Justinien, fut présidé par Eutychius, patriarche de Constantinople. Il s'y trouva cent cinquante-cinq évêques. On y condamna la mémoire et les ouvrages de Théodore de Mopsueste, source du nestorianisme, et les doctrines d'Origène; ce fut le cinquième concile général. — Le troisième, tenu en 680, dans une salle du palais de Constantin Pogonat, fut le sixième concile général, les évêques, au nombre de cent soixante-dix, condamnèrent les monothélites. Ce concile fut suivi du concile assemblé en 692 par le patriarche Callinicus, dans la même salle que le précédent, c'est-à-dire, sous une voûte élevée en forme de dôme (in trullo), ce qui l'a fait nommer concile *in trullo*. On le nomma aussi *quini-sextum*, comme qui dirait cinq-sixième, parce que ce qui comme un supplément au cinquième et au sixième concile. — Le quatrième fut le huitième concile général, tenu en 869, sous le pape Adrien II et l'empereur Basile le Macédonien, contre Photius; il y assista cent deux évêques. Photius y fut condamné et ses livres brûlés.

CONSTELLATION, assemblage d'étoiles, ou système exprimé et figuré sous le nom et la figure d'un homme, d'un animal ou de tout autre emblème. Les écrivains les plus anciens dont les ouvrages nous sont parvenus, connaissaient cette division des cieux. On en fait mention dans l'Ecriture, et Aratus de Tarse, poëte astronome qui vivait 277 ans avant notre ère, nous a laissé un traité de toutes les constellations connues de son temps. La division des anciens, c'est-à-dire de Ptolémée, dans son *Almageste*, se composait de quarante-huit constellations, dont douze formant le zodiaque, vingt dans la partie nord et seize dans la partie sud. Hévélius en a ajouté douze, Halley huit, Bayer douze, la Caille seize, et plusieurs autres astronomes douze, ce qui porte le nombre total des constellations connues à cent huit.

CONSTIPATION, état d'une personne qui ne va pas à la selle ou qui n'y va que rarement. Cet état est le résultat d'une altération du conduit digestif. La constipation est ou bien un symptôme d'une autre maladie, ou bien une constitution ou dérangement dans l'état normal. On la trouve dans le cours des fièvres, l'hypocondrie, l'hystérie, la colique de plomb, etc. Le moyen le plus usité pour y porter remède est l'usage des lavements émollients et des liquides de même nature.

CONSTITUANTE (ASSEMBLÉE), nom donné à l'assemblée des états généraux de 1789, depuis le 17 juin jusqu'au 30 septembre. Les députés du tiers, présidés par Bailly, s'étaient présentés, le 30 juin, à l'ouverture des états, dont la porte leur fut refusée; le *serment du jeu de paume* proclama l'indépendance de l'assemblée, qui jura de ne pas se séparer sans donner à la France une constitution. Bientôt elle se grossit de cent quarante-neuf députés du clergé et de quarante-six députés de la noblesse, qui opérèrent ainsi la réunion des trois ordres. La nuit du 4 août vit paraître l'abolition de tous les privilèges, droits et exemptions, restes décrépits de l'édifice féodal. La noblesse et le clergé firent le sacrifice de leurs titres, de leurs dîmes, de leurs pensions, et Louis XVI fut décoré du nom de *Restaurateur de la liberté française*. La division de la France en départements, l'institution du jury, la suppression des parlements, la consécration de la liberté des cultes et de la presse, la fixation des limites et des attributions des pouvoirs dans l'État, l'organisation de l'instruction publique et de l'armée, l'affranchissement de l'industrie, l'uniformité des poids et mesures, l'égale répartition de l'impôt, la création des brevets d'invention, sont autant de services rendus à la France par l'assemblée constituante, qui organisa aussi, par deux décrets, la garde nationale de Paris et celle du reste de la France. La fuite de Louis XVI et son arrestation à Varennes forcèrent l'assemblée de lui retirer l'exercice du pouvoir royal, qu'elle lui rendit après l'acceptation qu'il fit de la nouvelle constitution. Après la révolution de 1848, il y a eu une nouvelle assemblée constituante nommée par le suffrage universel.

CONSTITUT, clause par laquelle celui qui possède naturellement ou corporellement un meuble ou immeuble reconnaît que c'est sans aucun droit de propriété ou de possession civile, et que la jouissance ne lui en a été donnée ou laissée par le propriétaire qu'à *titre de constitut*.

CONSTITUTION, état d'une chose résultant de la nature et de l'union des parties qui la constituent. — En termes de jurisprudence, on appelle *constitution de dot* un acte ou une clause d'un acte qui établit ce que les futurs époux apportent en dot; *constitution de procureur*, l'acte ou la clause d'un exploit par lequel on déclare que tel procureur occupera ; *constitution de rente,* l'établissement d'une rente qui provient de libéralité ou de l'intérêt de l'argent placé.

CONSTITUTION (politique). On nomme ainsi les lois, ordonnances et règlements qui forment le droit écrit d'une nation et déterminent la forme de gouvernement d'un Etat. — La France a eu, depuis 1789, neuf constitutions différentes.

CONSTITUTION DE 1791. Elle fut décrétée par l'assemblée constituante. La souveraineté, *une, indivisible,* appartient à la nation, qui en délègue l'exercice ; le gouvernement est une monarchie représentative. Une imposition d'un marc d'argent (54 livres) suffit pour être député. Une seule chambre permanente *(l'assemblée législative)* de sept cent quarante-cinq membres, élus pour deux ans par des électeurs nommés dans les assemblées primaires, composées de tous les citoyens actifs, c'est-à-dire, âgés de vingt-cinq ans, payant une contribution directe de trois jours de travail (environ 3 livres), forme la partie essentielle du pouvoir législatif. La royauté est héréditaire ; au roi seul appartient le pouvoir exécutif ; sa personne est inviolable et sacrée. Il prête le serment de maintenir la constitution. Le roi n'a pas le droit de dissoudre l'assemblée ; il n'a pas l'initiative de la proposition des lois, et ne peut présenter que des observations, etc.

CONSTITUTION DE 1793 ou DE L'AN I$^{er}$. Le peuple exerce sa souveraineté, divisé en assemblées primaires de cantons. — Les assemblées primaires nomment directement les députés au corps législatif, à raison d'un pour 40,000 individus. Elles délèguent à d'autres électeurs le choix des administrateurs, des arbitres publics, des juges criminels et de cassation. — Toutes les fonctions administratives et judiciaires, des départements et des villes sont conférées par l'élection populaire. Le corps législatif est un, indivisible et permanent ; sa session est d'un an ; il propose les lois et rend les décrets. Les lois sont soumises à la sanction du peuple. Le gouvernement est confié à un conseil exécutif de vingt-quatre membres choisis par le corps législatif sur une liste de candidats présentée par les assemblées électorales de chaque département.

CONSTITUTION DE L'AN III (1795). Tout homme, âgé de vingt et un ans, né et résidant en France, et payant une contribution directe de la valeur de trois journées de travail, est citoyen français et a le droit de voter dans les assemblées primaires, dont chacune nomme un électeur Pour être électeur, il faut être âgé de vingt-cinq ans, et payer une contribution foncière de la valeur de cent cinquante ou deux cents journées de travail. Il y a une assemblée électorale par département. La législation est confiée à deux conseils : l'un dit des *cinq-cents,* et l'autre des *anciens.* Le premier propose les lois, le second les accepte. Le pouvoir exécutif est remis à cinq directeurs nommés par les conseils.

CONSTITUTION DE L'AN VIII (1799) fut soumise à l'acceptation populaire, et réunit 3,011,007 suffrages sur 3,019,500 votants. Ses bases fondamentales étaient les suivantes : Les lois sont proposées par le gouvernement, discutées par un *tribunal*, admises ou rejetées par un *corps législatif*; un *sénat* veille à leur conservation ; il est permanent, et se compose de quatre-vingts membres élus à vie. — Le gouvernement est confié à trois *consuls* nommés pour dix ans. — A été modifiée plus tard par la suppression du tribunat et par l'institution d'un empereur en remplacement des consuls.

CONSTITUTIONS DE 1814 et DE 1830; voyez *Charte constitutionnelle.*

CONSTITUTION DE 1815 : autrement appelée *Acte additionnel aux constitutions de l'empire,* décrétée par l'empereur à son retour de l'île d'Elbe, pour établir en France un gouvernement représentatif ; n'a duré que cent jours.

CONSTITUTION DE 1848 : avait organisé un gouvernement républicain, composé d'un président et d'une assemblée, nommés tous deux par le suffrage universel ; — n'a duré que deux ans.

CONSTITUTION DE 1852 : rétablissement de l'ancienne constitution de l'an VIII, modifiée lors de l'avénement de l'empire, avec peu de changements.

CONSTITUTION CIVILE DU CLERGÉ, constitution décrétée par l'assemblée constituante et sanctionnée par le roi le 24 août 1790. Sa base était l'élection pour les évêques et les curés. Pour être éligible à un évêché, il était nécessaire d'avoir rempli, au moins pendant quinze ans, les fonctions de ministre ecclésiastique dans le diocèse en qualité de curé, de desservant ou de vicaire. Cette élection devait se faire par le corps électoral, et la proclamation de l'élu devait se faire par le président de l'assemblée électorale, dans l'église où l'élection aurait été faite, en présence du peuple et du clergé. Avant la cérémonie de la consécration, l'élu devait prêter, en présence des officiers municipaux, du peuple et du clergé, le serment solennel d'être fidèle à la nation, à la loi et au roi, et de maintenir de tout son pouvoir la constitution de 1791. L'élection des curés devait aussi se faire par un corps électoral, qui nommait les membres de l'assemblée administrative du district. — Chaque département devait former un diocèse, et le royaume être divisé en plusieurs arrondissements métropolitains. La prestation du serment entraîna un schisme parmi le clergé, et de là naquirent les persécutions exercées contre les prêtres qui ne l'avaient point prêté, et qu'on appela *réfractaires* par opposition aux *assermentés.*

CONSTITUTIONS APOSTOLIQUES, nom donné aux règlements attribués aux apôtres, et renfermant huit livres. Ce recueil porte le nom du pape saint Clément ; mais il est aujourd'hui prouvé qu'il n'est point de lui, et qu'il n'a été composé que plusieurs siècles après sa mort. Les Constitutions apostoliques sont précieuses pour la connaissance des cérémonies usitées dans les premiers siècles de l'Eglise. Ainsi, par exemple, les églises étaient semblables à un vaisseau de figure oblongue, tournées vers l'orient, et le siège de l'évêque était placé au milieu de ceux des prêtres. On y décrit les cérémonies en usage pour la réception aux divers degrés du catéchuménat, etc.

CONSTITUTIONS ECCLÉSIASTIQUES, règlements qui font la base des cérémonies, des usages ecclésiastiques. Les canonistes en distinguent trois sortes : la première comprend les ordonnances des conciles ; la seconde, les décrets des papes et même des évêques faits hors des conciles, et les sentences des Pères. On distingue trois sortes de constitutions papales : les *décrets,* qui sont des règlements faits par le pape sans avoir consulté aucune personne ; les *décrétales,* qui sont les constitutions faites par les papes à la prière ou sur la relation des évêques pour la discussion d'une affaire ecclésiastique ; les *rescrits,* qui sont des lettres apostoliques sur papier.

CONSTRICTEUR, nom donné, en anatomie, aux muscles dont la fonction est de resserrer en agissant circulairement. On appelle *muscles constricteurs du pharynx* les plans musculaires qui concourent à former les parois du pharynx. Toutes les espèces d'arbres ont leurs muscles constricteurs destinés à en rétrécir l'entrée. — On appelle *constricteur de l'œsophage* un faisceau de fibres charnues et circulaires, qui se trouve à la partie supérieure de l'œsophage.

CONSTRUCTEUR (INGÉNIEUR), officier du gouvernement préposé à la construction, au radoub et à la refonte des vaisseaux de l'Etat. Aujourd'hui ils participent aux honneurs rendus aux officiers de la marine, et sont fournis exclusivement par l'école polytechnique. Les ingénieurs constructeurs veillent encore à l'entretien des navires de guerre, et déterminent les réparations à faire quand ils rentrent au port. C'est un conseil de construction, aujourd'hui composé d'ingénieurs, qu'on remet l'examen des diverses améliorations proposées concernant le matériel de la marine.

CONSTRUCTION, partie de l'art architectural qui comprend les opérations par lesquelles on dispose le terrain pour bâtir un édifice, on met en place et on unit les matériaux dont il est composé. L'art des constructions navales forme un art particulier confié aux *ingénieurs constructeurs.* Il y a de plus, en France, un *directeur des constructions navales,* chargé de la surveillance des fournitures de la marine. La marine a le droit de choisir et de faire marteler dans les forêts de l'Etat, dans celles des communes et des particuliers, les arbres propres aux constructions navales. Les anciens construisaient leurs bâtiments en bois de pin ou de sapin ; ils remplissaient d'une espèce de jonc marin les vides et les intervalles (mailles) qui se trouvaient entre chaque bordage, et ils y faisaient couler de la cire fondue. Chez nous, tout est en chêne, à l'exception des ponts, et l'on calfate avec de l'étoupe et du goudron. Pour construire un bâtiment, on établit d'abord sa *quille*, puis l'*étrave* et l'*arcasse,* c'est-à-dire, les pièces extrêmes de l'avant et de l'arrière ; ensuite, dans des plans verticaux et perpendiculaires à la quille, on élève les *couples,* qui sont comme les côtes du navire, et en forment la carcasse. On recouvre la carcasse avec des planches plus ou moins épaisses, appelées *bordages,* revêtues de feuilles de cuivre, et on lie les couples entre eux par de fortes pièces de bois nommées *baus.* On lance à la mer le navire auquel il ne manque plus que les mâts et les agrès.

CONSUALES (myth.), fêtes célébrées le 22 août de chaque année en l'honneur du dieu *Consus.* (Voy. ce mot.) Elles furent instituées par Evandre et renouvelées par Romulus. On immolait au dieu un bélier, et l'on faisait de magnifiques cavalcades. Tant que duraient ces fêtes, les chevaux, les mulets et les ânes étaient exempts de travaux. On les promenait, couronnés de fleurs, dans les rues de Rome. Ce fut pendant la célébration de ces fêtes que Romulus fit enlever les Sabines.

CONSUBSTANTIALITÉ, égalité, identité de substance. L'Eglise adopta, dans le premier concile de Nicée, le terme de *consubstantiel* pour désigner l'égalité parfaite en toutes choses du Fils de Dieu avec son Père, et son identité de substance avec lui.

CONSUL, fonctionnaire du gouvernement établi en pays étranger pour protéger le commerce, juger les différends des marins de sa nation, et légaliser les actes expédiés dans son ressort. Le consul est un véritable ambassadeur pour les affaires commerciales ; aussi les consuls jouissent de tous les privilèges que les règles du droit public assurent à tout ambassadeur. Tout consul doit être âgé d'au moins trente ans. Dans les échelles du Levant, les consuls français imposent sur les navires de leur nation un droit connu sous le nom de *cotineau.*

CONSUL. Avant la révolution, on a donné particulièrement ce nom, dans certaines provinces, aux officiers municipaux. Cet usage était surtout en vigueur dans le midi de la France. — Les *juges consuls* constituaient autrefois la juridiction commerciale appelée alors *juridiction consulaire.*

CONSULAIRE, nom donné à Rome primitivement à ceux qui avaient été consuls. Sous Auguste et les empereurs, ce nom fut attaché à divers personnages qui ne furent jamais consuls ou qui occupèrent d'autres fonctions. Constantin créa une classe de fonctionnaires pour l'administration de l'empire, et qu'il nomma *consulaires.* Ces fonctionnaires dépendaient le plus souvent des vicaires, quelquefois du proconsul. Souvent même le vicaire exerçait les fonctions de consulaire. Il y avait trente-sept siéges de consulaires (nommés aussi *consulaires*) dans tout l'empire.

CONSULAT, nom donné à l'époque de l'histoire politique de la France qui s'étend depuis la révolution du 18 brumaire jusqu'au 12 mai 1804. La révolution du 18 brumaire, en renversant le pouvoir directorial, lui avait substitué un gouvernement provisoire composé de trois consuls, Bonaparte, Sieyès et Roger-Ducos, plus tard remplacés par Cambacérès et Lebrun. Le consulat fut pour la France une époque de véritable régénération sociale et civile. Au dehors, nos armées victorieuses à Marengo et à Hohenlinden forcent l'Autriche à demander la paix, et imposent des traités à l'Angleterre même. Le concordat, signé avec le pape Pie VII, régla toutes les affaires ecclésiastiques. L'introduction de la vaccine, la constitution de la banque de France, l'adoption d'un nouveau code civil et criminel, la création des écoles primaires, des lycées et des écoles spéciales, l'institution de la Légion d'honneur, le rappel des émigrés, l'organisation de l'institut en quatre classes, celle du notariat, l'encouragement accordé à l'industrie et aux arts, l'activité rendue au commerce, sont autant de bienfaits dont le consulat dota la France. — Le 2 août 1802, le sénat conservateur et le corps législatif décernèrent le consulat à vie à Bonaparte. Le 18 mai 1804, le sénat et le tribunat appelèrent Napoléon Bonaparte à l'empire.

CONSULS, magistrats souverains qui exerçaient à Rome, pendant un an, une autorité égale à celle des rois. Leur nom vient du mot *consulere* (veiller aux intérêts), parce qu'ils étaient chargés de veiller aux intérêts de la république. L'institution des consuls remonte à l'an de Rome 244 (avant J.-C. 510), époque de l'expulsion du dernier des rois. Ils furent choisis parmi les patriciens jusqu'en l'an de Rome 388 (avant J.-C. 366), que le peuple obtint que l'on en prendrait un dans son sein. Le consulat fut aboli par Justinien l'an de J.-C. 541. Les consuls étaient élus par le peuple dans le champ de Mars. Pour parvenir à cette dignité, il fallait avoir quarante-trois ans accomplis et avoir servi la république en qualité de questeur, d'édile et de préteur. Les consuls portaient pour marque de leur dignité la robe prétexte bordée de pourpre. Les consuls jouissaient alternativement, chaque mois, du droit de faire porter les faisceaux devant eux. Ils donnaient leur nom à l'année. Dans les assemblées publiques, les consuls étaient assis sur des siéges d'ivoire, et tenaient à la main une baguette d'ivoire surmontée d'un aigle (*scipio eburneus*). Ils commandaient les armées, et ne pouvaient revenir à Rome sans la permission du sénat. La charge de consul ne fut, sous les empereurs, qu'un titre sans fonctions et sans autorité réelles. Sa durée fut réduite, sous Jules César, à deux ou trois mois. Depuis cette époque, les consuls nommés au mois de janvier furent appelés consuls ordinaires (*ordinarii*), et donnèrent leur nom à l'année. On appela *suffecti* ceux qui leur succédaient dans les mois suivants.

CONSULTA (c'est-à-dire, conseil d'État). C'était une branche particulière de l'administration de la république italienne, puis du royaume d'Italie. La consulta se composait de huit personnes, et ses principales attributions consistaient dans la direction des affaires étrangères et la rédaction des transactions diplomatiques.

CONSULTATION, nom donné, en jurisprudence, à l'avis verbal ou écrit donné par les jurisconsultes sur les questions à eux soumises relativement à leur profession. Le *Digeste* n'est autre chose qu'une compilation d'extraits des consultations des jurisconsultes, auxquels l'empereur Justinien donna le caractère de loi. Les consultations de Cujas et de Dumoulin sont des modèles en ce genre. Les honoraires des consultations sont proportionnés au nombre et à la difficulté des questions, comme à la fortune des clients. Le coût de la simple signature est ordinairement de 25 francs, et la signature après conférence se paye 50 francs. — En médecine, le mot de *consultation* a le même sens qu'en droit.

CONSUS (myth.), dieu des conseils chez les Romains. On le croit le même que le Neptune équestre. Son temple était dans le grand cirque, et à moitié caché sous terre, pour montrer que les desseins doivent être secrets et impénétrables. Romulus avait institué en son honneur les *consuales*. Voy. ce mot.

CONTAGION, communication d'une maladie par le contact médiat ou immédiat. Quoique la manière dont s'opère la contagion nous soit inconnue, on pense néanmoins qu'elle a lieu par le moyen d'un agent matériel qu'on nomme *principe contagieux* ou *virus*. Les maladies contagieuses diffèrent des maladies épidémiques, en ce que celles-ci ont le plus souvent l'air pour véhicule, tandis que les premières ont toujours pour cause le contact. Ce contact peut être *immédiat*, et alors le principe contagieux est transmis directement de l'individu malade à une personne saine par contact intime. Il peut être *médiat*, et dans ce cas le contact a lieu au moyen des substances qui ont été en contact avec le corps du malade, comme les vêtements, et tous les objets dont il fait usage. Les tissus de laine, de soie, de coton, de chanvre, sont de toutes les matières qui reçoivent et transmettent le plus facilement les principes contagieux. — Chez les animaux, on donne le nom d'*épizooties* aux maladies contagieuses et épidémiques.

CONTARINI, famille célèbre de Venise, une des douze les plus anciennes appelées *apostoliques*. Elle a donné huit doges à la république. — DOMENICO CONTARINI succéda en 1043 à Domenico Fabianico, et mourut en 1071. — GIACOMO CONTARINI succéda en 1275 à Lorenzo Tiépolo, et mourut en 1280. — ANDREA CONTARINI succéda en 1368 à Marco Cornaro, et mourut en 1382. — FRANCESCO CONTARINI succéda en 1623 à Antonio Priuli, et mourut en 1625. — NICOLA CONTARINI succéda en 1630 à Giovanni Cornaro Ier, et mourut en 1631. — CARLO CONTARINI succéda en 1655 à Francisco Molini, et mourut en 1656. — DOMENICO CONTARINI II succéda en 1659 à Giovanni Pezzaro, et mourut en 1675. — LUIGI CONTARINI succéda en 1676 à Nicola Sagredo, et mourut le 15 janvier 1684.

CONTAT (Louise), célèbre actrice, née à Paris en 1760. Elle se consacra tout entière à la comédie, et fut pendant longtemps en possession de l'emploi dit des *grandes coquettes*. Beaumarchais lui ayant confié le rôle de *Suzanne* dans le *Mariage de Figaro*, elle remplit désormais l'emploi de soubrette. Mlle Contat quitta le théâtre à l'âge de quarante-huit ans, et mourut en 1813. Les rôles dans lesquels elle était le plus applaudie furent ceux de *Mme Évrard* dans les *Vieux Célibataire*, d'*Elmire* dans *Tartuffe*, de *Célimène* dans le *Misanthrope*, etc.

CONTE, récit fabuleux, merveilleux ou intéressant, en prose ou en vers. On connaît divers genres de contes. Les plus fameux sont *les Mille et une Nuits*, contes arabes; *les Mille et un Jours*, contes persans composés par le derviche Moclès; l'*Histoire de la sultane de Perse et des quarante vizirs*, contes turks composés par Cheikh-Zadeh, précepteur d'Amurat II; les *Contes indiens*, de Bidpaï et de Lokman, traduits du turk d'Ali-Tchélébi-ben-Saleh. — Parmi les plus célèbres *contes des fées* sont le *Chaperon rouge*, le *Petit Poucet*, *Cendrillon*, *Peau-d'Ane*, la *Barbe Bleue*, etc., de Ch. Perrault. — Au nombre des *contes-nouvelles*, on peut mettre ceux de Boccace, connus sous le nom de *Décaméron*; ceux de Marguerite de Valois, connus sous celui d'*Heptaméron*. — Parmi les contes philosophiques ou littéraires, ceux de Voltaire, de Chaucer, de Grécourt, de Gresset, d'Andrieux, de Daru, etc., tiennent le premier rang. — Il est enfin une classe particulière de contes destinés à l'instruction et à l'amusement de la jeunesse, tels que ceux de Bouilly, de Mme de Renneville, etc.

CONTÉ (Nicolas-Jacques), né à Saint-Cenery (Orne) en 1755. Il s'adonna à la mécanique et à la peinture, et inventa un instrument très-simple qui remplaça ceux qui étaient en usage pour la levée des plans. Il fut chargé en 1793 de répéter en grand, avec plusieurs autres savants, les expériences de la décomposition de l'eau par le fer, et fut nommé directeur de l'école aérostatique de Meudon. Le gouvernement lui conféra le grade de chef de brigade, avec le commandement en chef des aérostiers. Il établit avec succès une manufacture de crayons, à laquelle on a donné son nom. Appelé avec beaucoup d'autres savants à l'expédition d'Égypte, il construisit en deux jours au phare d'Alexandrie un moulin à boulets rouges, et contint les Anglais, qui menaçaient la ville d'un coup de main. Appelé au Caire, il y établit des moulins à vent, des machines pour la fabrication de la poudre et des monnaies, des fonderies, etc. Conté mourut en 1805. C'est lui qui avait donné l'idée du conservatoire des arts et métiers.

CONTENTIEUX, tout ce qui est susceptible d'être mis en discussion devant des juges. Il y a dans chaque administration un *bureau du contentieux*, où se traitent toutes les affaires qui sont susceptibles d'être portées soit devant les tribunaux civils, soit devant les tribunaux administratifs. On désigne plus spécialement sous le nom de *comité du contentieux* la section du conseil d'État qui a dans ses attributions les affaires contentieuses.

CONTI (Armand DE BOURBON, prince DE), second fils de Henri II, prince de Condé, fut le chef de la branche de Conti, qui tira son nom du bourg de Conti-sur-Selle (Somme). Il naquit à Paris en 1629. Destiné par son père à l'état ecclésiastique, il quitta l'Église pour les armes à sa mort, et se jeta dans les intrigues de la Fronde. Fait généralissime de la Fronde, il fut arrêté et conduit à Vincennes avec son frère, et n'en sortit que pour épouser Anne-Marie Martinozzi, nièce du cardinal Mazarin. Il fut fait gouverneur de Guyenne en 1654, général des armées en Catalogne, grand maître de la maison du roi, et gouverneur du Languedoc en 1662. Il mourut en 1666.

CONTI (François-Louis DE BOURBON, prince DE LA ROCHE-SUR-YON et puis DE), fils d'Armand, né en 1664, devint prince de Conti par la mort de son frère aîné en 1680. Il se distingua à la campagne de Luxembourg en 1684, dans la campagne de Hongrie en 1685, au combat de Steinkerque, aux batailles de Fleurus et de Nerwinde. Il fut élu roi de Pologne en 1697; mais l'électeur de Saxe, son rival, nommé par un autre parti, lui enleva cette couronne. Il mourut en 1709.

CONTI (Louis-François DE BOURBON, prince DE), petit-fils de François-Louis de Bourbon, naquit à Paris en 1717. Doué de beaucoup d'esprit et de courage, il signala ses talents militaires pendant la guerre de 1741, dont le théâtre fut en Italie comme en Flandre. En 1744, le prince de Conti se rendit maître de Montalbano et ensuite de la citadelle de Villafranca. Il gagna sur le roi de Sardaigne la célèbre bataille de Coni (30 septembre 1744). De retour à Paris, il y cultiva la littérature et les arts, et mourut en 1776.

CONTI (Louis-François-Joseph DE BOURBON, prince DE), fils du précédent, naquit en 1734. D'abord opposé aux projets de réforme de la révolution, il prêta ensuite serment à la constitution en 1790. Il n'émigra pas, et fut, par suite du décret lancé par la convention nationale contre les Bourbons restés en France en 1793, arrêté, conduit à Marseille et traduit en jugement. Il fut acquitté et reçut du gouvernement des secours pécuniaires. Banni du territoire français avec tous les membres de la famille royale par une loi promulguée après le 18 fructidor, le prince de Conti se retira en Espagne, où il mourut peu de temps après. Avec lui s'éteignit la branche des Conti.

CONTIGUÏTÉ, état de deux choses qui se touchent sans se tenir, et qu'on peut séparer sans déchirement. On emploie ce mot par opposition à celui de *continuité*; ainsi il y a seulement contiguïté entre la tête de l'humérus et la cavité glénoïde du scapulum. — On appelle *diarthroses de contiguïté* les articulations mobiles dans lesquelles les os se touchent par des surfaces enduites d'une mince couche cartilagineuse, qui est toujours humectée par la synovie.

CONTINENT. On appelle ainsi les plus grands espaces de terre que l'on puisse parcourir sans traverser des mers. On compte trois continents : l'*ancien continent*, qui renferme l'Europe, l'Asie et l'Afrique ; le *nouveau*, qui renferme l'Amérique, et l'*Australie* ou *Nouvelle-Hollande*. Des voyages récents tendent à prouver la formation d'un continent nouveau dans les mers australes. La formation des continents, tant anciens que modernes, paraît avoir pour une de ses causes l'agrégation des zoophytes connus sous le nom de polypiers et de madrépores. Cette agrégation forme des bancs d'une étendue immense, qui arrêtent tous les sédiments calcaires auxquels la mer sert de véhicule. Ces matières, constamment augmentées par l'action incessante de l'Océan, lient entre elles toutes les parties de ces îles madréporiques, et élèvent ainsi au milieu des eaux des masses solides dont les dimensions s'agrandissent à chaque instant. Peu à peu l'île élève au-dessus des eaux son front, d'abord nu et sans aucune apparence de végétation, puis les semences des plantes transportées par les vents sont déposées dans ces amas informes de terres et de rochers qui se couvrent bientôt d'une végétation exubérante. De la même manière, ces îles se lient par des réseaux sous-marins.

CONTINENTAL (Système de blocus). Voy. Blocus.

CONTINENTE, nom donné à une fièvre dont l'intensité reste la même pendant tout son cours, sans diminution ni augmentation de ses symptômes.

CONTINGENCE. On appelle ainsi, en philosophie, la qualité de choses qui existent, quoiqu'on les conçoive comme pouvant ne pas exister. — En géométrie, on appelle *angle de contingence* un angle mixtiligne, c'est-à-dire, formé par un arc de cercle et une tangente. L'angle de contingence est plus petit qu'un angle rectiligne, quelque petit qu'on puisse le supposer.

CONTINGENT MILITAIRE, quotité d'hommes armés ou susceptibles de l'être, ou envoi de troupes destinées à un service constitué. Des contingents pour un temps déterminé constituaient les milices de la féodalité. Dans les confédérations suisse et germanique, la loi a réglé le contingent que chaque Etat qui fait partie de la confédération doit fournir pour le maintien de la sûreté de l'Etat.

CONTINU, tout ce qui se prolonge sans interruption. — En mathématiques, on appelle ainsi toutes les grandeurs dont les parties s'entre-tiennent et ne sont pas divisées les unes des autres. — En algèbre, on appelle *fractions continues* une espèce particulière de fractions dont le dénominateur est composé d'un nombre entier et d'une autre fraction qui a également pour dénominateur un nombre entier et une fraction, et ainsi de suite. — On appelle *proportion continue* celle dans laquelle les deux termes moyens sont la même quantité, comme 10 : 20 :: 20 : 40.

CONTINUITÉ (Loi de), liaison non interrompue par laquelle les quantités variables allant d'une grandeur à une autre passent par toutes les grandeurs intermédiaires, sans en sauter aucune. Leibnitz croyait qu'elle gouvernait probablement l'intelligence et la nature extérieure, et plusieurs philosophes ont fait de même. Le P. Roger Boscovich a été plus loin, et a regardé cette loi comme une loi universelle.

CONTONDANTS, nom donné aux corps qui occasionnent les meurtrissures de la peau, blessent les parties molles et charnues, et produisent les contusions ou plaies contuses. Les corps contondants sont généralement de forme arrondie ou obtuse. Ils ne piquent ni ne tranchent.

CONTORNIATES, terme de numismatique. On appelle ainsi les médailles de cuivre terminées dans leur circonférence par un cercle d'une ou deux lignes de largeur, continu avec le métal, quoiqu'il semble en être détaché par une rainure assez profonde qui règne à l'extrémité du champ de l'un et de l'autre côté de la médaille.

CONTRACTILITÉ, faculté que possèdent certaines parties de l'économie animale et végétale de se raccourcir et de s'étendre alternativement. On appelle *contraction* le résultat de la contractilité. Les végétaux et les animaux dont l'*organisation* est la plus simple présentent cette faculté dans tout leur corps ; mais, dans les animaux où l'organisation est plus compliquée, elle devient l'attribution spéciale d'organes particuliers appelés *muscles*. Les fibres dont la réunion compose les muscles doivent leur contractilité aux filaments nerveux qui s'y distribuent par diverses ramifications. La contraction n'a bien lieu que dans le système musculaire ; mais l'action du système nerveux en est la cause déterminante. Bichat a divisé la contractilité en *volontaire* ou dépendante immédiatement de l'action du cerveau, comme dans les muscles de la locomotion ; et en *involontaire* ou indépendante de cette action, comme dans les muscles des viscères de la digestion et des autres organes intérieurs.

CONTRACTION, phénomène physiologique qui est le résultat de la *contractilité*. — En physique, on appelle *contraction de la veine fluide* le resserrement ou la forme étranglée que prend le fluide qui s'échappe d'un vase par un orifice. — En termes de grammaire, la *contraction* est la réduction de deux syllabes en une. Les Grecs ont des déclinaisons de noms *contractes* et des conjugaisons de verbes contractes.

CONTRACTURE, maladie qui consiste dans la rigidité permanente et l'atrophie progressive des muscles fléchisseurs qui s'opposent aux mouvements d'extension au delà d'un certain degré. Elle succède souvent à d'autres maladies et particulièrement aux rhumatismes, aux névralgies, aux convulsions, à la colique de plomb, etc. Les malades sont obligés de rester immobiles dans leurs lits, et à l'ouverture des cadavres on trouve les muscles convertis en fibres tendineuses ; les fibres charnues ont presque disparu. Les moyens le plus généralement employés sont les bains tièdes, les bains de vapeur, le massage, l'extension mécanique des membres affectés, etc.

CONTRADICTOIRE (Jugement), nom donné à celui qui a été rendu après que les parties ont pu se contredire, parce qu'elles ont été mises en présence l'une de l'autre. — Un *acte contradictoire* est celui qui a été passé en présence des parties, contradictoirement avec chacune d'elles. On voit qu'en droit le mot de *contradictoire* ne s'applique pas à une contradiction nécessaire.

CONTRAIERVA. Voy. Dorsténie.

CONTRAINTE PAR CORPS, exécution opérée par la *contrainte* sur la personne même du débiteur, qui est mis en état d'arrestation à la requête du créancier. La loi romaine accordait anciennement aux créanciers un droit de vie et de mort sur leurs débiteurs. La loi *Potilia Papiria* réduisit les droits des créanciers sur la personne de leurs débiteurs à la simple contrainte par corps. On ne date ordinairement l'introduction de la contrainte par corps dans la législation française que de l'ordonnance de Villers-Cotterets (1539) et de Moulins (1566). — Aujourd'hui la contrainte par corps a lieu, en matière civile, pour le stellionat, et c'est le seul cas où elle peut être prononcée contre les septuagénaires, les femmes et les filles. Elle ne peut être prononcée contre les mineurs, ni pour une somme moindre de 300 francs. Aucune contrainte par corps ne pourra être mise à exécution qu'un jour après la signification, avec commandement du jugement qui l'a prononcée, signification faite par un huissier ou par le président du tribunal de première instance. — En matière de commerce, la contrainte par corps peut être prononcée contre toute personne condamnée, pour dette commerciale, au payement d'une somme de 200 francs et au-dessus, et en matière civile ordinaire, contre les comptables de deniers publics, etc., pour raison du reliquat de leurs comptes, déficit ou débet constaté à leur charge, et dont ils ont été déclarés responsables. — Les étrangers sont soumis à cette règle pour toutes les dettes qui ne sont pas inférieures à 150 francs.

CONTRALTO, voix intermédiaire entre le *soprano* ou voix aiguë de femme, et le *ténor* ou voix aiguë d'homme. Il y a des femmes qui ont naturellement la voix de contralto. En Italie, on obtenait artificiellement ces voix chez les hommes au moyen de la castration. Le Languedoc et particulièrement les environs de Toulouse fournissent aussi des voix d'hommes qui possèdent ce genre de voix un peu plus bornée à l'aigu, mais plus étendu au grave, et auxquelles on donne le nom de *hautecontre*. Cette voix se note sur la clef d'ut troisième ligne.

CONTRAT. Toute convention par laquelle une partie s'engage à faire ou ne pas faire quelque chose, ou plus spécialement l'acte même qui forme la preuve littérale de l'engagement contracté. On divise les contrats en *nommés* et en *innomés*. Les premiers sont ceux qui ont un caractère spécial et déterminé, tels que les contrats de vente, de louage. Les seconds sont au contraire ceux qui ne sont pas assez usuels pour avoir reçu une dénomination particulière.

CONTRAT SYNALLAGMATIQUE ou BILATÉRAL. Il existe quand toutes les parties s'obligent respectivement l'une envers l'autre. On le nomme *unilatéral* quand il n'y a d'obligation que d'une part seulement.

CONTRAT JUDICIAIRE, celui qui est formé en présence de justice, soit que le juge donne acte d'une déclaration faite devant lui dans une instance, soit qu'il s'agisse de certains actes extrajudiciaires pour lesquels l'intervention du juge est nécessaire.

CONTRAT D'UNION, acte que passent entre eux les créanciers d'un failli pour unir leurs intérêts et administrer à leur profit commun les biens de la faillite qui constituent leur gage. Dès lors la gestion des biens du failli appartient exclusivement aux créanciers, qui agissent par des mandataires nommés par eux.

CONTRAT A LA GROSSE, prêt fait sur des objets exposés à la fortune de mer, avec cette condition que, s'ils arrivent heureusement, le prêteur obtiendra le remboursement de ses avances, une somme à titre de profit, et qu'en cas de sinistre il ne pourra rien réclamer, sinon la valeur qu'il aura conservée.

CONTRAT DE MARIAGE, acte qui renferme les conventions destinées à régir le mariage, et que l'on appelle les conventions matrimoniales. Il diffère de l'*acte de mariage*, en ce que celui-ci constate la célébration même de l'union, tandis que le contrat en règle les conditions. Les époux qui se marient sans contrat déclarent par là qu'ils se soumettent au régime légal, c'est-à-dire, qu'ils adoptent la communauté de biens. La présence du contrat indique donc une dérogation aux dispositions légales; c'est-à-dire, ou bien la *communauté conventionnelle*, ou la *séparation des biens*, ou le *régime dotal*.

CONTRE-AMIRAL, grade de la marine, le troisième parmi les officiers généraux, et assimilé à celui de *maréchal de camp*. Il existait dès le XVIIe siècle sous le titre de *chef d'escadre*. Les contre-amiraux commandent les divisions des armées navales et les escadres; ils remplissent les fonctions de chefs d'état-major auprès des amiraux, celles de préfets maritimes, d'inspecteurs généraux, de majors généraux de la marine, et gouverneurs des colonies, etc. Le traitement des contre-amiraux est de 10,000 francs. Le navire monté par un contre-amiral porte au haut du mât d'artimon le pavillon tricolore de figure carrée.

CONTREBANDE, contravention aux lois prohibitives des douanes. Le café, le sucre et le tabac sont les principaux aliments de la contrebande dans les départements du nord. Du côté de Genève, il s'importe clandestinement un grand nombre de ressorts de montres. Les soieries, la cochenille, le vin de première qualité, les draps, les laines, l'eau-de-vie forment les principaux objets de l'importation clandestine des contrebandiers du côté des Pyrénées. On condamnait autrefois les contrebandiers aux galères; aujourd'hui on ne punit plus la contrebande que de l'emprisonnement et de la confiscation des objets saisis, avec une amende de 500 francs.

CONTRE-BANDÉ se dit, en termes de blason, d'un écu également divisé en deux émaux dans le sens de la bande, et, de plus, taillé de manière que les parties de bandes qui se répondent soient d'émaux différents.

CONTRE-BARRÉ se dit, en blason, d'un écu tranché, dont les portions de barres qui se répondent sont d'émaux différents.

CONTRE-BASSE, grand instrument de musique à archet qui ne diffère du violoncelle que par la dimension de ses cordes, qui sonnent l'octave grave de cet instrument. En France, la contre-basse est montée de trois cordes, qu'on accorde à la quinte, et dont la plus haute est *la*, l'intermédiaire *ré*, et la plus basse *sol*. En Allemagne, elle a quatre cordes accordées à la quarte l'une de l'autre.

CONTRE-BRETESSE. C'est, en blason, une rangée de créneaux d'un émail différent, sur une même face.

CONTRE-COEUR. C'est le fond d'une cheminée entre les jambages; on le construit en briques ou en tuiles, ou bien le plus souvent on le recouvre d'une plaque en fonte de fer distinguée par des figures et des moulures de toute espèce.

CONTREDANSE, sorte de danse à huit, à douze et à seize personnes, où les danseurs sont divisés par couples, placés en face les uns des autres, et exécutent des pas répétés par le reste des figurants. La musique des contredanses est d'un mouvement animé en mesure à deux temps, à division binaire ou ternaire. Le mot contredanse vient de l'expression anglaise *country-dance*, danse de campagne.

CONTRE-ÉPREUVE, épreuve d'un dessin ou d'une gravure faite sur l'épreuve même. Comme l'épreuve simple montre l'objet en sens inverse du dessin, en plaçant une feuille de papier blanc sur l'épreuve même toute fraîche, et les faisant passer toutes deux ensemble sous la presse, on obtient une répétition dans le sens même du dessin; c'est ce qu'on appelle une *contre-épreuve*.

CONTRE-ESPALIER, arbustes qu'on aligne parallèlement à un mur d'espalier ou bien à une allée, et qu'on maintient souvent par des treillages. Ces arbustes sont gouvernés selon les mêmes principes que ceux de l'espalier; mais on ne doit pas les laisser s'élever autant.

CONTREFAÇON, ouvrage fait par un individu qui n'a pas le droit de l'exécuter, au préjudice de celui à qui la loi en accorde le privilége. La contrefaçon constitue un véritable vol au préjudice du légitime propriétaire. Suivant les circonstances, l'action en contrefaçon se trouve de la compétence du juge de paix ou de la police correctionnelle. Tout contrefacteur s'expose à des dommages-intérêts qui doivent être calculés d'après le préjudice que la contrefaçon a pu porter au propriétaire ou à l'inventeur, et de plus les objets contrefaits doivent être saisis et détruits.

CONTRE-FORTS ou ÉPERONS, espèce de piliers carrés ou triangulaires, ou grands piliers butants qu'on érige pour retenir un mur qui menace ruine. (Voy. ÉPERONS.) — On appelle encore ainsi les monticules moins élevés, qui ont l'air de soutenir le pied des pics des chaînes de montagnes.

CONTRE-GARDE, nom donné, en fortification, à un ouvrage construit au-devant d'un bastion, d'une demi-lune, ou de tout autre ouvrage faisant partie d'une forteresse. Les contre-gardes sont destinées à couvrir les faces de l'ouvrage qu'ils défendent contre les batteries de brèche, forcer l'assiégeant à s'emparer d'abord de cet ouvrage par les moyens qu'il aurait employés pour ouvrir le corps de place, et prolonger ainsi la durée du siége.

CONTRE-LATTOIR, outil dont se servent les couvreurs pour soutenir les lattes en clouant dessus. Il est en fer, terminé d'un bout par un crochet qui sert à tirer la latte, et traversé de l'autre par une cheville qui lui tient lieu de poignée.

CONTRE-LETTRE, acte destiné à détruire ou à modifier un autre en tout ou en partie. Dans les anciennes lettres, on leur donne le nom de *distrats*.

CONTRE-MAITRE, officier marinier de manœuvre sur un navire. C'est le troisième pour le rang, le maître et le second maître d'équipage étant avant lui. Il est chargé de l'inspection de la cale et des *caliers*, c'est-à-dire, des ouvriers qui y travaillent. — Dans les ports militaires, on appelle *contre-maîtres* les maîtres en sous-ordre des divers métiers. Tels sont les contre-maîtres charpentiers, les contre-maîtres calfats, etc.

CONTRE-MARCHE, mouvement rétrograde qui tend à ramener une troupe sur le terrain qu'elle venait de quitter. La contre-marche s'exécute circulairement par une marche de front. — En termes d'évolutions navales, la *contre-marche* est l'évolution d'une escadre ou de vaisseaux en ligne, exécutant une même manœuvre dans les uns les uns des autres.

CONTRE-MARCHES, CARQUERONS ou TIRELISSES. Ce sont, dans les métiers à tisser, des leviers interposés entre les marches, pour adoucir et faciliter le mouvement des lisses.

CONTRE-MUR, petit mur contigu et adossé à un autre, à même lié avec lui pour en accroître l'épaisseur et le fortifier en certaines parties, comme aux écuries faites contre un mur mitoyen, au contre-cœur des cheminées, aux terres rapportées dites *jectisses*, aux fosses d'aisances, etc.

CONTRE-PARTIE. En musique, on donne ce nom aux parties diamétralement opposées. Ainsi on dit que la basse est la contre-partie du dessus. — En style de banque, on appelle ainsi le registre tenu par le contrôleur des fermes générales, et sur lequel il transcrivait les articles portés sur les registres particuliers des commis. — Les ébénistes appellent *contre-partie* ce qui reste d'un dessin de marqueterie quand on l'a évidé sur les baquets de cuivre ou d'étain pour en faire des pièces de rapport.

CONTRE-POIDS, nom générique d'un poids qui sert d'auxiliaire à la force motrice. Son action, en sens inverse de celle du poids, tend à diminuer l'effet de celui-ci. Il monte pendant que le poids descend, et, lorsqu'il est arrivé au plus haut point de son ascension, on le tire en bas, et c'est ainsi qu'on remonte une pendule. Les contre-poids servent aussi à équilibrer les parties mobiles, pour rendre le mouvement plus facile.

CONTRE-POINT, art d'écrire la musique suivant de certaines conditions. Ce mot paraît tirer son origine de ce que, dans le moyen âge, on écrivait la musique avec des points dont les distances respectives entre plusieurs voix s'appelaient *point-contre-point*, et par contraction *contre-point*. Il y a cinq espèces de *contre-point simple*, c'est-à-dire, de contre-point qui n'est pas susceptible d'être renversé. La première apprend à éviter ce qui peut choquer l'oreille; la deuxième apprend l'emploi des notes de passage de la valeur d'une demi-mesure; la troisième emploie les notes de passage d'un quart de mesure; la quatrième règle l'emploi des dissonances; la cinquième, appelée contre-point fleuri, se forme de toutes les précédentes. Le contre-point a été inventé dans le VIIe siècle, selon quelques auteurs, et par Guido d'Arezzo, selon quelques autres.

CONTRE-POISON, substance propre à contre-balancer l'effet des poisons. Chaque poison a un traitement qui lui est particulier, et tous les poisons en ont un qui leur est commun, c'est-à-dire, les boissons mucilagineuses et les vomissements répétés. Pour l'arsenic et les acides arsénieux et arsénique les contre-poisons sont l'eau de chaux faible et les antiphlogistiques; pour l'acide hydrocyanique ou prussique, l'émétique d'abord, puis l'huile de térébenthine; pour les acides nitrique (eau-forte), sulfurique concentré (huile de vitriol), phosphorique et tous les acides végétaux, les antiphlogistiques puissants et les eaux albumineuses ou mucilagineuses; pour l'ammoniaque (alcali volatil), l'aspiration du chlore ou du gaz acide hydrochlorique étendu de beaucoup d'air, l'eau acidulée avec l'acide hydrochlorique; pour le tartrate double de potasse et d'antimoine (émétique), la décoction astringente de tan, de noix de galle, de suie, de quinquina, de thé, etc., et les boissons adoucissantes opiacées; pour le nitrate d'argent (pierre infernale), la solution aqueuse de sel marin, les adoucissants et les antiphlogistiques; pour la chaux vive, le vinaigre ou l'acide nitrique, tartrique, etc., étendus d'eau, et la solution de sulfate de magnésie; pour le chlore, la respiration de l'alcali volatil et le lait; pour le vert-de-gris, l'eau albumineuse, l'eau sucrée, la limaille de fer porphyrisée délayée dans l'eau; pour le mercure, la décoction de quinquina; pour le sublimé corrosif, l'eau chargée d'albumine, mucilagineuse, sucrée, et les antiphlogistiques puissants; pour l'opium, trois grains d'émétique, le lavement purgatif, les infusions de café, les synapismes, etc.; pour la gomme, les adoucissants, les antiphlogistiques.

CONTRE-REMONTRANTS, nom donné aux gomariens, parce qu'ils présentèrent aux états généraux une contre-remontrance opposée à celle que les arminiens ou remontrants avaient présentée.

CONTRESCARPE, en termes de fortification, pente de mur extérieur du fossé, regardant la place et opposée à l'*escarpe*, qui est la pente du fossé vers la campagne. Dans la plupart des places fortes, les contrescarpes sont en maçonnerie avec un talus très-faible ou même tout à fait supprimé.

CONTRE-SCEL, petit sceau que l'on ajoutait sur un acte, pour servir de vérification au sceau principal, et pour assurer l'authenticité de l'acte. Il paraît que le contre-scel n'a été adopté que vers le VIIIe siècle; on croit que Philippe Auguste est le premier roi qui en ait fait usage. Son contre-scel était une fleur de lys.

CONTRE-TAILLE, nom donné à la hachure que l'on emploie en second dans les gravures pour donner un ton plus vigoureux. Elle coupe toujours la taille, soit à angle droit, soit à angle aigu. Dans les draperies, l'usage est de placer la contre-

42

taille en losange ; lorsqu'on représente de la pierre unie, elle coupe carrément la taille.

CONTREVALLATION (Lignes de). Voyez Circonvallation.

CONTREXEVILLE, village du département des Vosges, à 5 lieues de Mirecourt et 7 de Bourbonne-les-Bains. On y trouve des sources d'eau froide qu'on emploie dans les obstructions, les maladies de la peau, et spécialement les maladies des reins et de la vessie, et qu'on regarde comme un excellent lithontriptique.

CONTRIBUTION, payement fait par chaque membre d'une maison, d'un village, d'une ville, d'une province d'un État, de la part qu'il doit porter dans une dépense ou une imposition publique. On appelle contributions indirectes celles qui sont levées sur les objets de consommation, et qui sont par conséquent variables pour chaque personne selon sa consommation, par opposition aux contributions directes, qui sont perçues annuellement et en vertu de rôles nominatifs. De là deux administrations bien distinctes. Voy. les articles suivants.

CONTRIBUTIONS INDIRECTES. Les attributions de cette administration comprennent : 1o la perception des droits de circulation, d'entrée, de détail et de consommation sur les boissons ; de fabrication des bières ; de fabrication des cartes ; de garantie sur les matières d'or et d'argent ; du dixième sur les voitures publiques et le transport des marchandises ; 2o le recouvrement de l'impôt sur les sels, celui des taxes de navigation et produits accessoires ; celui du produit des bacs et passages d'eau, ponts, canaux, pêches, francsbords, etc., etc. ; 3o la surveillance générale des octrois communaux et la perception du dixième de leur produit. Cette administration est en outre chargée de la vente des tabacs et des poudres à feu, de la surveillance sur la circulation et le commerce illicite de ces matières, etc. A la tête de l'administration est un *directeur*, assisté de trois *sous-directeurs*. Ses agents supérieurs dans chaque département sont : un *directeur départemental*, résidant au chef-lieu, et réunissant à ses fonctions le service de l'arrondissement ; des *directeurs d'arrondissement* et des receveurs entreposeurs.

CONTRIBUTIONS DIRECTES. Elles se divisent en cinq branches de perception : la *contribution foncière*, perçue sur les propriétés ; la *contribution personnelle et mobilière*, perçue sur les personnes et les habitations ; la *contribution des portes et fenêtres*, perçue sur les ouvertures donnant sur les rues, cours et jardins des maisons, des salles de spectacle, bâtiments, usines, magasins, hangars et boutiques ; la *contribution sur les patentes*, payée par les patentables, et la *contribution sur les mines*, payée par les propriétaires de mines. Le service des contributions directes est confié à des *directeurs* chargés des travaux préparatoires et d'expédition relatifs à l'assiette des contributions directes, des recensements, de la confection des matrices et des rôles, de l'instruction des réclamations et du cadastre ; et à des *inspecteurs* dont les fonctions sont de surveiller ces divers travaux. Il y a un directeur et un inspecteur par département.

CONTROLE, registre double que l'on tient de certains actes de justice, de finance et autres, tant pour en assurer l'existence que pour en empêcher les antidates. — Dans les régiments, les fourriers tiennent un contrôle nominatif des soldats. Le quartier-maître est chargé de la tenue de tous les contrôles du régiment, et le sous-intendant militaire en tient contradictoirement un double. Toutes les mutations sont consignées sur l'un et sur l'autre.

CONTROLE. Ce mot est synonyme de *marque* ou de *poinçon*. Pour garantir au public les quantités de métal pur et d'alliage contenues dans tous les objets de commerce, bijoux, lingots, pièces d'orfévrerie, etc., l'administration publique marque ces divers ouvrages d'un poinçon qu'on appelle *contrôle* ; et tous ces objets doivent être *contrôlés*, à peine d'amende et de confiscation. Chaque fabricant est tenu d'adopter un contrôle spécial. Le droit qu'on est astreint de payer pour le contrôle, droit appelé d'*essai* ou de *touchau*, est d'un franc par hectogramme d'argent, et l'on ajoute le dixième en sus, et de 20 francs, plus le dixième, par hectogramme d'or. Dix ans de fers sont la peine infligée aux fabricants de faux poinçons.

CONTROLE CENTRAL DU TRÉSOR PUBLIC. Il forme une direction du ministère des finances qui embrasse le contrôle, c'est-à-dire, la vérification des recettes et dépenses journalières de la caisse du trésor, le visa des récépissés et valeurs émises, le contrôle et visa des certificats d'inscription de rente sur le grand-livre, etc., etc.

CONTROLEUR, officier chargé d'une vérification quelconque. Pendant longtemps, on a désigné par ce mot les receveurs de l'enregistrement. Les *contrôleurs des contributions directes* sont des agents subalternes préposés à la répartition de l'impôt personnel et foncier. — La charge de contrôleur général des finances était, avant la révolution, celle d'un des premiers officiers de l'État, chargé de contrôler et d'enregistrer tous les actes qui avaient rapport aux finances du roi. D'abord soumis au *surintendant général des finances*, il devint, après la suppression de la charge de surintendant (1661), le chef du service des finances, c'est-à-dire, un véritable ministre des finances. Le contrôleur général faisait partie du conseil privé, et avait dans ses attributions tous les rapports des affaires concernant les finances.

CONTROVERSISTES, ceux qui écrivent ou qui prêchent sur les controverses, c'est-à-dire, les disputes sur les matières de religion. Les cardinaux Bellarmin et Duperron, les deux frères de Wallenbourg, les PP. Véron et Coeffeteau étaient d'habiles controversistes.

CONTUMACE, refus de comparaître en justice. Ce mot n'est d'usage qu'au grand criminel. Tout accusé est tenu de se présenter dans le délai de dix jours ; sans quoi ses biens sont mis en séquestre, et, après l'instruction de l'affaire, la cour prononce sans l'assistance du jury. Les condamnations par contumace n'emportent la mort civile qu'après les cinq années qui suivent l'exécution du jugement par effigie. Les condamnations par contumace cessent de produire leur effet du moment que le condamné se présente.

CONTUSION, lésion causée sur quelques parties de l'organisme par un contact violent avec des corps contondants, sans destruction de la peau. La contusion offre différents degrés. Quand elle est légère et n'affecte que les parties superficielles, la peau devient brunâtre ou violette par suite de la stagnation du sang dans les vaisseaux capillaires ou dans le tissu cellulaire. Si elle est plus considérable, les muscles, les vaisseaux, les nerfs peuvent être déchirés, les os mêmes être fracturés. Les contusions violentes sont surtout produites par des corps lancés sous la poudre à canon. Dans ce cas, l'amputation est presque toujours nécessaire. On emploie, pour combattre les effets d'une légère contusion, les topiques répercussifs, la compression, etc. ; mais, pour les contusions profondes et violentes, il faut inciser la peau pour donner issue au sang extravasé, lier les vaisseaux ouverts, recourir à la saignée, etc.

CONVALESCENCE, état intermédiaire à la maladie à laquelle il succède et à la santé à laquelle il conduit. Le retour de l'appétit est le premier signal de la convalescence ; mais on ne doit donner au malade que des substances d'une facile décomposition, telles que les fécules, les bouillons de poulet et de poisson, les différentes pâtes farineuses, les échaudés, le pain bien cuit, les œufs frais, les légumes et les fruits d'une saveur douce. Les boissons doivent être de l'eau pure ou édulcorée avec du sucre ou du sirop de gomme. Du reste, des soins spéciaux sont nécessaires après certaines maladies.

CONVALLAIRE, genre de plantes de la famille des asparaginées, à la fleur en forme de cloche, au fruit qui est une baie globuleuse à trois loges. Ce genre est borné à une seule espèce, habitant les bois et flattant par son odeur suave et la blancheur éclatante de sa corolle. C'est le *muguet* ou *fleur de mai*, dont la tige haute de six à huit pouces, grêle et nue, est embrassée à sa base par deux ou trois feuilles elliptiques, aiguës, d'un vert clair. Au sommet sont quatre ou cinq fleurs pédicellées et renversées, formant un épi unilatéral. Les fleurs du muguet réduites en poudre sont sternutatoires.

CONVENÆ, peuples de la Gaule romaine, habitaient dans l'Aquitaine, au pied des Pyrénées, à l'est des Bigerrons. La Garonne prend sa source dans leur territoire.

CONVENTION NATIONALE, assemblée qui succéda immédiatement à l'assemblée législative. Elle ouvrit ses séances le 21 septembre 1792, et son premier acte fut l'abolition de la royauté et la proclamation de la république. Le procès, la condamnation et l'exécution de Louis XVI commencèrent l'année 1793. Bientôt une lutte eut lieu entre les girondins, qui voulaient une république fédérative, et les montagnards, qui la voulaient une et indivisible. Les premiers succombèrent, et furent guillotinés, au nombre de vingt-deux, le même jour (31 octobre 1793). La guerre fut alors transportée au sein même du parti de la montagne, et les conventionnels s'envoyèrent à l'échafaud les uns les autres. La France était menacée de tous côtés par la coalition. On envoie aux frontières quatorze armées, et on repousse l'agression. Tandis que l'armée étrangère entretenait le patriotisme au dehors, la guerre civile au dedans attisait le feu des passions révolutionnaires. Le soulèvement de la Vendée, l'affranchissement momentané de Caen, de Lyon, de Bordeaux et de Marseille, n'avaient pu être étouffés que sous les ruines et éteint dans des flots de sang. Chaque jour le tribunal révolutionnaire, envoyant de nombreuses victimes à l'échafaud, inaugurait l'ère de crainte et de sang que l'on a surnommée la *terreur*. Les prêtres furent proscrits, les temples fermés, et la fête de l'*Être suprême* substituée aux pratiques religieuses. Une réaction eut lieu au sein même de la convention, et le 9 thermidor (27 juillet 1794) mit un terme à la puissance de Robespierre, qui périt sur l'échafaud. Jugeant sa mission terminée, elle remit le pouvoir exécutif au directoire et le pouvoir législatif aux deux chambres, établies par la constitution de l'an iii. — On dut à la convention l'abolition de l'esclavage dans les colonies (1794), l'adoption du système décimal, la fondation de l'école polytechnique, du conservatoire des arts et métiers et de l'école normale, l'organisation de la bibliothèque nationale, celle de l'Institut, la démonétisation des assignats et la création du grand-livre de la dette publique.

CONVENTUELS, nom donné à tout ce qui regarde un couvent en *général*, et attribué spécialement à ceux des religieux de Saint-François qui voulurent jouir des privilèges qu'ils avaient obtenus de pouvoir posséder des fonds et des rentes. Léon X, par une bulle de l'an 1517, les sépara des observants, et donna à chacun de ces deux corps un général : seulement celui des observants avait le titre de ministre général des conventuels. Les conventuels avaient environ mille couvents

CONVERGENT. En géométrie, on appelle *droites convergentes* celles qui se rencontrent en un point, ou qui suffisamment prolongées se rencontreraient. — En dioptrique, les *rayons convergents* sont ceux qui, en passant d'un milieu dans un autre, se rompent ou se réfractent en se rapprochant l'un de l'autre, de manière à se rencontrer dans le même point ou *foyer*. — En algèbre, on nomme *séries convergentes* les séries dans lesquelles la valeur de la somme d'un nombre quelconque de termes diffère d'autant moins de la valeur de la somme totale des termes que ce nombre est plus grand. Dans le cas contraire, on les nomme *séries divergentes*.

CONVERS ou CONVERTIS, nom donné jusqu'au XIe siècle à tous ceux qui embrassaient l'état monastique en âge de raison, pour les distinguer des enfants, que l'on nommait *oblats*, et que les parents engageaient dans les monastères, en les offrant à Dieu de l'enfance. Dans le XIe siècle, saint Jean Gualbert, premier abbé de Vallombreuse, ayant reçu des laïques, uniquement destinés aux travaux du corps, et distingués des autres religieux, on les appela *frères convers*. Depuis cette époque, on a donné ce nom aux frères lais qui n'étaient que pour le travail corporel. — Dans les couvents de femmes, les *sœurs converses* furent établies quelque temps après : elles n'étaient pas religieuses.

CONVERSION, changement d'une chose en une autre. On emploie communément ce mot dans le sens de renonciation d'un culte pour en embrasser un autre. La *Conversion de saint Paul* est une fête que l'on célèbre encore dans l'Eglise catholique. — On dit *conversion à droite*, *conversion à gauche*, pour exprimer un changement de face dans les évolutions militaires. — En algèbre, en arithmétique, on *convertit* une quantité quand on l'exprime d'une autre manière. Ainsi $3 + \frac{2}{3}$ seront convertis en neuvièmes si on les exprime par $\frac{31}{9}$. — On appelle CONVERSION DES RENTES le changement opéré dans l'intérêt des rentes payé par l'État. Sous le ministère de M. de Villèle, l'intérêt des rentes sur l'État fut converti de 5 pour 100 en 4 et demi et 3 pour 100.

CONVEXE. On appelle en géométrie *surface convexe* la surface extérieure d'un corps rond. La propriété des lentilles convexes est de faire converger les rayons, et par conséquent de grossir les objets en rapprochant le foyer. — Les lentilles *biconvexes* sont formées de deux surfaces sphériques convexes vers les objets extérieurs; les lentilles *plan-convexes*, d'une surface plane et d'une surface convexe. Les ménisques sont formés d'une surface concave et d'une surface convexe. Dans les convergents, le rayon de la première est plus grand que celui de la seconde; dans les divergents, le contraire a lieu.

CONVIVE, personnage invité à un repas. — Chez les Romains, les convives se rendaient aux repas, à la sortie du bain, avec une robe particulière appelée *vestis cœnatoria*, *triclinaria*, *convivalis*, et de couleur ordinairement blanche. Cet habit était une espèce de draperie attachée fort légèrement. Il était ordinaire d'ôter les souliers aux convives, de leur laver ou parfumer les pieds, et de placer des coupes devant chaque convive. Un usage bizarre était que chacun d'eux apportât une serviette. Les convives, en prenant congé de leur hôte, recevaient de lui de petits présents appelés *apophoreta*.

CONVOCATION, invitation faite à quelqu'un de se rendre à une réunion. Autrefois, c'était par la convocation du ban et de l'arrière-ban qu'on appelait la nation aux armes. Aujourd'hui c'est par des ordonnances de convocation que le roi appelle les deux chambres des pairs et des députés à se réunir pour leurs travaux. C'est également par des ordonnances de convocation que le roi autorise la réunion de toutes les assemblées qui sont appelées à fonctionner, soit pour élire des fonctionnaires, soit pour administrer ou donner leur avis sur la marche que doit suivre l'administration.

CONVOI. On appelle ainsi, dans l'art militaire, une réunion de transports conduisant d'un point à un autre des munitions de guerre ou de bouche, des bagages, des effets d'armement et d'habillement, etc. — On donne ce même nom à des colonnes de malades, de blessés, de prisonniers de guerre, escortées par une troupe plus ou moins considérable de soldats. Dans les grandes routes, un convoi de huit cents voitures forme une colonne d'une lieue de long; dans les chemins ordinaires, la colonne est d'une longueur double. Dans l'ordre de marche, les troupes qui couvrent le convoi doivent se diviser en trois corps, dont l'un forme l'avant-garde, l'autre l'arrière-garde; le troisième éclaire les flancs de la marche, à droite et à gauche.

CONVOLUTÉ, nom donné aux parties des plantes roulées (en latin, *convolvo*) en forme de cornet.

CONVOLUTIVE, nom donné aux feuilles roulées autour d'un de leurs bords, qui semble en devenir l'axe.

CONVOLVULACÉES, famille de plantes dicotylédonées, herbacées ou frutescentes, et presque habituellement volubiles (c'est-à-dire grimpantes) et se roulant autour d'autres plantes), prenant son nom du genre *convolvulus* ou LISERON, qui lui sert de type. Les tiges des convolvulacées portent des feuilles alternes. Les fleurs, soutenues par des pédoncules uniflores ou multiflores, sont les plus souvent très-grandes. Les graines sont en général dures, à surface chagrinée et hérissée de poils ; le fruit est une capsule, ayant une ou deux graines. Cette famille se divise en deux sections : la première renferme les genres *liseron*, *quamoclit*, *wilsonie*, etc. ; la deuxième renferme les genres *cuscute*, *liserolle*, etc.

CONVULSION, contraction violente et involontaire des muscles. On distingue les convulsions en *toniques* et en *cloniques*. Dans les premières, la contraction des muscles est permanente, et les parties restent immobiles; dans les secondes, la contraction alterne avec le relâchement, et les parties convulsées sont agitées de secousses continuelles. Aux premières appartiennent le tétanos et ses variétés ; les secondes reçoivent plus spécialement le nom de *convulsions*. Leurs causes sont très-variées. Elles sont plus fréquentes dans les climats chauds que dans les autres ; un tempérament nerveux, irritable, une constitution molle, toute espèce d'excitation vive, morale ou physique, la vue d'un spectacle effrayant, une commotion violente, etc., sont autant de causes qui favorisent ou provoquent le développement des convulsions. Les convulsions sont précédées souvent et annoncées par des mouvements involontaires qui surviennent dans divers muscles du visage et des membres, une agitation extraordinaire, une expression insolite de la physionomie, etc. Elles constituent les phénomènes les plus saillants de l'épilepsie, de l'hystérie, de la danse de Saint-Guy, etc.

CONVULSIONNAIRES, fanatiques du XVIIIe siècle, ainsi nommés parce qu'ils éprouvaient des convulsions produites par l'exaltation des idées religieuses. Les convulsionnaires opéraient de prétendus prodiges, et, à force de s'exercer à leurs jongleries, étaient parvenus à soutenir l'épreuve du feu, de la croix, des coups de bûche et de la barre de fer. La mort du diacre Pâris, fils d'un conseiller au parlement de Paris, enterré au cimetière Saint-Médard en 1727 avec la réputation d'un saint, avait donné lieu à ces prétendus miracles qui commencèrent à s'opérer sur son tombeau, et qui continuèrent à émerveiller la populace dans les gaietés, et même les hôtels des grands seigneurs.

CONYZE, genre de la famille des synanthérées. Il renferme un très-grand nombre d'espèces particulières surtout aux contrées chaudes, et pour la plupart herbes ou arbrisseaux aux fleurs en corymbe ou en panicule terminale. On cultive dans nos jardins la *conyze de Virginie* ou *seneçon en arbre*, arbrisseau de six à huit pieds, à feuilles persistantes, ponctuées de blanc, à fleurs petites et blanchâtres, environnées d'écailles pourprées. La seule espèce de conyze qui soit très-commune en France, c'est la *conyze raboteuse*, à qui son odeur pénétrante, fatale pour les insectes, a valu le nom d'*herbe aux mouches*. Elle habite les bois et les haies, et a une tige droite, haute de deux à trois pieds, des feuilles sessiles et des fleurs jaune pâle.

COOK (Jacques), célèbre navigateur anglais, né à Marton (Yorkshire) en 1728. Fils d'un journalier, il commença par servir aux mines de charbon, et fut mis à dix-huit ans en apprentissage chez un marchand de ce minerai. Ce fut là qu'il apprit les premiers éléments de la navigation. Lorsqu'en 1755 la guerre se déclara entre la France et l'Angleterre, Cook fut enrôlé. Parvenu de grade en grade à celui de capitaine en pied ou lieutenant de vaisseau, il partit, le 30 juillet 1768, pour son premier voyage autour du monde. De retour en juillet 1771 après avoir reconnu complètement la Nouvelle-Zélande, découvert le canal qui la coupe en deux îles, canal que les Anglais ont nommé *détroit de Cook*, exploré la côte orientale de la Nouvelle-Hollande, qu'il nomma *Nouvelle-Galles du Sud*, il repartit le 13 juillet 1772, et revint le 3 juillet 1775. Dans cette expédition, il parcourut le Grand-Océan, visita la Nouvelle-Zélande, les îles de la Société, des Amis et de Sandwich, reconnut l'archipel du Saint-Esprit, et découvrit la Nouvelle-Calédonie. Il partit le 12 juillet 1776 pour un troisième voyage. Après avoir doublé la terre de Van-Diémen et la Nouvelle-Zélande, il arriva en août 1777 à Taïti, où il gagna les côtes américaines. A son retour, il relâcha à l'île d'Owhyhee (Haouaï), des îles Sandwich, et fut massacré, le 14 février 1779, dans la baie de Karakacoua ou Ke-Ara-Kecoua, par les insulaires, contre lesquels il avait usé de violence pour punir leurs larcins audacieux.

COONINXLOO (Gilles VAN-), célèbre peintre flamand, né à Anvers en 1544, fut élève de Van-Aelst le fils et de Léonard Kroes. Il habita successivement la France, l'Allemagne et sa patrie, et peignit le paysage avec beaucoup de succès. Parmi les meilleures productions de ce maître, on cite le *paysage* que l'on voyait à Amsterdam, avec des figures de Martin Van Cleef, et celui de la galerie de Vienne.

COOPER (Antoine ASHLEY--), comte de Shaftesbury, né en 1621 à Winborne (Dorsetshire), étudia au collège d'Exeter à Oxford, et fut élu en 1640 député de Tewkesbury au parlement. Il contribua puissamment à la restauration de Charles II, qui le créa lord, conseiller privé, puis chancelier de l'Echiquier et commissaire de la trésorerie. En 1672, il fut créé comte de Shaftesbury et lord de la chancellerie. A cause de ses opinions il fut envoyé à la Tour, où il resta treize mois. En 1679, il fut fait président du conseil, place qu'il ne garda que peu de temps. En 1681, accusé de haute trahison, il fut acquitté; mais il se retira en Hollande, où il mourut en 1683. — Son petit-fils, ANTOINE ASHLEY-COOPER, comte de Shaftesbury, né en 1671, fut élevé sous les yeux de son grand-père, et élu membre du parlement. Il succéda ensuite au titre de son aïeul. Il mourut en 1713. On a de lui plusieurs ouvrages distingués.

COOPER (Samuel), célèbre peintre anglais, appelé *le petit Van-Dyck*, naquit en 1599, et mourut à Londres en 1672. Il a excellé dans la miniature. Son frère ALEXANDRE fut peintre de Christine, reine de Suède. — Plusieurs personnages distingués ont porté le nom de Cooper, et entre autres le célèbre romancier américain, JAMES-FENIMORE COOPER, né à Burlington (New-Jersey) en 1789, officier dans la marine américaine. Il a créé le roman de la mer et celui du désert. Parmi les premiers sont *le Pilote*, *l'Ecumeur de mer*, *le Corsaire rouge*; parmi les seconds, *le Dernier des Mohicans, les Pionniers, les Puritains d'Amérique, la Prairie. Il a aussi décrit les exploits de l'indépendance américaine dans l'Espion et Lionel Lincoln. Ceux de ses romans qui n'appartiennent à aucun de ces genres sont le Bravo, description admirable de Venise; l'Heidenmauer, épisode du moyen âge en Allemagne, le Bourreau de Berne, scènes de la vie en Suisse, et Précaution ou le Choix d'un mari.

COOPERTORIUM, terme liturgique qui signifie le voile dont on couvrait autrefois les dons sacrés; ce voile était de soie, orné d'or et de pierreries, épais et non transparent pour cacher les dons sacrés, assez grand pour couvrir ces dons et tout le dessus de l'autel.

COORDONNÉES, nom commun donné aux abscisses et aux ordonnées d'un point.

COPAHU (Résine ou Baume de), substance résineuse, liquide, incolore, et qui consistante à l'état récent, acquérant avec le temps une consistance oléagineuse et une couleur jaune verdâtre. Le copahu est transparent; son odeur est forte et désagréable; sa saveur amère, âcre, très-tenace; il est insoluble dans l'eau, et soluble dans l'alcool. Dans le commerce, on le falsifie avec les huiles fixes, l'huile de ricin un peu ancienne, et l'huile essentielle de térébenthine. On obtient la résine de copahu à l'aide d'incisions faites durant la grande chaleur à l'écorce du copaier. Le copahu nous est apporté du Brésil dans de petits barils. Il jouit de propriétés excitantes très-prononcées et très-utiles dans les affections catarrhales chroniques, les diarrhées séreuses et les maladies des organes génito-urinaires.

COPAIER, genre de la famille des légumineuses, renfermant quatre espèces qui sont des arbres assez élevés indigènes de l'Amérique méridionale et des îles espagnoles. L'espèce la plus connue est celle qui donne le copahu, le copaier officinal, arbre touffu, aux feuilles composées de cinq à huit folioles, entières, un peu luisantes, ponctuées, aux fleurs petites, blanchâtres, en grappes rameuses, axillaires; au fruit orbiculaire, bivalve, comprimé, contenant une ou deux graines.

COPAL ou Gomme copale, matière résineuse solide, cassante, transparente, d'un blanc jaunâtre plus ou moins foncé, difficilement soluble dans l'alcool, l'éther et les huiles essentielles. Elle s'obtient par des incisions du rhus copallinum, arbre de l'Amérique. Elle nous vient du copal de l'île de Ceylan et du Brésil; mais on préfère celle de l'Inde. Elle entre dans la composition des meilleurs vernis à l'huile, à l'éther et à l'alcool, et des plus solides. Lorsque après avoir fait dissoudre le copal dans un liquide volatil, on étend sa solution sur du bois, du papier, du métal, etc., il reste parfaitement transparent, forme un vernis très-beau et très-solide, appelé vernis copal, vernis à la copale ou vernis martin, du nom du tabletier Martin, qui le découvrit.

COPEAU, nom donné par les menuisiers, les charpentiers et les tourneurs, à du menu bois qu'ils enlèvent avec leurs instruments de la surface des pièces qu'ils travaillent pour leur donner les formes convenables. Ils en vendent par sacs au peuple, qui s'en sert pour allumer le feu. Les marchands de vin et les vinaigriers s'en servent pour éclaircir leurs vins et leurs vinaigres qu'ils jettent dessus. Ils donnent à ce mélange le nom de râpé.

COPECK. Voy. Kopeck.

COPENHAGUE (Kiœbenhavn), capitale du royaume de Danemarck, sur la côte orientale de l'île de Seeland, à 159 lieues de Stockholm, 309 de Paris. Elle a une citadelle fortifiée et environ 120,000 habitants, dont 2,400 israélites. Un faubourg appelé Christianshavn, peut contenir 500 vaisseaux. Parmi les établissements remarquables de Copenhague, on distingue l'arsenal; la bibliothèque royale, riche de 130,000 volumes et de 3,000 manuscrits;

l'université, fondée en 1475; l'école polytechnique, fondée en 1829; l'académie royale de chirurgie, qui compte environ deux cents élèves; l'académie royale des sciences et l'académie des beaux-arts. Elle a des fabriques de porcelaine, de toiles peintes, de draps, des imprimeries de laine, de coton, des savonneries, des fonderies de fer, des distilleries et des raffineries de sucre. — Fondée dans le XIIe siècle par une association de matelots, Copenhague fut ruinée par un incendie en 1728. Rebâtie avec régularité, elle fut le théâtre du combat naval qui eut lieu sous ses murs le 2 avril 1801, et dans lequel la flotte anglaise, conduite par les amiraux Parker et Nelson, força le passage du Sund, et après quatre heures de carnage, pendant lesquelles la flotte danoise fut détruite, contraignit le Danemarck à accepter un armistice et à se détacher de la coalition du Nord. Six ans après (1807), une flotte anglaise, aux ordres des amiraux Cathcart et Gambier, arriva sous les murs de Copenhague, et, sur le refus qu'on lui fit de lui livrer la flotte danoise, commença un bombardement, qui dura trois jours (2, 3 et 4 septembre). Le Danemarck fut forcé de céder et d'abandonner aux Anglais sa flotte composée de 18 vaisseaux de ligne, 15 frégates, 6 bricks et 25 chaloupes canonnières.

COPERNIC ou, selon d'autres, Zepernic (Nicolas), célèbre astronome, né à Thorn en Pologne, en 1473. Après avoir achevé ses études à l'université de Cracovie, il voyagea en Europe et s'arrêta à Rome, où il professa les mathématiques. De retour en Pologne, il obtint un canonicat dans l'église de Warmie. Ce fut dans la solitude de sa retraite qu'il imagina son système, universellement adopté aujourd'hui. Selon Copernic, le soleil est situé au centre de l'univers et reste immobile; autour de lui tournent les diverses planètes, qui décrivent des orbites plus ou moins étendus, suivant leur éloignement plus ou moins grand du soleil, et ces planètes tournent en même temps sur elles-mêmes. La terre, comme les autres planètes, participe à ce mouvement, et c'est ce qui explique les jours et les nuits. La lune n'est qu'un satellite de la terre, c'est-à-dire qu'elle tourne autour de cette planète. Les étoiles sont placées à une distance infinie du soleil. Le retour périodique des saisons est expliqué par l'inclinaison de l'axe de la terre de 23 degrés et demi sur le plan de l'écliptique ou de l'orbite de la terre. Copernic mourut en 1543, le jour même où on lui apportait le premier exemplaire de son traité De motu octavæ sphæræ, dans lequel il expliquait son système.

COPHINOS, mesure de capacité des Béotiens, valait le quart du métrétès. C'était une ancienne mesure des Juifs, laquelle valait de nos nouvelles mesures 7 litres 88 centilitres.

COPIAPO, ville du Chili, dans la province de Coquimbo, à 54 lieues de cette ville, à un quart de lieue de la mer. Sa population est d'environ 5,000 habitants. Le désert qui s'étend entre Copiapo et Atacama est une des plus affreuses solitudes du monde dans l'espace de 80 lieues. Celui qui sépare Copiapo et Coquimbo a 100 lieues de long. En langue chilienne, Copiapo signifie pépinière de turquoises; ses environs abondent en pierres précieuses; on y trouve aussi d'abondantes mines de fer et de cuivre. — Le territoire de Copiapo était, avant la conquête du Chili par les Espagnols, habité par les copiapinis, tribu sauvage de la famille des Araucans. Copiapo fut fondée en 1742 par don José Manso, gouverneur du Chili pour les Espagnols. Sous la domination espagnole, Copiapo fut la capitale d'une des treize provinces du Chili, gouvernées chacune par un préfet ou corrégidor.

COPIATES (d'un mot grec qui signifie travail), nom donné autrefois aux fossoyeurs, c'est-à-dire, à ceux dont l'office était d'enterrer les morts. Avant Constantin, on les appelait decani ou lecticarii.

Plusieurs auteurs les mettent au nombre des clercs.

COPIER (Instruments à), instruments au moyen desquels on obtient une copie d'une page écrite en faisant une épreuve et puis une contre-épreuve sur du papier très-mince et mouillé. Plusieurs machines ont été imaginées pour atteindre ce but. Les Anglais emploient deux cylindres en cuivre d'environ dix-huit lignes de diamètre et d'une longueur un peu plus grande que le papier à lettres de la plus grande dimension. C'est entre ces deux cylindres qu'on fait passer les deux feuilles de papier couvertes d'autres pièces et de deux pièces de drap. La forte pression suffit pour faire la contre-épreuve de l'écriture. Il y a encore beaucoup d'autres instruments de ce genre.

COPISTE, celui qui s'occupe à transcrire les ouvrages dont on demande un double ou un manuscrit correct et écrit par une belle main. Avant la découverte de l'imprimerie, l'art du copiste était très-suivi. Les copistes joignaient parfois à leur talent pour copier en lettres rondes, gothiques ou de forme, les manuscrits qui leur étaient confiés, celui de peindre et enluminer toutes les arabesques, tous les fleurons dont ils ornaient les marges de leurs livres. Les copistes résidaient surtout parmi les moines, dont l'ignorance occasionna souvent les plus funestes erreurs. — Aujourd'hui les copistes sont réduits à copier de la musique. En Italie, ce métier est assez lucratif parce qu'on n'y exécute presque que de la musique manuscrite.

COPROGLI-PACHA (Mohammed), Albanais de naissance, embrassa le mahométisme et s'établit dans l'île de Chypre. Sa valeur l'éleva aux premiers emplois de la cour du sultan. On lui donna le pachalik de Baïrout et ensuite celui d'Alep. Le grand vizir Achmet, jaloux de sa faveur, le fit emprisonner. Mahomet IV le tira des fers pour l'élever à la dignité de grand vizir. Il justifia ce choix par sa douceur, son zèle et ses talents. Il conquit une partie de la Transylvanie, et mourut en 1663 regretté du sultan et du peuple. — Achmet, son fils, grand vizir à vingt-deux ans, après la mort de son père, se rendit maître de Candie en 1669. Il donna ses soins au bien public, et supprima une partie des impôts. La paix de Pologne fut le dernier ouvrage de ce grand ministre mort en 1676 à trente-cinq ans. — Mohammed, frère d'Achmet, grand vizir en 1689, prit d'assaut Belgrade, et fut vaincu par les impériaux à Salankemen (19 août 1691). Il y fut tué d'un coup de canon.

COPROPHAGES, tribu d'insectes de la section des scarabéides, famille des lamellicornes. Elle contient tous les scarabées qui vivent des excréments des animaux.

COPTES ou Cophtes, nom donné généralement aux chrétiens hérétiques de l'Église d'Alexandrie. Les Coptes demeurèrent orthodoxes jusqu'à ce que leur patriarche Dioscore leur fit adopter l'erreur des monophysites (ceux qui n'admettent en Jésus-Christ qu'une seule nature). Les Égyptiens ayant conservé leur antique langue, quoiqu'ils l'écrivissent avec l'alphabet grec, la langue copte actuelle sera toujours un des plus importants moyens de faciliter les recherches sur l'histoire primitive des Égyptiens. La plupart des auteurs ont vu dans les Coptes les descendants sans mélange des anciens Égyptiens. Il était réservé à Champollion de prouver au contraire que les Coptes ne sont que le résultat de la fusion de toutes les populations qui ont successivement habité l'Égypte. — Aujourd'hui les Coptes sont répandus dans la haute et basse Égypte. On en compte 160,000, dont 10,000 environ au Caire. Dans les villages, la plupart se livrent aux travaux de la campagne; d'autres tissent le lin, distillent l'eau de roses ou font des nattes. Leur chef spirituel est le patriarche. Le nombre des églises ou monastères coptes s'élève à environ cent. Les prêtres doivent être mariés, et les moines célibataires. C'est parmi ces derniers que sont pris les évêques. Les moines se distinguent par une bandelette de laine bleue fixée sous la coiffure, et descendant jusqu'au bas du cou. Les Coptes pratiquent la confession auriculaire, et communient sous les deux espèces. Ils ne s'allient jamais qu'entre eux, et sont astreints à des usages particuliers.

COQ, famille de l'ordre des gallinacés, comprenant des oiseaux se reconnaissant à leurs pennes caudales longues, disposées en toit, ainsi qu'à un espace nu qui existe à la tête et sous la gorge. Ces oiseaux ont les ailes concaves, courtes et peu propres au vol. Les tarses ou jambes, chez les mâles, sont armés d'un éperon ou ergot. Cette famille renferme les genres *coq*, *macartney*, *napaul* ou *satyre*, et *faisan*.

COQ. Le genre *coq* a pour caractères : un bec allongé, médiocre, moins haut que large, la tête surmontée d'une crête charnue chez les mâles; la gorge souvent garnie de deux barbillons charnus et pendants; les ailes courtes, larges. On réserve plus particulièrement aux mâles le nom de *coqs*. Les femelles portent le nom de *poules*. Le mâle se distingue des femelles par son plumage plus brillant ; il a les caroncules de la tête et de la gorge plus prononcées, sa taille est aussi plus grande, et ses tarses plus robustes et armés à leur base, un peu au-dessus du pouce, d'un ergot ou éperon. Le coq peut suffire à plusieurs femelles. — Les oiseaux qui composent le genre coq sont lourds et pesants; ils s'élèvent avec difficulté, et sont omnivores; mais ils préfèrent les graines. Selon M. Temminck, l'oiseau qui a donné naissance à la plupart des races domestiques est le *coq bankiva*, qui vit sauvage dans l'île de Java. Le mâle à la crête dentelée, une collerette orangée et dorée autour du cou, et le corps noir en dessous; la femelle est d'un roux brun vermiculé en dessus, et roux clair avec des flammes blanchâtres en dessous. On met aussi au rang des coqs sauvages, qui ont été la couche des coqs domestiques, le *coq de Sonnerat*, dont le mâle est gris avec une crête dentelée, et dont la femelle est rousse.

COQ DOMESTIQUE, espèce du genre coq réduite à l'état de domesticité. Un bon coq doit être de taille moyenne, à plumage brillant et varié, portant la tête droite, garnie d'une large crête et de barbes bien pendantes, d'un beau rouge vif ; ayant la queue à deux rangs, recourbée en faucille et bien relevée ; l'œil étincelant, le bec fort et crochu, la poitrine large, le corps gros et carré, les jambes et les pieds jaunes, armés d'ongles courts et forts. Il peut suffire à douze femelles. La chair du coq est sèche et par conséquent point estimée. On n'admet dans la cuisine que la crête. L'ablation des facultés génératrices donne à sa chair un goût succulent. On le nomme alors *chapon*. On trouve quelquefois dans les poulaillers de petits œufs jaunes que l'on appelle *œufs de coq* et qui contiennent, selon le vulgaire, un serpent. C'est une erreur, et ce qu'on prend pour un serpent ne sont que les cordons ou chalazes qu'ils ont mal conservés. Il était défendu aux Hébreux d'élever des coqs et des poules dans la ville de Jérusalem, et cette défense existe encore dans celle de Lassa (Tibet), parce que ce volatile est réputé impur. Les Grecs avaient consacré le coq à Mars, à Bellone, à Minerve et à Mercure. On l'immolait à la déesse de la nuit. Le coq choisi pour emblème de la France ne remonte qu'à l'époque de l'invention du blason et des armes parlantes. Depuis 1830, il a remplacé la fleur de lis comme emblème national.

COQ (ORDRE DU), ordre de chevalerie institué en 1214 par un dauphin de Viennois, à l'occasion d'un grand danger dont il fut tiré par le seigneur de Polier, en combattant contre les Anglais. Cet ordre fut ainsi appelé parce que les seigneurs de Polier portaient pour armes un coq d'argent à un coq de sable (c'est-à-dire noir).

COQ DE BRUYÈRE (GRAND), espèce du genre *tétras* et de l'ordre des gallinacés, dont elle est la plus grande. On la trouve en Russie, en Sibérie et dans quelques localités de la France. Le grand coq de bruyère habite les forêts montagneuses. Le mâle, long de trente-quatre pouces, a le plumage ardoisé, rayé finement en travers de noirâtre. La femelle, plus petite d'un tiers, est fauve, avec des lignes transversales brunes ou noirâtres. Le grand coq de bruyère est un gibier excellent, surtout lorsqu'il est jeune.

COQ DE BRUYÈRE A QUEUE FOURCHUE ou COQ DE BOULEAU, espèce du genre tétras, de l'ordre des gallinacés. Les coqs de bouleau vivent par troupes dans les forêts plantées de bouleaux, dont les jeunes pousses font leur nourriture favorite, et habitent les mêmes lieux que les grands coqs de bruyère. Le mâle est noir, irisé de violet sur la tête, le cou, la poitrine et le croupion, avec du blanc aux couvertes des ailes ; la queue est fourchue. La femelle est fauve, rayée en travers de noirâtre et de blanchâtre. Leur taille est celle du coq et de la poule.

COQ DE ROCHE ou RUPICOLE, groupe d'oiseaux du genre *manakin* et de l'ordre des passereaux. Les coqs de roche vivent dans les cavités naturelles ou les cavernes, et se nourrissent de fruits sauvages, de baies et d'insectes. L'espèce la plus connue est le *coq de roche de la Guyane*, bel oiseau de la grosseur d'un pigeon ; le mâle, est de couleur orangée, avec les plumes frisées sur les ailes et la queue, et une huppe comprimée sur la tête; les pennes de l'aile sont brunes ; la queue est arrondie, relevée, brune et bordée de blanc roussâtre ; la tête est jaunâtre. Le plumage de la femelle est d'un brun fuligineux.

COQ (accept. divers.). Les horlogers donnent ce nom au pont qui sert à maintenir le pivot du balancier. Cette pièce est ordinairement taillée en cercle léger et évidé, et fixée par des vis à la platine d'une montre. Le coq est percé au centre d'un trou pour y recevoir le bout du pivot, et ce trou est recouvert par une petite plaque d'acier appelée *petit coq* ou *coqueret*, arrêtée au coq par une ou plusieurs vis, et sur laquelle porte l'extrémité du pivot quand l'axe du balancier est vertical. — Sur un grand bâtiment, on appelle *maître-coq* l'homme qui fait la cuisine de l'équipage. — En marine, on donne le nom de *coq-souris* ou *lèche frite* à une voile ou bonnette en deux parties, se laçant entre le hunier et la vergue de fortune d'un sloop, d'une galiote, etc., pour remplir le vide que laisse l'échancrure du hunier.

COQS (COMBAT DE). Voy. COMBAT DE COQS.

COQUE. En botanique, on entend par ce mot les parties de certains fruits composés du péricarpe sec, se séparant en un nombre déterminé de loges, qui se détachent les unes des autres par la scission de leur cloison en deux lames. Ces loges individuellement prises sont des *coques*. Selon le nombre des coques contenues dans un fruit, on l'appelle *bicoque*, *tricoque*, etc. — On emploie encore le mot *coque* comme synonyme de *cocon*. Voy.

COQUE DU LEVANT, fruit du *cocculus suberosus*, espèce du genre cocculus et de la famille des ménispermées. C'est un drupe oblong, réniforme, légèrement comprimé et monosperme, dont on se sert pour enivrer ou empoisonner le poisson, de manière à le livrer facilement à la main du pêcheur. La coque du Levant agit aussi sur les autres animaux. Cette propriété paraît due à un principe de nature vénéneuse, alcalin et cristallisable, découvert par Boullay, et qu'il a appelé *picrotoxine*.

COQUELICOT, nom vulgaire d'une espèce du genre *pavot* et de la famille des papavéracées. C'est une plante connue par ses jolies fleurs du rouge le plus éclatant, qui, desséchées, sont sudorifiques et fort employées dans les rhumes chroniques. On en fait un sirop qui a été autrefois préconisé comme incisif et expectoratif. Le coquelicot abonde dans les champs de blé et dans tous les terrains fraîchement remués, où il fleurit de bonne heure en été.

COQUELOURDE, nom vulgaire donné à une *narcisse*, à une *anémone*, à une *pulsatille* et à une *agrostemme*.

COQUELUCHE, maladie caractérisée par une toux convulsive, revenant par quintes dans lesquelles plusieurs mouvements d'expiration sont suivis d'une inspiration lente, pénible et sonore. Cette alternative a lieu un nombre indéterminé de fois, se reproduit pendant quelques minutes, quelquefois pendant un quart d'heure, et se termine par l'expectoration ou le vomissement de matières muqueuses. Les auteurs sont incertains sur le siège de cette maladie. Les enfants sont presque seuls exposés à cette affection; ils y sont particulièrement sujets depuis deux jusqu'à quatre ans. L'impression du froid en est la cause occasionnelle la plus ordinaire. La durée moyenne de la maladie est de six semaines; quelquefois elle persiste pendant plusieurs mois. Dans la plupart des cas, la maladie cesse peu à peu, sans phénomènes critiques.

COQUEMAR. Les chaudronniers et les orfèvres appellent ainsi un vase de cuivre ou d'argent à large ventre, étranglé ou rétréci au-dessus de ce ventre, et un peu évasé à l'ouverture, au bord de laquelle on a pratiqué un bec pour diriger le liquide quand on le verse. Le tout est surmonté d'un couvercle à charnière. À l'extrémité du diamètre opposée au bec est fixée une anse en métal, entourée d'osier, pour pouvoir prendre le coquemar. On fabrique les coquemars en argent et en cuivre rouge étamés en dedans et en dehors. Les coquemars, appelés aussi *cafetières du Levant*, parce que les premières qui parurent en France furent apportées du Levant, sont des ustensiles domestiques propres à faire chauffer promptement l'eau.

COQUERELLE ou COQUERET. Voy. PHYSALIDE.

COQUILLAGE. On désigne vulgairement ainsi le test des mollusques ou la *coquille*.

COQUILLE, en conchyliologie, test ou corps testacé calcaire, extérieur ou intérieur, développé en dehors ou dans l'épaisseur de la peau d'un animal mollusque et destiné à protéger ou à soutenir l'animal contre les chocs extérieurs. On divise les coquilles en *multivalves*, *bivalves* et *univalves*. — Les premières sont celles des cirrhipèdes, dont les parties ne sont point articulées en charnière, mais simplement soudées entre elles ou réunies par la peau elle-même où elles se sont développées. — Les secondes sont celles qui sont formées de deux parties principales (*valves*) articulées à charnière. D'après leur habitation, les coquilles bivalves sont distinguées en *fluviatiles* et en *marines*. Sous le rapport de la fixité, elles sont *libres* ou *adhérentes*. Sous le rapport de leur forme, elles sont *symétriques*, *équivalves*, *inéquivalves*, *régulières*, etc. — Les troisièmes, c'est-à-dire les coquilles univalves, sont celles qui sont formées d'une seule partie, ordinairement tournées en spirale. Elles sont distinguées, d'après leur habitation, en *terrestres*, *fluviales* et *marines*. — Certaines coquilles, appelées *cauris*, sont employées dans l'Inde comme pièces de monnaie. C'est de certaines coquilles des genres *perna*, *murelle* et *pintadine*, qu'on retire la nacre et les perles.

COQUILLE (hist. nat.). Les coquilles des peintres sont l'*unio pictorum*; les *coquilles de Pharaon* sont les *monodontes* ou boutons de camisole; les coquilles de Saint-Jacques sont toutes celles du genre *peigne*.

COQUILLE (ORDRE DE LA), ordre de chevalerie institué en 1282, par un comte de Hollande, en l'honneur de saint Jacques. — On a quelquefois appelé *chevaliers de la Coquille* ceux de l'ordre de Saint-Michel, parce qu'ils portaient un collier d'or fait de coquilles entrelacées d'un double lacs, posées sur une chaîne d'or, où pendait une médaille représentant saint Michel terrassant le démon.

COQUILLE (accept. div.). Les fabricants de papier donnent ce nom à certaines qualités de papier qui dans le filigrane portent pour marque une coquille. — Le diamantaire nomme *coquille* un outil de cuivre de la forme d'un dé à coudre, dont il se sert pour mettre les diamants en soudure. — Dans l'imprimerie, on donne le nom de *coquille* à une lettre déplacée de son cassetin et dont le mélange parmi d'autres lettres de la même casse est la cause qu'une épreuve se trouve chargée de plusieurs lettres mises à la place d'autres. — Le fourbisseur donne ce nom à cette partie de la poignée d'une épée qui a en effet la forme d'une double coquille, et sert à préserver le poignet des coups de l'adversaire. — Le fondeur appelle *coquille à boulet* les moules en fer forgé ou en fonte de fer dont il se sert pour faire le boulet, par le moyen de la réunion des deux coquilles. — Le sculpteur appelle *coquille* un petit ornement taillé sur le contour d'un quart de rond. — Le maçon nomme *coquille d'escalier* le dessous des marches qui tournent en limaçon, et dont l'ensemble présente la forme d'une coquille.

COQUIMBO, province du Chili, bornée au N. par le haut Pérou ou Bolivia, à l'O. par l'océan Pacifique, à l'E. par la Plata et au S. par la province d'Aconcagua. Sa superficie est de 4,500 lieues carrées, et sa population de 503,000 habitants. Elle abonde en métaux précieux. Ses mines d'or sont au rang des principales du Chili, ainsi que ses mines d'argent et ses mines de cuivre. La province de Coquimbo a pour capitale *la Serena de Coquimbo*, et pour villes principales Copiapo, San-Francisco de la Selva et Guasco, appelée aussi Huasco et Santa-Rosa.

COQUIMBO (LA SERENA DE), située à un quart de lieue de la baie du même nom, sur le fleuve qui lui a donné son nom; à 5 lieues de Santiago et de la Conception, avec une population de 12,000 habitants. Son port, très-fréquenté, est formé par une belle baie d'un accès facile, près de l'île des Tortues. Elle a été fondée à l'embouchure du Coquimbo, en 1544, par Pierre de Valdivia, pour contenir les Araucans, et est aujourd'hui la capitale de la province de son nom et de la juridiction septentrionale du Chili.

COR. On appelle ainsi, en médecine, une petite tumeur fort dure qui se développe sur le pied, et qui est ordinairement produite par la compression qu'exerce sur les parties les plus saillantes de cet organe une chaussure trop étroite. Une portion du cor est élevée et forme une tumeur arrondie; l'autre, qui lui sert de base, s'enfonce plus ou moins profondément dans les téguments, et s'étend quelquefois jusqu'aux tendons et au périoste. On prévient ordinairement la formation des cors par l'emploi de chaussures larges. Les moyens curatifs consistent à les enlever, quand ils sont formés, par l'immersion prolongée dans l'eau chaude. Mais communément ils se reproduisent. L'emploi des caustiques n'est pas sans quelque danger. L'extirpation au moyen des instruments aigus et tranchants est encore le seul remède convenable.

COR, instrument de musique à vent et à embouchure. C'est un tube qu'on a contourné en spirale pour en diminuer la longueur, et dont le canal va d'ailleurs en croissant de diamètre jusqu'à s'évaser en un large *pavillon*, où l'on insère la main pour modifier les sons. Le cor est en laiton, composé de tubes qu'on soude bout à bout. L'embouchure est une sorte d'entonnoir d'argent ou de laiton, par lequel on chasse le vent dans l'instrument pour y exciter les vibrations de la colonne d'air. Plus on lâche les lèvres, et plus le son est grave; plus on les serre en les pressant contre les dents, et plus le son est aigu. La musique de cor se note sur la clef de *sol* et quelquefois sur la clef de *fa*, quatrième ligne, pour quelques notes graves. Les parties de cor sont presque toujours écrites dans le ton d'*ut majeur*, certains solos exceptés; mais, pour jouer dans des tons différents, on a des tubes de rechange, qui sont dans ces divers tons. Ainsi, en adaptant le corps de rechange en *ré*, on joue réellement dans le ton de *ré*, et si le musicien attaque *ut*, *mi*, *sol*, il fait entendre *ré*, *fa*, *la*. Le son naturel le plus grave d'un cor en *ut* est le *sol*, que rend à vide la deuxième corde filée d'un violoncelle; on produit ensuite quatre octaves en montant vers l'aigu.

COR DE CHASSE. Il ne diffère du cor simple que parce qu'il est tout d'une pièce et n'a pas de corps de rechange. On le joue sans mettre la main dans le pavillon.

COR ANGLAIS, instrument à vent et à anche, de la famille des hautbois. Il a la forme du hautbois, mais dans des proportions plus fortes; il est un peu recourbé, et son pavillon se termine en boule, au lieu d'être évasé comme celui du hautbois. Il sonne une quinte au-dessous de celui-ci. Son diapason est de deux octaves, qui commencent au troisième *fa* grave du piano. La musique destinée au cor anglais se note sur la clef d'*ut*, seconde ligne. Les Italiens appellent le cor anglais *voce humana*.

COR DE BASSET (en allemand, *basset-horn*), instrument de musique à vent, à bec et à anche, du genre de la clarinette, et qui est à celle-ci ce que le cor anglais est au hautbois, c'est-à-dire qu'il en sonne la quinte au-dessous. Son diapason comprend quatre octaves, qui commencent au second *ut* grave du piano. La musique destinée au cor de basset se transpose à la quinte ou à la quarte.

COR RUSSE, instrument à vent en cuivre, qui se joue avec une embouchure, et qui est de forme conique. Le tube ne fournit qu'un seul son. Pour avoir quelques octaves de tous les demi-tons, il faut avoir autant de tubes qu'on veut employer de sons, et en proportionner la longueur au degré de grave ou d'aigu qu'on veut obtenir. Les effets de la réunion de vingt, trente et quarante de ces cors sont surprenants. Un habile orchestre russe composé de ces instruments peut être entendu à une et même deux lieues. L'inventeur du cor russe est J.-A. Maresch, né en Bohême en 1719.

COR A PISTONS, instrument du genre de la trompette, inventé en 1820 par un musicien allemand nommé Stœzel. Au moyen de deux pistons, que l'exécutant presse tour à tour, la colonne d'air renfermée dans l'instrument est raccourcie dans des proportions calculées de manière à faire obtenir le plus grand nombre des tons et demi-tons que le cor ordinaire refuse. Le cor à pistons conserve d'abord les bonnes notes, rectifie la justesse de celles qui sont fausses, rend l'éclat aux sourdes, et remplit toutes les lacunes. Le piston supérieur, le plus près de l'embouchure, a la propriété, quand il est poussé, de baisser l'instrument d'un ton; le piston inférieur ne le baisse que d'un demi-ton.

COR ou COMER, mesure de capacité des Juifs, laquelle valait 3 hectolitres 15 litres de nos nouvelles mesures.

CORAIL, genre de zoophytes polypiers. La seule espèce de ce genre est le *corail rouge*, qui ressemble assez bien en petit à un arbre privé de feuilles et de branches. On le trouve fixé aux rochers, où il s'élève environ à un pied. C'est dans la Méditerranée qu'on le trouve le plus beau; la pêche ne s'en fait sur les côtes de la Provence. On y emploie d'excellents plongeurs qui accrochent le corail avec une grande croix dont les branches sont égales, longues et fortes. — Le corail est employé pour faire des colliers, des bijoux et d'autres ornements pour la parure des femmes. Le corail est un absorbant; réduit en poudre, il est employé en médecine et pour blanchir les dents.

CORALINÉES, ordre de zoophytes de la division des polypiers flexibles, dans la section des calcifères. La *coraline* est le genre type de cet ordre, qui est divisé en trois sous-ordres: le premier, composé du genre galaxaura, à tige et rameaux tubuleux; le second, comprenant les genres nésée, janil, coraline, cymopolie, amphiroë et halimède, à rameaux articulés; le troisième, composé des idotées, sans aucune sorte d'articulation.

CORAL-RAG, ensemble de couches principalement calcaires, qui appartiennent au système moyen de la grande formation désignée en France sous le nom de *calcairs jurassique* ou *de groupe oolithique*. On donne encore au coral-rag le nom de *calcaire corallique* et d'*oolithe blanche moyenne*. Le coral-rag est un calcaire blanchâtre, à texture grossière, presque entièrement composé d'un amas de petits madrépores branchus.

CORAN ou ALCORAN. Voy. KORAN.

CORAS (Jacques DE), poète médiocre, qui n'est guère connu que par la mention que Boileau en a faite dans ses satires. D'une famille protestante et originaire de Toulouse, il abjura le calvinisme après avoir lu les *Controverses* du cardinal de Richelieu. Son poëme de *Jonas* ou *Ninive pénitente* est le seul de ses ouvrages qui ait eu quelque renommée. Coras mourut en 1677. — JEAN DE CORAS, de la même famille que lui, né en 1513 à Réalmont, près d'Alby, professa le droit à Toulouse, à Orléans, à Paris, à Angers et à Ferrare. Devenu conseiller au parlement de Toulouse, puis chancelier de Navarre, il en fut chassé en 1562 à cause de ses opinions sur la nouvelle réforme. Rétabli par le chancelier de l'Hôpital, il fut massacré en 1572, après la Saint-Barthélemy.

CORBAN. Les Juifs appellent ainsi une offrande, un don, un présent que l'on fait à Dieu ou à son temple. Ils juraient par le *corban* ou par les dons consacrés à Dieu. Ils font différentes sortes de *corbans*, c'est-à-dire qu'ils dévouent à Dieu une partie de leurs biens, que l'on sacrifie si ce sont des animaux. Ils peuvent se faire *corban* eux-mêmes, c'est-à-dire, se consacrer à Dieu ou à certains ministres. — Le mot de CORBAN signifie aussi le trésor du temple où l'on mettait les offrandes en argent que l'on faisait au Seigneur.

CORBAN. Chez les Coptes, il signifie: 1° la messe; 2° de petits pains bénits et non consacrés, qu'ils distribuent au peuple après la messe. Ce pain doit être fait du même jour par le sacristain, qui récite sept psaumes en le faisant; les femmes ne doivent pas même le toucher. Il doit aussi être levé et cuit dans un four qui soit dans l'enclos de l'église. La farine doit être achetée de l'argent tiré du trésor de l'église. Enfin il doit avoir l'impression de douze croix renfermées chacune dans un *carré*, et dans celui du milieu, qu'ils nomment *isbadicon*, il doit y en avoir une plus grande que les autres. Au bord du corban sont imprimées en lettres coptes les mots: *agios, agios, agios, Kirios* (saint, saint, saint, le Seigneur).

CORBEAU, genre de passereaux conirostres de la famille des corvidés, renfermant un grand nombre d'espèces. Ce sont les plus gros passereaux que nous possédions en Europe. Ils ont généralement le plumage noir et les appétits voraces. Leur intelligence est assez développée; on peut les apprivoiser facilement et les rendre même d'une très-grande familiarité. Ils ont un cri rauque et discordant, connu sous le nom de *croassement*. Les corbeaux sont sédentaires partout, et nichent sur les arbres les plus élevés, sur les rochers escarpés, ou bien dans les châteaux en ruines. Les principales espèces de corbeaux sont la *cornille*, le *freux* et le *choucas*. — Le corbeau était chez les anciens consacré à Apollon. Il était considéré par les anciens comme un oiseau de mauvais augure. Chez les Juifs, le corbeau était déclaré impur. Noé fit sortir de l'arche un corbeau, qui, trouvant des cadavres d'animaux, ne revint point dans l'arche.

CORBEAU (accept. divers.), en architecture, grosse console qui a plus de saillie que de hauteur, et sert souvent à porter des bouts de poutres ou des naissances de voûte. — On donne aussi le nom de *corbeau* au morceau de fer qui sert à porter les sablières d'un plancher. — Les Latins donnaient encore le nom de *corbeau* (corvus) à une sorte de croc en métal, qui leur servait de grappin d'abordage, et qui avait été inventé par le consul Duilius dans la première guerre punique.

CORBEIL, ville de France, chef-lieu d'arrondissement du département de Seine-et-Oise, à 12 lieues et demie de Versailles, et 3 lieues de Melun. Elle est située sur la rive droite de la Seine. Elle a un tribunal de première instance et une société d'agriculture. Sa population est de 3,708 habitants. Corbeil renferme de grands magasins de grains et de farine destinés à l'approvisionnement de la capitale.

CORBEILLE, ouvrage du vannier, fait avec de l'osier rond ou fendu, et destiné à contenir des fruits ou d'autres choses de nature différente. — Les corbeilles sont pour la plupart comme nattées, circulaires ou ovales, et terminées dans leur partie supérieure par un cerceau ou gros bâton d'osier, recourbé et recouvert par l'osier fendu. La capacité, la grandeur, la forme, l'élégance des corbeilles varient à l'infini.

CORBIE, ville de France, chef-lieu de canton du département de la Somme, à 6 lieues d'Amiens. Sa population est de 2,516 habitants. Elle est connue surtout par une célèbre et riche abbaye de l'ordre de Saint-Benoît, dont l'abbé prenait le titre de seigneur et comte de Corbie. Elle fut fondée en 662 par la reine Bathilde et son fils Clotaire III. Elle a donné plusieurs personnages illustres à l'Eglise, entre autres saint Anschaire, apôtre du Nord, saint Géraud, Ratbert, Ratramme, célèbres par leurs ouvrages.

CORBIÈRE (Pierre de), religieux de l'ordre de Saint-François, fut élu antipape l'an 1328, sous le nom de Nicolas V, par l'autorité de Louis de Bavière. L'année suivante, cet antipape, qui avait déjà fait son abjuration à Pise, fut mené à Avignon, où il demanda pardon, la corde au cou, au pape Jean XXII. Il mourut deux ou trois ans après à l'âge de soixante-quatorze ans. — Jacques-Guillaume-Joseph-Pierre de Corbière, avocat à Rennes, fut élu député du département d'Ille-et-Vilaine (1815), et appelé en 1821, aux fonctions de président du conseil royal de l'instruction publique et de ministre de l'intérieur.

CORBULÉES, famille de mollusques établie par Lamarck, renfermant des espèces à coquille inéquivalve, au ligament intérieur, et faisant partie des conchifères ténuipèdes. Elle ne comprend que les deux genres *pandore* et *corbule*. Ce dernier renferme de petites coquilles rares et recherchées à l'état vivant. On les trouve aux environs de Paris à l'état fossile.

CORBULON (Domitius), général romain, célèbre par sa valeur, rétablit l'honneur de l'empire sous Claude et Néron, vainquit les Parthes, détruisit la ville d'Artaxarte, capitale des Arméniens, chassa Tiridate d'Arménie, et remit Tigrane sur le trône. Néron jaloux de la renommée que lui avaient méritée ses services, ordonna de le faire mourir à Cenchrée. Corbulon, ayant appris cet ordre, se perça de son épée l'an 66 de J.-C.

CORCK, comté d'Irlande, dans la province de Munster, borné au N. par ceux de Limerick et de Tipperary, à l'O. par celui de Kerry, à l'E. par celui de Waterford, et au S. par la mer. Sa superficie est de 99 milles géographiques carrés, et sa population de 416,000 habitants. Il abonde en forêts, et est entrecoupé de montagnes et de prairies. La capitale est Corck.

CORCK, ville épiscopale d'Irlande, à 42 lieues de Dublin. Sa population est de 40,000 habitants. Elle a un bon port, profond et bien protégé contre tous les vents ; mais les petits navires peuvent seuls remonter jusqu'à la ville par le moyen de la Lee. C'est le port le plus marchand de l'Irlande, et le rendez-vous des bâtiments expédiés pour l'Amérique. Corck est la seconde ville de l'Irlande par sa population, sa richesse et son commerce, qui consiste en bœufs, cuirs, suif, beurre, cochons, toiles à voiles, etc. Elle a un consul français, et envoie deux députés au parlement. C'est la capitale du comté de même nom.

CORCYRE. Voy. Corfou.

CORDACE, sorte de danse jadis en usage chez les Grecs et les habitants de l'Asie-Mineure. Elle consistait dans les poses et les gestes les plus obscènes. On l'exécutait souvent dans les comédies.

CORDAGES. On appelle ainsi tout ce qu'on fabrique dans les corderies pour l'usage de la marine, des manufactures, fabriques, etc. Parmi toutes les substances filamenteuses employées à la fabrication des cordages, le chanvre est celle qu'on préfère. Les cordages faits en coton, moins sujets à l'état hygrométrique et ayant plus d'élasticité que les cordes de chanvre, sont employées pour l'usage des mécaniques. L'écorce de tilleul, dépouillée de son épiderme extérieur, sert à faire des cordes à puits. Enfin on fait des cordes des fils métalliques. La fabrication des cordages comprend deux opérations, le *filage* et le *commettage*. On distingue deux espèces de cordages : le *simple*, que le cordier convertit, au moyen d'une double opération, en cordes, et auquel on donne le nom d'*aussière* ; et le *composé*, qu'on appelle *grelin*, et qui est formé d'un certain nombre d'aussières commises ensemble. Ces deux sortes de cordages se subdivisent encore en un grand nombre d'autres. Les instruments dont le cordier se sert pour filer sont le *rouet* et le *touret* ou dévidoir. — Les cordages *blancs* sont ceux qui ne sont pas goudronnés, et les *noirs* sont ceux qui le sont. La longueur des cordages se mesure à la brasse, la circonférence en pouces, et ils se vendent au poids.

CORDAY D'ARMANS (Marie-Anne-Charlotte), née en 1768 à Saint-Saturnin les Vigneaux (Orne). La mort du jeune de Belsunce, son amant, massacré par le peuple que Marat avait soulevé, excita Charlotte Corday à la vengeance. Elle résolut de poignarder Marat. Arrivée à Paris le 12 juillet 1793, elle ne put être admise auprès du farouche démagogue qu'après de nombreuses instances. Elle trouva Marat au bain et le poignarda. Arrêtée à l'instant même, elle parut devant le tribunal révolutionnaire avec calme et dignité. Condamnée à mort, elle périt sur l'échafaud le 17 juillet 1793.

CORDE, corps long et sensiblement cylindrique, formé d'un certain nombre de fils tortillés l'un sur l'autre. On fait des cordes d'une infinité de substances différentes ; mais par le mot seul on entend une corde faite avec du chanvre. La corde la plus grosse s'appelle *câble*, la plus petite *ficelle*. — Une corde est d'autant plus difficile à *courber* qu'elle porte un poids plus considérable, et que la poulie a un rayon plus petit ; la résistance qu'oppose une corde à la *flexion* est à peu près proportionnelle au carré du diamètre de cette corde ; quand deux forces égales tirent une corde en sens contraires, la *tension* est mesurée par l'une de ces deux forces ; le *poids* d'une corde croit comme le carré de son rayon, de son diamètre ou de sa circonférence, et la *résistance* des cordes, c'est-à-dire, l'effort sous lequel elles sont rompues, varie suivant le nombre de fils qui la compose, et le poids que chaque fil peut supporter, elle décroît à mesure que la corde devient plus grosse.

CORDE. En géométrie, on appelle ainsi la droite qui joint les deux extrémités d'un arc. On dit de la corde qu'elle est la sous-tendante de l'arc.

CORDE. Dans les arts mécaniques, on appelle *corde sans fin* la corde qui entoure la roue des tours, des rouets à filer, etc. Elle sert à communiquer le mouvement de rotation imprimé à une roue lorsqu'on veut en faire tourner une autre.

CORDE. Dans le mesurage du bois, on appelle *corde* une mesure de bois destiné à être brûlé. Une corde vaut à peu près 4 stères et demi.

CORDE A FEU, mèche en grosse étoupille, avec de la composition d'*étoile*, qui sert à former des chiffres et autres dessins. On attache dessus une étoupille de même longueur, et l'on cloud la corde à feu sur le dessin avec de petits clous d'épingle. En donnant feu dans un endroit, il se communique partout dans un instant.

CORDES DE DÉFENSE (mar.), paquet de grosses cordes ou de bouts de vieux câbles qu'on fait pendre le long des bordages des chaloupes ou des bateaux pour rompre le choc et empêcher qu'il y ait des avaries dans la rencontre avec d'autres bâtiments.

CORDES. On distingue, dans les instruments de musique, trois sortes de cordes : les cordes de boyaux, les cordes métalliques et les cordes de soie. Les premières servent aux instruments qu'on attaque par le frottement, les secondes à ceux qu'on frappe, les troisièmes à ceux que l'on pince. On appelle cordes *filées* celles qui sont revêtues d'un fil de laiton blanchi qui les entoure d'un bout à l'autre ; elles rendent les sons graves. Dans le violon, le violoncelle, l'alto et la contre-basse, les cordes filées sont en boyau, tandis que dans la guitare elles sont en soie. On fabrique les cordes filées à l'aide d'une machine qui ressemble à celle dont on fait les élastiques de bretelles. — Les cordes du forte-piano sont métalliques, les unes en fil d'acier de deux ou trois degrés de finesse pour les sons aigus ; les autres, pour les sons moyens, sont en fil de laiton de deux grosseurs ; et enfin les sons graves sont rendus par des fils de laiton *filés*, c'est-à-dire, revêtus d'un fil de laiton plus fin qui les entoure en spirale.

CORDES VIBRANTES. Lorsqu'une corde tendue par ses deux bouts est écartée de sa position rectiligne, elle décrit, en vertu de son élasticité, des oscillations à droite et à gauche. C'est ce qu'on appelle des *vibrations*. Les vibrations, se communiquant à l'air, qui les transmet à notre oreille, produisent les sons quand elles sont *isochrones*, c'est-à-dire, quand elles se succèdent assez rapidement pour donner à l'oreille une sensation continue. La gravité ou l'acuité des sons dépend du nombre de vibrations exécutées par le corps sonore dans un temps donné, et l'acuité augmente avec le nombre de ces vibrations. Une corde dont la longueur est moindre que celle d'une autre exécutera dans le même temps plus de vibrations, et rendra par conséquent un son plus aigu. On se sert de ce principe dans les instruments à clavier. Le degré diatonique n'est pas cependant dû uniquement à la longueur des cordes ; il dépend aussi de leur diamètre, de leur poids et de leur tension.

CORDÉ (botan.), adjectif qui s'applique aux organes planes, tels que les feuilles ou les pétales, dont la configuration approche plus ou moins de celle d'un cœur. On dit donc des pétales de la plupart des ombellifères qu'ils sont *cordés*. A la place de cette expression, la plupart des auteurs se servent du mot *cordiforme*, surtout lorsqu'ils décrivent les feuilles.

CORDEAU, petite corde dont les fils sont fins et serrés, qu'on nomme aussi *fouet*. Les jardiniers et les maçons s'en servent pour aligner leurs travaux. Ils tendent le cordeau par ses deux extrémités, selon la ligne droite dont ils veulent suivre la direction. On s'en sert aussi pour tracer des cercles et des ellipses.

CORDELIÈRE. On appelle ainsi, en termes de blason, le filet plein de nœuds que les veuves ou les filles mettaient en guise de cordon pour entourer l'écu de leurs armes. Anne de Bretagne, reine de France, donna ce nom à un ordre qu'elle institua en l'honneur des cordes dont Jésus-Christ avait été lié en sa passion, et à cause de la dévotion qu'elle avait à saint François d'Assise, dont elle portait le cordon. Le collier était fait d'une corde à plusieurs nœuds entrelacés, dont elle fit don aux principales dames de sa cour pour le mettre autour de leurs armes.

**CORDELIÈRES**, religieuses du même ordre que les cordeliers et portant une ceinture semblable à celle de ces pères.

**CORDELIERS**, religieux de l'ordre des frères mineurs de la règle de Saint-François, qui portaient un habit de gros drap gris avec un petit capuce, un chaperon, un manteau de même étoffe et une ceinture de corde nouée de trois nœuds. Ils avaient pour chaussure le soc ou sandale. On les appela aussi quelquefois *scotistes*, parce qu'ils suivaient les opinions du fameux Scot. Les cordeliers étaient agrégés dans l'université et reçus docteurs. On donne au nom de cordeliers l'origine suivante : ces religieux ayant repoussé les infidèles dans la guerre que saint Louis leur faisait, ce roi demanda leur nom. On lui répondit que c'étaient des gens *de cordes liés*, et depuis ce temps le nom de *cordeliers* leur est resté. Cet ordre a été supprimé en 1793.

**CORDELIERS** (CLUB DES), un des plus célèbres clubs de la révolution, dont le chef fut le fameux Danton. Il était formé de la majorité de la représentation parisienne et du parti des orléanistes. Les plus fameux après Danton furent Marat, Hébert et Chaumette. Rival du club des jacobins, il lutta constamment avec lui et finit par succomber avec ses chefs. Le club des cordeliers fut dissous, comme société politique, par la loi du 6 fructidor.

**CORDELINE**. On appelle ainsi, dans les verreries à bouteilles, une petite tringle de fer d'environ quatre pieds et demi de long, que l'ouvrier prend d'une main et qu'il trempe chaude dans le pot pour en tirer la bordure qui entoure l'embouchure de la bouteille, ce qui se fait en attachant l'espèce de mamelon qui pend, et tournant en même temps l'instrument de la main gauche.

**CORDEMOI** (Géraud DE), né à Paris d'une famille noble, originaire d'Auvergne, s'attacha d'abord au barreau, qu'il quitta pour la philosophie de Descartes. Bossuet le donna au dauphin en qualité de lecteur. Il mourut en 1684, membre de l'académie française, dans un âge assez avancé. On lui doit l'*Histoire générale de France* durant les deux premières races de nos rois, dans laquelle il a débrouillé le chaos des deux premières races.—Son fils, LOUIS-GÉRAUD DE CORDEMOI, licencié de Sorbonne et abbé de Fénières, mourut en 1722, à soixante et onze ans. Il a fait une foule d'ouvrages distingués.

**CORDIAUX**, nom donné à des médicaments dont on croyait que l'action se portait principalement vers le cœur. Les toniques les plus forts, les divers stimulants administrés à l'intérieur étaient réputés des *cordiaux*.

**CORDIÉRITE** ou SAPHIR D'EAU, substance vitreuse, fréquemment violâtre, ne fondant que difficilement, et composée de silice, d'alumine, de magnésie et d'une petite quantité de protoxydes de fer et de manganèse, qui y jouent le rôle de matières colorantes. On l'a trouvée en Bavière, en Groënland, en Finlande, en Suède, en Espagne, etc. Cette pierre est très-légère et seulement un peu plus dure que le quartz. Ce qui lui donne un certain prix est d'avoir une double couleur. On l'appelle encore *dichroïde*, *iolithe*, *sidérite*, etc.

**CORDIFORME**. Voy. CORDE.

**CORDILLÈRE**, traduction du mot espagnol *cordillera* (chaîne) et signifiant toute chaîne de montagnes. On l'a appliqué plus spécialement aux ANDES.

**CORDON**, petite corde destinée à faire partie d'une plus grosse. — Chez les passementier et dans plusieurs autres arts, on donne le nom de *cordon* à un petit tissu long et ourdi comme la corde, en soie, en chanvre, en lin, etc. — On appelait autrefois *cordons bleus*, à cause de la couleur de leur ruban, tous les chevaliers de l'ordre du Saint-Esprit; *cordons rouges*, tous ceux qui portaient la grande croix de Saint-Louis. — Chez les Ottomans, le seul *cordon* connu et redouté est celui que le sultan envoie par ses muets aux vizirs et aux pachas dont il veut se défaire.

**CORDON** (pelleterie). On donne ce nom à un certain nombre de queues de martes zibelines ou d'autres animaux, enfilées, au nombre de quatorze ou seize, sur une longueur de demi-aune pour les petites et d'un plus grand nombre de queues et de plus de longueur pour les grandes.

**CORDON** (archit.), rang de pierres avancées qui marquent les divisions d'une muraille et les séparations des étages.

**CORDON** (sculpt.), moulure ronde qu'on emploie dans les corniches intérieures, et sur laquelle on taille des perles, des fleurs, des feuilles d'acanthe, etc.

**CORDON** (terme de blason), ornement qui accompagne les armoiries des prélats et descend du chapeau qui en forme le cimier. Ce cordon se subdivise en un certain nombre de houppes, suivant les dignités; les cardinaux en ont quinze, les archevêques dix, les évêques six, et les protonotaires trois.

**CORDON SANITAIRE**, appareil de guerre développé contre une épidémie qu'on croit contagieuse, pour en arrêter les progrès, en lui opposant une sorte de barrière militaire.

**CORDON** (art du monnayeur). On appelle ainsi ce qui forme la circonférence des monnaies. Le cordon, destiné à faire reconnaître si les pièces d'or et d'argent sont rognées, était autrefois en creux. Il est aujourd'hui en relief. Les pièces à l'effigie de Napoléon portent: *Dieu protége la France*. Sur les autres, on lit : *Domine salvum fac regem*. Ce cordon est marqué avant de frapper le *flan*. Une machine sculpte cette légende, et le service en est si prompt et si facile, qu'un seul homme marque par jour vingt mille pièces de cinq francs.

**CORDON JAUNE** (ORDRE DU), espèce de société ridicule et bizarre, instituée du temps de Henri IV par le duc de Nevers, et composée de chevaliers catholiques et protestants. Ils étaient obligés de se secourir les uns les autres de corps et de biens contre leurs propres pères. Le roi Henri IV l'abolit en 1606.

**CORDON DE SAINT-FRANÇOIS**. On appelait autrefois ainsi le cordon garni de nœuds que portaient divers ordres monastiques, tels que les cordeliers, les capucins, les minimes, les récollets, les picpus, etc. C'est de là qu'il prit son nom une confrérie instituée en l'honneur des liens dont Jésus-Christ fut attaché. Les confrères portaient un cordon de Saint-François, qui devait être béni par les supérieurs de l'ordre de Saint-François. La confrérie fut érigée en 1585 et confirmée par le pape Paul V. La pratique de cette dévotion était de porter le cordon béni, et de dire tous les jours cinq fois le *Pater*, l'*Ave* et le *Gloria Patri*.

**CORDON OMBILICAL**, en anatomie, faisceau vasculaire qui s'étend du placenta jusqu'à l'ombilic du fœtus, et porte à celui-ci les matériaux de sa nutrition. Sa longueur ordinaire à la fin de la gestation est de dix-huit à vingt-quatre pouces. Il n'est pas parfaitement cylindrique; sa surface est noueuse, bosselée. Il contient les deux vaisseaux omphalo-mésentériques, par les artères et la veine ombilicales. — En botanique, on appelle de ce nom la partie qui unit la graine à la plante mère et qui est adhérente au placenta. M. Richard le nomme *podosperme*.

**CORDON PISTILLAIRE**, ensemble de filets ou de vaisseaux disposés en faisceaux, simples ou ramifiés, et situés dans les parois de l'ovaire. Ils se rendent des ovules au stigmate. On croit qu'ils sont les conducteurs de la matière fécondante ou *aura seminalis*. Selon M. Richard, c'est à ces vaisseaux que paraît être confié le soin de transmettre aux jeunes embryons l'action vitale, au moment où la fécondation s'opère.

**CORDONNET**, petit cordon de fil, de soie, d'or ou d'argent, que fabriquent les passementiers et qu'emploient les boutonniers, les faiseurs de franges, les brodeurs, les marchandes de modes, etc. Ils le font servir à l'enjolivement de tous leurs petits ouvrages. Dans la broderie des étoffes au métier, on applique le cordonnet; dans la broderie de la mousseline à l'aiguille, on l'imite par un gros fil plus fixé sur les contours du dessin, sur lequel on repasse en travers et à points serrés avec du fil plus fin.

**CORDONNIER**, artisan qui confectionne toute espèce de chaussure. Un soulier est composé, 1° d'une empeigne, qui couvre le pied et qui se fait avec de la peau de veau forte pour les gros souliers; 2° des quartiers, qui emboîtent le talon; 3° de deux semelles appliquées l'une contre l'autre; 4° du talon, qui élève un peu le derrière du pied. Les semelles se font avec du cuir de bœuf ou de vache. Le cordonnier commence par coudre l'empeigne avec les quartiers pour en former le dessus du soulier; on coud l'empeigne avec la *trépointe*, lanière de cuir de vache assez longue pour faire le tour du soulier, le long de la première semelle et finir de chaque côté où le talon commence. On coud ensuite la première semelle avec la trépointe et l'empeigne, et puis la seconde semelle. On achève le soulier en cousant le talon, en parant les deux semelles ensemble, pour qu'elles aient l'apparence d'une seule pièce, et en colorant les bords en noir. Toutes les coutures sont faites avec du bon fil de Bretagne ciré, à chaque bout duquel est fixée une soie de sanglier, qui sert d'aiguille. Pour rendre les souliers imperméables, on fait fondre du goudron avec un peu de gomme élastique coupée en lames bien minces, et on enduit la première semelle et la trépointe de cette composition; puis on fait coudre la seconde semelle.

**CORDOUAN** (TOUR DE), phare célèbre, le plus beau de tous ceux qui existent en France, situé vers l'embouchure de la Gironde, à 3 lieues de Royan (Charente-Inférieure) et à 22 de Bordeaux. Il se compose d'une tour de forme pyramidale, haute de deux cent vingt pieds, et construite sur un massif de rochers. Le diamètre de la partie inférieure qui sert de soubassement est de vingt-six pieds. L'intérieur se compose de plusieurs pièces et d'une chapelle. Quatre gardiens y séjournent constamment pour veiller à l'entretien du foyer du phare. Ils y ont des vivres et des provisions pour six mois; car pendant une partie de l'année la communication est impossible avec la terre. Les feux tournants du phare de Cordouan peuvent être aperçus à plus de 10 lieues en mer par un temps calme. — L'origine de cet établissement remonte au règne de Louis le Débonnaire. La tour actuelle, commencée en 1583, n'a été achevée qu'en 1611. Elle eut pour premier architecte le célèbre Louis de Foix.

**CORDOUE**, province d'Espagne, formée de l'ancienne Andalousie, et bornée au N. par celles de Badajoz et de Ciudad-Real, au S. et à l'O. par celle de Séville, à l'E. par celles de Grenade et de Jaën. Sa superficie est de 542 lieues carrées, et sa population est de 368,042 habitants. Sa partie septentrionale est traversée par la Sierra-Morena, la partie S. par le Guadalquivir. Cette dernière est très-fertile en blés, vins, fruits, etc. La capitale est *Cordoue*.

**CORDOUE**, ville forte et ancienne d'Espagne, sur la rive droite du Guadalquivir, à 80 lieues de Madrid. Elle est la capitale de la province du même nom. Sa population est de 57,000 habitants. Elle a une belle cathédrale, qui est un merveilleux édifice de forme octogone, au-dessus duquel s'élevaient de superbes coupoles, soutenues par huit cent cinquante colonnes de jaspe et de marbre, formant dix-neuf galeries. Ce qui reste aujourd'hui de ce monument, magnifique mosquée construite par Abdérame à la fin du VII<sup>e</sup> siècle, a six cents pieds de long sur deux cent cinquante pieds de large. Le haras de Cordoue est le plus beau et le mieux entretenu de toute l'Andalousie. Il renferme les meilleurs chevaux d'Espagne. Cordoue a quelques fabriques de rubans, de galons et de chapeaux, et un évêché suffragant de l'archevêché de Tolède. — Fondée par les Romains sous le nom de *Colonia Patricia*, elle porta plus tard le nom de *Corduba*, et fut l'une des villes les plus considérables de l'Espagne. En 572, elle tomba au pouvoir de Léovigilde, roi des Goths, et en 692 à celui d'Abdérame, général maure, qui, s'étant rendu indépendant des califes de Damas, la choisit pour sa capitale.

CORDOVA, province de la république buenos-ayrienne, bornée au N. par celles de Catamarca et de Santiago-del-Estero, au S. par celle de San-Luis, à l'E. par celle de Santa-Fé, à l'O. par celle de San-Juan. Sa superficie est d'environ 4,350 lieues carrées, et sa population de 80,000 habitants, généralement agriculteurs et pasteurs. Le chef-lieu est *Cordova*.

CORDOVA. Cette ville a une population de 18,000 âmes. Elle est le siège d'un évêché, et possède une université et une bibliothèque publique. Son entrepôt commercial et ses manufactures de draps et de tissus en laine et en coton lui conservent quelque importance. Cordova est à 13 lieues de Buenos-Ayres, et est la capitale de la province de ce nom.

CORDYLE, genre de reptiles de l'ordre des sauriens, qui a pour caractères d'avoir la tête pyramidale, quadrangulaire, terminée par un museau obtus; les yeux munis de deux paupières; la langue molle, fongueuse, épaisse, peu extensible; des dents nombreuses, coniques, simples; leur tête est munie de grandes plaques polygonales; leur corps couvert d'écailles carrées; la queue annelée de grandes écailles. Il y a un grand nombre d'espèces de cordyles.

CORÉ, fils d'Issar, de la tribu de Lévi, et père d'Aser, d'Elcana et d'Abiasaph, chef de la famille des Carites, célèbre parmi les Lévites. Il fut avec Dathan et Abiron un des chefs de la révolte dirigée contre Moïse et Aaron, et engloutí tout vivant avec ses compagnons dans le sein de la terre.

CORÉE, grande presqu'île d'Asie, bornée au N. par la Mongolie et la Mandchourie, à l'O. par la Chine et la mer Jaune, au S. par le détroit qui porte son nom et qui la sépare du Japon, à l'E. par la mer du Japon. La Corée, appelée par les Chinois *Kao-Li* et *Tschao-Sien*, a une superficie de 7,442 milles géographiques et une population de 12,000,000 d'habitants. Ils sont amateurs des plaisirs, lâches, menteurs et voleurs. Leur religion est la même que celle des Chinois; mais leur langue diffère, quoiqu'ils emploient les mêmes caractères. L'art de cultiver le tabac est très-répandu chez eux. Ils font quelque trafic en linge et étoffes de coton avec le nord de la Chine, à laquelle ils payent un tribut en grande partie avec le papier de leurs fabriques, le plus fort que l'on connaisse. Le climat de la Corée est extrêmement froid. Le magistrat suprême est un roi, qui paye un tribut annuel à la Chine, mais dont le pouvoir est du reste illimité et despotique. La Corée est divisée en huit provinces : *King-Ki*, chef-lieu *King-Ki-Tao*, capitale de tout le royaume et résidence du roi, sur le Li-Kiang; elle porte encore le nom de *Han-Yang-Tching*; *Ping-Ngan*; *Hoang-Haï*; *Kiang-Yuen*; *Tchu-Sin*; *Hien-King*; *Kin-Han* et *Tsuen-Lo*.

CORELLI (Arcangelo), célèbre compositeur italien, né à Fusignano dans le Bolonais. Il s'est fait un grand nom par ses sonates de violon. Il exerça son talent à Paris depuis 1672 jusqu'à 1680, qu'il passa en Allemagne, d'où il retourna en Italie. Il mourut à Rome âgé d'environ soixante ans en 1713. Ses compositions sont grandes et majestueuses. Corelli attribuait ses succès dans la composition des sonates à l'étude qu'il avait faite de Lulli.

COREOPSIDÉES, section établie par H. Cassini dans la tribu des hélianthées, famille des synanthérées ou composées. Le genre *coreopsis* lui sert de type, renferme des plantes herbacées, rarement frutescentes, à branches et à feuilles opposées, le plus souvent partagées en un grand nombre de segments filiformes, à fleurs terminales et ordinairement jaunes. Elles sont cultivées dans les jardins d'agrément.

CORÉSUS (myth.). Voy. CALLIRRHOÉE.

CORÈTE, genre de plantes habitant les climats chauds de l'Asie, de l'Afrique et de l'Amérique, et appartenant à la famille des tiliacées. La *corète potagère* ou *mélochie*, à tige peu rameuse, cylindrique, haute de quarante centimètres, garnie de feuilles lancéolées, à fleurs d'un jaune orangé, est cultivée dans l'Inde, la Syrie et l'Égypte, comme plante alimentaire. On la mêle aux potages, ou bien on mange ses feuilles, qui sont mucilagineuses, crues et assaisonnées avec de l'huile; la *corète capsulaire* ou *ganja sativa* abonde en Chine et dans l'Inde. De l'écorce macérée dans l'eau comme celle du chanvre, on retire une filasse excellente. Sa tige est haute de deux à trois mètres.

CORFOU, l'une des îles Ioniennes, sur la côte de l'Albanie, à l'entrée du golfe Adriatique. Sa superficie est d'environ 46 lieues carrées, et sa population de 57,000 habitants. Elle est divisée en quatre districts, appelés par les habitants *balles* ou *bailliages*: *Oros*, *Lefkimo* ou *Alefchimo*, *Agiru* et *Mezzo*. *Corfou* est la capitale de l'île. Les Corfiotes passent pour haineux et vindicatifs. Leur langage est un grec corrompu par l'italien. Le peuple a conservé le costume national, qui consiste pour les hommes en une culotte large, un bonnet de laine rouge, un gilet de toile, de drap ou de velours fourré, et une ceinture de laine rouge ou de soie, pour les femmes, une jupe de couleur tranchante, un corset et des cheveux nattés. La majorité de la population suit la religion grecque, dont le chef est un protopape ou archiprêtre, qui relève du patriarche de Constantinople. Corfou produit des vignes, des oliviers, des cédratiers, et commerce avec la Morée, Constantinople, le Levant et l'Italie. On y recueille beaucoup de miel.

CORFOU, capitale de l'île et de la république des îles Ioniennes, sur la côte orientale, avec 15,000 habitants. Elle est défendue par deux citadelles et une rade, qui offre un mouillage sûr aux vaisseaux de guerre. — Autrefois *Drepanum* et *Corcyre*, Corfou fut peuplée par une colonie de Colchidiens, qui s'y établirent sous la conduite de Phæax 1349 ans avant J.-C. Les habitants prirent alors le temps le nom de *Phæaciens*. Le Bacchide *Chersicrates*, chassé de Corinthe par les Héraclides, y conduisit, l'an 703 avant J.-C., une colonie de Corinthiens, et fut reconnu roi de l'île. La guerre de Corcyre et Corinthe fut le prélude de celle du Péloponèse. Corcyre s'érigea en république au temps de la seconde guerre persique. Elle devint le domaine des empereurs d'Orient, qui l'érigèrent en duché. Corfou se donna en 1386 aux Vénitiens, qui, après la perte de Candie et de Chypre, en firent le centre des forces navales de Venise. Après la destruction de cette république (1797), elle devint le chef-lieu d'un des trois départements des îles Ioniennes. Aujourd'hui elle fait partie de la république formée par les Sept-Îles. C'est à Corfou que réside le gouvernement de la république.

CORIAMBE, pied d'un vers grec ou latin, composé de deux brèves entre deux longues.

CORIANDRE, genre de la famille des ombellifères, renfermant plusieurs espèces, dont la plus intéressante est la *coriandre cultivée*, originaire de l'Italie et naturalisée en France. Ses fleurs, d'un blanc rosé, sont plus grandes à la circonférence de l'ombelle qu'au centre. La racine est annuelle, fusiforme, surmontée d'une tige un peu rameuse, couverte de feuilles à segments très-étroits. Cette plante exhale une odeur de punaise d'où lui vient son nom; mais les fruits desséchés ont une odeur agréable, dont savent tirer parti les confiseurs et les liquoristes. La médecine emploie cette plante comme stomachique et carminative.

CORINDON, substance minérale presque entièrement composée d'alumine, puisqu'elle ne renferme que un à sept pour cent de fer, et quatre à six de silice. C'est le plus dur de tous les corps après le diamant. Son aspect est un peu vitreux, et sa cristallisation est le rhomboïde. Le corindon est le plus communément opaque; mais, lorsqu'il est transparent, il fournit à la joaillerie diverses variétés qui changent de nom suivant leur couleur : *bleu*, c'est le saphir; *rouge*, c'est le rubis oriental; *violet*, c'est l'améthyste oriental; *jaune*, c'est la topaze orientale; *vert*, c'est l'émeraude orientale; *incolore* et *limpide*, c'est le saphir blanc. Quelquefois on remarque sur le plan perpendiculaire à l'axe du cristal une étoile blanchâtre à six rayons qui tombent sur le milieu de chacun des côtés du prisme hexagone. C'est ce que les lapidaires appellent *astérie*. Le corindon se présente aussi dans la nature plus ou moins mélangé de fer. Sa cassure est alors granulaire, et sa couleur brune ou gris bleuâtre, et quelquefois rougeâtre. Dans cet état, on l'appelle *émeri*.

CORINNE, célèbre femme poëte grecque, née à Tanagre en Béotie, près de Thèbes. Fille d'Achélodore et de Pocratie, et contemporaine de Pindare, elle étudia avec lui la poésie sous Myrtis, femme alors très-distinguée par ce talent. On dit qu'elle remporta cinq fois sur Pindare le prix de la poésie. Sa beauté merveilleuse contribua sans doute à relever aux yeux des juges le mérite de ses vers. De cinquante livres d'odes et d'épigrammes qu'elle composa, il ne nous reste que quelques fragments. On ignore l'époque de la mort de Corinne, que ses compatriotes avaient surnommée la *muse lyrique*.

CORINTHE, célèbre et ancienne ville de Grèce, située sur l'isthme de ce nom aujourd'hui connu sous le nom d'*Hexa-mili* ou *six-milles*, à cause de sa largeur). Elle avait deux ports. Fondée par Sisyphe l'an 1376 avant J.-C., elle porta d'abord le nom d'*Ephyre*. Le Pélopide Corinthus, fils de Marathon, et frère de Sicyon, lui donna son nom, et en fut roi. Ses descendants régnèrent sur Corinthe, et furent détrônés par l'Héraclide Alétès, dont les descendants occupèrent le trône pendant cinq cents ans, et furent remplacés par les *Bacchiades*. Le dernier d'entre eux fut *Tolestès*. Après lui la royauté fut abolie l'an 779 avant J.-C., et l'autorité confiée à des magistrats électifs appelés *prytanes*. Corinthe était l'une des villes les plus opulentes et les plus puissantes de la Grèce. Corinthe envoya des colonies à Syracuse et à Corcyre. La guerre de Corinthe, ainsi nommée parce que le territoire de cette ville en fut le théâtre, commença l'an 395 avant J.-C. Les Corinthiens, les Thébains et les Athéniens firent cause commune contre les Lacédémoniens. La ville de Corinthe fut prise et brûlée par le consul romain Mummius, l'an 146 avant J.-C. On prétend que la violence de l'incendie y fit fondre les métaux, et qu'il s'en forma le mélange connu sous le nom d'*airain de Corinthe*. Mais cette composition est beaucoup plus ancienne; car on sait que les artistes corinthiens mêlaient l'or, l'argent et le cuivre dans leurs ouvrages. Jules César envoya une colonie à Corinthe. Au temps de saint Paul, elle était florissante, et cet apôtre y prêcha l'Évangile l'an 52 de J.-C. Les Turks s'en emparèrent en 1715, et l'ont gardée jusqu'en 1822. Au-

43

jourd'hui Corinthe a une population de 4,000 habitants. Elle est située à 16 lieues d'Athènes, et est la capitale du district ou de l'éparchie de Kordos, dans le nome de l'Argolide. Son commerce consiste en raisins secs dits de Corinthe.

CORINTHIEN (Ordre), l'un des cinq ordres d'architecture, dont la colonne représente, selon Vitruve, la délicatesse du corps d'une jeune fille, à qui l'âge rend la taille plus dégagée et plus susceptible des ornements des angles, qui peuvent augmenter sa beauté naturelle. L'invention du chapiteau est dû à un hasard singulier. (Voy. CALLIMAQUE.) Les caractères distinctifs de ce chapiteau sont que le *tailloir*, au lieu d'être parfaitement carré comme dans les autres ordres d'architecture, se trouve échancré dans le milieu de ses quatre faces, tandis que les angles sont tantôt aigus, tantôt arrondis : deux volutes soutiennent chacun des angles, deux autres plus petites viennent s'accrocher dans chaque milieu. Le chapiteau est beaucoup plus élevé que dans les autres ordres, et la distance qui sépare l'astragale du tailloir se trouve garnie de deux rangs de feuilles d'acanthe.

CORIOCLAVES, sorte de chaussures dont les diverses pièces, qui forment la semelle, sont unies à l'empeigne par des clous de fer qu'on a substitués au fil ciré. Les corioclaves ont été inventées aux Etats-Unis et importées en France en 1810. M. Brunel, Français établi en Angleterre, a formé un établissement dans lequel il fait fabriquer mécaniquement des souliers cloués. La semelle et le talon du soulier se coupent d'abord au moyen d'un emporte-pièce ; et l'on obtient une semelle en deux coups de massue : cette semelle est ensuite placée sous une machine qui en perce les bords de trois rangées régulières de trous. Une autre machine fabrique les clous en coupant une lame de fer tendre, et enfin une troisième machine exécute simultanément la double opération de placer le petit clou dans le trou de la semelle qui lui est destiné, et de l'y fixer en l'y enfonçant fortement. Dans cet état, elle passe entre les mains d'un ouvrier qui la fixe à l'empeigne déjà préparée, en plaçant celle-ci sur une forme sur laquelle elle est serrée au moyen de cinq ou six étaux placés autour de la forme.

CORIOLAN (Caius Marcius, surnommé), général romain, issu de la famille patricienne Marcia. Il servait en qualité de tribun au siége de Corioles, ville du Latium appartenant aux Volsques, et sa valeur impétueuse en assura la conquête aux Romains (an de Rome 262, et avant J.-C. 492). Il ne voulut accepter que le seul surnom de *Coriolan*. Il se montra dans le sénat, dont il était membre, l'ennemi le plus acharné des plébéiens, et voulut qu'on vendît au peuple les grains qu'on venait de recevoir de Sicile. Cité devant le peuple par les tribuns, il fut condamné à un bannissement perpétuel (an 490 avant J.-C.), et se réfugia chez les Volsques, ennemis les plus implacables du nom romain. A la tête d'une armée de Volsques, il s'avança jusqu'aux portes de Rome. Ni l'ambassade du sénat, ni celle des prêtres ne purent fléchir son courroux. Les larmes de sa mère Véturie et de sa femme Volumnie eurent plus de pouvoir, et le déterminèrent à reprendre le chemin d'Antium. Attius Tullus Aufidius, son collègue, l'accusa auprès des Volsques, et ses ennemis le tuèrent, l'an 488 avant J.-C.

CORLIEU. Voy. COURLIS.

CORMÉ, boisson que l'on prépare avec le jus des cormes ou fruits du *cormier*. Le cormé est de couleur fauve, acerbe, un peu acide, légèrement sucré, et ne se conserve pas longtemps. Quoique faible, il est irritant et assez capiteux lorsqu'il est devenu mousseux. Pour préparer le cormé, on choisit les cormes bien mûres, ce qu'on reconnaît à la couleur brune de leurs pepins, et on concasse les fruits, dont on remplit à moitié un tonneau dans lequel l'on introduit toute l'eau qu'il peut encore contenir ; lorsque la fermentation, qui se développe presque de suite, commence à se ralentir, on soutire le liquide dans une autre pièce.

CORMIER, nom vulgaire du sorbier et de quelques espèces d'*alisiers*. Voy. SORBIER.

CORMORAN, genre d'oiseaux de l'ordre des palmipèdes. Ils ont tous les doigts réunis par une seule membrane. Ces oiseaux sont aquatiques, très-voisins des pélicans. Les cormorans sont caractérisés par un bec plus long que la tête, robuste, mince, droit, à mandibule supérieure recourbée en onglet à sa pointe ; la face garnie d'une peau nue, qui s'étend jusque sous la gorge ; les ailes sont allongées, pointues ; la queue allongée, arrondie. Ces oiseaux sont d'un naturel très-doux et fort tranquille ; ils se tiennent par troupes souvent considérables sur les rochers qui bordent les côtes de la mer et les rives des fleuves. Ils permettent qu'on les approche de très-près, et se laissent souvent prendre avec une stupidité qui leur a valu les noms de *nigauds*, *boubies*, *coïons*, etc. Ils sont très-faciles à apprivoiser. En Chine, on les dresse à la pêche, en leur faisant dégorger le poisson qu'ils ont pris en plongeant.

CORNADO, petite monnaie de Navarre, en Espagne, qui vaut la moitié d'un maravédis.

CORNAGE. Les vétérinaires désignent sous ce nom le bruit que font entendre en respirant certains chevaux, lorsqu'ils courent ou trottent avec vitesse. Ce bruit a été ainsi nommé parce qu'il imite le son que rend une corne dans laquelle on souffle. Le cornage accidentel est fort difficile à guérir ; celui qui est dû à l'organisation première est incurable.

CORNALINE, pierre siliceuse dont la pâte est la même que celle de l'agate, et dont la couleur dominante est le rouge, qui varie du rouge de sang foncé au rouge de chair tendre nuancé de jaunâtre. Elle est ordinairement demi-diaphane. Sa cassure est parfaitement conchoïde, assez lisse ; sa pesanteur spécifique de 2,6. Elle perd sa couleur et une partie de sa transparence au feu du chalumeau. Lorsque les cornalines sont d'une belle couleur foncée uniforme, elles sont fort recherchées pour les bijoux, et reçoivent un poli très-vif. La cornaline est la pierre la plus employée pour graver les cachets et pour les intailles ou gravures en creux.

CORNARDS, nom d'une ancienne confrérie dont l'origine remonte au delà du xve siècle, et qui subsista pendant longtemps à Rouen et à Evreux, à peu près dans le même but et avec les mêmes statuts que la confrérie des fous. Les cornards élisaient un abbé mitré et crossé, qui, tous les ans, le jour de la Saint-Barnabé, faisait une procession solennelle, monté à Evreux sur un âne, à Rouen sur un char, et entouré de son clergé, qui accablait les spectateurs d'injures.

CORNARET ou MARTYNIA, genre de la famille des bignoniacées. Le *cornaret à deux étamines*, plante annuelle d'Amérique et d'Afrique, dont la tige herbacée monte à soixante centimètres, jette beaucoup de rameaux, abondamment chargés de poils blancs et visqueux. Les feuilles sont opposées, verdâtres, dentées et velues ; les fleurs sont d'un rouge clair, tachées de pourpre foncé en dedans et blanches en dehors. Le *cornaret spathacé* a une racine blanche, cylindrique, grosse, charnue, d'une saveur douce. On la dépouille de son écorce, on la met à cuire avec de la viande de bœuf, ou bien on la confit au sucre.

CORNARO, famille ancienne et noble de Venise, l'une des quatre appelées *Evangélistes*. Elle a donné quatre doges à la république. — MARCO CORNARO succéda en 1365 à Lorenzo Celsi, et mourut en 1368. — GIOVANNI CORNARO Ier succéda en 1625 à Francisco Contarini, et mourut en 1629. — FRANCISCO CORNARO succéda en 1650 à Carlo Contarini, et mourut le 5 juin de la même année. — GIOVANNI CORNARO II succéda en 1709 à Antonio Mocenigo, et mourut le 14 août 1722.

CORNARO (Catherine), née à Venise en 1454 de Marco Cornaro, petit-fils du doge de ce nom, mort en 1368, épousa en 1470 Jacques de Lusignan, roi de Chypre, d'Arménie et de Jérusalem, fils légitime du roi Jean de Lusignan. La république de Venise, qui l'avait adoptée, la dota de 100,000 ducats d'or, comme fille de Saint-Marc. Jacques étant mort le 5 juin 1473, elle gouverna son royaume pendant quatorze ans. La république craignant qu'elle ne se remariât, lui envoya son frère, Georges Cornaro, qui lui conseilla de remettre à la république l'île de Chypre. Elle suivit ce conseil et se retira à Azolo, près de Venise, où elle mourut en 1510.

CORNE, matière animale, assez molle, transparente et susceptible d'être divisée et taillée sous différentes formes. Cette substance n'est autre chose qu'un mucus albumineux, sécrété par les organes du derme ou par le derme lui-même. — On appelle *cornelier* l'artisan qui prépare la corne pour les divers ouvrages auxquels le tabletier, le tourneur, le faiseur de peignes, etc., destinent cette substance. Les cornes qu'il emploie presque exclusivement sont celles des bœufs, des vaches et des buffles. On laisse macérer la corne dans l'eau pour en séparer le noyau qui la remplit, ensuite on la scie dans le sens de sa longueur, sur le côté aplati, après l'avoir préalablement fait bouillir dans de l'eau. Les morceaux sciés sont jetés de nouveau dans de l'eau bouillante qui les ramollit, et on les étend. La corne est alors réduite en plaques minces que l'on divise en plusieurs feuilles. Dans plusieurs villes de France et de Hollande on moule la corne pour en faire des poires à poudre, des bonbonnières, des boutons, des tabatières, etc. Pour cela on emploie de la râpure de corne, que l'on soumet à une chaleur humide, douce et longtemps continuée.

CORNE DE CERF. Voy. CERF. et CORONOPE.

CORNES, appendices qui, chez certains mammifères ruminants, surmontent le front, et consistent en un prolongement plus ou moins considérable de l'os frontal. Ils sont presque toujours l'apanage du mâle. Le renne fait exception à cette règle. La structure de ces appendices varie et constitue deux espèces. On donne à l'une le nom de *bois*. On distingue des cornes de deux sortes : on appelle les unes *creuses*, parce qu'elles sont revêtues comme d'une gaîne ou d'un étui composé d'une substance élastique appelée *corne*. Telles sont celles des bœufs, des moutons, des chèvres. On donne aux autres le nom de *pleines*, parce que la cheville osseuse ou axe osseux des cornes est plein, comme dans les antilopes, les rhinocéros. On a assimilé aux cornes diverses substances qui présentent beaucoup d'analogie avec elles, telles que les tarses des gallinacés, la corne des pieds des ruminants et des solipèdes.

CORNÉE. On appelle ainsi, en anatomie, une des tuniques du globe de l'œil, parce qu'elle a quelque ressemblance avec de la corne. Cette membrane, transparente, qui a une forme circulaire, convexe en avant et concave en arrière, est enchâssée dans l'ouverture circulaire de la sclérotique. Sa face antérieure est recouverte par une lame très-mince appartenant à la conjonctive ; la postérieure est tapissée par la membrane de l'humeur aqueuse. Les usages optiques de la cornée sont de réfracter les rayons lumineux en les rapprochant du centre du faisceau ; elle augmente donc l'intensité de la lumière. Chez les myopes, sa convexité est plus saillante ; chez les presbytes, au contraire, la cornée est plus aplatie. On a donné aussi à cette membrane le nom de *cornée transparente*, pour la distinguer de la *sclérotique*, que l'on a appelée la *cornée opaque*.

CORNÉENNE ou APHANITE, nom donné par les géologues à une pâte sensiblement homogène, dans laquelle on ne découvre à l'œil aucune agrégation distincte de minéraux différents, et qui est presque toujours la base de diverses roches mélangées. Quelques minéralogistes la regardent cependant comme un mélange d'amphibole et d'argile. On en distingue trois variétés : la *cornéenne compacte*, la *cornéenne trapp* et la *cornéenne lydienne*.

CORNEILLE, sous-genre du genre *corbeau*, renfermant huit espèces presque toutes étrangères à nos climats. La plus connue est la *corneille noire* ou *vulgaire*, que l'on nomme aussi *corbine*, *cornaille*, *graillant*, et très-souvent, quoique improprement, *corbeau*. Elle ne diffère du corbeau ordinaire que par sa taille, qui est plus petite. Elle n'a que dix-huit pouces de longueur totale, et est d'un noir foncé à reflets violets avec le bec et les pieds d'un noir mat. Elle se tient l'été dans les forêts, et se nourrit de fruits, de petits oiseaux, de charognes et d'œufs d'insectes. La chair des corneilles est dure, noire et fétide. Leur chant était, chez les Romains, d'un mauvais présage à celui qui commençait une entreprise.

CORNEILLE (Saint), pape et martyr, était prêtre du clergé romain, lorsqu'il fut choisi pour succéder dans le pontificat à saint Fabien (250). Son élection fut traversée par Novatien, prêtre romain, qui se fit sacrer pape par trois prélats d'Italie, et devint ainsi le premier antipape. Le pape Corneille fut martyrisé le 14 septembre 252. On célèbre sa fête à Rome le 16 septembre, et ailleurs le 14.— Il ne faut pas le confondre avec saint CORNEILLE, centenier de la cohorte appelée l'*Italienne*, baptisé par l'apôtre saint Pierre, l'an 40 de J.-C., par suite d'une céleste vision qui lui apparut. Les Latins célèbrent sa mémoire le 2 de février, et les Grecs le 12 de septembre.

CORNEILLE (Pierre), poëte tragique, surnommé *le Père de la tragédie française*, naquit à Rouen en 1606. Elevé chez les jésuites, il parut au barreau, où il ne réussit point, et se décida pour la poésie. Il écrivit la comédie de *Mélite*, représentée en 1620 ; *la Veuve*, *la Galerie du palais*, *la Suivante*, *la Place-Royale*, *Clitandre*, etc. Il prit un vol plus élevé dans sa *Médée*, et jeta les fondements de sa brillante réputation par *le Cid*, joué en 1636. Les tragédies des *Horaces* et de *Cinna*, représentées en 1639, révélèrent toutes les ressources de son génie, ainsi que *Polyeucte*, *Pompée* et *Rodogune*. Les tragédies d'*Héraclius*, de *Sertorius*, de *Nicomède*, commencèrent l'ère de décadence marquée par la vieillesse du grand Corneille. *Théodose*, *Perthurite*, *Attila*, *Agésilas*, *Pulchérie*, *Othon*, etc., furent celles par lesquelles ce père de la tragédie finit sa carrière théâtrale. Corneille traduisit aussi l'*Imitation de Jésus-Christ* en vers français. Il mourut en 1684, doyen de l'académie française.

CORNEILLE (Thomas), frère cadet du grand Corneille, né à Rouen en 1625, suivit la même carrière que son frère. Il se livra également à la comédie et à la tragédie. Parmi les comédies, *le Festin de Pierre*, *le Baron d'Albikrac*, *la Comtesse d'Orgueil*, etc., sont celles qui ont été sauvées de l'oubli. Parmi les tragédies, *Ariane*, *le Comte d'Essex*, sont celles qui ont conservé le plus de célébrité, avec celles de *Darius*, *Stilicon*, *Camma*, *Annibal*, etc. Son opéra de *Circé* eut quarante-deux représentations en 1675. On a encore de lui un *Dictionnaire des arts et des sciences*, un *Dictionnaire universel*, géographique et historique, et plusieurs autres ouvrages. Thomas Corneille mourut en 1705. Il avait succédé à son frère à l'académie française en 1685.

CORNELIA, famille illustre ancienne de Rome, dont les membres les plus distingués furent : — CORNELIUS Cossus, tribun militaire pendant la suspension du consulat, qui tua de sa main, dans une bataille, Laertius Volumnius, roi des Véiens, et remporta les secondes dépouilles opimes,

qu'il consacra dans le temple de Jupiter Férétrien. — CNEIUS CORNELIUS et PUBLIUS CORNELIUS SCIPION. (Voy. SCIPION.) — CORNELIUS GALLUS. (Voy. GALLUS.) — CORNELIUS TACITUS. (Voy. TACITE.) — CORNELIUS NEPOS. (Voy. NEPOS.)

CORNELIA, lois pour la plupart décrétées par le fameux Cornelius Sylla. L'une, rendue en 670 de Rome, confirma la loi Sulpicia et incorpora les citoyens de huit nouvelles tribus aux trente-cinq anciennes. — Une seconde, rendue l'an de Rome 673, défendit au préteur de s'écarter, dans ses jugements, de la lettre de la loi, et de l'interpréter à son gré. — Une troisième, décrétée l'an de Rome 677, rendit aux colléges électoraux le droit d'élire les prêtres, que la loi Domitia leur avait enlevé, pour le donner au peuple. — Une quatrième, décrétée l'an de Rome 673, ordonna qu'un citoyen ne remplirait qu'un seul emploi dans l'armée, et ne pourrait être promu de nouveau à la même fonction qu'après dix ans révolus. — Une cinquième, décrétée l'an de Rome 673, dépouilla les tribuns du droit de faire les lois, de convoquer l'assemblée du peuple, de recevoir les appels, et de pouvoir parvenir à aucun autre emploi. — Une sixième, décrétée l'an de Rome 670, interdit l'eau et le feu à tout général qui conduirait son armée hors de sa province ou ferait la guerre sans avoir reçu l'ordre, qui engagerait ses soldats à rançonner un général prisonnier, qui épargnerait les chefs des voleurs et des pirates, etc.

CORNÉLIE. Plusieurs dames romaines célèbres ont porté ce nom. — CORNÉLIE, fille de Scipion l'Africain, épousa Tiberius Sempronius Gracchus, dont elle eut douze enfants, parmi lesquels les deux Gracques. Elle donna à ses fils la plus brillante éducation. Une dame campanienne étalant complaisamment devant elle tous ses bijoux, voulut voir les siens. Cornélie lui dit : *Les voilà*, en montrant ses enfants. Le roi d'Egypte Ptolémée Physcon, dans un voyage qu'il fit à Rome, lui demanda sa main et essuya un refus. Cornélie supporta avec courage et magnanimité la perte de ses fils. Il nous est resté quelques lettres de cette femme célèbre. — CORNÉLIE, fille de Metellus Scipion, épousa Pompée après la mort de Publius Crassus, son premier mari. Elle s'est immortalisée par son courage, sa vertu et les regrets qu'elle donna à la mort funeste de son époux. — CORNÉLIE, fille de Cinna et première femme de César, donna le jour à Julie, mariée à Pompée. César l'aimait tendrement et prononça son oraison funèbre. — CORNÉLIE, femme de Livius et mère du jeune Livius Drusus, eut la douleur de voir périr son fils sous ses yeux. Elle était si près de lui lorsqu'on le tua, que le sang lui rejaillit au visage.

CORNELIS (Cornelius), célèbre peintre hollandais, né à Harlem en 1562. Dès son enfance il donna des marques d'une grande inclination pour la peinture. Il étudia sous Pierre Le Long, François Porbus et Gilles Coignet, et acquit un grand moelleux dans le pinceau. Cornelis mourut en 1638. On a de lui une infinité de beaux tableaux. Son coloris est parfait dans ses portraits comme dans ses tableaux d'histoire.

CORNELIUS. Voy. CORNELIA.

CORNELIUS MERULA (Lucius), consul l'an de Rome 559 avec Quintus Minucius Thermus, fit la guerre aux Boïens, peuples des Gaules, et tua quatorze cents de ces barbares. Son petit-fils, qui embrassa le parti de Sylla, se fit ouvrir les veines lorsque Marius entra dans Rome. — CORNELIUS SYLLA. Voy. SYLLA.

CORNELIUS SEVERUS, contemporain d'Auguste. Il avait composé un poëme sur le mont Etna et une élégie sur la mort de Cicéron. Cette dernière production est la seule que nous ayons de lui. Quintilien dit de Severus qu'il était meilleur versificateur que grand poëte.

CORNEMUSE, instrument de musique à vent et à anche, composé de chalumeaux

percés de trous qu'on fait résonner au moyen de l'air contenu dans une outre. Cette outre est en peau de mouton, cousue et hermétiquement fermée, de manière à pouvoir être gonflée de vent et garder l'air. On l'insuffle avec la bouche par un tuyau long de six pouces environ ; ce tuyau est un roseau fermé par une soupape intérieure qui s'oppose à la sortie de l'air, mais lui laisse une libre entrée ; on le nomme *porte-vent*. Le joueur de cornemuse met cette sorte de vessie sous son bras gauche qu'il la presse plus ou moins, tandis qu'il souffle par le porte-vent pour réparer les pertes faites par les *chalumeaux*, qui sont des tuyaux percés de part en part d'un canal cylindrique et de trous latéraux que l'on bouche et que l'on ouvre à volonté pour varier les intonations. Le *grand bourdon* est celui des chalumeaux qui a deux pieds et demi de long, le *petit bourdon* n'a qu'un pied. La cornemuse était connue des peuples de l'antiquité.

CORNES D'AMMON. Voy. AMMONITE.

CORNET (mus.), instrument de musique à vent dont les anciens se servaient à la guerre et qu'a souvent remplacé le tambour pour guider la marche des soldats. Les postillons se servent encore du cornet en Allemagne. La musique moderne fait un grand usage du *cornet à piston*. — Le *cornet à bouquin* est une longue trompette faite en écorce d'arbre, dont les bergers montagnards se servent pour rappeler les troupeaux. — *Cornet* est aussi le nom d'un jeu d'orgue composé de quatre tuyaux qui résonnent à la fois sur chaque touche, et qui sont accordés à l'octave, à la double quinte et à la triple tierce.

CORNET (accept. divers.). Ce mot entraîne l'idée d'un morceau de papier ou de toute autre substance roulé sous forme conique. Le tabletier nomme *cornet* une espèce de gobelet rond et délié, assez souvent en corne, dont on fait usage pour agiter les dés quand on joue au tricrac ou à tout autre jeu. On fait aujourd'hui presque généralement ces cornets en cuir. — Dans l'art de la chasse, on fait des *cornets* avec du papier fort ; on enduit le dedans avec de la glu, et l'on met au fond un morceau de charogne ou de tout autre appât pour attirer les oiseaux voraces, tels que les corbeaux, les pies, etc. L'oiseau plonge la tête dans le cornet dont la glu s'attache à ses plumes et y fixe le cornet. Privé de la vue, il s'envole et s'élève à une grande hauteur avec le cornet, puis la fatigue le fait retomber comme une pierre.— Dans l'art du papetier, on nomme *grand* et *petit cornet* une sorte de papier mince qu'on emploie comme papier à lettres et qui ne diffèrent du *papier fort*. L'orfèvre se sert du mot *cornet* dans l'opération de l'essai de l'or. Lorsque le marteau ou le laminoir a rendu aussi mince qu'il convient la plaque destinée à l'essai, il la tourne en forme de cornet à l'aide d'une bigorne. — En botanique, les *cornets* sont des appendices variés, creux et évasés, que l'on remarque dans certaines fleurs irrégulières. Dans la fleur des asclépiades, on rencontre cinq cornets. On désigne encore par ce mot les pétales des ancolies et des hellébores. — *Cornet*. Voy. CONE et CALMAR.

CORNET ACOUSTIQUE, instrument à l'usage des personnes qui ont l'ouïe dure. Il consiste en un tube conique recourbé à son milieu, dont on place l'extrémité la plus petite dans le creux de l'oreille, et dont l'autre extrémité évasée, qui se nomme le *pavillon*, est le point où se produisent les sons. L'effet du cornet acoustique est facile à concevoir. Les sons, au lieu de se disperser, sont réunis suivant l'axe du cornet et arrivant à l'organe en beaucoup plus grand nombre, ont assez d'énergie pour être perçus. Les cornets acoustiques sont tantôt en cuivre, en fer-blanc, en gomme élastique, en or, en argent, etc.

CORNETIER. Voy. CORNE.

CORNETO (Adrien CASTELLESI), connu sous le nom de CARDINAL DE), né à Corneto, petite ville épiscopale des Etats romains. S'étant fait connaître au pape Innocent VIII, celui-ci l'envoya en ambassade auprès de Henri VII, roi d'Angleterre. De retour à Rome, il devint secrétaire d'Alexandre VI; qui lui donna en 1503 le chapeau de cardinal. César Borgia, ayant voulu avec son père empoisonner Corneto pour avoir ses dépouilles, s'empoisonna lui-même par mégarde; mais ni lui ni Corneto n'en moururent. Exilé par Jules II et rappelé par Léon X, il entra dans une conjuration contre ce dernier, et partit de Rome en 1518 déguisé en moissonneur, sans qu'on ait jamais pu savoir ce qu'il était devenu. Il fut un des premiers écrivains d'Italie qui dégagèrent le style latin des mots barbares du moyen âge.

CORNETTE, mot par lequel on désignait autrefois toute sorte de vêtement de tête, et par lequel on désigne aujourd'hui 1° une sorte de coiffe de nuit que les dames ne gardent d'ordinaire que dans le déshabillé du matin; 2° la coiffure des sœurs de Charité.— Les *cornettes* étaient en usage avant Charles V. Plus tard les cornettes devinrent un objet de luxe et de coquetterie, puisqu'on voyait des dames recevoir leurs visites en cornettes de point ou de dentelle. Quelques-unes mettaient aussi sur leur visage des cornettes de toile d'ortie pour se conserver le teint frais.

CORNETTE (marine et armée de terre). En marine, le mot de *cornette* désignait autrefois le pavillon pointu que le chef d'escadre portait au mât d'artimon quand il commandait. Aujourd'hui la cornette est plus longue qu'un pavillon et fendue de la moitié de sa longueur comme le guidon, mais envergée; elle se hisse à la tête d'un mât, en travers comme une flamme; ses pointes déployées au vent forment deux cornes. La cornette est la marque distinctive du capitaine de frégate, du lieutenant de vaisseau et de frégate commandant une division d'au moins trois bâtiments de l'Etat. — Dans l'armée de terre, chaque compagnie avait un étendard à cornes, nommé *cornette*, et aux couleurs du capitaine. La dénomination en passa à la compagnie et à l'officier qui la portait. — L'étendard royal ou la cornette royale était blanche. Celui qui en était chargé s'appelait *porte-cornette*, et comptait dans le nombre des officiers de sa maison. On ne la déployait à l'armée que quand le roi y était. L'usage de la cornette royale se perdit sous Louis XIII.

CORNICHE (archit.), toute saillie profilée qui couronne un corps. Dans l'ordre toscan, le profil de la corniche est le plus simple. Il ne présente que des lignes droites ou courbes. Dans l'ordre ionique, la corniche est composée de *denticules*, sortes de découpures. Dans l'ordre dorique, la corniche est soutenue par des membres saillants nommés *mutules*, et également espacés entre eux. Dans l'ordre corinthien, la corniche se fait remarquer par des *modillons*, qui sont de petites consoles, tantôt découpées en pans, tantôt contournées en S. — Les menuisiers décorent souvent leurs lambris de corniches.

CORNICHON, variété de concombre commun cultivée pour en faire confire le fruit encore jeune. On donne communément à ce fruit le nom de *cornichon*. Le soin le plus important dans la préparation des cornichons est de choisir les plus petits, de les essuyer avec un linge rude très-propre, et d'avoir du bon vinaigre blanc préférablement au rouge. On verse sur les cornichons ainsi préparés de l'eau bouillante ou mieux encore du vinaigre blanc porté à la température de 80 degrés. Quand on emploie l'eau, l'on retire au bout de quatre ou cinq jours, on met à égoutter ; puis on on place dans un vase, en intercalant de distance en distance entre les cornichons quelques feuilles de laurier et des grains de poivre, et l'on verse sur le tout du vinaigre bouillant, auquel on ajoute trente grammes de sel blanc par litre de liquide. Les cornichons sont très-employés comme assaisonnement.

CORNICULAIRE, nom d'un officier de guerre chez les Romains. Il soulageait le tribun dans l'exercice de sa charge, en qualité de lieutenant. Les corniculaires faisaient des rondes à la place des tribuns, visitaient les corps de garde, etc. On les avait nommés ainsi parce qu'ils avaient un petit cor (en latin, *corniculum*) dont ils se servaient pour donner les ordres aux soldats. — On trouve dans les notices de l'empire qu'on donnait aussi ce nom à un huissier ou greffier, dont l'office était d'accompagner partout le juge, de le servir, et d'écrire les sentences qu'il prononçait. Dans ce dernier sens, ce mot est dérivé du latin *corniculum*, cornet à mettre de l'encre.

CORNO, couronne du doge de Venise. C'était un bonnet d'or garni d'hermine, recourbé un peu par l'extrémité supérieure, comme un bonnet phrygien.

CORNOUAILLES (en anglais, *Cornwall*), comté maritime d'Angleterre, formant la pointe S.-O. de la Grande-Bretagne, et borné à l'E. par le comté de Devon, et de tous les autres côtés par l'océan Atlantique. Sa superficie est de 185 lieues carrées et sa population de 260,000 habitants. Il se divise en neuf *hundreds* ou centuries. La principale richesse du pays consiste dans les mines de cuivre et d'étain, qui passe pour le meilleur de l'Europe. Leur exploitation occupe 16,000 ouvriers. On y trouve des manufactures de laine et principalement de draps communs, appelés en anglais *straits*. — La capitale du comté est *Launceston*.

CORNOUILLER, genre de la famille des caprifoliacées, renfermant des plantes ligneuses ou herbacées, appartenant à l'Europe et à l'Amérique du Nord. Parmi les espèces qui appartiennent à l'Europe sont : le *cornouiller mâle* ou *commun*, qui se couvre d'une grande quantité de fleurs jaunes, auxquelles succèdent des fruits petits, oblongs, de couleur rouge, mûrs en septembre, que l'on mange crus ou confits au sucre ; et qu'on appelle *cornes*, *cornioles*, *cornouilles* et *cuerni*. Ces fruits sont employés avantageusement en médecine; on les administre, réduits en gélatine ou sous forme de rob, contre les fièvres aiguës, bilieuses et putrides. Dans le Nord, ils remplacent les olives. Le bois du cornouiller mâle est excessivement dur, très-difficile à casser, et prend un beau poli; l'aubier est rougeâtre, et le cœur brun : on le travaille au tour très-agréablement. On fait avec le tronc des alluchons, des barreaux d'échelle, des cerceaux, des échalas, d'excellent charbon, etc. Le *cornouiller sanguin* est un arbrisseau à rameaux longs et droits, avec écorce lisse, d'un rouge brun, à fleurs blanches et baies noires. On retire de ces baies amères une huile bonne à brûler.

CORNUE; vase distillatoire dont le col est recourbé et tourné en un cylindre creux. On distingue trois parties dans une cornue : la partie inférieure, appelée *panse*; la partie supérieure, appelée *voûte*, et la partie recourbée, qui prend le nom de *col*. Il y a des cornues dont la voûte est percée et bouchée hermétiquement avec un bouchon. Ces dernières sont dites *cornues à tubulures*. Les cornues se font en verre blanc, en terre cuite, en grès, en porcelaine, en platine, en fonte, en tôle de fer et en cuivre. Elles servent à obtenir à la fois des produits liquides ou gazeux de certaines matières que l'on décompose ou que l'on distille, et les résidus fixes de ces décompositions. Les cornues fragiles résistent davantage au feu lorsqu'elles sont *lutées*, c'est-à-dire, enduites d'une couche plus ou moins épaisse d'argile. Les cornues en fonte portent les noms de *retortes*, *cylindres*, *canules*, etc.

CORNUTUS, philosophe stoïcien, natif de Leptis en Afrique, fut exilé vers l'an 54 de J.-C., par Néron, à cause de la liberté avec laquelle il avait jugé ses vers. Cornutus eut pour disciple Perse, et composa plusieurs traités de grammaire et de philosophie cités par Aulu-Gelle, Eusèbe et Suidas.

CORNWALLIS, famille noble et ancienne d'Angleterre. — CHARLES, marquis de CORNWALLIS, naquit en 1738. Il entra très-jeune au service. Il était en 1761 aide de camp du marquis de Granby, qu'il accompagna en Allemagne jusqu'à la fin de la guerre de sept ans, pendant laquelle il se fit connaître par sa bravoure sous le nom de lord Broome. Promu en 1761 au grade de lieutenant-colonel, en 1765 il fut nommé gentilhomme de la chambre du roi et son aide de camp. Il fut envoyé en Amérique lorsque la guerre y éclata. Cornwallis déploya de grands talents militaires dans la suite de cette guerre. Mais, bloqué par terre et par mer dans York-Town, il fut forcé de se rendre prisonnier de guerre, et revint en Angleterre. En 1786, le comte de Cornwallis fut nommé gouverneur général du Bengale. En 1790, il s'empara de Bangalore sur Tippoo-Saëb, auquel il enleva une partie de ses Etats. A son retour en Angleterre, il fut créé marquis et grand maître de l'artillerie. Envoyé en Irlande en qualité de vice-roi, en 1798, il réussit à effectuer l'importante union des deux royaumes. En 1801, envoyé en France comme ministre plénipotentiaire, il signa le traité d'Amiens. En 1804, il fut nommé une seconde fois gouverneur général des Indes. Mais peu de temps après son arrivée il mourut (1805).

COROGNE (LA), en espagnol *Coruna*, province d'Espagne formée de la partie N.-O. de la Galice, et bornée au N. et à l'O. par l'Océan, au S. par la province de Vigo, et à l'E. par celle de Lugo. Sa superficie est de 520 lieues carrées, et sa population de 453,800 habitants. — La configuration du territoire l'a fait surnommer *la Suisse de l'Espagne*. On y élève des porcs, qui donnent les meilleurs jambons de l'Espagne. — Le chef-lieu est LA COROGNE, ville maritime à 15 lieues de Santiago de Compostelle et 130 de Madrid. Sa population est de 25,600 habitants. Elle possède un port vaste et sûr, défendu par quatre châteaux, a des écoles de marine et d'artillerie, un arsenal, une fabrique de toiles à voiles, de toile et linge de table renommés, de rubans, de chapeaux, de cordages. — Elle fait un grand commerce d'exportation pour l'Amérique, consistant en gros bétail et en sardines. Elle a un consul français.

COROLLE (bot.), enveloppe qui entoure immédiatement les organes sexuels des plantes. La corolle est *régulière* quand toutes ses divisions, égales pour la forme et la proportion, forment un tout symétrique. Elle est *irrégulière* quand cette harmonie n'existe pas. La corolle est composée d'un à plusieurs segments ou *pétales* distincts et isolés. De là les dénominations différentes de *monopétale*, *dipétale*, *tripétale*, *tétrapétale*, *pentapétale*, *hexapétale*, *heptapétale*, *octopétale*. Après le nombre (d'un à huit pétales) comme il n'est plus possible d'en déterminer la quantité, elle prend le nom de corolle *polypétale*. La corolle est destinée à garantir les parties de la fructification des affections auxquelles elles peuvent être sujettes dans leur première période, et elle tombe dès que la fécondation est commencée. La corolle est la partie de la plante qui brille le plus par l'odeur et les couleurs.

COROLLAIRE, conséquence tirée d'une proposition établie et démontrée. Ainsi, en géométrie par exemple, après avoir établi que les trois angles d'un triangle sont égaux à deux angles droits, on en déduit comme corollaire que deux triangles dans lesquels deux angles de l'un sont égaux à deux angles de l'autre, ont leurs trois angles égaux chacun à chacun.

COROMANDEL (CÔTE DE), nom donné à la côte orientale de la presqu'île de l'Inde en deçà du Gange ou de l'Indoustan. Elle est comprise entre l'embouchure de l'une des branches du Caveri, au S., et le Godavéry au N. Sa longueur est de 125 lieues. Elle est séparée de la côte du Malabar par la haute chaîne des monts Gates. Aucun vaisseau ne peut aborder cette côte depuis le milieu d'octobre jusqu'au milieu de janvier. La côte de Coromandel comprend les provinces des Cirkars et de Carnate. Les villes principales sont *Negapatnam*, *Divicotta*, *Porto-Novo*, *Pondichéry*, *Madras*, *Karikal*, *Tranquebar* et *Masulipatnam*. Toute la côte, sauf Pondichéry, Karikal, Yanaon, etc., qui appartiennent aux Français, et Tranquebar, avec Pullicate, Paliacate ou Valiacata, qui appartiennent aux Danois, est au pouvoir des Anglais, et forme en partie la présidence de Madras.

CORONAL, nom donné à l'os du front, parce que c'est sur lui que repose en partie la couronne des rois. Il est impair, symétrique, situé à la partie antérieure du crâne et supérieure de la face, et de forme un peu plus que demi-circulaire. Sa face frontale est convexe. Sa face cérébrale est concave et tapissée par la dure-mère. Dans les premiers temps de la vie, l'os coronal se compose de deux pièces réunies plus tard par une suture connue sous le nom de *suture coronale*.

CORONÉE, ville de la Béotie, située sur une hauteur près du lac Copaïs, où Agésilas, roi de Sparte, défit, l'an 594 avant J.-C., l'armée combinée d'Athènes, de Corinthe, de Thèbes et d'Argos. — Il y avait encore plusieurs villes de ce nom dans le Péloponèse et la Grèce septentrionale.

CORONER. On appelle ainsi, en Angleterre, un magistrat choisi par les francs tenanciers d'un comté, pour veiller au maintien des droits de la couronne, rechercher les causes des morts subites, et, en cas de meurtre avec préméditation, diriger la procédure, après avoir consulté les juges. Si une commune, par la négligence de sa police, est cause de la mort d'un homme, le coroner lui impose une amende, et il confisque au profit de la couronne les objets qui ont occasionné les accidents comme des malheurs, comme chevaux, voitures, etc.

CORONILLÉES, groupe de la famille des légumineuses, dont le principal caractère réside dans les gousses, qui, au lieu de ne former intérieurement qu'une seule cavité, sont divisées en plusieurs loges monospermes au moyen de cloisons transversales. Les coronillées sont des herbes, rarement des arbrisseaux. Parmi les genres que renferme ce groupe, on remarque le *caroubier*, le *févier*, la *poincillade*, etc., et le genre type qui est la CORONILLE, composé de plantes herbacées, la plupart à fleurs jaunes, d'autres roses, blanches, pourpres ou violacées, toutes disposées en ombelles plus ou moins lâches. Une des espèces, la *coronille bigarrée*, doit être mise au nombre des végétaux vénéneux.

CORONIS (myth.), fille de Phlégyas, roi des Lapithes. Apollon en fut aimé; mais elle l'abandonna pour un jeune homme appelé Ischys. Le dieu, irrité de l'infidélité de Coronis, la tua avec son amant. Cependant il sauva l'enfant qu'elle portait dans son sein, et qui fut nommé ESCULAPE. Apollon se repentit bientôt de sa vengeance, et, pour punir le corbeau qui avait été le délateur de Coronis, il le changea de blanc qu'il était en noir. — On connaît une autre CORONIS, fille de Coronée, roi de la Phocide, qui, pour fuir les importunités de Neptune, invoqua Minerve, qui la changea en corneille.

CORONOPE, genre de la famille des crucifères, renfermant la *corne-de-cerf*, plante annuelle et indigène, qui se sème dans tout le cours du printemps, en pleine ou en bordure, et s'emploie à la confection des salades, avec la roquette, la chicorée amère, l'estragon, la laitue et la romaine. Sa saveur est un peu prononcée et légèrement astringente. La corne-de-cerf croît naturellement en France, et passe pour diurétique et surtout pour antiscorbutique.

COROSSOLIER, nom donné aux Antilles à une espèce du genre *anone*, appelée aussi *assimicer* et mieux *assiminier*.

CORPORAL, linge sacré qu'on étend sur l'autel en disant la messe, pour mettre immédiatement dessus le calice et le corps de Notre-Seigneur, d'où lui vient le nom qu'il porte. Les corporaux doivent être de toile de lin très-blanche, point trop claire, sans aucun ornement, si ce n'est au bord. Le corporal représente le linceul dans lequel le corps de Jésus-Christ fut enveloppé après sa mort. Il est aussi, par sa blancheur, le symbole de la pureté nécessaire au célébrant et à ceux qui communient. Un prêtre ne peut jamais célébrer la messe sans un corporal de lin, consacré par l'évêque.

CORPORATION, association dont les membres sont unis entre eux par les mêmes droits, les mêmes devoirs. Chaque corporation honorifique, religieuse ou industrielle avait ses statuts, ses administrateurs spéciaux, ses privilèges et ses immunités. Les confréries étaient des *corporations*. Avant 1789, il y avait à Paris six corporations de marchands qui étaient en possession du commerce et de l'industrie de cette grande ville, et chacune de ces corporations était organisée en corps qui avaient leurs officiers, leurs assemblées, leurs statuts. Ces six corporations étaient *la draperie, l'épicerie, la mercerie, la pelleterie, la bonneterie* et *l'orfévrerie*.

CORPS, nom donné à tout ce qui a une étendue limitée, impénétrable, et qui frappe nos sens par des qualités qui lui sont propres. On distingue trois sortes de corps : les corps *solides*, dont les molécules intégrantes sont plus ou moins adhérentes et ne peuvent être séparés que par un effort plus ou moins grand ; les corps *liquides*, formés de parties qui, tout en conservant une certaine adhérence, glissent facilement les unes sur les autres et se moulent dans les vases qui les renferment ; les corps *gazeux* ou *gaz*, qui ont leurs parties douées d'une mobilité extrême et dans un état continuel de répulsion. — Les corps sont *simples* ou *composés* : les premiers, connus encore sous le nom d'*éléments*, ne renferment qu'une sorte de matière ; tels sont l'oxygène, le carbone, l'or, l'argent, etc. Les seconds sont formés de deux ou d'un plus grand nombre d'éléments ; tels sont l'eau, le cinabre, la chaux, etc. — Par rapport au mode d'organisation qu'ils présentent, les corps sont *minéraux, végétaux* et *animaux*. Aujourd'hui on donne aux premiers le nom de corps *inorganiques*, et les autres sont compris sous la dénomination de *corps organiques*.

CORPS (pathol.), nom donné à certaines tumeurs que l'on ne peut rapporter à aucune des excroissances qui ont reçu des dénominations particulières. — En anatomie on appelle *corps muqueux* ou *réticulaire* la seconde couche de la peau, placée entre le derme et l'épiderme, et se composant de quatre couches secondaires, qui sont de dedans en dehors. La première couche, appelée *bourgeons sanguins*, est essentiellement formée par les vaisseaux de la peau disposés en bourgeons, qui surmontent les aspérités du derme auquel ils sont peu adhérents. La deuxième couche, ou *couche albide profonde*, repose sur les bourgeons sanguins, et dans les intervalles du derme qui les sépare. La troisième couche, appelée *gemmules*, est chargée d'une matière colorante, brune chez le nègre, blanche chez l'Européen. Elle semble composée d'une suite de petits corps convexes en dehors, et contigus entre eux. La quatrième couche, appelée *albide superficielle*, est blanche et d'une extrême ténuité. — On nomme encore *corps* une infinité de substances de diverse nature, telles que le *corps vitré*, etc.

CORPS (art milit.). On appelle *corps d'armée* une des grandes fractions dans lesquelles une armée est divisée. Une division est un *corps d'armée* commandé par un général de division ou le lieutenant général. Une armée est ordinairement divisée en quatre *corps*, relativement à la différence des armes : les *corps d'infanterie*, les *corps de cavalerie*, le *corps d'artillerie* et le *corps du génie*.

CORPS ROYAUX, nom donné à des corps militaires qui ont des avantages particuliers. Ainsi, ils ne roulent pour l'avancement que sur eux-mêmes, ils les obtiennent, après dix ans d'exercice d'un grade, le brevet et la pension du grade supérieur, si on vient à prendre sa retraite. Les corps royaux sont, dans l'armée de terre, l'artillerie, le génie, la gendarmerie, le corps d'état-major et les pompiers ; dans la marine, le corps de la marine, l'artillerie de marine, le génie maritime et le corps des ingénieurs hydrographes.

CORPS ROYAL D'ÉTAT-MAJOR, corps composé de tous les officiers qui sont destinés à servir près de la personne des généraux de tout grade. Il ne faut pas confondre ce corps avec l'état-major général de l'armée, qui ne comprend que les généraux. Distingué par une broderie et l'aiguillette, le corps royal d'état-major est composé de huit lieutenants généraux, seize maréchaux de camp, trente colonels, trente lieutenants-colonels, cent dix-neuf chefs d'escadron, deux cent quatre-vingt-dix-huit capitaines et soixante-six lieutenants. Ses élèves forment la classe des sous-lieutenants du corps : ils en ont le traitement pendant qu'ils font leurs études à l'école spéciale d'application du corps d'état-major, ouverte à Paris. Dans cette école, gouvernée par un officier général, il y a des professeurs pour toutes les parties de l'instruction militaire. Le corps royal d'état-major a été créé en 1818, et fournit, outre les officiers employés au service des états-majors, un grand nombre d'officiers pour les travaux de la carte de France.

CORPS FRANCS. On appelait autrefois ainsi de petits corps de troupes légères, levés pour la guerre seulement, et dont l'entretien n'était pas à la charge du gouvernement.

CORPS DE JÉSUS-CHRIST ou DU SAINT-SACREMENT (RELIGIEUX DU), ordre fondé vers le commencement du XIVe siècle. On rapporte son institution à une société de personnes pieuses qui, après que le pape Urbain IV eut institué la fête du Saint-Sacrement, s'engagèrent à une adoration particulière du saint sacrement et à en réciter le nouvel office, composé par saint Thomas d'Aquin. Cette société fut depuis érigée en congrégation, sous le nom de *religieux blancs du Saint-Sacrement*, ou *frères de l'Office du Saint-Sacrement*, auxquels on donna la règle de Saint-Benoît. Boniface IX les unit en 1393 à l'ordre de Cîteaux, et Grégoire XIII à la congrégation du Mont-Olivet en 1582.

CORPS LÉGISLATIF. *Voy.* LÉGISLATIF et CONSTITUTION.

CORPUS JURIS, recueil des lois qui forment le droit civil d'un pays. On donne ce nom particulièrement au recueil des lois qui composent le droit romain.

CORPUSCULE, nom sous lequel on désigne les parties de la matière qui se dérobent à la vue simple. On s'en sert pour indiquer 1° les parties les plus petites de l'éther, 2° les molécules les plus ténues de toutes les substances qui entrent dans la composition des corps bruts et organisés. Ces corpuscules moléculaires se distinguent en simples et indécomposables, appelés *molécules chimiques* ou *constituantes*, et en composés et décomposables, appelés *molécules physiques* ou *intégrantes*. — On appelait autrefois *philosophie corpusculaire* celle qui prétendait rendre raison de tout par le mouvement des corpuscules. On la désigne encore sous le nom de *théorie atomistique*.

CORRECTEURS, officiers du Bas-Empire, sous les consulaires, veillaient au bon ordre, et avaient soin des bâtiments publics. — En 1527, on créa à Venise un corps de magistrats nommés *correcteurs du conseil des dix*, et chargés d'examiner tout ce qui était fait par ce conseil.

CORRECTION, acte par lequel on cherche à faire disparaître les fautes qui déparent un objet. — En termes de rhétorique, la *correction* est une figure qui consiste à revenir sur une pensée pour la rétracter, la corriger, quelquefois même pour la confirmer. — Le *droit de correction* s'entend généralement, en termes de législation, du droit d'infliger des peines corporelles. Considéré dans la famille, ce droit constitue une des branches du pouvoir paternel; considéré comme l'une des branches de la puissance publique, il constitue l'une des parties les plus importantes du pouvoir judiciaire, et s'applique uniquement à la répression des simples délits. — Il y a en France quatre *maisons de correction*, destinées à l'exécution des châtiments publics infligés par les dispositions de la loi, savoir à Bellevaux (dans la ville de Besançon), Soissons, Bicêtre et Saint-Lazare (à Paris).

CORRÉGE (Antonio ALLEGRI, dit LE), peintre lombard, né en 1494 ou en 1475 à Correggio, petite ville du duché de Modène. Il ne vit jamais ni Rome ni Venise, et peignit presque toujours à Parme et dans la Lombardie. Il est le fondateur de cette dernière école. Il est le premier qui ait su peindre des figures dans les airs, et qui ait le mieux entendu l'art des raccourcis. Le dôme de la cathédrale offre l'une des fresques les plus remarquables qui soient sorties de la main de ce peintre. Il mourut à Correggio en 1534. Les tableaux de *la Nativité*, de *Jupiter et Io*, de *Léda*, d'*Antiope endormie*, du *Mariage de sainte Catherine*, de la *Sainte Famille* sont ce que nous avons de plus beau du Corrége.

CORRÉGIDOR, mot espagnol qui signifie *correcteur*, et qui est devenu le titre d'un fonctionnaire public très-puissant en Espagne. Le corrégidor est plus puissant que l'alcade. Il est le juge unique, tant au civil qu'au criminel, et a sous lui un ou plusieurs alcades qui sont ses principaux officiers et de simples commissaires de police. Le corrégidor visite au moins une fois par an, à ses frais, les villes et villages de son district, rend la justice, préside à la conservation des droits de la couronne, rend ses comptes tous les ans, veille à la sûreté des routes, empêche les prélats d'empiéter sur l'autorité royale, a la surveillance des écoles publiques, prohibe les jeux de hasard, le vagabondage, modère le luxe, etc. Il est tenu de résider dans le chef-lieu de son arrondissement, sous peine de destitution.

CORRESPONDANCE, relation, commerce réciproque qui ont ensemble deux personnes. — En termes de commerce, il se dit de la relation qu'un marchand entretient avec un autre, ou un banquier avec un banquier, pour le fait de leur négoce. — Le *télégraphe*, les *sémaphores*, les *signaux* sont les moyens les plus ingénieux et les plus favorables à une correspondance très-active et très-rapide. Les voitures, les paquebots, les bateaux à vapeur ou *steamboats*, établissent des lignes de correspondance entre les divers points du globe.

CORRÈZE, rivière de France qui prend sa source dans le département auquel elle donne son nom, au plateau de Mille-Vaches, passe à Tulle et à Brives, et se jette dans la Vézère, au-dessous de cette ville. Elle sépare le département en deux portions à peu près égales, et n'est flottable que dans quelques parties seulement. Plusieurs plans ont été conçus pour sa canalisation; une loi a été rendue; mais les capitaux ont manqué, et l'entreprise est aujourd'hui abandonnée.

CORRÈZE, département occidento-central de France, formé par une partie de l'ancien Limousin, et borné au N. par les départements de la Haute-Vienne et de la Creuse, au S. par celui du Lot, à l'O. par celui de la Dordogne, à l'E. par ceux du Puy-de-Dôme et du Cantal. Sa superficie est de 595,000 hectares, et sa population de 320,000 habitants. Le département a pour chef-lieu *Tulle*, et se divise en trois arrondissements : *Tulle*, *Ussel*, *Brives-la-Gaillarde*. On y remarque plusieurs cascades, d'immenses bruyères, les bords pittoresques de la Dordogne et de la Vézère, les haras de Pompadour, les châteaux de Noailles et de Turenne, etc. La *Corrèze* est comprise dans le ressort de la cour d'appel et de l'académie de Limoges, du diocèse de Tulle, et dans la dix-neuvième division militaire. L'agriculture y est fort arriérée, et l'industrie encore plus que l'agriculture. Les forges et la belle manufacture d'armes de Tulle sont de tous les établissements ceux qui ont le plus d'importance. Argentac est le centre du commerce du merrain, et Brives de celui des truffes et des volailles truffées.

CORRIENTES, province de la confédération buenos-ayrienne, bornée au N. par le Paraguay, au S. par l'Uruguay et la province d'Entre-Rios, à l'E. par le Brésil, à l'O. par la province de Santa-Fé. Sa superficie est de 1,848 lieues carrées, et sa population de 50,000 habitants. Les naturels cultivent le tabac, le coton, la cochenille, le café et la canne à sucre. Ils fournissent encore au commerce de Buenos-Ayres, du miel, des cuirs, des pelleteries et des bois de construction. Les tanneries du Corrientes jouissent de quelque réputation. — Le chef-lieu est *Corrientes*, placée à peu de distance du confluent du Parana avec le Paraguay, avec une population de 3,000 habitants.

CORROSIFS ou CORRODANTS, nom donné aux médicaments qui, mis en contact avec les parties vivantes, les altèrent et les désorganisent peu à peu. Les alcalis caustiques, les acides minéraux, le deuto-chlorure de mercure sont des *corrosifs*. Ces médicaments sont moins énergiques que les caustiques proprement dits.

CORROYEUR, ouvrier qui rend le cuir propre à tous les usages, en lui donnant le brillant, le lustre et la souplesse nécessaires. On obtient cet état du cuir en le détrempant, le refoulant, le passant à l'huile, le mettant au suif, le teignant, etc. Tout cuir tanné qui n'est pas cuir fort, ni destiné à être employé comme cuir dur pour semelles, doit être corroyé. Les principales opérations du corroyeur sont : 1º *défoncer les cuirs*, c'est-à-dire, les ramollir avec de l'eau et les frapper fortement avec une espèce de masse en bois appelée *bigorne* ; 2º *tirer à la pommelle*, c'est-à-dire, passer avec force cet instrument sur la peau pour y former le grain ; 3º *étirer les cuirs*, c'est-à-dire, rendre au moyen de l'étire la peau d'une épaisseur plus uniforme ; 4º *parer à la lunette*, c'est-à-dire, étendre la peau sur le paroir et en enlever la partie charnue et grossière.

CORRUPTICOLES, hérétiques eutychiens qui parurent en Égypte vers l'an 531 de J.-C., et qui eurent pour chef Sévère, faux patriarche d'Antioche, qui s'était retiré à Alexandrie. Leur erreur consistait à dire que le corps de Jésus-Christ était corruptible.

CORS, branches fourchues qui naissent du bois des cerfs. Voy. ce mot.

CORSAC, espèce du genre *chien*, renfermant un animal de la taille de la fouine. Sa queue est très-longue et pendante. Les parties supérieures de son corps sont d'un gris fauve uniforme, annelées de blanc et de noir. Le dessous du corps est d'un blanc jaunâtre ; le bout de la queue est noir. Le corsac est la même chose que l'*adire* ou *adive*, tant à la mode auprès des dames du XVIIe siècle.

CORSAIRE, nom donné aux bâtiments armés en course et aux capitaines de ces bâtiments. — Chez toutes les nations, l'existence des corsaires a été reconnue comme légitime. Aujourd'hui la loi autorise les corsaires, et, quand une guerre maritime se déclare, le gouvernement donne des permissions de faire main basse sur les navires de la nation avec laquelle il est en guerre. Le corsaire Surcouf, de Saint-Malo, s'est fait sous l'empire une grande réputation.

CORSE, île de la Méditerranée, située au N. de la Sardaigne, dont elle est séparée par le détroit de Bonifacio, et à 263 lieues de Paris. Sa superficie est de 980,810 hectares ou 496 lieues carrées, et sa population de 256,200 habitants. Elle forme un département français qui nomme deux députés, et se divise en cinq arrondissements : *Ajaccio*, *Bastia*, *Calvi*, *Corte*, *Sartène*. Le chef-lieu est *Ajaccio*. On y remarque d'immenses étendues de broussailles appelées *maquis* où se réfugient les bandits, de belles forêts vierges, la maison où est né Napoléon à Ajaccio, etc. Elle est comprise dans la 17e division militaire, du diocèse d'Ajaccio, de la cour d'appel de Bastia et de l'académie d'Ajaccio. L'industrie commerciale est presque nulle. La Corse compte sur sa superficie 33,930 hectares de forêts et 11,098 en vignes. L'île est sillonnée du N. au S. par une chaîne de montagnes qui étend ses branches sur toute l'île. Le sol est fertile en blé, vins, oliviers, etc. Le climat est très-salubre dans l'intérieur, mais malsain sur les côtes de l'E. — Les Corses sont généralement fiers, spirituels et braves. Ils dédaignent presque tous les travaux pénibles. Ils marchent toujours armés. Chez eux les haines sont héréditaires et la *vendetta* (vengeance) poursuivie jusqu'à la mort de l'ennemi. Leur dialecte est un italien où se trouvent mêlés un assez grand nombre de mots arabes et d'expressions espagnoles. — Les anciens connaissaient la Corse sous le nom de *Corsica*. Les premiers habitants furent, à ce que l'on croit, des Phocéens. Les Romains la conquirent sur Carthage (323 avant J.-C.). Sous les empereurs, la Corse fut un lieu d'exil. Au VIe siècle, les Goths s'en emparèrent et la possédèrent jusqu'à ce que Narsès la reconquit dans le siècle suivant. De la domination des empereurs grecs, elle passa sous celle des Lombards. Les Sarrasins envahirent le pays dans le VIIIe siècle, et en furent chassés par Charles Martel. Des barons romains de la maison Colonna en furent souverains depuis Hugues Colonna (vers 820) jusqu'à Henri Colonna, assassiné en 1000. Après une longue anarchie, elle tomba au pouvoir de Gênes. Après plusieurs tentatives de révolte, tentatives inutiles (1430 à 1729), la Corse se souleva contre les Génois en 1729. Un traité mit fin à la guerre en 1733, et fut bientôt rompu. Le baron *Théodore de Neuhoff* fut proclamé roi en 1736, et mourut à Londres en 1746. La guerre continua sous différents chefs depuis 1748 jusqu'en 1768, époque où Pascal Paoli fut élu général. Enfin Gênes céda la Corse à la France, et elle devint province française en 1769. En 1790, elle forma les deux départements du Golo, chef-lieu Bastia, et du Liamone, chef-lieu Ajaccio. En 1811, ces deux départements furent réunis en un seul.

CORSELET. C'était autrefois le nom de la principale partie de la cuirasse, celle qui couvrait la poitrine, l'estomac, le ventre.

CORSELET. On appelle ainsi, en entomologie, la portion du thorax visible entre la tête et les élytres, c'est-à-dire le segment antérieur. Il a pour caractère de ne jamais supporter d'ailes et de donner insertion à la première partie des pattes.

CORSET, espèce de petit vêtement que les femmes portent sur la chemise, et qui descend sur les hanches. Il est fait de coutil fort, garni d'espace en espace de baleines, et muni dans sa partie antérieure d'une lame de baleine ou d'acier, large de deux à trois doigts, et qu'on nomme *busc*. — Avant la révolution, on portait un corset sans baleines, serrant modérément, s'attachant par quelques lacets placés de distance en distance vers le dos. Cette sorte de corset portait le nom de corset *à la paresseuse*. — L'action des corsets à busc, quand on les porte serrés, est très-préjudiciable à la santé. Ils rétrécissent la base de la poitrine, et occasionnent par conséquent une perturbation générale dans la disposition des organes intérieurs.

CORSINI, nom de famille du pape Clément XII. — ÉDOUARD CORSINI, né à Fanano en 1702, mort en 1765 à Pise, où le grand-duc de Toscane lui avait donné une chaire de philosophie, était religieux des écoles pies. La philosophie remplit ses premières études. Il substitua aux rêves d'Aristote un genre de philosophie plus vraie et plus utile. Il fut nommé en 1746 à la chaire de morale et de métaphysique, et général de son ordre en 1754. Corsini a fait une foule d'ouvrages philosophiques. Mais ce qui lui a fait la réputation d'homme érudit et de savant antiquaire, ce sont quatre *Dissertations sur les jeux sacrés de la Grèce*; un excellent ouvrage sur les abréviations des inscriptions grecques, sous le titre *De notis Græcorum*.

CORTE, ville de Corse, chef-lieu de sous-préfecture, à 15 lieues d'Ajaccio, située au centre de l'île, à un confluent du Tavignano et de la Restigona. Sa population est de 3,282 habitants. — Corte a un tribunal de première instance, une école modèle d'instruction primaire, et une école chrétienne. Elle est au nombre des dix places de guerre du département. — Le château de Corte est situé sur un roc hérissé de pointes et entouré de précipices. Les Corses attachent beaucoup d'importance à Corte, qui fut sous Paoli le siège du gouvernement.

CORTÈS (corps), nom que portent les assemblées nationales de l'Espagne et du Portugal. Les Goths apportèrent dans la Péninsule les *conciles*, assemblées composées des prêtres, des prélats et des *hidalgos* (hommes de condition), qui se trouvaient être à la fois des synodes religieux et une réunion politique. Plus tard, sentant le vice de cette confusion, le clergé eut ses conciles à part (xi° siècle). Les assemblées politiques, qui se composèrent alors de noblesse et de cléricature, furent nommées d'abord *curies* ou *juntes mixtes*. On ne les appela cortès que lorsque le tiers état y eut sa représentation. Les premières cortès sont celles de Léon en 1188 Dans la suite, chaque province eut ses cortès. La représentation nationale subsista toujours jusqu'en 1789. Les idées nouvelles propagées par la révolution française eurent en Espagne un retentissement favorable aux principes de la liberté civile. Le 24 septembre 1810, la junte centrale, qui avait rendu au pays l'indépendance nationale, se constitua sous le nom de cortès générales extraordinaires, et déclara qu'en elle résidait la souveraineté. Ces cortès constituantes, après avoir proclamé la liberté de la presse, l'abolition des privilèges, et promulgué la constitution dite de 1812, appelèrent à leur succéder des cortès législatives. L'annulation des travaux des cortès de 1812 par Ferdinand VII fut la cause du soulèvement de 1820, qui força le roi de prêter serment à la constitution. Plus tard la représentation nationale a été divisée en deux chambres, l'une dite de *los proceres del reino* (grands du royaume), composée de prélats, de grands d'Espagne, de généraux, de magistrats, de grands propriétaires, de professeurs, de notables, etc., nommés à vie par le roi; l'autre, de *los procuradores del reino* (procurateurs du royaume), composée des députés élus, au prorata de la population, pour trois ans, moyennant trente ans d'âge et un revenu de 3,000 francs, réduit à moitié pour les citoyens exerçant des professions libérales. L'Espagne a été depuis quelque temps le théâtre de plusieurs révolutions qui ont modifié la constitution des cortès nationales.

CORTEZ (Fernand), aventurier espagnol, né à Medellin (Estramadure) en 1483. Se sentant un violent penchant pour les armes, il passa en Amérique en 1504, et suivit Velasquez à la conquête de Cuba. Ce dernier le choisit pour envahir le Mexique. Cortez partit de San-Jago le 18 novembre 1518 avec 10 vaisseaux. Il s'avança le long du golfe du Mexique, et entra dans la ville de Mexico le 8 novembre 1519, sans éprouver aucune résistance. L'empereur Montezuma le reçut comme un maître, et lui obéit en esclave. Vainqueur des soldats envoyés contre lui par Velasquez, jaloux de ses succès, et commandés par Pamphile de Narvaez, Cortez, attaqué par les Mexicains, fut forcé de quitter la ville, qu'il revint assiéger avec 9 brigantins et environ 300 hommes. Enfin il fut maître absolu de la ville de Mexico (1521) et de tout l'empire. Il mourut en 1554.

CORTICAL, adjectif qui désigne ce qui appartient à l'écorce. — On appelle, en anatomie, *corticale* la substance grise qu'on observe à l'extérieur du cerveau et du cervelet, parce qu'elle forme une sorte d'écorce à la substance médullaire qu'elle entoure de toute part. — On donne encore ce nom à la substance extérieure des reins, parce qu'elle est plus foncée en couleur que la substance intérieure de ces organes, et qu'elle lui forme une espèce d'enveloppe.

CORTICIFÈRES, qui porte une écorce. Cette dénomination a été donnée à une section de polypiers rangés dans la troisième classe de la division des flexibles ou non entièrement pierreux. Ils sont composés de deux substances: une extérieure ou écorce; l'autre centrale, nommée axe, et qui supporte la première. Cette section se divise en trois ordres: les SPONGIÉES, les GORGONIÉES et les ISIDÉES. — C'est aussi le nom donné aux acalèphes fixes dont les parois, encroûtées de matière sablonneuse, se collent les unes aux autres, et s'étendent en larges expansions à la surface des corps sous-marins.

CORTINAIRE, officier des empereurs d'Orient, qui se tenait près de la courtine ou portière de la chambre du souverain, prêt à recevoir ses ordres.

CORTINE, nom donné par les anciens: 1° à une peau de serpent dont était couvert le trépied sur lequel la pythonisse rendait ses oracles; 2° au trépied lui-même. On a étendu le sens de ce mot jusqu'à désigner, en botanique, les débris du volva dans les champignons, lorsque après la rupture de cette membrane ils restent attachés au bord du chapeau.

CORTIQUEUX, épithète des fruits durs et coriaces extérieurement et charnus ou pulpeux intérieurement.

CORTONE, ville forte de Toscane, sur les ruines de Corytum, à 20 lieues S.-E. de Florence. Sa population est de 4,000 habitants. Elle a un évêché et une académie d'antiquités étrusques. Elle a donné le jour au peintre de l'école florentine, PIETRO BERETTINI, dit *Pietre de Cortone*, mort à Rome en 1669.

CORVÉE, travail gratuit que les vassaux d'une seigneurie devaient au seigneur, pour l'exploitation de ses propriétés rurales. On distinguait deux sortes de corvées : les *réelles*, qui étaient la condition de la cession d'un fonds, d'une chose, et les *personnelles*, qui étaient le prix prétendu d'un affranchissement. Les habitants d'un lieu étant corvéables à merci et à volonté, les corvées devaient être réduites à douze par an. Hors les pays de droit écrit et les coutumes de la Marche et d'Auvergne, les corvéables devaient se nourrir à leurs dépens. Les corvées furent abolies par la révolution de 1789.

CORVETTE, bâtiment de guerre à trois mâts, qui prend rang immédiatement après la frégate et avant le brick. Une corvette porte de vingt à vingt-six canons ou caronades. Il y a en France 17 corvettes de guerre. — Depuis six ans environ, on a introduit dans la marine française la dénomination de *corvette de charge*, que l'on donne à des bâtiments de transport plus fins que les flûtes et les gabares. Il y a en France 20 corvettes de charge. — CAPITAINE DE CORVETTE. Voy. CAPITAINE.

CORVETTO (Louis-Emmanuel, comte), né à Gênes en 1756. Il devint un des plus savants et des plus habiles jurisconsultes de cette république. Nommé d'abord membre du gouvernement provisoire de la nouvelle république ligurienne, il fut ensuite président du directoire exécutif. Napoléon nomma Corvetto conseiller d'État et officier de la Légion d'honneur. Louis XVIII lui conserva ces dignités et lui donna de grandes lettres de naturalisation. Au second retour du roi, Corvetto présida le comité des finances et la commission des réquisitions de guerre. Il fut appelé après le baron Louis, à la fin de septembre 1818, au ministère des finances, et obtint sa retraite en 1818 avec le titre de ministre d'État, de membre du conseil privé. Corvetto mourut à Gênes en 1821.

CORVIDÉS, famille d'oiseaux de l'ordre des passereaux conirostres, renfermant deux groupes, celui des *corbeaux vrais* et celui des *paradisiers*. Les oiseaux de cette famille sont remarquables par leur bec fort allongé et plus ou moins comprimé. Le groupe des vrais corbeaux renferme les genres *corbeau*, *pie*, *geai*, *casse-noix* et *choquard*.

CORVIN. Voy. HUNIADE et MATHIAS CORVIN.

CORVINUS, surnom donné à Marcus Valerius, à l'occasion d'un corbeau qui se percha sur son casque lorsqu'il était aux prises avec un Gaulois.

CORVISART (Jean-Nicolas, baron), célèbre médecin, né à Dricourt (Ardennes) en 1755. Il se fit remarquer par ses connaissances théoriques, son habileté dans la démonstration et sa supériorité dans la pratique. Il fut nommé médecin de l'hôpital de la Charité. En 1810, Corvisart institua un prix d'encouragement pour les membres de la société médicale qui ont fait un service actif à l'hôpital de clinique interne, et recueilli le plus grand nombre d'observations utiles. Nommé médecin du premier consul; il exerça toujours sur lui une grande influence. Professeur au collège de France depuis 1797, membre de l'Institut impérial, il venait d'être nommé par le roi membre de l'académie royale de médecine, quand il mourut en 1821. Corvisart a fait l'*Essai sur les maladies et les lésions organiques du cœur et des gros vaisseaux*.

CORYBANTES, prêtres de Cybèle, connus aussi sous le nom de *galles*, et Phrygiens d'origine. Ils s'agitaient comme des frénétiques dans la célébration de leurs mystères, se mutilaient en public en l'honneur de la grande déesse, et couraient sur les montagnes, se déchirant le corps avec de courtes épées et poussant des hurlements. Du mont Ida en Phrygie, où ils furent institués l'an 297 avant la prise de Troie par Corybas, fils de Cybèle et de Jasius, ils passèrent ensuite en Crète, où ils furent chargés, d'après la fable, d'élever secrètement Jupiter.

CORYCÉE, nom donné, chez les anciens, à une salle du gymnase dans laquelle ils s'exerçaient au jeu de la balle, à cause d'une espèce de balle, nommée *coryce*, dont ils se servaient.

CORYCOBOLIE ou CORYCOMACHIE, sorte de jeu des Grecs, qui consistait à suspendre au plancher d'une salle, par le moyen d'une corde, une espèce de sac que l'on remplissait de farine ou de graine de figuier pour les gens faibles, et de sable pour les gens forts, et qui descendait jusqu'à la hauteur de la ceinture. Ceux qui voulaient s'exercer lançaient ce sac en avant, et tâchaient ensuite, malgré l'impétuosité du choc, de l'arrêter, soit en opposant leurs mains, soit en présentant leur dos, leur poitrine, etc.

CORYMBE. On appelle ainsi, en botanique, un groupe de fleurs dont les pédoncules, partant de différents points de la tige, arrivent tous à une même hauteur. Les fleurs de la mille-feuille, du jacobée, de la plupart des composées et du sorbier, sont disposées en corymbes. Ce mode d'inflorescence a beaucoup de rapport avec l'*ombelle*.

CORYMBIFÈRES, l'une des trois grandes sections de la famille des composées ou synanthérées. Leur nom vient de la disposition des fleurs en corymbe, quoique tous les genres de cette famille n'aient pas leurs fleurs ainsi disposées. Le capitule est ordinairement radié, parfois entièrement flosculeux ; le fruit est tantôt nu, tantôt couronné d'une aigrette ou d'un simple rebord membraneux. Les corymbifères compren-

**CORYPHE**, genre de la famille des palmiers. Le type du genre est le *coryphe parasol* ou *talipot de Ceylan*, à tige parfaitement cylindrique, haute de vingt ou vingt-cinq mètres, et dont le chapiteau est un faisceau de feuilles s'étalant en vaste parasol. Les fleurs en panicules nombreuses forment des épis renversés. Les baies sont sphériques, grosses comme une pomme de reinette, lisses, vertes et succulentes ; elles renferment un noyau dont l'amande offre une chair ferme. On trouve ce végétal dans les Indes orientales. Les Indiens se servent de ses feuilles pour en faire des tentes, des parapluies et des couvertures de toits. Les Malais y gravent leurs lettres avec un stylet. Les noyaux des fruits, tournés, polis et peints en rouge, servent à faire des colliers ; des spathes suinte, quand on les coupe, un suc qui, desséché au soleil, devient un vomitif très-violent.

**CORYPHÉE**, nom donné autrefois au chef du chœur dans les tragédies antiques. Sur la scène d'Athènes et de Rome, le coryphée entonnait le chant d'une voix forte, qui devait dominer toutes les autres voix qui se succédaient en suivant sa mesure, sa prosodie et les mouvements de sa passion ; c'était avec le pied que le coryphée donnait le signal. — De nos jours, le *coryphée* est le chef du chœur dans les opéras.

**CORYPHÈNE**, genre de poissons de la famille des lophionotes, connus par la rapidité de leur natation et la guerre qu'ils font aux poissons volants. Ce sont des poissons d'une telle voracité qu'ils voguent autour des vaisseaux, les accompagnent avec constance, et saisissent avec une avidité extrême tout ce que les passagers jettent à la mer. On profite d'autant plus de leur gloutonnerie pour les prendre que leur chair est ferme et de bon goût. Le genre coryphène a été subdivisé en *coryphènes* proprement dites, qui ont la tête très-élevée, le profil courbé en arc, et tombant rapidement, les yeux fort abaissés, la bouche bien fendue et armée de dents en cardes ; en *lampuges*, qui ont la même dentition, mais dont la tête est oblongue, peu relevée, et les yeux placés à une hauteur moyenne ; et en *centrolophes*, qui, avec une forme un peu moins allongée, ont le palais dénué de dents.

**CORYZA**, inflammation de la membrane muqueuse des fosses nasales, appelée vulgairement *rhume de cerveau*. Le coryza n'est autre chose que le catarrhe nasal. Il est souvent épidémique, et a pour causes spéciales l'impression d'un air trop froid, du vent, de vapeurs ou de poudres irritantes, l'introduction d'un corps solide, etc. Il commence par un sentiment de gêne, de sécheresse, de plénitude, auquel se joint une douleur au front, symptôme connu sous le nom d'*enchifrènement*. La membrane muqueuse devient plus rouge ; elle se tuméfie, comme on peut en juger par l'altération de la voix, la difficulté avec laquelle l'air traverse les fosses nasales. Le traitement du coryza consiste à boire des boissons théiformes, à faire des fumigations chaudes et émollientes, etc.

**COS**, île de l'Archipel, l'une des Sporades, située à 4 lieues des côtes de l'Asie-Mineure, au N.-O. de Rhodes et au S. de Samos. Sa superficie est de 30 lieues carrées, et sa population de 6,000 habitants. Le sol est fertile en vins délicieux, en fruits, etc., et renferme d'excellents pâturages. Cos fabrique des étoffes de laine d'une belle teinture ; elle est fort recherchée. La capitale est *Cos* sur la côte N.-E. Elle s'appelait autrefois *Astipalœa*. Elle fut rebâtie l'an 366 avant J.-C. Monarchique d'abord, le gouvernement de l'île tomba ensuite aux mains du peuple. Elle finit par tomber au pouvoir de Rome sous Vespasien. Elle échut fort aux chevaliers de Malte, sur lesquels les Turks la prirent. Ils la conservent encore, et l'appellent *Stan-Chio* ou *Stan-Chou*. L'île de Cos est la patrie d'Hippocrate et d'Apelle.

**COS**, mesure itinéraire de l'Inde, d'environ 27 au degré. Elle vaut 3,003 mètres 409 millimètres.

**COSAQUES**. Voy. KOZAKS.

**COSCINOMANCIE**, divination par le moyen d'un crible. Elle était pratiquée chez les Grecs, et l'est encore parmi le peuple de quelques contrées, où la superstition n'est point éteinte, pour découvrir les auteurs d'un vol ou recouvrer les choses perdues. C'est ce qu'on appelle *tourner le sas*. On élève sur quelque chose ; puis, après avoir dit quelques paroles, on le prend de deux doigts seulement. Après cela, on prononce les noms de ceux qui sont suspects, et celui au nom duquel le crible tremble ou tourne est tenu coupable du mal dont on cherche l'auteur.

**COSÉCANTE**. On appelle ainsi, en géométrie, la sécante du complément d'un arc ou d'un angle. Ainsi la *cosécante* d'un angle de 30 degrés est la même chose que la sécante de l'angle de 60 degrés, complément du premier.

**COSEIGNEUR**. On appelait autrefois ainsi celui qui était seigneur avec un autre du fief dominant dont relevaient d'autres fiefs, ou qui avaient des rotures en leurs censives. Le coseigneur ne pouvait recevoir la foi et hommage, et tenir le fief couvert pour la plupart de ses coseigneurs sans leur consentement ; mais il pouvait saisir féodalement, faute de foi et hommage, le fief entier mouvant de ses coseigneurs et de lui.

**COSENZA**, ville du royaume de Naples, à 58 lieues de Naples, située à 10 ou 12 milles de la mer, entre sept petites collines, au confluent du Grati et du Busento. Cosenza est la capitale de la Calabre citérieure, et a une population de 8,250 habitants. Elle est le siège d'un archevêché et commerce en soie, vin, huile et miel. — Autrefois *Consentia*, elle fut la capitale des Brutiens.

**COSINUS**. En géométrie, on donne ce nom au sinus du complément d'un arc ou d'un angle.

**COSMAS INDICOPLEUSTES**, moine égyptien, né à Alexandrie vers la fin du VIe siècle. Il embrassa d'abord la profession de marchand, et parcourut en cette qualité l'Ethiopie, l'Orient et surtout l'Inde, ce qui lui fit donner le surnom d'*Indicopleustes*. Il quitta enfin le monde, et se consacra à la vie religieuse. Il composa dans sa retraite plusieurs ouvrages, et entre autres une *Cosmographie des parties australes de l'Afrique*, et la *Topographie chrétienne*.

**COSME et DAMIEN** (Saints), frères, médecins et martyrs, étaient Arabes de naissance. Ils exerçaient à Egée en Cilicie la médecine gratuitement, d'où leur vint le surnom d'*Anargyres* (sans argent) lorsque Lysias, gouverneur de Cilicie pour Dioclétien, les fit arrêter et mettre à mort comme chrétiens. Les Latins font leur fête le 17 de septembre, et les Grecs le 17 d'octobre. Saint Cosme et saint Damien sont les patrons des chirurgiens. — L'abbé Justiniani parle d'un ordre militaire de Saint-Cosme et Saint-Damien, institué en 1030 à Jérusalem et confirmé par le pape Jean XXII, qui donna aux chevaliers la règle de Saint-Basile.

**COSME**. Voy. MÉDICIS.

**COSMES** (du grec *cosmos*, ordre), magistrats de l'île de Crète, au nombre de dix, chargés de maintenir le bon ordre. Ils étaient nommés à vie, commandaient les armées en temps de guerre, et ne rendaient compte à personne de leur administration.

**COSMÈTE** (du grec *cosmos*, ornement), nom donné, chez les Romains, à l'esclave chargé d'habiller le maître.— C'était aussi (du grec *cosmos*, pris avec le sens d'*ordre*) un officier qui avait l'intendance de la police. Il avait sous lui des surveillants inférieurs nommés *sous-cosmètes* (*hypocosmétai*).

**COSMÉTIQUE**, nom donné à diverses préparations destinées à embellir la peau, dont les unes peuvent produire des effets funestes, et dont quelques autres sont sans danger. De ce nombre se trouvent les lotions émulsives, les eaux distillées de roses, de plantain, de frai de grenouilles, les pommades de concombre, de cacao, d'amandes douces, de baume de la Mecque, etc. On recommande ces préparations toutes les fois qu'il s'agit de rendre à la peau sa souplesse et son brillant naturel. Généralement, dans l'application des cosmétiques, il faut préalablement établir un fond blanc, sur lequel ressortiront avec avantage les couleurs diverses : c'est ce qu'on appelle *assiette*.

**COSMIQUE**. On appelle, en astronomie, *lever* et *coucher cosmique* d'une étoile ceux qui s'effectuent quand l'étoile se trouve à l'horizon en même temps que le soleil.

**COSMOGONIE**, nom donné au système par lequel chaque peuple, chaque philosophe explique l'origine du monde. C'est le même sujet qui est traité dans le livre de la Genèse. Les cosmogonies de l'Orient et de l'Inde, qui paraissent être les plus antiques de toutes, admettent un déluge à l'origine des choses. — Une des plus curieuses cosmogonies est la *cosmogonie scandinave*, développée dans les premiers livres de l'ancienne Edda. Suivant cet écrit, deux mondes existaient en même temps avant le monde d'aujourd'hui, au sud *Muspellzheimr* (pays du feu et de la lumière), au nord *Niflheimr* (pays du brouillard et du froid). Ces deux mondes étaient séparés par l'abîme *Ginunga-Gap*. De la glace formée par l'eau des fleuves qui sortaient du puits *Hvergelmir*, et congelée dans le Ginunga-Gap, naquit le géant *Ymir* ou *Himer*, qui tua par les trois dieux *Othin*, *Wili* et *Wé*, fils du géant *Borr*. Les trois frères traînèrent le corps d'Ymir dans l'abîme, et en formèrent le monde que nous habitons. Son sang devint la mer et les eaux ; sa chair, les continents ; sa chevelure, les arbres et les plantes ; ses os, les montagnes ; son crâne, le ciel. La terre est ronde comme un anneau, et la mer, l'entoure, et les géants habitent ses bords. L'univers et les dieux eux-mêmes doivent être détruits au dernier jour.

**COSMOGRAPHIE**, science qui s'occupe de la description de l'univers, et qui comprend la géographie ou description générale de la terre, et l'uranographie ou description des astres, l'une des divisions de l'astronomie.

**COSMOLABE**, instrument de mathématiques servant à prendre des hauteurs et à représenter les cercles de la sphère, et très-ressemblant à l'*astrolabe*.

**COSMORAMA** (de deux mots grecs, *cosmos*, monde, et *orama*, vue, c'est-à-dire représentation de l'univers), spectacle de curiosité établi à Paris le 1er janvier 1808 par l'abbé Gazzera, savant piémontais, dans le but de former une riche collection de tableaux représentant les sites et les monuments les plus remarquables de toutes les parties de l'univers. Le cosmorama était composé de 260 tableaux, et était ouvert tous les jours depuis midi jusqu'à dix heures du soir. Il fit sa trois cent huitième et dernière exposition en septembre 1832, après vingt-quatre ans d'existence.

**COSNE**, ville de France, sous-préfecture du département de la Nièvre, à 16 lieues de Nevers, sur la rive droite de la Loire, au confluent du Nohain. Sa population est de 5,967 habitants. — Cosne a un tribunal de première instance, une société d'agriculture, un collège, une fabrique d'ancres de marine. C'est aussi à Cosne que sont établis une partie des ateliers de l'établissement métallurgique de la Chaussade pour la marine. — Cosne portait sous les Romains le nom de *Condate*.

**COSSARTS-BRUNS**, toiles de coton qu'on

fabrique aux Indes orientales. Elles ont trois quarts de large, et sont en pièces de dix aunes. — Il ne faut pas les confondre avec les *cossas*, mousselines très-fines des Indes orientales, qui ont aussi trois quarts de large et sont en pièces de cinq aunes.

COSSE, nom vulgaire donné à l'enveloppe de certains fruits, comme les pois, les haricots, les fèves. — COSSE DE GENÊT est le nom d'un ancien ordre de chevalerie institué par Louis IX en 1234. Le collier de cet ordre était composé de cosses de genêts entrelacées de fleurs de lis d'or, avec une croix fleurdelisée au bout, et la devise *Exaltat humiles*. — En termes de marine, on appelle ainsi un cercle de fer cannelé et garni dans sa circonférence extérieure d'une boucle de corde.

COSSÉ, famille célèbre de France, originaire du royaume de Naples selon les uns, et de la province du Maine selon les autres, qui a donné à la France plusieurs hommes célèbres. — RENÉ DE COSSÉ, seigneur de BRISSAC en Anjou, grand fauconnier de France, épousa Charlotte de Gouffier, dont il eut CHARLES DE COSSÉ.

COSSÉ (Charles DE), maréchal de Brissac, servit d'abord dans les guerres de Naples et de Piémont. Devenu colonel général de la cavalerie légère, Henri II lui donna en 1547 la charge de grand maître de l'artillerie de France. Ses services lui valurent le gouvernement du Piémont et le bâton de maréchal de France en 1550. Arrivé à Turin, il rétablit la discipline militaire, réforma les abus, et apprit aux soldats à obéir. Il battit plusieurs fois les impériaux, et secourut ensuite les princes de Parme et de la Mirandole contre D. Fernand de Gonzague et le duc d'Albe. De retour en France, il fut fait gouverneur de Picardie, et mourut à Paris en 1563.

COSSÉ (Artus DE), frère du précédent, défendit contre l'empereur, en 1552, la ville de Metz, et fut ensuite élevé à la charge de grand panetier de France et de surintendant des finances. Il obtint le bâton de maréchal de France en 1567. Défait par les calvinistes en 1570 au combat d'Arnay-le-Duc, il vengea cet affront en empêchant un secours de pénétrer dans la Rochelle, assiégée en 1573. Henri III le nomma chevalier de ses ordres. Il mourut en 1582.

COSSÉ (Timoléon DE), comte de Brissac, fils aîné de Charles, maréchal de Brissac, grand fauconnier de France et colonel des bandes du Piémont, se montra digne de son père par sa valeur et son amour pour les lettres et les sciences; mais il fut tué d'un coup d'arquebuse au siége de Mucidan (Périgord), en 1569, à vingt-six ans.

COSSÉ (Charles DE), duc de Brissac, frère puîné du précédent, hérita du courage de son père, remit Paris, dont il était gouverneur, à Henri IV, le 22 mars 1594, et mourut en 1621. L'année précédente, Louis XIII avait érigé sa terre de Brissac en duché-pairie.

COSSIQUE (RÈGLE), nom sous lequel les premiers auteurs désignèrent l'algèbre lors de son introduction en Europe.

COSSUTIA, famille romaine dont descendait Cossutia, femme de César. — Cossutius, rejeton de cette maison, acquit de la célébrité 200 ans avant J.-C. par ses talents pour l'architecture. Il construisit le premier en Italie des édifices dans le goût des Grecs.

COSTARICA, un des cinq États qui composent la république de Guatimala, borné au N. par celui de Nicaragua, au S. par la Colombie, à l'E. par le golfe du Mexique, à l'O. par l'océan Pacifique. Sa superficie est de 3,398 lieues carrées, et sa population de 110,000 habitants. La capitale est CARTHAGO ou SAN-JOSÉ. Sa population est de 3,000 habitants. — L'État de Costarica est couvert de montagnes. On y trouve de belles forêts et des pâturages.

COSTER (Laurent-Jean), habitant de Harlem, mort vers 1440, descendait, selon quelques auteurs, des anciens comtes de Hollande. Son nom est célèbre dans les fastes de l'imprimerie, parce que les Hollandais le prétendent inventeur de cet art vers 1430. On a placé la statue de Coster à l'hôtel de ville de Harlem, où l'on conserve, sous une enveloppe de soie et dans un coffret d'argent, le *Speculum salutis* (miroir du salut), dont les Hollandais lui attribuent l'impression.

COSTUME, mot synonyme de *vêtement*, et qui, dans les arts et le théâtre, ne comprend pas seulement les habits, mais aussi les armes, les meubles, etc. — Le Poussin et Lesueur sont les premiers peintres qui aient enseigné à ne pas habiller les Grecs et les Hébreux à la mode du siècle. — Au théâtre, Lekain et Mlle Clairon voulurent amener la réforme dans les costumes; mais cette réforme ne fut véritablement accomplie que par Talma en 1791. La tragédie de *Charles IX* de Chénier est la première où l'on ait suivi le costume avec une rigoureuse exactitude. — Dans le moyen âge, les dames et les chevaliers de haut parage adoptèrent sur leurs habits les couleurs de leurs blasons, et y placèrent de la manière la plus apparente les principales pièces de leurs armoiries. Les maisons qui appartenaient à de grandes maisons avaient leur jupe partagée en deux par la hauteur: l'une contenait l'écusson de la famille du mari, et l'autre celui de la femme. Dans le siècle de François Ier et de Charles-Quint, les costumes changèrent presque entièrement. Les tissus de laine furent remplacés par les brillantes étoffes de soie, les velours et les satins brochés. — Sous Louis XIII, on garda le manteau court et le pourpoint; mais on prit des culottes de drap de couleurs vives, descendant jusqu'au jarret. La toque en étoffe fut remplacée par un grand chapeau de feutre orné de plumes. — A la cour de Louis XIV, on quitta le petit manteau, et on prit l'habit à manches appelé *surtout*. On ensevelit la chevelure sous une immense perruque. — Sous Louis XV, les femmes adoptèrent la mode des *paniers*, consistant en plusieurs cerceaux, en corde ou en baleine, réunis par une toile légère, et servant à développer la robe et à montrer les dessins à grands ramages brochés sur les étoffes. — La révolution amena la *carmagnole*. — Depuis cette époque, le costume a beaucoup varié et varie tous les jours.

COSTUMOMÈTRE, instrument qui a pour objet de faire connaître des moyens simples et sûrs tout à la fois pour tracer avec économie et en très-peu de temps toutes sortes de vêtements élégants et bien proportionnés. Il a été inventé par M. Beck, tailleur à Paris.

COTANGENTE, en géométrie, nom donné à la tangente du complément d'un arc ou d'un angle.

COTE ou QUOTE, part que l'on fait à quelqu'un dans le résultat d'un compte d'une affaire, soit en gain, soit en perte. — Par extension, le mot COTE signifie la part que chacun doit payer dans les impositions ou les contributions de l'État. La cote de chaque contribuable est basée sur des règles fixes et générales: comme du défaut de conventions bien établies par avance dans les transactions particulières, il naît souvent des contestations entre les parties, on entre alors en composition, on transige en gros sur plusieurs sommes, sans se livrer à un examen bien rigoureux de chacune d'elles: c'est ce qu'on appelle *faire une cote mal taillée*.

COTE. En anatomie, on appelle ainsi les arcs osseux qui concourent à former les parties latérales de la poitrine. Les côtes sont très-élastiques, courbées en plusieurs sens, relevées par l'une de leurs extrémités, aplaties et assez minces en avant, arrondies et épaissies en arrière. Elles s'articulent toutes dans ce dernier sens avec la colonne vertébrale, et dans le premier les sept supérieures seulement se joignent au sternum, au moyen d'un cartilage de prolongement. On les distingue en deux classes: les *vraies côtes* et les *fausses côtes*, les premières au nombre de sept, et les secondes au nombre de cinq de chaque côté; ce qui fait en tout vingt-quatre. La longueur, la largeur, la direction, la courbure des côtes varient dans les diverses régions de la poitrine.

CÔTÉ. Voy. COTEAU et CÔTES.

CÔTE DES DENTS, pays de Guinée, situé entre la côte de Malaguette et la Côte de l'Or. Le commerce consiste en dents d'éléphant.

CÔTE DES GRAINES. Voy. MALAGUETTE.

CÔTE DE L'OR, partie du littoral de la Guinée septentrionale, comprise entre le cap Apollonia ou la Côte des Dents et la rivière Volta ou le royaume de Dahomey. — Le climat est tempéré, le sol fertile à mesure qu'il ne s'écarte de la mer. Le commerce y consiste en poudre d'or. Autrefois on y faisait celui des esclaves: mais aujourd'hui la traite diminue. La Côte de l'Or se subdivise en plusieurs royaumes, entre autres ceux de Fanti, d'Achanti, d'Amina, etc.

CÔTE D'OR, chaîne de petites montagnes s'étendant en France le long de la rive droite de la Seine, de Dijon à Mâcon, par Nuits et Beaune, et ainsi appelée à cause de l'excellence des vins qu'on y récolte, puisqu'elles sont pour le pays comme une mine d'une richesse inépuisable. Elle a donné son nom au département qui suit.

CÔTE-D'OR, département oriento-central de France, borné au N. par ceux de l'Aube et de la Haute-Marne, au S. par celui de Saône-et-Loire, à l'E. par ceux de la Haute-Saône et du Jura, au S.-O. et à l'O. par ceux de la Nièvre et de l'Yonne. Il est formé d'une partie de la Bourgogne. Sa superficie est de 876,960 hectares, et sa population de 400,000 habitants. Le chef-lieu est *Dijon*. Il se divise en quatre arrondissements: *Dijon*, *Beaune*, *Sémur* et *Châtillon-sur-Seine*. Le département nommait cinq députés. On y remarque la cathédrale de Dijon, l'ancien palais des états, celui des ducs de Bourgogne, le château de Montbard qu'habitait Buffon, etc. Il est compris dans la dix-huitième division militaire et dans le ressort du diocèse, de l'académie et de la cour royale de Dijon. Ce qui forme la richesse du département, ce sont les vins d'excellente qualité, fins, délicats et spiritueux, qui proviennent des vignes plantées sur la Côte d'Or, qui se divise en deux parties: la première, appelée *Côte de Nuits*, et qui s'étend entre Dijon et Nuits, donne les vins célèbres du *Clos-Vougeot*, de *Chambertin*, de *Nuits*, de *Chambolle*, de *Richebourg*, etc.; la deuxième, appelée *Côte-Beaunoise*, et qui est comprise entre Nuits et la rivière Dheune, donne ceux de *Pomard*, de *Beaune*, de *Volnay*, de *Lapeyrière*, etc. Les vins de Bourgogne ont un bouquet qui leur est propre et qui ne se développe souvent qu'au bout de trois ou quatre ans.

CÔTE-ROTIE, côte célèbre située sur les bords du Rhône, dans le département du Rhône, près de Condrieu, et célèbre par les excellents vins rouges qu'elle produit.

CÔTÉ. On appelle ainsi communément la partie droite ou gauche d'un animal, entre le ventre et le dos, depuis les épaules ou les ailes jusqu'aux jambes de derrière, ou au dedans des cuisses; et, en parlant du corps de l'homme, depuis les aisselles jusqu'aux hanches, et quelquefois jusqu'au genou. Cette partie prend son nom des *côtes*, qui en forment la principale portion. Au côté droit du corps, on trouve le foie, le pylore, la vésicule du fiel, la veine cave, et le colon ascendant. Le côté gauche est le siége du cœur, de l'estomac, du bas de l'œsophage, du cardia, de la rate, de l'aorte et du canal thoracique.

CÔTÉ. Dans le langage politique, les expressions de CÔTÉ DROIT et CÔTÉ GAUCHE servent à désigner deux sections d'une assemblée politique, séparées l'une de l'autre par le bureau du président. Dans l'assemblée constituante, le *côté droit* fut occupé par les membres qui, contraires aux principes de la révolution, défendaient le pouvoir monarchique et absolu. C'était l'opposition de cette époque. Le *côté gauche*, au contraire, était la réunion des hommes de la révolution, qu'on appelait encore les *blancs*, par opposition aux membres du côté droit, qui, comptant un grand nombre d'ecclésiastiques, étaient appelés les *noirs*. Ceux qui flottaient entre les deux partis s'appelaient les *gris*. — Dans l'assemblée législative, le *côté droit* devint le refuge de la majorité modérée de cette première assemblée; le *côté gauche* réunit tous les anarchistes.—Dans la convention nationale, le *côté droit* fut occupé par les girondins et les républicains modérés, et le *côté gauche* par les montagnards. — Depuis 1830, le *côté droit* n'est composé que des membres de l'opposition royaliste, et le *côté gauche* que de ceux de l'opposition républicaine. Le *centre* est la réunion des députés du pouvoir.

COTÉ (accept. div.). En géométrie, le *côté* d'une figure est une ligne droite qui fait partie de son périmètre ou contour. Le côté de l'angle est une des lignes qui le forment. Toute ligne courbe peut être regardée comme un polygone d'un nombre infini de côtés. — Le côté d'une puissance est ce qu'on nomme autrement *racine*. — En architecture, on appelle *côté* un des pans d'une superficie régulière ou irrégulière. — Les *bas-côtés* d'une église sont les ailes basses qui se trouvent à côté de la nef. — En termes de manége, *porter un cheval de côté*, c'est le faire marcher par pistes, dont l'une est marquée par les épaules et l'autre par les hanches.

CÔTÉ (POINT DE), nom sous lequel on désigne communément toute douleur vive et peu étendue qui se fait sentir à un des côtés de la poitrine, soit dans le rhumatisme de ses parois, soit dans l'inflammation du poumon ou de la plèvre. C'est presque toujours dans le voisinage et particulièrement au-dessous de la mamelle, que cette douleur a son siége.

COTEAU. On appelle ainsi la pente d'une côte ou d'une colline. (La *côte* est une colline peu élevée qui se prolonge autour d'une plaine et qui joint celle-ci à une plaine plus haute ou à un plateau.) Les côtes et les coteaux sont ordinairement cultivés avec soin, parce qu'ils ne sont propres qu'à la petite culture. Dans les pays où la vigne réussit, les coteaux en sont ordinairement couverts. — C'est ce qui a donné lieu à l'*ordre des Coteaux*, société de gourmets qui ne voulaient dans leurs repas que du vin d'un certain coteau.

COTENTIN ou CONSTANTIN, subdivision de la basse Normandie, bornée au N. et à l'O. par la Manche, au S. par l'Avranchin, à l'E. par la Manche et le Bessin, c'est-à-dire la rivière de Vire. La superficie du Cotentin est de 210 lieues carrées, et sa population de 385,640 habitants. Le Cotentin renferme le *Cotentin proprement dit*, qui s'étend de Granville à Villedieu, et le *Bocage*, qui comprend le territoire de Valognes et de Carentan. Le Cotentin est fertile en grains et en pâturages. Le commerce y consiste en cidre, chapons et poulardes, chevaux estimés, chanvre et lin. La capitale du Cotentin est *Coutances*. — Le Cotentin était habité, du temps des Romains, par les *Unelli*. Leur chef Viridovix ayant été vaincu, le pays fit sa soumission. Les Normands y firent des invasions fréquentes. Le Cotentin fut réuni à la couronne en 1202. En 1790, il formait un bailliage de la basse Normandie. Il forme aujourd'hui le département de la Manche.

COTEREAUX, nom que l'on donne aux aventuriers connus aussi sous le nom de *brabançons*, *routiers*, *malandrins*.

COTES. On emploie ce mot, en géographie, pour désigner le bord ou le rivage de la mer. On dit qu'une côte est *basse* lorsqu'elle s'élève peu au-dessus de la surface de l'eau, et qu'elle est *accore* ou *à pic*, lorsque la côte qui regarde la mer s'élève dans un plan presque vertical. Les côtes basses bordent toujours une mer peu profonde, et indiquent aux navigateurs qu'ils peuvent y trouver un lieu propre à l'ancrage. Les côtes accores, au contraire, dominant une mer très-profonde, on ne peut y trouver un ancrage facile. Les matelots nomment ces sortes de côtes côtes *saines*, parce que la mer est profonde, et qu'il n'y a point de brisants et d'écueils cachés sous les flots. — GARDE-CÔTE. Voy. GARDE.

CÔTES-DU-NORD, département maritime du N. de la France, ainsi nommé à cause de l'exposition de ses côtes, et borné au N. par l'Océan, au S. par le Morbihan, à l'O. par le Finistère, et à l'E. par l'Ille-et-Vilaine. Il est formé d'une partie de l'ancienne Bretagne. Sa superficie est de 744,231 hectares, et sa population de 620,000 habitants. Le chef-lieu est *Saint-Brieux*. Il renferme cinq arrondissements: *Saint-Brieux, Dinan, Guingamp, Lannion* et *Loudéac*. Le département nommait six députés. On y remarque une race d'hommes particulière connue sous le nom de bas-bretons, un langage distinct, des mœurs spéciales, quelques petits ports fréquentés par des pêcheurs, etc. Il est compris dans la treizième division militaire, et dans le ressort du diocèse de Saint-Brieux, de la cour royale et de l'académie de Rennes. L'agriculture y est très-arriérée. Les exportations consistent en grains, bestiaux, chevaux, suifs, beurre salé, cire et miel. La fabrication du fil, des toiles et des cuirs figure en 1re ligne dans l'industrie départementale.

COTHURNE, espèce de chaussure dont se servaient, chez les anciens, les acteurs de tragédie pour paraître plus grands et mieux représenter les héros dont ils jouaient les rôles. La semelle allait en s'étrécissant de la plante au pied, ainsi que dans nos patins. Le cothurne, en effet, était l'apanage des rois, des nobles, des gens opulents, des dames nobles, des reines, etc. Cette chaussure, que l'on donne toujours à Melpomène, avait des ligatures attachées à la semelle; elles passaient entre l'orteil et se divisaient en deux bandes autour de la jambe, en forme de réseaux, couleur de pourpre, quelquefois dorés et surmontées, chez les Athéniens, d'un croissant d'ivoire ou d'argent. On dit *chausser le cothurne* pour dire *jouer la tragédie* ou *composer des tragédies*.

COTIER. On donne ce nom aux pilotes particuliers qui ont une connaissance étendue et détaillée de certaines côtes, de leurs ports, de leurs mouillages et de leurs dangers. Dès qu'ils aperçoivent un navire qui s'approche du port ou fait signal de détresse, ils s'élancent à bord et le guident jusqu'au port. On les distingue des pilotes *hauturiers*, qui sont chargés de la conduite des vaisseaux en pleine mer.

COTIGNAC, sorte de marmelade ou de gelée faite avec des coings. Elle se fait de la même manière que toutes les gelées. — On emploie en pharmacie comme stomachique et astringente une sorte de conserve, préparée avec le suc de coing, le vin blanc et du sucre pur. On l'appelle *colignac*. — Il y a encore une autre espèce de confitures, qui se fait avec du moût de raisin et qu'on nomme aussi *cotignac*. On prend du moût, on le réduit au tiers dans un poêlon, sur un feu clair; on l'écume, ensuite on y jette des poires de certeau pelées et coupées par quartiers. On fait bouillir le tout jusqu'à ce que les poires soient cuites et que le moût ait pris la consistance d'un sirop bien cuit; alors on remplit les pots de cette confiture. — Les *cotignacs* tirent leur nom de COTIGNAC, petite ville du département du Var, chef-lieu de canton de l'arrondissement et à 3 lieues de Brignolles, d'où ils viennent.

COTIN (Charles), prédicateur du roi et chanoine de Bayoux, né à Paris en 1604, fut reçu membre de l'académie française en 1655, et mourut en 1682. Boileau le maltraita dans sa quatrième satire. Mais on a prétendu qu'il n'avait fait entrer dans ses vers le nom de Cotin que pour satisfaire aux exigences de la rime. Molière le joua dans sa comédie des *Femmes savantes*, où il l'accable de ridicule sous le nom de *Trissotin*. Cotin prêcha quatorze carêmes à la cour.

COTINGA, genre d'oiseaux de l'ordre des passereaux dentirostres, type de la famille des *ampélidés*. Les cotingas ont le bec large, légèrement arqué, échancré à la pointe, qui est comprimée; les ailes longues; leur queue est médiocre, élargie, et leurs tarses courts et faibles. Le plus connu est le *cotinga bleu*, du plus bel outremer, avec la poitrine violette, traversée d'un ruban bleu et marquée de quelques taches aurores. On lui donne encore le nom de *cordon bleu*. Les cotingas vivent d'insectes et de fruits sucrés; ils sont propres à l'Amérique méridionale.

COTON, duvet floconneux, long, très-fin, soyeux, de couleur plus ou moins blanche, qui enveloppe les semences du *cotonnier*. Ce duvet est, avec la soie, le lin et la laine, la matière la plus nécessaire aux hommes pour les vêtements. On en fait des toiles, les meilleures pour la santé, parce qu'elles s'imprégnent de la transpiration insensible et de la sueur, sans causer aucun refroidissement. Elles conviennent surtout dans les climats septentrionaux pour se garantir du froid ou du moins le rendre moins âpre. On fait aussi des tissus de coton, que l'on varie à l'infini, en le combinant avec la laine, le lin et le chanvre. Les couvertures de coton et la bonneterie sont les branches importantes de commerce; outre le linge de corps, le coton fournit aussi un excellent linge de table et d'office. Le coton sert encore à rembourrer les matelas, coussins et autres sièges, à remplacer les fourrures, à garnir les douillettes, etc. Chaque espèce de coton se divise en trois qualités: la première ou *fleur de marchandise* est la plus longue, la plus belle et la plus propre. On la réserve pour la chaîne. La deuxième ou *qualité marchande* est ordinairement employée pour la trame. La troisième ou *qualité inférieure* sert aussi pour la trame, mais pour des étoffes plus grossières. La première qualité de coton est la *géorgie-longue-soie*, dont la teinte est celle que les négociants nomment *beurre terne*, et qui file le plus fin; la seconde est le *bourbon*, le plus uni et le plus égal de tous. Pour obtenir le coton séparé de la graine, on le fait passer entre deux rouleaux de bois, disposés horizontalement l'un au-dessus de l'autre et assez rapprochés pour que le coton seul puisse passer. Filature du coton. Voy. FILATURE.

COTONNADE, toile dont la chaîne est en fil de chanvre ou de lin, et la trame en coton. On l'appelle encore *siamoise*.

COTONNIER, genre de la famille des malvacées, comprenant des arbrisseaux et des herbes, dont les fleurs grandes, belles et remarquables par leur ample corolle, produisent des capsules arrondies ou ovales, pointues à leur sommet, divisées intérieurement en trois ou quatre loges, contenant chacune de trois à sept graines noires, ovoïdes, enveloppées dans un flocon de duvet très-fin, que l'on nomme *coton*. — Le cotonnier, aujourd'hui cultivé dans toutes les parties du monde, paraît être originaire de l'Asie méridionale. L'espèce qui résiste le mieux au froid et qui par conséquent a pu être cultivée en Europe est le *cotonnier herbacé*, qu'on cultive en grand à Malte, en Sicile, dans le royaume de Naples et dans quelques contrées de l'Espagne. Il vient très-bien en France.

COTOPAXI, montagne de la Colombie, qui fait partie de la chaîne des Andes ou Cordillères, et qui s'élève à la hauteur de 2,952 toises. C'est un des volcans de l'Amérique encore en activité. Il est situé au S. de Quito à environ 30 lieues de la ville.

COTRE, petit bâtiment de guerre à un mât, ayant sa grande voile considérable, son beaupré presque horizontal. Les grandes côtes portent un mât de hune et même de perroquet. Le côtre est le même que le *culter* des Anglais, qui en entretiennent sur leurs côtes pour donner la chasse aux corsaires. Ces navires, légers et rapides, permettent aux contrebandiers de braver les plus forts vaisseaux. Leur carène est creuse, leurs flancs sont armés de sept ou huit canons.

COTTA (Caius Aurelius), fameux orateur, d'une illustre famille de Rome, fut banni de cette ville pendant les guerres de Marius et de Sylla. Ce dernier ayant triomphé, Cotta fut rappelé et devint consul avec Lucius Octavius l'an de Rome 677 (avant J.-C. 77). Il fut obligé de souscrire à une loi qui permettait aux tribuns du peuple d'aspirer aux grandes charges de la république. Il florissait dans le barreau avec Cicéron.

COTTA (Marcus Aurelius), frère de Caius, suivit comme lui le parti de Sylla, et fut nommé consul avec Lucius Licinius Lucullus l'an 678 de Rome (avant J.-C. 76). Il fut vaincu sur terre et sur mer par Mithridate. Trois ans après, il prit Héraclée par trahison, ce qui lui fit donner le surnom de *Ponticus*.

COTTA (Lucius Aurelius), capitaine romain, de la même famille, fut fait consul avec Lucius Manlius Torquatus l'an de Rome 687 (avant J.-C. 67). Il servit dans les Gaules sous César, et fut tué par les Eburons l'an de Rome 700 (avant J.-C. 54).

COTTABE, sorte de jeu que les Grecs avaient emprunté des Siciliens. Ils l'affectionnaient tellement qu'ils avaient ordinairement dans leurs maisons une salle qui lui était spécialement destinée et qu'on nommait *cottabéion*. On enfonçait un long bâton en terre, on plaçait un autre à son extrémité sur lequel il faisait équilibre. On accrochait aux extrémités de ce dernier deux plats de balance, on mettait sous ces plats deux sceaux, et dans ces sceaux deux petites figurines de bronze ou deux pyramides, appelées *manès*. Les joueurs, après avoir vidé leurs coupes jusqu'à une certaine hauteur, se plaçaient à quelque distance de la petite balance, et tâchaient de jeter le reste de la coupe dans un des plats, de manière qu'en penchant il frappât la tête de la figure de bronze qui était dessous. Si le coup s'entendait, le joueur avait gagné.

COTTAGE, nom que portent en Angleterre les fermes jolies et élégantes qui appartiennent à des villageois aisés.

COTTE, partie du vêtement des femmes, qui s'attache à la ceinture, descend jusqu'au bas de la jambe, et couvre toute cette partie du corps. Il ne se dit qu'en parlant des paysannes et des femmes du commun. Les dames portent des jupes. — Les hommes, chez les anciens Germains, portaient aussi une *cotte*, qui descendait jusqu'aux hanches. C'était un manteau court, retenu par devant au moyen d'une agrafe ou d'une cheville. — La cotte des Gaulois descendait jusqu'aux genoux. — Depuis les croisades, la cotte devint une espèce de vêtement uniforme, que les nobles portaient par-dessus la cuirasse ou le haubert. Elle prit alors le nom de COTTE D'ARMES.

COTTE. Voy. CHABOT.

COTTE DE MAILLES, nom donné à un vêtement de guerre du moyen âge, consistant en une sorte de chemise faite de petits anneaux de fer, dont l'usage s'introduisit dans le XIe siècle. Il ne descendait d'abord qu'aux genoux, et finit par envelopper le corps tout entier jusqu'aux extrémités des pieds et des mains. L'Espagne, au temps des Maures, était devenue le centre de la fabrication des cottes de mailles. Les dernières datent de François Ier.

COTTE-MORTE. On appelait autrefois ainsi l'argent, les habits, les meubles, et toute la dépouille d'un religieux après sa mort. L'abbé s'emparait ordinairement de la cotte morte des moines.

COTTIENNES, nom de la chaîne des Alpes, qui sépare l'Italie de la France dans une étendue de 25 lieues. Sa direction est depuis le mont Viso jusqu'au mont Cenis.

COTTIN (Sophie RISTAUD, connue sous le nom de MADAME), née à Tonneins (Lot-et-Garonne) en 1773. Elle fut élevée à Bordeaux. Mariée à l'âge de dix-sept ans à un riche banquier de cette ville, elle suivit son époux à Paris, où elle le perdit peu d'années après. Elle se retira alors dans une solitude où elle composa la plupart de ses romans. Son premier est *Claire d'Albe*, qui parut en 1798. Les autres sont *Malvina*, *Mathilde*, *Amélie Mansfield*, *Elisabeth* ou *les Exilés en Sibérie*. Elle a commencé un livre sur *la Religion chrétienne prouvée par les sentiments*, et un roman sur *l'éducation*. Elle mourut en 1807.

COTTON (Pierre), jésuite célèbre, né à Néronde (Loire) en 1564. Il se distingua de bonne heure par son zèle pour la conversion des hérétiques, et fut appelé à la cour de Henri IV, qui le fit son confesseur, et après sa mort, il occupa le même rang auprès de Louis XIII. En 1617, il quitta la cour, et parcourut les provinces du midi en missionnaire et en apôtre. Il mourut en 1626. Cotton était pour son temps un habile prédicateur. Il a laissé plusieurs ouvrages de controverse et de piété. César Deplaix, avocat de Paris, fit contre lui un libelle, plus méchant que spirituel, connu sous le nom de l'*Anticotton*.

COTYLE, mesure des Grecs pour les liquides. Elle valait de nos mesures 2 décilitres 6 centilitres; c'était la cent quarante-quatrième partie du métrétès et la douzième du *xestes*. — En anatomie, on appelle *cotyle* la cavité d'un os qui reçoit la tête d'un autre os.

COTYLÉDONS, nom donné aux parties de la graine distinctes de l'embryon, qu'elles enveloppent. Ce sont des espèces de lobes plus ou moins épais et charnus. Les cotylédons sont, pour ainsi dire, les mamelles qui nourrissent la plante naissante; ils lui donnent leur substance mucilagineuse et sucrée, tant qu'elle ne peut encore s'alimenter dans le sol. A mesure qu'elle grandit, les cotylédons diminuent d'épaisseur, se dessèchent et meurent. Tantôt ils restent sous la terre, après la germination de la graine; on les appelle alors *hypogés*; tantôt ils s'élèvent à la surface avec la tigelle, et forment les premières feuilles qu'on nomme *feuilles séminales*; on les appelle alors *épigés*. On donne le nom de *corps cotylédonaire* à la réunion des cotylédons. Tous les végétaux n'ont pas de cotylédons; ce sont ceux qui ne se reproduisent pas par fleurs et par graines; de là la dénomination d'*acotylédonés*, répondant aux végétaux *cryptogames* de Linné. Un grand nombre de végétaux offrent un seul cotylédon; de là le nom de *monocotylédonés*. D'autres en ont deux; ce sont les *dicotylédonés*. Ces deux classes répondent aux *phanérogames* de Linné. Quelques végétaux ont plus de deux cotylédons; mais, comme ils sont en petit nombre, on les a laissés parmi les dicotylédonés.

COTYLÉDONS (anat.). On nomme ainsi les lobes qui par leur réunion forment le placenta.

COTYLOIDE, nom donné, en anatomie, à la cavité de l'os iliaque qui s'articule avec le fémur.

COTYS. Cinq rois de Thrace ont porté ce nom. — Cotys Ier succéda en 380 à Amadocos, et mourut en 358 avant J.-C. — Cotys II succéda à Seuthès II. Il était contemporain de Philippe, père d'Alexandre. Ce monarque fut un fou couronné, qui se disait amoureux de Minerve. Ses débauches et ses cruautés furent portées à un tel excès, qu'il fut assassiné par Python et Héraclide, que l'assemblée des cinq-cents déclara citoyens d'Athènes en mémoire de leur action. — Cotys III envoya son fils avec 500 chevaux au secours de Pompée. — Cotys IV vivait du temps d'Auguste; il fut tué par Rhescouporis, son oncle, prince cruel, que Tibère fit mettre à mort. C'est à Cotys IV qu'Ovide adressa quelques-unes de ses élégies. — Cotys V, fils du précédent, céda la Thrace à son cousin Rhœmétalcès, par ordre de Caligula, et eut en échange la petite Arménie et une partie de l'Arabie, l'an 38 de J.-C.

COTYS ou COTYTTO (myth.), déesse de l'impudicité et de la débauche, dont le culte, né en Thrace, passa en Phrygie, et de là en Grèce. Elle avait un temple à Athènes, et ses prêtres étaient appelés *baptes*. Ses fêtes nommées COTYTTÉES, se célébraient pendant la nuit. On y portait des rameaux auxquels étaient suspendus des fruits et des gâteaux que tout le monde pouvait prendre. Il était défendu, sous peine de mort, de révéler les mystères honteux de cette déesse. On croit que Cotytto est la même que *Cérès* et *Proserpine*.

COU ou COL. On appelle ainsi, en anatomie, la partie du corps qui unit la poitrine à la tête. Dans le corps humain, c'est une des parties les plus compliquées; on y rencontre une foule d'organes. Soixante-quinze muscles, sans compter ceux qui lui sont communs avec la partie postérieure du tronc, entrent dans sa composition, et concourent aux divers mouvements de la tête ainsi qu'aux fonctions de la respiration, de la déglutition, de la voix, etc. La longueur du cou semble un des attributs de la stupidité. Cette remarque s'applique à un grand nombre d'animaux, comme à l'homme.

COUA. Voy. COULICOU.

COUAGGA ou QUACHA, espèce du genre cheval, un peu moins grande que le zèbre, mais ressemblant davantage pour la forme au cheval. Son poil est brun foncé sur le cou et les épaules, et d'un brun clair sur le dos, les flancs et la croupe, qui commence à prendre une teinte rougeâtre. Les parties supérieures sont rayées en travers de blanchâtre; les inférieures sont d'un beau blanc, ainsi que le jarret et la queue, terminée par une touffe de poils allongés. Le couagga vit par troupes nombreuses dans les environs du cap de Bonne-Espérance.

COUCAL, genre d'oiseaux de l'ordre des grimpeurs et de la famille des cuculés ou cuculidés, renfermant des espèces qui ont les caractères généraux des coucous et l'ongle du pouce long et semblable à celui des alouettes. Elles sont assez nombreuses; on en connaît dix ou douze, qui habitent toutes les contrées les plus chaudes de l'Asie, de l'Afrique et de la Malaisie.

COUCHANT, endroit du ciel où le soleil semble se coucher. C'est un des quatre points cardinaux, il est à la droite de celui qui regarde le midi, et à la gauche de celui qui regarde le nord. On l'appelle encore *ouest* et *occident*. L'Edda, livre qui contient la mythologie des peuples scandinaves, prétend que le couchant est l'un des nains qui veillent aux quatres angles du ciel. Le point fixe du couchant est celui où le soleil se couche, aux équinoxes, et qui partage en deux parties le demi-cercle de l'horizon qui est entre le midi et le nord.

COUCHE, terme par lequel on désigne le lit dans la poésie ou dans le style soutenu. Du mot *couche* envisagé ainsi est venu le mot *couches*, considéré comme *enfantement*, et celui de *couche*, pour désigner le linge dont on enveloppe les petits enfants pour les coucher.

COUCHE. Ce mot se dit, en termes de brasseur, de la disposition du grain dans le germoir en un tas carré et d'une épaisseur convenable pour le faire germer.

COUCHE se dit, en termes de charpentier, des pièces de bois que l'on met par terre et sur lesquelles portent les étais d'un plancher qui a besoin d'être étayé.

COUCHE. Ce mot désigne toute substance étendue sur une autre dans une épaisseur assez considérable pour la couvrir. C'est dans ce sens que le jardinier appelle *couche* un amas de substances susceptibles d'acquérir et de conserver pendant un certain temps une chaleur capable d'opérer l'accroissement des plantes. Ces sortes de couches sont de fumier, de tan, de marc de raisins, de feuilles d'arbres, etc.

COUCHES (mar.), assemblage des pièces qui entrent dans la composition d'un mât formé de plusieurs arbres, ou les principales pièces renfermées entre deux plans dans la construction d'un mât majeur.

COUCHES. Dans les arts, on appelle ainsi diverses sortes d'enduits que les peintres mettent sur les choses qu'ils veulent peindre.

COUCHES (géol.). Voy. STRATES et STRATIFICATION.

COUCHES, état dans lequel se trouve la femme qui vient d'accoucher. Cet état, quoique n'étant pas une maladie, donne à tout l'organisme une secousse si violente que les personnes en couches sont exposées aux plus grands dangers. — Lycurgue accordait aux mères victimes de l'enfantement des inscriptions sépulcrales comme aux guerriers morts pour la patrie. Chez les Romains, l'habitation d'une femme en couches était signalée par une couronne. Notre législation suspend toute poursuite criminelle directe contre elle. — On appelle COUCHES DE LA VIERGE une dévotion à la sainte Vierge, qui consiste dans des saluts qu'on lui chante neuf jours avant Noël.

COUCHES CORTICALES. Elles ne sont autre chose qu'un faisceau de lames fibreuses, appliquées les unes sur les autres, et dont l'ensemble constitue l'écorce. Elles sont chargées d'élaborer la substance gélatineuse qu'on peut nommer organisatrice : on les enlève naturellement ou bien après macération.

COUCHES LIGNEUSES. Ce sont les cercles que le bois présente s'emboîtant les uns dans les autres, et dont les plus intérieurs, qui ont été formés les premiers, sont denses et distincts, tandis que les extérieurs, d'une date nouvelle, sont poreux, très-voisins de la couleur et participant de sa couleur. La couleur des couches ligneuses diffère suivant les espèces ; elle est dans toutes distincte de la couleur blanche de l'aubier. Les couches sont minces pendant le premier âge, prennent plus de consistance et d'ampleur dans l'âge adulte, mais diminuent sensiblement à l'époque de la vieillesse. On peut, en comptant leur nombre, connaître à peu près l'âge de l'arbre ; car il ne s'en forme ordinairement qu'une par année.

COUCOU, genre d'oiseaux de l'ordre des grimpeurs et de la famille des coucous ou mieux cuculés ou cuculidés, renfermant un assez grand nombre d'espèces. On a divisé ce genre en sept sections : les *coucous ordinaires*, les *coucous gros-becs*, les *surnicous*, les *chalcites* ou *coucous cuivrés et éclatants*, les *édolios*, les *guiras* et les *coucous indicateurs*. De toutes ces sections, les seules qui offrent de l'intérêt sont la première et la dernière. Le type de la première est le *coucou gris*, célèbre par la singulière habitude qu'il a de pondre dans des nids étrangers, et de laisser à d'autres oiseaux le soin d'élever ses petits. C'est un oiseau voyageur, qui passe l'été en Europe, et se retire pendant l'hiver en Afrique ou dans les contrées chaudes de l'Asie. Il se tient dans les bois, au voisinage des prairies. Il se nourrit principalement de chenilles. Sa couleur varie du blanc jaunâtre au verdâtre, avec des taches olivâtres ou cendrées. Les individus adultes, dans le sexe mâle, sont longs de dix pouces sept ou huit lignes. Le coucou était autrefois consacré à Jupiter.

COUCOU INDICATEUR. Voy. INDICATEUR.

COUCOU. C'est le nom d'une espèce de voitures des environs de Paris dont l'existence ne remonte guère qu'à l'époque de 1789. Elle avait remplacé les *pots-de-chambre*, et commence aujourd'hui à perdre sa vogue.

COUCY, petite ville du département de l'Aisne, chef-lieu de canton de l'arrondissement et à 6 lieues de Laon. Elle a laissé son nom à la célèbre famille des Coucy, qui portaient pour devise : *Je ne suis roi,*

*ne prince aussy, je suis le sire de Coucy.* — THOMAS DE COUCY se fit connaître par son caractère guerrier et féroce. Ayant voulu s'emparer des terres de l'église d'Amiens, il tua dans un combat contre le vidame de cette ville trente hommes de sa main. Ses violences ayant excité la colère de Louis le Gros, ce dernier alla l'assiéger dans son château. Mortellement blessé dans une sortie par Raoul, comte de Vermandois, Thomas mourut en 1119. — RAOUL Ier, arrière-petit-fils de Thomas, et fils d'Enguerrand II et d'Agnès de Boisgency, né vers 1134, hérita, à la mort de son père (1147), qui périt dans son voyage à Jérusalem, où il accompagnait le roi Louis le Jeune, de la terre de Coucy et des seigneuries de Marle, de la Fère, de Crécy, etc. Il se trouva un des plus puissants seigneurs de France. En 1154, il épousa Agnès de Hainaut, dont il n'eut que trois filles. A sa mort, il contracta en 1174 un second mariage avec Alix de Dreux, princesse du sang royal, dont il eut Enguerrand III. En 1190, Raoul partit pour la croisade, et mourut l'année suivante au siége d'Acre, en Palestine. — ENGUERRAND III DE COUCY, fils aîné de Raoul, succéda en 1191 à son père dans ses seigneuries. Il fut marié trois fois, premièrement à l'héritière des comtes de Roucy, secondement à la petite-fille de Henri II, roi d'Angleterre, et en troisièmes noces à l'héritière de la maison de Montmirel. Il se signala à Bouvines, et accompagna, suivi de cinquante chevaliers, Louis VIII en Angleterre, lorsque ce prince en fut nommé roi. Pendant la minorité de saint Louis, les grands seigneurs ligués contre la maison royale lui donnèrent la couronne. Enguerrand III se tua en passant un gué sur la petite rivière de Gersis, près Vervins. — RAOUL II, fils aîné du précédent, fut tué en 1250, à la bataille de la Massoure, près du comte d'Artois, frère de saint Louis. Son second fils, ENGUERRAND IV, hérita de Raoul II, son aîné, et mourut sans enfants comme lui, en 1311. Ses biens passèrent à Enguerrand et Jean de Guines, ses neveux, fils d'Alix de Coucy, comtesse de Guines. — De cette seconde maison de Coucy, descendait ENGUERRAND VII, fils d'Enguerrand VI et de Catherine d'Autriche, qui servit avec distinction Charles V et Charles VI. Le premier lui offrit l'épée de connétable après la mort de Duguesclin, mais il la refusa. Il accompagna le comte de Nevers, fils du duc de Bourgogne, dans une expédition contre les Turks. Enguerrand mourut à Brousse, en 1397, des blessures qu'il avait reçues à Nicopolis. Ce héros n'ayant laissé que des filles de ses deux mariages avec la fille d'Édouard III, roi d'Angleterre, et avec Isabelle de Lorraine, la maison de Coucy fut éteinte.

COUCY (Renaud, châtelain DE), que l'on croit neveu ou au moins parent de Raoul Ier, sire de Coucy, est le héros d'une aventure analogue à celle de Guillaume de Cabestaing, troubadour provençal. La scène seulement se passe dans le nord, et l'héroïne, au lieu d'être Marguerite, dame de Castel-Roussillon, est Gabrielle de Vergy, épouse d'Aubert de Fayel. Le châtelain de Coucy vivait du temps de Philippe Auguste. Ses *poésies* ou *chansons* ont été traduites dans un volume intitulé *Mémoires historiques sur Renaud de Coucy*.

COUDE, mot qui désigne en général un angle formé par la réunion de deux parties droites. Il se dit plus spécialement de la saillie formée par l'apophyse olécrane à la partie postérieure de l'articulation du bras avec l'avant-bras.

COU-DE-PIED, saillie que présente la face supérieure du pied près de son articulation avec la jambe. Les individus dont les pieds sont plats, et dont le cou-de-pied est peu saillant, sont peu propres à des marches prolongées. C'est pourquoi, parmi les hommes appelés par la loi au service militaire, on refuse d'admettre ceux qui offrent cette imperfection.

COUDÉE, unité principale des anciennes mesures de longueur, en usage chez les

anciens peuples de l'Asie, de l'Afrique et de la Grèce. La coudée ordinaire ou naturelle est la distance du coude à l'extrémité du grand doigt. Cette coudée se divise en 2 *empans* ; chaque empan se divise à son tour en 3 *palmes*, chacune de 4 doigts pris en largeur. 4 coudées forment exactement la *brasse* naturelle et la stature humaine. — La coudée naturelle des Égyptiens est de 24 doigts ou dactyles. Elle équivalait à 450 millimètres. Les Égyptiens avaient encore une autre coudée appelée *royale*, *sacrée* ou *septennaire*, qui est de 28 doigts et équivaut à 525 millimètres. — Les Hébreux conservèrent les deux coudées des Égyptiens. La première était dite *coudée virile* ou *des ouvriers*, et la deuxième *la coudée sacrée* ou *du sanctuaire*. — La coudée naturelle des Grecs fut la même que celle des Égyptiens. Ils eurent aussi la *coudée olympique*, composée de 24 doigts 64 centièmes, et équivalente à 462 millimètres. — La coudée des Romains était composée de 23 doigts 573 millièmes, et valait 442 millimètres. — Les successeurs d'Alexandre établirent en Asie et en Égypte une coudée de 28 doigts olympiques, qui valut 540 millimètres. Ce fut la *coudée ordinaire philétérienne*. — La *coudée royale philétérienne*, composée d'un peu plus de 38 doigts, valut 720 millimètres. Elle est devenue l'*archine* des Russes. — Les Arabes eurent trois coudées : l'une naturelle était composée de 24 doigts de 20 millimètres chaque, et valait 480 millimètres ; la seconde, dite *coudée hachémique* ou d'O*mar*, était composée de 32 doigts de 20 millimètres chaque, et valait 640 millimètres ; la troisième, désignée sous le nom de *coudée noire*, est la même que la coudée ordinaire philétérienne. Les coudées sont restées jusqu'à présent en usage chez les peuples de l'Asie et du nord de l'Afrique. En Europe, les seules mesures de ce nom que l'on rencontre encore sont la coudée de Portugal, qui vaut 657 millimètres, et celle d'Espagne, qui en vaut 424.

COUDRIER, genre de la famille des amentacées de Jussieu, renfermant six espèces. L'une d'elles est le *coudrier commun* ou *noisetier* ; l'autre est le *coudrier proprement dit*. Le fruit est un gland osseux, enveloppé dans une capsule foliacée. Le bois de coudrier sert à faire des fourches, des cercles de barils, des bâtons de lignes, du charbon que les peintres emploient pour faire des esquisses. Les chandeliers en font usage pour mouler la chandelle commune, nommée *à la baguette*. C'est au moyen d'une baguette de coudrier fourchue que les charlatans prétendent découvrir les sources. C'est encore une branche de coudrier qui servait, dit-on, de baguette à Mercure et à Moïse. Du temps de Pline, le flambeau nuptial se formait d'une branche de coudrier.

COUENNE, mot employé dans le langage usuel pour désigner le derme ou la peau de certains animaux, tels que les cochons, les pachydermes en général, et les cétacés. — En pathologie, on a donné le nom de *couenne* à une sorte de texture cutanée anormale, dans laquelle la peau, au lieu de présenter les mêmes propriétés et le même aspect que le tissu cutané ordinaire, est dure, résistante, brunâtre et couverte de poils différents de ceux des autres parties. Ces formations anormales, connues aussi en pathologie sous le nom d'*envies* ou *nævi materni*, ont été attribuées à l'influence de l'imagination de la mère sur l'organisation du fœtus.

COUGOURDE. Voy. COURGE.

COUGUAR, espèce du genre chat, qu'on nomme aussi *lion des Péruviens*, *tigre rouge*, *gouazouara*. Son pelage est d'un fauve agréable et uniforme, sans aucune tache ; ses oreilles sont noires, sa queue noire à son extrémité seulement. Les jeunes ont dans le premier âge une livrée comme les lionceaux. Le couguar habite l'Amérique méridionale et une grande partie de l'Amérique septentrionale. Le couguar est d'un naturel féroce. Il a la cruauté du tigre sans en avoir le courage. Il attaque de préférence les moutons, les chèvres et les génisses, et fuit l'homme.

COULANGES-LA-VINEUSE, chef-lieu de canton du département de l'Yonne, à 3 lieues d'Auxerre. Population, 1,800 habitants. Ce bourg doit son nom à l'abondance et à la qualité de ses vins fins.

COULANGES (Philippe-Emmanuel, marquis DE), né à Paris en 1631. Il fut d'abord conseiller au parlement, puis maître des requêtes, et il mourut en 1716 à l'âge de quatre-vingt-cinq ans. Son esprit, son enjouement, le charme et l'à-propos de ses vers firent les délices de la société dans laquelle il vécut. On a de lui des *chansons* et des *mémoires*. Il était cousin-germain de Mme de Sévigné.

COULE. En latin *cuculla*, *pallium*, habit monastique porté par les bénédictins et les bernardins. Il y en avait de deux sortes : la première était une robe fort ample, blanche ou noire, avec un capuchon. Les bernardins prenaient la blanche lorsqu'ils assistaient à l'office divin, et la noire lorsqu'ils allaient en ville. La seconde sorte de coule était proprement un scapulaire, parce qu'il ne couvrait que la tête et les épaules, et qu'il ne descendait pas aussi bas que la coule. On s'en servait pour le travail.

COULÉ, en termes de musique, trait composé de plusieurs notes, qui se fait d'un seul coup d'archet sur le violon, l'alto et la basse, ou sans renouveler le coup de langue sur les instruments à vent. Le *coulé* se marque par une liaison qui couvre toutes les notes du trait. — En termes d'art, on appelle *coulé* tout ouvrage jeté au moule.

COULEQUIN ou CÉCROPIE, genre de la famille des urticées, renfermant trois espèces indigènes aux Antilles et à diverses contrées de l'Amérique méridionale, où leurs tiges creuses, divisées intérieurement par des cloisons transversales, placées de distance en distance, leur ont fait donner le nom de *bois trompette*. L'espèce la plus commune est la *cécropie pelée*, arbre de trente pieds et plus, à tronc cylindrique et fistuleux ; aux feuilles grandes, cordiformes ; aux fleurs très-petites. Les colons se servent du bois de coulequin pour faire des conduits d'eau. C'est encore avec lui que l'on obtenait du feu en frottant des fragments l'un contre l'autre.

COULEUR, modification de la lumière ayant la propriété d'affecter le sens de la vue. Toutes les corps ne sont pas colorés ; tels sont l'air, les gaz, etc. — Si on fait tomber un faisceau de lumière solaire sur un prisme de verre parfaitement diaphane, ce faisceau est décomposé et se divise en sept rayons de couleur différente : ce sont, à partir du haut, le *violet*, l'*indigo*, le *bleu*, le *vert*, le *jaune*, l'*orangé*, le *rouge*. C'est ce qu'on nomme les *sept couleurs primitives* ou élémentaires. Quant au *blanc*, ce n'est autre chose que la combinaison des sept couleurs. Le *noir* est l'absence de toute couleur. La réfrangibilité des sept couleurs décroît depuis le violet où elle est la plus grande, jusqu'au rouge où elle est la plus faible.

COULEUR (peint.). Les peintres emploient cinq couleurs fondamentales avec lesquelles ils forment toutes les autres, ainsi que leurs diverses nuances. — Pour le BLANC, ils emploient le *blanc de plomb*, la *céruse*, le *blanc d'Espagne* et toutes les *craies blanches*. — Pour le JAUNE, l'*ocre de rue*, l'*ocre jaune*, les *terres naturelles de Sienne et d'Italie*, le *jaune de Naples*, le *jaune minéral*, le *jaune de chrome*, le *jaune d'antimoine*, le *stils de grain jaune* (mélange de craie avec une décoction du fruit de nerprun, dit *graine d'Avignon*), la *laque jaune de gaude*, l'*orpin* ou *réalgal*, le *massicot*, la *terra merita* ou *curcuma longa* ou *safran des Indes*, le *carthame*, les *oxydes jaunes de fer*. — Pour le ROUGE, les *ocres rouges*, les *rouges de Prusse* et *d'Angleterre*, les *terres de Sienne et d'Italie calcinées*, les *rouges de mars*, les *carmins* et *laques carminées*, les *laques rouges de Venise* et *d'Italie*. — Pour le BLEU, l'*outremer*, le *bleu minéral*, l'*indigo*, la *cendre bleue*, les *bleus de cobalt* et de *Prusse*, et les différentes espèces d'azur. — Pour le NOIR, les *noirs de fumée*, d'*ivoire*, d'*os*, le *noir de composition*, formé du résidu des opérations du bleu de Prusse. — Pour l'ORANGÉ, la *mine orange*, le *minium*, le *cinabre*. — Pour le VERT, le *vert-de-gris*, le *verdet distillé*, la *terre verte*, les *verts de montagne* ou de *Hongrie*, de *Scheele*, de *Schweinfurt*, de *vessie*, de *Liebig*, d'*iris*, etc. — Pour le VIOLET, le *pourpre de Cassius* et les *oxydes violets de fer*. — Pour le BRUN, la *terre d'ombre*, le *stil de grain brun* ou *d'Angleterre*, les *terres de Cologne* et de *Cassel*, le *bitume*, etc. Toutes ces couleurs sont broyées sur une table carrée, formée d'une pierre la plus dure possible, appelée *porphyre*, avec une pierre de même nature, appelée *molette*. — Les couleurs broyées à l'huile sont déposées dans des vases de terre vernissés, et de là enfermées dans de petits morceaux de vessie de cochon, dont on forme des *nouets* de la grosseur d'un œuf de pigeon.

COULEUR. Dans l'architecture, on emploie souvent les couleurs en teinte plate pour couvrir les boiseries et les murs dans l'intérieur des appartements. — On donne le nom de *couleurs rompues* à celles qui sont produites par un mélange de plusieurs matières. — On donne celui de *couleurs transparentes* à celles que l'on emploie en *glacis*, c'est-à-dire, que l'on passe légèrement par-dessus d'autres et qui laissent apercevoir les fonds.

COULEUR LOCALE, couleur que prend chaque objet, en raison du lieu qu'il occupe à une distance plus ou moins grande du spectateur.

COULEUR (théol.) L'Église affecte régulièrement cinq couleurs à ses divers offices : le blanc, le rouge, le vert, le violet et le noir. La première sert pour les mystères de Notre-Seigneur, excepté le vendredi saint, pour les fêtes de la sainte Vierge, celles des anges, des confesseurs, des vierges et de tous les saints et saintes qui n'ont pas souffert le martyre. Le rouge sert pour les solennités du Saint-Esprit, pour les martyrs et les apôtres, excepté saint Jean. Le vert est la couleur propre du temps depuis la Pentecôte jusqu'à l'avent, et depuis l'Epiphanie jusqu'à la septuagésime. Le violet sert pendant l'avent, le carême, aux quatre-temps, aux vigiles, aux rogations. Le noir est pour les morts.

COULEURS NATIONALES. Elles ont varié suivant les temps. Il paraît que les Français ont eu du *bleu* tant que la bannière de Saint-Martin a été leur enseigne principale, c'est-à-dire, jusqu'à l'introduction de l'oriflamme ; qu'ils ont eu du *rouge* tout le temps qu'ils se servirent de l'oriflamme, et que le roi d'Angleterre, Henri VI, s'étant rendu maître de Paris, du couvent de Saint-Denis et de sa bannière, renonça au *blanc* pour prendre le rouge, et l'armée française, par un troc bizarre, prit la couleur que les Anglais venaient de quitter. En 1789, les couleurs nationales n'étaient que *bleu* et *rouge*. Le général Lafayette y fit ajouter le *blanc*. Les Bourbons ramenèrent les couleurs blanches, et la révolution de 1830 leur a substitué les couleurs tricolores.

COULEURS DES PLANTES ET DES ANIMAUX. La coloration verte des plantes a son siège dans des globules colorés en vert, et de nature résinoïde, qui se développent sur les parois des cellules arrondies, formant la partie herbacée des végétaux annuels et des jeunes pousses des arbres et arbrisseaux. C'est dans la partie verte des plantes que s'accomplit la décomposition du gaz acide carbonique, et de l'eau en vapeurs dont le résultat est l'absorption et l'assimilation du carbone et de l'hydrogène en leur propre substance, tandis que l'oxygène à l'état de gaz est versé dans l'atmosphérique. — Chez les animaux, la coloration varie suivant les individus, et réside le plus souvent soit dans la peau, soit dans ses dépendances, telles que poils, plumes, écailles, squamines, etc. Elle est due à des pigments qui, émanés du sang et déposés dans le tissu de la peau, sont en nappe sous l'épiderme.

COULEUVRE, genre de reptiles de l'ordre des ophidiens, renfermant tous les serpents à tête ovalaire, déprimée ; à bouche grande, dilatable en arrière ; à corps cylindrique, allongé, suivi d'une queue longue et grêle, terminée par un dé corné, simple, à écailles rhomboïdales, égales sur dos, et à dents petites, nombreuses, simples, égales, dirigées vers le gosier. Les couleuvres proprement dites, ou *homopholides isodontes*, habitent les bois couverts et les prairies avoisinantes. La taille des plus grandes espèces ne dépasse guère cinq pieds. Ce sont en général des animaux timides dont les principaux moyens de défense sont la fuite et la projection d'excréments demi-liquides, à odeur alliacée, très-pénétrante. Leur morsure n'est nullement venimeuse. Les habitants de plusieurs pays les chassent et les mangent sous le nom d'*anguilles de haies*. Parmi les nombreuses espèces de couleuvres, on distingue la *couleuvre à collier*, ainsi appelée à cause de trois taches blanches formant sur la nuque un collier. On lui a donné aussi les noms de *serpent d'eau* et de *serpent nageur*.

COULEVRINE, pièce de canon allongée pour qu'elle porte plus loin. Son calibre n'est pas plus fort que celui des pièces plus courtes ; aujourd'hui on ne fond plus de couleuvrines. L'introduction des couleuvrines remonte, dit-on, au XIVe siècle. La milice turque tient encore en batterie des couleuvrines de fer pour la défense des châteaux de l'Hellespont et de la passe des Dardanelles, et la grande couleuvrine de Saint-Pierre, donnée au château Saint-Ange, à Rome, lors de l'élection des papes, le signal d'une décharge de toute l'artillerie. — Avant l'abolition de l'ordre des jésuites, on conservait à Buenos-Ayres, une couleuvrine qui avait estropié en 1521 Ignace de Loyola, événement qui avait été la cause première de la création de l'ordre ; et, le 27 septembre de chaque année, tous les profès des Nouvelles-Indes venaient la baiser.

COULICOU ou COUA, genre d'oiseaux de la famille des cuculés ou cuculidés, renfermant des oiseaux semblables aux coucous et ayant les ailes courtes, avec les cinq premières rémiges étagées. Les couas nichent dans les arbres et couvent eux-mêmes leurs œufs.

COULIS, jus ou suc de viande obtenu par l'extrême cuisson et passé au tamis. Parmi les coulis, on remarque le *soi* ou *soui*, extrait de jambons et de perdrix, auquel on ajoute des épices et du sel. Ce coulis, qu'on conserve pendant un grand nombre d'années dans des bouteilles bien bouchées, est très-recherché non-seulement des Japonais et des Chinois, qui le préparent, mais encore des Hollandais, qui en rapportent de l'Asie. Les coulis ont la propriété d'exciter l'appétit, de faciliter la digestion des autres aliments, et de nourrir en fortifiant.

COULISSE. On appelle généralement ainsi une rainure longitudinale ou circulaire, ayant une profondeur suffisante, pratiquée dans un corps quelconque. Dans cette rainure entre un *tenon* qui a la même forme et qui peut glisser facilement dedans.

COULISSE. Dans les pièces théâtrales, on donne vulgairement ce nom au châssis fait en bois léger sur la toile sur laquelle est peinte une partie de la décoration latérale. On appelle encore *coulisse* la rainure longitudinale qui permet le *faux châssis* (espèce d'échelle longue qui descend au-dessous du théâtre, presque jusque sur le sol inférieur, et monte jusqu'au plancher supérieur) le mouvement de va-et-vient qu'il doit avoir pour le changement de décoration.

COULISSE. L'horloger nomme ainsi une pièce d'une montre qui est placée sur la petite platine au-dessous du balancier, et sous laquelle le râteau du ressort spiral peut se mouvoir. Elle a la forme d'un demi-cercle.

COULOMB (Charles-Augustin DE), célèbre physicien, né à Angoulême en 1736. Après avoir fini ses études à Paris, il entra dans le corps royal du génie, et partit pour la Martinique, où il construisit le fort Bourbon. Revenu en France et envoyé à Rochefort en 1779, il y composa sa *Théorie des machines simples*. Cet ouvrage lui valut le prix double proposé par l'académie des sciences, qui l'admit en 1784 au nombre de ses membres. Il fut successivement nommé intendant des eaux et fontaines de Paris, chevalier de Saint-Louis, lieutenant-colonel du génie, etc. A la révolution, il se démit de toutes ses places et s'adonna à des expériences scientifiques. C'est à lui que l'on doit la découverte de la balance de torsion. Nommé membre de l'Institut dès sa formation, il fut ensuite inspecteur général de l'université. Coulomb mourut en 1806.

COULOMBE, pan de bois sur lequel porte une poutre.

COULOMMIERS, petite ville de France, sous-préfecture du département de Seine-et-Marne, à 12 lieues de Melun. Sa population est de 3,355 habitants. Elle a un tribunal de première instance, et commerce en fromages, blé, tannerie, chevaux, bestiaux. L'origine de cette ville fut une église dédiée à saint Denis et un manoir seigneurial élevé par les comtes de Champagne. En 1231, Thibaut VI affranchit la ville et la constitua en commune.

COUMAROU, genre de la famille des légumineuses, renfermant un arbre de la Guyane, au tronc lisse, blanchâtre, s'élevant à soixante-dix ou quatre-vingts pieds de diamètre; aux rameaux nombreux au sommet, garnis de feuilles très-longues, composées de deux ou trois paires de folioles; aux fleurs d'un violet pourpre, disposées en grappes axillaires et terminales; à la gousse oblongue, cotonneuse, renfermant une seule graine qui a la forme d'une amande. C'est la *fève tonka*. Le bois du coumarou est très-dur.

COUMIER ou COUMA, genre de la famille des apocynées, renfermant un arbre de la Guyane, de trente pieds environ, croissant au bord des fleuves. De son écorce grisâtre et épaisse découle en suc laiteux, qui se fige et se convertit en une résine assez semblable à l'ambre gris. Ses rameaux sont triangulaires et glabres; ses fleurs sont roses, de grandeur médiocre, disposées au sommet des rameaux; le fruit est une baie arrondie, un peu déprimée, renfermant de trois à cinq graines. Ces fruits, dont la pulpe, de couleur ferrugineuse, est d'abord âcre, puis douce et comestible, se vendent à Cayenne sous le nom de *poires de couma*.

COUP (accept. div.), impression ou lésion physique faite sur la partie même du corps de l'homme ou des animaux qui a été frappée ou heurtée. — On appelle, en peinture, *coup de jour* un trait vif de lumière ou de clair, placé à propos, pour donner la vie à l'œil d'une figure, ou pour donner de la saillie à un objet, ou enfin pour former ce qu'on appelle *réveillon*. — Dans les verreries, on appelle *coup de verre* la quantité de verre en fusion que l'ouvrier enlève chaque fois sur sa plaque. — *Coup de niveau* se dit, en termes d'hydraulique, d'un alignement entier pris entre deux stations d'un nivellement. — En termes de maçon, on appelle *coup de crochet* une petite cavité que les maçons font avec le crochet pour dégager les moulures du plâtre. — En termes de manége, on appelle *coup de hanche* la mauvaise conformation du cou d'un cheval, de laquelle il résulte un creux à la jonction du cou et du garrot. — Le *coup de lance* est un en-

foncement en forme de gouttière, qui s'étend le long d'une partie du cou du cheval, sur le côté. — On donne le nom de *coup de théâtre* à un événement inattendu qui change tout à coup la situation des personnages dans une action théâtrale, et celui de *coup d'État* à un événement inattendu qui change la face du monde politique.

COUP DE SANG, terme vulgaire employé par les médecins pour désigner la perte du sentiment et du mouvement qui résulte d'une hémorragie cérébrale ou d'une simple congestion de sang dans les vaisseaux cérébraux. Quelques auteurs ont compris même sous cette dénomination diverses hémorragies qui se forment dans le tissu cellulaire de la face et même dans quelque partie éloignée du cerveau.

COUP DE SOLEIL. On nomme ainsi toute espèce d'affection produite par l'action prolongée du soleil sur quelque région du corps, sur le cou, la tête, les mains, les bras. C'est ordinairement une maladie érysipélateuse; quelquefois, lorsque le soleil a agi sur la tête nue, c'est une inflammation des méninges ou membranes du cerveau.

COUPANS, monnaie d'or et d'argent que l'on fabrique et qui a cours au Japon. (Voy. KOBANG.) — On appelle encore *coupans* les bords des deux côtés de l'ongle du sanglier.

COUPE, action de couper. — En termes d'eaux et forêts, on donne le nom de *coupe des bois* à l'opération d'abattre les bois. Lorsqu'un arbre atteint l'âge où l'on juge convenable de l'abattre, on le sape à coups de hache et non de scie, parce que la nuit à la repousse des souches. L'ordonnance de 1669 veut que le tronc soit coupé ras de terre, parce qu'il repousse avec plus de vigueur. Quand l'arbre est très-vieux et ne doit pas repousser, on le coupe en *pivot*, c'est-à-dire en cône, dont le sommet est en terre. Il y a trois sortes de coupes des bois : dans la première, on abat tous les arbres, ce qu'on appelle *coupe à blanc estoc*; dans la deuxième, on réserve des *baliveaux*; la troisième n'a lieu que pour les arbres résineux, dans les montagnes rapides, et lorsque les chemins sont impraticables aux voitures. La coupe des bois ne doit se faire qu'en automne et en hiver.

COUPE (archit.). Quand on veut faire connaître la disposition intérieure d'un bâtiment, on l'imagine coupé par un plan vertical, de manière à faire voir le profil des murailles, et autres épaisseurs qui étaient en contact avec lui, et qu'il est censé avoir séparées. C'est à ce plan ou à cette projection verticale de certaines parties de l'édifice qu'on donne le nom de *coupe*. On y dessine encore divers détails intérieurs, chacun à la place qu'il occupe dans le sens perpendiculaire au plan. On fait autant de *coupes* de ce genre qu'il est nécessaire pour bien faire concevoir les dispositions intérieures.

COUPE DES PIERRES ou STÉRÉOTOMIE, science du mathématicien qui conduit le tailleur de pierres d'une manière propre à former une voûte ou un corps d'une certaine figure par l'assemblage de plusieurs pierres. Les Egyptiens ignoraient cet art important. Aussi tous leurs plafonds et leurs architraves étaient monolithes, c'est-à-dire d'une seule pierre. Les Romains l'ont connu; mais c'est dans l'architecture gothique qu'on en trouve les exemples les plus remarquables à cause de la légèreté et de la hardiesse des voûtes.

COUPE, sorte de vase dont les anciens se servaient dans les festins et les sacrifices. Leur dimension et leur *galbe* (ornement d'architecture consistant dans un élargissement fait avec grâce) varient suivant le goût du fabricant. Dans les festins, on couronnait de fleurs les coupes après les avoir remplies jusqu'au bord. Le maître de la maison devait boire à la ronde en portant la santé de chacun des convives. Il envoyait ce qui restait dans la coupe à la personne qu'il désignait; celle-ci était

obligée de la vider. A la fin du repas, on apportait la coupe de Mercure pour offrir la libation qui précédait le coucher. On vidait quelquefois jusqu'à dix coupes en l'honneur d'un ami.

COUPE, une des constellations de l'hémisphère austral, composée de onze étoiles.

COUPE. C'était autrefois, en Auvergne, le nom d'une mesure formant la trente-deuxième d'un setier.

COUPÉ, en termes de blason, c'est l'une des quatre partitions de l'écu. Elle se forme d'une seule ligne horizontale qui divise l'écu en deux parties égales, l'une supérieure et l'autre inférieure. — On dit qu'un *chevron*, une *bande*, une *barre*, etc., sont *coupés*, lorsqu'ils ne touchent point les bords de l'écu et semblent en avoir été séparés.

COUPE-CERCLE, instrument de mathématiques, consistant en une des pointes d'un compas rendue tranchante, de manière à couper du carton ou le papier en décrivant un cercle. — Les menuisiers appellent ainsi un vilebrequin qui est armé à son extrémité d'une couronne tranchante, au centre de laquelle il y a une pointe qui fixe le vilebrequin et qui perce un trou, tandis que la couronne emporte une pièce circulaire.

COUPE-GAZON, nom donné à deux instruments d'agriculture. Le premier est un grand couteau emmanché en biais, dont on se sert en Suisse; le second est un disque d'acier coupant, tournant sur un tourillon, dont on fait usage en Angleterre. Tous deux agissent en les faisant couler sur un cordeau. Le dernier, prompt et économique pour faire les rigoles propres à l'irrigation des prés, fait rapidement les deux tranchées qui indiquent la largeur des rigoles, dont on enlève ensuite la terre à la bêche.

COUPELLATION, opération chimique dont le but est de séparer les métaux étrangers qui peuvent être contenus dans l'or ou l'argent. Cette purification se fait en ajoutant à ces derniers une certaine proportion de plomb et en soumettant l'alliage qui en résulte à une température telle que, l'or et l'argent exceptés, tous les autres métaux sont convertis en oxydes, et par cela même éliminés, les oxydes fondus s'écoulant à travers une espèce de petit creuset appelé *coupelle*. La coupellation se pratique dans un fourneau particulier, connu sous le nom de *fourneau de coupelle*. — On emploie la coupellation pour connaître la quantité d'alliage renfermé dans un lingot d'or ou d'argent. — L'opération de l'affinage du *plomb d'œuvre* ou plomb argentifère n'est autre chose que la coupellation en grand. Des machines soufflantes, chassant la flamme, déterminent la formation de l'oxyde de plomb, qui veut sortir par une ouverture opposée à la bouche des soufflets. L'argent, qui s'oxyde pas, reste seul sur la sole, et, au moment où la dernière pellicule d'oxyde de plomb a disparu, on voit briller une vive clarté, nommée *éclair*, *fulguration* ou *coruscation*. C'est le signe auquel on connaît que la coupellation est terminée.

COUPELLE, vase en forme de coupe, fabriqué avec la poudre d'os calcinés, ni trop grosse ni trop fine, afin que le vase conserve tout à la fois beaucoup de porosité pour absorber tout l'oxyde de plomb de l'essai et une certaine consistance. On commence par délayer la poudre d'os avec une assez grande quantité d'eau; on laisse tremper sept ou huit heures, et, après avoir fait égoutter la pâte, on la met dans des moules en cuivre jaune, destinés à les former. Après les avoir sorties des moules, on les fait sécher et ensuite cuire au four. Les petites coupelles ont quelques centimètres de diamètre; celui des grandes peut avoir jusqu'à trois pieds.

COUPE-RACINES, instrument avec lequel on coupe par tranches plus ou moins épaisses les racines destinées à la nourriture des bestiaux. Dans les petites exploitations, on fait usage pour cet objet d'une lame tranchante en forme de S, de trois pouces de large sur six de long, qui porte une douille dans laquelle se fixe un manche de six à huit pieds de long. On fait agir ce couteau en frappant de sa lame les racines, comme si l'on voulait les tirer. On a varié de beaucoup de manières la forme des coupe-racines. On en a fait avec des volants, dont les rayons sont armés de couteaux. On se sert encore avec avantage d'un coupe-racines à levier, qui coupe et recoupe les tranches assez menues pour la nourriture des bestiaux.

COUPERIN, famille de musiciens distingués sur le clavecin. — LOUIS COUPERIN, natif de Chaume (Brie), organiste de la chapelle du roi, mérita par son talent qu'on créât pour lui la charge de dessus de viole. Il mourut subitement en 1665 à l'âge de trente-cinq ans. — FRANÇOIS COUPERIN, mort en 1728 à quarante-deux ans, n'a laissé aucune composition. Sa fille LOUISE COUPERIN, morte en 1728 à quarante-deux ans, avait une place dans la musique du roi. — FRANÇOIS COUPERIN, mort à Paris en 1733, fut fait à soixante-cinq ans, par Louis XIV, organiste de sa chapelle et claveciniste de sa chambre. Ses diverses *pièces de clavecin* offrent un chant gracieux et naturel. Ses talents se perpétuèrent dans ses deux filles, dont l'une devint claveciniste de la chambre du roi, charge qui jusque-là n'avait été occupée que par des hommes.

COUPEROSE, nom sous lequel on désignait autrefois le proto-sulfate de fer, le proto-sulfate de zinc et le proto-sulfate de cuivre. Le premier était appelé *couperose verte*, le second *couperose blanche*, et le troisième *couperose bleue*, noms tirés de la couleur que présentent ces trois sels.

COUPEROSE BLANCHE (proto-sulfate de zinc), sel blanc, d'une saveur âcre et styptique, ordinairement en masses grenues semblables à du sucre, s'effleurissant à l'air, fondant facilement dans son eau de cristallisation, dont il contient trente-six centièmes, soluble dans trois parties d'eau froide. On le prépare le plus généralement en faisant griller et lessivant la mine de zinc sulfuré appelée *blende*, ou en traitant le zinc par l'acide sulfurique étendu d'eau. Son poids spécifique est de 1,912. La couperose blanche, appelée encore *vitriol blanc*, sert principalement dans la thérapeutique; on l'administre à l'intérieur comme astringent; autrefois il remplaçait l'émétique.

COUPEROSE BLEUE (deuto-sulfate de cuivre), sel bleu, d'une saveur très-styptique, soluble dans quatre parties d'eau froide, cristallisant par le refroidissement en prismes à base oblique, s'effleurissant légèrement à l'air. On l'obtient en grand en calcinant et en exposant à l'air le sulfure de cuivre ou la *pyrite* pour le transformer en sulfate. On peut aussi le faire en traitant le cuivre par l'acide sulfurique bouillant. La couperose bleue, appelée encore *vitriol bleu*, est un sel très-vénéneux. On l'emploie, en médecine, rarement à l'intérieur en très-petites doses. Il est astringent et cathérétique. On s'en sert dans les arts pour fabriquer le *vert de Scheele*, les *cendres bleues*, etc.

COUPEROSE VERTE (proto-sulfate de fer), sel qu'on trouve sous forme de rhombes transparents, verts, d'une saveur semblable à celle de l'encre, efflorescents, se dissolvant dans deux parties d'eau froide. Il n'est pas vénéneux, et son poids spécifique est de 1,840. On l'obtient en traitant le fer par l'acide sulfurique étendu d'eau, à la température ordinaire, et plus communément en traitant les mines qui doivent fournir l'alun, c'est-à-dire, les pyrites ou sulfures de fer. La couperose verte, appelée encore *vitriol vert*, sert à un grand nombre d'usages dans l'industrie. On l'emploie dans la fabrication du bleu de Prusse, dans la préparation de l'encre, dans la composition des teintures en noir. On emploie pour dorer la porcelaine le précipité d'or qui résulte de la combinaison de l'hydrochlorate d'or avec sa solution. — La couperose verte est administrée en médecine comme tonique et astringente.

COUPEROSE. Ce mot désigne, en pathologie, des taches rouges, rugueuses, irrégulières, qui surviennent à la peau du visage et qui ont toujours une marche chronique. Cette éruption, contre laquelle on emploie un régime doux et des boissons rafraîchissantes, laxatives, diurétiques, quelquefois même la saignée locale ou générale, se montre particulièrement chez l'âge mûr chez les individus pléthoriques, sujets à des hémorragies, chez les femmes parvenues au temps critique, les individus adonnés à la bonne chère et aux liqueurs spiritueuses.

COUPOIR. Le monnayeur donne ce nom à une machine dont il se sert pour couper, dans des lames d'or, d'argent ou de cuivre, les *flans*, c'est-à-dire des morceaux de la grandeur et de la rondeur des espèces, des médailles ou des jetons qu'il doit fabriquer. Le coupoir a à peu près la forme du balancier des monnaies; mais il est plus petit.

COUPOIR, instrument dont le fondeur en caractères d'imprimerie se sert pour couper, aux corps des caractères, certaines parties qui nuiraient à l'impression et pour les rendre plus propres.

COUPOLE, voûte sphérique surmontant un édifice circulaire ou la portion d'un monument qui offre une vaste partie carrée ou octogone. La coupole diffère du dôme en ce que celui-ci désigne la partie extérieure, tandis que la coupole n'indique que l'intérieur. Les coupoles les plus élevées sont celles du Panthéon de Rome, construite avant J.-C., et qui paraît pour la plus célèbre et la mieux conservée de toutes les sortes d'édifices (sa hauteur est de cent trente-sept pieds), et de Saint-Pierre de Rome, construite en 1580 par Bramante, Michel-Ange et Vignole, et dont la hauteur est de cent trente pieds.

COUPON, nom donné à un morceau d'étoffe ou de toile de quelque substance qu'elle ait été formée, qui a une longueur moindre de trois mètres, et qui ne suffirait pas pour former un habillement complet. — Le marchand de bois flotté appelle *coupon* la dix-huitième partie d'un train de bois. Chaque coupon doit avoir douze pieds de long. — En termes de finances, on appelle *coupon* un papier portant intérêts et dont on coupe une partie à échéance. Dans certaines entreprises, on a créé des actions et des *coupons* d'action. Au fur et à mesure que l'actionnaire donne de l'argent, on lui donne un *coupon*.

COUPURE, blessure produite sur un corps par un instrument tranchant qui en a divisé quelques parties. Les coupures sont peu redoutables. Le moyen le plus simple pour la guérison est de laisser couler le sang pendant quelque temps, et de rapprocher ensuite les bords de la plaie avec du taffetas d'Angleterre ou du diachylum, qui maintiennent les bords de la plaie rapprochés et favorisent la cicatrisation.

COUPURES (art des fortifications) se dit des séparations que l'on pratique dans les ouvrages attaqués pour en disputer le terrain face à face avec l'ennemi. Les coupures ne sont ordinairement composées que d'un fossé et d'un parapet.

COUR, espace vide, découvert, de figure carrée ou circulaire, dépendant d'une maison, d'un hôtel, d'un palais, et fermé de murs de tous côtés ou entouré de bâtiments. Presque toutes les maisons des anciens avaient des cours plus ou moins vastes. Celles des maisons de Pompéi étaient pavées de compartiments de marbre ou de mosaïques; tout autour régnaient des ailes de bâtiments, des portiques, et le milieu était occupé par une citerne. — Le mot *cour* est encore employé pour signifier le lieu où réside un roi ou un prince souverain et comme synonyme de tribunal.

COUR DES AIDES, cour souveraine d'où ressortissaient les tribunaux d'élections, tribunaux institués pour connaître en première instance de toutes les difficultés relatives aux impôts, tailles, subsides, etc., et des rébellions commises contre les collecteurs, et qui jugeait en dernier ressort tous les procès civils et criminels qui avaient rapport à cette matière. Les cours des aides, instituées en 1356 par le roi Jean II, furent définitivement abolies en 1790. A cette époque, on comptait en France quinze cours des aides : à Paris, Bordeaux, Clermont-Ferrand, Montauban, Aix, Dôle, Rouen, Montpellier, Grenoble, Dijon, Pau, Rennes, Metz, Douai et Perpignan. — Napoléon rétablit sous le nom de *cours prévôtales* cette haute juridiction, mais seulement pour les délits de la contrebande (18 octobre 1810). Les cours prévôtales, dont ressortissaient les tribunaux ordinaires, n'ont cessé qu'en 1814.

COUR D'AMOUR, tribunal du moyen âge, composé de dames nobles, dont la juridiction, reconnue par la courtoisie et l'opinion, s'étendait, dans toute la France, sur les questions de galanterie et les contestations que l'amour pouvait faire naître entre les deux sexes. Les cours d'amour existèrent depuis le XIIe siècle jusqu'à la fin du XIVe. Les documents les plus précieux que nous possédons sur les cours d'amour se trouvent dans un ouvrage d'André le Chapelain, intitulé : *De arte amatoria et reprobatione amoris*, dans lequel il rapporte en entier les règles du code d'amour en trente et un articles. Elles se tenaient à Signes, Pierrefeu, Romanin et Avignon, en Provence.

COUR D'ASSISES, juridiction chargée de l'administration de la justice criminelle, et ne formant pas un tribunal à part. Les cours d'assises sont temporaires, n'existent qu'à partir du jour fixé pour leur ouverture, et cessent d'exister aussitôt qu'elles ont prononcé sur toutes les affaires qui leur sont soumises. Leur compétence comprend tous les crimes contre la chose publique ou contre les particuliers, la connaissance exclusive des délits politiques et des délits de la presse, etc., commis par des individus autres que ceux qui, à raison de leur qualité, doivent être jugés par la cour des pairs ou tout autre tribunal exceptionnel. Il y a une cour d'assises par département. Chaque cour d'assises est composée de trois juges : un président, choisi parmi les conseillers de la cour royale, et deux assesseurs. Lorsque l'accusé est présent, la cour d'assises ne peut prononcer sans le concours du jury, qui seul juge le fait. Les magistrats appliquent la loi.

COUR DES COMPTES, juridiction supérieure instituée par la loi du 16 septembre 1807 pour exercer les fonctions de la comptabilité nationale, examiner et juger les comptes des recettes et dépenses publiques, qui lui sont présentés chaque année par les receveurs généraux, les payeurs du trésor public, les receveurs de l'enregistrement, du timbre et des domaines, les receveurs des douanes et sels, les receveurs des contributions directes, les directeurs comptables des postes, les directeurs des monnaies, le caissier du trésor public. Elle juge aussi les comptes annuels des trésoriers des colonies, de l'agent comptable du service des colonies, de l'agent comptable des recettes et dépenses des chancelleries consulaires, du trésorier général des Invalides de la marine, de l'agent comptable des traites de la marine, des économes des collèges royaux, des commissaires des poudres et salpêtres, du directeur des transferts des rentes inscrites aux grands-livres de la dette publique; du directeur du grand-livre et de celui des pensions, pour les augmentations ou atténuations survenues chaque année dans la masse de la dette inscrite ; de l'ordre de la Légion d'honneur, de la caisse d'amortissement et de celle des dépôts et consignations, des hospices et établissements de bienfaisance ayant le revenu déterminé par les lois et règlements. Elle statue sur les pourvois qui lui sont présentés contre les règlements prononcés par les conseils de préfecture des comptes annuels des receveurs des communes, hospices et établissements de bienfaisance, dont le revenu ne s'élève pas au delà de la somme fixée par les lois et règlements. Elle statue sur les demandes formées par les comptables en radiation, réduction ou translation d'hypothèques. Elle prononce contre les comptables en retard de présenter leurs comptes les amendes et peines fixées par les lois et règlements. Elle constate chaque année, par une déclaration générale, le résultat de la comparaison qu'elle établit entre les comptes publiés par les ministres pour l'année précédente et les arrêts rendus sur les comptes individuels de ces comptables, tant sous le rapport de l'exactitude des résultats que sous celui de la légalité des recettes et dépenses publiques. Cette déclaration est portée à la connaissance des chambres. La cour consigne, dans un rapport public, annuellement les vues de réforme et d'amélioration sur l'administration financière du royaume. Ce rapport doit être distribué aux chambres. Tous les trois mois, l'état de situation des travaux de la cour est présenté au garde des sceaux. Les arrêts de la cour des comptes peuvent être cassés par le conseil d'État pour violation des formes et de la loi. Les ministres et les comptables peuvent se pourvoir devant le conseil d'État, dans le délai de trois mois, contre les arrêts de la cour. En cas de cassation d'un arrêt, l'affaire est envoyée devant l'une des chambres qui n'en a pas connu. La cour des comptes a un *premier président*, trois *présidents de chambre*; dix-huit *conseillers maîtres*, qui jugent et sont répartis en trois chambres ; quatre-vingts *conseillers référendaires*, chargés de la vérification des comptes sans avoir voix délibérative, et divisés en deux classes, savoir dix-huit de première classe et soixante-deux de deuxième; un *procureur général*, chargé de remplir auprès de la cour les fonctions du ministère public, et un *greffier en chef*. Les présidents et conseillers sont nommés par le roi et inamovibles. Les présidents de la cour des comptes immédiatement, les conseillers maîtres et le procureur général, après cinq ans d'exercice, sont aptes à être nommés membres de la chambre des pairs. La cour des comptes prend rang immédiatement après la cour de cassation, et jouit des mêmes prérogatives. La cour des comptes était, avant la révolution, connue sous le nom de *chambre des comptes*.

COURS MARTIALES. Voy. CONSEILS DE GUERRE.

COUR DES MIRACLES. Voy. MIRACLES.

COUR PLÉNIÈRE, assemblée solennelle que les grands princes ou les souverains tenaient, au moyen âge, le jour de quelque fête notable, ou lorsqu'ils voulaient donner quelque magnifique tournoi.

COUR DES POISONS, nom donné à la chambre royale établie à l'Arsenal par lettres patentes du 7 avril 1679, pour reconnaître et juger les accusés prévenus de poison, maléfices, impiétés, sacriléges, profanations et fausse monnaie. Cette commission extraordinaire se composait de huit conseillers d'État, six maîtres des requêtes. La cour des poisons jugea la fameuse empoisonneuse la Voisin, et fut supprimée avant 1680.

COURS PRÉVOTALES. Voy COUR DES AIDES.

COURS D'APPEL, tribunaux qui forment le deuxième degré de juridiction en France, et qui ont été désignés d'abord sous le nom de *tribunaux d'appel*, puis sous ceux de *cours d'appel* et *cours impériales*. Ils sont institués pour connaître sur les appels des jugements des tribunaux de première instance et de commerce, pour juger les conflits qui s'élèvent entre ces deux juridictions, et connaître de l'exécution de leurs arrêts. C'est devant les cours d'appel que sont portées les demandes en réhabilitation des faillis, les difficultés relatives aux droits universitaires, les réclamations contre les décisions rendues par les préfets sur la formation des listes électorales, etc., etc. Chaque cour d'appel se compose d'un *premier président*, d'autant de *présidents* que de chambres, de *conseillers* et de *conseillers auditeurs*. Le nombre des membres de chaque cour (conseillers auditeurs non compris) ne peut excéder soixante à Paris et quarante dans les autres villes. Il ne peut pas être moindre de quarante à Paris et de vingt-quatre dans les autres villes. Celle de Bastia seule n'en a que vingt. L'organisation du ministère public près de chaque cour est composée d'un procureur général, des substituts sous le titre d'avocats généraux, et des substituts pour le service du parquet. — Il y a en France vingt-sept cours d'appel : à Paris, Agen, Aix, Amiens, Angers, Bastia, Besançon, Bordeaux, Bourges, Caen, Colmar, Dijon, Douai, Grenoble, Limoges, Lyon, Metz, Montpellier, Nancy, Nîmes, Orléans, Pau, Poitiers, Rennes, Riom, Rouen et Toulouse.

COURANT, mouvement progressif d'un fluide quelconque suivant une direction droite ou courbe. Les navigateurs attestent qu'il existe au sein de l'Océan, principalement entre les tropiques et jusqu'au trentième degré de latitude nord et sud, un mouvement continuel qui porte les eaux d'orient en occident dans une direction contraire à celle de la rotation du globe. Un second mouvement porte les mers du nord vers l'équateur. On explique le premier de ces courants par l'attraction du soleil et de la lune, qui, en avançant chaque jour vers l'occident, entraînent la masse des eaux de ce côté par le mouvement de rotation de la terre, qui laisse en arrière, suivant une direction tangentielle, les eaux de sa surface, et par l'évaporation des eaux de l'équateur, qui sont remplacées par celles du pôle, qui semblent, par leur immobilité, exécuter un mouvement n'existant réellement que pour la terre. Le second courant s'explique par cette même évaporation des eaux équatoriales et par la liquéfaction constante des glaces polaires. Il y a encore des courants partiels, produits par la rencontre de quelque grande terre, qui force les eaux à prendre une autre direction.

COURANTS ÉLECTRIQUES, mouvements du fluide électrique dans les corps. La production des courants a été un des phénomènes qui ont conduit à la découverte de l'identité du magnétisme et de l'électricité. Les lois fondamentales peuvent s'énoncer ainsi : 1° deux courants parallèles s'attirent s'ils vont dans le même sens, et se repoussent s'ils vont en sens contraire ; 2° deux courants obliques s'attirent s'ils s'approchent ou s'éloignent en même temps du sommet de l'angle ; ils se repoussent si l'un d'eux s'en approche et que l'autre s'en éloigne ; 3° deux courants s'attirent ou se repoussent avec des forces numériquement égales, selon qu'ils vont dans le même sens ou dans un sens contraire ; 4° l'action d'un courant sinueux est égale à celle d'un courant rectiligne terminé aux mêmes extrémités et s'écartant peu du premier ; 5° les diverses parties d'un même courant sont dans un état continuel de répulsion.

COURANTE, air de danse en mesure ternaire, qui était autrefois usité dans les bals, et qui a passé de mode. La courante suivait ordinairement l'allemande : elle était à deux reprises.

COURATARI, genre de la famille des myrtées, renfermant de grands arbres indigènes à la Guyane et au Brésil. Les couratarîs s'élèvent à la hauteur de vingt mètres et plus, et acquièrent un diamètre d'un mètre un tiers. Leur bois est blanc à la circonférence, rouge au centre ; leur écorce se gerce très-aisément, et fournit, lorsqu'elle est sèche, une couleur de cannelle solide. L'arbre se charge de nombreux rameaux, étalés, garnis de feuilles simples, ovales, entières, rougeâtres dans leur jeunesse, pendantes, et d'un vert très-foncé. Les fleurs sont grandes, d'un blanc agréablement lavé de pourpre, disposées en épis. Le fruit est une capsule sèche, coriace, oblongue, presque en cloche, et légèrement trigone. Le couratari porte encore les noms de *maou* et de *balatas blanc*. Son bois est placé au premier rang parmi les bois propres à la charpente.

COURBARIL ou HYMÉNÉE, genre de la famille des légumineuses. Le *courbaril de Cayenne* est un arbre résineux fort utile. C'est de son tronc et de ses branches que découle la *résine animée occidentale*, substance concrète, friable, inflammable, soluble dans l'alcool, d'un blanc jaunâtre, d'une odeur aromatique douce, d'une saveur âcre. Elle est employée dans quelques préparations pharmaceutiques, comme le copal et le tacamahaca. Les gousses du courbaril renferment une pulpe farineuse d'une odeur aromatique et de la saveur du pain d'épice. Son bois, d'un beau rouge et susceptible d'un poli parfait, est très-recherché des ébénistes. On l'emploie dans la construction des édifices et des moulins à sucre.

COURBATURE, indisposition caractérisée par un sentiment de malaise et de fatigue générale, un dérangement sensible, mais léger, dans la plupart des fonctions, et qui cesse après quelques heures ou tout au plus quelques jours de durée. Souvent quelques heures de sommeil suffisent pour la dissiper complétement : le repos et la diète sont les seuls moyens indiqués. Les symptômes sont le malaise de tout le corps, un brisement et une fatigue générale, souvent le mal de tête, la difficulté de faire des mouvements, une sorte de paresse physique et morale, la perte de l'appétit, la sécheresse de la bouche, l'accélération passagère du pouls, etc. Ses causes les plus ordinaires sont un exercice violent ou prolongé, les veilles, les passions vives, l'exposition au froid ou au chaud, etc.

COURBE (géom.), ligne dont les parties successives, infiniment petites, ont des directions différentes. Une ligne courbe peut être considérée comme une infinité de lignes brisées. Elle est *plane* si elle est contenue tout entière dans un plan, et *à double courbure* si cette condition n'est pas remplie. Les lignes courbes sont représentées analytiquement par des équations. Ce fut Descartes qui donna le premier moyen de déterminer les courbes par des équations. Les lignes ont été classées suivant le degré des équations qui les expriment. Celles du premier ordre expriment seulement des droites. Celles du second ordre ont reçu le nom de *courbes du premier ordre* : ce sont le *cercle*, l'*ellipse*, la *parabole* et l'*hyperbole*. Celles du troisième ordre renferment toutes des courbes du deuxième. — Les courbes planes se divisent ordinairement en deux classes : les courbes *algébriques* ou *géométriques*, qui sont celles pour lesquelles la relation entre l'abscisse et l'ordonnée est exprimée par des quantités algébriques ordinaires ; et les courbes *transcendantes* ou *mécaniques*, qui sont celles dont les équations renferment des quantités transcendantes.

COURBE, tumeur oblongue, grosse et dure, située en dedans ou en bas du jarret des animaux domestiques. Cette maladie est produite par un effort ou un exercice trop grand.

COUREUR. On appelait ainsi, avant la révolution de 1789, les domestiques tout chamarrés d'or, de plumes et de rubans, que les seigneurs faisaient tenir derrière leurs carrosses et employaient à porter leurs messages. Les coureurs précédaient quelquefois aussi les voitures pour les annoncer de loin. — On donne le nom de COUREURS aux oiseaux qui courent, tels que les autruches, les casoars, les secrétaires, les outardes, etc. — M. Blainville a donné le même nom à une famille de rongeurs, correspondant à celle des CAVIENS.

COURE-VITE, genre d'oiseaux de l'ordre des échassiers, dont les caractères consistent en un bec grêle, conique et arqué, des ailes courtes et des jambes hautes, terminées par trois doigts sans palmature et sans pouce. Le coure-vite se tient dans les lieux secs, sablonneux et éloignés des eaux. Il appartient à l'Afrique septentrionale et à l'Europe.

COURGE, genre de plantes, type de la famille des cucurbitacées, et ne différant des concombres que par ses semences entourées d'un bourrelet très-sensible quand elles sont entières, et échancrées en cœur lorsqu'elles sont minces sur les bords. Le genre courge se divise en deux sections: celle des PÉPONS, qui comprend le pépon, le potiron, la melonnée et la pastèque, et celle des COURGES proprement dites, qui comprend la calebasse et ses variétés. Les différentes espèces du genre courge sont herbacées, annuelles, à tige charnue, armée de vrilles. Elles fournissent les plus gros fruits connus; ces fruits, généralement bons à manger, même crus, sont un peu secs et amers. On retire des pepins une huile verdâtre qui n'a aucun mauvais goût, brûle bien, répand une lumière vive et jette très-peu de fumée.

COURIER (Paul-Louis), écrivain politique et savant helléniste, né en 1772. Il entra en 1792 à l'école d'artillerie de Châlons, et en sortit avec le grade de lieutenant d'artillerie à cheval. Il parvint au grade de chef d'escadron, et se retira du service en 1810. Il mourut en 1825, assassiné dans sa terre de la Chavonnière, près de Tours. Sa fin tragique a donné lieu à des poursuites juridiques qui ont été sans résultat. Il a composé un grand nombre de pamphlets politiques et une foule d'opuscules littéraires, parmi lesquels les traductions de l'*Éloge d'Hélène* d'Isocrate, et de l'*Hippiatrique* de *Xénophon*, etc.

COURLANDE, gouvernement de la Russie européenne, borné au N. par le golfe de Livonie ou de Riga, à l'O. par la mer Baltique, au S. par le gouvernement de Vilna, et à l'E. par le gouvernement de Livonie. Sa superficie est de 142 lieues carrées, et sa population de 581,300 habitants, dont 361,160 luthériens. — Le climat est âpre, mais sain; le sol est gras et entièrement plat. Le pays est fertile en lin, chanvre, etc. On y trouve du gibier, des mines de fer, des tourbières, peu de fabriques, à l'exception des distilleries. Le commerce consiste en blé, vin, huile et bois. — La capitale est MITTAU. — La Courlande était, au moyen âge, soumise à l'ordre Teutonique, dont le dernier grand maître, Gotthard-Kettled, la plaça en 1561 sous le vasselage de la Pologne. Sa postérité régna en Courlande jusqu'au XVIIIe siècle. En 1710, Frédéric-Guillaume, sixième duc de Courlande, épousa la princesse Anne, fille du tsar Ivan, et mourut l'année suivante. Son oncle Ferdinand remplaça Anne sur le trône de Courlande, et fut remplacé par le comte Ernest de Biren. La Russie depuis cette époque exerça la plus grande influence sur le choix des ducs de Courlande. En 1795, cette province fut réunie à la Russie.

COURLIS ou CORLIEU, genre d'oiseaux de l'ordre des échassiers et de la famille des ibis, vivant de vers et d'insectes, et se tenant dans les marais. Les courlis ont le bec arqué, mais assez grêle, rond sur toute sa longueur; la tête et le cou sont entièrement garnis de plumes. — L'Europe possède une espèce de courlis, le *courlis commun* ou *cendré*, dont le plumage est brun, chaque plume étant flammée de blanchâtre; le croupion est d'un blanc pur. La longueur totale est de deux pieds.

COUROL ou VOUROUDRIOU, genre d'oiseaux de l'ordre des grimpeurs et de la famille des cuculidés. Le bec est pointu, gros, robuste, à mandibule supérieure crochue et échancrée vers le bout; les ailes pointues, la queue est grande, presque égale, composée de douze rectrices. Les vouroudrious sont frugivores et nichent dans les forêts. On ne les a trouvée encore qu'à Madagascar.

COURONNE, ornement de tête de forme circulaire que portent les rois et les grands. — Les empereurs romains de la famille des Césars ne portèrent pas de diadème: on les représente souvent avec une couronne de laurier. Le premier qui porta un rang de perles sur la tête fut Elagabal ou Héliogabale. — L'empereur d'Allemagne recevait trois couronnes: celle de Germanie, qui était d'argent, et qui se prenait à Aix-la-Chapelle; celle de Lombardie, qui se prenait à Milan; et enfin celle de l'empire, qu'il ne pouvait recevoir qu'à Rome. La seconde, connue sous le nom de *couronne de fer*, consistait en une bande d'or d'environ quatre doigts de largeur, ornée de ciselures et de pierreries, tournée en forme de diadème antique, et garnie intérieurement d'une bande de fer large d'un doigt, qui provenait d'un clou de la passion. La troisième était surmontée d'une mitre semblable à celle des évêques, plus petite cependant, plus large et moins pointue; son ouverture était au front, et au-dessus d'un cercle d'or était placée une croix. — Les pontifes portent une *tiare* ou *trirègne*, composée de trois couronnes. Ce fut, selon la plupart des auteurs, Boniface VIII qui, en 1300, ajouta à la tiare la seconde couronne. Benoît XII, en 1334, y ajouta la troisième couronne. — Vers le Xe siècle, quand les États féodaux se formèrent, les ducs, les marquis, les comtes, les vicomtes, les barons prirent la couronne ornée de signes distinctifs. Celle du baron était un simple cercle, orné de perles placées diagonalement; celle du vicomte, un cercle surmonté de pointes; celle du comte, un cercle surmonté de pointes, surmontées à leur tour de perles; celle du marquis, un cercle surmonté de quatre feuilles d'ache entremêlées de pointes couronnées de perles; et celle du duc, un cercle surmonté partout de feuilles d'ache. — Les rois de France de la première race portèrent quatre sortes de couronnes: la première était un diadème de perles fait en forme de bandeau, avec des bandelettes qui pendaient derrière la tête; la deuxième, celle que portaient les empereurs d'Allemagne; la troisième avait la forme d'un *mortier*; la quatrième enfin était en forme de chapeau pyramidal, finissant en une pointe surmontée d'une grosse perle. — Les rois de la deuxième race avaient la tête ceinte d'un double rang de perles ou d'une couronne de laurier. — Ceux de la troisième ne portèrent qu'une seule espèce de couronne, composée d'un cercle d'or enrichi de pierreries et rehaussée de fleurs de lis. François Ier adopta celle qui se fermait par le sommet.

COURONNE (antiquit.). Les couronnes étaient, chez les anciens, un des attributs des dieux. Celle de Jupiter était de fleurs et quelquefois de laurier; celle de Junon était de vigne; celle de Bacchus, de pampre et de raisin, de branches de lierre chargées de fleurs et de fruits; celle d'Apollon, de roseaux ou de laurier; celle de Vénus, de roses; celle de Cérès, d'épis. Les prêtres et les sacrificateurs portaient pendant les sacrifices des couronnes d'or, de branches d'olivier ou de laurier. Les magistrats, dans les jours de cérémonies, portaient des couronnes d'olivier ou de myrte; les ambassadeurs, de verveine ou d'olivier. — Dans les festins, on composait les couronnes de fleurs, d'herbes et de branches de roses, de lierre, d'if, de quintefeuille. Les conviés portaient trois couronnes: l'une qu'ils plaçaient d'abord sur le haut de la tête, l'autre dont ils se ceignaient le front, et la troisième qu'ils se mettaient autour du cou. — Les Romains avaient des couronnes militaires données au mérite pour récompenser des belles actions.

COURONNE. On nomme vulgairement, en botanique, *couronne d'Ariane* une espèce d'*apocyn*; *couronne de moine*, le *pissenlit*; *couronne de terre*, le *lierre terrestre*; *couronne des frères*, un *chardon*; *couronne du soleil*, le *tournesol annuel*; *couronne impériale*, la *fritillaire* et une *courge*; *couronne royale*, le *mélilot*.

COURONNE DES DENTS, partie de la dent qui fait saillie hors de la gencive.

COURONNE DE TRÉPAN, espèce de scie de forme circulaire, laquelle s'adapte à l'arbre du trépan et perce les os en leur enlevant une pièce circulaire.

COURONNE (ABBAYE DE LA), riche et célèbre abbaye de France, de l'ordre de Saint-Augustin, fondée en 1122. Ses belles ruines se voient encore dans la commune de *la Couronne-le-Palud*, à une lieue et quart d'Angoulême. L'église avait deux cent deux pieds de longueur sur quatre-vingt-dix pieds de largeur. Ce monument, le plus beau de l'Angoumois, a été détruit en 1808.

COURONNE (monnaie anglaise). Voy. CROWN.

COURONNE. En botanique, on donne ce nom: 1o à l'ensemble des fleurettes disposées en rayons allongés, aplatis, divergents, qui ornent le disque des fleurs radiées; 2o à l'espèce d'appendice qui surmonte la gorge de la corolle ou du périanthe; 3o au débris du calice qui demeure adhérent à la graine des scabieuses, des camomilles, etc., aux fruits du lierre, du poirier, du grenadier, etc.; 4o aux feuilles disposées en rosette au sommet d'une tige ou de ses divisions.

COURONNE. Chez les cultivateurs, on donne ce nom à une maladie des arbres que dénoncent la couleur jaunâtre des feuilles et le desséchement des branches. L'arbre qui est atteint est dit *couronné*. Il faut l'arracher et planter à sa place une autre espèce de végétal. — Les horticulteurs appellent *couronne* une sorte de greffe qu'ils appliquent non-seulement à de jeunes sujets dont les vaisseaux séveux ont un très-petit diamètre et dont le bois est fort dur, mais encore aux arbres fruitiers à pepins.

COURONNE. Dans l'art vétérinaire, on appelle ainsi: 1o la partie la plus basse du paturon du cheval, qui règne le long du sabot et se distingue par le poil qui couvre le haut du sabot; 2o une marque qui reste au genou du cheval, lorsque après une chute les poils de cette partie n'ont point repoussé.

COURONNE (DISCOURS POUR LA), titre d'un discours de Démosthène, regardé comme le chef-d'œuvre du genre oratoire. Le sujet de ce discours est la justification par un Athénien nommé Ctésiphon, qui avait fait décréter par le peuple que l'on offrirait à Démosthène une couronne d'or en reconnaissance de son zèle pour la république. Eschine, vendu à Philippe, combattit la motion. Mais Démosthène accabla par son éloquence son rival, qui fut exilé par le peuple.

COURONNEMENT. En architecture, on appelle ainsi tout ce qui termine en dessus un mur, une colonne, un dôme, un ensemble, etc.: ainsi la corniche couronne l'entablement, qui lui-même couronne le mur. Un quadrige de bronze couronne l'arc de triomphe du Carrousel. — Le COURONNEMENT est aussi l'action de couronner les souverains. Voy. SACRE.

COUROUCOU, genre d'oiseaux de l'ordre des grimpeurs, appartenant aux contrées les plus chaudes des deux continents. Les espèces sont peu nombreuses, se nourrissent principalement d'insectes et de fruits mous et succulents. Les tarses sont très-grêles, minces et courts; les ailes médiocres, concaves; la queue étagée; leur plumage, doux et moelleux, offre un mélange des plus gracieuses couleurs; leur chair est un excellent aliment, et leurs dépouilles se vendent à un prix très-élevé.

COURRIER, nom donné à celui qui court la poste, soit à cheval, soit en voiture. — L'usage des courriers est fort ancien. Au rapport d'Hérodote, il y en avait en Perse, et ils étaient très-prompts. Ils faisaient 20 à 25 lieues par jour, et se relayaient de distance en distance. — Les Grecs avaient des courriers à pied nommés hemerodromai (courriers d'un jour), et les Romains des *viatores*. — L'institution des courriers en France date de celle des postes par Louis XI ; mais l'établissement des courriers tels qu'ils sont aujourd'hui ne date que de 1630. De tous les courriers en voiture, les plus connus et les plus utiles sont les *courriers de la malle*, qui font le service ordinaire de la poste aux lettres et passent la moitié de leur vie dans une malle-poste. Ils achètent pour leur propre compte les denrées des pays qu'ils traversent pour les vendre plus loin.

COURRIER. Dans l'Eglise, on nommait ainsi un officier considérable d'un prélat séculier. Il tenait la main à l'exécution des ordres de l'évêque, son lieutenant pour le temporel. — Le COURRIER était aussi le procureur ou intendant des abbés, des prieurs, etc. — Les COURRIERS APOSTOLIQUES sont les messagers de la cour de Rome. Leur office est de convoquer les cardinaux, d'afficher les décrets du pape aux portes de Saint-Jean de Latran, de Saint-Pierre, du palais de l'inquisition et de la chancellerie apostolique, et au champ de Flore. Ils sont au nombre de dix-neuf, parmi lesquels il y en a un qui exerce l'office de maître pendant trois mois. Leur habit de cérémonie est violet ; quand ils sont en mission, ils portent une verge ou baguette noire ; quand ils assistent aux cavalcades où le pape se trouve, ils ont en main une masse d'argent, et entourent la litière.

COURS. En termes de commerce, on appelle *cours de change* ou *cours de place* le taux que les banquiers prennent pour droit de change, à raison de tant pour cent, pour faire tenir de l'argent d'un lieu dans un autre. — On appelle *voyages de long cours* les longs voyages qui se font par la mer pour le commerce, tels que ceux des Indes.

COURS. Ce mot se dit aussi des éléments et des principes d'une science, ou rédigés par écrit dans un livre, ou démontrés en public. Les cours publics sont en grande partie professés dans les facultés. Voy. ce mot et les diverses ECOLES.

COURS D'ASSISE (archit.). On appelle ainsi un rang continu de pierres de même hauteur, dans toute la longueur d'une façade, et qui n'est interrompu par aucune ouverture. — On nomme COURS DE PLINTHE la continuité d'une plinthe de pierre ou de plâtre dans les murs de face, pour marquer la continuation des étages.

COURS D'EAU, eau courante qui se dirige d'un lieu vers un autre en suivant la pente naturelle du terrain. La pente du terrain détermine de prime abord la direction d'un cours d'eau ; mais l'impulsion, une fois donnée, la pression seule de l'eau provoque le mouvement, lors même que la pente serait nulle. Aussi plusieurs grands fleuves coulent sur un lit à peine incliné. L'Amazone, par exemple, n'a pas 200 lieues que dix pieds et demi de pente. Le plus petit cours d'eau est un *ruisseau*. La réunion de plusieurs ruisseaux forme une *rivière*. Une rivière, alimentée par un ou plusieurs ruisseaux, se jette dans un *fleuve*, qui à son tour se jette dans la mer. L'ensemble des pentes d'où coulent les ruisseaux et les rivières qui se jettent dans un fleuve s'appelle le *bassin* de ce fleuve ou sa *région hydrographique*.

COURSE, action de courir. En physiologie, on entend par *course* un mode de progression accélérée, composée de la marche et du saut parabolique, par lequel les animaux pourvus de membres se transportent plus ou moins rapidement du point de l'espace à un autre. On admet pour l'homme trois sortes de courses : 1° la *course en fauchant*, dans laquelle on lance en avant les membres inférieurs en rasant à peine le sol ; 2° la *course en sautillant*, qui a lieu par petits sauts sur la pointe des pieds, et dans laquelle les pas ne sont pas plus grands que dans la marche ordinaire, mais sont plus rapides dans un temps donné ; 3° la *course en sautant*, qui n'est qu'une succession de bonds et de sauts. — En hygiène, la course plus ou moins rapide est considérée comme un exercice favorable à la santé des personnes d'une constitution forte, dont la poitrine est bien développée, mais nuisible à ceux qui ont des affections du cœur et de la poitrine.

COURSE, un des principaux exercices auxquels se livraient les athlètes. Les jeux olympiques commençaient toujours par la course. La course à pied tenait le premier rang, et faisait partie de l'éducation de la jeunesse à Rome, Athènes et Lacédémone. On distinguait la *course du stade*, qui consistait à parcourir l'étendue d'un stade ; la *course du diaule*, où l'on parcourait deux fois la longueur du stade ; la *course du dolique*, dans laquelle on parcourait douze stades sans s'arrêter. — Les courses à cheval se faisaient sans selle et sans étriers dans les hippodromes, longs de quatre stades. — Dans la course des chars, les chars avaient la forme d'une coquille montée sur deux roues, avec un timon fort court, auquel on attelait deux, trois ou quatre chevaux de front. A l'extrémité du stade était une colonne qui servait de borne, et autour de laquelle il fallait faire tourner douze fois le char. Le nombre des chars qui couraient ensemble n'excédait jamais trente.

COURSES DE CHEVAUX. Leur origine remonte à la plus haute antiquité. Elles formèrent une partie essentielle des jeux olympiques. Les Anglais imitèrent ces luttes antiques ; mais, au lieu de les employer comme un moyen de développer le courage, la force, l'adresse, l'agilité des lutteurs, ils les mirent en usage pour les faire servir à l'amélioration et à la conservation des espèces chevalines. Depuis 1814, le goût des courses de chevaux s'est répandu dans toute l'Europe. L'Autriche, la Prusse, le Hanovre, le Mecklembourg, comptent aujourd'hui de nombreux hippodromes. — Napoléon introduisit et organisa les courses de chevaux en France en 1807. On compte aujourd'hui huit chefs-lieux d'arrondissement de concours pour les courses de chevaux. Ce sont : premier, *Paris* ; deuxième, *le Pin* (Orne) ; troisième, *Nancy* ; quatrième, *Saint-Brieux* ; cinquième, *Limoges* ; sixième, *Aurillac* ; septième, *Bordeaux* ; huitième, *Tarbes*.

COURSIER, cheval courageux, brillant, de belle taille, propre pour la course, la bataille et les tournois. — En termes d'hydraulique, on appelle *coursier de moulin* une rigole qui amène l'eau jusqu'aux aubes d'une roue hydraulique. Elle varie de forme selon les circonstances ; mais le plus ordinairement on la construit en pierres jointes à ciment de chaux et de brique, ou bien on établit sur une ligne deux rangs de pilotis, sur lesquels on place des planches de chêne, qu'on assemble en canal de largeur et de hauteur convenables. On place à l'origine du coursier une vanne qu'on lève ou qu'on abaisse à volonté, suivant qu'on veut ou non donner de l'eau au moulin.

COURT DE GEBELIN. Voy. GEBELIN.

COURTAGE. Voy. COURTIER.

COURTENAY, petite ville de France, chef-lieu de canton du département du Loiret, à 6 lieues et dans l'arrondissement de Montargis. Population, 2,800 habitants. — Elle fut une seigneurie célèbre au moyen âge, et qui fut longtemps possédée par des seigneurs descendant en ligne directe de Louis le Gros, roi de France. Le dernier de ces seigneurs était abbé de Courtenay, et mourut en 1733. La terre de Courtenay passa alors au marquis de Fontenelle. Le vieux château subsiste encore.

COURTENAY (Josselin DE), comte d'Edesse, se distingua pendant les croisades par sa vertu et son courage. Ce prince, tiré demi-mort de dessous les ruines de la forteresse qu'il avait attaquée auprès d'Alep en 1131, repoussa encore l'attaque du soudan d'Iconium, et mourut bientôt après. La famille de Courtenay a produit des empereurs de Constantinople et plusieurs personnes illustres. Les derniers descendants de cette ancienne famille furent Hélène de Courtenay, son frère Charles-Roger de Courtenay, mort en 1730 sans enfants, à l'âge de cinquante-neuf ans, et leur frère, abbé de Saint-Pierre d'Auxerre. Voy. l'article qui précède.

COURTIER, sorte de négociateur qui s'entremet pour la vente et l'achat des marchandises, moyennant un droit qu'on appelle *courtage*. Le courtier connaît toutes les variations de prix ou ce qu'on nomme le *cours* des marchandises, des effets de commerce, des variations du change, etc. ; il en donne connaissance aux personnes intéressées, indique les lieux et les personnes qui ont des fonds à livrer ou à recevoir en pays étrangers ; en un mot, l'office du courtier est de servir d'agent intermédiaire pour les parties contractantes. Les personnes qui exercent en France cette profession y sont autorisées par le gouvernement : leurs livres et leurs témoignages sont admis en justice. Le droit de courtage est fixé à un huitième pour 100 payé par l'acheteur et le vendeur ; mais le plus souvent le premier ne paye rien au courtier, et le vendeur lui paye souvent jusqu'à 2 et 3 pour 100. Les agents de change ne sont que des courtiers chargés de négocier les effets publics. Les courtiers marrons sont ceux que le gouvernement ne reconnaît pas.

COURTILLE, vieux mot qui signifie enclos, jardin champêtre, et qui a été donné particulièrement à un village bâti sur une partie de l'enclos du Temple à Paris et aux portes de cette capitale. Le peuple s'y rend de tous côtés pour y boire et manger. On a de tout temps débité à la Courtille une grande quantité de mauvais vin ; d'où vient qu'on donne à ce dernier le nom de *vin de Courtille*. La Courtille dut sa réputation au fameux Ramponeau, qui vers le milieu du dernier siècle y attira la foule, et y acquit une fortune considérable.

COURTILIÈRE, genre d'insectes orthoptères, de la famille des grilloïdes. Ils se font remarquer par leur tête allongée, leur corselet très-grand, comprimé sur les côtés, et leurs ailes courtes ; l'extrémité postérieure de leur corps est garnie de deux filets coniques, et leurs jambes et le tarse des pattes de devant sont excessivement aplatis et élargis. Ce dernier rappelle par sa forme les mains des taupes. De là le nom de *taupes-grillons*, qui leur a été donné. Les courtilières sont connues par les dégâts qu'elles causent dans les jardins : elles sillonnent la terre de tous côtés pour chercher leur nourriture, et coupent avec leurs pattes tranchantes tout ce qui se trouve sur leur passage.

COURTINE, en fortification, masse de terre revêtue de maçonnerie, ayant pour but de réunir entre eux les plans de deux bastions, de manière à fermer l'enceinte fortifiée. Les courtines sont ordinairement rectilignes ; cependant il y en a de brisées ou à ressaut. Une courtine doit être garantie de tout commandement ou d'enfilade.

COURTISANE, femme de mauvaises mœurs qui exerce ce métier honteux avec une sorte d'agrément et de décence. Les courtisanes semblent avoir été plus en honneur chez les Romains que chez les modernes, et chez les Grecs plus que chez les Romains. Chez les Grecs, elles avaient des connaissances littéraires et même scientifiques. La fameuse Aspasie tenait à Athènes une école de philosophie et de volupté sous les auspices de Périclès. Dans plusieurs villes de la Grèce, à Corinthe, à Éphèse, il y avait des temples érigés à Vénus : les courtisanes y étaient honorées comme prêtresses de cette divinité. — A Rome, les courtisanes étaient ordinairement des affranchies. — Au moyen âge, Théodora, épouse de Justinien ; Antonina, épouse de Bélisaire ; Marozzia, qui avait entre les mains l'élection des papes, ont été des courtisanes célèbres. — Au XVIIe et au XVIIIe siècle, Ninon de Lenclos, Marion

Delorme, la marquise de Langeac, furent aussi des courtisanes.

COURTRAY (en flamand, Cortryck), ville de Belgique, dans la Flandre occidentale, sur la Lys, à 18 lieues de Bruxelles. Sa population est de 19,036 habitants. Son district nomme trois représentants et deux sénateurs. — Courtray est renommée dans toute l'Europe pour ses toiles fines magnifiques et les belles nappes et serviettes qu'on y fabrique. On y fait en outre des siamoises, des cottonnettes, du fil d'épreuve, des dentelles très-belles. — Autrefois *Curteriacum*, Courtray semble avoir eu dès le vii<sup>e</sup> siècle le titre de ville municipale. C'est sous les murs de Courtray que se livra le 11 juillet 1302 une bataille célèbre dans laquelle les Flamands révoltés contre la France, et commandés par Pierre Konig, tisserand de Bruges, Guy, comte de Flandre, et Guillaume de Juliers, défirent complètement l'armée française commandée par Robert, comte d'Artois, et le connétable Raoul de Nesle, forte de 47,500 hommes.

COUSCOUS, nourriture des Indiens et des nègres du Sénégal. C'est une bouillie faite avec du millet qu'ils nomment *dongoub-nioul*, réduit en farine et tamisé avec soin. Ce couscous se fait cuire à sec, au bain-marie, ou dans un vaisseau percé à jour, qui couvre un vase où cuit la viande ou le poisson dont le bouillon doit servir à l'assaisonner. Les deux vases sont hermétiquement bouchés, afin que la vapeur des viandes ou des légumes pénètre complètement la farine. Le couscous se mange arrosé avec du bouillon. Séché au soleil, il se conserve longtemps.

COUSERANS ou CONSÉRANS, petit pays de France qui appartenait à la haute Gascogne, et qui, au x<sup>e</sup> siècle, constituait un comté. Ce pays forme aujourd'hui presque entièrement l'arrondissement de Saint-Girons, dans le département de l'Ariège. — Le nom de Conserans vient des *Consorani*, peuple connu des anciens, habitant une partie de la Novempopulanie.

COUSIN, mot qui s'applique à divers degrés de parenté, en ligne collatérale, et désigne tous les membres d'une même famille issus de frères et de sœurs. Dans la première génération, les cousins s'appellent *cousins germains*; dans la seconde, *cousins issus de germains*; dans la troisième et la quatrième, *cousins au troisième et au quatrième degré*. Mais ces nombres n'expriment pas le degré réel de parenté, puisque les cousins germains, ou cousins germains, sont entre eux au quatrième degré. Pour savoir le degré de parenté existant entre deux cousins, connaissant leur degré de cousinage, on double ce nombre et on y ajoute deux. Les limites tracées actuellement en France par la législation portent la reconnaissance de la parenté jusqu'au onzième degré; au delà, il n'y a plus de parenté civile. Autrefois le mariage était permis dans l'Église entre les cousins et les cousines germaines; aujourd'hui il est défendu et invalide jusqu'au quatrième degré inclusivement.

COUSIN, terme d'honneur que les rois donnent aux princes, et qu'ils se donnent entre eux. François I<sup>er</sup> en commença à donner ce titre aux grands dignitaires de la couronne. Henri II est le premier qui en ait décoré les maréchaux et les ducs et pairs.

COUSIN, genre d'insectes diptères, famille des némocères. Ces insectes ont la tête très-petite, arrondie; les yeux globuleux; les antennes, insérées près d'eux, sont très-velues dans les mâles. Ils ont une trompe longue, avancée, renfermant un suçoir de cinq soies; le corselet très-élevé, comme bossu; les ailes grandes, dépassant le corps; l'abdomen est allongé, cylindrique, deux fois aussi long que le corselet; les pattes sont très-longues, surtout les postérieures. Les cousins sont de petits insectes très-incommodes, qui se trouvent le plus souvent dans les lieux humides, bas et frais. Ce n'est qu'à la chute du jour qu'ils paraissent dans les appartements, car ils craignent beaucoup la chaleur. Leur piqûre est très-douloureuse. Elle est produite par l'introduction d'une trompe, ainsi que par la transmission d'une liqueur vénéneuse. Ce sont surtout les femelles qui attaquent avec le plus d'acharnement les hommes et les animaux, dont elles sucent le sang. Les cousins sont des insectes à métamorphoses, dont les larves vivent dans l'eau.

COUSIN (Jean), peintre, sculpteur, architecte, graveur et anatomiste français, surnommé le *Michel-Ange français*, né à Soucy près Sens en 1530. On a de lui le *mausolée de l'amiral Chabot*. Jean Cousin s'adonna particulièrement à la peinture sur verre, et, entre les belles peintures en ce genre qu'il fit pour la sainte Chapelle de Vincennes, il exécuta en couleur grise celles du château d'Anet, et en couleur variée un portrait en pied de François I<sup>er</sup>. Il a peint *le Jugement dernier*, qui est le premier tableau peint à l'huile de la main d'un Français. Jean Cousin mourut en 1589. Il nous a laissé un *Traité sur les proportions du corps humain*.

COUSOIR, instrument qui sert à coudre. On en connaît deux de ce nom. Le premier, qu'emploie le relieur, est une machine dressée sur une table, au-devant de laquelle il y a une mortaise pour y passer les ficelles auxquelles on doit coudre les livres. Le second, qu'emploie le gantier, a été imaginé en Angleterre, et exécuté avec une rare perfection et une célérité étonnante les coutures délicates des gants. Cette machine ressemble assez à un étau en fer dont la partie supérieure de chaque mâchoire, qui est en laiton, est surmontée d'une espèce de peigne de même métal. Les dents de ce peigne sont ou plus sur une ligne de long, et conservent entre elles une régularité et une égalité parfaites. On a des peignes de rechange, selon qu'on veut les points plus ou moins écartés.

COUSSIN, nom donné en général à une espèce de sac de toile ou d'autre étoffe, plus ou moins rempli d'une substance molle, compressible et élastique. Le coussin est destiné à soutenir doucement le corps qui s'appuie sur lui. L'usage des coussins pour les meubles ne remonte pas au delà du xvi<sup>e</sup> siècle. Avant on se servait, en place de coussin, d'une espèce de siége connu sous le nom de *quarel* ou *quarreau*. Depuis le xvi<sup>e</sup> siècle, l'usage des coussins de soie, de satin, de velours, de toile, etc., est généralement répandu.

COUSSINET, demi-cylindre en métal ou en bois dur, appelé encore *empoèse* et *collier*. C'est entre les coussinets que sont maintenus et tournent les tourillons ou collets d'un axe de mécanique. On les fait, suivant la fatigue qu'ils ont à éprouver, en cuivre jaune, en cuivre rosette de la nature du bronze, en buis, en bois de gaïac ou de fer, en pierres dures, telles que le diamant, le porphyre, l'agate, le marbre, le granit. — En architecture, c'est le premier voussoir d'une voûte, dont le lit de dessous, placé sur l'imposte, est de niveau, mais dont le lit de dessus est en pente pour mieux recevoir le voussoir suivant.

COUSSINET DES MARINS. Voy. CANNEBERGE.

COUSTOU (Nicolas), né à Lyon en 1658, étudia sous son oncle Coysevox, et remporta à vingt-trois ans le grand prix de sculpture à l'académie. Ce fut à Rome qu'il produisit sa belle statue de l'empereur Commode représenté en *Hercule*, un des ornements des jardins de Versailles. Le jardin des Tuileries possède quatre statues de lui : le *Jules César*, deux *Vénus* et un *Chasseur* assis sur un tronc d'arbre, avec son chien à la main, et le groupe de la *Seine* et de la *Marne*. Mais l'œuvre la plus belle de Nicolas Coustou est sa *Descente de croix*, connue sous le nom de *Vœu de Louis XIII*, et ornant le fond du chœur de Notre-Dame à Paris. Nicolas Coustou mourut en 1733.

COUSTOU (Guillaume), frère du précédent, né à Lyon en 1678, mort en 1746, directeur de l'académie royale de peinture et de sculpture, s'est aussi rendu célèbre par le nombre et la perfection des ouvrages sortis de son ciseau. Les plus beaux sont les statues de *Louis XIII* et du *cardinal Dubois*, et surtout les deux magnifiques groupes placés à l'entrée des Champs-Elysées, et représentant un cheval qui se cabre, et un écuyer qui le retient. — Son fils, GUILLAUME COUSTOU, né à Paris en 1716, mort en 1777 chevalier de l'ordre de Saint-Michel et trésorier de l'académie de peinture et de sculpture, où il avait été reçu en 1742, a fait un grand nombre d'ouvrages, et entre autres une *Vénus*, un *Apollon* et l'*Apothéose de saint François Xavier*.

COUTANCES, ville de France, sous-préfecture du département de la Manche, près de la Soulle, à 7 lieues de Saint-Lô. Sa population est de 9,057 habitants. Elle a un tribunal de première instance avec deux chambres, un tribunal de commerce, un évêché érigé dans le v<sup>e</sup> siècle, suffragant de l'archevêché de Rouen ; un collège, une bibliothèque publique riche de 4,500 volumes, etc. — L'ancienne cathédrale de Coutances est un monument curieux d'architecture gothique, dont le portail, orné de sculptures, est surmonté de deux hauts clochers. Sous la domination romaine, son nom était *Constantia*. Elle fut pendant quelque temps la capitale des Unelliens. Plus tard, elle devint celle du *Cotentin*.

COUTEAU, instrument tranchant composé d'une lame et d'un manche, et fabriqué par le coutelier. — On appelle *couteau courbe* un instrument de chirurgie qui sert à couper les chairs dans les amputations des membres et a la forme d'un demi-croissant. — Le *couteau lenticulaire* est un instrument de chirurgie pour l'opération du trépan, composé d'une tige d'acier d'environ deux pouces et demi de long.

COUTEAU. Le chapelier a deux sortes de couteaux dont il se sert pour arracher et pour couper les poils du castor, etc. Le grand couteau ressemble au tranchet du cordonnier, et sert à arracher les jarres qu'il rejette. L'autre ressemble à une serpette, dont le tranchant est sur la partie convexe, et sert à raser les peaux pour en conserver les poils qu'il destine à la fabrication des chapeaux.

COUTEAU A HACHER, couteau tranchant dont le doreur et l'argenteur se servent pour tailler les pièces, afin que l'argent et l'or y prennent plus aisément. Ce couteau est à lame courte et un peu large. Le coutelier fabrique aussi des couteaux à lame d'or ou à lame d'argent pour couper les fruits : ils servent pour le dessert.

COUTEAU A PIED, outil plat, en acier, et fort tranchant. Il est garni du manche pour le tenir, et sa forme est celle d'un segment de cercle dont la corde qui le termine a environ cinq pouces de long et la flèche deux à trois pouces. Il sert à tous les ouvriers qui travaillent le cuir ou les peaux.

COUTEAU A ROGNER, outil du relieur, composé d'un talon en fer et d'une lame d'acier soudée au talon, qui a un trou carré taillé en chanfrein pour recevoir la tête du boulon à vis qui doit le fixer sur le châssis à vis qui le supporte. La lame est à deux tranchants, pointue et en langue de serpent.

COUTEAU, arête du prisme triangulaire sur laquelle repose le fléau d'une balance. Il faut que le couteau d'une balance soit en acier très-dur ou même en diamant, que l'angle ne soit pas trop aigu, que l'arête soit très-polie pour diminuer le frottement, et divise le fléau en deux parties exactement égales. — Les horlogers appellent *suspension à couteau* le système dans lequel le pendule qui règle une horloge oscille sur arête d'un couteau : cette pièce est fixée vers l'extrémité supérieure de la tige qui soutient la lentille du pendule.

COUTELIER, artisan qui fabrique et vend des couteaux et toutes sortes d'instruments tranchants et délicats, tels que les rasoirs, les ciseaux et tous les instruments de chirurgie. Pour les grosses pièces ou les couteaux communs, le coutelier emploie des *étoffes* qu'il fabrique lui-même ou qu'il achète toutes fabriquées dans les usines où l'on prépare l'acier. Pour toutes les pièces délicates, il emploie l'acier. Les grattoirs, les canifs, les poinçons, les *fusils* pour donner le fil aux couteaux, les tire-bouchons, etc., sont du ressort du coutelier. Il emploie, pour polir ses ouvrages, différentes substances qui doivent être en poudre impalpable, et qu'il appelle *potées*. Pour faire les manches de ses instruments, le coutelier emploie les cornes de bœuf, de mouton, de bélier, de bouc, d'élan et de cerf, l'ébène, le bois rose, le palissandre, le noyer, le buis, l'olivier, le cerisier, la baleine, l'écaille, l'os, la nacre, etc., etc.

COUTHON (Georges), fameux conventionnel, né à Orcet (Puy-de-Dôme), en 1756, suivit d'abord la profession du barreau. Il était depuis 1789 président du tribunal de Clermont-Ferrand lorsqu'il fut nommé député de son département à l'assemblée législative et ensuite à la convention nationale. Il y développa les principes les plus séditieux et les plus atroces, et préjugea l'abolition de la monarchie en proposant le premier serment de haine contre la royauté. Il s'opposa vivement au sursis réclamé pour l'exécution de Louis XVI, et ne se réunit un instant aux girondins que pour les dénoncer et les précipiter sur l'échafaud. Ami intime de Robespierre, il devint son rapporteur favori pour toutes les mesures violentes et barbares. Envoyé à Lyon après le siège de cette ville, il décima les monuments et la population de cette ville. Décrété d'accusation avec Robespierre, il périt sur l'échafaud le 28 juillet 1794.

COUTIL, grosse toile quelquefois toute en fil, mais plus communément aujourd'hui en fil et coton et croisée. On l'emploie pour faire les lits de plumes, les traversins, les oreillers, les tentes. Autrefois les plus beaux coutils se fabriquaient à Bruxelles; aujourd'hui les manufactures de France rivalisent et surpassent même les produits étrangers.

COUTRAS, petite ville de France, chef-lieu de canton du département de la Gironde, dans l'arrondissement et à 5 lieues de Libourne, sur la Dronne. Sa population est de 3,144 habitants. Cette ville est célèbre par la victoire que Henri IV, alors roi de Navarre, secondé par les princes de Condé, de Conti et de Soissons, et commandant l'armée des protestants, remporta sur l'armée royale, commandée par le duc de Joyeuse. Cette victoire fut la première que remporta le parti protestant. Elle eut lieu le 20 octobre 1587.

COUTRE, l'une des principales pièces de la charrue; produisant dans le sens vertical le même effet que le soc dans le sens horizontal, c'est-à-dire qu'il détache à gauche le prisme de terre que la charrue doit renverser. Dans la charrue dite *de Brie*, le coutre ne change jamais de position; dans les charrues tourne-oreilles, dites *de France*, le tranchant du coutre est au milieu de l'épaisseur de la lame. Dans l'un et l'autre cas, le coutre doit être en acier trempé.

COUTRES-CLERCS, ecclésiastiques officiers des églises cathédrales, dont les fonctions, qui sont très-anciennes, consistaient autrefois principalement à garder les choses appartenant à l'église, à avoir soin du luminaire, et à sonner pour appeler les chanoines aux heures canoniales. Peu d'églises cathédrales ont conservé les coutres en France.

COUTUME. On appelle ainsi, en jurisprudence, le droit particulier ou municipal d'un pays, fondé sur l'usage qui lui a donné force de loi, et rédigé ensuite par écrit. On donne le nom de *pays coutumier* ou *pays de coutume* au pays qui se régit par une coutume, à la différence de celui de *droit écrit*, qui se régit par le droit romain. — Le nom de *coutumier* se donne aux ouvrages qui contiennent la coutume d'une ville, d'un pays, d'une province, etc. — On donnait aux coutumes qui régissaient plusieurs lieux le nom de *coutumes générales*, et à celles qui régissaient un seul lieu celui de *coutumes locales*. — La France était divisée en *pays de droit écrit* et *pays de droit coutumier*. Sauf la Guienne, la Gascogne, le Roussillon, le comté de Foix, le Languedoc, le Quercy, la Provence, le Dauphiné, le Lyonnais, le Forez, le Beaujolais, la Franche-Comté et une partie de l'Auvergne, qui étaient des pays de droit écrit, les autres provinces avaient leurs coutumes, qui comprenaient soixante coutumes générales et deux cent vingt-cinq coutumes locales. Suivant le *Coutumier général*, le nombre des coutumes de toute la France, y compris celles des villes, s'élevait à quatre cent quatre-vingt-dix. L'origine des coutumes ne date que de l'affranchissement des communes, et la plupart ne furent que les chartes accordées par les seigneurs.

COUTURIER, muscle situé à la partie antérieure de la cuisse. Il est allongé, aplati, et s'étend obliquement de l'épine antérieure et supérieure de l'os des iles à la partie supérieure et interne du tibia. Ce muscle sert à plier la jambe, en la dirigeant en dedans. Il fléchit la cuisse sur le bassin, et réciproquement.

COUVAIN, nom donné, soit aux jeunes larves que nourrissent les abeilles, soit à celles qui sont à l'état de nymphes. C'est dans la partie basse des rayons que se trouve ce couvain.

COUVÉE et COUVOIR. On nomme ainsi tous les œufs qu'une poule ou tout autre oiseau couve en même temps, et ce qui en provient. La *couvaison* est l'époque à laquelle la volaille couve. (Voy. INCUBATION.) — En Égypte, on fait éclore les œufs au moyen d'une chaleur artificielle, dans des fours qu'on appelle *ma' mal-el-katak* ou *ma' mal-el-farroug*. Le bâtiment est un carré long, coupé à l'intérieur, et dans toute sa longueur par un corridor qui sépare deux rangées de petites pièces au nombre de douze au plus. Chaque pièce a deux étages; le plus bas est le couvoir; au-dessus, le chauffoir: une ouverture au milieu de son plancher répand la chaleur dans le couvoir. Les œufs apportés sont inscrits avec le nom du propriétaire; on les place dans le couvoir sur un tas de paille hachée, et on en met souvent trois l'un sur l'autre. Un couvoir bien rempli en contient quatre ou cinq mille. Ce n'est que le vingtième jour qu'on commence à trouver quelques poussins; le jour suivant, la plupart sont éclos.

COUVERT, nom collectif donné à tous les meubles nécessaires au repas. — Chez les Celtes et les autres nations barbares, le couvert ne consistait que dans une peau de bête fauve étendue à terre, sur laquelle ils plaçaient quelques vases d'argile ou d'airain. Sous le règne de Louis le Débonnaire, l'usage des nappes commença de s'introduire. On les nommait *doubliers* au XII et au XIII siècle. Les serviettes ne furent en usage qu'à la fin du XVI. Les grands seigneurs étalaient sur leur table des *nefs* plus ou moins riches. On appelait ainsi un meuble d'argent en forme de navire, et qui contenait, outre des épices, les objets nécessaires au couvert de chacun. Quant aux vases qui contenaient le vin ou toute autre boisson, ils étaient communément étalés sur le meuble appelé *dressoir*, *crédence*, et plus tard *buffet*.

COUVERTE, enduit ou vernis dont on recouvre toutes les poteries, et qui est destiné à les rendre imperméables, et surtout à empêcher les corps gras et chauds de les pénétrer. Il est nécessaire de trouver des substances qui puissent se vitrifier facilement à la surface des poteries, des faïences et des porcelaines. Le vernis des faïences à pâte rouge ou jaune est un émail blanc, opaque, composé d'oxydes de plomb et d'étain vitrifiés avec du sable siliceux. Les couleurs vertes sont dues à une petite quantité d'oxyde de cuivre. Celles des poteries les plus grossières sont uniquement formées d'oxyde de plomb, et par suite très-malsaines. Pour la porcelaine, on emploie le feldspath ou *pétunsé* des Chinois. La porcelaine de la Chine a une couverte bleuâtre, chargée de couleurs et de dessins; celle qui est en véritable émail blanc distingue celle du Japon dite *chinée*.

COUVERTURE, partie supérieure d'un bâtiment qui le défend des injures de l'air. On construit quelquefois des terrasses en haut des édifices; mais le plus souvent on établit un comble en charpente qu'on recouvre de tuiles, d'ardoises, de chaume, et quelquefois de feuilles de cuivre, de plomb ou de zinc laminées. Depuis quelques années, on fait des couvertures en bitume.

COUVERTURE, grande pièce d'étoffe qu'on étend sur les draps pour se garantir du froid pendant la nuit. — Les *couvertures de laine* sont ourdies et tissées comme les draps, ordinairement blanches, et terminées, vers les deux bouts, par de grandes raies de couleur, soit bleues, soit rouges, et enfin par quelques pouces de blanc. Elles portent, sur les coins, des dessins en couleur que chaque fabricant adopte à sa manière, et quelques barres qui indiquent leur couleur et leur qualité. Elles se terminent, du côté des barres, par les bouts de la chaîne, qui sont entrelacés et forment des espèces de franges. La fabrique de Montpellier a été longtemps supérieure à toutes les autres. — Les *couvertures de coton* se fabriquent de la même manière que celles de laine. Le tissu est croisé: on tire le poil à la corde, mais on ne le foule pas.

COUVRE-FEU. C'était autrefois un signal de retraite qu'on donnait sur les huit heures du soir, au son de la cloche, et après lequel il n'était plus permis de sortir des maisons ni de tenir du feu allumé. Cet usage fut introduit en Angleterre par Guillaume le Conquérant. — Le droit de *couvre-feu*, c'est-à-dire, celui que possédaient les seigneurs et les prélats de faire sonner la cloche du beffroi tous les soirs, était un droit féodal purement honorifique.

COUVRE-PIED, petite couverture qui n'occupe que le dessus du lit, et principalement la partie inférieure, descendant très-peu sur les côtés. On fait souvent les couvre-pieds avec deux étoffes de mousseline ou de soie ouatée et peignée, d'autres fois en forme de grand oreiller rempli d'édredon.

COUVREUR. Voy. LECOUVREUR.

COUVREUR, ouvrier qui s'occupe de couvrir les bâtiments pour les mettre à l'abri des injures de l'air et surtout de la pluie. Les outils du couvreur se composent d'une sorte de hachette tranchante d'un côté, pointue de l'autre; d'une tranche, etc. Le couvreur, lorsqu'il doit couvrir des tours et des clochers, se sert d'une grosse corde nouée dont les nœuds sont distants entre eux d'environ huit à dix pouces, et sur lesquels il se soutient.

COVADO. Voy. CABIDO.

COVENANT, mot anglais qui signifie *convention*, et qui désigne le pacte de défense mutuelle, signé par les réformés écossais, et contenant une profession de foi protestante, une renonciation particulière à ce qu'ils appelaient les erreurs de la religion romaine, et la promesse solennelle de se tenir inséparablement unis les uns aux autres pour soutenir leur foi religieuse et combattre le papisme de toutes les forces qui étaient en leur pouvoir. Cet acte, signé en 1588, fut renouvelé en 1637. Les conditions imposées par Charles I, roi d'Angleterre et d'Écosse, qui voulait introduire en Ecosse l'Eglise anglicane à la place du culte presbytérien, entraînèrent une lutte presque continuelle des covenantaires avec le pouvoir royal, qui voulait leur ravir la liberté religieuse. Après la mort de Charles Ier, les covenantaires proclamèrent son fils Charles II, et lui firent adopter le covenant, qu'il viola aussitôt que le lui permit l'affermissement de son trône. Ils firent en 1679 une dernière tentative, qui fut terminée par la défaite du pont de Bothwell (*Bothwell-Bridge*), à 3 lieues de Glascow, dans le comté de Lanark, où les troupes royales, commandées par le duc de Monmouth, battirent complétement les révoltés.

COVENTRY, ville d'Angleterre, dans le comté de Warwick, à 4 lieues de cette ville et 32 de Londres. Sa population est de 30,000 habitants. Elle a un bel hôtel de ville et un grand marché, avec une croix au milieu, haute de dix-neuf mètres et demi. La tour gothique de l'église Saint-Michel est très-remarquable. Coventry a des manufactures de draps blancs destinés au commerce du Levant, de petites étoffes dans le goût de celles d'Ecosse, et de rubans.

COVID, mesure de longueur en usage dans l'Inde française, et valant 0 mètre 457 millimètres.

COWLEY (Abraham), célèbre poëte anglais, né en 1518 à Londres, montra de bonne heure le plus grand goût pour la poésie, et publia dès l'âge de treize ans un volume de poésies où l'on distingua la pièce de *Pyrame et Thisbé*, qu'il avait composée à dix. Il mourut en 1667. Ses *odes pindariques* sont estimées. On a encore de lui le poëme de *la Davidéide*, des *mélanges*, des *poésies anacréontiques*, etc. Il a laissé aussi quelques pièces de théâtre. — ANNE COWLEY, née à Tiverton en 1743, morte en 1809, s'est fait une réputation comme auteur dramatique. Ses pièces sont au nombre de onze. On a d'elle, en outre, trois poëmes épiques.

COWPER. Plusieurs personnages célèbres portent ce nom. — GUILLAUME COWPER, poëte anglais, né à Berkhamstead en 1731, fils du docteur Cowper, chapelain de Georges II, et neveu du lord chancelier Cowper, fut destiné à la profession d'avocat, et composa un ouvrage périodique, intitulé *le Connaisseur*, conjointement avec Colman, Torton et Lloyd. A trente et un ans, il fut nommé secrétaire de la chambre haute, puis inspecteur des journaux. Il mourut en 1800. On a de lui deux volumes de *poésies*, parmi lesquelles on distingue la pièce intitulée *le Devoir*. Son poëme de *la Tache* ou *du Sopha* est l'un des plus beaux qui existent dans la langue anglaise. — GUILLAUME COWPER, célèbre anatomiste et chirurgien de Londres, mort en 1710, a laissé sur son art des réflexions importantes et un excellent *Traité des muscles*.

COW-POX, mot anglais composé de *cow*, vache, et de *pox*, variole (variole de la vache), nom donné à une éruption qui se développe sur le pis des vaches, et qui contient le virus vaccin. Voy. ce mot.

COXAL (Os), nom donné par Chaussier à l'os de la hanche, appelé encore *os iliaque, os innominé, os des iles*. Les os coxaux sont pairs, très-irréguliers, et occupent les parties latérales et antérieures du bassin. Leur face extérieure offre vers sa partie moyenne une cavité profonde nommée *cotyloïde*, qui reçoit la tête du fémur. Le contour des os coxaux est fort irrégulier; ils s'articulent entre eux et avec le sacrum. Ils se développent par trois points d'ossification, qui forment chez les jeunes sujets trois pièces distinctes auxquelles on a donné les noms d'*ilion*, d'*ischion* et de *pubis*.

COYAUX, petits bouts de bois qu'on place sur le bord de la couverture d'un toit, et qui le font avancer jusqu'au delà de l'entablement, pour rejeter les eaux pluviales en avant du mur. Les coyaux portent sur le bas des chevrons, avec lesquels ils sont chevillés, et sur la saillie de l'entablement.

COYEMBOUC, ustensile de ménage chez les nègres. C'est une calebasse vidée, ayant une ouverture où l'on peut passer la main, et qui se referme au moyen d'une autre calebasse taillée en forme de calotte, et assujettie par de petites cordes, le tout s'emboîtant exactement. C'est dans ces coyemboucs que les nègres et les sauvages serrent leurs aliments et ce qu'ils veulent conserver proprement.

COYER. En termes de charpenterie, on appelle ainsi, dans la construction d'une croupe, un bois qu'on place horizontalement et en diagonale, assemblé dans le pied du poinçon, et correspondant sous l'arétier : il fait fonction d'entrait.

COYPEL (Noël), peintre français né à Paris en 1629, étudia sous le célèbre Vouet, et fut employé à la décoration des maisons royales. En 1663, l'académie royale de peinture et de sculpture le reçut parmi ses membres, sur la présentation d'un tableau remarquable, *la Mort d'Abel*. Nommé directeur de l'école française à Rome, il lui donna une grande impulsion. Ce célèbre artiste, qui, quoique âgé de soixante-dix-sept ans, peignit les grands morceaux à fresque qui sont au-dessus du maître-autel des Invalides, mourut en 1707.

COYPEL (Antoine), fils du précédent, né à Paris (1661), fut choisi par Monsieur, frère unique de Louis XIV, pour être son premier peintre. Le roi lui donna, en 1714, la place de directeur des tableaux et des dessins de la couronne, avec celle de directeur de l'académie. Le duc d'Orléans le fit nommer en 1717 premier peintre de Louis XV et anoblir l'année suivante. Antoine Coypel mourut à Paris en 1722. On cite parmi ses travaux un *Jésus-Christ dans le temple avec les docteurs*, le *Jugement de Salomon* et *Athalie*.

COYPEL (Noël-Nicolas), frère d'Antoine, né à Paris en 1662, et mort en 1734, peignit à l'huile et au pastel, et se distingua par la légèreté de sa touche et la fraîcheur de son pinceau. — CHARLES-ANTOINE COYPEL, fils d'Antoine, né en 1694 à Paris, mort en 1752, mérita par ses talents les places de premier peintre du roi et du duc d'Orléans et celle de directeur de l'académie royale de peinture et de sculpture. Il avait composé vingt-deux pièces de théâtre, dont trois tragédies en trois actes et en vers, *Sigismond* et *Alceste*.

COYSEVOX (Antoine), sculpteur célèbre, né à Lyon en 1640. A l'âge de vingt-sept ans, il passa en Alsace pour décorer le superbe palais de Saverne du cardinal de Furstemberg. De retour en France, il fut membre de l'académie de peinture et de sculpture, et travailla à différents bustes de Louis XIV et à d'autres ouvrages pour les maisons royales. L'animation et la finesse de ses figures l'ont fait surnommer le *Van-Dyck de la sculpture*. Ses principales compositions sont la *statue équestre de Louis XIV*, le *tombeau de Colbert*, les *statues de la Dordogne, de la Garonne et de la Marne*, les groupes de l'*Abondance* et de *Castor et Pollux*, *Vénus accroupie*, la *Nymphe à coquille*, l'*Hamadryade*, la *Faune jouant de la flûte*. Coysevox mourut à Paris en 1720.

COZUMEL, île de l'Amérique septentrionale, sur la côte orientale de la presqu'île de Yucatan, et au N. de l'ouverture du golfe de Honduras. Le sol y est fertile et le terrain plat. Elle abonde en fruits, légumes, volaille, miel et cire. Les naturels du pays en sont les maîtres. Fernand Cortez y aborda lors de son expédition contre le Mexique.

COZVI ou CUZARI, excellent livre juif, écrit primitivement en arabe, puis traduit en hébreu par le rabbin Juda-ben-Tibbon, lévite, il y a plus de cinq cents ans. Il contient une dispute en forme de dialogue touchant la religion, où l'on défend celle des juifs contre les philosophes païens, et où l'on s'appuie principalement sur l'autorité et sur la tradition.

CRABBE (Georges), célèbre poëte anglais, né à Alborough en 1754. Doué d'une rare et brillante imagination, il se fit connaître par quelques *essais*, qui lui méritèrent la protection du célèbre Burke et plusieurs emplois qui l'enrichirent. Il entra dans les ordres et devint chapelain de la noble famille de Rutland. Il mourut à Londres en 1832. Ses plus célèbres poésies sont *le Village*, les *Contes de la maison*, le *Registre de la paroisse*, le *Bourg*, le *Papier-nouvelle* et les *contes* en vers.

CRABE, genre de crustacés de l'ordre des décapodes, famille des brachyures. Ils ont une carapace plus large que longue, et dont le bord antérieur présente tantôt des dents en scie, tantôt de larges crénelures; les yeux rapprochés, portés sur un pédicule court. Les pattes antérieures sont très-fortes, et atteignent quelquefois une grosseur extraordinaire. Elles leur servent comme de pinces. Les crabes, très-communs sur les côtes de l'Océan, sont carnassiers et se nourrissent d'animaux marins, morts ou vivants. Ils sont craintifs, fuient les endroits fréquentés, et se retirent dans les fentes des roches.

CRABIER, espèce de mammifère du genre sarigue ou didelphe, appelé aussi *puant de Cayenne*. Le crabier est de la taille d'un chat; son pelage est d'un jaunâtre terne, mêlé de brunâtre et traversé de soies brunes. Il vit au milieu des palétuviers, sur les rivages limoneux, et se nourrit de petits animaux et principalement de crabes. On le trouve à Cayenne et à Surinam.

CRABIER DE MAHON, espèce d'oiseau du genre héron, qui se trouve principalement dans le midi. Le crabier a le dos brun roussâtre et les ailes blanches ainsi que le ventre.

CRABRONITES, tribu d'insectes de l'ordre des hyménoptères, famille des fouisseurs, ayant pour type le genre *crabron*, et pour caractères la tête un peu plate, les antennes en massue, le labre peu apparent, l'abdomen étroit à sa base. Ces insectes diffèrent peu par leurs mœurs des autres insectes de la même famille. Ils creusent des trous, soit dans la sable, soit dans le bois; souvent même ils se servent de trous faits par d'autres insectes. Ils sont vifs et fort agiles, surtout pendant la chaleur.

CRACHAT, nom donné aux matières sécrétées dans les bronches, le larynx, l'arrière-bouche et la bouche elle-même, et rejetées au dehors par l'expectoration, l'expuition ou le crachement. Dans l'état de maladie, les crachats offrent des variétés très-nombreuses, relatives surtout à leur couleur, à la consistance et à la nature de la matière qui les forme, circonstances qui sont du plus grand intérêt dans l'histoire des diverses périodes d'une maladie. — On donne vulgairement le nom de *crachat de coucou* ou *de grenouille* à de petites masses écumeuses que l'on voit au printemps sur les feuilles des végétaux, et qui sont produites par les larves des cercopes.

CRACHEMENT DE SANG, action par laquelle on rejette du sang par la bouche, quelle que soit la partie des voies aériennes ou digestives dans laquelle l'hémorragie ait eu lieu. Voy. HÉMORRAGIE.

CRACOVIE, ville de Pologne, autrefois capitale de la Gallicie occidentale, à 70 lieues de Varsovie et 300 de Paris, au confluent de la Roudava et de la Vistule. Sa population est de 33,000 habitants. Elle a un évêché, dont le titulaire portait autrefois le titre de duc de Severies, une université, de belles églises, et fait un grand commerce avec la Hongrie, la Gallicie et la Silésie. — L'origine de Cracovie remonte, dit-on, à l'an 700, où elle fut fondée par Cracus. Depuis 1257, elle se conforma au droit du Magdebourg. Elle fut la capitale de toute la Pologne jusqu'au règne de Sigismond III (1587-1632), qui fixa la résidence des rois à Varsovie, et resta encore jusqu'en 1764 la ville où se célébrait le couronnement. D'après les actes du congrès de Vienne (1815), elle fut érigée en république indépendante, sous la protection de la Prusse, de l'Autriche et de la

Russie. Cette république se compose de la capitale et des villes de Chrzanow, Trzebinia, Nowagora et de deux cent vingt-quatre villages. Sa superficie est de 65 lieues carrées, et sa population de 120,737 habitants. Elle contient vingt-huit communes, dont vingt-six chrétiennes et deux juives. Le gouvernement se compose d'un corps législatif, composé des députés élus par chaque communauté, de trois membres du sénat, de trois chanoines de la cathédrale, de trois docteurs des facultés et de six juges. Le pouvoir exécutif est confié à un sénat de douze membres, dont huit à vie et quatre annuels, et à un président nommé pour trois ans. Les revenus s'élèvent à 1,085,101 francs. — L'ancien territoire de Cracovie forme une waiwodie du royaume de Pologne, bornée au N. par celles de Kalisch et de Sandomir, à l'O. par la Silésie, au S. par la république de Cracovie et la Gallicie, à l'E. par la waiwodie de Sandomir. Sa superficie est de 1,100 lieues carrées, et sa population de 426,000 habitants. La capitale est *Miechow*.

CRACUS, duc de Pologne vers 700, est regardé comme le fondateur de Cracovie, à qui il donna son nom. On montre son tombeau près de la ville; c'est un cône assez haut, une petite colline isolée, produite, dit-on, par une poignée de terre que chaque soldat de son armée jeta sur son corps. On prétend que les Bohèmes, frappés de sa réputation, s'étaient soumis à son empire. — CRACUS II, son fils, fut assassiné à la chasse par son frère Lech III, qui cacha son crime en disant qu'il avait été tué par un sanglier, et qui fut ensuite déposé et banni. La race de Cracus s'éteignit dans la personne de Wanda, sœur de Lech III, qui lui succéda sur le trône, et finit ses jours en se précipitant dans la Vistule.

CRAESBECKE (Joseph VAN-), peintre flamand, né à Bruxelles en 1608. Sa première profession fut celle de boulanger, qu'il alla exercer à Anvers, où il fit connaissance de Braxwer. Lié avec lui par une conformité de goûts et d'habitudes, il fut son élève et parvint à l'égaler dans son art; mais il n'a peint que des sujets bas, des *tabagies*, des *corps de garde*, des *querelles de gens ivres*, etc. Craësbecke mourut en 1668.

CRAIE, roche calcaire, à texture plus ou moins lâche ou grossière et quelquefois compacte, qui n'est autre chose qu'un souscarbonate de chaux. Ces terres crayeuses embrassent en France 5,800,000 hectares, et sont propres à la culture des vignes. On exploite ordinairement la craie en vastes galeries, et elle s'emploie dans les arts à des usages multipliés; les fabricants de soude s'en servent pour extraire la soude du sulfate de soude, à l'aide du charbon. C'est en la concassant en morceaux et en la délayant avec une petite proportion d'eau d'alcool que l'on prépare le *blanc d'Espagne*. C'est en France, dans le département de l'Aube, aux environs de Troyes, que l'on fabrique la meilleure craie d'Europe. Les peintres en bâtiment l'emploient dans les peintures en détrempe, et les fabricants de produits chimiques s'en servent dans la fabrication des acides tartrique, acétique, citrique, etc. — La *craie de Briançon* sert aux tailleurs pour tracer les lignes qui doivent diriger les ciseaux ou l'aiguille; c'est une *stéatite*, variété du *talc*. — Les anciens chimistes employaient souvent le mot *craie* pour désigner un *carbonate*. Ainsi la *craie de plomb* était le nom du *carbonate de plomb*.

CRAMBÉ ou CHOU MARIN, genre de plantes herbacées ou semi-ligneuses, de la famille des crucifères. La tige est droite et rameuse, les feuilles plus ou moins découpées, les fleurs blanches, nombreuses, disposées en panicule terminale; la gousse est globuleuse, coriace, à une seule loge; la graine sphérique, noirâtre. Le *crambé maritime* croît sur les bords sablonneux de la mer, et se trouve jusque sur les côtes de l'Europe boréale. On le cultive comme plante potagère; sa culture et ses qualités le font assimiler à l'asperge. On l'accommode de la même manière que le chou-fleur.

CRAMBITES, tribu d'insectes de l'ordre des lépidoptères, de la famille des nocturnes, dont les palpes supérieurs ne sont pas toujours très-apparents. Ils ont les ailes longues, joignant immédiatement le corps, de sorte que l'insecte paraît avoir une forme allongée approchant de celle d'un cylindre; les insectes qui composent cette tribu se trouvent assez abondamment dans les pâturages. Le genre type est le genre *crambe*.

CRAMER (Gabriel), né à Genève en 1704, professeur de mathématiques dès l'âge de dix-neuf ans, se fit un nom dans l'Europe par ses écrits dans les sciences exactes. Les académies de Londres, de Berlin, de Montpellier, de Lyon, de Bologne, s'empressèrent de l'admettre au nombre de leurs membres. Disciple de Jean Bernouilli, il se rendit célèbre par ses vastes connaissances dans la géométrie, dans la physique et dans les belles-lettres. Il mourut à Bagnols en Languedoc en 1752. On a de lui une excellente *Introduction à la théorie des lignes courbes* et plusieurs autres ouvrages. — CHARLES-FRÉDÉRIC CRAMER, né à Kiel et mort à Paris en 1808 à l'âge d'environ soixante ans, fut professeur de philosophie et de littérature orientale à l'université de Kiel, et vint ensuite s'établir imprimeur-libraire à Paris, où il publia un *Nouveau Dictionnaire portatif français-allemand et allemand-français*, et une foule de *traductions*.

CRAMPE, contraction subite, involontaire et douloureuse d'un ou de plusieurs muscles, entraînant l'immobilité des parties que ces muscles sont destinés à faire mouvoir. Les muscles des jambes, des cuisses, du cou, y sont plus exposés que les autres. Les causes les plus ordinaires des crampes sont une contraction violente, mais volontaire, de quelques muscles, des mouvements ou une attitude inaccoutumés. — On désigne vulgairement sous le nom de *crampe d'estomac* une variété de la cardialgie, caractérisée par une constriction subite, très-douloureuse, qui se fait sentir dans l'épigastre, et qui paraît due à la contraction spasmodique des fibres musculaires de l'estomac. On abrège souvent la durée des crampes par des frictions sur les muscles affectés.

CRAMPON. On appelle ainsi, en botanique, tout appendice de la tige qui sert à l'accrocher aux corps voisins, sans être roulé en spirale comme la vrille, et sans pomper de nourriture comme les racines. La tige du lierre est garnie de crampons. — Dans l'art de la serrurerie, on appelle *crampon* un morceau de fer plat coudé à double équerre, c'est-à-dire, à l'équerre par ses deux bouts. Les crampons sont employés pour recevoir les verrous des targettes aux croisées, aux portes, aux armoires, etc. Ils servent aussi à lier des pierres ensemble.

CRAN. C'est, en mécanique, une entaille qui se fait dans un corps pour y faire entrer un autre corps et l'arrêter. — En termes d'imprimerie, c'est un petit vide demi-circulaire, pratiqué au pied de la lettre par le fondeur pour indiquer au compositeur le sens dans lequel il doit le placer.

CRANAUS, Athénien riche et puissant qui succéda à Cécrops sur le trône d'Athènes vers l'an 1506 avant J.-C., régna neuf ans et fut détrôné par Amphictyon, qui avait épousé sa fille Ctonopatra. Une autre de ses filles, Attis, étant morte avant d'être mariée, Cranaüs donna en son honneur au territoire d'Athènes le nom d'*Attique*. Cranaüs détrôné se retira chez les Lampriensiens, où il mourut. Ce fut sous son règne qu'arriva le fameux déluge de Deucalion.

CRANCELIN, terme de blason, portion de couronne à fleurons, posée en bande à travers un écu.

CRANE, grande cavité ovoïde qui occupe les parties supérieure et postérieure de la tête et renferme l'encéphale, qu'il protège. Le crâne est d'une forme symétrique, offrant son extrémité étroite en avant, et est formé de plusieurs os aplatis, articulés entre eux au moyen de sutures nombreuses. Ces os sont en avant, le *frontal*; en arrière, l'*occipital*; en haut, les deux *pariétaux*; sur les côtés et en bas, les deux *temporaux*; inférieurement, derrière duquel est l'*ethmoïde*. La partie inférieure du crâne s'articule avec les os de la face et de la colonne vertébrale. Sa région antérieure se nomme *sinciput*; la postérieure, l'*occiput*; la supérieure, *voûte*, *vertex* ou *bregma*; les latérales sont dites les *tempes*, et l'inférieure la *base* du crâne. Le crâne étant l'enveloppe du cerveau, la forme en doit nécessairement influer sur son état extérieur. Les modifications diverses du cerveau ou plutôt de l'encéphale doivent donc entraîner des modifications dans le crâne. L'étude du crâne offre une série d'observations intéressantes sur l'état du cerveau. C'est ce qui fait le fondement d'une partie nouvelle de la physiologie, dont on doit la découverte au célèbre Gall, et qu'il a nommée *crâniologie* ou *crânioscopie*. Cette science ne s'occupe pas seulement de l'action du cerveau sur le crâne; mais elle considère l'exposition des diverses facultés cérébrales et l'indication du siége de ces organes sur le crâne.

CRANEQUIN, bandage de fil que portaient les anciens soldats à la ceinture, et dont ils se servaient pour tendre l'arc ou l'arbalète. Un *cranequinier* était un soldat armé d'une arbalète qui se tendait à l'aide du cranequin.

CRANGON, genre de crustacés, de l'ordre des décapodes, famille des macroures. Le test de ces crustacés est ordinairement incolore ou tirant sur le vert, marqué souvent d'une infinité de points ou de lignes noires. Quand on les cuit, ces couleurs se changent en rouge. On les sert sur nos tables en ragoût; mais leur chair n'est pas aussi délicieuse que celle des chevrettes ou crevettes, avec lesquelles on les confond quelquefois. On appelle les crangons *crevettes de mer* ou *cardons*.

CRANIOLOGIE (du grec *cranion*, crâne, et *logos*, discours), nom donné à l'étude approfondie des saillies ou bosses que présente le crâne, et des indices qu'on peut tirer de leur examen relativement aux penchants et aux dispositions morales des individus. Cette étude dépend du système d'un docteur allemand nommé Gall.

CRANIOSCOPIE (du grec *cranion*, crâne, et *scopein*, examiner), étude du crâne. Ce mot a à peu près le sens de *craniologie*. On a appelé *cranioscopes* ceux qui examinent le crâne dans le but d'en retirer des inductions relatives aux penchants ou aux dispositions morales des individus.

CRANMER (Thomas), né à Astason en Angleterre, en 1489, d'une famille noble, professa pendant quelque temps avec succès dans l'université de Cambridge. Le divorce de Henri VIII fixa tous les yeux sur lui. Il fut en effet le premier qui écrivit en 1530 pour l'appuyer. Henri l'envoya à Rome pour y disposer les esprits à approuver la dissolution de son mariage, et il masqua si adroitement sa conduite que le pape Clément VII le fit son pénitencier. Devenu archevêque de Cantorbéry et depuis longtemps ministre des passions de Henri, il fit déclarer nul par le clergé d'Angleterre le mariage de ce prince avec Catherine d'Aragon et bénit celui d'Anne de Boulen. Au commencement du règne de la reine Marie, il fut arrêté comme traître et hérétique, et abjura dans l'espoir de sauver sa vie. Il fut néanmoins condamné au feu, et rétracta son abjuration sur le bûcher, où il périt en 1566.

CRANSAC, commune du département de l'Aveyron, à 8 lieues dans l'arrondissement de Villefranche. Population, 680 habitants. Ce village est fort ancien; les eaux minérales auxquelles il doit sa célébrité étaient déjà connues au IXe siècle. Il est situé au milieu des montagnes, près de la petite ville d'Auban. Ses eaux sont très-fréquentées ; il y vient annuellement trois mille malades. Elles contiennent des sulfates de magnésie, d'alumine et de fer. On en fait usage en boissons contre les maladies de l'estomac et la chlorose.

CRANSON. Voy. COCHLEARIA.

CRAON, famille ancienne qui tire son nom du village de Craon en Anjou, aujourd'hui chef-lieu de canton du département de la Mayenne, avec 3,610 habitants, à 4 lieues de Château-Gonthier. Cette ville, jadis fortifiée, fut assiégée en 1592 par François de Bourbon, prince de Conti. Craon était le siége d'une baronnie, dont le seigneur se qualifiait de premier baron d'Anjou. La famille de Craon était une branche de la maison de Nevers, dont elle s'était séparée vers le XIe siècle.

CRAON (Pierre DE), seigneur de la cour de Charles VI. Attaché à Louis d'Anjou qui, alors en Italie, l'envoya en France pour demander de l'argent et du secours, il s'abandonna aux plaisirs au lieu de remplir sa commission. Disgracié du duc d'Orléans, il crut que le connétable de Clisson lui avait rendu ce mauvais office, et l'assassina le jour de la Fête-Dieu (14 juin 1391). Le connétable, n'étant pas mort de ses blessures, le poursuivit chez le duc de Bretagne, où il s'était réfugié. Ses biens furent confisqués et donnés au duc d'Orléans ; mais Richard II, roi d'Angleterre, obtint sa grâce peu de temps après. Sa postérité masculine s'éteignit vers 1440 ; celle de la branche aînée avait fini vers 1371.

CRAPAUD, genre de reptiles de l'ordre des batraciens et de la famille des anoures, caractérisée par une forme trapue, ramassée, une tête large à sa base, un corps globuleux, des membres gros, courts, moins disposés pour le saut que ceux des autres batraciens, des doigts courts, et les follicules plus nombreux, plus développés, qui parsèment leur peau. Ce sont des sortes de verrues d'où suinte une humeur visqueuse plus ou moins fétide. (V. BUFFONINE.) Les mâles sont presque toujours privés des poches qui renforcent la voix. Mais ils jouissent comme les femelles de la singulière propriété de varier l'intensité de leur voix flûtée, courte et monotone, de manière à produire une sorte de ventriloquie qui est un de leurs moyens de défense. Un autre moyen non moins singulier consiste dans le gonflement subit et volontaire de l'abdomen, produit par l'accumulation de l'air dans leurs poumons vésiculeux, gonflement qui les rend élastiques comme un ballon, et effraye les animaux qui les poursuivent. Leur urine, qu'ils lancent sur leurs ennemis, n'est point venimeuse non plus que leur morsure. On connaît un grand nombre d'espèces de crapauds, parmi lesquelles on distingue le *crapaud commun*, gris brun, de deux à cinq pouces, et le *crapaud accoucheur*, gris ardoise dessus et blanchâtre dessous, de un pouce à un pouce et demi.

CRAPAUD, nom donné, en termes d'artillerie, à l'affût du mortier. Il est plat et sans roues, quelquefois de bois et plus souvent de même métal que la bouche à feu. Quand il est en bronze à la Gomère, il fait corps avec le mortier et se coule avec lui. Quand il est en bois, il a un *encastrement* comme les canons, pour recevoir le mortier qu'on y fixe. Il n'a pas de recul comme l'affût du canon. La détonation excite seulement une forte commotion sur le terrain.

CRAPAUD VOLANT. Voy. ENGOULEVENT.

CRAPAUDINE. On donne ce nom, dans les arts mécaniques, à un morceau de métal dans lequel est pratiqué un trou rond conique ou cylindrique sur une partie de son épaisseur, dans lequel trou pose et tourne le pivot d'un arbre vertical. Il y a de grosses et de petites crapaudines, suivant le poids et la dimension des arbres tournants. Il y en a en cuivre ou en acier trempé, suivant la fatigue qu'elles supportent. — On donne aussi le nom de *crapaudine*, 1° à une toile métallique percée de trous, sur laquelle on garnit l'ouverture d'un tuyau à une prise d'eau, pour empêcher les ordures et les matières de s'y introduire dans les crapauds d'y entrer ; 2° à une crevasse qui se forme aux pieds du cheval, par suite des atteintes qu'il se donne sur la couronne avec ses fers ; 3° à un poisson nommé encore *anarrhique*.

CRAPONNE (CANAL DE), canal qui traverse la plaine de la Crau et joint le Rhône à la Durance. Il commence à la Roque d'Antheron et va se jeter dans le Rhône à Arles, en passant par Lomanau, Alein, Pont-Royal, Saint-Roque d'Antheron. Ses divers embranchements joignent le canal à l'étang d'Istres, qui communique à son tour avec l'étang de Berre par une voûte souterraine, ouvrage de l'art, et où peuvent passer les grands bateaux. Sa longueur est de 80,000 mètres. Il est dû à un ingénieur français, Adam de Craponne, natif de Salon, qui l'acheva en 1559.

CRAQUELINS ou CRAQUELOTS, nom que donnent les pêcheurs aux crustacés qui viennent de subir leur mue en changeant de peau, et qui sont encore mous. Ils s'en servent *pour appât*.

CRASSULACÉES ou CRASSULÉES, famille de plantes dicotylédonées polypétales, à pétales et à étamines insérés au calice, herbacées et très-rarement frutescentes, aux tiges et aux feuilles épaisses, charnues et succulentes, offrant plusieurs modes d'inflorescence, et ayant des fleurs parfois remarquables par leurs vives couleurs. Cette famille, la même que celle des *joubarbes* de Jussieu et des *sempervivées* de plusieurs autres auteurs, renferme les genres *crassule*, *joubarbe*, *orpin*.

CRASSULE, genre type de la famille des crassulacées, originaire des régions équatoriales. Un très-petit nombre se trouve en Europe et en France. On leur donne le nom de *plantes grasses*. Ce sont la *crassule éclatante*, arbuste d'un mètre et demi, dont la tige se divise en rameaux rougeâtres, garnis de feuilles ovales, opposées en croix, aux fleurs qui, joignant à une couleur rouge magnifique un parfum très-agréable, sont disposées en une sorte d'ombelle ; la *crassule rougeâtre*, à tige basse, un peu velue, divisée à son sommet en trois ou quatre rameaux, avec feuilles éparses, obiongues, et aux fleurs sessiles, dont la couleur blanche est traversée par une ligne purpurine.

CRASSUS, surnom propre à la famille Licinia, et sous lequel on connaît dans l'histoire trois personnages célèbres. — PUBLIUS LICINIUS CRASSUS, jurisconsulte romain, fut élevé, l'an 131 avant J.-C., à la charge de souverain pontife, et la quitta pour commander les armées. Il marcha en Asie, contre Aristonicus, fut vaincu, pris et tué. — LUCIUS LICINIUS CRASSUS, était un célèbre orateur romain, dont Cicéron fait souvent l'éloge, et qui était aussi distingué par le mérite que par son éloquence. — Mais le plus fameux est le célèbre MARCUS LICINIUS CRASSUS, surnommé *le Riche* à cause de son opulence. La crainte des fureurs de Cinna et de Marius l'obligea de se retirer en Espagne, où il resta caché pendant huit mois. Il passa de là en Afrique, en Sicile et en Italie. Fait préteur l'an 71 avant J.-C., il fut envoyé avec Pompée contre Spartacus, chef des esclaves rebelles. L'année suivante (70), il fut fait consul avec Pompée, et puis censeur ; enfin il forma avec Pompée et César le premier triumvirat. Devenu consul une seconde fois, il eut en partage la Syrie. Son avidité lui inspira la pensée d'entreprendre la guerre contre les Parthes. Il fut défait par Suréna, général d'Orodès, roi des Parthes. Suréna s'en empara traîtreusement dans une entrevue qu'il eut avec lui et le fit mourir l'an 53 avant J.-C. Sa tête fut envoyée à Orodès, qui y versa de l'or fondu.

CRATÈRE, nom donné à l'orifice en forme d'entonnoir situé au sommet d'un cône volcanique. Souvent une montagne porte sur ses flancs un grand nombre de petits cônes avec cratères, indépendamment de celui qui couronne le sommet. On distingue aujourd'hui en géologie quatre espèces de cratères, suivant qu'on les attribue à des phénomènes d'éruption, d'explosion, d'affaissement ou de soulèvement. Les premiers offrent sur leurs parois intérieures, une succession de laves ou de matières ayant été à l'état fluide, et de débris incohérents plus ou moins soorlacés ; tels sont la plupart des cratères de l'Auvergne, du Vivarais, le Vésuve, l'Etna, etc. Les seconds ont peu ou point de saillies, et affectent la forme d'un entonnoir irrégulier, dont les bords sont composés des couches mêmes du sol qui a été percé. Les quatrièmes sont formés par des fragments désunis et soulevés des couches horizontales, qui se séparèrent d'autant plus que leur relèvement sera plus grand.

CRATÈRE, lieutenant et favori d'Alexandre le Grand, plut au conquérant par un air noble et majestueux, un esprit élevé et un grand courage. Après la mort de ce prince, il reçut en partage la Grèce et l'Epire ; lorsqu'il eut rangé ces pays sous ses lois, il passa en Asie avec Antipater, et fut tué l'an 321 avant J.-C. dans une bataille qu'il livra à Eumène, qui, le voyant expirer, descendit de cheval pour lui rendre les derniers devoirs. Cratère était aussi célèbre par ses talents littéraires que par sa valeur dans les combats. Il avait écrit la vie du héros macédonien.

CRATÈS, philosophe grec de la secte des cyniques, disciple de Diogène. Il était fils d'Ascondé et descendait d'une famille riche de Thèbes en Béotie. Il se livra de bonne heure à la philosophie, et, pour ne pas en être distrait par les soins temporels, il vendit ses biens et en donna le produit à ses concitoyens. Sa vertu lui mérita la plus haute considération dans Athènes. Cratès vivait vers l'an 288 avant J.-C. Il mourut dans un âge très-avancé, laissant plusieurs ouvrages qui ne nous sont pas parvenus.

CRATÈS, philosophe athénien, de la secte des académiciens, fut disciple de Polémon, auquel il succéda dans la direction de son école vers l'an 272 avant J.-C. Il fut employé par ses compatriotes dans plusieurs ambassades, et fut pour disciples Arcésilaüs, Bion de Borysthène et Théodore.

CRATEVIER ou TAPIEN, genre de la famille des capparidées, appartenant aux climats les plus ardents du globe, et renfermant des arbres et arbrisseaux à feuilles composées de trois folioles, à baie globuleuse ou ovoïde, portée sur une longue queue, à écorce mince. On en connaît douze espèces, dont la plus connue est le CRATEVIER RELIGIEUX, appelé encore *nirvalà*, *ranabelou* et *pretonou*, bel arbre à bois dur, à rameaux très-nombreux, portant des feuilles lancéolées. Il est vénéré par les Indous à cause des propriétés médicinales que les brahmes attribuent à son fruit pulpeux, préparé par eux.

CRATINUS, célèbre poëte comique athénien, se fit connaître par ses comédies, dont une basse bouffonnerie et une grossière obscénité faisaient ordinairement le fond. Sa plume n'épargnait personne, pas même les premiers magistrats de la république. Il était un des plus intrépides buveurs de son temps. Quintilien porte un jugement avantageux de ses pièces de théâtre, dont il ne nous reste que quelques fragments.

CRAU, vaste plaine cailouteuse, dans le département des Bouches-du-Rhône. Elle fait partie des communes de Salon, Istres, Foz et d'Arles, et est située entre la ville d'Arles et l'étang de Berre. Sa superficie est d'environ 20 lieues carrées. La terre végétale n'y présente guère qu'une épaisseur d'un pied à un pied et demi, après laquelle on ne trouve plus qu'un tuf ou *poudingue* formé par une masse de cailloux plus ou moins petits. Le sol supérieur est un lit de cailloux longs ou arrondis, à surface polie, de couleur variable. Dans la plupart des endroits fertiles de la Crau, ces cailloux sont clairsemés et entourés de verdure. Le mûrier, l'olivier, la vigne y croissent facilement et avec succès. La plaine de la Crau nourrit pendant l'hiver plus de quatre cent mille bêtes à laines. — La Crau vient du celtique *krav*, qui signifie pierre roulée, champ de pierres. Les anciens lui donnaient le nom de *lapidei campi*, *Herculei campi*, parce qu'ils pensaient qu'Hercule y combattit les géants, et que Jupiter l'aida à le vaincre en faisant pleuvoir sur ceux-ci une grêle de pierres. On a vu dans cette tradition métaphorique l'explication de la nature caillouteuse de la Crau, par l'envahissement subit des eaux de la mer. D'autres naturalistes croient que cette plaine était autrefois un golfe maritime où la Durance allait se perdre.

CRAVACHE, espèce de fouet en forme de badine, dont on se sert pour monter à cheval. Il a huit lignes environ de diamètre à l'extrémité de la poignée, et va en décroissant jusqu'à son bout, qui a deux lignes tout au plus. L'intérieur est formé d'une baleine dans les meilleures, de petit rotin ou bois pliant et élastique dans les mauvaises. Elles sont couvertes avec du bon fil, gros et tordu, ou de fines cordes à boyau, nattées sur la pièce même. — Les Kozaks ont une espèce de cravache courte et noueuse qu'ils nomment *knout*.

CRAVATE, espèce de mouchoir en mousseline, en batiste ou en soie, que l'on plie diagonalement, et dont on fait plusieurs tours autour du cou. Les deux bouts sont noués sous le menton, et descendent le long de la poitrine. En termes de bottonier, la *cravate* est une bouffette composée de plusieurs brins de milanaise pliés au moule, serrés et liés par le milieu et représentant un nœud.

CRAVATE. Dans l'art militaire, on donne ce nom à un morceau d'étoffe de soie long et étroit, garni de franges en or à ses deux extrémités, et attaché en forme de rosette au haut des drapeaux et des étendards. — Louvois distribua en 1668 les premières cravates au corps d'infanterie. Des régiments de cavalerie légère ont porté en France le nom de *Cravates* ou *Croates*. On les plaçait en éclaireurs sur les flancs de l'armée, et en 1789 un de nos régiments portait encore le nom de *Royal-Cravate*. — La couleur des cravates varie suivant les états; chacun en adopte une différente. Le gouvernement français a adopté depuis 1830 la cravate tricolore.

CRAYER (Gaspard DE), célèbre peintre flamand, né à Anvers en 1582 ou 1585. Appelé à Bruxelles par les principaux seigneurs de cette ville, il y fit une fortune rapide. Un de ses ouvrages, envoyé au roi d'Espagne, lui mérita une chaîne d'or et une pension considérable. L'opinion publique le plaçait à côté de Rubens pour les sujets religieux et de Van-Dyck pour le portrait. On compte de ce maître plus de cent tableaux d'autel. Il mourut à Gand en 1669.

CRAYONS, nom générique sous lequel on désigne plusieurs substances terreuses, colorées, dont on se sert pour tracer des lignes ou pour dessiner, et particulièrement la *plombagine* appelée improprement *mine de plomb*, et qui n'est autre chose qu'un carbure de fer doux au toucher, se laissant tailler avec facilité, et imprimant sur le papier une trace d'un gris de plomb, facile à enlever avec de la mie de pain ou de la gomme élastique. Jusqu'en 1795, on employait partout la même procédé dans la fabrication des crayons à l'usage des dessinateurs ou des bureaux. Ils se confectionnaient avec la plombagine sciée en petits parallélipipèdes, et renfermés dans des enveloppes de bois de cèdre. En 1795, Conté s'occupa de la recherche des procédés propres à la fabrication des crayons artificiels, et c'est à lui qu'on doit l'invention des crayons qui portent son nom, et qui sont fondés sur la propriété que possède l'argile de diminuer de volume et de durcir en raison directe des degrés de chaleur. C'est cette substance qu'il emploie comme matière solidifiante de toutes les sortes de crayons. Pour les crayons de mine de plomb, le carbure de fer ou graphite est broyé, puis chauffé au rouge dans un creuset, et mêlé dans diverses proportions avec l'argile. Moins on met d'argile, moins on fait cuire les crayons, et plus ils sont tendres; plus on emploie d'argile, plus ils sont fermes.

CRAYONS GRIS ou CRAYONS D'ARDOISE, crayons destinés à écrire ou à dessiner sur l'ardoise. Le plus souvent ils ne sont que des fragments d'ardoise un peu plus tendre.

CRAYONS DE MINE COLORÉE, dus aux frères Joël. Ils sont renfermés dans des étuis de bois comme ceux de plombagine. Leur base est de l'argile d'Arcueil, et les matières colorantes sont le bleu de Prusse, l'orpin, le blanc de plomb, le vermillon et le carmin pur.

CRAYONS BLANCS, craie purifiée par des lavages, broyée en pâte fine et débitée en baguettes.

CRAYONS NOIRS. On les appelle encore *pierre noire*, *pierre des charpentiers*. Ils sont faits en général avec une variété de schiste nommée *ampélite*, qui contient une certaine quantité de carbone; mais on emploie aussi des schistes argileux, grisâtres ou bleuâtres, qui ont, comme les premiers, la propriété de laisser une trace sur la pierre ou le bois. La seule variété employée par les dessinateurs est la *pierre d'Italie*, qui se vend en baguettes minces, d'un noir bleuâtre et d'un grain très-fin. Les crayons noirs communs viennent à Paris du Maine, de la Bretagne et de la Normandie.

CRAYONS ROUGES. On les appelle vulgairement SANGUINES. Ils se font avec une argile ocreuse ou de l'*hématite* (fer oxydé rouge), à grains très-fins et très-serrés, et dont la couleur est d'un rouge foncé. On les fabrique en broyant l'hématite sur un porphyre, de façon qu'elle soit réduite en poudre impalpable, en en faisant une pâte, et en liant cette pâte avec de la colle de poisson ou de la gomme arabique. La sanguine, presque abandonnée de nos jours, était jadis très en usage.

CRAZIE, monnaie de compte de Toscane, qui est la douzième partie de la livre de France, c'est-à-dire environ 7 centimes. C'est aussi une monnaie de billon du même duché.

CRÉANCIER. On appelle ainsi quiconque a un droit à exercer contre quelqu'un. On distingue les créanciers, suivant la nature du titre dont ils sont porteurs, en trois classes: les *créanciers chirographaires* ou *ordinaires*, porteurs d'un titre chirographaire ou acte sous seing privé, écrit par le débiteur ou en son nom, sans intervention de l'autorité publique; les *créanciers privilégiés*, qui, à raison de la nature particulière de leur créance, ont le privilège d'être payés intégralement avant tous les autres; et les *créanciers hypothécaires*, qui, à raison d'un droit d'hypothèque dont ils sont investis, ont le privilège d'être payés intégralement sur le prix spécial d'un immeuble déterminé.

CRÉATION, action par laquelle toutes choses ont été formées et tirées du néant. La partie de la science qui s'occupe de cette action s'appelle *cosmogonie*. — Les peuples ont adopté diverses croyances sur la création. Dans l'opinion antique de la doctrine brahmanique, Brahma ou la Divinité existait seule à l'origine des choses, et constituait à elle seule le temps, l'espace, l'être unique, infini, éternel. Voulant réaliser son existence ou révéler le monde, qui était une conception de son intelligence, il la représenta par des êtres matériels le figurant aux sens et empreints de sa toute-puissance et de sa volonté. Pythagore avait adopté ce système philosophique, suivi également par Platon. Ce dernier nous représente le *Demiourgos* concevant dans sa pensée les idées *archi-*types de l'univers, et réalisant par sa volonté toute-puissante les conceptions de son intelligence; en sorte que le monde n'offre que la représentation de la pensée divine. Selon la Genèse ou Moïse qui l'a écrite, Dieu créa le monde en six jours. Les géologues qui ont voulu expliquer la création et la formation successive du monde ont expliqué les six jours de la Genèse par six époques ou périodes successives dans lesquelles chacune des créations partielles se seraient opérées.

CRÉBILLON (Prosper JOLYOT DE), célèbre poëte tragique français, né à Dijon en 1674. Il étudia au collége Mazarin. Plein de répugnance pour l'étude du droit, il s'adonna à celle de la poésie, et débuta en 1705 dans la carrière dramatique par les tragédies d'*Idoménée* et d'*Atrée et Thyeste*. Celle-ci est regardée comme son chef-d'œuvre. *Electre*, jouée à la fin de la même année, eut un brillant succès. *Rhadamiste et Zénobie*, qu'on représenta trente fois en 1711, est une des plus belles pièces qui soient restées au théâtre. En 1730, il fut nommé censeur royal et censeur de la police. En 1731, il fut reçu membre de l'académie française. Il y représenta *Catilina* en 1749, à soixante-douze ans. Cet ouvrage, applaudi avec transport dans les premières représentations, fut jugé plus sévèrement à la lecture. Sa dernière pièce fut le *Triumvirat*, représenté en 1754. Crébillon mourut en 1762.

CRÉBILLON (Claude-Prosper JOLYOT DE), fils du précédent, né à Paris en 1707, mort en 1777. Il brilla par les grâces, la légèreté, la causticité maligne de ses écrits, et pourrait être surnommé *le Pétrone de la France*. Il n'eut d'autre place que celle de censeur royal. Ses *romans* renferment des tableaux trop libres, et le style n'en est pas toujours clair et léger. Ses principaux ouvrages sont *les Egarements du cœur et de l'esprit*, *le Sopha*, *Ah! quel conte! la Nuit et le Moment*, *le Hasard du coin du feu*, *Tanzaï et Néadarné*, *les Lettres athéniennes*, etc., etc.

CRÈCHE, lieu où mangent les animaux. La sainte Vierge, n'ayant pu trouver de place dans l'hôtellerie publique de Bethléem, se retira dans une étable, qui était une caverne creusée dans le roc près de Bethléem, vers le midi. Là elle accoucha de Jésus-Christ, et le mit dans la *crèche*, qui était en bois. On croit communément qu'il y avait un bœuf et un âne près de cette crèche; mais on n'en est pas sûr.

CRÉCY-EN-PONTHIEU, bourg du département de la Somme, chef-lieu de canton, dans l'arrondissement de à 4 lieues d'Abbeville. Il est célèbre par la bataille qui s'y livra le 26 août 1346 entre les Français et les Anglais. L'armée française, forte de 70,000 hommes, dont 15,000 Génois aux ordres de Grimaldi et de Jean Doria, commandée par Philippe VI en personne, y fut complétement défaite par l'armée anglaise aux ordres d'Edouard III et de son fils le prince de Galles, forte de 32,000 hommes seulement; mais elle avait pour elle l'avantage du terrain et la présence de quelques pièces de canon, qui furent, dit-on, employées dans cette journée pour la première fois. Dans la bataille, il avait péri deux rois, Jean de Bohême et D. Jayme de Majorque, les comtes d'Alençon, de Flandre, de Sancerre, d'Auxerre, de Blois, de Savoie, d'Aumale, de Nevers, etc., et une foule de barons, chevaliers, etc.

CRÉDENCE. Voy. BUFFET.

CRÉDIT, faculté d'emprunter établie sur l'opinion d'un payement certain. Le crédit multiplie les ressources du débiteur par l'usage des richesses d'autrui, et facilite au vendeur créancier l'écoulement de ses marchandises, en lui donnant l'assurance qu'elles seront payées. C'est le crédit qui est l'âme du commerce, qui vivifie l'industrie. — Dans la tenue des livres, on place sur le feuillet à droite ou recto du grand-livre les articles dus par le négociant; c'est la page du crédit: il écrit à son correspondant: *Je vous ai crédité de telle somme*, pour désigner qu'elle est inscrite au rang des choses dues.

CRÉDIT SUPPLÉMENTAIRE ou CRÉDIT EXTRAORDINAIRE, c'est, dans le langage parlementaire, l'acte par lequel le ministère demande aux chambres les fonds nécessaires pour faire face à une dépense qui n'a pas été prévue (*crédit extraordinaire*) ou qui n'a pas été assez largement dotée lors du vote du budget annuel (*crédit supplémentaire*).

CRÉDIT (LETTRES DE). En droit commercial, on appelle ainsi un contrat de change qui est nominatif ou au porteur, et par lequel une personne qui a un crédit ouvert chez un banquier ou tout autre négociant dispose de son compte en faveur d'un tiers, en sorte que le mandataire indiqué ou le porteur ont le droit de se faire remettre au nom du mandant, souscripteur de la lettre de crédit, les fonds qui leur seront nécessaires. — On nomme aussi *lettres de crédit*, en langage diplomatique, les missives remises à tous les chargés d'affaires à l'étranger pour les accréditer auprès d'un gouvernement étranger.

CRÉDIT (DROIT DE), droit féodal qui, dans la plupart des seigneuries, accordait au seigneur la faculté de prendre à crédit tout ce qui pouvait se trouver à sa convenance. Le seul remède qu'on y ait apporté était de limiter le crédit à un certain temps, en sorte qu'à défaut de payement dans le délai prescrit on pouvait, non pas exercer des poursuites, mais refuser de livrer de nouveau à crédit.

CREDO, mot sous lequel on désigne vulgairement le symbole des apôtres, qu'on récite à matines, primes, complies, et celui de Nicée, qu'on dit à la messe après l'évangile. — On commença d'abord en Orient à dire publiquement le *Credo* à la messe, et on attribue l'institution de cet usage à Timothée, évêque de Constantinople, en 510. Cet usage passa des Eglises d'Orient à celles d'Occident, en commençant par l'Espagne, où le troisième concile de Tolède (585) commanda de le chanter publiquement à la messe. La France et l'Allemagne suivirent la même chose du temps de Charlemagne. L'Eglise de Rome ne commença à chanter le Credo à la messe que sous le pape Benoît VIII en 1014 ; auparavant on se contentait de le lire.

CREEKS ou MUSCOGULGES, tribu indienne des Etats-Unis, habitant les frontières des Etats de Géorgie et d'Alabama. Ils sont au nombre de 20,000, et vivent dans des villages sous la conduite d'un roi électif. Ils cultivent la terre, et fabriquent des paniers, des pipes, des poteries, etc. Le gouvernement des Etats-Unis leur a donné des écoles.

CREIL-SUR-OISE, chef-lieu de canton du département de l'Oise, à 2 lieues de Senlis. Population, 1,930 habitants. — Cette ville est très-ancienne. Elle fut successivement ravagée par les Normands et par les Anglais. Charles VII la prit en 1441, après douze jours de siège. Les guerres de religion y causèrent beaucoup de désastres. Il existe encore des ruines du château où demeura Charles VI lorsqu'il tomba en démence. On remarque au bord de l'Oi e les bâtiments de la manufacture de faïence et de terre de pipe, qui est une des plus importantes de France. — Le canton de Creil, dans une longueur de 4 lieues sur une largeur de 2, renferme cent soixante-dix-neuf établissements manufacturiers employant de huit à dix mille ouvriers.

CRÉMAILLÈRE. On donne ce nom à toute barre dentée, ondée ou crénelée sur sa longueur. La plus souvent la crémaillère est, comme dans le cric, destinée à se mouvoir par l'engrenage d'un pignon ou d'une roue dentée. Ce mécanisme, très-simple, est un des plus usités pour transformer un mouvement de rotation continue en mouvement rectiligne ou de translation. Il arrive quelquefois que les dents de la crémaillère sont obliques, de manière à permettre le mouvement dans un sens et à s'y opposer dans le sens rétrograde. Les crémaillères de nos cuisines sont de cette forme. Elles se font en fer, et se suspendent par un anneau en haut du *contre-cœur*. — On nomme encore *crémaillères* des tringles dentées, dont les dents servent d'arrêt pour appuyer le bout d'un étai et l'écarter à volonté.

CRÉMASC. Voy. CRÈME n° 5.

CRÈME, l'une des trois substances principales qui composent le lait. C'est une matière d'un blanc jaunâtre, d'une odeur et d'une saveur douce et agréable, d'une consistance assez épaisse, plus légère que le lait. Elle est composée de stéarine, d'élaïne, d'une substance colorante jaune, des acides butyrique, lactique, acétique et carbonique, de chlorure de potassium, de phosphate de chaux, etc. C'est avec la crème battue dans un vase qu'on fait le *beurre*. — On fait avec du lait et des jaunes d'œufs un mets délicat que l'on sert en entremets, et qu'on nomme *crème*. — La *crème fouettée* est de la bonne crème de lait qu'on fait élever en mousse en la fouettant avec de petits osiers. On y fait entrer du sucre en poudre, de la gomme adragant et de l'eau de fleurs d'oranger. On ajoute le parfum qu'on désire, et on colore comme on veut. — On donne encore le nom de *crème* à diverses substances qui en offrent la consistance ou qui ont quelques-unes de ses propriétés.

CRÈME DE CHAUX, nom donné à la pellicule blanche de carbonate de chaux qui se produit lorsque l'eau de chaux est en contact avec l'air.

CRÈME DE RIZ, sorte de bouillie faite avec de la farine de riz. Elle est rafraîchissante, et souvent administrée dans les convalescences.

CRÈME DE TARTRE (*bitartrate de potasse*), mélange de tartrate de chaux, de matière colorante, de lie et d'autres corps étrangers, qui constitue la croûte cristalline appelée *tartre* qui se dépose au fond et sur les parois des tonneaux quand le vin acidulé a fermenté. On purifie la crème de tartre en la faisant dissoudre dans de l'eau bouillante, et laissant refroidir la liqueur saturée. Elle est alors solide, blanche, cristallisée en prismes tétraédriques, très-peu transparente, inodore, d'une saveur acide et piquante. On l'emploie en médecine comme laxatif ou purgatif, et dans la jaunisse, les embarras gastriques, etc., etc.

CRÈME, ville forte du royaume lombardo-vénitien, dans la province et à 4 lieues de Lodi, sur le Serio, dans une plaine fertile. Elle a une population de 4,000 habitants et un château fort. Elle est depuis 1520 le siège d'un évêché suffragant de Bologne. C'était la dernière ville de Lombardie appartenant à la république de Venise, qui la possédait depuis 1428. Elle a été fondée par Crémès, et peuplée par les habitants qui fuyaient devant les Lombards. — Crème était la capitale du CRÉMASC, pays fertile en blé, en vin et en chanvre, qui avait 9 lieues de long sur 4 à 5 de large, et qui était situé entre le Crémonais, le Lodesan, le Bergamasque, le Bressan et le Milanais.

CRÉMÈRE, petite rivière d'Etrurie, qui se jette dans le Tibre, et sur les bords de laquelle les Véiens en embuscade tuèrent dans un combat les trois cents Fabius, l'an de Rome 277.

CRÉMOCARPE, espèce de fruit qui appartient à la famille des ombellifères exclusivement, et qui est de la classe des fruits diérésiliens. Il fait corps avec le calice, et se divise en deux coques indéhiscentes, monospermes. Il est sphérique dans le *coriandre*, orbiculaire dans le *tordylium*, etc.

CRÉMONE, province du royaume lombardo-vénitien, entre celles de Brescia, de Lodi, de Mantoue et le Pô, qui la sépare du duché de Parme. Sa superficie est de 56 lieues carrées, et sa population de 205,000 habitants. Elle produit des grains, du lin, des mûriers, etc. — Sa capitale est CRÉMONE, bâtie dans une situation délicieuse au confluent du Pô et de l'Adda, à 6 lieues de Plaisance, 16 de Mantoue et 14 de Milan. Sa population est de 24,000 habitants. Sa cathédrale, dédiée à l'Assomption de la sainte Vierge, est d'une grande beauté. — On fabrique à Crémone des instruments de musique et des draps de soie. Elle commerce en soie, huile, miel et cire. Elle est le siège d'un évêché suffragant de Milan. — Fondée par les Gaulois, Crémone reçut une colonie romaine, et devint forte et puissante. — Le CRÉMONAIS, dont elle était autrefois la capitale, avait 18 lieues de long sur 16 de large, et était situé entre le Parmesan, le Mantouan, le Bressan, le Lodesan et le Crémasc.

CREMUTIUS CORDUS, historien latin, composa l'histoire d'Auguste et des guerres civiles, et se laissa mourir de faim pour se dérober au ressentiment de Tibère, qu'il avait outragé en appelant Cassius le dernier des Romains.

CRÉNEAUX. On donnait ce nom, dans le moyen âge, à la maçonnerie dentelée qui couronnait les murailles des châteaux forts. Les créneaux, au lieu d'être, comme l'ont dit plusieurs historiens, une échancrure de muraille, étaient la partie pleine du rempart. Quelquefois on tendait d'un créneau à l'autre une sorte de clayonnage appelé *hourdis*, qui protégeait l'archer combattant sur l'embrasure ou *archière*. — On appelait *châteaux crénelés* ceux dont les défenses s'entrecoupaient de créneaux.

CRÉNELÉ. En botanique, on emploie cet adjectif pour désigner les organes planes des végétaux et des animaux chez lesquels le bord offre des lobes très-courts, arrondis, et séparés par des sinus très-aigus et peu profonds.

CRÉNEQUIN, outil en forme de pied de biche, qui servait à tendre la corde d'une petite arbalète, et qui a donné son nom aux CRÉNEQUINIERS, corps de cavalerie, qui se servaient d'arbalètes et portaient le crénequin pendu à la droite de leur ceinture. Charles VII comptait dans sa garde vingt-cinq crénequiniers allemands. L'histoire cesse de les mentionner depuis la bataille de Marignan.

CRÉNIROSTRES, famille d'oiseaux de l'ordre des passereaux, renfermant ceux dont le bec présente une ou plusieurs échancrures vers la pointe.

CRÉOLE, nom qu'on donne, soit aux individus, soit même aux animaux qui naissent dans les colonies européennes, bien que leurs parents soient originaires de l'ancien monde. On le donne particulièrement à tous les blancs des deux Indes et originairement étrangers. Les créoles blancs sont en général bien développés, d'une taille mince, d'une constitution plutôt maigre que grasse, plutôt délicate que robuste, d'un caractère vif, fier et impérieux. Leur teint est en général livide et coloré, et cette lividité est due à l'action augmentée de l'appareil biliaire et à la diminution du sang. Leurs passions sont ardentes à l'excès.

CRÉON, roi de Thèbes en Béotie, frère de Jocaste, s'empara du gouvernement après la mort de son beau-frère Laïus. Œdipe, auquel il céda le sceptre, s'étant retiré à Athènes, il le reprit encore, et fit mourir Argie et Antigone, la première pour avoir enseveli son époux, et la seconde ses frères. Les dames thébaines portèrent Thésée à lui déclarer la guerre, et ce héros lui ôta la couronne et la vie, l'an 1230 avant J.-C. — Il ne faut pas le confondre avec CRÉON, roi de Corinthe, qui reçut à sa cour Jason, et l'accepta pour gendre quand il eut répudié Médée. Celle-ci, pour se venger, mit le feu au palais de Créon, qui y périt avec toute sa famille.

CRÉOSOTE, mot grec qui signifie *conservatrice des chairs*, et qui sert à désigner une substance nouvellement découverte en Allemagne par le chimiste Reichenbach. C'est un liquide incolore et transparent, d'une consistance analogue à celle de l'huile d'amandes, d'une odeur désagréable, rappelant celle des viandes fumées. Son action est éminemment caustique. Appliquée sur la peau, elle détruit l'épiderme, et est un poison pour les animaux et les végétaux prise à fortes doses ; mais, quand elle est mitigée, elle offre des avantages signalés pour la médecine et pour l'économie domestique. Elle arrête les hémorragies, préserve les chairs de la putréfaction, et guérit les douleurs de dents, les dartres, les plaies sanieuses, les ulcères, etc., etc. Si la fumée de bois est un agent conservateur des chairs, c'est qu'elle contient de la créosote. Elle se trouve encore dans l'acide pyro-ligneux et tous les goudrons.

CRÊPE, étoffe de laine, claire, légère et non croisée, qui se fabrique de même que la gaze et les autres étoffes non croisées sur le métier à deux marches. Il y a des *crêpes crêpés* et *des crêpes lissés*, des *crêpes simples* et des *crêpes doubles*; cela dépend du plus ou moins de tors de la soie et surtout de la chaîne. On crêpe en trempant dans l'eau l'étoffe au sortir du métier, et en la frottant avec un morceau de cire préparée. On la blanchit ou on la teint ensuite sur le cric, à froid ; puis on lui donne l'eau gommée.

CRÉPIDE, espèce de chaussure qui était ferrée et qui ne couvrait pas tout le pied. Elle était, chez les Grecs, celle des philosophes, et chez les Romains celle du peuple. Les femmes les portaient dans la ville.

CRÉPIDE, genre de plantes de la famille des chicoracées. La *crépide rouge*, froissée ou simplement remuée, répand une odeur peu agréable. Sa fleur est très-belle, d'un rose foncé, large d'environ quatre centimètres. Ses feuilles sont longues, fortement échancrées et armées de pointes. On connaît encore la *crépide des Alpes*, dont la tige, haute de trente-deux centimètres, porte des fleurs d'un jaune pâle au mois de juillet ; la *crépide puante*, hérissée de poils blancs, aux fleurs jaunes et purpurines en dehors ; la *crépide des toits* ; la *crépide bisannuelle*, à tige rameuse, d'un mètre environ, à feuilles roncinées et à grandes fleurs jaunes ; et la *crépide fluelle*, que l'on rencontre partout sur la fin de l'été, principalement dans les lieux secs, le long des murailles, etc.

CRÉPIN et CRÉPINIEN (Saints), frères et martyrs, vinrent de Rome avec saint Denis, saint Quentin, saint Lucien et d'autres missionnaires apostoliques pour prêcher la foi dans les Gaules. Ils s'arrêtèrent à Soissons, où ils exercèrent le métier de cordonniers pour répandre plus facilement la lumière évangélique. L'empereur Maximien Hercule les remit entre les mains du préfet des Gaules, Rictiovare ou Rictius Varus, qui, n'ayant pu ébranler leur foi, leur fit trancher la tête à Soissons l'an 286 ou 288, le 25 octobre, qui est le jour de leur fête. Saint Crépin et saint Crépinien sont les patrons des cordonniers.

CRÉPINE, ouvrage de passementerie travaillé à jour par le haut et pendant en grands filets ou franges par en bas. On en fait en or, en argent, en soie. — Des bouchers appellent ainsi la toile de graisse qui couvre la panse de l'agneau et qu'on étend sur les rognons quand il est habillé.

CRÉPON, étoffe de laine qui se fabrique de la même manière que le *crêpe*, et dont la chaîne est filée plus torse que la trame. Il y en a de plusieurs sortes ; les uns sont entièrement en laine, les autres soie et laine. On en fabrique même à Naples qui sont tout en soie.

CRÉPUSCULAIRES, famille d'insectes de l'ordre des lépidoptères, distinguée des deux autres familles de cet ordre par les ailes supérieures retenues inclinées dans le repos au moyen d'un crin propre aux ailes inférieures et entrant dans une coulisse des supérieures ; leur caractère principal est d'avoir leurs antennes en massue. Cette famille composait autrefois le genre *sphinx* de Linné.

CRÉPUSCULE, nom donné au jour faible qui précède le lever du soleil et suit son coucher. Le premier reçoit le nom particulier d'*aurore*, le second conserve celui de *crépuscule*. Ce phénomène se produit par la réfraction des rayons lumineux, opérée par l'air atmosphérique. Cet air se trouvant en effet plus dense que l'éther dans lequel se meuvent de prime abord les rayons lumineux, ceux-ci éprouvent nécessairement une *réfraction* en passant dans le milieu atmosphérique. Or, comme l'effet de la réfraction est d'abaisser les rayons réfractés, il s'ensuit que les rayons qui n'auraient pas dû régulièrement venir à notre œil s'en rapprochent et nous montrent le soleil suivant une direction rectiligne, c'est-à-dire, beaucoup plus haut qu'il ne l'est véritablement. C'est ainsi que, lorsqu'il est encore sous l'horizon, il nous paraît au-dessus. Le temps qui s'écoule depuis le moment où le soleil, quoique encore sous l'horizon, nous apparaît jusqu'à celui où il monte au-dessus de l'horizon est le crépuscule. On imagine passant par la limite inférieure un petit cercle abaissé au-dessous de l'horizon de 18 degrés et lui étant parallèle. C'est le cercle limite des crépuscules. On l'appelle *crépusculaire*.

CRÉPY. Voy. CRESPY.

CRÉQUI, l'une des plus anciennes et des plus illustres familles du pays d'Artois, d'où elle a passé en Picardie et dans plusieurs provinces de France. Elle a tiré son nom du village de *Créqui* dans le Boulonnais, à 2 lieues de Fruges. Les anciennes généalogies lui donnent pour tige ANOUL, dit *le Vieil* ou *le Barbu*, mort en 897. La branche aînée de Créqui fut éteinte dans ANTOINE DE CRÉQUI, cardinal, évêque d'Amiens, né en 1531, mort en 1574. Ce prélat, héritier de ses frères, laissa tous ses biens à ANTOINE DE BLANCHEFORT, fils de sa sœur Marie de Créqui, à condition qu'il porterait le nom et les armes de Créqui. Antoine qui fut CHARLES DE CRÉQUI, DE BLANCHEFORT ET DE CANAPLES, prince de Poix, gouverneur du Dauphiné, pair et maréchal de France, qui devint duc de Lesdiguières par son mariage avec Madelaine de Bonne, fille du célèbre connétable de Lesdiguières (1611). Son duel contre D. Philippin, bâtard de Savoie, à l'occasion d'une écharpe, et dans lequel il tua son adversaire, le contribua pas peu à le rendre fameux. Il prit Pignerol et la Maurienne en 1630, fut envoyé ambassadeur à Rome en 1633, défit les troupes espagnoles au combat du Tésin (1636), et fut tué en 1638 d'un coup de canon, au siége de Brême. — Son fils FRANÇOIS DE BONNE DE CRÉQUI, duc de Lesdiguières, né en 1624, maréchal de France en 1668, enleva deux ans après au duc de Lorraine ses États. Les deux campagnes de 1677 et 1678 sont admirées des gens de guerre. En 1684, il prit Luxembourg, et mourut en 1687. Il était général des galères depuis 1661. — Son frère aîné CHARLES DE CRÉQUI, prince de Poix, mort comme lui en 1687, et dont le fils mourut en 1711 sans laisser d'enfants, fut ambassadeur à Rome en 1662. Il fut aussi gouverneur de Paris.

CRESCENDO (mus.), mot italien qui signifie *en croissant*, et qui indique que la force du son doit être augmentée avec gradation. Le crescendo ne consiste pas seulement à présenter un trait commencé avec une grande douceur et terminé avec le plus grand éclat. On donne à certains passages une nuance plus ou moins forte d'augmentation. Le *crescendo* est un des plus beaux effets de la musique ; on l'emploie ordinairement vers la terminaison des morceaux.

CRESCENTIE(calebassier ou couis),genre de plantes de la famille des solanées, composé d'arbrisseaux indigènes ou citra équatoriales de l'Amérique. Leurs fleurs sont généralement grandes. La baie est très-grosse, à une loge, à écorce dure ; la pulpe est succulente, aigrelette. On recommande l'usage de la pulpe, préparée en sirop, de la *crescentie à longues feuilles*, aux personnes affectées de maladies de poitrine. Mangée dans son état naturel, elle est regardée comme un excellent vulnéraire. Avec la coque de son fruit, on fait des vases agréables et des ustensiles de ménage.Cet arbre a le tronc tortueux, l'écorce ridée, le bois blanc et coriace. Les fleurs qui pendent aux rameaux sont solitaires, d'un blanc pâle et d'une odeur désagréable. La *crescentie à larges feuilles* a des fleurs petites, d'un jaune foncé, donnant un fruit rond ou ovale de la grosseur d'un citron, qu'on nomme *cohyne*.

CRESCENTINI (Girolamo), célèbre chanteur italien, appartenant à la classe des castrats, né à Urbania près d'Urbin. L'un des plus fameux sopranistes de son siècle, il a obtenu les plus grands succès sur les principaux théâtres et dans les premiers cours de l'Europe. Napoléon l'appela en 1804 à Paris, et le nomma premier chanteur des concerts de la cour. Crescentini s'est retiré à Milan, où il a formé des élèves d'un grand talent.

CRESCENTIUS (Numantianus), patrice romain, s'empara du château Saint-Ange vers 985, et exerça dans Rome des cruautés inouïes. Ses crimes ne demeurèrent pas impunis ; l'empereur Othon III lui fit trancher la tête.

CRESCIMBENI (Jean-Marie), né à Macerata en 1663, développa de bonne heure ses talents pour la poésie et l'éloquence. Il fonda à Rome une académie nouvelle sous le nom des *Arcades* ou d'*Arcadie*. Il était chanoine de Sainte-Marie, membre de la plupart des académies d'Italie et de celle des Curieux de la nature en Allemagne. Il a publié une *Histoire de la poésie vulgaire italienne* fort estimée et une foule d'autres ouvrages.

CRESPHONTE, descendant d'Hercule, fit une invasion en Grèce avec ses frères Témène et Aristodème, environ quatre-vingts ans après la prise de Troie, et eut pour partage la Messénie. Il épousa Mérope, fille de Cypsèle, et fut tué par l'usurpateur Polyphonte.

CRESPI (Giuseppe-Maria), peintre italien de l'école bolonaise, élève de Cignani, naquit à Bologne en 1665. Il se forma sur les ouvrages de Baroccio, du Titien, de Paul Véronèse. Plusieurs souverains exercèrent son pinceau et le comblèrent de faveurs. Benoît XIV le nomma son peintre et le créa chevalier de l'Éperon d'or, avec le titre de comte palatin. Il mourut en 1747.

CRESPY, ville de France, chef-lieu de canton du département de l'Oise, dans l'arrondissement et à 5 lieues de Senlis. Sa population est de 2,619 habitants. On y voit encore les ruines d'un château habité par saint Louis. Crespy est célèbre par le traité de paix qui s'y conclut le 18 septembre 1544 et mit fin à la guerre entre François Ier et Charles-Quint. L'empereur recevait la permission de se retirer sans être inquiété, la renonciation du roi de France à ses prétentions sur le royaume de Naples et sur la souveraineté de la Flandre et de l'Artois, la promesse enfin d'un secours dans ses guerres contre les Turcs. L'empereur rendait toute prétention sur la Bourgogne et donnait au duc d'Orléans, second fils de François Ier, soit les Pays-Bas et la Franche-Comté avec sa fille en mariage, soit le Milanais avec la main de sa nièce. Ce traité, conclu par les intrigues de la duchesse d'Étampes, ne reçut pas d'exécution. — Crespy était autrefois la capitale du Valois.

CRESSELLE, CRÉCELLE, ou CRÉCERELLE (*crepitaculum*), petit instrument de bois, qui fait beaucoup de bruit en tournant une manivelle. On s'en sert aujourd'hui pour appeler les fidèles à l'église le jeudi, le vendredi et le samedi saints, alors que l'usage des cloches est suspendu. Son nom lui vient de la ressemblance de son bruit avec la voix d'un oiseau appelé *cresserelle*. — Au moyen âge, les lépreux étaient obligés, pour avertir les passants de leur approche, de se munir d'une cresselle, qu'on appelait *tartavelle* ou *tartarelle*.

CRESSERELLE, oiseau du genre *faucon*, appelé vulgairement *émouchet et épervier des alouettes*. On le reconnaît à ses ailes atteignant les trois quarts de la queue, à sa tête et à sa queue de couleur cendrée, et ses parties supérieures rousses ou d'un blanc légèrement roussâtre, avec des taches oblongues brunes. Le mâle est long de quatorze pouces. L'émouchet est très-commun en France. Il se tient dans les crevasses des vieilles murailles, et se nourrit de souris, mulots, petits oiseaux, insectes, etc.

CRESSERELLETTE. Cet oiseau diffère de la cresserelle par ses ailes atteignant l'extrémité de la queue et ses ongles de couleur blanche, tandis que l'émouchet les a noirs. Elle est longue de onze pouces seulement dans le sexe mâle. Elle est très-rare en France, et commune en Espagne, en Italie et en Allemagne.

CRESSON, nom donné à un grand nombre de plantes appartenant à diverses familles et ressemblant à la *cardamine*. Elles ont toutes, comme cette dernière, une saveur piquante et agréable, et on s'en sert pour faire de la salade. Les trois les plus connues sont : le *cresson des prés* ou *cresson élégant*, qui est la *cardamine des prés* ; le *cresson de fontaine* ou *nasitort officinal*, dont on fait une grande consommation comme aliment et comme médicament antiscorbutique, et qui croît naturellement sur le bord des fontaines ; et le *cresson alénois*, appelé improprement *à la noix*, c'est le *thlaspi savoureux* qu'on cultive dans les jardins et qu'on associe aux herbes appelées *fournitures* dans les cuisines. On nomme *cresson d'Inde* la capucine, *cresson de roche* la saxifraye dorée.

CREST, petite ville de France, chef-lieu de canton du département de la Drôme, dans l'arrondissement et à 10 lieues de Die, sur la rive droite de la Drôme. Sa population est de 4,901 habitants. Elle a une église consistoriale du culte calviniste et un château fort, qui est la seule place de guerre du département. Sa population est fort industrieuse et fabrique des serges, des ratines, des toiles, des mouchoirs, etc. — Elle a été pendant quelque temps le chef-lieu du duché de Valentinois, et appartenait encore vers la fin du siècle dernier aux princes de Monaco.

CREST (BERGÈRE DE). On connaît sous ce nom une visionnaire nommée *Isabeau Vincent*, fille d'un cardeur de laine, qui prophétisait en faveur du calvinisme. L'intendant du Dauphiné la fit arrêter et conduire à l'hôpital de Grenoble, où elle mourut vers la fin du XVIIe siècle.

CRÉSUS, cinquième et dernier roi de Lydie, fils d'Alyatte et de la race des Mermnades, succéda à son père l'an 557 avant J.-C. Ses armes lui soumirent la Pamphylie, la Mysie et toute l'Asie-Mineure, qu'il ajouta à ses Etats à l'exception de la Lycie et de la Cilicie. Il passait pour le prince le plus riche du monde, et sa cour était le séjour des philosophes et des gens de lettres. Solon, auquel il avait demandé s'il n'était pas le plus heureux des hommes, lui répondit qu'on ne pouvait se dire heureux qu'après la mort. Il résolut de tourner ses armes contre Cyrus, qui marchait alors de conquêtes en conquêtes, fut vaincu à Thymbrée (Phrygie), et obligé de se retirer dans Sardes, sa capitale, qui fut prise l'an 545 avant J.-C. Cyrus, qui voulait d'abord le faire brûler vif, lui fit grâce de la vie. Il mourut à la cour de Cambyse.

CRÉTACÉ. On appelle ainsi, en géologie, un terrain qui comprend les diverses formations de la craie et se divise en plusieurs étages comprenant, outre les différentes variétés de craie, les marnes, les argiles, les sables et les autres calcaires. C'est dans la partie inférieure du terrain crétacé que se trouvent les sources d'eau ascendantes qui alimentent les puits artésiens. Les montagnes formées par ce terrain sont toujours arrondies, mais terminées par des plateaux plus ou moins vastes.

CRÈTE. Voy. CANDIE.

CRÈTE. On donne, en géologie, ce nom à la partie la plus élevée du sommet d'une montagne. La crête d'une montagne est en général très-marquée dans les montagnes à couches inclinées. — On appelle *crête*, en histoire naturelle, les caroncules charnues, souvent colorées en rouge très-vif, qui décorent la tête des mâles du genre coq. Dans quelques variétés la crête manque et est remplacée par une touffe de plumes. Chez beaucoup de poules, on voit une crête ; mais elle est toujours plus petite que chez les coqs. — Le mot *crête* s'applique encore à un grand nombre d'objets, dans le sens d'une saillie longitudinale et aplatie.

CRÊTE-DE-COQ. Voy. COCRÈTE.

CRÉTET (Emmanuel), comte de Champmol, naquit en 1747 à Pont-de-Beauvoisin (Isère). Il était négociant au commencement de la révolution, dont il embrassa les principes avec enthousiasme. Lors de la vente des biens nationaux, il se rendit adjudicataire de la superbe Chartreuse de Dijon, et devint par cette acquisition l'un des plus riches propriétaires du département de la Côte-d'Or, dont il fut député en 1795 à la première section du corps législatif. Il passa ensuite au conseil des anciens, qu'il présida après le 18 fructidor. Au 18 brumaire (20 octobre 1799), il fut fait conseiller d'Etat et directeur général des ponts et chaussées. En 1806, Napoléon le nomma gouverneur de la banque de France, et l'année suivante ministre de l'intérieur, fonction qu'il conserva jusqu'en septembre 1809, époque à laquelle il donna sa démission. Il fut alors fait ministre d'Etat. Il mourut la même année (1809).

CRÉTIN, individu affecté d'idiotisme et d'une difformité physique caractérisée par des goîtres plus ou moins volumineux, pendant le long du cou ; par une peau flétrie, ridée, livide ; par des chairs molles et flasques, des paupières gonflées, des yeux rouges et chassieux, une langue épaisse, pendante hors de la bouche qui laisse découler la salive ; une figure aplatie, violacée, bouffie ; un front assez souvent déjeté en arrière, et une taille qui s'élève rarement au delà de quatre pieds et quelques pouces. On trouve les crétins dans les gorges des montagnes du Valais, de la Maurienne, de la vallée d'Aoste, de la Suisse, de l'Ecosse, de l'Auvergne, des Pyrénées et du Tyrol. Ce sont d'ordinaire les tempéraments à cheveux blonds et aux yeux gris, les corps mous des enfants et des femmes qui en sont le plus ordinairement atteints. Les crétins sont en général paresseux, apathiques, gourmands et lascifs. — On a cherché à expliquer les causes du crétinisme. On l'a d'abord attribué à l'usage des eaux de sources, crues et plâtreuses. On lui a plus raisonnablement donné pour cause l'air épais, stagnant, corrompu, qu'on respire habituellement dans les gorges enfoncées des montagnes. La misère, la débauche, la mauvaise qualité des aliments, entrent aussi pour beaucoup dans la production et le développement de cette maladie.

CRETONNE, toile blanche faite en entier avec du fil de lin, sur une chaîne de fils de chanvre. On l'a ainsi nommée du nom d'un fabricant qui la fabriqua le premier. Il y a des *cretonnes* de toutes les qualités, fines, moyennes et grosses.

CRETONS, nom donné aux résidus des pellicules qui contenaient le suif avant d'être fondu. On appelle *cretonniers* ceux qui les achètent des bouchers pour les faire fondre de nouveau. Pour cela on met les cretons mêlés avec des *boulées* (ratissures des cuves de bois dans lesquelles les bouchers vident le suif fondu) dans de grandes chaudières de fonte montées sur des fourneaux. En pressant ensuite ce suif fondu au moyen d'une presse, on recueille le suif noirâtre qui en découle, et on le vend aux corroyeurs, aux hongroyeurs, etc., pour adoucir leurs cuirs. Avec tous les résidus de cette dernière opération on fait une espèce de pain de suif employé à engraisser des porcs ou d'autres animaux.

CREUSE, rivière de France qui donne son nom à un département, et qui paraît tirer le sien de l'espèce d'encaissement dans lequel elle coule. Elle prend sa source à Villeterre dans l'arrondissement d'Aubusson, traverse les départements de la Creuse, de l'Indre, et se jette dans la Vienne à 3 lieues au-dessous de la Haye-Descartes (Indre-et-Loire). Son cours est de 225,712 mètres, dont 210,712 flottables (le flottage commence à Felletin) et 8,400 navigables (la navigation commence à Lauvernière). — Il ne faut pas la confondre avec la *petite Creuse*, qui a sa source à Saint-Sauvier (Allier), et se jette dans la Creuse après un cours de 17 lieues à Fresselines.

CREUSE, département central de France formé de la haute Marche et de parties du Berry, du Bourbonnais, du Limousin et de l'Auvergne, et borné au N. par les départements de l'Indre et du Cher, à l'O. par celui de la Haute-Vienne, au S. par celui de la Corrèze, et à l'E. par ceux de l'Allier et du Puy-de-Dôme. Sa superficie est de 579,455 hectares, et sa population de 276,384 habitants. Il se divise en quatre arrondissements : *Guéret*, *Bourganeuf*, *Aubusson* et *Boussac*. Le chef-lieu est Guéret. On y remarque les bords pittoresques de la grande et de la petite Creuse, les eaux minérales d'Evaux, les houillères d'Ahun, la tour de Bourganeuf, qui a servi de prison au prince turc Zisim, etc. Il est compris dans la 15e div. mil., et dans le ressort de la cour d'appel, de l'acad. et de l'év. de Limoges. L'industrie agricole est en général fort arriérée ; les établissements industriels sont peu nombreux. En première ligne sont les manufactures de tapis d'Aubusson qui livrent annuellement au commerce une valeur de 7 à 800,000 francs ; celles de Felletin, produisant une valeur de 3 à 400,000 francs. On y fait le commerce des cheveux, qui sont envoyés à Paris pour être convertis en coiffures. Le département est celui d'où sort chaque année au mois de mars le plus grand nombre d'ouvriers.

CREUSE (myth.), fille de Créon, roi de Corinthe, épousa Jason après qu'il eut répudié Médée. Celle-ci, irritée contre sa rivale, lui fit mourir par une robe empoisonnée qu'elle lui envoya, et étendit sa vengeance sur presque toute la famille de Créon. On explique ce mythe en disant qu'elle mit le feu au palais. Creuse porte encore le nom de GLAUCÉ. — On connaît une autre CREUSE, fille d'Erechtée, roi d'Athènes, et mère d'Ion.

CREUSETS, ustensiles que l'on emploie dans les laboratoires de chimie et dans plusieurs opérations des arts, pour porter diverses substances à des températures élevées. On les prépare sous diverses formes, en argent, en fonte, en grès, en fer forgé, en platine, en porcelaine, en plombagine, et le plus souvent en terres réfractaires. — Les creusets d'argent, d'or ou de platine sont faits avec ces matières pures, sous la forme d'un cylindre creux, assez court, terminé d'un bout par une petite sphère un peu aplatie, ouvert de l'autre bout, et de l'épaisseur de deux à trois millimètres environ. — Les creusets de fonte sont des cylindres terminés d'un bout par une base et de l'autre par un obturateur, ou bien des vases de forme elliptique terminés en bas par une grosse tige un peu conique sur laquelle on peut les faire tourner. — Les creusets en grès et en porcelaine sont très-compactes. — Ceux de plombagine sont mous, friables, poreux, et nous viennent d'Ypse et de Passaw. Ils sont faits d'un mélange de plombagine en poudre et de terres réfractaires, cuites ou crues. — Les creusets en terres réfractaires sont, ordinairement, triangulaires à la partie supérieure qui est ouverte, rétrécis graduellement jusqu'à la partie inférieure présentant une forme arrondie, ou cylindriques dans toute leur hauteur, et terminés au fond par une concavité elliptique, ou enfin hémisphériques intérieurement, et représentent un cône tronqué ou un cylindre à l'extérieur. On en distingue trois espèces : 1° les *creusets poreux*, qui sont les plus réfractaires ; 2° les *creusets désoxydants*, propres à la réduction des oxydes métalliques ; 3° les *creusets compactes*, sujets à se fendre. La base de ces creusets est l'argile.

CREUSOT (LE), village du département de Saône-et-Loire dans le canton de Montcenis, près du canal du Centre. Sa population est de 2,000 habitants. On y trouve une mine inépuisable de charbon de terre, une fonderie de canons pour l'artillerie de mer, une manufacture de cristaux rivale de celles d'Angleterre, et des ateliers célèbres de pompes à feu, machines à vapeur, etc.

CREUTZER. Voy. KREUTZER.

CREUZE-LA-TOUCHE (Jacques-Antoine), né à Châtelleraut en 1749, acheta la charge de lieutenant général de la maréchaussée de cette ville. Nommé en 1789 député aux états généraux, il siégea au côté gauche, et travailla beaucoup dans les comités à la partie administrative. Nommé en 1791 grand juge à la haute cour nationale d'Orléans, il fut élu député du département de la Vienne à la convention nationale (1792). Le 13 décembre, il en fut nommé secrétaire ; il vota successivement, dans le procès du roi, pour l'appel au peuple, la réclusion, le bannissement et le sursis. Le 15 germinal an III (4 avril 1795), il fut nommé membre du comité de salut public et de la commission des *onze*, chargés de préparer la constitution de l'an III. Membre du conseil des anciens, il passa en juin 1799 à celui des cinq-cents, dont il devint président. Il y resta jusqu'au 18 brumaire an VIII (9 novembre 1799). Nommé alors membre du sénat conservateur, il mourut en 1800.

CRÈVECOEUR (Philippe DE), sieur d'Esquerdes, maréchal de France, d'une famille ancienne originaire de Crèvecœur (petite ville du département de l'Oise, à 8 lieues de Clermont, c'est un chef-lieu de canton, avec 3,000 habitants), était fils de Jacques de Crèvecœur, ambassadeur du duc de Bourgogne en Angleterre, mort en 1441. Philippe s'attacha d'abord à Charles le Téméraire, et après sa mort se vendit à Louis XI, auquel il fut fort utile. Il surprit Saint-Omer avec 600 hommes seulement, se rendit maître de Thérouane, et fit prisonniers les comtes d'Egmont et de Nassau. Il mourut en 1494.

CREVETTE, genre de crustacés, de la famille des crevettines. Les crevettes ont les antennes insérées au-devant de la tête entre les yeux, de médiocre grandeur, composées de trois articles ; les pieds sont au nombre de quatorze ; les quatre antérieurs étant terminés par une main large, comprimée, pourvue d'un fort crochet, susceptible de mouvement ; les pieds qui suivent finissent insensiblement en un doigt simple et légèrement courbé dans quelques-uns. L'abdomen est pourvu de longs filets, très-mobiles, de chaque côté du dessous de la queue, qui est terminée par trois paires d'appendices allongées. Les crevettes sont très-communes dans les eaux douces courantes et dans la mer.

CREVETTES, CHEVRETTES, SALICOQUES, BOUQUETS, noms donnés vulgairement à des crustacés de genres différents, qui se mangent sur nos tables. Ils appartiennent aux genres *palémon* et *crangon*.

CREVETTINES, famille de crustacés de l'ordre des amphipodes, section des cystibranches, renfermant des crustacés qui ne sont jamais parasites et mènent tous une vie errante. Leurs antennes, toujours au nombre de quatre, sont grêles, ordinairement très-allongées et dirigées en avant. Les crevettines ont été partagées en deux tribus naturelles : les *sauteurs* et les *marcheurs*. La première renferme six genres, dont les principaux sont les *crevettes*, les *talitres*, les *orchesties* et les *amphitoës* ; la deuxième en renferme aussi six, dont les principaux sont les *corophies*, les *atyles* et les *podocères*.

CREVIER (Jean-Baptiste-Louis), né à Paris en 1693 d'un ouvrier imprimeur, fit ses études avec distinction sous le célèbre Rollin, et devint professeur de rhétorique au collége de Beauvais. Après la mort de son maître, il se chargea de la continuation de l'*Histoire romaine*, dont il donna huit volumes. Il publia ensuite divers ouvrages, et mourut en 1765. Son meilleur ouvrage est l'*Histoire des empereurs romains jusqu'à Constantin*. On lui doit encore la *Rhétorique française*, l'*Histoire de l'université de Paris*, une édition de Tite Live, etc.

CRI, sorte de voix inarticulée commune aux hommes et aux animaux, et produite par des contractions et des efforts exagérés des organes vocaux. Un double son, difficile à être apprécié, constitue le cri. D'après les observations du docteur Colombat de l'Isère, faites sur la voix humaine, si on prend pour diapason le point de départ l'*ut* au-dessous des lignes, les cris causés par l'application du feu, seront représentés par l'octave basse et la tierce ; ceux arrachés par l'action d'une arme tranchant, d'abord par une double troche de l'octave du médium ou *sol* de la deuxième ligne, et ensuite par une ronde de l'octave du fausset, qui donne le *sol* au-dessus de la portée. Les gémissements sont représentés par l'octave et la sixte ; le premier l'*ut*, le second le *la*. Les cris de joie présentent un intervalle de seconde seulement. Les sanglots présentent trois sons semblables, dont deux sont des noires et l'autre une blanche. Les cris de frayeur sont exprimés par l'octave et la neuvième.

CRI DE GUERRE ou CRI D'ARMES, nom donné à chaque phrase adoptée par les seigneurs des temps féodaux pour animer les siens au combat. Les cris d'armes étaient tirés de plusieurs circonstances. Celui des rois de France était : *Mont-Joie Saint-Denis* ; celui des premiers ducs de Bourgogne : *Chastillon au noble duc* ; celui de la maison de Savoie, quelquefois *Savoie*, quelquefois *Saint-Maurice*, et souvent *Bonnes Nouvelles* ; les ducs de Bretagne criaient, *Saint-Malo au riche duc* ; ceux d'Auvergne, *Clermont au dauphin d'Auvergne* ; ceux de Brabant, *Louvain au riche duc* ; les seigneurs de Coucy, *Coucy la merveille*, ou, selon d'autres, *Place à la bannière* ; les comtes de Flandre, *Flandres au lion* ; les rois de Navarre, *Bigorre, Bigorre*, comme issus des anciens comtes de ce nom, etc. Tous les gentilshommes n'avaient pas le droit du cri d'armes ; c'était un privilége qui n'appartenait qu'aux chevaliers bannerets. Le plus souvent le cri d'armes était le nom de la ville ou de la maison.

CRIBLE, machine percée de trous faits au moyen d'emporte-pièces aciéré trempé et tranchants, et destinée à nettoyer les grains des ordures avec lesquelles ils sont mêlés. Le crible est toujours formé d'un cercle en bois qu'on nomme *cerche*, et qui a quatre pouces de large, et d'une peau de porc, d'âne, de cheval ou de mouton préparée par le parcheminier, et tendue sur ce cerche. Il y a des cribles de plusieurs dimensions ; les petits se tiennent des deux mains, comme les tamis du droguiste ; les grands se suspendent au plancher par trois cordons. — L'ouvrier qui fait les cribles s'appelle *criblier*. — On appelle encore CRIBLE une planche percée de trous, qui est destinée à maintenir les tuyaux dont les embouchures sont placées dans le sommier de l'orgue.

CRIBLE (math.), nom donné par Eratosthène à une méthode de son invention, pour déterminer les nombres premiers. Elle consiste à écrire de suite de nombres naturels, 1, 2, 3, 4, etc., tous ceux qui ont des diviseurs ; les nombres restants sont alors nécessairement des nombres premiers. En écrivant donc les uns à côté des autres les nombres naturels, on en supprime tous les nombres pairs, parce que, à l'exception de 2, tous les autres ont ce même nombre pour diviseur. On en supprime ensuite tous les nombres qui ont 3 pour diviseur en rayant chaque troisième nombre après 3. Pour retrancher les nombres qui ont 5 pour diviseur, on rayera chaque cinquième nombre après 5 et ainsi de suite. Les nombres qui resteront seront premiers entre eux.

CRIC, machine fort employée dans tout ce qui a rapport au soulèvement des fardeaux. Le cric simple se compose d'une barre de fer formant crémaillère d'un côté, et dans laquelle s'engrène un pignon que l'on fait tourner sur son axe au moyen d'une manivelle. Le haut de la crémaillère, appelée *tête de cric*, porte une pièce de fer mobile qui a la forme d'un croissant. La *partie inférieure* est recourbée à angle droit, et forme une saillie à l'aide de laquelle on peut soulever un fardeau sans l'élever préalablement. Dans le cric composé, le pignon de la manivelle agit sur une roue dentée dont le pignon s'engrène avec la crémaillère. Pour calculer les avantages du cric, il faut connaître les diamètres de la roue, celui des pignons et la longueur du levier de la manivelle.

CRIC-A-NOIX, appareil dont se servent les emballeurs, les voituriers, les rouliers et autres pour enceindre de chaînes en fer et serrer les ballots, malles et paquets, etc., qu'ils veulent unir par un lien propre à résister aux secousses et aux cahots de la voiture. Il se compose d'une boîte carrée de fer, dans laquelle est logé un pignon dont l'axe carré est saisi en dehors par une clef à manivelle. Le pignon engrène avec une barre de fer dentée en crémaillère, portant un crochet à son extrémité. Un second crochet tient fixement à la partie inférieure de la boîte.

CRIC-A-VIS, appareil qui sert aux mêmes usages que le précédent, et avec lequel on enroule d'abord les ballots de plusieurs circonvolutions d'une chaîne de fer, dont les bouts sont tirés fortement, et maintenus à l'aide de l'instrument. Le cric-à-vis se compose de deux crochets à écrous qu'on rapproche au moyen d'une barre de fer ronde, travaillée en vis.

CRIC. Voy. CRANE.

CRI-CRI, nom commun du *grillon*.

CRICHNA (myth.), dieu du premier rang chez les Indous, s'est incarné suivant eux comme Brahma. Sa beauté excita l'amour des princesses de l'Indoustan, et sa force l'admiration des hommes. Il leva une montagne du bout de son doigt, tua l'énorme serpent Calya, et descendit aux enfers pour y ressusciter les morts. Il préchait en faveur des brahmes, et leur lavait les pieds. Il retourna au ciel après avoir laissé ses instructions dans la *Gieta*, livre sacré. On représente Crichna ou mieux Krichna paré d'une guirlande de fleurs et de perles, avec un visage bleu et une abeille voltigeant autour de sa tête.

CRICOÏDE (de *Cricos*, anneau, et *eidos*, forme), un des cartilages du corps humain, appartenant au larynx. Il représente une espèce d'anneau qui occupe la partie inférieure de cet organe, et qui a plus de hauteur en arrière qu'en devant. Sa surface intérieure est tapissée par la membrane muqueuse du larynx.

CRIÉE, vente publique faite aux enchères. La vente des meubles et des marchandises se fait encore à la criée par l'intermédiaire d'un officier public, tel que les commissaires-priseurs, les courtiers de commerce, les huissiers, les notaires. Comme toute vente ordonnée par la justice des biens d'un débiteur doit être faite aux criées, le terme de *criée* est devenu aussi synonyme de *poursuite* ou de *saisie*. — On appelle *audience des criées* celle qui est consacrée au palais à l'adjudication des immeubles sur expropriation forcée ou sur vente volontaire. — Autrefois on donnait le nom de *criées* aux quatre publications qui se faisaient chacune à intervalle de quatorze jours, à la porte des églises paroissiales, des immeubles dont on poursuivait la vente en justice. On les appelait aussi *quatorzaines*.

CRILLON (Louis DE BALBE DE BERTHON, seigneur DE), issu d'une famille d'Italie qui prétendait descendre des *Balbus*. Il était fils de Gilles II° de ce nom. Né à Murs en 1541, il fut reçu de bonne heure chevalier de Malte, et servit dès l'année 1557. Il contribua à la prise de Calais (1557) et aux victoires de Dreux (1562), de Jarnac (1568) et de Montcontour (1569). Au siége de Saint-Jean d'Angely il monta le premier à l'assaut, et reçut de Charles IX le nom de *brave Crillon*, qu'il a conservé jusqu'à sa mort. En 1581, Henri III lui donna le régiment de ses gardes et le cordon de l'ordre du Saint-Esprit. Il fut bientôt admis au conseil du roi en qualité lieutenant-colonel de l'infanterie française, charge qui, créée pour lui, fut supprimée à sa mort. Il refusa l'office d'assassin du duc de Guise, et offrit de se battre contre lui. Sous Henri IV, il se trouva à presque toutes les rencontres importantes; c'est pourquoi Henri IV lui écrivit après la bataille d'Arques : *Pends-toi, brave Crillon, nous avons combattu à Arques, et tu n'y étais pas*. Crillon mourut en 1615.

CRIME, toute violation grave à la loi morale et religieuse, tout fait qui tombe sous la juridiction du grand criminel, tout attentat dirigé contre les personnes, les biens ou la sûreté publique. C'est en cela que le crime diffère du simple *délit* (voy. ce mot), qui tombe sous la juridiction des juges du petit criminel, c'est-à-dire, des tribunaux correctionnels. — La CRIMINALITÉ exprime plus spécialement la circonstance particulière de l'attentat. Ainsi il y a criminalité toutes les fois que l'attentat est constaté; mais il n'y a culpabilité que toutes les fois qu'il est constaté que l'accusé a agi avec réflexion. On peut donc être criminel sans être coupable, mais non coupable sans être criminel.

CRIMÉE, presqu'île de la Russie d'Europe, réunie au continent par l'isthme de Pérécop (anciennement *Taphros*), entourée de tous les autres côtés par la mer Noire et la mer d'Azof. Sa superficie est de 1,250 lieues carrées, et sa population de 250,000 habitants. L'intérieur n'est qu'une immense steppe qui s'élève sensiblement vers le S. L'on trouve enfin la région des montagnes, dont la chaîne borde le littoral de la mer Noire, et dont on a voulu faire un système à part sous le nom de *Taurique*. — Les grains de la Crimée faisaient autrefois une branche importante de commerce. La culture de la vigne paraît devoir remplacer celle des céréales. — La Crimée fait partie du gouvernement russe de la Tauride. Ses villes principales sont : *Baghtchi-Séraï*, l'ancienne résidence des kans, avec 25,000 habitants; *Ak-Metched*, nommée par les Russes SIMFÉROPOL, capitale actuelle du gouvernement de la Tauride, avec 20,000 habitants, sur les bords du Salghir. — Appelée autrefois *Tauride* ou *Chersonèse Taurique*, la Crimée dut son nom aux peuples qui l'habitèrent, les Cimmériens. Ces peuples furent refoulés dans les montagnes par les Skolotes, nation barbare de la grande famille des Scythes, et prirent le nom de *Taures* (montagnards). Les Grecs envoyèrent en Crimée un grand nombre de colonies. De l'an 480 avant J.-C. à l'an 380 de l'ère chrétienne, la Crimée fit partie du royaume du Bosphore Cimmérien. Envahie successivement par diverses nations barbares, la Crimée passa ensuite aux descendants de Gengis-Kan. L'un d'eux, Hadjy, sauvé par un berger nommé Ghéraï, fut le chef d'une dynastie souveraine qui prit par reconnaissance le nom de *Ghéraï*, et depuis 1440 jusqu'en 1783 donna des kans à la Crimée. Depuis 1783, la Crimée appartient à la Russie. En 1854, la Crimée a été envahie par une armée anglo-française qui a gagné plusieurs batailles contre les Russes et assiégé la forteresse de Sébastopol.

CRIN, poil rudé et long, de composition analogue à celle de la corne et des ongles, qu'on remarque à la queue et au cou du cheval et de quelques autres animaux. — Le *crinier* est celui qui prépare le crin et le met en état d'être employé par les différents ouvriers qui s'en servent. On distingue deux sortes de crins : l'un droit et tel qu'il sort de dessus l'animal; l'autre qu'on appelle *crépi*, c'est-à-dire, qui a été filé comme une corde, et qu'on a ensuite fait bouillir pour le friser. Ce crin sert aux tapissiers pour garnir des matelas, des fauteuils et autres meubles; aux selliers pour rembourrer les selles, les coussinets, etc.; aux bourreliers pour rembourrer les bâts des chevaux et des mulets, etc. Le crin plat sert aux luthiers à garnir les archets des instruments de musique, aux boutonniers à faire de jolis boutons. Il s'emploie aussi à faire des étoffes excellentes pour couvrir les meubles. La chaîne de l'étoffe est en fil noir et la trame en crin.

CRINISE (myth.), prince troyen, contemporain de Laomédon, ne voulant point exposer sa fille au danger d'être dévorée par le monstre envoyé par Neptune dans la plaine de Troie, l'exposa sur la mer dans une frêle barque. La jeune princesse aborda en Sicile, saine et sauve. Son père, qui vint l'y chercher, ne l'ayant pas trouvée, fut si inconsolable de la perte que les dieux, touchés de sa douleur, le changèrent en fleuve. Le fleuve Crinise coulait près de Ségeste. Ce fut sur ses bords que Timoléon battit l'armée carthaginoise. Il porte aujourd'hui le nom de *Callabellota*.

CRINOIDES, nom donné par Muller à une famille de zoophytes échinodermes, renfermant les encrines de Lamarck.

CRINOLE, genre de la famille des maryllidées, indigène à l'Inde, au cap de Bonne-Espérance et à l'Amérique du Nord. Les espèces de ce genre sont munies d'un bulbe plus ou moins gros, de feuilles amples et d'un beau vert, d'une hampe droite, haute, terminée en son sommet par de grandes fleurs d'un blanc éclatant, disposées en ombelle. Le fruit est une capsule à trois loges, aux graines grosses, arrondies, bulbiformes. L'espèce la plus connue est le *crinole d'Asie*, aux fleurs blanches, dont le bulbe est employé comme émétique très actif et pour la guérison des blessures faites avec des armes empoisonnées.

CRINON, genre de vers entozoaires, dont le corps est allongé, cylindrique, grêle, atténué vers ses deux extrémités, et dont la tête est garnie de deux tubercules latéraux. Le *crinon tronqué* se rencontre dans les intestins du cheval et souvent dans les parois de ses grosses artères. On le trouve aussi dans le chien; mais il est douteux qu'on en observe dans l'homme.

CRIOBOLE, sacrifice expiatoire dans lequel on immolait un bélier en l'honneur d'Atys et de Cybèle. La personne qui avait besoin de l'expiation descendait dans une fosse, et recevait sur la tête le sang de la victime.

CRIQUE, petit port le long des côtes, où de petits vaisseaux peuvent se retirer. Il se dit, en termes de guerre, de certains fossés que l'on fait dans les environs des places pour en couper le terrain en sens différents, de manière que l'ennemi ne puisse y conduire de tranchée.

CRIQUET, genre d'insectes de l'ordre des orthoptères, famille des sauteurs. Leur tête est ovale, emboîtée à sa partie postérieure dans le corselet; les yeux sont ovalaires, saillants; les antennes sont cylindriques, filiformes; les mandibules sont garnies d'un grand nombre de dents aiguës, propres à couper et à broyer. Les ailes sont très développées et dépassent souvent l'abdomen, qui est comprimé latéralement. Les criquets sont agiles, marchent mal, mais sautent avec beaucoup de facilité. Leur vol peut aussi être très-soutenu. Les dégâts qu'ils causent font le désespoir des agriculteurs. Ils voyagent de divers pays dans d'autres, et sont pour cela appelés *sauterelles de passage*. Dans plusieurs contrées, la Syrie entre autres, on les grille, on les sale et on les mange. Leurs couleurs les plus ordinaires sont le grisâtre et le vert.

CRISE. Ce mot a été employé dans plusieurs sens par divers auteurs. Selon Hippocrate, il y a *crise* dans une maladie lorsqu'elle augmente ou diminue considérablement, lorsqu'elle se transforme en une autre, ou lorsqu'elle cesse entièrement; d'autres ont nommé *crise* le changement favorable ou non que s'opère pendant l'état ou la violence de l'affection. On a admis plusieurs espèces de crises ; elles sont : 1° *salutaires* ou *mortelles*; 2° *régulières* ou *irrégulières* (les premières sont annoncées par des signes précurseurs, arrivent aux jours prévus, et sont accompagnées de phénomènes critiques); *complètes* ou *incomplètes*, selon qu'elles laissent le malade dans un état décisif ou douteux. Enfin on appelle *crises proprement dites*, celles qui sont rapides, et *lysis* celles qui sont lentes.

CRISPATION, terme sous lequel on désigne le resserrement spasmodique qui survient dans certaines parties, soit spontanément, soit sous l'influence de quelque cause morbifique ou de quelque agent thérapeutique. On appelle *crispation des nerfs* les mouvements convulsifs des parties externes ou internes, plus légers que les convulsions. On dit que les vaisseaux capillaires d'une plaie sont *crispés*, lorsque, immédiatement après une opération, le sang ne coule pas.

CRISPINE (Bruttia Augusta Crispina), fille de Bruttius Præsens, deux fois consul sous Antonin, épousa Commode l'an 178. Surprise avec l'une de ses amants par Commode, ce prince l'exila dans l'île de Caprée, où il lui fit donner la mort en 183. Ses médailles sont très-rares.

CRISPUS (Flavius Julius), fils de l'empereur Constantin le Grand et de Minervine, fut créé césar par son père, et se distingua par sa valeur et l'étendue de ses connaissances. Fausta, sa belle-mère, ayant voulu inutilement le séduire, l'accusa auprès de son père d'avoir voulu lui faire injure. Constantin, croyant son fils coupable, le fit empoisonner en 326. Son innocence fut plus tard reconnue. — CRISPUS SALLUSTIUS. Voy. SALLUSTE.

CRISSA, ville de la Locride, sur le golfe de Corinthe. Elle avait un beau port nommé *Cyrrha*. Cette ville, devenue puissante, abusa de sa force pour lever des tributs sur ceux qui la dévotion attirait à Delphes, et pilla ensuite le temple de cette ville. Le conseil des amphictyons lui fit la guerre et la détruisit. On donnait le nom de MER DE CRISSA au golfe de la Locride sur lequel était située Crissa. On l'appelait aussi *mer Andaleion*. Il porte aujourd'hui le nom de *golfe de Salone*.

CRISTAL, nom sous lequel les anciens désignaient le quartz hyalin incolore, que l'on appelle aujourd'hui vulgairement *cristal de roche*. — Pour le minéralogiste, un *cristal* d'une substance quelconque, est une agrégation intime de molécules de cette substance réunies sous une forme régulière. (Voy. CRISTALLISATION.) — Mais on connaît vulgairement sous le nom de CRISTAL un verre métallique dont l'on fabrique d'après divers procédés, et qui est un objet de luxe. On le façonne en gobeleterie simple, en objets unis, en divers ouvrages taillés en facettes. On recherche dans le cristal les propriétés physiques suivantes : densité assez forte de 3,15 à 3,20, un son en quelque sorte métallique, une grande blancheur et une diaphanéité complète. La valeur du cristal fabriqué annuellement en France s'élève déjà à près de 2,300,000 francs; les matières premières sont le sable siliceux (il a remplacé le quartz), le minium et la potasse. On mélange ces substances, et on les met dans des pots ou creusets d'argile plastique réfractaire, dans lesquels elles fondent pendant un espace de temps qui dure depuis douze jusqu'à seize heures, à une chaleur à peu près égale à celle de la fusion du verre. On commence ensuite à travailler ou façonner les diverses pièces. (Voy. CRISTAUX.) Outre le cristal blanc, on prépare divers cristaux colorés : l'*opalin* en ajoutant du phosphate de chaux broyé et desséché, le *violet* en ajoutant un mélange d'oxyde de cobalt et de précipité de Cassius, le *bleu* avec un dosage d'oxyde de cobalt, le *vert* avec le verdet du commerce, le *rouge* avec le précipité d'or, dit *pourpre de Cassius*.

CRISTALLISATION, opération par laquelle une substance dissoute dans un liquide, prend une forme solide et régulière. Elle diffère de la CRISTALLOGRAPHIE, qui a pour but la description géométrique des formes cristallines. La forme régulière qui résulte de la cristallisation a reçu le nom de *cristal*. Tout minéral cristallisé est un assemblage de molécules disposées par lames, placées parallèlement entre elles en divers sens, autour d'un centre commun; et ce centre est lui-même un cristal invisible, ou du moins visible seulement par suite d'une opération mécanique. Ce cristal central, ce noyau a toujours une forme simple qui s'appelle *primitive*. La forme du reste est *secondaire*. La forme primitive est le résultat d'un nombre considérable de molécules, et chacune d'elles est un polyèdre. Cette molécule s'appelle *intégrante*. Elle peut être un composé d'autres molécules appelées *soustractives*. Suivant Haüy, à qui l'on est redevable de la théorie de la cristallisation, la molécule intégrante n'affecte que trois formes : le *tétraèdre irrégulier*, le *prisme triangulaire* et le *parallélipipède*. Les formes primitives résultent de la combinaison de trois sortes de molécules intégrantes, et sont au nombre de cinq : le *tétraèdre régulier*, l'*octoèdre régulier*, le *prisme hexaèdre régulier*, le *parallélipipède* et le *dodécaèdre rhomboïdal*.

CRISTAUX (TAILLE DES), opération qui a pour but de tailler la surface des cristaux et de les polir. L'art de tailler les cristaux fut importé de Bohême en France vers 1740 par un certain Bucher. Ce travail se divise en quatre parties : 1º l'ébauchage à la meule de fer par le moyen de sable fin, pur et mouillé; 2º l'adouci à la meule fine; 3º un second adouci à la meule de bois tendre (saule, tilleul ou peuplier), avec la pierre ponce en poudre mouillée; 4º enfin le poli à la meule de liège et à la potée d'étain sec.

CRITERIUM, nom que donnent les philosophes logiciens à tout caractère auquel on peut reconnaître la vérité.

CRISTE-MARINE. Voy. CRITHME.

CRISTÉ, ce qui est garni d'une crête.

CRITHE. Voy. ORGELET.

CRITHME, genre de la famille des ombellifères, renfermant huit ou dix espèces, dont la principale est une plante vivace, très-commune sur les rochers au bord de la mer, et que l'on cultive dans les jardins sous les noms de *perce-pierre* et de *passe-pierre*. C'est une herbe d'un pied environ, rameuse, portant des feuilles charnues, découpées en un grand nombre de folioles ovales, lancéolées. Ses fleurs sont blanchâtres, disposées en ombelles terminales. Le perce-pierre est odorant et aromatique. On fait confire ses feuilles dans le vinaigre, et on les emploie comme assaisonnement dans les salades. Cette plante se nomme encore vulgairement *bacile, salicot, criste* ou *fenouil marin*.

CRITHOMANCIE, divination qui consistait à examiner les gâteaux des sacrifices et la farine d'orge qu'on répandait sur les victimes, afin d'en tirer des présages heureux ou malheureux.

CRITIAS, le premier des trente tyrans d'Athènes, était d'une famille distinguée, et avait beaucoup d'éloquence, d'esprit et d'adresse; mais il se rendit odieux par ses cruautés. Inexorable envers ses ennemis, il fit mourir Alcibiade et Théramène, et

poussa l'acharnement jusqu'à poursuivre les bannis d'Athènes dans l'asile même où ils se réfugiaient. Ils entrèrent en Attique, guidés par Thrasybule, et rendirent la liberté à leurs concitoyens. Il fut tué en combattant l'an 400 avant J.-C. Il avait été disciple de Socrate, et devint son plus cruel ennemi. Il nous reste de lui quelques fragments d'élégies et autres ouvrages.

CRITOLAUS, citoyen de Tégée en Arcadie, fils de Rheximaque, combattit avec ses deux frères contre les trois fils de Damostrate, de Phénée et s'est rendu célèbre par ce fait d'armes dont la ressemblance avec celui du fameux Horace est frappante. On lui attribue comme à ce dernier la mort de sa sœur. (Voy. HORACE.) — Préteur des Achéens, ayant été pris par les Romains aux Thermopyles en 146 avant J.-C., et ne pouvant survivre à la perte de sa liberté, s'empoisonna. — Philosophe péripatéticien fut envoyé en ambassade à Rome, avec Carnéade et Diogène, l'an 155 avant J.-C.

CRITON, un des disciples les plus zélés de Socrate, assista aux derniers moments de son maître, et forma plusieurs disciples distingués. Il mourut vers l'an 380 avant J.-C. Il avait composé dix-sept dialogues, dont les titres sont rapportés par Diogène Laërce. — Médecin, disciple d'Acron, d'Agrigente, vivait vers l'an 550 avant J.-C., et s'est rendu célèbre par ses cosmétiques. Il a laissé un traité sur l'art de les composer. — Écrivain, natif de Macédoine, composa l'histoire de Pallène, des Perses, des Gètes et de la fondation de Syracuse. — Historien de Naxos, d'une époque inconnue, composa des mémoires intitulés *Octoétérides*, qui contenaient l'histoire de huit années les plus intéressantes de l'époque à laquelle il vivait.

CROASSEMENT, nom donné au cri particulier aux oiseaux du genre corbeau, et qu'il ne faut pas confondre avec le *coassement* des grenouilles.

CROATES, habitants de la *Croatie*. Les CROATES sont les meilleurs corps légers des armées autrichiennes. Ils rendent le même service que les hussards qu'ils ont précédés. — On appelle encore ainsi les colons militaires des États autrichiens. Ils habitent le long des confins de la Bosnie turque, et comptent au nombre des troupes frontières. Ils sont renommés pour leur fidélité. Dix-sept bataillons croates étaient en 1831 employés en Italie. Louis XIV fut sur pied en France un régiment de Croates dont il était mestre de camp.

CROATIE, province de l'empire autrichien, qui avait autrefois le titre de royaume, et qui fait aujourd'hui partie du royaume de Hongrie. Sa superficie est de 1,035 lieues carrées, et sa population de 530,000 habitants, d'origine slave, laborieux, mais privés d'instruction, et les pêcheurs, agriculteurs ou soldats. Les milices croates, connues sous le nom de *Pandours* sont très-fameuses. (Voy. CROATES.) La Croatie est bornée au N. par la Hongrie, à l'O. par la Carniole, à l'E. par l'Esclavonie et la Bosnie, au S. par le golfe de Venise. La partie septentrionale est très-fertile. Elle se divise en trois parties : 1º la *Croatie militaire* au S. de la Save, avec une superficie de 430 lieues carrées. Elle a CARLSTADT pour capitale et est réunie en partie au royaume d'Illyrie. 2º La *Croatie civile* ou *provinciale*, qui est au N. de la Save, et qui a pour capitale AGRAM. Elle fait partie de la Hongrie, et forme les trois comitats d'*Agram*, de *Warasdin* et de *Kreutz* ou *Koros*. Sa superficie est de 460 lieues carrées. 3º La *Croatie turque*, qui a pour capitale BIHACZ, et qui, réunie à la Turquie, fait partie du pachalik de Bosna-Ili (Bosnie). Elle est située entre l'Unna et le Verbasch, avec une superficie de 145 lieues carrées.

CROC, fer recourbé qui a une ou plusieurs pointes longues et crochues, auxquelles on suspend de la volaille, de la viande de boucherie, etc.

CROCHE, note de musique sous forme d'un rond noir, à droite duquel prend naissance un trait terminé par un crochet, et représentant la durée d'un son égal à la huitième partie d'une ronde, à la quatrième d'une blanche, et la deuxième d'une noire. Cette durée n'est que relative et dépend de la lenteur ou de la rapidité du mouvement.

CROCHET, tout instrument recourbé vers la pointe et destiné à saisir différents objets, soit pour les tenir suspendus, soit pour les enlever d'un lieu dans un autre. Les fabricants de bas au métier, les blanchisseurs de toiles, les chandeliers, les mégissiers, les passementiers, le menuisier, le charpentier, etc., se servent de crochets faits de différentes manières. — On appelle *crochets* de petits fils de métal recourbés qui entrent dans une agrafe par un anneau pour rapprocher les deux bords d'un vêtement. — On dit *broder au crochet* pour dire broder avec un petit instrument en acier, de la grosseur d'une forte aiguille à coudre, qui porte à une de ses extrémités qui est pointue un crochet fait en forme de fer de flèche dont un côté serait enlevé.

CROCHETS. Le commissionnaire appelle ainsi un instrument sur lequel il porte des fardeaux d'un lieu à l'autre. C'est une espèce de petite échelle de quatre à cinq pieds de hauteur qui se lie au corps au moyen de deux bouts de sangle formant une brassière. — On donne le nom de *crochets* à l'instrument avec lequel les serruriers et les voleurs font jouer le pêne d'une serrure quand ils n'en ont pas la clef. On est parvenu depuis une vingtaine d'années à faire des serrures incrochetables. — Les hippiatres appellent ainsi les dents qui sont placées entre les incisives et les molaires; elles sont au nombre de quatre, deux à chaque mâchoire. Les crochets existent rarement chez les femelles. — Les médecins et les chirurgiens se servent de crochets pour diverses opérations.

CROCHU, courbé en crochet. L'*os crochu* ou *unciforme* est le quatrième de la seconde rangée du carpe; sa forme est très-irrégulière. Il se développe par le seul point d'ossification et s'articule avec le semi-lunaire, le grand os, le pyramidal, le quatrième et le cinquième os du métacarpe.

CROCODILES ou CROCODILIENS, nom donné à la famille des reptiles qui ont avec les gavials et les champsés des rapports intimes de forme et d'organisation ; ils ont la tête pyramidale, fort allongée et déprimée; le cou assez marqué; le tronc quadrilatéral, allongé et sensiblement déprimé; la queue aussi longue que le corps; les pieds antérieurs terminés par cinq doigts sans ongles, les postérieurs par quatre garnis de membranes palmaires et d'ongles forts et crochus. La gueule est vaste, formée de deux mâchoires robustes qui se prolongent fort loin sous le crâne, et peuvent s'écarter beaucoup. Les dents sont nombreuses, grandes, robustes, coniques, droites ou à peine recourbées en arrière, disposées sur un seul rang le long du bord de chaque mâchoire. Les crocodiles sont essentiellement carnassiers; ils se mettent en embuscade parmi les roseaux, la gueule béante, la couleur de leur corps se confondant avec celle des herbes aquatiques. La fiente du crocodile, oblongue, molle, d'un vert brunâtre, contient une certaine quantité de substance blanche, avec laquelle, selon Juvénal, on composait le blanc de fard des dames romaines. La vue du crocodile est assez perçante, même sous l'eau. Sa peau est parsemée sur le ventre, le dos et la queue de plaques osseuses pyramidales, juxtaposées en quinconces, revêtues d'un épiderme écailleux assez épais, et formant par leur réunion une sorte de cuirasse qui met l'animal à l'épreuve de la balle. La peau est d'un vert olivâtre en dessus, entrecoupé de bandes plus foncées, et, d'une couleur jaune sulfurée sur les parties inférieures. Les crocodiles sont ovipares. La longueur commune des crocodiles varie de deux à dix mètres. Elle va même jusqu'à douze. Les crocodiles habitent particulièrement l'Egypte.

CROCUS, nom latin du *safran*. Les anciens nommaient *crocus metallorum* le protoxyde d'antimoine sulfuré.

CROIA, ville de la Turquie dans l'Albanie, près du golfe de Venise, à 7 lieues et demie de Scutari, sur la rivière d'Hismo. Elle était le domaine du fameux Georges Castriot, dit Scanderbeg, qui y soutint les efforts réitérés des Turks. Ce fut sous ses murs que périt Amurat Ier en 1389. Croïa est aujourd'hui démantelée.

CROISADES. On connaît sous ce nom dans l'histoire ces grands pèlerinages militaires qui portèrent vers l'Orient les peuples occidentaux, et tentèrent à plusieurs reprises de chasser les infidèles du sol sacré de la Palestine. Loin d'être le résultat d'un élan subit et spontané, les croisades furent le résultat de l'union de l'esprit féodal et de l'esprit religieux. Depuis longtemps les voyages à la terre sainte étaient devenus fréquents. Les prédications de Pierre l'Ermite, le récit de la condition déplorable des chrétiens d'Asie et des fureurs des Seldjoucides, les instances d'Alexis Comnène, menacé dans son empire, déterminèrent le premier mouvement universel. La première croisade fut prêchée et résolue au concile de Clermont le 18 novembre 1095. Les croisés, s'écriant : *Dieu li volt* (Dieu le veut), demandèrent en foule la croix rouge, qui, attachée sur l'épaule, devint le signe de leur mission religieuse et guerrière. Le peuple, impatient du retard causé par les préparatifs des seigneurs, partit ayant pour chefs un chevalier nommé Gautier sans Avoir et Pierre l'Ermite. Grossie d'une troupe d'Allemands, cette armée monta jusqu'à 300,000 hommes, et arriva en Asie en suivant le Danube et en traversant l'empire byzantin. Livrée sans connaissance des lieux aux embuscades des Turks, elle fut réduite à 10,000 hommes seulement. Pendant ce temps, l'armée des seigneurs, commandée par Godefroi de Bouillon, duc de Lorraine, Robert Courte-Heuse, duc de Normandie, Raymond, comte de Toulouse, etc., traverse l'Europe et le Bosphore. La prise de Nicée, la victoire de Dorylée, lui ouvrent le chemin de Jérusalem, qui est emportée le 15 juillet 1099 après quarante jours de siège. La fondation du royaume de Jérusalem et des ordres religieux des hospitaliers, des templiers et Teutoniques (1100, 1118 et 1190) furent les résultats de cette première croisade. — La deuxième croisade eut pour chefs le roi de France Louis VII, dit le Jeune, et Conrad III, empereur d'Allemagne. Prêchée par saint Bernard (1147), elle fut sans résultats, et après deux ans les débris des deux armées, détruites par la famine et la guerre, revinrent en Europe. — La troisième croisade eut pour chefs le roi de France Philippe Auguste, le roi d'Angleterre Richard Cœur de lion et l'empereur Frédéric Barberousse. Guillaume de Tyr émut l'Occident au récit de la prise de Jérusalem par Saladin en 1187, et deux ans après (1189) l'armée allemande, forte de 100,000 hommes, partit pour l'Asie, où elle périt presque tout entière. Les deux autres, instruites par l'expérience, renoncent à la route de terre, qui est des lors abandonnée. Cette croisade, rendue infructueuse par la division des chefs, n'aboutit qu'à la prise de l'île de Chypre et de Saint-Jean d'Acre. — La quatrième croisade eut pour chefs Baudouin IX, comte de Flandre, Boniface II, marquis de Montferrat, Henri Dandolo, doge de Venise, etc. Prêchée par le curé Foulques de Neuilly, elle fut détournée de son objet (1202) par les sollicitations d'Alexis l'Ange, et se termina par la fondation de l'empire latin de Constantinople (1204). — La cinquième croisade, conduite par Jean de Brienne, roi de Jérusalem, et André II, roi de Hongrie, fut décidée au concile de Latran (1215), et, après avoir effectué la prise de Damiette, se termina par une paix humiliante avec

les infidèles (1221). — La sixième, conduite par Frédéric II, empereur d'Allemagne (1228), se termina l'année suivante. Le sultan Mélédin avait cédé sans combat Jérusalem, plus tard reprise. — La septième eut pour chefs saint Louis et les princes français, qui s'embarquèrent à Aigues-Mortes en 1248. La prise de Damiette, rendue plus tard pour rançon, la défaite de la Massoure, la captivité du roi et un traité de paix terminent en 1254 cette croisade, entreprise par suite d'un vœu fait par le roi au milieu d'une maladie. — La huitième eut les mêmes chefs, plus Edouard d'Angleterre, et fut dirigée contre Tunis (1270). La mort du saint roi devant les murs de cette ville, et le traité dicté à Mohammed Mostanser par son fils Philippe III mirent fin à cette croisade, qui fut la dernière. — Les croisades apportèrent dans le monde social de notables et utiles changements. Rendus égaux par la croix, le serf et le seigneur combattirent côte à côte et apprirent qu'ils étaient tous deux des hommes. Les communes achetèrent leur liberté des seigneurs qui avaient besoin d'argent, ou la conquirent à main armée pendant leur absence. La royauté trouva les moyens d'agrandir ses domaines et de fortifier son autorité. La noblesse y perdit en puissance et en dignité ce qu'elle y gagna en illustration et en distinctions honorifiques. Les armoiries devinrent nécessaires pour la distinguer de cette plèbe qui s'agitait autour d'elle, et les noms de famille prirent naissance. — Si les croisades exercèrent une grande influence sur l'état respectif des éléments nationaux, elles n'en eurent pas moins sur le commerce et l'industrie. La navigation y fit des progrès importants. Epurée au contact de la civilisation orientale, l'Europe vit ses relations commerciales s'étendre, ses jouissances s'accroître par l'importation des produits de l'art et de la nature, de nouvelles industries se créer. Les arts et la littérature se modifièrent aussi beaucoup par l'influence des croisades.

CROISAT, monnaie d'argent de Gênes de la valeur de 4 francs 45 centimes de France.

CROISÉES, nom donné aux baies percées dans les murs pour l'introduction de l'air et de la lumière, ainsi qu'à la menuiserie qui les ferme et porte les vitraux, châssis et volets. On les nomme aussi *fenêtres*. Les croisées doivent être placées sur une même ligne horizontale, d'égale hauteur et à distances symétriques. Elles doivent se correspondre verticalement entre elles dans les étages différents. On leur donne ordinairement pour hauteur le double de leur largeur, mais on s'écarte souvent de cette règle. Les *pieds-droits* ou *montants* sont en moellons ou en chaînes de pierre ; la *plate-bande* du haut est un linteau de bois qui s'appuie aux deux bouts sur ces montants, et que l'on revêt d'un enduit de plâtre. On fait aussi les plates-bandes en pierres cintrées ou taillées en coin. On les décore quelquefois de sculptures et d'ornements variés. On ajuste un cadre ou châssis de bois, retenu par des pattes en fer aux murs, dans les feuillures de la maçonnerie ; il porte lui-même les feuillures pour maintenir les panneaux qui retiennent les carreaux de vitre. Les panneaux ouvrent et ferment en tournant sur des gonds.

CROISÉS, nom donné aux guerriers, aux seigneurs, aux vassaux qui firent partie des diverses *croisades* entreprises pour délivrer la Palestine du joug des infidèles. On les nomma ainsi parce qu'une croix placée sur leurs habits les distinguait. Les croisés portaient des croix de diverses couleurs, selon la nation dont ils faisaient partie ; les Français la portaient rouge, les Anglais blanche, les Flamands verte, les Allemands noire, et les Italiens jaune. Les papes, pour exciter l'ardeur des croisés, leur accordaient beaucoup de privilèges. Ils prenaient leurs biens et leurs familles sous leur protection, les dispensaient de payer les intérêts usuraires à

leurs créanciers, quand même ils s'y seraient engagés par serment, et leur accordaient de grandes indulgences.

CROISEUR, nom donné aux bâtiments de guerre qui croisent dans certains parages, qui font tantôt une route, tantôt une autre, soit pour intercepter les bâtiments ennemis, soit pour donner quelques avis aux vaisseaux que l'on attend. — Un vaisseau *croise* lorsqu'il parcourt, sous petite voilure, un espace déterminé pour attendre ou poursuivre des vaisseaux ennemis.

CROISIC (LE), chef-lieu de canton du département de la Loire-Inférieure, à 10 lieues trois quarts de Savenay. Sa population est de 2,288 habitants. — Le Croisic fit partie d'une île dans l'origine ; la retraite de la mer et la construction de chaussées ont contribué à le rattacher au continent. Avant la révolution, le Croisic relevait immédiatement du roi. La ville avait le privilège de se garder elle-même. Le maire était électif, et commandait dans la place. — Cette ville a un sous-commissaire de la marine, une école d'hydrographie. Elle a un port, qui existait dès le Ve siècle ; il fut perfectionné sous Louis XV par les soins du duc d'Aiguillon. Le Croisic sert d'entrepôt aux sels du Guérande, et commerce en serge, basin, sel, vins, eaux-de-vie, sardines, harengs, maquereaux. — A 2 lieues en mer en avant du Croisic, et à droite de l'embouchure de la Loire, est un phare haut de soixante pieds ; son diamètre est de neuf pieds.

CROISIÈRE, action de *croiser*, de poursuivre des vaisseaux ennemis, de parcourir des parages déterminés, donner la chasse aux corsaires, défendre les bâtiments du commerce, etc. Les croisières sont des missions données par le gouvernement à des vaisseaux.

CROISIERS ou PORTE-CROIX. Trois ordres religieux ont porté ce nom. Ils ont prétendu avoir pour fondateurs saint Clet ou Anaclet, pape, qui succéda à saint Lin l'an 77 de J.-C., et pour restaurateur saint Quiriace ou Cyriaque, évêque de Jérusalem et martyr. Mais cette origine paraît fabuleuse. Ils existaient toutefois avant le pontificat d'Alexandre III (1169). Les croisiers d'Italie furent supprimés en 1656. Ils étaient, dans l'origine, vêtus de gris. Ils portèrent ensuite une tunique, un scapulaire, un manteau et un camail, le tout de couleur bleue. Ils portaient une croix d'argent ou de fer ; ils étaient hospitaliers et chanoines réguliers, sous la règle de Saint-Augustin. Les croisiers de France et des Pays-Bas furent fondés l'an 1211 par Théodore, baron de Celles (province de Liége). Ils portaient d'abord une soutane noire ; plus tard ils changèrent leur soutane noire en blanche, avec un scapulaire noir, chargé sur la poitrine d'une croix rouge et blanche. Il y avait des monastères de cet ordre à Cologne, à Liége, à Namur, à Aix-la-Chapelle, à Paris, à Toulouse, à Caen, etc.

CROISIERS ou PORTE-CROIX AVEC L'ÉTOILE, ordre religieux de Bohême, fondé en 1234 à Prague par Agnès, fille de Przemislas Ier, roi de Bohême. Les religieux avaient une espèce de petit manteau descendant jusqu'aux genoux, et qu'ils rejetaient derrière le dos. Ils étaient habillés de noir, avec une étoile et une croix rouge à huit pointes. — LES CROISIERS AVEC LE NAVIRE étaient des religieux de Bohême qui portaient un navire sur le côté gauche. Ils furent établis en 1400.

CROISSANT, nom que l'on donne à la lune nouvelle en en décours, qui nous montre une petite partie de sa surface recourbée et terminée par deux pointes. Ces pointes prennent le nom de *cornes*. Le croissant se montre le troisième et le quatrième jour de la nouvelle lune. Outre le croissant lumineux qui s'aperçoit facilement, on distingue encore une lumière grisâtre et cendrée qui complète l'orbe de la lune. — Un croissant, placé horizontalement, les pointes en haut, fut placé par les anciens sur le front d'Astarté et de Diane. Les dames romaines plaçaient cet ornement dans leurs cheveux. Un croissant d'argent retenait les liens des cothurnes chez les Athéniens. Le croissant était le symbole de Byzance. Il est encore l'emblème de l'empire ottoman.

CROISSANT (Ordre du). Justiniani dit que Louis IX, roi de France, institua un ordre militaire sous le nom du Double-Croissant ou du Navire, pour engager les seigneurs à l'accompagner en Palestine. Cet ordre devint illustre dans le royaume de Naples et de Sicile sous Charles de France, comte d'Anjou. Le P. Hélyot rejette cet ordre comme n'ayant pas existé réellement. Il reconnaît qu'il y a eu un ordre véritable du Croissant, nommé aussi l'ordre du Navire ou des Argonautes de Saint-Nicolas, et institué par Charles de Duras, roi de Naples. Le collier est formé de coquilles et de croissants, et il y avait au bas un navire attaché avec la devise : *Non credo tempori.* — Un autre ordre de ce nom avait été institué par René d'Anjou en 1448. Il se composait de cinquante chevaliers portant sur le bras droit un croissant émaillé.

CROISSANTE, nom donné, en algèbre, aux quantités qui augmentent à l'infini ou jusqu'à un certain terme, par opposition à une quantité constante ou à une quantité décroissante. C'est ainsi que dans l'équation du cercle rapportée au centre l'ordonnée est croissante pendant que l'abscisse est décroissante.

CROIX, instrument composé de deux pièces de bois qui se coupent et se traversent ordinairement à angles droits, et lesquelles on attachait autrefois les malfaiteurs pour les faire mourir. C'est sur la croix que Jésus souffrit la mort pour le salut des hommes. On a longtemps émis diverses opinions sur les diverses parties de la vraie croix. Les uns ont dit qu'elle était de chêne; d'autres qu'elle était formée de cyprès, de cèdre, de pin et de buis; d'autres enfin de cyprès, de cèdre, d'olivier et de palmier. Quelques auteurs disent que Jésus-Christ fut attaché avec quatre clous; d'autres disent avec trois. Il fut posé tout nu sur la croix; ses pieds étaient placés sur un marchepied. Au-dessus était un écriteau : Jésus de Nazareth, roi des Juifs. — L'usage de consacrer ou de bénir les croix est ancien : on le fait remonter au vie siècle. La bénédiction des croix appartient aux évêques et aux prêtres commis par eux. — Le *signe de croix* est un signe que les catholiques font sur leur corps avec la main droite en forme de croix. — On nomme *mystère de la croix* la mort que Jésus-Christ a soufferte pour nous sur la croix. — On distingue les croix *ancrée, chargée, dentelée, crénelée, fleurdelisée,* etc. — Les catholiques célèbrent la fête de l'*Invention* et de l'*Exaltation* de la croix. (Voy. ces deux mots.) — Autrefois on avait pour habitude de signer avec une croix à la place de son nom. Aujourd'hui un particulier peut souscrire un billet en faisant au bas une croix, qui a l'autorité de la signature elle-même.

CROIX (hist. natur.). Plusieurs plantes, dont certaines parties présentent quelque analogie avec la figure d'une croix, ont reçu ce nom. La *croix de Jérusalem, de Malte* ou *de chevalier* est une variété de lychnis; la *croix de Saint-Jacques* ou *de Calatrava* est une espèce d'amaryllis; la *croix de Lorraine,* une variété du *cactus épineux.*

CROIX (archit.), nom donné aux amortissements placés au-dessus du faîte des monuments sacrés. On nomme *église en croix grecque* celle dont les quatre bras sont égaux, et *église en croix latine,* celle dont un des quatre bras est plus long que chacun des trois autres.

CROIX (accept. div.). On nomme ainsi : 1° le côté d'une pièce de monnaie opposée à la figure; 2° un médaillon que portent les chevaliers des divers ordres; 3° la coquille bivalve nommée *marteau;* 4° la constellation du Cygne.

CROIX ANSÉE. Les Egyptiens nommaient ainsi un T surmonté d'un anneau O, symbole de la vie divine.

CROIX AUSTRALE, constellation méridionale formée par Royer, et qui contient dix-sept étoiles. C'est par le moyen de quatre des étoiles de cette constellation que les navigateurs trouvent le pôle sud.

CROIX PECTORALE, nom donné à la croix que les évêques portent sur leur poitrine. L'usage de porter une croix sur sa poitrine était autrefois commun à tous les fidèles; mais les papes firent ensuite un ornement de ce qui n'était qu'une dévotion arbitraire, et les évêques imitèrent ce qui se pratiquait dans la première Eglise du monde. Outre la croix pectorale, les évêques et les archevêques ont le droit de faire porter une croix devant eux.

CROIX DE SAINT-ANDRÉ, nom donné à une croix composée de deux pièces de bois égales, et passées en sautoir. Cette croix, semblable à un X est très-usitée dans les ouvrages de charpente.

CROIX DE LORRAINE, nom donné à une croix qui a deux traverses.

CROIX DE SAINT-LOUIS, nom donné aux croix ou médailles que portaient les chevaliers de Saint-Louis. On nommait encore ainsi les chevaliers eux-mêmes de cet ordre.

CROIX (Grand-), la première dignité de l'ordre des chevaliers de Malte après celle de grand maître. — On nomme aussi *grand-croix* un grade des chevaliers de l'ordre de Saint-Louis. Il y avait huit grands-croix de cet ordre, qui avaient le privilège de porter la croix de l'ordre attachée à un large ruban rouge, qu'ils portaient en écharpe. On distingue aussi des grands-croix dans l'ordre de la Légion d'honneur.

CROIX (Vraie), nom donné au bois sacré qui a servi d'instrument au mystère de la rédemption, et lequel Jésus-Christ est mort pour racheter les hommes morts à la grâce par le péché. On ignore de quel bois fut formée la vraie croix. Quelques auteurs disent qu'elle était haute de quinze pieds, et que les bras étaient longs de sept ou huit pieds. Sainte Hélène, dans son voyage à Jérusalem, apporta la première en Europe le bois de la vraie croix. Un grand nombre de villes croient posséder des parties de la vraie croix.

CROIX (Ordre de la Vraie-). Un incendie ayant brûlé en 1668 les bijoux de l'impératrice Eléonore de Gonzague, veuve de Ferdinand III, une croix d'or qui renfermait plusieurs morceaux de la vraie croix fut seule respectée dans les flammes, et retrouvée dans les cendres. En souvenir de ce miracle, Eléonore établit une compagnie de dames de la Vraie-Croix, auxquelles elle donna une croix d'or, au milieu de laquelle étaient deux lignes de couleur de bois pour marquer la vraie croix. Le pape Clément X approuva cette société, dont le but était d'honorer la croix de Jésus-Christ.

CROIX DE FONTANELLE (Ordre de Sainte-) ou Font-Avellane, ordre religieux fondé par Ludolphe, disciple de saint Romuald et évêque de Gubio, dans le monastère de Font-Avellane (Ombrie), au diocèse de Faenza, vers l'an 1000. Les religieux s'étant entièrement relâchés, le cardinal Jules, leur abbé commendataire, les obligea de s'unir aux camaldules l'an 1570. Depuis cette époque, les camaldules possédèrent ce monastère, qui se nommait dans l'origine Font-Avellane, parce qu'il y avait une fontaine entourée d'aveliniers.

CROIX DE CONIMBRE (Sainte-), congrégation de chanoines réguliers, fondée en Portugal (1131) par onze personnes pieuses et un prêtre nommé Tellon. Paterne, évêque de Conimbre, lui donna l'habit de chanoine régulier, sous la règle de Saint-Augustin. Tellon bâtit ensuite un monastère à Conimbre, qu'il dédia à la croix du Sauveur. Après sa mort, les chanoines de Sainte-Croix prirent les constitutions des chanoines réguliers de Saint-Ruf. Ces chanoines étaient vêtus de blanc, avaient un surplis fermé de toutes parts, et qui n'était point plissé autour du cou; ils portaient des aumusses de drap noir sur les épaules; ils gardaient un silence exact, sortaient très-rarement, et pratiquaient de grandes mortifications. Le prieur de cette congrégation était conseiller du roi, chancelier de l'université, général de tous les chanoines réguliers de Portugal, et jouissait de nombreux privilèges.

CROIX (Filles de la), filles qui vivaient en communauté, et qui tenaient des écoles chrétiennes pour l'instruction des personnes de leur sexe. Cette communauté fut instituée en 1625 par un curé de Roye, en Normandie.

CROIX (Porte-), ecclésiastique qui porte la croix devant un pape, un archevêque, un primat, etc., dans les grandes cérémonies. Le pape fait porter partout la croix devant lui; les grands patriarches la font aussi porter hors de Rome; les primats et les métropolitains, et ceux qui ont droit de porter le *pallium,* la font porter dans les lieux de leur juridiction; si ce n'est en présence des cardinaux, ou dans la défense qui leur en fut faite par Grégoire XI.

CROIX-DU-MAINE (François Causdé la), né dans la province du Maine en 1552. Cet écrivain célèbre du XVIe siècle composa en 1584 une *Bibliothèque française.* Cet ouvrage est un catalogue de tous les écrivains français, imparfait et inexact. La Croix-du-Maine fut assassiné en 1592 à Toulouse.

CROIX (Sainte-), une des Antilles, à l'E. de Porto-Rico, au S. des îles Vierges. Sa superficie est de 11 lieues carrées, et sa population de 30,000 âmes. La capitale est *Christianstadt.* Elle est insalubre pendant une grande partie de l'année. Le terrain est assez fertile; on en exporte 18,800 barriques de sucre, 12,600 livres de coton, 7,400 barriques de rhum. Sainte-Croix appartint successivement aux Anglais, aux Hollandais, aux Français. Elle appartient aujourd'hui au Danemarck. — Sainte-Croix est aussi le nom d'une rivière de l'Amérique septentrionale, qui sépare la Nouvelle-Ecosse de la Nouvelle-Angleterre.

CROMARTY, petit comté d'Ecosse sur la côte E., borné à l'O. et au S. par le comté Ross. Sa superficie est de 6 lieues carrées, sa population de 6,000 habitants. La capitale est *Cromarty,* à 3 lieues de Nairn, sur le détroit de Cromarty. — Cette ville, de peu d'importance, offre une baie spacieuse et sûre.

CROMMYON ou Cromyon, lieu de l'Attique où Hercule tua un sanglier d'une grosseur extraordinaire, qui ravageait la contrée. Le théâtre de cette action fut un promontoire de l'île de Cypre, situé à la pointe la plus septentrionale. — Crommyon est aussi le nom d'une ville voisine de Corinthe, sur le golfe Saronique, près de la côte septentrionale.

CROMORNE, mot tiré de l'allemand *Krumphorn* (cor tordu), qui désignait un instrument en usage aux XVe et XVIe siècles, et dont on ne se sert plus depuis longtemps. — C'est aussi le nom d'un jeu d'orgues composé de tuyaux cylindriques à anches, dont le son a du rapport avec celui du violoncelle.

CROMWELL (Thomas), fils d'un forgeron de Gulney (Angleterre), fut d'abord soldat; il servit ensuite comme domestique du cardinal Wolsey, et apprit sous ce politique profond l'art de se conduire à la cour. Henri VIII était passionné pour Anne de Boulen; Cromwell s'attacha à cette princesse, et devint par son crédit premier ministre. Henri, qui s'était déclaré chef de l'Eglise anglicane, le choisit pour son vicaire général dans les affaires ecclésiastiques. Il présida le synode et l'assemblée des évêques qui se tint pour reconnaître la primatie du roi. Il ne cessa d'agir le roi contre les catholiques, et les persécuta avec violence. Henri VIII, dégoûté d'Anne de Clèves, que Cromwell lui avait fait épouser, résolut de perdre l'auteur de cette union. Il le fit arrêter et accuser d'hérésie et de haute trahison. On le condamna sans examen et sans preuve. Il eut la tête tranchée le 28 juillet 1540.

CROMWELL (Olivier), né à Huntington le 25 avril 1599, ou selon d'autres le 3 avril 1603, fit en 1632 une campagne dans l'armée du prince d'Orange. Il servit ensuite contre la France. Cromwell eut une jeunesse orageuse, et mena une vie débauchée. Elu membre du parlement par la ville de Cambridge, il se distingua par sa violence, son enthousiasme, et fut un des moteurs de la grande révolution qui chassa du trône Charles Ier. Il rallia des soldats au nom de Dieu, enflamma par des écrits violents l'esprit du peuple, et réunit par ce moyen une grande armée. Il vainquit les troupes du roi à Gainsbrow, à Korncastle, à Marston-Moor, à Newbury et à Naseby. Il fit alors prononcer la déposition du roi. Nommé généralissime, il défit le duc de Buckingham, le comte de Holland, et entra à Londres en triomphateur. Dans le procès de Charles Ier, il ne cessa de plaisanter, tout en recueillant les signatures qui devaient condamner le roi. Charles avait été enlevé sans aucun ordre du parlement, et par la seule autorité de Cromwell. Cette autorité fit encore condamner cet infortuné monarque, qui fut exécuté le 9 février 1649. Cromwell alors abolit la monarchie, lui substituant la république. Ayant appris que quelques membres du parlement voulaient lui ôter le titre de généralissime, il revint à Londres, cassa cette assemblée, et le nouveau parlement, dont il avait dirigé la composition (1655), le déclara *protecteur de la république*. Tourmenté par la crainte d'être assassiné, il était toujours entouré de gardes, et ne couchait jamais deux fois dans la même chambre. Cromwell mourut le 3 septembre 1658. — Son cadavre, enseveli dans le tombeau des rois, fut exhumé en 1660, traîné sur la claie, pendu et enseveli au pied du gibet.

CROMWELL (Richard), fils d'Olivier Cromwell, succéda à son père dans le titre de *protecteur*. Mais, n'ayant ni le courage ni l'hypocrisie de son père, il ne sut pas se faire craindre de l'armée, ni faire cesser les sectes et les partis qui divisaient l'Angleterre. Simple de mœurs, indolent et doux, il se démit du protectorat en 1659, vécut en simple particulier, et mourut en 1702. Son frère cadet Henri lui fut envoyé en 1654 par son père Olivier Cromwell en Irlande, avec le titre de colonel, et obtint ensuite le commandement de cette île. Il la gouverna avec douceur et intelligence. Il fut déplacé par son frère en 1659.

CRONENBOURG, ville du Danemarck dans l'île Seeland, sur le détroit de Sund. Elle a un fort dont la ville est une des clefs du royaume. Le fort fut construit en 1577. — CRONENBOURG est aussi le nom d'une ville de la principauté de Nassau-Usingen, à 4 lieues de Francfort. Elle commerce en fer.

CRONIES (myth.), fêtes célébrées à Athènes, au mois hécatombéon, en l'honneur de Saturne, appelé CRONOS par les Grecs. Elles répondaient aux *Saturnales* des Latins. Les Rhodiens célébraient une fête semblable, dans laquelle ils immolaient un malfaiteur.

CRONSTADT, ville forte de la Russie, située dans l'île Codlin (*Kessal* ou *Ketusari*), dans le golfe de Finlande; elle fait partie du gouvernement de Saint-Pétersbourg, et est à 6 lieues de cette ville. On y conserve le trésor de l'empire. Elle a trois ports grands et commodes. On y trouve la plus grande partie de la flotte russe. On y équipe les vaisseaux de guerre. Siège de l'amirauté, Cronstadt renferme une école pour les pilotes, des casernes et des hôpitaux pour la marine. On y charge et on y décharge les bâtiments destinés pour la capitale. Il y a une bourse, un grand bureau de douane. La population est de 50,000 habitants. Elle fut bâtie en 1710 par Pierre le Grand, dont on voit encore le palais. — Le *canal de Cronstadt* a 1,050 toises en longueur et 100 en largeur; il a été bloqué en 1854 par une flotte anglo-française commandée par l'amiral anglais Napier.

CROQUET, nom donné par les fabricants de pain d'épice à une plaque fort mince de huit à dix pouces de diamètre, et d'une ligne d'épaisseur. On la fait avec de la pâte très-dure; lorsqu'elle est cuite, elle se casse facilement.

CROQUIS, esquisse légère et qui n'est pas encore finie. C'est en d'autres termes la première idée d'un dessin, jetée à la hâte à la plume ou au crayon, dans le but de rendre les formes seules sans aucun embellissement, les groupes divers, etc. Les croquis des grands maîtres sont fort recherchés des grands artistes.

CROSNE (Louis-Thiroux DE), fils du président d'Arcouville, né à Paris en 1736, fut nommé, encore très-jeune, avocat général et maître des requêtes, et fut chargé de faire au conseil d'État le rapport de l'affaire de Calas. Ce rapport fit casser l'arrêt du parlement de Toulouse, et ordonner la révision du procès. Nommé à l'intendance de Rouen, il construisit des grandes routes, des marchés, des casernes, des hospices, un magasin à poudre, et se rendit cher par la bonté de son administration. Appelé aux fonctions de lieutenant-général de police en 1785, il fit enlever les cadavres qui jonchaient la place où est aujourd'hui la fontaine des Innocents, combla ce cimetière, abattit l'église, pava la place, et y fit élever la fontaine des Innocents sur les dessins de Jean Lescot. Le souvenir de ses services ne put l'empêcher d'être victime de la révolution: traduit devant le tribunal révolutionnaire, il fut condamné à mort et exécuté (1793).

CROSNIÈRE, petite île située près de Noirmoutiers (Vendée). Elle a 2 ou 3 lieues de tour, et renferme des plaines fertiles et bien cultivées. Cette île fut créée de dessous les eaux, à l'aide d'une longue et forte digue, par Jacob Bureau (1767).

CROSSE se dit en général de tous les bâtons terminés par une partie recourbée supérieurement. Chez les catholiques, ce mot désigne un bâton d'or, d'argent ou de bois doré, que portent les archevêques, les évêques, ou que l'on porte devant eux dans les cérémonies. Les abbés et les abbesses avaient autrefois le droit de porter la crosse. Les premières crosses n'étaient que de simples bâtons de bois qui d'abord eurent la forme d'un T, et dont on se servait pour s'appuyer. Elles ont pris insensiblement la forme qu'elles ont aujourd'hui, sont pointues d'un côté et courbes de l'autre. On s'en servait avant le VIIe siècle. Le pape et les cardinaux-évêques ne se servent jamais de crosse à Rome. Chez les Grecs, les patriarches ont seuls le droit d'en porter. La crosse est le symbole du pouvoir et de l'autorité ecclésiastique. — La *crosse du fusil* est la partie inférieure de ce bois recourbée en forme de palette. L'extrémité de l'affût du canon qui pose à terre se nomme aussi *crosse*.

CROTALAIRE, genre de plantes de la famille des légumineuses. Les espèces sont annuelles ou vivaces, herbacées ou à tiges ligneuses; elles habitent les régions voisines des tropiques. On les cultive en France. La *crotalaire pourprée*, originaire du cap de Bonne-Espérance, a été apportée en Europe dans l'année 1792. Cet arbrisseau, de quatre mètres de hauteur, est garni de rameaux effilés, chargés de poils très-courts; ses feuilles sont d'un beau vert; ses fleurs pourprées, grandes, en grappes et inodores; ses fruits sont des gousses ovales, oblongues, d'un vert-foncé, renflées et renfermant plusieurs graines brunes, réniformes.

CROTALE, genre de serpents dont la queue est terminée par une série de pièces cornées plus ou moins nombreuses, mobiles les unes sur les autres, et qui, lorsque l'animal agite sa queue, produisent le même effet qu'une suite de grelots. Ces pièces cornées résultent de la chute incomplète du dé écailleux dont l'extrémité de la queue des crotales est armée. Cette disposition singulière des crotales, qui leur a fait aussi donner les noms de *serpents à sonnettes*, de *crotalophores*, etc., leur a mérité une certaine renommée, aussi bien que de la violence du venin inoculé par leur morsure; cette piqûre suffit pour faire mourir en quelques heures un homme, un animal de forte taille. La subtilité de ce venin se conserve même après la dessiccation. La tête de ces serpents est cordiforme, déprimée; les yeux sont peu saillants, abrités sous un rebord orbitaire; le corps est cylindrique, assez grêle, revêtu d'écailles. Les crotales habitent les lieux marécageux de l'Amérique. Ils attaquent rarement l'homme, sont très-sensibles au charme de la musique, et paraissent susceptibles d'apprivoisement; un léger coup peut leur donner la mort. Les crotales sont vivipares, longs de cinq ou six pieds. Les Indiens les révéraient et ne les tuaient jamais. On en connaît plusieurs espèces.

CROTALES, instrument de percussion, du genre des castagnettes, et dont se servaient les peuples de l'antiquité. On nommait encore ainsi une espèce de cymbales. — Dans la musique militaire, on donne quelquefois le nom de *crotales* au chapeau chinois garni de sonnettes et de grelots.

CROTALOPHORE. Voy. CROTALE.

CROTOI (LE), petite ville du département de la Somme, à 3 lieues N.-O. d'Abbeville, à une lieue de Saint-Valléry. Le Crotoi a un petit port sur la Manche. La Somme se jette dans cette mer près du Crotoi.

CROTON, genre de la famille des euphorbiacées, renfermant des arbrisseaux, des sous-arbrisseaux et des herbes, dont les feuilles sont couvertes tantôt d'écailles argentées ou dorées, tantôt de poils ou étoiles. Les espèces appartiennent aux régions équatoriales. Le *croton porte-laque* est un arbre de Ceylan, qui distille une laque très-belle, avec laquelle les habitants vernissent de petits meubles. Le *croton sebiferum* fournit aux Chinois la matière de leurs chandelles, par l'ébullition de ses graines dans l'eau; le *croton porte-encens* laisse suinter autour de son écorce une matière semblable à de l'encens; le *croton sanguifluum* fournit une espèce de *sang de dragon*; le *croton tinctorium* donne la matière colorante nommée *tournesol*. Le *croton tiglium* et surtout ses graines connues sous le nom de *graines des Moluques* ou de *Tilly*, sont imprégnés d'un principe très-âcre. L'*huile de tiglium* est un purgatif très-fort à faible dose. Cette propriété est due à un principe de nature résineuse qu'on a proposé de nommer *tigline*. L'écorce du croton est une succédanée du quinquina. — Les anciens appelaient *croton* le *ricin*.

CROTONE (*Cortone*), ville puissante d'Italie dans la partie la plus orientale du Brutium, sur le golfe de Tarente, près du promontoire Lacinium. Elle fut fondée par Myscelle et Archias, chefs d'une colonie achéenne (759 ans avant J.-C.). Denys, tyran de Syracuse, l'assiégea par terre et par mer. Pyrrhus ravagea cette ville et la réduisit de moitié. Lors de la guerre punique, les Romains, en poursuivant Annibal, prirent Crotone, qui devint une colonie romaine. Elle est aujourd'hui peu considérable.

CROTON, nom grec d'un champignon qui croît sur les arbres. Il se donne, par extension, en pathologie, aux tumeurs fongueuses développées sur les membranes des os.

CROTONIATES, habitants de Crotone. Ils étaient célèbres par leurs forces dans les luttes athlétiques et par leurs connaissances philosophiques. Leurs mœurs se corrompirent de bonne heure; mais Pythagore eut la gloire de les réformer. Ce fut chez eux que Pythagore établit comme la métropole de l'école italique. Ils rendaient un culte extraordinaire à Junon Lacinienne et à Hercule.

CROUP, nom écossais d'une variété de l'*angine laryngée et trachéale*, dans laquelle il se forme une fausse membrane qui tapisse l'intérieur des voies aériennes, et détermine presque inévitablement la suffocation. Cette maladie, nommée aussi *angine membraneuse* ou *polypeuse*, a été peu connue jusqu'au milieu du dernier siècle, qu'on la confondait avec d'autres angines. Elle se montre pendant l'hiver et le printemps, quand l'air est humide et froid; elle est plus fréquente dans les lieux bas, sur les bords des rivières et des marais. Elle attaque particulièrement les enfants, depuis la première jusqu'à la septième année; les adultes n'en sont pas entièrement à l'abri. Le refroidissement paraît en être la cause occasionnelle la plus fréquente. Le croup n'est pas contagieux. Il est plus commun dans certains lieux et dans certain temps; il est alors endémique ou épidémique. La durée ordinaire est de quatre ou cinq jours. La mort est la terminaison la plus fréquente; elle est produite par une asphyxie rapide ou lente. On a distingué le croup *inflammatoire*, *adynamique*, *ordinaire*, *suffocant*, *spasmodique*, *continu*, *intermittent*, etc. On a donné à des médicaments le nom de *spécifiques* contre le croup; les principaux sont l'ammoniaque, le mercure oxydé, l'opium, le polygala, etc.

CROUPAL, nom donné au son que font entendre les malades du croup. La respiration devient sifflante et sonore; la toux offre le son particulier que l'on a nommé *croupal*. Ce son a été comparé au cri d'un jeune coq, à l'aboiement d'un chien, au bruit que font entendre quelques instruments à vent; il devient d'autant plus aigu que la maladie est plus avancée.

CROUPE, partie du cheval, qui s'étend depuis l'extrémité des lombes jusqu'à l'origine de la queue; elle est enfoncée ou saillante, selon l'embonpoint de l'animal. — On nomme *croupe avalée* celle qui tombe trop tôt; il en résulte que l'origine de la queue est trop basse. La *croupe croupée* est celle qui, regardée de profil, est étroite et peu arrondie. La *croupe tranchante* est une disposition due à la forme des cuisses, qui sont aplaties, comme on l'observe dans les mulets et dans quelques races de chevaux.

CROUPIER, associé secret qui prend part à une entreprise de commerce ou de finance, ou dans un jeu qui se fait sous le nom d'un autre, et qui en partage les gains et les pertes, en proportion de leur mise de fonds. On dit plus communément *associé anonyme*. — On nomme *croupier*, en termes de jurisprudence canonique, un confidentiaire qui prête son nom à celui qui, plaidant pour un bénéfice et se défiant de la bonté de son droit, fait postuler un dévolu sur lui-même, afin de l'obtenir sous le nom d'un croupier.

CROUPIÈRE, partie du harnais des chevaux, tant de tirage que de monture, laquelle empêche que, par le mouvement que le cheval fait en marchant, surtout à une descente, la selle ou le harnais ne vienne trop sur le devant et gêne le mouvement des épaules. Elle consiste en une sorte de bourrelet en cuir garni de bourre ou de crin, qui passe sous la queue du cheval, et se fixe par un crampon et une boucle au derrière de la selle ou du harnais.

CROUPIÈRE. C'est, en marine, un câble qui tient un vaisseau arrêté par son arrière. *Mouiller en croupière* ou *de croupière* ou *en croupe*, c'est mouiller à poupe afin de maintenir les ancres de l'avant et d'empêcher le vaisseau de se tourmenter, ou pour faire en sorte qu'il présente toujours le même côté.

CROUPION, extrémité postérieure du tronc chez les oiseaux. Cette partie correspond aux dernières vertèbres sacrées et à celles du coccyx, dont la dernière, tranchante et semblable à un soc de charrue, supporte les pennes de la queue. Chez tous les oiseaux, la pointe charnue du croupion renferme des glandes sécrétant une humeur grasse, qui leur sert à lustrer leur plumage pour l'empêcher de se laisser pénétrer par l'humidité. Le croupion manque presque en entier dans une variété de poules dites *poule sans queue*.

CROUTE, superficie d'une matière, qui acquiert une certaine dureté par la cuisson ou le contact de l'air. Ainsi l'on dit: la *croûte du pain*, la *croûte d'un pâté*, *d'une tourte*, etc. On nomme *croûte de potage* une espèce de biscuit qui sert à faire des potages.

CROÛTE (méd.), c'est l'assemblage de petites plaques, ou agglomération de molécules plus ou moins dures, formées par la dessiccation d'un fluide sécrété par la peau. On distingue les *croûtes varioleuses, teigneuses, dartreuses*, etc. Les *croûtes de lait* ou *croûtes laiteuses* sont des exanthèmes qui surviennent chez les enfants, et qu'on désigne sous le nom de *feux volages*. La *croûte inflammatoire* ou *phlogistique*, nommée aussi *couenne*, est une peau solide et grisâtre qui se forme sur le sang lorsque celui-ci ne circule pas et se recouvre le caillot. Elle existe presque constamment dans les phlegmasies, surtout quand elles durent depuis quelques jours. Les *ulcères* se recouvrent aussi de *croûtes*. On nomme *croûte de la tête des enfants nouveau-nés* une croûte jaunâtre, sèche, épaisse, qui paraît peu de jours après l'accouchement, et s'étend depuis le front jusqu'au sinciput. Elle disparaît d'elle-même.

CROÛTE (CUIRS EN), cuirs auxquels il est nécessaire de donner un apprêt plus ou moins considérable.

CROUTES. Dans les arts, ce sont des tableaux noirs, vieux et écaillés, estimés des curieux, mais méprisés par les connaisseurs. Il se dit aussi, par mépris, de tout mauvais tableau.

CROUZAS (Jean-Pierre DE), né à Lausanne en 1663. Il se livra à l'étude de la philosophie et des mathématiques. Il disputa à Berne la chaire d'hébreu (1691), et fut fait professeur de grec et de philosophie (1699), puis recteur de l'académie de Lausanne (1706-22). On l'appela à Groningue en 1724 pour être professeur de philosophie et de mathématiques. L'académie de Paris se l'associa en 1726, et le prince de Hesse-Cassel, neveu du roi de Suède, le choisit pour être le gouverneur de son fils et conseiller des ambassadeurs du roi de Suède. Il mourut en 1748. On a de lui un *Traité de l'éducation des enfants*, un *Traité du beau*, *des sermons*, des *Traités de physique*, etc.

CROWN ou COURONNE, monnaie d'argent usitée en Angleterre. Le *crown* ancien de 5 schellings vaut 6 francs 18 centimes de notre monnaie; le *crown nouveau* (depuis 1818) vaut 5 francs 80 centimes 72 centièmes; le *demi-crown* vaut 2 francs 90 centimes 36 centièmes.

CROWN-GLASS (*verre en couronne*), mot anglais qui a désigné le verre à vitres blanc, et ensuite le verre dont on fait des glaces et des objets d'optique. On le nomme ainsi parce qu'on le fabriquait en disques épais, en faisant tourner rapidement la canne au bout de laquelle on avait cueilli et soufflé ce verre fondu. On ne fait plus aujourd'hui que des verres à vitres soufflés en cylindre et aplatis. Sa composition, qui varie comme celle du *verre à vitres*, influe sur sa qualité dans ses applications aux objets d'optique; une coloration légère ne nuit pas à sa qualité. On se sert également du vert, du jaune, etc. Les loupes et les verres épais se font en crown-glass blanc. Le meilleur vient d'Angleterre.

CROY (Guillaume DE), seigneur de Chièvres, duc de Soria, chevalier de la Toison d'or, d'une maison antique qui a tiré son nom du village de Croy en Picardie, se signala d'abord par sa valeur sous les rois de France Charles VIII et Louis XII. Il fut nommé par ce dernier gouverneur de Charles d'Autriche, depuis empereur sous le nom de Charles-Quint. S'étant attaché à ce prince, il fut envoyé en qualité de vice-roi en Espagne, où il ternit sa réputation par son avidité concussionnaire. Il mourut à Worms, en 1521, à soixante-trois ans.

CRUCIADE (BULLES DE LA), nom donné à certaines bulles que les papes ont souvent accordées aux rois d'Espagne et de Portugal, pour lever des décimes sur les ecclésiastiques, afin de subvenir aux frais des guerres qu'ils entreprenaient contre les infidèles.

CRUCIAL, qui a la forme d'une croix. On nomme *incision cruciale* une incision en forme de croix, qu'on pratique avec le bistouri, afin de découvrir la tête pour y appliquer le trépan, le disséquer, extirper certaines tumeurs, etc.

CRUCIANELLE, genre de la famille des rubiacées, renfermant des espèces herbacées, annuelles ou vivaces; à tiges anguleuses; à feuilles étroites; à fleurs petites et à épis simples, rarement en corymbe. Les crucianelles croissent en Europe, au voisinage de la Méditerranée. La *crucianelle à fleurs étroites* a une tige carrée, rude au toucher, simple et quelquefois rameuse, ses feuilles linéaires et courtes; les fleurs sont petites, en épis simples au sommet des ramifications de la tige.

CRUCIFÈRES, famille de plantes dicotylédonées. Elle forme la cinquième classe de Tournefort sous le nom de *cruciformes*, et la quinzième classe du système sexuel de Linné. La corolle des fleurs à quatre pétales en croix, de six étamines, quatre sont plus grandes que les deux autres. Les genres de cette famille sont des plantes herbacées, à racine perpendiculaire, grêle ou épaisse et charnue, aux fleurs disposées en grappes simples, opposées aux feuilles ou terminales; aux feuilles alternes. Le fruit est tantôt allongé, comprimé, cylindrique ou quadrangulaire (*silique*), tantôt moins long que large et globuleux ou comprimé (*silicule*). On connaît près de cent genres de plantes crucifères; la plupart croissent en Europe. Toutes renferment dans leurs diverses parties une huile volatile âcre, irritante, et ont des propriétés antiscorbutiques; d'autres renferment des fluides mucilagineux et sucrés, et sont alimentaires. Les genres les plus connus de cette famille sont le *cresson*, la *moutarde*, le *chou*, le *navet*, le *radis*, le *colza*, la *navette*, la *giroflée*, etc.

CRUCIFÈRES. Voy. CROIX (Porte-).

CRUCIFIX, croix en bois ou en métal, sur laquelle on représente Jésus-Christ attaché et mourant. On met des crucifix dans les églises sur l'entrée du chœur, et particulièrement sur les autels où l'on dit la messe. Il n'y en a pas toujours eu; on se contenta d'abord de représenter la mort de Jésus-Christ sur le missel à l'entrée du canon. Ensuite on exposa en quelques églises l'image de Jésus crucifié à la vue du prêtre, pendant tout le canon. Depuis on plaça un crucifix à l'autel pendant la messe. Enfin plus tard on l'a laissé toujours. On couvre les crucifix d'un voile noir pendant le carême.

CRUCIFORME, mot qui indique, en histoire naturelle, la disposition en forme de croix de la corolle polypétale régulière, lorsqu'elle a quatre pétales opposés deux à deux par leur base. Les *cruciformes*, famille de plantes créée par Tournefort, comprenaient les végétaux dont la corolle est en forme de croix. Elle correspond à la famille des *crucifères*.

CRUDITÉ, mot qui a en médecine plusieurs acceptions. Il désigne 1° la qualité de certains aliments qui n'ont pas éprouvé l'action du feu; 2° l'état de la matière morbifique, qui n'a pas encore été altérée par la réaction des organes; 3° l'état des matières renfermées dans le canal digestif, qui n'y ont pas subi, au bout du temps ordinaire, l'élaboration convenable. — On désigne par *crudités* ou *matières crues* les aliments et les matières déjà contenues dans l'estomac et les intestins.

CRUE, augmentation. Les eaux qui découlent des montagnes sont soumises à des crues habituelles et à peu près périodiques. Le Nil, par ses crues, fertilise le sol sablonneux et sec de l'Égypte. — En jurisprudence, on nomme *crue* l'augmentation faite sur une estimation jugée être au-dessous de sa valeur réelle de l'objet. Faire une estimation *sans crue*, c'est déterminer sur-le-champ sa valeur réelle.

CRUIKSHANK (William), célèbre anatomiste, né à Edimbourg en 1745, alla à Londres en 1771, où il devint disciple et par suite aide de Hunter. Après la mort de cet anatomiste distingué, il se chargea, avec le docteur Baillie, d'en remplir les fonctions dans l'école d'anatomie. En 1786, il écrivit un ouvrage intitulé *Anatomie des vaisseaux absorbants*. En 1795, il publia ses expériences *sur la Transpiration insensible*. Parmi ses petits ouvrages, on distingue un mémoire *sur les Nerfs des animaux vivants* (1784). Il y prouva le phénomène de la régénération des nerfs, après en avoir coupé des parties.

CRUMMUS, CRUMNUS ou CRUSINE, roi des Bulgares, fut en guerre avec Nicéphore Ier, empereur de Constantinople. La perte qu'il fit d'une bataille (811) le força de demander la paix. Furieux du refus qu'il obtint, il attaqua pendant la nuit le camp des Grecs, tua Nicéphore, tailla en pièces son armée, et blessa dangereusement Stauraœ, fils de l'empereur. Crummus fit faire une tasse du crâne de Nicéphore enchâssée dans de l'argent, et s'en servit dans les festins solennels, ainsi que ses successeurs. Michel Rhangabe, gendre et successeur de Nicéphore, tenta en vain de venger son beau-père; il fut toujours vaincu. Crummus mourut en 875.

CRUPELLAIRES, terme d'histoire ancienne; nom donné aux gladiateurs romains qui étaient couverts d'une armure de fer. — On nommait encore ainsi les soldats Eduens armés pesamment et de toutes pièces.

CRUPINE, section faite par les naturalistes au genre *centaurée*. Dans ces plantes, la graine est attachée immédiatement par sa base, et l'aigrette se compose d'un rang extérieur d'écailles imbriquées, minces et plumeuses, et d'écailles intérieures plus courtes et tronquées. La crupine habite nos provinces méridionales. Ses feuilles sont presque entières à la base de la tige, et découpées profondément dans le haut; les fleurs sont purpurines. Elle est cultivée dans les jardins.

CRURAL, nom donné, en médecine, aux parties qui appartiennent à la cuisse. L'*arcade crurale* (vulgairement *ligament de Fallope* ou *de Poupart*) est formée par le bord inférieur de l'aponévrose du muscle grand oblique de l'abdomen, repliée sur elle-même, et étendue depuis l'épine iliaque antérieure et supérieure jusqu'à la partie supérieure et interne du pubis. Elle donne naissance, par sa partie postérieure et interne, à un repli falciforme qui va se fixer le long de la crête du pubis. — Le *canal crural* ou *fémoral* est un canal aponévrotique qui se prolonge sur les vaisseaux iliaques à la partie antérieure et interne de la cuisse. Il reçoit ces vaisseaux, sortant de l'abdomen entre le pubis et le bord inférieur de l'aponévrose du muscle grand oblique de l'abdomen. Ce canal est moins long et plus large chez la femme que chez l'homme. — L'*artère crurale* fait suite à l'iliaque externe, et se termine inférieurement à l'artère poplitée. — Le *nerf crural* est fourni par le plexus lombaire. Il se divise à la cuisse en rameaux *cutanés* (qui se distribuent aux téguments de la partie antérieure et interne de la cuisse) et en rameaux *musculaires*.

CRUCHE, vase en terre ou en grès d'une grande capacité, portant une ou deux anses, et destiné à renfermer un liquide quelconque. — On nomme *cruches de dame Jacqueline* (en hollandais, *Jakoba's kanetjes* ou *kruikjes*) des cruches dont se servait Jacqueline de Bavière, héritière des comtés de Hollande, de Zélande et de Hainaut, et femme de Jean IV, duc de Brabant, après être restée veuve du dauphin de France, fils de Charles VI. Trois fois adultère, consumée de langueur, elle alla mourir au château de Teilingen (Rhinland). Là, elle s'amusait à vider une cruche, et à la lancer dans les étangs du château. On trouve un grand nombre de ces cruches dans divers châteaux et palais qui ont appartenu à cette princesse.

CRUSCA (ACADÉMIE DELLA) ou ACADEMIA FURFURATORUM, académie de Florence, fondée en 1582, et dont l'institution et les travaux ont pour objet spécial le perfectionnement de la langue italienne. Elle se fit d'abord connaître par ses attaques contre le Tasse; mais elle est principalement célèbre par son excellent dictionnaire italien et ses éditions correctes des poëtes anciens.

CRUSCANTISME, mot créé par J.-J. Rousseau. C'est la manière d'écrire la langue italienne avec pureté et élégance, conformément aux principes de l'académie de la Crusca. Le cruscantisme est à cette langue ce que le purisme est au langage en général.

CRUSTACÉ, nom donné aux corps organisés couverts de croûte. — En botanique, ce mot désigne les parties qui sont dures, fermes et fragiles, ou les plantes étendues sur les corps en forme de croûte mince. Schultz a nommé *crustacés* les lichens affectant la forme de croûte.

CRUSTACÉENNES, nom donné par Lamarck à certaines arachnides trachéennes, dont le corps est écailleux. Ce naturaliste regardait ces animaux comme formant le passage des arachnides aux crustacés.

CRUSTACÉS, classe d'animaux articulés, invertébrés, à pieds articulés, et respirant par des branchies. Leur circulation est double. Le sang, après avoir éprouvé l'effet de la respiration, se rend dans un grand vaisseau vertical, qui le distribue à tout le corps, d'où il revient à un vaisseau situé dans le dos, lequel le renvoie aux branchies. Ces branchies sont des pyramides en forme de lames, et placées aux bases des pieds. Les crustacés sont munis de deux yeux à facettes. Les antennes sont au nombre de deux ou quatre. La bouche est située à la partie antérieure et inférieure de la tête. Dans quelques genres, la tête, le thorax et l'abdomen sont distincts; dans un plus grand nombre d'espèces, ils ne le sont pas, et se confondent; dans quelques autres, le corps est articulé et divisé en anneaux. Les pattes se distinguent en *vraies* et en *fausses*. Les premières appartiennent au thorax, et sont composées de six articles, dont le dernier est nommé *tarse* ou *ongle*. La première paire a reçu le nom de *pinces* lorsque le pénultième article, développé outre mesure, constitue une sorte de doigt immobile, sur lequel se meut du haut en bas le tarse de manière à constituer une véritable pince. Les *pieds-mâchoires* sont des appendices locomoteurs qui se rattachent à la bouche. Les deuxièmes pattes s'observent sous l'abdomen, et sont terminées par deux lames divisées en deux filets. Ces appendices sont des auxiliaires des organes de la respiration, de l'appareil locomoteur. L'abdomen est nommé *queue*. Les crustacés sont très-carnassiers, habitent toutes les mers, les creux des rochers, les eaux douces, les arbres, où sont parasites. Leur peau est presque calcaire. Leur chair est peu nutritive et difficile à digérer. Les crustacés sont ovipares ou ovovivipares. — Les anciens plaçaient cette classe entre les poissons et les mollusques; Linné les réunissait aux insectes aptères; Cuvier les transporta à la tête de la classe des insectes, et en fit la classe des *crustacés*. — On les divise généralement en deux grandes divisions: les MALACOSTRACÉS et les ENTOMOSTRACÉS. La première comprend cinq ordres: les *décapodes*, les *stomapodes*, les *amphipodes*, les *lœmipododes* et les *isopodes*. La deuxième division comprend les *branchiopodes* et les *pœcilopodes*. — Les *crustacés fossiles* se nomment *crustacites*.

CRUSTODERMES, nom donné par de Blainville aux poissons branchiostèges, à cause de l'enveloppe dure qui les recouvre.

CRUZ (SAINT-JEAN DE LA), né à Montiveros (Castille) en 1542, entra en 1563 dans l'ordre des carmes, où il fut comblé d'honneurs en récompense d'une vie exemplaire. En 1579, il fut élu recteur du collége de Baeza. En 1581, il fut nommé au prieuré du couvent de son ordre à Grenade, et en 1585 vicaire général de l'Andalousie. Il réforma l'ordre des carmes en Espagne, fonda, avec sainte Thérèse, celui des carmes déchaussés, et mourut à Ubeda en 1591. Cet auteur ascétique a laissé trois livres *de l'Ascension au mont Carmel*, deux livres de la *Nuit obscure de l'Ame*, sacrés, des *Conseils spirituels*, des *poésies sacrées*, des *Préceptes pour devenir un religieux parfait*, etc.

CRUZ DE LA SIERRA (SANTA-), un des six départements du haut Pérou ou Bolivia, borné au N. par le Pérou et le Brésil, à l'E. par le Brésil, au S. par le Cochabamba et le Chuquisaca, à l'O. par le Pérou et le département de la Paz. Sa superficie est d'environ 29,313 lieues carrées et sa population de 960,390 habitants. Ce département est très-fertile. — Sa capitale est *Santa-Cruz de la Sierra*, à 45 lieues au N. de l'Assomption. Elle a un évêché et 9,000 habitants.

CRUZADE, monnaie du Portugal. La *cruzade d'or* de 480 reis vaut 3 francs 30 centimes; la *cruzade neuve d'argent*, de 480 reis aussi, vaut 2 francs 94 centimes.

CRYPTE, nom donné, aux premiers siècles du christianisme, aux lieux cachés et souterrains où se retiraient les premiers chrétiens pour honorer leurs martyrs, célébrer leurs mystères, et ensevelir les morts. Telles sont les cryptes de sainte Pétronille et de saint André, à Rome; celles de saint Paul et de saint Laurent sont plus connues sous le nom de *catacombes*. L'on bâtit ensuite dans les églises des souterrains qui prirent aussi le nom de *cryptes*, et dans lesquels l'on célébrait les funérailles des chrétiens. On donne aussi ce nom aux chapelles et aux églises souterraines placées dans nos églises.

CRYPTE, genre d'insectes hyménoptères de la famille des pupivores, tribu des ichneumonides. Ils ont pour caractères: une tête transverse, des mandibules bifides, des palpes maxillaires de cinq articles très-allongés, les labiaux de quatre, une languette peu profondément échancrée, un abdomen ovalaire porté sur un pédicule allongé, grêle et arqué, une tarière saillante. Ces insectes sont très-petits et vivent pour la plupart à l'état de larve dans les œufs et les autres insectes ou dans le corps des pucerons. Les larves du *crypte globuleux* forment une agglomération de coques attachées aux graminées, qui atteignent jusqu'à un pouce de longueur.

CRYPTES. En géologie, on désigne sous ce nom des galeries souterraines plus ou moins étendues, paraissant, pour la plupart, avoir été creusées par les hommes.

CRYPTES ou FOLLICULES, nom donné, en anatomie, à des petits corps arrondis ou lenticulaires, creux, situés dans l'épaisseur de la peau ou des membranes muqueuses, et versant habituellement à leur surface des liquides de diverse nature qu'ils sécrètent, et qui s'échappent de leur cavité par une ouverture étroite. Ces liquides entretiennent la souplesse, l'humidité de la peau, et la préservent de l'action irritante des corps avec lesquels elle doit se trouver en contact.

CRYPTOBRANCHES (du grec *cruptos*, caché, et *branchia*, branchie), nom donné à un ordre de poissons osseux, à branchies

**CRYPTO-CALVINISTES**, nom que les luthériens donnèrent aux disciples de Mélanchton et à ceux des réformateurs qui désiraient un rapprochement entre les réformateurs de Genève où zwingliens et ceux de l'Allemagne.

**CRYPTOGAMES**, nom donné aux plantes qui ont les organes sexuels peu apparents ou cachés, non distincts pour les deux sexes, ou du moins dans lesquels la forme des organes diffère beaucoup des étamines et des pistils des autres plantes. Ces végétaux présentent deux systèmes d'organes : un pour la reproduction, et un autre, nommé *végétatif*, destiné à produire, à supporter et à protéger les premiers. Les organes reproducteurs des cryptogames consistent en *séminules* situées et enveloppées d'une manière variable, et en organes fécondants, qui n'ont été observés que dans quelques familles; telles sont les *marsiléacées*. Les organes de la végétation sont très-variables; ils manquent quelquefois. — Les cryptogames se divisent en trois classes : la première renferme les végétaux dépourvus de vaisseaux et d'appendices foliacés, sans organes sexuels ; tels sont les *champignons*, les *lichens*. La deuxième classe comprend les végétaux dépourvus de vaisseaux, garnis d'appendices foliacés, aux organes sexuels douteux, et ayant les séminules pourvues d'un tégument propre ; telles sont les *hépatiques*, les *mousses*. La troisième classe renferme les végétaux pourvus de vaisseaux, d'expansions foliacées et d'organes sexuels; telles sont les fougères.

**CRYPTOGAMIE**, nom de la vingt-quatrième classe du système sexuel de Linné, laquelle renferme toutes celles dans lesquelles on ne voit point du tout ou nettement les organes sexuels. Les plantes dans lesquelles ces organes sont invisibles ont reçu le nom d'*agames*. A la cryptogamie répondent l'*acotylédonie* de Jussieu, l'*æthœogamie* de quelques autres, et les végétaux *inembryonés* de Richard. Quelques naturalistes avaient proposé d'établir pour les cryptogames un règne entre les animaux et les végétaux.

**CRYPTONYME** (du grec *cruptô*, cacher, et *onuma*, nom). On a attribué le nom aux auteurs qui ont caché ou déguisé leurs noms.

**CRYPTOPODES**, tribu d'animaux crustacés établie par Latreille dans la section des homochèles, dans la famille des brachyures et de l'ordre des décapodes. Les caractères sont un test demi-circulaire, en voûte, avec les angles postérieurs dilatés de chaque côté et recouvrant les quatre dernières paires de pieds dans leur contraction. Cette tribu renferme les genres *calappe* et *œthre*.

**CRYSTAL**, **CRYSTALLISATION**. Voy. CRISTAL, CRISTALLISATION.

**CRYSTALLIN** ou CRISTALLIN (*corpus crystallin*, *humeur crystalline*), corps de forme lenticulaire, situé au fond de l'œil, entre l'humeur aqueuse et le corps vitré. Son diamètre est de quatre lignes, et son épaisseur de deux environ. Sa face antérieure est moins convexe que la postérieure. Il est transparent chez l'adulte et jaunâtre chez les vieillards. Sa consistance augmente avec l'âge. Il est renfermé dans une capsule particulière, qui reçoit sur sa face postérieure une petite branche de l'artère centrale de la rétine. Entre la capsule et le crystallin, on trouve un fluide particulier, transparent, visqueux, nommé *humeur de Morgagni*. Le crystallin est destiné à recevoir le cône de lumière émanée d'un point lumineux, pour en réfracter les rayons et les réunir derrière lui en un cône nouveau, dont la base, opposée à celle du premier, a son axe dans la même direction, et dont le sommet va tomber sur la rétine pour y porter l'impression des objets.

**CTÈNE**, genre d'arachnides de la famille des fileuses, section des citigrades, ordre des pulmonaires. Il se compose de grandes espèces d'aranéides propres à l'Amérique méridionale. Leurs caractères distinctifs sont d'avoir les yeux disposés sur trois lignes transverses ; des mâchoires droites, écartées, plus hautes que larges, coupées obliquement, et légèrement échancrées à leur côté interne ; des pattes allongées, étendues latéralement; des cuisses renflées.

**CTÉSIAS**, historien et médecin grec, né à Cnide. Fait prisonnier par Artaxercès Memnon à la bataille de Cunaxa, il guérit le roi de ses blessures et fut son médecin pendant dix-sept ans. Il avait composé une *Histoire de l'Assyrie*, *de la Perse et de l'Inde*. Photius nous a conservé quelques fragments de son ouvrage.

**CTÉSIBIUS**, mathématicien d'Alexandrie, qui vivait vers l'an 135 avant J.-C. Il inventa la pompe, l'orgue hydraulique où l'air et l'eau formaient le son. Il construisit aussi une horloge d'eau très-ingénieuse, nommée *clepsydre*. L'eau tombait sur une roue et la faisait tourner. La roue communiquait un mouvement régulier à une petite figure de bois qui, par le moyen d'une baguette, indiquait les heures, les jours et les mois qui étaient inscrits sur une colonne. Le sablier n'est qu'une imitation de l'horloge de Ctesibius.

**CTÉSIPHON**, architecte grec qui traça le plan du temple de Diane à Éphèse. Il vivait environ 550 ans avant J.-C. — Athénien, fils de Léosthène, proposa dans l'assemblée du peuple de donner une couronne d'or à Démosthène, en récompense de ses services et de sa vertu. Eschine combattit cette motion, et voulut faire condamner son auteur comme séditieux et ennemi public. Démosthène prit la défense de son ami, prononça la belle harangue *sur la Couronne*, gagna sa cause, et fit exiler son rival. — Ville d'Assyrie, aujourd'hui *Soliman-Pack*, sur le Tigre, au N. Cette ville reçut de grands accroissements sous l'empire des Parthes, et devint la résidence de leurs rois pendant l'hiver.

**CTÉSIPPE**, fils de Chabrias, que Phocion accueillit dans sa maison après la mort de son père. Phocion travailla en vain à le retirer des excès où il était plongé et à le corriger de ses défauts ; il ne put jamais réussir dans ce dessein. — Écrivain qui composa l'histoire des Scythes.

**CTÉSYLLA** (myth.), jeune fille de l'île de Céos, dont Hermocharès devint amoureux en la voyant danser aux jeux pythiques. Il traça sur une pomme le serment de n'être jamais qu'à elle, et la fit rouler aux pieds de Ctésylla, qui prononça le même serment en présence de l'autel de Diane. Hermocharès l'ayant demandée en mariage à son père, éprouva un refus. Mais Ctésylla quitta la maison de son père, et vint trouver son amant à Athènes, où elle mourut dans les douleurs de l'enfantement. Lorsqu'on voulut l'ensevelir, une colombe sortit de son cercueil et prit son essor dans les airs. Comme on ne trouva pas le corps de Ctésylla, Hermocharès consulta l'oracle, qui lui ordonna de bâtir un temple en l'honneur de Vénus Ctésylla. Les habitants de Céos offrirent longtemps à la déesse des sacrifices sous ce nom.

**CUBA**, l'une des grandes Antilles, la plus considérable de toutes, bornée au N. par le golfe du Mexique, le détroit de la Floride et les îles Lucayes, à l'E. par le canal de Bahama et celui *Passe-du-Vent*, qui la sépare d'Haïti, à l'O. par le canal de Yucatan, qui la sépare du Mexique. Elle est presque entièrement environnée de bancs de sable, appelés au N. *Jardin du roi*, et au S. *Jardin de la reine*. Sa superficie est de 4,680 lieues carrées, et sa population de 704,487 habitants, dont 311,051 blancs, 106,494 hommes de couleur libres et 286,942 esclaves. Le climat est chaud et sec, le sol extrêmement fertile. On y trouve des mines de fer, des salines considérables et des sources minérales. Le commerce est très-actif. L'exportation consiste en sucre (70,000,000 de kilogr.), café (14,000,000 de kilogr.), cigares (100,000 livres), rhum, mélasse, cuir, miel, cire, bois d'ébénisterie, etc. — Cuba est divisée en trois départements : celui de l'*Occident*, chef-lieu *la Havane*, capitale de toute l'île ; celui du *Centre*, chef-lieu *Port-au-Prince* (Santa-Maria del Puerto-Principe), et celui de l'*Orient*, chef-lieu *Santiago de Cuba*. — Découverte par Christophe Colomb en 1492, Cuba tomba en 1511 au pouvoir des Espagnols, qui l'ont conservée depuis. Elle est aujourd'hui gouvernée par une junte provinciale de neuf membres, composée du gouverneur et de l'intendant nommés par la métropole, et de sept membres élus par le peuple.

**CUBAGE** ou CUBATURE, calcul qui sert à *cuber* ou à déterminer la valeur numérique du volume des corps, en cherchant combien de fois il contient un cube pris pour unité de mesure. Si le corps dont on demande le volume est un cube dont les côtés ont une longueur connue, en multipliant cette longueur deux fois par elle-même on obtient le volume du cube proposé, car elle est alors trois fois facteur. Ainsi en général, pour évaluer en pieds, mètres, etc., cubes, le volume d'un corps, il faut multiplier par elles-mêmes ses trois dimensions (longueur, largeur et épaisseur).

**CUBE** (géom.), corps solide régulier, terminé par six faces carrées égales entre elles, et ayant la forme d'un dé à jouer. Pour en concevoir la génération, il faut se représenter un carré se mouvant parallèlement à lui-même, le long d'une ligne égale à l'un de ses quatre côtés. On prend le cube pour terme de comparaison dans l'évaluation de tous les volumes en général (voy. CUBAGE) ; et de même qu'il y a des pieds carrés, des mètres carrés qui servent pour l'évaluation des surfaces, il y a des pieds, des mètres cubes qui servent pour celle des solides.

**CUBE** (arithm.). C'est le produit du carré d'un nombre multiplié par ce nombre, ou bien la troisième puissance de ce nombre. Le cube de tout nombre contient : 1° le cube des dizaines ; 2° trois fois le produit du carré des dizaines par les unités ; 3° trois fois le produit des dizaines par le carré des unités ; 4° le carré des unités. Le cube de 1 est 1 ; celui de 2, 8 ; celui de 3, 27, etc.

**CUBÈBE**, espèce de *poivrier*, arbuste qui croît à Java et à l'île de France, et qui appartient à la famille des pipérinées. Sa tige est sarmenteuse, articulée ; ses feuilles ovales, coriaces ; les fleurs en épis allongés et pendants. Le fruit, qui porte aussi le nom de *cubèbe*, est une baie pyriforme, ridée à sa surface, brunâtre à l'extérieur, blanchâtre, huileuse à l'intérieur, d'une odeur aromatique particulière, d'une saveur chaude, âcre et piquante ; les semences sont jaunâtres. Le poivre cubèbe jouit de propriétés excitantes assez marquées ; on l'emploie en bols, en pilules, etc., contre les maladies des organes génitaux.

**CUBIÈRES** (Michel, chevalier DE), connu aussi sous les noms de DORAT-CUBIÈRES et de PALMÉZEAUX, naquit à Roquemaure (Gard) en 1752. Il fut d'abord destiné à l'état ecclésiastique ; mais sa passion pour la littérature l'en dégoûta. Lorsque la révolution arriva, il se mit sous le patronage de Marat, et devint secrétaire de la commune du 10 août. Obligé plus tard de donner sa démission, il rentra dans la vie privée et obtint après la restauration un petit emploi dans la poste, emploi qu'il occupa jusqu'à sa mort arrivée en 1820. Il a composé un grand nombre de vers, dont les plus connus sont les *opuscules poétiques*, *Chamousset* ou *la Poste aux lettres*, le *Calendrier républicain*. Il a fait aussi quatre volumes d'*œuvres dramatiques*.

**CUBIQUE**, qui a rapport au cube. En arithmétique, un *nombre cubique* est un nombre formé par l'élévation d'un nombre à la troisième puissance ; par exemple, 8 est un nombre cubique, parce que $8 = 2^3$. — La *racine cubique* d'un nombre est le nombre qui, multiplié par son carré, reproduirait le nombre en question. Elle est la même que la *racine troisième*, de même que la *puissance cubique* est la même que la *puissance troisième*. — Une *équation cubique* est également une équation du troisième degré, c'est-à-dire dans laquelle la plus haute puissance de l'inconnue est du troisième degré.

CUBISTIQUE, l'un des trois genres dans lesquels la danse des anciens était divisée. Les deux autres étaient la *sphéristique* et l'*orchestique*. La cubistique était accompagnée de contorsions et de mouvements violents.

CUBITAL, qui a rapport au coude, à l'os *cubitus* ou à la partie inférieure de l'avant-bras, dans lequel se trouve cet os. On a donné ce nom à une artère, un nerf, deux muscles et plusieurs veines qui parcourent cette région. — Un auteur a donné le nom d'*os cubital* à l'os du carpe vulgairement appelé le *pyramidal*.

CUBITUS, mot latin qui signifie *coude* et *coudée*. Les anatomistes l'ont employé pour désigner celui des deux os de l'avant-bras qui forme la saillie du coude pendant la flexion de cette articulation. Son corps est triangulaire; ses trois faces sont séparées par trois angles saillants. Son extrémité supérieure, qui est la plus grosse, offre en arrière l'apophyse volumineuse connue des anatomistes sous le nom d'*olécrane* et du vulgaire sous celui de *coude*, et en avant une autre apophyse plus petite, appelée *coronoïde*. Le cubitus s'articule avec l'humérus, le radius, et médiatement avec l'os *pyramidal*. Il est le plus volumineux et le plus long des deux os de l'avant-bras, à la partie interne duquel il est placé.

CUBOIDE, l'un des os du tarse, à la partie antérieure et externe duquel il est placé, ainsi appelé à cause de sa forme approchant de celle du cube. De ses faces, la *supérieure* est aplatie et répond au dos du pied; l'*inférieure* présente une saillie considérable qui cache une gouttière oblique pour le passage du tendon du muscle *long péronier latéral*; l'*antérieure* s'articule avec le quatrième et cinquième os du métatarse; la *postérieure* se joint au calcanéum; l'*externe* est fort étroite, et correspond au bord externe du pied; l'*interne* est plus large, et s'articule en avant avec le troisième os cunéiforme.

CUCIFÈRE, nom scientifique d'un arbre de la famille des palmiers, voisin du genre *chamærops* et appelé *doum* par les Arabes. Son stipe s'élève à vingt-cinq ou trente pieds sur une circonférence de deux ou trois à sa base. Les feuilles, groupées en faisceaux, sont palmées, longues de six à sept pieds, et composées de plusieurs folioles. Les fleurs du cucifère sont disposées en grappes. Le fruit, appelé *kouki* par les anciens, a un drupe sec, simple ou marqué de deux ou trois lobes; son écorce, fine et d'un bron clair, recouvre un tissu fibreux, dans lequel il y a un noyau osseux. Le bois du doum, plus dur que celui du dattier, est employé à faire des planches.

CUCUJO, nom que l'on donne, dans les colonies espagnoles, aux insectes phosphorescents des genres *taupin* et *lampyre*. On prétend que la lumière qu'ils jettent est assez vive pour permettre de lire les plus petits caractères, lorsqu'on en approche un seul d'un livre.

CUCULES ou CUCULIDÉS, famille d'oiseaux de l'ordre des grimpeurs, renfermant tous les individus vulgairement appelés *coucous*. Ils vivent de fruits, de graines, d'insectes, de reptiles, ou même de petits oiseaux. Dans les contrées froides et tempérées, ils émigrent; dans les autres, au contraire, ils sont sédentaires. La famille des cuculés ou cuculidés renferme les genres *coucou*, *tacco*, etc.

CUCULIFORME, qui est roulé en forme de cornet Tels sont le spathe de l'*arum*, les pétales de l'*ancolie*, les feuilles du *plantago maxima*, du *geranium cuculatum*.

CUCULUS (myth.), *coucou*, surnom de Jupiter, tiré de ce qu'il s'était transformé en cet oiseau pour plaire à Junon. — En termes d'archéologie, c'est une espèce de grand capuchon qui couvrait la tête et les épaules, et dont on se servait pour se garantir du mauvais temps.

CUCUPHE, espèce de coiffe ou de bonnet à deux fonds, entre lesquels est renfermé un mélange de poudres aromatiques qui ont du coton pour excipient, et dont on se servait autrefois comme d'un puissant céphalique.

CUCURBITACÉES, famille de plantes dicotylédonées polypétales, herbacées, en général annuelles, très-rarement vivaces, dont les caractères sont d'avoir des tiges volubiles ou rampantes, garnies de feuilles souvent rudes ou couvertes de points calleux et munies de vrilles simples ou rameuses, à une baie de grosseur et de forme très-variables, à écorce ordinairement solide. Cette famille renferme les genres *courge*, *melon*, *concombre*, etc.

CUCURBITE, partie la plus inférieure de l'alambic, dans laquelle on met les substances que l'on veut distiller. Si la distillation doit se faire à une température inférieure à celle de l'eau bouillante, on met au bain-marie contenant la substance que l'on veut distiller dans la cucurbite; on introduit de l'eau dans celle-ci.

CUENÇA, province d'Espagne formée de parties orientales de la Nouvelle-Castille, entre celles de Guadalaxara, de Soria, d'Aragon, de Valence, de la Manche et de Murcie. Sa superficie est de 1,274 lieues carrées, et sa population de 325,899 habitants. Les habitants sont actifs, intelligents, et mènent une vie sobre et pastorale. La capitale est Cuença.

CUENÇA, capitale de la province de ce nom, sur un monticule au bord du Xucar, à 36 lieues de Madrid. Sa population est de 6,000 habitants. Elle est renommée par ses belles laines, et a un immense magasin de bois de charpente de toute espèce. Elle a une fabrique de vermicelle et autres sortes de pâtes d'excellente qualité.

CUENÇA, département de la Colombie, dans la république de l'Equateur, entre ceux de l'Equateur, de Guayaquil, le bas Pérou et le Brésil. Il reçoit plus communément le nom d'ASSUAY. Sa superficie est d'environ 13,840 lieues carrées, et sa population de 224,000 habitants. Son principal commerce consiste en tapis de qualité supérieure et en conserves ou confitures sèches, nommées *boîtes de Cuença*. Le département se divise en trois provinces: MANABI, capitale Jaën; LOXA, capitale *Loxa*, et CUENÇA, capitale *Cuença*. Cette dernière ville, chef-lieu du département, est située à la source du Cuvarray, à 2,633 mètres au-dessus du niveau de la mer, et 75 lieues de Quito. Sa population est de 24,000 habitants.

CUEVA (Alphonse DE LA), marquis de Bedmar, d'une ancienne maison d'Espagne, ambassadeur de Philippe III auprès de la république de Venise, s'unit, dit-on, en 1618 avec le duc d'Ossone, vice-roi de Naples, et D. Pedro de Tolède, gouverneur de Milan, pour anéantir la république vénitienne. Les conjurés devaient mettre le feu à l'arsenal et se saisir des postes les plus importants. Les troupes du Milanais devaient arriver par la terre ferme. Cette conspiration ayant été découverte, on noya tout ce qu'on put trouver de conjurés, et le sénat fit partir secrètement le marquis de Bedmar, de peur qu'il ne fût mis en pièces par la populace. Plusieurs auteurs ont prétendu que ce n'était qu'un artifice des Vénitiens pour se débarrasser de Bedmar, dont la présence les incommodait. Forcé de quitter Venise, Bedmar passa en Flandre et y fit les fonctions de président du conseil. Sa sévérité lui ayant fait perdre son gouvernement, il se retira à Rome, où il obtint l'évêché de la Palestine et de Malaca. Il mourut en 1665.

CUEVA (D. Juan DE LA), célèbre poète espagnol, né à Séville vers le milieu du xvi siècle. Les Espagnols le placent au premier rang des poètes. Il a laissé des *poésies lyriques*, des *œuvres dramatiques*.

CUI-PRIUS, terme de daterie qui s'entend d'un moyen ou d'une voie par où l'on parvient à la correction ou réformation d'une provision expédiée en daterie.

CUILLER, instrument à l'aide duquel on mange des aliments liquides. La réunion d'une cuiller et d'une fourchette forme un couvert. Les plus beaux couverts sont en vermeil ou en argent. On fait aujourd'hui des couverts en fer ou en acier, plaqués en argent, qui sont très-propres et très-solides. (Voy. PLAQUÉ.) La cuiller était généralement adoptée vers le commencement du XIVe siècle. L'usage des fourchettes fut introduit plus tard. On ne les trouve mentionnées qu'en 1379.

CUILLERONS, nom donné à deux petits corps concaves que l'on trouve au-dessous des ailes des diptères et les touchant presque immédiatement. Ils représentent les deux coquilles d'une huître, appliquées l'une contre l'autre, et en ayant aussi la couleur nacrée. Quand l'aile s'étend, la valve supérieure s'élève et suit ses mouvements; alors elle se trouve sur le même plan que l'inférieure. Cette dernière valve manque souvent. On ignore l'usage de cet organe. On croit généralement qu'il aide à l'action du vol, ou du moins à quelques mouvements dans le vol.

CUINES, nom donné aux cornues en grès à col très-court, dont on se servait anciennement pour préparer l'acide nitrique, et qui sont aujourd'hui remplacées par des cylindres en fonte communiquant à des tourillons en grès au moyen de tubes recourbés. On rangeait ces vases dans un fourneau appelé *galère*. Une allonge était adaptée à chacune d'elles, et conduisait les vapeurs dégagées par la chaleur dans d'autres *cuines* servant de récipient.

CUIR. On appelle ainsi la peau de certains quadrupèdes, et ce nom est alors synonyme de DERME. On devrait le réserver pour désigner l'enveloppe cutanée lorsqu'elle est rendue plus solide, plus imperméable et incorruptible par la préparation du tannage. Cette préparation a pour effet principal de produire une combinaison du tannin avec la substance propre du cuir. Le tannage est précédé de plusieurs opérations préliminaires, qui sont : 1° le *lavage* ou la *trempe* des peaux, 2° l'*échamement* ou l'*écolage*, 3° le *planage* à la *chaux*, 4° la *dépilation* ou *débourrement*, 5° le *gonflement*.

CUIR A RASOIR, morceau de bois sur lequel on a collé une bande de cuir de buffle préparée à l'huile, la chair en dehors. On y passe dessus une pommade faite dans laquelle on a incorporé ou de la potée d'émeri, ou de celle d'étain, ou de l'acide d'acier, ou bien du rouge d'Angleterre, ou bien encore de la pommade d'ardoise réduite en poudre impalpable. On s'en sert pour aiguiser le fil des rasoirs.

CUIR CHEVELU, nom donné improprement, en anatomie, à la portion de la tête de l'homme couverte par les cheveux, et dont le tissu est plus dense, plus serré et plus compacte. Le cuir chevelu s'étend ordinairement de la limite du front jusqu'à la partie supérieure de la nuque, et d'une oreille à l'autre; il recouvre les muscles peaussiers du crâne et des oreilles, et l'aponévrose qui les réunit. Les lésions physiques, plaies, contusions, piqûres, faites au cuir chevelu, sont fréquemment compliquées d'érésipèle. Les autres maladies qui y surviennent sont les loupes, les croûtes laiteuses, la teigne, la plique polonaise, etc. Le cuir chevelu est formé du derme, d'une couche vasculaire et nerveuse, du pigment et de l'épiderme.

CUIR DE HONGRIE ou DE BOUEME. Voy. HONGROYEUR.

CUIR DE RUSSIE, sorte de cuir préparé par les Russes et assez recherché à cause des propriétés qu'on lui a reconnues de n'être pas sujet à se moisir dans les lieux humides, d'être inattaquable par les insectes, et même de les éloigner de son voisinage tant que son odeur persiste. C'est pourquoi on l'emploie pour la reliure des livres. Les propriétés conservatrices du cuir de Russie sont dues à l'imprégnation d'une huile brune, empyreumatique, fluide, d'une odeur forte, mêlée de goudron, et qu'on retire de l'écorce extérieure du bouleau par la distillation. On se sert de cette huile en travaillant les peaux de chair à la manière des corroyeurs. On a imité en France et en Angleterre les cuirs de Russie.

CUIRASSE, armure qui sert à défendre la poitrine et le dos contre les coups des ennemis. — La cuirasse est une arme défensive qui nous vient des temps anciens. Les Perses s'en servaient, et les Grecs anciens la nommaient *égide*. D'après Varron, l'usage des cuirasses de fer est dû aux Gaulois. Avant eux, elles étaient en peaux, tissus divers, airain, cornes taillées en lames, en écailles minces. — Les Romains eurent des cuirasses faites de cuir cru. Abandonnée par les Romains et les Byzantins vers 380, la cuirasse fut prise par les Francs vers le commencement de la deuxième race. On les appelait alors *brunia*. Peu à peu les chevaliers du moyen âge adoptèrent les cuirasses de métal plein, et depuis environ 1300 ce mot donne en général l'idée d'une espèce de corset en métal battu et consistant en deux plaques appelées, l'une *pectoral, mamelière, cuirière* ou *plastron*, et l'autre *dos, huméral* ou *musquin*, s'ajustant ensemble au moyen d'*épaulières*, de *frémaillets*, de courroies latérales. Aux XIV° et XV° siècles, la ville de Milan était renommée pour la fabrication des cuirasses. Depuis Louis XIII, l'infanterie quitta la cuirasse pour le justaucorps. En 1733, elle fut reprise jusqu'en 1775. En 1792, les cuirasses reparurent, et Bonaparte les organisa dans l'armée. La cuirasse est aujourd'hui l'arme défensive de la cavalerie de réserve, c'est-à-dire, des carabiniers et des cuirassiers. Les premiers l'ont en cuivre, les seconds en acier.

CUIRASSE (hist. nat.). On appelle ainsi les revêtements formés par les écailles de certains poissons, et même toute enveloppe protectrice quelconque de ceux des animaux infusoires, qui n'ont pas la peau nue. De là l'épithète de *cuirassés, cataphractés, loriqués* ou *loricaires*, donnée à des poissons, à des animaux vertébrés, des infusoires, etc.

CUIRASSIERS, sous-arme de la cavalerie de réserve, ainsi appelée à cause des cuirasses que portent les cavaliers. On en compte à présent en France dix régiments, dont l'ensemble présente un total de 8,720 hommes, et 6,720 chevaux. L'uniforme est un habit *bleu* avec des boutons *blancs* à grenade et à numéro, des épaulettes *écarlates*, une cuirasse en *acier*, un casque à la romaine en *acier*, la crinière en *chenille noire*, le plumet droit en plumes de coq *écarlate*, le pantalon *garance* avec passe-poil *bleu*, et la buffleterie *blanche*. Les six premiers régiments ont le collet, les parements, les retroussis et les passe-poils des trousses de couleur distinctive (1er *écarlate*, 2e *cramoisi*, 3e *aurore*, 4e *rose*, 5e *jonquille*, et 6e *garance*), et le reste *bleu*. Les quatre derniers ont les parements, les passe-poils du collet, des devants, des retroussis, de la couleur distinctive des quatre premiers régiments; la patte de parement, les brides d'épaulettes et le passe-poil de parement *bleu*.

CUISINIÈRE, ustensile de cuisine dont on se sert pour faire rôtir à la broche de la viande, de la volaille ou du gibier. C'est un demi-cylindre en fer-blanc, porté par quatre pieds; une broche en fer le traverse dans toute sa longueur, et sort même afin de laisser facilement tourner la broche. La partie concave du cylindre reçoit les rayons calorifiques et les réfléchit sur la pièce, qui se cuit aussi bien d'un côté que de l'autre.

CUISSAGE, droit que possédaient les seigneurs dans les premiers temps de la féodalité, et qui consistait à jouir dans leurs terres de toutes les nouvelles mariées avant les époux.

CUISSARDS, portion de l'armure qui couvrait la cuisse et qui formait le prolongement antérieur de la cuirasse. Les cuissards étaient quelquefois formés en partie d'une platine verticale ou d'une braconnière, se joignaient aux *faltes*, et se terminaient à la genouillère, où ils s'unissaient à la jambière ou à la grève. Les cuissards ont remplacé les chausses de mailles en 1300 environ, et leur usage a cessé en France vers le règne de Henri III. Les Suisses en portaient cependant encore au commencement du XVIII° siècle.

CUISSE (en latin, *crus* ou *coxa*), partie du membre inférieur de l'homme et du postérieur chez les autres vertébrés, comprise entre le bassin et la jambe. La cuisse est en général plus volumineuse supérieurement qu'inférieurement, et présente la forme d'un cône renversé et tronqué, légèrement déprimé de dedans en dehors. Elle est formée d'un grand nombre de muscles, de vaisseaux sanguins et lymphatiques, de nerfs disposés autour d'un seul os, le *fémur* ou *os crural*, et retenus dans leur situation respective par une aponévrose très-forte. — Chez les Juifs, le serment le plus solennel consistait à mettre la main sous la cuisse.

CUITE. On désigne ainsi dans plusieurs genres de fabrication la concentration des liquides ou la décoctions arrivées à leur terme. Les fabricants de colle forte, de salpêtre, et une foule d'autres emploient cette locution pour indiquer qu'une opération faite au feu est terminée.

CUIVRE, métal connu de toute antiquité, et l'un des plus utiles à cause de ses usages multipliés. Il est solide, d'une belle couleur rouge, brillant, malléable, ductile, et excessivement sonore. Il entre en fusion à 27 degrés du pyromètre de Wedgwood, et ne se volatilise pas. Sa pesanteur spécifique est de 8,835. Son odeur et sa saveur sont désagréables et nauséabondes. Sa ténacité, moins forte que celle du fer, est supérieure à celle du platine, de l'argent, de l'or, etc. Un fil de cuivre de deux millimètres peut supporter un poids de 137,399 kilogrammes. En contact avec l'air humide, il se ternit et se recouvre d'une efflorescence verte, connue sous le nom de *vert-de-gris*. La couche, d'un assez beau vert, qui se forme sur les objets en bronze, est un sous-carbonate de cuivre hydraté. Les antiquaires la nomment *platine antique*. Les propriétés vénéneuses des sels qu'il forme par son contact avec l'air humide présentent des dangers dans son emploi en ustensiles de cuisine, tels que chaudrons, casseroles, etc., etc. On évite les chances d'accidents fâcheux par l'*étamage*. Le cuivre laminé en feuilles sert à couvrir les vaisseaux, à couvrir quelques édifices; découpé en bandes, il forme des cercles de tonneaux. Il entre dans la composition des monnaies de billon, d'or et d'argent. On fait différents vases à l'aide de ces métaux, et uni avec vingt à quarante centièmes de son poids de zinc, il constitue le LAITON ou CUIVRE JAUNE. Allié en différentes proportions avec l'étain, il forme le BRONZE; avec le soufre, la COUPEROSE BLEUE. On l'a autrefois appelé *vénus*. Les plus belles mines de cuivre sont au comté de Cornouailles en Angleterre.

CUIVRE BLANC, nom donné à plusieurs alliages de cuivre. — Le cuivre blanc avec lequel on prépare les miroirs de télescopes se compose ordinairement de deux parties de cuivre alliées avec une d'étain. On construit aussi ces miroirs avec un alliage de cuivre, étain, platine et arsenic. — On nomme encore *cuivre blanc* un alliage de cuivre et d'arsenic, que l'on emploie à fabriquer des échelles de graduation des thermomètres, des cadrans, des chandeliers, etc. — Le *cuivre blanc* des Chinois est prohibé à la sortie, et a presque le titre d'argent. Il se compose, selon le docteur Fyfe, de 40,4 de cuivre, de 31,6 de nickel, 25,4 de zinc, et 2,6 de fer.

CUIVRE JAUNE. Voy. LAITON.

CUIVRE ROUGE. Nom que l'on donne au cuivre affiné du commerce. On le vend dans le commerce sous la forme de plaques couvertes de bouillonnements de rosettes, d'où vient le nom de *cuivre rosette*, qu'il porte encore. Pour affiner le cuivre, on le fond en contact avec du charbon, et l'on répète ces fusions jusqu'à ce qu'il soit doux et malléable; il bouillonne pendant l'affinage, tant qu'il n'est pas pur. On juge est d'autant plus utile qu'il est plus pur; il sert à un grand nombre d'usages.

CUIVRE DE ROSETTE. Voy. CUIVRE ROUGE.

CUIVRE (CYLINDRÉS DE). Voy. CYLINDRES.

CUIVRE (géogr.). Nom donné à deux îles, l'une (*Copper-Island*) située dans le Grand-Océan, à 11 lieues de celle de Behring, et où l'on trouve des fourrures; l'autre, une des Antilles, parmi les îles Vierges. — C'est aussi le nom d'une rivière appelée par les Anglais *Copper-Mine-River*, et qui arrose la Nouvelle-Bretagne, en Amérique. Elle sort du lac Providence, dans le territoire des Coppers et des Esquimaux, et se jette dans la mer polaire après un cours de 100 lieues. Il y a des mines de cuivre près de son embouchure. — Les MONTS DE CUIVRE (*Koperbergen*) sont une chaîne de montagnes de l'Afrique méridionale, qui conduisent du mont Khamies dans la chaîne des monts Roggeveld, à la rive gauche de l'Orange, dans la Hottentotie. Ils ont été nommés pour la première fois en 1777.

CUIVROT, pièce d'horlogerie. On en distingue trois espèces: 1° le *cuivrot ordinaire*, est une petite poulie en cuivre, dans le trou du centre de laquelle l'horloger introduit la pièce qu'il veut tourner, et qu'il y fixe par un frottement dur; 2° le *cuivrot à vis*, est ordinairement en acier, formé de deux pièces réunies par deux vis; 3° le *cuivrot à verge* est aussi en acier, en deux pièces réunies par deux vis; mais il diffère des autres en ce que, du côté opposé aux vis, on a ménagé une partie saillante et cylindrique appelée *verge*.

CUJAS (Jacques), célèbre jurisconsulte né à Toulouse en 1520, apprit avec une égale facilité les belles-lettres, l'histoire, le droit ancien et moderne, civil et canonique. Il professa d'abord dans sa patrie; mais l'injustice des magistrats lui fit quitter sa ville natale pour aller professer successivement à Cahors, à Bourges, à Valence, à Turin, etc. Ses nombreux élèves ne l'abandonnèrent point et le suivirent dans toutes ces villes. Le roi de France lui permit de prendre séance avec les conseillers au parlement de Grenoble. Il mourut à Bourges en 1590. Cujas est celui de tous les jurisconsultes modernes qui a pénétré le plus avant dans les mystères des lois et du droit romain. La meilleure édition des *œuvres de Cujas*, dans lesquelles il a commenté toutes les parties du droit romain, est celle de Fabrot, Paris (1658).

CUJAVIE, ancienne province de Pologne, située dans la grande Pologne, et bornée au N. par la Poméralie et la Pologne occidentale, à l'O. par le palatinat de Posen, à l'E. par la Mazovie, et au S. par les palatinats de Kalicz, de Lenczi et de Rawa. Sa superficie est d'environ 550 lieues carrées, et sa population de 336,600 habitants. La capitale était *Ino-Wladislaw*, à 15 lieues de Warsovie, avec un évêque. La Cujavie est fertile et abonde en lacs poissonneux, dont le plus grand est celui de Goplo. La Cujavie formait autrefois trois palatinats: ceux de *Ino-Wroclaw*, de *Brzescie* et de *Dobrzin*. Une portion fut réunie au duché de Posen, et passa sous la domination de la Prusse en 1773; le reste a formé une partie des waiwodies de Plock et de Mazovie.

CULANT, ancienne famille du Berry, qui a produit plusieurs hommes distingués dans la carrière militaire. — Philippe de Culant reçut le bâton de maréchal, sous Charles VII, au siège de Pontoise en 1441, et contribua beaucoup à la réduction de toute la Normandie et à la conquête de la Guyenne, Il mourut en 1454. Il était oncle de Charles de Culant, grand maître de la maison du roi, et de Louis de Culant, amiral en 1422.

CULASSE, partie inférieure d'une arme à feu, canon, fusil ou pistolet. Dans le canon, c'est la partie la plus épaisse, et qui est opposée à la volée. Elle comprend la lumière, la dernière plate-bande et le bouton. — En termes de diamantaire, la *culasse* est la partie inférieure d'un brillant, et qui est directement opposée à sa table. La culasse d'un diamant se termine ordinairement en pointe, et est taillée en plusieurs pans.

CUL-BLANC. Voy. Traquet.

CUL-DE-LAMPE, ornement qu'on met à la fin d'un livre, d'un chapitre, pour remplir un blanc qui serait désagréable à la vue. On l'appelle ainsi à cause de la ressemblance qu'il a avec le fond de grandes lampes en métal, suspendues au moyen de trois chaînes, et offrant l'apparence d'un cône renversé, plus ou moins surchargé d'ornements.

CULDÉE, nom donné aux premiers missionnaires chrétiens envoyés dans le nord de l'Ecosse.

CULÉE. En architecture, c'est un massif de pierre dure, qui arc-boute la poussée de la première et dernière arche d'un pont. Les culées s'appuient elles-mêmes sur le sol des deux rives, et se lient à la maçonnerie du revêtement qui retient les terres.

CULERON, morceau de cuir mollet rembourré, qu'on adapte à la croupière d'un cheval. Le culeron est rembourré, pour qu'il blesse moins facilement le cheval sous la queue.

CULÉUS, sorte de supplice destiné aux parricides, à Rome. On renfermait le coupable dans un sac de cuir, dans lequel on mettait un singe, un coq et un serpent. On jetait ensuite le sac dans la mer. — Le *culéus* était une grande mesure de capacité chez les Romains; elle renfermait 20 amphores romaines, c'est-à-dire 517 litres.

CULIACAN, ville du Mexique, dans l'Etat de Sonora-y-Cinaloa, à 132 lieues de Sonora, près de la rivière qui porte son nom. Sa population est de 11,000 habitants. Elle était autrefois la capitale d'un royaume qui s'étendait le long de la mer Vermeille ou de Californie. — Il ne faut pas la confondre avec Culhuacan, ville ancienne, que l'on a surnommée la *Thèbes américaine*, et qui est aujourd'hui *San-Domingo de Palenque*, dans l'Etat de Chiapa.

CULINAIRE (Art), art qui s'occupe de tout ce qui a rapport aux préparations alimentaires. Il comprend les épiceries, les sauces, les rôtis, la pâtisserie, etc. La saveur de la cuisine moderne est due aux épices d'Amérique et d'Asie. Les anciens épiçaient avec le cumin, la menthe, le safran, l'oxymel, le vieux fromage et la pistache apportée de Syrie par Vitellius. — Les plats fondamentaux de la cuisine européenne, sont : en Angleterre, le roast-beef, le bifteck, le pouding, la venaison, etc., etc. ; en Hollande, le bœuf salé et le fromage ; en Espagne, l'olla podrida ; en Italie, la polenta, le macaroni ; en Turquie, le pilau ; en Russie, le caviar ; en Allemagne, les keniffes, la choucroute. — Ce sont les Parthes qui mangèrent le premier pain mollet. — On servait sur les tables romaines beaucoup de pâtés; ils venaient de Picardie. — Les échaudés datent de 1202. — Les choux nous ont été transmis par les Romains, et la pomme de terre apportée d'Amérique par Walter-Raleigh. — Le persil nous vient des monts sardes. — La première échalote fut envoyée d'Egypte à Athènes par Alexandre. — C'est aussi depuis cette époque qu'on assaisonne les haricots, qui sont originaires des Indes. — La grande friture date d'un peu avant saint Louis.

CULLEN (William) célèbre médecin, né en 1712 dans le comté de Lanarck (Ecosse), étudia d'abord la chirurgie à Glasgow, et l'exerça ensuite sous l'inspection du docteur William Hunter. En 1740 il fut reçu docteur, et en 1746 professeur de chimie à Glasgow ; en 1761, il eut la chaire de médecine dans la même université, et en 1765 il fut nommé professeur de chimie à Edimbourg. En 1766, il obtint dans la même ville la chaire de médecine. C'est lui qui a fait à cette université la haute réputation dont il jouit pour cette science. Ses *Leçons de médecine* ont une grande célébrité. Cullen mourut en 1790.

CULLODEN, petite ville d'Ecosse, dans le comté et à 2 lieues d'Inverness. Elle est célèbre par la bataille qui s'y livra le 16 avril 1746 entre le duc de Cumberland, second fils de Georges II, roi d'Angleterre, et Charles-Edouard, prétendant à la couronne d'Angleterre. Ce dernier y fut complètement battu, et cette défaite mit fin à sa malheureuse expédition, qui resta ainsi sans fruit.

CULM, ville de Prusse, dans la *régence de Marienwerder*, à 28 lieues de Dantzig, sur la Vistule. Elle est bâtie sur une élévation et fut autrefois une ville hanséatique fort commerçante ; mais aujourd'hui sa population est à peine de 5,000 habitants. Elle a un évêché et une petite université. Culm ou *Chełmno* était autrefois le chef-lieu de la Pologne occidentale, qui depuis 1773 appartient à la Prusse.

CULMBACH, margraviat de Franconie, aujourd'hui compris dans le royaume de Bavière. Sa superficie est de 180 lieues carrées, et sa population de 185,000 habitants. Sa capitale, autrefois Culmbach, située à 5 lieues de Bareith, au confluent du Mein blanc avec le Mein rouge, et dont le commerce consiste en cuirs tannés et préparés, fut plus tard Bareith ou Baireuth ; de là vient que le margraviat porta aussi le nom de margraviat ou de principauté de Bareith. Le pays bas est uni et sablonneux ; le pays haut (*oberland*) est sillonné par une chaîne de montagnes de granit, couvertes de forêts de sapins et qu'on appelle le *Fichtelberg*. L'exploitation des mines de fer et de cuivre y est aussi un objet très-important et très-lucratif.

CULOT. On nomme ainsi 1° un ornement de sculpture employé dans l'architecture, et d'où sortent les volutes, hélices ou rinceaux de feuillage ; 2° à un morceau d'or ou d'argent qui reste au fond du creuset après la fusion ; 3° au petit plateau cylindrique de terre cuite, sur lequel on pose le creuset dans le fourneau, pour le garantir de l'action trop vive du feu ; 4° à la partie la plus basse d'une lampe d'église, d'un bénitier, et d'autres vaisseaux.

CULOT. On appelle ainsi le morceau de bois sur lequel repose le boulet et par lequel se termine une gargousse. Le culot tombe à quelques pas de la bouche de la pièce, et peut blesser.

CULOTTE, vêtement qui couvrait les cuisses et descendait jusqu'au genou. Les Gaulois le portaient sous le nom de *broeck* (en latin, *bracca*), d'où nous avons fait *braies*. Pendant longtemps, les bas furent attachés à la braie. L'usage de les séparer s'introduisit au XVIe siècle. Pendant le règne de Charles IX, les *hauts-de-chausse*, comme on les appelait alors, étaient extrêmement bouffants, ornés de bandes ou taillades. Du temps de Henri IV, les culottes s'élargirent, s'enflèrent et se couvrirent d'une multitude de rubans et d'aiguillettes. Peu à peu elles devinrent plus étroites et furent serrées par d'élégantes jarretières d'abord au-dessus, ensuite au-dessous du genou. Le velours et le satin en formaient l'étoffe ordinaire au temps de Louis XV. — En 1789, les révolutionnaires adoptèrent le nom de *sans-culottes*, sans doute pour indiquer combien ils voulaient s'affranchir de toutes les idées reçues. La culotte a été au commencement de ce siècle remplacée par le pantalon.

CULOTTES (Bill des), nom donné au bill qui fut présenté au parlement d'Angleterre, et par lequel les montagnards écossais devaient être forcés de porter des culottes en servant dans l'armée. Ce bill, qui fit beaucoup de bruit, fut rejeté.

CULPABILITÉ, action par laquelle un homme s'accuse de s'être rendu coupable d'un fait puni par la loi pénale, c'est-à-dire, d'avoir commis ce fait avec l'intention de nuire. La culpabilité ne peut donc se rapporter qu'aux personnes, tandis que la criminalité ne se rapporte qu'aux faits. C'est aux jurés qu'il appartient exclusivement, d'abord de vérifier la criminalité du fait, et ensuite de prononcer sur la culpabilité de l'accusé; car il peut y avoir criminalité sans culpabilité.

CULTE, honneur rendu à tout ce qui nous paraît digne de notre respect et particulièrement à Dieu. Le culte *religieux* ou *sacré*, c'est-à-dire que nous devons aux êtres qui sont au-dessus de nous par leur essence surnaturelle, est de trois sortes : celui de *latrie*, qui se rend à Dieu seul ; celui de *dulie*, qui se rend aux saints, et celui d'*hyperdulie*, qui se rend à la sainte Vierge. Ce culte rendu à la Divinité peut consister uniquement dans certaines marques extérieures de respect, telles que les prières, les sacrifices, les cérémonies, etc. ; il est alors *extérieur* : ou bien particulièrement de l'esprit et du cœur ; il est alors *intérieur*. Le culte n'est point la religion ; celle-ci est la croyance ; celui-là est l'hommage.

CULTELLATION, méthode d'arpentage qui consiste à réduire les plans à leur projection sur un plan horizontal, et à ne les compter que pour l'étendue superficielle de cette projection.

CULTIVATEUR, individu qui s'occupe de faire produire aux terres et de la haute direction des travaux des journaliers. — On a donné ce nom à un instrument d'agriculture appelé encore *houe* et *buttoir à cheval*, et qui est destiné à biner, à chausser de toute les plantes cultivées en lignes parallèles, à des distances suffisantes pour que les fers de l'instrument ne les endommagent pas. Le cultivateur se compose d'une haie qui pose sur un avant-train, et de deux mancherons ; il y a de plus deux traverses fixées à angles droits contre la haie. On attribue l'invention du cultivateur à cheval à M. de Châteauneuf vers le milieu du siècle dernier.

CULTRIROSTRES, famille d'oiseaux de l'ordre des échassiers, qui se reconnaissent à leur bec gros, long et fort, le plus souvent tranchant et pointu ; ils sont répartis dans trois tribus différentes : la première renferme les *grues*, les *agamis* et les *courlans* ou *courols*, oiseaux de couleur brune, très-voisins des hérons ; la deuxième renferme les *hérons* et les *savacous* ; la troisième, les *cigognes*, les *marabouts*, les *ombrettes*, les *jabirus*, les *becs-ouverts*, les *dromes*, les *tantales* et les *spatules*.

CUMANA, ville de l'Amérique méridionale, dans la Colombie, chef-lieu du département de Maturin, près du bord de la mer, à 60 lieues de Caracas. Sa population est de 10,000 habitants. C'est une des plus fortes places de guerre de la Colombie, et l'un des ports les plus vastes et les plus commerçants. Elle commerce en poisson salé, huile, cocos, plantes médicinales, et a des maisons basses et peu solides, à cause des tremblements de terre auxquels elle est sujette par le voisinage des volcans de Cumucuta, qui vomissent du soufre. — Cumana est la capitale de la province de son nom, dont la population est de 80,000 habitants, et qui est très-fertile et abondante en bois précieux, en salines et en minéraux. L'intérieur est occupé par des montagnes fort élevées ; le *Tuméri-quiri* est à 937 toises au-dessus du niveau de la mer.

CUMANIE, territoire de la basse Hongrie divisé en deux parties : la *grande Cumanie* avec 33,000 habitants et *Karnzag* pour capitale, et la *petite Cumanie* avec 42,000 habitants et *Felegyháza* pour capitale. La Cumanie tire son nom des *Cumans* ou *Polovtsi*, peuple d'origine turkomane qui habitait les bords de la Kouma en Russie, et qui furent au XIII<sup>e</sup> siècle chassés par les Mogols. Le roi Bela IV les reçut en Hongrie.

CUMANUS, gouverneur de Judée. Il s'éleva de son temps une sédition à Jérusalem, et, pour contenir le peuple, il fut obligé de faire mettre une garnison dans la forteresse Antonia. Ses tyrannies devinrent insupportables, et le peuple s'en étant plaint à Quadratus, gouverneur de Syrie qui l'envoya à Claude, celui-ci le condamna à l'exil vers l'an 53.

CUMBERLAND, comté d'Angleterre, borné au N. par l'Ecosse et le golfe de Solway, à l'E. par les comtés de Northumberland et de Durham, au S. par ceux de Westmoreland et de Lancastre, et à l'O. par la mer d'Irlande. Sa superficie est de 194 lieues carrées, et sa population de 156,200 habitants. Il se divise en six centuries (*hundreds*), et sa capitale est CARLISLE. Le sol en est très-varié. On y trouve des mines de charbon de terre, de cuivre et de plomb. Le Cumberland est couvert de lacs. — CUMBERLAND est aussi le nom: 1° d'une chaîne de montagnes des Etats-Unis (*Tennessée*), qui dans toute son étendue, depuis le grand Kanhaway jusqu'à la Tennessée, est composée de masses prodigieuses de roches brisées et escarpées; 2° d'une rivière des Etats-Unis, qui prend sa source aux monts de ce nom, et se jette dans l'Ohio, près de Smithland; 3° du territoire de la Nouvelle-Hollande où est située Botany-Bay; 4° de plusieurs îles.

CUMBERLAND (LE DUC DE), second fils de Georges II, roi d'Angleterre, né en 1721. Il fut chargé du commandement de l'armée des alliés à la bataille de Fontenoi, et la perdit (1745). L'année suivante, rappelé de Flandre par l'invasion du prétendant Charles-Edouard Stuart, il marcha contre lui et chassa ses partisans de Carlisle, après neuf jours de siége, le 11 janvier 1746. Le 27 avril de la même année, il rencontra près de Culloden l'armée du prétendant forte de 8,000 hommes. La bataille dura depuis deux heures du soir jusqu'à la nuit ; la victoire resta aux Anglais, et mit fin à l'entreprise périlleuse de Charles-Edouard. Moins heureux à Lawfeld en 1747, il y fut battu par le maréchal de Saxe, et perdit 10,000 hommes. Le duc de Cumberland mourut en 1763. — ERNEST-AUGUSTE, cinquième fils de Georges III, aujourd'hui roi de Hanovre, a porté avant son avénement au trône le titre de duc de Cumberland.

CUMES, ancienne ville d'Italie, voisine de Pouzzoles (*Puteoli*) en Campanie, fondée 1000 ans avant l'ère chrétienne par des Grecs de Chalcis (Eubée) conduits par Phérécyde, et une colonie de Cumas, ville d'Eolie. Cumes est célèbre par l'oracle de sa sibylle, la quatrième des dix dont il est fait mention. (Voy. DÉIPHOBE.) Tarquin le Superbe y mourut l'an 493 avant J.-C. Ses environs étaient appelés *champs phlégréens* (champs de feu). — CUMES était aussi une ville d'Eolie, dans l'Asie-Mineure, fondée par les Amazones, et dont on accusa les habitants de stupidité, pour n'avoir perçu pendant trois cents ans aucun droit sur les marchandises qui entraient dans leur port.

CUMIN, genre de la famille des ombellifères, dont une seule espèce est employée en médecine ; c'est le *cumin officinal*, plante annuelle, à la tige plus ou moins élevée, rameuse, aux feuilles composées de folioles ovales, lancéolées, découpées ; aux fleurs tantôt blanches et tantôt purpurines, disposées en ombelles terminales ; aux fruits velus, d'une odeur et d'une saveur aromatique très-agréables ; aux graines verdâtres, d'une odeur forte, que les habitants du nord mettent dans leur pain, et les Hollandais dans leur fromage. Les Orientaux les emploient dans tous leurs ragoûts,

et les anciens s'en servaient comme d'épices. On emploie le cumin en médecine comme stimulant et tonique. — On appelle vulgairement *cumin des prés* le *carvi*; *cumin noir*, la *nigelle cultivée*; *cumin indien*, un *myrte*; *cumin cornu*, l'*hypecoon*; *cumin bâtard*, le *lagœna*.

CUNAXA, plaine d'Assyrie, à 500 stades de Babylone, fameuse par la bataille qu'Artaxerce, roi de Perse, y livra à son frère Cyrus le Jeune l'an 402 avant J.-C. L'armée du premier était de 900,000 hommes, et celle du second de 113,000, en y comptant les 13,000 Grecs dont Xénophon dirigea la retraite et écrivit les exploits.

CUNDINAMARCA, département de la Colombie, dans la république de la Nouvelle-Grenade, borné au N. par celui de Magdalena, à l'O. par celui de Cauca, à l'E. par ceux de Boyaca et d'Orénoque, au S. par celui de l'Equateur. Sa superficie est de 22,000 lieues carrées, et sa population de 371,000 habitants. Il se divise en quatre provinces, du même nom que leur capitale : *Antioquia*, *Mariquita*, *Bogota* et *Neyva*.— La capitale du département est SANTA-FÉ DE BOGOTA, capitale de toute la république. Le Cundinamarca est en partie une grande vallée formée par deux chaînes de montagnes ; on y trouve d'excellents mulets, et il fournit les plus riches lavages d'or de la Colombie. Près du village de Muzo, on trouve une des plus riches mines d'émeraudes connues, appelées à tort *émeraudes du Pérou*.

CUNÉGONDE (Sainte), fille de Sigefroi, premier comte de Luxembourg en 963, et sœur de Henri IV, duc de Bavière, épousa l'empereur d'Allemagne Henri II, et garda toujours sa virginité. Soupçonnée d'adultère par son époux, elle prouva, dit-on, son innocence en marchant nu-pieds sur une barre de fer rougie. Son mari étant mort en 1024, elle prit le voile dans le monastère de Kaffungen, qu'elle avait fondé, et y mourut dans les exercices de la pénitence en 1040, le 3 mars qui est le jour de sa fête. Elle fut canonisée en 1200 par Innocent III.

CUNÉIFORME, qui a la forme d'un coin. — En botanique, on appelle ainsi les parties des plantes qui s'élargissent en coin depuis leur base jusqu'à leur sommet. Les feuilles du *saxifraga tridentata*, de l'*euphorbia helioscopia*, les pétales du *linum austriacum*, les filets du *thalictrum petaloideum* sont cunéiformes. — En anatomie, on a donné ce nom à plusieurs os : 1° au sphénoïde ; 2° à l'os pyramidal du carpe ; 3° à l'apophyse basilaire de l'os occipital ; 4° à trois des os du tarse placés à la partie antérieure et interne de cette région du pied. — On donne aussi ce nom à un mode d'écriture des anciens Scandinaves, et dans laquelle les lettres avaient la forme de *coins* disposés de diverses manières.

CUNETTE, petit fossé creusé suivant la ligne milieu du fossé d'un ouvrage de fortifications, et destiné à l'écoulement des eaux pluviales. Sa largeur est de dix-huit à vingt mètres. La cunette a pour objet de rendre plus difficile le passage du fossé.

CUNEUS, nom donné par les anciens à la partie méridionale de la Lusitanie ou Portugal, parce qu'elle a la forme d'un coin. C'est aujourd'hui le royaume des Algarves.

CUNIBERT, fils de Pertharite, roi des Lombards, associé par son père à la souveraineté vers l'an 680, régna seul en 688. Il fut détrôné en 691 par Alachis, duc de Trente, qui tua dans la bataille le diacre Zénon, qui, pour sauver Cunibert, s'était mis à sa place. Cunibert, ayant livré bataille à son rival en 694, le tua et remonta sur le trône. Il mourut aimé et respecté de ses sujets en 700.

CUNONIACÉES, famille de plantes dicotylédones polypétales. Elle a pour type le genre *cunone*, dont les caractères essentiels sont d'avoir la tige noueuse, terminée par une foliole oblongue particulière, des feuilles opposées, assez grandes, des fleurs jaunâtres, petites, formant une grappe. Les autres genres de cette famille sont l'*hydrangée*, le *weinmannie*, le *codia*, le *callicoma* et l'*itea*.

CUPIDON (myth.), dieu qui, chez les anciens, présidait à la volupté. Hésiode le fait fils du Chaos et de la Terre ; Simonide, de Mars et de Vénus ; Sénèque, de Vénus et de Vulcain. Les Grecs mettaient de la différence entre Cupidon et l'Amour. Ils appelaient le premier *Himeros* (le désir), et le second *Eros* (l'amour) ; le premier allumait dans l'âme des passions immodérées, le second échauffait les cœurs de sentiments tendres et délicats. Cicéron dit que Cupidon était fils de la Nuit et de l'Erèbe, tandis que l'Amour l'était de Jupiter et de Vénus. Quoique bien distinctes, ces deux divinités sont le plus souvent confondues. On représente Cupidon ou l'Amour sous la figure d'un enfant nu, les yeux bandés, un carquois sur l'épaule et un arc à la main. Il était adoré avec sa mère Vénus, et avait pour épouse *Psyché*.

CUPIDONE ou CATANANCHE, genre de la famille des chicoracées, renfermant plusieurs espèces originaires de nos contrées méridionales, et dont les plus intéressantes sont la *cupidone bleue*, appelée vulgairement *gomme bleue* et *chicorée bâtarde*, remarquable par les grandes fleurs bleues qu'elle donne en juillet, par sa tige grêle, élevée à la hauteur de soixante-cinq centimètres, divisée à son sommet en plusieurs petites branches, et couverte de feuilles longues, étroites, velues, et la *cupidone jaune*, plus communément appelée *pied-de-lion*, à deux ou trois tiges hautes de quarante-huit centimètres au plus, et couronnées par une simple tête de petites fleurs jaunes.

CUPULE, espèce d'involucre particulier aux végétaux à fleurs unisexuées, inférovariées, tels que le chêne, le hêtre, le châtaignier, etc., enveloppant une ou plusieurs fleurs femelles, et recouvrant leur fruit en totalité ou en partie. Elle se présente sous trois aspects divers. 1° Ce sont de petites écailles imbriquées, ligneuses, soudées ensemble dans leur partie inférieure (chêne) ; 2° de petites folioles libres et plus ou moins longues (coudrier) ; 3° une sorte de péricarpe hérissé d'épines (châtaignier, hêtre). — On a souvent donné le nom de cupule au calice des conifères.

CUPULIFÈRES, nom appliqué aux végétaux dont le fruit est porté dans une cupule. C'est le nom d'une famille établie par Richard dans la classe des végétaux dicotylédones, répondant à celles des amentacées de Jussieu, qui ont leurs fleurs femelles environnées d'une cupule. Ce sont le chêne, le coudrier, le charme, le châtaignier et le hêtre.

CURA (myth.), déesse de l'inquiétude, qui, ayant vu de l'argile, imagina d'en former l'homme, et pria ensuite Jupiter d'animer son ouvrage. Il fut alors question de lui donner un nom ; Saturne prononça que la Terre nommerait et que Cura serait maîtresse de l'homme tant qu'il vivrait.

CURAÇAO, l'une des Antilles sous le Vent, placée à 10 lieues de la Colombie, sur les côtes du Venezuela. Sa superficie est de 30 lieues carrées, et sa population de 12,858 habitants, dont 2,750 blancs. Le sol est très-aride, et ce n'est qu'à force de culture qu'on a pu y recueillir du tabac, des cannes à sucre, du coton, du manioc, du maïs, etc. On y fabrique une liqueur donnée et agréable qui porte le nom de *curaçao*; mais ce qui fait surtout la prospérité de l'île, c'est le grand commerce d'interlope qu'elle fait avec les Antilles et le continent. — Prise deux fois par les Anglais (1798 et 1808), Curaçao a été rendue en 1814 à la Hollande, qui la possédait depuis 1527. — Elle est administrée par un gouverneur général, assisté d'un conseil. — La capitale de l'île est *Wilhelmstadt*, l'une des plus belles villes de l'Amérique et l'une des plus commerçantes, avec un port spacieux et sûr et 8,000 habitants.

CURAGE, opération qui a pour objet de débarrasser un bassin, un port, etc., des alluvions perpétuelles causées par les vases, les débris végétaux et calcaires, etc., qui s'amassent au fond et exhaussent le sol. On se sert pour le curage d'une machine nommée *marie-salope*. Elle consiste en pelles de métal, qui sont mues par une roue. Les pelles s'enfoncent dans la vase, et sortent de l'eau chargées d'immondices qu'elles déposent sur le bateau qui porte l'appareil. On a inventé plusieurs autres machines à curer. (Voy. CURE-MÔLE.) Les matières qui proviennent du curage des étangs, des fossés, etc., offrent un engrais très-riche, qui produit de belles récoltes.

CURARE, poison végétal provenant d'une liane aux rameaux presque cylindriques, velus, aux feuilles opposées, ovales-oblongues, très-aiguës, très-entières, trinervées, presque glabres, d'un vert tendre, voisine du genre *strychnos*. On l'obtient de l'écorce de la liane en la pilant et en l'arrosant d'eau. C'est un liquide jaunâtre qui ne devient réellement vénéneux que par la concentration, et qui peut être goûté sans danger, attendu qu'il n'est délétère qu'autant qu'il est mis en contact immédiat avec le sang. On le livre au commerce renfermé dans des feuilles de crescentie. On le considère comme un excellent stomachique. Les Indiens de l'Orénoque s'en servent pour empoisonner leurs flèches.

CURATELLE, charge de curateur.

CURATEUR, homme commis par la loi pour avoir soin des biens et des intérêts d'autrui. Les fonctions de curateur se confondent souvent avec celles de *tuteur*. Il y a lieu de pourvoir à un curateur en cas de minorité, d'interdiction, de succession vacante, de biens vacants ou déguerpis, de bénéfice d'inventaire, d'absence, de banqueroute, de faillite ou de cession des biens, de grossesse posthume et enfin de condamnation à une peine afflictive. Dans le premier cas, c'est-à-dire lorsqu'un mineur reste sans père ni mère ni ascendants, on lui nomme un tuteur, et, comme les intérêts de ce tuteur peuvent être opposés à ceux de son pupille, on donne à ce tuteur un adjoint, qui portait autrefois le nom de *curateur*, et qui s'appelle aujourd'hui *subrogé tuteur*. Dans le dernier cas, c'est-à-dire lorsqu'une femme se trouve enceinte à la mort de son mari, la loi donne à l'enfant à naître un protecteur qui doit veiller à ses intérêts jusqu'à sa naissance, et qui se nomme *curateur au ventre*.

CURATEUR (en latin, *curator*), officier public chargé à Rome de diverses fonctions. En voici suivants sont les principaux. — LE CURATEUR DU CALENDRIER était le trésorier ou receveur des deniers de la ville, fonctions qui se remplissaient sans doute aux calendes. — LE CURATEUR DATIF était une espèce de tuteur nommé ou donné par le juge. — LE CURATEUR LÉGITIME était au défaut du père ou du frère le plus proche parent, dans le cas de minorité avec démence. — LE CURATEUR DE LA MAISON DE L'EMPEREUR avait soin du souverain et de sa dépense. — LE CURATEUR DES OUVRAGES PUBLICS en avait l'intendance, et était garant des défauts de ces ouvrages pendant quinze ans. — LE CURATEUR DES PRISONNIERS DE GUERRE avait soin de conserver leurs biens. — LE CURATEUR DE PROVINCE en était l'intendant. — Les CURATEURS DES QUARTIERS étaient chargés de la police de la ville, et distribués par quartiers. — LE CURATEUR DE LA RÉPUBLIQUE avait soin des travaux et lieux publics; il devait veiller à ce que les maisons ruinées fussent rétablies. — LE CURATEUR DES MONNAIES présidait à la fabrication de la monnaie. — Il y avait aussi des curateurs pour veiller au nettoiement du canal public et des égouts de la ville, des aqueducs, ainsi que pour veiller aux grands chemins hors de Rome et aux travaux des ponts et chaussées.

CURCUMA, genre de la famille des cannées de Jussieu. De toutes les espèces qu'il renferme, la plus connue et la plus utile est le *curcuma longa*, qui a les feuilles lancéolées, longues de plus de trois décimètres, engaînantes à la base, du milieu desquelles sort un épi court, gros, sessile, imbriqué d'écailles qui soutiennent chacune deux fleurs. Elle est âcre, un peu amère, d'une odeur pénétrante. Sa racine, connue sous les noms de *terra merita* et de *safran des Indes*, est tubéreuse, oblongue, de dix à douze centimètres de long, de couleur jaune pâle ou brunâtre à l'extérieur. Elle jouit de propriétés stimulantes. Elle renferme un principe colorant qui donne le jaune orangé le plus éclatant que l'on connaisse, mais très-fugitif. Elle fait la base de la poudre de carie, sorte de mets connu dans le pays, et sert principalement chez nous à dorer le jaune de la gaude, et à donner plus de feu à l'écarlate. Les pharmaciens font usage du principe colorant pour colorer leurs huiles, leurs pommades et leurs cérats. Le papier teint avec le curcuma sert à reconnaître la présence des alcalis.

CURE, bénéfice ecclésiastique propre au culte catholique, et dont le titulaire a soin, quant au spirituel, d'un certain nombre d'âmes renfermées dans une étendue de pays appelée *paroisse*. Le concordat a établi deux sortes de cures: celles des villes de 5,000 habitants et au-dessus, et celles des localités dont la population est inférieure à ce nombre; au-dessous se trouvent les cures amovibles ou succursales.

CURÉ, prêtre pourvu d'une cure ou d'une paroisse. Les curés sont nommés par l'évêque, mais sous l'approbation du roi pour ceux des villes et des cantons. Les autres, c'est-à-dire les succursalistes, reçoivent exclusivement leur nomination de l'évêque, qui peut les révoquer ou les changer à volonté, tandis qu'il ne peut destituer un autre curé qu'après une information et une sentence soumise à la sanction du roi. Les curés de canton sont donc inamovibles. — On n'est point d'accord sur l'origine des curés. Les uns prétendent qu'ils sont d'institution divine, c'est-à-dire établis par Jésus-Christ même dans la personne des soixante-dix disciples, auxquels ils ont succédé; les autres les croient d'institution ecclésiastique, c'est-à-dire établis par l'Eglise, dans la suite des temps, pour abréger le travail des évêques et les soulager. On les divisait autrefois en deux classes: les *curés primitifs*, et les *curés vicaires perpétuels*. Cette distinction venait de ce qu'au moyen des monastères avaient pour plusieurs causes fourni, pendant un certain temps, des desservants à un certain nombre de cures, et avaient ensuite voulu être les titulaires de ces cures qu'ils avaient momentanément occupées, et y nommer. On donna le nom de *curés primitifs* à ceux dont les cures n'avaient ce nom que par occupation, et celui de *curés vicaires perpétuels* à ceux qui étaient les représentants des monastères. Ces derniers ne jouissaient pas des revenus; ils appartenaient aux monastères, qui leur faisaient un petit revenu appelé *portion congrue*. Les curés vivaient du produit des dîmes ecclésiastiques; ils étaient aussi autrefois ministres de l'état civil.

CURE-MÔLE, machine à curer, sorte de grand ponton un peu plus long que large, qui porte un appareil de roues, de chaînes, etc., propres à faire agir extérieurement d'énormes cuillers en grosse tôle, que l'on emploie à curer les ports, au moyen des hommes qu'on fait marcher dans deux grandes roues mobiles de la machine. Ces cuillers ont une trappe en dessous, qui s'ouvre lorsqu'elles sont hors de l'eau pour qu'elles se vident l'une après l'autre dans les puits des maries-salopes. Voy. CURAGE.

CURE-OREILLE. Voy. FORFICULE.

CURES, ville d'Italie, capitale du pays des Sabins, près du Tibre, au N.-E. de Rome. Tatius y régna, et Numa y naquit. Ses habitants, appelés *Quirites*, furent transportés à Rome, et mis au nombre des citoyens. Cures est aujourd'hui *Corroze*.

CURÈTES (myth.), ancien peuple de la Grèce, dans l'Éolide. Il fut amené par Deucalion dans la Phocide et en Thessalie, où il donna naissance aux Doriens. Il se répandit ensuite dans l'île d'Eubée, le Péloponèse et l'île de Crète. Ils sont généralement connus comme les ministres de la religion sous les princes Titans; ils étaient contemporains de Saturne. Ce fut à eux que Jupiter ou Zan, roi de Crète, dut son éducation. Pour que ses cris ne parvinssent pas aux oreilles de Saturne, ils célébraient des chants et des danses guerrières autour de son berceau, frappaient sur leurs boucliers, et faisaient retentir l'air du bruit des cymbales. Cybèle récompensa leurs soins en les nommant ses ministres et ses prêtres favoris. On les a confondus à tort avec les dactyles et les corybantes. Ils communiquèrent aux Grecs les arts de l'Asie.

CURETTE, instrument de chirurgie qui a la forme d'une cuiller, et dont on se sert pour l'extraction de quelques corps étrangers. La curette est souvent employée pour retirer les balles engagées dans les parties molles, etc.

CURIA, loi décrétée sous les auspices du tribun du peuple Curius Dentatus, l'an de Rome 454. Elle défendait d'assembler les comices pour l'élection des magistrats sans la permission du sénat.

CURIACE, famille d'Albe, transportée à Rome par Tullus Hostilius, et admise dans l'ordre des patriciens. A cette maison appartenaient les trois Curiaces, qui combattirent pour soutenir les intérêts d'Albe, leur patrie, contre trois jeunes Romains, les Horaces, et qui furent vaincus l'an de Rome 65. Voy. HORACES.

CURIALES (antiq.), classe particulière d'habitants dans les *municipia* romaines, comprenant tous ceux qui, n'étant pas *privilégiés*, possédaient une propriété foncière de 25 arpents et plus. La réunion des curiales constituait la *curie*. Tout enfant de curiale était curiale et tenu de toutes les charges attachées à cette qualité. Aucun curiale ne pouvait sortir de sa condition. C'étaient eux qui étaient chargés, sous la responsabilité de leurs propres biens, de l'assise, de la répartition et de la perception de l'impôt. Eux seuls payaient les impôts extraordinaires, et les caprices ou les besoins du pouvoir les multiplièrent tellement que la charge de curiale devint insupportable, et chacun chercha de s'y soustraire malgré la terrible pénalité que leur opposait la loi.

CURIATÆ, nom qu'on donnait à Rome aux lois décrétées par les curies.

CURIE une des divisions du peuple romain. Romulus divisa les citoyens en trois tribus, et chaque tribu en dix curies de nombre égal. Chaque curie eut un prêtre (*curion*), qui présidait aux sacrifices de sa compagnie (*curionies*). Les assemblées par curies différaient de celles par centuries en ce que dans ces dernières on comptait les suffrages à la pluralité des centuries, tandis que dans celles-là on les comptait à la pluralité des voix individuelles. Les citoyens de Rome étaient seuls admis à y donner leurs suffrages. La convocation de ces assemblées était ordonnée par les consuls conjointement avec le sénat. En général le sénat préférait les comices par centuries, dans lesquels la noblesse avait d'immenses avantages. Les comices par curies n'étaient assemblés que pour nommer le grand curion, pour revêtir de commandements militaires certains magistrats, pour ratifier les testaments, faire certaines adoptions, et enfin décider les affaires civiles les plus importantes. La loi faite par les comices par curies portait le nom de loi *curiata*.

CURIE. Les Romains appliquaient ce nom aux édifices publics, tant civils que religieux, les uns destinés aux assemblées des prêtres et aux cérémonies de la religion, les autres au sénat et aux affaires publiques. On ne pouvait s'y assembler

48

qu'après qu'elles avaient été solennellement consacrées par les augures. — Il y avait à Rome trois principaux édifices de ce nom : la *curie Hostilienne*, bâtie par le roi Tullus Hostilius; la *curie Pompéienne*, où César fut assassiné; et la *curie d'Auguste*, où cet empereur tenait sa cour.

CURIE. Dans *l'organisation des municipia romaines*, c'était le corps municipal, composé de tous les curiales. (Voy. ce mot.) Elle avait le privilége de législation municipale ; c'était elle qui administrait les revenus de la ville, en réglait les dépenses, percevait les impôts, autorisait les aliénations du domaine de la ville, etc., etc. Elle nommait ses magistrats, choisis dans son sein, dont les fonctions, toujours à terme, étaient généralement annuelles.

CURIO (Quintus), orateur romain, contemporain de César, qu'il accusa en plein sénat d'être le mari de toutes les femmes et la femme de tous les maris. — Son fils, QUINTUS SCRIBONIUS CURIO, tribun du peuple, sauva la vie à César le jour où l'on discuta dans le sénat le genre de punition qu'on devait infliger aux complices de Catilina. Il se tua en Afrique.

CURION, chef et prêtre d'une curie, qui avait l'inspection sur tous les habitants de son quartier. Il présidait aussi aux repas solennels de sa curie et à ceux qui se faisaient dans chaque famille. Il était nommé par sa curie, devait être âgé de cinquante ans, irréprochable dans ses mœurs et bien fait de corps. Tous les curions particuliers étaient subordonnés au GRAND CURION (*curio maximus*), qui était élu par toutes les curies assemblées dans les comices.

CURISCH-HAFF, un des trois golfes de la mer Baltique, connus sous le nom de *Haffs*, c'est-à-dire *port*, *havre*, parce qu'ils sont comme des espèces de ports avancés dans les terres, et offrent beaucoup de ressemblance avec les étangs qui bordent la Méditerranée. Le Curisch-Haff s'étend de Labiau à Memel; il est séparé de la mer par une langue de terre de 15 lieues de long sur un tiers de large. C'est dans le Curisch-Haff que se jette le Niémen ou Memel.

CURIUS DENTATUS (Marcus Annius), Romain célèbre par son courage et sa frugalité. Il fut trois fois consul et deux fois honoré du triomphe pour avoir vaincu les Samnites, les Sabins, les Lucaniens et Pyrrhus, près de Tarente, 273 ans avant J.-C. Il distribua les terres conquises aux pauvres citoyens, en donna quatre arpents à chacun, et en garda le même nombre pour lui. Après les triomphes, il se retira à la campagne, où il vécut avec la plus grande simplicité. Les ambassadeurs des Samnites tentèrent de le séduire par des offres magnifiques; mais Curius, leur montrant un plat de raves qu'il faisait cuire lui-même, refusa leurs présents, et leur dit : « Quand on se contente de tels mets, on n'a pas besoin d'or ; on aime mieux commander à ceux qui en ont. »

CUROLOPATE ou CUROPALATE (Jean THRACESIUS SCYLITZES). Voy. SCYLITZES.

CURSEUR, petite lame, règle ou pointe de cuivre ou autre matière, qui glisse dans une fente ou coulisse pratiquée au milieu d'une autre lame ou règle, sur laquelle le curseur est toujours à angles droits. — On appelle encore *curseur* une pointe à vis qui s'enchâsse dans le compas à coulisse, et qu'on peut faire glisser à volonté le long du compas, pour tracer des cercles, grands ou petits, suivant le besoin. — En astronomie, le *curseur* est un fil mobile par le moyen d'une vis, et qui, dans un micromètre, sert à renfermer les deux bords d'un astre pour mesurer son diamètre apparent. — En termes de marine, c'est le bois qui traverse la flèche d'une arbalète.

CURSEURS APOSTOLIQUES, officiers du pape, dont les fonctions consistent à avertir les cardinaux, les ambassadeurs, les princes, à se trouver aux consistoires, aux grandes cérémonies, etc. Ils sont au nombre de dix-neuf, dont l'un exerce pendant trois mois l'office de maître; et c'est à lui seul que sont adressées les commissions signées par le pape ou par le cardinal, chef de la justice. Quand les curseurs s'acquittent de leurs fonctions, ils ont une robe violette et un bâton d'épines à la main ; deux d'entre eux vont tour à tour au palais pour recevoir les ordres du pape ; ils remettent le chapeau de cardinal aux nouveaux élus; ils intiment aussi les obsèques d'un cardinal au sacré collége.

CURSORIPÈDES, nom donné aux oiseaux qui ont trois doigts par devant, et qui n'en ont point derrière.

CURTI (Pierre), jésuite, né à Rome en 1701, fut regardé comme un des plus profonds et des plus subtils métaphysiciens de son époque. Il était très-habile dans la langue hébraïque, qu'il professa pendant plusieurs années au collége romain, où il mourut en 1762. On lui doit des *Dissertations* célèbres *sur les points les plus difficiles de l'Écriture sainte*.

CURTI (Jérôme), surnommé *il Dentone*, né à Bologne sur la fin du XVIe siècle, de parents pauvres, qui l'employèrent jusqu'à l'âge de vingt-cinq ans à filer des cordes pour gagner sa vie. Mais honteux de ce genre de travail, et se sentant des dispositions naturelles pour le dessin, il se lia avec Leonello Spada, qui lui en donna les premiers éléments, et lui enseigna à peindre d'après nature. César Baglioni, peintre d'architecture, ayant pris Curti dans son école, ce dernier se consacra à la peinture de l'architecture et de la perspective. Il travailla pour le prince Ludovisi à Rome, pour les ducs de Modène et de Parme. On ignore l'époque de sa mort.

CURTIUS (Metius), Sabin célèbre dans la guerre que Tatius, roi de Cures et de la Sabinie, fit à Romulus, roi de Rome, pour venger l'injure que ce prince avait faite à ses sujets en enlevant les femmes et les filles des Sabins. Dans un combat sanglant, Curtius jetait le désordre dans l'armée romaine lorsque, repoussé par Romulus, il fut forcé de se réfugier dans un marais formé par les eaux du Tibre, et qui retint par la suite le nom de *lac Curtius*, quoiqu'il fût mis à sec et fît partie du Forum. La paix ayant été conclue entre les Sabins et les Romains, Metius vint s'établir à Rome.

CURTIUS (Marcus), jeune romain qui se dévoua aux dieux infernaux pour le salut de sa patrie l'an de Rome 394. Un large gouffre s'étant ouvert au milieu du Forum, l'oracle déclara qu'il ne se fermerait que lorsque Rome y aurait jeté ce qu'elle avait de plus précieux. Curtius, pensant que ces paroles désignaient une victime humaine, se revêtit de ses armes, monta à cheval et se précipita dans le gouffre, qui, d'après Tite Live et Valère Maxime, se referma au-dessus de sa tête.

CURTIUS (Lac), nom que l'on donna à un marais formé par les eaux du Tibre, et qui était situé entre Rome et la Sabinie. Il fit depuis partie du Forum, lorsqu'il fut mis à sec. Son nom dérive du Sabin Metius Curtius. — Selon d'autres écrivains, on nomma ainsi le gouffre dans lequel se précipita Marcus Curtius.

CURTIUS (Fons), grand aqueduc de 40 milles de longueur, qui amenait un grand courant d'eau à Rome et distribuait des eaux sur toutes les montagnes de la ville.

CURTIUS ou CURTZ (SALON DE), nom donné au plus ancien salon de figures en cire, établi par un artiste allemand nommé Curtius ou Curtz, et qui vint habiter la France vers 1770. Il perfectionna ces figures, les représenta de grandeur naturelle, avec leur costume ordinaire. On voyait dans ce salon des grands hommes, des écrivains célèbres, les princes régnants, les grands scélérats, etc. Depuis Curtius, on a vu un grand nombre de salons semblables.

CURTZIN (Georges), l'un des chefs des Serviens insurgés contre les Turks. Ce peuple, descendant des Bulgares, des Macédoniens et des Serviens, n'a jamais su plier au joug des musulmans. Tout aussi brave que Czerni-Georges, Curtzin fut sacrifié à la jalousie de ce général, qui ne put lui pardonner l'affection que lui portaient ses soldats. Après avoir donné de grandes preuves de valeur contre les Turks, Curtzin se renferma en 1804 dans la forteresse de Schabatz ; le vizir Muss-Aga l'y attaqua vivement, mais fut forcé de lever le siége. Curtzin fit la faute de ne pas se porter aussitôt sur Zwornik, où il eût pu livrer bataille à l'ennemi. Irrité de ce contre-temps, ou saisissant ce motif pour perdre son rival, Czerni-Georges fit assembler une commission militaire, qui condamna Curtzin à la peine de mort. Il fut fusillé en septembre 1804.

CURULE et CURULES. Voy. CHAISE CURULE.

CURULES (ÉDILES), édiles ainsi nommés par opposition aux édiles plébéiens. Ils portaient la robe prétexte, avaient le *droit d'images*, pouvaient siéger, parler et voter dans le sénat, et rendaient la justice assis sur des chaises curules, tandis que l'édile plébéien était sur un banc. Leur personne était sacrée.

CURVATIVE. On nomme *feuilles curvatives*, en histoire naturelle, celles qui se recourbent, mais dont le roulement est à peine sensible, à cause de leur peu de largeur.

CURVILIGNE, nom donné, en géométrie, à des aires renfermées par des lignes courbes, comme la cercle, l'ellipse, le triangle sphérique, etc. — *L'angle curviligne* est un angle formé par des lignes courbes.

CURVINERVE, mot qui désigne les feuilles dont les nervures sont courbes et à peu près parallèles au bout de la feuille.

CURVIROSTRES, nom donné, en histoire naturelle, aux oiseaux qui ont le bec recourbé à la pointe.

CUSCO. Voy. CUZCO.

CUSCUTE, genre de plantes de la famille des convolvulacées, placées au nombre des plantes parasites. Leurs tiges sarmenteuses, rameuses, et capillaires, s'accrochent aux végétaux, s'entortillent autour d'eux, les pressent avec force et les font périr, en ne permettant pas à leurs sucs de circuler librement et de pourvoir aux besoins de toutes les parties. Comme la cuscute s'étend rapidement, un seul pied peut, en trois mois de temps, faire périr ce qui l'environne à plus de deux mètres de circonférence. — La *cuscute européenne*, aux fleurs rougeâtres, se fixe sur le houblon et l'ortie blanche; la *cuscute petite*, sur la luzerne, le genêt, la cotèle, etc.; ses fleurs sont blanches; la *cuscute à fleurs serrées* s'attache au lin et au chanvre. Ses fleurs sont d'un blanc verdâtre. On la nomme aussi *angure de lin*. Ces plantes sont apéritives et purgatives.

CUSPARÉ, arbre de l'Amérique du Sud, de la famille des rutacées et de la tribu des cusparićes. Cet arbre, qui habite les bords de l'Orénoque et la côte du Paria, n'est connu que depuis 1777. C'est au *cusparé fébrifuge* que l'on doit l'écorce médicinale connue dans le commerce sous le nom d'*angusture* ou *angosture*, et regardée comme une succédanée du quinquina. On s'en sert contre les fièvres, les dyssenteries, la fièvre jaune.

CUSPARIÉES, petite tribu de la famille des rutacées, renfermant des arbres, des arbrisseaux, des plantes annuelles, aux feuilles alternes ou opposées, dépourvues de stipules, pétiolées, composées de trois folioles ; leur tissu est chargé de glandes ; les fleurs disposées en grappes ; la capsule est à cinq coques monospermes. Les cuspariées appartiennent aux parties les plus chaudes du continent américain.

CUSPIDÉ (du latin *cuspis*, pointe), nom donné, en botanique, aux parties terminées par une pointe roide, aiguë, allongée.

CUSSET, sur le Sichon, chef-lieu de canton et siége d'un tribunal de première instance du département de l'Allier, à 5 lieues et demie et dans l'arrondissement de la Palisse. Population, 5,600 habitants. Cette ville est ancienne et fut jadis fortifiée. Elle était entourée de murailles de douze pieds d'épaisseur. Il n'existe plus rien de ces fameuses fortifications. C'est dans cette ville que Charles VII, roi de France, pardonna à son fils, depuis Louis XI, qui avait osé lui déclarer la guerre.

CUSSON ou COSSON, nom vulgaire du *charançon du blé* dans certaines contrées de la France. Voy. CALANDRE.

CUSTINE (Adam-Philippe, comte DE), né à Metz en 1740. Il entra dans le régiment du roi, et fut successivement capitaine et colonel d'un régiment de dragons, qui porta ensuite son nom (1761). La guerre de l'indépendance de l'Amérique ayant éclaté, il échangea son régiment de dragons contre celui de Saintonge-infanterie. A son retour en France, il fut créé gouverneur de Toulon et député aux états généraux de 1789 par la noblesse de Metz. Custine se rangea l'un des premiers du côté du tiers état, et adopta avec ardeur les principes de la révolution. A la fin de sa carrière législative, Custine passa à l'armée du nord. Nommé général en 1792, il s'empara de Spire, de Worms, de Mayence, de Francfort sur le Mein. Ayant perdu Mayence et Francfort dans deux batailles, Custine fut dénoncé comme traître à la patrie. Il s'efforça en vain de se disculper des griefs qu'on lui imputait. Il fut condamné à mort et exécuté le 28 août 1793. — Son fils RENAUD-PHILIPPE, né en 1788, fut en 1792 ministre plénipotentiaire en France. Il servit d'aide-de-camp à son père, qu'il défendit avec courage. Traduit à la barre conventionnelle en 1794, il fut condamné à mort et subit son sort avec courage.

CUSTODE, nom donné autrefois à celui qui avait dans l'église le soin du linge, des lampes, des cloches et des objets à l'usage de l'église. Il était soumis et subordonné à l'archidiacre. L'office du custode est rempli aujourd'hui par le trésorier et le sacristain. — *Custode* est encore un titre de dignité dans quelques églises. — Le président de l'académie des Arcades, à Rome, se nomme *custode*. — Ce terme se prend aussi pour signifier : 1° le saint ciboire où l'on garde les hosties consacrées ; 2° les rideaux qui sont dans quelques églises à côté du maître-autel. — En termes de sellier, ce mot désigne : 1° le cuir qui couvre le fourreau des pistolets ; 2° la partie garnie de crin qui est à chaque côté du fond d'un carrosse, et où l'on peut appuyer la tête et le corps. — Sous les Romains, les *custodes* étaient des officiers chargés de veiller à ce qu'il n'y eût pas de fraude dans l'élection des magistrats. — Au moyen âge, ce mot désignait les rideaux de lit.

CUSTODES, nom donné à certains supérieurs de quelques ordres religieux, comme les capucins et les cordeliers, qui visitaient la partie d'une province monacale nommée *custodie*. — Chez les récollets, le *custode* était le supérieur d'une petite maison.

CUSTODIE. Dans l'origine de l'ordre de Saint-François, on appelait ainsi quelques couvents qui faisaient partie d'une province, laquelle, à cause de son étendue, ne pouvant être gouvernée par les provinciaux, était divisée en plusieurs custodies gouvernées par des custodes dépendants du provincial de cette province, qui était obligé de les visiter tous les ans. Les custodies succédèrent aux vicairies, et tenaient leurs chapitres en particulier, avaient un définitoire custodial, et se gouvernaient d'elles-mêmes sous l'autorité d'un custode. — *Custodie* se disait encore d'un office et d'une espèce de supériorité établie en quelques églises.

CUSTODI-NOS, mot latin qui désigne un confidentiaire, titulaire d'un bénéfice, à charge de le rendre à un autre après un certain temps, et qui lui prête son nom pour en recueillir les fruits.

CUTANÉ, nom donné en médecine à ce qui appartient à la peau, ce qui concerne la peau, et à plusieurs parties qui ont rapport à cette membrane. — Les *glandes cutanées* sont les petits grains dont la surface interne de la peau est parsemée. — On dit *exhalation, absorption cutanées*, en parlant de l'exhalation et de l'absorption qui se fait par la peau ; *maladies cutanées*, pour désigner les maladies de la peau. — On nomme *système cutané* l'étude comparative des tissus cutanés. (Voy. TISSUS.) — MUSCLE CUTANÉ. Voy. PEAUSSIER.

CUTHBERT (Saint), né parmi les Pictes, dans une petite province de l'Écosse méridionale, vers l'an 620. Sa première occupation fut de garder les bestiaux. Il y apprit à aimer la solitude et à méditer sur les grandeurs de Dieu. Il se fit ensuite religieux à l'abbaye de Mailros, de la règle de Saint-Colomb, et en fut élu prieur après la mort de saint Boisil. Il convertit un grand nombre d'infidèles. Ayant obtenu la permission de se retirer dans l'île de Farne, pour se livrer à la contemplation des choses divines, il y vécut neuf ans. Nommé alors (684) à l'évêché de Hagulstadt, il l'échangea pour celui de Lindisfarne, et mourut en 687. Son tombeau fut honoré d'un grand nombre de miracles. On célèbre sa mémoire le 20 mars.

CUTICULE. Voy. ÉPIDERME.

CUTTER. Voy. CÔTRE.

CUVE, grand vaisseau de bois ou de métal. Celles en métal sont coulées en fonte ; les autres sont fabriquées par les tonneliers, avec des douves, des cercles et un fond. Le plus ordinairement les douves et le fond sont en chêne, quelquefois en sapin ; elles sont maintenues avec des cercles de bois ou de fer ; elles doivent être propres à contenir des liquides ; elles servent ordinairement à renfermer la vendange, à y fouler le raisin et à l'y laisser jusque après la fermentation. Les brasseurs de bière mettent fermenter leur grain dans des cuves ; ils en ont de plusieurs sortes. Les teinturiers, les blanchisseurs de cire, les raffineurs de sucre, les fabricants de papier, se servent aussi de cuves. Elles sont d'un fréquent usage dans les arts.

CUVES PNEUMATIQUES, espèces de réservoirs remplis en partie d'eau ou de mercure, et qui sont destinés aux manipulations du gaz. Elles ont la forme de parallélipipèdes allongés. On nomme cuves *hydropneumatiques* celles qui contiennent de l'eau, et qui ne servent que pour les gaz insolubles ou très-peu solubles dans ce liquide ; les cuves qui contiennent du mercure sont nommées *hydrargiropneumatiques*. Elles servent pour les fluides élastiques solubles dans l'eau ; ces cuves sont construites en bois de chêne, et doublées avec des lames de plomb.

CUVETTE, petit vase en faïence, porcelaine, métal, etc., de forme ronde ou ovale, dont on se sert ordinairement pour se laver les mains ou rincer des verres. — Les luthiers nomment ainsi la partie inférieure de la harpe sur laquelle sont placés les ressorts des pédales, et dans laquelle se fixent les tringles qui font mouvoir le mécanisme de la console, partie supérieure de la harpe, à laquelle tiennent les chevilles qui fixent les cordes.

CUVIER, cuve de petite dimension, en bois, que fabriquent les tonneliers. Les cuviers sont en usage dans les buanderies et chez les blanchisseuses, qui y font la lessive ; ils ne diffèrent des cuves que par leurs dimensions.

CUVIER (Georges-Léopold-Chrétien-Dagobert), né à Montbéliard (Doubs) en 1769, se livra dès sa jeunesse à l'étude de l'histoire naturelle. Après avoir fait ses études à Montbéliard (1784), il fut adopté par le duc Charles de Wurtemberg, qui le plaça à l'académie de Stuttgart. Il composa un *journal zoologique* (1792), et accepta ensuite la place de précepteur du fils du comte d'Héricy, en Normandie. Venu à Paris en 1795, il fut nommé membre de la commission des arts, puis professeur à l'école centrale du Panthéon. Nommé adjoint au professorat d'anatomie comparée au muséum d'histoire naturelle, il commença la collection d'organes d'animaux qui s'est tant augmentée dans la suite ; il se livra plus tard avec ardeur à l'étude des animaux fossiles, dont il réforma les squelettes et dont il écrivit l'histoire naturelle, à celle de la géologie, cherchant à déterminer les diverses époques de la formation des couches de la terre. Nommé membre de l'Institut en 1796, professeur au collège de France (1800), inspecteur général des lycées et conseiller de l'université, il fut appelé par Napoléon à la place de maître des requêtes au conseil d'État, et au titre de chevalier de l'empire. A la restauration, il fut élevé aux grades de conseiller d'État, de grand maître des cultes dissidents, de baron et grand officier de la Légion d'honneur. Il mourut en 1832. Il a laissé un *Tableau élémentaire des animaux*, des *Recherches sur les ossements fossiles*, un *Traité des terrains des environs de Paris*, des *Mémoires sur les mollusques*, le *règne animal*, l'*anatomie comparée*, l'*histoire des poissons* et plusieurs *mémoires*.

CUVIÈRE, plante de la famille des rubiacées, habitant la Sierra-Leone. Ses rameaux sont divariqués ; ses feuilles ovales, oblongues, acuminées ; ses fleurs disposées en panicules terminales. La cuvière se distingue par la structure épineuse de ses pétales ; les cinq segments de la corolle se terminent en pointe aiguë. Le stygmate est monté sur un style grêle, et est en forme d'une cloche renversée.

CUZCO ou CUSCO, intendance du Pérou, comprise entre les Provinces-Unies, Arequipa et Guamanga ; sa superficie est d'environ 9,000 lieues carrées, et sa population de 2,000,000 d'habitants. On y trouve de belles mines d'or, d'argent et de pierres précieuses. Le chef-lieu est *Cuzco*, autrefois capitale du royaume des incas, à 155 lieues de Lima. Sa population est de 38,000 habitants. Elle a un évêché et une université ; elle commerce en sucre, étoffes, broderies.

CYAME, genre de crustacés de l'ordre des isopodes, section des cystibranches. Leur corps est large, orbiculaire, solide et coriace ; la tête petite, allongée, en forme de cône tronqué ; les antennes sont au nombre de quatre ; les yeux sont lisses ; l'animal a cinq paires de pieds à crochets, courts et robustes. Le type du genre est le *cyame ovale*, sa couleur est blanchâtre, son corps elliptique et aplati. Ces animaux vivent agglomérés sur les éminences cornées de la tête des baleines ; le *cyame errant* est d'un rouge vineux ; il erre sur la surface du corps des baleines et dans leurs plaies récentes ; le *cyame grêle* est d'un jaune clair. On le trouve sur le cyame ovale.

CYANÉE, genre de zoophytes acalèphes de la famille des méduses. Leur corps est orbiculaire et transparent, armé à son centre d'un pédoncule. Presque toutes les espèces sont originaires des mers tempérées et surtout des mers d'Europe. Ces espèces sont nombreuses ; les principales sont la *cyanée de Lamarck*, ayant huit faisceaux de tentacules ; sa couleur est d'un beau bleu. On la rencontre sur les côtes de la Manche. La *cyanée de la Méditerranée* est d'une belle couleur de vermillon. On la trouve dans la Méditerranée. — M. Decandolle nomme *cyanée* la première section du genre de plantes nommé *nymphæa*. — En minéralogie, c'est le synonyme de *lazulite*.

CYANÉES (géogr. anc.), nom de deux îles ou écueils situés à l'entrée du Pont Euxin, entre l'Asie et l'Europe. Ils ne laissent entre eux que l'espace de 1,981 toises ; ce passage est très-dangereux. Les anciens croyaient que ces îles étaient flottantes, et qu'elles se rapprochaient souvent pour engloutir les vaisseaux qui traversaient le détroit. On les nommait quelquefois *symplégades, syndromades* et *planètes*.

CYANIPPE (myth.), Syracusain, fut frappé d'une telle ivresse pour avoir méprisé les fêtes de Bacchus qu'il fit violence à sa fille Cyané. Syracuse ayant été désolée par une grande peste, l'oracle consulté répondit que la contagion ne cesserait que par le sacrifice de l'incestueux. Cyané traîna elle-même son père à l'autel et se tua après l'avoir égorgé.

CYANO-FERRURES, nom donné à des combinaisons chimiques résultant de l'action de l'acide hydro-ferro-cyanique sur les oxydes. Ainsi on distingue les cyanoferrures de barium, de chaux, de cobalt, de cuivre, de fer, de mercure, de plomb, de potassium, etc.

CYANO-FERRURE DE POTASSIUM, composé d'une couleur citrine assez belle, transparent, inodore, d'une saveur salée. Il se fond à une chaleur de 60 degrés, et devient blanc. Le cyano-ferrure de potasse, appelé jadis *alcali prussien, prussiate de potasse*, s'obtient en traitant le bleu de Prusse par l'acide sulfurique étendu d'eau, et en mêlant cette solution à de la potasse bouillante. Dans les arts, on le prépare en calcinant du sang desséché ou autres matières animales avec du souscarbonate de potasse.

CYANOGÈNE, gaz inflammable, incolore, d'une odeur vive et piquante, et d'une saveur très-forte. Sa pesanteur spécifique est de 1,8064. Il rougit la teinture de tournesol. Il se condense à un très-haut degré de froid. Ce gaz est composé de deux volumes de vapeur de carbone et d'un volume d'azote condensés en un seul ; il a été découvert par M. Gay-Lussac en 1815. On l'obtient en chauffant, dans des vaisseaux fermés, du cyanure de mercure neutre et sec (prussiate de mercure).

CYANOMÈTRE, instrument usité en météorologie ; carton sur lequel on a tracé un cercle dont une zone d'une certaine largeur est divisée en quarante parties. Chaque division porte une teinte bleue qui va toujours en augmentant d'intensité, depuis le blanc qui est au n° 1, jusqu'au n° 40 qui approche du noir. Le cyanomètre sert à déterminer l'intensité de la couleur bleue du ciel.

CYANOPATHIE ou CYANOSE, maladie dans laquelle toute la surface du corps est colorée en bleu. Elle est toujours symptomatique, et dépend ordinairement de la communication directe des cavités droites du cœur avec les cavités gauches, ou d'une lésion considérable des poumons, et généralement de tous les obstacles qui gênent ou suspendent l'oxygénation du sang ; quelquefois elle provient d'un vice de conformation du cœur ou de ses gros vaisseaux. La cyanose se termine par la mort. Cette maladie se nomme encore *ictère bleu, violet, maladie bleue, cyanodermose, cyanodermie*, etc.

CYANO-SULFURES, composés chimiques que l'on obtient en chauffant dans un vase fermé un mélange de soufre et de cyanure de potassium. Voy. CYANOPATHIE.

CYANOSE. Voy. CYANOPATHIE.

CYANURE, nom donné aux composés résultant de la combinaison du cyanogène (voy. ce mot) avec les corps combustibles. Selon que ces corps sont les métaux ou des oxydes métalliques, on nomme leurs combinaisons avec le cyanogène *cyanures métalliques*, ou *cyanures d'oxyde* ou *d'alcali*.

CYANURE ALCALIN, nom donné aux combinaisons du cyanogène avec la potasse, la soude, la baryte ou la strontiane. Ces cyanures sont d'un jaune citrin si les alcalin ne sont pas saturés de cyanogène ; dans le cas contraire, ils sont de couleur brune. On les spécifie par le nom de l'alcali, et on dit *cyanure d'ammoniaque, d'iode*, etc.

CYANURE DE MERCURE (*prussiate de mercure*), composé de cyanogène et de mercure. Il est incolore, d'une saveur métallique très-prononcée, et cristallisé en prismes quadrangulaires. Il est sans action sur la teinture de tournesol. On le prépare en faisant bouillir une partie de deutoxyde de mercure avec deux parties de bleu de Prusse et huit parties d'eau. On filtre la liqueur, et on l'évapore. Il est très-vénéneux. On l'emploie quelquefois, en médecine, comme un puissant évacuant.

CYANURES MÉTALLIQUES, nom donné aux combinaisons du cyanogène avec un métal. On les spécifie par le nom du métal qui entre dans leur combinaison. Tels sont les *cyanures d'argent, de mercure*, etc.

CYATHE (*cyathus*), petit vase dont se servaient les anciens pour verser le vin dans les coupes. On puisait avec le cyathe dans la grande coupe, *crater*, et on emplissait peu à peu la coupe, *poculum*, de chaque convive. — Le *cyathe* était aussi une mesure de capacité, qui valait chez les Grecs le sixième du cotyle, et chez les Romains le quart du ligule. Elle valait 4 centilitres 4957 millionièmes de centilitre chez ces deux peuples.

CYATHIFORME, nom donné, en botanique, aux parties des végétaux qui ont la forme d'une coupe, d'un gobelet. La corolle de plusieurs plantes, des lichens et des champignons, affecte souvent cette forme.

CYAXARE ou CYARAXE, roi des Mèdes, succéda à Phraortes en 625 avant J.-C. Son père ayant été tué en assiégeant Ninive, il voulut venger cette mort en s'emparant de la ville. Mais, comme il était près de s'en rendre maître, les Scythes firent une irruption dans ses Etats. Vaincus, les Mèdes cherchèrent à se délivrer de leurs ennemis par la ruse. Chacun invita un Scythe à un festin, et l'assassina. Délivré des Scythes, Cyaxare régna avec gloire. Il fit la guerre à Alyattes, roi de Lydie, et poussa ses conquêtes jusqu'au delà du fleuve Halys. Il s'empara de Ninive et de toute l'Assyrie, et mourut en 585 avant J.-C. On croit qu'il est l'Assuérus de Tobie.

CYAXARES, roi des Mèdes, qu'on croit avoir été le même que Darius le Mède, fils d'Astyage. Il succéda à son père en 559 avant J.-C. Il ajouta sept provinces aux États de son père, et mourut en 536, après avoir fait la guerre aux Assyriens, que Cyrus, roi des Perses, favorisait.

CYBÈLE (myth.), fille du Ciel et de la Terre, femme de Saturne et mère des dieux. Diodore la fait fille de Ménos, roi de Lydie, et de Dyndimène. Ayant été dès sa naissance exposée sur le mont Cybèle, dont elle prit le nom, elle fut sauvée et nourrie par des léopards. De retour à la cour de son père, elle conçut une passion violente pour le berger Atys, que Ménos irrité mutila. Elle eut de Saturne *Jupiter, Junon, Neptune* et *Pluton*. — On représente Cybèle sous les traits d'une femme robuste et avancée dans sa grossesse, symbole de la fertilité de la terre, dont elle est la déification. Elle a un sceptre ou des clefs à la main, et sur la tête une tour ou une couronne de feuilles de chêne. Un tambour placé près de sa figure sur le globe. Elle est placée sur un char traîné par deux lions. Elle a plusieurs mamelles. Le pin, les taureaux, les chèvres lui étaient consacrés. Ses prêtres se nommaient *curètes, galles, corybantes*, etc. Ils se mutilaient et se déchiraient la chair dans leurs cérémonies. Ces mystères étaient connus 1580 ans avant J.-C. Son culte passa de Phrygie en Grèce. Il ne fut connu à Rome que l'an 550 de cette ville. On y apporta sa statue sous la forme d'une grosse pierre. Ses fêtes étaient mêlées d'obscénités. — On nomme encore Cybèle *Rhéa, Ops, Tellus, Vesta, la bonne déesse, la mère des dieux, Bérécynthe, Dyndimène*, etc.

CYCADÉES, groupe de plantes dicotylédonées. Cette famille se place à la suite des conifères, avec lesquelles elle offre de grands rapports par les organes de la fructification. On trouve dans cette famille le *cycas* et le *zamia*.

CYCAS, genre de plantes, type de la famille des cycadées. Ces arbres sont terminés à leur sommet par un faisceau de feuilles toujours vertes. Les fleurs sont en forme de cône ovoïde, haut de quatre-vingts centimètres et même d'un mètre. Le fruit est un drupe ovale, rougeâtre, charnu, renfermant une amande d'une saveur agréable et nourrissante. Ces arbres croissent dans l'Asie méridionale. Les Japonais retirent du *cycas roulé* un sagou estimé.

CYCÉON, mélange qui tenait lieu, chez les Grecs, de nourriture et de boisson. Le plus commun n'était autre chose que de la farine délayée dans de l'eau. Un autre, plus délicat, était un mélange de vin, de miel, de farine, d'orge, d'eau et de fromage : on en prenait, dans les mystères d'Éleusis, pour rappeler le breuvage que Baubo offrit à Cérès altérée.

CYCHRÉUS (myth.), fils de Neptune et de la nymphe Salamis. Il fut honoré comme un dieu, après sa mort, dans l'Attique et dans l'île de Salamine. Comme il n'avait point d'enfants, il institua Télamon son successeur, parce qu'il avait tué un serpent monstrueux qui désolait la contrée.

CYCINNIS (myth.), danse des Grecs, moitié grave et moitié gaie, ainsi nommée de Cycinnius, son inventeur, satyre de la suite de Bacchus.

CYCLADE, habit de femme qui s'arrondissait par le bas, et était garni d'une bande de pourpre. Il était formé de deux morceaux cousus ensemble par le bas et boutonné de l'épaule, de sorte qu'il y avait des ouvertures ménagées pour les bras. La cyclade se portait sous le pallium.

CYCLADE (hist. nat.), genre de mollusques, caractérisé par une coquille ovale, bombée, transverse, équivalve. Lorsque l'animal est dans la coquille, deux tubes ou siphons font saillie d'un côté, et de l'autre sort un pied mince, allongé et linguiforme. Toutes les cyclades habitent les eaux douces des deux continents. Elles sont petites, diaphanes, et recouvertes d'un épiderme vert ou brun. Leur longueur varie de cinq à vingt millimètres.

CYCLADES ou MINOÏDES, îles de la mer Égée (aujourd'hui l'Archipel), rangées en forme de cercle autour de l'île de Délos. On en comptait cinquante-trois. Les principales étaient *Céos*, *Naxos*, *Andros*, *Paros*, *Mélos*, *Séryphos*, *Gyarus* et *Ténédos*. Miltiade les soumit au pouvoir des Athéniens ; mais elles secouèrent leur joug pendant l'invasion des Perses. Elles appartiennent aux Turks aujourd'hui. D'après la fable, les *Cyclades* sont des nymphes qui furent changées dans les îles de leur nom.

CYCLAME, genre de plantes herbacées, de la famille des primulacées, à feuilles radicales, entières, à fleurs pendantes, solitaires ou nombreuses. La plus commune, celle que l'on trouve dans les lieux ombragés, les haies, les fossés et les bois frais, est connue sous le nom de *pain de pourceau*, parce que cet animal est friand de sa racine. Celle-ci est de forme orbiculaire, tubéreuse, brune en dehors, blanche en dedans. Les fleurs sont blanches ou purpurines. La racine du *cyclame d'Europe*, prise fraîche et administrée en petite quantité, sèche, réduite en poudre et mêlée à de la gomme, est vermifuge et purgative. On en fabriquait autrefois un onguent nommé *arthanita*.

CYCLANTHE, genre de plantes monocotylédonées, originaires des Antilles et de la Guiane, et appartenant à la famille des aroïdées. Ses fleurs affectent une forme très-singulière. Elles se composent de deux rubans creux, roulés en spirale autour d'un cylindre, l'un rempli d'étamines, l'autre d'ovules. M. Poiteau a créé pour ces plantes une nouvelle famille, celle des *cyclanthées*.

CYCLE, suite réglée de certains nombres qui vont successivement et sans interruption dans le même ordre depuis le premier jusqu'au dernier, d'où ils retournent au premier successivement. En astronomie, c'est une période ou révolution toujours égale d'un certain nombre d'années, pendant laquelle les mêmes phénomènes se reproduisent constamment et dans le même ordre. La plupart des cycles servent à établir une concordance entre les années lunaires et solaires. Les cycles principaux des Grecs étaient le *diétéride* ou période de 2 ans, qui formait 730 jours; l'*octaétéride* ou période de 8 ans, qui formait 2,922 jours; le *cycle de Calippe* de 76 ans, formé de 27,759 jours; le *cycle d'Hipparque* de 304 ans, formé de 111,035 jours. — Les principaux cycles connus sont le *cycle solaire*, *lunaire*, *des indictions*, *dionysien*, etc.

CYCLE (méd.), nom donné, dans la secte des méthodistes, à une série de moyens curatifs, continués pendant un certain nombre de jours. Ils n'étaient guère en usage que dans le traitement des maladies chroniques. Le *cycle résomptif* consistait à priver d'abord le malade d'aliments et d'exercice, et à les lui rendre ensuite, en les augmentant progressivement pendant neuf jours. Le *cycle récorporatif* commençait après le précédent. On augmentait la quantité des aliments, on en permettait aussi de plus difficiles à digérer. Le *cycle troisième* consistait à prendre un vomitif le deuxième jour. On revenait après neuf jours au cycle résomptif, puis au récorporatif.

CYCLE DES INDICTIONS. Voy. INDICTION.

CYCLE LUNAIRE ou ENNÉADÉCAÉTÉRIDE, période de 19 années lunaires. Cette période, qui ramène les nouvelles lunes aux mêmes jours de l'année solaire et presque aux mêmes heures, se composait de 19 années lunaires, dont 12 étaient communes, ou de 12 lunaisons et 7 de 13 lunaisons. Les années où l'on ajoutait une lunaison (la 3e, la 6e, la 8e, la 11e, la 14e, la 17e et la 19e) se nommaient *embolismiques* ou *intercalaires*. Par ce moyen, les mouvements du soleil et de la lune sont conciliés, et ces deux astres se rencontrent à la fin de la période à peu près dans le même lieu du ciel où ils étaient au commencement. On compte cette période par 19 nombres qui se suivent successivement dans leur ordre naturel, depuis 1 jusqu'à 19, après lequel on recommence cette succession. Il fut inventé par l'Athénien Méton. Le nombre qui désigne l'année du cycle lunaire se nomme *nombre d'or*. Il servait à marquer les nouvelles lunes et la fête de Pâques; aujourd'hui il ne sert à trouver les épactes.

CYCLE HISTORIQUE et CYCLE MYTHIQUE. Voy CYCLIQUES.

CYCLE SOLAIRE, période de 28 années, au bout desquelles l'année recommence par les mêmes jours. On détermine les jours de la semaine à l'aide des sept premières lettres de l'alphabet, que l'on place vis-à-vis les jours du mois, et que l'on nomme *lettres dominicales*. (Voy.) Après le cycle solaire, les lettres dominicales reviennent à leur première place, et procèdent dans le même ordre qu'auparavant.

CYCLE DES GÉNÉRATIONS, méthode de compter le temps d'après les générations, et qui a pour principe que trois générations forment un siècle. Cette méthode est usitée par Phérécyde, Cadmus de Milet, Hérodote, etc. Denys d'Halicarnasse fait ce cycle de 27 ans.

CYCLE CHINOIS, période de 60 années. Chacune porte, en Chine, un nom particulier. Ce cycle commence à l'année 2697 avant J.-C. La première année de J.-C. correspond à l'an 58 du quarante-cinquième cycle.

CYCLE PASCAL, cycle de 532 années. A la fin de cette période, la fête de Pâques revient au même jour de dimanche. Ce cycle ramène les nouvelles lunes aux mêmes jours de l'année solaire, et que l'on fut attribué à Denys le Petit et à Victorianus (457). Il est le produit des 19 ans du cycle lunaire par les 28 ans du cycle solaire.

CYCLE DYONISIEN ou VICTORIEN. Voy. CYCLE PASCAL.

CYCLÉMIDES, genre de tortues de l'ordre des émydes (voy.), faisant partie du groupe des cistudes. La carapace est presque circulaire, déprimée, dentelée sur ses bords. Le diamètre longitudinal de cette carapace est de seize à vingt et un centimètres. Les écailles sont noirâtres, semées de taches jaunes. Cette tortue se trouve dans les Indes orientales.

CYCLIQUES (POÈTES), nom qu'on a donné à une série de poëtes antérieurs à Homère, et qui ont versifié sans rien écrire, les uns toute la mythologie en remontant aux généalogies des dieux, et les autres l'histoire de la guerre de Troie, depuis l'événement qui l'occasionna jusqu'au retour des guerriers dans leurs foyers. On appelle la première série *cycle mythique* ou *fabuleux*, et l'autre *cycle historique*. Ces poésies se transmirent par la tradition orale de siècle en siècle, et furent, dit-on, la source où Homère puisa pour composer l'*Iliade* et l'*Odyssée*; et même, selon des écrivains qui ont contesté l'existence d'Homère, ces deux poëmes sont la réunion d'un grand nombre de poëmes cycliques. — On a encore nommé *poëmes cycliques*, 1° des poëmes où l'auteur part d'une époque et décrit une suite de faits jusqu'à une époque plus ou moins éloignée; 2° des poëmes d'une grande étendue, où l'auteur s'empare d'un seul sujet et d'une seule action, en y liant des épisodes.

CYCLOBRANCHES, nom donné par M. de Blainville à un groupe formé aux dépens des mollusques céphalés de Cuvier. Les organes de la respiration sont symétriques, branchiaux, rangés à la partie postérieure du dos; le corps est nu, tuberculeux, bombé; ces animaux sont hermaphrodites.

CYCLOÏDE ou TROCHOÏDE (*roulette*), courbe engendrée par un point fixe d'un cercle roulant sur une ligne droite. Le point générateur est le point de contact du cercle roulant avec cette ligne droite. Il y revient après une révolution complète. Cette courbe est semblable à une demi-ellipse. Galilée la signala le premier en 1615. Les arcs de la cycloïde sont parcourus en temps égaux par un mobile pesant. C'est sa propriété particulière. Chaque point d'une roue, se mouvant en ligne droite, décrit une cycloïde.

CYCLOPE, genre de crustacés, de l'ordre des lophyropodes, famille des séticères. Le corps de ces animaux est ovalaire, mou ou gélatineux, se partageant en deux portions, l'une antérieure, composée de la tête et du thorax; l'autre postérieure de la queue, formée de six segments ou articles. Il y a quatre antennes, deux mandibules, deux mâchoires et quatre pieds. La couleur varie beaucoup: les uns sont rougeâtres, les autres blanchâtres, verdâtres ou bleuâtres. Leur longueur varie d'un douzième de ligne à trois lignes. On les trouve dans les eaux stagnantes.

CYCLOPÉE, danse pantomime des anciens, dont le sujet était un cyclope, ou plutôt un Polyphème, aveugle et ivre. Dans cette pantomime, le cyclope était le jouet d'autres danseurs.

CYCLOPÉEN, ce qui a rapport aux cyclopes ou Pélasges, comme le plus ancien peuple de la Grèce. On nomme *constructions cyclopéennes* ou *pélasgiques* des constructions anciennes qu'on attribue aux cyclopes. Les caractères de ce genre de construction sont les énormes dimensions des pierres taillées en polyèdres réguliers et l'absence totale de ciment. Ces monuments, qui subsistent encore dans l'Argolide, à Corinthe, en Sardaigne, etc., datent de deux cents ans avant la prise de Troie.

CYCLOPES (myth., hist.), race de géants monstrueux, fils du Ciel et de la Terre. Ils n'avaient au milieu du front qu'un œil de forme ronde. Ils étaient les forgerons de Vulcain, et travaillaient avec lui dans les gouffres de l'Etna. Ils forgeaient les foudres de Jupiter, et étaient anthropopha-ges. Les cyclopes furent mis au rang des dieux: ils avaient à Corinthe un temple où l'on offrait des sacrifices. Apollon les perça de ses flèches, pour venger son fils Esculape, tué d'un coup de flèche. Ils habitaient Lemnos et l'île de Lipari. — On explique ce mythe par une colonie de peuples sauvages de la côte occidentale de l'Asie, d'une grande force, d'une haute stature, et portant un casque dont la visière était un trou circulaire dans le milieu. Ils habitaient les cavernes sur les bords de la mer, se livraient à la piraterie, et massacraient les étrangers. Ces peuples se livrèrent aux travaux des mines, et apprirent à extraire les métaux. Ce sont eux qui bâtirent ces constructions lorsque l'on nomme *cyclopéennes*. (Voy CYCLOPÉEN.) Plus tard, lorsque ces traditions historiques se perdirent, on en fit des dieux que l'on adora.

CYCLOPES (ÉCUEILS DES), *Cyclopum scopuli*, nom de trois petites îles situées sur la côte orientale de Sicile, au pied de l'Etna, près de Catane. On les nomme aujourd'hui *li Faraglioni*.

CYCLOPTÈRE, genre de poissons, caractérisés par la forme de leurs ventrales, dont les rayons rassemblés autour du bassin, et réunis par une seule membrane, forment un disque ovale et concave, dont le poisson se sert comme d'un suçoir pour se fixer aux rochers. La bouche est large, garnie de dents pointues, les opercules petits, la peau visqueuse et sans écailles, mais couverte de petits grains durs. Le *cycloptère lump* habite nos mers, et se nourrit d'animaux gélatineux; sa chair est molle, insipide. Le *cycloptère liparis* n'a qu'une seule dorsale; leur corps est lisse, allongé et comprimé. Il habite sur nos côtes. Le museau est arrondi, la tête large et aplatie. Il est recherché comme aliment.

CYCLOSTOME, genre de mollusques de la famille des colimaçés. Ils sont terrestres et n'ont que deux tentacules. La coquille est de forme variable, à tours de spire arrondis; l'ouverture est ronde, régulière; le péristome est continu. Les cyclostomes sont privés de nacre intérieure, d'épines et d'écailles. On en connaît plusieurs à l'état fossile.

CYCLOSTOMES, famille de poissons chondroptérygiens, dont les branchies présentent la forme de bourses. Leur corps, long et arrondi, est dénué d'écailles, et paraît tronqué en avant à cause de leur bouche circulaire, ayant pour support un anneau membraneux ou cartilagineux, qui n'est un sang rouge circulant dans des vaisseaux, des organes respiratoires, un canal intestinal. Ces poissons se fixent à la surface des eaux à l'aide du disque charnu et circulaire de leur bouche, qui fait l'office d'une ventouse. Cette famille renferme les *lamproies*, les *gastérobranches*, les *ammocètes*, etc. Voy.

CYCLOTOME, instrument de médecine, qui sert à pratiquer l'opération de la cataracte par extraction. Il se compose d'un cercle d'argent et d'une lame tranchante qui agit au moyen d'un ressort. Au moyen de cet instrument, on peut à la fois fixer le globe de l'œil et inciser la cornée.

CYCNUS (myth.), fils de Mars et de Pélopée ou Pirène, combattit contre Hercule, qui le tua. Mars, irrité, voulait combattre le meurtrier de son fils; mais Jupiter les sépara d'un coup de foudre. — Fils de Neptune, était invulnérable dans toutes les parties de son corps. Achille, qui se battit contre lui, voyant que les armes ne pouvaient le renverser, le terrassa et l'étouffa en le serrant à la gorge; son corps fut changé en cygne. — Fils de Sthénélus, roi de Ligurie, pleura amèrement la mort de Phaéton, son parent et son ami, et fut aussi vieillissée changé en cygne.

CYDNUS (*Tarsous*), fleuve de la Cilicie Campestris, prenait sa source dans le mont Taurus, arrosait la ville de Tarse, et se jetait dans le Sarus. Alexandre faillit perdre la vie pour s'être baigné dans ce fleuve étant inondé de sueur.

**CYGNE**, oiseau de la famille des *palmipèdes lamellirostres* ou *canards*. Il se distingue de ses congénères par ses formes gracieuses, et surtout par ses tarses courts, son cou allongé et son bec plus long et plus large. Le *lorum*, espace qui se trouve entre l'œil et le bec, est dépourvu de plumes, excepté dans une seule espèce américaine. Ces oiseaux sont aquatiques et habitent les cinq parties du monde; ils nagent et volent avec rapidité, mais ils marchent mal. Ils se nourrissent de plantes, de poissons et d'insectes. Les mâles n'ont qu'une femelle. Leur plumage est blanc chez la plupart des espèces, noir chez quelques-unes; on en fait des fourrures recherchées. Ces oiseaux peuvent se réduire à la domesticité. Leur chair est noire, coriace et de mauvais goût. Le *cygne à bec rouge* ou *cygne domestique* a le bec rouge bordé de noir, et habite l'Asie et l'Europe; le *cygne sauvage* a le bec noir ainsi que les pieds, et se trouve dans le nord. La longueur des cygnes varie de trois à six pieds. Les anciens disaient que leur voix était harmonieuse et qu'ils chantaient au moment de leur mort; cependant ils ne font entendre qu'un cri dur, rauque et désagréable.

**CYGNE**, constellation boréale qui renferme quatre-vingt-une étoiles. Elle est située entre *Céphée*, la *Lyre*, le *Renard*.

**CYGNE** (Ordre du), ordre militaire institué l'an 711 par Béatrix, fille unique de Thierry ou Théodoric, duc de Clèves. Les chevaliers portaient un cygne d'or attaché à une chaîne de ce métal. Quelques auteurs font remonter son origine à Silvius Brabo, duc de Brabant, qui vivait sous Jules César; mais cet origine est regardé comme fabuleux par tous les écrivains.

**CYGNUS**. Voy. CYCNUS.

**CYLINDRE**, solide terminé par trois surfaces, dont deux sont planes et parallèles entre elles, et dont la troisième est convéxe et circulaire. Il est engendré par un rectangle tournant autour d'une ligne droite et décrivant deux cercles parallèles. Ces cercles sont les *bases* du cylindre. La droite immobile est *l'axe du cylindre*. La hauteur du cylindre est la perpendiculaire abaissée d'un des points d'une base sur le plan de l'autre base. On nomme *cylindre droit* celui dans lequel la droite génératrice qui joint les centres des deux cercles est perpendiculaire aux plans de ces cercles. Dans les autres cas, le cylindre est *oblique*. On nomme *cylindres semblables* ceux dans lesquels les axes ont le même rapport que les diamètres des bases. Le *cylindre tronqué* est celui dont les bases ne sont pas parallèles.

**CYLINDRE** se dit, en agriculture, d'un gros rouleau de pierre ou de bois dont se servent les laboureurs pour écraser les mottes d'une terre labourée, et les jardiniers pour aplanir les allées d'un jardin. — En histoire naturelle, on nomme ainsi des mollusques dont la forme est cylindrique. — En marine, le *cylindre* ou *marbre* est la pièce cylindrique de la roue du gouvernail sur laquelle sont faits les tours de la drosse.

**CYLINDRE NOTÉ**, nom donné aux cylindres de bois qui servent, dans les serinettes et l'orgue de Barbarie à lever les soupapes des tuyaux qui doivent émettre les sons. *Noter le cylindre*, c'est implanter à sa surface des pointes, chacune à la place qui convient, afin que, en tournant le cylindre au moyen d'une manivelle, les touches soient attaquées à leur rang, et qu'on entende le chant proposé. Lorsqu'on veut que l'instrument fasse entendre un air différent, on déplace le cylindre en faisant prendre à son axe un petit mouvement dans le sens de sa longueur. Le mécanisme des cylindres notés se retrouve dans la musique des pendules, des tabatières, etc.

**CYLINDROÏDE**, nom qui désigne, en géométrie, 1° les corps solides qui approchent de la forme d'un cylindre, mais qui en diffèrent à quelques égards, par exemple, en ce que ses bases opposées sont elliptiques; 2° les solides formés par la révolution d'une hyperbole autour de son second axe. — En termes d'anatomie, les *protubérances cylindroïdes* sont les corps cylindriques et contournés sur eux-mêmes qui sont placés à la partie postérieure des ventricules latéraux du cerveau.

**CYLLÈNE**, montagne de l'Arcadie, au N.-E. sur les frontières de la Sicyonie. Elle s'élève au-dessus de tous les autres sommets de l'Arcadie. La fable y fait naître Mercure, qui fut depuis surnommé *Cyllénius*. Ce mont se nomme aujourd'hui *Tricala*.

**CYLON**, Athénien d'une naissance illustre, voulut rétablir la tyrannie dans sa patrie. L'an 599 avant J.-C., pendant les jeux olympiques, il s'empara de la citadelle; mais il y fut assiégé et pressé si vivement qu'il fut forcé de prendre la fuite. Mais il fut massacré avec ses partisans au pied même des autels.

**CYMAISE**. Voy. CIMAISE.

**CYMBALE**, jeu d'orgues aigu, qui se compose de trois à sept tuyaux à bouche, en étain, sur chaque note. On les accorde à la tierce, à la quinte, à l'octave. La cymbale entre dans la formation du *plein jeu*.

**CYMBALES**, instrument de musique en usage chez les anciens. Il se compose de deux plateaux circulaires, en métal sonore, de onze à quatorze pouces de diamètre, d'environ une ligne d'épaisseur, et qui ont à leur centre une cavité qui sert à faciliter la production du son. On le produit en frappant les deux plateaux l'un contre l'autre. Cet instrument, qui se joint à la grosse caisse pour marquer le rhythme, sert dans la musique militaire et quelquefois dans celle d'orchestre.

**CYMBIDIER**, genre de plantes de la famille des orchidées, propres aux climats chauds de l'Asie, de l'Afrique et de l'Amérique. On les a divisées en deux sections, les *terrestres* qui naissent de bulbes cachés dans le sol, les *parasites* qui vivent sur l'écorce des arbres. Leurs fleurs sont purpurines ou jaunes, en épis ou en grappes terminales. À la première section se rattachent le *cymbidier pourpre*, *élégant*, *jaune*, etc.; à la deuxième, le *cymbidier écrit*, *à feuilles de jonc*, *à feuilles d'aloès*, etc. Elles ont les propriétés des plantes sur lesquelles elles vivent.

**CYME**, nom donné par les botanistes à l'assemblage de deux pédoncules, ou d'un plus grand nombre, qui partent d'un même point, comme dans l'ombelle, mais qui s'étalent presque horizontalement et se terminent par une ou deux rangées de fleurs.

**CYMINDIS**, groupe d'oiseaux de la famille des faucons, caractérisé par un bec très-crochu, étroit et assez allongé, et par les ailes obtuses. On les trouve en Amérique.

**CYMODOCÉE**, genre de zoophytes polypiers de l'ordre des sertulariées. Leur tige est un tube continu, corné ou cartilagineux, à cellules cylindriques, filiformes. Elle est remplie d'une matière animale. Leur couleur est d'un rouge orangeâtre. On les trouve sur les côtés d'Angleterre, aux Antilles, etc.

**CYMOPHANE**, substance vitreuse, d'un vert jaunâtre, cristallisant en prismes rectangulaires, rayant le verre, et résistant à l'action des acides. Elle se compose de silice, d'alumine, de titane, de protoxide de fer et de glucine. On la trouve en Amérique. Les lapidaires l'emploient souvent; ils la nomment *chrysolithe* et *topaze orientale*.

**CYMOTHOADÉES**, famille de crustacés dont le type est le *cymothoé*. Ces animaux sont petits, ovalaires, allongés, divisés en plusieurs segments. Ils sont tous très-voraces, et se fixent sur les poissons, le bois des vaisseaux, etc.

**CYMOTHOÉ**, genre de la famille des cymothoadées, de l'ordre des isopodes. Le corps de ces crustacés se compose de segments portant chacun une paire de pieds, terminés par un crochet fort et aigu; il est bombé ou convexe, la tête est triangulaire. Ces animaux, connus vulgairement sous le nom de *poux de mer*, sont des crustacés voraces et parasites. On les trouve sur divers poissons, près des ouïes aux lèvres, etc.

**CYNANQUE**, genre de la famille des asclépiadées, renfermant des plantes herbacées ou des sous-arbrisseaux, à tiges grêles, rameuses, remplies d'un suc laiteux, et garnies de feuilles opposées, simples, entières; à fleurs petites, disposées en bouquets, en épis ou en corymbes. Tous les cynanques sont purgatifs, et quelques-uns sont de violents poisons. Le *cynanque de Montpellier*, qui croît en France, a les racines rampantes; les tiges herbacées; les fleurs blanches, en étoile; le suc miellé qui entoure la corolle attire les insectes; la plante, en se contractant, les fait mourir misérablement; il est blanc, gluant, visqueux, fétide et corrosif. On s'en sert comme de la *scammonée*. L'ipécacuana du commerce est fourni par les racines du *cynanque vomitif*.

**CYNÉAS**. Voy. CINÉAS.

**CYNÉGÉTIQUES**, titre des ouvrages qui ont rapport à la chasse.

**CYNÉGIRE**, Athénien, frère du poète Eschyle. Après la bataille de Marathon (458 avant J.-C.), il poursuivit les vaisseaux des Perses, en saisit un de la main droite. Cette main ayant été coupée par l'ennemi, il saisit le vaisseau de la gauche. Celle-ci ayant eu le même sort, il le saisit avec les dents, et y demeura attaché jusqu'à ce qu'on lui eût coupé la tête.

**CYNIPS**, genre d'insectes hyménoptères de la famille des pupivores, tribu des gallicoles. Ces insectes, logés d'une à deux lignes, déposent leurs œufs sur les plantes, qui acquièrent alors un accroissement singulier. Ces excroissances, nommées *galles*, grossissent avec vitesse, et l'insecte sortant de l'œuf trouve autour de lui le logement et la nourriture. Ces larves y passent six mois, et se rendent insectes parfaits. On pense que les cynips font couler dans la plaie qu'ils font à l'arbre une liqueur qui dérange le cours de la sève et lui donne une surabondance d'activité, qui se développe au dehors. Ces galles se forment sur différentes parties des plantes et varient quant à la forme. On les trouve sur les chênes, les rosiers sauvages, les figuiers, etc. Elles sont employées dans la teinture.

**CYNIQUES**, secte de philosophes, fondée par Antisthène, et ainsi nommée parce ses membres, déposant toute pudeur, s'élevaient contre toutes les bienséances de la société. Ils disaient que l'on ne doit rougir que de ce qui est criminel. À l'exemple de l'animal dont ils portaient le nom (le chien), ils ne rougissaient pas de satisfaire en public les passions les plus honteuses. Ils étaient satiriques et mordants, portaient la barbe longue, dormaient sur la terre, et affectaient un grand mépris pour les richesses, les arts et les sciences. Les plus célèbres cyniques sont Cratès, Diogène, Ménippe, Musonius, Démonax, etc.

**CYNISME**, doctrine des philosophes cyniques. Voy.

**CYNOCÉPHALE** (myth.), un des animaux sacrés des Egyptiens. C'était un singe connu aujourd'hui sous ce nom (voy. ci-après) à cause de la ressemblance de sa tête avec celle d'un chien. Les Egyptiens le représentaient ainsi. Il était, chez eux, un des emblèmes du dieu Thoth, le Mercure égyptien, parce qu'on croyait que cet animal connaissait l'usage des lettres, et du dieu-lune Pooh, parce que l'on croyait que ce singe était doué d'une grande sympathie avec le cours de la lune. Dans le premier cas on le représentait assis, tenant une tablette et écrivant avec un roseau; dans le deuxième, on le montrait accroupi ou debout et les bras élevés, la tête ornée du disque et du croissant de la lune. Les Egyptiens nourrissaient de ces cynocéphales dans les temples. On en retrouve beaucoup de momies et de figures en bronze, en pierre, etc. On voit aussi des corps humains surmontés d'une tête de chien.

CYNOCÉPHALE, genre de singes, munis d'abajoues et de callosités; leur museau est allongé, tronqué à l'extrémité; les crêtes sourcilières sont très-développées et s'élèvent au-dessus de leurs yeux, en sorte que le front est entièrement effacé; ce qui donne à leur tête une certaine ressemblance avec celle du chien. On les trouve dans les parties chaudes de l'ancien continent. Ils sont forts et de grande taille, ont les sens très-développés, un pelage touffu. La face, les mains et les callosités sont nues et ornées de vives couleurs. Ces singes sont doués de forces musculaires très-grandes, sont très-méchants, et ne se plient pas à la domesticité. On en connaît un grand nombre d'espèces.

CYNOGLOSSE, genre de plantes de la famille des borraginées. Ce sont des herbes à tiges rameuses, et garnies de fleurs d'une couleur rouge vineuse. Elles croissent dans les contrées méridionales des zones tempérées. La *cynoglosse officinale* ou *langue de chien* croît dans les lieux incultes de l'Europe. Sa tige est velue, haute de cinq ou huit décimètres. Ses feuilles, cuites dans l'eau et appliquées à l'extérieur, passent pour émollientes et anodynes.

CYNOPITHÈQUES, une des sections du genre de singes nommée *cynocéphales*. Ils se distinguent de ceux-ci par l'absence de queue, et paraissent faire le passage des cynocéphales aux magots.

CYNOREXIE ou FAIM CANINE, maladie nerveuse dans laquelle on éprouve une faim insatiable et si pressante, qu'elle produit des défaillances si l'on n'y satisfait pas. L'on rejette ensuite les aliments peu après qu'ils ont été portés dans l'estomac. Cette affection est symptomatique.

CYNORRHODON. Voy. CINORRHODON.

CYNOSARGES, bourg de l'Attique, auprès d'Athènes. Selon d'autres, c'était une porte d'Athènes. On y voyait un gymnase et un temple consacré à Hercule. Les philosophes cyniques avaient établi leur école à Cynosarges. Quelques-uns prétendent même que c'est là qu'ils tirent leur nom.

CYNTHIE et CYNTHIEN, surnoms de Diane et d'Apollon, près du Cynthus, montagne stérile, située près de la mer, sur la côte orientale de Délos. D'après la fable, c'est au pied du Cynthus que ces dieux reçurent le jour.

CYNTHIE (*Hostia* ou *Hostilia*), maîtresse du poëte Properce, tuait à Rome vers l'an 50 avant J.-C. Quelques écrivains la font descendre de Tullus Hostilius, roi de Rome. D'autres disent qu'elle fut la fille d'un écrivain nommé Hostilius. Elle acquit de grandes connaissances dans les sciences et les arts, et fut la compagne des travaux de son amant. Elle mourut à Properce, qui déposa ses cendres sur les bords de l'Anio.

CYPARISSE (myth.), fils d'Amyclé ou de Téléphe, devint le favori d'Apollon. Ayant tué par mégarde un cerf qu'il aimait beaucoup, il en eut tant de regret qu'il pria les dieux de lui ôter la vie. Apollon, ne pouvant apaiser sa douleur, le changea en cyprès, arbre qui devint le symbole de la tristesse, et qu'on planta autour des tombeaux.

CYPÉRACÉES ou CYPÉROÏDES, famille de plantes monocotylédonées, voisine des graminées et des joncées, et renfermant des végétaux herbacés, croissant en général dans les lieux humides, sur le bord des ruisseaux et des étangs. La racine est annuelle ou vivace, fibreuse, présentant des tubercules charnus remplis d'une substance blanchâtre et amylacée. La tige est un chaume cylindrique ou à trois angles aigus, munie ou dépourvue de nœuds, aux feuilles caulinaires ou radicales. Les fleurs pendent en épis ovoïdes, globuleux ou cylindriques.

CYPHONISME, supplice autrefois en usage, et qui consistait à frotter de miel le corps du patient, et à l'exposer aux mouches pendant l'ardeur du soleil, les mains liées derrière le dos.

CYPRE. Voy. CHYPRE.

CYPRÈS, genre de la famille des conifères, renfermant de grands arbres, aux racines nombreuses, déliées, au tronc élevé, dont les rameaux sont couverts de feuilles très-petites, étroitement imbriquées les unes dans les autres. Les fleurs sont unisexuées et formées de plusieurs écailles arrondies, qui, en s'agglomérant, forment un fruit en forme de cône. Les feuilles du cyprès sont d'un vert obscur, et répandent autour d'eux un certain air de tristesse. Aussi tous les peuples l'employaient comme le symbole de la mort. Ces arbres, originaires du Levant, ont l'avantage de purifier l'air. Leur bois, fort et incorruptible, est susceptible de recevoir un beau poli. Sa durée est sept fois plus grande que celle du chêne. Les cyprès vivent très-longtemps, et fournissent une résine utile contre les blessures récentes, et d'une belle couleur cannelle. — PETIT CYPRÈS. Voy. SANTOLINE.

CYPRICARDE, genre de mollusques. La coquille est libre, équivalve, inéquilatérale, allongée obliquement ou transversalement. Sa surface est ordinairement lisse. On connaît des espèces à l'état vivant et fossile.

CYPRIEN (Saint), un des Pères de l'Eglise, né à Carthage d'une famille sénatoriale. Il professait la rhétorique, lorsqu'il fut converti au christianisme par un prêtre nommé Cecilius. Il quitta sa femme pour vivre dans la chasteté, et distribua son bien aux pauvres. Son zèle le fit nommer évêque de Carthage en 248. Il se fit remarquer par sa piété et son zèle pour le maintien de la discipline de l'Eglise, et souffrit le martyre dans la persécution qui s'éleva en 258 sous Valérien. Il a laissé des *lettres* et plusieurs *traités*, dont les plus célèbres sont ceux *sur la Grâce* et *sur les Vierges*. On fait sa fête le 16 septembre.

CYPRIEN LE MAGICIEN, né à Antioche d'une famille riche, fut ainsi nommé à cause de la recherche des secrets magiques qu'il avait faite avant sa conversion. Il fut décapité sous Dioclétien, l'an 304 de J.-C. On célèbre sa fête le 26 septembre. — Evêque de Toulon, et disciple de Césaire. Il écrivit en 546 la vie de son maître, et mourut en 549. On célèbre sa fête le 3 octobre. — Evêque d'Unizibir (Afrique), qui mourut en 483. On fait sa fête le 12 octobre.

CYPRIENS (CHANTS), poésies très-anciennes attribuées à Stasinus. Elles sont du nombre de celles que l'on nomme *cycliques*.

CYPRINS, genre de poissons de la famille des cyprinoïdes. Leur corps est écailleux, leur bouche petite et sans dents, les lèvres protractiles ou allongeables; le dos a une seule nageoire. Ces poissons d'eau douce sont peu carnassiers, et vivent d'herbes, de graines et de limon. Tels sont les *cyprins* proprement dits (carpes), les *tanches*, les *barbeaux*, les *goujons*, les *brèmes*, les *labéons*, les *ables*, etc.

CYPRINODON, petit genre de poissons de l'ordre des abdominaux. Leurs dents sont en fins velours, et ils ont six rayons aux ouïes. Ces poissons, d'un brun roussâtre, avec quelques taches brunes, se trouvent dans les lacs d'Autriche et les eaux souterraines.

CYPRINOIDES, famille de poissons malacoptérygiens abdominaux. Leur type est le genre *cyprin*, dont les caractères sont les mêmes que ceux de la famille.

CYPRIPÈDE, genre de la famille des orchidées, renfermant des espèces herbacées, vivaces, croissant dans toutes les parties du monde. La racine est tuberculeuse, la tige simple, dressée, portant des feuilles larges, vertes, très-vertes, à son sommet, une, deux ou trois fleurs solitaires, grandes, blanches, jaunes ou purpurines. Leur odeur est suave. Les quatre pétales sont posés comme les ailes d'un moulin à vent. Dans quelques espèces, la tige est velue. On les nomme encore *sabot de la Vierge* ou *de Vénus*.

CYPRIS, CYPRINE ou CYPRIGENA (myth.), surnom de Vénus, parce qu'elle était née sur les côtes de la mer qui baigne l'île de Cypre, et qu'elle était particulièrement honorée dans cette île.

CYPRIS, genre de crustacés de l'ordre des ostrapodes, famille des cladocères. Ces crustacés ont six pieds et deux antennes terminées par un faisceau de soie. Le test forme un corps ovalaire, comprimé latéralement, bombé sur le dos. L'œil forme un gros point noirâtre et rond. Les cypris habitent les eaux tranquilles de l'Europe, se nourrissent de substances animales mortes et de conferves. Leur longueur est de trois quarts de millimètre.

CYPSÈLE, espèce de fruit faisant corps avec le calice, dont le limbe la couronne. Tels sont les fruits des plantes de la famille des synanthérées.

CYPSELUS, Corinthien, fils d'Eétion et de Labda. L'oracle ayant déclaré qu'il deviendrait maître de Corinthe, les Bacchiades, qui y exerçaient l'autorité, résolurent de le faire périr; mais Labda le renferma dans un coffre. Devenu grand, il chassa les Bacchiades de Corinthe, et en devint tyran l'an 659 avant J.-C. Il régna avec modération, ne voulut pas avoir de gardes, et éleva un temple à Jupiter. Son fils Périandre lui succéda. Son petit-fils CYPSELUS régna après Périandre. D'autres historiens mettent Psammeticus à sa place.

CYR (Saint), martyr de Tarse et fils de sainte Julitte (voy.), n'était âgé que de trois ans lorsque sa mère fut mise à la question pour la foi de Jésus-Christ. Le juge, l'ayant pris sur ses genoux pour le caresser, et voyant qu'il ne pouvait l'empêcher de dire qu'il était chrétien, le prit par le pied, et le jeta du haut de son tribunal. L'enfant eut la tête cassée et remporta ainsi la *couronne du martyre*. — Autre martyr chrétien, eut la tête tranchée en 311. On l'honore le 31 janvier.

CYR (SAINT-), petit village du département de Seine-et-Oise, à 5 lieues de Paris. Population, 1,200 habitants. C'est dans ce village que Mme de Maintenon fit bâtir, avec la protection de Louis XIV, un monastère de filles pieuses, qui prononçaient les vœux de pauvreté, de chasteté, d'obéissance, et qui étaient chargées d'élever et d'instruire des jeunes filles qui pouvaient justifier quatre degrés de noblesse du côté paternel. La pension était gratuite. Les demoiselles, au nombre de deux cent cinquante, recevaient, au sortir de Saint-Cyr, une dot de 1,000 écus et un trousseau. Cet établissement, nommé *monastère de Saint-Louis*, fut supprimé en 1793. Il avait été fondé en 1686. En 1793, il devint hôpital militaire et école. Napoléon y transporta l'école militaire de Fontainebleau. Louis XVIII ressuscita le monastère de Saint-Louis; mais, depuis 1818, on y a fondé une école militaire commandée par un général. On y apprend les mathématiques pures et appliquées, la littérature, l'histoire, la géographie, le dessin, etc. Les élèves, en sortant, sont répartis dans les corps de l'armée avec divers grades.

CYRANO DE BERGERAC (Savinien), né en 1620 au château de Bergerac (Périgord). Il entra en qualité de cadet au régiment des gardes, et y acquit une grande réputation de bravoure. Ayant reçu deux blessures graves à la tête, il se retira du service et cultiva les lettres; il mourut en 1655. Il a laissé plusieurs pièces de théâtre, *Agrippine*, *le Pédant joué*; une *Histoire comique des Etats et des empires de la lune*, une *Histoire comique des Etats et empires du soleil*; des *lettres*, etc.

CYRÉNAÏQUE, province d'Afrique, faisait partie de la Libye extérieure; elle était ainsi nommée de Cyrène, qui en était la capitale. Elle était bornée à l'E. par une chaîne de montagnes qui la séparait de l'Egypte, par le cap Physcus et la grande Syrte. La Pentapole en faisait partie; on y comprenait quelquefois la Marmarique. Cette province, rendue fertile dans la partie septentrionale par plusieurs rivières, n'était au midi qu'un désert de sables.

CYRÉNAIQUES, secte de philosophes fondée par Aristippe de Cyrène. Ils disaient que l'homme ne peut connaître que ses sensations, et qu'elles sont pour lui la seule règle de la vérité; qu'il n'a d'autre but que le bonheur, et que s'il pratique la vertu ce n'est que par intérêt. On rejetait la physique, la géométrie et les études qui ne sont pas directement utiles. Cette secte se fondit dans celle d'Epicure.

CYRÈNE, ville célèbre de l'Afrique, capitale de la Cyrénaïque, fondée vers l'an 320 avant J.-C. par une colonie venue de l'île de Théra. Battus, chef de cette colonie, en fit la capitale d'un royaume. Le gouvernement républicain s'y établit ensuite, et subsista jusque après la mort d'Alexandre. Cyrène passa alors sous la domination de l'Egypte. Ptolémée Physcon fit un royaume particulier de la Cyrénaïque en faveur de son fils, qui la céda aux Romains l'an 96 avant J.-C. Le sénat rendit la liberté à Cyrène, qui la conserva trente ans. Elle fut enfin réduite en province romaine vers l'an 65 avant J.-C. Ses ruines se nomment *Kuren*.

CYRÈNE (myth.), fille d'Hypsée, roi de Thessalie, ou suivant d'autres du fleuve Pénée, fut aimée d'Apollon qui la transporta en Libye, où il la rendit mère du berger Aristée.

CYRIADE, un des vingt-neuf tyrans qui envahirent l'empire romain sous les règnes de Valérien et de Gallien, était fils d'un homme illustre d'Orient, qui possédait de grandes richesses. Livré à la débauche dans la jeunesse, il passa en Perse, dont le roi Sapor I<sup>er</sup>, excité par ses conseils, déclara la guerre aux Romains. Cyriade pénétra dans la Syrie, saccagea Antioche, prit le titre d'auguste, et se forma une armée particulière avec laquelle il dévasta les provinces voisines. Ses soldats, ayant appris que Valérien marchait contre eux, l'assassinèrent en 258.

CYRILLE (Saint), évêque de Jérusalem, né dans cette ville en 315. Il succéda à saint Maxime en 350. Après avoir été exilé quelques années par les intrigues des ariens, il fut rétabli au commencement du règne de Julien l'Apostat ; il mourut en 386. L'Eglise grecque honore sa mémoire le 18 mars. Il nous reste de lui vingt-trois instructions ou *Catéchèses*, l'abrégé le plus ancien et le plus succinct de la doctrine chrétienne. — Evêque de Gortyne et martyr, he en 168, fut brûlé vif par ordre du gouverneur de Crète en 250. On honore sa mémoire le 9 juillet.

CYRILLE (Saint), patriarche d'Alexandrie et docteur de l'Eglise, succéda à son oncle Théophile en 412. Il chassa les juifs et les novatiens d'Alexandrie; il présida en 431 un concile général à Ephèse, contre l'hérésie de Nestorius, qui fut déposé. Déposé lui-même par un concile présidé par Jean d'Antioche, fauteur de l'hérésie des nestoriens, il fut rétabli par l'empereur Théodose, et mourut en 444. Cyrille a laissé un grand nombre d'ouvrages, des *homélies*, des *Commentaires sur l'Ecriture sainte* et des *Traités contre les novatiens*, des *lettres*. On célèbre sa fête le 28 janvier. — L'Eglise honore encore sous le nom de Cyrille un diacre d'Héliopolis, martyr, le 29 mars; — un enfant qui souffrit le martyre à Césarée, le 29 mai ; — un apôtre des Slaves, le 9 mars.

CYRION ou QUIRION, chef des quarante martyrs de Cappadoce sous Licinius. Ces martyrs étaient quarante soldats de la garnison de la ville de Sébaste. Le gouverneur Agricola les fit exposer tout nus, pendant une nuit entière, sur un étang glacé près de Sébaste. Lorsque le jour fut venu, on les jeta dans le feu. On célèbre leur fête le 9 mars.

CYROGRAPHE. Voy. CHIROGRAPHAIRES.

CYROPÉDIE, histoire ou roman historique composé, selon l'opinion la plus générale, par Xénophon, sur la vie de Cyrus. Ce récit est rempli d'absurdités et de fables, et entièrement opposé à celui que fait Hérodote de la vie de ce prince.

CYRTANDRACÉES, famille de plantes phanérogames, dont quelques botanistes ont voulu faire le genre cyrtandre ; mais cette division n'a pas été adoptée : le cyrtandre est conservé dans la famille des bignoniacées. Les espèces sont originaires de l'Inde, herbacées ou sous-frutescentes. Le *cyrtandre à bouquets* a les tiges rameuses, couvertes d'une poussière ferrugineuse ; les feuilles opposées, d'un beau vert; les fleurs blanches.

CYRTANTHE, genre de plantes bulbeuses, de la famille des liliacées, renfermant des espèces provenant du cap de Bonne-Espérance. Le *cyrtanthe oblique* a un bulbe gros, couvert de tuniques brunes, du sommet duquel sort un faisceau de feuilles longues, droites, d'un vert foncé, et une hampe verte, rougeâtre, chargée de fleurs rouges et jaunes.

CYRUS, fils de Cambyse, roi des Perses, et de Mandane, né l'an 599 avant J.-C. Hérodote dit qu'Astyage, son grand-père maternel, ayant appris qu'il serait détrôné par son petit-fils, fit exposer à sa naissance Cyrus, qui fut élevé par la femme d'un pâtre. Xénophon le fait au contraire élever à la cour d'Astyage. Après la mort d'Astyage, Cyrus vainquit Nériglissor, roi des Babyloniens, défit Crésus, roi de Lydie, à Thymbrée (538 avant J.-C.), et s'empara de Babylone en détournant les eaux de l'Euphrate (538). A la mort de Cyaxare, roi des Mèdes et son oncle, il forma un vaste royaume, composé de la Babylonie, de la Médie, de la Perse, de l'Assyrie et d'une grande partie des contrées de l'Asie-Mineure. Il rendit la liberté aux Juifs l'an 536 avant J.-C. D'après Hérodote, il fut vaincu et tué par Tomyris, reine des Scythes; mais Xénophon le fait mourir dans son lit en 529 avant J.-C.

CYRUS LE JEUNE, roi de Perse, fils de Darius Nothus. Son père lui confia à l'âge de seize ans le gouvernement des provinces de l'Asie-Mineure ; mais en mourant il laissa le trône à Artaxerce. Cyrus forma le projet de dépouiller son frère. Son complot fut découvert, et Artaxerce lui fit grâce. Mais Cyrus, ayant formé la résolution de disputer le trône à son frère, leva une armée de 100,000 barbares et de 13,000 Grecs. Artaxerce le vainquit, et le tua près de Babylone en 401 avant J.-C. Les 10,000 Grecs qui restaient retournèrent dans leur patrie, en accomplissant la retraite nommée *retraite des dix mille*.

CYRUS, fleuve d'Asie, prenait sa source dans le Caucase, traversait de l'E. à l'O. l'Ibérie et l'Albanie, et se jetait dans la mer Caspienne près du pays des Caducsiens.

CYSTE, nom commun donné aux vessies. On a étendu sa signification aux organes placés sur le trajet du canal, et ayant la forme d'une poche, qui servent à retenir pendant un certain temps les substances qui s'y accumulent, s'y élaborent, pour en être ensuite expulsées. On retrouve très-souvent cette forme dans les règnes animal et végétal.

CYSTIBRANCHES, section de l'ordre des isopodes établie parmi les crustacés. Ces animaux ont quatre antennes simples, portées sur un pédoncule, des mandibules sans palpes, un corps vésiculaire, filiforme ou linéaire, composé de huit à neuf articles, des pieds terminés par un fort crochet. Ils sont tous marins, et habitent sur des plantes ou des animaux. Tels sont les *cyames*, les *chevrolles*. Quelques naturalistes en font un ordre particulier, celui des *læmodipodes*.

CYSTICERQUE, genre de vers entozoaires, de l'ordre des vésiculaires. Leur corps, presque cylindrique ou déprimé, se termine en arrière par une vésicule sphéroïde, remplie d'un fluide transparent. La tête est armée de quatre suçoirs et d'une trompe à crochet. Ce ver habite un kyste épais formé d'un seul feuillet membraneux. On le trouve dans le corps des rats, des chauves-souris, du lièvre, du lapin, le tissu cellulaire du cochon, où il constitue la maladie nommée *ladrerie*, et le tissu de l'homme.

CYSTIQUE, qui appartient à la vésicule biliaire. On nomme *bile cystique* celle qui est contenue dans cette vésicule. — L'*artère cystique* provient de la branche droite du tronc hépatique, et se divise en deux rameaux, qui se distribuent à la vésicule biliaire. — Le *canal* ou conduit cystique est placé dans l'épaisseur du petit épiploon, et s'étend du col de la vésicule biliaire à la partie supérieure du canal hépatique. Ce canal livre passage à la bile lorsqu'elle refiue dans la vésicule ou lorsqu'elle s'écoule dans le duodenum. — Les *calculs cystiques* sont ceux qui se forment dans la vésicule biliaire.

CYSTIQUES, nom donné aux remèdes propres à combattre les maladies de la vessie.

CYSTIRRHÉE, maladie caractérisée par une sécrétion abondante de mucus qui s'écoule avec l'urine. Cette maladie, nommée aussi *catarrhe vésical*, *flux muqueux de la vessie*, se montre particulièrement dans les saisons froides et humides : elle attaque surtout les vieillards, les gens sédentaires, etc. Chez quelques individus, elle persiste indéfiniment, sans entraîner la mort; chez d'autres, elle produit un dépérissement progressif qui emporte le malade.

CYSTITE, inflammation de la vessie. Cette affection se présente sous des formes distinctes : elle est 1° *superficielle* ( *catarrhale*, *érysipélateuse*, *catarrhe aigu*), c'est-à-dire bornée à la membrane interne de la vessie. Elle est causée par l'usage des diurétiques âcres, l'application de cantharides sur la peau, etc. Sa durée est de vingt à quarante jours. Rarement elle est mortelle. 2° *Profonde* ou *phlegmoneuse*, c'est-à-dire, étendue à toutes les membranes de la vessie et à la portion du péritoine qui recouvre ce viscère. Elle est causée par des plaies, des contusions, des opérations pratiquées sur la vessie, etc. Cette cystite est la plus souvent dangereuse.

CYSTOTOME, nom donné aux instruments destinés à inciser la vessie. Ces instruments dont on se sert dans l'opération de la taille sont nombreux. On les nomme aussi *lithotomes*.

CYSTOTOMIE, incision de la vessie. Autrefois on nommait ainsi l'incision faite à la vessie dans l'intention d'évacuer l'urine, et on avait réservé le nom de *lithotomie* ou de *taille* à l'opération pratiquée pour extraire les calculs urinaires. Aujourd'hui ces trois mots sont synonymes.

CYTHÈRE, île de la Méditerranée, située entre la Laconie et la Crète. Elle avait un port estimé, nommé port Scandée. Les Phéniciens y avaient apporté très-anciennement le culte de Vénus ; c'est ce qui fit dire aux poètes que cette déesse naquit de l'écume de la mer. Comme le sol en est stérile, on ajoute qu'elle la quitta pour s'enfuir à Chypre. Du temps de la guerre du Péloponèse, cette île appartenait aux Lacédémoniens. Aujourd'hui elle appartient aux Turks, et se nomme *Cérigo*.

CYTHÉRÉE, genre de crustacés de l'ordre des ostrapodes, de la famille des cladocères. Leur corps est renfermé dans un test bivalve, réniforme, muni d'un seul œil, de deux antennes simples, sétacées, et de huit pieds pointus et garnis de soies. Ces crustacés habitent les eaux saumâtres des bords de la mer, et vivent au milieu des varechs et des conferves. — Genre de mollusques à coquille équivalve, inéquilatérale. Les cythérées sont marines, et le plus grand nombre est lisse ou marqué de sillons ou de côtes parallèles aux bords. Ces coquilles sont d'un fauve plus ou moins vif.

CYTHÉRÉE (myth.), surnom de Vénus, pris de l'île de Cythère, où elle était adorée.

CYTHÉRON. Voy. CITHÉRON.

CYTINELLE, genre de plantes de la famille des aristolochiées. Elles sont parasites et s'attachent aux racines des cistes. Elles abondent dans les Etats du midi de l'Europe, en Asie-Mineure, etc. La tige est courte, épaisse, droite, rougeâtre ou jaune, couverte de petites écailles imbriquées, charnues; ses fleurs sont petites, rougeâtres ou jaunes, disposées en épi terminal; le fruit est une baie coriace, ovale, contenant plusieurs graines, dont le suc, acide et astringent, est converti en extrait, usité autrefois par les médecins. — Quelques naturalistes ont érigé ce genre en famille, celle des cytinées; mais cette division n'est pas adoptée.

CYTISE, genre d'arbrisseaux, de la famille des légumineuses. Les fleurs sont jaunes ou pourpres et disposées en grappes ou en épis. La plus belle espèce est le cytise aubours (cytise des anciens), qui croît en France, en Suisse, en Italie et en Grèce. Il monte à cinq mètres, et se cultive comme plante d'ornement. Son feuillage peut servir de fourrage. Ses semences sont vomitives et purgatives. Son bois est élastique, très-dur, veiné de noir et de blanc. Il peut recevoir un beau poli. Les anciens en faisaient des arcs. On le nomme aussi faux ébénier. On connaît encore le cytise blanc, tomenteux, pourpre, etc.

CYZIQUE (myth.), roi d'une presqu'île de la Propontide. Il fit un accueil hospitalier aux Argonautes qui allaient conquérir la toison d'or. Ces héros ayant été forcés par un orage de reprendre terre dans cette île pendant la nuit, les habitants les prirent pour des pirates et les attaquèrent avec fureur. Cyzique fut tué dans le combat. Jason, l'ayant reconnu parmi les morts, lui fit des funérailles magnifiques, et donna son nom à la presqu'île.

CYZIQUE, ville de l'Asie-Mineure, dans la Mysie. Elle avait deux beaux ports, Panorme et Chylus. Les Athéniens y vainquirent les Lacédémoniens. Détruite par Mithridate, rebâtie par Lucullus, Cyzique devint la capitale de l'Hellespont; on en retrouve les ruines près d'Artaki. — Presqu'île de 530 stades de circuit. Alexandre la joignit au continent par un port, ce qui en fit une péninsule.

CZACAN, espèce de flûte en forme de canne, qui a eu de la vogue en Allemagne en 1800, et pour laquelle on a composé beaucoup de musique. Le son de cette flûte est doux.

CZANAD, comitat de Hongrie, entre ceux de Bekes, Arad, Temesvar, Czongrad. Sa superficie est de 80 lieues carrées, et sa population de 40,000 habitants. Le chef-lieu est Czanad, à 15 lieues de Temesvar.

CZAR, mot sclavon qui signifie roi. C'est le titre de l'empereur de Russie. Voy. TSAR.

CZARTORISKI (Adam-Casimir), né en Lithuanie en 1731 d'une famille issue de Jagellon, roi de Pologne, fut d'abord staroste de Podolie, puis fcld-maréchal des armées de l'empereur d'Autriche. Elu grand maréchal de la diète, après la mort d'Auguste III, il lut avec Poniatowski au nombre des concurrents pour le trône de Pologne. Mais ce dernier fut élu. En 1789, il chercha à faire recouvrer l'indépendance à la Pologne, et fut nommé envoyé extraordinaire à Dresde pour engager l'électeur de Saxe à accepter l'hérédité de la couronne de Pologne. Il se retira des affaires jusqu'en 1812, époque où Napoléon le nomma maréchal de la diète qui établit la confédération polonaise. Ayant éprouvé de grandes pertes dans la guerre avec la Russie, il proposa en 1815 à l'empereur les bases d'une constitution à laquelle ce prince accéda. Le tsar le nomma sénateur palatin.

CZASLAU, cercle de Bohême, entre ceux de Chrudim, Biczow, Tabor, Kaursim. Sa superficie est de 170 lieues carrées, et sa population de 178,300 habitants. Le chef-lieu est Czaslau, à 16 lieues de Prague. Population, 3,000 habitants.

CZÈCHES ou TSCHÈQUES, peuple d'origine slave, qui s'établit dans la Bohême vers la fin du Vᵉ siècle de l'ère chrétienne. On ignore les détails de leur histoire. Samo, marchand franc, les délivra de la domination des Avares au VIIᵉ siècle. Ce sont eux qui bâtirent Prague. Leur langue se parle encore dans quelques parties de la Bohême.

CZERNI-GEORGES ou GEORGES LE NOIR (Georges Petrovich), né près de Belgrade, servit d'abord dans les troupes autrichiennes. Ayant formé le projet de délivrer la Servie de la domination des Turks, il rassemble de nombreux soldats, établit parmi eux l'ordre et la discipline, défait les ennemis, s'empare de Belgrade (1800); et est proclamé généralissime des Serviens. Reconnu hospodar de Servie par les Turks, il reprend les armes en 1806, défait les Ottomans, les Bosniaques, et prend Schabatz (1807). Créé prince et général russe, après avoir assuré la tranquillité de sa nation, il fut arrêté en 1817 sur les frontières de la Servie, et conduit au pacha de Belgrade, qui le fit décapiter.

CZONGRAD, comitat de Hongrie, entre ceux de Hèves, Bekes, Czanad, Bacs, Pest et la petite Cumanie. Sa superficie est de 170 lieues carrées, et sa population de 70,000 habitants. Le pays est fertile. La capitale est Szegedin, à 30 lieues de Bade. Population, 18,000 habitants. Elle commerce en bestiaux.

# D

## DAB

D, la quatrième lettre de l'alphabet français, et la troisième des consonnes. Dans les chiffres romains, D désignait 500; avec un trait au-dessus D̄, 5,000. Chez les Grecs, avec un accent placé à sa droite, il valait 4; avec l'accent placé sous la lettre et renversé, il valait 4,000. — Considéré comme abréviation pour les prénoms romains, D désignait Decius, Decimus, etc.; Da. Drusus. D, devant les noms d'empereurs et de saints, remplace Divus. D. O. M., dans les inscriptions, remplace la phrase Deo Optimo Maximo (au Dieu très-bon, très-grand). — D est aussi la quatrième lettre dominicale. —En musique, D ou D la ré, ou D sol ré, désignait autrefois la note ut. — Dans l'ancien alphabet chimique, D indiquait le sulfate de fer. — Dans les formules, D et S sont des abréviations des mots latins detur et signetur (c'est-à-dire, que l'on donne et que l'on signe); D. D remplace detur ad (que l'on donne dans); D. D vitr. remplace detur ad vitrum (que l'on donne dans un verre). — CD-DC, etc. Voy. C. — D est encore l'abréviation de don ou dom, titre donné aux seigneurs espagnols et italiens et aux anciens moines bénédictins. — D est aussi la marque de la monnaie fabriquée à Lyon.

DAALDER, monnaie d'argent de Hollande, qui vaut 3 livres 5 sous.

DABAIBA (myth.), divinité adorée par les peuples idolâtres du Panama. Dabaïba, selon leurs mythes, s'éleva par ses vertus du rang de simple mortelle, à celui de déesse. Elle fut depuis appelée la mère des dieux. Le tonnerre et les éclairs sont les signes qui manifestent son courroux; et, pour prévenir sa colère, ses adorateurs lui offrent des sacrifices, et passent plusieurs jours dans les gémissements et la consternation.

## DAC

DABIS (myth.), idole des Japonais, à qui ses adorateurs élèvent des statues monstrueuses. On présente chaque année à cette divinité une vierge pour épouse.

DABOUIS, terme de commerce qui désigne une toile de coton des Indes. Elle tire son nom d'une ville de l'Indoustan, située dans le Bidjapour, sur la côte du Malabar.

DABOUL-KOSAY, poète, métaphysicien, moraliste et légiste arabe, florissait sous le règne de Haroun-al-Raschild et de son successeur Al-Mamoun. Sa plume mordante et satirique n'épargnait personne, pas même le calife. Il mourut en 860, à l'âge de quatre-vingt-quinze ans. Daboul a laissé un Dyouân ou recueil de poésies, remarquables par l'élégance et la pureté du style. Cet écrivain est nommé par quelques autres Daghil-Kosay.

DABSCHELIM, ancien roi de l'Indoustan, qui vivait plusieurs siècles avant l'ère chrétienne, et qui fut le chef d'une dynastie dont les princes portèrent le nom de Dabschelim. Ce fut pour un de ces rois que le brahmane Bidpaï (voy. ce mot) composa le Houmaïoun-Nemah (livre auguste) ou Fables de Bidpaï, dont deux chacals sont les interlocuteurs, et qui ont été traduites dans un grand nombre de langues.

DA CAPO, et, par abréviation, D. C., expression italienne qui se met quelquefois à la fin des morceaux de musique, pour indiquer qu'il faut les reprendre au commencement et continuer jusqu'au mot fin.

## DAC

DACAR, petite république établie par quelques nègres du Damel, en Afrique, sur la presqu'île du cap Vert, pour se soustraire à la tyrannie de leur souverain. Le gouvernement se compose d'un sénat présidé par le chef de l'Etat, nommé à vie, et qui rend la justice. Le souverain commande les troupes dans les guerres, et combat au premier rang, sous peine de déchéance. Il a quelques troupeaux, une douzaine de palmiers, et un léger subside en millet. Sa tente ne se distingue de celles de ses sujets que par un clou d'autruche, qui la surmonte, et une sonnette placée à l'intérieur.

DACIE, ancien pays de la Germanie, qui s'étendait du N. du Danube jusqu'aux monts Carpathes, entre la Theiss et le Pruth. — Ce pays résista quinze ans aux Romains, et fut enfin soumis par Trajan (103). Cet empereur joignit la Dacie à la Mœsie, en jetant sur le Danube un pont magnifique, que son successeur Adrien démolit par jalousie. La Dacie forme aujourd'hui une grande partie de la Hongrie, de la Transylvanie, de la Valachie et de la Moldavie. Quelques écrivains représentent les Daces comme étant le même peuple que les Gètes. — Domitien prit le nom de DACIQUE, à cause de ses prétendues victoires sur les Daces.

DACIER (André), né à Castres en 1651, fit ses études d'abord dans sa patrie, ensuite à Saumur, sous le célèbre Tanneguy

Lefebvre, dont il épousa la fille en 1683. Dacier fut au nombre des savants désignés pour commenter les anciens auteurs pour l'usage du dauphin, et fut chargé d'annoter *Pomponius Festus* (1681). Il fut nommé en 1695 membre de l'académie des inscriptions et de l'académie française. Dacier mourut en 1722. On a de ce philologue un grand nombre de *traductions* d'auteurs grecs et romains, la *Vie de Pythagore*, le *Manuel d'Épictète*, etc.

DACIER (Anne LEFEBVRE), femme du célèbre Dacier, et fille de Tanneguy-Lefebvre, naquit à Saumur en 1651. Elle reçut des leçons de son père, et acquit bientôt de grandes connaissances dans les langues grecque et latine. Elle fut chargée en 1672 de commenter, pour l'éducation du dauphin, Aurelius Victor, Florus, Eutrope, Dictys et Darès (de 1674 à 1684). Elle partagea les travaux littéraires de son époux, et publia la traduction de quelques pièces de Plaute, d'Aristophane et de Térence. Elle écrivit aussi un *Traité des causes de la corruption du goût*. Elle se consacra ensuite à l'éducation de ses enfants, et mourut en 1720. Elle avait traduit *l'Iliade* et *l'Odyssée*.

DACIER (Bon-Joseph), né à Valognes (Manche) en 1742, fut admis en 1772 à l'académie des inscriptions et belles-lettres, dont il fut nommé en 1782 secrétaire perpétuel. Il est mort en 1833. Ses principaux ouvrages sont un *Recueil des travaux de l'académie*, en dix volumes, des *Éloges des académiciens*, des *traductions*, etc.

DACNIS, nom donné par Cuvier aux *pitpits*, oiseaux de la famille des passereaux.

DACRYOPÉE, épithète qui s'applique, en médecine, à toutes les substances qui excitent la sécrétion des larmes, ou qui font pleurer; telles sont les émanations des oignons et des plantes alliacées.

DACTYLE (hist. nat.), genre de la famille des graminées, composé de plantes vivaces, nombreuses et multiflores. L'espèce la plus répandue, et que l'on trouve abondamment dans les prés et le long des chemins, etc., donne un mauvais foin; les bestiaux ne la mangent que lorsqu'elle est jeune. Le dactyle pousse très-vite, se renouvelle promptement et réussit dans les plus mauvais sols. On ne peut l'employer qu'à former des gazons dans les jardins.

DACTYLE ou DACTYLOS (antiq.), mesure linéaire des anciens Grecs, longue à peu près d'un travers de doigt. Le dactyle était la seizième partie du pied grec, et valait de nos mesures 2 centimètres. — Sorte de danse qu'exécutaient les athlètes. — *Dactyle* est aussi un pied de vers grec ou latin, composé d'une syllabe longue et de deux brèves. Il avait été, selon la fable, inventé par Bacchus.

DACTYLES (myth.), prêtres de Cybèle. Cette déesse leur confia Jupiter à sa naissance, et ils empêchèrent par leurs danses que les cris du jeune dieu ne fussent entendus de Saturne. Ces prêtres apportèrent de Phrygie en Grèce le culte de Jupiter. Ils découvrirent l'usage du feu, du cuivre, du fer, et l'art de travailler ces métaux. Ils établirent les premiers mystères religieux dans la Grèce, apprirent aux hommes l'usage des instruments de musique, et furent mis au rang des dieux, et regardés comme les *lares*. Le nom de ces prêtres vient de ce que leur nombre était égal à celui des *doigts* de la main, en grec *daktulos*. On donnait aussi le nom de *dactyles* à des prêtres chargés d'attiser le feu sacré qui brûlait en l'honneur du soleil, et qui exécutaient autour de ce feu la *danse pyrrhique*.

DACTYLÈS (hist. nat.), famille de poissons de l'ordre des holobranches et du sous-ordre des thoraciques. Leurs nageoires pectorales ont des rayons distincts et isolés, qui ressemblent à des doigts. On rapporte à cette famille les genres *trigle*, *dactyloptère*, etc.

DACTYLÈTHRES, reptiles batraciens qui offrent la particularité d'avoir les trois premiers doigts postérieurs armés d'ongles légèrement recourbés en ergots. Ces reptiles ont la peau lisse; leur tête et leurs yeux sont petits. Leur bouche est pourvue de dents. Le corps des dactylèthres ressemble à celui des grenouilles. Ces animaux séjournent habituellement dans l'eau, et viennent du cap de Bonne-Espérance.

DACTYLIOMANCIE, sorte de divination en usage chez les anciens, et qui consistait à tenir un anneau suspendu par un fil délié au-dessus d'une table ronde sur le bord de laquelle étaient gravées les vingt-quatre lettres de l'alphabet. L'anneau s'arrêtait en sautant sur quelques-unes de ces lettres, qui, jointes ensemble, composaient la réponse que l'on demandait. — La *dactyliomancie* se faisait aussi par le moyen d'anneaux fondus sous l'aspect de certaines constellations et auxquels étaient attachés des charmes et des caractères magiques. C'est par cette dactyliomancie que Gygès savait se rendre invisible en tournant le chaton de son anneau.

DACTYLIOTHÈQUE, science qui a pour but l'étude et le classement des anneaux antiques et des pierres gravées. L'origine des collections de ces objets remonte à Scaurus et à Pompée. Laurent de Médicis est le premier des modernes qui ait eu un cabinet de pierres gravées.

DACTYLIQUES. Dans l'ancienne musique, ce mot désignait une espèce de rhythme, dont la mesure se partageait en deux temps égaux. On le disait aussi d'une sorte de poëme où le rhythme était fréquemment employé.

DACTYLOGRAPHE, clavier inventé en 1818 et destiné à transmettre, au moyen du toucher, les signes de la parole. Il se compose de vingt-cinq touches, représentant les vingt-cinq lettres de l'alphabet. Chaque lettre est élevée au moyen d'un mouvement imprimé à la touche, et se fait sentir sous la main de la personne avec laquelle on communique. Cet instrument est très-utile aux sourds-muets, et offre *un moyen de correspondance entre un sourd-muet et un aveugle*.

DACTYLON, plante que les anciens employaient pour détruire les excroissances de chair qui viennent aux doigts et les abcès qui se forment sous les ongles. On pense que cette plante est la *sanguinaire* ou *pied-de-coq*.

DACTYLOPTÈRE (*poissons volants, hirondelles de mer*), genre de poissons de la famille des dactyles. Ils sont revêtus d'écailles dures, leur museau est court et sans proéminence, leur bouche est située en dessous; leurs nageoires pectorales se divisent en deux parties : une antérieure de longueur médiocre, une postérieure presque aussi longue que le corps. Lorsque cette partie s'étend, elle devient aussi large que longue, et c'est au moyen de la grande surface qu'elle présente que le poisson peut s'élever dans l'air pour échapper à la poursuite des autres poissons. Tous les dactyloptères sont très-répandus dans la Méditerranée; ils offrent un aliment agréable à l'homme.

DADOUQUE ou DADUQUE (*porte-flambeau*), prêtre de Cérès qui portait un flambeau dans la célébration des mystères de cette déesse, en mémoire de ce que Cérès cherchant Proserpine, sa fille, au milieu de la nuit, parcourut la terre une torche à la main. — C'était aussi le nom d'un des ministres des mystères de Bacchus et du grand prêtre d'Hercule à Athènes.

D.EDALEA, genre de la famille des champignons. Une espèce de ce bolet pousse sur les vieux troncs des saules et a une odeur d'anis très-prononcée. On le réduit en poudre, et on en prépare un électuaire qu'on emploie dans la phthisie pulmonaire.

DAENDELS, général hollandais, né à Elburg (1760). Il commanda en 1799 l'armée batave contre les Anglo-Russes. En 1806 il combattit contre la Prusse, et fut nommé en 1807 par le roi de Hollande maréchal de ses armées et gouverneur général des Indes orientales. Il fit la campagne de Russie dans l'armée française sous le général Rapp. En 1816, revenu dans sa patrie, il fut chargé du gouvernement des possessions des Pays-Bas sur la côte de Guinée, et mourut en 1818.

DAGANA, établissement agricole dans la colonie française du Sénégal. Il a pris son nom d'un village nègre auprès duquel on a construit une caserne avec un mur crénelé et bastionné; c'est la limite provisoire des établissements de culture en remontant le fleuve du Sénégal. Le canton s'étend jusqu'à 4 lieues au-dessous du village de M'Bilor et devant l'île de Tode.

DAGHESTAN (DAGISTAN ou LESGHISTAN), province d'Asie, entre la mer Caspienne, le Caucase, la Circassie et la Géorgie. Elle faisait autrefois partie de l'Albanie; elle appartient aujourd'hui à la Russie. Sa superficie est d'environ 650 lieues carrées. Le Daghestan est habité par les *Lesghiz*, divisés en plus de vingt-sept tribus et qui ont des chefs nommés *mirzas*, lesquels relèvent d'un seigneur suzerain nommé *tchamt-khal*. Les Lesghiz, braves et guerriers, se livrent à toutes sortes de brigandages et ne reconnaissent ni lois ni religions. Le Daghestan est très-fertile, et produit du blé, de l'orge, du safran et du coton; son climat est très-doux. La capitale est *Tarkou*, on évalue la population de cette province à environ 300,000 habitants.

DAGHO, île de la Baltique, sur la côte de la Livonie, entre le golfe de Finlande et Riga. Elle est de forme triangulaire, et appartient à la Russie.

DAGOBERT. Trois rois de France ont porté ce nom. — DAGOBERT I er, fils de Clotaire II, naquit en 604. En 622 son père lui céda l'Austrasie et se réserva la Neustrie. A la mort de Clotaire (628), il obtint la Bourgogne, la Neustrie, et laissa à son frère Caribert le pays situé entre la Loire et les Pyrénées. Il vainquit les Esclavons, les Saxons, les Gascons et les Bretons; mais il ternit ses victoires par sa cruauté et par ses débauches. Il fit périr son frère maternel, l'oncle de son frère, son neveu, et massacrer 9,000 Bulgares qui étaient venus leur demander un asile (631). Il eut jusqu'à trois femmes à la fois, sans compter les concubines. Il mourut en 638, et fut enterré à Saint-Denis, qu'il avait fondé lui-même. Saint Ouen fut son référendaire, et saint Éloi son ministre et son conseiller. Ce fut Dagobert qui publia les lois des Francs, avec des corrections et des augmentations. Ce prince couvrit la France de monuments religieux. — DAGOBERT II, fils de Sigebert II, devait succéder à son père sur le trône de l'Austrasie (656); mais Grimoald, maire du palais, le fit renfermer dans un monastère, et mit son propre fils Childebert sur le trône. Clovis II, roi de Neustrie, ayant fait mourir Grimoald, détrôna Childebert et relégua Dagobert en Ecosse, après avoir donné l'Austrasie à Clotaire III, puis à Childéric II. Après la mort de Childéric, Dagobert reprit la couronne d'Austrasie; il fut assassiné cinq ans après (679) par Ébroïn, maire du palais. — DAGOBERT III, fils et successeur de Childebert II ou III, roi de Neustrie en 711, mourut en 715. Son fils Thierry fut chassé du trône par les Francs. Dagobert II et Dagobert III sont au nombre des rois fainéants.

DAGON (myth.), idole des Philistins, dont il est parlé dans la Bible. Les savants ne sont pas d'accord pour savoir si c'était Saturne, Jupiter, Vénus, Cérès ou l'Isis des anciens. Les uns donnent à Dagon le haut du corps d'un homme et le bas du poisson; d'autres le font tout homme ou tout poisson. Cette divinité est la même que *Dercéto*, qui était adorée dans le temple d'Ascalon sous la figure d'une sirène. Dagon avait un temple fameux dans la ville de Gaza. L'on pense que ce dieu était le symbole de la fertilité, représentée tantôt sous l'image de l'homme, tantôt sous celle de la femme.

**D'AGRAIN** (Eustache) suivit Raimond, comte de Toulouse, dans la Palestine, lors de la première croisade (1096). Eustache, s'était distingué par son courage et ses connaissances militaires, le roi Baudouin lui donna la souveraineté de Sidon et de Césarée, qu'il transmit à ses enfants. Le roi ayant été fait prisonnier par un prince sarrasin, d'Agrain fut élu vice-roi à Acre et connétable du royaume de Jérusalem. Il défit le soudan d'Égypte. Ses fils et les descendants jouirent d'une grande considération en Palestine, et revinrent en France avec Louis IX.

**DAGUE**, terme de vénerie qui désigne le premier bois qui pousse à la tête du cerf vers sa seconde année.

**DAGUE**, sorte de poignard gros et court dont on se servait autrefois dans les combats singuliers, et que portaient les archers à pied, les francs archers et les autres milices d'infanterie légère. Ce nom est emprunté de celui que portaient les pointes des haches danoises et des hallebardes. Les pointes étaient destinées à pénétrer les cottes de maille, dans le défaut de la cuirasse, etc.

**DAGUE** (technol.), nom donné par les reliurs à une lame de sabre emmanchée par ses deux bouts d'une poignée de bois, et dont ils se servent pour ratisser et nettoyer les peaux de veau, afin d'en enlever tout ce que le tanneur y a laissé d'ordures, et obtenir ainsi des reliures plus soignées.

**DAGUE** (mar.), nom par lequel on désignait le bout de cordage ou la garcette dont se servait anciennement le prévôt pour frapper les matelots condamnés à ce châtiment, à bord des bâtiments de guerre.

**DAGUER**, terme de fauconnerie, qui se dit de l'oiseau lorsqu'il vole de toute sa force, et qu'il travaille diligemment de la pointe des ailes. — En termes de vénerie, il se dit de l'action du cerf qui s'accouple avec la biche.

**DAGUERRÉOTYPE**, procédé inventé par M. Daguerre, et qui a été rendu public en 1839, après avoir été acheté par le gouvernement français à son inventeur, moyennant une pension annuelle de 6,000 francs. Ce procédé consiste à fixer les images de la chambre obscure, et à former ainsi par la seule influence de la lumière de véritables dessins. Une planche de cuivre, plaquée d'argent, nettoyée avec soin de toute substance étrangère, est soumise à la vapeur d'iode ; ainsi préparée, elle est placée dans une chambre obscure pour recevoir, pendant un espace de cinq à quinze minutes (suivant l'intensité du soleil), l'action de la lumière, la chambre obscure ayant été préalablement disposée pour reproduire le paysage ou le monument qu'on veut représenter. La dernière opération consiste à exposer la plaque à une vapeur mercurielle, et l'on obtient en définitive les dessins d'un effet sombre très-miroitants, mais dont les moindres détails sont d'une exactitude si merveilleuse, qu'on peut retrouver à la loupe les traits de l'original les plus imperceptibles à l'œil nu. Cette invention est particulièrement propre à reproduire les monuments d'architecture, car elle ne rend bien que les objets parfaitement immobiles.

**D'AGUESSEAU** (Henri-François), né à Limoges en 1668, devint avocat général en 1690, et procureur général en 1700. Il fut nommé en 1717 chancelier de France et garde des sceaux. Il améliora l'administration des hôpitaux, rétablit la discipline dans les tribunaux, fit des ordonnances sur les donations, les testaments, les substitutions, les règlements des juges, etc. Il fit rétablir les droits de noblesse en faveur des services militaires. L'Angleterre s'adressa à lui pour la réformation de son calendrier. D'Aguesseau mourut en 1751. Ses œuvres forment 12 volumes in-4º.

**DAGUET**. En termes de vénerie, ce mot désigne un jeune cerf de deux ans, qui a poussé son premier bois ou *dague*.

**DAGUN** (myth.), divinité du Pégu, dont le temple est construit sur une éminence. Les prêtres seuls ont le droit d'y entrer. On ne donne pas de figure humaine à cette divinité. Les prêtres disent que, lorsque Dieu aura détruit le monde, Dagun formera un univers nouveau avec les débris de l'ancien.

**DAHAR**, roi de l'Inde, célèbre au VIIIe siècle. Avant son règne, les Arabes avaient tenté à diverses époques de pénétrer dans l'Inde, et n'y avaient fait que des conquêtes de peu d'importance. En 680, ils firent une nouvelle irruption dans cette contrée sous la conduite de Mohammed Cassem, neveu du souverain de l'Irak-Arabi. Dahiar leur livra une bataille sanglante, où les Arabes demeurèrent vainqueurs. Les résultats de cette bataille furent la conquête de l'Inde par ces derniers, et l'établissement du mahométisme dans ce pays. Dahar, fugitif et détrôné, ne reparaît plus dans l'histoire.

**DAHLAD**, île de la mer Rouge, sur les confins de la Nubie et de l'Abyssinie. Sa superficie est d'environ 300 lieues carrées. Elle est fertile, et l'on y pêche de belles perles. Les habitants sont noirs, courageux, et sont presque tous corsaires.

**DAHLBERG** (Eric), ingénieur suédois, né en 1625. Gustave-Adolphe le chargea des travaux pour la défense de Thorn ; en 1669, il fut nommé surintendant des fortifications, et en 1690 gouverneur de la Livonie. En 1700, Dahlberg publia un ouvrage intitulé *Suecia antiqua et hodierna* (la Suède ancienne et moderne). Il mourut en 1703. Il avait été surnommé le *Vauban suédois*.

**DAHLER**, monnaie d'argent ou de cuivre, usitée en Allemagne, en Suède et en Hollande. Sa valeur varie de 3 francs 15 centimes à 5 francs 50 centimes de notre monnaie.

**DAHLIA**, genre de plantes radicées, de la famille des corymbifères. Elles sont herbacées. Les fleurs qui ornent le sommet des tiges et des rameaux s'épanouissent en Europe dans les derniers mois de l'année ; elles sont solitaires, rouges et jaunes. Mais, par leur fécondation réciproque, elles ont donné des variétés très-nombreuses dans les nuances de ces deux couleurs. Les dahlias offrent dans leur feuillage et dans leurs tubercules une nourriture agréable aux bestiaux : on peut employer les tiges, les feuilles et les tubercules gâtés à l'engrais des terres. Au Mexique, les tubercules sont alimentaires pour l'homme. Les dahlias sont originaires du Mexique, et furent portés en Europe en 1790. On les multiplie par semis et par tubercules.

**DAHOMEY**, royaume de Guinée, qui s'étend depuis le royaume d'Achanti jusqu'à celui de Jarriba. Le sol est fertile, et les grands végétaux y acquièrent des dimensions extraordinaires. Les habitants sont très-féroces. Le prince de Dahomey peut armer 8,000 hommes, et sa garde est formée de 800 à 1,000 femmes. Ce royaume, autrefois si puissant, est aujourd'hui tributaire de celui de Jarriba. La capitale est *Abomey*, avec une population de 24,000 habitants.

**DAIDIS**, solennité qu'on célébrait à Athènes, et qui prenait son nom des torches qu'on y allumait pendant trois jours : le premier, en mémoire des souffrances de Latone lorsqu'elle mit au monde Apollon ; le second, pour honorer la naissance de Glycon et celle des dieux en général ; et le troisième, en l'honneur des noces de Podalirius et de la mère d'Alexandre le Grand.

**DAIKOKU** (myth.), dieu que les artisans invoquent au Japon. On le représente assis sur une balle de riz, avec un marteau à la main et un sac près de lui. Chaque fois qu'il frappe de son marteau, on croit que le sac se remplit d'argent.

**D'AILLY** (Pierre), né à Compiègne en 1350. Il devint en 1383 aumônier de Charles VI ; en 1388, il fut chef de la députation envoyée à Clément VII pour défendre le dogme de l'immaculée conception de la Vierge, et fut nommé chevalier. En 1394, il fut envoyé à Benoît XIII pour le faire consentir à céder le pontificat. Il se laissa gagner par les bienfaits du pape, qui lui donna l'évêché de Cambrai. En 1409, il assista au concile de Pise, et fit déclarer la destitution des trois prétendants au pontificat. Il fut nommé cardinal par Jean XXIII, et son légat en Allemagne. Il mourut en 1420.

**DAILLY** (Marc-François), né en 1724, fut nommé député du tiers état du bailliage de Chaumont aux états généraux, dont il fut nommé président en 1789. En 1799, il fut nommé sénateur, et mourut en 1800. Il laissa quelques mémoires sur l'économie politique, l'agriculture et les finances.

**DAIM**, animal du genre *cerf*, dont la taille est intermédiaire entre celle du cerf et du chevreuil. Son pelage en hiver fauve en été et tacheté de blanc. Sa queue est noire, longue : les bois du daim sont divergents et dentelés sur leurs deux bords. Le daim est répandu dans toute l'Europe, surtout en Angleterre. Sa chair est très-estimée. On se sert du daim pour peupler les parcs. La femelle, appelée *daine*, n'a pas de bois. La peau des daims est souvent employée dans les arts. Le daim est timide et léger à la course.

**DAIN** (Olivier LE), fils d'un paysan de Thielt (Flandre), vint chercher fortune en France. Il entra dans la domesticité de Louis XI, qui en fit son barbier, changea son nom d'*Olivier le Diable*, qu'il portait d'abord, en celui d'*Olivier le Dain*, et l'anoblit ainsi que sa postérité. Il exerça un grand pouvoir sur l'esprit de Louis XI, et osa, à ses derniers instants, lui parler de sa fin prochaine. La fortune rapide d'Olivier, ses richesses, son pouvoir excitèrent la jalousie des seigneurs. Après la mort de Louis XI, on l'accusa de trahison, de concussions et d'autres crimes de ce genre, et le parlement le condamna à mort. Il fut exécuté en 1484.

**DAIRI**, nom donné à l'un des deux souverains du Japon auquel est réservée la puissance ecclésiastique, et dont la famille est regardée comme descendant des anciennes divinités qui ont régné dans le pays. Autrefois les daïris étaient seuls possesseurs de tout le royaume ; mais un de leurs généraux, s'étant emparé du trône, les relégua à Méaco, et se réserva la puissance temporelle : au daïri fut laissée une puissance nominale sur une religion exercée au Japon, et que l'on nomme *sinto* ou *sinsiou*.

**DAIS**, espèce de toit, de couvert ou de ciel carré, en étoffe, garni de franges, et enrichi d'ornements divers, que l'on place au-dessus du trône des rois, ou qu'on soutient sur des bâtons dans des cérémonies publiques, comme dans la procession du saint sacrement. — Le pape marche toujours sous un daïs. Autrefois l'on surmontait les autels d'une espèce de dais appelé *ciboire*.

**DAIS**, genre de la famille des thymélées, qui renferme des arbrisseaux originaires des contrées les plus chaudes de l'Afrique et de l'Asie. Toutes les espèces sont exotiques. L'espèce la plus commune en Europe est le *daïs à feuilles du fuselet*. Cet arbrisseau a des rameaux d'un vert tendre, les feuilles ovoïdes, opposées ; ses fleurs, ramassées en faisceaux ombelliformes, sont de couleur lilas, rendent un doux parfum. Cette plante vient du cap de Bonne-Espérance.

**DAKKAH**, grand district du Bengale, arrosé par le Gange et le Brahmapoutre. Ce pays est très-fertile. Sa population est d'environ 1,000,000 d'habitants. La capitale est *Dakkah*, à 56 lieues de Calcutta. Elle fait un grand commerce en soieries et mousselines.

**DALAYRAC** (Nicolas), compositeur célèbre, né à Muret (Haute-Garonne) en 1753. Son père, qui le destinait au barreau, désespérant de vaincre sa passion pour la musique, l'envoya en 1774 à Paris, où il se lia avec Grétry et Langlé. Ce dernier lui montra les éléments de la composition. Dalayrac publia pour ses premiers essais des quatuor de violon. En 1781, il écrivit ses deux premiers opéras, *le Petit Souper* et *le Chevalier de la mode*, et acquit une grande célébrité. Dès lors il se livra entièrement à la scène française, et, dans l'espace de vingt-six ans, il écrivit cinquante-six opéras. Les plus fameux sont *Léon*, *Nina*, *Adolphe et Clara*, *Gulnare*, *Roméo et Juliette*, *Gulistan*, etc. Dalayrac mourut en 1809.

DALBERG (*Wolfgang Haribert*, baron DE), ministre d'État du grand-duc de Bade, et frère du prince primat de la confédération du Rhin. Il fut le fondateur et le conservateur du théâtre de Manheim, et premier président de la société allemande de cette ville. Il mourut en 1806, à l'âge de quatre-vingt-six ans. Dalberg a composé un grand nombre d'ouvrages dramatiques, dont les plus célèbres sont *Cora*, *Electre*, *Jules César*, *le Colérique*, *les Frères*, *la Fille célibataire*, *le Bienfait inconnu*, etc.

DALBERG (Charles-Théodore-Antoine-Marie, baron DE), archevêque de Tarse, prince primat, grand-duc de Francfort, etc., né à Herrusheim, près de Worms, en 1744. Il se consacra à l'état ecclésiastique, et fut nommé gouverneur civil de la principauté d'Erfurt, et président de l'académie des sciences de cette ville. Il consacra sa grande fortune au soulagement des pauvres et à l'encouragement des sciences. Appelé à la régence en 1803, il adopta les principes de la révolution française, et se montra toujours allié de la France. Il mourut à Ratisbonne en 1817. Il a publié un grand nombre d'ouvrages politiques.

DALBERG (Emeric-Joseph, duc DE), né à Mayence en 1773, fit ses études à l'université de Gœttingue. Il étudia les finances, et acquit de grandes connaissances dans cette partie. A la mort de son père, il se concilia l'amitié du prince de Talleyrand. Ministre des finances de Bade, il établit dans ce duché une caisse d'amortissement. Après le traité de Vienne, il reprit les fonctions de ministre de Bade près du gouvernement français, place qu'il occupait auparavant. Devenu citoyen français, duc et conseiller d'État, il suivit ensuite la fortune du prince de Talleyrand, et fut nommé membre du gouvernement provisoire en 1814. Après la restauration, il fut nommé ambassadeur de France auprès de la cour de Turin, et mourut en 1833.

DALBERGE, genre de plantes de la famille des légumineuses, qui comprend une douzaine d'espèces. Ce sont des arbrisseaux à fleurs axillaires, disposés en grappe ou en épis. Une espèce, la *dalbergia à gousse ovale*, a le bois rouge. Sa racine laisse couler, par incision, un suc résineux qui est la *gomme laque* du commerce. Il croît à Surinam dans les lieux humides.

DALE, monnaie d'argent de Hollande, qui vaut 3 francs 15 centimes de France.

DALÉCARLIE (*Dalarne*), ancienne province de Suède, limitrophe de la Norwége. Elle était comprise dans la Suède propre, et sa superficie était d'environ 2,800 lieues carrées. Cette province abonde en mines de fer et de cuivre. Elle forme aujourd'hui la préfecture de *Stora-Kopporberg*, dont *Fahlun* est la capitale.

DALÉE, genre de la famille des légumineuses, qui diffère du genre *psoralea* avec lequel il avait été confondu, par la structure de sa corolle. Il comprend vingt espèces. Les fleurs des dalées sont blanches, bleues ou rouges. Ces plantes fournissent une gousse velue et ne renfermant qu'une seule graine.

DALÈME. En termes de fumiste, c'est une sorte de machine qui sert à chasser la fumée, et qui se compose de plusieurs tuyaux de fer qui s'emboîtent l'un dans l'autre.

DALESME (André), physicien français, mort en 1727. On lui doit plusieurs inventions utiles. Mais la découverte qui lui fait le plus d'honneur est celle du poêle ou fourneau qui a conservé son nom. Dans ce poêle, la fumée est forcée de descendre dans le brasier et s'y convertit en flamme.

— Le baron J.-B. DALESME, né à Limoges en 1763, entra au service dès le commencement de la révolution, et parvint au grade de général de brigade (1793). Il fit avec distinction les campagnes de cette époque. Gouverneur de l'île d'Elbe en 1815, il rendit cette place aux alliés. Rentré en activité en 1830, il fut nommé commandant de l'hôtel des Invalides, et mourut en 1832.

DALHINE, matière blanche, pulvérulente, très-ferme, découverte dans les tubercules du dahlia. Cette substance se rapproche beaucoup de l'amidon; mais elle est peu soluble dans l'eau froide.

DALIBRAY (Charles-Vion), poëte parisien. Il mourut en 1654, dans un âge avancé. Le recueil de ses poésies, intitulé *Musette du sieur Dalibray* ou *OEuvres poétiques*, est divisé en six parties, et renferme des vers bachiques, des satires, des sujets héroïques, moraux et chrétiens. Dalibray avait traduit *Torrismond* et *Aminte* de l'italien du Tasse, *Soliman* de Sonarelli, des *lettres* de l'Espagnol *Antonio de Perez*.

DALILA, courtisane qui demeurait à Sorec, dans la tribu de Dan, près du pays des Philistins. Samson l'aima; les princes des Philistins ayant été instruits de cette faiblesse, vinrent trouver Dalila, et lui promirent chacun onze cents pièces d'argent si elle pouvait découvrir la cause de la force extraordinaire de son amant. Dalila, après avoir été trompée trois fois, apprit enfin que la force de Samson résidait dans ses cheveux, et le fit raser pendant qu'il dormait sur son sein. Samson ne put opposer aucune résistance à ses ennemis qui le firent prisonnier, lui crevèrent les yeux et le conduisirent à Gaza.

DALLAGE, opération qui consiste à recouvrir, au moyen de *dalles*, une superficie quelconque. Les dalles doivent reposer sur un terrain battu et solide, et être jointes entre elles par un ciment imperméable pour éviter les infiltrations.

DALLE, pierre calcaire, coupée en tranches de peu d'épaisseur, qui s'emploie à paver les terrasses, des péristyles, l'intérieur des églises, des balcons, des autels. On emploie aussi à cet usage le marbre, la pierre de liais. Souvent on se sert de dalles en marqueterie, c'est-à-dire de couleurs différentes mélangées ensemble. On emploie aussi les dalles pour couvrir les bâtiments, en les plaçant à *joints recouverts*. Elles ont une épaisseur de trois à quatre centimètres, et sont munies d'une moulure en recouvrement sur les côtés, afin de s'adapter comme les tuiles à toiture. — Le nom de *dalle* se donne en général à toute substance employée dans la construction des édifices en grandes lames peu épaisses.

DALLE (accept. div.), espèce de petite jumelle que l'on emploie quelquefois pour conduire les manches de pompes aux dalots, dans les vaisseaux. — Ce sont aussi des pièces de bois, creusées dans le sens de leur longueur pour servir de conduit ou pour couvrir des tuyaux. On donne ce nom à une espèce de petit canal en bois, qu'on plaçait dans les brûlots pour servir de conduit à la composition des matières combustibles. — Les raffineurs de sucre nomment dalles des tuyaux de cuivre rouge, qui conduisent la matière clarifiée sur le *blanchet*, pièce de gros drap à travers lequel elle passe et tombe dans la chaudière.

D'ALLEMAGNE, fit ses premières campagnes en Italie, sous la république, et s'éleva successivement du rang de simple soldat au grade de général de division. On lui dut en partie la victoire de Roveredo (4 septembre). En 1796, il prit le commandement provisoire de l'armée d'Italie. Après le 18 brumaire (1799), il fut appelé au corps législatif, dont il fut nommé questeur en 1803. Il reçut le titre de commandeur de la Légion d'honneur, et mourut en 1813.

DALMACE ou DALMAT (Saint), d'une famille distinguée d'Orient, fut d'abord officier dans la seconde compagnie des gardes du palais, sous Théodose le Grand, vers 380. En 383, il embrassa la vie solitaire avec son fils, et fut nommé successeur de saint Isaac dans le gouvernement de son monastère à Constantinople. Il fonda un grand nombre de monastères, et reçut le titre d'*archimandrite*. L'Église grecque honore saint Dalmace; saint Isaac et saint Fauste le 10 août.

DALMATIE, contrée d'Europe sur le bord oriental du golfe Adriatique, et limitrophe à la Croatie, à la Bosnie et à l'Albanie. Elle se divise en *Dalmatie turque* ou *Hertzegovine* et *Dalmatie autrichienne*. Sa superficie est, en y comprenant celle des îles qui en dépendent, de 987 lieues carrées, et sa population de 323,110 habitants. La capitale de la Dalmatie autrichienne est Zara, avec 6,000 âmes. Cette province se divise en quatre cercles, ceux de *Spalatro*, *Raguse*, *Cattaro* et *Zara*. La Dalmatie formait jadis un royaume considérable, et fut soumise par Auguste. Elle tomba ensuite au pouvoir des Goths et des empereurs d'Orient. Au VIIe siècle, les Slaves y érigèrent un royaume qui dura jusqu'en 1030; à cette époque, une partie fut réunie à la Hongrie; une autre se plaça sous la protection de Venise. En 1797, cette dernière partie, après avoir appartenu quelque temps aux Français, est possédée par les Autrichiens. Une autre partie fut prise par les Turks. — La Dalmatie est très-fertile en vins, grains, fruits, bois, bestiaux et minéraux de toute espèce. Les habitants sont habiles marins, bons soldats, mais enclins au brigandage et à l'ivrognerie. Ils professent la religion grecque.

DALMATIQUE, espèce de tunique à longues manches, qui caractérisait les peuples du nord, appelés par les Grecs et les Romains *barbares*, et qui était ainsi nommée de la Dalmatie, où les habitants s'en servaient. Plus tard les Romains adoptèrent la dalmatique. Le pape saint Sylvestre mit le premier la dalmatique en usage pour les diacres et les sous-diacres quand ils assistent le prêtre à l'autel. Les dalmatiques sont ornées de galons d'or ou d'argent. La forme de ce costume se retrouve dans les vêtements de plusieurs nations, entre autres des Arabes.

DALOT, pièce de bois placée aux côtés d'un vaisseau, dans la longueur de laquelle on fait une ouverture d'environ trois pouces de diamètre, qui sert pour l'écoulement des eaux de pluie ou des vagues qui tombent sur le pont. On nomme aussi *dalots* les ouvertures destinées à donner passage aux pompes. — Les *dalots à feu* sont des conduits qui communiquent de la dalle à différentes parties des artifices d'un brûlot.

DALPHONSE (François-J.-B., baron), né en 1756 dans le département de l'Allier. Il fut député au conseil des anciens. Il fit adopter une disposition qui rendait aux prêtres la possession de leurs biens. Il fut nommé préfet de l'Indre (1800) et du Gard (1804). En 1805, il fut créé maître des requêtes. Député de l'Allier en 1819, il mourut en 1821.

DALRYMPLE (James) servit dans l'armée parlementaire au commencement des guerres civiles sous Charles Ier, roi d'Angleterre. Il fut créé par Charles II chevalier et sénateur du collège de justice. En 1682, il se retira en Hollande auprès du prince d'Orange, qui, devenu roi d'Angleterre sous le nom de Guillaume III, le créa vicomte de Stair, et le promut à la dignité de lord Glenluce et Stranrawer. Il mourut en 1695.

DALRYMPLE (Sir John Hamilton Macgill), né en 1726, publia en 1771 une Histoire de la Grande-Bretagne et de l'Irlande.

Cette Histoire commence à Charles II. Ses Mémoires obtinrent un grand succès, et jetèrent un nouveau jour sur les événements de cette époque, alors peu connus. Il mourut en 1810, chancelier de l'échiquier.

DALRYMPLE (David), jurisconsulte écossais, né à Édimbourg en 1726, mort en 1792. On a de lui des *Annales d'Écosse*, très-exactes. Elles commencent en 1057, et se continuent jusqu'à la mort de David II (1332) Il a encore fait des *Recherches sur le christianisme*. — ALEXANDRE DALRYMPLE, frère du précédent, naquit en 1737. Ce fut d'après les plans que le ministère anglais entreprit de confier à Cook le commandement d'expéditions maritimes. Il mourut en 1808. On a de lui un grand nombre d'ouvrages sur la géographie, dont le plus fameux est la *Collection historique des voyages et des découvertes dans les mers du Sud*.

DALTON (John), célèbre professeur de mathématiques et de physique au collège de Manchester pendant le XVIIIe siècle et le commencement du XIXe, a contribué beaucoup à la révolution qui s'est opérée dans les sciences naturelles, en détruisant une partie des anciennes erreurs adoptées par les savants. Il s'occupa particulièrement des fluides élastiques, et fit un grand nombre d'expériences sur les gaz et les vapeurs. Il développa la théorie atomistique de Higgins. Dalton a écrit plusieurs ouvrages, dont les plus fameux sont un *Système de chimie philosophique* et des *Observations météorologiques et Essais*.

DALZELL (Thomas), général écossais, se trouva avec Charles II d'Angleterre à la bataille de Worcester, et passa ensuite au service de la Russie ; mais, à la restauration, il fut rappelé, et eut le commandement en chef de l'armée d'Écosse contre les presbytériens. Il s'en fit généralement redouter par sa cruauté. Depuis la mort de Charles Ier, il ne voulut plus se raser, et laissa croître sa barbe jusqu'à la ceinture.

DAM, terme de théologie qui signifie la principale peine des damnés, laquelle consiste dans la privation de la vue de Dieu, le bien suprême. Ce mot était autrefois synonyme de *perte, dommage*, etc.

DAM, DANT ou DOM se disait autrefois pour *seigneur*, et se donnait à Dieu et aux personnes distinguées. Ainsi l'on disait *dam* Dieu, *dam* roi, *dam* chevalier.

DAM. En langue flamande, ce mot signifie *digue*. Ce mot est entré dans la composition de plusieurs noms géographiques. Tels sont ceux d'*Amsterdam* ou digue de l'*Amster*, *Rotterdam* ou digue du *Rotte*, etc.

DAMAN, petit genre de mammifères, à fourrure épaisse et de petite taille, placé par Cuvier dans l'ordre des pachydermes. Les damans vivent en Afrique et en Asie ; ils se nourrissent de fruits et d'herbages, se tiennent sur les montagnes, et peuvent s'apprivoiser facilement. On se nourrit de leur chair, et leur fourrure est précieuse. Ils étaient connus des Israélites.

DAMANHOUR ou DAMENHOUR, petite ville d'Égypte, à 18 lieues d'Alexandrie. Elle fut prise par les Français en 1798.

DAMAS, pachalik important de l'empire ottoman, qui occupe presque la totalité de la Syrie. Il est situé entre les pachaliks d'Alep, de Bagdad, de Tripoli, d'Acre, le désert, l'Arabie et la Méditerranée. Sa superficie est de 3,500 lieues carrées, et sa population de 1,250,000 habitants. Il se divise en six sandjiakats, ceux de *Damas, Hama, Naplouse, Razzé, Soliman* et *Tadmor*. Le climat de Damas est brûlant ; ce pays est très-fertile en cochenille, garance, mûriers, indigotiers, racines, melons et prunes. Il produit des chevaux magnifiques et renferme des carrières de marbre et d'albâtre. Le pacha de Damas est très-puissant, sa personne est regardée comme sacrée La capitale de ce pachalik est Damas.

DAMAS, autrefois *Damascus*, capitale du pachalik de Damas à 45 lieues de Jérusalem, et 280 de Constantinople. Population, 150,000 habitants. Cette ville, appelée par les Arabes *El-Châm* (la Syrie), a été fondée, selon quelques écrivains, par Abraham ou par Uz, arrière-petit-fils de Noé. Elle fut tour à tour prise par les Juifs, les Assyriens, les Perses, les Grecs, les Romains et les empereurs d'Orient. Les Arabes s'en emparèrent en 633. Les croisés l'assiégèrent en vain en 1148, et elle tomba au pouvoir des Turks au XVIe siècle. Damas est une des villes saintes dans la religion musulmane. Cette ville fait un grand commerce en sabres, prunes, étoffes. (Voy. plus bas.) Elle est la résidence du pacha.

DAMAS, étoffe de soie ornée de dessins plus ou moins riches, que l'on tirait autrefois de la ville de *Damas*, et que l'on fabrique aujourd'hui à Lyon, à Nîmes, à Gênes, etc. Des étoffes de soie, le nom de damas s'est étendu aux étoffes de coton, de fil de lin, damassées, c'est-à-dire imitant les ornements et le tissu des damas de soie.

DAMAS (SABRE DE), lame de sabre dont le plat présente des dessins moirés très-variés, des veines blanches, argentées, noires, croisées ou parallèles alternativement, et que nous tirons de l'Orient, mais particulièrement de la ville de Damas. Ces lames sont dures et tranchantes. On a découvert en 1804 le moyen de fabriquer des lames qui imitent l'aspect, la qualité et la légèreté de celles qui nous viennent du Levant. Voy. DAMASQUINEUR.

DAMAS (PRUNES DE), sorte de prunes ainsi nommées parce que le plant en est venu de la ville de Damas. Ces prunes ont un goût exquis qui les distingue des autres espèces. On connaît plusieurs qualités de prunes de Damas.

DAMASCÈNE (Saint Jean), célèbre Grec du VIIIe siècle, reçut des califes le gouvernement de la ville de Damas. Il remplissait ses fonctions en 726, lorsque l'empereur Léon fit paraître ses édits contre le culte des images. Jean ne craignit pas de dire dans quelques discours, qu'en matière de foi il n'y avait d'autre autorité que celle de l'Église. Accusé de trahison, il eut le poing coupé ; un miracle le guérit selon quelques auteurs. Jean se retira auprès de Jérusalem dans une solitude. Il reprit cependant la plume pour combattre les ennemis de l'Église, pour démontrer le ridicule du mahométisme, et pour exposer dans plusieurs traités les principes de la religion chrétienne. Il appliqua à la théologie les règles de la philosophie d'Aristote, et composa des commentaires, des homélies, des hymnes et plusieurs opuscules. Damase a reçu le titre de saint. On célèbre sa fête le 11 décembre.

DAMASCÈNE, province de Syrie voisine du mont Liban, et dont Damas était la capitale.

DAMASCIUS, stoïcien de Damas et contemporain de Justinien, composa une *Histoire de la philosophie*, la *Vie de l'écrivain Isidore* et quatre livres sur les *Événements extraordinaires*. Ces ouvrages furent très-estimés des écrivains contemporains ; aucun n'est parvenu jusqu'à nous.

DAMASE. Deux papes ont porté ce nom.
— DAMASE Ier, né en Espagne en 304, succéda au pape Libère en 366. Il eut pendant quelque temps le diacre Ursin pour adversaire. Devenu paisible possesseur du siège de Rome, il s'appliqua à faire fleurir la discipline dans son Église. Il tint plusieurs conciles contre les hérétiques (369-78), et mourut en 384. Il eut pour secrétaire saint Jérôme, et écrivit plusieurs opuscules. Damase a reçu le titre de saint. On célèbre sa fête le 11 décembre.
— DAMASE II, appelé auparavant *Popon*, fut élu en 1048 pour successeur de Benoît IX, et mourut vingt-trois jours après son élection. Le siège vaqua six mois. Léon IX succéda à Damase en 1049.

DAMASIPPE, partisan de Marius. Damasippe, élevé dans une basse condition, massacrait les personnes de la plus haute noblesse attachées au parti de Sylla. Il eut l'audace de faire porter dans les rues de Rome, au haut d'une pique, la tête d'Arvina, tribun du peuple. Sylla, à son retour à Rome, fit mourir Damasippe.

DAMASONIER, genre de la famille des alismacées. Il renferme des plantes monocotylédones, qui croissent dans les marais et sur le bord des étangs. Elles n'ont pas de tige et ont les feuilles pétiolées en forme de cœur.

DAMASQUETTE, sorte d'étoffe à fleurs d'or, d'argent ou de soie, qui se fabrique particulièrement à Constantinople et dans les échelles du Levant.

DAMASQUIN, poids, en usage dans le Levant et qui vaut 600 drachmes ou 4 livres 11 onces. 100 damasquins font 380 livres de Paris. On nomme aussi le damasquin *rotle*.

DAMASQUINEUR, ouvrier qui enjolive le fer ou l'acier par des dessins en or ou en argent. Pour damasquiner une lame, on la fait bleuir sur le feu, on grave dessus le sujet qu'on veut figurer, on incruste dans le trait un fil métallique ; et ensuite on amatit le métal et l'on polit la lame. Le dessin se trouve alors rayé dans le métal. L'art du damasquineur était connu des anciens ; il a pris naissance en France sous Henri IV. C'est de Damas qu'il nous est venu et qu'il a tiré son nom.

DAMASSÉ, nom que l'on donne au linge de table qui est ou à fleurs ou à personnages. La fabrication des nappes et serviettes damassées, qui tirent leur nom de l'étoffe appelée *damas*, avec laquelle elles ont une grande ressemblance, est originaire de Flandre, et remonte au XVe siècle. De la Flandre, cette industrie se répandit en France, en Hollande, en Saxe, etc. Les départements français qui se livrent le plus à l'art de damasser le linge sont ceux des Basses-Pyrénées, du Doubs, de l'Aisne et du Nord.

DAMASSIN, étoffe moins garnie de chaîne et de trame dans les damas ordinaires.

DAMATRIOS, dixième mois de l'année chez les Grecs du Péloponèse, répondait à peu près au mois de juillet. Ce mois était consacré à Cérès, parce que c'est dans le mois de juillet que les moissons jaunissent.

DAMBRAY (Charles), né en Normandie en 1760, fut avocat général à la cour des aides de Paris et au parlement de cette ville en 1788. Nommé membre du conseil général du département de la Seine-Inférieure, il fut, à la première restauration, nommé chancelier de France et surveillant de la librairie et des journaux. Il fut chargé du ministère de la justice et créé président de la chambre des pairs. Il fut, en 1814, à la rentrée de Napoléon, chargé de rendre compte à la cour des pairs des progrès de l'empereur. Mais il fut forcé de partir pour l'Angleterre. A la seconde restauration, les sceaux lui furent enlevés. Il présida la cour des pairs dans le procès du maréchal Ney et lors du procès des conspirateurs de 1822.

DAME, titre féodal donné autrefois aux épouses des seigneurs ou aux châtelaines non mariées et s'étend aujourd'hui aux femmes de distinction. La *dame* avait son écu, sa bannière, ses pages et son écuyer ; elle recevait l'hommage de ses vassaux, levait des troupes et occupait la première place à l'église. La *dame à carreau* était celle qui avait droit de se faire donner un carreau de velours à l'église et de le faire porter à la queue de sa robe. — Le titre de *dame* se donne aujourd'hui à toutes les femmes mariées ou non mariées, qui sont au-dessus de la dernière classe du peuple. — On donnait autrefois le nom de *dames* à des religieuses professes et aux chanoinesses.
— *Notre-Dame* est encore aujourd'hui la dénomination des églises dédiées à la Vierge, et se dit par excellence de la Vierge même. Un grand nombre d'ordres religieux, de sociétés, portent le nom de Notre-Dame.

DAMES (titre d'office). La *dame d'honneur* est la première dame de la maison et de la suite des reines et des princesses du sang royal. La *dame du lit* est celle qui préside au lever et au coucher de la reine, et la *dame d'atour* est celle qui est chargée spécialement de sa toilette. Les *dames du palais* étaient toutes les dames qui accompagnaient la reine, les princesses, qui avaient soin de leur toilette, etc. Leur origine remonte à François Ier. Catherine de Médicis avait établi à sa cour douze *filles d'honneur*, prises parmi les demoiselles de haut rang. Mais en 1673 Anne d'Autriche les remplaça par douze dames du palais.

DAMES (jeu), petits cylindres peu épais, en bois ou en ivoire, qui servent à plusieurs jeux. Les petits, qui ont de douze à quinze lignes de diamètre, servent au *jeu des dames*. L'origine du jeu n'est pas connue. Les dames sont placées sur une petite table, nommée *damier*, et divisée en soixante-quatre ou cent carreaux, dont une moitié sont blancs et les autres noirs. Dans le jeu *à la française*, chaque joueur a douze dames ; dans le jeu *à la polonaise*, chacun joue avec vingt. L'un des joueurs se sert de dames blanches, l'autre de dames noires ou brunes. Les *dames* servent aussi pour le jeu du trictrac. — On appelle *dame* ou *reine* la pièce du jeu des échecs la plus importante après le roi. — Dans les jeux de cartes, on donne ce nom à quatre cartes sur chacune desquelles est peinte la figure d'une dame. Ces dames sont celles de *cœur, de pique, de carreau et de trèfle*.

DAME. Les paveurs donnent ce nom à une pièce de bois dur, ronde, armée par le bas d'une forte frette de fer, et qui a à sa partie supérieure deux bras. Les paveurs s'en servent pour affermir les pavés lorsqu'ils ont été placés.

DAME. Ce mot, en termes d'architecture, désigne des digues, des chaussées, qu'on ménage d'espace en espace pour avoir de l'eau à discrétion dans un canal qu'on creuse, et empêcher qu'elle ne gagne les ouvriers. — Il se dit aussi de petites langues de terre, couvertes de gazon, qu'on pratique de distance en distance dans les mines pour indiquer la hauteur des terres qu'on a fouillées.

DAME se dit d'une partie de terre qui reste comme isolée entre les fourneaux des mines qu'on a fait jouer. Dans les grosses forges, c'est une pièce haute d'un pied, laquelle ferme la porte du creuset, à la réserve d'un espace de sept à huit pouces, appelé *coulée*, et par où passe toute la fonte.

DAME-JEANNE, grosse et grande bouteille de verre ou de grès, qui contient plusieurs litres. Dans la marine, on nomme ainsi une grosse bouteille de verre couverte de nattes, qui sert à mesurer la boisson pour l'équipage ; elle contient 17 à 18 litres.

DAME D'ONZE HEURES, nom donné à l'*ornithogale*, parce que les fleurs de cette plante s'épanouissent à cette heure de la journée.

DAMES BLANCHES, êtres surnaturels qui, dans l'ancienne croyance des Allemands et des Écossais, étaient attachés à la destinée de quelques familles illustres. La *dame blanche*, suivant la tradition, se montre quand la mort menace quelque prince ou quelque grand seigneur, quand il doit se faire un mariage, ou qu'il doit naître un enfant. Quand elle paraît avec des gants noirs, c'est signe de mort ; les *gants blancs* sont un signe de bonheur. La dame blanche traite tout le monde avec bonté. — On a donné aussi ce nom à des êtres malfaisants, qui habitaient des cavernes souterraines, surprenaient les voyageurs égarés la nuit, les bergers, les femmes et les enfants, à qui elles en substituaient d'autres nommés *killcrops*. Le moyen de recouvrer l'enfant volé était de faire rôtir le killcrop sur des charbons. Ces superstitions existent encore, et les femmes belges cousent dans les habits de leurs enfants des morceaux

de cierge bénit, afin d'écarter les maléfices.

DAMES (PAIX DES), nom donné à la paix de Cambrai, parce qu'elle fut conclue par l'entremise de deux femmes, Marguerite d'Autriche, tante de l'empereur Charles-Quint, pour ce prince, et Louise de Savoie, mère de François Ier, pour la France. Ce traité fut conclu le 5 août 1529. Les articles principaux furent que l'empereur ne demanderait pas la restitution de la Bourgogne ; que François payerait 2,000,000 pour la rançon de ses fils, placés en otages en Espagne, et qu'il rendrait le Milanais ; qu'il céderait la souveraineté de la Flandre et de l'Artois ; qu'il renoncerait à ses prétentions sur Naples, Milan, Gênes et les villes situées au delà des Alpes ; qu'après ce traité il épouserait Éléonore, sœur de l'empereur.

DAMIANISTES, hérétiques qui ne reconnaissaient pas de chefs. Ils n'admettaient en Dieu qu'une seule nature, sans distinction de personnes. Ces hérétiques tiraient leur nom de Damien, évêque d'Alexandrie au VIe siècle. — Les religieuses de l'ordre de Sainte-Claire sont divisées en *damianistes*, scrupuleuses observatrices de la règle donnée à leur fondatrice par saint François ; et en *urbanistes*, qui suivent les règlements mitigés, donnés par Urbain VI.

DAMIEN, chef d'une bande de voleurs, ayant voulu se signaler par quelque action hardie, résolut en 1537 d'aller assassiner Soliman dans sa tente, au milieu de son armée campée sur les bords de la mer Ionienne. Mais il n'usa pas d'assez de précaution dans cette action téméraire, et fut pris par les janissaires. Soliman le fit dévorer par un lion.

DAMIENS (François-Robert), né à Tieulloy (Pas-de-Calais) en 1715. Il entra en qualité de domestique au collège des jésuites de Paris. Il en sortit en 1738, et, après avoir servi dans plusieurs maisons, il fut forcé de s'expatrier à cause d'un vol et d'un crime qu'il avait commis. Il revint à Paris en 1756. En 1757, il conçut le projet de tuer Louis XV, et le 5 janvier, comme le roi allait à Trianon, il le frappa d'un coup de canif au côté droit, et fut arrêté sur-le-champ. Un corps de cent hommes veillait sans cesse à sa prison, et les frais que nécessitait sa détention montaient à 600 livres par jour. Il fut jugé par le parlement et condamné à mort. Le 28 mars eut lieu son supplice. Damiens eut la main droite brûlée à petit feu ; ensuite on le tenailla et on le fit écarteler par quatre chevaux vigoureux ; on jeta dans ses plaies de l'huile bouillante, du plomb fondu. Son supplice dura une heure et demie.

DAMIER, surface plane divisée en carreaux alternativement blancs et noirs, et qui sert à jouer aux dames et aux échecs. Les carreaux du damier s'appellent *cases* ; le nombre de ces cases est tantôt de soixante-quatre et tantôt de cent.

DAMIER (hist. nat.), oiseau du genre *pétrel*. Ce nom lui a été donné par les voyageurs à cause de la disposition de ses couleurs qui présentent sur le dos un mélange de blanc et de noir. Dans l'âge adulte, le damier a treize pouces de longueur depuis le bec jusqu'à l'extrémité de la queue ; il habite le cap de Bonne-Espérance. — C'est aussi le nom de plusieurs papillons du genre argynne et d'une plante appelée aussi *fritillaire*.

DAMIETTE, ville célèbre d'Égypte, à l'embouchure orientale du Nil, à 40 lieues du Caire et à 50 d'Alexandrie. Elle a un beau port, et est située sur un terrain fertile en riz, café et orangers. Elle commerce avec Marseille, Chypre et la Syrie, en suif, chanvre, grains, etc., et exporte pour 6,000,000 de livres. Damiette renferme 80,000 habitants. Cette ville est l'ancienne *Thamiatis* ; elle fut prise en 1165 par Roger de Sicile, en 1219 par les croisés, et en 1249 par saint Louis. Peu de temps après, elle fut détruite par les Arabes et rebâtie à une lieue de l'ancienne ville.

DAMMARTIN (Antoine DE CHABANNES, comte DE), né en 1411, se trouva en 1424 à la bataille de Verneuil, et fut fait prisonnier par les Anglais. Rendu à la liberté, il fut établi commandant de la ville de Creil. Secondé par la faiblesse du gouvernement et par les guerres intestines qui désolaient la France, il se mit à la tête d'une foule de brigands qui furent nommés, à cause de leurs crimes et de leurs dévastations, *les écorcheurs*. Il porta les armes contre Charles VII pendant la guerre de la praguerie. Rentré en grâce avec le roi, il fut nommé en 1449 grand panetier de France ; il fut le principal instigateur du procès intenté contre Jacques Cœur en 1453. Il fut chargé d'arrêter le dauphin Louis XI, qui échappa à ses recherches. En 1461 Louis XI, étant monté sur le trône, l'enferma à la Bastille ; mais il s'échappa et combattit dans la ligue du bien public. Devenu ensuite le favori du roi, il mourut en 1488.

DAMNÉS, nom que les chrétiens donnent aux réprouvés qui sont en enfer. Les damnés souffrent deux peines dans l'enfer : celle du *dam* et celle du *sens*, qui consiste à souffrir les tourments les plus violents. Tous les peuples, même les plus sauvages, ont cru aux souffrances réservées aux méchants et aux récompenses de la vie future.

DAMNORIX, Gaulois, frère du célèbre Divitiac, était un des plus puissants parmi les Éduens. Les Helvétiens, n'ayant pu obtenir de Jules César le passage qu'ils lui demandaient par la province romaine, eurent recours à Damnorix, qui le leur procura par les terres des Séquaniens. Divitiac obtint sa grâce des Romains irrités de cette action. César, ayant appris qu'il aspirait à la souveraineté dans son pays, l'appela dans la Grande-Bretagne ; lorsque toutes les troupes romaines furent embarquées, il se retira avec la cavalerie gauloise ; mais César le fit poursuivre et mettre à mort vers l'an 59 avant J.-C.

DAMO, fille de Pythagore, qui se consacra au célibat par l'ordre de son père et exhortait les jeunes filles à l'imiter. Pythagore lui confia en mourant les secrets de sa philosophie, et lui donna tous ses écrits, à condition qu'elle ne s'en déferait jamais. Elle exécuta inviolablement la volonté de son père ; car elle ne voulut jamais vendre ses ouvrages, quoiqu'elle fût dans une extrême pauvreté.

DAMOCLÈS, l'un des courtisans de Denys l'Ancien, tyran de Syracuse, le félicitait sans cesse de son bonheur. Denys l'engagea à prendre sa place pour quelque temps, afin qu'il pût apprécier par lui-même le bonheur d'être roi. Damoclès monta sur le trône et reçut les hommages de toute la cour ; en ce moment il leva les yeux et vit une épée nue suspendue par un fil au-dessus de sa tête. Il en fut si effrayé qu'il supplia Denys de le tirer d'une situation qui mettait sa vie en danger ; il vit alors quelle était la félicité du tyran.

DAMOISEAU, nom qu'on donnait autrefois aux fils de chevaliers, de barons, et en général aux jeunes gentilshommes qui n'étaient pas encore chevaliers et qui aspiraient à le devenir. Ce nom se donna aussi aux fils des rois et des grands qui n'étaient pas encore en état de porter les armes. Les premières places données à remplir aux jeunes nobles étaient celles de *damoiseaux*, *pages* ou *varlets*, lesquelles étaient synonymes. Le damoiseau accompagnait le châtelain et la châtelaine à la chasse, à la promenade, en voyage ; il les servait à table et faisait leurs messages. On apprenait au damoiseau à être religieux et galant ; on l'appelait aussi *damoisel*.

DAMOISELLE, titre qu'on donnait autrefois aux filles nobles dans les anciens actes publics.

DAMON, philosophe pythagoricien, ami de Pythias. Ayant été condamné à mort par Denys le Jeune, tyran de Syracuse, vers l'an 400 avant J.-C., il obtint du prince la permission d'aller mettre ordre à ses affaires, donnant pour gage de son retour son ami Pythias, qui consentit à mourir pour lui, en cas qu'il ne reparût pas. Le temps fixé expira, Damon n'était pas de retour. On conduit Pythias au supplice. Tout à coup Damon paraît, et il s'engage entre les deux amis un lutte dans laquelle chacun veut mourir. Denys, frappé de cette action héroïque, leur fit grâce, et pria Damon et Pythias de l'admettre dans leur intimité.

DAMOPHILA, femme de Lesbos, amie de Sapho, était poëte comme elle. Elle composa des hymnes en l'honneur des dieux, et ouvrit une école où elle enseigna la poésie et la musique aux personnes de son sexe.

DAMOPHON, sculpteur grec, né à Messène, se rendit célèbre par le nombre et la beauté de ses ouvrages. Il réussit à restaurer la fameuse statue de Jupiter Olympien, qui était d'or et d'ivoire. Ses plus célèbres productions sont les statues de Diane, de Cybèle, d'Ilithye, déesse des accouchements, d'Esculape, de Mercure et de Vénus. Cet artiste vivait environ 400 ans avant J.-C.

DAMPIER (Guillaume), voyageur anglais, né en 1652 au comté de Sommerset, fit trois voyages autour du monde, en 1691, 1699 et 1711. Dans ses différentes expéditions, il désola les possessions espagnoles, et acquit de grandes richesses. Il écrivit en 1699 le *Recueil de ses voyages autour du monde*. Il parcourut la côte occidentale de la Nouvelle-Hollande, la terre des Papous, la Nouvelle-Guinée, la Nouvelle-Bretagne. Il découvrit le passage qui porte son nom.

DAMPIÈRE, nom donné à de petits sous-arbrisseaux ou à des plantes herbacées vivaces, à feuilles coriaces, entières ou dentées, aux fleurs bleues ou rougeâtres disposées en épis. Le fruit est une sorte de noix. Ces plantes appartiennent à la famille des lobéliacées. Elles naissent dans la Nouvelle-Hollande.

DAMPIERRE (Auguste-Henri-Marie Picot de), né à Paris en 1756, fut admis à quinze ans dans les gardes françaises, et passa successivement dans le régiment de Chartres et dans les chasseurs à cheval de Normandie. Devenu général de la république, il commanda à Aix-la-Chapelle, et on fut chassé par les Autrichiens en 1793. Le 8 mai, il défendit avec intrépidité le camp de Famars, et eut la cuisse emportée par un boulet. Il expira six heures après l'amputation. Ses restes furent déposés au Panthéon.

DAMVILLE. Voy. MONTMORENCY.

DAN, cinquième fils de Jacob, et le premier de Bala, servante de Rachel. Il fut chef de la tribu de son nom, située entre la tribu de Juda et le pays des Philistins. Cette tribu produisit le célèbre Samson. — Une ville située à l'extrémité septentrionale du pays d'Israël, dans la tribu de Nephtali, portait aussi ce nom.

DANAÉ (myth.), fille d'Acrisius, roi d'Argos. Son père ayant appris par l'oracle qu'il serait tué par l'enfant qui naîtrait d'elle, l'enferma dans une tour d'airain. Mais Jupiter s'introduisit dans la tour sous la forme de pluie d'or, et rendit Danaé mère de Persée. Acrisius fit enfermer la princesse et son fils dans un coffre, et l'exposa à la fureur des mers. Les flots ayant porté le coffre sur les bords de l'île de Sériphe, Danaé et son fils furent recueillis par Polydectes, roi de l'île. Le prince épousa Danaé, et prit soin de l'éducation de Persée, qui le tua à son retour de l'expédition contre les Gorgones. Quelques auteurs prétendent que Praetus, frère d'Acrisius, corrompit à force d'or les gardes de la tour d'airain, et fut le père de Persée (1350 ans avant J.-C.).

DANAIDE (hist. nat.), genre de papillons lépidoptères, diurnes, qui ont la tête et le corps noirs, avec des points blancs, les ailes fauves bordées de noir, et ayant plusieurs points blancs. Ces insectes sont exotiques, et viennent d'Afrique, d'Asie et même de Naples. — On nomme encore ainsi une plante de la famille des rubiacées, à fleurs rouges, répandant une odeur agréable. Ces plantes sont des îles de France et de Bourbon.

DANAIDE (arts méc.), sorte de roue hydraulique inventée par le marquis Manoury d'Hectot, et qui sert à convertir le mouvement rectiligne imprimé par l'eau en un mouvement de rotation continue.

DANAIDES (myth.), filles de Danaüs, roi d'Argos (voy.), étaient au nombre de cinquante. Elles épousèrent les cinquante fils d'Egyptus. A l'instigation de leur père, elles massacrèrent leurs époux la première nuit de leurs noces, à l'exception d'Hypermnestre, qui fournit à Lyncée le moyen de fuir. Les Danaïdes furent condamnées dans les enfers à verser continuellement de l'eau dans des tonneaux percés. L'origine de cette fable est, selon quelques auteurs, l'invention des pompes attribuée aux Danaïdes, et portée par elles d'Egypte à Argos.

DANAÜS (myth.), fils de Bélus, régna en Egypte avec Egyptus, son frère; mais, ayant conspiré contre lui, il fut forcé de prendre la fuite et de chercher un asile à la cour de Gélanor, roi d'Argos, qu'il détrôna. Avec ce prince commença la dynastie des Bélides. Le succès de Danaüs excita les cinquante fils d'Egyptus à passer en Grèce avec une armée, et à demander en mariage les cinquante filles de ce prince. Danaüs y consentit ; mais, ayant appris de l'oracle qu'il périrait de la main de l'un de ses gendres, il ordonna à ses filles de tuer leurs époux la première nuit des noces. Toutes obéirent, à l'exception d'Hypermnestre. Lyncée, époux de cette dernière, chassa Danaüs du trône, et lui succéda vers l'an 1425 avant J.-C.

DANCHÉ se dit, en termes de blason, des pièces honorables de l'écu terminées par des pointes en forme de *dents*.

DANCHET (Antoine), né à Riom (Auvergne) en 1671, obtint en 1591 une chaire de rhétorique à Chartres, et plus tard une place à la bibliothèque du roi, à l'académie des inscriptions et à l'académie française. Il mourut en 1748. Danchet composa quatre tragédies et onze opéras. Les plus fameuses de ses productions sont *Hésione*, *Tancrède*, *Achille et Déidamie*, etc. La musique de ses opéras est de Campra. Danchet se fit aimer par la douceur de son caractère, et ne se permit jamais un vers satirique.

DANCOURT (Florent Carton), né à Fontainebleau en 1661, se fit recevoir avocat en 1678. Il épousa en 1680 l'actrice Thérèse Lenoir, et embrassa bientôt après la profession dramatique. Il obtint un grand succès dans les rôles de jaloux, d'hypocrite et de misanthrope. Il composa un grand nombre de pièces, dont les plus fameuses sont *les Trois Cousines*, *le Chevalier à la mode*, *le Mari retrouvé*, etc. Après avoir brillé quelque temps sur le théâtre, il se défit de ses terres, et se consacra à la pratique de la religion. Il composa une traduction des *Psaumes de David*, et mourut en 1725.

DANDIN (Perrin), nom donné à une personnification de l'homme qui s'enrichit aux dépens d'autrui. — Molière a imposé le nom de *Georges Dandin* à un paysan enrichi, poussé par la vanité à s'unir à une fille noble, qui le trahit et le dédaigne; il n'est jamais dupe, et lutte de ruse avec sa femme. — Racine, dans sa comédie des *Plaideurs*, a fait de *Dandin* le type de l'imbécillité, et cette personnification lui est restée.

DANDINI, famille célèbre d'Italie. — JÉROME DANDINI, jésuite, fut envoyé par le pape Clément VIII en 1586 au mont Liban pour découvrir la véritable croyance des Maronites. Il écrivit la *Relation de son voyage*, et mourut en 1634 à quatre-vingt-neuf ans. On lui doit aussi un *Commentaire sur Aristote*. — CÉSAR DANDINI, peintre florentin, élève de Christophe Allori, avait une touche correcte, fine et légère. On voit plusieurs de ses tableaux à Florence. — VINCENT DANDINI, né à Florence en 1607, fut élève de César, son frère, et de Pietre de Cortone. Ses talents dans la peinture le firent nommer prince de l'académie. Il mourut en 1675. — PIERRE DANDINI, peintre de Florence, né en 1546, fut employé par le grand-duc de cette ville. Il mourut en 1712.

DANDOLO, famille apostolique de Venise, qui a donné deux doges à la république. — HENRI DANDOLO, né en 1108, fut élu doge en 1192. Il fournit des moyens de transport, et accorda des secours aux Français qui s'étaient réunis pour la quatrième croisade (1201). Il se distingua par son courage et sa prudence à la prise de Constantinople. Lorsqu'en 1204 les croisés nommèrent un empereur d'Orient, il fut appelé à remplir cette dignité; mais il la refusa. Il obtint en partage la Romanie, et mourut en 1205. — ANDRÉ DANDOLO, doge de Venise en 1342, était profondément versé dans le droit public et dans les lois civiles. Il ajouta six livres aux statuts de Venise, et publia une notice des faits les plus remarquables de l'histoire de cette ville. Il mourut en 1354. — ANTOINE, né en 1431, étudia la jurisprudence à Padoue, et fut choisi pour l'enseigner dans les écoles de cette ville et dans celles de Pérouse et de Pise. Il fut ensuite employé dans plusieurs légations, devint membre du conseil des dix, et podestat de Ravenne. Il fut empoisonné dans cette ville en 1472.

DANDY, mot anglais importé dans la langue française, et qui est presque synonyme de *fashionable*. Il n'en diffère que parce que le dandy crée la mode, et que le fashionable ne fait que la suivre.

DANEBROG, ordre de chevalerie établi vers 1219 par Waldemar, roi de Danemarck, ou, selon d'autres, en 1672 par Christian V, à l'occasion de la naissance du prince royal, Christian-Guillaume, son fils. Les chevaliers de cet ordre portaient en écharpe sur l'épaule gauche et droite un ruban blanc bordé de vert, auquel pendait une croix de diamants, et sur lequel étaient brodés ces mots : *Pietate et justitia* ( par la justice et la piété). Cette devise fut retranchée dans la suite.

DANEGELD ou TAXE DANOISE, imposition qui, dans l'origine, fut frappée en Angleterre pour gagner ou combattre les Danois qui faisaient des incursions fréquentes sur le territoire anglais. Cette taxe, imposée avec le consentement du wittenagemot ou assemblée nationale, fut d'abord d'un schelling saxon pour chaque *hide* de terre. Le danegeld, qui paraît avoir été imposé pour la première fois en 991, fut bientôt porté à 2 et enfin à 7 schellings par chaque hide de terre. Après l'avènement des princes danois au trône, cette taxe devint permanente, et fut une des principales branches du revenu royal. Elle fut entièrement abolie soixante-dix ans avant la conquête de l'Angleterre par les Normands.

DANEMARCK, royaume de l'Europe septentrionale, borné à l'E. par la mer Baltique et l'Allemagne, à l'O. par la mer du Nord, au N. par le Cattegat, et au S. par la mer Baltique et l'Allemagne. Il se compose du Jutland, des duchés de *Slesvig*, de *Holstein* et de *Saxe-Lauenbourg*, et des îles de *Seeland*, *Fionie*, *Langeland*, *Laaland*, *Falster*, *Bornholm*, *Moen*, et des *Fœroe* et l'*Islande*. Le Danemarck possède en Asie la ville de *Tranquebar*, en Amérique le *Groenland*, les îles de *Sainte-Croix*, *Saint-Thomas* et *Saint-Jean*, et en Afrique quelques comptoirs de la côte de Guinée. — La superficie du Danemarck est de 2,775 lieues carrées, et sa population de 2,100,000 habitants. Les revenus de l'État montent à 33,000,000, et la dette publique s'élève à 290,000,000. Son armée de terre est de 38,819 hommes, et les forces maritimes montent à 110 vaisseaux. — Le Danemarck se divise en quatre bailliages. La religion de l'État est le luthéranisme depuis 1539. Le roi est membre de la confédération germanique. En cas d'absence d'héritiers mâles, le trône peut passer aux femmes. — Le pays est plat, mais fertile. Le climat est doux et humide. — La capitale du Danemarck est *Copenhague*. — La langue danoise est un mélange de bas allemand et de la langue primitive des Normands. — Le Danemarck fut primitivement habité par les Cimbres et les Teutons, vaincus par Marius (103 avant J.-C.). D'autres barbares leur succédèrent ensuite. Dans le IVe siècle, *Odin*, prince fabuleux, fonda, dit-on, le royaume de Danemarck. Suénon fit en 1014 la conquête de l'Angleterre, et son successeur *Canut* celle de la Norwége, qui se sépara du Danemarck à sa mort (1035). En 1047, la maison d'*Estritson* monte sur le trône jusqu'en 1448 ; à cette époque a lieu l'avénement de la maison d'*Oldenbourg* jusqu'en 1523. En 1523, la maison de Holstein-Sleswig s'empare du pouvoir, et se continue encore. En 1814 eut lieu l'acte de séparation du Danemarck avec la Norwége, cédée à la Suède.

DANÈS (Pierre), né en 1497 à Paris, fut choisi par François Ier pour professer le grec au collège royal, et eut les plus illustres disciples. Il devint ensuite précepteur et confesseur du dauphin, depuis François II. Danès, envoyé au concile de Trente en 1546, s'y distingua par son éloquence. Il fut fait évêque de Lavaur en 1557. Il se démit de son évêché en 1576, et mourut en 1577. On le croit auteur du traité *De Ecclesiæ ritibus*, publié sous le nom du président Duranti.

DANÉS (Jacques) fut d'abord président à la chambre des comptes de Paris, puis intendant du Languedoc. Après la mort de sa femme, Danès embrassa l'état ecclésiastique, fut fait maître de l'oratoire du roi, conseiller d'État ordinaire et enfin évêque de Toulon en 1640. Il se démit de son évêché en 1650, et mourut en 1652. On lui doit plusieurs fondations pieuses.

DANGEAU (Philippe DE COURCILLON, marquis DE), né dans la Beauce en 1638. Capitaine de cavalerie sous Turenne, il se distingua dans la campagne de Flandre (1658). Après la paix des Pyrénées, Dangeau alla offrir ses services à l'Espagne, qui combattait pour reconquérir le Portugal. De retour en France, il fit (1667) la campagne de Lille, et suivit le roi dans toutes ses expéditions en qualité de son aide de camp. Il fut nommé envoyé extraordinaire vers les électeurs du Rhin (1673-74), gouverneur de Touraine et conseiller d'État. Ses talents le firent nommer membre de l'académie française et de l'académie des sciences. Dangeau mourut en 1720. Il a laissé des *Mémoires* et un *Journal de la cour de Louis XIV*.

DANGEAU (Louis DE COURCILLON, abbé DE), frère du marquis de Dangeau, naquit à Paris en 1643 ; fut élevé dans la religion protestante, mais fut converti par Bossuet au catholicisme. Il embrassa l'état ecclésiastique, fut nommé lecteur du roi, et obtint en 1710 l'abbaye de Clermont. Clément X et Innocent XII le nommèrent leur camérier d'honneur. Il remplaça l'abbé Cotin à l'académie, et mourut en 1723. Il imagina plusieurs nouvelles méthodes pour apprendre l'histoire, le blason, la géographie, les généalogies et la grammaire française.

D'ANGEVILLE (Marie-Anne BOLOT), née à Paris en 1711, était fille d'un danseur de l'Opéra et d'une actrice du Théâtre-Français. A l'âge de huit ans, elle jouait déjà de petits rôles. En 1730, elle débuta dans le rôle de soubrette, et fut reçue pour doubler Mlle Quinault. Elle excita un grand enthousiasme par la vérité et le naturel de son jeu. Elle quitta en 1763 le théâtre, où elle avait brillé trente-trois ans. Cette actrice célèbre mourut en 1796.

DANIEL, un des quatre grands prophètes, était de la tribu de Juda. Il fut amené captif à Babylone par Nabuchodonosor, à l'âge de douze ans, l'an 602 avant J.-C. L'habileté avec laquelle il confondit les accusateurs de Suzanne et expliqua un songe de Nabuchodonosor, le fit élever par ce prince aux premières dignités du royaume, et lui fit donner le gouvernement général de toutes les provinces. Il conserva son crédit sous le règne d'Evilmérodach et sous celui de Balthasar, à qui il expliqua les paroles miraculeuses tracées sur la muraille de la salle de festin. Il devint le premier ministre de Darius le Mède, et refusa de rendre les honneurs divins à ce prince. Jeté dans la fosse aux lions, il dut à la protection divine d'en sortir sain et sauf. Il obtint de Cyrus un édit pour le retour des Juifs à Jérusalem et le rétablissement du temple ; mais il ne voulut pas revenir dans sa patrie. Les Latins célèbrent sa fête le 21 juillet. Les Juifs refusent de mettre Daniel au nombre de leurs prophètes. Le livre de Daniel renferme les principaux événements de sa vie à la cour de Babylone et les prédictions sur la venue et la mort du Messie, la dispersion des Juifs, etc.

DANIEL (Le P. GABRIEL), né en 1649 à Rouen, prit l'habit de jésuite en 1667 et professa la théologie dans sa patrie. Il fut envoyé ensuite à la maison professe de Paris pour y être bibliothécaire, et il reçut le titre d'historiographe de Louis XIV. Il mourut en 1728. Ses principaux ouvrages sont le *Voyage au monde de Descartes* (1690), où il réfute le système de ce philosophe ; l'*Histoire de la milice française* (1721) et une *Histoire de France* (1713) depuis la fondation de la monarchie jusqu'à Louis XIII.

DANISCHMEND (*possesseur de la science*), nom donné, dans les pays musulmans, aux directeurs et professeurs des collèges, aux maîtres d'école, à tous les hommes qui exercent des fonctions judiciaires, aux magistrats et aux ministres de la religion. En Turquie, ce nom est synonyme d'*étudiant*, et désigne les jeunes gens qui étudient dans les collèges, et parmi lesquels sont pris tous ceux qui parviennent aux charges des *ulémas*. On leur apprend la grammaire, la théologie, la tradition, le Coran, la rhétorique, la philosophie, la jurisprudence et la poésie. — DANISCHMEND est le nom du fondateur d'une dynastie qui a régné dans les XIe et XIIe siècles sur la Cappadoce.

DANNECKER (Jean Henri DE), sculpteur célèbre, né à Stuttgart en 1758. Élève de l'académie de sa ville natale, il remporta en 1785 le prix de sculpture. En 1785, il vint à Rome, et fut rappelé dans sa patrie en 1810. Il fut nommé professeur de sculpture. En 1816, il fut promu à la dignité de conseiller de cour. Les plus beaux ouvrages de Dannecker sont le *buste de Schiller*, un *Milon de Crotone*, une *Ariadne* et une *statue du Christ*.

DANOIS (Chiens), race de chiens originaires du Danemarck. Le grand danois a le corps élancé du lévrier, la grosseur du mâtin et la force du dogue. Ses oreilles sont courtes, étroites et pendantes ; son pelage est gris ou noir. Ces chiens ont peu d'intelligence, mais ils courent avec beaucoup de légèreté. — Le petit danois est moins grand que le précédent, moins gros et plus effilé ; il a le front bombé, le museau mince et pointu, les yeux grands et les oreilles à demi pendantes. Il est de la taille du doguin. Son pelage est ras, le plus souvent moucheté de noir sur un fond blanc. On les nomme aussi *arlequins*.

DANSE, mouvements réglés du corps et pas mesurés, faits ordinairement au son des instruments ou de la voix. La danse a été en usage chez tous les peuples, même les plus sauvages. Elle entrait dans les actes de religion chez les Hébreux, les Grecs et les Égyptiens. Les premiers évêques chrétiens menaient la danse des enfants de chœur dans les fêtes solennelles. Cet usage se conserva jusqu'au XIIe siècle. La danse fut un des amusements favoris de Henri IV et de Louis XIV. La musique en était autrefois restreinte à certains airs, tels que les *menuets*, les *gavottes*, les *gigues*, etc. Aujourd'hui on arrange en contredanses, valses ou galops, les airs d'opéras, les symphonies, les ouvertures, etc. — Au moyen âge, *la danse aux flambeaux*, les *allemandes*, les *courantes* jouissaient d'une grande vogue. La *haute danse*, composée de sauts et de gambades, était réservée aux baladins, et la *basse danse*, noble et posée, était réservée aux bonnes compagnies.

DANSE DES MORTS, nom donné à un tableau d'Holbein qui représente un grand bal auquel préside la mort, et où assistent toutes les conditions humaines et des hommes de tous les âges. Ce tableau se trouvait au cloître des dominicains à Bâle. Voy. MACABRÉ.

DANSE DE SAINT-GUY ou CHORÉE, ou DANSE DE SAINT-WEIT, affection caractérisée par des mouvements convulsifs qui se succèdent plus ou moins rapidement pendant le repos ou des mouvements volontaires. Elle peut attaquer à la fois tous les muscles, ou être bornée à ceux d'une partie, d'un bras, d'une jambe, etc. Cette maladie se développe dans l'enfance ou vers l'époque de la puberté. Sa durée est toujours très-longue, mais elle se termine d'une manière très-heureuse. Son nom lui vient de saint Guy ou Weit, qu'on invoquait pour en être guéri.

DANSE DES PANTINS, expérience de physique, fondée sur le principe qu'un corps électrisé attire, repousse et attire de nouveau les corps légers placés à une certaine distance, qui exécutent ainsi de nombreuses oscillations. On dispose deux plateaux, l'un au-dessus de l'autre, et séparés par une petite distance ; on place des boules de sureau ou des pantins de liège sur le plateau inférieur ; on électrise le plateau supérieur, qui attire les boules de sureau, puis les repousse, et ainsi de suite.

DANSE PYRRHIQUE, danse militaire, animée et bruyante, exécutée autrefois par les soldats grecs, vêtus de tuniques rouges, armés d'épées et de boucliers de bois. Cette danse passa ensuite à Rome. Elle tirait son nom de Pyrrhus, fils d'Achille, qui en était l'inventeur ou qui en avait modifié les règles. — On nomme aussi *danse pyrrhique* la danse qu'exécutaient les *dactyles idéens* ou prêtres chargés d'attiser continuellement le feu qui brûlait en l'honneur de Jupiter ou du Soleil.

DANSEURS, nom donné aux personnes des deux sexes qui se livrent à l'exercice de la danse, par état ou par profession. Chez les anciens, les danseurs remplissaient aussi le rôle de pantomimes. En France, la danse ajoute à la magnificence du théâtre de l'Opéra. L'usage de mêler des pas réglés au chant et au son des instruments remonte au XIe siècle en Europe. Les plus fameux danseurs de l'Opéra, depuis le XVIIe siècle jusqu'à nos jours, sont Pécourt, Vestris, Duport, Mlle Camargo, Mlle Sallé, Mlle Taglioni et Mlle Fanny Elssler.

DANSEURS DE CORDE, ceux qui, aidés ou privés d'un balancier ou contrepoids, marchent, dansent, exécutent des pas difficiles sur une corde tendue. L'art des danseurs de corde remonte à l'an 1345 avant J.-C. Voy. FUNAMBULES.

DANTE ALIGHIERI, poète italien, né à Florence en 1265. Il entra fort jeune chez les cordeliers ; mais il quitta le couvent avant d'avoir prononcé ses vœux. Il embrassa le parti des Gibelins contre le pape, et fut persécuté par Boniface VIII et Charles de Valois, frère de Philippe le Bel. Nommé en 1300 l'un des huit prieurs de Florence, il dut aux accusations de ses ennemis d'être exilé de sa patrie, comme coupable de fraudes et d'extorsions. Il se rendit à Venise, qui le fit exiler à cause de la causticité de son esprit. Après avoir mené une vie errante en France et en Allemagne, il mourut pauvre à Ravenne en 1321. Ses plus célèbres ouvrages sont la *Divine Comédie*, composée en trois parties, l'*Enfer*, le *Purgatoire* et le *Paradis* (1472) ; la *Vie nouvelle*, ou récit de ses amours avec Béatrix Fortinari (1474) ; le *Repas amoureux* (1490) et une foule de *poésies*.

**DANTE** (Peregrino) ou Egnazio, religieux dominicain, né à Pérouse en 1537, fut un bon peintre et un mathématicien célèbre. Cosme Ier l'appela à Florence pour être son architecte et pour lever le plan des places de son État. Grégoire XIII et Sixte V, reçurent de lui des leçons de mathématiques. Évêque d'Alatri en 1583, il a laissé un *Traité de la construction et de l'usage de l'astrolabe*, la traduction de la *Perspective d'Euclide*, etc. Il mourut en 1586. — J.-B. DANTE, mathématicien de Pérouse, inventa au XVe siècle une machine avec laquelle il s'éleva dans les airs; mais, ses ailes s'étant rompues, il se cassa une cuisse, et mourut dans un âge peu avancé.

**DANTON** (Georges-Jacques), célèbre conventionnel, né à Arcis-sur-Aube en 1759, fut reçu en 1788 avocat du roi. Son élocution véhémente le fit distinguer à l'époque de la révolution; il fonda le club des cordeliers. En 1790, il fut élu membre de l'administration départementale de la Seine. Après l'arrestation de Louis XVI à Varennes, il organisa le rassemblement du Champ-de-Mars, et demanda la déchéance du roi. Il dirigea l'insurrection du 10 août, et fut appelé au ministère de la justice; il fit décréter les visites domiciliaires, condamner à mort quiconque refuserait de marcher à l'ennemi, et fut l'auteur des massacres de septembre. Il vota la mort de Louis XVI sans sursis et sans appel. Après la chute des girondins, Danton, accusé de viser à la dictature, fut décrété d'arrestation et condamné à mort. Il mourut avec courage le 5 avril 1794.

**DANTZIG**, régence de la Prusse occidentale, entre celles de Konigsberg, Marienwerder, la Poméranie et la Baltique. Sa superficie est de 545 lieues carrées, et sa population de 295,000 habitants. Elle se divise en huit cercles; la capitale est *Dantzig*.

**DANTZIG**, ville de la Prusse, sur la Vistule, près de la Baltique. Sa population est de 60,000 habitants. Cette ville, forte et commerçante, a un conseil d'amirauté, un tribunal de commerce et un port célèbre, qui est l'entrepôt de tout le nord. Elle exporte des grains, de la potasse, du chanvre, des étoffes de laine et des liqueurs. — Dantzig paraît dans l'histoire dès le XIe siècle. Elle appartint successivement aux Danois, aux Suédois, aux Poméraniens et aux chevaliers de l'ordre Teutonique (1310). En 1454, elle se déclara indépendante, et eut son propre code de lois. En 1772, elle fut enclavée dans le territoire prussien. Les Français s'en emparèrent en 1807, et la rendirent à la Prusse en 1814.

**DANUBE** (en allemand, *Donau*), fleuve d'Europe, le plus grand après le Volga. Il prend sa source aux montagnes de la Souabe, dans la forêt Noire, et se jette dans la mer Noire après avoir traversé la Bavière, l'Autriche, la Hongrie et la Turquie. Son cours est de 680 lieues. Il reçoit plus de cent vingt affluents. Sa largeur est de 1,200 pieds à Presbourg, 3,000 au delà de Bude, de 4 à 6,000 dans toute la Turquie. Son courant est de 3,000 toises par heure. Ce fleuve est dû à la jonction de deux rivières, la Brigach et la Brége.

**DANUBE**, un des quatre cercles du Wurtemberg, dans la partie S.-E. de ce duché. Sa population est de 330,000 habitants. *Ulm* est sa capitale.

**DANUBE-INFÉRIEUR**, cercle de Bavière, entre ceux de Regen et d'Isar, la Bohême et l'Autriche. Sa superficie est de 420 lieues carrées, et sa population de 365,000 habitants. Ce pays est très-fertile en blé, et renferme des manufactures de porcelaines et d'étoffes. La capitale est *Passau*.

**DANUBE-SUPÉRIEUR**, cercle de Bavière, entre ceux de Rezat, Regen, Isar, le Tyrol et le lac de Constance. Sa superficie est de 600 lieues carrées, et sa population de 500,000 habitants. Le sol est fertile en grains et en vin. Il renferme des mines, et produit des bestiaux très-estimés. Le chef-lieu est *Augsbourg*.

**DANZÉ**, outil de fer dont on se sert dans les manufactures de glaces. C'est un carré sur les côtés duquel s'élèvent perpendiculairement deux tringles de fer.

**DAOS**, nom des embarcations des îles d'Anjouan, Mayotte et Comore. Elles sont de quarante-cinq à cinquante pieds, et peuvent porter de cinquante à soixante tonneaux; leur gréement consiste en un seul mât portant une voile à antenne. Les daos vont avec la mousson jusqu'aux côtes de Malabar et de Coromandel.

**DAOUD**, surnommé *Elfahani*, fut chef de l'une des six sectes reconnues pour orthodoxes dans le mahométisme. Plusieurs princes et savants arabes ont porté le nom de Daoud. Quelques rois de Géorgie furent appelés de même.

**DAOULADJERI**, le plus haut sommet de l'Himâlaya et du monde. Cette montagne a 4,128 toises d'élévation.

**DAOULATABAD**, province du Dekkan, entre celles de Khandeich, Malvah, le Bidjapour, Golconde et Berar. Sa capitale est *Daoulatabad*, autrefois *Déoghir*, à 4 lieues d'Aurengabad. Cette ville a un fort sur un rocher haut de 420 pieds.

**DAOURIE**, pays d'Asie, limitrophe de la Russie et de la Chine, à l'E. du lac de Baïkal. Il est habité par les Tongouses ou Sakamennaïa. Le sol est élevé et froid. Ce pays renferme de vastes forêts de sapins.

**DAPÈCHE**, substance bitumineuse de l'Amérique méridionale, et que l'on trouve à quelques pieds sous la surface du sol. Elle est élastique, spongieuse, et offre les propriétés du caoutchouc; elle brûle avec facilité, efface les traits de la plombagine, et communique au papier, par le frottement, l'électricité résineuse.

**DAPHNÉ** (myth.), fille du Pénée, fleuve de Thessalie, fut aimée d'Apollon alors exilé sur la terre. Daphné prit la fuite pour se dérober aux importunités de son amant; mais Apollon la poursuivit. Le voyant sur le point de l'atteindre, elle implora le secours des dieux et fut changée en laurier (en grec, *daphné*). Apollon détacha un rameau du tronc inanimé, s'en fit une couronne, et voulut que le laurier lui fût consacré.

**DAPHNÉ** (hist. nat.), genre de la famille des thymélées, qui renferme des arbustes à feuilles éparses ou rarement opposées, à fleurs roses, blanches ou violacées. Cet arbuste naît dans toutes les parties du monde. Ses fleurs exhalent une odeur forte. Ces plantes ont des propriétés vénéneuses et usitées en médecine comme exutoires. Une espèce produit le *garou* ou *sainbois*.

**DAPHNÉPHAGES** (myth.), nom que les anciens donnaient à des devins qui mâchaient des feuilles de laurier. Ils prétendaient que le suc des feuilles circulant dans leurs veines leur inspirait les secrets de l'avenir.

**DAPHNÉPHORIES** (myth.), fêtes que les Thébains célébraient tous les neuf ans en l'honneur d'Apollon. Un jeune homme d'une grande beauté et vêtu d'habits magnifiques, ayant sur la tête une couronne d'or, et aux pieds une chaussure fastueuse nommée *iphicratide*, portait au temple d'Apollon une branche d'olivier ornée de guirlandes de laurier, et à laquelle on suspendait plusieurs globes dont trois cent soixante-cinq couronnes. Le globe supérieur représentait le soleil, celui du milieu la lune, et les autres désignaient les étoiles. Les trois cent soixante-cinq *couronnes* représentaient les trois cent soixante-cinq jours des révolutions de la terre autour du soleil dans l'espace d'une année. Le jeune homme se nommait *daphnéphore*. Les jeunes filles chantaient des hymnes appelées *parthénées*. — Cette fête fut instituée en l'honneur du secours qu'Apollon accorda à Thèbes contre les Pélasges.

**DAPHNIE**, genre de crustacés branchiopodes, de l'ordre des lophyropes et de la famille des cladocères, et qui ont pour caractères un test bivalve, une tête apparente avec deux antennes, de huit à dix pattes, un seul œil et une queue. On a appelé ces animaux *poux aquatiques*, *puces d'eau*, etc.

**DAPHNINE**, substance découverte par Vauquelin dans l'écorce de plusieurs daphnés. Elle est en faisceaux prismatiques, incolores, transparents, brillants, solubles dans l'eau chaude, l'alcool et l'éther.

**DAPHNIS** (myth.), jeune berger de Sicile, fils de Mercure. Il fut élevé par les nymphes. Il perfectionna les chants des bergers, fut l'inventeur de la poésie bucolique. Il mourut jeune, consumé par une mélancolie amoureuse; selon d'autres, il épousa une nymphe. Les deux époux obtinrent du ciel que celui des deux qui violerait la foi conjugale deviendrait aveugle. Daphnis oublia ses serments, et, ayant été privé de la vue, il termina ses jours dans les flots de la mer de Sicile.

**DAPHNOMANCIE**, sorte de divination qui se faisait par le moyen du laurier. On jetait dans le feu sacré une branche de cet arbre prophétique : si elle pétillait en brûlant, on en tirait un heureux présage; si elle brûlait sans bruit, c'était un signe de malheur. Une autre manière de pratiquer la daphnomancie consistait à mâcher des feuilles de laurier. Voy. DAPHNÉPHAGES.

**DAPHNOT**, arbrisseau des Antilles, de la famille des solanées, et qui croît dans les lieux maritimes. Cet arbre est toujours vert; il a des feuilles vertes, éparses, parsemées de petits points transparents; des fleurs d'un jaune rougeâtre ou de couleur orange pâle. Les fruits sont ovales, lisses, jaunâtres, de la grosseur et de la forme d'une olive et très-âcres. Cet arbrisseau sert à faire de très-belles haies.

**DAPIFER**, littéralement, *officier qui porte les mets et qui sert les viandes sur les tables*. Le *dapifer* était un grand officier de la couronne. Les rois d'Angleterre portaient, autrefois le titre de *dapifer* dans la maison des rois de France. L'électeur de Bavière était archidapifer de l'empire; il devait servir les premiers plats du dîner de l'empereur le jour de son couronnement. Cette fonction fut instituée par Charlemagne. Sous Robert, le dapifer de France était commandant en chef des armées et sénéchal de France. Les princes et les seigneurs avaient aussi des dapifers. — Ces ministres furent longtemps les chefs de la milice française et précédèrent les connétables.

**DARAH**, province de l'empire de Maroc, entre celles de Tafilet, de Suse et le Sahara. Sa superficie est de 12,000 lieues carrées. Sa capitale est *Darah*, à 127 lieues de Maroc. — C'est aussi le nom d'une rivière d'Afrique, qui traverse l'empire de Maroc et se perd dans les sables après un cours de 115 lieues.

**DARARY** (Mohammed-ben-Ismaïl-el-), chef des sectaires appelés de son nom *Dararyouns*. Né en Perse dans une condition obscure, il vint en Égypte en 1017, et entra au service du calife Hakem, qui le combla de bienfaits. Il se mit à prêcher au peuple que Hakem était Dieu, et qu'il avait créé le monde. Le peuple irrité de son audace, le massacra lui et tous ses sectaires en présence du calife même.

**DARCET** (Jean), médecin et chimiste célèbre, né à Douazit (Guyenne) en 1725, étudia sous le fameux Rouelle. Ses travaux eurent tous un but d'utilité publique. Il trouva le moyen de fabriquer de la porcelaine exactement semblable à celle du Japon (1766-1768). Il fut nommé en 1771 docteur-régent de la faculté de médecine de Paris, et devint en 1774 professeur de belles-lettres au collège de France. Nommé électeur de Paris en 1789, membre de l'Institut et du sénat, il mourut en 1801. On doit à Darcet les premières tentatives pour extraire la gélatine des os, et l'alliage métallique nommé *alliage de Darcet*.

**DARCET** (ALLIAGE DE), alliage formé de huit parties de bismuth, de cinq parties de plomb et de trois parties d'étain. Il fond au-dessous de 100 degrés centigrades; uni au mercure, il devient plus fusible, et peut servir à faire des injections anatomiques.

DARD, arme des anciens, pointue par un bout, et qu'on lance avec la main; cette arme n'est plus en usage aujourd'hui que parmi les sauvages. Les dards sont, comme les flèches, armés par un de leurs bouts d'une pointe de fer ou d'acier très-acérée, et par l'autre de plusieurs plumes, afin que, fendant l'air pour arriver au but, la pointe soit toujours dirigée en avant.

DARD. En marine, ce sont des espèces de baguettes artificielles, garnies de petites barbes de fer qui doivent les faire tenir dans les voiles d'un bâtiment pour y mettre le feu. Ces dards furent inventés par les Anglais; ils se tiraient avec un fusil.

DARD (archit.). On entend par ce mot cette partie qui divise les *oves* que l'on sculpte sur les quarts de ronds, et qui est taillée en forme du bout d'une flèche.

DARDS. On nomme ainsi les aiguillons ou piquants dont sont pourvus plusieurs animaux et plusieurs plantes.

DARDANAIRE. Ce mot, presque synonyme d'*usurier*, désignait autrefois ceux qui causaient la cherté des marchandises, et surtout des grains, en les achetant pour les revendre ensuite plus cher.

DARDANELLES (DÉTROIT DES), autrefois l'*Hellespont*, détroit resserré qui joint la mer de Marmara à celle de l'Archipel. Sa largeur moyenne est de 2 lieues et demie, et sa longueur de 20 lieues. C'est à Sestos et Abydos que l'Europe et l'Asie se rapprochent le plus l'une de l'autre. (Voy. GALLIPOLI.) Le nom d'*Hellespont* avait été donné à ce détroit d'*Hellé*, fille d'Athamas, qui tomba dans les flots, en s'enfuyant sur un bélier à toison d'or, avec son frère Phryxus, pour éviter les courroux d'Ino, leur marâtre. On donnait aussi le nom d'Hellespont aux côtes de ce détroit situées en Asie.

DARDANELLES (CHATEAUX DES), forts élevés par les Turks en Europe et en Asie, pour défendre le passage des Dardanelles. Deux ont été construits par Mahomet II vers l'entrée du canal dans la mer de l'Archipel; deux nouveaux châteaux furent élevés en 1610 par Mahomet IV, à 4 lieues des deux premiers.—On donne le nom de *Petites-Dardanelles* à deux forts, situés dans la Livadie, sur le détroit qui joint le golfe de Patras à celui de Lépante.

DARDANIE, contrée de l'Asie-Mineure, appelée ainsi de Dardanus. Cette contrée prit dans la suite le nom de *Troade*. Troie était sa capitale. — On donnait quelquefois le nom de *Dardanie* à l'île de Samothrace, où Dardanus avait fondé une colonie. Les Troyens furent nommés *Dardaniens*, du nom de la Dardanie, qu'ils habitaient.

DARDANUS (myth.), fils d'Electre, reine d'Elide et de Jupiter. Forcé de s'éloigner de sa patrie après le meurtre de son frère Jasius, il se réfugia d'abord dans l'île de Samothrace, qui prit le nom de *Dardanie*, et ensuite sur les côtes de l'Asie, où il épousa la fille de Teucer, roi de cette contrée. Ayant succédé à son beau-père, il donna son nom à la ville de Dardane, qu'il fonda vers l'an 1480 avant J.-C.

DARÈS, Phrygien qui prit part à la guerre de Troie et en écrivit une histoire en grec est remplie de fables. Il en existe une traduction latine attribuée à Cornelius Nepos.

DARFOUR, royaume de Nigritie, à l'O. du Kordofan. Sa superficie est de 9,500 lieues carrées, et sa population de 200,000 habitants. — Le Darfour est un pays très-riche et fertile en blé, millet, dattiers, etc. Les habitants sont mahométans. La capitale est *Cobbé*, à 425 lieues du Caire, avec 6,000 âmes.

DARIEN, golfe de la Terre-Ferme, près l'isthme de Panama, et à 25 lieues de la ville de ce nom. — Le *Darien* était autrefois une province de Colombie, au S. de la mer des Antilles. Elle avait une superficie d'environ 3,400 lieues carrées. Elle est aujourd'hui comprise dans la province de l'isthme ou de Panama.

DARIOLETTE, nom donné, dans les romans de chevalerie, aux confidentes des héroïnes.

DARIQUE, monnaie d'or et d'argent des anciens Perses, frappée sous l'un des Darius. — Le nom de *darique* s'est donné depuis, par extension, à l'or qui s'est trouvé au titre de ces monnaies. Elles valaient 18 francs 54 centimes de notre monnaie.

DARIUS. Trois rois de Perse ont porté ce nom. — DARIUS Ier, fils d'Hystaspes, conspira avec six autres seigneurs contre le mage Smerdis, qui s'était emparé du trône après la mort de Cambyse, et succéda à l'usurpateur 521 ans avant J.-C. Il divisa la Perse en vingt satrapies. Il s'empara de Babylone en 517, conquit la Thrace et l'Inde, mais fut vaincu par les Scythes. Pour se venger des Grecs qui avaient secouru les Ioniens révoltés, il envoya son gendre Mardonius dans la Grèce; mais son armée fut taillée en pièces par les Thraces. Il envoya de nouveau Datis et Artapherne, qui furent défaits à Marathon. Il faisait de nouveaux préparatifs contre la Grèce lorsqu'il mourut (485 ans avant J.-C.). — DARIUS II, *Ochus* ou *Nothus*, fils d'Artaxerce Longuemain, succéda à Xercès en 423 avant J.-C. Il fit périr deux de ses frères, et fit la guerre avec succès contre les Mèdes et les Ioniens. Il mourut en 405 avant J.-C. — DARIUS III, *Codoman*, dernier roi de Perse, succéda à Arsès en 332. Il fut placé sur le trône par l'eunuque Bagoas, auquel il fit boire le poison que ce traître lui destinait. Darius eut à lutter contre Alexandre. Il fut vaincu au Granique, à Issus et à Arbèles, vit sa femme, sa mère, ses enfants, tomber au pouvoir du vainqueur. Darius s'enfuit dans la Médie; mais il fut assassiné par Bessus l'an 331 avant J.-C. Alexandre lui fit de magnifiques funérailles.

DARIUS LE MÈDE, le même que Darius Ier, fils d'Hystaspes, roi des Perses, ainsi nommé par Daniel dans l'Ecriture. Selon d'autres érudits, Darius le Mède serait Cyaxare, fils d'Astyages, roi des Mèdes. Il obtint de son neveu Cyrus le gouvernement de Babylone et des pays conquis sur les Chaldéens. Il divisa son royaume en vingt-six satrapies et donna de grands emplois à Daniel. Il mourut vers l'an 550 avant J.-C., et eut Cyrus pour successeur. D'autres enfin font mourir Darius vers l'an 348. On le croit le même que l'Assuérus de l'Ecriture sainte, qui épousa Esther après avoir répudié Vasthi ou Atossa.

DARMOUTH, petite ville d'Angleterre, dans le Devonshire, à 9 lieues d'Exeter et à 55 de Londres. Elle a 4,000 âmes, et possède un port, sûr et vaste, défendu par deux citadelles.

DARMSTADT, capitale du grand-duché de Hesse-Darmstadt, à 6 lieues de Francfort sur le Mein. Sa population est de 21,000 habitants. Elle a un musée, une bibliothèque, un gymnase, un opéra, etc., et est le siège de toutes les administrations du grand-duché et d'une cour d'appel.

DARNLEY (Henri-Stuart), fils du comte de Lennox, épousa à dix-neuf ans (1565) sa cousine Marie Stuart, veuve de François II et reine d'Ecosse. Jaloux de partager avec son épouse l'autorité royale, il fit assassiner le musicien Rizzio, favori et conseiller de la reine, sous les yeux mêmes de Marie. Bothwell forma une conspiration pour faire périr Darnley, et le malheureux fut victime de l'explosion des poudres que Bothwell et ses complices avaient placées dans sa maison (1569). Marie Stuart épousa Bothwell. — Lord CLIFTON, comte Darnley, pair d'Angleterre, de la même famille que le précédent, est un des membres les plus marquants de l'opposition, et remarquable par la profondeur de ses raisonnements et la justesse de ses opinions.

DARTRE, maladie cutanée, caractérisée par de petits boutons ou des pustules qui causent des démangeaisons, et sont réunis en plaques plus ou moins larges, communément arrondies, sur lesquelles se forment ensuite des écailles, des croûtes ou des ulcérations. Les dartres changent souvent de siège; elles ont une marche chronique, et peuvent occuper toutes les parties de la peau. Une disposition héréditaire favorise leur développement, et les professions sédentaires y prédisposent. Les vêtements de laine appliqués sur la peau, la malpropreté, l'usage d'aliments âcres et indigestes, du café, des liqueurs alcooliques, concourent à leur production. La durée des dartres est longue et souvent persiste indéfiniment. Les remèdes à employer pour la guérison des dartres sont les bains, un exercice modéré, le séjour à la campagne, l'habitation dans un climat un peu chaud, et les préparations sulfureuses à l'intérieur et à l'extérieur.

DARTRE CRUSTACÉE, espèce de dartre dans laquelle la dessiccation du liquide secrété à la surface de la dartre donne lieu à la formation de croûtes qui deviennent par degrés plus dures et plus épaisses, et se détachent au bout d'un certain temps. La durée de cette espèce de dartres est très-longue. Elle s'ulcère fréquemment.— On connaît la *dartre crustacée flavescente*, qui consiste en croûtes jaunes, et qui occupe le milieu des joues; la *dartre stalactiforme*, qui consiste en croûtes pendantes, et qui se montre sur les ailes du nez; et la *dartre musciforme*, qui consiste en croûtes d'un gris verdâtre entourées d'une aréole rouge.

DARTRE FURFURACÉE, SÈCHE, DARIENNE, FARINEUSE, dartre qui occupe les parties du corps où la peau est plus ferme, les sourcils, etc., et qui est plus mobile que les autres espèces. Les enfants sont le plus exposés à la dartre farineuse. Cette dartre cause des démangeaisons très-incommodes, elle commence par une rougeur très-vive; l'épiderme forme ensuite une espèce de farine blanchâtre. On distingue la *dartre volante*, remarquable par l'abondance des écailles qui se détachent de la peau, et la *dartre arrondie*, qui se présente sous la forme de plaques circulaires.

DARTRE PUSTULEUSE, une des dartres les plus fréquentes, laquelle a son siège au visage, à la poitrine, aux épaules, etc., et qui consiste dans des boutons proéminents dont le sommet blanchit. Après la chute des croûtes formées par le pus deviennent des taches rougeâtres. On distingue la *dartre mentagre*, qui occupe le menton; la *dartre milliaire*, qui occupe le front et se présente sous la forme de petits grains blanchâtres et luisants; et la *dartre disséminée*, qui occupe particulièrement la poitrine, les épaules et le visage. Les boutons sont rougeâtres et très-gros.

DARTRE RONGEANTE. Elle affecte le visage et est caractérisée par la dureté de la peau, la lacération, l'ulcération et l'excoriation de l'épiderme, du corps réticulaire et du derme lui-même. De la peau, cette dartre s'étend au tissu cellulaire, aux cartilages ou aux os, et amène quelquefois la fièvre, le dépérissement progressif et la mort.

DARTRE SQUAMEUSE, VIVE, LICHEN FÉROCE, dartre qui se montre dans les régions de la peau, près de l'origine des membranes muqueuses. Elle commence par une tache rouge, sur laquelle se forment un grand nombre de petites pustules, qui suintent une matière âcre et ichoreuse; l'épiderme se sépare en écailles larges, humides, et qui sont remplacées par d'autres.

DARTRIER, grand arbre de la famille des légumineuses, qui croît dans la Guiane. Son fruit est une gousse large et orbiculaire, ne renfermant qu'une semence, qui, pilée avec du saindoux, forme une pommade employée avec succès contre les dartres.

DARU (Pierre-Antoine-Bruno), né à Montpellier en 1767, entra au service en 1783, et fut successivement lieutenant et commissaire des guerres jusqu'à la révolution. Il fut appelé en 1796 au ministère de la guerre et nommé en 1797 commissaire-ordonnateur en chef. Il fit paraître en 1798 sa *Traduction des poésies d'Horace*. En 1800, il publia la *Cléopédie*, et fut nommé secrétaire général au ministère de la guerre. Il fut tour à tour intendant général des pays conquis, ministre secrétaire d'État, commissaire pour l'exécution des traités de Marengo, Presbourg et Vienne, et plénipotentiaire à Berlin. Daru mourut en 1829. Ses plus célèbres ouvrages sont l'*Histoire des ducs de Bretagne* et l'*Histoire de Venise*.

DASCHOFF (Catherine ROMANOVNA, princesse), fille du comte Vorontsof, née en 1744, célèbre par la part qu'elle prit à la révolution qui mit Catherine II sur le trône impérial de Russie. Elle fut toujours fidèle à la souveraine. Son goût pour les lettres et les sciences lui fit confier la direction de l'académie des sciences en 1782, et la présidence de l'académie russe en 1783. Elle contribua à la publication du Dictionnaire de l'académie, et publia plusieurs écrits en prose et en vers. Elle mourut en 1810.

DASIMÈTRE, instrument qui sert à mesurer la densité de chaque couche de l'atmosphère. Il a été inventé par M. de Fouchy en 1780.

DASYPODE ou DASYPUS, genre d'insectes hyménoptères, mellifères, qui ont la tête en triangle allongé, les yeux très-oblongs, écartés, les ailes petites, le corselet carré. L'insecte est couvert de poils très-épais, surtout aux jambes et aux tarses postérieurs. Les dasypodes creusent des trous en terre, et y déposent le pollen qu'ils ont recueilli sur les fleurs. On trouve ces insectes à la fin de l'été et pendant l'automne.

DASYPODIUS (Conrad), mathématicien célèbre, né à Strasbourg. Il professa les mathématiques dans sa patrie et s'adonna spécialement à l'étude des géomètres grecs. Conrad a publié des *Commentaires* sur les six premiers livres d'Euclide, et la traduction de l'*Optique* et de la *Catoptrique* de cet auteur. C'est sur les dessins de Dasypodius que fut faite (1580) la fameuse horloge de la cathédrale de Strasbourg. Il mourut en 1600.

DASYPOGON, genre d'insectes de la tribu des asiliques, caractérisés par une trompe renflée au milieu, par des antennes de trois articles et très-longues, par une tête plate, un corselet arrondi et un abdomen déprimé. Ces insectes se trouvent dans le midi de la France. — On nomme aussi *dasypogon* un arbuste de la Nouvelle-Hollande, et qui appartient à la famille des joncées.

DASYURE, genre de mammifères didelphes propre à la Nouvelle-Hollande. Les dasyures ont le museau allongé, garni de fortes moustaches et terminé par un large mufle, dans lequel sont percées les narines. Ils ont cinq doigts antérieurement et quatre postérieurement, tous munis d'ongles fouisseurs, le pelage épais et doux et la taille petite. Ces animaux ressemblent aux fouines et à nos habitudes. Ils ne sortent que la nuit, se nourrissent de viande et causent de grands dégâts dans les habitations.

DATAIRE, prélat député par le pape pour recevoir les requêtes qui lui étaient présentées touchant les bénéfices. Le dataire pouvait accorder de son propre mouvement les bénéfices qui ne donnaient pas plus de 24 ducats annuellement. Quand un cardinal était dataire, on le nommait *prodataire*. Il y avait aussi le *sous-dataire*, qui ne pouvait accorder aucun bénéfice sans la permission du pape ou du dataire.

DATAMES, fils de Camissarès, gouverneur de Carie et général d'Artaxercès Ochus, se signala par son courage dans les combats; mais, les intrigues de ses ennemis l'ayant forcé de songer à sa sûreté, il prit les armes contre Artaxercès et fut tué par Mithridate Ier, roi de Pont, qui l'avait attiré chez lui, sous le prétexte de former avec lui une amitié inviolable, l'an 362 avant J.-C.

DATE, indication du lieu, des temps où les actes, les lettres, les diplomes, etc., ont été donnés ou écrits, et auxquels une chose s'est faite. Les dates de temps déterminent l'année, le mois, la semaine, le jour et même l'heure de la confection des actes, lettres, etc. Les dates de lieu indiquent dans quelle ville, dans quelle place, dans quel château un acte, un diplome, une lettre, ont été dressés ou écrits. Les dates sont le fondement de la chronologie. — La date n'est certaine qu'autant qu'elle résulte de la déclaration d'un officier public; cependant les actes sous seing privé acquièrent date certaine, non-seulement par l'enregistrement et par l'énonciation de leur substance dans les actes publics, mais encore par le décès de l'une des personnes qui les ont souscrits. — En termes de chancellerie romaine, le mot *date* désigne une inscription qu'on faisait sur un registre lors de l'arrivée de la demande d'un bénéfice.

DATERIE. C'était autrefois l'office du dataire ou le lieu où il exerçait ses fonctions. Les dataires étaient au nombre de trois: le *dataire* ou *prodataire*, le *sous-dataire* et le *préfet des vacances*.

DATHENUS (Pierre), moine du XVIe siècle, qui pendant la révolution politique et religieuse des Pays-Bas, devint ministre fanatique et séditieux iconoclaste. Il se fixa à Elbing, où, renonçant au ministère évangélique, il professa la médecine avec tant de succès, qu'après sa mort, arrivée en 1590, on lui éleva une statue. Il traduisit en vers hollandais les Psaumes de David.

DATI (Augustin), savant italien, né à Sienne en 1420, y enseigna la rhétorique et les humanités avec tant de succès, que le cardinal François Piccolomini lui accorda la permission d'expliquer et d'enseigner publiquement l'Écriture sainte, et même de prêcher dans les églises, quoiqu'il fût marié. Il mourut en 1478. On a de cet écrivain plusieurs ouvrages théologiques, une *Histoire de Vienne*, etc. — CARLO DATI, de la même famille, littérateur italien, professa avec distinction les belles-lettres à Florence. On a de lui un *Panégyrique de Louis XIV* et une *Vie des peintres anciens*. Il mourut en 1675.

DATIS, général que Darius Ier envoya en Grèce avec Artapherne à la tête de 200,000 hommes de pied et de 100,000 cavaliers. Il fut vaincu par Miltiade à Marathon, et tué bientôt après par les Spartiates.

DATISQUE (chanvre ou *cannabine de Crète*), plante rustique et vivace, à feuilles ailées, composées de plusieurs folioles d'un vert jaunâtre; à fleurs disposées en grappes petites et jaunes. Le datisque appartient à la famille des urticées. Cette plante est remarquable par la belle couleur jaune que donnent les feuilles mises en décoction.

DATTE, fruit du dattier. Il est mou, de la forme d'une olive, revêtu d'une pellicule lisse, mince, brun jaune foncé. Sous cette pellicule est une pulpe grasse, épaisse, douce, sucrée, au centre de laquelle est un noyau membraneux. Les dattes naissent sur des grappes pendantes, touffues, qui pèsent de quatre à quatorze kilogrammes. Après la récolte des dattes, on les fait sécher pour les livrer au commerce. Ce fruit est très-nourrissant; c'est l'aliment des peuples de l'Afrique et de l'Asie. Les dattes sont rangées parmi les médicaments pectoraux adoucissants. On recommande contre la toux, les douleurs des reins, et pour donner de la force à l'estomac. Avec les dattes, les Arabes préparent un sirop très-agréable, nommé *miel de dattes*. Ils pulvérisent les dattes sèches, et emportent cette farine dans leurs excursions. En mettant des dattes à fermenter avec de l'eau, on en obtient une liqueur vineuse très-estimée. — Les noyaux des dattes sont brûlés par les Chinois pour entrer dans la composition de leur encre. En Espagne, on nettoie les dents avec le charbon de ces noyaux.

DATTIER, arbre de la famille des palmiers, qui s'élève jusqu'à cinquante ou soixante pieds, et qui croît dans la Barbarie et dans tout le Levant. Sa tige est nue, cylindrique, produit de douze à quinze feuilles, longues de deux mètres, qui l'embrassent au moyen d'une membrane que l'on a comparée au tissu d'une grosse toile, et appelée du nom de *chou*. Outre les *dattes*, les dattiers fournissent par incision une liqueur douce, vineuse et rafraîchissante, nommée *vin de palmier*. Des tiges flexibles on retire des filaments qui se convertissent en cordes, ficelles et toiles grossières; avec les feuilles on tresse des nattes, des corbeilles, des tapis, etc. Avec son bois dur et incorruptible, on fait des piliers, des poutres et des solives.

DATURA, genre de la famille des solanées. Il renferme des herbes et des arbrisseaux, à feuilles simples, à fleurs très-grandes, le plus souvent possédant une odeur nauséabonde. Quelques-unes ont une odeur agréable, mais qui peut devenir nuisible. Une espèce, le *datura stramoine* ou *pomme épineuse*, se trouve dans les lieux incultes, les endroits sablonneux, les amas de décombres, etc. Ses fruits sont hérissés de pointes aiguës, et ses fleurs blanches ou d'un violet clair. Ses graines renferment un poison narcotique très-dangereux.

DATURINE, substance végétale découverte par M. Brand dans la graine du *datura stramoine*. Elle est insoluble dans l'eau, et soluble dans l'alcool à chaud. Elle possède de grandes propriétés vénéneuses et narcotiques.

DAUBENTON (Louis-Jean-Marie), né à Montbar (Côte-d'Or) en 1716, se consacra à l'étude des sciences naturelles. Buffon, son compatriote, ayant été nommé intendant du jardin du roi, chargea Daubenton de la partie anatomique de son Histoire naturelle, l'associa à ses travaux, et le fit nommer en 1745 garde et démonstrateur du cabinet d'histoire naturelle. On créa pour Daubenton une chaire au collège de France en 1778, et il fut nommé en 1783 professeur de minéralogie au muséum d'histoire naturelle. Il publia un grand nombre d'ouvrages sur l'amélioration des laines et les maladies des animaux. Il mourut en 1799.

DAULIS (myth.), nymphe qui donna son nom à une ville de la Phocide, appelée auparavant *Anacris*. C'est à Daulis que Philomèle et Progné firent servir à Térée le corps de son fils, qu'elles avaient égorgé.

DAUMESNIL (Le BARON), dit *la Jambe de bois*, né à Périgueux en 1777, servit d'abord comme simple soldat, fit les campagnes d'Égypte, d'Italie, d'Espagne et d'Autriche. Gouverneur du château de Vincennes en 1814 et en 1815, il résista aux alliés avec une héroïque fermeté. La révolution de 1830 lui rendit le gouvernement de Vincennes. Il mourut en 1832. Daumesnil était lieutenant général et officier de la Légion d'honneur.

DAUN (Léopold, comte DE), prince de Tiano, feld-maréchal, ministre d'État et président du conseil aulique de guerre, né en Allemagne en 1705. Il fut colonel d'un régiment d'infanterie des 1740, et se distingua dans la guerre que Marie-Thérèse eut à soutenir pour conserver son royaume. Il vainquit le roi de Prusse à Chotzemitz (1757), et délivra le prince Charles de Lorraine renfermé dans Prague. Il fit lever le siège de Dresde au roi de Prusse (1760). Il mourut en 1766.

DAUNIE, contrée maritime d'Italie comprise dans l'Apulie, et située au N.-O. de la Peucétie. Elle était placée entre la mer Adriatique, le pays des Samnites, le Cervaro et le Biferno. La Daunie forme aujourd'hui une partie de la *Capitanate*. Elle tirait son nom de DAUNUS, fils de Pilumnus et de Danaé, qui, forcé de quitter l'Illyrie, passa en Italie et devint roi des Dauniens. Il reçut Diomède dans ses Etats, et lui donna sa fille en mariage.

DAUNOU (Pierre-Claude-François), pair de France, membre de l'Institut, secrétaire perpétuel de l'académie des inscriptions et belles lettres, garde général des archives du royaume, et l'un des rédacteurs du *Journal des savants*. Entré fort jeune dans la congrégation de l'Oratoire, il fut rendu à la vie civile par la révolution. Envoyé par le Pas-de-Calais à la convention nationale en septembre 1792, il s'opposa avec éloquence à la condamnation de Louis XVI, et vota l'incompétence de la chambre; il vota plus tard en faveur des girondins, fut privé de la liberté, et sauvé par le 9 thermidor. Rentré alors à la convention, il en fut élu secrétaire en 1794, puis continua à siéger dans les assemblées législatives subséquentes, où il se fit remarquer par son érudition et sa probité. Il fut chargé par le gouvernement de prononcer au Champ-de-Mars l'éloge du général Hoche, et plus tard d'aller en Italie organiser la république romaine. A son retour de Rome, élu président du conseil des cinq-cents, il fut chargé après le 18 brumaire de rédiger la constitution de l'an VIII. Membre du tribunat, il prononça un discours à la gloire de la bataille de Marengo, et fit décerner les honneurs militaires au général Desaix. Ecarté du tribunat avant la suppression de ce corps, il devint garde de la bibliothèque du Panthéon, et en 1807 fut nommé archiviste de l'empire. Il reprit en 1830 ces fonctions dont il avait été écarté sous la restauration; mais il avait été nommé en 1819 professeur d'histoire et de morale au *collége de France*, chaire dont il s'est démis en 1830. Elevé assez récemment à la dignité de pair de France, il avait été nommé auparavant, pendant plusieurs législatures, membre de la chambre des députés par le Finistère. On a de lui de nombreuses et utiles publications sur le gouvernement et l'instruction publique, une édition de plusieurs auteurs, plusieurs ouvrages de littérature historique et morale, des *Commentaires sur Boileau*, un *Mémoire sur l'étendue et la limite de la puissance paternelle*, l'*Analyse des opinions sur l'origine de l'imprimerie*, la *Continuation de l'Histoire de Pologne*, l'*Essai historique sur la puissance temporelle des papes*, le *Dictionnaire des anonymes, Sciences morales et politiques*, est mort en 1840 à soixante-dix-neuf ans.

DAUPHIN (hist. nat.), genre de mammifères cétacés, dont la taille est généralement petite et qui sont privés de fanons. Ils ont le corps allongé, la peau nue, dépourvue de poils et reposant sur une couche d'une graisse huileuse. Ces animaux ne lancent pas l'eau par leurs évents. Ils sont agiles, familiers, se rencontrent autour des vaisseaux en troupes nombreuses. Comme ils n'attaquent jamais les hommes tombés à la mer, les anciens poëtes avaient cru que les naufragés étaient recueillis par les dauphins; leur familiarité avait fait croire qu'ils étaient sensibles à la poésie et à la musique. Les dauphins sont vivipares; leur chair est dure et indigeste. Ces animaux se trouvent dans toutes les mers; quelques espèces même sont fluviatiles.

DAUPHIN (accept. div.). Les astronomes donnent ce nom à une constellation boréale située près de l'équateur céleste, et qui renferme dix-huit étoiles. — Les agriculteurs appellent *dauphine* une variété de *laitue cultivée*, et une sorte de prune grosse et comprimée, dont la couleur verte est tachetée de gris et de rouge.

DAUPHIN, titre que portait autrefois l'aîné des enfants de France et l'héritier présomptif de la couronne. L'origine de ce titre remonte à la cession du Dauphiné faite en 1349 par le dauphin de Viennois, Humbert aux blanches Mains, à Charles V, petit-fils de Philippe VI. Le Dauphiné passa au fils aîné du roi de France. Il y a eu vingt-cinq dauphins depuis Charles V (1356) jusqu'au duc d'Angoulême (1824). L'épouse du dauphin prenait le titre de *dauphine*. — On nomme DAUPHINES les éditions d'auteurs latins avec commentaires, entreprises par ordre de Louis XIV, pour l'usage du dauphin son fils, et sous la direction de Bossuet et Huet. La dépense des éditions *dauphines* coûta 400,000 livres à Louis XIV.

DAUPHIN D'AUVERGNE (LE), fils de Guillaume VII, comte d'Auvergne, et de Béatrix, fille de Guigues III, seigneur du Dauphiné, fut le premier qui, par suite de ce mariage, porta dans sa famille le nom de dauphin, qu'il transmit à ses successeurs. Ce seigneur fut un des plus vaillants chevaliers de plus célèbres troubadours du XIIe siècle. Il se rendit fameux par ses querelles avec Richard Ier, roi d'Angleterre. Il mourut en 1234.

DAUPHINÉ, ancienne province française, entre le Rhône, la Provence et les Alpes. Ce pays, lors de l'invasion des Gaules par les Romains, était habité par les Allobroges et les Voconces; il fit partie de la Viennoise sous Honorius. Conquis par les Bourguignons au Ve siècle, puis par les Francs, il fit partie du royaume de Provence, puis de celui de Bourgogne, et forma enfin un comté dépendant. Guigues III reçut, à cause d'une figure qui décorait le cimier de son casque, le titre de *dauphin*, conservé par ses successeurs. En 1349, Humbert II céda ses Etats au roi de France, à condition que l'aîné des enfants de France prendrait le titre de *dauphin de Viennois*. Cet usage se conserva jusqu'en 1790. A cette époque le Dauphiné forma les départements de l'Isère, de la Drôme et des Hautes-Alpes. Il avait une superficie d'environ 1,428 lieues carrées, et se divisait en *haut* et *bas* Dauphiné. Sa capitale était Grenoble. On suivait dans ce pays les lois romaines. Il y avait à Grenoble un parlement. Le Dauphiné n'était soumis à aucune taxe.

DAUPHINÉ D'AUVERGNE, petite subdivision de l'Auvergne, sur la rive gauche de l'Allier, et qui se composait de la Limagne et de la ville de Clermont. Elle fut séparée de l'Auvergne, en 1155, par le comte Guillaume VIII. Ses descendants prirent le titre de *dauphins d'Auvergne*. Cette seigneurie passa en 1428 dans la maison de Montpensier.

DAUPHINELLE, genre de la famille des renonculacées, qui comprend des plantes herbacées, annuelles ou vivaces, à tige dressée, simple ou rameuse, à feuilles alternes, à fleurs bleues, blanches ou roses, et disposées en épis ou panicules terminales. Une de ces espèces est le *pied-d'alouette*, qui se trouve dans les moissons.

DAUPHINES (EDITIONS). Voy. DAUPHIN.

DAUPHINULE, genre de mollusques à coquille conique, ombiliquée, solide, se déroulant en spirales anguleuses, ayant une ouverture ronde, à bords munis d'un bourrelet, fermée par un opercule, et de la surface est hérissée d'épines. On connaît beaucoup d'espèces de dauphinules vivantes et fossiles.

DAURADE, genre de poissons de la famille des spares, qui ont le corps tout couvert d'écailles dorées, et les mâchoires munies de plusieurs rangées de dents. Les daurades vivent dans tous les climats et dans toutes les eaux. Elles se nourrissent de crustacés et d'animaux à coquilles. Les meilleures daurades sont celles qu'on pêche dans les mois chauds. On les a recherchées pendant plusieurs siècles à cause de leurs qualités médicinales, et particulièrement de la propriété qu'on leur attribuait de purger et de préserver de quelques substances vénéneuses.

DAUW ou ONAGGA, espèce du genre cheval; à peu près de la taille de l'âne, mais qui en diffère par le fini de ses formes. Son pelage est blanc jaunâtre, avec des bandes noires et fauves. La queue et les fesses sont blanches. Cette espèce de cheval habite le cap de Bonne-Espérance. Elle se tient ordinairement dans les plaines.

DAVAUX (J.-B.), compositeur célèbre, né dans le Dauphiné; il vint à Paris à vingt-trois ans, et publia des *concertos* pour le violon, qui eurent beaucoup de vogue. Il se distingua principalement par les motifs charmants et la douce harmonie de ses rondeaux, qui lui valurent le surnom de *Père aux rondeaux*. Il écrivit un grand nombre de quatuors, et un opéra, *Théodore*. Davaux mourut en 1822.

DAVENANT (Guillaume), né à Oxford en 1603, marqua dans sa jeunesse beaucoup de talent pour la poésie et surtout pour le théâtre. Après la mort de Johnson en 1637, il fut nommé poète lauréat. Charles Ier lui donna en 1643 le titre de chevalier. Après la mort du roi, il alla en France, et se fit catholique. Il revint en Angleterre lors de la restauration, et mourut en 1668. Ses œuvres renferment des *tragédies*, des *comédies*, des *mascarades*, etc. — Son fils CHARLES, mort en 1712, a écrit un grand nombre d'ouvrages de politique et de poésie.

DAVERHOULT (Jean-Antoine), patriote hollandais, avait pris une part importante aux troubles qui éclatèrent dans son pays en 1787, et avait été forcé de se retirer en France. En 1790, il fut nommé administrateur du département des Ardennes, puis député de ce département à l'assemblée législative. Il ne cessa de se ranger dans le parti des modérés, et fut un des fondateurs du club des feuillants. Il fut nommé président de l'assemblée législative en 1792. Il défendit Lafayette et rendit un décret contre les sociétés populaires. Daverhoult, ayant été nommé colonel, annonça qu'il se rendait à l'armée; mais ayant voulu émigrer, il fut arrêté et se brûla la cervelle.

DAVID, fils de Jessé ou Isaïe, de la tribu de Juda, né à Bethléem l'an du monde 2919, gardait les troupeaux de son père lorsque le Seigneur envoya Samuel à Bethléem pour le sacrer roi d'Israël à la place de Saül, qu'il avait rejeté (2934). La guerre ayant éclaté entre les Israélites et les Philistins, il combattit et tua le géant Goliath. Saül lui donna le commandement d'une troupe de gens de guerre (2942); mais ce prince conçut bientôt une grande haine contre lui, l'exposa à de grands dangers, et le força de se réfugier à la cour des Philistins mêmes. Après la mort de Saül (2949), il fut reconnu roi, défit les Philistins, les Moabites, les Syriens et les Ammonites. Il fit périr Urie pour épouser sa femme Bethsabée. Il eut ensuite à combattre son propre fils Absalon, et irrita le Seigneur contre lui par un dénombrement. Mais il fléchit le courroux de Dieu par une pénitence devenue célèbre. Devenu vieux, il épousa Abisag, fit sacrer son fils Salomon, lui remit les plans du temple, et mourut en 2990. Il avait transporté l'arche à Jérusalem. David est auteur d'un grand nombre de psaumes.

DAVID. Deux rois d'Ecosse ont porté ce nom. — DAVID Ier succéda à Alexandre Ier en 1114, punit les juges prévaricateurs, et dota le clergé de ses biens. Il mourut en 1153. On a mis son nom au rang des saints honorés en Ecosse. — David II (*Bruce*), fils de Robert Bruce, lui succéda en 1329. Il régna d'abord sous la tutelle du comte de Murray. Edouard Bailleul, qui avait pris le titre de roi d'Ecosse, voulant faire valoir les droits de son père sur ce royaume, y entra avec une grande armée, et força David de se réfugier en France. Rappelé par les Ecossais, il combattit les Anglais, mais fut vaincu et resta dix ans en captivité. Il mourut en 1371.

DAVID COMNÈNE, de la famille impériale des Comnène, dernier empereur de Trébisonde, ayant succédé à Jean, son frère, fit alliance avec Ussum-Cassan, roi de Perse. Mahomet II, après la prise de Constantinople en 1453, détrôna David, le mena à Constantinople, et le fit décapiter avec ses enfants. David avait préféré mourir qu'abjurer le christianisme.

DAVID, duc de Rothsay, fils de Robert III, roi d'Ecosse, devait succéder à son père, lorsque son oncle le duc d'Albany le fit enfermer et assassiner dans le château de Falkland. La vie de David avait été prolongée quelque temps par la charité de deux femmes; mais elles furent découvertes et mises à mort par le tyran.

DAVID-EL-DAVID, faux messie des Juifs, persuada à sa nation (933) qu'il allait la rétablir dans Jérusalem et la délivrer du joug des infidèles. Il se révolta contre le roi de Perse, qui, s'étant saisi de lui, exigea qu'il donnât une marque de son pouvoir. David répondit qu'il consentait qu'on lui coupât la tête, et qu'après le supplice il reviendrait à la vie. Mis en prison, il s'échappa et fut poignardé par son beau-père.

DAVID-BEG, issu d'une ancienne famille arménienne de la province de Sunik, entra en 1714 au service de Chah-Navouz, prince de la Géorgie. A l'âge de vingt-quatre ans, il fut commandant d'un régiment, et remporta de grandes victoires contre Legzistan. Vers 1722, il défit les Perses, les Turkomans et les gouverneurs de Pargachad et de Nakhiovan. En 1724, David s'empara avec peu de troupes d'un grand nombre de villes et de forteresses; il nomma ensuite des gouverneurs pour chaque province, et défit les Perses en 1725. Il mourut empoisonné en 1728.

DAVID DE SAINT-GEORGES (J.-Joseph-Alexis), né en 1759 à Saint-Claude (Jura). Il se fit d'abord connaître comme naturaliste. Lorsque la révolution éclata, il se vit forcé de s'expatrier, et se réfugia en Allemagne. Il se livra à l'étude des langues vivantes, et inventa une nouvelle méthode pour comparer toutes les langues entre elles. Il était parvenu à rassembler des matériaux immenses pour son ouvrage, lorsqu'il mourut en 1809. Il était ancien conseiller du grand conseil. Charles Nodier a continué son *Archéologie* ou Dictionnaire des langues, qu'il avait poussé jusqu'au G. On a de lui plusieurs romans et plusieurs traductions d'ouvrages anglais, etc.

DAVID (Jacques-Louis), célèbre peintre d'histoire, né à Paris en 1748, fut destiné par ses parents à la profession d'architecte; mais, guidé par son penchant irrésistible pour la peinture, il prit des leçons de Vien. Il remporta à vingt-sept ans le grand prix d'honneur (1775); il peignit (1780) *Bélisaire, Andromaque pleurant la mort d'Hector*, le *Serment des Horaces*, la *Mort de Socrate, Pâris et Hélène*. Nommé député de Paris à la convention, il représenta *Lepelletier sur son lit de mort* et la *Mort de Marat*. Il vota la mort du roi, proposa l'organisation des fêtes civiques, et une pension pour les artistes qui remportaient des prix en peinture, sculpture et architecture. En 1799, il fit le tableau des *Sabines* et peignit *Napoléon à cheval*; celui-ci le nomma son premier peintre. Forcé de se réfugier à Bruxelles en 1815, il mourut en 1825.

DAVID (Georges), né à Gand en 1501, excella dans la peinture sur verre. Il persuada à quelques personnes qu'il était le troisième David, fils de Dieu selon l'esprit, envoya pour sauver les hommes par la grâce. Il promettait à ses disciples qu'après sa mort il ressusciterait le troisième jour, et niait la validité du baptême, l'indissolubilité du mariage, l'existence des saints, des anges et des démons. Il mourut en 1558. Il avait pris le surnom de Bruch. Ses disciples furent nommés *antidémoniaques*.

DAVID JONES, démon qui, dans les fables des matelots anglais, commande à tous les esprits malfaisants de la mer. Cet être fantastique est parfois entouré d'un ouragan ou d'une colonne d'eau. Les marins lui donnent de grands yeux, des dents aiguës, des cornes, une haute taille et de larges narines, qui jettent un feu bleuâtre.

DAVIER, instrument de chirurgie qui sert à l'extraction des dents incisives et molaires ébranlées. Il ressemble à une espèce de pincettes, dont le corps est à jonction, de manière qu'une branche est passée dans l'autre, et par ce moyen l'instrument est divisé en extrémités postérieures et antérieures.

DAVIÉSIE, genre de la famille des légumineuses, formé d'arbustes originaires de la Nouvelle-Hollande, dont les rameaux sont garnis de feuilles alternes et de fleurs jaunâtres disposées en grappes ou en ombelles.

DAVILA (Henri-Catherin), d'une famille illustre de Chypre, i.e à Sacco en 1576. Il vint en France, se distingua sous Henri III et Henri IV, et se signala aux sièges de Honfleur et d'Amiens (1594-1597). Il se retira à Venise en 1606, et servit pendant vingt-cinq ans cette république. Ses exploits lui valurent une pension de 150 ducats, réversible à ses enfants, et place au sénat. Il fut assassiné en 1631 par un paysan des environs de Vérone. Il est célèbre par son *Histoire des guerres civiles de France*, divisée en quinze livres (1559-1598).

DAVIS (Jean), navigateur anglais, parcourut en 1585 l'Amérique septentrionale, pour trouver un passage de là aux Indes orientales; mais le succès de trois voyages qu'il entreprit se réduisit à la découverte d'un détroit auquel il donna son nom. Il périt dans une expédition aux Indes en 1604. Le DÉTROIT DE DAVIS est situé entre l'île James et la côte occidentale du Groënland. Ses bords sont habités par des peuplades sauvages qui se nourrissent de chasse et de pêche. On nomme QUART DE DAVIS, en astronomie, un instrument destiné à prendre les hauteurs, et inventé par Jean Davis.

DAVOUST (Louis-Nicolas), prince d'Eckmuhl, né en 1770 à Annoux (Yonne). Il adopta les principes de la révolution, et partit comme chef de bataillon du troisième régiment de volontaires de l'Yonne, commandé par Dumouriez. Il fit la guerre dans les armées de la Moselle et du Rhin (1793-95). Il rendit de grands services à Moreau au passage du Rhin en 1797. Il fit partie de l'expédition d'Egypte, revint en France en 1800, et fut nommé (1802) commandant en chef des grenadiers de la garde consulaire et maréchal de France (1804). Commandant en Pologne, et chargé de l'administration de ce pays, son gouvernement despotique donna lieu à de graves plaintes. En 1812, il obtint le commandement du premier corps de la grande armée en Russie et l'administration de Hambourg, qu'il quitta en 1814. En 1815, Napoléon le nomma ministre de la guerre et pair de France. Il essaya, après la bataille de Waterloo, de rallier quelques troupes, mais inutilement. Il tenta en vain de défendre Ney, et mourut en 1823.

DAVUS, personnage de la comédie latine, type de tous les valets anciens et modernes. Il aide un fils à tromper son père, un pupille à tromper son tuteur, et toujours dans des vues intéressées. Il favorise leurs amours, se joue et rit de tout. Le personnage de *Davus* n'est nulle part mieux représenté que dans l'Andrienne de Térence.

DAVY (Sir Humphry), l'un des premiers chimistes de l'Angleterre, né en 1778 à Peuzance (comté de Cornwailes). Mis en apprentissage chez un pharmacien, les préparations dont il s'occupait développèrent son goût pour la chimie, et firent connaître du docteur Beddoes, qui lui donna la direction de son établissement médical. Il découvrit le *protoxyde d'azote*, et fut nommé professeur de chimie à l'*institution royale*, et membre de la société royale de Londres (1803). Il obtint en 1807, pour ses études sur le galvanisme, le prix annuel proposé par l'institut de France. En 1812 il fut nommé chevalier, et baronnet en 1818. Il mourut en 1829. On lui doit l'invention des lampes de sûreté.

DAX ou AQS, sur la rive gauche de l'Adour, chef-lieu d'arrondissement du département des Landes, à 14 lieues de Mont-de-Marsan. Population, 4,716 habitants. Cette ville est l'ancienne *Aquae Tarbellicae*, capitale des Tarbelliens. Au xiie siècle, Dax fut prise par les Anglais, qui la conservèrent jusqu'au xve. Dax est le siège d'un tribunal de première instance. Cette ville produit des grains, des vins, du liège, du goudron, etc. Elle renferme une fontaine dont les eaux chaudes et abondantes sont employées contre la paralysie, les rhumatismes, les vieilles plaies, etc.

DAY (Thomas), né à Londres en 1748, fit ses études au collège d'Oxford. Il composa plusieurs opuscules pour la jeunesse, et embrassa la cause des nègres. Il publia en 1776 le poëme du *Nègre mourant, Sandfort et Merton* (1789). Il écrivit un poëme contre la guerre d'Amérique, les *Légions dévouées* et la *Désolation de l'Amérique*. Il fit plusieurs expériences pour l'amélioration de l'agriculture, et mourut en 1789.

DAZINCOURT (Joseph-J.-B. Albouis, dit), né à Marseille en 1747, fut d'abord secrétaire archiviste du maréchal de Richelieu. Il quitta cet emploi pour embrasser l'état dramatique. Appelé à Paris en 1776, il débuta au Théâtre-Français dans le rôle de *Crispin* dans les *Folies amoureuses*, et obtint un grand succès dans celui de *Figaro*. Après 1793, il contribua à la réorganisation du Théâtre-Français. Il fut nommé professeur au conservatoire, et directeur des spectacles de la cour (1807). Dazincourt mourut en 1809.

DÉ (accept. div.), petit cône tronqué en métal, creusé en dedans et parsemé tout autour de petits trous avec symétrie, dont les personnes qui s'occupent de couture garnissent le bout du doigt avec lequel elles tiennent l'aiguille, et qui leur sert à appuyer la tête de cette aiguille, afin de la pousser plus facilement et sans se piquer les doigts. Il y a deux sortes de dés; les uns sont fermés le bout, les autres sont ouverts. Ces derniers servent aux tailleurs, aux tapissiers, etc.

DÉ (archit.). C'est le tronc du piédestal, ou la partie qui est entre sa base et sa corniche; il se dit aussi des pierres que l'on met sous des poteaux de bois, pour les élever de terre, afin de les empêcher de pourrir, et des prismes quadrangulaires de pierre, qui servent à porter des vases.

DÉ, petit cube d'os, d'ivoire ou de bois, qui a six faces carrées et égales, renfermant les nombres depuis 1 jusqu'à 6. On joue aux dés en lançant deux dés sur une table. Celui qui a le plus de points est vainqueur. Ce jeu remonte à une haute antiquité, et était en usage chez les Grecs et les Romains. Il fut introduit en France sous Philippe Auguste.

DÉALBATION, opération qui consiste à blanchir certaines substances par l'action du feu. Les anciens nommaient ainsi l'action d'entretenir la blancheur des dents.

DÉBACLAGE, action de débarrasser les ports et les rivières des vaisseaux vides, afin d'en laisser l'entrée libre aux vaisseaux chargés.

DÉBARCADÈRE. On donne ce nom, particulièrement dans les colonies occidentales, à une cale faite en pierres brutes, ou à un bout de pont avancé du rivage sur la mer, pour faciliter les chargements et déchargements des embarcations.

DÉBARDEURS, ouvriers qui attendent sur les ports les bateaux chargés, pour mettre les marchandises à terre. Ils formaient autrefois une *corporation*, et étaient sous la juridiction du prévôt des marchands. Ils sont encore organisés en compagnie, dirigés par des syndics, et ont seuls le droit de débarquer sur les bords de la Seine à Paris.

**DÉBATS** (jurispr.), discussion qui a lieu devant le tribunal assemblé pour rendre sa sentence, et qui succède à l'*instruction* de l'affaire. Dans les débats on produit et discute les preuves; ils commencent du moment que le tribunal est réuni et constitué. Les débats se terminent au moment où le président présente le résumé de la discussion. Les *débats criminels* sont l'ins ruction des affaires criminelles. — On donne aussi le nom de *débats* aux discussions des projets de loi dans les assemblées politiques.

**DÉBENTUR**, mot latin qui indiquait la quittance donnée au roi par chaque officier des cours souveraines en recevant ses honoraires.

**DÉBET** (comm.). C'est le *reliquat* qui reste à solder après que la *balance* a été faite entre l'actif et le passif. Le débet détermine le montant de la dette. — On nomme ainsi la somme qu'un comptable doit après l'arrêté de son compte, lorsqu'il est déclaré reliquataire, soit parce qu'il n'aurait pas encaissé l'argent reçu, soit parce qu'il n'aurait pas encaissé l'argent qu'il aurait dû recevoir et exiger. Le comptable doit payer le *débet* de ses propres deniers.

**DÉBILITANTS**, nom donné aux médicaments qu'on administre dans la vue d'affaiblir les propriétés vitales exaltées, et en général à l'ensemble des causes qui produisent la débilité ou diminution des forces physiques et morales.

**DÉBIT**, vente en détail, vente facile et fréquente d'une marchandise. — En termes de teneur de livres, ce mot désigne la page à gauche du grand-livre d'un négociant, et où l'on porte toutes les sommes que l'on a payées ou fournies pour un compte quelconque, par opposition à la page de droite ou *avoir*, où l'on inscrit tout ce que l'on a reçu ou encaissé à l'avantage ou au profit de ce compte.

**DÉBITER** se dit, dans l'exploitation des forêts, pour exprimer l'opération de diviser un arbre en diverses parties. Le menuisier appelle ainsi l'opération d'enlever à la scie les pièces qu'il doit détacher d'une planche. Le monnayeur emploie ce mot pour désigner l'action de détacher le flan de dedans une pièce de métal à l'aide du coupoir.

**DÉBITEUR**, celui qui doit, qui a contracté une dette, une obligation civile qui peut le soumettre à une action judiciaire. C'est le corrélatif du mot *créancier*. En contractant une obligation, le débiteur engage pour y satisfaire ses biens, ceux de ses successeurs ou héritiers et sa fortune. Du moment où le débiteur ne se libère pas à l'échéance stipulée, des dommages-intérêts sont dus à cause du retard apporté dans son payement, et sont ajoutés au montant de la dette. Autrefois le débiteur insolvable devenait l'esclave de son créancier; aujourd'hui ce dernier n'a droit que sur les biens immobiliers et mobiliers du débiteur.

**DÉBITIS**, nom donné autrefois à des lettres que les créanciers obtenaient de certaines chancelleries, et qui contenaient mandement au premier huissier de contraindre le débiteur à payer les sommes dues. Ces lettres ne sont plus en usage.

**DÉBLANCHIR**, terme de fondeur. C'est ôter la croûte qui se forme à la surface des métaux lorsqu'ils sont en pleine fusion.

**DÉBOIRADOUR**, instrument de bois composé de deux pièces en croix de Saint-André et tournant autour d'une cheville. On se sert de cet instrument pour écosser les châtaignes qu'on fait sécher.

**DÉBOITEMENT**, nom donné autrefois à la lésion dans laquelle les surfaces articulaires des os cessent d'être dans leur état normal. C'est la sortie de la tête d'un os de la cavité où elle était renfermée. Voy. LUXATION.

**DÉBORA**, célèbre prophétesse, gouverna les Israélites. Elle promit la victoire à Barac, général israélite, contre Sisara, général des Chananéens. Sisara fut défait, et après la victoire Débora chanta ce cantique d'actions de grâces que l'Ecriture nous a conservé (Juges, ch. v). C'est un des plus anciens chants de guerre. Cette victoire arriva l'an 1281 avant J.-C.

**DÉBOUILLI**, opération par laquelle les teinturiers font bouillir les étoffes teintes dans l'eau avec certains ingrédients, pour s'assurer si une couleur appliquée sur cette étoffe est solide ou non.

**DÉBOUQUEMENT**, canal, détroit formé par plusieurs îles au milieu desquelles un navire est obligé de passer. Ce mot s'applique particulièrement aux Antilles et aux îles situées au nord de l'île de Saint-Domingue.

**DEBOUT**. Un vaisseau est *debout* au vent, au courant, à la lame, lorsqu'il présente son avant au vent, au courant, à la lame. — *Debout* se dit, en termes de blason, des animaux qu'on représente tout droits et posés sur leurs pieds de derrière. — En termes de vénerie, *mettre une bête debout*, c'est la lancer. — Chez les anciens, la politesse exigeait que l'on se tînt debout. Les Juifs mangeaient l'agneau pascal *debout*.

**DEBRECZIN**, capitale du comitat de Bihar, dans la haute Hongrie. Sa population est de 25,000 âmes. Cette ville a un grand nombre d'établissements scientifiques. Elle a des manufactures de tabac, salpêtre et savon. Elle commerce en grains, laines et bestiaux.

**DÉBRIDEMENT**, opération chirurgicale par laquelle on enlève les filaments qui traversent le foyer des abcès, afin de faciliter l'écoulement du pus. On pratique encore le débridement dans certaines plaies profondes, faites par des instruments acérés, des armes à feu, dans le panaris, etc.

**DEBURE** (Guillaume-François), libraire de Paris, né en 1731, s'adonna particulièrement à la connaissance des livres rares, et se distingua par les ouvrages bibliographiques qu'il publia. Le principal est une *Bibliographie instructive* ou *Traité de la connaissance des livres rares* (1763), 7 vol. in-8°. Cet ouvrage acquit une grande réputation à son auteur. Debure mourut en 1782.

**DÉCA**, terme des nouvelles mesures, annexe du prénom qui désigne une unité de mesure ou de poids dix fois plus grande que l'unité génératrice. Ainsi un *décagramme* vaut dix grammes. Voy. DÉCAMÈTRE, DÉCASTÈRE, DÉCALITRE, etc.

**DÉCACHORDON**, instrument de musique des anciens, monté de dix cordes, et nommé par les Hébreux *kasur*. Il était de figure triangulaire et ressemblait à notre harpe.

**DÉCADE**, mot synonyme de *dizaine*. Il désignait autrefois les ouvrages dont les sections sont divisées en dix chapitres. Les œuvres de Tite Live se nomment *Décades historiques*. — Les Athéniens divisaient leurs mois en trois *décades*, périodes de dix jours. — En 1793, lorsque le républicain abolit l'usage du calendrier grégorien, l'année fut divisée en douze mois; chaque mois fut divisé en trois décades; chaque décade renfermait dix jours, nommés *primidi*, *duodi*, *tridi*, *quartidi*, *quintidi*, *sextidi*, *septidi*, *octidi*, *nonidi* et *decadi*. Cette réforme, proposée par Romme, fut abolie par Napoléon en 1805.

**DÉCADE** (du grec *déca*, dix), nom donné chez les anciens à une escouade de dix hommes armés, commandés par un officier nommé *décadaire*.

**DÉCADUQUE** ou DÉCADARQUE, nom de dix magistrats que Lysandre établit dans les villes de la dépendance d'Athènes après sa victoire sur les Athéniens, et qu'il choisit parmi ses partisans, afin de se rendre maître de tout le gouvernement.

**DECAEN** (Charles-Matthieu-Isidore), lieutenant général, né à Caen en 1769, s'engagea à dix-huit ans dans le corps royal d'artillerie de la marine, à Cherbourg, et y servit jusqu'en 1790. Il combattit dans la Vendée sous les ordres de Kléber, et vint en Allemagne en 1795. Il obtint le commandement de l'arrière-garde de l'aile gauche lors de la retraite de Moreau. En 1803, il fut nommé gouverneur général des établissements français de l'Inde, et réorganisa l'administration militaire, civile et judiciaire de ces colonies. Forcé par les Anglais de revenir en Europe, il fut nommé commandant en chef de l'armée de Catalogne et gouverneur de cette province. En 1813, il obtint le commandement de l'armée de Hollande. Decaen est mort en 1832.

**DÉCAFIDE**, terme de botanique qui désigne un calice d'une seule pièce, mais fendu en dix parties. Le calice du fraisier est décafide.

**DÉCAGONE**, figure plane à dix angles ou à dix côtés. Ce terme est aussi employé en histoire naturelle. — C'est aussi un ouvrage de fortification composé de dix bastions.

**DÉCAGRAMME**, poids de 10 grammes. Cette mesure de pesanteur est équivalente à 2 gros 44 grains 27 centièmes de grain.

**DÉCAGYNE**, nom donné aux plantes qui ont dix styles ou dix stigmates sessiles. — La *décagynie* est un ordre de végétaux dans lequel Linné comprend les végétaux qui ont dix pistils.

**DÉCALITRE**, mesure de capacité qui vaut 10 litres. Elle équivaut à 10 décimètres cubes ou à 0 pied 2917 dix-millièmes cubes. Pour les liquides, elle remplace 10 pintes et demie. Pour les matières sèches, elle remplace le *demi-boisseau*, et vaut 12 litrons et demi.

**DÉCALOBÉ**, nom donné en botanique aux plantes qui sont divisées en dix lobes par des échancrures obtuses.

**DÉCALOGUE**, mot qui désigne, chez les chrétiens et les juifs, le code sacré renfermant les dix commandements de Dieu, qui furent donnés à Moïse sur le mont Sinaï et gravés sur deux tables de pierre. Sur la première table sont trois commandements: le premier ordonne de n'adorer que Dieu seul; le deuxième, de ne pas prendre en vain le nom du Seigneur; le troisième, de sanctifier le dimanche. La deuxième table comprend sept préceptes: le premier ordonne d'honorer ses père et mère; le deuxième, de ne pas commettre d'homicide; le troisième, de ne pas être adultère; le quatrième, de ne pas dérober le bien d'autrui; le cinquième, de ne pas mentir; le sixième, de ne pas s'arrêter aux désirs de la chair; le septième ordonne de ne pas convoiter le bien d'autrui. Les trois premiers préceptes regardent les devoirs de l'homme envers Dieu, et les sept autres regardent les devoirs de l'homme envers son prochain.

**DÉCAMÉRIDE**. Dans les traités d'acoustique, ce mot désigne le système où l'octave est divisée en trois parties, nommées *mérides*. Chaque méride est divisée en sept parties, nommées *heptamérides*, et chaque heptaméride en dix parties, nommées *décamérides*. L'octave se trouve ainsi divisée en deux cent dix parties égales, par lesquelles on peut exprimer, avec une fidélité très sensible, les rapports de tous les intervalles de la musique.

**DÉCAMÉRON**, nom donné aux ouvrages dans lesquels on raconte les événements ou les entretiens d'un lieu pendant dix jours. Le *Décaméron* de Boccace est très célèbre.

**DÉCAMÈTRE**, nouvelle mesure de longueur, égale à 10 mètres. Elle remplace la *chaîne d'arpentage*, et vaut à peu près 5 toises 13074 cent-millièmes de toise, ou 5 toises 0 pied 9 pouces 1 ligne 583 millièmes.

**DÉCAMPEMENT**, action par laquelle une armée change son camp de place. Il est annoncé par le premier coup de la première *batterie*, appelée *la générale*, qui donne l'ordre du départ; la deuxième batterie, nommée *assemblée*, fait connaître l'instant où l'on doit abattre les tentes et atteler les équipages ; la troisième batterie, nommée *aux drapeaux*, donne l'ordre d'éteindre les feux, de répartir les outils et objets à transporter, etc.

DÉCAN (astron.), nom donné par les anciens astronomes à l'arc du zodiaque, comprenant dix degrés, ou au *tiers d'un signe*. Voy. SIGNE.

DÉCAN, nom donné autrefois à des officiers de la cour de Constantinople, qui commandaient à dix autres, et à des chefs de la milice romaine qui commandaient à dix soldats. — L'Église désigna sous ce nom une communauté composée de mille personnes et déchargée des impôts ordinaires, pour rendre aux morts de toutes les conditions les devoirs de la sépulture. Cette communauté était divisée par escouades de dix hommes. — Dans les monastères, on appelait *décan* le chef de dix religieux ; dans les grandes Églises, on nommait *décans* ou *doyens* ceux qui avaient droit d'inspection sur dix prêtres ou dix paroisses. — Alfred, roi d'Angleterre, divisa sa population en plusieurs *dizaines*. A la tête de chacune fut placé un *décan*, responsable de tous les délits commis par les siens.

DÉCANDRIE, nom donné par Linné à sa dixième classe, qui comprend les plantes dont la fleur a dix étamines. Telles sont les fleurs des *rues*, des *œillets*, etc. Selon le nombre des pistils, elle se divise en cinq ordres, savoir : *monogynie, digynie, trigynie, pentagynie, décagynie*.

DÉCANTATION, opération chimique qui a pour objet la séparation d'un liquide des matières solides déposées. On décante en versant doucement par inclinaison la liqueur qui se dépose ; mais il est préférable de se servir d'une pipette.

DÉCAPER, action qui consiste à enlever de la surface d'un métal l'oxyde ou les substances qui le recouvrent, et qui peuvent empêcher certains corps de s'appliquer exactement ou de s'allier à cette surface métallique. On emploie le plus souvent les acides affaiblis pour décaper les métaux.

DÉCAPODES, ordre de crustacés, caractérisé par une tête intimement unie au thorax, et recouverte par un test ou carapace. Les décapodes ont les branchies situées sur les côtés du test, les yeux portés sur un pédicule mobile, et le dessus du corps recouvert d'un test très-dur. Les crustacés décapodes vivent pour la plupart dans l'eau ; ils sont voraces et carnassiers. Leur chair est de digestion difficile, mais très-recherchée ; leurs membres repoussent quand on les coupe. Les homards, les langoustes, les crabes et les écrevisses appartiennent à l'ordre des décapodes, qui se divise en deux familles, les BRACHYURES et les MACROURES.

DÉCAPOLE, contrée de la Palestine, ainsi nommée parce qu'elle comprenait dix villes principales, situées les unes en deçà, les autres au delà du Jourdain. Jésus-Christ prêcha souvent dans la Décapole. — Une contrée de l'Asie-Mineure et une province de l'Italie portaient aussi le nom de *Décapole*.

DÉCAPROTE, officier qui levait les tributs chez les anciens, et qui était obligé de payer pour les morts ou de répondre à l'empereur sur ses propres biens la quote-part due par les contribuables qui venaient à mourir pendant l'opération.

DÉCARGYRE, pièce de monnaie de l'empire de Constantinople, qui valait 10 pièces d'argent (ou 7 livres 8 sous 10 deniers), et dont il devait y avoir soixante à la livre. On l'appelait aussi *majorine*.

DÉCASTÈRE, mesure de bois égale à 10 stères ou 10 mètres cubes (1 toise cube, plus 35 centièmes).

DÉCASTYLE, terme qui signifiait dans l'ancienne architecture un édifice dont le front était orné de dix colonnes. Le temple de Jupiter Olympien, à Athènes, était décastyle.

DÉCATISSAGE, action d'enlever *le cati* aux étoffes. On décatit les draps et les étoffes de laine en les mouillant légèrement, ou en les exposant à la vapeur de l'eau bouillante, et les laissant ensuite quelque temps pliées l'une sur l'autre, afin que l'humidité les pénètre bien partout ; ensuite on les brosse bien. La moindre goutte d'eau peut tacher un habit qui n'a pas été décati. On ne décatit pas les étoffes de soie.

DÈCE (Cn. Mes. Quint. Trajanus Optimus Decius), né en Pannonie, s'éleva par sa bravoure au consulat. Envoyé en Mésie par l'empereur Philippe pour apaiser les troubles de cette province, il ceignit la pourpre impériale et vainquit Philippe, qui lui céda le trône en 249. Il se signala contre les Perses ; mais, en conduisant son armée contre les Gètes, il s'engagea dans des marais et périt avec ses soldats en 251. Decius fut un des plus grands persécuteurs des chrétiens.

DECEBALUS, vaillant roi des Daces, fit avec succès la guerre à Domitien. Vaincu par Trajan, successeur de ce prince, il demanda et obtint la paix. Mais, ayant repris les armes, il fut défait et se tua de désespoir (105). Le vainqueur fit porter sa tête à Rome et érigea la Dacie en province romaine.

DÉCEMBRE, le dixième mois de l'année romaine sous Romulus, et le douzième sous Numa. Le mois de décembre est le douzième de notre année depuis Charles IX (1564). Il était consacré à Vesta chez les anciens, et l'on y célébrait les Saturnales et les fêtes de Faune. Le solstice d'hiver a lieu vers le 21 décembre. Le soleil entre alors dans le signe du Capricorne. Décembre a 31 jours.

DÉCEMPÈDE, instrument dont les anciens se servaient pour mesurer les terres ou pour donner à leurs édifices les proportions et les dimensions convenables aux règles de l'art. Le décempède était une règle ou perche de 10 pieds.

DÉCEMVIRS, magistrats romains établis pour donner des lois écrites à Rome. Les décemvirs furent élus dans l'assemblée du peuple et eurent un pouvoir absolu. Ils furent portés au nombre de dix. Les premiers décemvirs furent tirés du corps des patriciens. Les lois qu'ils rédigèrent (302 de Rome) furent gravées sur deux tables d'airain. La tyrannie qu'exercèrent ces magistrats et la mort de Virginie excitèrent une sédition, et les décemvirs furent renversés. — On donna depuis ce nom à dix magistrats subalternes qui étaient du conseil des préteurs. Ils présidaient à la vente des biens à l'encan. — Il y avait aussi des décemvirs préposés à la garde des livres sibyllins ; Sylla ayant porté leur nombre à quinze, ils prirent le nom de *quindécemvirs*.

DÉCENNALES, fêtes que les empereurs romains célébraient tous les dix ans. Ce fut Auguste qui institua cette solennité. Son but fut de conserver l'autorité, tout en feignant d'abdiquer. Pendant la célébration de ces fêtes, il déposait la souveraine puissance ; le peuple lui rendait aussitôt transporté d'enthousiasme. Cette solennité ne fut plus qu'un jeu pour ses successeurs.

DÉCÈS se dit de la mort naturelle d'une personne, causée par l'âge ou par la maladie. On s'en sert en jurisprudence dans tous les cas, excepté celui de *mort violente*. L'acte de décès est l'acte destiné à constater le fait du décès. Il détermine l'ouverture de la succession de la personne décédée, et assure ainsi les droits de ses héritiers, qui sont immédiatement saisis des biens délaissés par le défunt. L'officier civil qui dresse l'acte de décès doit vérifier lui-même le fait, et recevoir la déclaration de deux témoins. Après cette vérification, l'acte est dressé ; il contient les prénoms, nom, âge, profession et domicile de la personne décédée, des parents, des témoins, etc. Lorsque le corps du décédé a disparu, une enquête n'a pu avoir lieu, la preuve testimoniale suffit pour constater le décès.

DÉCHANT ou DISCANT, nom qui vient du latin *dis cantus* (double chant), et qu'on donnait, dans les XIIIᵉ et XIVᵉ siècles, à l'accompagnement que l'on faisait à parties sur le plain-chant ou sur un chant donné.

DÉCHARGE. Ce mot désigne en général l'action de débarrasser quelqu'un ou quelque chose d'une charge, d'un poids, etc. En termes de jurisprudence, c'est l'acte par lequel on libère quelqu'un d'une obligation, d'une redevance, etc. La *décharge d'un accusé* se dit du jugement qui déclare un accusé absous du crime qu'on lui imputait. — En hydraulique, les *tuyaux de décharge* sont ceux qui servent à faire écouler le superflu des eaux d'un bassin. — En charpenterie, la *décharge* est une pièce de bois posée obliquement dans une cloison pour soulager la charge, et qui porte sur la sablière qui soutient la cloison. — En commerce, une *décharge* est un reçu de fonds ou de papiers confiés et rendus. — La *décharge d'armes à feu* est l'ensemble de coups d'armes à feu ou feu réglé, qui a lieu dans les cérémonies funèbres ou dans les actions de guerre. — *Décharger les voiles*, en marine, c'est les disposer de manière à ce qu'elles donnent moins de prise aux vents.

DÉCHAUSSEMENT, état des plantes dont une partie des racines est mise à nu par l'enlèvement de la terre qui les recouvrait ; c'est aussi le résultat d'une opération de jardinage qui consiste à enlever la terre du pied d'un arbre, lorsque la *greffe* est recouverte, ou que l'arbre est *enterré* trop profondément. Le déchaussement est utile à la fructification, et amène plutôt les fruits à maturité.

DÉCHAUSSEMENT, opération de chirurgie, qui consiste à séparer les gencives qui adhèrent au collet de la dent que l'on veut arracher. On pratique cette opération avec un instrument nommé *déchaussoir*. On emploie encore ce moyen pour éviter le déchirement des gencives, la dénudation des mâchoires, etc. — On donne aussi le nom de *déchaussement* à cet état dans lequel les gencives sont retirées de la racine des dents, qui paraissent alors très-allongées. Cette affection s'observe très-souvent chez les vieillards.

DÉCHAUSSÉS ou DÉCHAUX, nom donné à certaines hérétiques qui allaient toujours pieds nus, et qui soutenaient qu'il n'était pas permis de se chauffer. Ils parurent dans le IVᵉ siècle. Leurs erreurs furent renouvelées par les anabaptistes, les vaudois, les albigeois, etc. — On donna ensuite ce nom à un ordre de carmes qui allaient pieds nus et qui étaient nommés *carmes déchaussés*. Voy. CARMES.

DÉCHÉANCE, terme de jurisprudence, synonyme d'*exclusion*. Le juge prononce la déchéance d'une action ou d'une demande, d'une opposition ou d'un appel, lorsqu'il prononce qu'il n'y a pas lieu à la demande, à l'opposition et même à la réclamation la plus légitime. Toute déchéance est fondée sur la négligence de celui qui, ayant des droits à faire valoir, reste cependant inactif en ne forme pas sa demande dans le délai fixé par la loi.

DÉCHIFFREUR (ART DU), art qui consiste à traduire les correspondances secrètes, pour lesquelles on emploie des caractères particuliers, dans l'intention de les rendre incompréhensibles pour ceux qui n'en ont pas la clef. Des employés spéciaux remplissent la fonction de déchiffreurs auprès des ministères. Cet art demande une grande patience et de grands travaux. Cependant on est parvenu à découvrir la clef des systèmes de cryptographie les plus compliqués.

DÉCHIREMENT, nom donné, en chirurgie, à la solution de continuité d'une ou de plusieurs parties, dont le tissu a été porté au delà de son extensibilité naturelle. Ces plaies ont des bords inégaux et frangés, et ont pour cause une violence extérieure, une grande contraction musculaire, l'irruption du sang, des humeurs, de la bile, etc, dans les tissus délicats. — Quelquefois les chirurgiens emploient le déchirement comme moyen thérapeutique, dans l'arrachement des polypes, l'extraction des dents, etc.

DÉCHIREUR, ouvrier qui fait métier de dépecer les bateaux hors de service. On emploie les déchireurs lorsque les gains ne compensent pas les frais de transport pour faire remonter une rivière au bateau. Les planches des bateaux déchirés servent à une foule d'usages dans les arts. Trois ou quatre mille bateaux sont tous les ans détruits à Paris, à cause du prix auquel reviendrait leur remontage jusqu'à la Loire ou l'Allier. Le *déchirage* y occupe tous les ans six cents ouvriers.

DÉCI, terme des nouvelles mesures. Ce mot est l'annexe ou prénom qui désigne une unité de mesure ou de poids dix fois plus petite que l'unité génératrice (*décilitre, décimètre*, etc.).

DÉCIA, loi décrétée l'an de Rome 442, sous les auspices du tribun Decius, laquelle donna au peuple le droit de nommer deux citoyens chargés de veiller à l'équipement et à l'entretien des flottes. — Nom donné à la famille des *Decius*.

DÉCIARE, nouvelle mesure de superficie, qui vaut la dixième partie d'une are, c'est-à-dire 10 mètres carrés ou 94 pieds carrés 7 dixièmes.

DÉCIDU, expression adoptée par plusieurs botanistes pour distinguer le temps relatif de la chute de certains organes. Les feuilles qui tombent en automne sont *décidues*. On donne aussi ce nom aux calices qui ne tombent qu'après la fécondation (tels sont ceux des crucifères). La corolle *décidue* est celle qui ne se détache qu'après la fécondation. — On appelle *caducs* les organes qui tombent après l'épanouissement des fleurs.

DÉCIGRAMME, nouvelle mesure de pesanteur, qui est la dixième partie d'un gramme. Elle équivaut à un grain 883 millièmes.

DÉCIL ou DEXTIL, ancien terme d'astronomie ou plutôt d'astrologie sous lequel on désignait l'*aspect* (voy. ce mot) de deux planètes éloignées l'une de l'autre de 36 degrés ou de la dixième partie du zodiaque.

DÉCILITRE, nouvelle mesure de capacité, qui est la dixième partie du litre. Sa capacité équivaut à un vase qui a un décimètre de long, un centimètre de large et un décimètre de profondeur. Le décilitre vaut à peu près un huitième de litron (5 pouces cubes 0412 dix-millièmes).

DÉCIMA et NONA, deux des parques, nommées ainsi par les Romains parce que leur pouvoir sur l'homme ne commençait qu'à sa naissance, c'est-à-dire neuf ou dix mois après qu'il avait été conçu dans le sein de sa mère.

DÉCIMAL. En termes de mathématique, la division décimale est celle qui a lieu de dix en dix. Ainsi notre échelle de numération est une ÉCHELLE DÉCIMALE, parce que la valeur des chiffres change de dix en dix, suivant la place qu'ils occupent. La division de dix en dix faisant le fondement de l'arithmétique, on l'a adoptée dans les poids et mesures, et maintenant notre système métrique est décimal.

DÉCIMALES (FRACTIONS), fractions qui ont pour dénominateurs des puissances entières de 10, telles que $\frac{3}{10}$, etc. Pour mettre une fraction décimale sous la forme d'une fraction ordinaire, on écrit le numérateur, et l'on sépare, à l'aide d'une virgule, autant de chiffres à droite de ce numérateur qu'il y a de zéros dans le dénominateur. Si la fraction n'est pas accompagnée d'un nombre entier, on place un zéro devant la virgule; ainsi, la fraction $\frac{7}{10}$ s'écrit 0,7. Si elle est accompagnée d'un nombre entier, on place le nombre entier devant la virgule; ainsi 3 plus $\frac{7}{10}$ s'écrit 3,7. Le premier chiffre à droite de la virgule prend le nom du *dixième*, le deuxième celui de *centième*, le troisième celui de *mil-*

*lième*, etc. Ainsi, la fraction 28,930 s'énoncera 28 entiers 930 millièmes. — L'*addition* et la *soustraction* s'effectuent comme s'il s'agissait de nombres entiers, en ayant soin de placer les unités de même grandeur les unes sous les autres, et de conserver la place de la virgule. — La *multiplication* s'effectue d'abord comme s'il n'y avait pas de virgule, et l'on sépare ensuite autant de décimales à la droite du produit obtenu qu'il y a de chiffres décimaux dans les deux facteurs. — La *division* présente deux cas : lorsque les deux facteurs contiennent le même nombre de décimales, on obtient le quotient en effectuant la division comme s'il n'y avait pas de virgule : lorsque le dividende et le diviseur ne contiennent pas le même nombre de décimales, on ramène le cas au précédent, en plaçant des zéros à la droite du nombre qui en contient le moins. — Pour réduire une fraction ordinaire en décimale, on divise le numérateur par le dénominateur, jusqu'à ce qu'on arrive à un reste égal à zéro.

DÉCIMATEUR, celui au profit duquel l'impôt des dîmes était perçu. Le droit de dîme était destiné à donner aux curés leur subsistance. — Les *décimateurs privilégiés* étaient les évêques, les abbés, les chapitres, les monastères et les laïques. Le décimateur avait droit d'exiger les dîmes même des pauvres, mais devait s'adresser au juge lorsque ses paroissiens refusaient de les lui donner. Les décimateurs étaient obligés de fournir les ornements, linges et vases sacrés, à moins que les fabriques ne fussent en état de supporter cette dépense.

DÉCIMATION, action de décimer. C'était une peine en usage à Rome, et qui s'infligeait aux troupes lâches ou indisciplinées. Le consul faisait mettre dans un casque le nom des soldats qui avaient forfait au devoir. Le cinquième, dixième, quinzième, vingtième, vingt-cinquième, etc., homme dont il tirait le nom était conduit au supplice. Cet usage se conserva longtemps dans les Gaules. — La décimation fut exercée en 1675 par le maréchal de Créqui, et par l'archiduc Léopold (1642). — Espartero, général de la reine d'Espagne, a fait décimer en 1838 un des corps de troupes sous son commandement, coupable d'avoir assassiné le général Escalera.

DÉCIME, subvention que le clergé donnait au roi pour les besoins de l'État. Les décimes ne furent d'abord accordées que pour un temps limité. On ne les demandait que pour les guerres saintes. La première est celle qui fut accordée à Charles Martel. — On appelait *décimes ordinaires* ou *de Poissy* celles qui se renouvelaient de dix en dix ans, et *décimes extraordinaires* celles qui étaient payables tous les cinq ans ou sans rerne fixe. La taxe était répartie, dans chaque diocèse, par un bureau composé de l'évêque, du syndic et des députés des chapitres, des délégués des curés et des monastères. Les décimes avaient lieu dans toutes les provinces du royaume, excepté dans les évêchés de Metz, Toul, Verdun, l'Artois, la Flandre, la Franche-Comté, l'Alsace et le Roussillon.

DÉCIME, nouvelle monnaie, la dixième partie du franc. Elle vaut 10 centimes, et répond, à très-peu de chose près, à 2 sous. — Les DÉCIMES SUR LES SPECTACLES ou *droit des pauvres* sont une subvention d'un décime par franc, en sus du prix de chaque billet d'entrée, dans tous les spectacles où se donnent des pièces, bals, concerts, courses, exercices de chevaux, etc., et que chaque spectateur doit payer pour secourir les indigents. Cet impôt fut établi en 1796. — Les *décimes de guerre* sont une subvention au profit du trésor de l'État, prescrit par une loi du 25 mai 1799, sur les contributions foncières, directes et indirectes.

DÉCIMÈTRE, nouvelle mesure de longueur. Elle vaut la dixième partie du mètre. Elle remplace le demi-pied et équi-

vaut à 3 pouces 8 lignes 333 millièmes. — Le *décimètre carré* est la centième partie du mètre cube, et le *décimètre cube* est la millième partie du mètre cube.

DÉCISOIRE, ce qui doit terminer une décision. Le *serment décisoire* doit en effet terminer toute contestation : c'est celui qui est déféré par l'une des parties qui propose de s'en remettre au serment de sa partie adverse.

DÉCISTÈRE, mesure de chauffage, qui est la dixième partie du stère. C'est un volume d'un mètre de long et de large, et d'un décimètre de haut, et occupe cubes 9174 dix-millièmes. Le décistère répond à la falourde.

DECIUS MUS (Publius), célèbre consul romain, qui, après avoir fait une foule d'exploits héroïques, se dévoua aux dieux infernaux pour donner la victoire aux Romains sur les Latins (340 avant J.-C.). — Son fils P. DECIUS fut quatre fois consul, fit la guerre aux Etrusques et aux Samnites, et se dévoua comme son père pour donner la victoire à ses soldats. — Son petit-fils P. DECIUS se dévoua aussi dans la guerre de Pyrrhus et de Tarente (l'an 280 avant J.-C.). — DECIUS, empereur. Voy. DÈCE.

DÉCIZE ou DÉCISE, petite ville du département de la Nièvre, chef-lieu de canton, sur la Loire, à 8 lieues de Nevers. Population, 3,068 habitants. — Cette ville, ancienne et commerçante, disputa longtemps à Clamecy la qualité de deuxième ville du Nivernais. Elle est située dans une île au milieu de la rivière. — Décize commerce en échalas, pierres meulières, et à des fabriques de fer et des entrepôts de houille. — C'est à Décize que commence le canal du Nivernais, qui joint la Loire et l'Yonne.

DÉCLARATION, acte verbal ou par écrit par lequel on déclare quelque chose. — La *déclaration de décès* est le jugement qui constate l'absence d'un individu qui a disparu de son domicile; il ne se rend que cinq ans après la disparition de l'individu. — Autrefois un vassal était tenu de déclarer les biens, rentes qu'il possédait à son seigneur. Les femmes étaient forcées de déclarer leur grossesse, et cela devait prévenir les infanticides. Chaque personne est tenue de déclarer la naissance d'un enfant ou le décès de ses parents. — Le capitaine d'un bâtiment de commerce arrivant d'un voyage est tenu de faire la déclaration de son chargement et de sa nature dans les bureaux établis pour les droits.

DÉCLARATION DE COMMAND. C'est l'acte par lequel celui qui a acheté sous son propre nom pour autrui fait connaître le véritable acquéreur.

DÉCLARATION DE GUERRE, acte public par lequel une puissance expose les raisons qu'elle a de faire la guerre à une autre puissance. La déclaration de guerre avait lieu chez les Romains par une publication prononcée à haute voix, et les féciaux jetaient la javeline sur le territoire de l'ennemi. Au moyen âge un héraut, dépêché vers l'ennemi, jetait à terre un gantelet, que le chef ramassait s'il acceptait le défi. Chez les sauvages, la déclaration a lieu par le moyen d'une flèche que l'on lance sur les terres de l'ennemi.

DÉCLARATION DU ROI. La *déclaration du roi* était un acte de la puissance souveraine, qui interprétait, réformait, ordonnait de suivre une loi.

DÉCLARATIONS DE DOUANES, celles qu'il faut faire aux bureaux des douanes et de l'octroi pour la libre circulation des marchandises, et qui renferment leur poids, nombre, mesure et valeur.

DÉCLARATIONS DE FAILLITE. Ce sont celles qu'un commerçant fait au greffier d'un tribunal lorsque, se trouvant dans l'impossibilité de continuer ses payements, il fait le dépôt de son bilan.

DÉCLARATIONS DE NATURALITÉ. Les *déclarations de naturalité* sont les lettres délivrées aux étrangers qui obtiennent le rang et le titre de Français.

**DÉCLIC**, sorte de bélier d'une pesanteur extraordinaire, qu'on élève avec un tour entre deux ou quatre pièces de bois, longues de vingt-cinq à trente pieds, et que l'on fait retomber ensuite avec une corde. Le déclic sert à enfoncer des pieux.

**DÉCLINAISON**. La *déclinaison astronomique* est la distance d'un astre à l'équateur céleste, mesurée sur l'arc du grand cercle qui passe par l'astre et par les pôles de la sphère. Elle est par rapport aux corps célestes ce qu'est la latitude par rapport aux lieux terrestres. Elle est *boréale* ou *australe*, selon que l'astre se trouve dans l'hémisphère boréal ou dans l'hémisphère austral. — Les *cercles de déclinaison* sont des grands cercles de la sphère qui passent par les pôles du monde et sur lesquels on mesure la déclinaison. Les *parallèles de déclinaison* sont des petits cercles de la sphère, parallèles à l'équateur. — La *déclinaison du plan vertical* (gnomonique) est l'arc de l'horizon compris entre le premier vertical et la section du plan du cadran avec l'horizon. La *déclinaison magnétique* est l'angle que forme l'aiguille aimantée avec le méridien d'un lieu. Elle varie d'un lieu à l'autre de la terre, et n'est pas même constante dans un même lieu. À Paris, elle forme un angle de 22 degrés.

**DÉCLINANT**. Les *cadrans déclinants* sont ceux dont la section avec l'horizon fait un angle avec le premier vertical. — En général ce sont ceux qui ne regardent pas directement quelqu'un des points cardinaux. — On appelle *plan déclinant* un plan vertical ou non, qui fait angle avec le premier vertical ou le premier méridien.

**DÉCLINATEUR** ou **Déclinatoire**, instrument qui sert à déterminer l'inclinaison ou la déclinaison des plans sur lesquels on veut tracer des cadrans solaires. Il ne porte pas un limbe divisé en degrés, mais n'indique que les points *nord* et *sud*.

**DÉCLINATOIRE**, acte par lequel un défendeur appelé devant une juridiction déclare qu'il ne peut pas être tenu de comparaître devant elle, parce qu'elle serait incompétente.

**DÉCLINE**. On appelle *déclinés* le style et les étamines qui, dans une fleur irrégulière, se portent vers la partie inférieure ; c'est ce qu'on observe dans le *marronnier d'Inde* et le *fraxinelle*. — En ichthyologie, on appelle *nageoire déclinée* celle dont les osselets vont en décroissant.

**DÉCLIVE**, ce qui va en pente ou forme un plan incliné. On donne ce nom, en chirurgie, à la partie la plus basse d'une tumeur, d'un foyer purulent.

**DÉCOCTION**, opération chimique qui consiste à faire bouillir une ou plusieurs drogues ou plantes médicinales dans un liquide, ordinairement de l'eau, afin de les ramollir ou d'en extraire les principes solubles qu'elles renferment. Lorsque l'opération est terminée, il faut passer le liquide à travers un linge. La *décoction légère* est celle qui ne dure que quatre à cinq minutes ; la *décoction moyenne*, celle qui dure douze ou quinze minutes ; la *décoction forte* dure plusieurs heures.

**DÉCOCTION BLANCHE**, boisson adoucissante, préparée avec de la mie de pain, de la corne de cerf calcinée, du sirop de guimauve et de l'eau de fleurs d'orange. On ajoute quelquefois de l'eau de cannelle et l'on substitue la gomme arabique au pain. La décoction blanche est employée dans la dyssenterie, la diarrhée, etc.

**DÉCOGNOIR**, nom donné par les imprimeurs à un morceau de buis qui a la forme d'un coin, et qui sert à serrer ou à desserrer les formes. Au moyen de cet instrument, qu'on pousse avec le marteau, on chasse les coins sans risquer de gâter le marbre sur lequel repose la forme.

**DÉCOLLATION** ou **Décapitation**, acte par lequel on sépare la tête du corps avec un instrument tranchant. Ce supplice, en usage chez tous les peuples, était inconnu aux Grecs. En Orient, excepté à Athènes, la décollation a lieu par le glaive. En Chine, les gens du peuple subissent seuls ce supplice. Au moyen âge, la décapitation était réservée aux nobles, et s'exécutait par le moyen d'une hache. La révolution de 1789 a remplacé en France tous les supplices par la décapitation, qui s'exécute au moyen d'une machine inventée par le médecin Guillotin, et appelée *guillotine*, du nom de son inventeur.

**DÉCOLLATION**. Ce mot désigne particulièrement le supplice infligé à saint Jean Baptiste, par ordre de Salomé, maîtresse d'Hérode Antipas. Cette tête fut portée à Hérodias, mère de Salomé, qui lui perça la langue avec une aiguille. Il désigne aussi les tableaux où cette action est représentée et la fête établie en l'honneur du martyre de saint Jean Baptiste.

**DÉCOLORATION**, action d'affaiblir, de faire perdre la couleur d'un tissu, à une substance, à un corps coloré, etc. La décoloration du visage a servi d'indice aux médecins pour connaître les diverses affections qui peuvent affaiblir le corps humain. La pâleur décèle l'appauvrissement du sang ; les rougeurs désignent l'abondance de ce fluide ; une couleur jaune et vert olive indique une affection du foie ; un coloris bleuâtre, celle du cœur ; la couleur de la paille, une affection cancéreuse. La décoloration de la langue donne aussi des instructions importantes aux médecins.

**DÉCOMBANT** (bot.), nom donné aux tiges qui s'élancent d'abord droites, se courbent ensuite et s'étalent sur le sol.

**DÉCOMPOSÉ** (bot.). Une tige est *décomposée* lorsqu'elle se divise et se subdivise en une foule de ramifications dès sa base. Telle est celle de l'*ajonc d'Europe*. Une *feuille décomposée* est celle dont le pétiole se divise en pétioles secondaires, ou qui est découpée d'une manière diffuse et irrégulière. Telle est la feuille de la *sensitive*.

**DÉCOMPOSITION**, séparation des éléments simples et constituants d'un corps. Les acides, les alcalis, le feu, etc., décomposent la plupart des corps composés. Plusieurs corps du règne organique, abandonnés à eux-mêmes, s'altèrent, se pourrissent et éprouvent une *décomposition spontanée*. La décomposition diffère de l'analyse en ce que, dans celle-ci, on détermine la nature des produits formés, et on tient compte de leur quantité. La décomposition des corps est le fondement de la chimie. C'est elle qui a fait connaître les éléments qui constituaient les corps. — La *décomposition des traits* est l'altération complète dans l'expression de la figure et qui se montre dans le cours des maladies. — La *décomposition des forces* est la substitution des forces qui composent une force unique, appelée *résultante* à cette force.

**DÉCOMPTE**, ce qu'un comptable a droit de retenir et de déduire sur ce qu'il doit. *Faire le décompte*, c'est rabattre sur une certaine somme ou faire la supputation de ce qu'on a à rabattre. Le décompte est en général une manière particulière de terminer entre deux parties un compte antérieur, quels que soient les éléments dont ce compte se compose. Le *décompte militaire* est la comparaison trimestrielle des délivrances de solde et des perceptions de vivres. *Payer le décompte* aux troupes, c'est leur payer ce qui leur est dû, en retenant ce qu'on leur a avancé. *Décompter*, c'est rabattre une somme que l'on a avancée sur une plus grande que l'on doit, ou que l'on paye, ou reconnaître si les valeurs perçues concordent en conformité du droit.

**DÉCONFÈS**, nom donné autrefois à ceux qui étaient morts sans confession ou qui mouraient sans avoir fait de testament. On leur donnait ce nom parce que l'on refusait les sacrements et la sépulture à ceux qui mouraient sans faire un don à l'Eglise. Si l'on mourait *déconfès*, les parents du défunt fixaient ce qu'il aurait dû donner s'il avait fait un testament. Plus tard, les biens des *déconfès* furent confisqués au profit du roi ou du seigneur haut justicier.

**DÉCONFITURE**, état du débiteur qui est dans l'impossibilité de satisfaire ses créanciers. La déconfiture est, en matière civile, ce qu'est la faillite en matière de commerce.

**DÉCOR, DÉCORATION**, terme général qui désigne tous les ornements de peinture, sculpture, architecture et perspective que l'on emploie pour décorer les salles de spectacles, de réunions et de bains, les cafés, etc. On nomme *décorateurs* des architectes connaissant les principes de perspective et de peinture, qui sont chargés de la direction des décors dans les théâtres, les pompes funèbres ou les fêtes publiques, etc. Les décorateurs les plus célèbres sont Bibiena, Canta-Gallina, Jules Parigi, Berain et Servandoni. — On entend généralement par décoration les châssis, les toiles de fond et en un mot tout ce qui sert de décors au théâtre. La peinture de ces objets constitue un art particulier. Les plus fameux décorateurs de théâtre sont Cicéri, Gay, Daguerre et Bouton.

**DÉCORATION** (polit.), récompense accordée à tous ceux qui ont acquis les qualités qu'elle est destinée à signaler, sans exception de croyance ou de naissance. On donne des décorations pour des services rendus à la patrie, pour des inventions utiles, des actions glorieuses. À Rome, on donnait des anneaux à ceux qui se distinguaient dans les armées. Les ordres les plus fameux dont on a accordé les décorations sont ceux de la Sainte-Ampoule (496), de la Toison d'or, de Saint-Michel, du Chardon, du Saint-Esprit, de la Légion d'honneur, de Saint-Louis, du Mérite militaire et de la Réunion.

**DÉCORTICATION**, séparation naturelle ou artificielle de l'écorce. Le tronc du chêne-liège, du platane, de la vigne, etc., se dépouillent tous les ans de leur enveloppe corticale. Quand la décortication provient d'une blessure, d'un accident, de la gelée, etc., et qu'elle a mis à découvert une grande portion du tronc, la sève n'ayant plus de communication avec le haut de l'arbre, le végétal ne tarde pas à périr. L'homme emploie la décortication, pour augmenter la densité, la force et la durée du bois. Elle rend les arbres moins cassants, moins sujets à travailler et plus propres à la menuiserie.

**DÉCOUPÉ** (bot.). Le calice, la corolle, la feuille découpés, sont ceux dont le limbe est partagé en plusieurs lobes ou segments. Si les incisions ne vont guère que jusqu'à la moitié du limbe, on dit alors que les organes sont *bifides*, ou *trifides*, ou *quinquéfides*, ou *multifides* ; mais, si elles pénètrent plus profondément, on emploie alors l'expression de *biparti*, ou *triparti*, etc.

**DÉCOUPURE**, pièce qu'on enlève de dessus un fond quelconque, en suivant les traits d'un dessin préparé d'avance, soit qu'on veuille la transporter sur un autre fond, soit qu'on désire la laisser ainsi à jour. On nomme *découpeur* celui qui fait les découpures. Longtemps on a fait les découpures avec des ciseaux. On se sert aujourd'hui de poinçons en acier et tranchants, qu'on nomme *emporte-pièces*, avec lesquels, et par un coup de marteau sur une plaque de plomb, on coupe l'étoffe ou le papier selon la forme que l'on a donnée à l'emporte-pièce.

**DÉCOURS**, diminution de la lune, depuis la pleine lune jusqu'à la nouvelle lune. Cette désignation est l'opposé de celle de *croissant*, qui s'applique à la figure de la lune, depuis la nouvelle lune jusqu'à la pleine lune. Les astrologues disaient que toute entreprise commencée au décours de la lune était dangereuse et avait une fin funeste à son auteur.

**DÉCOUVERTE**, action de connaître quelque chose de nouveau dans les sciences et les arts. Ce mot s'applique particulièrement aux choses curieuses, utiles ou difficiles à trouver, et qui ont un certain degré d'importance. — En marine, un matelot en vigie au haut du mât, un bâtiment posté en avant ou sur les ailes d'une armée, escadre ou convoi, est à la découverte pour découvrir l'ennemi, la terre ou un danger que l'on craint.

DÉCOUVERTS. Ce mot désigne, en histoire naturelle, les fruits tels que les cerises, les groseilles, qui ne sont pas couverts par un calice ou une enveloppe quelconque.

DÉCRÉPITATION, petillement ou explosion brusque et sèche que certains sels, qui ne sont ni efflorescents ni déliquescents dans un air peu humide, et qui cependant contiennent un peu d'eau, font entendre lorsqu'on les promène sur des charbons ardents. La décrépitation de l'hydrochlorate de soude (sel de cuisine) est due au dégagement subit de l'eau qui se trouve engagée entre les molécules du sel, et qui prend la forme de gaz. La décrépitation des sels qui ne contiennent pas d'eau, tels que le sulfate de potasse, est attribuée à la séparation instantanée des molécules par le calorique.

DÉCRÉPITUDE, dernier degré de la vieillesse, qui succède à la caducité et précède la mort. Elle est caractérisée par l'affaiblissement de tous les sens, par la difficulté avec laquelle s'exercent toutes les fonctions : la vue, l'ouïe, l'odorat, le toucher perdent leur sensibilité; la circulation du sang se fait avec lenteur; les extrémités du corps sont froides et glacées; les facultés intellectuelles se perdent; le vieillard éprouve une grande faiblesse; sa peau est terreuse, son corps maigre et ses cheveux blancs. La décrépitude s'observe aussi chez les animaux domestiques.

DÉCRÈS (Denis, duc DE), né à Chaumont en 1761, entra dans le service de la marine française, se distingua dans plusieurs combats, et fut nommé en 1786 lieutenant de vaisseau. Il commanda comme contre-amiral une escadre au combat d'Aboukir (1796), et coopéra pendant dix-sept mois à la défense de cette place. Il fut nommé préfet de l'arrondissement maritime de Lorient, et reçut en 1802 le titre de ministre de la marine et d'inspecteur général des côtes de la Méditerranée (1806). Il fut créé duc en 1813. Nommé pair de France en 1815, il se retira dans la terre de sa famille. Il mourut par suite d'une explosion de poudres placées dans son lit par un de ses domestiques en 1820.

DECRESCENDO, mot italien qui indique une diminution progressive d'intensité des tons dans l'exécution de la musique. Le decrescendo conduit du *forte* au *piano*. Ce mot a pour synonyme *diminuendo*, *calando* et *smorzando*.

DÉCRESCENTE-PINNÉE, nom donné aux feuilles des légumineuses dont les folioles décroissent en grandeur à mesure qu'elles atteignent le haut du pétiole commun.

DÉCRET, décision arrêtée et résolue après examen et délibération, ou loi faite par l'autorité souveraine. Ce mot a été étendu aux actes de l'autorité pontificale pour les distinguer des décisions des autres puissances, et à l'ensemble des règlements et des principes de la doctrine ecclésiastique. — En style de procédure criminelle, ce mot indique l'ordonnance du juge pour l'instruction de la procédure, ou celle qui porte prise de corps ou saisie de biens ; le *décret d'adjudication* était un jugement qui autorisait la vente que l'on fait en justice d'un héritage saisi réellement.

DÉCRET DE GRATIEN, première partie du droit canon, compilé sur des canons, des conciles, des décrétales, etc., par Gratien, religieux de l'ordre de Saint-Benoît à Bologne, en 1151, et approuvé par Eugène III. — Les *décrets des conciles* sont les canons ou les lois faites par les conciles pour régler la discipline de l'Église.

DÉCRÉTALES, rescrits ou épîtres des papes, qui indiquent les points de controverse ecclésiastique, et qui composent le second volume du droit canon. — Les *fausses décrétales* sont une collection de canons supposés et attribués aux premiers papes avant Sirice. Cette collection, faite par un certain Isidore du IXe siècle, avait pour effet de diminuer l'autorité des métropolitains sur leurs suffragants, en établissant la juridiction d'appel de la cour de Rome dans toutes les causes, et en défendant qu'aucun concile national fût tenu sans son consentement.

DÉCREUSAGE, opération qui a pour but de débarrasser les fils de coton, de chanvre, de lin et de soie, de tout ce qui les souille ou les enveloppe, détruit leurs propriétés, en altère la blancheur, la flexibilité, et s'oppose à l'action des matières colorantes. Pour décreuser, on fait bouillir les étoffes avec du savon, on les lave dans de l'eau claire et on les trempe dans un bain d'alun froid. Pour décreuser la laine, on la fait tremper dans de l'eau mêlée avec de l'urine putréfiée, et on la lave dans de l'eau de rivière.

DÉCRUSEMENT, opération par laquelle on fait passer le fil et la soie écrue-dans une lessive de cendres, et on les lave ensuite à l'eau claire avant de les teindre. Le décrusement sert à débarrasser les fils de soie d'une certaine colle due à la bave du ver à soie.

DÉCUBITUS, mot latin synonyme du mot français *coucher*. Le décubitus offre aux médecins la mesure des forces d'un malade, et indique le degré d'altération et de lésion organique du corps. Le décubitus sur le dos avec roideur des muscles indique une affection des centres nerveux. La position dans laquelle on cherche à être assis et couché à la fois, annonce une affection du cœur ou des poumons ; le décubitus sur le ventre indique de grandes souffrances, dont les viscères abdominaux sont le siège; l'indice le plus favorable est la pose sur un des côtés du corps, surtout le côté droit, les membres fléchis.

DÉCUMANE, nom, chez les Romains, de celle des quatre portes d'un camp, la plus éloignée de la tête de l'armée ennemie.

DÉCUMANES (Terres), terres sur lesquelles on levait les dîmes (*decumas*). Ces terres furent ensuite vendues ou données aux citoyens romains à diverses époques, et par conséquent cessèrent d'être exposées à cette taxe.

DÉCUMANS, chevaliers romains fermiers des dîmes ou de terres décumanes.

DÉCUNX ou DEUNX, fraction de l'as chez les Romains en valait les onze douzièmes.

DÉCURIE, nom d'une compagnie de dix hommes, la dixième partie de la centurie, chez les Romains, formant la trentième partie d'un escadron de cavalerie, qui était de trois cents hommes. La décurie grecque ou *décarchie* était de huit, dix ou seize hommes. À la fin du VIe siècle, les corps nommés *lagmes* et *bandes* se divisèrent en plusieurs *décuries*. Elles formaient des escouades de dix cavaliers, commandés par un *décarque*, ou deux escouades de cinq hommes chacune, commandés par un *pontarque*.

DÉCURION, officier militaire, chef d'une décurie. Il y avait des décurions chez les Hébreux, les Romains et les Byzantins. À Rome, le décurion portait une canne de bois de vigne. On donnait aussi ce nom aux magistrats des colonies romaines, qui formaient une cour de juges ou de conseillers, représentant le sénat romain dans les villes municipales. Ils étaient chargés de veiller aux intérêts de leurs compatriotes et à l'emploi des revenus. Leur élection se faisait avec les mêmes cérémonies que celle des sénateurs romains, et avait lieu au mois de mars. Il fallait avoir vingt-cinq ans pour remplir cette fonction.

DÉCURRENT (bot.). On nomme *pédoncule décurrent* celui qui se prolonge sur la tige et y forme une saillie sensible. — On nomme *feuilles décurrentes* celles dont l'extrémité inférieure se prolonge sur la tige ou sur les rameaux et y forme une espèce d'angle. Telles sont celles du *bouil-lon blanc*. On nomme *ailées* les tiges qui portent des feuilles décurrentes.

DÉCURSIF (bot.). On appelle *feuille décursive* celle dont la nervure seule est décurrente. Le style est *décursif* lorsque sa base descend en rampant sur un des côtés de l'ovaire.

DÉCURSIVE-PINNÉE (bot.), nom donné aux feuilles ailées dont les folioles sont décurrentes sur le pétiole commun.

DÉCURTATION, maladie des arbres, appelée aussi *couronnement*. Dans cette maladie, qui attaque les chênes en particulier, la partie supérieure de cet arbre languit et meurt par la privation de la sève, des feuilles, la stérilité du sol, l'ardeur du soleil ou une grande gelée.

DÉCUSSATION, disposition de plusieurs corps en forme d'un X ou de sautoir. En optique, le *point de décussation* est celui où plusieurs rayons se coupent, tel que le foyer d'un miroir, d'une lentille.

DÉCUSSIS, monnaie romaine dont la valeur changea souvent. Elle valut d'abord 10 as. Sa valeur varia ensuite de 12 à 16 as.

DÉCUSSOIRE, instrument de médecine qui sert à faire écouler le pus et à faciliter la sortie des matières purulentes épanchées sur une plaie.

DÉDALE (myth.), Athénien célèbre, petit-fils d'Erechthée, roi d'Athènes, se distingua dans l'architecture, la sculpture et les arts mécaniques. Ayant tué par jalousie son neveu Talus, qui à douze ans avait inventé la scie, le compas, le tour et la roue de potier, il fut condamné à mort par l'aréopage, et se réfugia à la cour de Minos, roi de Crète. Il construisit pour ce prince le célèbre labyrinthe. Ayant favorisé les amours infâmes de Pasiphaé, il fut enfermé dans le labyrinthe. Il s'enfuit de Crète par le moyen d'ailes adaptées à ses épaules avec de la cire, et aborda à Cumes. Il passa ensuite en Sicile, et offrit ses services au roi Cocalus. On ignore le lieu où mourut Dédale. Ce mécanicien fameux inventa la hache, la vrille, le vilebrequin et l'usage des voiles des navires ; ce qui donna lieu à la fable qu'il s'était fabriqué des ailes.

DÉDALIES, fêtes célébrées en Grèce en l'honneur de Dédale. Dans l'une, les Platéens se rendaient dans une forêt, y exposaient des morceaux de chair bouillie, et observaient de quel côté les corbeaux dirigeaient leur vol pour prendre cette proie. Ils coupaient les arbres où ces oiseaux s'étaient reposés, et en faisaient des statues nommées *Dedalia*. — Les Béotiens célébraient une fête tous les soixante ans en l'honneur du retour des Platéens. On construisait quatorze statues nommées *Dédales* pendant la fête; une statue de Junon, suivie de trente-neuf autres, était portée sur le mont Cythéron, où on la brûlait. Ces fêtes étaient célébrées en l'honneur de la réconciliation de Jupiter et de Junon.

DÉDICACE, consécration d'un temple, d'un autel, d'un monument, d'un lieu, etc. Les Égyptiens célébraient la dédicace de leurs temples. Les Grecs et les Romains dédiaient leurs monuments à leurs divinités, et c'était un grand honneur que d'être choisi pour faire la dédicace d'un édifice. Les chrétiens ont mis leurs églises sous l'invocation d'un saint. Ils célèbrent tous les ans la fête de la dédicace de leurs églises. — *Dédicace* se dit aussi de l'adresse d'un livre que l'on fait à quelqu'un par une épître placée à la tête de l'ouvrage. Les dédicaces remontent à une haute antiquité.

DÉDIT, révocation d'une parole donnée. Le dédit est aussi une peine stipulée dans un marché, dans une convention contre celui qui ne veut pas en remplir les conditions. C'est ordinairement une somme d'argent convenue, que paye celui qui manque à sa parole. — Le dédit n'est permis tant que le lien de droit n'a pas été formé, alors même qu'il y aurait eu promesse accompagnée d'une remise d'arrhes. Dans les obligations parfaites, le dédit peut être encore considéré comme clause pénale. Dans toutes les obligations en général, le dédit ou défaut d'exécution se résout en dommages-intérêts.

DEDITITII, nom que donnaient les Romains aux peuples qu'on avait forcés de se rendre (en latin *dedere*). Ils avaient droit avant les esclaves, mais ne jouissaient d'aucun droit politique.

DÉDOLATION, action par laquelle un instrument tranchant coupe obliquement une partie quelconque du corps, et produit une plaie avec perte de substance. C'est ordinairement à la tête qu'on observe les plaies par dédolation. Lorsqu'il y avait séparation complète d'une portion des os du crâne, les anciens les nommaient *aposképarnismos*.

DÉDOMMAGEMENT, réparation d'un dommage. Voy. DOMMAGE.

DÉDYMNÉE, premier mois de l'année des Achéens, qui répondait au mois de janvier.

DÉE (Jean), mathématicien anglais, né à Londres en 1527, acquit de grandes connaissances dans l'astronomie, et se rendit célèbre dans toute l'Europe. Il fut employé en qualité d'astrologue par la reine Elisabeth, et fit de grandes recherches sur la cabale et la pierre philosophale. Dée mourut en 1607. Il laisse une belle bibliothèque et un cabinet de curiosités.

DÉESSES, divinités du sexe féminin, à qui le paganisme rendait un culte solennel. L'on comptait quatre espèces de déesses : les célestes, les terrestres, les marines et les infernales. Il y avait six grandes déesses qui faisaient partie du conseil des dieux : Junon, Vesta, Minerve, Cérès, Diane et Vénus ; une cinquième espèce de déesses, nommées *déesses mères*, présidaient aux fruits de la terre, et étaient regardées comme les dispensatrices des dons de la nature. Chacun des cinq ordres de déesses se divisait en plusieurs rangs : ainsi il y avait les naïades, les furies, les oréades, les parques, etc. — Dans la révolution de 1793, les Français se choisirent des déesses ; ce furent la Liberté et la Raison. Deux femmes vêtues d'une draperie blanche et d'un manteau bleu clair étaient portées en triomphe sur la place de la Révolution. Sur les monnaies de la république était gravée la figure de la Liberté, coiffée d'un bonnet phrygien. La fête de la Raison remplaça longtemps les *cérémonies du dimanche* ; elle fut célébrée pour la première fois en 1793 (10 novembre).

DÉFAILLANCE, état du *corps dans lequel* le malade éprouve une grande faiblesse et un manque absolu de forces. Le malade devient pâle ; il ne peut plus se soutenir ; ses sensations s'obscurcissent ; son pouls s'affaiblit. Il croit à chaque instant qu'il va perdre connaissance. Cet état a lieu pendant le cours ou précède l'invasion de plusieurs maladies. — En termes de droit, c'est une condition prévue par un contrat, et qui n'a pas été accomplie au temps fixe et convenu. — DÉFAILLANT se dit, en jurisprudence, des parties qui manquent à comparaître et ne se trouver à l'assignation donnée en justice. *Ligne défaillante* se dit d'une ligne qui est éteinte, qui n'a plus d'héritiers.

DÉFAUT (jurispr.), refus de comparaître en justice après une assignation régulière. Lorsqu'une partie est absente, on adjuge à la partie présente le *profit du défaut* contre celle qui est *défaillante* (voy.), sauf à vérifier les conclusions du demandeur, si c'est le défendeur qui fait défaut. Si le demandeur est *défaillant*, le juge se borne à donner au défendeur *congé-défaut* de la demande, sans examen. Si de deux parties assignées l'une fait *défaut* et l'autre comparaît, le juge déclare le *défaut*, sans en adjuger le *profit*, qu'il joint au *fond*, et il ordonne d'assigner de nouveau ; ces sortes de sentences se nomment *jugements de défaut profit joint*. — On appelle encore ainsi l'endroit où se termine une chose destinée à couvrir, à garantir. Ainsi l'on dit *défaut de la cuirasse, des côtes.*

DÉFÉCATION, opération au moyen de laquelle on détermine la séparation de matières végétales qui s'opposent à la clarification de différents sucs des fruits ou des plantes. On produit le plus ordinairement cet effet par un commencement de fermentation dans le jus que l'on veut défequer, ou à l'aide du simple repos, quand les sucs sont peu chargés ; on défèque encore par le lavage, par la décantation, par la filtration, par l'expression et par la despumation. — On donne aussi ce nom, en médecine, à l'action par laquelle le résidu des aliments est rejeté hors du corps.

DÉFEND ou DÉFENDS, bois dont l'entrée est interdite aux bestiaux et à la coupe défendue. Ce mot a été étendu aux animaux qui peuvent causer du dégât dans les bois, les champs, les prés, etc. — Il désignait autrefois les terres qui étaient communes, et où on pouvait mener paître les troupeaux.

DÉFENDEUR, celui qui est appelé en justice pour se défendre d'une accusation portée contre lui. Devant les cours d'appel, on désigne les défendeurs sous le nom d'*intimés*.

DÉFENSE, exposition et développement des moyens qu'une partie emploie pour appuyer sa cause et soutenir son procès. La défense est préparée par des avoués et présentée par des avocats. Lorsqu'un accusé n'a pas fait choix d'un défenseur, le président lui en désigne un d'office.

DÉFENSE (LIGNE DE), position prolongée dans laquelle une armée peut résister aux attaques d'un ennemi même supérieur en nombre. La *guerre de défense* est celle que livre une armée pour résister à l'ennemi, lorsque son infériorité en nombre l'empêche de s'avancer.

DÉFENSES (mar.), bouts de câbles ou de cordes qu'on laisse pendre le long des flancs d'un navire pour empêcher l'effet du choc contre un autre vaisseau.

DÉFENSES (hist. nat.), ensemble des moyens par lesquels les corps organisés résistent à tout ce qui peut nuire à leur existence. Elles désignent aussi spécialement des parties du corps des animaux qui servent d'armes défensives, comme les dents des éléphants, l'aiguillon de l'abeille, le test des mollusques, les appareils électriques des gymnotes et des torpilles, etc.

DÉFENSEUR, nom d'office et de dignité qui a été autrefois en usage dans l'Église et dans l'empire. Cette charge fut créée vers l'an 423. Elle obligeait ceux qui en étaient revêtus à défendre la cause des pauvres et à maintenir les droits et les biens ecclésiastiques. Ces défenseurs de l'Église furent aussi appelés avoués (*advocati*).

DÉFÉRENT, cercle inventé dans l'ancienne astronomie pour expliquer l'excentricité, le périgée et l'apogée des planètes. Comme on avait observé que les planètes sont diversement éloignées de la terre en divers temps, on supposait que leur mouvement propre se faisait dans un cercle qui n'était pas concentrique à la terre, et qui se nommait *déférent*, parce que, passant par le centre de la planète, il semblait la porter et la soutenir dans son orbite.

DÉFÉRENT (anat.), canal excréteur du sperme.

DÉFÉRENT. Ce mot se dit des marques qui indiquent le lieu de la fabrication des monnaies, le nom du directeur et du graveur. Le déférent de la fabrication se marque au bas de l'écusson, celui du directeur au bas de l'effigie, et celui du graveur avant le millésime.

DÉFERLER, terme de marine qui indique l'action de déployer les voiles pour en faire usage. On dit : *la mer déferle* lorsqu'elle se brise, s'étend et se déploie, en choquant un corps quelconque.

DÉFETS, terme de librairie qui indique des feuilles superflues et dépareillées d'une édition, dont on ne peut former un exemplaire complet, et que l'on conserve pour remplacer au besoin les feuilles tachées.

DÉFI, provocation au combat par paroles, écrits ou gestes, pour s'éprouver contre un ennemi ou venger une injure personnelle. Les défis remontent à une haute antiquité. David appela Goliath en combat singulier. Les Horaces portèrent un défi aux Curiaces. Cet usage, oublié sous l'empire romain, fut renouvelé par les barbares. Au moyen âge, les chevaliers se portaient de nombreux défis pour soutenir leur honneur et celui de leurs dames. Les rois eux-mêmes s'adressèrent souvent des défis. Ils disparurent sous le règne de Henri II. En Angleterre, le défi est puni par la prison, et, s'il y a pour cause le jeu, les biens du coupable sont confisqués.

DÉFICIENT. Lorsque la somme des parties aliquotes d'un nombre est plus petite que ce nombre, on le nomme *déficient*. 10, par exemple, est un nombre déficient, parce que la somme de ses parties aliquotes, 1, 2, 5, c'est-à-dire 8, est plus petite que ce nombre 10.

DÉFICIT, perte totale ou partielle de capitaux engagés dans une entreprise ou industrie quelconque. Le déficit pousse à la faillite. Ce mot s'applique particulièrement aux dépenses annuelles d'un État, lorsque les recettes ne peuvent faire face aux dépenses. À l'avènement de Louis XVI (1774), les finances offraient un déficit de près de 80,000,000 ; en 1787, il s'élevait à 140,000,000 ; en 1789, il était de 65,000,000 ; en 1791, il était de 97,000,000.

DÉFILÉ, passage ou chemin étroit dans des montagnes, à travers lequel un corps d'infanterie ou de cavalerie ne peut passer qu'en défilant et en formant un très-petit front.

DÉFILEMENT, action de défiler, c'est-à-dire d'aller par files et sur un petit front. On nomme *plan de défilement* celui qui contient les crêtes intérieures d'un ouvrage de fortification. Après avoir fait le tracé des limites, fixées par l'expérience entre douze cents et quatorze cents mètres (distance au delà de laquelle les coups de l'ennemi ne sont plus à craindre), il faut déterminer le relief des différentes parties, c'est-à-dire, les hauteurs dont elles doivent s'élever au-dessus du terrain sur lequel elles sont assises, pour abriter les défenseurs des vues de la campagne.

DÉFINITEUR, nom usité dans les ordres religieux pour signifier l'assesseur ou conseiller d'un supérieur. On nomme *définitoire* le lieu où s'assemblent les définiteurs.

DÉFLAGRATION, opération chimique qui a pour but de faire brûler une substance avec flamme, élévation de température, mouvement violent et bruit plus ou moins fort. Ce mot indique aussi la combustion même d'une substance. On l'observe particulièrement lorsqu'on chauffe des mélanges de corps oxygénés et de nitrates ou chlorates de potasse. La poudre à canon et la poudre fulminante brûlent avec déflagration. Les substances dont on fait la déflagration doivent être sèches, réduites en poussière et intimement mélangées. L'on doit les remuer fréquemment pendant l'opération.

DÉFLEURAISON, chute ou époque de la chute des fleurs. La défleuraison a lieu à l'instant où le fruit est formé ou que la fécondation de l'ovaire est certaine ; alors la corolle se flétrit, et les anthères, les stygmates et les styles se dessèchent pour que toute la sève se porte sur le fruit. Quelquefois la corolle persiste pour abriter le fruit. On retarde l'époque de la défleuraison en empêchant que la fécondation ait lieu.

DÉFONCEMENT, opération d'agriculture, qui consiste à creuser le sol à deux ou trois pieds de profondeur, soit pour placer du fumier dans le fond, soit pour remplir le vide avec de la terre nouvelle, soit enfin pour bien mêler et remuer la terre, de manière que celle qui formait les couches inférieures forme la surface supérieure. On défonce à la bêche et avant l'hiver.

**DÉFRICHEMENT**, opération d'agriculture par laquelle on convertit un terrain inculte ou chargé de bois, de broussailles, etc., en terres labourables, en vignes, prairies, etc. Les terres travaillées et amendées sont plus fécondes et plus productives que celles que l'on ne cultive jamais. Pour défricher un sol sec et sablonneux, il suffit de le labourer au printemps; les terres fortes et argileuses exigent au moins deux labours à sillons croisés ; quelquefois il faut écobuer le terrain et lui enlever les eaux surabondantes. On laisse *mûrir* le sol pendant quelques mois après les labours ; on l'engraisse de fumier ; on y répand de la marne, du plâtre où de la chaux, et on y sème des pommes de terre, des racines ou de l'avoine; après cette première récolte, on y sème du blé.

**DEFTERDAR**, ministre chargé, en Perse et en Turquie, de tenir les rôles de la milice et des revenus de l'État, et dont les fonctions correspondent à celles de ministre des finances en France. Le defterdar est un des grands officiers de la Turquie. Il siége dans le divan, dispose des revenus de l'État, et publie des firmans de son autorité privée. Le grand vizir seul et son lieutenant sont au-dessus du defterdar. Il perçoit le vingtième de tout l'argent qui entre dans les coffres de l'État. — Le *defterdar-capoussy* ou ministère des finances se compose de trente-trois bureaux, dont trois sont destinés à l'entretien des hôtelleries, mosquées, etc. ; les autres regardent les douanes, les tributs, les impôts, l'état de la solde des troupes, etc.

**DÉGAGEMENT**, action de retirer un gage donné. Le prêt sur gage entre particuliers n'est pas autorisé par la loi et constitue un grave délit. Mais on a permis l'établissement des *monts-de-piété* ou maisons dans lesquelles l'on prête sur gage, à des intérêts qui dépassent les limites fixées par la loi, parce qu'il faut joindre à l'intérêt légal les frais d'engagement et de dégagement. Autrefois, lorsque l'on n'avait pu saisir des bestiaux surpris en délit dans les champs, on avait droit de demander un autre gage en remplacement du *dégagement* opéré par les bestiaux eux-mêmes.

**DÉGAGEMENT**, nom donné aux évaporations des gaz ou des vapeurs, si souvent nuisibles. — En termes de médecine, ce mot se dit de l'action médicamenteuse qui consiste à débarrasser la tête, la poitrine, etc., par des remèdes administrés à l'intérieur, et des moyens employés pour rectifier une mauvaise pose, une conformation vicieuse du corps.

**DÉGAT**, dommage considérable causé dans des terres ensemencées, dans les prés, les vignes, les bois, etc., par la pluie, la grêle, les animaux, etc. Le dégât causé par les hommes dans le seul but d'une destruction inutile est puni par les lois. Les peines rendues envers ceux qui causent des dégâts aux biens d'autrui varient, suivant les circonstances, de l'emprisonnement à la mort.

**DÉGAUCHISSAGE**, action par laquelle on rend plane une surface qui ne l'est pas. On dégauchit ordinairement le bois, la pierre, le marbre, les métaux, etc., en enlevant de la substance aux places où il y en a trop. Pour connaître les endroits où il faut faire agir l'outil, on se sert d'une règle bien droite, que l'on présente sur la surface dans le sens de deux diagonales qui se coupent ; on enlève ensuite les parties élevées sur lesquelles la règle ne touche pas.

**DÉGEL**, fusion de la glace. Elle a lieu lorsque la température de l'air s'est élevée au-dessus du terme de congélation de l'eau. Le dégel doit être lent, gradué, pour la conservation des végétaux ; une succession de gelées et de dégels est toujours nuisible aux plantes. Dans les montagnes couvertes d'une grande quantité de neige, le dégel n'a jamais lieu.

**DÉGÉNÉRESCENCE** ou **DÉGÉNÉRATION**, changement dans la nature ou l'essence d'un corps quelconque qui se détériore, ou passage de l'état primitif d'un corps à un état inférieur. Il n'y a que les êtres vivants et organisés qui subissent des dégénérations. Ces altérations des formes des êtres ont leur cause dans le climat, la nourriture, le genre de vie, les maladies héréditaires, les croisements de races, et généralement dans un climat trop brûlant ou un froid trop intense. Quelquefois la dégénération est due à certaines maladies ; telle est la *leucose*, qui rend le pelage et le plumage des animaux blancs, l'*albinisme* et la *mélanose*. Cette dernière règne dans les climats brûlants de l'Afrique, et colore en noir les espèces animales et végétales. Les êtres dégénérés sont toujours plus faibles et vivent peu. C'est par la dégénérescence des plantes que l'on obtient les belles fleurs doubles ; en donnant aux fleurs une nourriture abondante, on transforme les étamines en pétales, et on empêche la fécondation. C'est ainsi qu'on obtient les belles espèces de roses et de violettes. — On nomme ainsi, en médecine, le changement qui s'opère dans la structure d'un organe, qui se transforme en une matière morbide.

**DÉGLUTITION**, action par laquelle les aliments, mâchés et imprégnés de salive, sont portés dans l'estomac en traversant le pharynx et l'œsophage. Les aliments, rassemblés sur le dos de la langue, sont poussés par elle contre le voile du palais, et descendent dans le pharynx. Cette cavité se contracte, le larynx s'élève et la glotte s'ouvre. Le bol alimentaire, pressé par la contraction du pharynx, glisse et parvient à l'œsophage, dont les fibres circulaires, en se contractant, le conduisent à l'estomac. Les liquides sont plus difficiles à être avalés, et exigent des efforts plus grands que les solides de la part des muscles. Les zoophytes et les végétaux se nourrissent par simple absorption.

**DÉGORGEOIR**, instrument de serrurerie, qui a la forme d'un ciseau à chaud, dont le forgeron se sert de dessus les pièces qu'il forge des parties qu'il ne pourrait pas détacher avec le marteau, soit pour donner à ces pièces des formes qu'elles ne peuvent obtenir qu'à l'aide d'un instrument tranchant. — En artillerie, le *dégorgeoir* est un gros fil de fer qui sert à percer la gargousse et la lumière du canon, quand elle est engagée.

**DÉGOUT**, aversion, répugnance que l'on éprouve pour les aliments même les plus savoureux. Le dégoût est souvent porté si loin, que la vue ou le souvenir des aliments détermine des nausées ; ce symptôme s'observe dans quelques maladies aiguës, l'hystérie, l'hypocondrie et plusieurs maladies chroniques.

**DÉGRADATION**, action de déposer une personne constituée en dignité. Autrefois on infligeait cette peine flétrissante aux chevaliers. Un cuisinier ou le bourreau coupait, sur un tas de fumier, avec un tranche-lard ou une hache, les ligaments des éperons. On plaçait le coupable armé de pied en cap sur un échafaud ; le héraut le déclarait traître, vilain et déloyal. On le menait à l'église, on lui lisait un psaume chargé de malédictions, on déchirait sa ceinture et l'on brisait son écu. — Il fallait autrefois faire dégrader les prêtres par les évêques, avant de les conduire au supplice. Cet usage fut aboli au XVIIe siècle.

**DÉGRADATION**. C'est, en termes de peinture, la diminution de la lumière et des ombres par des effets d'optique. Les couleurs se dégradent aussi par l'effet de la lumière, de la chaleur et de l'éloignement. — Le globe ressent de nombreuses dégradations. L'atmosphère et l'eau exercent une action très-funeste sur les rochers et les continents. La gelée produit des effets destructeurs sur les roches. Les eaux, en s'infiltrant dans la terre, la creusent, la minent, emportent dans leur cours une grande quantité de terrain et de roches calcaires. La seule source de Vichy entraîne par an 4,860 mètres cubes de terrain. Les avalanches, la fonte des neiges et des glaciers, l'action des marées, de l'eau, etc., sont autant de causes des dégradations de la surface du globe.

**DÉGRADATION CIVIQUE**, peine infamante qui consiste dans la déclaration que le condamné est incapable d'exercer ses droits civils ou de famille. Elle est, suivant les circonstances, peine accessoire ou principale.

**DÉGRAISSEUR**, ouvrier qui fait profession d'enlever les taches de toute espèce de dessus les étoffes et de restituer les couleurs altérées dans leur état primitif. Pour enlever les taches en général, on présente à la substance qui les a formées une autre substance qui a plus d'affinité avec la première que celle-ci n'en a avec l'étoffe ; ces deux substances s'unissent et forment un composé qui se détache de l'étoffe. Le savon, la craie, les terres absorbantes et savonneuses, le fiel de bœuf, l'essence de térébenthine, enlèvent les taches d'huiles et de graisse. L'alcool enlève la cire, la résine, la poix, etc. Un savonnage à la main, suivi d'une fumigation d'acide sulfureux, enlève les taches de vin, de mûres et de liqueurs. L'acide oxalique enlève les taches de rouille. Un lavage à l'eau pure et savonneuse, le jus de citron ou l'acide oxalique enlèvent l'encre. Le savonnage, le lavage à l'eau et la vapeur sulfureuse enlèvent les taches de café et de chocolat.

**DÉGRAS**, huile dont les chamoiseurs se servent pour passer les peaux de chamois. Cette huile, devenue plus épaisse et moins pure, sert aux corroyeurs pour passer les cuirs blancs et les rendre souples et imperméables. Le dégras est formé d'huile de poisson et d'acide nitrique.

**DEGRÉ** (math.), terme employé pour désigner les équations d'après la plus haute *puissance* de l'*inconnue* qu'elles renferment. Ainsi une équation du quatrième degré est celle dans laquelle l'inconnue est à la quatrième puissance. — C'est aussi la trois cent soixantième partie de la circonférence. Les degrés servent à désigner la grandeur d'un angle et la mesure de l'arc qui le sous-tend. La terre n'étant pas une sphère exacte, les degrés terrestres ne sont pas égaux. La Condamine et Bouguer mesurèrent la longueur d'un degré du méridien sous l'équateur, et le trouvèrent de 56,750 toises. Les degrés mesurés sur le méridien, ou degrés de latitude, sont d'autant plus grands qu'ils sont près du pôle. En France, ils sont de 57,000 toises ou 25 lieues, et sous le cercle polaire, de 57,450 toises. Les degrés de longitude sont égaux entre eux et au premier degré de latitude pris sous l'équateur.

**DEGRÉ**, nom donné aux divisions des échelles sur lesquelles on place les thermomètres, les aréomètres, etc. Elles désignent dans les baromètres la pesanteur de l'air, et dans les thermomètres le plus ou le moins de froid ou de chaud. Voy. THERMOMÈTRE, BAROMÈTRE, ARÉOMÈTRE.

**DEGRÉ** (méd.), expression employée par Galien et ses disciples pour faire connaître les qualités de certains médicaments. Ils admettaient des médicaments froids, chauds, humides et secs, et quatre degrés différents dans chacune de ces qualités. Ainsi l'ache était chaude au premier degré, l'aigremoine au deuxième, l'alun de roche au troisième, l'ail au quatrième. Le bédegar était froid au premier degré, les grenades sauvages au deuxième, la joubarbe au troisième, l'opium au quatrième.

**DEGRÉ** (mus.), position relative de chaque son de la gamme sur les lignes de la portée. Ainsi, dans la gamme d'*ut*, *ut* est au premier degré, *ré* au second, etc. Une mélodie marche *par degrés conjoints* lorsqu'elle va d'une note quelconque à la plus voisine, soit inférieure, soit supérieure dans leur succession ; et par *degrés disjoints*, lorsqu'elle va par mouvements de tierce, quarte, quinte, etc.

**DEGRÉ** (jurispr. et génér.), proximité

ou éloignement qui règne entre des parents, à l'égard de la tige qui leur est commune. Chaque *degré* renferme une génération. Les frères sont au deuxième degré, l'oncle et le neveu au troisième degré, les cousins germains au quatrième. La suite des degrés forme une ligne.

DEGRÉ DANS LES UNIVERSITÉS, titres que l'on confère aux étudiants, comme un témoignage des progrès qu'ils ont faits dans les facultés, après le temps d'étude et les examens prescrits. Les degrés sont ordinairement ceux de bachelier, de licencié et de docteur. Cet usage vint en France, d'Italie, vers le XIIIe siècle. Le grade de bachelier ès lettres précède tous les autres.

DÉGRÉEMENT, état d'un bâtiment dépouillé d'une partie de son gréement, soit dans une tempête, soit dans un combat, et qui est privé de ses mâts, vergues, voiles, etc. On dit aussi *désagréer* pour *dégréer*.

DÉGUERPISSEMENT, abandon, délaissement d'un héritage. Celui qui s'est mis indûment en possession du fonds d'autrui est condamné au déguerpissement. Le détenteur d'un immeuble grevé d'une charge foncière en abandonne la possession pour se soustraire aux charges qui pèsent sur lui. D'après une ordonnance de Charles VI, le déguerpissement était usité en 1441.

DÉGUISEMENTS, travestissements, changements de costume que font des personnes pendant les fêtes, le carnaval, les bals, etc., dans le dessein de n'être pas reconnues, et de se livrer sans contrainte au plaisir. Les déguisements et mascarades remontent à une haute antiquité, et avaient lieu dans les Bacchanales, les Lupercales, les fêtes en l'honneur de Pan et de Phallus. Au moyen âge le peuple se déguisait en fous, évêques, abbés et rois. Au XVIe siècle, les déguisements prirent un caractère nouveau et particulier. La mythologie et l'histoire fourniront tous les frais des costumes. Louis XIV se plaisait sous celui d'Apollon. Aujourd'hui les déguisements ne sont usités que pendant le carnaval et sur le théâtre.

DÉGUSTATION, appréciation des qualités sapides d'une substance à l'aide des organes du goût. Les différents points de ces organes ne sont pas tous affectés par la même saveur. Le poivre pique le milieu de la langue, le piment les bords latéraux, la cannelle le bout ; les aliments amers affectent le fond de la bouche, les boissons spiritueuses le palais et les joues. Dans la dégustation, il faut tenir compte de l'action des substances sur l'odorat. — Les liqueurs ne peuvent être admises dans le commerce qu'après avoir été dégustées. Il y avait autrefois un commissaire nommé *dégustateur*, chargé de déguster les vins et les boissons ; les courtiers de commerce et les commissaires-priseurs ont remplacé les dégustateurs.

DÉHISCENCE (bot.), manière dont s'effectuent, 1° l'ouverture des anthères pour livrer passage à la poussière fécondante ; 2° celle des fruits pour laisser échapper les graines. La première s'effectue le plus ordinairement par le sillon longitudinal situé entre les deux loges ; par les trous ou valvules qui s'ouvrent sur chaque loge ; par la scission de la moitié de l'anthère qui tombe, ou à l'aide de petites valvules qui se séparent de bas en haut. — Les fruits charnus ne sont pas déhiscents. Dans les autres, il se forme des trous qui laissent échapper la graine (pavot, œillet, saponaire), ou le haut des péricarpes se rompt, ou enfin le fruit s'ouvre en un certain nombre de pièces longitudinales ou valves (pourpier, mouron, asclépiade, etc.).

DEHLY, province de l'Indoustan, entre celles de Lahore, de l'Adjemir, de l'Agrah et du Moultan. Sa superficie est de 5,808 lieues carrées, et sa population de 5,000,000 d'habitants. Elle se divise en quatre districts (depuis 1814), dont celui de Dehly seul est gouverné par les Anglais, et dont les autres sont possédés par des princes qui leur payent tribut. Après avoir été un royaume de Radjahs hindous, vassaux des radjahs de Lahore, elle tomba en 1193 au pouvoir du sultan Schehab-Eddyn-Mohammed. Ses successeurs y régnèrent jusqu'en 1525, qu'ils furent chassés par Babour, fondateur de l'empire mogol. Les Anglais y entrèrent vers 1770. — La capitale est *Dehly*.

DEHLY, jadis capitale d'un royaume particulier, puis de la monarchie des *Patans*, et enfin de l'empire mogol. On rapporte sa fondation à trois siècles avant J.-C. Devenue une des plus grandes et belles villes du monde, elle fut souvent prise et pillée dans les guerres que se livrèrent les princes hindous. En 1739, le roi de Perse s'en empara et massacra 100,000 habitants ; en 1760 elle fut prise par les Mahrattes, et par les Anglais en 1803. Elle dépend aujourd'hui de la présidence de Calcutta. Dehly a des ruines magnifiques de mosquées, de palais et d'un observatoire. La population est de plus d'un 1,000,000 d'âmes. Elle commerce en indigo, pierres précieuses et châles.

DÉICIDE, terme de théologie qui désigne l'acte par lequel les Juifs et les bourreaux firent mourir Jésus-Christ, vrai Dieu et vrai homme. — Il désigne aussi celui qui s'est rendu coupable de déicide ou qui a pris part au supplice de Jésus-Christ. Ainsi Judas, Pilate, les Juifs étaient déicides.

DÉIDAMIE (myth.), fille de Lycomède, roi de Scyros. Achille, étant devenu épris de cette princesse, se déguisa en fille, et, ayant été reçu parmi ses suivantes, il la rendit mère d'un fils nommé Pyrrhus. Découvert par Ulysse, il fut uni à Déidamie par Lycomède. Mais, forcé de partir pour Troie, il ne vit plus son épouse. — *Déidamie* ou *Hippodamie*, fille d'Adraste, roi d'Argos, devint célèbre par sa beauté, et épousa Pirithoüs, roi des Lapithes. Les Centaures, invités à ses noces, voulurent lui faire violence ; mais ils furent exterminés par Thésée et Hercule.

DÉIDAMIE (hist. nat.), arbuste aux tiges anguleuses et grimpantes, aux feuilles alternes et ailées ou composées de cinq folioles, ovales et échancrées au sommet, aux pétioles recouverts de glandes urcéolées, au fruit ovoïde, capsulaire, à cinq valves déhiscentes. Ce fruit est sec et coriace ; mais il est un aliment en usage chez les Madécasses ou peuples de Madagascar.

DÉIFICATION, action de mettre quelqu'un au rang des dieux. Les Égyptiens avaient divinisé les végétaux, des animaux, des pierres même, etc. Les Athéniens accordaient les honneurs divins aux grands hommes après leur mort et même de leur vivant. L'homme, frappé de la beauté du firmament, dressa des autels aux astres ; il adora ensuite les rois qui lui servaient de pères, et qui inventèrent de nouvelles sciences. Tels furent Osiris en Égypte et Saturne en Italie. On accorda ensuite cet honneur à ceux qui avaient fondé des colonies, des villes, détruit des tyrans et les bêtes sauvages, qui s'étaient dévoués pour leur patrie. La religion chrétienne ne connaissant qu'un seul Dieu, mit au rang de saints les hommes distingués par leurs vertus. — En Chine, on honore les rois comme des divinités après leur mort. On fléchit le genou devant leurs portraits, et on leur offre des sacrifices.

DEIMAN (Jean-Rodolphe), né à Hagen (Ost-Frise) en 1743. Ce célèbre chimiste et médecin se concilia l'estime et l'affection de ses concitoyens par son amour de l'humanité et ses talents. Placé à la tête de l'association connue sous le nom de *Chimistes hollandais*, on lui dut la découverte du *gaz oléfiant*, et des recherches précieuses sur l'action *du mercure dans la végétation*, sur le *gaz hydrogène carboné*, l'*acide nitreux* et ses *combinaisons avec les alcalis*. Il prononça l'éloge de Lavoisier, et fut l'auteur d'un projet relatif à l'établissement d'une société de bienfaisance pour les aveugles. Deiman, nommé médecin du roi, mourut en 1808.

DÉIPHOBE (myth.), fils de Priam et d'Hécube, épousa Hélène après la mort de Pâris. Il fut trahi par son épouse infidèle, qui introduisit dans son palais Ménélas, son premier époux, avec lequel elle voulait se réconcilier. Ménélas et Ulysse, après l'avoir mutilé cruellement, lui ôtèrent la vie.

DÉIPHOBE (myth.), nom de la sibylle de Cumes, fille de Glaucus, et déesse d'Apollon et d'Hécate. Elle rendait ses oracles à Cumes dans un antre possédant cent ouvertures. Aimée d'Apollon dans sa jeunesse, elle obtint de vivre mille ans. Elle conduisit Énée dans les enfers. Après sa mort les destins, dit-on, voulurent que sa voix fût éternelle.

DÉIPHON (myth.), frère de Triptolème. Céléus, son père, ayant donné l'hospitalité à Cérès pendant ses courses sur la terre, la déesse, pour le récompenser, éleva Déiphon et voulut lui donner l'immortalité. Tous les jours elle le mettait sur des charbons ardents pour le purifier. Métanire, mère de Déiphon, effrayée de ce spectacle, troubla par ses cris les mystères de la déesse, qui remonta aussitôt dans son char et le laissa périr dans les flammes.

DEIPNOPHORIES, fêtes des repas, instituées par Thésée à son retour de Crète, où il avait tué le Minotaure. Des femmes, appelées *deipnophores* parce qu'elles apportaient à dîner, jouaient un rôle important dans ces solemnités. Elles représentaient les mères des jeunes gens qui avaient été désignés par le sort pour être livrés avec Thésée au Minotaure.

DEIPNOSOPHISTES, philosophes anciens qui moralisaient à table. On appelle aussi de ce nom un ouvrage d'Athénée, philosophe grec du siècle d'Auguste, qui est rempli de remarques intéressantes, d'anecdotes curieuses sur les mœurs des anciens, et d'excellents morceaux de poésie.

DÉISTES. Nom donné à ceux qui, n'ayant aucun culte particulier, et rejetant toute sorte de révélation, croient seulement en un être suprême, principe de tous les êtres, mais qui ne reconnaissent autre chose, en fait de religion, que ce que la raison peut découvrir.

DÉJANIRE (myth.), fille d'Œnée, roi de Calydon. Hercule et Achéloüs se disputèrent sa main ; le premier, devenu l'époux de Déjanire, l'emmenait dans sa patrie lorsqu'il fut arrêté par les eaux débordées du fleuve Évenus. Nessus s'offrit pour transporter Déjanire sur l'autre rive ; mais il n'eut pas plutôt traversé le fleuve, qu'il tenta de faire violence à cette femme. Hercule lui lança une flèche empoisonnée, et le blessa mortellement. Nessus, expirant, donna à Déjanire sa tunique teinte de son sang, comme un talisman propre à rendre son époux fidèle. Déjanire, apprenant qu'Hercule l'oubliait dans les bras d'Iole, lui envoya la fatale tunique par Lycas ; le héros, consumé par un feu dévorant, lança le messager dans la mer. Déjanire fut si affligée de la mort d'Hercule, qu'elle se tua de désespoir.

DÉJEUNER, repas qu'on fait le matin, et qui précède le dîner. Chez les Grecs et les Romains, il consistait en un morceau de pain trempé dans du vin et pris de bonne heure. Maintenant le déjeuner se prend de neuf à dix heures, et consiste en mets légers, tels que du café ou du thé au lait, du beurre, du chocolat ; quelquefois on y joint du bifteck, du jambon, de la salade, des côtelettes, etc.

DÉJEUNER (Société du), société littéraire sous l'empire, dont faisaient partie plusieurs membres de l'académie française. — Sous le directoire, le *Déjeuner* était un journal spirituel et malin, qui attaquait tout et jouait sur tout.

DÉJOCÈS, fils de Phraorte, affranchit les Mèdes du joug des Assyriens, et obtint de ses concitoyens, pour récompense, le titre de roi, après les avoir gouvernés longtemps en forme de république. Il bâtit

Ecbatane, et l'environna de sept enceintes de murailles. Il régna cinquante-trois ans, et après sa mort, arrivée vers l'an 646 avant J.-C., il laissa la couronne à son fils Phraorte.

DÉJOTARUS, tétrarque de Galatie, allié des Romains, fut nommé par ce peuple roi de cette contrée, et de la petite Arménie. La guerre civile ayant éclaté entre Pompée et César, il prit le parti du premier, et fut privé par le vainqueur d'une partie de ses États. Ayant été accusé par son petit-fils Castor, d'avoir attenté à la vie de César, il fut défendu par Cicéron (l'an de Rome 708). A la mort de César, il fournit des auxiliaires à Brutus et à Cassius, et embrassa le parti d'Antoine, qu'il abandonna pour celui d'Octave. Il mourut vers l'an 42 avant J.-C.

DEKHAN, province de l'Indoustan, entre celles de Berar, Pounah, Cirkars, Krichnah, Bidjapour et Aurengabad. Elle comprend les districts de Beyder, Haiderabad, Nander et les parties orientales du Bidjapour et d'Aurengabad. La capitale est *Aurengabad*. Sa superficie est de 20,800 lieues carrées. A la fin du XIIIe siècle, elle était divisée entre plusieurs radjahs, vassaux et tributaires de l'empereur de Narsing. Le Dekhan tomba au pouvoir des empereurs mogols (1689). En 1717 il fut partagé entre les Mahrattes et Nizam-Aly-Khan, qui s'y rendit indépendant en 1739. Ses successeurs devinrent les alliés et ensuite les vassaux et les sujets des Anglais, et leur royaume fut placé sous la juridiction de la présidence de Madras. En 1818, le pays occupé par les Mahrattes fut soumis à l'empire britannique, et dépend de la présidence de Bombay. — Autrefois on donnait ce nom à la presqu'île de l'Inde, située en deçà du Gange.

DÉLAI, temps nécessaire à une partie pour faire quelque chose ou comparaître devant le juge. Dans les conventions entre individus, les délais accordés pour remplir l'obligation stipulée dépendent entièrement de la volonté des parties contractantes. — Les délais de procédure sont établis par la loi pour assurer les droits respectifs des parties et le cours régulier de la justice. — Le *délai d'ajournement* est fixé à huitaine pour les personnes domiciliées en France. Le président peut seul abréger les délais ordinaires de procédure. Le jour de la signification et celui de l'échéance ne sont jamais compris pour le délai général fixé pour les ajournements, les citations, sommations : ce délai est augmenté d'un jour à raison de trois myriamètres de distance ; et, quand il y a lieu à voyage ou renvoi et retour, l'augmentation est du double. — Le délai pour interjeter appel est de trois mois.

DÉLAI DE REPENTIR, espace légal de temps laissé entre la disparition d'un militaire absent et le terme de rigueur fixé par la loi, ou entre la transgression d'un congé limité et le terme où commence la désertion. Après six mois de service, le délai au camp ou dans une place de guerre, pendant la paix, est fixé à trois fois vingt-quatre heures ; et, dans tout autre lieu, à huit jours ; en temps de guerre, il est fixé à vingt-quatre heures à l'armée et à quarante-huit heures dans tout autre lieu.

DÉLAISSEMENT, abandon volontaire d'une chose fait dans l'intention de se libérer des charges réelles qui pèsent sur elle. — Le *délaissement par hypothèque* est l'abandon d'un immeuble, fait par celui qui en est le propriétaire, pour éviter les poursuites d'un créancier avec lequel il n'a pas une obligation personnelle, mais qui a une hypothèque sur cet immeuble. — Tout propriétaire de navire est civilement responsable des faits du capitaine, pour ce qui est relatif au navire et à l'expédition. La responsabilité cesse par le *délaissement* du navire et du fret.

DELAMBRE (J.-B.-Joseph), célèbre astronome, né à Amiens en 1749. Ce ne fut qu'à l'âge de trente-six ans qu'il se livra à l'étude de l'astronomie. Il devint l'élève et l'ami de Lalande, calcula la marche d'*Uranus* et les tables du soleil, de Jupiter et de ses satellites et de Saturne (1792). Il mesura avec Méchain l'arc du méridien compris entre Dunkerque et Barcelone et entre Lille et Perpignan. Il fut nommé en 1807 professeur d'astronomie au collège de France. Il mourut en 1822. Il a laissé une *Histoire de l'astronomie* (5 vol.), un *Abrégé d'astronomie*, etc.

DELANDINE (Antoine-François), né à Lyon en 1756, publia en 1788 une *Histoire des anciens états généraux*, et fut député par le tiers état du Forez à ceux de 1789. Il proposa, pour combler le déficit de 56,000,000, d'employer le revenu des bénéfices ecclésiastiques. Il protesta contre la détention du roi, et ne fit partie d'aucun club. Forcé de fuir, il fut arrêté en 1793, et resta en prison jusqu'au 9 thermidor. Il publia en 1804 la huitième édition du *Dictionnaire historique* de Chaudon, qu'il augmenta de quatre volumes. Il mourut en 1820.

DÉLASSEMENTS-COMIQUES, théâtre établi à Paris en 1785, à l'entrée du boulevard du Temple, et où l'on jouait des tragédies, comédies, drames, opéras comiques, vaudevilles, parades, pantomimes et ballets. Fermé en 1786, il fut rouvert en 1788. Ce théâtre avait son répertoire particulier. Rétabli en 1801 sous le nom de *Théâtre-lyri-comique*, et en 1806 sous celui de *Variétés-Amusantes*, il fut supprimé en 1807.

DÉLATEUR, celui qui, dans un but intéressé, découvre un crime faux et imaginaire pour perdre quelqu'un. — A Rome, la délation était encouragée. Les délateurs étaient les confidents des crimes des empereurs. Ils leur désignaient les victimes, et les empereurs, trop crédules, se fiaient à leurs accusations. Les délateurs s'emparaient d'une grande partie des biens des accusés. — Le délateur diffère du *dénonciateur* en ce que ce dernier découvre les faits qui intéressent la sûreté publique et sans qu'aucun devoir l'y oblige.

DELAWARE, grande rivière de l'Amérique septentrionale, qui prend sa source dans les monts Kaskill, sépare la Pensylvanie du New-Yorck et du New-Jersey, et porte de grands bâtiments jusqu'à Trenton. Son cours est de 110 lieues. — C'est aussi le nom d'une baie spacieuse de l'Atlantique, sur la côte E. de l'État de Delaware. Sa superficie est de 120 lieues carrées.

DELAWARE, le plus petit des États-Unis d'Amérique, entre la baie Delaware, le Maryland et la Pensylvanie. Sa superficie est de 340 lieues carrées, et sa population de 83,456 habitants, dont 3,292 esclaves. Il se divise en trois comtés : celui de *Kent*, capitale *Dover* ; celui de *Sussex*, capitale *Georgestown* ; et celui de *Newcastle*, avec une capitale de même nom. — Il renferme un grand nombre de manufactures, de moulins, forges, etc. Sa capitale est *Dover*, à 35 lieues de Washington. Population, 1,200 âmes.

DÉLAYANTS, nom donné, en médecine, aux médicaments qu'on a crus propres à augmenter la liquidité du sang et des autres fluides animaux. Toutes les boissons aqueuses sont des délayants, et tous les délayants des antiphlogistiques.

DÉLÉGATION, acte par lequel un débiteur est forcé de payer un tiers dont son propre créancier est lui-même débiteur. Ainsi si une personne doit 100 francs à une autre, et que cette personne ait elle-même un débiteur de la somme de 100 francs, elle autorisera son créancier à recevoir cette somme de ce tiers qui la lui doit à elle-même. — Dans les actes de vente, le vendeur charge l'acquéreur de verser tout ou partie du prix à des créanciers qu'il désigne. — La *délégation* est aussi une commission qu'on donne à un juge pour instruire ou juger une affaire.

DÉLÉGATION (géogr.). Voy. LÉGATION.

DÉLÉGATOIRE se dit des rescrits du pape qui donnent commission à des juges d'instruire ou de terminer quelque affaire. La délégation n'a lieu qu'en cause d'appel, parce que personne ne peut être cité en cour de Rome en première instance.

DELESSERIA, genre de plantes cryptogames, de la famille des floridées, dédié au naturaliste Benjamin Delessert. Il a pour caractères des tubercules ronds ordinairement comprimés, situés sur les rameaux ; des feuilles dépourvues de nervures ; des tiges formées d'un tissu cellulaire. Ces plantes varient dans leur coloration. Elles habitent les lieux submergés par les marées. On les rencontre dans les mers polaires et sur les côtes d'Écosse, où les habitants les mangent.

DÉLESTAGE, action de décharger un navire de son lest. Tout capitaine ou maître de navire doit dans vingt-quatre heures déclarer aux officiers du port la quantité de lest qu'il a dans son bord à peine d'amende. Une forte amende pour la première fois, et la confiscation de leurs navires à la récidive, est réservée aux capitaines qui jettent leur lest dans les ports, canaux, bassins et rades, et qui n'étendent pas une voile pour empêcher le lest de tomber dans l'eau. La même peine est donnée à ceux qui délestent leur navire pendant la nuit.

DELEYRE (Alexandre), né près de Bordeaux en 1726, étudia sous les jésuites, et vint à Paris pour y cultiver les belles-lettres. Il publia en 1755 une *analyse des ouvrages de Bacon*. Les auteurs de l'Encyclopédie le chargèrent de la rédaction de plusieurs articles, et entre autres de celui du mot *fanatisme*. Il fut ensuite successivement attaché à l'ambassade de Vienne, et bibliothécaire de l'infant de Parme. Il aida l'abbé Raynal dans son *Histoire du commerce des deux Indes*, et fit paraître la continuation de l'*Histoire générale des voyages*. Nommé député de la Gironde à la convention nationale, il s'attacha au club des girondins, et fut en 1795 chargé de la surveillance de l'école normale ; appelé à faire partie du conseil des cinq-cents, il mourut en 1797.

DELFINI (Jean-Pierre), patricien de Venise, né à Brescia en 1709, prit l'habit ecclésiastique et alla ensuite à Venise, où il étudia la théologie et le droit ; il mourut en 1770. On a de lui plusieurs ouvrages théologiques. — JEAN DELFINI, cardinal et patricien de Venise, mort en 1699, a laissé une *Relation de la cour de Rome*, plusieurs tragédies, *Cléopâtre*, *Lucrèce*, *Médor* et *Crésus*, des *dialogues* en vers. — JEAN DELFINI fut élu doge de Venise en 1356, après Jean Gradenigo et mourut en 1361.

DELFT (autrefois *Delphium*), ville célèbre de la Hollande, entre Leyde et Rotterdam. Elle fut fondée en 1074 par Godefroi, duc de la basse Lorraine et maître de la Hollande. C'est une place de guerre de troisième classe. Delft renferme des fabriques de draps, teintures, faïence, tapis, savon, etc. ; sa population est de 13,700 habitants.

DELHIS, soldats de l'armée turque. Ce sont les *voltigeurs* de la cavalerie, s'il est permis de s'exprimer ainsi. Ce sont toujours les delhis qui commencent l'attaque.

DÉLIBÉRATION, action par laquelle on discute les intérêts d'une nation, d'une personne, etc., et on examine quels conseils, quels desseins ou quel parti l'on doit adopter. La délibération a été en usage chez tous les peuples anciens et modernes. La chambre des députés est une chambre délibérative ; celle des pairs, des lords, celle des communes, etc., sont encore des assemblées délibératives. — Les nations les plus sauvages ont eu un *conseil de délibération*. Chez ces peuples tous les membres, assis en cercle, fument le calumet, boivent en commun, et émettent ensuite leur conseil particulier.

DÉLIBÉRÉ, sorte de délibération en usage dans les tribunaux, et qui consiste en ce que les juges, au lieu de statuer après les plaidoiries, se retirent dans la

**DÉLIES**, fête célébrée tous les cinq ans à Délos en l'honneur d'Apollon. Son institution remonte à Thésée. On couronnait de guirlandes la statue de Vénus, l'on faisait des courses de chevaux, et l'on formait des danses, dans lesquelles on imitait les détours du labyrinthe d'où Thésée était sorti par le moyen d'Ariane. — Les Athéniens célébraient tous les ans une fête qui portait le même nom. Elle fut instituée par Thésée, qui, à son départ pour la Crète, fit vœu, s'il était vainqueur, de visiter tous les ans le temple de Délos. Les Athéniens envoyaient tous les ans à Délos une députation sacrée composée de *déliastes* ou *théores*, couronnés de lauriers et précédés de hérauts armés de haches. Ils partaient sur le vaisseau qui avait porté jadis Thésée, offraient des sacrifices à Apollon, et célébraient des fêtes en son honneur. Pendant le temps de leur voyage, on ne pouvait faire mourir les criminels; c'est cette circonstance qui retarda la mort de Socrate.

**DELILLE** (Jacques), né à Aigueperse en 1738. Il fut forcé d'accepter les fonctions de répétiteur au collège de Beauvais, et fut appelé ensuite aux collèges d'Amiens et de la Marche (Paris). Sa *traduction* en vers des *Géorgiques* de Virgile (1769) fut accueillie avec enthousiasme. Il fut nommé à l'académie française en 1774. Chargé de professer la poésie latine au collège de France, il publia en 1782 le poème des *Jardins*. Pendant la révolution, il parcourut la Suisse, l'Allemagne et l'Angleterre, et revint en France en 1802. Il publia les poèmes de l'*Imagination*, des *Trois Règnes*, l'*Homme des champs*, et la traduction de l'*Énéide* de Virgile et du *Paradis perdu* de Milton. Il fut appelé à l'Institut en 1804, et mourut en 1813.

**DÉLINÉATION**, représentation de la forme d'un objet au moyen de lignes tracées sur du papier ou d'autres matières. — Ce mot désigne aussi le *tracé* des lignes droites, courbes, nécessaires pour le tracé *des plans* et la projection des corps solides qu'on veut représenter sous plusieurs points de vue, sur des surfaces planes et à des distances plus ou moins grandes. — La *délinéation* ou *art de délinéer* a pour but la représentation d'un objet avec toutes ses formes et toute la précision dont il est susceptible.

**DÉLIQUESCENCE**, propriété qu'ont certains corps d'attirer l'humidité de l'air, et de s'humecter ou de se dissoudre. Il est un grand nombre de sels qui, étant placés dans l'air à l'état d'humidité ordinaire, tombent en déliquescence. Tous les sels solubles sont déliquescents dans un air humide. On se sert des corps faciles à se laisser liquéfier par l'air pour favoriser l'évaporation dans le vide, dessécher l'air, et même fournir des degrés de comparaison sur l'état d'humidité de l'air.

**DÉLIRANTE**, nom donné à une variété de fièvres intermittentes nerveuses, dont le principal symptôme est le délire.

**DÉLIRE**, dérangement d'une ou plusieurs facultés intellectuelles par suite d'une altération morbide du cerveau. — L'absorption de liqueurs spiritueuses amène le *délire de l'ivresse*: plusieurs fièvres produisent le *délire fébrile*. Le délire de l'ivresse cesse au bout de quelques heures. L'usage du café et des boissons fraîches acidulées guérit et prévient même l'ivresse. Les narcotiques amènent un délire semblable à celui de l'ivresse. Le *délire fébrile* affecte différentes formes, suivant le degré de la maladie qui le cause. — Le délire est presque toujours symptomatique.

**DÉLIT**, infraction que les lois punissent de peines correctionnelles, tout fait punissable qui rentre dans les attributions des tribunaux correctionnels. — On comprend sous ce nom quelquefois toutes sortes de crimes. Autrefois les délits étaient soumis, suivant leur nature, à une juridiction spéciale. — Les *délits forestiers* avaient pour juges les *maîtrises d'eaux et forêts*; les *chambres souveraines*; les *délits d'aides et gabelles*, la cour des aides, etc. — On nomme *délinquant* celui qui commet un *délit*.

**DELLA-MARIA** (Dominique), célèbre compositeur, né à Marseille en 1778, montra dès son enfance un goût passionné pour la musique. À l'âge de dix-huit ans, il fit représenter un opéra à Marseille, et partit pour l'Italie, où il obtint de brillants succès sur la scène. De retour à Paris, il donna (1798) l'opéra du *Prisonnier*, celui de *l'Opéra-comique*, de *l'Oncle valet* et du *Vieux Château*. Il mourut en 1860.

**DELOLME** (Jean-Louis), né à Genève en 1740, se livra à l'étude des belles-lettres. Il habita presque toujours l'Angleterre. Revenu à Genève en 1775, il fut élu membre du conseil des cinq-cents, et mourut en 1806. Ce célèbre écrivain politique a laissé un grand nombre de mémoires; les principaux sont: *Constitution de l'Angleterre* (1771), *Mémoire sur la superstition humaine* (1777), *Observations sur les taxes et les impôts*, etc.

**DELORME** (Philibert), né à Lyon, acquit de grandes connaissances en architecture. Accueilli favorablement par Henri II, il travailla aux constructions de Fontainebleau, et éleva les châteaux d'Anet et de Meudon pour Diane de Poitiers. Il donna les plans du château des Tuileries. Catherine de Médicis lui confia l'intendance de ses bâtiments. Delorme mourut en 1577. On a de lui: dix *Livres d'architecture* (1568), et un *Traité sur la manière de bien bâtir à peu de frais*. Il est le premier qui ait écrit sur la coupe des pierres.

**DÉLOS**, une des Cyclades, au N. de Naxos. Selon la fable, Neptune la fit sortir du fond de la mer, afin que Latone, persécutée par Junon, pût y trouver un asile. Cette île est célèbre par la naissance d'Apollon et de Diane, et par le temple de ces divinités, dans lequel on ne répandait jamais de sang. — Le premier roi de Délos fut Erysichton, fils de Cécrops (1558 avant J.-C.). Délos tomba ensuite au pouvoir des Phéniciens, des Crétois (1229) et des Athéniens. Ceux-ci défendirent aux femmes d'accoucher dans l'île, et ordonnèrent de transporter les personnes dangereusement malades dans la petite île voisine, Rhénée, afin qu'elles ne mourussent pas à Délos. Elle tomba ensuite au pouvoir des Romains. Elle a conservé son nom. Délos fait aujourd'hui partie du nome des Cyclades.

**DELPECH** (Jacques-Matthieu), né à Toulouse en 1777, étudia la médecine. En 1801, il fut nommé docteur à la faculté de Montpellier. Il se livra à Toulouse à l'enseignement et à l'exercice de la chirurgie. En 1812, il obtint la chaire de clinique externe à la faculté de Montpellier. En 1823, il fut nommé conseiller ordinaire du roi et chirurgien du duc d'Angoulême. Il fut assassiné en 1832. Il a laissé plusieurs ouvrages de médecine et de chirurgie, un *Traité sur le choléra-morbus*, etc.

**DELPHES**, ville de Phocide, au S.-O. du mont Parnasse. On la nomma d'abord *Pytho*, parce que le serpent Python y fut tué. Dans la suite, Delphus, fils d'Apollon, lui donna son nom. Les anciens croyaient généralement que cette ville était au centre de la terre. Cette ville était célèbre par le temple et l'oracle d'Apollon. Ceux qui venaient consulter l'oracle recevaient la pythie avaient coutume d'offrir des présents. Delphes est aujourd'hui *Castri*.

**DELPHINIE**, alcali découvert dans le *delphinium staphisagria* (*dauphinelle*). Il est blanc, cristallisable, d'une saveur très-âcre. Le delphinium est inodore, peu soluble dans l'eau, soluble dans l'alcool et l'éther. Il fond et coule sans résidu, se répandant une fumée blanche et épaisse. Cette substance n'existe que dans les cotylédons des graines de la dauphinelle.

**DELPHINIQUE** (ACIDE), acide dû à l'action de la potasse sur l'huile du *dauphin*. Il a une couleur jaune citron, une odeur très-forte, semblable à celle du fromage et du beurre rance. Sa saveur est acide et très-piquante. Il rougit fortement la teinture du tournesol. Il est peu soluble dans l'eau, soluble dans l'alcool. Il forme des sels avec les alcalis.

**DELTA**. Quand un fleuve, avant d'entrer dans la mer ou dans un lac, se divise en plusieurs bras qui souvent divergent de manière à former deux côtés d'un triangle dont la mer est la base, on nomme *delta* le sol formé d'alluvions et embrassé par les bras du fleuve. Ce mot est appliqué aux atterrissements de l'embouchure de tous les grands fleuves, à cause de leur forme ressemblante à celle de la lettre grecque Δ. Plusieurs fleuves, le Rhin, le Rhône, etc., forment des deltas; mais le plus parfait est celui qui est formé par les embouchures du Nil dans la Méditerranée, et qui porte encore le nom de *basse Égypte*. Sa superficie est d'environ 700 lieues carrées. Il se divise en trois parties, le *Garbieh* au centre, le *Bahrieh* à l'O., et le *Charkieh* à l'E. — Sa capitale est *Mehalleh-al-Kebir* (Saïs).

**DELTOÏDE**, muscle triangulaire, qui forme le moignon de l'épaule, et recouvre l'articulation scapulo-humérale. — Les *feuilles deltoïdes* sont celles qui sont épaisses, à trois faces, amincies aux deux bouts, et dont la coupe transversale approche de celle du Δ (D grec). — Latreille a nommé ainsi une tribu de la famille des lépidoptères, et dont les chenilles ont seize pattes.

**DELUC** (Jean-André), célèbre physicien, né à Genève en 1727. Attiré en Angleterre, il fut nommé lecteur de la reine et professeur de philosophie et de géologie à l'université de Goettingue. Il passa sa vie dans des recherches sur la nature des corps qui renfermait la terre primitive et sur les révolutions de cette planète. Deluc mourut en 1817. — Son frère GUILLAUME-ANTOINE, né à Genève en 1729, s'occupa de l'étude des antiquités. Il partagea ses voyages dans les Alpes, et donna un catalogue des coquilles fossiles qui ont leurs analogues vivants. Il mourut en 1812.

**DÉLUGE**, nom donné à des inondations qui, selon la version de tous les peuples anciens et modernes, ont couvert une surface très-considérable ou même la totalité de la surface terrestre. Les Grecs parlent des déluges d'Ogygès (1764 avant J.-C.), de Deucalion (1503), et de Samothrace; mais ces déluges ne furent que des inondations locales; il n'en est pas ainsi du déluge universel dont parle la Genèse. Selon ce livre sacré, la pluie tomba pendant quarante jours et quarante nuits. Les eaux se répandirent sur toute la terre. Tous les hommes et les animaux périrent, excepté Noé et sa famille, un couple d'animaux impurs et deux couples d'animaux purs, qui trouvèrent un asile dans l'arche. Les eaux se retirèrent après le cent cinquantième jour. — On a cherché souvent à donner des explications du déluge. Les débris d'animaux fossiles, que l'on trouve sur le sommet des plus hautes montagnes, etc., tendent à prouver la réalité de l'existence de ce cataclysme. Le déluge, d'après tous les commentateurs de la Bible, arriva l'an 1656 de la création du monde, 2350 ans avant J.-C.

**DÉMADE**, Athénien qui, de simple marinier, devint orateur distingué et s'éleva aux premiers emplois de la république. Fait prisonnier par Philippe, roi de Macédoine, à la bataille de Chéronée, il se concilia la faveur et l'estime de ce prince; il fit rendre la liberté à des captifs athéniens, et obtint la grâce des Thébains. Cassandre le fit mettre à mort avec son fils l'an 318 avant J.-C. Il nous reste une de ses harangues.

**DÉMAGOGIE**, excitation du peuple à des mouvements désordonnés. Le *démagogue* est le provocateur de ces mouvements, ou le chef d'une faction populaire.

DÉMANCHER. C'est, en musique, l'action de changer la position de la main gauche sur le manche du violon, de la basse, etc. C'est une des plus grandes difficultés qu'offrent ces instruments, pour passer d'une position à une autre, et pour doigter avec justesse.

DEMANDE (jurispr.), terme synonyme d'*action*, mais qui s'applique plus spécialement à l'instance même. C'est l'acte par lequel un demandeur conclut contre le défendeur à ce qu'il soit tenu de faire ou donner quelque chose. L'acte qui renferme la demande prend le nom d'*acte introductif d'instance*. Une *demande nouvelle* peut être ajoutée à la première lorsqu'il y a connexité entre elles, mais seulement pour le premier degré de juridiction; après qu'un tribunal a statué, on ne peut former, en cause d'appel, aucune nouvelle demande, à moins qu'il ne s'agisse de compensation ou que la demande nouvelle ne soit un accessoire naturel de l'action principale. — Celui qui présente une demande se nomme DEMANDEUR.

DÉMARATE, fils d'Ariston, lui succéda sur le trône de Sparte l'an 526 avant J.-C. Cléomène, son collègue, l'ayant fait exiler, il se retira à la cour de Darius, fils d'Hystaspes, qui l'accueillit avec bonté. Quoique persécuté par les Lacédémoniens, il leur annonça secrètement les desseins de ce prince. — Riche citoyen de Corinthe, de la famille des Bacchiades, qui se retira en Italie avec sa famille, et s'établit à Tarquinie (624 avant J.-C.). Son fils Lucumon régna à Rome sous le nom de Tarquin l'Ancien.

DÉMARCHIES et DÉMARQUE. Les Athéniens divisaient leur territoire en un certain nombre de districts. Ces districts étaient nommés *démarchies*. A la tête de chacune de ces démarchies était un magistrat nommé *démarque*. Ce nom signifiait *chef du peuple*.

DÉMARRAGE, action de retirer les amarres d'un bâtiment, pour les changer, pour déplacer ce bâtiment, pour l'appareiller ou le réamarrer ailleurs. Le démarrage est souvent dû à la force du vent ou l'état de la mer, qui fait rompre les amarres.

DÉMATAGE, perte accidentelle qu'un bâtiment fait de ses mâts, soit par un coup de vent, un échouage, un abordage, ou dans un combat. — L'action de démâter un bâtiment, de lui enlever ses mâts, se nomme *démâtement*.

DEMBE, tambour des nègres dans le royaume de Loango. Les dembes sont des troncs d'arbres creusés, couverts d'un côté de la peau de quelque animal, et ayant à l'autre bout une ouverture de deux doigts. Ordinairement les nègres jouent de quatre de ces instruments à la fois.

DEMBÉA (Tzana), grand lac d'Afrique (Abyssinie); sa superficie est d'environ 260 lieues carrées. Ce lac renferme plusieurs îles, et est traversé par le Nil dans sa partie méridionale. — La province de Dembéa est située dans le royaume d'Amhara. On y recueille une grande quantité de blé. Sa capitale est *Gondar*, à 50 lieues de la source du Nil. Population, 30,000 habitants.

DÊME, ancienne division du territoire attique. Chaque dême renfermait un certain nombre de terres cultivées et d'habitations. Il y eut jusqu'à cent soixante-quatorze dêmes, ayant leurs limites et leurs fêtes distinctes. Cette division se conserva jusque sous la domination romaine. Aujourd'hui la Grèce est divisée en *nomes*.

DÉMÉNAGEMENT, changement de demeure, action de transporter les meubles et son ménage dans un autre lieu. Aucun déménagement ne peut avoir lieu sans l'autorisation du propriétaire ou locataire. A défaut de payement, le propriétaire n'a pas le droit de retenir les meubles; il doit se pourvoir en justice pour obtenir l'autorisation de vendre jusqu'à extinction de la dette. Les objets les plus nécessaires sont déclarés *insaisissables*, et perdent seuls le droit de saisie. Le déménagement n'est complété que par la remise des clefs au locateur.

DÉMENCE, espèce d'aliénation mentale caractérisée par la perte des facultés intellectuelles et l'incohérence des idées et des actions. Elle a lieu particulièrement chez les vieillards. Les causes de la démence sont une affection ou irritation du cerveau, des fièvres cérébrales, l'apoplexie, l'épilepsie, l'ivrognerie, l'abus des plaisirs de l'amour, des liqueurs alcooliques, et les habitudes solitaires. L'homme en démence perd la mémoire, les facultés de l'entendement; il parle seul, a l'air d'une stupidité complète et dort beaucoup; sa physionomie est sans expression. La durée de cette maladie est indéterminée; elle est presque toujours incurable. — La loi prononce qu'il n'y a ni crime ni délit lorsque le prévenu est en état de démence. — Les majeurs qui sont dans un état habituel de démence sont interdits.

DEMERARY, rivière de la Guiane anglaise, dont les bords sont très-fertiles. — Le *Demerary* est une province de la Guiane, entre la Guiane française, l'océan Atlantique, Berbice et Essequibo. Elle produit du café, du riz, du sucre, du cacao. Son chef-lieu est Georges-Town. Elle appartient aux Anglais depuis 1803.

DEMERVILLE (Dominique), employé dans les bureaux des comités de salut public, sous la république, fut accusé en 1800 d'avoir formé avec Arena, Diana, Topino-Lebrun et Cerachi, une conspiration qui devait éclater à l'Opéra contre Napoléon. L'accusation était fondée sur les révélations de Jacques Harel, capitaine à la quarante-cinquième demi-brigade. Les accusés furent condamnés à mort et exécutés en 1801. Demerville s'était lui-même livré à la justice.

DEMETER (du grec *mêter*, mère), surnom de Cérès chez les anciens.

DÉMÉTRIES, fêtes que les Grecs célébraient en l'honneur de Cérès surnommée *Demeter*, et dans lesquelles les adorateurs de la déesse se fouettraient avec des branches d'arbres. — Les Athéniens célébraient une fête de ce nom en l'honneur de Démétrius Poliorcète.

DÉMÉTRIUS. Deux rois de Macédoine ont porté ce nom. — DÉMÉTRIUS Ier, surnommé *Poliorcète* (preneur de villes), fut envoyé à vingt-deux ans par son père Antigone contre Ptolémée. Il défit ce prince, délivra Athènes du joug de Cassandre, et chassa la garnison qu'y avait mise Démétrius de Phalère. Il fut défait par les Athéniens, s'empara de l'île de Chypre, força Cassandre à lever le siège d'Athènes, le défit aux Thermopyles, et rendit la liberté aux Rhodiens et aux Phocidiens. Il fut nommé généralissime des Grecs, enleva à Cassandre une partie de la Thessalie, et fut vaincu à Ipsus par Lysimaque et Séleucus (302). Les Athéniens lui refusèrent l'entrée de leur ville; mais il se releva de ses désastres, s'empara d'Athènes, battit les Lacédémoniens et monta sur le trône de Macédoine (295). Il régna sept ans; et prit la Thessalie, Thèbes, l'Étolie (290). En 287, il abandonna la Macédoine à Lysimaque et à Pyrrhus; il mourut d'un excès de table (284). — DÉMÉTRIUS II, fils d'Antigone, fit la guerre aux Etoliens, et régna de 243 à 233 avant J.-C.

DÉMÉTRIUS. Trois rois de Syrie ont porté ce nom. — DÉMÉTRIUS Ier, surnommé *Soter*, fut envoyé à Rome comme otage par son père Antiochus Epiphane; son frère ayant usurpé la couronne (164 avant J.-C.), il le fit assassiner, et se rendit odieux par sa cruauté. Il mourut dans la bataille contre l'usurpateur Alexandre Balas (150). — DÉMÉTRIUS II *Nicanor* succéda au précédent après l'expulsion de Balas (144), dont le fils le détrôna en 142. Resté maître d'une partie de la Syrie, il fut fait prisonnier par les Parthes (140-130); il fut tué dans une bataille contre Alexandre Zébina, prétendu fils de Balas (127). — Dé-

MÉTRIUS III *Eucerus* succéda à Antiochus Gryphus (93 avant J.-C.), il prit Damas et remporta sur son frère Philippe une grande victoire. Pris par les Parthes, il mourut en captivité.

DÉMÉTRIUS DE PHALÈRE, disciple de Théophraste, obtint par son éloquence et ses mœurs pures un si grand crédit à Athènes, qu'il fut nommé archonte décennal (317 avant J.-C.). Il employa sa fortune à l'embellissement de la ville. Ses ennemis le firent condamner à mort. Il se réfugia à la cour de Ptolémée Soter. Philadelphe, étant monté sur le trône, le relégua dans la haute Égypte, où il le fit piquer par un aspic (284). Il avait écrit sur la philosophie, la poésie, l'éloquence et la politique.

DÉMÉTRIUS Ier GRISKA. Voy. DMITRI (FAUX).

DÉMÉTRIUS II, fils prétendu de Démétrius Ier *Griska*, tzar de Russie, naquit en prison, et fut sauvé par un Cosaque. Le prêtre qui le baptisa lui imprima sur les épaules, avec de l'eau-forte, des caractères qui désignaient sa naissance. Un jour qu'il se baignait, un prêtre russe lut les marques imprimées sur ses épaules. Le bruit de cette aventure s'étant répandu, Ladislas, roi de Pologne, appela Démétrius à sa cour. Après la mort de ce prince, il fut forcé de se réfugier dans la Suède, et là dans le Holstein, dont le duc le livra aux Russes. Alexis Mikhaelovitch, tzar, lui fit trancher la tête (1648). Voy. DMITRI (FAUX).

DEMETZ (myth.), divinité arménienne, frère de Kissané. Indiens d'origine, ils se sauvèrent en Arménie (144 avant J.-C.) à la suite d'une trahison contre leur roi. Volarsarce les reçut et leur donna des terres et de grandes dignités. Mais, les ayant trouvés coupables de trahison, il les fit mourir tous deux. Les habitants les déifièrent. On célébrait la fête de Demetz le 1er navassurty (11 août).

DEMEURE, lieu où l'on établit son habitation réelle. Elle se distingue du domicile, en ce que celui-ci est souvent fictif. On peut avoir plusieurs demeures ou résidences, mais on n'a qu'un domicile légal. Partout où l'homme s'établit, se trouve sa demeure; le droit de demeure ou d'habitation est naturel et libre, tandis que le domicile caractérise un droit civil.

DEMEURE. En jurisprudence, ce mot est synonyme de *retard*. La mise en demeure est un avertissement donné par acte extrajudiciaire au débiteur pour qu'il ait à satisfaire à l'obligation. — Il y a *péril en demeure* toutes les fois que le retardement peut causer du préjudice.

DEMI, c'est la moitié d'un tout. Ainsi, on dit un *demi-cercle* pour la moitié d'un cercle, un *demi-diamètre* pour la moitié d'un diamètre, etc.

DEMI. En histoire naturelle, on nomme vulgairement *demi-aigrette*, le héron; *demi-amazone*, le *perroquet amazone*; *demi-apollon*, le papillon appelé *parnasse*; *demi-bec*, des poissons des genres ésoce et hémiramphe; *demi-deuil*, un papillon du genre *satyre*; *demi-diable*, le membrace, insecte hémiptère; *demi-lune*, la mouette cendrée; *demi-palmé*, le tringa.

DEMI-AUTOUR, nom donné en fauconnerie, aux autours de moyenne taille, et dont on faisait peu de cas parce qu'il est maigre et mauvais chasseur.

DEMI-CANON D'ESPAGNE, grosse pièce de canon de vingt-quatre livres, qui pèse cinq mille cent dix livres, et est longue de douze pieds. — *Demi-canon de France*. Voy. COULEVRINE.

DEMI-DIEUX, nom que l'on donnait chez les anciens aux enfants que l'on supposait nés du commerce des dieux avec les humains. — On appelait encore ainsi les héros ou les personnages illustres qui, par l'éclat de leurs actions, participaient en quelque sorte à la divinité. — Les *Pénates*, les *Lares*, les *Faunes*, les *Satyres*, etc., étaient des demi-dieux.

DEMIDOFF (Nicolas NIKITITCU), né près de Pétersbourg en 1774 de l'ancienne famille des Demidoff, qui exploitèrent les premiers des mines de fer, d'or et d'argent dans la Sibérie, et qui répandirent les premiers des idées de civilisation dans ce pays. Aide de camp du prince Potemkin (1782), puis lieutenant-colonel des grenadiers de Moskou (1792), il fut nommé gentilhomme de la chambre de Catherine II, puis chambellan et conseiller privé de Paul Ier. Il s'appliqua au perfectionnement des mines en Russie. En 1812, il leva un régiment à ses frais, et le commanda à la bataille de la Moskowa. Il mourut en 1828.

DEMI-FLEURONS, nom donné aux corolles, qui se présentent en forme de cornet, déjetées de côté et qui se prolongent en une languette tronquée et dentée à son sommet. On les nomme ainsi pour les distinguer des fleurons qui ont la corolle tubuleuse et régulière. La chicorée, le pissenlit, la laitue et les plantes de la famille des synanthérées ont des petites fleurs à demi-fleurons.

DEMI-FLOSCULEUSES, nom donné par Tournefort à toutes les plantes dont la corolle possède des *demi-fleurons*.

DEMI-FUTAIE, nom donné aux arbres d'une forêt qui ont de quarante à soixante ans. Voy. FUTAIE et ARBRES.

DEMI-HOLLANDE, nom donné, dans le commerce, à des toiles de lin blanches et fines qui se fabriquent pour la plupart en Picardie.

DEMI-JEU. C'est, en musique, l'action de ne pas donner aux sons des instruments toute l'intensité dont ils sont susceptibles. Le demi-jeu tient le milieu entre le fort et le doux au piano. On le désigne par les mots italiens, *sotto voce*, *mezza voce*, *mezzo forte*.

DEMI-LUNE, dehors ou pièce de fortification qui présente vers la campagne un angle flanqué, saillant, formé de deux faces, et surmonté d'une guérite. On en attribue l'invention aux Hollandais.

DEMI-MÉTAUX, nom donné autrefois aux métaux cassants, et qui n'ont pas les propriétés regardées alors comme essentielles, la conductibilité, la malléabilité, etc. L'arsenic, l'antimoine étaient des demi-métaux.

DEMIOURGOS (mot grec qui signifie *artisan*), nom que les platoniciens donnaient au créateur du monde. La Divinité ne pouvant communiquer avec l'univers sans perdre son unité, sa simplicité et son essence, avait besoin d'un intermédiaire entre elle et la créature. Cet être intermédiaire est le *demiourgos*.

DEMI-PALMÉS, nom donné aux doigts des oiseaux, lorsque la moitié de leurs phalanges est engagée dans une membrane.

DEMI-PAUSE (mus.), signe de la notation qui indique un *silence* d'une durée égale à une blanche ou à la moitié de la ronde. C'est un petit rectangle noir qui se place sur la troisième ligne.

DÉMISSION, acte par lequel une personne, de son vivant, abandonne ses biens à titre gratuit ou moyennant certaines redevances, en partie ou en totalité. — On nomme encore ainsi l'acte par lequel on se démet d'une charge, d'un emploi, d'une dignité, etc. — Les officiers militaires conservent leurs droits aux récompenses s'ils donnent leur démission après trente ans de service.

DEMI-SOUPIR, signe de la notation musicale qui indique un silence d'une durée égale à une croche ou au huitième de ronde. Il a à peu près la forme d'un 7.

DEMI-TEINTE, en peinture, ce mot désigne un ton de couleur moyenne entre la lumière et l'ombre. — En termes de gravure, il indique le passage des clairs aux ombres.

DEMI-TON, le plus petit des intervalles appréciables à l'oreille, et qui soit employé dans la musique moderne. Le *demi-ton majeur* est celui qui est compris entre deux notes de dénominations différentes,
comme *ut* et *ré bémol*, *mi* et *fa*, etc. Le *demi-ton mineur* consiste en une note placée dans sa position naturelle, et la même note modifiée par un dièse, un bémol ou un bécarre, comme *ut* et *ut dièse*.

DÉMOCÈDE, médecin célèbre de Crotone, favori de Polycrates, tyran de Samos, fut pris par les Perses et conduit à la cour du roi Darius, fils d'Hystaspes. Il guérit Darius et son épouse Atossa d'une grave maladie, et acquit de grands biens. Darius l'ayant envoyé en Grèce comme espion, il se réfugia à Crotone, où il épousa la fille de l'athlète Milon (520 avant J.-C.).

DÉMOCHARÈS, orateur et historien grec, neveu de Démosthène, fut envoyé en ambassade auprès de Philippe, roi de Macédoine. Le roi lui ayant demandé ce qu'il pouvait faire d'agréable au peuple d'Athènes : *Vous pendre*, répondit Démocharès. Philippe le congédia avec bonté, en lui disant de demander aux Athéniens qui méritaient mieux le surnom de sages, ou de ceux qui se permettaient de pareils discours, ou de celui qui n'en témoignait aucun ressentiment.

DÉMOCOON (myth.), fils naturel de Priam, roi de Troie, gardien de ses haras à Abydos, ville d'Asie, sur l'Hellespont, emporté par l'ardeur de combattre et par l'exemple de son père, alla à la guerre de Troie, où il fut tué par Ulysse.

DÉMOCRATIE, forme de gouvernement dans lequel le peuple possède le souverain pouvoir. — On appelle *démocrates* les partisans de ce système de gouvernement. Le gouvernement d'Athènes était démocratique.

DÉMOCRITE, philosophe, né à Abdère (Thrace) 470 ans avant J.-C. Il voyagea en Égypte, en Perse et aux Indes, et écrivit un *Traité sur l'univers*. Les Abdéritains lui firent présent de 500 talents (3,000,000), et lui élevèrent des statues. Ses concitoyens lui conférèrent la direction du gouvernement ; mais il abdiqua bientôt, et se retira dans ses biens de campagne, où il se livra à l'étude. Démocrite riait sans cesse sur les erreurs de son siècle. Il mourut l'an 361 avant J.-C. Démocrite appartient à la philosophie atomistique. Selon lui, il n'y a de réel que la matière et l'espace ; les principes existants par eux-mêmes et indestructibles, formant tout ce qui est, sont le vide et les atomes sans cesse en mouvement, et dont l'union forme tous les corps. Il ne séparait pas Dieu de la matière.

DÉMODOCUS, chantre grec dont Homère nous a transmis le nom, et qui célébra en présence d'Ulysse et d'Alcinoüs, princes de la Grèce, les amours de Mars et de Vénus. Selon quelques écrivains, les Muses l'ayant privé de la vue, le dédommagèrent en le faisant exceller dans le chant. — C'est aussi le nom d'un Troyen qui suivit Énée en Italie.

DÉMOGORGON (myth.), génie de la terre, adoré par les Arcadiens. Démogorgon passait pour le père et le créateur du Soleil, de la Discorde, de Pan, de Python, des parques et de l'Érèbe. C'était un vieillard âgé et crasseux, couvert de mousse et défiguré. Il habitait au centre de la terre.

DEMOISELLE, nom donné à toutes les filles d'honnête famille, et par lequel on les distingue des femmes mariées. — L'épinglier nomme ainsi une brosse avec laquelle il prend le vermillon sur les marques pour imprimer le nom et le cachet du fabricant. — Le monnayeur nomme ainsi une espèce de verge qui sert à empêcher que les charbons ne coulent avec la matière de la cuiller dans les moules. — La *demoiselle* est une pièce de bois ronde, haute de cinq pieds, ferrée par un bout, munie sur les deux côtés deux anses pour l'élever. Le paveur s'en sert pour enfoncer les pavés.

DEMOISELLE. On nomme vulgairement ainsi plusieurs oiseaux, tels que le *mésange à longue queue*, le *courouco à ventre rouge* et le *troupiale doré* ; *demoiselle de Numidie* ou *grue vierge*, un petit groupe séparé du genre des grues (cette espèce, qui vit en Afrique, a le cou noir, le printemps de 1829, se soulevèrent ceaux blanchâtres sur les côtés du cou) ; deux espèces de poissons des genres *squale* et *labre*.

DEMOISELLE, insecte. Voy. LIBELLULE.

DEMOISELLES, nom donné à des troupes factieuses de paysans des départements de l'Ariège et de la Haute-Garonne, qui, dans le printemps de 1829, se soulevèrent pour réclamer l'exécution de droits nombreux qu'ils possédaient jadis, et qui avaient été supprimés par le Code forestier. Ces droits consistaient à mener pacager leurs troupeaux dans les forêts ou à y couper du bois pour leur usage. Les paysans reçurent le nom de *demoiselles* à cause de leur costume uniforme, consistant en une chemise blanche passée sur leurs habits, et un bonnet de peau de mouton. Les forêts, les maisons des riches propriétaires furent incendiées. Cette lutte se termina par l'arrestation du chef des montagnards, Jean Vidalou, qui fut absous par jugement de la cour d'assises de Toulouse. En 1830, une nouvelle insurrection de demoiselles se forma à l'abri de la révolution ; mais ce ne fut qu'une bande de malfaiteurs, de réfractaires et de factieux, attirés par la soif du pillage. Les paysans, irrités de leurs excès, aidèrent eux-mêmes la gendarmerie en purger le pays.

DÉMON ou DÉMENÈTES, Athénien, neveu de Démosthène, gouverna la république pendant l'absence de son oncle (323 avant J.-C.), obtint le retour de cet orateur, et fit décréter qu'on lui enverrait un vaisseau pour le ramener.

DÉMON, génie invisible, qui, selon les anciens, présidait aux actes des hommes, les conseillait et veillait sur eux. Les démons étaient supérieurs à l'homme, et participaient de la nature divine. Chaque homme en avait deux : l'un bon, en grec *daimôn*, en persan *izeds* ; l'autre mauvais, qui apportait les châtiments des dieux, en grec *cacodaimôn*, en persan *devs*. — Le DÉMON de Socrate est célèbre dans l'histoire ancienne. Ce philosophe soutenait que ce génie le détournait du vice, lui inspirait des sentiments vertueux, et l'avertissait quand ses amis formaient des entreprises inconsidérées. — Quoique ces génies ne fussent que des ministres subalternes des dieux, on leur rendit un culte. Dans l'Inde, parmi les démons, les bons génies (*souras* ou *dévas*), les mauvais génies (*asouras*, *daityas* ou *dânavas*). Les Indous adorent encore les *râkchasas*, qui aiment à se repaître de chair humaine. Ces démons se livrent une guerre acharnée entre eux. Les musulmans ont leurs *djinns*, qui furent précipités dans l'enfer. Les Égyptiens, et en général tous les peuples, ont cru aux démons. — Les chrétiens appellent ainsi des anges qui furent infidèles à Dieu et se perdirent par leur orgueil et leur ambition. Ils furent précipités dans l'enfer. — L'occupation continuelle des démons est, d'après les théologiens, de causer la mort, les guerres, les infirmités, la stérilité, les orages, et tous les maux de l'âme et du corps ; ils tentent sans cesse les hommes. Ce pouvoir doit durer jusqu'à la fin du monde. Les juifs croient que chaque homme a un démon pour le porter au mal.

DÉMONA (VAL DI), autrefois *Vallis Nemorensis*, une des trois anciennes subdivisions de la Sicile. Elle comprenait la partie N.-E. Sa superficie est d'environ 250 lieues carrées. Messine en est la principale ville. Elle forme aujourd'hui l'intendance de Messine et une partie de celle de Catane.

DÉMONAX, célèbre philosophe crétois, vivait sous Adrien. Il n'embrassa aucune secte de philosophie, mais se livra à des études éclectiques, en recherchant ce qu'il y avait de mieux dans les écrits des sages. Il ne s'inquiétait pas des besoins de la vie, et demandait à manger quand il avait faim. Il mourut à cent ans, et fut enterré aux frais des Romains.

DÉMONIAQUE. Voy. Possédés.

DÉMONICE, jeune fille d'Éphèse, vendit sa patrie à Brennus, chef des Gaulois, à condition qu'il lui donnerait les colliers et les bracelets des autres femmes de la ville. Brennus, maître d'Éphèse, ordonna à ses soldats de jeter à la tête de Démonice tous les joyaux d'or et d'argent qu'ils avaient enlevés; et elle périt sous cette sorte de lapidation.

DÉMONOMANIE, variété de la monomanie dans laquelle le malade croit être possédé du démon. Cette monomanie est due à l'altération ou à l'exaltation des organes du cerveau. L'âge du plus grand nombre des possédés est de trente et cinquante ans. Les femmes sont plus sujettes à la démonomanie que les hommes.

DÉMOPHILE, sibylle, née à Cumes (Éolide), apporta à Tarquin l'Ancien les livres sibyllins écrits en vers. Après que ce roi en eut fait acquisition à Tarquin la somme de 300 pièces d'or, il les fit déposer au Capitole, et en confia la garde à deux prêtres nommés duumvirs. On consultait ces livres dans les grandes calamités.

DÉMOPHOON, fils de Thésée et de Phèdre, monta sur le trône d'Athènes l'an 1182 avant J.-C. Il alla à la guerre de Troie, et à son retour il visita la Thrace, dont le roi Lycurgue l'accueillit avec faveur, et lui donna sa fille Philis en mariage. À peine fut-il rentré dans ses États, qu'il oublia cette princesse, qui se pendit de douleur. Ce sujet a été mis sur la scène par plusieurs auteurs et compositeurs, entre autres par Vogel.

DÉMOSTHÈNE, orateur grec, né à Péanée près d'Athènes, 385 ans avant J.-C. Disciple d'Isée et de Platon, il plaida dix-sept ans contre ses tuteurs infidèles, qui furent condamnés à lui restituer son patrimoine; il corrigea son vice de prononciation et la faiblesse de sa poitrine, en mettant de petits cailloux dans sa bouche et déclamant sur le bord de la mer. Ses talents lui donnèrent un tel crédit à Athènes, qu'il fut placé à la tête du gouvernement. Il tira ses concitoyens de l'indolence, et les excita à mettre des bornes à la puissance de Philippe, roi de Macédoine. Mais il se déshonora par sa fuite à la bataille de Chéronée. Exilé pour avoir reçu des Macédoniens une coupe d'or, il fut rappelé lorsque Antipater déclara la guerre à la Grèce, et entra en triomphe à Athènes. Antipater et Cratère s'étant approchés d'Athènes, exigèrent qu'on leur livrât tous les orateurs. Alors Démosthène se réfugia dans le temple de Neptune et s'empoisonna l'an 322 avant J.-C. Les plus belles harangues de Démosthène sont les *Philippiques*, les *Olynthiennes* et le *Discours sur la couronne*.

DEMOUSTIER (Charles-Albert), littérateur, né à Villers-Cotterets en 1760, descendait de Racine par son père, et de la Fontaine par sa mère. Après avoir suivi le barreau avec succès, il l'abandonna pour se livrer entièrement à la littérature. Ses ouvrages spirituels eurent une grande vogue. Demoustier mourut en 1801 d'une maladie de poitrine. Ses plus célèbres ouvrages sont: *Lettres à Émilie sur la mythologie*; un poëme, le *Siége de Cythère*, et plusieurs ouvrages dramatiques, *Constance*, les *Femmes*, le *Divorce*, l'*Amour filial*, etc.

DEMPSTER (Thomas), gentilhomme écossais, né au château de Cliftbog en 1579. Il s'expatria pendant les guerres civiles d'Europe, et parcourut la France et l'Italie. Il mourut à Bologne en 1625. Il était jurisconsulte et historien savant; on a de lui une *Histoire ecclésiastique d'Écosse*, en dix-neuf livres (1627).

DEMUQUES (du grec *dêmos*, district, et *ékô*, avoir), nom donné au gouverneur de la ville de Thespies, dans la haute Béotie.

DENAIN, village du département du Nord, à 2 lieues de Valenciennes. Population 1,601 habitants. C'est dans ce village que le célèbre Villars, avec 96,000 Français, défit l'armée du prince Eugène à la tête de 115,000 impériaux. Cette bataille eut lieu le 24 juillet 1712, et sauva la monarchie de la ruine qui la menaçait.

DENARIUS, ancien poids, la septième partie de l'once romaine. — Pour la monnaie, voy. DENIER.

DENBIGH, comté d'Angleterre dans la principauté de Galles, entre ceux de Caërnavon, Flint, Chester et Shrop. Il produit du blé, des fromages, et renferme des mines de plomb et de houille. Sa population est de 80,000 habitants. — La capitale est Denbigh, à 68 lieues de Londres. Elle renferme des tanneries.

DENDERAH, autrefois *Tentyris*, ville de la haute Égypte, sur la rive O. du Nil. Elle est fameuse par son temple, qui a deux cents pieds de long sur cent quarante pieds de largeur, et est orné d'hiéroglyphes et de tableaux représentant les cérémonies du culte égyptien. Parmi les bas-reliefs qui décoraient ce temple se trouvent le zodiaque sur lequel sont sculptés les douze signes que le soleil parcourt dans l'année, un planisphère renfermant aussi les douze signes et une foule d'emblèmes hiéroglyphiques. Le planisphère a été transporté en France en 1825 et déposé à la bibliothèque royale.

DENDERMONDE, ville de la Belgique, à 6 lieues de Bruxelles, au confluent de la Dendre et de l'Escaut. Population, 5,800 habitants. Elle renferme plusieurs papeteries, tanneries, brasseries et raffineries de sel. Elle commerce en chevaux, lins, grains et chanvres. Dendermonde est entourée de marais et de prairies.

DENDRELLE, genre de zoophytes infusoires, ayant pour caractères un corps conique, s'ouvrant antérieurement en une bouche ou orifice dépourvu de cirrhes, et terminé postérieurement par un pédicule ramifié. Ces animaux habitent exclusivement les eaux, et sont parasites sur les conferves, les cératophylles et autres plantes aquatiques. On les trouve aussi sur les piquets immergés.

DENDRITES, nom donné par les minéralogistes aux dessins naturels que l'on remarque sur divers minéraux, et qui ressemblent, jusqu'à un certain point, à de petits arbrisseaux. Ils sont dus aux infiltrations d'eaux chargées de particules ferrugineuses. On désigne aussi par ce mot les arbres fossiles.

DENDROLOGIE, partie de la science horticulturale qui s'occupe de la connaissance des arbres indigènes et exotiques. Elle les considère dans leur forme, leur mode de propagation, le sol et l'exposition qui leur conviennent, l'époque de la floraison et de la fructification, etc., pour en tirer le plus d'avantage relativement aux paysages, aux points de vue, etc.

DENDROMÈTRE, instrument pour mesurer le diamètre et la hauteur des arbres.

DENDROPHAGES, nom donné aux insectes qui habitent dans l'écorce ou le tissu des arbres, pour y trouver une retraite ou une nourriture. Ces animaux causent souvent des dégâts considérables.

DENDROPHIDE, genre de serpents voisins des couleuvres, mais qui s'en distingue par un corps légèrement comprimé, des écailles lisses, fort allongées, inclinées en arrière, de manière à offrir sur le dos des chevrons, composés d'écailles quadrilatérales et étroites. Leur museau est arrondi, leurs yeux grands, à fleur de tête, la pupille circulaire, la tête revêtue de grandes plaques. Ces serpents, qui vivent sur les arbres, atteignent trois ou quatre pieds de long et habitent l'Asie et l'Afrique.

DENDROPHORIES, sacrifices en l'honneur de Bacchus, de Cybèle et de Sylvain, dans lesquels on promenait un pin en mémoire de celui sous lequel on prétendait qu'Atys s'était mutilé.

DÉNÉGATION, refus que l'on fait en justice de convenir qu'un fait allégué ou une promesse soit vraie. La dénégation suffit pour détruire un fait allégué.

DÉNÉRAL, plaque ronde qui sert de modèle aux monnayeurs pour fabriquer une espèce de la grandeur et du poids qu'il faut.

DENGA, mot tartare qui signifie *coin* ou *empreinte*, et qui désignait jadis le *kopeick*, monnaie de Russie.

DENHAM (John), né à Dublin en 1615, fit ses études à Oxford. Il se livra à la passion du jeu pendant sa jeunesse. En 1642 il fit paraître sa tragédie du *Sophi*, et fut nommé shérif de Surrey; en 1643 il publia le poëme de la *Colline de Cooper* (*Cooper's Hill*). Il se décida pour le parti royaliste, et à la restauration fut nommé chevalier et surintendant des bâtiments de Charles II. Il écrivit une élégie sur Cowley. Denham éprouva de nombreux malheurs domestiques et mourut (1668).

DENHAM (Dixon), officier anglais, célèbre pour avoir découvert en Afrique plusieurs vastes contrées de ce pays (1822-24). Il partit avec le docteur Oudney et le capitaine Clapperton, traversa le Fezzan, le Désert, le Bornou, explora le lac Tsaad, de 250 lieues de tour, le cours du Shary, les montagnes du Soudan, etc. Après de nombreuses souffrances, il revint en Angleterre, obtint le grade de colonel, et plus tard de grandes fonctions au Sénégal, où il est mort. On lui doit la relation du premier voyage dans le Soudan.

DÉNI DE JUSTICE, refus fait par le juge de remplir son office, de rendre jugement. D'après la loi tout juge ou tribunal, tout administrateur qui, sous prétexte du silence, de l'obscurité ou de l'insuffisance de la loi, aura refusé de rendre la justice, est puni d'une amende de 200 francs au moins et de 500 au plus, et de l'interdiction de l'exercice des fonctions publiques depuis cinq jusqu'à vingt ans.

DENIACHI, village situé à l'entrée de la forêt Noire, et où l'on trouve une source d'eau minérale composée d'acide carbonique tenant en dissolution du carbonate de fer et du carbonate de chaux, de sulfate de magnésie et de sous-carbonate de soude. On en fait usage contre l'hystérie, l'hypocondrie et les engorgements lymphatiques.

DÉNICALES, cérémonie purificatoire que les anciens faisaient dans la maison dix jours après la mort de quelqu'un.

DENIER, petite pièce de monnaie qui a été de diverse valeur, suivant les lieux et les temps. Chez les Romains, il portait pour marque un X et valait 10 as; depuis l'an 536 de Rome, il valut 16 as. C'était une monnaie d'argent qui valait 81 centimes de France. Jésus-Christ fut vendu pour 30 deniers. Introduit par les Romains dans les Gaules, le denier valut 21 grains sous la première race des rois francs; sous la deuxième et la troisième, il fut de 23 à 24 grains. Philippe Ier fit frapper les deniers en cuivre pur, et en fit la douzième partie du sou. Jusqu'à cette époque ils avaient été d'argent. Les *deniers tournois* étaient frappés à Tours par l'archevêque de cette ville, et les *deniers parisis* étaient frappés par ordre du roi, et valaient un quart de plus que les deniers tournois. On distinguait aussi les deniers *toulousains* ou *tolza*, *viennois*, *toulois*, etc.

DENIER. Ce mot sert à fixer le taux de l'intérêt de l'argent par le rapprochement du nombre de deniers qu'il faudrait donner en capital pour obtenir un denier de bénéfice à titre d'intérêt. Prêter au *denier cinq*, *huit*, *dix*, etc., c'est pour réaliser un denier d'intérêt, en livrer à l'emprunteur 5, 8, 10, etc. Le taux au *denier vingt* est le seul légal; il représente cinq pour cent. *Deniers* se dit aussi comme synonyme de *biens*. — Les *deniers clairs* sont une somme *liquide* dont la disposition est entièrement libre.

DENIER DE CÉSAR, contribution qui assujettissait chaque chef de famille à payer 3 deniers au roi par année.

DENIER DE SAINT-PIERRE, imposition qu'Offa, roi de Mercie, et Ina, roi de Wessex, établirent en Angleterre en 740, sur chaque famille pour être donnée au pape comme redevance ou offrande. Charlemagne et Olaüs, roi de Suède, l'introduisirent dans leurs États. On en établit aussi en Pologne et en Bohême. Ces tributs furent supprimés par la suite.

DENIER A DIEU, arrhes qu'il est d'usage de donner dans certaines conventions ou marchés pour établir la preuve d'un engagement formel. Dans l'origine le denier à Dieu devait être employé à quelque acte pieux. Le denier à Dieu était une contribution qui se payait sur tous les marchés et engagements. Plusieurs corporations étaient tenues de payer le denier à Dieu aux pauvres.

DENINA (Charles-Jean-Marie), né à Revel en 1731. Il étudia en 1750 les belles-lettres, et se fit un grand honneur par ses poésies. En 1753 il fut créé professeur d'humanités aux écoles royales de Pignerol, et plus tard professeur de rhétorique au collège de Turin. Il publia en 1771 ses *Révolutions d'Italie*, qui le firent nommer professeur d'éloquence italienne et de langue grecque à l'université de Turin. Son ouvrage sur l'*Emploi des hommes* (1777) le fit exiler. Il se rendit à Berlin en 1782 et reçut de Frédéric II une pension de 1,200 écus. En 1804 il fut fait bibliothécaire de Napoléon, et mourut en 1813. Les principaux ouvrages de Denina sont l'*Histoire de la Grèce* (4 vol. in-8°), *Histoire de l'Italie*, *Révolutions de l'Allemagne*, etc.

DENIS Voy. DENYS.

DENISCALES ou DENISALES, cérémonies purificatoires que les anciens pratiquaient après le décès d'une personne. Voy. DENICALES.

DENISOFF, général russe, fut employé en 1794 et 1795 contre les Polonais. D'abord vaincu par Kosciuzko (1794), le 8 juin il contribua beaucoup au gain de la bataille de Szczekociny, et le roi de Prusse le décora du cordon de l'Aigle rouge. Il se distingua à l'assaut de Prague. Catherine II le nomma chevalier de Saint-Georges, et lui donna un sabre d'or et une aigrette de diamants. En 1795 il acheva de soumettre les Polonais et mourut en 1798.

DENIZATION (*affranchissement*). En termes de législation anglaise, on appelle *denizen* un étranger qui, ayant formé le dessein de demeurer en Angleterre, obtient du roi des lettres par lesquelles l'impétrant est réputé pour naturel anglais, a le droit de recueillir les héritages et acquérir des propriétés. Ces lettres rendent les ecclésiastiques étrangers propres à posséder des bénéfices en Angleterre.

DENNEWITZ (BATAILLE DE) ou DE JUTERBOECK, combat célèbre qui se livra le 6 septembre 1813 entre le maréchal Ney, commandant 55,000 hommes, et le général Bülow, commandant 108,000 hommes. Les Français furent vaincus, et essuyèrent une perte de 10,000 hommes, 25 canons et 17 caissons. L'ennemi perdit 7,000 hommes, dont 6,000 Prussiens.

DÉNOMBREMENT, recensement d'une population dans un royaume, une république. Les Israélites subirent souvent le dénombrement. Servius Tullius, roi de Rome, établit le dénombrement ou *cens* pour chaque cinq ans ou *lustre*. Il contenait les noms, l'âge, la qualité, la profession des citoyens, de leurs femmes et de leurs enfants, et le nombre de leurs esclaves. — Aujourd'hui le *dénombrement des terres* est confié au *cadastre*. — Ce nom se donnait autrefois à la déclaration faite par un vassal au seigneur de tout ce qui composait le fief qu'il tenait de lui en foi et hommage.

DÉNOMINATEUR, celui des deux nombres d'une fraction qui indique en combien de parties l'unité a été divisée ; on l'écrit au-dessous de l'autre nombre ou *numérateur*, et on les sépare par un trait. Ainsi dans la fraction $\frac{7}{9}$ (sept neuvièmes), 9 est le dénominateur et indique que l'unité a été divisée en 9 parties, et 7 indique que l'on a pris 7 de ces parties.

DENON (Dominique VIVANT, baron), né à Châlons-sur-Saône en 1747. Le goût des beaux-arts et des lettres se développa en lui rapidement. Il plut par son esprit à Louis XV, qui le fit gentilhomme de sa chambre et lui confia la conservation des médailles et des pierres gravées. A la mort de Louis XV, il alla rejoindre le comte de Vergennes, ministre des affaires étrangères. Il fut attaché ensuite à l'ambassade de Suisse et à celle de Naples comme chargé d'affaires. Il fit paraître le *Voyage pittoresque de Naples et de Sicile*. Il grava les costumes républicains. Denon suivit Desaix dans la guerre d'Égypte, et publia à son retour une foule de dessins sur ce pays. Nommé par Bonaparte directeur général des musées, il rentra en 1815 dans la vie privée, et mourut en 1825. Denon a laissé une *Histoire de l'art*.

DÉNONCIATION, déclaration qu'on fait à la justice d'un crime ou d'un délit, dans un but d'intérêt public ou de zèle pour sa patrie. D'après la loi, toute personne qui a été témoin d'un attentat contre la sûreté publique ou la vie, la propriété d'un individu, est tenue d'en donner avis au procureur du roi. La dénonciation ne constitue pas seule une présomption suffisante pour décerner un mandat d'amener contre un individu ayant domicile. L'accusé acquitté peut obtenir des dommages contre ses dénonciateurs pour fait de calomnie. Ceux qui découvrent les complots contre l'État sont exemptés des peines prononcées contre les auteurs des complots. — La *dénonciation civique* ou *officieuse* est celle faite par tout citoyen désintéressé ; la *dénonciation officielle* ou *salariée* appartient aux officiers de police. — En procédure civile, on donne ce nom à la signification qu'on fait à quelqu'un de certaines procédures dans lesquelles il n'est pas partie.

DENRÉE, nom donné à toutes les productions de la terre et en général aux marchandises qui servent à l'entretien et à la nourriture des hommes et des animaux. Les denrées nécessaires à la consommation des hommes ne peuvent être saisies pour aucune créance, même pour celle de l'État.

DENSITÉ, quantité de matière que contient un corps sous un volume déterminé, ou rapport de la masse d'un corps à son volume. Un corps est d'autant plus dense que son poids est plus considérable et son volume plus petit, et de deux corps le plus dense est celui qui, sous le même volume, a un plus grand poids. Ainsi un centimètre cube d'or est plus dense qu'un centimètre cube de bois. La masse est toujours proportionnelle au poids. Pour mesurer la densité d'un corps, il faut diviser sa masse par son volume ou remplacer la masse par le poids. On ne peut calculer que la densité relative des corps, en rapportant la densité de ces corps à une densité commune ; telle est celle de l'eau. La densité des corps se mesure au moyen des *balances*, des *aréomètres*, etc.

DENT, nom donné à de petits os très-durs implantés dans les alvéoles des mâchoires, et servant à retenir, à couper, déchirer et broyer les substances alimentaires. Les dents ont en général la forme d'un conoïde irrégulier, dont la base est tournée du côté de l'ouverture de la bouche. Elles présentent une partie située hors de l'alvéole, recouverte par une matière vitriforme, et nommée *couronne*. Celle-ci est bornée par un rétrécissement nommé le *collet*, qui la sépare de la portion cachée dans les os maxillaires ou de la *racine*. Chez l'homme adulte, les dents sont au nombre de trente-deux, dont seize à chaque mâchoire, huit *incisives*, quatre *canines* et vingt *molaires*. Leur couronne est revêtue d'une couche vitreuse, nommée *émail*. Les dents présentent un mode particulier d'accroissement. (Voy. DENTITION.) En Europe, les dents blanches passent pour les plus belles. La substance intérieure qui forme les dents se nomme *ivoire*. Les premières dents, nommées *dents de lait*, tombent de six à sept ans, les autres se montrent de sept à vingt-quatre ans. Les maladies de dents ont été divisées en maladies de leurs connexions, de leur substance et de leurs propriétés vitales. Quelquefois les douleurs des dents réclament le secours des *dentistes*.

DENT (hist. nat.). On donne ce nom aux saillies ou dentelures dont est pourvu le bec de plusieurs oiseaux. — En botanique, on donne ce nom aux petites divisions du bord des calices d'une seule pièce ; aux parties dans lesquelles le péricarpe valvaire se divise à l'époque de la maturité ; aux parties saillantes du bord de certaines feuilles, et aux feuilles avortées qui garnissent les racines. — On nomme vulgairement *dent de chien* ou *de loup*, un poisson du genre *cynodon* ; *dent double*, un lutjan ; *dent d'éléphant*, une dentale ; *dent de lion*, le *taraxacum*.

DENT DE NARVAL, nom donné aux deux dents longues et incisives qui arment la mâchoire supérieure des narvals, sorte de mammifères cétacés. Ces dents sont longues de six à douze pieds, coniques, terminées en pointe, creuses, blanches, et de trois à quatre pouces de diamètre. Elles se rencontrent dans les individus jeunes, et entraient autrefois au nombre des substances médicamenteuses les plus estimées.

DENTAIRE, genre de plantes de la famille des crucifères. Son nom vient de la forme de ses racines, espèces de souches tubéreuses en quelque sorte, *dentées* par des écailles. Les dentaires sont des herbes à feuilles alternes, à fleurs en corymbes ou en grappes terminales, blanches ou violacées. Elles sont originaires de l'Amérique du Nord, de l'Asie septentrionale et des Alpes. Elles sont carminatives et vulnéraires.

DENTAIRE, ce qui appartient aux dents. La *pulpe dentaire* est une substance molle, d'un gris rougeâtre et qui remplit la cavité des dents.

DENTALE, genre d'annélides dont la coquille est un cône allongé, arqué, ouvert aux deux bouts, univalve. Cet animal est sans articulations sensibles, ni soies latérales, mais a en avant un tube membraneux renfermant un opercule charnu et conique ; sur la base du pied est une tête petite et aplatie, et sur la nuque sont des branchies. Ces animaux se rencontrent sur les côtes des mers les plus chaudes, et vivent enfouis dans la vase. On faisait entrer autrefois les dentales dans plusieurs préparations pharmaceutiques.

DENTÉ, nom donné en zoologie et en botanique aux organes des animaux et des plantes qui sur les bords sont garnis de petites saillies pointues qui se s'inclinent d'un côté et de l'autre. Les feuilles de l'alliaire, les stipules du pois, les pétales de l'œillet, etc., sont dans ce cas.

DENTÉ, nom donné à un poisson de la famille des sparoïdes, qui a le corps ovale, allongé, courbé sur le dos, de couleur argentine, orné de points bleuâtres, les pectorales rougeâtres. Ce poisson atteint trois pieds de longueur. Sa chair est très-estimée.

DENTELAIRE, genre de plantes herbacées ou ligneuses, à feuilles embrassant la tige, à fleurs en épis terminaux, de couleur rose, blanche ou bleue. Il est devenu le type de la famille des plumbaginées. L'espèce la plus connue est la *dentelaire d'Europe*, qui croît dans le midi de la France. C'est une plante d'environ deux pieds, à tige droite, cannelée et rameuse, aux feuilles ovales, ondulées, velues, aux fleurs en corymbe. Cette plante est très-acre, et sa racine est détersive et on l'emploie contre la gale et les maladies des dents.

DENTELIN (DUCHÉ DE), duché qui avait pour limites l'Océan et s'étendait le long de l'Oise et de la Seine. Il fut fondé après la mort de Caribert, et avait Paris pour chef-lieu. En 600 il fut distrait de la Neustrie, et cédé à Théodebert II, roi d'Austrasie. Il fut rendu à la Neustrie en 633. Il devint le partage de Clovis II. Depuis cette époque l'histoire n'en fait plus mention. Il fut confondu avec la Neustrie.

**DENTELLE**, tissu léger qui se fait avec du fil de lin, de la soie ou des fils d'or, d'argent, de cuivre doré ou argenté. Lorsque ce tissu est fait avec de la soie, on le nomme *blonde*. La dentelle la plus belle et la plus chère est celle qui est faite avec un très-beau fil de lin. La dentelle en fil d'or ou d'argent sert pour les ornements d'église et pour les décorations. La *blonde* se fabrique avec de la soie blanche ou noire, mais sa durée est très-courte. Pour faire la dentelle, on se sert d'une planche rembourrée et recouverte d'étoffe. On *pique* avec des épingles, c'est-à-dire on place des épingles sur un dessin que l'on suit exactement; en revêtant les contours des épingles avec du fil, de la soie, etc., on représente le dessin qu'on a voulu imiter, et la dentelle se fait à mesure. Les plus belles dentelles sont celles de *Bruxelles*. Après celles-ci viennent les *points de Malines*, *de Valenciennes*, *d'Angleterre* et *d'Alençon*. On nomme vulgairement *dentelle de mer* plusieurs espèces de zoophytes polypiers tels que l'*anadyomène*, les *millépores*, etc.

**DENTELURES**, divisions du bord d'une feuille, qui sont inclinées vers le sommet de la lame.

**DENTICULÉ**, nom donné, en botanique, aux organes qui sont garnis sur leurs bords de dents très-petites. Les feuilles de la laitue sont denticulées.

**DENTIER**, instrument à l'aide duquel on supplée à la perte des dents. C'est une plaque de métal ou d'ivoire sur laquelle sont montées les dents qu'on veut ajuster sur les bords alvéolaires. Le dentier est *simple*, *double* ou *complet*, selon qu'il embrasse une ou les deux mâchoires. Le mot *dentier* a été substitué au mot *râtelier*.

**DENTIFRICE**, nom donné aux préparations pulvérulentes, pâteuses ou fluides, dont on se sert pour nettoyer l'émail des dents de l'enduit, appelé *tartre*, que les gencives ou la salive déposent à sa surface. La meilleure poudre dentifrice se compose de deux onces de quinquina rouge, une demi-livre de magnésie anglaise, une once et demie de cochenille, une once d'alun calciné, une livre de crème de tartre, cinq gros d'huile de menthe anglaise, trois gros d'huile de cannelle, un gros d'esprit d'ambre rosé. Cette poudre nettoie les dents, colore et fortifie les gencives, et donne à la bouche une fraîcheur agréable.

**DENTIROSTRES**, nom donné par Cuvier à une famille de l'ordre des passereaux. Les oiseaux de cette famille ont pour caractères d'avoir de chaque côté de l'extrémité de la mandibule supérieure une grande échancrure ou dentelure. Ces oiseaux sont pour la plupart insectivores; d'autres attaquent des proies vivantes. Cet ordre comprend: 1º les *pies-grièches*, etc., 2º les *gobe-mouches*, les *céphaloptères*, etc., 3º les *tangaras*, etc.; 4º les *merles*, *grives*, *fourmiliers*, etc.; 5º les *martins*; 6º les *choquards*; 7º les *loriots*; 8º les *goulins*; 9º les *lyres*; 10º les *becs-fins*, *fauvettes*, *roitelets*, *bergeronnettes*, etc.; 11º les *manakins*; 12º les *eurylaimes*.

**DENTISTE**, chirurgien qui se livre spécialement à l'étude des maladies des dents et à la pratique des opérations qu'elles réclament. Les dentistes sont au nombre de soixante-dix à Paris, et de cent cinquante dans les départements. L'art du dentiste a fait de grands progrès depuis 1814. L'on fabrique aujourd'hui des dents artificielles incorruptibles, composées de pâte et d'émail à porcelaine, mélangées avec divers oxydes métalliques. Ces dents, montées et soudées sur des plaques de platine, sont d'une durée indéfinie.

**DENTITION** ou **ODONTOPHIE**, nom donné à l'ensemble des phénomènes qui ont lieu pendant les diverses périodes de la formation des dents. Elles se forment dans des sacs très-petits, arrondis, fermés de toutes parts, qui adhèrent beaucoup aux gencives, et qui se nomment *follicules*. Il s'élève du fond de ces follicules un petit corps rougeâtre et mou, nommé *germe* ou *pulpe dentaire*. La dent distend son follicule et la gencive, perce cette dernière et se montre au sur le rebord alvéolaire. L'éruption des *dents de lait* ou de la première dentition commence vers le sixième mois après la naissance, et se termine à quarante mois environ. Du quatrième au huitième mois sortent quatre incisives moyennes; du sixième au dixième mois les quatre incisives latérales; du dixième au quatorzième mois, les quatre canines; du dixième au vingtième mois, les quatre premières molaires; du dix-huitième au trente-sixième, les quatre molaires postérieures. La chute des dents de lait se fait à l'âge de six à sept ans. Les dents permanentes sortent; les premières grosses molaires de sept à huit ans; de huit à dix ans, les incisives moyennes; de neuf à onze ans, les incisives latérales; de dix à douze ans, les canines; de treize à seize ans, les premières petites molaires; de douze à quatorze ans, les deuxièmes petites molaires; de treize à dix-sept, la deuxième grosse molaire; de vingt à vingt-quatre ans, les troisièmes grosses molaires dites *dents de sagesse*.

**DENTS** (méc.), aspérités dont on arme la circonférence d'une roue pour transmettre le mouvement qui lui est imprimé. Si l'on suppose deux ou plusieurs roues, et que la première soit mise en mouvement, les *dents* de celle-ci presseront les dents de la seconde, et la forceront de décrire un cercle; celle-ci à son tour agira sur la troisième, etc. — Les lames de scie ont leur bord taillé en dents triangulaires. Ces scies fendent en allant et en revenant; on les emploie aux ouvrages grossiers, tels que le sciage des bûches. Les autres scies sont en triangle rectangle, dont l'hypothénuse seule est coupante, et servent aux ouvriers qui débitent des solives en planches, aux menuisiers, ébénistes, horlogers, etc.

**DENTURE**. On donne ce nom à la réunion des dents implantées sur les arcades alvéolaires. — On appelle encore ainsi en mécanique le nombre de dents que l'on donne à chaque roue.

**DÉNUDATION**, nom donné, en médecine, à l'action de dépouiller une partie du corps de ses enveloppes naturelles. Cet accident peut être causé par des plaies, la gangrène, des abcès, etc. Ce mot s'applique spécialement aux os dépouillés de leur périoste. Chez les jeunes gens, l'inflammation s'empare de la partie dénudée, la ramollit, devient cartilagineux à sa surface, et se rétablit bientôt. Chez les vieillards, la dénudation entraîne la nécrose, vu le peu de vitalité du tissu osseux. Il se fait une grande exfoliation.

**DENYS**. Deux tyrans de Syracuse ont porté ce nom. — DENYS *l'Ancien*, né 430 avant J.-C., de simple greffier devint général des Syracusains, et fut chargé du gouvernement l'an 405 avant J.-C. Il soutint contre les Carthaginois de longues guerres (de 404 à 368) avec assez de succès. Il déjoua plusieurs conspirations. N'osant se fier à ses sujets, il vivait au milieu de gardes étrangers; il faisait brûler sa barbe par ses filles. Il haranguait le peuple du haut d'une tour, et couchait dans une chambre entourée d'un fossé profond. Sa cruauté égala sa tyrannie. Il fit creuser dans un rocher une chambre souterraine appelée *oreille de Denys*, et disposé de telle sorte que la voix se dirigeait dans la chambre où Denys se cachait, et par où il pouvait entendre les plaintes des accusés. Il mourut l'an 368 avant J.-C. — DENYS II *le Jeune*, fils du précédent, lui succéda l'an 368 avant J.-C. Il fut venir Platon à sa cour; mais, le philosophe lui ayant conseillé d'abdiquer, Denys l'exila. Il persécuta son beau-frère Dion, le condamna au bannissement, et fit épouser sa femme à Timocrate (360). Dion prit les armes, s'empara de Syracuse (357), et força le tyran de se réfugier chez les Locriens. Il rentra (347) à Syracuse; mais les Corinthiens, conduits par Timoléon, s'emparèrent de cette ville. Denys se réfugia (343) à Corinthe, où il se fit maître d'école, et mourut dans cette ville.

DENYS, tyran d'Héraclée, ville du Pont. Après la mort d'Alexandre et de Perdiccas (321 avant J.-C.), il épousa Amestris, nièce de Darius. Il était si gros qu'il n'osait se montrer en public. Son sommeil était si profond que pour l'éveiller il fallait enfoncer dans sa chair des pointes de fer. Il mourut 304 ans avant J.-C.

DENYS D'HALICARNASSE, historien, né à Halicarnasse, vint à Rome l'an 30 avant J.-C. Il se livra vingt-deux ans à l'étude de l'histoire, et eut des relations avec tous les savants de l'époque. Il publia des *Antiquités romaines* en vingt livres, dont il ne nous reste que onze. Dans cette histoire, Denys remontait à l'origine des peuples d'Italie, et finissait aux guerres puniques (266 avant J.-C.). Les onze livres, qui nous restent, vont jusqu'à l'an 442 avant J.-C. On a encore de lui des écrivains les *Commentaires sur les anciens rhéteurs*, des *Traités d'éloquence* et des *lettres*.

DENYS, roi de Portugal, né en 1261, succéda à son père Alphonse III en 1279, et favorisa les lettres et l'agriculture. Il fonda une université à Lisbonne, transférée plus tard à Coïmbre, institua l'ordre du Christ, et s'occupa d'embellir les villes de son royaume. Des chagrins domestiques abrégèrent sa vie. Il mourut en 1325.

DENYS (Saint) L'ARÉOPAGITE, un des juges de l'aréopage d'Athènes, se convertit à la religion catholique, lorsque saint Paul aborda dans cette ville. Saint Paul le créa évêque d'Athènes. Il finit sa vie par le martyre l'an 95. Les Grecs l'honorent le 3 octobre. Les Francs prétendirent longtemps que ce saint était le même que l'apôtre de Paris, saint Denys; mais on a prouvé que l'intervalle de deux siècles existe entre la vie de ces deux saints.

DENYS (Saint), patriarche d'Alexandrie, descendant d'une famille illustre. Disciple d'Origène, il devint chef de l'école d'Alexandrie (231), et fut placé après Héraclius sur le trône patriarcal. Il rétablit la paix dans l'Église, et dissipa plusieurs hérésies. Il mourut en 264. Les Grecs l'honorent le 3 octobre et les Latins le 17 novembre. On a de lui des *Traités de théologie*, des *lettres* et des *homélies*.

DENYS (Saint), Romain, succéda au souverain pontificat à saint Sixte en 259, édifia et instruisit son Église. Il écrivit plusieurs lettres aux Églises et aux hérétiques. Il mourut en 268. On célèbre sa fête le 26 décembre.

DENYS (Saint), apôtre et premier évêque de Paris, fut envoyé de Rome vers le milieu du IIIe siècle pour prêcher la foi dans les Gaules. Après avoir séjourné à Arles et en d'autres lieux où il souffrit beaucoup pour la religion, il arriva à Paris, où il fit de nombreuses conversions. Arrêté par le gouverneur Pescennin, il fut décapité avec saint Rustique et saint Éleuthère. On célèbre sa fête le 9 octobre. Une tradition prétend que saint Denys porta lui-même sa tête dans sa main jusqu'au lieu où l'on éleva plus tard l'abbaye de son nom.

DENYS (SAINT-), abbaye de l'ordre de Saint-Benoît, située dans la ville de Saint-Denys. Une dame, nommée *Catulla*, ayant fait enlever les corps de saint Denys, d'Éleuthère et de Rustique, après leur martyre, les ensevelit dans un champ. A la place de leur sépulture, on éleva une chapelle renversée par les barbares. Plus tard (466), sainte Geneviève y fit construire une église, desservie par une communauté religieuse. Dagobert l'enrichit des dépouilles des autres églises. Clovis II l'affranchit de la juridiction de l'archevêque de Paris. Philippe le Bel (1313) nomma l'abbé de Saint-Denys conseiller au parlement. L'oriflamme était placé sous cette abbaye. Toutes les paroisses d'alentour, les marchands de la ville relevaient de Saint-Denys. En 1691, la réunion de Saint-Denys avec l'abbaye de Saint-Cyr fut décrétée par une bulle d'Innocent XII. Pendant la révolution, cette abbaye devint un magasin de farines. Napoléon donna en 1806 l'ordre de réparer l'église. Il la dota d'un chapitre composé de deux classes de chanoines. Cette fondation fut conservée à la révolution. — L'abbaye de Saint-Denys est célèbre par son caveau où se trouvent la plupart des tombeaux des rois des première, deuxième et troisième races. Chaque roi est déposé sur les marches de l'escalier qui y conduit, jusqu'à ce que le cadavre de son successeur vienne le remplacer, et lui permettre d'entrer dans le caveau.

DENYS (SAINT-), ville de France, à 2 lieues de Paris, chef-lieu d'arrondissement du département de la Seine. — Population, 9,666 âmes. — Cette ville s'élève sur l'emplacement du village de *Catolacum*. Elle est fameuse par son abbaye. Elle renferme de très-belles fabriques de toiles peintes. Saint-Denys a un établissement, créé par Napoléon, où cinq cents jeunes demoiselles, filles de membres de la Légion d'honneur, reçoivent une éducation distinguée, quatre cents aux frais de l'ordre et les autres moyennant une pension.

DENYS (SAINT-), capitale de l'île Bourbon et chef-lieu de la colonie. Elle est située au N. de l'île et au bord de la mer. — Sa population est de 11,744 habitants, dont 2,168 blancs, 1,705 de couleur libres, 7,871 esclaves. — Il y a à Saint-Denys une cour royale de justice, un tribunal de première instance et une justice de paix. L'arrondissement chef-lieu de Saint-Denys donne cinq députés au conseil électoral.

DEPARCIEUX (Antoine), né à Cessieux (Isère) en 1753. Il étudia les mathématiques, et, à l'époque de l'établissement des lycées, il fut le premier professeur de physique à l'une de ces écoles. Il avait entrepris un cours complet de physique et de chimie, dans lequel il indiquait les chaînes qui lient ces deux sciences. Il se proposait de n'en faire qu'une seule. Devenu professeur de physique et de chimie à l'école centrale de la Seine, il mourut en 1799. On a de lui plusieurs *mémoires et dissertations*.

DÉPART, opération chimique qui a pour but de séparer l'or de l'argent. Ainsi, lorsqu'on traite un alliage d'or et d'argent par l'acide nitrique, qui dissout le dernier de ces métaux sans agir sur l'autre, on fait le *départ*. Plusieurs méthodes ont été usitées pour cette opération. Les plus connues sont celles de l'affinage et de la coupellation.

DÉPARTEMENT, nouvelle division territoriale de la France. La France se divisait autrefois en provinces : une loi de 1790, promulguée par l'assemblée constituante, divisa le territoire français en quatre-vingt-trois départements. En 1804, les conquêtes faites par les armées françaises portèrent le nombre des départements à cent sept. Celles de l'empereur augmentèrent ce nombre de vingt-trois. Les traités de 1815 ont fait rentrer la France dans les limites de 1790. Aujourd'hui la France renferme quatre-vingt-six départements. (Voy. chacun d'eux pour la superficie, population, division administrative, industrie commerciale et manufacturière, etc.) Chaque département se divise en arrondissements communaux, formés par la réunion d'un certain nombre de cantons et de communes. L'administration départementale est confiée à un magistrat supérieur nommé *préfet*. La connaissance des matières qui appartiennent au contentieux administratif est dévolue à un *conseil de préfecture* dont le préfet est président, et au *conseil général*. — Les fonctionnaires des départements sont les préfets, sous-préfets, un receveur général, un payeur, un directeur de l'enregistrement, un directeur des contributions directes, un directeur des contributions indirectes, un ingénieur en chef des ponts et chaussées, un géomètre en chef du cadastre, un agent forestier.

DÉPARTEMENT. En politique, ce mot désigne la répartition entre les divers ministères des attributions qui les constituent. Ils sont aujourd'hui au nombre de huit. — Il indique aussi en général les divisions administratives.

DÉPARTEMENT. On donne ce nom, dans la marine militaire, aux grands ports, tels que Lorient, Brest, Toulon, Cherbourg et Rochefort, où doivent résider les officiers entretenus par l'Etat. Les ports environnants dépendent de ces cinq chefs-lieux.

DÉPENS, nom donné à toutes les dépenses faites pour soutenir un procès. D'après le Code de procédure, toute partie qui succombe en justice est condamnée aux dépens. La taxe des dépens est arrêtée par le juge.

DÉPENSE (arts phys.), quantité d'eau qu'un réservoir fournit dans un temps donné. Pour exprimer ce volume, les fontainiers sont convenus d'appeler *pouce d'eau* la quantité qui s'écoule en une minute par un orifice circulaire percé dans une *mince paroi* verticale, lorsque le centre est enfoncé de sept lignes au-dessous du niveau ; le pouce d'eau se divise en 144 lignes, qui, dans d'autres cas, en 12 lignes. Le *pouce d'eau* équivaut à 572 pouces cubes écoulés en une minute, ou 13 litres 33 centilitres ; en vingt-quatre heures, 560 pieds cubes ; en une heure, 800 litres.

DÉPERDITION, fonction animale par laquelle les végétaux rejettent à l'extérieur les substances qu'ils ont absorbées, et qui ne sont plus utiles à leur nutrition. Quand les substances sont rejetées à l'état de vapeur, on nomme cet acte *transpiration* ; à l'état de gaz, *expiration* ; à l'état de liquide ou de solide, *excrétion*. La quantité d'eau qui s'échappe égale les deux tiers de celle que le végétal absorbe. Les matières excrétées par les végétaux sont des fluides plus ou moins épais, des gommes, des résines, des huiles, des matières sucrées, etc.

DÉPÉRISSEMENT, état d'un individu dont les forces et l'embonpoint diminuent de jour en jour. Ce symptôme est toujours très-dangereux. S'il précède une maladie aiguë, il rend le pronostic très-fâcheux ; s'il se montre dans le cours d'une maladie chronique, il fait craindre une issue funeste.

DÉPHLEGMATION, opération qui a pour but la séparation de l'eau des substances qui en renferment. Si la substance dont on veut enlever l'eau est plus légère que celle-ci, on la place dans l'appareil distillatoire, l'eau reste dans la cornue, et la matière déphlegmée passe dans le récipient. Si le liquide à déphlegmer est plus pesant que l'eau, celle-ci se volatilise, et la matière déphlegmée reste dans la cornue. On fait quelquefois refroidir le liquide qu'on veut déphlegmer ; l'eau se congèle, et la matière déphlegmée reste à l'état liquide. Ainsi, dans le Nord, on obtient de l'eau très-salée en faisant refroidir l'eau de la mer jusqu'à ce qu'une grande quantité de ce liquide ait été gelée.

DÉPHLOGISTIQUE, nom donné par les anciens chimistes aux *corps brûlés*, parce qu'ils pensaient que la combustion consistait dans la séparation du *phlogistique* des corps qui brûlaient.

DÉPILATION, opération qui a pour but d'enlever les poils d'une partie quelconque de la surface du corps. Les substances destinées à effectuer cette ablation se nomment *dépilatoires*. Les Egyptiens, les Perses, les Grecs et les Romains se livraient à l'étude des compositions dépilatoires, et attribuaient un grand prix à la dépilation. De nos jours, les Arabes, les Chinois et les Orientaux en font usage. En Europe, on l'emploie pour rendre la peau moins garnie. Les dépilatoires ne sont souvent que de simples emplâtres agglutinatifs, formés de poix et de résine, et qui adhèrent tellement à la peau qu'ils entraînent avec eux les poils qui se trouvent à sa surface. — Le *rusma* des Orientaux se compose de 2 onces de chaux vive, demi-

once d'orpiment (sulfure d'arsenic), d'une livre de lessive alcaline forte. On en frotte les parties velues, et on les lave ensuite avec de l'eau chaude.

DÉPIQUAGE, nom donné à l'action de séparer le grain des épis en faisant fouler les gerbes par les pieds des animaux, par des rouleaux ou des chariots. Elle se distingue du *battage*, en ce que celui-ci est l'action de séparer le grain des épis avec le fléau. Cette méthode était en usage chez les Celtes, les Gaulois, les Egyptiens, les Grecs et les Romains. Elle ne peut avoir lieu que dans les pays chauds, où le grain adhère peu aux balles.

DÉPLACEMENT (mar.), nom donné aux divers changements qu'éprouvent les rivages de la mer. Cette action est lente et peu sensible. Elle est due aux feux souterrains qui engloutissent le littoral ou en font surgir un nouveau, et aux dépôts accumulés par les flots sur les rivages. — Le déplacement des vaisseaux s'entend de la place qu'occupe dans l'eau toute la carène d'un bâtiment. Le poids du volume d'eau déplacé est égal à celui du bâtiment en entier. Ce déplacement augmente avec le chargement. On évalue celui d'un vaisseau de soixante-quatorze à 3,000 tonneaux (6,000,000 de livres) ou 126,000 pieds cubes.

DÉPOLISSAGE, action d'ôter à une surface polie sa transparence et son brillant. On dépolit souvent la vitre des croisées, afin que du dehors on ne puisse pas voir ce qui se passe dans l'intérieur des appartements. On dépolit aussi les globes que l'on met sur les lampes à double courant d'air. On dépolit les vitres avec de l'émeri très-fin que l'on promène dessus avec un gros morceau de liège plat et de l'eau, jusqu'à ce que la surface soit unie et ne présente aucun trait.

DÉPORT, acte par lequel le juge déclare qu'il doit *s'abstenir* de prendre connaissance d'une cause, parce qu'il y a cause de *récusation* ou de refus en sa personne. Un juge qui sait une cause de récusation en sa personne est tenu de la déclarer à la chambre, qui déclarera et décidera s'il peut s'abstenir. Les arbitres peuvent aussi *déporter*, excepté lorsque leurs opérations sont commencées. — C'était aussi le droit qu'avaient les évêques ou les seigneurs de prendre la première année du revenu des églises paroissiales qui vaquaient par mort ou d'un fief après la mort d'un possesseur.

DÉPORTATION, peine afflictive et infamante qui consiste dans le transport du condamné dans un pays éloigné. La déportation était en usage à Rome et dans les autres pays célèbres de l'antiquité. Cette peine ne se prononce pas contre les individus âgés de soixante-dix ans accomplis au jour du jugement, et est remplacée à leur égard par la détention à perpétuité.

DÉPOSITION, récit que l'on fait en justice de ce que l'on sait relativement à une affaire ; la déposition des témoins doit être consignée sur procès-verbal. Elle leur est lue, et il leur est demandé s'ils y persistent : à cette lecture, les témoins peuvent faire tels changements et additions que bon leur semble. Cette déposition doit être signée par le témoin, le juge et le greffier.

DÉPÔT (juris.), acte par lequel on reçoit le bien d'autrui à la charge de le garder et de le restituer en nature. Le *dépôt proprement dit* est un contrat essentiellement gratuit, qui ne peut avoir pour objet que des choses mobilières. Le dépôt est *volontaire* lorsqu'il se forme du consentement réciproque de la personne qui fait le dépôt et de celle qui le reçoit. La preuve doit être faite par écrit lorsqu'il est d'une valeur supérieure à 150 francs. Le dépositaire ne doit restituer la chose déposée qu'à celui qui la lui a confiée, ou à celui au nom duquel le dépôt a été fait, ou à celui qui a été choisi pour le recevoir. Le *dépôt nécessaire* est celui qui a été forcé par quelque accident, tel qu'un incendie, un pillage, un naufrage, etc. Les aubergistes sont responsables des effets déposés chez eux par les voyageurs. — *Dépôt ju-*

*diciaire.* Voy. SÉQUESTRE. — Les *dépôts publics* sont ceux qui sont faits dans les caisses publiques.

DÉPÔT DE LA GUERRE, lieu où l'on conserve les documents du ministère de la guerre, et qui renferme un grand nombre de cartes, topographies, dessins, mémoires d'expéditions militaires, etc. Ce dépôt, créé en 1688 et placé à Versailles, fut transféré à l'hôtel des Invalides à Paris en 1790; un grand nombre de mathématiciens, de dessinateurs, de géographes, de graveurs, d'écrivains et de traducteurs sont attachés à ce dépôt. On lui doit l'exécution des cartes des départements, celle de l'Helvétie, du Piémont, de la Lombardie, de la Savoie, de l'île d'Elbe, de l'Égypte et de la Morée. — Le DÉPÔT DE LA MARINE, où sont construits les cartes, plans, etc., de la marine, est établi dans le dépôt de la guerre, et est sous la direction d'un vice-amiral.

DÉPÔT DE LA PRÉFECTURE DE POLICE, salles qui font partie de l'hôtel de préfecture à Paris, rue de Jérusalem, où l'on dépose les prisonniers faits chaque jour par les rondes et les patrouilles : une salle est destinée aux hommes, l'autre aux femmes. Les détenus couchent sur des lits de camp, et reçoivent pour nourriture du bouillon et une livre et demie de pain noir; les salles sont lavées chaque jour. Le séjour des inculpés est de peu de durée au dépôt de la préfecture de police.

DÉPÔT (méd.), amas d'humeurs qui se jettent sur quelques parties, et y forment des *tumeurs*, des *abcès*, etc.

DÉPOTATS, soldats de la milice byzantine au moyen âge. On les choisissait parmi les hommes les plus forts et les plus agiles. Ils étaient à cheval, mais sans armes, portaient des vaisseaux remplis d'eau pour laver les plaies et faire revenir les hommes évanouis. Ils relevaient et emportaient les blessés. Ils se divisaient par bandes de 8 à 10 hommes; on leur donnait un écu par chaque blessé qu'ils ramenaient. Les dépotats ramassaient aussi les dépouilles dans les combats et les remettaient aux décarques.

DÉPÔTS GÉOLOGIQUES, nom donné aux grandes masses ou aux couches de matières minérales. Les *dépôts granitiques* sont des masses composées en grande partie de granit, quoique renfermant des petits dépôts de porphyre, etc. Les dépôts tirent leurs noms de la matière prédominante. Ils sont de différentes formations, selon la nature des roches qui les composent. Ils affectent plusieurs formes, et se présentent en *couches*, *bancs*, *amas*, *filons*, etc. Un ensemble de dépôts se nomme *terrain*.

DÉPOUILLE, action d'enlever les fruits d'un arbre, de moissonner un champ, etc. C'est aussi le nom de tout ce qu'on enlève à l'ennemi dans une bataille. Les peuples anciens et un grand nombre de nations modernes ont tenu beaucoup à se parer des dépouilles de l'ennemi. Chez les Grecs, on tirait au sort les dépouilles assemblées en commun. Ce partage a lieu encore dans les nations de l'Amérique et de l'Afrique.

DÉPOUILLE, nom donné autrefois à un droit possédé par quelques archidiacres, et qui consistait à avoir quelques-uns des meubles du curé défunt, déterminés par la coutume.

DÉPOUILLES OPIMES, récompense accordée au soldat romain qui tuait de sa main le chef des ennemis. Cette récompense consistait dans le droit de s'approprier les dépouilles de ce chef.

DÉPRESSION (hist. nat.), terme synonyme d'*enfoncement* en botanique et en anatomie, et qui désigne, en chirurgie, une fracture du crâne, dans laquelle les portions d'os brisés ont perdu leur niveau et se sont enfoncés de manière à comprimer le cerveau. — En pathologie, le mot *dépression* indique la diminution des forces, qui veulent être relevées par les toniques et les excitants. — On se sert aussi de ce mot pour désigner l'*abaissement* de la *cataracte*, c'est-à-dire l'opération par laquelle on porte le cristallin, devenu opaque, dans la partie inférieure du corps vitré.

DÉPRESSION (math.), abaissement de l'horizon visuel au-dessous de l'horizon de la mer, par rapport à un observateur élevé au-dessus de son niveau, c'est-à-dire excès de l'horizon rationnel sur l'horizon sensible. On a construit une *table de dépression* pour faciliter les calculs des hauteurs. — En physique, on nomme ainsi l'affaissement produit sur un liquide placé dans un tube qu'il ne mouille pas et par lequel, au lieu de s'élever au niveau du fluide ambiant, il se tient au-dessous de ce niveau. Cette action est due à l'*action capillaire*, et dépend du diamètre intérieur du tube. C'est ainsi que le mercure *se déprime* dans les tubes de verre.

DÉPRESSOIRE, instrument de chirurgie dont on se sert dans l'opération du trépan pour abaisser les parties membraneuses et placer certaines pièces d'appareil.

DÉPRI. En termes de fief, c'est l'accord que le vassal faisait avec son seigneur pour obtenir de lui une diminution dans ses droits sur les biens qui lui advenaient par achat ou héritage. Le seigneur faisait presque toujours la remise du quart ou de la moitié de ses droits. Les administrateurs des églises et les tuteurs ne pouvaient accorder le dépri, et demandaient aux roturiers des redevances très grandes. — *Dépri* désignait autrefois la déclaration des marchandises que l'on menait d'un lieu dans un autre.

DÉPRIMÉ (zool.), nom donné aux organes comprimés de haut en bas, par opposition au mot *comprimé*, qu'on emploie lorsque la compression a lieu d'un côté à l'autre. Le bec des oiseaux est *déprimé* lorsqu'il est aplati sur sa hauteur. Les feuilles *déprimées* sont celles dont les bords sont plus épais que leur disque. Une radicule est *déprimée*, lorsqu'elle est aplatie du sommet à la base, comme celle du thé.

DE PROFUNDIS, premiers mots d'un des psaumes de la pénitence chez les catholiques. Il se prend aussi pour le nom du psaume lui-même. Le *De profundis* se récite pour les morts.

DÉPURATIFS, nom donné aux remèdes, auxquels on attribue la propriété d'enlever à la masse du sang des humeurs et autres fluides animaux les principes qui en altèrent la pureté et les dirigent vers quelqu'un des émonctoires naturels. Le suc des herbes antiscorbutiques, les bouillons de chicorée, etc., passent pour dépuratifs.

DÉPURATION, opération qui a pour objet la séparation des matières qui altèrent un médicament quelconque. On applique ce mot plus spécialement à la clarification et à la défécation des liquides. — On nomme ainsi le changement favorable qui s'opère dans la constitution, soit par des évacuations spontanées, soit par les rougeurs ou des boutons qui surviennent à la surface du corps. Quelquefois la médecine cherche à produire la dépuration à l'aide d'un régime et de médicaments particuliers. Quelques maladies, les fièvres, les éruptions, etc., produisent aussi cet effet.

DÉPUTATION, envoi de quelques personnes choisies d'une compagnie ou d'un corps auprès d'un prince ou une assemblée, pour traiter en leur nom ou poursuivre quelques affaires. Ce mot ne s'applique qu'à un corps, et ne se donne pas à une personne seule. En Allemagne, la *députation* est un congrès où les commissaires des princes discutent, règlent et concluent les choses qui leur ont été renvoyées par une diète. Depuis la république (1789), on nomme ainsi l'envoi des *députés* à la convention ou à l'assemblée nationale.

DÉPUTÉ, celui qui est envoyé par une nation, un prince, une communauté, une compagnie, etc., pour régler et discuter les intérêts de la nation, de la communauté, etc. Le député se distingue de l'*ambassadeur* en ce que celui-ci est envoyé au nom du souverain, et que le député est choisi par une réunion d'individus pour être leur interprète. — *Député* se dit spécialement, en France, d'un membre de la *chambre des députés*. Autrefois il y eut les *députés* aux parlements et aux états généraux. La constitution de 1789 régla que chacun des quatre-vingt-trois départements enverrait de deux en deux ans à Paris une députation composée d'un nombre de personnes relatif à sa population et aux contributions qu'il payait à l'État. Cette députation formait le *corps législatif*. Il fallait payer une contribution directe de 50 francs. Depuis cette époque, la députation a subi divers changements, suivant les différentes constitutions qui ont été promulguées. En 1830 il avait été fixé que la ch. des députés, portion essentielle du pouvoir législatif, serait composée de 459 dép., élus pour cinq ans par autant de collèges électoraux. Les dép. devaient être âgés de trente ans et payer une contribution de 500 fr. La moitié au moins des dép. était choisie parmi les éligibles ayant leur domicile dans le départ. La ch. des députés concourrait avec le roi et la ch. des pairs à la confection des lois. Elle avait le droit d'accuser les ministres et de les traduire devant la ch. des pairs. Elle tenait ses séances publiq. et était convoquée par le roi, qui avait le droit de la proroger, de la dissoudre, et devrait en ce cas en convoquer une autre dans le délai de trois mois. Les dép. ne recevaient ni indemnité ni traitement. Aucune contrainte par corps ne pouvait être exercée contre un membre de la ch. durant la session et dans les six semaines qui la précédaient ou la suiv. Aucun membre ne pouvait pendant la durée de la session être poursuivi ou arrêté en matière crim. sauf le cas de flagrant délit, qu'après que la ch. eût permis sa poursuite. — Toute pétition ne pouvait être faite et présentée que par écrit. La loi interdisait d'en apporter en personne à la barre. La proposition des lois appartenait à la ch. des députés, à la ch. des pairs et au roi. Néanmoins toute loi d'impôts devait être d'abord votée par la ch. des dép. A la suite de la révol. de 1848, les deux ch. avaient été remplacées par une assemblée unique, nommée par le suff. universel, et ayant un président, nommé égal. par le suff. universel. — Après le coup d'État du 2 déc. 1851, les deux ch. ont été rétablies, l'une sous le nom de *sénat*, l'autre sous le nom de *corps législatif*; les dép. au corps législatif sont nommés par le suff. universel, ils reçoivent un traitement; leur session est de trois mois, à moins qu'elle ne soit prorogée par le gouvern.; les ministres n'y sont pas admis, les lois présentées sont soutenues par des conseillers d'État.

DÉPUTÉ était le nom, dans l'Église de Constantinople, d'un officier subalterne, qui allait chercher les personnes de condition auxquelles le patriarche voulait parler, et d'écarter le peuple sur le passage de ce prélat. Il était en outre chargé du soin des ornements divins.

DÉRADER. C'est être forcé de sortir d'une rade, de quitter un mouillage en traînant ses ancres et les abandonnant, malgré soi, par un vent violent et des courants qui portent au large. Un bâtiment qui a dérade est quelquefois écarté, et se trouve en mer, manquant souvent d'objets nécessaires.

DERBEND, ville à l'extrémité de la Perse occidentale. Elle est bâtie sur le bord de la mer et adossée au penchant du Caucase. Les traditions orientales attribuent sa fondation à Alexandre le Grand. Derbend fit partie du royaume d'Albanie, et tomba successivement au pouvoir des Romains, des Arabes (661), des Grecs et des Khazars, et des Arabes pour la seconde fois (700). Au VIIIe siècle, il appartient aux rois de la Géorgie, puis aux sultans seldjoucides de la Perse. Les Mogols s'en emparèrent au XIIIe siècle. Au XIVe siècle, il appartint aux princes du Schirvan, et 1579 aux Ottomans. Pierre Ier, tzar de Russie, subjugua Derbend en 1722; cette

DER — DER — DES — 415

ville revint à la Russie en 1796. Le sultan, vassal des Russes, fut chassé par ceux-ci en 1806. Derbend a 18,000 habitants. — Le district de Derbend est compris entre la mer, le Caucase et les rivières Darbakh et Samour.

DERBY, comté d'Angleterre, entre ceux d'Yorck, Nottingham et Leicester, etc. Sa superficie est d'environ 139 lieues carrées, et sa population de 21,500 habitants. Il renferme de belles mines de plomb, marbres, vitriol, houille, fer et cristal; il est fertile en grains. Sa capitale est *Derby*, à 4 lieues de Londres. Elle a des manufactures de soie et de coton.

DERBY (Jacques STANLEY, comte DE), gentilhomme anglais, signala son courage et sa fidélité dans la guerre civile qui éclata à la mort de Charles Ier. Il se distingua au combat de Wigan, dans le comté de Lancastre, où avec 600 cavaliers il défit une armée de 3,000 hommes, commandée par lord Lilburn. Il fut fait prisonnier à la bataille de Worcester, et fut décapité (1651). La comtesse de Derby, son épouse, défendit avec courage Latham-House, et se maintint dans l'île de Man. Elle combattit souvent en personne l'armée des régicides, et céda la dernière aux rebelles.

DERCÉTO ou DERCÉTIS (myth.), divinité syrienne qu'on croit être la même qu'Astarté. On la représentait sous la forme d'une belle femme, dont le corps se terminait en une énorme queue de poisson. Selon Diodore, Vénus, offensée par Dercéto, lui inspira une violente passion pour un jeune homme d'une grande beauté; poussée par ses remords, elle se précipita dans la mer, où elle fut changée en poisson. C'est à cause de cela que les Assyriens s'abstenaient de la chair de poisson.

DÉRIBANDS. En termes de négoce, on désigne ainsi des toiles blanches de coton, qui viennent des Indes orientales; la longueur des déribands étroits est de neuf aunes, et leur largeur de cinq huitièmes d'aune.

DÉRIVATIFS, remèdes qui attirent une irritation dans un lieu différent de celui où elle paraissait s'être fixée d'abord. Les sinapismes, les vésicatoires, la saignée, etc., sont des *dérivatifs*.

DÉRIVATION. En thérapeutique, on appelle ainsi l'opération par laquelle on attire le sang ou une irritation vers une partie pour leur faire abandonner une autre partie, où leur présence pourrait devenir funeste. On pratique le plus souvent la dérivation à l'aide de saignées, vésicatoires, etc. Voy. DÉRIVATIFS.

DÉRIVE, déviation de la route d'un vaisseau, causée par l'action du vent sur les voiles. De deux vaisseaux, celui qui dérive le moins est celui qui, sous une voilure égale, acquiert une plus grande vitesse: lorsque le sillage atteint sept ou huit nœuds, on n'estime plus de dérive. Un bâtiment, lorsqu'il dérive lorsqu'il s'affale, tombe sous le vent et manque le mouillage.

DÉRIVOIR, instrument dont les horlogers se servent pour enlever les pignons de dessus les roues sans les gâter. C'est une espèce de poinçon percé d'un trou capable de recevoir librement la tige du pignon. La partie inférieure est tournée en cône.

DERME, partie la plus profonde et la plus épaisse de la peau, formant une enveloppe générale à tout le corps, et variant souvent d'épaisseur. Chez l'homme, il est plus épais au crâne qu'à la face, s'amincit aux lèvres et aux paupières, et devient très-épais au tronc et surtout aux parties postérieures du corps. Le derme est recouvert d'une membrane très-mince, nommée *épiderme*. Il recouvre les organes qui produisent les poils et est percé de trous pour le passage de ces poils. Le derme est formé : 1° de fibres albugineuses, denses et entre-croisées, qui laissent entre elles des aréoles remplies d'un fluide blanchâtre et à travers lesquelles passent les poils ; 2° de ramuscules artériels, veineux, nerveux, réunis en petits mamelons nommés papilles,

et qui sont les organes de l'exhalation, de l'absorption et de la sensibilité de la peau ; 3° de follicules répandus dans les aréoles du tissu, et destinés à sécréter une humeur huileuse qui entretient la souplesse des téguments.

DERMESTE, genre d'insectes coléoptères, de la famille des clavicornes, aux antennes de onze articles. Les larves de ces insectes se trouvent dans les pelleteries et toutes les matières animales qu'on conserve à l'état sec. Elles causent de grands dégâts dans les muséum d'anatomie et d'histoire naturelle. Ces insectes forment le type d'une tribu de coléoptères (les *dermestins*), de la famille des clavicornes, aux mandibules courtes et dentées, à la tête très-inclinée, aux mâchoires très-fortes et au corps arrondi et demi-cylindrique.

DERMODONTE, nom donné aux poissons qui n'ont pas les dents implantées dans les os maxillaires, mais seulement adhérentes à la peau ou au derme, pour les distinguer des poissons dont les dents sont plus ou moins implantées dans les os des mâchoires.

DERMOPTÈRES, famille de poissons holobranches abdominaux, et dont le caractère est d'avoir une seconde nageoire dorsale dépourvue de rayons, et simplement formée par la peau. Les saumons, les truites, etc., appartiennent à cette famille. — Ce nom se donne aussi aux mammifères qui ont une membrane étendue des bras aux jambes.

DERNIER RESSORT, dernier degré de juridiction ; une décision en *dernier ressort* est celle contre laquelle il n'est pas permis de faire appel. Cependant les jugements rendus par des juges qui ne pouvaient prononcer qu'en première instance sont soumis à l'appel, ainsi que les jugements prononcés par une cour incompétente.

DÉROCHER, mot qui désigne l'opération qu'on fait subir aux métaux, et particulièrement à l'or, à l'argent et au cuivre, pour nettoyer et affiner leur surface. On se sert ordinairement, pour cet objet, d'acide nitrique ou sulfurique, mêlé avec une certaine quantité d'eau. Quand cette opération se rapporte à l'argenterie, on emploie le mot *blanchiment*.

DÉROGATION, acte qui révoque un acte précédent, une loi, une convention, un traité, etc. Les parties ont le droit de détruire les conventions par la substitution d'un nouveau contrat à celui qui existait déjà, au moyen d'un acte formel ou d'une clause insérée dans l'acte originaire et nommée *clause dérogatoire*. Il n'est permis à aucun pouvoir législatif de déroger aux lois constitutives de la nation, qui sont réputées antérieures à la société politique, et qui constituent le pacte fondamental.

DÉROGEANCE, acte par lequel on enlevait autrefois un privilége à une personne. La dérogeance entraînait la perte du rang, et faisait tomber celui qui avait dérogé à son honneur et à ses devoirs dans la classe des roturiers. Le commerce en détail amenait dérogeance ; la profession des armes et l'état ecclésiastique seuls étaient exempts de cette peine infamante. Les enfants nés avant la dérogeance n'étaient pas privés de leur noblesse ; mais ceux qui naissaient après étaient frappés de cette peine. Pour détourner la dérogeance, il fallait obtenir de nouvelles lettres de noblesse.

DÉROMPOIR, nom donné par les papetiers à une espèce de table formée d'une planche épaisse garnie de rebords de tout côté, au milieu de laquelle est enfoncé perpendiculairement par son manche un instrument tranchant, qui le plus souvent est un morceau de faux, pour couper le *drapeau* au sortir du pourrissoir, et avant que de le mettre dans les piles du moulin ou sous le cylindre.

DÉROUILLER, action d'enlever la rouille. L'acier, le fer et la fonte sont très-sujets à se rouiller ou à s'oxyder à leur surface par

l'humidité. Quand la rouille est très-légère, on la détruit en la frottant avec de l'huile d'olive. Si la rouille est ancienne, on la laisse imbiber d'huile pendant un certain temps ; ensuite avec un morceau de bois tendre, tel que le sale, et une pâte faite avec de l'émeri et de l'huile, on frotte jusqu'à ce que la rouille soit enlevée.

DERRIS, genre de la famille des légumineuses. Le *derris* penné est un arbuste des forêts de la Cochinchine, à tige longue, rampante et très-rameuse, à feuilles alternes, à fleurs blanches. Les Cochinchinois font usage de sa racine charnue et rougeâtre pour remplacer le catechu ; ils la mâchent avec les feuilles du bétel pour parfumer leur haleine et rendre leurs lèvres plus vermeilles.

DERVICHES (*dervisch*), sorte de religieux musulmans et indiens qui vivent en communauté dans des monastères, sous la conduite d'un supérieur, au nombre de trente à quarante. Il y a trente-deux ordres de derviches dans l'empire ottoman. Les derviches se revêtent d'une étoffe de feutre noir, blanc ou bleu. Ils laissent croître la barbe et les moustaches, et portent des chapelets de trente-trois à quatre-vingt-dix-neuf grains. Ceux qui sont mariés ont une habitation particulière. Leur supérieur se nomme *cheik* ; il porte une robe de drap vert ou blanc, et est nommé par le mufti de Constantinople. La mendicité est interdite aux derviches, excepté aux *becktachys*. Les derviches suivent les armées, interprètent les songes, soignent les malades, etc.

DÉSAGRÉGATION, séparation des molécules qui forment un corps. La désagrégation a lieu souvent sans décomposition et sans que le corps soit réduit à ses éléments.

DESAGUADERO, grande rivière de Patagonie, qui prend sa source dans les Andes et se jette dans l'océan Atlantique. Son cours est de 360 lieues. — C'est aussi le nom d'une rivière des Provinces-Unies, qui se jette dans le lac Paria, et d'un lac de Patagonie où ce fleuve prend sa source.

DESAGULIERS (Jean-Théophile), célèbre physicien, né à la Rochelle en 1683. Il fut reçu ministre protestant en 1717. Il s'occupa beaucoup de physique expérimentale. Ses cours (1710-1740) à Londres lui ouvrirent les portes de la société royale. Il parcourut la Hollande en 1730, et fut rappelé en Angleterre pour continuer ses expériences. Il publia un *Cours de physique expérimentale*, divisé en douze leçons. Il mourut en 1743.

DESAIX DE VOYGOUX (Louis-Charles-Antoine), né à Saint-Hilaire-d'Ayat (Puy-de-Dôme) en 1768. Il fut nommé à quinze ans sous-lieutenant dans le régiment de Bretagne, en 1791 commissaire des guerres, puis aide de camp du général Victor de Broglie. En 1793, il servit en Alsace et fut nommé général de division. Il contribua en 1796 au succès de la retraite de Moreau. Il suivit Bonaparte en Égypte, et vainquit dans plusieurs combats les Turks. Après le traité d'El-Arisch, conclu entre les Anglais, les Français et les Turks, il s'embarqua pour sa patrie ; mais l'amiral anglais Keith, au mépris du traité, l'arrêta à Livourne. Il rejoignit Bonaparte en Italie ; après une marche forcée de 10 lieues, il se trouva présent à la bataille de Marengo et y reçut la mort (14 juin 1800).

DÉSARMEMENT, opération de dégréer, débarquer, porter à terre tout ce qui avait servi à l'armement d'un vaisseau. On transporte le grément, les voiles, les câbles et l'artillerie dans les magasins de la marine. On ne laisse au vaisseau que son lest et ses bas mâts. Après le désarmement on congédie l'équipage. — On appelait autrefois ainsi le licenciement qu'on accordait à une partie des troupes qui avaient été mises en campagne, après la ratification de la paix.

DÉSAUGIERS (Marc-Antoine-Madeleine), né à Fréjus en 1772. En 1792, il quitta la France et s'enfuit à Saint-Domingue. Tombé entre les mains des nègres insurgés, il fut jeté dans un cachot; mais, parvenu à se sauver, il se retira aux États-Unis, et revint en France en 1797. Il se livra à des compositions littéraires, et écrivit plusieurs vaudevilles : *le Mariage extravagant*, *le Dîner de Madelon*, etc.; mais il est plus célèbre comme chansonnier. Ses chansons, dont les plus connues sont les *Tableaux de Paris*, *Monsieur et madame Denis*, *la Manière de vivre cent ans*, etc., forment 3 vol. in-8°. Il fut directeur du théâtre du Vaudeville. Désaugiers mourut en 1827.

DÉSAUGIERS (Marc-Antoine), père du chansonnier de ce nom, né en 1742 et mort en 1793, s'était distingué dans la composition musicale. Ses principaux ouvrages sont *l'Amour enfant*, *Florine*, *les Jumeaux de Bergame*, *les Deux Sylphes*, *le Médecin malgré lui*, etc.

DESAULT (Pierre-Joseph), né au Magni-Vernois (Haute-Saône) en 1744, étudia les principes de la chirurgie à l'hôpital militaire de Belfort. Il ouvrit en 1766 un cours d'anatomie, et traça un nouveau système de divisions pour l'enseignement de cette science. Nommé chef de l'hôpital de la Charité en 1782, il obtint la place de chirurgien en chef de l'Hôtel-Dieu de Paris (1788). Nommé membre du comité de santé en 1792, il mourut en 1795. On prétend qu'il fut empoisonné à cause des soins qu'il avait rendus au fils de Louis XVI.

DÉSAVEU, acte par lequel on dénie un aveu fait en son nom par un mandataire sans pouvoir, et l'on repousse les conséquences qui auraient pu en résulter; c'est la protestation contre un fait duquel il résulterait une obligation contre celui qui la désavoue. Le désaveu s'applique surtout aux avoués qui ont agi sans pouvoir suffisant en représentant les parties en litige. — En droit féodal, c'était l'acte par lequel le vassal déniait la souveraineté du seigneur suzerain. — Le *désaveu de paternité* est l'acte par lequel une personne attaque la légitimité de l'enfant mis au monde par sa femme pendant le mariage.

DESBARREAUX (Jacques-Vallée), né à Paris en 1602, fut le premier amant de Marion de Lorme. Il se défit d'une charge de conseiller au parlement, que sa famille lui avait achetée, pour se livrer à la composition de poésies légères. Vers la fin de sa vie, il se retira à Châlons-sur-Saône, et y mourut en 1673. Il est l'auteur du célèbre sonnet : *Grand Dieu, tes jugements sont remplis d'équité*, etc.

DESBILLONS (François-Joseph TERRASSE), né à Châteauneuf en 1711, entra dans la société de Jésus, et enseigna la rhétorique pendant plusieurs années. Appelé à Paris au collége de Louis-le-Grand, il y acquit de la célébrité par ses ouvrages et la pureté avec laquelle il écrivit le latin; ce qui le fit surnommer *le dernier des Romains*. Lors de l'abolition de l'ordre des jésuites, il trouva un asile près de l'électeur palatin, qui lui accorda une pension de 1,000 écus et une place dans le collége de Manheim. Il a laissé quinze livres de *Fables latines* (1775-1778), un poëme sur l'*Art de conserver la santé* (1788). Il mourut à Manheim en 1789.

DESBOIS (François-Alexandre-Aubert DE LA CHESNAYE), né à Ernée (Mayenne) en 1609, avait été quelque temps capucin. Ayant rompu ses vœux, il travailla aux journaux de Desfontaines et Granet; il composa un grand nombre de dictionnaires : le *Dictionnaire militaire* (1768), 3 vol. in-8°; *Dictionnaire d'agriculture* (1751), 2 vol.; *Dictionnaire des animaux* (1759); *Dictionnaire domestique* (1762); *Dictionnaire des mœurs et coutumes des Français* (1767); *Dictionnaire de la noblesse* (1770), 12 vol. in-4°. Desbois mourut en 1784.

DESCAMISADOS (*hommes sans chemises*), nom donné par les hidalgos (nobles espagnols) aux prolétaires sans fortune. En 1820, on appela ainsi les amis de l'indépendance sortis de la classe de ces prolétaires et du peuple. Plusieurs officiers des troupes espagnoles formèrent le dessein de rétablir en Espagne le gouvernement constitutionnel. Les forces de cette armée insurgée montèrent à 5,000 hommes; elle avait pour chefs le colonel Quiroga, le colonel Arco-Aguerro et le commandant Raphaël Riego. Cette faible armée força le roi Ferdinand de prêter serment à la constitution de 1812. Après avoir lutté longtemps avec les absolutistes, forcés de céder à l'intervention française, Riego et ses compagnons furent arrêtés et condamnés à mort avec tous ceux qui avaient parlé ou écrit pour la constitution.

DESCARTES (René), né à la Haye (Indre-et-Loire) en 1596, fit ses études au collége de la Flèche. Sorti à dix-neuf ans de la Flèche, il voyagea, prit le parti des armes, et servit dans les troupes de la Hollande et du duc de Bavière. Au retour de l'armée et de ses voyages, il se retira en Hollande pour se livrer entièrement à l'étude et à la méditation. Il fut le fondateur d'une nouvelle école de philosophie basée sur l'examen et la réflexion. (Voy. CARTÉSIANISME.) Appelé par la reine de Suède à Stockholm, il mourut en 1650. Ses principaux ouvrages sont sa *Méthode*, le *Traité des passions*, celui *de la géométrie*, le *Traité de l'homme*, ses *Méditations* et ses *lettres*. Il a fait aussi plusieurs ouvrages de mathématiques, un traité sur la dioptrique, sur la loi de la réflexion et sur l'arc-en-ciel. C'est à lui que l'on doit l'explication des phénomènes de la lumière par le système des ondulations, remis en vogue de nos jours.

DESCENDANTS, nom donné, en jurisprudence et en termes de généalogie, à ceux qui descendent en ligne directe d'une souche commune. Tels sont, par rapport aux aïeux, leurs fils et petits-enfants. Les enfants ou leurs descendants succèdent à leurs père et mère, aïeux, aïeules, ou autres ascendants, sans distinction de sexe ni de primogéniture, et quoiqu'ils soient nés de différents mariages.

DESCENDANTS. En astronomie, on nomme SIGNES DESCENDANTS ceux dans lesquels le soleil descend vers le pôle abaissé, c'est-à-dire du troisième au neuvième pour notre hémisphère boréal.

DESCENSION D'UN ASTRE, distance entre le point équinoxial et le point de l'équateur, qui descend sous l'horizon en même temps que l'astre. La descension est *droite* ou *oblique*, selon qu'on la rapporte à la sphère droite ou à la sphère oblique.

DESCENTE. En marine, on nomme ainsi l'action d'aborder une côte ennemie pour y placer des hommes armés et tirer du vaisseau toutes les munitions de guerre qu'il renferme. — En termes de coupe des pierres, ce mot désigne une voûte inclinée à l'horizon. — En mécanique, il est synonyme de *chute*. — En hydraulique, il désigne un tuyau de plomb, de métal, de fonte ou de toute autre matière, qui conduit les eaux d'un bâtiment dans un réservoir. — La *descente sur lieux* se dit, en jurisprudence, de l'action par laquelle on se transporte en un lieu par autorité de justice. — On appelle *descente de croix* les tableaux qui représentent Jésus-Christ détaché de sa croix. — DESCENDRE, en musique, c'est passer d'un son aigu à un son plus grave. — *Ligne de la plus courte descente*. Voy. CYCLOÏDE.

DESCHAMPS (Eustache MOREL, dit), né à Vertus (Champagne). Il étudia la philosophie, la jurisprudence et l'astronomie à Orléans. Il combattit les Anglais, devint huissier d'armes de Charles V, gouverneur du château de Fismes, et bailli de Senlis. Il mourut quelque temps après Charles VI. Il inventa la ballade et la chanson à boire. Le recueil des poésies de Deschamps contient onze cent soixante-quinze ballades, cent soixante et onze rondeaux, vingt-vingts virelais, quatorze lais, vingt-huit farces, dix-sept épîtres, dont trois en prose. On a encore de ce poëte l'*Art de dicter et faire ballades*.

DESCRIPTIF. On nomme *géométrie descriptive* une des branches de la géométrie qui enseigne le moyen de mesurer l'étendue par des *projections*. On nomme *anatomie descriptive* la partie de l'anatomie qui a pour but de faire connaître la position, la direction, la forme, les rapports, etc., des organes; tandis que l'*anatomie générale* traite de la structure des tissus élémentaires ou des divers systèmes qui par leur réunion forment les organes.

DESCRIPTION, action de tracer une figure. C'est ainsi qu'on dit *décrire* un cercle, une parabole, etc. La *description anatomique* est l'exposition de la situation, de la forme, des rapports d'un organe, des symptômes d'une maladie.

DÉSEMPARER, détruire en partie les mâts, les voiles, les manœuvres d'un bâtiment ennemi. Une tempête ou un combat peut produire cet effet. La chute d'un seul mât suffit pour désemparer un vaisseau.

DÉSERT, nom donné à de vastes lieux inhabités et souvent inhabitables, qui se font remarquer dans l'ancien et le nouveau continent. Ordinairement ce sont de grands plateaux ou de vastes plaines. Ces espaces sont restés inhabités parce que la végétation y est très-faible et ne produit que quelques plantes herbacées qui ne peuvent résister aux ardeurs du soleil, ainsi que quelques buissons. Ordinairement les déserts s'étendent sur un sol sablonneux ou pierreux. Les amas de verdure placés au milieu des déserts se nomment OASIS. On nomme *déserts* les pays où l'on rencontre des peuples sans demeures fixes, nomades, pasteurs ou chasseurs. — Les deux plus vastes déserts sont celui de *Kobi* en Asie, et celui de *Sahara* en Afrique. Les géographes nomment *déserts* des contrées autrefois habitées, et qui renferment encore des ruines d'édifices anciens.

DÉSERTION, abandon que fait un individu d'un poste, d'un lieu où le devoir doit le retenir. Le soldat qui, sans permission, quitte son corps, abandonne son poste, s'éloigne de ses rangs, passe à l'ennemi, et le marin faisant partie de l'équipage d'un bâtiment, et qui s'absente du bord sans permission, et n'y rentre pas avant l'expiration du troisième jour, sont coupables de désertion. La désertion à l'ennemi est punie de mort. Si le déserteur a été trouvé avec armes et bagages, il subit la même peine. Dans tous les autres cas, la punition varie de la détention aux travaux forcés.

DESESSARTS (Jean-Charles), médecin, né en 1729 à Brageloigne (Champagne). Reçu docteur à Reims, il s'établit à Nyon avec le titre de médecin du duc d'Orléans. Il montra beaucoup de zèle dans le traitement des épidémies, et présenta plusieurs mémoires à la faculté de Paris. Nommé professeur de chirurgie et de pharmacie (1770), il fit de grands efforts pour s'opposer à la fondation de la société royale de médecine, et mourut en 1811.

DESESSARTS (Denis DECHANET), né en Bourgogne en 1740, fut un des meilleurs comédiens du Théâtre-Français, où il débuta en 1772 dans les rôles de financiers et les personnages à manteau. Il mourut à Barèges en 1793. Son embonpoint était prodigieux.

DESÈZE (Romain), né à Bordeaux en 1750. Après avoir exercé la profession d'avocat au parlement de cette ville, il vint à Paris. Il fut choisi par Louis XVI pour son avocat, et présenta la défense de ce monarque à la tribune de la convention, le 26 décembre 1792. Arrêté après la condamnation du roi, il ne recouvra sa liberté qu'au 9 thermidor. Il n'accepta aucune fonction publique sous le règne de la convention, du consulat et du directoire. En 1815 il fut nommé premier président de la cour de cassation, et nommé à la chambre des pairs. Desèze mourut en 1828.

DESFONTAINES (Pierre-François-Guyot), né à Rouen en 1685, entra en 1700 chez les jésuites. Il professa la rhétorique au collége de Bourges. Rentré dans le monde, il se livra à des démêlés littéraires avec Voltaire. Il censura *la Religion chrétienne* prouvée par les faits, de Houtteville, et attaqua dans les ouvrages de la Mothe. En 1723, il prit la direction du *Journal des savants*, qu'il conserva jusqu'en 1727. Ses principaux ouvrages sont le *Nouvelliste du Parnasse ou Réflexions sur les ouvrages nouveaux*, et les *Observations sur les écrits modernes*. Il a laissé les *Traductions de Virgile et du roman de Gulliver* et le *Dictionnaire néologique*. — RENÉ DESFONTAINES, né à Alençon en 1750, célèbre botaniste, de la même famille que le précédent, a publié un grand nombre de manuels d'*histoire naturelle* et plusieurs *flores*.

DESFORGES (Pierre-Jean-Baptiste CHOUDARD), né à Paris en 1746. Entré comme surnuméraire dans les bureaux du lieutenant de police, il abandonna cet état pour la carrière dramatique. Sa pièce de *Bon Chat bon rat* (1768), eut un grand succès. Il débuta en 1779 à la comédie italienne, et fut bien accueilli du public. Il donna un grand nombre de pièces au théâtre, entre lesquelles on distingue *Tom Jones*, *la Femme jalouse*, *l'Epreuve villageoise*, *le Sourd* et *l'Auberge pleine*. Il fit paraître aussi des *contes* et des *mémoires*. Desforges mourut en 1806.

DESGARCINS (Mademoiselle), actrice célèbre du Théâtre-Français, débuta en 1788 dans les rôles d'*amoureuses*; elle n'avait que dix-huit ans et obtint un grand succès. A la clôture de l'Odéon en 1793, elle passa au théâtre de la rue Richelieu, où joua plusieurs rôles, entre autres *Mélanie* dans le drame de ce nom, de Laharpe, et *Hedelmone d'Othello*, par Ducis. Elle mourut en 1797.

DESGENETTES (René-Nicolas, baron DUFRICHE), né à Alençon en 1742, prit en 1789, à Montpellier, le grade de docteur en médecine. Il entra en 1793 au service comme médecin ordinaire de l'armée d'Italie. Il fit partie de l'expédition d'Égypte comme médecin en chef, et s'inocula la peste pour prouver qu'elle n'était pas contagieuse. De retour en France en 1802, il fut nommé en 1804 inspecteur général du service de santé militaire. Il fit partie des expéditions de Russie et de Saxe, et fut nommé en 1814 médecin en chef des armées. Il est mort en 1837. Il a laissé l'*Histoire médicale des armées d'Orient*.

DÉSHÉRENCE, droit de recueillir les successions auxquelles ne se trouve appelée aucune des personnes désignées par la loi, ou *absence d'héritiers*. Une succession est en déshérence lorsqu'il ne se présente pas d'héritiers pour la recueillir. A Rome, l'argent résultant de la vente des successions en déshérence se versait dans le trésor public. Au moyen âge, elles appartenaient au roi ou aux seigneurs hauts justiciers; aujourd'hui elles sont dévolues par la loi au domaine public. Les biens acquis par un condamné à mort civilement appartiennent à l'État par droit de déshérence.

DESHOULIÈRES (Antoinette DU LIGIER DE LA GARDE DE), née en 1634, épousa à dix-sept ans Guillaume de Boisguérin, seigneur Deshoulières, gentilhomme poitevin et lieutenant-colonel dans un régiment du prince de Condé. Mme Deshoulières brilla longtemps à la cour d'Anne d'Autriche par son esprit, et fut en relation avec Corneille, Fléchier, Benserade, Ménage et les grands hommes de l'époque. Elle prit la parti de Pradon contre Racine. Elle mourut en 1694. Le recueil de ses poésies renferme des idylles, des odes, des ballades, des madrigaux et des sonnets, etc. Sa fille Antoinette-Thérèse, née en 1662, morte en 1718, a laissé des *odes*, des *épîtres*, *madrigaux*, *chansons*, etc.

DÉSIGNATEURS. C'étaient chez les Romains des individus (*designatores ou locarii*) dont la fonction consistait à placer dans les amphithéâtres chaque personne suivant sa qualité et son rang, et selon l'ordre et l'intention des édiles. Il y en avait d'autres chargés d'arranger les pompes funèbres.

DÉSINFECTION, opération par laquelle on détruit les miasmes délétères qui infectent l'air, les vêtements, les tissus organiques, etc., et qui sont capables de communiquer des maladies contagieuses. Les moyens que l'on emploie pour parvenir à ce but sont les fumigations de chlore, des gaz acides sulfureux et hydrochlorique, des vapeurs de vinaigre et d'acide nitrique, les feux allumés, etc. Ces substances agissent tantôt en se combinant avec les miasmes pour former des composés qui ne sont plus funestes, tantôt en s'unissant seulement à quelques-uns de leurs principes.

DÉSIRADE, île de la mer des Antilles, colonie française, à 2 lieues N.-E. de la Guadeloupe, dont elle est une dépendance. Découverte par Christophe Colomb en 1493, elle partagea depuis 1650 le sort de la Guadeloupe. On y établit en 1728 une léproserie pour la Guadeloupe et la Martinique. Cet établissement, souvent détruit, existe encore et renferme soixante malades nourris aux frais de l'administration coloniale. La Désirade a 2 lieues de long sur une de large. Sa superficie est de 2,600 hectares, dont la culture occupe 550; il y en a 300 en savanes et en bois. Elle possède des salines; l'air est salubre, le sol aride et sablonneux, et produit le meilleur coton des Antilles. Elle fait partie du quatrième arrondissement électoral de la Guadeloupe. Sa population est de 1,250 habitants, dont 300 blancs et 50 hommes de couleur libres. Elle est divisée en sept parties, la *Baie-Mahaut*, le *Souffleur*, le *Désert*, la *Grande-Anse*, le *Galet*, le *Latanier* et la *Montagne*.

DÉSISTEMENT, déclaration portant abandon formel ou renonciation d'un droit, d'une demande ou d'une prétention. Elle ne peut être faite dans les cours d'une instance judiciaire qu'après que l'assignation a été remise. Le désistement, lorsqu'il a été accepté, emporte le consentement des parties que les choses soient remises au même état qu'elles avaient avant la demande.

DESJARDINS (Martin BOGAERT), célèbre sculpteur, né à Breda (Hollande) en 1632, ne commença à étudier la sculpture que dans un âge avancé. Il se distingua principalement dans la fonte des statues et des monuments en bronze; il avait fait une statue de *Louis XIV* pour la ville de Lyon. Ses principales productions sont une *vierge* en marbre, les *vertus cardinales* et le *tombeau* de son ami Miguard. Il mourut à Paris en 1694.

DESLANDES (Henri-François BOUREAU), né à Pondichéry en 1690, fut commissaire général de la marine à Rochefort et à Brest. Il fut de l'Académie royale de Berlin, et mourut à Paris en 1757. Ses principaux ouvrages sont l'*Histoire critique de la philosophie*, 4 vol. in-12 (1757), un *Essai sur la marine et le commerce* (1743), un *Recueil de différents traités de physique et d'histoire naturelle* en 3 volumes, un *Voyage d'Angleterre* (1717).

DESMAHIS (Joseph-François-Édouard DE CORSEMBLEU), né à Sully-sur-Loire en 1722, devint célèbre par son esprit délicat et sa sensibilité. Ce poète fécond mourut en 1761. Sa poésie est douce, légère, harmonieuse et ses pensées spirituelles. On a de lui une comédie en un acte intitulée *le Billet perdu* et des *œuvres diverses*.

DESMAN (*mygale*), genre de carnassiers mammifères insectivores, au corps long d'environ huit pouces, à la tête conique et terminée par un museau avancé en forme de petite trompe aplatie, mobile, à la queue longue et comprimée, et aux pattes garnies de cinq doigts palmés en arrière. Son pelage varié du brun clair au brun foncé; en dessous il est blanchâtre. Cet animal se pratique, au bord des étangs, des galeries souterraines de trente à quarante pieds. Il nage avec facilité, se nourrit d'insectes aquatiques; il répand une odeur très forte de musc. En Russie, on se sert de sa queue pour éloigner les teignes du linge. On l'appelle encore *rat musqué de Sibérie*.

DESMANTHE, genre de plantes herbacées de la famille des légumineuses et de la section des mimosées, sans épines, rameuses, étalées, dressées ou nageant à la surface des eaux, à feuilles alternes, à fleurs en épis axillaires, blanches et petites, aux gousses bivalves renfermant plusieurs graines. Ces plantes sont originaires de l'Amérique méridionale et de l'Inde.

DESMARETS (Nicolas), neveu de Colbert et ministre d'État sous Louis XIV, fut contrôleur général des finances. Il mourut en 1721. Il laissa un *mémoire* très curieux sur son administration. — NICOLAS DESMARETS, parent du précédent, né à Soulaine (Aube) en 1725, fut membre de l'Académie royale des sciences et de l'Institut. Il rédigea plusieurs articles de l'Encyclopédie sur les arts mécaniques et la géographie physique. Sous la république, il fut nommé inspecteur des manufactures. En 1768 et 1777, il voyagea en Hollande pour décrire les procédés et les machines employés à fabriquer le papier. En 1788, il fut nommé inspecteur général et directeur des manufactures de France, il mourut en 1815. Il a inséré l'*art de la papeterie* et l'*art de fabriquer le fromage* dans l'Encyclopédie.

DESMOULINS (Camille), né à Guise (Aisne) en 1762. Reçu avocat à Paris, il se lia avec Robespierre, son camarade de collège. Il embrassa avec ardeur les principes de la révolution. Le 14 juillet 1789, ce fut lui qui excita le peuple à prendre les armes, et dirigea le mouvement vers la Bastille. Il publia une brochure périodique intitulée *le Vieux Cordelier*. Auteur des attroupements du Champ-de-Mars (1791), il fut, l'année suivante, député à la convention nationale et membre du comité de salut public; il vota la mort de Louis XVI. Devenu suspect à Robespierre, il fut arrêté avec Phillippeaux et Danton, dont il avait été secrétaire. Condamné à mort, il mourut avec courage le 5 avril 1794. Desmoulins s'était souvent montré l'ennemi des mesures sanglantes de la révolution. Son épouse LUCILE DUPLESSIS, ayant tenté un soulèvement pour le sauver, fut condamnée à mort à vingt-deux ans. Son fils Horace Desmoulins, laissé au berceau, fut adopté par la convention.

DESNOS (Pierre-Joseph-Odolant), né à Alençon en 1722. Orphelin dès l'enfance, il abandonna l'étude de la jurisprudence pour celle de la médecine. Devenu secrétaire de la société d'agriculture d'Alençon et membre de plusieurs sociétés savantes, il cultiva son art avec un grand succès. On a de Desnos un grand nombre d'*observations*, insérées dans le journal de médecine, des *Mémoires historiques sur les comtes d'Alençon*, des *Mémoires relatifs à l'histoire de la Normandie*, etc.

DÉSOBSTRUANTS, médicaments qu'on administre pour ouvrir le passage, rétablir la liberté dans les voies biliaires, urinaires, etc., et même dans les vaisseaux sanguins. Les racines d'asperges, de petit houx, de persil, etc., sont désobstruantes.

DÉSOLATION, cap du Groenland, sur la côte occidentale de cette contrée. Il fut découvert en 1585 par Jean Davis. — La TERRE DE LA DÉSOLATION ou ILE KERGUELEN, fut découverte par Kerguelen, navigateur célèbre, en 1772. Sa superficie est d'environ 1350 lieues carrées. Les rochers arides qui entourent cette île, la rigueur du climat, l'absence de végétation, la rendent presque inhabitable. Elle n'est guère fréquentée que par des phoques, des éléphants et des oiseaux de mer. Elle possède des ports excellents. Elle est comprise dans les îles de l'Océanie.

DÉSORGANISATION, altération complète dans la structure d'un organe, ou même destruction des tissus, si les fluides nutritifs ou sanguins et des produits qui en résultent. Lorsque la désorganisation a commencé une partie du corps, elle se propage avec rapidité dans les autres. La désorganisation a lieu dans les dégénérescences, la gangrène et certains ulcères. Pour achever de détruire les parties désorganisées qui compromettent la vie lades, les chirurgiens emploient les caustiques, les corrosifs et l'action du feu.

DÉSOXYDATION, opération chimique qui consiste à enlever à un corps l'oxygène avec lequel il était combiné, et à ramener ce corps à son état primitif. Il suffit quelquefois de l'action de la lumière ou de la chaleur pour produire cet effet (oxydes d'or et de mercure); d'autres fois on emploie le charbon pour désoxyder les oxydes de cuivre, zinc, fer, étain, etc.

DESPARD (Édouard-Marie), colonel anglais, né en Irlande, entra au service militaire à seize ans, dans l'arme du génie. Il s'embarqua pour l'Amérique, fit avec succès la guerre aux Espagnols, avec l'amiral Nelson et fut nommé ingénieur en chef; il mit la Jamaïque en état de défense. Il reçut ensuite le grade de gouverneur de l'île Ratteau et de lieutenant-colonel. En 1784, il fut élu surintendant des établissements cédés à l'Angleterre par l'Espagne. De retour dans sa patrie en 1790, il fut accusé de concussion et subit plusieurs années de détention. Ayant formé une conjuration pour assassiner le roi, il fut arrêté et condamné à mort en 1803.

DESPAUTÈRE (Jean), né à Ninove (Flandre) en 1460, étudia à Louvain sous Jean de Coster. Après avoir enseigné dans plusieurs villes, il ouvrit une école de grammaire à Comines, où il mourut en 1520. Ses principaux ouvrages sont *Commentarii grammatici* (commentaires sur la grammaire), un *Traité d'orthographe*, *des accents et des points, des diverses espèces de vers, de l'Art d'écrire des lettres*.

DESPERRIERS (Bonaventure), né à Arnay-le-Duc vers la fin du XVe siècle, devint valet de chambre de la reine Marguerite, sœur de François Ier, et l'ami de Clément Marot. Entraîné par son goût pour la satire, il composa quatre dialogues en français qui ont pour titre les faiblesses des hommes, intitulés *Cymbalum mundi* (clochette du monde). Ce livre parut en 1537, et fut condamné par un arrêt du conseil. Desperriers a composé un grand nombre de *Contes et nouvelles*, tableaux fidèles du langage et des mœurs du XIIIe siècle. Il prit part à la composition de l'*Heptaméron* de Marguerite. Il mourut en 1544.

DESPORTES (Philippe), né à Chartres en 1546. Il se livra à l'étude de la poésie française, et contribua beaucoup par ses ouvrages aux progrès et à la pureté de notre langue, qui avant lui était chargée de nouveaux mots et d'expressions obscures. Il embrassa le parti de la Ligue après la mort de Henri III; il s'approcha d'Henri IV, et obtint l'estime et l'amitié de Henri IV. Il mourut en 1606. Nous avons de lui des sonnets, des stances, des épigrammes, des élégies, des chansons, un poème *la Mort de Rodomont*, et des poésies sacrées.

DESPOTAT (*milites despotali*), nom qu'on donnait au commencement du IXe siècle, dans l'empire d'Orient, à des soldats chargés d'enlever les blessés des champs de bataille. (Voy. DEPOTATS.) — On nomme encore *despotats* certains pays gouvernés par des princes souverains nommés *despotes*, comme la Servie, la Valachie, etc. C'était proprement un petit pays de la Grèce qui répondait à l'ancienne Etolie et à l'Acarnanie.

DESPOTISME se dit de toute forme de gouvernement dans lequel le souverain est maître absolu. — Le mot de DESPOTAT, qui a la même origine, est le nom d'une forme de gouvernement dépendant de l'empire grec. Sous les successeurs de Constantin le Grand, on appelait DESPOTES DE SPARTE les princes, frères ou fils de l'empereur, à qui on avait donné cette ville pour apanage. Il y a eu plus tard et même jusqu'à nos jours les despotes de Servie, d'Albanie, de Valachie, etc. Chez les Perses, le terme synonyme de *roi*. Chez les Grecs, le terme de *despote* répondait à celui de *césar* chez les Romains. L'empereur Alexis l'Ange créa la dignité de *despote*, et lui donna le premier rang après l'empereur.

Ces despotes étaient ordinairement fils ou gendres des empereurs. Ils étaient collègues ou héritiers présomptifs de l'empereur. La femme d'un *despote* se nommait *despoina*.

DESPRÉAUX. Voy. BOILEAU.

DESPUMATION, opération chimique qui a pour objet la séparation de l'albumine et des matières qui peuvent former l'écume lorsqu'on chauffe certaines matières végétales, des sirops, des miels, etc., ou lorsqu'on clarifie par le blanc d'œuf des sucs végétaux et quelques liquides animaux.

DESQUAMATION, exfoliation ou séparation de l'épiderme sous forme d'écailles plus ou moins grandes. Ce phénomène a lieu à la suite ou dans le cours des maladies exanthématiques.

DESRUES (Antoine-François), né à Chartres en 1745, contracta de bonne heure l'habitude du vol. Entré comme garçon chez une épicière, il la contraignit en 1770 de lui céder son fonds. Ayant fait trois banqueroutes, il abandonna le commerce et se livra à l'usure et à l'agiotage. Un sieur Faust de Lamotte lui ayant vendu une terre pour 130,000 francs (1775), envoya sa femme et son fils pour toucher le payement convenu. Desrues empoisonna ces deux personnes; mais il fut arrêté, condamné à mort et rompu vif en 1777. Il nia toujours son crime.

DESSALAISON, opération chimique par laquelle on sépare les sels en tout ou en partie des liquides dans lesquels ils sont dissous. L'on est forcé dans certaines circonstances de dessaler l'eau de la mer. Les anciens avaient cherché en vain à résoudre ce problème important; il est aujourd'hui résolu. On dessale l'eau de la mer par la *congélation*, la *distillation* et l'*infiltration*.

DESSALINES (Jacques), né à la Côte d'Or en Afrique, appartint d'abord à un nègre libre. Lors des troubles qui éclatèrent à Saint-Domingue, Jean-François, un des premiers généraux noirs, le nomma son aide de camp. Il suivit ensuite le parti de Toussaint-Louverture, qui le fit son premier lieutenant. Après la déportation de Toussaint, il se soumit; mais il reprit bientôt les armes, et força les Français d'évacuer l'île. Nommé empereur de Haïti sous le titre de Jacques Ier, il massacra plus de 5,000 blancs. Faisant servir à force de coups ses sujets, et les conduisant à la mort pour la moindre résistance, il fut assassiné dans une conspiration qui éclata le 17 octobre 1806.

DESSAU (ANHALT-), l'une des trois principautés d'Anhalt. Sa superficie est de 46 lieues carrées, et sa population de 57,947 habitants. Ses revenus de 1,175,000 francs. — Cette principauté se divise en quinze bailliages. Sa capitale est DESSAU, sur la Mulda, avec une population de 10,000 âmes. — Le prince de Dessau prend, depuis 1817, le titre de *duc*, et a voix à la confédération germanique.

DESSÉCHEMENT, action d'enlever à un champ, une terre, etc., le superflu des eaux qu'elle contient. L'humidité est funeste aux plantes. Un champ inondé est perdu pour l'agriculture, et engendre avec le temps des miasmes putrides qui causent des maladies dangereuses. On le dessèche en le coupant par des sillons qui, dirigés sur une pente convenable, permettent aux eaux un libre écoulement, ou en y pratiquant des fossés qui reçoivent les eaux surabondantes. On dessèche les marais à l'aide de puisards, de machines à vapeur ou de canaux.

DESSERT, dernier service d'un repas. Chez les Romains, il s'appelait *mensa secunda* (secondes tables). On y faisait de grandes orgies, et on s'y entretenait de politique. Sous Grégoire de Tours, il se composait de vin et d'épices. Au moyen âge, des pluies d'eau de senteur et de dragées étaient jetées sur les convives. Il se terminait par des chansons joyeuses et lascives. Aujourd'hui les sucreries, les fruits secs, les pâtisseries, les confiseries, for-

ment le dessert. En Angleterre, les femmes n'en sont exclues. Cette coutume se retrouve aussi chez les Romains, où les festins se terminaient en orgies. — Le mot *dessert* ne se retrouve dans la langue que depuis le XVIIe siècle.

DESSERVANTS, nom qu'on donne aux prêtres qui sont chargés de faire les fonctions ecclésiastiques dans les paroisses lorsque les cures sont vacantes ou quand les curés sont interdits.

DESSICCATIFS, nom donné aux remèdes qui dessèchent les plaies et les ulcères, en empêchant la sécrétion du pus qui se fait à leur surface, ou en l'absorbant à mesure qu'il se montre.

DESSICCATION, opération dont le but est d'enlever aux corps l'humidité qu'ils renferment. On met le corps dans un creuset, et on élève fortement la température (pour le chlorure de calcium). Pour les matières végétales succulentes, on les soumet à une température de 30 à 35 degrés. D'autres fois on expose les substances que l'on veut dessécher à un courant d'air sec, qui s'empare de l'humidité. Enfin, on dessèche les gaz en les mettant en contact avec du chlorure de calcium ou de la potasse caustique. — On dessèche les plantes pour faire les herbiers en les pressant et enlevant les parties aqueuses qu'elles renferment. Les animaux, prompts à se décomposer, ont besoin d'être desséchés.

DESSIN, art d'imiter par des traits les formes des objets présentent à nos yeux. Ce mot se dit aussi de la délinéation et des contours des figures d'un tableau, d'une sculpture. On ignore à quelle époque cet art a été inventé. Le dessin est un des premiers éléments de la peinture. — Les *arts du dessin* désignent les arts dont le dessin fait partie essentielle, comme la peinture, la sculpture, etc. — On nomme aussi *dessin* un tableau fait au crayon ou à la plume. Le *dessin arrêté* est celui qui donne une juste idée de l'ouvrage. Le *dessin colorié* est celui où l'on fait entrer certaines couleurs. Le *dessin haché* est celui dont les ombres sont exprimées par des lignes sensibles du crayon ou de la plume. Le *dessin estompé* est celui dont les ombres sont faites avec du crayon mis en poudre. Le *dessin grainé* est celui dont les ombres sont composées de points ou de petits traits. Le *dessin lavé* est celui dont les ombres sont faites au pinceau avec quelque liqueur. Le *dessin au trait* est celui qui est tracé au crayon ou à l'encre, sans aucune ombre. Le DESSIN, en musique, est la disposition de ses différentes parties, et particulièrement des phrases mélodiques.

DESSOLLES (J.-Joseph-Paul-Augustin, marquis), né à Auch en 1767, d'une famille noble de Gascogne, entra de bonne heure au service, fit comme adjudant général la première campagne d'Italie sous les ordres de Bonaparte, et fut nommé général de brigade. Les avantages qu'il remporta sur les Autrichiens dans la Valteline lui firent donner le grade de général de division. Il combattit ensuite en Hanovre, en Espagne et en Russie. En 1814, le gouvernement provisoire lui confia le commandement de la garde nationale de Paris, qu'il reprit à la deuxième restauration. En 1818, il remplaça comme président du conseil des ministres le duc de Richelieu, et eut le portefeuille des relations étrangères. Deux mois après, il se retira de la scène politique, et mourut en 1828.

DESSUS, nom des voix de femmes et d'enfants les plus élevées, qui répond au mot italien *soprano*. C'est aussi le nom de la partie la plus élevée de la musique vocale. Lorsqu'il y a deux parties aiguës dans la musique, on la divise en *premier* et *second dessus*. Les parties écrites pour les instruments se divisaient autrefois ainsi, et l'on avait des *dessus de viole*, des *dessus de violon*, etc.

DESTIN (myth.), divinité aveugle du Chaos et de la Nuit, à qui les dieux et les hommes étaient soumis, et qui tenait dans ses mains l'urne renfermant le sort des mortels. Les parques étaient les ministres de ses décrets, écrits dans un livre où les dieux allaient les consulter. Elle avait un sceptre à la main et une couronne d'étoiles sur la tête. Les décrets du Destin étaient irrévocables; quelques-uns seuls pouvaient être révoqués par les vœux des hommes ou la protection de quelque divinité. Suivant les stoïciens, le Destin était cette nécessité fatale par laquelle tout arrivait dans l'univers. Les dieux pesaient quelquefois avec une balance la destinée des hommes. — Les chrétiens entendent par le mot *destin* la providence et la volonté absolue de Dieu, qui règle et qui conduit tout avec une sagesse infinie, un pouvoir souverain, un succès infaillible.

DESTINATION, emploi d'une chose dans un but déterminé. Les *immeubles par destination* sont des choses mobilières de nature, qui sont incorporées dans un immeuble pour en faire partie intégrante et ne former avec lui qu'un seul corps, ou qui sont affectées au service de l'immeuble par le propriétaire. — Les outils aratoires, les animaux propres à l'exploitation du fonds, les pigeons, les ruches, etc., sont des *immeubles par destination*. Les objets scellés dans le mur, les statues, les glaces, etc., sont réputés immeubles par destination. — La *destination du père de famille* est l'arrangement qu'un propriétaire a fait dans son héritage relativement aux jours, aux égouts, aux passages, etc.

DESTINATION. En marine, ce mot se dit d'une croisière, d'une campagne, d'une mission dont un officier est chargé. La destination d'un navire est le lieu pour lequel il est expédié.

DESTOUCHES (André), né à Paris en 1672, voyagea d'abord à Siam. De retour en France, il embrassa le parti des armes. Épris d'une grande passion pour la musique, il se fit une grande réputation par son opéra d'*Issé*, qu'il composa sans connaître les règles de l'harmonie. Il écrivit encore un grand nombre d'opéras, *Amadis de Grèce, Marthésie, Omphale, Télémaque, Sémiramis*; les ballets du *Carnaval et la folie, les Éléments, le Stratagème de l'Amour*, et les cantates d'*Œnone et de Sémélé*. Destouches mourut en 1749.

DESTOUCHES (Philippe NÉRICAULT), né à Tours en 1680. Il quitta le service militaire pour s'attacher au marquis de Puysieulx, ambassadeur en Suisse. Son talent pour le théâtre se développa dans ce pays. Le succès de ses pièces et sa réputation de diplomate instruit lui valurent l'amitié du régent, qui l'envoya en Angleterre en 1717 avec l'abbé Dubois. Il se retira ensuite dans un de ses domaines, et cultiva jusqu'à la fin de ses jours l'agriculture, les lettres et la philosophie. Il mourut en 1754. Ses principales comédies sont *le Médisant, le Triple Mariage, le Philosophe marié, les Philosophes amoureux, le Glorieux, le Dissipateur, l'Homme singulier, le Curieux impertinent et l'Irrésolu*.

DESTRIER, vieux mot qui désignait un cheval de main ou de bataille. Il provient de ce qu'on menait de la main droite, appelée *dextre*. Le destrier était le contraire du *palefroi*, en usage dans les cérémonies.

DÉSUDATION, nom donné à une maladie cutanée qui consiste en de petits boutons, semblables à des grains de millet, qui excorient et ulcèrent la peau. Cette éruption, qui attaque les enfants et les jeunes personnes, est produite par les sueurs âcres et par la malpropreté.

DÉTACHÉ (mus.), en italien *staccato*, mode d'exécution des instruments ou de la voix, dans lequel on sépare les sons par une émission brève et non prolongée. Le *détaché* est le contraire du lié.

DÉTACHEMENT, corps de troupes détaché d'un corps plus considérable, pour explorer le pays, les dispositions des habitants, reconnaître une position, masquer des mouvements par des diversions, pour rendre sûrs les abords d'un camp, défendre ou harceler les convois, appuyer les fourrageurs, intercepter des communications, etc. La force des détachements doit consister en infanterie, appuyée par quelque cavalerie. Ils sont sous les ordres d'un chef spécial, désigné pour ce service.

DÉTAIL, énumération étendue des circonstances d'une action, des formes d'un objet ou d'un tout quelconque. — En termes de commerce, c'est la vente qu'on fait de marchandises plus ou moins considérables, par portions plus ou moins petites. C'est ainsi que l'on vend en détail les menues denrées.

DÉTAIL. Dans les arts, ce mot désigne les objets qui peuvent être supprimés dans un tableau, sans nuire à l'ensemble et à l'effet. Tels sont les ornements, draperies, vases, plantes, animaux, etc., et les plus petites parties que les peintres rendent, comme les rides, les poils, etc. — En architecture, ce mot s'applique à des objets, tels que les rosaces, les modillons, les feuilles d'acanthe, etc., qui font partie essentielle de l'art.

DÉTAIL ESTIMATIF. C'est la partie d'un projet de construction qui renferme l'évaluation des dépenses. Le *sous-détail* est cette évaluation encore plus détaillée.

DÉTELAGE. Il arrive souvent que les chevaux s'emportent, et que la voiture qu'ils tirent court risque d'être fracassée, ainsi que les personnes qui s'y trouvent. On a imaginé un moyen de séparer la voiture des chevaux, et l'on rend indépendante par le moyen d'un mécanisme habilement combiné, et qui joue en tirant un cordon, à la seule volonté du voyageur. Au moyen de ce cordon, on enlève les agrafes qui retiennent le limon. L'opération par laquelle on dételle ainsi se nomme *dételage*. Cette invention est récente.

DÉTENTE, nom que les horlogers donnent à un levier qui fait détendre ou partir la sonnerie d'une pendule. Le *détentillon* est une détente levée par la roue des minutes. — Les arquebusiers nomment ainsi une petite bascule ou levier qui, lorsqu'on la presse avec le doigt, fait tomber le chien, dans les armes à feu, le fusil, le pistolet, etc.

DÉTENTEUR, individu qui a la possession réelle et actuelle d'un héritage, à titre de propriété, d'usufruit ou d'autre manière. Le *tiers détenteur* est celui qui possède un immeuble hypothéqué à quelqu'un par le possesseur antérieur.

DÉTENTION, peine afflictive et infamante, par laquelle on prive le condamné de la liberté. C'est l'emprisonnement appliqué aux affaires du grand criminel. La détention ne peut être prononcée pour moins de cinq ans, ni pour plus de vingt ans, sauf le cas où un banni rentre dans le royaume avant l'expiration de sa peine. Quiconque est condamné à la détention est renfermé dans une forteresse située sur le territoire continental du royaume. Il y a en France dix-neuf maisons de correction. Les coupables condamnés à la détention sont, pendant toute leur vie, sous la surveillance de la police. Tous arrêts qui portent la peine de la détention doivent être imprimés par extraits. Les geôliers ne peuvent recevoir ou détenir une personne qu'après avoir transcrit sur leur registre l'acte d'arrestation. Le détenu peut communiquer avec les personnes de l'intérieur ou du dehors, conformément aux règlements de police.

DÉTERGENT. Voy. DÉTERSIF.

DÉTÉRIORATION, action de dégrader un objet quelconque, de l'user par le frottement, etc. Les causes de la détérioration qui a lieu par procédés physiques sont les agents qui peuvent altérer lentement la cohésion moléculaire des corps et en détacher des parcelles plus ou moins grandes. En général l'usure des parties cornées ou calcaires des animaux ou des constructions a lieu par le frottement. Les particules qui tombent par l'effet de la détérioration se nomment *détritus*. — Dans la *police* que les commandants de navire passent des objets qu'ils portent à leur bord, on fait désignation des marchandises sujettes à se détériorer, telles que le blé ou les sels, ou susceptibles de coulage, sinon les assureurs ne répondent pas des dommages ou pertes qui pourraient arriver à ces denrées.

DÉTERMINÉ (math.). On appelle *problèmes déterminés*, ceux qui n'admettent qu'un nombre déterminé de solutions. On les nomme ainsi par opposition aux problèmes indéterminés, dans lesquels le nombre des solutions est indéfini.

DÉTERSIFS, nom donné aux remèdes qui ont la propriété de nettoyer, modifier les plaies ou les ulcères. En général, ils sont choisis parmi les topiques stimulants, et ils favorisent la marche de la cicatrisation.

DÉTONATION, inflammation violente et subite, accompagnée de bruit, comme celle de la poudre de canon. La détonation a lieu toutes les fois qu'il se produit dans un temps très-court une grande quantité de gaz ou de vapeurs, qui se répandant dans l'air, occupent un grand volume et en repoussent vivement les molécules.

DÉTONER. En musique, c'est chanter faux, manquer à la justesse des intonations, en montant ou en descendant.

DÉTREMPE. Les peintres nomment *couleurs à la détrempe* ou *en détrempe* celles qui, après avoir été broyées à l'eau, sont ensuite employées avec de la colle pour couvrir les boiseries et les lambris de l'intérieur des appartements. On connaît trois sortes de détrempes : la *détrempe commune*, celle *au vernis* et le *blanc des carmes* ou chaux détrempée dans de l'eau et colorée ensuite. — *Détremper la chaux*, en termes de maçon, c'est la délayer dans l'eau dans un petit bassin, d'où elle coule ensuite dans une fosse creusée dans la terre, où on la conserve. — *Détremper l'acier*, c'est le ramener au même état qu'il avait avant la trempe; on y parvient en le faisant rougir au feu et en le laissant refroidir dans les cendres chaudes, dont on le recouvre. On détrempe les outils dégradés par le travail afin de les réparer.

DÉTRESSE, signal particulier qu'un vaisseau ballotté par les vents et la tempête emploie pour demander du secours. C'est généralement par son pavillon placé en berne à la poupe, appuyé de coups de canon, qu'un bâtiment annonce sa position critique. Ce signe de détresse est commun à toutes les nations.

DÉTRICHAGE, première opération que l'on fait subir aux laines avant de les peigner. Les détricheurs mettent dans des cases ou par tas, à terre, les différentes parties de laine qu'ils séparent les unes des autres, ce qui forme autant de qualités, qu'on porte ordinairement au nombre de trois ou quatre. On y procède en déroulant et étendant chaque toison sur des tables placées dans des ateliers.

DÉTRITOIR, nom donné au moulin au moyen duquel on écrase les olives avant d'en exprimer l'huile. C'est un moulin à meules de pierre verticales, tournant lentement (huit à dix fois par minute), dans une auge circulaire en pierre, au moyen d'un moteur quelconque.

DÉTRITUS, nom donné aux débris divers résultant de la détérioration des roches et des végétaux répandus sur la surface de la terre. Les géologues désignent leur produit sous le nom de *terrain détritique*; ils le divisent en *terre végétale*, dont le *terreau* forme une partie essentielle; en *terre aride* ou impropre à la végétation; en *éboulis* ou fragments disposés en talus, les dépôts tourbeux, résultats de la destruction d'une végétation actuelle, doivent être regardés comme dépôts détritiques. Les terrains détritiques contiennent beaucoup de corps organisés. Le limon, les cailloux, le sable sont encore des dépôts détritiques.

**DÉTRITUS** (path.), nom donné au résidu inorganique qui remplace le tissu des parties dégénérescentes. La présence de ces détritus dans les matières évacuées est un des signes les plus importants pour le diagnostic de la dégénérescence de quelques viscères.

**DÉTROIT**, nom donné aux ouvertures longues et peu larges par lesquelles les golfes ou mers intérieures communiquent avec l'Océan. Les détroits les plus remarquables sont : le détroit de Gibraltar, entre l'Europe et l'Afrique; celui de Bering entre l'Asie et l'Amérique; celui de Bab-el-Mandel, qui joint la mer Rouge à l'océan Indien.

**DETTE**, toute obligation quelconque, tout engagement pris par le débiteur à l'égard d'un créancier. Les *dettes actives* constituent des créances à recouvrer, et forment l'*actif* du débiteur; les *dettes passives* sont les véritables dettes qui forment le *passif*; la *dette mobilière* est celle qui a pour objet quelque chose de mobilier; la *dette immobilière*, celle qui porte sur un immeuble; la *dette personnelle*, celle à laquelle se joint une action contre la personne du débiteur; la *dette réelle* est celle qui n'est fondée que sur un fait de possession, et qui peut être libérée par le délaissement; la *dette chirographaire*, celle qui résulte d'une obligation ordinaire; la *dette privilégiée* et l'*hypothécaire* sont attachées à des meubles ou immeubles hypothéqués; la *dette liquide*, celle dont l'objet est une chose déterminée. La dette est *commerciale* ou *consulaire* lorsqu'elle se rapporte à un fait de commerce, par opposition à la *dette civile*. Le créancier peut poursuivre l'expropriation des biens immobiliers appartenant à son débiteur. Les héritiers sont chargés des dettes de leurs testateurs; les dettes de la communauté sont payées par moitié à la charge de chacun des époux ou de leurs héritiers. Souvent on incarcère le débiteur comme moyen d'arriver au payement; ces prisons se nomment aussi *dettes*.

**DETTE PUBLIQUE**. On appelle ainsi, en économie politique, l'accumulation des emprunts que les gouvernements contractent avec les particuliers pour se créer des ressources promptes; on la nomme aussi *dette consolidée*, parce qu'on en paye les intérêts sur des fonds spéciaux votés chaque année par les chambres. La *dette flottante* résulte d'échanges faits par le trésor de bons remboursables sur des revenus prochains contre de l'argent comptant. Les rentes par l'État se payent par semestre, le 22 mars et le 22 septembre. Le taux moyen des emprunts est de 5 pour 100. — La dette de l'Angleterre s'élève à plus de 20 milliards; celle de la France à 5 milliards. Ces deux dettes sont les plus fortes de l'Europe.

**DEUCALION** (myth.), roi de Thessalie, fils de Prométhée, et époux de Pyrrha, fille d'Épiméthée. Ce fut sous son règne qu'arriva le déluge qui porte son nom (1503 ans avant J.-C.). Jupiter, irrité de l'impiété des hommes, résolut de les détruire et submerger toute la terre. Deucalion construisit un vaisseau qui flotta pendant huit jours et s'arrêta enfin sur le sommet du Parnasse. Après que les eaux se furent retirées, Deucalion et Pyrrha consultèrent l'oracle de Thémis sur le moyen de repeupler la terre. L'oracle leur ordonna de jeter derrière eux les os de leur grand'mère. Comprenant qu'il s'agissait des pierres de la terre, ils exécutèrent l'ordre des dieux; les pierres lancées par Deucalion se changeaient en hommes; celles que Pyrrha jetait se changeaient en femmes. On explique cette fable par une inondation très-grande du Pénée et par des pluies abondantes qui entraînèrent les hommes et les troupeaux. Les pierres mystérieuses qui repeuplèrent la Thessalie sont les enfants de ceux qui se sauvèrent avec Deucalion sur le Parnasse.

**DEUIL**, démonstrations d'affliction et de douleur qui accompagnent la mort d'une personne chère. Ce mot se prend aussi pour l'habit et les cérémonies en usage dans ces occasions. Les Juifs, à la mort de leurs parents ou amis, déchiraient leurs habits, se revêtaient de cilices, allaient nu-pieds, couchaient sur la terre, se frappaient la poitrine, s'arrachaient la barbe et les cheveux. — Les Égyptiens se rasaient les sourcils. — Les Athéniens laissaient croître leurs cheveux; les femmes les rasaient. — Le deuil durait dix mois chez les Romains; il consistait à s'abstenir des fêtes et des jeux, à porter des vêtements riches, etc. — Les Gaulois n'avaient pas de deuil; ils se rasaient le tour de la tête. — Au moyen âge, on portait en signe de deuil le chaperon rabattu sur le dos, sans fourrure. Dans les grands deuils, on portait pendant trois mois des habits de laine, noirs dans la première moitié, blancs dans l'autre. La durée des deuils est en France, pour un mari, un an six semaines; pour père ou mère, six mois; pour une épouse, six mois; pour un aïeul, quatre mois et demi; frère ou sœur, deux mois; oncle et tante, trois semaines; cousin, quinze jours. En Corée et en Chine, le deuil d'un père dure trois ans. — La couleur du deuil était autrefois le violet pour le roi et le blanc pour la reine; on prit le noir à la mort de Charles VIII; cette couleur existe encore en Europe; en Turquie, le deuil est bleu ou violet; en Égypte, jaune; en Éthiopie, gris; au Japon, blanc.

**DEUIL**, nom donné à plusieurs insectes lépidoptères du genre *satyre*.

**DEULE**, rivière de France qui forme le canal de Douai à Lille; elle traverse aussi les Pays-Bas et se jette dans la Lys.

**DEUNX** ou **DECUNX**, ancien nom d'un poids romain, qui était la onzième partie de l'once; il valait 5786 grains.

**DEUTÉRIE**, maîtresse de Théodebert, roi de Metz. Ce prince, faisant la guerre dans le midi des Gaules, fut épris de ses charmes, et l'emmena avec lui l'an 535. Deutérie avait une fille d'une beauté ravissante. Craignant qu'elle ne lui enlevât le cœur de son amant, elle la fit périr. Théodebert, fatigué des murmures qu'excitait le commerce qu'il entretenait avec Deutérie, la chassa de son palais, après en avoir eu Théodehald qui lui succéda.

**DEUTÉRO-CANONIQUE**, nom donné aux livres de l'Écriture sainte qui ont été mis plus tard que les autres dans le canon, soit parce qu'ils ont été écrits après que les autres y étaient déjà, soit parce qu'il y a eu des doutes sur leur canonicité.

**DEUTÉRONOME** (en grec, *mischna*), cinquième livre du Pentateuque et de l'Ancien Testament, et le dernier écrit par Moïse. Il contient l'histoire des faits passés dans le désert pendant cinq ou six semaines. Il rappelle les événements qui ont eu lieu depuis la sortie d'Égypte jusqu'à l'arrivée des Hébreux dans les plaines de Moab; il explique les lois reçues sur le mont Sinaï, en ajoute de nouvelles, et exhorte le peuple à observer les ordres de Dieu. Moïse y désigne Josué pour son successeur. Moïse recommanda de faire la lecture du Deutéronome tous les sept ans, à la fête des Tabernacles.

**DEUTO** (*second*), mot introduit dans le langage de la chimie moderne, et qui désigne qu'un corps simple, faisant partie d'un corps composé, y entre en deux proportions. Ainsi le mot *deutoxyde*, indique la combinaison d'une base avec deux proportions d'oxygène.

**DEUTOCHLORURE DE MERCURE**, nom donné dans la nomenclature de la chimie moderne au *sublimé corrosif*.

**DEUX-PONTS**, district de la Bavière. Sa superficie est de 160 lieues carrées, et sa population de 165,000 habitants. Il renferme des mines de cuivre, mercure, fer, argent, agate. — Dans l'origine, c'était un comté suzerain de l'évêque de Metz; il eut ensuite des ducs. Louis XIV s'en empara en 1676, et le conserva jusqu'à la paix de Riswick. Il forma en 1802 un arrondissement du département français de Mont-Tonnerre. En 1814, l'Autriche qui le reprit, l'échangea avec la Bavière pour d'autres contrées. — La capitale est *Deux-Ponts* (en allemand *Zweybrücken*), dans les Vosges, à 22 lieues de Strasbourg et 19 de Metz. Elle possède un gymnase, des fabriques de drap, des tanneries, des imprimeries célèbres, et est le siège d'une cour d'appel. Sa population est de 5,000 âmes.

**DEUX-QUATRE** ou **DEUX-QUARTS**, mesure binaire à deux temps, qui renferme la valeur de deux noires, quatre croches, huit doubles-croches, etc., et qui est marquée par ce signe 2/4.

**DEVA** (myth.), roi de Tanchuth dans la Tartarie, gouverna ses peuples avec gloire, et mérita après sa mort d'être honoré comme un dieu.

**DEVANDIREN** ou **DEVENDREN** (myth.), divinité des Indiens, fut le prince des demi-dieux. Ils le placent dans un lieu de délices nommé *Sorghon*, et lui donnent pour compagnes des femmes d'une grande beauté. Il eut de grands combats à supporter de la part des géants; mais, aidé des secours de Shiva, de Wishnou et de Brahma, il les défit. Il occupe le premier rang parmi tous les dieux. On l'a représenté couvert d'yeux, ayant quatre bras, portant entre les mains un croc, et monté sur un éléphant.

**DÉVELOPPANTE**, courbe résultant du développement d'une autre courbe nommée *développée*.

**DÉVELOPPÉE**, courbe géométrique qui en se développant décrit une autre courbe appelée *développante*. Ces courbes ont été inventées par Huyghens.

**DÉVELOPPEMENT**, action de déployer, d'exposer une chose dans tous ses détails, toutes ses parties. En médecine, par *développement du pouls*, on entend une augmentation survenue dans sa force et sa grandeur; *développement d'une tumeur* ou de toute autre affection, on désigne soit son accroissement d'un mal existant, soit son apparition et ses progrès. Tous les corps solides, liquides ou gazeux, les végétaux, les corps organisés ou inorganiques, les terrains, les rochers, l'homme lui-même sont sujets au développement. — C'est, en géométrie, l'action par laquelle on développe une courbe pour lui faire décrire une développante. C'est aussi la réunion sur un plan de plusieurs figures planes dont l'ensemble forme la surface d'un solide. — En algèbre, on nomme *développement* la formation d'une série qui représente une quantité algébrique.

**DEVENTER**, grande ville de la Hollande, sur l'Yssel dans la province d'Over-Yssel, à 5 lieues de Zutphen. Sa population monte à 10,000 âmes. Elle commerce en bestiaux, bierre, lin, tourbe, cire, laine, quincaillerie et pains d'épice. Elle a un athénée, et est la patrie de Gronovius.

**DEVERRA** (myth.), divinité romaine, qui présidait à la propreté des maisons. On l'honorait en ramassant en tas le blé séparé de la paille, et en balayant, après la naissance d'un enfant, la chambre de l'accouchée, de crainte que le dieu Sylvain ne vînt le tourmenter.

**DEVERRONA** (myth.), déesse qui présidait à la récolte des fruits, chez les Romains.

**DÉVIATION**. En astronomie, c'est la quantité dont une lunette méridienne ou un quart de cercle mural s'écartent du véritable plan du méridien, c'est-à-dire un *écart de position*. On trouve cette déviation en comparant le passage du soleil, observé dans la lunette, avec le passage au méridien. Ainsi, ayant calculé que le passage au méridien aura lieu à 2 heures 3 minutes 8 secondes, et le passage étant effectué dans la lunette à 2 heures 1 minute 6 secondes, on en conclut que la déviation de la lunette est de 2 minutes 2 secondes.

**DÉVIATION DES CORPS**, quantité dont

un corps, tombant librement à la surface de la terre, s'écarte de la perpendiculaire menée de son point de départ à cette surface, et est due au mouvement de la terre. Cette déviation est de huit lignes pour un corps tombant de deux cent quarante et un pieds, et de cinq lignes pour un corps tombant de deux cent soixante pieds.

DÉVIATION, direction vicieuse que prennent certains liquides, tels que les humeurs, qui passent dans les vaisseaux qui ne leur sont pas destinés. Quelquefois ce mot s'applique à la direction vicieuse de la colonne vertébrale, du nez et de sa cloison, à la torsion de la bouche, la saillie des dents en avant, des fémurs, des tibias, etc.

DÉVIDAGE, art qui consiste à mettre en écheveaux, bobines ou canettes, le chanvre ou le lin, la laine, le coton, la soie, et en général les substances filées. La grosseur des écheveaux est déterminée par la fileuse. Ordinairement le forme la centaine. Les différents dévidoirs ou instruments inventés pour dévider sont l'escaladou, formé par une verge qui porte une roue en fer; le tour d'Espagne, formé de deux pièces de bois verticales, placées en croix; et le rouet. — L'ORDRE DU DÉVIDOIR était un ordre militaire dont les chevaliers portaient un dévidoir d'or sur le bras gauche dans un fond rouge. Fondé en 1388, cet ordre fut détruit après les Vêpres siciliennes.

DÉVIDOIR. Voy. DÉVIDAGE.

DEVIENNE (N...), compositeur français, jouait de la flûte avec un talent remarquable. Il a publié plusieurs opéras : *Rose et Aurèle*, *les Comédiens ambulants*, *le Valet à deux maîtres* et *les Visitandines*, qui eurent un grand succès. Il publia aussi une Méthode pour l'instrument dans lequel il excellait. Devienne mourut en 1803.

DEVIN, celui qui prédit l'avenir, et que l'on consulte à ce sujet. Les Chaldéens interprétaient les songes et prédisaient l'avenir par le moyen des astres et par le vol des oiseaux. Les Hébreux admettaient neuf espèces de divination; les Étrusques les avaient réduites en maximes et en règles; les Romains consultaient les astres, le vol des oiseaux, le bruit du tonnerre. Les anciens ne faisaient rien sans consulter les devins. La divination fut défendue par le concile de Leptines en 743. Cependant Louis XI et Catherine de Médicis eurent souvent recours aux devins. Les plus célèbres du moyen âge furent Agrippa et Nostradamus.

DEVIN (hist. nat.), reptile du genre *boa*, distingué des autres serpents par sa grande taille, sa force prodigieuse et l'absence de venin. Sa tête est cordiforme, sa peau mélangée de gris, rougeâtre, noir et jaunâtre, avec plusieurs dessins sur le dos, lesquels forment une chaîne. Le devin habite l'Amérique. Les indigènes l'ont mis au nombre de leurs divinités. — C'est encore le nom d'un insecte appelé aussi *mante*, et qui appartient à la tribu des orthoptères.

DEVIS, mémoire de prévision renfermant le détail des travaux à faire et du prix qu'ils doivent coûter. Le *devis estimatif* est l'état des dépenses arrêtées de manière à ne pouvoir dépasser les prévisions ordinaires de l'expérience; le *devis approximatif* est celui dont les prévisions s'approchent de la réalité; le *devis descriptif* est l'indication des ouvrages relatifs au projet dont on s'occupe.

DEVIS (mar.), le détail écrit des dimensions de toutes les parties d'un bâtiment, et de ce qu'il coûtera à construire, à mâter, à gréer. C'est par les devis que les capitaines de navire font connaître les bonnes ou mauvaises qualités de leur bâtiment et les changements qu'ils jugent nécessaire d'y faire. Cette feuille est remise au major général de la marine.

DEVISE, trait de caractère exprimé par une phrase brève et mystérieuse, et accompagné d'une figure symbolique. Les devises sont destinées à faire connaître une personne ou une collection d'individus. Le *corps* de la devise est la figure; l'*âme* en est la *légende*. Les anciens connaissaient les devises; Pompée avait sur son cachet un lion armé d'un glaive. Au moyen âge, la devise fut très répandue dans les tournois, les carrousels, etc. Louis XIV avait pris pour devise le soleil, avec ces mots : *Nec pluribus impar* (j'éclairerais aisément plusieurs mondes). Celle de Sully était un miroir, avec les mots : *Ardeo ubi aspicior* (je brûle quand on me regarde). La devise de l'Angleterre est *Dieu est mon droit*. Les ducs de Savoie avaient pour devise F. E. R. T., ou *Fortitudo ejus Rhodum tenuit* (son courage conserva Rhodes); la Sicile, une hermine et les mots : *Malo mori quàm fœdari* (mieux vaut la mort que la honte). François Ier avait une salamandre dans le feu, avec les mots : *Nutriscor et extinguo* (ce qui me nourris de ce qui cause ma mort); Louis XII, un porc-épic : *Cominùs et eminùs* (de près et de loin); Henri IV, un Hercule, avec les mots : *Invia virtuti nulla est via* (aucune route n'est inaccessible à la valeur).

DÉVOIEMENT, phénomène qui consiste dans la fréquence des évacuations alvines et la liquidité des matières évacuées. Il diffère de la diarrhée en ce que celle-ci est une affection idiopathique du conduit intestinal, et le dévoiement est un symptôme qui survient dans une multitude de cas.

DÉVOLUS. Ce mot se dit, en jurisprudence, des biens qui passent d'une personne à une autre. Une *succession est dévolue à un héritier* lorsqu'elle lui est transmise par un autre héritier qui l'avait recueillie. — Le *dévolu* était aussi la collation d'un bénéfice rempli de fait, mais vacant de droit, à raison de la nullité de la collation précédente, ou par défaut des qualités requises dans le collataire, ou par défaut de forme, ou à raison de quelque incapacité. Les causes du dévolu étaient les crimes ou les défauts de celui qui était pourvu du bénéfice. Les collateurs, en cas de dévolu, étaient le pape et l'évêque. — Le DÉVOLUTAIRE était celui qui était pourvu du bénéfice par dévolu.

DÉVOLUTION, attribution à l'une des deux lignes paternelle ou maternelle de la famille d'un défunt de la moitié de son hérédité qui aurait appartenu à l'autre ligne si elle eût subsisté. Toute succession échue des ascendants ou des collatéraux se divise en deux parts égales : l'une pour les parents de la ligne paternelle, l'autre pour les parents de la ligne maternelle. Lorsqu'une ligne est éteinte, l'autre obtient la portion de celle-ci et la totalité des biens. — En matière bénéficiale, la *dévolution* était le droit de conférer un bénéfice qui passait au supérieur immédiat de degré en degré, lorsque le collateur ordinaire négligeait de le conférer.

DEVON (*Devonshire*), comté maritime d'Angleterre, entre ceux de Sommerset, Cornouailles, le canal de Bristol et la Manche. Sa superficie est de 322 lieues carrées et sa population de 440,000 habitants. Le sol est varié, fertile en grains et légumes; il renferme des mines de plomb, argent, des ardoisières et des carrières. Il possède de belles fabriques de toiles, draps et dentelles. Sa capitale est *Exeter*, qui envoie deux députés au parlement.

DEXTANS, la dixième partie de l'as romain, valait 10 onces. Dextans désignait aussi les dix-douzièmes d'une mesure quelconque.

DEXTRE, nom donné, en termes de blason, à tout ce qui concerne le côté droit de l'écu.

DEXTRINE, substance blanche, transparente, gommeuse, sans odeur et sans goût. L'action de la chaleur la jaunit, la décompose et en retire une odeur de pain grillé. On l'obtient en délayant cent parties de fécule d'orge dans neuf à dix parties d'eau, en la versant dans un mélange de fécule, formé de vingt parties d'acide sulfurique et de dix-huit parties d'eau, et en portant ce mélange à 90 ou 92 degrés de température; on ajoute de l'oxyde de plomb en poudre, et on filtre le mélange.

DEXTROCHÈRE, bracelet d'or que les Romains portaient au poignet droit. — En termes d'art héraldique, on nomme ainsi une main gantée et armée d'une épée, qui faisait partie des armoiries du connétable ou du doyen des maréchaux.

DEXTROVOLUBILES (bot.), nom donné aux tiges qui s'enroulent en spirale autour des corps voisins, et dont la spirale va de droite à gauche. Le haricot, le liseron, sont dextrovolubiles.

DEY ou DAŸ (*celui qui conduit à la vérité*), titre que portaient les souverains qui gouvernaient le royaume d'Alger sous la protection du grand seigneur. Ce ne furent d'abord que des magistrats subordonnés au pacha que la Turquie y envoyait. Leur origine remonte au XVIIe siècle. Baba-Aly, en 1710, fit enfuir le pacha résidant pour Constantinople, et s'établit dey libre d'Alger. Il était électif; il était le maître absolu du pays, et rendait lui-même la justice. Les deys étaient presque toujours exposés à être assassinés par leurs janissaires. Ils avaient un revenu de 14 francs 40 centimes pour deux lunes. — Le dernier dey a été Hussein-Pacha.

DEZÈDE ou DÉSAIDE, célèbre compositeur, né de parents inconnus. Il apprit la harpe et la composition. La forte pension assignée en secret à Dezède lui faisait soupçonner qu'il appartenait à une famille opulente; ayant voulu tenter de dissiper ce voile, la pension lui fut supprimée. Son talent devint sa seule ressource. Son opéra de *Julie* eut un grand succès (1772). Il écrivit encore pour le théâtre des Italiens, *l'Erreur d'un moment* (1773), *Zulime*, *Blaise et Babet* (1783); à l'Opéra, il donna *Fatmé* ou *le Langage des fleurs* (1777), *Péronne sauvée* (1783), etc. Il mourut en 1793.

DHAHER LEZAK-DYN-ILLAH (Aboul-Hassan-Ali), septième calife fatimite, mort vers 1033, régna avec gloire sur l'Egypte et la Syrie. Il avait succédé à Hakem en 1020. — DHAHER II, douzième calife de la race des Fatimites en Egypte, parvint au souverain pouvoir l'an 544 de l'hégire. Les croisés lui prirent Ascalon. Il mourut l'an 549 de l'hégire. — ABOU-NASAR-MOHAMMED, trente-cinquième calife abbasside, succéda à son père Naser-Ledyn-illah en 1225, régna avec justice, et mourut en 1226.

DHOHAK ou ZOHAK (myth.), cinquième roi de la première dynastie des Perses, et suivant ce peuple le Nemrod des Hébreux. Usurpateur de l'empire, il inventa de nouveaux supplices. Se sentant dévoré par des chancres qui lui rongeaient les épaules, il se faisait appliquer dessus, tous les jours, la cervelle de deux hommes. Chassé de son royaume à cause de sa cruauté, il prit la fuite en Syrie; mais il fut pris par Féridoun, qu'on avait élu roi de Perse, et relégué dans une caverne. — C'est aussi le nom d'un poète arabe qui vivait sous le califat de Haroun-al-Raschild.

D'HOZIER (Pierre), né en 1592, s'attacha au vicomte de Saint-Maurice, et fut nommé juge d'armes de France en 1641. Il fut chargé d'établir la vérité des titres de noblesse, de juger les différends au sujet des généalogies, armoiries, etc. Il devint maître d'hôtel, gentilhomme de la chambre et conseiller d'Etat. Il mourut en 1660. Ses ouvrages sont *l'Histoire de l'ordre du Saint-Esprit*, la *Généalogie des principales familles de France*, en 150 vol. in-fol. Son fils, CHARLES-RENÉ, mort en 1732; son neveu, mort en 1767, et le fils de ce dernier, ANTOINE-MARIE, furent aussi juges d'armes et de profonds généalogistes. LOUIS-PIERRE, neveu de Charles-René, composa l'*Armorial de France*, en 10 vol. in-fol.

DIA, nom sous lequel Hébé ou Cybèle étaient honorées chez les Sidoniens. — C'était aussi le nom d'une divinité des Voconces, peuple des Gaules. —

L'île de Naxos portait encore le nom de *Dia*.

**DIABÈTE SUCRÉ**, maladie caractérisée par une augmentation considérable et une altération sensible dans la sécrétion de l'urine, avec soif vive et dépérissement progressif. Elle se montre dans les climats froids et tempérés, dans les lieux humides. Les aliments de mauvaise qualité ou pris parmi les substances végétales, les évacuations excessives, la fatigue, les veilles prolongées, les affections morales, sont des circonstances qui favorisent le développement de cette maladie, dont les causes sont inconnues. Le diabète affecte plus particulièrement les hommes et les adultes; la quantité d'urine excrétée est considérable; elle est de 10 à 20 ou 40 livres par jour; elle est incolore, sans odeur, d'une saveur douce, miellée et sucrée; quand elle est sans saveur, on nomme le diabète *insipide*; le *diabète chyleux*, par l'urine blanche. La durée du diabète est longue; cette maladie ne se termine qu'après plusieurs mois et même plusieurs années.

**DIABLE.** Les théologiens chrétiens entendent par ce mot, 1° un démon, un de ces esprits célestes qui ont été précipités du ciel pour avoir voulu s'égaler à Dieu. L'Ahrimane des Persans était un véritable *diable* (voy. DÉMON); 2° Satan, le prince des démons; 3° on regarde aussi le diable, comme l'image des passions qui agitent le cœur des hommes. — Dans les *mystères*, anciennes pièces de théâtre, on donnait au diable la forme et le rôle d'un satyre des païens. — Au moyen âge, on accusa plusieurs infortunés d'avoir eu commerce avec le diable, et on les livra au supplice du feu.

**DIABLE** (AVOCAT DU), celui qui, dans les canonisations, est chargé de contredire les faits énoncés, critiquer les actes de vertu, nier les miracles. La procédure leur est communiquée avant la sentence. Ils surveillent tous les actes de l'instruction au nom du mandat qu'on leur suppose. Souvent l'avocat du diable déclare qu'il n'y a aucune objection à faire; d'autres fois il discute les droits du diable sérieusement.

**DIABLE** (technol.), sorte de char à deux roues très-basses, dont on se sert pour transporter, à de petites distances, gros fardeaux. Il se compose d'un fort châssis formé de trois madriers, posés sur un essieu en fer, et garni de planches. Le madrier du milieu se prolonge en avant, et, traversé par deux ou trois barres de bois, il sert de timon, par lequel plusieurs hommes, armés de bricoles, tirent la voiture. Le châssis du diable peut s'incliner et agir comme un levier.

**DIABLE**, nom donné à une machine armée de dents, dont on se sert pour ouvrer la laine, le coton, le crin, etc. — En termes de maréchalerie, il signifie une espèce de levier dont on se sert pour faire peser les bandes de fer sur les roues des voitures.

**DIABLE.** En termes de carrossier, c'est une espèce de calèche coupée, dont l'impériale est élevée de manière à ce qu'on puisse s'y tenir commodément debout.

**DIABLE** (hist. nat.). On a donné ce nom à plusieurs animaux, mammifères, oiseaux, insectes et reptiles, à cause de la laideur de leurs formes et de leurs couleurs ou de leurs formes bizarres. On nomme *diables des bois*, plusieurs espèces de singes, le coaïta, l'ouarine; *diable de Java* ou *de Tavayen*, le pangolin; *petits diables* ou *diablotins*, des oiseaux marins d'Amérique, du genre *pétrel*; *diable enrhumé*, un oiseau des Antilles, du genre *tangara*; *diable des savanes*, l'ani; *diable des bois*; un petit lézard du Surinam, nommé aussi *gecko*; *diable de mer*, une espèce de *foulque*, et plusieurs espèces de poissons, telles que les grandes *raies*, les *scorpènes*, etc. Aux colonies, on nomme *diable* le charançon qui fait un grand tort aux plantations; *grand diable*, un insecte hémiptère du genre *ledre*; *demi-diable* et *grand diable*, des insectes du genre membrace.

**DIABLE** (PONT DU), pont jeté sur la Reuss en Suisse. Il est long de soixante-quinze pieds, et composé d'une seule arche de pierre de soixante-douze pieds de haut sur vingt-cinq de large; il unit la vallée de Gœschenen (Uri) avec celle de Cornera (Grisons). — Un autre pont de ce nom est jeté sur le Mynach, dans le pays de Galles (Angleterre). L'ancien pont fut bâti au xi° siècle; le nouveau, bâti en 1752, s'élève au-dessus de l'ancien, qui lui sert de base.

**DIABLE** (jeu), instrument importé de la Chine en Angleterre, et de là en France. Il consistait autrefois en deux cylindres creux de métal ou de bois, réunis au milieu par une traverse. Chacune des cavités est percée d'un trou dans des sens opposés. Une corde fait un nœud coulant autour de la traverse. En suspendant en l'air ce hochet, et en l'agitant avec vitesse, il s'établit dans le cylindre un courant d'air rapide, qui fait entendre un fort ronflement. Si l'on tend les cordes, le diable s'élève à une assez grande hauteur, et l'adresse du joueur consiste à le faire retomber sur les cordes et lui imprimer un nouveau mouvement. En France, on perfectionna le diable. Au lieu des cylindres, on assujettit deux sphéroïdes, taillés dans la même morceau de bois; le diable roule librement sur une corde faiblement tendue.

**DIABLERETZ**, haute montagne, située entre le Valais et le canton de Vaud (Suisse). Sa hauteur est de 9,500 pieds.

**DIABLES CARTÉSIENS.** Dans une bouteille pleine d'eau, on fait plonger diverses figures creuses et très-légères en émail; elles sont lestées, de manière à se tenir debout dans le liquide, dans lequel elles flottent. Le vase est plein d'eau; lorsqu'on force le bouchon à entrer davantage dans le col de la bouteille, on exerce une pression qui se distribue dans tout le liquide. On a ménagé en quelque partie de la figure un trou communiquant à l'air qui remplit son intérieur; cet air étant comprimé, l'eau entre dans la capacité de la figure, qui devient trop pesante pour flotter et tombe au fond du vase; jusqu'à ce qu'ôtant le bouchon l'élasticité de l'air intérieur chasse l'eau, et restitue à la figure la légèreté qui lui permet de flotter de nouveau. On parvient ainsi à élever ou à enfoncer la figure à volonté. On a donné à ces figures le nom de *diables cartésiens*; on les appelle encore *ludions*.

**DIABLON.** Dans quelques ports d'armement, on appelle ainsi la petite voile placée dans les grands bâtiments au-dessus du diablotin, que l'on hisse sur le mât de perruche; on la nomme aussi *voile d'étai de perruche*.

**DIABLOTIN**, nom donné en marine à la voile d'étai du mât de hune d'artimon. Sa ralingue est en avant et sur l'arrière et parallèle au grand mât; son point d'amure est placé à la jonction du grand mât et de la voile d'étai d'artimon.

**DIABROSE**, érosion spontanée ou produite par des substances corrosives. Les remèdes DIABROTIQUES sont les substances capables de déterminer cette érosion sur les parties où on les applique. Elles tiennent le milieu entre les escarotiques et les caustiques.

**DIACATHOLICUM**, électuaire composé de pulpes de casse et de tamarin, de feuilles de séné, de racine de polypode, de fleurs de violettes, de racine de rhubarbe, de semences d'anis, de sucre, de réglisse et de fenouil. Son nom signifie *purgatif universel*.

**DIACAUSTIQUE**, nom donné aux courbes caustiques produites par la réfraction, par opposition aux *catacaustiques*. (Voy. ce mot.) On nomme aussi *diacaustiques* les corps caustiques par la réfraction, comme les biconvexes ou les lentilles de cristal dont on se sert quelquefois pour cautériser certains ulcères à l'aide des rayons du soleil qu'ils concentrent sur un seul point.

**DIACHYLON** ou DIACHYLUM, onguent dont on connaît plusieurs espèces. On obtient le *diachylum simple* en faisant bouillir six livres de décoction de racine de glaïeul, avec autant d'huile de mucilages, et trois livres de litharge préparée; il est employé pour ramollir et hâter la suppuration. Le *diachylum composé* s'obtient en faisant liquéfier à feu doux quatre livres de diachylum simple, avec trois onces de cire jaune, de poix-résine et de térébenthine, une once de gomme ammoniaque, de bdellium, de galbanum et de sagapenum, purifiés par l'alcool. Il est employé pour résoudre et faire suppurer les tumeurs. Le *grand diachylum* se prépare avec le mucilage de raisin, de figue, racine d'althæa, de semences de lin, etc., et un mélange d'huile d'iris, de litharge, de la résine de pin, de la térébenthine, de la cire jaune, etc. Il servait aux mêmes usages que les précédents.

**DIACO**, nom donné, dans l'ordre de Malte, aux clercs servants qui se destinaient à être reçus chapelains. Ils servaient dans les couvents de Malte depuis dix ans jusqu'à quinze ans.

**DIACODE**, nom d'un sirop obtenu en faisant bouillir dans seize livres d'eau une livre de têtes de pavots, séparées de leurs graines, avec quatre livres de cassonade, et en clarifiant le mélange avec quatre blancs d'œufs. On remplace aujourd'hui les têtes de pavots par l'extrait d'opium. Le diacode est un calmant très-souvent employé.

**DIACOLOCYNTHIDOS**, électuaire très-usité, composé de coloquinte, aloès, scammonée, de bdellium, d'ellébore noir, de gomme arabique, d'euphorbe, de nitrate de potasse et de sirop laxatif de roses. Le diacolocynthidos est très-drastique.

**DIACOMMATIQUE**, genre de musique qui résulte de certaines transitions harmoniques, au moyen desquelles la même note, restant en apparence sur le même degré, monte ou descend d'un *comma* en passant d'un accord à un autre.

**DIACONAT** (du grec *diakonein*, servir), le deuxième des ordres sacrés dans l'Église catholique. Voy. DIACRE.

**DIACONESSE**, nom donné, dans la primitive Église, aux veuves ou aux filles à qui était confié le soin de la nef, dont l'espace était réservé aux femmes, alors séparées des hommes. Elles soignaient les femmes pauvres et infirmes, les baptisaient par immersion, les encourageaient et les fortifiaient au milieu des persécutions. Les diaconesses faisaient partie du clergé. Pour les ordonner, on les présentait à l'évêque, à l'entrée du sanctuaire, et celui-ci leur imposait les mains en prononçant une prière. Le concile de Laodicée défendit de les ordonner. Les diaconesses ont disparu de l'Église dans les xii° et xiii° siècles. — Les *diaconesses* étaient aussi les femmes des *diacres*.

**DIACONIE**, charge qui, dans les monastères de l'Église grecque, répondait à l'aumônerie de nos monastères. Les titulaires étaient chargés de recevoir et de distribuer les aumônes. — On nommait encore ainsi les hospices établis pour assister les pauvres et les infirmes. — C'étaient aussi des chapelles et oratoires de la ville de Rome, gouvernés par sept diacres ou *cardinaux-diacres*. C'étaient proprement des bureaux où les pauvres s'assemblaient pour recevoir les aumônes.

**DIACONIQUE**, chambre ou sacristie placée autour de l'église, dans laquelle on conservait autrefois les vases sacrés, les ornements et les reliques. C'était là encore que l'évêque recevait et embrassait les étrangers. — On nomme encore ainsi : 1° la partie du sacré tribunal ou du siège pontifical dans laquelle siègent les diacres, à la droite du pape; 2° un livre ecclésiastique en usage dans l'Église grecque, qui contient l'explication des devoirs et des fonctions des diacres; 3° un prière que l'archidiacre des Grecs fait pour la paix et le diacre qui vient d'être ordonné.

**DIACOPE**, genre de poissons, voisin

de celui des serrans, et dont les espèces se font remarquer par leur beauté et leur bon goût. Le *diacope seba* ressemble à peu près au spare; mais elle est moins longue et plus haute. Son crâne, son museau et ses mâchoires sont sans écailles; celles du corps sont assez grandes. Cette espèce est longue de douze pouces. On la recherche comme aliment. — En pathologie chirurgicale, ce mot désigne une coupure, une incision, une fracture longitudinale, et en général une fente oblique faite au crâne par un instrument tranchant qui n'a point emporté la pièce.

DIACOUSTIQUE, partie de l'acoustique dont l'objet est la réfraction des sons et l'étude de leurs propriétés, suivant qu'ils passent d'un fluide plus épais dans un plus subtil, et réciproquement. Le P. Mersenne est le premier qui se soit occupé de la diacoustique. Le son parcourt 333 mètres en une seconde; 6 mètres deux tiers dans l'étain ; 7 et demi dans l'argent ; 17 mètres dans le bois de sapin, 10 mètres deux cinquièmes dans le bois de noyer et de chêne, et le cuivre jaune; 1498 mètres dans l'eau, dans une seconde.

DIACRE, ministre ecclésiastique, destiné à servir à l'autel le prêtre ou l'évêque. Dans la primitive Eglise, ils furent chargés de distribuer les aumônes, de préparer les agapes, de distribuer l'eucharistie aux conviés, et de la porter aux absents. Lorsque ces fonctions furent abrogées, les diacres furent chargés de présenter à l'autel le pain et le vin consacrés, avec les offrandes des fidèles; ils peuvent baptiser et prêcher, mais avec une permission spéciale. Le diaconat est le dernier grade avant d'arriver au sacerdoce; on le reçoit à vingt-trois ans. Il n'y eut d'abord que sept diacres, mais on augmenta ensuite de beaucoup ce nombre. Les plus anciens prennent le titre d'*archidiacres*.

DIADELPHE ( bot.), nom donné aux plantes ou aux fleurs, dont les étamines sont réunies par leurs filaments en deux ou plusieurs corps ou faisceaux ; un de ces corps n'est quelquefois composé que d'un seul filament. Le plus grand nombre de plantes à fleurs papilionacées et à fruits légumineux ont leurs étamines diadelphes. Les haricots, les pois et autres plantes légumineuses, ont neuf étamines qui constituent ensemble un seul corps, et une étamine qui constitue le deuxième corps. Dans le *polygala* il y a deux faisceaux égaux entre eux.

DIADELPHIE, dix-septième classe du système sexuel des plantes, dû à Linné. Elle renferme tous les végétaux dont les étamines sont *diadelphes* ou séparées en deux corps distincts égaux ou inégaux en nombre. Elle se divise en quatre ordres, la *diadelphie pentandrie* ou à deux faisceaux de cinq étamines, la *diadelphie hexandrie*, de six étamines (*fumeterre*); la *diadelphie octandrie*, de huit étamines (*polygales*); la *diadelphie décandrie*, de dix étamines (*légumineuses*).

DIADÈME, sorte de bandeau de laine, de fil ou de soie, blanc et uni, ordinairement chargé de diamants et de pierreries, qui était la marque de la royauté chez les anciens. — Les rois de Rome eurent des diadèmes. Sous le consulat, les magistrats s'en dépouillèrent ; les empereurs le reprirent. Cet usage passa ensuite dans les Gaules : Clovis eut un diadème ou couronne non fermée. Plus tard, ce furent des couronnes fermées, dont la base était surmontée de rameaux ou de bandes, qui se réunissaient en un point commun terminé par une fleur de lis ou par une tête de lance (en Orient par une croix). Le diadème de Charlemagne avait huit bandes; celui de Napoléon se terminait en globe et était surmonté d'une croix. Les empereurs d'Allemagne ont un diadème semblable, joint à une couronne mitrée. Ceux des rois d'Espagne, de Portugal, Danemarck et Suède, ont quatre bandes. Le pape a un diadème triple surmonté d'un globe et d'une croix. Les empereurs de Russie et les rois d'Espagne et de Pologne plaçaient eux-mêmes le diadème sur leur tête à leur inauguration. Les rois de France le recevaient de l'archevêque de Reims, assisté de trois seigneurs; l'empereur d'Allemagne, de trois électeurs ecclésiastiques.
— En termes d'art héraldique, on nomme *diadème* les bandes ou cercles d'or qui ferment la couronne des souverains.

DIADÈME (aigle), nom donné aux aigles dont la tête est surmontée d'une couronne ou qui ont le col orné d'un collier d'or, dans les armoiries de quelques princes du Nord.

DIADEXIS ou DIADOCHE, transformation d'une maladie en une autre, qui en diffère par sa nature comme par son siège. Elle diffère de la métastase, en ce que dans celle-ci il y a seulement changement dans le siège ou la forme de la maladie.

DIADUMENIANUS (Marius Opilius Antoninus), fils de l'empereur Macrin, porta le titre de césar pendant le règne de son père. Il fut tué avec Macrin, après avoir porté un an le titre d'auguste.

DIAGNOSTIC, partie de la médecine qui a pour objet la distinction et le discernement des diverses maladies. Un grand nombre de circonstances concourent à le fixer : elles sont désignées sous la dénomination de *signes diagnostiques*, et peuvent être propres à plusieurs maladies ou particulières à une seule. Les premiers, n'appartenant pas spécialement à une affection, ne doivent pas être négligés, mais ne donnent rien de précis sur le siège, la forme et l'intensité d'une maladie. Tels sont les sueurs, les crachats, le dévoiement, etc. On doit observer, 1º la face, le front, les yeux, la bouche, etc. ; 2º l'attitude du malade ou *decubitus*; 3º la couleur, l'état de la peau, des cheveux, etc. ; 4º les fonctions vitales, sommeil, respiration, etc. ; 5º les fonctions sensoriales, sens, voix, mouvements, etc. ; 6º les fonctions nutritives, digestion, etc. ; 7º les fonctions génitales, etc. ; 8º les circonstances individuelles ou locales.

DIAGOMÈTRE, nom donné par son inventeur, M. Rousseau, à un instrument propre à mesurer les plus faibles électricités, et dont on peut faire usage pour reconnaître les huiles d'olive pures et les distinguer d'avec celles qui sont mêlées à l'huile de colza. Il se compose d'une *pile* sèche et d'une aiguille aimantée. La pile communique au sol par la base et par son extrémité supérieure avec une tige métallique isolée, qui soutient une aiguille aimantée horizontale. En face de l'aiguille est une boule métallique isolée et communiquant avec la pile. Lorsque l'on approche du diagomètre un corps électrisé, tout le système est en mouvement, et l'on peut lire les degrés d'électricité du corps placés sur un cercle vertical.

DIAGONALE ( géom.), droite menée du sommet de l'angle d'un parallélogramme ou d'un polygone au sommet de l'angle opposé. Dans tout polygone, le nombre de diagonales menées d'un même point est égal à celui des côtés du polygone moins trois. Ainsi, on ne peut tirer de diagonale dans un triangle.

DIAGORAS L'ATHÉE, né à Mélos (Cyclades). Ce philosophe vivait vers l'an 416 av. J.-C. Il passa de la superstition à l'athéisme en voyant un parjure impuni. L'aréopage d'Athènes, ne pouvant souffrir ses blasphèmes et ses impiétés, promit un talent à celui qui *lui* apporterait sa tête, et 2 à celui qui le livrerait vivant devant son tribunal. Mais il se retira à Corinthe, où il mourut paisiblement, après avoir écrit un recueil de lois pour la ville de Mantinée.

DIAGORAS, athlète rhodien, vivait vers l'an 460 avant J.-C. Pindare fit en son honneur une ode qui existe encore, et qui fut gravée en lettres d'or dans le temple de Minerve. Il mourut de joie en voyant ses trois fils couronnés le même jour aux jeux olympiques.

DIAGRAMME. C'était, dans la musique ancienne, l'étendue générale de tous les sons du système des Grecs. C'est ce qu'on appelle aujourd'hui *gamme, clavier, échelle*. — En histoire naturelle, c'est le nom d'un poisson de la famille des lutjans, caractérisé par l'absence d'écailles sur le devant du museau; mais tout le reste de la tête en est couvert. Ce poisson paraît argenté, avec des lignes de reflets le long de chaque rangée longitudinale d'écailles. — En géométrie, le *diagramme* est une figure servant à démontrer une proposition.

DIAGRAPHE, instrument inventé par M. Gavard, et servant à donner à petit l'image d'un objet plus grand, et à tracer d'un mouvement continu l'image de toutes sortes de lignes droites ou courbes. Le diagraphe repose sur le principe de perspective, qu'un tableau quelconque représente la trace de l'image de tous les points qui, partant d'un objet matériel, vont se réunir et former le sommet d'un cône dans l'œil du spectateur.

DIALE ( Flamine), prêtre de Jupiter, institué à Rome par Numa. Il tenait le premier rang parmi les prêtres; il avait la chaise d'ivoire, la robe royale, l'anneau d'or, se faisait précéder de licteurs, et avait le droit de faire grâce aux condamnés. C'était lui qui bénissait les armées et faisait les conjurations contre les ennemis. Son bonnet était surmonté d'une petite branche d'olivier. Il lui était défendu d'aller à cheval, de voir une armée hors de Rome ou rangée en bataille. Il ne faisait jamais de serment, ne devait pas toucher de chèvre, de chair crue, de lierre, de fèves, ni même en proférer le nom ; il lui était défendu de toucher un mort et d'assister à son convoi : si sa femme venait à mourir, il perdait sa qualité de flamine.

DIALECTE, langage particulier d'une ville ou d'une province, dérivé de la langue générale de la nation corrompue et abâtardie. — La langue grecque eut d'abord deux dialectes principaux, le *dorien*, dont se forma l'*éolien*, et l'*ionien*, dont se forma l'*attique*. Le dialecte dorien était parlé dans tout le Péloponèse, dans la Sicile et la grande Grèce : il a été suivi par Théocrite et Pindare. L'éolien fut parlé en Béotie, en Asie-Mineure, à Lesbos : c'est le dialecte d'Alcée et de Sapho. Le dialecte ionien fut celui parlé par Homère, Hésiode, Anacréon et Hérodote. L'ionien aime le concours des voyelles et des sons mouillés et doux. Il rejette les contractions, double les voyelles, change les brèves en longues et en diphthongues, évite les aspirées, etc. Le dialecte attique devint la langue commune des écrivains en prose athéniens. Les *attiques purs* furent Thucydide, Xénophon, Platon, Démosthène, Eschyle, Sophocle, Euripide, Aristophane. On appelle purement *attiques* ceux, tels que Lucien, qui s'efforcèrent d'imiter les premiers. L'attique, cultivé en Egypte, y fut altéré par le mélange de mots étrangers dont résulta le *dialecte d'Alexandrie*. — Tout *dialecte* diffère du *patois*, en ce que celui-ci exprime les modifications et les altérations que la population agreste des provinces fait subir à une langue.

DIALECTIQUE. L'art de raisonner et de disputer avec justesse et habileté formait une des parties de la manière de penser chez les anciens. Zénon d'Élée, qui vivait vers l'an 460 avant J.-C., en fut l'inventeur. La dialectique donna naissance aux vains sophismes et aux puérilités frivoles de la scolastique. Bacon la renouvela au xvi<sup>e</sup> siècle. La dialectique est tombée dans le discrédit. — On nommait *dialecticien* celui qui s'adonnait à l'étude de la dialectique ou qui raisonnait avec justesse sur toutes choses.

DIALÈLE, argument des anciens sceptiques ou pyrrhoniens contre les dogmatiques. Il consistait à montrer que la plupart des raisonnements reçus dans les sciences sont des cercles vicieux qui prouvent une chose obscure et incertaine par une autre obscure et incertaine, et réciproquement cette seconde par la première.

DIALIS (Flamen), prêtre de Jupiter, établi à Rome par Numa. Il lui était défendu entre autres choses de prêter serment devant les tribunaux. — On nommait dialies les sacrifices auxquels présidait le *dialis*. Voy. Diale.

DIALLAGE, substance assez commune dans la composition des roches ignées. Ses couleurs varient du vert au brun, et sa forme est en général le prisme rhomboïdal oblique. La diallage est rayée par l'acier, raye à peine le verre, et fond au chalumeau en verre blanchâtre. Elle se compose, sur 100 parties, de 47 de silice, 24 de magnésie, 13 de chaux, 7 de protoxyde de fer, 4 d'alumine et 3 d'eau. Cette pierre offre quelques variétés utiles aux lapidaires. Les principales variétés de la d allage sont la *smaragdite*, d'un beau vert; la *bronzite*, d'un brun jaunâtre; et le *schillerspach*, d'un aspect métalloïde, de couleur jaune d'or.

DIALLAGITE (*carbonate de manganèse*), substance assez rare, d'un blanc nacré ou couleur rose, cristallisant en rhomboïdes, d'une dureté moyenne, donnant au chalumeau une fritte de couleur verte, se dissolvant dans l'acide nitrique avec peu d'effervescence. Elle se compose de carbonate de protoxyde de manganèse, mélangé de carbonate de fer, de chaux et de magnésie.

DIAMANT, pierre précieuse, connue depuis une grande antiquité. Le diamant n'est autre chose que le *carbone* pur. Il est ordinairement sous la forme de cristaux très-brillants, limpides, quelquefois roses, orangés, violets, jaunes, verts, bleus ou noirs. Leur pesanteur spécifique varie depuis 3,5 jusqu'à 3,55. Leur dureté est telle que le feu le plus violent ne peut les dissoudre, et qu'ils ne peuvent être rayés ou taillés que par leur propre poudre. Pour extraire les diamants, le gouvernement emploie au Brésil des nègres encouragés par des primes. Celui qui trouve un diamant de dix-sept carats est mis en liberté. Le lavage se fait dans des caisses où on laisse arriver un courant d'eau qui enlève toutes les parties terreuses. On a adopté deux formes pour la taille du diamant : l'une, qui constitue les *brillants*, se produit en laissant à la partie supérieure de la pierre une tablette plane et entourée d'une multitude de facettes, appelée la dentelle; la partie inférieure est plane; l'autre, qui constitue les *roses*, ne s'applique qu'aux pierres de petit volume, en forme de pyramide à plusieurs faces. Ce n'est qu'en 1476, que Louis de Berynem découvrit l'art de tailler les diamants. Le prix d'un diamant d'un carat revient à 40 francs. Lorsqu'il est brut, c'est 48 francs; et, lorsque leur poids excède un carat, on les estime par le carré de leur poids multiplié par 48. Ainsi un diamant de douze carats vaut 6,912 francs. Taillés, le carat coûte de 158 à 192 francs; quand ils renferment un carat, ils valent de 240 à 280 francs. On estime le prix par le carré de son poids multiplié par 192 francs. Les plus célèbres diamants sont celui de l'Abaeté, appartenant à l'empereur du Brésil, et qui vaut 7,500,000,000 de francs; le *Régent*, au roi de France, qui a neuf lignes d'épaisseur et treize et demie de diamètre. Il pèse cent trente-six carats, et fut acheté par le duc d'Orléans 2,250,000 francs. — Les vitriers se servent des diamants pour tailler les vitres et les verres.

DIAMANTS D'ALENÇON, cristaux de quartz hyalin d'une grande limpidité, que l'on trouve dans les sables granitiques d'Alençon, et qui ont la forme de pyramides à deux faces.

DIAMANT, quartier de la Martinique (colonie française en Amérique), dans l'arrondissement du Marin. Le bourg est situé au fond de la baie du Diamant, dans l'endroit le plus abrité et le plus propre à l'embarquement des denrées. Il est très-mal bâti.

DIAMANTS DE LA COURONNE, nom donné aux joyaux qui constituent la dotation mobilière de la couronne. Le premier recensement des perles et des pierreries de la couronne eut lieu en 1810. Ces joyaux sont au nombre de soixante-quatre mille huit cent douze, pèsent dix-huit mille sept cent cinquante et un carats, et valent 20,900,260 francs. La couronne renferme cinq mille quatre cent onze pierres précieuses (brillants, roses et saphirs), et vaut 14,702,788 francs; on remarque aussi une aigrette et un bandeau, renfermant deux cent dix-sept brillants, et valant 273,119 francs; un glaive, renfermant quinze cent soixante-neuf roses, et valant 234,165 francs; une parure, renfermant deux mille cent et une perles et trois cent vingt roses, et valant 1,165,183 francs.

DIAMASTIGOSE (myth.), fête célébrée à Sparte en l'honneur de Diane, dans laquelle on fouettait les enfants sur l'autel de cette déesse. Ces enfants, appelés *bomoniques*, furent pris d'abord parmi l'élite de la jeunesse de Sparte; mais dans la suite on les choisit toujours parmi ceux des esclaves. Les mères se tenaient auprès de leurs enfants, les exhortaient à ne pousser aucun gémissement et à ne montrer aucune faiblesse. Ceux qui mouraient dans cette épreuve étaient couronnés de fleurs et ensevelis avec honneur. Lycurgue institua cette fête pour accoutumer la jeunesse à la fatigue et la rendre insensible à la douleur.

DIAMÈTRE, droite qui passe par le centre d'un cercle, se termine de part et d'autre à la circonférence, et divise le cercle en deux parties égales. — C'est aussi la ligne qui mesure l'épaisseur d'une sphère, d'un cylindre, d'une planète. Les diamètres des planètes sont *réels* ou *apparents*. Le diamètre apparent d'une planète est l'angle sous lequel elle apparaît aux observateurs, en prenant pour rayon la distance de la planète à la terre; c'est-à-dire, en menant de l'œil des rayons visuels à deux points opposés du disque d'une planète. L'angle formé de ces rayons, et dont le diamètre de la planète à la corde, forme ce qu'on appelle le *diamètre apparent*. Celui du soleil est de 31 minutes 2 secondes, celui de la lune de 31 minutes. Le *diamètre réel* d'une planète est sa véritable grandeur, mesurée à l'aide d'une grandeur connue, telle que le mètre, ou comparée avec le diamètre de la terre. Ces diamètres sont, en prenant celui de la terre pour unité : du soleil, 109,9300; de la lune, 0,2729. Pour connaître les diamètres des planètes en lieues ou en mètres, il suffit de multiplier les diamètres réels de ces planètes par la valeur du diamètre de la terre exprimée en lieues ou en mètres. Le diamètre de la terre est de 12,751,863 mètres.

DIANDRE, adjectif employé pour désigner tous les végétaux dont la corolle ne renferme que deux étamines. Tels sont les lilas, les jasmins, l'olivier, etc.

DIANDRIE, deuxième classe du système sexuel de Linné. Elle renferme les plantes qui ont deux étamines libres. Tels sont le jasmin, les véroniques, la sauge, etc. Elle est divisée en trois ordres : la *diandrie monogynie*, renfermant les végétaux diandres, qui n'ont qu'un seul pistil; la *diandrie digynie* ou à deux pistils; la *diandrie trigynie* ou à trois pistils.

DIANE (myth.), une des grandes divinités des anciens, déesse de la chasse. On en comptait trois: l'une, fille de Jupiter et de Proserpine, mère de Cupidon; la deuxième, fille d'Apis et de Glaucie; la troisième, fille de Jupiter et de Latone, sœur d'Apollon. Cette dernière est la plus fameuse. Née à Délos, elle fit vœu de virginité; mais elle enfreignit souvent ce vœu en faveur d'Endymion, d'Orion, d'Hippolyte et de Daphnis. — Diane était appelée *Lune* ou *Phœbé* dans le ciel, et présidait à cet astre; *Hécate* dans les enfers, et *Diane* sur la terre. Les femmes enceintes l'invoquaient sous le nom de *Lucine*. On la nommait *Trivia* ou déesse des carrefours, lorsque ses statues étaient placées dans ces lieux. On la regardait comme la déesse de la chasteté. On la représentait sur un char d'or traîné par deux biches blanches, armée de son arc et d'un carquois, vêtue d'une robe de pourpre retroussée sur le genou, et ayant un croissant sur la tête. Le chien lui était consacré.

DIANE (Arbre de), nom donné par les alchimistes au produit résultant de la combinaison du mercure avec le nitrate d'argent. Voy. Arbres métalliques.

DIANE DE FRANCE, née en 1538, était fille légitimée de Henri II et d'une Piémontaise, nommée Philippa Duco. Elle fut élevée avec le plus grand soin. En 1558, elle épousa Horace Farnèse, duc de Castro, et fut veuve six mois après. En 1557, elle épousa en secondes noces le maréchal de Montmorency, fils du connétable; elle perdit ce second époux en 1579. La fermeté et la prudence de Diane brillèrent dans les guerres civiles. C'est à elle que fut due la réconciliation qui eut lieu entre Henri III et Henri IV de Navarre. Diane mourut en 1619.

DIANE DE POITIERS, fille de Jean de Poitiers, seigneur de Saint-Vallier, née en 1499. A treize ans, elle épousa Louis de Brézé, et resta veuve à trente et un ans. Elle obtint pour sa beauté la grâce de son père, condamné à mort pour avoir eu part à la révolte du connétable de Bourbon. Devenue favorite de Henri II, elle gouverna la France sous le nom de prince, fit exiler la duchesse d'Étampes et ses créatures, fit de grands changements dans le conseil, le ministère et le parlement, et obtint en 1548 le duché de Valentinois. Elle fit construire le château d'Anet et s'y retira après la mort du roi. Elle mourut en 1566.

DIANE (art milit.), batterie de caisse à bord des grands bâtiments de guerre. On bat la diane au point du jour, pendant environ un quart d'heure, on tire ensuite un coup de canon, tant à l'avant-garde des ports militaires avant d'en ouvrir l'entrée, qu'en rade à bord d'un bâtiment commandant. L'on bat encore la diane pour les troupes de terre dans le service des camps. Autrefois on la battait dans les forteresses, les villes fortifiées, les casernes, etc.

DIANELLE, genre de la famille des asparaginées, renfermant des plantes vivaces, herbacées et rameuses, à fleurs disposées en panicules lâches terminales, aux feuilles semblables à celles des iris. La plus belle espèce est la *dianelle bleue*, originaire de la Nouvelle-Hollande, et importée en France en 1815 et 1816. Sa tige a seize centimètres de hauteur; elle est tortueuse, garnie de feuilles glabres, vertes et dentelées. Les fleurs qui s'épanouissent de mars à juin sont d'un beau bleu d'azur.

DIAPALME, emplâtre composé de parties égales de litharge, d'huile d'olive, d'axonge, d'eau, d'une certaine quantité de sulfate de zinc, dissous dans l'eau, et de cire blanche. Il jouit de propriétés topiques, dessiccatives, émollientes, résolutives, détersives et cicatrisantes. Mêlé avec le quart de son poids d'huile d'olive, il constitue le *cérat de diapalme*.

DIAPASON, nom grec de l'octave. — On appelle encore ainsi l'étendue d'une voix ou d'un instrument. — Le *diapason* est un petit instrument d'acier, inventé par l'Anglais Shore en 1711, et qui donne le son fixe d'après lequel on accorde tous les autres instruments. Il se nomme *corista* en italien. On courbe une tige quadrangulaire d'acier en forme d'U à deux branches, longues de huit ou neuf centimètres, plus rapprochées en haut qu'en bas. On soude à la partie supérieure une tige. En retirant avec force le diapason d'un cylindre de cuivre où il est renfermé, les deux branches de l'instrument sont mises en vibration, et, en plaçant la tige qui lui sert de pied sur un corps sonore, on entend un son pur et qui ne varie jamais. On produit le même effet en frappant une des branches du diapason sur un corps dur. En France, le diapason sonne le *la*; en Italie, il sonne l'*ut*.

DIAPÉDÈSE, transsudation ou exhalation de sang, sous forme de rosée, à la surface de la peau ou de toute autre membrane.

DIAPENTE (*qui marche par cinq*), nom que l'on donnait à la quinte, dans la musique des Grecs, parce que cet intervalle embrasse cinq tons.

DIAPÈRE, genre d'insectes coléoptères, offrant pour caractères des antennes composées d'articles en forme de disques enfilés, grossissant insensiblement; un corps ovoïde et bombé; une tête courte et triangulaire; un écusson très-petit; des pattes de largeur moyenne. Ces insectes vivent dans l'intérieur des champignons, dont ils rongent la pulpe. Le *diapère du bolet* est long de trois lignes, d'un noir brillant, avec trois taches jaunes sur les élytres; il est commun partout.

DIAPHANÉITÉ, propriété qu'ont certains corps, tels que l'air, l'eau, le verre, le diamant, etc., de laisser passer librement les rayons lumineux à travers leur masse. des savants ont attribué ce phénomène au résultat de la rectitude des pores, à travers lesquels le fluide lumineux se crée un libre passage sans éprouver de déviation ni de réflexion. Les corps diaphanes se distinguent des *transparents* en ce que ceux-ci laissent apercevoir les objets au travers de leur masse. On nomme *diaphanomètres* les instruments avec lesquels on peut mesurer le degré de transparence de l'air.

DIAPHONIE, sorte d'harmonie composée de quartes, de quintes et d'octaves, en usage dans le x<sup>e</sup> siècle, et qui produisait des effets très-durs.

DIAPHORÈSE, mot qui désigne toute espèce d'évacuation cutanée ou de transpiration insensible, comme la sueur. On nomme DIAPHORÉTIQUES les médicaments qui déterminent une diaphorèse. On donne aussi ce nom à une fièvre continue avec sueur perpétuelle. Le *diaphorétique minéral* est une chaux blanche d'antimoine, faite en calcinant de l'antimoine avec trois parties de nitre.

DIAPHRAGMATIQUE, nom donné à divers vaisseaux et nerfs qui appartiennent au diaphragme (Voy. ce mot). Les artères diaphragmatiques supérieures sont au nombre de deux, une de chaque côté; naissent de l'artère mammaire interne et de la partie supérieure de l'aorte abdominale, et descendent le long du nerf phrénique pour se distribuer à la face supérieure du diaphragme. Les *nerfs diaphragmatiques* ou *phréniques* sont au nombre de deux, placés l'un à droite, l'autre à gauche. Ils naissent des nerfs du plexus cervical, au niveau de la partie moyenne du cou, et vont se distribuer dans l'épaisseur du diaphragme.

DIAPHRAGME, muscle impair, membraneux, très-large, obliquement recourbé dans ses diverses parties, obliquement situé entre le thorax et l'abdomen, qu'il sépare l'un de l'autre. Le centre de ce muscle est occupé par une large aponévrose, à laquelle on a donné le nom de *centre phrénique*. Il maintient les viscères renfermés dans la poitrine et l'abdomen, et reçoit un grand nombre de nerfs et de vaisseaux. Lorsqu'il se contracte, ses fibres, de courbes qu'elles étaient, deviennent droites; s'il s'abaisse, la poitrine est agrandie, et l'abdomen diminue; lorsqu'il se relâche, il est repoussé vers la poitrine par les viscères abdominaux. Le diaphragme joue un rôle essentiel dans le soupir, le bâillement, l'anhélation, la toux, l'éternument, le rire, le sanglot, le hoquet, les efforts, le vomissement, l'action de flairer, crier, chanter, etc. Cet organe existe chez les mammifères et les oiseaux. — On a nommé la tente du cervelet le *diaphragme du cerveau*.

DIAPHRAGMITE. Ce mot, qui désigne en général une cloison transversale, signifie en optique un anneau qu'on place au foyer commun de deux verres d'une lentille, pour intercepter les rayons trop éloignés de l'axe, et qui pourraient rendre les images confuses sur les bords. En botanique, il indique toute lame qui partage un fruit capsulaire en plusieurs loges ou parties. — C'est aussi un disque plus ou moins mince qui interrompt la communication dans le canal d'un tube cylindrique, tel qu'un tuyau de pompe, de lunette, etc. Les soupapes des pompes sont portées par des diaphragmes percés.

DIAPHRAGMITE, inflammation du diaphragme. Cette maladie est fort rare. Quelques nosologistes l'ont même confondue avec l'inflammation de la portion de la plèvre ou du péritoine qui tapisse ce muscle, ou avec les abcès formés dans le ligament large du foie.

DIAPNOÏQUES, nom donné aux remèdes diaphorétiques très doux: telles sont la bourrache, les fleurs de sureau.

DIAPRUN, électuaire dont le principal ingrédient est la pulpe de pruneaux. Le *diaprun simple* se compose de deux onces de racine de polypode et de fleurs de violette, d'une once de semences d'épine-vinette et de réglisse; bouillis avec une livre et demie de pruneaux et additionnés d'une livre et demie de sucre blanc, avec six onces de suc de coing. Après avoir fait cuire le tout jusqu'à consistance de sirop, on y mêle une demi-once de poudre de santal citrin, de santal rouge, et une once de semences de pourprier, de violettes et de roses de Provins. Le diaprun simple est laxatif et purgatif. — Le *diaprun résolutif* est très-purgatif. Il résulte du mélange de six onces de diaprun simple avec deux gros de scammonée en poudre.

DIAR ou DROTTSAR, nom que les anciens Scandinaves donnaient à leurs premiers chefs. Ce mot signifie en langue teutonique *dieu, maître, prêtre* et *juge*.

DIARBEKR ou DIARBEKIR (autrefois *Arménie, Assyrie* et *Mésopotamie*), grande province de la Turquie d'Asie, bornée au N. par les pachaliks de Sivas et d'Erzeroum, au S. par l'Irak-Arabi et l'Arabie, à l'O. par la Syrie et le pachalik de Marach, à l'E. par le Kourdistan. Sa superficie est d'environ 12,000 lieues carrées, et sa population de 1,080,000 habitants. Situé entre l'Euphrate et le Tigre, le Diarbekr est fertile en grains, fruits, légumes, vins, oliviers, mûriers, cotonniers, et renferme des mines de plomb, de cuivre, etc. Le commerce consiste principalement en toiles de coton et en maroquins. — La capitale est *Diarbekr*. — La partie septentrionale du Diarbekr forme les trois pachaliks de *Diarbekr* au N., *Ourfa* ou *Édesse* à l'O., et *Mossoul* à l'E. La partie méridionale, qui comprend environ 4,100 lieues carrées, fait partie du pachalik de Bagdad. — Après avoir appartenu successivement aux Assyriens, aux Mèdes, aux Perses, aux Macédoniens, aux Parthes et aux Romains, une partie de ce pays passa aux Arméniens; l'autre eut des rois particuliers. En 934, les Arabes s'y établirent; plus tard les Kourdes s'en emparèrent, et en furent chassés par les Turkomans. En 1460, le Diarbekr passa à la Perse jusqu'en 1515, époque à laquelle le sultan Sélim I<sup>er</sup> s'en empara et le réunit à l'empire ottoman.

DIARBEKR, l'un des trois pachaliks de la province de ce nom, borné au N. par ceux de Sivas et d'Erzeroum, au S. par ceux d'Ourfa et de Mossoul, à l'O. par le pachalik de Marach, et à l'E. par le Kourdistan. Sa superficie est de 2,300 lieues carrées, et sa population de 201,250 habitants. La capitale est *Diarbekr*.

DIARBEKR (l'*Amide* des anciens et la *Kara-Amid* des Turks), ville d'Asie, capitale de la province et du pachalik qui portent son nom, sur la rive droite du Tigre, à l'endroit où il devient navigable, à 230 lieues de Constantinople. Sa population est de 60,000 habitants, dont plus d'un tiers se compose de chrétiens arméniens, nestoriens et jacobites. Elle a des mosquées et des bazars magnifiques et des manufactures considérables. Son gouvernement est pacha à trois queues.

DIARRHÉE (l'*entérite superficielle* des pathologistes), maladie légère caractérisée par des évacuations alvines liquides et fréquentes, et qui paraît due soit à une inflammation superficielle de la membrane muqueuse des intestins, soit à une sécrétion augmentée à la surface de cette membrane, ou dans quelques-uns des organes glanduleux dont les conduits aboutissent aux intestins. Cette affection peut être produite par l'usage d'aliments indigestes, de remèdes purgatifs, l'impression du froid, etc. L'enfance, la faiblesse de la constitution, le tempérament lymphatique, paraissent y prédisposer. Sa durée est de quatre à sept jours, et sa terminaison favorable. Les principaux symptômes sont des douleurs mobiles dans l'abdomen, la colique, un malaise général, des nausées et la perte de l'appétit.

DIAS ou DIAZ. Plusieurs Portugais célèbres ont porté ce nom. — BARTHÉLEMI-DIAS, envoyé en 1486 avec deux navires de guerre et un aviso pour continuer les découvertes sur les côtes de l'Afrique, découvrit 300 lieues de terres au S. du cap Bojador, et passa le fameux *cap des Tempêtes*, que le roi Jean II nomma plus tard le *cap de Bonne-Espérance*. — NICOLAS DIAS, dominicain des XV<sup>e</sup> et XVI<sup>e</sup> siècles, se fit un grand nom par ses sermons. — BALTHAZAR DIAS, de Madère, aveugle de naissance, publia plusieurs écrits, entre autres les *Actes de Salomon*, *de la passion*, *de saint Alexis*, la tragédie du *Marquis de Mantoue* et de l'*Empereur Charlemagne*. — HENRI DIAS, nègre du Brésil, se mit à la tête de ses concitoyens, et seconda beaucoup le général Mathias d'Albuquerque contre les Indiens. Il fut nommé colonel par Jean IV, et décoré de l'ordre du Christ. — FRANÇOIS DIAS-GOMEZ, émule et compatriote de Camoëns, naquit en 1743 d'un simple mercier, et mourut en 1795. Ses *Œuvres poétiques* se composent de sept élégies, quatre odes et trois cantiques. L'académie des sciences de Lisbonne fit imprimer ses œuvres en 1799.

DIAS ou DIAZ. Plusieurs Espagnols célèbres ont porté ce nom. — MICHEL DIAS, Aragonais, compagnon de Christophe Colomb, découvrit en 1495 les mines d'or de Saint-Christophe, près de la rivière d'Hayna, dans l'Amérique. Il fut commandant de la forteres e de la Nueva-Isabella, bâtie par Colomb. Il fut, plusieurs années après, lieutenant du gouverneur de Porto-Rico (1509). Envoyé prisonnier en Espagne, il fut réintégré en 1512, et mourut dans la même année. — JEAN-BERNARD DIAS DE LUCO, vicaire général de Tolède, fut savant dans le latin, le grec, l'hébreu et la jurisprudence. Nommé membre du grand conseil des Indes et ensuite évêque de Calahorra, il mourut en 1556. — JEAN DIAS, d'abord disciple de Calvin, ensuite de Bucer, qu'il accompagna au colloque de Ratisbonne. Sollicité par son frère d'abjurer ses opinions, il fut égorgé par ce frère en 1546. — FRANÇOIS DIAS, alla prêcher l'Évangile aux Philippines et dans la Chine, et mourut lapidé. On a de lui un *Dictionnaire chinois-espagnol*.

DIASCORDIUM, nom d'un électuaire composé d'une once et demie de feuilles de *scordium*, de deux onces de bol d'Arménie préparé, de deux gros de laudanum, de gingembre, de poivre long, de demi-once de roses de Provins, de racines de bistortes, de gentiane, de tormentille, de cassia lignea, de cannelle, de dictame de Crète, de semences de berberis, de storax calamite, de galbanum, de gomme arabique, de deux livres de miel rosat et de vin d'Espagne. On l'emploie comme tonique, stomachique et astringent contre la dyssenterie et les dévoiements. On en donne depuis un scrupule jusqu'à un gros et demi.

DIASIES, fêtes athéniennes en l'honneur

de Jupiter. On y invoquait ce dieu afin de détourner les maux qui affligent les hommes. On célébrait pendant cette fête des foires célèbres.

DIASPHENDONÈSE, supplice qui se pratiquait de la manière suivante : on pliait à grande force deux arbres ; on attachait un des pieds du patient à l'un de ces arbres, et l'autre pied à l'autre arbre ; puis on lâchait en même temps les deux arbres qui emportaient chacun une partie du corps.

DIASPORE (*hydrate d'alumine*), minéral composé de soixante-seize à quatre-vingts parties d'alumine, de quatorze à dix-sept d'eau et de trois à sept d'oxyde de fer. Il se présente ordinairement en lames jaunâtres ou brunâtres, un peu fibreuses, à la cassure quelquefois vitreuse. Le diaspore se trouve dans une roche argilo-ferrugineuse qui appartient au terrain granitique.

DIASTASE, poudre blanche, soluble dans l'eau, insoluble dans l'alcool, que l'on obtient en broyant l'orge récemment germée, en l'humectant avec la moitié de son poids d'eau, et en la pressant avec force. On précipite ensuite la diastase par l'alcool. Elle a la propriété de séparer les téguments de l'amidon (fécule amilacée) de l'amidine qu'ils renferment, et de déterminer la dissolution de l'amidon à la température de 60 à 80 degrés.

DIASTASE. En pathologie chirurgicale, on nomme ainsi la séparation de deux os qui étaient contigus. Les anciens désignaient par ce mot 1° la longueur, l'épaisseur, la largeur, c'est-à-dire, les trois dimensions du corps ; 2° le gonflement des veines variqueuses ; 3° le temps où il s'opère quelque changement dans les maladies.

DIASTÈME. En termes de musique ancienne, ce mot désignait l'*intervalle simple*, par opposition à l'*intervalle composé*, que l'on appelait *système*.

DIASTOLE, mouvement par lequel le cœur et les artères se dilatent. Il est opposé à *systole*, qui indique le resserrement de ces organes.

DIASTYLE, terme d'architecture, édifice dont les colonnes sont éloignées l'une de l'autre de trois de leurs diamètres.

DIATHÈSE, disposition particulière de l'économie en vertu de laquelle les individus sont fréquemment, ou sans interruption, attaqués d'une espèce déterminée de maladie, qui se reproduit dans diverses parties du corps, sous des formes semblables ou variées. Ainsi une *diathèse inflammatoire* est la prédisposition à contracter une inflammation.

DIATOMÉE, genre de zoophytes caractérisés par des segments ou lames formant d'abord un petit filament simple et très-comprimé, qui, en se disjoignant dans la longueur, ne demeurent unis que par deux de leurs angles diagonalement opposés, et présentent dans leur écartement la figure de zig-zag. Les diatomées sont petites, et forment sur les plantes aquatiques des fontaines ou de la mer un duvet roussâtre, de couleur ferrugineuse, qui devient verdâtre par la dessication.

DIATONIQUE, terme de musique. C'est le genre dans lequel on procède par tous et demi-tons, suivant la place qu'ils occupent dans l'échelle diatonique (gamme). Ce mot avait la même signification chez les Grecs.

DIATRAGACANTHE, poudre composée de deux onces de gomme adragante, d'une once et deux gros de gomme arabique, de demi-once d'amidon, de trois gros de réglisse, d'autant de semences de melon et de pavots blancs, de deux gros de semences de citrouille, de courge, et de trois onces de sucre candi. La poudre diatragacanthe est adoucissante.

DIATRITAIRES. On nommait ainsi les médecins méthodistes qui prétendaient guérir toutes les maladies en soumettant pendant trois jours à une diète rigoureuse les individus qui en étaient atteints.

DIAULE, petite flûte des Grecs, appelée ainsi par opposition au *monaule*, qui était la flûte simple. On nommait *diaulies* les airs de flûte que l'on jouait sur les théâtres des anciens. — La *diaule* (mesure de longueur) valait 2 stades (370 mètres).

DIAULODROMES, nom donné chez les anciens à des coureurs qui se disputaient le prix de la victoire dans les jeux publics. Ils faisaient un stade en allant et un stade en revenant sans s'arrêter.

DIAZEUXIS. C'était, dans l'ancienne musique, le ton qui séparait deux tétracordes (quartes) disjoints, et qui, ajouté à l'un d'eux, en formait la diapente (quinte). C'était, par rapport à notre musique, le ton qui est la différence de la quinte à la quarte.

DIBUTADE, jeune fille de Sicyone, imagina d'adoucir les rigueurs de l'absence de son amant en traçant l'ombre de celui-ci, dont le profil se dessinait sur une muraille. Telle fut l'origine de la peinture. Le père de Dibutade, admirant cette invention, imagina d'appliquer de l'argile sur ces traits en observant leurs contours, et de faire cuire dans un fourneau ce profil de terre. De là, dit-on, l'origine de la sculpture en relief.

DICASTÉRIE, nom que portaient certains tribunaux d'Athènes. — Le *dicastère* est une division territoriale dans certains pays.

DICÉARQUE, de Messine, célèbre par ses connaissances en philosophie, histoire et mathématiques. Il était disciple d'Aristote. Tous ses ouvrages sont perdus ; il avait composé un traité *sur la Mort des hommes*, les *Corinthiaques* et les *Lesbiaques*. Ses ouvrages géographiques étaient la *Description de la Grèce* et le *Traité des mœurs grecques* ; ses œuvres historiques, la *Vie des hommes illustres* et l'*Histoire de la république de Sparte*. Les éphores faisaient lire ce dernier ouvrage tous les ans en présence des jeunes gens.

DICÉE, genre de passereaux ténuirostres, au bec court, non denté, élargi à sa base et un peu recourbé à sa pointe ; aux narines petites et arrondies ; aux ailes obtuses. Les espèces connues sont toutes des îles de l'archipel d'Asie et de l'Océanie. Leur taille est petite et leur plumage teint pour la plupart du rouge le plus vif. Le *dicée noir* habite la Nouvelle-Guinée ; sa longueur est de quatre pouces.

DICÉLIES, sortes de farces ou de scènes libres célébrées dans l'ancienne comédie. On nommait *dicélistes* les acteurs qui jouaient ces pièces.

DICÉNÉE, philosophe égyptien du siècle d'Auguste, voyagea dans la Scythie, obtint la faveur du roi de ces contrées, et adoucit par ses leçons le naturel sauvage et incivilisé des Scythes. Il changea ces barbares à un tel point qu'ils arrachèrent toutes les vignes pour prévenir les désordres causés par l'ivresse. Il écrivit pour eux des lois et des maximes, de peur qu'ils les oubliassent après sa mort.

DICHOBUNE, mammifère qui n'est connu qu'à l'état fossile, et dont la découverte est due aux recherches de Cuvier. Sa place est dans l'ordre des pachydermes, à côté des anoplotheriums et des hippopotames ; il renferme plusieurs espèces, toutes de petite taille, et ayant leurs dents molaires garnies de tubercules distincts. Ces espèces sont le *dichobune lièvre*, dont les formes et la taille ressemblent à celle d'un lièvre ; le *dichobune rongeur*, gros comme un cochon d'Inde, et le *dichobune oblique*, de même dimension, et remarquable par l'obliquité des branches de sa mâchoire inférieure.

DICHOSANDRE, genre de plantes de la famille des commélinées, originaires du Brésil. On en connaît une espèce cultivée, fleurissant en France depuis 1829 ; c'est la *dichosandre à fleurs en thyrse*. Sa tige part d'un tubercule charnu, et monte à un mètre au plus ; elle est cylindrique, d'un vert foncé. De chaque articulation sort une gaîne tachée de brun pourpre. Les feuilles qui terminent cette gaîne sont al-

ternes, lancéolées ; au sommet de la tige s'élève une panicule florifère, inodore, chargée de ramifications cylindriques, courtes, et portant à leurs extrémités trois à cinq fleurs d'un bleu lilas à l'extérieur, blanches à l'intérieur, et vertes à l'extrémité de chaque pétale.

DICHOTOMIE, nom qu'on donne, en botanique, aux parties qui se divisent et se subdivisent par bifurcation. Une tige *dichotome* est d'abord simple, puis elle se bifurque en deux branches, et chacune de celles-ci se subdivise en plusieurs fois jusqu'au sommet. La tige du gui, de l'œillet, les pédoncules du fusain, les feuilles du cornifie, le style du sébestier, de la varrone, etc., sont *dichotomes*. — En termes d'astronomie, ce mot désigne l'état de la lune lorsque la moitié de cet astre est seule visible.

DICHROA, genre de la famille des rosacées, qui renferme un arbrisseau de la Cochinchine, dont les feuilles et les racines sont employées par les naturels comme un bon fébrifuge. Elles sont émétiques et purgatives.

DICHROISME, propriété optique des minéraux, qui consiste dans la double réfraction des rayons lumineux, faisant paraître les minéraux qui sont doués de cette propriété, de couleurs différentes suivant la partie de ces minéraux que l'on considère ; ainsi la cordiérite apparaît bleue dans un sens et d'un brun noirâtre dans l'autre. On nomme *unichroïtes* les substances qui ne produisent pas de double réfraction, et *trichroïtes* celles, telles que la topaze, qui présentent trois couleurs différentes.

DICLINE, nom donné aux plantes dont les organes sexuels ne sont pas réunis dans chaque corolle ou dans chaque fleur, mais distincts sur des individus différents, par conséquent unisexués. Les fleurs *diclines pures* sont celles dans lesquelles les étamines et les pistils habitent sur la même plante, comme dans l'épinard (*monoécie* de Linné), quelquefois les organes mâles existent sur un pied, les femelles sur un autre (*diœcie*), comme le chanvre. Dans la *Méthode naturelle des plantes*, les plantes diclines forment la quinzième et dernière classe, qui renferme les euphorbiacées, les cucurbitacées, les urticées, les amentacées et les conifères.

DICORDE, instrument des anciens, et particulièrement des Egyptiens. Il avait la forme d'un luth aplati avec un long manche, et il était monté de deux cordes.

DICOTYLÉDONÉES, troisième grande division des végétaux selon la méthode dite *naturelle* de Jussieu. Elle comprend tous ceux dont la semence est à deux lobes, cotylédons ou feuilles séminales qui se montrent ordinairement à la surface du sol au moment de la germination. C'est la division la plus nombreuse ; elle renferme à elle seule les quatre cinquièmes des plantes connues, les légumineuses, les nyctaginées, les synanthérées, les papavéracées, etc. On a divisé les dicotylédonées en trois classes : 1° des APÉTALES, subdivisées en *épistaminie* (étamines épigynes), *péristaminie* (périgynes), *hypostaminie* (hypogynes) ; 2° les MONOPÉTALES, subdivisées en *hypocorollie* (à corolle hypogyne), *péricorollie* (périgynes), et *épicorollie* (épigynes), *synanthérie* (anthères réunies), *corisanthérie* (anthères distinctes) ; 3° les POLYPÉTALES, subdivisées en *épipétalie* (étamines épigynes), *hypopétalie* (hypogynes), et *péripétalie* (périgynes).

DICRANE ou DICRANIE, genre de mousses. Dans plusieurs espèces les feuilles sont verticales et insérées sur deux rangs opposés, leur bord supérieur et les bords en deux lames qui contournent la tige ; dans les autres, les feuilles embrassent la tige ; la tige est rameuse, les rameaux dressés et serrés. Les dicranes poussent par touffes serrées, et constituent les plus beaux tapis de verdure.

DICROTE, nom donné au pouls lorsqu'il semble battre deux fois dans le même repace de temps qu'il met ordinairement à battre une fois. On le nomme aussi *rebondissant*. Bordeu regardait le pouls dicrote comme annonçant une hémorragie nasale ou gutturale.

DICTAME DE CRÈTE, plante du genre *origan*, et de la famille des labiées, dont les anciens vantaient les propriétés. Les sommités fleuries, très - aromatiques, étaient regardées comme vulnéraires, cordiales, emménagogues; on les disait très-efficaces contre la morsure des serpents venimeux. Les anciens prétendaient que les biches, blessées par les traits des chasseurs, se guérissaient en mangeant des feuilles de dictame. On le rencontre dans le midi de l'Europe et de la France. Le meilleur dictame se cueillait autrefois sur le mont Ida. La tige, vivace, rameuse, cotonneuse, s'élève à un pied et demi; les feuilles sont orbiculaires, épaisses, blanchâtres et opposées; les fleurs, disposées en panicules quadrangulaires, blanches ou purpurines. Son odeur est suave et aromatique, sa saveur amère, âcre ou piquante. Dans la Suède, on prend de la bière enivrante en y mêlant de l'origan.

DICTAME BLANC. Voy. DICTAMNE.

DICTAMNE, genre de la famille des rutacées. Le *dictamne fraxinelle* ou *blanc* (simplement *fraxinelle*) est une plante vivace, à racine ligneuse, aux tiges droites, cylindriques, hautes de 65 à 90 centimètres, aux feuilles alternes, garnies de folioles ovales, aiguës, luisantes, et aux fleurs grandes, rouges ou blanches, et disposées en épis. Toute la plante répand une odeur forte, résineuse et pénétrante. Les pédoncules qui portent les fleurs du dictamne, le calice et l'extrémité supérieure des tiges, sont chargées d'une foule de petites glandes, sécrétant une huile volatile abondante, d'une odeur très-forte. L'air de la nuit, devenant plus froid, condense cette sécrétion en forme d'atmosphère éthérée environnant la plante. Si l'on approche de cette atmosphère une bougie, elle prend une lueur verte ou rouge, et brûle rapidement sans endommager la plante. L'écorce de sa racine est un médicament très-énergique, et possède des propriétés stimulantes.

DICTAMNITE. On donne ce nom à du vin que l'on obtenait en faisant fermenter le moût de le dictamne. Il était employé comme emménagogue.

DICTATEUR, magistrat romain revêtu de l'autorité royale. Rome emprunta cette dignité aux Albains et aux Latins, neuf au après l'expulsion des rois. Le dictateur était élu par le consul, et son élection était confirmée par les augures. Il exerçait son autorité pendant six mois. Le dictateur jouissait d'un pouvoir absolu, même au-dessus des lois. Il avait le droit de faire la paix et la guerre, de lever des armées, de les licencier et de les mener à l'ennemi. Vingt-quatre licteurs portaient devant lui les haches et les faisceaux. A l'exception des tribuns du peuple, tous les autres magistrats étaient suspendus pendant son administration. Il ne pouvait sortir des confins de l'Italie, et allait toujours à pied. César fut le dernier dictateur.

DICTATEUR. Dans les classes de l'ancienne université, ce titre se donnait à l'écolier qui avait été souvent premier dans ses compositions. — On nommait DICTATRICE une femme qui était comme le chef perpétuel de l'ordre de la Mouche-à-miel. On frappait des médailles en son honneur.

DICTATURE, nom qu'en Allemagne, dans la ville où se tenait la diète de l'empire, on donnait à l'assemblée des secrétaires de légation ou *cancellistes*, des différents princes. Dans cette assemblée, le secrétaire de légation de l'électeur de Mayence dictait aux autres ses mémoires, actes, etc.

DICTIONNAIRE, ouvrage dans lequel les mots d'une langue ou d'une science sont distribués et expliqués par ordre alphabétique. Les plus anciens ouvrages de ce genre sont: celui de Varron, sur les origines, l'analogie et la différence des mots; celui de Verrius Flaccus sur la signification des mots, dont nous avons un abrégé par Festus; l'*Onomasticon* de Pollux, sur les synonymes, les mots analogues, etc.; celui d'Estienne, sur la géographie; celui de Suidas sur la vie des hommes célèbres, etc., etc. — On a publié des dictionnaires sur toute espèce de sujet. Les plus célèbres sont les *Lexiques* de Robert et d'Henri Estienne, celui de Forcellini, l'*Etymologicon* de Vossius, le *Glossaire* de Ducange, le *Dictionnaire de l'Académie* publié en 1694, et dont on a donné depuis plusieurs éditions, le *Dictionnaire de Trévoux*, le *Grand Dictionnaire français* de Panckoucke, en 30 volumes in-4°. Nous avons des dictionnaires de toutes les langues, des dictionnaires historiques, de la fable, de l'histoire, des mœurs, des voyages, d'histoire naturelle, de mathématiques, des arts et métiers, de musique, de chimie, etc.

DICTUM, mot emprunté du latin. Ce terme s'applique aux anciens arrêts de justice, que l'on rédigeait alors dans cette langue. On vient de ce qu'autrefois, à la fin des décisions judiciaires, l'on écrivait *dictum est* (il a été dit, il a été ordonné). C'est ce que l'on nomme aujourd'hui dispositif d'un jugement.

DICTYNNA (myth.), nymphe de Crète qui inventa les filets pour la chasse. Elle était de la suite de Diane, et c'est à cause de cela qu'on nomme cette déesse *Dyclinnia*. On prétend que cette nymphe s'étant jetée dans la mer pour se dérober aux poursuites de Minos, elle tomba dans les filets d'un pêcheur, d'où lui vint son nom de Dictynna (en grec, *filets*, *rets*). On célébrait à Sparte, en l'honneur de Diane, une fête appelée Dictynnie.

DICTYOPHORE, genre de champignons compris entre les *phallus* et les *morchella*. Leur valve est fugace, leur texture délicate, le pédicule creux, cylindrique, surchargé de vésicules, le chapeau campanulé, perforé au sommet, mobile, parsemé d'alvéoles et de sillons, leur odeur âcre et fétide. Ces champignons sont originaires des contrées les plus chaudes.

DICTYOPTÈRE, genre de plantes marines dictyotées, qui ont pour caractères des feuilles simples ou divisées, des capsules petites, disposées sur les feuilles en masses un peu saillantes. Leur grandeur varie de quelques centimètres à trois décimètres. Ces plantes habitent les zones chaudes et tempérées, et sont très-communes dans la Méditerranée.

DICTYOTE, genre de plantes cryptogames, qui a pour caractères des feuilles sans nervures, et à capsules en petites masses éparses. La substance qui forme la composition des dictyotes consiste en un réseau irrégulier très-fin, invisible à l'œil nu, et soutenu par un autre réseau plus apparent. La couleur de ces plantes est verte. Elle fait partie de l'ordre des dictyotées.

DICTYOTÉES, ordre de plantes marines de la famille des hydrophytes, ayant pour caractères une couleur verdâtre qui ne change pas à l'air ni par la dessication. Elle ont une tige, des rameaux et des feuilles; un tissu cellulaire et un épiderme très-épais. Leurs mailles ou cellules, hexagonales ou carrées, sont remplies d'un autre tissu cellulaire plus petit et plein d'une substance mucilagineuse colorante. Leurs fructifications, très-nombreuses, consistent en capsules granifères. Ces plantes sont annuelles ou vivaces. Elles habitent les mers.

DICTYS (myth.), Crétois qui suivit Idoménée au siège de Troie. On a prétendu qu'il écrivit l'histoire de cette guerre célèbre, et que ses ouvrages, déposés dans son tombeau, furent retrouvés sous le règne de Néron; mais cette tradition n'est qu'une fable. L'on pense qu'un savant du XVe siècle, ou du règne de Constantin, selon d'autres, écrivit cette histoire sous le nom supposé de Dictys.

DIDACTYLES, épithète donnée aux animaux qui ont deux doigts à chaque pied. Parmi les mammifères, on distingue l'unau; parmi les oiseaux, l'autruche; parmi les amphibies ou reptiles à peau nue, l'amphiume. — On appelle aussi *didactyles* les parties divisées en deux autres; ainsi certaines araignées ont des mâchoires didactyles, etc. Klein avait donné le nom de *didactyles* à une classe dans laquelle il avait réuni les chameaux et les paresseux à deux doigts. Elle formait la première famille des quadrupèdes digités couverts de poil.

DIDASCALIES, mot ancien qui désignait les représentations théâtrales, les écrits qui avaient pour objet la scène, les pièces dramatiques, l'art en général, etc.

DIDEAU, filet qui sert à barrer le cours des rivières pour arrêter le poisson. On tend ordinairement ces filets aux ponts et aux moulins. Quelquefois on les suspend à des poulies afin de pouvoir les monter et les descendre à volonté.

DIDELPHE. Voy. SARIGUE.

DIDELPHES, famille de mammifères établie par de Blainville, et répondant à celle des marsupiaux établie par Cuvier, et à celle des pédimanes. Voy. ces mots.

DIDEROT (Denis), né à Langres (Haute-Marne) en 1713. Il s'adonna à l'étude des mathématiques, des belles-lettres et de la philosophie. Pour satisfaire à ses besoins, il fut forcé de traduire l'*Histoire de la Grèce*, de Stanyan (1743), et fit partie des rédacteurs du *Dictionnaire de médecine* (1746). Son *Essai sur le mérite et la vertu* et les *Pensées philosophiques* eurent un grand succès. Ce dernier ouvrage fut attaqué par les théologiens catholiques et protestants. Il y sapait toutes les religions dans leurs fondements. Ce livre ayant été brûlé par ordre du parlement, fut imprimé sous le titre d'*Etrennes aux esprits forts*. Il conçut avec d'Alembert le plan de l'*Encyclopédie*, et en fit le prospectus. Il se chargea des articles des arts et des métiers. Lorsque les privilèges furent retirés par arrêt du conseil du roi, Diderot brava seul l'orage, et en obtint enfin l'impression. Pendant qu'on persécutait Diderot dans sa patrie, Catherine II l'attira dans sa cour, et le combla de présents. En 1748, il publia des *Mémoires* sur les mathématiques; en 1754, des *Pensées sur l'interprétation de la nature*. On a encore de lui *le Père de famille* et le *Fils naturel*, deux comédies en prose; *la Religieuse* et *Jacques le Fataliste*, romans; les *Salons* ou Jugements sur les expositions de peinture et de sculpture, le dithyrambe des *éleuthéromanes*, des *éloges* et des *brochures*. Diderot s'attira plusieurs persécutions au sujet de son système philosophique et de ses pensées irréligieuses. Il mourut en 1784.

DIDIA, loi décrétée l'an de Rome 606, sous les auspices de Didius, pour mettre des bornes aux dépenses des fêtes publiques, et limiter le nombre de ceux qui se rendaient de toutes parts à celles qu'on célébrait à Rome ou dans l'Italie. On punissait par l'amende ceux qui enfreignaient cette loi.

DIDIER (Saint), évêque de Langres, vivait sous le règne de Gontran. Un chef des Vandales étant venu ravager les Gaules avec les Germains et les Suèves, ces barbares approchant de Langres, Didier fut au-devant d'eux pour tâcher d'adoucir leur chef; mais celui-ci le fit massacrer. D'autres historiens mettent son martyre à l'an 407, lorsque les Alains, les Vandales et les Suèves ravagèrent les Gaules.

DIDIER (Saint), né à Autun sous le règne de Childebert I<sup>er</sup>, succéda à saint Ver en 596 dans l'archevêché de Vienne. Brunehaut, irritée de la liberté de ses remontrances, l'envoya en exil, et le rappela quatre ans après, croyant le gagner; mais, le trouvant inflexible, elle le fit assassiner l'an 608, sur les bords de la rivière de Chalarone, à 7 lieues de Lyon. On célèbre la fête de saint Didier la 23 mai.

DIDIER, dernier roi des Lombards, succéda à Astolphe en 756. Les seigneurs assassinèrent à Ratchis, frère d'Astolphe, qui avait quitté le trône pour s'enfermer dans un cloître, de sortir de son monastère. Pour écarter cet adversaire, Didier rendit au pape Étienne II les villes enlevées par Astolphe, et celui-ci parvint à décider Ratchis à rentrer dans sa retraite. Délivré de son concurrent, Didier recommença les hostilités de ses prédécesseurs contre la cour de Rome. Bertrade, mère de Charlemagne, roi des Francs, malgré les oppositions du pape, lui fit épouser la fille de Didier (769). L'année suivante (770), Charlemagne répudia son épouse sous prétexte de stérilité, et Didier se vengea de cet affront sur le pape Adrien Ier, successeur de Étienne II; celui-ci eut recours à Charlemagne, qui le fit prisonnier, et le relégua avec sa famille dans l'abbaye de Corbie (774). C'est ainsi que se termina le règne des Lombards en Italie.

DIDIER (Paul), né à Upie (Drôme) en 1758. Avocat au parlement de Grenoble, il ne prit aucune part à la révolution de 1789. Il remplissait les fonctions de professeur de droit sous l'empire. En 1814, il fut nommé conseiller à la cour de cassation et maître des requêtes au conseil d'État. Il fit partie de la conspiration ou insurrection qui éclata à Grenoble en 1816. Didier se réfugia en Sardaigne; mais, arrêté et livré aux autorités françaises, il fut condamné à mort et exécuté le 11 juillet. Il mourut avec fermeté.

DIDIUS JULIANUS, gouverneur d'Espagne, vaincu par Sertorius. — Riche Romain, qui, après le meurtre de Pertinax, acheta l'empire, mis en vente par les prétoriens l'an 192. Il se rendit odieux par son arrogance et par son luxe. Ayant refusé de payer la somme pour laquelle il avait été élevé à l'empire, il fut massacré par les soldats, après un règne de soixante-six jours. Sévère fut son successeur.

DIDON ou ÉLISE, fille de Bélus, roi de Tyr, épousa son oncle Sichée, qui fut massacré par son beau-frère Pygmalion, frère de Didon et successeur de Bélus. Cette princesse s'enfuit avec les trésors de son époux et avec les Tyriens qui ne pouvaient supporter la cruauté du tyran. Une tempête l'ayant jetée sur les côtes d'Afrique, elle acheta des habitants autant de terrain que la peau d'un bœuf, coupée en lanières très-minces, pouvait contenir, et y bâtit Carthage. Ses sujets ayant voulu l'obliger d'épouser Iarbas, roi de Mauritanie, qui menaçait de l'y contraindre par la voie des armes, Didon demanda trois mois de délai pour apaiser les mânes de son premier époux. Le délai expiré, elle monta sur un bûcher, et se poignarda en présence de tout le peuple. Suivant Virgile et Ovide, le départ subit d'Énée, que Didon aimait et qu'elle voulait épouser, fut cause de sa mort. Cependant un espace de trois siècles sépare ces deux héros de l'antiquité; car Didon quitta Tyr 247 ans après la guerre de Troie. Les Carthaginois lui rendirent les honneurs divins.

DIDOT, famille célèbre dans l'art typographique. — FRANÇOIS DIDOT, premier imprimeur de ce nom, était libraire, et ami de l'abbé Prévost. Il fit donner une brillante éducation à ses enfants. — FRANÇOIS-AMBROISE, son fils, né à Paris en 1730, et mort en 1804, imprimeur et fondeur de caractères, lui succéda. Il parvint, au moyen d'un typomètre, à donner aux caractères une juste proportion et des dimensions égales. Il s'occupa le premier de perfectionner la fabrication du papier, et ce fut lui qui fit les premiers papiers vélins fabriqués en France. Il inventa des presses au moyen desquelles on foule d'un seul coup la feuille de papier dans toute son étendue. Il imprima à l'usage du dauphin, par ordre de Louis XVI, un choix des classiques, et un choix d'ouvrages français pour le comte d'Artois. — Son frère PIERRE-FRANÇOIS DIDOT jeune se distingua aussi comme imprimeur et fondeur de caractères. Il mourut en 1795, à soixante-trois ans. — PIERRE DIDOT l'aîné, fils de François-Ambroise, né à Paris en 1761, succéda à son père en 1789. Il publia un grand nombre d'éditions illustrées par les meilleurs graveurs, Racine (1801), Virgile (1798), Horace (1799). Il obtint la médaille d'or. Ses autres ouvrages sont le Voyage d'Égypte, l'Iconographie de Visconti, Boileau, la Henriade, etc. Il obtint la croix de l'ordre de Saint-Michel et de la Réunion. — HENRI DIDOT, fils de Pierre-François, inventa le moule à refouloir, et apporta de grands perfectionnements dans la fonderie des caractères. — Les meilleures éditions modernes proviennent des presses de FIRMIN DIDOT frères, petits-fils de François-Ambroise. Parmi les ouvrages qu'ils publient on distingue l'Univers pittoresque, etc.

DIDRACHME, pièce de monnaie des Grecs, qui valait ¼ tétradrachme, c'est-à-dire 2 drachmes (2 livres). — Le didrachme était aussi un poids de 168 grains huit vingt-cinquièmes.

DIDYME D'ALEXANDRIE vivait dans le IVe siècle. Aveugle à cinq ans, il acquit de vastes connaissances dans la philosophie, la rhétorique, la musique et les mathématiques, en se faisant lire les auteurs sacrés et profanes. Il fut choisi pour gouverner l'école d'Alexandrie, et eut pour disciples saint Jérôme, Rufin, Palladius et Isidore. Il mourut en 398, laissant un grand nombre de commentaires sur plusieurs sujets sacrés et plusieurs traités. — DIDYME D'ALEXANDRIE, autre écrivain, vivait sous la république romaine. Il publia plus de quatre mille traités sur différents sujets. — Scoliaste d'Homère, vivait vers l'an 40 de J.-C. Il a laissé un Commentaire sur Homère et plusieurs ouvrages perdus.

DIDYNAMIE, nom de la quatorzième classe du système sexuel de Linné, caractérisée par quatre étamines, dont deux sont plus grandes que les deux autres. Elle se divise en deux ordres : la gymnospermie, comprenant les végétaux qui portent quatre graines nues en apparence au fond du calice, et l'angiospermie, formée des végétaux portant une capsule. Au premier de ces ordres correspond la famille de labiées; au deuxième appartiennent celles des scrofularinées, des rhinanthacées, etc.

DIE, près de la rive droite de la Drôme, chef-lieu d'arrondissement du département de ce nom, à 17 lieues et demie de Valence. Population, 3,555 habitants. On attribue la fondation de Die aux Phocéens de Marseille. Son nom était du temps des Romains Dea Vocontiorum. Cette ville formait autrefois un évêché dont le siège a été transporté à Valence. Les protestants y ont une église consistoriale. C'est une ville industrieuse et commerçante, surtout en soie et en un vin blanc mousseux, nommé clairette de Die. Die a un tribunal de première instance.

DIÉ, DÉODATUS ou DIEUDONNÉ (Saint), d'une famille noble des Gaules, succéda à Rauracus, évêque de Nevers, vers l'an 655. Ayant quitté son siège, il se retira dans les montagnes des Vosges, pour s'y consacrer à la prière et à la méditation. Il fit élever un monastère sur les bords de la Meurthe, sous la règle de Saint-Colomban, et rassembla une foule de religieux. Il mourut vers 684.

DIÉ (Saint), sur la Meurthe, chef-lieu d'arrondissement du département des Vosges, à 21 lieues d'Épinal. Population 7,707 habitants. Le nom primitif du territoire de cette ville était vallée de Galilée. Cette vallée fut donnée par Childéric II à Déodatus ou Dié, évêque de Nevers, qui y bâtit un monastère. Un village se forma à l'entour, et prit le nom de son fondateur. Saint-Dié fut célèbre par sa collégiale qui remontait au VIIe siècle, et fut sécularisée en 954. Elle se nomma d'abord l'abbaye de Jointure, et jouissait de priviléges considérables. Elle possède deux sources d'eaux minérales : une sulfureuse et l'autre ferrugineuse. Elle a une bibliothèque de 9,500 volumes, un séminaire diocésain qui compte cent quarante élèves, et un évêché suffragant de l'archevêché de Besançon.

DIE (LA COMTESSE DE), poète du XIIe siècle, épousa le comte de Valentinois, Guillaume de Poitiers, et lui apporta en dot le comté de Die. Cette femme galante et poète aima Raymbaud d'Orange, ou selon d'autres Guillaume d'Adhémar. Elle adressa toutes ses poésies à cet amant, qui dédaignait ses plaintes amoureuses. Après avoir reçu les derniers soupirs de Guillaume, elle s'enferma dans un monastère, et mourut en 1193. On a de la comtesse de Die trois pièces en langue provençale.

DIÈDRE, terme de géométrie. On nomme angle dièdre un angle formé par deux plans qui se rencontrent. On l'appelle aussi angle plan.

DIÈGUE (Saint JAYME, JACQUES, DIDACE ou), né vers la fin du XIVe siècle en Andalousie (Espagne). Il prit l'habit de frère lai ou convers de l'ordre de Saint-François au couvent d'Arrezafa, près de Cordoue. Il fut un parfait modèle de la pauvreté, de l'humilité, de la mortification et de la charité chrétienne. Il se livrait à tous les exercices de la piété avec un zèle admirable. Envoyé par ses supérieurs dans les Canaries, il convertit les habitants de l'île de Fortaventura. Rappelé en Espagne en 1449, il y rapporta le don des miracles, et fit l'année suivante un voyage à Rome. Il mourut en 1463. Sixte V le canonisa en 1588, et Innocent XI plaça sa fête au 13 novembre.

DIÉMEN (TERRE DE VAN-) ou TASMANIE, île au S. de l'Australie, dont elle est séparée par le détroit de Bass. Sa superficie est de 4460 lieues carrées ; le climat est pur, doux et salubre. L'île est très-fertile; la population se compose de 32,000 blancs, dont 16,000 hommes libres et 16,000 convicts ou condamnés aux travaux publics. Les indigènes sont noirs, mais moins laids et plus intelligents que les Australiens. Leurs cheveux sont très-crépus. Les deux sexes vont nus, se couvrent de peaux en hiver, et vivent de chasse et de pêche. Le gouvernement de la Tasmanie, devenue indépendante de la Nouvelle-Galles en 1825, est confié à un lieutenant-gouverneur anglais, aidé dans son administration par un conseil exécutif, qui est le conseil privé du gouverneur, et un conseil législatif composé de quinze membres, nommés par le roi d'Angleterre. L'île se divise en deux comtés, Cornwall et Buckingham ; le premier, au N., a pour chef-lieu Brighton, 3,000 âmes. Le second, au S., a pour chef-lieu Hobart-Town, capitale de toute la Tasmanie, et résidence du gouverneur. Sa population est de 12,000 âmes (1836). Emu-Bay, port sur la côte N.-O. de l'île, est le principal établissement de la compagnie de Van-Diémen. Découverte par Tasman, navigateur hollandais, le 24 novembre 1642, les Anglais y jetèrent en 1803 les fondements d'un établissement. Une colonie composée de soldats, officiers et convicts, et dirigée par John Bowen, jeta les fondements d'Hobart-Town. Le commandement de la colonie fut confié au lieutenant-colonel Collins. Longtemps placée sous la dépendance de la Nouvelle-Galles, elle en fut séparée en 1825.

DIÉMEN (TERRE DE VAN-), territoire de la côte N. de la Nouvelle-Hollande ou Australie, et qui fait partie de la terre d'Arnheim.

DIÉMEN (Antoine VAN), gouverneur des possessions hollandaises dans les Indes orientales, né à Kwilemberg. En 1628, il fut nommé membre du conseil suprême. En 1631, il revint en Hollande, chargé du commandement de la flotte de la compagnie des Indes; mais l'année suivante il retourna aux Indes avec le titre de directeur général. Il étendit considérablement le commerce des Hollandais dans l'Orient. En 1642, il chargea Abel Tasman d'un voyage dont les suites furent la découverte de la terre de Van-Diémen.

DIEPPE, port de mer sur la Manche, à l'embouchure de la rivière d'Arques, chef-lieu d'arrondissement du département de la Seine-Inférieure, à 14 lieues de Rouen; population, 17,079 habitants. Cette ville commence à figurer dans l'histoire qu'en 1196. Détruite par Philippe Auguste, puis rebâtie, elle tomba au pouvoir des Anglais qui la possédèrent jusqu'en 1433. Dès 1365, les Dieppois avaient fait des expéditions maritimes sur les côtes d'Afrique. Ils fondèrent Québec au Canada, et se vantèrent d'avoir découvert l'Amérique. Dieppe est placée avantageusement pour le commerce. Son port peut contenir des navires de 3 à 400 tonneaux. On y pêche des harengs, des maquereaux et des morues. Elle a des manufactures de dentelle, indiennes, mousseline, etc., des raffineries de sucre, des ateliers d'ouvrages d'ivoire, de corne, d'écaille, etc. Elle a un tribunal de première instance et de commerce.

DIÉRÈSE, division ou solution de continuité, opération de chirurgie qui consiste à diviser, dilater ou séparer des parties dont le rapprochement, l'union ou la continuité seraient nuisibles. On divise les parties molles par *piqûre* avec la lancette, par *incision* avec le bistouri, par *arrachement* avec des pinces, par *cautérisation* au moyen du fer rouge ou des caustiques, par *constriction* à l'aide d'un fil de soie ou de métal; on divise les os en les *perforant* avec le trépan, en les *divisant* avec la scie, en les *usant* avec la rugine, en les *coupant* avec des tenailles incisives, en les *brûlant* avec le feu ou des caustiques. Dans la diérèse rentrent l'*incision*, l'*amputation*, etc.

DIÉRÉSILE, nom donné aux fruits capsulaires, formés de plusieurs loges produites par des valves rentrantes. On nomme encore ainsi les fruits qui, à leur maturité, se divisent en un certain nombre de graines et les capsules dont les loges formées par des valves rentrantes se partagent à la maturité en plusieurs coques; la diérésile, prise dans la dernière acception, adhère au calice dans les rubiacées; elle est libre dans la mauve; elle s'ouvre dans le géranium; elle reste close dans la capucine.

DIÉRÉTIQUES. On donne ce nom aux remèdes et aux procédés employés pour diviser les parties malades qui réclament la diérèse. Le mot diérétique est synonyme de cathérétiques et de caustiques.

DIES-IRÆ, DIES ILLA, etc. (ce jour de colère, ce jour... etc.), premiers mots d'une hymne en usage dans la liturgie catholique et qu'on chante à l'office des morts. Le sujet est la fin du monde et le jugement dernier. Cette hymne fut faite par un condamné à mort au fond de ses cachots. Comme on le conduisait au supplice, il entonna son *Dies iræ*; cette hymne sublime fit une telle impression sur le peuple et les bourreaux, que l'on sursit à l'exécution, et que l'on accorda au condamné des lettres de grâce. Le chant et les paroles sont lugubres et solennels. Le *Dies iræ* convertit saint Augustin par l'émotion irrésistible qu'il lui causa.

DIÈSE, signe de la musique moderne, qui, étant placé à la gauche d'une note, indique la nécessité d'élever l'intonation de cette note d'un demi-ton, ainsi que les notes qui se trouvent sur le même degré ou à une autre *octave* que la première mesure, à moins qu'un signe contraire, un bécarre par exemple, n'en détruise l'effet. Lorsque les dièses sont placés à la clef, ils agissent de la même manière sur les notes placées sur le même degré ou dans les différentes octaves de l'échelle diatonique, pendant toute la durée d'un morceau. On emploie ces dièses à la clef pour donner aux gammes dans les tons différents un égal nombre de tons et de demi-tons qu'il y a dans la gamme naturelle ou ut majeur. Ainsi dans la gamme de sol, pour qu'il y ait cinq tons et deux demi-tons comme dans la gamme en ut majeur, il faut mettre un dièse. Ces dièses se placent de quinte en quinte en montant. Le *double dièse* élève la note diésée d'un demi-ton.

DIÉSIS. C'est dans le système de la musique des anciens le nom d'un petit intervalle que nous appelons *comma*. Cet intervalle résultait de la différence de deux sons approximatifs, comme *ré bémol* et *ut dièse* : ses proportions se déterminent par 128 : 125. (Voy. COMMA.) On distingue le *diésis enharmonique mineur*, qui haussait la note d'un quart de ton ; le *chromatique*, qui l'élevait d'un demi-ton mineur, et l'*enharmonique majeur*, qui l'élevait de trois quarts de ton.

DIÈTE (méd.). Ce mot désignait autrefois la même chose qu'*hygiène* et *régime*, c'est-à-dire, l'emploi bien ordonné de tout ce qui est nécessaire pour l'entretien des fonctions vitales. Aujourd'hui il signifie la privation ou l'abstinence des aliments et des boissons, ou désigne un genre de nourriture prescrit par un médecin. *Mettre quelqu'un à la diète*, c'est le priver d'aliments. La *diète animale* se compose de substances azotées fournies par les animaux, et consiste en viandes noires, (*diète fibreuse*), et en viandes blanches, (*diète gélatineuse*); elle convient aux personnes affaiblies par l'abstinence, lymphatiques, etc. La *diète végétale* est atténuante et adoucissante; elle consiste en végétaux; elle comprend la *diète mucilaginouse*, composée de légumes aqueux, non farineux, les choux, les navets, etc. ; la *sucrée*, composée de fruits sucrés; elle est fortifiante et nutritive, et sert beaucoup pour les enfants, les vieillards, les personnes faibles, etc. ; la *diète huileuse* consiste en amandes, noix, beurre, etc. ; elle est relâchante, laxative; elle sert dans les hydropisies, les diarrhées, etc. La *diète acidulée* comprend les fruits acidulés, oranges, groseilles, raisins, pommes, etc., et sert dans les phlegmasies; la *diète farineuse* ou *féculente* comprend le riz, le blé, les pommes de terre, etc.; cette diète est très-nourrissante, et sert pour réparer les forces épuisées, etc. ; la *diète lactée* se compose de lait; elle est adoucissante, légère, alimentaire, et sert contre les rhumatismes, la goutte.

DIÈTE (hist., pol.), assemblée des États d'un pays, qui s'occupe de ses affaires intérieures ou extérieures. On donne surtout ce nom aux assemblées de l'Allemagne, de la Pologne et de la Suisse. La DIÈTE GERMANIQUE OU DE L'EMPIRE est chargée de veiller sur les affaires générales de l'Allemagne et d'apaiser les différends qui peuvent s'élever entre les États confédérés. Ceux-ci sont représentés à la diète selon leur importance dans la confédération. Les États ne peuvent faire la guerre ou conclure la paix sans se soumettre au jugement de la diète. Elle se compose de soixante-dix voix, et la majorité des deux tiers est nécessaire pour prendre une décision. Le président de la diète est toujours un représentant de l'Autriche. L'assemblée se tient à Francfort-sur-le-Mein. Lorsqu'elle se réunit en assemblée ordinaire, chaque État n'a qu'une seule voix, et la majorité donne la décision que l'on doit prendre. Dans les *assemblées générales*, les voix sont réparties à raison de l'importance des États. La diète existait avant le Xe siècle. Depuis 1467, la diète se divisait en trois collèges : celui des *électeurs*, composé de neuf membres, dont trois ecclésiastiques ; celui des *princes*, formé des princes, des prélats, des comtes, des évêques et des abbés; celui des *villes impériales* ou *libres*. Les *conclusa* ou décisions de la diète formaient le *récès* de l'empire, espèce de code de lois, que l'empereur devait sanctionner de son autorité privée. Lors de la révolution française, la diète fut abolie; un acte fédératif la renouvela le 8 juin 1815.

DIÈTE DE POLOGNE, assemblée qui délibérait sur les affaires de l'État, et qui était composée toute de la noblesse polonaise. La plus ancienne est celle de 1331 sous Ladislas le Nain. La convocation dépendait de la volonté du roi, et n'avait pas de formes régulières. On discutait à cheval. En 1468, une loi détermina la forme des diètes ; deux députés y représentaient chaque district. Le consentement de la diète était nécessaire au roi pour déclarer la guerre, augmenter les impôts, envoyer des ambassadeurs, etc. Cette diète se tenait tous les deux ans à Varsovie, et sa session durait six semaines. Les diètes extraordinaires ne duraient que deux semaines. Les résolutions de la diète se firent à la majorité des voix jusqu'en 1651. Sycinski, nonce d'Upita, donna alors le premier exemple du *liberum veto* (privilège par lequel un membre pouvait seul s'opposer à l'exécution des décisions de la diète). Ce *liberum veto* fut reconnu constitutionnellement en 1718, et entraîna une grande anarchie. Il fut aboli en 1792. La charte de 1815 détermina la convocation de la diète tous les deux ans, fixa la durée de la session à quatre semaines. Cette diète fut abolie en 1832.

DIÈTE HELVÉTIQUE, diète où les cantons suisses envoyent des députés pour décider et voter leurs intérêts communs. Cette assemblée remonte à 1481 ; dans la suite on la fixa pour chaque année. Le droit de convocation appartenait au canton de Zürich. La session durait cinq semaines ou un mois. Le lieu de la réunion, fixé d'abord à Baden (Argovie), fut transféré à Frauenfeld (Thurgovie) en 1712. Chaque canton y envoyait deux députés. Réunie à Arau en 1797, elle fut abolie sous la révolution. Napoléon la rétablit en 1803 (18 février), et le congrès de Vienne la confirma en 1815; elle s'assemble le premier lundi du mois de juin, et se compose de vingt-quatre députés. Les seuls cantons de Glaris et d'Appenzell y envoient deux députés. Elle se réunit alternativement dans une des six capitales, Berne, Fribourg, Soleure, Bâle, Zurich et Lucerne.

DIÉTÉRIDE, nom que les Athéniens donnaient à la réunion de deux années lunaires, à la seconde desquelles ils ajoutaient un mois de vingt-deux jours, nommé *deuxième poseidéon*, pour faire concorder l'année lunaire avec l'année solaire.

DIÉTÉTIQUE, partie de la médecine qui réduit les connaissances de la diète en principes, c'est-à-dire qui règle tout ce qui a rapport à la manière de vivre convenablement, ou qui s'occupe exclusivement de l'hygiène. — On donne aussi ce nom à tous les moyens que les médecins mettent en usage, indépendamment des remèdes proprement dits, pour soulager ou guérir les malades, et qui rentrent ainsi dans le domaine de la diète. On a nommé *diététistes* les médecins qui n'employaient que les seuls moyens diététiques dans le traitement des maladies.

DIÉTINE, nom donné autrefois, en Pologne, à une assemblée particulière des membres de la noblesse de chaque palatinat, pour nommer les députés aux diètes générales. On les nommait *diétines antecomitiales* ou *d'instruction*. Les députés y recevaient les instructions de leurs mandataires. — Dans les *diétines post-comitiales* ou *de relation*, qui avaient lieu après la session, les députés rendaient compte à leurs mandataires du résultat de la diète.

DIETRICH (Chrétien-Guillaume-Ernest), célèbre peintre, né à Weimar en 1712, fut élève de son père et d'Alexandre Thiele. Il se distingua comme paysagiste. Dans tous ses tableaux, on remarque la finesse et la légèreté de la touche, la couleur des gazons, la vérité des objets, etc. Il peignit aussi l'histoire avec succès. Ses plus beaux travaux sont : l'*Adoration des mages*, *Argus*, *Io et Mercure*, *Bélisaire demandant l'aumône*, et un grand nombre de *compositions pastorales*, etc. Dietrich mourut en 1779.

DIETRICK (Philippe-Frédéric, baron DE), savant minéralogiste, né à Strasbourg en 1748. Il était en 1789 membre de l'académie des sciences, commissaire des mines et des forêts du royaume, et secrétaire général des Suisses et Grisons, dont le comte d'Artois était colonel. Il embrassa avec ardeur les principes de la révolution de 1789, et fut nommé maire constitutionnel de Strasbourg. Mandé à la barre de la convention, il chercha un refuge en Suisse, mais se constitua bientôt après prisonnier. Acquitté par le tribunal de Besançon, il fut traduit de nouveau devant le tribunal révolutionnaire de Paris, et condamné à mort le 28 décembre 1793. Il a fait plusieurs ouvrages de chimie et de minéralogie.

**DIEU**, être unique et incompréhensible, cause de tout ce qui existe, simple, immense, infini, éternel, immuable, libre, tout-puissant, connaissant tout. Dieu est un pur esprit, créateur du ciel et de la terre, maître et modérateur de toute chose. Quoique reconnue par tous les peuples anciens et modernes, l'existence de Dieu a été contestée par quelques écrivains, et un grand nombre de systèmes ont été formés sur les divers attributs de Dieu. Les catholiques admettent la division de Dieu en trois personnes : le Père, le Fils et le Saint-Esprit.

**DIEU VOUS ASSISTE !** Ce souhait remonte à l'année 590. Dans cette année, où une peste violente désola l'Italie, on vit beaucoup de personnes mourir subitement en éternuant. C'est de là qu'est venu l'usage de dire à ceux qui éternuent : *Dieu vous assiste* ou *Dieu vous bénisse !*

**DIEU** (TRÊVE DE) (*pax Dei*, *treuga Dei*, etc.), pour remédier aux maux produits par les querelles et les dissensions des seigneurs au moyen âge, un concile, tenu en 1041 à Tuluges (Roussillon), ordonna que personne n'attaquerait son ennemi depuis l'heure de nones (neuf heures du soir) du samedi jusqu'au lundi à l'heure de prime (une heure du matin), sous peine d'excommunication, changée après trois mois en anathème. En 1053, on étendit la trêve de Dieu pour les gens de guerre du mercredi au soir jusqu'au lundi matin. On défendit les gages de caution, la vengeance pendant ce temps-là sous peine de mort, d'exil ou d'excommunication. Plus tard enfin on l'étendit du 29 novembre au 6 janvier. Les outils de labourage, le bétail, les plantations et les personnes des serfs et vassaux furent placés sous la protection de la trêve de Dieu. La trêve de Dieu passa en Angleterre, et fut remplacée en 1193 par la *confrérie de Dieu*, destinée à s'armer contre ceux qui enfreignaient la trêve de Dieu. La trêve disparut peu à peu à l'époque des croisades.

**DIEU** (ILE), canton de l'arrondissement des Sables-d'Olonne (Vendée). Cette île, à 3 lieues O. de Saint-Jean-du-Mont, n'est qu'un rocher de granit de 3 lieues carrées, recouvert d'une légère couche de terre végétale. La moitié seule des terres y est en culture; l'autre moitié se compose de landes et de pacages qui servent à la nourriture des bestiaux. Le *Port-Breton* est le port principal de l'île; mais il ne peut contenir que des bâtiments de cent tonneaux, et n'est tenable que dans la belle saison. La population est de 2,000 habitants.

**DIEU-DONNÉ** ou **DEUS-DEDIT**, souverain pontife, succéda à Boniface IV en 615. Il se distingua par sa piété et la charité qu'il exerça envers les malades pendant des maladies contagieuses. Il mourut en 617. C'est le premier pape qui ait scellé des bulles. Le siége vaqua un mois seize jours. — DIEU-DONNÉ II. Voy. ADÉODAT.

**DIEUDONNÉ** (Christophe), né dans les Vosges en 1757. Il était avocat à Saint-Die lorsque la révolution éclata. Nommé administrateur du département des Vosges, il fut bientôt chargé de le représenter à l'assemblée législative. En 1797, il fut choisi par le directoire pour exercer près de cette administration les fonctions de commissaire central. En 1799, il fut nommé membre du conseil des anciens, et Napoléon lui accorda en 1800 la préfecture du département du Nord. Il mourut en 1805.

**DIEU-LE-FIT**, chef-lieu de canton du département de la Drôme, à 7 lieues de Montélimart. Population, 4,000 habitants. Cette petite ville est située très-agréablement près des sources du Jabron; elle est industrieuse et renommée par ses eaux minérales. Ces eaux qui sont les unes acidules, les autres sulfureuses, sont utiles contre les obstructions et les maladies bilieuses.

**DIEUX** (myth.). Les divinités des anciens habitants de la terre étaient très-nombreuses. Tous les objets qui inspiraient la reconnaissance ou la crainte, utiles ou nuisibles à l'homme, furent l'objet de son culte. Il adora Apollon dans le soleil, Diane dans la lune, les Naïades dans les eaux, les Hamadryades dans les forêts, etc. Chaque peuple, selon ses besoins, son industrie, ses ressources, ses connaissances, se créa des dieux dont les formes et les attributs varièrent à l'infini, ainsi que les fonctions. Ils étaient sujets à toutes sortes de passions, à l'amour, la haine, la colère, l'envie, etc. On les apaisait par de l'encens et des sacrifices quelquefois sanglants. On adora d'abord les astres; ensuite les plantes et les animaux furent l'objet du culte des hommes. Souvent même on plaçait des rois au rang des dieux. — Les Romains avaient deux ordres de dieux : les GRANDS (*dii majorum gentium* ou *consulentes*), et les PETITS (*dii minorum gentium*). Les premiers étaient au nombre de douze, six mâles et six femelles ; ils rangeaient parmi les seconds les autres dieux adorés sur la terre. Il y avait aussi les *dii selecti*; c'étaient Janus, Saturne, Genius, la Lune, Pluton et Bacchus; les *dieux topiques*, dont le culte était renfermé dans une ville ou une contrée. Plus tard on adora les vices et les vertus humaines. On finit par adorer des dieux inconnus. Suivant Hésiode, il y avait plus de trente mille dieux.

**DIEUZE**, sur la rive droite de la Seille, dans une plaine arrosée par le Verbach et le Spin, chef-lieu de canton de l'arrondissement de Château-Salins (Meurthe), à 9 lieues de Nancy et à 4 lieues et demie de Château-Salins. Population, 3,892 habitants. Du temps d'Attila, cette ville portait le nom de *Decempagi*. Dieuze doit son importance à une saline abondante et la plus belle de l'Europe, exploitée dès le XIe siècle.

**DIFFAMATION**, toute allégation ou imputation d'un fait qui porte atteinte à l'honneur ou à la considération d'autrui. Autrefois les diffamations étaient punies de mort, des galères ou du bannissement. D'après la loi de 1819, la diffamation ou injure, commises par des discours, des cris, des dessins, des écrits ou des placards exposés en public, envers les tribunaux et les cours constituées, seront punies d'un emprisonnement de quinze jours à deux ans, et d'une amende de 50 à 400 francs; envers les agents de l'autorité publique, d'un emprisonnement de huit jours à dix-huit mois, et d'une amende de 50 à 3,000 francs; de même que la diffamation envers les ambassadeurs, ministres plénipotentiaires et agents diplomatiques; la diffamation envers les particuliers est punie d'un emprisonnement de cinq jours à un an et d'une amende de 25 à 2,000 francs.

**DIFFARRÉATION**, sacrifice usité chez les Romains pour rompre le mariage, et dans lequel on offrait un gâteau de froment.

**DIFFÉRENCE**, ce qui distingue une chose d'avec une autre. En logique, c'est la qualité essentielle qui distingue entre elles les espèces d'un même genre. — En termes de mathématiques, on nomme ainsi l'excès de grandeur d'une quantité sur une autre, c'est-à-dire ce qui reste lorsqu'on retranche une quantité d'une autre quantité; ainsi entre 8 et 5 la différence est 3. On appelle encore ainsi les quantités infiniment petites. — Le CALCUL DES DIFFÉRENCES a pour objet les lois de l'augmentation ou de la diminution de grandeur qu'éprouve une fonction quelconque de quantités variables lorsqu'on augmente ou diminue ces grandeurs variables. Voy. DIFFÉRENTIEL.

**DIFFÉRENCE**, nom donné au tirant d'eau d'un bâtiment, plus grand de l'arrière que de l'avant, de dix-huit, vingt, vingt-deux et jusqu'à vingt-huit pouces. Un bâtiment léger et désarmé a une plus grande différence que ceux qui sont chargés.

**DIFFÉRENCIOMÈTRE**, instrument inventé pour donner le tirant d'eau d'un bâtiment. Il est formé de deux tubes en cuivre ou en plomb; l'eau de la mer s'y introduit par un conduit en plomb placé en serpenteau. Un flotteur s'élève dans le tube, au niveau de la flottaison du bâtiment, et marque sur une règle divisée, soudée à l'embouchure, le tirant d'eau avec exactitude. Deux robinets sont placés au bord et au haut du tube; ils servent à vider l'eau après l'opération et à empêcher le mouvement du flotteur quand la mer est grosse.

**DIFFÉRENTIEL**. On nomme, en algèbre, *quantité différentielle*, une quantité infiniment petite ou moindre que toute grandeur assignable. On la nomme ainsi parce qu'on la considère ordinairement comme la différence infiniment petite de deux quantités finies, dont l'une surpasse l'autre d'une quantité infiniment petite. L'étude des quantités finies ou réelles qui servent d'accroissement aux quantités variables, se nomme *calcul des différences finies*. L'étude des quantités infiniment petites qui servent d'accroissement aux quantités variables se nomme *calcul différentiel*. Le calcul différentiel a été inventé par Newton, et selon d'autres par Leibnitz.

**DIFFIDATION**, on donne ce nom aux petites guerres que se faisaient entre eux les princes et les seigneurs d'Allemagne au XVe siècle. Le *droit de diffidation* consistait à tout dévaster chez son ennemi, par le fer et le feu, pourvu qu'on lui eût fait signaler son intention trois jours d'avance. La diffidation fut abolie en 1495.

**DIFFLUGIE**, sorte de zoophytes polypiers. C'est un très-petit animal d'eau douce, au corps allongé, gélatineux, contractile, pourvu de tentacules inégaux, rétractile dans une sorte de fourreau ovale, prolongé en ligne droite à sa terminaison. On le rencontre en France dans les eaux pures peuplées de plantes aquatiques. Il possède de longs bras d'un blanc de lait, dont la grosseur, le nombre et la disposition varient souvent, et que l'animal retire souvent tout à fait. La difflugie n'a qu'un dixième de ligne de longueur.

**DIFFORMITÉ** (orthop.), vice de conformation. Lorsqu'il est naturel, son étude appartient à la physiologie; lorsqu'il est accidentel, elle est du domaine de la pathologie. Le bec de lièvre, l'acéphalie, la distorsion des membres, la déviation de la colonne vertébrale, les luxations, etc., sont des difformités. Pour combattre les difformités, on emploie les bains, les exercices gymnastiques, les frictions, et l'intérieur, des tisanes amères, l'infusion du houblon, etc.

**DIFFRACTION** (opt.), propriété qu'ont tous les rayons de lumière de se détourner de leur direction lorsqu'ils rasent en passant un corps opaque. Dans la diffraction, la lumière est décomposée, et l'ombre projetée derrière le corps est colorée de diverses couleurs.

**DIFFUS** (bot.), se dit des branches, des rameaux et des feuilles qui sont lâches et étalés. — On le dit aussi de l'état d'une panicule dans laquelle les pédoncules des fleurs sont écartées. La tige de la fumeterre est diffuse.

**DIFFUSIBLES**. On a appliqué cette épithète aux médicaments volatils. Ainsi l'on dit souvent que l'éther sulfurique, les huiles volatiles, etc., sont des excitants et des toniques diffusibles.

**DIGASTRIQUE**. On a donné ce nom à plusieurs muscles qui présentent deux f isceaux charnus, réunis par un tendon moyen. — On l'a appliqué spécialement à un des muscles de la région hyoïdienne supérieure. Le muscle *mastoïdo-génien* est placé sur les parties latérales et supérieures du cou, au-dessous de la mâchoire inférieure; il est charnu à ses extrémités, grêle et tendineux à son milieu. Ce muscle a pour fonctions d'abaisser la mâchoire inférieure, ou d'élever l'os hyoïde et de le porter en avant ou en arrière. Il peut aussi contribuer à l'élévation de la mâchoire supérieure en agissant sur le crâne.

DIGBY (Sir Kenelm), gentilhomme anglais, né à Gothurst en 1603, était fils d'Everard Digby, qui entra dans la conspiration des poudres contre Jacques Ier, et qui fut écartelé en 1606 à vingt-quatre ans. Kenelm donna tant de marques de fidélité à ce prince, qu'il fut rétabli dans ses biens. Charles Ier le créa gentilhomme de la chambre et intendant général de ses armées navales. Il se signala dans plusieurs combats contre les Vénitiens. Digby s'appliqua aux langues, à la politique, aux mathématiques, et surtout à la chimie. Exilé en France par Cromwell, il rentra dans sa patrie à la restauration, et mourut en 1665. On a de lui plusieurs *traités*.

DIGEON (Alexandre, vicomte), né à Paris en 1771, entra au service comme sous-lieutenant, fit les guerres de la révolution, et s'avança au grade de général de brigade. Gouverneur civil et militaire en 1812 des provinces de Cordoue et de Jaën (Espagne), il calma l'irritation des partis. Devenu lieutenant général, il commanda toute la cavalerie et la première division de l'infanterie sous les ordres du maréchal Suchet. Après la restauration, il montra beaucoup de dévouement pour la cause royale, et Louis XVIII le nomma commandant de la division de cavalerie légère de la garde royale, et, plus tard, pair de France, avec le titre de vicomte. Il fut chargé du portefeuille de la guerre en 1823. Il eut l'année suivante le commandement de l'armée d'occupation, et mourut en 1826.

DIGESTE, nom donné à la réunion des décisions des jurisconsultes romains. Ces décisions, qui formaient deux mille volumes renfermant plus de trois millions de sentences, furent mis en ordre et en un seul corps d'ouvrage par Justinien l'an 533. Le Digeste est formé de cinquante livres, et constitue la première partie du DROIT ROMAIN. — On donnait aussi ce nom aux livres distribués dans un bel ordre. En droit, on désigne le Digeste par un *D* ou par la formule *ff*.

DIGESTEUR. Voy. MARMITE DE PAPIN.

DIGESTIF, nom donné à une espèce d'onguent composé de jaunes d'œufs, d'huile fine et de térébenthine. On y ajoute quelquefois de l'onguent basilicum, de la teinture d'aloès, et on l'emploie pour favoriser la suppuration des plaies.

DIGESTION, fonction en vertu de laquelle les substances introduites dans le corps des animaux y éprouvent une altération particulière et telle qu'elles se partagent en deux parties : l'une, qui sert à l'entretien et à l'accroissement du corps où s'opère la digestion ; l'autre, qui est rejetée au dehors par l'acte de la défécation. La digestion s'accomplit dans une cavité intérieure du corps renfermant les sucs digestifs, et pouvant contenir les aliments sur lesquels ils doivent agir. L'existence de cette cavité digestive distingue les animaux des végétaux, chez lesquels les particules nutritives sont absorbées sans aucune autre préparation. Chez les hydres et les polypes, c'est un sac membraneux offrant une ouverture qui sert de bouche et d'anus. Le canal digestif existe chez les oiseaux, les reptiles et les poissons. Outre le canal digestif, qui est chez l'homme cinq ou six fois aussi long que le corps, l'appareil digestif se compose encore d'organes destinés à saisir, à broyer les aliments, de glandes et de vaisseaux sécrétant les sucs digestifs et chargés de l'absorption et du transport de la matière élaborée. Les principaux actes de la digestion sont la préhension, la gustation, la mastication, l'insalivation, la déglutition, la chymification, l'absorption chyleuse et la défécation.

DIGESTION. En chimie, c'est l'opération qui consiste à faire dissoudre une substance solide dans l'eau, l'alcool, etc., à une température peu élevée.

DIGITAL, adjectif employé pour désigner les organes ou parties d'organes qui ressemblent à un doigt. — On nomme *appendice digital* du cæcum l'appendice vermiforme de cet intestin. — Les *artères*, *veines* et *nerfs digitaux* sont ceux qui vont se distribuer aux doigts. — On appelle *impressions digitales* de légères dépressions qu'on observe à la face interne des os du crâne, et qui correspondent aux circonvolutions du cerveau.

DIGITALE, genre de la famille des personnées, formé de plantes herbacées ou sous-frutescentes, dont les feuilles sont alternes et les fleurs disposées en grappe terminale. La *digitale pourprée* se plaît dans les terres glaiseuses, légères, et a les feuilles ovales, lancéolées et dentées; la tige est droite, cylindrique, velue, d'un vert rougeâtre; les fleurs grandes et belles, purpurines, tigrées et remplies de poils longs. Ses feuilles ont une saveur âcre. Elles sont émétiques et purgatives. Administrées à petite dose, elles diminuent le nombre des battements du pouls et du cœur. Prise à grande dose, la digitale peut causer la mort. — Les lithographes désignent sous ce nom plusieurs espèces d'objets pétrifiés, tels que les oursins, etc.

DIGITATION, nom donné par les anatomistes à la manière dont certains muscles s'entre-croisent par leurs bords découpés en dentelures et à ces dentelures elles-mêmes. Ce mot est dérivé de la manière dont s'entre-croisent les doigts des deux mains lorsqu'on les place les uns contre les autres.

DIGITÉ. On nomme ainsi, en botanique, les parties d'un végétal qui présentent des divisions en forme de doigt, ou dont la disposition sur un support commun offre quelque analogie avec les doigts de la main. Ainsi l'on appelle *feuille digitée* celle qui, à l'instar des feuilles du marronnier et du sapin, se compose de plus de huit folioles distinctes, insérées au sommet d'un pétiole commun. — Un *épi digité* est celui qui est un peu écarté et réuni sur une tige commune.

DIGITÉE-PENNÉE, nom donné aux feuilles dont le pétiole commun est terminé par des pétioles secondaires, sur les côtés desquels sont fixées les folioles. Ces pétioles secondaires sont au nombre de deux dans les mimosas, de quatre dans la sensitive, etc. Dans le premier cas, on nomme les feuilles *bidigitées-pennées*; dans le second, *quadrigitées-pennées*.

DIGITIGRADES, nom donné par Cuvier aux mammifères carnassiers qui forment la deuxième tribu des carnivores. Les digitigrades marchent en appuyant sur le sol l'extrémité de leurs doigts, sans jamais faire toucher la face plantaire. Tels sont les chiens, les chats, les martres, les lions, les tigres, etc. Quelques animaux exclus de cette famille sont aussi digitigrades. Tels sont les didelphes, les rongeurs, quelques reptiles, les oiseaux, etc.

DIGLYPHE, terme d'architecture. On l'applique à une console ou corbeau qui a deux gravures en creux.

DIGNE, chef-lieu de préfecture du département des Basses-Alpes, à 189 lieues de Paris. — Population, 3,932 habitants. — Cette ville est très-ancienne, et s'appelait autrefois *Dinia*. Elle fut érigée en évêché en 340. Ses évêques prirent le titre de barons. Cet évêché est aujourd'hui suffragant de l'archevêché d'Aix. Digne était gouvernée au XIIIe siècle par un conseil choisi parmi les principaux bourgeois. — Elle a un tribunal de première instance et une cour d'assises, une société d'agriculture, un collège communal et une bibliothèque de 8,000 volumes. Les eaux thermales de Digne ont une température de 35 à 40 degrés centigrades; on en fait usage en bains, boissons et en douches; on l'emploie dans le traitement des rhumatismes et des paralysies.

DIGNITAIRES, nom donné aux personnes revêtues de dignités. La dignité provient de certaines fonctions ou du rang que l'on occupe. Telles sont les dignités de souverain pontife, d'empereurs, de rois, de princes, de ducs, de chanceliers, etc. — Le mot DIGNITAIRES s'appliquait spécialement en France, avant 1789, à quelques personnes employées dans l'état ecclésiastique ou dans les monastères. Tels étaient, dans les chapitres, le doyen, le grand chantre, l'archidiacre, etc. — Sous Napoléon, on appela *grands dignitaires de la couronne* les titulaires des grandes dignités de l'empire, le grand électeur, le grand amiral, le grand connétable. On nomma *dames dignitaires* les dames employées dans l'administration de la maison impériale de Saint-Denis, et sous les ordres d'une surintendante.

DIGON, terme de pêche, morceau de fer barbelé ou terminé par un demi-dard qu'on ajuste au bout d'une perche, pour piquer et prendre le poisson.

DIGRESSION. En astronomie, c'est la distance apparente des planètes inférieures au soleil.

DIGUE, construction formée de pierres, de terre, de charpente, de pieux et de fascines, et destinée à retenir les eaux et à s'opposer à leur écoulement. La digue qui ferme un étang se nomme *chaussée*; la *jetée* est celle qui empêche les débordements d'une rivière. Les digues servent aussi à défendre les rives des fleuves, de la mer, à mettre le rivage à l'abri des débordements, ou à régler le cours des fleuves; dans ce dernier cas, on les nomme *épis*. La coupe d'une digue a la forme d'un trapèze; la base se nomme *pied* ou *empatement*. Elle est plus large que le sommet appelé *couronne*; les côtés sont les *flancs*. La couronne doit s'élever de deux ou trois pieds au-dessus des hautes eaux. Les digues de la Hollande sont des chaussées de terre, renforcées par des pierres et des pieux.

DIGYNIE, nom du second ordre des treize premières classes du système sexuel de Linné, dans lequel sont compris les divers végétaux de ces classes, la neuvième exceptée, qui ont deux pistils, ou deux styles, ou deux ovaires, ou même deux stygmates sessiles. Ainsi les ombellifères, les œillets, les savonnières, etc., sont digynes. De Jussieu ne reconnaît pour fleurs digynes que celles qui ont deux ovaires.

DIJON, chef-lieu de préfecture du département de la Côte-d'Or, à 76 lieues de Paris. Population, 25,552 habitants. Dijon existait avant la conquête romaine, et s'appelait *Divio* ou *Dibio*. Tombée au pouvoir des Bourguignons, elle devint au commencement du XIe siècle capitale du duché de Bourgogne, et la résidence habituelle des ducs souverains jusqu'à la mort de Charles le Téméraire (1477). Elle subit ensuite le sort de la Bourgogne entière. Le *palais des Etats* terminé en 1784 sur les ruines du palais des ducs de Bourgogne, renferme aujourd'hui une bibliothèque de 40,000 volumes, un médaillier de 2,400 pièces, un musée de peinture et de sculpture. Dijon a une faculté de droit, de sciences, de lettres, une école secondaire de médecine, un collège de deuxième classe, une académie des sciences, et un évêché suffragant de l'archevêché de Lyon.

DILACÉRATION. C'est, en pathologie, la séparation des parties molles par l'action d'un corps extérieur qui les déchire, après les avoir allongées au delà de leur extensibilité naturelle.

DILATABILITÉ, propriété de certains corps qui peuvent s'étendre ou occuper un plus grand espace. Le calorique est un des agents principaux de la dilatabilité. Voy. DILATATION.

**DILATANTS**, nom donné, en chirurgie, aux corps dont on se sert soit pour entretenir libres et béantes, soit pour agrandir et dilater des ouvertures. Les principaux dilatants sont les tentes d'éponges préparées, les mèches, la racine de gentiane, les étoufs, les fils de plomb, des pois secs, etc.

**DILATATEUR** ou **DILATATOIRE**, nom donné aux muscles qui servent à dilater certaines parties, tels sont les muscles inspirateurs, qui dilatent la cavité de la poitrine. En chirurgie, on nomme ainsi les instruments dont on se sert pour dilater une plaie, les canaux excréteurs, des ouvertures naturelles, etc. Ces instruments se composent de deux ou plusieurs branches susceptibles de s'écarter entre elles par divers moyens mécaniques pour dilater les ouvertures naturelles.

**DILATATION**, augmentation du volume des corps déterminée par l'écartement des molécules et par la diminution de densité. Le calorique a la propriété de dilater tous les corps. Les gaz se dilatent plus que les solides et les liquides et par la seule pression. C'est sur la dilatation des gaz et des vapeurs que sont fondées ces *machines à vapeur*, qui produisent de si grands effets. Parmi les corps solides, le zinc est celui qui se dilate le plus, le verre celui qui se dilate le moins ; parmi les liquides, l'alcool se dilate le plus, le mercure se dilate le moins.

**DILATATION**. En physiologie, ce mot a la même signification qu'en physique. Ainsi l'on dit la *dilatation* des veines, dans les varices, la *dilatation* du cœur, des intestins, de l'estomac, etc. En chirurgie, la *dilatation d'une plaie* signifie son élargissement, sou agrandissement.

**DILATOIRE**. On nomme ainsi, en jurisprudence, tout ce qui peut entraîner un délai.

**DILECTION** (*dilectio*), terme dont le pape se sert dans les rescrits apostoliques qu'il adresse aux fidèles : *A tous les fidèles chrétiens, salut et dilection dans Notre-Seigneur*. Il donnait autrefois ce titre au dauphin de France, aux frères du roi, et aux princes souverains qui n'étaient pas rois.

**DILETTANTE**, terme italien qui désigne dans cette langue un *amateur*, un *connaisseur*, et qui signifie en France *l'amateur de musique italienne*, et par extension de toute sorte de musique. Lorsqu'en 1752 des chanteurs italiens donnèrent des représentations à l'Opéra, les *dilettanti* applaudirent et se liguèrent contre les partisans de la musique française. Ceux-ci se placèrent à l'Opéra sous la loge du roi, les autres sous la loge de la reine, d'où ces deux partis prirent le nom de *coin du roi* et *coin de la reine*. Cette guerre de pamphlets et d'épigrammes ne cessa que lorsque les Italiens eurent reçu leur congé.

**DILIGENCE**, nom que l'on donne à une grande voiture à quatre roues, divisée en trois compartiments, le *cabriolet de devant* ou *coupé*, l'*intérieur* et le *cabriolet de derrière* ou *rotonde* ; on y joint aussi une *impériale* placée au haut de la diligence ; outre une quinzaine de voyageurs qu'elle porte, on la charge encore de beaucoup de marchandises ou petits paquets. On nomme cette voiture *diligence*, à cause de la célérité avec laquelle elle voyage.

**DILLÉNIACÉES**, famille de plantes dicotylédones, polypétales. Elle a été formée aux dépens des magnoliacées et des rosacées. Les dilléniacées sont toutes des arbres ou des arbrisseaux. Elles se divisent en deux tribus : les *dillenides* et les *delimacees*. Dans les premières, les anthères sont très-allongées et les filets non élargis ; dans les secondes, les filaments des étamines sont dilatés à leur sommet, et portent des anthères arrondies.

**DILLENIE**, genre de la famille des dilléniacées. Les espèces croissent dans l'Asie méridionale. La *dillénie élégante* est un grand et bel arbre dont les rameaux épais sont ridés, étalés, chargés de feuilles alternes très-grandes, d'un vert foncé, dentées en scie, et de fleurs grandes, blanches et solitaires. Le fruit est une baie sphérique d'une saveur très-acide. Les Juvanais le font confire, et en retirent un sirop très-agréable. On retire de cet arbre une liqueur très-abondante.

**DILLON** (Wentworth), comte de Roscommon, né en Irlande en 1633. Il fut fait capitaine au régiment des gardes de Charles II, puis dans les gardes du corps, et mourut en 1684. — ARTHUR, comte de Dillon, né à Braywick en Angleterre en 1750. Étant passé au service de France, il servit dans la guerre d'Amérique comme colonel. Nommé en 1789 député aux états généraux, il se prononça contre les privilèges. En 1792, on lui donna le commandement de l'armée de Flandre ; mais ayant, après la journée du 10 août, fait prêter à ses troupes serment de fidélité au roi, il fut destitué, puis employé sous les ordres de Dumouriez. Il voulut en vain revenir aux îles en 1793. Arrêté et traduit au tribunal révolutionnaire, il fut décapité en 1794. — Le comte THÉOBALD DILLON, colonel au service de France, fut envoyé en 1792 en Flandre en qualité de maréchal de camp. Il alla attaquer Tournai. Les Autrichiens et les Français n'ayant pas osé hasarder un combat, et étant revenus à la hâte dans leur camp, Dillon, accusé de trahison pour cette action, fut massacré par les Français.

**DILOCHIE**, corps de troupes grecques, qui formait la moitié d'une tétrarchie, et comprenait la réunion de deux décuries (*lochos* ou *stiques*). Il était composé de trente-deux hommes en deux files et en seize rangs : à la tête était un dilochite. — A Lacédémone, la dilochie se nommait *énomotie*.

**DILUVIUM**. Les Anglais ont donné ce nom aux matières déposées par les eaux dans les plaines, les plateaux et les flancs des vallées, et dont ils attribuent les dépôts au déluge de Moïse. L'observation démontre que ces amas sont dus à des catastrophes violentes de diverses époques ou à l'écoulement régulier des eaux. On avait confondu les produits des grandes inondations passagères avec les produits en couches à peu près régulières des cours d'eau anciens. Aux premiers on donne le nom de *dépôts diluviens* ou *clysmiens* ; aux seconds celui de *dépôts alluviens*. — D'autres géologues établissent une *époque* et un *terrain diluvien*, qu'ils placent avant l'époque actuelle et après les dépôts tertiaires. Ils y font entrer les dépôts des cavernes, ossements fossiles et plusieurs amas de coquilles marines, etc. Cette dernière division est la plus généralement adoptée sous le nom de *terrains diluviens* ou *quaternaires*.

**DIMANCHE** (c'est-à-dire, *jour dominical*, *jour du Seigneur*), nom donné, chez les chrétiens, au septième jour de la semaine, qui a été en vénération chez tous les peuples, et où l'on célèbre le culte divin. Les chrétiens ont substitué ce jour à celui du samedi que les Juifs observaient, tant pour honorer la résurrection de Jésus-Christ et la descente du Saint-Esprit sur les apôtres arrivées ce jour-là, que parce qu'il fallait abolir les cérémonies et la loi des juifs. Pendant le dimanche, les chrétiens ne peuvent se permettre aucun travail ni exercice corporels, à moins qu'ils ne soient prescrits par la nécessité, la charité ou l'utilité publique. Une loi de 1802 fixe au dimanche le repos des fonctionnaires publics.

**DIMAQUE**, nom donné à des troupes de milice grecque qui combattaient à pied et à cheval. Pollux attribue leur invention à Alexandre le Grand. Il avait attaché à leur service des valets chargés de la garde des chevaux, quand les cavaliers mettaient pied à terre pour combattre. — Les DIMAQUES étaient aussi des gladiateurs romains qui combattaient avec deux armes : ces armes étaient l'épée et le poignard.

**DIME**, DISME ou DIXME, la dixième partie des fruits de la terre et autres choses que l'on payait autrefois en France à l'Église ou aux seigneurs. L'origine des dîmes est très-ancienne. Moïse obligea les Israélites à plusieurs sortes de dîmes, payées au temple de Jérusalem et aux lévites. Ceux-ci donnaient aux prêtres la *dîme de la dîme*, c'est-à-dire, la dixième partie de ce qu'ils avaient reçu du peuple. — Dans l'Église chrétienne, les prêtres ne vivaient d'abord que des oblations volontaires des fidèles. Les seigneurs et les rois exigèrent ensuite la dîme comme impôt. On paya la dîme des moissons, des bestiaux, de son travail ou de son commerce. — Les dîmes se divisaient en *dîmes réelles*, qui se percevaient sur les récoltes, et qui étaient dues aux curés ; en *dîmes personnelles*, qui se percevaient sur le salaire et l'industrie des personnes, et payables aux curés ; les *mixtes*, perçues sur les récoltes et les provenances des bergeries, volailles, etc. Elles renfermaient les *dîmes de charnage*, imposées sur les porcs, agneaux, veaux, poules, etc. Les *grosses* se percevaient sur les fruits principaux d'un pays, tels que blé, vin, huile, etc. Les *menues* ou *vertes* étaient perçues sur des fruits moins considérables, tels que les légumes, le lin, etc. Les *dîmes anciennes* étaient celles qui se percevaient sur les terres cultivées depuis longtemps ; les *novales*, celles qui se percevaient sur les terres cultivées depuis peu de temps. Les *solites* étaient celles qu'on percevait dans différents pays ; les *insolites*, celles qu'on n'avait pas coutume de payer. Les *dîmes de suite* ou *de séquelle* étaient perçues par un curé sur le terrain d'une autre paroisse cultivé par son propre paroissien. Les *dîmes ecclésiastiques* étaient perçues par les ecclésiastiques, à cause de leur ministère spirituel, et sans aucune charge de fief. Les *dîmes profanes* ou *inféodées* étaient celles qui étaient possédées à titre de fief, à la charge de foi et hommage. — Les dîmes furent abolies par la convention.

**DIMENSION**, nom donné à l'étendue d'un corps susceptible d'être mesuré. Il y a trois dimensions : la *longueur*, la *largeur* et la *profondeur* ou *épaisseur*. — En algèbre, ce mot désigne le *degré* d'une puissance ou d'une équation. Ainsi l'*inconnue x* est dite avoir une, deux, trois, etc., dimensions, selon qu'elle est élevée à la première, deuxième, troisième, etc., puissance. En général, une quantité a autant de dimensions qu'il entre de facteurs dans sa composition.

**DIMÉRÈDES**, famille de poissons osseux holobranches abdominaux, dont le caractère principal consiste dans l'isolement de plusieurs rayons des nageoires pectorales. Les *polynèmes* et les *polydactyles* appartiennent à cette famille.

**DIMÈRES**, nom donné aux insectes que l'on croyait avoir deux articles aux tarses. Ces insectes, dont on formait un sous-ordre de coléoptères, ne comprenaient qu'une seule famille, celle des *pselaphiens*. On rapporte aujourd'hui les dimères à l'ordre des trimères ou insectes à trois articles aux tarses.

**DIMESSES**, filles ou veuves établies à Venise en 1584 par Dianira Valmarana. Les dimesses vivaient en commun, enseignaient le catéchisme aux personnes de leur sexe, et assistaient les pauvres malades dans les hôpitaux. On ne les recevait qu'après trois années d'épreuves ; mais elles demeuraient toujours libres et pouvaient quitter la congrégation, même pour se marier.

**DIMINUÉ** se dit, en musique, d'un intervalle de deux sons qui n'est pas conforme à la constitution d'un ton. Ainsi l'on nomme *tierce diminuée* une tierce composée, par exemple, d'*ut* dièse et de *mi* bémol, parce qu'il n'est aucun ton dans lequel on puisse trouver à la fois des dièses et des bémols. Les intervalles diminués ne sont qu'une altération momentanée d'un intervalle naturel. — DIMÈTRE.

en marine, c'est carguer, amener et serrer une partie des voiles qui sont dehors, pour diminuer le sillage du bâtiment.

DIMINUENDO (*en diminuant*), mot italien qu'on emploie pour indiquer une diminution graduée du son. On marque le *diminuendo* par le signe >.

DIMINUTION (mus.), synonyme de *variations* dans les XVIIe et XVIIIe siècles. On les nommait aussi *doubles*. Voy. VARIATIONS.

DIMISSOIRE, lettres par lesquelles un évêque consent qu'un de ses diocésains soit promu à la cléricature ou aux ordres par un autre évêque.

DIMITES. En termes de commerce, ce mot désigne des toiles de coton croisées, d'un bon usage, qui se fabriquent dans les îles de l'Archipel.

DIMITRI. Voy. DMITRI.

DIMOERIE, subdivision des *oplites*, de la phalange grecque et byzantine, formée de deux *enomoties* grecques et composée de huit hommes. Elle formait le quart de la dilochie. Le chef de la dimoerie se nommait *dimoerite*. Si elle était *antérieure*, le *dimoerite* se mettait à la tête de sa troupe; si elle était *postérieure*, il se plaçait à la queue.

DINA (en hébreu, *qui juge*), fille de Jacob et de Lia, née l'an du monde 2259, avant J.-C. 1750. Agée d'environ quinze ou seize ans, Dina eut la curiosité d'aller à une fête des Sichémites pour voir les femmes de ce pays. Sichem, roi de cette ville, l'enleva et lui fit violence. Siméon et Lévi, fils de Jacob et frères de Dina, massacrèrent Sichem, Hémor son père, tous les hommes de la ville, et emmenèrent leur sœur Dina, dont la Bible ne fait plus mention depuis cette époque.

DINADJEPOUR, ville très-commerçante de l'Indoustan, à 78 lieues de Calcutta. Elle est le chef-lieu d'un district très-fertile en riz, indigo et tabac. La population de ce district est de 600,000 habitants.

DINAN, ville du département des Côtes-du-Nord, chef-lieu d'arrondissement à 4 lieues de Saint-Brieux. Population, 8,044 habitants. Cette ville est très-ancienne, et existait du temps des Romains. Elle est entourée de murs très-épais, flanqués de grosses tours. Dinan a eu une grande importance, et a soutenu plusieurs sièges. Dinan, où finit le nouveau canal d'Ille-et-Rance, possède un port qui pourra bientôt contenir des vaisseaux de 300 tonneaux. Dinan a un tribunal de première instance, un collége et une *société* d'agriculture, de commerce et d'industrie. Dinan possède une source d'eau minérale ferrugineuse et vitriolique. Elle est apéritive, détersive, astringente, tonique, et jouit d'une grande réputation.

DINANDERIE se dit de tous les ustensiles que l'on fabrique en cuivre jaune. La dinanderie tire son nom de la ville de Dinan, où l'on fabrique les plus beaux ustensiles en ce genre.

DINAR, monnaie de Perse. On appelle *dinar-cheray* le poids ou la valeur de l'écu un du ducat d'or, et *dinar-besti* une monnaie de compte dont on se sert dans la bonne Perse.

DINARQUE (*Dinarchus*), orateur grec, né à Corinthe 460 ans avant J.-C. S'étant établi à Athènes, il se fit disciple du péripatéticien Théophraste, et s'attacha à la fortune de Demetrius de Phalère. Dinarque se borna à composer des harangues et des plaidoyers, qui l'enrichirent beaucoup. Après la chute de Demetrius, il fut accusé de s'être laissé corrompre par les ennemis de la république. Il prit alors la fuite et ne revint que quinze ans après, l'an 307 avant J.-C. Il ne nous reste de trois harangues de cent soixante qu'il avait composées.

DINDON, genre d'oiseaux de la famille des alectrides et de l'ordre des gallinacés, originaires de l'Amérique septentrionale, et distingués par leur taille élevée, leur bec médiocre, convexe, et surtout par la caroncule ou membrane charnue, érectile, mamelonnée, qui recouvre leur tête et s'étend sur une partie du bec et du cou; les tarses sont assez longs, à ergots peu développés. Les ailes sont arrondies, et la queue jouit de la propriété de faire *la roue*. Le plumage du *dindon ordinaire* est d'un brun noir ou verdâtre, mélangé de gris ou de blanc. Le premier qui fut mangé en France le fut aux noces de Charles IX. Les dindons sauvages vivent par troupes, et se livrent souvent à des voyages très-longs. Les *dindes* ou femelles ont beaucoup de soin pour leurs petits. Les œufs sont moins estimés que ceux des poules. Mais on les préfère pour la pâtisserie. Le dindon aime la liberté; son poids atteint de neuf à dix-huit livres dans la domesticité. On mange les dindons rôtis, et leur chair est très-estimée.

DINDYME, montagne de Phrygie, voisine de la ville et du nom et de celle de Cyzique. Jason y établit le culte de Cybèle, et c'est de là que cette déesse prit le nom de *Dindymène*.

DINER, un des repas principaux de la journée. Les Romains le faisaient vers le soir. Au moyen âge, on dînait à midi. L'usage l'a fixé de nos jours de quatre à six heures du soir. Un dîner bien servi doit se composer de potage, de bouilli, de volaille bouillie ou rôtie, chaude ou froide, de gibier, de plats rares et distingués, de poissons, d'huîtres, de sucreries et de pâtisseries. Après le repas, on sert le thé ou le café. L'on sert du madère après le potage, du bordeaux au milieu du repas, et des vins d'Espagne à la fin.

DINGA, barque particulière à la côte de Malabar; elle a beaucoup d'élancement. Sa quille est courbée comme celle de certains navires du Nil. Un mât, incliné sur l'avant, porte une voile à antenne.

DINGUY, petite barque particulière aux peuples du Gange. C'est aussi un canot qui sert, à Calcutta et à Chandernagor, aux passagers ou promeneurs, sur le bord du fleuve. Il a un tendelet sur l'arrière, de forme semi-circulaire; quatre Indiens le conduisent.

DINOCRATE, architecte macédonien, vint trouver Alexandre et lui proposa de tailler le mont Athos en une statue immense, dont la main gauche soutiendrait une grande ville, et la droite une coupe où se déverseraient les eaux de tous les fleuves qui coulent de cette montagne, pour les conduire dans la mer. Alexandre rejeta ce projet gigantesque, mais il employa les talents de l'artiste à la construction et à l'embellissement d'Alexandrie. Dinocrate mourut vers l'an 247 avant J.-C.

DINOSTRATE, géomètre grec, élève et ami de Platon, vivait vers la fin du IVe siècle avant J.-C. Il contribua beaucoup aux progrès de la géométrie. On dit qu'il imagina une courbe nommée *quadratrice*, qui aurait pu donner la trisection ou la multiplication d'un angle et la quadrature du cercle, si on eût pu la décrire d'un mouvement continu, par la règle et le compas. Dinostrate écrivit plusieurs ouvrages; mais il ne nous en reste aucun.

DINOUART (Antoine-Joseph-Toussaint), né à Amiens en 1716, fut reçu prêtre et chanoine du chapitre Saint-Benoît à Paris. Après avoir rempli les fonctions du sacerdoce dans sa patrie, il vint habiter la capitale, et se livra à des compositions littéraires. Il écrivit un *Journal chrétien*, un *Journal ecclésiastique* ou *Bibliothèque des sciences ecclésiastiques*, commencé en 1760 et continué jusqu'à sa mort, une *Embryologie sacrée*, le *Manuel des pasteurs*, la *Rhétorique du prédicateur*, des *Anecdotes ecclésiastiques*, des *Hymnes latines*, etc. Dinouart mourut en 1786.

DIOCÈSE (en grec, *administration*). Ce nom fut donné par les Romains aux circonscriptions territoriales des provinces d'Asie, qui avaient chacune un tribunal et une administration particulière. Plus tard l'empire romain fut divisé en plusieurs diocèses (au nombre de quatorze), subdivisés en cent vingt provinces. Chaque province avait un proconsul pour chef, et chaque diocèse un vicaire de l'empire. Le christianisme régla l'ordre ecclésiastique sur la division adoptée par les Romains. Chaque diocèse avait un vicaire ecclésiastique ou *primat*, qui jugeait en dernier ressort les affaires de l'Église. Ce titre de primat se conserva jusqu'en 1789. On comptait à cette époque cent trente-six diocèses (dix-huit archevêchés et dix-huit évêchés). En 1790, une loi limita le nombre des diocèses à celui des quatre-vingt-trois départements, et l'on donna ce nom à l'évêché ou archevêché, c'est-à-dire au territoire qui s'étend à la juridiction spirituelle d'un évêque ou d'un archevêque. Il y a aujourd'hui quatre-vingts diocèses, savoir quatorze archevêchés et soixante-six évêchés.

DIOCLÉES, fêtes que les Mégariens célébraient au printemps en l'honneur de Dioclès, jeune homme qui mourut en défendant un ami. Les jeunes gens s'embrassaient sur son tombeau, et celui qui donnait le baiser le plus doux recevait une guirlande de fleurs pour récompense.

DIOCLÈS, héros révéré chez les Mégariens, qui célébraient en son honneur des fêtes nommées *dioclées*. — Géomètre grec qui imagina la courbe nommée *cycloïde*, pour la solution du problème de deux moyennes proportionnelles. Il florissait avant le Ve siècle. — Dioclès est aussi le nom d'un Athénien que Cérès choisit pour présider à la célébration de ses mystères. — Dioclès de Cariste (Eubée), célèbre médecin, vivait au IVe siècle avant J.-C., sous le règne du roi Antigonus, à qui il dédia un ouvrage, *De tuenda sanitate* (de l'art de conserver la santé), qui nous a été conservé.

DIOCLÉTIEN (Caïus Valerianus Dioclétianus), empereur romain, né en Dalmatie d'une famille obscure, vers l'an 245 de J.-C. Il servit d'abord comme simple soldat, s'éleva par son mérite au rang de général, et fut proclamé empereur par ses troupes, après la mort de Numérien, l'an 284. Il associa à l'empire son ami Maximien, et créa césars Galère et Constance. Galère eut les provinces du Danube; Maximien, l'Afrique et l'Italie; Constance Chlore, la Gaule, l'Espagne et la Bretagne, et Dioclétien, l'Asie, la Thrace et l'Égypte. Dioclétien soumit les Quades, les Sarmates, les Égyptiens, les Maures et les Perses. Il protégea les lettres. C'est pour complaire à Galère qu'il signa l'édit de cette célèbre persécution des chrétiens, qui commença le 23 février 303 et dura dix ans. Dioclétien abdiqua la souveraine puissance avec Maximien en 305, et se retira à Salone, où il se livra à la culture de son jardin. Il mourut en 313.

DIOCLÉTIENNE (ÈRE) ou ÈRE DES MARTYRS. Voy. ÈRE DE DIOCLÉTIEN.

DIODON (*orbes*, *poissons boules*, etc.), genre de poissons de l'ordre des plectognathes, famille des gymnodontes, distingués par leur corps oblong et presque rond, et les piquants dont ils sont armés. Leur chair est mauvaise et même venimeuse. On les rencontre au Brésil, dans la mer Rouge, aux Antilles, etc.

DIODORE, célèbre historien, né à Argyre en Sicile, vivait vers l'an 44 avant J.-C. Il passa une partie de sa vie à Rome, occupé à faire des recherches et à rassembler les matériaux de ses ouvrages. Il écrivit l'histoire d'Égypte, de Perse, de Syrie, de Médie, de Grèce, de Rome et de Carthage, en quarante livres, dont il ne nous reste que quinze.

DIŒCIE, vingt-deuxième classe du système sexuel de Linné, comprenant les végétaux nommés *dioïques*, à fleurs unisexuées et portées sur des pieds distincts, c'est-à-dire dont les fleurs mâles sont séparées des femelles. Tels sont le dattier, le chanvre, le saule, etc. La diœcie se divise en quinze ordres, d'après le nombre, la réunion et le mode d'insertion des étamines.

DIOGÈNE, célèbre philosophe cynique,

né à Sinope, ville de l'Asie-Mineure. Il vint à Athènes, où il fut disciple d'Antisthènes, chef des cyniques. Il faisait consister le souverain bien dans l'absence des richesses. Un tonneau lui servait de demeure. Alexandre vint le visiter Diogène mourut l'an 323 avant J.-C.

DIOGÈNE LAERCE, né à Laerte en Cilicie, philosophe épicurien, vivait sous le règne de Septime Sévère et Caracalla. Il écrivit un ouvrage en dix livres, contenant la vie, les dogmes et les pensées des philosophes. — C'est aussi le nom d'un philosophe de la secte ionique, né à Apollonie, et d'un célèbre stoïcien, né à Séleucie, qui fut chef d'une école à Athènes et fut envoyé en ambassade à Rome. Il y ouvrit une école de dialectique, et mourut vers l'an 140 avant J.-C.

DIOGNÈTE, philosophe qui enseigna la philosophie et les belles-lettres à Marc Aurèle. — C'est aussi le nom d'un ingénieur rhodien qui défendit sa patrie assiégée par Demetrius Poliorcète.

DIOIQUE. Voy. DIOECIE.

DIOIS (*Pagus Diensis*), petit pays du Dauphiné au S. et à l'E. du Valentinois. Sa superficie était d'environ 80 lieues carrées. Le Diois, habité successivement par les *Vocontii*, les Romains et les Bourguignons, tomba au pouvoir des Francs en 532. En 879 il fut incorporé à la Provence, en 939 au royaume d'Arles, et au Dauphiné en 1038. Le Diois avait le titre de comté. Sa capitale était *Die*.

DIOMÈDE (myth.), fils de Tydée et roi d'Étolie, l'un des plus braves guerriers qui s'illustrèrent au siége de Troie. Il se battit en combat singulier contre Hector et Énée, blessa de sa propre main la déesse Vénus, enleva avec Ulysse le palladium du temple de Minerve, tua Rhesus, roi de Thrace, et s'empara de ses chevaux. Dans la suite il vint dans la Grande-Grèce, y bâtit plusieurs villes, et épousa la fille de Daunus, roi de cette contrée. Il mourut dans un âge avancé, et on lui rendit les honneurs divins. — Roi de Thrace qui nourrissait ses chevaux de chair humaine. Hercule, l'ayant vaincu, le fit dévorer par ses chevaux.

DION CHRYSOSTOME, orateur et philosophe, né à Pruse (Bithynie), florissait à Rome sous Domitien. Un de ses amis ayant été condamné à mort par ce tyran, il s'exila volontairement dans le pays des Gètes, pour éviter le même sort. Il revint à Rome sous l'empereur Trajan (96 de J.-C.), qui eut pour lui une grande considération. Il nous reste de lui quatre-vingts discours.

DION DE SYRACUSE, fils d'Hippærinus et parent de Denys, tyran de Syracuse. Il exhortait sans cesse ce tyran avec Platon, son maître et son ami, de renoncer à l'autorité souveraine. Sa popularité devint suspecte à Denys, qui l'exila en Grèce. Il y rassembla des troupes, s'empara de Syracuse, força Denys de s'enfuir à Corinthe, et se mit à la tête du gouvernement. Mais il fut trahi et tué par un de ses amis, après quatre ans de règne, l'an 354 avant J.-C.

DION (Cassius Cocceianus), historien, né à Nicée (Bithynie), vivait au III° siècle après J.-C. Il fut gouverneur de l'Afrique, de la Pannonie, de Smyrne et de Pergame. Dion composa l'histoire de Rome, en quatre-vingts livres depuis l'arrivée d'Énée en Italie jusqu'à l'année 229 de J.-C. Les trente-quatre premiers livres sont perdus, et il n'existe que quelques fragments des vingt derniers.

DIONÉ (myth.), nymphe fille de Nérée et de Doris, que Jupiter rendit mère de Vénus selon Homère. — Vénus prit de là le surnom de *Dionée*.

DIONÉE, genre de plantes de la famille des hypéricinées. La *dionée attrape-mouche*, découverte dans la Caroline et importée en France en 1768, est une petite plante à la tige nue, cylindrique, terminée par un corymbe de fleurs blanches. Ses feuilles épaisses, petites, radicales, garnies de cils et de glandes rougeâtres, se font remarquer par l'irritabilité de leurs parties. Lorsqu'un insecte vient se reposer sur leur surface supérieure ou insinuer sa trompe entre les pointes qui entourent les glandes, d'où s'échappe une liqueur distillée assez abondante, les deux lobes se rapprochent aussitôt, croisent leurs cils et s'unissent fortement jusqu'à ce que l'insecte soit mort.

DIONIS DU SÉJOUR (Achille-Pierre), mathématicien et astronome distingué, né à Paris en 1734. Destiné à la magistrature, il devint conseiller au parlement en 1758. Il se livra néanmoins à l'étude des sciences et des mathématiques. Il fit paraître un *Traité des courbes algébriques* et des *Recherches sur la gnomonique*, les *Rétrogradations des planètes*, etc. Il fut nommé membre de l'académie des sciences de Paris, de Stockholm, Gœttingue et Londres. Élu membre de l'assemblée constituante à l'époque de la révolution, il soutint les principes d'une sage liberté. Il mourut en 1794. Ses principaux ouvrages sont un *Essai sur les comètes*, et le *Traité analytique des mouvements apparents des corps célestes*.

DIONYSIAQUES, fêtes grecques célébrées en l'honneur de Bacchus, apportées d'Égypte en Grèce. Elles servaient de titre aux années, parce que les archontes y présidaient. On portait un tonneau de vin, orné de pampre; après venaient un bouc et des corbeilles de figues, symboles de la fécondité de la terre. Les assistants figuraient par leurs gestes les actions de Bacchus, et portaient des costumes de satyres, des peaux de daim, des thyrses, etc., et parcouraient les campagnes dans cet état. Les Athéniens célébraient ces fêtes avec plus de pompe. Les *petites Dionysiaques* avaient lieu en automne dans le temps des vendanges. Les *grandes Dionysiaques* avaient leurs mystères comme les fêtes d'Éleusis; on célébrait encore les *Dionysiaques archaiofères*, qui avaient lieu à Lymna, en Attique. Les ministres étaient quatorze femmes nommées *geraira*.

DIONYSISQUES, éminences osseuses qui se montrent dans la région des tempes. Quelquefois ces cornes sont des tumeurs indolentes, immobiles, qui paraissent faire partie de l'os; d'autres fois ces tumeurs sont douceureuses, paraissent formées par une exostose, et sont à l'extérieur recouvertes par un épiderme épais, jaunâtre et corné.

DIONYSIUS, surnom que les Grecs donnaient à Bacchus, qui faisait allusion à Jupiter, son père, et à la ville de Nysa, où il avait été nourri. — Mois de l'année bithynienne, consacré à Bacchus. — C'est aussi le nom de deux sculpteurs et d'un peintre grecs assez célèbres.

DIOPÈTES, nom que les anciens donnaient aux statues des dieux que l'on croyait être descendues du ciel.

DIOPHANTE, célèbre géomètre grec, né à Alexandrie. On pense qu'il vivait du temps de Julien ou vers le milieu du IV° siècle. Ce mathématicien, sur la vie duquel il ne nous reste aucun détail, est l'auteur d'un *traité de treize livres*, dont sept nous sont seulement parvenus. Ce traité est le plus ancien de ceux que nous a transmis l'antiquité sur l'algèbre. Il renferme un grand nombre de problèmes sur les carrés, les cubes, les rectangles, etc. Ces questions ont reçu le nom de leur inventeur.

DIOPTRIQUE, une des branches de l'optique qui s'occupe de la propagation de la lumière par *réfraction*.

DIORAMA, spectacle qui consiste en une exposition de tableaux ou vues peintes sur toile, d'une grande dimension, qui sont tendues sur un plan droit vertical, et éloignées des spectateurs de quarante à soixante pieds. Le diorama consiste en une rotonde légère, mobile, sur un fort pivot, et dont le plancher tourne autour de ce pivot. Ce spectacle consiste dans le jeu de la lumière, de manière à faire succéder la plus grande obscurité à un clair de lune, à un beau jour, à imiter les reflets des flambeaux, etc. Le diorama a été inventé par MM. Daguerre et Bouton en 1822.

DIORITE, roche que Brongniart a nommée *diabase*. Elle est composée d'amphibole et de feldspath, et contient des fragments de quartz, de mica et de grenat, etc. Quelquefois sa texture est grenue (*diorite granitoïde*); d'autres fois elle est fissile (*schistoïde*); souvent des cristaux de feldspath compacte y sont disséminés (*porphiroïde*). — La *diorite orbiculaire de Corse* est formée de couches concentriques d'amphibole et de feldspath, etc. On en fait des vases et d'autres objets d'ornement d'un très-grand prix.

DIOSCORE, patriarche d'Alexandrie, après la mort de saint Cyrille, en 444. Il soutenait les erreurs d'Eutychès dans le conciliabule nommé *le brigandage d'Éphèse*, et tenu en 449. Il osa excommunier le pape saint Léon. Déposé dans le concile de Chalcédoine en 451, il fut exilé en Paphlagonie, où il mourut en 454. — Diacre de Rome, fut opposé au pape Boniface II en 529. Il n'occupa le saint-siége que vingt-neuf jours, étant mort à cette époque.

DIOSCORÉES, une des trois divisions établies par Brown, dans la famille des asparaginées de Jussieu. Il y place les genres qui, avec un ovaire infère, ont des fleurs dioïques, et pour fruit une capsule. Richard y a compris les fleurs à ovaire infère, hermaphrodites ou unisexuées, au fruit sec ou charnu.

DIOSCORIDE (Pedacius), né en Cilicie, fut, selon les uns, médecin d'Antoine et de Cléopâtre, et vécut, selon d'autres, sous le règne de Néron. Il fut d'abord soldat; mais il renonça au métier des armes pour s'adonner à l'étude de la médecine. Il composa sur les plantes médicinales un ouvrage que l'on a imprimé en France en 1598, et dont les frères Didot ont donné une édition avec traduction latine en regard.

DIOSCURES, c'est-à-dire *fils de Jupiter*, surnom de Castor et de Pollux. Les Corcyréens et les Lacédémoniens célébraient en leur honneur des fêtes appelées *Dioscuries*, dans lesquelles se livrait à des orgies et à une joie bruyante. Ces héros présidaient aux barrières des stades et des hippodromes. Ils avaient le pouvoir de prolonger la vie des hommes, et on leur immolait des agneaux blancs. L'on croyait que ces demi-dieux venaient sous la figure de flammes légères s'agiter autour des mâts et des voiles après la tempête. Les hommes juraient par Castor, les hommes par Pollux. On distinguait les Dioscures d'Athènes, mis au nombre des grands dieux, et ceux de Sparte, les plus récents, qui n'étaient que des héros. On surnommait les princes *dioscures*.

DIOSMA, genre et type de la tribu des diosmées. Ce sont des arbustes élégants, au feuillage toujours vert et aux fleurs blanches ou rosées, solitaires ou en corymbe, exhalant une odeur suave. Les feuilles sont petites, simples, chargées de points glanduleux. Un grand nombre de diosmas sont cultivés dans nos jardins; ils demandent tous la terre de bruyère. On connaît quatre-vingts espèces de diosmas. Ces plantes sont originaires du cap de Bonne-Espérance.

DIOSMÉES, tribu de la famille des rutacées, renfermant tous les genres qui ont les pétales libres ou distincts à leur base, égaux entre eux, et constituant une corolle régulière. Leurs graines sont munies d'un endosperme. Elle renferme le *dictamno*, le *diosma*, etc.

DIOTA, mesure de liquides chez les Grecs, qui valait la moitié du métrétès ou 38 litres de nos mesures. — C'est aussi le nom d'une tasse de bois dont l'intérieur est enduit de résine, de cannelle, de clous de girofle et de gingembre : ce mélange avait pour objet de donner plus de saveur à la bière. On faisait autrefois usage de ces vases dans le Nord.

DIPHALANGARCHIE, terme de milice grecque. C'était la réunion de deux petites phalanges commandées par un diphalangarque. Elle comprenait la moitié d'une armée grecque ou une demi-tétraphalangarchie. La diphalangarchie, appelée encore *diphalangie*, était formée de 8,192 hommes sur cinq cent douze files et seize rangs. Elle s'éleva sous Alexandre à 13,000 hommes. — La *diphalangie antistôme* ou *à double front* était formée par la réunion de deux phalanges appuyées dos à dos. Le terme *diphalangie à front égal* désignait le contraire. L'intervalle de seize mètres entre deux diphalangies se nommait *bouche de phalange*.

DIPHYES ou DIPYADES, animaux d'une grande transparence, qui vivent dans les eaux de la mer, dont quelques-uns causent souvent la phosphorescence. Ces zoophytes acalèphes sont très-abondants dans les mers des pays chauds. Ils flottent et nagent un peu au-dessous de la surface, et sont ordinairement en nombre très-considérable. Presque toutes les espèces ont le corps composé de deux parties subcartilagineuses, polygonales et transparentes, placées l'une à la suite de l'autre, et comme emboîtées. La partie antérieure renferme une ou deux cavités, et présente à sa base un appendice cirrhique garni de suçoirs. La partie postérieure ne présente qu'une seule cavité, et se détache facilement de la première. Ces animaux sont microscopiques.

DIPHYLLE, nom donné, en botanique, aux parties composées de deux feuilles ou folioles.

DIPLANTIDIENNE. On nomme ainsi, en optique, les lunettes avec lesquelles on voit deux images du même objet, l'une droite, l'autre renversée.

DIPLODACTYLE, nom donné aux geckos à queue cylindrique renflée et à doigts légèrement tuméfiés à leur extrémité, divisés en dessous par deux disques charnus, lisses, ovales, un peu obliques, et terminés par de petits ongles fortement rétractiles. Ces geckos ont des écailles du corps égales, petites et lisses. Ils habitent la Nouvelle-Hollande.

DIPLOÉ, tissu celluleux qu'on remarque entre les deux tables des os plats, et particulièrement de ceux du crâne. Ce tissu est plus abondant à la circonférence qu'au centre des os plats. On ne l'aperçoit pas dans les premiers temps de la vie; mais il se développe de plus en plus vers la fin de nos jours, et forme un écartement de plusieurs lignes chez les vieillards. Les aréoles du diploé sont tapissées par une membrane molle, rougeâtre, ténue, et parsemée de radicules vasculaires.

DIPLOMATIQUE, science qui a pour objet de juger sainement des diplômes, chartes et écrits anciens, de connaître la nature des actes, celle de leurs formules, de leur contexture, de l'écriture et des coutumes propres à chaque siècle et à chaque peuple. Elle embrasse la politique, la morale, l'histoire, la jurisprudence et la théologie. — La diplomatique, créée par Mabillon et les bénédictins, est de nos jours enseignée dans l'école royale des chartes à Paris. — On appelle ainsi, en politique, la partie de cette science qui traite du droit des gens. — Le *corps diplomatique* est la réunion des ambassadeurs étrangers qui sont dans un État.

DIPLOME, nom donné à des actes émanés des papes, empereurs, rois, princes, ducs, comtes, etc., contenant des établissements de privilèges ou de fondations. Ce titre s'étend aussi aux lettres patentes, privilèges, donations, et aux chartes en général. — En Grèce et à Rome, les diplômes étaient formés de deux planches de cuivre liées ensemble, et repliées comme les feuilles d'un livre. Le plus ancien connu de ce genre est un acte de Galba. — En France, le premier diplôme que l'on ait conservé est celui de Childebert Ier en 558. Jusqu'au Xe siècle, le sceau fut gravé sur le diplôme même. Le diplôme se composait d'un signe, une croix par exemple, du nom et des qualités du prince, de l'objet du diplôme, du sceau et de la signature, et de la date du jour, du mois, de l'an-

née, etc. Sa forme varia souvent. — Aujourd'hui on nomme ainsi un acte d'une autorité constituée qui permet d'exercer une profession.

DIPLOPIE, trouble de la vue dans lequel deux sensations distinctes sont produites par le même objet, en sorte que chaque objet paraît double. On l'observe chez les personnes nerveuses, hypocondriaques, accablées par de vives impressions. La diplopie ne dure qu'un mois environ, et se termine quelquefois par l'amaurose. Cette affection est produite par la déviation de l'axe visuel de l'œil. Le traitement consiste en vésicatoires à la nuque, ventouses scarifiées, en boissons antispasmodiques, etc.

DIPLOPTÈRES, famille d'insectes hyménoptères, fondée par Latreille, et renfermant tous les genres qui ont les ailes supérieures doublées dans leur longueur. Cette famille comprend les genres *guêpe* et *masaris*.

DIPLOSTOME, nom que Rafinesque-Schmaltz, célèbre naturaliste, a donné aux mammifères nommés *saccomys* par Georges Cuvier. Voy. SACCOMYS.

DIPODES, nom donné par quelques naturalistes aux poissons écailleux qui n'ont que des nageoires ventrales ou pectorales.

DIPONDIUS, petite monnaie romaine qui valait un *as*, selon quelques-uns, et, selon d'autres, la moitié de l'*as*.

DIPPEL (J. Conrad) ou CHRISTIANUS DEMOCRITUS, écrivain célèbre par l'extravagance de ses opinions. Il s'adonna d'abord à la théologie, et attaqua la religion réformée dans un ouvrage. Il quitta cette science pour l'alchimie. Il inventa une huile animale avec laquelle il disait pouvoir faire de l'or et guérir toutes les maladies. Appelé en 1712, à Stockholm, pour traiter le roi de Suède, il en fut chassé par le clergé protestant de cette ville. On lui attribue l'invention du bleu de Prusse. Il mourut en 1734.

DIPSACÉES, famille naturelle de plantes monocotylédones, à corolle monopétale, à étamines libres. Ce sont des herbes annuelles ou vivaces, à feuilles opposées, simples ou divisées. Les têtes des fleurs sont environnées d'un involucre polyphylle; un réceptacle plus ou moins saillant porte les fleurs, entre lesquelles naissent des écailles ou des soies. Les *scabieuses*, les *cardères*, etc., appartiennent à cette famille.

DIPSAS, nom donné par les anciens à une sorte de serpent, dont la morsure faisait mourir au milieu des angoisses d'une fièvre ardente et d'une soif inextinguible. — On appelle aujourd'hui ainsi des serpents qui se rapprochent des couleuvres par la disposition des plaques de la tête, des lames verticales et des lamelles caudales. Leurs dents sont petites et uniformes. Leur corps est plus allongé que celui des couleuvres; il est comprimé sur les côtés; leurs écailles sont allongées et lisses. Les dipsas poursuivent leur proie sur les arbres et de branche en branche. Ils habitent les Indes et l'Amérique.

DIPTÈRE (archit.), édifice entouré de deux rangs de colonnes qui forment des espèces de portiques auxquels les anciens donnaient le nom d'*ailes*.

DIPTÈRES (hist. nat.), ordre d'insectes n'ayant que deux ailes. Cet ordre renferme des insectes petits ou de taille moyenne. Leur tête est de forme variable, globuleuse ou demi-sphérique, portée sur un pédicule court, très-mince et sur lequel elle peut exécuter des mouvements; les yeux sont situés aux côtés de la tête, formés de plusieurs ocelles très-développés et rayés de bandes de couleur; les antennes sont insérées au-dessus de la cavité buccale, dans l'espace qui reste entre les yeux; la bouche renferme plusieurs soies destinées à sucer les sucs alimentaires. Les ailes sont ovales, oblongues, diaphanes ou velues. L'abdomen est presque toujours convexe en dessus et concave en dessous; il se compose de cinq à six anneaux. Les

diptères se nourrissent du sang des animaux ou du sucs des plantes, et même des excréments et des matières en putréfaction. Les femelles sont ovipares; elles déposent les larves ou les œufs dans les tissus des plantes ou de la chair. Ces insectes incommodes sont cependant utiles, puisqu'ils dévorent les substances en décomposition qui pourraient infecter l'air. Les *mouches*, les *cousins*, les *asyles* appartiennent à cet ordre.

DIPTYQUES, sorte de registres formés de deux tablettes de bois ou de métal, sur lesquels les anciens inscrivaient les noms des consuls, des magistrats, etc. Les diptyques *profanes* étaient le registre public sur lequel on écrivait le nom des consuls, des magistrats, des gladiateurs, des animaux du cirque, etc. Les diptyques *sacrés* étaient, chez les chrétiens, un catalogue plié en deux. D'un côté on écrivait les noms des vivants, des papes, des évêques, en un mot, des hommes distingués par leurs vertus ou leurs bienfaits envers l'église; de l'autre côté on écrivait les noms des morts célèbres, des martyrs, des hommes pieux. Les diacres lisaient les noms de ceux qui étaient sur les diptyques, pendant la messe et après l'oblation. Après la récitation de ces noms, on priait pour ceux qu'on avait nommés, et on récitait la prière nommée *Collectio post nomina*.

DIRCÉ (myth.), femme que Lycus, roi de Thèbes, épousa après avoir répudié Antiope. Celle-ci ayant eu commerce avec Jupiter, et étant devenue enceinte, Lycus la soupçonna d'infidélité et la fit enfermer dans une étroite prison. Antiope, ayant recouvré sa liberté, se cacha sur le mont Cythéron, et y mit au monde deux jumeaux. Ceux-ci assiégèrent et prirent Thèbes, tuèrent Lycus et attachèrent Dircé à la queue d'un taureau furieux. Les dieux, touchés de son sort, la changèrent en fontaine.

DIRECT, tout ce qui est droit ou en ligne droite. — En algèbre, un *rapport* est en raison *directe* d'un autre lorsque les quantités du premier dépendent de celles du deuxième, et que le rapport des premières est le même que celui des secondes. Ainsi le rapport 8 à 10 est direct ou en raison directe avec le rapport 12 est à 14. — La *règle de trois* est *directe* lorsque les rapports qui forment la proportion sont directs. — En astronomie, les planètes sont *directes*, lorsqu'elles paraissent se mouvoir d'occident en orient. — Le rayon *direct*, en optique, est celui qui va en ligne droite. — Le *seigneur direct* était, au moyen âge, celui dont une terre relevait immédiatement.

DIRECTEUR, celui qui a la direction des personnes, de certaines affaires ou des choses. — On donne cette qualité aux officiers chargés d'une direction quelconque dans les ports du roi. — Les *chefs de division* du ministère de la marine portent ce nom. — Il y a à ce ministère une direction du personnel (cinq bureaux), une direction du port (six bureaux), une des colonies (cinq bureaux), une des fonds et des invalides (huit bureaux), une des subsistances (quatre bureaux). Il y a quatre grandes directions au ministère de la guerre, une du dépôt de la guerre (cinq sections), une du personnel et des opérations militaires (huit bureaux), une de l'administration (sept bureaux), une des fonds et de la comptabilité (sept bureaux). Le ministère des finances comprend la direction des contributions directes (quatre bureaux), la direction du mouvement général des fonds (deux bureaux), une de la dette inscrite (cinq bureaux), une du contentieux (six bureaux), une de la comptabilité générale (cinq bureaux). — Il y a de plus dans chaque département un directeur de l'enregistrement et des domaines, et un directeur des contributions directes, et un directeur des contributions indirectes dans chaque arrondissement. — Le DIRECTEUR DES SPECTACLES est celui qui se charge de l'administration d'un spectacle, d'un théâtre.

DIRECTION, emploi par lequel on est chargé de diriger plusieurs affaires. La direction dans les ports militaires a pour attributions (direction des constructions) les chantiers, les forges, les voileries, etc.; (direction du port) le mouvement des bâtiments, leur lestage, etc.; (direction d'artillerie) tous les travaux relatifs à ce service ; (direction des vivres) ce qui concerne les munitions de bouche. — En mécanique, on nomme ainsi la droite suivant laquelle un corps se meut. La *ligne de direction* est celle qui passe par le centre de gravité d'un corps et le centre de la terre. — L'*angle de direction* est compris entre les directions de deux puissances conspirantes au même point. — C'est aussi la ligne vers laquelle se tourne l'aiguille aimantée. Voy. — La *direction des créanciers* est une assemblée de créanciers chargés de régler les affaires des finances. — Les filons des métaux suivent toujours une direction constante.

DIRECTOIRE. La constitution de l'an III (1795) réforma le gouvernement révolutionnaire. Elle substitua à la convention, qui seule possédait le pouvoir exécutif et judiciaire, le concours de deux chambres sous les noms de conseils des *cinq-cents* et des *anciens*. Le premier proposait les lois, l'autre les acceptait. Le pouvoir exécutif fut confié à cinq directeurs, nommés par les conseils. Cette assemblée se nomma *directoire*. Elle avait le droit de proposer la guerre, et de nommer les ministres. Les *directeurs* ne pouvaient être réélus ; ils faisaient les traités de paix, et avaient une garde de 240 hommes. Le directoire siégeait au Luxembourg. Ses principaux actes furent la fondation de l'école polytechnique, de l'Institut, la démonétisation des assignats, la pacification de la Vendée, la délivrance de la Corse, et l'accroissement du nombre des départements portés à cent un. C'est sous le directoire qu'eurent lieu les campagnes d'Autriche, d'Italie et d'Egypte. Marie-Thérèse, fille de Louis XVI, fut confiée à l'Autriche et sortit du Temple ; la liberté des cultes fut proclamée. La Hollande, les Etats du pape et la Suisse s'érigèrent en républiques. En 1799 Bonaparte, quittant l'Egypte, revint à Paris. La révolution du 18 brumaire le plaça à la tête du gouvernement, et le directoire fut renversé.

DIRECTRICE, en géométrie, droite le long de laquelle on fait couler une autre ligne ou une surface pour décrire une figure plane ou solide.

DIRES (*Diræ*) (myth.), filles de l'Achéron et de la Nuit, qui tourmentaient les cœurs des coupables. Elles étaient au nombre de trois. On les nommait *Furies* ou *Euménides* sur la terre, *Chiennes du Styx* dans les enfers, et *Dires* dans le ciel. Elles avaient de grandes ailes, et leur tête était couronnée de serpents. Assises auprès du trône de Jupiter, elles recevaient ses ordres pour troubler le repos des mortels.

DIRIBITEUR, nom que les Romains donnaient à un esclave, dont la fonction était d'arranger et de donner diverses formes singulières aux ragoûts qu'on servait sur les tables. — On donnait aussi ce nom à ceux qui étaient chargés de distribuer les bulletins dans les assemblées et les jugements.

DIRIMANT, ce qui porte empêchement ou forme un obstacle. En fait de mariage, les *empêchements dirimants* sont ceux qui font obstacle au mariage projeté d'une manière absolue, de telle sorte que la nullité du mariage ne pourrait jamais être couverte. Les dirimants forment toujours un obstacle insurmontable.

DIS (myth.), dieu des Gaulois, le même que Pluton. Les habitants des Gaules croyaient descendre de cette divinité.

Dis est, en musique, le nom allemand de *ré* dièse.

DISBRODURE, nom donné à l'eau dans laquelle on a lavé la soie après qu'elle est sortie de la teinture. On nomme *disbroder* l'opération du lavage de la soie teinte.

DISCANT, nom anglais de la voix de *soprano* dans la musique d'église. Ce nom vient du latin *discantus* (double chant), parce que le chant était au ténor dans l'ancien contre-point ou *déchant* (voy.), tandis que l'accompagnement se faisait au-dessus. Dans la musique ordinaire, la voix de soprano se désigne par le mot *treble* en Angleterre.

DISCERNEMENT, faculté de réfléchir, d'apprécier. Celui qui commet un crime ne peut être puni s'il a agi sans discernement. Lorsque l'accusé a moins de seize ans, et qu'il a agi sans discernement, il est acquitté ou rendu à ses parents, ou conduit dans une maison de correction jusqu'à vingt ans. Lorsque l'accusé a agi avec discernement et a moins de seize ans, les peines sont ainsi prononcées : s'il a encouru la peine de mort, les travaux forcés à perpétuité ; s'il a mérité la déportation, il est condamné à dix ou vingt ans d'emprisonnement ; s'il a mérité la détention ou les travaux forcés, il est renfermé dans une maison de correction ; il est mis sous la surveillance de la haute police pendant cinq ou dix ans. Si le mineur de seize ans n'a commis qu'un simple délit, il est condamné à la moitié de la peine à laquelle il aurait pu être condamné s'il avait eu seize ans.

DISCHIDIE, genre de la famille des apocynées. Il renferme une plante parasite de la Nouvelle-Hollande et des Indes, dont le suc laiteux est appliqué dans le pays sur les piqûres des animaux venimeux. On mange aussi cette plante dans son jeune âge.

DISCIPLES, nom donné à ceux qui prennent les leçons d'un maître, qui reçoivent des instructions sur une science ou un art quelconque. On a donné ce nom à ceux qui suivaient Jésus-Christ comme leur maître et leur docteur. Outre les apôtres, Jésus-Christ avait soixante-douze disciples. Ce titre s'appliqua dans les premiers siècles aux chrétiens. Saint Jean Baptiste eut aussi ses disciples. Les *disciples de Platon, Aristote, de saint Augustin, de saint Thomas*, etc., sont ceux qui suivent la doctrine de Platon, Aristote, etc.

DISCIPLINE, règle de vie qui s'applique à une profession quelconque, soit religieuse, soit maritime, militaire, judiciaire, etc. — La *discipline ecclésiastique* est l'ensemble des Constitutions apostoliques et des divers règlements établis par les papes et les conciles pour la police extérieure et le gouvernement de l'Eglise ; tout ce qui appartient à cette discipline peut varier et a varié selon les temps et les lieux. — Selon les églises réformées de France, la discipline ecclésiastique est l'ensemble des ordonnances et règlements ayant rapport à l'organisation et à l'administration extérieure de la foi. — La *discipline militaire* est indispensable au succès des opérations. Elle doit être très-sévère sur mer. La plus ancienne ordonnance qui en traite remonte à 1550 sous Coligny. — La *discipline judiciaire* a pour objet les devoirs des magistrats envers le public et leurs compagnies, et ceux des officiers ministériels envers le public et les magistrats.

DISCIPLINE. Ce mot se donne à une sorte de flagellation qu'on s'impose volontairement, ou qu'on subit en punition de quelques crimes. L'instrument de ce supplice, si usité autrefois dans les cloîtres, consistait en cordes nouées, il se nommait aussi *discipline*. Cet usage a commencé vers le milieu du XIe siècle. Saint Dominique l'Encuirassé se donnait, dit-on, dix-huit millions trois cent mille coups de discipline par an. L'Eglise accordait cent ans d'indulgence pour vingt psautiers (trois mille psaumes) récités pendant la flagellation. La discipline était en usage chez les Juifs.

DISCIPLINE (CONSEIL DE), sorte de conseil de guerre chargé de punir les fautes commises par les gardes nationaux pendant la durée du service, fondé par l'assemblée nationale le 14 octobre 1791. Ce conseil se compose aujourd'hui du chef de bataillon (président), d'un capitaine, d'un lieutenant (ou sous-lieutenant), d'un sergent, d'un caporal et de quatre gardes nationaux. Ces membres se renouvellent chaque quatre mois ; ils sont au nombre de sept pour les conseils de discipline de bataillon, et au nombre de cinq pour les autres. Les peines qu'ils prononcent sont les arrêts pendant cinq jours au plus, et l'amende qui ne peut excéder 50 francs.

DISCOBOLES, famille de poissons malacoptérygiens, à nageoires inférieures situées sous la gorge. Leurs caractères sont des ouïes peu fendues, des nageoires ventrales réunies à la base par une membrane en forme de disque. Ces poissons, se tiennent fixés aux rochers, sous les saillies desquels ils se couchent au moyen de leurs nageoires ventrales. Tout leur corps est couvert d'une matière visqueuse. On a divisé cette famille en deux classes, l'une renfermant des poissons au corps lissé et sans écailles, l'autre au corps sans écailles, mais semé de petits grains. — Les *discoboles* sont, en termes d'histoire ancienne, les athlètes qui combattaient avec le disque.

DISCOIDE se dit, en botanique, de tout organe orbiculaire très-déprimé, ayant les bords légèrement saillants, et en forme de disque. Linné nomme *discoïdées* des plantes à fleurs composées, qui n'offrent qu'un disque sans couronne ; c'est le titre qu'il a donné à une subdivision de l'ordre des composées, qui comprend toutes les flosculeuses non capitées, et dont la fleur totale, allongée, offre un disque semblable à celui d'une radiée privée de sa couronne.

DISCORDE (myth.), divinité malfaisante, fille de la Nuit, et que l'on représente avec des yeux hagards et enflammés, le teint livide, les cheveux en désordre et couronnés de serpents, les vêtements déchirés, une torche à la main et un poignard caché dans le sein. Compagne fidèle de Bellone, elle la suivait à la guerre, et causait les meurtres, les combats et les querelles. Bannie du ciel par Jupiter, et irritée de n'avoir pas été invitée aux noces de Thétis et de Pélée, la Discorde jeta au milieu des dieux assemblés une pomme d'or sur laquelle étaient gravés ces mots : *A la plus belle* ; pomme fatale qui fut la cause de la ruine de Troie.

DISCRET, terme qui, dans quelques ordres monastiques, désignait les religieux qu'on envoyait au chapitre provincial pour représenter le couvent et en prendre les intérêts ; les *mères discrètes*, dans les monastères de filles, étaient les conseillères de la supérieure. — Le nom des assemblées ou se réunissaient les *pères discrets* ou les *mères discrètes* était *discrétoire*.

DISCRÉTIONNAIRE, nom donné aux choses qui, n'étant limitées par aucune loi, sont laissées à la discrétion de quelqu'un. On appelle *pouvoir discrétionnaire* le pouvoir que des juges, ont, dans certains cas, de faire tel ou tel acte, de prononcer une peine plus ou moins rigoureuse.

DISCUSSIFS, nom donné aux médicaments que l'on applique à l'extérieur dans le but de dissiper une stase, un engorgement. Ce sont en général des agents excitants sous forme de cataplasmes, de lotions, etc.

DISCUSSION (BÉNÉFICE DE), privilège accordé à la caution d'un débiteur, et qui lui permet, dans certaines circonstances, d'indiquer sur quels biens ou contre quelles personnes doivent être dirigées les premières poursuites du créancier. La caution n'est obligée envers le créancier le payer qu'à défaut du débiteur qui doit être préalablement discuté dans ses biens.

DISÉPALE, terme qui désigne, en botanique, les parties formées de deux sépales ou de deux folioles calicinales. Cette épithète s'applique aux calices de la fumeterre, du pavot, de la balsamine, etc.

DISJOINT, nom donné aux intervalles dont les sons sont séparés l'un de l'autre par une grande distance. Tels sont les intervalles de la tierce, de la quarte, de la quinte, etc.

DISPENSAIRE, nom donné aux recueils de formules employées dans le traitement des maladies et destiné à des établissements sanitaires. On donne aussi ce nom à ces établissements eux-mêmes, où les indigents sont traités gratuitement à Paris; il y a six dispensaires créés par la société philanthropique, et destinés au traitement de toutes les maladies; les malades y sont admis avec la recommandation des souscripteurs de cette société. Quand les malades ne peuvent se transporter aux dispensaires, ils reçoivent des secours des médecins de l'établissement.

DISPENSE, exemption d'une règle ordinaire par laquelle on permet ce qui est ordinairement défendu. Le pape a le droit de dispenser, pour quelque cause que ce soit, de ce qui est de droit divin et naturel, et de ce que défendent les canons. Ainsi dans les mariages entre cousins et parents à un degré rapproché, pour donner la prêtrise et les autres ordres sacrés avant l'âge prescrit, on a recours au pape. — L'homme avant dix-huit ans, la femme avant quinze ans, l'oncle et la nièce, la tante et le neveu, les beaux-frères et belles-sœurs ne peuvent contracter mariage sans une dispense accordée par le roi. Deux juges parents à un degré très-rapproché ne peuvent prendre place sur le même siége sans dispense royale.

DISPENSE DE BATARDISE, l'acte qui donnait au bâtard le titre d'enfant légitime, et qui le rendait propre à entrer dans les ordres ou à posséder un bénéfice; le pape et le roi accordaient ces dispenses.

DISPERME, nom donné, en botanique, aux fruits ou loges qui renferment deux semences. Telles sont les baies de l'épine-vinette, du pois-chiche, etc.; on nomme *dispermatiques* les plantes dont les fruits sont dispermes.

DISPERSION, action de répandre en tous sens diverses parties dont la réunion forme un objet entier. On disperse des troupes en divers lieux pour leur faire prendre des cantonnements ou cacher les forces à l'ennemi. Les coups de vent dispersent souvent les vaisseaux. — Dieu punit les Juifs rebelles à sa loi par la dispersion de ce peuple sur la surface de la terre, dispersion prédite par les prophètes. —Quand un rayon de lumière traverse un prisme transparent, ce rayon se réfracte et se divise en sept rayons colorés: le rouge, l'orangé, le jaune, le vert, le bleu, l'indigo et le violet. Ce phénomène a reçu le nom de *dispersion de la lumière*.

DISPONIBILITÉ. Dans l'administration militaire, on appelle ainsi la situation d'un officier d'état-major qui se trouve momentanément sans emploi, quoique faisant toujours partie du cadre de l'armée. L'officier en disponibilité dépend toujours du ministre de la guerre. Sa solde est réglée par des tarifs approuvés par le roi. — On nomme DISPONIBLE, en jurisprudence, cette portion de biens dont il est permis à une personne de disposer; car, quoiqu'elle soit propriétaire exclusive de tous ses biens, la loi a mis des restrictions à la faculté de disposer de ces biens, c'est-à-dire à la disponibilité. La *quotité disponible* est la partie des biens dont il est libre de disposer comme il veut. Le reste de ses biens, nommé *réserve légale*, ne peut être mis en disposition.

DISPOSITIF, partie du jugement qui renferme la décision du juge. Sa disposition, c'est la diction de la sentence, de son arrêt. La rédaction des jugements renferme les noms des juges, du procureur du roi, des avoués; les noms, professions et demeures des parties, et l'énoncé des arrêts.

DISPOSITION. En pathologie, ce mot désigne la situation particulière au corps humain, qui le rend susceptible de changer prochainement en bien ou en mal, de passer de l'état de maladie à celui de santé, et de la santé à la maladie.

DISPOSITION. En droit, c'est une attribution à titre gratuit. La *disposition d'un acte* indique les conventions et les arrangements portés dans l'acte. La *disposition à cause de mort* est un acte par lequel le disposant se dépouille de ses biens, mais avec promesse de les reprendre s'il guérit de sa maladie. La *disposition entre-vifs* est l'acte par lequel on se dépouille irrévocablement de ses biens en faveur d'un tiers. La *disposition libre* est l'acte fait par quelqu'un de sa bonne volonté, sans aucune force ni contrainte. La *disposition onéreuse* est l'acte qui transmet à quelqu'un une chose à titre onéreux et non à titre lucratif. — *Disposition testamentaire* (voy. TESTAMENT). Les *dispositions* d'un jugement sont les décisions qu'il renferme.

DISQUE, sorte de gros palet rond, de fer, de cuivre, de pierre, de plomb ou de bois, d'une grandeur et d'une pesanteur extraordinaires, que l'on lançait dans les jeux des Grecs. Le vainqueur était celui qui lançait ce disque le plus loin. On nommait ces athlètes *discoboles*. Ils étaient nus et s'imprégnaient le corps d'huile. Le diamètre du disque était d'environ un pied. — On appelait encore ainsi une sorte de bouclier rond qu'on suspendait dans les temples, et des bassins où les prêtres disposaient les entrailles des victimes. — En astronomie, on nomme *disque* le corps d'un astre tel qu'il apparaît à nos yeux. La largeur du disque du soleil et de la lune se divise en douze parties nommées *doigts*. — Dans l'Église grecque, ce mot désignait ce qu'on appelle *patène* dans l'Église latine.

DISQUE (hist. nat.), corps glanduleux, jaune ou verdâtre, qui, dans quelques végétaux, se trouve au-dessous ou autour de l'ovaire. Cet organe varie de position et de forme; il est très-petit et à peine distinct. Il est *hypogyne* s'il est au-dessous, *périgyne* s'il est autour, et *épigyne* s'il est placé sur le sommet de l'ovaire. Le disque *podogyne* sert de support à l'ovaire ou y adhère. Le *pleurogyne* consiste en un ou plusieurs tubercules qui pressent l'ovaire latéralement; il est *épipode* si les tubercules sont libres et distincts de l'ovaire; il est *périphore* si, s'élevant du fond du calice, il porte les étamines et les pétales attachés à sa surface externe. Le disque *périgyne* existe chez le cerisier, et le disque *épygine* chez les saxifrages, les rubiacées et les ombellifères.

DISSECTION, opération par laquelle on divise et on met à découvert les différentes parties d'un corps organisé pour en connaître la structure. Appliquées aux végétaux, les dissections prennent le nom de *phytotomie*; pratiquées sur les animaux, elles constituent la *zootomie*, et sur le corps de l'homme, l'*anthropotomie*. Les dissections des cadavres humains se font, non-seulement pour apprendre l'anatomie, mais aussi pour reconnaître les causes et les sièges des maladies, l'existence de certains délits, etc. Les instruments dont on fait usage pour disséquer sont des scalpels et des bistouris, des ciseaux, des marteaux, des pinces, des scies, des tenailles, etc. On emploie encore les injections, la macération, l'ébullition, la combustion et les réactifs chimiques. Les dissections reçoivent divers noms, suivant l'organe sur lequel on les fait.

DISSÉMINATION DES GRAINES, dispersion naturelle et semi-spontanée des graines parvenues à leur parfaite maturité. Cette dispersion se fait par des moyens particuliers. Tantôt un péricarpe élastique lance les graines qu'il enferme, et celles-ci, s'accrochant à la terre, y germent; tels sont l'ajonc, le genêt, la balsamine, etc.; tantôt ces graines sont munies de membranes en forme d'ailes (orme, érable, houblon), d'aigrettes soyeuses (pissenlit, scabieuse, asclépiade), de crochets avec lesquels elles s'attachent aux corps (aigremoine), ou sont placées en forme de gondole sur les flots et entraînées par le souffle du vent (coco); d'autres plantes ont des graines si fines que le moindre vent les emporte (lycoperdon), ou qu'elles s'échappent de leur chapeau (pézizes).

DISSIDENTS, nom donné, dans certains pays, à ceux des habitants qui professent une croyance différente de celle qui est généralement établie. Les protestants et les Grecs sont *dissidents* de la religion catholique, en Angleterre, les *presbytériens* sont *dissidents* de la religion anglicane.

DISSOLUTION, opération par laquelle un corps liquide communique cet état à un autre corps, quel qu'il soit, et forme avec lui un nouveau composé. Ainsi l'on opère une dissolution lorsqu'on met du sucre ou du sel dans de l'eau. Si le corps dissous ne change pas de nature, l'opération prend le nom de *solution*. — En pathologie, ce mot désigne l'altération des tissus organiques, la diminution de consistance du sang et non sa putréfaction. — En jurisprudence, c'est l'anéantissement d'un contrat. — Les communautés se dissolvent par la mort civile ou naturelle, par la séparation du corps ou des biens. Le mariage se dissout par la mort de l'un des époux, par la dégradation et la mort civile.

DISSOLVANTS, nom donné aux corps qui ont la propriété de transformer les solides en liquides, et de détruire l'agrégation moléculaire des corps. Ainsi l'eau est le dissolvant du sucre, du sel, de la gomme, etc.; l'alcool est le dissolvant des métaux, etc. Les anciens croyaient à l'existence d'un dissolvant général qu'ils nommaient *alcaest*. — Les médicaments dissolvants sont ceux auxquels on attribue la propriété de dissoudre les engorgements, les concrétions maladives, etc.

DISSONANCE. On donne ce nom, en musique, à la réunion de deux sons qui ne s'accordent pas d'une manière parfaite, et qui ne peut servir que de passage à une *consonnance* ou réunion de sons agréables à l'oreille. Les dissonances sont la seconde, la septième, la neuvième, etc. — *Préparer une dissonance*, c'est faire entendre la même note comme consonnance dans l'accord précédent. *Résoudre une dissonance*, c'est la faire descendre diatoniquement sur une consonnance. Les accords *dissonants* sont ceux qui sont formés d'intervalles *dissonants* ou désagréables à l'oreille.

DISTANCE. C'est, en géométrie, le plus court chemin d'un objet à un autre. Ainsi la distance d'un point à un autre est la droite qui joint ces points, et la distance d'un point à une ligne ou à une surface est la perpendiculaire menée de ce point à cette ligne ou surface. On mesure les distances par le moyen de la chaîne et du mètre. Quand les distances sont inaccessibles, on forme des triangles au moyen desquels on peut les calculer. — La *distance légale* des chefs-lieux de département à Paris a été fixée par un arrêté du 28 thermidor an XI (1803).

DISTANCE. En astronomie, les *distances moyennes* des planètes sont les moyennes entre leur plus grande et leur plus petite distance du soleil, ou les moyennes entre leurs aphélies et leurs périhélies. Les *distances réelles* sont les distances des corps mesurées à l'aide de quelques mesures terrestres, comme les lieues. Les *distances proportionnelles* sont les distances des planètes au soleil comparées avec l'une d'entre elles prise pour unité. La distance des étoiles fixes, soit à la terre, soit au soleil, n'a pu encore être mesurée. La *distance apparente* de deux astres est l'angle formé par les rayons visuels qui vont de notre œil à chacun d'eux, mesuré par l'arc du grand cercle compris entre la sphère céleste. La *distance accourcie* d'une planète est sa distance entre le soleil et la projection de la planète sur le plan de l'écliptique.

DISTHÈNE (*cyanite, schrol bleu*, etc.),

minéral vitreux, d'un bleu très-clair, cristallisant en lames quadrangulaires très-allongées. Il est composé de silice et d'alumine. Il est infusible au chalumeau. Sa pesanteur spécifique est de 3,517. Il raye le verre. On le trouve dans les Alpes, l'Allemagne, l'Espagne et l'Amérique.

DISTILLATION, opération qui a pour objet, 1° la transformation d'un corps en vapeurs, et la condensation de ces vapeurs en un liquide dans un récipient, ce qui donne le moyen de séparer la partie volatilisée des matières fixes : c'est ainsi qu'on distille l'eau ; 2° la séparation des éléments d'un corps ou des produits qui résultent de sa décomposition lorsqu'ils ne sont pas également volatils. Ainsi, lorsqu'on chauffe du sucre dans les vaisseaux fermés, l'on obtient de l'eau, de l'huile, de l'acide acétique, du gaz hydrogène carboné, du charbon, etc. — La distillation s'opère dans des alambics, des matras ou des cornues. Elle peut avoir lieu au bain-marie, au bain de sable ou à feu nu.

DISTINCT (bot.), nom donné aux parties des plantes qui sont libres, sans connection, sans soudures. Les étamines des liliacées, les stipules du rosier, etc., sont distinctes.

DISTIQUE. Dans la poésie grecque ou latine, c'était l'assemblage de deux vers qui renfermaient un sens. En latin, il se compose d'un hexamètre et d'un pentamètre. Ovide, Properce et Tibulle, ont écrit un grand nombre de distiques. On employait ce rhythme dans les élégies et les épitaphes. — En botanique, ce mot se dit des parties rangées en deux séries opposées. Tels sont les rameaux de l'orme, les feuilles du micocoulier, les fleurs de quelques autres plantes, etc.

DISTORSION, déplacement d'une partie ou d'un membre. — On se sert aussi de ce mot pour exprimer un état convulsif des muscles de l'œil, qui entraînent cet organe vers l'un des points de l'orbite, et le font paraître renversé. — Ce mot désigne aussi les courbures vicieuses des os chez les rachitiques.

DISTRACTION. En physiologie et en chimie, c'est la désunion des parties ou des éléments qui composent un corps. — En jurisprudence, c'est la séparation faite pour opérer une attribution nouvelle. — Ordonner la *distraction des dépens* au profit de l'avoué, c'est le séparer de la masse des condamnations pour en faire l'attribution à l'avoué qui les a avancées. On ordonne aussi la distraction de partie d'objets saisis.

DISTRICT, étendue territoriale formant le ressort d'une juridiction judiciaire ou administrative. Un juge ne peut exercer ses fonctions hors de son district. En 1789, les departements français furent divisés en districts. Ceux-ci renfermaient des cantons. Leur administration ou *directoire* se composait de quatre membres. Les districts ont été conservés jusqu'en 1800. — En 1789, Paris fut divisé en soixante districts. Cette division dura jusqu'en 1790. — Les Etats-Unis de l'Amérique sont aussi divisés en districts.

DISTYLE, nom donné, en botanique, aux fleurs qui ont deux stylos. Tels sont l'œillet, la saponaire, etc.

DITHYRAMBUS (myth.), nom donné à Bacchus, parce qu'il était né deux fois, du sein de Sémélé et de la cuisse de Jupiter. — On nommait *dithyrambes* les hymnes que l'on chantait en Grèce en l'honneur de ce dieu. Ces poésies étaient caractérisées par l'enthousiasme, le désordre et l'inégalité des mesures. Leur obscurité avait passé en proverbe.

DITMARSCHEN, pays du Danemarck, sur la Baltique, situé entre l'Elbe et l'Eyder. Meldorf et Luden en sont les villes principales.

DITO, expression italienne adoptée par le commerce pour désigner que la marchandise dont on parle est de la même espèce que celle qui vient d'être nommée,

qu'elle porte le même nom, quoique de qualité et de prix différents.

DITRIGLYPHE, terme d'architecture qui désigne l'espace qui est entre deux triglyphes dans un entre-colonnement dorique.

DITTANKLASIS, instrument inventé par Muller, de Vienne, en 1800, et composé de deux claviers dont les cordes étaient accordées à l'octave l'une de l'autre. Il s'y trouvait en outre une lyre avec des cordes de boyaux.

DIURÉTIQUES, nom donné aux médicaments qui ont la propriété de favoriser la sécrétion de l'urine. Tels sont le nitre, les racines d'asperge, les feuilles de pariétaire, de digitale, etc.

DIURNAIRE, officier de l'empire grec, dont la charge était d'écrire les actes et les ordonnances des empereurs, chaque jour, dans un livre destiné à cet usage.

DIURNAL, livre d'église des catholiques romains, qui renferme l'office divin que l'on récite de jour, c'est-à-dire, les petites heures, vêpres et complies.

DIURNE. Ce nom s'applique, 1° en botanique, aux plantes qui s'épanouissent pendant le jour ; 2° en ornithologie, à une des grandes divisions des rapaces, qui livrent la guerre aux autres animaux pendant le jour (*faucons, vautours*); 3° à une famille de l'ordre des lépidoptères, réunie par Latreille, et qui a pour caractères des ailes toujours libres, élevées perpendiculairement lorsque l'insecte est dans le repos ; des antennes grossissant insensiblement de la base à la pointe. Les chenilles ont seize pieds, et vivent sur les feuilles. Cette famille se divise en deux tribus : les PAPILLONIDES et les HESPÉRIDES. — En astronomie, c'est ce qui a rapport au jour. Les astrologues distinguaient les planètes en *diurnes* et *nocturnes*, suivant le degré de calorique qu'ils leur supposaient.

DIUS, premier mois de l'année des anciens Macédoniens, répondait au mois de septembre.

DIVAN ou DIWAN, nom donné en Orient aux assemblées où les souverains et leurs ministres tiennent conseil ou donnent audience, et aux tribunaux où les juges rendent la justice. — Le nom de divan a été donné aussi à la salle où se tiennent ces assemblées, aux membres du divan et de tout tribunal en général. — Le divan, ou conseil du sultan de Turquie, se compose du *grand vizir*, du *moufty*, du *kiayabeyg* (ministre des affaires extérieures), du *reiss-effendy*, du *defterdar*, du *tcheleby*, du *tersana-emini* (ministre de la marine), du *tchaous-baschy* (secrétaire d'État), de deux *ex-reiss-effendy* et deux *ex-defterdar-effendy*. Le grand vizir qui préside le divan : il a lieu deux ou trois fois par mois. — L'*avak-divan* est le conseil tenu par le sultan à un des balcons du sérail pour apaiser ou prévenir une émeute. — Le *divan-khaneh* est la salle du conseil. — C'est aussi les antichambres où l'on reçoit des visites de cérémonie. — En arabe, c'est le nom de recueils en vers ou en prose rassemblés après la mort d'un auteur. — En Europe, c'est une espèce de canapé sans dossier.

DIVANY ou DIWANY, sorte d'écriture arabe commune aux Turks et aux Persans, et usitée pour les lettres missives, les firmans et les affaires des bureaux publics. — Le *diwany-neskhessy* est employé pour copier les poèmes, les pièces fugitives, etc.

DIVARIQUÉ (bot.), nom donné aux plantes dont les rameaux s'écartent en divers sens et forment des angles ouverts. Tels sont ceux de la chicorée sauvage.

DIVERGENT. On nomme ainsi les lignes qui, partant d'un point commun, s'écartent ensuite de plus en plus de manière à ne pouvoir se rencontrer. Ainsi deux lignes qui forment un angle sont *divergentes* du côté de l'ouverture de l'angle. — En botanique, on nomme ainsi les rameaux qui s'écartent en partant d'un centre commun. — On nomme, en algèbre, *série divergente*

celle dont les termes croissent continuellement. — Le mot *divergent* se dit, en optique, de rayons lumineux qui partent de l'objet point d'un objet visible, et qui, en arrivant à l'œil, forment une pyramide dont la base est appuyée sur l'œil, et dont le sommet se trouve au point de l'objet d'où ils partent. — Les *verres concaves* sont *divergents*, c'est-à-dire, qu'ils forcent les rayons à s'écarter continuellement les uns des autres.

DIVERGI-NERVÉE (bot.), nom donné aux feuilles dont les nervures se portent en divergeant de la base au sommet ou sont disposées comme les branches d'un éventail déployé.

DIVERSIFLORE (bot.), nom donné aux ombelles composées de fleurs régulières au centre, et de fleurs plus grandes et irrégulières à la circonférence, comme dans la coriandre et les tordyliers. — Ce mot s'applique quelquefois aux épis et aux grappes.

DIVERTISSEMENT, sorte de pièce de musique instrumentale qui a eu de la vogue depuis 1790 jusqu'en 1810. Elle consistait en un genre facile et léger, et quelquefois en un mélange de différents thèmes variés. — On donne aussi ce nom à de petits intermèdes, composés de danse et de musique, qui terminaient les représentations scéniques.

DIVES (myth.), génies des Persans, méchants et cruels. Ils ont une taille hideuse, de longues cornes, des cheveux blancs, des ongles énormes, des yeux hagards. Les dives vivent longtemps, et persécutent les hommes, et jusqu'aux génies bienfaisants (*peris*).

DIVICON, chef des Helvétiens, se rendit célèbre par la défaite de Cassius et par la fierté avec laquelle il parla à Jules César, lorsqu'il fut député vers ce général pour lui demander son alliance. César avait exigé de lui des otages ; mais, la fierté du barbare ayant été blessée par cet ordre impérieux, il rompit tout traité et revint dans ses montagnes (58 ans avant J.-C.).

DIVIDENDE. En arithmétique, c'est le nombre sur lequel on veut opérer une *division*. Voy. ce mot.

DIVINATION, science vaine et superstitieuse par laquelle les hommes prétendent deviner les choses cachées et prédire l'avenir. L'Écriture condamna la divination, ceux qui l'exercent et ceux qui les consultent. Les canons l'ont aussi défendue. Les anciens en connaissaient un grand nombre d'espèces : la *pyromancie*, la *orithomancie*, la *capnomancie*, etc. Voy. ces mots.

DIVINITÉ, *nature de Dieu* et *Dieu lui-même* (*theion* des Grecs, *numen* des Latins). Collective chez les païens, unique chez les Juifs, les chrétiens et les mahometans, la divinité est l'essence émanée de Dieu. Selon les anciens philosophes, elle était feu (Anaximène), une pure essence (Anaxagore), une âme présente partout et d'où se sont tirées les autres âmes (Pythagore), un cercle lumineux (Parménide), etc.

DIVISEUR, nombre par lequel on veut diviser un autre. Le *commun diviseur* est la quantité qui divise exactement 2 ou plusieurs autres quantités ; ainsi 3 est commun diviseur de 12, 18, 24, 30, etc., parce que ces nombres sont divisibles par 3. Le diviseur formé par le produit de tous les facteurs premiers communs à deux ou plusieurs nombres est le *plus grand commun diviseur*. On l'obtient en divisant le premier nombre (le plus grand) par le deuxième (le plus petit) ; on divise ensuite le plus petit par le reste de la première division ; puis le reste de la première division par celui de la seconde, etc., jusqu'à ce qu'on trouve zéro pour reste. Le dernier diviseur est le plus grand commun diviseur cherché.

DIVISIBILITÉ, propriété qu'ont les nombres d'être divisés exactement par leurs facteurs. — En physique, c'est la propriété qu'ont les corps de se diviser en particules de plus en plus petites, jusqu'à ce que leur ténuité les dérobe à nos sens et à nos instruments. Cette division des particules des corps ne change rien à leur poids. Un flacon d'essence imprègne de son odeur une salle quelque vaste qu'elle soit, et ne perd qu'une partie presque insensible de son poids. Une goutte de carmin peut colorer un grand vase d'eau, etc.; l'or peut se réduire en feuilles si minces que 200,000 superposées ne forment pas l'épaisseur d'un pouce. — En jurisprudence, les obligations *divisibles* ou *indivisibles* sont celles qui portent sur un objet qui de sa nature peut ou ne peut pas se diviser.

DIVISIF, nom donné, en médecine, à un bandage très-usité dans le but de tenir certaines parties écartées les unes des autres. On l'applique spécialement dans les brûlures de la partie antérieure du cou, des environs des articulations des doigts, pour obtenir des cicatrices larges, prévenir les adhérences vicieuses, et conserver le mouvement dans les parties malades.

DIVISION, action de diviser, c'est-à-dire, de distribuer un tout en plusieurs parties pour être mises et considérées à part. — En mathématiques, la DIVISION a pour but, étant donnés le produit de deux facteurs nommé *dividende*, et l'un de ces deux facteurs nommé *diviseur*, de trouver l'autre facteur nommé *quotient*; de telle sorte que le quotient multiplié par le diviseur reproduise le dividende. Pour diviser un nombre par un autre, on écrit le diviseur à droite du dividende; on prend assez de chiffres sur la gauche du dividende pour que le nombre qui en résulte contienne le diviseur; on cherche le nombre qui exprime combien de fois ce dividende partiel renferme le diviseur : ce nombre sera le premier chiffre à gauche du quotient; on multiplie le diviseur par ce nombre, on le retranche du dividende partiel, et l'on ajoute à ce reste le premier des chiffres du dividende qui n'ont pas été employés. On répète ces opérations jusqu'à l'entier épuisement des chiffres du dividende. La preuve de la division est la multiplication du quotient par le diviseur. On ajoute au produit le *reste* s'il y en a. Voy. RESTE, QUOTIENT, etc.

DIVISION, en botanique, ce mot désigne l'état d'une partie d'une seule pièce, mais plus ou moins fendue. On nomme *bifide*, *trifide*, *quinquéfide*, ou *bipartie*, *tripartie*, etc., cette division en deux, trois ou cinq parties.

DIVISION (administr.) se dit, dans une administration, d'une certaine quantité de bureaux placés sous la direction d'un commis principal, nommé *chef de division*. — En marine, trois bâtiments de guerre au moins, réunis sous un chef, forment une DIVISION. Trois divisions forment une escadre. Elles sont commandées par des contre-amiraux ou les plus anciens capitaines de vaisseau de l'armée. — DIVISION, en termes de guerre, se dit des parties d'une armée entière, placées en divers points du royaume ou du territoire ennemi. Chaque division active est commandée par un général de division. Les troupes placées dans l'intérieur du royaume ont donné lieu à la formation des divisions territoriales, commandées aussi par un général de division. La France est divisée en vingt et une DIVISIONS militaires, qui se composent d'autant de subdivisions qu'elles renferment de départements. — La marine a cinq DIVISIONS OU ARRONDISSEMENTS MARITIMES, Cherbourg, Brest, Lorient, Rochefort et Toulon, renfermant 120 compagnies.

DIVITIAC, druide gaulois, un des chefs de la république des Eduens, fut aimé et estimé de Cicéron et de César. Divitiac fut le premier qui introduisit les Romains dans cette partie des Gaules.

DIVORCE, dissolution du mariage opérée sur la demande de l'un des époux ou de tous deux. Chez tous les peuples anciens, le divorce était permis. Les Pères de l'Eglise se partagèrent sur le sujet du divorce. L'Eglise grecque l'admit; mais il fut frappé d'anathème par l'Eglise de Rome. Les protestants reconnaissent le droit de cette dissolution de mariage. La loi le permit en 1792 en France; mais une loi nouvelle de 1816 l'abolit pour toujours. Les demandes en divorce sont changées en demandes en séparation de corps.

DIVULSION (méd.), *séparation*, *rupture*, *déchirement des organes* par l'effet d'une violence extérieure.

DIVUS, DIVA, nom générique, chez les anciens, des hommes et des femmes divinisés après leur mort, tels que les guerriers, les héros, etc. Les empereurs latins prenaient ce titre sur les exergues des médailles. — On donnait aussi ce nom aux Lares et aux dieux domestiques. — DIVUS FIDIUS est le nom d'un dieu des Sabins, dont le culte s'introduisit à Rome. On le regardait comme le dieu de la bonne foi. Les Romains avaient coutume de le prendre à témoin dans leurs serments.

DIX, nombre pair composé de deux fois 5, et qui suit immédiatement le nombre 9. Il forme, dans le système de la numération, le fondement d'une unité collective, nommée *dizaine*. (Voy.) Les Arabes le chiffrent par 10, les Romains par X. — Quand les Athéniens eurent chassé les trente tyrans qui les gouvernaient, ils remirent l'administration à dix citoyens, nommés *les dix*. Ce conseil dura aussi très-peu de temps. — En 1300, Pierre Gradenigo, doge de Venise, institua un conseil composé de dix membres du grand conseil et nommé *conseil des dix*. Il fut confirmé en 1335. On lui adjoignit dans la suite le doge et six conseillers. Les dix prévenaient les séditions, jugeaient les crimes d'Etat, recherchaient les faux monnayeurs, etc.; leurs exécutions et leurs condamnations se faisaient en secret. Les accusations étaient reçues dans la gueule des lions, qui décoraient la place de Saint-Marc. Le conseil formidable fut dissous en 1799.

DIXIÈME, intervalle de musique compris entre dix notes. C'est l'octave de la tierce. — La *dix-septième* est la double octave de la tierce.

DIZAINE, nom donné, dans le nouveau système de numération, à une espèce d'unité dont *dix* est le fondement. La dizaine est composée de 10 unités. On compte par dizaines jusqu'aux unités simples, depuis une dizaine jusqu'à 9 dizaines (20, 30, 40, 50, 60, 70, 80, 90). En ajoutant aux nombres 10, 20, 30, 90, etc., les 9 premières unités, on forme les nombres supérieurs à 10, qui ne contiennent pas plus de 9 dizaines et de 9 unités. Ainsi la collection de 3 dizaines et 8 unités se nomme 38. 10 dizaines forment une *centaine*. Voy. CENT et CENTAINE.

DIZAINIER ou DIZENIER. On donna ce nom en France, à l'origine de la monarchie, aux possesseurs des terres conquises, des villes, des bourgs et des villages. Ils étaient chargés d'y maintenir la justice. Lorsque les nobles (987) se furent emparés de ces biens, on vit surgir les termes féodaux, et le nom de *dizainier* fut donné à une espèce d'officiers civils attachés à l'exercice de la police. Les dizainiers existaient plus anciennement, et Moïse avait établi des chefs de 1,000, 100, 50 et 10 hommes, pour gouverner le peuple et lui appliquer les lois. — Les dizainiers veillaient en France à la sûreté de l'hôtel de ville de Paris, et remplissaient les fonctions d'officiers municipaux. Seize de ces officiers étaient placés dans chaque quartier de cette ville. Ils veillaient à la tenue et à la recherche des crimes. Voy. DÉCURION.

DIZIER (SAINT-), sur la rive droite de la Marne, chef-lieu de canton du département de la Haute-Marne, à 4 lieues de Vassy. Population, 6,197 habitants. Cette ville était autrefois une place importante et bien fortifiée. En 1544, elle se rendit à Charles-Quint après un siège de six semaines. Saint-Dizier ne fut rendu à la France qu'à l'époque de la paix de Crespy. En 1814, le 27 janvier et le 27 mars, l'armée française, commandée par Napoléon, livra près de cette ville deux combats sanglants, où les armées coalisées furent complétement battues. Cette ville est environnée de forêts, d'où l'on tire les bois propres à la construction des bateaux destinés à la navigation de la Marne.

DJAMY. Ce mot arabe, qui désigne *temple* et *livre*, sert aussi à indiquer les mosquées impériales de Constantinople, pour les distinguer des mosquées ordinaires (*medjid* ou *meskid*), et les recueils en tous genres, théologiques, scientifiques, etc. — DJAMY est le surnom du poète persan Abd-Errahman, né à Djam, village du Khorasan, l'an 1414 de J.-C., et mort en 1492. Ses plus célèbres ouvrages sont l'*Histoire des amours de Youssouf et de Zuleïhka*, le poëme de *Medjnoun et Leïla*, le *Beharistan* (jardin du printemps), traité de morale en prose et en vers, etc.

DJEMNAH, autrefois *Jomanes*, grande rivière de l'Indoustan, qui prend sa source dans les monts Himalaya, arrose les provinces de Dehli, Agrah, etc., et se jette dans le Gange près d'Allahabad. Son cours est de 265 lieues.

DJEMSCHID, roi fabuleux de la dynastie des Pischdadiens, la première qui ait régné sur la Perse, succéda à son oncle Tahmouras, vers l'an 1890 avant J.-C. Il divisa ses sujets en quatre classes, les prêtres, les militaires, les cultivateurs et les artisans. Il inventa ou perfectionna les armes, l'architecture et la navigation, fit connaître les propriétés des plantes, encouragea les sciences, fonda des villes. La capitale de son royaume fut *Istakhar* (Persépolis). Ayant osé recevoir les adorations de ses sujets, il vit son royaume pillé par Zohak, souverain d'Arabie. Trahi par son peuple, il gagna le Zaboulistan, et s'enfuit avec la fille du roi de ce pays. Zohak, ayant découvert le lieu de sa retraite, le fit scier par le milieu du corps après un règne que l'on fait durer trois cent cinquante ans.

DJÉRID ou DJIRID (palmier, dattier), nom donné par les Orientaux à une branche de palmier sèche, dépouillée de ses feuilles, d'environ trois pieds de long sur quatre à cinq pouces de circonférence. Ce bâton entre dans un exercice en usage dans la Turquie et l'Egypte, et nommé aussi *djérid*. Ce jeu se fait toujours à cheval; il consiste à se jeter ce bâton fort loin, à la poursuite au galop et à le rattraper avant qu'il soit tombé par terre, ou à se lancer le djérid les uns contre les autres, et à tâcher de le parer. Le *djérid* ou dard dont les Orientaux se servent à la guerre est ferré.

DJEZZAR (Ahmed), né en 1720 en Bosnie. S'étant vendu lui-même dans sa jeunesse à un marchand d'esclaves, il fut amené en Egypte et acheté par Aly-Bey, chef de la milice mamlouke, et gouverneur général de l'Egypte. Il s'insinua tellement dans les bonnes grâces de son maître, qu'il fut nommé gouverneur du Kaire et bey, puis gouverneur de Beyrouth (Syrie) par l'émir Youssouf, mais ne voulut bientôt reconnaître de chef que le sultan. Forcé de se rendre prisonnier à Dhaher-Scheik, Arabe qui s'était joint à Youssouf pour lui faire poser les armes, il s'échappa bientôt, et dispersa les Bédouins et les Druses. En 1785, il reçut de la Porte le titre de pacha à trois queues, de gouverneur de Damas et d'*émir-hadjy* ou chef des caravanes de la Mekke. Ce prince cruel exerçait depuis longtemps les plus grandes vexations lorsque l'armée française débarqua en Egypte. Il se déclara contre les Français. Battu sur tous les points, il ne conserva que Saint-Jean-d'Acre. Délivré des Français, il régna paisiblement et mourut en 1803.

DJINGHIZ-KHAN. Voy. GENGIS-KHAN.

DJINS ou DJINNA, chez les Arabes (*Djin-*

nian en Perse, *Djinniler* en Turquie), génies subalternes créés du feu, inférieurs aux anges et supérieurs aux hommes. Ils habitaient la terre des milliers d'années avant la naissance d'Adam, et étaient gouvernés par des rois appelés *soliman*. Dieu, mécontent de leur conduite, envoya l'ange Eblis pour les exterminer; ils se retirèrent derrière la montagne de Câf, où se trouve le Djinnistan ou pays des génies. Les génies se divisent en bons et en méchants.

DLUGOSS (Jean-Longin), né à Brzeznick (Pologne) en 1415, fut chanoine de Cracovie et précepteur des enfants du roi Casimir IV. Il fut aussi chargé de diverses négociations en différentes parties de l'Europe. Il fut nommé à l'archevêché de Léopold, et mourut en 1480. On a de lui une *Histoire de Pologne*, divisée en trois volumes et douze livres. Cette histoire commence à l'origine de cette nation, et se termine à l'an 1444. On a encore de lui plusieurs écrits théologiques.

DMITRI (Alexandrovitch), fils d'Alexandre Newsky, fut élu grand-prince de Russie après la mort de Vassili Yaroslavitch (1276). Il soumit les Caréliens rebelles, et fonda sur le bord du golfe de Finlande le fort de Koporié. Déposédé par son frère André, Dmitri se retira à Tver, où il embrassa l'état monastique et mourut en 1280. Son frère lui succéda.

DMITRI (Constantinovitch) fut élevé à la dignité de grand-prince de Russie en 1359, après la mort de Jean II Ivanovitch. Il céda en 1362 son trône à Dmitri Ivanovitch de Moscou, et se retira à Souzdal, où il finit ses jours.

DMITRI (Ivanovitch), surnommé *Donskoï*, succéda en 1363, dans la principauté de Russie, à Dmitri Constantinovitch. Il prit les armes contre les Tatars et les vainquit dans plusieurs rencontres. Il imposa un tribut à la ville de Kazan, et réunit à la grande-principauté plusieurs provinces que les Lithuaniens avaient conquises sur les Russes. A la tête d'une armée de 150,000 Russes, il remporta une victoire près de Koulikof, sur les Tatars, commandés par Mamaï. Mais, l'année suivante, il ne put s'opposer à l'invasion d'un autre chef tatar, nommé Tokhtamouisch, qui brûla Moscou et dévasta la grande-principauté. Il se remit à la tête, et mourut en 1389, avec le titre de premier vainqueur des Tatars. Sous son règne les Russes commencèrent à faire usage de monnaies d'argent et de cuivre. C'est aussi aux dernières années de son règne qu'on fixe l'introduction en Russie de la poudre à canon. Vassili, fils de Dmitri, lui succéda.

DMITRI (Le faux). C'est le nom qu'a donné l'histoire à un moine russe, Iouri Otrépief, qui voulut se faire passer pour Dmitri, fils de Jean IV le Terrible, assassiné par Boris Godounof, beau-frère de Féodor, fils et successeur de Jean IV. Féodor n'ayant pas d'enfant, ce faux revenant après sa mort à Dmitri. Godounof avait fait assassiner ce jeune enfant (en 1590), et avait succédé à Féodor en 1598. Otrépief, fils d'un pauvre gentilhomme de Galitch, mais intelligent et au-dessus de sa condition, conçut le projet insensé de monter sur le trône de Russie. Il répandit le bruit que le jeune Dmitri avait échappé miraculeusement au fer des assassins. Il parvint à recueillir une armée de 15,000 hommes, et s'avança en Russie. Sur ces entrefaites Boris Godounof mourut (1605). Otrépief continua sa marche. Le peuple se décida pour lui, et les seigneurs vinrent lui faire leur soumission. Le tzar Féodor, fils et successeur de Boris, fut étranglé avec son épouse, et Otrépief fit son entrée triomphale à Moscou (20 juin 1605). Il se distingua par son éloquence et la sagesse de son administration. Il se fit couronner et reconnaître pour fils de Dmitri ma mère même de ce jeune prince. Cependant le mépris qu'il montrait pour les institutions nationales, la prédilection qu'il avait pour les Polonais, lui méritaient de jour en jour la haine du peuple, ainsi que ses débauches et ses cruautés; Vassili Schouiski ourdit contre lui une conspiration, et Otrépief fut mis à mort (1606). Le peuple massacra tous les étrangers dont l'imposteur s'était entouré, les Allemands et les Polonais. Schouiski monta sur le trône. — Le prince Chakhovskoï, favori d'Otrépief, souleva le peuple en affirmant que le tzar Dmitri n'était pas mort, que ce prince s'était dérobé à la vue des assassins, et qu'il attendait du secours de ses sujets. Un imposteur qu'il mit en avant, et dont l'histoire n'a pas conservé le nom, eut d'abord quelque succès; mais bientôt, vaincu et abandonné par ses partisans, il fut assassiné par un prince Nogaïs qui avait reçu de lui des mauvais traitements.—Un troisième imposteur, qui prétendait encore se faire passer pour le prince Dmitri, n'était qu'un simple moine, appelé Sidor. Reconnu et démasqué, il finit sa vie sur le gibet. — Un quatrième imposteur parut sous Alexis Mikhaélovitch (1640). Il se disait fils de Dmitri. Cet imposteur, livré au gouvernement russe par le duc de Holstein, Christian-Albert, fut supplicié à Moscou. Avec lui se termine la série des faux Dmitri.

DNIÉPER ou DNEPR, autrefois le *Borysthène*, fleuve de Russie qui a sa source dans le gouvernement de Smolensk, dans le district de Belsk, coule au S. et se jette dans la mer Noire entre Otchakov et Kinbourn. Il est navigable depuis Smolensk jusqu'au-dessous de Kief. Son cours est de près de 400 lieues.

DNIESTER ou DNESTR, autrefois le *Tyras*, rivière de Russie, qui prend sa source dans les monts Carpathes au S. de Sambor, coule du N. au S.-E., et se jette dans la mer Noire entre Akerman et Olviopol. Son cours est de 150 lieues.

DO (mus.), syllabe substituée, en Italie, dans le xviie siècle, à celle d'*ut*, pour la désignation de la première note de la gamme, dans la solmisation.

DOBROWSKI (Joseph), né à Jersnet (Hongrie) en 1754, se consacra à l'état ecclésiastique, et fut admis dans l'ordre des jésuites. Il fut gouverneur des enfants du comte de Nostilz à Prague. Nommé sous-directeur du séminaire général d'Olmutz, il fut en 1789 recteur de cet établissement. Il se livra à l'étude des langues orientales, et publia un grand nombre d'ouvrages sur la littérature de la Moldavie et de la Bohème. Les principaux sont l'*Histoire de la langue et de la littérature bohemienne*, des *Études sur la langue esclavonne*, etc. Dobrowski mourut en 1829.

DOCÈTES ou DOCITES, hérétiques, appelés ainsi parce qu'ils prétendaient que Jésus-Christ n'était né, mort et ressuscité que selon l'opinion, et en apparence seulement. Jules Cassien était le chef de ces hérétiques vers l'an 200.

DOCHME, ancien nom d'une mesure de longueur usitée chez les Grecs, et qui avait à peu près quatre travers de doigt.

DOCIMASIE ou DOCIMASIQUE, art de déterminer, par les moyens chimiques et des essais, la proportion et la nature du métal contenu dans son minerai. La docimasie se produit par la *voie sèche*, c'est-à-dire par le feu, et à l'aide quelquefois de fondants et de moyens désoxydants, ou par la *voie humide* dans laquelle on emploie des procédés pour lesquels on a recours à l'agence de certains réactifs, tels que les acides, les précipitants, etc.

DOCKS, vastes enceintes de pierres dans lesquelles s'introduisent les eaux de la mer par des écluses assez grandes pour laisser un libre passage aux bâtiments, en Angleterre. Les *dry docks* (docks secs), destinés aux radoubages et aux constructions maritimes, peuvent contenir un ou deux vaisseaux. Ils y sont portés par la marée haute qui, en se retirant, les laisse à sec. Il y a de ces docks à Lorient, à Brest, à Toulon. — Les *wet docks* (docks à flot) servent à charger et à décharger les vaisseaux; ils y sont introduits à marée haute et maintenus à flot au moyen d'écluses que l'on ferme avant l'écoulement des flots. Les docks sont entourés de magasins ou les compagnies de ces établissements renferment les marchandises débarquées, moyennant un *warrant* (billet) délivré au propriétaire. Les docks de Londres ont été ouverts en 1805. Les *docks des Indes orientales* sont destinés aux vaisseaux de la *compagnie* de ce nom; les *docks de Sainte-Catherine* sont à Londres, sur la Tamise, ils furent ouverts en 1828; les *docks du commerce* servent au commerce du bois.

DOCTEUR. Ce mot, qui désigna d'abord tout homme savant, s'applique depuis longtemps aux personnes qui, ayant suivi tous les degrés d'une *faculté* et subi tous les examens prescrits, ont reçu le droit d'enseigner et de pratiquer la science professée par cette faculté. Le doctorat était autrefois le premier des quatre grades universitaires. Aujourd'hui il s'acquiert immédiatement après la *licence*. Ce grade fut institué au xve siècle pour le *droit* et la théologie, en 1340 pour la médecine. Pour être docteur en théologie, il fallait être prêtre. Les *docteurs en Sorbonne* jouissaient d'une grande considération. Le *docteur-ubiquiste* était tout docteur de théologie qui n'appartenait pas aux maisons de Sorbonne, de Navarre ou des Cholets; le *docteur gérant* était celui qui remplissait activement une chaire.

DOCTEUR DE LA LOI, titre donné par les Juifs aux *rabbins*. Chez les Grecs, c'est un ministre ecclésiastique qui interprète les évangiles, les épîtres et les psaumes. — Cette dignité ecclésiastique est très-respectée et très-honorifique.

DOCTEUR DE L'ÉGLISE. Ce nom a été donné aux Pères de l'Église dont les doctrines et les opinions sont suivies et autorisées par l'Église. L'Église grecque en reconnaît quatre, saint Athanase, saint Basile, saint Grégoire de Nazianze et saint Jean Chrysostome; l'Église latine en reconnaît six, saint Ambroise, saint Jérôme, saint Augustin, saint Grégoire le Grand, saint Thomas d'Aquin et saint Bonaventure. Dans l'*office des saints*, l'office pour les *docteurs* suit celui des évêques.

DOCTRINAIRE, prêtre de la *doctrine chrétienne*. Voy. DOCTRINE.

DOCTRINE se dit de ce qu'enseigne une religion, une secte de philosophie, un particulier, relativement à la croyance ou aux mœurs. La DOCTRINE CHRÉTIENNE est le dogme de la morale évangélique (Dieu et ses relations avec le monde), que doivent professer les catholiques. — Il y a eu deux congrégations de ce nom; celle d'Italie commença sous Pie IV, et fut instituée par Marc de Padis Cusani pour enseigner la doctrine chrétienne aux enfants et aux ignorants. Le seul vœu que l'on faisait était de rester dans la congrégation. — La congrégation de la Doctrine chrétienne en France fut formée par César de Bus et confirmée par Clément VIII. Son général particulier était toujours Français. Cette congrégation formait trois provinces, celles d'Avignon, de Paris et de Toulouse; le général résidait à la *maison de Saint-Charles* à Paris; les doctrinaires portaient l'habit des prêtres.

DODANE, duchesse de Septimanie ou du Languedoc, dans le ixe siècle, se rendit célèbre par sa piété et ses talents. Elle composa en latin, pour l'instruction des enfants, un *Manuel divisé en soixante-trois chapitres*, renfermant des leçons de morale et de piété (842). Le fils aîné de Dodane, Guillaume, fut dans la suite duc d'Aquitaine.

DODANIM, dernier fils de Javan. Les uns disent qu'il peupla l'île de Rhodes, et d'autres qu'il fut le père des Dodoniens, habitants de Dodone, ville ancienne de l'Épire, dans la petite contrée de la Thesprotie.

DODÉCACORDE, système de musique par lequel on ajoute quatre nouveaux tons aux huit qui existent dans le chant ecclésiastique romain. Ce système n'a pas été adopté.

**DODÉCAÈDRE** (géom.), un des cinq solides réguliers. Il est terminé par douze pentagones, réguliers, égaux et semblables. — En minéralogie, on nomme ainsi les cristaux à douze faces parallèles deux à deux, polygones, et ayant un égal nombre de côtés.

**DODÉCAGONE** (géom.), figure plane terminée par douze droites qui se coupent deux à deux, et qui a douze angles et douze côtés. Lorsque les angles et les côtés sont égaux entre eux, le dodécagone est régulier. Il peut alors être inscrit ou circonscrit au cercle. La somme de ses angles internes égale vingt angles droits. — En termes de fortifications, on nomme ainsi une place entourée de douze bastions.

**DODÉCAGYNIE**, septième ordre de la onzième classe du système sexuel de Linné. Cet ordre renferme les plantes qui ont douze pistils, styles ou stigmates sessiles.

**DODÉCANDRIE**, onzième classe du système sexuel de Linné, comprenant les végétaux qui ont depuis douze jusqu'à vingt étamines libres et distinctes entre elles. Cette classe se divise en sept ordres, d'après le nombre de pistils, savoir : 1° *dodécandrie monogynie*, à un seul pistil ; 2° *digynie*, à deux pistils ; 3° *trigynie*, à trois ; 4° *tétragynie*, à quatre ; 5° *pentagynie*, à cinq ; 6° *l'hexagynie*, à six ; 7° la *dodécagynie*, à douze. On réunit souvent ces deux dernières classes sous le nom de *polygynie*.

**DODINAGE**, mouvement lent et mesuré qu'on imprime dans le sens de la longueur à la châsse d'un blutoir à farine, à gruaux. C'est par le dodinage qu'on polit les clous à tapisser, en les plaçant dans un sac de toile serrée ou de peau, avec de l'émeri ou toute autre matière mordante.

**DODONE**, ville de Thesprotie en Épire, bâtie, selon la fable, par Deucalion, après le déluge qui inonda la terre. On a cru reconnaître des ruines sur l'emplacement du village de Gardiki, à 2 lieues au N. de Janina. Dodone était fameuse par un temple et un oracle de Jupiter, le plus ancien de la Grèce. Ce temple était environné d'une épaisse forêt, dont tous les arbres avaient le don de prophétie ; les chênes sacrés et les colombes qui vivaient sous leur ombrage répondaient à intelligible voix aux questions des mortels, et faisaient connaître l'avenir. On croit que les colombes n'étaient autres que les prêtresses (*peleiai*, en grec, signifie colombe et vieille femme). Les prêtresses de Dodone interprétaient l'avenir par le murmure d'une fontaine sacrée, le choc de certains vases d'airain et le frôlement des feuilles.

**DODONE** (hist. nat.), genre de la famille des sapindacées, dédié à Dodoens, botaniste du XVIe siècle, renfermant des arbustes originaires de l'équateur, d'une verdure agréable, aux formes élégantes, aux feuilles simples, odorantes, visqueuses. Ces feuilles exhalent, lorsqu'on les froisse entre les doigts, une odeur de pomme de reinette si prononcée, qu'on a nommé une espèce *bois de reinette*. — Kunth a fondé sous le nom de DODONÉES ou DODONCACÉES une coupe dans la famille des sapindacées, qui renferme les *dodones*.

**DODRANS**, poids des Romains. Ce poids valait 9 onces (4,734 grains). Il en fallait un tiers pour égaler la livre (libra). — C'était aussi une division de l'arpent, laquelle valait 542 toises carrées, 8. L'arpent valait un dodrans un tiers.

**DODSLEY** (Robert), auteur et libraire, né de parents pauvres, à Mansfield (Angleterre) en 1703, ne reçut qu'une éducation peu soignée, et embrassa l'état de domestique. Ayant publié deux poëmes, la *Muse en livrée* et la *Boutique de bagatelles*, qui eurent un grand succès, il leva une librairie, et étendit son commerce. Il donna ensuite un divertissement, *le Roi et le Moulin de Mansfield* ; une tragédie, *Cléone*. Il composa pour la jeunesse l'*Economie de la vie humaine* et les *Plans du précepteur*. Dodsley mourut en 1764.

**DOGAT**, dignité de *doge*.

**DOGE**, nom donné aux chefs de la république de Gênes et de la république de Venise. — Les doges de Gênes étaient élus du corps des sénateurs. Ils ne pouvaient recevoir aucune visite, donner aucune audience, etc., qu'en présence de deux sénateurs. D'abord élus à vie, les doges le furent ensuite pour deux ans (1528) ; ils ne pouvaient être réélus qu'après un intervalle de deux autres années. Le premier doge fut Simon Boccanegra (1339), et le dernier, Lomellini. — Les doges de Venise étaient élus à vie. Ils avaient le droit de paix et de guerre, nommaient les tribuns, donnaient l'investiture aux prélats, etc. Le premier fut Paul-Luc Anafesto en 697. Renversé en 738, le dogat fut rétabli en 742, et assisté de deux tribuns. Dès les premiers temps, la république entière élisait le doge. En 1173, ce soin fut confié à un comité de onze électeurs (portés à quarante et un en 1240), qui n'avaient aucune communication avec le dehors. Après sa nomination, on le portait autour de la place Saint-Marc ; puis, montant sur un riche vaisseau (*le Bucentaure*), il jetait un anneau d'or dans l'Adriatique, signe de son alliance avec cet élément, qui regardait toute sa puissance. — Les doges de Gênes et de Venise furent renversés en 1799 par les Français. Voy. GÊNES et VENISE.

**DOGMATIQUES**, nom d'une secte de médecins qui employaient les règles de la logique et de l'expérience pour se conduire dans le traitement des maladies. Ils cherchaient à pénétrer l'essence même et les causes occultes des maladies.

**DOGME**, maxime, axiome, principe ou proposition de quelque science, de religion ou de philosophie. Ainsi l'immortalité de l'âme est un dogme, etc. Toutes les religions sont fondées sur plusieurs dogmes ; ceux de la religion catholique sont les dogmes de la trinité, de l'unité de Dieu, des mystères de l'Incarnation, de la résurrection de J.-C., etc.

**DOGRE**, bâtiment du commerce, qui fait ordinairement la pêche du hareng et du maquereau dans les mers du Nord et dans la Manche. Il a un grand mât au milieu, portant deux voiles carrées, et un de l'arrière, plus petit, gréé d'une voile carrée et d'une petite brigantine. Il y a un vivier dans le fond pour conserver le poisson frais.

**DOGUE**, une des trois classes du genre chien. Les races de cette famille sont caractérisées par le raccourcissement du museau, le mouvement ascensionnel du crâne, son rapetissement et l'étendue considérable des sinus frontaux. Ces animaux sont moins intelligents que les mâtins et les épagneuls. Les *dogues de forte race* ont la tête courte et grosse, les oreilles petites, à demi pendantes, les lèvres allongées, épaisses et tombantes ; la queue est petite et relevée par son extrémité ; le poil est ras, quelquefois long ; sa couleur est fauve ou blanchâtre et semée de noir. Le dogue de forte race est le plus gros des chiens domestiques. Sa vie est très-courte. Il résulte du mélange du mâtin avec le dogue. — Le *dogue anglais* ou *bull-dog*, est semblable au précédent, mais plus petit ; les poils sont ras et de couleur fauve pâle. On se sert des dogues pour la garde des maisons, pour les combats d'animaux ou pour traîner de petites charrettes.

**DOGUIN** ou CARLIN, espèce de chien qui ne diffère du dogue par sa taille plus petite ; ses lèvres sont plus minces et plus courtes ; son museau est moins large et moins retroussé, sa queue plus tortillée en spirale ; son pelage est ras, de couleur fauve sur le dos, blanchâtre sous le ventre, avec une tache noire au bout du nez ; il n'a guère de deux pieds et demi de long. Peu intelligent, mais courageux et attaché à son maître, il est sans utilité.

**DOIGTS**, organes séparés et mobiles qui terminent les mains de l'homme, des mammifères, des oiseaux et des reptiles, et qui sont formés de petits os auxquels on a donné le nom de phalanges. Chez l'homme les doigts de la main sont au nombre de cinq ; le premier se nomme le *pouce*, le deuxième *index* ou *indicateur*, le troisième *médian*, le quatrième *annulaire*, le cinquième l'*auriculaire* ou *petit doigt*. Chaque doigt a trois phalanges (le pouce deux) où aboutissent des muscles fléchisseurs et extenseurs. Les nerfs sont très-gros et très-nombreux ; ils se terminent dans l'extrémité des doigts, à laquelle ils donnent un tact très-délicat. La flexibilité des doigts des oiseaux leur permet pendant leur sommeil de percher sur les branches des arbres. Ces doigts sont de deux à quatre ; ils sont nus, lisses, écailleux ou recouverts de duvet. La position de ces doigts varie selon les espèces. — Les doigts des pieds ont reçu le nom d'*orteils*.

**DOIGT** (accept. div.), ancienne mesure romaine égale à 9 lignes d'un pied de roi. — En horlogerie, les *doigts des quarts* sont la pièce de la cadrature d'une montre ou d'une pendule à répétition qui sert à faire sonner les quarts. — En astronomie, un *doigt* est la douzième partie du diamètre apparent du soleil ou de la lune. On évalue la grandeur des éclipses de ces astres par le nombre de doigts éclipsés qui prennent alors le nom de *doigts écliptiques*.

**DOIGT** (mesure). Voy. DACTYLE.

**DOIGTER** (mus.), art de diriger les doigts sur les instruments par de certaines règles qui ont pour but de faciliter l'égalité et la rapidité de l'exécution. — Ce verbe, pris substantivement, désigne le résultat du mécanisme des doigts sur les instruments.

**DOIGTIER**, morceau de toile que portaient les chanoines de Reims, au petit doigt de la main gauche, lorsqu'ils célébraient au grand autel, pour servir de manipule.

**DOIRA**. Deux rivières d'Italie portent ce nom. — La DOIRA-BALTEA prend sa source dans la vallée d'Aoste, et se jette dans le Pô près de Chivasso. — La DOIRA-RIPARIA prend sa source aux environs du Mont-Genèvre, et se jette dans le Pô près de Turin.

**DOL** (jurispr.), toute manœuvre frauduleuse employée dans l'intention de nuire à autrui. Les contrats obtenus par dol sont déclarés nuls. Le *dol bon* est le nom des petites tromperies qui n'ont rien de blâmable en elles-mêmes. Le *dol personnel* est celui qui est employé pour l'une des parties pour obtenir une décision judiciaire à l'aide de moyens frauduleux.

**DOL** (géogr.), ville du département d'Ille-et-Vilaine, chef-lieu de canton de l'arrondissement de Saint-Malo, à 5 lieues et demie de cette ville. Population, 3,939 habitants. Cette ville qui, au VIe siècle, était un évêché, a été prise et reprise plusieurs fois par les Normands, contre les attaques desquels elle servait de boulevard à la Bretagne. En 1793, les Vendéens y soutinrent un siège contre l'armée républicaine. Dol commerce en chanvre, blé et fruits. Il y a un vaste hôpital maritime.

**DOLABELLA** (Publius Cornelius), gendre de Cicéron, embrassa avec chaleur le parti de César, pour qui il combattit à Pharsale, en Afrique, etc. Élu tribun du peuple, il voulut établir une loi peu favorable aux créanciers ; mais Marc Antoine la fit rejeter. Malgré l'opposition d'Antoine, il fut nommé consul par César. Après la mort du dictateur, on lui donna le gouvernement de Syrie. Déclaré ennemi public pour avoir fait périr Trebonius, un des meurtriers de César, il fut assiégé dans Laodicée par Cassius, et, se voyant sans espoir de salut, il se tua à l'âge de vingt-sept ans (43 avant J.-C.).

**DOLABELLE**, genre d'aplysies renfermant des mollusques au corps rétréci en avant et très-large en arrière, où il est toujours tronqué par un disque oblique. La coquille est calcaire et triangulaire. Les dolabelles habitent l'Inde et l'Océanie. Elles répandent une liqueur pourprée, abondante, au moyen de laquelle elles se dérobent aux attaques de leurs ennemis ; elles marchent, mais ne peuvent nager et vivent sur les côtes ou dans les fonds vaseux. Les naturels s'en nourrissent.

DOLABRIFORME (bot.), nom donné aux feuilles charnues et presque cylindriques à la base, plates au sommet, ayant deux bords, l'un épais et rectiligne, et l'autre circulaire et tranchant.

DOLE, sous-préfecture du département du Jura, à 12 lieues et demie de Lons-le-Saulnier. Population, 9,927 habitants. Elle existait du temps des Romains. Devenue capitale de la Franche-Comté, elle eut un parlement et une université. Elle perdit ce titre en 1678, et revint au pouvoir des Français après avoir appartenu aux Espagnols. C'est la ville la plus grande et la plus importante du Jura. Elle renferme un tribunal de première instance et de commerce, une société d'agriculture, un collége, une école gratuite de beaux-arts, un musée d'antiquités et de peinture, un dépôt de mendicité, une maison de santé pour les aliénés, etc.

DOLÉANCES, demandes ou représentations contenues dans les cahiers des états généraux ou provinciaux, pour demander le redressement de quelques griefs, la diminution ou la suppression d'un impôt, etc. Mais ce mot s'appliquait spécialement aux cahiers du tiers état. Les premiers cahiers de doléances, rédigés par les assemblées d'élection, ne remonte qu'au XVIe siècle. Ces cahiers étaient rédigés par les trois ordres réunis, et ne formaient qu'une seule assemblée, divisée en six bureaux. L'usage des *doléances* fut supprimé en 1789.

DOLÉRITE, roche volcanique composée de pyroxène et de feldspath lamellaire, d'un gris noirâtre, de texture granitoïde, et dont les parties accessoires sont le mica, l'amphigène, etc. On distingue la *dolérite porphyroïde*, où le pyroxène domine; la *dolérite granitoïde*, dans laquelle il y a égales proportions d'éléments; la *dolérite amygdalaire*, mêlée d'agates, de calcaires, etc.; la *dolérite néphélinique*, où l'on trouve de la néphéline. On trouve la dolérite en Provence, en Auvergne, dans le Cantal, en Allemagne, etc.

DOLET (Estienne), célèbre imprimeur, né à Orléans en 1509. On a prétendu faussement qu'il était fils de François Ier et d'une Orléanaise nommée Cureau. Dolet exerça pendant trois ans la place de secrétaire d'ambassade auprès de l'ambassadeur de France à Venise. De retour en France, il s'établit ensuite à Lyon en qualité d'imprimeur. A la fois poëte, orateur et humaniste, il s'attira un grand nombre d'ennemis par son orgueil et ses satires, et fut mis en prison pour son irréligion. Accusé d'athéisme, il fut brûlé en 1546. Ses œuvres sont les *Commentaires de la langue latine* (1526-1528), quatre livres de poésies (1538), les *Gestes de François Ier*, le *Second Enfer de Dolet*, etc., etc.

DOLGOROUKI (IVAN, prince DE), fils d'Alexis Dolgorouki, sous-gouverneur de Pierre II, tzar de Russie, prit un tel ascendant sur le prince (1727), qu'il exila Menzikoff et sa famille en Sibérie. Ivan avait une sœur, nommée Catherine, qui fut fiancée au tzar; mais la mort de ce prince arrêta ce mariage. Pierre II étant mort, il voulut élire sa sœur impératrice, mais on lui préféra Anne de Courlande. Les Dolgorouki furent exilés pour cette princesse, et les Menzikoff rappelés. En 1738, cette famille fut sacrifiée à la jalousie de Biren. Le prince Ivan fut roué. — IVAN MICHAELOVITCH DOLGOROUKI, né à Moskou en 1764, est un des meilleurs poëtes russes. Il excella dans l'épître et la satire, et mourut en 1824.

DOLIC, genre de la famille des légumineuses, originaire de l'Inde et de l'Amérique du Sud, renfermant des plantes économiques et alimentaires, aux gousses très-longues; aux tiges volubiles, grimpantes, droites ou couchées. Ces plantes ressemblent aux haricots, et s'acclimatent en France. Le *dolic d'Egypte* produit des graines plus agréables que nos haricots,

et très-nourrissantes. Le *dolic de la Chine* produit des semences blanches et bonnes à manger. La racine du *dolic bulbeux* des Indes orientales a la saveur des navets, et cuite offre un manger très-délicat. Le *dolic ligneux* est un arbrisseau de l'Inde, dont on mange les gousses encore vertes. Le *dolic-cattang* est l'aliment le plus en usage aux Indes orientales après le riz.

DOLICHOPODES, tribu de diptères de la famille des tanistomes, ayant pour caractères des yeux le plus souvent séparés; des antennes terminées par un style; une trompe courte; le deuxième article des palpes déprimé; l'abdomen allongé, comprimé sur les côtés; des ailes couchées sur le corps dans le repos, et des pieds très-grêles.

DOLIMAN (*dolman* ou *doulaman*), espèce de veste, de robe ou de soutane, qui descend jusqu'aux pieds, se boutonne sur la poitrine, et dont les manches sont étroites et serrées. Le doliman, en usage chez les mahométans, se porte sur la chemise et le pantalon. Il est serré autour des reins par une ceinture en soie ou un châle de cachemire, dont les deux bouts noués pendent par devant. La forme et la grandeur du doliman varient en raison des localités.

DOLIQUE, terme d'histoire ancienne, mesure de longueur des Grecs, de 112 stades (1,139 toises de France). On nommait *dolichodromes* les coureurs qui parcouraient un dolique en allant et en revenant dans un temps donné.

DOLLAR, monnaie d'argent des Etats-Unis d'Amérique. Il se subdivise en 100 *cents*, et le *cent* en 10 *millos*. Le dollar vaut 5 francs 42 centimes de notre monnaie ; le demi-dollar d'argent vaut 2 francs 71 centimes; le quart vaut 1 franc 35 centimes 50 centièmes ; 10 dollars forment un *double-aigle* d'or, valant 55 francs 21 centimes ; l'*aigle* de 5 dollars est en or, et vaut 27 francs 61 centimes; le demi-aigle d'or de 2 dollars et demi vaut 13 francs 81 centimes.

DOLMEN ou *dolmin*, roche isolée, qui marquait le tombeau d'un guerrier chez les anciens Gaulois. Ces dolmens se composaient de plusieurs piliers de pierres, sur lesquels était placée une autre pierre plate et grande. On rencontre encore un grand nombre de dolmens dans nos départements.

DOLOIRE, outil en forme de pioche, dont les soldats romains se servaient pour saper le pied des villes assiégées. Dans le moyen âge, c'était une espèce de hache ou arme pourfendante. Elle entrait dans les armoiries des blasons. — En technologie, c'est une hache dont les tonneliers se servent pour dégrossir les douves et amincir les bouts des cerceaux. La doloire est garnie d'un manche de bois fort pesant. — Un *bandage en doloire* est un bandage roulé, dans lequel les circonvolutions vont en biaisant, de manière à ce que chaque tour recouvre les deux tiers de celui qui est au-dessous.

DOLOMIE, roche calcaire composée de carbonate de chaux et de carbonate de magnésie, cristallisant en rhomboèdres. La *dolomie granulaire* se présente en masses non stratifiées, très-friables, pulvérulentes. Elle renferme toujours un grand nombre de débris fossiles. La *dolomie lamellaire*, d'une blancheur éblouissante, d'un éclat nacré et aventuriné, était employée dans l'architecture ancienne. La *dolomie compacte*, à cassure fine, rarement blanche, s'emploie pour aiguiser le fer. La dolomie se trouve dans les Alpes, l'Angleterre, la Hongrie, etc.

DOLOMIEU (Déodat-Guy-Sylvain GRATET DE), naturaliste célèbre, né à Dolomieu (Isère), fut admis dès le berceau dans l'ordre de Malte. Condamné à mort par son ordre pour avoir tué un de ses confrères, il obtint sa grâce et continua le service pour se livrer à l'étude de l'histoire naturelle et des recherches minéralogiques. Il fit divers voyages scientifiques. Nommé

inspecteur des mines et membre de l'Institut (1796), il suivit Napoléon en Egypte. Il mourut en 1801. Ses ouvrages minéralogiques sont très-nombreux.

DOLOMISATION, théorie de la formation des roches dolomites. M. de Buch l'attribue à la fusion des calcaires par suite de l'épanchement des roches ignées, fusion qui aurait donné lieu à la formation du carbonate de chaux et de magnésie. D'autres géologues ont prétendu que des calcaires déposés par les eaux avaient été remaniés par le feu. Le premier système est le plus généralement admis.

DOLON (myth.), Troyen célèbre par sa légèreté à la course. Hector l'ayant chargé d'aller examiner le camp des Grecs, il fut pris par Diomède et Ulysse, à qui il dévoila les projets des Troyens. Diomède le fit mourir.

DOLOPES, peuples de la Thessalie, près du Pinde, dont le pays était arrosé par l'Achéloüs. Ils allèrent à la guerre de Troie sous la conduite de Phœnix. Ils s'emparèrent de Scyros. Ces peuples étaient à moitié nomades.

DOM, titre d'honneur qui vient du latin *dominus*, et signifie *sieur, seigneur*. C'est un titre qu'on donna d'abord au pape seul, puis aux évêques, aux abbés, à ceux qui avaient quelque dignité ecclésiastique, enfin aux simples moines dans plusieurs ordres religieux, comme bénédictins, chartreux, feuillants, etc. — On trouve, dans les médailles des femmes romaines, *domna*, diminutif de *domina*.

DOMAINE, ce qui constitue le droit, la propriété d'une personne. — Il se dit aussi des biens affectés au service de l'Etat ou de la couronne. Tout ce qui a rapport à l'enregistrement, au timbre, aux domaines et à la conservation des hypothèques, forme les attributions d'une administration spéciale, placée dans le ressort du ministère des finances, et à la tête de laquelle est un directeur général, assisté de quatre sous-directeurs, qui forment avec lui un conseil d'administration. L'administration a dans chaque département un directeur, un ou deux inspecteurs, des receveurs et des vérificateurs.

DOMAINE PUBLIC. Les chemins, routes et rues à la charge de l'Etat, les fleuves et rivières navigables ou flottables, les rivages, lais et relais de la mer, les ports, havres, rades, portes, murs, fossés, remparts, etc., et en général toutes les portions du territoire français qui ne sont pas susceptibles d'une propriété privée, font partie du domaine public. Plusieurs parties du domaine public sont susceptibles de devenir des propriétés privées. Les usurpations commises sur ce domaine peuvent, par la possession, donner ouverture à la prescription.

DOMAINE DE L'ÉTAT. Il se compose de toutes les propriétés qui ne sont pas consacrées à l'usage public, et que l'Etat peut aliéner. Tous les biens vacants et sans maître, et ceux des personnes qui meurent sans héritiers, les terrains des fortifications, etc., appartiennent à l'Etat.

DOMAINE DE LA COURONNE, partie du domaine de l'Etat affectée à l'usage du prince et de sa famille. Avant 1789, le domaine de la couronne renfermait tous les *biens de l'Etat* ou *biens d'ancienne origine*. La loi du 21 décembre 1789 restreignit le domaine de la couronne, et ordonna la vente d'une partie. On appela ces biens *biens de nouvelle origine*. On y comprenait ceux du clergé, des émigrés, des hospices, etc. Les biens des émigrés, des hospices et des communes leur ont été rendus ; mais les biens du clergé sont restés la propriété de l'Etat.

DOMAINE EXTRAORDINAIRE, ordonné par une loi de 1810. Il se composait des domaines et biens mobiliers et immobiliers que l'empereur avait acquis par des conquêtes ou des traités, et dont il pouvait disposer pour subvenir aux frais de guerre, récompenser les soldats et les services rendus à l'Etat, pour élever des monu-

*ments, encourager les arts*, etc. Les domaines extraordinaires furent supprimés en 1815. Mais en 1821 on donna une pension sur l'État à ceux qui avaient été gratifiés en 1810.

DOMAINES ENGAGÉS, démembrements successifs de l'ancien domaine de la couronne. Les Francs avaient l'usage de constituer une dot à leurs femmes. Les rois observèrent cette coutume, et donnèrent à leurs épouses à titre de dot, et à leurs filles à titre d'avancement d'hoiries, des terres, villes, seigneuries, etc. Ils ne se réservèrent que la souveraineté. Ces princesses en jouissaient à titre de comtesse ou de duchesse. Cet usage fut aboli, en ce qui concernait les reines, au commencement de la troisième race; mais il subsista pour les filles des rois jusque sous le règne de Philippe-Auguste. Louis VIII établit ces apanages à la condition de retour à la couronne, à défaut d'héritiers; Philippe le Bel les restreignit aux héritiers mâles. La convention les supprima. Napoléon rétablit les apanages réels pour les princes de la famille royale; Louis XVIII les confirma. La révolution de 1830 renouvela et permit les apanages. — Les rois engagèrent souvent leur domaine en faveur du clergé et des grands du royaume.

DOMAT ou DAUMAT (Jean), né à Clermont en 1625, fit ses études à Paris, et se livra à la jurisprudence. Nommé avocat du roi au siège présidial de Clermont (1657), il exerça cette charge avec une grande intégrité. Il mourut en 1696. Il laissa un ouvrage célèbre, plusieurs fois imprimé, les *Lois civiles dans leur ordre naturel* (6 vol. in-4°, 1689). Domat fut toute sa vie très-lié avec Pascal, et fut le dépositaire de ses écrits.

DOMBES (*Pagus Dumbensis*), petite principauté souveraine de France, située entre la Bresse, le Lyonnais et la Saône. Elle avait 36 lieues carrées de superficie, et se divisait en haute et basse. Trévoux en était la capitale. — Habitée du temps de César par les *Segusiani* et les *Ambarri*, elle fut comprise dans la première Lyonnaise. Possédée successivement par les ducs de Bourgogne, les seigneurs de Baugé et de Villars, les sires de Beaujeu (1200), la maison de Bourbon l'acquit au xv⁰ siècle. — Le prince de Dombes eut son conseil souverain, ses tribunaux, sa chancellerie, un hôtel des monnaies. — Incorporée à la couronne en 1762, cette principauté fit partie du gouvernement général de la Bourgogne. Elle forme aujourd'hui une partie du département de l'Ain.

DOMBEY (Joseph), botaniste célèbre, né à Mâcon en 1742. Ayant reçu de Turgot (1772) le brevet de médecin-botaniste du jardin des Plantes, il fut envoyé dans le Pérou y chercher les végétaux propres à être naturalisés en France. Après de nombreuses fatigues, il revint en France en 1785. Le comité de salut public l'envoya de nouveau en Amérique (1793) pour présenter aux États-Unis l'étalon de nouvelles mesures et pour y acheter des grains. Jeté dans un cachot par ordre du gouvernement espagnol, il mourut en 1794.

DOMBEYE, genre de la famille des malvacées, composé d'arbres ou arbustes des îles orientales d'Afrique, aux fleurs en corymbes. En général, les dombeyes ont une écorce très-tenace et en même temps souple et liante. A Bourbon, à Madagascar, on en fait des cordages. Une des cinq sections établies par Kunth dans la famille des malvacées est celle des DOMBEYACÉES, qui a pour type le genre *dombeye*. Ce sont des arbres ou arbustes.

DOMBROWSKI (J.-Henri), né à Pierschowitsé (palatinat de Cracovie) en 1755, entra en 1791 dans l'armée polonaise comme major, et fit avec le prince Poniatowski la campagne de 1792. Fait prisonnier par les Prussiens, il se rendit en France en 1796, et obtint du directoire de former une légion polonaise dans la guerre d'Italie. Cette légion participa à tous les exploits des Français pendant les campagnes de 1797 à 1800. Après la paix d'Amiens, il passa au service de la république d'Italie, et ensuite à celui du royaume de Naples. Il reprit les armes en 1806 pour l'affranchissement de son pays. En 1813, il leva une division polonaise, qu'il joignit à l'armée de Napoléon. En 1815, lors du rétablissement du royaume de Pologne, il fut nommé sénateur palatin et colonel général de cavalerie. Il mourut en 1818.

DOME se disait autrefois des églises cathédrales. Ce terme a la même signification encore en Italie. — En architecture, c'est une espèce de comble, en forme de sphéroïde, dont on recouvre une église, un salon, etc. On le construit en charpente, et on le recouvre en ardoises ou en plomb; on le surmonte quelquefois d'un dôme plus petit nommé *lanterne*. Les dômes recouvrent ordinairement des tours circulaires. — On donne le nom, dans les laboratoires de chimie, à la partie supérieure des fourneaux à réverbère. Cette partie est hémisphérique, et se termine par une ouverture qui lui sert de cheminée.

DOMERGUE (François–Urbain), grammairien distingué, né à Aubagne (Var) en 1745. Après avoir étudié chez les doctrinaires, il y exerça avec succès les fonctions de professeur jusqu'en 1784, époque à laquelle il alla s'établir à Lyon. Il y publia un *Journal de la langue française*. Pendant la révolution, qu'il vint à Paris, et fonda une société chargée de ramener la langue à sa pureté. Il coopéra beaucoup à l'édition du Dictionnaire de l'académie, et fut appelé ensuite au collége Charlemagne comme professeur d'humanités. Il mourut en 1810. Ses ouvrages sont une *Grammaire française*, des *traductions* et un grand nombre d'ouvrages sur la prononciation et l'orthographe.

DOMESTICITÉ, état de celui qui promet de servir une personne à prix d'argent. Celui qui embrasse cet état prend le nom de *domestique*. (Voy. ce mot.) Au moyen âge, la domesticité auprès des rois et des grands était un privilége de noblesse. Les princes francs, d'après un usage des Germains, avaient pour le service de leurs personnes des hommes d'une naissance illustre. Un prince regardait comme un honneur de passer la chemise ou de tenir la serviette au roi. Détruite par la convention, la *domesticité* (dite *de cour, palatine, titrée*) fut rétablie par Napoléon.

DOMESTICITÉ. En termes d'économie rurale, c'est l'action de réduire à l'obéissance et de soumettre au pouvoir de l'homme les animaux farouches et féroces. Le taureau, le cheval, etc., sont forcés de se soumettre par la castration ; l'éléphant et les herbivores, par la faim ; les carnivores, par l'abondance de la nourriture ; les brebis, par la vie sédentaire et l'ombre ; les oiseaux de proie, par la privation de sommeil, etc. La domesticité dégénère les races d'animaux.

DOMESTIQUE, celui ou celle qui sert une personne pour un gage et un salaire convenus. La domesticité a, chez les modernes, remplacé l'esclavage des anciens. Ceux-ci, qui appelaient leurs esclaves *res* (une chose), leur laissaient les travaux intérieurs de la maison. Le christianisme détruisit l'esclavage. Il permit seulement qu'un homme, pour une certaine récompense, rendit des services importants à un autre homme. La loi permet la domesticité à la condition d'un traité conclu entre le maître et le domestique. Les domestiques ne peuvent engager leur service qu'à temps. Les maîtres sont responsables des dommages causés par leurs domestiques, ainsi que les aubergistes.

DOMESTIQUE. Ce mot désignait sous le Bas-Empire les premiers dignitaires de l'État. Les *grands domestiques* étaient en Turquie ce qu'on nomme *grands officiers*. Les personnes attachées à la cour de Portugal prennent le nom de *domestiques du roi* et de la reine. — Les *animaux domestiques* sont ceux qui sont soumis à la domesticité.

DOMFRONT, chef-lieu d'arrondissement du département de l'Orne, à 18 lieues d'Alençon. Population, 1,873 habitants. Cette petite ville, autrefois très-fortifiée, fut fondée par Guillaume I⁰ʳ, seigneur de Bellesme, et soutint plusieurs siéges célèbres du xɪ⁰ au xvɪɪ⁰ siècle. Domfront possède un tribunal de première instance et un collége. Son arrondissement renferme huit cantons, quatre-vingt-treize communes et 128,948 habitants.

DOMICILE, lieu où l'on forme son établissement, où l'on met le siége de ses affaires, où l'on a sa demeure. Le *domicile civil* est le lieu de la demeure ordinaire, fixe et permanente. Le *domicile réel* est attaché à la principale habitation. Le *domicile élu* est une fiction du premier; c'est celui que l'on indique pour l'exécution d'un acte. Le *domicile politique* est celui qui détermine l'exercice des droits politiques. Le domicile de tout Français, quant à l'exercice de ses droits civils, est au lieu où il a son principal établissement. La femme mariée n'a pas d'autre domicile que celui de son mari ; le mineur, celui de son tuteur.

DOMINANTE, cinquième note de la gamme d'un ton. Ainsi, dans le ton d'*ut, sol* est la *dominante*. Elle détermine le ton. On donne le nom de *dominante* à cette note, parce qu'elle se trouve dans la plupart des accords naturels. — Dans le plainchant, la *dominante* est la note que l'on fait entendre le plus souvent.

DOMINATIONS, anges du premier ordre de la seconde hiérarchie. Les théologiens leur attribuent une autorité assez grande sur les hommes et les anges des ordres inférieurs.

DOMINGUE (Saint-) ou HAÏTI, la plus grande des Antilles ou des Îles sous le vent après Cuba. Sa superficie est de 3,837 lieues carrées. Elle est située entre les îles de Porto-Rico, de la Jamaïque et de Cuba. Sa population est d'environ 1,000,000 de nègres ou d'hommes de couleur. L'île renferme des pâturages étendus, de riches mines ; elle produit du cacao, du sucre, du café, du coton et de l'indigo. Elle exporte annuellement 720,000 livres de sucre, 900,000 livres de coton et 38,000,000 de livres de café. — Cette île, découverte en 1492 par Colomb, appartint d'abord aux Espagnols, qui la nommèrent *Hispaniola*; puis, à la paix de Ryswick (1697), elle fut divisée en partie espagnole (centre et E. de l'île, capitale *Santo-Domingo*) et en partie française (O., capitale *Cap-Français*). Ces deux parties se sont réunies (1790) et ont formé une république indépendante (*république d'Haïti*), régie par un président, qui reçoit un traitement annuel de 40,000 dollars, une chambre des représentants composée de députés pour cinq ans, et un sénat composé de vingt-quatre membres élus pour neuf ans. L'esclavage est aboli. La religion de l'État est le catholicisme. Le siége du gouvernement est le Cap-Haïtien. L'île se divise en six départements : Ouest, chef-lieu *Port-au-Prince*; Sud, chef-lieu *les Cayes*; Artibonite, chef-lieu *les Gonaïves*; Nord, chef-lieu *Cap-Haïtien*; Nord-Est, chef-lieu *Santo-Yago*; Sud-Est, chef-lieu *Santo-Domingo*.

DOMINICA (Albia), fille du patrice Pétrone et femme de l'empereur Valens, persécuta cruellement les catholiques, et favorisa l'arianisme. Après la mort de Valens (378), Dominica soutint le siége de Constantinople contre les Goths. Envoyée en exil, elle obtint de Théodore de venir mourir à Constantinople.

DOMINICAINES, religieuses de l'ordre de Saint-Dominique, qui suivaient la règle de Saint-Augustin, qui avaient le même habit et les mêmes constitutions. Elles furent instituées l'an 1207, et placées par saint Dominique de Guzman dans le monastère de Notre-Dame de la Prouille, entre Toulouse et Carcassonne.

DOMINICAINS, ordre religieux institué pour la première fois à Toulouse (1216), sous le nom de *frères prêcheurs*, par saint Dominique de Guzman, pour combattre l'hérésie des albigeois. Les dominicains étaient des chanoines réguliers; ils suivaient la règle de Saint-Augustin. Ils jouissaient de plusieurs prérogatives. Le maître du sacré palais était un religieux de cet ordre. On nommait les dominicains en France JACOBINS, parce qu'ils avaient à Paris l'église Saint-Jacques.

DOMINICAL, linge sur lequel les femmes recevaient autrefois l'eucharistie, au lieu que les hommes la recevaient sur la main. C'est à ce linge qu'a succédé la nappe de communion.

DOMINICALE (LETTRE), lettre de l'alphabet qui sert à marquer dans le calendrier les dimanches pendant tout le cours de l'année. Il y en a sept, et ce sont les sept premières de A à G. A indique le premier jour du mois, B le second, G le septième, etc. On met ensuite A pour le huitième, B le neuvième, etc. Si B est la lettre dominicale du dernier jour de janvier, C est la première de février, ainsi de suite. Si A est la lettre dominicale d'une année, tous les jours du mois où se trouve un A sont des dimanches. Il en est de même des autres lettres, qui deviennent successivement dominicales. Dans les années bissextiles, il y a deux lettres dominicales, l'une sert depuis le 1er janvier jusqu'au 1er mars, et l'autre depuis cette époque jusqu'à la fin de l'année. Les lettres deviennent dominicales d'une année à l'autre dans un ordre renversé. Si A est la lettre dominicale, l'année suivante c'est G. Pour calculer les lettres dominicales des années entre 1800 et 1900, on prend le nombre d'années, sans tenir compte des siècles, 38, par exemple, s'il s'agit de l'année 1838; on y ajoute s'il se peut le quart exact, ou sinon par excès; on divise ensuite la somme par 7 et on retranche de 6 le reste de la division. La différence indique la lettre dominicale, en prenant toutefois les lettres dans l'ordre alphabétique, c'est-à-dire A pour 1, B pour 2, etc. Si la différence est 0, la lettre dominicale est G.

DOMINICALES, nom donné autrefois dans l'Église aux leçons qu'on lisait et qu'on expliquait tous les dimanches, et qui étaient tirées de l'Ancien et du Nouveau Testament. On l'appliquait particulièrement aux explications des évangiles et des épîtres. On les nommait aussi homélies.

DOMINIQUE (LA), une des Antilles, entre la Martinique et la Guadeloupe, découverte par Christophe Colomb en 1493. Sa superficie est d'environ 60 lieues carrées, et sa population de 26,500 habitants. Cette île renferme des vallées fertiles et des montagnes abondantes en bois de construction. Elle appartient aux Anglais. Sa capitale est *Roseaux*, avec 5,000 âmes.

DOMINIQUE L'ENCUIRASSÉ (Saint), ermite, vivait dans le XIe siècle. Il se mit sous la discipline de Jean de Montféverte, recteur d'un ermitage dont l'austérité était extraordinaire. On n'y mangeait ni viande, ni graisse, ni beurre, ni laitage; on jeûnait au pain et à l'eau cinq jours de la semaine. On travaillait sans cesse, on dormait peu et debout, le reste du temps. Saint Dominique portait sur sa chair une cuirasse de fer qui lui fit donner le surnom d'*Encuirassé*. Il récitait tous les jours deux fois le psautier, et se fouettait avec des verges. Pendant six jours, il récitait vingt psautiers et se donnait 300,000 coups de fouet. Il mourut en 1060.

DOMINIQUE DE GUZMAN (Saint), né à Calaruega (Vieille-Castille) en 1170. Il accompagna en France (1203) Diego d'Azebido, chargé de demander en mariage la fille du comte de la Marche pour le fils d'Alphonse IX, roi de Castille. Ayant obtenu d'Innocent III la permission de combattre les albigeois, il s'appliqua tout entier à les convertir ou à les confondre par ses écrits, et s'éleva contre les mœurs du clergé. Il n'eut aucune part aux massacres des albigeois, et fut le fondateur de l'inquisition. Il institua les dominicains et les dominicaines. Nommé maître du sacré palais à Rome, il mourut en 1221 et fut ca-

nonisé en 1234. Il institua le rosaire et fut grand inquisiteur. Selon quelques auteurs, l'inquisition fut établie en 1233, et Dominique n'y prit aucune part.

DOMINIQUIN (DOMENICO ZAMPIÉRI, dit LE), né à Bologne en 1581, étudia la peinture sous Denys Calvart, Louis et Annibal Carrache. Ce peintre fut en proie aux persécutions de ses rivaux pendant toute sa vie. Ces persécutions et ses malheurs minèrent sa santé. Il se vit obligé de préparer lui-même ses aliments pour ne pas être empoisonné par ses ennemis. Il mourut en 1641. Ses principaux ouvrages sont la *Communion de saint Jérôme*, la *Mort d'Adonis*, *saint Pierre en prison*, l'*Histoire de Jacob et de Rachel*, etc., etc.

DOMINIS (Marc-Antoine DE), né à Arbe (Dalmatie) en 1566, étudia sous les jésuites, et professa à Padoue l'éloquence, la philosophie et les mathématiques. Promu à l'archevêché de Spalatro, il hasarda plusieurs opinions peu conformes à celles de l'Église, et se réfugia en Angleterre auprès du roi Jacques Ier; mais il revint à Rome, et abjura publiquement ses erreurs. Des lettres interceptées ayant fait croire qu'il se repentait, de sa conversion, il fut mis en prison, et mourut dans les fers en 1624. On a de lui l'*Histoire du concile de Trente* (par Fra-Paolo) où il publia, un *Traité de la république chrétienne* et un *Traité d'optique*. Dominis fut le premier qui donna une bonne explication de la théorie de l'arc-en-ciel.

DOMINO (costume), couverture de tête dont les prêtres se servaient pendant l'hiver. Elle était faite de drap, leur serrait le visage, et descendait jusqu'au-dessous des épaules. On la nomme aujourd'hui camail. (Voy. ce mot.) La ressemblance avec cette draperie a fait donner le nom de *domino* à un habit de déguisement formé d'une grande *robe fermée* par devant, et surmonté d'un capuchon qui couvre toute la tête à l'exception de la figure, et descend sur la poitrine et les épaules. Les *dominos* noirs sont les plus estimés. Ils sont ordinairement en satin ou taffetas.

DOMINO (technol.), sorte de papier peint dont les traits, les dessins, etc., sont imprimés avec des planches de bois grossièrement faites, puis les couleurs mises dessus avec le patron. Le domino se fabrique à Rouen. Il ne sert guère qu'aux fabricants de coffres ou coffrets en carton. Les dessins sont peu corrects et les couleurs mal enluminées.

DOMINOS (JEU DE), jeu renouvelé des Hébreux, des Grecs et des Chinois. On se sert de morceaux d'os coupés en rectangle, nommés *dominos*. Chacun est marqué de deux numéros. Ces numéros sont tous les nombres depuis 0 et 1 à 6. Le zéro se nomme blanc. On pose ces dominos les uns à la suite des autres, de manière qu'un bout du *domino* soit le même que celui du *domino* précédent. Celui qui le premier a épuisé tous les dominos a gagné la partie.

DOMITE (*trachyte terreux*), roche volcanique composée d'*argilolithe* (argile endurcie), renfermant du pyroxène, du mica, de l'amphibole, du titane, etc., etc. Sa texture est terreuse et sa structure grenue. On distingue le domite *blanchâtre, jaunâtre, grisâtre* et *rougeâtre*. On le trouve en Auvergne, en Allemagne et en Amérique. Les Romains en faisaient des sarcophages où les cadavres se conservaient bien.

DOMITIA LONGINA, fille de Corbulon, mariée d'abord à Lucius Lamia, épousa ensuite l'empereur Domitien. Cette femme, fameuse par ses débauches, fut répudiée par l'empereur sous cause d'adultère avec l'histrion Pâris; mais il la reprit dans la suite. Domitia, lasse de son époux, entra dans la conspiration dans laquelle Domitien perdit la vie. On l'avait accusée d'inceste avec Titus, son beau-frère. Elle mourut sous Trajan. Elle eut de Domitien un fils, *qui mourut jeune*.

DOMITIEN (Titus Flavius Domitianus),

fils de l'empereur Vespasien, se fit proclamer empereur à la mort de son frère Titus, dont on l'accusa d'avoir abrégé les jours par le poison. Son règne contenta d'abord le peuple. Il fit d'utiles lois, diminua les impôts et encouragea les lettres. Après deux ans de règne, il devint cruel, débauché et superstitieux. Il se fit appeler *dieu*. Domitien passait le jour à percer les mouches avec une aiguille d'or, et vivait renfermé dans son appartement. Il soumit les Cattes (85) et fut vaincu par les Daces (90). Il persécuta les chrétiens et mourut en 96. Domitien avait régné quinze ans. Il fut assassiné par son épouse Domitia.

DOMITIUS (Domitius Domitianus), général de l'empereur Dioclétien en Égypte. Il prit la pourpre impériale à Alexandrie vers l'an 288. Il remporta plusieurs victoires, et mourut deux ans après de mort violente.

DOMITILLA (Flavia), fille de Flavius Liberalis, greffier des finances. Vespasien l'épousa en 40. Elle fut mère de Titus et de Domitien. — Nièce de l'empereur Domitien et épouse du consul Flavius Clemens. L'empereur, ayant appris qu'ils étaient chrétiens, mit à mort Flavius et envoya Domitilla en exil.

DOMITIUS (Cneius Ænobarbus), consul romain, fut envoyé l'an 95 avant J.-C. comme gouverneur de la Gaule transalpine, pour apaiser les troubles de cette contrée. Il vainquit Bituitus, chef des Arverni, lui tua 20,000 hommes et lui fit 3,000 prisonniers. Il soumit toute la Gaule méridionale aux Romains. — Grammairien qui florissait sous Adrien. C'était un homme d'une vertu austère.

DOMMAGE, toute détérioration, dépréciation faite à une personne, ou perte éprouvée par quelqu'un. On nomme *dommages-intérêts* l'indemnité due à raison du *dommage* souffert. L'appréciation du dommage et des dommages-intérêts est laissée à l'arbitrage du juge. Les propriétaires d'animaux ou d'un bétiment sont responsables des dommages qu'ils commettent ou qu'ils causent. Les hôteliers sont responsables du dommage des effets des voyageurs. Quiconque met le feu à des édifices, navires, magasins, forêts, récoltes, etc., est condamné à mort. Ceux qui détruisent des édifices, chaussées, actes de l'autorité publique, lettres de change, amas de marchandises, sont condamnés à la réclusion, à l'amende ou aux travaux forcés.

DOMNE ou DOMNUS. Deux papes ont porté ce nom. — DOMNE Ier succéda à Adéodat en 676, et mit fin au schisme de l'Église de Ravenne, qui se croyait exempte de la juridiction du saint-siège. Il mourut en 678. — DOMNE II, Romain, succéda à Benoît VI en 972, et mourut en 974.

DOMREMY-LA-PUCELLE, village des Vosges, dans l'arrondissement de Neufchâteau, et à 3 lieues de cette ville. Population, 316 habitants. C'est dans ce petit village qu'est née Jeanne d'Arc. On y voit encore la chaumière de l'héroïne; au-dessus de la porte sont les armes que lui donna Charles VII. On a élevé dans ce village une fontaine en l'honneur de Jeanne d'Arc (1820), avec l'inscription : *A la mémoire de Jeanne d'Arc, monument voté par le département des Vosges.*

DON (hist.). Ce titre honorifique était originairement réservé au monarque et à sa famille, aux évêques, aux nobles, aux chevaliers et aux personnes revêtues de dignités importantes en Portugal et en Espagne. Ce titre, qui se donnait comme récompense pour de grands services rendus à l'État, se donne aujourd'hui à tous ceux qui se distinguent du peuple par l'habillement ou la politesse des manières.

DON (géogr.), autrefois le *Tanaïs*, un des principaux fleuves d'Europe, qui prend sa source au lac Ivanof, dans le gouvernement de Toula (Russie), et se jette dans la mer d'Azof. Ses eaux sont troubles, peu saines et à peine potables. Son cours est de 250 lieues.

**DON** (jurispr.), ce qu'on donne par libéralité à une personne, à titre gratuit, indépendamment de toute obligation. C'est la tradition de l'objet compris dans la donation. On nomme *dons corrompables* les dons que l'on fait aux juges dans la vue de les corrompre et d'acheter leurs jugements ou leur autorité. Les lois romaines condamnaient ce crime à la peine de mort. Les lois gauloises permirent de donner aux juges des objets de table. On les limita ensuite à la venaison et au gibier; ils sont entièrement défendus aujourd'hui.
— Les *dons manuels* sont ceux qui portent sur un objet mobilier qui est remis de la main à la main sans acte. — Les *dons mutuels* sont toutes donations réciproques que se font les époux, soit en propriété, soit en usufruit.

**DON GRATUIT**, sorte de subvention. Il y en avait de deux sortes : la première était un présent que faisaient au roi les états assemblés d'une province; la seconde était le présent que le clergé faisait au roi tous les cinq ans, outre les décimes, et qui se levait sur tous les bénéfices.

**DON MOBIL..** C'était autrefois une stipulation en usage dans la Normandie, et en vertu de laquelle la femme faisait présent d'une partie de sa dot à son mari. Ce don pouvait s'étendre à tous les meubles et même au tiers des immeubles. — Aujourd'hui on nomme ainsi toute donation que la femme fait sur sa dot à son époux.

**DONAT** (Ælius Donatus), grammairien romain du IVᵉ siècle après J.-C., un des précepteurs de saint Jérôme, écrivit sur Térence et sur Virgile des *commentaires* qui ne nous sont point parvenus. Ceux qui portent le nom de cet auteur sont supposés. On a de lui un *Traité des barbarismes et des huit parties du discours*.

**DONAT**, évêque de Numidie, fut le fondateur des *donatistes* vers 311. Cécilien ayant été nommé évêque de Carthage, Donat s'opposa à cette élection et sacra Majorin évêque. Condamné par le concile d'Arles, en 314, il fut déposé et excommunié par le pape Miltiade. — Après la mort de Majorin, les donatistes élurent pour évêque de Carthage un autre Donat. Cet homme habile et éloquent soutint son hérésie par ses discours et ses écrits.

**DONATELLI** (Donato, dit le), architecte et sculpteur, né à Florence en 1383. On le regarde comme l'un des sculpteurs qui ont produit les plus beaux bas-reliefs. Le duc de Florence, Gênes et Venise l'employèrent à un grand nombre d'ouvrages. Donatelli mourut en 1466. On a de lui un grand nombre de *statues*, dont la plus célèbre est celle de *saint Marc*.

**DONATION**, acte écrit par lequel une personne nommée *donateur* se dépouille de la propriété d'une chose qui lui appartient en faveur d'une autre personne nommée *donataire*. La donation, dans son acception générale, comprend les dispositions *entre-vifs* et les dispositions à *cause de mort* ou *testamentaires*. La *donation entre-vifs* est un acte par lequel le donateur se dépouille actuellement et irrévocablement de la chose donnée en faveur du donataire qui l'accepte. La *donation à cause de mort* est celle par laquelle on convient que le donataire ne jouira de la chose donnée qu'après la mort du donateur.

**DONATIONS CASUELLES** ou POTESTATIVES. C'étaient celles dont l'effet dépendait de la volonté du donateur. Elles sont défendues.

**DONATIONS CONTRACTUELLES** sont celles que se font les époux dans le contrat de mariage. D'après la loi, on ne peut disposer de ses biens, à titre gratuit, que par donation entre-vifs ou par testament. Les actes portant donation sont passés devant les notaires.

**DONATISTES**, schismatiques et hérétiques sectateurs de Donat, évêque de Carthage. Ces hérétiques soutenaient que le baptême et les autres sacrements donnés par l'Eglise étaient nuls, qu'il fallait rebaptiser, que l'Eglise véritable ne subsistait que dans leur société. Ils profanaient l'eucharistie, brisaient les vases sacrés, et commettaient un grand nombre de sacrilèges et de violences. Condamnés à Arles en 314, ils se divisèrent en plusieurs sectes en 344, et disparurent vers le milieu du Vᵉ siècle.

**DONEGALL** ou DUNNEGALL, comté d'Irlande dans l'Ulster, entre la mer Atlantique et les comtés de Leitrim, de Fermanagh, de Tyrone et de Londonderry. Sa superficie est d'environ 220 lieues carrées, et sa population de 248,300 habitants. — C'est un pays montagneux et peu fertile. On le nomme aussi TYRCONNEL. — La capitale est DONEGALL, sur la baie du même nom, à 41 lieues N.-O. de Dublin.

**DONGOLAH** ou DANGOLAM, royaume de Nubie, au N. du Sennaar, au S. du désert de Nubie. Le sol est fertile. Il nourrit d'excellents chevaux. La capitale est DONGOLAH, située sur la rive orientale du Nil, à 125 lieues d'Assouan. Elle était jadis capitale de la Nubie.

**DONJON** (term. d'arch.), petit pavillon élevé au-dessus du comble d'une maison, pour jouir d'une belle vue. — Dans les constructions du moyen âge, on donna ce nom, 1º à la tour principale d'un château fort où les assiégés se retiraient pour se défendre jusqu'à la dernière extrémité; 2º à de petites guérites élevées sur cette tour, et où se renfermait la sentinelle.

**DONJON DE VINCENNES**, près Paris, construit en 1383 par Philippe de Valois, et achevé en 1370 environ. — Au XVᵉ siècle, il servait pour des prisonniers d'Etat. Le prince de Condé, Chabot, le duc de Vendôme, Fouquet, Mirabeau, le duc de Polignac, MM. de Peyronnet, Chantelauze et de Guernon-Ranville, ont été renfermés dans ce donjon (du XVIᵉ au XIXᵉ siècle).

**DONNE** ou DONNÉE, cérémonie religieuse en usage dans quelques paroisses, et dont l'origine remonte aux *agapes*. Dans les principales fêtes de l'année, les paroissiens apportent une grande quantité de pains à l'entrée de leurs églises, où le curé vient les bénir après la messe. L'on en fait ensuite la distribution à tous ceux qui se présentent de la même paroisse ou des paroisses voisines.

**DONNÉE**, terme général par lequel on désigne, en mathématiques, toute grandeur qu'on suppose connue. Ainsi, pour pouvoir construire un triangle, il faut connaître deux de ses côtés et un de ses angles, etc. Ces deux côtés et cet angle connus sont les *données* du triangle. En général les *données* d'un problème sont les quantités connues au moyen desquelles on construit les quantités inconnues. — On dit qu'une figure est *donnée de position* lorsque la position de cette figure est connue.

**DONNÉS** ou OBLATS, séculiers qui, par dévotion, se donnaient à un monastère, avec leurs biens, pour obéir aux serviteurs et servir les religieux, sans être religieux eux-mêmes et sans faire profession de la règle du monastère.

**DONS** (Saints), nom que les Grecs donnent aux symboles du corps et du sang de Jésus-Christ, avant et après la consécration.

**DONZELLE** (hist. nat.), genre de poissons de la famille des anguilles, avec lesquelles ils ont de grands points de ressemblance par la forme de leur corps et la disposition des nageoires anale et dorsale, qui se joignent à celle de la queue pour terminer le corps en pointe. Ces poissons sont de couleur brune liserée de noir. Les donzelles habitent les mers du Sud. Leur chair est délicate.

**DONZIOIS**, pays de France, situé au N. du Nivernais, entre la Loire et l'Yonne. Sa superficie était d'environ 50 lieues carrées. — Le Donziois était une baronnie érigée au XIᵉ siècle. En 1271, il passa à la maison de Flandre, et la réunion définitive eut lieu en 1552. — Sa capitale était Donzi, petite ville, aujourd'hui chef-lieu de canton du département de la Nièvre, avec 3,000 habitants, à 9 lieues de Nevers. Donzi était, à la révolution, le siége d'un bailliage ressortissant de l'évêché d'Auxerre.

**DORADE** (cyprin doré), variété de la *carpe*, qui lui ressemble par les dentelures de ses épines anale et dorsale. D'abord noirâtre, elle prend par degrés un beau rouge doré; mais il y en a d'argentées. Ce poisson, dont la longueur varie de six à quinze pouces, a été importé en Europe par les Hollandais au XVIIᵉ siècle, et est naturalisé dans nos climats. On les pose dans des bassins ou des bocaux de verre, et on les nourrit d'insectes, de mie de pain, de jaunes d'œufs durcis, etc.

**DORADE**. On a donné ce nom à une constellation de l'hémisphère austral, nommée aussi *Xiphias*, et située entre *l'Eridan* et *le Navire*. La plus belle étoile de cette constellation est de la troisième grandeur.

**DORAT** (Jean), poète grec, latin et français, né dans le Limousin, s'appelait *Dinemandi*. Il s'acquit tant de réputation par ses vers, que ses contemporains le surnommèrent *le Pindare français*. Charles IX créa pour lui la place de poëte royal. Il fut pourvu en 1560 d'une chaire de professeur de grec à Paris, et la remplit avec distinction. Il publia deux volumes de *poésies* (1586), et mourut en 1588, à quatre-vingts ans.

**DORAT** (Claude-Joseph), né à Paris en 1734, suivit d'abord la carrière du barreau. Il entra dans les mousquetaires en 1757, et en sortit pour se consacrer à l'étude des belles-lettres. Il publia d'abord ses *Fantaisies* et ses *Héroïdes*, qui eurent un grand succès. Dorat essaya tous les genres, et fut le fondateur d'une école qui apporta dans la poésie le ton tranchant d'un petit-maître, et ne fit que les paillettes d'esprit sans rien approfondir. Il mourut en 1780. Ses poésies forment vingt-deux volumes in-8º. Ses plus célèbres ouvrages sont un poëme sur *la Déclamation*, une comédie, *la Feinte par amour*, etc.

**DORCHESTER**, capitale du comté de Dorset, en Angleterre, à 40 lieues de Londres. Elle commerce en serges très-fines et en bière renommée. — C'est aussi le nom d'un comté du Maryland et du bas Canada.

**DORDOGNE**, autrefois le *Duranius*, rivière de France qui a sa source dans le Mont-d'Or (Puy-de-Dôme), traverse les départements de la Corrèze, du Lot et de la Dordogne. Elle est formée de deux ruisseaux, le *Dor* et la *Dogne*. Elle devient navigable au-dessus d'Argentan, et son cours est de 85 lieues. Elle se joint à la Garonne au Bec-d'Ambez, près de Bourg.

**DORDOGNE**, département formé d'une partie du Périgord et de parties de l'Agénois, du Limousin et de l'Angoumois, borné au N. par les départements de la Haute-Vienne et de la Charente, à l'E. par ceux du Lot et de la Corrèze, au S. par ceux du Lot, de Lot-et-Garonne et de la Gironde, à l'O. par la Gironde, la Charente et la Charente-Inférieure. Il tire son nom de la principale rivière qui l'arrose. Sa superficie est de 941,406 hectares. Sa population de 505,000 habitants. Il nommait sept députés, et se divise en cinq arrondissements : *Périgueux* (chef-lieu), *Bergerac*, *Nontron*, *Ribérac* et *Sarlat*. Il est compris dans la *onzième* division militaire, dans le ressort de la cour d'appel, de l'académie de Bordeaux, et du diocèse de Périgueux. On y remarque la tour de Vérone, Brantôme, où est né l'historien de ce nom, le château de Biron, siége d'une illustre famille, etc. — La Dordogne produit des vins, châtaignes et céréales excellents et des truffes très-estimées. Elle renferme un grand nombre de mines en exploitation, des ardoisières, etc., des fabriques de serge, des tanneries, des brasseries, quatre-vingt-huit forges, et de belles fabriques de coutellerie et de papeterie. Les jambons du Périgord, les fromages de Thiviers et les pâtés de Périgueux jouissent d'une grande réputation.

**DORDRECHT** ou Dort, ville de Hollande, à 15 lieues d'Amsterdam. — Sa population est de 20,000 habitants. — Dordrecht a un port très-commerçant en vins et en bois. On y pêche des saumons. L'île sur laquelle est située cette ville fut formée (1421) par une inondation qui engloutit soixante-douze villages et dix mille habitants. C'est dans cette ville que fut convoqué (13 novembre 1618) le célèbre concile ou synode, dit *de Dordrecht*, qui condamna les hérétiques appelés *arminiens* ou *remontrants*, et les priva de toutes fonctions ecclésiastiques et académiques. Ce concile était formé de luthériens et de calvinistes.

**DORÉE** ou **Zée**, genre de poissons de la famille des scombéroïdes, distingué par une série d'épines fourchues situées le long des bases des épines dorsale et anale. Sa mâchoire inférieure est plus avancée que la supérieure; les yeux sont gros et rapprochés. L'ensemble du poisson ressemble à un disque. Sa couleur est jaunâtre mêlée de vert d'or. On trouve ces poissons dans l'océan Atlantique.

**DORÉS.** On nommait *chevaliers dorés* en Angleterre tous ceux qui étaient décorés de certains ordres de chevalerie dans ce pays, parce que l'on leur donnait des éperons dorés pour signe de haut honneur.

**DORIA**, une des quatre familles les plus nobles et les plus puissantes de Gênes. Cette famille, dès son berceau, occupa les magistratures les plus élevées, jusqu'à l'époque de l'institution des doges en 1339. — Oberto Doria, amiral des Génois, termina la rivalité de Gênes et de Pise, et anéantit la puissance maritime de cette dernière ville (6 août 1284). — Lamba Doria, autre amiral génois, vainquit les Vénitiens et s'empara de 85 galères (8 sept. 1298). — Paganino Doria, amiral de Gênes, vainquit les Vénitiens (1351 et 1354), et força les ennemis de sa patrie d'accepter une paix honteuse. — Lucien Doria mourut en combattant les Vénitiens en 1378. — Pierre Doria s'avança jusqu'à Venise, s'empara de Chiozza, et fut vaincu dans le combat par Vettor Pisani (1380). Il mourut dans ce combat. — Nicolas Doria, doge de Gênes en 1579, fut nommé le premier *sérénissime*.

**DORIA** (André), né à Oneille près Gênes en 1468, embrassa le métier des armes. Il entra dans la marine en 1492, et combattit avec succès les Maures, les Turks et les pirates qui infestaient la Méditerranée. Il entra au service de François Ier, battit la flotte de Charles-Quint sur les côtes de Provence, et força les impériaux de lever le siége de Marseille. La France lui dut la réduction de Gênes en 1527. Fatigué des mépris des Français, il entra au service de Charles-Quint. Ayant chassé les Français de Gênes, il refusa le titre de *dogo*, il défit les Turks, les chassa de la Hongrie et de l'Autriche, et s'empara de la Corse. Vers la fin de sa vie, on trama contre lui deux conjurations qui n'eurent aucun succès. Doria mourut en 1560.

**DORIDE** ou **Tétrapole**, contrée de la Grèce entre la Phocide, la Locride, l'Acarnanie et la Thessalie, et ainsi nommée de Dorus, fils de Deucalion qui vint s'y établir. Sous le règne de Deucalion, les Doriens, peuplade de Pélasges, habitaient une partie de la Thessalie, nommée *Phthiotide*. Sous Dorus, ils vinrent dans l'*Histiéotide* au pied du Parnasse, de l'Ossa et de l'Olympe. Chassés par les Thébains, ils passèrent dans la Dryopide et ensuite dans le Péloponèse, ils rentrèrent dans leur patrie en 400 avant J.-C. Les Doriens fondèrent plusieurs colonies qui conservèrent le nom de *Doride*. La plus célèbre est la *Doride*, en Asie-Mineure, dont Halicarnasse était la capitale.

**DORIEN** (Dialecte). Voy. Dialecte.

**DORIEN** (Mode), le plus grave des modes de la musique des Grecs; c'était un des plus anciens. On en attribuait l'invention aux Doriens. Le mode dorien était usité pour les chants guerriers et religieux.

**DORIENNE** (Ligue), nom donné à une grande tribu primitive des Grecs, opposée à celle des Ioniens. L'histoire de la Grèce est presque entièrement celle de la lutte de ces deux tribus, qui se partagèrent ce beau pays.

**DORIQUE** (Ordre), un des ordres primitifs de l'architecture, inventé par les Doriens. Dans cet ordre, il y a absence de base; la colonne repose sur le soubassement général, sans tore, sans socle et sans filet. Elle a une forme pyramidale, un petit nombre de cannelures très-larges, et se termine dans le haut en ligne droite. Les chapiteaux sont simples et sans astragales. L'architrave est lisse et peu élevée, et la frise est décorée de triglyphes représentant les extrémités des solives du plafond qui viennent reposer sur l'architrave et les intervalles que les solives laissent entre elles. Sa proportion est de quatre diamètres et demi à huit et demi. L'ordre dorique est le plus majestueux.

**DORIS** (myth. et hist. nat.), déesse de la mer, et fille de l'Océan et de Téthys, épousa son frère Nérée, et en eut cinquante filles nommées Néréides. On donne souvent ce nom à la mer même.

**DORIS**. Ce nom a été créé pour des animaux appartenant au type des mollusques, et se rapportant à l'ordre des gastéropodes nudibranches. Les doris ont le corps ovale et déprimé. Leur dos est couvert de divers tubercules, et renferme trois tentacules. La bouche possède une petite trompe. Ces animaux sont hermaphrodites et vivent dans toutes les contrées du globe.

**DORMANTS** (Les sept). On appelle les *sept dormants* sept martyrs d'Éphèse qui, après avoir confessé Jésus-Christ devant le tribunal du proconsul sous le règne de l'empereur Dèce (250), furent enfermés dans une caverne voisine d'Éphèse. D'après la légende, ces enfants tombèrent dans un profond sommeil, qui dura cent quatre-vingt-sept ans. A cette époque, des esclaves ayant ouvert l'entrée de la caverne, le soleil y laissa pénétrer ses rayons, et les sept enfants se réveillèrent. Les sept dormants moururent peu de temps après. Les Grecs en font mémoire le 4 août et le 22 octobre. On a placé le lieu d'une légende semblable à Tours et en Allemagne. La vérité de ces légendes a toujours été contestée. On a donné le nom de dormants à des hérétiques du XIIIe siècle qui couchaient pêle-mêle et sans distinction.

**DORONIC**, genre de plantes herbacées de la famille des corymbifères ou des synanthérées, aux fleurs radiées, grandes, d'un beau jaune, s'épanouissant en avril. Ces plantes habitent les Alpes, la France et les Pyrénées. Le *doronic à feuilles en cœur*, ou *mort aux panthères*, a été regardé autrefois comme une panacée universelle. Sa tige monte à deux mètres; elle est garnie de feuilles en cœur, d'un vert jaune, douces au toucher. Les fleurs sont grandes et solitaires.

**DOROTHÉE** (Sainte), vierge et martyre en Cappadoce, n'ayant pu être forcée à adorer les idoles, fut mise entre les mains de deux femmes qui, après avoir été chrétiennes, avaient abjuré cette religion pour l'idolâtrie. Elle les ramena à la foi par la force de ses discours. Le magistrat de Césarée lui fit brûler vives en présence de Dorothée. Il fit battre la sainte à coups de verges, l'étendre sur un chevalet, lui fit brûler les côtés avec des torches ardentes, et la condamna à perdre la tête. On célèbre sa fête le 6 février.

**DORPAT** ou **Derpt**, autrefois *Dourief*, ville de la Livonie fondée par les Russes en 1030. Elle tomba au pouvoir des chevaliers porte-glaives, puis à celui des Polonais, et devint la capitale du Palatinat. Elle fut quelque temps ville des hanséatiques. Détruite en 1707, elle a été rebâtie. Sa population est de 8,000 âmes, et elle possède une université fondée en 1632, et rétablie en 1803.

**DORSAL**. On nomme ainsi, en anatomie, ce qui a rapport ou appartient au dos. Le *muscle grand dorsal* est aplati, large, quadrilatère, placé sur la région postérieure, latérale et inférieure du tronc. Il s'attache aux vertèbres dorsales, à celles des lombes, aux côtes abdominales, et se termine à l'humérus. Ce muscle porte le bras en arrière en l'abaissant, et tire en arrière et en bas le moignon de l'épaule. Le *muscle long dorsal* est situé à la partie postérieure du corps, et remplit les cavités ou gouttières vertébrales. Il maintient la colonne vertébrale dans sa rectitude, peut la redresser et même la renverser en arrière. On dit la *région dorsale* des pieds, des mains, etc.

**DORSALE**, nom donné par les ichthyologistes à la nageoire située sur le dos des poissons. Elle est simple dans les anguilles, nulle dans les gymnotes, double dans les saumons, triple dans les morues, etc. Elle règne le long du dos dans les coryphènes, est échancrée dans les perches, n'occupe que le milieu du dos dans la carpe. La dorsale est une membrane soutenue par des rayons plus ou moins forts et nombreux.

**DORSET**, comté d'Angleterre, sur la Manche, entre ceux de Kent, de Wilts, de Sommerset et de Devon. Sa superficie est d'environ 1,100 lieues carrées, sa population de 128,000 habitants. Le sol est léger, le climat doux et propre à la culture du blé et du lin. Il produit des fruits, des bêtes à cornes et à laine et des poissons. Sa capitale est *Dorchester*.

**DORSET**, famille célèbre d'Angleterre. — Thomas Sackville, comte de Dorset, grand trésorier d'Angleterre, né en 1536. Il fut envoyé ambassadeur vers Charles IX en 1571, et vers les Provinces-Unies en 1587. Nommé chevalier de l'ordre de la Jarretière en 1589, et chancelier de l'université d'Oxford en 1591, il mourut en 1608. — Charles, de la même famille, né en 1637, se trouva aux campagnes livrées entre les Anglais et les Hollandais, et s'occupa dans la suite des belles-lettres. Devenu membre du conseil privé du prince d'Orange, il mourut en 1706. — Charles Dorset, né en 1716, prit le titre de lord Germaine. En 1773, le roi d'Angleterre le créa ministre des colonies. Il mourut en 1785.

**DORSIBRANCHES**, nom que G. Cuvier donne au deuxième ordre de la classe des annélides, renfermant les *aréricoles*, les *amphinomes*, les *eunices*, les *néréides*, les *alciopes*, les *lombrinères*, les *aphrodites*, etc. Il lui donne pour caractères d'avoir sur la partie moyenne du corps ou le long de ses côtés, des branchies en forme de tubercules dans lesquels les vaisseaux se ramifient. Ces animaux sont marins.

**DORSO** (Caïus Fabius), romain qui, lorsque Rome était au pouvoir des Gaulois, sortit du Capitole pour aller offrir un sacrifice sur le mont Quirinal. Il traversa les postes ennemis sans témoigner la moindre frayeur, revêtu des habits sacerdotaux, et portant les statues des dieux sur ses épaules. Après avoir achevé le sacrifice, il reprit le chemin du Capitole. Les Gaulois, étonnés de sa hardiesse, le laissèrent passer librement.

**DORSTÉNIE**, genre de plantes de la famille des urticées, originaire de l'Amérique. L'espèce la plus connue est la *dorstenie à feuilles de berce*, plus connue sous le nom de contrayerva, dont la racine a été vantée pour le traitement des fièvres adynamiques. Cette racine, d'un rouge brun à l'extérieur, blanche à l'intérieur, a, dans l'état de siccité, une saveur très-aromatique, un peu astringente, et d'une odeur approchant de celle du figuier. Réduite en poudre, elle produit de grands effets, mais on lui préfère le quinquina.

**DORTOIR**, galerie divisée en plusieurs cellules où les religieux habitaient et dormaient. C'étaient aussi de grandes salles communes, où il y avait plusieurs lits éloignés les uns des autres de quelques pieds, où les religieux couchaient. On retrouve encore les *dortoirs* dans les communautés, les hôpitaux et les pensions.

DORURE ou DORAGE, art qui consiste à couvrir d'or une surface quelconque, à lui donner le poli ou le brillant qu'exige la pièce que l'on dore. L'on applique l'or sur le bois, le plâtre, le carton, le cuir et les métaux. Pour *dorer à l'huile*, on emploie l'*or-couleur*. C'est le reste des couleurs broyées et détrempées à l'huile, qui se trouvent dans le vase où les peintres nettoient leurs pinceaux. Cette substance est grasse et gluante. Après l'avoir passée à travers un linge fin, elle sert de fond pour appliquer l'or en feuilles. Cette dorure sert pour les dômes, les balcons, les meubles, etc. Pour *dorer en détrempe*, il faut couvrir les pièces que l'on dore de couches de blanc d'Espagne, mettre une teinture jaune sur ce blanc, puis un mélange de bol d'Arménie, de sanguine et de mine de plomb, puis dorer et vermillonner. Pour *dorer sur bronze*, on fait un amalgame d'or et de mercure, et on le fixe sur le bronze par la chaleur. Le *bruni* se fait en frottant la pièce avec des brunissoirs d'hématite; on *mate* en chauffant la pièce et la couvrant d'un mélange de sel marin, alun, nitrate de potasse, etc. On *dore* encore *au feu* et *au froid*. La dorure *sur livres* se fait en mettant une espèce de colle sur les livres et plaçant des feuilles d'or.

DORUS (myth.), fils d'Hellen ou, selon d'autres, de Deucalion, quitta la Phthiotide, où régnait son père, et vint fonder une colonie au pied du mont Ossa. La contrée où il s'établit fut appelée DORIDE et ses habitants DORIENS.

DORYPHORE, nom des soldats de la milice grecque armés de lances. Ces doryphores formaient la garde des souverains. Il y avait en Perse un corps de troupes nommées *doryphores*, qui formait une masse de 15,000 hommes et qui jouissait de plusieurs privilèges. — On donne ce nom à un genre de coléoptères dont la tête est large, les yeux obliques et oblongs, les antennes dilatées, le corselet transversal, l'écusson très-petit, le corps arrondi. Ces insectes habitent l'Amérique méridionale.

DOS, partie postérieure du tronc, étendue depuis la partie inférieure de la tête jusqu'au point où commencent les extrémités inférieures. On dit aussi le *dos* de la main, du pied, du nez, etc., pour désigner la face supérieure de ces parties.

DOSA (Georges), paysan de la Transylvanie, fut couronné roi de Hongrie en 1513 par les paysans de ce royaume, lorsqu'ils prirent les armes contre la noblesse et le clergé. Dosa se rendit coupable de plusieurs actes de barbarie. Fait prisonnier par Jean, waivode de Transylvanie, il fut assis sur un trône de fer rouge, une couronne sur la tête et un sceptre ardent à la main. On lui ouvrit les veines, puis on le fit déchirer par des hommes rendus affamés par une longue privation d'aliments et ensuite écarteler.

DOSE, nom donné, 1º à la quantité de chaque substance qui doit faire partie d'un médicament composé; 2º à la quantité d'un médicament que le malade doit prendre en une seule fois.

DOSITHÉE, magicien de Samarie, eut Sadoc pour disciple, et fut le fondateur de la secte des Sadducéens. Dosithée fut le premier hérésiarque et se fit passer pour le Messie. Il avait à sa suite trente disciples, observait la circoncision et jeûnait beaucoup. Les dosithéens faisaient profession d'une grande austérité et de chasteté. Dosithée se retira dans une caverne pour persuader qu'il était monté au ciel, et y mourut de faim. La secte des dosithéens subsista jusqu'au vIe siècle.

DOSSERET, petit mur en saillie sur un autre, ou sorte de pilastre appliqué sur un mur et servant de support à l'embrasure d'une porte ou d'une fenêtre, et à la naissance d'un arc-doubleau.

DOSSI ou DOSSO, nom de deux peintres célèbres, nés à Dosso près de Ferrare vers la fin du xve siècle. JEAN-BAPTISTE fut grand paysagiste. Son frère N...., Dossi, élève de Laurent Costa, fut employé par les ducs Alphonse et Hercule de Ferrare.

Les deux frères partagèrent les bienfaits de ces princes et les critiques de leurs ennemis. N. Dossi mourut en 1560. La galerie de Dresde renferme sept tableaux de ces peintres. Les plus fameux sont, *Saint Bernard de Sienne et les quatre docteurs de l'Église*, *Judith et Holopherne*, la *Justice*, *Diane*, etc.

DOSSIER. En termes de pratique, ce mot désigne plusieurs pièces ou procédures attachées sous un même cote ou étiquette. L'origine de ce mot vient d'une feuille de papier qui sert d'enveloppe aux actes de procédure qui se rapportent à une même affaire. Cette feuille se nomme aussi *dossier*.

DOSSIÈRE, partie du harnais des chevaux de brancard, qui consiste dans une bande de cuir fort large, laquelle passe sur la selle du cheval, et dont l'usage est de soutenir toujours les brancards à la même hauteur.

DOT. C'est en général tout ce que la femme apporte à son époux en mariage, et, d'après la loi, ce que la femme apporte au mari pour supporter les charges du mariage. La femme n'en conserve que la propriété pendant la vie de son mari, qui en perçoit les fruits. Il en doit faire restitution après la dissolution du mariage ou la séparation des biens. La loi ne fait pas aux père et mère une obligation de doter leurs enfants. La dot ne peut être augmentée pendant le mariage. Chez presque tous les peuples anciens, les Juifs, les Grecs, les Francs, etc., c'était le mari qui constituait une dot à sa femme. Justinien et Charlemagne ordonnèrent aux parents de doter leurs filles.

DOT ou DOTATION RELIGIEUSE était l'argent qu'une fille donnait pour être religieuse dans un monastère, et qui devait être employé à sa nourriture et à son entretien. Ces dotations sont permises pourvu qu'elles soient libres ou volontaires; mais elles sont défendues lorsqu'on les exige pour le vêture ou la *profession*. — On nomme encore DOTATION, 1º le don fait à un établissement pour supporter les charges qu'exige sa destination; 2º la masse des meubles et des immeubles qui forment la liste civile, et qui est déterminée par une loi au commencement de chaque règne sous le nom de *dotation de la couronne*; 3º le douaire de la reine survivante en cas de décès du roi, et les pensions accordées aux fils du roi; 4º les biens de l'ancien *domaine extraordinaire*, avec lesquels on récompensait les services civils et militaires. Cette institution a commencé et s'est terminée avec l'empire.

DOUAI, autrefois *Duacum*, ville forte, chef-lieu d'arrondissement du Nord, à 8 lieues un quart de Lille. Population, 18,793 habitants. Elle fut bâtie au viie siècle. Après avoir appartenu au comte de Flandre, elle passa au pouvoir des Français en 1312. Avant la révolution, elle était le siège du parlement de Flandre (1714) et d'une université érigée en 1562. Aujourd'hui Douai renferme une école d'artillerie, un arsenal, une fonderie de canons, une belle citadelle, une cour royale, un tribunal de première instance et un de commerce, une académie universitaire, un collège royal de deuxième classe et une école normale. La bibliothèque publique est de 28,000 volumes.

DOUAIRE, ce que la loi accordait à la femme veuve sur les biens de son mari défunt pour sa subsistance. Elle en jouissait pendant sa vie, et le laissait en mourant à ses enfants. Le *douaire préfix* ou *conventionnel* dépendait de la volonté et de la convention des parties. Le *douaire coutumier* était celui qui était établi et réglé par une coutume sans aucune convention des parties. — On nomme encore DOUAIRE la pension attribuée à la veuve du roi défunt constituée régente, et les pensions annuelles accordées à l'héritier de la couronne ou aux fils puînés du roi.

DOUANE, lieu où l'on est obligé de porter les marchandises pour acquitter certains droits imposés sur chaque article de commerce qui entre dans une ville. — Il se dit des *droits* qui se payent aux bureaux de la douane. On nomme *douaniers* ceux qui sont préposés pour visiter les marchandises que l'on porte à la douane et pour recevoir les droits qui sont dus. Le but des douanes est de protéger l'industrie et le commerce d'un pays contre la concurrence étrangère. La perception des droits de douanes est placée dans les attributions d'une administration dépendante du ministère des finances, et régie par un directeur et quatre sous-directeurs. Il y a vingt-sept directions de douanes en France. La douane s'oppose à la contrebande, et s'empare des marchandises prohibées. Son origine est peu connue, on la rapporte généralement à Colbert.

DOUARE, espèce de village des Maures, formé par des tentes disposées en cercle, dont le milieu sert de parc pour renfermer leurs troupeaux pendant la nuit.

DOUBLA ou DOUBLE, monnaie d'argent de l'ancien royaume d'Alger et du royaume de Tunis. Elle vaut environ 2 francs 95 centimes de notre monnaie. Le *double* vaut 50 *aspres*.

DOUBLAGE, enveloppe en bois ou en cuivre, qu'on met sur le franc-bord des vaisseaux qui doivent naviguer dans les mers chaudes. L'objet principal du *doublage* est de les garantir de la piqûre des vers. Les navires du commerce des mers d'Afrique et les Indes sont doublés avec des planches de sapin de six à dix lignes d'épaisseur; ce doublage dure peu; le doublage en cuivre est maintenant le plus usité. On le connaît en France depuis 1778. — Davy a proposé de doubler les navires, partie en zinc, partie en cuivre.

DOUBLE, ancienne monnaie de France, de cuivre ou de billon. Elle valait 2 deniers, et commença d'être en usage vers 1461. — Plusieurs pièces étrangères portent ce nom. Le *double aigle* des États-Unis vaut 55 francs 21 centimes ou 10 dollars. Le *double fanon* du Mogol vaut 63 centimes. Le *double roupie* de Perse vaut 4 francs 90 centimes. La *double neuve pistole* de la Sardaigne vaut 80 francs. Le *double auguste* de Saxe vaut 41 francs 49 centimes. La *doppia* de Gênes (double) vaut 2 pistoles d'or. La *dobra* portugaise vaut 11 francs 70 centimes.

DOUBLE (div. accept.). Une quantité est *double* d'un autre lorsqu'elle la contient deux fois; elle est *sous-double* lorsqu'elle en est la moitié. — On dit que le calice d'une plante est *double* lorsqu'il est entouré d'une sorte d'involucre (bruyère). Une *fleur double* est celle qui renferme plusieurs corolles les unes dans les autres, dont les pétales sont beaucoup plus nombreux que dans l'état naturel. Le *périanthe double* est celui qui est composé d'un calice et d'une corolle. — Les jurisconsultes nomment *double écrit* un acte sous signatures privées, dont il y a une copie exactement semblable à l'original. Le *double emploi* est l'action d'employer deux fois une même somme dans un compte en recette ou en dépense. — En musique, on donnait ce nom autrefois aux variations d'un thème. C'est aussi le nom des chanteurs qui remplacent les premiers acteurs dans leurs rôles sur les théâtres. On nomme *double dièse* ou *double bémol* un signe qui élève la note dièsée ou baisse la note bémolisée d'un demi-ton. La *double croche* est une figure de note dont la durée est d'un seizième de la ronde. Il en faut seize pour une mesure à quatre temps. La *double corde* est la manière de jouer deux cordes à la fois sur le violon, la basse et l'alto.

DOUBLE (FIÈVRE), fièvre intermittente dont les accès deviennent deux fois aussi nombreux qu'ils l'étaient dans un temps donné. Ces accès se renouvellent deux fois en deux jours dans la *fièvre tierce*; de trois en trois dans la *fièvre quarte*. On nomme *fièvre doublée* une fièvre intermittente dont les accès, après avoir été uniques, se répètent deux fois dans le même jour.

DOUBLÉ, nom ancien donné à l'art de

couvrir toute la surface du fer, de l'acier, du cuivre, d'une plaque d'or ou d'argent plus ou moins épaisse. On nomme cet art PLAQUÉ. — Le *rapport doublé* de deux quantités est le rapport de leurs carrés. Le *rapport sous-doublé* est celui de leurs racines carrées.

DOUBLET, nom donné aux pierres fausses formées de deux pièces ajustées par une surface plane, et dont l'inférieure est un verre coloré taillé à facettes, et la supérieure est de cristal de roche ou de topaze incolore.

DOUBLETTE, jeu d'orgue aigu, à bouche, qui sonne l'octave du *prestant*, et dont le tuyau le plus long n'a qu'un pied de long.

DOUBLEUR, instrument inventé en Angleterre, qui sert à faire connaître l'état particulier d'un volume d'air donné, comme celui d'une chambre. Il indique l'espèce d'électricité positive ou négative. On a reconnu avec le *doubleur* que l'électricité d'un air vicié était négative, et qu'elle devenait positive à mesure que la pureté de l'air augmentée. — Dans les ateliers des plaqueurs, on nomme ainsi ceux qui fixent une plaque de métal précieux sur la surface d'un métal plus commun.

DOUBLIS, terme de couvreur, rang de tuiles qui s'accrochent au cours des lattes, c'est-à-dire au madrier refendu diagonalement d'une arête à l'autre, qui sert à former les égouts pendants.

DOUBLON, monnaie d'or d'Espagne. Depuis 1497, époque à laquelle ils furent frappés pour la première fois, jusqu'en 1786, les doublons valurent 21 francs 64 centimes de notre monnaie. Aujourd'hui il y en a de plusieurs espèces. La *pistole* ou *doublon* de 8 écus d'or (1772 à 1786) vaut 83 francs 93 centimes ; la *pistole* ou *doublon* de 4 écus vaut 41 francs 96 centimes 50 centièmes. La *pistole* ou *doublon* de 2 écus vaut 20 francs 98 centimes 25 centièmes ; la *demi-pistole* ou écu vaut 10 francs 49 centimes 12 centièmes. — Voici la valeur des mêmes monnaies depuis 1786. La *pistole* ou *doublon* de 8 écus d'or vaut 81 francs 81 centimes 16 centièmes ; la *pistole* ou *doublon* de 4 écus, 40 francs 75 centimes 58 centièmes ; la *pistole* ou *doublon* de 2 écus, 20 francs 37 centimes 75 centièmes ; la *demi-pistole* ou écu, 10 francs 18 centimes 87 centièmes. La première de ces monnaies est dite *à ocho*, et la deuxième *à cuatro*. Il a aussi des doublons de 50 pistoles, et qui valent 100 écus d'or.

DOUBLURE, étoffe dont une autre étoffe est doublée. — On donne aussi ce nom sur les théâtres aux acteurs qui remplacent les principaux acteurs. — Dans la fabrication des armes, c'est un défaut important qui vient d'une soudure manquée. — En termes d'orfévrerie, c'est un défaut qui provient de la fonte des métaux.

DOUBS, rivière de France, autrefois le *Dubis*. Elle prend sa source dans le département auquel elle donne son nom, à la base du Rixon, montagne du Jura, et sort de terre à 932 mètres au-dessus du niveau de la mer. Son cours est rapide et coupé par de fréquentes cascades. Il est d'environ 68 lieues. Le Doubs n'est navigable qu'en certains endroits. Il se jette dans la Saône à Verdun.

DOUBS, département formé de l'ancien comté de Montbéliard et d'une partie de la Franche-Comté, et borné au N, par les départements de la Haute-Saône et du Haut-Rhin, à l'E. et au S. par la Suisse, à l'O. par les départements du Jura et de la Haute-Saône. Il tire son nom de la principale rivière qui l'arrose. Sa superficie est de 519,223 hectares, sa population de 297,000 habitants. Il nommait cinq députés, et est divisé en quatre arrondissements : *Besançon* (chef-lieu), *Pontarlier*, *Baume-les-Dames* et *Montbéliard*. Il est compris dans la sixième division militaire, et dans le ressort de la cour d'appel, de l'académie et du diocèse de Besançon. On y remarque le saut du Doubs, plusieurs petits lacs, de belles grottes, des sources jaillissantes, la forteresse de Joux, qui défend l'entrée de la France. Le Doubs produit des vins et des céréales. Il produit annuellement 10,000 hectolitres de bière, 2,500,000 hectolitres de fromages façon gruyère. L'agriculture y est assez négligée. Son commerce consiste dans la vente de fers forgés, fils de fer, tôles laminées, fers-blancs, des chevaux, des fromages dont le produit s'élève à 1,050,000 francs, et 280,000 kilogrammes de beurre, dont le produit s'élève à 260,000 fr. L'horlogerie y occupe 2,000 ouvriers, et Besançon livre annuellement 60,000 montres, etc.

DOUC, espèce de singe asiatique du genre *semnopithèque*. Cet animal, originaire de la Cochinchine, est remarquable par sa taille, qui s'élève à trois pieds et demi, et son pelage noir sur le corps, le dessus de la tête et les bras, roux sur les jambes, et blanc à la gorge, aux fesses, à la queue et à l'avant-bras.

DOUCE-AMÈRE, plante médicinale. Nom vulgaire de la MORELLE.

DOUCETTE, nom vulgaire donné en France au prismatocarpe miroir de Vénus, et à la valérianelle ou mâche dont on fait des salades.

DOUCHE, espèce de bain qui consiste à laisser tomber un certain volume d'eau ordinaire ou minérale, chaude ou froide, avec une force déterminée, sur une partie du corps. En général, les douches sont toniques ou sédatives. Elles sont usitées dans les engorgements froids, dans les douleurs rhumatismales, les roideurs des articulations, etc., etc. La douche est *ascendante* quand la colonne d'eau est projetée de bas en haut, *descendante* quand le contraire a lieu, *latérale* quand elle est lancée de côté.

DOUCI ou DOUCHI, mot usité pour désigner l'opération par laquelle on prépare les glaces à recevoir le poli. Le *douci* est une espèce d'intermédiaire entre le corps *brut* et le corps *poli*.

DOUCIN, espèce de sauvageon de pommier, faible et petit, qu'on multiplie par marcotte pour y greffer des pommiers qu'on veut conserver à basses tiges. Il rapporte des fruits dès la deuxième ou troisième année. On en fait un fréquent usage dans les jardins.

DOUCINE, terme d'architecture, moulure à deux mouvements contraires, celui du haut concave, et l'autre convexe, qui termine ordinairement les corniches. On la nomme aussi *cymaise* et *gueule droite*. — Rabot qui sert aux menuisiers à faire des moulures.

DOUELLE, terme d'architecture, la partie courbe d'une voûte ou la partie cintrée d'un voussoir. Le côté convexe se nomme *douelle intérieure*, et le côté concave *douelle extérieure*. On la nomme aussi *intrados*.

DOUGADOS (LE P. VENANCE), né en 1764 près de Carcassonne. Il se fit capucin, et se fit connaître par ses talents poétiques. Il parvint à obtenir sa sécularisation. Une princesse polonaise le prit pour son secrétaire et le conduisit à Gênes avec elle. Rentré en France au commencement de la révolution, il fut d'abord professeur d'éloquence à Perpignan. Son imagination ardente le fit enrôler dans un bataillon de volontaires, et il parvint au grade d'adjudant général. Ayant voulu protéger la fuite des girondins, il fut traduit à la barre révolutionnaire, et condamné à mort en 1794. Dougados a laissé des *poésies légères*.

DOUGLAS, petite ville maritime d'Écosse dans le comté de Lanarck, à 12 lieues d'Édimbourg. — Petite ville d'Angleterre, capitale de l'île de Man, située sur la côte orientale de cette île. Elle a un bon port.

DOUGLAS, famille d'Écosse célèbre par sa puissance et sa rivalité avec celle des Stuarts. Le chef de cette famille fut WILLIAM, qui vivait dans le XIVᵉ siècle. Robert Bruce, roi d'Écosse, n'ayant pu accomplir le vœu qu'il avait fait de s'armer contre les infidèles, ordonna à Douglas de porter son cœur en Palestine, et de le présenter au saint sépulcre. Mais il mourut en chemin. C'est depuis cette époque que les Douglas portèrent dans leurs armoiries un cœur sanglant, avec la devise *Douglas ! Douglas ! tendre et fidèle !* Cette famille héroïque, qui avait disputé le trône aux Stuarts dès l'avénement de leur dynastie, était alliée depuis combattre les Anglais en France, et avait acquis le titre de *comtes de Touraine*. Après les guerres de France, les Douglas luttèrent avec plus de violence contre les rois d'Écosse. Sous Jacques II, WILLIAM DOUGLAS, attiré par le chancelier Crichton au château d'Édimbourg, y fut mis à mort (1440). Un autre WILLIAM fut tué par ce même prince en 1452. Son frère JACQUES marcha contre le roi avec 40,000 hommes, et le força de fuir dans le nord. Abandonné des siens, il passa lui-même en Angleterre. Les *comtes d'Angus*, branche de la maison des Douglas, ne furent pas moins redoutables aux rois.

DOUILLE, partie creuse d'un instrument, tel que la pique, la bêche, etc., destinée à recevoir un manche. — Les distillateurs nomment ainsi un petit tuyau soudé sur le côté de ses appareils, et qui leur permet d'introduire un liquide sans enlever le couvercle des alambics, etc.

DOULEUR, sensation pénible causée par un mal physique ou moral. Les principales causes de la douleur physique sont, 1° une altération dans le tissu des organes ; 2° le contact des corps étrangers. Les nerfs transmettent la douleur au cerveau qui la perçoit. Les effets de la douleur sont de troubler les fonctions de l'organe qu'elle occupe, et d'y augmenter l'afflux des liquides, de produire des désordres sympathiques dans les organes voisins et le dérangement des fonctions. La douleur *tensive* consiste dans un sentiment de distension. La *gravative* est accompagnée d'un sentiment de pesanteur. La *pulsative* est accompagnée de pulsations isochrones à celles du cœur. La *lancinante* est caractérisée par des élancements passagers. La *contusive* est semblable à celle qui succède à la contusion. La *brûlante* est semblable à la sensation produite par le contact d'un corps en ignition. La *prurigineuse* consiste dans le démangeaison de la partie affectée. La *pongitive* est semblable à la sensation produite par l'introduction d'un instrument aigu.

DOULLENS. Voy. DOURLENS.

DOURDAN, près de la forêt de ce nom, chef-lieu de canton de Seine-et-Oise, à 7 lieues trois quarts de Rambouillet. Population, 2,555 habitants. Cette ville, située dans l'ancien territoire des Carnutes, appartenait à Hugues Capet lors de son avénement au trône. C'était alors une ville très-forte. Dourdan commerce en blé, laines et draps. Elle a un tribunal de commerce.

DOURLACH, ville du grand-duché de Bade, à 12 lieues de Stuttgard, capitale du cercle de Murg-et-Pfing ou Pfintz-et-Entz. On lui donne environ 5,000 habitants. Dourlach eut au moyen âge ses margraves particuliers. Elle fut incendiée par les Français en 1689. On y bâtit monnaie, et il y a des fabriques de faïence.

DOURLENS ou DOULLENS, chef-lieu d'arrondissement de la Somme, à 7 lieues et demie d'Amiens. Population, 3,703 habitants. Cette ville, qui existait du temps de César, tomba au moyen âge au pouvoir des comtes de Vermandois, puis des comtes de Ponthieu. Dourlens a une citadelle qui compte parmi les places fortes, un tribunal de première instance, et commerce en grains, lin, chanvre, toiles et bestiaux.

DOUSA (Janus), ou VAN DER DOES, seigneur de Norwich, né dans cette ville en 1543. Ayant été nommé gouverneur de Leyde, il défendit cette ville contre les Espagnols en 1574. Janus, à la fois poète et guerrier, fut nommé en 1575, premier curateur de l'université de Leyde. Son érudition lui mérita le nom de *Varron de*

Hollande On a de lui les *Annales de la Hollande*, en vers et en prose, des *notes* sur des écrivains latins, des *poëmes*, etc. Janus mourut en 1604.

DOUVE ou **Distome**, genre de vers intestinaux de l'ordre des parenchymateux. Leur corps est mou, aplati ou cylindrique, d'une consistance molle, élastique, de couleurs variées, ayant deux suçoirs. Ce ver, propre aux voies biliaires, a été observé chez le bœuf et le mouton. Chez l'homme, une seule espèce a été observée dans le parenchyme du foie. — On nomme aussi *douve* deux espèces de renoncules, toutes deux vénéneuses, et qui croissent dans les marais.

DOUVES ou **Douelles**. En termes de tonnelier, ce sont des petites planches en bois de chêne, plus longues que larges, minces et courbées. On fabrique par leur assemblage, avec des cercles en fer ou en bois, des tonneaux, des barriques, des tonnes, etc. Les *douves à oreilles* sont deux douves qui, dans les tinettes, sont plus longues que les autres, et sont percées chacune d'un trou rond, de manière qu'en passant un bâton par ces trous, deux personnes peuvent porter la tinette ; dans le midi, ces tinettes ont réellement des *oreilles* pour les transporter. On les nomme *comportes*. Le bois qui sert à faire les *douves se nomme douvain*. — En termes de relieur, c'est une planche qui sert à ratisser les peaux de veau.

DOUVRE (Thomas **de**), trésorier de l'église de Bayeux, en suivit la ville, fut fait évêque d'Yorck par Guillaume le Conquérant, roi d'Angleterre. Il fit rebâtir l'église cathédrale, instruisit le peuple par ses écrits, et mourut en 1100. Il avait composé quelques *Livres sur le chant ecclésiastique*. — Thomas de Douvre, neveu du précédent, fut archevêque d'Yorck en 1108, et mourut en 1114.

DOUVRES ou **Doven**, ville maritime d'Angleterre, au comté de Kent, à 23 lieues de Londres, 75 N.-O de Paris. C'est la ville la plus voisine de France, et le passage le plus fréquenté pour aller de ce pays en Angleterre. Population, 9,190 habitants. Elle a un château fortifié. — Ville d'Amérique dans l'État de Delaware, à 30 lieues de Washington. Cette ville est le siège du gouvernement de l'État.

DOUZIÈME (mus.), octave de la quinte, intervalle de 11 degrés conjoints. Telle est la distance de *ut à sol* de l'octave supérieure.

DOW (Gérard), né à Leyde en 1613, étudia la peinture sous le célèbre Rembrandt. Ses figures ont beaucoup d'expression, son coloris a de la fraîcheur et de la grâce. Il aimait à reproduire les plus petites parties des objets qu'il représentait. Ses plus beaux travaux sont *la Femme hydropique*, un *Vieillard et sa femme lisant la Bible*, *une Femme jouant avec un chat*, etc.

DOWEN ou **Down**, comté d'Irlande, au S. de celui d'Amtrim. Sa superficie est de 386 lieues carrées, sa population de 350,000 habitants. La capitale est *Downpatrick*, à 23 lieues de Dublin. Elle envoie deux députés au parlement. Le Dowen est assez fertile, et produit du bétail, de l'orge; on y fabrique des toiles, de la mousseline et des eaux-de-vie en abondance.

DOXOLOGIE ou **Glorification**, nom donné au verset *Gloria Patri*, etc., que l'on récite à la fin de chaque psaume, et par lequel on rend gloire à la sainte Trinité. Les Grecs distinguent deux doxologies : la grande qui est notre *Gloria in excelsis*, et la petite qui est le *Gloria Patri*.

DOYAT ou **Doyac** (Jean **de**), né à Doyat en Auvergne. Capitaine et gouverneur de la ville de Cusset en 1479, il rendit un grand nombre de services à Louis XI pendant sa guerre en Bourgogne. En 1480, il fut nommé par ce roi, avec Jean Lovis, commissaire pour informer contre les officiers du duc de Bourbon accusés de violation des droits du roi. Nommé conseiller et chambellan du roi, et gouverneur d'Auvergne, il présida en 1481, en Auvergne, l'assemblée des états. Après la mort de Louis XI (1483), le duc de Bourbon le fit horriblement mutiler, s'empara de tous ses biens, et le fit exiler. Charles VIII réhabilita Jean de Doyat, et lui donna de grands emplois dans les guerres d'Italie.

DOYEN, du latin *decanus* (voy. Decan), nom donné par les Romains au commandant de dix soldats. Dans l'ancienne Église grecque, c'était un officier laïque sans caractère sacerdotal. Dans les premiers siècles du christianisme, les *doyens* étaient des espèces d'huissiers chargés de la décoration et du cérémonial des églises. Leur chef, nommé aussi *doyen*, assignait aux prêtres leur rang, leurs droits, leurs revenus, etc. Dans les monastères, le doyen était un supérieur établi par l'abbé, et qui régissait dix moines ; il y avait des *doyennes* semblables dans les couvents des filles; dans les diocèses, les *doyens ruraux* étaient des sortes de grands vicaires qui inspectaient les curés de campagne et leur portaient les mandements de l'évêque. Dans les églises cathédrales, c'était le premier dignitaire et le président-né du chapitre. Dans les universités et les facultés de médecine, on nomme *doyen* un membre placé au-dessus des autres. En général, le *doyen d'âge* est celui qui est le plus âgé de sa compagnie ; le *doyen d'ancienneté* est celui qui est le plus ancien dans l'ordre de réception.

DOYEN (Charles-François), né à Paris en 1726, étudia la peinture sous Carle Vanloo. Il obtint le prix de Rome en 1748, et voyagea en Italie en 1752. Il fut reçu à son retour (1758) à l'académie de peinture. A l'époque de la révolution, il passa en Russie et y fut reçu avec distinction par Catherine II et Paul Ier. Il mourut en 1806. Ses principaux tableaux sont la *Peste des ardents*, la *Mort de Virginie*, le *Combat de Diomède et d'Énée*.

DOYEN (**Théâtre**), spectacle de société fondé à Paris par un menuisier nommé Doyen, vers 1789, dans la rue Notre-Dame de Nazareth. En 1791, il céda sa salle de spectacle à une entreprise ; mais, après la chute de cette administration, Doyen reprit son théâtre, qui prospéra sous sa gestion et qui produisit plusieurs acteurs et chanteurs, entre autres Picard. Il transporta son théâtre rue Transnonain vers 1815, et mourut en 1831. Son théâtre existe encore, et conserve son ancienne destination.

DOYENNÉ, première dignité dans les églises cathédrales et collégiales. Ceux qui n'avaient pas charge d'âmes pouvaient être acquis à vingt-deux ans; dans le cas contraire, à vingt-quatre ans. — Les *doyennés* étaient aussi des subdivisions des archidiaconats de parties diocèses. — On donne ce nom à une espèce de poire qu'on nomme encore *Saint-Michel, poire de neige*, etc.

DRACHME ou **Dragme**, unité de poids et de monnaie chez les Grecs. La drachme monnaie était en argent, et valait à peu près 90 centimes. Elle se divisait en 6 oboles. La *didrachme* valait 2 drachmes; la *tétradrachme* valait 4 drachmes. — La drachme poids valait 1 gros 7 grains, ou 4,196 grammes. — En médecine, on nomme ainsi la huitième partie d'une *once*.

DRACOCÉPHALE, genre de plantes herbacées de la famille des labiées. Ces plantes sont ornées de feuilles opposées, entières, de fleurs bleues ou violacées, séparées ou réunies en épis. Le nom de ces plantes vient de l'irrégularité de leur corolle, dont l'orifice enflé offre une certaine ressemblance avec la tête du saurien appelé *dragon*. Les dracocéphales moldaviques ou *mélisses de Moldavie* sont très-réputées en médecine. L'infusion théiforme de leurs feuilles est recommandée dans les maladies de langueur et les affections spasmodiques. On fait un ratafia avec leurs fleurs.

DRACON, législateur d'Athènes l'an 624 avant J.-C. Ayant été nommé archonte, il fit pour la réforme des Athéniens des lois qui respiraient une sévérité cruelle. L'assassin et l'homme oisif étaient également punis de mort. La rigueur de ses lois les fit négliger, et Solon les abolit presque toutes. Dracon jouissait d'une grande popularité. L'on dit qu'il fut étouffé au théâtre sous le poids des tuniques, des robes et des manteaux que les Athéniens lui jetèrent de tous côtés pour témoigner leur respect, coutume usitée à cette époque.

DRACONTE, genre de la famille des aroïdées, renfermant des plantes herbacées et exotiques, aux feuilles simples, aux fleurs sans corolle, au fruit en baie ronde, polysperme. Les Américains portent sur eux un fragment du *draconte à feuilles percées*, qui jouit de la réputation de préserver de la morsure des serpents. Le *draconte épineux* de Ceylan a des racines d'où on retire une fécule alimentaire très-utile. Le *draconte pinnatifide* de Cayenne et du Japon a des racines âcres, purgatives, emménagogues.

DRAGAGE, opération qui consiste à conserver dans les ports, les bassins, canaux, etc., une profondeur d'eau convenable pour les besoins auxquels on les a consacrés, et à enlever les vases, sables et dépôts qui peuvent encombrer leur fond. Le procédé le plus simple est l'emploi des dragues (voy.) à la main. On a inventé plusieurs machines pour faire le dragage en peu de temps. On nomme *machines à curer* celles qui sont mues à bras d'homme, et *machines à draguer* celles qui sont mues par la vapeur.

DRAGÉE, amande, pistache, etc., morceaux d'écorces ou de racines odoriférantes, et en général toute espèce de fruit recouvert de sucre pur cristallisé ou d'une pâte sucrée blanche, rouge, bleue, violette, jaune, etc. — On donne ce nom à du plomb fondu à l'eau ou coulé au moule, en grains plus ou moins gros, dont un charge les armes à feu pour la chasse. — On nomme *dragées de Tivoli* des globules calcaires à couches concentriques, blanchâtres et de la forme d'une amande. On les trouve dans les bains de Tivoli, près de Rome.

DRAGEOIR, nom que les horlogers donnent à un filet formé à l'extérieur d'un cercle ou à une rainure faite dans l'intérieur d'un cercle. La figure de ce filet ou de cette rainure sert à faire tenir ensemble deux pièces, comme les deux parties d'une tabatière sans charnière tiennent ensemble.

DRAGEONS, bourgeons ou jeunes tiges qui s'élèvent des racines de certains arbres, arbrisseaux, et de certaines plantes. On les en sépare lorsqu'ils ont acquis assez de force, et on les transplante pour former de nouveaux pieds. L'arbre qui est dépouillé des drageons prospère mieux. Les arbres nés de drageons ne pivotent jamais, et donnent plus promptement du fruit que ceux qui proviennent de semences. On appelle *drageonner* l'opération qui consiste à couper la racine qui porte le drageon et à la planter avec le drageon. Les arbres à bois mou et à racines traçantes produisent plus de drageons que les autres.

DRAGON (hist. nat.), petit reptile ressemblant au lézard. Son corps est couvert d'écailles, sa tête pyramidale, quadrangulaire, sa queue est grêle et allongée. Sous sa mâchoire inférieure est un fanon étroit, triangulaire. Les dragons sont remarquables par la présence de deux expansions membraneuses sur les côtés des *corps*, formées par la peau des flancs et qui soutiennent les six premières fausses côtes. Ces ailes leur permettent de s'élever dans les airs. Les dragons sont inoffensifs et vivent d'insectes.

DRAGON (fable), espèce de monstre à qui la fable donne des griffes, des ailes et une queue de serpent. Ces dragons étaient consacrés à la garde des choses précieuses. Leur tête était hérissée de longues crêtes, leur gueule lançait la flamme et le feu. Tous les peuples, même les Juifs, ont cru aux dragons. Dès les premiers siècles de son institution, le christianisme a ajouté

57

foi aux dragons. Saint Romain (628) délivra, dit-on , Rouen d'un dragon monstrueux. Le moyen âge prêta à ces monstres idéaux des formes plus fantastiques : il en fit la monture et les coursiers des fées. Plusieurs légendes ont conservé la mémoire de plusieurs dragons fameux. A Metz, à Tarascon, à Rouen, à.Poitiers, on fait encore des processions en l'honneur de la mort de ces monstres. — La Bible nomme *dragon* le diable ou *Satan*.

DRAGON. En astronomie, on nomme *tête* et *queue du dragon* les nœuds ou les points d'intersection de l'orbite de la lune avec l'écliptique. Le nœud ascendant se marque Ω ; le nœud descendant se marque ☋. — Constellation boréale composée de quarante-neuf étoiles.

DRAGON RENVERSÉ , ordre de chevalerie institué en 1418 par l'empereur Sigismond au sujet de la défaite des hussites. Les chevaliers portaient une croix fleurdelisée de vert, un manteau écarlate et un mantelet de soie verte. Ils avaient une chaîne d'or, au bout de laquelle pendait un dragon renversé. Cet ordre brilla en Allemagne et en Italie.

DRAGON VOLANT, ancienne pièce de canon qui portait quarante livres de balles. Elle n'est plus en usage.

DRAGONNADES, persécutions ou expéditions faites sous le règne de Louis XIV pour exterminer les calvinistes ou les forcer à embrasser la religion catholique. Ce nom vient de ce qu'on employait des *dragons* à cette expédition. Ces dragonnades remontent à 1685. Louvois, Boufflers, de Noailles dirigèrent ces massacres. Louis XIV les encouragea en révoquant l'édit de Nantes. Les dragonnades cessèrent sous le règne de Louis XV.

DRAGONNE, nom sous lequel on a réuni plusieurs reptiles, dont le genre *dragone* est le type. La *dragonne* habite les lieux humides de la Guyane, et sert de nourriture. Les autres espèces vivent au Brésil, et se nomment *crocodilures*. — Ornement en or ou en soie, qui se met à la poignée d'un sabre ou d'une épée.—C'est aussi une batterie de tambour, particulière aux dragons.

DRAGONNEAUX ( *vers de Guinée* ), vers aquatiques et entozoaires, cylindriques, filiformes, d'une grosseur à peu près uniforme, variant de celle d'un fil assez ténu jusqu'à celle d'une ficelle, d'une longueur variant de quelques pouces à plusieurs mètres. Son siège ordinaire est le tissu cellulaire sous-tégumentaire des jambes et des cuisses ; on l'a quelquefois rencontré aux bras, au cou, au tronc et même sous la langue. — On a donné aussi ce nom à une espèce de vers minces, arrondis, et longs de cinq à six pouces, que l'on trouve dans les eaux douces. Ils sont ovipares.

DRAGONNIER, genre de végétaux de la famille des asparaginées, habitant l'Inde, la Chine, l'Amérique. Le tronc du dragonnier est un stipe creux et ligneux. Il se fourche en plusieurs rameaux formés d'articulations nombreuses, et couronnés d'une touffe de cinq à vingt feuilles. Le *dragonnier gigantesque* est un arbre des Canaries. Il en découle un suc gommeux, sec, friable, inflammable, de couleur rouge foncé. Les peintres chinois l'emploient dans leur vernis rouge. On se sert de ce suc, nommé *sang de dragon*, pour dessécher les ulcères, cicatriser les plaies, etc.

DRAGONS, milice française, instituée sous Henri II (1554) par le maréchal de Brissac. Les dragons prirent d'abord le nom d'arquebusiers à cheval, parce qu'ils portaient cette arme. Ils furent enregistrés en compagnies par Henri IV. Les dragons combattaient à pied et à cheval. Ils furent d'abord destinés à harceler l'ennemi et se répandre en tirailleurs sur les ailes de l'armée, à l'escorte des bagages, aux passages des rivières et des défilés. Les dragons font aujourd'hui partie de la cavalerie de ligne. On en compte en France douze régiments. Leurs armes sont un sabre presque droit, des pistolets, un fusil. Leur uniforme est un habit vert à parements roses, jonquilles, garances ou cramoisis, un casque en cuivre, à crinière flottante. La taille exigée est de cinq pieds trois pouces. Les régiments se divisent chacun en cinq escadrons. Ils forment ensemble un total de 9,464 hommes.

DRAGUE, grande pelle de fer, emmanchée d'une longue perche, dont les bords sont relevés par trois côtés, et qui est percée au bout de plusieurs trous. On s'en sert pour creuser les puits et pour le *draguage* des ports, bassins, etc. — En termes de marine, c'est un gros cordage qui sert à ramener une ancre tombée au fond de la mer ou à arrêter le recul des pièces d'artillerie. — C'est aussi un filet garni d'une large lame de fer, dont on se sert pour prendre des poissons plats, des huîtres, des moules, etc. — *Draguer*, c'est lancer ou traîner une drague.

DRAGUIGNAN, chef-lieu du département du Var, à 222 lieues de Paris. — Population, 9,804 habitants. — Cette ville est située dans un bassin riche et fertile en vignobles. Draguignan renferme un jardin botanique, une bibliothèque publique de 7,500 volumes, un cabinet de médailles, d'histoire naturelle, une société d'agriculture et de commerce, un collège, un tribunal de commerce et de première instance, etc.

DRAGUT-RAÏS, né de parents obscurs dans la Natolie, d'abord domestique d'un corsaire, devint ensuite favori du célèbre Barberousse et son successeur, et se signala sur les côtes du royaume de Naples et de la Calabre. Fait prisonnier en 1550 par Jeannetin Doria, neveu d'André Doria, il recommença bientôt ses pirateries. Il échappa au célèbre André Doria lui-même par un moyen connu de l'antiquité, en faisant glisser ses galères dans la mer. Dragut s'empara de Palerme et de Tripoli. Il mourut au siège de Malte en 1565.

DRAILLE (mar.), cordage passant au-dessus des capelages des mâts, et tendu dans la direction des étais. C'est sur des drailles ou des étais qui en tiennent lieu qu'on hisse les principaux focs et les moyennes voiles d'étai.

DRAISIENNES, petites voitures composées de trois roues, deux derrière liées par un essieu, l'autre devant. Les draisiennes possèdent un mécanisme par lequel un seul homme placé sur un siège fait tourner les roues et marcher la voiture. La roue de devant sert à diriger le mouvement et à faire prendre à la voiture une direction quelconque.

DRAKE ( Francis ), marin célèbre, né dans le comté de Kent, en Angleterre. Après s'être livré au commerce, il se fit pirate, et fit beaucoup de tort aux Espagnols. En 1573, il passa dans le Darien, et endommagea le commerce d'Espagne. En 1577, par l'ordre d'Elisabeth, il pilla le Pérou, le Chili, les Philippines, détruisit plusieurs établissements espagnols, et rentra dans sa patrie en 1580. Il arma de nouveau (1585), et s'empara de plusieurs places dans les Canaries, les îles du Cap-Vert, Saint-Domingue, etc. Créé vice-amiral d'Angleterre, il coula quatre cents navires espagnols, et provoqua l'établissement de la célèbre compagnie des Indes. En 1588, il participa à la destruction de l'*Armada*, ravagea (1589) les côtes de la Péninsule, parcourut en ennemi (1591) l'Amérique, et mourut en 1596. Il a laissé des *Voyages autour du monde*.

DRAKENSTEIN, village d'Afrique, à 15 lieues du cap de Bonne-Espérance, chef-lieu d'un pays habité par une colonie de réfugiés français. Il produit du vin, des fruits, des grains, etc.

DRAME, pièce de théâtre, en prose et en vers, et représentation d'une action le plus souvent tragique. Les opéras prennent le nom de *drames lyriques*.

DRANCE, rivière de Suisse, qui a sa source dans le grand Saint-Bernard, et se jette dans le Rhône près Martigny (Valais ).

DRANSÈS (myth.), favori du roi Latinus, célèbre par son éloquence et sa lâcheté. Il combattait sans cesse tous les plans que Turnus proposait contre les Troyens. Quelques auteurs ont cru que Virgile avait eu le dessein de peindre Cicéron sous le nom de ce personnage dans son *Enéide*.

DRAP, étoffe de laine seule ou de laine mélangée. On donne plus particulièrement ce nom à une étoffe non croisée et faite toute de laine. Les étoffes de laine sont les plus propres à fournir aux hommes leurs vêtements, par leur souplesse, leur force, leur légèreté, leur durée ; par la propriété qu'a la laine d'absorber les vapeurs aqueuses qui s'exhalent du corps humain, de conserver la chaleur, de prendre et de retenir toute espèce de couleur. Tous les peuples civilisés, anciens et modernes, des régions froides et tempérées, ont fait usage des vêtements de laine. — Après les diverses préparations de la laine ou le tissage, on foule ensuite le drap résultant de ce tissage, on le lave et on le dégraisse. Les autres apprêts sont le lainage, le tondage, le ramage ou mise à la rame, le couchage des poils du drap, etc. Sedan et Louviers sont au premier rang pour la production des draps superfins. Beaumont-le-Roger lutte pour la perfection avec Louviers ; Elbeuf, Castres, etc., viennent ensuite.

DRAP MORTUAIRE, pièce de velours noir dont on couvre la bière ou le cénotaphe à l'office des morts. — *Drap* signifie aussi *étoffe*. Ainsi l'on dit drap d'or, etc.

DRAP MARIN, couche épidermoïque qui recouvre la surface extérieure de plusieurs coquilles marines bivalves. Plusieurs coquilles du genre *cône* portent ce nom.

DRAPEAU, signe ou enseigne militaire sous laquelle les soldats s'assemblent pour combattre et pour les exercices militaires. Tous les peuples ont eu des drapeaux (voy. ENSEIGNES) et des emblèmes particuliers. Le drapeau des Francs a varié souvent. Les bannières des Francs portaient divers emblèmes ; celles des Ripuaires avaient une épée, celles des Saliens et des Sicambres une tête de bœuf. En 498, le drapeau des Francs fut une chape bleue à l'image de saint Martin. Chaque seigneur eut son drapeau particulier. Sous Louis VI, on vit paraître l'*oriflamme*. Sous Philippe Auguste, le drapeau était *blanc, couvert de lis d'or*; sous Charles VI, bleu, avec une croix blanche ; sous les autres rois, blanc. Depuis Louis XIII, le drapeau servit à l'infanterie, les étendards à la cavalerie. Auparavant chaque corps avait eu son drapeau. A la révolution, le drapeau devint tricolore ; il fut surmonté d'un aigle sous l'empire. Devenu blanc à la restauration, il reprit les trois couleurs en 1830. Les drapeaux sont surmontés du coq gaulois. Le drapeau est déposé chez le commandant du corps ou un officier pour garde.

DRAPEAU. On nomme ainsi, dans les papeteries, les débris de vieille toile et de chiffons que les chiffonniers ramassent, et dont on se sert pour la fabrication du papier. — En termes de batteur d'or, c'est un petit morceau de drap entre lequel on fait passer l'or battu.

DRAPEAU (SERMENT DU), usage antique qui consiste à prêter serment aux enseignes. Ce serment se faisait en présence des augures chez les Romains. Les nations chrétiennes firent bénir, au moyen âge, leurs drapeaux par les évêques, en présence de toute l'armée. Aujourd'hui les drapeaux sont bénis dans l'église métropolitaine du lieu où le régiment tient garnison. Après la bénédiction, le drapeau est amené devant le front du corps auquel il est destiné ; alors le général avec l'intendant militaire en fait la remise solennelle et fait prêter serment aux troupes de le défendre.

DRAPERIE. Sous la dénomination de *draperie* ou d'*étoffes drapées* ou lainées, on comprend tous les draps unis ou croisés, les casimirs, les cuirs de laine, les flanelles, les molletons, et en général les étoffes à chaîne et trame de laine, dont le tissu est recouvert d'un duvet plus ou moins fin. C'est une des sources les plus fécondes de notre prospérité manufacturière. On évalue à 238 millions de francs la valeur totale des produits annuels qu'elle livre au commerce. — Ce mot désigne aussi le commerce de draps. — Dans les beaux-arts, il désigne les étoffes que l'artiste représente dans ses compositions, soit dans l'habillement des figures, soit pour faire connaître les usages et les costumes, etc.

DRASSE, genre de l'ordre des pulmonaires, famille des aranéides, ayant pour caractères des mâchoires arquées au côté extérieur, la lèvre allongée et ovale, huit yeux, les jambes et les tarses armées de piquants. Ces aranéides se trouvent sous les pierres, dans les fentes des murs, l'intérieur des feuilles, et s'y fabriquent des cellules d'une soie très-blanche. Elles vivent en Europe.

DRASTIQUES, nom donné aux médicaments fortement purgatifs et d'une grande énergie. Tels sont l'extrait d'élatérium, la résine de jalap, la coloquinte, etc. Administrés à de fortes doses, les drastiques peuvent causer l'empoisonnement.

DRAVE, Drau ou Draw, autrefois le *Dravus*, rivière d'Autriche, qui prend sa source au val Püster et se jette dans le Danube. Elle est navigable dans Villach. Son cours est de 106 lieues. Elle charrie du sable d'or.

DRAVE, genre de la famille des crucifères, renfermant des plantes vivaces ou annuelles, couvertes de poils mous et veloutés, souvent assemblées en touffes courtes et serrées, tantôt allongées et solitaires. Leur aspect est élégant et gracieux. Le genre *drave* renferme cinq sections: les *aizopsis*, les *chrysodraba*, les *leucodraba*, les *holarges* et les *drabella*.

DRAYURES, rognures de cuir tanné, qui ont été enlevées par la *drayoire* ou *couteau à revers*, dans laquelle la peau du côté de la chair. Les corroyeurs se servent de ces rognures pour essayer les cuirs crépis.

DRAWBACK, mot anglais usité dans le commerce pour exprimer la remise ou la restitution, à la sortie d'une ville, de la taxe perçue sur certaines marchandises lors de leur entrée. Ainsi, si l'on paye un droit à l'entrée d'une ville, pour un objet qui doit sortir de cette ville, à la sortie on restitue l'argent que l'on a donné pour le droit imposé.

DREBEL (Corneille), philosophe alchimiste, né en Hollande en 1572, mort en 1634. Il trouva le premier le secret de teindre en écarlate. Quelques-uns lui ont attribué l'invention du télescope, du microscope et du thermomètre. Il a laissé un *Traité sur la nature des éléments*.

DRÈCHE, nom donné au grain germé que l'on a réduit en farine pour l'employer à la fabrication de la bière et des liqueurs alcooliques. Le marc de la drèche peut servir d'engrais aux terres ou à engraisser les bœufs, les vaches, les porcs et les chevaux.

DRÉMOTHÉRIUM, nom donné par M. Geoffroy à un nouveau genre de mammifères fossiles dont on ne connaît qu'une espèce. C'est un ruminant très-voisin des chevrotains, dépourvu de bois et de longues dents canines à la mâchoire supérieure. On a trouvé les débris de ce mammifère dans le département de l'Allier.

DRENTHE, province du royaume de Hollande, entre la Frise, le Hanovre, Groningue et l'Over-Yssel. Sa superficie est de 38 milles géog. carrés, et sa population de 46,500 habitants. C'est un pays uni, marécageux, fertile en pâturages, tourbe, bêtes à cornes et à laine. La capitale est Assen, à 15 lieues de Leuwarden.

DRÉPANE, aujourd'hui *Trapani*, ville de Sicile, au pied du mont Éryx, ainsi nommée parce qu'elle avait à peu près la forme d'une faux (en grec, *drepanon*). Anchyse y mourut et y fut enterré. Les Romains furent vaincus par Adherbal près de cette ville (249 avant J.-C.).

DRESDE, capitale de la Saxe, sur l'Elbe, à 30 lieues de Prague, 220 lieues de Paris. Population, 70,900 âmes. Dresde possède une école de médecine et de chirurgie, une académie de peinture et d'architecture, des écoles militaires, une galerie de tableaux, des bibliothèques et des jardins botaniques. Elle commerce en draps, chapeaux de paille, bougies, gants de peau, instruments de musique, orfévrerie, mousseline, papier de tenture, etc. Napoléon en fit en 1813 le centre de ses opérations militaires. Le 26 août 1813 Gouvion-Saint-Cyr défendit avec 20,000 hommes cette ville contre le prince de Schwartzenberg, commandant 190,000 Autrichiens. Napoléon, avec les divisions Ney, Mortier, Murat, remporta le jour même et le 27, une grande victoire contre les alliés. Les Français n'avaient que 65,000 hommes.

DRESSÉ se dit, en botanique, des tiges, rameaux, etc., qui s'élèvent perpendiculairement à l'horizon. Une feuille est *dressée* lorsque sa direction approche de celle de la tige qui la porte.

DRESSOIR, armoire qui n'a ni dessus, ni dessous, ni porte. Il sert à placer la vaisselle et autres objets dont on se sert dans la cuisine. Ce meuble ornait jadis les salons, et les dames y plaçaient leurs joyaux et leur vaisselle d'or ou d'argent. Les comtesses et grandes dames avaient des dressoirs à trois gradins, les fermes de chevaliers à deux gradins, les autres sans gradin. Ce meuble ne se trouve plus que dans les campagnes.

DREUX, chef-lieu d'arrondissement du département d'Eure-et-Loir, à 8 lieues de Chartres. Population, 6,249 habitants. Fondé par les *Durocasses*, il reçut le nom de ce peuple. Avant l'an 900, Dreux était le siège d'un comté réuni à la couronne en 1031. En 1137 Louis le Jeune le donna en apanage à Robert Ier, son frère. Cédé à Charles V en 1377, il fut donné en apanage au sire d'Albret (1382) et au duc d'Orléans (1407). Érigé en duché-pairie en 1580, puis redevenu comté, il échut à plusieurs familles, et en dernier lieu à celle d'Orléans. Dreux a un tribunal de commerce et de première instance, des écoles de dessin linéaire, etc. — Le 19 décembre 1562, le prince de Condé y fut vaincu et fait prisonnier par le connétable de Montmorency, commandant les troupes royales.

DREUX DU RADIER (Jean-François), avocat, né à Châteauneuf en 1714, occupa l'office de lieutenant civil et criminel dans cette ville, et l'abandonna pour se livrer à l'étude des belles-lettres. Historien, poëte, traducteur et journaliste, il composa un grand nombre d'ouvrages. Dreux mourut en 1780. Ses principales productions sont les *Anecdotes des rois et des reines de France*, l'*Europe illustre*, etc.

DREVET, famille de graveurs célèbres. —Pierre, né à Lyon (1664), mort en 1749, se distingua dans la gravure des portraits par la pureté de son burin. Son fils Pierre Drevet, né à Paris en 1697, mort en 1739, se distingua par ses traits délicats et moelleux. Ses principaux ouvrages sont le *portrait de Bossuet* et plusieurs *gravures* d'après les tableaux de Rigand, Boullongne, etc.

DRIADÉES, nom d'une section de la famille des rosacées. Elle renferme les bénoites, les fraisiers, etc. Elle a pour type le genre *driade*, qui renferme de petites plantes vivaces naissant sur les Alpes.

DRIFF ou Pierre de Butler, nom d'une préparation alchimique à laquelle on attribuait des vertus merveilleuses. On la regardait comme propre à détruire les venins; elle était composée d'*usnea* (mousse formée que la tête des morts), de sel marin, de vitriol et de colle de poisson.

DRILL, espèce de singe du genre cynocéphale, qui se distingue du *mandrill* (voy.) par sa face entièrement noire, sans aucune apparence de bleu, et les parties inférieures qui sont d'une nuance plus foncée. — Instrument qui sert à la fois de charrue et de semoir, et qui est tiré par des chevaux.

DRILLE, espèce de porte-foret usité dans plusieurs arts industriels pour percer le bois et les métaux. — On donne le nom de drilles ou narquois à des soldats qui mendiaient l'épée à la main, et faisaient partie de la société des *gueux* ou *bélîtres*, qui se réunissaient dans les *cours des miracles*.

DRIN, rivière de la Turquie d'Europe, qui a sa source près des frontières de l'Albanie, et son embouchure dans le golfe de Drin. Son cours est de 32 lieues. — Autre rivière de la Turquie, qui a sa source dans les Alpes Dinariques, et se jette dans la Save. Son cours est de 65 lieues.

DROGHEDA, grande ville d'Irlande, dans le comté de Louth, à une lieue de Dublin. Elle a un port sur la Boyne. C'est près de cette ville que se livra en 1690 une célèbre bataille entre le prince d'Orange et Jacques II.

DROGMAN ou Dragoman, nom qu'on donne aux interprètes chez les Orientaux, et aux hommes qui, sachant plusieurs langues, font métier de servir d'interprètes entre les étrangers et les habitants des pays du Levant. Il y a à Constantinople l'emploi du premier drogman, interprète diplomatique entre l'empire ottoman et les autres nations.

DROGUE, nom donné aux médicaments simples, et par extension à toute substance employée dans la guérison des maladies. On nomme *droguiste* le marchand qui fait le commerce en gros des épices et des drogues simples qui s'emploient dans les aliments, la médecine et les arts. Tels sont les acides minéraux, les alcalis, les aluns, les couperoses, etc. Ce commerce prend le nom de droguerie. Elle se divise, 1° en *droguerie médicinale*, comprenant toutes les substances employées dans l'art de guérir; 2° *droguerie-teinture*, comprenant des substances employées dans l'art de la teinture; 3° l'*épicerie-droguerie*, comprenant les denrées coloniales, les épiceries fines, etc.

DROIT (accept. div.), ce qui ne fléchit ou ne s'incline d'aucun côté. La *ligne droite* est celle dont toutes les parties infiniment petites ont une seule et même direction. L'*angle droit* est celui qui est formé par une ligne perpendiculaire sur une autre, et qui ne s'incline d'aucun côté. Le *cône droit* est le solide formé par la révolution d'un triangle rectangle autour d'un de ses côtés. Le *sinus droit* est la moitié d'un arc double de celui qui mesure un angle. — La *sphère droite* est celle où l'équateur coupe l'horizon à angles droits. —En termes d'anatomie, *droit* se dit de plusieurs muscles à cause de leur direction parallèle au plan que l'on imagine diviser le corps humain en deux parties égales. — En botanique, ce mot se dit de tout ce qui n'a dans sa longueur ni courbure ni inflexion.

DROIT, ce qui est conforme à une juste règle de conduite, et réunion des lois qui doivent servir de règles. Ce mot se prend aussi pour la jurisprudence ou science des lois, et pour la faculté de faire ou d'exiger une chose. Le droit naturel est celui que Dieu a gravé dans nos cœurs, et qui nous montre ce qui est bon ou mauvais. Le droit positif ou social est celui qui est établi par la libre volonté des législateurs. Tous les peuples ont eu leur droit ou jurisprudence particulière. Le plus ancien recueil de lois est le *droit romain* ou code de Justinien. On distingue le *droit civil*, *commercial*, etc. Voy.

DROIT ADMINISTRATIF, branche du droit public qui renferme l'ensemble des règles régissant les rapports de l'administration avec les administrés. En reconnaissant des droits, la loi impose certaines règles, des limites, des conditions à l'administration; ce sont ces règles, ces conditions qui constituent le *droit administratif*.

DROIT ALLEMAND, ensemble des lois auxquelles obéissaient tous les peuples d'origine germanique. Ce sont, 1° avant

Charlemagne, les lois des Visigoths (466-484), des Francs Saliens (ve siècle), des Bourguignons (517), des Francs Ripuaires (511-534), des Allemands (613-638); 2° après Charlemagne, les *Capitulaires* (voy.), le *Sachsenspiegel* ou *Miroir du droit saxon* (1280), le *Schwabenspiegel* ou *Miroir du droit souabe* (1300), le *droit jutlandais*, etc. Le droit allemand fit place ensuite au droit romain. — On nomme aujourd'hui *droit allemand* le droit particulier à l'Allemagne.

DROIT ANCIEN, ensemble des lois qui ont cessé d'être observées, qui sont tombées en désuétude ou qui ont été remplacées par les lois nouvelles, formant le *droit moderne* qui se rapporte à toutes les lois en vigueur de nos jours. Nous ne connaissons qu'à peine le droit des anciens peuples. La Bible nous a transmis les lois confiées par Dieu à Moïse; nous possédons un grand nombre de lois grecques de Dracon et de Solon. Le droit romain se composa d'abord de la *loi des douze tables*, des *lois royales* ou *code de Papinien*. Le droit romain nouveau commence à Justinien. Il se composa des Novelles, du Code, du Digeste. Une partie de ces lois eut cours jusqu'en 1779. Au moyen âge, le droit se divise en trois périodes, la première comprend les lois des peuples germaniques, la deuxième les *Capitulaires*, la troisième les *coutumes* ou *droit coutumier*.

DROIT CIVIL, ensemble des lois propres à une nation, qu'un peuple s'est données. Chaque peuple a eu son droit particulier. Le *droit civil français* se composait autrefois du *droit romain* et du *droit coutumier*. Pris dans une acception moins générale, ce mot s'entend des lois qui règlent les matières civiles ou les intérêts respectifs des particuliers entre eux, relativement à leurs personnes, leurs biens et leurs conventions. Le droit civil fait l'objet du *Code civil*. Il ne faut pas le confondre avec les *droits civils*.

DROIT COMMERCIAL ou MARCHAND, ensemble des lois qui s'occupent de régler les intérêts réciproques des citoyens relativement au négoce, qu'ils peuvent faire entre eux. Ce droit s'étend à tous les hommes. Les premiers codes commerciaux ont été faits à Marseille et en Hollande au XIᵉ siècle. Les ordonnances des rois apportèrent une nouvelle législation. Il fut permis à toute personne d'exercer un négoce quelconque (1791). Le *Code de commerce* a pour objet le droit commercial.

DROIT CONSTITUTIONNEL, celui qui règle l'organisation intérieure et l'exercice des pouvoirs de la souveraineté. Au moyen âge, le droit est résumé dans les privilèges, les chartes et les concessions accordées par les rois et les seigneurs aux villes libres et aux communes ou municipalités. Aujourd'hui il est fondé sur les diverses constitutions accordées par les rois. Les actes fondamentaux qui régissent le droit constitutionnel de la Grande-Bretagne sont la *grande charte* (1215), le *bill des droits* (1688) et le *bill de réforme* (1832); de la France, la constitution impériale de 1852; de l'Allemagne, le *pacte fédéral* (1815); de la Suisse, le pacte fédéral (1815); de la Suède, la *constitution* de 1809; du Portugal, celle de 1826; de la Belgique, celle de 1831; de l'Espagne, la constitution des cortès (1812-1821), et l'*estatuto real* (1833-1837), etc., etc.

DROIT COUTUMIER, partie de la législation qui se rapporte aux usages locaux passés en force de loi. Il se composait de l'ensemble de toutes les règles suivies dans chaque localité. Au moyen âge, outre le droit civil et général, chaque pays avait son *droit particulier* ou *coutumier*. Ce droit traitait de plusieurs matières dont s'occupait aussi le droit romain; mais il traitait d'autres objets propres à lui seul, le douaire, la communauté, etc. De nos jours, l'usage ne peut déroger à la loi. Le droit coutumier n'était pas écrit. Aussi distingua-t-on le *pays de coutume* régi par ce droit (le Nord), et le *pays de droit écrit* (le Midi) régi par les lois romaines.

DROIT CRIMINEL, partie de la jurisprudence qui définit les infractions contre la paix et la tranquillité du pays et des habitants, en prescrit les peines et les châtiments, et qui s'occupe de la sûreté des personnes et des choses. En France, il se compose du Code d'instruction criminelle, du Code pénal et des lois particulières sur la presse, les forêts, les douanes, etc.

DROIT DIPLOMATIQUE ou DES GENS, partie du droit, laquelle comprend les rapports existant entre les nations par suite de contrats formels, ou réunion des stipulations faites par des nations pour garantir des intérêts généraux ou particuliers. Il renferme le droit commercial et maritime, et les dispositions du droit civil qui règlent les rapports avec les étrangers. Ce droit se réduit aux traités et conventions conclus entre plusieurs nations.

DROIT FÉODAL, ancienne branche de la jurisprudence, dont l'objet était de régler les relations des seigneurs et de leurs vassaux, au moyen âge. Ainsi on imposait l'obligation au vassal de rendre foi et hommage à son seigneur, etc. Ce droit fut détruit en 1789 avec la féodalité.

DROIT FRANÇAIS, ensemble des lois qui ont régi la France, et des diverses constitutions qu'elle a subies. Les Francs adoptèrent d'abord le *droit romain*, excepté le Code et les Novelles. A ces lois, les Saliens, les Ripuaires, les Bourguignons, etc., ajoutèrent leur législation particulière, et plus tard les Visigoths et les Normands. La législation propre à la France, ou droit français, se composa des *Capitulaires* (première et deuxième races), des *ordonnances*, *édits* des rois de la troisième race, et des *coutumes*. Aujourd'hui les cinq Codes constituent ce droit.

DROIT JUDICIAIRE, ensemble des lois qui régissent les formes de procédure et l'organisation de la justice. Dans l'ordre administratif, l'organisation judiciaire n'est pas bien arrêtée. Le droit judiciaire établit pour la connaissance des crimes les *cours d'assises*, les *tribunaux correctionnels* et les *tribunaux de police*.

DROIT MARITIME, collection de lois, règlements et usages suivis pour la navigation, le commerce sur mer et la relation des puissances maritimes en paix ou en guerre. Le *droit maritime privé* des Français est particulier à cette nation. Il est fondé sur les édits et ordonnances des anciens rois et des gouvernements qui se sont succédé. Le plus ancien est celui de François Iᵉʳ (1517). Les peuples anciens, entre autres les Rhodiens, avaient un code maritime. Dans les nations modernes, ce code fut très-incomplet jusqu'à Louis XIV (1680), qui rédigea une célèbre ordonnance sur la marine. Le *droit public maritime* est celui qui est commun à toutes les nations. Toutes ont le droit de naviguer dans les mers, telles que l'Océan, la Méditerranée, etc., excepté dans celles qui entourent un pays, telles que la mer Noire, la mer de Marmara, etc.

DROIT MILITAIRE, principes qui servent de base à la législation de l'armée. Cette législation est très-sévère et les peines très-fortes. Elles sont nécessaires pour maintenir une bonne discipline. L'accusé a une grande liberté pour choisir son défenseur et ses moyens de justification et de défense. La loi veut que sur sept juges il y ait une majorité de cinq votes pour la condamnation, et une minorité de trois pour l'absolution.

DROIT MODERNE, corrélatif du *droit ancien*, ensemble des diverses législations aujourd'hui en vigueur chez les différents peuples. Notre droit moderne se compose de toutes les lois approuvées depuis 1789. Ce droit renferme les codes en usage aujourd'hui.

DROIT MUNICIPAL, loi politique particulière aux subdivisions communales considérées comme constituant un corps particulier, et comme formant le premier élément du corps social tout entier. Les peuples de la Gaule jouissaient de ce droit avant César, et un sénat, des citoyens les plus distingués formait le conseil municipal; il délibérait sur les intérêts de la commune. Cette liberté fut conservée par César et par les deux premiers rois francs. Ces droits étaient établis par des lois. Dans chaque ville municipale ou qui choisissait ses propres magistrats, il y avait pour administrateurs un sénateur, un membre de la curie, un décemvir, les *principaux* et les défenseurs de la cité, etc. Ces magistrats se réunissaient dans des assemblées périodiques. Privées de ce droit par la féodalité, les villes en furent investies par Louis VI (1128), et prirent le nom de *communes*. L'administration municipale fut composée d'un conseil, de valets de ville, de crieurs, de syndics, etc. Cette administration fut conservée jusqu'en 1789.

DROIT PÉNAL. Voy. DROIT CRIMINEL.

DROIT POLITIQUE, partie de la jurisprudence qui règle la conditions de toute association d'hommes réunis en un peuple, et fait connaître les principes qui ont présidé à la constitution de chaque nation, suivant que les éléments dont elle se compose appartiennent au principe aristocratique, démocratique, ou au mélange de ces deux principes. Dans le droit politique rentrent le *droit administratif, criminel, judiciaire, maritime, militaire, municipal* et *religieux*.

DROIT RELIGIEUX, partie de la jurisprudence qui règle la célébration extérieure du culte, et qui traite des rapports de l'État et des citoyens avec la célébration de chaque culte en particulier. Toutes les nations anciennes et modernes ont connu ce droit. En France, il ne constitue pas un droit général, et se compose de la collection des règles particulières à toutes les sectes dont le culte est autorisé.

DROIT ROMAIN, recueil des lois romaines fait par les ordres de Justinien (voy.), et qui succéda aux *lois curiales* ou *papiriennes*, à la *loi des douze tables*, au *Code* des jurisconsultes Hermogène et Grégoire, et au *Code théodosien*. Ce recueil (527) se compose de quatre parties : les *Pandectes* (530) ou *Digeste*, renfermant toutes les décisions exactes des anciens jurisconsultes; les *Institutes* (533), abrégé du *Digeste*; le *Code* (534), réunion des édits et des constitutions des empereurs; les *Novelles* ou *Authentiques* (536-559), contenant diverses ordonnances particulières. Ce droit a été suivi dans toute l'Europe. On l'enseigne dans les écoles de droit, et on en fait une étude particulière en Allemagne.

DROIT COMMUN, nom donné au *droit général* par opposition au *droit particulier*.

DROIT D'AINESSE. Voy. AÎNESSE, MAJORATS.

DROIT DIVIN, nom donné à l'ensemble des livres saints qui constituent la loi divine, parce qu'ils renferment les paroles transmises par Dieu aux prophètes, et par ceux-ci aux hommes. Le dogme fondamental de la religion chrétienne est que Dieu a fait connaître lui-même sa volonté par la révélation. Aussi nomme-t-on *droit divin* tout ce qui est écrit dans les livres saints admis par les conciles et constituant la loi de Dieu; ce mot s'applique encore aux règles et préceptes regardés comme conséquences des règles et préceptes inscrits dans les livres saints. Une chose est de *droit divin* lorsqu'elle existe par l'effet d'une volonté formelle de Dieu.

DROIT ÉCRIT, corrélatif de *droit coutumier* ou *non écrit*. Ce terme est consacré pour désigner le droit romain. En effet, celui-là seul était écrit; et le *droit coutumier*, reposant sur de simples usages, n'était pas écrit et ne le fut que très tard. Voy. DROIT COUTUMIER.

DROIT ÉTROIT ou STRICT, ensemble des dispositions rigoureuses devant être appliquées d'après la lettre de la loi, et qui ne sont susceptibles d'aucune extension. Les lois pénales sont de *droit étroit*; le juge n'y peut pas suppléer, c'est au législateur de les prévoir. — Les Romains nommaient ainsi les contrats qui ne renfermaient qu'une obligation unilatérale, comme le prêt.

DROIT DU SEIGNEUR, sorte de droit féodal qui consistait en ce que le seigneur, lors du mariage de l'un de ses vassaux, passait la première nuit des noces avec la fiancée de ce vassal. Ce droit, contraire à la pureté des mœurs et à la chasteté, était aboli longtemps avant la révolution. Les communautés religieuses jouissaient souvent de ce droit en argent. On l'appelait *droit de cuissage* ou *de jambage*.

DROIT CANON. Voy. CANON (Droit).

DROITS CIVILS, nom donné aux actes que la loi civile peut seule autoriser. En général, les droits civils comprennent les droits civils proprement dits et les droits de famille, c'est-à-dire la tutelle, la curatelle, etc. Les autres se rapportent au droit d'établir domicile, de constituer une famille civile par le mariage, de succéder, etc. La loi détermine l'exercice de ces droits. Tout Français jouit des droits civils; l'exercice est indépendant de la qualité de citoyen. L'étranger qui a établi son domicile en France en jouit de tous les droits civils. La qualité de Français se perd par la naturalisation en pays étranger; elle se recouvre en rentrant en France avec l'autorisation du roi. L'étrangère épouse d'un Français suit la condition de son mari.

DROITS CIVIQUES, nom donné aux actes que la loi politique du pays peut seule concéder, régler et autoriser. Les principaux sont: les droits de cité et de bourgeoisie; le droit qu'ont les électeurs municipaux; choisis parmi les habitants de la commune, de nommer le conseil municipal de cette commune; le droit de prononcer sur les affaires criminelles comme jurés; de faire partie de l'armée active; d'arriver aux charges publiques; etc. La perte de la qualité de Français ou l'effet d'un jugement peuvent interdire l'exercice des droits civiques.

DROITS SUCCESSIFS, droits que l'on recueille à titre héréditaire dans une succession ouverte. Ils embrassent tous les biens qui composent l'hérédité, connus ou non. Les droits successifs peuvent être répudiés par l'héritier, qui se dépouille ainsi de ses charges.

DROITS (comm.), taxes que les gouvernements perçoivent sur les diverses espèces de marchandises à leur entrée dans les villes. L'ensemble de ces droits imposés dans un pays sur chaque article forme le *tarif*. Le corps chargé de l'exécution du tarif se nomme *douane*. Le *droit d'entrée* et de *sortie* s'établit tantôt d'après le poids, tantôt d'après la valeur de la marchandise introduite. Outre ces droits, il y a celui de ra *navigation*, celui de *tonnage*, celui d'*expédition*, celui de *congé* et celui qui atteint les marchandises renfermées dans un bâtiment. Le *droit de transit* est un droit payé sur une marchandise traversant un pays pour se rendre ailleurs; le *droit d'entrepôt* est un droit payé sur une marchandise placée dans nos ports pour être réexportée ensuite. — A Paris les bœufs payent par tête 24 francs d'entrée (un dixième); les vaches, 18 francs; les porcs, 10 francs; les vins en cercle, 18 francs 50 centimes l'hectolitre; les vins en bouteilles, 26 francs; l'huile d'olive, 40 francs; la houille, 30 centimes; les laines brutes, 15 francs (100 kilog.); l'alcool pur, 75 francs l'hectolitre; le sel, 5 centimes le kilogramme. Ces droits varient suivant les localités.

DROITS RÉUNIS, taxes imposées sur les vins, les cidres, la bière, les cartes, le tabac, les liqueurs spiritueuses, la poudre de chasse et le sel. Les droits réunis donnent annuellement au trésor public environ 180,000,000 de francs. Cette administration, appelée autrefois *aides et gabelles* (voy.), fut supprimée par la république, et rétablie par Napoléon.

DROMADAIRE, variété du chameau, dont il se distingue par son museau moins renflé, le sommet de sa tête moins élevé, son cou plus court et sa bosse unique arrondie. Son poil est doux, laineux, d'un gris presque blanc ou roussâtre. Le dromadaire est très-commun dans l'Arabie, l'Égypte, la Barbarie, le Sénégal, l'Asie et la Grèce. Il est plus vigoureux que le chameau et plus accoutumé aux privations. Il peut faire dix lieues par jour et porter jusqu'à douze cents livres. Dans les caravanes, des dromadaires portent les voyageurs. — Moïse avait mis cet animal au rang des animaux impurs.

DROMADAIRES DE GUERRE. Les anciens se servirent, dans leurs guerres, de dromadaires. Les soldats montés sur ces animaux formaient une milice particulière. Lors de l'expédition en Égypte, Bonaparte la renouvela, et cette cavalerie fit beaucoup de mal aux Bédouins et aux Arabes. Outre le cavalier, chaque dromadaire portait des vivres et des munitions. Accroupi sur le dos de sa monture, le soldat la guidait à l'aide d'un anneau de fer passé dans les narines de l'animal.

DROME, rivière de France, qui donne son nom à un département. Elle prend sa source à 4 lieues et demie au S.-E. de Die. Elle coule du S. au N., puis de l'E. à l'O., et se jette dans le Rhône. Son cours est de 110,000 mètres. Cette rivière n'est pas navigable.

DROME, département français, formé du bas Dauphiné, borné au N. par le département de l'Isère, à l'E. par ceux de l'Isère et des Hautes-Alpes, au S. par ceux des Basses-Alpes et de Vaucluse, à l'O. par celui de l'Ardèche. Sa superficie est de 653,553 hectares, et sa population de 327,000 habitants. Il se divise en quatre arrondissements: *Valence* (chef-lieu), *Die*, *Montélimart* et *Nyons*. On y remarque l'ancien château de Grignan, le mont Inaccessible, la belle vallée du Rhône, des coteaux de l'Ermitage, qui donnent d'excellents vins, etc. Il est compris dans la septième division militaire et dans le ressort de la cour d'appel et de l'académie de Grenoble, et du diocèse de Valence. La principale richesse du département consiste en vignobles, céréales, fromages et soie, dont on exporte 900,000 kilogrammes. La fabrication des grosses draperies, serges et ratines, occupe, avec la filature et le tirage de la soie, le premier rang dans l'industrie du département. Il y a des filatures de coton et de laine, des manufactures d'étoffes de soie, de toile peinte, des distilleries, des tanneries. La Drôme exporte beaucoup de truffes.

DROMIE, genre de crustacés de l'ordre des décapodes, famille des brachyures, ayant pour caractères les pieds propres à la course et à la préhension, au nombre de quatorze, les quatre derniers insérés sur le dos et terminés par un double crochet; un test ovoïde, court et presque globuleux, bombé, laineux ou très-velu. Ces crustacés vivent dans des lieux où la mer est peu profonde, et habitent les endroits où les rochers ne sont point cachés sous la vase. On en connaît plusieurs espèces.

DRONGE, sorte de milice ancienne, comparable à une chiliarchie. Le *dronguaire* ou chef de cette milice avait pour signe de sa puissance un bâton. Le dronge de la milice byzantine était un bataillon de 1,000 hommes au moins, de 2,000 au plus. Il était divisé en cinq bandes. Ce mot s'appliquait également aux divisions de l'infanterie et de la cavalerie.

DRONGO, genre de passereaux à bec denté, qui vivent en grande partie dans l'Inde. Ces oiseaux, dont les teintes sont noires et la queue fourchue, ont les narines cachées par de longues soies, et les tarses très-robustes, mais courts. Leur nourriture se compose principalement d'insectes, et plusieurs ont un ramage semblable à celui du rossignol. On en connaît treize ou quatorze espèces.

DRONTE de DODO, genre d'oiseaux très-communs jusqu'au XVIIe siècle dans les îles de France et de Bourbon, et qui paraissent aujourd'hui totalement détruits. Cet oiseau, de la grosseur d'une oie, avait sur la tête une sorte de capuchon. Son corps était peu garni de plumes; ses ailes n'avaient que quatre ou cinq pennes. Son corps était très-gros; au lieu de queue, il portait quelques plumes frisées. Ces animaux, incapables de nager et de voler, étaient lourds et ineptes.

DRONTHEIM, province de Norwége, le long de la côte, entre la province de Berghen, la mer et la Suède. Sa superficie est de 4,893 milles géographiques carrés, et sa population de 231,800 habitants. Elle se divise en quatre bailliages, *Drontheim*, *Romdals*, *Norland* et *Finmarck*. Le bailliage de Drontheim a 98,400 habitants. Sa capitale est *Drontheim*, à 108 lieues de Stockholm. Elle a un port protégé par plusieurs forts, et renferme 8,840 habitants. Elle a plusieurs établissements scientifiques et d'instruction. Elle commerce en cuivre, planches, poisson, beurre, suif, etc. Le roi de Suède, Charles-Jean Bernadotte, s'y est fait reconnaître en 1818.

DROSÉRACÉES, famille de plantes dicotylédonées, à corolle polypétale, renfermant des herbes annuelles ou vivaces, à feuilles pétiolées, alternes, souvent garnies de poils glanduleux. Le type de cette famille est la *drosère*.

DROSÈRE, genre de plantes dicotylédonées, type de la famille des droséracées, renfermant de petites herbes élégantes, humides ou spongieuses, et croissant dans les marais. Elles ont des fleurs blanches disposées en épis, et des feuilles alternes, quelquefois radicales et couvertes de poils glanduleux. Ces poils ont la même propriété que ceux qui couvrent les feuilles de la *dionée*. (Voy.) On compte trente-deux espèces de *drosères*.

DROUAIS. C'est le nom donné à un comté dont Dreux était la capitale. Voy. DREUX.

DROUAIS (Jean-Germain), né à Paris en 1763, descendant d'Hubert Drouais, peintre en portraits, mort en 1767. Élève de Brenet et de David, il concourut pour la première fois en 1783 au grand prix de Rome; mais peu content de son ouvrage il le déchira. L'année suivante il obtint le grand prix pour une *Chananéenne aux pieds de Jésus-Christ*, et partit pour Rome avec David. Il étudia Raphaël et l'antique, et peignit un *Gladiateur mourant*, le *Serment des Horaces*, *Marius à Minturnes*. Il mourut à vingt-cinq ans en 1788.

DROZ (Pierre JACQUET), habile mécanicien, né en 1721 dans le comté de Neufchâtel, mort en 1790, exécuta un automate célèbre; c'était *l'automate écrivain*, dans lequel les mouvements des articulations des mains et des doigts étaient sensibles à l'œil, et très-réguliers pour former des caractères agréables. Son dernier ouvrage fut une peinture astronomique. — HENRI-LOUIS JACQUET, né en 1752, fils du précédent, fit un automate dessinateur, un automate touchant du piano et deux mains artificielles qui exécutaient toute espèce de mouvements. Droz mourut en 1791.

DRUIDES, ministres de la religion et de la justice chez les Gaulois. Ils se divisaient en cinq classes: les *vacies* (sacrificateurs), les *saronides* chargés de l'instruction de la jeunesse, les *bardes* ou poètes, les *eubages* ou devins, et les *causidiques* chargés de l'administration de la justice. Leur institution remontait à une haute antiquité. Les druides concouraient à l'élection des chefs et des magistrats, et siégeaient dans l'assemblée générale de la nation. Ils jugeaient et appliquaient les récompenses et les peines. Ils étaient exempts de contributions, de service militaire, et habitaient le fond des forêts. Ils avaient un chef électif, et se réunissaient tous les ans près de Chartres. L'initiation à leurs mystères durait vingt ans. Les druides croyaient à l'éternité de la matière et de l'esprit, à la métempsycose, mais à un autre monde. Ils vénéraient *Teutatès* ou Mercure, *Tarannis* ou Jupiter, *Hesus* ou Mars, *Belenus* ou le soleil et le *gui*. Les druides avaient adopté les sacrifices humains. Leur doctrine fut abolie par les Romains.

DRUIDESSES, magiciennes et prophétesses affiliées à l'ordre des druides, mais sans en partager les prérogatives. Presque toujours elles se vouaient à une virginité perpétuelle. Quelquefois elles assistaient à des sacrifices nocturnes, toutes nues, le corps teint de noir, les cheveux en désordre, etc. La plupart habitaient des lieux sauvages. Le pouvoir des druidesses dura plus longtemps sur l'esprit des Gaulois que celui des druides. On les voit encore (sous les rois de la deuxième race), sous le nom de *fanœ* ou *fatuœ*, exercer un grand empire sur les Gaulois et sur les Francs. Le peuple les croyait immortelles et initiées à tous les secrets de la nature. Elles établissaient leur demeure dans les lieux secrets. Leur mémoire a longtemps subsisté sous le nom de *fées*.

DRUMMOND (William), Ecossais, né en 1585, mort en 1649, vint en France pour y étudier la littérature. Il publia une *Histoire d'Ecosse* depuis 1423 jusqu'en 1643. Cet historien était aussi poëte, et on a recueilli ses *vers* à Edimbourg en 1711.

DRUPACÉ, nom donné, en botanique, aux fruits ressemblants à un *drupe* par leur aspect et leur nature. Le fruit des *cycadées* est drupacé, ainsi que celui de l'*umari de la Jamaïque*. Ceux du premier sont composés d'un gland enfermé dans une cupule succulente à l'extérieur et ligneuse à l'intérieur ; ceux du deuxième sont organisés comme un légume, mais les valves sont ligneuses à l'intérieur ; succulentes à l'extérieur.

DRUPACÉES, nom donné par Linné (*Méthode naturelle des plantes*) à toutes les plantes qui ont des fruits à noyau, comme l'amandier, le prunier, etc.

DRUPE, fruit simple, charnu ou pulpeux, presque toujours succulent, et renfermant un seul noyau. Il est pulpeux dans le prunier, charnu dans l'abricotier, sec, cassant et coriace dans l'amandier et le noyer. Considéré dans sa forme, le *drupe* est arrondi dans le pêcher, ellipsoïde dans l'olivier. Les *drupes fausses-baies* sont ceux que l'on peut prendre, tantôt pour une baie, tantôt pour une capsule. Ils ressemblent à une baie par la forme, le volume, etc., de la pulpe, et en différent par leur noyau solitaire. On en fait de même des drupes *fausses-capsules*. Les *faux-drupes* sont ceux qui paraissent en avoir les caractères, et qui n'ont avec eux aucun rapport réel.

DRUSE, nom donné par les mineurs allemands aux cellulosités des filons et des minéraux tapissées de cristallisations. — Ce nom a été aussi donné aux cristaux renfermés dans ces cellulosités.

DRUSES, peuples du mont Liban, célèbres par l'austérité de leurs mœurs, leur hospitalité, leur fidélité inviolable à leur parole et leur jalousie pour leurs femmes. Ils prétendent descendre des Français, et professent une religion, mélange d'islamisme et de christianisme. Les Druses s'occupent de la culture des champs, de l'éducation des bestiaux et des vers à soie. Ils sont soumis à des cheiks dépendants d'un émir. Ils payent un léger tribut à la Porte. Leur population est d'environ 200,000 hommes.

DRUSILLE (*Drusilla Livia*), fille de Germanicus et d'Agrippine, née l'an 15 à Trèves, épousa Lucius Cassius, et, en deuxièmes noces, Marcus Lepidus. Ses débauches la rendirent un objet de mépris pour les Romains. Caligula, son frère, eut avec elle un commerce incestueux, et l'institua héritière de l'empire et de tous ses biens. Elle mourut en 38. Caligula lui fit rendre les honneurs divins. — Fille du grand Agrippa, roi des Juifs, fut mariée en troisièmes noces à Claude Félix, gouverneur de Judée, de qui elle eut un fils nommé Agrippa. Ce fut devant Drusille et son époux que comparut saint Paul à Césarée

DRUSUS, famille célèbre de Rome. Elle se nommait auparavant *Livia*. M. Livius prit ce surnom d'un chef gaulois qu'il avait tué. — MARCUS LIVIUS DRUSUS fut tribun du peuple avec Caius Gracchus l'an 120 avant l'ère chrétienne, et obtint le consulat l'an 112. Le sénat l'opposa à Gracchus. Il fut bientôt chéri du peuple, et supplanta les Gracques.

DRUSUS (Marcus Livius), fils du précédent, fut élu tribun du peuple en 91 avant J.-C. Il servit la noblesse en flattant le peuple. Il proposa la loi agraire, et fut assassiné l'an de Rome 661. — Père de Livie Drusille, se tua après la défaite de Brutus et de Cassius à Philippes.

DRUSUS (Claudius Nero), fils de Tibère Néron et de Livie, né en 38 avant l'ère chrétienne, fut adopté par Auguste après son mariage avec Livie. Il se signala dans la Germanie et dans les Gaules contre les Rhétiens et les Vindéliciens, et obtint les honneurs du triomphe. Il mourut d'une chute de cheval l'an 9 de J.-C. Il fut père de Germanicus, de Claude et de Livie.

DRUSUS, fils de Tibère et de Vipsanie, se rendit célèbre par le courage qu'il déploya dans les troubles de l'Illyrie et de la Pannonie. Son père l'éleva aux plus grandes dignités de l'Etat. Mais un soufflet qu'il donna à Séjan fut cause de sa mort. Séjan le fit empoisonner par un eunuque l'an 23 de J.-C.

DRUSUS, deuxième fils de Germanicus et d'Agrippine, sut se concilier la faveur de Tibère ; mais, les artifices de Séjan lui ayant fait perdre les bonnes grâces de l'empereur, il fut mis en prison et privé de tout aliment. Il mourut après une agonie de neuf jours l'an 33 de J.-C.

DRYADES (myth.), nymphes qui présidaient aux forêts et aux arbres en général. Libres et errantes dans les bois, elles trouvaient une retraite autour de leurs arbres chéris. On les représentait sous la forme de jeunes femmes, à taille haute et robuste, au teint frais et animé, à la chevelure éparse et ceinte d'une couronne de chêne. On suspendait aux arbres des dryades des couronnes et des offrandes. Pour abattre un arbre, il fallait la permission du grand prêtre. Les dryades étaient bien différentes des *hamadryades*. Voy. ce mot.

DRYDEN (John), poëte anglais, né en 1631 dans le comté de Northampton, étudia à Westminster, au collège de la Trinité à Cambridge (1650), et fut reçu maître ès arts (1657). Il avait écrit plusieurs poésies, *satires* et *élégies*, et un *poëme* (les *Plaintes des muses*). En 1658, il composa une *élégie* sur la mort de Cromwell. A la restauration, il écrivit un poëme en l'honneur du roi (*Astrea redux*). Il débuta au théâtre par la comédie de l'*Amant libertin*, des *Dames rivales*, et de l'*Empereur indien*. Nommé en 1668 poëte lauréat et historiographe de Charles II, il embrassa la religion catholique sous Jacques II. Il mourut en 1700. Dryden a laissé plusieurs comédies, odes, poëmes, des opéras, des traductions, etc.

DRYMIDE, genre de la famille des magnoliacées, renfermant des arbres ou arbrisseaux à feuillage toujours vert, à écorce verte et aromatique, à feuilles ovales, pétiolées, oblongues, à fleurs pédonculées. Ces plantes habitent l'Amérique. L'écorce des *drymides de Winter* se débite sous le nom d'*écorce de Winter*. Voy. ce mot.

DRYMOPHILE, genre de passereaux dentirostres, voisins des gobe-mouches, renfermant plusieurs espèces propres à l'Afrique, l'Asie et l'Amérique. La *drymophile voilé* se distingue par une bande noire qui recouvre son front, sa gorge et ses joues. Son corps est d'un bleu d'ardoise, et d'un roux cannelle sur le devant du cou et de la poitrine. Cet oiseau habite Timor et Java.

DRYOPE (myth.), nymphe d'Arcadie, aimée de Mercure, et changée en arbre pour avoir arraché une branche de lotos. — Femme de Lemnos, dont Vénus prit les traits pour engager les femmes de cette île à se défaire de leurs époux.

DRYOPIDE, petite contrée de la Thessalie, située dans le voisinage du mont OEta. Pline la place sur les confins de l'Epire. Elle fut pendant quelque temps habitée par les Hellènes, qui s'y établirent après avoir été chassés de l'Histiœotide par les Thébains. — Les DRYOPES, peuples de la Grèce, habitèrent d'abord la Dryopide, et dans la suite le Péloponèse. Chassés de cette contrée par les Argiens, s'établirent dans la Messénie, et y fondèrent une ville nommée *Asiné*. Leurs descendants allèrent habiter l'Asie-Mineure.

DUALISME, système religieux qui établit dans l'univers deux principes incréés, éternels, indépendants et nécessaires. L'un est le principe du bien, l'autre le principe du mal. De là s'ouvrit une guerre acharnée. La doctrine des Perses et des Mèdes, celle des manichéens, reposaient sur ce système.

DUAN, poëme des anciens bardes, dans lesquels la narration était interrompue par un grand nombre d'épisodes et d'apostrophes.

DUBARRY (LA COMTESSE). Voy. BARRY (J. DE VAUBERNIER, comtesse DU).

DUBARRY (LE COMTE JEAN), fils d'un paysan peu fortuné, possédait de grands talents pour l'intrigue. Il vint les exercer à Paris, et se fit un nom par ses débauches scandaleuses. Il associa une jeune fille à sa fortune, la présenta comme son épouse, et attira par ce moyen chez lui de jeunes seigneurs que le jeu et les débauches rendirent aisément ses dupes. Ayant fait connaissance avec la courtisane Lange-Vaubernier, il la fit présenter à Louis XV par Lebel, agent secret des plaisirs de ce prince ; et, pour lui donner un titre, lui fit épouser son propre frère Dubarry. Ce mariage fut pour sa famille une source d'honneurs et de fortune. Privé de toute considération sous Louis XVI, le comte Jean se retira à Toulouse, où, la révolution étant survenue, il fut condamné à mort et exécuté en 1790.

DUBLIN, comté d'Irlande, dans la province de Leinster, entre les comtés d'Est-Meath, de Wicklow, de Kildare et la mer d'Irlande. — Sa population est de 288,000 habitants, et sa superficie de 14 milles géographiques carrés. Le sol est fertile. La capitale est DUBLIN. Voy. ce mot.

DUBLIN, capitale du comté de Dublin et de toute l'Irlande, à 88 lieues de Londres et 185 de Paris. La population est d'environ 160,000 habitants. Elle a un archevêque catholique et un archevêque anglican, un hôpital royal où cinq cents soldats sont entretenus aux frais de l'Etat, plusieurs hospices, des écoles, des académies, une université, un musée, un port bon et commode. — Le golfe de Dublin a environ 2 lieues de long sur plusieurs de large. — Dublin a un canal joignant le Shannon à la Liffey, qui ouvre une communication entre la mer du Nord et l'Océan.

DUBOCCAGE. Voy. BOCCAGE (du).

DUBOIS (Guillaume), né à Brives-la-Gaillarde en 1656, fit ses études au collège de Pompadour. Puis il fut précepteur chez le marquis de Pleuves, maître de la garde-robe de *Monsieur*, et plus tard précepteur du duc de Chartres, dont il pressa le mariage avec une fille de Louis XIV. Il fut nommé par le prince abbé d'Airvau et de Saint-Just, sans avoir les ordres sacrés. Devenu conseiller d'Etat, il fut employé dans plusieurs négociations, devint le conseil intime du régent, et accomplit le traité de la triple alliance (1717) entre la France, l'Angleterre et la Hollande. Nommé ministre des affaires étrangères, il fut fait archevêque de Cambrai par un trafic honteux des choses sacrées. Il fut ensuite cardinal, président de l'assemblée du clergé et premier ministre. Après une vie débauchée et scandaleuse, il mourut en 1723.

DUBOIS DE CRANCÉ (Edouard-Louis-Alexis), né à Charleville (Marne) en 1747,

Élu député du tiers état aux états généraux par le bailliage de Vitry-le-Français (1789), il s'occupa d'une nouvelle organisation des régiments et d'une constitution militaire. En 1790, il demanda l'achat des droits féodaux, et le titre de chef suprême de l'armée pour Louis XVI. Nommé secrétaire de l'assemblée constituante, et après la session maréchal de camp, il fut élu en 1790 député à la convention nationale par le département des Ardennes, et vota la mort de Louis XVI (1793), et fut tour à tour président de la convention, membre du comité de salut public et du comité extraordinaire. Élu au conseil des cinq-cents, inspecteur général de l'infanterie sous le directoire et ministre de la guerre, il rentra dans la vie privée en 1799, et mourut en 1805.

DUBOIS (Antoine), né près de Cahors en 1756, fit ses études au collège Mazarin de Paris, et s'adonna tout entier à la médecine. Il passa par les grades de docteur en médecine, maître en chirurgie, prévôt de l'école pratique, et enfin professeur royal au collège de médecine (1790). Il a inventé un grand nombre d'instruments de chirurgie. Nommé professeur à la faculté de médecine, il fit partie de l'expédition en Égypte, et fut choisi par Napoléon pour assister Marie-Louise dans ses couches. Il fut ensuite nommé chirurgien en chef de la maison de santé du faubourg Saint-Denis, professeur d'accouchement à l'hospice, etc. Il a été un des principaux rédacteurs du *Dictionnaire des sciences médicales.*

DUBOS (J.-B.), né à Beauvais en 1670, entra dans le bureau des affaires étrangères sous le ministre Torcy, il fut chargé en 1701 par le duc d'Orléans et l'abbé Dubois de plusieurs négociations en Hollande et en Angleterre. Nommé membre de l'académie française en 1720, il en fut nommé secrétaire perpétuel en 1722 et mourut en 1742. Ses ouvrages sont l'*Histoire de la ligue de Cambray*, des *Réflexions critiques sur la poésie et la peinture*, et l'*Histoire critique de l'établissement de la monarchie française dans les Gaules.*

DUBRAW ou DUBRAVIUS SCALA (Jean), évêque d'Olmutz, en Moravie, dans le XVIᵉ siècle, mourut en 1553. Il laissa plusieurs ouvrages, entre autres, une *Histoire de Bohême* en trente-trois livres, fidèle et exacte. Les meilleures éditions sont celle de 1575 et celle de 1688.

DUC, personnage qui possédait une souveraineté portant le titre de *duché.* Dans l'empire romain, c'étaient des chefs d'armée ayant le grade de tribuns et inférieurs aux comtes. Leur dignité s'accrut beaucoup dans la suite. Ils étaient administrateurs de la justice et de la milice dans les gouvernements à eux confiés par les empereurs. Les Goths, les Francs et les autres barbares conservèrent ces dignités, et les ducs, comme chefs militaires, eurent une grande prééminence sur les comtes. Ils devinrent de jour en jour plus puissants, et finirent par s'emparer pour eux-mêmes de leurs gouvernements ainsi que de l'hérédité pour leurs enfants. La couronne ducale était un cercle d'or monté de huit fleurons. Les ducs donnaient des lois à leurs sujets, battaient monnaie, faisaient la guerre, etc. En 1498, le titre de *ducs-pairs* fut donné aux plus illustres familles. Abolis à la révolution, les ducs reparurent sous l'empire, et ce titre fut confirmé par Louis XVIII et Charles X. — De nos jours ce titre donne le premier rang après les princes dans les diverses monarchies.

DUC, genre d'oiseaux de la famille des chouettes ou *strigidés*, de l'ordre des accipitres. Ils ont autour des yeux un disque de plumes incomplet, susceptibles de se redresser ; les ouvertures auriculaires sont grandes, le bec courbé dès sa base. On connaît trois espèces : le *grand-duc*, dont le *corps* est plus grand que celui de la buse, le *moyen-duc* (hibou commun) et le *petit-duc* (scops). On trouve ces espèces en Europe, en Afrique et en Amérique.

DUCANGE. Voy. CANGE (Du)

DUCANGE (Victor), né à la Haie en 1783, fit ses études à Paris, et entra en qualité d'employé dans l'administration du cadastre en 1801, et plus tard dans celle des douanes. Ayant perdu sa place en 1814, il se livra tout entier au culte des belles-lettres. Il se distingua comme romancier et poète dramatique. Ducange est mort en 1833. Ses principaux ouvrages sont les romans d'*Agathe, Léonide, les Trois Filles de la veuve*, etc., et les drames de *Il y a seize ans, Trente Ans de la vie d'un joueur, Thérèse* ou *l'Orpheline de Genève*, etc.

DUCAS, famille illustre du Bas-Empire, qui a donné plusieurs empereurs à Constantinople. Ce sont : — CONSTANTIN DUCAS, (voy. CONSTANTIN) ; — MICHEL DUCAS, dit *Parapinace* (voy. MICHEL) ; — CONSTANTIN DUCAS II et III (voy.) — ALEXIS DUCAS, surnommé *Murtzulphe* (voy.) — MICHEL DUCAS, historien grec, fut témoin de la chute de l'empire de Constantin, et a écrit l'*Histoire de l'empire grec, depuis Andronic jusqu'à la ruine de cet empire.* Son histoire, précise et exacte, est très-estimée. Michel descendait de la famille des empereurs de Constantinople.

DUCAT, petite monnaie d'or ou d'argent dont la valeur varie selon les pays. Cependant sa valeur moyenne est de 11 francs de notre monnaie. — En Hollande, le ducat d'or vaut 11 francs 93 centimes. Le *ducat d'argent* ou *risdale* vaut 5 francs 48 centimes. — En Autriche et Bohême, le *ducat d'or de l'empereur* vaut 11 francs 86 centimes. Le *ducat d'or de Hongrie* vaut 11 francs 90 centimes ; celui de Prague, 12 francs 21 centimes ; celui de Bavière, 11 francs 75 centimes ; celui de Bade, 10 francs 55 centimes ; celui de Hambourg *à la loi de l'empire*, 11 francs 66 centimes ; le *ducat nouveau* de la même ville, 11 francs 76 centimes. Tous ces ducats sont en or. — En Danemarck et Holstein le *ducat d'or courant*, depuis 1767, vaut 9 francs 47 centimes ; le *demi* vaut 4 francs 73 centimes, 50 centièmes ; le *ducat species*, aussi d'or, vaut 11 francs 86 centimes. — En Suisse, le titre des ducats varie selon les villes où on les frappe. Le *ducat d'or de Zurich* vaut 11 francs 77 centimes ; le *ducat d'or de Berne* vaut 11 francs 64 centimes ; le *ducat d'or de Bâle* vaut 10 francs 85 centimes ; celui de Lucerne, 11 francs 86 centimes. — À Naples, les *décuples d'or* de 30 ducats valent 129 francs 90 centimes ; le *ducat d'argent* de 100 grains (1784) vaut 4 francs 25 centimes. — A Parme, le *ducat d'argent* de 1784 et 1796 vaut 5 francs 13 centimes. — En Prusse, le *ducat d'or* vaut 11 francs 77 centimes. — En Russie, le *ducat d'or* de 1755 vaut 11 francs 79 centimes ; celui de 1763 vaut 11 francs 53 centimes. — En Saxe, le *ducat d'or* vaut 11 francs 86 centimes. — En Suède, le *ducat d'or* vaut 11 francs 70 centimes ; le *demi* vaut 5 francs 85 centimes, et le *quart* 2 francs 92 centimes 50 centièmes. — À Venise, le *ducat d'or* vaut 7 francs 49 centimes. — Le *ducat effectif d'argent* de 8 livres piccolis vaut 4 francs 18 centimes ; le *ducat courant d'argent* de 6 livres piccolis plus un cinquième de livre ou 124 sols, monnaie de compte, vaut 3 francs 23 centimes 85 centièmes. — Dans les Indes, le *ducat d'or* de la compagnie hollandaise vaut 11 francs 62 centimes ; le *demi* vaut 5 francs 81 centimes. — En dehors de ces diverses monnaies se trouve le *ducat d'argent*, de Raguse, qui vaut 1 franc 37 centimes de notre monnaie.

DUCATON, subdivision du ducat d'or. C'est le petit *ducat d'argent*. Il a cours en Italie, à Parme, à Venise et dans la Hollande. Le ducaton de Parme vaut 5 francs 22 centimes ; celui de Venise, 5 francs 80 centimes ; celui d'Amsterdam ou *ryder*, 6 francs 85 centimes ; celui d'Anvers, etc.

DUCÉNAIRE ou DUCENTAIRE, officier de la milice romaine, qui commandait un grand manipule dans les troupes à pied. D'autres auteurs pensent que c'était le nom d'un chef de 200 hommes.

DUCERCEAU. Voy. CERCEAU (Du)

DUCHAL, nom donné à une liqueur qu'on prépare en Perse avec du moût de vin évaporé en consistance de sirop.

DUCHAT (Jacob LE), habile philologue, né à Metz en 1658 d'une famille originaire de Troyes (Aube). Son père Louis-François avait cultivé la poésie française et latine. Jacob suivit le barreau jusqu'à la révocation de l'édit de Nantes. Forcé de fuir comme protestant à Berlin, il fut conseiller à la justice supérieure française de cette ville, et y mourut en 1735. Le Duchat a donné un grand nombre d'éditions nouvelles de plusieurs auteurs français avec des notes et des remarques. Les plus connues sont celles de la *Satire Ménippée*, les *œuvres de Brantôme*, celles de *Rabelais*, etc.

DUCHATEL (LE COMTE CHARLES-JACQUES-NICOLAS), né en Normandie en 1751, entra dans la carrière des finances. Il était directeur et receveur général des domaines du roi dans la généralité de Bordeaux à l'époque de la révolution. Incarcéré en 1794, l'intervention généreuse d'un ami le sauva. Il fut appelé après le 9 thermidor à occuper une place administrative dans le département de la Gironde. En 1796 il fut nommé membre du conseil des cinq-cents il rentra ensuite dans la régie de l'enregistrement et des domaines, comme administrateur, et fut nommé conseiller d'État en 1799. En 1801 il fut élu directeur général de l'administration de l'enregistrement et des domaines, place qu'il occupa jusqu'en 1815.

DUCHATELET (LA MARQUISE DU) Voy. CHASTELET (Du).

DUCHÉ, terre, fief, seigneurie, à laquelle le titre de duc était attaché. Les duchés étaient, sous les Romains, sous la première et la deuxième race de nos rois, des gouvernements à la tête desquels étaient préposés les ducs. Sous les rois de la troisième race, les duchés devinrent des fiefs particuliers et puissants, et l'on vit s'élever les duchés de Bourgogne, de Bretagne, etc. Les comtés, les vicomtés et les baronnies étaient soumis aux duchés et relevaient d'eux. Les duchés institués en faveur des grandes familles furent nommés *duchés-pairies*. Ils avaient le même rang que les duchés simples, le duché étant accompagné de plus grands offices. L'ancienneté du duché réglait le rang à la cour. Les duchés furent abolis par la révolution.

DUCHÉ DE VANCY (Joseph-François), né à Paris en 1668. Il composa un grand nombre de poésies, et madame de Maintenon le choisit pour fournir des tragédies sacrées aux élèves de Saint-Cyr. Il ne se permit jamais aucune satyre, et l'académie des inscriptions l'admit dans son corps. Duché mourut en 1704. Il a laissé trois tragédies, *Jonathas, Absalon* et *Débora* ; *les Fêtes galantes*, *les Amours de Momus*, ballets ; les opéras de *Théagène et Charyclée*, *Scylla*, *Iphigénie*, etc., mis en musique par Desmarais.

DUCHÊNE (LE PÈRE), nom d'un journal qui, dans l'origine, était partisan de la monarchie constitutionnelle, et qui paraissait à des époques indéterminées. Hébert prit la direction d'un journal portant le même nom et ultra-révolutionnaire. On y insérait les actes des assemblées nationales, des autorités, des attaques dirigées contre tous les hommes influents à cette époque, et un grand nombre de pensées obscènes et cyniques. Ce journal était quotidien. Il eut un grand succès, et ne fut détruit qu'à la mort d'Hébert.

DUCHÊNE (LA MÈRE), nom d'un journal qui parut à la même époque que *le Père Duchêne*. Il avait des sentiments contre-révolutionnaires. Ce journal n'eut aucun succès.

DUCHESNE (André), né en 1584 à l'Ile-Bouchard (Indre-et-Loire), s'adonna à l'étude de l'histoire et de la géographie. Il fut aimé du cardinal de Richelieu, et fut historiographe et géographe. Il mourut en 1640, écrasé par une charrette. Ses ouvrages sont une *Histoire des papes* (1653), une *Histoire d'Angleterre* (1634), l'*Histoire des cardinaux français* (1660), le *Recueil des historiens de France*, les *Généalogies de plusieurs grandes familles* (1639), etc., etc. — Son fils FRANÇOIS occupa les mêmes emplois que son père.

DUCHESNOIS (Joséphine RUFUIN), célèbre actrice, née à Saint-Saulve (Nord) en 1786. Elle débuta à treize ans à Valenciennes dans le rôle de *Palmyre* (Mahomet), de Voltaire. Elle joua au Théâtre-Français en 1802 dans le rôle de *Phèdre*. L'arrivée de Mlle Georges au théâtre engagea une lutte entre ces deux actrices et leurs partisans. Restée seule au théâtre, elle vit sa santé s'altérer par suite des injustes persécutions qu'elle avait supportées. Elle se retira de la scène en 1830, et mourut en 1835. Les rôles où elle brillait le plus étaient *Andromaque*, *Clytemnestre*, *Agrippine*, *Mérope*, etc.

DUCHESSE, épouse d'un duc, héritière d'un duché ou dame revêtue de cette dignité par lettres patentes. Les duchesses jouissaient de priviléges particuliers à la cour, comme les entrées chez la reine, etc. Le titre de *duchesse* fut donné à des princesses et à plusieurs maîtresses de rois de France. — On appelle *lettres à la duchesse* une sorte d'écriture dans laquelle les pleins tiennent la place des déliés, et les déliés la place des pleins.

DUCIS (Jean-François), né à Versailles en 1732. Devenu secrétaire du maréchal de Belle-Isle, ministre de la guerre, il quitta bientôt cette condition et se voua à la pratique des belles-lettres. Ses premières tragédies furent *Amélise*, *Hamlet*, qui obtinrent un long succès, *Roméo et Juliette*, *Œdipe chez Admète*, *le Roi Léar*, *Macbeth* et *Othello*. Il fut nommé membre de l'Institut. Ducis mourut en 1815. Ses autres tragédies sont *la Famille arabe* et *Phédor et Valdamir*. Il a laissé un recueil de *poésies diverses*.

DUCLOS (Marie-Anne), célèbre actrice tragique du XVIIIe siècle, née à Paris en 1670. Elle excellait surtout dans le rôle d'*Ariane*. Cette actrice, dont le bel organe avait fait le principal mérite, mourut en 1748, après avoir brillé quarante ans à la comédie française. Son nom de famille était *Châteauneuf*.

DUCLOS (Charles-PINEAU), né à Dinant en 1705 ou 1704, fit ses études à Paris, et se lia d'abord avec les philosophes et les fondateurs de l'*Encyclopédie*, Diderot, d'Alembert, etc. Il embrassa leur doctrine, et publia le roman d'*Acajou et Zirphile* et les *Confessions du comte de \*\*\**. Dégagé de ces liaisons, il embrassa de plus sérieuses études, et se voua à des travaux historiques. Ses nombreux ouvrages le firent nommer historiographe de France. Il écrivit alors les *Mémoires secrets sur les règnes de Louis XIV et de Louis XV*, des *Considérations sur les mœurs*, etc. Il fut anobli en 1755 et mourut en 1772. On a encore de lui une *Histoire de Louis XI*, un *Voyage en Italie* et des *Fragments historiques*.

DUCOS (Jean-François), né à Bordeaux en 1765, embrassa la cause révolutionnaire, et fut député par sa patrie à l'assemblée législative (1791) et à la convention nationale (1792). Il demanda l'abolition de la royauté et vota la mort du roi. Quoiqu'il fût du parti des girondins, Marat ne fit rayer de la liste des proscrits ; mais, s'étant déclaré le défenseur de ses amis persécutés, il fut arrêté, compris dans l'acte d'accusation et condamné à mort en 1793.

DUCRAY-DUMINIL (François-Guillaume), romancier, né en 1761, succéda en 1790 à l'abbé Aubert comme rédacteur des *Petites-Affiches* de Paris. Ayant inséré dans ce journal l'annonce d'une vente en assignats démonétisés (1793), il fut décrété d'arrestation en 1794 ; mais il parvint à se justifier et à recouvrer sa liberté. Il mou-

rut en 1819, membre de l'académie des Arcades à Rome. Il a écrit un grand nombre de romans, *Lolotte et Fanfan*, *Alexis*, *Petit Jacques et Georgette*, *Victor*, *Cœlina*, *Jules*, *Emilio*, etc.

DUCREST (Charles-Louis, marquis) frère de Mme de Genlis, né près d'Autun en 1747, embrassa l'état militaire en 1766 et fut fait colonel des grenadiers royaux (1779). Il fut nommé chancelier de la maison du duc d'Orléans en 1785 ; il se démit de cet emploi en 1788. Il quitta ensuite la France, et n'y rentra qu'en 1800. Ducrest a publié un *Essai sur les machines hydrauliques* (1777), un *Mémoire sur l'impôt* (1791), une *Nouvelle Théorie de la construction des vaisseaux* (1800), un *Traité d'hydraufière* (1809), etc., etc.

DUCTILITÉ, propriété qu'ont certains corps de pouvoir être battus, tirés, pressés, étendus dans divers sens, sans se rompre. Plusieurs métaux, les résines chauffées, les gommes amollies par l'humidité, etc., sont les substances ductiles. L'or est le plus ductile des métaux. Une once de ce métal peut, en s'étendant, couvrir une surface de 146 pieds et demi carrés. Une même once d'or peut recouvrir un gros lingot d'argent du poids de 45 marcs, et en étirant ce lingot en fil le plus délié, on voit sans cesse l'or le recouvrir et l'on n'aperçoit aucune trace d'argent. On peut parvenir ainsi à une longueur de 1,163,520 pieds (97 lieues de 2,000 toises), et à une largeur d'un quatre-vingt-seizième de pouce. On se sert de ces fils pour faire des galons. Le verre liquéfié donne aussi des fils d'une finesse surprenante.

DUDAIM, plante du genre concombre, de la famille des cucurbitacées. Ses caractères sont d'avoir les feuilles inférieures arrondies et les supérieures anguleuses et dentées, des fleurs jaunes, des fruits globuleux, verts et jaunes, d'une odeur suave. On a cru reconnaître dans le *dudaim* cultivé le fameux *dudaïm* des Hébreux, végétal que la Bible cite comme favorisant la conception ou comme aphrodisiaque. D'autres ont cru le retrouver dans la mandragore, la violette, la truffe, le fruit du bananier et le salep.

DUDEFFANT (N... DE VICHY), née à Paris en 1696, fut élevée au couvent de la Magdeleine de Tresnel. Elle se fit remarquer par son esprit vif et agréable et un grand éloignement pour les idées religieuses. Admise dans la brillante cour de Sceaux, elle s'y lia avec Fontenelle, Voltaire, la Motte, etc. Plus tard, elle réunit dans sa maison les plus grands hommes du siècle, Diderot, Hume, Montesquieu, Walpole, le cardinal de Polignac. Sur la fin de ses jours, elle ne put jamais revenir à des sentiments religieux. Elle mourut en 1780. On a d'elle une *correspondance littéraire*, des *chansons*, des *épigrammes*, etc.

DUDLEY, famille célèbre d'Angleterre. — EDMOND DUDLEY, ministre d'État, né en 1462, devint le favori de Henri VII, fut orateur de la chambre des communes et intendant d'Hastings. À la mort du roi, il fut mis à la Tour, et décapité (1510). Son fils JEAN, né en 1502, fut grand amiral, comte de Warwick et duc de Northumberland. Il fit épouser à son fils AMBROISE Jeanne Grey (voy. ce mot), et la fit proclamer reine. Il mourut en 1553. — ROBERT DUDLEY, comte de LEICESTER, deuxième fils du précédent, né en 1532. Il fut le favori d'Élisabeth, qui l'éleva au faîte des honneurs, et voulut lui faire épouser sa sœur Marie. Dudley conçut l'espoir d'épouser Élisabeth, et, pour parvenir à ce but, il fit mourir sa femme. Créé comte de Leicester en 1564, il épousa lady Douglas, qu'il fit mourir par le poison, et ensuite la comtesse douairière d'Essex. La reine conserva toujours pour lui une grande tendresse. Nommé gouverneur des Pays-Bas, il fut rappelé en 1570. Il fut fait lieutenant général des armées en 1588. Il mourut la même année. Son fils ROBERT, né en 1578, mort en 1639, fut chambellan

de l'archiduchesse d'Autriche et duc du saint-empire.

DUÈGNE (*duegna*), mot espagnol qui désigne une gouvernante à qui est confiée la surveillance des femmes du logis, ou une femme de charge qui a soin de la dépense et du gouvernement intérieur d'une maison. Dans les grandes maisons d'Espagne, on confie les jeunes épouses et les demoiselles à des duègnes qui veillent sur leur conduite et leurs actions. Les *cortejo* (cavaliers servants) remplacent aujourd'hui les duègnes. — On nomme *duegnas de honore* les dames d'honneur qui accompagnent la reine. — En France, le mot *duègne* est synonyme de *femme d'intrigues*.

DUEITANS, secte philosophique indienne, distingue Dieu du monde, et admet l'existence réelle de l'un et de l'autre comme êtres distincts.

DUEL, combat de deux ou plusieurs personnes, qui doit se terminer par la mort de l'un des champions. Cet usage barbare était connu des Grecs et des Romains, mais non comme on le pratique de nos jours. Ils en faisaient usage pour terminer une haine, pour décider de la victoire entre deux peuples. Les Francs et les peuples du Nord implantèrent cet usage dans l'univers, et le destinèrent à venger l'honneur outragé et les querelles privées. La loi Gombette l'ordonna comme épreuve juridique. L'accusateur et l'accusé combattaient ensemble, après avoir juré sur le crucifix que leur droit était bon. Le vaincu était pendu ou décapité ; la bonne cause était du côté du vainqueur. Lorsque les parties étaient des moines, des femmes, etc., on recourait à des *champions*. — Prohibés par tous les conciles et anathématisés par les papes, les *duels judiciaires* ou *jugements de Dieu* disparurent, au XVIe siècle, sous Henri II. Mais le duel d'honneur s'est perpétué jusqu'à nous. Il a lieu à l'épée ou au pistolet. Louis XIII et ses successeurs condamnèrent les *duellistes* à mort. À Malte, la même loi avait lieu, à moins d'une permission du grand maître. Notre législation n'a prononcé aucune peine contre le duel.

DUERO, autrefois *Durius*, fleuve d'Espagne, qui a sa source dans la province de Soria, près Duruelo, traverse les provinces de Léon et de la Vieille-Castille, le Portugal, et se jette dans l'océan Atlantique, près d'Oporto. Son cours est de 125 lieues. Il est navigable dans 27.

DUFOUR (FRANÇOIS-BERTRAND, baron), né à Souillac (Lot) en 1765, entra au service en 1792, et devint chef de bataillon en 1794. Il se distingua en Allemagne (1794-1803) et en Autriche (1804-1806). Nommé général de brigade, il s'empara de Pantzick, et fut commandant de la place de Presbourg. En 1807, il partit pour la guerre d'Espagne, et fut nommé baron de l'empire en 1808. Fait prisonnier, il rentra en 1814. Il fut employé pendant les cent jours dans le corps du général Vandamme. Mis à la retraite en 1832, il mourut la même année. Il avait siégé à la chambre des députés en 1830 et en 1831.

DUFOURÉE, petites plantes cryptogames, croissant sur les pierres au fond des eaux courantes. Elles naissent en touffes épaisses dans les torrents de l'île Maurice. Leur tige est transparente et flexible ; leurs feuilles sont petites, entières, elliptiques. — Kmith a donné le même nom à un genre de convolvulacées, renfermant des arbustes de la Nouvelle-Grenade, à tiges grimpantes ; à feuilles alternes, entières, ponctuées ; aux fleurs en panicules terminales.

DUFRESNE (Abraham-Alexis QUINAULT), né en 1696 d'une famille qui a fourni plusieurs acteurs à la scène française, débuta en 1712 dans le rôle d'*Oreste* (de l'*Electre* de Crébillon). Élève de Ponteuil, il ramena la déclamation à de justes principes. Abraham mourut en 1767.

DUFRESNE (Bertraud), né à Navarreins (Basses-Pyrénées) en 1736, fut placé en

1760 dans les bureaux du ministère de la marine. Receveur des finances à Rouen, il fut nommé par Necker directeur du trésor public. Dénoncé en 1793 comme parti san de Louis XVI, il fut rendu à la liberté après le 9 thermidor. Nommé membre du conseil des cinq-cents, il en fut exclu en 1797, et mourut en 1801 après avoir repris les fonctions de directeur du trésor public.

DUFRESNOY (André-Ignace-Joseph), né à Valenciennes en 1733, professa longtemps la botanique, et fut nommé médecin en chef de l'hôpital militaire de Valenciennes en 1757, et en 1785 médecin consultant des armées. En 1793, il partit pour l'armée du Nord en qualité de médecin en chef. Considéré comme royaliste, il fut destitué. Mis en liberté, il reprit ses fonctions de chirurgien en chef de l'hôpital de Valenciennes, et mourut en 1801.

DUFRESNY (Charles RIVIÈRE), né à Paris en 1648, était petit-fils naturel de Henri IV. Il avait un goût passionné pour les arts. Louis XIV le fit son valet de chambre et le décorateur de ses jardins. Il lui confia même le privilège d'une manufacture de glaces ; mais Dufresny le vendit pour satisfaire ses plaisirs et sa dissipation. Après avoir vendu toutes ses charges à la cour, il se retira à Paris où il travailla pour le théâtre, et mourut en 1724. Dufresny a laissé un grand nombre de pièces, *le Double Veuvage, l'Esprit de contradiction, le Négligent, le Chevalier joueur*, des *chansons*, etc.

DUGAZON (J.-B. Henri GOURGAULT, dit), né à Marseille en 1746. Élève du célèbre Préville, il débuta à la comédie française en 1771 dans le rôle de *valet*, et obtint de grands succès qu'il partagea avec son ami Dazincourt. Ayant embrassé les principes de la révolution, il fut aide de camp du fameux Santerre (1793). Il reparut sur la scène après le 9 thermidor (1794). Dugazon brillait dans plusieurs rôles: *M. Jourdain* (du *Bourgeois gentilhomme*), *Mascarille* (de *l'Etourdi*), etc. Il mourut en 1809. Comme auteur, il a écrit les pièces du *Modéré, l'Emigrante, l'Avènement de Mustapha au trône*.

DUGAZON (Rose LEFÈVRE, femme), épouse de l'acteur de ce nom, était auparavant danseuse au théâtre de l'Opéra. Élève de son époux, elle brilla avec un grand éclat dans les rôles de *villageoise*, d'*amoureuse* et d'*ingénue*, auxquelles elle a donné son nom. Les rôles dans lesquels elle se distingua le plus furent ceux de *Nina* (de *Blaise et Babet*), *Thérèse* (des *Amours d'été*), *Colette*, etc., etc. Mme Dugazon est morte depuis quelques années.

DUGOMMIER (Jean-François COQUILLE), né à la Guadeloupe en 1736, embrassa, très-jeune, la carrière militaire. Ayant été réformé, il rentra dans ses foyers, et se consacra à l'exploitation de ses belles propriétés. Nommé (1789) colonel commandant des gardes nationales de la Martinique, il défendit le fort de Saint-Pierre contre les rebelles. Envoyé en France en 1792 pour y solliciter des secours contre les ennemis, il fut nommé général de brigade dans l'armée d'Italie, et général de division. Bientôt après, chargé d'assiéger Toulon, il s'empara de cette ville en 1793. Nommé général en chef de l'armée des Pyrénées-Orientales (1794), il chassa les Espagnols de la France et périt dans un combat le 17 novembre 1794.

DUGONG, genre de cétacés privés d'évents et herbivores, qui ont pour caractères une queue échancrée, des nageoires pectorales sans ongles, des dents de couronne plate et formée par un double cône, deux en forme de défenses, des yeux excessivement petits. On n'en connaît qu'une espèce, longue de dix à douze pieds, et qui vit dans la mer des Indes, aux Moluques, aux Philippines, etc. Leurs lèvres sont grosses. Les Malais se livrent à la pêche des dugongs, dont ils mangent la chair.

DUGUA (Charles-François-Joseph), né en 1744 à Valenciennes, embrassa la carrière militaire. Nommé capitaine, il se retira du service en 1778, mais il le reprit à l'époque de la révolution. Il fut employé au siège de Toulon, sous les ordres de Dugommier, en qualité de chef de l'état-major de l'armée. Nommé général de division, il servit sous Hoche et Bonaparte, dans les campagnes de la Vendée, d'Italie et d'Egypte. Il contribua à la prise de Rosette et du Caire, et à la victoire des Pyramides (1793). Nommé préfet du Calvados, puis chef d'état-major de l'expédition de Saint-Domingue, il mourut dans un combat en 1801.

DUGUAY-TROUIN (René), né à Saint-Malo en 1673, se destina à la marine et fit à seize ans (1689) sa première campagne. Ayant attiré les regards de Louis XIV par son courage, il fut nommé commandant de quelques vaisseaux de la marine royale, et s'empara de plusieurs navires hollandais et anglais. Fait prisonnier par ces derniers, il dut son évasion à l'amour d'une jeune fille. Après de nombreuses actions de courage et des prises considérables sur les Anglais et les Hollandais, il obtint des lettres de noblesse et le grade de chef d'escadre. Nommé membre du conseil de la compagnie des Indes, il châtia les Etats barbaresques et conclut des traités avantageux pour la France. Il mourut en 1736. Il a laissé des *mémoires*. Son éloge historique a été fait par Thomas.

DUGUESCLIN. Voy. GUESCLIN (Bertrand du).

DUHAMEL (J.-B.), né à Vire en 1624, étudia chez les pères de l'Oratoire, et se livra à de grands travaux sur les sciences, la physique et les mathématiques. Colbert le nomma (1666) secrétaire de l'académie des sciences, et le mena avec lui dans ses voyages en Angleterre et en Hollande. Il mourut en 1706. Ses ouvrages sont; une *Astronomie physique*, un *Traité sur les météores et les fossiles, l'Esprit humain, des Affections du corps, la Conciliation de la philosophie ancienne et moderne*, une *théologie*, etc., etc.

DUHAMEL DU MONCEAU (Henri-Louis), né à Paris en 1700, s'adonna à l'étude de l'agriculture, des sciences physiques, du commerce, de la marine, des arts mécaniques. Inspecteur général de la marine, il fit plusieurs recherches sur la construction des vaisseaux, des cordages, la conservation des bois, etc. Il mourut en 1782, membre de l'académie des sciences (1728), de celles de Londres, Edimbourg, Pétersbourg, Stockholm, etc. Ses principaux ouvrages sont des *Eléments d'agriculture*, des *traités du cirier, de l'épinglier, de la draperie, du potier, de l'amidonnier, du charbonnier, de la culture des terres*, etc., etc.

DUILLIA, loi décrétée l'an de Rome 304 sous les auspices du tribun Duillius. Elle établit que c'était un crime capital de priver le peuple romain de ses tribuns et de créer de nouveaux magistrats sans nécessité. — Autre loi, décrétée l'an de Rome 392 pour fixer les intérêts de l'argent.

DUILLIUS NEPOS (Caïus), consul romain qui vainquit pour la première fois les Carthaginois sur mer l'an 261 avant J.-C. Il obtint l'honneur du premier triomphe naval. Le sénat fit frapper des médailles pour perpétuer le souvenir de cette victoire. On lui éleva dans le Forum une colonne rostrale de marbre de Paros, retrouvée à Rome en 1565.

DUIT, chaussée faite de pieux et de cailloux, sur une même direction, tout au travers d'une rivière, mais surtout dans les lieux où les flots se jettent à l'époque de la marée.

DUITE, terme qu'on emploie dans les manufactures de toile. Il désigne le fil que la navette laisse depuis une lisière jusqu'à l'autre, lorsqu'on tisse une étoffe.

DUJARDIN (Karel), peintre, né à Amsterdam en 1640, élève de Berchem. Il voyagea à Rome et en France. Il se fit remarquer par la touche légère et spirituelle de son pinceau. Il excella dans les paysages, les figures d'animaux et les *bambochades* ou petits tableaux. Il mourut à Venise en 1674. Ses *marchés*, ses *paysages* sont très-estimés. Le plus important de ses tableaux est le *Charlatan*.

DULAURE (Jacques-Antoine), né à Clermont en 1735. Elu député à la convention nationale en 1792, il vota la mort du roi et embrassa le parti des girondins. Il échappa au mandat d'arrêt lancé contre lui par Robespierre, et ne rentra en France qu'en 1794. Dulaure se livra ensuite à des études historiques et géographiques. Ses principaux ouvrages sont : *Description des curiosités de Paris et de ses environs, Histoire de cette ville, Histoire des cultes, Histoire critique de la noblesse*, etc., etc.

DULCIFICATION, action de rendre doux des corps naturellement âcres, amers, fades, etc. On dulcifie un certain nombre de liquides âcres, en les mêlant avec d'autres moins caustiques. C'est ainsi que l'on opère la dulcification des acides minéraux, au moyen de l'alcool.

DULCINISTES, sectaires d'un hérétique, nommé DULCIN, né à Novare (Lombardie) dans le XIIIe siècle. Il disait que le règne du Saint-Esprit avait commencé en 1300, qu'il ne finirait qu'avec la fin du monde. Il prétendait que le pape et les autres ministres de l'Eglise romaine avaient perdu leur autorité, dont sa secte était seule dépositaire. Il prêchait la communauté des biens et des femmes, et un grand mépris pour les cérémonies religieuses. Arrêté en 1308, il fut brûlé avec sa femme. Après sa mort ses disciples se dispersèrent.

DULIE, sorte de culte et d'hommage religieux, que les catholiques rendent aux anges et aux saints. Il diffère du culte de *latrie*, qui appartient à Dieu seul, et du culte d'*hyperdulie*, qui appartient à la sainte Vierge.

DUMANIANT (Jean-André BOURLAIN), né à Clermont en 1752, abandonna la carrière du barreau pour se livrer à celle du théâtre. Après avoir été acteur pendant quinze ans (1778-1793), il se fit auteur dramatique et mourut en 1828. Ses principales pièces sont : *Guerre ouverte ou Ruse contre ruse, les Intrigants, Rico, le Médecin malgré tout le monde, le Dragon de Thionville, la Journée aux aventures, la Nuit aux aventures*, etc.

DUMARSAIS (César CHESNAUX ou CHESNEAU), grammairien-philosophe, né à Marseille en 1676, fut reçu avocat au parlement de Paris en 1704, et entra ensuite comme précepteur, successivement du fils du président Maisons, du fils de Law, et de celui du comte de Beaufremont. Il devint ensuite un pensionnaire et mourut en 1756. On a de Dumarsais un *Traité des tropes*. Il avait composé pour l'Encyclopédie de Diderot et d'Alembert les articles qui concernent la grammaire et la rhétorique.

DUMAS (Charles-Louis), né à Lyon en 1765, étudia la médecine à Montpellier, et fut reçu docteur en 1784. A l'époque de la révolution, il dut son salut à la protection d'un ami, et fut médecin à l'une des divisions de l'armée des Alpes. Il obtint en 1795 la place de professeur d'anatomie et de physiologie à l'université de Montpellier, et mourut en 1813. Il était recteur de l'académie, conseiller de l'université et membre de la Légion d'honneur. Il a laissé plusieurs *dissertations*.

DUMAS (Matthieu, comte), né à Montpellier en 1758, entra en 1773 comme sous-lieutenant dans le régiment de Médoc. Il fit partie de l'armée envoyée de France en Amérique, et obtint en 1783 le grade de major. En 1789, il devint aide de camp de Lafayette. Directeur du dépôt de la guerre en 1790, il ramena Louis XVI à Paris, lors de son évasion, et fut chargé de l'organisation de l'artillerie à cheval à Metz. Député en 1791 à l'assemblée législative, et en 1795 au conseil des anciens, il défendit la cause des émigrés. Chargé par Bonaparte d'organiser l'armée de réserve de Dijon, il fut nommé conseiller d'État (1801) et (1806) ministre de la guerre de Joseph Bonaparte, roi de Naples. Il ne revint en France qu'à la rentrée de Louis XVIII. Directeur général de la comptabilité des armées, il fut mis à la retraite par ce prince. Il est mort en 1837, membre de la chambre des pairs.

DUMAS (Alexandre DAVY DE LA PAILLETERIE), homme de couleur, né à Saint-Domingue en 1762, s'engagea dans le régiment français des dragons de la reine sous Dumouriez. Nommé lieutenant-colonel d'une légion de cavalerie américaine, puis général de brigade (1793) et de division, il se signala par de nombreux faits d'armes, et s'empara avec ses troupes du mont Cenis. En 1797, il commanda une division de l'armée d'Italie sous les ordres de Bonaparte. Il eut ensuite le commandement en chef de l'armée du Tyrol, et le gouvernement du Trévisan. Il commanda la cavalerie lors de l'expédition d'Égypte. Il mourut en 1806. — Son fils ALEXANDRE DUMAS est un des littérateurs les plus distingués de notre époque.

DUMBARTON, comté d'Écosse entre ceux d'Argyle et de Perth. Sa superficie est d'environ 12 à 15 lieues carrées, et sa population de 242,000 habitants. La capitale est *Dumbarton*, avec un château très-fort, à 8 lieues d'Édimbourg, possédant de 2 à 3,000 âmes. Elle a des verreries et des pêcheries de saumons.

DUMESNIL (Marie-Françoise), née à Paris en 1711. Après avoir joué à Strasbourg et à Compiègne, elle débuta au Théâtre-Français (1737) dans les rôles de *Clytemnestre* (*Iphigénie en Aulide*), de *Phèdre* et d'*Élisabeth* (*Comte d'Essex*). Elle obtint un grand succès. Rivale de M<sup>lle</sup> Clairon, elle la surpassait dans les rôles de *mères*. Elle créa le rôle de *Mérope*. Les rôles dans lesquels elle se distinguait le plus étaient ceux de *Sémiramis*, *Mérope*, *Clytemnestre*, *Hécube*, etc. Elle mourut en 1803, après avoir publié des *Mémoires* en réponse à ceux de M<sup>lle</sup> Clairon.

DUMNORIX. Voy. DAMNORIX.

DUMFRIES, comté d'Écosse, entre ceux de Galloway, Solway, Roxburgh, Selkirk et Lanark. Sa superficie est de 63 milles géographiques carrés, et sa population de 65,000 habitants. Il se divise en trois parties, *Nithisdale*, *Annandale* et *Eskdale*. On en exporte des grains, des jambons, des bas, des toiles de lin. La capitale est *Dumfries*, à 18 lieues d'Édimbourg.

DUMOLARD (Joseph-Vincent), né à Lafrey (Isère) en 1766. Député par l'Isère à l'assemblée législative, il se montra partisan de la monarchie constitutionnelle. Il défendit avec ardeur Lafayette, et faillit être assassiné pour s'être opposé au décret d'accusation lancé contre ce général. Après le 10 août, il se retira dans sa famille. Arrêté, il ne sortit de prison qu'au 9 thermidor (1794). Député au conseil des cinq-cents en 1795, il fut déporté à Oléron en 1797. Il recouvra sa liberté en 1799, et fut nommé sous-préfet de Cambrai. Il fut élu en 1805 et 1811 membre du conseil législatif. En 1814, il passa à la chambre des députés, et en 1815 à la chambre des représentants. Il mourut en 1819.

DUMOULIN (Charles), né à Paris en 1500, fut reçu avocat en 1522. Il consulta contre les jésuites. Il écrivit en 1564 un *Conseil sur le fait du concile de Trente*, et un *Traité contre l'édit des petites dates* et les *Abus de la chancellerie romaine*. Ces écrits furent mis à l'index par le pape. Réduit par les persécutions qu'il endura à fuir en Allemagne, il revint en France et professa le droit à Strasbourg, Dôle, Besançon. Il mourut en 1566. On a de lui un *Commentaire sur les fiefs de la coutume de Paris*. Dumoulin fut celui des jurisconsultes qui a le plus approfondi le droit coutumier.

DUMOURIEZ (Charles-François), né à Cambrai en 1739, entra dans le régiment d'Escars, fut nommé capitaine en 1761, et quitta le service en 1763. Il fit la campagne de 1768 dans la Corse. En 1771, il fut chargé de donner des secours aux Polonais insurgés. Il eut sous Louis XVI le commandement de Cherbourg. En 1789, il reçut celui de la garde nationale et entra dans le club des jacobins. Ministre des affaires étrangères en 1792, il fit déclarer la guerre à l'Autriche. Il prit ensuite le commandement de l'armée de Lafayette, repoussa les Prussiens et les Autrichiens (1792) des frontières françaises, remporta la victoire de Jemmapes, et se vit maître de presque toute la Belgique. Il se crut alors assez fort pour renverser la convention nationale. Dénoncé comme un traître pour avoir voulu enlever Louis XVI du Temple et rétablir la constitution de 1791, il s'enfuit en Angleterre, reçut de Louis XVIII le titre de lieutenant général, et mourut en 1823. Il a laissé des *mémoires*.

DUNA. Voy. DWINA.

DUNALMA, fêtes des Turks qui durent sept jours et sept nuits, que l'on passe dans les réjouissances. Ils les célèbrent à l'entrée du grand seigneur dans une ville, ou à la nouvelle d'un événement heureux.

DUNBAR, ville d'Écosse, dans le comté d'Haddington, à 10 lieues d'Édimbourg. Elle a un grand port, fréquenté pour la pêche des harengs et des saumons. Il s'y est livré une bataille célèbre entre Cromwel et Charles I<sup>er</sup> (1650).

DUNDALK, ville d'Irlande, capitale du comté de Louth. Sa population est de 15,000 habitants. Elle a des fabriques de toiles, batiste. Le commerce y est très-considérable.

DUNDEE, ville maritime d'Écosse, dans le comté d'Angus, à 12 lieues d'Édimbourg et 121 de Londres. Elle a un bon port. Elle commerce en lin, blé, harengs. Dundée a des fabriques de serges, toiles, mousselines, tanneries, etc.

DUNES, nom commun donné à des monticules ou des monceaux de sable, accumulés sur les rivages par la mer ou les vents. Elles forment de petites chaînes, traversées par des vallées humides, où les pas du voyageur peuvent à chaque instant s'enfoncer. Souvent les eaux s'y réunissent et y forment des petits étangs. Quelquefois les vents emportant les dunes dans leurs tourbillons, menacent d'engloutir les voyageurs, les villes et les forêts, sous les flots de sable. — On donne particulièrement ce nom aux côtes de Flandre, entre Dunkerque et Nieuport. L'armée française, forte de 15,000 hommes et commandée par Turenne, battit à l'armée anglaise, vainquit dans ce lieu (14 juin 1658) l'armée espagnole forte de 14,000 hommes et commandée par don Juan d'Autriche et le prince de Condé. — Grande rade d'Angleterre, sur les côtes orientales du comté de Kent.

DUNETTE, pont léger que l'on construit sur de grands bâtiments, depuis le mât d'artimon jusqu'à l'arrière. Le dessous est divisé et emménagé en chambres pour le capitaine et les premiers officiers.

DUNI (Gilles-Romuald), célèbre musicien, pensionnaire de la comédie italienne de Paris, né à Matera près d'Otrante en 1709, mort en 1775. Après être longtemps resté à Rome, Duni vint à Paris. C'est le premier qui ait fait connaître la musique italienne en France. Ses principaux opéras sont ceux du *Peintre amoureux*, l'*Ile des fous*, *la Fée Urgèle*, *Nina* et *Lindor*, etc., etc.

DUNKERQUE (en flamand, *église des dunes*), port de mer et ville forte, sur l'Océan, chef-lieu d'arrondissement du département du Nord, à 19 lieues et demie de Lille. Population, 24,940 habitants. Fondée par Beaudouin, comte de Flandre, en 960 sur les ruines d'une chapelle bâtie par saint Éloi, cette ville appartint à plusieurs familles puissantes. Cédée à Charles-Quint en 1529, elle fut reprise, après de grandes vicissitudes, par les Français en 1658, cédée aux Anglais et achetée par Louis XIV en 1662. Dunkerque a un bon port, un tribunal de première instance et de commerce, une bourse, des entrepôts de sel, une bibliothèque de 18,000 volumes, un commissariat de la marine, un collège, des écoles de dessin, architecture et plastique. On y pêche la morue et le hareng.

DUNOIS, petit pays de France dans la Beauce. *Châteaudun* en était la capitale. Il avait titre de comté. Après avoir appartenu aux comtes de Blois et de Chartres, il passa dans la maison de Châtillon et ensuite dans celle d'Orléans, qui le transmit à une branche illégitime, nommée *Orléans-Longueville*. Cette branche le posséda jusqu'en 1707, époque où il revint à la couronne. Il forme aujourd'hui une partie du département d'Eure-et-Loir.

DUNOIS (Jehan, bâtard D'ORLÉANS, comte DE) et DE LONGUEVILLE, fils naturel de Louis de France, duc d'Orléans, né en 1403 ou 1407 à Paris. Il s'enrôla dans les troupes françaises, et commença sa carrière militaire par la défaite de Warwick et de Suffolk, généraux anglais. Il défendit Orléans contre toutes les forces des Anglais. Il se battit ensuite à Beaugency, à Patai, et contribua beaucoup à les chasser d'une grande partie de la France, de la Normandie et de la Guyenne. Il leur enleva Blayes, Fronsac, Bayonne et Bordeaux. Il obtint le comté de Dunois en 1439, et fut nommé grand chambellan et comte de Longueville en 1443. Dunois, à qui Louis XI avait ôté ses charges et ses gouvernements, entra dans la ligue du bien public contre ce prince. Rentré en faveur avec lui, il mourut en 1468.

DUNS-SCOT (Jehan), dit *le Docteur subtil*, né à Dunstow en Écosse, entra dans l'ordre de Saint-François, et s'y distingua par sa subtilité à expliquer les principes de la théologie et de la philosophie. Il donna des leçons de ces deux sciences à Oxford et à Paris. Ses partisans furent nommés *scotistes*, par opposition aux *thomistes*, partisans de la doctrine de saint Thomas. Duns-Scot mourut en 1308. On a de lui douze volumes in-fol.

DUNSTAN (Saint), né dans le comté de Sommerset en 924, fut introduit à la cour d'Edmond, roi d'Angleterre. Il se retira ensuite dans une cellule pour éviter les calomnies qui pesaient contre lui. Bientôt il obtint la réputation de saint, et on s'imagina qu'il avait des conversations avec le diable, et qu'il possédait le don des miracles. Appelé de nouveau à la cour, il fut nommé confesseur et ministre du roi, et s'attacha à la réforme monastique de l'Angleterre. Après la mort d'Edred, il s'éleva contre l'union du roi Edwy et d'Ethelgive, et fut forcé de se retirer en Flandre. Rappelé par le roi Edgar, il fut nommé archevêque de Cantorbéry, légat de Jean XII, et mourut en 988. On célèbre sa fête le 19 mai.

DUO (mus.), composition pour deux parties concertantes, vocales ou instrumentales. Le duo instrumental est toujours pour deux instruments seuls. Le duo vocal est accompagné le plus souvent par un orchestre, un piano, etc. Les Italiens le nomment *duetto*.

DUODÉCIMAL, système de numération arithmétique, dont la base est le nombre 12. Quoique ce système ait plus d'avantages que celui qui a été adopté, parce que 12 a plus de diviseurs que 10, on lui préfère cependant le système décimal, qui a pour base le nombre 10, et qui est en usage.

DUODÉNITE, inflammation du *duodénum*, caractérisée par une douleur sourde et profonde dans l'épigastre, de la soif, des nausées, des vomissements bilieux, des urines safranées, la constipation, une teinte jaunâtre et la fièvre. Sa terminaison est heureuse si l'inflammation ne se prolonge pas à l'estomac ou au foie. Sa marche est la même que celle des phlegmasies.

DUODÉNUM, le premier des intestins grêles, dont la longueur est de douze travers de doigt. Il occupe la partie profonde de l'abdomen. Son extrémité supérieure se joint à l'estomac, au niveau du pylore. Son extrémité inférieure se continue avec le jéjunum. Il reçoit de l'estomac les substances alimentaires, élaborées par cet organe. Il leur fait subir une nouvelle élaboration, qui consiste dans la pénétration des fluides muqueux, des sucs biliaires, pancréatiques, et dans la séparation de la pâte chymeuse en deux parties, l'une nutritive, destinée à être absorbée, l'autre excrémentitielle, devant être rejetée au dehors.

DUPATY (Charles-Marguerite-J.-B. Mercier), né à la Rochelle en 1744, entra en 1767 au parlement de Bordeaux comme avocat général. Ayant embrassé le parti de la Chalotais en 1770, il fut enfermé au château de Pierre-en-Cise, et fut envoyé en exil jusqu'en 1774. Réintégré dans ses fonctions, il obtint du roi la charge de président à mortier. Il vint ensuite s'établir à Paris, et y acheva ses *Recherches sur les lois criminelles* (1788) et ses *Lettres sur l'Italie*. Il mourut en 1788. — Son fils Charles, né à Bordeaux en 1771, après avoir exercé l'art militaire et la jurisprudence, étudia la sculpture. Il remporta le grand prix de Rome, et mourut en 1825. Ses principales sculptures sont *Périclès visitant Anaxagore*, *Philoctète*, *la tête de Pomone*, *Ajax*, etc., etc.

DUPERRON (Jacques Davy), né à Berne en 1556. Instruit dans les mathématiques, le grec, l'hébreu et la philosophie, il vint professer ces sciences à Paris. Il obtint la place de lecteur de Henri III. Ayant embrassé l'état ecclésiastique, il reçut de Henri IV, à cause de ses complaisances pour Gabrielle d'Estrées, l'évêché d'Évreux (1591). Duperron détermina ce prince à embrasser la religion catholique, et obtint du pape la levée de l'interdit lancé contre la France. Nommé cardinal, chargé des affaires de France (1604) et archevêque de Sens, il prit part à plusieurs disputes théologiques. Il mourut en 1618.

DUPETIT-THOUARS (Aristide), né près de Saumur en 1760, entra au régiment de Poitou. Nommé en 1778 garde-marine, il se distingua dans la guerre contre l'Angleterre en Amérique. Parti ensuite pour aller à la recherche de la Pérouse (1792), il fut fait prisonnier par les Portugais, et envoyé à Lisbonne. Rendu à la liberté, il partit pour l'expédition d'Égypte et fut surpris par l'amiral anglais Nelson dans la rade d'Aboukir, il fut tué après un combat long et sanglant.

DUPHOT (Léonard), né à Lyon en 1770, entra en 1785 dans le soixante et unième régiment de ligne. En 1792, il fut nommé adjudant major du régiment des volontaires du Cantal. Nommé général de brigade à l'armée d'Italie, il fut chargé par Napoléon (1796) d'organiser les nouvelles troupes de la république cisalpine. Il accompagna à Rome en 1797 Joseph Bonaparte, ambassadeur près de la cour de cette ville. Un attroupement s'étant formé autour du palais des ambassadeurs, Duphot fut tué par un soldat des troupes du pape en voulant le dissiper. À la nouvelle de sa mort, le directoire fit marcher des troupes sur Rome et s'empara de cette ville.

DUPIN (Louis-Ellies), né à Paris en 1657, embrassa l'état ecclésiastique et fut nommé docteur en Sorbonne (1684). Nommé professeur de philosophie au collège royal de Paris, il fut exilé en 1703 pour avoir signé le *cas de conscience*. Il s'occupa beaucoup de la réunion des Églises romaine et anglicane. Dupin mourut en 1719. Il s'était fait de nombreux ennemis. Ses ouvrages sont une *Bibliothèque universelle des auteurs ecclésiastiques*, en soixante et un volumes in-8°, une *Histoire abrégée de l'Église*, une *Histoire profane*, une *Histoire des Juifs*, etc., etc.

DUPLEIX (Joseph-François), négociant français, fut envoyé dans l'Inde en 1731 pour y diriger la colonie de Chandernagor. Nommé en 1742 gouverneur général de Pondichéry, il étendit le commerce de cette colonie dans toutes les provinces du Mogol. Jaloux de la prise de Madras par la Bourdonnais (1746), il le dénonça comme traître à la cour de France, et le fit mettre à la Bastille. Il défendit en 1748 Pondichéry, et força les Anglais de lever le siège. Mais ayant été battu, il fut rappelé en France et mourut en 1763.

DUPLEIX (Scipion), né à Condom en 1566, fut maître des requêtes de la reine Marguerite (1605). Il devint ensuite historiographe de France, et mourut en 1661. Il a laissé d'importants ouvrages; les principaux sont une *Histoire de France*; une *Histoire romaine*, les *Mémoires des Gaules*, un *Cours de philosophie*, etc.

DUPLESSIS—MORNAY. Voy. Plessis-Mornay (Philippe du).

DUPLICATA, le double d'un acte, d'une dépêche, d'un brevet, etc. On doit toujours faire un *duplicata* pour les actes de l'état civil. — Ce mot se dit aussi du repli du parchemin redoublé de certaines lettres de chancellerie, sur lequel on écrit les arrêts d'enregistrement, de vérification, de prestation de serment.

DUPLICATION, action de doubler une quantité ou sa multiplication par le nombre 2. La *duplication du cube* est un problème de géométrie qui a beaucoup occupé les géomètres anciens. Il consiste à construire un cube double d'un cube donné en volume.

DUPLICATURE (anat.), mot qui désigne les plis que font les membranes en s'adossant avec elles-mêmes.

DUPONDIUM, poids et monnaie des Romains, valait 2 livres ou 2 as.

DUPONT DE NEMOURS (Pierre-Samuel), né à Paris en 1739, entra dans la société des *économistes*. Il aida dans ses travaux son ami Turgot, ministre des finances. Nommé conseiller d'État, il fut député aux états généraux par le bailliage de Nemours, et se montra parmi les défenseurs de la monarchie déchue. Député au conseil des cinq-cents par le Loiret, il passa aux États-Unis, et ne revint en France qu'en 1799. Président de la chambre de commerce, il mourut en 1817. Ses ouvrages sont ses *Études sur les sciences*, les *institutions sociales* et le *langage des animaux*, la *Philosophie de l'univers*, plusieurs traductions et un grand nombre d'écrits sur le commerce.

DUPORT (Adrien), né à Paris vers 1760, conseiller au parlement à la chambre des enquêtes, fut nommé député de la noblesse de Paris aux états généraux. Député à l'assemblée nationale, il fut un des commissaires nommés pour entendre les déclarations du roi et de la reine sur leur départ de Paris (1791). Président de l'assemblée constituante, puis du tribunal criminel de la Seine, il fut arrêté par ordre de Danton et mis bientôt en liberté. Il demanda l'inviolabilité de Louis XVI. Il mourut en 1800.

DUPORT-DUTERTRE (Marguerite-Louis-François), né à Paris en 1754, entra au barreau en 1777, et y acquit une grande réputation. Électeur de Paris en 1788, il devint substitut du procureur général de la commune. En 1790 il fut nommé ministre de la justice, et obtint la confiance de Louis XVI. Rentré dans la vie privée en 1792, il fut compris dans un décret d'accusation et condamné à mort par Barnave (1793).

DUPORTAIL (N...), d'abord officier dans l'arme du génie, suivit Lafayette en Amérique, contribua beaucoup à ses succès, et obtint le grade de brigadier des armées du roi, et celui de maréchal de camp peu après (1788). Soutenu par Lafayette, il fut nommé en 1790 ministre de la guerre. Dénoncé et frappé d'accusation en 1791 et 1792, il se tint caché jusqu'en 1794. À cette époque il passa en Amérique. Il allait rentrer en France en 1802, lorsqu'il mourut pendant la traversée.

DUPRAT (Antoine), né à Issoire (Auvergne) en 1463, fut précepteur de François Ier. Il devint au couronnement de ce prince lieutenant général d'un bailliage (1497), premier président du parlement de Paris (1507) et chancelier de France (1516). C'est lui qui engagea François Ier à abolir la pragmatique sanction, à vendre les offices judiciaires et à créer des rentes sur l'hôtel de ville. Après la mort de sa femme, il embrassa l'état ecclésiastique, devint archevêque de Sens, cardinal (1527). Il mourut en 1535.

DUPUIS (Charles-François), né à Trie-le-Château (Oise) en 1742. Il fit ses classes au collège de Vernon, et fut nommé professeur au collège d'Harcourt. Dupuis se livra alors avec ardeur à l'étude de l'astronomie et de l'antiquité, et fut admis à l'académie des belles-lettres en 1788. Il fut ensuite successivement député et secrétaire de la convention, membre du conseil des cinq-cents et président du corps législatif. Dupuis mourut en 1809. Ses ouvrages sont l'*Origine de tous les cultes* ou *Religion universelle* (1795), un *Mémoire explicatif du zodiaque chronologique et mythologique*, etc.

DUPUY (Raymond), grand maître de l'ordre de Saint-Jean de Jérusalem, succéda en 1120 à Gérard. Il naquit dans le Dauphiné ou le Languedoc. Raymond établit une milice pour défendre la religion contre ses ennemis. Il rassembla le premier chapitre général, et proposa de nouvelles constitutions, confirmées en 1123 et 1130 par Calixte II et Innocent II. Il accompagna Baudouin IV, roi de Jérusalem, au siège d'Ascalon, et mourut en 1160, révéré comme un bienheureux.

DUPUY (Pierre), né à Paris en 1582 d'un conseiller au parlement, se livra avec ardeur à la recherche des *droits du roi*, et à l'inventaire du trésor des chartes. Reçu conseiller au parlement et garde de la bibliothèque du roi, il mourut en 1651. Ses principaux ouvrages sont un traité sur les *Droits du roi touchant plusieurs seigneuries*, des *Preuves des libertés de l'Église gallicane*, *Histoire de la condamnation des Templiers*, un *traité de la loi salique*, une *Histoire des favoris*, etc., etc.

DUPUY (Dominique), né à Toulouse en 1764, entra en 1783 dans le régiment d'Artois. En 1791, il fut nommé commandant en second du bataillon des volontaires de la Haute-Garonne. Il passa ensuite à l'armée des Alpes (1792), et fut aide de camp du général Brunet. Il suivit Napoléon dans la guerre d'Italie, comme chef de brigade. Nommé commandant de la ville de Milan, il suivit ensuite Bonaparte en Égypte, à Malte, à Alexandrie, et fut commandant du Caire. Le 21 octobre 1798, Dupuy fut blessé mortellement en voulant comprimer une sédition.

DUPUYTREN (Guillaume), né à Pierre-Buffières (Haute-Vienne) en 1777, se livra à l'étude de la médecine. En 1795 il était prosecteur de l'école de médecine à Paris, en 1801 chef des travaux anatomiques. En 1812, il obtint la chaire de médecine opératoire. Chirurgien en chef de l'Hôtel-Dieu, Louis XVIII le choisit pour son premier chirurgien. Dupuytren mourut en 1835. Il s'est fait une grande renommée par ses heureuses cures. Il fut appelé pour examiner la blessure du duc de Berry, lors de l'assassinat de ce prince. On a de lui plusieurs *mémoires*.

DUQUESNE (Abraham), né à Dieppe en 1610, se destina à la marine. Il fit sa première campagne à l'attaque des îles Saint-Honorat et Sainte-Marguerite, et contribua beaucoup à la défaite des Espagnols à Cattaro. Il se distingua devant Tarragone (1641), devant Barcelone (1642), etc. Duquesne alla ensuite en Suède, et fut nommé vice-amiral de la flotte suédoise (1644). Revenu en France, il reçut le commandement d'une escadre destinée à l'expédition de Naples (1647). Créé lieutenant général et commandant de 30 vaisseaux de ligne, il défit Ruyter, amiral hollandais, et vainquit les Anglais et les Espagnols (1676). En 1683, il défit et soumit les corsaires de la Méditerranée. Il mourut en 1688.

**DURANCE** (autrefois le *Durantonus*), rivière française qui a sa source dans les Alpes, parcourt les départements des Hautes et Basses-Alpes, de Vaucluse, des Bouches-du-Rhône, et se jette le Rhône entre Avignon et Tarascon. La Durance est très-rapide, flottable, et cause des inondations terribles. Son cours est de 60 lieues.

**DURANDAL** (*Durandau*, *Durandart*), nom que les romanciers et l'Arioste donnent à l'épée du paladin Roland, neveu de Charlemagne. On la disait forgée par des forgerons mystérieux habitant les montagnes du Nord. Roland, en mourant, la brisa. D'autres poëmes disent qu'il l'enfonça dans un marais où Charlemagne la retrouva.

**DURANGO**, un des dix-neuf Etats qui composent la confédération mexicaine, entre ceux de Chihuahua, de Sonora y Cinaloa, de Xalisco, de Zacatecas, de Cohahuila et le territoire du Nouveau-Mexique. Sa superficie est de 6,000 lieues carrées, et sa population de 170,000 habitants. Il possède de riches mines d'argent, parmi lesquelles on distingue celles de *San-Pedro de Batopilas*, de *Nombre de Dios* et de *Parras*. Sa capitale est *Durango*, à 170 lieues de Mexico, avec un évêché et 20,000 habitants. Cet Etat est habité par les Indiens *Mecos*, descendants des *Chichimèques*, et dont les mœurs sont très-féroces, et par les *Tarahumara*.

**DURANTE** (Francesco), compositeur italien, né à Naples en 1693, étudia les règles de la composition sous Scarlatti, Pasquini et Pittoni. Maître d'accompagnement au conservatoire de Sant' Onufrio (1715), il devint en 1718 chef de celui *di Poveri di Giesu-Cristo* jusqu'en 1740. Maître du conservatoire de Sant'-Onufrio en 1745, il mourut en 1755. Durante se livra à la composition de la musique d'église. On a de lui dix messes, treize motets, neuf solféges, trois hymnes, quatorze psaumes, etc.

**DURANTI** (Jean-Etienne), fils d'un conseiller au parlement de Toulouse, fut fait capitoul en 1563, puis avocat général et premier président au parlement de cette ville (1581). Il y fonda le collége de l'Esquille, et établit deux confréries, l'une pour marier les pauvres filles, l'autre pour soulager les prisonniers. Duranti fut toujours opposé à la Ligue. Il fut tué en 1589, en voulant apaiser une sédition. On lui a attribué un traité *des Cérémonies de l'Eglise*.

**DURAS**, famille noble de Guyenne, portait originairement le nom de DURFORT. *Jacques-Henri Durfort*, duc de DURAS, neveu de Turenne, servit dans toutes les guerres de Louis XIV, et fut nommé gouverneur de la Franche-Comté et maréchal de France (1675). Il eut le commandement de l'armée d'Allemagne (1688-1689). Nommé capitaine des gardes du corps, il mourut en 1704. Sa terre de Duras fut érigée en duché en 1685. — Son fils fut maréchal de France, et fut nommé commandant de la garde nationale au commencement de la révolution. Il mourut en 1789. Son petit-fils, premier gentilhomme de la chambre du roi, fut forcé de s'exiler pour sauver ses jours. Il rentra sous Bonaparte, fut nommé par Louis XVIII maréchal de camp et pair de France. Son épouse, fille du comte de Kersaint, et morte en 1828, s'est distinguée par ses romans d'*Ourika* et d'*Edouard*.

**DURAZZO**, autrefois *Dyrrachium*, ville de Roumili, S.-O., dans le sandjakat d'Ilbessan, sur le golfe de Venise, à 25 lieues de Scutari et 24 de Brindes. Population de 9,000 âmes. Elle a un port commerçant, un archevêché grec et un évêque catholique. Cette ville fut fondée par une colonie de Corcyréens (623 av. J.-C.). Elle fit un accueil honorable à Cicéron pendant son exil.

**DURBEC**, sorte de passereaux conirostres, distingués par leur bec très-fort et bombé, recourbé supérieurement, des narines arrondies et cachées par de petites plumes, une langue épaisse et émoussée à sa pointe. Cet oiseau, dont le corps a huit pouces de long, a la tête, le croupion, la queue, la gorge, le cou, la poitrine et le dos d'un brun mêlé de gris et de rose. Les durbecs habitent l'Europe, l'Asie et l'Amérique.

**DUREAU DE LA MALLE** (J.-B.-Joseph-René), né à Saint-Domingue en 1742. Après d'excellentes études au collége de Plessis, il se consacra à l'étude des langues anciennes et modernes. Lié avec tous les grands hommes de l'époque, il traduisit en français plusieurs auteurs latins, l'*Achilléide* de Stace, les *Argonautes* de Valerius Flaccus, le *Traité des bienfaits* de Sénèque, *Salluste*, *Tacite*, etc. Nommé membre du conseil général de son département, il fit partie en 1802 de l'assemblée législative, et mourut en 1807. Il avait commencé la traduction de *Tite Live*.

**DURE-MÈRE** ou **MÉNINGE**, la plus extérieure des trois membranes qui enveloppent l'encéphale. C'est une membrane fibreuse, dure, demi-transparente, d'un blanc perlé, épaisse et résistante. Elle tapisse la cavité du crâne, et se prolonge dans le canal vertébral sous la forme d'un gros tuyau cylindroïde, qui renferme la moelle épinière. Elle renferme le cerveau. Sa face interne est lisse, brillante et recouverte par l'arachnoïde. Sa face externe est inégale et floconneuse.

**DURER** (Albert), peintre et graveur, né à Nuremberg en 1471, fut d'abord apprenti d'un orfèvre. Il étudia ensuite la peinture sous Michel Wolfmut. Après avoir voyagé en Italie, en Allemagne, en Flandre, etc., il revint dans sa patrie. L'empereur Maximilien le combla de bienfaits et le fit gentilhomme. Cet artiste a perfectionné la gravure sur bois et a inventé la gravure en clair-obscur et à l'eau-forte. Durer mourut en 1528. Ses ouvrages montent à plus de douze cents. Ce sont l'*Arc de triomphe de Maximilien I<sup>er</sup>*, en 92 planches, le *Jugement de Paris*, *la Sorcière*, etc.

**DURHAM**, comté d'Angleterre entre ceux d'Yorck, de Northumberland, de Westmoreland et de Cumberland, et la mer du Nord. Sa superficie est de 45 milles géographiques carrés, et sa population de 177,805 habitants. C'est un pays montueux stérile à l'O., uni et fertile à l'E. Il produit des grains, du lin, des moutardes, de la houille, de la laine, du plomb et du fer. La capitale est *Durham*, sur le Wear, siége d'un évêché, à 108 lieues de Londres. Population, 10,000 habitants. On y fabrique de très-beaux tapis.

**DURILLON**, petite tumeur dure, due à l'épaississement de la peau des pieds ou des mains, et causée par les frottements auxquels ces parties sont exposées. On l'observe chez les ouvriers et les personnes qui marchent beaucoup. Souvent les durillons viennent sans aucune cause connue, comme les verrues. — On nomme encore ainsi des plaques dures, élevées, qui se forment chez les bêtes de charge ou de trait dans les parties soumises au frottement exercé par le collier, la selle, le bât, etc.

**DUROC** (Michel), né à Pont-à-Mousson (Meurthe) en 1772, fut reçu lieutenant d'artillerie en 1793. Il se trouva au siége de Toulon, et s'y lia avec Napoléon. Aide de camp du général Lespinasse dans la guerre d'Italie, il remplit ensuite les mêmes fonctions auprès de Napoléon. Il suivit ce héros en Egypte, et fut nommé chef de brigade. A son retour il prit une grande part à la révolution du 18 brumaire. Nommé ensuite gouverneur des Tuileries, premier aide de camp de l'empereur, grand maréchal du palais et duc de Frioul, il fut envoyé dans plusieurs cours du Nord, et suivit Napoléon dans toutes ses campagnes. En 1806, il fut employé comme négociateur avec la Prusse. Nommé sénateur en 1812, il suivit l'empereur en Allemagne, et fut tué par un boulet à la bataille de Bautzen (22 mai 1813).

**DUROSOY** (Barnabé-Firmin), né à Paris en 1745 ou 1747, se consacra à la littérature. Il débuta en 1767 par *Mes dix-neuf ans* et des poëmes sur les sens, le génie et l'esprit. Il fut enfermé à la Bastille pendant trois mois (1770) pour des ouvrages nommés *les Jours* et *le Nouvel ami des hommes*. A l'époque de la révolution, il se proclama partisan de la monarchie déchue, et rédigea un journal, *la Gazette de Paris*, dans lequel il attaquait les hommes les plus marquants de cette époque. Arrêté le 10 août 1792, il fut condamné à mort et exécuté le 25. On a de lui plusieurs tragédies et opéras.

**DURYER** (André), sieur de MALEZAIS, né à Marcigny ou Marcilli (Saône-et-Loire), gentilhomme ordinaire de la chambre du roi, et chevalier du Saint-Sépulcre. Il séjourna longtemps à Constantinople, où le roi de France l'avait envoyé. Consul en Egypte, il mourut vers le milieu du XVII<sup>e</sup> siècle. On a de lui une *Grammaire turque* (1630), une *traduction* de l'Alcoran (1647), une *version* française de l'*Empire des roses*, par Saadi.

**DURYER** (Pierre), historiographe de France, né à Paris en 1605, reçu à l'académie française en 1646, fut secrétaire du roi, puis de César, duc de Vendôme. Il mourut en 1658. Il a laissé un grand nombre de pièces, *Alcyonée*, *Lucrèce*, *Esther*, *Thémistocle*, *Saül* et *Scévola*.

**DUSIENS** (myth.), nom que les anciens Gaulois donnaient aux démons impurs nommés par les Latins *incubi* ou *fauni*.

**DUSODYLE**, combustible fossile et bitumineux, qui répand en brûlant une odeur très-fétide, et se présente en masses feuilletées, très-élastiques, d'un gris verdâtre ou jaune sale. Plongé dans l'eau, les feuillets se séparent, deviennent translucides et flexibles. Il brûle en répandant une odeur combinée de bitume et d'ail. La combustion laisse un résidu terreux. Le dusodyle se trouve en Sicile, en Auvergne, sur les bords du Rhin, etc.

**DUSSAULX** (Jean), né à Chartres en 1728. Après avoir fait en qualité de commissaire de gendarmerie les campagnes de Hanovre, il se livra à la littérature, et fut reçu membre de l'académie des inscriptions (1776). Peu de temps après, il devint secrétaire du duc d'Orléans. Il embrassa les pincipes de la révolution avec une grande modération, et fut admis à l'assemblée législative (1792). Dans le procès de Louis XVI, il vota la détention jusqu'à la paix, l'appel au peuple et le sursis. Il fut nommé en 1796 président du conseil des anciens, et mourut en 1799. Ses ouvrages sont une *Traduction des satires de Juvénal*, *de la Passion du jeu*, des *Mémoires*, etc., etc.

**DUSSEK** (Jean-Louis), né à Czaslau (Bohême) en 1760, étudia très-jeune la composition, et se distingua comme pianiste. Il voyagea en Hollande, dans le nord de l'Europe, en Prusse, resta à Paris jusqu'à l'époque de la révolution, et visita ensuite l'Angleterre. Il resta dans ce pays jusqu'en 1800. Dussek, mort à Paris en 1812, a publié plusieurs concertos, symphonies, sonates, duos, fantaisies, etc. Ses pièces les plus estimées sont *les Adieux à Clémenti* et *le Retour à Paris*.

**DUSSELDORF**, district de la province de Juliers-Clèves-Berg (Prusse), situé sur les deux rives du Rhin. Sa superficie est de 96 milles géographiques carrés, et sa population de 623,000 habitants. Il se divise en onze cercles. Celui de *Dusseldorf* a 6 milles et demi géographiques carrés, et sa population est de 54,400 habitants. — Sa capitale est *Dusseldorf*.

**DUSSELDORF**, au confluent de la Dussel et du Rhin. Population, 26,000 habitants. C'était autrefois la capitale du duché de Berg. Elle a plusieurs établissements d'instruction, un observatoire, une belle collection d'instruments de physique, et une galerie de tableaux établie en 1690, et renfermant avant 1805 trois cent soixante-cinq tableaux originaux, un gymnase, une école des beaux-arts, des filatures, des papeteries, des fabriques de glaces, cuirs, sucre, draps, coton, etc.

**DUTILLET** (Jean), évêque de Saint-Brieux, puis de Meaux, mort en 1570. Ses ouvrages sont un *Traité de la religion chrétienne*, une *Chronique* latine des rois de France depuis Pharamond jusqu'en 1547. Elle a été mise en français, et continuée jusqu'en 1604, etc. — Son frère JEAN DUTILLET, greffier en chef du parlement de Paris, est connu par plusieurs ouvrages; les principaux sont un *Traité sur la majorité de François II* (1560), *Histoire de la guerre des Albigeois*, un *Recueil des rois de France*. — GUILLAUME-LOUIS DUTILLET, né en 1729, fut sacré évêque d'Orange en 1774. Député aux états généraux de 1789, il proposa au clergé de subvenir aux dépenses de l'État. Il refusa de prêter le serment exigé par la nouvelle constitution du clergé, et mourut en 1794.

**DUUMVIRS**, magistrats romains qui remplissaient une charge au nombre de deux. Les *duumviri sacrorum* étaient des magistrats patriciens préposés par Tarquin à la garde des livres sybillins dans lesquels on croyait qu'étaient écrites les destinées de l'empire romain. Les duumvirs exercèrent cette fonction jusqu'à l'an de Rome 388. Les tribuns nommèrent à cette époque dix gardes des livres sibyllins choisis parmi les patriciens et les plébéiens. Les *duumviri perduellionis* ou *capitales* furent établis par Tullus Hostilius pour juger les crimes de trahison. Le nom de *duumvirs* était aussi donné : 1° aux capitaines de vaisseau lorsqu'ils étaient deux sur le même bord ; 2° aux magistrats choisis parmi les centumvirs, et qui avaient à peu près les mêmes attributions que les consuls. Ils marchaient précédés des haches et des faisceaux. On les nommait *quinquennales*, parce que leur charge durait cinq ans. Les duumvirs furent remplacés par les décemvirs.

**DUVAL** (Valentin JAMERAY), né en 1693 à Arteinay (Champagne). Orphelin à dix ans, fils d'un pauvre laboureur, il fut forcé de s'expatrier, et alla servir comme pâtre les ermites de Sainte-Anne, près Lunéville. Il apprit dans les bois l'arithmétique, l'astronomie et la géographie. Recueilli par les princes de Lorraine, il alla étudier chez les jésuites de Pont-à-Mousson. Le duc Léopold le nomma son bibliothécaire et professeur d'histoire à l'académie de Lunéville. Il fut ensuite appelé à Vienne par l'empereur François Ier pour former un cabinet de médailles, et mourut en 1775.

**DUVET**, menue plume qui couvre le corps d'un très-grand nombre d'oiseaux. Il se compose de plumes fines et déliées placées au-dessous des plumes ordinaires. Il est abondant chez les oiseaux de nuit et les palmipèdes. Il est, chez ces derniers, enduit d'une matière huileuse qui empêche l'eau d'y pénétrer. Le duvet est recherché pour la confection des couchettes, des oreillers, etc. — Les botanistes donnent ce nom à une sorte de coton plus ou moins épais qui recouvre les feuilles ou les tiges de certaines plantes.

**DWINA**, rivière de Russie, formée par la jonction de la Soukhona et du Youg qui se réunissent à Oustioug-Veliki. Elle se jette dans la mer Blanche, après avoir reçu la *Vitchegda*, la *Vaga*, la *Pinega*, l'*Oufluga* et la *Pianda*. Son cours est de 140 lieues. Sa navigation est sûre. Elle a longtemps fourni le seul canal d'exportation de la Russie.

**DWINA** ou **DUNA**, grande rivière de Russie, qui descend du lac Duna sur les confins du gouvernement de Tver, traverse ceux de Vitebsk, Pskov, sépare la Livonie de la Courlande, et se jette dans le golfe de Riga à Dunemonde, après avoir reçu la *Meja*, la *Toropa* et la *Casplia*. Elle est poissonneuse et très-utile au transport du bois, mais la navigation est gênée par de nombreuses cataractes. Son cours est d'environ 180 lieues.

**DYCK** (VAN). Voy. VAN-DICK.

**DYKE** (géol.), masse de filons et de roches aplatie en forme de muraille, qui remplit l'intervalle entre les deux parois d'une fracture, et qui, se prolongeant presque toujours en ligne droite, interrompt ainsi la continuité des couches de part et d'autre. Ces dykes sont formés par des matières d'origine ignée ou analogues aux roches volcaniques. Les porphyres, les basaltes, etc., en sont les roches les plus communes.

**DYLE**, rivière de Belgique, qui prend sa source dans l'ancien Brabant, se joint à la Nethe, forme la Rupel, et se jette dans l'Escaut. — La *Dyle* a été autrefois un département français, formé de la Flandre autrichienne et du Brabant, et situé entre les départements des deux Nethes, de la Meuse-Inférieure, de l'Ourthe, de Jemmapes, de l'Escaut et de Sambre-et-Meuse. Sa superficie était de 342,848 hectares.

**DYN** ou **DIN**. Ce mot désigne en arabe la foi dans les croyances religieuses et le chemin pour arriver à Dieu et au bonheur. Les mahométans donnent ce nom à la doctrine de leur prophète et à leur religion. Ce nom entre dans la composition de plusieurs noms propres.

**DYNAMIE** (du grec *dunamis*, force, puissance), nom donné par les mécaniciens à la force qui est capable d'élever un kilogramme à un mètre de hauteur. Pour mesurer les forces, c'est-à-dire leurs effets, il faut prendre l'un de ces effets pour terme de comparaison. Cette *unité dynamique* est la *dynamie*. Ainsi une force vaut 600 dynamies; cela indique qu'elle est capable d'élever 600 kilogrammes à un mètre de hauteur dans un espace de temps convenu. Les nombres des dynamies qui mesurent une force se nomment *quantité d'action*, *effet dynamique*, *puissance mécanique*, *moment d'activité*. On nomme *grande dynamie* une unité mille fois plus grande que la dynamie. C'est une force capable d'élever le poids de 1,000 kilogrammes à un mètre de hauteur.

**DYNAMIQUE**, partie de la mécanique qui a pour objet les lois du mouvement des corps ou les lois de l'action des forces motrices. L'*effet dynamique* est l'effet que produisent des forces qui font sortir un corps du repos.

**DYNAMOMÈTRE**, instrument inventé par M. Regnier, et qui sert à mesurer et à comparer la force relative des hommes et des bêtes de trait. On s'en sert aussi pour apprécier la résistance des machines et évaluer les puissances motrices. Il consiste en un peson à ressort dont la tension déterminée par la force qu'on fait agir, fait mouvoir une aiguille sur un cadran divisé en 100 degrés.

**DYNASTE**. En termes d'histoire ancienne, c'étaient de petits souverains dont les États étaient peu considérables, et qui ne régnaient qu'avec la permission ou le bon plaisir des grandes nations. — On donnait le nom de *dynastes* aux dieux qui avaient régné sur l'Égypte. Tels sont *Phta* (Vulcain), *Phrê* (le Soleil), *Chronos* (Saturne), etc. Ces dieux régnèrent selon les chroniques égyptiennes trois mille neuf cent vingt-quatre ans.

**DYNASTIE**, succession des rois issus du même sang. La dynastie des Hébreux commence à Amri et David, celle des Mèdes à Déjocès, celle des Égyptiens à *Phta* ou Soleil, celle des Persans à Cambyse (525 avant J.-C.), celles de la Chine à Hia (2224 avant J.-C.). Ce royaume a eu vingt-deux dynasties. La plus puissante dynastie turque commence à Othman l'an 1288. L'Angleterre depuis 830 a eu cinq dynasties de rois; la première commence à Egbert; l'Écosse a eu trois dynasties depuis Fergus (411), la France trois (voy. CARLOVINGIENS, MÉROVINGIENS, etc.) ; l'Espagne eut plusieurs dynasties de rois dans chacun de ses royaumes ; la Suède a eu sept dynasties ; la Russie en a eu quatre depuis 988.

**DYPTIQUE**. Voy. DIPTYQUES.

**DYSODIE**, nom donné à toutes les maladies caractérisées par des émanations fétides de la bouche, des fosses nasales, de l'estomac, des aisselles, des aines, etc.

**DYSPEPSIE**, difficulté des digestions. La dyspepsie est le plus souvent symptomatique d'une affection de l'estomac ou de quelque autre partie. Quelquefois elle est idiopathique, c'est-à-dire qu'elle n'est liée à aucune autre maladie. On a rapporté cette maladie aux *névroses* de la digestion. Voy.

**DYSPHAGIE**, difficulté d'avaler. Elle est presque toujours symptomatique d'une inflammation, d'une dégénérescence des organes de la déglutition ou d'une occlusion de ce conduit par un obstacle existant dans son intérieur, ou par une tumeur voisine. Quelquefois elle est produite par le spasme ou par la paralysie de l'œsophage.

**DYSPNÉE**, difficulté de respirer. Elle peut être idiopathique ou symptomatique. La dyspnée, quand elle est symptôme, accompagne presque toutes les maladies du thorax.

**DYSSENTERIE** ou **DYSENTERIE**, inflammation des intestins et des entrailles. La *dyssenterie aiguë* est l'inflammation des membranes intestinales caractérisée par la douleur du ventre, l'excrétion de mucosités, le plus souvent sanguinolentes. Elle se montre particulièrement dans l'été et l'automne; lorsque l'atmosphère est humide, et offre des changements rapides dans la température ; elle est commune dans les lieux bas et marécageux, dans les camps, les prisons et parmi les individus de la classe indigente. Les causes sont le froid humide et les aliments indigestes. On la croit contagieuse. Elle succède quelquefois à la diarrhée ou à l'inflammation de quelque autre point des membranes muqueuses. Sa durée est invariable. Sa terminaison est presque toujours favorable, rarement mortelle. Son traitement consiste dans l'emploi des boissons et des clystères mucilagineux, des narcotiques, des purgatifs, des vomitifs et des saignées, etc. — La *dyssenterie chronique* a pour symptômes des douleurs abdominales, des évacuations fréquentes de matières ichoreuses, et le dépérissement progressif. Elle est due à des ulcères intestinaux ou à une entérite chronique.

**DYSTRE**, cinquième mois de l'année syro-macédonienne, qui répond à notre mois de mars et à la fin de février.

**DYSURIE**, difficulté d'uriner. Dans cette affection, les malades rendent l'urine avec douleur; elle constitue le premier degré de la rétention d'urine ou *ischurie*, et se distingue de la *strangurie*, dans laquelle l'urine ne coule qu'avec de grands efforts.

**DYTISQUE**, genre de coléoptères, famille des carnassiers, tribu des hydrocanthares. Ils ont pour caractères des antennes de onze articles diminuant graduellement jusqu'à leur extrémité, la bouche munie de six palpes, des antennes filiformes, le corps bombé en dessus, de grande taille, la tête large, transverse, les yeux globuleux. Ces insectes vivent dans les eaux ; ils sont très-féroces et se nourrissent d'autres insectes. Les dytisques habitent l'Europe.

**DZIGGUETAI** (*dzigtai*, *dshikkeley* ou *hémione*), espèce du genre cheval, connue des anciens. Il habite par troupes de vingt, trente et cent individus, la Mongolie, l'Asie et l'Himalaya. Ces animaux sont de la taille d'un cheval, et ont les formes et les oreilles de l'âne. Ils ont la tête grande, les oreilles grandes et droites, le front plat, l'encolure grêle et la croupe effilée. La queue, nue supérieurement, se termine par un flocon de crins noirs; la couleur de l'hémione est isabelle, sa crinière est noire.

**DZOUNGARIE** ou **DSOUNGARIE**, contrée de l'Asie centrale dans la Tartarie chinoise, entre les monts Alak et Uluks, la petite Boucharie et la Mongolie. Elle renferme un grand nombre de lacs. Elle est habitée par les *Dzoungares*, tribus kalmoukes, au nombre de vingt à trente mille familles.

# E

## EAU

E, la cinquième lettre et la deuxième des voyelles. C'est la cinquième lettre dominicale. Sur les boussoles et en *géographie*, E désigne le point de l'*est*. C'était autrefois la marque de la monnaie fabriquée à Tours. En *musique*, *E mi-la* désignait jadis la note *mi*. E valait 5 chez les Grecs.

EACIDE, roi d'Epire, fils d'Arymbas, frère d'Olympias, mère d'Alexandre le Grand. Les intrigues de Philippe, roi de Macédoine, le privèrent longtemps de son royaume. Il parvint dans la suite à reprendre ses Etats, et accueillit favorablement à sa cour Aridée, frère naturel d'Alexandre le Grand, qui ne se croyait pas en sûreté en Macédoine. Philippe, frère et général de Cassandre, ayant pris de là occasion de lui déclarer la guerre, le vainquit dans une grande bataille. Eacide mourut de ses blessures.

EACIDES, surnom commun à tous les descendants d'Eaque, tels que Pelée, Achille, etc.

EAQUE, fils de Jupiter, régna dans l'île d'Enopie, jadis île de l'Attique, et lui donna le nom de sa mère *Egine*. La peste ayant moissonné tous ses sujets, il pria Jupiter de repeupler son royaume. Le père des dieux exauça sa prière, et changea les fourmis d'un chêne en hommes, nommés depuis *Myrmidons* (en grec, *murmex*, fourmi). Il fut père de Télamon et de Pélée. Eaque était si équitable que les anciens en firent un juge des enfers. Ses descendants furent nommés *Æacides* ou *Eacides*.

EARL (*seigneur, aîné*), titre de noblesse anglaise, jadis le plus élevé, aujourd'hui le troisième de la hiérarchie nobiliaire. Il existait chez les Saxons sous le nom de *ealdermen* ou *eoldermen*. Ce mot correspond au mot latin *comes*. Les earls avaient le gouvernement civil d'un shire ou comté. Après l'invasion des Normands, les earls se nommèrent *counts* ou *countees*. Aujourd'hui, ce n'est plus qu'un titre honorifique, étranger à toute administration. Le roi d'Angleterre attache de ses propres mains l'épée du gentilhomme à qui il confère le titre d'*earl*. Il le traite dans ses lettres de *fidèle et bien-aimé cousin*.

EAST-LOTHIAN, comté d'Ecosse, un des plus fertiles, situé entre ceux de Berwick et d'Edimbourg, et l'anse de Forth. Il a 14 milles géographiques carrés, et 31,200 habitants. Il renferme des mines de houille et des forêts considérables. On le nomme aussi HADDINGTON. La capitale est *Haddington*, à 5 lieues d'Edimbourg.

EATON, bourg d'Angleterre, sur la Tamise, vis-à-vis de Windsor. Il est célèbre par un collège fondé par Henri VI en 1443.

EAU, liquide transparent, incolore, inodore, susceptible de mouiller et de dissoudre une quantité innombrable de corps, élastique et compressible. L'eau passe à l'état de glace à la température de 0 degré. Exposée à l'action de la chaleur, elle se réduit en vapeurs, et bout à la température de 100 degrés centigrades. L'eau conduit très mal le fluide électrique, et réfracte fortement la lumière. Elle est formée de 88,90 parties d'oxygène et de 11,10 d'hydrogène. L'eau se trouve rarement à l'état de pureté ; l'on est forcé souvent de la distiller plusieurs fois pour la ramener à cet état. On distingue l'*eau de pluie*, qui forme les lacs, les citernes ; l'*eau de source*, qui forme les fontaines, les puits, les rivières, etc. ; l'*eau de mer*, bitumineuse, salée et impotable. L'eau était regardée autrefois comme un corps simple, un élément. Quelques philosophes de l'antiquité en avaient fait le principe de toute chose. Elle est un des principaux agents de la végétation. L'eau peut quelquefois changer les objets en pierres par la précipitation des sels qu'elle

## EAU

tient en dissolution, particulièrement le carbonate de chaux. A 4 degrés centigrades (au-dessus de 0), un décilitre d'eau pèse un gramme. A l'état de gaz, l'eau forme les *nuages*, les *vapeurs*, etc. ; à l'état de solide, la *glace*, la *neige*, la *grêle*, etc. On donne encore ce nom à une foule de composés liquides, tels que l'*eau de Cologne*, etc. — *Faire de l'eau*, en marine, c'est remplacer l'eau consommée.

EAU AÉRÉE, nom donné à l'eau qui contient de l'air; il suffit de l'exposer à l'atmosphère pour qu'elle en renferme. L'air contenu dans l'eau est formé de 68 parties de gaz azote et de 32 parties d'oxygène, composition qui diffère de celle de l'air atmosphérique, dans lequel il n'entre que 21 parties d'oxygène sur 100. Ce phénomène dépend de ce que l'eau dissout avec plus de facilité l'oxygène que l'azote. — Autrefois on nommait *eau aérée* celle qui tenait de l'acide carbonique en dissolution.

EAU D'ALUN, dissolution contenant une plus ou moins grande quantité d'alun.

EAU D'ARQUEBUSADE, médicament composé d'alcool et de plusieurs plantes aromatiques, et dont on fait usage dans les contusions, dans les blessures, et particulièrement dans les plaies d'armes à feu. On le nomme aussi *eau vulnéraire spiritueuse*.

EAU DE BARYTE, solution de baryte ou d'un sel de baryte dans l'eau distillée. C'est un des réactifs les plus employés en chimie, surtout pour démontrer la présence de l'acide sulfurique.

EAU BÉNITE. Voy. BÉNIT. — On donne aussi ce nom à une dissolution de six grains de tartrate de potasse et d'antimoine (émétique) dans deux verres d'eau, que l'on administre en deux fois aux malades affectés de la colique de plomb, en ne laissant qu'une demi-heure d'intervalle entre les deux prises.

EAU CÉLESTE, eau distillée (huit onces) dans laquelle on fait dissoudre quatre grains de sulfate de cuivre avec de l'ammoniaque. Cette eau, d'un beau bleu, s'emploie en médecine comme astringente et siccative dans les brûlures, les maladies d'yeux. On la renferme souvent dans des globes de verre, interposés entre une lumière et la personne qui travaille. L'eau céleste sert à reconnaître la présence de l'acide arsénieux.

EAU DE BELLOSTE, liquide résolutif composé d'acide hydrochlorique, de safran et eau-de-vie. L'emploie à l'extérieur.

EAU DE BONFERME (*eau d'Armagnac*, *essence* ou *teinture céphalique*), eau composée d'une once de muscades, girofles et cannelle ; d'une once deux gros de fleurs de grenadier et d'une livre d'alcool. On emploie cette eau comme vulnéraire dans les chutes sur le crâne, les douleurs de tête, etc.

EAU DE BOUQUET (*eau de toilette*), essence formée de deux onces d'alcoolat de miel, une once d'alcoolat de girofles, d'alcoolat d'acore aromatique, de lavande et de souchet long, quatre gros de chaque, quatre onces d'alcoolé sans-pareil, une once un gros d'alcoolé de jasmin, une once d'alcoolé d'iris de Florence et vingt gouttes d'alcoolé de néroli. On emploie cette essence dans les toilettes. On en compose aussi une liqueur de table très-agréable.

EAU DE CHAUX, dissolution de chaux vive, éteinte dans 400 ou 450 parties d'eau. L'eau qui surnage sur la chaux, ou *eau première*, doit être rejetée ; l'eau que l'on aperçoit ensuite, ou *eau seconde*, est employée, en médecine, contre la gravelle, les empoisonnements par les acides et l'oxyde blanc d'arsenic. Elle est blanche,

## EAU

claire, inodore, d'une saveur âcre ou urineuse.

EAU DE COLOGNE. Voy. COLOGNE (Eau de).

EAU DE CRISTALLISATION, quantité d'eau que retiennent un grand nombre de corps en cristallisant, et à laquelle le cristal doit sa transparence.

EAU DE GOUDRON, formée d'une livre de goudron du nord et de 20 livres d'eau. Elle est jaune, odorante, un peu acide, dépurative et diaphorétique. On l'emploie cette eau dans les maladies cutanées, dans le scorbut, les affections de poitrine, les catarrhes.

EAU DE GOULARD, EAU BLANCHE ou EAU VÉGÉTO-MINÉRALE, mélange d'eau pure et d'extrait de Saturne ; on y joint quelquefois de l'alcool ou de l'eau vulnéraire. On l'emploie très-souvent à l'extérieur comme siccative et résolutive, dans les entorses, etc.

EAU DE JAVELLE. Voy. JAVELLE (Eau de). au *supplément*.

EAU DE LAURIER-CERISE, essence que l'on obtient en distillant de l'eau commune sur des feuilles de laurier-rose. Ses propriétés se rapprochent de celles de l'acide hydro-cyanique. La dose d'un ou de deux gros peut déterminer la mort. On l'emploie en médecine comme calmant et anti-spasmodique, contre les palpitations, l'asthme, etc.

EAU DE LUCE, mélange d'ammoniaque, de dix grains de savon blanc, de quatre onces d'alcool, de deux gros d'huile de succin. Cette eau blanche, laiteuse, est employée comme stimulante contre les syncopes, la léthargie, certaines affections nerveuses, et comme caustique contre les piqûres d'insectes ou les morsures d'animaux venimeux.

EAU D'ÉMERAUDES, eau vulnéraire spiritueuse formée d'un mélange d'alcool et du suc de l'angélique, de l'absinthe, de la rue, du persil, etc. On s'en sert pour les douleurs à la tête, les coups au crâne, etc.

EAU DE MAGNANIMITÉ, alcoolat préparé avec la zédoaire, la cannelle, les girofles, le cardamome, le poivre cubèbe, les fourmis rouges et l'alcool. On s'en sert à l'intérieur comme aphrodisiaque, et à l'extérieur, en frictions, contre les paralysies, les atonies, etc.

EAU DE MIEL, mélange de miel de Narbonne, de coriandre, d'écorce de citron, de girofles, de muscades, de benjoin, de storax calamite, de vanille, d'eau de roses, d'eau de fleurs d'oranges et d'alcool. Son odeur est suave. On l'emploie pour la toilette ; on en fait aussi un ratafia.

EAU DE LA REINE DE HONGRIE, alcoolat de romarin, composé d'alcool et de romarin. On l'emploie souvent comme objet de toilette.

EAU DISTILLÉE, eau que l'on fait distiller pour la priver de toutes les substances étrangères qu'elle tenait en dissolution. Cette opération se pratique ordinairement dans un alambic. Cette eau distillée est employée dans les chimistes et les pharmaciens pour dissoudre plusieurs substances, telles que l'émétique, le sublimé corrosif, etc., qui seraient décomposées par l'eau ordinaire.

EAU D'ORGE, boisson que l'on obtient en faisant bouillir dans de l'eau de l'orge mondée de son écorce. On y ajoute quelquefois de la réglisse et du chiendent, etc. Elle est très-employée dans les maladies aiguës.

EAU DE RABEL, mélange d'alcool (trois parties) et d'acide sulfurique concentré (une partie). On l'emploie comme astringente dans les hémorragies.

EAU DES CARMES. Voy. CARMES (Eau des).

EAU DES HYDROPIQUES, nom donné à

la sérosité accumulée dans les membranes séreuses, dans le tissu cellulaire ou dans les kystes, chez les malades affectés d'hydropisie.

EAU-DE-VIE, premier produit liquide que l'on obtient en distillant le vin. Il est composé d'eau, d'alcool, d'une matière huileuse, aromatique, etc. On obtient aussi de l'eau-de-vie avec des grains, des farineux, tels que les pommes de terre, etc. On l'emploie en médecine comme stimulante et résolutive, et en pharmacie comme dissolvant d'un grand nombre de médicaments, pour rendre les boissons stimulantes, etc. Les eaux-de-vie les plus estimées sont celles de *Cognac*, d'*Armagnac*, etc. — On nomme *eau-de-vie allemande* une préparation formée de six livres d'alcool, deux onces de scammonée, huit onces de jalap, une once de racines de turbith. Ce purgatif énergique est employé contre la goutte, les rhumatismes, les hydropisies, etc. — L'*eau-de-vie* camphrée est un soluté de camphre dans l'alcool, employé contre les contusions, les entorses, les luxations, etc. — L'*eau-de-vie caraïbe* est un mélange d'alcool et de gayac. On l'emploie contre la goutte.

EAU DURE, nom donné aux eaux naturelles renfermées dans les puits, les marais, etc., et contenant une grande proportion de sels calcaires, insolubles. Ces eaux ne sont point potables, sont impropres à la cuisson des légumes qu'elles rendent coriaces, et à la dissolution du savon qui y devient grumeleux.

EAU-FORTE. Voy. ACIDE NITRIQUE.

EAU LUSTRALE, nom donné chez les anciens à une eau dans laquelle on éteignait un tison ardent tiré du feu du sacrifice. On plaçait cette eau, réputée sacrée, dans un vase à la porte ou dans le vestibule des temples, et ceux qui y entraient s'en aspergeaient. On plaçait encore de l'eau lustrale dans la maison des morts.

EAU MERCURIELLE, mélange d'eau commune et de proto-nitrate de mercure cristallisé. Cette eau est très-caustique.

EAU MÈRE, partie d'une dissolution qui reste après la cristallisation. Elle peut quelquefois donner de nouveaux cristaux par l'évaporation.

EAU MINÉRALE, dissolution préparée avec quatre grains de tartrate de potasse et d'antimoine (émétique), demi-once de sulfate de soude et trois onces d'eau. Ce liquide est émèto-cathartique.

EAU OXYGÉNÉE, liquide formé en faisant absorber à l'eau 616 fois son volume d'oxygène. Sa densité est de 1,453. Appliqué sur l'épiderme, il le blanchit et y détermine des picotements. Il peut même détruire la peau.

EAU PHAGÉDÉNIQUE, médicament formé en versant un gros de sublimé corrosif dans une pinte d'eau de chaux. Cette liqueur est d'un rouge jaunâtre. On l'emploie contre les contusions et les ulcères vénériens.

EAU RÉGALE (*acide nitro-muriatique*), liquide caustique, provenant de l'action de l'acide nitrique sur l'acide hydrochlorique. Il a seul la faculté de dissoudre l'or. Il est formé d'acide nitreux, de chlore, d'eau, d'acide nitrique et hydrochlorique. Les orfévres s'en servent souvent pour dissoudre l'or, le platine, le palladium, etc. On l'emploie en médecine comme révulsif.

EAU SANS PAREILLE, cosmétique formé d'huiles volatiles de bergamote, de citrons et de cédrat, d'alcool et de romarin. Ce cosmétique est souvent employé.

EAU SECONDE, acide nitrique étendu d'eau en différentes proportions. On s'en sert comme de l'eau-forte dans les arts. — Les peintres appellent ainsi une lessive caustique de potasse ou de soude, qui sert à nettoyer les peintures à l'huile. — C'est encore l'eau de chaux que l'on obtient en versant de l'eau sur la chaux qui a déjà servi à faire de l'eau de chaux.

EAU SURE ou EAU GRASSE, mélange de l'eau avec la farine d'orge fermentée. Elle est trouble et gluante, et se compose d'acide acétique, d'alcool, d'acétate d'ammoniaque, de phosphate de chaux et de gluten. Les amidonniers l'emploient pour faire fermenter la farine.

EAU VITALE, mélange d'eau sucrée et d'eau de rabel. Cette liqueur, d'une acidité agréable, est employée comme tonique et antiseptique.

EAU VULNÉRAIRE SPIRITUEUSE, mélange d'alcool, d'angélique, de fenouil, d'absinthe, de camomille, d'hysope, de lavande, de menthe, d'origan, de marjolaine, etc. On l'emploie comme résolutive contre les contusions, les entorses, les luxations, etc.

EAUX (hydraul.). On nomme *eaux naturelles* celles qui sortant d'elles-mêmes de la terre, se rendent dans un réservoir ; les *eaux artificielles* sont celles qui sont élevées au moyen de machines ; les *eaux jaillissantes*, celles qui s'élèvent d'elles-mêmes du sein de la terre ; les *eaux plates*, celles qui traversent les canaux, les étangs, etc. ; les *eaux courantes*, celles qui ont cours, telles que les rivières, etc. ; les *eaux vives*, celles qui coulent d'une source abondante ; les *eaux folles*, celles qui tarissent aux moindres chaleurs.

EAUX (législ.). Les eaux pluviales sont celles qui tombent du ciel. Ces eaux appartiennent au premier occupant. Les eaux de source font partie de la propriété sur laquelle elles sont établies. Les eaux minérales appartiennent à ceux qui les découvrent. Elles ne peuvent être exploitées sans permission du gouvernement. Les petits lacs, les étangs et les réservoirs appartiennent aux propriétaires. Les parties de canaux, de rivières, etc., qui traversent un bien, peuvent être détournées par le propriétaire de ces biens. Les *eaux dépendant du domaine public*, sont la mer, les fleuves et les rivières.

EAUX ACIDULÉES ou GAZEUSES, eaux minérales transparentes, d'une odeur piquante et d'une saveur fraîche acidule, moussant, rougissant l'infusion de tournesol. Elles sont rafraîchissantes, calment la soif, sont employées dans la faiblesse d'estomac, des viscères abdominaux, etc.; elles excitent les organes digestifs et l'appareil urinaire. Elles doivent leur acidité à l'acide carbonique. Leurs principales sources sont celles de Seltz et du Mont-d'Or.

EAUX ARTIFICIELLES, eaux minérales obtenues en faisant dissoudre dans de l'eau distillée un certain nombre de substances gazeuses et salines dans le but d'imiter les eaux de différentes sources.

EAUX-BONNES, village de France, dans les Basses-Pyrénées, à 8 lieues de Pau. — Population, 800 habitants. On y trouve plusieurs sources d'eaux minérales thermales, employées pour exciter les fonctions de la peau et dans certaines affections chroniques de la poitrine.

EAUX DE L'AMNIOS, eaux que contient l'amnios de la femme pendant la durée de la grossesse, et qui s'écoulent après l'accouchement. Ces eaux contiennent de l'albumine, une matière caséiforme, du sel marin, du phosphate et du carbonate de soude, du carbonate de soude et beaucoup d'eau.

EAUX DES CHEVAUX, maladie qui attaque les pieds des chevaux. Elle est due à la malpropreté dans laquelle on laisse ces animaux, et a pour principal symptôme un suintement de sérosité à travers la peau des pieds. Cette maladie amène la chûte des poils : des lambeaux de chair se détachent, et souvent le sabot se sépare de la couronne.

EAUX DISTILLÉES DES PLANTES, eaux qui ont été distillées sur des plantes. En général, elles sont aromatiques, et possèdent les propriétés médicinales des plantes dont on a fait usage. Elles tiennent en dissolution une plus ou moins grande quantité de l'huile essentielle propre aux plantes. Telles sont l'*eau de fleur d'oranger*, l'*eau de menthe*, etc. On les prépare en distillant l'eau sur des plantes aromatiques, au moyen d'un alambic, et en séparant du produit de la distillation la portion huileuse qui surnage. — On appelait autrefois *eaux distillées spiritueuses* les produits de la distillation de l'alcool sur des plantes aromatiques.

EAUX ET FORÊTS, juridiction ancienne. Connu autrefois sous le nom de *grueries*, *maîtrise* et *table de marbre*, ce tribunal jugeait à différents degrés toutes les causes concernant les eaux et forêts, au civil et au criminel. Louis XIV compléta cette juridiction par une ordonnance de 1669. Cette législation a été remplacée par deux codes, le *Code forestier* et le *Code de la pêche fluviale*. (Voy. ces mots.) L'*administration des eaux et forêts* est chargée de la conservation des forêts et des rivières.

EAUX FERRUGINEUSES, eaux minérales contenant du carbonate de fer ou du sulfate de fer. Leur odeur est analogue à celle de l'encre. Ces eaux sont astringentes et toniques. Telles sont les eaux de Vichy, Provins, Spa, etc.

EAUX GAZEUSES. Voy. EAUX ACIDULÉES.

EAUX HÉPATIQUES, eaux sulfureuses contenant plus ou moins d'acide hydrosulfurique.

EAUX MARTIALES. Voy. EAUX FERRUGINEUSES.

EAUX MINÉRALES, eaux qui renferment diverses matières en dissolution, et qui exercent une action très-grande sur l'économie animale. On les distinguait autrefois en *thermales* ou *chaudes* et en *froides*. On les divise aujourd'hui en eaux *gazeuses*, *ferrugineuses*, *salines* et *sulfureuses*. Leur température varie. On y trouve le plus souvent les acides sulfurique et sulfureux, les hydrosulfates de soude et de chaux sulfurés, l'acide carbonique, les carbonates de chaux, de magnésie et de fer, de potasse et d'ammoniaque, les sulfates de soude, chaux, magnésie, alumine, potasse, fer et cuivre, des gaz oxygène, azote, les nitrates de potasse, de chaux et de magnésie, des matières animales ou végétales, etc. On rencontre les eaux minérales dans la nature, et plusieurs d'entre elles peuvent être parfaitement imitées par l'art. On nomme les premières *naturelles*, les autres *artificielles*.

EAUX OPHTALMIQUES. Voy. COLLYRE.

EAUX SALINES, eaux minérales qui renferment plusieurs sels, et ne sont ni ferrugineuses, ni gazeuses, ni sulfureuses. On emploie ces eaux comme purgatives et excitant la peau et le système nerveux. Les principales sources sont à Sedlitz, à Bourbon-les-Bains, etc.

EAUX SULFUREUSES ou HÉPATIQUES, eaux minérales renfermant en dissolution de l'acide hydrosulfurique ou un hydrosulfate sulfuré et quelques substances salines. Elles exhalent une odeur d'œufs pourris. On en fait usage dans les maladies de la peau. Les principales sources sont à Barèges, Bagnères, Cauterets, etc.

ÉBARBOIR, instrument d'acier trempé très-usité dans les arts industriels pour *ébarber* ou enlever les bavures qui sont restées sur un ouvrage, et qu'on enlève lorsqu'il est terminé. Ces bavures se nomment *ébarbures*.

ÉBAUCHE, ouvrage qu'on n'a pas poli, à qui l'on n'a mis que la première main. — Il se dit particulièrement en peinture, sculpture, etc., des ouvrages qui n'ont reçu que leur première forme. L'ébauche se distingue de l'*esquisse*, en ce que celle-ci n'est qu'un modèle incorrect, un tracé de l'ouvrage même. Esquisse ne s'emploie que dans les arts, tandis qu'*ébauche* est plus général, et s'applique à tout ouvrage commencé.

EBBON ou EBBES, frère de lait de Louis le Débonnaire, fut son bibliothécaire, et fut promu ensuite à l'évêché de Reims. Nommé légat du pape Pascal, il partit pour aller convertir les peuples idolâtres du Nord. Revenu en France pour déposer Louis le Débonnaire, il se repentit de son ingratitude, et se réfugia auprès de Louis, roi de Bavière, qui le nomma à l'évêché de Hildesheim, où il mourut en 851. — C'est aussi le nom d'un évêque de Sens, qui mourut en 748, et mérita d'être canonisé. On célèbre sa fête le 17 août.

ÉBÉNACÉES, famille naturelle d'arbres étrangers à l'Europe, dont le bois noir et dur est employé par les ébénistes sous le nom d'ébène. Ses caractères sont des tiges non lactescentes, des feuilles alternes, des fleurs solitaires ou réunies, un fruit en forme de baie ovoïde ou globuleuse, etc. Les genres les plus intéressants sont les *plaqueminiers*.

ÉBÈNE, nom donné à plusieurs plantes de genres différents, dont le bois ou certaines parties extérieures sont colorés en noir plus ou moins foncé. Ces bois sont aussi quelquefois verts ou rouges. Ils sont toujours pesants et durs. On les emploie à la fabrication des meubles, des ouvrages de marqueterie, des cannes, d'objets de luxe, etc. L'*ébène* est le nom de ces bois. Elle était connue des anciens. On la retire du cœur de plusieurs arbres, du *plaqueminier*, de l'*ébénoxyle*, de l'*ébénier*, etc.

ÉBÈNE FOSSILE. Voy. JAYET et LIGNITE.

ÉBÉNIER. On donne ce nom à plusieurs arbres qui produisent de l'*ébène*. Les anciens appelaient ainsi le *cytise des Alpes*. L'*ébénier d'Orient* est l'*acacie du Malabar*, sans épines et aux fleurs ombelliformes. L'*ébénier épineux* est une espèce de palmier de l'Amérique du Sud, nommé *hayri* ou *ayri*, etc.

ÉBÉNISTE, menuisier qui confectionne les meubles les plus élégants et les plus précieux, les *lits*, *commodes*, *secrétaires*, etc. Les ébénistes n'emploient que les bois précieux, ceux des îles ou des parties de bois indigènes qui présentent de belles veines, des figures de toute espèce. Au commencement ils n'employèrent que l'ébène, et de là leur vint le nom d'*ébénistes*, qu'ils ont conservé depuis, quoiqu'ils se servent des bois précieux de toute espèce. La carcasse des meubles est faite en bois dur et commun, tel que le chêne, et toutes les parties visibles sont *plaquées* ou recouvertes d'une feuille mince de bois précieux, marqueté, tel que l'acajou, etc.

ÉBÉNOXYLE, arbre des vastes forêts de la Cochinchine, de la diœcie triandrie. On pense que cet arbre produit le véritable *bois d'ébène*.

ÉBERHARD, premier duc de Wurtemberg, fonda en 1477, à la sollicitation de Barbe de Gonzague, son épouse, la célèbre université de Tubingen. Il protégea les arts et les lettres, et mourut regretté de tout son peuple. — JEAN-PIERRE EBERHARD, né à Altona en 1727, mort en 1779, fut professeur de médecine, de physique et de mathématiques. Ses ouvrages sont un *Traité sur l'origine des perles*, des *mélanges d'histoire naturelle, de médecine et de morale*, etc.

ÉBERSDORF ou ÉBERSDORF, bourg et château qui a donné son nom à une principauté de la maison de *Reuss*. Voy. ce mot. — Village de la basse Autriche, à 5 lieues de Vienne, sur le Danube. — Population, 2,000 âmes. Ebersdorf est un château de plaisance de l'empereur.

ÉBET, sensibilité excessive des dents, sur lesquelles le froid, le chaud, les corps durs produisent une impression douloureuse.

ÉBIONITES, disciples de l'hérésiarque Ebion, Juif de naissance et philosophe stoïcien. Il vivait vers l'an 72 de J.-C. Les ébionites avaient adopté les erreurs des samaritains, des nazaréens, des cérinthiens, etc. Ils disaient que Jésus-Christ était fils de Joseph et de Marie, et qu'il avait mérité d'être choisi pour le fils de Dieu à cause de ses vertus. Ils permettaient la pluralité des femmes, consacraient avec de l'eau seule dans la Cène. Ils rejetaient l'Ancien Testament, excepté le Pentateuque, et le Nouveau, excepté l'Évangile de saint Matthieu. Les ébionites furent condamnés en 324 ou 325.

ÉBLIS, IBBA ou IBLIS (myth.), l'*Azazel* des Hébreux, démon infernal. Les *djinn*, supérieurs aux hommes et inférieurs aux anges, habitaient le *Djinnistan* au pays des génies. Dieu envoya l'ange Iblis pour les exterminer. Iblis s'étant ensuite révolté lui-même avec plusieurs autres anges, fut précipité dans les enfers. Cette fable se trouve dans la religion de Mahomet. Iblis porte le nom de *Scheithan* (Satan) dans les enfers. Vingt anges rebelles forment sa cour. D'autres auteurs orientaux disent qu'Iblis fut précipité dans les enfers pour n'avoir pas voulu adorer Adam.

ÉBLOUISSEMENT, trouble momentané du sens de la vue, qui ne distingue plus ou n'aperçoit que confusément les objets, soit que les yeux aient été exposés à une lumière vive, soit qu'ils éprouvent une sensation pareille à celle que produit cette cause sans qu'elle ait agi sur eux. Souvent une irritation du cerveau, la congestion de sang à cet organe, produit l'éblouissement.

EBN ou IBN, terme arabe adopté par les Persans et les Turks. Il signifie *fils*, s'écrit et se prononce quelquefois *ben*, *aben* ou *aven*. Ce mot entre dans le prénom de la plupart des Orientaux. Il se place devant le nom du père, de l'aïeul, ou du plus célèbre de ses ancêtres. Ainsi *Abdallah-ebn-Zobaïr* signifie Abdallah, fils de Zobaïr.

ÉBOLY (Ruy-Gomès DE SYLVA, prince D'), duc de Pastrane, sut gagner les bonnes grâces de Philippe II, roi d'Espagne, et les conserva jusqu'à sa mort, arrivée en 1578. Quelques auteurs ont prétendu qu'il dut cette faveur à la beauté de sa femme Dona Anna de Mendoza y la Cerda.

ÉBOTER, terme de jardinage. C'est, lorsqu'un arbre est en danger de périr, en ôter toutes les petites branches et n'y laisser que les plus grosses taillées fort court.

ÉBOURGEONNEMENT, opération par laquelle on retranche les bourgeons superflus d'un arbre. Où ébourgeonne les arbres pour les soulager, pour diriger la sève d'une manière convenable, pour donner aux branches principales de la vigueur, et obtenir des fruits plus nombreux et plus beaux. L'ébourgeonnement de la vigne se fait en avril ou en mai.

ÉBRANCHEMENT, opération qui consiste à couper ou rompre les branches des arbres. On la pratique pour faire pousser les arbres en hauteur ou leur donner une forme quelconque. Un arbre ébranché par la foudre est presque toujours exposé à périr.

ÈBRE (*Ebro*), autrefois l'*Iber*, fleuve d'Espagne, qui prend sa source dans la montagne de Santander, se dirige du N.-E. au S.-E., traverse la Vieille-Castille, la Navarre, l'Aragon et la Catalogne. Il se jette dans la Méditerranée. Son cours est de 130 lieues. On y pêche des truites et des écrevisses. Ce fleuve est peu navigable.

ÉBROIN, maire du palais de Clotaire III et de Thierry I<sup>er</sup>, parvint à cette dignité par ses intrigues et son hypocrisie. Il s'emparait des biens des nobles, et leur ôtait leurs charges. Après la mort de Clotaire en 670, il mit Thierry sur le trône. Mais il fut enfermé dans un couvent avec le roi par les seigneurs. Thierry, ayant été rappelé en 673, choisit Leudèse pour maire du palais. Ébroïn, sorti de son couvent, fit assassiner Leudèse et reprit ses fonctions auprès du roi. Il fit périr saint Léger, et frappa les peuples de nombreuses exactions. Il fut assassiné en 681 par un seigneur nommé Hermanfroy, dont il avait confisqué les biens.

ÉBROUEMENT, sorte d'*éternument* qui a lieu chez les animaux domestiques, et qui est produit par l'irritation de la membrane muqueuse des fosses nasales. Il consiste dans une respiration rapide et comme convulsive, dont le but est de débarrasser les narines de quelque matière qui les irrite, ou d'entraîner quelque corps qui adhère à la peau.

ÉBULLITION, état d'un liquide qui bout et son passage à l'état de vapeur. L'ébullition a lieu à des températures différentes pour chaque corps. Lorsqu'on expose un vase ouvert renfermant de l'eau à l'action du feu, la chaleur qui pénètre à travers les parois du vase atteint les couches liquides. L'eau, ainsi échauffée, se dilate, monte à la surface en raison de sa légèreté, et fait place à de l'eau plus froide, qui s'échauffe de même, et monte à son tour. La chaleur se répand ainsi dans la masse entière. L'eau supérieure bout sans que l'inférieure cesse d'être à une basse température. — On nomme ainsi, en médecine, toute espèce d'éruption passagère qui survient à la peau sans mouvement fébrile ou avec une fièvre de courte durée.

ÉBURONES, ancien peuple de la Gaule Belgique, à l'E. de la Meuse, à l'O. du Rhin. César les extermina presque entièrement. Depuis ce temps, l'histoire ne fait plus mention des Éburones. Les Tongres occupèrent le pays qui avait été leur domicile. Ce sont aujourd'hui les *Liégeois*.

ÉCA ou ECKA, autrefois *Astigis*, ville d'Espagne, dans la province et à 2 lieues de Cordoue, à 18 lieues de Séville. Population, 10,000 habitants. Elle a un beau pont sur le Xénil, et commerce en chanvre, cotons et chevaux estimés.

ÉCAILLE, nom donné en général à toute partie disposée en lame plus ou moins mince, qui est appliquée sur plusieurs parties de certains végétaux, et le corps de certains animaux. Dans les plantes, sont des espèces de lames qui paraissent n'être que des feuilles avortées et demeurées à l'état rudimentaire. Elles sont appliquées en recouvrement les unes sur les autres à la manière des tuiles sur un toit. On donne quelquefois ce nom aux bractées qui forment l'involucre ou calice commun des composées, comme l'*immortelle*; aux bractées florifères des chatons du saule, du charme, du coudrier, etc.; aux bractées qui accompagnent les organes sexuels des graminées. — Dans les animaux, l'écaille est une substance dure et flexible, disposée par plaques, en tubercules, en aiguillons ou en piquants. On trouve des écailles sur les poissons, les serpents, les tortues, etc. Elles renferment de l'albumine, du phosphate de chaux et de soude, de l'oxyde de fer et un corps huileux. Parmi les reptiles, les batraciens en sont seuls privés. Les oiseaux n'en ont qu'aux pattes, quelques mammifères en ont sur leur corps ou sur leur queue. — On fait avec l'écaille de tortue une foule de petits meubles précieux. On est même parvenu à la fondre et à lui donner toute espèce de forme. On se sert aussi des débris d'écailles comme engrais pour les terres.

ÉCAILLE (ORDRE DE L'), ordre militaire institué en Castille en 1318, par le roi Jean II. Les chevaliers avaient une croix rouge formée d'écailles sur un habit blanc, et faisaient vœu de mourir pour la défense et la propagation de la foi.

ÉCAILLES (méd.), nom donné aux portions minces et légères de l'épiderme qui se détachent de la peau dans la plupart des affections cutanées. Quelquefois elles recouvrent la peau spontanément sans qu'il y ait dans l'individu principe d'aucune maladie organique.

ÉCARLATE, couleur d'un beau rouge que l'on retire de la cochenille, en traitant cette cochenille par la crème de tartre et le chlorure d'étain. On l'a d'abord connue sous le nom d'*écarlate de Hollande*, parce qu'elle fut longtemps préparée en Hollande. Le procédé de cette teinture fut introduit par les soins de Colbert en France, et confié aux Gobelins. Pour teindre les draps en écarlate, on commence par donner aux draps une teinte de jaune avec le fustet, le quercitron ou le curcuma; on plonge ensuite l'étoffe dans la écarlate. On l'y laisse bouillir environ une heure; ensuite on lave à l'eau de rivière, et l'on fait sécher.

ÉCARRISSEUR, celui qui fait métier d'abattre les chevaux hors de service, pour les dépecer et tirer parti de leur peau, de leur graisse, des muscles, des crins, des os, etc. Les lieux où les écarrisseurs exercent leur métier doivent être éloignés des lieux d'habitation. Chaque année les écarrisseurs abattent près de douze mille chevaux à Paris.

ÉCARRISSOIR, outil dont se servent les horlogers et les mécaniciens. C'est une espèce d'aiguille d'acier trempé dont la surface, d'abord ronde et légèrement conique, a été limée et aiguisée ensuite en plusieurs faces tranchantes. Ils servent à agrandir les trous déjà pratiqués dans le cuivre ou dans le fer. Quelquefois ils sont emmanchés dans des vilebrequins.

ÉCART, tout effort violent exercé sur le bras du cheval, qui tend à l'éloigner de la poitrine. C'est une sorte de distension des muscles et des ligaments destinés à rapprocher ces deux parties. La saignée, les topiques résolutifs et le repos en sont les remèdes les plus importants. — En marine, c'est le moyen de réunion des bouts de deux pièces de bois employées dans la construction d'un bâtiment.

ÉCARTÉ, jeu de société appelé *cul levé* autrefois, et qui consiste à prendre cinq cartes pour chaque joueur. La onzième carte tirée se nomme *atout*; toutes les cartes de la même couleur sont aussi appelées *atouts*. Si l'on se trouve n'avoir pas d'*atout*, on *écarte* son jeu, c'est-à-dire qu'on le jette pour en reprendre sur les cartes qui sont restées après la distribution. Celui qui a ou qui tire le roi d'*atout*, a un point; avoir tous les *plis*, c'est-à-dire gagner toutes les cartes, c'est faire la *vole*. La vole donne deux points. Celui qui arrive le plus tôt à cinq points gagne la partie.

ÉCARTÈLEMENT, supplice qui consiste à être tiré à quatre chevaux jusqu'à ce que le corps soit en lambeaux. Les Romains et les Francs connaissaient ce supplice. On écartelait aussi en renversant ou pliant le tronc de deux peupliers très-élevés et assez disjoints. On attachait les jambes du patient à chacun de ces deux arbres, et on lâchait les peupliers, qui, en se redressant, déchiraient le corps en lambeaux. Ce supplice était autrefois réservé aux crimes concernant la personne du roi et de la famille royale. — En termes de blason, ce mot désigne le partage des armoiries en quatre parties.

ÉCATISSAGE, opération par laquelle on donne aux draps un apprêt qui les lustre. C'est la même chose que *catir*. Voy.

ECBATANE, aujourd'hui *Hamadan*, ville ancienne de la Médie, fondée par Déjocès, et environnée de sept murailles de hauteur et de couleur différentes. Le palais du roi était dans la plus petite. C'est dans cette ville que Parménion fut mis à mort par ordre d'Alexandre.

ECBOLE. C'était, dans l'ancienne musique des Grecs, une altération du genre enharmonique, lorsqu'une corde était accidentellement élevée de cinq dièses au-dessus de son ton ordinaire.

ECBOLIQUES, médicaments propres à hâter la sortie de l'enfant dans les accouchements difficiles, ou à déterminer l'avortement.

ECCE HOMO (*voilà l'homme*), mots latins que Pilate prononça devant les Juifs lorsqu'il leur remit Jésus-Christ couronné d'épines. Ces mots signifient dans les arts une statue ou un tableau qui représente Jésus-Christ dans cette position. Les plus remarquables ont été peints par le Titien, le Corrège, le Carrache, le Guide, Albert Durer, Rembrandt, Rubens, Poussin et Callot.

ECCELINO. Voy. EZZELINO.

ECCHYMOSE, tache de la peau produite par une accumulation de sang dans le tissu cellulaire sous-cutané. Elles sont ordinairement le résultat d'une contusion ou d'une contraction violente des muscles, dont l'action sur le tissu entier entre eux a quelque analogie avec celle des corps contondants. Leur forme est irrégulière, et leur couleur est rougeâtre, bleu noirâtre,

vert, jaune, etc. Pour faire disparaître ces ecchymoses, on emploie les topiques, l'eau-de-vie camphrée, les solutions de sel de cuisine, etc.

ECCLÉSIARQUE ou SCABIN, officier de l'Eglise grecque, dont la fonction était d'assembler le peuple à l'église, et de remplir l'office de marguillier, chantre, quêteur, sacristain et bedeau.

ECCLÉSIASTE (en hébreu, *Coheleth*), livre de l'Ancien Testament, et attribué par les uns à Salomon, par les autres à ses ministres de Zorobabel, par d'autres enfin aux ministres d'Ezéchias. Le but de l'auteur est d'engager les hommes à fuir la vanité et à rechercher le vrai bonheur. Il fait le dénombrement des honneurs, des plaisirs, des richesses, en prouve la futilité, et conclut qu'il n'y a d'autre bonheur que celui de craindre Dieu et d'observer ses commandements.

ECCLÉSIASTIQUE, vingt-sixième livre de l'Ancien Testament, le cinquième des livres sapientiaux. On n'en connaît point l'auteur. On l'a nommé *Ecclésiastique*, parce qu'on avait coutume de le lire dans les assemblées religieuses. Il est divisé en trois parties. La première renferme l'éloge et la louange de la sagesse, avec des préceptes sur toutes les vertus, selon l'ordre du décalogue, etc. La deuxième représente la sagesse qui annonce elle-même les avantages qu'elle procure, et qui donne plusieurs préceptes. La troisième offre des exemples de vertus, l'éloge de Dieu et de ses ouvrages, des patriarches et des prophètes, etc.

ECCLÉSIASTIQUE, ce qui appartient à l'Eglise. On nomme aussi *ecclésiastique* celui qui, dans la religion chrétienne, s'est dévoué aux fonctions du sacerdoce, tels que le *pape*, les *évêques*, les *prêtres*, etc. — Lorsqu'aux premiers siècles de l'Eglise le nombre des fidèles se fut considérablement accru, les évêques leur défendirent de porter leurs causes devant les tribunaux païens, et leur ordonnèrent de choisir des arbitres parmi eux et parmi les évêques. Les princes conservèrent ce droit aux évêques, et l'on pouvait à volonté recourir au jugement de ceux-ci ou des juges laïques. Les sentences des juges étaient sans appel. Les canons favorisèrent cette *juridiction ecclésiastique*, et ordonnèrent aux clercs de faire juger leurs procès par leurs évêques. Plus tard, chaque évêque fut juge dans son diocèse. Il formait avec les clercs les *synodes diocésains*. Les juges laïques cherchèrent à s'opposer à l'exercice de cette juridiction, et l'Eglise eut seulement le droit de juger les crimes des clercs, quelquefois en commun avec les tribunaux laïques. Cette juridiction fut détruite par la révolution.

ECCOPE, division faite au crâne par un instrument tranchant porté perpendiculairement à sa surface.

ECCOPROTIQUES, nom donné aux remèdes purgatifs doux et légers, qui se bornent à débarrasser le canal intestinal.

ECCORTHATIQUES, nom donné aux remèdes auxquels on attribue la propriété d'évacuer les amas d'humeurs répandus dans le corps.

ECCRINOLOGIE, traité des sécrétions.

ECDIQUE, magistrat des villes grecques, dont les fonctions étaient semblables à celles de nos anciens syndics. L'Eglise de Constantinople avait des *ecdiques* qui faisaient les mêmes fonctions que les *défenseurs* de l'Eglise romaine, c'est-à-dire les évêques nommés par le peuple dans chaque cité, et qui jugeaient les affaires de leur diocèse.

ÉCHAFAUD, nom général donné à toute construction de bois, dont la durée n'est que momentanée et la destination passagère et spéciale. Tantôt il consiste en de simples planches posées sur des tréteaux; tantôt c'est un édifice solide en charpente, destiné à servir d'amphithéâtre pour une fête ou un spectacle. — En architecture, on appelle ainsi un assemblage de planches soutenues par des cordes ou des pièces de

bois enfoncées dans le mur, et sur lesquels montent les peintres, les maçons, etc., lorsqu'ils travaillent sur des lieux élevés.
— En termes de pêche, c'est une espèce de grand treillis sur lequel les pêcheurs de Terre-Neuve étendent les morues pour les faire sécher. — C'est aussi une espèce de théâtre de charpente dressé pour l'exécution des criminels.

ÉCHALAS, bâton qu'on plante en terre pour servir d'appui aux ceps de vigne ou aux jeunes tiges débiles, afin qu'elles puissent résister aux vents. Les meilleurs échalas sont ceux de chêne ou de châtaignier; mais on emploie aussi des rameaux de saule, d'aune, de frêne et surtout d'acacia. Il faut neuf ou dix mille échalas pour un arpent de vigne.

ÉCHALOTE, plante du genre *ail*, de la famille des liliacées. Sa racine est bulbeuse, mais d'une saveur peu forte, et on en fait un grand usage dans les cuisines. L'échalote est originaire de la Palestine; on l'a importée en Europe, où on l'a multiplié par le moyen de ses caïeux.

ÉCHANGE, contrat par lequel des parties se donnent respectivement une chose pour une autre. L'échange s'opère par le seul consentement, et de la même manière que la vente. — L'échange a été l'origine et le fondement du commerce. Celui qui avait besoin de blé donnait quelques-uns de ses bestiaux en valeur égale du blé emprunté. L'argent est l'intermédiaire des échanges.

ÉCHANSON, officier chargé de verser à boire au roi et aux princes. Cette charge était connue en Egypte, et les anciens avaient fait de Ganymède l'échanson des dieux. Charlemagne avait un *maître des échansons*. Ces échansons signaient les chartes royales, et tenaient rang parmi les grands officiers. Le principal prenait le titre d'*échanson du roi*, de *maître*, *premier* ou *grand échanson*. Au XVᵉ siècle, les échansons n'exerçaient leurs fonctions qu'aux sacres, mariages, entrées des rois et reines, etc. Louis XVIII avait rétabli l'office de premier échanson. Il a cessé depuis 1830.

ÉCHANTILLON, petite portion prise sur un objet de commerce pour en faire apprécier la qualité et la valeur. — En termes de jurisprudence, c'est un modèle déterminé par la loi, et destiné à régler tous les poids et mesures. — En marine, ce sont les pièces de bois qui entrent dans la construction des vaisseaux. — En charpenterie, ce sont des pièces de bois qui ont une longueur et une largeur déterminées.

ÉCHAPPÉE, espace compris entre les marches d'un escalier tournant et le dessous de la révolution supérieure. — En termes de peinture, ce mot désigne une lumière passant entre deux corps très-proches pour éclairer d'autres objets qui sans cela seraient dans l'obscurité. — En marine, c'est un rétrécissement dans la construction de certaines parties de l'arrière d'un navire.

ÉCHAPPEMENT, terme de mécanique et d'horlogerie, qui désigne le mécanisme par lequel la dernière roue de la machine transmet au balancier ou au pendule l'action du poids ou du ressort, et qui arrête le mouvement du rouage pendant que le balancier achève une oscillation.

ÉCHARDE, nom donné à de petits éclats de bois ou aux épines qui s'introduisent accidentellement dans l'épaisseur de la peau, et déterminent par leur présence une vive irritation et des accidents très-graves. On retire les échardes en écartant l'épiderme, et agrandissant la piqûre à l'aide d'une aiguille.

ÉCHARDONNOIR, instrument de fer, crochu et tranchant, dont on se sert pour couper les chardons dans les champs ensemencés. Les chardons, ainsi coupés, ne tardent pas à périr. On fait cette opération en avril et en mai.

ÉCHARPE, large bande de taffetas, d'étoffe ou de dentelle d'or ou d'argent, que les chevaliers portaient autrefois de la droite à la gauche, en forme de baudrier.

59

Elle avait la couleur aimée par la dame de leurs pensées. L'écharpe servait aussi par sa forme et sa couleur à distinguer les divers ordres de chevalerie et les partis politiques. Aux croisades, l'écharpe des soldats était blanche. Cette couleur fut aussi celle des Armagnacs (1413) et des huguenots. Celle de Henri III et de Charles IX était rouge, celle de Mazarin verte, celle de Condé isabelle. L'usage des écharpes cessa vers la chevalerie. Aujourd'hui l'écharpe tricolore placée en ceinture distingue les conseillers municipaux, le maire, les adjoints, etc. Les fonctionnaires des hauts grades de l'armée portent des écharpes d'or, d'argent, etc. — En termes de chirurgie, c'est un bandage dont on se sert pour soutenir le bras blessé.

ÉCHARPE (Ordre de l'), ordre militaire institué en Espagne en 1338. Les Anglais ayant assiégé Placentia, ville d'Espagne, les femmes de cette ville prirent les armes et mirent en fuite les assiégeants. Le roi de Castille, pour récompenser ces héroïnes de leur courage, leur permit de porter sur leurs habits une écharpe d'or, et leur accorda de nombreux priviléges.

ÉCHARPE (archit.), pièce de bois au bout de laquelle est attachée une poulie, et qui fait à peu près l'office de chèvre. On s'en sert pour élever des fardeaux peu considérables. — Cordage dont les maçons se servent pour monter et conduire un corps qu'on veut élever. — En hydraulique, ce sont des tranchées faites dans les terres en forme de croissant, pour ramasser les eaux dispersées d'une montagne.

ÉCHASSE, oiseaux de la famille des échassiers longirostres, distingués par la longueur démesurée de leurs tarses ou jambes, par un bec cylindrique, effilé, par des doigts petits, sans pouce, et des ailes longues. Ces oiseaux voyageurs se trouvent dans l'ancien et le nouveau monde. On les rencontre dans les lieux humides et sur les bords de la mer. Ils se nourrissent d'insectes aquatiques et de mollusques. Leur corps a de dix-huit à vingt pouces de long.

ÉCHASSES, nom donné à deux espèces de perches, larges de trois à cinq pouces, longues de quatre à six pieds, et ayant à une hauteur de trois à quatre pieds un morceau de bois qui forme une espèce d'étrier. On y pose chaque pied, et on le serre par des courroies. On se sert des échasses pour marcher dans les lieux difficiles, sablonneux et marécageux. La plupart des Landais ne marchent que sur des échasses. — Ce sont aussi des règles de bois minces, divisées en parties métriques, dont les ouvriers se servent pour mesurer les hauteurs des pierres. — Le nom se donne encore aux perches qui servent à construire les échafauds.

ÉCHASSIERS, ordre dans lequel on range tous les oiseaux de rivage, distingués par leurs tarses très-allongés et leurs jambes dénuées à la partie inférieure. Ces oiseaux font de longs voyages. Ils vivent solitaires ou réunis en troupes plus ou moins nombreuses. Cet ordre renferme quatre familles : les pressirostres, au bec médiocre (outarde, vanneau, etc.); les cultirostres, au bec long, gros et fort (grue, agami, cigogne, etc.); les longirostres, à bec très-long, droit ou courbé (ibis, échasse), et les macrodactyles, à doigts très-longs (foulque, râle).

ÉCHAUBOULURES, petites tumeurs rouges un peu élevées, qui couvrent une portion plus ou moins considérable de la peau, et y causent des picotements plus ou moins vifs.

ÉCHAUFFANTS, nom donné aux remèdes qui augmentent la chaleur animale, et à tous les corps qui excitent l'action organique des divers systèmes de l'économie. Tels sont les vins, les liqueurs, le café, le poivre et certains exercices tels que la danse, la course, etc.

ÉCHAUFFEMENT, état particulier de l'économie, dans lequel la chaleur est plus élevée qu'à l'ordinaire, la soif est augmen-tée, le ventre resserré. La rougeur fréquente et passagère du visage, les hémorragies nasales, le dérangement du sommeil, etc., sont les symptômes de l'échauffement. Un régime doux, des boissons rafraîchissantes et laxatives, quelquefois la saignée, sont nécessaires pour faire disparaître ces symptômes. — Ce mot est aussi synonyme de constipation.

ÉCHÉANCE, époque où l'on doit payer une dette, une lettre de change. On paye une lettre de change à une époque fixe, ou après un délai de trente jours ou usance de la date. La lettre de change à vue est payable dès sa présentation; celle payable en foire est celle qui est échue la veille du jour de la clôture de la foire. Le refus de payement doit être constaté le lendemain du jour de l'échéance par un acte nommé protêt faute de payement.

ÉCHEC, terme du jeu des échecs (voy.), qui désigne une pièce est en prise. Ce terme est employé dans la stratégie, et signifie l'action de tenir une ville, une armée, dans une position où elles ne peuvent prendre aucun parti. — Ce nom se donne aussi à une perte considérable qu'éprouvent des troupes.

ÉCHECS (Jeu des), jeu qui se joue par deux personnes sur un damier. Chaque joueur a huit pions et huit pièces. Ces pièces sont le roi et la reine, les deux tours placées aux angles du damier, les deux cavaliers placées des deux côtés près des tours, les deux fous placés des deux côtés entre le cavalier et la reine; les tours vont verticalement et horizontalement, les fous sur une ligne diagonale, le cavalier marche de trois en trois cases, la reine en tous sens, excepté en ceux du cavalier. Le jeu des échecs consiste à empêcher son adversaire de faire échec au roi; lorsqu'on fait échec au roi et qu'il ne peut être paré, on dit qu'il est échec et mat. Ce jeu est de l'invention du Grec Palamède. D'autres auteurs l'attribuent aux Chinois. Plusieurs mécaniciens ont fait des automates joueurs d'échecs.

ÉCHÉCHIRIA (myth.), déesse des anciens, qui présidait aux trêves et aux suspensions d'armes. La statue de cette déesse était placée dans le temple de Jupiter à Olympie.

ÉCHELLE (technol.), instrument dont on se sert pour s'élever à une certaine hauteur, et atteindre à des objets élevés dont on ne pourrait s'approcher sans ce secours. Il se compose de deux longues perches percées dans toute leur longueur et à des distances égales (de dix à douze pouces), d'un égal nombre de trous ronds, dans lesquels on introduit des bâtons ou des planches posées horizontalement et parallèles entre eux. Ils servent de degrés qu'on monte les uns après les autres, après avoir placé l'échelle dans une position inclinée. Les échelles doubles sont formées de deux échelles égales, inclinées et jointes par le haut au moyen de deux fortes charnières en fer. On la nomme aussi échelles de peintre, de jardinier, etc. On nomme échelle de meunier une espèce d'escalier dont les perches longues sont remplacées par de larges jumelles de bois, dans lesquelles sont ajustées des planches qui forment des marches larges et plates. Les échelles de corde sont de gros câbles garnis de nœuds ou usage chez les plombiers, les charpentiers, les couvreurs, etc. On nomme échelles d'incendie des échelles en bois qui s'élèvent au moyen de ressorts à une certaine hauteur, et sauver les victimes d'un incendie. On s'est servi d'échelles dans les sièges des villes. Les anciens les connaissaient; au moyen âge, on les confiait à des compagnies d'échelleurs. — On nommait aussi autrefois le gibet supplice de l'échelle.

ÉCHELLE (arts du calcul), ligne droite divisée en parties égales ou inégales, selon les usages auxquels on la destine. Ces échelles se tracent sur le papier, le carton, le bois, les métaux, etc. On s'en sert pour représenter en petit et dans une juste proportion les distances réelles que l'on a prises sur le terrain. — En géographie, topographie et architecture, on nomme ainsi une ligne divisée en parties égales et placée au bas d'un plan, d'une carte, pour servir de mesure. Si l'on veut mesurer la distance d'un point à un autre, on prend cette distance avec un compas, et on la rapporte sur l'échelle; on voit cette distance exprimée en lieues, milles, mètres, etc. On nomme ces échelles échelles de parties égales. L'échelle des dîmes sert à trouver les parties décimales de l'unité. L'échelle logarithmique est une ligne droite divisée en parties inégales, et qui représente les logarithmes des nombres, des sinus et des tangentes. L'échelle arithmétique est la progression géométrique par laquelle se règle la valeur relative des chiffres dans un système quelconque de numération. On nomme échelles de pente une branche de la géométrie descriptive qui s'occupe de déterminer la position dans l'espace des surfaces connues seulement par des conditions exprimées par l'analyse. — En perspective, on nomme échelle de front une droite parallèle à la ligne horizontale, et divisée en parties égales qui représentent des mètres ou subdivisions de mètre. L'échelle fuyante est une droite verticale, divisée en parties inégales, et qui représentent des mètres ou divisions du mètre.

ÉCHELLE (mus.), nom qu'on donne en général au système des sons de la musique des divers peuples. On donne ce nom en particulier à la gamme diatonique ut, ré, mi, fa, sol, la, si. Ce nom vient de la position graduée des notes sur la portée.

ÉCHELLES DU LEVANT, ports de la Méditerranée, possédés par les Turks, et fréquentés par les commerçants européens qui y ont des consuls; les principaux sont Constantinople, Smyrne, Alep, le Caire, Damas, etc. Le commerce dans les échelles du Levant est une des branches de la richesse de plusieurs nations. C'est de ces ports que nous viennent les plus belles denrées et marchandises.

ÉCHÈNE ou Échéneide, famille de poissons malacoptérygiens, ayant pour caractères une tête supportant un disque aplati et grand, composé de lames dentelées ou épineuses, par lesquelles ces poissons se fixent aux rochers et aux vaisseaux; ce qui a donné lieu au préjugé que l'échénéis (type de cette famille) pouvait arrêter subitement la course d'un vaisseau. On connaît quatre espèces d'échénéis : le rémora, long de trois décimètres; et le sucet, il est noirâtre, visqueux et mou; on lui attribuait des propriétés merveilleuses; l'échénéis naucrate, distingué par des plaques placées sur son corps; l'échénéis rayé et l'échénéis ostéochir.

ÉCHENEAU ou Écheno, bassin de terre que les fondeurs placent au-dessus du moule dans lequel on verse le métal en fusion, et d'où ce dernier se communique aux jets qui le distribuent dans toute la figure.

ÉCHENILLAGE, action d'ôter les chenilles, de détruire leurs nids. Ces insectes dévorent au printemps les jeunes plantes, les feuilles, etc. C'est en hiver que se fait l'échenillage sur les branches des pommiers, poiriers, ormes, etc. Il existe une loi qui oblige les propriétaires, les fermiers, à écheniller les arbres des grandes routes, des jardins, des vergers, des haies, à peine d'amende de un franc à 5 francs. On nomme échenilloir un instrument en forme de ciseau, qui sert à écheniller les arbres.

ÉCHENILLEURS, nom donné aux animaux qui détruisent les chenilles dans les jardins. — On donne ce nom particulièrement à des oiseaux de l'ancien continent, qui se nourrissent de chenilles. Leurs caractères sont un bec gros, échancré à la pointe, élargi à sa base et un bombé, des pieds faibles et courts, des ailes médiocres, une queue large. Leur taille est de sept à huit pouces. Leur couleur est noire ou d'un gris bleu, mêlé de blanc, de rouge, etc.

ÉCHEVEAU, assemblage de fils de chanvre, de lin, de coton, de soie, de laine, etc., pliés et tournés les uns sur les autres au moyen du *dévidoir*. La longueur du fil est la même pour tous les écheveaux. Ils ne varient entre eux que par le poids. On désigne par des numéros combien il faut d'écheveaux pour une livre poids. Le numéro 20 indique que vingt écheveaux pèsent une livre.

ÉCHEVINS (*scabini*), magistrats institués par Charlemagne, et chargés de remplir l'office de juges dans les plaids, assemblées où se rendait la justice, où se discutaient les affaires intéressant le district, où se faisaient les convocations militaires, etc. Il y en avait dans chaque district. Les échevins étaient nommés par le comte ou le centenier avec le consentement du peuple. Ils représentaient le comte absent. Au commencement de la troisième race, les comtes avaient pour aides les baillis, les prévôts et les échevins. Ceux-ci aidaient les officiers municipaux dans l'administration des affaires de chaque communauté. A Paris, les échevins rendaient la justice sur les matières de police et de commerce. Leurs fonctions duraient deux ans. Les échevins furent supprimés en 1789.

ÉCHIDNA (myth.), fille de Callirhoé, avait la moitié du corps d'une belle femme et l'autre d'un affreux serpent. Elle donna le jour à Typhon, Géryon, Cerbère, la Chimère et l'hydre de Lerne. Voy. — Reine des Scythes, qu'Hercule rendit mère de Gélon, Agathyrse et Scytha.

ÉCHIDNÉ, animaux de la famille des édentés monotrèmes, distingués par une tête mince et allongée, terminée par une petite bouche, des narines placées dans un sillon en croissant, une langue très-extensible, des mâchoires dépourvues de dents, un corps ramassé, couvert de piquants, des pieds à cinq doigts, robustes et armés d'ongles fouisseurs. Cet animal, plus grand que le hérisson, a des piquants dirigés en arrière; il vit dans des terriers, et se nourrit d'insectes et de fourmis. On trouve cet animal dans l'Australie et l'Océanie. Les échidnés se roulent en boule comme les hérissons.

ÉCHIFFRE, terme d'architecture, mur qui sert d'appui à un escalier, et qui en soutient toute la charpente. Il se dit aussi de la charpente même.

ÉCHIMYS, mammifères rongeurs, de la famille des murins ou fouisseurs, aux poils longs, durs, ressemblant à des épines. Ils vivent dans le nouveau continent. Leur corps est allongé, la queue arrondie, nue ou écailleuse. Ces animaux vivent de fruits et de racines; leur poil est brun marron ou roussâtre.

ÉCHINADES (myth.), nymphes qui furent métamorphosées en îles pour n'avoir pas appelé Achéloüs à un sacrifice auquel elles avaient invité tous les dieux. Elles donnèrent leur nom à dix îles de la mer Ionienne, situées à l'entrée du golfe de Corinthe, vis-à-vis l'Araxe et le fleuve Achéloüs. L'histoire dit que ces îles tiraient leur nom des hérissons (en grec, *echinos*) qu'on y rencontrait.

ÉCHINE, nom donné au rachis ou à la *colonne vertébrale* (voy.), parce que la partie postérieure de cette tige osseuse est hérissée d'éminences plus ou moins osseuses, nommées *apophyses épineuses*. — En architecture, est synonyme d'*ove*. — On nomme ÉCHINÉE un morceau du dos d'un cochon.

ÉCHINIDES, division des radiaires échinodermes, renfermant toutes les espèces du grand genre oursin ou hérisson de mer, qui ont été élevées au rang de genre; et dont les caractères sont la peau inférieure immobile et solide, un corps globuleux ou déprimé, sans lobes rayonnants, non contractile, l'anus distinct de la bouche, les tubercules spinifères immobiles, et des épines mobiles. — On donne le nom d'ÉCHINITES aux oursins fossiles que l'on rencontre dans la terre.

ÉCHINOCOQUES, genre de vers intestinaux de l'ordre des vésiculaires. Ils représentent des espèces de vésicules doubles ou simples, qui renferment de très-petits animaux, dont le corps est ovalaire et la tête armée de crochets et de suçoirs. On en a trouvé dans le corps de l'homme, des quadrumanes, du bœuf, du cochon, du mouton, etc.

ÉCHINODERMES ou CIRRHODERMAIRES, classe d'animaux rayonnés, distingués par des suçoirs épars sur tout le corps, ou disposés en séries longitudinales. Ils habitent les mers des contrées chaudes. De la peau, il sort de petits organes nommés *cirrhes*. C'est au moyen de ces cirrhes qu'ils s'agitent et se fixent au corps. L'organe digestif consiste en un canal à deux orifices, bouche et anus, ou à un seul orifice. Les échinodermes jouissent de la propriété de reproduire certaines de leurs parties quand on les coupe. Cette classe se divise en trois ordres, les *holoturides* à corps allongé, et à suçoirs nombreux, les *échinides* ou *oursins*, et les *stellérides* ou *astéries*.

ÉCHINOPHORE, genre de la famille des ombellifères, dont le fruit et les feuilles sont hérissés d'épines. Il se compose de deux espèces de plantes particulières aux bords de la Méditerranée. Le type du genre est l'*échinophore épineuse* à tige forte, haute de trente centimètres, cannelée, aux feuilles découpées en segments aigus, étroits et semblables à des épines.

ÉCHINOPSIDÉES, groupe établi par Richard à la suite des carduacées, et composé des genres de cette famille qui ont leurs fleurons accompagnés chacun d'un involucre particulier, et réunis en capitule avec ou sans involucre commun.

ÉCHINORHYNQUE, vers intestinaux, cylindroïdes, allongés, quelquefois ridés, sans nerfs, distingués par un prolongement antérieur, rétractile, garni de crochets et nommé *trompe*. Elle leur sert à se fixer aux membranes sur lesquelles ils se trouvent, et à se mouvoir. Elle est ovale, oblongue, fusiforme, et garnie de crochets. On trouve les échinorhynques dans les intestins et le corps du cochon, des baleines, des hérons, des cygnes, des grenouilles, etc.

ÉCHION (myth.), un des guerriers nés des dents du dragon semées par Cadmus, survécut à ses frères, et aida le prince à bâtir la ville de Thèbes. Cadmus, pour le récompenser, lui donna en mariage sa fille *Agavé*, dont il eut *Penthée*. Après la mort de son beau-père, il régna à Thèbes, qui prit de lui le nom d'*Echione*, et ses habitants celui d'*Echionides*.

ÉCHIQUIER, petite tablette, sorte de *damier* dont on se sert pour jouer aux échecs, et qui a soixante-quatre cases, dont trente-deux blanches et trente-deux noires. Des objets sont disposés *en échiquier* lorsqu'ils forment plusieurs carrés qui se croisent dans tous les sens. Un *échiquier* est aussi un filet carré, soutenu par deux demi-cerceaux auxquels est attachée une perche, et dont on se sert pour pêcher les goujons. — En termes de blason, c'est un écu divisé en plusieurs carrés.

ÉCHIQUIER (BILLETS DE L'), promesses de payement que la cour de l'Échiquier fait aux individus sur lesquels l'État a une dette.

ÉCHIQUIER (CHAMBRE DE L'), juridiction établie en Angleterre pour juger en appel les décisions émanées de la cour du banc du roi et de la *cour de l'Echiquier*. Elle se compose, dans ce dernier cas, du lord chancelier, du lord trésorier, des juges de la cour du banc du roi et des plaids communs, et dans le premier des juges des plaids et de la cour de l'échiquier. Cette chambre, la principale après celle des pairs, a été instituée par Édouard III.

ÉCHIQUIER (COUR DE L'), juridiction anglaise dont les fonctions sont d'administrer les revenus du roi et de l'État. La première de ces attributions regarde la section chargée de l'administration des revenus du roi; la deuxième, la section judiciaire, est divisée en *section d'équité* et *section de la loi commune*. Elle remonte à Henri Ier. On la nomme ainsi à cause d'un tapis à damier sur lequel on fait les comptes.

ÉCHIQUIER ou QUINCONCE, ordre de bataille rangée connu des anciens et usité de nos jours, comprenant plusieurs carrés en forme de *damier*. On s'en sert dans le cas d'une attaque de lignes.

ÉCHIQUIER DE NORMANDIE, assemblée souveraine composée de magistrats pour s'informer de certaines affaires. Plus tard, ce furent des espèces d'assises où se rendaient les seigneurs, prélats, barons, pour juger en dernier ressort les affaires importantes. L'établissement de cette juridiction date du xe siècle. Elle fut rendue perpétuelle et fixée à Rouen en 1499. En 1515, François Ier substitua le nom de *parlement* à celui d'*échiquier*.

ÉCHITE, genre de la famille des apocynées. Il se compose d'arbustes volubiles, à feuilles opposées, entières, munies à leur base de poils. Les fleurs sont grandes, de couleur blanche, rose, jaune ou pourpre, en ombelles ou en grappes. Le fruit est un double follicule, allongé, très-grêle, quelquefois filiforme; les graines ont une sorte d'aigrette à l'extrémité inférieure.

ECHMALOTARQUE (*chef de la captivité*), nom donné aux chefs qu'avaient les Juifs pendant la captivité de Babylone, et qui les gouvernaient. Voy. ÆCHMALOTARQUE.

ÉCHO (myth.), fille de l'Air et de la Terre, faisait sa résidence sur les bords du Céphise. Elle était de la suite de Junon, et se chargeait de l'amuser par des récits intéressants, tandis que Jupiter s'oubliait dans les bras de ses maîtresses. La déesse, s'en étant aperçue, la punit en la privant de la parole, et en lui permettant seulement de répéter les derniers mots des discours qu'elle entendrait. — Selon d'autres, éprise d'amour pour le beau Narcisse, elle n'essuya que des dédains et fut consumée de douleur. Elle fut changée en rocher, et il ne lui resta plus que la voix.

ÉCHO. En physique, c'est la réflexion du son par un corps dur, et qui se répète à l'oreille après avoir été déjà entendu. Si la surface réfléchissante est placée à cent soixante-dix mètres de distance de celui qui parle, le temps qui s'écoule entre le premier son et l'écho est d'une seconde. Ainsi l'écho répétera toutes les syllabes prononcées dans le temps d'une seconde. Comme un son réfléchi peut se réfléchir de nouveau en rencontrant un deuxième obstacle dans sa direction, il existe des *échos doubles*, *triples*, etc. Les *échos multiples* sont ceux qui répètent un mot un certain nombre de fois. On nomme *centre phonétique* le point où le son est produit, et *centre phonocamptique* celui où il est réfléchi.

ÉCHO, genre de poésie dont les dernières syllabes, du dernier mot des vers, ont un sens à la rime très-clair : *Nos yeux de ton éclat sont si fort éblouis*, — Louis...

ÉCHOMÈTRE, espèce de règle ou d'échelle divisée en plusieurs parties, dont on se sert pour mesurer la durée des sons, et pour trouver leurs intervalles et leurs rapports.

ÉCHOPPE, petite boutique en bois adossée contre un mur, et où l'on vend des objets de peu d'importance. Elles sont construites en planches et couvertes de planches ou de toile. — Les graveurs appellent *échoppes* des espèces de burins qui, au lieu d'être pointus comme les burins ordinaires, ont la face plate ou arrondie.

ÉCHOUAGE, lieu, tel qu'un rivage ou plage unie, où un bâtiment peut s'arrêter sans grand danger. C'est aussi la situation d'un navire qui, n'ayant pas assez d'eau pour flotter, se dirige vers le rivage. L'échouage ne convient pas aux bâtiment portant des canons, à moins que ce ne soit sur des vases molles.

ÉCHOUEMENT, rencontre que fait un bâtiment d'un haut-fond ou d'un banc quelconque, sur lequel il est arrêté faute d'eau suffisante pour le retenir à flot. L'échouement amène toujours le naufrage.

**ECKHEL** (Joseph-Hilaire), né en Autriche en 1737, entra en 1751 dans l'ordre des jésuites, et acquit de vastes connaissances dans la philosophie, les mathématiques, la théologie, les langues grecque et hébraïque et la numismatique. En 1772, il fut chargé par Léopold II, duc de Florence, de mettre en ordre son cabinet de médailles, et fut nommé à son retour (1774) directeur du cabinet de Vienne et professeur d'antiquités. Il mourut en 1798. Il a laissé une nouvelle méthode pour le classement des médailles et plusieurs ouvrages de numismatique.

**ECKMÜHL**, bourg de Bavière, à 6 lieues de Ratisbonne. C'est là que Napoléon, à la tête d'environ 80,000 hommes, défit l'armée de l'archiduc Charles, forte de 54,000 hommes, le 22 avril 1809.

**ÉCLAIR**, étincelle vive et subite qui sillonne les nuages pendant les temps d'orage, et précède presque toujours le bruit de la foudre. L'éclair n'est qu'une modification de l'électricité, ou un effet de la forte compression de l'air par l'explosion électrique, ou bien encore le résultat de l'union des deux électricités opposées. Comme la lumière marche plus vite que le son, l'on aperçoit l'éclair longtemps avant l'audition du bruit du tonnerre. Les *éclairs de chaleur* que l'on voit pendant l'été sont dus à une sorte de phosphorescence produite par des nuages isolés, fortement chargés d'électricité.

**ÉCLAIRAGE**, action de se procurer une lumière artificielle. Cette lumière est plus ou moins vive, suivant les matières et les procédés que l'on emploie. Les éclairages se font le plus souvent à l'aide du *suif*, de la *cire*, de l'*huile*, des *lampes*, etc. C'est à un ingénieur français nommé Lebon que l'on doit l'invention de l'*éclairage au gaz*. Les matières premières employées dans la préparation du gaz sont la houille et quelques substances grasses. Ce gaz (*gaz-light*) est de l'hydrogène plus ou moins carboné. On place la houille dans des cornues chauffées par un feu ardent. Le gaz obtenu par la fusion se condense dans un réservoir en fonte; on l'épure ensuite des matières qu'il renferme, et on le fait passer dans un second réservoir nommé *gazomètre*. De là le gaz est conduit dans des tuyaux en fonte ou en plomb, et distribué pendant des heures particulières. En présentant un flambeau allumé à l'extrémité du tuyau nommé *bec*, le gaz s'enflamme et produit une lumière constante, analogue à celle de quinze bougies. On se sert aussi, pour cet éclairage, du *gaz à l'huile*, du *gaz de la résine*. On le produit encore par le *gaz portatif*, en renfermant une quantité suffisante de ce gaz dans des réservoirs de lampes portatives, et pouvant éclairer pendant un temps fixe.

**ÉCLAIRE**. On donne ce nom à deux plantes : la *grande éclaire* est la même que la *grande chélidoine*; la *petite éclaire* ou *petite chélidoine*, de la famille des renonculacées, est une petite plante dont les feuilles ressemblent à celles de la violette. Les fleurs sont d'un très-beau jaune, les tiges sont faibles et rampantes. On la nomme aussi *ficaire*. Les anciens prétendaient que son suc purge le cerveau, guérit les écrouelles, les cataractes et les hémorroïdes. Ses feuilles sont antiscorbutiques.

**ÉCLAIREUR**. On nomme ainsi, en tactique militaire, les voltigeurs qu'on envoie à la découverte, et qui sont chargés de donner des renseignements.—En marine, c'est le bâtiment de guerre faisant partie d'une escadre et que l'amiral détache pour aller à la découverte.

**ÉCLAMPSIE**, maladie convulsive, spasmodique, aiguë, qui attaque les membres ou les muscles, avec perte ou torpeur des sens. Ces convulsions épileptiques attaquent très-souvent les enfants.

**ÉCLECTISME**, doctrine d'une secte de médecine, qui avaient pour principe de choisir dans toutes les autres sectes les opinions les plus vraisemblables et qui paraissaient les mieux fondées. — C'est aussi le nom d'une doctrine philosophique, fondée par M. Victor Cousin, et qui, sans adopter de système particulier, consiste à rechercher dans les écrits des autres philosophes ce qui paraît conforme à la vérité.

**ÉCLECTIQUES** (du grec *eclegô*, choisir), école de philosophie qui se forma à Alexandrie vers le III<sup>e</sup> siècle avant J.-C. On en attribue la fondation à Potamon. Cette école choisissait dans chaque secte des philosophes ce qui lui paraissait le plus sage. — Ce système donna naissance au nouveau platonisme. — On a encore donné le nom d'*éclectiques* à une secte d'hérétiques qui prenaient dans toutes les autres sectes les opinions qui leur paraissaient les mieux fondées.

**ÉCLÉGME**, médicament de consistance épaisse, sirupeuse, que l'on fait sucer aux malades, et dans la composition duquel on fait entrer des substances pectorales et béchiques. Voy. LOCK.

**ÉCLIPSE**, disparition momentanée d'un astre en tout ou en partie. On les divise en *éclipses lunaires* et *solaires*. On observe aussi les éclipses des satellites, des planètes. Celles d'étoiles se nomment *occultations*. — La terre, étant un corps opaque éclairé par le soleil, projette au loin derrière elle une ombre dans l'espace. Quand la lune traverse cette ombre, elle ne reçoit plus la lumière du soleil, et disparaît pendant tout le temps qu'elle y demeure. Il y a alors *éclipse de lune*. L'*éclipse totale* a lieu lorsque la lune plonge entièrement dans l'ombre. L'*éclipse partielle* est celle où la lune n'entre qu'en partie dans l'ombre. L'*éclipse centrale* est celle où le centre de la lune coïncide avec l'axe même du cône de l'ombre. Pour qu'il y ait éclipse de lune, il faut qu'au moment de l'opposition ou de la pleine lune cet astre se trouve dans le plan ou près du plan de l'écliptique. Si elle se trouve sur un *nœud*, il y a éclipse totale. Les *éclipses de soleil* sont causées par l'interposition de la lune entre la terre et le soleil. On distingue encore des *éclipses totales*, *partielles* et *annulaires*.— On se sert des éclipses pour déterminer les longitudes des lieux terrestres. — Les éclipses furent autrefois un objet de terreur pour les peuples. Cependant Anaxagore chez les Grecs, Sulpitius Gallus chez les Romains, expliquèrent et prédirent même des éclipses.

**ÉCLIPTIQUE**, grand cercle de la sphère céleste, que le soleil paraît parcourir, et que la terre parcourt réellement en une année. On le nomme ainsi parce que toutes les éclipses de soleil et de lune arrivent quand la lune se trouve dans les points ou près des points où son orbite le rencontre. Il partage le zodiaque en deux parties égales, et c'est sur ce cercle que sont marqués les douze signes célestes. L'*axe de l'écliptique* est une droite perpendiculaire à son plan et passant par son centre. Les extrémités de cette ligne sur la voûte céleste sont les *pôles de l'écliptique*. On appelle *obliquité de l'écliptique* l'angle qu'elle fait avec l'équateur. Elle le coupe en deux points diamétralement opposés, nommés *points équinoxiaux*. Les points les plus éloignés sont les *points solsticiaux*. — L'obliquité de l'écliptique était, 300 ans avant J.-C., de 23 degrés 49 minutes et demie. Elle est aujourd'hui de 30 degrés 27 minutes 50 secondes. Elle varie chaque année. Cette variation est due à l'action des planètes sur la terre, et principalement aux attractions de Vénus et Jupiter.

**ÉCLIPTIQUES** (LIMITES), valeurs extrêmes dans lesquelles peuvent seulement avoir lieu les éclipses. On calcule au moyen des épactes les époques des conjonctions et celles des oppositions, en retranchant des premières une demi-révolution synodique ou 14 jours 18 heures 22 minutes. On cherche ensuite la distance du soleil au nœud de la lune. Si cette distance est plus petite que 13 degrés 33 minutes, l'éclipse de soleil est sûre; plus grande que 19 degrés 44 minutes, l'éclipse est impossible. Il en est de même pour les éclipses de lune. Si la distance du soleil au nœud de la lune est plus petite que 7 degrés 47 minutes, l'éclipse est sûre; si elle est plus grande que 13 degrés 21 minutes, l'éclipse est impossible.

**ÉCLISSES**, petites plaques de bois ou de carton destinées à maintenir en contact les fragments des os fracturés. — Les luthiers nomment ainsi des planches minces et courbées, qui forment l'épaisseur des violons, des altos, des basses, etc., et sur lesquelles reposent la table et le fond de ces instruments.

**ÉCLUSE**, parc demi-circulaire fermé du côté de la mer par un mur en pierres sèches, dans lequel on ménage une ouverture grillée pour l'écoulement des eaux. On y parque des huîtres et autres coquillages, quelquefois du poisson.

**ÉCLUSES**, nom donné à des ouvrages de maçonnerie, de charpenterie, de terrassements, qui ont pour objet de soutenir le niveau des eaux à des hauteurs déterminées, selon la nature des localités, de manière à pouvoir les laisser couler à volonté, au moyen de portes pratiquées à cet effet, soit pour faire tourner des eaux d'usines, soit pour arroser un pays, soit pour le service des canaux de navigation. L'invention des écluses en Europe remonte à l'année 1481. Les Chinois les connaissaient bien longtemps auparavant. Au moyen des écluses, on peut franchir les plus hautes montagnes. Pour descendre d'une écluse dans une autre, on remplit d'eau l'écluse intermédiaire jusqu'au niveau supérieur. Alors on introduit le bateau dans cette écluse, et ainsi de suite jusqu'à ce que l'on soit parvenu au niveau inférieur du canal. Les écluses sont fermées par des portes plates ou bombées, en charpente en France, en fer aux États-Unis et en Angleterre. On les ouvre à l'aide d'une seule mécanique très-simple. L'eau s'écoule au moyen de soupapes que l'on ouvre et ferme à volonté.

**ÉCOBUAGE**, opération d'agriculture qui consiste à enlever, de la surface d'un terrain couvert d'herbes, des parties de terre de plusieurs pouces d'épaisseur, laisser ces pièces sécher au soleil, les disposer en une sorte de four qu'on remplit d'herbes sèches et de paille, où l'on met le feu. Ce feu brûle les racines, détruit les plantes parasites et les insectes. Le champ est alors destiné à recevoir un nouveau genre de culture. On écobue les friches chargées de bruyères, les prairies chargées d'herbes nuisibles, les marais desséchés, les luzernes, etc., pour les rendre fertiles. On se sert de l'*écobue* et des charrues à versoir dans cette opération.

**ÉCOBUE**, espèce de pioche en forme de houe, de seize pouces de long sur sept à huit de large. On s'en sert pour *écobuer*. L'écobue est recourbée de dehors en dedans, et armée d'un long manche.

**ÉCOINÇON**, nom donné à la pierre qui fait l'encoignure d'une porte ou d'une fenêtre. — On nomme encore ainsi une espèce de bureau de forme triangulaire, qui se place dans les angles des appartements.

**ÉCOLATRE**, ecclésiastique qui jouissait du titre de chanoine et d'une prébende, avec droit d'institution et de juridiction sur les directeurs des écoles et les écoles publiques. Cette charge date du VIII<sup>e</sup> siècle, et conduisait souvent aux évêchés. Ces écolâtres se nommaient aussi *scolars*, *scolastiques*, *maîtres d'école*, *capischols* et *chanceliers*. Cette fonction avait été possédée auparavant par les grands chantres des églises. — On nommait aussi *écolâtres* des précepteurs placés dans chaque cathédrale, et chargés d'enseigner gratuitement la philosophie et les belles-lettres aux pauvres écoliers du royaume.

**ÉCOLE**, lieu public où l'on enseigne les sciences, les arts ou les langues, le commerce, le droit, l'équitation, etc., etc. — Les Perses et les Grecs avaient des écoles où l'on enseignait la lecture, l'écriture, la grammaire, la poésie et la musique. Les Hébreux en avaient aussi. A Rome, il y eut des écoles de garçons, de jeunes filles, de rhétorique et de philosophie. Plus tard, il y eut des écoles de droit et de belles-lettres. Les Romains établirent dans les grandes villes des Gaules des *écoles municipales*. A leur disparition s'élevèrent les *écoles cathédrales* ou *épiscopales*, ainsi nommées parce qu'il y en avait une dans chaque siége épiscopal. Ensuite vinrent les *écoles monastiques* ou *des monastères*, et l'*école de Paris* ou *palatine*, instituée par Charlemagne. On y enseignait la rhétorique, la grammaire, la dialectique, la géométrie, l'astrologie et la musique. Les écoles cathédrales étaient dirigées par les évêques et les écolâtres. Dans la suite, le nom d'*école* fit place à celui de *collège*, et ne se donna qu'à des établissements d'instruction spéciale. Voy. les articles suivants. — *École* se dit d'une secte ou de la doctrine de quelque philosophe célèbre, telle que l'*école de Platon*, d'*Aristote*, de *Thomas*, etc. — On nomme encore ainsi la classe des peintres communs à certains pays, et qui en ont suivi le goût. On distingue l'*école romaine*, *florentine*, *allemande*, *vénitienne*, *lombarde*, *flamande*, *hollandaise*, *française*, *mantouane*, de *Modène*, de *Ferrare*, de *Parme*, de *Crémone* et de *Bologne*, l'*école génoise*, *napolitaine* et *espagnole*. — Les diverses *écoles* de philosophie sont l'*école ionienne*, *italique*, *éléatique*, *atomistique*, *mixte*, *sophistique* (550-440 avant J.-C.); les *écoles cynique*, *cyrénaïque*, *mégarique*, *platonicienne*, *aristotélicienne* ou *péripatéticienne*, *stoïque*, *épicurienne* et *sceptique* (324-215 avant J.-C.); l'*école d'Alexandrie*, *juive*, *gnostique*, *néoplatonicienne*, *scolastique*, *ecclésiastique*, *cartésienne*, *baconienne* (jusqu'au XVIIIe siècle), l'*école sensualiste*, *idéaliste*, *sceptique*, *écossaise*, *kantienne*, *leibnitzienne*, l'*école idéologique*, *physiologique*, *théologique* et *éclectique*. — On a aussi réuni les divers systèmes de composition musicale dans trois classes générales. Ce sont l'*école française*, l'*école italienne* et l'*école allemande*.

ÉCOLE CENTRALE, nom d'écoles instituées par la convention nationale en 1795. Il devait y en avoir une par 300,000 habitants. On devait y enseigner les mathématiques, la physique, la chimie, l'histoire naturelle, le commerce, l'agriculture, les arts et métiers, les beaux-arts, les belles-lettres, la politique, la médecine, les langues vivantes, etc. Ces écoles produisirent des élèves très-distingués. Elles furent supprimées en 1808.

ÉCOLE D'APPLICATION DU CORPS ROYAL D'ÉTAT-MAJOR, école créée en 1818 à Paris, et destinée à former des officiers pour le service de l'état-major. On y admet annuellement, après examen, vingt-cinq élèves, savoir : trois choisis parmi les élèves de l'école polytechnique, et vingt-deux choisis parmi les trente premiers élèves de l'école spéciale militaire, et parmi trente sous-lieutenants en activité, âgés de moins de vingt-cinq ans. La durée des études est de deux à trois ans. Les élèves, après les examens, remplissent les emplois de lieutenants vacants dans le corps d'état-major. Les élèves sont au nombre de cinquante, dont vingt-cinq sont annuellement remplacés; on leur enseigne la géométrie descriptive, l'astronomie, la topographie, la géodésie, l'art des fortifications, l'art militaire, les manœuvres, le dessin.

ÉCOLE D'APPLICATION DU GÉNIE MARITIME, école établie à Lorient, où sont admis des élèves choisis au concours parmi les jeunes gens qui ont accompli deux ans d'études à l'école polytechnique. Elle est destinée à former des ingénieurs chargés de diriger la marine royale. Elle a été créée en 1791. Les élèves y restent deux ans, et y apprennent la langue anglaise, le dessin, l'architecture navale, l'art des machines à vapeur, la peinture, etc. Ils sont nommés, après examen, sous-ingénieurs de troisième classe.

ÉCOLE DE CAVALERIE, école instituée à Saumur en 1825, pour former les instructeurs des corps de troupes à cheval, instruire ceux des élèves de l'école spéciale militaire qui sont désignés pour la cavalerie. Une école de maréchalerie et une école de trompettes y sont annexées. Ces élèves suivent deux ans les cours de cette école.

ÉCOLE DE PYROTECHNIE, école destinée à former des artificiers militaires, établie près de l'école de Metz et fondée en 1824. Les professeurs sont un chef d'escadron d'artillerie, un capitaine, deux lieutenants et quatre maîtres artificiers. Les élèves sont envoyés annuellement par les divers régiments d'artillerie. La durée du cours est de deux ans. On y apprend l'écriture, l'arithmétique, la pyrotechnie, la chimie, la confection des artifices, etc.

ÉCOLE D'ÉQUITATION, D'HYDROGRAPHIE, etc., etc. Voy. ces mots.

ÉCOLE DES CHARTES. Voy. CHARTES (École des).

ÉCOLE DES LANGUES ORIENTALES VIVANTES, école établie auprès de la bibliothèque royale par une loi du 30 mars et du 2 avril 1795. Les professeurs sont nommés par le ministre de l'instruction publique, sur la présentation de l'administrateur de l'école. Les langues qui y sont enseignées sont l'arabe littéral, l'arabe vulgaire, le persan, le turc, l'arménien, le grec moderne et l'indoustani. — La convention en 1794 avait établi des *écoles des langues*. Un instituteur devait résider dans chaque commune des départements où l'on parlait un idiome étranger. Les décrets qui les instituaient ne reçurent pas d'exécution.

ÉCOLE DES MINES, école créée à Paris en 1783 et rétablie en 1816. Le nombre des élèves ingénieurs, qui doivent être choisis après concours parmi les élèves de l'école polytechnique ayant fini leurs études, est fixé à neuf, et il peut en outre y avoir neuf élèves externes instruits gratuitement. L'instruction, dans l'école des mines, embrasse la géologie, la minéralogie, l'exploitation des mines, la docimasie, etc. Les cours durent de deux à trois ans.

ÉCOLE DES MINEURS, école pratique fondée en 1816 à Saint-Étienne (Loire) pour acquérir des connaissances en minéralogie. Les élèves y entrent gratuitement après concours. Ils apprennent l'arithmétique, la géométrie, l'algèbre, la trigonométrie, la levée des plans, le nivellement, la coupe des pierres, la chimie, la docimasie, la minéralogie, la géologie et la tenue des livres. L'enseignement dure deux années. L'école est dirigée par un inspecteur au corps royal des mines.

ÉCOLE DES PONTS ET CHAUSSÉES, école instituée à Paris pour la première fois en 1747. Les élèves sont des jeunes gens de l'école polytechnique qui ont fini leurs études. Les professeurs appartiennent au corps des ingénieurs des ponts et chaussées ou des mines; l'instruction embrasse l'application de la physique et des mathématiques, à l'art de jeter et de construire les ouvrages relatifs aux routes, canaux, ports et édifices, etc.

ÉCOLE DE TROMPETTES, créée en 1731 à Paris. Les élèves, âgés de seize à dix-huit ans, recevaient la même solde que les cavaliers de l'armée; ils apprenaient l'art de la trompette, les mathématiques, la lecture et l'écriture, l'escrime, l'équitation et la gymnastique. Cette école a été réunie en 1823 à l'*école de cavalerie*.

ÉCOLE FORESTIÈRE, école instituée en 1824, et destinée à former les gardes généraux des forêts. Cette école est établie à Nancy. Les élèves sont reçus après un concours. Ces élèves sont dispensés du service militaire. L'enseignement dure deux ans. Les élèves ont un costume particulier, et apprennent l'histoire naturelle, la connaissance des arbres forestiers, les semis et plantations, le dessin, etc.

ÉCOLE NAVALE, école qui a remplacé en 1830 le *collège royal de la marine* d'Angoulême, et qui est établie à Brest à bord du vaisseau de guerre l'*Orion*. Cette école, placée sous la surveillance d'un préfet maritime, est commandée par un capitaine de vaisseau. Les élèves y apprennent l'algèbre, la statique, la géométrie descriptive, l'art des machines, la physique générale, la chimie, la géographie, la trigonométrie sphérique, la description et l'usage des instruments de marine, l'hydrographie, etc. On leur apprend encore la grammaire, les belles-lettres, l'histoire moderne, la langue anglaise, le dessin, la construction des vaisseaux. Les élèves sont nommés après un concours. Ils étudient deux ans; après des examens, ils deviennent successivement *élèves de deuxième classe*, *de première classe* et *lieutenants de frégate*.

ÉCOLE NORMALE, établissement placé à Paris sous la surveillance spéciale d'un membre du conseil royal de l'instruction publique, et destiné à former des professeurs pour tous les établissements de l'université. Il a été fondé sous la convention le 3 octobre 1794, et ouvert le 19 janvier 1795. La pension y est gratuite. Les élèves, reçus après un examen devant une commission particulière dans chaque département, entrent dans cette école après un concours. Les élèves sont divisés en deux sections, l'une pour les lettres et l'autre pour les sciences. Les études durent trois années. Leurs professeurs, choisis parmi les plus habiles et les plus anciens, se nomment *maîtres des conférences*.

ÉCOLE POLYTECHNIQUE. Voy. POLYTECHNIQUE (École).

ÉCOLE SPÉCIALE MILITAIRE, école réorganisée en 1832, qui a pour objet d'instruire dans les différentes branches de l'art de la guerre les jeunes gens qui se destinent à la carrière des armes. Ils n'y sont admis que par voie de concours et après examen. La pension est de 1,500 francs, non compris 750 francs pour le trousseau. La durée du cours est de deux ans. Les élèves en sortant sont nommés sous-lieutenants, sous-officiers ou caporaux dans l'armée.

ÉCOLES CHRÉTIENNES. Voy. FRÈRES DES ÉCOLES CHRÉTIENNES.

ÉCOLES D'ADULTES, écoles où l'on admet les jeunes gens et les hommes faits, qui, en raison de leur âge, ne peuvent fréquenter les écoles primaires. L'instruction y est la même que dans ces dernières écoles.

ÉCOLES D'APPLICATION, nom donné en général aux écoles dans lesquelles on n'admet que les personnes qui ont terminé leurs études générales. Ainsi l'*école de médecine* est celle dans laquelle on applique à l'étude de la médecine les connaissances que l'on a acquises en physique, chimie, histoire naturelle, etc.

ÉCOLES D'APPLICATION DE L'ARTILLERIE ET DU GÉNIE. Ces écoles, au nombre de deux, ont été réunies en 1802 en une seule école, réglée définitivement en 1831. Cette école, établie à Metz, n'est composée que d'élèves sortant de l'école polytechnique, destinés à devenir officiers d'artillerie ou du génie dans les armées de terre ou de mer. Ils y entrent avec le rang de sous-lieutenant et restent deux à trois ans; ils en sortent après un examen.

ÉCOLES D'ARTILLERIE. Voy. ÉCOLE D'APPLICATION DE L'ARTILLERIE ET DU GÉNIE. — On appelle encore ainsi l'école où l'on enseigne aux artilleurs les mathématiques, l'art militaire, et où l'on donne les éléments des sciences les plus importantes.

ÉCOLES D'ARTS ET MÉTIERS. Voy. ARTS ET MÉTIERS (Écoles d').

ÉCOLES DE DROIT. Ces écoles sont très-anciennes; on en retrouve sous l'empire de Justinien. Au moyen âge, la France n'eut d'écoles de droit que celles tenues par des professeurs privés. Elles furent réorganisées par Louis XIV (1680). On y enseigne le droit civil français, le droit romain, le droit public français, la législation criminelle et la procédure civile et criminelle. Après trois ans de *droit*, et après des examens que l'on subit, on est *licencié en droit*. Ce grade est nécessaire pour obtenir l'emploi d'avocat. Il y a en France neuf écoles de droit, celles d'Aix, Caen, Dijon, Grenoble, Paris, Poitiers, Rennes, Strasbourg et Toulouse.

ÉCOLES DE MAISTRANCE, écoles spéciales établies en 1819 pour l'instruction d'un certain nombre d'ouvriers destinés à la *maistrance*, et qui doivent renfermer ensemble cinquante-deux élèves, dont vingt-quatre à Brest, quatorze à Rochefort et quatorze à Toulon. Les élèves sont nommés par voie de concours parmi les ouvriers qui ont vingt et un ans d'âge et trois ans de service dans les ports. On leur enseigne l'arithmétique, les éléments de géométrie, la géométrie descriptive, les éléments de statique et la stabilité des corps flottants, le dessin linéaire et la tenue de la comptabilité des ateliers.

ÉCOLES DE MÉDECINE, établissements où les professeurs de médecine instruisent les jeunes gens sur cette science. On donne aussi ce nom aux doctrines relatives à la *théorie* et à la pratique de la médecine. Ces écoles sont l'*école empirique, dogmatique, éclectique*, etc. — Les écoles de médecine sont de deux classes, trois *facultés*, à Paris, Strasbourg et Montpellier, et dix-huit *écoles secondaires* de médecine, à Amiens, Angers, Arras, Besançon, Bordeaux, Caen, Clermont, Dijon, Grenoble, Lyon, Marseille, Nancy, Nantes, Poitiers, Rennes, Reims, Rouen, Toulouse; Brest, Toulon et Rochefort possèdent des *écoles de médecine navale*. On enseigne dans les écoles de médecine la médecine, la chirurgie, la physique, la chimie et l'histoire naturelle.

ÉCOLES DE NAVIGATION, écoles établies dans tous les ports du royaume, où l'on enseigne gratuitement aux navigateurs de toutes les classes qui se présentent les mathématiques, la navigation et l'usage des instruments nautiques. On les examine chaque année. Il y a en France quarante-quatre écoles de navigation.

ÉCOLES D'ENSEIGNEMENT MUTUEL. Voy. ENSEIGNEMENT MUTUEL (Écoles d').

ÉCOLES DE PHARMACIE, écoles spéciales où l'on apprend la chimie, la physique, l'histoire naturelle, la connaissance des drogues, remèdes, etc. Il y en a trois, à Paris, Montpellier et Strasbourg. Les professeurs sont nommés par le roi, sur la présentation de l'école et de l'académie des sciences.

ÉCOLES DES BEAUX-ARTS. Voy. BEAUX-ARTS.

ÉCOLES ECCLÉSIASTIQUES, écoles destinées à former des sujets pour le sacerdoce. Il existe dans chaque diocèse un *séminaire* où l'on enseigne la théologie (Écriture sainte, dogme et morale) et la philosophie. Il y a aussi des *succursales* et des *petits séminaires*. Le nombre des élèves est d'environ trente mille.

ÉCOLES ÉLÉMENTAIRES, écoles destinées à donner aux enfants les premières notions et les premiers éléments des connaissances qu'ils perfectionnent dans les écoles supérieures. On y enseigne l'instruction morale et religieuse, la lecture, l'écriture, les éléments de la langue française et du calcul, le système légal des poids et mesures. Les instituteurs doivent connaître l'histoire sainte, le catéchisme, savoir lire les manuscrits, écrire en ronde, bâtarde et cursive, connaître la grammaire et l'orthographe, les quatre premières règles d'arithmétique, avoir des notions de géographie et d'histoire, et connaître les nouveaux poids et mesures.

ÉCOLES NORMALES PRIMAIRES, écoles destinées à former des instituteurs communaux dans les départements. On leur enseigne le dessin, le chant, les mathématiques, l'écriture, la physique, la chimie, la géographie, l'histoire, etc. Le cours d'études est de deux années.

ÉCOLES PRIMAIRES, écoles où les enfants des classes pauvres reçoivent une instruction élémentaire. Leur création remonte à 1598. Ces écoles étaient placées dans les monastères. Les *écoles chrétiennes* leur succédèrent. Les *écoles primaires* proprement dites furent fondées en 1790. Elles se divisent en *écoles publiques communales* où l'instruction est gratuite, et en *écoles privées* ou payantes. Un comité gratuit, formé par le curé, du juge de paix, etc., est chargé de l'inspection. Elles sont soumises, sous le rapport religieux, à l'inspection de l'évêque ou de ses délégués, des pasteurs ou des rabbins, etc.; pour la surveillance administrative, aux préfets, sous-préfets et maires. Les instituteurs doivent sortir des écoles normales primaires; ils sont nommés par un jury d'instruction. Les enfants apprennent à lire, à écrire, les éléments de la langue française, du calcul, de la géographie et d'histoire, le chant, la gymnastique, etc., etc. Les instituteurs reçoivent de la commune un logement. Il y a une école primaire par 1,000 habitants. — Il y a trois degrés : le troisième ou *inférieur* est accordé à ceux qui savent lire, écrire et chiffrer ; le deuxième, à ceux qui savent l'orthographe, la calligraphie et le calcul ; le premier degré ou *supérieur* à ceux qui connaissent l'arpentage, la géographie, la grammaire française et l'arithmétique.

ÉCOLES RÉGIMENTAIRES, écoles créées en 1818 pour les régiments de toutes armes, et où l'on enseigne aux enfants de troupe, la lecture, l'écriture, l'arithmétique. Un prix annuel de mérite a été créé pour les enfants âgés de dix ans, réputés les plus sages et les plus intelligents. On tire chaque année au sort le numéro du corps auquel le prix doit échoir ; le corps désigne l'enfant qui le mérite, et le nom de cet enfant est signalé au directeur de la caisse du dépôt et des consignations, dans laquelle le montant du prix (5,000 francs) est versé pour être remis avec les intérêts à l'enfant, si, à l'âge de dix-huit ans, il contracte un engagement militaire.

ÉCOLES SECONDAIRES, écoles dans lesquelles on enseigne les langues latine et française, les éléments de la géographie, de l'histoire et des mathématiques, et fondées en 1802. Les communes concédaient des locaux aux instituteurs, et des places gratuites dans les lycées étaient accordées à ceux de leurs élèves qui se distinguaient le plus. En 1808, les *écoles secondaires communales* devinrent des *collèges communaux*, et les *particulières* des *institutions*. Le nom d'*écoles secondaires* est donné aujourd'hui aux *écoles ecclésiastiques*. Voy. ce mot.

ÉCOLES SPÉCIALES DE COMMERCE, écoles établies auprès des collèges royaux. On y enseigne l'histoire et la géographie, les mathématiques, la physique et la chimie, le droit commercial, la tenue des livres, le dessin linéaire et les langues étrangères. Il y a aussi à Paris une *école spéciale de commerce*, fondée vers 1820. On y apprend l'arithmétique, l'étude des changes et des arbitrages, la comptabilité, les règles des peuples commerçants, l'origine des marchandises, la jurisprudence commerciale, l'économie politique et industrielle, le droit administratif, la chimie, la géométrie, l'algèbre, la littérature. Lorsqu'un jeune homme a suivi ce cours, on l'établit sous une raison commerciale, et on lui confie un capital.

ÉCOLES SUPÉRIEURES. L'instruction primaire supérieure comprend nécessairement, outre les matières enseignées par les écoles élémentaires, les éléments de la géométrie, le dessin linéaire et l'arpentage, des notions des sciences physiques et d'histoire naturelle, le chant, les éléments de l'histoire et de la géographie de France.

ÉCOLES VÉTÉRINAIRES, écoles destinées à former des maréchaux et des médecins vétérinaires. La durée des études est de quatre ans. On y suit des cours d'anatomie et d'hygiène, de physique, chimie, pharmacie, botanique, zoologie, maréchalerie, d'opérations, de pathologie et de dessin. Il y a trois écoles, à Alfort, Lyon et Toulouse. Ces trois écoles possèdent environ quatre cent quatre-vingts élèves.

ÉCOLIERS se dit des personnes qui se livrent à l'étude des sciences, des lettres, etc. Autrefois ils jouissaient de nombreux privilèges. Les sujets du roi pouvaient envoyer leurs enfants étudier hors du royaume sans la permission du roi. Il fallait six mois d'études pour jouir du privilège de *scolarité*. Dans le moyen âge, ils formaient un corps nombreux qui causa souvent de grands troubles dans les villes. Ce nom d'*écolier* était alors un titre de distinction.

ÉCONOME, celui qui avait soin de l'administration des revenus d'un bénéfice ecclésiastique pendant la vacance. Ces économes étaient nommés par l'évêque dans chaque diocèse. Cet usage fut suivi en Orient; en Occident, on les nommait *archidiacres*. Plus tard leurs soins furent bornés à l'administration des revenus de l'évêque pendant la vacance du siège épiscopal. En France, le roi nommait les économes. Ils furent supprimés à la révolution. Les *économes spirituels* étaient des ecclésiastiques préposés pour régir les églises des personnes nommées aux bénéfices consistoriaux et non pourvues par la cour de Rome. — On nomme aujourd'hui *économe* la personne qui a soin de la conduite, de la dépense d'une maison, d'un établissement.

ÉCONOMIE, conduite d'un établissement, d'une maison, etc. — On nomme *économie domestique* la manière d'administrer ses biens, l'ordre apporté dans la conduite d'un ménage. — On entend par *économie animale* ou *organique* l'ensemble des lois qui régissent l'organisation des végétaux, des animaux, des minéraux, etc. L'*économie politique, publique* ou *générale* est la science dont l'objet est de considérer les lois de l'organisation des sociétés humaines, et de chercher les moyens qui peuvent rendre ces sociétés heureuses et puissantes.

ÉCONOMIE RURALE, l'art d'exploiter un domaine rural de manière à lui faire produire le plus de revenus possible sans épuiser le sol et à obtenir les meilleurs produits. Elle traite en particulier de l'agriculture. L'*économie rustique* rentre dans la précédente, et consiste à tirer le plus grand avantage de la culture des champs.

ÉCONOMISTES, nom donné à tous les écrivains qui se sont occupés de l'économie politique. On nomme encore ainsi les philosophes français au XVIIIe siècle, qui cherchèrent à fonder une nouvelle théorie de la richesse et du gouvernement.

ÉCOPE, pelle creuse en bois, qui sert à puiser de l'eau à une petite profondeur et la rejeter à une distance médiocre. Les mariniers l'emploient pour vider l'eau qui entre dans leurs bateaux.

ÉCOPERCHE, nom donné dans les arts mécaniques à toute pièce de bois portant une poulie à son extrémité. Cette machine est très en usage pour les constructions, dans les chantiers, etc. On s'en sert pour élever des matériaux aux étages supérieurs, en passant dans cette poulie une corde à laquelle est suspendu un panier plein de ces matériaux.

ÉCORCE, enveloppe extérieure qui recouvre le tronc et les branches des plantes dicotylédonées. Elle n'existe pas dans les acotylédonées et les monocotylédonées. L'écorce est formée de parties superposées nommées *cuticule* ou *épiderme*, l'enveloppe herbacée, humide, verte, molle ; des couches corticales, composées de mailles allongées, fibreuses, superposées ; et du *liber*. L'écorce renferme les principes de la nourriture et de la reproduction des arbres ; et ferme les plaies accidentelles de ces arbres. C'est là que les boutures prennent racine, que les sucs s'élaborent et s'opèrent les sécrétions. On se sert de l'écorce de chêne pour tanner les cuirs, leur donner de la souplesse, de la force, etc. L'écorce du tilleul sert avec ses fibres à faire de très-bons cordages, des toiles, du papier, etc. L'écorce des sapins, des mélèzes, des pins, etc., fournit la poix, la térébenthine, les gommes, les résines, l'encens, la cannelle, etc. On écorce les arbres pour donner plus de force au bois employé dans les constructions. (Voy. Décortication.) L'écorce se renouvelle chaque année.

ÉCORCE DE LA TERRE, principe soutenu par les géologues modernes. L'on prétend que la terre, d'abord en fusion et fluide, s'est refroidie peu à peu. La surface extérieure de la terre commença à se solidifier et continue à se refroidir, de sorte que cette pellicule ou *écorce* se forme encore de nos jours et augmente sans cesse.

ÉCORCE DE WINTER, écorce médicinale, épaisse, sèche, d'un jaune rouge, d'une odeur semblable à celle du girofle, d'une saveur piquante et brûlante. Elle est antiscorbutique. Elle est fournie par la *drymide*.

ÉCORCE DU PÉROU ou DES JÉSUITES. Voy. QUINQUINA.

ÉCORCE ÉLEUTÉRIENNE. Voy. CASCARILLE.

ÉCORCE SANS PAREILLE. Voy. ÉCORCE DE WINTER.

ÉCORCHEURS, nom donné aux Français qui, dans la révolte des Pays-Bas contre le duc de Bourgogne (1437), entrèrent dans le Hainaut, et y causèrent de grands maux. — On a nommé encore ainsi pendant la guerre de cent ans entre la France et l'Angleterre, de nombreux soldats qui, abandonnant leurs drapeaux, formèrent de grandes armées qui massacraient les habitants, incendiaient les maisons, etc. Après la fuite de ces soldats, les paysans, ayant perdu toute leur fortune, se retirèrent dans les villes, et il en résulta une famine et une peste terrible. Ce fléau cessa avec la fin du règne de Charles VII.

ÉCORCHURE, plaie légère produite par un frottement violent, et dans laquelle les couches les plus superficielles de la peau ont *été* enlevées ou déchirées. On la nomme aussi *excoriation*. — On nomme écorché, dans les arts du dessin, une figure humaine que l'on représente dépouillée de sa peau, et quelquefois de ses muscles. — L'action d'*écorcher vif* était un supplice inventé par les anciens, et qui s'est renouvelé quelquefois dans le moyen âge.

ÉCOSSAISE (École), école de philosophie moderne dont le chef fut Reid, mort en 1799. Cette école attaqua le sensualisme de Locke et le scepticisme de Hume. Elle appliqua la méthode du *Novum Organum* de Bacon aux phénomènes de l'esprit.

ÉCOSSE, ancien royaume de l'Europe septentrionale, placé au N. des Iles-Britanniques dont il fait partie, et situé entre l'océan Atlantique, la mer du Nord et l'Angleterre, dont il est séparé par la Tweed et le canal du Nord. Il se compose de l'Ecosse proprement dite, des Orcades et du Schetland. L'Ecosse proprement dite a une superficie d'environ 18,944,000 acres, et une population de 2,218,000 âmes. L'Ecosse se divise *naturellement* en *haute Ecosse* ou *Highlands*, et en *basse Ecosse* ou *Lowlands*. Elle se divise *géographiquement* en trente-trois comtés. Le pays du N. est formé de monts arides, entrecoupés de vallées fertiles ; le milieu ne présente que quelques plaines labourables, le S. est fertile et bien cultivé. L'hiver est très-long, mais peu rude. L'Ecosse produit des grains. Elle commerce en étoffes de lin, chanvre, coton, laine, soie, et renferme des fabriques d'objets en fer, acier et quincaillerie. L'Ecosse a des mines de houille, de plomb, de fer, de mercure, de cuivre et de marbres précieux. La religion est celle de l'*Eglise presbytérienne*. Chaque comté est commandé par un shérif. L'Ecosse a un collège de justice civile et un tribunal pour les causes criminelles. L'instruction y est très-répandue. Les *Highlands* ou habitants des montagnes parlent encore le *gallique*, et ont des mœurs particulières ; les autres habitants parlent à peu près l'*anglais*. La capitale est *Edimbourg*. — L'Ecosse avait reçu des Romains le nom de *Calédonia*. Vaincus et non soumis, les *Scotts* et les *Pictes*, ses premiers habitants, résistèrent aux Romains, mais portèrent longtemps les armes les uns contre les autres, jusqu'à ce qu'au IXe siècle Kenneth II, roi des Scotts, réunit les deux peuples. Le christianisme fut introduit au VIe siècle par des moines irlandais. L'histoire des premiers rois est incertaine. Déjà au XIIe siècle, ils se trouvaient vassaux des rois d'Angleterre. Robert Bruce rendit sa patrie *indépendante* (1314), et ses descendants s'éteignirent en 1371, époque à laquelle la maison des Stuarts parvint au trône, qu'elle occupa jusqu'à la réunion de l'Ecosse avec l'Angleterre, effectuée de fait à l'avénement de Jacques VI, roi d'Ecosse au trône d'Angleterre (1603), et de droit en 1707.

ÉCOSSE (Nouvelle) ou Acadie (*New-Scotland*), péninsule de l'Amérique septentrionale à l'O. du Nouveau-Brunswick. La superficie de cette province de l'Amérique anglaise est d'environ 1,425 lieues, et la population d'environ 120,000 habitants. L'hiver y est long et rude, le climat humide, le sol montagneux, maigre, aride. La pêche sur les côtes est très-abondante ; on en exporte des peaux, du goudron, des bois, des denrées, etc. La capitale est *Halifax*. La Nouvelle-Ecosse a un gouverneur général nommé par le roi, un conseil de douze membres, chargé de la législation et de la justice, et une assemblée de quarante membres élus par les comités. Sébastien Cabot découvrit l'Acadie en 1497. Les Français s'y établirent et la rendirent aux Anglais par le traité d'Utrecht. La Nouvelle-Ecosse est divisée en neuf comtés.

ÉCOUEN, village du département de Seine-et-Oise, à 7 lieues de Pontoise. Population, 1,042 habitants. Cette ville a des filatures de coton et des passementeries. Elle est célèbre par un château fondé sous François Ier. Après la bataille d'Austerlitz, un décret de Napoléon transforma ce château en une maison d'éducation pour trois cents filles des membres de la Légion d'honneur, élevées aux frais de l'Etat. Sous la restauration, cet établissement fut réuni à celui de Saint-Denis, et le château fut rendu au prince de Condé, qui le laissa en mourant pour en faire une maison d'éducation des filles des Vendéens et des émigrés. Mais cette clause n'a pas été ratifiée par le gouvernement.

ÉCOUENNE ou ÉCOUANE, lime plate qui ne diffère des autres que par la taille. Elle n'est taillée, ni comme celle des limes ordinaires, ni comme celle des râpes ; ce sont de larges sillons parallèles entre eux et perpendiculaires à la longueur de la lime. Ces sillons, vus par côté, ont la forme des dents de scie, dont le tranchant est vers le bout de la lime. Les arquebusiers, les luthiers, les menuisiers, etc., se servent des écouennes.

ÉCOULEMENT, action d'un fluide qui passe ou qui s'échappe d'un lieu où il était rassemblé. L'unité qui sert de terme de comparaison à la quantité de liquide qui s'écoule en une minute par un orifice circulaire d'un pouce de diamètre s'appelle pouce d'eau. Cette quantité est égale à 14 litres. Le pouce d'eau se subdivise en demi, quart, etc.

ÉCOUTANTS ou AUDITEURS, pénitents de la deuxième classe, appelés ainsi autrefois parce qu'il ne leur était permis que d'écouter les lectures et les instructions, après lesquelles on les renvoyait avec les catéchumènes.

ÉCOUTE (Mère-). Dans les monastères de filles, c'était une religieuse qui accompagnait au parloir les autres religieuses ou les pensionnaires.

ÉCOUTES, gros cordages fixés aux coins inférieurs des voiles et qui servent à les border lorsqu'on les dispose pour qu'elles reçoivent bien le vent dans la direction que le vaisseau doit suivre. Les écoutes sont sous le vent. Les voiles hautes ont des écoutes au vent et sous le vent. On nomme *écoutes de revers* celles des basses voiles qui se trouvent au vent, c'est-à-dire du côté d'où vient le vent. Les *fausses écoutes* sont des cordages volants que l'on ajoute dans les grands vents aux écoutes pour les renforcer.

ÉCOUTILLES, ouvertures à peu près carrées qui sont pratiquées dans tous les ponts au milieu de la largeur des navires, et qui sont destinées à communiquer du pont supérieur à la cale. Elles correspondent les unes aux autres pour faciliter les chargements et déchargements. Dans les *trois-mâts*, il y en a trois : la *grande écoutille*, entre le grand mât et le mât de misaine, l'*écoutille de devant*, en avant du mât de misaine, et l'*écoutille de derrière*, entre le grand mât et l'artimon. Elles sont entourées d'un cadre nommé *surban* et fermées par des *panneaux*. Entre les ponts, on perce quelquefois de petites ouvertures nommées *écoutillons*.

ÉCOUVILLON, instrument qui sert à nettoyer l'intérieur d'un canon après qu'il a tiré. C'est une espèce de brosse cylindrique faite de peau de mouton ayant sa laine et placée à l'extrémité d'une hampe ou manche.

ECPHRACTIQUE. Voy. APÉRITIF et DÉSOBSTRUANT.

ECPYÉTIQUE. Voy. SUPPURATIF.

ÉCRAN, petit meuble fait ordinairement en carton, avec une queue en bois tourné, peint ou verni. Il sert à garantir le visage et surtout les yeux de la trop grande action du feu. On donne encore ce nom à de petits meubles que l'on place debout devant le feu pour se garantir d'une trop grande chaleur à la figure. Un petit cadre, couvert d'un taffetas vert, glisse dans une coulisse et est soutenu à la hauteur qu'on désire par une crémaillère. Ils portent par derrière une petite tablette.

ÉCREVISSE (Signe de l'). Voy. CANCER.

ÉCREVISSES, crustacés décapodes de la famille des macroures et de la tribu des homards. Ils ont les six pieds antérieurs terminés par une pince à deux doigts ; la carapace est allongée, demi-cylindrique ; l'abdomen ou *queue* a six anneaux très-convexes, et est terminé par des écailles qui peuvent s'écarter en forme d'éventail. Leur corps a un grand nombre de filets ; il est d'un brun foncé et devient rouge par la cuisson. L'écrevisse est très-vorace ; elle habite sous des pierres dans les eaux, et change de test chaque année. Chez les écrevisses prêtes à muer, on trouve près de l'estomac deux concrétions pierreuses nommées *yeux d'écrevisses*. L'écrevisse marche à reculons. Cuite, elle fournit un aliment très-nourrissant. On lui a attribué autrefois de grandes propriétés médicales.

ÉCRIN, sorte de petit coffret destiné à renfermer des pierreries et des bijoux. On fait remonter leur origine à l'histoire de l'antique Egypte. Les prêtres les avaient inventés pour y renfermer les objets sacrés de leur culte ; d'autres l'attribuent aux templiers qui y plaçaient leur croix, leurs cordons, leur truelle, leur compas, etc. On fait des écrins de toute espèce et de toute dimension.

ÉCRITOIRE ou ENCRIER, petit vase destiné à recevoir de l'encre, et dans lequel on trempe le bec d'une plume lorsqu'on veut écrire. Les meilleures écritoires sont celles qui sont faites en cristal ; l'encre s'y évapore lentement et y conserve sa couleur. Les écritoires en bronze, cuivre ou argent, décomposent et rougissent l'encre.

ÉCRITURE, art de communiquer les idées et de peindre la parole par des signes, des caractères de convention. Ces signes ont varié suivant les époques. Dans l'enfance du monde, ce furent des *hiéroglyphes* ; on les retrouve dans les monuments de l'Egypte, dans la Scythie. Les Mexicains en faisaient aussi usage. Les Péruviens écrivaient au moyen de cordes de couleur combinées ensemble. L'origine de l'*alphabet* ou catalogue de signes appelés *lettres* se perd dans la nuit des temps. Chaque peuple a son écriture différente. Les Chinois ont deux cent quatorze lettres ou signes hiéroglyphiques nommés *tribunols*. En Europe, l'écriture va de gauche à droite ; en Orient, elle va de droite à gauche. Elle est perpendiculaire, horizontale, etc. Les principales écritures usitées en France sont l'*anglaise*, dont la pente à droite est très-inclinée et les traits déliés ; la *ronde*, dont la pente est à gauche et les traits assez grands ; la *bâtarde*, qui tient de ces deux écritures ; la *gothique*, etc.

ÉCRITURE SAINTE. L'Écriture sainte est la *Bible*, c'est-à-dire l'ensemble de l'*Ancien* et du *Nouveau Testament*. On appelle *canoniques* les livres de l'Ecriture, parce qu'ils servent de règle à notre foi, et parce qu'ils sont renfermés dans le catalogue des livres saints. On distingue dans l'Écriture le *sens littéral* présenté par les paroles elles-mêmes, et le *sens mystique* indiqué par les choses que les paroles signifient. On distingue encore le *sens propre* exprimé naturellement par les paroles, le *métaphorique* que les paroles expriment improprement et figurément. L'*allégorique* se rapporte à l'Église catholique, le *sens moral* ou *tropologique* au règlement des mœurs et des actions, l'*anagogique* à la patrie céleste et au bonheur éternel.

ÉCRITURES, terme de commerce qui désigne les lettres, livres et registres d'un négociant. — Les *écritures de banque* sont les billets que les marchands, banquiers, etc., se donnent réciproquement pour se céder en acquits de lettres de change une partie ou le tout en compte de banque. — En termes de marine, on appelle ainsi les papiers, registres, passeports, etc., qui se trouvent dans un navire, et qui peuvent donner des éclaircissements sur les qualités des passagers et les marchandises qui composent la cargaison. — Les *écritures* sont aussi des procédures faites pour l'instruction d'une cause. Les *écritures authentiques* sont celles qui émanent d'un fonctionnaire public ; les *écritures privées* émanent de simples particuliers. On nommait autrefois la *greffe écritures*.

ÉCROU ou ÉCROUX, acte d'emprisonnement. — On donnait aussi ce nom à l'administration des revenus de la maison du roi et des princes, à la déclaration que les vassaux donnaient à chaque mutation de seigneur, aux écritures en justice qui renfermaient les faits et raisons des parties, et aux rôles que les receveurs des amendes donnaient aux sergents pour forcer les contribuables à payer. — Il désigne aujourd'hui l'acte par lequel un agent de l'autorité administrative constate la remise d'un prévenu ou condamné entre les mains du geôlier. Chaque geôlier a un *registre d'écrou* où il écrit les noms des condamnés envoyés en prison.

ÉCROU (arts-mécan.), morceau de matière solide, ordinairement en métal ou en bois dur, dans lequel on a pratiqué un trou cylindrique dont la surface intérieure est sillonnée d'une creusure en hélice, qui commence à un des bords du trou et se termine à l'autre bord. Cette creusure est destinée à recevoir les *pas en relief* d'une vis.

ÉCROUELLES, tumeurs dures, souvent indolentes, qui viennent aux glandes et le plus souvent à celles de la gorge. Elles sont dues à l'agglomération des engorgements des ganglions lymphatiques. Cette maladie est plus connue sous le nom de *scrofules*. — Plusieurs rois de France, Robert, Louis IX, ont eu la réputation de guérir les écrouelles.

ÉCROUISSEMENT, propriété qu'ont certains métaux, l'or, le fer, le cuivre, le platine, l'argent, etc., de devenir plus durs, plus denses et plus élastiques lorsqu'on les bat au marteau et à froid. Dans les arts, on écrouit ainsi les métaux qui ne sont pas susceptibles de se durcir par la trempe. Pour *décrouir* ou *recuire* les métaux, il suffit de les faire chauffer par degrés et de les faire refroidir lentement.

ÉCRU, nom donné dans les manufactures au fil, à la soie, à la laine, etc., qui n'ont pas subi le décreusage, et qui n'ont pas été lavés à l'eau bouillante.

ECSARCOME, nom des excroissances, végétations charnues, des tumeurs fongueuses de diverses natures, qui se développent dans certaines maladies.

ECTHÈSE, nom d'une profession de foi publiée par l'empereur Heraclius en 639, et qui favorisait le monothélisme. Elle fut faite par le monothélite Athanase, qui feignait d'embrasser la foi catholique. L'ecthèse, en apparence catholique, n'établissait en effet qu'une seule volonté en une seule opération en Jésus-Christ. Le pape Jean IV la condamna, et Heraclius, ayant reconnu l'erreur où il avait été induit, la condamna aussi, et en déclara les auteurs.

ECTHYMA, pustules ou effervescences qui se montrent rapidement à la peau.

ECTHYMOSE, agitation du sang.

ECTOPIE, déplacement des extrémités articulaires des os.

ECTOSPERME, genre de plantes cryptogames, qui a pour caractères des filaments simples ou rameux, tubuleux, transparents, remplis d'une substance verte. Ses fruits sont des capsules extérieures, en tube, ovales ou arrondies, et remplies de corpuscules graniformes. Les ectospermes sont rudes au toucher, disposés en gazons, ou touffes arrondies ou en nappes au fond des bassins d'eau vive.

ECTROPION, nom donné au renversement des paupières en dehors, de sorte qu'elles ne peuvent plus recouvrir complètement le globe de l'œil. Cette maladie, nommée aussi *éraillement des paupières*, a lieu par la rétraction de la peau après la guérison d'un ulcère, d'une plaie, d'une brûlure à la paupière, etc. ; ou bien elle dépend du gonflement ou du relâchement de la membrane conjonctive. Souvent cette maladie ne peut se guérir, et le globe de l'œil se trouve exposé au contact de l'air.

ÉCU, sorte de bouclier oblong et quadrangulaire de cuir ou de bois. Les Grecs et les Romains le connaissaient sous le nom de *thyrsus*. L'écu, large par le haut, échancré quelquefois à cette partie, se terminait par une pointe. Il fut très en usage au moyen âge, où on le couvrait d'armoiries et de devises.

ÉCU DE SOBIESKI, constellation placée par Hevelius dans l'hémisphère austral, entre *Antinoüs*, le *Sagittaire* et le *Serpentaire*.

ÉCU, pièce de monnaie, ainsi nommée parce que les souverains y faisaient graver les armoiries placées sur leur écu ou bouclier. Il y a eu en France des *écus à la couronne*, *au porc-épic*, *au soleil*, *à la salamandre*, etc. L'écu d'or valait 18 francs 16 centimes, l'écu d'argent était de 6 ou 3 livres (*grand et petit écu*). L'écu de 6 livres (*grand et petit écu*). L'écu de 6 livres ne vaut plus que 5 francs 80 centimes, et le petit, 3 livres, 2 francs 75 centimes. Dans le nouveau système français, les écus sont remplacés par des pièces de 5 francs. — A Rome, l'*écu de 10 pauls* de 100 bayoques d'argent vaut 5 francs 38 centimes 50 centièmes de notre monnaie. Il y a des trois dixièmes d'écu ou *testons* de 30 bayoques, qui valent 1 franc 61 centimes 55 centièmes ; des *cinquièmes d'écu* ou *papetti* de 20 bayoques, qui valent 1 franc 07 centimes 70 centièmes ; des *dixièmes d'écu* ou *pauls de 10 bayoques*, qui valent 54 centimes. — L'écu ou risdale de convention d'argent, d'Autriche et de Bohême (depuis 1753), vaut 5 francs 19 centimes 10 centièmes. — En Espagne, l'*écu* ou *demi-pistole* d'or vaut 10 francs 18 centimes 87 centièmes. Avant 1786, il valait 10 francs 49 centimes 12 centièmes. — L'*écu de 10 pauls* d'argent, de Toscane, vaut 5 francs 61 centimes. — En Suisse, l'écu de Bâle d'argent *de 30 batz* vaut 4 francs 56 centimes ; le *demi-écu* ou *florin* de 16 batz, 2 francs 28 centimes ; l'écu *de Zurich*, 4 francs 70 centimes ; le *demi* ou *florin*, 2 francs 35 centimes ; l'*écu de 40 batz de Bâle et Soleure*, depuis 1781, 5 francs 90 centimes. — L'*écu* de Sardaigne d'argent, depuis 1768, vaut 4 francs 70 centimes ; le *demi-écu* ou *une livre*, 1 franc 17 centimes 50 centièmes ; l'*écu neuf* de 5 livres (1816), 5 francs. — En Savoie et Piémont, l'*écu neuf* de 5 livres (1816) vaut 5 francs ; l'*écu* de 6 livres, depuis 1755, 7 francs 07 centimes ; le *demi-écu*, 3 francs 53 centimes 70 centièmes ; le *quart* ou 30 *sols*, 1 franc 76 centimes 75 centièmes. — En Sicile, l'*écu* d'argent *de 12 tarins* vaut 5 francs 10 centimes. — A Venise, l'*écu à la croix* d'argent vaut 6 francs 70 centimes. — A Gênes, l'*écu* vaut 8 francs 14 centimes ; à Genève, 5 francs 90 centimes ; à Milan, 4 francs 65 centimes ; à Modène, 4 francs 18 centimes. — Un grand nombre de villes ont leurs *écus particuliers*, qui varient en général très-peu dans la proportion de 4 à 5 francs.

ÉCUAGE, terme d'ancienne jurisprudence, qui désignait un droit que l'on payait au seigneur féodal pour s'exempter du service ou se faire remplacer dans le service.

ÉCUEILS, rochers sous-marins, dont les sommets s'élèvent à fleur d'eau, et offrent de grands dangers pour les vaisseaux qui les approchent. Tous les écueils connus, et qui sont de quelque importance, sont indiqués sur les cartes marines par des groupes d'astérisques ou petites étoiles, dont la disposition fait connaître la forme et la disposition du danger.

ÉCUELLE, pièce de vaisselle d'argent, d'étain, de bois ou de terre, qui sert à mettre du bouillon, du potage, etc. — En marine, c'est une plaque de fer sur laquelle tourne le pivot du cabestan. — En histoire naturelle, c'est le disque formé par la jonction des deux nageoires ventrales qu'on observe dans quelques poissons. — On nomme encore *écuelle* ou *escutelle*, dans les anciens titres, le droit des pauvres dans les biens du roi en forme de denier à Dieu et d'aumône.

ÉCUME, salive blanche, mousseuse, qui remplit la bouche du cheval. Ce mot désigne aussi la mousse blanche et légère provenant de l'agitation des liquides, l'albumine qui surnage dans la clarification des sirops, et les scories que fournissent les métaux en fusion. Les anciens nommaient *écume empoisonnée des deux dragons* le chlorure d'antimoine.

ÉCUME DE MER, nom d'un composé de plantes marines et de polypiers que les vagues jettent sur le rivage. On s'en sert pour engraisser les terres. On donne aussi ce nom à une espèce du genre *alcyon*, et à une terre magnésienne fort tendre et blanche, dont on fait des pipes très-recherchées. On la nomme aussi *magnésite*, d'eau et de silice.

ÉCUME DE TERRE, substance calcaire, blanc jaunâtre ou verdâtre, lamelleuse, à lames minces, flexibles et nacrées. Ce minéral se rencontre en Thuringe et en Misnie, dans les fissures des montagnes calcaires.

ÉCUMES PRINTANIÈRES, ou CRACHATS DE coucou, plaques écumeuses que l'on rencontre souvent sur les plantes, surtout sur la luzerne et les églantiers, au printemps, et qui sont dues aux larves d'un insecte nommé *cercope*. Voy. ce mot. Ces larves lancent par l'anus des bulles écumeuses dans lesquelles elles se retirent pour fuir le froid et leurs ennemis.

ÉCUMEUR, nom que l'on donnait autrefois aux bâtiments et aux hommes qui les montaient pour exercer la piraterie. Ils faisaient métier de voler sur mer les navires de toutes les nations moins bien armées qu'eux.

ÉCUMOIRE, espèce de pelle ronde, en tôle mince, en fer-blanc, en cuivre étamé ou en argent, légèrement concave, percée d'une multitude de trous, avec un long manche, dont on se sert pour enlever l'écume et les autres substances qui s'élèvent à la surface des matières en fusion, lorsqu'on les clarifie ou fait bouillir. L'écume s'échappe par les trous placés sur l'écumoire.

ÉCUREUIL, animal de la famille des *écureuils* ou *sciurins*, distingués de leurs congénères par l'absence des membranes entre les membres, par sa queue plus ou moins longue, et enfin par le défaut d'abajoues. L'*écureuil commun* vit par paires dans les grandes forêts, sur les arbres les plus élevés. Les écureuils sont roux, blancs sous le ventre, la gorge, les cuisses. Ils sont très-propres, d'une grande vivacité, et se nourrissent de fruits. Leur fourrure ou *vair* est très-recherchée dans le commerce. Les écureuils se réduisent facilement à la domesticité. Ils habitent l'Europe, l'Asie, l'Amérique et l'Afrique.

ÉCUREUILS ou SCIURINS, famille de l'ordre des mammifères rongeurs. Ces animaux sont les plus agiles, les plus gais et les plus intelligents des rongeurs ; leurs pieds sont plus longs postérieurement qu'antérieurement et armés d'ongles crochus. Leur corps est svelte et gracieux, leur queue longue, touffue, relevée en panache. Le pelage est doux, gris ou roux. Ces animaux sont grimpeurs, et portent les aliments à leur bouche au moyen de leurs membres antérieurs. Ils habitent le haut des arbres, ou des terriers. Leur nourriture consiste en écorces, fruits et céréales. Quelques espèces ont des abajoues.

ÉCURIE, partie d'un bâtiment à rez-de-chaussée qui sert à loger les chevaux. Le sol doit être pavé et en pente ; le long du mur sont placés la *mangeoire*, espèce d'auge où l'on met l'avoine et le son, et le *râtelier* ou grille en bois, où l'on place le foin et la paille. Il faut environ quatre pieds de largeur pour la place d'un cheval, et douze pieds de longueur. On sépare les chevaux par des cloisons en bois.

ÉCUSSON, nom donné autrefois à un ou plusieurs *écus* qui entraient comme accessoires ou pièces principales dans un écu de blason. Il désignait aussi des panons d'armes très-grands, que les nobles plaçaient dans les églises et sur lesquels étaient peintes leurs armoiries. — Les serruriers nomment ainsi une petite plaque de fer placée sur les portes des chambres, des armoires, vis-à-vis la serrure, et à travers laquelle entre la clef.

ÉCUSSON. En agriculture, c'est un morceau d'écorce, garni d'un œil, qu'on enlève à une branche d'arbre, pour l'enter sur un autre ; de l'écorce duquel on a fait une fente pour y introduire l'écusson. On incise le revers de la T l'écorce de la branche du sujet qu'on veut greffer ; on soulève légèrement l'écorce, et l'on insère dans cette plaie un écusson. On lie ensuite le tout, et l'œil pousse bientôt des jets semblables à l'arbre d'où on l'a tiré.

ÉCUSSON (hist. nat.), petit espace situé dans le corselet des mollusques et qui est séparé par une ligne enfoncée ou colorée. — Dans les insectes, c'est une petite pièce triangulaire, située derrière le prothorax et à la naissance des élytres. — Dans les oiseaux, ce sont les pièces écailleuses ou cornées qui recouvrent les doigts de certaines espèces.

ÉCUYER, nom donné dans le moyen âge à ceux qui faisaient le service militaire à la suite des chevaliers, avant que de parvenir à cette dignité. Pour devenir écuyer, le *damoisel* était présenté dans l'église par son père et sa mère ; qui, le cierge à la main, allaient à l'offrande. Le prêtre prenait sur l'autel une épée avec son ceinturon, et l'attachait au page, qui commençait alors à la porter, ainsi que les éperons d'argent. L'écuyer servait ensuite chez les châteaux de riches châtelains, jusqu'à ce qu'il eût été reçu chevalier. Les écuyers remplissaient plusieurs fonctions dans ces châteaux ; il y avait l'*écuyer tranchant*, qui coupait les viandes, l'*écuyer d'écurie*, l'*écuyer d'honneur*, etc. Ils relevaient les tables, accompagnaient partout les chevaliers, les étrangères, servaient à boire, disposaient les mets, tenaient les armures de leur maître en bon état, conduisaient leurs chevaux. Les écuyers avaient 6 sols 6 deniers par jour.

ÉCUYER. On nommait ainsi, avant 1789, des officiers qui avaient le soin et le gouvernement des chevaux du roi ou d'un prince. Le *grand écuyer* disposait des charges des écuries royales, des offices qui en dépendaient, et ordonnait des fonds affectés à ce service. Il marchait immédiatement devant le prince, et portait l'épée royale. Il y avait encore le *premier écuyer* de la grande et de la petite écurie. Ces deux fonctionnaires commandaient les *écuyers de quartiers*, qui mettaient les éperons au roi et lui tenaient l'étrier, et les *écuyers cavalcadours*. L'*écuyer-bouche* dégustait les plats servis au roi.

ÉCUYER. On nomme ainsi celui qui dresse des chevaux au manège et enseigne l'équitation. — C'est aussi le rejeton qui pousse au pied d'un cep de vigne, et le nom des cerfs qui suivent de vieux cerfs.

EDDA (*science, mère*), nom de deux livres faits en Islande, et renfermant les traditions épiques, héroïques et mythologiques des peuples du Nord, des Scandinaves. L'ancienne Edda, nommée aussi *Edda-Saemund*, date du XIe siècle. Elle a été mise en ordre d'après les chants des skaldes, par Saemund Sigfusson. Elle se divise en trois parties : la première renferme la création du monde, les combats des dieux, l'apparition des héros ; la deuxième partie renferme les chants héroïques ; la troisième renferme les dogmes et les mystères religieux. La deuxième Edda, ou *Edda-Sturleson* ou *Snorro*, fut rédigée par Sturleson, au XIIIe siècle. C'est une histoire en prose et en vers des dieux.

EDELINCK (Gérard), né à Anvers en 1641 ou 1649, étudia l'art de la gravure sous Corneille Galle. Appelé en France par Louis XIV, il fut employé en prince à plusieurs ouvrages. Il mourut en 1707, avec le titre de graveur du roi et membre de l'académie de peinture. Il a laissé *la Sainte Famille*, d'après Raphaël, *Alexandre visitant la tente de Darius*, d'après Lebrun.

ÉDEN (en hébreu, *volupté*), paradis terrestre, séjour qu'habita le premier homme avant sa désobéissance. D'après l'Écriture, il y avait un jardin délicieux d'où sortait un fleuve qui se partageait en quatre branches. Les auteurs anciens et modernes ont été bien partagés sur la situation de l'Eden. Les uns disent qu'il est situé au delà de la zone torride, et séparé des hommes par un mur de feu ; saint Thomas le place sous l'équateur ; d'autres, dans l'Amérique, aux Moluques, les Philippines, le Japon, à Ceylan, dans les Indes ; quelques-uns même l'ont placé au-dessus de la lune. Des traditions plus vraisemblables le placent dans la Palestine, près des sources du Jourdain ; mais l'on croit plus généralement qu'il était dans l'Arménie, vers les sources de l'Euphrate, du Tigre, du Phase et de l'Araxe.

ÉDENTÉS, sixième ordre d'animaux vertébrés mammifères, institué par Cuvier pour les animaux ayant des dents sans racines et jamais d'incisives, des ongles très-gros recouvrant l'extrémité des doigts. Les uns sont recouverts de poils épais, d'autres d'écailles imbriquées ; les uns sont vivipares, les autres ovipipares, etc. Ils habitent l'Afrique, l'Amérique et la Nouvelle-Hollande. Cuvier partage cet ordre en trois familles, les *tardigrades*, les *ordinaires* ou *longirostres*, et les *monotrèmes*. M. de Blainville en a retiré les tardigrades et les monotrèmes et y a inséré les *édentés aquatiques* ou *cétacés souffleurs*.

ÉDESSE, ville de la Mésopotamie, sur l'Euphrate, capitale de l'ancienne province de l'Osroène. Selon la tradition, elle fut fondée par Nemrod. Avant Alexandre, elle formait une république gouvernée par un sénat, avec la protection des Perses. En 137 av. J.-C., Osroès s'en empara sur les Séleucides, et y forma un royaume indépendant, qui fut réduit en province romaine l'an 212 de J.-C. En 1097, Beaudouin, frère de Godefroy de Bouillon, s'en empara sur le gouverneur grec Toros, et y fonda un comté qu'il laissa en 1100 à son cousin Adrien Dubourg. Après celui-ci (1118), Jocelin de Courtenay fut comte d'Édesse, qui tomba en 1144 au pouvoir du sultan de Moussoul, Zengui. Elle fut prise ensuite par les Turks, la possèdent encore aujourd'hui, et lui ont donné le nom d'*Ourfa*.

EDFOU (*Idt*), autrefois *Apollonopolis Magna*, ancienne ville d'Égypte, sur la rive gauche du Nil, à 22 lieues S. de Thèbes. Ce lieu est célèbre par les ruines monumentales qu'on y voit, et surtout par un temple d'Horus, construit sous les Ptolémées.

EDGAR LE PACIFIQUE, roi d'Angleterre, succéda à son frère Edwin en 959. Il vainquit les Écossais, et imposa à la province de Galles un tribut annuel d'un certain nombre de têtes de loups, pour purger l'île de ces animaux. Il subjugua une partie de l'Irlande, réforma les mœurs de ses ecclésiastiques, et donna des lois à ses États. Edgar mourut en 975.

ÉDILES, magistrats romains, ainsi nommés du mot latin *œdes*, édifice, parce que l'un des principaux devoirs de leur charge était d'avoir soin des édifices publics et particuliers, sacrés et profanes. Les édiles furent créés l'an de Rome 260, en même temps que les tribuns du peuple, dont ils étaient en quelque sorte les assesseurs. Ils étaient au nombre de deux, et leur charge était annuelle. Ils furent d'abord tirés uniquement de la classe du peuple, qui était aussi chargé de procéder à leur élection. L'an 388 de Rome, on institua deux nouveaux édiles, tirés du corps des patriciens. Il y eut depuis cette époque à Rome deux *édiles plébéiens* et deux *édiles curules*. Ceux-ci, ainsi nommés parce qu'ils avaient le droit de s'asseoir sur des sièges d'ivoire, prenaient part aux délibérations du sénat, revêtaient la robe prétexte, et faisaient porter devant eux, les cérémonies publiques, les images de leurs ancêtres ; leur personne était sacrée. Ils avaient l'intendance des jeux sacrés, et devaient en outre, pendant la durée de leur charge, en donner d'autres au peuple à leur dépens, de telle sorte que leur dignité devenait excessivement dispendieuse. Pour l'exercer, il fallait avoir trente-sept ans. — Les *édiles plébéiens*, plus anciens que les édiles curules, ne jouissaient pas des mêmes priviléges. Ils entretenaient les bains publics, les aqueducs, les monuments, les routes publiques, etc., faisaient mettre à exécution les décrets du peuple et du sénat, réprimaient l'usure, l'abus des mesures fausses, la débauche, réglaient et assignaient à chacun la place qui lui appartenait dans les jeux publics. Ils donnaient eux-mêmes les jeux appelés *jeux plébéiens*. — A ces magistrats César en ajouta deux autres, nommés *céréales*, qui avaient l'inspection du blé qui se venait à Rome, et en surveillaient les approvisionnements. Ils mettaient le prix aux denrées dans les marchés, et les faisaient jeter dans le Tibre quand elles n'étaient pas saines. On les nommait aussi *petits édiles*. — Les villes libres avaient aussi leurs édiles, qui quelquefois étaient les seuls magistrats du lieu. — L'édilité, qui fut longtemps le premier degré pour parvenir aux dignités de la république, subsista jusqu'au règne de Constantin.

ÉDIMBOURG ou MIDLOTHIAN, comté d'Écosse, entre ceux de Berwick, Haddington, Roxbourg, Selkirk, Peebles, Lanarck, Linlithgow et le Forth. Sa superficie est d'environ 50 lieues carrées. Il produit d'environ 150,000 habitants. Il produit du blé, des pâturages, des grains, de la houille, du fer, du marbre noir, etc. Sa capitale est *Édimbourg*.

ÉDIMBOURG ou EDINBURGH, capitale du comté de nom et de l'Écosse, près du golfe de Forth, à 120 lieues de Londres, 224 de Paris. Population, 180,000 âmes. Édimbourg envoie deux députés à la chambre des communes, et ses faubourgs un député. Cette ville a été la résidence des rois d'Ecosse, et le siege d'un parlement. Elle a une citadelle (*castle*) et une bibliothèque de 70,000 volumes. La ville est divisée en vieille et nouvelle. À l'extrémité de la vieille ville sont le château et le palais d'Holyrood, fondé en 1128. Edimbourg a une université, fondée en 1582, et qui réunit plus de deux mille étudiants, une *société de botanique*, une société royale, une *société des antiquaires*, etc.

ÉDINITE, substance minérale que l'on a trouvée dans les basaltes des environs d'Edimbourg. Elle est formée de cinquante et une parties de silice, trente-deux de chaux, huit de soude, et de quelques traces d'alumine, d'oxyde d'étain, d'acide carbonique, d'acide hydrochlorique et de magnésie.

ÉDIT. Ce mot signifiait, chez les Romains, la citation qui appelait les *citoyens* devant la justice, et les règlements faits par certains magistrats pour être observés pendant les temps de leur magistrature. Les *édits des édiles* étaient ceux que les édiles curules faisaient pour les particuliers. L'*édit perpétuel* ou *du préteur* était une compilation faite sous Adrien de tous les édits rendus par les préteurs et les édiles curules dans toutes les villes de l'empire. L'*édit provincial* était un abrégé de ce dernier, une loi faite seulement pour les provinces. — Sous les empereurs, on donna le nom d'*édit* aux lois et constitutions faites par les princes. — On appelait ainsi au moyen âge une constitution faite par le roi pour ordonner ou défendre quelque chose. Sous la deuxième race, on les nomma *capitulaires*. C'étaient des lettres patentes datées du mois et de l'année, signées par le chancelier, écrites avec de l'encre verte et ornées de rubans de soie rouge et verte.

ÉDIT D'AMBOISE, édit donné par Charles IX (janvier 1572) et qui prescrivait une nouvelle forme pour l'administration de la police dans toutes les villes du royaume. — Un autre édit fait à Amboise par le même prince réglait la juridiction des prévôts des maréchaux, et la punition de ceux qui contrevenaient à l'exécution des ordonnances du roi et de la justice.

ÉDIT DE NANTES, loi faite par ordre de Henri IV, promulguée le 15 avril 1598, et rédigée par de Thou, Gaspard de Schomberg, Dominique de Vic, Jeannin et Soffrain de Calignon, membres de Conseil d'État. Cet édit, composé de quatre-vingt-douze articles, avait été fait en faveur des protestants. Il leur accordait le libre exercice de leur religion, l'admission aux charges et dignités de l'État. Ils devaient payer la dîme au clergé catholique, et chômer extérieurement les fêtes catholiques. Pour l'exécution de cet édit, il y avait au parlement une *chambre de l'édit*, composée de quinze conseillers et d'un président catholiques, et d'un conseiller protestant. Trois protestants devaient être membres du parlement. Les réformés ne durent l'observance de cet édit sous Louis XIII qu'à la force des armes. Louis XIV le révoqua en 1685. Les protestants furent exilés du royaume; il leur fut défendu d'être avocats, huissiers, libraires, orfèvres, médecins, épiciers, etc. Louis XVI traita les protestants avec douceur. L'assemblée constituante (1790) annula l'édit de révocation du 10 juillet 1790, et rappela les protestants en France.

ÉDIT DE ROMORANTIN, édit donné en mai 1560 par François II au sujet des protestants. Il accordait la connaissance du crime d'hérésie aux juges ecclésiastiques. Cet édit, supprimé la même année, fut remplacé par un autre, qui insistait sur la recherche et la punition de ceux qui formaient des assemblées contre le repos de l'État, ou qui publiaient de nouvelles opinions contre la religion catholique. Cet édit en attribuait la juridiction aux juges présidiaux, pour en connaître en dernier ressort, au nombre de dix.

ÉDITEUR, nom donné aux hommes de lettres qui revoient et publient les ouvrages d'un autre. Aux xve et xvie siècles, on nommait *éditeurs* des personnes qui s'occupaient de l'impression des auteurs anciens. Les *éditeurs responsables*, créés par la loi du 10 juin 1819, devaient répondre de ce qui s'imprimait dans leur journal.

EDJMIAZIN, bourg de l'Iran, dans l'Erivan, formé de trois villages et de trois églises. Edjmiazin est le siège du patriarche arménien et du principal monastère de cette communion. C'est un lieu révéré des Arméniens, et où chaque fidèle doit aller en pèlerinage au moins une fois dans sa vie.

EDMOND (Saint), roi d'Estanglie en 855, se distingua par sa piété, sa bonté et sa modestie. Ayant voulu en 870 livrer bataille aux Danois, il fut vaincu et contraint de prendre la fuite. Découvert et conduit devant Ingwar, roi des Danois, il fut attaché à un arbre, percé à coups de flèches et décapité. On célèbre sa fête le 20 novembre.

EDMOND. Deux rois d'Angleterre ont porté ce nom. — EDMOND Ier, fils d'Edouard Ier, succéda en 940 à Athelstan, son frère, à l'âge de dix-sept ans. Les Danois du Northumberland s'étant révoltés, il les vainquit, et fit avec eux un traité qui partageait l'Angleterre entre les Danois et les Anglais. Il subjugua les Danois du royaume de Mercie en 945, s'empara du Cumberland, qu'il céda au roi d'Ecosse, et mourut en 946, assassiné. — EDMOND II, dit *Côte de fer*, succéda en 1016 à son père Ethelred. Après plusieurs batailles, il partagea son royaume avec Canut, roi de Danemarck, et mourut assassiné en 1017.

EDMOND PLANTAGENET, comte de Kent, second fils du roi Edouard Ier, fut envoyé en France en 1324 pour y défendre contre Charles VI les conquêtes de l'Angleterre, et ne fut pas heureux dans cette expédition. Il fut du nombre de ceux qui déposèrent Edouard II pour mettre son fils Edouard III sur le trône, et qui furent chargés du gouvernement du royaume pendant la minorité de ce prince. Mais, ayant fait quelques tentatives pour faire remonter son frère Edouard II sur le trône, il fut condamné à mort, et décapité en 1327 à l'âge de vingt-huit ans.

EDOM, surnom d'ÉSAU, fils d'Isaac et frère de Jacob. Le nom d'*Edom*, qui signifie *roux* ou *rouge*, lui fut donné à cause de la couleur de son teint et de ses cheveux. L'Idumée tire son nom d'*Edom*. On nommait quelquefois les Iduméens *Edomites*.

ÉDON, montagne de Thrace. C'est d'elle que le territoire compris entre le Strymon et le Nessus prit le nom d'*Edonie*. On nommait les bacchantes ÉDONIDES parce qu'elles célébraient la fête de Bacchus sur le mont Edon.

ÉDOUARD. Trois rois d'Angleterre de la dynastie saxonne et six de la dynastie des Plantagenet ont porté ce nom. — ÉDOUARD *l'Ancien* ou *le Vieux*, septième roi saxon, succéda en 900 à son père Alfred. Il réunit en 920 la Mercie à la couronne, et fit du gouvernement saxon un seul et unique royaume. Il vainquit Constantin, roi d'Ecosse, les Bretons du pays de Galles, les Danois, et mourut en 925 à l'âge de trente-quatre ans. Il fonda l'université de Cambridge. — ÉDOUARD *le Jeune* ou *le Martyr* (Saint), fils d'Edgar, né en 962, lui succéda en 975. Sa belle-mère Elfride, voulant assurer la couronne à son fils Ethelred, le fit assassiner en 978. L'Église célèbre sa fête le 18 mars. — ÉDOUARD *le Confesseur* (Saint), fils d'Ethelred III, fut couronné roi en 1041 après la mort de Hardi-Canut. Il régna avec douceur, et promulgua le recueil des *lois communes*, respectées pendant longtemps par tous les Anglais. Il laissa en mourant la couronne à Guillaume le Conquérant, duc de Normandie, et mourut en 1066. Il fut canonisé par le pape Alexandre III. On célèbre sa fête le 5 janvier. — ÉDOUARD Ier PLANTAGENET, né en 1240, succéda à son père Henri III en 1272, après s'être ligué avec saint Louis contre les infidèles, et avoir combattu des barons rebelles. Il fit hommage à Philippe III des terres que les Anglais avaient dans la Guyenne, s'empara du pays de Galles; il nomma Jean Baliol roi d'Ecosse, et en fit son vassal. Il entra en France avec deux armées en 1293, mais conclut la paix en 1298. Il tourna ensuite ses armes vers l'Ecosse, fit le roi prisonnier, et mourut en 1307. — ÉDOUARD II, né en 1284, succéda à son père Edouard Ier en 1307. Il s'abandonna à son favori Gaveston, que la noblesse irritée fit périr. Il vit les Ecossais se rendre indépendants, et son épouse Isabelle prendre les armes contre lui (1326). Fait prisonnier, il fut mis en prison et tué (1327). — ÉDOUARD III, fils du précédent, né en 1312, succéda à son père en 1327. Il fit mettre sa mère en prison, conquit le royaume d'Ecosse, et entra en France. Il battit Philippe IV à l'Ecluse, Crécy, et prit Calais; il fit prisonnier le roi Jean en 1357. Moins heureux sous Charles V, il mourut en 1377. Il institua l'ordre de la Jarretière. — ÉDOUARD IV, fils de Richard, duc d'Yorck, renversa du trône Henri VI en 1461. Vainqueur à Towton et à Exham, des lancastriens, il s'aliéna le comte de Warwick en épousant Elisabeth Widewile. Warwick, s'étant armé contre lui, le força de s'enfuir en Bourgogne. Rappelé par le duc de Clarence, son frère, il battit les lancastriens à Barnet et à Teukesbury, et périt empoisonné, dit-on, par le duc de Glocester, son frère, en 1483. — ÉDOUARD V, fils aîné du précédent, lui succéda sous le protectorat du duc de Glocester, à l'âge de onze ans. Son oncle le fit enfermer avec son frère Richard, duc d'Yorck, à la Tour de Londres, et les fit étrangler la même année (1483). — ÉDOUARD VI, fils de Henri VIII et de Jeanne Seymour, né en 1538, lui succéda en 1547 à l'âge de dix ans. Le comte d'Hartford, depuis duc de Sommerset, son oncle maternel, fut nommé protecteur, et exerça seul l'autorité royale. Il mit tous ses soins à protéger la réforme. Edouard VI mourut en 1553.

ÉDOUARD, prince de Galles, surnommé LE PRINCE NOIR à cause de la couleur de son armure, né en 1330. Il était fils d'Edouard III, roi d'Angleterre. Il se distingua dans plusieurs batailles contre le roi de France, et surtout à celle de Poitiers, où il fit prisonnier le roi Jean. En 1362, il reçut de son père le comté de Poitou, les principautés d'Aquitaine et de Gascogne, et épousa sa cousine Jeanne Plantagenet. Il donna dans la suite un asile à Pierre le Cruel, chassé de la Castille par Henri Transtamarre, et le rétablit sur le trône. Il s'empara de Limoges, repassa en Angleterre, et mourut en 1376.

ÉDOUARD, comte DE WARWICK. Voy. CLARENCE.

ÉDOUARD (Charles-), dit *le Prétendant*, petit-fils de Jacques II, roi d'Angleterre, et né à Rome en 1720, chercha à remonter sur le trône de ses ancêtres. En 1745, il aborda en Ecosse, rassembla 2,000 montagnards, s'empara d'Edimbourg et de Carlisle, et pénétra jusqu'aux frontières de l'Angleterre. Forcé de fuir, il fut vaincu par le duc de Cumberland à Culloden (1746), et défit ce prince à Falkirk. Edouard, fugitif, voyant sa tête mise à prix, parvint à quitter les côtes d'Ecosse, et aborda en France le 29 septembre 1746. Louis XV lui intima l'ordre de sortir de France, et le conduisit prisonnier jusqu'à la frontière. Retiré à Rome, il y mourut en 1788.

ÉDOUARD, roi de Portugal, né en 1391, succéda à son père Jean Ier en 1433. Il obtint du pape que les chevaliers de Malte et de Saint-Jacques pourraient se marier. Il envoya (1436) en Afrique ses deux frères Henri et Ferdinand; mais cette expédition fut malheureuse, et Ferdinand périt dans les fers. Edouard mourut en 1443.

ÉDOUARD, duc de Bragance, frère de Jean IV, roi de Portugal, entra au service de l'empereur Ferdinand III, et lui rendit de grands services pendant la guerre de trente ans; mais, les Portugais ayant, en 1640, déclaré la guerre aux Espagnols, Edouard fut, à la prière de l'Espagne, conduit prisonnier à Passaw et à Gratz, et ensuite livré au roi d'Espagne, qui le fit accuser du crime de lèse-majesté. Il mourut en 1649, pendant qu'on instruisait son procès.

EDREDON, nom donné au duvet produit par un oiseau aquatique nommé EIDER. Cette plume, élastique et légère, est très-recherchée; elle est d'un prix très-élevé, même dans les pays où l'on la recueille. On transmet par héritage et l'on vend les terres où les eiders ont fixé leur demeure. On en compose des couvertures de lit nommées aussi *édredons*, et on s'en sert pour tenir toujours enflées les *manches à gigot*.

EDRIS (myth.), prophète célèbre chez les Arabes et les mahométans. Dieu lui envoya, selon la tradition, des livres qui renfermaient les principes de toutes les sciences et de toutes les connaissances humaines. Il fit la guerre aux infidèles descendus de Caïn, et inventa la plume et l'aiguille, l'arithmétique et l'astronomie. Edris vécut 373 ans et fut enlevé au ciel. On pense que c'est l'*Enoch des Hébreux*, dont les musulmans ont dénaturé l'histoire.

EDRIS, petit-fils d'Abdallah et descendant de Mahomet. Il a été la tige des EDRISSYS, famille arabe qui régna en Afrique et fut exterminée l'an de l'hégire 296 par les sultans Fatémides.

EDRISI ou ÉDRISSI (Abou-Abdallah-Mohammed-al), de la famille des Edrissys, né à Ceuta en 1099, fit ses études à Cordoue. Il fut longtemps calife en Afrique ; mais, ayant été chassé par les Fatémides, il se réfugia auprès de Roger I<sup>er</sup>, roi de Sicile. Il avait de grandes connaissances en géographie, il composa en 1150 un globe terrestre d'argent, pesant 800 marcs, et un *traité* complet de géographie. Il y divise la terre en sept climats, subdivisés chacun en dix régions.

EDUENS ou ÉDUES, peuples puissants de la Gaule Celtique, qui habitaient le pays situé entre la Loire, la Saône et le Rhône. Ils étaient à la tête d'un parti opposé à celui des Séquaniens, autre peuple des Gaules. Le Séquaniens, soutenus par les Germains, vainquirent les Eduens; ceux-ci, appuyés par César, dont ils embrassèrent le parti, soumirent aisément leurs ennemis. Ils reçurent le titre d'amis et de frères du peuple romain, et furent les premiers admis dans le sénat. Leur pays, dont Autun était la capitale, fit partie de la première Lyonnaise, puis de la Bourgogne. Il forme aujourd'hui en grande partie le département de *Saône-et-Loire*.

EDULCORATION, opération chimique qui consiste à verser de l'eau sur certaines matières pulvérulentes, pour les dépouiller des substances acides, alcalines, salines, etc., qu'elles peuvent contenir, et leur communiquer une saveur plus ou moins désagréable. En pharmacie, on désigne ainsi l'addition du sucre, du miel ou d'un sirop, à des substances dont on veut adoucir la saveur.

EDWY ou EDUY, roi d'Angleterre, fils d'Edmond I<sup>er</sup>, succéda en 955 à Edrid ou Etheired II, au préjudice des fils de ce prince. Ayant épousé Elgive, sa parente au troisième et au quatrième degré, Dunstan s'éleva contre ce mariage, traita la princesse avec outrage, et fut exilé du royaume. Ses partisans prirent les armes, assassinèrent Elgive, et forcèrent Edwy de remettre son trône à son frère Edgard en 959. Accablé de chagrins, il mourut la même année.

ÉÉTÈS ou ÉETA (myth.), roi de Colchide, fils du Soleil et de Persée, fille de l'Océan, fut père de Médée et d'Absyrthe. (Voy.) Il tua Phryxus, fils d'Athamas, qui s'était réfugié dans ses États, et s'empara de la toison d'or. Les Argonautes, étant venus dans la Colchide, recouvrèrent cette toison par le secours de Médée, quoique Éétès en eût confié la garde à un dragon qui vomissait des flammes.

EFFANAGE, opération d'agriculture, qui consiste à enlever les fanes ou une partie des feuilles des céréales. Elle empêche qu'une trop grande végétation ne nuise à la formation des épis. On effane avec la faucille, ou en faisant passer à travers les champs de jeunes moutons qui broutent les feuilles les plus élevées.

EFFECTIF, nom donné au chiffre qui représente l'état et le nombre des troupes d'une nation. En termes de comptabilité militaire, l'effectif est un relevé des contrôles annuels. C'est aussi un nombre relevé chaque jour officiellement et indiqué dans des feuilles d'appel, qui désigne l'état de la milice.

EFFENDI (en turk, *maître, seigneur*), hommes revêtus dans l'Orient de charges civiles, ou pourvus de quelque emploi dans les bureaux. On donne généralement ce nom à ceux qui ont étudié les lois, aux savants et aux gens de lettres. Souvent il signifie un *maître d'écriture*, un *écrivain* ou un *secrétaire*. Le *reis-effendi* est le chancelier et le ministre des affaires extérieures de l'empire ottoman.

EFFÉRENTS, vaisseaux qui sortent des ganglions lymphatiques pour se porter vers le canal lymphatique.

EFFERVESCENCE, légère ébullition ou bouillonnement produit par un *gaz* qui s'échappe à travers un liquide. Les gaz acides carbonique et hydrosulfurique, l'hydrogène, sont ceux qui donnent lieu aux effervescences les plus vives. Il y a effervescence quand on verse un acide sur un carbonate, un hydrochlorate, etc. L'effervescence est souvent accompagnée d'une émission de calorique assez prononcée. En pathologie, ce mot désigne une sorte de bouillonnement produit par l'élévation de la chaleur ou par la réaction des principes contenus dans les humeurs en circulation.

EFFET, ce qui est produit par une cause. En droit, les *effets civils* sont les conséquences que la loi attache à tous les actes qu'elle autorise ou à tous les faits qu'elle reconnaît comme capables de constituer une obligation. Ce mot désigne aussi un bien, une valeur. Les *effets de mobilier*, de *succession*, désignent tout ce qui compose une succession, un mobilier. Dans un sens plus général, il signifie et comprend tout titre de créance, et devient synonyme de billet. Les *effets de commerce* sont toutes créances susceptibles d'être mises en circulation dans le commerce; tels sont le *billet à ordre* et la *lettre de change*. Les *effets publics* sont toutes créances que l'administration publique met en circulation. — Dans les arts, *effet* désigne l'impression agréable ou désagréable que la musique, la peinture, la sculpture, etc., font sur les sens de l'homme et des animaux.

EFFETS ROYAUX. C'étaient autrefois des rentes créées par le roi, ou des billets mis en circulation dans le commerce en son nom. Le roi n'en a plus le droit.

EFFEUILLAISON ou EFFEUILLAGE, action d'enlever les feuilles d'une plante. On effeuille un arbre pour favoriser la maturation des fruits en les exposant au soleil, pour nourrir des bestiaux avec ses feuilles, et diminuer la force de la végétation dans les plantes trop vigoureuses. Comme les végétaux se nourrissent aussi bien par les feuilles que par les racines, cette opération est en général nuisible. On ne doit effeuiller la vigne et les arbres que quelques jours avant la récolte des fruits.

EFFIAT (Antoine COEFFIER-RUZÉ, dit LE MARÉCHAL D'), petit-fils d'un trésorier de France, fut surintendant des finances en 1626, général d'armée en Piémont en 1630. Le cardinal de Richelieu le nomma maréchal de France en 1631. Effiat mourut près Trèves en 1632. Il s'était acquis une grande renommée par son courage, son jugement, et par ses talents militaires. Effiat fut père du célèbre marquis de Cinq-Mars. Voy. ce mot.

EFFIGIE, image, représentation d'un objet, d'une personne. L'exécution par effigie a lieu, en matière criminelle lorsque le condamné est contumace; autrefois elle était figurée, et le patient représenté par un mannequin ; le simulacre d'exécution avait lieu. Aujourd'hui l'exécution par effigie se réduit à la publication et à l'affiche de l'arrêt de condamnation. Frapper monnaie à l'effigie de quelqu'un, c'est représenter sur la pièce de monnaie le portrait de celui à qui l'on veut rendre cet honneur. Jules César fut chez les Romains le premier dont on frappa l'effigie.

EFFLANQUER, terme d'horlogerie dont on se sert pour exprimer l'action de l'ouvrier qui passe, entre les ailes d'un pignon, une lime en forme de couteau, nommée *lime à efflanquer*. Cette opération a lieu pour donner aux faces de ces ailes la figure convenable et pour en diminuer l'épaisseur.

EFFLORESCENCE, phénomène que présentent certains corps solides lorsque leur surface se recouvre d'une matière pulvérulente au contact de l'air et finit par tomber en poussière. On donne encore ce nom à la formation de petites aiguilles légères. Ce phénomène est dû tantôt à la perte d'une portion d'eau de cristallisation contenue dans les corps placés au contact d'un air sec, tantôt à l'absorption d'une certaine quantité d'humidité, l'atmosphère qui transforme le corps en hydrate pulvérulent, etc. On voit souvent à la surface des murs imprégnés de substances alcalines et exposés à l'humidité, comme ceux des caves, des granges, des lieux d'aisance, des cristaux blancs d'une finesse extrême ; tantôt c'est du sous-carbonate de soude, tantôt du nitrate de potasse. — On désigne sous ce nom, en pathologie, toute espèce d'exanthème aigu, caractérisé, soit par la simple rubéfaction de la peau, soit par la rougeur et la tuméfaction.

EFFLUVES, émanations continuelles, imperceptibles et impondérables, qui se dégagent des animaux, des végétaux et des minéraux, et dont quelques-unes sont appréciables par les sens des animaux. Telles sont les émanations qui s'exhalent des boucs, des punaises, des cantharides, etc. Certains animaux laissent sur leur passage un effluve qui met sur leurs traces leurs ennemis ; tels sont le lièvre, les cailles, etc. D'autres, entre autres les reptiles, attirent leur proie dans leur gueule au moyen de leur effluve attractive. L'homme exhale des effluves particulières à chaque individu. On prétend que des vieillards faibles et infirmes ont recouvré leurs forces en couchant avec des jeunes gens et s'exposant à leur effluve.

EFFORT, mouvement extraordinaire du corps ou de l'esprit tendant à opérer quelque chose. En mécanique, c'est la force avec laquelle un corps en mouvement tend à produire un effet ; la mesure de tout effort est la quantité de mouvement qu'il produit, le résultat de l'obstacle qu'il a surmonté ou tendu à surmonter. En médecine, effort est synonyme d'*hernie*, où il exprime le tiraillement douloureux de quelques muscles, produit par une contraction violente ou par la rupture de quelques fibres charnus. Les hippiatres nomment ainsi la distension des ligaments vertébraux et le tiraillement de quelques muscles. La contraction des muscles, un écart, un fardeau trop lourd, telles sont les causes de cette maladie.

EFFRACTION, tout forcement, rupture, dégradation, démolition, enlèvement de murs, portes, fenêtres, serrures, etc., servant à fermer le passage, et de toute espèce de clôture, quelle qu'elle soit. Les effractions extérieures sont celles à l'aide desquelles on s'introduit dans les maisons, cours, basses-cours, enclos ou dépendances, etc. ; les effractions intérieures sont celles qui sont faites aux portes ou clôtures du dedans, aux armoires et autres meubles fermés. L'effraction est une circonstance aggravante de vol. Elle était autrefois punie de mort. L'effraction extérieure peut amener contre le coupable la peine des travaux forcés à perpétuité ou à temps.

EFFRAIE, genre d'oiseaux de l'ordre des accipitres nocturnes, de la famille des strigidées ou chouettes, et du groupe de ceux qui ont le disque complet ou presque complet autour des yeux. Son bec est crochu, son dos nuancé de fauve et de cendré ou de brun, moucheté de points blancs et noirs; son ventre est brun ou fauve. L'effraie, longue de treize à quatorze pouces, est commune en France, et vit dans les tours et les clochers. Elle vit de chauves-souris, rats, musaraignes, et d'insectes. Sa voix effrayante l'a fait prendre pour un oiseau de mauvais augure. On la nomme aussi *fresaie* ou *chouette des clochers*.

EFFRITEMENT, épuisement, stérilité de la terre. L'effritement a lieu par des lavages répétés qui lui enlèvent les principes propres à la végétation, par la culture trop prolongée des mêmes plantes ou des plantes de même nature, ou par des labours trop fréquents.

EFFRONTÉS, hérétiques sortis des antitrinitaires et des osiandrites, qui parurent vers l'an 1534. Leur baptême consistait à se racler le front jusqu'au sang avec un fer, et y appliquer de l'huile. Ils disaient que le Saint-Esprit n'était autre chose qu'une inspiration qu'on sentait dans l'âme, et que c'était une idolâtrie de l'adorer, parce que l'Ecriture ne l'ordonne point.

ÉGAGROPILES, concrétions terreuses que l'on rencontre dans le premier et le deuxième estomac des ruminants, dans les intestins de plusieurs animaux et de certains oiseaux. Elles sont formées des poils ou des crins que ces animaux avalent en se léchant, des aigrettes de chardons et des molécules calcaires auxquels ils mêlent à leur nourriture, et qui se mêlent les uns aux autres dans leur canal digestif. Leur figure est sphérique ou globuleuse, et elles sont souvent recouvertes d'une croûte dure et luisante. Leur odeur et leur saveur sont légèrement aromatiques. On les observe de septembre en décembre. Elles abondent dans les temps de disette, de misère, de sécheresse, etc. La malpropreté les amène aussi. Elles causent le maigrissement et la mort des animaux. On les a employées en médecine comme *bézoards*.

ÉGAGROPILES DE MER, nom donné à des pelotes d'origine végétale, formées de fibres, de racines, de fragments d'hydrophytes réunies en boule, et que la mer pousse sur ses rivages.

EGBERT, premier roi d'Angleterre, se distingua par ses vertus. Il soumit tous les petits rois de ce pays, et réunit leurs états ou heptarchie en un seul royaume (828). Egbert mourut en 833. Il fut l'ami de Charlemagne. Le premier il ordonna qu'on donnerait le nom d'*Angleterre* à cette partie de la Grande-Bretagne qu'avaient occupée les Saxons.

ÉGÉE (myth.), fils de Pandion et neuvième roi d'Athènes, de la race d'Erechthée, épousa Ethra, fille de Pitthée, roi de Trézènes, dont il eut Thésée. Ayant fait assassiner Androgée, fils de Minos, celui-ci irrité dévasta l'Attique, et n'accorda la paix à Egée qu'à la condition que ce prince enverrait chaque année sept jeunes gens et sept jeunes filles pour être dévorés par le Minotaure. Thésée étant tombé au sort, Egée lui supplia de changer les voiles noires du vaisseau qui le portait en voiles blanches ou écarlates, s'il revenait vainqueur. Thésée oublia sa promesse, et Egée se précipita dans la mer. Il donna son nom à la *mer Égée*, partie de la Méditerranée qui séparait la Grèce de l'Asie-Mineure, et nommée aujourd'hui *Archipel*.

ÉGÉON (myth.), géant, fils de Titan et de la Terre, nommé aussi *Briarée*. (Voy.) On en a fait un dieu de la mer. — Les naturalistes donnent ce nom à un genre de crustacés, de la famille des macroures, section des salicoques, fort voisin des crangons, et qui se trouve dans la mer de Nice.

ÉGÉRIE (myth.), nymphe du Latium, habitait la forêt d'Aricie près de Rome. Numa Pompilius la visita souvent, l'épousa même selon Ovide, et, pour que les Romains se soumissent aux lois qu'il avait faites, il fit croire que cette nymphe, renommée par sa sagesse, les avait approuvées. Cette nymphe fut si affligée de la mort de Numa, que Diane, touchée de sa douleur, la changea en fontaine. Les Romains lui rendirent un culte. — Une autre *Egérie* présidait aux accouchements. Les femmes enceintes lui offraient des sacrifices.

ÉGERTON, famille célèbre d'Angleterre. — THOMAS ÉGERTON, garde des sceaux d'Angleterre sous la reine Elisabeth, et chancelier sous Jacques Ier, fut surnommé *le Défenseur des droits de la couronne*. Il mourut en 1617, à soixante-dix ans, après avoir publié plusieurs ouvrages de jurisprudence. — JEAN ÉGERTON, né à Londres en 1721, étudia au collége d'Oxford et fut évêque de Durham. Il mourut en 1787, avec la réputation d'un homme savant et charitable. — FRANCIS-HENRI, son fils, membre de la société royale de Londres, prébendaire de Durham et recteur de Witchurch, dans le comté de Shrop, fut distingué dans les sciences et les arts. Il a publié un grand nombre d'ouvrages intéressants. Il avait pris le nom de Bridgewater. — FRANÇOIS ÉGERTON. Voy. BRIDGEWATER.

ÉGIALE (myth.), une des sœurs de Phaéton, qui furent changées en peupliers, et leurs larmes en ambre. — Fille d'Adraste, épousa Diomède. Pendant que ce héros combattait à Troie, elle se prostitua à ses courtisans. A son retour, Diomède, outré de cet affront, alla fonder un nouvel Etat dans la Daunie.

ÉGIALÉE (myth.), île de la mer de Crète, sur les côtes du Péloponèse. — Ancien nom du Péloponèse et de l'Achaïe. — ÉGIALÉE est aussi un fils d'Adraste, l'un des *Epigones*, c'est-à-dire l'un des fils des généraux qui périrent à la première guerre de Thèbes. Les Epigones marchèrent contre les Thébains qui avaient refusé la sépulture à leurs pères, et les vainquirent. Egialée fut le seul d'entre eux qui mourut dans le combat. — ÉGIALÉE, premier roi de Sicyone, vivait 2089 ans avant J.-C. Il régna cinquante-deux ans. — C'est encore le nom d'une des trois Grâces et d'une des sœurs de Phaéton.

ÉGIDE (myth.) (du grec *aigis*, peau de chèvre), bouclier de Jupiter, couvert de la peau de la chèvre Amalthée. Jupiter le donna à Pallas, et cette déesse y plaça la tête de Méduse, qui changeait en pierre tous ceux qui osaient y porter les yeux. — C'est aussi le nom d'un monstre que la fable dit être né en Phrygie, et avoir été tué par Minerve, qui fit de sa peau un bouclier.

EGINE (myth.), fille d'Asope, roi de Béotie. Jupiter, l'ayant aimée, la visita sous la forme d'une flamme et la rendit mère d'ÉAQUE. Jupiter la changea dans sa vieillesse en l'île qui porte son nom. Cette île appelée aussi *Enopie, Emone, Myrmidonie*, et aujourd'hui *Engia*, fait partie des îles de l'Archipel, et est située entre les côtes de la Grèce et de la Morée. Elle a de 12 à 14 lieues de tour et une population d'environ 6,000 habitants. Sa capitale *Engia* avait autrefois un évêché et un château fort. Les Eginètes furent regardés comme inventeurs de la monnaie. Ils combattirent longtemps les Athéniens, et furent soumis par le peuple. Le *golfe d'Egine* est situé entre l'Achaïe, la Morée et l'isthme de Corinthe.

ÉGINHARD ou ÉGINARD, seigneur allemand, élevé à la cour de Charlemagne, fut si estimé par ses talents et son génie, que ce prince le fit son secrétaire et lui donna sa fille Emma ou Imma en mariage. Il le chargea en outre de la surintendance de ses bâtiments et de la direction des savants et des artistes de sa cour. Après la mort de Charlemagne, il dirigea l'éducation de Lothaire, fils de Louis le Débonnaire. Il embrassa ensuite l'état monastique avec son épouse et son fils. Il mourut en 839. On a de cet écrivain célèbre une *Vie de Charlemagne*.

EGIOCHUS (myth.), surnom donné à Jupiter parce qu'il fut élevé par la chèvre Amalthée et parce que, dans la guerre des Titans, il couvrit son bouclier de la peau de cette chèvre.

ÉGIPANS (myth.), divinités champêtres des montagnes et des bois, étaient représentées tantôt avec des cornes et des pieds de chèvre, tantôt avec le museau de cet animal et une queue de poisson, parce qu'on leur attribuait l'invention de la trompette pour faire fuir les marins. La figure égyptienne du Capricorne est celle d'un *égipan*.

ÉGIRE, sixième roi de Sicyone, succéda à son père Thelxion vers l'an 1942 avant J.-C.

ÉGISTHE (myth.). Thyeste, ayant appris par l'oracle qu'il serait tué par un fils qu'il aurait de sa propre fille, relégua sa fille Pélopée dans des lieux lointains. Mais, l'ayant rencontrée par hasard, il eut un fils, *Egisthe*, qui fut élevé par Atrée. Celui-ci lui ordonna de tuer Thyeste, son propre père, qu'il ne connaissait pas. Egisthe, ayant reconnu son père, tua Atrée, et procura le trône à Thyeste. Exilé par Agamemnon après la mort de son père, il assassina ce prince à son retour de la guerre de Troie, épousa sa veuve Clytemnestre, et régna à sa place. Il fut tué par Oreste, fils d'Agamemnon, qui vengea ainsi la mort de son père.

ÉGLANTIER (*rosier sauvage*), arbrisseau de la famille des rosacées, à la tige défendue par de fortes épines, aux feuilles alternes, composées de sept folioles ovales et dentelées, aux fleurs blanches ou d'un rose pâle; aux fruits charnus, hérissés de poils, d'un rouge éclatant. Cet arbrisseau pousse dans les haies, les forêts, sur les chemins. On fait avec ses fruits confits dans l'eau-de-vie une liqueur agréable, un médicament et une conserve de *cynorrhodon*, tonique et astringente, employée contre la diarrhée chronique.

ÉGLANTINE, fleur de l'églantier. Elle fait partie des fleurs décernées aux poètes chaque année aux *jeux floraux* de Toulouse. Il n'y eut d'abord que la *violette*. Par la suite on y ajouta l'*églantine d'or* et le *souci*, le *lis* et l'*amarante*. L'églantine est le prix réservé au discours.

ÉGLÉ (myth.) (en grec *éclat, splendeur*), mère des Grâces, qu'elle eut du Soleil. — C'est aussi une des trois Grâces, nommée encore *Aglaé*.

ÉGLISE. Ce mot désigne, dans les anciens auteurs profanes, une assemblée publique et le lieu où se tenait cette assemblée. Les écrivains sacrés du christianisme ont donné ce nom, 1° à l'ensemble des hommes réunis sous la même foi, et rendant un culte égal à la Divinité; 2° au lieu où ces personnes se livrent à la prière et célèbrent les cérémonies de leur culte. Il n'y eut pendant longtemps qu'une *Église catholique*. Mais depuis se sont élevées les *Églises grecque, des réformés, anglicane, gallicane*, etc. On nomme *primitive Église* l'ensemble des premiers chrétiens qui vivaient à la naissance de l'Eglise chrétienne; *Eglise militante*, l'ensemble des fidèles qui sont sur la terre; *Eglise triomphante*, celui des fidèles placés dans le ciel, et *Eglise souffrante*, celui des fidèles dans les purgatoires. L'*Eglise chrétienne* est l'ensemble des diverses Eglises qui ont pris leur source dans le christianisme. L'*Église universelle* est l'ensemble des catholiques réunis sur toute la terre.

ÉGLISE (PETITE), classe d'ecclésiastiques et de catholiques qui se refusèrent à reconnaître le concordat conclu (1801) entre Pie VII et Napoléon, par lequel le nombre des diocèses français était diminué, et par lequel le pape supprima la juridiction des évêques dont les siéges avaient été maintenus, mais auxquels le premier consul avait refusé sa confiance ou leur radiation de la liste des émigrés. Les dissidents refusaient au pape le droit de prendre cette détermination. On les nomma aussi *loui-*

*sets* parce qu'ils ne reconnaissaient d'autorité politique que celle de Louis XVIII, *clémentins* et *blanchardistes*.

ÉGLISE ANGLICANE. Voy. ANGLICANE (Église).

ÉGLISE CATHOLIQUE, APOSTOLIQUE ET ROMAINE, société de tous les fidèles réunis par la profession d'une même foi, par la participation aux mêmes sacrements et par la soumission aux pasteurs légitimes, particulièrement au pontife romain ou pape. On la nomme *catholique*, parce qu'elle est répandue sur toute la terre; *apostolique*, parce qu'elle nous vient des apôtres, et *romaine*, parce que le siège du chef de cette Église ou pape est à Rome. L'Église est *une*, car les fidèles ont une même foi et une même croyance; et *sainte*, parce qu'elle a été fondée par Jésus-Christ, qu'elle rend un culte véritable à Dieu, et à cause de ses miracles et de la grandeur de ce qu'elle enseigne. Les assemblées destinées aux décisions de l'Église sont les *synodes*, les *conciles*, etc. Le gouvernement de l'Église est confié au *pape*, aux *évêques*, aux *curés*, *prêtres*, etc.

ÉGLISE CATHOLIQUE FRANÇAISE, société religieuse, fondée par Jean-François Châtel, prêtre du diocèse de Paris. Cette religion abjure la soumission envers le pape et les évêques. Elle substitue l'usage de la langue française à celui de la langue latine, et admet indistinctement à la bénédiction nuptiale, aux obsèques religieuses, à la participation eucharistique, tous les individus qui le demandent. On y est dispensé de tout jeûne et de toute abstinence. Cette Église reconnaît: un évêque primatial, un vicaire primatial, des prêtres et des curés attachés à l'Église primatiale. Il y a un administrateur des églises, dont le rang est égal à celui de l'évêque. Cette Église, qui n'a jamais existé que de nom, n'a pas été reconnue par l'État.

ÉGLISE D'ORIENT, nom donné à l'ensemble des religions qui ont pris leur source dans le christianisme, et qui sont observées en Orient. Ce sont les Églises *grecque*, *syriaque*, *jacobite*, *cophte*, *éthiopienne*, *nestorienne*, *arménienne*, etc. On nomme au contraire ÉGLISE D'OCCIDENT l'assemblée des catholiques en Italie, Espagne, France, Afrique, etc.; cette dernière s'appelle aussi LATINE.

ÉGLISE FRANÇAISE, Église qui n'admet pas l'autorité du pape, et célèbre l'office en langue vulgaire. C'est une secte de l'*Église catholique française*; elle ne connaît que des prêtres et des curés élus par le peuple. Elle était administrée par un comité central établi à Paris. Elle n'a eu qu'une existence éphémère et nominale. Le pape n'a pas condamné cette secte, parce qu'elle n'a pas pris assez d'extension.

ÉGLISE GALLICANE. Voy. GALLICANE (Église).

ÉGLISE GRECQUE. Voy. GRECQUE (Église).

ÉGLISES (archit.), monuments destinés à la célébration des cérémonies religieuses chez les catholiques. Elles se divisent en quatre parties : le *porche*, où se trouvent placées les portes; les *bas côtés*, galeries qui entourent la nef et facilitent l'accès dans toutes les parties de l'église; la *nef*, où se rassemble le peuple; le *chœur*, où sont réunis les prêtres, et qui est séparé de la nef par le *jubé*. L'*autel* est placé au fond du chœur, la *chaire* dans la nef. On nomme *sacristie* le lieu où s'habillent les prêtres. — Les églises sont faites en *croix grecque* ou en *croix latine*. Dans le premier cas, le plan forme une croix à quatre parties égales; dans le second cas, une partie est plus allongée que les trois autres. L'*église en rotonde* est celle dont le plan est circulaire; la *simple* est celle qui n'a qu'une seule nef sans aucun accompagnement. On nomme *église pontificale* celle de Saint-Pierre à Rome; *patriarcale*, celle de Saint-Marc à Venise; *métropolitaine*, celle où réside un archevêque; *cathédrale*, celle où réside un évêque; *collégiale*, celle qui est desservie par des chanoines; *paroissiale*, celle qui est desservie par un curé; *conventuelle*, celle qui appartient à des monastères, hospices, etc. — Les plus célèbres églises sont celles de Saint-Pierre à Rome, de Notre-Dame à Paris, etc. Voy. CATHÉDRALES.

ÉGLISES CHRÉTIENNES, sociétés religieuses séparées de l'Église catholique par le schisme et par l'hérésie. Ce sont les *Églises réformées*, les *Églises grecque*, *française*, *catholique française*, *anglicane*, etc. Voy. ces mots.

ÉGLISES RÉFORMÉES, ensemble des communautés religieuses qui se séparèrent de Rome dans la première moitié du XVIe siècle, et fondèrent de nouveaux rites et de nouveaux dogmes. Ces sociétés ne reconnaissent pas l'autorité du pape. (Voy. CALVINISTES, ANGLICANE (Église), LUTHÉRIENS, etc.) Ces sociétés sont peu identiques, et montrent des différences très-sensibles sur l'administration du clergé, sur le culte et la doctrine.

ÉGLOGUE, petit poëme pastoral composé sur les événements de la vie champêtre. Il se distingue de l'*idylle* en ce que celle-ci est un récit dans lequel l'action a quelque durée, et que l'églogue est dialoguée et sans aucune action importante. Les plus fameux poètes *églogistes* sont Théocrite, Virgile, Segrais, Fontenelle et André Chénier.

ÉGLON, roi des Moabites, asservit les Israélites pendant dix-huit ans (1345-1327 avant J.-C.). Il fut tué par un Hébreu nommé Aod.

EGMONT (LAMORAL, comte d'), un des principaux seigneurs des Pays-Bas, né en 1522, se distingua dans les armées de Charles-Quint. Nommé général de cavalerie sous Philippe II, il se distingua aux batailles de Saint-Quentin et de Gravelines (1557-1558), et négocia le mariage du roi avec Marie Tudor, reine d'Angleterre, et plus tard avec Isabelle de France, fille de Henri II. Il prit ensuite parti dans les troubles des Pays-Bas. Devenu suspect à la cour d'Espagne, il fut condamné à mort par le duc d'Albe, et exécuté le 5 juin 1568.

ÉGOUT, canal destiné à recevoir et à emporter les eaux sales, les ordures et les eaux pluviales. On fait écouler ces eaux dans le sol par le moyen de *puisards*, ou en les conduisant dans un lieu particulier par des canaux. Souvent les égouts sont des *aqueducs*. Les égouts laissent échapper des miasmes infects souvent nuisibles. — En architecture, ce nom se donne aux dernières tuiles ou ardoises qui sont au bas d'un comble, et vont jeter les eaux pluviales en avant du mur.

ÉGRAPPOIR, instrument dont on se sert pour ôter les grappes et les séparer des grains du raisin dans la fabrication du vin. C'est un petit râteau muni de dents longues et serrées, avec lequel on peigne les raisins et on sépare les grains de la grappe, qui donnerait un goût désagréable au vin, ou qui nuirait à la fermentation. On foule ensuite les grains détachés dont on veut faire le vin. On se sert aussi, pour le même usage, d'un tamis en fil de fer, dont les mailles ont six à huit lignes. On le fait aller vivement au-dessus de la cuve, et les grains mûrs se séparent de la grappe.

ÉGRISAGE, opération qui précède le polissage du marbre, et qui consiste à faire disparaître les trous que le ciseau et la scie ont laissés sur la surface du marbre, avec un morceau de grès ou du grès pilé et de l'eau.

ÉGRISÉE, nom donné par les lapidaires à la poudre de diamants noirs, dont on se sert pour *égriser* les diamants, c'est-à-dire pour user les bords des autres diamants, pour les tailler et faire disparaître les inégalités de leurs surfaces. C'est la seule manière de les tailler, parce que rien ne ronge le diamant que lui-même.

ÉGRUGEOIR, instrument qui ressemble à un banc, avec une espèce de râteau fixé à l'une de ses extrémités. Il sert à peigner le chanvre pour en faire tomber le chè- nevis. — Petit vaisseau en bois ou en pierre, dans lequel on écrase le sel avec un pilon en bois dur et en forme de molette à broyer les couleurs, et il sert à *égruger* ou à réduire en poudre très-fine la poudre ordinaire.

EGYPTE (en hébreu *Misraïm*, en arabe *Mesr*, en turk *Kebit*), grande contrée de l'Afrique septentrionale, bornée au N. par la Méditerranée, à l'E. par la mer Rouge et l'Arabie, avec laquelle elle communique par l'isthme de Suez, à l'O. par le désert de Barkah, et au S. par la Nubie. Ce pays est divisé actuellement en trois grandes régions : la *basse Égypte* ou *Delta* (aujourd'hui *Bahari*), la *moyenne Égypte*, *Égypte du milieu* ou *Heptanomide* (*Ouestanieh* ou *Vostani*), et l'*Égypte supérieure* ou *Thébaïde* (*Saïd*). La superficie de l'Égypte est évaluée à 370,000 milles carrés ou environ 120,000 lieues carrées. — Ce pays offre un sol plat, en majeure partie aride, couvert de sables brûlants, sauf le Delta et une bande étroite de terre végétale que le Nil arrose du S. au N. et fertilise par ses débordements réguliers. Deux chaînes de montagnes encaissent toute la vallée de l'Égypte, le Delta excepté. Ces montagnes, peu élevées, incultes et nues, renferment des mines d'or, de cuivre, de fer, de sel gemme, des carrières de marbre, de granit, d'albâtre, des pierres précieuses, etc. La *chaîne arabique* se termine brusquement au Caire; la *chaîne libyque* ou occidentale se termine au N. par un talus rapide, et se perd dans les plaines du Delta. Cette dernière partie de l'Égypte, ainsi nommée de sa forme triangulaire analogue à celle du delta des Grecs (Δ), est la plus fertile de toutes, et est coupée de nombreux canaux qui mettent en communication les diverses branches du Nil. — Le climat de l'Égypte est très-chaud et très-sain; il y pleut très-rarement. Les inondations du Nil et le vent du nord modèrent seuls l'excès de la température. La neige et la glace y sont inconnues, et c'est pendant l'hiver que la nature y déploie toute sa magnificence. La richesse et la variété de la végétation en Égypte sont infinies. La terre porte chaque mois des fleurs et des fruits. Le blé, le maïs, le riz, la canne à sucre, les plantes potagères y donnent d'excellents produits. On y cultive encore le dattier, le lin, le grenadier, l'oranger, le blé, la vigne, les figuiers, le cotonnier, l'olivier, l'indigotier, l'aloès, tous les arbres fruitiers d'Europe, le chanvre, la garance, le safran, etc. L'industrie commerciale s'exerce sur la fabrication du coton, la préparation d'essences très-estimées, la vente des céréales, la fabrication des cuirs, des tapis, de la verrerie, de la poterie, la préparation du chanvre, du lin, de la soie, etc. — La population de l'Égypte est d'environ 4,000,000 d'habitants, que l'on rapporte à quatre races principales : 1o les *Coptes*, que des auteurs ont cru être les descendants des anciens Égyptiens, et dans lesquels d'autres savants ont vu le résultat du mélange confus des nations qui successivement ont habité l'Égypte; 2o les *Kennous* ou *Barabras*, originaires de la Nubie, et dont la physionomie générale se rapproche le plus de celle des anciens Égyptiens qui sont représentés sur les monuments de l'Égypte; 3o les *Arabes*, qui forment la majeure partie de la population; 4o les *Turks*. Le reste de la population se compose de Grecs, de Juifs, d'Arméniens et de commerçants européens. La religion dominante est le mahométisme; mais toutes les croyances sont tolérées. — L'histoire de l'Égypte remonte à une haute antiquité. Malgré les travaux des savants et les nombreuses recherches faites à ce sujet, cette histoire est encore pleine de mystère. Les premières tribus qui peuplèrent l'Égypte venaient de l'Abyssinie ou du Sennaar. Il est impossible de fixer l'époque de cette migration. Les premiers Égyptiens, d'abord sauvages et nomades, ne se réunirent que très-tard en corps de nation. Les plus anciennes de leurs villes furent Thèbes, Esné, Edfou et les autres villes du Saïd. L'Egypte moyenne et le Delta se peuplèrent ensuite successivement. Le gouvernement fut d'abord *théocratique*. Des prêtres administraient chaque canton de l'Egypte sous les ordres d'un grand prêtre, qui prétendait donner ses ordres au nom de Dieu même. La nation était divisée en trois ordres : les *prêtres*, les *militaires* et le *peuple*. Cette dernière caste se subdivisait en plusieurs autres : les laboureurs, les artisans, les marchands et les marins. Toutes les distinctions étaient le partage de la caste sacerdotale. Les prêtres étaient très-savants. La mécanique, la géométrie, l'astronomie leur étaient familières. Ils inventèrent l'écriture et les signes *hiéroglyphiques* (voy. ce mot) ou caractères figurés avec lesquels ils gravèrent leur histoire sur les monuments. — Une révolution, qui éclata environ 6000 ans avant l'islamisme, substitua le gouvernement royal au gouvernement théocratique. Un chef militaire, Ménès ou Ménéi, fut le moteur de cette révolution, et devint le premier roi d'Egypte. De nombreuses dynasties lui succédèrent. Sous l'administration de ces rois, l'Egypte put entreprendre des guerres lointaines et de grandes expéditions. Elle devint puissante et forte. Vers l'an 2800 avant l'islamisme, des peuples barbares firent une invasion en Egypte, s'en emparèrent et s'y établirent sous la conduite de rois qu'ils se choisirent. Ces rois (les anciens Egyptiens les désignaient sous le nom de *pharaons*) furent chassés par Amosis, qui délivra la nation de ces barbares et se mit à la tête du gouvernement. Le roi et ses successeurs s'occupèrent à réédifier ce que ces barbares avaient détruit. On creusa de nombreux canaux; l'agriculture et les arts furent encouragés, et ramenèrent l'abondance. C'est alors qu'on vit construire ces immenses monuments que l'on admire encore, les pyramides, les obélisques, les temples, les labyrinthes (voy. ces mots), plus remarquables par leurs proportions gigantesques que par leur élégance. — Nous avons déjà dit que l'Etat se divisait en trois castes. La *caste sacerdotale*, vouée à l'étude des sciences et des arts, était chargée de l'administration de la justice, des cérémonies du culte, de la levée des impôts, et de toutes les branches de l'administration civile. Les prêtres professaient la médecine et la chirurgie. Il fallait subir de longues épreuves pour être admis dans leur ordre. La *caste militaire* était destinée à la défense du pays. Elle était exercée à des manœuvres militaires, et avait ordinairement pour chefs des princes de la famille royale. La *caste agricole et industrielle*, c'est-à-dire le peuple, donnait tous ses soins à la culture des terres ou à la fabrication des toiles, des tissus, à la préparation des métaux, à la fabrication du verre, des poteries, des armes, qui étaient alors, comme aujourd'hui, le principal objet de leur industrie commerciale. Ils contribuaient à l'entretien des deux autres castes. La navigation fut lente à s'introduire chez les Egyptiens. Aussi ne s'adonnèrent-ils que tard au commerce. Les rois de la dynastie des Lagides encouragèrent en construisant plusieurs ports sur le golfe Arabique, et ouvrirent ainsi la route de l'Orient aux vaisseaux égyptiens. — Les Egyptiens embaumaient leurs cadavres. (Voy. Momie, Embaumement.) Leur habileté dans cet art était si grande, qu'aujourd'hui même, après des milliers d'années, on trouve encore dans les sables des momies parfaitement conservées. — Les lois étaient très-sévères. Il fallait chaque année prouver d'honnêtes moyens d'existence, sous peine de mort. Les fils étaient forcés de suivre la profession de leur père. L'adultère était puni de mort. Chaque homme, après sa mort, était soumis à un jugement très-sévère. S'il avait mal vécu, il était privé de la sépulture. — Leur religion était mystique (voy. l'article suivant), et reconnaissait un grand nombre de divinités, personnifications d'une divinité unique. — Ces institutions subsistèrent jusqu'en 525 avant J.-C.; à cette époque Cyrus, roi des Perses, détruisit la monarchie égyptienne et détrôna le roi Psammétic, fils d'Amasis. Cambyse, fils de Cyrus, continua la guerre, et acheva la conquête de l'Egypte. Ce pays, après avoir supporté pendant cent neuf ans la domination des Perses, secoua le joug vers 414 avant J.-C., et fut gouverné par une suite de princes nés dans son sein. L'Egypte fut de nouveau conquise en 349 par Artaxercès Ochus, roi des Perses, et ses successeurs régnèrent sur cette contrée jusqu'à la destruction de leur empire par Alexandre le Grand, roi de Macédoine. Après la mort d'Alexandre, Ptolémée Lagus, qui avait été le gouverneur de l'Egypte, se déclara roi de ce pays (323 avant J.-C.), et fut le chef de la *dynastie grecque* qui gouverna l'Egypte pendant près de trois siècles. (Voy. Ptolémée, nom que portèrent tous les rois de cette dynastie.) Ces rois portèrent l'Egypte au plus haut point de prospérité et de grandeur qu'elle eût encore atteint. Cléopâtre III est la dernière reine qui régna sur l'Egypte jusqu'en 29 avant J.-C. Auguste, empereur des Romains, réduisit ce pays en province romaine, et la divisa en sept provinces, qui ensemble formaient le *diocèse d'Egypte* : la *Libye supérieure*, la *Libye inférieure*, l'*Egypte* (autrefois le *Delta*), l'*Augustamnique*, à l'E. du Delta, l'*Arcadie*, auparavant l'*Heptanomide*, la *Thébaïde* et l'*Ethiopie* (*Ethiopia supra Ægyptum*). L'Egypte resta sous la domination romaine jusqu'à l'envahissement des Ottomans, qui prirent Alexandrie sous la conduite d'Amrou-ben-el-Aas, général du calife Omar (640 de J.-C.). En 887, elle tomba au pouvoir des Turkomans, détrônés en 1257 par la dynastie des Mamelouks-Baharites. Ceux-ci la conservèrent jusqu'en 1517, époque à laquelle elle fut conquise par Sélim Ier, sultan des Turks. Depuis ce temps, elle a appartenu aux Turks, qui la font administrer par un pacha souverain. De 1798 à 1802 eut lieu cette brillante expédition d'Egypte, où Napoléon et l'armée française se couvrirent de gloire. Cette expédition, à la fois guerrière et savante, fut signalée par de nombreuses victoires. Les savants français cherchèrent à débrouiller l'histoire de cette grande nation, si déchue de sa puissance primitive, et rapportèrent de l'expédition les premières notions exactes qu'on ait recueillies sur l'Egypte. Cette campagne se termina le 15 octobre 1801. Le pacha actuel Méhémet-Ali, qui a été nommé vice-roi et gouverneur d'Egypte en 1806, a tenté les plus nobles efforts pour rendre à cette contrée une partie de son ancien éclat. Empruntant tout à la civilisation européenne, il a réorganisé ses armées, a fait établir de nombreuses manufactures, des fonderies de canons, et a favorisé par toute espèce de moyens les arts et l'agriculture. Le vice-roi a introduit en Egypte l'imprimerie, les machines à vapeur, l'art télégraphique, l'éclairage au gaz hydrogène, etc. Les provinces ont été divisées en départements, en arrondissements et sous-arrondissements. Des assemblées provinciales ont été établies. Une assemblée centrale ou *divan général*, composé des députés des provinces, se réunit à certaines époques dans le palais du vice-roi, quand il s'assemble à ce conseil toutes les affaires qui intéressent l'Egypte. Les hommes, de quelque religion qu'ils soient, sont accessibles à toutes les fonctions publiques. Le vice-roi a fondé de nouvelles écoles, entre autres une école de médecine et une école d'administration. — Indépendant de fait, quoique du nom vassal de la Turquie, Méhémet-Ali a voulu régner seul sur ce pays, qu'il aurait doté d'institutions grandes et utiles. Il a demandé au sultan l'Egypte et la Syrie héréditaires dans sa famille. Sur le refus du sultan, il lui a déclaré la guerre. A cette guerre ont pris part contre lui l'Angleterre, la Russie, la Prusse, l'Autriche et la Turquie. Cette grande question d'intérêt européen a été facilement terminée (1840). Méhémet-Ali, vaincu et humilié, s'est contenté de l'Egypte héréditaire. — L'*Egypte moyenne* et la *haute Egypte* se divisent collectivement en dix provinces : *Djyzeh*, *Alfyh*, *Beny-Soueyf*, *Fayoum*, *Minyeh*, *Monifalout*, *Syout*, *Djirdjeh*, *Kéneh* et *Esné*. La basse Egypte ou Delta renferme quinze divisions administratives : *le Kaire* ou *le Caire*, *Kelyoub*, *Belbeys*, *Chibeh*, *Mit-Camar*, *Mansourah*, *Damiette*, *Mehallet-el-Kebir*, *Tantah*, *Melyg*, *Menou*, *Negyleh*, *Fouah*, *Damanhour* et *Alexandrie*. — La capitale de l'Egypte est LE CAIRE. Voy. COPTES, HIÉROGLYPHES, etc.

ÉGYPTE (myth.). La religion égyptienne était un monothéisme pur, se manifestant extérieurement par un polythéisme symbolique; c'est-à-dire que les Egyptiens adoraient un seul Dieu, dont toutes les attributions étaient personnifiées en autant de divinités subalternes. Ce dieu était *Ammon* ou *Amon-Ra*. La déesse *Bouto*, compagne d'Amon-Ra, avait eu de *Phtha* (l'esprit créateur actif) *Phré* ou le Soleil, d'où descendirent tous les autres dieux, parmi lesquels on distingue *Hâthôr* (Vénus) et *Neith* (Minerve). La mythologie égyptienne est fondée sur la trinité ou *triade* formée des trois parties d'Amon-Ra, savoir: *Amon* ou *Osiris* (le mâle et le père), *Mouth* ou *Isis* (la femelle et la mère) et *Khons* ou *Horus* (le fils enfant). On représente souvent Amon-Ra sous la figure d'un bélier richement caparaçonné, la tête ornée d'un disque; on représente Osiris la tête coiffée d'une mitre flanquée de deux appendices recourbés par le haut, le fléau et le crochet dans les mains; Isis, avec de grandes cornes, un disque au milieu; Horus, sous la figure d'un épervier, sans ornement; Neith, sous celle d'un vautour, coiffée d'une mitre, portant une palme dans chacune de ses serres; Hâthôr, sous celle d'une vache, avec un disque sur la tête. Outre ces divinités, les Egyptiens adoraient encore l'ichneumon, le bœuf *Apis* (voy.), le crocodile, l'ibis, des plantes, etc. ; et quiconque touchait à ces animaux était puni de mort. Ces adorations grossières étaient basées sur l'utilité du bœuf, de l'ibis, la crainte du crocodile, etc. Ce n'était que des croyances purement symboliques. Les Egyptiens croyaient à l'immortalité de l'âme, aux peines et aux récompenses futures; la métempsycose était encore un dogme très en vigueur en Egypte.

ÉGYPTIAC ou ÆGYPTIAC, médicament, sorte d'oxymel qui se compose de quatorze onces de miel, six onces de vinaigre fort, et cinq onces de vert-de-gris. On s'en servait autrefois pour déterger les ulcères, ronger les chairs baveuses, etc. Ce médicament est employé très-souvent par les vétérinaires.

ÉGYPTIENS (MONUMENTS). Voy. PYRAMIDES, OBÉLISQUES, SPHYNX, STÈLES, etc.

ÉGYPTIENS, nom des habitants de l'Egypte, donné aussi aux *Bohémiens*. Pour justifier ce surnom, on a prétendu qu'ils descendent d'une colonie égyptienne, qui s'établit à Colchos sous Sésostris, et qui se répandit de là dans l'Orient et l'Occident. De savants auteurs croient que les Egyptiens originaires de l'Indoustan. Cette origine est généralement admise. On évalue à 700,000 le nombre des Bohémiens vivant en Europe.

ÉGYPTUS (myth.), roi d'Egypte, fils de Bélus, succéda au trône de son père, et donna son nom à l'*Egypte* (320 ans avant la guerre de Troie). Après avoir été longtemps désuni avec son frère Danaüs, il se réconcilia avec lui, et fit épouser ses cinquante fils aux cinquante filles de ce prince; celles-ci (voy. DANAÏDES) égorgèrent leurs époux la première nuit de leurs noces, à l'exception de *Lyncée*, qui fut sauvé par son épouse Hypermnestre. — Egyptus périt lui-même de la main de sa nièce Polyxène.

EICÉTES, HEICÈTES ou HICÈTES, hérétiques du VIIe siècle qui professaient la vie monastique, et croyaient qu'on ne pouvait bien louer Dieu qu'en dansant et en sautant, parce qu'il est dit dans l'Exode que Moïse et les Israélites avaient chanté un cantique à la louange du Seigneur après le passage de la mer Rouge, et parce que Marie, sœur de Moïse et d'Aaron, avait pris un tambour et avait dansé dans la même occasion.

EIDER, espèce d'oiseau du genre canard, de l'ordre des palmipèdes, et caractérisé par un bec allongé, remontant très-haut sur le front, où il est échancré par un angle de plume. L'eider est blanchâtre, à ventre et queue noirs. La femelle est grise, émaillée de brun. L'eider habite les mers glaciales, et vit de poissons, de coquillages, de plantes marines et d'insectes; il niche sur des terres baignées par la mer, construit son nid de fucus, et le recouvre de son duvet; c'est ce duvet que l'on connaît sous le nom d'*édredon*, et qui se vend à un prix si élevé; chaque nid en contient deux hectogrammes.

EIKON BASILIKÉ ou ICON BASILIKI (image royale), ouvrage publié en Angleterre sous le nom de Charles Ier peu de jours après la mort de ce prince. C'est une espèce de testament que Charles laisse à ses amis et à ses enfants. Cet ouvrage eut une grande célébrité; il s'en publia cinquante éditions en un an.

EIMMART (Georges-Christophe), astronome, né à Ratisbonne en 1638, se rendit célèbre par la multiplicité de ses connaissances. Il cultiva principalement les mathématiques, et s'adonna à l'astronomie. Nuremberg lui confia en 1688 la direction de son observatoire. Il publia un grand nombre d'observations astronomiques et météorologiques, des *lettres* des astronomes célèbres. Eimmart mourut en 1705.

EINSIEDELN, célèbre abbaye de bénédictins, dans le canton de Schwitz (Suisse), située au pied des monts Mythen et Hacken, et fondée vers la fin du xe siècle par saint Grégoire, fils d'un roi d'Angleterre, neveu de l'empereur Othon, qui fit bâtir un couvent à la place de sa cellule. Cette abbaye, nommée aussi *Notre-Dame des Ermites*, est un des plus célèbres pèlerinages du monde. Les pèlerins font entrer leurs doigts dans cinq trous d'une plaque d'argent, sur laquelle Jésus-Christ avait, dit-on, imprimé les cinq doigts le jour de la dédicace. On y voit une image miraculeuse de la sainte Vierge et une fontaine à quatorze tuyaux, auxquels les pèlerins boivent parce que Jésus-Christ s'est, dit-on, désaltéré à l'un d'eux.

EISCHFELD ou EICHSFELD, contrée d'Allemagne, dans le cercle du Bas-Rhin et dans le district d'Erfurt. Sa capitale est *Dunderstadt*; sa superficie est d'environ 80 ou 100 lieues carrées, et sa population de 116,000 habitants. Cette contrée est très-industrieuse; elle appartient à la Prusse, à l'exception de 4 milles géographiques et demi, donnés en 1815 au Hanovre.

EISCHTAEDT ou EICHSTAEDT, ville de Bavière, chef-lieu du Haut-Danube, à 28 lieues de Munich. Population, 6,000 habitants. Cette ville a un séminaire, un vicariat épiscopal, et commerce en draps et siamoises.

EISENBURG, comitat de la Hongrie, dans la partie O. de cette contrée. Sa superficie est de 96 milles carrés, et sa population de 295,000 habitants. Il commerce en vins, grains et fruits. — La capitale est *Eisenburg*, avec 1,200 âmes.

EISLEBEN, ville de la Saxe prussienne, à 5 lieues de Mansfeld. Population, 60,000 âmes. Elle a des mines et des usines de cuivre et d'argent. Cette ville est la patrie de Martin Luther.

EKATERINOSLAV Voy. KOZAKS DE LA MER NOIRE.

ÉLA, roi d'Israël, fils de Baasa, succéda à son père l'an 930 avant J.-C. Il ne nous reste pas de documents sur les faits de son règne. Il fut assassiné en 928 par Zamri, un de ses officiers.

ÉLABORATION, terme qui désigne chez les physiologistes les divers changements que subissent les substances assimilables par l'action des organes vivants, avant de servir à la nutrition. Ils tendent à assimiler à l'économie animale les aliments, et à les changer en sang, sève, humeurs, etc. L'*élaboration digestive* est l'ensemble des changements que les appareils des voies cibifères, aquifères, font subir aux substances sur lesquelles elles agissent. L'*élaboration sécrétoire* désigne les fonctions spéciales dont le but est de séparer du sang ou de la sève et des sucs des plantes des substances gazeuses, liquides ou solides, destinées à plusieurs usages. L'*élaboration morbide* est celle qui produit les fluides résultant des substances animales en corruption, le *pus*, l'*ichor*, le *virus*, etc.

ÉLÆAGNÉES ou ÉLÆAGNÉES, famille de plantes phanérogames dicotylédones. Ce sont des arbustes à rameaux épineux, garnis de feuilles simples, alternes ou opposées, entières ou dentées, aux fleurs petites, solitaires, placées à l'aisselle des feuilles, au fruit en forme de noix monosperme. Toutes les parties de ces plantes sont couvertes d'écailles sèches et blanchâtres. Le *chalef* et l'*argousier* font partie de cette famille.

ELÆOCARPÉES, famille de plantes dicotylédones polypétales, ayant pour caractères des fleurs hermaphrodites, un calice de quatre ou cinq pétales, découpés à leur sommet, quinze à vingt-cinq étamines, un fruit en forme de baie ou de capsule. Cette famille est une section de celle des tiliacées. Le type de la famille est l'*élæocarpe*, grand arbre des Indes orientales, dont on mange les fruits confits.

ÉLAGABALE (myth.), dieu adoré à Emèse (Syrie) sous la forme d'une grande pierre conique. L'empereur Héliogabale ou Elagabale, ayant été prêtre de ce dieu dans sa jeunesse, établit son culte à Rome, et lui bâtit un temple, où il fit placer le feu sacré de Vesta, les boucliers anciles et la statue de Cybèle. Le culte d'Elagabale disparut après la mort de celui qui l'avait introduit. On croit que cette divinité était la même que le Soleil.

ÉLAGAGE, opération d'horticulture, qui consiste à retrancher d'un arbre les branches superflues et nuisibles soit à son développement soit à la nourriture des branches laissées. On élague avec un instrument tranchant en acier, nommé *croissant* à cause de sa forme. On élague les arbres des allées de jardins, pour donner aux promenades plus d'agrément et se ménager des points de vue. On élague aussi les arbres dont on veut élever la tige, etc. Cette opération se fait vers l'automne ou à la fin de l'été; on couvre les plaies de terre mouillée et de bouse de vache.

ÉLAINE ou OLÉINE, un des principes immédiats qui constituent les graisses, les huiles, le beurre, etc. C'est une substance incolore, presque inodore, sans saveur, sans action sur les couleurs bleues végétales, liquide jusqu'à 3 ou 4 degrés au-dessus de zéro, température au-dessous de laquelle elle se fige, insoluble dans l'eau, soluble dans l'alcool bouillant. Elle est formée de 73,030 parties de carbone, 11,422 d'hydrogène, et 9,548 d'oxygène. On l'obtient en faisant dissoudre la graisse dans l'alcool.

ÉLAIS, sorte de palmier qui couvre toute la côte équinoxiale et occidentale de l'Afrique, et habite particulièrement la Guinée et quelques contrées de l'Amérique. Cette plante monte très-haut. Sa tige est hérissée d'épines aiguës et saillantes; il se termine par une touffe de feuilles ailées qui ont jusqu'à cinq mètres de long. Son fruit ou *maba* est ovale, d'un jaune doré. On retire de l'amande un corps gras, et d'un bon goût, nommé *beurre de Galaham*, et une huile nommée *huile de palmier*.

ÉLAN, mammifère ruminant du genre cerf. Il est caractérisé par des bois courts, terminés par une forte empaumure. Cette espèce est la plus grande de son genre, et surpasse en hauteur le cheval. Elle habite les contrées marécageuses et les forêts des deux continents. L'élan est doué d'une grande force. Son pelage est d'un brun fauve, plus ou moins sombre. Il vit en troupes, et se nourrit de feuillage. Son naturel est doux et timide. Il est sujet à l'épilepsie. Sa chair est agréable et nourrissante. Sa peau sert pour la buffleterie, et son bois sert aux mêmes usages que celui du cerf.

ÉLANCEMENT, sensation douloureuse comparée par les malades à celle que produirait un instrument aigu qui traverserait la partie souffrante. On nomme les élancements *douleur lancinante*. Les personnes qui ont des cors aux pieds, des rhumatismes chroniques, des panaris, etc., ressentent à chaque changement de température de semblables douleurs.

ÉLAPHÉBOLIES, fêtes athéniennes, ainsi nommées parce qu'on y immolait un cerf (en grec, *elaphos*), à Diane, déesse des chasseurs. Le mois de mars, dans lequel on les célébrait, prit d'elles le nom d'*élaphébolion*. Les Phocéens avaient aussi des *Elaphébolies*. Vaincus par les Thessaliens, et réduits à la dernière extrémité, ils dressèrent un grand bûcher, sur lequel ils placèrent leurs femmes, leurs trésors, leurs enfants, et ordonnèrent d'y mettre le feu s'ils succombaient dans le combat. Mais ils furent vainqueurs, et instituèrent en mémoire de cet événement la fête des Elaphébolies, où ils offraient à Diane un cerf.

ÉLAPS (*serpent corail*), nom donné par les anciens à un serpent non venimeux que l'on a cru retrouver dans la *couleuvre à quatre raies*, et qui désigne de nos jours des serpents à crochets venimeux, rétractiles, à mâchoire peu dilatable. Leur tête elliptique est couverte en dessus de grandes plaques polygones. Leur corps, d'un volume presque égal, est revêtu d'écailles oblongues, égales, lisses; la queue est courte, un peu obtuse. Ces espèces sont annelées de blanc, de noir et de rouge. L'élaps habite les régions méridionales de l'ancien et du nouveau continent.

ÉLASTICITÉ, propriété qu'ont certains corps, nommés *élastiques*, en vertu de laquelle, après avoir été comprimés, ils reviennent à leur premier état dès que la cause comprimante cesse d'agir, ou, lorsque les molécules de ces corps ont été écartées de leurs positions relatives par un choc ou par toute autre action mécanique, elles y reviennent dès que la force les abandonne à elles-mêmes. Le retour de ces molécules à la position primitive exige un temps plus ou moins grand. Les liquides et les gaz sont très-élastiques; les solides ne le sont qu'à un certain degré. On distingue l'*élasticité de pression, de tension* et *de torsion*. L'élasticité des corps sonores produit le son. Ces oscillations sont visibles dans les cordes de violon, de harpe, etc. — On rend les solides plus élastiques en les battant à froid ou en les combinant avec quelques substances.

ÉLASTIQUES, nom donné aux corps doués de l'élasticité. Cette épithète s'applique à certains fruits dont les parties se désunissent tout à coup. L'arille qui enveloppe la graine dans l'oxalis, les anthères de la pariétaire, de l'ortie, du mûrier, les valves du fruit de la fraxinelle, du ricin, etc., sont *élastiques*. — Jacques Bernouilli donne le nom de *courbe élastique* à la courbe que forme une lame de ressort fixée horizontalement par une de ses extrémités à un plan vertical et chargée à l'autre extrémité d'un poids qui la fait courber.

ÉLASTIQUES, en anatomie, on nomme ainsi des parties destinées à se prêter aux mouvements qui les allongent et à produire par rétraction d'autres mouvements en sens opposé. Sous ce nom, on désigne les *tissus musculaires* ou *contractiles* qui se contractent sous l'influence de l'action nerveuse; les *tissus jaunes*, *rétractiles* ou *élastiques*, qui agissent sans cette action, et qui, après avoir été allongés, opèrent une rétraction produite par l'élasticité de la substance de leurs fibres.

ÉLATÉRIE, nom donné par Richard à une espèce de capsule, se composant de plusieurs coques qui se séparent naturellement à l'époque de la maturité, et s'ouvrent avec élasticité. Tel est le fruit des euphorbes.

ÉLATERIE, genre de plantes de la famille des cucurbitacées, propre à l'Amérique. Leurs tiges herbacées et grimpantes sont garnies de feuilles fortement lobées, de fleurs blanches et de fruits petits, oblongs et verdâtres.

ÉLATÉRIUM, nom donné à l'extrait de concombre sauvage (momordica elaterium). Ce suc, connu dans les officines sous le même nom, se prépare en automne. Évaporé jusqu'à siccité, c'est un purgatif drastique très-énergique. On lui attribuait des vertus très-grandes, surtout contre les maladies des yeux, la goutte et l'hydropisie. Ce suc est blanc ou noir; le premier s'obtient des fruits scarifiés avant la maturité et séchés au soleil; le second est l'extrait obtenu de la pulpe exprimée.

ÉLATÉROMÈTRE, instrument qui sert à faire connaître d'une manière approximative le degré de densité ou de raréfaction de l'air contenu dans le récipient de la machine pneumatique dans lequel on cherche à faire le vide.

ELBE (*Albis*), grand fleuve de l'Allemagne, prend sa source dans les monts Sudètes, entre la Bohême et la Silésie, traverse la Bohême, la Saxe, la Prusse; le Hanovre, le Mecklembourg, le Lawembourg, Holstein et le territoire de Hambourg, et se jette dans la mer du Nord à Cuxhaven, après un cours de 190 lieues. Il est navigable à Melnick (Bohême).

ELBE (ILE D') (en grec *Æthalia*, en latin *Ilua* et *Ilva*, en italien *Isola Elba* ou *Elva*), île de la Méditerranée, à l'E. de la Corse, sur la côte de la Toscane, dont elle est séparée par le canal de Piombino. Sa superficie est de 19 lieues et demie carrées, et sa population de 14,000 habitants. Son chef-lieu est *Porto-Ferrajo*, avec 2,000 âmes. L'île d'Elbe produit de l'huile, des figues, des vins, des pastèques, du liège. La pêche du thon produit 60,000 francs annuellement. Les habitants sont presque tous marins ou pêcheurs. L'agriculture y est assez négligée. Le climat y est tempéré, l'air salubre. L'île d'Elbe appartint successivement aux Étrusques, aux Carthaginois, aux Romains, aux Pisans (XIe siècle), aux Génois, aux Lucquois, et aux Pisans pour la seconde fois (XIVe siècle). Elle eut ensuite des souverains particuliers, et tomba souvent au pouvoir des Turks. Prise par les Espagnols en 1603, elle passa au royaume de Naples, et fut cédée en 1801 à la France. Napoléon à la première restauration (avril 1814) fut investi de la souveraineté de l'île, et la conserva jusqu'en 1815, époque où il la quitta pour revenir en France. Elle appartient aujourd'hui à la Toscane.

ELBÉE (GIGOT D'), né à Dresde en 1752, vint en France, où il fut employé pendant quelques années comme lieutenant de cavalerie. Il vivait paisiblement à Beaupréau, où il s'était retiré, lorsque les troubles politiques de 1791 le forcèrent d'abandonner la France. Revenu dans ce pays en 1793, il fut nommé généralissime par les Vendéens de Beaupréau, s'empara de plusieurs villes, Angers, Fontenay, Châtillon, défit les généraux Santerre, Lecourbe et Duhoux. Fait prisonnier à Noirmoutiers, il fut condamné à mort et décapité.

ELBEUF, chef-lieu de canton du département de la Seine-Inférieure, à 5 lieues et demie de Rouen. Population, 10,260 habitants. Son origine est inconnue; néanmoins cette ville était considérable dès 1338; elle devint le siége d'un comté qui fut érigé en duché-pairie (1581). Elle est célèbre par les fabriques de draps qu'elle renferme. Cette fabrication existait avant le XVe siècle, et même au IXe siècle, d'après quelques écrivains. On y compte deux cents fabriques, vingt-cinq teintureries, dix dépôts de laine. Cette fabrication emploie vingt-cinq mille ouvriers, et produit de 60 à 80,000 pièces de drap. Les produits annuels sont de 40,000,000 de francs. Les draperies d'Elbeuf coûtent de 15 à 25 francs l'aune.

ELBING, belle et grande ville de Prusse, à 12 lieues de Dantzig, à 40 lieues de Varsovie. Population, 18,000 habitants. Cette ville, défendue par plusieurs forteresses, commerce en lin, chanvre et potasse.

ELBOEUF (RENÉ DE LORRAINE, marquis D'), septième fils de Claude, duc de Guise, qui vint s'établir en France, fut la tige de la branche des ducs d'Elbœuf, et mourut en 1566. Son petit-fils CHARLES, mort en 1657, avait épousé Catherine-Henriette, fille de Henri IV et de Gabrielle d'Estrées. Il eut part aux intrigues de la cour sous les ministères de Richelieu et de Mazarin. Sa postérité se termina dans la personne de son petit-fils EMMANUEL-MAURICE, né en 1677 et mort en 1763, après avoir servi l'empereur dans le royaume de Naples. Il avait fait bâtir un beau palais à Portici. C'est en recherchant des marbres antiques pour orner ce palais que l'on découvrit les ruines d'*Herculanum*.

ELCÉSAÏTES ou ELCÉSAIENS, hérétiques qui s'élevèrent dans l'Église au commencement du IIe siècle. Ils eurent pour chef un Juif nommé *Elcésaï* ou *Elkaï*. Les Elcésaïtes soutenaient que Jésus-Christ, né avant le commencement du monde, avait paru en d'autres temps sous divers corps, qu'il était une vertu céleste nommée le Christ, dont le Saint-Esprit était la sœur, et que l'un et l'autre s'étaient écoulés dans Jésus, fils de Marie. Ils observaient les cérémonies de la loi de Moïse, la circoncision et le sabbat; mais ils ne voulaient point de sacrifices. Ils rejetaient presque tous les livres de l'Ancien et du Nouveau Testament. Ils adoraient Elkaï, son frère Texée et tous ceux de leur race, et prétendaient avoir un livre qu'ils disaient être descendu du ciel. Ils étaient établis dans la Palestine, au delà du Jourdain.

ELCHINGEN, petite ville de Bavière, près d'Ulm. Le maréchal Ney y défit les Autrichiens en 1805. C'est après cette victoire que Ney prit le titre de *duc d'Elchingen*, titre que son fils porte encore.

ELCOSE, nom donné aux solutions de continuité, avec perte de substance, faites dans les parties molles par l'action de causes corrosives. — On nomme ELCOSE ou ELCOSIS une ulcération profonde de la cornée, à la suite d'un coup ou d'une grande inflammation. — Sauvages appelle ainsi une cachexie anomale, caractérisée par un grand nombre d'ulcères opiniâtres, compliqués de carie, de putridité, de fièvre lente, etc.

EL-DORADO, *pays d'or* que l'on prétendit, vers le milieu du XVe siècle, exister dans l'Amérique méridionale, au N.-E. du lac *Parime*, et s'étendit depuis l'équateur jusqu'au delà du 2e degré de latitude N. Sa capitale était nommée *Manoa*. Ce prétendu pays fut la cause de nombreuses recherches de navigateurs célèbres, allemands, portugais, espagnols et français (1540-1700). La dernière expédition dirigée à la recherche de l'*El-Dorado* fut celle des Français de la Guiane en 1720.

ELEA ou ELÉE, surnom de Diane chez les Lacédémoniens. — Ville de Campanie ou Grande-Grèce. C'est de cette ville que prit son nom l'ÉCOLE philosophique d'ÉLÉE ou ÉLÉATIQUE, fondée par Xénophane de Colophon vers l'an 530 avant J.-C. Cette école, développée par Parménide, Zénon et Mélissus, fut la continuation de l'école italique fondée par Pythagore. Selon cette école, l'unité est le seul principe de toutes choses, elle est le tout choses; seule, elle existe. La variété ou le changement n'est qu'une apparence relative à nous, sans fondement dans la réalité.

ÉLÉAGNÉES. Voy. ÉLÆAGNÉES.

ÉLÉAZAR, troisième fils d'Aaron et son successeur dans la dignité de grand prêtre. Il entra dans la terre promise avec Josué, et fut enseveli dans la tribu d'Ephraïm. Les Grecs célèbrent sa fête le 2 septembre. — Fils d'Ahod, un des trois guerriers israélites qui allèrent puiser de l'eau pour David dans la citerne de Bethléem, en passant au travers du camp des Philistins. — Frère de Judas Machabée. Ayant aperçu dans l'armée d'Antiochus Eupator, roi de Syrie, un éléphant plus beau que les autres, et s'imaginant que le roi était dessus, il se fit jour au travers des ennemis, se glissa sous le ventre de l'éléphant, et perça cet animal, qui l'écrasa en tombant. — Grand prêtre, fils d'Onias Ier, exerça la charge de grand sacrificateur (an du monde 3721 à 3744) pendant la minorité d'Onias II, fils de son frère Simon.

ÉLECTEUR, toute personne qui a le droit de concourir à une élection, d'élire à une charge, office, dignité, etc. Dans la hiérarchie ecclésiastique du moyen âge, le droit d'élire un prélat appartenant au corps pour lequel il devait être élu. Les électeurs devaient être sous-diacres au moins s'il s'agissait d'églises cathédrales ou collégiales, et profès pour le chœur s'il s'agissait d'ordre religieux. — On retrouve des électeurs dans l'empire d'Allemagne sous Conrad II, en 1024. Les électeurs étaient tous les princes et États de l'empire. Au XIIe siècle, les États choisirent des représentants parmi leurs princes, margraves, landgraves, etc. Les comtes n'avaient pas de voix décisive, et ne donnaient que leur consentement. Le nombre d'électeurs était de sept. En 1356, ils se composaient des archevêques de Mayence, de Cologne et de Trèves, du roi de Bohême, du comte palatin, du duc de Saxe et du margrave de Brandebourg. Leur fils aîné ou leur successeur possédait de droit cette charge à dix-huit ans. Ils avaient la primauté devant les princes du saint-empire, avaient le droit de battre monnaie, d'exploiter les mines, d'exercer la justice en dernier ressort. On commettait contre eux le crime de lèse-majesté. Ils avaient le titre de *sérénissimes*. Leur nombre fut porté à huit en 1648. Ils ont été supprimés avec l'empire. — En France, tout Français jouissant des droits civils et politiques, âgé de vingt-cinq ans, et payant 200 francs de contributions directes, peut élire à la chambre des députés. Sont électeurs, en payant seulement 100 francs d'impositions, les membres et correspondants de l'Institut, les officiers des troupes jouissant d'une pension de retraite de 1,200 francs au moins.

ÉLECTION, action, pouvoir d'élire une personne à quelque charge, office, dignité, bénéfice. Autrefois les fonctions ecclésiastiques s'obtenaient par voie d'élection; tous les chrétiens donnaient leur vote. Plus tard les rois nommèrent les évêques; le pape sanctionnait l'élection. Sous la première race, les rois francs étaient électifs; ils cessèrent de l'être sous la deuxième. Le pape est élu par élection. L'empereur d'Allemagne n'était autrefois. Les députés et les *conseillers municipaux* sont nommés encore par voie d'élection.

ÉLECTION. Au moyen âge, on nomma ainsi un tribunal composé d'*élus* ou de plusieurs citoyens qui avaient le pouvoir de répartir les impôts dans chaque hôtel de ville. On en comptait cent quatre-vingt et un en France. Plusieurs élections formaient une *généralité*. On nommait *pays d'élection* les pays qui faisaient partie de ces *élections* ou arrondissements. L'élection se composait de deux présidents, un lieutenant, un assesseur, un procureur du roi et plusieurs conseillers.

ÉLECTIVE (AFFINITÉ), force en vertu de laquelle un corps simple ou composé opère la décomposition d'un composé binaire. La *simple* est celle dans laquelle une seule substance est décomposée; la *double* est celle où les deux substances sont décomposées. Dans l'action de l'acide sulfurique sur le nitrate de baryte, l'acide décompose le nitrate, s'empare de l'alcali, forme un sulfate insoluble qui se précipite, et l'acide nitrique, mis à nu, reste en dissolution. C'est une *affinité élective simple*.

ÉLECTORAUX (Collèges), nom donné à l'assemblée des électeurs dans chaque arrondissement. Il y a en France quatre cent cinquante-neuf collèges électoraux. Chaque collège élit un député. Les collèges sont convoqués par le roi ; ils se réunissent dans la ville de l'arrondissement électoral ou administratif que le roi désigne. Les électeurs se réunissent en une seule assemblée quand leur nombre n'excède pas six cents. Dans les arrondissements où ce nombre est dépassé, le collège est divisé en sections, dont chacune doit comprendre au moins trois cents électeurs. Les présidents, vice-présidents, juges, ont la présidence provisoire des collèges électoraux lorsqu'ils s'assemblent dans le chef-lieu d'un tribunal. Cette présidence est déférée au maire, à ses adjoints ou aux conseillers municipaux, lorsque les collèges s'assemblent dans une autre ville, ou que le nombre des juges est insuffisant. Les deux électeurs les plus âgés et les plus jeunes sont scrutateurs. Le collège élit à la majorité le président et les scrutateurs définitifs. Le bureau nomme le secrétaire. Les votes ont lieu par bulletins écrits par l'électeur lui-même et fermés. La nomination a lieu à la majorité des votes ; cette majorité doit égaler la moitié du nombre des votants plus une voix. La session de chaque collège peut durer dix jours au plus.

ÉLECTRE (myth.), fille d'Agamemnon, roi d'Argos, et sœur d'Oreste. Lorsque Égysthe, séducteur de sa mère Clytemnestre, voulut perdre Oreste, fils de cette princesse, et dont la présence s'opposait à ses desseins, Électre procura à son frère les moyens de fuir. Agamemnon ayant été assassiné par son épouse infidèle, Électre, ne respirant que la vengeance, alla à la recherche de son frère. De retour avec lui, Pylade, elle vit assassiner Égysthe et sa mère Clytemnestre. Plus tard Électre épousa Pylade. On nomme aussi cette princesse Laodice.

ÉLECTRICITÉ (dérivé du mot grec *elektron*, ambre jaune, substance dans laquelle on a reconnu d'abord d'électricité). On donne ce nom à la propriété qu'ont certains corps, lorsqu'ils ont été frottés, chauffés ou mis en contact, d'attirer d'abord et de repousser ensuite les corps légers, de lancer des étincelles et des aigrettes lumineuses, de faire éprouver des commotions au système nerveux, de décomposer une foule de substances. Ce phénomène est dû à un agent spécial, un fluide impondérable et invisible. On distingue deux fluides électriques, l'*électricité vitrée*, développée par le frottement sur le verre, et l'*électricité résineuse*, développée sur la résine ; mais, comme tous les corps ne sont pas les seuls qui s'électrisent *vitreusement* ou *résineusement*, on a substitué à ces noms ceux d'*électricité positive* et d'*électricité négative*. Deux électricités de même nom ou semblables se repoussent ; les électricités contraires s'attirent. Ces deux fluides sont naturellement combinés et se neutralisent entièrement. On détruit cette combinaison par le frottement (dans le verre, la résine, etc.), la *chaleur* (dans la tourmaline, etc.), le *contact* (dans ce dernier cas, l'électricité prend le nom de *galvanisme*). Ces fluides peuvent être transmis, se conserver longtemps et s'écouler dans certains corps que l'on appelle *bons conducteurs*; d'autres corps, nommés *non-conducteurs*, *idioélectriques* ou *isolants*, ne peuvent conserver le fluide électrique, et ne le laissent pas écouler dans leur intérieur. La rapidité de l'électricité est étonnante ; elle parcourt dans moins d'une seconde près de 2 lieues. L'*électricité par influence* est celle qui se produit à distance, d'un corps électrisé sur un corps non électrisé. On croit la théorie de l'électricité liée à celle du *magnétisme*, de la *foudre* et de la *grêle*. Plusieurs animaux, la *torpille*, le *gymnote*, la *loricaire* ont des propriétés électriques. — En médecine, on s'est servi de l'électricité comme d'un excitant dans le rhumatisme simple et goutteux, la surdité, l'amaurose, etc.

ÉLECTRIQUE, nom donné aux corps susceptibles de s'électriser. Le verre, les résines, les corps gras, etc., sont *idioélectriques* ou *électriques* par eux-mêmes, parce qu'ils peuvent s'électriser par le frottement. Les métaux sont nommés *anélectriques*, parce qu'on ne peut les électriser qu'en les isolant et les faisant communiquer avec des corps électrisés. — On nomme encore *électriques* plusieurs instruments de physique. Lorsqu'un individu placé sur un isoloir est en contact avec le conducteur d'une machine électrique en activité, on dit qu'il est plongé dans un *bain électrique*.

ÉLECTRIQUES (Courants). Voy. Courants.

ÉLECTRO-DYNAMIQUE, partie de l'électricité qui considère l'action des courants sur les courants, des aimants sur les courants, des courants sur les aimants et les courants par influence. L'origine de cette science remonte à 1820. Elle doit ses plus brillantes découvertes à M. Ampère. Les principales lois sont celles-ci : deux courants parallèles s'attirent s'ils vont dans le même sens ; ils se repoussent s'ils vont en sens contraire. Deux courants obliques s'attirent s'ils s'approchent ou s'éloignent en même temps du sommet de l'angle ; ils se repoussent si l'un d'eux s'en approche et que l'autre s'en éloigne. Les diverses parties d'un même courant sont dans un état continuel de répulsion.

ÉLECTROMAGNÉTISME, partie de l'*électro-dynamique* qui considère l'action des aimants sur les courants et des courants sur les aimants, l'action puissante que l'électricité exerce sur le magnétisme et les fluides libres et combinés.

ÉLECTROMÈTRES ou ÉLECTROSCOPES, petits appareils destinés à rendre sensibles les plus petites quantités d'électricité et la nature de l'électricité dans les corps. L'*électroscope à balles de sureau* se compose de deux fils métalliques qui portent à leurs extrémités inférieures des balles de sureau, et qui sont suspendus à un conducteur fixe terminé par une boule. L'appareil est renfermé dans une cloche de verre, à l'exception de la boule. Lorsqu'on approche la boule d'un corps électrisé, les balles de sureau divergent, et on connaît ainsi la nature et la force de l'électricité. Les *électroscopes à pailles* et *à lames d'or* n'en diffèrent que par deux pailles et deux lames d'or qui remplacent les balles de sureau.

ÉLECTROPHORE, instrument inventé par Wilk, et susceptible de se charger d'électricité. Il se compose, 1° d'un gâteau de résine renfermée dans une enveloppe de bois ou de métal, et qui présente une surface bien unie ; 2° d'un plateau métallique, plus mince que le gâteau de résine et muni d'un manche isolant. Pour charger l'électrophore, on électrise d'abord la résine en battant sa surface avec une peau de chat, puis on pose sur elle le plateau métallique. En retirant le plateau du gâteau de résine, on en tire des étincelles pendant longtemps lorsqu'on y présente le doigt.

ÉLECTROPUNCTURE, procédé qui consiste à administrer l'électricité d'une pile galvanique au moyen d'aiguilles d'or, d'argent ou d'acier, implantées sans déchirement dans l'épaisseur des tissus de la peau. Ce procédé, qui n'est qu'une modification de l'acupuncture, a été employé quelquefois par les médecins dans le traitement des paralysies, des névralgies, du rhumatisme, etc.

ELECTRUM, mot qui désignait, chez les anciens, l'ambre jaune ou succin. Ce nom fut étendu ensuite à l'alliage particulier d'or et d'argent que les bijoutiers nomment aujourd'hui *or vert*. Sa couleur est d'un vert d'eau agréable.

ÉLECTRYON (myth.), roi d'Argos, fils de Persée et d'Andromède, fut père d'Alcmène. Ses fils, à l'exception de Lycimnius, furent tués par les Téléboens, qui avaient porté le ravage dans ses États. Électryon promit sa couronne et la main de sa fille à celui qui vengerait la mort de ses enfants. Amphitryon marcha contre les Téléboens, revint triomphant, et épousa Alcmène. Électryon fut tué involontairement par son gendre.

ÉLECTUAIRE, composé pharmaceutique d'une consistance molle, un peu plus épaisse que le miel, que l'on obtient avec des poudres, des pulpes, des extraits, du sirop, du miel, etc. On nomme *opiats* ceux qui contiennent de l'opium. On distingue des *électuaires laxatifs, émollients, narcotiques, toniques*, etc.

ÉLÉDONE, genre de mollusques de l'ordre des cryptodibranches et de la famille des octopodes ou animaux à huit pieds. Ils ressemblent beaucoup aux poulpes, et n'ont qu'une seule rangée de ventouses sur chacun de leurs bras. Une espèce est remarquable par l'odeur de musc que son corps exhale.

ÉLÉE ou Vélie, ville de la Lucanie, à l'O. sur le bord de la mer, à l'embouchure de la petite rivière d'Iléès. Cette ville fut fondée par les Phocéens. Elle donna naissance à deux philosophes célèbres, Parménide et Zénon d'Élée. (Voy. Éléa.) C'est aujourd'hui *Castello-a-Mare-della-Brucca*.

ÉLÉGIE, petit poème dont les plaintes et la douleur sont les principaux caractères. Les anciens avaient un genre de poésie nommé *élégiaque*, qui s'appliquait particulièrement à l'espèce de vers qui entraient dans l'élégie, et qui consistaient en une suite de distiques formés d'un hexamètre et d'un pentamètre. Chez les anciens, les plus célèbres poètes élégiaques furent Sapho, Tibulle et Callimaque, chez les Grecs ; Tibulle et Properce, chez les Latins : chez les modernes, le Camoëns, Saa de Miranda, Garcilasso de la Vega, Lopez de Vega, chez les Portugais et les Espagnols ; Pétrarque, Alammanni, chez les Italiens ; Young, chez les Anglais ; Malherbe, Gilbert, Parny, Millevoye, André Chénier, Lamartine, Mme Tastu, chez les Français.

ÉLÉMENTS, principes simples, indécomposables, doués de qualités propres et inhérentes qui les distinguent de tout autre. Les anciens ne connaissaient que quatre corps élémentaires : la terre, l'eau, l'air et le feu. La chimie moderne a décomposé les trois premiers ; aujourd'hui on compte cinquante-six éléments ou *corps simples*, qui, soumis à l'analyse et à la décomposition, ne donnent jamais qu'eux-mêmes. Ce sont ces corps qui par leur alliance forment tous les corps de la nature. On les divise en *impondérables* et *pondérables* ; les premiers sont au nombre de quatre : le *calorique*, la *lumière* et les *fluides électrique* et *magnétique* ; les seconds, au nombre de cinquante-trois, se divisent en onze corps *non métalliques* et trente-deux *métalliques*. Ce sont l'*oxygène*, l'*hydrogène*, le *sodium*, le *potassium*, l'*urane*, le *cerium*, le *bore*, le *carbone*, le *phosphore*, le *soufre*, le *selénium*, l'*iode*, le *brôme*, le *chlore*, l'*azote*, le *phlore*, le *silicium*, le *zirconium*, le *magnésium*, le *calcium*, le *strontium*, le *baryum*, le *lithium*, le *manganèse*, le *zinc*, le *fer*, l'*étain*, le *cadmium*, l'*aluminium*, le *glucynium*, l'*yttrium*, le *thorium*, l'*arsenic*, le *molybdène*, le *chrôme*, le *tungstène*, le *columbium*, l'*antimoine*, le *cobalt*, le *titane*, le *bismuth*, le *cuivre*, le *tellure*, le *plomb*, le *mercure*, le *nickel*, l'*osmium*, le *rhodium*, l'*iridium*, l'*argent*, l'*or*, le *platine*, et le *palladium*.

ÉLÉMENTS. En géométrie, ce sont les parties infiniment petites de l'étendue. — En astronomie, ce sont les nombres qui expriment les mouvements des corps célestes et les relations de distance et de grandeur qu'ils ont entre eux.

ÉLÉMI ou Gomme élémi, substance réneuse dont on distingue deux espèces, une qui nous vient de Ceylan et d'Ethiopie en forme de gâteaux arrondis, jaunâtres ou d'un blanc vert, solides à l'extérieur, mous et gluants à l'intérieur, d'une odeur de fenouil. Les Indiens en font de la chandelle. On la nomme *élémi oriental* ou *vrai élémi*. Elle est fournie par l'*amyris zeylonica*, de la famille des térébinthacées. L'autre, nommée *élémi bâtard*, *occidental* ou d'*Amérique*, provient de l'*amyris elemifera*, arbre de la même famille. Elle nous vient du Brésil sous forme de masses consistantes, d'un jaune blanchâtre, parsemées de points rouges ou bruns. L'élémi se ramollit à la chaleur. Il entre dans la composition de plusieurs onguents et de plusieurs vernis.

ÉLÉOCOCCA, genre de la famille des euphorbiacées, originaire des contrées orientales de l'Asie. Il renferme des arbres aux feuilles alternes, munies de deux glandes à leur base, aux fleurs jaunâtres en panicules terminales, et aux fruits à chair fibreuse, renfermant de grosses graines, d'où on extrait une huile abondante.

ÉLÉONORE D'AUTRICHE, fille de Philippe I<sup>er</sup>, roi d'Espagne, et sœur de Charles-Quint, née à Louvain en 1498, épousa en 1519 Emmanuel, roi de Portugal, et, après la mort de ce prince (1530), François I<sup>er</sup>, roi de France. Elle ramena la paix entre son frère et son époux. Mais ayant perdu son crédit auprès de François I<sup>er</sup>, qui aimait la duchesse d'Etampes, elle vécut dans la retraite. Veuve en 1547, elle se retira en Espagne, et mourut en 1558. Elle ne donna pas d'enfants à François I<sup>er</sup>.

ÉLÉONORE DE CASTILLE, fille de Henri II, roi de Castille, épousa en 1375 Charles III *le Noble*, roi de Navarre. Son caractère inquiet et son désir de régner seule la firent entrer dans le parti des ennemis de Charles III. Elle se retira en Castille, où elle excita quelques séditions contre le roi Henri III, son neveu. Ce prince, contraint de l'assiéger dans un château, la fit prisonnière et la renvoya à Charles III, qui la reçut avec beaucoup de générosité, et en eut huit enfants. Éléonore mourut en 1416.

ÉLÉONORE DE GUIENNE, fille de Guillaume IX, dernier duc d'Aquitaine, née vers 1121 ou 1122, épousa Louis VII de France, et lui porta en dot le duché d'Aquitaine (1137). Elle suivit dans la première croisade son époux (1147). Selon les écrivains contemporains, elle aima un jeune musulman et oublia avec lui ses devoirs de reine et d'épouse. Fatiguée des reproches de son époux, elle lui demanda la dissolution de leur mariage. Le roi assembla à Beaugency (1152) un concile qui prononça la nullité de leur mariage. Éléonore épousa ensuite Henri II, duc de Normandie et roi d'Angleterre, en 1154. Délaissée par Henri pour Rosemonde, elle arma ses fils contre leur père. Mise en prison, elle y languit de 1173 à 1183. Après la mort de Henri, elle se retira dans l'abbaye de Fontevrault, et mourut en 1204.

ÉLÉONORE TELLÈS, fille de Martin-Alphonse Tellès, épousa Laurent d'Acugna. Ferdinand I<sup>er</sup>, roi de Portugal, épris de ses charmes, la demanda à son mari, qui la lui céda. Ce prince l'épousa en 1371. Après la mort de Ferdinand, Éléonore fut maltraitée par Jean, grand maître de l'ordre d'Avis, qui se fit proclamer roi de Portugal, parce qu'elle avait pris le parti de Jean II, roi de Castille, son gendre. Cette princesse se retira à Santarem pour s'y défendre. Elle demanda du secours au roi de Castille; mais ce prince, qui se défiait d'elle, la fit conduire à Tordesillas, où on l'enferma dans un couvent jusqu'à sa mort.

ÉLÉPHANT, mammifère pachyderme, formant la famille des *proboscidiens*. Sa peau est très-épaisse, peu garnie de poils, noire ou s'altérant jusqu'à la blancheur, dure et calleuse. Les yeux sont très-petits, l'ouïe très-délicate; leurs oreilles sont très-grandes. Ils ont deux sortes de dents très-longues, nommées *défenses*, qui leur servent à arracher les racines et à se défendre. La trompe, qui est un prolongement du nez, est longue, couverte de dépressions annulaires, prend naissance à la partie antérieure du frontal, et s'unit dès sa racine à la lèvre supérieure. Son intérieur est creusé d'un double canal, correspondant aux deux narines. Son extrémité inférieure présente un bord circulaire ayant en avant un prolongement semblable à un véritable doigt. Cette trompe sert à terrasser les ennemis et soulever des fardeaux, etc. — Leur tête est volumineuse et leur front très-élevé. Ces animaux vivent dans les contrées les plus chaudes, dans les forêts et les lieux marécageux de l'Afrique et de l'Asie. Ils se tiennent par troupes nombreuses conduites par un vieux mâle. Ils vivent de graines, d'herbes et de racines; ils ramassent leur nourriture et la portent à leur bouche avec leur trompe; ils prennent leur boisson avec le même organe. Les anciens se servirent des éléphants dans leurs combats. Les Asiatiques emploient encore les éléphants à la guerre, et s'en servent comme bêtes de somme. Les éléphants se réduisent facilement en domesticité, et obéissent aveuglément à leur cornac. Ils sont très-sensibles à la musique. — On nomme *éléphant de mer* le morse, le phoque et le dugong.

ÉLÉPHANT (ORDRE DE L'), ordre de chevalerie danois institué par Christiern I<sup>er</sup> en 1474 ou 1478, à l'occasion du mariage de son fils Jean, et en l'honneur de la passion de Jésus-Christ. Il le mit aussi sous la protection de la sainte Vierge, et on l'appelle pour cette raison *ordre de Sainte-Marie*. Cet ordre n'est conféré qu'à des personnes du plus grand mérite. Les chevaliers portent un collier composé de plusieurs éléphants entrelacés de tours; chaque éléphant a sur le dos une housse bleue; au bas du collier, est suspendu un éléphant d'or émaillé de blanc, le dos chargé d'un château d'argent maçonné de sable (noir), sur une terrasse de sinople (vert) émaillée de fleurs. Leur habit de cérémonie est un grand manteau de velours cramoisi, doublé de satin bleu. Ils portent sur le côté gauche du manteau une croix en broderie, entourée de rayons.

ÉLÉPHANTA, petite île située sur la côte de Malabar, à 3 lieues de Bombay et près de l'île. Elle célèbre par un temple souterrain taillé d'un seul bloc dans la roche vive. Il a cent vingt pieds de profondeur sur cent vingt-cinq pieds de largeur. Le plafond, richement sculpté, est soutenu par quarante-neuf colonnes, placées à distances égales sur des lignes droites et parallèles. Il renferme un grand nombre de statues et de bas-reliefs, ceux de Brahma, Vishnou, Siva, etc. On a attribué la construction du temple, les uns à Sésostris, les autres à Sémiramis ou à Alexandre.

ÉLÉPHANTIASIS, maladie de la peau, caractérisée par l'état de la peau, qui devient dure, épaisse, écailleuse, inégale, ridée, tuberculeuse, souvent ulcérée, crevassée, fournissant une liqueur putride. On en connaît plusieurs sortes, l'*éléphantiasis des Grecs*, *de Cayenne*, *de Java*, *des Indes*, *des Arabes*.

ÉLÉPHANTIASIS DE CAYENNE, maladie qui n'est qu'une variété de la lèpre, à laquelle on a aussi donné le nom de *mal rouge*.

ÉLÉPHANTIASIS DE JAVA, variété de la lèpre, caractérisée par des tumeurs blanches fort grosses, qui se développent aux orteils et aux doigts, et ressemblent aux engorgements scrofuleux. Ces tumeurs s'ulcèrent, et les ulcérations s'étendent des extrémités vers le tronc, en détruisant les os mêmes. L'amputation peut seule en arrêter les progrès.

ÉLÉPHANTIASIS DES ARABES ou ANGIOLEUCITE, affection très-commune dans les pays chauds. Ses causes sont très-obscures. La première attaque de la maladie est marquée par une douleur fixée dans un paquet de glandes ou dans le trajet des vaisseaux lymphatiques. A cette douleur succèdent la rougeur et une tuméfaction dure, inégale et noueuse. Le tissu sous-cutané s'engorge. Le gonflement continue à faire des progrès, et acquiert souvent une consistance lardacée, ou donne lieu à des foyers purulents. Les membres acquièrent une grande augmentation de volume, et deviennent d'une difformité monstrueuse. Presque toujours cette maladie est mortelle.

ÉLÉPHANTIASIS DES GRECS, sub-inflammation du tissu cellulaire sous-cutané, donnant lieu à de petites tumeurs ordinairement de la grosseur d'une aveline, mais dont la forme, le volume et la couleur peuvent varier. Ces tumeurs, d'abord indolentes, sans chaleur, augmentent ensuite en nombre et en étendue, deviennent douloureuses, rouges, enflammées, et laissent écouler un pus fétide et grisâtre. L'on voit le mal gagner les parties supérieures du corps, détruire le nez, les lèvres, les oreilles, les orteils, affecter les organes digestifs et pulmonaires. A ces symptômes succèdent la fièvre lente, le marasme et la mort.

ÉLÉPHANTIASIS DES INDES, maladie fréquente à l'île Bourbon, et caractérisée par des taches peu saillantes, rouges, livides ou jaunâtres, auxquelles succèdent des tumeurs indolentes, développées dans le tissu cellulaire. Plus tard, les dernières phalanges se gonflent et s'ulcèrent, les os du nez se carient, les lèvres s'épaississent, et un dépérissement progressif emporte le malade. Cette affection est encore rapportée aux lèpres.

ÉLÉPHANTINS (LIVRES), livres des Romains, qui contenaient les arrêts, les édits du sénat, les actes des magistrats de Rome. On les nommait ainsi parce qu'ils étaient faits de tablettes d'ivoire.

ÉLEUSINE, genre de la famille des graminées, section des chloridées. Il a pour caractères des épis terminaux à épillets unilatéraux, sans bractées ou écailles, un fruit globuleux enveloppé dans les écailles florales. L'*éleusine coracan* est une graminée de l'Inde, haute de trois ou quatre pieds. Son chaume est droit, articulé, garni de feuilles grandes, roides, pileuses. Les grains servent de nourriture aux pauvres.

ÉLEUSINIES, fêtes célébrées tous les ans en l'honneur de Cérès et de Proserpine par les Lacédémoniens, les Parrhasiens, les Crétois, tous les quatre ans par les Céléens. Mais on donne particulièrement le nom à des fêtes célébrées tous les cinq ans par les Athéniens à Éleusis ville de l'Attique, où elles furent instituées par Eumolpe (1356 avant J.-C.). On nommait cette cérémonie *mystères d'Éleusis*. On enjoignait le plus grand secret aux initiés; on punissait de mort ceux qui révélaient les mystères et ceux qui y assistaient furtivement. Tout le monde pouvait s'initier à ces mystères, on en excluait les homicides, les étrangers, etc. Il y avait des *petits mystères* ou *Mikra*, célébrés à Agrée; ceux qui y avaient été reçus étaient admis après un an à la participation des grands mystères d'Éleusis. Pour ces derniers, les candidats se couronnaient de myrte. On les conduisait dans le temple destiné à l'initiation; ils se purifiaient avec l'eau lustrale, entendaient la lecture des mystères contenus dans un livre nommé *Pétroma*; ensuite on les faisait passer rapidement par des alternatives continuelles de ténèbres et de lumières; ils entendaient des voix confuses, et rencontraient des spectres et des figures extraordinaires. Après ces diverses épreuves, on les renvoyait. Ils conservaient la robe d'initiation jusqu'à son entière usance. Les cérémonies d'Éleusis duraient neuf jours, pendant lesquels le cours de la justice était interrompu. Au huitième jour se faisait l'initiation aux mystères. Les autres jours étaient consacrés à des jeux, des sacrifices et des cérémonies religieuses. Le grand prêtre ou *hiérophante* était citoyen d'Athènes et inamovible. Ces fêtes furent portées à Rome, sous le règne d'Adrien, et célébrées avec beaucoup de licence. Elles furent abolies sous Théodose le Grand.

ÉLEUSIS ou Éleusine, ville d'Attique au N. de Salamine, située entre Mégare et le Pirée, et célèbre par les mystères d'Eleusis ou Éleusinies que l'on y célébrait. Elle fut fondée par Triptolème, roi d'Athènes.

ÉLEUTHÉRATES, nom donné par l'entomologiste Fabricius aux insectes plus généralement appelés Coléoptères. Les caractères qu'il leur assigne sont des mâchoires nues, libres, portant des palpes. Fabricius a subdivisé cet ordre en dix sections, basées sur la position ou la forme des antennes.

ÉLEUTHÈRE (Saint), pape, Grec de naissance, succéda à Soter Ier en 171. Il combattit avec zèle les erreurs des valentiniens et des montanistes. Il reçut une lettre de Lucius, roi des Bretons, qui lui demandait des missionnaires pour prêcher la foi dans ses États. Il mourut en 185. On fait sa fête le 26 mai.

ÉLEUTHÈRE. C'est le nom, 1° d'un saint qui souffrit le martyre à Nicomédie en 303, sous l'accusation d'avoir mis le feu au palais de l'empereur, et dont les Latins font la fête le 2 octobre; 2° d'un évêque de Tournay en 456, qui mourut des suites des blessures qu'il avait reçues des hérétiques en 532, et dont on célèbre la fête le 20 février; 3° d'un évêque d'Auxerre, mort en 561, et dont on fait la fête le 16 août.

ÉLEUTHÉRIES (myth.), fêtes célébrées à Platée, par les Grecs, en l'honneur de Jupiter *Libérateur*, et instituées en mémoire de la victoire remportée à Platée par Pausanias sur les Perses, commandées par Mardonius. Tous les peuples de la Grèce envoyaient tous les cinq ans à Platée des députés pour célébrer en commun les *Eleuthéries* ou *fêtes de la Liberté*. — Les Platéens célébraient tous les ans une fête sous le même nom, en mémoire des guerriers morts dans le combat de Platée. Des jeunes gens de condition libre menaient un taureau noir en triomphe, et portaient des vases pleins de lait, de vin, d'huile ou de parfums. Arrivés aux tombeaux des guerriers, le premier magistrat sacrifiait le taureau. — Les habitants de Samos célébraient des fêtes de ce nom en l'honneur de Cupidon. Les esclaves nommaient encore *Éleuthéries* le jour où ils obtenaient leur liberté.

ÉLEUTHÉRODACTYLES, ordre de la classe des didelphes, qui est formé de ceux de ces animaux qui ont leurs doigts libres à leurs pieds. Les espèces de cet ordre offrent deux modifications importantes : le pouce est nul, ou bien il est parfaitement formé, dépourvu d'ongle, et semble constituer une main. De là deux familles. La première, celle des *dasyures*, renferme les dasyures, les thylacines, les phascogales; la deuxième, celle des *pédimanes*, renferme les genres *chironecte*, aux pieds postérieures palmés, et *didelphe* ou *sarigue*, aux pieds postérieurs non palmés.

ÉLEUTHÉROGYNE se dit, en botanique, des fleurs dont l'ovaire est libre et n'adhère point au calice.

ÉLEUTHÉROPODES, famille de poissons osseux, dont le corps est arrondi, et dont les nageoires ventrales sont séparées. Cette famille, fondée par M. Duméril, renferme les *échénéis* et les *gobiomores*. Elle n'a pas été adoptée par tous les naturalistes.

ÉLEUTHÉROPOMES, quatrième famille des poissons cartilagineux dans le système ichthyologique de M. Duméril. L'*esturgeon* appartient à cette famille.

ÉLÉVATION, nom donné en hydraulique à la hauteur à laquelle montent les eaux jaillissantes. En balistique, l'*élévation d'une pièce d'artillerie* est l'angle que fait l'axe de la pièce avec l'horizon.

ÉLÉVATION (astron.). Les astronomes appellent *élévation d'un astre au-dessus de l'horizon* un arc de cercle vertical compris entre l'astre et l'horizon. L'*élévation de l'équateur* est un arc du méridien, compris entre l'horizon du lieu et le point où le méridien est coupé par l'équateur. L'*élévation du pôle* est un arc du méridien compris entre le pôle élevé et l'horizon; elle est égale à la latitude du lieu.

ÉLÉVATION (Angle d'), angle formé par une ligne quelconque de direction et la section horizontale du plan mené par cette ligne perpendiculairement à l'horizon.

ÉLÉVATION (archit.). C'est une description en lignes verticales et horizontales d'un monument, abstraction faite de sa profondeur.

ÉLÉVATION (médec.). L'*élévation du pouls* est la situation du pouls qui devient plus plein et plus fréquent dans les maladies aiguës.

ÉLÉVATION (litur.), partie de la messe où le prêtre élève la sainte hostie et le calice, après la consécration, pour faire adorer Jésus-Christ au peuple.

ÉLÈVE, celui qui est instruit, élevé, formé par quelqu'un dans un art ou dans une science. Ce nom se donne aussi exclusivement aux jeunes gens qui fréquentent les écoles spéciales. En horticulture, il désigne les jeunes plants. L'*élève de chevaux* ou *élève chevaline* est une expression créée depuis quelques années, qui comprend la venue et la croissance des chevaux, c'est-à-dire la monte, la conception, la gestation de la jument, la mise bas, et la croissance du poulain.

ÉLÈVES DE LA RUE DE THIONVILLE (Les jeunes), théâtre ouvert sous le nom de *Musée* en 1779, et sous celui qu'il porta ensuite en 1799. Ce théâtre était destiné à former de jeunes enfants pour la scène, afin d'en faire des acteurs distingués. On y jouait des comédies, des opéras-comiques, pantomimes, vaudevilles, parades, mélodrames et ballets. Ce théâtre, après avoir eu un grand succès, fut supprimé par un décret impérial en 1807.

ÉLÈVES POUR LA DANSE DE L'OPÉRA, théâtre institué pour donner des sujets et des acteurs au théâtre de l'Opéra. Il fut ouvert le 7 janvier 1779; on y jouait des petits opéras, des comédies, des pastorales et des ballets. Ce théâtre, fermé en 1784, eut pour successeurs les *Feux physiques*, les *Beaujolais* (1790), le *Lycée dramatique* (1792) et les *Variétés amusantes* de Lazary.

ÉLEVER. *Elever une quantité à une puissance*, c'est multiplier cette quantité par elle-même autant de fois qu'il y a d'unités dans l'exposant de cette puissance; ainsi la seconde puissance de 4 est le produit de 4 par 4.

ELF, nom de plusieurs rivières de Suède. La *Dal-Elf* descend en deux branches des montagnes du Norwège, traverse la Dalécarlie et se jette dans le golfe de Bothnie. La *Gœtha-Elf* prend sa source dans le lac Wenner, et se jette dans le détroit de Cattegat près Gothemborg. La *grande-Elf* ou *Klara* est une rivière poissonneuse qui se jette dans le lac Wenner.

ELFES ou Alfes, êtres surnaturels, légers, très-petits, hauts de deux pouces, et que l'on retrouve dans les poésies du moyen âge en Allemagne, en Angleterre et en Danemarck. Ils sont doués d'une grande puissance, et peuvent renverser les maisons et les rochers. Ils portent des souliers de verre et un bonnet où pend une petite clochette. Pendant l'hiver, ils recueillent dans les montagnes les métaux précieux, et forgent l'or et l'argent. Au printemps, ils se reposent, dorment dans le calice des fleurs au matin, et dansent la nuit au clair de la lune, en imprimant la trace de leurs pas sur les prairies; ils mènent paître la seconde pousse des beaux troupeaux bleus le long des rivages; ils ont des livres mystérieux qui prédisent l'avenir. Les elfes ont des rois qui président à leurs assemblées; ils aident les habitants du Nord dans leurs combats. Quelques-uns habitent le creux des arbres, et surtout les troncs de l'aune et du tilleul. Il y a deux classes d'elfes : les *blancs* ou *aériens*, qui habitent la terre; les *noirs*, qui habitent les profondeurs de la terre. Les premiers sont de nature bienfaisante, les seconds sont méchants. Entre ces deux classes sont d'autres *elfes* qui soignent le bétail, portent l'eau, lavent les meubles, la vaisselle dans les maisons. Les enfants nés le dimanche peuvent voir seuls les *elfes*.

ELFSBORG ou Elsbron, capitanie de Suède, située entre celles de Carlstadt, de Gothemborg, Halmstad, Iœnkœping et de Skaraborg, de la Wenner et la Norwège. Sa superficie est de 148 milles géographiques carrés, sa population de 160,300 habitants; chef-lieu, Wenersborg, sur le lac Wenner. — Château fort de Suède, à 8 lieues de Gothemborg.

ELFINES (myth.), sortes de fées jeunes et belles, célèbres dans la mythologie des peuples du Nord. Elles apparaissent tantôt sous la forme d'un cheval, tantôt comme une belle femme qui se balance sur les eaux, tantôt comme une jeune fille timide qui cherche un asile dans les cabanes des bergers. L'elfine a la voix douce et pénétrante, se plaît à séduire les hommes; c'est celle dont on entend les soupirs au bord du rivage, qui donne un léger frémissement aux roseaux et un doux murmure aux vagues. L'elfine charge de bienfaits et écarte les dangers de celui qui répond à son amour; sa vengeance est redoutable s'il trahit ses secrets et sa passion.

ELGIN ou Murray, comté d'Ecosse, borné à l'E. par celui de Bamff, au S. par celui d'Inverness, à l'O. par celui de Nairn, et au N. par la mer du Nord. Sa superficie est de 81 lieues carrées, et sa population de 40,000 âmes. Ce comté, un des plus fertiles de l'Ecosse, produit du froment, de l'orge, de l'avoine, du lin et des fruits. Sa capitale est Elgin, sur la Lossie, à 48 lieues d'Edimbourg. Population, 4,000 âmes. Elle commerce en grains.

ELGIN (Lord, comte d'), né en 1769 en Angleterre, embrassa la carrière diplomatique, et fut chargé en 1790 d'aller à Vienne complimenter Léopold pour son avènement au trône. Nommé ambassadeur à la même cour, il remplit en 1799 les mêmes fonctions près la Porte ottomane, et fit tous ses efforts pour empêcher que le grand seigneur ne conclût la paix avec la France. Il profita de cette occasion pour parcourir et explorer en artiste quelques-unes des contrées de la Grèce. Il recueillit une belle collection de marbres antiques, qui orne aujourd'hui le musée britannique de Londres.

ELIA. Voy. Ælia.

ÉLIDE, contrée du Péloponèse, entre la Messénie, l'Achaïe, l'Arcadie et la mer Ionienne, nommée ainsi d'*Elée*, un de ses plus anciens rois. Elle était formée de deux parties, l'*Elide propre* au N., et la *Triphylie* au S.; la capitale était *Elis*, aujourd'hui *Belvédère* ou *Caliescopi*. Elle fut anciennement gouvernée par des rois A la mort d'Alexandre, l'Elide s'érigea en république, jusqu'à ce qu'elle fût soumise par les Romains. L'Elide forme aujourd'hui avec l'Achaïe et la Messénie un *nome* grec

ÉLIE, prophète d'Israël, né à Thesbé (tribu de Cad), fut suscité par Dieu pour arrêter les progrès de l'idolâtrie, et s'opposer au culte de Baal, que Jézabel et Achab avaient introduit en Israël. Il vint à la cour de ce roi 912 avant J.-C., et lui prédit trois années de famine et de sécheresse, en punition des crimes des Israélites. Obligé de fuir les persécutions du roi, il se retira dans un désert, où Dieu le nourrit miraculeusement, au moyen d'un corbeau qui lui portait la nourriture. De là il alla à Sarepta chez une pauvre veuve, il opéra en sa faveur le miracle de la multiplication de la farine et de l'huile. Trois ans après, il alla trouver Achab, prouva l'impuissance de Baal, et causa ainsi le massacre des prêtres de ce dieu. Forcé encore de fuir, il se retira sur le mont Horeb, et sacra, par l'ordre de Dieu, Hazaël roi de Syrie et Jéhu roi d'Israël. Il prédit ensuite à Achab les maux qu'entraînerait sur sa famille le meurtre de Naboth ; à Ochosias sa fin prochaine, et fut enlevé au ciel dans un char de feu, l'an 892 avant J.-C. L'Eglise célèbre sa fête le 20 juillet. Les carmes prétendaient qu'il avait été le fondateur de leur ordre.

ÉLIEN (A. POMPONIUS ÆLIANUS), tyran dans les Gaules sous Dioclétien.

ÉLIEN (CLAUDIUS ÆLIANUS, sophiste célèbre, né à Préneste en Italie, et contemporain d'Adrien. Il enseigna d'abord la rhétorique à Rome, et quitta cette profession pour se livrer à l'étude des belles-lettres, et de l'histoire naturelle. Il publia dix-sept livres *sur les Animaux*, et quatorze livres de *Mélanges historiques*. Il écrivit ces ouvrages en grec. Elien mourut en 140 de J.-C. On lui attribue encore un *Traité sur la tactique* et *sur la Providence*. Tous ces écrits nous sont parvenus.

ELIENNE ou ÉLIAQUE (SECTE), école de philosophie grecque, fondée par Phédon d'Elis, disciple de Socrate, et qui fut d'abord esclave. Cette école ne s'attachait pas aux subtilités de la dialectique, et prétendait que le vrai bien a son siége dans l'âme, et dépend de la force du caractère.

ÉLIÉZER (en hébreu, *secours ou parvis*), intendant de la maison d'Abraham qui fut envoyé par son maître dans la Mésopotamie pour aller chercher une épouse à son fils Isaac, et ramena Rébecca. Les musulmans le regardent comme le fondateur de la ville de Damas. D'autres auteurs disent qu'il était seulement originaire de cette ville.

ÉLIMINATION (math.), opération dont le but est de faire disparaître toutes les *inconnues*, moins une, qui se trouvent dans une équation. Pour que cette opération soit possible, il faut avoir autant d'équations indépendantes que d'inconnues.

ELIOTT (Georges-Auguste), lord Heatfield, né en 1718 en Angleterre, entra au service de Prusse en qualité de volontaire. Revenu dans sa patrie, il fut nommé adjudant dans le deuxième régiment des grenadiers à cheval. A la tête de ce corps, il se signala dans la guerre d'Allemagne (1740-1748), et devint ensuite aide de camp du roi Georges III, qui le chargea de lever sous le nom d'Eliott, le premier régiment de chevau-légers. Rappelé bientôt d'Allemagne, il fut envoyé à la Havane, et contribua beaucoup à la conquête de ce pays. Appelé en 1775 au commandement en chef de l'Irlande, il fut nommé ensuite gouverneur de Gibraltar, et résista trois ans dans cette ville aux Français et aux Espagnols. Créé pair en 1787, Eliott mourut en 1790.

ELIS (aujourd'hui *Belvédère* ou *Calioscopi*), ville ancienne de la Grèce, autrefois capitale de l'Elide, située au N.-O. sur le fleuve du Pénée. Elle commandait à la confédération d'Elide. C'était après Athènes et Corinthe la plus belle ville de l'Attique pour le nombre des édifices et des monuments.

ÉLISABETH (Sainte), de la race d'Aaron, épouse de Zacharie, grand prêtre des Juifs. Parvenus à un âge avancé, ils n'avaient pas d'enfants. Zacharie eut une vision du ciel, qui l'avertit qu'il lui naîtrait un fils. Marie, cousine d'Elisabeth, et qui portait Jésus-Christ dans son sein, vint pour la visiter, et reçut d'elle cette salutation : Vous êtes bénie entre toutes les femmes, et le fruit de vos entrailles est béni. Elisabeth fut mère de saint Jean Baptiste. Deux ans après la naissance de cet enfant, elle se réfugia dans une caverne pour fuir la persécution d'Hérode, et y mourut.

ÉLISABETH (Sainte), fille de Pierre III, roi d'Aragon, née en 1271, épousa en 1283 Denys, roi de Portugal. Elle récitait tous les jours l'office divin, jeûnait souvent, visitait les malades. Elle fonda un grand nombre d'hôpitaux. Après la mort de son époux (1325), elle prit l'habit de Sainte-Claire, et se consacra à des actes de charité et de bienfaisance. Elle mourut en 1336. On célèbre sa fête le 8 juillet.

ÉLISABETH ou ISABELLE, fille de Jacques I<sup>er</sup>, roi d'Aragon, épousa Philippe, fils de saint Louis de France, en 1262. Elle suivit son mari en Afrique, dans l'expédition que saint Louis entreprit contre les infidèles. Après la mort de ce prince, Philippe monta sur le trône sous le nom de Philippe III. La reine, alors enceinte, blessa en tombant de cheval, et mourut (1271), à vingt-quatre ans, à Cozensa (Calabre).

ÉLISABETH, reine de Hongrie, fille et héritière de Uladislas II, roi de Pologne, épousa en 1320 Charles I<sup>er</sup>, roi de Hongrie. Un jour qu'elle souffrait cruellement d'un accès de rhumatisme aigu, que les médecins regardaient comme incurable, elle inventa, dit-on, par suite d'une révélation reçue du ciel l'*eau de la reine de Hongrie*, qui la guérit entièrement. A la mort de son époux (1342), elle fut chargée du gouvernement de la Hongrie et de la Pologne.

ÉLISABETH ALEXIEVNA (Louise-Marie), fille du margrave de Bade, épousa à quatorze ans Alexandre Paulovitch, tzar de Russie. Cette princesse se rendit célèbre par sa beauté, la douceur de son caractère, sa bonté et son esprit. Le tzar, qu'elle aimait tendrement, ayant succombé à une longue et douloureuse maladie, la santé d'Elisabeth déclina de jour en jour, et cette princesse mourut le 16 mai 1826 à quarante-huit ans.

ÉLISABETH D'ANGLETERRE, fille d'Henri VIII, roi d'Angleterre, et d'Anne de Boulen, née en 1533. Sa sœur Marie Tudor, montée sur le trône, la retint longtemps en prison ; Elisabeth profita de cette disgrâce pour cultiver son esprit, apprendre les langues et l'histoire. Elle parlait et écrivait le grec, le latin, l'italien et le français. Après la mort de Marie, elle sortit de prison pour monter sur le trône d'Angleterre. elle refusa la main de Philippe II, roi d'Espagne, et de plusieurs princes puissants ; rétablit la religion anglicane, et fit un grand nombre de lois pour interdire l'exercice du culte catholique ; elle confisqua les biens des partisans de ce culte, en fit mourir plusieurs dans les cachots ou dans les tourments. Elisabeth réprima les Irlandais attachés à la cour de Rome, envoya des troupes à Henri IV en France, et secourut les Hollandais contre Philippe II. Marie Stuart, chassée de son royaume, vint chercher un refuge dans ses Etats ; mais Elisabeth, jalouse de sa beauté, la fit décapiter, sur le bruit d'une conspiration en sa faveur (1587). Elle défit en 1588 la flotte de Philippe II, dite l'*invincible* ou *armada*, et plus tard les Irlandais. Le comte d'Essex fut décapité, sur l'accusation d'avoir insurgé ce peuple. Affligée de la mort de ce comte, son plus cher favori, et accablée de remords, Elisabeth mourut le 3 avril 1603. Elle avait proscrit le luxe dans sa cour et fait publier plusieurs lois très-utiles. Elle cultiva aussi les belles-lettres et écrivit des *Traités de géographie*.

ÉLISABETH D'AUTRICHE, fille de l'empereur Maximilien, née en 1554, épousa en 1570 Charles IX, roi de France. Sa vertu, sa beauté et la douceur de son caractère la firent aimer de son époux et de toute sa cour. Affligée de la Saint-Barthélemy, elle alla demander grâce au ciel au pied de son crucifix. Elisabeth eut peu de part aux troubles de ce règne. Après la mort de Charles IX, elle se retira à Vienne en Autriche et mourut en 1592.

ÉLISABETH DE BOSNIE épousa Louis, roi de Pologne, et fut célèbre par ses malheurs. Après la mort de son époux (1382), elle fut nommée régente du royaume et tutrice de sa fille Marie. Charles de Duras, ayant envahi la couronne de Hongrie et de Pologne, les enferma dans une étroite prison, où elles restèrent jusqu'en 1386 qu'il fut massacré. Pour le venger, le gouverneur de la Croatie fit noyer la reine Elisabeth.

ÉLISABETH DE FRANCE (Philippine-Marie-Hélène, MADAME), sœur de Louis XVI, née à Versailles en 1764 de Louis, dauphin de France, et de Marie-Joséphine de Saxe. Orpheline dès son enfance, elle fut confiée aux soins de M<sup>me</sup> de Marsan, gouvernante des enfants de France, et de l'abbé de Montagut. L'étude de l'histoire et des mathématiques occupait tous ses loisirs, avec la pratique des bonnes œuvres. Ses revenus étaient employés à doter et à élever les filles pauvres. Lorsque la révolution éclata, elle ne songea qu'à partager le sort de son frère et de la reine. Elle partagea la captivité de Louis XVI au Temple. Accusée publiquement par Hébert, après la mort de Louis XVI et de Marie-Antoinette, elle opposa le plus grand sang-froid aux injures de ses accusateurs. Elle fut condamnée à mort, et exécutée le 10 mai 1794.

ÉLISABETH DE HONGRIE (Sainte), fille d'André II, roi de Hongrie, née en 1207, épousa en 1221 Louis, landgrave de Hesse et de Thuringe. Elle affligeait son corps par des veilles et des jeûnes, donnait tout son bien aux pauvres, soignait les malades et portait de simples vêtements. Chassée de son palais après la mort de son époux (1227), elle supporta ce malheur avec patience, et se vit forcée de mendier pour vivre. Replacée sur le trône, elle le quitta bientôt et se renferma dans une maison, où elle vécut d'herbes et de légumes avec sa famille ; elle filait de la laine pour se nourrir. Elle mourut en 1231, et fut canonisée par Grégoire IX. On fait sa fête le 19 novembre.

ÉLISABETH DE PORTUGAL, fille aînée d'Emmanuel, roi de Portugal, née à Lisbonne en 1503, épousa l'empereur Charles-Quint, qui lui donna pour devise les *trois Grâces*, dont l'une portait des roses, l'autre une branche de myrte, et la troisième une branche de chêne avec son fruit. Elle mourut de suites de couches à Tolède (1538).

ÉLISABETH FARNÈSE, héritière de Parme, de Plaisance et de la Toscane, née en 1692, épousa en 1714 Philippe V, roi d'Espagne, après la mort de Marie-Louise-Gabrielle de Savoie, par l'intermédiaire du cardinal Albéroni. Le roi alla vers sa cour au-devant de la duchesse, qui exila la princesse des Ursins, favorite du roi, de son royaume. Elisabeth eut beaucoup de pouvoir sur l'esprit de son époux, qui ne donna jamais de rivale à la reine, et se laissa gouverner par elle. Elisabeth mourut en 1765.

ÉLISABETH PÉTROVNA, fille du tzar Pierre I<sup>er</sup>, née en 1710, monta sur le trône impérial après Ivan (1741), qui fut détrôné par une révolution suscitée en faveur d'Elisabeth. Le chef en était un médecin d'origine française, nommé Lestocq. Elle entreprit contre la Suède une guerre où elle triompha toujours, et qui se termina à la paix d'Abo (1743). Elisabeth mourut en 1762, après avoir mené une vie voluptueuse et remplie de débauches.

ÉLISABETH WIDEWILE ou WOODWILL, fille du chevalier de Widewile, fut d'abord dame d'honneur de Marguerite, femme de Henri IV, roi d'Angleterre. Sa sagesse et sa beauté la firent rechercher par plusieurs seigneurs distingués. Elle épousa lord Gray qui (1455) perdit la vie à la bataille de Saint-Albans. Elisabeth, devenue veuve, plut au roi Edouard IV, qui l'épousa et en eut un fils nommé ÉDOUARD comme son père. Edouard IV étant mort en 1483, son frère le duc de Glocester s'empara d'Edouard V, fils du prince défunt, pour régner sous son nom. Elisabeth, s'étant réfugiée à Westminster pour se soustraire à la violence du duc de Glocester, vit ce prince faire mourir tous les enfants d'Edouard IV, et monter sur le trône sous le nom de Richard III. Confinée dans un monastère par Henri VII, elle mourut en 1486.

ÉLISÉE (en hébreu, *salut de Dieu*), fils

de Saphat, né dans la tribu de Manassé, fut choisi par Élie pour son disciple et son successeur. Il fit plusieurs miracles trèséclatants, et fit dévorer par des ours des enfants qui le tournaient en ridicule. Il procura de l'eau à l'armée des Israélites pendant une grande sécheresse, leur prédit la victoire qu'ils remporteraient sur les Moabites. Il guérit ensuite Naaman, général syrien, de la lèpre, et frappa un de ses disciples de cette maladie, pour avoir reçu des présents contre son ordre. Il prédit à Hazaël, général syrien, les maux qu'il ferait aux Israélites, et à ceux-ci les victoires qu'ils remporteraient dans la suite contre les Syriens. Élisée mourut 835 ans avant J.-C. Les Grecs et les Latins en font mémoire le 14 juin.

ÉLISÉE (Jean-François COPEL, dit le *Père*), né à Besançon en 1726, fit ses études chez les jésuites de cette ville, et entra dans l'ordre des carmes déchaussés en 1745. Après s'être livré à de longues études, le P. Élisée se consacra à la prédication dès 1756, et prêcha à Paris devant le roi. Il mourut en 1783. Le P. Césaire, son cousin, a publié ses *sermons* en 1785.

ÉLIUS GALLUS, chevalier romain, fut le premier de cette nation qui voyagea dans l'Arabie Heureuse. Il remonta le Nil avec le géographe Strabon, son ami, afin d'examiner les monuments de la haute Égypte.

ÉLIUS (Quintus Pætus), préteur romain, rendait la justice sur son tribunal, lorsqu'un oiseau vint se reposer sur sa tête. L'oracle consulté répondit que si Élius conservait la vie à cet oiseau, il deviendrait puissant et heureux, mais que la république serait malheureuse, et que le contraire aurait lieu s'il tuait le pivert. Élius aima mieux vivre dans la médiocrité que de rendre sa patrie misérable, et il tua le pivert.

ÉLIUS TUBÉRON, petit-fils de L. Paulus, fut renommé par l'austérité de ses mœurs, et fut le plus grand ennemi des Gracques. Son petit-fils, accusé devant César, fut défendu avec éloquence par Cicéron.

ÉLIUS (Verus César), nom que prit L. C. Commodus Verus après avoir été adopté par Adrien. Il mourut pour avoir pris une trop forte dose de contre-poison. Un grand nombre de Romains célèbres ont aussi porté ce nom.

ÉLIXIR, nom donné aux médicaments composés de plusieurs substances tenues en dissolution dans l'alcool. C'est une véritable teinture alcoolique composée. On nomme quelquefois ainsi des préparations qui ne contiennent pas d'alcool. L'*élixir de garus* se compose de myrrhe, d'alcool, d'aloès, de safran, de cannelle et de muscade. Il est stomachique, et sert comme liqueur de table. L'*élixir parégorique anglais* se compose d'ammoniaque liquide, d'acide benzoïque, de safran, d'huile essentielle d'anis et d'opium. Les Anglais l'emploient comme diaphorétique et calmant. L'*élixir de Spina* se compose d'alcool, rhubarbe, safran, gentiane, thériaque, myrrhe, zédoaire, agaric et aloès. Il est stomachique et vermifuge. On le donne à la dose d'un gros. L'*élixir de propriété de Paracelse* se compose de myrrhe, safran, aloès et quelques gouttes d'acide sulfurique ou de vinaigre distillé. Il est stomachique. L'*élixir antiseptique d'Huxham* se compose d'alcool, safran, écorce d'orange, quinquina, serpentaire de Virginie, cochenille et quelquefois de camphre. On l'emploie dans certaines fièvres à la dose d'une demi-once.

ELLÉBORE ou HELLÉBORE. Les plantes qui portaient ce nom jouissaient chez les anciens d'une grande réputation pour leurs vertus héroïques, et surtout pour la guérison de la folie. Cette propriété était passée en proverbe ; c'était un violent purgatif. On en distinguait deux espèces : 1° l'*ellébore blanc*, qui croissait en Étolie, dans les Gaules et près des rivages de la mer Noire, et que l'on a cru retrouver dans le *vérâtre*; et l'*ellébore noir*, qui croissait à Anticyre, sur l'Hélicon, dans l'Eubée et la Béotie, et que l'on croit être notre *ellébore oriental*. — Les modernes nomment ainsi un genre de la famille des renonculacées, renfermant des plantes herbacées, vivaces, originaires de l'ancien continent, aux tiges rameuses, aux fleurs d'un vert blanchâtre. Ces plantes sont très-malfaisantes. On se sert quelquefois de l'*ellébore noir* comme vermifuge et purgatif.

ELLÉBORÉES, quatrième tribu de la famille des renonculacées. Elle renferme les *ellébores* au nombre de dix espèces.

ELLÉBORINE, nom donné chez les anciens à l'*astrance à feuilles étroites*, qui fleurit en mai et juin dans le Midi, et dont ils ajoutaient la graine à l'ellébore qu'ils voulaient adoucir. — Les modernes nomment ainsi une belle plante de la famille des orchydées. On la trouve parmi les plantes d'ornement ; mais il faut la tenir à l'ombre des arbres touffus et dans les endroits creux où l'air ne se renouvelle que difficilement.

ELLEVIOU (N.), né à Rennes vers 1769 ou 1770, s'engagea sur le théâtre de la Rochelle (1790) pour jouer dans l'opéra-comique. La même année, il vint débuter à Paris au théâtre Favart. Contraint, pendant la révolution, de quitter Paris, il alla jouer sur le théâtre de Strasbourg, et rentra dans la capitale en 1801. Il se retira du théâtre en 1815. Il a créé un grand nombre de rôles : dans *le Calife de Bagdad*, dans *le Prisonnier*, *Adolphe et Clara*, *Maison à vendre*, *Joseph*, *l'Irato* et *les Rendez-vous bourgeois*. Il a aussi fait les paroles de quelques *opéras*. Il est mort en 1842.

ELLIPSE (géom.), une des sections coniques. Elle est engendrée par un plan qui coupe obliquement sous une droite de manière à ne pouvoir rencontrer la base du cône que prolongée hors de ce solide. La droite menée des deux extrémités de l'ellipse dans le sens de la largeur se nomme *grand axe*; la perpendiculaire menée sur le grand axe se nomme *petit axe*. Le point où ces deux lignes se coupent est le *centre* de l'ellipse. On distingue encore dans l'ellipse les *foyers*, l'*excentricité*, les *rayons vecteurs*. L'ellipse jouit de plusieurs propriétés remarquables. Si l'on place un flambeau à l'un des foyers d'un miroir dont le profil est une ellipse, les rayons réfléchis par cette surface vont se réunir à l'autre foyer. Deux personnes placées aux foyers d'une voûte elliptique s'entendent en parlant tout bas. Les prisons de Venise étaient construites d'après ce principe. Les comètes décrivent des ellipses très-allongées dont le soleil occupe l'un des foyers.

ELLIPSOÏDE, solide formé par la révolution d'une demi-ellipse autour de son axe.

ELLIPTIQUE, ce qui appartient ou se rapporte à l'ellipse, tel qu'un *arc elliptique*, un *segment elliptique*, etc. Le COMPAS ELLIPTIQUE se compose d'une règle portant trois curseurs, à l'un desquels est ajusté une pointe ou un crayon ; les deux autres entrent dans les rainures de deux pièces en bois ou en cuivre disposées à angle droit. En faisant tourner la règle, les deux curseurs glissent dans les coulisses, et la pointe décrit une ellipse. Il suffit donc de donner aux deux curseurs une distance égale à celle des foyers de l'ellipse qu'on veut construire.

ELLNBOGEN, cercle de Bohême situé entre ceux de Saatz, Rakonitz et Pilsen, la Saxe et la Bavière. Sa superficie est de 150 lieues carrées, et sa population d'environ 280,822 habitants. Sa capitale est *Ellnbogen*, ville-forte, sur l'Eger, à 27 lieues de Prague. Elle a une citadelle placée sur un rocher escarpé. — Dans ce cercle est ÉGRA ou ÉGER à 6 lieues d'Ellnbogen. Population, 9,000 âmes. Cette ville renferme des papeteries, des tanneries, commerce en draps, étoffes de coton, etc.

ELLORA ou ÉLORA, ville de l'Indoustan, dans le Daoulatabad, à 6 lieues d'Aurungabad. Elle est célèbre par des temples taillés dans la roche vive sur le versant d'une chaîne de montagnes dans une étendue de près de 2 lieues. Le plus beau de ces temples est consacré à Siva et est destiné à représenter le KEILAÇA, paradis où ce dieu tient sa cour. Il se compose d'un portique d'entrée, d'une chapelle et d'une grande pagode de cent soixante pieds de long sur quatre-vingt-cinq de large, placée à la suite les uns des autres.

ELME (FEU SAINT-), vapeur enflammée, feu lumineux qui parcourt les extrémités des mâts, des vergues, ou les parties élevées d'un navire, lorsque le ciel est très-orageux, dans les nuits obscures. On croit que ce feu est produit par un effet de l'électricité. On le nomme aussi *feu Saint-Nicolas*. Les anciens le nommaient *Castor et Pollux*. Lorsqu'ils en voyaient deux, c'était un présage de beau temps ; s'il n'y en avait qu'un, c'était l'indice d'une tempête, et ils le nommaient *Hélène*. Les marins prêtent à ce météore des influences bénignes ou mauvaises suivant les circonstances.

ELMIS, genre de coléoptères pentamères clavicornes, qui ont pour caractères des antennes longues et de onze articles. Ces insectes sont très-petits. Ils vivent toujours sous l'eau, accrochés en dessous des pierres régulières au fond des ruisseaux d'eau vive. On les trouve en Europe.

ÉLODICON, instrument inventé par M. Eschenbach et fabriqué par M. Voigt, facteur d'instruments à Schweinfurt. C'est une espèce d'orgue dans lequel les tuyaux sont remplacés par des plaques de métal, fixées d'un seul côté, et mises en vibration par un soufflet.

ÉLOI ou ÉLOY (Saint), en latin *Eligius*, né à Châtelat (Limousin) en 588. Il apprit le métier d'orfèvre, et fit pour le roi Clotaire II deux trônes d'or massif avec la quantité d'or que des orfèvres avaient jugée nécessaire pour un seul. Après la mort de Clotaire (628), son successeur Dagobert Ier le créa son orfèvre, son monétaire et son trésorier, et le consulta souvent sur l'administration de son royaume. Ayant embrassé l'état ecclésiastique, saint Éloi donna son bien aux pauvres. Créé évêque de Noyon et de Tournay en 640, Éloi mourut en 659. On fait sa fête le 1er décembre. Il est le patron de tous les artisans qui se servent du marteau.

ÉLONGATION, distance angulaire d'une planète au soleil. C'est l'angle formé entre les deux rayons visuels menés de l'œil à la planète et au soleil. Celle de Vénus est de 47 degrés 48 minutes. Quant aux autres planètes, leur élongation peut aller à 180 degrés.

ÉLONGATION (pathol.), luxation incomplète, dans laquelle les ligaments d'une articulation sont distendus et le membre allongé, sans que le déboîtement soit complet.

ELSENEUR, ville et port du Danemarck, dans l'île de Seeland, sur le Sund, à 7 lieues de Copenhague. — Population, 7,000 habitants. Christian IV et Frédéric II l'entourèrent de murs et de fortifications. Les habitants sont négociants ou pêcheurs. Elseneur renferme des fabriques d'armes, des raffineries de sucre, et commerce en eaux-de-vie.

ELSTER, rivière de Saxe, traverse Géra, Greitz, et se jette dans la Saale au-dessus de Mersbug. Son cours est de 52 lieues. Elle est célèbre par la mort du général polonais Poniatowski (voy. ce mot), qui s'y noya en 1813.

ÉLUL, sixième mois de l'année sacrée des Hébreux, le douzième de leur année civile. Il répond à la fin d'août et au commencement de septembre. Il n'avait que 29 jours.

ÉLUS, magistrats qui étaient chargés de l'administration d'une élection au moyen âge, et qui étaient élus par leurs concitoyens. Ils répartissaient les impôts, et jugeaient les contestations auxquelles donnaient lieu le retard ou la fraude des contribuables. Les élus étaient exempts de tailles, emprunts, subventions, logement de gens de guerre. Les élus prenaient rang, dans les cérémonies publiques, après les juges, et précédaient les maires, échevins, etc. Cette charge, instituée au XIV<sup>e</sup> siècle, fut respectée et conservée par la république; mais elle fut abolie sous l'empire. — En théologie, on nomme ainsi les saints ou ceux qui sont destinés à jouir du bonheur éternel.

ELVAS, ville forte du Portugal, dans la province d'Alentejo, à 40 lieues E. de Lisbonne, 6 de Badajoz. Sa population est de 16,000 habitants. Elle a un bel aqueduc.

ELXAI, Juif qui vivait sous le règne de Trajan, et qui fut chef d'une secte d'hérétiques nommés ELXAÏTES OU ELCÉSAÏTES. Voy. ce mot.

ÉLYMAIS (hist. anc.), province de Perse, entre la Médie et le golfe Persique. La capitale était *Élymaïs*, célèbre par un temple de Diane, dont Antiochus Epiphane tenta d'enlever les trésors. Les Elyméens secondèrent Antiochus le Grand dans la guerre que ce héros fit aux Romains.

ÉLYME, genre de la famille des graminées et de la triandrie digynie. L'*élyme des sables*, qui croît dans les lieux sablonneux des côtes de la mer, en Europe, est une plante de deux à trois pieds de haut, dont les racines fortes, rampantes et nombreuses, sont propres à donner de la fixité et de la consistance aux sables mouvants.

ÉLYMÉOTIDE, petite contrée de Macédoine, au S., près des confins de l'Epire. Elle égait arrosée par l'Haliacmon.

ÉLYMIENS, peuples de Sicile, originaires de Troie, habitaient le N.-O. de l'île, sur les bords du fleuve Crinise.

ÉLYSÉE-BOURBON, hôtel célèbre de Paris, situé dans la rue du Faubourg-Saint-Honoré, et bâti en 1728 par ordre du comte d'Evreux, sur les plans de Molet. La marquise de Pompadour l'acheta, et le transmit à son frère le marquis de Marigny, qui le céda à Louis XV. On y داسه alors le mobilier de la couronne. En 1773, le financier Beaujon l'acheta, et le transmit en 1786 à la duchesse de Bourbon, qui le conserva jusqu'en 1793. A cette époque, l'Élysée-Bourbon prit le nom de *Hameau de Chantilly*, et devint une propriété nationale. En 1803, il devint la propriété de J. Murat jusqu'en 1808, que Napoléon l'occupa. En 1816, le duc de Berry y habita, et son fils le posséda (1820-1830). Il fait aujourd'hui partie du domaine du roi.

ÉLYSÉES (CHAMPS-). Voy. CHAMPS-ÉLYSÉES.

ÉLYTRES, enveloppes dures et coriaces, qui, dans les insectes coléoptères et orthoptères, recouvrent et protègent les ailes inférieures et le dessus de l'abdomen, qui sont membraneuses et plissées en travers chez les premiers et en long chez les seconds. Les élytres sont immobiles. — Plusieurs botanistes ont nommé ainsi les conceptacles communs, qui, dans les plantes agames en général, renferment les conceptacles particuliers des séminules.

ELZÉVIER ou ELZÉVIR, famille d'imprimeurs hollandais, célèbres par leurs belles éditions. — Louis imprima à Leyde de 1595 à 1617. C'est le premier qui distingua l'u du v, l'i du j. — ISAAC, son petit-fils, lui succéda, et imprima de 1617 à 1628. — ABRAHAM et BONAVENTURE s'associèrent ensemble, et produisirent plusieurs belles éditions de 1628 à 1654. — JEAN et DANIEL continuèrent cette association jusqu'en 1660. Ils furent les derniers imprimeurs de leur famille. Des membres de cette famille brillèrent aussi à Utrecht et à la Haye. La devise de ces imprimeurs était un arbre, auprès duquel est un homme debout, avec les mots : *Non solus*. — Leurs livres les plus fameux sont *Virgile*, *Térence*, le *Nouveau Testament* grec, le *Psautier*, l'*Imitation de Jésus-Christ*, le *Corps du droit*, etc.

EM ou EMBA, grande rivière de Russie, qui descend des monts Mogoulchar, traverse les steppes des Kirghiz-Kaïssaks, vers le S.-O., et se jette dans la mer Caspienne. Son cours est d'environ 145 lieues.

ÉMADY, célèbre poëte persan, surnommé *Schéhériary*, vivait sous l'empire de Malik-Schah, deuxième du nom, sultan seldjoucide. Il fut appelé prince des poètes. Emady publia un *divan* ou *recueil* de quatre mille vers. Il fut le favori des princes musulmans de cette époque, et mourut l'an 673 de l'hégire.

ÉMAIL, nom donné à certaines substances vitreuses et colorées, en général opaques, qui sont formées par la réunion de divers oxydes métalliques, auxquels on ajoute quelquefois certains sels fixes et fusibles. Celui qui sert de base à tous les autres est l'émail obtenu par la calcination du plomb et de l'étain. Pour réduire ces métaux à l'état d'oxyde, on les fait fondre ensemble, et lorsqu'ils arrivent au rouge cerise on retire l'oxyde à mesure qu'il se forme; quand il est refroidi, on le broie à l'eau. Cet oxyde se nomme alors *calcine* ou *castine*. On le mêle avec du sable, du sel marin et de la potasse ou de la soude. Ce mélange, placé dans un creuset à un feu doux, éprouve alors une vitrification. Ainsi vitrifié, il prend le nom de *fritte*, et sert de radical à presque tous les émaux. Pour obtenir des *émaux de couleur*, on ajoute aux matières que nous avons indiquées d'autres substances. Ainsi l'*émail bleu* est produit par l'addition d'oxyde de cobalt, l'*émail vert* par l'oxyde de chrôme, l'*émail rouge* par un mélange de soude et d'acétate de cuivre, l'*émail noir* par l'oxyde de manganèse. — L'art d'émailler sur la terre cuite est très-ancien; l'art d'émailler sur les métaux remonte à François I<sup>er</sup>. On n'émaille que sur l'or ou le cuivre rouge. Les peintures sont indestructibles pour l'humidité et la sécheresse. On émaille encore à la lampe. Pour cela, on place un tube d'émail blanc ou coloré sur le courant de la flamme d'une lampe, et en soufflant le tube on lui donne les formes que l'on désire et la couleur de l'objet que l'on veut représenter. — En blason, il y a deux métaux, l'or, l'argent; cinq émaux, le rouge, le bleu, le vert, le violet, le noir; et deux fourrures, l'hermine et le vair.

ÉMAIL DES DENTS, substance qui revêt la couronne des dents, et que l'on a nommée aussi *substance vitrée* ou *émaillée*. L'émail est d'un blanc laiteux, assez dur pour faire feu avec l'acier. Sa surface est très-lisse et fort polie. Il forme une couche plus épaisse vers l'endroit où les dents frottent les unes sur les autres, et plus mince vers le collet. Cette matière ne contient pas de vaisseaux, et ne renaît pas lorsqu'elle a été détruite. Elle est formée de phosphate de chaux et d'une très-petite portion de matière animale.

ÉMANATION, action par laquelle les substances volatiles se détachent, en s'évaporant, des corps auxquels elles adhèrent. On en distingue plusieurs espèces, la *vaporisation*, les *émanations* proprement dites, les *exhalaisons*, les *miasmes*, les *effluves* et la *fumée*. Les émanations proprement dites, subtiles et impondérables, ne jouissent pas des propriétés des gaz, et ne peuvent être recueillies ou condensées. Ces émanations sont produites par émanation. Ces émanations se produisent naturellement ou dépendent d'une circonstance particulière. Plusieurs plantes peuvent asphyxier les hommes par leur émanation. Toutes dégagent un gaz carbonique très-délétère; celles dont l'odeur est suave, fade et nauséabonde, sont les plus malfaisantes; celles qui répandent une odeur aromatique exercent de bons effets sur l'économie animale; les émanations qui se répandent d'un grand nombre de bougies dans des malades, des hôpitaux, des lieux profonds et inhabités, des égouts, des fosses d'aisance, de la combustion du charbon de bois, des marais, etc., sont très-pernicieuses, et amènent presque toujours l'asphyxie et la mort. Le germe des maladies épidémiques se développe par l'influence des émanations nuisibles combinées à l'air que nous respirons. Les animaux laissent échapper de leur corps des émanations particulières et odorantes, à l'aide desquelles ils peuvent suivre leurs traces. — Newton avait pensé que les corps lumineux lançaient des particules impondérables de leur surface pour parvenir aux yeux. Ce système, appelé système de l'*émanation* ou de l'*émission*, a été remplacé par celui des *ondulations*.

ÉMANCIPATION se disait au moyen âge de l'acte par lequel le seigneur concédait à son vassal la liberté, les prérogatives et les franchises dont jouissaient les hommes libres. Il l'affranchissait des droits auxquels il était assujetti par sa naissance. On nomme encore ainsi l'acte par lequel un mineur acquiert le droit de se gouverner lui-même et d'administrer ses biens. Le mineur est émancipé par le mariage. Il reste sous l'autorité de ses parents jusqu'à son émancipation. — L'émancipation était, chez les Romains, un acte qui conférait à un esclave ou à un enfant le droit d'homme libre. Lorsqu'un père voulait émanciper son fils, il le vendait trois fois en présence de sept témoins, et l'acquéreur affranchissait chaque fois l'enfant, qui était alors émancipé. Plus tard, les empereurs eurent seuls le droit d'émanciper; mais, sous Léon, le père put de nouveau émanciper son fils. — L'émancipation est *tacite* lorsqu'elle s'opère par le mariage; *expresse* ou *volontaire*, lorsqu'elle a lieu par la volonté du père ou de la mère. — Les historiens ont donné le nom d'émancipation à l'époque où les villes et les communes s'affranchirent de la domination des seigneurs sous Louis le Gros.

ÉMARGINÉ, expression qui s'applique aux organes qui présentent à leur sommet une échancrure arrondie et peu profonde.

ÉMARGINULE, genre de mollusques caractérisés par un corps ovale, conique, pourvu d'un large pied occupant tout l'abdomen et débordé par le manteau, qui a une fente antérieure correspondant à celle de la coquille; par une tête pourvue de deux tentacules coniques, oculés à leur base extrême; des branchies parfaitement symétriques; une coquille recouvrante, symétrique, conique, fendue à son bord antérieur. On en distingue plusieurs espèces vivantes et fossiles.

EMATHIE, province de Macédoine, bornée au N. par l'Axius et l'Erigon, à l'O. par la Lyncestide, et au S. par l'Haliacmon. Les poëtes ont étendu le nom de cette province à la Macédoine entière et même à la Thessalie.

EMBARCADÈRE ou EMBARCADERO, nom donné par les Espagnols et les Portugais aux points de la côte d'Amérique situés près des grandes villes, et où l'on embarquait les objets et les marchandises destinés aux vaisseaux faisant voile vers les autres parties du monde. On donne encore ce nom à des espèces de jetées qui du rivage s'avancent un peu dans la mer, s'élèvent à la hauteur des embarcations ordinaires, et facilitent l'embarquement des objets et des personnes.

EMBARCATION, nom donné à tous les bateaux à rames, depuis la plus grande chaloupe jusqu'au plus petit canot. Elles servent à faire les provisions sur mer, pêcher, porter secours à un homme tombé à la mer, recevoir l'équipage et les passagers en cas de naufrage.

EMBARGO, ordre que les souverains donnent pour arrêter tous les vaisseaux dans leurs ports ou empêcher qu'il n'en sorte aucun, afin de les trouver prêts pour leur service, en cas de besoin. L'embargo était en usage chez les anciennes nations maritimes.

EMBARQUEMENT, action de prendre à bord d'un bâtiment les marchandises, les troupes et tous les objets d'approvisionnement, d'armement, etc. On donne encore ce nom à l'inscription d'un marin au rôle d'équipage, ou d'un passager au registre du bord.

EMBARRAS GASTRIQUE, affection produite par l'accumulation dans l'estomac de matières qui dérangent les fonctions de ce viscère. Plusieurs circonstances en favorisent le développement; ce sont la chaleur et l'humidité de l'atmosphère, le défaut d'exercice, l'ennui, le travail de cabinet, l'usage d'aliments huileux, des boissons malsaines, des excès de table, etc. Les principaux symptômes sont un malaise général, une pesanteur de tête, des nausées, la coloration en jaune des yeux, des ailes du nez, du contour des lèvres, la chaleur du corps, la soif, la fétidité de l'haleine, des éructations aigres et fréquentes, etc. Sa durée est courte. La terminaison est presque toujours favorable.

EMBARRAS INTESTINAL, accumulation dans les intestins de matières qui en dérangent les fonctions. Ses causes sont à peu près les mêmes que celles de l'embarras gastrique, avec lequel il existe souvent. Des fruits enveloppés de leur épiderme, des noyaux, ont plusieurs fois donné lieu à cette maladie, ainsi que l'accumulation de la bile, du mucus, la présence des vers dans les intestins. Ses symptômes sont des douleurs abdominales mobiles et passagères, l'intumescence du ventre, des douleurs dans les lombes, les cuisses et les genoux, la constipation ou le dévoiement. L'inappétence, un malaise général, accompagnent cette affection, dont la durée est presque toujours courte. Elle se termine heureusement.

EMBASE, terme d'horlogerie, renflement ménagé sur l'arbre d'une roue qui reçoit cette roue et lui sert de soutien de ce côté. Les taillandiers nomment ainsi la partie renflée d'une lame, le ressaut d'une enclume. Les menuisiers donnent ce nom à une partie de leur ouvrage qui repose sur une autre pièce. — En termes d'artillerie, c'est un renfort de métal aux tourillons des bouches à feu, pour empêcher le ploiement de ces tourillons et le vacillement entre les flasques de l'affût.

EMBASUS (du grec *embainô*, s'embarquer), surnom d'Apollon, chez les Grecs, parce qu'on lui offrait des victimes afin qu'il favorisât l'embarquement.

EMBATTAGE, application des bandes de fer sur une roue. On nomme EMBATTOIR une fosse longue et étroite, ordinairement pleine d'eau, dans laquelle les taillandiers et les maréchaux ferrants placent les roues de voitures qu'ils veulent ferrer. Ces roues reposent par leur bouton sur les bords de l'embattoir, à mesure qu'ils placent une bande, ils font tourner la roue, afin de refroidir la bande dans l'eau.

EMBAUCHAGE, action d'exciter un soldat à déserter de l'ennemi, provocation à la désertion. L'embauchage, quand il est prouvé, est puni de mort. — On donne aussi ce nom à l'action de retenir, engager un ouvrier pour travailler dans une boutique.

EMBAUMEMENT, opération qui a pour objet de préserver les cadavres de la putréfaction, des attaques des insectes, et à conserver ces corps dans un état qui les fasse paraître comme s'ils étaient vivants. Les peuples anciens avaient recours à ce procédé pour conserver les corps de leurs ancêtres. Il était surtout en usage en Égypte, où il formait un art particulier. Pour embaumer un cadavre, une personne indiquait sur le côté gauche du mort le morceau de chair qu'il fallait couper. Un autre individu pratiquait cette opération. Ensuite, par cette plaie, on tirait du corps tous les viscères, la moelle et la cervelle; on lavait ensuite le cadavre et on l'oignait pendant trente jours avec de la gomme, de la myrrhe, du cinnamone et d'autres parfums résineux et balsamiques. On faisait sécher le corps, on colorait son visage, ses mains, ses pieds; on l'emmaillottait dans des bandelettes trempées dans des liqueurs aromatiques, et on l'enfermait dans des coffres de cèdre et de bois incorruptible. Ces corps, nommés *momies*, se retrouvent encore dans un état parfait de conservation. Il y avait trois sortes d'embaumement, les pompeux, les médiocres et les simples. On emploie de nos jours le deutochlorure de mercure ou sublimé corrosif, dans lequel on laisse tremper le corps après en avoir enlevé les viscères, les intestins, les liqueurs animales.

EMBDEN, forte et grande ville de Hanovre, dans l'Oost-Frise, à 18 lieues d'Oldenbourg. Population, 7,000 âmes. Elle a un port libre pour les sujets prussiens, un chantier pour la construction des vaisseaux, des fabriques de toiles à voiles, fil, bas, aiguilles, et des moulins à huile. Son commerce est très-considérable.

EMBELLIE désigne, en marine, le changement favorable et passager du *temps* ou de l'état de l'atmosphère. Ce nom se donne aussi à l'intervalle qui sépare des lames d'eau qui se succèdent.

EMBÉRIZA, nom donné par les ornithologistes au BRUANT. Voy.

EMBÉRIZOÏDES, genre d'oiseaux voisin des bruants, dont il ne se distingue guère que par la queue étagée, par quelques caractères du bec et des ailes. Il comprend deux espèces originaires de l'Amérique, la *longibande*, d'un brun cendré, olivâtre, longue de dix-huit centimètres; l'*oreillon, mélanotis* ou *chipiu oreillon blanc*, de treize centimètres et demi, qui vit dans les champs et les herbes hautes du Brésil et du Paraguay.

EMBLAVURES, nom donné aux terres ensemencées en blé. Les emblavures ont besoin d'engrais abondants, surtout après la culture du froment. Ces engrais empêchent l'effritement des terres.

EMBLÈME, nom donné par les Grecs et les Romains aux ouvrages de marqueterie, à tous les ornements des vases et des habits, aux pavés en mosaïque, à tous les ouvrages en relief, etc. Il signifie aujourd'hui une image ou un tableau qui, par la représentation de quelque fait ou symbole connu, accompagnée quelquefois d'une légende, conduit à la connaissance d'une autre chose ou d'une moralité. Elle diffère de la devise, en ce que l'emblème exprime par la représentation des objets ce que l'autre fait comprendre par les mots. Les emblèmes étaient connus de la plus haute antiquité. Les douze pierres que le grand prêtre juif portait sur sa poitrine, les hiéroglyphes égyptiens étaient des emblèmes.

EMBOITURE ou EMBOÎTEMENT, articulation résultant de la réception de la tête d'un os dans la cavité articulaire d'un autre os. C'est aussi l'état d'une chose, d'un corps qui entre exactement dans un autre. — On nomme encore *emboîtement* l'état des soldats disposés dans une armée en bataille, de telle sorte que quatre, cinq soldats, et même plus, pouvaient tirer en même temps; les deux premiers étaient à genoux, le troisième courbé, le quatrième moins courbé, le cinquième debout.

EMBOLISMIQUE, mois intercalaire ajouté par les chronologistes anciens pour faire concorder les années lunaires avec les années solaires. L'année elle-même à laquelle on ajoutait ce mois se nommait *embolismique*. Comme les Grecs se servaient de l'année lunaire de trois cent cinquante-quatre jours, afin de l'approcher de l'année solaire qui est de trois cent soixante-cinq jours, ils ajoutaient tous les deux ou trois ans ce treizième mois qui prenait alors le nom d'*embolismaus*. Il fallait sept mois embolismiques lunaires pour un cycle de dix-neuf ans.

EMBOLON, ordre tactique usité dans la milice grecque, arrangement d'une troupe en ordre plus ou moins convexe, ou ayant moins de front que de profondeur. C'était un ordre offensif, et non de résistance, institué par Philippe, roi de Macédoine, et qui a été en usage chez les Hébreux et les peuples d'Asie. Ce mot désigne aussi le *cohorte* des Romains, l'ordre tactique du *triangle*, du *coin* (*embolus*). L'embolus et l'embolon étaient très-distincts dans ce dernier sens.

EMBONPOINT, nom donné à l'état du corps de l'homme et des animaux, lorsqu'il est en pleine santé, et dans lequel le tissu cellulaire étant abondant, doué d'une forte vitalité et contenant de la graisse, les parties osseuses sont presque entièrement cachées. Quand il est produit par une accumulation de la graisse dans le tissu cellulaire, cet état prend le nom de *corpulence*, d'*obésité*. L'embonpoint est commun à l'enfance, se perd à l'âge de puberté, pour revenir, chez quelques personnes, à l'âge mûr. Les constitutions lymphatiques et sanguines y prédisposent. Le sexe féminin y est plus sujet que le masculin. Il en est de même de certains états, tels que ceux de boucher et de charcutier. L'embonpoint excessif est une sorte de maladie.

EMBOSSAGE, position d'un bâtiment de guerre, d'une division, escadre ou armée à l'ancre, qui veut présenter le travers, c'est-à-dire le flanc, pour battre un fort, se défendre contre d'autres vaisseaux, ou protéger l'entrée d'un passage ou d'un mouillage quelconque.

EMBOSSURE se dit du point de l'amarrage fait sur un câble mouillé, du grelin ou de l'aussière employée à embosser un bâtiment de guerre.

EMBOUCHOIR, pièce d'armurerie qui embrasse l'extrémité du bois et du canon des fusils de munition. Sur le devant sont deux bandes. L'inférieure porte un petit guidon ou *point de mire*, qui sert à viser. Sur le derrière est un entonnoir donnant passage à la baguette du fusil. Le point de mire est en fer et l'embouchoir en cuivre pour les voltigeurs; c'est le contraire pour les grenadiers.

EMBOUCHURE, entrée d'une manche, d'un détroit, d'une rivière, endroit où un fleuve se jette à la mer. Les fleuves augmentent de sinuosités en arrivant à leur embouchure. On dit aussi l'*embouchure* d'un port, d'un canon.

EMBOUCHURE. C'est, en musique, la partie d'un instrument à vent sur lequel on applique les lèvres pour en tirer des sons. Celle de la flûte est un trou percé latéralement dans l'instrument; celle du cor est conique; celle de la trompette, du trombone, du serpent, a la forme d'un entonnoir; celle de la clarinette est un bec armé d'une anche; le hautbois, le cor anglais et le basson n'ont qu'une anche double pour embouchure. Ce mot se dit aussi de la disposition naturelle des lèvres de l'exécutant pour jouer d'un instrument à vent.

EMBRASURE, élargissement qu'on pratique en dedans du mur d'une porte ou d'une fenêtre, pour laisser le jour entrer à l'ouverture des panneaux et faciliter l'entrée du jour et de l'air. — C'est, en termes de tactique, une ouverture pratiquée dans les batteries, à l'effet d'y introduire la bouche à feu pour que les artilleurs puissent la servir avec moins de danger. Étroite à son entrée, elle s'élargit vers le dehors de la place, afin qu'on puisse tirer sur plusieurs lignes divergentes. Autrefois on en pratiquait dans les machines de guerre, les remparts et les tours. Les embrasures sont séparées par les *merlons*. On appelle leur appui *genouillères*, leurs parois intérieures *joues*, et *directrice* la ligne imaginaire qui les partage en deux parties égales.

EMBRÈVEMENT, assemblage qu'on pratique pour remplacer le tenon et la mortaise, lorsqu'on veut faire porter le bout d'une solive sur une autre, comme il arrive pour les chevrons d'un comble avec la plate-forme. On amaigrit le bout de la solive, et l'on fait à la surface de l'autre morceau de bois une entaille pour l'y recevoir.

EMBRIGADEMENT, incorporation de la cavalerie française par régiments et de l'infanterie française en demi-brigades. Cette organisation remonte au ministère de Beurnonville (voy.) en 1793. Il était destiné à réunir et à faire un seul corps d'armée des bataillons de volontaires.

EMBROCATION, sorte de fomentation. Ce mot désigne particulièrement l'action d'arroser lentement une partie malade ou de la fomenter avec des substances huileuses. Elles suppléent aux bains et apaisent les douleurs vives, détergent les plaies, résolvent les humeurs. On se sert de linge, de la flanelle ou d'une éponge que l'on trempe dans le liquide, et que l'on presse sur la partie malade.

EMBRUN ou AMBRUN, autrefois *Eberodunum*, place de guerre, chef-lieu d'arrondissement du département des Hautes-Alpes, à 930 mètres au-dessus du niveau de la mer, et à 7 lieues et demie de Gap. Population, 3,062 habitants. Embrun fut une des principales villes des Caturiges, et plus tard un poste militaire à qui les empereurs accordèrent de nombreux privilégiés. Sous Adrien, elle eut le titre de métropole des Alpes maritimes. Conrad II accorda à ses archevêques des droits régaliens et celui de battre monnaie. Elle est célèbre par une madone qui y a longtemps attiré un grand concours de fidèles en pèlerinage. Embrun a un tribunal de première instance et de commerce, une école secondaire ecclésiastique, une maison centrale de détention et un collège. Elle a des fabriques de draps, serges et toiles.

EMBRYON (zool.), premier rudiment d'un corps organisé, première ébauche des êtres peu de temps après leur formation par l'acte de la génération, germe fécondé qui commence à croître dans l'utérus de la femme ou des femelles des mammifères, ou dans l'œuf des animaux ovipares. Il n'est d'abord qu'un corps arrondi et privé de membres, long de deux lignes, dans lequel on ne distingue ni le cœur, ni le cerveau, ni les os, ni les muscles; blanc, muqueux, semblable à un ver. Celui de trente à quarante jours a la grosseur d'une fourmi, est long de cinq à six lignes, et pèse de quinze à vingt grains. La tête est alors reconnaissable; on ne voit que quelques vestiges des membres. De quarante à cinquante jours, l'embryon a la grosseur d'une abeille. L'embryon du deuxième mois est de deux pouces; la tête en occupe presque la moitié; le cou ne se distingue pas, la face est à peine visible. L'embryon prend le nom de *fœtus* au quatrième mois de la grossesse. Pour les poulets, on commence à voir l'embryon après la dix-huitième heure de l'incubation; à la trentième heure, on voit les yeux du poulet et les formes de son corps; au cinquième jour, on voit les membres exécuter des mouvements. Au vingt-septième, le sang se met en circulation, et le poulet est presque formé entièrement. Tous les autres animaux présentent dans leurs embryons des accroissements à peu près semblables.

EMBRYON, rudiment des plantes, contenu dans l'ovaire de la fleur avant la fécondation même, et dans la graine après cet acte. On ne le distingue qu'au bout de trente ou quarante jours, le plus souvent; son apparence est d'abord celle d'une petite vésicule, environnée d'une masse de tissu cellulaire blanc, destinée à la nourrir, et qui disparaît à l'époque de la maturité de la graine. Il forme la totalité de l'amande lorsqu'il n'y a point d'endosperme, comme on le voit dans le haricot. Quand l'endosperme est placé dans la graine autour de l'embryon, celui-ci est alors dit *intraire* (froment); lorsque l'endosperme est à côté de l'embryon, celui-ci se nomme *extraire* (tilleul). On distingue dans l'embryon une extrémité supérieure ou cotylédonaire et une extrémité inférieure ou radiculaire. Quand la base de l'embryon correspond à la base de la graine marquée par la hile, on l'appelle dressé ou *homotrope* (légumineuses); si sa base correspond au sommet de la graine, il est renversé ou *antitrope* (éphémère); si sa base ne correspond à aucune des parties, il est *hétérotrope* (primulacées); si ses extrémités se rapprochent et touchent au même point de la graine, il est recourbé ou *am-*

*philtrope* (crucifères). Il se compose de quatre parties: la *radicule*, le *corps cotylédonaire*, la *gemmule* ou *plumule* et la *tigelle*. Le corps cotylédonaire forme l'extrémité supérieure de l'embryon. Quand il est simple, l'embryon est *monocotylédoné*; quand il est composé de deux parties, l'embryon est *dicotylédoné*.

EMBU, accident qui arrive dans la peinture à l'huile, lorsque l'impression mise sur la toile n'est pas assez ancienne, ou lorsqu'on repasse sur des parties déjà peintes, dont la couleur n'est pas entièrement sèche. L'huile de la couleur superposée s'imbibe dans la couleur de dessous, et la couleur nouvelle devient terne. On remédie à l'embu, en mouillant tout le tableau ou en le couvrant de vernis.

ÉMERAUDE, pierre précieuse qui tient le premier rang après le diamant, le rubis d'Orient et le saphir. Elle reçoit des lapidaires le nom d'*aigue-marine* lorsqu'elle est d'un vert pâle, bleue ou bleuâtre, et celui de *béryl* lorsqu'elle est d'un vert jaunâtre. Ils ne conservent le nom d'émeraude qu'à celle qui est d'un vert foncé. Elle cristallise en prismes hexagones réguliers. Sa cassure est vitreuse, brillante, ondulée; elle est fusible au chalumeau, et fait éprouver à la lumière la double réfraction. Sa pesanteur spécifique est de 2,7. Elle est formée de 66 à 69 parties de silice, de 15 à 18 d'alumine, de 13 à 15 de glucine, d'une petite quantité d'oxyde de fer et de chaux. Les plus belles se trouvent au Pérou, et coûtent 100 francs les 4 grains.

ÉMERGENT, nom donné par les astronomes et les chronologistes à l'époque où ils commencent à compter le temps. C'est ainsi que chez les chrétiens l'année de la naissance de Jésus-Christ est l'an émergent parce qu'ils commencent à compter depuis cette année. — En termes de droit ancien, ce mot désigne le dommage, la perte que souffre celui qui prête son argent, à cause du prêt même qu'il en fait.

ÉMERI, ÉMERIL OU CORINDON GRANULAIRE, variété du minéral appelé *corindon*. C'est une pierre très-dure, d'un gris bleuâtre, ou variant du rouge brun au brun foncé. Elle se présente en masses informes, mêlée avec d'autres minéraux. Sa cassure offre un grain très-serré. Son poids spécifique est d'environ 3 à 4. Il se compose de 80 parties d'alumine, 4 d'oxyde de fer, 3 de silice et 13 de résidu insoluble. En vertu de sa dureté, on l'emploie pour polir les métaux, donner le douci aux glaces, etc. Sa poussière, mêlée d'huile, donne le fil aux rasoirs, canifs, etc.

ÉMERIGON (Balthazar-Marie), né à Aix en 1736, se voua à l'étude du droit et surtout du droit commercial. Il se distingua comme avocat, et fut conseiller de l'amirauté à Aix et à Marseille. Il mourut en 1785. Il a laissé plusieurs ouvrages de droit très-estimés, des *Mémoires et Recherches sur les contestations maritimes*, ainsi qu'un *Traité des assurances maritimes et des contrats à la grosse* (1780-1781).

ÉMERILLON, espèce d'oiseaux de la famille des falconées ou faucons, propre aux régions septentrionales et tempérées de l'Europe. C'est le plus petit oiseau de proie de notre continent. Sa couleur, brune en dessus et blanchâtre en dessous, est variée dans cette partie de taches rembrunies et allongées; le bec est bleuâtre, les pieds jaunes. Sa longueur est de neuf à onze pouces. Ce sont les oiseaux de chasse les plus familiers et les plus dociles. Les vieux se nomment *rochiers*.

ÉMERILLON. En termes d'artillerie, c'est une pièce de canon qui ne passe guère une livre de balle. — En termes de marine, c'est un croc tournant sur un bout de chaîne, et qui sert à prendre des requins. — Dans les corderies, c'est un petit crochet qui sert à accrocher le fil.

ÉMÉRITE, nom donné par les anciens aux soldats qui avaient fait leur temps de service. De nos jours, on ne se sert de ce mot que pour désigner un docteur qui a professé un certain nombre d'années dans

une université. On obtenait ce titre à celle de Paris, après vingt ans d'exercice. Les plus jeunes professeurs avaient une pension de 1,500 livres, et les plus anciens de 1,700 livres. Cette pension était payée par les professeurs en fonctions, qui y sacrifiaient une partie de leur traitement. Aujourd'hui cette pension d'émérite se donne après trente ans d'exercice; elle est égale aux trois cinquièmes du traitement fixe dont a joui le professeur les trois dernières années de son activité, plus le vingtième du traitement pour chaque année de service au delà de trente ans. Le maximum ne peut excéder 5,000 francs, et le minimum être au-dessous de 500 francs.

ÉMERSION, réapparition d'un astre éclipsé. On se sert encore de ce terme lorsqu'un astre que le soleil empêchait d'apercevoir commence à devenir visible. Dans les éclipses de lune, on nomme *minute* ou *scrupule d'émersion* l'arc que le centre de la lune décrit depuis le moment où elle commence à sortir de l'ombre de la terre jusqu'à la fin de l'éclipse.

ÉMERY (Jacques-André), né à Gex en 1732, ordonné prêtre en 1756, fut chargé de professer le dogme au séminaire d'Orléans (1758), et plus tard d'enseigner la morale au séminaire de Lyon. Il fut nommé (1782) supérieur général de la congrégation de Saint-Sulpice. A l'époque de la révolution, Emery fut arrêté et enfermé à la Conciergerie, à Paris. Il inspira aux autres prisonniers du courage, de la résignation. En 1794, il recouvra la liberté, et fut nommé grand vicaire du diocèse de Paris. Il obtint le rétablissement de son séminaire à Issy près Paris, et rétablit l'éducation ecclésiastique sur ses anciennes bases. Nommé membre de l'université, il fit ensuite partie de plusieurs commissions chargées de prononcer sur des questions relatives aux affaires ecclésiastiques. Il mourut en 1811.

ÉMÈSE, *Emesa, Emisa* ou *Emessa*, l'*Emath* de l'Écriture), ville de la haute Syrie, sur l'Oronte, à l'O. de Thadmor (Palmyre), et au N.-E. de Saïde (Sidon). On attribue sa fondation à Aram, fils de Sem. Après avoir appartenu longtemps aux Hébreux, elle fut le siège de la puissance des Séleucides, et eut ensuite des rois particuliers. Les Arabes s'en emparèrent dans la suite. Emèse devint le siège d'un évêché catholique, et tomba en 1098 au pouvoir des croisés. Saladin la reprit un siècle après. Les Tatars s'en emparèrent en 1258, et après eux les mamelouks. Cette ville fut autrefois célèbre par un temple et une statue du *dieu Elagabale*. Aujourd'hui Emèse a 20,000 habitants, et renferme des fabriques de tapis en fils d'or tissés.

ÉMÉTINE, base salifiable, végétale, blanche ou jaunâtre, pulvérulente, fusible à 50 degrés au-dessus de 0, très-peu soluble dans l'eau, l'éther et les huiles, soluble dans l'alcool. Elle est formée d'oxygène, d'hydrogène, de carbone et d'azote. Elle est presque inodore, d'une saveur amère, un peu âcre. On l'a découverte dans plusieurs espèces d'*ipécacuanha*. On la prépare en traitant la partie corticale de ses racines par l'éther, puis par l'alcool absolu et brûlant, qui, en se refroidissant laisse déposer l'émétine. On l'épure ensuite en la traitant par l'eau, la magnésie et l'alcool rectifié. L'émétine remplace l'ipécacuanha ; on l'administre comme émétique à la dose d'un à 4 grains en dissolution dans 4 onces d'eau. A la dose de 6, 8, 10 grains, elle est vénéneuse.

ÉMÉTIQUE, nom donné à toute substance propre à déterminer le vomissement. L'émétine, l'ipécacuanha, le sulfate de zinc, etc., sont des émétiques. On donne plus particulièrement ce nom au *tartrate de potasse antimonié* (tartre stibié, proto-tartrate d'antimoine et de potassium). Il est solide, blanc, demi-transparent, efflorescent, décomposable et réductible au feu, inodore, d'une saveur nauséabonde. Il se compose sur 100 parties de 38,61 d'acide tartrique, 42,99 d'oxyde d'antimoine, 13,26 de potasse et 5,14 d'eau. Il fut découvert en 1631 par Mynsicht. On l'obtient en faisant bouillir pendant une demi-heure un mélange de un kilogramme de bichlorure d'antimoine, 1,450 grammes de bitartrate de potasse et un kilogramme d'eau distillée; on filtre et on fait cristalliser. Administré à hautes doses, il agit comme poison très-violent. On s'en sert très-souvent en médecine à la dose de 2 à 3 grains dans deux ou trois verres d'eau. Ce n'est que depuis 1666 qu'on en fait usage.

ÉMIGRATION, action de quitter sa patrie pour aller s'établir dans un autre pays. L'émigration des hordes barbares du Nord en Europe occupe une grande partie de l'histoire ancienne et du moyen âge. Presque toutes les grandes nations qui existent sont dues à des émigrations semblables. Les plus célèbres furent faites par les Arabes, les Bulgares, les Francs, les Goths, les Huns, les Normands, les Turks, les Visigoths, etc. Autrefois, lorsque l'étendue d'un royaume ne pouvait suffire à l'accroissement de population chez les peuples barbares, une partie de cette population émigrait et cherchait une nouvelle patrie. — Les oiseaux quittent chaque année nos climats à l'approche de l'hiver. Ces changements de climat se nomment *migrations*.

ÉMIGRATION, nom donné à une époque de l'histoire de France moderne, où les personnes et les familles opposées à la révolution quittèrent la France. Les princes, les tantes de Louis XVI émigrèrent à l'approche des malheurs qui menaçaient leur famille. *Monsieur* (Louis XVIII), le comte d'Artois (Charles X) et le prince de Condé furent décrétés d'arrestation (1792), et *Monsieur* déchu de son droit de régence. Les émigrés s'étant réunis en corps d'armée et ayant pris les armes contre la France, la convention nationale prononça la peine de la déportation contre eux, la confiscation de leurs biens, la mise des parents des émigrés sous la surveillance des officiers municipaux, l'ordre aux pères et mères de fournir l'habillement et la solde de deux soldats par chaque enfant émigré. Par d'autres décrets subséquents, les émigrés furent condamnés à l'exil perpétuel; ceux qui avaient été pris les armes à la main furent condamnés à mort; ceux qui étaient rentrés furent condamnés à l'exil. En 1801, Napoléon amnistia les émigrés, leur rendit leurs biens, et les plaça sous la surveillance du gouvernement. Charles X affecta 30 millions de rente au capital d'un milliard pour restituer aux émigrés leurs biens.

ÉMILE (Paul). Voy. Paul Émile.

ÉMILIA. Voy. Æmilia.

ÉMILIE. Plusieurs Romaines célèbres ont porté ce nom. La plus fameuse est Lepida Emilia, fille de Lépidus, qui épousa Drusus le Jeune, et se déshonora par ses débauches. Ayant été accusée d'avoir commis un adultère avec un esclave, elle se donna la mort.

ÉMILIEN, fils de Paul Emile. Plusieurs personnages illustres de la famille Emilia portèrent ce nom. — Caïus Julius Æmilianus, né en 207 en Mauritanie, s'éleva au grade de général, se distingua contre les Perses, et fut proclamé empereur par ses soldats après la mort de Dèce. Il vainquit les césars Gallus et Valérien, et après leur mort fut reconnu souverain par le sénat. Il marchait contre Volusien lorsqu'il fut massacré par ses soldats.

ÉMILIEN (Alexander Æmilianus), l'un des trente tyrans qui s'élevèrent dans l'empire romain vers le IIIe siècle, était lieutenant du préfet d'Égypte. Il exerça les plus grandes cruautés sur les chrétiens de cette province. Elevé au titre de césar par une sédition (263), il affermit sa domination dans toute l'Égypte. Il se préparait à porter les armes dans les Indes, lorsqu'il fut vaincu et fait prisonnier par Théodote, général de l'empereur Gallien, qui le fit étrangler.

ÉMILION (Saint-), sur la pente d'un coteau, petite ville du département de la Gironde, à 2 lieues de Libourne. Population, 3,019 habitants. Cette ville est très-renommée à cause de ses vins fins et d'un ermitage célèbre creusé dans le roc.

EMILIUS. Plusieurs personnages romains de la famille Æmilia ont porté ce nom. — Lucius Mamercus Emilius fut cinq fois tribun militaire (de 388 à 376 avant J.-C.). Envoyé en 376 contre les Volsques et les Latins, il défit ces deux peuples à Satricum, près d'Antium. Il fut consul en 366 et en 363 avant J.-C. Il défit les Véiens pendant la dernière année de son consulat. — Lucius Paulus Emilius, père du célèbre Paul Emile, consul en 219 avant J.-C., vainquit Demetrius de Pharos, soumit l'Illyrie, et reçut les honneurs du triomphe. En 216 avant J.-C., nommé consul et chargé d'arrêter la marche victorieuse d'Annibal, il fut vaincu avec Varron à la bataille de Cannes et y perdit la vie.

ÉMINENCE, petite élévation. On nomme ainsi, en médecine, les saillies que présentent les organes dans l'état de santé ou de maladie. Les éminences des os sont appelées *apophyses*. Les *éminences portes* sont deux mamelons très-saillants, qui appartiennent au foie. — C'est aussi un titre de dignité que l'on donnait autrefois aux empereurs et aux rois, et qui a été réservé par une bulle d'Urbain VIII (1630) aux cardinaux, aux trois électeurs ecclésiastiques de l'empire et au grand maître de l'ordre de Malte.

ÉMIR (au pluriel *omara* ou *omrah*), titre honorifique donné par les Turks aux descendants de Mahomet. Leurs prérogatives consistent à porter la couleur verte. Ils forment, avec les ouléma, le premier des quatre ordres de l'État en Turquie. Ceux qui sont émirs par leurs mères sont plus estimés que ceux qui le sont par leurs pères. — Ce titre est souvent synonyme de *souverain*. Il fut employé dans ce sens même avant Mahomet. Les gouverneurs des villes le prennent aussi quelquefois. *Emir-el-omrah* (prince des émirs) est une dignité qui fut donnée à leurs ministres par les califes de Bagdad et ensuite par ceux des Bowaïdes et des Seljoukides. Cette dignité était la plus grande après celle du calife. — L'*émir-akhor* est le grand écuyer; l'*émir-alem*, le porte-enseigne, chef des enseignes, de la musique; l'*émir-bazar* est le surintendant des marchés; l'*émir-hadjy* ou *émir-el-hadj* est un titre qui se donne aux ministres chargés de protéger les caravanes.

ÉMISSAIRE (Bouc). Voy. Bouc Émissaire.

EMMA ou Imma, fille de Charlemagne, favorisait en secret la passion qu'avait conçue pour elle Eginhard, seigneur allemand, élevé à la cour de l'empereur. Elle lui donna un rendez-vous nocturne dans le palais, et pendant qu'ils étaient ensemble, il tomba une neige épaisse. Emma, de peur que les pas d'Eginhard, empreints sur la neige, ne dévoilassent le secret de leurs amours, le prit sur ses épaules à travers une cour qui séparait leurs appartements. Charlemagne s'en étant aperçu, loin de s'irriter de la faute de sa fille, la maria à Eginhard. Après la mort de Charlemagne, Eginhard abandonna son épouse pour vivre dans un couvent.

EMMANUEL ou Emanuel (en hébreu, *Dieu avec nous*). Isaïe, dans la célèbre prophétie où il annonce à Achaz la naissance du Messie, dit qu'il sera nommé *Emmanuel*. Cette prophétie fut vérifiée et accomplie dans Jésus-Christ, qui réunit en lui les deux natures.

EMMANUEL DE SAVOIE (Charles). Voy. Charles Emmanuel.

EMMANUEL LE GRAND ou le Fortuné, roi de Portugal, succéda en 1495 à son cousin Jean II, mort sans enfants. Il donna une loi qui bannissait tous les juifs de ses États, nommait *nouveaux chrétiens* ceux qui embrassaient le christianisme, et les excluait de toutes charges civiles et ecclésiastiques. Cette loi occasionna des séditions qui firent révoquer cette loi (1507). Emmanuel mourut en 1521. Il était né en 1469. Sous le règne de ce prince, Vasco de Gama doubla le cap de Bonne-Espérance (1498), Alvarez Cabral découvrit le Brésil (1500), François d'Almeida forma de nouveaux établissements (1507) dans les Indes.

EMMANUEL-PHILIBERT, duc de Savoie, né en 1528, fut destiné à l'état ecclésiastique par son père Charles III; mais, après la mort de ses deux frères, il suivit le métier des armes. Son courage lui mérita le commandement de l'armée impériale au siège de Metz. Il gagna (1557) la bataille de Saint-Quentin sur les Français. La paix ayant été conclue à Cateau-Cambrésis, il épousa (1559) Marguerite de France, sœur de Henri II. Il augmenta par sa valeur les États que lui avait transmis son père. Il mourut en 1580.

EMMAÜS, ville voisine de Tibériade, où il y avait des eaux chaudes, ainsi que dans les autres villes de ce nom.— Bourgade à 2 lieues et demie de Jérusalem du côté du nord. C'est là que le Sauveur ressuscité apparut aux deux disciples Cléophas et Emmaüs.

EMMÉNAGEMENT (mar.), disposition des chambres, soutes, magasins, etc., dans les navires. Les vaisseaux anciens se divisaient en trois étages séparés par trois corridors. L'étage du bas renfermait les provisions, celui du milieu les appartements, celui du haut les soldats et les armes. Sur les côtés étaient la cuisine, trois salles à manger, une salle de repos, de bain, une bibliothèque, des écuries, etc. Nos frégates ont aussi trois étages : la *cale*; le *faux pont*, où sont les logements des officiers et des maîtres et les hamacs des matelots; le troisième étage supporte les canons.

EMMÉNAGOGUES, nom donné en général aux médicaments qui sont propres à favoriser l'écoulement régulier des flux de sang.

EMMENTHAL, vallée du canton de Berne (Suisse). Elle renferme des bois immenses, de bons pâturages et un grand nombre de terres labourables. Les habitants se livrent principalement au commerce des toiles et des rubans.

ÉMOLLIENTS, remèdes qui relâchent, distendent et ramollissent les parties enflammées ou trop tendues. Les émollients s'emploient de l'intérieur et à l'extérieur. Les boissons délayantes et mucilagineuses, comme l'eau de gomme, le bouillon de veau, la décoction de graines de lin, sont *émollientes*; les huiles grasses fraîches, les cataplasmes de mie de pain, de riz, de feuilles de mauve, les fruits sucrés, etc., sont aussi des *émollients*.

ÉMONCTOIRE, nom donné, en médecine, à tous les organes destinés à donner une issue aux matières qui doivent être excrétées.

ÉMONDER, opération de jardinage qui consiste à enlever d'un arbre les branches mortes, la mousse, les lichens, etc., qui le gâtent et le défigurent. L'émondement est très-utile pour les arbres fruitiers. Il donne de la vigueur aux vieux arbres qui portent alors des fruits abondants.

ÉMONIE, contrée de la Grèce, qui reçut son nom d'Emon, père de Laerte, et fut dans la suite appelée *Pyrrha*; du nom de l'épouse de Deucalion qui s'y réfugia, et plus tard *Thessalie*. Quelques auteurs donnent souvent ce nom à toute la Grèce.

ÉMOU, genre d'oiseaux de l'ordre des échassiers. Ils se distinguent par un bec droit, à bords très-déprimés; une tête simple, sans casque et convexe; des jambes charnues jusqu'au talon, des ongles presque égaux. L'émou a près de six pieds de haut. Ses plumes sont soyeuses et recourbées à leur extrémité, grises, blanches et brunes. Le bec est noir et les pieds bruns. Les émous habitent la Nouvelle-Hollande. Leur chair approche pour le goût de celle du bœuf.

ÉMOUCHET, nom donné par les oiseleurs de France à la cresserelle (voy.) femelle, au mâle de l'épervier commun et à tous les oiseaux de proie qui ne dépassent pas la taille de l'épervier.

EMPAILLEMENT, art de préserver de la destruction divers animaux, en ménageant leurs formes. On y parvient en enlevant les parties internes, et imprégnant la peau de substances qui la garantissent de la putréfaction et des attaques des insectes. On le nomme aussi *taxidermie*.

EMPALER, terme qui désigne le supplice que les Turks font souffrir aux criminels et aux condamnés, au moyen du *pal*.

EMPAN, sorte de mesure nommée par les Grecs *spithamé*. Pour l'obtenir, il faut étendre tous les doigts de la main, en sorte que le petit doigt se trouve aussi éloigné que possible du pouce. Cette mesure est encore en usage en Languedoc, où on la nomme aussi *pan*. Elle est égale à 10 doigts, à 9 pouces ou à un décimètre du nouveau système métrique.

EMPANNONS. Ce sont, en architecture, les petits chevrons de longueurs différentes, qui garnissent l'espace triangulaire de la croupe d'un comble, et qui, au lieu de porter le faîte, s'assemblent à tenons et mortaises dans l'*arêtier*, pièce de bois bien équarrie, qui forme l'arête ou le côté angulaire des couvertures qui sont faites en pavillon, ou qui forme l'angle d'une croupe.

EMPATEMENT. C'est, en maçonnerie, une plus-épaisseur de bâtisse qu'on laisse sur les deux faces d'un mur dans les fondations, pour en augmenter la solidité. Il se dit aussi des pièces de bois qui servent de base à une grue.

EMPAUMURE, terme de vénerie, haut de la tête des mammifères du genre cerf, renne, élan, etc., et formé de plusieurs andouillers ou bois divergents. — *Empaumer la voie* se dit des chiens, qui rencontrant la piste, la suivent et l'annoncent par leurs aboiements.

EMPÊCHEMENT, obstacle qui s'oppose à l'exécution d'un projet, d'une chose. Ce nom se donne en droit aux obstacles que met la loi à l'exécution de certains mariages. Quand l'obstacle vient du fait de l'homme, il prend le nom d'*opposition*. Les *empêchements dirimants* sont ceux qui rendent le mariage nul, mais seulement quand ils le précèdent. Les *empêchements prohibitifs* le rendent illicite sans le rendre nul. On ne peut, sans péché mortel, se marier avec connaissance de ces empêchements. Ces empêchements, réglés par les canons, sont l'omission de la publication des bans, la célébration du mariage avant qu'on ait examiné s'il y a empêchement dirimant, dans le temps prohibé par l'Église (depuis l'avent jusqu'à l'Épiphanie, et du mercredi des Cendres au dimanche de l'octave de Pâques), la promesse que deux personnes se sont de s'épouser un jour, le vœu de chasteté ou d'embrasser l'état ecclésiastique. Ces empêchements ne peuvent être détruits que par des dispenses. Les *empêchements dirimants* se distinguaient en *absolus*, *relatifs* et *de formalité*. Les premiers sont ceux qui frappent la personne d'une incapacité, telle qu'il ne lui est permis de contracter aucun mariage. Les deuxièmes interdisent le mariage avec certaines personnes déterminées. Les troisièmes tiennent à l'accomplissement des formes sans lesquelles il ne peut y avoir mariage. Les premiers comprennent l'*impuissance*, la *profession religieuse* (rejetées par le code civil), le *défaut de raison*, *de puberté*, l'*existence d'un mariage précédent* et l'*engagement dans les ordres sacrés* (ces quatre empêchements sont admis par notre Code). Les seconds comprennent la *parenté naturelle, civile*, l'*affinité naturelle et spirituelle*, les *fiançailles antérieures*, le *rapt* ou la *séduction*, l'*adultère*, le *meurtre* et la *différence de religion*. Les trois premiers sont seuls proscrits par notre Code. Les empêchements de *formalité* sont les défauts de consentement des parties contractantes, des personnes à qui elles appartiennent, le défaut de publication des bans et l'absence du curé assisté de ses deux témoins.

EMPECINADO (Don Juan Martin El), célèbre chef de guérillas, remarquable par son acharnement contre les Français et les dommages considérables que leur causèrent ses ruses et son infatigable activité pendant la guerre d'Espagne. Se trouvant à la tête de 5 à 6,000 hommes (1811), il s'empara et occupa momentanément les villes de Siguenza, Brihuega et Cuenca, et désorganisa les administrations établies dans ces villes par les vainqueurs. Élevé au grade de maréchal de camp, il fut exempté de la proscription par le roi Ferdinand VII, et obtint de ce prince (1818) l'autorisation de transmettre à ses enfants le surnom d'*el Empecinado* (couleur de poix), que lui avaient donné ses troupes. Il est mort depuis plusieurs années.

EMPÉDOCLE, philosophe, poëte et historien, né à Agrigente (Sicile) vers l'an 444 avant J.-C. Il composa un poëme sur les opinions de Pythagore, dont il était sectateur. Empédocle refusa le pouvoir souverain que voulaient lui conférer ses concitoyens, et se consacra à la culture des arts et des belles-lettres. Quelques auteurs disent qu'il se précipita dans le volcan du mont Etna pour se faire croire dieu. Les œuvres d'Empédocle sont perdues.

EMPÉLORE, magistrat spartiate qui avait l'inspection des marchés.

EMPEREUR, en latin *imperator*, titre que les Romains donnaient à leurs généraux vainqueurs, et qu'Auguste prit à son avènement au trône, comme chef des armées. Ce nom désigna ensuite sous ses successeurs les souverains de Rome. A la division de l'empire, il y eut des *empereurs d'Orient* et *d'Occident*. La suprématie universelle de ces derniers, transmise par l'empire romain, fut transportée à la monarchie allemande dans la maison de Saxe par Othon le Grand. Pierre le Grand fut le premier souverain de Russie qui prit le titre d'*empereur*.

EMPEREUR. Les naturalistes donnent ce nom à divers animaux, qui se distinguent par une grande taille ou des couleurs brillantes.

EMPHYSÈME, tuméfaction molle, crépitante, sans changement de couleur à la peau, sans douleur, produite par l'accumulation de l'air ou des gaz dans le tissu cellulaire. On nomme *accidentel* celui qui est produit par une plaie ou une solution de continuité des conduits aériens et le passage de l'air de ces conduits dans le tissu cellulaire. On l'observe dans les plaies des poumons et de la trachée, la toux, les cris, etc. Il n'est pas symptomatique. L'emphysème *spontané* ou idiopathique, est le résultat d'une exhalation de gaz qui a lieu dans le tissu cellulaire ou de l'action d'une cause délétère, telle que la piqûre de certains insectes, la morsure des serpents venimeux, etc. Il peut amener la mort.

EMPHYTÉOSE, bail à longues années, fait sous la condition que le preneur (*emphytéote* ou *emphyteutaire*) améliorera le fonds donné, soit en le défrichant, soit en y élevant des constructions, améliorations dont le bailleur doit profiter à l'expiration du *bail emphytéotique*, qui est ordinairement de quatre-vingt-dix-neuf ans, sans avoir à payer d'autre indemnité qu'une redevance annuelle nommée *canon emphytéotique*.

EMPIDE, genre d'insectes diptères de la famille des tanistomes, caractérisé par des palpes relevés devant la face, une petite, globuleuse, une longue trompe, un corps plus épais que large, des ailes grandes. Ils vivent de petits insectes de sur des plantes. On les trouve en Europe. — Ces insectes sont le type de la tribu des empides, qui a pour caractères une tête globuleuse et petite, un suçoir allongé, dirigé en arrière, des ailes plus longues que le corps, des pattes très-allongées et velues.

EMPIRE, pouvoir absolu. Il se dit aussi d'un Etat politique d'une vaste étendue, gouverné par un monarque absolu nommé *empereur*. Il se dit encore d'une domination plus ou moins étendue, et du temps de la durée d'un grand État politique. C'est ainsi qu'on dit l'empire des Arabes, des Huns, des Egyptiens, etc. L'empire romain fut fondé par Auguste; divisé en *empire d'Orient* et *d'Occident*, le premier subsista seul après plusieurs années. Le *nouvel empire d'Occident* fut fondé par Charlemagne (800), dont les descendants le transmirent à Othon le Grand (973), de la maison de Saxe (voy. ALLEMAGNE, AUTRICHE). L'empire de Russie fut fondé par Pierre le Grand ; l'empire de la Chine date d'une haute antiquité; l'empire mongol fut fondé par Gengiskan et Tamerlan. Napoléon a fait de la France un empire qui a été rétabli en 1852 par son héritier.

EMPIRIQUES, nom donné à une secte de médecins qui rejetaient toute théorie, et ne prenaient pour guide que la seule expérience. Elle était en opposition avec la secte des dogmatiques. Aujourd'hui ce mot s'emploie dans le même sens que celui de *charlatan*. — L'*empirisme* est la médecine fondée sur l'expérience. C'est l'essai du nouveau. Il a pris naissance en Europe au XVᵉ et au XVIᵉ siècles.

EMPLASTIQUES ou EMPHRACTIQUES, nom donné aux remèdes topiques qui s'attachent, à la manière des emplâtres, aux parties sur lesquelles on les applique.

EMPLATRES, nom donné à des médicaments solides, fermes, glutineux, se ramollissant par l'action de la chaleur qui les rend visqueux et propres à adhérer aux corps sur lesquels on les applique. Il en est qui ne contiennent que des résines, des gommes-résines, du suif, de la cire; d'autres renferment, outre ces substances, des poudres, des extraits, des sucs végétaux; enfin dans quelques-uns on met de l'huile, dans des matières grasses avec des oxydes métalliques. L'emplâtre le plus simple se fait avec de la graisse de porc, de l'huile d'olive, de la litharge, et une quantité d'eau suffisante. On fait usage des emplâtres à l'extérieur ; pour cet objet, on les étend sur un morceau de peau ou de toile, et on les applique. Ils servent à faciliter le ramollissement et la résolution des tumeurs, l'écoulement des humeurs, etc. Les plus usités sont l'emplâtre *vigo*, les *vésicatoires*, le *diachylum*, etc.

EMPOINTEUR, ouvrier chargé d'*empointer* une étoffe. Une étoffe est *empointée* lorsque les plis qu'on a été obligé de faire après qu'elle est sortie de tous ses apprêts sont contenus dans la forme où elle a été pliée par quelques points d'aiguille avec de la soie, du fil ou de la ficelle, afin de l'empêcher de prendre de mauvais plis.

EMPOIS, sorte de colle légère faite avec de l'amidon qu'on délaye d'abord dans de l'eau froide, et qu'on fait ensuite bouillir ou remuant continuellement, jusqu'à ce qu'il ait acquis la consistance nécessaire. Lorsque les blanchisseuses préparent l'empois pour le linge, elles mêlent à l'amidon du bleu d'azur, pour donner une teinte plus agréable au linge. Elles trempent dans l'empois, en partie qu'elles veulent empeser, et en passant dessus le fer chaud elles fixent dans le linge l'empois qui donne la roideur nécessaire. — On nomme *empeseur* l'ouvrier dont la fonction est d'encoller les chaînes des étoffes.

EMPOISONNEMENT, action d'amener la mort à une personne au moyen de substances vénéneuses nommées *poisons*. L'empoisonnement et ses symptômes varient suivant les poisons eux-mêmes; il peut être le résultat de l'introduction des substances vénéneuses dans le canal digestif, dans le système circulatoire, ou de leur application sur les tissus lamineux, séreux, muqueux, etc. Les moyens propres à constater l'empoisonnement peuvent être distingués en *essentiels* et *accessoires*. Les premiers sont fournis par l'analyse chimique et l'histoire naturelle ; parmi les moyens *accessoires*, on compte les symptômes, les lésions des tissus, l'état du corps du malade avant l'empoisonnement. Les moyens de traitement varient suivant l'espèce de poison. Il est instantané ou lent, signe ou de longue durée. — L'empoisonnement est puni de mort par nos lois. Autrefois celui qui s'en était rendu coupable mourait dans les flammes ou dans l'eau bouillante.

EMPORTE-PIÈCES, outils tranchants, dont le contour de la partie tranchante a un périmètre égal à celui que doit avoir la pièce qu'on veut découper. Ils enlèvent d'un seul coup, par une simple percussion ou une forte pression, une pièce ronde, festonnée, de toute forme, de toute grandeur, d'une plaque de cuivre, fer, tôle, d'une pièce de drap, cuir, etc.

EMPREINTE, trace, marque qu'un corps dur laisse en creux, en relief, ou sur la surface d'une matière plus molle, sur laquelle on l'applique avec force. Les graveurs prennent une empreinte de leur gravure sur la cire molle, pour juger de leur travail. Pour prendre l'empreinte des médailles, des bas-reliefs, on verse dans le creux de ces objets des matières fusibles, qui en se refroidissant conservent leur forme.

EMPREINTES (anat.), inégalités qu'on remarque à la surface des os, et qui sont tantôt déprimées, tantôt élevées. Elles correspondent aux attaches des tendons, des ligaments, ou sont en contact avec des vaisseaux ou d'autres parties sur lesquelles elles semblent moulées.

EMPREINTES (minér.). On nomme ainsi, en minéralogie, les vestiges que laissent sur les couches pierreuses certains corps organisés et peu épais, comme les feuilles d'arbres, les insectes, les plantes, etc. Elles n'en offrent que l'image, tandis que les fossiles et les pétrifications en offrent la forme et la substance.

EMPRISE, aventure, combat auquel des chevaliers s'engageaient par serment et dont l'objet était de défendre un pas d'armes. On annonçait cette intention par un écriteau.

EMPRISONNEMENT, privation de la liberté. Il fait partie des peines de police et des peines infligées par les tribunaux de police correctionnelle. Le condamné doit être renfermé dans une maison de correction et employé à l'un des travaux établis dans cette maison, selon son choix. La durée de cette peine est au moins de six jours et de cinq années au plus, sauf les cas de récidive. Les produits de leur travail sont appliqués, partie aux dépenses communes de la maison, partie à leur procurer quelques adoucissements, partie à former pour chaque condamné, au temps de sa sortie, un fonds de réserve. L'emprisonnement pour contravention de police ne peut être moindre d'un jour, ni excéder cinq jours. — L'*emprisonnement préventif* est celui qui précède le jugement ; le *définitif* est celui qui le suit.

EMPRUNT, action de demander à une personne une somme d'argent, une chose dont la privation rendrait pénible et malheureuse la condition de l'*emprunteur*. Elle suppose la restitution ultérieure de la valeur empruntée, en une seule fois ou au bout de certains termes, comme dans l'*emprunt viager*. On nomme *emprunts publics* les valeurs empruntées par un gouvernement au nom de la société qu'il représente. Les valeurs ainsi empruntées sont des capitaux dont on paye chaque année les intérêts, les revenus. Ils sont payés au moyen des contributions.

EMPURIAS (Pons-Hugues, comte d') fut le dernier des comtes de ce nom. Après sa mort, son petit État, situé en Catalogne, fut réuni à la couronne d'Aragon. Pons aimait la poésie et fit lui-même des vers. On cite de lui une pièce adressée à Frédéric III, appelé par les Siciliens au trône, après l'expulsion des Français.

EMPYÈME, amas et collection de pus dans une cavité et plus particulièrement dans celle de la poitrine. C'est aussi une opération de chirurgie qui a pour but de faciliter l'écoulement de ces matières.

EMPYRÉE, nom que les anciens astronomes donnaient à la partie la plus élevée de ce qu'on nomme ciel, qui n'est autre chose que l'espace sans bornes et dans lequel se meuvent une infinité de soleils et de mondes. C'était un des cieux des anciens, qu'ils supposaient tous concentriques en forme de globe, et dont l'empyrée occupait la partie la plus éloignée du centre. Venait ensuite le *premier mobile*, dont le mouvement se communique à tous les cieux inférieurs ; l'ensemble des étoiles formait le *firmament*. Entre le firmament et le premier mobile, les astronomes du moyen âge placèrent un autre ciel nommé *second mobile* ou *cristallin*. Chaque planète (on ne connaissait à cette époque que huit de ces corps) avait son ciel particulier dans lequel elle se mouvait. La Terre formait le premier ciel. Les chrétiens nomment *empyrée* le paradis, le plus haut des cieux, le lieu où les saints jouissent de la vision béatifique.

EMPYREUMATIQUES, nom donné particulièrement aux matières huileuses qu'on obtient lorsqu'on décompose par le feu les substances végétales et animales. Les huiles empyreumatiques déterminent en général l'excitation. Cependant quelques-unes agissent comme sédatives du système nerveux.

EMPYREUME (goût de feu), nom donné à l'odeur de brûlé que contractent les produits volatils, gazeux et liquides que l'on obtient, lorsqu'on décompose à feu nu les substances animales et végétales. La cause de cette odeur réside dans une huile nommée *empyreumatique*, qui n'existait pas dans la matière soumise à l'expérience, mais qui est le résultat de sa décomposition. Quelquefois l'empyreume se développe, même lorsque la substance organique est placée dans un alambic avec un liquide ; c'est qu'alors la matière solide touche le fond du vase auquel on applique immédiatement le feu. On corrige ce goût en filtrant les liqueurs altérées par du charbon et en les tenant dans des vases à peine bouchés.

EMS, autrefois l'*Amisius*, fleuve d'Allemagne qui a sa source dans la principauté de Lippe, traverse l'Oost-Frise et se jette dans la mer du Nord à Embden, après s'être divisé en deux bouches principales formant les ports de Borkum et Rottum.

ÉMULGENT, nom donné aux artères et aux veines qui se distribuent aux reins. Il correspond à celui de *rénal*.

ÉMULSIF, nom donné aux semences oléagineuses et dont on peut tirer de l'huile par expression. On s'en sert dans les *émulsions* (voy.) ; telles sont celles des amandes, des pêches, des abricots, du chènevis, de la rave, des melons, des courges, et généralement celles de tous les fruits à noyau et des plantes cucurbitacées et crucifères.

ÉMULSION, préparation pharmaceutique liquide, d'un blanc laiteux, opaque, composée d'une huile fixe tenue en suspension dans l'eau par le moyen d'un mucilage. L'*émulsion vraie* se prépare avec les amandes douces et amères, ou avec les semences de melon, de concombre, de citrouille, de pavot blanc, de noix, de noisettes, de pistaches, de lin, de pignons, de pourpier, etc. Pour l'obtenir, on pile dans un mortier dur des semences débarrassées de leur pellicule ; on les réduit en pâte à l'aide d'un peu d'eau et de sucre ; puis on ajoute peu à peu de l'eau et on agite. On passe avec expression, et on édulcore avec du sucre ou avec un sirop. Elle est adoucissante, pectorale et rafraîchissante. — L'*émulsion fausse* a différents noms, *camphrée*, *huileuse*, etc., selon les substances qu'elle renferme.

ÉMULSION FAUSSE ou CAMPHRÉE, émulsion préparée en ajoutant six onces d'eau de pourpier à un mélange obtenu par la trituration d'un jaune d'œuf avec une once de sucre et huit grains de camphre. On la donne par cuillerées comme rafraîchissante.

ÉMULSION HUILEUSE, émulsion obtenue en versant peu à peu une once et demie d'eau de cerises noires, non spiritueuse, dans un mélange préparé avec une once d'huile d'amandes douces et autant de sirop de capillaire, dans lequel on a trituré pendant longtemps un gros de gomme arabique. On l'administre par cuillerées contre la toux.

ÉMULSION PURGATIVE. Elle ne diffère de l'émulsion camphrée que par l'absence du camphre, qui est remplacé par une quantité égale de résine, de jalap et de scammonée.

ÉMULSION TÉRÉBENTHINÉE, émulsion préparée en mêlant cinq onces d'émulsion simple avec un jaune d'œuf et douze grains d'huile essentielle de térébenthine. On l'administre par cuillerées dans quelques affections des reins et de la vessie.

ÉMYDE, genre de l'ordre et de la famille des chéloniens, lequel renferme les *tortues d'eau douce*. Elles se distinguent par une carapace plus ou moins déprimée, ovalaire, plus évasée en arrière, formée de plaques écailleuses ; des pieds formés de doigts distincts, flexibles et propres à la natation ; la gueule offre la forme d'une ellipse ; le cou est rétractile à se recourbe sur lui-même, tantôt en S et de haut en bas, rentrant sous le bord antérieur de la carapace (on nomme ces émydes *cryptodères*) ; tantôt se recourbant seulement sur les côtés de la carapace, et ne se cachant pas en totalité sous son rebord saillant (on les nomme *pleurodères*). Les émydes vivent dans les régions tempérées ou chaudes des deux continents. Elles se nourrissent de petits animaux vivants, et on tire parti de leur gloutonnerie pour les prendre à l'hameçon. Ce sont des êtres innocents, mais sauvages et colères. Elles sont peu recherchées pour leur écaille et leur chair. Les unes préfèrent le voisinage des marais, des eaux dormantes et vaseuses : on les nomme *élodites* ou *paludines*, leur chair est mauvaise et d'odeur nauséeuse. Les autres habitent le voisinage des eaux courantes : on les nomme *potamiles* ou *fluviales* ; leur chair est meilleure que celle des précédentes. Leur longueur varie de dix à quatre-vingt-deux centimètres.

ÉMY-SAURES ou CHÉLONURES, espèce de tortues émydes, à la tête forte, revêtue de plaques en avant et d'une peau aréolée sur le reste ; aux mâchoires robustes, crochues, avec deux barbillons sous le menton ; à la carapace déprimée, au disque formé de treize plaques presque quadrilatères, au plastron composé de quinze plaques ; à la queue très-longue, épaisse et musculeuse. Sa couleur est du brun au gris verdâtre en dessus ; elle est jaunâtre en dessous. Sa longueur varie de trente-trois à soixante-cinq centimètres. L'émy-saure habite les voisinages des lacs et des rivières de l'Amérique septentrionale.

ENARBRER, opération par laquelle un horloger ou un mécanicien monte et rive les roues et les pignons sur les arbres qui doivent les porter. Ce qu'il y a de plus essentiel dans cette opération, c'est que la roue ou le pignon, lorsqu'il n'est pas enlevé sur la tige ou l'arbre, tourne bien droit et bien rond.

ÉNARTHROSE, genre d'articulation mobile, dans laquelle la tête d'un os est reçue dans la cavité profonde d'un autre et peut s'y mouvoir en tous sens.

ENCABLURE, terme de marine, longueur d'un câble qui a cent vingt brasses (100 toises). La brasse est la mesure adoptée par les marins pour mesurer tous les cordages ; ils estiment les distances par encablure.

**ENCÆNIES** (en grec *Encœnia*, renouvellement, dédicace). Les Juifs célébraient la fête des Encænies ou de la Dédicace de leur temple le 25 de leur neuvième mois, nommé *casleu*, et qui correspond aux mois de novembre et de décembre. — Les Grecs avaient aussi leurs Encænies.

**ENCAISSEMENT**, action d'enfermer une chose en un lieu. En termes de finance et de commerce, c'est mettre dans la caisse l'argent et les fonds reçus. En termes d'artillerie, il se dit du dépôt et du rangement des armes portatives dans des caisses destinées à cet usage et faites de sapin brut. En termes d'architecture, c'est une charpente en forme de coffre d'une grande dimension, que l'on remplit de maçonnerie pour établir une pile de pont. On monte cette maçonnerie bien également et par assises sur toute la surface de la crèche ou charpente, afin qu'elle arrive bien horizontalement sur les pilots. — On nomme encore ainsi la tranchée creusée dans le sol d'une route ou d'une rue pour recevoir les matériaux qui la composent. L'*encaissement* d'une rivière est la disposition de ses berges.

**ENCAISSEMENT**. Ce mot a plusieurs significations en agriculture. — En termes de jardinage, c'est l'action de mettre des orangers, des grenadiers dans des caisses. Le *demi-encaissement* se fait en ôtant à moitié seulement la terre qui est dans la caisse, et en la remplaçant par une autre terre neuve et plus substantielle.

**ENCALLASTÈGUES** ou **ÉNALLOSTÈGUES**, famille des mollusques, de la famille des céphalopodes. Elle renferme les genres *bigénérines*, *textulaire*, *vulvuline*, *dimorphine*, *polymorphine*, *virguline*, *sphéroïdine*.

**ENCALYPTE**, genre de plantes cryptogames, de la famille des mousses. Les encalyptes viennent sur les vieux troncs pourris ou les berges humides. On les trouve en Europe.

**ENCAN**, vente de meubles, objets mobiliers et marchandises, qui se fait publiquement au plus offrant et dernier enchérisseur. Ce n'est qu'une simple vente aux enchères. Autrefois il désignait exclusivement une vente publique de meubles qui se faisait par autorité de justice ou par le ministère d'un officier public.

**ENCANTHIS**, tumeur qui se développe dans l'angle interne de l'œil, et dépend d'une affection de la caroncule lacrymale. Elle varie par le volume depuis celui d'un pois jusqu'à celui du poing. C'est tantôt une simple végétation fongueuse de la caroncule, que les auteurs ont nommée *encanthis bénin*; quelquefois c'est une affection cancéreuse, nommée *encanthis malin*. Le premier peut être guéri par les médicaments topiques, astringents et résolutifs; le second doit être extirpé avec un instrument tranchant, et la plaie résultant de l'ablation de la tumeur doit être cautérisée avec de la pâte arsenicale.

**ENCAQUER**, art de préparer le hareng, de le saler et de l'emballer dans de petits barils nommés *caques*. On attribue généralement son invention au Hollandais Wilhelm Bulkels ou Benkelz (1416); cependant plusieurs auteurs prétendent que cet art était connu des Irlandais et des peuples du Nord 400 ans avant cette époque. — Dès que les harengs sont pêchés, le *caqueur* les ouvre, en tire les *treuilles* ou entrailles, n'y laissant que les œufs et les laites, et les met dans la saumure pendant douze ou quinze heures; puis il les *varande* ou fait égoutter. On procède ensuite au *braillage*, qui consiste à arranger les harengs par lits dans les caques avec des couches de sel. On ferme en dernier lieu le baril, et on procède à la mise en *vrac* ou *saurissage*, qui tend à empêcher la putréfaction de la liqueur chargée de lymphe et de sang. On fait écouler cette liqueur dans une chaudière, on la fait bouillir. Lorsqu'elle est refroidie, on y mêle de la laite de hareng triturée. Cette liqueur se nomme alors *sauris*. On place encore de nouveau les harengs dans la caque, on les *lile* en les pressant de manière que chaque baril en contienne de mille à douze cents. On verse ensuite dessus le sauris bouilli, jusqu'à ce que la pièce en soit toute remplie et les harengs parfaitement saturés. On ferme alors avec soin les caques, qui sont prêtes à être livrées au commerce. — On encaque encore les harengs fumés ou *hareng saur*, mais sans *sauris*.

**ENCASTELURE**, nom donné par les vétérinaires à un rétrécissement contre nature des talons près la fente de la fourchette. Les parties molles entre l'ongle et le petit pied sont comprimées; il y survient une douleur très-vive qui fait boiter l'animal, et peut occasionner l'inflammation et la suppuration. Les chevaux fins et de taille légère sont seuls sujets à cette maladie.

**ENCASTREMENT**, action d'*encastrer*, c'est-à-dire d'enchâsser ou joindre deux ou plusieurs parties ensemble. On encastre par entaille ou par feuillure une pierre dans une autre; on encastre un crampon dans deux pierres pour les joindre. — En termes d'artillerie, ce mot désigne des entailles demi-circulaires pratiquées dans l'épaisseur des flasques des affûts de canon pour recevoir les tourillons de la bouche à feu. Cette entaille, dans laquelle doit tourner le tourillon, est garnie d'une bande de fer en *sous-bande*; le tourillon est lui-même couvert d'une bande ou *sus-bande*. On nomme *encastrement du bassinet* une entaille destinée à recevoir le bassinet dans le corps de platine des armes à feu.

**ENCAUSTIQUE**, sorte de peinture des anciens, qui consistait à coucher avec le pinceau des cires colorées et liquéfiées au feu, ou des cires fondues avec des couleurs délayées. — Les décorateurs et les tapissiers modernes nomment ainsi une espèce de vernis, plus ou moins chargé de cire, qu'ils appliquent sur les meubles, les lambris et les parquets, pour ajouter à leur éclat ou pour leur conservation. On applique cette encaustique sur la peinture sèche. Si c'est pour les parquets, elle est appliquée sur les carreaux de ces parquets en couleur, pour frotter une première fois, et disposée à recevoir la cire, qui doit être étendue ensuite par frottement. Chaque artisan a son procédé particulier pour faire de l'encaustique. Le meilleur est formé de quatre onces de cire jaune, une once d'huile de térébenthine, huit jaunes d'œuf, un litre d'eau chaude. Cette espèce d'encaustique s'applique avec l'éponge; on le frotte avec une brosse dure.

**ENCAVEURS**, ceux qui font profession de descendre les barriques de vin, cidre, liqueur, etc. Ils établissent en travers de la porte de la cavo une longue pièce de bois, à laquelle ils ont arrêté deux forts cordages, par le moyen de deux boucles, dans lesquelles entre la pièce de bois. Deux ouvriers roulent le tonneau, et, lorsqu'ils sont parvenus à la porte de la cave, un troisième ouvrier se met devant la barrique pour la retenir et la diriger le long de l'escalier; les deux autres prennent chacun une des cordes qu'ils ont fait passer par-dessus la barrique, et qui l'entourent. Ils occasionnent ainsi un frottement en la faisant couler dans leur tablier ou en la faisant glisser autour d'un poteau placé en travers sur les montants de la porte. Lorsqu'elle est parvenue au bas de l'escalier, ils détachent les cordes, roulent la barrique dans la cave jusqu'à l'endroit qui lui est destiné, et la mettent sur le chantier.

**ENCEINTE**, contour de murailles destiné à protéger une forteresse, une ville, contre les attaques des ennemis. Les premières enceintes des villes n'étaient formées que de troncs et de branches d'arbres mêlés de terre; puis on éleva de petites murailles et des parapets. Au moyen âge, les enceintes devinrent circulaires ou à pans, entremêlées de tours. Lorsque l'on eut inventé les canons, on fut forcé de construire des enceintes plus propres que ces dernières à résister aux ravages des boulets. Alors on les construisit avec des terrasses et des bastions. Les enceintes forment aujourd'hui la principale partie de la science des fortifications.

**ENCÉLADE** (myth.), fils de Titan et de la Terre, et le plus puissant des géants qui conspirèrent contre Jupiter. Ce géant avait cent têtes, cent bouches, deux cents yeux. Foudroyé par Jupiter, il fut englouti sur le mont Etna. D'après les poètes, les flammes de volcan sont produites par l'haleine d'Encélade. Lorsqu'il se retourne pour changer de position, il fait trembler la Sicile jusque dans ses fondements.

**ENCÉLADE**, insecte coléoptère de la famille des carnassiers, long de quarante et un millimètres, d'un noir brillant, à la tête large, arrondie, aux mandibules très-épaisses, au corselet évasé, à l'écusson plus large que long, à l'abdomen ovale et allongé, aux élytres très-striées. Ces insectes se trouvent en Afrique.

**ENCENS** ou **OLIBAN**, gomme-résine qui nous est envoyée d'Orient en morceaux, en larmes ou en grains de diverses grosseurs. On ne sait pas encore par quel arbre est produit l'encens. C'est une substance sèche, friable, d'un jaune pâle ou blanchâtre, translucide. Sa cassure a un aspect brillant, sa saveur est amère, son odeur aromatique. Elle se présente souvent en gouttes ou larmes oblongues, arrondies par leur extrémité, quelquefois isolées, d'autres fois géminées. Dans le premier cas, on le nomme *encens mâle*. L'encens a été employé, dès la plus haute antiquité, pour la purification des temples et le culte divin. On le consacre de nos jours aux mêmes usages, et on le mêle souvent à d'autres aromates, tels que le benjoin, le storax, le musc, l'ambre, etc. On en fait une poudre qu'on projette par petites parties sur les charbons blancs. — Les pincées de l'Orient se font à l'aide de l'encens dans les cassolettes. — On nomme encore *encens* plusieurs résines odorantes de diverses espèces.

**ENCENS** (PASTILLES D'). Elles se font avec de l'encens ou d'autres aromates, joints à du nitre et du charbon pulvérisés; on y mêle un mucilage et de cette pâte on forme des cônes que l'on fait sécher. Lorsqu'on veut s'en servir pour parfumer un lieu quelconque, on allume leur sommité à la flamme d'une bougie et on les pose sur leur base. Ils répandent en brûlant une odeur agréable.

**ENCENSOIR**, vase, petite cassolette dont on se sert dans les églises pour brûler l'encens ou *encenser*, c'est-à-dire pour répandre au loin ou sur un objet particulier la fumée de cet aromate. Les encensoirs des Hébreux étaient des espèces de coupes avec ou sans manche; les premiers chrétiens se servaient de semblables encensoirs, et chacun des fidèles aspirait la fumée de l'encens brûlant dans le vase, en disant ces paroles : *Accendat Dominus in nobis ignem sui amoris et flammam æternæ caritatis* (que le Seigneur allume en nous le feu de son amour et la flamme d'une éternelle charité). Aujourd'hui les encensoirs sont des vases fermés, suspendus par des chaînes, et garnis de trous, par lesquels s'échappe la fumée odorante de l'encens lorsqu'on l'agite au moyen des chaînes.

**ENCÉPHALE**, organe mou, pulpeux, contenu dans la cavité du crâne et dans le canal vertébral, et qui est le centre du plus grand nombre des nerfs, le siège des sensations et des actes de la volonté. Il est composé de parties impaires placées sur sa ligne médiane, et de parties paires qui sont latérales. Il est divisé en quatre parties très-distinctes : le *cerveau*, le *cervelet*, la *protubérance cérébrale* ou la *mésocéphale*, situé à la base du crâne, et la *moelle vertébrale*. Il est enveloppé par plusieurs membranes, nommées *méninges*; ce sont la *dure-mère*, la *pie-mère*, etc. L'encéphale se divise en deux parties égales et symétriques à leur sommet. Il est proportionnellement plus grand chez l'enfant que chez l'adulte, chez l'homme que chez la femme. — Les anatomistes confondent quelquefois l'encéphale avec le cerveau.

ENCÉPHALITE, inflammation de toutes les parties situées dans la cavité du crâne, soit des méninges, inflammation que l'on a nommée *méningite* ou *arachnoïdite*, soit du cerveau proprement dit, inflammation nommée *céphalite*. Quelques auteurs ont aussi confondu cette dernière avec l'encéphalite, et l'ont désignée sous ce même nom. Les symptômes principaux de ces affections encéphaliques sont en général la fièvre, l'insomnie, la céphalalgie intense, la difficulté de supporter la lumière et le délire. Les méninges sont le plus souvent affectées les premières avec fièvre et céphalalgie; le cerveau ne participe que plus tard à l'inflammation de ces membranes. Les causes de ces affections, outre celles en général qui déterminent les inflammations, sont les commotions, les coups portés à la tête, l'usage des boissons stimulantes, alcooliques, de l'opium, l'action du soleil sur la tête, la contention de l'esprit, les veilles prolongées, les émotions violentes, l'action de certains virus contagieux, etc., etc. Ce sont des maladies très-graves et presque toujours mortelles. Les moyens les plus propres pour les arrêter sont les saignées, les purgatifs les plus actifs.

ENCÉPHALOCÈLE, hernie du cerveau. C'est une affection congénitale ou accidentelle. Dans le premier cas, elle dépend de l'ossification tardive des fontanelles ou de quelque vice de conformation; dans le second cas, elle est le résultat d'une grande perte de substance des parois du crâne, produites par certaines fractures, ou plaies par instrument tranchant, par la carie, etc. L'encéphalocèle est mortelle lorsqu'elle a beaucoup d'étendue.

ENCÉPHALOÏDES, nom donné par plusieurs anatomistes à l'une des substances qui forment le plus souvent les tumeurs appelées *squirreuses* ou *cancéreuses*. Cette substance peut se montrer sous trois aspects différents: elle est enkystée, ou rassemblée en masses irrégulières et sans kyste, ou infiltrée dans le tissu d'un organe. Lorsqu'elle est parvenue à son entier développement, elle est homogène, d'un blanc laiteux, à peu près semblable à la substance médullaire du cerveau. Son tissu est peu liant et se rompt facilement. Lorsqu'elle est réunie en masses, on y distingue un certain nombre de vaisseaux sanguins. Lorsqu'elle est ramollie, elle n'a plus que la consistance d'un pus épais ou d'une bouillie claire.

ENCHANTEMENTS, cérémonies mystérieuses, suivies de paroles bizarres, auxquelles on attribuait une grande puissance, un pouvoir surnaturel, et dont se servaient les magiciens pour évoquer les démons, faire des maléfices, etc. Les enchantements étaient très-connus des anciens; les médecins les exerçaient sur leurs malades à l'aide de paroles magiques, d'amulettes, etc. — *Enchanter*, c'était répandre des maléfices, évoquer le malheur sur une personne, ou appeler un sort heureux. Ceux qui se livraient à cet art se nommaient *enchanteurs*. Le plus fameux est Merlin, qui vivait en Europe au Ⅸᵉ siècle.

ENCHASSER, nom donné autrefois à l'action de mettre un mort dans un cercueil; ou dans une église, c'était une personne dont la vie avait été remarquable par des miracles et une suite de bonnes actions. — En technologie, ce mot désigne l'action d'encadrer exactement, de faire tenir une chose dans une autre, un diamant dans un cadre d'or, d'argent, etc.

ENCHÉLIDE, genre de zoophytes infusoires microscopiques, qui a pour caractères un corps sans appendice, cirrhe ou organe, une figure à peu près pyriforme et cylindracée. Les enchélides sont composées de molécules distinctes, agglomérées; elles varient de couleur, et vivent dans les eaux pures, dans la mer ou dans les infusions.

ENCHÈRE. Ce nom, qui se donnait autrefois aux ventes d'immeubles spécialement, désigne aujourd'hui en général toutes les mises à prix et les ventes dans lesquelles les acheteurs *enchérissent*, c'est-à-dire offrent un prix plus élevé que celui qu'a donné le marchand ou le dernier enchérisseur. Ainsi l'enchère proprement dite est une offre faite au-dessus de la mise à prix d'une chose en adjudication. — L'objet mis aux enchères est toujours adjugé au plus fort et dernier enchérisseur. — Les biens saisis en justice sont vendus aux enchères par adjudication publique.

ENCHÈRE (FOLLE), enchère qui est faite par un enchérisseur insolvable. Faute par l'adjudicataire de consigner le prix de son adjudication dans le temps prescrit, on procède à une nouvelle adjudication; c'est ce que l'on appelle poursuivre la *folle enchère*.

ENCHEVÊTRURE. C'est, en termes d'architecture, une espèce de charpente sur laquelle on pose les âtres de cheminée. Les âtres ne doivent pas porter sur les solives, parce que ces bois seraient exposés à prendre feu; on a alors soin, dans les bâtiments, de réserver, dans la construction des plafonds, le long du mur qui porte les cheminées, et à chaque étage, un espace quadrangulaire vide pour le passage du tuyau et l'emplacement de l'âtre. Cet espace se forme par un assemblage en charpente, que l'on nomme *enchevêtrure*. Une solive très-forte règne dans toute la longueur à distance convenable du mur; on la nomme *chevêtre*; d'autres bois forts et courts, tenant d'un côté au chevêtre et de l'autre au mur, laissent entre eux l'espace nécessaire. Une dalle ou des briques portées sur des bandes de trémie en forment le sol de l'âtre.

ENCHIFRÈNEMENT, nom donné à l'obstruction et à l'embarras des fosses nasales que l'on observe dans le *coryza*. Le sens de l'odorat est émoussé et même aboli. L'air ne pénètre plus dans la poitrine par les narines, et la respiration est difficile. La voix s'altère et devient nasillarde; la sécrétion du mucus nasal est tarie ou abondante; on ressent de la gêne et de la plénitude dans le nez, on éternue souvent; le nez grossit. Lorsque cette affection dure longtemps, il naît quelquefois des polypes dans le nez, ou il se forme des ulcérations qui exhalent l'odeur nommée *punais*. Ses causes sont l'impression d'un air froid, d'un vent impétueux, de vapeurs ou de poudres irritantes, l'injection d'un liquide âcre, de corps solides dans les fosses nasales. Sa durée est de sept à huit jours, à moins que les causes qui l'ont produit ne continuent à agir, comme on le voit dans les saisons froides et humides.

ENCHYMOSE, nom donné à l'extravasion ou l'exhalation du sang dans le tissu cellulaire. Elle diffère de l'*ecchymose* en ce que celle-ci produit par une cause externe manifeste, une contusion par exemple, tandis que l'enchymose survient sans violence et sous l'influence d'une cause interne, d'une vive émotion.

ENCISE, ancien terme de jurisprudence, qui n'est plus en usage aujourd'hui, et qui s'appliquait au meurtre commis sur une femme enceinte pour arriver à la destruction de l'enfant, ou sur l'enfant même qu'elle porte dans son sein. Ce crime se rapproche beaucoup de l'*avortement*.

ENCLAVES. Ce mot désignait autrefois les limites d'un pays. Aujourd'hui il signifie: 1º une terre, un objet enfermé de toutes parts dans l'enceinte d'une autre terre, d'un autre lieu, etc.; 2º une portion de place ou de surface quelconque, qui anticipe sur une autre, en sorte qu'elle en diminue la superficie et en détruit la régularité. — En termes d'hydraulique, ce sont des enfoncements que l'on a ménagés, en construisant les bajoyers d'une écluse, pour y loger les grandes portes, lorsqu'on est obligé de les ouvrir pour le passage des bâtiments. — En termes d'architecture et d'arts, on désigne par ce mot ou par celui d'*enclavement* l'engagement d'un corps dans un autre.

ENCLIQUETAGE, terme d'horlogerie et de mécanique. Machine qui fait tourner une roue dans un sens et l'empêche de tourner dans un autre. Le plus simple moyen consiste dans l'emploi d'une roue à rochet, dans les dents de laquelle s'engage un cliquet, poussé ordinairement par un ressort. On a perfectionné les encliquetages dans ces dernières années.

ENCLOUAGE, opération qui consiste à mettre des pièces de canon hors de service. Quand on ne prend à l'ennemi et qu'on ne peut les emmener, quand on a une artillerie trop forte pour la sauver dans une retraite précipitée, on l'encloue, de manière à ce qu'elle ne puisse plus servir sans être refondue; à cet effet, on a de longs et gros clous qu'on enfonce à coups de maillet dans la lumière; et afin qu'on ne puisse pas les faire sauter en mettant dans la bouche à feu une charge de poudre, on prend un boulet qu'on enveloppe d'un chapeau, et on le chasse avec force dans la pièce avant de planter le clou; la poudre ne peut plus descendre au fond de la chambre, et le clou s'embarrasse dans le chapeau. La pièce ne peut plus servir sans être refondue.

ENCLOUURE, maladie propre au cheval, et produite par la maladresse du maréchal, qui, au lieu de faire traverser la corne du pied aux clous qui doivent tenir le fer, les dirige vers la chair vive. Le boitement est le résultat de cet accident.

ENCLUME, masse de fer ou de fonte sur laquelle on forge les métaux, soit à chaud, soit à froid. Les maréchaux, les taillandiers, les coutelliers, les serruriers, les forgerons, les mécaniciens, etc., se servent d'enclumes différentes par leurs formes et leur poids. La surface sur laquelle on bat les métaux doit être dure et unie. Elle est divisée en trois parties: le milieu, de forme parallélogrammique, se nomme *table de l'enclume*, et l'on nomme *bigornes* les deux extrémités, dont l'une est ronde et l'autre carrée. Les enclumes sont placées sur des billots scellés en terre ou sur un massif de maçonnerie, à proximité des foyers des forges. La meilleure enclume est faite d'acier trempé et coupé en morceaux, que l'on assemble avec force.

ENCLUME (anat.). On appelle ainsi un des quatre osselets de l'oreille, parce qu'il ressemble à une enclume. Cet osselet est placé dans la caisse du tympan, entre le marteau et l'os lenticulaire. Il a la forme d'une dent molaire à deux racines fort écartées, et son corps, qui est supérieur, s'articule avec le marteau; sa *branche horizontale* correspond à l'entrée des cellules mastoïdiennes; sa *branche verticale*, inférieure, s'articule avec l'os lenticulaire.

ENCLUMEAU, petite enclume montée sur un billot portatif et non scellé en terre. Ces enclumeaux, dont la surface est dure et très-polie, sont à l'usage des bijoutiers, des orfèvres, des ferblantiers, des chaudronniers.

ENCOLLAGE, préparation destinée à servir d'excipient aux corps auxquels on veut donner de la consistance. Dans la peinture en détrempe, cet excipient est la gélatine, le lait ou la colle-forte. Les peintres imprègnent de couleur un liquide par ce procédé, de manière à lui donner une teinte uniforme et une consistance telle qu'on puisse l'appliquer avec la brosse. Ainsi, pour l'encollage du *brun rouge*, on prend une livre et demie de colle de Flandre, quatre livres de brun rouge et un seau d'eau pure; on fait dissoudre la colle dans l'eau à froid et ensuite à chaud. On verse le brun rouge en poudre; et l'on a soin d'agiter continuellement ce mélange. On applique en dernier lieu la matière à chaud avec la brosse.

ENCOLLAGE, préparation formée de feuilles d'absinthe et de trois têtes d'ail bouillies dans un litre d'eau. Après l'avoir passée à travers un linge, on y ajoute du sel de cuisine, deux décilitres de vinaigre blanc, et même du sublimé corrosif. On donne l'encollage aux bois des parquets et des panneaux d'appartements, aux plafonds, etc., pour boucher les pores du bois et le préserver de la piqûre des vers.

ENCOLLEUR, celui dont la profession consiste à coller les chaînes des étoffes. Les substances avec lesquelles on encolle ne sont pas préparées avec le même apprêt ou *parement*. On emploie la colle-forte pour les laines, la gomme pour les soies, la colle de farine pour les cotons et les fils de chanvre ou de lin. Leur effet est d'abattre le duvet et de rendre le fil lisse et plus fort, glissant et élastique. Pour encoller, on prépare la colle, on y fait tremper à chaud la chaîne, on presse ensuite la chaîne pour faire tomber la colle surabondante, et l'on fait sécher. La chaîne est alors livrée au tisserand, qui n'a plus qu'à travailler selon son art. On emploie généralement pour faire la colle destinée aux encolleurs la farine de blé, de pommes de terre, de petit millet, de millet roux, etc. (une livre), délayée dans quatre litres d'eau pure, cuite à petit feu pendant huit ou dix minutes, en agitant continuellement. On y ajoute un gros en hiver, et une once en été, de muriate de chaux, fondu dans un demi-verre d'eau.

ENCOLURE, partie du corps du cheval qui s'étend depuis la tête jusqu'aux épaules et au poitrail. On nomme *encolures de jument* les encolures qui sont effilées ou peu chargées de chair. — Ce mot est quelquefois employé comme synonyme de détroit et d'isthme.

ENCORBELLEMENT. En architecture, c'est une pierre ou un morceau de bois ou de fer formant saillie en dehors de l'aplomb d'un mur, pour soutenir un balcon, une poutre, etc. La longueur des encorbellements doit être telle qu'*indépendamment* de leur saillie au delà du nu du mur, ils soient engagés dans toute l'épaisseur du mur; lorsqu'ils sont de fer, ils sont maintenus dans le mur par des ancres, et leur saillie est soutenue par des liens en forme de console qui ont leur point d'appui dans le mur même.

ENCOUBERT, mammifère du genre des tatous. Il est du nombre des mammifères dont les téguments modifiés ne présentent aucune apparence de pieds. Ses parties supérieures, jusqu'à la nuque jusqu'à la queue, sont couvertes de parties testacées, colorées en jaune sale, et formant une espèce de cuirasse articulée sous laquelle l'animal se cache partiellement. L'encoubert a vingt-sept centimètres de long ; il habite l'Amérique méridionale depuis Buenos-Ayres jusqu'au détroit de Magellan.

ENCOURAGEMENT, action d'exciter le zèle de ceux qui se livrent dans un royaume aux arts, à l'industrie, au commerce, à l'agriculture et à l'économie domestique. Il y a en Angleterre, en France, en Prusse, etc., plusieurs *sociétés d'encouragement*, destinées à propager par le moyen de prix et de récompenses le goût des arts et de l'industrie. Les sociétés font, à leurs dépens, les fonds des prix et des médailles qu'on distribue, à des époques fixées, aux artistes qui les ont mérités. Elles sont dans l'usage de faire paraître un journal mensuel qui fait connaître les inventions utiles, les noms des inventeurs, etc. Dans la société d'encouragement de Paris, chaque membre donne une certaine somme par an pour contribuer à récompenser les artistes, à payer les prix remportés ou les médailles décernées. Un conseil d'administration, élu par la société entière, ainsi que son président et ses secrétaires, se divise le travail et se partage en comités; les arts chimiques et mécaniques, le commerce, l'agriculture, l'économie domestique sont l'objet des travaux de la société.

ENCRATITES ou CONTINENTS, hérétiques ainsi nommés parce qu'ils faisaient profession de continence, et rejetaient absolument le mariage. C'étaient les disciples de Tatien, homme illustre qui avait eu saint Justin pour maître. Après la mort de ce martyr arrivée en 166, Tatien se sépara de l'Église et forma une doctrine particulière, qu'il composa de l'hérésie des gnostiques, des valentiniens et de marcionites. Il soutenait qu'Adam était damné, s'abstenait de la chair des animaux et du vin, célébrait le mystère de l'eucharistie avec de l'eau, ce qui fit nommer ses sectateurs *hydroparastes* ou *aquariens*.

ENCRE, liqueur ou pâte liquide destinée à l'écriture manuscrite ou à l'impression. L'encre commune est un liquide noir qui sert à tracer les caractères des manuscrits. Elle est en général composée de tannin et d'acide gallique unis à l'oxyde de fer, et tenus en suspension dans l'eau par une solution de gomme. La noix de galle, le sulfate de fer ou couperose et la gomme sont les seules substances utiles dans la préparation de l'encre ; les autres modifient la nuance. On prépare de l'encre très-commune avec 12 livres d'eau, 8 onces de noix de galle d'Alep concassées, 4 de copeaux de bois de campêche, 4 de sulfate de fer, 3 de gomme arabique, une de sulfate de cuivre et une de sucre candi. Après avoir fait bouillir les trois premières matières ensemble, on y mêle séparément les autres dissoutes dans l'eau tiède. On prépare les *encres indélébiles*, propres à résister à l'action des gaz avec une pinte d'encre ordinaire, dix gros d'indigo pulvérisé et six gros de noir de fumée.

ENCRE DE CHINE, composition sèche et noire qui nous vient de la Chine, et qu'on emploie, délayée avec de l'eau ou de la gomme arabique, pour écrire et pour faire des esquisses et des dessins. On a longtemps ignoré le mode de préparation de cette encre. Le P. Duhalde a dit, d'après un livre chinois, qu'elle était formée du suc des plantes *hohiang* et *kang-sung*, des gousses de l'arbrisseau *tchu hia tsao ho*, et du suc de gingembre. On fait bouillir. On clarifie. On ajoute sur 10 onces de cet extrait 4 onces de colle de peau d'âne, 10 onces de noir de fumée. On en fait une pâte homogène que l'on comprime dans des moules. Les plantes indiquées par les noms chinois ne sont pas connues des botanistes ; en analysant l'encre de Chine, on l'a trouvée composée de gélatine, de noir de fumée et d'un peu de camphre. On s'est exercé à reproduire l'encre de Chine. Voici un de ces procédés : on rend la gélatine fluide par une longue ébullition ; on précipite une partie par une infusion aqueuse de noix de galle, et on fait dissoudre ce précipité par l'ammoniaque ; puis on ajoute de la gélatine altérée et du noir de fumée ; on en fait une pâte à laquelle on mêle du musc ou tout autre aromate, et que l'on moule en forme de bâton. On laisse dessécher lentement ces bâtons, et on les dore quelquefois.

ENCRE DE COULEUR, encre colorée en toute autre couleur que le noir. On en emploie plusieurs dans les écritures de commerce. L'*encre rouge* se prépare en faisant infuser pendant trois jours dans du vinaigre cent grammes de bois de brésil broyé ; en portant l'infusion à la température de 100 degrés pendant une heure, et en filtrant ; on y fait dissoudre à chaud 12 grammes de gomme arabique, 12 grammes de sucre et autant d'alun. On la rend plus belle en y mêlant une décoction de cochenille ou de carmin dans l'ammoniaque. — L'*encre verte* s'obtient en faisant bouillir un mélange de deux parties de vert-de-gris avec une de crème de tartre et huit parties d'eau. — L'*encre jaune* s'obtient en faisant dissoudre dans 500 grammes d'eau bouillante 15 grammes d'alun ; on y ajoute 125 grammes de graines d'Avignon, ou une plus faible dose de safran, et on fait bouillir pendant une heure ; on y fait fondre ensuite 4 grammes de gomme arabique ou de gomme-gutte. Les autres encres se font avec des substances de diverses couleurs mêlées avec la gomme et le sublimé corrosif.

ENCRE D'IMPRIMERIE, encre dont on se sert pour imprimer, et qui est formée de noir de fumée et d'huile de lin cuite. — En lithographie, on se sert de deux encres. Celle avec laquelle on écrit ou l'on dessine sur la pierre se compose de suif de mouton épuré (2 parties) ; de 2 parties chaque, de cire blanche pure, de gomme laqué, de bon savon, et sept huitièmes de partie de noir de fumée. Pour l'impression lithographique, on la forme de 30 parties de savon de suif, de mastic en larmes, de sel de soude, 150 parties de gomme laqué et 12 parties de noir de fumée. On fait fondre le suif, le savon et la cire ; on y met le feu, puis on l'éteint, et on projette dans le bain la laque en poudre ou le mastic. On allume de nouveau la matière, et on laisse brûler quelque temps. On y ajoute ensuite le noir de fumée. L'encre d'impression ressemble beaucoup à l'encre d'imprimerie.

ENCRES AUTOGRAPHIQUES, celles avec lesquelles on écrit sur un papier préparé pour transporter les caractères sur les pierres lithographiques. Elles se composent de 100 parties de savon de suif et de cire blanche pure, 50 de suif, de mastic en larmes et de noir de fumée. On les prépare comme les précédentes.

ENCRES DE SYMPATHIE ou SYMPATHIQUES, nom donné aux liquides qui ne laissent aucune trace bien sensible des caractères formés avec eux sur le papier, et que des agents physiques ou chimiques font apparaître sous diverses couleurs. Ainsi, si l'on trempe un papier dans une solution aqueuse d'hydrochlorate de cobalt, très-étendue d'eau pure, ou si l'on écrit avec cette solution, les caractères sont invisibles à l'œil nu. Si l'on échauffe légèrement le papier, ils apparaissent en bleu ; à mesure qu'on éloigne le papier, les lettres disparaissent. En ajoutant à l'hydrochlorate de cobalt une petite quantité d'hydrochlorate de tritoxyde de fer, l'encre sympathique et les caractères deviennent verts. Si l'on dessine à l'encre de Chine un paysage représentant une scène d'hiver, qu'ensuite on ajoute avec la solution de cobalt mêlée de tritoxyde de fer, les feuilles aux arbres et le gazon sur les blancs qui indiquent la neige, rien de cette addition ne paraît. Si l'on approche le papier du feu, les arbres se garnissent de leur feuillage, l'herbe semble verdir, et une scène d'été succède à une scène d'hiver ; celle-ci reparaît en exposant le dessin à l'air.

ENCRINE, genre de zoophytes rayonnés, échinodermes ou cirrhodermaires, et qui ont été nommés *crinoïdes* par Muller. Les encrines se distinguent par un corps plus ou moins bursiforme, membraneux et régulier, placé au fond d'une sorte d'entonnoir radiaire, porté sur une longue tige articulée, laquelle est composée d'un grand nombre d'articles pentagonaux, percés d'un trou rond au centre, et ayant leur surface articulaire radiée, pourvue de rayons accessoires épars. Ces espèces viennent de l'Inde, de l'Amérique et de l'Europe septentrionale.

ENCYCLIQUE, nom donné aux lettres que le pape envoie aux évêques de toute la chrétienté pour leur faire connaître son opinion sur quelque point de dogme catholique ou de discipline ecclésiastique.

ENCYCLOPÉDIE, ouvrage et recueil où les connaissances humaines sont rassemblées et exposées en un système général. Une encyclopédie offre toujours un résumé des notions acquises dans chaque branche de connaissances, résumé qui doit être clair, fidèle et précis. Bacon a le premier systématisé nos connaissances ; il divisait les sciences et les arts d'après les trois facultés de l'entendement humain, la *mémoire*, la *raison* et l'*imagination*. La première comprenait les diverses histoires, sacrée, profane, civile, l'histoire naturelle, la météorologie, l'astronomie, la géologie, la conchyliologie, l'entomologie, la technologie, etc. La seconde renfermait la théologie, la philosophie considérée dans Dieu, l'homme, la nature ; la grammaire, la rhétorique, la morale, la philologie ; la physique, les mathématiques, la chimie, la métallurgie, la zoologie, l'art vétérinaire. La troisième renfermait tous les genres d'imitation poétique, l'art dramatique, la musique, la peinture, la sculpture. Cet *arbre encyclopédique* ou tableau comparatif des connaissances humaines fut adopté par l'*Encyclopédie* de d'Alembert et de Diderot, et subit de légères modifications. Il en subit de grandes quant à la forme, qui devint celle d'un dictionnaire universel. Cette division est encore usitée de nos jours. De nombreuses encyclopédies ont paru après cette dernière : ce sont l'*Encyclopédie* de M. Courtin, l'*Encyclopédie des gens du monde*, le *Dictionnaire de la conversation*, etc.

ENDEAVOUR, pays situé sur la côte N. de la Nouvelle-Hollande, depuis la baie de la Trinité jusqu'à la rivière *Endeavour* située par 15 degrés 26 minutes de latitude S. — Le *détroit d'Endeavour*, dans la partie méridionale de celui de Torres, sépare la Nouvelle-Hollande de la Nouvelle-Guinée.

ENDÉCAGONE, HENDÉCAGONE ou UNDÉCAGONE, polygone composé de onze côtés et de onze angles. Il est régulier lorsque ses angles et ses côtés sont égaux : on obtient alors sa surface en multipliant par 11 la surface d'un des triangles réguliers isoscèles obtenus au moyen des rayons menés du centre à chacun des angles ; s'il est irrégulier, c'est-à-dire aux côtés et aux angles inégaux, on obtient sa surface en calculant la somme des surfaces de chacun des triangles dans lesquels ce polygone se partage au moyen de diagonales conduites du sommet d'un angle aux autres angles. La somme des angles est de neuf fois deux angles droits.

ENDÉMIQUE se dit de ce qui est particulier à un peuple, à une nation. On nomme *maladies endémiques* des maladies particulières à certains pays, à certains peuples, et qui règnent dans un lieu, soit continuellement, soit par intervalles. Les principales causes de ces maladies sont l'insalubrité de l'air, la qualité des boissons et des aliments, la situation des lieux qu'on habite, les usages, les mœurs, etc.

ENDENTEMENT. En marine, on donne ce nom à une sorte d'engrenage entre deux pièces de bois sur lesquelles on fait des entaits, c'est-à-dire des sortes d'entailles saillantes et rentrantes, pour les unir en les posant l'une sur l'autre bien ajustées. — En termes de charpente, on nomme ENDENTEMENT OU ENDENTE la liaison de deux pièces de bois, qui, de distance en distance, entrent l'une dans l'autre.

ENDENTURES. On appelait ainsi dans les chartes parties des sections qui n'étaient pas faites en ligne droite, mais en zig-zag, et formant des espèces de dents de scie. Ces endentures étaient surtout en usage chez les Anglais. (Voy. CHARTES-PARTIES et CHIROGRAPHE).

ENDERMIQUE (MÉTHODE), nom donné, en thérapeutique, à un mode de traitement qui consiste à appliquer les médicaments à la surface du derme, préalablement dénudé par l'action des vésicatoires, ou sur celle des tissus sous-cutanés.

ENDIGUEMENT, action de construire une digue pour opposer un obstacle qui garantisse les propriétés riveraines des inondations des fleuves, des étangs, des cours d'eau, etc. On la nomme *encaissement*, lorsqu'elle a pour but de resserrer le lit d'une rivière, et d'en régulariser le cours et la profondeur. La forme des endiguements varie suivant la nature du terrain, la force des cours d'eau, la périodicité des inondations, etc. Voy. DIGUE.

ENDIVE, nom donné à la *chicorée des jardins*, plante annuelle du genre chicorée, de la tribu des chicoracées, et de la famille des synanthérées. Cette plante, originaire de l'Arabie, nous est venue de l'Inde. Elle sert de nourriture aux Arabes. On en possède plusieurs variétés dans les jardins potagers : la *frisée*, l'*endive de Meaux*, forte, mais peu découpée ; la *célestine*, frêle et délicate ; la *régente*, blanche, douce et tendre au goût ; la *fine ou endive d'Italie*, et la *scarolle* ou *chicorée laitue*, aux feuilles larges, cassantes et charnues. Les endives se mangent le plus souvent en salade. On les sème depuis juin jusqu'à la mi-juillet.

ENDOCARPE. C'est, en botanique, la membrane interne du péricarpe, celle qui touche immédiatement la graine ; quelquefois elle est mince, et se replie dans l'intérieur du péricarpe, dont elle forme la cloison ; d'autres fois elle est dure et résistante, souvent elle se réunit au sarcocarpe, s'ossifie et forme un noyau. L'endocarpe reste le plus souvent uni, après la maturité, avec les autres parties du fruit ; d'autres fois il s'ouvre en plusieurs loges, comme dans la noix, qui s'ouvre en deux valves lorsqu'elle est mûre.

ENDOGÈNES, nom donné par Decandolle aux végétaux dans lesquels les vaisseaux, au lieu d'être concentriques autour d'un étui cellulaire comme dans les *exogènes*, sont comme épars dans toute la tige, et disposés de manière que les plus anciens et les plus durs sont à l'extérieur, et que l'accroissement principal de la tige a lieu par le centre. Cette classe de végétaux répond aux *monocotylédonées* de Jussieu et aux *endorhizes* de Richard.

ENDOMYQUE, genre d'insectes coléoptères trimères, de la famille des frugicoles, ayant pour caractères des palpes gros à leur extrémité, des antennes terminées par une massue de trois articles, une tête petite, avancée, placée dans une échancrure du corselet, les élytres bombées. Ces insectes sont de petite taille, mais presque toujours ornés de couleurs brillantes et tranchées. Ils vivent, soit dans les bolets, soit sous l'écorce des arbres.

ENDOR (*Haïn-Dor*, en hébreu, *fontaine de génération*), ville de Palestine dans la tribu de Manassé, située en deçà du Jourdain, près du mont Thabor. C'est près d'Endor que demeurait la pythonisse que Saül alla consulter la veille de la bataille de Gelboé, où il fut vaincu par les Philistins. Cette femme évoqua à sa prière l'ombre du grand prêtre Samuel, qui lui prédit sa mort prochaine. La prédiction se vérifia exactement.

ENDORHIZES, groupe de plantes phanérogames formé par Richard, d'après la situation intérieure ou extérieure de la radicule dans l'embryon. Lorsque la radicule est recouverte par une sorte d'étui ou sac qu'elle perce pour se développer à l'époque de la germination, elle est nommée *intérieure*, et le végétal s'appelle *endorhize*. Ce groupe correspond aux *monocotylédonées* de Jussieu et aux *endogènes* de Decandolle.

ENDOSMOSE, acte par lequel une surface poreuse absorbe plus de liquide que sa capacité n'en peut contenir. Cet effet n'a pas lieu seulement avec des matières vivantes ; on l'observe avec des matières mortes et desséchées depuis longtemps, des minéraux poreux, tels que le grès. On l'attribue au résultat de l'action capillaire, jointe à la différence d'affinité des substances hétérogènes. L'endosmose est une des circonstances qui favorisent l'ascension de la sève dans les végétaux.

ENDOSPERME ou PÉRISPERME, corps ou masse inorganique, qui accompagne l'embryon dans un grand nombre de végétaux. Il forme la principale masse de la graine des graminées. A l'époque de la germination, il fournit sa substance à l'embryon, et concourt à le développer, en disparaissant lui-même peu à peu. Il est farineux et placé latéralement dans les graminées, charnu dans les euphorbiacées, corné dans beaucoup de palmiers ; il est liquide dans la noix de coco, dont il constitue le lait.

ENDOSSEMENT, écriture que l'on met au dos d'un acte, et qui est relative à cet acte. Ainsi l'on nomme *endossement* la quittance qu'un créancier met au dos de l'obligation ou promesse de son débiteur, de ce qu'il a reçu en acquit ou déduction de ce qui lui est dû. L'*Endossement* se dit plus spécialement de l'ordre que quelqu'un passe au profit d'un autre au dos d'une lettre ou billet de change tiré au profit de l'endosseur, c'est-à-dire du transport que celui à l'ordre de qui la lettre ou le billet est écrit ou passé fait de ses droits à un autre cessionnaire. L'endossement est écrit au dos de la lettre ; il est daté, exprime la valeur fournie et le nom de celui à l'ordre duquel il est passé. On nomme *irrégulier* celui qui est défectueux sur l'un de ces points. L'*endossement en blanc* est celui dans lequel on signe sans dater ni indiquer la valeur.

ENDROMIS ou ENDROME, espèce de vêtement garni de poil. Les Romains nommaient ainsi une robe de bain que les Gaulois leur fournissaient. Faite de poils longs et hérissés, elle avait l'avantage de ne pas plaquer contre la peau. — C'est aussi une espèce de chaussure que portaient les coureurs dans les jeux publics.

ENDUIT, substance molle destinée à être étendue, ou qui est étendue sur la surface d'un corps. En architecture, c'est un revêtement de mur qu'on fait en plâtre, en terre ou en mortier de chaux avec sable, pour en rendre la surface plane et unie, en cachant les pierres ou les briques qui le composent. Quand on applique l'enduit, il faut boucher les trous et les plus fortes crevasses. On lave le mur pour que le plâtre ou la chaux morde mieux ; on jette ensuite l'enduit.

ENDUIT. Ce sont, en peinture, les couches qu'on applique sur les toiles, le bois, etc., pour boucher les pores, détruire les effets de l'humidité.

ENDUIT. En médecine, on nomme ainsi une couche de matière plus ou moins épaisse qui revêt la surface de certains organes, et particulièrement la langue et l'intérieur de la bouche. On distingue l'*enduit bilieux*, *muqueux*, *jaune*, *blanc*, *noir*, *fuligineux*, etc.

ENDUIT HYDROFUGE. Il se place sur les murs pour les garantir de l'humidité, qui détruit les meubles, les marchandises, les papiers de tenture, etc. Le meilleur et le plus simple consiste en une partie d'huile de lin, un dixième de partie de litharge et deux parties de résine ordinaire.

ENDURCISSEMENT DU TISSU CELLULAIRE, maladie propre aux enfants nouveau-nés, dans laquelle une portion ou la totalité des téguments présente une dureté remarquable, qui ne cède point à la pression, et qui est ordinairement suivie de refroidissement. Elle est commune dans les saisons froides et humides. Parmi les enfants faibles, nés avant terme ou exposés au froid, elle peut occuper toute la surface du corps. La mort est la terminaison la plus ordinaire de cette maladie.

ENDYMATIES (myth.), danses arcadiennes, ainsi nommées parce que les danseurs y étaient vêtus.

ENDYMION (myth.), fils de Protogénie et d'Æthlius, gendre de Deucalion, fut presque contemporain du déluge auquel son beau-père donna son nom. Il vint dans la contrée que l'on nomma depuis *Élide*, et promit sa couronne à celui de ses fils qui vaincrait les autres à la course. Épéus eut cet honneur.

ENDYMION (myth.), berger de Carie, demanda à Jupiter la grâce de ne point vieillir et de pouvoir dormir tant qu'il voudrait. De là le proverbe : *Dormir le sommeil d'Endymion*, qui exprimait un long sommeil. Diane, ayant vu Endymion endormi sur le mont Latmos, fut si frappée de sa beauté, qu'elle vint le visiter toutes les nuits. L'on explique ce mythe par la passion d'Endymion pour l'astronomie, et par les observations qu'il fit particulièrement sur la lune. Quelques auteurs prétendent qu'Endymion eut commerce avec Junon (l'air), et que Jupiter le condamna à un sommeil de cinquante années. Ce mythe explique les nuits qu'il passait à examiner les astres, et les cinquante années de sa vie qu'il employa à ces observations.

ÉNÉE (myth., hist.), prince troyen, fils d'Anchise et de Vénus. Élève du centaure Chiron, il épousa Créuse, fille de Priam, dont il eut un fils nommé Ascagne. Il déploya une grande valeur dans la guerre de Troie. Dans l'incendie de Troie, il s'enfuit portant sur ses épaules Anchise et ses pénates, s'embarqua dans le dessein de chercher un établissement. Strabon et d'autres écrivains prétendent qu'il rebâtit Troie et y régna ; Virgile et les auteurs latins, qui font descendre Auguste et les Romains d'Énée, le font aborder en Italie. Selon eux, ce prince, en partant de Troie, fait voile vers l'Italie ; mais, poussé par les vents sur les côtes d'Afrique, il est accueilli favorablement par Didon, reine de Carthage, qui veut l'épouser ; mais le héros s'éloigne par l'ordre des dieux. Venu en Italie, il épousa Lavinie, fille de Latinus, roi du Latium, et régna sur les États de son beau-père après sa mort.

ÉNÉIDE, poëme épique latin, dans lequel Virgile a chanté les courses et les exploits d'Énée. Ce poëme, fait à la louange d'Auguste, est tout supposé. Virgile employa onze ans à l'écrire. Étant mort avant d'y avoir mis la dernière main, il ordonna de le brûler ; mais on n'exécuta pas sa volonté. Ce poëme se divise en douze chants. Dans le premier, Énée navigue sur la Méditerranée, fait naufrage sur les côtes de l'Afrique, persécuté par Junon, et est accueilli favorablement par la reine de Carthage, Didon. Dans le deuxième, il fait, à la prière de la reine, le récit de la chute de Troie et de ses malheurs. Il continue ce récit dans le troisième, décrit les pays qu'il a parcourus et la tempête qui l'a amené à Carthage. Le quatrième chant offre l'histoire de la passion de Didon pour Énée, le départ des Troyens et la mort de la reine. Dans le cinquième, Énée aborde en Sicile, d'où il fait voile pour l'Italie, après avoir célébré l'anniversaire de la mort d'Anchise. Au sixième, il visite les Champs-Élysées avec la sibylle de Cumes; son père lui dévoile sa destinée et celle des Romains ses descendants. Dans le septième, il arrive dans le Latium, et fait avec le roi Latinus un traité bientôt rompu par Turnus, que Junon excite à la guerre, et qui marche contre les Troyens avec de nombreux alliés. Dans le huitième, Énée reçoit de Vénus un bouclier où sont représentés les exploits et la gloire future des Romains. Le huitième décrit les combats que se livrent les armées ennemies. Dans le neuvième, Jupiter cherche en vain à réconcilier Vénus et Junon : la guerre continue. Dans le dixième, les deux peuples se livrent d'horribles combats. Le onzième offre le tableau des funérailles de Pallas, et le projet de réconciliation entre Énée et Latinus, que l'arrivée de Turnus fait évanouir. Dans le douzième chant, Énée et Turnus veulent se battre en combat singulier, mais Junon y met obstacle. Les Troyens sont défaits en l'absence de leur chef; mais, au retour d'Énée, la fortune change de face ; les deux rivaux en viennent aux mains, et la mort de Turnus termine le poëme.

ÉNERGUMÈNE (agité intérieurement), terme usité parmi les théologiens et les scolastiques pour désigner une personne possédée du démon, tourmentée par les mauvais esprits. Il est synonyme de démoniaque et de possédé. La croyance aux énergumènes est très-ancienne parmi les catholiques. Jésus-Christ chassait les démons ; il accorda ce droit à ses apôtres, et ceux-ci aux évêques et aux autres degrés de l'hiérarchie ecclésiastique.

ÉNERVATION, abattement des forces, perte de la vigueur, langueur dans l'exercice des fonctions, débilitation qui mine peu à peu la vie. L'appareil nerveux est le foyer essentiel de la vie. Trois choses épuisent son énergie, l'abus des plaisirs, les passions tristes et concentrées, et l'excès de travaux, intellectuels ou physiques, tels qu'une croissance trop rapide. Les personnes énervées sont dévorées d'une fièvre hectique ; le visage est pâle, les yeux abattus, les traits affaissés, les lèvres décolorées, le regard terne, la démarche chancelante, la voix cassée et sourde ; le malade ressent un grand dégoût de la vie. L'énervation conduit presque toujours au tombeau. Son principal remède est l'éloignement de la cause agissante.

ÉNERVÉS, chronique française. Cette histoire a été étrangement contredite par les chroniqueurs. Il est dit dans la vie de sainte Bathilde que les deux plus jeunes fils du roi Clovis II, s'étant révoltés contre leur père, furent énervés (c'est-à-dire qu'on leur coupa les muscles principaux), puis furent abandonnés dans un bateau sans rames ni voile au fil de la Seine. Le courant les poussa vers la presqu'île où Dagobert avait jeté les fondements de l'abbaye de Jumiéges, où saint Philibert, alors abbé, les guérit. En reconnaissance de cette guérison, ils se consacrèrent au culte du Seigneur. Une autre version désigne les énervés comme les enfants d'un Carloman, fils aîné de Charles Martel, et frères de Pepin le Bref.

ENFANCE, nom donné au premier âge de la vie humaine, celui où l'on ne parle pas encore (in fari, ne pas parler). Il s'étend depuis la naissance jusqu'à la septième année. — Enfance désigne aussi l'affaiblissement des facultés humaines et le commencement des choses susceptibles d'accroissements et de progrès. La seconde enfance (pueritia des Latins) conduit de l'âge de sept à huit ans à l'époque de la puberté.

ENFANCE DE NOTRE-SEIGNEUR JÉSUS-CHRIST (FILLES DE L'), congrégation religieuse qui se forma à Toulouse en 1657. Le but de cet institut était d'instruire les jeunes filles, d'assister les malades. Louis XIV cassa cet institut en 1686.

ENFANT, celui qui ne parle pas encore, qui vient de naître, celui qui n'a pas atteint encore l'âge de la puberté. L'homme est enfant jusqu'à l'âge de sept ou huit ans. — L'enfant est aussi le fils ou la fille relativement au père et à la mère. — L'enfant, à sa naissance, est sujet à un grand nombre de maladies, le croup, les convulsions, les tranchées, le rachitisme, les vers et le carreau. De quatre à sept mois, les dents incisives paraissent ; de six à dix mois, le sens du toucher se développe ainsi que les autres sens ; l'enfant s'efforce de donner un nom aux objets qu'il voit. Les garçons sont plus précoces que les filles pour la marche et la parole.

ENFANT. En termes de droit, on nomme enfant légitime, celui qui est né d'un légitime mariage, et qui a ainsi droit à la succession de son père ; enfant adoptif, celui au profit duquel un étranger fait une déclaration d'adoption, et qui est mis alors sur la même ligne que l'enfant légitime ; enfant adultérin, celui qui est issu d'un commerce adultère ; enfant illégitime, celui qui est né hors mariage ; enfant naturel, celui qui est né d'un mariage illégitime, tels sont les adultérins, les incestueux ; ceux-ci ne peuvent être reconnus, les autres peuvent l'être et ont droit à une légitime ; l'enfant incestueux est celui qui est né d'un commerce incestueux. On distingue encore les enfants mineurs, majeurs, émancipés. On nommait autrefois enfant chéri celui des enfants de famille qui était avantagé aux dépens des autres.

ENFANT-JÉSUS, ordre de religieuses, fondé par Anne Murioni à Rome en 1661. Elles forment une congrégation, et promettent par vœu d'observer la chasteté, la pauvreté et l'obéissance. Ces religieuses ne doivent pas être plus de trente-trois. Leur habit consiste en une robe de serge de couleur tanné. Elles ont des pensionnaires, dont le nombre ne peut excéder trente. Elles reçoivent gratuitement les filles qui veulent se disposer à faire leur première communion ou embrasser l'état religieux.

ENFANT PRODIGUE, parabole célèbre, que l'on trouve dans l'Évangile de saint Luc (chap. xv, v. 11), et dont voici l'analyse : Un père a deux fils ; le plus jeune obtint de son père la portion qui lui revenait de son bien, et alla la dissiper en pays étranger. Tombé dans une grande misère, il garda les pourceaux d'un maître qui lui laissait à peine, pour assouvir sa faim, les restes de la nourriture qu'on donnait à ces animaux. Il résolut donc de retourner vers son père, lui avoua sa faute, et implora son pardon. Son bon père l'embrassa, lui pardonna, et fit préparer un grand festin pour célébrer son arrivée. Cette parabole a été interprétée différemment. L'on pense que l'enfant prodigue désigne un chrétien qui abandonne sa foi, sa religion, pour embrasser une autre religion, une vie scandaleuse ; sa misère dépeint le trouble de sa conscience, son retour à la maison paternelle sa conversion, la joie du père le bonheur qu'éprouve l'Église à ouvrir son sein aux pécheurs.

ENFANTS DE CHŒUR, nom donné à des enfants dont l'emploi est de chanter dans l'église et de servir à quelques autres fonctions du chœur. Dans quelques églises, ces enfants sont vêtus d'une soutanelle rouge, et portent sur la tête une calotte ou un bonnet carré rouge. Ces enfants sont nourris comme pensionnaires à leurs frais ou aux frais de l'église, et apprennent à chanter. Les enfants de chœur furent introduits dans les églises catholiques aux premiers siècles du christianisme.

ENFANTS DE FAMILLE, ceux qui sont en possession de père ou de mère. La loi impose plusieurs obligations aux pères de famille ; ils doivent nourrir et élever leurs enfants jusqu'à ce qu'ils les aient mis à même de gagner leur vie. Les personnes qui exposent en un lieu solitaire un enfant au-dessous de sept ans, sont condamnées à un emprisonnement de six mois à deux ans et une amende de 16 à 200 francs. Si l'enfant a été mutilé ou est mort, le crime est puni comme tel. L'enfant reste sous l'autorité paternelle jusqu'à sa majorité ou son émancipation.

ENFANTS DE FRANCE, nom donné, en France, aux enfants, petits-enfants, frères et sœurs du roi régnant. Sous les deux premières races, les fils du roi se partageaient les États de leur père, chacun prenait le titre de roi et gouvernait le pays qui formait son héritage. Sous les deuxième et troisième races, le fils aîné du roi dut seul hériter de la couronne de son père. Les cadets n'eurent que de simples apanages. Le fils aîné avait aussi un apanage, qui, à son avénement au trône, était réuni à la couronne. Quand les filles de rois épousaient des ducs ou des comtes, elles prenaient le titre de reine. Au xvie siècle, elles prirent celui de madame. Les apanages et dots dépendaient de la volonté du souverain. Jusqu'à Philippe le Bel, ils étaient cédés en toute propriété. Ce prince statua qu'à l'extinction de la branche masculine, ils reviendraient au domaine de la couronne. Charles V (1374) fixa à 120,000 francs de rente en fonds de terre ou en rente en somme de 400,000 francs pour ses enfants, et de 100,000 livres pour sa fille aînée, de 60,000 pour les autres. Cet usage subsista à peu près jusque sous François Ier. Le nom d'enfants de France ne fut donné que très-tard aux fils des rois. Ceux-ci furent nommés fils de France, leurs fils petits-fils de France. Après ce degré, les princes se nommèrent princes du sang ; les filles du fils aîné du roi se nommaient mesdames ; les princesses nées des fils puînés du roi prirent les noms de mesdemoiselles. Avant que le Dauphiné fût réuni à la couronne, le fils aîné du roi se nommait dauphin de Viennois, et faisait titre ducal d'un grand fief. Ce titre a été porté jusqu'en 1711. Depuis cette époque on le nomma *dauphin de France*. Les filles du roi se nommaient *mesdames*, et on y joignait le nom de baptême. La fille aînée se nommait seulement *madame*. On nommait *altesse royale* les fils, filles, frères et sœurs du roi ; les autres princes se nommaient *altesse sérénissime*.

ENFANTS DE LANGUES ou JEUNES DE LANGUES, nom donné à des enfants qui, Français de naissance ou nés de Français établis au Levant, étaient élevés aux frais du gouvernement, et instruits spécialement dans les langues orientales pour être employés ensuite comme *drogmans* dans les échelles du Levant. L'institution des enfants de langues date du règne de Louis XIV.

ENFANTS DE TROUPES, nom donné aux fils des soldats et des officiers au service. On en admet deux par compagnie ; ils doivent être fils légitimes de sous-officiers ou soldats. On en admet cependant qui n'ont pas cette origine. Ils reçoivent le pain, la demi-solde et l'habillement jusqu'à l'âge de seize ans. A cette époque, s'ils veulent contracter un engagement, ils deviennent soldats, et leur service commence à partir de ce jour-là ; s'ils ne veulent pas suivre la carrière des armes, ils deviennent libres, et n'ont plus droit à aucune fourniture.

ENFANTS PERDUS. Les enfants perdus figurent dans la milice française depuis la naissance de l'infanterie ; ils étaient coiffés d'un chaperon, armés d'un couteau d'armes et d'une massue ; en corps de bataille, à l'avant-garde, ils étaient armés ordinairement d'une hallebarde. Ces soldats s'offraient pour des expéditions périlleuses ou des actions isolées ; ils étaient choisis par voie d'élection dans toute l'armée. Ils faisaient le service d'éclaireurs, de voltigeurs, et engageaient l'affaire. Sous Louis XIII et Louis XIV, les *enfants perdus* étaient choisis parmi les mousquetaires et les grenadiers. En 1667, ils formaient des compagnies provisoires. Le mélange de ces grenadiers forma les compagnies franches de *grenadiers*. Dans le siècle dernier, on nomma *volontaires* les *enfants perdus*.— On nomme encore ainsi les troupes aventurées.

ENFANTS SANS SOUCI, nom donné à une troupe de baladins qui s'adjoignirent les *confrères de la passion*, et qui rompaient l'uniformité et la tristesse des mystères par leurs farces et leurs chansons. Leur chef se nommait *prince des sots*. Les confrères de la passion louèrent leur théâtre de l'hôtel de Bourgogne aux enfants sans souci vers le milieu du xvi siècle. Ils furent remplacés par des acteurs italiens appelés à Paris par Mazarin en 1659.

ENFANTS TROUVÉS. On nomme ainsi les enfants qu'on trouve exposés, et dont le père et la mère ne sont pas faits connaître. Chez les anciens, les Grecs pouvaient abandonner leurs enfants ; les Romains pouvaient les exposer et même les tuer. En les exposant, ils leur attachaient au cou ou aux bras des signes qu'ils faisaient valoir lorsqu'ils voulaient reprendre l'enfant. Celui qui n'était pas réclamé était la propriété de celui qui l'avait recueilli. Justinien (530) défendit de traiter comme esclaves les enfants abandonnés. Chez les Francs et sous la deuxième race même, les enfants devenaient la propriété de ceux qui les recueillaient ; les parents avaient dix jours pour les réclamer. Au moyen âge il existait plusieurs hospices pour élever les enfants trouvés ; des coquilles de marbre placées sur la porte des églises servaient à déposer les enfants. Une ordonnance du parlement (1522) ordonna aux seigneurs de nourrir les enfants déposés sur leur territoire. Cet usage subsiste encore dans le Nord. — Vers 1600, une veuve, dont on ne connaît pas le nom, donna sa maison pour servir d'asile aux enfants abandonnés. Vincent de Paule se montra le protecteur des enfants trouvés, et un établissement fut fondé par ses soins pour les enfants trouvés. En 1670, il fut érigé en hôpital.

Un grand nombre d'autres établissements semblables sont élevés dans les départements. Les enfants sont mis en apprentissage à l'âge de douze ans jusqu'à l'âge de vingt-cinq ans. Le nombre moyen annuel des enfants trouvés en France est de 34,000.

ENFER, lieu destiné au supplice des damnés et où les âmes des méchants subissent le châtiment de leurs crimes. L'enfer est la demeure des démons. On souffre deux peines dans l'enfer, celle du *dam*, qui consiste dans la privation de la vue de Dieu, et celle du *sens*, qui consiste à souffrir les tourments les plus violents. L'Ecriture nous désigne ces tourments par un feu réel et véritable, qui agira sur les corps et sur les âmes sans les détruire. C'est le sentiment des Pères et des théologiens, mais ce n'est pas un article de foi. Les peines de l'enfer sont éternelles. Le sentiment contraire à cette croyance est regardé comme une hérésie. — Les Hébreux avaient un *scheôl*, lieu souterrain où se réunissent les âmes des morts ; les Grecs, les Egyptiens et les Romains avaient leur *Tartare*. Les Indous croient que les âmes des bons vont au *svarga* ou *ciel*, et que celles des méchants vont au *naraka* (enfer).

ENFER DE BOYLE, nom donné par les anciens à un appareil, au moyen duquel ils obtenaient le *précipité perse* (deutoxyde de mercure rouge). Il consistait en un flacon très-plat, dont l'orifice était fermé par un bouchon long de quinze à vingt pouces, percé d'un canal, qui permettait à l'air extérieur de s'introduire dans le flacon. Celui-ci contenait du mercure métallique, que l'on faisait bouillir jusqu'à ce qu'il fût entièrement oxydé.

ENFER DE BOYLE. On a aussi donné ce nom à un matras à fond plat, dans lequel on mettait du mercure métallique, et dont le col était ensuite effilé à la lampe, de manière à ce que l'extrémité ne présentât qu'une très-petite ouverture pour donner passage à l'air. Cet instrument servait à l'oxydation du mercure. On le conserve encore dans quelques laboratoires.

ENFERMÉS, nom sous lequel G. Cuvier a réuni, comme formant une famille parmi les acéphales testacées, tous les animaux de cet ordre qui ont le manteau ouvert par le bord antérieur, ou vers son milieu seulement, pour le passage du pied, et prolongé de l'autre bout en un double tube qui sort de la coquille, laquelle est toujours bâillante par ses extrémités. Les principaux groupes de cette famille sont ceux des *myes*, *byssomies*, *fistulaires*, etc.

ENFILADE, nom donné, en termes d'art militaire, à des tranchées, *des lignes de troupes*, de fortification, qui sont droites, et qui peuvent être aisément balayées par le canon de l'ennemi. — C'est aussi la ligne droite que suit un projectile qui peut agir parallèlement à un chemin couvert, aux défenses d'une place, etc.

ENFLÉ, nom donné, en botanique, aux calices et aux corolles dilatés à leur partie moyenne et resserrées à leur sommet. Telle est la corolle de plusieurs bruyères.

ENFLE-BOEUF, nom vulgaire donné au *carabe doré*, parce que l'on prétend que quand les bestiaux l'avalent il produit une inflammation qui les fait enfler. Les anciens partageaient la même opinion, et ils donnaient à cet insecte et à ses analogues le nom de *buprestis*, qui signifie aussi *enfle-bœuf*. On a donné à tort cette propriété à cet insecte ; car souvent l'enflure est produite par la grande quantité de gaz qui se dégagent des aliments en fermentation dans le corps des bestiaux qui en ont pris une grande quantité avec trop de précipitation.

ENFLURE ou GONFLEMENT, augmentation morbide de volume dans le corps de l'homme ou des animaux. Ce phénomène peut avoir lieu dans tout le corps, et alors il est produit par une exhalation augmentée de graisse ou de sérosité, quelquefois par un épanchement d'air : il peut aussi être le résultat d'une pléthore réelle ou artifi-

cielle. L'inflammation, les épanchements, les dégénérescences, les kystes, sont les principales causes des *enflures*.

ENGADINE, vallée de Suisse, dans le canton des Grisons. Sa longueur est de 18 lieues. Elle est traversée par l'Inn, et divisée en *haute* et *basse Engadine*. Celle-ci est plus fertile et plus peuplée. Elle renferme des terres labourables, des pâturages, des bois et des mines de fer. Ses habitants parlent une langue dialecte de l'ancien *roman*.

ENGAGEMENT, acte par lequel une personne quelconque s'oblige envers quelqu'un à faire, donner ou payer une chose ou une somme à une époque convenue. Certains engagements se forment sans qu'il n'intervienne aucune convention, ni de la part de celui qui s'oblige, ni de la part de celui envers lequel on s'oblige. Les uns résultent de l'autorité seule de la loi, les autres d'un fait personnel à celui qui se trouve obligé. Les premiers sont les engagements formés involontairement entre des personnes qui ne peuvent refuser la fonction qui leur est déférée ; les seconds résultent des quasi-contrats, des délits ou des quasi-délits. L'engagement sans cause ou sur une cause fausse ou illicite n'a aucun effet. Les choses seules qui sont dans le commerce peuvent être l'objet des conventions.

ENGAGEMENT. En marine et dans l'art militaire, *contracter un engagement* c'est se vouer à la profession des armes ou à celle de matelots pour un temps déterminé. Autrefois l'armée se recrutait par *engagement*, avec prime d'argent ; à présent elle se recrute par des appels faits à la population. Avant 1789, l'engagement ne pouvait être moindre de huit ans. Il fallait avoir seize ans accomplis. Le prix de l'engagement était fixé à 92 livres. Les soldats ne pouvaient parvenir aux grades supérieurs si, après six ans de service, ils ne contractaient un second engagement. L'acte d'engagement est aujourd'hui signé devant les municipalités du lieu où l'on habite, avec le consentement des père et mère de celui qui s'engage. La loi autorise les engagements depuis dix-huit jusqu'à quarante ans.

ENGAGEMENT. On appelle ainsi les actions partielles et de peu d'importance qui ne méritent pas les noms de bataille ou de combat.

ENGAGER, état d'un navire dont la force du vent charge d'un bord, faisant plonger l'autre bord dans les flots, et qui ne peut se relever. Il faut alors couper la mâture de l'arrière, étendre des morceaux de toile goudronnée dans les haubans de misaine. Des matelots s'y placent, et opposent la masse de leur corps au vent, qui pousse alors l'avant, sur lequel il n'a plus de prise, et par lequel il emporte à la fin le navire qui fuit devant lui. Si le navire ne se relève pas, il chavire. — Un bâtiment *s'engage* lorsqu'il s'embarrasse dans des écueils.

ENGAGISTE, celui qui tenait par engagement quelques domaines ou droits, soit du roi, soit des particuliers. Il jouissait des droits de patronage. Tant que l'engagement durait, l'engagiste était tenu d'acquitter les charges du domaine, telles que les charges des officiers et les prestations annuelles pour fondations ou autres. L'engagiste devait aussi entretenir les bâtiments, les prisons, les moulins, etc., fournir le pain aux prisonniers, payer les frais de leur transport et des procès criminels où il n'y avait point de partie civile.

ENGAINANT, nom donné, en botanique, aux feuilles qui, au lieu d'être attachées par un pétiole ou par la partie inférieure de leur limbe, se prolongent en une membrane tubuleuse qui enveloppe la tige. Les feuilles des graminées et des cypéracées sont *engaînantes*.

ENGALLAGE, opération de teinture qui consiste à combiner les principes contenus dans la noix de galle avec des tissus ou des fils destinés à recevoir certaines matières tinctoriales. Cette opération se fait en plongeant ces tissus ou ces fils, pendant un certain temps, dans une infusion de noix de galle maintenue à une température voisine de l'ébullition. Quelquefois l'on substitue le sumac ou d'autres astringents à la noix de galle. La noix de galle agit de deux manières différentes dans la teinture : ou bien elle sert de mordant, et ne contribue qu'à fixer la couleur ; ou bien la couleur résulte de la combinaison de ses principes avec certains corps, et surtout l'oxyde de fer. C'est ce qui a lieu pour les *noirs*.

ENGASTRIMYTHE (*engastromante, engastriloque, engastrimandre*), nom donné aux personnes qui ont la faculté de rendre, sans remuer la bouche et les lèvres, des sons indépendants et différents de ceux de la voix ordinaire, et qui semblent partir de l'estomac ou du ventre. Autrefois les engastrimythes étaient regardés comme possédés du démon. L'on croit même que les prêtres païens, les sibylles, les devins trompaient les peuples et semblaient rendre des oracles en parlant engastrimythement. L'engastrimysme n'est qu'une modification du langage ordinaire, fondée sur la faculté d'imiter tous les sons et chaque espèce de voix, de varier les inflexions et les intonations vocales. Voici le mécanisme qui produit l'engastrimysme. Après avoir introduit une grande quantité d'air dans la poitrine par voie d'inspiration, il faut contracter fortement le voile du palais, afin de l'élever, de manière à boucher entièrement l'orifice postérieur des fosses nasales. On contracte encore la base de la langue, le pharynx, le larynx, les piliers, les amygdales et toutes les parties qui forment le gosier. On fixe ensuite la pointe de la langue derrière les dents de la mâchoire supérieure, en sorte que le sommet de l'organe phonateur reste entièrement immobile. L'émission de la voix se fait en chassant le moins possible de l'air du poumon et en contractant avec force les muscles du ventre, de la poitrine et du cou. La voix paraît alors sourde et plus ou moins éloignée.

ENGEL (Jean-Jacques), né à Parchim (Mecklembourg-Schwerin) en 1741. Il étudia d'abord la théologie, et se livra ensuite à l'étude de la philosophie, de la physique, des mathématiques, de la philologie. Il fut nommé professeur de morale et de belles-lettres à Berlin (1776), et conserva cette place jusqu'en 1787, époque à laquelle il fut nommé directeur du théâtre de Berlin par le roi de Prusse, dont il avait été précepteur. Il quitta cette place en 1794, et se retira à Schwerin. Il mourut en 1802. Ses plus célèbres ouvrages sont *le Fils reconnaissant, le Page, la Femme douce*, comédies ; *le Philosophe pour le monde, Idée d'une mimique, Méthode de logique*, etc.

ENGELBERG, vallée et seigneurie de Suisse, dans le canton d'Unterwalden. Population, 1,400 habitants. Elle a des glaciers et un grand nombre d'eaux minérales. — Cette contrée est célèbre par une abbaye de bénédictins fondée en 1633.

ENGELBERGE ou INGELBERGE, femme de l'empereur Louis II, fut accusée d'adultère par le prince d'Anhalt et le comte de Mansfeld. Elle se défendit en vain de ces accusations. Boson, comte d'Arles, persuadé de son innocence, donna un défi aux calomniateurs, et leur fit rendre hommage à la vertu de l'impératrice. Le vainqueur reçut pour prix le titre de roi d'Arles et la main d'Ermengarde, fille d'Engelberge. Cette princesse, devenue veuve, se fit bénédictine, et mourut vers l'an 890.

ENGELBERT, ou ENGELBRECHTSEN (Corneille), né à Leyde en 1468, fut un des peintres les plus fameux des XVe et XVIe siècles. Il peignait avec un égal talent, en détrempe et à l'huile. Engelbert mourut en 1533. Ses plus célèbres ouvrages sont : *le Sacrifice d'Abraham*, une *Descente de croix*, l'*Adoration des rois*, l'*Agneau de l'Apocalypse*.

ENGELMAN (Godefroi), artiste célèbre à qui la France doit l'importation de la lithographie, né à Mulhausen (Haut-Rhin), en 1788. Il apprit à Munich les procédés de cet art, et les fit connaître à Paris et à Mulhausen en 1816. Il a publié un *Recueil d'essais lithographiques* et un *Portefeuille géographique et ethnographique*.

ENGELURE, affection produite exclusivement par le froid, et surtout par l'exposition des parties refroidies à une chaleur vive. Elle a particulièrement son siège aux téguments de la face dorsale des doigts et des orteils, aux oreilles, aux joues, aux lèvres même et à l'extrémité du nez. Elle a pour symptômes la rougeur, le gonflement, la démangeaison de ces parties ; elle se termine par résolution, quelquefois par la formation d'une ampoule, d'une excoriation ou d'une crevasse. A la suite de cette affection, les téguments restent ridés et livides pendant quelque temps. On l'observe spécialement dans l'enfance, chez les personnes d'un tempérament lymphatique, d'une constitution molle et scrofuleuse ; cette disposition aux engelures cesse à l'âge de puberté. Le traitement consiste à éviter les alternatives brusques de froid et de chaud. Avant l'hiver, il faut se baigner plusieurs fois par jour les pieds et les mains dans une décoction d'écorce de chêne et de grenade, dans laquelle on fait dissoudre un peu d'alun ou de l'extrait de saturne. Des cataplasmes de farine de graine de lin froids et arrosés d'eau de goulard suffisent pour guérir les engelures.

ENGENDRER, mot dont on se sert, en géométrie, pour désigner la génération d'une étendue à l'aide du mouvement d'une autre étendue. C'est ainsi qu'on dit qu'un cylindre droit est engendré par la rotation d'un rectangle autour d'un de ses côtés.

ENGHIEN, village de Seine-et-Oise, plus connu sous le nom de *Montmorency*, à 5 lieues de Pontoise. Il possède un établissement d'eaux minérales sulfureuses qui ont l'odeur et la saveur hépatiques. On les regarde comme toniques et excitantes du système lymphatique. — Enghien fut érigé en duché-prairie en faveur de la maison de Montmorency. Il passa ensuite dans celle de Bourbon-Condé.

ENGHIEN, ville de Belgique, dans le Hainaut, à 6 lieues de Mons, 8 de Bruxelles. Elle commerce en bestiaux, étoffes, quincaillerie, etc. Elle est célèbre par la bataille livrée en 1692 entre les Français et les puissances coalisées.

ENGHIEN (François de Bourbon, comte d'), frère d'Antoine, roi de Navarre, naquit à la Fère en 1519 de Charles de Bourbon, duc de Vendôme. Il fut fait gouverneur du Hainaut, du Piémont et du Languedoc. François Ier lui confia en 1543 la conduite d'une armée en Italie, avec laquelle il s'empara de Nice, s'avança dans le Piémont, et remporta la célèbre victoire de Cérisoles (1544). Ce prince fut tué en 1545.

ENGHIEN (Louis-Antoine-Henri de Bourbon-Condé, duc D'), né à Chantilly en 1772 de Louis-Henri-Joseph, duc de Bourbon, suivit en 1789 ses parents dans l'émigration, et prit en 1792 les armes contre la république française. En 1796, il combattit dans les rangs de l'armée du prince de Condé, qu'il quitta en 1801. Il se retira au château d'Ettenheim (Bade), à 4 lieues de Strasbourg, en 1804. Il fut par ordre de Bonaparte enlevé de sa demeure, dans la nuit du 15 au 16 mars, par le général Ordener. Amené le 20 à Vincennes, et jugé par une commission militaire, il fut sommairement condamné à mort, comme émigré et conspirateur ; on lui refusa même un défenseur. Le duc d'Enghien mourut courageusement le 21 mars au matin. — Le grand Condé avait aussi dans sa jeunesse porté le titre de DUC D'ENGHIEN.

ENGILBERT, paysan suédois de la Dalécarlie, délivra en 1434 ses compatriotes du joug du roi danois Erik. Il fut nommé à l'unanimité, en janvier 1435, administrateur du royaume, qu'il gouverna conjointement avec Charles Bonde, (Voy. CHARLES, rois de Suède.) Quelque temps après, les seigneurs le firent assassiner par trahison. Le peuple révéra sa mémoire comme celle d'un martyr de la liberté.

ENGIN, nom générique que l'on donnait jadis à toutes les machines de guerre. Les *engins à verge* comprenaient les diverses espèces de catapultes, les perriers, etc. Ce terme est aujourd'hui consacré spécialement à désigner un appareil destiné à former un point de suspension pour élever un fardeau. — En termes de pêche, il se dit de toutes sortes de filets ; en termes de chasse, de tout ce qui est nécessaire pour chasser certains animaux ; en termes de mines, de toutes les machines employées à vider les eaux et à enlever les matières qui sont mêlées aux minerais.

ENGORGEMENT, embarras, accumulation des fluides animaux dans une partie du corps, lequel y cause une augmentation de volume. Les engorgements sont produits par l'abondance et l'épaisseur de ces fluides, qui en empêchent la circulation. Il se dit aussi, en botanique, des embarras qui se forment dans les vaisseaux par où circule la sève.

ENGOUEMENT, accumulation dans un organe creux des matières qui y sont sécrétées ou portées. L'engouement du gosier est une obstruction du gosier causée par des aliments avalés en trop grande quantité, et qui obstruent le passage. Il y a *engouement des bronches*, quand les mucosités s'y accumulent ; *engouement des intestins*, quand les matières qui doivent les parcourir y séjournent.

ENGOULEVENT, oiseau de la famille des passereaux latirostres, distingué par un bec très-déprimé, crochu et garni à sa base de soies divergentes ; le plumage est sombre, gris ou roussâtre, avec de petits traits noirs. Ces oiseaux sont longs de dix à douze pouces ; ils sont nocturnes ou crépusculaires ; une seule espèce est diurne. Les engoulevents se nourrissent d'insectes, et habitent tous les climats ; ils vivent le plus souvent isolés. On les nomme encore *crapauds volants, tette-chèvres, chasse-crapauds, hirondelles à queue carrée*, etc.

ENGOURDISSEMENT, suspension ou diminution instantanée des facultés internes ou externes ; état d'une partie ou du corps qui devient pesant et presque incapable de sentir et de se mouvoir. La fatigue, les veilles, un froid vif et soutenu, la commotion, la compression, une position longtemps conservée, etc., sont les principales causes de l'engourdissement. On le guérit par le repos, s'il résulte des travaux du corps ou de l'esprit ; par des frictions, s'il est l'effet du froid ou de la compression.

ENGRAIS, substance quelconque qui donne à la terre les principes nécessaires à la végétation ou qui augmente ses principes. Ces substances ont chacune des propriétés particulières. La marne, la houille, l'argile, la glaise, les terres sableuses, etc., allègent les terres compactes ou donnent de la consistance aux terrains trop légers ; les fumiers et les détritus de substances animales et végétales fournissent aux plantes leurs sucs ; la chaux, le sel, etc., puisent l'humidité qui se trouve dans l'atmosphère pour la transmettre aux végétaux. Plusieurs substances possèdent à la fois ces diverses propriétés. Tels sont les terreaux, les boues des rues, les dépôts des égouts, les mélanges d'urine avec la glaise, la craie, le plâtre, etc. L'engrais formé de l'urine des bestiaux fait sur les mousses, réchauffe le sol, et détermine une végétation active ; l'engrais formé de matières fécales ou *gadoue* sert à arroser les plantes oléagineuses et plusieurs légumineuses ; la *poudrette*, engrais formé de matières fécales séchées, a les propriétés excitantes et fertilisantes ; les fumiers des chevaux conviennent aux terres humides ; ceux des vaches conviennent aux terrains chauds et secs ; les engrais de fientes de moutons et de porcs sont très-puissants. On a observé que le sel marin est nuisible au blé ; le plâtre convient à la luzerne ; la craie sert aux amendements ; la chaux convient aux terres froides et humides ; les cendres de bois et de tourbe échauffent les terres et favorisent la germination.

ENGRAISSEMENT, action de donner de l'embonpoint aux animaux domestiques, de rendre leur chair onctueuse et plus couverte de graisse. Le meilleur temps pour engraisser les animaux est l'époque où leur croissance est terminée. Il faut employer à cet usage les substances les plus nourrissantes, les empêcher de propager leurs espèces, les tenir dans un repos continuel et dans une obscurité assez grande. On engraisse les mammifères, en commençant d'abord par des herbes fraîches, des feuilles de choux, des raves ; on leur donne ensuite du foin de bonne qualité, que l'on entremêle de panais, de carottes, pommes de terre et topinambours. On termine l'engrais en leur donnant des farines ou des grains d'orge, d'avoine, de sarrasin, de fèves, de pois et de vesces ; puis on les laisse paître quelque temps. On engraisse les volatiles en leur donnant le plus de nourriture possible.

ENGRELURE, petit point très-étroit que l'on met à une dentelle. Si elle fait partie de la dentelle, c'est le pied même de la dentelle qu'on désigne par ce nom ; si elle en est séparée, ce nom se donne à une petite dentelle sans point, dont on se sert pour faire le pied ou la monture d'une dentelle fine ou d'un bel entoilage.

ENGRENAGE, système de roues dentelées et de pignons qui sont disposés de manière que, lorsque l'on imprime à l'une des roues un mouvement de rotation, toutes les autres sont forcées de tourner avec des vitesses déterminées. Chaque roue doit tourner sur son axe en sens contraire des deux roues qui engrènent avec elles. Les engrenages sont très-usités dans les arts, pour communiquer une force motrice augmentée ou diminuée à un degré déterminé, tantôt pour accélérer ou retarder un mouvement donné. Le système ne doit éprouver dans son jeu ni arrêts, ni chocs, ni actions brusques ; les dents doivent être soumises à une forme régulière. On évite les engrenages dans les grandes machines, parce que chaque roue absorbe par le frottement une partie de la force motrice.

ENGRENURE (anat.), sorte d'articulation immobile dans laquelle les os s'unissent par leurs bords, au moyen de dentelures et de petites cavités qui se pénètrent réciproquement ; telles sont les articulations de la plupart des os du crâne. Ce mot est synonyme de *suture*.

ENGUERRAND DE MARIGNY. Voy. MARIGNY.

ENHARMONIQUE désignait, dans la musique des Grecs, un des trois genres, lequel procédait par deux quarts de ton et une tierce majeure. L'*enharmonie* ou *genre enharmonique*, dans la musique moderne, consiste à passer d'un ton où il y a plusieurs dièses dans un ton où il y a plusieurs bémols et réciproquement, comme lorsqu'on passe d'ut dièse majeur (sept dièses) à ré bémol majeur (cinq bémols). Cette transition est insensible sur le piano, la flûte, la clarinette, parce que les dièses et les bémols sont faits sur la même touche, ou avec la même clef ; mais elle est très-sensible dans les instruments à cordes.

ENHYDRE (*qui a de l'eau dans l'intérieur*), nom donné particulièrement à de petites géodes de calcédoine, dont la cavité est occupée par une goutte d'eau ; l'on peut encore appliquer ce nom au quartz hyalin et à la fluorine, lorsque les cristaux de ces substances renferment de l'eau. On fait monter en bague ces cristaux enhydres, comme objet de curiosité.

ÉNICURE, genre de passereaux voisins des bergeronnettes, distingués par une queue longue et profondément fourchue, un bec long et presque droit, des tarses ou jambes assez élevées. Les espèces qu'il comprend sont toutes de Java ou de Sumatra ; elles vivent dans les lieux retirés, sur le bord des ruisseaux ou dans les ravins des torrents, et cherchent avec avidité les larves des libellules. La longueur de ces oiseaux est de vingt-six à trente centimètres.

ÉNIGME. Chez les anciens, c'était une sentence mystérieuse, une proposition qu'on donnait à deviner, mais qu'on cachait sous des termes obscurs, et quelquefois en apparence contradictoires. Les plus célèbres de l'antiquité sont celle du *Sphinx*, proposée à Œdipe, et celles de Salomon (*Proverbes*, I, 6). L'énigme, chez les modernes, est un petit ouvrage ordinairement en vers, où, sans nommer une chose, on la décrit par ses causes, ses effets et ses propriétés, mais sous des termes ambigus, de manière à rendre cette chose difficile à deviner.

ÉNIPÉE (myth.), fleuve d'Élide, dans le Péloponèse, fut aimé de Tyro, fille de Salmonée. Neptune prit la forme de ce fleuve pour obtenir les faveurs de Tyro. Il en eut Nélée et Pélias.

ENKYSTÉ, nom donné à certaines tumeurs ou à quelques concrétions solides ou liquides qui sont renfermées dans une enveloppe particulière à laquelle on donne le nom de *kyste*.

ENLASSURE, nom donné, en charpenterie, au trou percé en travers des mortaises et des tenons pour les cheviller ensemble.

ENLÈVEMENT, action de ravir, d'enlever de force une personne, une chose. Si l'enlèvement s'exerce sur une personne majeure et maîtresse de ses droits, il constitue un crime nommé *séquestration des personnes*. L'enlèvement *d'une fille mineure* ou *d'une femme mariée* constitue un crime qui prend le nom de *rapt*. Les coupables d'enlèvement, de recélé ou de suppression d'un enfant, de substitution d'un enfant à un autre ou de supposition d'un enfant à une femme qui ne sera pas accouchée, sont punis de la réclusion. La même peine a lieu contre ceux qui, étant chargés d'un enfant, ne le représenteront pas aux personnes qui ont droit de le réclamer, et contre quiconque a, par fraude ou violence, enlevé ou fait enlever des mineurs, ou les a entraînés, détournés ou déplacés. Si la personne ainsi enlevée ou déplacée est une fille au-dessous de seize ans accomplis, la peine est celle des travaux forcés à temps. Si le ravisseur est mineur, la peine est un emprisonnement de deux à cinq ans.

ENLEVER, action de ravir, emporter par force. Ce terme sert à désigner, dans les arts, une opération nommée aussi *enlevage*. Les tableaux se ressentent beaucoup des ravages du temps. La toile et le panneau deviennent vermoulus et tombent en lambeaux. La peinture elle-même, ne se soutenant plus sur la toile, se détache et tombe en écailles. Vers le milieu du XVIIIᵉ siècle, deux restaurateurs de tableaux, Hacquin et Picault, ont imaginé d'*enlever* entièrement la peinture et les fragments de vieille toile, et de placer la peinture sur une toile neuve.

ENLUMINURE, l'art d'*enluminer*. Ceux qui enluminent se nomment *enlumineurs* ou *enlumineuses*. Leur travail consiste à placer des couleurs avec le pinceau sur des planches gravées et imprimées en noir au trait seulement, pour la plupart, afin de donner aux divers objets qu'elles représentent les couleurs naturelles dont elles sont revêtues. On *enlumine* les estampes, les images, les cartes à jouer et les cartes de géographie. L'enlumineur doit connaître le dessin et surtout l'art de mélanger les couleurs et de les combiner de manière à produire les effets de la belle peinture. On se sert des couleurs transparentes que l'on retire du règne animal et végétal.

ENNA (myth.), ville située dans l'intérieur de la Sicile, et près d'une belle plaine où Proserpine fut enlevée par Pluton. — De cette ville fut donné le nom d'*Ennéa* à Diane, parce qu'elle y était adorée.

ENNÉADÉCATÉRIDE, nom donné, par Méton et Euctémon, à la période de dix-neuf années lunaires, parce qu'au bout de dix-neuf ans solaires la lune revient à peu près au même point du ciel. Cette période ramène les nouvelles lunes aux mêmes jours de l'année et presque aux mêmes heures. Elle porte aussi le nom de *cycle lunaire*. Les Grecs et les Juifs faisaient usage de l'ennéadécatéride.

ENNÉAGONE, polygone à neuf angles et à neuf côtés. Si ces angles et ces côtés sont égaux, le polygone est *régulier*. S'ils ne sont pas égaux, le polygone est irrégulier. Sa surface est égale à quatorze angles droits.

ENNÉANDRIE, neuvième classe du système sexuel de Linné, comprenant des plantes qui sont toutes hermaphrodites, et dont la fleur offre neuf étamines. Ce nombre se rencontre fort rarement dans la famille des végétaux phanérogames, et on ne connaît guère que cinq genres *ennéandres*. Cette classe comprend trois ordres rangés d'après le nombre de leurs pistils. Ce sont l'*ennéandrie monogynie*, à un style (laurier) ; l'*ennéandrie trigynie*, à trois styles (rhubarbe), et l'*ennéandrie hexagynie*, à six styles (butome).

ENNISKILLING, petite et forte ville d'Irlande, capitale du comté de Fermanagh, à 32 lieues de Dublin. Elle est sur le lac d'Ern, dans une île. Enniskilling a une forteresse et envoie un député au parlement.

ENNIS-TOWN, bourg d'Irlande, à une lieue de Clare, et chef-lieu du comté de ce nom, à 45 lieues de Dublin. Ennis-Town envoie un député au parlement.

ENNIUS (QUINTUS), ancien poëte latin, né à Rudies en Calabre l'an 240 avant l'ère vulgaire. Caton l'emmena à Rome, où il obtint par ses talents le droit de bourgeoisie. Il mourut l'an 169 avant J.-C. C'est le plus ancien poëte latin dont nous connaissions le nom. Il laissa à la langue et à la poésie latine beaucoup de rudesse. Ennius écrivit en vers héroïques dix-huit livres des *Annales de la république romaine*, et composa des *comédies* et des *satires*. Il ne nous reste de ces ouvrages que quelques fragments.

ENNODIUS (MAGNUS FELIX), fils de Camillus, né vers l'an 475 ou 473 à Arles ou à Rome. Il épousa une fille noble et riche, en eut un fils ; mais bientôt après il entra dans le cléricature, du consentement de son épouse, qui se fit religieuse. Élu diacre par saint Épiphane, il se retira à Rome en 497. Le pape Symmaque l'éleva sur le siége épiscopal de Pavie vers l'an 511. Il fut envoyé deux fois, en qualité de légat du pape Hormisdas, à la cour de Constantinople. Il mourut en 521. On célèbre sa fête le 17 juillet. On a de lui des *ouvrages ascétiques*.

ENOBARBUS ou ÆNOBARBUS, surnom de Domitius. Ce Romain n'ayant pas voulu ajouter foi à une victoire que lui annonçaient Castor et Pollux, ces dieux lui touchèrent la barbe, qui devint aussitôt de couleur d'airain ; c'est de là que Domitius et ses successeurs prirent le surnom d'*Enobarbus*.

ENOCH ou HENOCH, le septième patriarche depuis Adam, naquit l'an du monde 622. Enoch se rendit agréable à Dieu par la sainteté de sa vie, et fut enlevé du milieu des hommes, selon l'Écriture, l'an 987, pour être transporté dans le paradis. L'Ecclésiastique dit que Dieu le réserve pour prêcher la pénitence aux nations. Quelques auteurs ont conclu de là qu'Enoch reparaîtra à la fin du monde ; d'autres ont soutenu, avec les saints Pères, qu'il vivait encore. On a attribué à Enoch, dans les premiers siècles de l'Église, un ouvrage, déclaré apocryphe par les Pères et les théologiens, sur *les astres la descente des anges sur la terre, et leur mariage avec les filles des hommes*.

**ÉNOPLIE**, genre de coléoptères, de la section des pentamères, famille des serricornes, tribu des clairones. Ces insectes, de petite taille, ont le corselet presque cylindrique et les élytres un peu larges. On les trouve dans le midi de la France.

**ÉNOPLOSE**, poisson de la famille des percoïdes, au corps aplati verticalement, et distingué par la disposition que présentent ses deux nageoires dorsales, qui s'élèvent à leur partie antérieure plus que le corps lui-même. On n'en connaît qu'une espèce, l'*énoplose armé*, remarquable par les dents aiguës que porte son sous-orbitaire. La couleur de ce poisson est d'un blanc argenté, relevé par huit bandes noires de longueur inégale; ses nageoires sont noirâtres; sa longueur est d'un décimètre.

**ÉNOS** (en hébreu *homme mortel* ou *désespéré*), fils de Seth et père de Caïnan, né l'an du monde 235, avant J.-C., 3768. Il mourut âgé de 905 ans, l'an du monde 1140, avant J.-C. 2860. Énos d'après l'expression de Moïse, *Enos commença à invoquer le nom du Seigneur*, c'est-à-dire qu'il fut inventeur des cérémonies de la religion, et qu'il institua le culte extérieur que l'on rend à Dieu.

**ENQUÊTE**, recherche faite au moyen du témoignage des hommes, pour vérifier l'existence ou la non-existence de faits allégués dans un procès civil, indispensables à connaître pour éclairer et servir de base à une décision judiciaire ou administrative. L'enquête consiste dans l'audition de toutes les personnes ayant connaissance, comme témoins ou parties intéressées, de faits douteux ou contestés, qui regardent des intérêts particuliers ou publics.

**ENQUÊTE ADMINISTRATIVE**, mode d'information au moyen duquel l'administration recueille des renseignements sur des choses d'utilité publique, avant de prendre une détermination, et qui a pour but d'éclairer l'autorité supérieure et de constater les avantages ou les inconvénients d'un projet quelconque. Ces enquêtes sont employées dans les cas d'aliénations, acquisitions, échanges, expropriations, de fondation d'établissements nouveaux. Le soin de l'enquête est confié au juge de paix, ou à tout autre fonctionnaire délégué par le préfet ou le sous-préfet.

**ENQUÊTE JUDICIAIRE** est l'audition des témoins sur des faits articulés par une partie et méconnus par l'autre dans un procès civil. Dans les procès criminels, l'enquête prend le nom d'*information*. Toutes les fois qu'on admet une partie à faire une preuve par témoins, on autorise en même temps la partie adverse à faire la preuve contraire; ce qu'on nomme *contre-enquête*. L'enquête se fait devant un juge commis par le tribunal de la cause, et les dépositions des témoins sont consignées dans un procès-verbal. Le cahier qui renferme ces dépositions prend le nom d'*enquête*.

**ENQUÊTE PARLEMENTAIRE**, enquête ordonnée par une assemblée législative, et faite en son nom par une commission spéciale, composée de membres choisis dans son sein, dans le but de constater des faits, de consulter des opinions diverses, et de recueillir des renseignements propres à éclairer sur des matières d'intérêt public.

**ENRAYER**, expression en usage pour désigner l'état d'une voiture mise en mouvement, dont les roues demeurent immobiles et glissent sur le terrain au lieu d'y rouler. On a imaginé plusieurs mécaniques pour enrayer les roues, lorsqu'une voiture descend une pente rapide, dans le but d'éviter des accidents dangereux. On y parvient en appliquant fortement une barre contre le moyeu; le frottement qui en résulte empêche la roue de tourner librement. On enraye encore en plaçant sous une des roues une sorte de semelle de fer nommée *sabot*; la roue ne peut tourner sans que le sabot la suive.

**ENRÉGIMENTER**, former les cadres d'un régiment par bataillons et compagnies, incorporer dans une compagnie. Enrégimenter un soldat de nouvelle levée, c'est le placer dans un régiment, un bataillon.

**ENREGISTREMENT**, transcription d'un acte dans un registre, soit en entier, soit par extrait, pour en constater l'authenticité et en conserver la teneur. — Ce mot désigne aussi l'impôt mis sur certains actes que la loi ordonne d'*enregistrer*, c'est-à-dire de mettre sur les registres où sont écrits les actes publics, pour rendre ces actes plus authentiques. Cet impôt se nomme *droit d'enregistrement*. Il sert à donner une existence réelle et légale aux actes contenant les volontés et les conventions des particuliers, aux décisions des tribunaux, etc. L'institution de ce droit remonte à une ordonnance de Henri III en 1581. Les droits sont *fixes*, c'est-à-dire s'appliquant aux actes de toute nature qui ne sont que de simples formalités, ou qui n'ont pas des valeurs pour objet, et *proportionnels*, c'est-à-dire en proportion des valeurs sur lesquelles ils sont assis. La perception des droits d'enregistrement est confiée à l'administration de l'enregistrement et des domaines.

**ENRÔLEMENT**, action d'engager, de lever des troupes dans les armées de terre et de mer, de faire un recrutement. En 1818, l'enrôlement était de six ans; il était de huit ans en 1824. L'*enrôlement forcé* ou *par appel* est une conséquence de la levée d'une conscription. L'*enrôlement conscriptif* est l'ensemble de toutes les opérations municipales et départementales par lesquelles s'accomplissent les levées forcées. L'*enrôlement libre* ou *volontaire* était en usage dans toutes les tribus germaines. Les armées ne se formaient que par enrôlement volontaire; les rois organisèrent ensuite les armées permanentes. Sous Louis XI, on eut de nouveau recours à l'engagement volontaire. Depuis Louis XIV jusqu'en 1789, on en fit le principal moyen de recrutement. Sous la république, on eut recours à la levée en masse, à la conscription, aux appels; maintenant, outre la conscription, on admet l'enrôlement volontaire ou *engagement*.

**ENROUEMENT**, altération de la voix, qui devient rauque. Cette affection est un symptôme des changements matériels ou physiologiques survenus dans un appareil important d'organes. Quand il suit les rhumes ordinaires, quand il résulte de la fatigue produite par une longue lecture faite à haute voix, il cesse avec les causes qui l'ont provoqué. Il est souvent engendré par l'inflammation, l'ulcération des amygdales ou de l'arrière-bouche et des conduits qui amènent l'air dans les poumons. Il est le signe d'une phthisie pulmonaire ou laryngée.

**ENROULEMENT**, nom commun qui désigne, dans les arts, tous les ornements en forme de spirale qui s'enlacent les uns dans les autres de manière à former des ornements arabesques. — En architecture, on donne ce nom aux volutes des chapiteaux ioniques et corinthiens, et aux ornements placés sur le profil des consoles et des modillons. — On donne ce nom encore, en termes de jardinage, à certains ornements en buis et en gazon taillés en spirale, et dont on forme les parterres.

**ENS**, *être*. Dans le langage mystérieux de Paracelse, *ens* désignait le pouvoir, la vertu que certains êtres déploient sur son corps. Il admettait plusieurs espèces d'êtres, auxquels il donnait le nom d'*ens primum* (des minéraux), *ens veneni* (du poison), *ens de potentibus spiritibus* (ens des puissances spirituelles), *ens Dei* (ens de Dieu), *ens astrorum* (des astres), *ens virtutis* (de vertu), *ens naturale* (de la nature), *ens morborum* (ens des maladies).

**ENS**, nom donné à plusieurs préparations chimiques. Ainsi on nommait *ens veneris* l'hydrochlorate ammoniaco-cuivreux, *ens martis* l'hydrochlorate ammoniaco-ferrugineux. L'*ens primum* était, d'après les alchimistes, une teinture qui jouissait de la propriété de transformer un métal en un autre.

**ENS**, rivière d'Autriche, qui a sa source près de Saltzbourg, et qui se jette dans le Danube. Cette rivière a donné son nom à deux contrées de l'Autriche. L'un, *le pays au-dessus de l'Ens*, est situé dans la partie occidentale de cet empire. Il a 345 milles géographiques, et renferme 755,000 habitants. Il comprend cinq cercles. L'autre, *le pays au-dessous de l'Ens*, est situé dans la partie orientale de l'Autriche. Il a 363 milles géographiques carrés, et renferme 150,000 hommes. Il comprend quatre cercles.

**ENSAL**, nom donné par les anciens chirurgiens à une sorte de cautère dont ils se servaient pour brûler les lèvres.

**ENSEIGNE**, marque, indice servant à faire reconnaître quelque chose. Ce nom est employé souvent comme synonyme de *drapeau*. Dans ce sens, les enseignes ont été inventées dès la plus haute antiquité. Les premiers guerriers commencèrent par porter une pièce d'armure au bout d'une pique; plus tard, on y plaça des petits quadrupèdes ou des oiseaux empaillés. On remplaça ces drapeaux informes par des peintures placées sur des étoffes de fil et de laine. On les orna d'emblèmes et de peintures différentes pour distinguer les armées entre elles. Chaque tribu d'Israël avait une enseigne ayant un signe symbolique différent. L'enseigne des Assyriens était une colombe armée d'une épée. Celle des Egyptiens portait l'image de leurs dieux ou de leurs princes. Les Lacédémoniens avaient un A, les Messéniens un M, les Athéniens une chouette, les Thébains un sphinx, les Corinthiens un cheval ailé. Les Romains avaient le *signum militare* pour l'infanterie, le *vexillum* pour la cavalerie. Ces enseignes portaient des figures d'aigle, de loup, de minotaure, de cheval, de sanglier, etc. Marius ne conserva que l'aigle. Les Francs Ripuaires avaient pour enseigne une épée, la pointe en haut; les Francs Saliens et les Sicambres, une tête de bœuf. En 498, la chape de saint Martin devint le drapeau des Francs et du roi. Quand vint la féodalité, on vit s'élever les *pennons*, les *gonfalons*, les *bannières*, les *guidons*, les *cornettes*. Au xve siècle, on donna le nom particulier d'*enseigne* à un drapeau du second ordre marchant après la bannière nationale. Les enseignes furent en forme de bannière jusqu'à l'apparition des Maures en Europe, lesquels introduisirent l'usage des drapeaux à flammes volantes. Après s'être appliqué également à l'infanterie et à la cavalerie, le nom d'enseigne appartint à l'infanterie. Portée d'abord par le premier sergent, elle fut donnée ensuite aux *cadets*. Aujourd'hui c'est un officier qui doit la porter. Le nom d'*enseigne* n'est plus d'usage de nos jours.

**ENSEIGNE**. On nommait autrefois *porte-enseigne* ou *enseigne* celui qui portait l'enseigne dans un bataillon, une compagnie. — On donne encore ce nom, en marine, au dernier grade des officiers, dont le rang répond à celui de lieutenant au service de terre. — On nommait autrefois *mât d'enseigne* ou *enseigne de poupe* le mât qui portait le pavillon de poupe.

**ENSEIGNE**. On a appelé ainsi, au moyen âge, une petite troupe qui marchait sous une enseigne d'équipement, et qui était comparable, selon les circonstances, à une compagnie ou un bataillon. Le nombre des soldats variait de deux à cinq cents. — On nomme encore ainsi les écriteaux placés au-dessus des boutiques, des magasins, qui désignent la profession d'un artisan.

**ENSEIGNEMENT**, art de donner les leçons d'une science, d'un art. L'enseignement proprement dit se subdivise en enseignement *littéraire*, *religieux*, *judiciaire*, *scientifique*, etc. En France, l'enseignement est PRIMAIRE, SECONDAIRE OU SUPÉRIEUR. L'ENSEIGNEMENT PRIMAIRE donne les éléments des lettres et des sciences. Il est donné dans les *écoles primaires* et les *écoles chrétiennes*. Il comprend les *écoles communales*, les *écoles privées*, les *écoles primaires* de premier degré, de deuxième degré, de troisième degré. On les divise en écoles d'*enseignement mutuel*, d'*enseignement simultané* et d'*enseignement individuel*. L'ENSEIGNEMENT SECONDAIRE donne les éléments de la philosophie, des sciences physiques et mathématiques, l'instruction du grec, du latin, des langues, de la musique, du dessin, de l'escrime, etc. Il se donne dans les *collèges royaux*, les *collèges particuliers* de plein exercice, les *collèges communaux*, les *institutions* et les *pensions*. L'ENSEIGNEMENT SUPÉRIEUR est destiné à former des hommes à être professeurs ou à pratiquer une science spéciale. Il est donné dans les *facultés*, les *écoles secondaires de médecine*, une *école normale*, etc. (Voy. ÉCOLES.) On connaît plusieurs systèmes d'enseignement.

ENSEIGNEMENT MUTUEL ou MÉTHODE LANCASTRIENNE, méthode d'enseignement primaire, inventée par Lancaster en Angleterre. Les écoles d'enseignement mutuel sont destinées à donner aux enfants pauvres une instruction prompte et économique. On les nomme ainsi parce que le maître n'y enseigne rien, et que les enfants s'instruisent entre eux. Les enfants sont rangés par *classes*, selon leurs divers degrés d'instruction. Chaque classe est présidée par un enfant plus instruit que les autres, et nommé *moniteur*. Ceux-ci à leur tour sont dirigés par un *moniteur général*. Pour enseigner à lire, on fait placer les enfants devant les tableaux. Le moniteur désigne un mot à lire. L'enfant qui a bien réussi à cette lecture se met à la première place, et ainsi de suite. Pour écrire, on trace des caractères sur des ardoises ou du sable; le moniteur examine le travail, et le corrige. Les leçons d'arithmétique, de musique, de dessin linéaire et même des langues, se donnent de la même manière. Les progrès sont récompensés par des médailles, par le titre de *moniteur* et par des prix annuels.

ENSEMENCEMENT, action de semer une terre, de déposer la semence. On l'étend à la préparation et à la disposition de la terre à recevoir la semence. Il se pratique *à la volée*, *au jet libre*, avec le *semoir* ou même avec le *plantoir*, instrument avec lequel on fait des trous où l'on dépose la semence. Le froment, le seigle et une espèce d'orge se sèment dans les mois d'octobre et de novembre; l'avoine, l'orge et les autres grains, en mars et avril.

ENSENADA (ZENO SOMO DE SYLVA, marquis DE LA), né dans l'obscurité, fut d'abord teneur de livres chez un banquier de Cadix. Il s'éleva par degrés aux titres les plus importants du royaume, et passa au grade d'intendant des armées à celui de ministre de Ferdinand VI, roi d'Espagne. La Ensenada, disgracié par les intrigues de l'ambassadeur anglais et du duc d'Huescar, fut exilé. Rappelé en Espagne, il ne fut pas rétabli dans sa place, et mourut vers le milieu du XVIIIe siècle.

ENSIFORME, épithète donnée, en botanique, à toutes les parties et à tous les organes ayant la forme d'une épée. Les *feuilles ensiformes* sont celles qui sont un peu épaisses au milieu, tranchantes aux deux bords, et qui vont en se rétrécissant de la base au sommet, qui est aigu. Plusieurs iris ont des feuilles qui offrent cette disposition.

ENSISHEIM, sur l'Ill, au centre d'une plaine agréable, petite ville de France, chef-lieu de canton du département du Haut-Rhin, à 5 lieues et demie S. de Colmar. Population, 2,200 habitants. Cette ville, entourée de murs et de fossés, est propre et bien bâtie.- C'était autrefois la capitale de l'Alsace autrichienne. On y remarque aujourd'hui un bel hôtel de ville, l'ancien collége des jésuites, bâti en 1614, et qui est maintenant une *maison de détention* affectée à huit cent cinquante détenus. Elle renferme les condamnés à une détention d'un an et plus, qui ne sont pas dirigés sur les bagnes, à l'exception des jeunes gens au-dessous de seize ans et des femmes.

ENSOUPLES ou ENSUPLES, gros cylindres qui font partie du métier de tisserand. Ordinairement il y en a deux : l'un, qui est sur le derrière, porte la chaîne prête à mettre en œuvre; l'autre, qui est sur le devant, sert à enrouler l'étoffe à mesure qu'on la fabrique.

ENTABLEMENT, nom donné, en architecture, à la partie qui couronne les colonnes et les pilastres, et qui comprend l'architrave, la frise et la corniche. Il est souvent orné de moulures, bas-reliefs et modillons. — Dans les bâtiments qui n'ont ni colonnes ni pilastres, une bande placée sous les parties de l'étage supérieur tient lieu de l'architrave; les têtes des poutres forment la frise, et il y a une corniche saillante qui couronne le bâtiment et le garantit de l'humidité et de l'action destructive des eaux du toit. Ces trois parties réunies prennent le nom d'*entablement*. — L'entablement a ordinairement le cinquième de la hauteur totale de l'édifice.

ENTAILLE ( archit.), ouverture que l'on fait pour joindre une chose avec une autre. — En termes de pathologie et de chirurgie, on nomme ainsi une plaie profonde produite par un instrument tranchant, qui a agi obliquement ou en dédolant. — Ce mot s'emploie encore pour désigner des scarifications profondes qu'on fait pour opérer le dégorgement prompt de quelque partie tuméfiée.

ENTE, sorte de greffe en fente, jeune pousse d'arbre greffée sur un autre arbre. Pour *enter*, c'est-à-dire pour insérer une ente sur un arbre, il faut amputer la tête de cet arbre à une hauteur qui varie depuis le collet de la racine jusqu'à plusieurs pieds au-dessus du sol. On pratique à la surface de cette plaie une fente bien nette et perpendiculaire à la tige. On prend une jeune pousse, on la rogne à sa partie supérieure, un demi-pouce plus haut que le quatrième ou cinquième œil conservé; on la taille à sa partie inférieure, de manière que son extrémité présente un biseau tranchant; on glisse ensuite dans la fente de l'arbre la jeune pousse préparée, de manière à ce que les points d'ascension de la sève soient en contact exact; on lie avec du chanvre ou de l'osier ces deux parties pour les tenir rapprochées; on doit de plus préserver la plaie du contact de l'air et de la pluie, et veiller à ce que la végétation se dirige vers la branche entée. On ente au printemps. — Le nom d'*ente* se dit aussi du sujet sur lequel on fait l'opération.

ENTELLE, fameux athlète, célébré par Virgile, parut avec éclat aux jeux funèbres donnés en Sicile en l'honneur d'Anchise, et y obtint un taureau pour prix de sa victoire. — En termes d'histoire naturelle, on nomme ainsi une espèce de guenon dont la queue est très-longue, et dont la teinte du pelage tire sur le jaune paille. Cet animal a beaucoup de rapport avec le *douc*; mais il en diffère par ses fesses nues et calleuses, ainsi que par sa couleur.

ENTÉRINEMENT, terme d'ancienne jurisprudence, disposition d'un jugement qui donnait un plein et entier effet à un acte qui ne pouvait valoir autrement. Elle servait à compléter un acte qui serait demeuré imparfait sans cela. L'entérinement supposait qu'il s'agissait d'un acte complet par lui-même, mais imparfait lui-même, parce qu'il n'était pas susceptible d'une exécution immédiate sur la foi qu'il aurait pas été vérifié en justice. Les tribunaux n'avaient pas à juger l'acte, mais à rechercher s'il était dans la forme régulière. Il différait de l'*homologation* en ce que dans celle-ci les tribunaux jugeaient de l'acte qui leur était soumis, et qui n'avait aucune existence légale tant qu'il n'avait pas reçu l'approbation du juge. L'homologation se rapportait à tous les actes qui avaient été faits par délégation de justice; l'entérinement s'appliquait aux actes du prince dont la connaissance était soumise aux tribunaux. Tous les actes d'intérêt privé pouvaient se faire autrefois par des lettres du prince; les tribunaux devaient entériner les lettres de grâce, de rescision, de requête civile, d'émancipation, de bénéfice d'inventaire, etc. Ces deux termes, autrefois très-distincts, s'emploient aujourd'hui comme synonymes, excepté dans la locution *entériner les lettres de grâce* ou ordonner l'exécution de certaines lettres du prince.

ENTÉRITE, inflammation de la membrane muqueuse du canal intestinal et surtout de la portion qui revêt le duodénum et l'intestin grêle. On divise l'entérite en plusieurs sortes, selon les formes sous lesquelles elle se présente. Les principales sont l'*entérite superficielle*, l'*entérite profonde* et la *dyssenterie*. L'*entérite superficielle* est la même que la *diarrhée*; l'*entérite profonde*, *aiguë* ou *phlegmoneuse* occupe toutes les tuniques intestinales et même l'enveloppe du péritoine. Elle est caractérisée par une douleur et une tension partielle ou générale dans le ventre, les vomissements, la constipation, l'excrétion de matières sanguinolentes. Cette maladie peut affecter les gros intestins et les intestins grêles; la cause qui donne lieu à cette inflammation est une contusion, une pression violente exercée sur le ventre, l'usage d'aliments indigestes. Sa durée est de sept à vingt jours; sa terminaison est le plus souvent funeste. L'*entérite chronique* est bornée à une portion peu étendue du conduit intestinal; ses symptômes sont la fréquence des évacuations alvines et la liquidité des matières excrétées; le ventre est peu douloureux; l'appétit persiste, l'embonpoint et les forces diminuent. Sa durée est illimitée, et sa terminaison incertaine.

ENTERREMENT, action d'inhumer, de donner la sépulture aux morts. Les anciens brûlaient les corps sur des bûchers pour en recueillir les cendres. Cette coutume, qui cessa chez les Romains sous l'empire des Antonins, s'est conservée encore chez presque tous les peuples de l'Inde. La religion chrétienne renouvela l'usage connu des Hébreux et d'autres peuples, de placer les corps des morts dans des fosses faites dans la terre. Quelques peuples du Caucase suspendent les morts aux branches des arbres. En France, le Code civil a réglé la forme légale d'*inhumation*. Personne n'est privé de la sépulture. Les excommuniés et les suppliciés sont enterrés dans un lieu particulier; les corps de ces derniers sont délivrés à leurs familles si elles les réclament.

ENTHOUSIASTES, hérétiques, les mêmes que les euchites, les massaliens, etc. On leur avait donné ce nom parce qu'ils croyaient avoir des inspirations du ciel et de l'Esprit saint. On donne encore aujourd'hui le nom d'*enthousiastes* aux anabaptistes, aux quakers et à quelques autres sectes d'hérétiques, parce qu'ils soutiennent que l'Ecriture doit être expliquée par les lumières de l'inspiration divine qu'ils croient avoir. Ils prétendent que leur esprit peut avoir cette parole de Dieu qui enseigne tout ce qu'il faut croire et suivre.

ENTIER, corps auquel il ne manque aucune des parties nécessaires pour le former. En arithmétique, on nomme *nombre entier* un nombre composé de parties égales et qui peut se diviser en un nombre quelconque de parties. Ainsi un franc se divise en vingt parties égales, nommées *sous*, et l'assemblage des parties forme le franc. — En termes de botanique, on nomme *feuille entière* une feuille qui n'a aucune irrégularité dans ses contours.

ENTIME, nom d'un sous-genre de *charançons*, genre de coléoptères tétramères, famille des rhyncophores. Ces insectes se trouvent en France, en Angleterre et en Amérique. Ils sont ornés des plus belles couleurs, depuis le vert doré jusqu'au fauve pâle.

**ENTOILAGE.** En termes de commerce et de lingerie, on donne ce nom dans tous les ajustements en linge, dentelles, etc., à tout ce qui sert de soutien ou de monture à quelque autre partie de l'ajustement d'un travail plus fin et plus délicat. L'entoilage a lieu dans les garnitures, les manchettes, etc. C'est ou de la mousseline qui soutient de la dentelle, ou une dentelle commune qui en soutient une plus belle.
— C'est aussi l'action d'appliquer quelque chose contre une toile.

**ENTOMOLITHES,** nom donné par Linné à un genre de fossiles dans lequel il plaçait tous les insectes et les crustacés pétrifiés.

**ENTOMOLOGIE,** partie de l'histoire naturelle qui traite des *insectes*, animaux articulés, aux pieds articulés, sans vertèbres, sans branchies, respirant par des trachées. Les différentes parties dont se compose le corps des insectes sont la *tête*, comprenant les antennes, une bouche à mâchoire, à mâchoire et langue, à langue fistuleuse ou à aiguillon ; le *tronc*, garni d'ailes le plus souvent, et qui en est privé quelquefois ; et l'*abdomen*. De nos jours cette science a fait de grands progrès. Linné avait divisé les insectes en sept classes : 1o espèces à élytres ou ailes couvertes (scarabées) ; 2o espèces aux ailes découvertes (papillons) ; 3o espèces demi-ailées ou sans étui (sauterelles) ; 4o espèces non ailées (puces) ; 5o les lombrics, ténias, sangsues ; 6o les mollusques ; 7o les zoophytes. Latreille a divisé les insectes en douze ordres : les *myriapodes* aptères et au corps annulé (scolopendre) ; les *thysanoures* aptères à six pieds et sauteurs (lépismes) ; les *parasites* à six pieds, sans ailes, aux yeux lisses, à la bouche en museau renfermant un suçoir rétractile (poux) ; les *suceurs* à six pieds, sans ailes, armés d'un suçoir (puce) ; les *coléoptères* à six pieds, quatre ailes, aux mâchoires propres à la mastication (scarabées) ; les *orthoptères* à six pieds, quatre ailes, subissant des demi-métamorphoses (sauterelles) ; les *hémiptères* sans mâchoires, armés de suçoirs (punaises) ; les *névroptères* (demoiselles) ; les *hyménoptères* (fourmis) ; les *lépidoptères* (papillons) ; les *rhipiptères* à six pieds, deux ailes (lénos) ; les *diptères* (mouches). Les naturalistes suivent généralement cette dernière division. Voy. INSECTES.

**ENTOMOSTÈGUES,** petite famille de l'ordre des foraminifères ou céphalopodes microscopiques. Elle comprend des mollusques dont les coquilles ont les loges divisées en plusieurs cavités par des cloisons ou par des tubes ; les côtés sont égaux ou inégaux. Les premiers renferment les genres *amphistégine* et *hétérostégine* ; les seconds renferment les *orbiculines*, *alvéolines* et *fabulaires*.

**ENTOMOSTRACÉS,** deuxième grande division de crustacés, établie par Latreille, dans le règne animal de Cuvier. Les animaux qui appartiennent à cette division sont tous aquatiques, et habitent pour la plupart les eaux douces. Ils composent deux ordres, les BRANCHIOPODES et les POECILOPODES.

**ENTOMOZOAIRES,** nom donné par de Blainville à une classe d'animaux dont les caractères principaux sont d'avoir le système nerveux de la locomotion au-dessous du canal intestinal, la fibre musculaire contractile soutenue par une peau plus ou moins endurcie, et par suite le corps et les membres articulés d'une matière visible à l'extérieur. Il y comprend les insectes, les arachnides, les crustacés, les annélidés et les vers.

**ENTORSE,** affection caractérisée par le tiraillement violent, la distorsion, l'écartement des parties molles qui entourent les articulations. Suivant le degré de l'entorse, les parties fibreuses de l'articulation sont simplement tiraillées ou allongées, ou bien déchirées et rompues. Cette espèce de luxation s'observe au pied, au poignet, au genou, etc. Les humeurs se retirent dans la partie irritée, qui se gonfle et devient le siége d'une fluxion inflammatoire plus ou moins considérable, qui se termine de diverses manières. Souvent l'entorse est légère et se guérit d'elle-même ; on est forcé d'autres fois d'avoir recours à l'amputation. Pour guérir les entorses, il faut plonger le membre dans l'eau la plus froide qu'on puisse trouver ; si l'inflammation est déjà déclarée, il faut employer les topiques émollients, anodins, le traitement antiphlogistique.

**ENTOTHORAX,** pièce importante du squelette des insectes, que Cuvier appelle pièce en forme d'Y, et dont les usages se lient au système nerveux. Voy. THORAX.

**ENTOZOAIRES** ou **VERS INTESTINAUX,** animaux invertébrés, tenant à la fois des zoophytes et des vers, et qui vivent dans l'intérieur des autres animaux, dans le tube digestif, le foie, les reins, les muscles et le cerveau. On ne peut appliquer aucun caractère général aux entozoaires, à cause des nombreuses variations de forme et de structure que l'on remarque parmi ces animaux. Aussi est-on obligé de les partager en plusieurs groupes distincts. Ils sont au nombre de deux dans la division de Cuvier, et en reçoit les noms de *cavitaires* et *parenchymateux*. Ils correspondent, l'un à celui des *subannélidaires* de de Blainville, l'autre à celui des *entomozoaires apodes oxycéphalés*. On rencontre dans les premiers quelques traces de système nerveux ; mais, chez le plus grand nombre d'espèces, il manque presque entièrement. Les sens manquent presque tous, time n'existent pas, non plus que l'organe de l'ouïe et sans doute aussi ceux de l'odorat et du goût ; le toucher seul se remarque. La faculté de locomotion est presque nulle chez les parenchymateux ; elle existe à un degré assez grand chez les cavitaires. La peau est mince, transparente, enduite quelquefois de matière muqueuse. Le corps est aplati, ovalaire et globuleux. Ces vers sont apodes et dépourvus de membres. Pour vivre ils n'ont besoin que d'être placés dans un lieu humide. Les entozoaires produisent de grands dérangements dans l'économie animale, surtout chez les enfants qui reçoivent une mauvaise nourriture et habitent des lieux malsains. Les principaux sont le *botryocéphale*, le *tænia*, le *dragonneau*.

**ENTR'ACTE,** intervalle qui dans la représentation d'une pièce de théâtre en sépare les actes et distrait l'attention des spectateurs. Chez les Grecs, le spectacle était continu, sans division, sans interruption. Les Romains partagèrent, les premiers, les pièces en actes. Dans les entr'actes, des histrions amusaient les spectateurs. Les auteurs du siècle de Louis XIV voulaient que dans les entr'actes le théâtre fût occupé, soit par des passants, s'il représentait une place publique, soit par des valets, si c'était un salon. Aujourd'hui les entr'actes sont remplis, dans le théâtres des grandes villes par un ballet, un morceau de musique instrumentale et d'autres *intermèdes*. Tout ce qui n'offre aucun intérêt sur la scène est censé se passer pendant la durée de l'entr'acte.

**ENTRAILLES,** mot très-peu usité dans le langage médical, et que le vulgaire emploie pour désigner les viscères renfermés dans les cavités splanchniques, et spécialement ceux qui sont contenus dans l'abdomen. — Les anciens faisaient consulter par leurs devins les *entrailles* des victimes et connaissaient l'avenir par ce moyen. Voy. AUSPICES. — Le supplice de l'*extirpation des entrailles* a été en usage chez tous les peuples sauvages de l'Amérique.

**ENTRAIT,** mot qui désigne, on charpenterie, une pièce de bois qui traverse et qui lie deux parties opposées dans la couverture d'un bâtiment. Quelquefois on en place deux, et dans ce cas on les désigne par les noms de *grand* et de *petit entrait*.

**ENTRECASTEAUX** (N. BRUNY D'), officier de marine, né en 1739, fut nommé en 1787 gouverneur des îles de France et de Bourbon. Il fut chargé en 1791 du commandement des deux frégates, *la Recherche* et *l'Espérance*, envoyées à la recherche de la Pérouse, et destinées, en outre à parcourir les côtes qu'à son départ pour Botany-Bay ce navigateur avait encore à reconnaître. Il visita la terre de Van-Diémen, la côte occidentale de la Nouvelle-Calédonie, la Nouvelle-Hollande, détermina la position des îles Santa-Cruz, Salomon, de la Louisiade. Il ne put retrouver aucun indice des vaisseaux de la Pérouse dans ces mers. Entrecasteaux mourut en 1793.

**ENTRECASTEAUX,** port de la Nouvelle-Hollande, sur la terre Van-Diémen, à la pointe S. de l'île. — Ce nom a été donné aussi à plusieurs îles situées au S. de la Nouvelle-Hollande. Il dérive de celui d'*Entrecasteaux*, célèbre navigateur.

**ENTRE-COLONNEMENT,** nom donné, en architecture, à l'intervalle compris entre deux colonnes voisines, déterminé par l'*ordre* sur lequel l'édifice est établi. Les entre-colonnements sont ordinairement égaux.

**ENTRE DOURO E MINHO,** province septentrionale du Portugal, entre l'Espagne, les provinces de Tras-os-Montes, de Beira et l'océan Atlantique. Sa superficie est de 100 milles géographiques carrés et sa population d'un million d'habitants. Sa capitale est *Oporto*.

**ENTRÉE,** réception solennelle que l'on fait aux souverains lorsqu'ils entrent pour la première fois dans une ville, ou qu'ils viennent en triomphe. Autrefois, lorsqu'un roi, une princesse, faisaient leur entrée dans une ville, ils étaient reçus avec la plus grande magnificence. Les rois disposaient d'un canonicat lorsqu'ils faisaient leur première entrée dans une église ; ce droit se nommait *droit de joyeuse entrée*. Les chanoines présentaient l'aumusse au roi. Le roi, après l'avoir acceptée, la remettait à l'ecclésiastique qu'il désignait par là pour le premier canonicat qui viendrait à manquer dans cette église.

**ENTRÉES.** Jusqu'en 1789 on nomma *entrées* les réceptions journalières chez le roi, la reine, le dauphin, etc. Il y avait trois sortes d'entrées : l'*entrée familière* avait lieu au réveil du roi, et était accordée aux princes du sang et de la famille royale, et quelquefois à quelques grands seigneurs.—Les princes étrangers, les ambassadeurs, les ducs et pairs, les grands d'Espagne, etc., étaient admis aux *grandes* ou aux *petites entrées*, distinguées entre elles par les heures auxquelles elles avaient lieu. Les grandes charges de la couronne et de la maison du roi y étaient aussi admises. Il y avait encore l'*entrée du cabinet*, où étaient admis le grand et le premier aumônier, les écuyers du roi, les capitaines des gardes du corps, des Suisses, des gendarmes, les ministres, etc. — Les entrées se faisaient avec les mêmes cérémonies dans la maison du dauphin, de la reine, des princes et des princesses du sang.

**ENTRELACS,** terme d'architecture, ornement composé de liteaux et de fleurons liés et croisés les uns avec les autres, qui se taille sur les moulures et dans les frises. — En termes de sculpture, on nomme *entrelacs d'appui* des ornements à jour, de pierre ou de marbre, qui servent quelquefois, au lieu de balustres, pour remplir les appuis des tribunes, balcons et rampes d'escalier.

**ENTRE-PONT,** intervalle, dans un grand bâtiment, qui sépare deux ponts. Entre le dessus du premier pont et le dessous du second d'un vaisseau, il y a ordinairement six pieds deux pouces de distance. C'est dans l'entrepont que se trouve la première batterie d'un vaisseau de ligne, et que couchent assez généralement les équipages.

**ENTREPOT,** terme de commerce, lieu de réserve où sont déposées diverses sortes de marchandises. Dans ce sens, ce mot est synonyme de *magasin* ; mais on l'applique plus spécialement au lieu où les marchandises sont sous la garde du fisc, qui ne perçoit son droit qu'à la sortie. Le commerçant n'est plus obligé à faire d'avance les frais fiscaux, et le gouvernement donne ainsi de la facilité aux opérations de négoce, parce que le payement n'est exigible que lorsque la denrée ou la marchandise est vendue et livrée au consommateur, qui l'acquitte. Les marchandises déposées dans l'entrepôt, dont le propriétaire et l'administration des douanes ont chacun une clef, sont considérées comme si elles étaient encore hors du royaume. L'institution des entrepôts remonte à 1687 en France ; l'*entrepôt réel* est le dépôt de la marchandise dans un magasin unique, fermant à deux clefs ; l'*entrepôt fictif* est le dépôt dans les magasins du commerçant, et sous sa seule clef, des objets par lui importés, à charge de garantir le payement des droits dont ils sont passibles, après leur vente. Quelques villes ont obtenu l'entrepôt réel pour des marchandises appartenant à leur commerce local. On nomme ces entrepôts *spéciaux* ; ils doivent être placés près du port ou du bureau des douanes. Ils ferment à deux clefs. La durée de l'entrepôt réel est de trois ans ; la durée de l'entrepôt fictif est d'une année. Les *entrepôts intérieurs* sont des *entrepôts réels* accordés à toutes les villes de l'intérieur qui les demandent, et qui renferment les marchandises admissibles au transit.

ENTREPOT, lieu de dépôt où l'on dépose les marchandises venant du dehors pour les faire passer ensuite au lieu de leur destination. Les *villes d'entrepôt* sont celles qui possèdent de ces entrepôts. Les *commissionnaires d'entrepôt* sont chargés de diriger les marchandises vers le lieu de leur destination.

ENTREPRENEURS, artisans avec lesquel on traite pour la construction d'un édifice dont l'architecte a donné les plans et surveille l'exécution. On compte douze personnes qui prennent ce titre : les maçons, les charpentiers, les couvreurs, les serruriers, les menuisiers, les plombiers, les peintres, les carreleurs, les vitriers, les sculpteurs, les marbriers et les paveurs. Mais le nom d'*entrepreneur* est plus ordinairement donné à la personne qui se charge de l'exécution de toute espèce de travaux, surveille, paye et commande les ouvriers. La loi ordonne que tout devis arrêté avec un entrepreneur, signé par lui et le propriétaire, est aux risques et périls du premier. Le bénéfice de l'entrepreneur qui opère d'après les devis arrêtés d'avance est du dixième de la dépense constatée de tout genre.

ENTRE-RIOS, une des quatorze provinces qui composent la confédération buenos-ayrienne ou de la Plata. Elle est située entre les Santa-Fé, de Buenos-Ayres et de Corrientes, et l'Uruguay. Sa superficie est d'environ 5,200 lieues carrées, et sa population de 30,000 âmes. Sa capitale est *Baxada*, sur la rive gauche du Parana. C'est la seule ville de la province. L'Entre-Rios est sillonné par une multitude de petites rivières, qui donnent à son territoire une fertilité remarquable. L'agriculture et les pâturages forment la richesse de cette province, dans laquelle une compagnie anglaise entretient une colonie d'agriculteurs.

ENTRE-SABORD, nom que les charpentiers constructeurs donnent aux bordages extérieurs, tant en chêne qu'en sapin, qui couvrent les membres d'un bâtiment de guerre, entre les sabords d'une même batterie. La longueur de ces bordages est d'environ sept pieds dans un vaisseau.

ENTRESOL. Lorsqu'un étage est composé de pièces très-élevées, on peut diviser la hauteur de certaines pièces en deux par un plancher intermédiaire, qui forme ainsi des pièces basses, dans lesquelles on ménage des garde-robes, des cabinets et même des appartements entiers très-commodes, qu'on nomme *entresols*. Le plus souvent on fait des entresols au-dessus du rez-de-chaussée et sous le premier étage. Ces entresols ont jusqu'à huit pieds et demi de hauteur.

ENTRETIEN (Masse d'), masse destinée, dans chaque corps de troupes, à faire les frais de la confection des effets d'habillement et d'équipement, à payer les réparations de ces effets et de l'armement, les frais de bureau, la première mise de recrues, les épaulettes, galons, pompons, plumets, etc., et autres dépenses communes. Cette masse est payée au complet du corps ; elle est fixée par an, pour chaque sous-officier et soldat d'infanterie de ligne, à 8 francs ; pour l'infanterie légère, à 9 ; pour l'artillerie à pied, à 8 francs 50 centimes ; pour les cuirassiers ou dragons, à 13 francs 20 centimes ; pour les chasseurs, hussards et pour l'artillerie à cheval, à 12 francs 20 centimes. Elle s'accroît du produit de la masse de linge et chaussure des hommes morts, désertés, etc.

ENTRE-TOISE. En termes de charpente, on nomme ainsi toute espèce de pièce de bois assemblée à tenon et mortaise avec deux autres pièces ; c'est une sorte de *traverse* qui maintient l'écartement et forme un *châssis*.

ENTREVOUX, terme d'architecture, enduit de plâtre dont on recouvre les solives d'un plafond pour les *cacher*. On donne aussi ce nom à l'espace qui sépare deux solives et qu'on recouvre d'ais et de plâtre. Les plafonds exigent trente centimètres cubes de plâtre par mètre superficiel.

ENTYCHITES, nom donné autrefois aux disciples de l'hérétique Simon le Magicien, à cause des cérémonies affreuses avec lesquelles ils célébraient leurs prétendus sacrifices. Voy. Simon.

ENVELOPPE. C'est, en zoologie, le nom des membranes qui recouvrent et protégent certains organes. C'est à la même signification dans le règne végétal. Ainsi l'écorce est l'enveloppe du bois, les écailles celle des bourgeons, le calice celle de la fleur, le péricarpe celle des semences. Toutes les enveloppes florales, celles qui entourent les étamines, sont comprises sous le nom général de *périanthe*. L'enveloppe simple est le calice ; dans les enveloppes doubles, la plus extérieure est le calice, et la plus intérieure est la corolle. Dans les plantes telles que le lis, les tulipes, etc., on rencontre une seule enveloppe colorée, nommée *périgone*. On connaît deux sortes d'enveloppes séminales. Les unes appartiennent en propre à la graine (*arille*, *épisperme*) ; les autres sont des enveloppes auxiliaires.

ENVELOPPE CELLULAIRE ou herbacée, couche verte, succulente, molle, spongieuse, très-mince, placée au-dessous de la cuticule qui recouvre les tiges et leurs ramifications diverses, pénètre dans les feuilles, dans les pulpes des fruits, et est composée de petits corps utriculaires. L'enveloppe herbacée se dessèche et se détruit insensiblement chez un grand nombre d'arbres, tandis que chez d'autres, comme dans le liège, elle prend un grand développement.

ENVERGURE. En termes de marine, c'est l'assortiment ou la position des vergues avec les mâts et les voiles. Il signifie aussi la largeur des voiles. Un bâtiment a *beaucoup* ou *peu d'envergure*, selon qu'il a les voiles larges ou étroites. *Enverguer* une voile, c'est l'unir à la vergue qui doit la porter. — En technologie, on nomme ainsi le croisement des fils d'une *portée ourdie*. — En ornithologie, ce mot indique la distance qu'il y a entre les extrémités des ailes quand elles sont étendues.

ENVIES, nom donné à des marques, des taches, des empreintes rouges, livides, violettes, brunes, avec ou sans poil, qui reçoivent différentes formes, que l'on compare au vin, aux fruits, aux animaux, au lard, etc., et qu'on aperçoit sur la peau de quelques enfants au moment de leur naissance. On les regarde vulgairement comme la suite et le résultat d'une vive émotion, des goûts bizarres ou des désirs irrésistibles auxquels sont sujettes les femmes pendant leur grossesse. Les médecins ne sont pas d'accord sur leur origine. Il est prudent de les laisser subsister, car leur corrosion entraîne les maladies de la peau, les dartres, les cancers, etc. — On donne vulgairement le nom d'*envies* aux désirs immodérés qu'éprouvent les femmes enceintes.

ENVIES, nom donné à de petites pellicules et à des lanières de peau qui se détachent près des ongles, et qui résultent d'une gerçure qui a lieu aux doigts des mains sous la racine de ces parties. Il faut couper les envies avec des ciseaux bien affilés, et ne jamais les arracher ou les *rogner* ; ce qui amènerait une inflammation ou un panaris. Si, l'envie étant coupée, la peau est entamée, il faut couvrir la partie malade avec du diachylum.

ENVOI EN POSSESSION, autorisation émanant d'un jugement ou d'une ordonnance judiciaire, en vertu de laquelle certaines personnes ayant droit se mettent en possession de biens ou de titres qui leur sont dévolus. Elle a lieu au profit des héritiers présomptifs des absents déclarés, des héritiers irréguliers, tels que les enfants naturels, le conjoint survivant et l'Etat ; enfin au profit des donataires, légataires, etc., ayant des droits subordonnés à la condition du décès d'un absent. L'envoi en possession a lieu dans les cas où l'absent n'aurait pas laissé de procuration pour l'administration de ses biens. L'envoi est *provisoire* tant qu'on n'a aucune nouvelle de l'absent ; il est *définitif* lorsque l'absent a disparu depuis trente ans, lorsqu'il s'est écoulé cent ans depuis sa naissance, ou lorsqu'on a appris sa mort. L'envoi en possession cesse par le retour de l'absent ou quand on sait de ses nouvelles.

ENVOUTEMENT, prétendu maléfice en usage au moyen âge. Ce sortilège consistait à piquer, déchirer, brûler une image de cire représentant la personne contre laquelle on voulait employer ce maléfice. Les personnes *envoûtées* ou *piquées* souffraient précisément dans la partie piquée ; un coup porté dans le cœur de l'image les faisait périr à l'instant. Enguerrand de Marigny fut condamné à mort sur l'accusation d'avoir envoûté le roi.

ÉOLE (myth.), fils d'Hippotas. De la Thessalie il passa dans l'île de Lipara, épousa la fille du roi de cette île, et s'empara des six îles environnantes. Il y régna dans la suite, et les nomma *Éoliennes*. Les vents qui s'engouffraient dans les cavernes de ces îles leur firent donner le nom de demeures des vents, et Éole, qui avait pendant sa vie étudié l'astronomie, la direction des vents, etc., fut déifié après sa mort par les poëtes, qui en firent le dieu des vents et le fils de Jupiter. D'après la fable, il régnait dans l'île de Lipara, où il tenait les vents renfermés dans d'étroites prisons.

ÉOLIDE, genre de mollusques gastéropodes vivant sur les rivages de la mer. Ce sont des animaux limaciformes, gélatineux, à la tête distincte, munie de deux ou trois paires de tentacules. Les éolides se divisent en deux sections : la première comprend les espèces qui ont des branchies en lames ou écailles disposées sur les deux côtés du dos et plus ou moins serrées ; la deuxième renferme les espèces ayant des branchies en forme de filets disposées sur le dos en rangées transversales.

ÉOLIE ou Éolide, contrée de l'Asie-Mineure sur les côtes de la mer Egée, bornée au N. par la Troade et au S. par l'Ionie. Ses habitants, Grecs d'origine, rangèrent sous leur pouvoir les îles de Lesbos, Ténédos, Mitylène, etc., et la célèbre ville de Cumes. Ils reçurent leur nom d'Eolus, fils d'Hellen et petit-fils de Deucalion. Ils quittèrent la Grèce pour s'établir en Asie 1124 ans avant J.-C. Les villes éoliennes conservèrent leur indépendance jusque sous Cyrus ; elles partagèrent le sort de la Lydie. Athènes s'en empara dans la suite. Maintenant l'Éolie appartient aux Turks, et fait partie de l'Anatolie.

**ÉOLIEN** (Mode), mode de l'ancienne musique des Grecs, dont la note fondamentale était immédiatement au-dessus de celle du mode phrygien. Il était grave, mais moins grave que le phrygien et le dorien.

**ÉOLIENNE** (Harpe), sorte de harpe qui consiste en deux tables harmoniques de forme carrée, sur lesquelles deux cordes de métal sont tendues à l'aide d'un chevalet. Ces cordes, par l'excitation de l'air, et quand il survient dans l'atmosphère une variation brusque, font résonner les notes de l'accord parfait. Ces harpes sont nommées *météoroliques* par les Allemands. On pense que la célèbre statue de Memnon rendait ces sons merveilleux par la résonnance sonore de fils de laiton tendus d'une colonne à l'autre.

**ÉOLIENNES** ou **ÉOLIDES**, îles des côtes de l'Italie et de la Sicile, au nombre de sept; leurs noms étaient *Lipara*, *Hiera*, *Strongyle*, *Didyme*, *Ericusa*, *Phénicusa* et *Euonymos*. Elles étaient, d'après les anciens poëtes, la demeure des vents. Virgile, qui les nomme *Eolie*, y fait régner Éole, dieu des vents et des tempêtes. On les appelait aussi *Vulcanies* ou *Hephestiades*; on les nomme aujourd'hui îles *Lipari*.

**ÉOLIPYLE**, instrument destiné à montrer quelques effets de la force élastique des vapeurs. Il est formé d'une sphère métallique creuse, terminée par un tuyau recourbé, dont l'orifice est fort étroit. Lorsqu'on veut se servir de l'éolipyle, on la chauffe pour chasser une grande partie de l'air qu'elle contient, puis on la plonge dans un liquide quelconque, l'eau par exemple; par ce moyen, la boule se refroidit, et l'air extérieur pressant plus que l'air de l'instrument, le globe se remplit presque entièrement d'eau; alors on l'expose à une forte chaleur, de manière à amener le liquide à l'ébullition; la force expansive de la vapeur, développée par le calorique, s'exerce contre les parois de la boule et même contre le liquide. Cette force suffit pour chasser la liqueur par l'orifice du bec; elle sort donc sous la forme d'un jet continu, qui s'élance d'autant plus loin que le trou est plus petit, la liqueur plus chaude et plus légère. En substituant l'alcool à l'eau, et en l'enflammant à sa sortie du bec, on produit un jet de feu continu. Plusieurs philosophes ont cru pouvoir par cette expérience expliquer la nature et l'origine des vents.

**ÉON DE BEAUMONT** (Charles-Geneviève-Timothée d'), personnage célèbre au siècle dernier pour avoir trompé la crédulité d'un grand nombre de personnes, qui le regardèrent comme une femme; mais son acte de naissance, l'autopsie de son corps ont prouvé qu'il appartenait au sexe masculin. Né à Tonnerre (Yonne) en 1728, après s'être livré à la culture des lettres, il fut attaché à l'ambassade du chevalier de Douglas à la cour de Russie. Il fut envoyé à Londres en qualité de secrétaire d'ambassade, et y fut successivement résident et ministre plénipotentiaire. Il conclut la paix entre la France et l'Angleterre; mais, privé de ses emplois par des intrigues de cour, il ne rentra en France qu'en 1777 sous Louis XVI. Forcé de se réfugier à Londres en 1783, il mourut en 1810. Il a laissé des *Mémoires*, une *Histoire des papes*, une *Histoire politique de Pologne*.

**ÉON DE L'ÉTOILE**, gentilhomme breton, vivait dans le XIIe siècle. Ayant lu ces paroles du symbole: *Per eum qui venturus est judicare vivos et mortuos*, c'est-à-dire par celui *qui doit venir juger les vivants et les morts*, il s'imagina que c'était lui dont voulait parler le symbole, à cause de l'homonymie de son nom avec *cum*, qu'on prononçait alors comme *éon*, et que ce serait lui qui viendrait juger les vivants et les morts. Il se fit passer pour Jésus-Christ, et entraîna dans sa doctrine un grand nombre de personnes, auxquelles il donna le nom d'*apôtres*, d'*anges*, *jugement*, *domination*, *sagesse*, etc., et à la tête desquelles il parcourut les provinces,

livrant tout au pillage. Le concile de Reims (1148) le condamna à une prison perpétuelle, où il mourut. Ses disciples, nommés *éoniens*, furent condamnés au feu.

**ÉONS** ou **ÉONES**, nom que Valentin, hérétique du IIe siècle, donnait à plusieurs êtres métaphysiques, nés les uns des autres. Ces êtres étaient les *idées* que Platon avait imaginées en Dieu, mais que Valentin personnifia et distingua de Dieu même, prétendant qu'il les avait produites les uns mâles, les autres femelles. Ces *idées* furent nommées *éons*. Valentin en admettait trente, qui formaient ensemble le *pléroma* ou plénitude invisible et spirituelle. Ces trente éons étaient, selon lui, figurés par les trente années de la vie du Sauveur. Ce système expliquait la création de la famille, la distinction des sexes et les principaux dogmes de la religion.

**ÉPACHTES** (myth.), fêtes célébrées à Athènes en l'honneur de Cérès et en mémoire de la douleur que lui causa l'enlèvement de Proserpine.

**ÉPACRIDE**, genre d'arbustes de la famille des éryciuées, habitant les côtes de la Nouvelle-Hollande. Les épacrides ont le port agréable; les fleurs sont blanches ou rougeâtres, disposées en long épi. L'*épacride rougeâtre* mesure un mètre vingt-cinq centimètres. Ses rameaux grêles sont couverts d'un duvet blanchâtre, et garnis de feuilles d'un beau vert luisant, terminées par une pointe piquante. On cultive cette plante en France depuis 1806.

**ÉPACRIDÉES**, famille de plantes phanérogames, formée par Richard Brown, et qui se distingue, d'après ce naturaliste, par le port élevé des épacrides, la forme de leurs fleurs, celle des anthères qui sont simples et uniloges, et la structure du fruit. Ces caractères n'étant pas assez tranchés, on n'a pas adopté la division de Brown. Les épacrides rentrent dans la famille des éryciuées.

**ÉPACTE**, nombre de jours et de fractions de jour dont les révolutions lunaires diffèrent des solaires. Ces épactes sont trente nombres depuis 1 jusqu'à 30, que l'on écrit à côté des jours du mois dans un ordre rétrograde, de sorte que l'astérisque * qui tient lieu de l'épacte xxx est à côté du 1er janvier, xxix à côté du 2, et ainsi de suite jusqu'à 1, après lequel on recommence xxx ou le signa *. Les trente épactes ainsi disposées répondent à trente jours, et par conséquent elles désignent les trente jours des mois lunaires *pleins*; mais, comme il y en a six dans l'année lunaire qui sont *caves* ou de vingt-neuf jours, on met ensemble les deux épactes xxv et xxiv, en sorte qu'elles répondent au même jour dans six différents mois, savoir; au 5 février, au 5 avril, au 3 juin, au 1er août, au 20 septembre et au 27 novembre, par ce moyen les trente épactes ne répondent qu'à vingt-neuf jours dans ces six mois. Pour déterminer l'épacte d'une année, de 1840 par exemple, on prend 15, épacte de 1839, on y ajoute 11, ce qui donne 26: xxvi est l'épacte de 1840. Si la somme obtenue est plus grande que 30, il faut en retrancher 30. Ainsi, pour 1841, on ajoute xxvi (épacte de 1840) à 11, ce qui donne 37, on en retranche 30, et l'épacte est vii. Les 11 unités qu'on ajoute à l'épacte de l'année précédente viennent de ce que l'année lunaire est plus petite que l'année solaire de onze jours. La nouvelle lune de janvier, pour une année quelconque, arrive le jour devant lequel cette épacte est placée. Les épactes servent ainsi à déterminer les nouvelles lunes.

**ÉPACTES ASTRONOMIQUES**, nombres qui expriment l'âge de la lune au commencement de l'année, ou le temps qui s'est écoulé depuis la dernière conjonction moyenne de l'année précédente jusqu'au commencement de l'année actuelle (si c'est une année bissextile), ou à la veille (si c'est une année commune). Outre ces *épactes d'années*, on considère encore les *épactes de mois*, qui sont, pour chaque mois en particulier, l'âge qu'aurait la lune

à son commencement, si la dernière conjonction de l'année écoulée avait eu lieu le 31 décembre à midi. On a l'âge réel de la lune au commencement d'un mois en ajoutant l'épacte de l'année à celle de ce mois; et par suite, en retranchant cet âge de la durée d'une révolution entière de la lune, le reste exprime le temps de la conjonction moyenne qui doit avoir lieu dans le cours du mois. Les astronomes se servaient autrefois de ces épactes pour préparer les calculs des éclipses.

**ÉPAGNEUL**, famille de *chiens* qui offre les espèces les plus intelligentes. Le *chien épagneul* est couvert de poils longs et soyeux; ses oreilles sont pendantes et ses jambes peu élevées; son pelage est blanc, avec des taches noires ou brunes; le grand épagneul a le corps long de deux pieds quatre pouces; il est haut d'un pied cinq ou six pouces au train de devant. C'est un bon chien d'arrêt, doux et timide. Il chasse mieux dans les marais ou les pays couverts. Les sous-variétés sont le *petit épagneul*, le *gredin*, le *pyrame*, le *bichon*, le *chien lion*, etc. — La famille des *épagneuls* renferme les *barbets*, les *chiens courants*, les *chiens braques*, le *basset*, le *chien de berger*, etc.

**ÉPAGOMÈNES** c'est des cinq jours que les Egyptiens et les Chaldéens, qui partageaient l'année en 12 mois égaux de 30 jours chaque, ajoutaient au nombre de 360 jours, pour compléter celui des 365 que le soleil employait, d'après les anciennes croyances, à parcourir son orbite. Ils étaient obligés de tenir compte des minutes et des secondes négligées, lesquelles formaient un jour en 4 ans. La période dans laquelle cette erreur était détruite se nommait *période sothiaque* et avait, selon eux, 460 ans; elle a réclement 1508 ans.

**ÉPAMINONDAS**, général thébain, fils de Polymnus, et issu des rois de Béotie, s'appliqua d'abord aux beaux-arts et à la philosophie. Il porta ensuite les armes pour les Lacédémoniens, alliés de Thèbes. Bientôt, par ses conseils, Pélopidas, son ami, délivra Thèbes du joug de Lacédémone. Cet événement fut le signal de la guerre. Nommé général des Thébains, Epaminondas gagna sur les Lacédémoniens la bataille de Leuctres (371 ou 378 avant J.-C.), dans laquelle périt Cléombrote, pénétra dans le Péloponèse, ravagea les terres des ennemis, et secourut les Messéniens. Il reprit les armes, pénétra dans Sparte, se jeta dans la Thessalie, secourut les Éléens, suivit l'ennemi en Arcadie, et lui livra bataille à Mantinée. Il y fut blessé mortellement, et mourut l'an 363 avant J.-C.

**ÉPANCHEMENT**, effusion et accumulation d'une certaine quantité de fluide dans une partie qui n'est pas destinée à le recevoir. Tels sont l'extravasion du sang, l'amas de pus ou de sérosité dans une membrane séreuse. Si le liquide est amassé dans les lames du tissu cellulaire, c'est alors un *infiltration*, et non un *épanchement*. Les épanchements de pus ou de sang dans la poitrine sont souvent des causes de mort. Les épanchements de sérosité dans les sacs membraneux forment les hydropisies. — On désigne aussi le sortie des fluides qui concourent à la composition du corps humain hors des vaisseaux qui les conduisent.

**ÉPANOUISSEMENT**, époque à laquelle une fleur, parvenue à son parfait accroissement, déploie ses pétales, exhale ses parfums, et laisse à découvert les organes reproducteurs. Cette action a trois degrés distincts. Le premier degré du moment où la fleur sort du bouton qui la contient; elle s'entrouve lentement et se referme la nuit, afin que l'air, le soleil, le froid de la nuit ne détériorent pas ses organes. Le deuxième degré est celui où les étamines, courbées et comprimées jusqu'alors, prennent de l'élasticité, se dressent et fécondent le pistil. Le troisième degré est celui où l'ovaire se développe et amène le fruit à terme; alors peu à peu la fleur se fane, se dessèche, meurt et tombe. Chez quelques plantes, au premier degré l'épanouissement est complet, la fleur dure si peu qu'elle est pressée de se montrer; chez d'autres, les fleurs se ferment à une époque du jour et s'ouvrent à une autre.

ÉPAPHUS (myth.), fils de Jupiter et d'Io, envieux du jeune Phaéton, prétendit qu'il était de meilleure origine que lui. Phaéton, piqué de ces paroles, alla trouver sa mère Clymène, qui le renvoya au Soleil, son père, pour s'assurer de sa naissance, ce qui fut cause de sa perte. On a regardé *Epaphus* comme l'un des premiers rois d'Égypte, et le même qu'*Apis*.

ÉPARGNE (Caisses d'), institutions philanthropiques, dont le but est de recevoir en dépôt les sommes qui leur sont confiées, et d'aider ainsi les personnes laborieuses à se créer des économies. On en retire un intérêt annuel ou mensuel. Les dépôts peuvent être retirés à volonté. L'administration des caisses d'épargne est gratuite pour les déposants, les frais étant couverts par des revenus provenant des donations de leurs fondateurs. Les caisses d'épargne autorisées par ordonnances royales sont admises à verser leurs fonds en compte courant au trésor public; celui-ci leur accorde un intérêt de 4 pour cent. Les déposants ne peuvent verser aux caisses, plus de 300 francs par semaine, et la somme de leurs dépôts ne peut excéder 3,000 francs; les sociétés de secours mutuels peuvent verser jusqu'à 6,000 francs. L'institution des caisses d'épargne en France ne remonte qu'à 1818.

ÉPARTS, terme de charronnage, lequel on désigne les traverses de bois qui lient ensemble les brancards ou limons d'une charrette, et qui en supportent les planches qui forment le fond. — On donne aussi ce nom à une espèce de jonc avec lequel on fabrique des paniers.

ÉPARVIN ou ÉPERVIN, nom donné par les hippiatres à diverses dispositions qui dérangent plus ou moins la progression des animaux. L'*éparvin calleux* consiste dans une tumeur située à la partie supérieure interne de l'os du canon de derrière et qui fait boiter l'animal. Elle est produite par la distension des ligaments latéraux communs, et des ligaments particuliers, qui unissent l'os du canon aux os scaphoïdes; la tumeur, d'abord molle, devient dure et osseuse. Cette affection est causée par les coups, les chutes, la fatigue, le frottement des os entre eux. — L'*éparvin de bœuf* est un vice de conformation, qui consiste dans l'augmentation de volume du scaphoïde et de la partie contiguë de l'os du canon. — L'*éparvin sec* est un mouvement convulsif qu'éprouve le cheval en élevant le membre pelvien.

ÉPAULE, partie la plus élevée du membre supérieur chez l'homme, et de la jambe de devant chez les quadrupèdes. La partie la plus saillante de l'épaule a reçu le nom de *moignon de l'épaule*; la cavité qui se trouve au-dessous est appelée le *creux de l'aisselle*. L'épaule est soutenue par deux os, la *clavicule* et le *scapulum*; de forts ligaments unissent ces os entre eux, ainsi qu'aux os de la poitrine et du bras. Elle est mue par des muscles nombreux qui la fixent au tronc; elle a ses muscles propres; ses veines se rendent à la veine axillaire; ses vaisseaux lymphatiques se portent dans les ganglions de l'aisselle; ses nerfs viennent du plexus brachial.

ÉPAULE DE BASTION, flanc d'un bastion. L'*angle de l'épaule* est l'angle qui est entre le flanc et la face.

ÉPAULEMENT, mur en terre qu'on élève pour couvrir des pièces de canon ou de l'infanterie. Pour le construire, on creuse un fossé, on jette les terres devant soi, on les bat, on les unit, et on en fait une espèce de mur d'appui.

ÉPAULETTE, galon d'or, d'argent ou de laine, orné de franges de diverses formes, que les soldats, les officiers, etc., portent pour distinguer leurs grades, leur corps, leur compagnie, etc. L'institution de l'épaulette remonte à 1759. Les sous-officiers et soldats portaient autrefois des épaulettes en drap pour fixer leur buffleterie sur leurs épaules. Les compagnies du centre, dans la ligne, portent l'épaulette de drap; les grenadiers et voltigeurs les ont en laine, et de couleur différente, selon les corps auxquels ils appartiennent. Les adjudants sous-officiers portent à droite une épaulette d'or ou d'argent à franges simples, barrée d'un double galon de soie, et une contre-épaulette à gauche ; les sous-lieutenants, une épaulette d'or ou d'argent à franges simples à droite, une contre-épaulette à gauche ; les lieutenants, une épaulette à gauche, une contre-épaulette à droite ; les capitaines, deux épaulettes à franges simples ; les adjudants-majors, suivant leur grade, les épaulettes mi-parties or et argent ; si le corps est en or, la frange est argent, et réciproquement ; les majors, une épaulette à franges en graine d'épinard à droite, et à gauche une contre-épaulette ; les chefs de bataillon ou d'escadron, une épaulette à graines d'épinard à gauche, une contre-épaulette à droite ; les lieutenants-colonels ont deux épaulettes à graines d'épinard mi-parties or et argent ; les colonels, deux épaulettes à graines d'épinard, or ou argent ; les maréchaux de camp ont deux épaulettes d'or, à graines d'épinard et à corps brodé surmonté de deux étoiles d'argent ; les lieutenants généraux ont deux épaulettes semblables, ornées de trois étoiles ; les maréchaux de France ont deux épaulettes avec cinq étoiles. Les Anglais, les Danois, les Espagnols et les Wurtembergeois font usage d'épaulettes ; les Autrichiens ne s'en servent pas.

ÉPAULIES, nom que les Grecs donnaient au lendemain des noces. Ce jour-là, les parents et les conviés faisaient des présents aux nouveaux mariés. On appelait aussi *épaulies* les présents et surtout les meubles que la mariée recevait de son beau-père. Ces présents étaient portés publiquement en cérémonie ; un jeune homme vêtu de blanc et portant un flambeau allumé ouvrait la marche.

ÉPAVES, nom donné à toute chose sans maître, aux objets perdus, dont le maître ne se présente pas. Ce nom se donnait, au moyen âge, au droit qu'avait le seigneur haut justicier de s'approprier les choses égarées et qui se trouvaient dans sa seigneurie sans être réclamées de personne. Il fallait déclarer les épaves dans vingt-quatre heures ; les coutumes accordaient un certain temps pour réclamer les épaves. Le *droit d'épave* a disparu de nos mœurs.

ÉPEAUTRE ou ÉPAUTRE (*blé rouge* ou *ampeutre*), genre de plantes de la famille des graminées, aux fleurs pourvues de quatre barbes. L'épeautre s'élève peu, et féconde les mauvais sols ; ses épis sont aplatis, peu allongés, remplis de grains petits et légers. Ces grains donnent une farine très-blanche, qui, à poids égal, fournit plus de pain que celle du froment ; ce pain, plus léger, plus savoureux, peut se garder frais plusieurs jours. Le gruau se sert en potage comme le riz. Sa paille sert à nourrir les chevaux.

ÉPÉE, arme offensive et défensive, à longue lame triangulaire ou plate, et très-pointue. L'épée, chez les Gaulois, était longue et large, en forme de spatule. L'épée romaine était supportée par une ceinture (*parazone*). C'était un sabre long à pointe pour la cavalerie, un sabre court à lame droite et plate pour l'infanterie. Les Perses, les Germains et les Gaulois portaient l'épée en temps de paix et de guerre. Les Grecs et les Romains ne la ceignaient qu'en temps de guerre. L'infanterie le portait à droite, la cavalerie à gauche. L'épée des Francs, courte, lourde, sans pointe et à deux tranchants, se portait à gauche par une chaîne en bandoulière. Sous les premières croisades, l'épée se nommait *braquemar*. Sous Louis IX, elle était courte, pesante et à deux tranchants. L'épée, jusqu'alors arme de guerre, était portée en France par les hommes libres, les soldats et les chevaliers. C'était une marque d'honneur. Au xive siècle, les Français de cour portaient deux *épées*, l'une à droite, l'autre à gauche. Au xve, l'épée se porta aussi en temps de paix, et fit partie du costume civil. Après Henri IV, on adopta l'épée d'escrime. Le droit de porter l'épée était celui du militaire et du gentilhomme. On distinguait jadis la *noblesse d'épée* et celle *de robe*. L'épée est aujourd'hui l'arme des officiers civils et militaires. Elle se porte au côté gauche, pendue dans son fourreau à un ceinturon ou à un baudrier. Elle est munie d'une poignée composée d'une coquille et d'une anse en cuivre doré. Cette poignée se nomme *garde de l'épée*. On l'orne d'un cordon d'or ou d'argent.

ÉPÉE, grande alène droite, dont se servent 1° les cordiers pour battre la sangle qu'ils fabriquent; 2° les bourreliers pour percer la verge et y passer les boutons. — On donne aussi ce nom aux deux montants d'un avant-train de charrue, le long desquels glisse et s'arrête la traverse supérieure, qui sert de support à la haie de la charrue.

ÉPÉE (Ordre de l'), ordre militaire institué par Guy de Lusignan, roi de Chypre, par suite de l'achat qu'il en fit à Richard Cœur de Lion en 1192. Le collier de cet ordre était formé de cordons ronds de soie blanche, liés en lacs d'amour, entrelacés de lettres S en or. Au bout du collier pendait un ovale où était une épée ayant la lame émaillée d'argent, la garde croisetée et fleurdelisée d'or, et pour devise les mots *Unitas regni* (unité du royaume)

ÉPÉE (Charles-Michel de l'), né à Versailles en 1712. Il se consacra à l'éducation des sourds-muets. L'art d'instruire les sourds-muets par des signes date du xvie siècle. L'abbé de l'Épée perfectionna cet art. Sa méthode consiste à recueillir les signes dont les sourds-muets font usage naturellement, et qui leur servent à communiquer entre eux, à perfectionner ces signes, en faire un alphabet et une langue. L'abbé de l'Épée demanda en vain un établissement, pour ses protégés, au gouvernement ; il ne fut créé qu'après sa mort. Il fut réduit à loger les sourds-muets dans sa propre maison, et se priver souvent du nécessaire. Il mourut en 1789.

ÉPÉE DE MER, nom vulgaire de l'espadon commun dans la Méditerranée. Il est connu aussi sous le nom d'*empereur*. La *scie* a reçu aussi le nom d'*épée de mer* à cause de la forme singulière de son museau, prolongé en pointe très-aiguë.

ÉPÉENS, nom primitif que portèrent les habitants de l'Élide à cause de l'un de leurs rois, nommé Épéus.

ÉPÉES DE JÉSUS-CHRIST (Ordre des deux) ou des chevaliers du Christ des deux épées, ordre militaire de Livonie et de Pologne, institué pour propager le christianisme dans ces royaumes, et fondé en 1203 ou 1204. Les chevaliers portaient leurs bannières deux épées placées en sautoir, et s'opposaient aux entreprises des idolâtres contre les chrétiens.

ÉPEIRE, genre d'insectes arachnides pulmonaires, de la famille des fileuses. Les épeires sont sédentaires et construisent une toile à réseaux réguliers, composée de spirales ou de cercles concentriques, croisés par des rayons droits qui partent d'un centre où l'araignée se tient ordinairement immobile, le corps renversé ou la tête en bas. Ces toiles sont suspendues verticalement, obliquement ou perpendiculairement entre les branches d'arbres ou dans les encoignures des murailles. Quelques espèces habitent des tuyaux soyeux cylindriques.

ÉPERLAN, genre de poissons malacoptérygiens abdominaux, voisins des saumons. Leur corps est sans tache. L'éperlan n'a qu'un décimètre de longueur. Son dos et ses nageoires sont colorés d'un beau gris, ses côtés et ses parties inférieures sont argentées ; ces deux nuances sont relevées par des reflets verts, bleus et rouges; ses écailles et ses téguments sont transparents, et laissent distinguer le cerveau, les vertèbres et les côtes. On trouve l'éperlan dans la mer et à l'embouchure des grands fleuves. Sa chair exhale une forte odeur de violette; elle est blanche, tendre et très-recherchée.

ÉPERLAN DE SEINE, poisson du genre *able*, dont la grosseur est inférieure à celle du *meunier* et d'autres espèces voisines. Son corps est brillant, argenté, avec deux points noirs sur chaque écaille de sa ligne latérale. Ce poisson habite nos eaux douces. Sa chair est peu estimée.

ÉPERNAI, chef-lieu d'arrondissement du département de la Marne, à 8 lieues de Châlons. Population, 5,318 habitants. — Cette ville remonte, selon quelques écrivains, à une haute antiquité, et se nomma d'abord *Aquæ perennes*. Les coteaux qui l'avoisinent produisent les meilleurs vins de la Champagne. On conserve ces vins en bouteilles, dans des caves immenses, percées sur ces coteaux. — Épernai a une bibliothèque de 10,000 volumes, un tribunal de commerce et de première instance, un collège, une école de géométrie pratique et de dessin. Son commerce consiste en grains, bois, rouennerie, clouterics, cuivre, poteries et alun.

ÉPERNON, petite ville du département d'Eure-et-Loir, à 6 lieues et demie de Chartres. Population, 1,560 habitants. — Cette ville est ancienne, et porta jadis le nom de *Sparnonum*. On ignore l'époque de la fondation de son château et de son érection en seigneurie. Dans le XIVᵉ siècle, ce château appartenait à Jean de Bourbon, comte de Vendôme. Il passa ensuite dans la famille de Nogaret de la Valette. Ce fut en faveur d'un des seigneurs de ce nom, favori de Henri III, qu'Epernon fut érigé en duché-pairie. (Voy. l'article suivant.) Au XVIᵉ siècle, Epernon était une place forte entourée de murailles et défendue par un château fort. Il ne reste que des ruines de ces fortifications.

ÉPERNON ou ESPERNON (NOGARET DE LA VALETTE, duc D'), cadet de Gascogne, vint chercher fortune à la cour de France sous le nom de Caumont. Après la mort de Charles IX, il s'attacha d'abord au roi de Navarre, depuis Henri IV. Il fut admis ensuite dans la familiarité de Henri III, qui lui fit apprendre la politique, les lettres, et l'adopta au nombre de ses *mignons*. Créé duc d'Epernon, premier pair de France, amiral de France, colonel général de l'infanterie, il obtint plusieurs gouvernements. Après la mort de Henri III, d'Epernon se rallia à Henri IV, qui l'opposa au duc de Savoie. Pendant le règne de Henri IV, il vécut dans une sorte de brouillerie constante avec le roi et la cour. On l'accusa même d'avoir fait assassiner Henri. A la mort de Henri, il convoqua le parlement, et il reconnaître la reine Marie régente, et s'empara des affaires en formant un conseil particulier, dont il fut le chef. Obligé de se retirer sous les Concini, il reparut à la cour après leur chute. Richelieu l'écarta des affaires, et ne lui laissa de ses gouvernements que la Guienne. Il mourut en 1042.

ÉPERON, pièce de métal en fer ou acier, qui se place et s'assujettit à chaque talon du soulier ou de la botte des cavaliers, et portant un aiguillon à une ou plusieurs pointes. On se sert de l'éperon pour exciter le cheval ou pour le châtier. Il se compose du *collier*, espèce de demi-cercle qui embrasse le talon, et dont la largeur est de cinq à six lignes près du talon, de trois lignes au plus aux deux extrémités; les *branches*, parties du collier qui s'étendent des deux côtés du pied jusque sous la cheville; du *collet*, tige qui sort en arrière du milieu du collier, et qui est fendue dans le sens son épaisseur pour recevoir la *molette*, petite roue en acier divisée en plusieurs dents pointues. Au bout de chaque branche, on ménage une petite épaisseur nommée *membret*, où l'on pratique un trou nommé *œil*. On y fixe deux courroies, qui s'attachent au-dessus et au-dessous du pied. — L'éperon est en usage depuis un temps immémorial. — Au moyen âge, pour créer un chevalier, on lui attachait des éperons d'or.

ÉPERON, nom donné, en architecture, à des parties solides en maçonnerie, qu'on joint au revêtement pour lui donner la force de résister à la poussée des terres.

ÉPERON, charpente saillante, en avant de l'étrave, qui termine l'avant d'un grand bâtiment, depuis la muraille du coltis, membre de ce vaisseau, qui a son pied à la jonction de l'étrave avec la quille. Une porte de chaque bord, dans cette muraille, se nomme *porte de l'éperon* ou *de la poulaine*. — On nomme *éperon*, sur quelques navires de la Méditerranée, la partie saillante de l'avant, qui se termine en forme de bec d'oiseau; c'est le *rostrum* des anciens. — On donne aussi ce nom à une pointe de rocher qui, à l'entrée de certains havres et rivières, sert à rompre les lames.

ÉPERON, en termes de fortification, c'est un angle saillant qui se fait, ou au milieu des courtines, ou au-devant des portes pour les défendre. — On nomme ainsi, en hydrographie, les ouvrages en pointe qui servent à rompre le cours de l'eau devant les piles des ponts ou sur les bords des rivières.

ÉPERON, nom donné, en zoologie, à une éminence osseuse et cornée, quelquefois double, presque toujours allongée et pointue, nommée aussi *ergot*, et qu'on remarque sur le tarse et au fouet de l'aile de quelques espèces d'oiseaux, surtout chez les mâles. — En botanique, on donne ce nom à une espèce de prolongement qu'on aperçoit à la base de la réunion des pétales de certaines fleurs. Tantôt c'est une sorte de corne tubuleuse, comme dans la balsamine, le pied-d'alouette, la capucine, etc.; tantôt c'est une forte bosselure, creusée dans les enveloppes florales. — *L'éperon de la vierge* est le nom du *pied-d'alouette* ou *dauphinelle*.

ÉPERON DES ARTÈRES, angle saillant que forment les artères de côté de leur cavité, à l'endroit où elles se séparent.

ÉPERON D'OR (ORDRE DE L'), ordre civil et militaire, institué par le pape Pie IV en 1559, à Rome. Les chevaliers, nommés aussi *chevaliers pies*, portaient une croix d'or à huit pointes, émaillée de rouge, au bas de laquelle pendait un éperon d'or. Ils avaient autrefois le titre de comtes palatins, le pouvoir de créer des comtes et des nobles, de légitimer des bâtards, etc. Cet ordre existe encore. Les auditeurs de rote, les nonces, etc., ont le privilége d'accorder un certain nombre de lettres de chevalerie pour cet ordre.

ÉPERONNIER, oiseau de la famille des gallinacés, dont les éperonniers sont granivores, de mœurs très-douces, et susceptibles de vivre en domesticité. Leur taille ne dépasse pas celle des faisans, et leur plumage est orné de brillantes couleurs. Les pieds sont grêles, armés de plusieurs éperons; la queue est longue et arrondie. On les trouve dans les Indes et en Chine. — On nomme *éperonnier* l'ouvrier qui fabrique des éperons, des mors, des filets, des bridons, des boucles, des étriers, etc.

ÉPERONNIÈRE, nom donné dans le langage vulgaire à *l'ancolie* des bois et des haies, à la *dauphinelle* des jardins et à la *linaire* champêtre. *L'éperonnière de chevalier* est la *dauphinelle des blés*.

ÉPERONS (JOURNÉE DES), nom donné à une bataille livrée entre les Français et les Allemands. Les habitants de Térouane, assiégés en 1513 par Henri VIII, roi d'Angleterre, et l'empereur Maximilien Iᵉʳ, demandèrent du secours à Louis XII, roi de France. Celui-ci envoya les chevau-légers albanais porter une provision de poudre et de vivres à Térouane, tandis que 1,400 gendarmes attiraient d'un autre côté l'attention des ennemis (16 août). Maximilien, instruit de cette marche par ses espions, fit avancer 10,000 archers 4,000 lansquenets et 8 canons contre les Français sans armes, et qui ne s'attendaient pas à combattre. L'infanterie et la cavalerie furent culbutées; Longueville, Lapalisse, Bayard, Lafayette, furent faits prisonniers. On nomma ce combat *journée des Eperons*, parce que les gendarmes n'employèrent que les éperons pour fuir. — On a donné encore ce nom à la bataille de Courtrai, livrée par les Français aux Flamands en 1314, et où les premiers perdirent 1,200 chevaliers et une grande quantité d'éperons d'or.

ÉPERVIER, espèce d'oiseaux de proie du genre *faucon*, ayant pour caractère les parties supérieures d'un cendré bleuâtre, une tache blanche à la nuque; les parties inférieures blanches, avec des raies longitudinales sur la gorge, transversales sur les autres parties; la queue, d'un gris cendré, a des bandes d'un cendré noirâtre; le bec est noirâtre, les pieds et les iris jaunes. La longueur du mâle est de trente-deux centimètres, celle de la femelle de trente-huit. Les éperviers habitent les pays montagneux de l'Europe. Ils sont carnivores et voraces. Leur vol est peu élevé, mais impétueux et rapide. On les dresse à la chasse.

ÉPERVIER, sorte de filet, avec lequel on prend le poisson dans les étangs et les rivières. C'est un grand sac de rets dont la forme est conique, dont le bord inférieur est garni de plomb, et qui est retenu par une corde fixée au sommet du cône. — On donne ce nom, en médecine, à un bandage employé pour les plaies et les fractures du nez.

ÉPERVIÈRE, genre de la famille des *synanthérées*, tribu des chicoracées, habitant les montagnes, les plaines boisées et les lieux marécageux de l'Europe, de l'Amérique, de l'Asie et de l'Afrique. Ce sont des plantes aux tiges feuillées et munies de poils noirs. On recherchait autrefois contre les maladies du poumon *l'épervière des murailles*, que l'on trouve dans les décombres; on la donne comme plante alimentaire aux bestiaux, surtout aux chevaux.

ÉPERVIERS, nom donné par l'entomologiste Geoffroy à la seconde famille de ses sphinx, à cause de la forme qu'affectent la trompe, les antennes et les chenilles. Elle comprend plusieurs *sésies* et *sphinx*. Cette coupe n'a pas été adoptée.

EPEUS (myth.), fils d'Eudymion, et frère de Péon, régna sur une partie du Péloponèse. Ses sujets prirent de lui le nom d'*Epéens*. — Fils de Panopeus, construisit le fameux cheval de bois qui causa la ruine de Troie.

ÉPHA (en hébreu, *fatigue*), fils de Madian et petit-fils d'Abraham et de Céthura, donna son nom à la ville d'Epha, qui faisait partie du pays de Madian, sur le bord oriental de la mer Morte. — On nomme encore *epha* ou *éphi* une mesure creuse des Hébreux, qui valait 39 litres français. Cette mesure servait pour les matières sèches et les matières liquides.

ÉPHÈBE se dit, en médecine, des enfants arrivés à l'âge de puberté ou de quatorze ans. — Les Grecs célébraient des fêtes nommées *Ephébies* lorsque leurs enfants parvenaient à cet âge.

ÉPHÈDRE, genre de plantes de la famille des conifères. Ce sont des sous-arbrisseaux dépourvus de feuilles, à rameaux cylindriques articulés. Aux fleurs succèdent des semences ovales, épaisses, succulentes, allongées, et formant une espèce de baie divisée. Placés dans les bosquets d'hiver, les éphèdres produisent un bel effet par leur touffe toujours verte.

ÉPHÉLIDES, taches cutanées, solitaires ou réunies par groupes sur la surface du corps. Elles se montrent surtout dans les endroits habituellement découverts. Une constitution faible, une peau fine et fine, des cheveux roux ou blonds, l'usage des mauvais aliments en favorisent la formation. L'action de la lumière ou de la chaleur solaire ou artificielle en est souvent la cause déterminante. Leur forme est très-variable; leur couleur est jaune, fauve, brune, quelquefois blanche ou violacée. Elles disparaissent au bout d'un certain temps, ou persistent pendant tout le cours de la vie. Les *éphélides lentiformes* sont produites par l'action de la chaleur; on les distingue en *solaires* (par le soleil), *ignéales* (par le feu). Les *hépatiques* consistent dans des taches arrondies de couleur safranée, occupant le cou, le ventre et la région du foie. On les distingue en *persistantes* et *fugitives*. Les *éphélides scorbutiques* consistent dans des taches de couleur pâle ou brunâtre, et occupent la poitrine, le dos, les bras, les cuisses, etc.

ÉPHÉMÈRE, nom donné aux maladies, et particulièrement aux fièvres qui ne durent qu'un jour. On nomme *éphémères prolongées* celles qui cessent après deux ou trois jours de durée. — On donne, en botanique, l'épithète d'éphémère aux fleurs qui, écloses le matin, se fanent et tombent le soir. Telles sont celles des *cistes*, qui s'ouvrent dès le lever du soleil, tournent avec lui et s'effeuillent à la fin de sa course. La fleur du *cactus* ne dure que le quart d'une journée.

ÉPHÉMÈRES, genre d'insectes de l'ordre des névroptères, de la famille des subulicornes, ayant un corps allongé; les ailes longues et triangulaires, élevées dans le repos; l'abdomen terminé par deux filets dans les mâles, trois dans les femelles. Leur corps est de couleur blanchâtre ou jaunâtre. Les éphémères naissent au coucher du soleil, et meurent à son lever; quelques-uns résistent plusieurs jours. Ils vivent deux, on dit même trois ou quatre ans à l'état de larve. A peine nés, ils se livrent à l'acte générateur, et la femelle dépose dans l'eau ses œufs; elle meurt peu de temps après. La longueur de ces insectes est de dix-huit millimètres. Les pêcheurs les nomment *manne de poissons*.

ÉPHÉMÉRIDES, nom donné, en astronomie, à des tables qui donnent pour chaque jour d'une année l'état du ciel. Les plus célèbres sont, en France la *Connaissance des temps*, en Angleterre l'*Almanach nautique*, en Italie les *Ephémérides de Bologne*. — On donne aussi ce nom à des ouvrages qui contiennent les événements remarquables de chaque jour.

ÉPHÈSE ou ARSINOÉ, ville d'Ionie, célèbre par un temple de Diane, qui passait pour l'une des sept merveilles du monde. Il avait quatre cent vingt-cinq pieds de long sur deux cent vingt de large. La nef était soutenue par cent vingt-sept colonnes d'ordre ionique, et de soixante pieds de haut. Ce temple fut brûlé par Erostrate le jour même où naquit Alexandre. Le héros offrit de le reconstruire, à condition qu'on y inscrirait son nom; mais il refusa ses offres, et le temple fut rebâti avec plus de magnificence. Éphèse passa ensuite de la domination des rois de Syrie à celle des Romains (130 avant J.-C.). Au commencement du christianisme, elle devint la métropole et la capitale du diocèse d'Asie. Elle eut ses évêques particuliers. Les empereurs romains en firent le siège d'une province proconsulaire. Détruite par Constantin, Éphèse n'est plus qu'un village nommé *Aïa-Salouk*. — Sous le pape Célestin Ier, il se tint à Éphèse (431) un célèbre concile œcuménique où cent cinquante-huit évêques, sous la présidence de saint Cyrille, condamnèrent les erreurs de l'hérétique Nestorius.

ÉPHÉSIENNES, nom donné chez les anciens aux caractères magiques en général, et en particulier à des lettres mystérieuses écrites sur la couronne, la ceinture et les pieds de la statue de Diane à Éphèse. Celui qui prononçait ces paroles obtenait à l'instant ce qu'il désirait.

ÉPHÉSIES (myth.), fêtes célébrées à Éphèse en l'honneur de Diane, où les hommes se faisaient un point de religion de s'enivrer et d'exciter du tumulte dans la ville.

ÉPHESTION, ami et confident d'Alexandre le Grand, roi de Macédoine. Il avait été élevé avec lui, et lui ressemblait parfaitement. Il suivit Alexandre dans toutes ses expéditions, et contribua à la prise de plusieurs villes. Étant mort à Ecbatane l'an 325 avant J.-C., Alexandre fit éteindre le feu sacré, comme à la mort des rois de Perse, et mettre en croix le médecin qui l'avait soigné. Ses funérailles se firent à Babylone, et coûtèrent 2,000 talents.

ÉPHÈTES, magistrats athéniens créés par Démophoon, fils de Thésée. Dracon réduisit leur nombre à cinquante et un. Ils eurent d'abord de grandes prérogatives, supérieures à celles de l'aréopage. Mais Solon affaiblit leur puissance, et borna leurs attributions à la connaissance de l'homicide et aux attentats commis contre la vie des citoyens. On n'admettait parmi eux que des hommes de cinquante ans et d'une vie irréprochable.

ÉPHI. Voy. ÉPHA.

ÉPHIALTE (myth.), célèbre géant, fils de Neptune et d'Iphimédie, croissait avec son frère *Otus* de neuf pouces chaque mois. Les deux frères tentèrent à quinze ans d'escalader le ciel. Ils se massacrèrent par l'artifice de Diane, qui sema la division parmi eux. — Trachinien, qui indiqua aux Perses un sentier par lequel ils vinrent attaquer les Spartiates aux Thermopyles.

ÉPHIPPUS, petit sous-genre de la famille des poissons squammipennes, de l'ordre des acanthoptérygiens, que Cuvier a formé aux dépens du genre *chætodon* de Linné. Il est caractérisé par une dorsale profondément échancrée entre sa partie molle et sa partie épineuse; cette dernière est dénuée d'écailles. La dorsale peut se replier dans un sillon formé par des écailles du dos.

ÉPHOD, ornement des prêtres hébreux, qui consistait dans une espèce de ceinture qui, prenant derrière le cou et par-dessus les épaules, descendait par devant, se croisait sur la poitrine, et servait ensuite à ceindre la tunique, en faisant le tour du corps; ses extrémités tombaient par devant jusqu'à terre. L'éphod du grand prêtre était un tissu d'or, d'hyacinthe, de pourpre, de cramoisi, et de coton ou de fil retors. A l'endroit où l'éphod s'arrêtait sur les épaules, il était fixé par deux grosses pierres précieuses où était gravé le nom des douze tribus d'Israël, six sur chaque pierre; à l'endroit où l'éphod se croisait sur la poitrine du grand prêtre, il y avait un ornement carré, nommé *rational*, dans lequel étaient enchâssées douze pierres précieuses où l'on avait gravé les noms des tribus. L'éphod des simples prêtres était de lin.

ÉPHORES, magistrats de Sparte, créés, selon les uns, par Lycurgue, et, selon d'autres, par Théopompe, l'an 760 avant J.-C. Ils étaient au nombre de cinq, exerçaient dans l'État une espèce de censure, avaient le droit de limiter la puissance des rois, de les condamner à l'amende et même de les mettre en prison lorsqu'ils commettaient quelques fautes. Ils avaient le maniement du trésor public, et étaient les arbitres de la paix et de la guerre. Ils convoquaient, prorogeaient et dissolvaient à leur gré les grandes et les petites assemblées du peuple. Ils ne conservaient leur charge qu'un an.

ÉPHORUS, orateur et historien, né à Cumes vers l'an 352 avant J.-C., fut disciple d'Isocrate. Ce fut par le conseil de son maître qu'il écrivit l'histoire des guerres que les Grecs soutinrent contre les barbares pendant sept cent cinquante ans. Cet ouvrage, dont les anciens faisaient le plus grand cas, ne nous est pas parvenu.

ÉPHRAIM, second fils du patriarche Joseph, naquit en Égypte l'an du monde 2293 ou 2294. Jacob, à son lit de mort, fit approcher ses deux petits-fils; il posa sa main droite sur la tête d'Éphraïm, qui était le cadet, et sa main gauche sur la tête de Manassé, qui était l'aîné, en disant qu'Éphraïm aurait une postérité plus puissante et plus nombreuse que Manassé. Josué plaça la tribu d'Éphraïm entre celles de Manassé, Dan et Benjamin, le Jourdain et la Méditerranée Conduits en captivité par les Assy-riens 717 ans avant J.-C., les Ephraïmites revinrent dans la Palestine sous le règne de Cyrus. Quelques auteurs ont prétendu qu'ils subsistaient encore dans la Tartarie, la Chine ou dans les Indes.

ÉPHREM (Saint), né à Nisibe (Mésopotamie) vers le commencement du IVe siècle Il se retira dans un désert pour se livrer à la vie érémitique. Sa grande chasteté, sa modestie, sa douceur et sa profonde érudition le firent bientôt connaître. Il se livra avec ardeur à ministère de la prédication, et publia un grand nombre d'écrits en langue syriaque. Il mourut en 381. Les Grecs en font mémoire le 28 janvier, et les Latins le 1er février.

ÉPI, sorte d'inflorescence qui consiste dans la disposition, le long d'un pédoncule ou axe commun, d'un grand nombre de fleurs éparses, en spirales ou sur plusieurs rangs horizontaux. L'*épi vrai* est la partie des graminées placée au sommet des chaumes, et qui renferme les grains. Un épi moins caractérisé est celui que forment les fleurs des groseillers, le réséda et plusieurs autres plantes. Dans les plantes, l'épi est *unilatéral* lorsque les fleurs sont tournées d'un même côté; il se nomme *chaton* lorsque les fleurs sont insérées autour de l'axe commun.

ÉPI. On nomme *épi celtique* le *nard*; *épi d'eau*, diverses espèces de *potamots*; *épi de lait*, plusieurs *ornithogales*; *épi de vent*, l'*agrostide*, graminée dont les fleurs panachées s'agitent au moindre vent; *épi sauvage*, l'*asaret* d'Europe.

ÉPI (acc. div.), assemblage de chevrons et liens autour d'un poinçon qui supporte la toiture et forme le comble circulaire couronnant une tourelle, un moulin, une église, etc. L'extrémité supérieure du poinçon se nomme *épi de faîte*. — Extrémités d'une digue construite en maçonnerie, ou avec des coffres de charpente remplis de pierre, pour résister à l'impétuosité des eaux; on les fait quelquefois en fascines chargées de gravier et enfoncées dans le lit du courant. On emploie les épis surtout sur les bords des rivières rapides pour forcer un courant à déplacer sa direction, ou pour réparer une brèche causée par l'impétuosité des eaux. En astronomie, on nomme *épi de la Vierge* une étoile brillante de première grandeur, située dans la constellation de la *Vierge*.

ÉPI ou ESPIE (ORDRE DE L'), ordre militaire et religieux, fondé par François Ier, duc de Bretagne, en 1447, pour montrer sa dévotion envers le saint sacrement, que nous recevons sous les espèces du pain représenté par l'épi. Cet ordre avait la même devise que celui de l'Hermine : *A ma vie*. Les chevaliers portaient un collier d'or, fait en forme de couronne d'épis de blé, joints les uns aux autres et entrelacés en lacs d'amour. Au bout du collier était suspendue une hermine sur un gazon d'hermines où était gravée la devise.

ÉPICARPE, nom donné par le botaniste Richard à la peau ou partie membraneuse qui entoure le fruit. — On appelait autrefois ainsi les topiques qu'on appliquait sur le poignet ou à l'endroit du pouls. C'étaient des emplâtres, des onguents, des cataplasmes fébrifuges composés d'*ingrédients* âcres et pénétrants, tels que l'ail, l'oignon, l'ellébore, le poivre, etc.

ÉPICÈDE ou ÉPICÉDION, nom donné chez les anciens à l'un des trois discours ou poèmes que l'on prononçait aux obsèques d'une personne de distinction. C'était celui qu'on prononçait dans la cérémonie des funérailles en présence du corps. Il répondait à nos oraisons funèbres

ÉPICÉRASTIQUE, nom donné aux remèdes qui ont la propriété d'adoucir l'acrimonie des humeurs. Tels sont les fruits doux et sucrés, les racines mucilagineuses, comme celle de guimauve, les feuilles de laitue, les graines de lin, de pavot, etc.

ÉPICES, nom donné aux végétaux ligneux de l'Inde, dont les fruits ou l'écorce aromatiques sont employés desséchés, concassés et rapés, ou préparés convenablement dans la pharmaceutique, les cuisines, etc., pour neutraliser ou relever le goût des remèdes, des mets et des liqueurs. Tels sont l'écorce des canneliers, le calice du giroflier, la graine du poivrier, la graine et l'enveloppe du muscadier. — On nomme *pain d'épices* une espèce de gâteau qui se fait avec de la farine, du miel et des épices.

ÉPICES, rétribution qu'on donnait en nature aux juges pour rendre la justice; ce que les juges des anciennes cours de France se faisaient payer pour le jugement d'un procès par écrit. Cet usage remonte à une très-haute antiquité. Il s'établit quand les tribunaux mêmes n'étaient pas organisés d'une manière permanente, alors que les parties rétribuaient elles-mêmes leurs juges. Cet usage se conserva dans la suite. On lui donna le nom d'*épices*, parce que ces produits, alors très-rares, étaient très-recherchés, et les parties en offraient aux juges pour les encourager à rendre un jugement favorable à leur cause. Les procès restaient sans solution tant qu'on ne payait pas les épices. Les ordonnances contre les épices furent sans vigueur jusqu'en 1789. La révolution les anéantit alors pour toujours.

ÉPICHARIS, courtisane accusée de conspiration contre Néron. Elle souffrit les plus horribles tortures, et refusa constamment de découvrir ses complices. Comme on l'amenait pour subir la torture une deuxième fois, craignant de ne pouvoir la supporter et de donner quelque marque de faiblesse, elle s'étrangla avec sa ceinture.

ÉPICHARME, poëte et philosophe pythagoricien, né en Sicile 444 ans avant J.-C., introduisit la comédie à Syracuse sous le règne d'Hiéron Ier. Plaute fut son imitateur. Epicharme écrivit aussi des traités de philosophie et de médecine. Il avait coutume de dire que les dieux vendaient leurs bienfaits au pied du travail et de la peine. Il ajouta deux lettres à l'alphabet Θ (*théta*) et X (*khi*).

ÉPICIER, celui qui vend les différentes denrées coloniales ou *épices* qui sont employées comme comestibles, soit comme condiments, et une foule d'articles d'un usage journalier. Ceux qui ajoutent à ce commerce la vente des autres substances exotiques en usage dans les arts ou dans la médecine prennent le nom d'*épiciers droguistes*. Le commerce de l'épicerie fut d'abord entrepris par les chandeliers vendeurs de suif; mais il prit un si grand développement sous François Ier, que les épiciers furent constitués en corporation et régis par des statuts particuliers. Aujourd'hui leur profession est libre; mais il leur est défendu de vendre ni préparer aucune composition pharmaceutique. Ils peuvent faire le commerce en gros des drogues simples, sans en vendre aucune au poids médicinal. Ils ne peuvent livrer les substances vénéneuses qu'à des personnes connues et domiciliées qui pourraient en avoir besoin pour leur profession. La vente doit être inscrite sur un registre coté et paraphé par le commissaire de police. On leur laisse cependant débiter le *cobolt* ou *mort aux mouches* (arsenic métallique). Les épiciers sont soumis à une visite annuelle faite à Paris par les professeurs des écoles de médecine et de pharmacie, assistés d'un commissaire de police, et dans les départements, par les membres du jury de médecine.

ÉPICLINE, terme de botanique par lequel on désigne le nectaire lorsqu'il est placé sur le réceptacle comme dans les labiées, la rue, le ményanthe.

ÉPICONDYLE, nom donné, par les médecins, à une éminence que présente en dehors l'extrémité inférieure de l'humérus, parce qu'elle se trouve placée au-dessus de la petite tête de cet os, à laquelle on a donné le nom de *condyle*. L'épicondyle se lie au ligament latéral externe de l'articulation huméro-cubitale, et à un tendon très-fort sur lequel s'attachent plusieurs des muscles de la partie postérieure de l'avant-bras.

ÉPICRANE, nom donné aux diverses parties qui sont placées sur le crâne. Ainsi on a appelé *épicrâne* ou *péricrâne* la peau du crâne, l'aponévrose qui s'étend du muscle frontal au muscle occipital et forme la calotte aponévrotique. — Quelques médecins nomment *muscle épicrâne* les muscles occipital, frontal, pyramidal du nez, auriculaires supérieur et antérieur.

ÉPICTÈTE, philosophe stoïcien, né à Hiérapolis en Phrygie, fut pendant une grande partie de sa vie esclave d'Epaphrodite, affranchi de Néron. Exilé par l'empereur Domitien, il revint après la mort du tyran, et obtint l'estime de Trajan et d'Adrien. Epictète professait l'immortalité de l'âme, et combattait le suicide. L'empereur Marc Aurèle faisait un grand cas de la doctrine de ce philosophe, qui a été conservée par Arrien, son disciple, dans plusieurs ouvrages, entre autres l'*Enchiridion* (manuel).

ÉPICURE, philosophe célèbre, né à Gargette, bourg de l'Attique, ou à Samos 341 ans avant J.-C. Né de parents pauvres; il professa sa doctrine à Athènes. Ses disciples vivaient tous en frères, chacun contribuait aux besoins des autres. La doctrine d'Epicure était que le bonheur de l'homme consiste dans la volupté, non des sens et du vice, mais de l'esprit et de la vertu. Il inspirait à ses disciples l'enthousiasme de la sagesse, la tempérance, la frugalité, l'éloignement des affaires publiques, la fermeté de l'âme, le mépris de la vie, l'éloignement des sens, etc. Epicure mourut l'an 270 avant J.-C. Sa philosophie, douce et pure, fut ensuite transformée en une volupté des sens, et cette doctrine alors consista dans la recherche des plaisirs les plus honteux. Depuis, le nom d'*épicurien* est devenu synonyme du mot *voluptueux*.

ÉPICYCLE, nom donné, dans l'astronomie des anciens, à une orbite circulaire dont le centre était supposé se mouvoir sur la circonférence d'un plus grand cercle nommé déférent. Les anciens supposaient que les planètes étaient fixées sur la circonférence d'un épicycle, qui tournait sur son centre, placé sur l'orbite que les planètes décrivaient autour de la terre. Les épicycles servaient à expliquer les mouvements directs, rétrogrades, stationnaires des planètes.

ÉPICYCLOÏDE, ligne courbe décrite par un point d'une circonférence de cercle tournant sur ou autour d'une autre circonférence. Lorsque les deux cercles sont dans un même plan, l'épicycloïde est *plane*; lorsqu'ils sont dans des plans différents, l'épicycloïde est *sphérique*. Si le cercle roule sur l'extérieur de la circonférence, il en résulte une espèce de croissant. Si le cercle tourne en dedans, le point de sa circonférence, qui est en contact avec la circonférence du cercle en repos, décrit une courbe qui forme une portion d'ellipse. L'invention des *épicycloïdes* est attribuée au célèbre Roemer.

ÉPIDAURE, ville située en Grèce, au N. de l'Argolide, sur la rive occidentale du Péloponèse. Esculape y avait un temple célèbre, où il était représenté sous la figure d'un serpent, et où les malades faisaient des pèlerinages pour obtenir leur guérison. On les faisait coucher dans le temple, après avoir déposé les offrandes; puis le dieu, sous la forme d'un serpent, venait et guérissait les maux à sa volonté.

ÉPIDAURIE, contrée du Péloponèse dont *Epidaure* était la capitale. — C'est aussi le nom des fêtes que les Athéniens célébraient en l'honneur d'Esculape. — *Epidaurius* est le surnom d'Esculape, pris de la ville d'Epidaure où il était adoré.

ÉPIDÉMIE, nom donné aux maladies qui attaquent en même temps et dans le même lieu un grand nombre de personnes, ou qui deviennent beaucoup plus fréquentes qu'elles ne le sont communément. Ces maladies se transmettent quelquefois par le contact des personnes malades avec les individus qui ne le sont pas. Les causes des épidémies se trouvent dans des circonstances qui sont communes à beaucoup d'individus; telles sont l'air, les aliments, etc. Ces causes ne dépendent pas uniquement des conditions dans lesquelles sont les habitants des lieux où elles règnent. Leur apparition est préparée par une succession de causes ayant agi pendant un certain temps, et qui ont amené une prédisposition à la maladie, prédisposition qui est développée ou augmentée par les causes actuelles.

ÉPIDERME ou CUTICULE, membrane fine, transparente, albumineuse, dépourvue de nerfs et de vaisseaux, recouvrant la surface externe de la peau chez l'homme, excepté dans les endroits qui correspondent aux ongles. Elle a pour usage principal d'empêcher que les corps extérieurs ne touchent immédiatement les papilles nerveuses, et de diminuer les sensations du tact. L'épiderme varie d'épaisseur suivant les individus et les diverses parties du corps; il présente en dehors une foule de rides, de plis et de petites éminences, qui sont surtout très-prononcées aux pieds et aux mains; il se trouve percé de plus d'un nombre innombrable de trous, par lesquels passent les poils. L'épiderme semble formé de petites écailles placées les unes au-dessus des autres. On y trouve des vaisseaux absorbants et exhalants, par où pénètrent les fluides et par où s'échappe la sueur, etc.

ÉPIDERME ou CUTICULE, membrane très-mince, fine, transparente, lisse et quelquefois colorée, qui recouvre extérieurement toutes les parties des végétaux depuis la racine jusqu'aux rameaux. Elle sert à défendre les végétaux du contact immédiat de l'air, entretient la fraîcheur dans leurs parties; quand l'arbre est vieux, elle se crevasse et devient raboteuse. Dans quelques végétaux, le bouleau, le platane, etc., elle tombe chaque année en feuillets plus ou moins larges et enroulés, et se régénère promptement. —On nomme aussi *épiderme* la couche mince, brunâtre et de substance cornée qui revêt les coquilles au sortir de la mer.

ÉPIDERMIQUES (ÉCAILLES), nom donné par de Blainville aux écailles formées par l'épiderme, et qui sont tantôt en tubercules rapprochés, tantôt en écailles imbriquées. Elles existent chez la plupart des reptiles et des ophidiens. On nomme *écailles piliques* celles qui sont des réunions de poils agglutinés (elles se trouvent chez les mammifères, sur le corps des pangolins); et *écailles dermiques* celles qui sont imbriquées et placées dans le derme, où elles prennent naissance.

ÉPIDOTE, substance minérale sous la forme d'aiguilles aplaties, divergentes, ou de petites masses entrelacées, composées de cristaux aciculaires; quelquefois elle cristallise en prisme droit irrégulier. Sa couleur est le vert plus ou moins foncé, quelquefois le brun et le jaune rouge. Elle est opaque. Elle est assez dure pour étinceler sous le choc du briquet. On en connaît deux espèces, la *zoizite* ou *épidote blanc* et la *thallite*.

ÉPIDOTES (myth.), divinités des anciens qui présidaient à la naissance et à la croissance des enfants. Elles étaient connues chez les Romains sous le nom de dieux *Averronques*; elles étaient aussi adorées chez les Lacédémoniens.

ÉPIEU (au moyen âge, *contus* ou *sudes*), arme faite d'un long morceau de bois garni à l'une de ses extrémités d'un fer large, aplati et pointu. On s'en servait autrefois à la chasse, surtout à celle du sanglier. Au moyen âge, c'était une arme propre à l'infanterie de la milice française. On s'est servi momentanément des épieux dans la campagne d'Egypte.

ÉPIGASTRE ou RÉGION ÉPIGASTRIQUE, région supérieure de l'abdomen, qui s'étend depuis la face inférieure du diaphragme jusqu'à deux travers de doigt au-dessus du niveau de l'ombilic. Elle se divise en trois parties : une moyenne ou *épigastre* proprement dit, et deux latérales ou *hypocondres*. Voy. — Les vaisseaux qui correspondent à cette région ont reçu le nom d'*artère* et de *veine épigastrique*.

ÉPIGINOMÈNES, accidents qui se manifestent pendant le cours d'une maladie, mais qui dépendent de quelque cause externe ou de l'imprudence des malades.

ÉPIGLOTTE, fibro-cartilage qui est placé à la partie supérieure du larynx, derrière la base de la langue. Sa forme est ovalaire chez l'homme, sa couleur d'un jaune pâle, son tissu élastique, son épaisseur plus considérable en bas qu'en haut, au milieu que sur les côtés. Sa face *linguale*, inclinée en haut et recouverte supérieurement par la membrane muqueuse de la bouche, est traversée par une ligne longitudinale; sa face *laryngée*, ou qui touche au larynx, tournée en bas, est couverte par la membrane muqueuse du larynx. Par sa petite extrémité inférieure, l'épiglotte est attachée au cartilage thyroïde. L'épiglotte a pour usage spécial de recouvrir exactement la glotte au moment de la déglutition, et de s'opposer par là au passage des substances alimentaires dans les voies aériennes.

ÉPIGLOTTIQUE (GLANDE) ou *périglottis*, nom donné par les anatomistes à un amas de petits grains glanduleux, plongés dans le tissu cellulaire graisseux, qui occupe, au bas de la face antérieure de l'épiglotte, un espace triangulaire borné en avant par le cartilage thyroïde et la membrane thyro-hyoïdienne : la glande épiglottique se prolonge dans les ouvertures nombreuses de l'extrémité inférieure de l'épiglotte, pour venir verser sur cette partie une humeur onctueuse et muqueuse qui la lubrifie, l'entretient souple, mobile, et empêche le larynx d'être irrité par le passage continuel de l'air dans l'acte de la respiration.

ÉPIGONE, instrument de musique des Grecs, qu'on croit avoir été monté de quarante cordes.

ÉPIGONES (myth.), nom donné par les anciens poëtes aux fils ou aux descendants des héros grecs tués dans la première guerre de Thèbes. Ces jeunes gens, pour venger la mort de leurs pères, marchèrent contre Thèbes sous le commandement d'Alcméon, fils d'Amphiaraüs, et rencontrèrent les ennemis sur les rives du fleuve Glissas. Après un long combat, ils remportèrent la victoire. Thèbes fut forcée de se rendre. — On donna aussi le nom d'*Epigones* aux enfants que les Macédoniens eurent, sous Alexandre, de leurs mariages avec des femmes d'Asie.

ÉPIGRAMME, nom que les Grecs donnaient à une pensée délicate, exprimée avec grâce. On les employait dans les inscriptions que l'on gravait sur les frontispices des temples, les arcs de triomphe, sur les piédestaux des statues, les tombeaux et autres monuments publics. — C'est de nos jours une satire vive et courte, dont tout le mérite consiste dans un trait piquant et inattendu. Les Latins furent les inventeurs de l'épigramme. Elle remonte en France à Mellin de Saint-Gelais, mort en 1558. Clément Marot, Boileau, J.-B. Rousseau, Lebrun, etc., se sont fait un nom célèbre par leurs épigrammes.

ÉPIGRAPHE, sentence courte, en langue quelconque, proverbe, phrase célèbre tirée des ouvrages d'un auteur, et que l'on place au bas d'une estampe ou à la tête d'un livre pour en désigner le sujet ou l'esprit. L'usage des épigraphes remonte à une haute antiquité; les Grecs et les Latins les connaissaient.

ÉPIGYNE, épithète qui, dans la méthode naturelle de Jussieu, exprime l'insertion d'un organe quelconque de la fleur au-dessus de l'ovaire. Ainsi les étamines, dans les ombellifères, sont épigynes, c'est-à-dire insérées sur l'ovaire.

ÉPILEPSIE (*mal caduc*, *haut mal*, *mal de Saint-Jean*), affection caractérisée par des attaques convulsives et violentes, dans lesquelles le malade tombe sans connaissance. Cette affection revient à des intervalles plus ou moins éloignés, sans symptômes précurseurs. Cette maladie amène la perte de la mémoire, de l'intelligence, des attaques d'apoplexie. Elle n'a pas encore des causes bien établies. Les meilleurs remèdes à suivre sont les bains tièdes, les saignées locales et l'application de la glace sur la tête. On distingue l'*épilepsie spontanée* et *accidentelle*. Les anciens regardaient ce mal comme une preuve du courroux des dieux.

ÉPILEPSIE ACCIDENTELLE, affection caractérisée par les convulsions générales et par la perte complète de connaissance, comme l'*épilepsie spontanée*, mais passagère comme les causes qui la produisent. Il en existe plusieurs variétés : 1° l'*épilepsie des enfants* ou *éclampsie* est produite tantôt par le virus morbilleux ou varioleux et cesse lorsque l'exanthème de la rougeole ou de la variole se montre à la peau; tantôt par les douleurs de la dentition, par la présence des vers dans les intestins, par un lait trop abondant ou peu riche en principes nutritifs; 2° l'*épilepsie des femmes en couche* précède l'accouchement, l'accompagne, et quelquefois lui succède; elle est plus connue sous le nom de *convulsions*, quoiqu'elle soit accompagnée de perte de connaissance, d'écume à la bouche et de tous les autres symptômes qui caractérisent l'épilepsie. Ces attaques cessent complètement dans l'espace de quelques jours; la guérison a lieu le plus souvent.

ÉPILEPSIE SPONTANÉE, variété de l'épilepsie qui devient habituelle. Ses causes sont très-obscures; elle est souvent héréditaire. Les personnes d'un tempérament nerveux et irritable y sont plus exposées que les autres. Une frayeur vive, les passions et les émotions violentes, les causes physiques ou morales qui augmentent l'afflux ou la stagnation de sang dans le cerveau, l'action du soleil sur la tête nue, l'usage du café, des liqueurs alcooliques, amènent des attaques épileptiques. Les symptômes sont des convulsions horribles; les cheveux se hérissent, les yeux sont fixes, les paupières tremblantes ; les dents claquent, le visage est rouge, gonflé, la respiration bruyante, le pouls accéléré, les veines distendues, etc. L'attaque dure jusqu'à un quart d'heure et même plusieurs heures. Après plusieurs attaques, les facultés intellectuelles s'affaiblissent, ainsi que la mémoire et l'imagination. Le malade tombe le plus souvent dans l'idiotisme. La durée de cette affection est illimitée. Elle ne compromet presque jamais la vie.

ÉPILLET ou ÉPILET, nom donné, en botanique, à de petits épis dont l'assemblage forme les grands épis.

ÉPILOBE, genre de plantes de la famille des onagricées ou onagrariées. Les feuilles sont opposées ou alternes, les fleurs rouges, roses ou violâtres. Le fruit est long et ressemble à une cosse. Les épilobes aiment les lieux frais et humides. L'*épilobe à épi* (*osier fleuri*, *laurier de Saint-Antoine*) croît dans les bois des montagnes. Ses fleurs sont d'un rouge purpurin ; ses racines se mangent dans le Nord ; ses feuilles, semblables à celles du saule et de l'osier, entrent dans la composition de la bière; les chèvres et les vaches les mangent avec avidité. Les aigrettes de leurs fleurs, mêlées au coton, peuvent servir à faire de légers tissus.

ÉPILOBIENNES, famille de plantes herbacées ou frutescentes, rarement arborescentes. Leur tige est droite et cylindrique, leurs feuilles alternes ou opposées et simples, leurs fleurs d'un aspect agréable et d'une couleur éclatante, disposées le plus souvent en épis. Cette famille, créée par plusieurs naturalistes, n'a pas été adoptée; on la confond généralement avec les ONAGRARIÉES.

ÉPILOGUE, nom donné, dans l'art oratoire, à la conclusion ou dernière partie d'un discours ou d'un traité, laquelle contient ordinairement la récapitulation des principaux points répandus ou exposés dans le discours ou dans l'ouvrage. Dans quelques livres de fables de la Fontaine et autres auteurs, on trouve des *épilogues*. — C'était, chez les anciens, un discours qu'un des principaux acteurs adressait aux spectateurs lorsque la pièce était finie, et qui contenait ordinairement quelques réflexions relatives à cette pièce et au rôle qu'y avaient joué les acteurs.

ÉPIMAQUE, genre donné par Cuvier à un sous-genre de promérops. L'*épimaque royal* est un oiseau qui a la taille du geai. Son bec est noir et long, le dessus de sa tête est recouvert de plumes écailleuses, d'un vert bleuâtre; le cou et la gorge sont revêtus d'une cravate triangulaire, aux plumes écailleuses d'un vert émeraude; les plumes du dos et des ailes sont de couleur noir ponceau; le ventre est couvert de plumes écailleuses à teinte de cuivre; la queue est courte, carrée et à plumes vertes dorées; les pieds sont noirs et munis d'ongles crochus. L'épimaque vit à la Nouvelle-Galles du Sud.

ÉPIMÉLÈTES, nom donné à ceux d'entre les ministres de Cérès qui, dans les sacrifices qu'on faisait à cette divinité, servaient particulièrement d'acolytes au chef des sacrifices.

ÉPIMÉNIDE, poëte crétois, né à Gnosse, environ 550 ans avant J.-C. Il fut mis au nombre des sept sages. Étant un jour entré dans une caverne pour s'y reposer, il s'y dormit, dit-on, plus de cinquante-sept ans. Regardé à cause de cet événement comme le favori des dieux, il vint à Athènes qui avait imploré son secours, et la délivra de la peste en offrant aux dieux un sacrifice expiatoire. De retour à Gnosse, il y mourut âgé de cent cinquante-sept ans selon les uns, de cent cinquante-quatre selon les autres, et de deux cent quatre-vingt-dix-neuf selon les Crétois. On lui attribue la construction des premiers temples de la Grèce.

ÉPIMÉNIES (myth.). On appelait ainsi, à Athènes, les sacrifices faits aux dieux à chaque nouvelle lune pour le bonheur de la ville. — On nommait encore ainsi les provisions qu'on donnait aux esclaves pour un mois.

ÉPIMÈRE. C'est, en entomologie, une pièce importante du squelette des insectes qui fait partie du *thorax*.

ÉPIMÉTHÉE (myth.), fils de Japet et de Clymène, une des Océanides, et frère de Prométhée. Il épousa Pandore, dont il eut Pyrrha, épouse de Deucalion. Jupiter, ayant donné une boîte magnifique à Pandore, lui ordonna de porter ce présent à Épiméthée; celui-ci eut l'imprudence d'accepter ce don funeste et d'ouvrir la boîte; il en vit sortir cette foule de maux qui n'ont cessé depuis ce temps d'affliger le genre humain. L'espérance seule resta au fond de la boîte, pour consoler les malheureux mortels. Épiméthée fut changé en singe par les dieux.

ÉPINAL, chef-lieu du département des Vosges, à 76 lieues de Paris. Population, 9,070 habitants. Cette ville, fondée en 980 par un évêque de Metz, eut autrefois une grande importance. Elle fut très-fortifiée et eut plusieurs sièges à soutenir. Épinal a un tribunal de première instance, un collège, un dépôt de recrutement, une *société d'émulation*, qui publie des mémoires sur les Vosges, des écoles de dessin linéaire et de musique, une bibliothèque publique de 17,000 volumes et un musée d'antiquités et de tableaux.

ÉPINARD, genre de plantes annuelles de la famille des chénopodées, originaires des lieux humides de l'Asie centrale. Leur racine est blanche, peu fibreuse, la tige rameuse, garnie de feuilles d'un vert foncé. Les semences conservent pendant trois ans la faculté germinative. Les feuilles sont inodores, aqueuses, d'une saveur légèrement amère. On les mange crues ou cuites; elles sont émollientes, détersives, nourrissent peu, se digèrent facilement, rafraîchissent et relâchent. L'*épinard lisse* ou *de Hollande* a des feuilles grandes, épaisses, très-anguleuses à leur base; ses semences sont lisses, sans épines. L'*épinard commun* ou à *fruits épineux* a les feuilles plus petites, plus arrondies.

ÉPINARD. On nomme *épinard des Juifs*, la *corète siliqueuse*; *épinard des murailles*, la *pariétaire*; *épinard du Malabar*, la *baselle*; *épinard sauvage*, l'*ansérine sagittée*.

ÉPINARD-FRAISE, nom donné à deux plantes annuelles de la famille des chénopodées, qui appartiennent au genre blette, et qui ressemblent beaucoup à l'épinard par leur port, la forme et la consistance de leurs feuilles. On cultive ces plantes pour la beauté de leurs fruits, lesquels sont très-gros, d'une belle couleur rouge et semblables à une fraise. On mange ces fruits malgré leur goût fade.

ÉPINAY (Louise-Florence-Pétronille DE LA LIVE D'), fille de M. Tardieu de Clavelles, épousa M. d'Épinay, fermier général. J.-J. Rousseau fit connaissance avec M<sup>me</sup> d'Épinay, et une douce amitié s'établit entre eux. La comtesse d'Épinay logea le philosophe dans un pavillon isolé de son jardin, qu'il s'était choisi lui-même. Elle ne l'appelait que *son ours*. Grimm, présenté par Jean-Jacques dans cette maison, devint l'amant de la comtesse, et, oubliant les services de Rousseau à son égard, parvint à rompre la liaison du philosophe avec M<sup>me</sup> d'Épinay, et Jean-Jacques quitta le pavillon pour s'établir à Montmorency. M<sup>me</sup> d'Épinay est auteur d'un livre de morale, *les Conversations d'Émilie*, qui obtint le prix Monthyon en 1783.

ÉPINCETTE, terme de draperie, petite pince formée de deux bandes d'acier plat et assez larges, liées ensemble par une extrémité à l'aide de deux goupilles rivées; l'autre extrémité est pliée en arc de cercle, de manière à former en se rapprochant une mâchoire presque tranchante. Les deux bandes d'acier font ressort, et tendent toujours à se séparer, de sorte que la mâchoire est sans cesse ouverte. On s'en sert pour ôter les nœuds, les pailles et les bourrons qui paraissent à la surface des étoffes. On nomme *épinceteuse* l'ouvrière chargée de ce travail.

ÉPINES (bot.), productions saillantes, dures et pointues, que l'on remarque sur un très-grand nombre d'arbustes, sur quelques plantes et sur quelques arbres, et qui sont disposées tantôt sur les branches et les tiges, tantôt sur les feuilles, quelquefois sur les fruits et même sur le calice. Ce sont des piquants qui tirent leur origine du corps ligneux, ils diffèrent des aiguillons en ce que ceux-ci ne proviennent pas de l'écorce et s'enlèvent avec elle. On croit que les épines sont des rameaux avortés. On les regarde comme les organes chargés d'entretenir constamment dans la plante la quantité de fluide électrique nécessaire à son développement. — Les arbustes épineux, tels que l'aubépine, les prunelliers, les acacias, etc., sont employés très-souvent pour former des haies vives, dont les rameaux serrés et croisés n'offrent aucun passage aux hommes et aux animaux.

ÉPINES (zool.), mot qu'on emploie, dans le langage vulgaire, pour désigner tous les appendices piquants, roides et de nature fort diverse, que l'on remarque sur quelques poissons et sur les larves des insectes lépidoptères, diurnes. Ces parties sont, chez ces animaux, des moyens d'attaque et de défense.

ÉPINES (anat.). On nomme ainsi certaines apophyses que l'on remarque à la surface des os, et qu'on a comparées aux épines des végétaux. Les principales apophyses de ce nom sont : l'*épine nasale*, au milieu de l'échancrure nasale de l'os frontal, l'*épine de l'omoplate*, l'*épine ischiatique*, l'*épine palatine*, etc. On nomme *épine du dos* l'ensemble des vertèbres qui constituent la *colonne vertébrale*.

ÉPINES (sens divers). Dans le langage vulgaire, on nomme *épine aigrette*, l'*épine-vinette*; *épine aiguë* ou *ardente*, l'*aubépine*, le *buisson ardent*; *épine amère* ou *jaune*, le *paliure*; *épine au scorpion*, le *panicaut*; *épine aux cerises*, le *jujubier*; *épine blanche*, l'*aubépine*, le *pédane*, la *dripide*, etc.; *épine croisée*, plusieurs féviers; *épine d'Afrique*, le *lyciet*; *épine de bœuf*, la *bugrane*, la *bardane*; *épine de bouc*, l'*astragale*; *épine de cerf*, le *nerprun purgatif*; *épine d'été* et *d'hiver*, deux variétés de poires appartenant aux *fondantes*; *épine double*, une espèce de groseillier; *épine du Levant*, un néflier; *épine du Christ*, une espèce de jujubier; *épine fleurie*, le prunellier; *épine luisante*, l'*alisier*; *épine toujours verte*, le *houx commun*. On donne ce nom au cuivre hérissé de pointes, qui reste après le ressuage et la liquation.

ÉPINES (SAINTES) ou SAINTE ÉPINE, nom donné à la couronne d'épines qui fut placée sur la tête de Jésus-Christ, et dont on a conservé les fragments. Les évangélistes ne nous disent point de quelle sorte d'épines cette couronne était composée. Les uns croient que c'était l'aubépine, les autres l'acacia ou le prunellier, dont les branches formaient cette couronne. L'histoire ne nous apprend rien de la manière dont la sainte couronne est parvenue jusqu'à nous. On croit généralement que cette relique se conservait avec soin à Constantinople, que Beaudouin II, empereur de cette ville, l'offrit à Louis IX, roi de France, qui la fit apporter en France en 1239. En 1241, elle fut placée dans la Sainte-Chapelle à Paris. La fête de la translation de la sainte épine se célébrait le 11 août.

ÉPINETTE, ancien instrument à cordes qu'on faisait résonner comme celles d'un clavecin ou d'un forte-piano, à l'aide de petits marteaux mis en mouvement par le jeu des doigts sur un clavier. Chacune des notes de l'épinette a sa corde particulière, en sorte qu'il faut douze cordes pour chaque octave. Ces cordes sont en métal, en soie ou en boyau; elles sont pincées par des sauteraux de cuir ou de plume, ou frappées par des marteaux. Quelquefois on remplaçait les sauteraux et les marteaux par un archet mis en mouvement par une pédale et qui faisait résonner les cordes. L'épinette, en usage au XV<sup>e</sup> siècle, fut modifiée par le clavecin, remplacée lui-même par le forte-piano.

ÉPINETTE, nom donné vulgairement à diverses espèces de conifères que l'on tire du Canada, et dont l'on emploie à faire les mâts des vaisseaux. L'*épinette blanche* est un sapin; l'*épinette rouge* est un mélèze.

ÉPINEUX, nom spécifique de plusieurs espèces de poissons, bien différents les uns des autres par leurs formes. Ce sont en général ceux dont les épines présentent un grand développement.

ÉPINE-VINETTE ou VINETIER, arbrisseau de la famille des berbéridées, dont la tige est jaune et fragile; ses feuilles sont alternes, fasciculées, ovales et pointues; ses fleurs, disposées en grappes pendantes, sont petites. Le fruit est une baie ovale, charnue, marquée au sommet d'un point noir tranchant avec le rouge corail qui la décore à la maturité. Ces plantes répandent une odeur forte et très-prononcée; mais elles rachètent cet inconvénient par leur utilité comme clôture et leur port élégant. La racine bouillie fournit une belle couleur verte pour la teinture des peaux de chèvre et de mouton, s'emploie comme styptique. L'écorce moyenne, lessivée, teint en jaune et donne du lustre au cuir corroyé ; *infusée* dans du vin, elle sert contre la jaunisse. Le bois est recherché par les cordonniers pour chevilles. Les feuilles servent d'aliment aux vaches, aux chèvres, aux brebis ; on les regarde comme toniques, et on les mange en guise d'oseille. Le fruit vert remplace les câpres; bien mûr, on en fait des confitures. La pulpe fournit une boisson fermentée, saine, rafraîchissante, agréable et mousseuse; se conservant deux ou trois ans sans s'altérer

On fait avec ce suc concentré des pastilles destinées à raffermir les dents et les gencives.

ÉPINGLES, petits morceaux de fil métallique, ordinairement de fer ou de laiton, droits et pointus par un bout, et ayant à l'autre bout une tête de forme sphérique. Les épingles étaient connues des anciens. Aujourd'hui elles se fabriquent à Paris, à Limoges, à Bordeaux, à Rugles, à l'Aigle, etc. Pour faire des épingles, on prend du laiton, on le passe à la filière pour le polir et lui donner de la dureté; on *dresse* ce fil, c'est-à-dire qu'on lui fait perdre sa courbure et qu'on le rend droit. Ensuite on le coupe par longueurs de trois ou quatre épingles, qu'on nomme *tronçons*; on empointe ces tronçons par deux fois, et on les coupe par longueurs d'épingles; les tronçons ainsi empointés se nomment *hanses*. Pour faire les têtes, on prend du fil de laiton très-mince, on le tourne en hélice sur une broche ; puis on coupe ces petits torons par longueur égale, on fait rougir ces têtes et on les trempe dans l'eau froide; puis, au moyen d'un appareil particulier, on fait entrer les épingles dans les têtes et on les consolide. On nettoie les épingles en les faisant bouillir dans de la crème de tartre ; on les couvre d'une mince couche d'étain pour éviter la crasse et le vert-de-gris; on les lave à l'eau fraîche, on les sèche et on les polit dans du son bien sec; on les sépare du son, et on les place dans les trous d'un papier imprimé destiné à cet usage. — Les *épingles noires* acquièrent cette couleur en les faisant bouillir dans de l'huile de lin.

ÉPINGLES, en jurisprudence, sorte de droit en argent que payaient jadis à des juges les parties intéressées d'une affaire.

ÉPINGLETTE, petite aiguille de fer, fixée à une longue chaînette. Les militaires s'en servent pour dégorger la lumière de leurs armes à feu, et pour percer les gargousses avant de les amorcer, lorsqu'on les a introduites dans les pièces d'artillerie. Les fantassins l'attachent au revers de l'habit, les cavaliers, à la banderole de leur giberne. — En termes de marine, on nomme ainsi un morceau de fil de fer, pointu par un bout, dont se sert le chef de pièce pour faire entrer la poudre de guerre dans la lumière du canon. — En termes de draperie, c'est une aiguille qui sert à nettoyer les étoffes à mesure qu'on les fabrique. — C'est aussi une sorte de petit *épissoir*.

ÉPINGLIER, nom donné aux ouvriers qui fabriquent des épingles. Cet état est très-nuisible à la santé. Les *empointeurs* surtout meurent pulmoniques et de bonne heure, à cause de la fine limaille de cuivre qui s'introduit dans le corps. On nomme encore *épinglier* l'ouvrier qui fabrique les petits clous à l'usage des ébénistes, des agrafes, des annelets, des crochets, des grillages de fil de fer pour les bibliothèques, etc.

ÉPINICIES (myth.), fêtes que les anciens célébraient en actions de grâces d'une victoire. On nommait *épinicion* l'hymne de triomphe, le chant de victoire que l'on chantait dans ces solennités.

ÉPINIÈRE, ce qui a rapport à l'*épine du dos* ou *colonne vertébrale*, nommée par certains anatomistes *colonne épinière*. On nomme *moelle épinière* celle qui est renfermée dans le canal de la colonne vertébrale.

ÉPINOCHE, genre de poissons très-petits, qui ont le ventre cuirassé, des rayons épineux et libres sur le dos, des nageoires ventrales à peu près réduites à une seule épine; leur taille ne dépasse guère quarante-cinq millimètres. Ces poissons, les plus petits que l'on connaisse, se multiplient si prodigieusement dans quelques lieux où ils forment une masse compacte. Alors on les enlève pour en fumer les terres, pour en extraire de l'huile ou pour engraisser les bestiaux. Leur voracité est très-grande. On a vu une seule épinoche dévorer, en cinq heures de temps, soixante-quatorze poissons naissants de l'espèce de la vandoise, dont chacun avait sept millimètres de longueur.

ÉPIPACTIDE ou SÉRAPIAS, genre de plantes de la famille des orchidées, croissant en Europe. Leur racine est fibreuse, leur tige est simple, leurs feuilles alternes, embrassant la tige. Leurs fleurs sont assez grandes et disposées en épi au sommet de la tige. L'*épipactide à larges feuilles* a une tige haute de trente-quatre à quarante centimètres, dressée, cylindrique, légèrement pulvérulente; des feuilles alternes, ovales, aiguës, presque cordiformes, des fleurs d'un vert mélangé de pourpre. — L'*épipactide des marais* a une tige dressée, légèrement pubescente; les feuilles alternes, ovales, allongées, aiguës; des fleurs blanches ou verdâtres, variées de pourpre, pendantes en épi lâche au haut de la tige.

ÉPIPHANE, fils de Carpocrate, crut trouver dans la philosophie platonicienne des principes propres à expliquer l'origine du mal et à justifier la morale de son père, qui ne voyait point d'action corporelle bonne ou mauvaise, et qui croyait que c'était le tempérament ou l'éducation qui formait les mœurs. Épiphane n'apercevait rien dans l'univers qui fût contraire à la bonté de Dieu, qu'il confondait avec la justice. D'après lui, l'ignorance et les passions, en rompant l'égalité que l'auteur de la nature a établie entre toutes les créatures, ont introduit le mal dans le monde. Pour rentrer dans l'ordre, il faut abolir les lois et rétablir l'état d'égalité dans lequel le monde avait été formé. Pour cela, il fallait la communauté des femmes. Épiphane fut révéré comme un dieu après sa mort.

ÉPIPHANE (Saint), né vers l'an 310 ou 320. Il étudia les sciences dans sa jeunesse, et apprit l'hébreu, l'égyptien, le syriaque et le grec. Il embrassa la vie monastique. Ses vertus le rendirent célèbre et le firent élire évêque de Salamine vers l'an 367. Il réfuta les erreurs de plusieurs sectes d'hérétiques, et mourut en 403. On fait sa fête le 12 mai. On a de ce Père et docteur de l'Église l'histoire et la réfutation de diverses hérésies, l'*Anchora* (ancre), où il expose les principes de la foi catholique.

ÉPIPHANIE (en grec, *manifestation*), mot employé, aux premiers siècles de l'Église, pour marquer la manifestation de la présence de Dieu parmi les hommes; d'où vient qu'on a donné ce nom à la fête de Noël, aussi bien que celui de *Théophanie*, qui signifie aussi manifestation de Dieu. Les Latins, depuis le IVe siècle, ont restreint le mot *Épiphanie* à la *fête des Rois*, dans laquelle on célèbre trois mystères par lesquels Jésus-Christ a manifesté sa gloire aux hommes, savoir: 1º l'adoration des mages; 2º le baptême de Jésus-Christ par saint Jean, où une voix céleste l'appela son *Fils bien-aimé*, et où le Saint-Esprit descendit sur sa tête; 3º le premier miracle que Jésus-Christ fit en changeant l'eau en vin aux noces de Cana. La *Théophanie* comprenait jadis la fête de Noël et l'Épiphanie. On célèbre encore ces deux fêtes le même jour chez les Grecs. L'Épiphanie porte le nom de *fête des Rois*, parce qu'on y rappelle la visite que les mages firent à Jésus enfant. — Le jour de l'Épiphanie, le diacre annonce le jour où doit tomber la fête de Pâques.

ÉPIPHÉNOMÈNE, nom donné à toute espèce de symptôme accidentel qui se montre pendant le cours d'une affection quelconque, et qui n'est pas aussi intimement lié à l'existence de la maladie que les symptômes proprement dits.

ÉPIPHLOSE, nom donné quelquefois à l'épiderme des arbres. Lamarck a donné ce nom à l'épiderme ou pellicule cornée qui se trouve à la surface d'un grand nombre de coquilles, se détache par desquamation, si ces produits des mollusques sont exposés à une grande sécheresse. Les coquilles roulées verdent par le frottement leur épiphlose.

ÉPIPHORA, écoulement involontaire et continuel des larmes sur la joue. L'épiphora est presque toujours le symptôme de quelques maladies des voies lacrymales. Il a lieu lorsque les larmes ne peuvent passer librement dans les conduits qui les dirigent vers les fosses nasales. Quelquefois l'épiphora dépend de ce que les larmes sont sécrétées en trop grande quantité pour être prises en totalité par les points lacrymaux, comme on l'observe dans quelques cas d'ophthalmie.

ÉPIPHRAGME, nom donné par Draparnaud à une sorte d'opercule momentané, que certains mollusques terrestres produisent pendant la saison d'hivernation ou lorsqu'ils sont dans un lieu trop aride pour obturer l'ouverture de leur coquille. Il est formé par une sécrétion mucoso-calcaire de l'animal. Il se distingue de l'opercule en ce qu'il n'est jamais adhérent au pied.

ÉPIPHRAGME. En botanique, ce mot désigne une membrane qui ferme l'orifice interne de l'urne de certaines mousses. Elle est attachée au péristome, et subsiste longtemps après la chute de l'opercule.

ÉPIPHYLLES. Les botanistes nomment ainsi les végétaux parasites qui croissent sur la face supérieure des feuilles des plantes, et qui appartiennent tous à l'ordre des champignons.

ÉPIPHYSES, nom donné par les anatomistes aux éminences osseuses qui sont séparées du corps principal de l'os par une couche de cartilage plus ou moins épaisse. Cette disposition dans les éminences des os ne se remarque que chez les jeunes sujets; elle dépend de ce que l'ossification n'est pas achevée: aussi, avec le temps, la couche cartilagineuse est envahie par le phosphate de chaux; les épiphyses se soudent, semblent se confondre avec le reste de l'os, et se changent en *apophyses*.

ÉPIPLOON, nom donné à des prolongements séreux du péritoine, sorte de franges membraneuses qui s'étendent plus ou moins, et qui sont comme flottantes dans la cavité abdominale et sur les circonvolutions des intestins. Les épiploons se prolongent au delà de l'estomac et des intestins, qu'ils recouvrent. On en distingue plusieurs qui, tous, présentent dans leur étendue des ramifications vasculaires qu'accompagnent des stries ou bandelettes graisseuses. Ils sont formés de la membrane péritonéale, d'un grand nombre de veines, d'artères et de graisse. — L'*épiploon gastro-colique* ou le *grand épiploon* recouvre la presque totalité et flotte sur les circonvolutions de l'intestin. Il est quadrilatère et plus long à gauche qu'à droite. Il a beaucoup de graisse. — L'*épiploon gastro-hépatique* ou le *petit épiploon* est un repli du péritoine qui s'étend transversalement du côté droit du cardia à l'extrémité correspondante de la scissure du foie, et de haut en bas depuis cette scissure jusqu'à la petite courbure de l'estomac, au pylore et au duodénum. Entre ces deux lames sont placés les vaisseaux biliaires et hépatiques. Il a peu de graisse. — L'*épiploon colique* est un repli du péritoine qui n'existe que du côté droit, et qui est placé derrière le grand épiploon. Il remplit l'angle de réunion du colon lombaire droit et transverse. — L'*épiploon gastro-splénique* est formé par le péritoine, qui, des bords de la scissure de la rate, se porte à la tubérosité de l'estomac. — L'épiploon sert à défendre les intestins du froid et d'un choc trop rude. C'est aussi une sorte de réservoir de matière nutritive pour les animaux hibernants.

ÉPIPOLE, quartier septentrional de Syracuse, que dans l'espace d'un mois Denys Ier le tyran le fit environner d'une forte muraille de 44 milles de longueur, travail auquel il employa 60,000 hommes.

ÉPIPONE, genre d'insectes hyménoptères, de la famille des diploptères, de la tribu des guêpiaires. Ces insectes se construisent des nids d'une forme singulière; ces nids sont attachés à une branche d'arbre par un anneau de toute sa largeur; ils sont de forme conique, tronqués à la partie supérieure qui tient à la branche; le bas ou la partie inférieure est un peu obtus; au sommet de cet angle est un trou, qui sert à l'ouverture du nid. Ce nid consiste d'abord dans un rayon horizontal percé à son milieu, et dont les cellules sont ouvertes en bas; au-dessous et autour des cellules règne une cloison qui vient rejoindre la branche de l'arbre. L'insecte est petit, d'un noir soyeux, avec le bord des anneaux de l'abdomen jaune.

ÉPIPTÉRÉ, nom donné, en botanique, aux organes terminés par une aile, c'est-à-dire par une lame mince et membraneuse. Le fruit du frêne est épiptéré.

ÉPIRE ou ORICIA, contrée occidentale de la Grèce, bornée au N. par l'Illyrie, à l'E. par la Macédoine et la Thessalie, à l'O. par la mer Ionienne, au S. par l'Acarnanie et l'Etolie. Ses villes principales étaient *Buthrote*, *Ambracie*, près du golfe de son nom, *Dodone*, etc. L'Épire comprenait quatorze cantons: 1º l'*Atintanie*, 2º la *Chaonie*, 3º la *Paravée* ou *Parorée*, 4º la *Perrhébie*, 5º la *Thesprotie* et *Cestrine*, 6º la *Dryopie*, 7º la *Selléide* (ces États formaient l'Épire barbare); 8º la *Molossie*, *Hellopie* et *Thymphéide*, 9º la *Dolopie*, 10º l'*Athamanie*, 11º l'*Aidonie* ou *Celtique*, 12º la *Cassiopie*, 13º l'*Ambracie*, 14º l'*Amphilochie* (ces États formaient l'Épire grecque). — On croit que les Molosses furent les premiers habitants de l'Épire. Après la prise de Troie, une longue suite de princes y régnèrent: Alexandre II fut le dernier. L'Épire, après sa mort, fut subjuguée par les Romains. Depuis le XVe siècle, elle appartient à la Turquie, et est enclavée dans l'Albanie. La région du N. se nomme *Chimara* ou *Canina*; celle du midi se nomme *Arta*.

ÉPISCOPALES (VALVULES), nom donné aux valvules mitrales du cœur, parce qu'on a cru trouver de la ressemblance avec une mitre d'évêque (en latin, *episcopus*).

ÉPISCOPAUX, nom donné aux protestants d'Angleterre qui ont conservé la hiérarchie ecclésiastique telle qu'elle était dans l'Église romaine lorsqu'ils s'en sont séparés. Ils ont des évêques, des prêtres, des chanoines, des curés, un office qu'ils nomment liturgie anglicane, et enfin tout l'extérieur de la religion romaine; pour le dogme, ils ne diffèrent des calvinistes que parce qu'ils croient qu'il ne peut y avoir de vraie religion chrétienne, apostolique, que là où est la succession des évêques. Il y a en Europe 14,000,000 d'épiscopaux.

ÉPISODE, action subordonnée à l'action principale d'un poëme ou d'un roman. Elle sert à développer le sujet et y jeter du mouvement et de la variété. — En termes de peinture, *épisode* se dit d'une action accessoire qu'on ajoute à l'action principale, qui fait le sujet d'un tableau. — En musique, on nomme ainsi une partie de la *fugue*, qu'on appelle aussi quelquefois *divertissement*. Les épisodes se composent ordinairement d'imitations formées du *sujet* et du *contre-sujet*. Le sujet est la phrase qui doit être imitée; le contre-sujet est une phrase d'accompagnement qui peut former avec le sujet un contre-point double, susceptible d'être renversé. Ces épisodes jettent de la variété dans la fugue et servent à moduler.

ÉPISPASTIQUES, épithète donnée à toute substance médicamenteuse qui, appliquée sur la peau, y détermine de la douleur, de la chaleur, une rougeur plus ou moins vive, suivie du détachement de l'épiderme, soulevé par un amas de sérosité exhalée. L'eau bouillante, les cantharides, la moutarde, etc., sont des épispastiques. Le mot *vésicant* est synonyme d'*épispastique*.

ÉPISPASTIQUES, famille d'insectes nommés aussi *vésicants* et établie par Duméril. Elle se compose de ceux qui, voisins des cantharides, et jouissant des mêmes propriétés, peuvent comme elles être employés à la confection des vésicatoires. Ce sont principalement les cantharides et les mylabres de Linné, et plusieurs genres qui ont été formés à leurs dépens.

ÉPISPERME, enveloppe ou tégument propre et extérieur de la graine. Elle consiste ordinairement en une membrane mince et simple, comme dans la fève et le haricot, etc. Quelquefois elle se partage en deux feuillets, comme dans la graine d'oranger. L'épisperme est marqué d'une cicatrice plus ou moins distincte, qui est le *hile* ou *ombilic*; par ce point, la graine s'attache au péricarpe; les vaisseaux nourriciers de l'embryon y passent par un point nommé *omphalode*. Quelquefois ces vaisseaux, au lieu de percer directement l'épisperme, se glissent entre ses deux feuillets, et y forment une ligne saillante, appelée *raphé* ou *vasiductc*; l'endroit par où ils sortent est la *chalaze*. En général l'épisperme est appliqué sur l'amande.

ÉPISSER, terme de marine et de corderie, qui désigne l'action de réunir deux cordages, le splicer ensemble, en croisant les torons les uns dans les autres. Il y a deux modes d'*épissure*. Voy.

ÉPISSOIR, poinçon de fer, de corne ou de bois dur, un peu courbé, pointu par un bout et arrondi par l'autre. Les épissoirs servent à ouvrir les torons d'un cordage, à les séparer pour recevoir les bouts de celui qu'on veut épisser. Les épissoirs ont de six à quinze pouces de long.

ÉPISSURE, jonction que l'on fait de deux bouts d'un cordage cassé ou celle des extrémités de deux cordages, en les enlaçant, les entrelaçant par leurs torons les uns dans les autres. Il y a deux sortes d'épissure, la *longue* et la *carrée*. La première se fait sur les cordages destinés aux manœuvres courantes, parce qu'elle n'en grossit pas le diamètre; l'épissure carrée, qui double la grosseur de la corde, peut se faire dans toute autre circonstance. Pour faire une épissure longue, on détord six à huit pouces d'un toron de chacun des bouts des cordages qu'on veut joindre ensemble. Rapprochant les deux bouts, on fait entrer le toron détordu de l'un d'eux dans le vide qu'a laissé le toron détordu de l'autre, et on les enlace ensemble. On en fait de même pour les autres torons. Pour éviter qu'une épissure se défasse, on passe sur chaque nœud de ses torons une couche de colle animale. Pour faire une épissure carrée, on décorde quatre ou cinq pouces de chaque bout, et on rapproche ces deux bouts l'un de l'autre autant que possible, en entrelaçant réciproquement leurs torons. Ensuite, à l'aide d'un épissoir, on les fait passer sous les torons cordés des deux cordages.

ÉPISTAXIS, hémorragie de la membrane pituitaire, qui tapisse l'intérieur du nez. Les causes prédisposantes de cette affection sont l'habitation dans un climat chaud, l'enfance, le tempérament sanguin lymphatique, l'exposition de la face à la chaleur du soleil ou d'un foyer ardent, le travail d'esprit, les passions vives, etc. Les vêtements étroits qui compriment le cou, les grands efforts respiratoires, l'introduction de quelque matière irritante dans les fosses nasales, etc., la favorisent. Les symptômes sont la céphalalgie, les vertiges, la somnolence, le battement des artères, le larmoiement, la berlue, le tintement d'oreille, etc. La terminaison n'est jamais fâcheuse, à moins qu'on n'ait négligé toute espèce de secours. On nomme vulgairement cette affection *saignement du nez*.

ÉPISTÉMONARQUE ou Épistomonarque, nom donné, dans l'Eglise grecque, à un censeur préposé pour veiller sur la doctrine de l'Eglise. Il avait soin de tout ce qui concernait la foi, et son office répondait à peu près à celui du maître du sacré palais à Rome.

EPISTOLÆ OBSCURORUM VIRORUM, recueil de satires faites au commencement du XVIe siècle, qu'on attribue les uns à Reuchlin, les autres à Ulric Van-Hutten, tout en leur adjoignant plusieurs collaborateurs. Ces satires sont des lettres où les auteurs s'élèvent, sous la forme du badinage et de la plaisanterie, contre la superstition, l'esprit de controverse, la soif de dominer, l'intolérance, la débauche, l'ignorance, le mauvais goût de la langue latine à cette époque, les mœurs des moines et des ecclésiastiques, etc. On croit que la première édition de ces lettres fut faite en 1516. Elles sont adressées à Orthuinus Gratius, docteur de Cologne.

ÉPISTOME, partie antérieure de la tête des insectes, celle qui se trouve immédiatement au-dessus de la bouche, avant la lèvre supérieure ou labre. Elle se confond le plus souvent avec la tête même; souvent elle a des formes très-variées; le labre s'attache à son extrémité; mais dans certains cas il est fixé en dessous, et alors peu apparent. Cette pièce étant appelée autrefois *chaperon* (en latin, *clypeus*).

ÉPISTYLE, terme d'ancienne architecture. Les Grecs nommaient ainsi la science que l'on désigne aujourd'hui sous le nom d'*architecture*.

ÉPISYNTHÉTIQUES, nom d'une secte de médecins qui prétendaient joindre les maximes des méthodiques avec celles des empiriques et des dogmatiques, et rassembler ou coïncider les différentes sectes les unes avec les autres.

ÉPITHALAME, poëme ou chant nuptial. L'usage des épithalames remonte à une haute antiquité. Chez les Grecs, lorsque les solennités religieuses étaient terminées, on conduisait les deux époux au lit nuptial en invoquant le dieu qui présidait aux mariages, et en chantant, *O Hymen! O Hymenaios! (O Hymen! O Hyménée!)* Plus tard, les poëtes composèrent des poëmes ou des hymnes pour chacune de ces solennités. Mais le refrain était toujours: *O Hymen! O Hymenée!* Stésichore, qui vivait sous la XIIIe olympiade, y ajouta des chœurs, et les mit en musique. Ces chants étaient toujours purs et chastes. L'épithalame fut le même chez les Romains que chez les Grecs; on changea seulement ce refrain en celui de *Talassius*.

ÉPITHÈME, nom d'un médicament liquide, sec ou de consistance molle, différent de l'onguent et de l'emplâtre, et que l'on emploie à l'extérieur. Les épithèmes liquides et secs portent le nom de *fomentations* quand ils sont chauds. L'épithème mou ne diffère point du *cataplasme* ou du *malagme*. La composition des épithèmes varie beaucoup; les *liquides* sont excitants, aromatiques ou adoucissants, etc.; ainsi on les prépare avec des teintures alcooliques, le vinaigre aromatique, le lait, les eaux mucilagineuses, suivant le but qu'on veut atteindre; les *secs* ne sont que des sachets contenant diverses poudres, et dont les propriétés médicinales varient beaucoup par conséquent. En général on préfère les poudres des parties les plus sèches des animaux, des racines, des écorces, des feuilles, des fleurs, des semences, des baies, des aromates et des sucs épaissis.

ÉPITOGE, nom donné par les Romains à un manteau qu'ils plaçaient sur la toge. — C'est aussi une espèce de chaperon que les présidents à mortier et le greffier en chef du parlement portaient d'abord sur la tête dans les grandes cérémonies, et qu'ils portèrent plus tard sur l'épaule.

ÉPITRE, nom donné aux lettres écrites par les anciens, dont les langues sont mortes. Ainsi l'on dit les *épîtres de Cicéron*, etc. — On a appelé encore *épîtres* des lettres épiques, descriptives, morales, satiriques ou badines, écrites en vers. C'est ainsi que l'on dit des *épîtres de Boileau*, *de Voltaire*, *de Gressel*, *de Chénier*, etc.

ÉPITRE, lecture d'un morceau de l'Ecriture sainte, que l'on fait au peuple pour l'instruire pendant la messe. L'épître se lit avant l'évangile et après le *Gloria* et l'*oraison* particulière à la fête qu'on célèbre. On la nomme ainsi parce qu'elle est tirée de quelque Epître de saint Paul ou des autres apôtres, quoiqu'on la tire aussi quelquefois de l'Ancien Testament. On lit aussi quelquefois deux épîtres, l'une de l'Ancien, l'autre du Nouveau Testament. Le sous-diacre, ou le prêtre quand il n'y a pas de sous-diacre, doit lire l'épître. Autrefois le célébrant ne récitait pas l'épître, mais se contentait de l'entendre. — On nomme *côté de l'épître* le côté droit de l'autel en entrant dans le chœur, parce que c'est de ce côté qu'on chante l'épître.

EPITRES CATHOLIQUES, épîtres ainsi nommées parce qu'elles sont adressées à l'universalité des fidèles; elles sont au nombre de sept. 1o Une *de saint Jacques*, écrite en 59, pour établir l'utilité et la nécessité des bonnes œuvres; 2o et 3o deux *de saint Pierre*: la première est pour soutenir les fidèles dans la foi, les rassurer contre les persécutions, etc.; la seconde les prévient contre les faux prophètes et les faux docteurs; 4o, 5o et 6o trois *Epîtres de saint Jean*: la première démontre la divinité de Jésus-Christ; la deuxième montre les dangers qui se trouvent dans le commerce avec les hérétiques; la troisième recommande l'hospitalité; 7o une *Epître de saint Jude* contre plusieurs sectes d'hérétiques.

ÉPITRES DES APOTRES, partie du Nouveau Testament qui renferme les lettres que les apôtres ont adressées aux premiers fidèles. On les divise en deux classes; la première comprend les *Epîtres particulières* de saint Paul aux Eglises ou à ses disciples, la deuxième comprend les *Epîtres catholiques*; les premières sont au nombre de quatorze. 1o L'*Epître aux Romains*, écrite en 58, de Corinthe; 2o et 3o deux *Epîtres aux Corinthiens*, écrites en 56 et 57; 4o une *Epître aux Galates*, écrite en 56; 5o une *Epître aux Ephésiens*, écrite en 56; 6o une *Epître aux Philippiens*, écrite en 62; 7o une *Epître aux Colossiens*, écrite en 62; 8o et 9o deux *Epîtres aux Thessaloniciens*, écrites en 52 et 53; 10o et 11o deux *Epîtres à Timothée*, écrites en 64 et 65; 12o une *Epître à Tite*, écrite en 64; 13o une *Epître à Philémon*, écrite en 62; 14o une *Epître aux Hébreux*, écrite en 63. Ces Epîtres renferment les explications des dogmes de la religion catholique, des conseils, des encouragements, etc.

ÉPITROCHLÉE ou Épitroklée, nom donné par Chaussier, dans sa nomenclature anatomique méthodique, à une protubérance inégale, arrondie, qui se trouve au dedans de l'extrémité inférieure de l'humérus, au-dessus de la trochlée articulaire. Cette éminence donne attache à plusieurs des muscles de l'avant-bras. On la nomme encore *condyle interne* ou *petit condyle de l'humérus*.

ÉPITROPE, nom donné à un juge que les chrétiens grecs qui sont sous la domination des Turks élisent pour décider les procès qui surviennent entre les chrétiens, et pour éviter de plaider devant les magistrats turks.

ÉPIZOOTIES, maladies qui attaquent à la fois un grand nombre d'animaux. On doit les attribuer à un état particulier de l'air, des aliments, de l'eau, qui sert à la boisson, ou aux influences insalubres que présentent les lieux dans lesquels vivent les animaux. Des bergeries ou des étables trop basses ou mal nettoyées, ou placées dans les situations froides, humides, malsaines, des herbes ou des grains altérés par quelque fermentation; des boissons viciées, une grande sécheresse ou une longue humidité, telles sont les causes des épizooties. Les moyens les plus efficaces d'arrêter les effets de ces maladies sont le changement de climat, d'habitation, l'isolement des animaux attaqués de ceux qui ne le sont pas, une grande propreté, une nourriture saine et convenable. Quelquefois, pour arrêter les progrès de la contagion, on se voit forcé d'abattre les animaux malades. D'après le Code pénal, tout détenteur ou gardien d'animaux infectés d'une maladie contagieuse doit les tenir renfermés et en instruire le maire de la commune où ils se trouvent, sous peine d'un emprisonnement de six jours à deux mois, et d'une amende de 16 à 200 francs. Ceux qui, au mépris des défenses de l'administration, auront laissé leurs bestiaux infectés communiquer avec d'autres seront punis d'une amende de 100 à 500 francs, et d'un emprisonnement de deux à six mois. Si de cette communication il résulte une contagion parmi les animaux, la peine sera un emprisonnement de deux à cinq ans et une amende de 100 à 1,000 francs.

ÉPLUCHAGE. C'est, dans les arts mécaniques, l'action d'enlever les ordures mêlées à la soie, à la laine, au coton et aux autres substances qu'on destine au travail. Cette opération préparatoire est indispensable et nécessite un temps et un travail considérables. — Les jardiniers *épluchent* un plant en le dégageant avec une serfouette des herbes inutiles. — On *épluche* les soies de chaîne et de trame en enlevant les bourres, etc.

ÉPLUCHOIR, instrument destiné à l'épluchage. L'*épluchoir* du vannier est une lame forte et triangulaire, émoussée vers la pointe et portée par un manche; il s'en sert pour couper les bouts d'osier qui saillent et excèdent la surface de ses ouvrages. — On a fait plusieurs machines nommées *épluchoirs*, et destinées à séparer le coton de la graine qui y adhère fortement.

ÉPODE, nom donné, chez les Grecs, à un assemblage de vers lyriques ou à la dernière stance, qui, dans les odes, se chantait immédiatement après deux autres stances nommées *strophe* et *antistrophe*. Dans les pièces dramatiques, le chœur chantait la strophe à gauche du théâtre, l'antistrophe à droite, et l'épode au milieu. — On nomme aussi *épode* un petit poëme lyrique, composé de plusieurs distiques, dont les premiers vers étaient autant d'ïambes trimètres ou de six pieds, et les derniers étaient plus courts, et seulement des ïambes dimètres ou de quatre pieds. — Enfin on a étendu leur signification jusqu'à désigner tout petit vers mis, à la suite d'un ou plusieurs grands vers. — On nomme *épodes d'Horace* le dernier livre des poésies lyriques de cet auteur.

ÉPONGE, polypiers très-diversiformes, osculés et perforés, sous la forme de tissus fibreux plus ou moins denses et flexibles, offrant une substance intérieure plus ou moins élastique, toujours très-tenue, spongieuse ou susceptible de s'imbiber, et enduite dans l'état vivant d'une substance gélatineuse, à demi fluide, irritable, très-fugace. Presque tous les naturalistes, même les plus anciens, comme Pline et Dioscoride, les ont classées parmi les animaux. On croit généralement que ce sont des zoophytes. Le tissu des éponges est formé de la réunion d'une multitude de petits tubes capillaires, susceptibles de recevoir l'eau dans leurs interstices et de se distendre considérablement; on aperçoit sur leur surface des trous arrondis ou sont tapissés dans leur longueur d'une membrane molle, douce et brillante. Ce sont des orifices de sortie, qui emportent les matières fécales. Les éponges sont ovipares, et se trouvent dans les mers ou sur les rochers. Avant de livrer les éponges au commerce, on leur fait subir diverses préparations pour leur donner plus de souplesse, pour les nettoyer et leur enlever leur odeur désagréable. On s'en sert, ainsi préparées, pour la toilette, pour laver les meubles, glaces, ustensiles. En chirurgie, on s'en sert pour dilater certaines cavités fistuleuses ou retirer le pus de quelques plaies; en médecine, on les emploie contre les goitres et les scrofules. On les fait brûler, et on met le résidu charbonneux, réduit en poudre, dans un sachet qu'on applique sur la tumeur. Elles agissent ainsi en vertu de l'iode qu'elles renferment, et qui a des propriétés héroïques.

ÉPONINE, héroïne gauloise, célèbre par son dévouement pour son époux Sabinus et ses enfants. Sabinus, s'étant fait proclamer césar sous Vespasien, fut vaincu par les troupes d'une faction gauloise, et réduit à se cacher dans une caverne. Il y vécut huit ans, pendant lesquels il rendit Éponine mère de deux enfants. Mais sa retraite fut découverte, et Sabinus fut conduit avec sa courageuse épouse devant le trône de Vespasien, qui les condamna à mort. Elle présenta ses enfants à l'empereur en demandant grâce en leur nom pour Sabinus; mais Vespasien fut inflexible, et les deux époux partagèrent le même supplice.

ÉPONTILLE, terme de marine, pièces de bois ou de fer que l'on met le long des côtés d'un vaisseau, pour y passer les cordes propres à tenir les pavois et les garde-corps. Il y en a communément deux rangs établis entre tous les ponts, dans tous les vaisseaux qui portent des canons de gros calibre. Les bâtiments au-dessous des frégates n'ont qu'un seul rang d'épontilles dans l'entre-pont, placé dans une ligne parallèle à la quille. Les *épontilles courbes* ou *d gorge* sont placées près d'une écoutille au-dessus de celles qui ont des hoches pour faciliter à descendre et remonter de la cale.

ÉPONYME, titre que prenait le premier archonte d'Athènes. Il donnait son nom à l'année, jugeait les procès, faisait observer les testaments, pourvoyait au sort des orphelins, punissait l'ivrognerie avec sévérité. Il était lui-même condamné à mort, s'il s'enivrait pendant sa magistrature.

ÉPOPÉE, mot grec qui signifie une *narration*. On a restreint ce nom aux récits en vers d'une aventure extraordinaire et mémorable, d'une action héroïque, dans laquelle l'auteur sème du merveilleux pour communiquer plus de grandeur à son sujet. L'épopée doit toujours renfermer une vérité morale sous le voile de l'allégorie. Toute épopée se compose, 1° de l'*exposition*, renfermant le *début* où l'on énonce le sujet du poëme, l'*invocation* et l'*avant-scène*, où s'expose de la situation où se trouve le héros; 2° du *nœud* ou ensemble des obstacles qui s'opposent aux volontés du héros; 3° de l'*intrigue*, augmentant ou détruisant ces obstacles; 4° du *dénoûment*. Les plus célèbres épopées sont l'*Odyssée* et l'*Iliade* d'Homère, l'*Énéide* de Virgile, la *Jérusalem délivrée* du Tasse, le *Paradis perdu* de Milton, les *Lusiades* du Camoëns, la *Messiade* de Klopstock, la *Henriade* de Voltaire.

ÉPOQUE, terme usité en chronologie et en histoire pour fixer un point de départ dans la succession des temps, d'où les années sont ensuite comptées. Chaque nation fait usage de diverses époques. Les chrétiens comptent les années à partir de la naissance ou de l'incarnation de Jésus-Christ; les mahométans, de l'époque de l'hégire; les Juifs, des époques hypothétiques de la création du monde et du déluge universel. Les anciens Grecs les comptaient de la première olympiade. Les Romains, de la fondation de Rome. — Les *époques civiles* sont celles qui ont été prescrites par les législateurs civils ou religieux et qui ont été adoptées par les peuples. Les *époques historiques* sont arbitraires.

ÉPOQUE (astron.). On appelle *époque des moyens mouvements* d'un astre le lieu moyen de cet astre fixé pour un instant déterminé, pour trouver ensuite, en partant de cet instant, le lieu moyen de l'astre pour un autre instant quelconque. Dans les anciennes tables astronomiques, les *époques* se rapportaient au 31 décembre à midi, dans les années communes, et au 31 janvier à midi pour les années bissextiles; mais le bureau des longitudes prend pour origine, dans les tables qu'il publie, le 1er janvier à minuit.

ÉPOQUES GÉOLOGIQUES. Les corps organisés, les végétaux, les animaux, etc., dont on retrouve les débris fossiles ou décomposés dans les diverses couches de la terre, peuvent être regardés comme appartenant à quatre époques distinctes. Cette découverte est due en grande partie aux travaux de G. Cuvier. La première époque ne renferme aucune trace d'animaux vertébrés. On y rencontre des mollusques et des crustacés. Les végétaux appartiennent à la classe des cryptogames vasculaires, et sont semblables aux fucus, aux prêles, aux fougères, et des plantes de la famille des *lycopodinées*. Ces végétaux fossiles ont de trente à quarante pieds de plus de hauteur que les mêmes plantes actuelles. — La deuxième époque renferme parmi les mollusques des *gryphées*, des *ammonites*. Elle comprend un grand nombre de vertébrés, mais aucun mammifère, le *plésiosaure*, le *ptérodactyle*, l'*ichthyosaure*, le *géosaure*, le *phytosaure*, le *pleurosaurus*, etc., et un grand nombre d'autres reptiles; des poissons semblables au brochet, au hareng, etc. Les végétaux appartiennent à la famille des conifères et à celle des cicadées. On y retrouve, parmi les phanérogames, des genres de la famille des *naïades*. — A la troisième époque, on voit apparaître les mammifères : parmi les pachydermes, les *palæotherium*, les *anoplotherium*, le *mastodonte*, l'*hippopotame*, le *rhinocéros*, le *tapir*, etc. Parmi les rongeurs, le *castor*, le *loir*, l'*écureuil*; parmi les carnassiers, le *coati*, la *genette*, la *sarigue*; parmi les ruminants, le *bœuf*; parmi les mammifères amphibies, le *phoque*, le *lamantin*, la *baleine*, etc. Les oiseaux se rapprochent des *cailles*, des *bécasses*, de l'*ibis*, du *cormoran*, du *busard*, de la *chouette*, etc. Les reptiles se rapprochent des *salamandres*, des *tortues*, des *crocodiles*, etc. Les poissons et les mollusques sont très-nombreux. On voit les plantes phanérogames. — Dans la quatrième espèce, on ne retrouve aucune trace des mammifères pachydermes perdus, excepté un *palæotherium*. Les autres pachydermes, tels que l'*hippopotame*, le *tapir*, le *cochon*, l'*éléphant*, le *cheval*, sont très-nombreux et renferment plusieurs espèces. Les plantes et les mollusques subissent les mêmes développements. — La cinquième époque est l'époque actuelle. Ces époques *diorganosiques* ou d'organisation correspondent exactement avec les *époques géognostiques*, c'est-à-dire la division des terrains (voy.) en *intermédiaire* (époque tribolitique), *secondaire* (époque mégalosaurienne), *tertiaire* (palæothérienne), *quaternaire* (époque éléphantique), et *moderne* (époque anthropique).

ÉPOUSAILLES. Ce mot, qui s'appliquait autrefois spécialement aux promesses de mariage, se donnait tantôt pour une simple promesse qu'on ne liait pas les parties, tantôt comme synonyme du mot *fiançailles*; plus tard il devint presque synonyme du mot *mariage*, duquel il se distingua en ce qu'il se rapportait spécialement à l'union même des époux et à la cérémonie qui accompagnait cette union, à la cérémonie nuptiale et à la consommation du mariage. On a employé dans la suite, comme synonymes, les mots *épousailles*, *fiançailles*, *noces* et *mariage*. Ce dernier mot est le seul usité aujourd'hui.

ÉPOUX. Ce mot désigna dans l'origine deux personnes qui s'étaient promis de se marier et qui étaient liées par cette promesse. Plus tard il a été synonyme de *mari* et *femme*, et c'est la signification qu'il a aujourd'hui. Les époux se doivent mutuellement fidélité, secours, assistance; le mari doit protection à sa femme, la femme obéissance à son mari. La femme est obligée d'habiter avec le mari, et de le suivre partout où il juge à propos de résider. Le mari est obligé de la recevoir et de lui fournir tout ce qui est nécessaire pour les besoins de la vie. La femme ne peut ester en jugement sans l'autorisation du mari, excepté quand elle est poursuivie en matière criminelle ou de police. Le juge peut donner cette autorisation, à défaut du mari. La femme peut avoir l'autorisation de son mari. Le meurtre commis par l'époux sur l'épouse, ou par celle-ci sur son époux, n'est pas excusable si la vie de celui qui a commis le meurtre n'était pas en péril lorsque le meurtre a eu lieu. Dans le cas d'adultère, le meurtre est excusable. — Les canonistes donnent le nom d'*époux aux bénéficiers* qui, par leur mort, laissent en viduité l'église à qui ils appartiennent.

ÉPRÉMÉNIL. Voy. ESPRÉMÉNIL.

ÉPREUVE, essai par lequel on s'assure qu'une personne ou une chose a les qualités qu'on lui croit. — En termes de typographie, c'est le premier tirage que subit une forme. Cette première *épreuve* se collationne avec la copie, afin de corriger les fautes qui auraient pu s'y glisser ; on la nomme *première typographique* ; la deuxième épreuve est le *bon à tirer*. La *tierce* est le premier exemplaire tiré au moment de l'impression. On nomme *bourdon* un ou plusieurs mots oubliés dans la composition ; *doublon*, des mots répétés ; *pâté*, un mélange de lettres mêlées ensemble ; *coquille*, la substitution d'une lettre à une autre ; *larron*, un pli existant dans la feuille, et qui, lorsque la feuille est étendue après le tirage, laisse en blanc la partie cachée ou le pli, etc., etc.

ÉPREUVE, essai que le graveur fait de sa gravure afin de pouvoir juger sainement de l'état de sa planche. Lorsqu'il a fait sa gravure à la pointe sur le vernis, et qu'il a fait mordre sa planche, il en tire quelques épreuves ; on les nomme *épreuves d'eau-forte*. Quand sa planche est ébauchée, il tire une *épreuve d'essai* ; enfin, quand elle est finie, les épreuves se nomment *épreuves terminées*. — On donne par extension le nom d'*épreuves* à toutes les estampes, on dit une *première épreuve*, une *épreuve usée*, une *bonne* ou *mauvaise épreuve*. Une épreuve est *brillante* quand les blancs sont vifs et les traits distincts ; elle est *boueuse*, quand la planche est trop chargée de noir et que les traits se confondent ; elle est *grise*, quand la planche commence à s'user et que les traits s'effacent ; elle est *neigeuse*, quand les traits sont mélangés de parties blanches. On nomme *épreuve avant la lettre* l'épreuve que l'on tire avant de joindre cette épreuve à un livre dont elle doit faire partie, ou avant d'y mettre dessous l'inscription ; on distingue l'*épreuve avant toute lettre*, l'*épreuve avec la lettre grise*, où l'inscription est tracée légèrement ; l'*épreuve avec la lettre tracée*, laquelle a le même sens ; l'*épreuve avec la remarque*, où on laisse les fautes faites par le graveur, etc.

ÉPREUVE CANONIQUE, sorte d'épreuve judiciaire usitée en Espagne. Cette cérémonie se célébrait dans une église principale, un dimanche ou un jour de fête. Un greffier exposait les faits qui justifiaient le soupçon d'hérésie, et la réputation que l'accusé s'était faite. Les inquisiteurs faisaient ensuite jurer à l'accusé et à douze témoins, qui l'avaient connu et fréquenté pendant dix ans, qu'il n'était pas hérétique. Après cette formalité, l'accusé abjurait toutes les hérésies en général, et en particulier celle qui l'avait rendu suspect.

ÉPREUVE DE LA CROIX, sorte d'épreuve qui consistait en ce que, lorsque deux personnes s'y soumettaient, l'une et l'autre se tenaient debout, ayant les bras étendus en croix pendant qu'on célébrait l'office divin. Celui qui remuait le premier le bras ou le corps perdait sa cause.

ÉPREUVE DE L'EAU CHAUDE, sorte d'épreuve judiciaire qui se faisait en plongeant le corps tout entier ou le bras seulement dans une chaudière pleine d'eau bouillante, pour en retirer un anneau, une pierre, un objet qu'on y plaçait. Selon la nature du crime, on enfonçait le bras jusqu'au poignet, au coude, à l'épaule, puis on enveloppait la main de l'accusé, on mettait le sceau sur l'enveloppe, que l'on levait après trois jours. Si l'accusé sortait sain, il était jugé innocent ; sinon, il était réputé coupable. Les papes Etienne V, Célestin III, Innocent III, condamnèrent ces sortes d'épreuves.

ÉPREUVE DE L'EAU FROIDE, sorte d'épreuve judiciaire qu'on réservait aux hommes qui n'étaient pas de condition libre. On dépouillait l'accusé de ses habits ; on lui liait le pied droit avec la main gauche, et le pied gauche avec la main droite, et, le tenant par une corde, on le jetait dans l'eau ; s'il surnageait, il était coupable ; s'il s'enfonçait, il était innocent. Il devait être à jeun, ainsi que ceux qui le plongeaient dans l'eau. Cet usage, interdit en 829 par Louis le Débonnaire, fut rétabli peu après jusqu'au XIII siècle, qu'il fut aboli. Il se renouvela cependant vers la fin du XVI siècle en Allemagne et en France. Le parlement de Paris le défendit en 1601.

ÉPREUVE DU DUEL. Voy. DUEL et COMBAT JUDICIAIRE.

ÉPREUVE DU FEU, épreuve judiciaire qui consistait à faire passer l'accusé à travers un bûcher. S'il n'était pas consumé, il était reconnu innocent. — Une autre épreuve de ce genre était l'ÉPREUVE DU FER ARDENT, qui se faisait de diverses manières. Quelquefois l'accusé prenait à la main un fer rouge qu'il portait à une certaine distance, ou bien l'on mettait sa main dans un gantelet de fer rouge ; la main, enveloppée et scellée, était examinée après trois jours. S'il n'y restait aucune trace de brûlure, l'accusé était jugé innocent. Le fer était ordinairement semblable à un soc de charrue, et s'appelait à cause de cela *vomer* ; d'autres fois on marchait sur ces fers rouges, ayant les pieds et les jambes nus jusqu'au genou. Ces fers étaient bénits et conservés avec soin par les églises qui avaient le droit d'en avoir un, et avant de les toucher on payait une somme à l'église qui les possédait.

ÉPREUVE JUDICIAIRE, manière de juger et de décider de la vérité ou de la fausseté d'une accusation en matière criminelle, usitée depuis le IXᵉ siècle jusqu'au XIᵉ. L'accusé et l'accusateur, pour prouver l'un son innocence, l'autre son accusation, se soumettaient à des épreuves périlleuses. Les plus usitées étaient celles de l'eau, du feu, de la croix, etc. (Voy.) Avant de faire ces épreuves, on disait la messe et des prières particulières. Le prêtre exorcisait l'instrument de l'épreuve judiciaire ; il récitait plusieurs oraisons, donnait la communion à l'accusé et à l'accusateur, et leur faisait baiser l'Evangile et la croix.

ÉPREUVE PAR ASSIS ET LEVÉ, mode de voter adopté par les chambres législatives, et qui consiste à ce que les membres qui votent pour un projet de loi se lèvent et ceux qui votent contre restent assis. Avant 1789, aux états généraux de France, le chancelier recueillait individuellement les voix. L'usage de voter par assis et levé s'est introduit dans l'assemblée des communes aux états généraux de 1789 ; mais cette épreuve n'est admise de nos jours que pour les votes provisoires ; chaque député ou pair doit déposer dans l'urne une boule. Blanche, elle exprime que le projet est adopté ; noire, elle indique le rejet du projet.

ÉPREUVE PAR SERMENT, épreuve qui consistait à jurer et à prêter serment sur les reliques ou le tombeau des saints. Les parjures étaient punis sévèrement ; mais souvent on leur faisait grâce. C'est ce qui donna lieu à une quantité des faits actes et de faux serments. Ainsi un homme perdait ses propriétés s'il s'accusateur jurait sur l'Evangile qu'il les avait injustement. Cette épreuve fut abolie par l'empereur Othon, sous le pape Jean XIII (970), et selon d'autres par Eugène II (825).

ÉPROUVETTE, nom donné, en physique, à un instrument composé de deux tubes ou de deux récipients réunis par un robinet, au moyen duquel on établit à volonté une communication entre les deux tubes ou les deux récipients. — Les distillateurs d'eau-de-vie et d'esprits donnent souvent le nom d'*éprouvette* à l'*aréomètre*, parce que cet instrument leur donne le moyen d'éprouver le degré alcoolique du produit de leur distillation. Ils nomment aussi *éprouvette* un tube de verre long d'environ six à huit pouces, en forme de petite bouteille de douze à quinze lignes de diamètre dans la partie la plus renflée de sa longueur, ayant à son fond deux pouces de verre massif. Pour s'en servir, le distillateur remplit l'éprouvette à moitié, en recevant la liqueur directement du réfrigérant ; il bouche l'instrument avec le pouce, le secoue violemment afin d'exciter un grand nombre de bulles. A la manière dont ces bulles se disposent sur le liquide, on juge du degré de spirituosité. — On nomme encore *éprouvette* un tube de verre ou de fer-blanc, que l'on remplit de liquide et où l'on place l'aréomètre.

ÉPROUVETTE A POUDRE, nom donné à des instruments destinés à mesurer la force de la poudre à canon. On a fait une foule d'instruments de ce nom. — Régnier a inventé une *éprouvette hydrostatique*, composée d'un tube de laiton portant au bout supérieur un petit canon, et dont le bas est renflé en une panse creuse, renfermant un peu de lest au-dessous. Ce tube a dix-huit pouces de long et vingt lignes de diamètre ; il se tient vertical dans l'eau, et une partie sort au-dessus du liquide, après avoir rempli de poudre le petit canon (trois grammes) ; on met le feu à la poudre, qui se fait un recul qui immerge dans l'eau une partie plus ou moins grande de la tige, selon la force de la poudre. Pour trouver cette force, on a gradué la tige en parties égales, de manière que le trentième degré soit pris avec de la poudre capable de lancer à trois cents mètres de distance une petite balle. La poudre de guerre donne 30 degrés ; la poudre de chasse 45 ou 46.

EPSOM, ville d'Angleterre, du comté de Surrey, à 5 lieues de Londres. Elle a des eaux minérales célèbres, qui renferment le *sel d'Epsom* (sulfate de magnésie, sel de Sedlitz, sel cathartique amer, sel d'Angleterre, de Scheidschutz, etc.). Ce sel existe dissous dans plusieurs eaux de fontaines salées, mais surtout aux eaux d'Epsom. Il cristallise en prismes à quatre pans, terminés par des pyramides à quatre faces, d'une saveur amère, désagréable et nauséabonde. Il s'effleurit à l'air sec par une température élevée, et se dissout dans l'eau froide. On l'emploie comme purgatif. On l'obtient dans les laboratoires en versant de l'acide sulfurique étendu sur du carbonate de manganèse.

EPTA. Voy. par HEPTA les mots qui ne se trouvent pas ici.

EPTACORDE, nom donné par les anciens Grecs à une sorte de lyre qui avait sept cordes. Ils donnaient encore ce nom à un système de musique formé de sept sons.

EPTAGONE, terme de géométrie. C'est un polygone composé de sept angles et de sept côtés. — L'eptagone vaut sept angles droits. — Ce mot se dit aussi d'une place fortifiée qui a sept bastions.

EPTE, petite rivière de France qui prend sa source dans le département de la Seine-Inférieure, près de Forges-les-Eaux, sépare le département de l'Eure de celui de l'Oise et de celui de Seine-et-Oise, et se jette dans la Seine entre Bonnières et Vernon (Eure).

ÉPUISEMENT, perte progressive des forces produite par des évacuations excessives, une fatigue considérable, la privation des aliments, le manque de repos et de sommeil, les affections tristes de l'âme, les contentions d'esprit, les veilles prolongées, des nourritures insuffisantes ou de mauvaise qualité, une croissance trop rapide, etc. Elle consiste dans la diminution sensible des parties formant le corps humain, la perte de la santé, etc. L'épuisement amène la phthisie, l'amaigrissement et quelquefois la mort.

ÉPUISEMENT. Les plantes améliorent le sol lorsqu'on les coupe à l'époque de la floraison, et l'épuisent lorsqu'on laisse leurs graines mûrir. Plus la graine est riche en principes nourriciers, plus elle absorbe de substances fécondantes. Les plantes potagères, le chou, le tabac, le pastel, la pomme de terre, la carotte et les plantes à racine fusiforme ou tuberculeuse possèdent à un haut degré la propriété épuisante, surtout à l'époque de la maturité. Il faut alors de profonds labours, de bons fumiers, et surtout changer les semences.

ÉPUISEMENT (hydraul.). Quand on dessèche un marais, ou que l'on construit un pont ou une écluse sur le lit d'une rivière on d'un canal, ou lorsque l'on veut faire des fondations en mer ou des travaux de fortification dans des fossés pleins d'eau, on est forcé d'*épuiser*, c'est-à-dire d'enlever les eaux pour mettre le fond à sec. On n'opère que pendant les basses eaux, ou on détourne la rivière. Souvent on emploie des machines qui achèvent le desséchement. Dans les fortes rivières ou en mer, on construit des batardeaux, de manière à enclore l'eau dans un espace nécessaire à la construction qu'on exécute, et on enlève cette eau à l'aide de machines, telles que les *pompes*, les *siphons*, les *béliers hydrauliques*, etc. Quelquefois on fournit à l'eau un moyen d'écoulement, lorsque les localités le permettent.

ÉPULIE ou ÉPULIDE, nom donné à de petites excroissances qui viennent sur les gencives, principalement de la mâchoire inférieure, dans l'intervalle de deux dents ou du fond d'une alvéole. Ces fongus succèdent à une inflammation de la bouche, à la carie d'une dent ou du bord alvéolaire. Quelques-unes dégénèrent en cancers. Lorsqu'elles acquièrent un certain volume, elles causent de la difformité et de la gêne dans les fonctions des lèvres et des dents.

ÉPULONS, prêtres romains au nombre de sept, et nommés pour cette raison *septemvirs*. Ils étaient spécialement chargés du sacrifice que l'on faisait après les spectacles solennels, et qui était suivi d'un grand repas, d'où ce sacrifice se nommait *epulare sacrificium*. Ces prêtres avaient soin de faire ce festin avec une grande somptuosité. Les épulons étaient aussi chargés de veiller à ce que rien ne fût omis dans les sacrifices; et, si l'on y commettait quelque faute, ils le rapportaient aux pontifes.

ÉPURATION, mot employé en chimie pour désigner spécialement la clarification qui s'opère spontanément dans les sucs aqueux, acides ou huileux, lorsque après les avoir exprimés des végétaux on les laisse reposer ou éprouver un léger mouvement de fermentation. Dans ces deux cas, ces sucs se débarrassent des substances qui altéraient leur transparence, qui se déposent peu à peu, et qu'on en sépare par la filtration ou par la décantation. On facilite l'épuration des huiles en y ajoutant de petites quantités d'acides, et notamment d'acide sulfurique. On y met un sirop ou y mêlant un blanc d'œuf, qui, en se coagulant, entraîne toutes les particules insolubles suspendues dans ce liquide.

ÉPURE. Lorsqu'on a conçu l'idée d'une construction, d'une machine, etc., il faut, pour l'exécuter, en coordonner les parties sous les rapports d'ordre, de dimension et de disposition qui leur sont propres, et en effectuer un dessin au trait qui les représente de grandeur naturelle ou réduite à une échelle convenue, afin de pouvoir travailler et couper les bois, les métaux ou les pierres sous les formes propres à être liées entre elles. Le dessin où ces parties sont représentées au trait, est ce qu'on nomme une *épure*. L'art de tracer les épures se compose de deux parties. La première consiste à connaître la théorie des projections, pour former, sur le papier, l'ensemble des lignes, dont les distances et les inclinaisons déterminent sur leurs intersections les limites où s'arrête la forme des corps qu'on veut exécuter. Cette partie se nomme *stéréotomie*, ou *géométrie descriptive*; elle renferme la coupe des pierres, la charpente, la perspective, la gnomonique, etc. La deuxième partie consiste à manier les instruments de travaux graphiques avec adresse, la règle, le compas, l'équerre, le tire-ligne, le rapporteur, etc.

ÉQUANT, terme d'astronomie, cercle que les anciens astronomes imaginaient dans le plan du cercle déférent, pour diriger certains mouvements dans les planètes. Le centre de l'équant était celui des mouvements réguliers des planètes. On n'en fait plus usage depuis que Képler a démontré que les planètes se meuvent dans des orbes elliptiques dont le soleil occupe l'un des foyers.

ÉQUARRIR, terme d'architecture, mettre une équerre en tous sens sur une pierre, une poutre, etc. Les horlogers disent *équarrir un trou*, pour l'agrandir en y passant un équarrissoir. On appelle *bois d'équarrissage*, le bois qui a au moins six pouces; celui qui est au-dessous se nomme *chevron*. On dit qu'*une poutre a dix pouces d'équarrissage*, lorsqu'elle a dix pouces en tous sens. — L'*équarrissement* est l'action d'équarrir; *tailler par équarrissement* se dit d'une manière de tailler les pierres sans le secours des panneaux, les ayant seulement préparées en les rendant de forme parallélipipédique, pour y appliquer les mesures des hauteurs et des profondeurs que l'on a trouvées dans le dessin de l'épure pour chaque voussoir. — On nomme *équarrissoir* une espèce de broche d'acier trempé, dont les horlogers se servent pour agrandir un trou.

ÉQUATEUR, grand cercle de la sphère armillaire, autour duquel s'effectue le mouvement diurne, et dont les pôles sont les pôles du monde. Il divise la sphère en deux hémisphères, dont l'un se nomme *septentrional* ou *boréal*, parce qu'il contient le pôle boréal, et l'autre *méridional* ou *austral*, parce qu'il contient le pôle austral. Ce cercle passe par le centre de la sphère ; on le nomme *équateur* à cause de l'égalité des jours et des nuits, qui a lieu pour toute la terre lorsque le soleil occupe un de ses points, ce qui a lieu deux fois par an, savoir vers le 21 mars et le 23 septembre, et ce qu'on nomme l'*équinoxe*. (Voy.) L'équateur coupe l'horizon en deux points, qui sont l'*est* ou l'*orient*, et l'*ouest* ou l'*occident*. Ces points sont les pôles du méridien. L'équateur est coupé perpendiculairement par tous les méridiens, puisque tous les méridiens passent par ses pôles. Chacun des points de sa circonférence est éloigné de 90 degrés des pôles du monde, et de 23 degrés 28 minutes des deux tropiques.

ÉQUATEUR, une des trois républiques indépendantes formées de l'ancienne république de Colombie. Elle est divisée en trois départements : celui de l'ÉQUATEUR, chef-lieu *Quito*, capitale de toute la république ; celui de l'ASSUAY, chef-lieu *Cuenca*, et celui de GUAYAQUIL, chef-lieu *Guayaquil*. Ces départements sont divisés en provinces, en cantons et en paroisses. La superficie est de 34,933 lieues carrées, et la population de 680,000 habitants. — Le département de l'Équateur est borné à N. par ceux de Cauca et de Cundinamarca, à l'E. par le Brésil, à l'O. par le Grand-Océan, et au S. par les départements d'Assuay et de Guayaquil. Il se divise en trois provinces, celles d'Imbambura, de Chimborazo et de Pichincha. Sa superficie est de 14,104 lieues carrées, et sa population de 280,000 habitants.

ÉQUATEUR MAGNÉTIQUE, courbe formée autour de la terre par la série des points où l'*inclinaison* est nulle, c'est-à-dire où l'on ne voit plus l'angle formé avec l'horizon par une aiguille aimantée qui peut se mouvoir librement autour de son centre de gravité dans le plan vertical du méridien magnétique. Cette courbe est régulière dans une partie de son cours, et alors elle est très-sensiblement la direction d'un grand cercle qui serait incliné à l'équateur terrestre de 12 à 16 degrés, et qui le couperait d'une part à l'ouest de la côte occidentale d'Amérique, vers l'île Galégo, et d'une autre part vers les côtes occidentale d'Afrique, en s'inclinant du côté du sud, dans la partie de l'océan Atlantique qui sépare ces deux points. Mais des observations précises indiquent que l'équateur magnétique éprouve dans la mer du Sud, entre les îles Sandwich et les îles des Amis, des sinuosités nombreuses. Cette ligne fait le tour de la terre en restant toujours dans la zone équatoriale, et coupe même l'équateur en plusieurs points. Le pôle austral de l'aiguille de la boussole s'abaisse vers l'horizon dans toute la partie du globe qui se trouve au-dessus de l'équateur magnétique, et il se relève dans toute l'autre partie.

ÉQUATION (algéb.). Deux quantités égales écrites l'une à la suite de l'autre, et séparées par le signe *égale* =, forment une équation. Les quantités séparées par ce signe = se nomment les *membres de l'équation* ; et particulièrement *premier membre*, celle qui est à la gauche de ce signe, *second membre*, celle qui est à la droite. Les différentes parties dont les membres sont composés prennent le nom de *termes*. Résoudre une équation, c'est trouver la valeur de la quantité indéterminée et inconnue qui s'y trouve liée aux quantités connues, valeur dont la substitution dans chaque membre à la place de l'inconnue doit rendre ces membres identiques. Cette valeur prend le nom de *racine d'équation*. On classe les équations d'après le degré ou la plus haute puissance de l'inconnue : ainsi une équation est dite *du premier degré*, *du second degré*, etc., selon que l'inconnue s'y trouve à la première, à la deuxième puissance, etc. On désigne cette puissance par l'*exposant*. Dans une équation, on désigne les quantités inconnues par y, x, z, etc. ; les quantités connues, par des chiffres ou les premières lettres de l'alphabet. Une équation est nommée à une, à deux, à trois inconnues, selon le nombre de quantités inconnues qu'elle renferme. — On nomme *équations binômes*, celles qui ne renferment qu'une seule puissance de l'inconnue ; *équations trinômes* celles qui ne renferment que deux puissances de l'inconnue, et dont l'exposant de l'une est double de celui de l'autre ; *équations algébriques*, celles qui ne contiennent que des puissances entières des inconnues ; *équations transcendantes*, celles qui ne renferment que des puissances irrationnelles, des quantités infinitésimales.

ÉQUATION. On nomme ainsi, en astronomie, la différence qui existe entre l'élément vrai d'un corps céleste et son élément moyen, c'est-à-dire la quantité dont il faut augmenter ou diminuer sa position, calculée dans l'hypothèse d'un mouvement moyen uniforme, pour trouver sa véritable situation résultante de son mouvement réel et inégal.

ÉQUATION DU TEMPS, différence entre le temps *vrai* et inégal, indiqué par le soleil, et le temps *moyen*, marqué par une pendule bien réglée. La plupart des jours de l'année ont une durée inégale. Cette différence de grandeur des jours solaires est due aux différents degrés de vitesse annuelle autour du soleil, et qui correspondent aux différentes situations où elle se trouve de cet astre. L'obliquité de l'écliptique est une autre cause de cette différence. Pour comparer les jours vrais au jour moyen toujours égal, pris pour unité de mesure, on conçoit un soleil moyen et uniforme qui tourne dans l'équateur et achève sa révolution en même temps que le soleil réel achève la sienne sur l'écliptique ; il est midi moyen toutes les fois que ce soleil moyen passe par le méridien. Si à cet instant le soleil réel se trouve plus ou moins avancé, en sorte qu'il soit plus de midi vrai, la différence forme l'*équation de temps*. On a inventé plusieurs machines qui marquent dans les pendules le temps vrai et le temps moyen. C'est ce qu'on nomme *pendule d'équation*.

ÉQUATIONS EXPONENTIELLES. Voy. EXPONENTIEL.

ÉQUATORIAL, instrument qui sert à mesurer l'ascension droite et la déclinaison, au moyen de deux cercles qui présentent l'un à l'Équateur, et l'autre le cercle de déclinaison. On y ajoute un quart de cercle dirigé vers le méridien, qui sert à élever l'équateur pour la latitude du lieu. Il sert aussi à suivre toutes les circonstances de leur mouvement diurne.

ÉQUATORIALES ou ÉQUINOXIALES (CONTRÉES), nom donné aux contrées situées sous l'équateur, et on l'étend même quelquefois jusqu'aux tropiques, des deux côtés.

ÉQUERRE, instrument de bois ou de métal, composé de deux règles fixes ajustées perpendiculairement l'une à l'extrémité de l'autre, et qui sert à tracer des angles droits sur le bois, la pierre, les métaux, etc., ou à tirer des perpendiculaires sur une ligne donnée. — Pour les maçons, on les forme de deux tringles de bois carré, incisées par deux ou trois rainures; on les ajuste de manière à former un angle droit, et l'on insère dans les rainures de petites languettes de bois qu'on cheville. Pour maintenir les branches de l'angle droit exactement écartées, on place transversalement une troisième règle de bois. On nomme *équerre à chapeau* ou *à onglet* une équerre de ce genre, dans laquelle une règle déborde l'autre en épaisseur des deux côtés. On nomme *équerre à épaulement* celle dont une branche est trois fois plus épaisse que l'autre; *double équerre*, un instrument de gnomonique, composé d'une planche étroite au bout de laquelle s'adapte à angle droit une autre planche, qui forme avec la première deux angles droits; *triple équerre*, une planche un peu large, au milieu de laquelle est fixée, à angles droits, une autre planche de la même hauteur. On s'en sert pour placer le style des cadrans verticaux.

ÉQUERRE (FAUSSE), instrument formé par deux règles de bois ou de métal, assemblées par un de leurs bouts, en forme de compas, par un clou rivé qui les perce l'une et l'autre, en leur permettant qu'un mouvement rude. Cet instrument, dont les deux branches peuvent s'écarter sous toutes les valeurs angulaires, est fréquemment employé dans les arts.

ÉQUERRE D'ARPENTEUR, cercle épais de cuivre, divisé en quatre parties égales par deux droites qui se coupent au centre en angles droits, et dont les extrémités sont garnies de pinnules. Cet instrument sert à tirer des perpendiculaires sur le terrain, et à prendre des alignements. L'équerre d'arpenteur a souvent changé de forme; c'est aujourd'hui une espèce de prisme octogonal, qui, au lieu de pinnules, a quatre fentes perpendiculaires, servant au même usage. On lui donne le nom d'*équerre octogone*. On visse ces équerres à l'extrémité arrondie d'un bâton dont l'autre bout est garni d'un fer pointu, de manière à pouvoir l'enfoncer dans la terre. Ayant tracé une droite sur le terrain, et ayant planté le bâton d'arpenteur au point où l'on veut élever la perpendiculaire, on visse l'équerre en la tournant de manière que l'œil, placé successivement sur deux pinnules opposées, aperçoive les jalons plantés sur la ligne qu'on a tracée déjà. Ensuite on regarde par les autres pinnules, et on place sur le rayon visuel un jalon. On obtient la perpendiculaire cherchée en tirant une ligne de ce jalon au pied de l'équerre.

ÉQUES (*Æqui* ou *Æquicoli*), peuples du Latium, dans le voisinage de Tibur (Tivoli). Rome les eut pour ennemis dès son enfance, et n'en triompha qu'avec beaucoup de peine.

ÉQUESTRE, nom donné aux *statues*, aux *figures* représentant une personne à cheval; à l'*exercice* qui se fait sur un cheval. On donnait autrefois le titre d'*ordre équestre* aux chevaliers romains.

ÉQUIANGLE, nom donné, en géométrie, aux figures dont les angles sont égaux. Ainsi un rectangle, un triangle équilatéral, et en général tous les polygones réguliers, sont *équiangles*. — On dit que deux triangles sont *équiangles entre eux* lorsque les angles du premier sont égaux chacun à chacun aux angles du second.

ÉQUIDIFFÉRENCE, égalité de deux rapports par différence. (Voy.) Ainsi A, B, C, D, étant quatre quantités quelconques, si la différence des deux premières est égale à la différence des deux secondes, la formule A moins B égale C moins D, est une équidifférence. On désigne cette relation par le mot *proportion arithmétique*.

ÉQUIDISTANT, nom donné, en géométrie, à deux points par rapport à un troisième, lorsque leurs distances à ce dernier sont égales. Ainsi tous les points de la circonférence du cercle sont *équidistants* au centre. On nomme *méthode des coordonnées équidistantes* une méthode due à Hutton, pour trouver par approximation l'aire d'une figure terminée d'un côté par une ligne droite et de l'autre par une ligne courbe.

ÉQUILATÉRAL ou ÉQUILATÈRE, nom donné aux figures de géométrie qui ont les côtés égaux. Un *triangle équilatéral* est un triangle dont tous les côtés sont égaux. Tous les polygones et tous les corps réguliers sont *équilatéraux*. Deux polygones sont *équilatéraux entre eux* lorsqu'ils ont les côtés égaux chacun à chacun, et placés dans le même ordre. On nomme *hyperbole équilatère* celle dont les axes conjugués sont égaux.

ÉQUILIBRE, état d'un corps sollicité au mouvement par des forces opposées qui se détruisent, ou égalité, parfaite de force entre deux corps qui agissent l'un contre l'autre. Une balance est en équilibre lorsque son fléau se maintient dans une position parallèle à l'horizon. Un corps posé sur un plan horizontal ne reste en équilibre qu'autant que la verticale de son centre de gravité passe dans l'intérieur de sa base. Un corps est en *équilibre stable*, s'il revient de lui-même à sa position après en avoir été légèrement écarté; il est en *équilibre instable*, s'il n'y revient pas. Il y a équilibre entre deux corps lorsque leurs directions sont exactement opposées, et que leurs masses sont égales. Un corps fait équilibre à un autre lorsqu'ils ont le même poids. La science de l'équilibre est la *statique* pour les corps solides, l'*hydrostatique* pour les liquides.

ÉQUILIBRE. En médecine, on emploie souvent ce mot pour désigner l'état des organes, des fluides et des forces qui les font agir, lorsque la santé est parfaite.

ÉQUILLE ou AMMODITE, poisson qui a beaucoup de rapport avec l'anguille. L'ammodite appât a l'habitude de s'enfoncer dans le sable des mers. Son corps est allongé; sa tête, comprimée et pointue par devant, lui sert pour creuser la vase molle et le sable des rivages, où il cherche sa nourriture. Ce poisson, long de huit à dix pouces, est d'un gris argenté et est bon à manger.

ÉQUIMULTIPLE, nom donné, en arithmétique, aux quantités qui proviennent du produit d'autres quantités par un même facteur. Ainsi, A et B, étant des quantités quelconques, 5A et 5B sont les équimultiples de A et de B; 7A et 7B sont d'autres équimultiples des mêmes quantités. Le rapport de deux quantités équimultiples est toujours le même que celui des deux quantités primitives dont elles proviennent.

ÉQUINOXE, moment où le soleil, passant par l'un des points équinoxiaux se trouve sur l'équateur. Les équinoxes ont lieu deux fois par année, savoir le 20 ou le 21 mars, et le 22 ou le 23 septembre. A ces époques, la révolution diurne (apparente) du soleil lui faisant décrire l'équateur, les jours sont égaux aux nuits pour toute la terre. Il y a environ huit jours de plus, de l'équinoxe de mars ou du *printemps* à celui de septembre ou d'*automne*, que de l'équinoxe d'automne à celui du printemps, parce que le soleil se meut avec plus de vitesse dans la partie septentrionale de l'écliptique que dans la partie méridionale. Les points équinoxiaux ne sont pas fixes; mais ils ont un mouvement rétrograde ou en sens inverse de l'ordre des signes, de sorte que le soleil ne passe pas deux années de suite sur le même point de l'équateur. Ce mouvement se nomme *précession des équinoxes*. La ligne droite qui joint les deux points équinoxiaux se nomme *ligne des équinoxes*. La rétrogradation de l'équinoxe trouble la position relative des étoiles, et oblige de faire de nouveaux catalogues.

ÉQUINOXIAL (CERCLE) ou LIGNE ÉQUINOXIALE, terme synonyme d'équateur. Voy. ÉQUATEUR et LIGNE (géom., astron.).

ÉQUINOXIAL (CADRAN), cadran dont le plan est parallèle à l'équateur.

ÉQUINOXIALES (FLEURS), nom donné aux fleurs qui s'ouvrent tous les jours à une heure déterminée et fixe, et se ferment de même, de manière que le temps de leur sommeil est égal à celui de leur réveil et de leur épanouissement.

ÉQUINOXIAUX (POINTS), points où l'écliptique coupe l'équateur, et sur lesquels ont lieu les équinoxes. Ces points, loin d'être fixes, ont un mouvement rétrograde, en sens inverse de ces signes, nommé *précession des équinoxes*.

ÉQUIPAGE. Ce mot entre dans un grand nombre de locutions diverses. L'*équipage de guerre* se dit des choses utiles à la guerre, comme chevaux, harnais, tentes, et généralement tous les ustensiles que les soldats portent avec eux, ce qui forme le bagage. Les gros équipages sont les chariots, les charrettes; les petits sont les chevaux, les mulets, etc. Les *équipages de l'artillerie* se composent des chevaux, des chariots, des affûts, d'avant-trains, de pièces, boulets, mortiers, bombes, poudre, plomb, grenades, fusées, hoyaux, haches, etc., et les *équipages de vivres* renferment les vivres nécessaires à l'armée. En marine, on comprend sous le nom d'*équipage* tous les hommes qui sont embarqués pour le service d'un vaisseau, comme les maîtres, contre-maîtres, timoniers, matelots, artilleurs, soldats, etc., et qu'on porte sur un registre nommé *rôle d'équipage*. Les officiers sont désignés sous le nom d'état-major En France, on compte à peu près dix hommes pour chaque canon. Les matelots embarqués sur les vaisseaux de l'État prennent le nom d'*équipages de ligne*. On nomme 1° *équipage de pompe*, la garniture de la pompe; 2° *équipage d'atelier*, l'ensemble des machines et des outils qui servent à la construction des outils qu'on y fabrique; 3° *équipage de chasse*, ce qui est nécessaire pour la chasse, les chevaux, les chiens, etc.

ÉQUIPEMENT, nom sous lequel on connaît la masse des objets à l'usage de tout sous-officier et soldat de toutes armes, les parties de l'habillement et de l'armement étant exceptées. L'équipement se divise en grand et petit; le grand se compose des gibernes, porte-gibernes, bandoulières, ceinturons ou baudriers, haches et tabliers de sapeurs, caisses et colliers de tambours, etc.; dans le petit, on fait entrer tous les effets de linge et de chaussure, les brosses, peignes, etc. Dans la cavalerie, l'équipement de cheval comprend les manteaux et porte-manteaux, les couvertures en ligne, les culottes de peau, les housses, les selles, les bottes, les pelisses, etc.

ÉQUIPEMENT. En marine, ce nom comprend tout ce qui est nécessaire à un bâtiment de guerre, en agrès, apparaux, vivres, munitions, armes et ustensiles; ou à un bâtiment de commerce, en marchandises et objets de chargement.

ÉQUIPEUR-MONTEUR, nom donné, dans l'art de l'arquebusier, à l'ouvrier qui est chargé d'ajuster toutes les pièces qui composent le fusil, et de les faire jouer ensemble. C'est la partie la plus importante de cet art.

ÉQUIPONDÉRANCE, égalité de forces avec laquelle deux ou plusieurs corps tendent vers un centre commun. Deux boules de plomb, sous le même volume, sont equipondérantes, parce qu'elles tendent de à se rendre vers le centre de la terre avec la même force. L'équipondérance diffère de l'équilibre en ce que l'équilibre résulte d'une égalité de forces qui agissent en sens contraire, et que l'équipondérance vient de l'égalité de la gravité des corps comparés.

ÉQUIRIES (myth.), fêtes instituées par Romulus en l'honneur du dieu Mars. On y faisait des courses de chevaux dans le champ de Mars.

ÉQUISÉTACÉES, famille de la classe des végétaux acotylédonés, pourvus de vaisseaux et de feuilles. Elle est voisine des fougères, et se compose du seul genre PRÊLE. On retrouve les restes fossiles des plantes de cette famille parmi celles de la première époque. Voy. ÉPOQUES GÉOLOGIQUES.

ÉQUITATION, art de bien monter et de bien diriger un cheval. Il enseigne à placer toutes les parties du corps de telle sorte qu'on puisse faire un juste emploi de ses forces pour se maintenir sur l'animal et le conduire. Cet art a besoin d'études particulières, et offre une certaine difficulté. On a publié un grand nombre d'ouvrages sur l'équitation. Considérée comme hygiénique, l'équitation a été recommandée par plusieurs médecins dans un grand nombre de maladies, et en particulier contre la phthisie pulmonaire. L'équitation était connue des anciens, qui se livraient à des courses de chevaux dans les jeux publics.

ÉQUITATION (Écoles d'), écoles militaires fondées en France pendant le ministère et par les soins du duc de Choiseul (21 août 1764), pour l'instruction des troupes à cheval. Quatre de ces écoles furent créées, placées sous la direction d'un officier général, et établies dans les villes de Metz, Douai, Besançon et Angers. Une école centrale devait être placée à Paris pour recevoir les meilleurs élèves des quatre établissements secondaires. Ces écoles cessèrent d'exister en 1767. En 1771, on fonda l'école de Saumur, supprimée encore en 1790. En 1796, une nouvelle école d'équitation fut fondée à Versailles sous le titre d'*école nationale d'instruction des troupes à cheval*. En 1799, deux écoles semblables furent établies à Lunéville et à Angers. Un décret impérial de 1809 supprima ces écoles, et créa l'*école spéciale de cavalerie* à Saint-Germain. Rétablie à Saumur en 1814, puis transférée à Versailles (1823), elle fut de nouveau établie à Saumur (1825) sous le nom d'*école de cavalerie*. Voy. ce mot.

ÉQUIVALENTS CHIMIQUES ou NOMBRES PROPORTIONNELS, nom donné aux nombres qui indiquent et expriment les rapports et les proportions en poids, dans lesquels les corps peuvent se combiner entre eux. On a dressé un grand nombre de tables d'équivalents chimiques, à l'aide desquelles on peut à l'instant trouver les éléments des corps et reconstruire ces corps.

ÉQUORÉE, zoophytes acalèphes, de la section des méduses. Ils ont la circonférence du corps et quelquefois l'orifice buccal pourvu de cirrhes. Leur corps est diversiforme, assez fortement excavé en dessous, avec un orifice médian, souvent placé à l'extrémité d'une sorte de lèvre circulaire plus ou moins saillante ou pourvue de franges tentaculaires. Les espèces du genre équorée sont très-abondantes dans les mers australes.

ÉRABLE, genre d'arbres et d'arbrisseaux de la famille des acérinées, d'une haute stature et d'un port élégant. Les espèces indigènes habitent les montagnes boisées, et forment de grandes forêts. Leur bois compacte, dur, souple, veiné, s'altère promptement, et ne peut servir pour les grandes constructions. Les armuriers l'emploient pour la monture des fusils; les ébénistes et les tourneurs en font de beaux meubles; les luthiers en font des éclisses de violon, basse, etc. Dans quelques pays, on l'élève pour servir de soutien à la vigne. L'*érable du Canada* fournit par incision une sève limpide, qui par l'évaporation produit un sucre gris rougeâtre, dur, un peu transparent, d'une saveur agréable.

ÉRADICATIF, nom donné aux médicaments qui ont la propriété de faire disparaître entièrement le mal et ses causes, et par conséquent d'empêcher qu'il ne revienne.

ÉRANARQUE, nom donné, chez les Grecs, à l'administrateur des aumônes des pauvres. C'était un office public attaché à une espèce de magistrat qui faisait une assemblée d'amis, et les taxait chacun selon ses facultés, quand il fallait subvenir à la nécessité de quelque personne, comme d'un captif, d'un homme réduit à l'indigence, etc.

ÉRASME (Didier), né à Roterdam en 1467, fut forcé par ses tuteurs de se faire chanoine régulier de Saint-Augustin. Fatigué de la vie du cloître, il abandonna son monastère pour voyager en France. Il parcourut ensuite l'Angleterre et l'Italie, et fit imprimer à Venise par Alde-Manuce les *Adages*. Après s'être fait recevoir docteur en théologie à Bologne en 1506, il obtint la dispense de ses vœux, et dirigea l'éducation du fils naturel de Jacques IV, roi d'Écosse; il fixa ensuite son séjour à Bâle. Charles d'Autriche, depuis Charles-Quint, le nomma conseiller royal; Ferdinand de Hongrie, Sigismond de Pologne, François Ier, Henri VIII d'Angleterre, le pape Clément VII l'engagèrent en vain à venir dans leurs États. Les troubles qui eurent lieu à l'occasion de la réforme de Luther le forcèrent de se retirer à Fribourg en 1529. Il mourut en 1536. Il se fit un grand nombre d'ennemis par ses satires violentes et la liberté avec laquelle il reprit les vices de son époque. Ses ouvrages les plus célèbres sont *Éloge de la folie* et les *Colloques*.

ÉRASTE (Saint), Corinthien et disciple de saint Paul. Ayant été converti par cet apôtre, il quitta sa charge de trésorier de Corinthe, et le suivit à Éphèse en 56. Saint Paul l'envoya en Macédoine avec Timothée. On croit qu'Éraste suivit toujours saint Paul depuis ce temps jusqu'au dernier voyage que cet apôtre fit à Corinthe, en allant souffrir le martyre à Rome en 65; car alors Éraste demeura à Corinthe. Les Latins l'honorent le 26 juillet, et les Grecs le 10 novembre.

ÉRASTIENS, hérétiques et factieux qui formèrent une secte en Angleterre en 1647. Ils reconnaissaient pour chef Thomas Éraste, qui refusait à l'Église le pouvoir d'excommunier.

ÉRATO (myth.), une des neuf muses, fille de Jupiter et de Mnémosyne, présidait à la poésie lyrique, badine et amoureuse. On la représente couronnée de myrte et de roses, emblème de la vivacité et de la fragilité des plaisirs. Elle tient d'une main une lyre et de l'autre un luth. Quelquefois elle présidait à la danse avec Terpsichore, et portait alors une guirlande à la main; d'autres fois elle préside à la philosophie voluptueuse, et porte une couronne de laurier. L'Amour se tient près d'elle avec un flambeau allumé.

ÉRATOSTHÈNE, fils d'Aglaüs, né à Cyrène 276 ans avant J.-C., se consacra à l'étude des mathématiques. Il étudia à Athènes, et sa renommée parvint jusqu'à Ptolémée III, roi d'Égypte, qui lui donna la direction de la bibliothèque de cette ville. Il fixa l'obliquité de l'écliptique à 23 degrés 51 minutes 13 secondes; il fixa la distance des tropiques à 47 degrés 42 minutes 27 secondes. Il chercha à mesurer la grandeur de la terre, et trouva que le degré terrestre était de 250,000 stades. On lui attribue l'invention de la sphère armillaire et d'une méthode pour trouver les nombres premiers, nommée *crible d'Ératosthène*. Il mourut la 194 année avant J.-C. On a de lui des fragments d'ouvrages sur l'astronomie.

ERBUE, nom donné à la matière siliceuse que l'on ajoute comme fondant dans l'extraction du fer quand ses minerais ne sont pas siliceux.

ERCILLA ou ERCILIA Y ZUNIGA (Don Alonzo d'), né à Berméo (Biscaye) vers 1530, entra au service de Philippe II en qualité de page, et suivit ce prince dans toutes ses expéditions militaires et dans ses voyages en Allemagne. Après avoir parcouru la France, l'Italie, la Flandre, la Hongrie, la Bohème, la Silésie, la Pologne et l'Angleterre, il voyagea au Pérou, au Chili, où il servit comme volontaire dans la guerre contre les Araucans. Il publia en 1577 et 1590 son poème sur cette guerre, *la Araucana*. On ignore l'époque de sa mort.

ÈRE, point fixe, époque historique ou astronomique précise, d'où l'on commence à compter les années chez les différents peuples. Elle diffère des *époques* en ce que celles-ci sont déterminées par les chronologistes, et la *période* est une succession d'années comprises dans l'intervalle d'une révolution sidérale donnée à une révolution semblable, et dont la durée est par conséquent variable. Les ères historiques ou astronomiques sont *antérieures* ou *postérieures* à l'ère chrétienne ou ère vulgaire, qui sert à la fois entre elles de terme moyen et de terme de comparaison. On désigne plus spécialement par le mot ère ou *ères anciennes*, et les ères postérieures sous celui d'*ères modernes*. Quelques auteurs pensent que le mot ère vient du mot latin *œs*, parce que les Romains marquaient les années avec des clous d'airain; mais cette étymologie est très-incertaine.

ÈRE CÉSARIENNE D'ANTIOCHE, ère historique de la ville d'Antioche, dont le point initial est la victoire remportée par Jules César à Pharsale contre Pompée, l'an 48 avant J.-C. Elle fut momentanément adoptée en Grèce.

ÈRE CHRÉTIENNE, ère dont le point initial est la naissance de Jésus-Christ, le 25 décembre, an du monde 4000. Cette ère a été reçue et adoptée par l'Église latine et tous les peuples occidentaux. Pendant le VIe siècle de J.-C., Denys le Petit proposa cette ère en Italie, et elle fut adoptée en France, en Angleterre, etc. D'après les calculs des chronologistes, la première année de cette ère doit commencer cinq ans plus tôt qu'on ne la commence réellement; mais l'usage a prévalu sur la science. L'ère chrétienne se compose d'années juliennes, de la réformation grégorienne. (Voy. les autres articles pour la conversion de l'ère de J.-C. en autres ères, et réciproquement.)

ÈRE D'ABRAHAM, ère déterminée historiquement, et qui commence à la vocation du patriarche dont elle porte le nom. On la fixe au 1er octobre de la 2015e année avant J.-C.; mais on doit remarquer que la 2016e année commence avec ce même jour, immédiatement antérieur au commencement de l'ère chrétienne. (Voy. ce mot.) Les anciens écrivains chrétiens ont adopté cette ère.

ÈRE D'ALEXANDRE LE GRAND, ère historique dont la première année commence avec la 425e de l'ère de Nabonassar, l'an 3681 de la création du monde, le 12 novembre 324 avant J.-C. La mort d'Alexandre en est le point initial, quoique cet événement ne se rapporte précisément à cette date.

ÈRE DE CONSTANTINOPLE, ère qui a pour origine la création du monde, suivant l'Église grecque, laquelle compte 5508 ans avant la première année de l'ère chrétienne. Elle a commencé le 1er septembre, selon les Grecs; le 1er janvier, selon les Romains. Cette ère a employé deux années différentes par leur commencement, l'année civile et l'année ecclésiastique. Les conciles s'en servirent dans le VIIe siècle, et les Russes la conservèrent jusque sous Pierre Ier, qu'ils prirent l'ère chrétienne.

ÈRE DE DENYS, ère astronomique composée d'années solaires fixes, de douze mois, dont chacun avait le nom d'un signe du zodiaque. Le point initial est l'avènement de Ptolémée Philadelphe, le 26 juin, 283 ans avant J.-C.

ÈRE DE DIOCLÉTIEN, ère instituée en Égypte dans le but de célébrer l'avènement de Dioclétien (voy.) à l'empire. Son point initial est le 29 août de l'an 284.

ÈRE DE JÉSUS-CHRIST. Voy. ÈRE CHRÉTIENNE.

ÈRE DE LA CRÉATION DU MONDE. Voy. ÈRE MONDAINE.

ÈRE DE LA RÉPUBLIQUE FRANÇAISE, ère dont l'époque initiale est le 22 septembre de l'année 1792. L'année de cette ère fut divisée en 12 mois de 30 jours, suivis de 5 complémentaires. Un sixième jour complémentaire, ajouté périodiquement, faisait les années bissextiles. Cette ère subsista quatorze ans ; le calendrier grégorien fut rétabli avec l'ère chrétienne à compter du 1er janvier 1806.

ÈRE DE LA VILLE DE ROME. Voy. Rome.

ÈRE DE L'HÉGIRE, ère chronologique en usage chez les mahométans. Son point initial et la cause de son institution est le vendredi 16 juillet de l'an 622 de J.-C., jour de l'*hedjira* ou fuite de Mahomet, qui, condamné à mort par les Arabes de la Mecque, se réfugia à Yatreb (Médine) avec son cousin Ali et ses disciples. Les années de l'hégire sont lunaires et distribuées en cycle de 30 ans. Ces années commencent avec le coucher du soleil. Voy. Hégire.

ÈRE DE L'INCARNATION. Voy. Ère chrétienne.

ÈRE DE NABONASSAR, ère dont le commencement est fixé à midi d'un mercredi, qui était le 26 février de l'an du monde 3257, l'an 747 avant J.-C. Son élément astronomique est l'année de 365 jours. Son nom est celui d'un prince considéré comme le fondateur du royaume de Babylone. Cette ère est très-célèbre, et a été usitée très-souvent dans les calculs chronologiques et astronomiques de l'antiquité. — *Pour réduire en années avant J.-C. des années de l'ère de Nabonassar jusqu'à* 748, si l'année nabonassarienne donnée n'est pas plus grande que 227, on la soustrait de 748. Le reste est l'année avant J.-C. Si elle est entre 278 et 748, on la soustrait de 749. Soit l'année de Nabonassar 209, on la retranche de 748, le reste 539 indique l'année avant J.-C. qui lui correspond. Soit l'année 446, on la retranche de 749; le reste 303 est l'année avant J.-C. cherchée. — *Pour réduire en années après J.-C. des années de l'ère de Nabonassar depuis* 748, si l'année nabonassarienne donnée est entre 749 et 1688, on en soustrait 748 ; si elle est plus forte que 1687, on en soustrait 749 : le reste est l'année après J.-C. Soit l'année nabonassarienne 827: on retranche de ce nombre 748 ; le reste 79 est l'année après J.-C. correspondante. Soit l'année 1828: on en retranche 749 ; le reste 1079 est l'année de J.-C. cherchée. — *Pour réduire en années de Nabonassar des années avant J.-C.*, si l'année avant J.-C. donnée est plus grande que 748, on la soustrait de 748 ; si elle est plus petite que 520, on la soustrait de 749 : le reste est l'année de Nabonassar. Soit l'an 597 avant J.-C. : on retranche de ce nombre 748 ; le reste 151 est l'année nabonassarienne correspondante. Soit l'année 480 : on en retranche 749 ; le reste 269 est l'année cherchée. — *Pour réduire en années de Nabonassar des années après J.-C.*, si l'année après J.-C. donnée n'est pas plus grande que 939, on y ajoute 748 ; si elle est plus grande, on y ajoute 749 : la somme est l'année de Nabonassar. Soit l'année après J.-C. 284 : on y ajoute 748, et la somme 1032 est l'année nabonassarienne cherchée. Soit l'année après J.-C. 1804 : on y ajoute 749 ; la somme 2553 est l'année nabonassarienne correspondante.

ÈRE DE PHILIPPE. Voy. Ère d'Alexandre le Grand.

ÈRE DE PTOLÉMÉE PHILADELPHE. Voy. Ère de Denys.

ÈRE DES ACTIAQUES, ère instituée en Egypte à l'occasion de la bataille d'Actium. Son point initial fut placé au 1er thot du 30 août de l'an 30 avant J.-C., le 719e de Nabonassar. Ce jour est immédiatement antérieur à celui de cet événement, qui eut lieu le 2 septembre.

ÈRE DES ARMÉNIENS, ère dont l'époque initiale est le 9 juillet 552 de J.-C. L'institution de cette ère, qui employait l'année vague de 365 jours, fut motivée sur la séparation de l'Église arménienne de l'Église latine, en suite de la condamnation prononcée contre elle par le concile de Chalcédoine. Cette ère adapta le comput de l'année julienne. Le nouveau ou premier jour de l'année initiale de l'ère des Arméniens fut fixé au 11 août julien.

ÈRE DES AUGUSTES, ère commémorative qu'on a confondue à tort avec l'*ère des actiaques*. On la rattache généralement à l'établissement de l'année fixe en Egypte par Auguste. Son point initial est le 29 août julien de l'an 25 avant J.-C.

ÈRE DES GRECS. Voy. Ère des Séleucides.

ÈRE DES JUIFS. Voy. Ère mondaine.

ÈRE DES LAGIDES. Voy Ère d'Alexandre le Grand.

ÈRE DES MARTYRS, nom donné par les chrétiens à l'*ère de Dioclétien* (voy.) à cause des persécutions qu'ils eurent à subir sous ce prince.

ÈRE DES OLYMPIADES, ère historique qui tire son nom des fêtes qu'on célébrait tous les quatre ans à Olympie, et dont l'élément astronomique est une révolution de quatre années. Le point fixe où l'on rapporta cette ère fut celui où Corœbus, vainqueur dans ces jeux, fut le premier honoré d'une statue. Ce fait arriva l'an du monde 3229, 776 avant J.-C. La première olympiade comprenait ainsi les années 776, 775, 774 et 773 avant l'ère chrétienne. La première année de la 195e répond à la première année de l'ère chrétienne. On cessa de se servir des olympiades vers la fin du ive siècle. — On désigne les olympiades par des chiffres romains, et les années des olympiades par des chiffres arabes. Olymp. LXXII, 3, indique la 3e année de la 72e olympiade. — *Pour réduire en années avant J.-C. les olympiades qui ne passent pas la* 194e, on diminue d'une unité la quantité d'olympiades données. Ce reste est multiplié par 4. Au produit on ajoute les années de l'olympiade donnée, moins une ; cette somme est déduite de 776 : le reste donne l'année avant J.-C. Soit la 3e année de la LXXIIe olympiade à convertir en années avant J.-C. On diminue d'une unité 72, quantité d'olympiades donnée ; le reste 71 est multiplié par 4, ce qui donne 284. A 284 on ajoute les années de l'olympiade donnée, moins une ; par conséquent 2. La somme 286 est déduite de 776 ; le reste 490 montre que la 3e année de la LXXIIe olympiade correspond à l'an 490 avant J.-C. — *Pour réduire en années après J.-C. les olympiades qui passent la* 194e, on diminue d'une unité la quantité d'olympiades donnée ; le reste est multiplié par 4. Au produit on ajoute l'année courante de l'olympiade. De la somme on soustrait 776 : le reste donnera l'année après J.-C. Soit la 4e année de la CCLIXe olympiade, on retranche une unité du nombre 259 (quantité d'olympiades donnée) ; le reste 258 est multiplié par 4. Au produit 1032 on ajoute l'année courante de l'olympiade 4, et l'on retranche de la somme 1036 le nombre 776 : la différence 260 indique l'année après J.-C. correspondante à celle de l'olympiade donnée. — *Pour réduire en olympiades des années avant J.-C.*, on diminue l'année donnée d'une unité, et on soustrait le reste de 776. La différence est divisée par 4. Le quotient donne les olympiades *écoulées*, et le reste, s'il y en a, l'année courante de l'olympiade courante. Soit l'année 490 avant J.-C. : on en retranche une unité, ce qui donne 489. Ce nombre est soustrait de 776. La différence 287 est divisée par 4. Cette division donne pour quotient 71 et pour reste 3. Le nombre 71 exprime la quantité d'olympiades écoulées. Augmenté d'une unité, il donnera l'olympiade courante. Soit l'année 490 avant J.-C. répond à la 3e année de la LXXIIe olympiade. — *Pour réduire en olympiades des années après J.-C.*, on ajoute à 775 l'année donnée après J.-C. La somme est divisée par 4. Le quotient donne les années *écoulées*, et le reste, s'il y en a, augmenté de 1, est l'année courante de l'olympiade courante. Soit l'année 260 après J.-C. : on ajoute ce nombre à 775. La somme 1035 est divisée par 4. Le quotient 258 indique la quantité d'olympiades écoulées. Augmenté d'une unité, il donnera l'olympiade courante. Le reste 3, augmenté d'une unité ou 4, indique l'année courante de l'olympiade courante. Ainsi l'année 260 après J.-C. répond à la 4e année de la CCLIXe olympiade.

ÈRE D'ESPAGNE, ère qui a été longtemps en usage en Espagne, en Afrique et dans le midi de la France. Son époque initiale est le 1er janvier, an 38 avant J.-C. Elle fut instituée à l'occasion de la conquête de l'Espagne par Auguste, l'an de Rome 715, avant J.-C. 39. Elle fut réglée par l'année julienne. L'adoption de l'ère chrétienne la fit abolir dans la Catalogne en 1180, l'Aragon 1350, Valence 1358, la Castille 1383, le Portugal en 1415 ou 1422.

ÈRE DES PERSANS, ère qui employa d'abord l'année vague de 365 jours, et dont l'institution fut motivée sur l'avènement d'Hiesdedger au trône de Perse. Le point initial est le 16 juin de l'an 632 de J.-C. Melik-Schah-Dgelaleddin, sultan du Khorassan, voulut, l'an 467 de l'hégire (1075 de J.-C.), que l'année de l'ère fût fixe à l'année chrétienne. Les astronomes déterminèrent l'ordre et le nombre des jours épagomènes (supplémentaires) que devait recevoir l'année, et fixèrent l'équinoxe du printemps au 14 mars julien. Cette réforme s'exécuta l'an 471 de l'hégire, 1079 de J.-C., et l'ère fut nommée *mélikéenne* ou *gelaléenne* du nom du réformateur. L'année de l'ère persane est de 365 jours 4 heures 49 minutes 15 secondes 0 tierce 48 quartes.

ÈRE DES SÉLEUCIDES, ère confondue souvent avec l'ère d'Alexandre le Grand, et qui porte aussi le nom d'*ère d'Alexandre*, d'*ère des Grecs* ou *des Syro-Macédoniens*. On la retrouve dans la Bible, les médailles et inscriptions grecques, les conciles, les Pères de l'Église et les écrits des Arabes. Son point initial est l'avènement de Seleucus Nicanor au trône de Babylone, après la défaite de Demetrius Poliorcète à Gaza, et la mort d'Alexandre, roi de Macédoine. Son époque initiale est la 1re année de la CXVIIe olympiade ou le mois de juillet 312 avant J.-C.

ÈRE DE TYR, ère dont l'époque initiale est le 19 octobre de l'an 125 avant J.-C. Elle fut fondée par les Tyriens en reconnaissance du droit d'autonomie qui leur fut accordé par Bala, roi de Syrie.

ÈRE D'HIESDEDGER. Voy. Ère des Persans.

ÈRE JULIENNE, ère historique dont l'époque initiale est la réforme du calendrier romain par Jules César, l'an 45 av. J.-C. Les chronologistes l'appellent *ère julienne proleptique* lorsqu'ils l'emploient pour calculer les années antérieures à son institution.

ÈRE MÉLIKÉENNE ou gélaléenne. Voy. Ère des Persans.

ÈRE MONDAINE DES JUIFS ou de la création du monde, ère dont les Juifs placent le commencement 3761 avant J.-C. Elle est réglée par le cycle lunaire de dix-neuf ans, composé de douze années communes et de sept autres embolismiques. Les Juifs modernes prétendent que cette ère a été connue de leur nation dès la plus haute antiquité ; mais cette assertion est révoquée en doute par plusieurs critiques. Les chronologistes la font commencer l'an 4004 avant J.-C., et ce dernier nombre a été universellement adopté. — *Pour réduire les années avant J.-C. des années du monde*, on ajoute 1 à 4004, ce qui fait 4005, et de cette somme on retranche l'année donnée avant J.-C. Le reste égale l'an du monde correspondant. Soit 1785 avant J.-C. : on retranche de 4004 augmenté d'une unité ou 4005, le reste 2250 indique l'an du monde cherché. — *Pour réduire les années du monde en années avant J.-C.*, on ajoute 1 à 4004, ce qui donne 4005, et de cette somme on retranche l'an du monde donné. Le reste est l'an avant J.-C. demandé. Soit 1785 ans du monde : on retranche ce nombre de 4008 ; le reste 2250 est le nombre cherché, et indique l'an 2250 avant J.-C.

ÈRE VULGAIRE. Voy. ÈRE CHRÉTIENNE.

ÉRÈBE (myth.), dieu des enfers, fils du Chaos et des Ténèbres, épousa la Nuit et en eut la Lumière et le Jour et l'Éther (l'air brûlant et pur). Il fut métamorphosé en fleuve et précipité au fond des enfers par Jupiter, pour avoir secouru les Titans. — Les poëtes nomment en général Érèbe un lieu de l'enfer païen, sorte de purgatoire qu'habitaient les âmes vertueuses avant d'aller dans les champs Élysées. Un sacerdoce particulier était réservé aux âmes qui habitaient l'Érèbe; il était consacré à des cérémonies expiatoires et commémoratives.

ÉRÈBE. Les naturalistes nomment ainsi un genre d'insectes lépidoptères de la famille des nocturnes, tribu des noctuellites. L'érèbe odora, noir, a une envergure de six pouces ; ses ailes sont colorées de bandes noires, lie de vin claire, et de taches blanchâtres. Les espèces sont en général étrangères.

ÉRECH, nom que porte l'Assyrie dans l'Écriture sainte.

ÉRECHTHÉE, roi d'Athènes, fils et successeur de Pandion I<sup>er</sup>, monta sur le trône l'an 1410 avant J.-C. Il partagea les habitants de son royaume en quatre classes, les guerriers, les artisans, les laboureurs et les bergers. C'est sous son règne que les marbres d'Arundel placent l'enlèvement de Proserpine et l'institution des mystères d'Éleusis. Il régna cinquante ans, c'est-à-dire 1360 ans avant J.-C. Les Athéniens lui rendirent les honneurs divins après sa mort. La fable dit qu'ayant tué Éumolpus, fils de Neptune, dans une guerre, il fut foudroyé par Jupiter.

ÉRECHTHÉE ou ÉRICHTHÉE (myth.), chasseur que Minerve prit soin d'élever et de faire proclamer roi des Athéniens, et qui donna son nom à ce peuple. Il tirait de l'arc avec tant d'adresse, qu'Alcon, son fils, étant entouré par les replis d'un serpent, il perça le reptile d'un coup de flèche, sans blesser son fils.

ÉRECHTHÉIDE, nom qui fut donné à une des tribus d'Athènes, lorsque Cléon en fit établir dix au lieu de quatre qui existaient auparavant.

ÉRECHTHIDES, surnom des Athéniens, pris d'Érechthée, un de leurs plus anciens rois.

ÉRECTEUR, nom donné, en anatomie, aux muscles qui servent à étendre et à roidir certaines parties.

ÉRECTILE (caverneux ou spongieux), nom d'un tissu particulier de l'économie animale, qui a pour caractère spécial de se mouvoir par une dilatation active, une augmentation de volume et une turgescence. Il se laisse pénétrer par une grande quantité de sang qui en augmente le volume. C'est une masse volumineuse, entourée quelquefois d'une enveloppe fibreuse, siégeant le plus souvent dans l'épaisseur de la peau, aux lèvres, au mamelon, aux papilles nerveuses, etc. Il est formé par un amas de vaisseaux artériels et veineux, accompagnés de filaments nerveux groupés, anastomosés entre eux.

ÉRECTION, action d'établir, de fonder un royaume, un monument, un État, un temple, etc. Les théologiens se servent de ce terme pour désigner l'établissement d'un bénéfice, d'une dignité ou même d'une église particulière. L'érection des chapelles en bénéfices ne demande que l'approbation et l'autorité de l'évêque ; le pape a seul le droit d'ériger une église en collégiale, en chapitre ou en cathédrale. Ces érections doivent recevoir la sanction du roi.

ÉRECTION. On nomme ainsi, en médecine, l'état d'une partie qui, de molle qu'elle était d'abord, devient roide, dure, et gonflée par suite de l'accumulation du sang dans les aréoles de son tissu.

ÉREKLI, petite ville de Roumélie, à 20 lieues O. de Constantinople. C'est l'ancienne *Périnthe*. On y trouve de beaux restes d'amphithéâtres et de palais construits par Vespasien.

ÉRÈME, nom donné par M. Mirbel aux boîtes péricarpiennes qui n'ont ni valves ni sutures, et qui, par leur ensemble, forment le fruit composé nommé *cénobion*. Les érèmes étaient autrefois considérés comme des graines nues. Ils n'ont communément qu'une loge ; mais ceux du *cérinthe* en ont deux. Leur consistance varie beaucoup. Ils sont coriaces, crustacés, osseux, drupéolés, etc.

ERÉMIA-TCHÉLEBY-KEDMIRGIAN, littérateur arménien, né à Constantinople vers l'an 1634, s'appliqua à l'étude des langues, de l'histoire, de la géographie, et remplit avec honneur la charge de chancelier auprès du patriarche arménien de Constantinople et auprès du grand catholicos. Ce savant mourut à l'âge de soixante ans. Il a laissé plusieurs ouvrages célèbres, l'*Histoire de l'empire ottoman* en cinq livres, un *Abrégé historique de la Turquie* en vers arméniens, une *Vie d'Alexandre le Grand* en vers turks, une *traduction* turque des livres du Nouveau Testament et d'une partie de l'Ancien.

ÉRÉMOPHILE, genre de poissons de la famille des cyprinoïdes. L'érémophile atteint jusqu'à trente-deux centimètres de longueur, et habite les mers du nouveau continent. Ses caractères consistent dans l'allongement de son corps, la disposition de la mâchoire supérieure, qui dépasse l'inférieure, une langue courte et charnue. Ce poisson est très-bon à manger et est recherché.

ÉRÈSE, genre d'insectes de l'ordre des pulmonaires, famille des aranéides. Les pattes sont grosses, courtes, propres au saut, presque égales en longueur. Les araignées vivent sur les troncs d'arbres et les plantes. Elles se renferment dans un sac de soie fine et blanche, entre des feuilles qu'elles rapprochent. L'*érèse cinabro* a les pattes noires, l'abdomen rouge, avec quatre points blancs. On la trouve en Italie et dans le midi de la France.

ÉRÉTHISME, excitation générale, irritation qui porte spécialement sur le système nerveux.

ÉRÉTRIE, ville ancienne de l'Eubée, située sur l'Euripe et ainsi nommée, d'après les auteurs anciens, d'Eretrius, fils de Phaéton. Elle portait auparavant le nom de *Mélanéïs*. Elle fut détruite par les Perses. On en voyait quelques restes du temps de Strabon. — ÉCOLE ÉRÉTRIAQUE. Voy. ÉLIENNE.

ERFURT, gouvernement de la Saxe prussienne. Sa superficie est de 68 milles géographiques carrés, et sa population de 234,500 habitants. Il se divise en neuf cercles. Les plus importants sont ceux d'*Erfurt*, *Nordhausen*, *Heiligenstadt*.

ERFURT, chef-lieu du gouvernement d'Erfurt, dans la Saxe prussienne, sur la Géra, fondé au IV<sup>e</sup> siècle d'après la tradition. Erfurt devint au XV<sup>e</sup> et au XVI<sup>e</sup> siècle l'un des principaux entrepôts du commerce de l'Allemagne. Depuis 1667 jusqu'en 1802, il fit partie des dépendances de l'électeur de Mayence. A cette époque il fut donné à la Prusse. En 1806, les Français s'en emparèrent et le conservèrent jusqu'en 1814. La population de cette ville est de 25,000 âmes. Elle a une université fondée en 1378, supprimée en 1816. Cette ville a deux fortes citadelles nommées *Petersberg* et *Cyriasburg*. Son ancien couvent d'augustins a servi d'habitation à Martin Luther, de 1507 à 1512.

ERGASTULE, lieu où les Romains enfermaient les esclaves désobéissants, paresseux, ou qui avaient fait quelque grande faute. On les contraignait à force de coups à des travaux rudes et pénibles. Le gardien de cette prison se nommait *ergastule*.

ERGOT, nom donné par les naturalistes aux ongles des doigts des mammifères, imparfaitement développés, et qui se trouvent en général placés derrière les autres. Ainsi les ongles des doigts rudimentaires du cochon domestique et des ruminants sont des ergots. Plusieurs oiseaux ont aussi un ergot, c'est-à-dire un doigt situé derrière le pied. On le nomme plus souvent *éperon*. — En anatomie, on appelle *ergot* un tubercule médullaire qu'on observe dans la cavité digitale des ventricules latéraux du cerveau.

ERGOT (seigle ergoté, sclérot-ergot), tuméfaction excessive du grain de diverses graminées, et plus particulièrement du seigle et du maïs, quand il est encore sur l'épi. Elle a lieu au moment même où il est à peine formé ; elle le désorganise entièrement. Le seigle ergoté de l'ovaire long de quatorze à trente-quatre millimètres, plus ou moins gros, cylindrique ou un peu triangulaire, assez ressemblant à un *ergot* de coq, marqué d'un sillon longitudinal, d'une odeur un peu rance, d'une saveur âcre et désagréable. On croit que c'est une production analogue aux champignons ; d'autres pensent que c'est une sorte de galle due à la piqûre d'une mouche, ou un produit composé de l'ovaire non fécondé, avarié et dénaturé, et d'un champignon qu'on a nommé *sphacellaire*. La farine du seigle ergoté est légère ; elle donne au pain une couleur violacée. L'ergot est un poison très-actif, et cause la mort des animaux qui le mangent. On l'emploie en médecine pour faciliter les accouchements laborieux.

ERGOT DU MAÏS, genre d'ergot qui se montre sur le maïs sous la forme d'un petit tubercule pisiforme, ou d'un cône enté sur le grain, dont le volume et la couleur sont très-peu altérés. La maladie qu'il cause se nomme en Amérique *peladero*. Elle a la propriété singulière de déterminer la chute des poils et des cheveux chez l'homme, le porc, les mulets ; les membres sont paralysés. Cette maladie cesse avec ses causes.

ERGOTÉ (SEIGLE). Voy. ERGOT.

ERGOTISME, maladie produite par le seigle ergoté, et commune dans la Sologne, le Forez, le Gâtinais, l'Allemagne, la Suisse, la Suède, la Bourgogne, la Lorraine et l'Orléanais. Ses principaux symptômes sont la gangrène des doigts et des orteils, quelquefois même des pieds et des mains. Les malades éprouvent des vertiges, des nausées, des spasmes, des convulsions. On a distingué l'ergotisme en *convulsif* et *gangréneux*.

ERHMANN (Frédéric-Louis), physicien célèbre, né en 1741. Il se distingua par ses travaux, et inventa les lampes à air inflammable. Il fut nommé professeur de physique aux écoles centrales de Strasbourg. Erhmann mourut en 1799. Il a laissé une *Description des lampes à gaz inflammable* (1780), des *Observations sur les montgolfières ou ballons aérostatiques* (1784). Il traduisit en allemand (1787) des *mémoires* de Lavoisier.

ERICHTONIUS, quatrième roi d'Athènes, naquit, selon la fable, de Vulcain. Il était difforme, et ses jambes avaient la forme de serpent. Minerve l'enferma dans une corbeille qu'elle donna à garder aux filles de Cécrops, avec défense de l'ouvrir. Aglaure ayant méprisé cet ordre, la déesse la punit en la rendant jalouse de sa sœur Hersé. Erichtonius régna cinquante ans, et mourut l'an 1347 avant J.-C. On lui attribue l'invention des harnais et des chars. — Fils de Dardanus, roi de Troie, mort l'an 1374 avant J.-C., après un règne de soixante-quinze ans.

ÉRICINE ou ÉRYCINE (myth), surnom de Vénus, pris du mont Eryx en Sicile, où elle avait un temple. On l'adorait aussi à Rome sous ce nom.

ÉRICINÉES ou ÉRICACÉES, famille de plantes dicotylédones monopétales. Les éricinées, nommées aussi *bruyères*, du nom d'une plante qui est le type de cette famille, se composent d'arbrisseaux et d'arbustes élégants qui décorent la lisière des bois. Les bêtes à laine et les abeilles en recherchent les fleurs. Les éricinées peuvent servir de litière et de chauffage. On en fait des balais. On divise cette famille en trois groupes : les VACCINIÉES ayant l'ovaire infère, les ÉRICINÉES proprement dites, ayant l'ovaire libre et les fleurs hermaphrodites, et les EMPÉTRACÉES dont les fleurs sont unisexuées et la corolle polypétale.

ÉRIDAN, nom ancien du Pô, grand fleuve d'Italie qui prend sa source dans les Alpes, traverse le Piémont, le Montferrat, le Milanais, et se jette dans l'Adriatique par quatre embouchures. Strabon le regarde comme le plus grand fleuve du monde, et Virgile l'appelle le *roi des fleuves*. Le fils du Soleil, Phaéton, fut précipité dans les eaux de l'Éridan, et c'est près de ce fleuve que les Héliades, sœurs de ce jeune téméraire, furent changées en peupliers. — On a donné le nom d'*Eridan* à une constellation méridionale composée de quatre-vingt-quatre étoiles, et située entre *Orion* et la *Baleine*.

ÉRIÉ, lac de l'Amérique septentrionale, sur les confins des Etats-Unis et du haut Canada. Il a 124 lieues de long. Ce lac reçoit les eaux des lacs *Supérieur*, *Huron*, *Michigan* et *Clair*, et se jette dans le lac Ontario par la rivière du Niagara. Il est profond et poissonneux. — Erié est aussi un canal qui s'étend depuis Albany sur l'Hudson, jusqu'à Buffalo sur le lac Erié, après un cours de 146 lieues.

ÉRIGÈNE. Voy. SCOT ÉRIGÈNE.

ÉRIGÉRON, genre de plantes de la tribu des corymbifères, syngénésie superflue de Linné. La plus belle espèce de ce genre est la *vergerette*. Sa tige est haute d'un mètre, hérissée de poils, terminée par de petites fleurs jaunâtres, en grappes axillaires, présentant l'aspect d'un long épi feuillé. Ses feuilles sont étroites, redressées, ciliées de poils et d'un vert blanchâtre. Cette plante, originaire du Canada, est commune dans les lieux pierreux et arides de la France.

ÉRIGONE (myth.), fille de l'Athénien Icarius, fut séduite par Bacchus sous la forme d'une grappe de raisin. Son père ayant été tué par des bergers ivres, Mæra, chienne d'Icarius, conduisit Erigone au tombeau de son père ; la jeune fille se pendit de désespoir. Après sa mort, elle fut changée en constellation sous le nom de la *Vierge*, et sa chienne fit partie de celle du *Grand-Chien* ou *Canicule*. On institua en l'honneur d'Erigone des jeux solennels, pendant lesquels les jeunes filles se balançaient dans les airs sur une corde suspendue à deux arbres. C'est l'origine de l'escarpolette.

ÉRIK ou ÉRIC. Quatorze rois de Suède ont porté ce nom ; les six premiers nous sont inconnus. — ÉRIK VII, fils d'Emund, régna vers la fin du IXe siècle, et eut pour successeur son fils Bjoern *l'Ancien*. — ÉRIK VIII régna après Bjoern l'Ancien, conjointement avec *Olof*. Après la mort d'Olof, il dépouilla Bjoern, fils de ce prince, de sa couronne, le vainquit, et reçut pour ce succès le surnom de *Victorieux*. Il chassa Suénon *à la Double Barbe*, du Danemarck et s'empara de ce pays jusqu'à la fin du Xe siècle. — ÉRIC IX, surnommé *Bonde* ou le *Paysan*, fut élu roi en 1155. Il se montra le plus fidèle observateur de la religion chrétienne, réforma le culte et fonda des églises. Il soumit les Finlandais, et les convertit au christianisme. Il promulgua un code qui porte son nom, et dont la principale loi était celle qui donnait aux femmes une part dans les héritages. Il mourut dans un combat contre les Danois en 1160. Il fut vénéré comme un saint par ses sujets. — ÉRIC X, fils de Canut, succéda à Swercker en 1210, et mourut en 1218. — ÉRIC XI, fils d'Eric X, succéda à Jean Ier en 1222, et mourut en 1250. En lui finit la race des *Bonde*. — ÉRIC XII succéda à Magnus III, son père, que les mécontents avaient détrôné en 1350. Il mourut subitement avec sa femme et ses enfants la même année, soit de la peste, soit du poison. — ÉRIC XIII, duc de Poméranie, fils de la nièce de Marguerite, *la Sémiramis du Nord*, fut couronné roi de Suède en 1397, à l'âge de seize ans. Marguerite gouverna jusqu'en 1412 qu'elle mourut, et Eric réunit ainsi les trois couronnes de Suède, de Danemarck et de Norvège. Il mécontenta ses peuples, et fut déposé par la noblesse, le peuple et le clergé en 1439. N'ayant pu regagner le trône par les armes, il se retira dans l'île de Gothland, où il mourut (1449). — ÉRIC XIV, fils aîné de Gustave Wasa et de Catherine de Saxe-Lauenbourg, succéda à son père en 1560. Il montra le caractère le plus bizarre et le plus extravagant. Il épousa la fille d'un caporal de la garde, et prit pour favori et pour ministre Georges ou Joram Peterson, qu'on fit ensuite mourir du dernier supplice. Il fit emprisonner en 1563 Jean, son frère, duc de Finlande, poignarda de sa propre main plusieurs seigneurs dont il était mécontent. Il voulut faire assassiner dans un festin les princes Jean et Charles, ses deux frères. Ceux-ci, avertis, le firent prisonnier. Il fut déposé en 1569, et empoisonné par ordre de Jean en 1577.

ÉRINE, de MANDELINE, genre de plantes de la famille des scrofularinées. Ces plantes habitent les montagnes des Alpes. Leur tige a dix-huit centimètres. Les feuilles sont spatulées et oblongues, alternes sur la tige, étalées à sa base en rosette touffue. Les fleurs sont purpurines, d'une odeur agréable.

ÉRINEUM, genre de plantes cryptogames que l'on voit par groupes sur les feuilles des végétaux, où elles forment des taches dont la couleur est variable et la structure filamenteuse. Les unes les distinguent des *rouilles*, les autres les placent parmi les algues.

ÉRINNE, contemporaine de Sapho. Cette femme, née à Lesbos, composa des poésies grecques d'une grande beauté, dont on a plusieurs fragments dans le *Carmina novem poetarum feminarum* (1568), dans Stobée, etc. MM. Firmin Didot en ont donné une édition et une traduction latine dans leur *Bibliothèque des classiques grecs*.

ÉRIOCAULÉES, famille de plantes phanérogames, instituée par de Martins. Elle a pour type les *ériocaulons*.

ÉRIOCAULON ou JONCINELLE, type de la famille des ériocaulées. Les fleurs sont très-petites, en capitules plus ou moins globuleux. Le réceptacle est convexe, garni d'écailles uniflores très-serrées. Le fruit se compose de plusieurs petites coques monospermes. Ces plantes, qui habitent l'Amérique, sont herbacées, et se plaisent dans les lieux humides. Leurs feuilles, linéaires et radicales, sont réunies en faisceau, au centre duquel s'élève une hampe nue, terminée par un capitule de fleurs.

ÉRIOCHRYSIS, genre de plantes de la tribu des saccharinées, de la famille des graminées. Elles sont des fleurs disposées en panicule resserrée. On trouve ces plantes dans l'Amérique méridionale et à Cayenne. Elles croissent en gazons épais. Leurs feuilles sont planes et linéaires.

ÉRIODE, genre de singes du nouveau continent, qui se rapprochent des singes de l'ancien continent par la position de leurs narines qui sont percées sur le côté, et qui s'en éloignent par l'absence d'abajoues et de callosités, par la forme de leurs queues, qui sont longues et prenantes. Ces animaux, à formes très-grêles et à membres très-longs, habitent les forêts du Brésil. Leur voix est sonore. Les ériodes sont très-timides. Leur pelage est en général d'un jaune clair ou d'un gris fauve. Leur taille varie de trois à quatre pieds.

ÉRIPHILE (myth.), fille de Talaüs, et sœur d'Adraste, roi d'Argos, épousa Amphiaraüs. Son époux s'étant caché pour n'être pas obligé de prendre part à la guerre de Thèbes, d'où les destins lui avaient prédit qu'il ne devait pas revenir, Eriphile découvrit la lieu de sa retraite, et reçut pour prix de sa trahison le fatal collier dont Vénus avait autrefois fait présent à Hermione. Amphiaraüs, forcé de suivre les Argiens, ordonna en partant à son fils Alcméon de la faire périr dès qu'il aurait appris sa mort. Ce prince ne fut pas plutôt informé que son père avait succombé devant Thèbes, qu'il tua Eriphile de sa propre main.

ÉRISICHTON (myth.), Thessalien, fils de Triops, méprisa le culte de Cérès, et abattit une forêt qui lui était consacrée. La déesse, irritée de cette impiété, l'en punit par une faim dévorante. Il dissipa sa fortune pour satisfaire sa voracité, et finit par se manger lui-même. Sa fille Métra, qui avait le pouvoir de se transformer en toutes sortes d'animaux, soutint longtemps son père en prenant une nouvelle forme dès qu'il l'avait vendue sous une autre.

ÉRISTALE, genre d'insectes diptères, de la famille des athéricères. Les ailes sont écartées des repos, le dessous de l'ouverture buccale est bombé, la face entre les yeux est large, triangulaire ; le corps entier est couvert de poils. Leurs larves ont le corps arrondi et terminé par une queue mince et longue, portant les stigmates de la respiration. Elles se tiennent dans les latrines, les eaux corrompues, les boues des égouts ou dans les mares et les étangs, où elles vivent de portions de détritus de végétaux. Ces insectes ont la vie très-dure, et la plus forte compression ne parvient pas toujours à les écraser.

ÉRIVAN, province de la Russie transcaucasienne, située entre la Turquie d'Asie, l'Aderbaïdjan et les monts Elkezi ou Méthin, qui les séparent de la Géorgie. Sa superficie est de 1,200 lieues carrées. Son territoire est élevé, semé de hautes montagnes. Le climat est sain, l'hiver long et froid, le sol fertile en froment, riz, orge, tabac, coton, etc. On y élève de beaux chevaux. La population est nombreuse, et se compose de Persans, d'Arméniens, de Curdes et de Turkomans. L'Erivan se divise en *Erivan* propre et *Nakdchivan*. Après avoir longtemps formé une province de l'Iran, et avoir été contesté entre ce royaume et la Turquie, l'Érivan a été cédé à la Russie, qui l'envahit en 1827. Il forme avec le Van, le Karabagh, le Nakdchivan et une partie de l'Aderbaïdjan, la province russe de l'Arménie ou gouvernement d'Erivan. La capitale est *Erivan*.

ÉRIVAN (EROVANTASCUAD), capitale de l'Erivan, sur le Zengag. On croit que le fondateur de cette ville est Erovant II. Sa population est de 10,000 habitants. Erivan renferme des fabriques d'étoffes de coton, de poterie, des tanneries, etc. Il fait un grand commerce avec la Turquie et la Russie. Cette ville est le siège d'un archevêque arménien. A six cents pieds au-dessus du Zengag et à un quart de lieue de la ville est élevée une citadelle (*Erovantagerd*) qui a quatre milles pas de circuit, et renferme environ huit cents boutiques. Le palais du gouverneur, une mosquée, une fonderie de canons, des casernes, etc., se trouvent dans cette citadelle. Erivan a appartenu à la Turquie, de 1635 jusqu'en 1748, époque où la Perse le reprit. Il appartient aux Russes depuis 1827.

ÉRIX ou ÉRYX (myth.), fils de Butès et de Vénus, se confiait tellement en ses propres forces, qu'il défiait au combat du ceste tous les étrangers qui venaient en Sicile, dans ses Etats. Hercule tua Erix, et l'ensevelit sur une montagne, où il avait élevé un temple à sa mère Vénus Erycine. Cette montagne se nomma *Erix* dans la suite. Elle était très-escarpée.

ÉRIX, serpent qui a la tête courte, arrondie ; la queue courte, de grosseur égale à celle du tronc, terminée par une extrémité obtuse ; leur museau se prolonge un peu en avant ; leurs mâchoires sont garnies de dents fixes, petites, égales, simples ; les yeux sont petits, entourés d'écailles ; les écailles du corps sont petites, serrées, lisses. Les érix sont des serpents innocents, qui se nourrissent d'insectes, et qui vivent dans les lieux secs et arides de l'Afrique et de l'Asie.

ÉRIZZO, nom d'une ancienne et célèbre famille de Venise. — Louis et MARC-ANTOINE ERIZZO, deux frères de cette famille, firent assassiner en 1546 un sénateur de Ravenne, leur oncle, pour jouir plus tôt de ses biens. Louis fut décapité, et Marc-Antoine mourut en prison. — PAUL ERIZZO, gouverneur de Négrepont, mourut glorieusement en 1469. Après avoir fait une vigoureuse résistance, il se rendit aux Turks. Mahomet II le fit scier en deux, et trancha lui-même la tête à sa fille Anne. — SÉBASTIEN ERIZZO, mort en 1585, se rendit célèbre par plusieurs ouvrages de littérature et de numismatique. Il a laissé un *Traité des médailles* (1571). — FRANÇOIS ERIZZO fut doge de Venise après Nicolas Contarini, mort en 1631. Il mourut en 1646, et eut pour successeur François Molino. — NICOLAS ERIZZO, sénateur de Venise, fut chargé du gouvernement des îles du Levant en qualité de provéditeur général. Il mourut à Corfou en 1787.

ERLACH, famille de Suisse, célèbre par son ancienneté et par les grands hommes qu'elle a produits, et la première des six familles nobles de Berne. — JEAN-LOUIS D'ERLACH, né dans cette ville en 1595, porta les armes au service de la France. Sa valeur fut récompensée par les titres de lieutenant général des armées de France, de gouverneur de Brisach, de colonel de plusieurs régiments d'infanterie et de cavalerie allemande. Louis XIII dut à sa bravoure l'acquisition de Brisach en 1639, et Louis XIV la victoire de Lens en 1648. Il mourut en 1650 premier plénipotentiaire du roi au congrès de Nuremberg. — CHARLES-LOUIS D'ERLACH, né en 1726, entra au service de France, et s'éleva au grade de maréchal de camp. Mais à l'époque de l'invasion du pays de Vaud par les Français, en 1798, il prit le commandement de la force armée du canton de Berne. Repoussé par les Français, il fut accusé de trahison et massacré par ses soldats.

ERLANGEN, petite ville de Bavière, sur les bords de la Regnitz, dans le cercle de la Reza, à un mille de Nuremberg. — Population, 15,000 habitants, catholiques ou protestants. — Cette ville commerce en bas, chapeaux, toiles peintes, etc. Elle est célèbre par son université protestante. Frédéric de Brandebourg-Baireuth transporta le siège de cette université de Baireuth à Erlangen (1743).

ERMENONVILLE, village situé à 3 lieues de Senlis (Oise) et 10 de Paris. Population, 500 habitants. — Un château, érigé en vicomté par Henri IV, fut l'origine de ce village. Le vicomté d'Ermenonville étant passé à la famille Girardin au XVIIIᵉ siècle, le nouveau propriétaire transforma ce désert en un parc magnifique, plein de paysages gracieux et pittoresques. Le séjour de J.-J. Rousseau à Ermenonville rendit ce lieu célèbre. On y voit encore le pavillon où il rendit le dernier soupir. Au milieu d'un lac est *l'île des Peupliers*, où se trouve le tombeau de J.-J. Rousseau, et où reposaient ses restes avant qu'ils fussent transportés au Panthéon (1794). Il y fut inhumé en 1778. Sur une des faces du tombeau se lit l'inscription : *Ici repose l'homme de la nature et de la vérité*. Sur une colline est un édifice peu élevé et de forme circulaire, nommé le *Temple de la philosophie*. L'empereur Joseph II (1777) et Gustave III, roi de Suède (1784), ont visité ce village.

ERMINETTE ou HERMINETTE, espèce de petite hache, dont le fer est courbe et le manche très-court. Les charpentiers et les tonneliers s'en servent pour rendre plan le bois et le *doler*, c'est-à-dire égaliser sa surface, surtout dans les parties concaves.

ERMITE ou HERMITE. Voy. ANACHORÈTE.

ERNEST. Deux ducs de Saxe ont porté ce nom. — ERNEST Iᵉʳ succéda à Frédéric II en 1464, et mourut en 1486. Frédéric III lui succéda. — ERNEST II, duc de Saxe-Gotha, né en 1744, ceignit la couronne ducale en 1771. Il s'attira l'amour et l'estime de ses sujets. Il était protecteur de l'astronomie, science qu'il cultiva avec succès. Il établit à Seeberg, près de Gotha, un observatoire bâti à ses propres frais.

ERNESTI. Trois littérateurs célèbres allemands ont porté ce nom. — JEAN-AUGUSTE ERNESTI, né à Taennstadt en Thuringe en 1707, étudia à Wittemberg et à Leipsig. Il possédait à fond les auteurs classiques latins, l'histoire, l'archéologie. Il introduisit dans l'étude et l'explication des saintes Ecritures une critique saine et approfondie. Il mourut en 1781 membre de plusieurs sociétés savantes. On a de lui une édition des *œuvres d'Homère*, avec les notes de Clarke (1759), des *hymnes*, des *épigrammes* et des *fragments de Callimaque* (1761), des *œuvres de Cicéron* (1776), de *Tacite*, avec les notes de Juste Lipse et Gronovius (1772-1801). — AUGUSTE-GUILLAUME, neveu du précédent, né à Trohndorf (Thuringe) en 1733, fit ses études à l'université de Leipsig, y reçut en 1757 le grade de maître ès arts, obtint la chaire de philosophie en 1765 et celle d'éloquence en 1770. Il mourut en 1801. On a de lui une édition des *Histoires de Tite Live* (1769), de l'*Art de l'Orateur* de Quintilien, des *œuvres d'Ammien Marcellin* (1773) et de *Pomponius Méla* (1773). — JEAN-CHRISTIAN-THÉOPHILE ERNESTI, né à Arnstadt (Thuringe) vers 1755, mort à Leipsig en 1802, étudia sous la direction de son oncle Jean-Auguste Ernesti. En 1782, il obtint la chaire de philosophie, et en 1801 celle d'éloquence. On a de cet auteur un recueil des *fables d'Ésope* (1781), une édition des *glosses d'Hésychius*, de *Suidas* et de *Favorinus* (1785-86), une édition des *œuvres de Silius Italicus*, un *lexique grec et latin* (1795-97).

ÉROPE (myth.), femme d'Atrée, commit un adultère avec son beau-frère Thyeste. Elle en eut deux enfants, qu'Atrée massacra et fit servir à son frère dans un repas. Voy. ATRÉE et THYESTE. — Fille de Céphée, fut enlevée par le dieu Mars, et mourut dans les douleurs de l'enfantement. Son fils fut nommé *Eropus*.

ÉROS (myth., hist.), nom grec de l'amour pur et céleste. — Esclave de Marc Antoine. Son maître lui ayant demandé une épée pour se tuer, Eros se l'enfonça dans le cœur en sa présence.

ÉROSION, action de toute substance médicamenteuse ou virulente, qui ronge une partie. C'est une sorte d'écorchure ou d'ustion, une destruction superficielle de la peau. Les érosions des parties molles sont produites par des substances irritantes qui détruisent l'épiderme et causent une ulcération légère. On guérit cette affection en plaçant sur la partie malade un cataplasme de farine de graine de lin.

ÉROSTRATE, Éphésien obscur, qui mit le feu au temple de Diane à Éphèse, l'une des sept merveilles du monde (356 ans avant J.-C.). Il commit cette action, d'après les historiens grecs, dans le temps que la déesse aidait Olympias, mère d'Alexandre le Grand, dans les douleurs de l'enfantement. Il crut s'immortaliser par ce crime; mais les Éphésiens rendirent la loi qui défendait de prononcer le nom d'Érostrate.

ÉROTIES (myth.), fêtes grecques en l'honneur d'Éros, dieu de l'amour. On les célébrait principalement en Arcadie par des jeux où l'on se disputait le prix de la musique. Lorsqu'il s'élevait quelque querelle parmi les assistants, on offrait des sacrifices à l'Amour pour rétablir la paix et la concorde.

ÉROTIQUE (POÉSIE), celle qui a pour objet la peinture de l'amour. Une élégie, une ode peuvent se rapporter à ce genre de poésie. Lorsqu'elle dépasse les bornes de la décence et de la pudeur, elle prend le nom de *sotadique*, du vers iambique irrégulier, que les anciens employaient pour ce genre de poésie. Les plus fameux poètes érotiques sont, chez les anciens, Properce, Catulle, Sapho, Anacréon, etc., et chez les modernes, Marot, du Bellay, Ronsard, Baïf, Bertin, Parny, André Chénier, etc.

ÉROVANT. Deux rois d'Arménie ont porté ce nom. — ÉROVANT Iᵉʳ succéda, en 569 avant J.-C., à Haïgag II son père, et eut pour successeur Tigrane Iᵉʳ son fils, l'an 565 avant J.-C. — ÉROVANT II, né vers le milieu du Iᵉʳ siècle, issu par sa mère de la race des Arsacides, et servit avec distinction sous le roi Sanadroug, qui le fit son premier ministre. Après la mort de Sanadroug (58 de J.-C.), il s'empara de la portion de l'Arménie qui lui appartenait. Erovant voulut anéantir la race de Sanadroug. Il n'aurait réussi dans ce dessein, si un jeune enfant, nommé Ardaschès ou Ardachès, n'eût été sauvé miraculeusement et conduit à la cour de Perse. Erovant II céda la Mésopotamie aux Romains, et étendit son empire sur toute l'Arménie (78). Ardaschès, devenu grand, vint livrer bataille à Erovant, soutenu des Romains et le roi de Géorgie, et demeura maître du champ de bataille. Erovant périt de la main d'un soldat (78), et Ardaschès lui succéda.

ERPÉTOLOGIE, science qui constitue une branche de l'histoire naturelle, et qui s'occupe de la connaissance et de l'étude de la physiologie, des métamorphoses, des mœurs des REPTILES. L'origine de cette science se perd dans la nuit des temps. Hérodote, Aristote, Pline et Dioscoride sont les auteurs qui se sont occupés de l'erpétologie chez les anciens. Chez les modernes, les plus célèbres erpétologistes sont Gesner, Aldovrandi, Duverney, Ray, Linné, Klein, Meyer, Müller, Lacépède, Latreille, Cuvier, Geoffroy, Quoy, Gaymard, Lesson, Brongniart, de Blainville, Duméril, etc., etc.

ERPÉTON, nom donné par Lacépède à un genre de serpent à corps irréguliers en prisme cylindrique, revêtu d'écailles rhomboïdales, égales, carénées, imbriquées, réticulées en dessus; garni en dessous de lamelles étroites, bicarénées; à tête allongée, élargie en arrière, déprimée en dessus, comprimée sur les côtés, obtuse et coupée carrément en avant, revêtue de plaques polygones; à queue longue, pointue. Ce reptile habite la Nouvelle-Guinée. On le nomme aussi *rhinopyrum*.

ERRARD (Charles), architecte et peintre d'histoire, né à Nantes en 1606, exécuta, encore très-jeune, les ouvrages de peinture qui se faisaient au Louvre par ordre de Louis XIII. Dans la suite le cardinal de Richelieu, par le conseil du Poussin, voulut renouveler le projet de François Iᵉʳ, c'est-à-dire former une collection des plus belles antiques qui étaient à Rome, telles que statues, reliefs, etc., et copier les plus beaux tableaux. Errard fut envoyé à Rome pour en surveiller l'exécution; mais ce projet fut suspendu. Cet architecte fit élever le dôme de l'Assomption. Nommé directeur des académies de Paris et de Rome, il mourut en 1689.

ERRATIQUE, nom donné aux choses qui disparaissent et reviennent à des intervalles irréguliers. On donne cette épithète aux fièvres intermittentes qui ne suivent aucun ordre. — En histoire naturelle, on donne ce nom aux oiseaux qui, sans être des oiseaux de passage, vont souvent d'un endroit à un autre.

ERREMENTS ou AIREMENTS DE PLAIDS, nom donné autrefois aux gages donnés par les plaideurs au moment où les instances civiles se liaient. — Aujourd'hui *errements de la procédure* cette longue série d'actes de procédure, qui s'accumulent sans cesse depuis la citation devant le juge de paix jusqu'à l'arrêt définitif, et qui renferment les jugements d'instruction, les appels, les recours en cassation, etc. Les *derniers errements* sont les dernières procédures qui ont été faites de part et d'autre dans une affaire.

ERREUR, nom donné, en astronomie, à la différence qui existe entre le lieu d'un corps céleste déterminé par le calcul et ce même lieu trouvé par l'observation. Ainsi l'erreur des tables lunaires est la quantité dont la longitude calculée diffère de la longitude observée. On marque ordinairement cette quantité par les signes $+$ (*plus*) ou — (*moins*), selon qu'elle doit être ajoutée ou soustraite du résultat des tables.

ERREUR DE LIEU, terme employé par Boerhaave pour exprimer la déviation des liquides lorsqu'ils pénètrent dans des vaisseaux qui ne leur sont pas destinés. Ce médecin admettait plusieurs ordres de vaisseaux capillaires dont le diamètre était décroissant. Les plus gros recevaient le sang rouge; les moyens admettaient des globules blancs; d'autres donnaient passage à la lymphe; les derniers de tous étaient destinés à des fluides plus subtils encore, à une sorte de vapeur. Quand les globules rouges parvenaient dans les vaisseaux destinés aux globules blancs, etc., il y avait dans la théorie de Boerhaave *erreur de lieu*.

ERRHINS, nom donné aux remèdes dont l'action est dirigée sur la membrane pituitaire, et qui servent à faire éternuer, moucher ou pour arrêter une hémorragie nasale.

ERS, genre de légumineuses, renfermant des herbes à tiges grêles et faibles, à fleurs petites, portées sur des pédoncules axillaires. Les fruits sont des gousses oblongues, renfermant deux à quatre grains orbiculaires. Les espèces connues sont la *lentille* et l'*ers hérissée*, à fleurs blanchâtres, à gousse courte, velue, oblongue, contenant deux graines rondes, luisantes, panachées. On mange les graines de ces deux espèces.

ERSE, cordage épissé, les deux bouts ensemble, pour former une espèce de cercle, petite élingue. Les erses en fil de caret sont les plus en usage pour élinguer de petits volumes d'un grand poids, les frapper sur un câble, sur des mâts, des vergues et sur des ancres. — On nomme *erseau* une petite erse plus faible, plus légère, que l'on fait d'un toron de menu cordage, en le recordant en trois sur lui-même, de manière qu'il fasse un anneau ou une bague de cinq à six pouces de diamètre.

ERSE ou ÉRINACH, dialecte de la langue gaélique ou celtique, parlé par les anciens Scandinaves. On le parle encore dans quelques parties de l'Irlande, et surtout dans les parties occidentales et septentrionales, placées hors de l'influence de la langue anglaise.

ERSKINE (Lord Thomas), né en Ecosse en 1750, entra dans le service de la marine, et passa dans le premier régiment d'infanterie, où il demeura depuis 1768 jusqu'à 1774. A cette époque, il abandonna le service, et se livra à l'étude des lois. Le prince de Galles le choisit pour son avocat général, et plus tard pour son chancelier et pour garde des sceaux du duché de Cornouailles. En 1783, nommé membre de la chambre des communes par les électeurs de Portsmouth, il montra la plus constante opposition aux mesures proposées par les ministres. Il démontra la possibilité de traiter avec la France devenue républicaine. Appelé à la pairie en 1806, il fut successivement créé baron, membre du conseil privé, lord grand chancelier et président de la chambre des pairs. Il soutint avec éloquence (1808) la cause des catholiques d'Irlande, demanda la proscription de la traite des nègres (1814). Erskine est mort en 1823.

ÉRUPTIF, nom donné aux maladies accompagnées d'éruption. — On donne aussi cette épithète à quelques fièvres. On comprend sous la dénomination de *fièvres éruptives* la variole, la rougeole, la scarlatine, la miliaire, etc. Quelques auteurs y joignent l'urticaire et tous les exanthèmes accompagnés de mouvement fébrile.

ÉRUPTION, mot qui a plusieurs acceptions en médecine. Il exprime, 1° l'évacuation soudaine et abondante d'un fluide contenu dans des canaux ou dans une cavité, de pus, de sérosité, de sang, de gaz, par exemple; 2° l'apparition d'un exanthème quelconque, de pustules ou de petites tumeurs à la surface du corps, etc.; enfin l'exanthème lui-même.

ÉRUPTION (géol.) Voy. VOLCAN.

ERWEIN ou ERWIN DE STEINBACH, né à Steinbach, dans le cercle de la Kintzig et dans le grand-duché de Bade. Cet architecte célèbre, né dans le XIIIe siècle, dirigea pendant quarante et un ans, jusqu'à sa mort (1316), les travaux de la cathédrale de Strasbourg. Cet édifice fut achevé d'après ses dessins, sous la direction de Jean Erwein, qui le continua jusqu'en 1338. — Sa fille, SABINE, se rendit célèbre dans la sculpture.

ÉRYCEIRA ou ÉRICEIRA (Fernand DE MENESES, comte D'), né à Lisbonne en 1614, puisa dans ses premières études le goût de la bonne littérature, et alla prendre des leçons de l'art militaire en Italie. De retour dans sa patrie, il fut successivement gouverneur de Peniche (Portugal), de Tanger, conseiller de guerre et d'État, gentilhomme de la chambre de l'infant don Pèdre. On ignore l'époque de sa mort. Il vivait encore en 1757. Ses ouvrages sont l'*Histoire de Tanger* (1723), l'*Histoire de Portugal de 1640 à 1657*, et la *Vie de Jean Ier, roi de Portugal*.

ÉRYCEIRA ou ÉRICEIRA (François-Xavier), arrière-petit-fils du précédent, né à Lisbonne en 1673, porta les armes avec distinction, et obtint en 1735 le titre de maître de camp et de conseiller de guerre. Il mourut en 1743 membre de l'académie de Lisbonne, de celle des Arcades à Rome et de la société royale de Londres. Le pape Benoît XIII l'honora d'un bref, et le roi de France lui adressa le catalogue de sa bibliothèque. Il a laissé plusieurs ouvrages, des *Mémoires sur la valeur des monnaies de Portugal* (1738), des *Parallèles d'hommes et de femmes illustres*, etc.

ÉRYMANTHE (myth.), montagne, fleuve et ville d'Arcadie. Hercule, par l'ordre d'Eurysthée, s'empara d'un sanglier qui dévastait ces contrées. Ce fut un de ses douze travaux. Il porta cet animal vivant sur ses épaules jusqu'au palais d'Eurysthée, qui fut tellement effrayé à la vue du monstre, qu'il se cacha dans une cuve d'airain.

ÉRYNNIS (myth.), une des furies, quitta le ciel, qu'elle troublait par ses fureurs, et se réfugia près de l'Achéron, dans les enfers. Elle tenait un flambeau d'une main et une urne de l'autre.

ÉRYON, genre de crustacés, de l'ordre des décapodes, famille des macroures, ayant pour caractères une carapace plane, large, ovale, fortement découpée sur le bord antérieur, droite sur les bords latéraux; l'ouverture buccale allongée et assez étroite; une queue courte, terminée par cinq écailles natatoires; des pieds longs, grêles et terminés en pinces. On trouve ces crustacés à l'état fossile dans les couches de calcaire (margraviat d'Anspach).

ÉRYSIPÈLE, maladie caractérisée par une rougeur tranchée et constante de la peau. Elle s'étend par degrés sur une surface considérable. Sa nuance varie depuis le rose jusqu'au rouge brun ou livide. Les parties attaquées se gonflent et se distendent; on éprouve une douleur vive, prurigineuse, incommode, une chaleur âcre. Un mouvement fébrile, la perte de l'appétit, la soif, l'insomnie, les frissons, etc., accompagnent cette affection. Sa durée moyenne est de sept à quinze jours, quelquefois trois ou quatre, d'autres fois cinq à six semaines. Sa terminaison la plus ordinaire est la desquamation. Le plus souvent à la suite de cette affection, il reste des traces profondes. L'*érysipèle habituel* est la rougeur habituelle du visage.

ÉRYSIPÈLE ACCIDENTEL, sorte d'érysipèle produit par l'application d'agents irritants, tels qu'une chaleur vive, les onguents âcres, les topiques cantharidés, sinapisés, la piqûre des insectes, de fortes frictions. La douleur, la chaleur, la rubéfaction et le gonflement surviennent rapidement, et diminuent peu à peu. Cet érysipèle est fixe et se termine par la desquamation. Sa durée dépasse rarement une semaine.

ÉRYSIPÈLE SPONTANÉ, règne surtout dans les saisons chaudes, et est plus commun depuis trente jusqu'à quarante ans, qu'avant et après cette époque. Le tempérament bilieux, une constitution pléthorique, l'usage d'aliments âcres, de boissons alcooliques, etc., favorisent cette affection, ainsi que l'usage des vêtements de laine sur la peau; une contusion, une plaie, un bain chaud, l'exposition à un air froid et humide y donnent souvent naissance. Il est quelquefois épidémique, et est presque toujours dangereux.

ÉRYSIPHE, genre de plantes cryptogames, de la famille des lycoperdacées, caractérisé par un réceptacle charnu, jaune, roux et plus tard noir, renfermant plusieurs péricarpes ovoïdes aigus, dont chacun contient deux séminules, et est entouré d'une pulpe blanchâtre. Les érysiphés forment des taches grises ou blanchâtres sur les feuilles des végétaux sur lesquels elles vivent, et prennent le nom de ces derniers. Elles constituent la maladie nommée *blanc* par les cultivateurs. On rencontre ces cryptogames sur les rosiers, les pommiers, le frêne, le coudrier, etc.

ÉRYTHRÉE (MER), nom que les anciens donnaient à la *mer Rouge* ou *golfe Arabique*, qui sépare l'Egypte et l'Arabie de l'Inde, et l'Afrique de l'Asie. L'isthme de Suez vient aboutir à cette mer. Les Arabes et les Grecs firent les premiers le commerce sur cette mer. Sous Auguste, les Romains y prirent une grande part. Les anciens nommèrent cette mer *Érythrée* (en grec *rouge*) d'Erythras, fils de Persée et d'Andromède, qui s'y noya, ou de la couleur du sable qui forme son lit. Arrien a laissé une description de cette mer (*Périple de la mer Erythrée*) (voy. MER ROUGE). Les anciens la confondirent souvent avec le golfe Persique.

ÉRYTHRÉE, genre de la famille des gentianées, renfermant vingt-cinq ou trente espèces, toutes herbacées, à tige droite et rameuse, à feuilles opposées, entières, à fleurs roses, blanchâtres ou jaunes. Une espèce, nommée vulgairement *petite centaurée*, est une plante à fleurs roses ou blanches que l'on trouve dans tous les bois de l'Europe. Sa taille est de trente-deux ou quarante centimètres. Ses feuilles sont ovales, oblongues, entières, marquées de trois nervures. Cette plante est employée souvent en médecine à cause de ses propriétés amères et fébrifuges.

ÉRYTHRIN, genre de poissons de la famille des clupes et de l'ordre des malacoptérygiens abdominaux. Ses caractères consistent dans l'ouverture de sa bouche, qui est très-grande, les mâchoires garnies de dents nombreuses, fortes et pointues, le corps et la queue allongés et comprimés latéralement, les écailles dures, point de nageoire adipeuse. Les érythrins sont de couleur rouge, et habitent les eaux douces des pays chauds, où leur chair fort agréable est recherchée.

ÉRYTHRINE, genre de la famille des légumineuses, renfermant des arbustes originaires des deux Indes. Leurs feuilles sont alternes et composées de trois folioles; leurs fleurs, d'un rouge éclatant, forment de petites grappes axillaires ou des épis terminaux. Les fruits sont des gousses allongées, uniloges, à deux valves, renfermant plusieurs graines. L'*érythrine corail* (*bois immortel*) est un arbuste de cinq mètres environ, à tronc jaunâtre et uni, peu rameux, hérissé d'aiguillons; les fleurs sont rouges et disposées en épis; les feuilles naissent ensuite; les graines sont rouges, luisantes et marquées d'une tache noire. On en fait des colliers, des chapelets, des bracelets.

ÉRYTHROXYLE, genre de la famille des malpighiées ou des érythroxylées, renfermant des arbres garnis de rameaux comprimés. Les feuilles sont simples, alternes, quelquefois opposées, les fleurs solitaires, géminées ou en faisceaux. Le fruit est un drupe sec, uniloculaire, oblong, cylindrique, anguleux, contenant un noyau. L'*érythroxyle aréolé* (*bois major*) s'élève à quatre ou cinq mètres, fournit un bois solide, d'un brun jaunâtre, des fleurs blanches exhalant une odeur de jonquille et des fruits remplis d'un suc rouge.

ÉRYTHROXYLÉES. Kunth a désigné ainsi une famille de plantes phanérogames, dont le type est l'*érythroxyle*. Cette division n'est pas adoptée par les botanistes. L'on pense que les érythroxylées doivent former la troisième division de la famille des MALPIGHIÉES.

ÉRYX. Voy. ÉRIX.

ERZEROUM, pachalik de la haute Arménie, dont il forme la partie S. Il est borné par ceux de Trébisonde, d'Akalzikh ou Akhiska, et de Kars, au N.; à l'E. par la Perse; au S. par le Van, le Kourdistan et le Diarbekr; l'O. par le Sivas. Ce pachalik est considérable, et produit des grains, vins, fruits, coton, lin, tabac, cire, cuivre, fer et argent. La capitale est *Erzeroum*.

ERZEROUM, ville forte, capitale du pachalik de même nom et de l'Arménie turque. Elle est située auprès des sources de l'Euphrate. La population est de 80,000 habitants, Arméniens, Grecs, Turks et Géorgiens. Elle est la résidence du pacha à trois queues qui est le gouverneur. Erzeroum a un évêque arménien et un évêque grec. Cette ville est le passage de toutes les marchandises des Indes. Elle commerce avec la Perse et Bagdad, et a des fabriques de coton, laine, cuirs, etc. — Erzeroum portait autrefois le nom de *Garin*. Rebâtie vers l'an 415 par Anatolius, général des armées de Théodose, elle prit le nom de *Théodosiopolis*. Comme elle était plus particulièrement sous la domination des empereurs grecs, que les Orientaux nomment *Romains*, on l'appela vers le milieu du xi siècle *Arzroum* ou *Erzeroum*, corruption de l'arabe *Arz-el-roum* (pays des Romains). Le sultan Mahomet II s'en rendit maître en l'an 1840, et la réunit à l'empire ottoman.

ERZGEBIRGE (en allemand *monts des mines*), chaîne de montagnes située entre le royaume de Saxe et la Bohême, et qui se détachant des monts Sudètes, se dirige vers le N.-E., et va se terminer sur les bords de l'Elbe, qui la sépare des montagnes de la Lusace (*Lausitzergebirge*). Son nom lui a été donné pour exprimer sa richesse en métaux. Les principaux sommets au-dessus du niveau de l'Océan sont le *Schneekopf* au 1,075 mètres, l'*Avers* 1,100, le *Laufsche* 800, le *Dreschler* 780 mètres. L'Erzgebirge possède des mines d'or, d'argent fin, de cuivre, de fer, de plomb, d'étain, de cobalt, d'arsenic, de zinc, de marbre et de pierres précieuses. On compte plus de dix mille ouvriers et vingt-deux forges destinés à l'exploitation des minéraux.

ERZGEBIRGE, cercle du royaume de Saxe, situé entre la Bohême, les cercles de Leipzig et de Voigtland, le district prussien d'Erfurt et les principautés de Reuss. Sa superficie est de 310 lieues carrées, et sa population de 449,465 habitants. Les monts Erzgebirge le traversent et y entretiennent une grande branche d'industrie, à cause des belles mines qu'ils renferment. Ce cercle commerce en laine, lins, grains, patates, bois, etc. Il fabrique aussi beaucoup de cotonnades, objets de ferblanterie, des bas, des armes, des aiguilles, des galons, etc. La fabrication des dentelles emploie vingt mille ouvriers. — La capitale de ce cercle est *Annaberg*.

ÉSAU (*homme fait*), fils d'Isaac et de Rébecca, né l'an du monde 2168, avant J.-C. 1836. Il vint au monde le premier, avant Jacob, son frère jumeau. Il naquit tout couvert de poils, et, lorsqu'il fut devenu grand, s'exerça au labourage et à la chasse. Un jour, étant revenu accablé de fatigue, il vendit à Jacob son droit d'aînesse pour un plat de lentilles. A l'âge de quarante ans, il épousa deux femmes cananéennes contre le vœu de ses parents. Jacob, son frère, ayant par ruse la bénédiction d'Isaac au détriment de son frère, Esaü résolut de se défaire de Jacob, qui s'enfuit et s'éloigna pendant vingt ans de sa présence; mais il le pardonna dans la suite, et s'établit dans les montagnes, à l'orient du Jourdain.

ESCADRE, terme usité autrefois dans l'art militaire, comme synonyme d'*escouade*. C'étaient des carrés composés de vingt-quatre ou vingt-cinq hommes. On ne se sert plus de ce mot depuis Louis XIV.

ESCADRE, nombre de vaisseaux de guerre réunis ensemble sous le commandement d'un officier général, nommé *chef d'escadre*. Il faut au moins 9 vaisseaux de guerre réunis sous le même commandement pour former une escadre. Le nombre de vaisseaux qui forment une escadre peut s'élever depuis 9 jusqu'à 20. Au-dessus de ce nombre, c'est une *armée*; au-dessous de 9 jusqu'à 3, c'est une *division*. Dans une armée navale, les escadres sont désignées par *la première, la deuxième, la troisième escadre*, ou *l'escadre du centre, de gauche, de droite*. La première a un pavillon blanc (*escadre blanche*); la deuxième, blanc et bleu (*escadre blanche et bleue*); la troisième, bleu (*escadre bleue*). L'amiral commande la première, le vice-amiral la deuxième, le contre-amiral la troisième. On nomme *escadre légère* l'ensemble de 3, 4, 8 bâtiments, partis de la volonté de l'amiral, vaisseaux et frégates compris. — En Angleterre, la marine est divisée en trois escadres : *escadre rouge, escadre blanche et escadre bleue*.

ESCADRE (CHEF D'), nom donné à l'officier chargé de commander une escadre. Outre l'amiral, les vices-amiraux et les contre-amiraux peuvent avoir le commandement des escadres. Ordinairement l'amiral commande l'escadre du centre au pavillon blanc ; le vice-amiral commande l'escadre de gauche au pavillon blanc et bleu ; le contre-amiral, l'escadre de droite au pavillon bleu. Le vice-amiral, outre ses appointements à la mer, qui sont de 18,000 francs par an, est gratifié d'un traitement de 60 francs par jour ; le contre-amiral a, outre 12,000 francs de solde, une allocation de 55 francs par jour.

ESCADRE D'ÉVOLUTION, petite quantité de vaisseaux ou seulement de frégates et de corvettes pour l'instruction des jeunes marins sur la tactique, la manœuvre et les exercices.

ESCADRE D'OBSERVATION, réunion de bâtiments de guerre sous un chef chargé d'observer les mouvements des escadres étrangères, même en temps de paix.

ESCADRILLE, petite escadre formée de bâtiments au-dessous du rang des vaisseaux et frégates, tels que des canots et des chaloupes. Ce mot s'emploie aussi pour désigner une portion de flottille.

ESCADRON, réunion de quatre pelotons de cavalerie. Il y a un *chef d'escadron* pour deux compagnies. Le mot d'escadron est particulièrement appliqué à la cavalerie. — Les escadrons sont dans les troupes à cheval ce que sont les bataillons dans les troupes à pied ; ils ont un étendard. Les escadrons de l'ancienne cavalerie perse étaient de 100 hommes sur huit rangs ou douze ; l'escadron grec ou *épitarchie* était de 128 hommes sur huit rangs ; l'escadron romain ou *turma* était de 40 hommes sur quatre rangs. — Ce terme n'est employé dans le sens qu'il a aujourd'hui que depuis le xvii siècle. Il a été appliqué d'abord aux combats de la chevalerie, aux évolutions de la cavalerie et de l'infanterie, ensuite à toutes seules troupes à cheval. Il désigna alors une *aile* ou une *brigade de cavalerie*. On ne l'emploie aujourd'hui que dans le sens désigné plus haut.

ESCALADE, mot dérivé du latin *scala* (échelle), et qui signifie une attaque brusque, un assaut spontané au moyen d'échelles. *Donner l'escalade, monter à l'escalade, escalader*, c'est enlever de vive force un point fortifié et escarpé. Les escalades, jadis très-fréquentes, sont assez rares aujourd'hui. Elles se font de nuit, à bas bruit, à l'arme blanche. Les plus célèbres escalades modernes sont celle des Français au siége de la citadelle d'Anvers (1832), et celle des mêmes soldats au siége de Constantine (1837). — En jurisprudence, l'*escalade* est toute entrée dans un lieu clos, par toute autre voie que par la porte. C'est une circonstance aggravante de vol.

ESCALADOU ou ESCOULADOU, sorte de dévidoir. Cette machine, que l'on peut tenir sur les genoux, est formée d'une planche parallélogrammique, qui porte vers ses deux bouts deux poupées en fer, qui reçoivent dans leur partie supérieure les extrémités coniques d'un arbre de fer d'environ quinze pouces de long. Il porte au milieu de sa longueur une roue en fer de six pouces de diamètre, qui fait corps avec lui, et qui sert de volant à la machine. On fait passer la tige en fer à travers une bobine, et on fait tourner l'arbre en frottant dessus avec la paume de la main. La bobine se recouvre à mesure de fil, de soie, etc., et de toute autre matière.

ESCALANTE (Jean-Antoine), peintre espagnol, né à Cordoue en 1630. Élève du Ricci, il s'attacha au goût de l'école vénitienne, et sa touche approche beaucoup de celle du Tintoret, de Véronèse et du Titien. Escalante est recommandable par le choix et la variété de ses sujets, par leur belle ordonnance et par la fraîcheur de son coloris. Il mourut à Madrid en 1870. On a de lui dans cette ville une *Sainte Catherine*, *la Mort de Jésus-Christ*, *le Christ expirant*, *la Rédemption des captifs*, etc.

ESCALE, lieu de rafraîchissement, de débarquement et de repos pour les vaisseaux. *Faire escale*, c'est entrer dans un port pour se reposer et se rafraîchir, etc. — C'est aussi une échelle à pétard, ayant plusieurs entre-toises, et qui servait autrefois à renverser une porte, laquelle était précédée d'un fossé.

ESCALES, nom donné dans les colonies d'Afrique à des emplacements destinés aux échanges qui se font avec les Maures, et notamment au commerce de la gomme. Ce ne sont que des marchés temporaires. Il n'y existe aucune construction. Le commerce s'y fait au moyen d'embarcations dans lesquelles les denrées échangées avec les Maures sont aussitôt placées et dirigées vers Saint-Louis. On en compte trois sur la rive droite du Sénégal, appartenant aux Français : *l'escale des Darmankours*, à 28 lieues au-dessus de Saint-Louis ; l'*escale du Coq* ou de *Podor*, et *Lawa* ou *Gaié* alternativement.

ESCALIER, partie d'un édifice qui sert à monter et descendre, pour communiquer entre les différents étages. Il est formé de parties nommées *marches* ou *degrés*, sur lesquelles on met la plante du pied ; la surface sur laquelle le pied pose est le *giron* de la marche. On ne donne pas moins de quatre pouces de hauteur aux marches pour qu'elles conservent une suffisante solidité, et jamais plus de sept pouces ; le giron n'a pas moins de dix pouces. Le *palier* est un giron plus étendu qui interrompt l'escalier et forme repos. La première marche, nommée *palière*, doit avoir un giron plus large que les autres. La *rampe* ou *volée d'escalier* est une suite non interrompue de marches d'un palier au suivant. On en doit mettre trois au moins, ou vingt et une au plus. Le *limon* est un petit mur suspendu ou une pièce de bois portée par le bout isolé des marches, qui soutient la rampe en fer ou en bois, sur laquelle on peut s'appuyer. L'escalier se construit en pierre, bois, fer, etc. L'enceinte dans laquelle il est contenu et où aboutissent les portes des différents étages se nomme *cage de l'escalier*. Les trous, ouverts dans les fenêtres, par où pénètre la lumière, se nomment *jours de souffrance*. On connaît un grand nombre de sortes d'escaliers, les *escaliers dérobés, en limaçon, de dégagement*, etc.

ESCALIN ou PIÈCE DE 6 SOLS, monnaie

d'argent de Hollande, qui vaut 84 centimes de France. — C'est aussi une monnaie idéale de billon, dont on se sert dans les comptes à la Guadeloupe et à la Martinique, colonies françaises. L'*escalin* vaut 15 sous.

ESCARBOT, genre d'insectes coléoptères, de la famille des clavicornes, ayant pour caractères des antennes terminées par une massue globuleuse de trois articles; des pattes aplaties, triangulaires; un corps carré, peu ou point renflé, long, rétréci dans les deux bouts; les élytres (tuyaux des ailes) plates et carrées, luisantes, bombées et dures. Ces insectes vivent dans les boues, les fumiers, les charognes, sous les écorces des arbres, etc. — Vulgairement on nomme *escarbot* le hanneton et le scolyte.

ESCARBOUCLE, ancien nom de plusieurs pierres qu'il suffisait d'exposer à l'action d'une vive lumière pour leur faire acquérir une couleur rouge de feu; on croit cependant que ce nom désignait spécialement une variété de grenat qui luit dans l'obscurité, et que l'on croyait tonique et cordial.

ESCARCELLE, vieux mot qui désignait un petit sac, une bourse dans laquelle on serrait l'argent, les chapelets, les bijoux, les objets de valeur, etc. Les châtelaines, les demoiselles nobles portaient ces escarcelles suspendues à leur côté.

ESCARGOT, nom vulgaire qui s'applique à tous les limaçons, et plus particulièrement à celui des vignes, *helix pomatia*.

ESCARMOUCHE, du mot italien *scaramuccia* (farce, plaisanterie), terme qui désigne, dans l'art militaire, un léger engagement entre les tirailleurs de deux armées. On engage les escarmouches pour contrarier l'ennemi, en sonder les intentions, apprécier sa force, détourner son attention, masquer une opération, reconnaître une position, explorer un terrain, etc.

ESCAROLE ou ESCAROLLE (*escariole, scarole*), nom vulgaire donné par les horticoles à une espèce de laitue cultivée (*lactuca scariola*), indigène au midi de la France. — On a donné aussi ce nom improprement à une variété de la chicorée sauvage.

ESCARPE, point élevé dans l'ensemble d'une grande fortification; c'est la pente donnée à la muraille ou terre-plein d'un ouvrage ou d'une enceinte, l'un des talus du fossé. L'escarpe regarde la campagne, et à moins de saillie en haut qu'au pied; elle appuie sur des contre-forts, se termine par une berme ou est garnie d'une fraise, etc. C'est au haut de l'escarpe que le gouverneur d'une place de guerre prend place s'il reçoit le roi dans l'enceinte de la place.

ESCARPIN, soulier à semelle simple, qu'on porte ordinairement en été et surtout dans les temps secs. — Ce nom se donne aussi à une espèce de torture où l'on serrait les pieds fortement.

ESCARRE (*escharra, eschare*), nom donné, en pathologie, à la croûte qui résulte de la mortification d'une partie, et qui est distincte des parties vivantes par sa couleur, sa consistance et ses autres propriétés physiques. L'inflammation qu'elle provoque dans les parties contiguës donne lieu à une secrétion de pus qui s'établit entre les parties vivantes et la partie morte, et finit par isoler entièrement cette dernière.

ESCARROTIQUE ou ESCHAROTIQUE, nom donné à toute substance qui, appliquée sur une partie vivante, y fait naître une escarre; telle est la potasse caustique; tels sont les acides minéraux concentrés, le deutochlorure d'antimoine, etc.

ESCARS (Jean-François, comte DE PÉRUSE, duc D'), né en 1747, en France, entra dans le service de terre. Il était en 1774 colonel des dragons d'Artois. En 1788, il fut nommé maître d'hôtel du roi et maréchal de camp. Il émigra en 1791, et fut chargé par les princes réunis au bord du Rhin d'une mission diplomatique auprès de Gustave III, roi de Suède. Il passa plusieurs années à Stockholm, où il jouit d'une grande considération, et où il se trouvait encore lorsque Gustave fut assassiné. Après la mort de ce prince, il fut envoyé à Berlin, et prit du service dans les armées prussiennes. Revenu sous l'empire, le baron d'Escars fut nommé par Louis XVIII, en 1815, lieutenant général et premier maître d'hôtel; il reçut le titre de duc en 1816.

ESCARS (François-Nicolas-René, comte DE PÉRUSE, duc D'), né en 1759, fut nommé en 1789 député de la noblesse de Châtellerault aux états généraux. Il se prononça constamment contre la révolution, et quitta la France avec le comte d'Artois, qui le fit capitaine de ses gardes. Il prit part aux campagnes des émigrés, et fut nommé en 1794 maréchal de camp. Rentré en France en 1814, il fut créé lieutenant *général*, et en 1815 gouverneur de la quatrième division militaire et pair de France. C'était le cousin du précédent.

ESCAUT (autrefois le *Scaldis*), le Scheldt des Hollandais, fleuve de France et d'Allemagne, qui prend sa source en France, près du bourg du Câtelet (Aisne), traverse le département du Nord, en passant par Cambrai, Valenciennes, Condé, entre en Belgique, et arrose Tournai, Audenarde, Gand et Anvers. L'Escaut se divise au fort Lillo en deux branches, l'Escaut occidental (*Hond* ou *Wester-Schelde*) qui se jette dans la mer du Nord, près de Flessingue, et l'Escaut oriental (*Ooster-Schelde*) qui se jette dans la même mer, près de Helvoetsluis. Le cours de l'Escaut est de 86 lieues du S. au N.-N.-E.; sa largeur varie de 600 pieds à 1,600, à 2 et même 3 lieues et demie. La navigation est assez dangereuse dans la partie inférieure, et s'exécute de Cambrai à Condé au moyen de dix-huit écluses.

ESCHARE, genre de zoophytes, type des escharées. C'est un polypier presque pierreux, non flexible, à expansions comprimées ou aplaties, lamelliformes, fragiles, simples, rameuses, couvertes sur toutes les faces de cellules à parois communes, disposées en quinconce. On les trouve dans toutes les mers, mais surtout dans les zones chaudes et tempérées. Leur grandeur est peu considérable. On connaît l'*eschare foliacé, lobé, à bandelettes*, etc.

ESCHARÉES, ordre de la division des polypiers entièrement pierreux et non flexibles. Ils sont lapidescents, sans compacité intérieure, à cellules petites, courtes ou peu profondes, tantôt sériales, tantôt infuses; le genre eschare est le type de cet ordre.

ESCHINE, orateur athénien, rival de Démosthène, né à Athènes vers l'an 387 avant J.-C. Il naquit pauvre, fut d'abord greffier et ensuite comédien; il abandonna cette profession pour se vouer à celle des armes. Il fréquenta ensuite l'école de Platon et embrassa enfin la carrière oratoire. Il s'éleva d'abord avec force contre Philippe, roi de Macédoine. Mais, gagné par les présents de ce prince dans une ambassade qu'il fit à la cour de Macédoine, il se déclara dans la suite pour Philippe, et combattit avec constance les propositions de Démosthène. Les Athéniens ayant décrété d'offrir à Démosthène une couronne d'or pour prix de ses services, Eschine accusa Ctésiphon qui en avait fait la proposition. Les harangues prononcées par ces deux orateurs à cette occasion sont connues sous le nom de *harangues sur la Couronne*. Eschine, ayant succombé dans cette lutte, fut exilé à Rhodes, où il mourut vers l'an 322 avant J.-C. Il laissa trois harangues nommées *les Trois Grâces*, et qui sont venues jusqu'à nous, et neuf épîtres nommées *les Neuf Muses*, qui ne nous sont pas parvenues.

ESCHRAKITES ou ESRAKITES, philosophes mahométans qui suivent les opinions de Platon. Ils fuient les vices, méprisent le paradis de Mahomet, mettent le souverain bien dans la contemplation de la majesté divine, et se rapprochent beaucoup des dogmes de la foi catholique.

ESCHYLE, né à Athènes, servit d'abord dans les armées de la république, et se livra ensuite à la carrière du théâtre. Il introduisit le premier plusieurs acteurs à la fois sur la scène, leur donna des costumes propres à leur rôle, des masques, institua le cothurne, et bannit le meurtre du théâtre. De quatre-vingt-dix tragédies en vers qu'il écrivit, quarante furent couronnées. Il ne nous en reste que sept: *Prométhée, les Sept Chefs devant Thèbes, les Perses, Agamemnon, les Choéphores, les Euménides et les Suppliantes*. Il fut condamné à mort pour avoir inséré des vers impies dans une de ses pièces. Mais son frère Amynias obtint sa grâce. Dans sa vieillesse, Eschyle se retira à la cour d'Hiéron, roi de Sicile. L'oracle lui ayant prédit qu'il mourrait de la chute d'une maison, il fixa son séjour à la campagne et fut tué, dit-on, par la chute d'une tortue sur sa tête chauve. Il mourut l'an 456 avant J.-C.

ESCLAVE, celui qui est en *esclavage*, c'est-à-dire sous la puissance absolue d'un maître. L'*esclavage* est l'établissement d'un droit fondé sur la force, et qui rend un homme tellement impropre à un autre homme, que celui-ci est le maître absolu de ses biens, et quelquefois de sa vie. L'origine de ce droit remonte aux premiers siècles du monde. Les patriarches de l'Ancien Testament avaient à leur suite un grand nombre d'esclaves. Moïse condamna à mort ceux qui vendaient un homme dont la possession ne leur était pas légitimement acquise. Il limita à dix ans l'esclavage d'un Israélite; après cette époque, s'il refusait le bénéfice de sa libération, on lui perçait l'oreille, et il ne pouvait redevenir libre qu'après quarante-cinq ans d'une servitude nouvelle. Les autres peuples de l'antiquité avaient un grand nombre d'esclaves; il excédait le plus souvent le chiffre de la population libre. On les nommait *pénestes* en Thessalie, *clarotes* en Crète, *gymnites* à Argos, *hilotes* à Lacédémone. — A Athènes, les esclaves étaient divisés en deux classes: 1° ceux qui, nés libres, avaient été réduits par le dérangement de leurs affaires à cette condition; 2° ceux qu'on avait fait prisonniers à la guerre, ou qu'on avait achetés à des marchands chargés de ce trafic. L'esclavage était fort doux à Athènes. Lorsqu'un maître maltraitait un esclave, il était permis à ce dernier de le citer devant le magistrat, et de demander à être vendu à un autre maître, ce qui lui était toujours accordé. Un esclave frappé par un citoyen quelconque pouvait l'appeler en justice. La loi défendait aux esclaves de laisser croître leur chevelure, de faire usage des parfums, de porter des tuniques à deux manches, de plaider, et même de rendre témoignage. Ils ne pouvaient porter les armes, à moins qu'un événement imprévu et une loi spéciale ne les y autorisât. Les esclaves athéniens étaient employés à la culture des terres, aux manufactures, aux mines, aux carrières et aux travaux domestiques. Plusieurs s'adonnaient aux ouvrages d'industrie et aux arts. La vente des esclaves se faisait le premier jour de chaque mois. Le crieur se plaçait sur une estrade nommée *prater lithos* (pierre de la vente) pour assembler le peuple. La loi autorisait plusieurs peines très-sévères contre les esclaves. Mais ces châtiments n'étaient employés que très-rarement; aussi l'histoire ne mentionne-t-elle pas d'exemple d'une rébellion d'esclaves dans l'Attique, comme il arriva dans les autres républiques. — Les Romains avaient des esclaves de trois sortes: ceux qu'on prenait à la guerre ou *mancipia*, ceux qui étaient nés de parents esclaves, et ceux qu'on achetait aux marchands qui en faisaient trafic. Ils distinguaient même une quatrième espèce d'esclaves: c'étaient ceux qui, étant libres, se vendaient volontairement ou devenaient esclaves de leurs créanciers; car les lois romaines permettaient dans l'origine aux créanciers de se faire adjuger pour esclaves ceux qui ne pouvaient pas les payer. Mais cette loi fut abrogée à la fin de la république. — Il y avait à Rome un marché affecté uniquement à la vente des esclaves. Cette vente se faisait de trois manières. La première, appelée *sub hasta* (sous la lance), parce qu'on plantait une lance dans l'endroit où se faisait cette vente, était réservée aux prisonniers de guerre. La deuxième s'appelait *sub corona* (sous la couronne), parce que, dit-on, les marchands posaient une couronne de fleurs sur la tête des esclaves qu'ils voulaient vendre. La troisième consistait à leur mettre sur la tête une espèce de bonnet ou de chapeau, ce qu'on appelait *sub pileo venire* (être vendu sous le bonnet). Par cette marque le vendeur annonçait qu'il ne garantissait pas leur docilité. Un écriteau suspendu à leur cou énumérait aussi leurs bonnes et mauvaises qualités. — Les Romains employaient leurs esclaves à un grand nombre d'usages. Les uns étaient chargés de faire valoir les terres de leurs maîtres, sous la surveillance d'un autre esclave, que l'on appelait *mediastinus* à la ville, et *villicus* ou *servus atriensis* à la campagne. Quelquefois les esclaves devenaient fermiers des terres qu'ils cultivaient, et, si par leur industrie ils retiraient un grand profit de ces terres, tout ce qui était en dehors de ce qu'ils devaient donner à leurs maîtres leur appartenait. Les esclaves les mieux faits et les plus intelligents étaient réservés pour le service personnel des Romains. Ceux-ci faisaient instruire les esclaves qui montraient du goût pour les sciences et les belles-lettres, et leur confiaient l'éducation de leurs enfants. Les citoyens riches avaient quelquefois un nombre incroyable d'esclaves. Des auteurs anciens citent des individus qui en avaient jusqu'à 20,000. Chacun de ces esclaves avait ordinairement une fonction spéciale. Il y avait des *cellarii* pour soigner la cave, des *dispensatores* et *procuratores* pour s'occuper des dépenses de la maison, des *nutritii* pour élever les enfants, des *silentiarii* pour faire faire silence, des *analecta* ou balayeurs, des *pocillatores* ou échansons, des *janitores* ou portiers, des *vestispici* et *cubilarii* ou valets de chambre, des *ambulones* qui précédaient le maître dans ses courses pour lui faire faire place, les *nomenclatores* qui lui disaient le nom des passants, les *librarii* qui prenaient ses notes, etc. — Outre ces esclaves particuliers, il y en avait qui appartenaient à la république. On les employait à construire des édifices publics, à faire de grands chemins, à nettoyer les rues et les égouts, etc. — Les esclaves romains avaient la tête rasée, les oreilles percées, et portaient un costume particulier; ils ne pouvaient se marier sans la permission de leur maître, ni plaider, ni tester. Leurs mariages, dépourvus de formes légales et de cérémonies religieuses, s'appelaient *contubernium*. Les esclaves nés dans la maison des maîtres se nommaient *verna*. — Les Romains avaient droit de vie et de mort sur leurs esclaves. La loi romaine établissait ce droit en disant que l'esclave était *une chose et non une personne* (servus res, non persona). Cependant on usa rarement de ce privilège. L'empereur Adrien l'abolit par une loi formelle. Les châtiments qu'on leur infligeait pour les fautes les plus légères étaient empreints de la plus grande barbarie. On les fouettait de verges, on les livrait aux bêtes féroces, on les faisait mourir de faim. Le châtiment ordinaire était le fouet. Il y eut dans la suite des règlements pour modérer cette sévérité et mettre un frein à la cruauté des maîtres. Les esclaves vieux et infirmes étaient relégués dans une île du Tibre, où on les abandonnait sans aucun secours, et ils mouraient en proie à toutes les horreurs du besoin. Les lois romaines défendaient aux esclaves de faire des assemblées ou des festins entre eux, de peur qu'ils n'excitassent des révoltes. Auguste fit décréter un sénatus-consulte qui ordonnait, si un citoyen était tué dans sa maison, de mettre à mort tous ses esclaves qui habitaient dans la même maison, et même ses affranchis. Toutes ces lois furent en vigueur tant que la république et l'empire subsistèrent. — L'esclavage, détruit et aboli par le christianisme, fut renouvelé par la féodalité au moyen âge, et les conquérants de l'Amérique l'établirent sous les nègres et les Indiens. Voy. ces mots. — Pour *l'affranchissement* des esclaves, voy. le mot AFFRANCHISSEMENT. — Pour les esclaves de Lacédémone, voy. ILOTES.

ESCLAVE, genre d'oiseaux établi par Vieillot, et dans lequel il range sous le nom d'*esclave des palmistes* (dulus palmarum) une espèce de *tangara* (voy. ce mot), le *tangara dominica*. On donne aussi ce nom à un troupiale d'Haïti.

ESCLAVES DE LA VERTU, ordre de chevalerie pour les dames, institué en 1662 par l'impératrice Éléonore de Gonzague, veuve de Ferdinand III. Cet ordre n'était composé que de trente dames d'une noblesse distinguée, excepté les princesses, qui ne le nombre était illimité. La marque de cet ordre était une médaille d'or représentant un soleil dans une couronne de laurier, avec cette légende : *Sola ubique triumphat* (seule partout elle triomphe). Cette médaille était attachée à une chaîne d'or en forme de bracelet, que l'on portait au bras gauche au-dessus du coude.

ESCLAVONIE ou SCLAVONIE (en hongrois, *Toth-Orszag*), province de l'Autriche qui a titre de royaume, et qui est située entre la Hongrie au N., la Turquie au S., la Croatie à l'O., et le Bannat à l'E. Sa superficie est de 812 lieues carrées; sa population est d'environ 571,970 habitants. Le climat est doux, le sol boisé et d'une grande fertilité. L'exportation consiste en bétail, blé, tabac, soie, peaux brutes, miel et cire. Les Esclavons sont braves, hospitaliers, mais paresseux, faux et rusés. Leur costume est le même que celui des Hongrois. L'Esclavonie, qui formait jadis un royaume particulier, fut réunie à la Hongrie en 1697, une partie soumise à la juridiction de la chambre royale (*Esclavonie provinciale*), et l'autre à une juridiction militaire (*Esclavonie militaire*). La première se divise en trois comtés : *Veroecze*, *Posega* et *Sirmien*; la seconde, dépendant du conseil de guerre de Vienne, se divise en trois régences : *Gradiska*, *Brod* et *Peter-Wardein*. La capitale de l'Esclavonie est *Esseck* sur la Drave, à 108 lieues de Vienne. Population, 9,250 habitants.

ESCOBAR Y MENDOZA (Antonio), jésuite espagnol et célèbre casuiste, né à Valladolid en Espagne en 1589. Il se distingua par ses talents pour la prédication, et écrivit un grand nombre d'ouvrages théologiques et ascétiques, qui forment quarante volumes in-fol. On a de lui un *Traité sur les cas de conscience*, un *Traité de théologie morale*, des *Commentaires sur l'Écriture sainte*. Il soutenait qu'un chrétien pouvait se dispenser du jeûne, ou le modifier suivant ses besoins et ses habitudes; qu'il pouvait prêter à usure, pourvu qu'il ne reçût d'intérêt illégal que comme un témoignage de la reconnaissance de l'emprunteur; que la pureté d'intention peut justifier une action mauvaise en elle-même, etc. Ces principes furent tournés en ridicule par Pascal, dans ses *Provinciales*. Il mourut en 1669. — D'Escobar on a donné le nom d'*escobarderie* à l'action d'user de réticences, de restrictions mentales, etc.

ESCOIQUITZ (Don Juan), né dans la Navarre vers 1762, embrassa la carrière ecclésiastique et obtint un canonicat dans le chapitre de Saragosse. Son zèle et ses lumières le firent nommer précepteur du prince des Asturies, depuis Ferdinand VII, dont il gagna la confiance et l'amitié. Il osa même (1797) donner pour conseil à Charles IV d'écarter Godoï des affaires, et lui fit pressentir les maux que ce favori causerait à l'Espagne. Mais sa voix ne fut pas écoutée, et Godoï fit bannir Escoiquitz à Tolède. Il revint à Madrid en 1807. Ferdinand, devenu roi, le fit conseiller d'État. Escoiquitz désira le suivre lorsqu'il se rendit à Bayonne, dans cette fameuse entrevue où ce roi fut fait prisonnier par Napoléon. Après l'enlèvement de ce roi, Escoiquitz eut avec Napoléon plusieurs entretiens, dans lesquels il l'engagea à se désister de ses projets à l'égard de Ferdinand. Il déclara qu'il pensait que l'abdication ne devait pas avoir lieu. Exilé par Napoléon à Bourges (1810), il revint en Espagne avec Ferdinand en 1814. Pour prix de ses longs services, il fut disgracié et relégué en Andalousie, où il mourut en 1820.

ESCOMPTE, retenue qui doit être faite sur la valeur d'un billet payable après un certain temps, lorsqu'on veut toucher ce billet avant son échéance. C'est la remise faite au débiteur qui paye un billet avant l'échéance, ou l'intérêt payé au banquier qui, en se chargeant d'un billet, se met à la place du créancier en le remboursant. (Voy. ESCOMPTE (Caisses d'). L'intérêt à soustraire pour le temps à écouler jusqu'à l'échéance est stipulé de gré à gré et à *tant pour cent*. On distingue l'*escompte en dedans et en dehors*. — ESCOMPTE EN DEDANS. Il est égal à la différence entre la somme énoncée dans le billet et la valeur que prend cette somme quand on l'évalue en argent comptant. L'escompte ainsi déterminé est la même chose que l'intérêt simple du capital ou de la valeur actuelle du billet. Cette sorte d'escompte est usitée chez la plupart des nations étrangères. Pour calculer l'escompte en dedans on dit : lorsque le taux de l'argent est à 5 pour 100 par an, 100 francs comptant valent 105 francs dans un an. Un billet de 105 francs, payable dans un an, ne doit valoir que 100 francs comptant, et doit éprouver une retenue de 105 francs *moins* 100 francs ou de 5 francs, quand on veut le toucher à l'instant. L'escompte en dedans de 105 francs est donc de 105 francs — 100 francs ou de 5 francs. — ESCOMPTE EN DEHORS. Il diffère de l'intérêt ordinaire en ce qu'il paye à tant pour cent sur la somme énoncée dans le billet, c'est-à-dire sur le capital augmenté de ses intérêts, de sorte que la retenue ou l'escompte se compose de l'intérêt du capital primitif, plus de l'intérêt de l'intérêt de ce capital. C'est là le seul usité en France. Les opérations destinées à calculer les escomptes se nomment *règles d'escompte*. Pour prendre l'escompte *en dehors* de 105 francs, à 5 pour 100 (sachant que cet escompte se compose de l'intérêt du capital primitif, plus de l'intérêt de l'intérêt de ce capital), on dira : l'escompte de 100 francs étant 5 francs, celui de 1 franc est $\frac{5}{100}$ ou $\frac{1}{20}$; l'escompte de 105 francs est donc de $\frac{105}{20}$, ou $\frac{21}{4}$, ou 5 francs 25 centimes. Ce nombre représente l'escompte, c'est-à-dire le nombre à retrancher de 105 francs. On ne payera plus que 99 francs 75 centimes.

ESCOMPTE (CAISSES D'). Lorsque le possesseur d'une lettre de change, d'un bon, d'un billet, etc., payable à époque fixe, ne veut ou ne peut en attendre l'échéance, il s'adresse à un banquier qui prend celui-ci, etc., et lui en paye le montant, sauf un bénéfice qui le dédommage de l'avance. Cette avance, moyennant intérêt, constitue l'*escompte*. Le banquier se fait payer le billet par le débiteur à l'échéance du terme. Ce contrat aboutit ainsi à un endossement ordinaire. On a fondé des *banques* ou *caisses d'escompte*, destinées à remplacer les banquiers, et qui font les mêmes opérations sur les billets qu'on leur confie. En France, il y a les banques de Bordeaux, de Nantes, de Rouen et de Marseille.

ESCOPE, espèce de pelle de bois très-étroite, et creusée en longueur, se recourbant vers le bout. Elle sert à jeter de l'eau sur les parties extérieures d'un bâtiment, pour le laver ou pour amortir l'action du feu, quand on le chauffe.

**ESCOPETTE** (en espagnol *escopeta*, en italien *schioppetta*), sorte d'arme à feu, arquebuse à rouet de trois pieds et demi de long. Elle avait le canon rayé à raies droites, et différait peu du pétrinal. Elle se portait attachée à droite de la selle. Elle devint l'arme des argoulets et des carabins, d'où elle prit par la suite le nom de *carabine*. L'escopette fut en usage depuis Charles VIII jusqu'à Louis XIII.

**ESCORTE**, troupe, détachement plus ou moins fort, qui accompagne un officier, un convoi pour le mettre à couvert de l'insulte de l'ennemi qu'ils pourraient rencontrer en chemin. L'escorte se divise quelquefois en avant-garde, corps de bataille, en réserve et en arrière-garde; elle s'entoure souvent d'éclaireurs. Les officiers généraux marchent avec l'escorte de dix à douze cavaliers. Lorsque l'ennemi attaque un convoi, on place les troupes en avant, en arrière et sur les flancs du convoi, de manière à résister à l'attaque de quelque côté qu'elle se fasse. — En marine, on nomme *escortes* des bâtiments de guerre qui *convoient*, c'est-à-dire qui conduisent et dirigent jusqu'à leur destination les bâtiments de commerce pour les protéger et les défendre contre l'ennemi.

**ESCOT**, sorte d'étoffe croisée, de laine. Cette étoffe, autrefois très à la mode, est peu en usage de nos jours. On en fait des robes, des châles, etc.

**ESCOUADE**. C'est le commandement d'un caporal. Il en faut huit par compagnie. L'escouade se compose de dix à douze hommes, suivant la force de la compagnie; elle loge ordinairement dans la même chambre et mange au même ordinaire. Quand les escouades sont trop faibles, on en brise une pour compléter les autres, afin qu'il y ait en peu près seize hommes par chambrée et par ordinaire. S'il se trouve deux caporaux, le plus ancien commande : il est responsable du bon ordre, de la police, de la propreté, et a le droit de punir en rendant compte. L'escouade répond à peu près aux décuries grecques et romaines, et aux *quadrilles* du moyen âge. Depuis François Ier, le nom d'*escouade* fut donné à l'*escadre* de l'infanterie, qui formait une division de la *centaine*, avec laquelle l'escadre avait été confondue auparavant. Il fallait trois de ces escouades ou escadres pour une compagnie. Elles étaient commandées par un *cap d'escadre* d'abord, et dans la suite par un caporal. La garde se montait par escouades. En 1762, l'escouade était de sept hommes. Une ordonnance de 1788 l'a rangée comme elle l'est encore de nos jours.

**ESCOUADE**, division en brigade des ouvriers dans les chantiers des ports. Par l'ordonnance de la marine de 1786, les équipages des grands bâtiments de guerre étaient divisés en cinq escouades, sous la surveillance des cinq plus anciens officiers. En 1808, on créa des bataillons; peu après, des équipages de haut bord. On a depuis rétabli les escouades. Les marins sont vêtus uniformément, mais l'organisation est différente ; les escouades étant composées de marins classés, qui le plus souvent retournent chez eux après la campagne, tandis que les équipages forment des corps militaires permanents.

**ESCOUBLEAU** (François D'), cardinal DE SOURDIS, archevêque de Bordeaux, fils de François d'Escoubleau, marquis d'Alluie, d'une maison noble et ancienne, mérita la pourpre par les services que sa famille rendit à Henri IV, et surtout par ses vertus et sa piété. Léon XI, Paul V, Clément VIII, Grégoire XV, Urbain VIII lui donnèrent des marques de leur amitié et de leur estime. Il mourut en 1628 à cinquante-trois ans. Il est le fondateur de la belle chartreuse de Bordeaux, qu'il plaça dans un terrain rendu à la culture par le desséchement d'un marais immense.

**ESCOUBLEAU** (Henri D'), frère du précédent, son successeur dans l'archevêché de Bordeaux, était d'un caractère fier, courtisan et guerrier. Il suivit Louis XIII au siège de la Rochelle, et le comte d'Harcourt à celui des îles de Lérins, qu'il reprit sur les Espagnols. Il mourut en 1645. Il s'était fait l'ennemi d'un grand nombre de personnages illustres par son orgueil et sa fierté.

**ESCOURGEON** (*hexastichum*), espèce d'orge dont l'épi est court, épais, et a quatre rangées égales de graines. On le sème à l'automne, et il est dans certains pays l'objet d'une grande culture. Lorsqu'on le sème de suite après la récolte des blés, l'escourgeon prend sa maturité avant les grandes chaleurs, et convient surtout dans les pays secs et pauvres. Cette orge produit jusqu'à vingt pour un; mais ses grains sont fort petits.

**ESCRIME**, art homicide, celui de se battre à l'épée ou au sabre. C'est un moyen de conservation dans les duels, les rencontres, les combats. C'est aussi un exercice utile au développement du corps et de la santé. Il y a dans tous les corps militaires des maîtres d'escrime. On affecte à cet exercice une salle dans la caserne. On apprend en payant une légère rétribution. L'escrime est autorisée, et non ordonnée.

**ESCROQUERIE**, toute manœuvre frauduleuse employée pour s'approprier la fortune d'autrui. La loi a réglé la peine de cette action. Quiconque, soit en faisant usage de faux noms ou de fausses qualités, soit en employant des manœuvres frauduleuses pour persuader l'existence de fausses entreprises, d'un crédit ou d'un pouvoir imaginaire, ou pour faire naître l'espérance ou la crainte d'un succès, d'un accident, etc., a escroqué ou tenté d'escroquer la fortune d'autrui, est puni d'un emprisonnement d'un an au moins et de cinq ans au plus, et d'une amende de 50 francs au moins et de 3,000 francs au plus.

**ESCULAPE** (myth.), dieu de la médecine, fils d'Apollon et de Coronis, fut confié aux soins du centaure Chiron, qui lui apprit la médecine. Esculape fut le médecin des Argonautes, et fit tant de progrès dans la connaissance des simples qu'on le regarda comme l'inventeur de la médecine. Il fut foudroyé par Jupiter pour avoir rendu Hippolyte à la vie. Apollon, irrité de la mort de son fils, tua les cyclopes, qui avaient forgé la foudre. Esculape reçut après sa mort les honneurs divins. On lui consacrait le coq et le serpent, et on lui immolait des porcs, des taureaux, des boucs et des agneaux. On représente Esculape avec une longue barbe, tenant à la main un bâton entouré d'un serpent. Il eut deux fils, Machaon et Podalire, médecins fameux, et plusieurs filles, dont Hygie fut la déesse de la santé. Ses descendants régnèrent en Messénie sous le nom d'Asclépiades.

**ESCURIAL** (en espagnol, *Escorial*), bourg d'Espagne, à 8 lieues N.-O. de Madrid. Population, 2,000 habitants. Il est célèbre par un immense couvent où habitent deux cents hiéronymites. Il fut construit par ordre de Philippe II, en 1563, d'après son vœu pendant la bataille de Saint-Quentin (10 août 1557) à saint Laurent. Cette construction, faite d'après les dessins de Louis de Foix, dura dix-neuf ans. Cet édifice est quadrangulaire, et simule la forme d'un gril, instrument du supplice de saint Laurent. Sa face principale est tournée vers l'occident. L'entrée de cette façade a un beau portail, qui s'ouvre deux fois pour les rois d'Espagne et les princes de leur maison : la première fois lorsqu'on les porte à l'Escurial après leur naissance, la deuxième lorsqu'on les porte pour les ensevelir dans un caveau du couvent. Il s'y trouve de beaux appartements pour le roi et la cour. Sa bibliothèque, l'une des premières établies en Europe, renferme 150,000 volumes.

**ESDRAS** ou EZRA, prêtre hébreu, exerçait le saint ministère à Babylone sous le roi de Perse Artaxercès Longue-main. Il revint pour la première fois à Jérusalem avec Zorobabel, et reçut la permission d'Artaxercès pour achever de rebâtir le temple. Il régla tout ce qui concernait le culte, et exerça la souveraine autorité jusqu'à l'arrivée de Néhémie à Jérusalem, 450 ans avant J.-C. — Deux livres de l'ancien Testament portent son nom. Le premier contient l'histoire de quatre-vingt-deux ans, depuis la première année du règne de Cyrus à Babylone (an du monde 3468) jusqu'au règne d'Artaxercès (an du monde 3550). Les deux premiers chapitres offrent le retour des Juifs à Jérusalem sous la conduite de Zorobabel. Les huit autres traitent du rétablissement des Juifs en leur pays. Le deuxième livre est attribué à Néhémie, quoiqu'il y ait des additions qui ne soient pas de lui. Il contient l'histoire de 3550 à 3580, et traite du rétablissement de Jérusalem, du temple et du culte de Dieu.

**ESMÉNARD** (Joseph), naquit en 1769 à Pélissane (Bouches-du-Rhône). Exilé en 1792, lors de la chute du club des feuillants, dont il faisait partie, il parcourut plusieurs contrées de l'Europe. Exilé de nouveau en 1797, il revint en France au 18 brumaire, et travailla au *Mercure de France*. Il accompagna ensuite Leclerc à Saint-Domingue, revint occuper une place au ministère de l'intérieur, suivit Villaret-Joyeuse à la Martinique, et vint se fixer à Paris en 1805. Son poème de *la Navigation* parut en 1805. En 1808, il fit jouer la tragédie de *Trajan*. Successivement censeur des théâtres et de la librairie, chef de police, il fut reçu à l'Institut en 1810, et mourut en 1811.

**ESNÊH** (Sné, *Latopolis*), ville de la haute Egypte, sur le Nil, à 11 lieues et demie de Thèbes. Population, 4,000 habitants. Elle est célèbre par un portique de vingt-quatre colonnes, regardé comme un des plus beaux monuments de l'Egypte. On y voit un zodiaque. Esnêh a des fabriques de tissus de coton, de châles, des fours à poterie et des pressoirs à huile de laitue. Il s'y tient un marché de chameaux très-renommé.

**ESOCES**, famille de l'ordre des malacoptérygiens abdominaux, érigée par Cuvier, et renfermant tous les poissons qui ont les mâchoires garnies de fortes dents pointues et nombreuses, le museau aplati, le corps et la queue allongés latéralement, des écailles dures, point de nageoire adipeuse, une seule dorsale placée au-dessus de l'anale, et plus éloignée de la tête que des ventrales. Ces poissons sont les *brochets*, les *exocels*, etc.

**ÉSON** (myth.), fils de Créthée, roi d'Iolchos en Thessalie, monta sur le trône à la mort de son père ; mais son frère Pélias le détrôna et régna à sa place. Son fils Jason redemanda le royaume de son père à son oncle Pélias, qui lui donna des réponses évasives, et lui conseilla d'entreprendre la conquête de la toison d'or. A son retour, Jason chassa Pélias du trône. Médée tira, à sa prière, le sang glacé qui coulait dans les veines d'Eson, devenu vieux et infirme, et le remplaça par une liqueur qui lui rendit la vigueur de la jeunesse. Mais il se donna la mort pour fuir les persécutions de Pélias.

**ESOPE**, philosophe phrygien, un des plus anciens apologistes, vivait cinq siècles et demi avant J.-C. Il fut d'abord esclave à Athènes et à Samos. Il dut la liberté à son esprit et à ses saillies spirituelles. Il voyagea dans l'Asie-Mineure et en Egypte, s'attacha à la cour de Crésus, roi de Lydie. Envoyé en Grèce par ce roi, il fit supporter plus patiemment le joug de Pisistrate, en disant aux Athéniens la fable des *Grenouilles demandant un roi*. Envoyé ensuite à Delphes, il compara les habitants à des bâtons flottants qui paraissent grands au loin, et sont petits de près. Les Delphiens, irrités de ces sarcasmes, le précipitèrent du haut d'un rocher. La Vie d'Esope par Planude, qui le peint laid et difforme, est pleine de faussetés et de contes absurdes. On a du même auteur, sous le nom d'Esope, un *Recueil de fables*, qui ont été traduites en plusieurs langues.

Mais l'on pense que c'est un recueil de fables d'un grand nombre d'apologistes plus ou moins anciens.

ÉSOPE (Clodius), célèbre acteur romain, vivait vers l'an 84 avant J.-C. Il excellait dans le tragique. Cicéron prit des leçons de déclamation de cet acteur et de Roscius. Ésope était si riche et si prodigue qu'il fit servir dans un repas un plat qui coûtait 192,000 francs, composé d'oiseaux chanteurs et parleurs. Il laissa un héritage de près de trois millions. Il obtint le retour de Cicéron exilé, en rappelant, dans une pièce d'Accius, *Talémon exilé*, le souvenir de ce grand homme à ses concitoyens, et les rendant sensibles à son infortune.—Le fils d'Ésope, aussi prodigue que son père, fit dissoudre une perle de 25,000 écus dans du vinaigre, et l'avala.

ÉSOTÉRIQUE, nom donné à la doctrine et aux ouvrages de quelques anciens philosophes, qu'ils ne communiquaient pas à tous les auditeurs ou lecteurs, mais seulement à des disciples choisis. La doctrine des pythagoriciens et des frères de la rose-croix (voy.) était ésotérique ou *secrète*.

ESPACE, étendue de lieu, perception pure et invariable qui suit toutes nos intuitions des objets matériels, et sans laquelle ces intuitions seraient impossibles. Nous ne concevons qu'un seul espace sans bornes, qui s'établit d'un tous sens autour de nous, et, quand nous parlons de plusieurs espaces, nous les concevons comme des parties inséparables de l'espace un et infini qui embrasse tout, a trois dimensions, occupe toujours et tout entier le même place, et est immobile. Tous les corps nous paraissent occuper un lieu dans l'espace. Ce lieu, portion limitée de l'espace sans limites, est ce qu'on nomme l'*étendue* des corps. Sans l'espace, aucun corps ne peut exister; mais, quand les corps seraient anéantis, l'espace demeurerait un, infini et immobile.

ESPACE. En géométrie, *espace* désigne l'aire d'une figure bornée par des lignes droites ou courbes qui terminent cette figure. — En mécanique, c'est la ligne droite ou courbe que décrit un mobile en mouvement.

ESPACE. En musique, c'est la distance qui sépare une ligne de la portée d'une autre ligne.

ESPADON (*xiphias*), genre de poissons osseux. La tête de l'espadon offre une conformation singulière ; les deux os de sa mâchoire supérieure se prolongent en avant, se réunissent et s'étendent de manière que leur longueur égale à peu près le tiers de la longueur totale de l'animal. Ils forment une lame étroite et plate qui s'amincit en se rétrécit de plus en plus jusqu'à son extrémité, et dont les bords sont tranchants. L'espadon a le corps et la queue très-allongés, les nageoires en forme de faux, excepté celle de la queue. Le dos est noir, le dessous blanc, les nageoires jaune brun ou d'un gris cendré. Ces poissons parviennent à une longueur de plus de sept mètres, et nagent avec vitesse. Leur chair est blanche, fine, d'un goût délicieux et très-nourrissante. On les pêche dans la Méditerranée.

ESPADON (en italien, *spadone*), longue et large épée pointue, en usage au moyen âge. La main droite tenait la poignée, et la main gauche tenait la lame en avant de la poignée, et s'arrêtait à deux crocs situés à quelques pouces de la poignée. Les espadons avaient six, huit, même dix pieds; leur poignée était à simple croix et sans garde. Il y en avait à lame flamboyante. Les hallebardiers armés d'espadons se nommaient *espadons joueurs d'épée*. Ils servaient d'hommes d'élite et d'infanterie légère. L'espadon demandait une escrime particulière ; on en retrouve quelques traces dans le jeu du bâton. L'espadon est encore l'arme des hallebardiers suisses à Rome.

ESPADON. On nomme encore ainsi, 1° un exercice pour apprendre à manier le sabre; on y emploie des baguettes et des paniers; 2° une lame de bois en forme de sabre, de deux pieds de long, quatre à cinq pouces de large, six à sept lignes d'épaisseur, dont l'*espadeur* se sert pour battre le chanvre sur le chevalet.

ESPAGNE (*España*), l'*Hispania* des Romains, royaume d'Europe, le plus occidental et le plus méridional de tous. Il est borné au N. par les Pyrénées et l'océan Atlantique; au S. par le même Océan, le détroit de Gibraltar et la mer Méditerranée; à l'E. par cette même mer; à l'O. par l'Océan et le Portugal. Sa superficie est de 23,796 lieues carrées. Sa population est de 14,600,000 habitants. Le climat est très-varié à cause des inégalités dans la hauteur du sol. On recueille dans les parties les plus basses de l'huile, du riz, du coton, du tabac, de la soude, du sparte, du safran, des vins liquoreux tels que ceux de Malvoisie, Alicante, Rancio, Xerez, Malaga, Rota, etc. On y trouve l'oranger, le citronnier, le grenadier, l'olivier, les agaves, le cactus à cochenille, la réglisse, le poivre, le dattier, etc. L'agriculture y est très-négligée. L'Espagne renferme des mines d'or, d'argent, de plomb, de cuivre, de fer, de mercure, des carrières de marbre, d'albâtre, de sel, etc. L'éducation du bétail, mais surtout des moutons mérinos, forme la principale richesse de l'ouest et du centre. L'Andalousie nourrit d'excellents chevaux. Depuis 1822 , l'Espagne est divisée en cinquante et une provinces. La capitale est MADRID. — Le trône est héréditaire dans la ligne masculine ou féminine. Un statut royal (*estatuto real*), promulgué par la reine Christine en 1833, régit l'État. Elle a confié la représentation nationale aux *cortès*. Il y a en Espagne onze universités. — La religion catholique seule tolérée. — Des immenses colonies possédées autrefois par l'Espagne, il ne lui reste plus que les Philippines et les Mariannes dans l'Océanie, Cuba et Porto-Rico (Antilles), les Canaries (Afrique) et les villes (*presidios*) de Ceuta, Pegnon de Velez, Alhucemas et Melilla dans l'empire de Maroc. L'origine de la population de l'Espagne est incertaine. Les Phéniciens vers 1000 avant J.-C. et les Grecs ensuite y établirent des colonies. Carthage s'en empara en 488, après neuf ans de combats. Rome lui en disputa la conquête, et s'en rendit maître l'an 149 avant J.-C. Elle demeura du pouvoir des Romains jusqu'en 410 de J.-C., qu'elle fut ravagée par les Alains, les Suèves et les Vandales. Les Goths l'envahirent en 456, et y fondèrent un puissant empire, détruit en 711 par les Arabes. Depuis cette époque jusqu'en 1492, trois dynasties maures régnèrent sur l'Espagne, et leur gouvernement fut pour elle une ère de gloire, de richesses et de prospérité. Les chrétiens, retirés dans les Asturies, avaient fondé en 718 sous la conduite de Pélage un royaume dans les Asturies. Ils luttèrent constamment contre les Arabes, dont les guerres intestines et la division du califat en plusieurs royaumes (entre autres Cordoue, Séville, Tolède, Grenade) favorisèrent les progrès. Enfin, en 1492, Ferdinand V le Catholique les expulsa de la Péninsule. C'est à cette époque que fut établie l'*inquisition*. Pendant la domination des Maures, le nord de l'Espagne forma les royaumes chrétiens des Asturies et de Léon, de Castille, d'Aragon et de Navarre. Ferdinand V, roi d'Aragon et de Léon, réunit la Castille à ses états par son mariage avec Isabelle, et forma ainsi le royaume d'Espagne. Charles-Quint (1516) réunit les couronnes d'Espagne, Sardaigne, Malte, les Deux-Siciles, le Milanais, la Franche-Comté, les Pays-Bas, toute l'Amérique méridionale à l'exception du Brésil, et le Mexique. Philippe II conquit le Portugal ; mais l'indépendance des Pays-Bas en 1585, du Portugal (1640), la perte de la Franche-Comté (1569), la division des Deux-Siciles, affaiblirent cette puissance colossale. En 1700, la maison d'Autriche étant éteinte, celle des Bourbons monta sur le trône dans la personne de Philippe V. Le règne de cette race fut interrompu (1808-1814) par l'usurpation de Joseph Bonaparte, qu'une guerre sanglante avait placé sur le trône. La restauration de 1814 ramena les Bourbons. La révolution de 1820, conduite par Riego et Quiroga, força Ferdinand VII de prêter serment à la constitution de 1812. L'expédition des Français en Espagne (1823) rétablit le gouvernement absolu. Déjà l'année précédente l'Espagne avait perdu toutes ses colonies du continent américain, insurgées dès 1809. Ferdinand VII en mourant (1833) laissa le trône à Isabelle II, sous la régence de sa mère Christine. Don Carlos, frère du roi, exclu de la succession au trône par une ordonnance de Ferdinand, revendiqua ses droits, et depuis cette époque l'Espagne est en proie à la plus déplorable anarchie et à la misère, résultat inévitable des guerres civiles.

ESPAGNOLES (LANGUE ET MŒURS). La langue espagnole est riche, sonore, harmonieuse, énergique et expressive ; elle dérive en grande partie du mélange de la langue latine avec l'arabe, etc. — Les Espagnols sont circonspects, constants dans leurs entreprises, ennemis de la nouveauté, loyaux, fidèles à leur parole. Ils sont violents, superstitieux, orgueilleux. Ils sont de taille moyenne, bruns et robustes. Le Catalan est brave, vif, courageux, infatigable et industrieux ; le Castillan est fier, doux, réfléchi, honnête et sobre ; le Valencien est ingénieux, adroit, aime le travail et la vengeance ; le Murcien est apathique et matériel ; l'Andalous est fier, orgueilleux, menteur. Son costume chez le peuple se compose d'une veste courte sur un gilet noir ou d'une camisole qui, dans la Catalogne, se pose sur la veste ; un manteau de couleur sombre couvre ce costume ; sa tête est couverte d'un réseau de fil ou de soie, surmonté d'un chapeau rond ; la haute société porte l'habit français. L'Espagnole a la taille svelte et élégante, la démarche légère, les mouvements souples, les yeux grands et noirs, et les pieds petits. — Les Espagnols aiment avec passion la danse, et excellent dans le *fandango* et le *bolero*. On connaît aussi leur passion pour les courses de taureaux.

ESPAGNOLET (Joseph RIBEIRA, dit L'), peintre, né à Jativa (Espagne) en 1589, suivit la manière de Michel-Ange et de Caravage. Les sujets terribles et pleins d'horreur étaient ceux qu'il rendait avec le plus de vérité. Il épousa à Naples une femme riche, obtint un appartement dans le palais du vice-roi, fut nommé chevalier de l'ordre du Christ, membre de l'académie de Saint-Luc à Rome, et mourut en 1656. Ses tableaux se voient à Naples et en Espagne. On remarque à l'Escurial une *Adoration des bergers*, à Madrid une *Mater dolorosa*.

ESPAGNOLETTE, espèce de fermeture de fenêtre et de porte. Elle est la forme ordinairement d'une tige de fer droite et ronde, assujettie sur le montant à droite de la croisée, par deux ou trois pitons à vis, reçus dans des colliers que porte la tige de fer, et sur lesquels elle roule sans pouvoir ni monter ni descendre. Les bouts de cette tige portent horizontalement des crochets qui s'arrêtent dans des gâches. Elle porte à une hauteur convenable et à charnière un levier en forme de poignée pour faire tourner l'espagnolette. Ce levier s'engage dans un crochet fixé à l'autre montant de la croisée.

ESPAGNOLETTE. On nomme ainsi une étoffe de laine que se fabriquait d'abord en Espagne, et que l'on fabrique aujourd'hui en France. On en fait de croisées et de non croisées.

ESPALIER. Dans les contrées froides ou tempérées, les fruits ne peuvent mûrir que lorsqu'ils sont abrités contre les vents et l'intempérie de l'air. On remédie à ces fâcheuses conditions en disposant les arbres devant un mur sur lequel on les *palisse* c'est-à-dire qu'on y fixe les branches en les développant comme un éventail. Cette disposition a en outre l'avantage de présenter les fruits à l'action directe et réfléchie du soleil ; c'est ce qu'on appelle un *espalier*. Les fruits, moins abondants et moins savoureux, sont plus colorés et plus précoces. Les murs doivent être en pierre, ou enduits en chaux ou plâtre, et peints en couleur noire. On cultive en espalier le pêcher, l'abricotier, les vignes, les pruniers, les poiriers, etc. L'emploi de ce genre de culture remonte au XVIe siècle.

ESPALION, sur le Lot, chef-lieu d'arrondissement du département de l'Aveyron, à 7 lieues de Rhodez. Population, 3,345 habitants. Espalion a un pont sur le Lot, des fontaines publiques, un collège communal, un tribunal de première instance.

ESPARTS ou ESPARS, longs mâtereaux de sapin qu'on embarque à bord des bâtiments pour servir de rechanges aux mâts de perroquet, de cacatois, et aux mâts d'embarcation. Les espars simples n'ont que trois à quatre pouces de diamètre ; les *doubles espars* ont sept ou huit pouces ; leur longueur varie depuis vingt-cinq jusqu'à cinquante pieds.

ESPARTS ou ESPARS. Les teinturiers en soie donnent ce nom à un morceau de bois dur tourné, au bout duquel est une espèce de boule. On y place les draperies teintes, et on les tord fortement pour en faire sortir le liquide qu'elles contiennent.

ESPÈCE, classe idéale d'êtres ou d'objets semblables et analogues entre eux, rapportés à un type général. A mesure que nous acquérons des connaissances, nous sommes forcés de les distribuer en diverses classes. Les classes les moins générales comprennent les individus, et on les nomme *espèces*. L'ensemble d'espèces se nomme *genre*. Le genre est formé des traits généraux de ressemblance qui existent entre plusieurs objets. Les espèces sont formées des différences particulières existant entre ces mêmes objets. Ainsi le genre *bœuf* renferme les espèces *bœuf*, *buffle*, *urus*, etc. — On nomme ainsi, 1° les variétés de fruits, pommes, poires, etc., et des productions industrielles, étoffes, draps, etc. ; 2° en pharmacie, les mélanges pulvérulents et concassés, qui forment la base des électuaires ; 3° la réunion de diverses substances végétales divisées en fragments plus ou moins menus, et analogues par leurs propriétés médicinales : telles sont les *espèces vulnéraires*, *pectorales*, *toniques*, *apéritives*, etc. ; 4° dans l'ancienne philosophie scolastique, les images ou les représentants des objets frappant la vue ; 5° dans la liturgie de l'Église, les apparences du pain et du vin, dans le sacrement de l'eucharistie, après la transsubstantiation ; 6° les monnaies en argent comptant ; 7° en jurisprudence, un mode d'action relatif à tel délit ou autre sujet de procédure, un cas particulier qui est l'objet de la délibération, de la contestation ; 8° en arithmétique, la nature des unités.

ESPÈCES (hist. nat.), nom donné à tout individu, animal ou végétal, présentant des traits fixes, indépendants, particuliers, qui le distinguent essentiellement d'un autre individu, et qui se reproduit constamment dans des individus ayant les mêmes formes, les mêmes caractères, etc. Les différences légères qui surviennent entre eux se nomment *variétés*. Les *espèces inorganiques* sont composées d'un certain nombre de parties mélangées, groupées entre elles et sont constituées par l'identité des combinaisons. Parmi ces espèces rentrent les minéraux, les corps chimiques, etc. Les *espèces organiques* sont composées d'un certain nombre de parties constituées pour un ensemble et un tout d'unité, lequel joue de concert. Ces parties ont vie et mouvement. Les *espèces naturelles* ou *pures* sont celles produites par les seuls soins de la nature, qui se perpétuent dans des individus semblables à ceux dont ils ont reçu l'existence et sans dégénération. Elles sont dites *voisines* quand elles ont des traits de ressemblance entre elles, comme le bœuf et le buffle, le cheval et l'âne, etc. ; *indigènes*, quand elles appartiennent au pays que l'on habite et qu'elles s'y maintiennent dans une similitude toujours égale ; *exotiques*, quand elles croissent spontanément dans une contrée étrangère ; et *naturalisées*, quand, transplantées dans un autre pays, elles conservent leur caractère distinctif. En changeant de patrie, les espèces acquièrent quelquefois des qualités remarquables. Ainsi le pêcher, sauvage et âpre dans la Perse, sa patrie, produit des fruits exquis en Europe. Les *espèces hybrides* sont produites par le concours spontané ou artificiel de deux espèces congénères ; c'est-à-dire du même genre ou de deux genres de la même famille. Les *espèces obscures* sont celles sur l'origine desquelles on ne peut rien préciser ; les formes sont inappréciables, la dégénération complète. Les *espèces perdues* sont celles qui n'existent plus, et qu'on ne retrouve qu'à l'état fossile.

ESPENCE (Claude D'), né à Châlons-sur-Marne en 1511 de parents nobles, docteur de Sorbonne, recteur de l'université de Paris, prêcha avec distinction. Le cardinal de Lorraine se servit de lui dans plusieurs affaires importantes. D'Espence le suivit en Flandre en 1544, et à Rome en 1555. Revenu en France, il parut aux états d'Orléans en 1560, et au colloque de Poissy en 1561. Il mourut en 1571. Ce docteur fut le plus modéré et le plus judicieux de son époque. Il blâma avec force les persécutions. On a de lui un *Traité des mariages clandestins*, des *Commentaires sur les Épitres de saint Paul*, etc.

ESPIC (Ordre de l'). Voy. ÉPI (Ordre de l').

ESPINASSE (Claire-Françoise ou Julie-Jeanne-Éléonore DE L'), née en 1732 d'un commerce illégitime. Elle fut appelée à Paris par Mme Dudeffant, et fit les charmes de sa société par son esprit cultivé et sans prétention. Elle s'y fit d'illustres amis. Ayant obtenu une pension du roi, elle se sépara de sa bienfaitrice, et réunit dans sa maison l'élite des littérateurs de l'époque. D'Alembert, séduit par ses grâces et son esprit, conçut pour elle le plus tendre attachement, et se fixa près d'elle pour toujours. Elle lui préféra le comte de Mora, fils d'un ambassadeur espagnol ; mais celui-ci l'abandonna. A ce gentilhomme succéda un jeune officier, M. de Guibert, mort en 1791. Elle mourut en 1776, laissant des *lettres* écrites à son amant Guibert.

ESPINAY. Voy. SAINT-LUC.

ESPINGOLE, nom donné autrefois à une petite pièce de canon. C'est aujourd'hui une arme à feu, un gros fusil dont le canon est très-court et évasé depuis le milieu jusqu'à la bouche. Elle est généralement en cuivre. On charge l'espingole de dix à douze balles à mousquet, et on la tire de même, mais à petite portée. Depuis 1780, l'infanterie se servait de cette arme ; mais elle a été remplacée par le mousqueton. Les mamelucks étaient aussi armés d'espingoles. — Aujourd'hui on ne se sert des espingoles qu'en marine. Des espingoles garnies d'un pivot sont souvent placées sur des montants aux extrémités des petites embarcations, dans les hunes, etc.

ESPION, celui qui est chargé d'examiner les actions, les discours, les mouvements, etc., d'un autre, pour en retirer des avantages personnels. L'espionnage, dans la guerre, a été d'usage dans tous les temps, chez tous les peuples. Au moyen âge, le connétable disposait des espions ; plus tard, ce soin fut laissé successivement au maréchal de camp, au prévôt des maréchaux, au maréchal général des logis et aux chefs d'état-major. Dans les guerres de la révolution, un bureau était chargé de recueillir et résumer les rapports des espions. On le nommait *bureau de la partie secrète*. Un officier supérieur ou un général présidait à ce travail. Les espions ont de tout temps subi la peine de mort ; la même peine leur est encore réservée. Depuis 1793, on les juge devant des commissions militaires. — Depuis 1829, on a créé des *espions de police*.

ESPLANADE (de l'italien *spianata*, terrain uni), terme de fortification, partie qui sert à la contrescarpe ou chemin couvert. C'est un talus ou pente de terrain qui commence au haut de la contrescarpe, et qui en baissant insensiblement arrive au niveau de la campagne. — Il signifie aussi un terrain plat et de niveau qui est entre le glacis de la contrescarpe et les premières maisons, ou bien l'espace qui est entre les ouvrages et les maisons de la place. — Il se dit aussi de l'espace renfermé dans la ville entre les maisons et la citadelle. — C'est encore un grand terrain vague qui sert de promenade et de place de service dans les villes de guerre.

ESPONTON ou SPONTON (de l'italien *spuntone*, pointu), espèce de demi-pique, dont les sous-officiers et même les officiers de l'infanterie et des dragons, le colonel, l'état-major et les capitaines étaient armés depuis l'époque de la création de l'infanterie. Les lieutenants et sous-lieutenants furent armés de la pique. L'esponton avait jusqu'à huit pieds de long. En 1710, on retira cette arme aux officiers subalternes, et on leur laissa le fusil, pour réserver l'esponton aux officiers supérieurs. Dans les charges, les officiers portaient en avant l'esponton à quinze pas de l'ennemi. Il fut aboli en 1758. Les Cent-Suisses du palais des Tuileries à Paris portaient seuls l'esponton avant 1825. — De nos jours, on a nommé ainsi l'arme que portait le deuxième et le troisième porte-aigle.

ESPRÉMÉNIL (J.-J. DUVAL D'), né à Pondichéry, gendre de Dupleix, fut membre du conseil souverain de Pondichéry avant 1746. Après la conquête de Madras sur les Anglais (1746), il fut nommé chef du conseil de cette ville, et conserva ce poste jusqu'à la paix de 1748, époque où Madras fut rendu aux Anglais. Il eut à lutter souvent contre les tentatives des ennemis de la France. Sa prudence et son audace le sauvèrent des dangers qui le menaçaient. Déguisé en bramine, il fit le voyage de Chandernagor, et pénétra dans les pagodes indiennes, dont il observa et dessina les cérémonies en 1750. Il mourut en France en 1767.

ESPRÉMÉNIL (Jean-Jacques DUVAL D'), fils du précédent, né à Pondichéry en 1746, vint à Paris en 1750, embrassa la carrière judiciaire, et acquit la charge de conseiller au parlement. Il défendit la mémoire de son oncle Duval de Leyrit, accusé d'avoir dénoncé Lally devant le parlement de Paris (1780). En 1788, ayant eu une épreuve d'un édit qui devait remplacer les cours souveraines par de grands bailliages et créer une cour plénière, il annonça au parlement le coup qui allait le frapper, et protesta avec cette assemblée contre l'arrêt du roi. A la suite d'un lit de justice, il fut exilé aux îles Sainte-Marguerite. Revenu en France après la chute de Brienne, il fut accueilli par le peuple avec transports, et se montra adversaire déclaré de la cour. Nommé député aux états généraux de Paris, il abandonna la cause populaire, et se montra zélé défenseur du pouvoir arbitraire du roi et des anciennes magistratures. Arrêté et traduit au tribunal révolutionnaire, il fut condamné à mort et exécuté en 1794.

ESPRIT, nom donné autrefois à tous les produits liquides obtenus par la distillation. On distinguait des *esprits inflammables*, des *esprits acides*, *alcalins*, etc.

ESPRIT (SAINT-), troisième personne de la sainte Trinité. L'article de foi qui constate l'existence du Saint-Esprit remonte aux premiers siècles du christianisme. Cette existence est assurée par tous les Pères de l'Église, et même par les évangélistes. Le Saint-Esprit est coéternel au Père et au Fils, uni inséparablement à ces personnes, et procédant d'elles deux. L'Église grecque s'est séparée de la latine à cause de la croyance que le Saint-Esprit ne procède que du Père, et non du Fils. Le jour de la *Pentecôte*, l'Eglise célèbre la descente du Saint-Esprit sur les apôtres. — On nomme *dons du Saint-Esprit* les qualités surnaturelles que Dieu donne à l'âme du chrétien, dans le sacrement de la confirmation. Ce sont la sagesse, l'entendement, la science, la prudence, la force, la piété et la crainte de Dieu. On nomme encore ainsi les pouvoirs miraculeux que Dieu accorda aux premiers fidèles, comme de prophétiser, parler plusieurs langues, guérir les maladies, etc.

ESPRIT (Ordre du Saint-), ordre de chevalerie, institué par Henri III en 1578. Ce roi réunit l'ordre de Saint-Michel, créé par Louis XI en 1469, à l'ordre du Saint-Esprit. De là est venu aux chevaliers du dernier ordre le nom de *chevaliers des ordres du roi*. Depuis cette époque, l'ordre de Saint-Michel fut réservé aux personnages célèbres dans les sciences, les arts, les lettres, le commerce et l'industrie. Le nombre des chevaliers était fixé à cent, quatre-vingt-sept chevaliers, neuf prélats et quatre grands officiers du royaume. Les prélats se nommaient commandeurs de l'ordre du Saint-Esprit, et ne recevaient pas la croix de l'ordre de Saint-Michel. Les autres chevaliers portaient les croix des deux ordres, et se nommaient commandeurs des ordres du roi. Le dauphin, les fils et petits-fils de France l'étaient de droit en naissant, et étaient reçus à l'époque de leur première communion, ainsi que les princes du sang. Les princes étrangers étaient admis à vingt-cinq ans, les ducs et les gentilshommes à trente-cinq. Chaque commandeur touchait un revenu de 1,000 écus d'or, le roi et le grand aumônier de France 2,000 écus. Le roi était le grand maître de l'ordre, et était reçu le lendemain du sacre. Les récipiendaires devaient avoir trois générations de noblesse paternelle. Le manteau était de velours noir, doublé de satin orange et semé de flammes d'or et bordé d'une broderie d'or. Par-dessus était un mantelet de moire verte et argent; le collier était de fleurs de lis d'or dans les grandes solennités; ailleurs c'était un ruban bleu céleste. La croix était d'or à huit pointes pommetées, émaillée de blanc aux bords, de vert au milieu, anglée de quatre fleurs de lis d'argent, ayant d'un côté une colombe, de l'autre l'image de Saint-Michel d'argent. La devise était *Duces et auspice* (conduis-nous et protège-nous). Cet ordre, aboli par la révolution, rétabli par la restauration, a été de nouveau aboli en 1830.

ESPRIT (Ordre du Saint-), ordre religieux de chanoines réguliers et hospitaliers, fondé au XIIe siècle par Gui de Montpellier, seigneur de cette ville, qui y bâtit un hôpital pour y recevoir les pauvres malades. Le pape Innocent III confirma cet institut en 1198. En 1204, le pape appela Gui à Rome pour lui donner la direction de l'hôpital de Sainte-Marie, qui prit le nom de *Saint-Esprit*, et qui fit partie de l'ordre du Saint-Esprit de Montpellier. Honorius III sépara l'hôpital de Rome de celui de Montpellier, et laissa au grand maître de l'ordre du Saint-Esprit de cette ville la juridiction sur les hôpitaux situés hors d'Italie. Grégoire X la donna à celui de Rome, et Pie II supprima la milice de cet ordre, qui depuis ce temps fut purement régulier. Ces religieux portaient l'habit ecclésiastique avec une croix de toile blanche à douze pointes, sur le côté gauche de la soutane et de leur manteau. Leur aumusse était doublée de drap bleu. Il y avait encore des religieuses hospitalières de l'ordre du Saint-Esprit en Pologne, en Allemagne, à Rome, etc. Cet ordre, depuis la révolution de 1793, n'existe plus en France.

ESPRIT (Saint-), sur la rive droite de l'Adour, chef-lieu de canton du département des Landes, dans l'arrondissement et à 7 lieues S.-O. de Dax. Population, 6,200 habitants. Cette ville n'est véritablement qu'un faubourg de Bayonne (Basses-Pyrénées), dont elle est séparée par l'Adour, et avec laquelle elle communique au moyen d'un long pont de bois. C'est la ville la plus peuplée du département. Civilement et administrativement, elle est indépendante de Bayonne; mais elle en dépend sous le rapport militaire, parce qu'elle renferme la citadelle, quadrilatère régulier, ouvrage de Vauban, situé sur une colline qui domine la ville et la mer.

ESPRIT (Grand-), nom que les sauvages donnent à Dieu.

ESPRIT ACIDE, nom donné à tout acide volatilisé pendant la distillation d'un ou plusieurs corps. On donnait encore ce nom aux acides affaiblis. — L'*esprit acide de buis, du gayac, du papier*, était un acide acétique basique, obtenu par la décomposition à feu nu de ces substances. L'*esprit acide de la cire* s'obtenait par le même moyen.

ESPRIT ALCALIN, nom ancien du gaz ammoniac.

ESPRIT ARDENT, ancien nom de l'alcool rectifié. L'*esprit ardent de cannelle* est de l'alcool à 28 degrés, distillé sur l'écorce concassée de cannelle. L'*esprit ardent de roses* est de l'alcool à 33 degrés, distillé sur les pétales macérés des roses.

ESPRIT DE CORNE DE CERF, nom donné au sous-carbonate d'ammoniaque huileux volatilisé pendant la distillation de la corne de cerf.

ESPRIT DE CRANE HUMAIN, sous-carbonate d'ammoniaque huileux, obtenu par la distillation du crâne humain. Cet esprit était souvent employé par les anciens alchimistes.

ESPRIT DE MINDERERUS, nom ancien de l'acétate d'ammoniaque.

ESPRIT DE NITRE FUMANT, nom donné au liquide composé d'acide nitrique, d'acide nitreux, de chlore et d'eau, qu'on obtient lorsqu'on distille le nitrate de potasse avec l'acide sulfurique concentré.

ESPRIT DE SEL, ancien nom de l'acide hydrochlorique dissous dans l'eau. — L'*esprit de sel ammoniac* était le gaz ammoniac. — L'*esprit de sel ammoniac vineux* est le résultat de la distillation de deux onces d'alcool à 32 degrés et d'une once d'ammoniaque liquide. — L'*esprit de sel dulcifié* est un mélange d'acide hydrochlorique et d'alcool. — L'*esprit de sel fumant* était l'acide hydrochlorique dissous dans l'eau et très-concentré.

ESPRIT DE SOUFRE, ancien nom de l'acide sulfureux, que l'on obtient en faisant brûler du soufre pulvérisé dans une cloche de verre remplie d'air.

ESPRIT DE VÉNUS, ancien nom du vinaigre concentré, obtenu par la décomposition à feu nu du verdet cristallisé et de l'acétate de cuivre.

ESPRIT DE VIN, nom donné à l'alcool ou produit liquide que l'on obtient en distillant les matières qui ont éprouvé la fermentation spiritueuse. Voy. Alcool.

ESPRIT DE VITRIOL, nom ancien de l'acide sulfurique étendu d'eau. On donne aussi ce nom au premier produit que l'on obtient en distillant à vaisseaux clos le sulfate de fer, ou en concentrant l'acide sulfurique.

ESPRIT PYRO-ACÉTIQUE, liquide incolore, d'une saveur particulière, dont l'odeur se rapproche de celle de la menthe et de celle des amandes amères. Il bout à 59 degrés, et ne se congèle pas à 15 degrés au-dessous de zéro. Il brûle très-facilement, et se mêle en toutes proportions avec l'eau, l'alcool, les huiles fixes et volatiles. L'esprit pyro-acétique dissout très-bien le camphre, et on l'emploie dans les pharmacies pour dissoudre celui qui entre dans le vinaigre anti-septique. On l'obtient en décomposant par la chaleur des acétates dont la base a beaucoup d'affinité avec l'acide. On le rectifie sur du chlorure de calcium.

ESPRIT RECTEUR, nom sous lequel Boerhaave désignait le liquide odorant que l'on obtient lorsqu'on distille les plantes aromatiques. Il considérait ce liquide auquel on donne le nom d'*aromes*, comme le principe de l'odeur de tous les corps odorants. On sait de nos jours que ce n'est autre chose que l'eau tenant une huile essentielle en dissolution.

ESPRITS, nom donné à tous les êtres incorporels, anges ou démons, bons ou mauvais. Toutes les théogonies et les livres sacrés des nations traitent des esprits. On les retrouve dans les traditions parses, chaldéennes, égyptiennes, hébraïques, indiennes et grecques. Hésiode nomme trente mille esprits, qui surveillent les actions des hommes. D'autres disent que l'univers en est rempli, que ceux qui habitent l'éther peuvent être compris et vus, mais que l'âme seule peut voir les *lares*, les *lémures*, les *lamies*, les *larves*, les *génies*, etc. Les philosophes cabalistes ont nommé *sylphes* les esprits de l'air, *gnômes* ceux de la terre, *ondains* ceux des eaux, et *salamandres* ceux du feu. Les esprits *familiers* ou *follets* sont ceux qui s'attachent à un homme pour lui faire du bien ou du mal. — Les *esprits célestes* sont les bons anges; les *esprits de ténèbres*, les *démons*. — On nomme aussi esprits les spectres, les âmes des morts que l'on croit être sortis du tombeau.

ESPRITS ANIMAUX, nom donné autrefois aux parties composant un prétendu fluide subtil qu'on supposait formé dans le cerveau, d'où il se distribuait, au moyen des nerfs, dans les différentes parties du corps.

ESPRIT VOLATIL, sous-carbonate d'ammoniaque, provenant de la décomposition de certaines matières du règne organique par le feu. Toutes les substances animales et végétales contenant de l'azote fournissent, quand on les soumet à l'action du calorique, du sous-carbonate d'ammoniaque huileux. Ce produit est toujours le même, quelles que soient les matières sur lesquelles on opère. — On nommait *esprit volatil fétide* une espèce de savonule, composée d'alcool, d'ammoniaque et du principe volatil fétide de l'*assa foetida*. On l'obtient en distillant cinq livres d'eau-de-vie, tenant en dissolution quatre onces d'assa foetida sur un mélange d'une livre d'hydrochlorate d'ammoniaque et d'une livre et demie de sous-carbonate de potasse.

ESPROT (sprat, esprat, melet ou harenguet), espèce du genre hareng, poisson de l'ordre des abdominaux, de la famille des clupes. Il a les proportions du hareng, mais il est beaucoup plus petit, ses opercules ne sont pas veinés; une tache foncée se montre le long des flancs au temps du frai. On en fait des salaisons dans le Nord.

ESQUILIN (Mont), une des collines sur lesquelles Rome fut bâtie, fut enclose par Tullus dans l'enceinte de la ville. On y exécutait les criminels. Leurs corps y étaient abandonnés aux oiseaux de proie, qui de là furent nommés *esquilinæ alites*.

ESQUILLES, fragments qui se séparent d'un os fracturé. On donne aussi quelquefois ce nom aux portions d'os qui se détachent dans les caries, les névroses, etc.

ESQUIMAUX ou Eskimaux (par corruption des mots indiens *eski man tik*, mangeurs de poisson cru), peuples qui habitent les contrées glacées de l'Amérique septentrionale. La famille de ce peuple se compose de cinq nations distinctes. Une est établie sur les confins septentrionaux de l'Asie orientale. Les autres mènent une vie nomade dans l'Amérique. Les *Karalits* habitent le Groënland, et sont plus souvent nommés *Groënlandais*. Les *Innuits* habitent les hautes régions polaires. Les *Esquimaux* proprement dits, ou *Petits-Esquimaux*, habitent la côte N.-E. du Labrador et les îles voisines. Les *Grands-Esquimaux* ou *Esquimaux occidentaux* habitent au N.-O. de la mer d'Hudson, entre le lac de l'Esclave, la mer polaire, dans les îles Aléoutiennes, etc. Les Esquimaux sont petits; ils ont les épaules larges, les membres gros et courts, le corps trapu; leurs cheveux sont noirs, plats, longs, gras et rudes; leur visage rond, court, le nez écrasé, les lèvres grosses, la bouche grande, le teint basané d'un jaune sale, les yeux noirs et petits, placés obliquement. Ils se nourrissent de la chair de phoque et de renne, crue ou cuite à l'huile. L'été, les Esquimaux construisent des cabanes avec les os des cétacés, et les recouvrent de peaux. L'hiver, ils habitent des huttes souterraines. Leurs vêtements sont faits avec des peaux de bêtes, et sont garnis d'un capuchon. Ils se servent de chiens pour tirer leurs canots. Les Esquimaux, timides et craintifs, sont paisibles et hospitaliers. Ils croient aux sorciers et aux esprits. La polygamie est permise. Ils sont très-superstitieux.

ESQUINANCIE, nom employé par plusieurs auteurs pour désigner une angine grave.

ESQUINISTES, hérétiques du IIIe siècle, sortis des montanistes, et qui ajoutèrent aux erreurs de Montan (voy.) celles de Sabellius contre la sainte Trinité.

ESQUISSE, espèce de dessin sans ombre et non terminé. Le mot désigne la première idée rendue d'un sujet de peinture. *Faire une esquisse*, c'est tracer avec rapidité la pensée d'un sujet de peinture, pour voir ses défauts, ses qualités, jeter les premières idées, etc. — *Esquisser*, c'est former des traits sans ombre et qui ne soient pas terminés.

ESSAI, épreuve que l'on fait pour juger si une chose convient ou ne convient pas pour l'usage qu'on veut faire, et pour en connaître les qualités, les effets, etc. — Autrefois l'échanson, l'écuyer tranchant faisaient l'*essai*, c'est-à-dire dégustaient les mets et les vins que l'on servait sur la table des rois. — On nomme, dans le commerce, *essai* une petite partie de comestible ou de boisson, et dont on goûte pour juger de la qualité de la marchandise. — En termes de chimie, *essai* désigne l'examen d'un minéral dans lequel on a pour but de connaître les diverses substances qui entrent dans sa composition, et en quelle quantité elles y sont contenues. La coupellation est la principale de ces opérations. — Les essais chimiques des matières d'or et d'argent demandent qu'on soit muni de balances assez précises pour qu'on puisse faire les pesées avec exactitude. — En jurisprudence, la vente faite à l'essai est toujours présumée faite sous une condition suspensive.

ESSAIM, nom sous lequel on désigne la portion d'abeilles qui sort d'une ruche, quand la population est trop nombreuse, sous la conduite d'une jeune mère. Cette émigration a lieu en mai ou en juin, au nombre de trente ou quarante mâles, et quinze à seize mille ouvrières. Pour introduire un essaim dans une ruche, on suspend la ruche en dessus; on frotte son intérieur avec du miel, des plantes odorantes, etc., et les abeilles vont s'y établir. Quelquefois, lorsque les abeilles sont engourdies par la fraîcheur du soir, on les prend et on les dépose dans la ruche. L'usage de poursuivre, en frappant sur des chaudrons, les essaims qui s'envolent, remonte à une haute antiquité.

ESSARTS (Pierre DES), un des seigneurs français qui passèrent en Ecosse, au secours du roi Jacques Ier, contre les Anglais, et qui fut fait prisonnier dans un combat en 1402. De retour en France, il s'attacha au duc de Bourgogne, et obtint les places de prévôt de Paris, de grand bouteillier, de grand fauconnier, de grand maître des eaux et forêts, de trésorier de l'épargne et de surintendant des finances. Il était encore gouverneur de Nemours et de Cherbourg. Il se retira dans cette dernière ville, après avoir perdu les bonnes grâces du duc de Bourgogne. Il fut accusé d'avoir voulu enlever le roi et le duc de Guienne. Il fut condamné à mort et exécuté le 1er juillet 1413.

ESSARTS (Charlotte DES), comtesse de ROMORANTIN, fille de François des Essarts, lieutenant général du roi en Champagne. Ayant paru à la cour de France, elle fut aimée de Henri IV, et en eut Jeanne-Baptiste (1590), depuis abbesse de Fontevrault, morte en 1670. Elle épousa en 1630 le maréchal de l'Hôpital, plus connu sous le nom de du Hallier. Cette femme ambitieuse avait un fils au service du duc de Lorraine, qu'elle avait eu du cardinal de Guise. Le duc de Lorraine étant alors en guerre avec la France, elle crut que le moyen d'élever son fils était de travailler à la réconciliation du duc avec le roi, et de le faire rétablir dans ses Etats. Au moyen de nombreuses intrigues, elle parvint à faire conclure la paix en 1641, en faisant craindre au duc que Richelieu le fît arrêter, et en montrant à celui-ci les dangers de la guerre avec le duc de Lorraine. Ces intrigues ayant été découvertes, Charlotte fut enfermée dans une maison de charité où elle mourut en 1651.

ESSAYEUR, officier chargé par le gouvernement ou par des particuliers de déterminer d'une manière exacte le titre des matières d'or et d'argent. Il y a trois sortes d'essayeurs, *essayeurs des monnaies*, *essayeurs du commerce* et *essayeurs du bureau de garantie*.

ESSAYEURS DE LA GARANTIE. Ils sont chargés d'essayer tous les ouvrages d'or ou d'argent fabriqués par les orfèvres. Il y a un bureau de garantie dans le chef-lieu de chaque département. Le préfet désigne un candidat à l'administration des monnaies, qui le fait examiner par l'inspecteur et le contrôleur des essais. Ces essais se font au moyen de la coupellation, ou, si les objets sont trop petits, on en détermine le titre sur la pierre de touche au moyen de l'acide nitrique.

ESSAYEURS DES MONNAIES. Ils résident à Paris à l'hôtel des monnaies, et sont chargés par le gouvernement de s'assurer du titre des espèces à mesure qu'on les met en circulation, et de s'opposer à toute infraction à la loi, qui veut que les monnaies ne contiennent qu'un dixième d'alliage. Ils sont au nombre de quatre, savoir: deux essayeurs, un contrôleur et un inspecteur. Ces places s'obtiennent au concours et sont à vie.

ESSAYEURS DU COMMERCE. Ils sont tenus pour pouvoir exercer de se faire examiner par l'inspecteur et le contrôleur de la monnaie de Paris, d'après l'autorisation de l'administration. L'examen est théorique et pratique. Le candidat fait plusieurs essais de matières d'or et d'argent dont les titres sont constatés par avance. Chaque essayeur a un poinçon qui porte son nom et un symbole particulier. Lorsqu'il a déterminé le titre d'un lingot, il applique son poinçon, et indique en chiffres les millièmes d'or et d'argent.

ESSE ou ESSEAU, cheville de fer tordu, à tête aplatie, faite à peu près en forme de S, et que l'on met sur le bout des essieux d'un affût, d'un carrosse, d'un chariot, etc., pour empêcher les roues d'en sortir. Ce sont aussi des bandes de fer courbées, qui embrassent le bout des traversins des barres de perroquets et qui sont percées pour le passage des haubans. — On en donne encore ce nom à une hache et à un marteau recourbés. Les menuisiers, les charpentiers se servent de la première, les mineurs du second.

ESSENCE, ce qui constitue et détermine la nature d'une chose, ce qui est indispensablement nécessaire pour qu'elle soit ce qu'elle est. — En philosophie, c'est ce que l'on conçoit comme le premier et le plus général dans l'être, et sans quoi l'être ne serait point ce qu'il est. L'étendue est l'essence de la matière, selon Descartes. Les *essences* sont ainsi les principes qui entrent dans la composition d'une substance, qui en déterminent les propriétés. — En termes des eaux et forêts, essence désigne espèce. Une forêt est en essence de peuplier lorsque les arbres qu'elle renferme sont des peupliers.

ESSENCE (chim.), synonyme d'HUILE VO-LATILE. Quelquefois ce mot est synonyme de *teinture alcoolique simple*. L'essence ou *huile de jasmin* est une huile essentielle très-fugace, obtenue par la distillation des fleurs de jasmin. L'essence ou *huile fugace de roses* est obtenue en faisant macérer pendant quelques jours dans de l'huile d'olive les pétales de ces roses. L'essence ou *huile fugace de tubéreuses* s'obtient en distillant les fleurs de plantes tubéreuses, etc.

ESSENCE ANTIHYSTÉRIQUE DE LEMORT (alcool antihystérique), liquide obtenu en distillant de l'alcool concentré sur du castoréum, de l'assa-fœtida, de l'huile de succin, des huiles volatiles de rue et de sabine, et auxquels on ajoute du camphre et du sous-carbonate d'ammoniaque huileux, qui s'unit à l'acide succinique de l'huile de succin, et forme du succinate d'ammoniaque.

ESSENCE CARMINATIVE DE WEDELIUS, liquide préparé par l'infusion prolongée des racines de zédoaire, de carline, de roseau aromatique, de galanga, fleurs de camomille romaine, semences d'anis, de carvi, écorces d'orange, girofles, baies de laurier, maïs, alcool de citron distillé, acide nitrique. Ce médicament s'emploie avec succès comme stomachique et emménagogue.

ESSENCE CÉPHALIQUE, liquide résultant de la macération dans l'alcool pendant huit jours de muscades, de girofles, de fleurs de grenade et de cannelle. On l'emploie dans les maux de tête, les chutes, les coups sur le crâne.

ESSENCE DOUCE DE HALE, liquide obtenu en faisant bouillir de l'acétate de potasse, du sucre très-blanc et de l'eau de rivière. Lorsque le mélange a acquis une couleur noire, on y ajoute de l'alcool à 30 degrés; on laisse macérer, et on filtre. Cette essence est diurétique.

ESSENCE D'ORIENT, matière brillante et nacrée, qui entoure la base des écailles de l'*ablette*, dont l'industrie se sert pour fabriquer les fausses perles. Cette substance existe dans d'autres poissons, mais moins abondamment. Elle recouvre non-seulement la base des écailles, mais on la retrouve dans l'estomac, les intestins. Pour l'obtenir, on écaille les ables, et l'on reçoit le produit de cette opération dans un baquet rempli d'eau. On agite le liquide, on frotte les écailles pour en détacher la matière nacrée, puis on décante en enlevant les parties muqueuses; on délaye dans de nouvelle eau bien limpide, et l'on passe au tamis; la matière nacrée passe avec l'eau, les écailles restent sur le tamis. Les lavages étant terminés, on décante l'eau; le liquide visqueux, qui est déposé, est blanc nacré et d'un brillant nacré: c'est l'*essence d'Orient*. Pour faire les perles fausses avec ce liquide, on le délaye dans une solution clarifiée de colle de poisson; puis, à l'aide d'un petit chalumeau en verre, on en introduit une goutte dans l'intérieur d'une perle de verre. Lorsque l'intérieur en est recouvert, on procède à la prompte dessiccation.

ESSENCE ROYALE, liquide obtenu en mêlant avec le sous-carbonate de potasse l'ambre gris, le musc, la civette, les huiles volatiles de cannelle et de bois de Rhodes, et en dissolvant le tout dans l'alcool rectifié de roses et fleurs d'oranger.

ESSENCE ROYALE POUR LA BARBE, dissolution alcoolique de savon aromatisée avec l'huile essentielle de tubéreuses, de lavande, etc.

ESSENCE VESTIMENTALE, nom donné dans l'art du dégraisseur à un mélange d'huiles essentielles, qui sert à enlever les taches de graisse de dessus les étoffes. Elles se composent le plus habituellement d'huiles essentielles de citron et d'essence de térébenthine mélangées à parties égales. Ces deux essences doivent être très-pures.

ESSÉNIENS ou ESSÉENS, secte fameuse de philosophes juifs. Ils admettaient le dogme d'une vie future, et pensaient que les âmes des justes allaient dans les îles Fortunées, et les âmes des méchants dans une espèce de Tartare. Ils se divisaient en *practici* (agissants), qui vivaient en commun, et en *theoretici* (contemplateurs), qui vivaient dans la solitude. Ces derniers se nommaient *thérapeutes* en Egypte et en Grèce. Les esséniens avaient leurs biens en commun, ainsi que leur table ; leur nourriture était frugale. Leur costume consistait en une robe blanche. Aucun étranger ne pouvait les voir dans leur cellule. Ils partageaient la journée entre le travail, la méditation et la prière, et faisaient un grand nombre d'ablutions pendant le jour. Ils envoyaient leurs offrandes au temple, mais n'y offraient pas de sacrifices sanglants. Ils attribuaient tout ce qui est bien à Dieu. Les esséniens se livraient à l'étude de la morale et de la médecine. Les trois maximes fondamentales de leur morale étaient l'amour de Dieu, l'amour de la vertu et l'amour du prochain. Les esséniens perpétuaient leur secte par des initiations. Les postulants passaient par trois années d'épreuves.

ESSENTIEL. On a nommé *essentiels* des principes immédiats des végétaux, que l'on croyait doués des propriétés appartenant aux plantes dont ils étaient retirés. Dans les *huiles essentielles*, l'huile était le seul principe immédiat regardé comme essentiel. Quelquefois on donnait ce nom à des substances extractives composées de plusieurs principes immédiats, que l'on appelait *sels essentiels*. Aujourd'hui on ne conserve l'épithète d'*essentiel* qu'aux *huiles volatiles*.

ESSEQUIBO ou ESSEQUEBO, grande rivière de l'Amérique méridionale, qui descend des monts Tamoucouragua, dans le Brésil, traverse la Guyane anglaise, et se jette dans l'Atlantique. Son cours est de 150 lieues. — Elle a donné son nom à un district de la Guyane anglaise, borné au N. par l'océan Atlantique, à l'O. par la Colombie, à l'E. par le Demérary, au S. par le Brésil. La ville de Demérary, située sur la rive droite du fleuve Essequibo, est le chef-lieu du district. Il y a environ trois cents plantations sur les bords de l'Essequibo. On y cultive le café, le coton, les cannes à sucre, le cacaotier, le riz. On y fait du rhum et du sucre. La colonie d'Essequibo, qui appartenait aux Hollandais, appartient aux Anglais depuis 1803.

ESSEX, comté d'Angleterre situé entre ceux de Suffolk et de Cambridge, Kent, Middlesex, Harford et la mer d'Allemagne. Sa superficie est de 72 lieues carrées, et sa population de 35,200 habitants. Le territoire est uni, sablonneux à l'intérieur, mais très-gras vers la côte. Le terrain est humide et fertile. On remarque au S.-O. de ce comté des forêts considérables, surtout celle d'*Epping*, renommée pour son excellent beurre, qui est très-estimé à Londres ; au N. on cultive beaucoup de safran, au milieu beaucoup de plaines. Ce comté envoie sept députés au parlement. La capitale est *Chelmsford*.

ESSEX (Robert DEVEREUX, comte d'), né en 1567 de Gauthier Devereux, comte d'Essex. Après avoir servi en 1585 en Hollande parmi les auxiliaires anglais, il revint à Londres en 1587, et y obtint les bonnes grâces d'Elisabeth, qui en fit son plus cher favori, et lui donna la charge de grand écuyer (1588). La reine voulut même l'épouser, et pardonna toujours son insolence et son peu de respect pour elle. Essex, envoyé au secours de Henri IV en 1591, fut nommé membre du conseil privé (1593). Il s'empara en 1596 de Cádiz contre les Espagnols, et, nommé grand maître de l'artillerie, causa beaucoup de mal (1597) à ce peuple. La reine le créa grand maréchal d'Angleterre. Nommé en 1598 vice-roi d'Irlande, il affecta de faire le contraire de ce qui lui avait été ordonné. La reine pensa qu'il devait être puni ; le conseil le condamna à la perte de ses emplois, excepté de celui de général de cavalerie. Enivré de la faveur populaire, il entama des négociations avec le roi d'Ecosse et les ennemis de la reine. En 1601, il souleva la populace contre Elisabeth. Fait prisonnier, il fut jugé, condamné à mort et exécuté le 25 février 1601.

ESSEX (Robert DEVEREUX, comte d'), fils du précédent, né en 1592. Elevé au collége d'Oxford, Jacques I$^{er}$ lui rendit toutes les prérogatives de sa famille. Essex servit en 1620 dans le Palatinat sous les ordres de sir Horatio Vere, et en Hollande sous le prince Maurice. A son retour en Angleterre, il se rangea dans le parti de l'opposition contre la cour, et quand la rébellion éclata il eut le commandement de l'armée parlementaire, combattit le roi à Edge-Hill, prit Reading, fit lever le siége de Glocester. Battu en 1644, on lui ôta le commandement en 1645, et il mourut en 1546.

ESSIEU, vieux mot synonyme d'*axe*. On s'en sert encore en parlant des roues, pour désigner la ligne autour de laquelle elles tournent. Un essieu se compose de deux fusées coniques, tournées, qui servent d'axe aux roues, et du corps d'essieu, de forme rectangulaire, sur lequel posent les brancards de la voiture. Les extrémités des fusées sont traversées dans le sens vertical par des chevilles en fer, ou bien elles sont garnies d'écrous taraudés, pour empêcher les roues de s'échapper. L'on fait les essieux le plus ordinairement avec plusieurs barres de fer méplat corroyées ensemble. — Les affûts qui portent les bouches à feu, dans la marine, sont montés sur quatre roues basses qui ont des essieux en fer ou en bois arrondis dans les roues, et carrés sous toute la largeur de l'affût.

ESSLING, village d'Autriche sur la frontière de la Hongrie. Le 22 mai 1809, l'armée autrichienne commandée par l'archiduc Charles, le comte de Bellegarde, le prince de Hohenzollern, le prince de Rosemberg, le prince de Lichtenstein et le général Kienmayer, présentant un effectif de 103 bataillons, 148 escadrons et 280 bouches à feu, en somme 90,000 soldats, fut vaincue par l'armée française commandée par Napoléon, ayant sous ses ordres les généraux Oudinot, Saint-Hilaire, Bessières, Lannes et Masséna. L'effectif de ces troupes était de 84 bataillons et 100 escadrons, en somme 60,000 soldats. 8 ou 9,000 hommes furent tués ou blessés de part et d'autre. On prit à l'ennemi quatre drapeaux et 1,500 hommes. Le général Saint-Hilaire et Lannes furent tués dans cette bataille.

ESSONNE, village du département de Seine-et-Oise, à un quart de lieue de Corbeil, à 12 lieues trois quarts de Versailles. Population, 2,717 habitants. Son nom ancien était *Axona* ou *Exona*. Ce ne fut d'abord qu'une royale maison des champs, dont Clotaire, au VI$^e$ siècle, fit présent à l'abbaye de Saint-Denis. Dans la suite cette terre et quelques autres furent accordées aux moines par l'abbé Hilduin en 832. Un bourg se forma, et une église s'établit dans ce lieu. Essonne se distingue par l'activité de son industrie. Le sol offre en abondance la tourbe qu'on exploite depuis le règne de Louis XIII. Essonne a une poudrière, des papeteries, une filature de laine et coton.

ESSOUFFLEMENT, état dans lequel la respiration est fréquente, courte, les mouvements respiratoires très-prononcés, et la parole entrecoupée. Ce symptôme accompagne un grand nombre d'affections, telles que l'anévrisme du cœur, le croup, l'asthme, etc., et en général les maladies du cœur et des poumons. Lorsqu'il est résultat d'une marche ou d'une course rapides, d'un excès d'embonpoint, l'essoufflement est peu dangereux. Quelques auteurs emploient le mot essoufflement comme synonyme d'asthme.

EST ou ORIENT (en hébreu, *kadim*), l'un des quatre points cardinaux de l'horizon, opposé à l'ouest ou occident, la partie du levant est le point du cercle de l'horizon qui est à 90 degrés du nord et du sud. Les marins le prononcent *Este*, et l'écrivent avec un seul E. Le soleil se lève tous les jours à ce point du ciel. — Pour trouver le côté est du ciel, on se tourne vers l'étoile polaire, et on a l'est à droite et l'ouest à gauche. On nomme *vents d'est* ceux qui soufflent entre les tropiques. Le point S.-E. (sud-est) est compris entre les points sud et est, l'est-sud-est (E.-S.-E.) est compris entre l'est et le sud-est, le sud-sud-est (S.-S.-E.) est compris entre le sud-est et le sud. — Dans la mythologie du Nord, Odin, ayant tué le géant Ymer, fit de son crâne le globe du ciel, et plaça aux quatre extrémités quatre nains en sentinelle.

EST ou ESTE, maison antique et illustre d'Italie, qui tire son nom de la ville d'*Est*, située dans le royaume lombardo vénitien, à 6 lieues de Padoue, sur la Bacchiglione. Elle eut le titre de marquisat. Des historiens fabuleux la font descendre d'Actius, roi d'Albe. Muratori tire son origine de Boniface I$^{er}$, comte de Lucques et duc de Toscane, qui vivait en 811 ; son sixième descendant fut ALBERT ou OBERTO I$^{er}$, marquis d'Italie et comte du sacré-palais. Son fils OBERTO II posséda des fiefs dans la Toscane. — ALBERT-AZZO I$^{er}$, fils d'Oberto II, régna de 1015 à 1030 dans les comtés d'Obertenga et de Lunigiane. — ALBERT-AZZO II, son fils, né vers 996, marquis d'Italie, seigneur d'Est et de Rovigo, mort en 1097, fut la tige de la maison de Brunswick aujourd'hui régnante en Angleterre et de celle de Modène éteinte depuis longtemps. — FOLCÓ ou FOULQUES I$^{er}$, second fils du précédent, régna de 1097 à 1135, et eut pour successeur son fils OBIZZO I$^{er}$, qui prit le premier le titre de marquis d'Est, et mourut en 1194. La maison d'Est a produit un grand nombre de personnages célèbres (voy. les articles suivants). Ses armoiries sont écartelées au premier et au quatrième carré de l'empire d'Allemagne, au deuxième et au troisième de France, à la bordure endentée d'or et de gueules, qui sont les armes de Ferrare ; cet écartelé est séparé par un pal de gonfalonnier de l'Eglise ; sur le tout est un écusson d'azur, à un aigle d'argent, couronné, becqué et membré d'or, qui sont les armes d'Est.

EST (Azzo V d'), fils d'Obizzo I$^{er}$, marquis d'Est, était seigneur de la ville d'Est, et ses possessions étaient dans le Padouan. Il enleva avec Bonifacio, son frère, la belle Marchesella, unique héritière des Adelards, fiancée à Arriverio Torelli, et la fit épouser à Obizzo, son père. Azzo hérita ainsi des biens immenses que Marchesella possédait dans le Ferranais, la Romagne et la Marche d'Ancône ; mais ce rapt alluma une haine inextinguible entre la maison d'Est et de Torelli, et fut la source des guerres qui désolèrent les Marches pendant deux siècles. Azzo V mourut avant 1192.

EST (Azzo VI d') ou AZZOLINO, marquis d'Est et de Rovigo, fut podestat de Ferrare en 1196, et de Padoue en 1199, il prit le parti des Guelfes, et combattit Ezzelin V avec un grand courage. Défait en 1207 par Ezzelin et Salinguerra Torelli, il vainquit à son tour le premier dans la même année. Sa vie fut une rivalité continuelle avec ces deux seigneurs puissants du parti gibelin. Il mourut en 1212 du chagrin d'avoir perdu une bataille contre Ezzelin.

EST (Azzo VII d'), fils d'Azzo VI, succéda à Aldobrandini I$^{er}$, son frère, qui régna de 1212 à 1215, dans le marquisat d'Est et d'Ancône, chassa Salinguerra Torelli de Ferrare (1221), et en fut chassé à son tour (1222). Il revint l'assiéger encore une fois, et, ayant attiré Salinguerra à une entrevue sous prétexte d'un accommodement, s'empara de sa personne en 1240, et l'envoya prisonnier à Venise. Il entra en 1256 dans la croisade publiée par le pape contre Ezzelin, le défit en 1259, et mourut en 1264 à l'âge de cinquante ans.

EST (OBIZZO II d'), fils de Renaud mort en 1250, succéda à Azzo VII, son grand-père, dans le marquisat d'Est et d'Ancône. Les Modenais lui offrirent en 1258, la seigneurie de leur ville. Il y fit son entrée solennelle en janvier 1289. Pour attacher les Rangone, famille puissante et illustre de cette ville, il maria son second fils Aldobrandini à Alda, fille de Tobie Rangone. En 1290, la ville de Reggio l'élut pour seigneur. Obizzo II mourut en 1293.

EST (Azzo VIII D'), fils d'Obizzo II, lui succéda en 1293. Il eut à soutenir des guerres contre les deux frères François et Aldobrandini, et abandonna les Guelfes, qui lui firent jusqu'en 1299 une guerre acharnée. Il soutint aussi une lutte violente contre les seigneurs de Lombardie jaloux de sa puissance, et mourut en 1308.
— FOULQUES II, fils d'un bâtard d'Azzo, fut attaqué par les frères d'Azzo, qui il succéda, et mourut bientôt à Venise. — FRANÇOIS et ALDOBRANDINI II étant morts, les trois fils de ce dernier lui succédèrent.

EST (RENAUD D') succéda à son père Aldobrandini II, avec ses frères OBIZZO III et NICOLAS Ier. Excommuniés momentanément par le pape, ils se soulevèrent avec les seigneurs de Vérone, de Milan et de Mantoue. Cependant en 1329, Jean XXII leur accorda la seigneurie de Ferrare comme fief du saint-siège, moyennant un tribut de 10,000 florins. Renaud mourut en 1335, Nicolas en 1344. Obizzo régna seul et mourut en 1352. Son fils aîné ALDOBRANDINI III lui succéda, et mourut en 1361. NICOLAS II, son frère, lui succéda, vu l'âge de son fils Obizzo. Nicolas affermit sa puissance, agrandit encore la maison d'Est, et mourut en 1388, laissant le trône à son neveu OBIZZO III, qui périt assassiné par les ordres d'ALBERT frère de Nicolas II, qui mourut en 1393.

EST (NICOLAS III D'), fils d'Albert, succéda à son père en 1393 à l'âge de neuf ans, et épousa en 1398 Gigliola, fille de François II de Carrare, seigneur de Padoue. Engagé dans une guerre malheureuse contre les Vénitiens, il se vit dépouillé de presque tout son patrimoine, et de la principauté de Reggio dont il s'étaît rendu maître par un assassinat. Il rentra en possession de ses États, et mourut en 1441 empoisonné par les successeurs naturels du duc de Milan, Philippe Marie-Visconti, qui voulait l'appeler au trône de Milan après sa mort. Il laissa deux fils légitimes Hercule et Sigismond, qui, se trouvant trop jeunes, cédèrent le trône à LIONNEL, leur frère naturel. Le prince érudit régna de 1441 à 1450, et laissa le trône à Bonso, comme lui fils naturel de Nicolas III.

EST (BONSO D') succéda à son frère Lionnel en 1450, et fut comme lui un prince savant qui mérita l'affection de ses peuples. L'empereur Frédéric III le créa en 1452 duc de Reggio et de Modène, et comte de Rovigo et de Commacchio, se réservant toutefois un cens annuels de 4,000 florins d'or. En 1471, Borso se fit créer duc de Ferrare par le pape Paul II. Il mourut le 20 août la même année. Son frère légitime Hercule lui succéda.

EST (HERCULE Ier D'), fils légitime de Nicolas III, succéda à son frère naturel Borso en 1471, et fit trancher la tête au fils de son autre frère Lionnel, qui lui avait disputé ses États. Il épousa en 1473 Léonore d'Aragon, fille de Ferdinand, roi de Naples. En 1478, il se mit comme condottière à la solde des Florentins, et perdit dans une guerre contre le pape Sixte IV et les Vénitiens la Polésine de Rovigo. Sous son règne, la cour de Ferrare devint célèbre par son goût pour les arts. Hercule Ier laissa trois fils légitimes, ALPHONSE Ier qui suit, le cardinal Hippolyte, et Ferdinand, un fils naturel nommé Jules, et deux filles. Il mourut en 1505.

EST (ALPHONSE Ier D') succéda en 1505 à Hercule Ier, son père. Il avait épousé en premières noces en 1491 Anne, sœur de Galéas Sforza, duc de Milan, et en secondes noces en 1502 la fameuse Lucrèce Borgia, fille du pape Alexandre VI. Il entra en 1509 dans la ligue de Cambrai, et Jules II le nomma alors gonfalonier de l'Église romaine. Il reconquit sur les Vénitiens la Polésine de Rovigo, et ne voulut jamais entrer dans le parti des Vénitiens. Excommunié et déclaré déchu de la principauté de Ferrare, il n'échappa à Jules II que par la fuite. Léon X ne fut pas moins son ennemi que Jules II. Alphonse mourut en 1534, après avoir reconquis Bondeno, Finale, San-Fe-

lice, le Garfagnane, Lugo, Bagnacavallo, Reggio, Rubiera et Modène. Il a été chanté par l'Arioste.

EST (HERCULE II D'), fils aîné d'Alphonse Ier, lui succéda en 1534, et épousa Renée de France, fille de Louis XII, qui lui apporta en dot les duchés de Chartres et de Montargis. Il essaya vainement de secouer le joug de l'influence espagnole, et mourut en 1559 après avoir marié son fils Alphonse II avec Lucrèce de Médicis, fille de Cosme Ier, duc de Toscane. Son frère Hippolyte, cardinal d'Est, fut le plus grand protecteur des lettres de son siècle.

EST (ALPHONSE II D') né en 1533, succéda en 1559 à Hercule II, son père. Sa première femme étant morte en 1561, il épousa en secondes noces en 1565 l'archiduchesse Barbe, fille de l'empereur Ferdinand Ier, morte en 1572. Au bout de sept ans de veuvage, il épousa en troisièmes noces Marguerite de Gonzague, fille de Guillaume, duc de Mantoue, en 1579. Cette même année, il fit emprisonner le Tasse, qui aimait, dit-on, la princesse Léonore sa sœur. Le duc Alphonse II mourut en 1597, sans postérité, aimé des gens de lettres et des artistes qu'il avait protégés. D. César d'Est, fils d'Alphonse, marquis de Montecchio et de Julie de la Rovère, fils naturel d'Alphonse Ier, lui succéda.

EST (CÉSAR D'), né en 1562, succéda en 1597 à Alphonse II, son cousin germain, dans les duchés de Ferrare, de Modène et de Reggio. Le pape Clément VIII ne voulut pas le reconnaître avant qu'il eût renoncé au duché de Ferrare, qu'il tenait du saint-siège. Ce duché fut réuni en 1599 aux États pontificaux, ainsi que les fiefs mouvants de l'empire, et entre autres Commacchio. César eut en 1602 une guerre avec les Lucquois, et mourut en 1608, laissant de sa femme Virginie de Médicis six fils, ALPHONSE III qui suit, Louis, Hippolyte, Nicolas, Borso et Sorecto, et trois filles, Julie, Ange-Catherine et Laure.

EST (ALPHONSE III D'), fils du duc César d'Est, épousa à l'âge de seize ans Isabelle fille du duc Emmanuel de Savoie, et succéda à son père en 1608. Il s'abandonna d'abord à ses passions, et gouverna ses sujets avec un sceptre de fer, mais la mort de sa femme le fit changer de conduite. Il fonda divers établissements religieux, et se fit capucin à l'âge de trente-sept ans en 1629 dans le couvent de Marano en Tyrol, où il prit le nom de Jean-Baptiste de Modène. Il avait pourvu des quatre fils cadets d'apanages, et cédé à son fils aîné les duchés de Modène et de Reggio.

EST (FRANÇOIS Ier D'), fils aîné d'Alphonse III, né en 1610, succéda à son père en 1629. La peste qui fut la suite de la guerre de 1630 ravagea ses États. Il embrassa d'abord les intérêts de l'Espagne, dont il acquit pour 230,000 florins d'or le principauté de Correggio, et en obtint l'investiture de l'empereur Ferdinand II. Il devint en 1646 veuf de Marie Farnèse, fille de Ranuce Ier duc de Parme. Deux ans après, il épousa Victoire Farnèse, sœur de la première, et à la mort de celle-ci (1649) il épousa en troisièmes noces (1654) Lucrèce Borgia, fille de Taddeo, prince de Palestrine. Il avait en 1647 embrassé le parti de la France, dont il avait accepté le commandement des armées en Italie. Il mourut en 1658, et laissa du premier lit ALPHONSE IV qui suit, et trois filles, dont une religieuse et deux mariées successivement à Ranuce II Farnèse, duc de Parme; du second lit Renaud II, d'abord cardinal, et Alméric.

EST (ALPHONSE IV D'), fils aîné de François Ier, lui succéda en 1658. Il avait épousé quelque temps avant, Laure Martinozzi, nièce du cardinal Mazarin. Il signa en 1659 une paix avec l'Espagne, et fut le généralissime des troupes françaises en Italie. Il mourut peu de temps après, laissant pour successeur son fils FRANÇOIS II, qui régna d'abord sous la tutelle de sa mère, épousa en 1692 Marguerite Farnèse, fille de Ranuce II, duc de Parme, et mourut sans en-

fants en 1694. Son oncle RENAUD lui succéda.

EST (RENAUD II D'), né en 1655, créé cardinal en 1686, succéda à son neveu François II en 1694, et épousa Charlotte-Félicité de Brunswick, fille du duc Jean-Frédéric de Hanovre, mariage qui réunit les deux branches de la maison d'Est séparées depuis six cents ans. Il se détermina pour la maison d'Autriche dans la guerre de la succession, et fut chassé par les Français de ses États, qu'il recouvra en 1707. L'empereur Joseph Ier lui rendit en 1711 pour 200,000 pistoles de la principauté de la Mirandole et le marquisat de Concordia, qu'il avait confisqués sur les Torelli. Chassé une seconde fois de ses États par les troupes espagnoles et françaises en 1734, il les recouvra encore en 1736. L'empereur Charles VI, lui donna l'investiture du comté de Novellara l'année suivante. Renaud II mourut en 1737, laissant FRANÇOIS III qui suit, et trois filles, Bénédicte-Ernestine, Amélie-Josèphe et Henriette.

EST (FRANÇOIS-MARIE III D'), fils de Renaud II, lui succéda en 1737. Il était né en 1698, et avait en 1720 épousé mademoiselle de Valois (Charlotte-Aglaé d'Orléans, fille du régent). Créé chevalier de la Toison d'or en 1731, il faisait la guerre aux Turks lorsqu'il succéda à son père. Nommé général d'artillerie de l'empereur, il fut chassé de ses États par le roi de Sardaigne en 1742. Il se déclara dès lors pour la maison de Bourbon, et fut nommé par le roi d'Espagne généralissime de ses troupes en Italie. Rétabli dans ses États en 1748, il fut nommé en 1754 vice-gouverneur de la Lombardie pour l'Autriche, et mourut en 1780, laissant HERCULE-RENAUD III qui suit, et quatre filles.

EST (HERCULE-RENAUD III D'), né en 1727, épousa en 1741 Marie-Thérèse Cibo-Malaspina, dernière héritière des comtés de Novellara, de Cibo, de Malaspina, de Massa et de la principauté de Carrara, et étendit ses domaines jusqu'à la mer par ce mariage. Il succéda à son père en 1780, et accabla ses sujets d'impôts. Chassé de ses États par les armées françaises, le duc de Modène se retira à Trieste, où il mourut peu d'années après. Il n'avait laissé qu'une fille unique MARIE-BÉATRIX née en 1750, qui épousa en 1771 l'archiduc Ferdinand, frère des empereurs Joseph II et Léopold. Elle devint veuve en 1800, ayant eu de son époux quatre princes et trois princesses, dont la dernière, Marie-Louise-Béatrix a épousé l'empereur d'Autriche François II. C'est dans l'archiduchesse Marie-Béatrix que finit l'antique et illustre maison d'Est.

ESTACADE, sorte de barrière, formée momentanément à l'entrée d'un port ou d'une rivière avec des corps flottants, tels que des dromes de mâts, etc., et par des câbles ou chaînes bien tendus au travers du passage, pour en écarter les glaces ou les autres corps flottants charriés par le courant, et se mettre les bateaux à l'abri de leur choc. On en fait aussi pour empêcher les vaisseaux ennemis d'y entrer. On fait dans certaines rivières des estacades avec des pieux et des pilotis. — On donne encore ce nom, dans quelques ports, à des remplissages en bois, qu'on plaçait entre les couples d'un vaisseau ou frégate depuis sa flottaison jusqu'au plat-bord.

ESTADAL, mesure de longueur usitée en Espagne. Elle vaut 11 pieds (le pied, en Espagne, vaut 282 millimètres 6 dixièmes de France).

ESTAFETTE, mot allemand qui signifie ordonnance à cheval. Sous l'empire, on organisa un service d'estafettes pour porter promptement les dépêches; on s'en sert encore aujourd'hui. Les estafettes sont des messagers ou courriers qui marchent à cheval et toujours au galop; ils se remplacent de relais en relais, après s'être remis le portefeuille. Ce service est très-accéléré.

ESTAFIER ou ESTAFFIER, sorte de laquais de pied qui tenait l'étrier à son maître, portait son épée, et était armé lui-même. Les généraux, seigneurs, châtelains, etc., avaient de ces valets pour porter leurs missives, leurs cartels, etc., et assassiner leurs ennemis dans les carrousels; ils remplissaient les fonctions d'huissiers, sentinelles, sergents. L'usage de se faire suivre par des estafiers, d'abord particulier à la noblesse, s'étendit à la bourgeoisie. On en trouvait à loyer, ou on en tenait à poste fixe près de sa personne. En Ecosse, le symbole de leur profession était un petit bouclier. — Les estafiers figurent encore dans le cérémonial de l'enterrement des papes : les cardinaux en ont aussi; mais ce sont des laquais qui portent la livrée et un manteau.

ESTAFILADE, entaille, coupure provenant d'un coup de sabre, d'un instrument tranchant. Ce mot vient de ce que les *estafiers* (voy.) avaient ordre de chasser au moyen d'étrivières ou de coups de sabre les passants qui obstruaient le chemin de leur maître.

ESTAIM ou ÉTAIM, sorte de longue laine qu'on a fait passer par un peigne ou une grande carde. Lorsque cette laine a été filée et qu'elle est bien tordue, on lui donne le nom de *fil d'estaim* ; on en forme les chaînes de tapisseries et de plusieurs étoffes. On appelle *serges à deux étaims* celles dont la trame et la chaîne sont entièrement de ce fil, et *serges d'un estaim* ou *serges sur estaim* celles dont il n'y a que la chaîne qui soit de fil d'estaim.

ESTAING (Charles-Henri, comte D'), né en 1729 à Ravel (Auvergne). Nommé colonel d'infanterie, et bientôt après élevé au grade de brigadier des armées du roi, il passa dans les Grandes-Indes sous les ordres de Lally. Fait prisonnier, il fut traité avec une grande barbarie et amené à Portsmouth. Ayant reçu sa liberté, il fut nommé lieutenant général en 1763, et vice-amiral en 1778. Estaing commanda cette année la flotte française armée pour défendre les insurgés de l'Amérique du Nord contre les Anglais. Rentré en France en 1780, il fut en 1787 nommé membre de l'assemblée des notables, et adopta des principes de liberté. Il commanda la garde nationale de Versailles, et vint servir comme simple grenadier dans la garde nationale de Paris. Il s'éleva fortement contre le départ du roi, et protesta de son dévouement à l'assemblée nationale. Devenu suspect, il fut traduit devant le tribunal révolutionnaire, condamné à mort et exécuté (1794).

ESTAINS. Il se dit de deux pièces de bois dévoyées, taillées en arc, réunies par le bas, et qui forment la rondeur de l'arrière d'un vaisseau. Elles sont assemblées par le bas à l'étambot, et par le haut aux deux alonges de tréport.

ESTAMPE, empreinte de traits qui ont été creusés dans une matière solide. — Ce nom se donne particulièrement aux images imprimées sur du papier, une étoffe, avec une planche de cuivre, de bois, d'acier, gravée. Le mot *estampe* appartient également aux produits de la gravure à l'eau-forte, au burin, à la manière noire, au lavis, etc. On a tiré des estampes sur les cuirs, les tentures de soie, le parchemin, le satin, et même sur l'écorce d'arbre et sur du plâtre. L'art d'imprimer au moyen de planches gravées ne remonte qu'au XVe siècle ; il fut découvert par Maso-Finiguerra. On n'imprima d'abord que les gravures sur bois; car les gravures sur métaux ne s'employaient que comme ornements, sur des vases d'orfévrerie, etc., et pour fixer sur des bijoux un émail quelconque. Ces bijoux étaient nommés *nielles*. Les plus anciennes estampes que nous ayons sont une *image de saint Christophe* (1423), de *saint Bernard* (1454). Le plus ancien livre où l'on trouve des estampes mêlées au texte est un Traité de médecine de Pierre de Abano (1472). La lithographie a donné le moyen de tirer des estampes avec plus de facilité et d'économie. — En termes d'arts mécaniques, on nomme *estampes* les outils qui servent à faire des empreintes sur des matières molles.

ESTAMPILLE, sorte de timbre, de marque, ou sans signature de celui qui l'emploie. Depuis l'établissement des brevets d'invention, l'usage en est devenu général. C'est ordinairement une plaque de cuivre mince qui porte le nom, la demeure et l'adresse du breveté. Cette plaque, dont la forme varie à volonté, se soude, se colle, se fixe d'une manière quelconque sur la pièce brevetée, et en prévient la contrefaçon. D'après les lois, un exemplaire de l'estampille doit être déposé au greffe du tribunal de commerce, afin de prévenir les contestations.

ESTAMPILLE. En statistique militaire, c'est une marque dont on se sert dans les régiments, et qu'on applique sur les effets des soldats pour éviter les soustractions et les échanges. Toutes les pièces de l'armement, de l'équipement et de l'habillement doivent être estampillées.

ESTATEUR, celui qui fait cession de ses biens en justice à ses créanciers. Il est ainsi nommé parce qu'il doit ester à droit, c'est-à-dire comparaître en justice en personne.

ESTAVAYER, petite ville de Suisse, faisant partie du canton de Fribourg, quoique située dans celui de Vaud. Cette ville est assise dans une position charmante sur les bords du lac de Neuchâtel. Sa population est de 1,500 habitants. Elle est commerçante.

ESTER EN JUGEMENT, comparaître en justice personnellement, plaider en son nom, ce que peuvent faire les mineurs non émancipés et autres. *Ester à droit*, c'est se présenter devant le juge où l'on a été assigné, surtout en matière criminelle. Ce mot se dit aussi d'un contumax qui, ayant laissé passer cinq années depuis le jugement, ne pouvait plus obtenir des moyens de justification sans obtenir en chancellerie des lettres pour *ester à droit*.

ESTERHAZY (Paul), vice-roi de Hongrie, né en 1635. Elevé aux premiers honneurs militaires, il donna des preuves signalées de son courage et de son expérience. Il contribua à la délivrance de Vienne en 1685, et conduisit au siége de Bade, des troupes nombreuses levées à ses frais. Les empereurs Ferdinand III, Léopold Ier, Joseph Ier et Charles VI lui donnèrent de grandes preuves de leur estime. Il mourut en 1713.

ESTERHAZY (Nicolas, prince D'), magnat de Hongrie, feld-maréchal autrichien, né en 1765, remplit avec distinction plusieurs missions diplomatiques. Nommé en 1796 membre de la députation chargée par la diète de Hongrie d'aller féliciter le prince Charles, frère de l'empereur, sur ses succès, il ne quitta l'armée qu'après avoir remis à l'archiduc 200,000 francs, produit d'une souscription ouverte en faveur des soldats blessés. La France ayant menacé d'envahir l'Autriche, Esterhazy organisa une armée et fit appel à ses vassaux. Il fut chargé en 1802 de négociations importantes près de la cour de Russie. En 1810, il fut chargé d'une autre mission près du roi des Deux-Siciles.

ESTERHAZY (Paul-Antoine), neveu du précédent, fils du prince de Gallanta, et grand-croix de l'ordre des Guelphes, fut chargé en 1810, par l'empereur François II, d'aller au-devant de Berthier, envoyé par Napoléon pour demander la main de l'archiduchesse Marie-Louise, et partit ensuite pour la Haye en qualité d'ambassadeur près de la cour de Hollande ; chargé en 1814 d'une mission auprès du pape Pie VII, il fut envoyé (1815) comme ministre plénipotentiaire à la cour de Londres.

ESTHER ou ÉDISSA, femme juive, de la tribu de Benjamin, fut élevée après la mort de ses parents par son oncle maternel Mardochée, et choisie pour épouse par le roi Assuérus (Darius, fils d'Hystapes). Aman ayant obtenu d'Assuérus l'ordre de faire mourir tous les Juifs dans ses Etats, pour se venger de ce que Mardochée n'avait pas fléchi le genou devant lui, Esther eut le crédit de faire révoquer cet ordre. Elle dévoila au roi les complots d'Aman, qu'Assuérus fit pendre à la potence élevée par l'ordre du favori pour le supplice de Mardochée. Elle obtint la délivrance des Juifs, qui massacrèrent plus de soixante-quinze mille de leurs ennemis avec la permission du roi, le 13 du mois d'adar, et instituèrent une fête solennelle, celle *de Purim* ou *des Sorts*, en mémoire de cet événement. — Un livre de l'Ancien Testament, qui renferme l'histoire de ces événements, porte le nom d'*Esther*. Il a seize chapitres dans la Vulgate et dix dans l'hébreu. Les uns l'attribuent à Esdras, les autres à l'assemblée que les Juifs nommaient la *grande synagogue*, et à laquelle Esdras présidait. L'on pense, avec plus de raison, que Mardochée et Esther sont les principaux auteurs de cet ouvrage.

ESTHÉTIQUE, science dont l'objet est la théorie des arts, fondée sur la nature et le goût. Cette science déduit de la nature du goût la théorie générale et les règles fondamentales des beaux-arts. Elle a pris naissance en Allemagne. La plus célèbre école d'esthétique est celle que Kant (voy.) fonda dans sa *Critique du jugement*, ouvrage dans lequel il recherche la nature du beau et du sublime.

ESTHONIE ou REVEL, gouvernement de Russie, forme la partie septentrionale de la Livonie. Il est borné au N. par le golfe de Finlande, à l'E. par le gouvernement de Saint-Pétersbourg, au S. par la Livonie et le lac Peïpus, à l'O. par la Baltique. Sa superficie est de 900 lieues carrées, et sa population de 290,000 habitants. Le pays est riche en lin, chanvre, grains, bois, miel, cire. Il commerce en toile et cuirs. Il se divise en quatre cercles *Vick-Habsal*, *Garrien-Revel*, *Erven-Waissentein*, *Virland-Wesenberg*. Les mœurs des habitants sont dures et grossières. Ils professent le luthéranisme. Les Esthoniens formèrent d'abord une peuplade finnise soumise aux Russes. Depuis 1385, que l'Esthonie fut vendue à l'ordre teutonique, ce pays dépendit de la Livonie. Il rentra sous la domination de la Russie à la fin du XVe siècle. La capitale est REVEL.

ESTIÉES (myth.), sacrifices en l'honneur de Vesta, dont il était défendu de rien emporter, et de rien communiquer, excepté aux assistants.

ESTIENNE ou ÉTIENNE, famille célèbre de Paris, qui a rendu de grands services aux lettres et à la typographie. La famille des Estienne est l'objet que nos recherches des bibliophiles. On en trouve la nomenclature dans les ouvrages d'Almeloveen et de Mettaire. Le plus ancien imprimeur de cette famille est HENRI ESTIENNE, premier du nom, qui commença à imprimer en 1502, et mourut en 1520. Il est célèbre par l'édition de plusieurs ouvrages, et surtout par un *Psautier* à cinq colonnes publié en 1509. C'est le premier livre de l'Ecriture où l'on ait distingué les versets par des chiffres. Les plus célèbres imprimeurs de cette famille sont ROBERT, HENRI, CHARLES, etc. Voy. ces noms.

ESTIENNE (Robert), deuxième fils d'Henri Estienne, premier du nom, naquit à Paris en 1503, et surpassa son père par la beauté et l'exactitude de ses éditions. Robert se livra avec ardeur à l'étude de la littérature. Il possédait une connaissance approfondie des langues latine, grecque et hébraïque. Une édition de la Bible (1532), avec une version par Léon de Juda et des notes altérées par Calvin, lui attira de grandes persécutions de la part de la Sorbonne. En 1539, il reçut le titre d'imprimeur royal pour le latin et l'hébreu. Le crédit du roi ne put empêcher qu'il fût condamné par la Sorbonne. Il fut forcé de s'exiler à Genève en 1552. Il y imprima quelques ouvrages, et mourut en 1559. Ses plus célèbres éditions sont la *Bible hébraïque* (1544), le *Nouveau Testament* grec (1546), le *Thesaurus linguæ Latinæ* (1536), *Denys d'Halicarnasse*, *Dion Cassius*, les œuvres de *Cicéron*, de *Térence*, de *Plaute*, etc.

ESTIENNE (Charles), frère du précédent, imprimeur comme lui, joignit à l'art de son père la science de la médecine. Il accompagna avec Ronsard l'ambassadeur Lazare de Baïf dans son voyage en Allemagne, et mourut en 1564, à soixante ans. On a de lui un grand nombre d'ouvrages : *De re hortensi libellus* (1535) ou *Traité des jardins*, *Art de semer ou de planter les arbres à fruits* (1536), *Traité sur la culture de la vigne* (1537), *Traité sur les bois* (1552). Il établit une imprimerie dans cette ville en 1554. Une satire, publiée contre les moines, et qui le fit condamner à être brûlé en effigie, l'obligea de s'enfuir. Il passa à Genève, et de là à Lyon, où il mourut en 1598. Ses plus célèbres ouvrages ou éditions sont le *Thesaurus linguæ Græcæ* (1572), une *version d'Anacréon* en vers latins, le *Poetæ Græci principes heroici carminis* (1566), les *œuvres de Pindare*, des *éditions de Xénophon*, *Diodore*, *Thucydide*, *Hérodote*, *Sophocle*, *Eschyle*, *Plutarque*, *Callimaque*, *Virgile*, *Horace*, etc.

ESTIME (mar.), méthode pour tenir compte du chemin, par le moyen du loch, et de la route suivie sur la boussole, de la dérive, etc., pour en conclure chaque jour à midi la latitude et la longitude du point estimé où se trouve un bâtiment en pleine mer. Avec ces données incertaines, on n'a toujours qu'un point par approximation. Diverses observations astronomiques sont faites pour corriger l'estime sur la route tenue et sur le chemin parcouru. Le navigateur détermine chaque jour son point d'arrivée, selon l'estime du chemin qu'il a fait et la route qu'il a suivie pendant vingt-quatre heures.

ESTIUS (Guillaume), né vers l'an 1542 à Gorcum en Hollande, descendait de l'ancienne famille d'Est. Il prit le bonnet de docteur à Louvain en 1580. Ses talents le firent appeler à Douai, où il fut professeur en théologie, supérieur du séminaire, prévôt de l'église de Saint-Pierre et chancelier de l'université. Il mourut dans cette ville en 1613. On a de ce savant un *Commentaire sur le Maître des sentences* (1615), un *Commentaire sur les Épîtres de saint Paul* (1614), des *Annotations sur les lieux difficiles de l'Écriture sainte* (1620), des *discours*, etc.

ESTIVAL, épithète qui se donne aux végétaux qui produisent leurs fruits en été, aux maladies qui règnent dans cette saison, et qui paraissent dues à l'influence qu'elle exerce sur l'économie animale.

ESTIVE, chargement d'un navire en coton, en laine et autres marchandises en ballots, qui ont plus ou moins d'élasticité, que l'on comprime le plus possible pour en diminuer le volume et en placer davantage dans la cale d'un navire : c'est ce qu'on dit *charger en estive*. Mettre une *galère en estive*, c'est égaliser les poids sur les côtés pour la tenir droite.

ESTOC, ESTOCADE ou ESTOQ, épée longue, large, en spatule et propre à percer. Le mot dérive de l'allemand *stock* (épieu, bâton ferré). On ne la connaissait point au XVe siècle. Au temps de Louis IX, sous Henri II, les compagnies d'ordonnance portaient cette arme. Estoc est aussi synonyme de *pointe*. *Frapper d'estoc et de taille*, c'est donner des coups et de la pointe et du tranchant. *Un homme d'estoc* désigne vulgairement un homme adroit.

ESTOCADE ou STOCADE, arme distincte de l'estoc, quoiqu'elle ait été confondue avec lui. C'était une épée en spatule, dont on se servait à cheval, et qui frappait de pointe. Le fer en était long. La lame, sorte de barre carrée, était terminée par une spatule de huit ou dix pouces, percée près de sa naissance et à son milieu d'un trou où l'on fixait à demeure une broche de fer de deux ou trois pouces de long, dans le but de retenir le fourreau, parce que ce fourreau n'était pas plus long que la spatule : le reste de la lame demeurait à découvert. Les estocades avaient une poignée à croisette. — *Estocade* désigne aussi, 1º une épée de trois pieds et demi et à poignée terminée en pivot; 2º en termes d'escrime, un coup de pointe quelconque que l'on porte à l'ennemi.

ESTOILE (Pierre DE L'), grand audiencier de la chancellerie de Paris. Il était parent ou allié des premières familles de la magistrature. Il ne fut ni ligueur ni royaliste prononcé. Il laissa un *journal* très-estimé, qui se divise en deux parties : le *Journal de Henri III*, qui commence en mai 1574, et finit en août 1589; le *Journal de Henri IV*. Ce recueil, qui se distingue par sa franchise, est un mélange de faits très-variés. C'est un compte rendu des événements du jour, du prix des denrées, des maladies régnantes. Le *Journal de Henri IV* a été réimprimé en 1719 sous le nom de *Mémoires pour servir à l'histoire de France*. Pierre mourut en 1611.

ESTOILE (Claude DE L'), fils du précédent, sieur du Saussai et de la Boissinière, né à Paris en 1597, fut l'un des cinq poëtes employés par le cardinal de Richelieu à la composition de ses œuvres dramatiques. Reçu à l'académie française en 1632, il mourut en 1652. On a de lui plusieurs pièces : *la Belle Esclave* (1643), *le Ballet des fous* (1627), *l'Intrigue des Filous* (1648). — Son fils, PIERRE POUSSEMOTHE DE L'ESTOILE, fut abbé de Saint-Acheul d'Amiens, où il mourut en 1718. Il est auteur de quelques *traités historiques*.

ESTOMAC, organe principal de la digestion, réservoir musculo-membraneux, conoïde, allongé, courbé de devant en arrière et de bas en haut dans le sens de sa longueur, légèrement déprimé sur deux faces opposées, se continuant d'un côté avec l'œsophage, et de l'autre avec le duodénum, situé au-dessous du diaphragme entre le foie et la rate derrière les fausses côtes gauches, occupant à la partie supérieure de l'abdomen l'épigastre et une partie de l'hypocondre gauche. Il est destiné à fluidifier, à convertir en chyme les aliments avant de les transmettre aux intestins. Cet organe, siège de la faim et de la soif, est en rapport direct avec le cerveau.

ESTOMPE, morceau de peau roulée, cousue et taillée en pointe, dont on se sert pour étendre le crayon sur le papier. On la fait en cuir d'agneau, en peau de buffle, de castor ou en papier gris. L'estompe étend sur le papier le crayon broyé de la même manière que la brosse étend les couleurs sur la toile. Elle procure des touches larges et moelleuses, établit les ombres avec précision et netteté.

ESTOUTEVILLE (Guillaume D'), cardinal, archevêque de Rouen, fils de Jean d'Estouteville, d'une ancienne et illustre famille de Normandie, éteinte depuis 1566, fut chargé de commissions importantes sous les règnes de Charles VII et de Louis XI, réforma l'université de Paris, et protégea les savants. C'était un homme intrépide et strict observateur de la justice. Partisan zélé de la pragmatique sanction, il assembla les évêques à Bourges, et fit observer ce règlement. Il mourut à Rome, doyen des cardinaux, en 1483, à quatre-vingts ans. Outre l'archevêché de Rouen, il possédait six évêchés en France et en Italie, quatre abbayes et trois grands prieurés.

ESTRADES (Godefroi, comte D'), né à Agen en 1607, maréchal de France et vice-roi d'Amérique). Il servit longtemps en Hollande sous le prince Maurice, auprès duquel il faisait les fonctions d'agent de France, et fut nommé ambassadeur extraordinaire en Angleterre (1661). Ayant négocié en 1662 la vente de Dunkerque, il fut chargé de recevoir cette ville des mains des Anglais. En 1666, il fut envoyé à Londres en qualité d'ambassadeur de France, et soutint avec fermeté les prérogatives de la couronne de France. En 1667, il conclut en Hollande le traité de Breda. Il mourut en 1686. On a recueilli ses *négociations* (1743).

ESTRAGON, plante vivace, espèce du genre *armoise*, de la famille des corymbifères. Elle naît spontanément en Sibérie, d'où elle a été transportée dans les autres pays. Ses feuilles sont petites et allongées; leur odeur est piquante et aromatique. L'estragon fait partie des salades, en relève le goût et en facilite la digestion. — En médecine, on se sert de l'estragon dans plusieurs infusions, telles que le *vinaigre d'estragon*. On confit les câpres et les cornichons dans du vinaigre d'estragon.

ESTRAMAÇON ou ESTRAMASSON, mot ancien qui désignait l'extrémité du sabre mesurée à un pied de distance de la pointe. Selon d'autres, il désignait un coup de taille, une lourde épée, une épée à large tranchant. On s'en servait dans les combats et les duels à mort.

ESTRAMADURE ou ESTRAMADURA, ancienne province de l'Espagne occidentale, située entre celles de Salamanque, Tolède, Cordoue et Séville, la Manche et le Portugal. Sa superficie est de 1,868 lieues carrées, et sa population d'environ 900,000 habitants. Elle est arrosée par le Tage, le Duero et la Guadiana. L'hiver est doux, l'été chaud et sans pluies. La plus grande partie est couverte de plaines où paissent de nombreux mérinos. Les parties cultivées produisent en abondance du blé, de l'orge, du vin, du chanvre, du lin, du poivre, des raisins exquis, etc. — La capitale était *Badajoz*. — L'Estramadure se divise aujourd'hui en deux provinces : *Cacérès*, avec une capitale du même nom, et *Badajoz*. Chaque année plus de 50,000 habitants quittent l'Estramadure pour chercher de l'ouvrage ailleurs.

ESTRAMADURE, province de Portugal, entre celles de Beira, Alemtejo et l'océan Atlantique. Sa superficie est de 1,280 lieues carrées, et sa population de 826,500 habitants. Le climat de l'Estramadure est chaud et adouci par les brises de la mer et les vents du N.-E. Elle est traversée par des branches du Guadarrama et de Guadalope, et arrosée par le Tage. Sa capitale est Lisbonne. Cette province est très-fertile.

ESTRAPADE se dit, en termes de manége, de l'action d'un cheval qui se dresse en l'air, pour démonter le cavalier. — On donnait ce nom à deux supplices. *L'estrapade de mer* consistait à guinder le coupable à une vergue, et à le laisser tomber dans la mer autant de fois que l'ordonnait la sentence. *L'estrapade de terre*, dans le midi de l'Europe, consistait à hisser, au moyen d'une poulie, le coupable suspendu par les épaules ou les mains, et on le laissait tomber jusqu'à terre avec force, en sorte que les membres se démettaient ou se brisaient. Ce supplice fut introduit en France sous François Ier.

ESTRAPADE. Une place et une rue de Paris, près du Panthéon Sainte-Geneviève, portent les noms d'*Estrapades*. Vers la fin du XVIe siècle, trois acteurs y établirent un théâtre qui prit, sous la révolution, le nom de *théâtre des Muses*, et plus tard celui de *Délassements comiques*. En 1792, ce théâtre prit le nom de *théâtre de l'Estrapade*, et se ferma en 1793.

ESTRÉES (Jean D'), grand maître de l'artillerie de France, né en 1486 d'une famille ancienne et illustre, fut d'abord page de la reine Anne de Bretagne. Il rendit de grands services aux rois François Ier et Henri II. Il se signala à la prise de Calais en 1558. Il fut le premier qui donna à l'artillerie de belles fontes dont nous nous servons aujourd'hui encore. Il mourut en 1567. Jean était né en Picardie

ESTRÉES (François-Annibal d'), duc, pair et maréchal de France, fils du précédent, né en 1593, embrassa d'abord l'état ecclésiastique, et fut promu par Henri IV à l'évêché de Noyon ; mais il quitta cet évêché pour suivre le parti des armes. Il se signala en diverses occasions, secourut le duc de Mantoue en 1626, prit Trèves, et se distingua par sa valeur et son esprit. Nommé en 1636 ambassadeur extraordinaire à Rome, il soutint avec force les intérêts de la couronne. Ses brusqueries le brouillèrent avec Urbain VIII. Rappelé en France, il refusa de rendre compte de sa conduite, et mourut en 1670. On a de lui des *Mémoires de la régence de Marie de Médicis*.

ESTRÉES (César D'), cardinal-abbé de Saint-Germain des Prés, né en 1628, fils de François-Annibal, fut élevé à l'évêché de Laon en 1653. Le roi le choisit pour être le médiateur entre le nonce du pape et les partisans des évêques d'Aleth, de Beauvais, de Pamiers et d'Angers. Ses soins procurèrent un accommodement qui donna à l'Eglise de France une paix passagère. Nommé cardinal en 1674, il fut envoyé en Bavière en 1680 pour traiter le mariage du dauphin et d'autres affaires importantes. Il soutint à Rome les intérêts de la France. Lorsque Philippe V partit pour aller occuper le trône d'Espagne, Estrées le suivit pour travailler avec les premiers ministres de ce prince. Il revint en France en 1703, et mourut en 1714.

ESTRÉES (Gabrielle D'), petite-fille de Jean d'Estrées, fille d'Antoine d'Estrées, grand maître de l'artillerie, née en 1571, reçut de la nature tous les dons qui peuvent séduire. Henri IV fut si touché de sa figure et de son esprit, qu'il résolut d'en faire sa maîtresse favorite. Après avoir détruit son amour pour Bellegarde, il lui fit épouser Nicolas d'Amerval, seigneur de Liancourt ; mais il fit bientôt dissoudre ce mariage, et érigea pour Gabrielle le comté de Beaufort en duché-pairie. Henri l'aima si éperdument qu'il voulut l'épouser : ce fut dans cette pensée que Gabrielle engagea son amant à se faire catholique, afin de pouvoir obtenir du pape une bulle qui cassât son mariage avec Marguerite de Valois ; mais elle mourut (10 avril 1599). On prétend qu'elle fut empoisonnée par Zamet, riche financier et ministre des plaisirs du roi. Elle eut de Henri IV trois enfants, César, duc de Vendôme ; Alexandre, né en 1598, grand prieur de France, général des galères de Malte, mort en 1629, et Catherine-Henriette, épouse de Charles de Lorraine, duc d'Elbeuf, mort en 1668.

ESTRÉES (Jean D'), né en Picardie en 1624, servit d'abord dans l'armée de terre, et fut nommé lieutenant général des armées (1655). Créé vice-amiral de France, duc et pair, il fut chargé de demander raison aux Anglais des ravages qu'ils exerçaient contre nos possessions d'Amérique. En 1672, ses vaisseaux, alliés à ceux des Anglais, combattirent les Hollandais Ruyter et Tromp. A son retour en France, il fut nommé maréchal, et chargé ensuite de poursuivre les corsaires de Tunis et de Tripoli. Il eut enfin le commandement des côtes de Bretagne, et mourut en 1707.

ESTRÉES (Victor-Marie), fils du précédent, né à Paris en 1660, lui succéda dans la charge de vice-amiral de France, qu'il exerça avec gloire dans les mers du Levant. Il bombarda Barcelone et Alicante en 1691, et commanda en 1697 la flotte au siége de Barcelone. Nommé en 1701 lieutenant général des armées navales d'Espagne par Philippe V, il réunit le commandement des flottes espagnole et française. En 1703, il fut fait maréchal de France, sous le nom de *maréchal de Cœuvres*, grand d'Espagne. Il fut associé à l'académie française et à celles des sciences et des inscriptions. Il mourut à Paris en 1737. Il avait été nommé ministre par le régent, vers la fin de sa vie.

ESTRÉES (Louis-César, duc D'), maréchal de France et ministre d'Etat, né à Paris en 1695 de François-Michel le Tellier de Courtauvaux, capitaine-colonel des Cent-Suisses, fils du marquis de Louvois et de Marie-Anne-Catherine d'Estrées, fille de Jean d'Estrées et sœur de Victor-Marie d'Estrées. Il servit d'abord sous les ordres du maréchal de Berwick. Parvenu par ses services au grade de maréchal de camp et d'inspecteur général de cavalerie, il se signala dans la guerre de 1741, et combattit à Egra, Fontenoi, Mons, Charleroi, etc. Nommé en 1756 maréchal de France, il eut en 1757 le commandement de l'armée d'Allemagne. Il obtint le titre de duc en 1763, et mourut sans enfants en 1771.

ESTRELLA, montagnes très-hautes du Portugal, dans la province de Beira, qui s'étendent des monts Guadarrama au cap Rocca. La plus haute cime de ces montagnes est le Cantaro-Delgado, qui a 8,000 pieds au-dessus du niveau de la mer. On trouve dans les monts Estrella des carrières de bel albâtre ; c'est là que Lisbonne fait sa provision de neige pour l'été.

ESTURGEON, genre de poissons de la famille des chondroptérygiens, qui acquièrent une longueur de dix-huit à vingt-cinq pieds. Ils sont faibles, paisibles, ont des habitudes douces, et se nourrissent de vers et d'insectes marins. L'esturgeon ressemble aux squales par l'allongement de son corps ; la forme de la nageoire caudale, divisée en deux lobes inégaux ; celle du museau, dont l'extrémité, prolongée en avant, est plus ou moins arrondie. Des plaques couvrent le corps de l'esturgeon. Ces plaques, rayonnées et osseuses, sont arrondies dans leur contour, relevées au centre. La couleur de ce poisson est blanchâtre, avec des taches brunes et noires. Il habite l'Océan, la Méditerranée, la mer Caspienne, la mer Rouge, et remonte au printemps dans les plus grands fleuves. Chaque femelle porte plus d'un million d'œufs, pesant ensemble environ 200 livres. Ces œufs et la laite des mâles sont des mets très-estimés. Le caviar est un composé de ces œufs. La chair est délicate et à le goût de la chair de veau. Salée ou marinée, elle devient l'objet d'un commerce considérable. L'épine dorsale est molle et grasse ; on la prépare à la fumée. On la nomme en Italie *chinolia* et *spinachia*. Le *ranckel* de Norwège est fait avec des émincées de la chair.

ESTURGEON (PETIT) ou STERLET, espèce du genre esturgeon, qui présente des couleurs agréables. La partie inférieure de son corps est blanche, tachetée de rose, son dos noirâtre, ses plaques d'un beau jaune et en rangées longitudinales ; les nageoires de la poitrine, du dos et de la queue, sont grises, celles du ventre et de l'anus rouges. Son museau est trois ou quatre fois plus long que le diamètre de l'ouverture de la bouche ; il ne parvient guère qu'à une longueur de deux ou trois pieds ; les plaques des rangées latérales sont nombreuses, carénées, et celles du ventre presque entièrement plates. Ce poisson se trouve dans la mer Caspienne, le Wolga et la Baltique, mais vit et multiplie dans les lacs où on le transporte. Sa chair est plus tendre et plus délicate que celle des poissons de sa famille.

ESTURGEON (GRAND), ou HUSO, ou HAUSEN, espèce du genre esturgeon, qui ne se trouve guère que dans la mer Noire et dans la mer Caspienne, et on le voit remonter le Wolga, le Danube et le Pô. Le Hausen acquiert douze et quinze pieds de longueur, et le poids de douze cents et même trois mille livres. Il ne diffère de l'esturgeon ordinaire que par les proportions de son museau et de ses barbillons, qui sont plus courts que ceux de l'esturgeon ordinaire ; ses plaques sont plus émoussées, la peau plus lisse. Sa couleur est d'un bleu presque noir sur le dos, et d'un jaune clair sous le ventre. Sa chair est très-nourrissante, saine et agréable. Ses œufs servent, comme ceux de l'esturgeon ordinaire, à faire du caviar. Les vésicules aériennes, séparées de leur peau extérieure, coupées en long, façonnées en tablettes ou en cylindres recourbés, séchées, constituent la colle de poisson ou *ichthyocolle*. La graisse du hausen remplace le beurre et l'huile chez les Russes. La peau tient lieu de cuir ; celle des jeunes est mince, transparente, et remplace les vitres.

ÉTABLES, lieux destinés au logement des bêtes à cornes ou des bœufs. La largeur de l'enceinte doit être de quatre mètres à quatre mètres et demi (12 à 13 pieds), et la longueur, proportionnée au nombre des bêtes, doit laisser pour l'espace réservé à chaque bœuf un mètre un tiers ou 4 pieds ; il faut un pied de plus pour les vaches : les râteliers et les mangeoires doivent être les mêmes que dans les *écuries*. Les logements destinés aux brebis se nomment *bergeries*.

ÉTABLI exprime, dans les arts industriels, le nom de la table sur laquelle la plupart des ouvriers font leurs travaux. La plupart ne sont autre chose que des dessus de table qu'on place sur des tréteaux ; tels sont ceux du sellier, du ceinturier, du cordonnier, du corroyeur, des bourreliers, etc. En général, c'est une table dont la forme varie selon le genre de travail pour lequel il est appropriée. L'établi de l'horloger est une table de douze pouces de large, placée dans l'intérieur de l'embrasure d'une fenêtre, et fixée à demeure sur quatre pieds. Au-dessus et au-dessous sont des corps de tiroirs où sont renfermés les outils. L'établi du bijoutier est une table en demi-cercle, ayant plusieurs places cintrées pour tous les ouvriers qui travaillent.

ÉTABLISSEMENT, action de rendre stable, de fixer une chose, de mettre en vigueur, en usage, des opinions, des principes, des lois, des institutions, etc. Ce mot désigne plus spécialement une édifice, une maison construite dans le but de favoriser des intérêts particuliers ou publics ; les premiers sont les manufactures, les forges, les fabriques, etc. Les deuxièmes sont les colléges, les écoles publiques, les banques, etc. La loi distingue les établissements dangereux, insalubres ou incommodes, en trois classes. La première renferme les établissements qui ne peuvent être formés près des maisons particulières, et pour lesquels il faut une autorisation du roi, accordée en conseil d'Etat. Telles sont les poudrières, les fonderies, les fabriques de machines à vapeur. La deuxième classe comprend les établissements insalubres, dont il importe de ne permettre la formation qu'après s'être assuré que les opérations y seront exécutées de manière à ne pas nuire aux voisins. La troisième renferme les établissements incommodes, mais non insalubres, qui peuvent rester sans inconvénient auprès des habitations, et qui doivent être soumis à la surveillance de la police locale, après en avoir obtenu une autorisation.

ÉTABLISSEMENT. En marine, l'établissement est l'heure fixe, dans chaque rade, port, havre ou baie, à laquelle la mer est pleine, le jour de la nouvelle et de la pleine lune. Les marées, par un retard journalier de quarante-huit minutes, reviennent aux mêmes heures, à chaque syzygie de la lune. On dit : l'établissement de telle baie, de tel port, est à telle heure ; ce qui se trouve dans les tables insérées dans les livres de navigation, sous le titre : *Etablissement des marées*.

ÉTABLISSEMENT. Autrefois, on nommait *établissement* un règlement, une ordonnance. Aujourd'hui on ne l'emploie dans cette signification que pour désigner le recueil des ordonnances et règlements publiés par saint Louis, et nommé *Etablissements de saint Louis*. C'est une concordance du droit français avec le droit romain. Ce recueil se divise en deux livres, dont le premier a cent soixante-huit chapitres, et le deuxième quarante-deux. L'assassinat, l'incendie, le rapt, la trahison, le vol, la complicité dans ces crimes sont punis par la potence. Les hérésies, l'infanticide, etc., sont punis par le feu, etc.; un vol dans l'église, la fabrication de fausses monnaies, par la perte des yeux, etc. La majorité d'un gentilhomme commence à vingt et un ans, celle d'un roturier à vingt-cinq.

ÉTAGE, vieux mot qui signifiait *maison, demeure, habitation*. Il signifie aujourd'hui toutes les pièces d'un ou plusieurs appartements, qui sont d'un même plain-pied. L'*étage souterrain* est celui qui est voûté et plus bas que le rez-de-chaussée; l'*étage du rez-de-chaussée*, celui qui est presque au niveau d'une cour, d'un jardin. L'*étage carré* est celui où il ne paraît aucune pente du comble. Le *premier étage* est au-dessus du rez-de-chaussée et de l'entresol. Le *deuxième étage* est au-dessus du premier.

ÉTAI, nom donné aux pièces de bois dont on se sert pour soutenir des planchers, des murs, un édifice, etc., prêts à s'écrouler. Les étais sont placés toujours entre deux couches ou plates-formes, horizontalement, de bas en haut ou sur les côtés, dans la direction des murs à soutenir. Les étais latéraux se nomment *contre-fiches*. L'opération de placer des étais se nomme *étaiement*. — En marine, on nomme *étai* un gros cordage à douze torons, qui par le bout d'en haut se termine à un collier, pour saisir le mât sur les barres, et par le bout d'en bas va répondre à un autre collier qui le porte vers l'avant du vaisseau, pour tenir le mât droit, le contenir et l'affermir du côté de l'avant, comme les haubans l'affermissent du côté de l'arrière.

ÉTAIN (*jupiter* des alchimistes), métal connu dès la plus haute antiquité. L'étain ne se trouve pas à l'état natif dans la nature. Il n'y existe que sous deux combinaisons. Combiné avec le soufre, on le nomme *étain sulfuré* ou *pyriteux*. On le nommait autrefois *or mussif natif*. Dans la minéralogie chimique, il porte le nom de *stannine*, et fait partie du genre *sulfure*. C'est une substance métalloïde, d'un gris jaunâtre, massive, à texture un peu lamelleuse. Elle est très-rare et sans utilité. Combiné avec l'oxygène, il forme l'*étain oxydé* ou la *cassitérite*. Cette substance, qu'on trouve en grande quantité, est brune, rarement blanche, opaque, quelquefois translucide. L'étain cristallise en primes à base carrée ou octogone, ou en cristaux groupés ensemble et nommés *maclés*. Quelquefois il se présente en petites stalactites mamelonnées, à texture fibreuse ou en petites masses compactes et rondes, nommées *étain de bois*. L'étain épuré et séparé de l'oxygène, du soufre, de matières pierreuses et métallifères, est solide, blanc, brillant, dur, malléable, peu extractile, d'une pesanteur spécifique de 7,291. Il craque lorsqu'il est plié, phénomène nommé *cri de l'étain*. Sa saveur est nulle et son odeur sont désagréables. Il fond à 210 degrés, n'est pas volatil, s'oxyde par l'air et l'oxygène à une température élevée, mais ne s'altère pas à la température ordinaire. Le soufre forme avec lui deux sulfures. Le deuto-sulfure est connu sous le nom d'*or mussif*. Le deuto-chlorure était jadis nommé *liqueur fumante* ou *spiritus Libavii*. Uni au fer, l'étain forme le *fer-blanc*; avec le mercure, il forme l'*étamage*; la *potée d'étain* est une combinaison de plomb et d'étain, dans laquelle il entre quelquefois du zinc et du bismuth. On fait avec l'étain des vases pour renfermer les liquides, on s'en sert encore pour étamer le cuivre, le fer, les épingles, les glaces. Mêlé au cuivre, on le fait des cloches, des canons, etc. Allié au plomb, il forme les *soudures*. Avec les acides acétique, nitro-muriatique, il donne à la teinture un moyen de fixer les couleurs sur les étoffes; on en couvre aussi les poteries. L'étain est employé en médecine comme vermifuge.

ÉTAIRION, nom donné par Mirbel aux fruits dont les ovaires portent le style. Les boîtes péricarpiennes qui composent l'étairion sont organisées comme le légume, et s'appellent *camares*. Leur nombre varie.

ÉTALE, état de la mer qui ne monte ni ne baisse dans les lieux des marées, et qui est stationnaire pendant quelques instants. On expédie des embarcations à la mer étale. On leur fait accoster un bâtiment à la mer étale. Un bâtiment *étale* lorsqu'il reste en place contre le flot, soit sous voile ou à l'ancre. *Etaler* le vent, le courant de la marée, c'est opposer une résistance égale à celle de leur effort contre l'action du bâtiment.

ÉTALÉ, adjectif qui désigne, en botanique la disposition des organes qui sont ouverts sans être régulier, et qui forment un angle très-ouvert avec les autres parties auxquelles ils sont associés. Ainsi les pétales sont étalés relativement aux étamines d'une fleur. Les rameaux, les pédoncules sont *étalés*, quand l'extrémité opposée à celle qui a son insertion sur la tige s'éloigne beaucoup de la perpendiculaire à l'horizon.

ÉTALINGURE ou ENTALINGURE, nœud particulier du bout d'un câble sur l'organeau d'une ancre, d'un grelin sur une ancre à jet, d'un cablot sur l'organeau d'un grappin, etc. Le bout du câble ou grelin étant passé dans l'organeau de l'ancre, on lui fait faire deux tours sur lui-même, près de cet organeau. Ces tours, formant une bague, sont serrés, unis ensemble par cinq ou six amarrages, sur plusieurs points.

ÉTALON, nom qu'on donne aux chevaux entiers destinés à être accouplés avec des juments pour la propagation de leur espèce.

ÉTALON, modèle de poids, de mesures, réglé, autorisé et composé par un magistrat, et sur lequel les mesures, les poids des marchands doivent être ajustés, rectifiés, égalisés, etc. L'importance de l'uniformité des mesures a déterminé les gouvernements civilisés à établir des officiers chargés de vérifier si les poids et mesures employés par les commerçants sont conformes aux lois, et infliger des peines aux individus pris en contravention. Pour s'assurer de la conformité des poids et mesures, les législateurs ordonnent que des prototypes déposés en des lieux désignés serviront de règles pour vérifier les copies qu'on en fait, et un timbre apposé sur chaque pièce atteste que cette vérification a été faite. Ces prototypes se nomment *étalons* : celui qui vérifie les poids et mesures se nomme *étalonneur*. On fait vérifier ces poids moyennant un droit qu'on paye à l'étalonneur. — Par extension, on nomme *étalon* tout instrument construit avec un grand soin d'après les règles de l'art, et qui peut servir de type à tous ceux du même genre.

ÉTAMAGE, opération qui a pour objet de recouvrir d'une légère couche d'étain la surface des métaux. L'étamage est principalement en usage pour les vases de cuivre. On emploie ordinairement un alliage d'étain et de plomb, composé de trois parties de plomb et cinq d'étain. Un procédé d'étamage consiste à aviver la pièce avec un *racloir*, instrument de fer tranchant, arrondi par un bout. On fait chauffer la pièce, on y jette de la poix-résine et ensuite de l'étain fondu, qu'on étend avec une poignée d'étoupes. Une deuxième méthode consiste à frotter la pièce avec un morceau de peau, puis avec du muriate d'ammoniaque, qui décape sa surface en dissolvant la légère couche d'oxyde de cuivre dont elle était recouverte; on chauffe ensuite le cuivre, et l'on y fait fondre du suif, de la résine, et on verse l'étain fondu. L'utilité de l'étamage pour les ustensiles de cuisine est réelle; il empêche le contact immédiat des aliments avec le cuivre et l'oxydation de ce métal. L'oxyde de cuivre est très-délétère.

ÉTAMBOT, pièce de bois forte et droite qui termine la partie de l'arrière des vaisseaux, et qu'on place presque verticalement sur l'extrémité arrière de la quille.

ÉTAMBRAI, ouverture circulaire, ovale, octogone ou carrée, que l'on fait dans l'épaisseur de chaque pont de bâtiment, entre deux baux, pour le passage des mâts, des pompes et des cabestans. Ils sont entourés d'un cercle en bois ou en fer.

ÉTAMINE, étoffe mince et légère de laine non croisée, composée d'une chaîne et d'une trame, qui se fabrique à la navette sur un métier à deux mains. On en fait des girouettes de pavillons, des guidons et flammes de diverses couleurs. On nomme encore *étamine* un tissu peu serré, fait de crin, de soie ou de fil, et qui sert à passer une poudre, une liqueur, etc. Les confiseurs nomment ainsi une pièce de cuivre ou de fer-blanc un peu creuse, et percée de plusieurs trous, par où ils passent les liqueurs.

ÉTAMINES, organes sexuels mâles des végétaux phanérogames, situés dans l'intérieur des enveloppes florales, soit au-dessus, au-dessous ou autour du pistil, quand la fleur est hermaphrodite, soit isolés et séparés de l'organe femelle, lorsque la fleur est unisexuée. L'étamine consiste en un sac membraneux, nommé *anthère*, divisé en deux loges, et où se forme la matière fécondante. Cette matière est quelquefois *sessile* ou appliquée sur le calice ou la corolle; mais le plus souvent elle est portée et élevée par un filet. Le but de l'étamine est la fécondation des ovules contenus dans l'organe femelle. Cet organe devient quelquefois stérile ou rudimentaire, et la fleur est infécondée. D'autres fois l'anthère disparaît, le filet s'élargit, et devient *pétule* ou *feuille*; c'est alors qu'on voit dans les fleurs doubles. Le nombre des étamines dans une fleur varie depuis l'unité jusqu'à quarante et au delà. Les végétaux à une étamine se nomment *monandres*; ceux à deux étamines, *diandres*; à trois, *triandres*; à quatre, *tétrandres*; à six, *hexandres*; à sept, *heptandres*; de dix à vingt, *dodécandres*; au delà *icosandres* et *polyandres*. Les étamines sont libres ou soudées entre elles; elles constituent alors un ou plusieurs faisceaux. Quand c'est un seul filet, les étamines sont *monadelphes*; à deux filets, à trois, *diadelphes*, *triadelphes*; *polyadelphes*, s'il y en a plusieurs. Ces observations sur le nombre, la disposition ou la connexité des étamines, ont servi à Linné pour établir sa classification des plantes. Voy. BOTANIQUE.

ÉTAMPE, forte plaque d'acier trempé, dans laquelle sont pratiquées diverses cavités sur lesquelles on place sur place une pièce métallique mince pour lui faire prendre une forme correspondante, à l'aide d'un poinçon approprié et d'une percussion réitérée. — Ce mot a plusieurs autres acceptions : 1° c'est une pièce d'acier profilée sur sa largeur, dont les ouvriers qui travaillent le fer se servent pour faire, à chaud et à grands coups de marteau, diverses moulures; 2° un poinçon dont les cloutiers se servent pour former la tête des clous d'épingles; 3° un outil dont le serrurier se sert pour river les boutons; 4° un poinçon que les couteliers emploient pour imprimer leur nom et leur marque sur leurs ouvrages; 5° un bloc cubique en acier trempé, sur lequel sont gravés en creux une infinité d'objets dont le graveur en cachets a besoin pour les armoiries qu'il se propose de graver. Il imprime en relief sur des poinçons en acier mou la partie que lui présente en creux l'étampe. Il trempe ce poinçon, et il s'en sert ensuite pour graver en creux. L'orfèvre, le bijoutier, le chaudronnier, se servent aussi d'étampes. C'est, en général, un morceau d'acier trempé auquel on donne diverses formes.

ÉTAMPES, chef-lieu d'arrondissement du département de Seine-et-Oise, à 13 lieues trois quarts de Versailles. Population, 8,109 habitants. Cette ville est très-ancienne, et est mentionnée sous la première race des rois francs sous le nom de *Stampæ*. Ravagée par Rollon en 911, elle fut rebâtie par le roi Robert, qui y fit plusieurs fondations pieuses. Elle prit sa part des événements qui pendant les XIV° et XV°

siècles plongèrent la France dans la consternation, et fut ravagée par la faction d'Orléans. François Ier érigea le comté d'Étampes en duché, en faveur de Jean de Brosses. Étampes fut prise et reprise plusieurs fois dans les guerres de religion, et devint en 1589 le rendez-vous des troupes de la Ligue. Henri IV s'en empara en 1590, et fit raser les fortifications du château bâti par le roi Robert, et dont on voit encore les ruines. Étampes a un tribunal de première instance, un collége, une société d'agriculture.

ÉTAMPES, petite rivière qui, par sa jonction avec la Juine, forme la rivière d'*Essonne* (Seine-et-Oise), qui se jette dans la Seine près de Corbeil.

ÉTAMPES (LA DUCHESSE D'). Voy. PISSELEU (Anne de).

ÉTAMPOIR, sorte d'outil, pièce de fer plat, arrondi sur le dos, et qu'on emploie pour faire prendre au métal la *forme que* l'étampe présente en creux. Il faut avoir autant d'étampoirs qu'il y a de creux dans l'étampe, et ils doivent avoir une épaisseur et une longueur proportionnelle à chaque canal, en sorte que le plus grand soit de deux lignes moins épais que le plus grand canal de l'étampe, et quatre à cinq pouces au moins plus long. Pour se servir de l'outil, il faut faire passer au rouge des feuilles de tôle, cuivre, laiton, d'argent, etc. En plaçant au-dessus de l'étampe la feuille de métal rouge au feu, et au-dessus de celle-ci le sommet d'un balancier qu'on arme de l'étampoir, placé directement sur le dessin en creux de l'étampe, on obtient par une forte pression le dessin fidèle de l'étampe sur la feuille métallique.

ÉTANCE (mar.), morceau de bois droit qui, coupé de longueur, fait l'effet de l'épontille, sans être travaillé. — On nomme aussi *étance à coches* ou *à taquets* le pied-droit ou l'épontille le long de laquelle on descend par une écoutille dans la cale d'un bâtiment.

ÉTANÇON, grosse pièce de bois destinée à soutenir un mur ou un plancher qui menace ruine. C'est un état de forte dimension. Les étançons doivent être plantés le plus verticalement possible. — En marine, on nomme ainsi des pièces de bois posées debout, qu'on met quelquefois sous les baux pendant que les vaisseaux sont amarrés dans le port pour les soutenir et diminuer la fatigue. Les étançons des presses d'imprimerie sont des pièces de bois posées sur le haut des jumelles, et appuyées par l'autre bout, soit aux solives du plancher, soit aux murs du bâtiment. Chaque étançon en a un autre directement opposé. Ils maintiennent la presse inébranlable dans la manœuvre.

ÉTANG, amas d'eau douce ou salée dans lequel on pêche du poisson. — Les *étangs salés* sont formés par le débordement de la mer. — On appelle improprement ainsi de vastes et profondes flaques d'eau souvent occasionnées par le changement de lit d'une rivière, et auxquelles elle ne communique que dans les grands débordements.

ÉTANG. On nomme ainsi un réservoir d'eau, creusé exprès en terre, et où l'on nourrit du poisson. Avant de construire un étang, il faut s'assurer du sol propre à retenir les eaux; et, pour prévenir ces infiltrations, on établit au fond de l'étang un banc d'argile assez épais, et on donne à cet étang une pente suffisante pour vider la masse d'eau que l'on doit retenir par une chaussée, bâtie de chaux hydraulique et d'argile, ou en pierres. Lorsque les eaux affluentes surabondent, on dispose dans la chaussée un *déchargeoir*, échancrure pavée et cimentée, par laquelle le liquide s'écoule. Une grille en bois placée au-devant de l'échancrure empêche le poisson de s'échapper. On remplit d'eau l'étang à l'automne et en hiver. Au printemps, on l'*empoissonne* en y jetant de petits poissons de un, deux, trois et au delà même, nommés *feuille, alevin, menuaille, menuisaille, blanchaille* ou *roussaille*.

la carpe, la tanche, aiment les eaux grasses, bourbeuses; la perche, la truite, les eaux vives et les rocailles; l'anguille, le brochet, le barbot, les fonds sablonneux. Si l'on veut que le poisson prospère dans un étang, on doit écarter les poissons voraces, le brochet et la truite. On pêche les étangs tous les trois ou six ans en hiver ou au printemps. Les menus poissons sont vendus sur les lieux; les grands, nommés *marchands*, sont transportés et vendus dans les villes.

ÉTAPE (*estape, feurre, foare, stappe* ou *estaple*). Ce mot, qui signifiait d'abord *marché public*, désigna ensuite le gîte en route et les vivres que les soldats y recevaient. Ces vivres étaient d'abord fournis par le peuple. En 1549, l'*étape* était un lieu de gîte où les troupes de passage pouvaient s'approvisionner de vivres à des marchés publics et à leurs dépens. Louis XIV voulut que les vivres fussent payés par les troupes, au lieu d'être fournis par les communes. Les échevins et les communes des lieux de passage avaient mission de désigner et de faire tenir vacants les logements nécessaires aux troupes. Le soldat vivait au moyen de sa solde de route, laquelle était de 8 sous. Louis XIV, en 1652, donna un règlement qui substituait à l'argent pour les vivres les vivres en nature, et en transformant en lieux de fournitures administratives les lieux de gîte; mais ces fournitures se faisaient au compte des communes. La taille en argent, nommée *estape*, y survenait. Depuis 1727, on donna aux officiers et aux soldats des vivres ou rations nommées *places d'étape*, consistant en pain blanc, viande et boisson du pays, fourrage pour les chevaux. — On nomme *carte d'étape* une carte qui indiquait l'itinéraire des troupes et leurs lieux de gîte. Aujourd'hui les étapes sont supprimées et remplacées par une indemnité de voyage qui varie selon les grades. Cependant on nomme encore *étape* un gîte ou une journée de route. — Le fournisseur des vivres de route se nommait autrefois *étapier*.

ÉTAPLES, petite ville, chef-lieu de canton du département du Pas-de-Calais, dans l'arrondissement de Montreuil et à 2 lieues de cette ville. Elle est placée sur la Manche. On y pêche des harengs, des maquereaux. Il y a des raffineries, des brasseries, un entrepôt de sel. Étaples commerce en vins et eaux-de-vie.

ÉTAT, manière d'être d'une personne ou d'une chose, résultant de la coexistence de ses modifications successives et variables, avec ses qualités fixes et constantes. L'état est le même tant que ses modifications ne changent point. Les diverses variations des modifications produisent divers états. — Ce mot désigne aussi, 1° une constitution présente, les dispositions actuelles, les conditions différentes dans lesquelles les choses ou les personnes peuvent se trouver; 2° la profession, la condition des personnes; 3° la société civile par laquelle une multitude d'hommes vivent ensemble sous la dépendance d'un souverain.

ÉTAT, gouvernement d'une nation. On nomme *maximes d'État* celles que pratiquent les fonctionnaires publics dans ce gouvernement; *raison d'État,* une raison mystérieuse inventée par la politique pour autoriser les actes qui se font sans raison; un *coup d'État* est un parti vigoureux et quelquefois violent qu'un gouvernement prend contre ceux qui troublent l'État.

ÉTAT, liste, registre, mémoire, inventaire, contenant des ordres pour faire payer des dépenses, ou toute autre matière relative au genre d'administration dont il s'agit. — Les *états d'armement* sont, en marine, des feuilles imprimées qu'on remplit des objets nécessaires à l'armement d'un vaisseau. Dans les *états de situation*, on donne connaissance de ce qui existe à bord au personnel et au matériel.

ÉTAT. En médecine, ce mot désigne 1° la période de la vie où l'homme jouit de toute

sa force, 2° l'époque d'une maladie où les symptômes ont acquis toute leur intensité, 3° une disposition morbide de l'économie, dans laquelle toutes les fonctions offrent un dérangement médiocre, sans qu'aucun organe soit altéré dans sa texture, et sans qu'il y ait accélération du pouls et élévation de la chaleur. On admet plusieurs états : l'*état sanguin, bilieux, muqueux, adynamique et nerveux*.

ÉTAT (accept. div.). En matière bénéficiale, le *dernier état* était ce qui caractérisait la dernière possession d'un bénéfice. — En termes de pratique, un *procès est en état* quand les deux parties ont fait les procédures et les productions nécessaires pour le faire juger.

ÉTAT (QUESTION D'), demandes qui ont pour objet de régler la naissance ou la condition d'une personne, et fixer sur des bases inébranlables l'état de cette personne. Ainsi c'est une question d'état de savoir si un enfant est fils de telle personne, si une personne est mariée, professe la vie religieuse, etc. Les lois romaines rejetaient la preuve testimoniale dans les questions d'état. Aujourd'hui les preuves de la naissance, du mariage, etc., sont faites par les registres publics.

ÉTAT CIVIL, position d'une personne à l'égard de la loi civile. Chez les anciens Juifs, la naissance et le décès n'étaient constatés que par certains rites religieux dont l'administration civile ne s'occupait pas. A Athènes et à Rome, des officiers spéciaux écrivaient les actes de naissance, mariage et décès. Les hordes barbares des Francs, des Huns, des Goths, etc., ne conservèrent aucune trace des actes de l'état civil. Au Xe siècle, l'on commença à annoter les actes sur des registres propres à chaque famille. En 1539, François Ier chargea les prêtres de dresser des registres particuliers. En 1709, Louis XIV créa des greffiers gardes et conservateurs des registres de l'état civil et des contrôleurs de ces officiers. Louis XV, en 1736, donna aux curés et vicaires le droit de recevoir les actes de naissance, mariage et décès, et régla les formules, le mode de contrôle et le dépôt, au siège de la juridiction, des registres dressés dans les paroisses. Mais ces actes de naissance n'étaient que des actes de baptême, et il résultait que les juifs et les luthériens changeaient de nom à volonté. En 1789, on distingua la société civile de la société religieuse, les actes de baptême des actes de naissance, l'acte de mariage de la bénédiction nuptiale. En 1792, une loi donna le soin de faire ces actes à des officiers spéciaux, désignés par les conseils généraux des départements. Une loi de 1802, qui nous régit encore, a confié ce soin aux maires et adjoints, chargés de tenir les registres de l'état civil dans leur commune, et de les rédiger dans la forme voulue par la loi.

ÉTAT CIVIL (ACTES DE L'), nom donné aux registres qui constatent la naissance, le mariage, le décès des citoyens. Les actes de l'état civil énoncent l'année, le jour et l'heure où ils sont reçus, les prénoms, noms, âge, profession et domicile de tous ceux qui y sont dénommés. Les actes sont inscrits, dans chaque commune, sur un ou plusieurs registres tenus ensemble. Ces registres sont cotés par première et dernière, et paraphés sur chaque feuille par le président du tribunal de première instance ou le juge suppléant. Les actes sont inscrits sur les registres, de suite, sans aucun blanc. Rien n'est écrit par abréviation, aucune date n'y est mise en chiffres. Les registres sont clos et arrêtés par l'officier de l'état civil, à la fin de l'année, et dans le mois, l'un des doubles est déposé aux archives de la commune, l'autre au greffe du tribunal de première instance. Quand il n'a pas existé de registres, la preuve en est reçue par titres et par témoins. Tout acte de l'état civil fait en pays étranger est valable s'il a été rédigé dans les formes usitées dans ledit pays. Il est perçu par les officiers publics de l'état civil, pour chaque expédition d'acte,

30 centimes; dans les villes de 50,000 âmes et au-dessus, 50 centimes; à Paris, 75 centimes. Ceux des officiers qui n'obéissent pas à ces lois sont punis d'un emprisonnement d'un à trois mois et d'une amende de 16 à 200 francs.

ÉTAT DE SIÉGE et ÉTAT FÉDÉRATIF. Voy. FÉDÉRATIF (Etat) et SIÉGE (Etat de).

ÉTAT-MAJOR GÉNÉRAL. L'état-major des armées de France se compose des maréchaux de France, de lieutenants généraux, et de maréchaux de camp. Il y a aussi les colonels et autres officiers sans troupes, les intendants militaires, les officiers de santé en chef, et les chefs des services administratifs. Ce corps est chargé de divers services relatifs à la totalité de l'armée.

ÉTAT-MAJOR. Dans chaque régiment est un état-major, composé des notabilités de ce régiment. Il se divise en grand et petit. Le colonel, le lieutenant-colonel, les chefs de bataillon ou d'escadron, le major, le quartier-maître et les officiers payeurs, le capitaine chargé de l'habillement, le porte-drapeau, les adjudants-majors et les chirurgiens forment le premier. Le petit état-major se compose des adjudants, du tambour-major et des tambours-maîtres, trompettes-major, des musiciens, des maîtres tailleur, cordonnier, bottier, guêtrier, sellier et armurier.

ÉTAT-MAJOR DES PLACES, officiers chargés, dans les places de guerre, du commandement, du service et de l'entretien de ces places. Ces officiers résident dans l'intérieur pendant la paix, et prennent en temps de guerre le commandement de ces places. L'état-major forme un corps à part, et comprend vingt-huit colonels, commandants de place de première classe; vingt-deux lieutenants- colonels, commandants de place de deuxième classe; quarante-sept chefs de bataillon, commandants de place de troisième classe ou majors de place; cent trente-cinq capitaines, adjudants de place ou secrétaires de place; cent huit lieutenants et sous-lieutenants, adjudants et secrétaires de place; et six aumôniers.

ÉTAT-MAJOR (COLONELS D'). L'emploi de colonel d'état-major était très-ancien dans l'armée. Ses fonctions étaient faites jadis par le maréchal général des logis. Plus tard on créa les adjudants généraux, qui furent chefs de bataillon ou colonels; puis vinrent les adjudants commandants, connus depuis peu de temps sous le titre de colonels au corps royal d'état-major. Ces officiers sont combattants et bureaucrates. Ils font ou font faire toutes les écritures des divisions dont ils sont les chefs d'état-major. Ils commandent et surveillent tous les services. Ils tracent les lignes de camp et de bataille, assemblent et placent les troupes, forment et dirigent les colonnes, représentent le général absent, et l'aident quand il est présent; ils sont aussi chargés des distributions de vivres et de l'assiette des logements.

ÉTATS (estats), nom donné 1º à toutes les professions en général; 2º aux différents ordres de citoyens dont une nation, une province est composée. Dans l'ancienne Rome, il y avait trois ordres ou états : les sénateurs, les chevaliers et le peuple. En Suisse, on distingue quatre états : la noblesse, le clergé, les bourgeois et les paysans; 3º aux divers ordres du royaume qu'on faisait assembler pour délibérer des affaires étrangères. Ils étaient composés de trois ordres : le clergé, la noblesse et le tiers état. (Voy. ÉTATS GÉNÉRAUX) 4º aux assemblées qui se faisaient en quelques provinces, lesquelles s'étaient conservé le droit de fixer elles-mêmes les contributions qu'elles devaient fournir pour soutenir les charges de l'Etat, les régler et les payer. Voy. ÉTATS (Pays d').

ÉTATS (PAYS D'), nom donné aux provinces françaises qui avaient conservé le droit de s'administrer elles-mêmes, de fixer le chiffre de leurs impôts, leur mode de répartition et de perception. Les pays d'états se gardaient eux-mêmes par leurs milices bourgeoises, élisaient leurs magistrats, et étaient régis par des coutumes locales. Telles étaient les provinces de Bretagne, Languedoc, Bourgogne, Provence, Béarn et Dauphiné.

ÉTATS (ASSEMBLÉE D'). Voy. ÉTATS (Pays d'), ÉTATS GÉNÉRAUX, ÉTATS PROVINCIAUX.

ÉTATS DE L'ÉGLISE ou ÉTATS ROMAINS (*Stato della Chiesa*), État de l'Italie centrale, borné à l'O. par la Toscane et le duché de Modène, au N. par le royaume lombardo-vénitien, au S.-E. par le royaume de Naples, à l'E. et au N.-E. par l'Adriatique, au S.-O. par la Méditerranée. La superficie est de 13,000 milles carrés, et la population de 2,610,000 habitants. Il est traversé de l'O. à l'E. par les Apennins, et arrosé par le Tibre, le Metauro, le Pô. Le climat est doux, et le sol fertile. L'agriculture y est assez négligée; on apporte plus de soin à l'éducation du gros bétail et des brebis. Le gouvernement est une théocratie élective. Le chef de l'Etat est le *pape*, élu par le collége des cardinaux. L'administration publique est confiée à sept cardinaux-ministres : 1º le cardinal secrétaire d'Etat, qui dirige l'administration des provinces; 2º le cardinal *dataire*; 3º le cardinal vicaire, exerçant les fonctions épiscopales dans Rome; 4º le cardinal chancelier; 5º le cardinal auditeur, chef de la justice; 6º le secrétaire des brefs, qui expédie les brefs de dispense qui n'exigent pas l'apposition du grand sceau; 7º le cardinal camerlingue.—Les revenus sont de 45 millions de francs, l'armée de 15,000 hommes. Ce pays est divisé depuis 1832 en vingt et une provinces : celle de Rome, avec titre de *comarque*, la légation de Velletri, la délégation de Frosinone, celles de Bénévent, de Civita-Vecchia, de Viterbe, d'Orviéto, de Rieti, de Spolette, de Pérouse, de Camerino, de Macerte, de Fermo, d'Ascoli, d'Ancône; les légations de Forli, de Ravenne, d'Urbin-et-Pesaro, de Bologne, de Ferrare, et le commissariat de Lorette. La religion est catholique, mais les autres religions y sont tolérées. La capitale est Rome. — L'origine de la souveraineté du pape sur ces Etats provient de la donation faite au pape Etienne II (754) par Pepin, roi des Francs, du pays enlevé aux exarques de Ravenne par les Lombards, et à ceux-ci par Pepin. Cette donation fut confirmée par Charlemagne en 774. Les papes augmentèrent toujours leur puissance, qu'ils surent maintenir contre les prétentions rivales des empereurs d'Allemagne. En 1305, Clément VI acheta le territoire d'Avignon, et les papes fixèrent leur résidence dans cette ville jusqu'en 1376. Jules II (1513) acquit l'Etat de Bologne, et Clément VII celui d'Ancône (1532). Le saint-siége acquit ensuite Modène, Ravenne, Ferrare et le territoire d'Urbin (1626). En 1707, les papes cédèrent à la France Avignon, et à la république cisalpine la Romagne, Bologne et Ferrare. Une révolte contre les Français causa la prise de Rome (1798), et la translation de l'Etat de l'Eglise en république romaine. Pie VI mourut prisonnier en France. Pie VII, secondé par les Autrichiens, reprit possession de ses Etats. Mais il en fut encore dépouillé (1807 et 1808) par les Français, et ses Etats firent partie du royaume d'Italie. Depuis 1814, ces Etats sont rentrés sous la puissance du papes.

ÉTATS GÉNÉRAUX DE FRANCE, assemblée des députés des trois ordres de la nation : le clergé, la noblesse et le tiers état ou bourgeoisie. Ces députés étaient élus dans une réunion des citoyens d'une juridiction, ou dans une réunion spéciale des électeurs de chaque ordre d'une localité. Quelques auteurs ont prétendu que les états généraux étaient la suite des assemblées du champ de mars et de mai, des plaids et parlements des deux premières races; mais beaucoup d'écrivains ont combattu cette assertion. L'histoire nous dit que Philippe le Bel, ayant besoin du consentement des communes pour obtenir d'elles des secours ou subsides, se décida à convoquer une assemblée générale de la nation. Les communes émancipées sous le règne de Louis VIII concouraient à la défense de l'Etat par les troupes qu'elles envoyaient au roi. Elles furent alors invitées à envoyer des députés qui, réunis aux barons et aux évêques, formèrent les trois ordres d'états généraux. Ces trois ordres s'assemblèrent pour la première fois en 1302, à Paris, dans l'église de Notre-Dame. La dernière convocation eut lieu, le 5 mai 1789, à Versailles. La noblesse et le clergé ayant refusé au tiers état de lui laisser prendre part à la vérification des pouvoirs, laquelle se faisait en commun, cet ordre se constitua en *assemblée nationale*, déclarant qu'il passerait outre aux travaux de la session. Le clergé se réunit à eux, et les états furent dissous. Ces états généraux étaient composés de douze cent quatorze membres, dont trois cent huit députés du clergé, deux cent quatre-vingt-cinq de la noblesse, et six cent vingt et un du tiers état.

ÉTATS PROVINCIAUX ou PARTICULIERS, assemblée des députés des trois ordres qui, après la convocation du roi, se réunissaient dans leurs provinces pour en régler l'administration intérieure, et voter le subside demandé par les commissaires du roi, pour subvenir aux frais généraux de l'administration du royaume. Les provinces qui en avaient se nommaient PAYS D'ÉTATS. Les derniers états de Provence furent assemblés en 1631. Ils étaient présidés par l'archevêque d'Aix. Ceux du Dauphiné furent supprimés en 1628. Ceux de Languedoc, présidés par l'évêque de Narbonne, furent supprimés en 1789. On y députait trois archevêques, vingt évêques, un comte, un vicomte, vingt et un barons, les maires et députés des chefs-lieux de diocèse, trois syndics des sénéchaussées de Toulouse, Carcassonne et Beaucaire, deux secrétaires et deux trésoriers de la bourse. Le droit à la députation était attribué à des charges spéciales et à certaines dignités. Quelques-uns des pays d'états, le Languedoc par exemple, étaient divisés en plusieurs provinces secondaires qui avaient leurs états particuliers. Tels étaient le comté de Bigorre, le Gévaudan, le Vivarais, etc.

ÉTATS-UNIS, grande contrée de l'Amérique du Nord, bornée au N. par la Nouvelle-Bretagne et le Canada, au S. par le golfe du Mexique et la mer des Antilles, à l'E. par l'océan Atlantique, à l'O. par le Mexique et le Grand-Océan. Sa superficie est de 316,000 lieues carrées, et sa population de 23,000,000 d'habitants, dont 20,300,000 blancs, 2,011,000 nègres esclaves, 339,000 nègres libres et 150,000 Indiens. Le sol est très-fertile. Les rivières principales sont le Missouri, l'Ohio, l'Arkansas, le Tennessee, le Kentucky, le Red-River, le Connecticut, la Savannah, l'Hudson, le Delaware, le Mississipi, etc. On y trouve un grand nombre de lacs les plus étendus du monde. Les principaux sont les lacs Ontario, Supérieur, Huron, Erié, Michigan, Saint-Clair, Champlain. Un grand nombre de canaux construits ou en construction facilitent les communications. Les chemins de fer s'y sont également multipliés avec une extrême rapidité.—Les Etats-Unis se divisent en vingt-quatre Etats, six territoires et un district fédéral, celui de Columbia. Tous se subdivisent en comtés et forment une république fédérative, avec un gouvernement général et pour quatre ans, et entre les mains duquel est remis le pouvoir exécutif (son traitement est de 125,000 francs; il est assisté dans ses fonctions d'un vice-président et de plusieurs ministres). Il doit être citoyen né des Etats-Unis, avoir dépassé l'âge de trente-cinq ans, et avoir résidé quatorze années dans son pays); 2º d'un sénat composé de deux députés de chaque Etat, élus pour six ans; 3º d'une chambre des représentants, élus par le peuple pour deux ans, à raison d'un député pour 40,000 habitans. La réunion des deux chambres législatives forme le *congrès*, qui s'assemble au moins une fois par an le premier lundi de décembre. Le pouvoir judiciaire est confié à une cour suprême siégeant à Washington, et qui se compose d'un président et de six adjoints. Chaque Etat a en outre son gouvernement particulier. Les revenus sont de 138,490,000 francs. La dette autrefois de 395,500,000 francs, est aujourd'hui éteinte. L'armée s'élève à 6,013 hommes sur le pied de paix. — La liberté de conscience y règne. On y compte néanmoins six religions prépondérantes : les catholiques, les épiscopaux protestants et méthodistes, les presbytériens, les congrégationnalistes et les anabaptistes.—Les criminels y sont soumis au régime pénitentiaire, qui corrige les hommes en leur apprenant à travailler. — Washington est la ville fédérale, siège du gouvernement et du congrès. — Explorée plusieurs fois de 1512 à 1584 par des expéditions françaises et espagnoles, cette vaste contrée commença d'être colonisée, dans le littoral seulement par l'Anglais Walter Raleigh (1584). La Virginie fut le premier Etat colonisé par les compagnies de Londres et de Plymouth (1606). Les autres Etats furent fondés : celui de Massachussets en 1621, celui de Maryland en 1632, celui de Rhode-Islande en 1634, ceux de New-Yorck et de New-Jersey en 1635, celui de Connecticut en 1636, ceux de New-Hampshire et du Maine en 1647, de la Caroline en 1663 et de la Pennsylvanie en 1682, et celui de la Géorgie en 1752. Le gouvernement anglais ayant entrepris d'introduire des impôts dans les colonies, ces mesures prohibitives entraînèrent des insurrections, qui en 1775 devinrent générales, et amenèrent la séparation de ce pays d'avec l'Angleterre. Après une guerre de huit ans, les Américains soutenus par la France, forcèrent l'Angleterre de reconnaître leur indépendance, le 3 septembre 1783. En 1787, un plan de confédération leur fut arrêté à Philadelphie, et c'est celui qui règle encore cette république, primitivement composée des treize Etats précités (la Caroline avait été divisée en deux Etats). L'admission successive de diverses parties du territoire au rang d'Etats, et l'acquisition de la Louisiane (1803), et de la Floride (1820), ont fait des Etats-Unis une des puissances les plus formidables du monde.

ÉTATS-UNIS DES ILES IONIENNES. Voy. IONIENNES (Iles).

ÉTAU, presse en fer à vis, dans laquelle les serruriers placent les objets qu'ils travaillent. Les forgerons en ont de très-gros, du poids de 3 à 400 livres, et nommés étaux à chaud, parce qu'on s'en sert pour façonner au marteau des pièces de fer ou d'acier à chaud. L'étau en général est formé de deux leviers à mâchoires, qu'une vis à pas carré, qui s'engage dans une boîte, laquelle lui sert d'écrou, fait serrer l'un contre l'autre. Les mâchoires entre lesquelles on saisit l'objet sont acérées et taillées en lime. On les nomme mors de l'étau. La branche de derrière se prolonge en bas et s'y fixe au plancher ; la branche de devant ne descend qu'à moitié de celle de derrière, où elle est unie à charnière. Un ressort placé entre les deux branches, et que la vis comprime aisément, fait ouvrir la charnière et sépare les deux branches, ou les resserre à volonté. Cette vis se tourne avec un levier en fer nommé manivelle, passé au travers de sa tête. L'étau à la main est une pince qui a la forme d'un étau, et qu'on tient à la main pour arrondir des goupilles et limer des petits objets.

ÉTÉ, deuxième saison de l'année, qui commence, dans les pays septentrionaux, le 22 juin, lorsque le soleil entre dans le signe du Cancer, et finit le 23 septembre, lorsqu'il entre dans celui de la Balance. Le premier jour de l'été, ou le jour du solstice, est le plus long de l'année. La durée de cette saison, qui est la plus longue des quatre, est de 93 jours 21 heures six dixièmes d'heure. Cette saison est très-chaude ou pluvieuse ; les spasmes, les névroses, les maladies, les morts subites sont très-fréquentes dans l'été ; il nuit aux tempéraments bilieux, secs, irascibles, et relève au contraire les constitutions molles, lymphatiques et catarrhales.

ÉTEIGNOIR, petit cône creux, en argent, cuivre, plomb, étain ou porcelaine, qui a une petite anse pour le prendre, et qu'on place sur le lumignon d'une chandelle ou d'une bougie pour l'éteindre. L'éteignoir des églises, est emmanché d'une longue baguette de bois, afin d'éteindre le bout des cierges. — On donne vulgairement le nom d'éteignoir à plusieurs agarics dont le chapeau est extrêmement conique. — Sous Louis XVIII, on a donné le nom d'ordre de l'Eteignoir, par ironie, à la société des jésuites, qui présentaient toujours une opposition constante aux progrès des lumières.

ÉTENDARDS, nom donné autrefois en général à toutes sortes d'enseignes militaires. On le donne aujourd'hui au drapeau de la cavalerie. Ceux des anciens étaient à peu près semblables à ceux de la cavalerie d'aujourd'hui. On y gravait le nom des généraux en lettres d'or. La lance des étendards est moins longue, leur flamme moins large, mais plus ornée de broderies que le drapeau de l'infanterie. Il y a un étendard par escadron, le sous-officier qui en est chargé se nomme porte-étendard, et marche au centre de l'escadron. En route, ils sont plies dans des étuis de cuir et supportés par un porte-mousqueton. Ils sont déposés chez le commandant du corps. — On nommait autrefois étendard royal un carré blanc uni, sans ornement ni broderie, qui marchait devant le roi.

ÉTENDARD, nom donné dans une corolle papilionacée au pétale supérieur, qui, en général plus grand que les autres, les embrasse et les recouvre avant l'épanouissement de la fleur.

ÉTENDUE, partie déterminée de l'espace absolu, ce qui occupe de l'espace des dimensions simples ou composées. On considère, en géométrie, trois espèces d'étendue : celle en longueur ou ligne, l'étendue en largeur ou surface, l'étendue en longueur et largeur ou solide. — En musique, on nomme étendue la distance plus ou moins considérable qu'il y a entre le son le plus grave et le plus aigu d'une voix ou d'un instrument. L'étendue de la voix est l'ensemble des différents sons que peut parcourir une voix du grave à l'aigu.

ÉTÉOCLE (myth.), né de l'inceste d'Œdipe et de Jocaste, sa mère, et frère de Polynice, convint, après la mort de son père, de régner alternativement avec son frère, et monta le premier sur le trône par droit d'aînesse. Mais, ayant goûté pendant un an les douceurs de la royauté, il ne voulut plus céder la couronne à Polynice. Celui-ci, pour soutenir ses droits, implora le secours d'Adraste, roi d'Argos, et marcha contre Thèbes avec une armée commandée par sept vaillants capitaines. Après une guerre longue et sanglante, les deux frères convinrent de mettre fin aux hostilités par un combat singulier, dans lequel ils s'entre-tuèrent. Leurs flammes se séparèrent sur le bûcher. Eschyle a fait sur ce sujet la tragédie des Sept Chefs devant Thèbes, et Racine celle des Frères ennemis.

ÉTERNITÉ, durée qui n'a ni commencement ni fin. Ainsi Dieu est éternel. Les scotistes soutenaient que l'éternité est composée de parties qui coulent les unes des autres. Les thomistes prétendaient au contraire que c'est une durée simple, qui exclut le passé et l'avenir. Dieu existe essentiellement et par lui-même, c'est-à-dire en vertu d'une nécessité absolue, inhérente dans sa nature. Les uns soutiennent qu'il y a une succession de moments, de jours, d'années et de siècles dans l'éternité de Dieu ; les autres, que c'est une durée sans succession des parties antérieures et postérieures, qui n'a ni commencement ni fin, mais qui existe tout entière à la fois et à chaque instant. — L'état de bonheur dans le ciel, celui de souffrance dans l'enfer, sont éternels. Cette éternité était reçue par les Grecs et les Romains et par les anciens Scandinaves. Le symbole de l'éternité est une roue ou un serpent qui se mord la queue.

ÉTERNUMENT, mouvement soudain, rapide et convulsif des muscles expirateurs, par lequel l'air, chassé avec violence et rapidité, frappe avec bruit les parois des fosses nasales, en entraînant les mucosités et les corps étrangers adhérents à la membrane pituitaire. Les yeux sont larmoyants, la salive découle de la bouche, les muscles se dilatent et le corps éprouve une grande lassitude, mais qui passe promptement. Au moment où l'éternument commence, on ressent une sorte de titillation dans la membrane qui tapisse l'intérieur des fosses nasales. Lorsqu'il est passager, on ne songe point à le combattre : ce n'est que lorsqu'il se prolonge qu'il devient une incommodité et une maladie. On le suspend en empêchant l'air de pénétrer dans les narines, par la compression des parois du nez ou en plaçant au-dessous un corps étranger, un mouchoir, qui intercepte l'air. — L'éternument précède l'éruption de la rougeole, accompagne le coryza, et est considéré comme un signe favorable quand il survient au déclin des maladies aiguës. Chez les anciens, c'était un mauvais présage et quelquefois un oracle de mort. Quand on éternuait, on faisait une prière aux dieux. C'est de là qu'est venue la coutume de saluer ceux qui éternuent et de leur faire quelque souhait.

ÉTÉSIENS, nom donné par les Grecs à deux vents du nord qui soufflaient pendant six semaines au printemps et en automne.

ÉTHAL, matière grasse particulière, solide, cristalline et translucide, incolore, inodore, insipide, fusible à 50 degrés, se figeant au-dessous, brûlant comme la cire, soluble dans l'alcool, insoluble dans l'eau, et susceptible de se volatiliser à une température un peu élevée. Sa composition est analogue à celles de l'alcool et de l'éther. Chevreul l'a obtenue en traitant la cétine par la potasse.

ÉTHANIM, septième mois de l'année ecclésiastique des Hébreux. C'est dans ce mois que le temple de Salomon fut dédié. Après le retour de la captivité, on donna au mois éthanim le nom de tizri, qui répond à notre mois de septembre.

ÉTHELBERT, roi de Kent en Angleterre en 560, épousa Berthe, fille de Caribert, roi des Francs. Cette princesse travailla à la conversion du roi et de plusieurs seigneurs anglais, avec l'aide de saint Augustin, que le pape saint Grégoire envoya en Angleterre. Ethelbert régna heureusement, et mourut en 616. — Un autre roi d'Angleterre de ce nom succéda à Ethelwolf en 857, et mourut en 866.

ÉTHELRED. Deux rois d'Angleterre ont porté ce nom. Le premier succéda à Ethelbert en 866, et mourut en 872. Le deuxième, succéda à son frère Edouard II, fils d'Edgar, en 979, fit tuer tous les Danois établis en Angleterre. Ses sujets se révoltèrent, et Suénon, roi des Danois, s'étant rendu maître de ses Etats, l'obligea de se retirer chez Richard II, roi de Normandie. Après la mort de Suénon, Canut son fils lui succéda. Mais, ce prince étant mort en 1015, Ethelred II fut rappelé en Angleterre, où il mourut en 1016.

ÉTHELWOLF, roi d'Angleterre, succéda à Egbert en 838. Ce prince fut très-religieux et d'un caractère doux et pacifique. Il alla à Rome avec son jeune frère Alfred, et mourut en 857. Il fut enterré à Winchester, et eut pour successeur Ethelbert.

ÉTHER (air brûlant), nom donné par quelques physiciens à un fluide subtil, invisible, élastique, impondérable, généralement répandu dans l'espace, et à travers lequel les planètes et les comètes font leur révolution. Cette substance est translucide, mobile et prompte à se déplacer. Elle pénètre les corps compactes, s'insinue dans leurs pores, et a une extrême rapidité. Euler attribue à cette substance les phénomènes de la lumière, du calorique et de l'électricité. Descartes prétend qu'elle a été le premier état de la nature, et que le soleil et les étoiles en ont été formés. Les physiciens qui combattent cette opinion admettent le vide absolu au delà des atmosphères planétaires. — Huyghens nomme *éther* la lumière, et Newton admet sous ce nom une substance d'une grande ténuité qui remplit l'univers.

ÉTHER, nom donné primitivement à un liquide résultant de la réaction de l'acide sulfurique sur l'alcool, et découvert en 1730. — On a étendu ce nom génériquement aux produits qui résultent de l'action des acides sur l'alcool. On désigne l'espèce par le nom de l'acide qui sert à l'obtenir. De là les éthers sulfurique, acétique, etc. Presque tous les éthers ont une odeur forte, une saveur chaude et piquante, une limpidité parfaite, une grande fluidité et volatilité. Ils se combinent avec l'alcool et non avec l'eau, et s'enflamment facilement. Les éthers ont été divisés en trois sections. La première contient ceux qui sont formés d'oxygène, d'hydrogène et de carbone. Tels sont les éthers sulfurique, phosphorique et arsénique, que l'on confond sous le nom générique d'*éther hydratique*. La deuxième renferme les éthers formés par l'acide employé et par l'hydrogène percarboné. Tels sont les éthers hydrochlorique, hydroiodique, etc. La troisième renferme les éthers formés d'un acide oxygéné et de l'alcool. Tels sont les éthers nitrique, acétique, oxalique, gallique, etc.

ÉTHER ACÉTIQUE, liquide incolore, d'une saveur piquante, diaphane, d'une odeur agréable, dont la pesanteur spécifique est de 0,866. Il bout à 71 degrés et s'enflamme à l'approche d'un corps enflammé. Il ne rougit pas la teinture du tournesol, et se dissout dans sept fois et demi son poids d'eau. On l'obtient en distillant jusqu'à siccité un mélange de trois parties d'acétate de potasse, trois parties d'alcool et deux parties d'acide sulfurique concentré. On mêle le produit avec la cinquième de son poids d'acide sulfurique concentré, et on le distille de nouveau jusqu'à ce que l'on ait obtenu une quantité égale à celle de l'alcool employé. On s'en sert, en médecine, pour des frictions, et on le mêle au savon médicinal.

ÉTHER ARSÉNIQUE. Voy. ÉTHER SULFURIQUE.

ÉTHER BENZOIQUE, liquide incolore, d'un aspect oléagineux, d'une saveur piquante, très-volatil, et dont la densité surpasse celle de l'eau. Il est soluble dans l'alcool, et bout à 100 degrés. On l'obtient en chauffant dans une cornue un mélange de deux parties d'acide benzoïque, quatre parties d'alcool et une partie d'acide hydrochlorique liquide concentré.

ÉTHER CITRIQUE, liquide qu'on obtient en distillant deux parties d'acide citrique, quatre parties d'alcool et une partie d'acide sulfurique. Il présente les mêmes propriétés que l'éther sulfurique.

ÉTHER FLUORIQUE. Voy. ÉTHER SULFURIQUE.

ÉTHER HYDRIODIQUE, liquide transparent, incolore, doué d'une odeur forte. Sa densité est de 1,9206. Exposé à une longue action de l'air il devient rose. Il bout à 54 degrés. Il produit des vapeurs pourpres quand on le verse goutte à goutte sur des charbons incandescents ; mais il ne s'enflamme pas par l'approche d'un corps en combustion. On l'obtient eu faisant un mélange de deux parties d'alcool et d'une partie d'acide hydriodique coloré.

ÉTHER HYDROCHLORIQUE, liquide incolore, doué d'une odeur forte et d'une saveur légèrement sucrée. A la température de 11 degrés, c'est un gaz incolore, dont la pesanteur spécifique est de 2,219. La densité de cet éther liquide, comparée à celle de l'eau, est de 0,874. Il s'enflamme facilement par l'approche d'un corps enflammé, et brûle avec une flamme verte ; il n'agit pas sur la teinture de tournesol, et se dissout dans l'eau et l'alcool. Il est très-volatil, puisqu'il suffit de le verser sur la main pour le faire entrer en ébullition. Pour l'obtenir, on fait un mélange de parties égales d'acide hydrochlorique liquide et d'alcool. Il est composé d'acide hydrochlorique et d'hydrogène bi-carboné.

ÉTHER NITREUX ou NITRIQUE, liquide d'un blanc jaunâtre, d'une odeur très-forte, d'une saveur âcre et brûlante, plus pesant que l'alcool et moins pesant que l'eau. Il bout à 22 degrés, et s'enflamme facilement. Il se dissout dans l'eau, et est sans action sur l'infusum du tournesol. On l'emploie en médecine, et on l'obtient en distillant un mélange de parties égales, en poids, d'alcool concentré et d'acide nitrique. Cet éther est formé d'alcool et d'acide hypo-nitrique, ou d'acide nitrique et d'hydrogène bi-carboné.

ÉTHER OXALIQUE, liquide jaunâtre, inodore, plus pesant que l'eau, un peu soluble dans ce liquide, très-soluble dans l'alcool, d'où il peut être précipité par l'eau. Il est composé d'alcool et d'acide oxalique.

ÉTHER PHOSPHORÉ, nom donné à l'éther sulfurique qui tient en dissolution du phosphore.

ÉTHER PHOSPHORIQUE. Voy. ÉTHER SULFURIQUE.

ÉTHER SULFURIQUE, nommé aussi proprement ÉTHER, liquide découvert en 1730. C'est un liquide limpide, transparent, inodore, incolore, d'une odeur forte et suave, d'une saveur chaude et piquante ; sa pesanteur spécifique est de 0,71192. Il bout à 35 degrés 66, et la densité de sa vapeur est de 2,586. Il ne se solidifie pas à un froid de 50 degrés. Il s'enflamme avec facilité, dissout la plupart des corps gras ; il se dissout dans l'eau. Uni à son poids d'alcool, il constitue la *liqueur minérale anodyne d'Hoffmann*. On obtient l'éther sulfurique en distillant dans une cornue six parties d'acide sulfurique concentré et cinq parties d'alcool. On l'emploie en médecine comme stimulant et calmant énergique, contre les fièvres, le ver solitaire. A l'extérieur, on l'applique comme topique réfrigérant sur le front, dans les cas de migraine. Il agit comme corrosif lorsqu'on l'emploie à forte dose. Les éthers *sulfurique, arsénique, fluorique,* etc., sont identiques, et peuvent être confondus sous le nom d'*éther sulfurique*.

ÉTHER TARTARIQUE ou TARTRIQUE, liquide sirupeux, brun, d'une saveur amère, un peu nauséabonde, inodore, sans action sur le tournesol, très-soluble dans l'eau et l'alcool. Il est formé d'alcool et d'acide tartrique. En le traitant par l'alcool, on obtient une matière particulière, brune et amère, très-soluble dans l'eau et d'une flaveur.

ÉTHÉRÉE (TEINTURE), nom donné aux produits de l'action de l'éther sulfurique, à la température ordinaire, sur différentes substances médicamenteuses, susceptibles de se dissoudre en totalité ou en partie dans l'éther.

ÉTHIOPIE, nom générique de l'Afrique moyenne, divisée en *haute Ethiopie*, comprenant la *Nubie*, l'*Abyssinie* et une partie de la *Guinée*, et en *basse Ethiopis*, renfermant les pays situés au S. de l'équateur. L'Ethiopie, qui portait aussi ce nom chez les anciens, était divisée par eux en deux parties : l'une à l'E. près de Méroé, et l'autre à l'O. dans le voisinage des Maures. Diodore dit que ses habitants furent les premiers peuples de la terre, qui se rendirent les premiers un culte aux dieux, et que leur pays, à cause de cela, ne fut jamais conquis. Les Ethiopiens sont noirs, et c'est à cause de cela que l'on a étendu ce nom à tous les hommes dont le teint est noir ou foncé, et qu'on a nommé *éthiopienne* la race nègre.— La *mer d'Ethiopie* est une partie de l'Atlantique, située près de l'équateur. On donne au.si spécialement ce nom au golfe de Guinée.

ÉTHIOPS, nom sous lequel les anciens désignaient certains oxydes ou des sulfures métalliques. L'*éthiops minéral* et l'*éthiops de mercure* désignaient le *sulfure de mercure*. L'*éthiops martial* était le *deutoxyde de fer*. L'*éthiops perse* est un protoxyde *noir de mercure*.

ÉTHIQUE, synonyme de *morale*. Ce mot, usité dans l'ancienne école, a vieilli.

ÉTHMOIDE, nom donné à un des huit os qui composent le crâne, parce que sa lame supérieure est percée d'un grand nombre de trous. Il est situé à la partie antérieure, inférieure et moyenne de la base du crâne. Sa forme est à peu près cubique, et il est formé par une multitude de lames papyracées, minces, fragiles, demi-transparentes, qui forment des cellules plus ou moins spacieuses, nommées *cellules ethmoïdales*, et distinguées en *antérieures* et en *postérieures*. Cet os est formé entièrement de tissu compacte et s'articule avec le coronal, le sphénoïde, les os maxillaires supérieurs, les os palatins, les cornets inférieurs, les os du nez et les os lacrymaux.

ÉTHRA (myth.), fille de Pythée, roi de Trézène, épousa Egée, roi d'Athènes, et devint enceinte de Thésée (voy.). Egée étant forcé de l'abandonner pour revenir à Athènes, lui laissa une épée, que l'enfant qu'elle mettrait au monde devait lui apporter lorsqu'il serait grand, afin de se faire connaître. Thésée, dans la suite, alla voir son père, qui le reçut et le nomma son héritier. Castor et Pollux, irrités de l'enlèvement de leur sœur Hélène par Thésée, firent Ethra captive ; mais elle fut délivrée par les petits-fils Acamas et Démophoon.

ÉTIENNE (Saint), premier diacre et premier martyr, fut choisi avec six autres, par les disciples de Jérusalem, au 1er siècle de l'Eglise, pour administrer les biens des fidèles, alors en commun, et pour le distribuer à chacun selon son besoin. On ne sait ni le lieu de sa naissance, ni son âge, ni le temps auquel il s'attacha à Jésus-Christ. Etienne fut lapidé en 33 par les Juifs, qui l'accusaient d'avoir blasphémé contre Moïse et contre Dieu, et d'avoir dit que Jésus changerait les traditions et les lois établies par le législateur des Juifs. En mourant, Etienne pria Dieu pour ses ennemis. Saül, jeune homme ardent persécuteur des chrétiens, admirant le courage de saint Paul, devint, sous le nom de saint Paul, l'un des plus grands défenseurs du catholicisme. Ses reliques furent trouvées en 415. On fait la fête de saint Etienne le 26 décembre, et celle de son invention, c'est-à-dire l'invention de ses reliques, le 3 août.

ÉTIENNE (SAINT-), ordre hongrois renouvelé par l'impératrice Marie-Thérèse en 1764. La décoration est la croix de Hongrie suspendue à un ruban couleur cerise avec un rayon vert des deux côtés ; sur le revers, dans une couronne de feuilles de chêne sur un fond blanc, on lit : *Sancto Stephano rege apostolico*.

ÉTIENNE. Cinq papes ont porté ce nom. — ETIENNE 1er, Romain de naissance, fut diacre sous les papes Corneille et Luce. Il succéda à ce dernier en 254. Pendant son pontificat s'éleva la célèbre dispute touchant la validité du baptême des hérétiques, que saint Cyprien prétendait être nul, et que saint Etienne soutenait avec raison être valide. Le pape ne vit pas la fin de cette contestation, car il mourut martyr en 257. On fait sa fête le 2 août.— ETIENNE II succéda en 752 à Zacharie. Son pontificat ne fut que de trois ou quatre jours ; c'est à cause de cela, que quelques auteurs ne l'ont pas compté parmi les papes. — ETIENNE III succéda en 752 à Etienne II. Astolphe, roi des Lombards, l'ayant obligé de se retirer en France, vers le roi Pepin (754), il sacra ce prince et ses deux fils. Pepin passa en Italie, combattit les Lombards. Etienne, pris rentré dans ses droits, fut dépossédé de nouveau par Astolphe. Il implora la protection de Pepin, qui força Astolphe à demander la paix. Il fit présent au pape de

plusieurs villes ; ce fut le fondement des États de l'Église. Étienne mourut en 787.
— Étienne IV succéda à Paul I<sup>er</sup> en 768, après l'expulsion de Constantin et de Philippe, qui s'étaient placés sur le saint-siége. Il mourut en 772. — Étienne V, successeur de Léon III, vint en France, et sacra Louis le Débonnaire. Élu en 816, il mourut en 817. — Étienne VI succéda à Adrien III en 884, défendit les papes ses prédécesseurs avec force contre Photius, et mourut en 891. — Étienne VII succéda à Formose en 897, condamna la mémoire de ce pape, et fit jeter son corps dans le Tibre. Il mourut en 900, étranglé dans une sédition. — Étienne VIII succéda à Léon VI en 929, et mourut en 931. — Étienne IX succéda à Léon VII en 939. Il soutint Louis IV, roi de France, contre ses sujets rebelles. Il eut beaucoup à souffrir de ses sujets révoltés, qui lui firent subir mille outrages. Il mourut en 953. — Étienne X, frère de Godefroi, duc de Lorraine, succéda à Victor II en 1057, proscrivit le mariage des prêtres, et mourut en 1058 en odeur de sainteté.

Étienne. Quatre rois de Hongrie ont porté ce nom. — Étienne I<sup>er</sup>, né en 979, succéda à son père Geïsa en 997. Il propagea et fit prêcher le christianisme dans tous ses États, et les divisa en onze diocèses. L'empereur Henri II lui donna le titre de roi en 1020. Il remit à ses sujets leurs impôts, bâtit des hôpitaux, et pourvut à la subsistance des pauvres. Il publia un recueil de lois en cinquante-cinq chapitres, et mourut en 1038. Sa couronne royale a longtemps servi pour le sacre des rois de Hongrie. Le pape Innocent XI le canonisa en 1687, et mit sa fête au 2 septembre. — Étienne II succéda en 1114 à Carloman, et fut continuellement en guerre avec la Pologne, la Russie, Venise et la Bohême. Il abdiqua la couronne en 1132, et prit l'habit religieux. — Étienne III succéda à Geïsa III en 1161. Ses oncles Ladislas II et Étienne IV s'étaient emparés de la couronne ; mais le premier mourut en 1172, après six mois de règne ; et le second après cinq mois. Étienne fit avec succès la guerre à Venise et à l'empereur Emmanuel, et mourut en 1173. — Étienne IV ou V succéda à Béla IV en 1260, et combattit avec succès les Bohémiens et les Bulgares. Il mourut en 1271.

ÉTIENNE BATHORY. Voy. Bathory.

ÉTIENNE DE BLOIS ou Stephen succéda en 1135 à Henri I<sup>er</sup>, son oncle, roi d'Angleterre. Il était fils d'Étienne, comte de Blois, et d'Adèle, fille de Guillaume I<sup>er</sup> et sœur de Henri I<sup>er</sup>. Il s'empara de la couronne au préjudice de Mathilde, fille de feu roi. Il confirma l'indépendance de l'Église, accorda aux seigneurs le droit de se fortifier dans leurs châteaux, abolit le danegeld. Étienne eut d'abord à combattre David, roi d'Écosse, qui embrassa le parti de Mathilde. Il chassa de la Normandie et de l'Anjou Mathilde et son époux Geoffroi Plantagenet (1136-1138). Tandis que David désolait l'Angleterre, Geoffroi rentra en Normandie ; mais il en fut chassé par Guillaume d'Ypres. Étienne, ayant vaincu David, conclut la paix avec lui. La guerre ayant recommencé avec Mathilde, secourue par son frère Robert, comte de Glocester, Étienne fut fait prisonnier en 1141, et jeté dans une tour de Bristol. Il fut déposé, et Mathilde élue à sa place. La guerre civile recommença, et Guillaume d'Ypres ayant fait prisonnier Robert, l'échangea avec Étienne. Ce prince reconquit alors le royaume d'Angleterre, et Geoffroi conserva la Normandie, le Maine, l'Anjou et la Touraine. Mathilde, après avoir continué la guerre, quitta l'Angleterre en 1147. Étienne fut forcé de reconnaître pour son successeur Henri II, fils de Mathilde et de Geoffroi, et mourut en 1154.

ÉTIENNE DE BYZANCE, géographe et grammairien grec, vivait dans le v<sup>e</sup> siècle. Il composa un dictionnaire géographique, nommé *Ethnika* ou *Péripoléon*. On n'a conservé de cet ouvrage qu'un seul article, celui de *Dodone*. On en a un abrégé fait par Hermolaüs, sous l'empereur Justinien. — Étienne Asognick a composé une *Histoire d'Arménie*, depuis la fondation de ce royaume jusqu'en 1004. Il est mort dans le XI<sup>e</sup> siècle. — Étienne Orpelian, archevêque de Siounikh, né dans le XIII<sup>e</sup> siècle, est auteur d'une *Histoire des princes Orpelians*, de 1048 à 1300.

ÉTIENNE DE HONGRIE (Jean Zapol, célèbre sous le nom d'), waivode de Transylvanie, fut nommé roi de Hongrie par une partie de ce royaume (1526) après Louis II, tandis que l'autre partie nommait Ferdinand d'Autriche, beau-frère du feu roi. Trop faible pour combattre seul ce prince, Étienne s'allia Soliman, roi des Turks, et assiégea Vienne avec ce prince en 1529. Les deux rois se firent une longue guerre. Étienne étant mort en 1540, Élisabeth de Pologne, sa veuve, reprit les armes pour donner le trône à son fils Jean-Étienne, nommé roi de Hongrie sous le nom de Sigismond. En 1551, elle céda le royaume à Ferdinand I<sup>er</sup>.

ÉTIENNE (Les imprimeurs). Voy. Estienne.

ÉTIENNE (Saint-), chef-lieu d'arrondissement du département de la Loire, à 8 lieues de Montbrison. Population, 33,064 habitants. Pendant longtemps Saint-Étienne ne fut qu'une bourgade presque entièrement composée d'ouvriers. Charles VII (1444) permit aux habitants de fortifier leur bourg. En 1535, on y établit une manufacture d'armes à feu. Cette ville a un hôtel de ville, un palais de justice, une salle de spectacle, une bibliothèque publique, un cabinet d'histoire naturelle, un tribunal de première instance et de commerce, une école de mineurs, une manufacture royale d'armes à feu, un temple protestant, un collège, une institution de sourds-muets et un musée industriel ; mais cette ville est principalement célèbre par ses fusils de guerre, de chasse, ses pistolets, ses armes à feu, etc. Elle fabrique plus de 120,000 fusils par an. Cette fabrication emploie huit mille ouvriers. Il y a de belles mines de houille et des carrières de belles pierres dures pour polir le fer. La fabrication de ces divers objets emploie quarante-sept mille sept cents ouvriers, et la valeur de ces divers objets s'élève à 73,002,960 francs (année moyenne).

ÉTINCELLE, molécule, petite parcelle de feu enflammée, qui se détache d'un corps qui brûle, et qui s'élance au loin. — On donne le nom d'*étincelle électrique* aux traits de feu qui jaillissent lorsqu'on approche du conducteur d'une machine électrique en activité, ou de tout autre corps fortement électrisé, un corps non électrisé et non pointu. L'étincelle qui se manifeste par la décharge des corps fortement électrisés, tels que la bouteille de Leyde, la batterie électrique, porte le nom d'*étincelle fulminante* ou *foudroyante*. On a souvent employé chez l'homme, en médecine, l'électricité sous forme d'étincelles, pour exciter une partie circonscrite ou produire une secousse générale.

ÉTIOLEMENT, altération qui survient aux plantes, maladie qui leur fait pousser des tiges longues, effilées, blanchâtres, terminées par des feuilles maigres, d'un vert pâle. Elles sont toujours aqueuses ou insipides. Cette maladie des plantes a pour cause la privation de la lumière, dont l'action est indispensable à la vie et au développement des végétaux. Les jardiniers pratiquent un étiolement artificiel pour augmenter les qualités comestibles de certaines herbes potagères ; ainsi ils enferment de la chicorée dans les caves ou dans des tonnes pour obtenir la *barbe de capucin* et tempérer l'amertume des chicorées. Ils lient les feuilles des laitues, des choux, etc., pour que le *cœur* acquière une belle couleur jaune et une saveur douce.

ÉTIOLEMENT. En pathologie, on nomme ainsi la décoloration qui survient chez les individus soustraits à l'influence de la lumière et d'un air pur et vif. Ainsi les femmes qui vivent en Orient dans les harems sont pâles et blêmes. Les ouvriers mineurs sont hâves, décolorés, lymphatiques ; les animaux, ainsi étiolés, deviennent blancs, lourds et engourdis. On se sert de ce moyen pour engraisser les porcs, les oies, les veaux, etc. Leur chair est tendre, fade et muqueuse.

ÉTIOLOGIE, nom donné à une branche de la pathologie qui a pour objet la connaissance des causes des maladies.

ÉTIQUETTE, cérémonial écrit ou traditionnel, qui règle les devoirs extérieurs à l'égard des rangs, des places, des dignités. L'étiquette règle dans les cours les relations du souverain avec les personnes qui l'approchent, prescrit certaines formes et certaines paroles. Elle varie selon les pays. Celle qui s'observait à la cour de France avant 1789 était très-dure. Elle déterminait la place que l'on devait occuper, le nombre de pas que l'on devait faire, l'ampleur des manteaux, etc., les heures où le roi était visible. Le grand aumônier lui présentait l'eau bénite, le deuxième le livre d'heures ; et les princes, seigneurs, gens de service, les diverses parties de l'habillement ; les formes des repas, des bals, des conseils, étaient aussi déterminées par des règles spéciales. On était présenté au roi avant de l'être aux princes, et on n'était admis à la cour qu'avec son agrément. Quand on écrivait à la reine, on mettait simplement pour souscription *à la reine ;* les princesses y ajoutaient *madame et souveraine*. Une femme présentée à la cour devait se retirer en reculant, et jeter en arrière la queue du manteau par un coup de talon. Le roi la baisait sur la joue, et elle appliquait à ses lèvres le bord de la jupe de la reine ; les duchesses saisissaient la jupe moins bas que les autres femmes ; elles s'asseyaient sur un tabouret, les autres n'avaient que des pliants. On ôtait ses gants pour offrir quelque chose au roi et à la reine ; quand ils buvaient ou éternuaient, on se levait. Les princesses recevaient les ambassadeurs couchées, et elles devaient appeler les cardinaux deux fois *éminence* dans une visite. On disait *madame* et on parlait à la troisième personne aux princesses ; aux princes, *monseigneur*. En entrant dans les appartements, on grattait à la porte de la chambre ; en sortant, on ne devait pas toucher la serrure. Les honneurs consistaient pour les hommes à *monter* dans la voiture du roi, le *suivre* à la chasse, jouer avec la reine, etc. Napoléon voulut rétablir l'étiquette, il n'y put entièrement réussir, et elle est presque proscrite de nos jours.

ÉTIRAGE. Dans l'art du filateur, on commence par filer les métaux en gros ; ensuite, pour donner au fil la finesse qu'on désire, on est obligé de diminuer sa grosseur en l'allongeant. Cette opération se nomme *étirage*.

ÉTIRE. Les ouvriers corroyeurs nomment ainsi une plaque de fer ou de cuivre, plate, peu large et finissant par une espèce de tranchant mousse qui a la forme d'un arc de cercle d'un grand diamètre, et dont les angles sont arrondis, afin que dans le travail ils ne puissent pas entamer la peau ou le cuir. L'ouvrier tient l'étire perpendiculairement sur la peau, et il ratisse des deux mains avec force, sur les endroits trop épais, ceux où il reste de la chair ou du tan. Il rejette les parties les plus épaisses du côté des plus minces, afin de rendre leur épaisseur à peu près égale partout ; avec l'étire, il rend la peau plus dense, plus compacte, et d'une épaisseur plus égale.

ÉTISIE, maladie qui est dans la constitution, et dont l'amaigrissement est le principal symptôme. L'étisie est le plus ordinairement le résultat d'une autre maladie. Elle est rarement l'effet immédiat des causes morbifiques. On nomme *étiques* ceux qui sont affectés d'étisie, ou les maladies accompagnées d'étisie.

ETNA ou Gibel, montagne volcanique, située dans la province de Catane en

Sicile, sur la côte orientale. C'est un cône de 3,287 mètres de hauteur, dont la base, presque circulaire, a 36 lieues de circonférence ; mais en comprenant tout l'espace que couvrent ses laves, cette circonférence est presque doublée. Le cône est divisé de la nature, depuis sa base jusqu'à son sommet, en trois zones distinctes ; la première, comprenant un pays délicieux situé autour des bords de la montagne, est bien cultivée. Son périmètre est de 40 ou 50 lieues, et sa population de 120,000 habitants. On y voit soixante-dix-sept villes ou villages. Plus haut, une deuxième région boisée entoure la montagne. Au-dessus de la forêt est la région déserte, aride, couverte de laves et de scories, où sur une espèce de plaine s'élève le cône qui exhale des vapeurs sulfureuses. Le sommet est couvert d'une neige éternelle. Son cratère a une lieue de tour, et renferme plusieurs ouvertures. On compte plus de quatre-vingt-dix cônes épars sur ses flancs, et dont plusieurs ont 400 à 700 pieds de hauteur. Le cône principal a une lieue de circonférence, et 700 pieds de profondeur. Depuis l'an 1200 avant J.-C. jusqu'à nos jours, on compte cent et une éruptions de l'Etna.

ÉTOCS ou ESTOCS, nom donné à des roches multipliées près de certaines côtes, ou qui y sont attenantes. Elles sont dangereuses pour la navigation. On connaît les étocs de Pennemarck (Finistère) : ce sont de petites têtes de rochers, partie au niveau de la mer, d'autres couvertes aux pleines mers.

ÉTOFFE, mot qui désigne en général toute espèce de tissu fabriqué avec telle substance que ce soit. On distingue ensuite chacune d'elles par un nom particulier. — On nommait aussi autrefois des étoffes certains tissus de laine très-légers, et servant à faire des doublures ou des robes de femmes. Le chapelier nomme étoffe les matières qui doivent entrer dans la fabrication des chapeaux, comme les poils de castor, de lièvre, de lapin, de chameau, les laines de moutons, de brebis, etc.

ÉTOFFE. Les ouvriers qui travaillent le fer et l'acier forment ce qu'ils nomment une étoffe en prenant trois ou cinq plaques de fer et deux ou quatre d'acier, qu'ils intercalent dans cet ordre, fer, acier, fer, acier..... etc., et terminent toujours par du fer. Ils font chauffer fortement et forgent le tout ensemble pour n'en faire qu'une seule barre. L'étoffe est excellente pour fabriquer de gros instruments tranchants. Celle de Deux-Ponts est la plus estimée.

ÉTOILE, nom sous lequel on désignait jadis tous les corps célestes, en les partageant en *étoiles fixes* et *étoiles errantes* ou *planètes*. On ne donne aujourd'hui le nom d'*étoiles* qu'aux astres lumineux par eux-mêmes et étrangers à notre système solaire. Les autres sont désignés par leurs noms particuliers de *planètes*, *comètes*, *satellites*, etc. Outre la manière de distinguer les étoiles les unes des autres en les séparant par groupes nommés *constellations*, les astronomes les classent par ordre de grandeur d'après leur éclat apparent. Ainsi les étoiles les plus brillantes sont dites de *première grandeur*, et les autres de *deuxième*, *troisième*, etc., selon que la lumière dont elles brillent a plus ou moins d'intensité. Cette classification ne comprend pas plus de sept ordres de grandeur pour les étoiles vues à l'œil nu. Mais, avec le secours du télescope, elle s'étend à la seizième grandeur. A la simple vue, on aperçoit quinze ou vingt mille étoiles. Le nombre des étoiles paraît infini ; car, en observant au télescope les petites taches blanchâtres que l'on aperçoit dans le ciel, et qu'on nomme *nébuleuses*, on y découvre une multitude d'étoiles très-rapprochées et confondues ensemble. Aucune expérience n'a pu mesurer la parallaxe des étoiles et par suite leur distance à la terre ; mais, comme elle est moindre qu'une se-

conde pour les étoiles les plus proches de la terre, nous savons que nous en sommes séparés par une distance plus grande que 7 trillions 720 billions de lieues. Outre les mouvements apparents de ces astres, les étoiles ont des mouvements propres et réels dont l'effet est de changer la relation des distances. La lumière met un certain nombre d'années à nous venir des étoiles. — On distingue les étoiles en *changeantes*, *nébuleuses*, *doubles*, *tombantes*. On suppose que les étoiles que nous voyons sur la voûte des cieux sont autant de soleils enflammés, autant de centres de mondes planétaires.

ÉTOILE, nom donné à l'astre lumineux qui apparut aux mages, et qui les conduisit à Bethléem où Jésus-Christ était né. Quelques auteurs ont cru que c'était un astre nouveau créé exprès pour annoncer aux hommes la venue du Messie ; d'autres, que c'était une espèce de comète qui avait apparu extraordinairement au ciel ; d'autres, que c'était un ange revêtu d'un corps lumineux ; d'autres enfin, que c'était le Saint-Esprit qui apparut aux mages sous la forme d'un astre. On ne convient pas non plus du temps auquel cet astre apparut aux mages.

ÉTOILE se prenait autrefois pour *destin, fatalité*. Ce mot avait son origine dans l'opinion des astrologues qui prétendaient que chaque personne avait un astre qui présidait à sa fortune, à sa constitution, son bonheur ou son malheur. Les hommes étaient ainsi prédestinés en naissant et sous l'empire de la fatalité. Napoléon crut à son étoile favorable pendant le temps de sa grandeur.

ÉTOILE. En histoire naturelle, on nomme *étoile blanche*, *étoile de Bethléem*, *étoile jaune*, trois espèces d'*ornithogales* ; *étoile d'eau*, le *callitric* ; *étoile des bois*, la *stellaire* ; *étoile du berger*, le *flûteau* ; *étoile du matin*, le *liseron*. Quelques auteurs nomment *étoiles* ou *rosettes* les fleurs mâles des mousses.

ÉTOILE (ORDRE DE L'), ou de *Notre-Dame de l'Étoile*, ou *de Noble Maison*, ordre de chevalerie attribué faussement par quelques auteurs à Robert Ier, roi de France, et institué réellement par Jean Ier en 1352. Les chevaliers, qui devaient être au nombre de 500, portaient une robe blanche et un chaperon vermeil, des chausses noires, des souliers dorés, et un anneau sur lequel était leur nom et une étoile blanche. Ils avaient une chaîne de cinq chaînons entrelacés, de laquelle pendait sur l'estomac une étoile d'or à cinq rayons. Ils portaient aussi sur l'épaule gauche une étoile d'or en broderie. Ils étaient obligés de jeûner tous les samedis en donner 15 deniers pour Dieu. Cet ordre subsista jusqu'à Charles VIII, qui l'abolit à cause de l'ordre de Saint-Michel.

ÉTOILE (mar.). En marine, on nomme ainsi un très-petit anneau en fer-blanc armé de trois rayons pointus supportés par trois bouchons de liège. Le milieu, ouvert, retient une petite mèche de coton flottante sur l'huile d'une verrine. On la place dans l'habitacle, à bord d'un bâtiment, pour éclairer le compas de route.

ÉTOILE (accept. div.). On nomme ainsi : 1° un instrument qui sert à vérifier les calibres des canons ; 2° une composition d'artifice qui imite en s'enflammant l'éclat d'une étoile ; 3° une sorte de roue dont les dents sont taillées en rayons par cinq lignes droites qui forment un angle plus ou moins ouvert : dans les montres à répétition, l'étoile porte le limaçon des heures ; 4° un fort qui a plusieurs angles saillants ; 5° une marque blanche sur le front d'un cheval dont le corps est d'une autre couleur.

ÉTOILE DE LA LÉGION D'HONNEUR (vulgairement *croix d'honneur*), croix que portent les membres de la Légion d'honneur. (Voy.) Cette étoile a cinq rayons. Une face du médaillon offrait, à l'institution de l'ordre, l'effigie de Bonaparte, l'exergue *honneur et patrie*. En 1814, on

mit d'un côté l'effigie de Henri IV et de l'autre trois fleurs de lis. En 1830, on a supprimé les fleurs de lis.

ÉTOILE DE MER, nom donné vulgairement à des zoophytes nommés *astéries* par les naturalistes. Voy. ASTÉRIES. — On a nommé aussi *étoiles de mer pétrifiées* les alcyons, les astroïtes, etc.

ÉTOILE POLAIRE, ordre suédois institué par le roi Adolphe-Frédéric, mort en 1751. La décoration est une croix latine avec quatre couronnes dans les intervalles autour d'un globe bleu, avec ces mots, *Nescit occasum*, allusion à l'étoile polaire, qui est presque toujours à la même hauteur.

ÉTOILÉ désigne, en botanique, la disposition de plusieurs parties semblables d'une plante qui sont dans un même plan autour d'un centre commun, point elles s'écartent en rayonnant. Les feuilles verticillées, quand elles sont petites et fort étalées, sont dites *étoilées*. Morison nommait *fleurs étoilées* celles que Tournefort a nommées *radiées*. Linné appelle *étoilées* les *rubiacées*, dont les feuilles sont disposées en rayons et qui constituent la quatrième sous-famille établie par Decandolle dans cette grande famille.

ÉTOILÉ. C'est, 1° un oiseau de la côte d'Or en Afrique, que l'on a comparé à un merle, mais dont l'espèce n'est pas déterminée ; 2° un héron et un gobe-mouches, 3° des espèces de baliste, d'esturgeon, de raie ; 4° une espèce de bombyx. — On nomme *bandage étoilé* un bandage dans lequel les jets de la bande, en s'entre-croisant, forment un X.

ÉTOILES CHANGEANTES. Voy. CHANGEANTES.

ÉTOILES DOUBLES, nom donné aux étoiles juxtaposées et superposées les unes sur les autres, et qui n'offrent entre elles aucune distance appréciable à l'œil nu. Elles sont seules et uniques. Vues au télescope, elles sont doubles et triples, chacune des étoiles se trouvant à quelques secondes l'une de l'autre. Parmi les étoiles doubles, il en est qui ne le doivent qu'à la distance où nous sommes du lieu qu'elles occupent, et qui nous le paraissent sans l'être réellement. Il en est qui composent des systèmes stellaires de deux étoiles tournant l'une autour de l'autre dans des orbites régulières. Pour les distinguer des étoiles doubles proprement dites, on a nommé celles-ci *étoiles binaires*. Les étoiles binaires sont presque toujours colorées des plus belles couleurs ; elles sont cramoisies, vertes, bleues, jaunes, blanches, bleuâtres, etc.

ÉTOILES NÉBULEUSES. Voy. NÉBULEUSES.

ÉTOILES TOMBANTES, petits météores ignés, qui, se détachant du ciel, parcourent l'immensité de l'air en entraînant une lumière blanche, vive et pure à leur suite, et se précipitent sur la terre. Les uns disent que ce sont des aérolithes ou pierres tombées du ciel ; les autres, que ce sont des feux volants dus au fluide électrique ; d'autres enfin que ce sont de petits satellites qui tournent autour de diverses planètes.

ÉTOLE ou ORARIUM, ornement ecclésiastique, qui consiste en deux larges bandes d'étoffe de laine ou de soie, terminées des deux côtés par une bande plus large que le reste, et ornée d'une croix. Au milieu, où se joignent les deux bandes, est une autre croix. La lisière de l'étole est ornée d'un galon. Ces bandes ont été détachées de l'ancien vêtement ou manteau ouvert par devant, appelé *stola*, d'où elles ont retenu le nom d'*étole*. Les étoles se placent au cou, et tombent des deux côtés du corps. C'est l'ornement des évêques, des prêtres et des diacres. Les évêques la portent toujours pendante ; les prêtres la croisent sur la poitrine en disant la messe ; les diacres la mettent de gauche à droite en façon d'écharpe. Autrefois les prêtres la portaient toujours, même dans l'usage commun et hors le temps des fonctions ecclésiastiques. Le pape est le seul aujourd'hui qui la porte sans la quitter. Les prêtres portent aussi l'étole en administrant les sacrements, aux enterrements, aux processions, etc.

ÉTOLE (ORDRE DE L'), ordre de chevalerie des rois d'Aragon, dont on ne connaît point l'origine. On sait seulement qu'Alphonse V créa des chevaliers de cet ordre; ce qui fait croire qu'il peut en avoir été l'inventeur. — L'*ordre de l'Etoile d'or* était un ordre de chevalerie à Venise. Les chevaliers portaient une étole d'or en broderie, de la largeur d'un pied, sur l'épaule gauche, et qui descendait par devant et par derrière jusqu'au genou. Ils avaient une robe rouge de ducale et un habit cramoisi au-dessous. L'hiver, ils plaçaient par-dessus des fourrures précieuses. Leur coiffure était un bonnet de laine noire orné de franges. — Venise ne conférait cet ordre qu'aux personnes de famille noble et patricienne, ou qui s'en étaient rendues dignes par les services rendus dans les armées ou dans quelque occasion importante.

ÉTOLIE, contrée située au centre de la Grèce, et bornée à l'O. par l'Achéloüs, qui la séparait de l'Acarnanie, au N. par la Thessalie et l'Epire, à l'E. par la Doride et la Phocide, et au S. par la Locride et le golfe de Corinthe. Elle était arrosée par l'Evenus. Les deux principales villes étaient *Calydon*, capitale, et *Thermos*, où se tenait le *panaetolium*, assemblée des états d'Etolie, où le peuple célébrait les solennités de son culte et nommait ses magistrats. — L'Etolie ou *Hyantis* fut d'abord habitée par les Curètes. Etolus, fils d'Endymion et roi d'Elide, chassa les Curètes, et donna son nom à son nouveau royaume. Après avoir eu longtemps des rois, l'Etolie se constitua en république, réglée par un général; des *apoclètes* ou fonctionnaires publics, des *éphores* ou inspecteurs, la participation du peuple. Les Etoliens résistèrent longtemps aux Athéniens, aux Macédoniens, envahirent l'Acarnanie, dévastèrent le territoire de Lacédémone. Vaincus par Demetrius Poliorcète, ils s'unirent à Aratus, et s'emparèrent de l'Elide et de la Messénie. Mais, s'étant détachés du parti des Achéens, ils les vainquirent, et furent vaincus à leur tour. Attaqués par Fulvius, consul romain, ils furent réduits en esclavage (189 avant J.-C.). L'Etolie forme aujourd'hui un nome de la Grèce avec l'Acarnanie; et est comprise dans la partie O. de cet Etat.

ÉTON, bourg d'Angleterre (comté de Buckingham) sur la Tamise. Ce bourg, de peu d'importance, est célèbre par une école fondée en 1441 par le roi Henri VI. Les élèves y sont au nombre d'environ quatre cent cinquante. Cette école a une belle bibliothèque.

ÉTOQUIAU, petite cheville qu'on met à la circonférence d'une roue mobile, pour empêcher qu'elle ne tourne au delà d'un certain degré, parce qu'on fait frapper cette cheville contre un arrêt. C'est ainsi qu'en horlogerie on a soin de mettre une cheville à la circonférence du balancier d'une montre pour empêcher le balancier de se renverser. On rive aussi une cheville sur l'avant-derrière roue de la sonnerie, qui sert à arrêter quand il faut que la détente revienne en prise et bute contre elle. — Le nom d'étoquiau se donne encore à toute pièce de fer qui sert à en arrêter ou en contenir d'autres.

ÉTOUFFEMENT, mot qui désigne, en pathologie, une menace de suffocation. Ce symptôme accompagne beaucoup de maladies, et peut être produit par une multitude de causes différentes, dont les unes gênent l'entrée de l'air dans les poumons, et dont les autres mettent obstacle aux changements que l'air et le sang doivent éprouver dans ces organes.

ÉTOUFFOIR, grand vase de cuivre ou de tôle, de forme cylindrique, garni de son couvercle, qui le ferme hermétiquement. Les boulangers versent dans ce vase la braise de leur four; ils la ferment avec le couvercle, et la braise s'y éteint parce qu'elle est privée du contact de l'air. — Les luthiers nomment *étouffoir* un appareil mécanique destiné à arrêter à propos les vibrations des cordes dans les instruments à clavier.

ÉTOUPE, partie la plus grossière, la plus courte et la plus chargée de matières gommo-résineuses et séreuses de la filasse du chanvre, du lin, de l'ortie, etc. Les étoupes sont le déchet de l'affinage de la partie corticale des plantes filamenteuses. On les obtient, par le peignage, à l'aide du seran, de trois qualités différentes, selon le degré de division ou de finesse que les peigneurs veulent donner aux brins. La première qualité se nomme *demi-brins*, la deuxième *brinasse*, et la troisième *réperans*. Dans les ports militaires, on emploie l'étoupe à la confection des matelas qu'on embarque pour les malades. Celle qu'on emploie à calfater les bâtiments est tirée de vieux cordages goudronnés que l'on détord. Les tapissiers la substituent au crin pour rembourrer les sièges, les fauteuils, etc. En blanchissant les étoupes par l'action du chlore, on peut les mêler avec le coton et les filer ensemble. Les tonneliers s'en servent pour tamponner les futailles ou entourer les bondes des tonneaux. Les chaudronniers l'emploient pour étendre l'étain dans l'opération de l'étamage.

ÉTOUPE. On nomme ainsi, en botanique, la matière filamenteuse et compacte qu'on trouve au collet ou dans le fruit de certaines plantes.

ÉTOUPILLE, espèce de petite mèche de coton allongée et peu large, enduite de poudre et enveloppée dans un tuyau de papier. On garnit les pièces d'artifice avec des étoupilles pour faciliter la communication du feu. Dans l'artillerie, on s'en sert en l'introduisant dans la lumière d'une pièce, afin qu'étant allumée elle communique le feu à la poudre de la gargousse, à laquelle elle doit adhérer. Un bout de l'étoupille est coupé droit; l'autre est coupé en sifflet. Leur longueur est de trois pouces environ. Autrefois les étoupilles étaient en fer-blanc. La composition de ces mèches se fait ainsi. On prend plusieurs fils de mèches de coton à plusieurs fins, sans nœud ni bourre; on les fait détremper dans de l'eau qui tient en dissolution du salpêtre. Puis on mêle quatre onces de poudre réduite en poussière très-fine, avec un peu de gomme arabique fondue à chaud dans de l'eau-de-vie; on verse cette liqueur sur la poudre, afin d'en former une pâte; on imbibe de cette pâte les mèches de coton déjà préparées. Ensuite on les retire, et on les fait sécher à l'ombre. Le tuyau de papier qui doit renfermer les mèches se fait en roulant du papier sur une baguette de deux lignes de diamètre. On fait faire trois ou quatre tours au papier, et l'on colle le dernier. On met ensuite la mèche préparée dans ce tuyau.

ÉTOURDISSEMENT, premier degré du vertige, qui consiste dans un trouble momentané des sensations, et particulièrement de la vue et de l'ouïe. Il semble au malade que les objets qui l'entourent se meuvent, tournent ou se confondent. Il éprouve des tintements d'oreille, et n'a qu'imparfaitement une idée de ce qui se passe autour de lui. Les étourdissements précèdent et accompagnent diverses maladies, et particulièrement celles dont le cerveau est le siège. Ce symptôme se trouve fréquemment chez les personnes sanguines, nerveuses, etc.

ÉTOURNEAU, genre d'oiseaux de la famille des conirostres, caractérisé par le bec droit, un peu déprimé et des narines à moitié fermées par une membrane. Ce sont des oiseaux voyageurs, à plumage noir lustré ou varié de diverses couleurs. Ils vivent en troupes et se tiennent dans les prairies humides, se nourrissant de vers, mollusques et insectes. L'*étourneau-sansonnet*, d'un noir métallique, à reflets cuivrés; l'extrémité de ses plumes est marquée d'un point; les pieds sont bruns et le bec jaune; la longueur totale est de huit pouces six lignes. L'âge et le sexe donnent aux étourneaux diverses variations de plumage qui constituent dans l'espèce autant de variétés. Tels sont les blancs, les gris, etc. Ils placent leur nid dans le creux des arbres, des murs, ou dans les toits, les clochers, etc. Les étourneaux vivent sept ou huit ans en domesticité. Leur chair est dure, sèche et de mauvais goût.

ÉTRANGER, celui qui appartient à une autre nation. Les étrangers étaient incapables de posséder des bénéfices en France, quand même leurs pays eussent été déclarés exempts du droit d'aubaine par les traités. — Autrefois l'Angleterre se réservait le droit d'expulsion arbitraire à l'égard de tout étranger. Dans l'Amérique septentrionale, l'étranger est soumis au payement des taxes, et obtient le droit de cité. La France est le pays où l'étranger a la plus grande liberté. Les lois de police et de sûreté obligent l'étranger. Ses immeubles sont régis par la loi française. Il peut acquérir, disposer de ses biens par donation et testament. Il jouit en France des droits civils qui sont accordés par les traités de la nation à laquelle il appartient. — Tout individu né en France d'un étranger peut à vingt-deux ans réclamer la qualité de Français, pourvu que, dans le cas où il résiderait en France, il déclare que son intention est d'y fixer son domicile, et que, dans le cas où il résiderait en pays étranger, il fasse la promesse de fixer en France son domicile, et qu'il l'y établisse dans l'année. Tout enfant né en France d'un Français en pays étranger est Français. L'étrangère qui épouse un Français suit la condition de son mari. — L'étranger qui a été admis par l'autorisation du roi à établir son domicile en France y jouit de tous les droits civils tant qu'il continue d'y résider. L'étranger, même non résident en France, peut être cité devant les tribunaux français pour l'exécution des obligations par lui contractées en France ou en pays étranger envers des Français. Un Français peut être traduit devant un tribunal de France pour des obligations par lui contractées en pays étranger. — En toutes matières autres que celles de commerce, l'étranger demandeur est tenu de donner caution pour le payement des frais et dommages-intérêts résultant d'un procès, à moins qu'il ne possède en France des immeubles de valeur suffisante pour assurer ce payement. L'étranger ne peut servir de témoin dans un acte public, ni faire partie de l'armée.

ÉTRANGLEMENT, état dans lequel se trouvent certaines parties lorsqu'elles sont serrées fortement par d'autres comme par une espèce de lien, et qu'il en résulte des accidents plus ou moins graves. Ainsi, lorsque des organes situés profondément viennent à s'enflammer, les aponévroses qui les entourent, en résistant à leur dilatation, produisent leur étranglement et déterminent des accidents fâcheux. L'étranglement des viscères renfermés dans l'abdomen produit les *hernies*. — En pathologie, ce mot est employé comme synonyme de *strangulation*. C'est un symptôme fréquent dans les maladies du larynx et du pharynx.

ÉTRAVE, sorte de pièces courbes réunies ensemble, qui s'élèvent en saillie sur l'extrémité à l'avant d'un bâtiment. Elle fait corps avec la quille dont elle a l'épaisseur, sans s'écarter de son plan diamétral, qu'elle termine sous le beaupré au-dessus du deuxième pont, en formant la proue. L'étrave est la base et l'appui de toute l'œuvre de cette partie du bâtiment; son contour arrondi et élevé forme l'*élancement de l'étrave*. On y fait des râblures de chaque bord, pour recevoir les bouts des bordages de la carène; de petites lames de fer, formant une échelle de pieds et de demi-pieds sur ses deux faces, servent à mesurer le tirant d'eau de l'avant.

ÊTRE, ce qui existe, ou dont l'existence est possible. On donne le nom d'*Etre suprême* à Dieu, au souverain de tout ce qui existe, au plus grand des *êtres*. On appelle *culte et fête de l'Etre suprême* des fêtes solennelles instituées par Robespierre en l'honneur du Créateur. Voy. FÊTES.

ÉTRENNES (*strennæ*), présents que l'on fait le premier jour de l'année. On rapporte l'origine des étrennes à Romulus et à Tatius, rois des Romains, qui régnèrent ensemble 747 ans avant J.-C. On dit que Tatius, ayant reçu, comme un bon augure, des branches coupées dans un bois consacré à la déesse *Strenua*, c'est-à-dire la déesse de la *Force*, et qu'on lui présenta le premier jour de l'an, comme signes de paix et de concorde entre les Romains et les Sabins, cet usage subsista depuis, et tous les Romains se firent de semblables présents, en se souhaitant une heureuse année. Ces présents prirent le nom de *strennæ*. Ils consistaient en figues, dattes, miel, etc. On portait aussi des étrennes aux magistrats et aux empereurs. Les Grecs empruntèrent aux Romains l'usage des étrennes. Il passa aussi aux chrétiens, malgré l'opposition et les conseils de la part des conciles et des Pères de l'Eglise, qui le décrièrent comme un abus. Cependant il est passé dans nos mœurs, et cet usage subsiste encore.

ÉTRÉSILLON. Lorsqu'on a fait une fouille pour un puits ou des fondations, et qu'on craint l'éboulement des terres, on soutient la surface de la tranchée par des planches ou *dosses* qu'on y applique et qu'on retient par une pièce de bois mise horizontalement, de longueur convenable, s'appuyant par ses extrémités sur les dosses opposées. Cette pièce est un *étrésillon*.

ÉTRÉSILLON. On nomme ainsi un bois assemblé à tenon et mortaise avec deux crochets, qu'on met dans les rues étroites aux façades des murs qui tombent, pour les soutenir. Ces étrésillons servent encore à retenir les pieds-droits et plates-bandes des portes et croisées, lorsqu'on reprend en sous-œuvre un mur de face, ou qu'on refait le portail d'une maison.

ÉTRÉSILLONS ou ROSSIGNOLS, petits bois qu'on entre de force entre les solives d'un plancher pour le consolider et l'empêcher de plier sous le poids, plutôt en un lieu qu'en un autre. On fait une rainure en travers de la solive verticalement, et après avoir taillé l'étrésillon un peu plus long que la distance entre deux rainures opposées, on l'y entre à coups de maillet de fer. Quand le bois se retire en se desséchant, il se trouve ainsi retenu et ne peut tomber. Ces étrésillons soutiennent les lattes et la charge du hourdis de plâtre.

ÉTRETAT, village du département de Seine-Inférieure, dans l'arrondissement et à 6 lieues du Havre. Ce village, situé sur les bords de la Manche, est très-renommé à cause de son parc aux huîtres, taillé dans le roc. On y apporte les huîtres de la baie de Cancale qui y acquièrent en peu de temps une qualité très-supérieure à celle des autres huîtres de la côte. La situation d'Etretat au milieu d'une belle vallée, entourée de sombres rochers, est très-pittoresque. Sa population est de 1,800 habitants.

ÉTRIER, espèce de grand anneau de fer ou d'autre métal, que les cavaliers suspendent à chaque côté de la selle, au moyen de deux courroies nommées *étrivières*, et où ils mettent les pieds pour les affermir. L'œil de l'étrier est l'ouverture dans laquelle est passée l'étrivière ; le *corps* comprend toutes les parties de l'anneau de l'étrier ; la *planche* est la partie sur laquelle le pied repose ; c'est une espèce de cadre rond, ovale, carré, etc. ; le vide est rempli par un entrelacs, nommé *grille*, et destiné à servir d'appui aux pieds et à empêcher qu'ils ne s'engagent dans le cadre résultant de la *planche*. Les étriers des femmes sont fermés par devant afin que le pied ne puisse pas passer. Les Espagnols se servent principalement de ces sortes d'étriers en bois. La grosse cavalerie française se sert d'étriers larges et ouverts ; la cavalerie légère, d'étriers plus étroits et plus fermés. On a imaginé des *étriers à lanterne* ou *pyrophores*, qui éclairent pendant la nuit, et tiennent les pieds chauds pendant l'hiver.

ÉTRIER (méd.), nom donné par les anatomistes au plus interne des osselets de l'oreille, parce que par sa forme il ressemble à l'instrument dont il porte le nom. Il est placé horizontalement dans la caisse du tympan. Sa tête, qui est dirigée en dehors, s'articule avec l'os lenticulaire ; sa base regarde en dedans, bouche inexactement la fenêtre ovale, à laquelle l'unit une membrane. — Les chirurgiens nomment *étrier* un bandage qu'ils emploient pour la saignée du pied.

ÉTRIER (accept. div.). En architecture, ce mot désigne un lien de fer coudé à angles droits à deux endroits, qui sert à unir deux pièces de charpente, ou dont on arme une poutre éclatée pour la consolider ou la retenir. — Les mécaniciens nomment ainsi une pièce ou un assemblage de pièces qui ont une forme analogue à celle des étriers à l'usage des cavaliers.

ÉTRIER. En marine, les *étriers* sont de petites cordes, dont les bouts sont joints ensemble par des *épissures*. On s'en sert pour faire couler une vergue ou toute autre chose jusqu'en haut des mâts. — On nomme encore ainsi un double cercle capelé sur la tête de la barre du gouvernail, portant deux rouleaux pour l'appui des drosses. — Un autre étrier, incrusté de chaque bord sur le gros bout de la barre du gouvernail, entre dans la mortaise, et se prolonge sur les faces latérales de la barre jusqu'au dehors du gouvernail.

ÉTRILLE, instrument en fer, ayant un manche de bois, et dont les palefreniers se servent pour détacher la boue, la crasse, la poussière et toutes les malpropretés qui ternissent le poil du cheval. L'étrille se compose d'un *coffre*, plaque de tôle peu épaisse, rectangulaire, ayant sept pouces de large sur huit de long. Aux deux extrémités sont deux rebords dentés, de dix lignes de hauteur ; les deux rebords du coffre et quatre lames de fer parallèles et également espacées composent les *rangs*. Trois de ces lames sont dentées dans leur partie supérieure ; celle qui n'est pas dentée et qui forme le troisième rang forme le *couteau de chaleur*. On nomme *marteaux* deux morceaux de fer, saillants de six lignes, fendus dans leur épaisseur, qui embrassent le coffre et qui y sont rivés. C'est sur eux que l'on frappe l'étrille pour faire tomber la poussière et les autres corps qu'elle renferme. L'étrille se termine par une *soie* ou morceau de fer perpendiculaire au sens des *rangs*. On y insère un manche en buis, d'un pouce et demi de diamètre, de quatre à cinq pouces de long, cylindrique et strié par de petites cannelures.

ÉTRIVE. Une manœuvre, en marine, *vient en étrive* lorsqu'au lieu d'être tendue en direction elle forme un angle par la rencontre d'un objet qui la détourne. — C'est aussi le nom d'un amarrage fait sur deux cordages à l'endroit où ils se croisent.

ÉTRURIE (*Tuscia*, *Tyrrhenia*), contrée célèbre d'Italie, à l'occident du Tibre. Ce pays fut d'abord habité par des Pélasges-Tyrrhéniens. Les Etrusques, nation qui se nommait elle-même *Rasena*, appartenant à la grande famille gauloise, sortirent de la Rhétie qu'ils habitaient, occupèrent successivement les plaines du Pô et l'Etrurie, dont ils chassèrent les Ombriens vers l'an 1187 avant J.-C. Ils s'étaient établis d'abord au N. de l'Apennin, où *Felsina* (*Bononia*, Bologne) fut le siège de leur empire. Plus tard ils passèrent ces montagnes, chassèrent les Ombriens de la contrée située à la gauche du Tibre, et l'occupèrent en entier jusqu'à l'embouchure du fleuve. Resserrés alors entre l'Apennin, le Tibre et la mer, qui de leur nom se nomma mer d'Etrurie, ils furent divisés en douze tribus fédérées entre elles, mais indépendantes les unes des autres, et régies par des chefs particuliers, nommés *Lucumons*, seuls ministres du culte de l'Etat, et interprètes de la doctrine religieuse. Les affaires de l'Etat étaient régies par un conseil ou sénat, composé des principaux Etrusques Les Etrusques reconnaissaient un Dieu suprême ; douze génies supérieurs des deux sexes composaient son conseil et représentaient ses attributions. Leur religion, du reste, avait de nombreux points de rapport avec celle des Gaulois. Leur langue paraît avoir été un des dialectes du celtique, mélangé avec le pélasge, qui lui donne une légère affinité avec le latin et le grec. Elle s'écrivait de droite à gauche. Les Etrusques ont été célèbres dans l'antiquité par la culture des arts, par leur navigation et leurs richesses. Les apprirent des Grecs la beauté du dessin et l'élégance de leurs vases. Ils inventèrent les chiffres nommés *chiffres romains*. Ils cultivèrent aussi l'astronomie, non-seulement sous le rapport de la mesure du temps, mais encore sous celui des phénomènes célestes qui étaient la base de leur science religieuse, fondée sur des idées superstitieuses. Leur année civile était de trois cent quatre jours. Les meilleurs devins venaient d'Etrurie. — L'histoire de l'Etrurie paraît être liée à celle de Rome (voy. TARQUIN), avec laquelle on voit les Etrusques constamment en guerre. Défaits plusieurs fois, ils se révoltèrent souvent, et ne furent complètement asservis que l'an 666 de Rome (87 avant J.-C.), époque à laquelle finit la *guerre sociale*. L'Etrurie est aujourd'hui la TOSCANE.

ÉTUDE, application de l'esprit à un objet qu'on se propose de connaître. En termes de peinture, ce mot désigne l'exercice raisonné de toutes les parties d'un sujet, les essais que font les peintres pour s'exercer, et les modèles destinés à l'enseignement du dessin.

ÉTUDE, morceaux détachés et difficiles, destinés à faciliter le mécanisme de la voix ou du jeu des instruments. Les compositeurs donnent à ces morceaux un caractère mélodique, afin d'éviter le dégoût du travail. Les études pour la voix s'appellent particulièrement *vocalises*. Les études les plus estimées pour le violon sont celles de Kreutzer et de Fiorillo ; pour le piano, celles de Cramer, Kalkbrenner et Thalberg.

ÉTUDIANT, celui qui étudie une science, un art. Ce nom se donne particulièrement à ceux qui se livrent à l'étude du droit ou de la médecine. Les étudiants d'Allemagne sont célèbres par leur système d'association. L'origine de ces sociétés remonte très-haut. Les étudiants furent d'abord divisés par catégories, ayant chacune un surveillant chargé d'observer la conduite des élèves et de les diriger dans leur travail. Au XVIe siècle, les étudiants abolirent cette charge et se partagèrent en deux classes. Les plus jeunes prirent le nom de *pennales* (élèves), et les plus anciens, *schoristes* (précepteurs), furent chargés de guider et soutenir les *pennales*. Après de longues luttes, ces sociétés furent interdites ; mais elles reparurent de nouveau sous des noms différents, quoique proscrites souvent par les magistrats. Au XVIIe siècle, on vit s'élever les sociétés de l'*Epée*, de la *Concorde*, etc., puis les *landsmannschaft*, la *burschenschaft* et la *tugendbund*. La burschenschaft prit naissance en 1813 et en 1814 ; les étudiants prirent alors les armes pour la défense de leur pays attaqué par les Français. En secret, ils suivaient tous les mouvements politiques. Dans cette société étaient trois ordres distincts : les *révolutionnaires*, qui demandaient l'abolition des principes existants, de l'aristocratie, de toute domination ; les *républicains*, qui demandaient l'abolition de toute royauté, de toute noblesse, l'unité, le centre des pouvoirs ; et les *constitutionnels*, qui demandaient une charte et un gouvernement représentatif. La burschenschaft s'étendait à toutes les universités, et ses membres étaient très-liés. Cependant quelquefois les différences d'opinions amenaient des duels. Il y avait dans chaque ville d'université un comité général et plusieurs réunions nommées *kranzchen*, dont les mesures étaient soumises au comité général. Les couleurs étaient le noir, le rouge et l'or; la devise, *honneur, liberté, patrie*. Les *landsmannschaft* étaient des réunions d'étudiants appartenant au même royaume ou à la même province. Chacune avait ses couleurs distinctes et sa devise. Les jeunes gens y trouvaient un point de ralliement. Ils devaient s'entr'aider dans le travail, se soumettre aux mêmes lois, avoir les mêmes privilèges. L'assemblée des représentants se nommait *senior convent*. Chaque société ne pouvait y avoir qu'une voix. Le *senior* promulguait les lois, les arrêts d'infamie, d'honneur, etc. Il y avait plusieurs degrés dans l'ordre des sociétés. Ces corporations prenaient part à tous les événements politiques. Les magistrats les ont proscrites et ne les tolèrent plus. Si elles subsistent aujourd'hui, c'est en secret et en petit nombre.

ÉTUI, sorte de boîte flexible en bois, métal, carton, qui sert à mettre, à porter et à conserver quelque chose. Les étuis se composent de deux pièces qui s'emboîtent l'une dans l'autre. Leur forme est cylindrique ou elliptique. On en fait aussi en or, argent, ivoire, bois précieux, écailles, carton recouvert de paille ouvragée, étoffes de soie, velours, etc. — On nomme *étui de mathématiques* un assortiment complet d'instruments dont les géomètres et les dessinateurs font usage pour tracer des lignes. — En marine, l'*étui* est une enveloppe en toile peinte, pour chaque voile de rechange, à bord des bâtiments. Ce sont des nappes de toile assez longues, dans lesquelles on roule les voiles. — Eu histoire naturelle, ce mot est synonyme d'*élytre*.

ÉTUVE, nom donné à un lieu limité, une chambre close, que l'on échauffe artificiellement, et dans laquelle l'air est entretenu à une température plus ou moins élevée. On confond aussi sous ce nom les constructions disposées de manière à recevoir constamment un courant d'air chaud, et à laisser dégager le même air chargé d'humidité. Les étuves où l'on fait dessécher les substances, des plantes, des extraits, des conserves, où l'on fait éclore des œufs, cristalliser le sucre, les confiseries, etc., se nomment *étuves sèches* ou *étuves de laboratoire*. Les *étuves humides* sont des bains de vapeurs. Les *étuves sèches* en usage chez les Turks de nos jours étaient le *laconicum* et le *calidarium* des anciens Romains, qui appelaient l'étuve humide *tepidarium* ou *vaporarium*. Les bains pris dans les étuves excitent fortement les propriétés vitales de la peau et la transpiration cutanée. *Etuver*, c'est laver une plaie, un ulcère, etc., avec un liquide. — Jusqu'au xvi siècle, *étuve* a été synonyme de *bain*.

EU (*Auga, Aucum, Oca, Alga*), sur la Bresle, chef-lieu de canton du département de la Seine-Inférieure, à 7 lieues de Dieppe. Population, 3,545 habitants. Son origine remonte au règne des Romains. Près d'Eu, sur la route de Tréport, on voit un beau château royal appartenant au roi de France régnant. Il contient, entre autres curiosités, une belle galerie de tableaux historiques. Eu a un collége communal. — Eu fut jusqu'à la révolution de 1789 le titre d'un comté nommé aussi *Ouxois*. Ce comté, peu grand, était très-estimé à cause de la fertilité de ses domaines. Le premier comte d'Eu fut Geoffroi, fils naturel de Richard 1er, duc de Normandie, créé comte d'Eu et de Brionne en 996 par Richard II. Après la mort de Raoul II (1350), tué par ordre de Jean, roi de France, le comté d'Eu fut confisqué par Jean (1352), qui le donna à Jean d'Artois, dit *sans Terre*. Charles VII, en récompense des services de ses successeurs, érigea le comté d'Eu en pairie (1448). En 1472, le comte Charles étant mort sans enfants, Jean de Bourgogne, comte de Nevers, lui succéda. Le comté passa en 1564, par mariage, à la maison de Lorraine, et en 1660 Henri II de Lorraine le vendit à Marie-Louise d'Orléans, qui en fit don en 1682 au duc de Maine, fils légitimé de Louis XIV. La révolution fit disparaître le titre de comte d'Eu, rétabli en 1842, en faveur du fils aîné du duc de Nemours.

EUBÉE, aujourd'hui *Négrepont*, grande île de la mer Egée, à l'E. de la Béotie et de l'Attique. Elle s'appela tour à tour *Machris, Oché, Chalcis, Ellopia, Abantis* et *Asopis*. Cette île était célèbre par sa fertilité, ses eaux chaudes et ses carrières de marbre de Cariste. On prétend qu'Eubée était autrefois réunie au continent. Après avoir eu des rois, chaque ville se donna une constitution particulière. Après la guerre des Perses, l'Eubée fut subjuguée par les Athéniens, et plus tard par les Romains.

EUCALYPTE, genre d'arbres de la famille des myrtinées. Leur bois est dur, résineux; les feuilles alternes, entières, coriaces, parsemées de points translucides, les fleurs sont jaunes, en corymbe ou axillaires. Ces arbres répandent une odeur balsamique très-prononcée. Ils sont originaires de la Nouvelle-Hollande. L'huile essentielle que l'on retire des feuilles de l'*eucalypte poivrée* est moins piquante que celle de la menthe, et la remplace avec avantage. La gomme-résine rouge de l'*eucalypte résineuse* et le bois dur, rouge et pesant de l'*eucalypte gigantesque*, sont d'une grande ressource pour la teinture, l'ébénisterie, les constructions.

EUCHARISTIE, sacrement de la nouvelle loi, institué par Jésus-Christ après la cène, et qui contient, sous les espèces du pain et du vin, Jésus-Christ tout entier, sa divinité, son âme, son corps, son sang, parce que les paroles de la consécration changent la substance du pain et du vin en corps et sang de Jésus-Christ, en sorte qu'il ne reste du pain et du vin que les seules apparences. La matière nécessaire de l'eucharistie, sans laquelle on ne peut consacrer validement, c'est le pain de blé ou de froment, et le vin de la vigne. L'on peut se servir indistinctement du pain azyme ou sans levain et du pain fermenté, mais on se sert ordinairement du pain azyme. Les Grecs, au contraire, se servent du pain levé. On ne peut consacrer que du pain cuit au feu et pétri avec de l'eau naturelle. Le vin blanc ou rouge est également valide. Il faut mêler un peu d'eau avec le vin dans la consécration ; mais ce mélange n'est que de précepte ecclésiastique. Les ministres de la consécration sont les prêtres seuls ; les prêtres et les évêques sont les ministres ordinaires de la distribution de l'eucharistie. Les diacres avaient autrefois cette mission. Les clercs et les laïques se donnaient aussi l'eucharistie eux-mêmes. Les effets de ce sacrement sont de remettre les péchés véniels, de donner la grâce et des droits à la vie éternelle. Les paroles de la consécration sont : *Hoc est corpus meum, hic est sanguis meus (ceci est mon corps, ceci est mon sang)*. Les calvinistes les ont traduits par ce sens : *Ce pain est la figure de mon corps*; *ce vin est la figure de mon sang*; les luthériens par celui-ci : *Mon corps est réellement dans ce pain, et mon sang dans le vin*. Mais ces sens sont regardés comme faux par l'Eglise, qui n'admet que celui-ci : *Ce pain est substantiellement changé en mon corps, et ce vin en mon sang*.

EUCHITES ou EUCHÈTES, anciens hérétiques, ainsi nommés parce qu'ils priaient sans cesse, et qu'ils croyaient que la prière seule suffisait pour être sauvé. Ils rejetaient le baptême, l'ordre et le mariage. On les nommait encore *massaliens, enthousiastes*.

EUCLASE, substance minérale que l'on trouve au Pérou et au Brésil. Cette pierre est quelquefois incolore et transparente, d'autres fois d'un vert tendre, passant au bleu de saphir le plus brillant. Elle est susceptible de recevoir un beau poli. Elle est très-fragile, et assez dure pour rayer le quartz. Elle cristallise en prisme rectangulaire à base oblique. L'euclase se compose de quarante-trois parties de silice, trente d'alumine, vingt et une de glucine, deux parties d'oxyde de fer et quelques traces d'oxyde d'étain.

EUCLIDE, né à Mégare (450 avant J.-C.), suivit de très secte éléatique, et étudia ensuite sous Socrate. Les Athéniens ayant défendu sous peine de mort aux Mégariens de passer sur le territoire de l'Attique, Euclide se déguisait en femme pour assister aux leçons de Socrate. Euclide fonda ensuite à Mégare une école de philosophie nommée *école mégarienne, eristique* ou *contentieuse*. Cette école se livrait à toutes les subtilités de la logique. Elle soutenait que le bien est invariable et absolu. Un grand nombre de raisonnements célèbres, le sorite, etc., furent inventés par cette école.

EUCLIDE, mathématicien d'Alexandrie, qui vivait 300 avant J.-C. Il professa la géométrie sous Ptolémée Philadelphe, et son école subsista dans sa patrie jusqu'à la prise d'Alexandrie par les Sarrasins. Il se rendit célèbre par ses écrits sur la musique et la géométrie. Nous avons de lui un ouvrage des *Éléments de mathématiques*, en treize livres ; les six premiers, le onzième, le douzième, le treizième, traitent de la géométrie ; les quatre autres traitent des proportions en général, des nombres commensurables et incommensurables. On y joint deux livres d'Hypsicle, géomètre de l'école d'Alexandrie. Ce livre a été longtemps un livre classique en Europe, et l'est encore en Angleterre. On a aussi d'Euclide un *Traité des données*. On lui attribue plusieurs autres ouvrages qui ne nous sont pas parvenus.

EUCOLOGE ou EUCHOLOGE, littéralement *livre de prières*. On donne ce nom au rituel des Grecs qui renferme tout ce qui a rapport à leurs cérémonies, soit dans leurs liturgies, soit dans l'administration des sacrements, soit dans la collation des ordres. Il règle les offices, les sacrements, les consécrations, les oraisons, les funérailles, l'ordre des fidèles, la forme des ornements d'église. — On nomme encore *eucologe* un livre de prières, approuvé par un archevêque, et qui renferme l'office des fêtes et des dimanches. On le nomme aussi *missel* ou *bréviaire*.

EUDAMIDAS, fils d'Archidamus III et frère d'Agis, succéda à ce dernier, et monta sur le trône de Sparte l'an 330 avant J.-C. Son fils Archidamus IV lui succéda. Quelques autres donnent à Eudamidas le nom d'EURIDAMIDAS.

EUDES, duc d'Aquitaine, fils de Boggis, était souverain des pays situés entre la Loire, l'Océan, les Pyrénées et le Rhône (688). Chilpéric II, roi des Francs, l'ayant appelé à son secours contre Charles Martel en 717, le reconnut pour souverain de toute l'Aquitaine. Eudes marcha avec lui contre Charles, qui, ayant été vainqueur, lui demanda de lui livrer Chilpéric avec ses trésors. Eudes le livra, et fit en 719 un traité d'alliance avec Charles Martel II résista longtemps aux armes des Sarrasins, qui envahirent la France en 721, 730 et 732. Mais, pressé de tous côtés, il implora le secours de Charles, et fut d'un dans une bataille sanglante près de Poitiers. Quelques historiens disent que ces deux princes furent toujours amis, et qu'Eudes mourut en 735. D'autres prétendent que la guerre se ralluma entre Charles et Eudes, et qu'elle ne cessa qu'à la mort de ce dernier, arrivée selon eux en 735.

EUDES, comte de Paris et duc de France, était fils de Robert le Fort. En 887, il contraignit les Normands de lever le siège de Paris. Chaque nation de l'Occident (888) s'étant choisi un roi après la déposition de Charles le Gros, Eudes fut élu roi par les Neustriens. Il défit souvent les Normands, et se vit opposer Charles le Simple par quelques seigneurs. Il obligea ces rebelles à se retirer dans l'Aquitaine, prit Laon, et mourut à la Fère en Picardie en 898.

EUDES. Plusieurs ducs de Bourgogne ont porté ce nom. — EUDES I<sup>er</sup> BOREL, frère et successeur d'Hugues I<sup>er</sup>, alla combattre en 1087 les infidèles d'Espagne, et les chassa des rives de l'Ebre. Repentant des maux causés à ses sujets par ses rapines et ses excursions, il alla visiter le saint sépulcre, et mourut en Cilicie en 1103. — EUDES II, fils d'Hugues II, força ses sujets rebelles à lui rendre hommage, et mourut en 1162. — EUDES III (1218) fit partie de la croisade contre les albigeois, et se distingua par son courage à la bataille de Bouvines, où il commandait l'aile droite de l'armée française. Il mourut en 1281. — EUDES IV, duc en 1315, vendit au prince de Tarente le royaume de Thessalonique et la principauté d'Achaïe et de Morée. Ayant hérité des comtés d'Artois et de Bourgogne, Eudes vit son secours invoqué par les rois Philippe le Long, son beau-père, Charles le Bel et Philippe VI. Il combattit vaillamment à Montcassel (1328), sauva Saint-Omer en 1340, et mourut à Sens en 1350.

EUDES DE MONTREUIL, architecte du XIII<sup>e</sup> siècle, fut très-estimé du roi saint Louis, qui le conduisit avec lui dans son expédition de la terre sainte, où il fortifia la ville et le fort de Jaffa. De retour à Paris, il construisit plusieurs églises, celles de Sainte-Catherine du Val des Ecoliers ; de l'Hôtel-Dieu, de Sainte-Croix de la Bretonnerie, des Cordeliers, des Chartreux et des Mathurins. Il mourut en 1289.

EUDIALITE, substance minérale d'un violet rougeâtre, cristallisant dans le système rhomboédrique, mais se présentant ordinairement en lamelles. C'est un composé de silice, de soude, de zirconium, de chaux et de fer. Elle se trouve réunie à l'amphibole dans les gneiss du Groënland.

EUDIOMÈTRE, instrument destiné, dans son origine, à préciser et à mesurer la quantité d'oxygène contenue dans l'air, et dont on s'est servi ensuite pour analyser tous les autres gaz capables d'être brûlés avec le gaz oxygène, et mesurer leur pureté. On connaît plusieurs eudiomètres. En général, tous ceux qui sont destinés à faire l'analyse de l'air sont composés d'un vase de forme variable, dans lequel on introduit de l'air atmosphérique et un corps doué d'une grande affinité pour l'oxygène, et dont l'objet principal est de s'emparer de cet oxygène et d'en déterminer la quantité. Ces eudiomètres portent le nom du corps dont on se sert pour séparer l'oxygène de l'air. On a varié les instruments de diverses manières. C'est le plus ordinairement un tube de verre épais, ouvert à l'une de ses extrémités et fermé de l'autre par un bouchon de métal surmonté d'une tige en métal. Dans l'intérieur du tube est un fil métallique, roulé en spirale, et terminé par une boucle. Il sert à transmettre l'étincelle électrique.

EUDIOMÉTRIE, art qui a pour objet d'analyser l'air atmosphérique et les autres gaz au moyen de l'instrument nommé *eudiomètre*.

EUDISTES, congrégation de chanoines réguliers, nommée aussi *congrégation de Jésus et Marie*, et instituée par Jean Eudes, célèbre missionnaire, frère de l'historien Eudes de Mézerai (voy. ce nom), né en 1601 et mort en 1680. Elle fut fondée à Caen en 1643. Elle avait des maisons dans la Normandie, dans la Bretagne, à Rennes, à Dol, à Paris, à Senlis et à Blois. C'était un corps d'ecclésiastiques dévoués à l'éducation des jeunes clercs dans les séminaires, et à la conversion et à l'instruction des fidèles dans les missions. Les membres étaient séculiers, et ne faisaient aucun vœu. Ils portaient les habits des simples prêtres. Ils étaient seulement obligés d'obéir au supérieur tant qu'ils demeuraient dans la congrégation.

EUDOXE, astronome et géomètre célèbre de l'antiquité, né à Gnide vers la fin du V<sup>e</sup> siècle avant J.-C. Il fut un des disciples les plus distingués de l'école de Platon. Il régla le premier l'année grecque, et apporta d'Egypte en Grèce la sphère céleste et la science de l'astronomie. Il prétendait connaître l'avenir au moyen des révolutions des astres. Il inventa la théorie des sections coniques, selon quelques écrivains, et s'en servit pour résoudre le problème de la duplication du cube. Eudoxe fut l'auteur de la mesure de la pyramide et du cône. Il résolut le problème des moyennes proportionnelles. Il publia un ouvrage sur les *Constellations* et un *Traité de leurs levers et de leurs couchers*. Mais ces livres sont perdus. Eudoxe mourut vers l'an 350 avant J.-C.

EUDOXIE (Ælia Eudoxia), Gauloise, célèbre par les grâces de son esprit et de son visage. L'eunuque Eutrope la fit épouser à Arcade, empereur d'Orient. Devenue maîtresse absolue de l'empire, elle régna sous le nom de son faible époux. Elle se vengea des conseils que lui donnait le pieux Jean Chrysostome en l'exilant de son siège (408). Elle le rappela quelques mois après. Mais, le saint s'étant élevé avec force contre les profanations causées par des jeux et des festins donnés au peuple à l'occasion de la dédicace d'une statue de l'impératrice, elle l'exila de nouveau en 404. Cette femme, implacable dans ses vengeances et insatiable dans son ambition, mourut quelques mois après d'une fausse couche.

EUDOXIE (Ælia), fille de Léonce, philosophe athénien, se nommait *Athénaïs* avant son baptême. Son père l'instruisit dans les sciences et les belles-lettres, et, croyant avoir assez fait pour elle, la déshérita. Après sa mort, elle voulut rentrer dans ses droits, mais en vain. Se voyant sans ressources, elle alla à Constantinople porter sa plainte à Pulchérie, sœur de l'empereur Théodose II. Cette princesse, charmée de son esprit et de sa beauté, la fit épouser à son frère en 421. Elle éleva ses frères aux premières dignités de l'empire, et entoura son trône de savants. L'empereur ayant eu Paulin, un d'entre eux, plus en faveur que les autres auprès d'elle, en conçut de la jalousie, crut sa femme coupable, fit mourir Paulin, et réduisit Eudoxie à l'état de simple particulière. Elle se retira à Jérusalem, et mourut en 460.

EUDOXIE (Licinia), surnommée *la Jeune*, née à Constantinople en 422, était fille de Théodose II et d'Ælia Eudoxia et femme de Valentinien III, que Pétrone Maxime, usurpateur de l'empire, fit assassiner. Le meurtrier força Eudoxie d'accepter sa main. L'impératrice, transportée de colère, appela à son secours Genséric, roi des Vandales. Ce prince passa en Italie, mit tout à feu et à sang, saccagea Rome, et amena Eudoxie en Afrique (455). Elle fut renvoyée à Constantinople en 462, et finit sa vie dans les exercices de la piété.

EUDOXIE, veuve de l'empereur Constantin XI Ducas, se fit proclamer impératrice avec ses trois fils Michel VII, Andronic I<sup>er</sup> et Constantin XII après la mort de son époux en 1067, et reçut le titre à la condition qu'elle ne se remarierait pas. Mais, voyant l'empire envahi par les Turks, elle songea à donner un appui à ses fils, et épousa Romain Diogène, qu'elle fit regarder comme le tuteur des jeunes princes (1068). En 1071, Michel son fils se fit proclamer empereur, et relégua sa mère dans un monastère, où elle mourut. Elle cultiva la littérature avec succès. On a d'elle un ouvrage, nommé *Ionia*, qui renferme les généalogies des dieux, des héros, des héroïnes, et le culte du paganisme.

EUDOXIE FÉODOROVNA, première femme de Pierre I<sup>er</sup>, tzar de Russie, était fille du boyard Féodor-Lapoukin. Pierre l'épousa en 1691, et en eut un fils en 1692. Fatigué des reproches qu'elle lui faisait sur les débauches et de ses amours effrénées, il la répudia en 1696, et elle se retira dans un couvent. A la voix d'un prêtre qui lui annonça et lui prédit la mort prochaine de l'empereur, elle rentra dans le monde, et prit le titre d'impératrice. Accusée d'avoir formé des liaisons criminelles, elle fut arrêtée, conduite à Moscou par l'ordre de Pierre, condamnée à vingt coups de discipline, et renfermée dans un cachot à Schlusselbourg. Son petit-fils Pierre II lui rendit la liberté, et lui accorda une pension. Eudoxie mourut en 1731.

EUDOXIENS, hérétiques du IV<sup>e</sup> siècle qui suivaient les erreurs des ariens et des eunomiens. Ils soutenaient que le Fils et le Saint-Esprit avaient été tirés du néant par Dieu, et qu'ils étaient distincts de la première personne de la Trinité chrétienne ; ils disaient que le Fils avait une volonté différente du Père. Ces hérétiques prirent le nom d'eudoxiens de leur chef *Eudoxius* ou *Eudoxe*, patriarche d'Alexandrie et ensuite de Constantinople.

EUGÈNE. Quatre souverains pontifes ont porté ce nom. — EUGÈNE I<sup>er</sup>, Romain, fut élu en 654 par l'empereur Constant, qui avait fait exiler le pape Martin I<sup>er</sup>. Ce pontife fut vertueux, irréprochable dans ses mœurs, et charitable envers les pauvres. Il mourut en 657. On trouve son nom dans le martyrologe romain le 2 juin. — EUGÈNE II succéda à Pascal I<sup>er</sup> en 824. On lui opposa l'antipape Zozime ou Zinzinus ; mais Lothaire, fils de Louis le Débonnaire, roi de France, étant venu en Italie, força le peuple à rendre hommage au pontife, et rendit la paix à l'Eglise, qu'Eugène II gouverna depuis avec douceur. Il mourut en 827. Il assembla en 825 un concile à Paris, qui condamna les iconoclastes. — EUGÈNE III (Pierre Bernard), disciple de saint Bernard à Clairvaux, et abbé du monastère de Saint-Anastase, succéda à Luce II en 1145. Les Romains, excités par Arnaud de Brescia, voulurent rétablir la république, et combattre l'autorité des papes. Eugène rassembla des troupes, vainquit ses ennemis, et rentra à Rome. Mais il fut forcé de nouveau de s'exiler en France, où il tint plusieurs conciles contre les hérétiques. Il repassa en Italie en 1148, et se réfugia encore en Campanie. Il mourut en 1153 à Tibur après avoir lutté longtemps avec l'empereur Frédéric Barberousse. — EUGÈNE IV (Gabriel Condolmerio), Vénitien, fils naturel du pape Grégoire XII, succéda à Martin V en 1431. Le concile de Bâle fut ouvert la même année. Mais, celui-ci ayant prononcé la suprématie des conciles sur les papes, Eugène le dissout et le transporte à Bologne. Toute l'Italie marche contre ses Etats, excepté Florence et Naples. Eugène fléchit enfin, et approuva les actes du concile de Bâle. Le concile lui ayant contesté encore son autorité, il le transféra à Ferrare (1437). Le concile déposa Eugène, et élut Amédée VIII, duc de Savoie, sous le nom de Félix V. Alors Eugène transporta le concile de Ferrare à Florence, en 1442 de Florence à Rome, où il reçut les ambassadeurs d'Ethiopie et ceux des Maronites. Il mourut en 1447. Ce pape fut constamment en butte aux persécutions de ses sujets, des cours souveraines de l'Europe et du concile. Il avait travaillé en vain à la réunion des Eglises grecque et romaine.

EUGÈNE, homme obscur, qui fut d'abord professeur de grammaire et de rhétorique, fut salué empereur à Vienne (Dauphiné) par le Gaulois Arbogast, après la mort du jeune Valentinien, l'an 392. Il se déclara pour le paganisme, conduisit son armée sur le Rhin, fit la paix avec les chefs des Francs et des Germains, et, ayant passé les Alpes, s'empara de Milan. Eugène fut vaincu et tué en 394 par ordre de l'empereur Théodose. Il avait régné plutôt en esclave qu'en prince ; car il avait confié à Arbogast le soin du gouvernement et le commandement des troupes.

EUGÈNE (François DE SAVOIE-CARIGNAN, dit LE PRINCE), né à Paris en 1663 d'Eugène-Maurice, comte de Soissons, et d'Olympe Mancini, nièce de Mazarin. Il se destina d'abord à l'état ecclésiastique, puis quitta ensuite pour le service. Le roi de France Louis XIV lui refusa un régiment qu'il lui demandait. Humilié de ce refus, il alla en Allemagne offrir son secours à l'empereur Léopold, et servit dans une guerre contre les Turks, comme lieutenant général, sous les ordres de Charles V, duc de Lorraine, et de Maximilien-Emmanuel, duc de Bavière. En 1688, il s'empara de Belgrade. Il envahit la France (1692) en Dauphiné. Sa victoire de Zentha sur les Turks sauva la chrétienté, amena la paix de Carlowitz, et lui valut le titre de général en chef de l'armée impériale (1697). La succession à la monarchie d'Espagne ayant allumé une nouvelle guerre (1701), Eugène pénètre en Italie par les gorges du Tyrol, combat les Français, repousse Catinat derrière l'Oglio, bat Villeroy à Chiari, s'empare de la Mirandole et de Crémone (1701). Vaincu par le duc de Vendôme, Eugène repassa en Allemagne, fut nommé chef des armées allemandes, s'unit avec la Hollande et l'Angleterre contre la France et l'Espagne. Vainqueur à Hochstedt (1704), il passe en Italie en 1705, fait rentrer le Milanais sous la loi de l'empereur, et en est nommé gouverneur. Eugène essaya de pénétrer en Provence et en Dauphiné, mais en vain. Vainqueur à Oudenarde, il s'empare de Lille, bat Bouffiers et Villars, prend Mons, Douai, Aire. Il s'approchait de Versailles (1709) lorsque ses alliés les Anglais l'abandonnèrent. Vaincu à Denain, il signa la paix de Rastadt en 1714. Il mourut en 1736, laissant des *Mémoires*.

EUGÈNE (Le prince). Voy. Beauharnais (Eugène).

EULALIUS, archidiacre de l'Église de Rome, fut nommé pape par une faction, et opposé à Boniface I$^{er}$ en 418. L'empereur Honorius le fit chasser comme un intrus.

EULER (Léonard), célèbre mathématicien, né à Bâle en 1707, obtint un accessit pour un *Mémoire sur la mâture des vaisseaux*, sujet d'un prix proposé par l'académie des sciences. Vers cette époque, Euler fut appelé à Saint-Pétersbourg par ses amis Daniel et Nicolas Bernouilli, et fut chargé de la chaire de physique à l'académie de cette ville en 1733. La grande réputation d'Euler le fit appeler à Berlin (1741) par Frédéric II, roi de Prusse, pour donner de l'éclat à l'académie naissante de cette ville. Il ne revint à Saint-Pétersbourg qu'en 1766. Les travaux auxquels il se livrait lui causèrent une cécité complète. Il mourut en 1783. Ce mathématicien étendit l'analyse indéterminée et la théorie des nombres, créa le calcul algébrique des fonctions circulaires. Il traita de mécanique par l'algèbre, perfectionna le calcul différentiel et intégral, et embrassa dans ses traités la science navale et la dioptrique. On lui doit des essais importants sur la théorie de la lumière, sur celle du son, de l'aimant, de la cohésion des corps, des frottements, sur le calcul des probabilités et sur l'astronomie.

EULER (Jean-Albert), fils aîné de Léonard Euler, né en 1734 à Saint-Pétersbourg, se distingua, comme son père, dans les mathématiques. En 1754, il fut nommé membre de l'académie de Saint-Pétersbourg, et en 1766 Catherine II le nomma professeur de physique, secrétaire de l'académie des sciences, chevalier de l'ordre de Saint-Vladimir et conseiller d'État. En 1761, il partagea avec Bossut un prix proposé par l'académie des sciences de Paris *sur la meilleure manière de luster et d'arrimer les vaisseaux*. Avec son père, il partagea le prix *sur la théorie de la lune*, avec Clairaut, celui *sur la théorie des planètes*. Il mourut en 1800. Jean-Albert publia un très-grand nombre de *mémoires*.

EULER (Charles), fils cadet de Léonard Euler, né en 1740 à Saint-Pétersbourg, se distingua dans la carrière des mathématiques, et joignit à ces connaissances celles de l'astronomie, de l'histoire naturelle et de la médecine; il se livra à ce dernier état spécialement. Il entreprit plusieurs voyages dans l'Allemagne et la Belgique, acheva ses études à l'université de Halle, et obtint en 1766 à Saint-Pétersbourg le titre de médecin de la cour, membre de l'académie des sciences et conseiller des collèges suprêmes de la Russie. Il avait remporté en 1760 le prix proposé par l'académie des sciences de Paris *sur la constance du mouvement moyen des planètes, et les causes qui peuvent le faire varier.*

EULOGE était Syrien de naissance. Il combattit avec force les eutychéniens, et fut élevé sur le siége patriarcal d'Alexandrie dès la fin de l'année 580. Il apporta tous les soins à convertir les jacobites, écrivit contre les théodosiens et les gaïanites. Il mourut vers l'an 606. On fait sa fête le 13 septembre. Il avait écrit six livres contre Novatien, onze discours sur plusieurs sujets, et plusieurs livres sur des hérétiques. — Un autre Euloge (saint), prêtre de Cordoue et martyr, vivait dans le IX$^e$ siècle. Il fut élu en 859 archevêque de Tolède, et fut décapité la même année par les mahométans. On fait sa fête le 11 mars.

EULOGIE, nom donné par quelques écrivains à l'*eucharistie*. Mais on appelait plus communément *eulogies* différentes choses bénites, que l'on distribuait à ceux qui étaient présents à l'église, comme une espèce de supplément de l'eucharistie, ou, que l'on envoyait aux absents en signe de communion. Elles se distribuaient avec les mêmes cérémonies extérieures que l'eucharistie. Il fallait être à jeun pour en manger. Ce qu'on donnait aux catéchumènes, et que l'on nommait *eulogie*, était le sel bénit qu'on leur mettait dans la bouche. — On a encore donné le nom d'*eulogies* aux repas bénits par les évêques et les prêtres, et aux droits ou redevances annuelles. L'usage du pain bénit dérive de l'ancien usage des eulogies. Cet usage s'est conservé jusqu'à nos jours chez les Grecs.

EUMÉE, berger et intendant d'Ulysse. Lorsque ce prince partit pour Troie, il lui confia le soin de ses États. Eumée reconnut le premier Ulysse à son retour après vingt ans d'absence, et l'aida à se défaire des poursuivants de Pénélope. Il était fils du roi de Scyros. Enlevé par des pirates dans son enfance, il fut vendu comme esclave à Laërte, père putatif d'Ulysse, qui récompensa sa fidélité et ses services en le créant intendant de ses domaines.

EUMELUS (myth.), fils d'Admète et d'Alceste, alla au siége de Troie, et y conduisit onze vaisseaux. Aux jeux funèbres célébrés en l'honneur de Patrocle, il disputa le prix de la course des chars à Diomède. Ses cavales avaient dans leur course légère l'agilité du vol des oiseaux. Il reçut de la main d'Achille une belle cuirasse d'airain.

EUMÈNE, orateur originaire d'Athènes, professa la rhétorique à Autun, sa patrie, où il naquit l'an de J.-C. 261. Il y ramena le goût des arts et de l'éloquence. Il reçut des marques de l'estime de Constance Chlore et de Constantin. Il prononça en 309 le panégyrique de ces deux empereurs. Son discours le plus célèbre est celui dans lequel il invita Riccius Varus, préfet de la Gaule Lyonnaise, à rétablir les écoles publiques. Ce rhéteur mourut vers le milieu du IV$^e$ siècle. On a recueilli ses *harangues*. — Eumène est le nom d'un historien qui rédigea les *Éphémérides d'Alexandre*.

EUMÈNE, fils d'un cocher, et capitaine grec d'un grand courage. Alexandre lui ayant vu déployer de grands talents, lui fit épouser la sœur de Barsine, une de ses femmes. Après la mort de ce prince, il conquit la Paphlagonie et la Cappadoce, et en prit le gouvernement. Mais Antigone le força d'abandonner ces deux provinces. Eumène, s'étant réuni à Perdiccas, vainquit Cratère et Néoptolème. Il attaqua Antipater, le vainquit, et s'empara de plusieurs provinces. Après la mort de Perdiccas, il tourna ses armes contre Antigone. Mais, trahi par le chef de la cavalerie, il fut vaincu à Orcinium (320 ans avant J.-C.). Forcé de s'enfermer dans le château de Nora, il y soutint un siége d'un an. Ses soldats, fatigués de la longueur du siége, le livrèrent à Antigone, qui le fit étrangler (315 avant J.-C.).

EUMÈNE. Deux rois de Pergame ont porté ce nom. — Eumène I$^{er}$ succéda à son oncle Philétère l'an 263 avant J.-C. Il fit la guerre à Antiochus, fils de Seleucus, et conquit plusieurs villes en Syrie. Il s'allia avec les Romains, et combattit contre Prusias, roi de Bithynie. Il fut un protecteur éclairé des savants et des lettres. Attale lui succéda. — Eumène II succéda à Attale vers l'an 198 avant J.-C. Il rendit son royaume riche et puissant. Les Romains, dont il fut l'allié, lui cédèrent une partie des dépouilles d'Antiochus le Grand. Il fit la guerre à Prusias et à Antigone, qu'il vainquit, et mourut l'an 159 avant J.-C. Eumène protégea et cultiva les lettres.

EUMÈNE, genre d'insectes hyménoptères, famille des diploptères, tribu des guêpiaires, ayant pour caractères un corps très-allongé, une tête en forme de triangle aigu, garni de mandibules allongées, un tronc globiforme, des pattes de grandeur moyenne. La couleur de ces insectes est noire et jaune, quelquefois brun rouge. L'*eumène étranglée* est noire, longue de cinq à six lignes, avec des taches jaunes. Elle fait son nid sur les graminées et les bruyères; il consiste en une boule sphérique de terre très-fine, remplie de miel, et contenant un seul œuf.

EUMÉNIDES ou Furies (myth.), déesses chargées de châtier les âmes criminelles. Elles étaient trois sœurs, *Tysiphone*, *Mégère* et *Alecto*, auxquelles on ajoute *Némésis*. Les Euménides étaient les ministres de la vengeance des dieux, punissant les coupables sur la terre par les guerres, les troubles, la peste et les remords, et tourmentaient les morts à coups de fouet. Leur culte était universel. On n'osait prononcer leur nom, ni regarder dans leurs temples. On leur immolait des brebis et des tourterelles. On leur faisait des libations de vin et de miel. Le cèdre, l'aune, le safran et le genièvre leur étaient consacrés. On les représentait vêtues de noir, la tête entourée de serpents, tenant une torche d'une main, un fouet de l'autre, et suivies de la rage, de la pâleur et de la mort. Dans les enfers, elles étaient assises autour du trône de Pluton. On les nommait encore *Dira* ou *Dires*.

EUMÉNIDIES (myth.), fêtes en l'honneur des Euménides, que les Athéniens célébraient tous les ans. On y immolait des brebis pleines. On y faisait des libations de miel et de vin, et l'on y offrait des gâteaux faits par les jeunes gens les plus distingués de la ville. On n'y admettait que des hommes libres et vertueux, parce que les Euménides punissaient sévèrement le vice et la méchanceté.

EUMÉRODES, nom d'une famille de reptiles de l'ordre des sauriens, laquelle a pour caractères de présenter une queue arrondie, un cou et des pattes très-distinctes. La plupart des reptiles qui la composent entraient dans le genre *lézard*, de Linné. Elle a été établie par M. Duméril.

EUMOLPE (myth.), fils de Neptune et de Chioné. Il vint dans la Thrace; mais, ayant voulu conspirer contre le roi de ce pays, la conspiration fut découverte, et il s'enfuit en Attique, où il fut initié aux mystères de Cérès Éleusine, et nommé hiérophante du grand prêtre. Dans la suite, il se réconcilia avec Tegyrius, roi de Thrace, dont il avait épousé la fille et hérita de son royaume. Il fit la guerre à Erechtée, roi d'Athènes, et périt dans un combat. Ses descendants se nommèrent *Eumolpides*. — Quelques auteurs disent qu'Eumolpe était fils du poëte Musée, qu'il fut l'un des premiers prêtres de Cérès dans les Eleusinies, qu'il disputa le trône d'Athènes à Erechtée, contre lequel il périt dans le combat. Les Athéniens attribuèrent la couronne à la famille d'Erechtée, et le sacerdoce à celle d'Eumolpe.

EUMOLPE, genre d'insectes coléoptères tétramères, famille des cycliques, ayant pour caractères une tête verticale, entièrement enfoncée dans le corselet, des antennes longues, un corselet court, globuleux ; étroit. L'*eumolpe de la vigne* est long de deux à trois lignes, noir, avec les élytres fauve brun, couverts de duvet. Sa larve attaque les jeunes bourgeons des vignes, les feuilles et même les raisins. Souvent elle s'attache au pédicule de la grappe, et la fait tomber.

EUMOLPIDES, famille sacerdotale d'Eleusis. Les Eumolpides descendaient d'Eumolpe, roi de Thrace, qu'Erechtée, roi d'Athènes, avait établi souverain pontife de Cérès Eleusine. Ce pontife se rendit si puissant qu'il fit la guerre à Erechtée. L'un et l'autre étant morts les armes à la main, les Athéniens décernèrent la royauté à la famille d'Erechtée et le sacerdoce à celle d'Eumolpe, qui le posséda douze cents ans, quoique celui qui en était revêtu dût vivre dans le célibat. Les Eumolpides présidaient à la célébration des mystères d'Eleusis, déterminaient les cérémonies religieuses, et avaient le droit d'infliger des peines aux profanateurs et aux impies. Leurs jugements étaient sans appel.

EUNAPE, né à Sardes ou à Samos, fut sophiste, médecin et historien sous les règnes de Valentinien, de Valens et de Gratien. Il composa une *Histoire des douze Césars*, dont Suidas nous a conservé des fragments. Il écrivit aussi les *Vies des philosophes de son époque*. Cet ouvrage, qui est parvenu jusqu'à nous, est écrit avec élégance et précision.

EUNICE, genre d'annélides de l'ordre des chétopodes. On en a fait une famille, celle des *euniciens* ou des *eunices*, qui renferme les genres *eunice*, *onuphis*, *diopatre*, *lysidice*, *lombrinère*, *aglaure*, *œnone* ; elle a pour caractères une trompe armée de sept à neuf mâchoires solides, articulées les unes au-dessous des autres, et garnie en dessous d'une espèce de lèvre inférieure, des pieds uniramés, des branchies nulles ou ayant la forme d'une frange pectinée, droite ou enroulée en spirale, et fixée à la partie supérieure de la base de tous les pieds. Les *eunices* proprement dites ont un corps linéaire, presque cylindrique, atténué en arrière et renflé à l'extrémité céphalique ; les anneaux sont courts, très-nombreux ; les antennes sont au nombre de cinq. La couleur des eunices est rose, grise, verdâtre, etc.

EUNICÉE, genre de zoophytes polypiers, de l'ordre des gorgoniées, faisant partie de la division des polypiers flexibles corticifères. C'est un polypier dendroïde, rameux, recouvert d'une écorce cylindrique, parsemée de mamelons épars, saillants et polypeux. Ces polypes sont très-rétractiles. Leurs tentacules sont d'une forme cylindracée et aiguë. Les eunicées sont en général branchues, avec des rameaux épars et cylindriques ; leur couleur est fauve brun rougeâtre. Elles habitent la partie de l'Océan située entre les deux tropiques.

EUNOME ou EUNOMIUS, hérésiarque né en Cappadoce, fut d'abord maître d'école à Constantinople. Puis, disciple d'Aëtius, il fut élu évêque de Cyzique ; mais, ayant osé manifester ses opinions, il fut déposé et exilé en divers endroits. Il mourut à la fin du IVe siècle. Il se vantait de connaître Dieu aussi parfaitement que Dieu lui-même. Il disait que le Fils de Dieu n'était Dieu que de nom, qu'il ne s'était pas uni substantiellement à l'humanité, mais seulement par sa vertu et ses opérations. Il prétendait qu'on ne pouvait honorer sans crime les reliques des saints. Il condamnait le baptême donné au nom de la sainte Trinité. Il disait qu'on ne pouvait supposer dans l'essence divine un Père et un Fils, qu'on ne pouvait y admettre plusieurs attributs.

EUNOMIENS, sectateurs de l'hérésiarque EUNOME. — Les EUNOMIOPSYCHIENS sont les mêmes que les EUTYCHIENS chez quelques auteurs, et que les EUPSYCHIENS chez d'autres. Ces hérétiques ne faisaient leur immersion dans le baptême qu'au nom de Jésus-Christ. — On a nommé EUNOMOPHRONIENS des hérétiques du IVe siècle, qui unissaient les erreurs d'Eunome à celles de Théophron.

EUNUQUES, nom donné aux individus privés des organes de la génération. L'eunuchisme est très-ancien. Presque tous les esclaves des Grecs, des Romains, des Perses, des Assyriens, etc., étaient faits eunuques dès leur enfance. Ceux qui servaient dans les palais des rois, les gouverneurs des rois, les précepteurs des enfants, les chefs des sérails, etc., étaient eunuques. On étendait ce nom à ces esclaves, à ces gouverneurs, à ces ministres qui n'étaient pas privés des organes générateurs. Dieu défendit, dans la loi sainte, de mutiler un homme et même un animal. On fait encore aujourd'hui beaucoup d'eunuques en Turquie, en Syrie, en Perse, etc. On les charge de la surveillance des femmes dans les sérails, des affaires domestiques ou d'élever les enfants des grands. On a connu plusieurs eunuques de naissance. Les nègres sont mutilés pour la plupart à l'âge de huit à dix ans. Jusqu'à Grégoire XIV, qui abolit cet usage, on pratiquait la castration sur de jeunes enfants, pour leur donner des voix plus douces et plus féminines. (Voy. CASTRATS.) Les personnes eunuques ne peuvent entrer dans les ordres sacrés. — Les eunuques ont pour caractères la peau douce, la mollesse, la pâleur des chairs, un faux air de fraîcheur, un mol embonpoint, le défaut de barbes et de poils, une taille haute, volumineuse, un pouls faible, etc. — On a pratiqué l'eunuchisme sur des animaux. Les animaux ainsi mutilés ont la chair plus blanche, plus douce et plus fade que celle des animaux de la même espèce, qui ne sont pas eunuques.

EUNUQUES, hérétiques du IIIe siècle, ainsi nommés parce qu'ils se mutilaient eux-mêmes, et tous ceux qu'ils rencontraient. On les nomma aussi *valésiens*, à cause de l'Arabe Valesius, qui fut leur chef.

EUNUS, esclave syrien, qui enflamma l'esprit des gens de sa classe en se faisant passer pour inspiré. Il cachait dans sa bouche une noix remplie de soufre, y mettait le feu avec adresse, et par ce moyen semblait exhaler des flammes. Il se fit ainsi prendre pour un dieu, se mit à la tête de 50,000 esclaves, attaqua les généraux romains, les battit et fut enfin vaincu par Perpenna, qui le força de se rendre et le fit mettre en croix avec un grand nombre de ses partisans l'an 136 avant J.-C.

EUPATOIRE, genre de plantes de la famille des composées, tribu des corymbifères. Ce sont des arbustes ou arbrisseaux, quelquefois des herbes. Ils portent des feuilles opposées ; leurs fleurs sont blanches ou purpurescentes. On connaît l'*eupatoire aya-pana*, à laquelle les créoles attribuaient la puissance de guérir toutes les maladies, et surtout de détruire l'effet des poisons ou de la morsure des serpents. L'*eupatoire d'Avicenne* pousse dans les lieux humides de l'Europe, le long des fossés, des routes et des bois. Ses propriétés sont émétiques, toniques et purgatives. Cette eupatoire est une herbe de deux à trois pieds de haut, à tige cylindrique rougeâtre, couverte de poils courts ; elle porte des feuilles sessiles et des fleurs en corymbe, de couleur violette pâle.

EUPATORIÉES, tribu formée par Kunth et H. Cassini dans la famille des synanthérées, et qui a pour type le genre *eupatoire*.

EUPHÉMIE (Ælia Maciana Euphemia), femme de l'empereur Justin Ier, née dans une province barbare de l'empire, était esclave lorsque Justin, qui n'était encore qu'un simple particulier, en devint amoureux. Son caractère doux et facile plut tellement à Justin, qu'il l'épousa et la fit monter avec lui sur le trône. Elle n'eut aucun enfant de ce mariage. Elle mourut quelques années avant Justin.

EUPHÉMIE (Sainte), vierge et martyre de Chalcédoine, fut mise à mort dans le temps de la persécution de Dioclétien, vers l'an 307 de J.-C. Les Latins célèbrent sa fête le 16 septembre.

EUPHÉMIE (SAINTE-), autrefois *Lametia*, ville du royaume de Naples, dans la Calabre ultérieure seconde, près d'un petit golfe du même nom. Cette ville fut engloutie par un tremblement de terre en 1638. C'est près du golfe de Sainte-Euphémie que Murat débarqua afin de faire une tentative pour reconquérir le royaume de Naples, et fut fait prisonnier.

EUPHÉMIES, nom donné à une certaine distribution de 50 livres qui se faisait tous les ans aux docteurs de la Sorbonne, le jour de la fête de sainte Euphémie (16 septembre), qui était un des principaux patrons de la Sorbonne. Cette distribution se prenait en partie sur les différentes amendes que payaient les bacheliers pendant leur licence, lorsqu'ils manquaient d'argumenter en leur rang, ou de soutenir leur thèse en temps marqué. Les docteurs résomptes, qui seuls avaient droit à cette distribution, avaient de plus être dans l'usage d'assister aux assemblées et autres exercices de la faculté. Ils devaient aussi avoir couché à Paris la veille de la fête de sainte Euphémie.

EUPHONE, instrument à frottement du genre de l'harmonica, inventé par le docteur Chladni à Wittemberg, en 1790. I consistait en une caisse carrée d'environ trois pieds de longueur, et haute de huit pouces, qui contenait quarante-deux petits cylindres de verre, dont le frottement, et par suite la vibration s'opérait par un mécanisme intérieur.

EUPHORBE, genre de plantes de la famille des euphorbiacées. Ce sont des plantes herbacées. Les fleurs sont disposées en panicules ou en ombelles, groupées par douze ou quinze fleurs mâles et une seule femelle dans un involucre commun ; celui-ci est régulier et campanulé. Chaque fleur mâle renferme une seule étamine ; la fleur femelle est un peu élevée au-dessus des fleurs mâles. L'*euphorbe des anciens* est un arbuste de trois à quatre mètres, à la tige nue, sans feuilles, mais chargée d'épines. Elle contient, comme toutes les espèces tropicales, un suc laiteux, âcre, caustique, corrosif, qui se condense en petits morceaux friables, d'un jaune pâle, demi-transparents ; c'est la *gomme-résine d'euphorbe*, employée autrefois en médecine, mais usitée maintenant par les vétérinaires seuls, à cause de son énergie. Quelques graines déterminent le vomissement et une irritation très-forte des membranes muqueuses. Le suc des euphorbes d'Europe est moins énergique, et s'emploie comme émétique et purgatif.

EUPHORBIACÉES, famille de plantes dicotylédonées apétales, et dont le type est l'*euphorbe*. Elle comprend un grand nombre de genres, herbes, arbustes ou arbrisseaux, à feuilles alternes, à fleurs axillaires ou terminales, très-variées dans leur disposition. La présence d'un suc laiteux, âcre et très-vénéneux, caractérise les euphorbiacées. Le calice est monosépale, à plusieurs divisions profondes. Un assez grand nombre d'étamines, quelquefois une seule, constitue la fleur mâle ; la fleur femelle se compose d'un ovaire à plusieurs loges. Le fruit est une capsule à plusieurs coques s'ouvrant par une suture longitudinale ; à leur maturité, elles se séparent élastiquement les unes des autres. Les genres les plus communs sont le *buis*, le *ricin*, l'*euphorbe*, le *mancenillier*, etc.

EUPHRAISE ou EUFRAISE, genre de la famille des scrofulariées de Brown, tribu des rhinanthées. Ce sont des plantes herbacées, souvent annuelles, à tiges rameuses, couvertes de feuilles larges et dentées, ou linéaires et entières. Les fleurs sont blanches, légèrement roses, ou d'un jaune intense, les plus souvent disposées en épis terminaux. L'*euphraise officinale* était employée autrefois pour les maladies d'yeux sous le nom de *casse-lunettes* ; mais son emploi est nuisible. On divise le genre *euphraise* en deux sections, les *euphraises* proprement dites et les *odontites*.

**EUPHRANOR**, artiste célèbre de l'antiquité, florissait dans la cvi<sup>e</sup> olympiade, environ 176 ans avant J.-C. Il excellait dans la peinture et la sculpture, et fit un grand nombre de tableaux et de statues en marbre, bronze et argent. Euphranor écrivit plusieurs traités *sur les proportions du corps humain et la composition des couleurs*, mais aucun n'est parvenu jusqu'à nous. Ses plus célèbres tableaux dont les anciens auteurs nous ont conservé les noms sont *les Douze Dieux, Ulysse contrefaisant l'insensé*, un *Combat de cavalerie, Latone donnant le jour à Apollon et Diane*, une *Junon*. Ses statues sont un *Pâris*, la *Minerve caluhenne, Alexandre et Philippe* sur un quadrige, un *Pluton*, un *Vulcain*, la *Vertu*, la *Grèce*, etc.

**EUPHRASIE** (Sainte) ou **Euphraxie**, vierge et solitaire de la Thébaïde, née vers l'an 381. Après la mort de son père, elle se retira en Égypte avec sa mère qui se consacra aux œuvres de pénitence et de charité. Euphrasie embrassa la vie religieuse et persévéra dans l'exercice des plus grandes austérités, affaiblissant son corps par les travaux, la prière, les jeûnes et les abstinences. Dieu l'honora du don des miracles, jusqu'à sa mort arrivée en l'an 411. Les Grecs célèbrent sa mémoire le 25 juillet, et les Latins le 13 mars.

**EUPHRATE** (en turk, *Frat*), grand fleuve de l'Asie occidentale, formé par la jonction de deux rivières, dont l'une prend sa source dans les montagnes de la grande Arménie, et l'autre dans des montagnes plus au S. et près de la source du Tibre. Ces deux branches se réunissent à Monnacotoum, à 20 lieues d'Erzeroum, coulent d'abord au S.-O. vers Samosate. Arrivé aux confins de la petite Arménie, l'Euphrate se dirige vers le S., traverse le Taurus, sépare la Turkomanie de l'Anatolie, et le Diarbeckr ou Mésopotamie de la Syrie, se joint au Tigre près de Khorna dans l'Irak-Arabi, et se jette dans le golfe Persique, après avoir perdu son nom, depuis sa jonction avec le Tigre. Son cours est de 450 lieues. Il commence à porter de petites barques à Samosate ; mais son lit, rempli de rochers, rend la navigation peu sûre et peu commode. Il devient navigable à El-Bir en Syrie ; il a alors 400 pieds de large. À Bussora, il reçoit de petits navires. Les Anglais y ont établi des bateaux à vapeur. Les Arabes regardent ses eaux comme une panacée universelle. À cause de sa situation sur les bords de ce fleuve, le royaume de Comagène, réduit en province romaine prit le nom d'*Euphratésie*. L'Euphrate, qui arrosa autrefois Babylone, est cité par Moïse comme étant l'un des quatre fleuves qui arrosaient le paradis terrestre.

**EUPHRATE**, hérétique de Péra en Cilicie, admettait en Dieu trois Pères, trois Verbes, trois Saints-Esprits, émanés de l'Être nécessaire et incréé, comme une grande source qui faisait sortir de son sein trois Pères, trois Fils, trois Saints-Esprits. Euphrate croyait que les trois Fils étaient trois hommes. Il supposait un seul monde, et distinguait dans ce monde trois parties, qui renfermaient trois sortes d'êtres absolument différentes. La première partie renfermait l'Être nécessaire et incréé ; la deuxième renfermait un nombre infini de puissances différentes, et la troisième ce que les hommes appellent communément le monde. Les disciples d'Euphrate se nommèrent *péréens* ou *pratiques*. — Disciple de Platon, gouverna la Macédoine avec une autorité absolue sous le règne de Perdiccas. Parménion le tua après la mort de ce roi. — Philosophe stoïcien, sous l'empereur Adrien, se tua l'an 118 de J.-C.

**EUPHROSINE** ou **Euphrosyne**, l'une des trois Grâces, sœur d'Aglaé et de Thalie. Voy. GRACES.

**EUPHROSINE** (Sainte), née à Alexandrie vers l'an 413. Son père, nommé Paphnuce, la promit à un jeune homme lorsqu'elle fut en âge d'être mariée. Mais Euphrosine, résolue de n'avoir pas d'autre époux que Jésus-Christ, alla s'enfuir, déguisée en homme, dans un monastère voisin, où elle fut reçue comme religieuse, sous le nom de *Smaragde*. Elle y vécut trente-huit ans, enfermée dans une cellule. Les Grecs honorent sa mémoire le 25 septembre, et les Latins le 11 février.

**EUPHROSYNE DUCÈNE**, femme d'Alexis III, empereur d'Orient, gouverna entièrement son faible époux, et disposa de tout dans l'empire. Cette princesse avait du courage, de l'éloquence, de l'esprit, de la pénétration ; mais ses mœurs étaient corrompues. Son orgueil était aussi grand que sa dissolution. Rendue suspecte à l'empereur, elle fut chassée du palais en 1178, et enfermée dans un monastère. Mais elle parvint à rentrer en faveur auprès de l'empereur. Après la prise de Constantinople par les Français en 1204, elle prit la fuite. L'histoire n'en fait plus mention depuis cette époque.

**EUPODES**, famille d'insectes coléoptères de la section des tétramères. Elle est remarquable par les pattes des insectes qui la composent, lesquelles sont très-développées. Leurs larves vivent en général sur les végétaux, quelques-unes vivent dans leur intérieur, ou se couvrent de leurs excréments. Le corps est oblong, le corselet plus étroit que l'abdomen, la tête enfoncée dans le corselet, les antennes insérées au-devant des yeux ; l'abdomen est grand. Cette famille se divise en deux tribus, les *sagrides* et les *criocérides*.

**EUPOLIS**, poëte comique d'Athènes, florissait vers l'an 440 avant J.-C. Il fut avec force la satire des mœurs corrompues de son siècle. À l'âge de dix-sept ans, il avait, dit-on, composé dix-sept comédies. Quelques auteurs disent qu'Alcibiade le fit mourir, parce qu'il avait écrit contre lui, ou qu'il avait ridiculisé dans une de ses pièces, les baptes, prêtres de Cotytto, déesse de la débauche et de l'impudicité. D'autres disent qu'il fut tué dans une bataille navale entre les Athéniens et les Lacédémoniens. Ses compatriotes, affligés de sa perte, décrétèrent qu'à l'avenir les poëtes seraient exempts de porter les armes.

**EUPOMPE**, célèbre peintre et mathématicien de Sicyone, florissait vers la xcvi<sup>e</sup> olympiade, et fut le fondateur d'une troisième école de peinture, appelée *sicyonienne* ; les deux autres établies avant lui, étaient l'école *athénienne* ou *attique* et l'école *asiatique* ou *ionienne*. Quoique Eupompe eût appris les principes de son art d'Euxenidas, il prétendait suivre la nature seule pour maître. Eupompe fut le maître de Pamphile, qui enseigna son art à Apelles. Voy. ces mots.

**EURE**, autrefois *Elura* ou *Autura*, rivière de France, qui prend sa source dans la forêt de Loigny (Orne), traverse les départements de l'Eure-et-Loir et de l'Eure, et se jette dans la Seine. Son cours est de 38 lieues. Elle est navigable depuis Saint-Georges (Eure). Ses affluents sont l'*Iton*, l'*Aure* et la *Blaise*.

**EURE**, département maritime de France, région du N.-O., formé de la Normandie, du comté d'Evreux et du Perche septentrional, et borné au N. par la Seine-Inférieure, à l'E. par l'Oise et la Seine-et-Oise, au S. par l'Orne et l'Eure-et-Loir, à l'O. par le Calvados. Sa superficie est de 582,127 hectares, sa population de 424,248 habitants. Il se divise en cinq arrondissements : *Evreux*, chef-lieu, *les Andelys*, *Bernay*, *Louviers* et *Pont-Audemer*. On y remarque l'ancien château de Gisors, l'ancienne abbaye de Mortemer, le champ de bataille d'Ivry, celui des Andelys, etc. Il est compris dans la quatorzième division militaire, dans le ressort de la cour d'appel et de l'académie de Rouen, et du diocèse d'Evreux. L'agriculture est assez négligée, et suit le système des jachères ; cependant on y recueille en abondance du blé, de l'orge, du seigle, de l'avoine, du lin, du chanvre. On y cultive beaucoup de pommiers et de poiriers. Les races d'animaux domestiques sont très-belles. On y trouve *des fabriques de fil de fer, d'épingles ; des manufactures de beaux draps ; des usines pour la fonte et le laminage du cuivre ; des fabriques de rubans, toiles peintes, velours ; des papeteries*, etc.

**EURE-ET-LOIR**, département de France, région du N.-O., borné au N. par l'Eure, à l'E. par la Seine-et-Oise et le Loiret, au S. par le Loiret, le Loir-et-Cher et la Sarthe, à l'O. par l'Orne. Il est formé de la Beauce, du pays Chartrain, du Dunois, du Perche, du Drouais et du Thimerais. Sa superficie est de 602,752 arpents métriques, et sa population de 295,000 habitants. Il se divise en quatre arrondissements : *Chartres*, chef-lieu, *Dreux*, *Nogent-le-Rotrou*, *Châteaudun*. On y remarque la cathédrale de Chartres, l'ancien château de Nogent-le-Rotrou, le château et l'aqueduc de Maintenon, le château d'Anet, etc. Le département est compris dans la première division militaire, et dans le ressort de la cour d'appel et de l'académie de Paris, et du diocèse de Chartres. Le sol, bien cultivé et très-fertile, produit du blé, du seigle, de l'orge, de l'avoine, du chanvre, du lin, des vins peu estimés, des pommes de terre, etc. On y élève de beaux moutons mérinos, beaucoup d'abeilles ; il y a des fabriques de chaux, de poteries, de tuiles, etc., des fonderies de fer et de cuivre, des papeteries, des fabriques de draps, de serges, des filatures de coton, des tanneries, des fabriques de sucre de betteraves, etc.

**EURICÈRE**, genre d'oiseaux caractérisés par un bec épais, renflé, celluleux, plus long que la tête, et comprimé par une crête convexe, en demi-cercle, et terminé par une pointe fortement dentée ; des narines nues, arrondies, ouvertes dans un sillon profond, garni à sa base de plumes veloutées ; la tête est complètement emplumée ; le plumage est doux et satiné. L'euricère a dix pouces de longueur. Son corps est d'un noir vif lustré, son bec d'un gris de perle, le ventre et le bas-ventre bruns, et les épaules, ainsi que la queue, colorées de rouge cannelle très-vif.

**EURIPE** (*Euripus*), petit détroit qui sépare l'île de Négrepont (Eubée) et la Grèce. Il est si resserré près de Chalcis, qu'à peine une galère y passe. Ce détroit est célèbre parce que la marée, insensible dans la Méditerranée, s'y fait sentir. Quelques anciens ont dit qu'Aristote, désespérant de ne pouvoir découvrir la cause de ce phénomène, se précipita dans les flots.

**EURIPIDE**, célèbre poëte tragique grec, né à Salamine (480 avant J.-C.), étudia la rhétorique sous Prodicus, et la philosophie sous Socrate et Anaxagore. Euripide fit son début dans la carrière dramatique, la 1<sup>re</sup> année de la LXXXI<sup>e</sup> olympiade, par *les Péliades*. La rivalité qui exista entre lui et Sophocle fournit un fonds inépuisable de railleries à Aristophane, qui tourna en ridicule dans ses comédies les trois grands poëtes. Fatigué de l'envie et du ridicule qui le poursuivaient dans sa patrie, Euripide se retira à la cour d'Archélaüs, roi de Macédoine, qui l'accueillit avec les plus grands égards. On dit que des chiens furieux le déchirèrent dans ce pays (XCIII<sup>e</sup> olympiade). D'autres auteurs disent que des femmes le mirent en pièces pour se venger de ses injures. De soixante-quinze tragédies qu'il composa, il nous en reste dix-neuf : *Hécube*, *Oreste*, *les Phéniciennes*, *Médée*, *Hippolyte*, *Alceste*, *Andromaque*, *le Cyclope*, *les Suppliantes*, *Iphigénie en Aulide*, *Iphigénie en Tauride*, *les Troyennes*, *Rhésus*, *les Bacchantes*, *les Héraclides*, *Hélène*, *Ion*, *Hercule furieux*, *Electre*.

**EURITE** (*weistein*, *klingstein*, *haufelds*), roche composée de grains de feldspath, de grenat, de mica, d'amphibole, etc. Sa texture est tantôt compacte et tantôt grenue, sa structure souvent fissile, c'est-à-dire que cette roche se divise par feuillets. On distingue plusieurs variétés d'eurite, selon qu'elle est compacte, à texture schisteuse, ou que les cristaux d'amphibole et de feldspath ou les lames du mica y sont disséminés de manière à lui donner quelque ressemblance avec les porphyres et les granites. Elle porte alors le nom d'*eurite schistoïde, porphyroïde* ou *granitoïde*. Les eurites sont toujours stratifiées ; quelquefois elles affectent des formes prismatiques.

EUROPE (myth.), fille d'Agénor, roi de Phénicie. Jupiter, épris de ses charmes, se transforma en taureau, et se mêla parmi le troupeau du roi tandis que la princesse cueillait des fleurs avec ses compagnes. Frappée de la beauté et de la douceur de cet animal, Europe eut le courage de s'asseoir sur son dos. Le dieu se précipita aussitôt dans la mer, et gagna la Crète à la nage. Là, il reprit sa forme, et lui déclara son amour. Quoique Europe eût fait vœu de virginité, elle céda à ses instances, et devint mère de Minos, d'Éaque et de Rhadamanthe. Dans la suite, elle épousa Astérius, roi de Crète, qui adopta les enfants qu'elle avait eus de Jupiter. Europe vivait vers l'an 1552 avant J.-C. — L'histoire dit qu'Europe fut enlevée par des Crétois sur les côtes de la Phénicie. La poupe de leur vaisseau portait l'image d'un taureau blanc. Leur roi Astérius, nommé aussi Zeus ou Jupiter, s'empara de la princesse. Les Grecs bâtirent leur fable sur cette histoire. Europe eut la gloire de donner son nom à une des cinq parties du monde.

EUROPE, l'une des cinq parties du monde, la cinquième en grandeur, la première en population, et la première en civilisation. Elle occupe la partie N.-O. de l'ancien continent. Elle est bornée au N. par l'océan Glacial arctique ; au S. par la Méditerranée, ses différents enfoncements et le Caucase ; à l'O. par l'Atlantique ; à l'E. par la mer Caspienne, l'Oural, les monts Ourals et la rivière Kara. Sa longueur, du cap Saint-Vincent (Portugal) jusqu'à la rivière Kara, est de 1,275 lieues ; sa largeur, du cap Nord au cap Matapan, est de 680 lieues. Sa superficie est de 491,780 lieues carrées ; sa population, de 227,835,434 habitants, appartenant aux familles germanique ou teutone, romaine ou latine, grecque, slave, finnoise, madgiare ou hongroise, tartare, cimmérienne, celtique, basque, circassienne ou tcherkesse, sémitique, samoyède, arménienne et bohémienne ou hindoue. Cette population se divise, selon le culte, en chrétiens, subdivisés, 1° en catholiques romains, 2° grecs, 3° arméniens, 4° luthériens, 5° calvinistes, 6° épiscopaux, 7° diverses sectes, telles que les méthodistes, les unitaires, les quakers et les frères moraves ; les *mahométans*, les *chamans*, les *juifs* et les *idolâtres*. Les langues sont au nombre de quarante-six principales, issues de sept familles : 1° *pélasgique*, 2° *étrusque*, 3° *slave*, 4° *finnoise ou tchoude*, 5° *germanique*, 6° *celtique*, 7° *basque*. L'Europe est partagée en neuf systèmes de montagnes : 1° *alpique*, véritable centre et noyau des plateaux de l'Europe ; 2° le *gallo-francique* (France) ; 3° *hespérique* (Espagne, Portugal) ; 4° *sardo-corse* ; 5° *britannique* ; 6° *scandinavique* ; 7° *hercynio-carpathien*, qui comprend les montagnes de l'Allemagne du centre et de l'est ; 8° *slavique* (Dalmatie, Turquie, Grèce) ; et 9° *sarmatique* (Russie). Ces chaînes de montagnes divisent l'Europe en deux parties de deux grands bassins, celui des mers du Nord et celui des mers du Sud. La première région comprend quatre bassins principaux : celui de l'océan Glacial, celui de la mer du Nord, celui de la mer Baltique et celui de l'Atlantique. La deuxième région en comprend quatre : celui de la Méditerranée, celui de l'Adriatique, celui de la mer Noire et celui de la mer Caspienne. Les principaux fleuves sont le Volga, l'Oural, le Don, le Danube, le Pô, le Rhin, la Vistule, l'Elbe, l'Oder, le Rhône, la Loire, la Seine, etc. ; l'Èbre, le Tage, la Tamise, la Saverne, le Shannon, l'Escaut, la Meuse, etc., etc. Les lacs sont nombreux dans la partie N. et N.-E. La Russie en compte 2,251 lieues carrées (Ladoga, Onéga, Bielo, etc.) ; la Suède, 800 lieues carrées (Mœlarn, Wenern, Wettern) ; en Suisse, on admire ceux de Constance, Genève, Neuchâtel, etc. L'Europe est découpée au S. par de nombreuses mers, golfes et baies, qui facilitent le commerce. Ses côtes sont bordées d'une infinité d'îles. Elle jouit d'un climat très varié. On y trouve les fruits et les légumes des zones tempérées, les variétés nombreuses et superbes d'animaux. Les poissons de mer et d'eau douce y sont en abondance et très exquis. On y trouve peu d'or et d'argent, la houille, l'étain, le cuivre, le plomb et surtout le fer en grande quantité. L'industrie est parvenue à un grand degré, surtout chez les Anglais et les Français. La civilisation est très avancée, particulièrement en France, en Angleterre, en Allemagne, en Italie, en Danemark. L'Europe se divise en soixante-trois États, tant grands que petits ; trois empires, l'Autriche, la Russie et la Turquie ; quinze royaumes, la France, la Grande-Bretagne, l'Espagne, le Portugal, la Sardaigne, les Deux-Siciles, le royaume de Wurtemberg, la Bavière, la Saxe, la Prusse, la Belgique, la Hollande, le Danemark, la Scandinavie (Suède et Norwège) et la Grèce ; une monarchie élective, les États de l'Église ; un électorat, Hesse-Cassel ; un landgraviat, celui de Hesse-Hombourg ; cinq républiques, la Suisse, l'Andorre, les îles Ioniennes, Cracovie et San-Marino ; quatre villes libres, Francfort, Lubeck, Brême et Hambourg ; une seigneurie, celle de Bentinck ou Kniphausen ; quatorze principautés, celles de Hohenzollern-Hechingen et Sigmaringen, Lichtenstein, Schwarzburg-Rudolstadt et Sondershausen, Waldeck, Reuss ainée et Cadette, Waldeck, Lippe-Detmold et Schauenbourg, Monaco, Servie, Valaquie et Moldavie ; duchés, ceux de Modène, Parme, Lucques, Oldenbourg, Nassau, Brunswick, Saxe-Cobourg-Gotha, Saxe-Hildburghausen, Saxe-Altenbourg, Anhalt-Dessau, Anhalt-Kœthen et Anhalt-Bernbourg ; six grands-duchés, la Toscane, Bade, Hesse-Darmstadt, Saxe-Weimar, Mecklembourg-Schwerin et Strelitz. — La Russie, l'Angleterre, l'Autriche, la Prusse et la France forment ce qu'on appelle les *cinq puissances* de l'Europe : la suprématie réelle est aux deux premières. — L'Europe, très longtemps plongée dans la barbarie, reçut de l'Asie les premiers éléments de la civilisation, et la surpassa bientôt. La Grèce, redevable à la Phénicie de ses premières lumières, s'éclaira par quelques voyages (1500-1100 avant J.-C.), se développa par la poésie et la législature, et fut longtemps le dépôt des sciences, des arts, du commerce et de la civilisation européenne. Rome, devenue puissante (600-149 avant J.-C.), reçoit la civilisation grecque, et la répand par ses conquêtes de la Bretagne à l'Euphrate (149 avant J.-C.-310 de J.-C.). Le triomphe du christianisme et l'invasion des barbares amènent la ruine de ce vaste empire romain, qui commandait à l'Europe entière. De là résulte la scission de cet empire en deux, et par suite la civilisation est refoulée en Orient pour reparaître après plusieurs siècles plus grande et plus belle. De nouvelles monarchies se forment sur les ruines de l'empire d'Occident, entièrement détruit en 476, et de l'empire d'Orient, démembré peu à peu. L'empire d'Occident n'est relevé par Charlemagne que pour être démembré peu après en royaumes, qui se subdivisent eux-mêmes en fiefs, et la féodalité étend son culte sur toute l'Europe sous d'immenses ramifications. Les croisades (1097-1256), mettant l'Europe en contact avec la civilisation asiatique, propagent les lumières et favorisent les relations commerciales, qui se renforcent de plus en plus par les voyages de Rubruquis et de Marco-Polo (XIII et XIV siècles). La découverte de l'Amérique (1492) vient ouvrir à l'Europe un monde nouveau que se partagent les divers souverains. L'invention de l'Imprimerie ne contribue pas peu à la propagation et à la perpétuité des sciences et des arts. La réforme apportée dans les idées religieuses par Luther et Calvin (XVIe siècle), quoique entraînant une déplorable scission avec l'autorité religieuse du pouvoir pontifical, dote l'Europe d'un bienfait en proclamant la liberté et l'indépendance de la pensée. Pendant ce temps, l'édifice féodal, miné depuis Louis XI, est complètement renversé par Richelieu (1628-1643), et remplacé par l'unité de chaque État, qui prend sa place dans le système de l'équilibre européen. Le XVIIIe siècle voit le développement de la Russie, puissance jusque-là pour ainsi dire confinée en Asie, et la propagation des théories antisociales et impies des philosophes français et allemands. Ces idées donnent naissance à la révolution française (1789), qui proclame le triomphe de la liberté sociale, et qui la propage dans les autres États.

EUROTAS, célèbre fleuve de la Grèce, qui, prenant sa source sur les frontières de l'Arcadie, traversait la Laconie, coulait dans le voisinage de Sparte, et se jetait dans le golfe de ce nom. Ce fut sur ces bords que Jupiter, prenant la figure d'un cygne, séduisit Léda. Les Spartiates honoraient ce fleuve comme un dieu. Les mythes grecs disent qu'Eurotas fut roi de Sparte après Mylès (d'autres disent après Lelex), son père, vers l'an 1516 avant l'ère chrétienne, et qu'il se distingua dans une guerre que les Lacédémoniens avaient déclarée à un peuple voisin ; et le fleuve *Himère* prit de lui le nom d'*Eurotas*. — Ce fleuve se nomme *Iri* jusqu'à sa cataracte ; il prend ensuite en passant sous Scala le nom de rivière d'*Hélos*.

EUROTAS. Les anciens nommaient encore ainsi un fleuve de Thessalie, qui prenait sa source dans le mont Olympe, se jetait dans le Pénée, et s'appelait aussi *Titaresos*. — *Eurotas* fut aussi le nom du *Galesus*, rivière d'Italie.

EURUS, vent d'est, frais et violent, nommé *vulturne* par les Latins. — Les Grecs appelaient aussi *eurus* le vent de l'est, le *sirocco* des marins de la Méditerranée.

EURYALE. Voy. Nisus.

EURYBIADE, Spartiate qui commanda la flotte des Grecs aux batailles de Salamine et d'Artémisium. On l'accusa d'ambition et de lâcheté. Ayant menacé Thémistocle de le frapper, parce qu'il soutenait avec chaleur un avis contraire à celui que soutenait Eurybiade, le héros athénien lui répondit : *Frappe, mais écoute* ; mot devenu si célèbre.

EURYCLÉE, fille d'Ops, était d'une rare beauté. Laërte, roi d'Ithaque, l'acheta fort jeune ; loin de la traiter en esclave, il eut pour elle les plus grands égards. Il lui confia l'enfance d'Ulysse. Euryclée reconnut la première ce prince au retour de ses longs voyages.

EURYDICE (myth.), nymphe, épouse du poëte Orphée. En fuyant les poursuites d'Aristée, elle fut piquée au talon par un serpent caché sous l'herbe, et mourut de cette blessure. Orphée, inconsolable de sa perte, descendit aux enfers, et tira de sa lyre des sons si touchants et si beaux, que Pluton, à la prière de Proserpine, consentit à lui rendre Eurydice, à condition qu'il ne la regarderait point avant d'être remonté sur la terre ; mais le désir de considérer un moment son épouse lui fit oublier cette dure loi ; il jeta un regard sur Eurydice, et la perdit pour jamais. Ce sujet a fourni un bel épisode à Virgile, quatrième livre des Géorgiques.

EURYDICE, femme d'Amyntas, roi de Macédoine, dont elle eut Alexandre, Perdiccas, Philippe et une fille nommée *Euryone*. Ayant conçu une passion criminelle pour son gendre, elle lui offrit sa main, et conspira contre Amyntas, qui serait devenu sa victime, si Euryone ne lui eût dévoilé les complots de sa mère. C prince eut la générosité de lui pardonner. Eurydice fit périr Alexandre, son fils aîné, qui était monté sur le trône après la mort de son père. Perdiccas, son successeur, eut le même sort. Mais Philippe, qui prit ensuite les rênes du gouvernement, se mit en garde contre ses embûches. Eurydice s'enfuit de la Macédoine, et implora la protection d'Iphicrate, général athénien. On ne sait pas comment elle termina sa vie.

EURYDICE, fille d'Amyntas II, épousa son oncle Aridée, fils naturel de Philippe. Après la mort d'Alexandre le Grand, Aridée monta sur le trône de Macédoine, et se laissa gouverner par les intrigues de cette princesse, qui rappela Cassandre, et s'unit avec lui contre Polysperchon et Olympias. Mais, abandonnés bientôt par leurs soldats, Eurydice et Aridée tombèrent au pouvoir d'Olympias. Le prince fut percé de flèches, et Eurydice termina ses jours par le poison.

EURYLAIME, genre d'oiseaux de l'ordre des passereaux, comprenant plusieurs espèces des îles indiennes. Leurs caractères sont un bec plus court que la tête, robuste, déprimé, élargi à sa base, à bords tranchants en dedans. Les narines sont ouvertes, arrondies, nues ; les pieds sont forts, à doigts comprimés ; les ailes sont plus courtes que la queue. Ces oiseaux insectivores sont remarquables par l'éclat de leur plumage, varié de noir, de blanc, de jaune et de rouge pourpré. Ils se tiennent dans les marécages ou sur le bord des lacs et des rivières, recherchant toujours les lieux solitaires. La longueur de ces oiseaux varie de cinq à onze pouces.

EURYLOQUE (myth.), un des compagnons d'Ulysse, et le seul qui ne toucha point aux breuvages de l'enchanteresse Circé. Il enleva en Sicile les troupeaux sacrés d'Apollon, qui le punit de cette impiété en brisant son vaisseau sur des écueils.

EURYNOME (myth.), Océanide célèbre. Jupiter, selon Hésiode, la rendit mère des trois Grâces ou Charites. Elle eut un temple célèbre en Arcadie, où sa statue était attachée avec des chaînes d'or. Ce temple n'était ouvert qu'une fois dans l'année. — Dieu infernal, se nourrissant de la chair des morts. On lui avait élevé dans le temple de Delphes une statue où il était représenté avec un visage tacheté de reflets bleus et noirs, grinçant des dents, et assis sur la peau d'un vautour.

EURYNOME, genre de crustacés assez voisin des parthénopes, et de l'ordre des décapodes. Leur test est rhomboïdal, rude et raboteux. Leurs bras sont longs, armés de longues serres terminées par des crochets courbés. Leur queue offre sept tablettes. Elle est ovale dans les femelles, allongée et resserrée au milieu dans les mâles. Les eurynomes habitent les mers britanniques.

EURYSTHÉE (myth.), roi d'Argos et de Mycènes, fils de Sthénélus. Junon avança sa naissance de deux mois, afin qu'il vînt au monde avant Hercule, parce que Jupiter avait réglé que celui des deux qui naîtrait le premier aurait la supériorité sur l'autre. Eurysthée usa rigoureusement de ses droits, et, dans l'espérance de le faire périr, l'obligea de tenter les différents exploits, connus sous le nom des douze travaux d'Hercule. Le héros ayant triomphé de toutes ces épreuves, Eurysthée en fut si alarmé, qu'il fit fabriquer un tonneau d'airain pour s'y cacher en cas de danger. Après la mort d'Hercule, il persécuta ses enfants, et déclara la guerre à Céyx, roi de Trachine, qui leur avait donné l'hospitalité. Il fut tué dans cette guerre par Hylas, un des fils d'Hercule. Sa tête fut envoyée à Alcmène, mère d'Hercule, qui lui arracha les yeux pour venger les maux qu'il avait fait souffrir à son fils.

EURYSTHÈNE, fils d'Aristodème, roi de Sparte, partagea le trône avec son frère Proclès. Ils étaient jumeaux, et l'on ne savait lequel était l'aîné, parce que leur mère, qui désirait de les voir régner tous deux, ne voulut jamais le déclarer. Ainsi, ils furent couronnés à Sparte, par l'ordre de l'oracle de Delphes (1102 avant J.-C.). Après leur mort, les Lacédémoniens, ne sachant auquel de ces princes le droit d'aînesse avait appartenu, permirent à leurs enfants de gouverner conjointement. Depuis ce temps il y eut deux rois à Lacédémone. Les descendants d'Eurysthène prirent le nom d'*Eurysthénides*, et ceux de Proclès celui de *Proclides*. Les premiers, qui étaient les plus illustres, donnèrent trente et un rois à Lacédémone, et les seconds vingt-quatre.

EUSÈBE (Saint), Grec de naissance, fut mis sur le saint-siège après Marcel, le 2 avril 310. Il gouverna quatre mois seize jours, et mourut le 17 août. On le trouve qualifié de martyr dans beaucoup de martyrologes, non qu'il soit mort de la main des persécuteurs de l'Eglise, mais parce qu'il eut à souffrir beaucoup de la tyrannie de Maxence. On en fait mémoire le 26 septembre.

EUSÈBE, né en 270, prit le surnom de *Pamphile*. Il établit dans Césarée une école d'où sortirent de grands savants. Il fut élu évêque de Césarée vers l'an 314. Cet homme, regardé comme le plus érudit de son époque, se montra d'abord l'ennemi des ariens, anathématisa ces hérétiques au concile de Nicée (325). Devenu ensuite fauteur secret de l'arianisme, il assista avec les ariens au conciliabule d'Antioche (330), où l'évêque saint Eustathe fut déposé ; mais il refusa de remplir ce siège qu'on lui offrait. Il fut aussi du nombre des évêques des conciles de Césarée et de Tyr, qui condamnèrent saint Athanase (335). Il obtint de Constantin l'exil de cet évêque et le rappel d'Arius. Il fut protégé par l'empereur pendant toute sa vie, et mourut en 339. Quelques auteurs lui ont donné le titre de saint, mais aucun pape ne l'a confirmé. On a d'Eusèbe une *Histoire ecclésiastique* en dix livres, la *Vie de Constantin* en quatre livres, et *Onomasticon*, nomenclature des villes de l'Ecriture sainte, etc.

EUSÈBE, martyr de Gaza en Palestine; fut pris comme chrétien avec ses frères Nestable et Zénon et un jeune homme nommé *Nestor*, sous Julien l'Apostat, l'an 362. Ils furent traînés en prison et cruellement fouettés. Après les avoir mis en pièces, le peuple les traîna hors de la ville, et brûla leurs corps. Une femme chrétienne recueillit ces reliques. Le martyrologe romain fait mention de ces quatre saints le 8 septembre. — Un autre EUSÈBE, évêque de Verceil, fut le premier qui joignit la vie monastique à la vie cléricale. Il mourut en 371. Sa fête se célèbre le 15 décembre.

EUSÈBE (Saint), évêque de Samosate en Syrie, et martyr, souscrivit au concile d'Antioche (353). Exilé par Valens en 373, il souffrit ensuite la divinité de Jésus-Christ au concile d'Antioche (378). Il mourut en 380. Les Latins célèbrent sa fête le 21 juin. On honore encore deux saints de ce nom : saint EUSÈBE DE CRÉMONE, prêtre de la Palestine, disciple et compagnon de saint Jérôme, dont on fait la fête le 5 mars ; et saint EUSÈBE, abbé de Syrie, dont on célèbre la mémoire le 23 janvier.

EUSÉBIE (Flavia Eusebia), femme de l'empereur Constance, dans le IVe siècle, née à Thessalonique d'une famille consulaire, avait de la beauté, des grâces, de l'esprit et du goût pour les sciences et les arts. On dit qu'irritée de n'avoir pas d'enfants elle corrompit la sage-femme d'Hélène, sœur de Constance et femme de Julien, et que dès que cette princesse fut accouchée cette sage-femme fit périr l'enfant. Eusébie s'attira l'amour de ses peuples par ses bontés et ses bienfaits. Elle mourut vers 361. Ce fut elle qui engagea Constance à donner à Julien le titre de césar. Ce prince fit son panégyrique. — Sainte EUSÉBIE ou YSOIE, fut filleule de la reine Nantilde, et naquit en 637. Elle fut élue en 649 abbesse de l'abbaye d'Hamaige, et mourut en 660. On fait sa fête le 16 mars.

EUSÉBIENS, hérétiques ariens ainsi nommés d'Eusèbe de Nicomédie, célèbre défenseur de la doctrine et de la personne d'Arius. Eusèbe, ayant embrassé les erreurs de cet hérésiarque, feignit de les abjurer au concile de Nicée, pour ne pas paraître suspect à l'empereur Constantin ; mais ce prince le fit exiler. Les ariens ayant obtenu son rappel, il devint le plus grand ennemi de saint Athanase, le fit exiler, assembla divers conciles contre lui, et convertit à l'arianisme son fils Constantin et toute la famille impériale. Il se fit élire évêque de Constantinople en 338, et s'érigea en chef de parti. Après la mort d'Arius, les ariens le regardèrent comme leur apôtre, et se firent gloire de porter le nom d'*eusébiens*. C'est lui qui écrivit presque toutes les formules ariennes. Il mourut en 341.

EUSTACE (MAISTRE), poëte français du XIIe siècle, nommé encore *Eustache, Gace, Ustace, Vace, Witace*, est auteur du roman du *Brut*, qu'il fit paraître en 1155. Cet ouvrage, écrit en vers, contient la chronologie fabuleuse des premiers rois d'Angleterre, que l'auteur croit être les descendants d'Énée, nommé Brutus, qu'il fait aborder dans cette île. Cette chronologie se termine au XIIe siècle. Ce roman fut abrégé en 1391 par Jehan Vaillant de Poitiers. — Un autre EUSTACE LI PAINTRES, né à Reims, et qui florissait dans le XIIIe siècle, écrivit un grand nombre de chansons et de poésies.

EUSTACHE (Saint), nom sous lequel l'Eglise honore un de ses plus célèbres martyrs, le 20 septembre. Elle lui associe sa femme *Taliane* ou *Théopiste* et ses deux fils *Agape* ou *Agapit* et *Théopiste*, qui furent les compagnons de son martyre. Les Grecs, qui font aussi la fête de ce saint, le nomment *Eustathe*. On dit que son corps fut conservé à Rome, dans l'église de son nom, jusqu'au commencement du XIIe siècle. Il fut alors transporté dans l'abbaye de Saint-Denis en France, et détruit par les calvinistes en 1567. C'est tout ce qu'il y a de peu certain sur Eustache, dont la vie est peu connue et dont l'histoire passe pour fabuleuse parmi les savants.

EUSTACHE, conduit de l'oreille. Voy. TROMPE D'EUSTACHE. — On nomme encore ainsi un couteau d'une seule pièce, à manche en bois, dont la lame n'est point retenue par un ressort. Ces couteaux grossiers sont d'un prix très-modique.

EUSTACHE (Saint), petite île hollandaise, une des Antilles, entre Saba et Saint-Christophe, elle doit son nom à des rochers très-élevés, entre lesquels est une petite vallée. Sa superficie est d'environ 3 lieues. Cette colonie est assez fertile dans les années pluvieuses, et produit des cannes à sucre. L'île n'a point de sources. La rade est mauvaise. Pendant la guerre de la France et de l'Angleterre, la Hollande, voulant assurer un refuge à ses bâtiments et à son commerce, fonda la colonie de Saint-Eustache, et on y éleva un fort et de vastes magasins. Cette colonie acquit bientôt un grand développement et une grande richesse. L'amiral anglais Rodney, au mépris des traités, pilla et détruisit cette colonie, qui ne s'est pas relevée depuis. Saint-Eustache appartient maintenant aux Hollandais.

EUSTACHE D'AGRAIN, seigneur français, né dans le Vivarais, partit en 1096 à la croisade. Il se distingua par son courage et fut nommé connétable et vice-roi de Jérusalem, puis (1123) vice-roi d'Acre. On ignore l'époque de sa mort. Il avait été surnommé *l'épée et le bouclier* de la Palestine.

EUSTACHE DE SAINT-PIERRE. Voy. SAINT-PIERRE (Eustache de).

EUSTATHE (Saint), né à Side en Pamphylie, fut évêque de Bérée en Syrie vers l'an 323, et fut transféré en 325 au siége d'Antioche. Il se distingua au concile de Nicée par son zèle et son éloquence, et fut chargé d'en porter les décrets dans les provinces d'Orient qui dépendaient de son Église. Les ariens, excités par Eusèbe de Nicomédie, le déposèrent sur la fausse accusation d'une femme subornée par eux, qui prétendait avoir eu un enfant d'Eustathe. L'empereur Constantin l'exila dans la Thrace, d'où il passa en Macédoine. Il y mourut en 337. Ce fut un des plus grands adversaires de l'arianisme. On a de lui plusieurs ouvrages.

EUSTATHE ou EUTACTE, moine grec qui vivait dans le ive siècle. Cet hérétique condamnait le mariage comme contraire au salut, et séparait les femmes d'avec leurs maris, proscrivait les assemblées publiques de l'Église, et réunissait les fidèles en assemblées secrètes; il s'appropriait leurs oblations, forçait les sectateurs à renoncer à leurs biens, séparait les enfants de leurs pères, les serviteurs de leurs maîtres, sous prétexte de leur faire mener une vie plus parfaite. Il soutenait qu'il était défendu en tout temps de manger de la viande, méprisait les jeûnes ordinaires de l'Église comme inutiles, et en prescrivait le dimanche. Il condamnait toute manière de vivre, excepté la vie claustrale. Ses sectateurs, nommés *Eustathiens*, furent condamnés au concile de Gangres en Paphlagonie, l'an 342. — Quelques écrivains ont prétendu qu'Eustathe fut un évêque de Sébaste en Arménie.

EUSTATHIENS, hérétiques, disciples d'EUSTATHE. On donna aussi ce nom vers 350 aux catholiques d'Antioche, qui ne voulurent point reconnaître d'autre évêque que saint Eustathe, déposé par les ariens.

EUTERPE (myth.), la deuxième des neuf muses, était, comme ses sœurs, fille de Jupiter et de Mnémosyne. Elle présidait à la musique, aux poésies lyriques et pastorales, et était regardée comme l'inventeur de la flûte. On la représente sous la figure d'une jeune fille couronnée de fleurs, tenant des rouleaux de musique, une flûte, des hautbois. Son nom signifie *celle qui sait plaire*.

EUTIQUÈTES ou EUTIQUITES (*qui vivent sans chagrin et dans la joie*), hérétiques qui parurent dans le iiie siècle. On leur donna ce nom parce qu'ils croyaient que les âmes n'avaient été placées dans les corps que pour honorer les anges qui en étaient les créateurs, et que les âmes ne devaient s'attrister de rien, et se réjouir dans le bien et le mal, *parce que* ce serait déshonorer les anges créateurs que de s'attrister dans l'œuvre du corps qu'ils avaient créé. Ces hérétiques croyaient que Jésus-Christ était fils d'un dieu inconnu.

EUTOCIUS, géomètre célèbre, né à Ascalon, vivait sous l'empereur Justinien vers l'an 540 de notre ère. Il nous reste de lui des commentaires sur Apollonius et sur quelques écrits d'Archimède. Ces travaux sont encore fort estimés des savants. On ignore l'époque de la naissance, celle de la mort d'Eutocius, et les événements de sa vie.

EUTROPE, historien latin du ive siècle, était Gaulois. Il accompagna l'empereur Julien dans son expédition contre les Perses. On ne sait pas quelle était son origine, ni les emplois qu'il occupa. L'épithète de *clarissimus*, qui est en tête de son histoire, fait seulement présumer qu'il était sénateur. Eutrope composa l'*Abrégé de l'histoire romaine* (*Breviarium rerum Romanarum*), en dix livres, depuis Romulus jusqu'au règne de Valens, à qui est dédié cet ouvrage. L'histoire romaine est écrite avec élégance, mais avec concision. Eutrope avait écrit aussi un *Traité de médecine*, qui ne nous est point parvenu.

EUTROPE, fameux eunuque sous l'empire d'Arcadius, et son plus cher favori, parvint aux premières charges, et fut même élevé au consulat. Son insolence, sa cruauté et ses débauches soulevèrent tout le monde contre lui. Le Goth Gaïnas, général romain, fit révolter les troupes, et ne promit de les apaiser qu'à condition qu'on lui livrerait la tête d'Eutrope. Arcadius, pressé par la crainte, et d'un autre côté par les prières de sa femme Eudoxie, que l'eunuque avait menacée de faire répudier, le dépouilla de ses dignités, et le chassa du palais. Eutrope, livré à la vengeance du peuple, se réfugia dans une église; mais saint Jean Chrysostome apaisa la populace par un discours qui passe pour un chef-d'œuvre d'éloquence. Eutrope étant sorti de son asile, on lui fit son procès, et il fut décapité en 399.

EUTROPE, premier évêque de Saintes, et martyr, donna sa vie pour Jésus-Christ, après avoir prêché la foi avec beaucoup de zèle et de succès parmi les peuples de la Saintonge. On ignore sa vie, la suite de ses actions, les circonstances et le temps de son martyre. On fait sa fête le 30 avril.
— Saint EUTROPE, évêque d'Orange, né à Marseille sous l'empire d'Honorius, se distingua par sa piété. Il passait les jours et les nuits dans les prières et les larmes, les jeûnes et les veilles, et beaucoup d'autres austérités. Il vivait encore en 475. On célèbre sa fête le 8 mai.

EUTROPIE, sœur de Constantin le Grand et mère de Népotien, qui parvint à l'empire, mais n'en jouit que vingt-huit jours. Sa mère fut assassinée avec lui par les partisans de Magnence.

EUTYCHÈS, hérésiarque du ve siècle, fut condamné dans un synode tenu par Flavien à Constantinople l'an 448; mais il *fut absous* dans un faux concile tenu à Éphèse par ses amis. Ce concile fut nommé *le brigandage d'Éphèse*. Eutychès fut condamné au concile général de Chalcédoine en 451. Il soutenait qu'il n'y avait qu'une nature en Jésus-Christ, savoir la nature divine; que la nature humaine avait été absorbée par la divine, en sorte que la divinité avait souffert la faim, la soif, la mort, etc., et était ressuscitée le troisième jour; que les corps, après la résurrection, seraient invisibles, et plus subtils que l'air. — L'hérésie des eutychiens, disciples d'Eutychès, fit de grands progrès dans l'Orient, et se divisa en plusieurs branches qui, quoique différentes entre elles sur certains articles, s'accordaient toutes à n'admettre qu'une nature en Jésus-Christ, savoir la nature divine, prétendant, que la divinité et l'humanité s'étant mêlées dans Jésus-Christ, il n'était resté que la divinité. C'étaient les *schématiques* ou *apparents*, qui n'attribuaient à Jésus-Christ qu'une image de chair, et qui furent nommés aussi *théodosiens*; les *jacobites*, les *acéphales* (voy.); les *agnoètes*, qui attribuaient l'ignorance à Jésus-Christ; les *corrupticoles*, les *incorrupticoles*, les *sévériens*, etc. Quelques-unes de ces sectes subsistent encore dans l'Orient.

EUTYCHIEN (Saint), pape, succéda à Félix Ier en 274. Il ordonna qu'on ensevelirait les corps des martyrs dans des tuniques de pourpre Il mourut en 283. Le martyrologe lui donne le titre de martyr, quoiqu'on ne sache pas qu'il ait versé son sang pour la foi.

EUXÈNE, Phocéen, abandonna sa patrie, et conduisit une colonie grecque dans les Gaules, 600 ans avant J.-C. Cette colonie se fixa sur un territoire appartenant à la tribu des Celtes Lygiens, dont le chef Nonnus ou Nannus accueillit favorablement la peuplade grecque. Ce roi donna sa fille en mariage à Euxène. La ville bâtie par les Phocéens prit le nom de *Marseille* (*Massilia*), et acquit bientôt une grande puissance.

EUXIN (PONT-), mer située entre l'Europe et l'Asie. Les anciens croyaient qu'elle communiquait avec la mer Caspienne par un canal souterrain. Le Pont-Euxin porte aujourd'hui le nom de *mer Noire* (voy.), à cause des nuages épais dont elle est presque toujours couverte.

ÉVACUANTS et ÉVACUATIFS, médicaments qui déterminent une évacuation par un émonctoire quelconque; tels sont les purgatifs, les vomitifs, etc.

ÉVACUATION, sortie d'une matière quelconque par les voies naturelles ou par une ouverture artificielle. Les *évacuations naturelles* sont les sorties des urines, des matières excrémentielles, des sueurs, etc.; les *évacuations artificielles* ou *provoquées* sont les opérations semblables où la médecine intervient. Telles sont les évacuations d'abcès, de sang, de lymphe, de bile, etc. Les unes et les autres peuvent avoir lieu dans l'état de santé et de maladie.

ÉVAGORAS, roi de Chypre, qui reprit la ville de Salamine, dont les Perses s'étaient emparés sous le règne de son père. Il fit la guerre à Artaxerxès, roi de Perse, avec le secours des Égyptiens, des Arabes et des Tyriens, et obtint des succès. Cependant les Perses réparèrent leurs pertes. Evagoras, vaincu sur terre et sur mer, fut forcé de se rendre tributaire d'Artaxerxès, ne conserva de toutes ses possessions que la ville de Salamine, et fut forcé de payer un tribut à la Perse. Il fut assassiné par un eunuque l'an 374 avant J.-C. Son fils Nicoclès lui succéda. — ÉVAGORAS II, fils de Nicoclès, succéda à son père. Il opprima ses sujets et fournit par là à son oncle Protagoras un prétexte pour le dépouiller de ses Etats. Il se réfugia alors à la cour d'Artaxerxès Ochus, roi de Perse, qui lui donna des domaines étendus. Mais, s'étant rendu odieux par sa tyrannie, il fut mis à mort par l'ordre de son bienfaiteur.

ÉVAGRE, dit *le Scholastique*, né à Épiphanie (Syrie) sous l'empire de Justinien, vers l'an 536. Il suivit le barreau à Antioche, et c'est ce qui lui fit donner le surnom de Scholastique, parce qu'on appelait encore ainsi les avocats. Après avoir brillé quelque temps dans le barreau, il fut questeur et garde des dépêches du gouverneur d'Antioche. Il a écrit six livres d'histoire ecclésiastique, qui commencent l'an 431 et finissent à l'an 564.

ÉVAGRE DE PONT, dit *Hyperborite*, vivait en solitaire vers l'an 382, vécut dans une pénitence très-rigoureuse, et mourut en 399 âgé de cinquante-quatre ans. Il laissa un *Traité de la vie contemplative* (le Gnostique), un *Livre d'instructions pour les moines*, un *Recueil de passages de l'Écriture sainte*, divisé en huit parties, etc.

ÉVAN (myth.), surnom de Bacchus pris de ces mots que les bacchantes prononçaient dans les fêtes de ce dieu: *Évan! Évan!*

ÉVANDRE (myth.), roi d'Arcadie, fils de la prophétesse Carmenta et de Mercure. Un meurtre involontaire l'ayant obligé de quitter sa patrie, il vint en Italie, s'empara des terres des aborigènes, et régna dans la contrée où fut depuis bâtie Rome. Il éleva aussi une ville nommée *Pallantéum*, accueillit favorablement Hercule, et lui éleva le premier des autels. Il se distingua par son caractère hospitalier. Il apporta en Italie l'alphabet et le culte religieux des Grecs. Il secourut Énée contre les Rutules, enseigna aux Latins l'art du labourage, institua les prêtres saliens, la fête des Lupercales. Après sa mort, ses sujets lui rendirent les honneurs divins, et lui élevèrent un autel sur le mont Aventin.

ÉVANGÉLIAIRE ou ÉVANGÉLISTAIRE, nom donné, chez les Latins et les Grecs, à un livre qui renfermait tous les évangiles qui se disent à la messe chaque jour.

ÉVANGÉLIQUE, qui est suivant la doctrine de Jésus-Christ et de l'Évangile. Les protestants prennent le titre d'*évangéliques*, parce qu'ils méprisent la tradition des Pères de l'Église, des conciles, l'autorité des pasteurs de l'Église, et qu'ils font profession de ne s'attacher qu'à l'Évangile, que chacun d'eux interprète et selon son sens particulier. — En Suisse, où les cantons se divisent en catholiques et réformés, ces derniers prennent le nom d'*évangéliques*.

ÉVANGÉLISME, nom donné à la fête de l'Annonciation de la sainte Vierge. On a encore appelé ainsi le dimanche des Rameaux.

ÉVANGÉLISTES (*celui qui annonce une bonne nouvelle*), nom donné à ceux qui prêchent l'Evangile de Jésus-Christ, et particulièrement à ceux qui l'ont écrit, savoir : saint Matthieu, saint Marc, saint Luc et saint Jean, auteurs des quatre Evangiles regardés seuls comme canoniques.

ÉVANGILE, mot dérivé du grec *euangelion*, et qui désigne proprement une *heureuse nouvelle*. Il signifie chez les chrétiens, le livre qui renferme la doctrine, l'histoire de la vie, de la mort et de la résurrection de Jésus-Christ. C'est la base de la foi chrétienne. L'Eglise ne reconnaît que quatre Evangiles canoniques : 1° *l'Evangile de saint Matthieu*. Cet Evangile fut composé pour prouver aux Juifs que Jésus est le Messie qu'ils attendaient. Il fut écrit vers l'an 41 en hébreu ou syro-chaldéen, dans la Judée. Ce texte fut perdu dans le xi⁰ siècle. Nous n'en avons que la traduction grecque, un texte hébreu fait sur cette traduction, et une version latine faite sur la version grecque. 2° *L'Evangile de saint Marc* écrit pour les Romains, et qui n'est autre que le premier auquel on a supprimé et ajouté des détails. Il fut écrit d'abord en grec. 3° *L'Evangile de saint Luc*, destiné à servir de complément aux deux premiers, et écrit en grec vers l'an 51 ou 53. 4° *L'Evangile de saint Jean*, écrit pour prouver la divinité de Jésus-Christ aux hérétiques de son époque, et adressé aux chrétiens de l'Asie-Mineure. Jean l'écrivit en grec. Ces quatre Evangiles sont entièrement concordants entre eux, et sont authentiques, puisque leurs auteurs ont été disciples de Jésus-Christ lui-même ou des apôtres, et qu'ils n'ont fait que rapporter les faits dont ils avaient été témoins. — On connaît un grand nombre d'évangiles apocryphes et sans autorité. Les *évangiles selon les Hébreux*, *selon les Nazaréens*, *des douze apôtres* et *de saint Pierre*, ne sont que le même évangile sous divers titres. C'est l'Evangile de saint Matthieu, corrompu par les Hébreux hérétiques. *L'évangile selon les Egyptiens*, composé par les chrétiens d'Egypte avant que saint Luc eût écrit le sien. Celui de *la naissance de la sainte Vierge* : on en connaît trois : le premier est de saint Jacques le Mineur, en grec et en latin ; le deuxième est en latin ; le troisième est perdu. Celui de *saint Jacques*, en grec et en latin ; *l'évangile de l'enfance du Sauveur* ou *de saint Thomas*, en arabe; celui *de Nicodème*; *l'évangile éternel*, composé au xiii⁰ siècle et condamné par Alexandre IV; *l'évangile de saint André*, *de saint Barthélemy*, *d'Apelles*, *de Basilide*, *de Cérinthe*, *des chrétiens des encratites*, ou *de Tatien*, ou *des Syriens*, le même que celui *des Hébreux*; *l'évangile d'Eve*; celui *des gnostiques*; *l'évangile de Marcion ou de saint Paul*, n'est autre que celui *de saint Luc* altéré; *les grandes et petites interrogations de Marie*; *l'évangile de la naissance du Sauveur*; *l'évangile de saint Jean ou livre du trépas de la sainte Vierge*; celui de *saint Matthias*; celui *de la perfection*; celui *des simoniens*; celui *de Thaddée*, *de saint Jude*; *l'évangile de Valentin* ou *de la vérité*; *l'évangile de vie* ou *du Dieu vivant*; celui de *saint Philippe*, de *saint Barnabé*; celui de *saint Jacques le Majeur*; celui de *Judas Iscariote*, *les évangiles de Lucius*, *Seleucus*, *Lucianus*, *Hesychius*, etc. — On nomme encore *Evangile* la doctrine contenue dans l'Evangile, et les livres qui renferment les Evangiles. — Le diacre lit à la messe l'évangile du jour, après le graduel et l'épître, et avant le *Credo*. A la fin de la messe, on lit aussi l'évangile.

ÉVANGILES (myth.), fêtes que les Ephésiens célébraient en l'honneur du berger Pixodore, parce qu'il leur avait indiqué des carrières d'où ils tirèrent des pierres pour la construction du temple de Diane.

EVANIALES, tribu d'insectes hyménoptères de la famille des pupivores, ayant pour caractères des antennes sétacées de treize à quatorze articles, une tête inclinée, un abdomen pédiculé, les pattes postérieures longues avec les tibias renflés. Le type de la tribu est *l'évanie*, longue de quatre lignes, noire, ayant un abdomen oblitéré, paraissant tellement distinct du corps, que l'on pourrait croire d'abord que l'on tient entre les mains un insecte mutilé.

ÉVANOUISSEMENT, perte de connaissance. Ce mot est employé indistinctement comme synonyme de *défaillance* et de *syncope*.

ÉVANS (Corneille), né à Marseille d'un Anglais de la principauté de Galles et d'une Provençale, joua un rôle pendant les guerres civiles de l'Angleterre au xvii⁰ siècle. Se fondant sur quelques points de ressemblance qu'il avait avec le fils ainé de Charles I⁰ʳ, il fut assez hardi pour se dire le prince de Galles. Ce fourbe fit croire au peuple qu'il s'était sauvé en France parce que la reine sa mère avait eu dessein de l'empoisonner. Il fut traité avec magnificence (1648) par ceux que sa fourberie avait séduits. Son imposture ayant été découverte, il fut poursuivi par les partisans du roi et forcé de prendre la fuite. Fait prisonnier, il fut conduit dans la prison de Newgate à Londres, d'où il s'évada. Il ne reparaît plus depuis cette époque dans l'histoire.

ÉVAPORATION, phénomène par lequel un liquide perd peu à peu de son poids, se dissipe de lui-même, et passe à l'état de vapeur. L'évaporation est d'autant plus prompte que la température du liquide est plus élevée, que ce liquide contient moins de corps étrangers, que sa surface est plus considérable, son épaisseur ou sa hauteur moindre, et que l'air qui l'enveloppe est moins dense, plus sec. Autrefois l'on croyait que l'air dissolvait les liquides et s'en appropriait les vapeurs ; mais des expériences très-précises ont prouvé que l'évaporation ne peut se faire sans qu'il y ait absorption de calorique par le liquide qui se vaporise. Elle a lieu à l'air libre ou dans le vide. Il suffit de placer un liquide dans un espace vide pour donner naissance à une grande quantité de vapeur. Si l'on place un liquide dans le récipient de la machine pneumatique et à côté du liquide des corps avides d'humidité, et si l'on fait le vide, des vapeurs se forment sur le liquide, et sont absorbées par les corps hygrométriques. Elles sont formées aux dépens du calorique de la portion de liquide non vaporisée. Celui-ci, perdant toujours du calorique, finit par se geler. Cette méthode est très-lente; dans la pratique plus promptement à l'aide d'une forte chaleur, à l'étuve, au bain-marie, au bain de vapeurs, au bain de sable, etc. On s'en sert, en pharmacie, pour concentrer les sirops, les acides.

ÉVARIC, roi des Goths en Espagne, fils de Théodoric I⁰ʳ, et frère de Théodoric II, auquel il succéda en 466 ou 467. Théodoric avait ôté la vie à Thorismond, son frère, pour avoir sa couronne. Il fut tué lui-même par Evaric. Le roi fut le fléau des peuples par les guerres qu'il fit à l'Etat et à l'Eglise. Il ravagea la Lusitanie, la haute Espagne et la Navarre, prit Arles et Marseille, défit l'empereur Anthemius, secourut les Bretons, pilla l'Auvergne, le Berry, la Touraine, la Provence, et mourut à Arles en 485. Ce prince arien fit beaucoup de mal aux catholiques, exila les évêques, ruina les églises, etc. On ignore l'époque de sa mort.

ÉVARISTE (Saint), pape, succéda à saint Anaclet en 99, marcha sur les traces de ses prédécesseurs, et mourut saintement en 108. L'Eglise l'honore comme un martyr, quoiqu'il n'ait pas versé son sang pour elle, mais parce qu'il vécut pendant les persécutions. Quelques auteurs le font monter sur le trône en 110 et mourir en 118. D'autres le font succéder à saint Clément et mourir en 109.

ÉVASION, fuite secrète d'un détenu. Toutes les fois qu'une évasion de détenus a lieu, ceux qui sont chargés de sa garde, les huissiers, les geôliers, concierges, gardiens, soldats, etc., sont passibles de peines diverses. La loi de 1793 les condamnait à mort en cas de connivence. Le Code pénal de 1810 ordonne : 1° si l'évadé était prévenu de délits de police, de crimes infamants, ou prisonnier de guerre, les préposés à sa garde ou à sa conduite sont punis, en cas de négligence, d'un emprisonnement de six jours à deux mois ; et en cas de connivence, d'un emprisonnement de six mois à deux ans. Ceux qui, sans être geôliers ou gardiens de l'évadé, auront facilité son évasion seront punis d'un emprisonnement de six jours à trois mois. 2° Si l'évadé était accusé d'un crime de nature à entraîner une peine afflictive à temps, ou condamné, pour l'un de ces crimes, les préposés à sa garde sont condamnés à un emprisonnement de deux mois à six mois ; en cas de connivence, à la réclusion. Ceux qui facilitent cette évasion sont punis d'un emprisonnement de trois mois à deux ans. 3° Si les évadés sont coupables de crimes propres à entraîner la mort ou les galères perpétuelles, leurs conducteurs ou gardiens sont punis, en cas de négligence, d'un emprisonnement d'un à deux ans ; et en cas de connivence, des travaux forcés à temps. Ceux qui facilitent l'évasion sont punis d'un emprisonnement d'un an à cinq ans. Ceux qui la facilitent en corrompant les geôliers sont punis des mêmes peines qu'eux. Les détenus qui se sont évadés ou qui ont tenté de s'évader par bris de prison ou par violence sont punis de six mois à un an d'emprisonnement. Ceux qui ont recélé ou fait recéler des évadés de prison sont punis d'un emprisonnement de trois mois à deux ans. Sont exceptés les ascendants ou descendants, époux ou épouses, frères ou sœurs, et alliés des criminels. Ceux qui ont favorisé des évasions peuvent être mis sous la surveillance de la haute police pendant cinq ou dix ans.

ÈVE ou HÈVE (en hébreu Hevah, *vivifiante, vivante, la vie*), nom de la première femme, que Dieu forma de la côte d'Adam, le premier homme, pendant son sommeil, afin de lui donner une compagne. Adam la nomma d'abord *Isha*, c'est-à-dire *humaine*. Elle fut placée avec lui dans le paradis terrestre, où, se laissant aller à la suggestion du démon caché sous la figure d'un serpent, elle prit du fruit défendu, en mangea, et en donna à son mari qui en mangea aussi. Dieu l'en punit en la mettant sous la puissance de son mari. Il lui prédit qu'elle enfanterait avec douleur, que sa race sortirait celui qui briserait la tête du serpent. Adam la nomma *Eve* à la sortie du paradis, parce qu'elle devait être la mère des humains. Elle eut plusieurs enfants, quoique l'Ecriture n'en nomme que trois, Caïn, Abel et Seth. Elle mourut l'an 930 après sa création. Les Grecs font la mémoire d'Adam et d'Eve le 19 décembre. Saint Epiphane dit que les gnostiques avaient composé un écrit sous le nom *d'évangile d'Eve*, dans lequel on lisait plusieurs choses honteuses.

ÉVÊCHÉ, siège d'un évêque, étendue de sa juridiction, territoire soumis à son autorité. Ce mot désigne aussi son palais, ses bureaux, son conseil, ses revenus. (Voy. ÉVÊQUE.) Il y a en France soixante-six évêchés.

EVECTION, inégalité dans le mouvement de la lune, produite par l'attraction du soleil sur ce corps, et dont l'effet est de rapprocher ou d'éloigner la forme de son orbite de celle du cercle. Cette inégalité, découverte par Ptolémée, influe particulièrement sur *l'équation du centre*, qu'elle diminue dans les syzygies et augmente dans les quadratures.

ÉVENT, terme de fondeur, coupures ou trous que l'on fait dans les moules pour donner issue à l'air contenu dans les creux que le métal fondu vient remplir au moment de la coulée. Les évents determinent le succès de la fonte; ils doivent correspondre à la partie la plus élevée des creux, pour que le métal, à mesure qu'il monte, chasse l'air complétement. La moindre atome d'air qui resterait empêcherait le métal de se répandre convenablement partout. — Dans les armes à feu, c'est une fente par où l'air peut passer. — En termes d'artillerie, c'est la différence en moins du diamètre d'un boulet à celui du calibre de la pièce. — On nomme encore *évent* une altération des liqueurs causée par l'impression de l'air, et qui en détruit, en affaiblit ou en corrompt le goût.

ÉVENT, nom donné aux ouvertures que les cétacés portent en général à la partie la plus élevée de la tête, et qui donnent à ces animaux la facilité d'aspirer, sans élever leur museau hors de l'eau, en même temps que leur bouche reste plongée et peut ainsi saisir sa proie et se défendre. Elles servent encore à rejeter l'eau qui s'introduit dans la bouche avec les aliments, sous forme de jets qui s'élèvent dans l'air à une hauteur de quarante pieds environ. Dans cet acte, la langue et les mâchoires se meuvent comme pour avaler l'eau qui entre dans la bouche, pendant que l'œsophage, resserré avec force, empêche qu'elle ne descende dans l'estomac et la retient dans le pharynx. Le voile du palais s'abaisse, intercepte la communication entre la bouche et l'arrière-bouche. Les muscles puissants qui entourent cette cavité, se contractent, en chassent l'eau, qui, n'ayant d'issue que par les arrière-narines, traverse les fosses nasales et s'amasse dans deux poches membraneuses situées entre la portion osseuse du canal nasal et la peau. Une valvule charnue, placée de façon à se soulever lorsque l'eau la pousse de bas en haut, et à empêcher toute communication entre ces cavités et les fosses nasales lorsqu'elle est passée en sens contraire, empêche l'eau poussée dans les réservoirs de redescendre dans les fosses nasales. Enfin les fibres charnues du crâne, en se contractant, les pressent avec force et en expulsent l'eau qui s'échappe alors par l'évent.

ÉVENTAIL, morceau de papier, de taffetas ou d'autre étoffe très-légère, double, taillé en demi-cercle, et monté sur plusieurs bâtons très-minces de diverses matières, comme du bois, de l'ivoire, de l'écaille, de la baleine, etc. On substitue souvent au papier et aux autres étoffes l'ivoire, l'os, l'écaille, la corne, etc. Les éventails les plus simples sont faits en papier uni d'une seule couleur. On choisit ordinairement le vert. On les coupe en demi-cercle, on colle deux feuilles l'une sur l'autre, ensuite on les place sur le *mandrin*, planchette unie taillée en demi-cercle, sur laquelle on a pratiqué à partir du centre dix rayons creusés d'une demi-ligne de profondeur. On y fixe le papier, et on passe avec un couteau émoussé sur tous les rayons creusés, afin de déterminer les plis; on en fait autant de l'autre côté. On introduit des morceaux de bois minces, peu larges, entre les deux feuilles de papier pour les soutenir, et on les y colle. Ces *brins*, flèches ou *bâtons de l'éventail*, sont réunis par le bout du bas et enfilés dans une petite broche de métal. On borde l'éventail avec du papier doré très-mince. Les éventails en papier peint sont d'abord imprimés en noir; on les colorie ensuite. On orne les éventails précieux d'or, d'argent, et on découpe à jour les flèches; les broches qui joignent les flèches sont en diamant, en or, etc. — On nomme *éventailliste* celui qui fait des éventails. Ils formaient sous Louis XIV une corporation dont la confrérie était établie à Sainte-Marine.

ÉVENTAIL. On se sert des éventails dans les pays chauds pour agiter l'air et le porter contre le visage, dans la vue de se rafraîchir. Les anciens peuples et les Chinois ont connu cet usage importé de l'Orient en France au XVIe siècle. En Orient, ils sont faits avec de grandes plumes. — Dans l'Église grecque, une des fonctions des diacres est de chasser les mouches qui incommodent le prêtre pendant la messe, avec un éventail de peau fine ou de plumes de paon. On s'en servait autrefois dans l'Église latine.

ÉVENTAIL (accept. div.). On donne ce nom à plusieurs objets différents. Dans l'art militaire, on nomme ainsi une espèce d'ais disposé pour donner un abri aux tireurs. — Les orfèvres appellent ainsi un tissu d'osier dont ils se couvrent le visage et qui, au moyen d'une ouverture pratiquée au centre, leur laisse reconnaître l'état de la soudure. — Les émailleurs nomment *éventail* une petite platine de fer-blanc qui leur garantit de l'éclat de la lampe avec laquelle ils travaillent. — Les horticulteurs nomment *arbre en éventail* celui dont les branches sont disposées pour la culture en espalier.

ÉVENTAIL (hist. nat.). On nomme *éventail* un poisson du sous-genre *oligopode* et de l'espèce *coryphène*; *éventail de mer*, diverses *gorgonées*, *isidées* et *clavatelles*; *éventail des mennonites*, la coquille de la *vénus ailée*; *éventail des dames*, une variété de l'*agaric comestible*, que l'on trouve au pied et sur le tronc des arbres en éventail.

ÉVENTUEL (jurispr.), ce qui dépend d'un événement incertain. On ne peut, même par contrat de mariage, renoncer à la succession d'un homme vivant, ni aliéner les droits éventuels qu'on peut avoir. Les personnes qui n'ont sur un immeuble qu'un droit suspendu par une condition, ou résoluble dans certains cas, ou sujet à rescision, ne peuvent consentir qu'une hypothèque soumise aux mêmes conditions ou à la même rescision.

ÉVÊQUE, du grec *episcopos* (surveillant, celui qui a l'inspection et l'intendance sur quelque chose), nom donné aux prélats qui sont les chefs et les premiers pasteurs d'une Église considérable, ayant sous eux d'autres pasteurs inférieurs et subordonnés, quoique les noms d'*évêque* et de *prêtre* aient été donnés indifféremment aux prélats du premier et du second ordre dans le commencement de l'Église. On nommait jadis les évêques *apôtres*, *anges de l'Église*, *papes*, *pontifes*, etc. Les évêques sont nécessaires à l'Église, et ils ont été établis par Dieu pour être les vicaires de Jésus-Christ et les successeurs des apôtres. Les évêques sont supérieurs aux prêtres, et quant *à la puissance de l'ordre*, et quant *à la juridiction*, c'est-à-dire aux pouvoirs attachés à leur caractère et à leur siège. Ils sont chargés de l'ordination des diacres, sous-diacres, prêtres. Seuls, ils peuvent bénir le saint chrême, donner la confirmation, consacrer les églises, conférer des bénéfices, accorder certaines dispenses, etc. L'évêque est encore le ministre de la confession, de l'eucharistie, du mariage, de l'extrême onction et du baptême. Les évêques doivent avoir vingt-sept ans révolus en France. Dans les premiers siècles de l'Église, le clergé et le peuple nommaient les évêques, et l'élection était confirmée par les évêques de la province. Aujourd'hui la plupart des souverains nomment les évêques; les papes confirment leur élection. Il faut trois évêques pour en sacrer un autre. Le consécrateur appelle le Saint-Esprit sur le nouvel évêque, impose les mains sur sa tête, lui fait l'onction du saint chrême à la tête et aux mains, et lui remet les insignes de son pouvoir. Ces insignes sont l'*anneau*, la *croix pectorale* et la *mitre*. Les évêques doivent visiter leur diocèse entier par eux-mêmes une fois dans l'espace de cinq ans. — Les évêques *in partibus infidelium* sont les coadjuteurs d'un évêque diocésain. Comme on ne peut nommer deux personnes au même évêché, ces conjuteurs prennent le titre d'une Église sous la domination des infidèles. On distinguait autrefois cinq degrés d'évêque: le premier était le pape, le deuxième celui des patriarches, le troisième celui des primats, le quatrième celui des métropolitains, le cinquième celui des simples évêques. — On distinguait encore les *évêques religieux* dans les monastères.

ÉVERDINGEN (César VAN-), peintre et architecte, né à Alcmaër en 1606, se distingua dans le portrait et les tableaux historiques. Il n'était pas moins habile dans l'architecture, et le célèbre architecte Van-Campen le choisit pour faire en relief l'hôtel qu'il fit construire. La ville d'Alcmaër possède un grand nombre de ses tableaux; les plus célèbres sont *la Défaite de Goliath* et *le Triomphe de David*.

ÉVERGÈTE, c'est-à-dire *bienfaiteur*, surnom de Philippe de Macédoine, d'Antigone Doson, et des Ptolémées, rois d'Égypte. On le donna aussi aux rois de Syrie et de Pont. Quelques empereurs romains prirent aussi ce surnom, parce qu'il exprime la bienveillance et l'humanité.

ÉVERS (Charles-Joseph, baron), né à Bruxelles en 1773, se voua dès sa jeunesse à la carrière des armes. Il passa au service de France, se distingua dans les campagnes du Rhin, de la Suisse, de l'Allemagne et de l'Italie. Il organisa en 1808 une légion hanovrienne, combattit avec courage en Italie et en Espagne (1809). Nommé général de brigade dans la guerre de Russie, il fut fait prisonnier en 1813 et rendu à la liberté en 1814. Il retourna alors à Bruxelles, donna sa démission de lieutenant général de France, et entra avec le même grade au service du roi des Pays-Bas. Il organisa la cavalerie belge, fut nommé inspecteur général, donna un asile aux Français exilés en Belgique, et mourut en 1818.

ÉVIANES (myth.), sorte de danse et de solennités religieuses, célébrées dans les Bacchanales ou fêtes de Bacchus en Macédoine. Dans ces danses, un laboureur et un soldat ou un voleur simulaient un combat au son de la flûte.

ÉVICTION, dépouillement fondé sur un droit. Par l'éviction, le possesseur se trouve dépouillé de tout ou partie de la chose qui lui avait été transmise. Il a sa garantie contre celui de qui il la tenait et qui ne pouvait pas lui céder un droit qu'il n'avait pas. En d'autres termes, l'éviction ou action d'évincer est la dépossession d'un immeuble ordonnée au profit du véritable propriétaire, au préjudice de celui qui possédait en vertu d'un acte de vente, d'échange ou de partage, consenti par un individu réputé propriétaire. Elle donne lieu à la restitution du prix de l'immeuble à l'acquéreur, de la part du vendeur, à moins que le premier n'ait connu le danger de l'éviction au moment de la vente. — Dans les échanges, la partie évincée a le droit de réclamer des dommages et intérêts. En matière de partage, l'éviction donne lieu à des indemnités en faveur de l'héritier évincé.

ÉVIER ou PIERRE A LAVER, pierre qu'on fixe horizontalement à hauteur d'appui dans les cuisines, laiteries, etc., pour recevoir et laisser couler l'eau qu'on y verse. Cette pierre est taillée en chanfrein à sa surface, ses bords étant élevés, afin que l'eau y soit retenue comme dans une espèce de bassin. Un trou qui perce la pierre de part en part laisse passer le liquide. On garnit ce trou, d'un côté, d'une grille qui empêche les ustensiles d'y entrer, et de l'autre d'un conduit en plomb qui dirige les eaux de lavage au dehors de la pièce. — On nomme aussi *évier* un canal de pierre qui sort d'égout dans une allée.

ÉVILMÉRODAC, roi de Babylone, succéda à son père Nabuchodonosor Ier vers l'an 562 avant J.-C. Ce jeune prince avait gouverné despotiquement le royaume pendant les sept années de la démence de son père. Nabuchodonosor étant remonté sur le trône après avoir recouvré la raison, arrêta toutes les entreprises de son fils contre lui, et le mit en prison. Il s'y lia d'amitié avec Jéchonias, roi de Juda, que Nabuchodonosor tenait aussi dans les fers. Ce prince étant mort, Evilmérodac monta sur le trône, tira Jéchonias de prison et le combla de faveurs. Il fut assassiné par son beau-frère Nériglissor après un règne de deux ans.

ÉVITERNE (myth.), nom sous lequel les anciens adoraient un dieu, auquel ils donnaient une grande puissance, et qu'ils mettaient même au-dessus de Jupiter. Quelques mythologistes croient que ce dieu était Jupiter lui-même. — On nommait quelquefois les dieux *æviterni*, c'est-à-dire immortels.

ÉVOCATION, opération par laquelle les magiciens de l'antiquité faisaient apparaître les dieux, les démons ou les âmes des morts. Elle était connue très-anciennement en Egypte et en Phénicie. On évoquait les dieux en chantant des hymnes; ensuite on récitait d'autres hymnes pour les remercier. — L'évocation des âmes des morts était plus solennelle; elle se faisait par les prêtres dans les temples consacrés aux dieux mânes. Ce n'était pas l'âme qu'on évoquait, mais un fantôme nommé *eidôlon*, qui tenait le milieu entre l'âme et le corps. Moïse défendit d'évoquer les morts. — Dans ces cérémonies, on sacrifiait des brebis noires et un coq, et on ornait l'autel de cyprès. — Orphée évoqua l'âme d'Eurydice, Saül celle de Samuel. (Voy. ENDOR.) Les Toscans évoquaient la foudre pour faire périr leurs ennemis.

ÉVOCATION. En termes de droit, l'*évocation* est un droit accordé à un tribunal supérieur d'attirer à lui, en certaines circonstances et sous certaines conditions, la connaissance d'une contestation dont un tribunal inférieur est saisi.

ÉVOLUTIONS, grandes manœuvres qu'on fait exécuter par un ou plusieurs régiments, et auxquelles n'assistent que les hommes qui sont à l'école de bataillon; c'est la répétition en petit des mouvements que l'on doit faire à la guerre. Les changements de front et de position, le passage de l'ordre en colonne à l'ordre en bataille, ou de ce dernier au premier, le passage des lignes en avant et en retraite, la formation des carrés, sont les principaux mouvements des évolutions de ligne. Il existe un règlement très-grand sur les manœuvres; la seconde partie traite des évolutions. — Par rapport à un bâtiment, c'est le mouvement horizontal qu'on lui fait faire lorsqu'il change d'amure. En escadre ou armée, ce mot exprime les mouvements relatifs et combinés entre les vaisseaux qui passent d'un ordre signalé à un nouvel ordre de marche ou de bataille, en lignes, en colonnes, en échiquier, ordonnés par l'amiral au moyen de signaux. Ces changements d'ordre sont des évolutions. Les principes qui font varier et choisir les ordres forment la science des évolutions navales. Les principales sont de rétablir l'ordre rompu par un changement de vent, de doubler l'ennemi par la tête ou la queue, de traverser l'armée ennemie.

ÉVORA, ville considérable du Portugal, capitale de l'Alentejo, à 25 lieues de Lisbonne. Elle est très-ancienne, et entourée de murailles. Elle a environ 12,000 habitants, un grand nombre d'hôpitaux et deux châteaux. Elle est le siège d'un archevêché.

ÉVREMONT. Voy. SAINT-ÉVREMOND.

ÉVREUX, sur l'Iton, chef-lieu de préfecture du département de l'Eure, à 26 lieues de Paris. Population, 9,963 habitants. Sous les Romains, Évreux se nommait *Mediolanum*, et était la cité principale des *Aulerci Eburovices*. Au IVe siècle, elle fut nommée *civitas Eburovicorum* ou *Ebroïcorum*, puis *Ebroïca*, et enfin *Evreux*. La ville devint vers le IIIe siècle cité-épiscopale. Le territoire d'Évreux fit successivement partie de la Gaule Celtique et de la seconde Lyonnaise. Sous les rois francs de la première race, il fut compris dans la Neustrie, puis cédé à Rollon, chef des Normands, et compris dans la Normandie; fut érigé en comté d'Évreux en faveur de Robert de Normandie, fils de Richard Ier; pris par Amaury de Montfort en 1090, Évreux fut repris par Henri Ier, roi d'Angleterre, et cédé en 1200 à Philippe-Auguste. Évreux appartint à la couronne jusqu'en 1285, où Philippe le Bel la donna à son frère Louis de France, tige de la branche royale des comtes d'Évreux. En 1316, le comté d'Évreux fut érigé en pairie perpétuelle, et passa dans la maison de Navarre. En 1404, il fut échangé contre la seigneurie de Nemours, et rentra dans le domaine de la couronne. Les Anglais s'en emparèrent dans les guerres du XVe siècle; il leur fut repris en 1424 par Charles VII, qui en fit don à Jean Stuart, connétable d'Ecosse. Les Anglais s'en emparèrent encore, en furent chassés en 1441, et le comté d'Évreux resta réuni à la couronne jusqu'au XVIe siècle. En 1574, Henri III érigea ce comté en duché-pairie en faveur de son frère le duc d'Alençon. Il avait fait retour à la couronne, lorsqu'en 1651 il fut compris dans les domaines échangés avec la principauté de Sedan, et passa dans la maison de Bouillon, qui en conserva la seigneurie jusqu'à l'époque de la révolution. — Évreux a une belle cathédrale dédiée à la Vierge, un hôtel de ville, un hôtel de préfecture, un évêché qui dépend de l'archevêché de Rouen, un théâtre, une bibliothèque de 10,000 volumes, un tribunal de première instance et de commerce, un collège, un jardin botanique.

ÉVRON, chef-lieu de canton du département de la Mayenne, dans l'arrondissement et à 8 lieues trois quarts de Laval. Population, 4,200 habitants. Cette ville est ancienne, et doit son origine à une abbaye fondée dans le VIIe siècle. Les bâtiments de cette abbaye existent encore, et renferment un établissement de bienfaisance, nommé *institution des sœurs de la chapelle au Riboul*, où l'on forme des élèves destinées à être réparties dans les communes du département pour concourir, sous la direction des bureaux de bienfaisance, à la distribution des secours et à l'instruction des enfants pauvres. Évron possède de nombreuses fabriques de toile et de linge de table. Son commerce de fil et de laine est très-actif et très-important. Cette ville renferme un collège.

ÉVULSION ou AVULSION, action d'arracher, opération de chirurgie qui consiste à arracher certaines parties dont la présence est nuisible. Ainsi on pratique l'évulsion des dents cariées, celle des cheveux dans le traitement de la teigne, celle d'une esquille d'os, etc. — On nomme ÉVULSIFS les différents moyens ou instruments dont on se sert pour pratiquer l'évulsion.

EWALD (Jean), célèbre poëte danois, né dans le duché de Schleswig en 1743. Son père le destinait à l'état ecclésiastique; mais l'imagination d'Ewald s'exalta à la lecture de l'*Edda*, des *Sagas* islandais, et des *Vies* de Plutarque, dont il se proposa de suivre les grands hommes pour modèle. Après avoir entrepris un voyage autour du monde, il étudia avec ardeur les langues orientales; puis il servit dans l'armée prussienne; mais, fatigué des mauvais traitements qu'il endurait, il déserta, et s'engagea dans un régiment autrichien comme sous-officier, où il servit pendant la guerre de sept ans. Il se consacra ensuite à la culture des lettres. Il mourut en 1781. On a d'Ewald *la Mort de Balder*, *Rollon*, *Adam et Ève*, *les Pêcheurs*, *Philémon et Baucis*, tragédies; *des odes*, des *élégies*, des *épithalames*, des *chants funèbres*.

EXACERBATION, augmentation passagère qui survient dans l'intensité des symptômes d'une maladie, qui se répète à intervalles rapprochés, tous les jours par exemple.

EXAÈDRE ou HEXAÈDRE, nom donné par les géomètres au cube ou à un solide composé de six faces, dont chacune est un carré.

EXALTATION, état dans lequel les êtres vivants sont élevés à des degrés d'énergie et d'activité plus grands que dans l'état habituel. Le mot *exaltation des forces vitales* est employé par les physiologistes pour désigner l'augmentation morbide dans l'action des organes, et particulièrement celle qui a lieu dans un organe enflammé. En général la chaleur paraît être le principal excitant de l'exaltation; car, comme elle volatilise les éléments les plus actifs des corps composés, les produits sont plus énergiques. Les blessures des animaux vénéneux, les poisons végétaux acquièrent la plus grande exaltation morbide dans les climats chauds et brûlants. L'exaltation de la colère rend le teint vénéneux, les humeurs fétides, la bile âcre, etc. — Au figuré, *exaltation* désigne cette exagération des idées et des sentiments qui se rapproche de l'enthousiasme, et l'élévation d'une personne à quelque dignité ecclésiastique, à la papauté. — On nommait autrefois ainsi la mort, l'élévation des martyrs au ciel.

EXALTATION. En termes d'astrologie, c'est une dignité qu'acquiert une planète en certains signes du zodiaque. — En physique, c'est l'opération qui élève, purifie les principes ou les parties d'un corps, et la qualité que les corps acquièrent par cette opération. — En chimie, c'est la purification, la spiritualisation ou la volatilisation de certains corps.

EXALTATION DE LA SAINTE CROIX, fête que l'Église d'Occident célèbre le 14 septembre, et consistant dans la mémoire du recouvrement que l'empereur Heraclius fit sur les Perses de cette partie de la vraie croix du Sauveur qui se conservait à Jérusalem depuis que sainte Hélène, mère de Constantin le Grand, l'avait divisée pour envoyer l'autre partie à Constantinople. La principale condition du traité de paix entre les Perses et Heraclius fut la restitution de la sainte croix, qui avait été prise par les premiers en 614. Heraclius la fit transporter à Constantinople en 631. — Longtemps avant cet événement, on nommait dans l'*Orient exaltation* la manifestation, l'invention et la découverte de la vraie croix sous Constantin, et dont on célébrait la fête au 14 septembre. Depuis Heraclius, on joignit à l'office de ce jour des actions de grâces pour le recouvrement de la croix sur les Perses. On sépara ces deux fêtes vers le VIIIe siècle. L'Invention de la croix fut célébrée au 3 mai, et la fête de l'Exaltation conservée au 14 septembre.

EXAMEN, recherche exacte faite avec soin pour s'assurer de la vérité d'une chose. — Ce mot désigne aussi, 1° l'information orale qui a lieu à l'audience des cours d'assises contre celui qui est accusé d'un crime ou d'un délit. Il se compose des réponses fournies par l'accusé aux questions qui lui sont faites. 2° La revue que les pêcheurs font de leur vie passée lorsqu'ils se disposent à se confesser, afin de connaître leurs fautes. 3° L'épreuve subie par ceux qui aspirent à quelque charge, à quelques degrés dans les écoles ou aux ordres. L'examen de ceux qui se présentent aux ordres sacrés appartient de droit à l'évêque, puisque c'est à lui de les ordonner.

EXAMEN. Pour l'admission aux écoles polytechnique, des ponts et chaussées et des mines, on est interrogé par plusieurs interrogateurs sur l'arithmétique complète, l'algèbre jusqu'aux équations du second degré, la géométrie élémentaire, la statique, un exemple de révolution de triangle. Les candidats traduisent un morceau latin et écrivent un morceau français: ils copient une académie. L'examen a lieu à la fin de l'année classique. Après une ou deux années d'études à l'école polytechnique, ceux qui veulent être ingénieurs-géographes ou servir dans l'artillerie, les mines, etc., subissent divers examens particuliers. — On admet à l'école navale de Brest ceux qui ont satisfait un examen devant les examinateurs de l'école polytechnique. Les candidats à l'école militaire de Saint-Cyr sont examinés chaque année par les mêmes examinateurs. Pour les écoles de navigation, des examinateurs parcourent tous les ans les ports de la

France, et soumettent les candidats à divers examens. Les candidats aux écoles d'application du génie maritime de Lorient sont reçus après un examen et deux ans d'études à l'école polytechnique. Les candidats à l'école d'artillerie, à l'école d'application du corps royal d'état-major et à l'école des ponts et chaussées, ne peuvent se présenter à l'examen qu'après deux ans d'études dans l'école polytechnique.

EXAMEN. Les candidats pour le grade de bachelier ès lettres doivent avoir suivi un cours de philosophie. Ils sont interrogés par quatre examinateurs sur le latin, le grec, la rhétorique, l'histoire, la géographie, la philosophie et les mathématiques. L'examen dure trois quarts d'heure. Les questions sont tirées au sort. Dans le domaine de la faculté des lettres rentrent les examens pour la licence, le doctorat, l'école normale, les agrégations de philosophie, histoire, etc. Le droit des bacheliers et licenciés est de 60 francs. Le droit d'examen pour le doctorat est de 72 fr.

EXAMEN. Pour être reçu bachelier ès sciences, il faut avoir le diplôme de bachelier ès lettres, et répondre sur l'arithmétique, la géométrie, la trigonométrie rectiligne, l'algèbre et l'application de l'algèbre à la géométrie (si on veut se consacrer aux mathématiques), sur les mêmes matières, la physique, la chimie, la zoologie, la botanique et la minéralogie (si l'on se destine aux sciences naturelles). On reçoit des licenciés, des docteurs, etc., comme dans le baccalauréat ès lettres. Les frais d'examen et de diplôme sont les mêmes.

EXAMEN. Les candidats à la licence en droit doivent être bacheliers ès lettres, et subir quatre examens : le premier sur les deux premiers livres du Code civil et des Institutes, le deuxième sur le troisième livre du Code civil, le troisième sur les Institutes de Justinien, le quatrième sur la fin du troisième livre du Code civil, le Code de commerce et le droit administratif. Les deux premiers conduisent au baccalauréat, les deux autres à la licence.

EXAMEN. Les candidats au grade de docteur en médecine sont interrogés pendant une demi-heure par deux professeurs et un agrégé sur la chimie, la physique, l'histoire naturelle, l'anatomie et la physiologie, la pathologie, l'hygiène, la pharmacie, la clinique et les accouchements. Les trois premières forment le premier examen, la quatrième et la cinquième le second, la sixième le troisième, la septième et la huitième le quatrième, la neuvième et la dixième le cinquième examen. Pour sixième examen, on subit une thèse. Les candidats doivent être bacheliers ès lettres.

EXAMEN. Les candidats au titre d'officier de santé subissent trois examens devant deux docteurs et un professeur d'une des facultés de médecine. Le premier roule sur l'anatomie, le deuxième sur la pharmacie, le troisième sur la médecine. Les droits montent à 200 francs.

EXAMEN. L'examen des pharmaciens se fait dans une des écoles de pharmacie de France, devant le directeur, deux professeurs de l'école et deux professeurs de médecine et quelquefois quatre pharmaciens. Ils subissent quatre examens : deux sur les principes de l'art, la botanique et les drogues ; les deux autres sur des opérations chimiques ou pharmaceutiques. Pour ces divers examens, on exige le dépôt d'une somme de 200 francs.—Pour les autres *examens*, voy. les diverses Écoles.

EXANTHÈME, nom donné à toutes les espèces d'éruption dont la peau peut être le siège, telles que les pustules, les boutons, les taches, etc.

EXAPLES ou Hexaples, Bible disposée en huit colonnes par Origène. Sur la première colonne était le texte hébreu en caractères hébreux ; sur la deuxième, le texte hébreu en caractères grecs ; sur la troisième, la version d'Aquila ; sur la quatrième, la version de Symmaque ; sur la cinquième,

la version des Septante ; sur la sixième, la version de Théodotion ; sur la septième et la huitième, deux autres versions, l'une trouvée à Jéricho en 217, et l'autre à Nicopolis en 228. Origène la nomma *Exaple*, c'est-à-dire à six colonnes, parce qu'il n'eut pas égard au texte hébreu, mais aux six versions grecques seulement.

EXARQUAT, Exarchat ou Exarcat. Voy. Exarque.

EXARQUE, nom donné, sous les empereurs d'Orient, au gouverneur général de l'Afrique, mais plus particulièrement aux préfets ou lieutenants de ces empereurs, qui gouvernaient la partie de l'Italie soumise encore à leur domination, et la défendaient contre la puissance des Lombards. Le patrice *Flavius Longinus* fut le premier exarque de Ravenne, où il fixa sa résidence (568). Après lui, l'on vit dix-huit autres exarques. Le dernier fut Eutychius en 752. Les exarques étaient nommés par les empereurs, amovibles à leur gré, et forcés de leur payer une somme annuelle. Les exarques influaient beaucoup sur la nomination des papes. Leur puissance fut anéantie par la prise de Ravenne par Astolfe, roi des Lombards, en 751. L'exarchat contenait Ravenne, Césène, Imola, Bologne, Modène, Mantoue, Aquilée, etc., Pépin, s'en étant emparé en 755 sur les Lombards, les céda au pape en 756.

EXARQUE était le titre d'un dignitaire ecclésiastique au-dessus du métropolitain et au-dessous du patriarche. Sa dignité répondait à celle du *primat*.

EXARQUE. On a nommé encore ainsi, 1° le supérieur général de plusieurs monastères grecs. Il est chargé de visiter les monastères, faire un état de leurs revenus, de leur richesse, etc. ; 2° un des derniers officiers de l'Église grecque ; 3° le maître chantre de l'église ; 4° un légat *à latere* du patriarche, qui fait la visite des provinces, s'informe des mœurs, de l'observance des canons, de la discipline, etc. — Le mot *exarque* signifie en grec chef, commandant.

EXCÆCARIA, genre d'arbres ou arbustes de la famille des euphorbiacées. Les feuilles sont alternes, dentées ou crénelées ; les fleurs mâles, disposées en assez grand nombre autour d'un axe commun : les fleurs femelles se trouvent tantôt à la base du chaton mâle, d'autres fois elles habitent des pieds d'arbres différents, et sont disposées en épis ou grappes. Un suc laiteux et caustique coule dans les diverses parties de cet arbre. Quelques gouttes tombées sur la peau en décomposent le tissu et frappent les yeux de cécité. Ces arbres, petits et tortus, habitent l'Amérique et les îles de l'Inde.

EXCALCÉATION, action de déchausser le soulier. Parmi les Hébreux, lorsque le mari d'une femme était mort, cette veuve avait droit d'appeler le frère de son mari en justice pour le sommer de l'épouser, et, sur son refus, elle lui déchaussait un de ses souliers et lui crachait au visage. — On nommait *maison du déchaussé* la maison de celui qui avait refusé d'épouser la veuve de son frère.

EXCELLENCE, supériorité d'une chose sur une autre. — On nomme *prix d'excellence* un prix unique donné dans les collèges royaux à l'élève qui s'est le plus distingué pendant le cours de l'année. — *Excellence* est aussi un titre originaire du Bas-Empire, donné au capitaine général des Pays-Bas, aux vice-rois, aux ambassadeurs, aux grands d'Espagne, aux cardinaux, aux chevaliers de la Toison d'or et aux ministres.

EXCENTRICITÉ, distance entre le centre et le foyer d'une ellipse. — Dans l'ancienne astronomie, on nommait ainsi la distance de la terre au centre de l'orbite d'une planète ; mais depuis Képler ce mot exprime la distance entre le centre de l'orbe elliptique d'une planète ou d'un satellite et son foyer occupé par le soleil ou par la planète principale. L'excentricité des planètes est constamment variable.

EXCENTRIQUE, nom donné, en géométrie, à deux cercles ou à deux sphères qui, quoique renfermés l'un dans l'autre, n'ont pas le même centre. C'est le contraire des cercles *concentriques*, qui ont un seul et même centre. — Les courbes excentriques, figures fermées dont les points de contour sont à des distances inégales du point central, et dont l'objet est de transformer les mouvements de rotation en mouvement de va-et-vient, ont un emploi très-fréquent dans les constructions mécaniques. — Les tourneurs nomment *excentrique* un mandrin au moyen duquel ils font varier le centre de la pièce qu'ils exécutent sans l'enlever de dessus le tour.

EXCEPTION, désigne dans les actes une réserve faite par une des parties contractantes, qui retient à son profit une dépendance naturelle de la chose qu'elle s'engage à livrer. En procédure, il signifie tous les moyens de défense que l'une ou l'autre des parties invoque ou discute avant d'aborder les moyens du fond. Les *exceptions déclinatoires* sont celles par lesquelles le demandeur décline la juridiction du juge devant lequel il a été appelé, et demande son renvoi devant son juge naturel. Les *exceptions dilatoires* sont celles qui ne tendent qu'à éloigner pour quelque temps le jugement de l'instance. Elles sont *réelles* ou *personnelles* selon qu'elles reposent sur des moyens inhérents à la chose en litige, ou se rapportent à la personne même du défendeur ou du demandeur ; les *exceptions perpétuelles* peuvent être toujours opposées ; les *exceptions temporaires* doivent être présentées dans un délai déterminé ; les *exceptions péremptoires* sont des défenses pertinentes fondées sur des fins de non-recevoir, comme sur la prescription qu'on oppose, sur le défaut de qualité en la personne qui agit, pour motif de fraude, etc.

EXCEPTION (Lois d'). Ce sont celles qui, en vue d'un danger, suspendent pour un temps les droits garantis aux citoyens par la constitution.

EXCEPTION (Tribunaux d'), juridictions autres que la juridiction générale de droit commun. Ainsi des cours composées du tribunal criminel et civil jugeaient le crime de faux ; d'autres, composées du tribunal criminel et militaire, jugeaient les vols, etc. Telles étaient encore les cours prévôtales, les tribunaux de douanes, etc. La charte de 1830 a déclaré qu'il ne serait créé aucun tribunal extraordinaire à l'avenir.

EXCESTER ou Exeter (Huile d'), sorte d'huile usitée dans la pharmacie. Elle se prépare avec quatre onces d'absinthe, de petite centaurée, d'eupatoire, de fenouil, d'hysope, de baies de laurier, de marjolaine, de savinier, de sauge, de thym ; six onces de bétoine, d'aurone, d'encens de terre, de lavande ; une livre de romarin ; quatre onces de camomille, de fleur de genêt, de cumin, de semence de fenugrec, de racine d'ellébore, d'écorce d'oranger ; une once d'euphorbe, de moutarde, de castoréum et de pariétaire ; huit pintes d'huile et trois chopines de vin.

EXCIPIENT, nom donné aux liquides et aux substances propres à dissoudre ou à incorporer certains médicaments. Ainsi, dans les infusions et les décoctions, l'eau est l'excipient. Les excipients ont l'avantage, dans certaines préparations, de diminuer l'activité des substances médicamenteuses, de leur donner une forme convenable, et de masquer quelques-unes de leurs propriétés désagréables. Les excipients liquides portent généralement le nom de *véhicules*.

EXCISION, opération de chirurgie par laquelle on enlève avec un instrument tranchant certaines parties d'un petit volume. On se sert, pour pratiquer l'excision, du bistouri ou des ciseaux seuls ou aidés de pinces. On fait l'excision d'une verrue, d'un polype, etc.

EXCITANTS, moyens propres à réveiller la sensibilité, émouvoir les corps, déterminer une grande activité dans les organes, augmenter la force et la fréquence du pouls, la chaleur animale, les exhalaisons, les excrétions. Les substances volatiles et aromatiques, le thé et le café, etc., sont des excitants.

EXCITATEUR, instrument en usage dans les expériences sur l'*électricité* (voy.), et qui consiste en deux branches de métal, assemblées à charnière, ou en une seule courbée en arc, et quelquefois pourvue d'un manche de verre isolant; les extrémités sont terminées par des boules. Lorsqu'on veut décharger un corps électrisé sans recevoir de secousse, on fait communiquer l'une des branches de l'excitateur avec la surface de ce corps, et l'autre avec le réservoir naturel, ou avec l'autre surface chargée d'électricité contraire; le fluide se tramset par l'intermédiaire de cet instrument.

EXCLUSION, régime particulier que peuvent adopter les époux, et par lequel ils se marient sans communauté, c'est-à-dire avec séparation de biens, etc. Le mari conserve le droit d'administration des biens meubles et immeubles de la femme, et, par suite, celui de percevoir tout le mobilier qu'elle apporte en dot, sauf la restitution qu'il en doit faire après la dissolution du mariage. Le mari est tenu de toutes les charges de l'usufruit. — L'*exclusion de la tutelle* a lieu pour les mineurs, les interdits, les femmes, autres que la mère et les ascendantes, les personnes condamnées à une peine afflictive ou infamante, etc.

EXCLUSIONS (MÉTHODE DES), méthode proposée par Frénicle, mathématicien du XVIIe siècle, et qui a pour objet la solution numérique des problèmes, en examinant quels sont les nombres qui ne peuvent satisfaire aux conditions demandées, et en les excluant successivement jusqu'à ce qu'on trouve enfin celui qui résout la question.

EXCOMMUNICATION, censure ecclésiastique qui retranche les hérétiques de la société des fidèles, ou les pécheurs obstinés de la participation aux biens que l'Église peut seule donner; tels que les sacrements, les prières en commun, la communauté avec les fidèles, etc. L'*excommunication majeure* prive généralement de tous les biens communs dont l'Église peut priver ses enfants; l'*excommunication mineure* ne prive que de quelques biens seulement, tels que la réception des sacrements. La première amène la privation des sacrements, de l'office divin, de la sépulture ecclésiastique, de la communication avec les fidèles; la deuxième prive de la réception des sacrements et de l'élection aux bénéfices. Un excommunié ne devait autrefois ni se faire la barbe, ni couper ses cheveux, ni changer de linge. L'excommunication était regardée comme une peine plus terrible que la mort. Toute obéissance cessait à l'égard des rois excommuniés. Les excommuniés devaient demander leur pardon dans le cours de l'année, sous peine de confiscation des biens. Pour excommunier, les évêques et le pape, prenant des cierges allumés, les jetaient à terre en les foulant aux pieds et les chargeaient d'anathèmes. Cette arme, si puissante dans la main des papes, dégénéra ensuite en abus, et l'on vit excommunier des rats, des chenilles et des animaux malfaisants. — L'excommunication ou séparation *du corps*, d'une société était en usage chez les anciens. On la retrouve chez les Grecs, les Latins et les Juifs.

EXCORIATION, plaie légère qui n'intéresse que la peau, et qui est causée par le contact violent d'un corps dur et raboteux. On guérit les excoriations par l'application de corps gras sur la peau.

EXCRÉMENT, tout ce qui est évacué du corps de l'animal par les émonctoires naturels; telles sont les matières fécales, les urines, la sueur, le mucus nasal, etc. Au pluriel, ce mot signifie presque toujours le résidu de la digestion; ce résidu varie de quantité, d'odeur, de couleur, de consistance; en raison des circonstances dans lesquelles se trouve l'animal, de la santé ou de sa maladie, des aliments dont il a fait usage, et de l'action des organes digestifs sur les matières qu'ils contiennent. Ceux des oiseaux renferment une grande quantité d'acide urique; ceux des chiens sont formés de phosphate de chaux (*album græcum* des anciens); ceux de l'homme sont composés d'eau, de débris de substances végétales et animales, de bile, d'albumine, d'une matière extractive particulière, d'une autre matière formée par de la résine, de la bile et de la matière animale, et de quelques sels.

EXCRÉMENTITIEL, nom donné aux humeurs qui sont destinées à être évacuées, ne pouvant servir à l'entretien du corps.

EXCRÉTEUR, nom donné aux vaisseaux et conduits qui transmettent les liquides sécrétés par les glandes, soit au dehors, soit dans le réservoir où ils doivent être déposés. Quelquefois ils sont destinés à laisser passer les liquides renfermés dans des réservoirs. Les glandes sont en général cylindroïdes; ils naissent par des ramuscules très-déliés dans la profondeur de la glande, et résultent de la réunion successive de toutes ces racines, qui finissent par ne plus former qu'un seul ou plusieurs troncs principaux. Leur organisation varie pour chacun d'eux.

EXCRÉTION, action par laquelle la nature porte au dehors des matières qui sont à charge ou inutiles à l'économie. Ce mot désigne toute matière solide, liquide ou gazeuse, qui est chassée du corps.

EXCROISSANCE, nom donné à des tumeurs plus ou moins volumineuses et saillantes se développant à la surface des organes, et spécialement sur la peau, les membranes muqueuses, les surfaces ulcérées. Elles présentent de nombreuses variétés, quant à leur position, à leur volume; leur forme, leur nature intime, etc. Tels sont les verrues, les polypes, etc. — Dans les végétaux, les excroissances ou les bourrelets sont dus à un séve surabondante, qui, détournée de sa route naturelle et ne formant plus de boutons, s'arrête, et forme un dépôt de couches ligneuses.

EXCUSE, raison ou prétexte qu'on apporte pour se disculper d'une faute. On admet dans les tribunaux plusieurs raisons excusables. — Autrefois on les divisait en deux classes: les *excuses atténuantes*, qui, ne faisant pas disparaître l'idée de criminalité, laissaient le droit d'appliquer la peine à l'accusé reconnu coupable. Mais, en raison de ses excuses, il avait droit à une modération de peine. Ces excuses étaient la bonne foi, l'ignorance, la colère, l'ivresse, la violence ou la crainte, la faiblesse de l'âge, le sexe, etc. Les *excuses péremptoires* enlevaient toute idée de criminalité. — Aujourd'hui, c'est aux jurés d'apprécier les circonstances atténuantes. — Notre législation admet plusieurs cas où l'accusé est excusable, et ne peut être puni selon la sévérité des lois, quoique la criminalité subsiste dans le fait. Le meurtre, ainsi que les blessures et les coups, sont excusables s'ils ont été provoqués par des coups ou violences graves, ou s'ils ont été commis en repoussant des voleurs, des assassins, etc. Dans le cas d'adultère, le meurtre de l'époux par l'épouse ou de l'épouse par l'époux est excusable. Le parricide n'est jamais excusable. — Lorsque le fait d'excuse est prouvé, s'il s'agit d'un crime important la peine de mort, ou celle des travaux forcés à perpétuité, ou de la déportation, la peine est réduite à un emprisonnement d'un an à cinq ans. — S'il s'agit de tout autre crime, elle sera réduite à un emprisonnement de six mois à deux ans. Les coupables seront mis sous la surveillance de la haute police pendant cinq ans au moins et dix ans au plus. — S'il s'agit d'un délit, la peine sera réduite à un emprisonnement de six jours à six mois.

EXEAT, permission que donne un évêque à un prêtre pour sortir de son diocèse. Autrefois les clercs ne pouvaient quitter les églises où leurs évêques les avaient placés sans une permission de ces évêques.

EXÉCUTEUR TESTAMENTAIRE. Voy. TESTAMENTAIRE (Exécuteur).

EXÉCUTIF (POUVOIR), partie d'un gouvernement chargée d'administrer et de gouverner le pays. Avant 1789, le roi réunissait les pouvoirs législatif, exécutif et judiciaire. Depuis la révolution de 1789, on a confié le premier et le dernier à des chambres particulières; au roi seul est réservé le pouvoir exécutif, c'est-à-dire celui de veiller au maintien de l'ordre et de la tranquillité publique, de commander l'armée, nommer les ambassadeurs et les agents diplomatiques, les généraux en chef des amiraux.

EXÉCUTION signifie, en jurisprudence, relativement aux actes, l'accomplissement de la parole donnée et de l'engagement pris. L'*exécution parée* se dit relativement aux actes qui n'ont pas besoin d'invoquer l'intervention de la justice, et qui emportent avec eux la présomption légale. L'exécution des jugements est une exécution parée, puisque le pouvoir exécutif peut forcer une des parties à faire ce qu'elle avait promis. Au civil, les exécutions provisoires et provisionnelles sont autorisées; mais au criminel elles ne sont pas admises.

EXÉCUTION. Ce mot, tant au civil qu'au militaire, s'entend de l'application de la peine de mort. Elle a varié selon les temps. Aujourd'hui c'est la décollation qui est en usage. Le coupable a trois jours pour se pourvoir en cassation; s'il refuse de se pourvoir, il sera exécuté le troisième jour de la prononciation du jugement. L'exécution se fait sur une des places publiques désignée dans l'arrêt de condamnation. Le greffier doit assister à l'exécution et en faire le rapport. — Les soldats condamnés à mort sont fusillés. Chez les Romains, ils étaient décapités.

EXÉCUTION (sens divers). On nomme *exécution militaire* un pillage fait dans une ville qui n'a pas payé la contribution demandée. — On appelle *saisie-exécution* la saisie mobilière d'un débiteur, et tous les actes de procédure relatifs à cette saisie. — En musique, l'*exécution* est la faculté de chanter, de lire, de jouer une partie vocale ou instrumentale.

EXÉCUTOIRE, ce qui est susceptible d'exécution. Les actes et les jugements acquièrent ce droit en vertu des mandements faits au nom du pouvoir exécutif. — En procédure, on nomme *exécutoire* ou *exécutoire de dépens* la décision judiciaire qui contient la liquidation des dépens.

EXÉGÈSE (explication, commentaire), nom donné exclusivement à l'interprétation de la Bible et des livres sacrés. L'exégèse a pour but de faire retrouver dans l'Ecriture certains dogmes qui ne s'y trouvent pas explicitement. Plusieurs théologiens ont cru qu'il était permis à tout homme de commenter, d'expliquer les livres sacrés; et cette méthode, nommée *rationalisme*, a prévalu chez les protestants. Les théologiens catholiques croient, au contraire, qu'il n'est pas permis d'en expliquer le sens, et leur méthode a été nommée *supernaturalisme*. — Viète a nommée *exégèse numérique* ou *linéaire* la recherche des racines des équations et leur solution numérique ou géométrique.

EXÉGÈTES, nom donné à Athènes à des hommes habiles dans les lois, et que les juges consultaient dans les causes capitales. Il y avait aussi des exégètes parmi les ministres des temples; ils étaient chargés de montrer aux étrangers les antiquités de la ville, les temples, les objets sacrés, etc. Ils étaient au nombre de trois. — On nomme aujourd'hui *exégètes* les savants qui se consacrent à l'explication et à l'interprétation des livres sacrés. Les plus célèbres exégètes sont Origène, saint Chrysostome, saint Jérôme, Albert Schultens, Michaëlis, Rosenmuller, Wette, Vater, etc.

EXEMPT, officier de cavalerie, dont le grade était au-dessus du brigadier et au-dessous de l'enseigne, et qui commandait en l'absence du capitaine et de ses lieutenants. Il portait un petit bâton d'ébène garni d'ivoire, et nommé *bâton d'exempt*, pour signe de son commandement. Il y avait douze exempts par compagnie et deux par brigade. — On nommait *exempts de gardes de la prévôté de l'hôtel*, *de maréchaussée et de guet*, des magistrats chargés de notifier les ordres du roi et de faire les captures. Le grand prévôt de l'hôtel avait sous lui douze exempts qui servaient par quartier. Les quatre anciens se nommaient aussi *grands exempts*. Ils relevaient le guet et informaient des délits commis à la cour. — On appelait *exempts de la connétablie* des magistrats chargés de notifier les ordres des maréchaux de France et d'arrêter les personnes compromises. — On nommait encore *exempts* des ecclésiastiques séculiers ou réguliers qui n'étaient point soumis à la juridiction ordinaire.

EXEMPTION, privilège par lequel une personne se dérobe à une charge commune. Aujourd'hui ce mot désigne presque uniquement la dispense du service militaire. Autrefois on distinguait les exemptions en matière de finances, en matière de procédure et en matière ecclésiastique. L'exemption en matière de finances était un privilège qui dispensait une personne ou une corporation du payement des contributions publiques. L'exemption en matière ecclésiastique était un privilège qui enlevait une corporation religieuse, ou une personne engagée dans les ordres, à la juridiction épiscopale ordinaire. — L'*exemption de procédure* était un privilège qui donnait à un accusé le droit de ne pas paraître en justice, en appelant le juge lui-même au combat judiciaire. Plus tard, ce privilège devint un simple droit de récusation.

EXERCICE, occupation, travail ordinaire. Ce mot désigne encore 1° les pratiques de dévotion ; 2° les études qui ont pour but le perfectionnement dans les lettres ; 3° certains jours de retraite, pris pour méditer ; 4° l'année pendant laquelle un magistrat *temporaire* exerce ses fonctions ; 5° l'habitude du cheval, de la danse, des armes, de la gymnastique ; 6° l'état d'action soutenu pendant un certain temps dans les organes. — Dans l'art militaire, on nomme *exercice* toute école de soldat, de peloton ou de bataillon, tout maniement d'armes. On fait faire l'exercice aux recrues, aux conscrits, etc. En été, on fait l'exercice une fois et souvent deux fois par jour ; de demi-heure en demi-heure, on fait un repos. Dans la première leçon, on fait le maniement des armes; dans la deuxième, les feux ; dans la troisième, on marche, on converse, on fait diverses manœuvres. Chez tous les peuples qui ont eu des armées permanentes, l'exercice a été observé très-scrupuleusement. — En marine, l'*exercice* est l'apprentissage et le perfectionnement de tous les mouvements qui se font sur les bâtiments de guerre, pour la manœuvre et le combat. On fait l'exercice du canon, de la manœuvre, de l'abordage, de la mousqueterie et des signaux. — En musique, on nomme *exercices* des recueils de traits difficiles, destinés à l'étude du chant ou du jeu des instruments. Les exercices diffèrent en général des études en ce qu'ils ne sont pas arrangés en forme de pièce plus ou moins mélodique.

EXERCICES SPIRITUELS, pratiques chrétiennes journalières propres aux fidèles. On donne aussi ce nom à certains jours de retraite que l'on emploie à méditer, à réfléchir sur sa conduite, et aux livres qui renferment les méditations destinées à ces retraites.

EXÉRÈSE, opération de chirurgie qui consiste à extraire, enlever ou retrancher du corps humain tout ce qui lui est inutile, nuisible ou étranger. C'est un des modes opératoires généraux qui comprend l'extraction, l'évulsion, l'évacuation, l'excision, l'ablation, l'amputation, etc.

EXERGUE, nom donné des médaillistes à un petit espace qui se pratique au bas d'une médaille, ordinairement au revers, pour y mettre une date, une devise, un chiffre, une inscription. L'exergue se divise quelquefois entre le haut et le bas de la médaille ; souvent il y a deux exergues, l'un à la face, l'autre au revers de la médaille.

EXERT, nom donné, en botanique, aux parties surpassant en longueur ou en hauteur les parties environnantes ou saillantes hors d'une cavité. Les *étamines exertes* sont celles qui dépassent le limbe de la corolle.

EXETER, ville d'Angleterre, capitale du comté de Devon, à 14 lieues de Plymouth. Cette ville antique a une cathédrale magnifique, et commerce en serges très-fines, en draps et en lainage. Elle envoie deux députés au parlement. Exeter fut jadis résidence des rois saxons.

EXFOLIATIF. On nomme *trépan exfoliatif* une petite lame d'acier quadrilatère, tranchante sur ses bords, et munie d'une épine placée sur le milieu de son bord inférieur. On place cette petite lame sur l'arbre du trépan pour la faire agir. Le trépan exfoliatif sert à amincir les portions d'os attaquées de nécrose et en hâter l'exfoliation. — On nomme *exfoliatifs* des médicaments qu'on croyait propres à hâter l'exfoliation. Tels étaient l'alcool, l'essence de térébenthine, la teinture de myrrhe, etc.

EXFOLIATION, séparation des parties mortes, qui se détachent d'un os, d'un tendon, d'une aponévrose, d'un cartilage, sous la forme de lamelles ou de petites écailles. Cette séparation s'accomplit naturellement. Elle a pour but de détacher les parties mortes des parties sous-jacentes qui sont vivantes. Dans l'exfoliation, les parties vivantes poussent des végétations charnues, et fournissent une suppuration qui entraîne la partie exfoliée, devenue un corps étranger. — Autrefois on distinguait l'exfoliation *sensible* ou en *insensible*, suivant que les parties mortes d'un os se détachaient en fragments plus ou moins grands, ou qu'elles disparaissaient par parcelles ténues d'une manière insensible. Cette division n'est plus reçue. Lorsque la nécrose embrasse la totalité de l'os, la partie nécrosée se nomme *séquestre*.

EXHALAISON, nom donné à la vapeur ou aux gaz qui émanent d'un corps quelconque, inorganique ou organique, privé ou jouissant de la vie. Les odeurs sont produites par des exhalaisons des matières odorantes.

EXHALANT, le *système exhalant* est, d'après Bichat, la partie de l'anatomie générale qui s'occupe de l'étude des vaisseaux exhalants. — On nomme *vaisseaux exhalants* des vaisseaux très-déliés, naissant du système capillaire artériel, et se rendant dans tous les tissus, sur les surfaces des membranes muqueuses, séreuses, cutanées, etc., où ils répandent un fluide particulier. Les *vaisseaux exhalants extérieurs* aboutissent au système muqueux et dermoïde, où ils répandent la matière de la transpiration. Les *intérieurs* comprennent les vaisseaux des tissus cellulaire, médullaire et des surfaces synoviales. Les *nutritifs* varient selon les organes qui les renferment, et amènent en grande partie les phénomènes de la composition, de l'accroissement de toutes les parties du corps.

EXHALATION, fonction en vertu de laquelle certains liquides extraits du sang se répandent dans les vacuoles des tissus organiques, ou à la surface des membranes, sous la forme de rosée, pour servir à des usages particuliers, ou être rejetés au dehors. La sueur est un liquide exrémentitiel exhalé. La sérosité qui entoure le péritoine est destinée à être exhalée à la

faciliter les mouvements des viscères abdominaux ou à être résorbée.

EXHAUSTION, méthode dont les mathématiciens se servent pour prouver l'égalité de deux nombres, en prouvant que la différence qui peut exister entre eux est plus petite que toute autre quantité imaginable, quelque petite que soit cette quantité.

EXHÉRÉDATION, disposition testamentaire, usitée autrefois, et par laquelle on excluait de sa succession celui à qui elle appartenait par la loi ou par la coutume. Suivant les lois romaines qui l'autorisaient, l'exhérédation ne pouvait être faite que par testament. Justinien défendit aux père et mère d'*exhéréder* leurs enfants sans de justes causes exprimées par le testament, et dont l'héritier devait faire preuve après la mort du testateur. Ces causes sont l'attentat à la vie de ses parents, une injure grave, une vie scandaleuse, l'état de comédien, le crime d'hérésie, la débauche d'une fille, le refus d'apporter des secours à ses parents, etc. On nommait *exhérédation officieuse* une exhérédation qui tourne à l'avantage de l'enfant exhérédé. Ainsi un père déshérite son fils, et institue héritiers ses petits-fils, ne laissant à son fils que la jouissance de sa portion héréditaire, pour en jouir tant qu'il vivra, sous la forme de pension alimentaire. — L'exhérédation est supprimée par nos lois civiles ; mais celles-ci excluent de l'héritage celui qui a donné ou tenté de donner la mort au testateur, celui qui a porté contre lui une accusation calomnieuse, et l'héritier majeur qui n'aurait pas dénoncé à la justice le meurtre du défunt.

EXHUMATION, action de retirer de la terre un corps qui y a été placé précédemment. L'origine de l'exhumation ne remonte qu'aux premiers siècles du christianisme. Les chrétiens retiraient de la terre les corps des martyrs jetés sans respect dans leur tombe, pour leur donner une sépulture digne de leur dévouement. La religion autorise l'exhumation lorsque l'inhumation n'a pas été célébrée avec les cérémonies prescrites par l'Église. Dans certaines affaires criminelles, lorsqu'on soupçonne qu'un homme est mort de mort violente, et que cet homme est inhumé, on procède à son exhumation devant l'officier de police judiciaire, pour pouvoir juger de l'état du cadavre, et détruire ou augmenter les présomptions qui servent de base à l'accusation de meurtre dirigée sur un criminel accusé d'avoir assassiné l'homme inhumé. — L'on permet encore quelquefois à des parents de faire exhumer le corps d'une personne qui leur est chère, pour le conserver avec eux. — Lorsque l'exhumation a lieu sans aucune de ces causes, elle constitue un crime nommé *violation de sépulture*. Voy. — Le concile de Reims de 1583 défend d'exhumer les corps des fidèles sans la permission expresse de l'évêque.

EXIDEUIL ou EXCIDEUIL, chef-lieu de canton du département de la Dordogne, à 8 lieues N.-O. de Périgueux. Population, 1,710 habitants. Cette ville, autrefois érigée en marquisat en faveur de Talleyrand, prince de Chalais, renfermait avant la révolution un monastère où l'on voyait les tombeaux des ducs de Bretagne, vicomtes de Limoges et comtes de Périgord. Excideuil possède encore les ruines d'un vieux château où l'on dit que Richard Cœur de lion fut fait prisonnier. — Cette ville est le siège d'un des sept collèges électoraux de la Dordogne.

EXIGIBILITÉ, terme de jurisprudence, échéance d'un terme stipulé pour l'exécution de l'obligation.

EXITÉRIES (myth.), sacrifices que les anciens offraient à la veille d'une grande entreprise, et à la mort de leurs amis et de leurs proches.

EXMOUTH (Edward-Pellew, lord), né à Douvres, entra au service de mer, et fut nommé capitaine de vaisseau en 1782.

s'étant emparé en 1793, dans la guerre avec la France, de la frégate *la Cléopâtre*, il obtint le titre de chevalier baronnet. En 1802, il fut élu à Barnstale (Devon) représentant à la chambre des communes et contre-amiral de l'escadre blanche. Il fut pourvu en 1804 du grade de commandant en chef des forces navales de la Grande-Bretagne dans l'Inde. Créé pair de la Grande-Bretagne en 1814, il eut en 1815 le commandement en chef des forces navales de la Méditerranée, et reçut en 1816 l'ordre de stipuler les conditions de la paix entre les Etats barbaresques, la Sardaigne, Naples, d'obtenir la reconnaissance des îles Ioniennes comme possessions anglaises, et l'abolition de l'esclavage. Alger, ayant refusé de recevoir ces conditions, fut bombardée et forcée d'y consentir. Le conseil de la cité et le parlement votèrent des remerciments publics à lord Exmouth. Il est mort en 1832.

EXOCATACÈLE, nom générique donné autrefois à Constantinople au grand économe, au grand sacellaire ou grand maître de la chapelle, au grand scévophylax ou garde des vases, au grand cartophylax ou maître de la petite chapelle, et au protecdique ou premier défenseur de l'Eglise. Ils étaient prêtres dans l'origine. Ils furent réduits ensuite au rang de simples diacres par un patriarche de Constantinople; ils avaient le droit de porter la chasuble, mais non pas l'étole. Ils précédaient les évêques dans les assemblées publiques. Ceux du patriarcat de Constantinople étaient nommés cardinaux de Constantinople.

EXOCET, genre de poissons. Sa tête est un peu aplatie par-dessus, en devant; sa mâchoire inférieure est plus avancée que la supérieure. De chaque côté du corps est une rangée longitudinale d'écailles carénées qui forme une ligne saillante. Ces écailles sont dures, mais se détachent pour peu qu'on les touche. Elles sont d'un blanc argentin, mêlé de bleu plus ou moins foncé. Sa dorsale est placée au-dessus de l'anale; ses yeux sont très grands; ses ventrales petites, ses pectorales sont un peu rapprochées du dos, liées par une membrane mince et offrant une forme concave. Au moyen de ces espèces d'ailes, l'exocet a la faculté de s'élancer au-dessus des eaux pour fuir les poursuites de ses ennemis. Sa vessie natatoire est très-grande. Sa longueur est de deux ou trois décimètres. On trouve les exocets dans les mers chaudes et tempérées.

EXODE (dérivé du grec *exodos*, sortie), nom donné au second des livres sacrés de l'Ancien Testament, parce qu'il contient l'histoire de la sortie des Israélites de l'Egypte, sous la conduite de Moïse, jusqu'à l'érection du tabernacle au pied du mont Sinaï, c'est-à-dire l'histoire de cent quarante-cinq ans, de l'an du monde 2369 (avant J.-C. 1631) à l'an 2514 (avant J.-C. 1485). Les Hébreux donnent à ce livre le nom de *Veellè Schemoth*, parce qu'il commence par ces mots qui signifient *et voici les noms*, etc. L'Exode, dont Moïse est l'auteur, contient quarante chapitres, et peut se diviser en trois parties. La première comprend ce qui a précédé la délivrance du peuple hébreu; la deuxième décrit la manière dont Dieu l'a délivré; la troisième comprend l'alliance que Dieu fit avec les Hébreux, comment il leur donna sa loi, établit leur république, régla leur religion, leur police, etc.

EXODE, une des quatre parties de l'ancienne tragédie. C'était ce qu'on disait lorsque le chœur avait cessé de chanter pour ne plus reprendre; c'est-à-dire le dénoûment de la pièce. — Chez les Latins, on nommait *exodes* des bouffonneries, des bons mots, placés au milieu et à la fin des pièces, et exécutés par un bouffon nommé *exodiaire*. — C'était aussi une espèce d'hymne ou de chanson qu'on entonnait à la fin des repas. L'exode était gaie et badine. — Dans la Septante, *exode* désigne la fin d'une fête. On la célébrait le huitième jour de la fête des Tabernacles, en mémoire de la sortie d'Egypte.

EXOGÈNES, nom donné par Decandolle aux végétaux dans lesquels les vaisseaux sont tous sensiblement disposés autour d'un étui cellulaire, de manière que les plus jeunes sont à la circonférence, et les plus anciens au centre, ce qui fait que la plante se détruit de dedans en dehors. Telles sont toutes les plantes dicotylédonées ligneuses.

EXOPHTHALMIE, sortie de l'œil hors de la cavité orbitaire. Les causes de cette affection sont l'inflammation, l'engorgement squirreux du tissu cellulaire de l'orbite, le développement de kystes, d'exostoses, de polypes, de fongus, soit dans le fond de l'orbite, soit dans les fosses nasales. Dans l'exophthalmie, l'œil est dévié, chassé en avant; il soulève, écarte les paupières qui ne le recouvrent plus et ne le garantissent pas de l'action des corps extérieurs; il s'enflamme, la vue se trouble et s'éteint, etc. La marche de cette affection est plus ou moins prompte, suivant la nature de la cause qui la produit. Le traitement doit être dirigé vers la cause de la maladie.

EXORCISME, cérémonie dont se sert l'Eglise pour chasser les démons des corps qu'ils obsèdent ou qu'ils habitent. Jésus-Christ chassa les démons du corps de plusieurs possédés, et donna à ses disciples le pouvoir de les chasser en son nom. L'Eglise exorcise les lieux et les personnes obsédés par les démons, l'eau, le sel, l'huile et les autres choses dont elle se sert dans ses cérémonies. Elle exorcise aussi les orages, les animaux malfaisants, etc., pour les empêcher de nuire aux biens de la terre. Les premiers se nomment *ordinaires*, les derniers *extraordinaires*. — Les anciens croyaient à la puissance de certains objets pour dissiper les mauvais génies, guérir les maladies. Ils attribuaient ce pouvoir à la musique, aux enchantements, aux amulettes. — Les Juifs croyaient aussi aux exorcismes. Voy. EXORCISTE.

EXORCISTES (ORDRE DES), ordre de l'Eglise chrétienne, un des quatre mineurs. Cet ordre confère le pouvoir de chasser les démons du corps des possédés, par l'invocation du nom de Dieu. L'exorciste est donc un clerc tonsuré à qui on a conféré cet ordre; mais cette fonction est réservée aux prêtres qui ne peuvent même s'en charger sans la permission de l'évêque. L'ordination des exorcistes se fait pendant la messe comme les autres, et l'évêque les ordonne en leur mettant entre les mains le livre des exorcismes. — Les Juifs avaient aussi leurs exorcistes, qui se vantaient de chasser les démons par des invocations, qu'ils prétendaient avoir été enseignées par Salomon.

EXORRHIZES, l'une des deux grandes divisions établies par Richard dans le règne végétal; elle renferme toutes les plantes dont l'embryon présente une radicule nue ou non renfermée dans un étui ou sac, comme celles des *endorrhizes*. Cette division correspond aux dicotylédonées de Jussieu et aux *exogènes* de Decandolle.

EXOSTEMME, genre de plantes formé aux dépens des quinquinas, et renfermant les espèces dont les étamines font saillie hors du tube de la corolle. L'écorce des exostemmes est purgative et tonique, mais ne produit pas les effets héroïques du quinquina. Ce genre renferme des arbrisseaux à feuilles opposées, entières, aux fleurs blanches. Le fruit est une capsule ovoïde, à deux loges, contenant plusieurs graines planes et membraneuses. Les exostemmes croissent dans l'Amérique méridionale et dans les Antilles.

EXOSTOSE, tumeur de nature osseuse qui se forme à la surface des os ou dans leurs cavités. Elles présentent de nombreuses variétés quant à leur nombre, leur volume, leur situation, leurs causes, etc. On nomme *éburnées* celles qui ont la dureté de l'ivoire; on distingue encore les *spongieuses* et les *laminées* : celles-ci sont formées par des lames superposées et des filaments. Les causes de cette maladie sont les vices vénérien, scorbutique, scrofuleux, cancéreux, les chutes, les coups, les contusions de l'os et du périoste, le voisinage d'un ulcère, les plaies, les fractures, etc. Leur développement est long. Elles sont douloureuses ou indolentes. Le traitement varie suivant la cause.

EXOSTOSES. Les botanistes nomment *exostoses* des protubérances sur les troncs de certains arbres, formées de bois très-dur, dont les fibres se croisent en tous sens, et forment des espèces de compartiments très-bizarres. Les ébénistes fabriquent avec ces exostoses de très-jolis meubles.

EXOTÉRIQUE. Voy. ESOTÉRIQUE.

EXOTIQUE, nom donné aux animaux ou végétaux étrangers au climat dans lequel on les transporte. — On a donné ce nom comme spécifique à une coquille du genre bucarde.

EXPANSIBILITÉ, disposition à s'étendre. On donne ce nom à la propriété en vertu de laquelle les corps gazeux tendent toujours à occuper un plus grand espace. Les effets de l'expansibilité dans les corps gazeux sont d'autant plus marqués que la pression à laquelle les gaz sont soumis est moindre. L'expansibilité n'est pas une propriété exclusive des gaz. Plusieurs organes de l'économie animale en jouissent à certains degrés. Dans les corps, l'expansibilité prend le nom de *dilatation*.

EXPANSION, mot employé pour désigner des prolongements que fournissent certains organes. C'est dans ce sens qu'on dit une *expansion fibreuse*, *aponévrotique*, etc. — En physique, c'est l'action par laquelle un corps se dilate et occupe un plus grand espace.

EXPECTATION, méthode de médecine qui consiste à observer la marche des maladies, à éloigner ce qui pourrait la déranger, sans prescrire de médicaments actifs, à moins qu'ils ne soient fortement indiqués. Cette méthode se nomme aussi MÉTHODE, MÉDECINE EXPECTANTE. Elle est opposée à la méthode *agissante*, qui emploie des remèdes énergiques.

EXPECTATION ( FÊTE DE L' ), fête que les catholiques célèbrent le 18 décembre, huit jours avant Noël (et le 16 dans d'autres Eglises). Son nom signifie l'*attente* des couches de la sainte Vierge. Cette fête fut instituée par le dixième concile de Tolède (657).

EXPECTATIVE ( mat. bénéfic. ), droit accordé à un ecclésiastique d'être pourvu d'un bénéfice vacant ou qui devait vaquer dans la suite. Les grâces expectatives se donnaient par les papes pour obtenir les bénéfices qui venaient à vaquer. Tels étaient les mandats, les indults.

EXPECTORANTS, médicaments qui facilitent ou provoquent l'expectoration. On distinguait autrefois des *expectorants incisifs*, *irritants*, *dissolvants*, *balsamiques*, etc. — Au nombre des expectorants, on met l'ipécacuanha, le kermès minéral à petite dose.

EXPECTORATION, fonction, action par laquelle sont expulsées de la poitrine et des poumons les matières qu'ils renferment. L'expectoration a lieu dans les rhumes, les catarrhes, les inflammations des poumons et de la plèvre. Les matières expectorées varient de couleur, de forme, d'épaisseur, etc. Quelquefois on *rejette* du sang ou du pus.

EXPÉDITION, opération militaire d'une durée indéterminée, ayant un but unique, et un motif arrêté d'avance. L'expédition diffère de la *guerre* en ce que dans celle-ci le but que se propose le général est vague et indéterminé; et de la *campagne* en ce que celle-ci est le laps de temps durant lequel les armées sont en présence de l'ennemi. — En marine, l'*expédition* est une mission spéciale donnée à des bâtiments de guerre, et qui doit être remplie avec des forces navales quelconques. On dit une *expédition inconnue* ou *secrète*, une *grande*, une *petite expédition*.

EXPÉDITION. C'est en jurisprudence une copie authentique d'un acte. Les notaires ont seuls le droit de délivrer des expéditions des actes dont ils ont les minutes ; les greffiers, celles des jugements, des actes et des procès verbaux dont le dépôt leur est confié. Les notaires doivent délivrer les expéditions qui leur sont demandées par les parties intéressées, par leurs héritiers ou ayants droit, sous peine d'y être contraints. Les personnes étrangères à l'acte ne peuvent obtenir des expéditions qu'en vertu d'une autorisation judiciaire ou d'un jugement. Les greffiers et dépositaires des registres publics en doivent délivrer expédition, à peine de dépens, dommages et intérêts.—Les expéditions doivent contenir vingt-cinq lignes à la page, quinze syllabes à la ligne. Chaque rôle donne 3 francs au notaire à Paris, 2 francs dans les villes où sont des tribunaux de première instance ; partout ailleurs, un franc 50 centimes. Les droits d'expéditions dus aux greffiers des cours et tribunaux sont fixés à 40 centimes par rôle de vingt-huit lignes à la page, et de quatorze à seize syllabes à la ligne. — Les expéditions sont faites sur papier timbré.

EXPÉDITIONNAIRE, nom donné à un employé chargé dans les administrations publiques de recopier la correspondance, les rôles, les budgets, les états, etc., que les administrateurs lui donnent à transcrire.

EXPÉRIMENT, essai que l'on fait sur le corps de l'homme ou des animaux, dans le but de connaître l'effet d'un remède, ou l'influence de quelque modification qu'on lui fait subir.—Dans un sens général, c'est une tentative faite dans le but de mieux connaître une chose.

EXPERT, celui qui est chargé de faire une vérification, une *expertise*. En justice, les experts sont appelés très-souvent à faire des rapports, et à fournir des documents et des preuves. Ils sont choisis par les parties, si elles s'accordent sur ce choix. En cas de dissidence, les juges désignent eux-mêmes les experts au nombre de trois. Les experts doivent prêter serment de remplir fidèlement leurs fonctions. Les parties peuvent récuser les experts pour certains motifs, et en choisir d'autres à la place. L'expert qui, après avoir prêté serment, ne remplit pas sa mission, est condamné aux frais frustratoires et aux dommages-intérêts. Les experts doivent dresser un seul rapport, et ne former qu'un seul avis à la pluralité des voix. Ils doivent indiquer néanmoins, en cas d'avis différents, les motifs des divers avis. La minute du rapport doit être déposée au greffe du tribunal qui a ordonné l'expertise, et si les juges ne trouvent pas dans le rapport des éclaircissements suffisants, ils peuvent ordonner d'office une nouvelle expertise ; les juges ne sont point astreints à suivre l'avis des experts si leur conviction s'y oppose.

EXPIATION, sorte de purification que subissaient autrefois les coupables, les lépreux, etc. Les Hébreux avaient diverses sortes de sacrifices d'expiation pour les fautes commises contre la loi et pour se purifier de certaines souillures légales. La femme qui avait enfanté un fils était souillée pendant sept jours, et devait subir trente-trois jours de purification ; celle qui enfantait une fille était souillée deux semaines, et subissait soixante-six jours de purification. Après l'accomplissement du temps de la purification, elle présentait au sacrificateur un agneau d'un an en holocauste, un pigeon et une tourterelle, ou bien deux pigeons et deux tourterelles. Le lépreux, celui qui avait touché un objet impur, étaient souillés, et devaient, pour se purifier, offrir certains sacrifices déterminés par la loi. Ces sacrifices d'expiation réparaient la faute extérieure et légale. — Ces cérémonies se retrouvent chez les païens. Celui qui commettait un meurtre ou un adultère était soumis à certaines cérémonies. Le plus souvent on se baignait dans l'eau courante d'un fleuve. Les rois faisaient quelquefois expier leurs crimes par d'autres personnes. Voy. EXPIATOIRES (Cérémonies).

EXPIATION (FÊTE DE L'), en hébreu, *Kippur ou Chippur*, fête que les Juifs célébraient le dixième jour du mois de tizri (septembre). On y expiait toutes les fautes de l'année. Le grand prêtre, vêtu de simple lin, offrait en sacrifice un jeune taureau et un bélier. Il confessait ses péchés ; puis il recevait des mains des princes du peuple deux boucs et un bélier. On immolait le bélier, et on tirait au sort lequel des deux boucs serait immolé, et lequel serait mis en liberté. Le grand prêtre encensait le sanctuaire, et, trempant son doigt dans le sang du taureau immolé, il en jetait sept fois entre l'arche et le voile du sanctuaire. Il immolait ensuite le bouc sur lequel était tombé le sort du sacrifice, en portait le sang dans le sanctuaire, et faisait sept fois des aspersions avec son doigt trempé dans le sang, entre l'arche et le voile, et dans le parvis du tabernacle. Ensuite il mouillait les quatre coins de l'autel des holocaustes, avec le sang du bouc et du taureau, et l'arrosait sept fois avec ce sang. Il confessait ses péchés et ceux du peuple, donnait le bouc destiné à être mis en liberté à un homme qui le conduisait dans un lieu désert. Après cette cérémonie, le grand prêtre se lavait tout le corps dans le tabernacle, et immolait deux béliers. — Les Juifs modernes passent la nuit qui précède la fête de l'Expiation dans la synagogue, occupés à la prière et aux exercices de la pénitence. Ils se revêtent d'habits de deuil, et font quatre prières solennelles. Lorsque la nuit est venue, on sonne du cor pour marquer que le jeûne est fini. Ils se réconcilient entre eux, et se confessent plusieurs fois le même jour.

EXPIATOIRES (Cérémonies), cérémonies destinées à effacer un crime et à calmer les dieux. Pour se faire purifier, on entrait les yeux baissés dans la maison où se faisait la cérémonie ; on fichait dans le foyer l'arme qui avait servi à commettre le crime. Le maître de la maison égorgeait un jeune porc, frottait de son sang les mains du coupable, faisait des libations à Jupiter expiateur. On brûlait sur l'autel des gâteaux pétris de farine, de sel et d'eau. Un grand festin terminait la cérémonie. — Les expiations publiques avaient lieu lors de l'initiation aux mystères d'Eleusis, et pour la purification des villes, théâtres, etc. Les candidats faisaient profession d'une vie innocente. Le sacrificateur immolait à Jupiter une truie pleine. Le candidat se couchait sur la peau de cet animal. Après des ablutions faites avec de l'eau de mer, on couronnait de fleurs celui qui venait d'être ainsi purifié. — Chez les Grecs, on purifiait les villes en répandant de l'eau lustrale sur les habitants. La campagne était purifiée tous les ans au printemps. Les généraux et les armées se purifiaient aussi avant et après le combat. — L'expiation des carrefours se nommait *compitalia*, celle des campagnes *ambarvalia*, celle des armées *armilustrium*. Il y avait une expiation tous les cinq ans pour purifier les citoyens des villes. On la nommait *lustration*. — Pour les expiations particulières, on se lavait dans l'eau de mer. On brûlait du sel, de l'orge, du laurier, et on faisait passer par le feu ceux que l'on voulait purifier.

EXPILATION, action de celui qui soustrait les biens d'une succession avant qu'aucun se soit déclaré héritier. La peine de ce délit était ordinairement pécuniaire, quelquefois afflictive. Il était puni de mort quand la soustraction des effets d'une succession avait été faite par des domestiques.

EXPILLY (Jean-Joseph), né à Saint-Remy (Bouches-du-Rhône) en 1719, embrassa l'état ecclésiastique, et annonça de bonne heure son goût pour les voyages et l'étude de la géographie. Après avoir parcouru une partie de l'Europe et les côtes de l'Afrique, il revint dans sa patrie, et s'y occupa à mettre en ordre les observations qu'il avait recueillies sur le climat, les mœurs, la population. Il fut associé aux académies de Madrid, Berlin et Stockholm. Il mourut, dans les premières années de la révolution, chanoine-trésorier du chapitre de Sainte-Marine à Tarascon. Ses ouvrages sont une *Cosmographie* (1749) ; une *Polychorographie* (1755), mélange de chronologie, d'histoire et de géographie ; une *Topographie de l'univers* (1758) ; une *Description de l'Angleterre, de l'Écosse et de l'Irlande* (1759) ; un *Dictionnaire géographique des Gaules et de la France* (1762-1770) ; un *Manuel géographe* (1782).

EXPIRATEURS, nom donné à tous les muscles qui contribuent à resserrer les parois de la poitrine pour chasser l'air renfermé dans les poumons ou produire l'expiration. Ces muscles sont spécialement les intercostaux, le triangulaire du sternum, le carré des lombes, le petit dentelé inférieur, les muscles oblique et droit de l'abdomen, le sacro-lombaire, etc.

EXPIRATION, action de l'économie animale par laquelle l'air que l'inspiration avait fait entrer dans les poumons est expulsé de la poitrine. Cette fonction alterne sans relâche, et quinze ou vingt fois par minute, avec l'inspiration. L'air rejeté est moins oxygéné, plus humide, renferme plus de gaz acide carbonique. C'est à cause de ce gaz que plusieurs personnes renfermées dans une chambre étroite s'asphyxient facilement. Pendant le sommeil, dans le délire, l'apoplexie et le narcotisme, les expirations sont plus profondes, plus rares, plus bruyantes, et favorisent ainsi le cours du sang. — L'expiration à glotte fermée peut donner lieu à des ruptures de vaisseaux, à l'apoplexie, et entraver le cours du sang.

EXPIRATION. Ce mot désigne encore le moment où finit une fonction, une charge, où se termine un terme stipulé par une convention, un délai, etc.

EXPLOIT, tout acte fait par un huissier pour amener le défendeur à l'audience, le forcer à se présenter aux plaids. Les exploits sont des actes de procédure libellés dans la forme voulue par la loi, écrits sur papier timbré, et remis à la partie assignée pour l'inviter à comparaître, à jour et à heure fixes, devant le tribunal, sous peine de voir prononcer défaut. — On nomme *exploits*, dans la langue militaire, de belles et nobles actions, des faits d'armes glorieux.

EXPLOITATION, art de gouverner et de diriger une grande administration dans une entreprise rurale, manufacturière, commerciale, etc. Mais ce mot s'entend plus ordinairement de la direction des travaux forestiers. Il comprend les principes à suivre pour la plantation des arbres, le choix de leurs espèces, l'intervalle à observer entre les coupes de bois, les transports et l'usage des diverses espèces.

EXPONENTIEL, terme d'algèbre. Les *quantités-exponentielles* sont des puissances dont l'exposant est indéterminé ou variable, telles que $ax$, $x^2$.... — Le *calcul exponentiel* est l'ensemble des procédés à l'aide desquels on trouve les différentielles et les intégrales des quantités exponentielles. — On nomme *équation exponentielle* une équation dans laquelle il entre des quantités exponentielles. — On appelle aussi *courbes exponentielles* des courbes dont l'équation est exponentielle.

EXPORTATION, transport dans des pays étrangers des produits du sol ou des manufactures d'un autre pays. Les exportations font la richesse d'un pays. Le pays du monde qui fait le plus grand commerce d'exportation est l'Angleterre. Après elle vient la France ; les États-Unis occupent le troisième rang. La France importe principalement des matières premières, comme du coton, des laines, des métaux, etc., et exporte principalement des objets fabriqués, comme des tissus de soie, de coton, de laine et de fil ; elle exporte aussi beaucoup de boissons, comme des vins et des eaux-de-vie. On attachait autrefois beaucoup plus d'importance aux exportations qu'aux importations ; on supposait que la différence formait le bénéfice national dans son commerce avec l'étranger ; c'est ce qu'on appelait la *balance du commerce*. On attache maintenant moins de valeur à cette différence, qu'on ne regarde plus comme un signe aussi certain de bénéfice, et qui peut tenir uniquement à des différences d'évaluation. — Le total des exportations de la France avec les Etats européens dépasse un milliard par an ; le total des exportations avec les autres pays s'élève chaque année à plus de cinq cents millions.

EXPOSANT, terme algébrique. Nombre qui désigne le degré d'une puissance ou d'une racine, c'est-à-dire combien de fois cette quantité a été multipliée par elle-même. L'exposant s'écrit algébriquement ou numériquement à la droite du nombre. Ainsi $a^6$ indique que la quantité $a$ doit être multipliée six fois par elle-même. Les exposants sont quelquefois fractionnaires, $a^{\frac{2}{3}}$, $b^{\frac{3}{5}}$..... — On doit à Descartes l'invention de l'exposant. — On nommait autrefois *exposant d'une raison* le *rapport* de deux quantités, et *exposant de rang* le nombre qui exprime la place qu'un terme occupe dans une suite quelconque.

EXPOSITION (beaux-arts), action par laquelle une chose est mise en vue, exposée aux regards du peuple. Un tableau est dans une bonne ou mauvaise exposition, selon la manière dont un tableau se trouve placé relativement au spectateur et à la lumière. — Les artistes grecs exposaient leurs ouvrages en public pour connaître le jugement qu'on en portait ; mais cet usage ne fut pas conservé par les nations dans les siècles suivants. Plusieurs académies firent seulement des expositions. La France en avait une annuelle, où étaient placés les tableaux des élèves qui concouraient pour le grand prix de Rome. C'est à Mansard que sont dues (1699) les premières expositions faites dans la galerie du Louvre des travaux des peintres, des sculpteurs. Depuis 1884, les expositions ont lieu régulièrement chaque année. — Dans chaque chef-lieu de département ont lieu, à des époques déterminées, des expositions des produits de l'industrie. On donne des prix aux meilleurs produits.

EXPOSITION, peine infamante qui consiste à mettre le condamné sous les regards du public pendant un temps déterminé. Quiconque a été condamné à l'une des peines des travaux forcés à perpétuité, des travaux forcés à temps, ou de la réclusion, avant de subir sa peine, doit demeurer une heure exposé aux regards du peuple sur la place publique. Au-dessus de sa tête est placé un écriteau portant, en caractères gros et lisibles, ses noms, sa profession, son domicile, sa peine et la cause de sa condamnation. La cour d'assises peut ordonner par arrêt que le condamné, s'il n'est pas en état de récidive, ne subira pas l'exposition publique. Cette peine n'est jamais prononcée à l'égard des mineurs de dix-huit ans et des septuagénaires. — On nomme encore *exposition* l'abandon que l'on fait d'un enfant nouveau-né. Voy. ENFANTS TROUVÉS.

EXPRESSION, terme algébrique, nom donné à la formule qui représente la génération d'une quantité. — En pharmacie, on nomme ainsi une opération chimico-pharmaceutique, qui consiste à séparer le suc des fruits et des plantes en les comprimant. C'est par l'expression qu'on obtient les huiles, le vin, le cidre, etc. Ce mot désigne aussi le suc végétal qui est le résultat de l'expression. — Les médecins nomment *sueur d'expression* la sueur qui survient chez les individus affaiblis, et qui n'est pas l'effet de la violence du mouvement excentrique.

EXPROPRIATION, enlèvement d'une chose au véritable propriétaire par une voie légale. On nomme *expropriation forcée* le droit qu'ont les créanciers de déposséder leur débiteur de ses immeubles et de l'usufruit appartenant au débiteur sur des biens immeubles. L'*expropriation pour cause d'utilité publique* est un droit accordé d'opérer la dépossession d'un propriétaire moyennant une juste et préalable indemnité ; elle s'opère par l'autorité de justice, sur une ordonnance royale qui autorise l'exécution des travaux, un acte du préfet qui désigne les localités sur lesquelles les travaux doivent avoir lieu, l'arrêté ultérieur par lequel le préfet désigne les propriétés particulières auxquelles l'expropriation est applicable. Une commission présidée par le sous-préfet de l'arrondissement, composée de quatre membres du conseil de département ou d'arrondissement, du maire de la commune et d'un ingénieur, jugent les observations des propriétaires, donnent leur avis. Ce jury règle les indemnités.

EXPULSIF, nom donné, en chirurgie, à un bandage dont le but est de comprimer une partie dont on veut chasser la sérosité, le pus, etc. Il se fait avec des bandes, des tampons de charpie, des compresses graduées de diverses formes et grandeurs. — On nommait autrefois *expulsifs* certains médicaments que l'on croyait propres à chasser les humeurs vers la peau, comme les diaphorétiques et les sudorifiques.

EXTASE, affection nerveuse dans laquelle le malade, tout entier à une pensée qui le domine, est étranger à ce qui l'entoure et insensible aux stimulants. L'immobilité est parfaite ; le malade éprouve une vive volupté. L'habitude de la méditation, la vie contemplative et ascétique, un tempérament nerveux, prédisposent à l'extase. Les extases de sainte Thérèse sont devenues célèbres.

EXTENSEUR, nom donné aux muscles qui servent à étendre certaines parties. Le *muscle extenseur commun des doigts* est un muscle allongé, aplati, simple en haut, divisé en quatre parties inférieurement. Il est placé à la partie postérieure de l'avant-bras et se termine en bas, à la face postérieure des deuxième et troisième phalanges des quatre derniers doigts, qu'il étend. Le *muscle extenseur propre du petit doigt* est grêle, allongé, placé en dedans du précédent, se fixe en haut à la tubérosité externe de l'humérus, se termine en bas aux deux dernières phalanges du petit doigt ; il étend le petit doigt. Le *muscle court extenseur du pouce* est placé à la partie postérieure et inférieure de l'avant-bras ; il est mince, allongé, se fixe en haut, à la face postérieure du cubitus ; en bas, il s'attache en arrière de l'extrémité supérieure de la première phalange du pouce, qu'il étend. Le *muscle long extenseur du pouce* est situé à la partie postérieure de l'avant-bras, et se termine à la côté postérieur de l'extrémité supérieure de la première phalange du pouce. Le *muscle extenseur propre de l'index* est placé à la partie postérieure de l'avant-bras ; il étend les trois phalanges de l'index. Le *muscle extenseur propre du gros orteil* est situé à la partie antérieure de la jambe ; il est charnu, large, se fixe à la partie antérieure du tiers moyen du péroné, se termine à la partie supérieure de l'extrémité postérieure de la dernière phalange du gros orteil. — Le *muscle extenseur commun des orteils* est placé à la partie antérieure de la jambe. Il est allongé, mince, aplati, simple et charnu en haut, divisé en quatre tendons en bas ; il s'attache en haut à la tubérosité externe du tibia et à la face antérieure du péroné ; en bas, il se fixe à la partie supérieure de l'extrémité postérieure des deuxième et troisième phalanges des quatre derniers orteils.

EXTENSIBILITÉ, propriété qu'ont certains corps de pouvoir être étendus ou allongés plus qu'ils ne le sont dans leur état naturel.

EXTENSION, propriété dont jouissent certains corps de s'allonger au delà de leurs dimensions ordinaires. Voy. ÉLASTICITÉ. — En physiologie, c'est le redressement d'une partie qui était auparavant fléchie. Il est dû aux muscles *extenseurs*.

EXTENSION (pathol.), opération par laquelle on tire en sens opposé un membre luxé ou fracturé, dans la vue de ramener les surfaces articulaires à leur situation naturelle ou d'affronter les fragments de la fracture. On a donné plus particulièrement le nom d'*extension* à la traction qu'on opère dans ce cas sur la partie inférieure du membre.

EXTENSION (méd. vétér.), maladie assez commune chez le cheval au tendon fléchisseur du pied, et qui résulte de l'effort de l'os de la couronne sur le tendon ou sur les ligaments.

EXTERNE, nom donné, en anatomie, aux régions d'un organe qui sont dirigées vers l'extérieur. Ainsi on dit la face externe du bras, le bord externe du scapulum, l'extrémité externe de la clavicule. — On nomme *causes externes* toutes les causes morbifiques placées hors de l'individu sur lequel elles agissent, telles que l'air, le froid, les corps vulnérants, etc. — Les *maladies externes* sont les maladies qui occupent la surface du corps, et celles qui exigent des moyens externes ou des opérations chirurgicales.

EXTERNE (géom.). On nomme *angle externe* ou *extérieur* l'angle formé par un des côtés d'une figure rectiligne quelconque, et le prolongement hors de la figure du côté adjacent. — La somme de tous les angles externes d'un polygone est équivalente à quatre angles droits. — L'angle externe d'un triangle est équivalent à la somme des deux angles intérieurs opposés.

EXTINCTION. Les médecins nomment *extinction de voix* une aphonie incomplète dans laquelle la voix n'est pas entièrement supprimée, mais dans laquelle les sons produits sont très-faibles. — L'*extinction de la chaux* est une opération qui consiste à verser peu à peu de l'eau sur la chaux vive. Par ce moyen, la chaux s'échauffe, se fendille, produit une fumée épaisse, et se réduit en hydrate de chaux blanc et pulvérulent. — L'*extinction du mercure* est une trituration de mercure avec des corps liquides jusqu'à la disparition des globules métalliques. Alors le mercure est tellement divisé qu'il est réduit en une poudre noire.

EXTIRPATEUR, nom donné à des instruments d'agriculture au moyen desquels, et à l'aide de chevaux, on extirpe de la superficie d'un champ les herbes et racines qui l'infestent et qui peuvent nuire à la semence qu'on y dépose. Ces instruments sont en fer et garnis de dents puissantes, qui pénètrent dans la terre, en arrachent les racines des plantes et les entraînent hors du champ. Tel est la *herse*. L'*extirpateur anglais* est un grand râteau à dents de fer porté sur un châssis à trois roues. Il faut pour le mener un ou deux chevaux, suivant la nature des terres, et un seul homme le manœuvre sans difficulté. Les dents, placées sur une rangée perpendiculaire à la ligne du mouvement, ressemblent à de petits coutres courbés en avant et espacés de quatre à cinq pouces.

EXTIRPATION, opération de chirurgie par laquelle on retranche une partie malade, dont on enlève jusqu'aux dernières racines. On pratique spécialement l'extirpation des cancers, des polypes, des loupes, des tumeurs enkystées, des glandes, etc. Chaque extirpation doit être faite suivant des règles particulières, dépendant de la nature, de la situation, du volume du polype, du cancer, etc., et de l'état des parties voisines.

EXTISPICES, ministres des sacrifices, qui étaient chargés d'examiner les entrailles des victimes pour connaître l'avenir et la volonté des dieux.

EXTISPICINE, inspection des entrailles des victimes immolées aux dieux. On croyait par là prédire l'avenir. Ce nom dérive du mot *exta*, qui désignait, chez les Romains, la partie des entrailles de la victime que l'on consultait pour prédire l'avenir.

**EXTRA TEMPORA ET IN TEMPORIBUS** (*hors des temps et dans les temps*), termes de la chancellerie romaine appliqués aux dispenses que l'on accorde pour recevoir les ordres sacrés hors du temps prescrit par les canons, ou pour les recevoir en ce même temps, mais avant la fin des interstices. Les ordinations ne se font que le samedi des Quatre-Temps, le samedi avant le dimanche de la Passion et le samedi de la semaine sainte. Les papes peuvent seuls dispenser de cette règle.

**EXTRACTIF**, principe particulier admis par quelques chimistes, mais qui n'a pu encore être isolé. Selon ces chimistes, il existe dans les infusions et les décoctions des substances végétales. Ceux qui croient à son existence, disent qu'il est amer, d'un brun foncé, d'un aspect brillant, d'une texture fragile quand il est sec. On lui donne pour propriétés de pouvoir former des combinaisons avec des oxydes métalliques, d'être soluble dans l'eau et dans l'alcool, de pouvoir absorber l'oxygène et perdre alors sa solubilité, de contenir de l'azote, et de donner à la distillation un liquide acide ammoniacal. La plupart des chimistes pensent aujourd'hui que ce principe immédiat n'existe pas, et que l'on a presque toujours donné ce nom à des combinaisons d'acide, de principe colorant et de matière azotée.

**EXTRACTION**, opération de chimie et de pharmacie par laquelle on ramène à sa plus simple expression le principe actif d'une substance médicamenteuse. Elle a pour objet la séparation d'une substance simple ou composée d'un corps dont elle faisait partie. On opère l'extraction à l'aide de la coction, de l'infusion, de la macération, de la distillation, de la sublimation, de l'expression, de l'évaporation, etc.

**EXTRACTION**, opération de chirurgie qui fait partie de l'exérèse, et qui consiste à retirer de quelque partie du corps les corps étrangers qui s'y sont introduits accidentellement ou qui s'y sont développés spontanément, comme une balle dans une plaie, un calcul urinaire dans la vessie, un polype dans les fosses nasales, etc. L'extraction est soumise à des règles spéciales et relatives au genre de la maladie pour laquelle on la pratique. Quelques auteurs ont nommé *contre-extraction* l'opération par laquelle on retire un corps étranger au moyen d'une contre-ouverture.

**EXTRACTION** (minér., arithm.), action par laquelle on retire les métaux du sein de la terre, et qui varie selon la nature de ces métaux. — En arithmétique, on nomme *extraction* une opération qui a pour objet de trouver la base ou *racine* d'une puissance connue.

**EXTRACTO-RÉSINEUX**, extraits dont la composition est peu connue, et qui, soumis à la distillation, donnent de la résine et une matière que l'on a cru être de l'extractif.

**EXTRADITION**, action de remettre à la puissance à laquelle il appartient celui qui est accusé d'un crime ou prévenu d'un délit, afin de le faire juger et punir. Celui qui s'est réfugié dans un pays étranger ne peut être arrêté ni jugé dans celui-ci. Cette règle cesse lorsqu'il y est dérogé par des conventions diplomatiques, ou lorsque le gouvernement de l'État où s'est réfugié le prévenu juge à propos de le livrer à celui de l'État dans lequel il a commis un crime. Tout Français qui commet un crime hors du territoire de la France peut être poursuivi, jugé et puni en France; d'après les dispositions des lois françaises. Lorsqu'un gouvernement veut demander l'extradition, il doit le faire par l'intermédiaire du ministre des affaires étrangères, et joindre les pièces à l'appui, afin que le gouvernement auquel est faite la demande puisse juger si on peut accorder la demande.

**EXTRADOS**, nom donné, en architecture, à la surface extérieure d'une voûte lorsqu'elle est régulière; la surface opposée se nomme *intrados*.

**EXTRAIT**. Les anciens chimistes ont désigné sous ce nom le produit de l'évaporation ménagée d'un suc végétal quelconque. Plus tard on a étendu cette dénomination au produit mou ou sec de l'évaporation d'un liquide, obtenu, soit par la simple expression des végétaux, soit en traitant des substances animales ou végétales par l'eau ou par l'alcool. Leur composition varie à l'infini, selon la nature du végétal employé et du véhicule dont on s'est servi pour opérer la dissolution des parties qui doivent constituer l'extrait. Les anciens chimistes croyaient que tous les extraits avaient pour base un principe commun nommé *extractif*. — En termes de jurisprudence, on nomme EXTRAITS les copies, les expéditions des actes, soit en entier, soit en abrégé; ainsi on dit *extrait de naissance*, *mortuaire*, *baptistaire*, *de jugement*, etc. — En termes de commerce, l'EXTRAIT est un projet de compte qu'un négociant envoie à son correspondant, ou un commissionnaire à son commettant pour le vérifier. — On nomme encore ainsi un des livres dont les marchands et les banquiers se servent dans le commerce. On l'appelle aussi *grand livre*. — En loterie, l'*extrait* était un numéro unique sur lequel on plaçait une mise; il était *simple* ou *déterminé*; le premier rapportait quinze fois la mise.

**EXTRAIT CATHOLIQUE**, nom donné à des pilules composées d'extrait d'aloès, d'ellébore noir et de coloquinte, de résine de jalap et de scammonée.

**EXTRAIT DE MARS**. Voy. TEINTURE DE MARS TARTARISÉE.

**EXTRAIT DE RUDIUS**, mot qui désigne des pilules faites avec de la coloquinte, de l'agaric, de la scammonée, des racines d'ellébore noir et de jalap, de l'aloès, de la cannelle fine, du macis, des girofles et de l'alcool.

**EXTRAIT DE SATURNE**, sous-acétate de plomb liquide, évaporé en consistance de sirop. Il est susceptible de cristalliser, rougit le papier de curcuma, est moins soluble que l'acétate neutre. Tous les sels neutres peuvent décomposer sa solution, en donnant lieu à des sous-sels de plomb insolubles. Presque toutes les matières animales et végétales le décomposent aussi. L'extrait de saturne est en masse de forme confuse. Il verdit le sirop de violette. On l'emploie pour préparer le blanc ou carbonate de plomb. Il sert dans l'analyse des matières salines, et il est le meilleur réactif pour découvrir si l'eau distillée renferme de l'acide carbonique. On le prépare en faisant bouillir pendant une demi-heure une partie de litharge finement pulvérisée avec trois parties d'acétate de plomb neutre, dissous dans l'eau distillée.

**EXTRAIT DES FRUITS**, nom donné aux *robs*. Voy.

**EXTRAIT GÉLATINEUX**, nom donné aux extraits spécialement formés de gélatine, tels que les tablettes de bouillon.

**EXTRAIT GOMMEUX**, nom qui désigne les extraits solubles dans l'eau, spécialement composés de gomme ou de mucilage. Telle est la gomme adragant.

**EXTRAIT MUCILAGINEUX**. Voy. EXTRAIT GOMMEUX.

**EXTRAIT MUQUEUX**. Voy EXTRAIT GOMMEUX.

**EXTRAIT PANCHYMAGOGUE**, médicament drastique, composé de coloquinte mondée de ses semences, de séné mondé, de racine d'ellébore noir, d'agaric, de scammonée en poudre, d'extrait d'aloès et de poudre diarrhodon.

**EXTRAIT RÉSINEUX**, nom donné aux extraits spécialement composés de résine.

**EXTRAITS AQUEUX**, qui résultent de l'action de l'eau sur une substance végétale, ou qui proviennent de l'évaporation d'un suc végétal quelconque. Ils sont d'un usage beaucoup plus fréquent que les autres. Ils possèdent au plus haut degré les propriétés principales du végétal qui les a produits.

**EXTRAITS SAVONNEUX** ou SALINS, nom donné aux extraits qui renferment plusieurs sels et une substance résineuse, tellement unis aux autres matériaux solubles de l'extrait, qu'il est impossible de les séparer. Tels sont les extraits de fumeterre, de chardon, de bourrache, de chicorée sauvage, etc.

**EXTRAJUDICIAIRE**, ce qui est fait hors la présence de justice. On nomme *actes extrajudiciaires* ceux qui sont faits hors jugement, qui ne font point partie de la procédure et de l'instruction, et, étant faits en dehors de l'instance, ne doivent pas nécessairement passer sous les yeux du juge.

**EXTRAORDINAIRE**, ce qui fait exception aux règles communes. — On nomme *envoyé* ou *ambassadeur extraordinaire* celui que l'on envoie pour traiter et négocier quelque affaire particulière et importante, ou même à l'occasion de quelque cérémonie, pour les compliments de condoléance, de félicitation, etc. — Les *dépenses extraordinaires* sont celles qui excèdent les dépenses des années précédentes. Les *fonds extraordinaires* sont destinés à les combler. — En jurisprudence, on nomme. *extraordinaire* toute procédure qui ne se fait pas habituellement, et qui est autorisée accidentellement par quelque circonstance particulière. — On nommait autrefois *extraordinaires* les journaux et les gazettes.

**EXTRAORDINAIRES** ou ALÉRIONS, soldats de la milice romaine, ainsi nommés parce qu'ils campaient hors des rangs du reste de l'armée, et se tenaient près de la tente du général, pour être plus à portée d'en exécuter les ordres. Ces soldats servaient en détachement ou de toute autre manière. Leur corps comprenait le tiers de la cavalerie des alliés et le cinquième de leur infanterie. — On appelait ainsi, au moyen âge, une compagnie de gentilshommes qui formaient une partie de la garde du souverain.

**EXTRAVAGANTES**, partie du droit canonique qui contient plusieurs constitutions des papes, qui sont hors du corps du droit; c'est ce qui les a fait nommer ainsi. Elles sont renfermées dans la sexte ou troisième partie du droit canonique; elles sont divisées en deux parties : la première comprend vingt constitutions du pape Jean XXII; la deuxième, les constitutions du même et de ses successeurs.

**EXTRAVASATION**, EXTRAVASION, phénomène propre aux liquides en circulation dans les corps organisés, lorsqu'ils sortent des vaisseaux destinés à les contenir.

**EXTRAXILLAIRE**, nom donné aux parties des plantes qui ne naissent pas dans l'aisselle des feuilles ou des rameaux. Les pédoncules d'un grand nombre d'apocynées sont *extraxillaires*.

**EXTRÊME** (arith.). On donne le nom d'*extrêmes* aux premier et dernier termes d'une proportion. Les deux termes du milieu se nomment les *moyens*. Dans toute proportion arithmétique, la somme des extrêmes est égale à la somme des moyens. On calcule un extrême en faisant la somme des moyens, et retranchant de cette somme l'extrême connu. Dans une proportion géométrique, le produit des extrêmes est égal au produit des moyens. On calcule un extrême en faisant le produit des moyens, et divisant ce produit par l'extrême connu. — En géométrie, on dit qu'une ligne est divisée en *moyenne et extrême raison* lorsqu'elle est divisée en deux parties, telles que la plus grande est moyenne proportionnelle entre la ligne entière et la plus petite.

**EXTRÊME - ONCTION** (*huile sainte, huile du saint chrême, onction des malades*), sacrement ainsi nommé parce que c'est la dernière des onctions que l'on fait sur les fidèles. Il achève de procurer la rémission des péchés aux fidèles dangereusement malades, il leur donne la force de bien souffrir et de bien mourir, et est utile au salut de leur âme. Ce sacrement fut institué par Jésus-Christ, et du temps de l'homme-Dieu il était en usage parmi ses disciples. On emploie de l'huile d'olives pure et bénite; le prêtre, qui est le seul ministre de ce sacrement, applique l'onction sainte en forme de croix et avec le pouce sur les organes des cinq sens et les reins ou la poitrine. On essuie l'onction avec de petits pelotons de coton ou d'étoupe que l'on brûle ensuite. Les onctions étant achevées, le prêtre frotte son pouce et les doigts qui ont touché l'huile avec de la mie de pain, puis il lave ses mains, et les essuie avec un linge blanc; ces mies de pain et l'eau sont jetées dans le feu. Les Grecs oignent le front, le menton, les deux joues, la poitrine, les mains et les pieds. — La personne à laquelle on donne l'extrême-onction doit être adulte, baptisée et dangereusement malade; elle doit être de plus en état de grâce. Ce sacrement peut se réitérer plusieurs fois. Les Grecs donnent l'onction à tous les pénitents qui ont reçu l'absolution; mais cette onction n'est pas pour eux un sacrement, c'est une simple cérémonie. — La forme de l'extrême-onction consiste dans ces paroles que le prêtre prononce en faisant les onctions: *Que Dieu, par cette sainte onction et sa miséricorde, vous pardonne les fautes que vous avez commises par la vue, l'ouïe, l'odorat, le goût et le toucher.*

EXTRINSÈQUE, ce qui est considéré en dehors d'une autre chose. On nomme *valeur extrinsèque* la valeur que la loi donne aux monnaies au delà de la valeur réelle. — En médecine, on nomme ainsi des muscles qui environnent certains organes et les attachent aux parties voisines, afin de les distinguer d'autres muscles qui entrent dans la composition intime de ces mêmes organes et que l'on a nommés *intrinsèques*.

EXTRORSES, nom donné, en botanique, aux étamines qui sont tournées vers la face extérieure de la fleur.

EXUDATION ou ÉPHIDROSE, nom donné à une sueur abondante, à une exhalation excessive et idiopathique de sueur, entraînant la faiblesse et le dépérissement des individus.

EXUPÉRANCE, préfet des Gaules et parent du poëte Rutilius, était de Poitiers. Son frère Quintilien, retiré à Bethléem, y menait une vie d'anachorète. Ce fut, à ce qu'on croit, à la prière de celui-ci que saint Jérôme écrivit à Exupérance une lettre pour l'exhorter à renoncer aux espérances du siècle et à se consacrer uniquement au service de Dieu. Cette lettre n'eut pas d'effet. Exupérance, occupé à rétablir les lois dans l'Aquitaine, fut tué vers l'an 424 à Arles dans une sédition militaire.

EXUPÈRE, célèbre rhéteur de Bordeaux, enseigna l'éloquence à Toulouse et à Narbonne. Dans cette dernière ville, il eut pour disciples Dalmace et Hannibalien, neveux de l'empereur Constantin. Ces deux princes lui procurèrent en 335 la préfecture d'une province d'Espagne, qu'il gouverna longtemps. Après avoir amassé de grandes richesses, Exupère revint dans les Gaules et mourut à Cahors.

EXUPÈRE (Saint), né à Aure, fut élu évêque de Toulouse après saint Silve, et se distingua par sa science et ses vertus sous les empereurs Gratien, Théodose et ses successeurs. Il prodigua sa charité et ses aumônes jusques au delà des mers. Ayant appris que plusieurs chrétiens de l'Égypte et des contrées voisines souffraient beaucoup de la stérilité et de la disette de l'année, il vendit tout ce qu'il avait, et leur en envoya le prix par le moine Sisinne. Il empêcha que Toulouse ne fût ruinée par les Vandales. Saint Jérôme lui dédia ses commentaires sur le prophète

Zacharie. On croit qu'il mourut avant Innocent I<sup>er</sup> (417). On fait deux fêtes de ce saint, le 28 septembre et le 14 juin. — Un autre EXUPÈRE, martyr et compagnon de saint Maurice, eut la tête tranchée pour la cause de la religion. On l'honore le 8 juillet.

EX-VOTO, mot latin qui désigne les offrandes promises par un vœu, et les tableaux qui représentent ces offrandes. C'est pour s'acquitter d'un vœu fait dans un grand danger auquel on a échappé, pour demander une faveur au ciel ou le remercier d'une déjà obtenue, que l'on consacre des ex-voto aux saints, à la Vierge. Les offrandes dont les païens ornaient leurs temples se nommaient *tabella votivae*. La plupart étaient accompagnées d'une inscription qui finissait par ces mots, *ex voto*, pour marquer que l'auteur rendait public un bienfait reçu de la bonté des dieux. Elles ont conservé ce dernier nom chez les modernes. L'usage des ex-voto existe chez les peuples de l'Afrique et de l'Amérique, qui suspendent des offrandes sur les branches des arbres.

EYCK (Hubert VAN-), peintre, né à Maseick (Liége) en 1366. Il fit divers tableaux pour Philippe le Bon, duc de Bourgogne, qui lui donna de nombreuses marques de son estime. Il mourut en 1426. On a de ce peintre le tableau des *Vieillards adorant l'agneau sans tache*, que l'on conserve avec soin à Gand, et dont le coloris est encore très-brillant.

EYCK (Gaspard VAN-), d'Anvers, né vers 1625, se distingua comme peintre de marines. Presque tous ses tableaux représentent des combats entre les Turks et les chrétiens. On a encore de lui des *ports de mer*. — NICOLAS VAN-EYCK, frère du précédent, né à Anvers vers 1630, florissait dans le même temps. Nicolas peignit des *batailles*, des *rencontres* et des *attaques*. On a de lui un tableau représentant une *Halte militaire dans un village*. Eyck était capitaine de la milice bourgeoise d'Anvers.

EYDER. Voy. EIDER.

EYLAU, petite ville de la Prusse orientale, à 10 lieues N.-E. de Kœnigsberg. Il s'y livra une bataille sanglante le 8 février 1807 entre l'armée française, commandée par Napoléon et forte de 60,000 hommes, et l'armée russo-prussienne; forte de 80,000 hommes et commandée par Bennigsen. Cette bataille fut longue et sanglante; 10,000 Français y périrent, 30,000 furent blessés. La perte des ennemis fut plus considérable, ils perdirent seize drapeaux et soixante-trois pièces de canon.

EYOUBIDES ou AYOUBITES, c'est-à-dire *enfants de Job*, dynastie musulmane qui a régné en Égypte, dans l'Arabie, la Syrie, la Mésopotamie. Deux Kurdes, Nedjm-Eddyn-Eyoub et Asad-Eddyn-Schirkouh, s'étant établis, le premier gouverneur de Damas, le deuxième émir d'Émesse, de Rahabah et calife Fathémite d'Égypte, acquirent une grande puissance. Le successeur de Schirkouh (1168) fut son neveu Saladin (Salah-Eddyn-Youssouf). Il abolit en 1171 le califat des Fathémides en Égypte, et rétablit la suprématie des califes abbassides de Bagdad, s'affranchit de l'autorité de son souverain Nour-Eddyn, sultan de Syrie, et fonda la dynastie des Eyoubides; ainsi nommée de son père Eyoub. Elle a formé quatre branches principales en Égypte, dans l'Yémen, à Damas à Alep. La dynastie des EYOUBIDES D'É- CYPTE, fondée par Saladin en 1171, dura quatre-vingt-trois ans et s'éteignit en 1254 dans la personne de Melek-el-Aschraf-Mousa; la dynastie des Mamelouks lui succéda. La branche des EYOUBIDES DE L'YÉMEN fut fondée en 1173 par Melek-el-Moadham-Schems-Eddaulah-Touran-Schah, frère aîné de Saladin. Elle succéda à la dynastie des Mahdides, régna cinquante-cinq ans, et fut remplacée par la race des Rassoulides en 1229. La dynastie des EYOUBIDES DE DAMAS fut fondée par Saladin (1174), auquel succéda Melek-el-Afdhal-Nour-Eddyn-

Aly. Elle dura quatre-vingt-quatre ans et s'éteignit en 1258; elle fut détruite par les Tartares. La dynastie des EYOUBIDES D'ALEP fut fondée en 1183 par Saladin, auquel succéda Melek-el-Dhaher-Gaïath-Eddyn-Ghazi. Elle se termina en 1260 et dura soixante-dix-sept ans. Les Tartares la détruisirent. — Il y eut encore diverses autres branches partielles à Hama en Syrie, à Khélath en Mésopotamie, etc.; mais elles dépendirent toujours des précédentes.

EYSSES, petite ville du département du Lot-et-Garonne, à un quart de lieue de Villeneuve d'Agen. Il y a une maison de détention pour onze départements. On y compte de onze à douze cents détenus.

ÉZÉCHIAS, roi de Juda, né l'an du monde 3251, succéda à Achaz, son père, l'an du monde 3278, 722 avant J.-C. Il imita en tout la piété de David. Il détruisit les autels élevés aux faux dieux, brisa les idoles et mit en pièces le serpent d'airain, que les Israélites adoraient. Il rétablit entièrement le culte du Seigneur. L'an du monde 3290, il secoua le joug du roi des Assyriens, battit les Philistins, fortifia Jérusalem et la mit en état de défense. Sennachérib, roi d'Assyrie, ayant marché contre lui, en exigea d'immenses trésors; mais à peine eut-il en son pouvoir la somme demandée, que Sennachérib rompit le traité de paix et revint ravager la Judée. Il s'avança vers Jérusalem; mais, l'ange du Seigneur ayant exterminé dans une nuit 185,000 hommes de son armée, il fut forcé de prendre la fuite. Ezéchias tomba ensuite dangereusement malade, mais le prophète Isaïe obtint sa guérison. Il mourut l'an du monde 3306, avant J.-C. 694.

ÉZÉCHIEL (en hébreu, *force de Dieu*), un des quatre grands prophètes, était fils de Buzi, de la race sacerdotale. Il fut emmené captif à Babylone par Nabuchodonosor avec Jéchonias, roi de Juda, l'an du monde 3405, avant J.-C. 595. Il commença à prophétiser la cinquième année de sa captivité. Le Seigneur lui apparut sur les bords du fleuve Chobar, et l'envoya annoncer à son peuple ce qui devait arriver. Depuis ce temps, Ézéchiel annonça les oracles au peuple captif, le soutint et le consola jusqu'à ce qu'il fût lapidé par les ordres d'un magistrat à qui il reprochait son idolâtrie. Les Grecs honorent sa mémoire le 21 juillet, et les Latins le 10 avril. Le livre qui porte son nom est très-obscur et divisé en quarante-huit chapitres. Il fallait avoir trente ans chez les anciens Juifs pour le lire.

EZZELIN, ÉCELIN, ÉZZELIN (*Hezelo, Ecelo, Icelo*), d'un nom dérivé du vieux mot teutonique *helzen*, *chasseur*, était fils d'Arpon, baron allemand des provinces voisines de Westphalie. En qualité de simple chevalier, il suivit Conrad II dans une expédition d'Italie. Sa valeur et ses talents pour la guerre lui méritèrent la bienveillance de ce monarque, qui en 1036 lui donna les fiefs d'Onara et de Romano, dans le Padouan, près de Bassano. Il obtint plus tard le fief de Bassano, et jouit d'une grande considération. Il mourut d'années après (1091) âgé d'environ quatre-vingts ans.

EZZELIN II conserva avec son frère ALBÉRIC tous les fiefs d'Ezzelin I<sup>er</sup>, son père. Ils acquirent par leurs largesses et leurs donations à plusieurs monastères une réputation de piété et de bienfaisance qui fut le fondement de leur puissance et de celle de leurs successeurs. Plusieurs évêques leur donnèrent l'investiture de leurs biens. Ezzelin II mourut en 1154, ainsi que son frère Albéric.

EZZELIN III ou EZZELINO, surnommé *il Balbo, le Bègue*, succéda aux nombreux domaines de son père Albéric et à son oncle Ezzelin II. Il passa en Palestine en 1147, fut un des chefs de l'armée chrétienne, et y acquit beaucoup de gloire. Investi de nouveaux fiefs, il devint un des seigneurs les plus puissants de la haute

Italie. Il fut un des chefs de la ligue que formèrent les villes d'Italie pour se soustraire à la domination de l'empereur, et vainquit Frédéric Ier Barberousse dans plusieurs batailles. Par le traité de paix du 25 juin 1183, les villes conservèrent leur liberté. L'empereur se réserva seulement la suzeraineté et plusieurs droits. Ezzelin mourut vers 1185.

EZZELIN IV, fils d'Ezzelin le Bègue, né vers 1150. Il fut surnommé *il Monacho, le Moine*, parce qu'il se retira vers la fin de sa vie dans un couvent de bénédictins. Elu podestat de Trévise en 1191, de Vicence en 1193, il fut la même année expulsé de cette dernière par Uguecione, chef des Malraveti ; mais il y rentra en 1194 par les efforts de Vivaresi. Les marquis d'Est soutenant les Campo-San-Piero, ses ennemis, avec les Vicentins, attaquèrent Bassano. Mais Ezzelin sauva cette ville, vainquit les Vicentins à Carmignano, et fit la paix avec eux en 1199. Il fut tour à tour en guerre avec les Padouans, Azzo VI d'Est et d'autres seigneurs puissants. Rétabli podestat à Vicence en 1210, il se retira dans un monastère en 1221, et mourut en 1235.

EZZELIN V, surnommé *le Tyran*, fils du précédent et son successeur, né en 1194, fut élevé dans les camps, et prit le maniement des affaires en 1222. Vicence, Padoue et Vérone s'étant révoltées, il leur infligea des châtiments sévères, qui servirent de prétexte au pape pour prêcher une croisade contre lui. Défait le 27 septembre 1259 par les troupes réunies d'Azzo d'Est, du comte San-Bonifacio, de Buoso da Dovara et du marquis Pallavicini, il fut fait prisonnier et conduit à Soncino, où il mourut en 1259. En lui s'éteignit l'illustre maison da Onara et da Romana.

# F

## FAB

F, la sixième lettre de l'alphabet, et la quatrième des consonnes. C'est la sixième lettre dominicale. F ut fa désignait dans l'ancienne musique la note *fa*. F est encore en musique l'abréviation du mot *forte* (fort). Les banquiers et commerçants se servent de l'abréviation Fo pour dire *folio*. Fo 2 veut dire *folio* 2 ou deuxième page. F était autrefois la marque des monnaies frappées à Angers. En style ecclésiastique, F signifie *frère*. N. T. C. F. désignent *nos très-chers frères*. Les florins se marquent par un F uni à un L ou un S. En pris numériquement, F désignait 40 chez les Romains ; avec un trait au-dessus, F̄, 40,000. Dans les abréviations, il remplaçait *filius* (fils) ; *Fl.*, *Flavius*, surnom de plusieurs Romains. Cette lettre, étant l'initiale du mot *fugitivus* (fugitif), se gravait avec un fer chaud sur la tête des esclaves fugitifs.

FA, quatrième note de la gamme d'ut. On disait autrefois en France *F ut fa* pour désigner cette note ; dans la solmisation italienne, on la nomme *F fa ut*.

FA (CLEF DE). Voy. CLEF.

FABARIES (myth.), sacrifices dans lesquels on présentait à la déesse *Carna*, laquelle présidait au foie, au cœur, aux intestins, dont elle entretenait la santé, du lard et des gâteaux faits avec de la farine de fèves. Ils avaient lieu au mois de juin sur le mont Cœlius.

FABERT (Abraham), né à Metz en 1599, entra en 1613 dans une compagnie des gardes françaises. Il contribua à la prise de Saint-Jean-d'Angely en 1621 et de Royan (1622), et combattit au siège de la Rochelle (1627). Après avoir servi dans la guerre de Savoie (1629) et dans les guerres de religion, il fut nommé capitaine d'une compagnie de chevau-légers, se distingua dans la guerre du Piémont (1639) ; ce qui lui valut le grade de capitaine des gardes françaises. Dans la campagne du Roussillon (1641), il s'empara d'Argillers et de Collioure. Nommé gouverneur de Sedan et maréchal de camp en 1644, il servit en Catalogne et en Italie. Créé marquis en 1650, et lieutenant général des armées du roi, il combattit en Flandre et en Champagne, prit Stenay, fut nommé maréchal de France, et mourut à Sedan en 1662.

FABIA, illustre famille patricienne de Rome, ainsi nommée pour ses ancêtres enseignèrent les premiers en Italie la culture des fèves. Elle faisait remonter son origine à Fabius, fils d'Hercule, 500 ans environ avant la fondation de Rome. Cette famille était divisée en six branches, qu'on nommait *Ambusti, Maximi, Vibulani, Butcones, Dorsones* et *Pictores*. Il ne resta de cette famille, détruite à Cremera, qu'un membre, Fabius Vibulanus, pour la relever de ses ruines. Elle s'éteignit dans la deuxième siècle.

FABIA, tribu romaine, ainsi nommée des Fabius, qui en étaient la famille la plus distinguée.

FABIA (Loi), loi qui défendait d'acheter, de vendre ou de garder auprès de soi malgré lui l'esclave ou l'affranchi d'un autre. —Une autre loi du même nom fixait le nombre des clients par lesquels on pouvait se faire suivre dans les lieux publics.

FABIA TERENTIA, vestale, sœur de Terentia, femme de Cicéron.—Sœur de l'empereur Verus, femme de Marc Aurèle.

FABIEN (Saint), Italien de naissance, fut placé sur le siège pontifical de Rome après Antère, en 236. Il bâtit plusieurs églises, s'éleva fortement contre les hérétiques, et envoya des évêques dans les Gaules pour y annoncer l'Evangile. Il souffrit le martyre en 250.

FABIENS, nom donné par Romulus à ceux qui s'attachèrent à sa personne, à cause de Fabius Celer, leur chef. — On donne quelquefois ce nom aux membres de la famille Fabia, et surtout aux 306 guerriers qui marchèrent contre les Véiens (477 ans avant J.-C.) et, après les avoir battus souvent, périrent accablés par le nombre au combat de Cremera. — Prêtres qui formaient un collège de Luperces.

FABIOLA ou FABIOLE (Sainte) descendait de la famille des Fabiens. Mariée à un homme dont les débauches lui faisaient horreur, elle s'en sépara, et épousa un autre. Mais, après la mort de celui-ci, ayant appris que la loi de Jésus-Christ condamnait le divorce, elle fit pénitence publique, vendit tous ses biens, en distribua l'argent aux pauvres, et bâtit un hôpital à Rome et à Ostie, où elle mourut en 400. On en fait mémoire le 27 décembre.

FABIUS CELER, commandant chargé de garder le fossé qui entourait Rome naissante. C'est lui qui tua Remus lorsque ce jeune homme allait le franchir.

FABIUS CÆSO (Vibulanus), Romain qui fut trois fois consul (484, 481, 479 avant J.-C.). Il fut le premier qui, au sortir du consulat, obtint un commandement proconsulaire pour combattre les ennemis de Rome. En 477 avant J.-C., il offrit au sénat de combattre avec sa famille seule les Véiens et les Eques. Ils périrent presque tous à Cremera. A son premier consulat commencent les *fastos capitolins*.

FABIUS VIBULANUS (Quintus), de la famille Fabia, échappa seul à la jeunesse, au massacre de sa famille à Cremera. Il fut consul en 287, 289 et 295 de Rome, et ensuite décemvir. — Consul l'an 423, fut nommé en 410 avant J.-C. tribun militaire, et ensuite inter-roi.

FABIUS RULLIANUS MAXIMUS (Quintus), maître de la cavalerie sous le dictateur L. Papirius Cursor, l'an de Rome 430, combattit malgré les ordres du dictateur, et vainquit les Samnites. Papirius voulut le faire mourir, mais il céda aux instances de son père. Elevé au consulat en 432 et à la dictature en 439, il défit les Apuliens, les Lucériens, les Samnites et les Etrusques. Consul de nouveau en 444, 446, 457, 459, dictateur pour la deuxième fois en 453, il vainquit les Samnites et les Gaulois à Sentinum, et reçut le titre de prince du sénat. Pendant son censorat, il écrivit des règlements sur les prolétaires.

FABIUS MAXIMUS VERRUCOSUS CUNCTATOR (Quintus) fut cinq fois consul. Dans son premier consulat (233 avant J.-C.), il battit les Ligures ; consul encore (226 avant J.-C.), il se rendit célèbre par une convention avec les Carthaginois, d'après laquelle il s'engageaient à ne pas passer l'Ebre. Envoyé à Carthage (218), il accepta la guerre que lui offrait cette ville. Nommé dictateur après la bataille de Trasimène (217), il refusa les combats que lui offrait Annibal, et se contenta de le harceler et de le fatiguer par des marches forcées. Soupçonné de trahison ; mais, Minutius Félix ayant été vaincu, on lui resta toujours fidèle à son plan (214 et 213), et sauva ainsi Rome. Consul pour la cinquième fois (209), il reprit Tarente sur Annibal et mourut (205 avant J.-C.). Le sénat paya ses funérailles.

FABIUS MAXIMUS ÆMILIANUS (Quintus), fils de Paul Emile, fut adopté par la famille Fabia, et fit ses premières armes sous son père, qui le députa l'an de Rome 584, vers le sénat, pour lui annoncer sa victoire sur Persée. Envoyé en Espagne comme consul l'an de Rome 609, il y remporta des succès. Il écrivit des *Annales romaines*.

FABIUS MAXIMUS ALLOBROGICUS (Quintus), consul l'an de Rome 631, remporta dans les Gaules, sur les Arvernes commandés par leur roi Bituitus, au confluent de l'Isère et du Rhône, une grande victoire dans laquelle il tua 120,000 hommes. On lui décerne le triomphe et le surnom d'*Allobrogicus*.

FABIUS PICTOR (Quintus), le plus ancien des historiens romains, vivait l'an 223 avant J.-C. Il écrivit des *Annales* de l'histoire romaine depuis Romulus jusqu'à son époque. On ignore s'il les écrivit en grec ou en latin. Il reste quelques fragments de cet ouvrage, que quelques savants attribuent à Annius de Viterbe.

FABLE, mot collectif qui désigne l'ensemble des mythes de la théogonie païenne. Les *dieux de la fable* sont ceux qu'adoraient les peuples anciens. — Comme synonyme d'*apologue*, ce mot exprime le récit d'une action feinte destinée à l'amusement et à l'instruction sous le voile de l'allégorie. Les fables remontent à une haute antiquité. On en retrouve chez toutes les nations. Les plus fameux *fabulistes* sont, chez les anciens, Esope, Phèdre, Aristote ; chez les modernes, Locman, Pilpay, Saadi (en Orient) ; l'Allemand Lessing ;

en Italie, Gérard de Rossi, Roberti ; en Espagne, Iriarte ; en Angleterre, Gay, Moore ; en France, la Fontaine, Florian, Arnault, Ginguené, le Bailly, etc. — On nomme encore *fable* le fond principal de l'action d'une pièce de théâtre.

FABLIAU, sorte de petit poëme renfermant le récit simple et naïf d'une action plaisante, de peu d'étendue, plus ou moins intriguée, et dont le but était d'instruire et d'amuser. Leur origine remonte aux croisades. Le plus ancien de ces fabliaux date de la fin du XIe siècle, et est dû à Guillaume IX, comte de Poitiers et d'Aquitaine, mort en 1122. Ce genre de poésie fut cultivé en France dans les XIIe et XIIIe siècles. Les fabliaux étaient divisés en stances, dont les vers étaient de huit syllabes. Quelques-uns devaient être déclamés, d'autres récités et chantés tour à tour.

FABRE D'ÉGLANTINE (Philippe-François-Nazaire), né à Carcassonne en 1755, se fit d'abord comédien. Il se livra ensuite à l'étude et à la pratique des belles-lettres. Après avoir reçu à l'académie des jeux floraux de Toulouse (1775) une églantine d'or, dont il ajouta le nom au sien, Fabre vint à Paris, et composa plusieurs pièces de théâtre, le *Présomptueux*, le *Collatéral*, l'*Intrigue épistolaire*, *Philinte ou la Suite du Misanthrope*, les *Précepteurs*, et diverses *poésies*. Nommé député à la convention nationale, il partagea les opinions du club des cordeliers. Rendu suspect à Robespierre, il fut décrété d'accusation, et condamné à mort (1794).

FABRE DE L'AUDE (LE COMTE Joseph-Pierre), né à Carcassonne en 1755. D'abord avocat au parlement de Toulouse, et député aux états de Languedoc de 1788, il entra dans la carrière législative en 1795, et soutint la cause de l'humanité. Président du tribunal en 1804, sénateur en 1807, pair de France en 1815, il se fit remarquer par ses connaissances en administration et en matière de finances, et écrivit plusieurs ouvrages politiques et moraux. Il est mort en 1832 commandeur de l'ordre de la Légion d'honneur.

FABRETTI (Raphaël), né à Urbin en 1618, fut secrétaire du pape Alexandre VIII, chanoine de la basilique du Vatican et préfet des archives du château Saint-Ange sous Innocent XII. Il s'adonna à l'étude de l'antiquité, et publia plusieurs ouvrages en latin *sur les Aqueducs de l'ancienne Rome* (1680), *sur la Colonne Trajane*, une *Explication des inscriptions antiques* (1699 et 1702). Raphaël mourut en 1700.

FABRI (SIXTE) ou SIXTE DE LUCQUES, né à Lucques en 1540, embrassa l'institut des frères prêcheurs en 1556. Il savait déjà plusieurs langues orientales. Le général de l'ordre le fit provincial de la terre sainte et procureur général de l'ordre à la cour de Rome. Grégoire XIII le nomma maître du sacré palais, et il fut élu général de son ordre en 1583. Il établit une école des langues grecque et hébraïque et envoya des prédicateurs en Orient. Il se retira vers la fin de ses jours dans la retraite de Sainte-Sabine, où il mourut en 1594.

FABRIANO (GENTILE DA), né à Rome en 1332, était peintre de Martin V. Après avoir beaucoup travaillé pour le pape, il fit plusieurs ouvrages importants à Florence, à Sienne et à Pérouse. Il peignit la salle du grand conseil à Venise. Pour le récompenser, le sénat lui accorda une pension considérable et le droit de porter la robe patricienne. Fabriano mourut en 1412.

FABRICE (Georges), né à Kemnitz (Misnie) en 1516, écrivit un grand nombre de *poésies latines* (1567), où il n'emploie aucun des termes qui ressentent la fable ou le paganisme. On a encore de lui un *Art poétique* en sept livres (1589), une *Collection des poëtes chrétiens latins* (1562), les *Annales de la ville de Meissen* (1660), des *Annales de la Germanie et de la Saxe* (1609). Georges mourut en 1571.

FABRICE ou FABRIZIO (Jérôme), surnommé *d'Aquapendente*, né dans cette ville en 1537. Il eut pour guide dans l'art de la médecine l'illustre Fallope, dont il fut le disciple et le successeur. On a de cet écrivain plusieurs ouvrages de chirurgie et d'anatomie.

FABRICIEN ou FABRICIER, officier ecclésiastique ou laïque chargé du soin du temporel d'une église, des revenus, de l'intendance des bâtiments d'un chapitre, d'une paroisse, d'une église, d'une confrérie. Ce mot est synonyme de *marguillier*.

FABRICIUS LUSCINUS (Caïus), célèbre général romain. Consul l'an de Rome 472, il remporta sur les Samnites, les Brutiens et les Lucaniens, plusieurs victoires qui lui méritèrent le triomphe. Ayant été envoyé vers Pyrrhus pour traiter de l'échange des prisonniers, ce prince tenta de lui faire accepter des présents magnifiques ; mais le Romain refusa ses offres. Il lui offrit en vain de le suivre en Épire, et de lui donner la première place dans son royaume. En 476, Fabricius fut de nouveau nommé consul pour continuer la guerre contre Pyrrhus. Il découvrit à ce prince l'offre que faisait son médecin de l'empoisonner. Pyrrhus, vaincu par cette vertu, congédia ses prisonniers, et cessa de faire la guerre aux Romains. Fabricius mourut si pauvre que l'État fut obligé de doter sa fille.

FABRICIUS (Quintus), tribun du peuple, voulut proposer le rappel de Cicéron, son ami ; mais il fut arrêté dans ses démarches par les violences de Clodius.

FABRICIUS VEIENTO, poëte latin, publia sous Néron, vers l'an 60 de J.-C., sous le titre de *Mon Codicille*, des satires dans lesquelles il diffamait les sénateurs et les collèges des prêtres. Ces vers furent brûlés publiquement, et lui-même fut banni de l'Italie. Après la mort de Néron, il revint à Rome, et fut fait préteur. Il vivait encore sous Domitien.

FABRICIUS (Jean-Albert), né à Leipzig en 1667, s'acquit la réputation de littérateur agréable et de savant. Nommé professeur d'éloquence à Hambourg, il mourut dans cette ville en 1736. Ce bibliographe a laissé plus de quarante volumes. Ses ouvrages, écrits en latin, sont un *Recueil des passages apocryphes du Nouveau Testament*, une *Bibliothèque des auteurs grecs, des auteurs latins, des auteurs ecclésiastiques*, des *Mémoires de Hambourg*, un *Recueil des passages apocryphes de l'Ancien Testament*, etc.

FABRICIUS (Jean-Chrétien), célèbre entomologiste, né en 1742. Il fut le disciple de Linné. Ce savant, mort en 1807, a créé un système d'entomologie qui a changé la face de cette science en Europe, et qui a été adopté en partie par Cuvier et les naturalistes modernes. Il laissa plusieurs ouvrages ou *traités* sur les insectes.

FABRIQUE, manufacture en petit, où l'on convertit diverses matières premières en produits vendables. La fabrique se distingue de la manufacture en ce que celle-ci roule sur les objets d'un usage ordinaire, et la deuxième sur des objets d'une plus grande recherche. Les anciens avaient peu de fabriques. Au moyen âge, les peuples n'en eurent guère. Ce fut au XVe siècle que l'industrie fit de grands progrès. Le règne de Louis XIV, l'émulation de l'Angleterre, les découvertes en chimie, et les nombreuses machines que l'on a inventées, ont amené l'industrie manufacturière au point où elle est aujourd'hui. On compte en France environ trente-huit mille fabriques, manufactures et usines. Elles sont rangées en trois classes : 1º celles qui sont les plus incommodes, ou dangereuses, et qui ne peuvent être formées au dedans des villes ; 2º celles dont le voisinage est plus supportable ; 3º celles qui n'offrent que très-peu ou point d'inconvénients. Aucun de ces établissements ne peut être formé sans une permission de l'autorité, qui décide d'après un rapport de chimistes, d'ingénieurs et de médecins. Les fabricants peuvent appeler de ces décisions au conseil d'État, qui prononce en dernier ressort.

FABRIQUE, nom donné, en peinture, à toute espèce de bâtiments, grands ou petits, de ruines, servant d'ornement dans le fond d'un tableau d'histoire ou d'un paysage. On y joint aussi les ponts, les villes, les hameaux, etc.

FABRIQUE DES PAROISSES, revenu affecté à l'entretien des églises paroissiales, aux dépenses du culte, aux réparations, achats d'ornements et autres choses semblables. — Ce mot désigne aussi le conseil chargé de la recette et de l'emploi de ce revenu. Ces fabriques furent administrées successivement par les évêques, les archidiacres et les curés, enfin par les notables élus par les paroissiens, et qui rendaient compte devant l'évêque ou son archidiacre. On les nomme aujourd'hui *marguilliers*, *fabriciens* ou *gagiers*. Ils occupent un banc particulier dans l'église, et rendent compte chaque année aux archevêques, évêques, curés, etc.

FABRONI (ANGE), né à Marradi en 1732, commença sa carrière littéraire par ses *Vies des Italiens célèbres*, en latin (18 volumes). Il écrivit écrivit la vie de Côme, de Laurent de Médicis, de Léon X, etc., une *Histoire de l'université de Pise*, un ouvrage sur le *groupe de Niobé*, un *Journal des savants de Pise*, commencé en 1771, et qu'il a continué jusqu'au 102e volume. Le duc Léopold de Toscane l'appela de Rome à Florence pour être prieur de Saint-Laurent et directeur de l'université de Pise, où il mourut en 1803. Il traduisit en italien le *Voyage du jeune Anacharsis en Grèce* de Barthélemy.

FABROT (Charles-Annibal), né à Aix en 1581, se livra à l'étude des langues et de la jurisprudence. Reçu docteur en droit en 1606, avocat au parlement de Provence et professeur de droit à Aix en 1609, il vint en 1638 à Paris, où il publia divers ouvrages. Il mourut à Paris en 1659. Il ajouta des *notes* aux Institutes de Justinien, traduisit les *Basiliques*, lois romaines en usage en Orient. Il enrichit de *notes* les œuvres de Cujas, le code Théodosien, écrivit un *Traité sur l'usure*, des *maximes* et des *traités de droit*.

FABULINUS (myth.), *dieu de la parole*, divinité des anciens, présidant à l'éducation des enfants. Les Romains lui offraient des sacrifices lorsque leurs enfants commençaient à parler.

FAÇADE, terme d'architecture, qui désigne un des côtés d'un édifice. Il désigne encore, 1º le frontispice ou structure extérieure d'un bâtiment ; 2º le côté le plus important, le plus beau d'un édifice.

FACE, partie antérieure de la tête, placée au-devant et au-dessous du crâne. Sa forme est symétrique ; sa structure est très-compliquée, et varie selon les animaux chez lesquels on la considère. Chez l'homme, elle présente plusieurs cavités remarquables, les orbites, les fosses nasales, la cavité buccale, les fosses zygomatiques et temporales. Elle est divisée en *mâchoire supérieure* ou *syncranienne* et en *mâchoire inférieure* ou *diacranienne*. (Voy. ces mots.) Les mouvements de la face sont de deux sortes : les uns concourent aux sensations de la vue, de l'odorat, du goût, à la mastication, à la voix, à la parole, etc. ; les autres servent à exprimer les désirs, les passions, le plaisir, la douleur, la tristesse, etc., caractérisés chacun par une expression faciale différente. Les muscles nombreux de la face la rendent très-mobile. C'est cette mobilité qui constitue les diverses physionomies et les expressions de la face. La rapidité avec laquelle elle se colore ou se décolore tient à la facilité avec laquelle le sang y pénètre le système capillaire.

FACE (path.), synonyme de *visage*. Elle présente chez l'homme malade des modifications importantes et nombreuses, relatives à son expression, à son volume, à sa couleur, à ses mouvements, aux éruptions qui s'y montrent. Ainsi elle est bleue dans la cyanose, jaune verdâtre dans les affections bilieuses, jaune pâle dans la cachexie, etc.

FACE HIPPOCRATIQUE, nom donné à une altération de la face décrite par Hippocrate. Les caractères sont un nez aigu, des yeux enfoncés, des tempes creuses, des oreilles froides et retirées; la peau du front est dure, tendue et sèche, la couleur du visage plombée, les lèvres pendantes, relâchées et froides.

FACE (géom.), nom donné aux plans qui composent la surface d'un polyèdre; ainsi les faces d'un cube sont les six carrés qui le limitent. La face sur laquelle on suppose le solide appuyé prend le nom de base. Chacune des faces peut être prise pour la base; cependant, lorsqu'un corps est long et étroit comme un obélisque, on prend pour base la face la moins étendue.

FACE (acc. div.), superficie des corps. En théologie, ce mot désigne la présence de Dieu. En anatomie, c'est une des parties qui composent la superficie d'un organe. — En terme d'arts du dessin, on divise la hauteur du corps en dix parties égales nommées *faces*, parce que la face de l'homme a été le premier module de ces mesures. En termes de fortification, on désigne sous les deux côtés de l'ouvrage les plus avancés vers la campagne ou le dehors de la place. En architecture, ce mot désigne le devant ou un des côtés d'un édifice. — En termes d'astrologie, c'est la troisième partie d'une planète, dont chacune a trois faces de dix degrés. — Dans les eaux et forêts, ce mot désigne le côté de l'arbre auquel on a appliqué une marque, pour en tirer un alignement. — Un bataillon *fait face de tous côtés* lorsqu'il s'oppose de tout côté à l'ennemi. *Faire volte-face*, c'est se retourner, faire demi-tour à droite et à gauche.

FACETTE, diminutif de *face*. On se sert de cette expression lorsque les plans d'un polyèdre sont très-petits. Les pierres précieuses, les verres qui multiplient l'image des objets sont taillés à facettes. — Les anatomistes nomment *facette* une petite portion circonscrite de la superficie d'un os.

FACIAL (Angle). Voy. ANGLE FACIAL.

FACIAL, ce qui appartient ou a rapport à la face. Le *nerf facial* naît de la partie inférieure et latérale de la protubérance latérale, à côté du nerf auditif. Il sort du crâne par le trou auditif interne, et se divise en deux branches, la *temporo-faciale* et la *cervico-faciale*, qui se distribuent à presque tous les muscles de la face. La *veine faciale* (préparate ou frontale) naît entre la peau et le muscle frontal, descend ensuite verticalement vers le grand angle de l'œil, en prenant le nom d'*angulaire*, et passe obliquement vers la face, pour venir s'ouvrir dans la veine jugulaire interne. L'*artère faciale* est une des branches de la carotide externe.

FACIENDAIRE, nom donné dans quelques ordres religieux au procureur qui est chargé des affaires de la maison ou des maisons étrangères de l'ordre.

FACIES, mot employé d'abord pour indiquer l'aspect, l'habitude de la face, et dont on se sert depuis Linné pour désigner la physionomie, l'aspect, le port des corps naturels, lesquels changent à chaque instant. On donne le nom de *prosopopo* ou *prosopoxopie* à l'étude de ces modifications et de ces altérations, qui changent selon l'état des corps. Voy. FACE (path.).

FAÇON, synonyme de *sorte*, *manière*, *forme*, etc. En termes de commerce, on nomme *façon* productive une modification opérée par l'industrie pour créer ou accroître l'utilité et la valeur d'une chose. — On dit d'un ouvrage en *façon d'ébène*, *de marqueterie*, pour indiquer qu'il a la forme qu'on donne ordinairement à ces sortes d'ouvrages, quand on les fait en ébène, en marqueterie.

FAÇONS, formes rétrécies d'une partie de la carène d'un bâtiment en avant et en arrière, dans les constructions. Elles varient dans tous les bâtiments qui ne sont pas faits d'après les mêmes plans. Elles sont en général plus fines aux bâtiments de guerre.

FAC-SIMILE, mot latin qui signifie *ressemblance parfaite* et qui est consacré dans notre langue à l'art d'imiter parfaitement toute écriture manuscrite, et d'en tirer des épreuves exactes. Pour faire ces copies, on fixe une feuille de papier à calques sur le manuscrit; ensuite, à l'aide de l'encre lithographique qui sèche lentement, on suit tous les traits du manuscrit, puis on transporte cette copie sur le cuivre ou la pierre lithographique, en la soumettant à l'action d'une presse ; en renouvelant l'encre, l'on peut tirer plusieurs exemplaires *fac-simile*.

FACTEUR. En termes de commerce, c'est un agent chargé de faire des achats, des ventes de marchandises, des négociations d'effets, etc., de représenter le commerçant dans les lieux où il ne réside pas, et de traiter toutes les affaires en son nom. Le bureau où il réside se nomme *factorerie*. On nomme encore ainsi un commissionnaire qui tient en dépôt les marchandises et les registres d'une messagerie, et est chargé du soin de délivrer les ballots et paquets aux personnes qui y ont droit, et en donnent un reçu qu'on inscrit au registre du facteur. — Dans les marchés publics, le gouvernement préposé des facteurs qui vendent pour la consommation de Paris les denrées aux marchands détaillants, qui les livrent ensuite aux particuliers.

FACTEUR, nom donné aux commissionnaires chargés de distribuer les lettres à chaque adresse, et de lever, aux heures prescrites par l'administration, les lettres qu'on a déposées dans la boîte de la poste aux lettres. — Dans les armées, ils se nomment *vaguemestres*.

FACTEUR D'INSTRUMENT, nom donné aux artistes qui construisent des instruments de musique, et surtout des pianos, des harpes, des orgues; quelquefois on l'étend aux luthiers. Autrefois les facteurs formaient un corps particulier, qui avait ses statuts. Les plus célèbres facteurs sont Silbermann et Clicquot pour les orgues, Erard et Pleyel pour les pianos, Nadermann pour la harpe.

FACTEURS (math.), nombres qui entrent dans la composition d'un autre par voie de multiplication. Ainsi 6 étant considéré comme le résultat de la multiplication de 2 par 3, 2 et 3 sont les facteurs de 6. Les facteurs d'un nombre se nomment aussi ses *diviseurs*, parce qu'il est évident qu'un nombre est exactement divisible par chacun de ses facteurs. Pour décomposer un nombre en ses facteurs, on le divise par un de nombres premiers, 2, 3, 5, etc., qui n'excèdent pas moitié. Si l'on obtient un quotient, on opère sur ce quotient de la même manière, jusqu'à ce que l'on parvienne à un quotient qui soit un *nombre premier*. — Le *multiplicande* et le *multiplicateur* sont les facteurs du produit. Voy. ces mots.

FACTICES, nom donné, en chimie, à des produits que l'on obtient à l'aide d'opérations chimiques, et qui imitent plus ou moins ceux qui sont fournis par la nature (eaux minérales artificielles), ou qui n'étant pas naturels sont cependant regardés comme tels (boissons fermentées). Les eaux minérales factices peuvent être rendues semblables aux eaux naturelles lorsque leur composition est connue. Quant aux boissons alcooliques factices résultant de divers mélanges, on ne peut les rendre semblables à celles qui résultent de la fermentation naturelle des sucs.

FACTION, nom donné aux parties qui se forment dans un royaume, dans une ville, dans un corps de troupes, etc., et qui sont mus par des intérêts différents. — *Faire faction*, c'est être en sentinelle. Chez les Romains, les factions se nommaient *vigiliæ* et duraient trois heures; la trompette en donnait le signal. Au moyen âge, les factions n'étaient pas connues, et étaient remplacées par le *guet*, l'*escoute*. La faction date de Louis XIV. Un soldat ne doit pas faire plus de huit heures de faction dans une même garde; quelquefois on ne fait que six heures, même moins, quand la garde doit être forte, sans fournir beaucoup de sentinelles. Voy. FACTIONNAIRE.

FACTIONNAIRE. Autrefois on nommait ainsi les capitaines qui n'étaient pas exempts de monter la garde. Le premier factionnaire du régiment était le commandant de la quatrième compagnie, ou premier capitaine des fusiliers, qui commandait en l'absence des officiers supérieurs. Aujourd'hui on nomme ainsi un soldat en sentinelle. On les relève de deux en deux heures, et plus souvent dans les grands froids. Chaque soldat marche à tour de rôle. En garnison les factionnaires ont des guérites et des capotes; à l'armée, ils n'en ont pas.

FACTIONS, nom donné par les Romains aux quadrilles ou troupes de concurrents qui couraient sur des chars dans les jeux du cirque. Il y en avait quatre distinguées par les couleurs verte, bleue, rouge et blanche. Chacune avait ses partisans, et l'intérêt trop vif que les spectateurs prenaient pour elles occasionnait les plus grands désordres. Sous Justinien, il y eut 40,000 hommes tués en un seul jour. Cet événement fit supprimer les factions du cirque.

FACTORAGE, droit, appointements qui sont dus aux facteurs du commerce. Ce droit, réglé conventionnellement, varie selon les lieux, les temps, les personnes. Il varie de trois à cinq pour 100, réglés d'après la valeur de la marchandise.

FACTORERIE ou FACTORIE, bureau ou comptoir où résident les facteurs du commerce. On nomme encore ainsi les comptoirs, loges, établissements et les résidences de nos agents ou négociants en pays étrangers. La factorerie tient le milieu entre la loge et le comptoir.

FACTORIELLE, nom donné, en algèbre, à un produit dont les facteurs sont en progression arithmétique. Vandermonde a considéré le premier ces produits en 1772.

FACTUM, mot latin employé d'abord dans le style judiciaire, lorsque les procédures se rédigeaient en latin, pour signifier le *fait*, les circonstances d'une affaire. On donna ensuite ce nom aux mémoires que les parties font imprimer pour l'instruction des juges qui doivent juger le procès. On les nomma ainsi parce que, lorsqu'on le rédigeait en latin, on mettait en tête le mot *factum*. Ce terme est remplacé aujourd'hui par celui de *mémoire*. — *Factum* se dit encore des écrits qu'une personne publie pour attaquer ou se défendre.

FACTURE, compte, état ou mémoire, qu'un marchand donne en livrant la marchandise qu'il a vendue. La facture doit contenir, 1º la date de la livraison, le nom de la personne qui a reçu ou acheté la marchandise, le numéro et les marques des ballots; 2º les espèces, quantités et qualités des marchandises livrées; 3º le prix, le montant des droits et des frais, et le total des sommes à acquitter ; 4º le nom du voiturier qui doit transporter les marchandises; 5º la quittance lorsque la chose a été payée. Vendre *sur le pied de facture*, c'est vendre au prix courant. Le *livre de facture* est le registre sur lequel on enregistre les factures que l'on délivre.

FACTURE se dit, en littérature, de la manière dont une pièce de prose ou de vers est composée, et qui révèle le génie propre à l'auteur. — En musique, FACTURE exprime la manière plus ou moins savante dont un morceau est écrit, la disposition du chant et de l'harmonie. Cependant on entend par ce mot plutôt la partie harmonique de la musique que la partie mélodique. Un morceau a de la *facture*, de la bonne ou *mauvaise facture*, selon l'enchaînement et la disposition de l'harmonie et de la mélodie. — En termes d'organiste, *facture* est synonyme de *grosseur*.

FACULES, points du disque solaire plus brillants et plus lumineux que le reste. Leur apparition précède quelquefois celle des taches. D'autres fois elles environnent un amas de taches.

FACULTÉ, puissance, disposition naturelle par laquelle les êtres peuvent agir, produire ou recevoir un effet, un acte, etc. Les *facultés de l'âme* sont les pouvoirs qu'elle a de développer en elle-même les modifications par lesquelles elle se manifeste à la conscience. Ce sont la *sensibilité*, faculté de sentir ; l'*intelligence* ou *entendement*, faculté de connaître, et l'*activité*, faculté d'agir. Les *facultés intellectuelles* constituent l'*entendement* par leur ensemble. On distingue encore les *facultés physiques, morales, vitales*. — En physiologie, la *faculté* est la puissance par laquelle les parties du corps peuvent satisfaire aux fonctions auxquelles elles sont destinées.

FACULTÉ, mot qui désigne le corps ou l'assemblée des docteurs qui professent les sciences dans les universités. Seul, on désigne la *faculté de médecine*. Autrefois quatre facultés formaient le système d'enseignement en France : celles de *théologie, droit, médecine; lettres et arts*. Aujourd'hui l'instruction comprend cinq facultés, *théologie, droit, médecine, sciences et lettres*, qui confèrent, après examen, aux élèves les titres de *bachelier, licencié et docteur*. Il y a en France trente-trois facultés.

FACULTÉS ALGORITHMIQUES, nom donné, en algèbre, à un mode universel de génération des quantités, à l'aide de facteurs liés entre eux par une loi.

FACULTÉS DE DROIT. Elles sont chargées d'enseigner le droit romain, le droit des gens, le droit administratif, le Code civil et de commerce, la procédure civile et la législation criminelle, l'histoire du droit romain et français. Il y en a neuf en France : à Aix, Caen, Dijon, Grenoble, Paris, Poitiers, Rennes, Strasbourg et Toulouse.

FACULTÉS DE LETTRES. Elles comprennent l'étude de la littérature grecque, latine et française, de la philosophie et son histoire, de l'histoire ancienne et moderne, de la géographie et de la littérature étrangère. Il y en a six en France : à Besançon, Caen, Dijon, Paris, Strasbourg et Toulouse.

FACULTÉS DE MÉDECINE. Elles comprennent l'étude de l'anatomie, de la physiologie, la chimie, la physique, l'histoire naturelle, la pharmacologie, l'hygiène, la pathologie, l'étude des instruments, de la thérapeutique, la clinique, la médecine légale, etc. Il y en a trois en France : à Paris, Montpellier, Strasbourg.

FACULTÉS DES SCIENCES. Elles renferment l'étude des mathématiques, de l'astronomie physique, la mécanique, la chimie, la physique, la minéralogie, la botanique, la zoologie et la géologie. Il y en a sept en France : à Caen, Dijon, Grenoble, Montpellier, Paris, Strasbourg et Toulouse.

FACULTÉS DE THÉOLOGIE. Elles enseignent le dogme, la morale, l'Ecriture sainte, l'histoire et le code ecclésiastiques, l'hébreu, l'éloquence sacrée. Il y a en France six facultés de théologie catholique, à Aix, Bordeaux, Lyon, Paris, Rouen, Toulouse ; et deux de théologie protestante, à Strasbourg et Montauban.

FACULTÉS EXPONENTIELLES, facultés algorithmiques, dont l'exposant est une quantité variable ou une fonction d'une quantité variable.

FADÆ, FATÆ ou FATIDICÆ (myth.), nom que les Latins donnaient aux devineresses des Gaulois et des Germains. On croit que c'est de ces Fadæ que l'on a tiré l'idée des fées.

FADLOUN Ier, fils d'Abel Schwar, émir d'Any, servit avec distinction sous les schahs de la Perse vers le *commencement* du XIIe siècle. Lors d'une expédition à Corasan, les Géorgiens s'emparèrent de cette ville (1125) et emmenèrent son père prisonnier. Fadloun, à la tête d'une grande armée, s'empara d'Any, ville d'Arménie, et de Thoïvin. Il les gouverna avec sagesse et mourut en 1132.

FADLOUN II, émir d'Any et de Thoïvin, et neveu de Fadloun Ier, succéda à son père Mahmoud vers l'an 1152, et gouverna en tyran. Corké, roi de la Géorgie, s'empara de ces deux villes en 1161, et le mit en fuite avec ses troupes. Il tenta de les reconquérir, mais il fut vaincu et tué dans la mêlée. — Un prince de Bardaw et de Chamcor (Arménie), au XIe siècle, porta aussi ce nom. — FADLOUN, riche personnage, acheta en 1072 la ville d'Any, rétablit les murs et l'embellit beaucoup.

FAENZA, petite ville des Etats romains, à 4 lieues S.-E. d'Imola. Faenza a un évêché. C'est dans cette ville que la poterie de terre, nommée *faïence*, a été inventée, d'après plusieurs auteurs. C'est la patrie du physicien Torricelli, inventeur du baromètre.

FAERNE (Gabriel), célèbre écrivain, né à Crémone dans le XVIe siècle, mit en vers latins cent *fables d'Esope*, distribuées en cinq livres. Ce recueil parut en 1564. Depuis, on en a fait près de neuf ou dix éditions ou traductions. Faerne mourut à Rome en 1561. Ses ouvrages sont une édition de *Térence*, des *Remarques sur Catulle et sur plusieurs ouvrages de Cicéron*, des *Dialogues sur les antiquités*, etc.

FAGAN (Christophe-Barthélemy), écuyer, sieur de Lugny, né à Paris en 1702. Il fut premier commis au grand bureau des consignations. Ce littérateur écrivit tour à tour pour le Théâtre-Français, le Théâtre-Italien et le théâtre de la Foire. Ses pièces sont *le Rendez-vous, la Pupille, les Originaux* (1737), *la Grondeuse, l'Amitié rivale, Joconde, Perrette et Lucas, l'Heureux Retour, le Marié sans le savoir, la Fermière*, etc.

FAGNANO (Jules-Charles, comte DE), marquis de Taschi et de San-Honario, fut un géomètre célèbre des XVIIe et XVIIIe siècles. Né en 1690, il mourut en 1760. Il a écrit en 1750 ses *œuvres* (*Produzzione mathematiche*). On y trouve une théorie générale des proportions géométriques, un traité des propriétés des triangles rectilignes et surtout de la *lemniscate*. — Son fils JEAN-FRANÇOIS a écrit des *mémoires* sur les mathématiques.

FAGON (Guy-Crescent), né à Paris en 1638, se livra à l'étude de la médecine, et fut reçu docteur en 1664. Il fut le premier qui soutint la circulation du sang. Chargé de repeupler de plantes le jardin royal, il reçut à son retour le titre de professeur de botanique et de chimie. Nommé en 1668 médecin de la dauphine, et ensuite de la reine et de plusieurs membres de France, il fut choisi en 1694 pour premier médecin de Louis XIV. Il entra à l'académie des sciences en 1699, et mourut en 1718. On a de lui des *mémoires* sur le quinquina, le café, le tabac, un *Poëme latin sur la botanique*, etc.

FAGONIE, genre de plantes de la famille des rutacées, tribu des zygophyllées, à corolle régulière, à cinq pétales, renfermant dix étamines et un pistil. Ces plantes sont des herbes vivaces, à feuilles opposées, munies de deux ou trois stipules. Les fleurs sont pédonculées, solitaires, et viennent aux angles des rameaux. Elles sont purpurines. Ces plantes sont corrosives quand on les écrase.

FAGOTS, assemblage de menus morceaux de bois, unis ensemble par un lien de bois vert et flexible nommé *hart*. On en mesure le volume avec une petite chaînette, afin de donner au fagot une grosseur convenable. Les dimensions et le poids varient suivant les lieux. Au centre, l'on enferme des broutilles qu'on nomme l'*âme du fagot*. Les petits fagots se nomment *cotrets*.

Ceux qui sont formés de toutes sortes de bois menu, de broussailles, ronces, genêt, bruyère, se nomment *bourrées*. — On appelle encore *fagots* tout ouvrage de menuiserie ou de tonnellerie dont les pièces sont liées en faisceau, de manière à être démontées facilement.

FAGOTIN, nom donné aux singes que les charlatans montrent sur leurs tréteaux. On appelle encore ainsi les valets de charlatans chargés d'amuser la foule par des plaisanteries.

FAGOTTO, nom italien du *basson*. Voy. ce mot.

FAHLUN, ville de Suède, jadis capitale de la Dalécarlie, aujourd'hui capitale du gouvernement de Stora-Koppasberg. Sa population est de 5,200 âmes. Elle renferme des manufactures de draps, fil ; des fabriques de toiles, rubans ; des filatures de coton, laine, etc. Elle a dans ses environs vingt-huit mines de cuivre, qui rapportent annuellement 250,000 écus, et emploient cinq cents mineurs. Une tradition dit que ces mines sont exploitées depuis mille ans.

FAHLUNITE, nom donné autrefois à plusieurs substances minérales qui ont été découvertes près de Fahlun en Suède. Aujourd'hui on leur a donné leur place respective dans la nomenclature. Tels sont le *spinelle zincifère* ou la *gahnite*, la *cordiérite* et le *triclasite*, qui ont tous été appelés *fahlunites*. Seulement on nomme encore la deuxième *fahlunite dure*, et la troisième *fahlunite tendre*.

FAHRENHEIT (Gabriel-Daniel), né à Dantzig en 1686. Habile physicien, il s'appliqua à la construction des baromètres et des thermomètres. Il est surtout célèbre par un thermomètre dont la graduation lui est due, et qui est en usage en Allemagne et en Angleterre. Au point de glace fondante, on marque 32 ; au point de l'eau bouillante, on marque 212, et l'on divise l'intervalle compris entre ces deux points en 180 parties égales, qui sont les *degrés* du thermomètre. Fahrenheit substitua en 1720 le mercure à l'esprit-de-vin. Il vivait encore en 1740. On a de lui une *Dissertation sur les thermomètres*.

FAIEL. Voy. FAYEL.

FAIENCE, art de travailler la terre, de lui donner une forme convenable, de la mouler et de la durcir par la cuisson, de manière à former des vases, des ustensiles, etc. La faïence est une sorte de poterie recouverte d'un vernis. Elle était connue des anciens ; mais ils ignoraient la manière de faire des vases propres à faire chauffer les liquides et cuire les aliments. Les faïences fines en terre de pipe ou en grès, les poteries à vernis de plomb ou d'étain, ne remontent qu'à 1440. La manière de faire la faïence est la même que celle des diverses poteries.

FAIENCE COMMUNE ou ITALIENNE, nom donné à une poterie à pâte opaque, colorée ou blanchâtre, tendre, à texture lâche, à cassure terreuse, recouverte d'un émail opaque, ordinairement plombostannifère.

FAIENCE FINE ou ANGLAISE (*terre de pipe*), sorte de poterie à pâte blanche, opaque, à texture fine, dense et sonore, recouverte d'un vernis alcalino-plombifère.

FAILLE. Les couches diverses qui composent le globe terrestre sont souvent divisées dans le sens de leur épaisseur par des fentes ou fissures coupant un grand nombre de couches superposées les unes aux autres. Lorsqu'une de ces fissures acquiert une certaine profondeur, elle reçoit le nom de *faille*. Les failles sont dues à un dérangement de niveau dans les deux côtés de la fente qui partage plusieurs couches, ou à un affaissement ou un soulèvement opéré sur une partie du sol.

FAILLE (Guillaume DE LA), né à Castelnaudary en 1616, fut d'abord avocat au présidial de cette ville, puis syndic de Toulouse en 1655, et secrétaire perpétuel de l'académie des jeux floraux en 1694. Il mourut en 1711, doyen des anciens capitouls. On a de lui les *Annales de Toulouse* (1687 et 1701), un *Traité de la noblesse des capitouls* (1707), le *Catalogue des anciennes familles dont il y a eu des capitouls depuis la réunion du comté de Toulouse à la couronne*, etc.

FAILLITE, état d'un débiteur qui a cessé ses payements et abandonné tout ce qu'il possède à ses créanciers, parce qu'il se trouve dans l'impossibilité de satisfaire à leurs demandes. Tout commerçant failli est tenu, dans les trois jours de la cessation des payements, d'en faire la déclaration au greffe du tribunal de commerce. L'ouverture de la faillite est déclarée par le tribunal de commerce. Le failli, à compter du jour de la faillite, est dessaisi de l'administration de ses biens. Tous actes ou payements faits dans les dix jours qui précèdent l'ouverture de la faillite sont déclarés nuls. Les scellés sont apposés sur les magasins, comptoirs, caisses, livres, meubles du failli. Le failli est retenu dans une maison d'arrêt ou gardé par un officier de justice, jusqu'à ce que la vente de ses biens ait satisfait à ses dettes. La faillite avec fraude se nomme *banqueroute*.

FAIM, sensation pénible qui avertit du besoin de prendre des aliments solides. Elle se fait ordinairement ressentir lorsque l'estomac est vide, depuis quelque temps. Elle consiste en un tiraillement, une sorte de resserrement plus ou moins pénible dans la région épigastrique; d'autres fois en une chaleur, accompagnée de bâillements et de gargouillements. La fatigue, la douleur et la faiblesse augmentent avec sa durée et son intensité. Tous les organes sont moins actifs, la chaleur du corps plus faible; les fonctions et les sécrétions se ralentissent et sont moins abondantes. On n'a pu expliquer encore le mécanisme physiologique de la faim. Les animaux à sang froid peuvent supporter une longue abstinence; quelques-uns même ne mangent pas pendant l'hiver. Mais les animaux à sang chaud succombent promptement par le défaut d'aliments. — Les médecins placent l'organe de la faim vers le quart antérieur du temporal.

FAIM (myth.), divinité allégorique, fille de la Nuit. Elle était placée à la porte des enfers. D'autres la représentent assise dans un champ aride et arrachant avec ses ongles les plantes stériles.

FAIM-CALLE ou CABALLE, nom donné par les vétérinaires à une faim vorace qui survient chez les chevaux.

FAIM CANINE, trouble de la digestion dans lequel le malade mange des matières qu'il a mangées avec vivacité. Voy. CYNOREXIE.

FAIM DE LOUP, dépravation des fonctions digestives dans laquelle le malade prend avec voracité des aliments, et les rend presque aussitôt par l'anus.

FAIM-VALLE, maladie propre au cheval, dans laquelle cet animal, après s'être échauffé par la marche, s'arrête tout à coup et ne reprend sa course qu'après avoir satisfait son appétit.

FAINE ou FOUENNE, fruit du hêtre. (Voy.) C'est une capsule ovale pointue, à quatre valves, et renfermant quatre semences triangulaires. Elle renferme une amande longue, blanche, huileuse, bonne à manger, et ayant un goût de noisette. On la donne aux cochons, aux daims, aux oiseaux de basse-cour pour les engraisser. On s'en sert comme succédanée du café. Elle fournit une farine dont on fait du pain, et une huile douce, agréable, aussi bonne que l'huile d'olive. On la nomme *huile du Nord*. Elle peut se conserver dix ans sans perdre ses propriétés.

FAINÉANTS, nom donné aux derniers rois de France de la race des Mérovingiens, qui, s'ensevelissant dans la mollesse et les plaisirs, confiaient des églises et des monastères, abandonnaient aux maires du palais, rois de fait, l'administration du royaume. Ces rois commencent à Thierri Ier (673), et se terminent à Childéric III (742). Louis V, de la race des Carlovingiens (986), a été aussi flétri du nom de *Fainéant*.

FAIOUM ou FAYOUM, province d'Egypte, une des plus belles et des plus riches. Un grand canal la met en communication avec le Nil. C'est dans cette province qu'étaient le lac *Mœris*, le *célèbre labyrinthe*, les *pyramides de Meidoun et d'Haouara*, le *temple de Géroun*, des *obélisques*, etc. On y cultive l'olivier, la vigne, le blé, l'orge, le millet, le lin, les légumes, les cannes à sucre. On en tire du bon vin blanc. La capitale est *Medynet-el-Fayoum*. L'ancienne Crocodilopolis ou Arsinoé est une grande et belle ville bien peuplée.

FAIPOULT. Voy. FAYPOULT.

FAIRE (Le), nom donné, dans les arts, à la manière dont un sculpteur, un peintre, un graveur, emploie ses pinceaux, son ciseau, son burin. Le faire est un cachet propre à chaque artiste.

FAIRFAX (LORD Thomas), né à Denton (Yorkshire) en 1611. Il accepta le poste de général de la cavalerie à l'armée du Nord, et fut le docile instrument de Cromwell contre Charles Ier, roi d'Angleterre. Ce presbytérien zélé, nommé général des parlementaires en 1645, défit l'armée de Charles à Naseby. Il traita ce prince avec respect, et voulut même le faire évader. Il refusa de siéger parmi les juges, et sa femme miss Vere protesta contre le jugement au nom du peuple d'Angleterre. À la restauration, il devint l'ami intime de Charles II, et mourut en 1667 ou, selon d'autres, en 1671. Il a laissé des *Mémoires*.

FAISAN, genre d'oiseaux de la famille des nudipèdes, ordre des gallinacés. Ils ont le volume du coq ordinaire; le port noble, les couleurs lustrées et brillantes. Leur taille varie de deux à quatre pieds de longueur. Originaires de l'Asie, ces oiseaux se multiplient, s'acclimatent et vivent en domesticité dans tous les pays du monde. Leur chair est légère, nourrissante et délicate. Elle était réservée autrefois aux seigneurs et aux rois. Leur vol est pesant et lourd. Ils sont timides et sauvages, et vivent en troupes nombreuses; ils aiment les lieux tranquilles, retirés, marécageux et les bois de plaines. Ils vivent de sept à huit ans. La femelle se nomme *faisane*, *faisande* et *poule*. On connaît plusieurs espèces : le *faisan ordinaire*, le *faisan à collier* ou *de la Chine*, le *faisan doré*, etc. Les mâles sont polygames.

FAISAN, nom donné, 1° à des mollusques dont les coquilles sont très-belles, et qui viennent de l'Inde et de la Méditerranée; 2° à un poisson, le *flet* ou *fletan*; 3° le *faisan des Indes* est le *goura*; le *faisan des Antilles* est l'*agami*; le *faisan couleur de feu* est l'*houppifère*.

FAISAN D'HERMÈS, nom donné par les alchimistes à un oiseau qui renfermait dans son sein la pierre philosophale, parce que, d'après eux, de même que le faisan a le plumage doré, de même le faisan d'Hermès contient l'or ou la pierre philosophale.

FAISANDEAU, nom donné aux jeunes faisans.

FAISANDERIE, lieu où l'on élève des faisans. On doit avoir le plus grand soin pour les faisandeaux, qui sont sujets à diverses maladies. Au bout de trois mois, on les lâche dans un parc couvert de gazons et de bois, où ces animaux peuvent s'abriter; ils s'y multiplient, et y acquièrent un grand accroissement.

FAISANS (ÎLE DES), petite île d'Espagne formée par la Bidassoa, à une lieue de Fontarabie et du golfe de Gascogne. C'est là qu'en 1659 les rois de France et d'Espagne eurent une entrevue où ils conclurent la paix des Pyrénées.

FAISCEAU, amas de plusieurs choses liées ensemble. On nomme *faisceau optique* l'assemblage des rayons de lumière, qui partent de chaque point d'un corps lumineux. Les anatomistes nomment ainsi un assemblage, une réunion de fibres, musclés, etc. La *colonne en faisceau* est un gros pilier entouré de colonnes isolées, qui reçoivent les retombées des nervures des voûtes.

FAISCEAUX, symbole de la puissance des magistrats chez les Romains. Ils étaient composés de baguettes d'orme et de coudrier, nommées *verges*, au milieu desquelles s'élevait une hache. Cet usage, introduit par les rois, se conserva jusque sous l'empire. Vingt-quatre licteurs, armés de faisceaux, précédaient le dictateur; douze, les consuls; six, les proconsuls et les préteurs des provinces; deux, les préteurs de la ville. Dans les triomphes, les faisceaux étaient ornés de laurier.

FAISCEAUX D'ARMES. Mettre les armes en faisceau, c'est les ranger autour d'un morceau de bois denté, la crosse en bas. Dans les camps les soldats plantent deux fourches sur lesquelles ils appuient une traverse de bois, et ils placent les fusils l'un à côté de l'autre, les batteries étant couvertes et les canons graissés. On forme aussi les faisceaux en enlaçant les baïonnettes des fusils.

FAISEURS DE PONTS ou HOSPITALIERS PONTIFES, congrégation religieuse instituée par saint Benoît au XIIe siècle. Les religieux secouraient les voyageurs, bâtissaient des ponts, établissaient des bacs, etc.

FAITAGE, pièce de bois qui règne tout le long d'un toit, et qui sert à porter tous les bouts supérieurs des chevrons. — Autrefois pour poser le *faîte*, c'est-à-dire la partie la plus élevée d'un édifice, on payait au seigneur un droit nommé *faîtage*. — On nommait encore ainsi le droit qu'avaient en certains lieux les habitants de prendre dans les bois du seigneur la pièce de faîtage.

FAÎTIÈRE, sorte de lucarne, ouverte dans le toit pour éclairer l'espace qui est sous le comble. On donne aussi ce nom à des tuiles courbées, dont on recouvre le faîtage des combles; on les scelle avec du plâtre.

FAKIR ou FAQUIR (en arabe, *pauvre*) nom donné à des moines mahométans ou idolâtres. Les premiers, qui se destinent à être docteurs, ont des mœurs réglées, et vivent dans les mosquées. Les fakirs idolâtres sont vagabonds et mendiants. Ils marchent en bandes, sous la conduite d'un supérieur, laissent croître leurs ongles, vont presque nus ou couverts de haillons. Les fakirs pénitents sont toujours nus, et se tiennent jour et nuit dans des positions gênantes.

FAKKARDIN, grand émir des Druses, né en 1584. Dans la guerre d'Achmet Ier contre ses pachas, il se montra l'allié tantôt de l'un, tantôt des autres. Ferdinand, grand-duc de Florence, voulant étendre le commerce dans ses Etats, conclut en 1608 avec Fakkardin une alliance contre la Porte, se rendit maître d'un grand nombre de villes. L'émir fit complot des ports d'Acre, de Tyr, de Seïda, etc., pour empêcher les Turks d'y entrer. Abandonné de la Toscane, après une longue guerre, trahi par ses amis, il fut fait prisonnier et conduit à Constantinople, où Amurat IV le fit décapiter en 1635.

FALACER (myth.), divinité romaine. Les uns pensent que ce dieu présidait aux colonnes du cirque appelées *fala*; d'autres, qu'il était le protecteur des arbres fruitiers. Son prêtre se nommait *mefalacer*. — Un des flamines, chargé du culte de ce dieu, se nommait aussi *falacer*.

FALAISE, nom donné aux terres, aux côtes escarpées, sur les bords de la mer. Les falaises crayeuses de la Normandie s'élèvent de 200 à 400 pieds de hauteur. Les falaises se détruisent rapidement par l'action des eaux pluviales et marines.

FALAISE, chef-lieu d'arrondissement et collège électoral du département du Calvados, à 9 lieues de Caen. Population, 9,000 habitants. Cette ville est très-ancienne. Elle est passée tour à tour au pouvoir des Normands, des Anglais et des Français. C'est la patrie de Guillaume le Conquérant. Elle a un tribunal de commerce et de première instance, un collège, des fabriques de mousseline, calicot, toiles et dentelles. Elle a deux foires célèbres, du 16 au 30 août, et du 15 au 20 septembre. Son arrondissement renferme cinq cantons, cent trente communes, 62,349 habitants.

FALARIQUE, arme incendiaire, qui se lançait à l'aide de balistes, de catapultes ou d'armes portatives. C'était une poutre terminée par un fer de cinq pieds, garnie d'étoupes et imprégnée de bitume, d'huile de sapin, à laquelle on mettait le feu. On s'en servait pour incendier les camps ennemis. Leur usage se transmit aux Gaulois, aux Espagnols, aux Francs, et s'éteignit sous la deuxième race.

FALBALA, bandes d'étoffes plissées que les femmes mettent pour ornement à des robes, des tabliers, etc. On met encore des falbalas aux rideaux. Les Grecs et les Romains en avaient l'usage.

FALCIDIA, loi décrétée l'an de Rome 714, 46 avant J.-C., sous les auspices du tribun P. Falcidius. Elle obligeait le testateur à léguer un quart de ses biens au moins à son héritier naturel.

FALCIFORME, nom donné, en botanique et en zoologie, aux organes plans, légèrement recourbés, et ressemblant plus ou moins par leur fer d'une faux.

FALCINELLE, genre d'oiseaux de la famille des échassiers longirostres, caractérisé par l'absence de pouce. Leur bec est long, grêle, arqué dès sa base, obtus à sa pointe avec des cannelures longitudinales. La face est emplumée. Les pieds sont grêles, nus, munis de trois doigts; les ailes peu longues. Le plumage est mêlé de blanc, de noir, de gris et de brun. Ils habitent l'Europe et l'Afrique.

FALCONELLE, genre d'oiseaux renfermant des passereaux voisins des pies-grièches. Leur bec est robuste, assez court et comprimé. Leur plumage est jaunâtre ou olivâtre, mêlé de blanc, de noir et de gris. La tête du *falconelle frontale* ou *pie-grièche à casque* est surmontée d'une houppe bleue. Ces oiseaux habitent la Nouvelle-Hollande.

FALCONÉS ou FALCONIDÉES, famille d'oiseaux de proie diurnes. Ils sont munis de muscles puissants, ont un grand courage, le vol rapide, et attaquent les animaux les plus redoutables. Leur bec est crochu et recourbé; leurs yeux dirigés sur les côtés; les tarses, nus ou emplumés, sont armés d'ongles acérés et robustes. La plupart se repaissent de chair; quelques-uns se nourrissent d'insectes. Tels sont l'*aigle*, le *faucon*, le *milan*, la *buse*, le *busard*, l'*autour*, etc.

FALCONET (Etienne-Maurice), né en Suisse dans le comté de Vaud, ou selon d'autres à Paris, en 1716. Elève de Lemoine, ce sculpteur célèbre fut reçu comme agrégé à l'académie royale, où il fut successivement professeur et adjoint au recteur. Il fut appelé en 1766 par Catherine II, tzarine de Russie, à Saint-Pétersbourg, pour y mouler la *statue équestre de Pierre I*er. Il revint en France en 1778, et mourut en 1791. Ses plus belles statues sont *Milon de Crotone, Pygmalion, l'Amour, la Baigneuse, un Christ agonisant, l'Annonciation,* etc. Il a laissé des écrits recueillis en 7 vol. in-8°.

FALÉRIES (*Falerii* ou *Falerium*), ville d'Etrurie, près du Tibre, à l'E. de Tarquinie. Elle était la capitale des Falisques. Lorsque les Romains s'en furent rendus maîtres, ils en adoptèrent plusieurs de ses lois. On la nomme aujourd'hui *Falari*.

FALERNE (*Aminea regio*), ville de la Campanie, dont les Romains s'emparèrent l'an de Rome 415, 337 avant J.-C. Le vin qui croissait dans les environs de cette ville était très-estimé des anciens. Il était très-spiritueux ou sirupeux. On l'estimait surtout quand il avait atteint sa quinzième année.

FALIERI ou FALIERO (Vital), doge de Venise, fut élu après la déposition de Do-

minique Selvio en 1084, et mourut en 1086. — ORDELAFO ou VITAL FALIERI II, succéda en 1102 à Vital Michielivier. Il alla au secours de Baudouin, roi de Jérusalem. Après avoir aidé à reprendre presque toute la Syrie, il conquit la Dalmatie, la Croatie et plusieurs autres provinces; mais Zara (Dalmatie), s'étant révoltée, il assiégea cette ville, et y périt en 1117 ou 1120. Quelques auteurs ont fait à tort deux personnages distincts de Falieri et d'Ordelafo.

FALIERI III (MARINO), doge de Venise, succéda en 1354 à André Dandolo, à l'âge de soixante-seize ans. Ayant reçu un outrage de Michel Steno, un des chefs du tribunal des quarante, il étendit sa haine contre tout le tribunal, et ourdit une conspiration dans le but de s'emparer pour toujours du gouvernement et d'usurper la souveraineté; mais un des conjurés découvrit le complot. Marino Falieri eut la tête tranchée le 17 avril 1355 comme coupable d'une conjuration contre le gouvernement de Venise. Quatre cents de ses complices furent mis à mort. La mort de Marino Falieri a fourni le sujet d'un drame à Byron (1817) et à Casimir Delavigne.

FALISQUES, peuple originaire de la Macédoine, et qui vint s'établir dans l'Etrurie, entre le Tibre, la Terica, Rome, Otricoli et Galèse. Leur capitale était *Faléries*. On les représente comme équitables, généreux et pleins de courage. Les Romains eurent beaucoup de peine à les soumettre. Touchés de la générosité de Camille, ils se rendirent à ce général.

FALLOPE (Gabriel), anatomiste et chirurgien, né à Modène en 1523. Il était profondément versé dans la botanique, l'astronomie et la philosophie. Il découvrit la partie de la matrice qu'on nomme la *trompe de Fallope*. Ses ouvrages forment 4 vol. in-fol. On y trouve des *institutions* et des *observations anatomiques*, des *traités* des remèdes, des eaux minérales, des métaux, des fossiles, des plaies, des ulcères, des tumeurs, etc.

FALLTRANCK ou FALTRANCK, nom donné en Suisse, en Allemagne et même en France, à un mélange de plantes récoltées dans les Alpes, et dont l'infusion prévient les accidents qui pourraient arriver à la suite des coups et des chutes. Cette infusion est aromatique, agréable et sudorifique. Le falltranck renferme l'alchimille, la brunelle, la bugle, la bétoine, la pervenche, la piloselle, la sanicle, la verge d'or, la verveine, l'armoise, la menthe et la véronique. On le nomme encore *vulnéraire suisse, thé de Suisse, espèces vulnéraires.*

FALMOUTH (autrefois *Falmutum, Volmutum, Voluba portus*), petite ville d'Angleterre, dans le comté de Cornouailles, à 75 lieues de Londres, et à l'embouchure de la rivière du Fal. Population, 6,000 âmes. Falmouth a un bon port défendu par les châteaux de Pandenis et de Mause. Sa marine marchande monte à 7,000 tonneaux. Les habitants se livrent surtout à la pêche de la sardine.

FALOT, nom donné à une grande lanterne très-légère, qu'on porte à la main pour s'éclairer pendant la nuit. Elle est formée de fils de fer de deux lignes de diamètre, disposés de manière qu'ils forment une cage cylindrique surmontée d'un dôme. La couverte d'une toile blanche bien tendue sur toute la surface, excepté sur la partie supérieure du dôme et au milieu du cercle qui forme la base du cylindre, où l'on ne met pas de toile. Les fils de fer présentent une forme circulaire. La toile est arrêtée sur chaque fil de fer. On nomme encore ainsi, 1° des lanternes de toutes formes, construites avec des cadres de bois ou de tôle et des vitres, et qui servent d'enseigne ou de moyens d'éclairage; 2° des vases pleins de matières combustibles, qui, embrasées, peuvent éclairer pendant la nuit.

FALOURDE, sorte de fagots formés de morceaux de bois liés avec de la paille, et

qu'on vend en détail aux personnes qui n'ont pas le moyen d'acheter un stère de bois. Dans les chantiers, on nomme ainsi des fagots composés de bûches.

FALQUÉ, nom donné aux organes courbés comme un fer de faux. La lèvre supérieure de la corolle de la sauge des prés offre ce caractère.

FALSIFICATION, altération d'une chose, d'un acte. En chimie, la *falsification* ou *sophistication* est une opération dont le but est d'imiter des médicaments ou certains aliments à l'aide de mélanges de diverse nature, ou d'ajouter à des médicaments ou à des aliments des matières qui leur sont étrangères et qui les rendent quelquefois nuisibles. — La *falsification*, en jurisprudence, est l'action de contrefaire un acte, une pièce écrite, en l'altérant, et en y faisant des substitutions, des retranchements, etc.

FALSTAFF (Sir John), personnage comique, inventé par Shakspeare. Il réunit tous les vices, tous les défauts, ne croit ni aux lois divines, ni aux lois humaines, ni à la vertu, ni aux remords, et méconnaît le repentir. Ce type comique est un des plus originaux que l'on ait présentés sur un théâtre.

FALUNS, dépôts composés de débris de coquilles marines et de polypiers fossiles. Ces dépôts sont peu cohérents entre eux, d'une époque récente. Leur épaisseur varie d'un ou deux mètres à quinze ou vingt. Ils sont recouverts d'une couche de terre végétale d'un mètre d'épaisseur environ, et sont disposés par couches. Ils ont été formés par l'action d'anciens courants. Les fossiles qui le composent sont des *huîtres*, des *arches*, des *peignes*, des *cônes*, des *serpules*, des *dents de squale*, des débris de *lamantins*, de *phoques*, de *chevaux*, de *mastodontes*, d'*hippopotames*, de *tapirs*, de *cerfs*, etc. On exploite les faluns pour l'amendement des terres. On en trouve des dépôts dans le département d'Indre-et-Loire sur une superficie de vingt-quatre lieues carrées.

FAMAGOUSTE, ville forte de l'île de Chypre, à 27 lieues N.-E. de Nicosie. Les Turks la prirent sur les Vénitiens en 1571. Cette ville a un port sûr et une belle mosquée. Elle fait un grand commerce en soie et en vins.

FAMILIARES (myth.), dieux domestiques. Ce sont les mêmes que les dieux lares et les pénates.

FAMILIER, nom donné aux personnes qui fréquentent habituellement quelqu'un et vivent dans son intimité. Autrefois il comprenait tous les domestiques, et généralement ceux qui sont au service et aux gages d'un prélat. — On appelait encore ainsi les officiers de l'inquisition chargés de faire arrêter les accusés.

FAMILISTES. Voy. FAMILLE ou MAISON D'AMOUR.

FAMILLE. Ce mot, qui désignait autrefois les domestiques d'une grande maison, a été étendu ensuite à toutes les personnes soumises au père de famille, qui en est le chef. Dans un sens plus restreint, il ne comprend que le père, la mère et les enfants résultant de leur union. — On nomme *fils de famille* un jeune homme soumis à l'autorité de ses père et mère, majeur ou mineur; *père de famille*, le directeur d'une maison, le chef d'une famille. — En jurisprudence, *famille* exprime la réunion de tous les parents qui descendent d'une souche commune. — Les *droits de famille* consistent à prendre part aux délibérations du *conseil de famille*.

FAMILLE (CONSEIL DE), réunion des parents les plus proches de celui qui est hors d'état de gérer par lui-même ses affaires. Lorsqu'un enfant mineur et non émancipé reste sans père, sans tuteur ou sans mère, le conseil de famille doit pourvoir à la nomination d'un tuteur. Il est composé du juge de paix, de six parents et alliés du côté paternel et maternel. Il est présidé par le juge de paix. Lorsque le mineur a des biens dans les colonies, on lui donne un protecteur. Les jugements rendus par le conseil sont sujets à l'appel. Quiconque ne comparaît pas au conseil sur la requête du juge de paix est passible d'une amende de 50 francs au plus.

FAMILLE, nom donné autrefois, 1° à un monastère de religieux ou à un ordre tout entier ; 2° à un certain nombre de moines d'un même monastère, qui avaient sous l'abbé ou supérieur général leurs chefs ou supérieurs particuliers, et qui demeuraient dans un même corps de logis.

FAMILLE ou MAISON D'AMOUR, secte d'hérétiques, laquelle faisait consister la perfection et la religion dans la charité, et qui excluait l'espérance et la foi comme des imperfections. Les associés faisaient profession de ne faire que des actes de charité et de s'aimer. Selon eux, la charité mettait l'homme au-dessus des lois, et le rendait impeccable. Le chef de cette secte fut Henri-Nicolas de Munster, qui prétendait être déifié et être plus grand que J.-C. Cette secte, dite aussi des familistes, reparut en Angleterre en 1604.

FAMILLE (PACTE DE), nom donné à un traité conclu entre Louis XV, roi de France, et Charles III, roi d'Espagne, au mois d'août 1761. Ils y traitaient pour eux, en même temps que pour Ferdinand IV, roi des Deux-Siciles, et Ferdinand-Marie-Philippe-Louis, duc de Parme. Chaque prince s'engagea à regarder comme son ennemi propre un ennemi de l'un d'eux, à faire la guerre ensemble, à ne traiter aucune paix séparément. Ils convinrent que leurs sujets jouiraient des droits propres à leur nation quant à la navigation et au commerce. Ce traité fut fait par l'entremise du duc de Choiseul.

FAMILLE, nom donné, en histoire naturelle, à une réunion d'êtres organisés, offrant, par le rapprochement de leurs formes et de leurs habitudes, les mêmes caractères d'organisation, et groupés dans l'ordre de leurs ressemblances et de leurs affinités, comme s'ils avaient entre eux une sorte de parenté. Les familles sont formées de la réunion des genres, liés par des caractères semblables, et les genres de la réunion des espèces ou individus semblables.

FAMINE, disette générale de vivres dans un pays, dans une ville, dans une place de guerre. Depuis la fondation de la monarchie française, il y a eu plus de soixante-dix grandes famines en France.

FAMINE, petite contrée de la Belgique, située dans la partie occidentale du comté de Chiny et du duché de Luxembourg. — Nom d'une baie et d'un port situés dans le détroit de Magellan. Une colonie, fondée dans ce lieu en 1581, y mourut de faim.

FAMIS, étoffe de soie qui vient de Smyrne, et dans laquelle il entre de la dorure.

FANAGE, état d'une plante qui, par manque de nourriture ou d'humidité, ou qui étant parvenue à son point de maturité, se sèche sur pied. — On nomme encore ainsi l'opération qu'on exécute pour faire sécher également et promptement les foins qui viennent d'être fauchés. Elle consiste à les tourner et retourner, à les éparpiller sur toute l'étendue du pré au moyen de fourches ou de râteaux. Pour cette opération, on doit choisir un beau temps, un air sec, une chaleur modérée.

FANAL (mar.), grande lanterne vitrée, garnie de grosses bougies en cire jaune. Les fanaux servent à faire des signaux de nuit ou à éclairer. On les place à la tête des mâts ou au bout des vergues. Les fanaux de combat sont suspendus aux baux, dans les batteries, lorsqu'on se bat la nuit. Leur forme est carrée. Les fanaux sourds sont des lanternes sourdes. Le fanal de la mèche est suspendu sur l'avant, dans la batterie haute, et éclaire le lieu où l'on conserve la mèche destinée à distribuer de la lumière dans tout le vaisseau. Sa garde est confiée à un quartier-maître. Les fanaux de la soute aux poudres sont vitrés et grillés. Le fanal d'habitacle est un petit fanal armé de réflecteurs, qui sert à éclairer les boussoles. Il y avait autrefois des fanaux de poupes, montés au couronnement. Les vaisseaux amiraux en portaient trois.

FANAL, appareil lumineux que l'on place sur les phares, à l'entrée des ports et à l'embouchure des fleuves, pour éclairer et guider pendant la nuit les vaisseaux dans leur route. C'étaient autrefois de grands feux que l'on entretenait pendant la nuit. Depuis plusieurs années, on y a substitué des lampes à miroir parabolique.

FANARIOTES, classe de Grecs qui habite le quartier du Fanar à Constantinople. Après la prise de cette ville par les Turks, les Fanariotes s'insinuèrent auprès des chefs de l'État comme drogmans, écrivains et intendants. Longtemps confondus avec les domestiques, un grand nombre (1669) parvint au grade d'officiers, et ces familles acquirent peu à peu une grande influence dans les conseils de la Porte, à cause du titre d'interprètes impériaux que possédaient leurs membres. Ils se prévalurent de cette influence en 1711 pour obtenir le gouvernement exclusif de la Moldavie et de la Valachie, qu'ils conservèrent jusqu'en 1821. Une révolution leur enleva. Ces familles sont encore riches et puissantes.

FANATIQUES, nom donné, chez les anciens, à des espèces de devins qui demeuraient toujours dans les temples. Depuis, ce nom est passé à toutes les personnes qui se croient divinement inspirées, mais particulièrement à une secte de visionnaires répandus autrefois en Hollande, en Allemagne et en Angleterre, et qui s'imaginaient avoir des révélations. Wigelius et Jacques Bohm en furent les premiers chefs.

FANATISME, ardeur ou passion aveugle et enthousiasta pour un objet, acharnée implacable contre tous ceux qui lui sont contraires. La religion, l'amour, la politique, peuvent être l'objet de cette espèce de mélancolie.

FANDANGO, ancien air de danse, animé et voluptueux, à trois temps, et originaire de l'Espagne, où il est encore en usage. On danse le fandango en jouant des castagnettes.

FANEGA, mesure d'Espagne, qui vaut 53 litres 3 décilitres français.

FANEGADA, mesure de superficie d'Espagne, qui vaut environ 240 pieds ou 85 mètres français.

FANEGOS, mesure de grains usitée en Portugal et dans quelques villes d'Espagne. Elle équivalait à 4 boisseaux.

FANFARE, air militaire, exécuté par des trompettes ou par une réunion de trompettes, de cors, de trombones et ophicléides. Ces airs, variables et capricieux, produisent des effets agréables et des modulations variées, au moyen d'instruments en cuivre seulement. — En termes de chasse, la fanfare est l'air qu'on sonne en lançant le cerf.

FANION, espèce de petit drapeau ou de guidon à l'aide duquel on établit une ligne régulière parmi les troupes. Les soldats en portent ordinairement trois par bataillon à l'exercice. Un se place à la droite, l'autre au centre, le troisième à la gauche. Ils servent à fixer les trois points principaux de l'alignement. Les fanions sont des morceaux de drap rouge cloués sur un petit bâton.

FANNIA, femme de Minturnes. Son mari l'ayant accusée d'adultère, Marius, alors consul, prononça le divorce. Peu de temps après, Marius, déclaré ennemi de la république, fut fait prisonnier dans les marais de Minturnes et conduit chez Fannia, qui le traita avec bienveillance.

FANNIA (Loi), loi décrétée l'an de Rome 593, sous les auspices du consul Caïus Fannius. Elle limitait la dépense des repas ordinaires à 10 as, et celle des grands repas à 100 as. — Autre loi, décrétée sous les auspices du consul Fannius. Elle attribuait aux préteurs le droit de chasser de Rome les rhéteurs et les philosophes.

FANNIUS STRABO (Caïus), consul l'an de Rome 593, fit porter la loi Fannia. Il fut célèbre par son éloquence. — Consul par le crédit de Gracchus, l'an de Rome 632. Malgré ce service, il s'opposa à la loi de Gracchus, qui conférait le droit de bourgeoisie aux Latins et aux autres peuples d'Italie. — Gendre de Lelius, préteur l'an de Rome 615, fit la guerre en Afrique et en Espagne. Il se distingua dans la guerre contre Viriathe, et écrivit une histoire dont M. Brutus fit un abrégé. Il fut disciple du philosophe Panetius.

FANOIR, cône fin, à claire-voie, plus ou moins élevé, sur lequel on jette l'herbe fauchée, les foins, la luzerne, le sainfoin, le trèfle, etc., dans les prairies marécageuses, pour les faire sécher.

FANON, nom donné à la peau qui pend sous le cou des bœufs, et à la pelote de crins qui croît derrière le boulet du pied des chevaux. On nomme encore ainsi les lames cornées, placées l'une à côté de l'autre un peu obliquement en arrière, et que les baleines portent au lieu de dents de chaque côté de la bouche. On les nomme vulgairement baleines. En termes d'église, fanon est synonyme de manipule. En termes de blason, c'est un bracelet en forme de manipule.

FANON, petite monnaie d'argent usitée au Mogol. Elle vaut 31 centimes 50 centièmes ou environ 7 sous. Le double fanon des Indes vaut 63 centimes ou environ 14 sous.

FANON, nom donné à des lames ou attelles que l'on employait dans les fractures de la cuisse ou de la jambe pour maintenir en contact les fragments. Les vrais fanons sont des cylindres de paille au centre desquels on place une baguette de bois flexible, qu'on entoure d'un fil serré ; le tout est ensuite recouvert de toile. Les faux fanons sont faits avec des pièces de linge pliées en plusieurs doubles, roulées à plat sur leurs deux extrémités, et fixées le long du membre. On remplace aujourd'hui les fanons par de simples attelles.

FANON (DRAP), drap ordinaire, grande pièce de linge que l'on place au-dessous du membre fracturé, et dans laquelle on roule les fanons ou les attelles latérales.

FANONS, nom que les marins donnent aux parties d'une voile carrée, que les cargues n'ont pas assez retroussées, quoiqu'elles soient rendues à leurs points. Ce sont les portions de toile pendantes sous la vergue, entre les cargues. — On nomme encore ainsi les deux pendants de la mitre d'un évêque, de la couronne d'un roi, des pendants d'une bannière.

FANTAISIE, sorte de musique dont l'origine date du XVIᵉ siècle. Ce fut d'abord une composition où le musicien se livrait aux caprices de son imagination, à des recherches et des modulations savantes et hardies. Aujourd'hui, elle est la paraphrase d'un air d'opéra. Elle a toujours pour thème un air dont le motif est varié.

FANTASMAGORIE, art de faire paraître des fantômes à l'aide d'illusions d'optique, dans une salle parfaitement obscure. On place au milieu une grande toile qui sépare les spectateurs de l'opérateur ; celui-ci tient à la main une lanterne magique, dont les verres représentent un spectre menaçant, un fantôme. En disposant l'appareil à une très-petite distance de la toile, le spectre ne semble qu'un point, en l'éloignant progressivement, le spectre grandit, semble s'approcher peu à peu et se précipiter vers les spectateurs. On fait quelquefois paraître ces fantômes comme animés et pleins de vie, s'agitant et marchant en tous sens. Ce spectacle ne remonte qu'au XVIIIᵉ siècle.

FANTASSIN, nom usité depuis 1388, pour désigner les soldats à pied d'une compagnie d'infanterie. Voy.

FANTIN-DÉSODOARDS (Antoine-Etienne-Nicolas), né dans le département des Hautes-Alpes en 1738. Il embrassa d'abord l'état ecclésiastique, et était en 1789 vicaire général d'Embrun. Adoptant les opinions révolutionnaires avec ardeur, il renonça à la carrière ecclésiastique pour se livrer à celle des lettres. Il a écrit un *Dictionnaire résumé du gouvernement, des lois, des usages et de la discipline de l'Eglise* (1788), une *Histoire de France depuis la mort de Louis XIV*, une *Histoire de France depuis Henri IV jusqu'à la mort de Louis XVI*, une *Histoire philosophique de la révolution française*, etc.

FANTOCCINI, nom donné à des marionnettes ou poupées en bois, dont on se sert pour faire des scènes théâtrales. Ces poupées sont entières, ont les cuisses, les jambes et les pieds. Elles sont sculptées avec art, très-bien habillées, gesticulent avec grâce et marchent sur le sol. On en fait mouvoir les parties par des fils très-déliés qui partent du haut ou par le bas du théâtre.

FANTON, sorte de ferrure qui sert de chaîne aux tuyaux de cheminée, pour en lier et fortifier les parties.

FANUM, nom donné spécialement par les Romains au terrain consacré par les augures pour élever un temple aux empereurs après leur apothéose.

FAON, nom donné aux petits des cerfs, des daims, des chevreuils et quelquefois des éléphants.

FAQUIN, nom donné autrefois à un homme de bois, contre lequel les jeunes chevaliers couraient pour s'exercer. C'était *courir le faquin*. Il fallait brider le *faquin* ou le frapper au milieu de la figure; si l'on frappait en toute autre partie de ce buste, celui-ci pivotait et frappait le maladroit de son bâton.

FAQUIR. Voy. FAKIR.

FARAILLON, petit banc de sable, séparé d'un plus grand par un petit canal.

FARAISON, première figure que l'on donne au verre, lorsqu'on le retire en fusion à l'extrémité d'une canne percée à son milieu. Cette figure se donne en soufflant avec la bouche dans la canne creuse.

FARANDOULE ou FARANDOLE, espèce de danse en usage en Provence et en Languedoc, dans laquelle un grand nombre de personnes forment une chaîne en se tenant par la main ou avec des mouchoirs. Cette chaîne parcourt les lieux d'environ, en faisant diverses figures qui consistent à réunir les bouts de la chaîne, à danser en rond, à la faire passer sous un arc formé par les bras de plusieurs danseurs. L'air de cette danse est d'un mouvement vif et cadencé, la mesure est à six-huit.

FARCE, terme de cuisine, mélange de diverses viandes hachées, assaisonnées d'épices et d'herbes fines, et que l'on met dans le corps de quelque animal rôti, dans des viandes, dans des œufs. On nomme encore ainsi un mets fait avec plusieurs sortes d'herbes, telles que l'oseille, la laitue, etc., hachées ensemble, mélangées avec des œufs, et sur lequel on met avant de le servir des quartiers d'œufs durs. — En littérature, la *farce* est une comédie plaisante et facétieuse, dont l'origine remonte au XIIe siècle environ. — En musique, c'est une sorte d'opéra plus gai que l'opéra bouffe, en usage en Italie.

FARCIN, maladie propre aux chevaux, caractérisée par des tumeurs dures, presque sphériques, plus ou moins volumineuses, quelquefois squirreuses, placées sur le trajet des vaisseaux en forme de chapelet, suppurant lentement, causant des ulcères fétides, à bords irréguliers, et produisant l'épuisement et la mort. Il est contagieux et causé par le foin vert, ou le foin sec mélangé à des herbes aromatiques, l'abondance d'avoine, l'excès de travail ou de nourriture, etc. On distingue le farcin *bénin* et *malin*, etc.

FARCIN CORDÉ, sorte de *farcin*, caractérisé par de petites tumeurs qui ressemblent à des nœuds. Cette maladie ne suit pas le cours des veines.

FARCIN CUL DE POULE, la plus grave de ces maladies. Dans celle-ci les boutons, en se crevant, donnent lieu à des ulcères dont les bords renversés sont durs et calleux, et d'où coule un liquide ichoreux; du milieu s'élève un champignon noirâtre semblable à un cul de poule.

FARCIN VOLANT, sorte de *farcin*, caractérisé par une éruption abondante de boutons durs et mobiles, de grandeur variable, sans inflammation et sans fluctuation, occupant la tête, le dos et le cou.

FARD, nom donné à diverses substances ou compositions blanches ou colorées, que les femmes emploient pour embellir leur teint ou rendre la peau plus douce. L'usage du fard remonte à une très-haute antiquité. En Judée, en Egypte, en Grèce, à Rome, les femmes se noircissaient les yeux, les sourcils, se coloriaient les joues, les lèvres, etc. Cette coutume a été retrouvée chez les peuples sauvages de l'Asie, de l'Afrique et de l'Amérique. Les plus anciens fards connus sont le *sulfure d'antimoine* et le *carbure de fer*. Les fards connus aujourd'hui sont le *blanc* ou *carbonate de plomb*, le *blanc de céruse*, l'*oxyde de bismuth*, le *sous-nitrate de bismuth* ou *blanc de fard*, la dissolution alcoolique du benjoin précipitée dans l'eau (lait virginal); le *vermillon*, la *cochenille*, le *carmin*, les *oxydes de plomb*, *d'étain*, *de mercure*, le *blanc d'Espagne*, etc. (Voy.) On les emploie seuls ou mêlés à des huiles, à des pommades ou de la cire. Les fards gâtent la peau, empêchent la transpiration cutanée, produisent des dartres, des maladies cutanées, etc.

FARDEAU, charge, faix. Lorsqu'on veut mouvoir des corps, et surtout ceux qui ont un poids ou un volume considérable, il faut aider la force motrice par des agents appropriés à l'objet qu'on a en vue. Les obstacles, variant d'un grand nombre de manières, font aussi varier d'une infinité de manières les agents par lesquels la force communique au fardeau l'impulsion qui le déplace; tels sont les leviers, poulies, cordes, plans inclinés, cabestans, chèvres, treuils, moufles, manivelles, roues, engrenages, crics, la grue, la vis, etc.

FARDIER, nom donné aux véhicules qui servent à transporter de lourds fardeaux, tels que des bois, des pierres, etc. Les fardiers destinés à transporter le gros bois de charpente sont formés de deux grandes roues de huit à neuf pieds de haut, d'un essieu en fer et de deux grands brancards en bois dont les bouts d'un côté servent de limonière pour atteler un cheval.

FARE DE MESSINE. Voy. PHARE.

FARE (Auguste-Charles, marquis DE LA), né dans le Vivarais en 1644, fut l'ami de Chaulieu et de Mme de la Sablière. Il se livra à la culture des belles-lettres à soixante ans, et écrivit des épîtres légères, des pièces de vers, des madrigaux, traduisit des morceaux d'Horace, Virgile, Catulle, en français. Il composa dix odes philosophiques et une tragédie grecque, *Penthée*. On lui doit encore des *Mémoires sur les principaux événements du règne de Louis XIV*. Il mourut à Paris en 1712.

FARED (Aboul-Hafs Scherfeddyne-Omar-Ibn), né au Caire en 1180, est considéré par les musulmans comme un des plus grand poètes arabes. Ses *œuvres* ont été commentées par des savants grecs. Elles renferment des *épigrammes* et des *poëmes*, dont le plus célèbre est celui en l'honneur des religieux sophys. Ibn Fared mourut en 1234 dans sa patrie.

FARET (Nicolas), né à Bourg (Ain) vers l'an 1600, fut un des premiers membres de l'académie française, à la fondation de laquelle il contribua beaucoup, et dont il rédigea les statuts. Il fut secrétaire du comte d'Harcourt, et mourut à Paris en 1640. Boileau lui dut l'immortalité par une satire. On a de Faret une *Histoire chronologique des Ottomans* (1621), une *Histoire d'Eutrope* traduite en français (1621); l'*Honnête Homme*, traduit de l'italien de Castiglione; des *lettres* et des *poésies*.

FARFADET, être fantastique, espèce d'esprit follet, qui existe dans les croyances superstitieuses de certaines personnes. Les farfadets sont malicieux sans être méchants; ils aiment à tourmenter, mais sans faire du mal; ils se plaisent dans de petites agaceries.

FARGUES, planches minces que l'on cloue sur les allonges en dehors, à bord des petits bâtiments qui n'ont ni vibord ni bastingage pour les garantir des lames et couvrir un peu leur pont. On les élève à deux ou trois pieds au-dessus du plafond. On nomme encore ainsi les bouts de planches placés sur le bord intérieur des sentilets des sabords des batteries basses des vaisseaux: elles servent à arrêter l'eau qui pourrait entrer sur le premier pont.

FARIA Y SOUSA (Manoel), gentilhomme portugais, selon d'autres castillan, chevalier de l'ordre du Christ, vivait aux XVIe et XVIIe siècles. Il vécut pauvre, indépendant, et mourut à Madrid en 1647. On a de lui des *Discours moraux et politiques*, des *Commentaires sur la Lusiade*, une *Histoire du Portugal*, *l'Europe*, *l'Asie et l'Afrique portugaises*, et sept volumes de *poésies* sous le titre de *la Fontaine d'Aganippe*, etc.

FARINE, matière féculente, d'un blanc jaunâtre, légère, plus ou moins fine, obtenue par la trituration des graines des céréales destinées à la nourriture de l'homme. Par extension, on donne ce nom aux semences des légumineuses, des cucurbitacées, de la pomme de terre, des orchidées, etc., réduites en poudre, à cause de l'analogie de cette poudre avec les farines des graminées. Le mot *farine*, employé seul, désigne la farine de froment. On nomme *mouture* l'action de convertir les grains en farine. Celle de froment est, sur 100 parties, composée de 74 parties 5 dixièmes d'amidon, 12 parties 5 dixièmes de gluten, 12 parties d'extrait aqueux sucré et d'une partie de résine. Elle sert à faire le pain et la pâtisserie de préférence aux autres farines. La farine de riz sert à faire des potages, celle des graines de lin pour faire des cataplasmes. Pour conserver les farines, on les place dans des tonneaux enduits de bitume, placés debout dans un cellier sec et froid, et exposés à un double courant d'air.

FARINE (FOLLE), nom donné à la poussière de la farine dont la ténuité est telle qu'elle est emportée dans l'air et va se déposer dans toutes les parties des bâtiments où l'on moud les grains.

FARINE EMPOISONNÉE, nom donné, dans les mines, à l'oxyde blanc d'arsenic, qui recouvre quelques minerais de cobalt, et à celui qui se volatilise dans les diverses parties des fourneaux.

FARINE FOSSILE ou VOLCANIQUE, nom donné à une substance terreuse, minérale, blanche, en poudre impalpable, semblable à la farine de froment. C'est une variété de chaux carbonatée, pulvérulente, légère, qui tapisse les parois des fissures verticales de plusieurs bancs de pierres calcaires. On en fait des briques assez légères pour surnager sur l'eau.

FARINELLI (Carlo Broschi, connu sous le nom de), né à Naples en 1705, musicien distingué et doué d'une belle voix, fut d'abord acteur en Italie. Il fit une grande fortune en Angleterre. Appelé en Espagne, il s'attacha à la cour de ce royaume, et fut comblé d'honneurs et de richesses par le roi Philippe V. Il adoucit les infirmités de ce prince par le charme de sa voix, et s'éleva presque au rang de premier ministre. Après la mort de Philippe V, il jouit d'une grande faveur sous Ferdinand VI. Il se retira à Bologne vers la fin de sa vie, et y mourut en 1782.

FARINES, nom donné, en pharmaceutique, aux semences chez lesquelles la partie nutritive est remplacée par une huile ayant la propriété de faire émulsion avec l'eau.

FARINES RÉSOLUTIVES, nom donné au mélange des farines du lupin, de l'ers, de la fève de marais et de l'orge. On les recommande pour faire des cataplasmes dans les cas où l'on voudrait favoriser la résolution des tumeurs inflammatoires.

**FARINEUX**, épithète donnée aux racines, tiges, fruits, graines, dont on peut extraire une farine, et aux parties recouvertes d'une poussière blanche et comme farineuse. Parmi les *farineux* on distingue les céréales, les grains, les légumes secs, le sarrasin, le maïs, les pommes de terre, les châtaignes, etc. Le gluten que renferment ces substances leur donne leurs propriétés alimentaires. — En médecine, on nomme ainsi une espèce de dartre dans laquelle il y a desquamation de l'épiderme.

**FARLOUSE** ou **FARLOUSANE**. Voy. PIPITS.

**FARNABE** (Thomas), né à Londres en 1575, fit ses premières études à Oxford, ensuite en Espagne, dans un collège de jésuites. Il suivit François Drake et J. Hawkins dans leurs excursions maritimes. Après avoir voyagé dans les Pays-Bas, il retourna dans sa patrie, et ouvrit une école de langue latine dans le comté de Sommerset, puis à Londres. Exilé pendant la république, il mourut en 1647. Il nous reste de lui des *éditions* de Juvénal, de Perse, de Sénèque, de Martial, de Lucain, de Virgile, de Térence, d'Ovide, avec des notes très-savantes.

**FARNÈSE**, château situé dans les Etats romains à 2 lieues N.-E. de Castro. C'est de ce château qu'est dérivé le nom de la maison de Farnèse.

**FARNÈSE**, maison célèbre d'Italie, originaire d'Allemagne. Elle existait antérieurement au XIIIe siècle, dans lequel on voit Ranuce Farnèse commander les troupes de l'Eglise. Mise en possession des duchés de Parme et de Plaisance en 1545, elle les conserva jusqu'à la mort du dernier duc Antoine en 1731. Ils passèrent alors à la maison de Bourbon.

**FARNÈSE** (Pierre) fut choisi par les Florentins pour commander une armée contre les Pisans. Il vainquit les ennemis le 11 mai 1363, et fit leur chef prisonnier avec la plus grande partie de son armée. Mais il mourut de la peste le 19 juin suivant.

**FARNÈSE** (Alexandre) fut nommé cardinal en 1493. Doyen du sacré collége, il fut élu pape en 1534, à l'âge de soixante-huit ans, succéda à Clément VII, et prit le nom de Paul III. Il convoqua un concile pour s'opposer au progrès du luthéranisme; mais il se dispersa bientôt. Avant d'embrasser l'état ecclésiastique, Paul III avait eu un fils, Pierre-Louis, auquel il donna en apanage les villes de Parme et de Plaisance, et réunit aux Etats romains les principautés de Camerino et de Nepi. Paul III mourut en 1549. Il établit l'inquisition à Naples, et approuva l'institut des jésuites.

**FARNÈSE** (Pierre-Louis), fils d'Alexandre Farnèse, pape depuis sous le nom de Paul III. Son père érigea en duché, en sa faveur, les Etats de Parme et de Plaisance (1545). Il l'avait déjà nommé seigneur de Nepi, duc de Castro et gonfalonier de l'Eglise. Chargé en 1540 de soumettre Pérouse révoltée contre le pape, il s'empara de cette ville, ravagea son territoire, et fit mourir les principaux citoyens. Devenu duc de Parme et de Plaisance, il souleva contre lui la noblesse par ses vexations. Une conspiration se forma, et il fut assassiné en 1547.

**FARNÈSE** (Octave), fils de Pierre-Louis Farnèse, duc de Parme et de Plaisance, ne put rentrer en possession des domaines de son père qu'après bien des combats. Son épouse Marguerite d'Autriche fut nommée par Philippe II, roi d'Espagne, gouvernante des Pays-Bas (1559). Elle fut supplantée en 1567 par le duc d'Albe. Octave rendit ses peuples heureux, et mourut en 1586.

**FARNÈSE** (Alexandre), duc de Parme et de Plaisance, succéda à Octave en 1586. Ce fut un général distingué. Il fit ses premières armes sous don Juan d'Autriche, se distingua à la bataille de Lépante, fut chargé du gouvernement des Pays-Bas, après la mort de don Juan, et prit part à la guerre que les ligueurs firent contre Henri IV. Il marcha au secours de Paris, et fit lever le siége de Rouen. Il mourut des suites d'une blessure reçue au siége de Caudebec (1592).

**FARNÈSE** (Alexandre), fils aîné de Pierre-Louis Farnèse, né en 1520. Nommé cardinal en 1534 par le pape Paul III, son aïeul paternel, et évêque de Parme par Clément VII, il eut successivement divers autres siéges et devint doyen du sacré collége. Il fut employé dans plusieurs ambassades en France, en Allemagne et dans les Pays-Bas; mais il ne put jamais réconcilier François Ier et Charles-Quint. Il fut le protecteur des lettres. Alexandre mourut en 1589.

**FARNÈSE** (DIANE). Voy. DIANE DE FRANCE.

**FAROUCH** ou **FAROUCHE**, nom donné, dans le midi de la France, au trèfle incarnat, cultivé en grand comme fourrage, et qui se consomme en vert.

**FAROS**, terme de jardinier, nom de deux variétés de pommes d'automne: l'une, *le gros faros*, est grosse, comprimée, lisse et rousse; l'autre, *le petit faros*, est moins grosse, oblongue et pourpre.

**FARS**. Voy. PARS.

**FARSANG**. Voy. PARASANGE.

**FARSISTAN** ou **FARS** (PAYS DE), province de la Perse, bornée au N. par des montagnes qui la séparent de l'Irak-Adjemy, et par le désert de Noubendjan, à l'E. par le Sedjestan et le Kerman, à l'O. par le Khouzistan, au S. et au S.-O. par le golfe Persique. Cette province est fertile. Ses habitants sont doux, civilisés, spirituels, voluptueux. Leur langue est la plus pure de la Perse. Le Farsistan se divise en sept districts: *Aberkouh, Istakhar, Chiraz, Hindian, Laristan, Deschtistan et Kermesin*. Elle commerce en brocards de soie, toiles, tapis, étoffes, eau rose, bézoar, baume, etc. La capitale est *Chiraz*. Cette province est la *Perse propre* des anciens.

**FARTEURS** (*fartores*), nom donné dans l'ancienne Rome, 1° à des valets chargés d'engraisser la volaille; 2° à des valets chargés, dans les cuisines, de faire les boudins, la saucisse, etc.; 3° à des valets nommés encore *nomenclateurs*.

**FARTHING**, monnaie de cuivre, qui a cours en Angleterre, et qui vaut un quart de denier sterling.

**FASCE** (du latin *fascia*, bandelette de toile). En architecture, ce mot désigne les frises ou les trois bandes qui composent l'architrave; en termes de blason, une des pièces principales de l'écu, celle qui le coupe horizontalement par le milieu.

**FASCÉ** se dit, en termes de blason, d'un écu orné de plusieurs bandes ou *fasces* d'émail différent. Lorsque ces fasces sont au nombre de dix ou douze, l'écu est *burelé*; lorsqu'elles sont d'une couleur différente de celle de l'écu, celui-ci est *contre-fascé*. L'écu est *fascé danché* lorsque ses fasces sont *denlées*.

**FASCIA**, mot latin qui désigne dans notre langue plusieurs aponévroses. Les principales sont les suivantes:

**FASCIA ILIACA** (aponévrose *iliaque*), nom donné à une aponévrose qui naît du tendon du muscle petit psoas, ou de la face antérieure du grand psoas, lorsque le premier n'existe pas. Cette fibre s'attache à la lèvre interne de la crête iliaque, en dehors; en bas et en avant, elle se fixe à l'arcade crurale et à l'aponévrose fascia-lata, qui forme la paroi postérieure du canal crural. En dedans et en arrière, elle s'attache au détroit supérieur ou bassin.

**FASCIA-LATA**, aponévrose qui se fixe sur l'aponévrose *fascia superficialis*. Elle se fixe en dedans à la branche ascendante de l'ischion. — Le *muscle fascia-lata* est le muscle tenseur de l'aponévrose fascia-lata. Il est situé à la partie supérieure et externe de la cuisse; il est allongé, aplati de dedans en dehors; il se fixe en haut à la partie externe de l'épine iliaque antérieure et supérieure, et se termine en bas entre deux feuillets de l'aponévrose crurale, qu'il tend et soulève par ses contractions.

**FASCIA PELVIS**. Voy. PELVIENNE (Aponévrose).

**FASCIA SUPERFICIALIS** (aponévrose de *l'abdomen et de la cuisse*), aponévrose très-mince, qui couvre les muscles et les aponévroses de l'abdomen, passe au devant de l'arcade crurale, à laquelle elle adhère intimement, et présente au-dessous de cette partie des fibres, dont la direction est parallèle au pli de la cuisse.

**FASCIA TRANSVERSALIS**, aponévrose qui sépare le muscle transverse du péritoine dans la région inguinale. Elle naît de l'aponévrose du grand oblique, et se perd dans le tissu cellulaire qui couvre la face interne du muscle transverse.

**FASCICULE**, nom donné, en pharmacie, à une quantité de plantes que l'on peut embrasser et lier en bras ployé contre la hanche. On a aussi donné ce nom à la quantité de plantes que l'on peut prendre avec les trois premiers doigts de la main.

**FASCICULÉ**, nom donné, en botanique, aux parties des plantes réunies en faisceau. Les feuilles de l'épine-vinette, du cèdre du Liban, du mélèze, qui sortent ensemble du même point, et divergent insensiblement entre elles à mesure qu'elles approchent de leur sommet, les racines du porreau, les épines de plusieurs cactiers sont *fasciculées*.

**FASCII**, nom donné, en histoire naturelle, aux parties marquées de bandes ou de bandelettes.

**FASCINAGE**, nom donné, dans l'art militaire, à un ouvrage construit avec des *fascines*. Voy.

**FASCINATION**, puissance qu'ont certains animaux de maîtriser d'autres animaux et de les attirer à eux. Les crapauds, les serpents, etc., ont la propriété d'attirer ainsi les oiseaux et quelques grands animaux. Dès qu'on intercepte l'air entre l'objet fasciné et l'animal fascinant, la *fascination* cesse à l'instant.

**FASCINES**. On appelle ainsi, dans l'art militaire, des espèces de fagots très-serrés destinés à former des tranchées, à combler les fossés, etc. La fascine a six pieds de long sur huit pouces de diamètre. On les charge de terre afin de leur donner plus de consistance, et on les amoncelle les unes sur les autres, couchant les fascines horizontalement selon leur longueur, et on les empile pour former une sorte de muraille, derrière laquelle les hommes sont à l'abri des feux de l'ennemi. On s'en sert encore pour élever des digues, jeter des ponts sur les ruisseaux, etc.

**FASCINUS** (myth.), divinité protectrice de l'enfance. On suspendait son image au cou des enfants pour les préserver des maléfices. On l'attachait aussi au char des triomphateurs pour les garantir des prestiges de l'orgueil. Son culte était confié aux vestales.

**FASCIOLAIRE**, genre de mollusques voisins des murex, des buccins, des rochers, etc., et dont les caractères sont: une coquille subfusiforme, canaliculée à sa base, sans bourrelets persistants, ayant sur la columelle, à l'origine du canal, deux ou trois plis très-obliques. La *fasciolaire tulipe* est fusiforme, lisse, ventrue, de couleur jaune rougeâtre ou blanche, avec des taches rouillées et des lignes de diverses couleurs. On la nomme *tapis turk, tulipe d'Inde* ou *rubannée*. On connaît encore la *fasciolaire orangée* ou *veste parisienne*.

**FASCIOLE**, genre de vers entozoaires, à corps aplati ou cylindrique, oblong, mou, garni de deux suçoirs, sans articulations distinctes; on les rencontre très-souvent dans le foie et les canaux biliaires des animaux vertébrés et les bronches des poissons et des oiseaux. C'est à ce genre qu'appartiennent la *douve*, le *distome*, etc. Voy.

**FASÉOLE**, nom donné par les cultivateurs, 1° à la petite fève de marais, 2° au haricot, 3° aux *dolics* qu'ils emploient comme aliments. Voy. ces mots.

**FASHIONABLE**, nom donné aux personnes qui affectent une recherche particulière dans le choix de leur vêtement, dans leur langage, leurs manières et leurs actions, de telle sorte qu'elles paraissent agir d'une manière à elles propre, pour se distinguer des autres personnes. C'est le *dandy* (voy.) porté à son plus haut point de perfectionnement.

**FASSAÏTE**, nom donné, en minéralogie, à une variété de l'espèce *diopside*, appartenant au sous-genre *pyroxène*. Elle est ainsi nommée parce qu'on l'a trouvée pour la première fois dans la vallée de Fassa (Tyrol).

**FASTE**, nom par lequel les Romains désignaient leurs jours de fête. Comme on cherchait à étaler dans ces fêtes tout le luxe possible, on a depuis appelé *faste* l'affectation de répandre par des marques extérieures l'idée de son mérite et de sa puissance.

**FASTES**, calendrier dans lequel les Romains marquaient leurs cérémonies religieuses. Les pontifes en étaient dépositaires. On distinguait les *fastes pontificaux*, les *grands fastes* ou *fastes consulaires*, les *fastes calendaires*. Voy. — On donna ensuite ce nom aux registres sur lesquels on écrivait les événements journaliers qui intéressaient la république. On a étendu le sens de ce mot aux registres publics contenant de grandes et mémorables actions. — Il se dit aussi en général de l'histoire.

**FASTES**, poëme latin en vers élégiaques, dans lequel Ovide explique l'origine et décrit les cérémonies des principales solennités romaines. Cet ouvrage était en douze chants, dont chacun contenait un mois de l'année. Il ne nous reste que les six premiers. — Lemierre a fait un poëme en vers français et en seize chants avec le même titre. Il y a écrit l'origine des cérémonies en usage dans tout l'univers.

**FASTES CALENDAIRES** ou **PETITS FASTES**, registres qui contenaient l'indication de toutes les cérémonies religieuses établies d'un mois à l'autre, à Rome. Les *fastes de la ville* étaient publiquement exposés en divers lieux de Rome. On y trouvait l'indication des fêtes, du nom des magistrats et des empereurs, le jour de leur naissance, etc. Les *fastes rustiques* ou *de la campagne* indiquaient les cérémonies religieuses de la campagne, les foires, les signes du zodiaque, la marche des jours, les dieux tutélaires de chaque mois, des règles sur la culture des terres.

**FASTES CAPITOLINS**, tables de marbre retrouvées dans des fouilles à Rome en 1547, contenaient la suite des consuls depuis l'an 250 de Rome jusqu'à 765. On en fait remonter la composition au siècle d'Auguste, et on les attribue à Verrius Flaccus.

**FASTES CONSULAIRES** ou **GRANDS FASTES**, tables sur lesquelles on écrivait, à Rome, le nom des consuls et des dictateurs année par année, les guerres, les victoires, les traités de paix, les lois établies, etc.

**FASTES PONTIFICAUX**, registres qui contenaient l'indication des jours de procédure et de plaidoirie, à Rome. Ils indiquaient aussi les jours *fastes* et *néfastes* de l'année. Les pontifes en avaient seuls connaissance. Ce n'est que l'an 550 de Rome que le calendrier devint public.

**FASTES** (Jours), nom donné aux jours pendant lesquels il était permis à Rome de rendre la justice. Ils étaient marqués par un F sur le calendrier.

**FASTIGIÉ**, nom donné, en botanique, aux fleurs qui partent d'un pédoncule commun et se terminent à une même hauteur. On donne encore ce nom aux rameaux dont les sommités égales semblent former un plan horizontal comme dans le pin d'Italie.

**FASTIGIUM** (sommet), ornement que les Romains mettaient au faîte des temples, tel qu'une statue, un char à quatre chevaux, etc. On accorda, dans la suite, cet honneur comme récompense aux statues des citoyens les plus distingués. César fut le premier à qui elle fut décernée.

**FATAL**, nom donné par les anciens aux événements *imprévus*, heureux ou malheureux, qui, selon eux, étaient réglés par le destin. Aujourd'hui ce mot désigne les événements malheureux qui tiennent à des causes cachées, ou qui sont considérés dans leurs rapports avec celles d'entre leurs causes qui nous sont inconnues.

**FATALISME**, doctrine de ceux qui attribuent tout au destin.

**FATALITÉ**, nom donné par les anciens à une puissance inconnue, qui poussait les hommes vers des événements imprévus et fâcheux, et les entraînait irrésistiblement à leur perte. Cette puissance était celle du *destin*. Voy.

**FATHEMAH**, **FATHMED** ou **FATIME**, fille de Mohammed (Mahomet), prophète des musulmans, naquit à la Mecque l'an 605 de l'ère chrétienne, et épousa son cousin Ali, qui en eut deux fils, Hâssan et Hussein. Fathemah mourut en 633, six mois après son père. C'était, d'après les musulmans, une femme accomplie en toute chose. Elle a donné son nom à la race des Fathemides.

**FATHEMIDES** ou **FATHIMITES**, dynastie mahométane, dont les princes, sous le nom de califes, dominèrent sur le nord de l'Afrique et l'Egypte. Ils se prétendaient issus de Fathemah et d'Ali, fille et gendre de Mahomet, par Ismaël, le sixième des douze imans. Cette dynastie fut fondée en 797, par Abou-Mohammed-Obéïd-Allah, sur les ruines des Medradides, qui avaient régné à Sedjemesse et en Mauritanie, des Rostamides, qui possédaient la côte d'Afrique depuis Tunis jusqu'au détroit de Gibraltar, et des Edrissides, souverains de Fez. Les Fathemides conquirent l'Egypte en 996, et en furent califes. Le dernier fut Adhed, dépouillé par Saladin l'an 1171. Les Fathemides se nommaient aussi *Alides* et *Ismaélites*.

**FATHOM**, mesure linéaire d'Angleterre, semblable à peu près à la toise de France. Elle vaut *un mètre 828767 millionièmes de mètre* de France.

**FATIME**. Voy. **FATHEMAH**.

**FATIO** (Nicolas), né à Bâle en 1664, s'adonna à l'astronomie. En 1686, il écrivit une *Lettre sur une lumière qui paraissait dans le ciel*, c'était la lumière zodiacale; cet écrit renfermait encore l'*essai* d'une théorie pour la recherche de la distance du soleil à la terre, et une hypothèse pour expliquer l'anneau de Saturne. Ami de Newton, Cassini, Huyghens, Leibnitz et Bernouilli, il attribua le premier la cause de la gravitation universelle à l'impulsion rectiligne. Il s'efforça vainement à convertir les hommes à une doctrine religieuse dont il était l'inventeur, et il fut exposé à Londres en 1707 pour avoir répandu ses rêveries parmi le peuple. Il mourut à Worchester en 1753. Il reste de Fatio des *fragments* de physique.

**FATUAIRES** (myth.), prétendus prophètes qui annonçaient l'avenir. On les nommait ainsi à cause de *Fatua* ou *Fauna*, femme de *Faunus*.

**FAUBERT** (mar.), sorte de balai fait avec une grosse poignée de fil de caret, que l'on coupe également de la longueur de deux pieds à deux pieds et demi, ployés en double et arrangés pour recevoir un manche de la même longueur. Les fils, en se détordant par le bout, forment une étoupe qui fait éponge. Les canonniers se servent d'un faubert sans manche.

**FAUBOURGS**, nom donné primitivement aux maisons, bâtiments situés hors d'une ville. Réunies plus tard dans l'enceinte des cités, ces parties extérieures des villes conservèrent leur ancien nom. Les faubourgs de quelques villes sont très-considérables. A Vienne (Autriche), ils sont trois fois plus grands que la ville même. A Paris, ceux de Saint-Germain, Saint-Antoine, Montmartre, Grenelle, etc., sont d'une très-grande étendue.

**FAUCET**. Voy. **FAUSSET**.

**FAUCHAGE**, action de couper à la faucille ou avec la faux des foins, les avoines,

les orges, les blés, les herbes, etc. L'on croit généralement que l'on doit couper les blés avec la faucille, pour éviter des secousses qui feraient tomber les grains ; mais l'on doit préférer le *fauchon*. Les fourrages doivent être coupés le plus près possible de la terre. — On nomme *fauchaison* le temps où l'on fauche.

**FAUCHARD** (Pierre), né en Bretagne à la fin du XVIIe siècle. Chirurgien distingué, il créa l'art du dentiste. Avant lui, on ne plombait pas les dents. Il s'est servi de ce secours avec le plus grand avantage. On a de lui un ouvrage sur les maladies des dents, intitulé *le Chirurgien dentiste* ou *Traité des dents* (1728). Il mourut en 1761.

**FAUCHER** (César et Constantin), dits *les Jumeaux de la Réole*, frères jumeaux, nés à la Réole (Gironde) en 1759. Après avoir reçu une éducation forte et brillante, ils entrèrent ensemble dans les chevau-légers de la maison du roi. En 1780, ils passèrent en qualité d'officiers dans un régiment de dragons. Pendant ce temps, ils se firent recevoir avocats et se consacrèrent entièrement à la culture des sciences et des lettres. Partisans de la révolution de 1789 et voués aux intérêts du peuple, ils vinrent à Paris après la session de l'assemblée constituante. En 1791, César Faucher fut nommé président du district de la Réole, et commandant des gardes nationales du département de la Gironde. Constantin fut fait à la même époque commissaire du roi, et puis chef de la municipalité de la Réole. En 1793, les frères Faucher recommencèrent, en qualité de volontaires, leur carrière militaire. Ils formèrent un corps franc d'infanterie, sous le nom d'*enfants de la Réole*, qui se distingua dans la guerre de Vendée. Les deux frères passèrent successivement par tous les grades, et furent le même jour nommés tous deux généraux de brigade. Amis d'une sage liberté, mais ennemis des excès révolutionnaires, les frères Faucher s'attachèrent au parti de la Gironde. Ils furent accusés de fédéralisme, arrêtés et traduits en janvier 1794 au tribunal révolutionnaire de Rochefort. Ils furent condamnés à mort, mais rendus bientôt à la liberté par suite de l'annulation du jugement. Rappelés à l'armée de Rhin et Moselle, ils furent réformés peu de temps après. Bonaparte, devenu premier consul, nomma Constantin sous-préfet de la Réole, et César membre du conseil général de la Gironde; mais, leur opinion n'étant pas en harmonie avec les principes du gouvernement, ils donnèrent leur démission (1803) et se livrèrent à des spéculations commerciales. Pendant les cent-jours (1815), César fut nommé représentant du collége de la Réole, Constantin élu maire de la même ville. Tous deux furent nommés maréchaux de camp à l'armée des Pyrénées-Orientales, et, lorsque le département de la Gironde fut mis en état de siége, Constantin reçut le commandement des arrondissements de la Réole et de Bazas. A la fin des cent-jours (21 juillet), ils donnèrent leur démission. Des soldats ayant insulté le pavillon blanc, les volontaires royalistes accusèrent les frères Faucher d'être les instigateurs de ces menées, et demandèrent hautement leur mort. Le gouvernement ordonna une perquisition chez eux, laquelle fit découvrir des armes et des munitions. Arrêtés ensemble, ils furent accusés d'avoir résisté aux ordres du gouvernement, d'avoir conservé contre sa volonté le commandement dont ils avaient été chargés pendant les cent-jours, d'avoir excité les citoyens à la guerre civile, et d'avoir détourné des soldats du roi. Aucun avocat ne voulut se charger de leur défense. Condamnés à mort par un jugement du 28 septembre 1815, ils se pourvurent en révision et purent s'adjoindre cette fois un conseil d'avocats. Leur jugement fut confirmé, et les frères Faucher furent fusillés le 27 septembre. Ils subirent le supplice avec beaucoup de fermeté.

**FAUCHET** (Claude), né à Paris vers 1529,

recherch a avec beaucoup de soin les antiquités de la France. Il était président à la cour des monnaies de Paris. Henri IV le nomma historiographe de France. Il mourut en 1601. On a de lui les *Antiquités gauloises et françaises*, un *Traité des libertés de l'Eglise gallicane*, des traités de l'origine des chevaliers, armoiries et hérauts, les *Origines des dignités et magistrats de France*.

**FAUCHET** (Claude, abbé), né à Dorne (Nièvre) en 1744, embrassa l'état ecclésiastique, et devint grand vicaire de l'archevêque de Bourges et abbé commendataire de Montfort. Il embrassa la cause du peuple dans la révolution de 1789, et excita l'effervescence populaire par ses discours. Il fut nommé en 1791 évêque constitutionnel de Bayeux et député à l'assemblée législative, puis à la convention (1792), par le Calvados. Il s'opposa à la mise en jugement de Louis XVI, vota l'appel au peuple, la détention, le bannissement et le sursis, s'opposa au mariage des prêtres. Il fut accusé comme complice de Charlotte Corday, condamné à mort et exécuté en 1793.

**FAUCHEUR**, genre d'arachnides de la famille des holètres, ordre des trachéennes, tribu des phalangiens. La tête, le tronc et l'abdomen sont réunis en une masse sous une enveloppe commune. Le corps est grêle, les pattes ont une longueur démesurée proportionnellement à leur corps. Ces animaux marchent fort vite et à grands pas. Leurs pattes étant coupées conservent longtemps la faculté de se mouvoir. On rencontre les faucheurs sur les murailles, les plantes, les troncs d'arbres. Ils ne filent pas et sont très-carnassiers. On les trouve en Europe.

**FAUCHON**, sorte de faux dont la lame a environ trois pieds de long, et le manche un pied et demi. Ce manche, dont le bout est deux fois coudé à angle droit de six en six pouces, porte un trou de deux pouces de large, dans lequel on passe une lanière de cuir formée en boucle, pour manœuvrer l'instrument à la manière accoutumée ; il a ordinairement une poignée ou main pour le tenir. On réunit les chaumes que l'on veut couper, à l'aide d'un crochet de fer dont le manche a quatre pieds de long.

**FAUCILLE**, instrument qui sert à couper le froment, le seigle et en général les céréales dont les grains ne tiennent pas dans l'épi et tomberaient si on les fauchait. C'est une lame d'étoffe d'acier recourbée en demi-cercle, dont un des bouts est façonné en queue propre à recevoir un petit manche qui s'élève un peu au-dessus du plan de la faucille. L'usage des faucilles diminue beaucoup : il fatigue et n'est pas expéditif.—Dans l'antiquité, la faucille fut l'attribut de Cérès et de l'Eté.

**FAUCILLE**, nom vulgaire qui sert à désigner diverses espèces de poissons, tels que le *denté*, un *spare*, un *saumon*, un *able*, etc. ; un insecte du genre *phalène*, et des plantes nommées aussi *chloride* et *coronille*.

**FAUCILLON**, petite faucille dont on fait usage pour couper du menu bois, des broussailles, des herbes, des fruits, etc.— On donne aussi ce nom à une petite lime qui sert à évider la partie des clefs où sont les dents.

**FAUCON**, genre de l'ordre des accipitres diurnes et de la famille des falconés, renfermant des oiseaux à ailes aiguës et à bec courbé dès sa base et denté. Les faucons se nourrissent de proie vivante. Leur force et leur courage sont très-remarquables. Ce genre renferme les *faucons gerfaut*, *lanier*, *pèlerin*, *hobereau*, *émerillon*, *cresserelle*, *élane*, etc. Toutes ces espèces ont été autrefois très-recherchées pour la chasse. On les distingue par la taille, la couleur de la cire et des pieds.

**FAUCON COMMUN** ou **PÈLERIN**, espèce de *faucon* : c'est la plus commune. Elle habite toute l'Europe. On le dresse aisément pour la chasse. Le pèlerin se trouve sur les montagnes et les rochers. Sa nourriture consiste en oies, faisans, tétras, perdrix, canards, etc. Il a de dix-huit à vingt pouces de long, le bec entouré à sa base de plumes blanchâtres, les narines placées latéralement, la main garnie de quatre doigts. La tête, le cou et le dos sont d'un brun noirâtre, les ailes d'un gris brun ; la gorge, le dessous du cou, la poitrine, le ventre, d'un blanc sale. On distingue le *faucon sors* ou *du jeune âge*, le *faucon noir*, le *passager*, le *lanier* ou *mâle-adulte*.

**FAUCON**, ancienne pièce de canon qui, selon quelques auteurs, avait de trois à quatre pouces de diamètre, et dont le boulet pesait d'une à dix livres. — En histoire naturelle, on nomme *faucon de mer* deux espèces de poissons, la *mourine* et le *dactyloptère pirapédo*.

**FAUCONNEAU** (*falconnet*), petite pièce d'artillerie de six à sept pieds de longueur, de deux à cinq pouces de diamètre, et dont la balle pesait d'une livre à six. Originairement elle se portait à bras d'homme.— On appelle encore ainsi, 1° le jeune *faucon*; 2° la plus haute pièce de bois d'une machine à élever les fardeaux. Elle est posée en travers avec une poulie à chaque bout.

**FAUCONNERIE**, art de dresser, d'élever et de conserver les oiseaux de proie destinés à la chasse. Cet art, autrefois cultivé par les anciens et les modernes, est aujourd'hui tombé en désuétude. Pour dresser ces oiseaux, pour faire leur éducation (*affaitage*), on les contraignait par la faim et la lassitude à se laisser couvrir la tête d'un chaperon qui leur couvrait les yeux, puis on leur apprenait à sauter sur une proie fictive (*leurre*), enfin on les lançait dans la campagne en leur donnant la nourriture (*pât*) une seule fois par jour. Quand ils étaient bien dressés, ils s'asseyaient sur le poing de leur maître, et obéissaient toujours à sa voix. — La *fauconnerie* ou *fauconnière* était aussi le lieu où l'on élevait les faucons.

**FAUCONNIER**, nom donné à ceux qui se livraient à l'art d'élever les oiseaux de proie pour la chasse. Le chef des fauconniers se nommait *grand fauconnier*. On nommait *grand fauconnier de France* le chef de la fauconnerie royale. Le plus ancien *grand fauconnier de France* fut Eustache de Gaucourt, seigneur de Viry, sous Charles VI (1406). Auparavant cet officier se nommait *maitre de la fauconnerie du roi*. Le grand fauconnier avait seul le droit de présenter le faucon au roi : la révolution de 1789 détruisit cette charge.

**FAUDEUR**, nom donné dans les fabriques de draps, à l'ouvrier chargé de plier en double, sur la longueur, les pièces, de manière que les deux lisières se touchent. On *faude* les étoffes pour les emballer plus facilement.

**FAUJAS DE SAINT-FOND** (Barthélemy), savant géologue, né à Montélimart (Drôme) en 1750, parcourut la plupart des contrées de l'Europe et de l'Amérique, en s'occupant de recherches relatives à l'histoire naturelle, et principalement aux produits volcaniques et à la géologie. Il découvrit en 1778 sur le Chenavary, montagne du Velay, une riche mine de pouzzolane, que le gouvernement fit exploiter. Il découvrit aussi la *farine fossile* et la mine de fer de la Voulte (Ardèche). Professeur du muséum d'histoire naturelle, il mourut en 1819. On a de lui l'*Histoire naturelle du Dauphiné* (1782), la *Minéralogie des volcans*(1784), des *Voyages aux Iles Britanniques* (1797), *Recherches sur les volcans du Velay et du Vivarais* (1778).

**FAULX.** Voy. **Faux**.

**FAUNA** (*Fatua* ou *Marica*) (myth.), fille de Picus, était sœur et femme de Faunus. Elle fut mise au rang des déesses à cause de la fidélité qu'elle garda à son mari. Pendant sa vie elle prédisait l'avenir : aussi son nom devint dans la suite celui des femmes qui passaient pour devineresses. On l'appelait aussi la *bonne déesse*, et on la confondait avec *Cybèle*. Les femmes lui offraient des sacrifices dont les hommes étaient exclus, et où l'on ne buvait que du lait.

**FAUNALIES** (myth.), fêtes que les habitants des campagnes célébraient en Italie en l'honneur de Faunus. Elles avaient lieu le 11, le 13 et le 15 de février pour célébrer le voyage que Faunus avait fait d'Arcadie en Italie, et le 9 novembre ou 5 décembre pour célébrer ses bienfaits et implorer sa bienveillance. On y faisait de nombreuses libations de vin. On y offrait des grains d'encens et le sang d'un chevreau ou d'une brebis.

**FAUNE**, nom qui désigne, depuis Linné, les ouvrages consacrés spécialement à la description des animaux qui vivent dans une circonscription plus ou moins restreinte, une île, un royaume, un continent, etc. Les parties de la zoologie dont les faunes sont les plus avancées sont celles des oiseaux et des mammifères, les autres classes sont très-imparfaitement connues. Le nom de *faune* est dû à Linné. — On a encore donné ce nom à une espèce de *singe*, à un papillon du genre *satyre*, et à un genre de coquilles nommé *mélanopside*.

**FAUNES** (myth.), divinités champêtres qui descendaient de Faunus. On les distinguait des satyres et des sylvains par leurs occupations qui se rapprochent davantage de l'agriculture. Les poètes les représentent quelquefois avec le corps d'un homme, des cornes à la tête et des jambes de bouc ; le plus souvent on les représentait avec des oreilles pointues et une queue courte et frisée. Ils vivaient plusieurs siècles.

**FAUNIGENÆ**, surnom des Romains qui se croyaient issus de *Faunus*.

**FAUNUS** ou **Faune** (myth.), fils de Picus et petit fils de Saturne, régna dans le Latium vers l'an 1300 avant J.-C. Né en Arcadie, il apporta en Italie le culte des dieux et les travaux de l'agriculture. Il mit son père au rang des dieux, et fit élever sur le mont Palatin un temple au dieu *Pan* ou *Lupercus*. Ses sujets, pleins de vénération pour lui, en firent, avec son épouse Fauna, des divinités champêtres. On le représentait sous la forme d'un satyre. Ses fêtes se nommaient *Faunalies* ou *Faunalia*.

**FAUR** (Gui du), seigneur de Pibrac, né à Toulouse en 1528, se distingua dans le barreau de cette ville, et fut élu juge mage. Député aux états d'Orléans en 1560, il fut peu de temps après choisi pour être l'un des ambassadeurs de Charles IX au concile de Trente, et il y soutint les libertés de l'Eglise gallicane. Avocat général au parlement de Paris (1565), il fut nommé conseiller d'état en 1570. Il suivit Henri III en Pologne, et ne put réussir à conserver ce royaume à ce prince. Il procura un traité de paix entre la cour et les protestants. Nommé président à mortier, puis chancelier de la reine de Navarre et du duc d'Alençon, il mourut à Paris en 1584. On a de Pibrac des *plaidoyers*, des *harangues*, une *Apologie de la Saint-Barthélemy*, etc., et des *quatrains*.

**FAUSSAIRE**, celui qui se rend coupable du crime de *faux*, soit en fabriquant des pièces fausses, soit en altérant des pièces véritables. Tout fonctionnaire ou officier public qui commet un faux est puni des travaux forcés à perpétuité. Les travaux forcés à temps sont réservés à toute autre personne qui commet un faux. Celui qui commet un faux en écriture privée, ou fait usage de cette pièce, est puni de la réclusion. Celui qui falsifie ou fait usage d'un passe-port falsifié est puni d'un an à cinq ans d'emprisonnement. Ceux qui falsifient ou font usage d'un certificat, ou d'une feuille de route falsifiés seront punis, les premiers d'un emprisonnement de deux à cinq ans, les deuxièmes de la réclusion. Tout faussaire doit subir l'exposition publique.

**FAUSSE** (hist. nat.), nom donné autrefois

aux espèces que l'on pouvait à la rigueur rapprocher de quelques autres, mais que l'on devait cependant distinguer avec soin; ainsi on a nommé *fausse aigue-marine*, une variété de chaux fluatée d'un bleu verdâtre; *fausse améthyste*, la chaux fluatée violette; *fausses chélidoines*, des *aétites; fausse chenille*, un mollusque du genre *térithe* et des larves d'insectes de la famille des *uropristes; fausse chrysolithe*, le quartz hyalin jaune ; *fausse coloquinte*, une espèce de *courge; fausse hyacinthe*, le quartz hyalin roussâtre, *fausse malachite*, le jaspe vert; *fausses nageoires*, les *nageoires adipeuses; fausse oronge*, une espèce d'*agaric vénéneux; fausse poire*, une espèce de *courge; fausse topaze*, le quartz hyalin jaune.

AUSSE ALETTE, terme d'architecture, pied-droit en arrière-corps, lequel porte une arcade ou une plate-bande.

FAUSSE AMURE (mar.), corde de longueur suffisante, et qui sert à renforcer les amures des basses voiles d'un vaisseau pendant un coup de vent.

FAUSSE BALANCINE (mar.), corde supplémentaire que l'on établit sur une vergue pour diminuer la fatigue qu'éprouvent les autres cordages.

FAUSSE BATTERIE, canons de bois peints qui se trouvent dans quelques bâtiments du commerce. On les nomme encore *fausses lances* et *faux canons*.

FAUSSE BRAIE. C'est, dans l'art militaire, une seconde enceinte terrassée comme la première qui n'en est pas séparée par un fossé, mais dont la terre-plein joint l'escarpe de la première enceinte.

FAUSSE CANNELLE, nom donné à l'écorce d'un arbre de la famille des laurinées, le laurier *cassia*, à cause de sa ressemblance avec celle de la cannelle.

FAUSSE CARGUE (mar.), addition aux cargues naturelles des grandes voiles, qui aident à serrer le fond de la voile près de la vergue, à la relever après que les cargues ont été jointes.

FAUSSE CARLINGUE (mar.), renfort sur une *carlingue*.

FAUSSE COUPE, nom donné, dans les arts mécaniques, au profil d'une pierre, d'une pièce de bois, qui présentent des lignes, lesquelles ne sont pas tracées au moyen de l'équerre, et qui donne l'angle de 45 degrés. Telles sont les pierres qui forment quelquefois des linteaux de porte, et qui sont taillées de façon que plusieurs de leurs joints forment une figure semblable à la moitié d'un Z.

FAUSSE DUITE, terme de manufacturière, défaut de fabrication dans les étoffes, provenant d'un jet de la trame qui ne passe pas régulièrement dans les fils de la chaîne, à cause d'un défaut d'égalité dans les fils des lisses.

FAUSSE ÉBÈNE, nom donné au bois du cytise des Alpes.

FAUSSE ÉQUERRE. Voy. ÉQUERRE (Fausse).

FAUSSE GALERIE, ouvrage de menuiserie sculpté, qui sert à décorer l'arrière et les côtés extrêmes de quelques grands bâtiments.

FAUSSE LAME. C'est, en marine, celle à qui la variété des vents donne diverses directions.

FAUSSE MANŒUVRE, évolution faite à contre-temps ou mal exécutée.

FAUSSE PAGE ou FAUX TITRE, terme d'imprimerie, première page d'un livre, laquelle renferme en abrégé le titre de l'ouvrage, et qui précède le frontispice.

FAUSSE PLANTE MARINE, nom donné par les anciens aux divers polypiers semblables à des plantes.

FAUSSE PLAQUÉ, nom donné par les horlogers à une plaque de laiton qui sert à fixer le *mouvement* de l'horloge sur la boîte. Elle est fixée par trois vis sur une autre plaque placée sur la boîte et nommée *balte*. Le cadran est fixé sur la *fausse plaque* par des goupilles.

FAUSSE POSITION, nom donné vulgairement à une attitude dans laquelle certains muscles sont dans une contraction trop forte, ou dans laquelle certaines parties sont soumises à une compression très-pénible. Il en résulte un engourdissement passager, et même souvent une gêne dans les mouvements de la partie affectée.

FAUSSE POSITION (RÈGLE DE), opération d'arithmétique qui consiste à partager un nombre en parties proportionnelles à des nombres que l'on détermine relativement à l'état de la question. Pour faire ce partage, on n'a besoin que d'une ou deux fausses suppositions de parties, lesquelles doivent être proportionnelles à celles du nombre qu'il faut diviser. Ainsi, pour diviser 658 entre trois personnes, de manière que la deuxième ait trois fois autant que la première, la troisième autant que les deux autres à la fois : si l'on suppose que la part de la première soit 1, celle de la deuxième sera 3 et celle de la troisième 4 ; la somme de ces parts, 8, est fausse, puisqu'elle est plus petite que 658. On établit les proportions : 1º 8 : 1 :: 658 : *x* ; 2º 8 : 3 :: 658 : *x* ; 3º 8 : 4 :: 658 : *x*; on en trouve les parts véritables. Cette règle se nomme ainsi, parce qu'on parvient à un résultat vrai au moyen de *fausses suppositions*.

FAUSSE POSITION (RÈGLE DE DOUBLE), nom de la règle de *fausse position* lorsqu'on parvient au résultat, à l'aide de plusieurs *fausses suppositions*.

FAUSSE QUILLE (mar.), bordage épais, en sapin, que l'on applique sous toute l'étendue de la quille d'un navire.

FAUSSE QUINTE ( mus. ), expression inexacte qui servait autrefois à désigner la *quinte diminuée*, comme de *ut dièse* à *sol*.

FAUSSE RELATION (mus.), relation de deux notes qui se font entendre successivement dans des parties différentes (la *basse* et le *dessus* par exemple) et qui donnent la sensation de deux tons sans analogie. Tels sont *ut dièse* et *ut bécarre*.

FAUSSE RHUBARBE, nom vulgaire de la racine de la *morinde*, plante de la famille des *rubiacées*. On s'en sert comme vermifuge et pour faire de l'encre.

FAUSSE ROSE, excroissance feuillée, que la piqûre de certains insectes occasionne à l'extrémité des rameaux des saules.

FAUSSE SAINTE-BARBE (mar.), emplacement où sont les chambres des officiers dans les frégates et les corvettes ; c'est aussi l'endroit où mangent les élèves. Elle est sur l'avant de la sainte-barbe.

FAUSSE TEIGNE, nom des teignes dont les larves quittent leur fourreau pour marcher.

FAUSSE VIS, nom que les mécaniciens donnent à la *vis* qui sert à en tailler d'autres. C'est une vis véritable.

FAUSSES CHENILLES, nom donné aux larves des tenthrèdes de Linné, à cause de leur grande similitude avec les vraies chenilles. Elles ne diffèrent de celles-ci que par leurs pattes membraneuses dépourvues de crochets, et qui sont au nombre de dix ou manquent quelquefois tout à fait.

FAUSSES MEMBRANES ou MEMBRANES ACCIDENTELLES (méd.), nom donné à des productions membraneuses qui se forment sur les surfaces libres, naturelles ou accidentelles. Elles sont le produit de l'exsudation d'une lymphe plastique, coagulable à la suite de l'inflammation des tissus. On les observe sur la peau après l'application des vésicatoires, sur les surfaces muqueuses, comme dans le croup, etc. — Les cicatrices des plaies sont formées par des *fausses membranes*.

FAUSSES RADIÉES, nom donné par Decandolle à des corolles labiatiflores, lesquelles ont la lèvre externe des corolles extérieures beaucoup plus grande, de manière à offrir une similitude avec les fleurs radiées au premier aspect.

FAUSSES TRACHÉES, tubes ou vaisseaux placés dans les diverses parties des végétaux, offrant de temps en temps des fentes transversales, et ressemblent ainsi un peu aux véritables trachées ou vaisseaux spiraux.

FAUSSET ou FAUCET, voix sur-laryngienne, appelée aussi voix de tête, et dépendant d'un mécanisme particulier. Elle diffère entièrement de la voix naturelle. Pendant le mécanisme du fausset, l'air ne sort que par la bouche, et il est impossible de prononcer purement les sons nasaux en *ain*, *oin*, etc. Ce genre de voix n'existe guère que chez les hommes, et particulièrement chez les ténors.

FAUSSETS, nom donné par les tonneliers à de petites chevilles de bois de saule arrondies en pointe, dont ils se servent pour boucher l'ouverture ronde faite à une futaille avec le foret.

FAUST ou FUSTH (Jean). Voy. FUST.

FAUST (LE DOCTEUR), personnage mystérieux que les anciens écrivains font vivre au XVIe siècle. L'existence de ce célèbre sorcier est encore un problème. Faust con sacra toute sa vie à la pratique des sciences chimiques et à la recherche de la pierre philosophale. Il se livra, d'après les biographes, au diable *Méphistophélès*. On croit que Twardowski, fameux sorcier du XVIe siècle, chez les Polonais, ami et confident du roi Sigismond-Auguste, voyagea en Europe et s'arrêta en Allemagne, où il prit le nom de *Faust*. Quoi qu'il en soit, on n'a rien de certain sur ces deux personnages. Marlowe, Klinger, Lessing Müller, Goethe, Byron, etc., ont introduit Faust dans leurs écrits ; on en a une vie par Widman (1587).

FAUSTA (Flavia Maximiana), fille de Maximien Hercule et d'Eutropie et sœur de Maxence, épousa Constantin le Grand en 308, et fut mère de Constantin II, Constance et Constant. Elle découvrit les complots de son père à son époux, qui fit mettre à mort Maximien Hercule et embrassa le christianisme. Devenue éprise de Crispus, fils de la première femme de Constantin, et n'ayant pu le séduire, elle l'accusa auprès de son époux, et causa son supplice. Constantin, ayant ensuite reconnu la vérité, fit étouffer Fausta dans un bain chaud l'an 327 de J.-C.

FAUSTE (Saint), diacre d'Alexandrie et martyr, accompagna dans son exil (257) saint Denys, évêque de cette ville. Il revint avec lui à Alexandrie, continua à servir l'Église après lui, et eut la tête tranchée sous Dioclétien en 311. On met sa fête au 19 novembre. Le 26 novembre et le 3 octobre, on célèbre la fête d'un prêtre et d'un martyr de ce nom, natifs d'Alexandrie. — Martyr de Cordoue, fut mis à mort avec saint Janvier et saint Martial, sous la persécution de Dioclétien. On met leur fête au 13 octobre.

FAUSTE, né en Bretagne au XVe siècle, se livra d'abord à la culture des lettres. Il se retira ensuite dans le monastère de Lérins, dont il fut abbé, et fut nommé vers 460 évêque de Riez (Provence). Il mourut vers l'an 485. On a de lui plusieurs *lettres*, un *Traité du libre arbitre et de la grâce* en deux livres, un livre *du Saint-Esprit*, des *sermons* et des *homélies*.

FAUSTINE (Annia Galeria FAUSTINA), surnommée *Faustine la Mère*, née l'an 104 d'Annius Verus, préfet de Rome, épousa Antonin le Pieux avant qu'il parvint à l'empire. Son libertinage effréné fit le scandale de Rome. Elle mourut l'an 141. Antonin la plaça après sa mort au nombre des déesses de l'empire.

FAUSTINE (Annia FAUSTINA), surnommée *la Jeune*, fille d'Antonin le Pieux et de Faustine *la Mère*, épousa Marc Aurèle et surpassa sa mère dans ses déréglements. On dit même que son fils Commode fut le fils d'un gladiateur. Cependant, après sa mort, son époux lui éleva des temples et des autels, et institua des *fêtes faustiniennes*. Elle mourut en 175. Elle avait été surnommée *Mère des soldats* (mater castrorum).

FAUSTINE (Annia Aurelia FAUSTINA), fille de Claude Sévère, sénateur illustre, et de Vibia Aurelia, fille de Marc Aurèle. Elle fut mariée au consul Pomponius Bassus. Héliogabale, n'ayant pu la séduire, fit assassiner Bassus (221) et l'épousa. Il cessa bientôt de l'aimer, et la renvoya après avoir dépouillée de ses titres.

FAUSTINE (Maxima Faustina) épousa l'empereur Constance II en 361, après la mort d'Eusébie. Elle eut pour fille *Constantia Faustina*, qui épousa l'empereur Gratien.

FAUSTITAS (myth.), divinité romaine qui présidait à la fécondité des troupeaux.

FAUSTULUS, intendant des troupeaux d'Amulius. Faustulus, ayant vu Romulus et Remus allaités par une louve, les recueillit et les fit nourrir par son épouse Acca Laurentia. On dit qu'il périt dans une querelle entre Romulus et Remus. On lui éleva une statue. — L'on pense aujourd'hui que Faustulus trouva les deux enfants exposés dans une forêt, et qu'il les fit nourrir par sa femme, surnommée *la Louve* à cause de ses dérèglements. C'est l'explication naturelle de cette fable.

FAUTE, toute violation d'une règle, d'une loi, tout manquement à un devoir, a une obligation. Ce terme ne s'emploie qu'en droit civil. Au criminel, la faute est *contravention, crime, délit*, suivant les circonstances. On distingue trois formes de fautes, la *faute très-légère*, la *faute légère*, la *faute lourde* ou *grossière*. — Tout fait quelconque de l'homme qui cause à autrui un dommage oblige celui par la faute duquel il est arrivé à le réparer.

FAUTEAU, pièce de bois suspendue et mise en mouvement par la force des hommes, et qui sert à abattre des portes, des murailles, etc.

FAUTEUIL ou ACCOUDOIR (autrefois *faudesteuil*), chaise à bras et à dossier. Les fauteuils les plus communs sont garnis en paille; mais le plus souvent ils sont recouverts d'une étoffe, et mieux de velours, rembourrés en crin. On fait aussi des *fauteuils d'été*, garnis en jonc et à jour. — On nomme *bergère* un grand et large fauteuil; *causeuse*, un fauteuil à deux places; *sofa*, un fauteuil à plusieurs places; *duchesse* ou *chaise longue*, un fauteuil où l'on peut étendre tout le corps. L'usage des fauteuils est très-ancien.

FAUTEUILS DE L'ACADÉMIE, nom donné à quarante fauteuils, exactement pareils, construits d'après les mêmes proportions, couverts de la même étoffe, et destinés aux membres de l'académie française. Depuis la fondation de cette académie jusqu'en 1836, ces fauteuils ont été occupés par trois cent soixante-quinze académiciens.

FAUTEUILS DE BUREAU ou DE CABINET, nom donné à des fauteuils qui ne diffèrent des autres que par la largeur de leur dossier, qui se prolonge autour du siége, et par la forme de son évasement, qui présente une portion de cylindre oblique, et qui va en diminuant vers le devant, où il est nul. Les hommes de bureau se servent de cette espèce de fauteuil.

FAUTIER ou PONCTUATEUR, nom donné, dans quelques chapitres, à celui qui était préposé pour marquer ceux qui étaient absents des offices.

FAUTRAGE, droit qu'avaient les seigneurs de mettre des chevaux et des bœufs dans les prés de leurs sujets, et même avant que les prés fussent fauchés.

FAUVE, nom d'une couleur qui tire sur le roux. C'est un mélange d'un peu de rouge avec un jaune pâle. — On nomme en général BÊTES FAUVES tous les animaux qui vivent à l'état sauvage. Vulgairement c'est le nom que l'on donne aux cerfs que l'on nourrit dans les forêts pour leur donner la chasse.

FAUVETTE, genre d'oiseaux de la tribu des passereaux dentirostres, de la famille des becs-fins et de la classe des sylvains. Ce sont des oiseaux à plumage assez varié, mais ordinairement brun ou roussâtre, et dont le chant est assez agréable. Leur bec est effilé, droit, pointu; leur queue arrondie, les ailes étendues. On les trouve sur tous les points de la terre, mais surtout en Europe. Ils se nourrissent d'insectes et de fruits mous, et sont longs de six à sept pouces. — On en connaît plusieurs espèces: la *fauvette à tête noire*, *mélanocéphale*, *des jardins*, *grisette*, *babillarde*, *de Provence*, *passerinette*, *igata*, etc.

FAUX ou FAULX, instrument d'agriculture avec lequel on coupe le foin, les fourrages et les céréales dont le grain ne se détache pas facilement de l'épi. En général, c'est une grande lame mince en acier, légèrement arquée, tranchante du côté concave, pointue par un bout et ayant par l'autre une poignée qui sert à la fixer, au moyen d'une virole et d'un coin, à l'extrémité d'un manche en bois de cinq à six pieds de long. La surface inférieure de la faux est convexe. Du côté du dos est une nervure qui va former la pointe. — La fabrication des faux fut longtemps concentrée en Allemagne et en Styrie. Aujourd'hui la France en renferme plusieurs fabriques. On distingue les *faux façon d'Allemagne*, auxquelles on donne le tranchant par le martelage, et les *faux façon anglaise*, qu'on aiguise sur la meule. — Dans la fable, la *faux* était l'emblème du *Temps* et de la *Mort*.

FAUX, ce qui est contraire à la vérité. — En termes de jurisprudence, le crime de *faux* comprend toute supposition frauduleuse faite pour altérer la vérité au préjudice d'autrui. On distingue le *faux par des écritures*, le *faux par paroles* et le *faux par des faits*. Ce dernier comprend la vente à faux poids, le faux-monnayage, les contrefaçons des timbres et sceaux de l'État. Ce dernier crime est puni par les travaux forcés à perpétuité ou à temps. Le faux en écritures publiques est puni par les travaux forcés à temps; celui en écriture privée, par la réclusion; et celui commis par des magistrats est puni par les travaux forcés à perpétuité. Autrefois le crime de *faux* était puni par la marque ou par la peine de mort, suivant la gravité de l'accusation. — Un *acte faux* est un acte supposé ou altéré.

FAUX (archit.), nom donné aux parties d'un édifice feintes de quelque manière que ce soit pour qu'un corps de cet édifice ne choque pas la vue par un défaut de symétrie. On dit ainsi *fausse arcade*, *fausse fenêtre*, *fausse porte*, etc.

FAUX (hist. nat.), nom donné aux choses qui ont un certain rapport avec d'autres choses ainsi nommées. On appelle *faux acacia*, la première espèce de *robinier* qui ait été connue en Europe; *faux acmella*, une espèce du genre *acmelle*; *faux acorus* ou *calament*, une espèce d'*iris*; *faux albâtre*, l'*alabastrite*; *faux alun de plume*, l'*asbeste*, le *gypse fibreux*; *faux amome*, le *cassis*; *faux arbousier*, la *canonce*; *faux argent*, le *mica*; *faux asbeste*, l'*amphibole blanchâtre*; *faux baume du Pérou*, le *mélilot bleu*; *faux bois de camphre*, le *selago* en *corymbe*; *faux buis*, la *fernélie* et le *fragon*; *faux chamaras*, la *germandrée*; *faux chervi*, la *carotte sauvage*; *faux chouan*, le *myagre*; *faux cumin*, la *nielle*; *faux cytise*, un *cytise* et l'*anthillide*; *faux diamant*, le *zircone*; *faux dictame*, le *marrube*; *faux ébénier*, le *cytise des Alpes*; *faux froment*, l'*avoine*; *faux indigo*, le *galéga* et l'*amorpha*; *faux jalap*, la *belle-de-nuit*; *faux lupin*, le *trèfle*; *faux nard*, l'*ail*; *faux or*, le *mica*; *faux piment*, la *morelle*; *faux pistachier*, le *staphilier*; *faux platane*, un *érable*; *faux poivre*, le *piment*; *faux prase*, le *quartz agate verdâtre*; *faux raifort*, le *cranson*; *faux rubis*, un *quartz*; *faux santal*, le *brésillet* et l'*alaterne*; *faux saphir*, la *dichroïte*; *faux sapin*, la *pesse*; *faux seigle*, l'*avoine*; *faux séné*, le *baguenaudier*; *faux sycomore*, l'*azédarach*; *faux tabac*, la *nicotiane*; *faux thuya*, le *cyprès*; *faux tremble*, le *peuplier d'Amérique*; *faux troëne*, le *cerisier*.

FAUX (mus.), nom donné aux intonations qui ne sont pas justes à l'égard des autres sons. *Chanter faux*, ne pas s'accorder avec d'autres voix ou avec des instruments qui accompagnent.

FAUX (FABRICANT EN), nom donné à ceux qui confectionnent des objets avec l'apparence qu'ils auraient s'ils étaient fabriqués en or, en argent ou autres matières précieuses. C'est ainsi qu'on fait de *fausses perles*, des objets en cuivre doré, de *faux diamants*, etc.

FAUX (OR), nom qui sert à indiquer que la matière dont on parle n'est pas réellement de l'or, mais une composition qui imite l'or sans en avoir les qualités.

FAUX A RATEAU ou A RAMASSETTE, nom donné aux faux munies d'une claie très-légère, qui s'adapte d'une part dans le bout du manche, et de l'autre au dos de la faux, dont elle suit la courbure. Les tiges de blé coupées, s'appuyant contre ce râteau, sont portées debout et sans secousse jusque dans l'*ondin*, monceau que forment ensemble ces tiges.

FAUX ARTÉSIENNE, nom donné à une très-petite faux à un très-petit manche qui s'élève verticalement, et dont on se sert en Artois en guise de faucille. On la fait agir d'un seul bras, sans presque la courber.

FAUX ATTIQUE, couronnement d'un édifice qui s'élève à une certaine hauteur au-dessus de l'entablement, lequel est lisse et sans ornement.

FAUX BOIS, nom vulgaire de l'*aubier*. — Ce mot désigne aussi les branches qui ne doivent pas donner de fruit.

FAUX BOMBYX, tribu d'insectes lépidoptères, famille des nocturnes, ayant toujours les ailes inclinées en forme de toit, et la languette très-distincte et plus longue que la tête. Ces insectes ressemblent aux bombyx, aux hépiales et aux cossus. Les genres *arctie* et *callimorphe* composent cette tribu.

FAUX BOURDON, nom donné aux mâles des abeilles. — Réaumur appelle ainsi plusieurs hyménoptères du genre *bombus*.

FAUX BOURDON, manière de chanter le *plain-chant* à trois ou quatre parties et note pour notes. On en fait usage dans les fêtes solennelles en France et en Italie.

FAUX CAFÉ. On appelle ainsi les graines du ricin à Saint-Domingue, et, dans les îles de France et de Mascareigne, diverses espèces de caféiers sauvages.

FAUX CANONS. Voy. FAUSSE BATTERIE.

FAUX COMBLE, la partie d'un toit qui est au-dessus du joint qui sépare les deux pentes de ce toit.

FAUX CORAIL, nom donné à divers madrépores et polypiers, qui ont beaucoup de ressemblance avec le *corail*.

FAUX COTÉ, bord faible d'un bâtiment, côté sur lequel il incline plus que sur l'autre, et qui oblige à mettre du lest dans l'arrimage d'un côté que de l'autre, afin de le rendre aussi pesant.

FAUX DU CERVEAU, nom donné, en anatomie, au plus grand repli de la dure-mère. C'est une lame étendue d'une extrémité du crâne à l'autre sur la ligne médiane, et logée dans la scissure interlobaire du cerveau.

FAUX DU CERVELET, lame triangulaire que présente la dure-mère au niveau de la protubérance occipitale interne. Sa base se fixe à la tente du cervelet. Il se termine dans le grand trou occipital.

FAUX DU PÉRITOINE (GRANDE) ou FAUX DE LA VEINE OMBILICALE, repli en forme de faux qui est soutenu par la veine ombilicale, et qui s'étend depuis le nombril jusqu'à la face inférieure du foie.

FAUX DU PÉRITOINE (PETITE), nom donné aux ligaments latéraux du foie et aux replis que forme le péritoine soulevé par les artères ombilicales.

FAUX ELLÉBORE, nom donné à divers végétaux qu'on avait pris pour l'*ellébore* des anciens, qui était, à ce qu'il paraît, l'*ellébore oriental* de Tournefort.

FAUX ÉTAI, le plus haut étai, lequel sert sur les mâts majeurs et les mâts de hune.

FAUX FEU, amorce d'une arme à feu, qui

brûle sans que le feu se communique à la charge. — En marine, on appelle *faux feux* des signaux que l'on fait en brûlant des amorces de poudre.

FAUX FOND, terme de passementerie, chaîne de fil qui, dans les galons, sert à recevoir la trame pour lier toutes les parties de l'ouvrage sans paraître à l'endroit.

FAUX FRAIS, frais d'un procès qui n'entrent pas en taxe, et que l'on est obligé de faire outre les principaux.

FAUX GRENAT, cristal de couleur obscure tirant sur le noir.

FAUX INCIDENT, accusation de *faux*, formée dans le cours d'une instance.

FAUX IPÉCACUANHA, nom donné à divers végétaux dont la racine a été employée en place de l'ipécacuanha véritable. Tels sont le *cephælis*, le *cynanchum*, l'*iodinium* et le *psichotria*.

FAUX JOINT, ouverture trop large pour être fermée par l'étoupe. Un faux joint trop ouvert oblige quelquefois de placer un morceau de bois afin de former une couture calafatable.

FAUX JOUR, clarté qui fait voir les objets d'une manière imparfaite, et qui les fait juger autrement qu'ils ne sont. Le tableau est dans un *faux jour* lorsqu'il est éclairé dans un sens contraire à celui dans lequel le peintre a supposé que les objets du tableau reçoivent le jour. — En termes d'architecture, c'est une fenêtre destinée à donner un faux jour.

FAUX LAPIS, nom donné à la *pierre d'Arménie* ou carbonate de cuivre mêlé avec des matières terreuses durcies, qui lui donnent la consistance d'une pierre susceptible d'un certain poli.

FAUX LIMONS, limons que l'on place dans les baies des croisées ou des portes.

FAUX MANTEAU (archit.), manteau de cheminée porté sur des consoles ou corbeaux. — Il se dit aussi de la partie inférieure de la hotte d'une cheminée.

FAUX MARQUÉ, inégalité des cors sur la tête du cerf. Quand elle a six cors d'un côté et sept de l'autre, les veneurs expriment cette inégalité en disant : *le cerf porte quelque faux marqués*.

FAUX MONNAYEURS, nom donné à ceux qui font et mettent en circulation de *fausses pièces de monnaie* qui n'ont pas le *titre* et la *valeur* déterminés par la loi. On peut se rendre coupable de ce crime de plusieurs manières : en se servant de métaux de valeur inférieure, en détachant une petite quantité de métal de chaque pièce, etc. La peine des travaux forcés à perpétuité est réservée à ceux qui contrefont ou altèrent les monnaies d'or et d'argent ayant cours en France ; ceux qui contrefont ou altèrent les monnaies de cuivre et de billon ayant cours en France, et des monnaies étrangères, sont condamnés aux travaux forcés à temps.

FAUX OURLET, repli simple fait au bord d'une toile, et arrêté à l'aiguille.

FAUX PANNEAUX, panneaux d'un bois simple et léger qu'on met quelquefois à une voiture au lieu de glaces.

FAUX PLANCHER, plancher secondaire destiné à diminuer la hauteur d'un appartement, et le rendre plus sain et plus facile à chauffer.

FAUX PONT, espace entre la cale et le premier pont dans les vaisseaux et les grandes frégates. Sur les côtés du faux pont, dans une grande longueur, sont logés dans des cabanes les derniers officiers, l'agent comptable, l'aumônier, les chirurgiens et les maîtres ; les élèves occupent le milieu depuis le grand mât jusqu'à celui d'artimon.

FAUX PRÉCIPITÉ, ancien nom de quelques oxydes insolubles, que l'on préparait soit en calcinant un métal, soit en le dissolvant auparavant dans un acide, et décomposant ensuite par la chaleur.

FAUX PRINCIPAL. En termes de procédure, le *faux* est *principal* lorsqu'on attaque directement une pièce qui n'a pas été encore produite, et dont le prétendu faussaire n'a pas fait encore usage.

FAUX PRODUIT, opération usitée dans les multiplications dont les facteurs contiennent des fractions. Si l'on veut multiplier 600 (francs) par 8 toises 0 pied 2 pouces, on multiplie d'abord 600 par 8. Ensuite on dit : une toise coûtant 600 francs, un pied coûterait le sixième de 600 ou 100 francs. 2 pouces, qui sont le sixième d'un pied, coûteraient le sixième de 100 francs. — 100 est ce que l'on nomme *faux produit*.

FAUX RACAGE, second racage que l'on met sur le premier, afin qu'il soutienne la vergue si le premier vient à casser.

FAUX RAS, plaque de fer percée d'un seul trou, doublée d'un morceau de bois également percé pour laisser passer l'or de la filière.

FAUX REMBUCHEMENT, terme de vénerie, action du cerf qui entre dans son fort et le quitte aussitôt après.

FAUX REINS ou RANG, vide qui se trouve dans l'arrangement des pièces à eau ou autres objets qui s'arriment dans la cale d'un bâtiment.

FAUX SABORDS ou MANTELETS, carré en planches qui remplit les feuillures du sabord. Il est percé au milieu pour faire passer dedans la volée du canon. Une sorte de manche en toile peinte en noir est adaptée autour pour garantir l'intérieur de la mer. Les faux sabords servent à la deuxième batterie des vaisseaux et à la batterie des bâtiments inférieurs qui n'ont pas de mantelets de sabord. — On le dit aussi d'un sabord fermé.

FAUX SAUNAGE se disait autrefois de la vente et du débit de *faux sel* lorsque la vente du sel n'était pas libre.

FAUX SEL, sel introduit ou vendu par fraude.

FAUX TIRANT, pièce de bois courte, scellée d'un bout dans un mur et fixée de l'autre sur un poteau.

FAUX TURBITH, nom donné à la racine de la *thapsie garganique*, dont on se sert au lieu du véritable *turbith*, qui est la racine d'une espèce de liseron employée pour purger les humeurs.

FAUX VERTICILLES, nom donné aux verticilles incomplets, dans lesquels les fleurs ne partent pas de tout le pourtour de l'axe, et s'y laissent des intervalles. On les trouve dans les labiées.

FAVAGITE ou FAVONITE, nom donné par quelques naturalistes à des madrépores fossiles dont les étoiles sont à peu près semblables aux alvéoles des rayons des abeilles.

FAVART (Charles-Simon), né à Paris en 1710, étudia au collège de Henri le Grand, et annonça de bonne heure son goût pour la poésie. Il devint l'auteur le plus fécond du théâtre de l'Opéra-Comique. Il suivit (1765) en Flandre le maréchal de Saxe, et mourut à Paris en 1792. On a de lui plus de soixante pièces. Les plus célèbres sont *la Chercheuse d'esprit*, *les Trois Sultanes*, *la Fête du Château*, *Acajou*, *Ninette à la cour*, *la Fée Urgèle*, *la Belle Arsène*, *l'Amitié à l'épreuve*, etc.

FAVART (Marie-Justine-Benoîte CABARET DU RONCERAY, femme), épouse du précédent, née à Avignon en 1727. Son père l'ayant amenée à Paris, elle débuta au théâtre des Italiens en 1749 sous le nom de Mlle Chantilly, dans le rôle des amoureuses et des soubrettes. Ayant osé résister au maréchal de Saxe qui voulait la séduire, elle fut enfermée dans un couvent, et ne revint à Paris qu'un an après. Elle composa avec son mari *Bastien et Bastienne*, *la Fille mal gardée*, *Annette et Lubin*, *la Fortune au village*, *la Fête d'amour*, etc. Elle mourut en 1771.

FAVEUR, nom d'un ruban très-étroit. — En termes de commerce, on nomme *jour de faveur* le jour que l'ordonnance accorde aux marchands, banquiers, négociants, après l'échéance de leurs billets pour en faire le payement.

FAVIENS, jeunes garçons qui, dans les fêtes de Faune, parcouraient les rues de Rome, n'ayant qu'une ceinture de peau. Cette coutume remontait jusqu'au temps de Romulus.

FAVIOLE, FAVEROLLE et FAVEROTTE, nom donné, dans la France méridionale, aux haricots et aux petites fèves ; ces dernières se nomment aussi *gourganes*. Voy. FÈVE GOURGANE.

FAVISSE, fosse ou voûte souterraine dans laquelle les anciens gardaient les objets précieux.

FAVO, célèbre mime romain, qui imita aux funérailles de l'empereur Vespasien la démarche, les gestes et les manières de ce prince, comme cela se pratiquait alors.

FAVORIN, célèbre sophiste d'Arles, et disciple de Dion Chrysostôme. Il enseigna avec succès la rhétorique à Athènes et à Rome sous le règne d'Adrien. Il était pyrrhonien, et niait qu'on pût concevoir l'existence des corps. Favorin mourut sous le règne d'Antonin. On a des fragments de ses discours recueillis par Aulu-Gelle, Philostrate, Diogène Laërce et Etienne de Byzance.

FAVORITE (L'ANCIENNE-), maison de plaisance de l'empereur d'Autriche dans le faubourg Léopold-Stadt à Vienne. Marie-Thérèse en fit, en 1746, une académie de jeunes gentilshommes, appelée de son nom *Theresiana*.

FAVOSITE, genre de zoophytes polypiers pierreux et non flexibles de l'ordre des tubiporées. Ils sont de forme variable, composés de tubes parallèles, prismatiques, disposés en faisceaux contigus, pentagones ou hexagones, plus ou moins réguliers, rarement articulés.

FAVOUETTE, nom vulgaire de la *gesse tubéreuse*.

FAVRAS (Thomas MAHI, marquis DE), né à Blois en 1745, entra dans le corps des mousquetaires, et fut nommé lieutenant des gardes-suisses de *Monsieur*, depuis Louis XVIII. Il commanda une légion dans l'insurrection de la Hollande contre le stathouder (1787). Il revint en France au commencement de la révolution, et fut arrêté en 1789 sous l'accusation d'avoir conspiré contre la république, d'avoir voulu faire assassiner Lafayette, Necker et Bailly, enlever Louis XVI et affamer Paris. Il fut pendu le 19 février 1790. Il ne voulut jamais déclarer le nom d'un grand seigneur qui, d'après ses aveux, était l'âme de ce complot.

FAVRE ou FABER (Antoine), né à Bourg en 1557, fut successivement juge mage de la Bresse, président du pays de Genève pour le duc de Nemours, premier président du sénat de Chambéry et de la Savoie. Il mourut en 1624. On a de lui *la Jurisprudence de Papinien* ; *les Erreurs des jurisconsultes* ; *un Commentaire sur les Pandectes* ; *des Conjectures du droit civil* ; *le Code Fabrien*. — Son fils CLAUDE, né en 1585, chambellan de Gaston, duc d'Orléans, et jurisconsulte distingué, mourut en 1680.

FAYAL, une des îles Açores, à 18 lieues de Tercère. Sa superficie est de 20 à 22 lieues carrées. Découverte par les Flamands, elle appartient aujourd'hui aux Portugais. Elle abonde en bestiaux, produit des vins excellents et du pastel estimé. Fayal a une bonne rade, nommée *Villa da Horta*. Naguère on voyait encore dans les parages de cette île une ancienne statue portée sur un cheval de bronze.

FAYDIT (Anselme), mort vers l'an 1220, fut recherché par les princes de son temps et principalement par Richard Cœur de lion, roi d'Angleterre. Après la mort de ce prince, il revint à Aix, et mourut dans le château d'Agoult, où il s'était retiré. On a de cet écrivain un *Poème sur la mort de Richard*, *le Palais d'Amour*, et plusieurs *comédies*.

FAYDIT (Pierre), né à Riom (Auvergne), prêtre de l'Oratoire, sortit de cette congrégation en 1671 pour avoir publié un ouvrage cartésien *sur l'Esprit humain.* Il prêcha avec chaleur contre le pape Innocent XI ; il mourut en 1709. On a de lui, un *Traité sur la Trinité*, des *Remarques sur Virgile, sur Homère et sur le style poétique de l'Écriture sainte*, la *Télémacomanie*, critique du *Télémaque* de Fénélon , des *vers* et des *mémoires*.

FAYE (Jacques), seigneur d'Espeisses (Lyonnais), né à Paris en 1543, conseiller au parlement en 1567, maître des requêtes de l'hôtel du duc d'Anjou (depuis Henri III), suivit ce prince en Pologne, lui rendit des services signalés. Il défendit les droits de la couronne aux états de Blois (1588), et mourut en 1590, avec le titre de président à mortier au parlement de Paris. On a de lui des *harangues*.

FAYE (Jean-Élie LÉRIGET DE LA), né à Vienne (Dauphiné) en 1671, fut d'abord mousquetaire, ensuite capitaine des gardes. Il se distingua aux batailles de Ramillies et d'Oudenarde. Il s'appliqua ensuite à l'étude des mathématiques, de la physique et de la mécanique. Il mourut en 1718, membre de l'académie des sciences. On a de lui plusieurs *mémoires*. — Son frère puîné JEAN-FRANÇOIS, né à Vienne en 1674, gentilhomme ordinaire du roi, se distingua comme littérateur, et entra à l'académie française en 1730. Il mourut en 1731. On a de lui des *poésies*.

FAYEL (EUDES ou AUBERT DE). Voy. COUCY et CADESTAING.

FAYETTE (Gilbert MOTIER DE LA), né vers la fin du XIVᵉ siècle, suivit le duc de Bourbon au siège de Soubise, et reprit Compiègne en 1415. Charles VII lui confia la défense de Caen et de Falaise contre les Anglais, qu'il battit en 1429 ; il fut fait alors maréchal de France. Il mourut en 1464.

FAYETTE (Louise MOTIER DE LA), de la famille du précédent, fut à dix-sept ans fille d'honneur de la reine Anne d'Autriche. Aimée de Louis XIII, elle sut conserver sa vertu dans toute sa pureté, et se servit de son crédit sur l'esprit du roi pour le réconcilier avec la reine. Elle mourut en 1665 dans le couvent de Chaillot, qu'elle avait fondé.

FAYOUM. Voy. FAÏOUM.

FAYPOULT (Guillaume-Charles), chevalier de Maisoncelles, né en Champagne en 1752. Il adopta les principes de la révolution. Secrétaire général du ministère de l'intérieur sous Roland, il fut banni, puis rappelé, et nommé ministre des finances. Sous son ministère, les planches des assignats furent détruites. Nommé ensuite plénipotentiaire de la république à Gênes, il y maintint l'influence de la France, et présida à l'organisation de plusieurs républiques d'Italie. Proscrit jusqu'au 18 brumaire, il fut nommé préfet du département de l'Escaut jusqu'en 1808. Ministre de Joseph, roi d'Espagne, il revint avec lui en 1813, et fut nommé (1815) préfet de Saône-et-Loire. Fait prisonnier en défendant Mâcon, il donna sa démission de préfet, et se retira à Gand. Il revint à Paris en 1816, et mourut en 1817.

FÉAGE, terme d'ancienne jurisprudence. Il désignait l'héritage qui se tenait en fief et le contrat d'inféodation.

FÉAL ou FÉABLE, mot ancien synonyme de *vassal fidèle*, ou simplement de *fidèle*. Les féaux prêtaient serment de fidélité à leur seigneur, et le suivaient à la guerre. Ce mot fut aussi employé dans les commencements des lettres patentes des rois de France : *A nos amis et féaux les conseillers*, etc.

FÉBOURG (Jean), premier secrétaire du roi de Danemarck en 1523. Né dans une basse condition, il méprisa les nobles, et conjura la perte de Torbern, maître de la forteresse de Copenhague. Il persuada à Torbern que Fébourg aimait Colombine, maîtresse de ce prince. Le gouverneur, averti de ce procédé, fit dire au roi que Fébourg était aimé de Colombine. Christiern envoya Fébourg à Copenhague, avec une lettre par laquelle il ordonnait à Torbern de le faire périr, pour peu qu'on le trouvât coupable. Le gouverneur, pour se venger, le fit pendre. L'ammoniaque, se dégageant du cadavre, formait une espèce de flamme sur sa tête. Le roi se servit de ce prétendu miracle pour faire périr Torbern.

FÉBRICITANT se dit, en médecine, des malades affectés de fièvres lentes ou intermittentes.

FÉBRIFUGE, nom donné aux médicaments à l'aide desquels on combat les fièvres intermittentes et rémittentes. Tels sont les quinquinas, l'extrait de saule, de marronnier d'Inde, de camomille, de petite centaurée, de petit houx, du trèfle d'eau, d'angusture, de serpentaire, l'opium, les éthers, quelques gommes-résines et huiles essentielles. — Ce mot est synonyme d'*alexipyrétique* et d'*antipyrétique*.

FÉBRILE, nom donné aux choses qui concernent la fièvre ou qui ont rapport à la fièvre. Ainsi on nomme *froid fébrile* le froid causé par la fièvre ; *pouls fébrile*, le pouls qui caractérise la fièvre ; *mouvement fébrile*, l'ensemble de faibles symptômes qui constituent les petites fièvres.

FEBRUA (myth.), surnom que les Romains donnaient à Junon quand ils la vénéraient comme la déesse des purifications. On l'honorait d'un culte particulier au mois de février (*februarius*).

FÉBRUALES (myth.), fêtes instituées par Numa en l'honneur de *Junon Februa*, et célébrées au mois de février, pour purifier la ville et les citoyens. — Fêtes expiatoires célébrées en l'honneur de Pluton et des mânes au mois de février. Les Romains croyaient que les portes des enfers étaient alors ouvertes et que les mânes venaient assister à leurs fêtes. On y offrait des sacrifices pendant la nuit à la lueur des flambeaux. Pendant cette fête, le culte des autres dieux cessait, leurs temples étaient fermés et les mariages prohibés.

FÉBRUARIES. Voy. FÉBRUALES.

FÉBRUUS (myth.), dieu qui présidait, suivant les Romains, aux purifications.

FÉCAMP, port de mer sur la Manche, chef-lieu de canton du département de la Seine-Inférieure, à 9 lieues et demie du Havre. Population , 9,123 habitants. Cette ville est très-ancienne. Son port est un des meilleurs de la côte. Sa superficie est de 84,000 mètres. Fécamp a une école d'hydrographie, un tribunal de commerce, et une église où l'on voit les tombes de quelques ducs de Normandie. Cette ville commerce en sel, genièvre, harengs, morues, maquereaux, toiles de Caux, siamoises, varech, etc.

FÉCAMP (en latin, *Fiscamnum*), abbaye de l'ordre de Saint-Benoît, située dans la ville de Fécamp (Seine-Inférieure). Ce ne fut d'abord qu'un monastère de filles, fondé en 668. Cette abbaye ayant été ruinée en 841, Richard Iᵉʳ, duc de Normandie, la fit rebâtir, et y établit une communauté de chanoines ( 990 ). Richard II y appela des bénédictins de Saint-Bénigne de Dijon en 1001. Cette abbaye, une des plus belles et des plus riches de France, appartenait à la congrégation de Saint-Maur depuis 1649. Elle fut détruite à la fin du XVIIIᵉ siècle ; mais son église, devenue l'église paroissiale de Fécamp, subsiste encore.

FÈCES, nom donné par les pharmaciens aux substances féculentes, albumineuses ou de toute autre nature, qui se déposent lorsqu'on laisse reposer les liquides troubles.

FÉCIALES ou FÉCIAUX, prêtres romains institués par Numa, au nombre de vingt, pour annoncer la paix, la guerre et les trêves. Le chef de leur collège se nommait *pater patratus* (sénateur accompli). Ils étaient choisis parmi les familles patriciennes. Dès l'origine ils formaient un collège qui élisait ses membres ; mais dans la suite leur élection fut transférée au peuple. La fonction des féciaux consistait à empêcher les Romains d'entreprendre une guerre injuste. Pour déclarer la guerre, le fécial, en habits pontificaux et la verveine à la main, dévouait la ville ou l'armée ennemie aux dieux infernaux ; puis, après avoir déclaré à Rome que la guerre était entreprise avec justice, il lançait sur le sol ennemi un javelot teint de sang.

FÉCONDATION, acte au moyen duquel les ovules ou germes renfermés dans l'ovaire des femelles des animaux deviennent susceptibles de développement par l'influence de la liqueur séminale du mâle. Un grand nombre d'observations ont prouvé que cette action est due à la présence d'une foule d'animalcules microscopiques, qui se trouvent dans la liqueur séminale. Leur extrémité antérieure est renflée ; leur extrémité postérieure se termine par une queue qui sert à leur locomotion. On les retrouve chez les mammifères, les oiseaux, les poissons, les reptiles et les mollusques. L'acte de la fécondation précède la *conception* et suit la *copulation*.

FÉCONDATION VÉGÉTALE, acte par lequel le pollen renfermé dans les anthères des étamines des plantes descend dans le pistil, puis dans l'ovaire, pour y donner la vie aux ovules qu'il aspirent. Avant la fécondation la corolle s'épanouit entièrement ; mais après cet acte tout se flétrit pour laisser une plus grande force végétale à l'embryon. Dans un grand nombre de plantes, la pluie, les brouillards, les vents, en détruisant le pollen, rendent nul l'acte de la fécondation.

FÉCONDATIONS ARTIFICIELLES, action d'imiter artificiellement la fécondation naturelle des animaux et des plantes. C'est ainsi qu'en injectant sur des œufs de salamandre, de crapaud, de grenouille, etc., la semence des mâles mélangée avec un liquide quelconque, la fécondation agit parfaitement même après plusieurs heures suivant la mort de ces animaux. — Chez les fleurs l'on est parvenu à des résultats semblables, en jetant sur le stigmate des pistils ou organes femelles le pollen des étamines ou organes mâles.

FÉCULE, substance blanche, insipide ou fade, inodore, que l'on extrait d'un grand nombre de plantes, et surtout des farineuses. On la nomme aussi *amidon*. Cependant on a adopté le mot *fécule* en thérapeutique et en économie domestique, en réservant celui d'*amidon* à la fécule du blé, de l'orge et généralement des céréales, et à celle qu'on emploie dans les arts, comme la poudre des coiffeurs, la colle, etc. On recommande l'usage de la fécule aux estomacs faibles et malades. La fécule peut être transformée en sucre semblable à celui de raisin, lorsqu'on la fait bouillir longtemps avec de l'eau acidulée par l'acide sulfurique. — Les fécules les plus usitées sont celles de sagou , de pomme de terre, d'avoine, de haricot, d'igname, de lentille, de légumes, de marron, de topinambours, etc.

FÉCULE AMYLACÉE, mot qui sert à désigner l'*amidon* extrait des plantes autres que les céréales.

FÉCULE VERTE ou CHLOROPHYLLE, nom donné à la partie verte qui colore les végétaux, et qui trouble plusieurs espèces de sucs retirés des végétaux. C'est une substance d'un vert foncé, résinoïde, insipide, inodore, inaltérable à l'air, insoluble dans l'alcool, l'éther, les huiles, etc. On l'obtient en coagulant le suc vert des plantes par la chaleur, et en purifiant le coagulum par l'eau et l'alcool.

FÉCULENT se dit, en médecine, des liquides chargés de la fécule du sédiment, ou troublés par la fécule amylacée ou verte. Une *liqueur est féculente* quand elle est épaisse, chargée.

FÉDÉRALISME, système des gouvernements *fédératifs*. On donne encore ce nom au système émis par les girondins, vers les premiers jours de la convention, dans le but de diviser la France en petites républiques indépendantes. Le fédéralisme se montra ensuite plus ouvertement. Lyon, Marseille et Bordeaux s'insurgèrent contre Paris, et furent appuyées par les départements de l'Eure, du Calvados, de l'Orne, du Finistère, des Côtes-du-Nord, etc. Les girondins se mirent à leur tête. Après les défaites des *fédéralistes* à Caen, à Marseille, et la prise de Toulon et de Lyon, cette insurrection fut apaisée pour toujours, et les girondins furent les victimes de cette guerre.

FÉDÉRATIF, ce qui a rapport à une alliance, à une confédération.—On nomme *gouvernement fédératif* le gouvernement d'un État composé de plusieurs autres, unis entre eux par une alliance et des lois communes, mais régis chacun par des lois particulières. Telles furent, chez les anciens, les ligues *amphictyonique, achéenne,* etc.; chez les modernes, la Suisse, la confédération germanique, les Etats-Unis d'Amérique.

FÉDÉRATION, alliance, union. — Nom donné à plusieurs fêtes nationales, célébrées de 1790 à 1815. La première eut lieu, le 14 juillet 1790, dans le champ de Mars. Douze mille ouvriers, aidés des Parisiens de tout sexe et de tout âge, concoururent aux travaux nécessaires avec le plus grand enthousiasme. Le serment civique fut prêté par le roi, par les députés, par les *fédérés* et le peuple. Une médaille fut frappée pour en perpétuer le souvenir. — La *fédération* du 10 août 1793 fut célébrée pour réconcilier les départements *fédéralistes* avec la capitale. Chaque représentant jura de défendre la constitution jusqu'à la mort. — La troisième fut celle du champ de mai (1815), célébrée par Napoléon à son retour de l'île d'Elbe, dans le but de ranimer l'enthousiasme de la nation.

FÉDÉRÉS, nom donné aux députés des départements aux fédérations de 1790, 1793 et de 1815. — En 1792, on donna ce nom aux volontaires des bataillons levés dans les départements, et qui séjournèrent à Paris avant de rejoindre l'armée. — On nomme ainsi: 1° des bataillons de gardes nationaux, envoyés par les départements à Paris sous la convention; 2° des bataillons du peuple des faubourgs de Paris, organisés par Napoléon en 1815, et commandés par le général Darricau.

FÉDÉRETZ, mine d'antimoine en filets très-déliés. On la nomme aussi *antimoine en plumes*. — Quand ce minerai contient de l'argent, on le nomme *mine d'argent en plumes*.

FÉDOR Ier, FŒDOR ou FÉODOR IVANOVITCH, né en 1557, monta sur le trône de Russie après la mort de son père Ivan ou Jean IV (1584). Ce faible prince abandonna le soin des affaires à Boris Godunof, dont il avait épousé la sœur, Irène. Ce favori, dans le but d'acquérir le trône, fit périr Dmitri ou Demetrius, frère de Fédor, envoya à l'échafaud un grand nombre de citoyens d'Ouglitch, où ce crime fut commis, et fit détruire la ville même. Fédor mourut en 1598. Sous ce règne, l'influence des Russes s'étendit sur les pays environnants.

FÉDOR II BORISSOVITCH, tzar de Russie, fils et successeur de Boris Godunof (1605). L'armée salua tzar Otrépief, moine qui prenait le nom de Dmitri, frère de Fédor Ier et assassiné par Boris Godunof. Cette armée s'avança jusque sous les murs de Moscou. Le peuple, en fureur et gagné par les promesses du faux Dmitri, courut au Kremlin, arrêta Fédor, la tzarine et sa fille. Les Godunofs furent mis aux fers et exilés. La tzarine et Fédor furent étranglés; sa fille Xénie fut réservée pour satisfaire les passions honteuses de l'usurpateur.

FÉDOR III ALEXÉIVITCH succéda à son frère Alexis Mikhaëlovitch en 1676 sur le trône de Russie. Les Cosaques furent déclarés indépendants par la Turquie, et placés sous la protection de l'empire (1681). Les Turks renoncèrent par un traité à leurs protections sur l'Ukraine. Fédor fit détruire les titres et les chartes des boyards,

remplaça les bâtiments en bois par des constructions en pierres et en briques, augmenta le nombre des écoles, introduisit le plain-chant dans les églises, et mourut en 1682.

FÉE, nom donné à des êtres extraordinaires, qui, sous la forme de simples mortelles d'une beauté extraordinaire, habitaient sur la terre et s'y distinguaient par un grand nombre d'actions merveilleuses. Les unes étaient des nymphes au-dessus de notre humanité. Les autres étaient des femmes instruites dans la magie. Il y avait encore les bonnes et les méchantes fées. Celles-ci étaient belles, douces, grandes et toujours jeunes; celles-là étaient laides, acariâtres, petites et décrépites. D'après les anciennes croyances, les fées s'attachaient aux maisons nobles, à certaines familles ou à quelques individus, répandaient leurs dons sur les enfants, à leur naissance, prédisaient l'avenir. La crainte des fées alla jusqu'à faire dire des messes pour les éloigner.

FÉEA, genre de fougères de la famille des hyménophyllées. La *Féea à plusieurs pieds*, originaire de la Guadeloupe, a pour racines des faisceaux de fibres très-durs, se ramifiant en branches capillaires qui s'enfoncent dans la terre; ses feuilles sont longues de cinq à six pouces sur un et demi de largeur; entre les feuilles naissent des hampes nues, courtes et surmontées par des épis élevés.

FÉGOULE, nom vulgaire du *campagnol économe*.

FEIJOO (Benoît-Jérôme), bénédictin espagnol, contribua par ses pièces critiques et sévères à éclairer ses compatriotes sur leurs défauts. Il eut la hardiesse de s'élever contre la licence du clergé, l'injustice des rois, les préjugés ridicules, etc.; aussi se fit-il beaucoup d'ennemis. La faculté de Séville le mit au nombre de ses docteurs. Il mourut en 1765. On a de lui le *Théâtre critique*, en 14 vol. in-4°.

FEINTE, action de feindre, de dissimuler quelque chose. — En termes de musique, c'est l'altération d'une note ou d'un ton par un dièse ou un bémol. — En termes d'escrime, c'est une escrime qui a l'apparence d'une botte, et qui détermine l'adversaire à parer d'un côté, tandis qu'on frappe d'un autre. — En architecture, une *fenêtre*, une *porte*, etc., est *feinte*, lorsqu'elle est représentée en peinture ou d'une autre manière.

FELDKIRCH, ville d'Autriche dans la seigneurie de Voralberg, à 6 lieues E. d'Appenzel. Elle est célèbre par les vignobles qui croissent dans ses environs. Les Français s'en emparèrent en 1800.

FELD-MARÉCHAL ou FELD-MARSCHALL, synonyme de maréchal de camp, en Allemagne. Il servait autrefois sous un général. Maintenant le feld-maréchal est un général d'armée lui-même. Ce nom est usité en Angleterre, en Autriche, en Hollande, en Prusse, en Russie, etc.

FELDSPATH. Autrefois on nommait ainsi plusieurs substances de composition différente; telle était l'*andalousite*. Beudant a partagé ce sous-genre en deux espèces du genre silicate, famille des silicides, l'*orthose* et l'*albite*. La première (feldspath adulaire) est composée de silice, d'alumine et de potasse. Elle raye le verre, étincelle sous le briquet et se fond en émail blanc. Verte, on la nomme *pierre des amazones*; aventurine, *pierre de soleil*; chatoyante, *pierre de lune*. Elle produit par sa décomposition le *kaolin*. — L'albite est verdâtre (*saussurite*), rougeâtre, jaunâtre ou blanche. On en fait des boîtes, des pendules et autres objets de luxe. On trouve ces pierres dans les granites et les terrains de cristallisation.

FÉLÉKY (Aboul-Nassâm-Mohammed), né à Schamákhy sur les bords de la mer Caspienne. Il était versé, encore très-jeune, dans les mathématiques. Il abandonna l'astrologie pour se livrer au culte de la poésie. Il mourut l'an 1181 de J.-C., laissant plus de quatorze mille vers et un

livre des *Jugements astrologiques*. On l'a surnommé le *Roi des savants* et le *Soleil des poëtes*.

FÉLIBIEN (André), sieur de Javercy et des Avaux, né à Chartres en 1616 ou 1619, suivit à Rome l'ambassadeur de France, le marquis de Fontenay-Mareuil (1647). Il se lia d'amitié avec le Poussin, et perfectionna, sous cet artiste, son goût pour les arts. Après son retour en France, il fut nommé successivement historiographe du roi, de ses bâtiments (1666), des arts et des manufactures, garde des antiques (1673), secrétaire de l'académie d'architecture (1671), et membre de l'académie des belles-lettres. Il mourut en 1695. On a de cet auteur: *Entretiens sur les vies et les ouvrages des meilleurs peintres, Traité de l'origine de la peinture*, etc.

FÉLIBIEN (Jean-François), fils d'André Félibien, succéda à son père dans ses fonctions, et hérita de sa passion pour les arts. Il mourut en 1733. On a de lui un *Recueil historique de la vie et des ouvrages des plus célèbres architectes* (1687), la *Description de Versailles*, la *Description de l'église des Invalides* (1706).

FÉLIBIEN (dom Michel), fils d'André Félibien, né à Chartres en 1665 ou 1666, entra à dix-sept ans dans la congrégation de Saint-Maur. Il mourut en 1719. Les échevins de Paris le choisirent pour écrire l'*histoire* de cette ville; dom Lobineau l'a achevée en 1725. On a encore de Félibien l'*Histoire de l'abbaye de Saint-Denis en France*.

FELICE (Fortuné-Barthélemy DE), né à Rome en 1723, étudia chez les minimes de cette ville et à Brescia. Il se familiarisa avec la doctrine de Newton et de Leibnitz. En 1746, il professa à Rome et occupa ensuite une chaire de physique dans l'université de Naples. Ayant enlevé une dame romaine, il fut arrêté, et ne dut son salut qu'à l'humanité de ses juges, que son talent adoucit en sa faveur. Mais il fut forcé de fuir en Toscane, puis à Berne. Il embrassa la religion protestante, et forma un établissement d'imprimerie à Iverdun. Il mourut en 1789. Il a laissé un *Dictionnaire de justice naturelle et civile*, un *Dictionnaire géographique*, et divers écrits de physique, d'histoire naturelle et de politique.

FÉLICIEN, hérétique arien au commencement du Ve siècle. Il soutenait qu'on devait examiner les questions de religion par la raison, et ensuite par l'Écriture. C'est contre lui que saint Augustin a écrit son *Traité de l'unité de la Trinité*.

FÉLICITÉ ou EUDÉMONIE (myth.), divinité allégorique, à laquelle on bâtit un temple à Rome. On la représentait sous la figure d'une reine assise sur son trône, tenant un caducée d'une main, et une corne d'abondance de l'autre.

FÉLICITÉ (Sainte), dame romaine, fut arrêtée sous le règne de Marc Aurèle. Elle était chrétienne, ainsi que ses sept fils chrétiens. Le préfet de Rome Publius les fit comparaître devant son tribunal. Ayant trouvé les enfants inébranlables dans la foi, il les fit mourir. Leur mère eut la tête tranchée la dernière. La fête de sainte Félicité se célèbre le 13 novembre, celle de ses enfants le 10 juillet.

FELIN, petit poids usité par les orfèvres et les monnayeurs. Il pèse 7 grains et un cinquième de grain.

FELINSKI (Aloïse), né vers 1770 à Loutzk, en Wolhynie (Pologne). Après avoir combattu pour l'indépendance à sa patrie, il se livra à la culture des belles-lettres, et fut nommé directeur du lycée de Krzemieniec. Il est mort en 1820. Il est célèbre pour avoir réformé l'orthographe polonaise, introduit les accents et le J, et créé la tragédie nationale. Il a traduit le poëme des *Jardins* de Delille, et fait la tragédie de *Barbara*.

FELIS, nom latin des animaux du genre CHAT. Plusieurs savants font des chats une famille des *félins*, subdivisée en deux genres *felis* ou *chat* et *guépard*, caractérisés, le premier par des ongles rétractiles, le second par des ongles non rétractiles.

FÉLIX. Cinq papes ont porté ce nom. — FÉLIX I<sup>er</sup> (Saint) succéda à saint Denys en 270 ou 269. Il condamna l'hérésie de Paul de Samosate, et encouragea les chrétiens à souffrir dans la persécution d'Aurélien. Il finit lui-même sa vie en prison en 274. On fait sa fête le 30 mai. — FÉLIX II fut élevé sur le saint-siège par l'empereur Constance après l'exil de Libère (355). Aussi est-il regardé comme un antipape. Au retour de Libère (358), il fut rétabli dans ses terres, et mourut en 365 ou 366. — FÉLIX III succéda à Simplicius en 483. Il rejeta l'édit d'union de l'empereur Zénon, excommunia Acace, Pierre Mongus et Pierre le Foulon. Il mourut en 492. Sa fête se célèbre le 25 février. — FÉLIX IV succéda à Jean I<sup>er</sup> en 526, et mourut en 530. — FÉLIX V, antipape, auparavant Amédée VIII, duc de Savoie, fut élu en 1439, abdiqua en 1449, et mourut en 1451.

FÉLIX (Saint), prêtre et martyr de Valence (Dauphiné), où il prêcha la foi. Il était disciple de saint Irénée, évêque de Lyon. Il mourut vers 211. On fait sa fête le 23 avril. — Martyr de Girone (Espagne) vers l'an 304. On fait sa fête le 1<sup>er</sup> août. — Prêtre et martyr de Sutri (Toscane), mourut vers 275. On fait sa fête le 23 juin. — Évêque d'Abbir, honoré le 12 octobre. — Martyr dans le Milanais avec Nabor vers l'an 304. On fait leur fête le 12 juillet. — Évêque africain, refusa d'abattre les églises et de brûler les saintes Écritures sur l'ordre de Dioclétien. Il fut envoyé à Rome et martyrisé en 303. On fait sa fête le 24 octobre.

FÉLIX (Saint), prêtre de Nole en Campanie, aida l'évêque Maxime dans le gouvernement de son diocèse. Il eut beaucoup à souffrir pendant la persécution de Dèce. Après la mort de Maxime, il refusa, par humilité, de lui succéder dans ses fonctions, et passa le reste de sa vie à labourer un petit champ. Il mourut en 256 ou 266. Sa fête se fait le 14 janvier.

FÉLIX (Saint), évêque de Nantes, né à Bourges en 513, parvint à cette dignité en 549 ou 550. Il assista à plusieurs conciles, et fut distingué par ses vertus et ses talents. Il mourut en 582 ou 584. On fait sa fête le 7 juillet. — Évêque de Trèves en 386, se retira dans un monastère qu'il avait fondé près de Trèves, et y mourut. On fait sa fête le 26 mars.

FÉLIX, évêque d'Urgel en Catalogne, et maître d'Elipand, évêque de Tolède, soutint, vers 780, que Jésus-Christ était fils adoptif de Dieu. Elipand répandit cette doctrine dans les Asturies et la Galice, et Félix dans la Septimanie et en Allemagne. Il fut condamné dans le concile de Ratisbonne en 792. Ayant abjuré ses erreurs à Rome, il y retomba de nouveau, et fut condamné aux conciles de Francfort (794) et de Rome (799). Il mourut vers 818, après avoir fait une confession orthodoxe.

FÉLIX, rhéteur, Gaulois d'origine, professa la rhétorique à Clermont en Auvergne, et vint se fixer à Rome vers l'an 532. Il s'y distingua surtout comme grammairien, et fut chargé de corriger les sept livres d'humanités de FÉLIX CAPELLA. Il mourut en 530. Il avait composé plusieurs écrits, qui sont perdus.

FÉLIX (Antonius), affranchi de Claude et frère de Pallas, épousa Drusilla, petite-fille de Cléopâtre et d'Antoine, et fut nommé gouverneur de la Palestine, où il exerça un pouvoir despotique (53 ap. J.-C.).

FÉLIX DE CANTALICE (Saint), né à Cantalice (Ombrie) en 1513, entra à Rome chez les capucins, dont il prit l'habit en 1543. Il passa sa vie dans la contemplation des choses célestes et dans la pratique de la pénitence. Dans la peste de Rome en 1580, Félix se dévoua au service des malades. Il montra la même ardeur dans la famine de 1585, et mourut en 1587. Il fut canonisé en 1712. On fait sa fête le 18 mai.

FÉLIX DE TASSY (Charles-François), premier chirurgien de Louis XIV et l'un des plus savants dans cet art, naquit à Paris vers le milieu du XVII<sup>e</sup> siècle. Le premier il opéra la fistule à l'anus, et fit cette opération sur le roi le 21 novembre 1687. Il mourut en 1703.

FÉLIX DE VALOIS (Saint), collègue de saint Jean de Matha dans l'institution de l'ordre de la Sainte-Trinité pour la rédemption des captifs, né en 1127. Il se retira dans un ermitage, où il pratiqua la pénitence la plus austère. Après avoir vécu longtemps ainsi avec Jean de Matha, ils transformèrent leur ermitage (1197) en un ordre religieux, dont Jean et Félix furent directeurs. Il mourut en 1212. On fait sa fête le 20 novembre.

FELL (Jean), évêque d'Oxford en 1675, né en 1625, fut attaché toute sa vie à la famille des Stuarts. Persécuté par les membres du parlement, il se renferma dans la solitude, et y acquit de grandes connaissances. En 1660, il revint à son évêché, et mourut en 1686. On a de lui le premier volume des *Rerum Anglicarum Scriptores* (écrivains de l'histoire d'Angleterre); un *Nouveau Testament grec avec les variantes*.

FELL (Jean), né en 1732 à Cockermouth (Cumberland), entra dans un séminaire où l'on formait les ministres pour la secte des *dissenters independant*. On le nomma ensuite instituteur au séminaire de Norwich, puis dans celui où il avait été élevé. Forcé, après une querelle, d'abandonner le séminaire d'Homerton, qu'il dirigeait, il fut obligé de donner des leçons pour vivre, et mourut en 1797. On lui doit un *Essai sur l'amour de la patrie*, *sur la grammaire anglaise*, un *Traité sur l'évidence du christianisme*, etc.

FELLER (François-Xavier DE), né à Bruxelles en 1735, étudia chez les jésuites de Rheims, entra dans cet ordre, et alla professer à Liège les humanités. Il professa ensuite la théologie à Tyrnau et en Hongrie successivement. Revenu à Liège en 1771, il appuya par ses écrits le parti national dans le soulèvement des Pays-Bas (1787). A l'approche des armées françaises (1794), il se retira dans le collège des jésuites de Paderborn en Westphalie. Il mourut en 1802. On lui doit un *Dictionnaire historique* (1781), en 6 volumes in-8°; un *Dictionnaire géographique*, un *Catéchisme philosophique*, des *discours* et un *Journal historique et littéraire*.

FELLÉTIN, chef-lieu de canton de l'arrondissement d'Aubusson (Creuse), à 2 lieues de cette ville. Population, 3,228 habitants. Felletin possède des manufactures de tapis de pied, qui occupent 3 à 400 ouvriers, et produisent une valeur de 3 à 400,000 francs. Felletin a encore des draperies, des papeteries, et commerce en bœufs.

FÉLON, synonyme, au moyen âge, de *méchant, faux, cruel, inhumain* et *traître*. Le féminin était *félonesse*. En matière féodale, il désignait le vassal qui ne voulait pas reconnaître son seigneur ou qui violait le serment de fidélité qu'il lui avait juré.

FÉLONIE, trahison, désobéissance, action violente et injurieuse d'un vassal envers son seigneur. Le vassal était coupable de félonie quand il mettait la main sur son seigneur, qu'il le maltraitait et outrageait de paroles injurieuses ou qu'il machinait sa mort ou son déshonneur. Outre la perte du fief, la peine de la félonie était la mort ou les galères, le bannissement, la simple amende ou l'amende honorable, suivant la gravité de l'injure. — *Félonie* se disait aussi du forfait du seigneur envers le vassal. Celui-ci était affranchi de la redevance envers le seigneur, et relevait directement du suzerain du félon.

FELOUQUE, bâtiment léger, long et étroit, généralement en usage dans la Méditerranée. Elle a deux mâts, l'*arbre de mestre* et l'*arbre de trinquet*; chacun porte une voile. La felouque a douze avirons de chaque côté; elle est armée de deux canons sur l'avant et de trente-deux canons en cuivre tout autour. Ce petit navire sert le plus souvent à la navigation de côte en côte. On en arme en guerre.

FELTON (Jean), gentilhomme anglais, très-zélé pour la religion catholique, afficha publiquement sur la porte du palais épiscopal de Londres la bulle du pape Pie V, qui déclarait hérétique la reine Élisabeth. Felton fut pris et pendu en 1570. On le détacha encore vivant de la potence; on lui fendit l'estomac pour lui arracher les entrailles et le cœur, et, après lui avoir coupé la tête, on coupa son corps en quatre parties. — Son fils THOMAS FELTON, religieux minime, fut mis à mort en 1588.

FELTRE (LE DUC DE). Voy. CLARKE (Henri-Jacques-Guillaume).

FELUPS, nation sauvage de l'Afrique, laquelle habite au S. de la rivière Gambie. Quoique très-peu civilisée, elle commerce en ivoire, poudre d'or, argent, fer, denrées, avec les Européens par l'entremise des nègres Mandingues.

FEMELLE, nom que porte, chez les animaux, celui qui conçoit et fait croître les petits qu'il porte dans son sein. Les femelles sont plus petites que les mâles; les couleurs de leurs robes sont moins foncées; mais leur abdomen a un plus grand volume; il est armé, chez les insectes, d'une *tarière* ou *aiguillon*. Les femelles, chez les oiseaux, sont dépourvues des crêtes, des disques et autres organes qui font l'ornement des mâles; elles ne sont jamais la *roue*, et la plupart sont dépourvues du chant. Plus faibles que les mâles, les femelles sont plus hardies pour défendre leurs petits. — En botanique, on nomme *fleurs femelles* celles dont la corolle ne contient pas d'étamines. Ce sont les fleurs qui portent le fruit.

FEMELLES. En termes de plumassier, on nomme *femelles claires* des plumes d'une autruche femelle, blanches et noires, mais où le blanc domine sur le noir; *femelles obscures*, celles où le noir domine.

FÉMELOTS ou FERRURES FEMELLES se dit des anneaux qui reçoivent les mamelons des gonds et contient le gouvernail. Les fémelots, placés sur l'étambot à des distances égales, sont au nombre de sept à huit, depuis le talon jusqu'au-dessus de la flottaison. Ils sont en fonte sur les bâtiments doublés en cuivre.

FEMME, la femelle de l'homme. La Bible dit que Dieu enleva une côte d'Adam pendant son sommeil, qu'il en forma la femme, qu'il la mit sous la dépendance de l'homme, et qu'il en fit sa compagne. La loi naturelle, sous ses descendants, permit la polygamie; elle a été conservée en Orient. Chez les Égyptiens, l'autorité de la femme surpassait celle de l'époux; à Sparte, elles partageaient les exercices des hommes. Le christianisme ouvrit aux femmes une ère de délivrance; mais au moyen âge elles furent malheureuses. Une seule, dans la famille, pouvait prétendre au titre d'épouse; les autres filles s'enfermaient dans des couvents. La loi, en Occident, a rendu à la femme tous des privilèges. En Orient, elles sont encore sous la dépendance et l'empire de l'homme.

FEMME (pathol.). La femme, moins grande et plus faible que l'homme, a plus de caractères de beauté. Sa croissance s'arrête à treize ou quatorze ans. Ses cheveux sont longs, ses yeux voilés, ses cils arqués, son nez en général petit ainsi que la bouche. Rarement son menton se couvre de barbe. Sa peau est plus douce, sa poitrine plus ample, et son tronc proportionnellement plus long que chez l'homme. Les fonctions nutritives sont les mêmes; mais, chez elle, l'estomac est plus petit et plus capable d'abstinence. Son cœur bat très-vite; ses veines sont très-petites; le pouls est plus prompt que celui de l'homme, la glotte plus étroite, et la voix par suite plus aiguë. Les femmes vivent plus longtemps que les hommes, terme moyen, et;

sur trente-trois enfants, il naît dix-sept garçons et seize filles.

**FEMME** (droit). En général, les femmes ne peuvent exercer aucune magistrature, ni servir de témoins aux actes de l'état civil, ni être contraintes par corps, que dans les cas de stellionat. Les femmes, autres que la mère et les ascendantes, ne peuvent être tutrices ni membres des conseils de famille. Le *droit canonique* défend aux femmes de recevoir aucun ordre ecclésiastique, ni toucher les vases sacrés, ni servir les ministres de l'Eglise. — La femme ne peut contracter mariage avant quinze ans que par la permission du roi. Elle doit obéissance et fidélité à son mari; elle en suit la condition, et ne peut rien faire sans sa permission ou celle de la justice; mais elle peut ester et faire un testament sans l'autorisation de son mari. — Les femmes et les filles condamnées aux travaux forcés y sont employées dans l'intérieur d'une maison de force.

**FEMME.** En jurisprudence, on nomme *femme commune en biens* celle qui est en communauté de biens avec son mari, et *femme non commune* celle qui n'est pas en communauté de biens; *femme usante et jouissante de ses droits*, celle qui n'est pas en la puissance de son mari pour l'administration de ses biens; *femme lige*, celle qui possédait un fief chargé du service militaire; *femme franche*, celle de condition libre; *femme coltière* ou *coutumière*, celle de condition roturière; *femme de corps*, celle qui devait un certain service.

**FEMME CAPTIVE.** L'Eglise honore, le 15 décembre, sous le nom de *sainte Chrétienne* ou celui de *femme captive*, une sainte femme dont le nom est inconnu, et qui convertit les Espagnols à la foi (IVe siècle). Elle était captive chez ce peuple sous l'empereur Constantin. Le roi s'étant converti à la religion du Christ, son peuple l'imita, et fit envoyer une ambassade à Constantin pour lui demander des prêtres et des évêques. On ne sait rien de plus sur cette femme.

**FEMME LIBRE**, nom donné à quelques femmes qui ont essayé de se soustraire à la loi, de s'arracher à la puissance de l'homme, et de prétendre aux mêmes emplois et aux mêmes magistratures que lui. Les plus célèbres *femmes libres* ont été : CATHERINE THÉOT ou THÉOS, morte en 1794 ; OLYMPE DE GOUGES, fondatrice des sociétés de *femmes libres*, qui luttèrent souvent avec les jacobins, et qui parurent si souvent dans la révolution : elle fut décapitée en 1793 ; ANTOINETTE BOURIGNON ; ANNE-MARIE DE SCHURMANN ; Mme GUYON (JEANNE-MARIE DE LA MOTTE) la fille MALHERBE, prisonnière pendant trente ans, et morte en 1694, etc.

**FEMMES DE FOLLE VIE**, nom donné à un degré de filles publiques, placé au-dessous des *courtisanes*. On les nommait, au moyen âge, *filles folles de leur corps, filles de joie* et *filles aux éluves*.

**FEMMES-MARINES** ou POISSONS-FEMMES, nom vulgaire donné aux *lamantins*, aux *dugons*, etc., dans lesquels l'imagination des poëtes crut voir des monstres marins, des sirènes, des hommes et des femmes aquatiques.

**FÉMORAL**, nom donné aux parties qui appartiennent ou qui ont rapport à la cuisse. Telles sont l'*artère fémorale* ou *crurale*, l'*arcade fémorale* ou *crurale*, le *canal fémoral* ou *crural*, le *muscle fémoral*. Voy. CRURAL.

**FÉMUR**, nom donné au plus fort et au plus long de tous les os du corps, qui s'étend du bassin au tibia, et forme la partie solide de la cuisse. Il est cylindroïde, légèrement courbé en devant, non symétrique, oblique en bas et en dedans. Le corps de cet os est prismatique, contourné sur lui-même, et présente en arrière une ligne saillante nommée *ligne âpre*. L'*extrémité supérieure* ou *pelvienne* présente la *tête*, éminence soutenue par une partie plus rétrécie nommée *col*; le *grand trochanter*, éminence quadrilatère, occupant la partie la plus externe de cette région ; le

*petit trochanter*, apophyse située en arrière et au-dessous de la base du col. L'*extrémité inférieure* ou *tibiale* offre deux éminences nommées *condyles du fémur*, et articulées avec le tibia et la rotule pour former le *genou*.

**FENAISON**, saison où l'on coupe les foins. — On nomme encore ainsi l'action de couper les foins. On désigne plus souvent cette dernière sous le nom de *fanage*.

**FENASSE**, fourrage composé d'avoines et d'autres plantes ressemblant à l'avoine. — On donne aussi ce nom au *sainfoin*.

**FEN-CHOU**, nom donné par les Chinois à un animal monstrueux et vraisemblablement fabuleux. D'après ces peuples, sur les côtes de la mer du Nord, au delà du Tai-Tang-Kiang, parmi les neiges et les glaces qui couvrent ce pays, habite cet animal, qui pèse plus de mille livres. Il ressemble à un rat, et est gros comme un éléphant. Sa chair est excellente. Il habite dans des cavernes obscures, et fuit sans cesse la lumière; on en tire un très-bel ivoire. Il mourrait s'il voyait la lumière du soleil ou de la lune. Ces traditions ont sans doute leur source dans les ossements fossiles du pays, ou peut-être ces animaux vivent dans les retraites presque inaccessibles.

**FENDERIE**, machine au moyen de laquelle, dans les usines et les forges de fer, on fabrique les baguettes carrées nommées *fentons*. Une fenderie est disposée comme un laminoir; mais, au lieu de cylindres, ce sont des disques en acier, également espacés sur chacun des deux axes de la machine, et qui se croisent réciproquement. Ce sont les disques d'acier, qui sont en forme de cisailles, et qui produisent le résultat attendu de la machine.

**FENDIS**, nom donné par les ardoisiers à l'ardoise brute non divisée au point qu'il ne lui manque plus, pour être employée, que de recevoir sa forme.

**FENDOIR**, instrument destiné, dans les arts, à fendre. Celui du *fabricant de merrain* est cylindrique et évidé en angle par un de ses bouts. — Celui du *tonnelier* et du *vannier* est un morceau de buis ou de bois dur, dont la tête est partagée en trois rainures, dont chaque séparation est formée en tranchant; il sert à partager les brins d'osier ou de jonc en trois. — Celui du *cordier* est un outil d'acier large et coupé en biseau par un bout, mais sans tranchant. L'autre bout lui tient lieu de manche. — Celui du *jardinier* est un outil en fer tranchant, qui sert à greffer en fente.

**FENDRE.** En termes de cornetier, ce mot désigne l'action d'ouvrir à la serpette les *galins bruts*. — Les horlogers appellent *machine à fendre* un instrument à l'aide duquel ils divisent ou fendent des roues.

**FÉNELON** (Bertrand DE SALIGNAC, marquis DE), écrivain célèbre du XVIe siècle. Pendant qu'il était ambassadeur en Angleterre, Charles IX voulut l'engager à écrire à Elisabeth les raisons qu'il avait eues pour ordonner le massacre de la Saint-Barthélemy, mais il refusa obstinément. Il se signala par ses services et sa valeur, et mourut en 1589. On a de Fénelon la *Relation du siège de Metz* (1553), le *Voyage de Henri II aux Pays-Bas* (1554), et ses *Négociations en Angleterre*.

**FÉNELON** (François DE SALIGNAC DE LA MOTTE), né au château de Fénelon en Quercy, en 1651, d'une famille ancienne et distinguée dans l'Etat et dans l'Eglise. Il étudia à l'université de Cahors, au collège du Plessis et au séminaire de Saint-Sulpice à Paris. Prêtre en 1666, il reçut de l'archevêque de Paris la direction de la communauté des *nouvelles catholiques* pour les femmes qui embrassaient le catholicisme. Louis XIV le nomma chef d'une mission en Saintonge. Sa douceur convertit beaucoup de monde. En 1689 Louis XIV lui confia l'éducation de ses petits-fils, et en 1695 il fut nommé archevêque de Cambrai. Ses relations avec Mme Guyon et son livre de l'*Explica-

tion des maximes des saints*, condamné par Innocent XII en 1699, lui attirèrent de longues controverses avec les savants, et surtout Bossuet, son ancien ami. Il mourut en 1715, d'autres disent 1712. Ses ouvrages sont: les *Aventures de Télémaque*, des *Dialogues des morts*, des *Dialogues sur l'éloquence*, des *Directions pour la conscience d'un roi*, un *Traité de l'éducation des filles*, un *Abrégé des vies des philosophes*, des *œuvres philosophiques*, des *œuvres spirituelles*, des *sermons*, des *mémoires*, etc.

**FÉNELON** (Gabriel-Jacques DE SALIGNAC, marquis DE), neveu de l'archevêque de Cambrai, fut ambassadeur ordinaire en Hollande en 1724. Ambassadeur extraordinaire au congrès de Soissons (1727), il se fit aimer par son esprit conciliant et l'aménité de son caractère. Il fut créé conseiller d'état et chevalier des ordres du roi. Devenu lieutenant général en 1738, il mourut d'une blessure reçue à la bataille de Rocoux (1746), à l'âge de cinquante-huit ans.

**FÉNELON** (Jean-Baptiste A. DE SALIGNAC DE), né en 1714 à Saint-Jean de Tellair (Dauphiné), embrassa très-jeune l'état ecclésiastique. Il fut d'abord aumônier de Marie Leszczinska, femme de Louis XV, et se retira ensuite dans le prieuré de Saint-Sernin des Bois. Il affranchit tous ses vassaux, encouragea l'agriculture, et établit des forges dans ce pays pauvre et montagneux. Il conçut ensuite le projet d'enlever à l'ignorance et aux vices les petits Savoyards, leur fit apprendre des métiers, leur enseigna à lire, à écrire, et employa tous ses revenus à améliorer leur sort. Arrêté comme suspect sous la révolution, il fut conduit au Luxembourg. Les Savoyards demandèrent en vain sa grâce. Il fut décapité (1794).

**FÉNESTELLA**, écrivain latin qui vivait du temps d'Auguste. Il mourut l'an 21 de J.-C. Fénestella a écrit des *Annales* dont il existe plusieurs fragments, et un livre *sur les magistrats romains*. Il existe sous son nom un autre ouvrage sur ce sujet; il n'est point de lui, mais d'André-Dominique Fiocchi de Florence.

**FENÊTRE**, ouverture faite dans un mur pour laisser introduire la lumière dans l'intérieur d'un appartement. On peut donner trois formes principales aux fenêtres : les *fenêtres à plate-bande*, dont le linteau en bois ou en pierre est toujours droit; ce sont les plus communes; les *œils-de-bœuf*, dont le cadre est un cercle ou un demi-cercle avec une tablette d'appui ; les *fenêtres en plein cintre* ou *en arcades*, dont le linteau est en arcade ou en ogive. — On nomme *atticurgue* la fenêtre dont l'appui est plus large que le linteau, les pieds-droits n'étant pas parallèles ; *fenêtre dans l'angle*, une fenêtre très-rapprochée de l'angle rentrant d'un bâtiment, et un petit jour étroit et haut, pratiqué dans un angle rentrant ; *fenêtre d'encoignure*, une fenêtre prise dans un pan coupé ; *fenêtre en embrasure*, celle plus étroite en dehors qu'en dedans ; *fenêtre en tour creuse*, celle qui est cintrée par son plan et enfoncée en dedans ; *fenêtre en tour ronde*, le contraire ; *fenêtre en tribune*, celle qui a un balcon en saillie au-devant ; *fenêtre feinte*, une fenêtre peinte ou sculptée, et qui ressemble à une véritable fenêtre ; *fenêtre mezzanine*, une petite fenêtre moins haute que large qui éclaire un entresol ; *fenêtre rampante*, celle dont l'appui et la fermeture sont en pente ; *fenêtre rustique*, celle dont le chambranle est formé de bossages ou de pierres de refend.

**FENÊTRE**, nom donné par les horlogers à une petite ouverture faite dans une platine, au-dessous d'un pignon, pour voir si son engrenure a les conditions requises.

**FENÊTRE**, nom donné par les anatomistes à deux ouvertures placées sur la paroi interne de la cavité du tympan La *fenêtre ovale* ou *vestibulaire* est ovalaire, fermée par la base de l'étrier, et correspond à la cavité du vestibule ; la *fenêtre ronde* ou *cochléaire* est située au fond d'une excavation particulière, bouchée par une membrane fine et transparente, et correspond à la rampe interne du limaçon.

FENÊTRÉ ou FENESTRÉ, nom des feuilles des plantes percées à jour. — C'est aussi le nom des bandes, compresses ou emplâtres garnis de petites ouvertures. Les compresses fenestrées et enduites de cérat sont souvent employées dans les pansements des plaies, des ulcères, parce qu'elles permettent à la suppuration de s'écouler avec facilité, et empêchent la charpie de se fixer à la surface dénudée.

FENIL, édifice destiné à renfermer le foin. On se sert le plus souvent pour cet usage des granges et des greniers placés au-dessus des étables. Les agronomes pensent que le foin disposé en meule se conserve mieux qu'enfermé dans des fenils. Pour conserver le foin dans le fenil, on a soin de fermer toutes les ouvertures, et de le revêtir de paille.

FENNEC, ou ANONYME ou ZERDA, espèce d'animal propre à l'Afrique, qui ne diffère absolument des chiens et des renards que par la longueur de ses oreilles. Sa longueur est de neuf pouces. Sa couleur est d'un fauve jaunâtre très-pâle, variée de grisâtre. Son pelage est doux et épais. Le fennec vit dans les déserts, et il se creuse des terriers où il reste caché pendant une grande partie du jour.

FENOUIL, plante herbacée et aromatique de la famille des ombellifères et du genre *aneth*. Le *fenouil commun* donne de grandes touffes à racine vivace, longue et pivotante, de laquelle naissent plusieurs tiges cylindriques, lisses, rameuses et formées de folioles linéaires. Les fleurs sont jaunes. On trouve cette plante en Europe et en Afrique. On la mange en salade comme le céleri. De la tige on fait des cure-dents agréables. La graine a la saveur de l'anis. On en fait des dragées et une liqueur qui simule l'anisette et nommée *anisette de Strasbourg*. On en extrait une huile nommée *gomme de fenouil*, propre à ranimer les forces de l'estomac, ou destinée à l'éclairage. Cette plante est stimulante et diurétique. On en connaît plusieurs espèces.

FENOUIL. On donne ce nom à plusieurs plantes de la famille des ombellifères. Ainsi on nomme : *fenouil annuel*, le *visnage du Midi* ; *fenouil d'eau*, le *phellandre aquatique*, la *renoncule flottante* et le *volant d'eau* ; *fenouil de montagne*, le *pyrèthre du Levant* ; *fenouil de mer* et *fenouil marin*, le *bacille perce-pierre* ; *fenouil de porc*, le *peucédan* ; *fenouil erratique*, le *selin anguleux* ; *fenouil puant*, l'*aneth odorant* ; *fenouil sauvage*, la *ciguë* ; *fenouil tortu*, plusieurs espèces de *séséli*.

FENOUILLET ou FENOUILLETTE, nom donné à trois variétés de pommes, à cause de la saveur de leur chair qui rappelle celle du fenouil. On distingue le *fenouillet gris* ou *anis*, le *fenouillet jaune* ou *drap d'or*, le *fenouillet rouge*, *bardis* ou *arrolly*.

FENOUILLETTE, eau-de-vie rectifiée et distillée avec la graine du *fenouil*.

FENOUILLOT DE FALBAIRE (Charles-Georges), né à Salins (Franche-Comté) en 1727, est célèbre pour avoir fourni plusieurs articles à l'encyclopédie méthodique de Diderot et d'Alembert. Il se consacra particulièrement à l'art dramatique, et mourut en 1801. Ses pièces les plus connues sont *les Deux Avares* (1771), *l'Honnête Criminel* ou *la Piété filiale* (1768), *Mélide* ou *le Navigateur*, *l'École des mœurs*, le *Fabricant de Londres*, *Jammabos* ou *les Moines japonais*.

FENTE, ouverture qui se pratique dans un corps de manière que les parties ne soient pas entièrement séparées. —En anatomie, on nomme ainsi les ouvertures longues et étroites qui traversent toute l'épaisseur des os ; telles sont la *fente ethmoïdale* à la partie antérieure de la gouttière et de la lame criblée de l'ethmoïde ; la *fente sphénoïdale* ou *orbitaire*

*supérieure*, placée entre les grandes et les petites ailes du sphénoïde ; la *fente sphéno-maxillaire* ou *orbitaire inférieure*, formée par les os maxillaire supérieur, sphénoïde, malaire et palatin ; la *fente glénoïdale* ou *scissure de Glaser*, qui divise en deux parties la cavité glénoïde du temporal.—On nomme *fentes*, chez le cheval, des gerçures situées dans les plis des paturons.

FENTE (hydrogr.) se dit, dans une gerbe d'eau, de plusieurs fentes circulaires opposées l'une à l'autre, que l'on appelle *portions de couronnes*. Ce sont souvent des ouvertures en long, formant de petits parallélogrammes.

FENTON ou CÔTES DE VACHES, nom donné à des baguettes carrées, en fer, coupées au moyen des machines nommées *fenderies*. On en fait des clous, des crochets, des pointes, des fers à cheval et un grand nombre d'objets de serrurerie. Le fenton se trouve dans le commerce en bottes de cent livres. — On nomme encore ainsi une sorte de serrure destinée à servir de chaîne aux tuyaux de cheminée.

FENTONS, nom donné dans plusieurs ports à des morceaux de bois coupés de longueur, pour faire des chevilles, avant d'en avoir reçu la forme.

FENUGREC ou HELBEH, espèce de plantes du genre *trigonelle*, de la famille des légumineuses. Ces plantes annuelles ont une tige cannelée, fistuleuse, haute d'environ trente centimètres ; des feuilles ovales, crénelées vers leur sommet, d'un vert agréable ; des fleurs d'un blanc teint de jaune. Les fruits sont des gousses longues, étroites, recourbées en faucille ; les graines sont d'un brun jaunâtre, d'une odeur forte, aromatique, mucilagineuses. En Égypte on mange les jeunes tiges en salade, et la graine se met en purée. Cette graine fournit de l'huile et un très-beau rouge incarnat. Le fenugrec fournit un fourrage sain et substantiel. Cette plante porte les noms vulgaires de *sénégré*, *sénégrain*, *foni grec* ou *graine joyeuse*.

FÉODAL, ce qui concerne les fiefs, qui appartient aux fiefs : c'est ainsi que l'on dit *bien féodal*, *héritage féodal*, *seigneur féodal*, *droit féodal*, *régime féodal*, etc.

FÉODALITÉ, nom donné à ce régime qui substitua aux pouvoirs généraux et aux sociétés générales, créées par les sociétés barbares nées de la conquête, des pouvoirs locaux, des sociétés indépendantes et une foule de gouvernements particuliers hostiles entre eux. Au déclin des monarchies barbares, les hommes faibles et pauvres se groupèrent autour des plus forts et des plus riches, leur promirent fidélité et entière dépendance, ne leur demandant pour prix que leur protection : ce fut l'origine de la *féodalité* et des *seigneurs*. Le régime de la féodalité a subsisté dans son entière intégrité jusqu'en 1789.

FER (*mars* des alchimistes), métal solide, d'un gris bleuâtre, tantôt grenu, tantôt lamelleux, très-ductile et malléable. Il est tenace, très-magnétique, et répand une odeur sensible quand on le frotte. Sa pesanteur, rapportée à celle de l'eau, est de 7,788. Il fond à 130 degrés du pyromètre de Wedgwood. On le trouve, à l'état natif, combiné à l'oxygène, au soufre, à l'arsenic, etc. Uni à une petite quantité de carbone, il constitue l'acier ; uni à une plus grande, il forme le *plombagine* ou *mine à crayon*. Uni à l'étain, il constitue le *fer-blanc*. — Les minerais de fer exploités sont le *fer natif*, le *fer carbonaté*, *oxydulé*, *oligiste*, *hématite*, *hydraté*, *limoneux*, *granuliforme*, etc. On obtient le fer pur en traitant les minerais d'oxyde par le charbon dans les *hauts fourneaux* ; on se fondant, le fer se rend dans la partie inférieure, puis dans un sillon pratiqué dans le sable, on porte la masse refroidie à une température élevée, ensuite on la forge. — Outre ses usages dans les arts, le fer s'emploie comme tonique en médecine ; en limaille, il se vend pour poudres, pilules,

pastilles, etc. — Un bâtiment *sur le fer* est un vaisseau à l'ancre.

FER. On nomme *fer de carillon* un fer de huit à dix lignes de grosseur ; *fer ambouti*, la tôle relevée en bosse, pour faire divers ornements ; *fer corroyé*, du fer forgé que l'on bat à froid pour le rendre moins susceptible de casser ; *fer coudé*, du fer plié dans son épaisseur, pour retenir une poutre ; *fer étiré*, du fer allongé en le battant à chaud ; *fer d'amortissement*, une aiguille de fer entée sur un poinçon, pour tenir un ornement qui termine un comble ; *fer de cuvette*, un morceau de fer plat, forgé en rond, qui, étant scellé dans un mur, sert à soutenir une cuvette de tuyau de descente.

FER. En technologie, ce mot désigne un grand nombre d'outils et d'instruments usités dans les arts, et dont les formes varient selon les usages auxquels on les emploie.

FER. Les facteurs d'instruments de musique nomment ainsi un outil qu'ils font chauffer pour faire prendre aux éclisses la courbure convenable. — Ils appellent *fers ronds* ou *fers plats* certains outils qui, étant chauffés, servent à recoller les fentes des instruments.

FER. Dans les moulins, les meuniers donnent ce nom au pivot qui soutient la meule courante.

FER (COURONNE DE), nom donné à une couronne d'or pur, ornée d'un petit cercle de fer formé d'un des clous avec lesquels fut crucifié Jésus-Christ. Théodelinde, veuve d'Autharis, roi des Lombards, en fit présent à son second époux, Agilulphe, duc de Turin. Cette couronne fut conservée ensuite dans le monastère de la ville de Monza. En 1805, Napoléon réunit la couronne de fer à la couronne impériale, et institua l'ordre de la *Couronne de fer*. Il était composé de cinq cents chevaliers, cent commandants et vingt dignitaires. Les rois d'Italie devaient être grands-maîtres de l'ordre après Napoléon. Les chevaliers portaient pour décoration la couronne lombarde, avec ces mots : *Dieu me l'a donnée, gare à qui la touchera !* suspendue à un ruban orange avec liserés verts. Cet ordre a été conservé par la cour de Vienne.

FER (ILE DE), la plus occidentale des îles Canaries, sur la pointe O., à 18 lieues de Ténériffe. Sa superficie est d'environ 40 lieues carrées. Cette île produit du blé, des cannes à sucre et de bons fruits. Les Français y placèrent leur premier méridien par ordre de Louis XIII. Le chef-lieu est *Fer*, peu habitée et malsaine. Cette île se nomme encore *Therro* ou *Ferro*.

FER A BATIR, instrument de fer dont les bourreliers se servent pour rembourrer les bâts de mulet.

FER A BOUDIN, fer à repasser les garnitures des robes, les collerettes, les coiffes des femmes, les jabots, etc. C'est un morceau de fer cylindrique, arrondi par un bout et monté par l'autre dans un manche de bois garni d'une virole en fer. On le fait chauffer suffisamment et on le passe ainsi chaud dans les plis, qui prennent une forme ronde.

FER A CHEVAL, nom donné par les maréchaux ferrants aux espèces de semelles de fer qu'on attache avec des clous dans la corne des pieds des chevaux, des mulets, des ânes, des bœufs. On fait les fers de plusieurs formes différentes. — La lingère nomme ainsi une petite pièce qui sert de doublure ou de soutien à l'épaulette des chemises d'homme.

FER A CHEVAL, ouvrage de fortification fait en demi-cercle au dehors d'une place. — En architecture, c'est un escalier qui a deux rampes et qui se fait en demi-cercle. — Une *table en fer à cheval* est une table en forme de croissant.

FER-A-CHEVAL, nom donné à deux espèces d'espèces de chauves-souris, du genre *rhinolophe*. Le *petit fer-à-cheval*, ou *rhinolophe à deux lances*, a la feuille nasale droite lancéolée, couverte de quelques poils; son pelage est long, fin, lisse, soyeux, d'un blanc lustré; les membranes des ailes et de la cuisse sont diaphanes. Sa longueur est de deux pouces neuf lignes. Le grand fer-à-cheval, ou rhinolophe unifer, est long de trois pouces six ou huit lignes. Son pelage est cendré par-dessus, et gris blanchâtre en dessous chez le mâle. La femelle a à la base des poils blanche, et l'extrémité roussâtre ; ses parties inférieures sont d'un cendré lavé de rose.

FER A ÉCHARNER, outil qui sert à enlever la chair et la graisse de dessus les peaux que l'on veut préparer.

FER AÉRÉ, nom donné à l'oxyde de fer tenu en dissolution dans certaines eaux gazeuses acidulées, au moyen de l'acide carbonique.

FER A FILETER, nom donné par les gaîniers à un petit morceau de fer plat, carré, de la largeur d'un pouce, arrondi par en bas, et qui s'emmanche dans un morceau de bois de la longueur de deux pouces. On s'en sert, après l'avoir fait chauffer, pour imprimer des filets sur les ouvrages.

FER A FRISER, espèce de pince à deux branches que les perruquiers font chauffer pour friser les papillottes. Les fers dont les branches sont rondes, l'une pleine, l'autre creuse, et pouvant entrer l'une dans l'autre, servent à rouler les cheveux; on les nomme fers à toupet.

FER A GAUFRER, outil en cuivre sur lequel sont gravées les nervures des feuilles. Les fleuristes le font chauffer et impriment ainsi sur le taffetas ou l'étoffe qu'ils emploient pour les feuilles les nervures qui imitent la nature. — Les apprêteurs de drap nomment ainsi des plaques en fer ou des cylindres dont ils se servent pour leurs apprêts.

FER A PLATIR, nom donné, dans les manufactures de glaces, à une tringle de fer de dix ou onze pieds de long, dont on se sert pour renverser les bords de la glace après qu'elle vient d'être soufflée.

FER A POLIR, outil dont les relieurs se servent pour polir les dorures de leurs livres. Il est en fer, de la longueur d'un pied; il porte une platine de cinq pouces de long sur deux de large, en acier trempé, bien polie et bien égale; l'extrémité inférieure est munie d'un long manche.

FER A RACLER, morceau d'acier trempé et bleui, large de deux ou trois pouces, et de six pouces de long, arrondi par un bout en saillie et en creux de l'autre. Les ébénistes s'en servent pour racler leurs ouvrages avant de les polir, pour enlever tous les traits en ménageant beaucoup le bois.

FER A RATURER, outil dont on se sert pour enlever la croûte de dessus les peaux, en les raclant à sec pour en diminuer l'épaisseur. La rature sert à faire de la colle excellente.

FER ARDENT ou FER CHAUD, sorte d'épreuve qu'on faisait autrefois en justice pour prouver son innocence. Elle consistait à enfermer la main de l'accusé dans un gantelet de fer rougi au feu, ou à tenir avec la main une barre de fer rougie; on couvrait ensuite de linges la main malade. Après trois jours, on l'examinait. Si la blessure était guérie, l'accusé était innocent; dans le cas contraire, il était coupable.

FER A REPASSER, nom donné à des espèces de mollusques du genre casque, dont la forme est un fer à repasser de blanchisseuse.

FER ARGILEUX, nom donné à des minerais ferrugineux qui appartiennent à deux espèces très-différentes, l'une à poussière rouge, l'autre jaunâtre ou roussâtre.

FER A ROULER, espèce de poinçon de trois à quatre pouces de long, dont les passementiers boutonniers passent la pointe à travers le moule du bouton qu'ils veulent assujettir pour le travailler à l'aiguille.

FER ARSÉNIATÉ, nom donné à une espèce de fer fusible à la simple flamme d'une bougie, et qui donne beaucoup de vapeurs arsénicales, quand on le grille sur des charbons. Ce fer se trouve en veines dans le granit, avec le cuivre arséniaté, le fer arsénical, le quartz, le cuivre pyriteux, le fer oxydé, etc.

FER ARSENICAL. Voy. MISPICKEL.

FER ARSENICAL ARGENTIFÈRE, minéral qui diffère du mispickel en ce qu'il est plus jaunâtre, qu'il est plus rare, et qu'il contient jusqu'à dix centièmes d'argent. On le nomme aussi pyrite blanche argentifère, mine d'argent blanche arsénicale, pyrite d'argent, pyrite arsenicale argentifère.

FER A SOUDER, instrument qui sert à fondre la soudure, pour réunir et assembler les diverses parties d'un ustensile, d'un objet quelconque en fer-blanc, en tôle, etc. Ceux qui servent à souder le ferblanc, le cuivre, l'étain, ont en cuivre rouge la partie qui est proprement le fer à souder. C'est une verge de fer de huit à dix pouces de long, emmanchée d'un côté dans un manche de bois qui porte par l'autre extrémité un trou parallélogrammique, où l'on fait entrer un morceau de cuivre rouge de trois à quatre pouces de long, un pouce de large et six lignes d'épaisseur. Cette bande de cuivre est amincie par le bout; c'est cette partie qui, chauffée, sert à fondre la soudure.

FER A TIRER, nom donné par les tireurs d'or à la filière la plus mince dont ils font usage.

FER AZURÉ. Par son mélange avec l'acide phosphorique, le fer constitue plusieurs variétés blanches ou d'un blanc grisâtre, vertes ou bleues; celles-ci portent le nom de fer azuré. Il cristallise en prismes, mais plus souvent il se présente à l'état terreux.

FER-BLANC, nom donné à des feuilles de tôle dont les deux surfaces sont recouvertes d'étain. Dans la préparation du ferblanc, la tôle se combine, s'unit intimement avec l'étain. Pour le préparer, on découpe la tôle en feuilles très-minces en rectangles égaux. On les décrasse en et les plongeant pendant vingt-quatre heures dans un bain composé d'eau et de onze cent cinquante-quatre pouces cubes de farine de seigle, on les frottant avec du sable. Pour les étamer, on fait fondre dix-huit quintaux d'étain dans une chaudière de fonte, avec deux livres de cuivre sur cent quarante livres d'étain. Quand l'étain entre en fusion, on y met du suif et un peu d'eau; on place alors deux cents feuilles de fer dans la chaudière, on les retire après un quart d'heure, on enlève le suif et l'eau, puis on replonge les feuilles les unes après l'autre dans le bain; on les retire de suite, puis on les frotte avec de l'étoupe et de la sciure de bois, et on les bat pour rendre leur surface lisse. Cette méthode est suivie en Allemagne et en France. — Le fer-blanc s'emploie pour imiter tous les ustensiles qu'on peut fabriquer en argent, comme plats, assiettes, cafetières, casseroles, boîtes, etc.

FER CARBONATÉ. Voy. SPATHIQUE.

FER CARBONATÉ DES HOUILLÈRES ou FER CARBONATÉ TERREUX, minerai formé d'une grande quantité d'alumine. Sa cassure est terreuse. On le trouve dans les terrains et les mines de houille. Il contient vingt-quatre ou trente pour cent de fer. Les forges d'Angleterre sont alimentées presque exclusivement par ce seul minerai.

FER CHAUD, maladie nommée aussi pyrosis. Voy. ce mot.

FER CHROMATÉ ou CHROMÉ (chromate de fer, chrome oxydé ferrifère, godon de Saint-Memin, eisenchrome), résultat de l'union du fer à l'oxyde de chrome. Ce minerai est ordinairement en masses granulaires ou un peu lamelleuses, d'un éclat métallique et d'un gris d'acier tirant sur le noir de fer.

FER D'AIGUILLETTE ou AFFÉRON, petit bout de fer-blanc, de cuivre ou d'argent, dont les aiguillettes sont garnies par le bout.

FER D'ARC-BOUTANT, nom donné à des fers à trois pointes, placés au bout d'un arc-boutant.

FER DE CHANDELIER ou DE PIERRIER, nom donné, en marine, à une bande de fer, tournée par le haut et appliquée sur un chandelier de bois, par où passe le pivot du chandelier de fer sur lequel tourne le pierrier.

FER DE COUPÉ, petite branche de cuivre, plus aplatie d'un côté que de l'autre, et qui a sur un des dos une petite cannelure dans laquelle entre la taillerole pour couper le poil du velours. — Les fers de velours frisé sont ronds et sans cannelure.

FER DE GIROUETTE, nom donné, en marine, à une verge de fer placée au bout du plus haut mât, où la girouette est placée.

FER DE LANCE, nom d'une chauve-souris du genre phyllostome.

FER D'OR D'ARGENT, ordre de chevalerie institué dans l'église de Notre-Dame de Paris en 1414, par Jean, duc de Bourbon, fils de Louis II, sous le nom de chevaliers du Fer d'or et des écuyers du Fer d'argent. Ces chevaliers étaient au nombre de seize gentilshommes, partie chevaliers, et partie écuyers, devaient porter tous les dimanches à la jambe gauche un fer de prisonnier pendant à une chaîne, ou donner quatre sous parisis aux pauvres. Le fer des chevaliers était d'or, et celui des écuyers d'argent. Cet ordre dura peu.

FER DE PELUCHE. Ces fers sont cannelés, mais plus hauts que les fers pour les velours.

FER DES CARTIERS, nom donné à plusieurs espèces de poinçons ou emporte-pièces, au bout desquels sont gravées les marques distinctives des cartes, carreau, cœur, pique, trèfle, etc. Ces fers sont tranchants par le bas, et servent à marquer sur les patrons les endroits où doivent être empreintes ces marques.

FER DU CORDIER, morceau de fer plat, de trois à quatre pouces de large, de deux lignes d'épaisseur, et de deux pieds et demi de long, attaché verticalement à un poteau ou à un mur par deux barreaux de fer soudés à ses extrémités; le bord intérieur du fer doit former un tranchant mousse. On s'en sert pour assouplir l'étoupe.

FER DUR, nom donné aux fers qui opposent de la résistance à l'action du marteau, et perdent difficilement leur texture grenue par le forgeage.

FER DUR ET AIGRE, nom donné aux fers qui se forgent mal, cassent à froid par le choc, et souvent se brisent à chaud. Ces fers sont analogues à ceux qui sont mal affinés; ils doivent leurs défauts en grande partie au carbone qui y est resté en combinaison.

FER DUR ET CASSANT, nom du fer qu'on peut plier à chaud dans toutes les directions, mais qui casse à froid. On le nomme encore fer cassant à froid.

FER DUR ET FORT ou TENACE, nom des fers qui peuvent se plier à chaud et à froid dans toutes les directions.

FER DUR ET ROUVERIN, nom du fer qui se plie à froid, mais qui se casse à la chaleur rouge. Il tient ce défaut du soufre qu'il retient en combinaison.

FER HYDRATÉ. Voy. FERS OXYDÉS.

FER LIMONEUX. Voy. LIMONITE.

FER MOU, nom donné à des variétés de fers tendres et ductiles. Ils peuvent se replier plusieurs fois sur eux-mêmes. Leur texture est grenue; mais par le forgeage ils deviennent nerveux, et présentent dans leur cassure beaucoup de fibres. On s'en sert pour les clous de maréchal, les chaînes, etc.

FER MOU ET AIGRE, nom du fer qui, chauffé, se plie facilement, mais qui se casse à froid. Les fers doux qui ont été trop chauffés sont dans ce cas; on dit qu'ils ont été brûlés.

FER MOU ET CASSANT, nom d'une espèce de fer qui peut se forger à chaud. A froid, on peut le plier jusqu'à un certain point; mais il ne peut résister à une forte percussion, et il n'est pas susceptible de porter un grand poids. Le fer tendre est rangé dans cette variété; on l'appelle aussi *fer métis*.

FER MOU ET TENACE, dénomination du fer le plus ductile de tous. C'est celui que l'on peut plier à froid et à chaud sans qu'il offre de gerçures.

FER MURIATÉ ou MURIATE DE FER NATIF, minéral dont une des principales propriétés est d'exhaler une forte odeur de chlore quand on le brûle, et de se réduire en une matière brune et magnétique, qui est de l'oxyde de fer presque pur.

FER NATIF, nom donné aux minerais de fer tels qu'ils se trouvent dans la nature. On distingue ceux que l'on trouve dans le sein de la terre de ceux d'origine problématique, que l'on trouve à la surface en masses plus ou moins grandes. Le *fer natif volcanique* est un minerai à texture cellulaire. — Le *fer natif météorique* est un minéral disséminé sous la forme de globules dans les céraunites, aérolithes, bolides, etc.

FER OLIGISTE. Voy. OLIGISTE.

FER OXIDULÉ ou MAGNÉTIQUE, combinaison de peroxyde et de protoxyde de fer. Elle est presque toujours cristallisée en octaèdres. Cette variété de fer est la plus répandue dans la nature. Pur, le fer oxydulé contient 0,71 pour 100 de fer. Ce minerai est exploité à Taberg, en Suède et en Piémont.

FER PHOSPHATÉ ou PHOSPHATE DE FER, nom donné à plusieurs substances dont le caractère commun est d'être solubles dans l'acide nitrique, et de se fondre en globules brillants, qui deviennent bruns par un feu prolongé, et finissent par donner une scorie attirable à l'aimant.

FER ROND A TALON, espèce de plane qui ne coupe point, et dont le mégissier se sert pour faire sortir la chaux des peaux.

FER SULFATÉ ou SULFATE DE FER, nom donné par les chimistes à ce que les anciens nommaient *vitriol, couperose verte*. Le *fer sulfaté naturel* est le produit de l'altération du fer sulfuré, exposé à l'action de l'air. C'est un sel d'un vert clair. Voy. SULFATE.

FER SULFURÉ, nom donné aux *pyrites* ou *sulfures de fer*. — FER SULFURÉ BLANC. Voy. SPERKISE.

FERS (MARQUE DES), droit domanial de la couronne, qui consistait dans la dixième partie de tout ce qui se tirait des mines du royaume.

FERS A DORER, outils dont se servent les relieurs pour dorer les livres. Ils portent des lettres, des chiffres, des fleurs ou des ornements divers.

FERS DE BOUVET et de FEUILLERET, instruments de menuisier. Leur tranchant est taillé en biseau; leur largeur est moindre que celle des fers à rabot. Ces fers sont *simples* et *doubles*; les uns font la rainure, les autres les languettes des joints des planches, des frises de parquet, etc. Le simple a en largeur le tiers du double.

FERS DE GUILLAUME, instruments de menuisier, dont le tranchant est fait en biseau et qui ressemblent à une bêche de jardinier dont le manche entre et se fixe dans une mortaise à l'aide d'un coin.

FERS OXYDES PURS, nom donné aux minerais de fer formés du mélange du fer avec divers oxydes, et dont la pesanteur spécifique est de 44 à 54. Ils sont souvent un éclat métallique, et se subdivisent en deux espèces principales : les uns magnétiques, et donnant une poussière noire quand on les écrase (*fers oxydulé, oligiste, hématites*); les autres n'étant pas magnétiques, et donnant de la poussière rouge (*fers spathique, carbonaté des houillères*).

FERS OXYDÉS TERREUX, mélange de peroxyde de fer avec des substances terreuses, en quantité plus ou moins considérable. Le fer se trouve dans ces minerais en toute proportion. Ils sont toujours en fragments anguleux, nommés *mines de fer en roche, en grains isolés, en grains agglutinés*; leur couleur est d'un gris bleuâtre, leur pesanteur spécifique varie entre 30 et 36.

FÉRALES ou FÉRALIA, fête que les païens célébraient en l'honneur des morts, du 20 février à la fin de ce mois. Pendant tout le temps de cette fête, ils portaient des mets sur les tombeaux, pensant que les âmes des morts viendraient les manger pendant la nuit. Elles ressemblaient beaucoup aux *Februaries*. — Les anciens nommaient *ferales dii* les divinités des enfers.

FÉRAMINES, pierres ou pyrites contenant du fer, et qui se trouvent dans l'argile.

FÉRANDINE, étoffe légère, espèce de moiré dont toute la chaîne est de soie, mais dont la trame n'est que de laine, de poil, de fil ou de coton.

FÉRANDINIER, espèce de coffre dont on se sert dans les marches d'armées. Le dessus est une table, et le dessous est échancré pour être chargé à dos de mulet.

FÉRAUD (N...), né dans la vallée d'Aure (Hautes-Pyrénées) en 1764, fut nommé député à la convention nationale par ce département (1792). Il prononça contre Louis XVI la peine de mort, et se rangea du côté des girondins. Envoyé en mission dans les armées du Nord et des Pyrénées-Orientales, il se distingua par son courage. Rappelé à la convention en 1794, il contribua à l'arrestation de Robespierre, et fut chargé de réduire les rebelles de la commune de Paris. Le 20 mai 1795, les factieux, ennemis du gouvernement républicain, s'élancèrent au sein de l'assemblée conventionnelle. Féraud, en cherchant à couvrir de son corps le président Boissy-d'Anglas, reçut un coup de pistolet qui le renversa. Un serrurier lui coupa la tête, et, l'ayant placée sur une pique, la montra au président, qui s'inclina avec respect.

FERBER (Jean-Jacques), minéralogiste, né à Calerona (1743). Son premier maître fut Antoine Swab. Il étudia ensuite à Upsal sous Wallerius et Linné. Nommé par le duc de Courlande (1774) professeur de physique et d'histoire naturelle à Mietan, il fut successivement attaché à l'académie de Pétersbourg et à celle de Berlin. Il alla s'établir à Berne (1789) pour veiller à l'amélioration des mines du canton. Il mourut en 1790. On a de lui une *Description des mines d'Idria*, une *Histoire minéralogique de Bohême*, des *Recherches sur les mines de Hongrie*, des *Mémoires sur la physique et la minéralogie*, etc.

FERDINAND. Trois empereurs d'Allemagne ont porté ce nom. — FERDINAND I<sup>er</sup>, fils de Philippe d'Autriche et frère de Charles-Quint, né en Castille en 1503, épousa Anne, fille de Ladislas VI, roi de Hongrie, se fit couronner roi de Hongrie et de Bohême (1527), fut élu roi des Romains en 1531 et empereur en 1558, après Charles-Quint. Il fit la paix avec les Turks, réconcilia la France et l'Espagne, et mourut à Vienne en 1564. — FERDINAND II, fils de Charles, archiduc de Gratz, de Styrie, etc., né en 1578, roi de Bohême en 1617 et de Hongrie en 1618, empereur en 1619, succéda à Mathias. Il battit Frédéric V, couronné par les Bohémiens (1620). Son général Tilly défit Christiern IV, roi de Danemarck, allié de Frédéric (1626), et qui signa la paix en 1629. Vaincu par la ligue où étaient entrés Louis XIII et Gustave-Adolphe (1631), il fut vainqueur à Nortlingen en 1634, conclut le traité de Prague en 1635, et mourut en 1637. — FERDINAND III, fils du précédent, né en 1608, fut élu roi de Hongrie en 1625, de Bohême en 1627, des Romains en 1636 et empereur en 1637. Après avoir eu quelques avantages sur les Suédois, il essuya de nombreux revers, et signa enfin le traité de Westphalie (1648). Il mourut en 1657.

FERDINAND. Sept rois d'Espagne ont porté ce nom. — FERDINAND I<sup>er</sup>, deuxième fils de Sanche III, roi de Navarre, eut en partage le royaume de Castille (1033 ou 1035), et ayant défait Veremond ou Bermude III, il réunit les royaumes de Castille et de Léon (1037); il avait épousé la sœur de ce prince, Sancie ou Sanchette. Il porta la guerre en Portugal (1044), chassa les musulmans (1046) de la Castille, et eut une bataille avec son frère Garcie III de Navarre, où celui-ci périt (1054). Il mourut en 1065. — FERDINAND II, fils puîné d'Alphonse VIII, roi de Castille et de Léon, remporta de grands avantages sur les Portugais, et fit prisonnier leur roi Alphonse. Il mourut en 1187. — FERDINAND III, fils d'Alphonse IX, succéda à Henri I<sup>er</sup> en 1230, continua avec succès la guerre contre les mahométans, fit de sages lois, et mourut en 1252 (30 mai). Clément X le canonisa en 1671. — FERDINAND IV, né en 1285, succéda à Sanche IV en 1295 à dix ans. Un grand nombre d'ennemis se déclarèrent contre lui, mais furent éloignés par la sage régence de la reine Marie. Il mourut en 1312. — FERDINAND V le *Catholique*, fils de Jean II, roi de Navarre et d'Aragon, né en 1452, réunit les couronnes de Navarre, de Léon, d'Aragon et de Castille, en épousant Isabelle de Castille (1469). Il défit la ligue puissante formée contre lui par le marquis de Villena, l'archevêque de Tolède et d'Alphonse de Portugal (1476), et conclut la paix avec eux en 1478. Il chassa les Maures de l'Espagne, ainsi que les Juifs. Allié avec Louis XII de France, (1500), il s'empara du royaume de Naples, puis son général Gonzalve de Cordoue en chassa les Français. Pierre de Navaro s'empara d'Oran, Carthagène, Bougie (1509-1510), et rendit les rois de l'Afrique tributaires de l'Espagne. Il s'empara avec perfidie de la Navarre sur la France, et mourut en 1516. Sous son règne, l'inquisition fut établie en Espagne (1480), et l'Amérique fut découverte (1492). — FERDINAND VI, roi d'Espagne, succéda en 1746 à son père Philippe V. Il était né en 1713. Ce prince remplit son règne par des actes de bienfaisance, rétablit la marine, protégea le commerce, les arts et l'agriculture. Il mourut en 1759. — FERDINAND VII, fils de Charles IV, naquit en 1784, et fut reconnu en 1789 prince des Asturies. Il eut beaucoup à souffrir du caractère inquiet de son père et de son ministre Godoï. Charles IV, effrayé à la nouvelle de l'invasion française en Espagne, abdiqua en faveur de son fils (1808). Celui-ci, étant allé trouver Napoléon à Bayonne, Charles IV protesta contre son abdication, et obtint une renonciation de Ferdinand. Napoléon fit retirer la famille royale à Bordeaux, obtint d'elle en sa faveur la cession de la couronne, qu'il donna à son frère, et exila Ferdinand à Valençai. Il retourna en Espagne en 1814, abolit les cortès; mais plusieurs révoltes populaires le forcèrent à les convoquer de nouveau et à recevoir la constitution de 1812. Il mourut en 1833, laissant une fille, Maria-Isabella-Louisa, reine sous la régence de sa mère Marie-Christine.

FERDINAND, roi de Portugal, né à Coïmbre en 1340, succéda à son père Pierre I<sup>er</sup> en 1367. Après la mort de Pierre le Cruel, roi de Castille, il prit le titre de roi d'Espagne, ce qui amena une guerre entre lui et Henri II de Transtamare, successeur de Pierre le Cruel. Henri lui accorda enfin la paix, et lui donna la main de sa fille. Mais, dans la suite, il désavoua ce mariage, et s'allia contre Henri avec Jean, duc de Lancastre, qui prétendait avoir des droits sur la Castille. Forcé de demander la paix, il entreprit encore une autre guerre contre Jean I<sup>er</sup>, successeur de Henri II. Mais il renonça à ses droits sur la Castille, et mourut en 1383.

FERDINAND. Quatre rois de Bohême ont porté ce nom. — FERDINAND I<sup>er</sup>, archiduc d'Autriche, succéda (1527) à Louis Jagellon, et fut nommé empereur en 1558. —

Ferdinand II succéda à Mathias en 1617, et fut nommé empereur en 1619. — Ferdinand III, roi de Bohême après Ferdinand II, fut nommé empereur en 1637. Voy. Ferdinand, empereurs. — Ferdinand IV succéda à Ferdinand III en 1646, et mourut en 1657.

FERDINAND. Trois grands-ducs de Toscane ont porté ce nom. — Ferdinand Ier succéda à son frère François-Marie en 1587, et gouverna son État avec sagesse. Il le délivra d'un grand nombre de brigands qui infestaient les côtes, et chassa les corsaires de la Méditerranée. Il parvint à faire sortir les Espagnols de son duché. Il mourut en 1608 ou 1609. — Ferdinand II succéda à Côme ou Cosme II en 1620, garda la neutralité des guerres survenues entre la France et l'Espagne. Il mourut en 1668 ou 1670. — Ferdinand III (Joseph-Jean-Baptiste), archiduc d'Autriche, prince royal de Bohême et de Hongrie, né en 1769, fut proclamé grand-duc de Toscane en 1791. Il assura la convention française de sa neutralité ; mais il finit par entrer dans la coalition. En 1796, les Anglais ayant insulté le pavillon français dans le port de Livourne, et Ferdinand n'ayant pas fait réparation de l'outrage, les Français entrèrent dans la Toscane. Mais Bonaparte n'exigea qu'une contribution de 2,000,000 et l'envoi à Paris des principaux monuments du musée de Florence. Une autre invasion française eut lieu en 1798, et en 1799 la Toscane fut occupée, et le grand-duc se retira à Vienne. Il obtint les duchés de Saltzbourg, de Wurtzbourg, et rentra dans ses États en 1814. Il mourut en 1824.

FERDINAND. Quatre rois de Naples et de Sicile (Deux-Siciles) ont porté ce nom. — Ferdinand Ier succéda à Alphonse V, roi d'Aragon, son père, en 1458. Il eut de grands démêlés avec le pape Innocent VIII, et entra dans la ligne contre Charles VIII, roi de France. Il mourut en 1494. — Ferdinand II, son petit-fils, succéda à Alphonse II, son père, en 1495. Abandonné par ses sujets lors de l'invasion française, il se vit bientôt rappelé par eux, et chassa les Français. Il mourut en 1496. — Ferdinand III est le même que Ferdinand V, roi d'Espagne. — Ferdinand IV, fils de Charles III, roi d'Espagne, né en 1751, devint roi des Deux-Siciles en 1759. Sa femme Marie-Caroline-Louise exerça, ainsi que son ministre Acton, la plus grande influence sur Ferdinand. Les armées françaises le chassèrent (1799) de Naples, qui prit le nom de *république parthénopéenne*. Rentré dans ses États en 1800, il fut forcé de se retirer en Sicile quand le royaume de Naples fut donné par Napoléon à son frère Joseph (1806), puis à Joachim Murat. Il rentra à Naples en 1815. La révolte des *carbonari* et des Napolitains, qui demandaient la constitution espagnole, vinrent troubler la paix de ses États (1820). Il mourut en 1825.

FERDINAND. Quatre rois de Hongrie ont porté ce nom. Les trois premiers ont été aussi empereurs d'Allemagne. (Voy. Ferdinand, empereurs.) Le quatrième succéda à Ferdinand III, fut élu roi des Romains en 1653, et mourut en 1674.

FERDINAND DE CORDOUE, savant espagnol du xve siècle. Il connaissait l'hébreu, le grec, le latin, l'arabe, le chaldéen, le droit, les mathématiques, la médecine, la théologie, la peinture et la musique. Il passa pour sorcier et même pour l'Antechrist. Il mourut à Paris en 1445. On prétend qu'il prédit la mort de Charles le Téméraire, duc de Bourgogne. On a de lui des *Commentaires* sur la Bible et l'*Almageste* de Ptolémée, etc.

FERDOUSSY ou Firdousi (Aboul-Kassem-Hassan-ben-Ishak), né dans le Khorâsan (Perse) l'an 950, fut attaché à la cour dès sa jeunesse, et s'y fit connaître de l'heureux essais poétiques. Il entreprit par l'ordre du sultan Mahmoud son poème de *Schah-Nâhmeh* (livre de rois) en cent vingt mille vers, qui lui coûta trente ans de travaux. Il renferme l'histoire des anciens rois de Perse. Il mourut vers l'an 1030.

FÈRE (La), chef-lieu de canton (Aisne), à 6 lieues de Laon. Population, 2,700 habitants. — Au xe siècle, cette ville était une place forte. En 1592, il y eut de célèbres conférences, où les Espagnols proposèrent aux ligueurs de mettre une princesse espagnole sur le trône de France. La Fère a une école d'artillerie établie en 1719, un polygone, un arsenal, des casernes d'artillerie, une direction d'artillerie et de génie.

FÈRE CHAMPENOISE (La), petite ville du département de la Marne, chef-lieu de canton, dans l'arrondissement et à 7 lieues d'Epernai. Population, 2,000 habitants. — Le 25 mars 1814, l'armée française, commandée par Mortier et Marmont, fut vaincue près de cette ville par l'armée austro-russe, commandée par Blücher. L'ennemi perdit 5,000 hommes. Nous eûmes 5,000 morts et 4,000 prisonniers. 46 canons français furent pris.

FÈRE EN TARDENOIS (La), chef-lieu de canton (Aisne), à 5 lieues de Château-Thierry. Population, 2,313 habitants. — C'est une ville ancienne et jadis fortifiée. On y trouve des tanneries, des bonneteries et des saboteries. Cette ville commerce en bois, laines, chanvre, etc.

FÉRENTAIRES, nom des soldats armés à la légère dans les armées romaines.

FÉRÉTRIEN (myth.), surnom donné à Jupiter par Romulus, parce que ce dieu, dans un combat, avait secouru les Romains en combattant lui-même pour eux.

FERETRUM, sorte de lit sur lequel les anciens portaient les morts au lieu de leur sépulture. — On se servait encore de ces lits, dans les triomphes, pour porter l'image des rois vaincus et le butin fait sur l'ennemi.

FERG (François-Paul), peintre et graveur, né à Vienne (Autriche) en 1689, apprit son art en copiant chez le paysagiste Lorient les estampes de Callot et de Leclerc. Il acquit une grande célébrité ; mais il mena une vie déréglée, et mourut dans une grande misère en 1740. Ses ouvrages sont répandus en Allemagne et en Angleterre.

FERGUS. Deux rois d'Ecosse ont porté ce nom. — Fergus Ier, fils d'Erch, fut le premier roi de ce pays (403). Il combattit sans cesse les Romains, et mourut en 420. Aucun historien véridique n'a parlé de ce roi, qui, du reste, n'est prouvé par aucun monument authentique. — Fergus II, successeur d'Eugène VII, fut très-cruel, et mourut en 767 assassiné par son épouse. Il régnait depuis 764.

FERGUSON (Jacques), né à Keith en Ecosse (comté de Banff) en 1710, fut placé, encore jeune, dans une ferme en qualité de berger. Un gentilhomme qui le prit en amitié lui enseigna l'algèbre, l'arithmétique et la géométrie. Il vint à Londres (1743), où il donna des leçons de physique expérimentale. Nommé (1763) associé de la société royale, il mourut en 1776. On a de lui des *Tables astronomiques*, des *Principes de calcul*, des *Leçons d'astronomie*, des *Exercices de mécanique*, etc.

FERGUSON (Adam), né à Dunkeld (Ecosse) en 1724. Il fut reçu en 1739 à l'université de Saint-André et plus tard à celle d'Edimbourg. Nommé chapelain d'un régiment de montagnards écossais envoyé contre la France, il obtint en 1759, à l'université d'Edimbourg, la chaire de philosophie naturelle, ensuite celle de philosophie morale (1764), qu'il occupa jusqu'en 1784. Il est mort vers 1800. On a de lui un *Essai sur la société civile* (1767), des *Institutions de philosophie morale* (1769), des *Principes des sciences morales et politiques* (1792), l'*Histoire des progrès et de la chute de la république romaine* (1782).

FERGUSON (Robert), né à Edimbourg en 1750. Il avait été destiné à l'état ecclésiastique, mais l'amour de la poésie le détourna de ce dessein, et il obtint le titre de secrétaire du shérif à Edimbourg. Ses dérèglements altérèrent ses facultés. Il mourut à l'hôpital des lunatiques en 1774. On a de lui des *Poésies pastorales et lyriques*.

FÉRIAL, ce qui regarde la *férie*, ce qui est de *férie*. En termes de théologie catholique, un *jour férial* est un jour de simple férie. Les *prières fériales* sont celles que l'on dit à genoux les jours de férie. L'*office férial* est l'office de la férie.

FÉRIES, jours pendant lesquels tout travail était interrompu à Rome. Le plus souvent c'étaient des jours de fête. Il y en avait plusieurs sortes, *annales* (annuelles), *anniversariæ* (anniversaires), *stativæ* (fixes) et des *mobiles*. Les premières étaient désignées dans les fastes sous le nom de jours *néfastes*. La célébration des autres était déterminée par les prêtres et les magistrats, et on les nommait *indicativæ* ou *indicatæ* (désignées), *conceptivæ* (votives), *imperativæ* (ordonnées). Il y avait encore les féries de famille (*feriæ privatæ* ou *propriæ*), les *natalitia* ou de naissance, les *exsequiales* pour les funérailles, les *denicales* pour l'expiation faite après un enterrement, *sementinæ* pour les semailles, etc.

FÉRIES, nom donné, dans les offices catholiques, à tous les jours de la semaine. Le dimanche est la première férie, le mardi la deuxième, le samedi la sixième. — On nomme *féries majeures* les trois derniers jours de la semaine sainte, les deux jours d'après Pâques et la Pentecôte, et la deuxième férie des Rogations qui a son office particulier.

FÉRIES LATINES (*feriæ Latinæ*), fêtes solennelles célébrées à Rome chaque année, et instituées par Tarquin le Superbe pour rendre l'alliance des Romains et des peuples latins plus durables. Chaque peuple devait envoyer des députés pour offrir un sacrifice sur le mont qui dominait Albe. On suspendait les hostilités pour célébrer les féries, et chaque ville devait contribuer aux dépenses de la fête. Les féries étaient consacrées à *Jupiter Latialis*. Elles duraient quatre jours.

FÉRIÉS (Jours), jours de repos où tout travail doit cesser. Il y en eut infiniment au moyen âge ; car c'était autant de jours de fêtes de saints, de patrons, etc. La loi porté un frein à ce abus. Toute la sanction donnée par elle aux jours fériés consiste à ne faire aucun acte public ou de procédure pendant ces jours, si ce n'est en vertu d'une permission du président du tribunal, à ne arrêter un débiteur, à n'exécuter aucune condamnation. Une lettre de change échéant à un jour férié légal est payable la veille, ainsi que les billets à ordre.

FÉRINE, nom donné, en pathologie, à la toux sèche et opiniâtre.

FERINO (Pierre-Marie-Barthélemy, comte), né en Piémont en 1747, fit ses premières armes en Autriche. En 1792, il vint à Paris et fut fait général de brigade. Il se distingua à l'armée du Rhin dans les campagnes de 1794 et de 1795, et fut nommé général de division. Il donna des preuves de courage au passage du Lech, dans la retraite de Moreau et à la défense du pont de Huningue (1797). En 1801, il fut nommé membre du sénat conservateur et sénateur de Florence, gouverneur d'Anvers (1807). Naturalisé français, il mourut en 1816.

FERLAGE (mar.), action de ployer une voile sur sa vergue. — On nomme *rabans de ferlage* les cordons ou tresses qui retiennent et plient une voile sur sa vergue.

FERLENDIS (Joseph), musicien, né à Bergame en 1755. Il fut d'abord premier hautbois à la cour de Saltzbourg, et fut ensuite entendre successivement à Venise et en Angleterre (1793). Il est mort depuis peu. On a de lui des *duos*, des *trios* et des *quatuor* très-estimés. Il a perfectionné le *cor anglais*.

FERLER, terme de marine. C'est relever, sur une vergue, une voile lorsqu'elle est carguée, la serrer tout le long, un peu au-dessus, sur l'avant de sa vergue, de sorte que par derrière on ne puisse voir de toile. Les marins disent aujourd'hui *serrer les voiles*.

**FERLET**, sorte de bâton surmonté à l'une de ses extrémités par une traverse de bois ajustée avec le bâton *à tenon et à mortaise*, ce qui lui donne la forme d'un T. Les papetiers, les imprimeurs et les cartonniers s'en servent pour placer sur les cordes des étendoirs les cartons minces et les feuilles de papier mouillées.

**FERLIN** ou **FÆLIN**, petite monnaie de cuivre usitée jusqu'au XVIII° siècle, et qui valait le quart d'un denier. — Le *ferlin*, mesure agraire, valait 3,200 mètres carrés.

**FERLONI** (L'ABBÉ Severin-Antoine), né dans les États de l'Église en 1740, fut regardé comme un des plus grands prédicateurs de son époque. Il s'adonna surtout à l'étude de l'histoire ecclésiastique. Il rendit de grands services à Napoléon, quand il devint chef de la république italienne, par les discours qu'il fit en faveur de la conscription militaire. Il devint dans la suite théologien du conseil privé du vice-roi d'Italie. Il mourut en 1813. On a de lui des *homélies* en l'honneur de la constitution française.

**FERMAGE**, prix, loyer, redevance annuelle, que le *fermier* ou locataire d'un bien, d'un fonds de terre, est forcé de donner chaque année au propriétaire qui lui a loué ce bien, pendant toute la durée *du bail*. — Il se dit aussi du mode d'exploitation d'une ferme.

**FERMAIL** se dit, en termes de blason, des fermoirs, agrafes ou boucles qui sont fixés aux manteaux ou ceintures. Ils sont représentés dans les armoiries rondes ou en losange. Un *écu fermaillé* est celui qui renferme plusieurs fermaux. — On nomme *fermaille* un treillis en fer.

**FERMANAGH**, comté d'Irlande dans la province d'Ulster. Il est borné au N. par le Donegal et le Tyrone, à l'E. par le Monaghan, à l'O. par le Leitrim, au S. par le Cavan. Sa superficie est d'environ 82 lieues carrées, et sa population de 81,000 hommes. Sa capitale est *Enniskilling*, qui envoie un député au parlement.

**FERMAT** (Pierre DE), né à Toulouse en 1590. Conseiller au parlement de cette ville, il cultiva la jurisprudence, la poésie et les mathématiques avec succès. Il est surtout célèbre par sa querelle avec Descartes sur divers points de physique et de géométrie. Fermat mourut en 1664 ou 1665. Ses ouvrages furent publiés en 1669 sous le titre d'*Opera mathematica*.

**FERME**, toute exploitation rurale de quelque étendue, l'ensemble des bâtiments, des terres et des animaux qui composent cette exploitation, soit qu'elle soit à la charge du propriétaire, soit que la personne qui dirige l'exploitation soit simple locataire de l'immeuble, et jouisse de tous les revenus de cet immeuble, en payant une simple rente, un *fermage*, au vrai propriétaire. Le prix de fermes des biens ruraux se prescrit pour cinq ans. — *Ferme* se dit aussi 1° de la demeure du *fermier* ; 2° d'un assemblage de pièces de bois qui fait partie du comble d'un édifice.

**FERME EXPÉRIMENTALE** (*ferme modèle*, *ferme normale*), tout établissement rural et agricole qui a pour but de former des agriculteurs, des bergers, des forestiers habiles et instruits, de perfectionner les cultures, les instruments, de donner un entretien bien entendu aux bestiaux, et d'amener des innovations nécessaires pour le bien des agriculteurs. La plus ancienne ferme expérimentale fut fondée en 1771 par Sarcey de Sutières à Annel (Oise) près de Compiègne.

**FERMENT**, nom donné par les anciens chimistes à des substances qui ont la propriété d'exciter ou de déterminer la fermentation d'un autre corps. Tels étaient le vinaigre fort, la levure de bière, la pellicule qui se forme à sa surface, le levain, la lie de vin, certains fruits acides, etc. Mais on a restreint cette expression à une matière organique azotée, que l'on croit être seule susceptible de déterminer la fermentation alcoolique. Les uns prétendent qu'elle est identique avec le gluten ; d'autres, que c'est un principe immédiat formé d'oxygène, d'hydrogène, de carbone et d'azote qui réside dans un très-grand nombre de végétaux. — Les médecins *humoristes* ont donné ce nom à un principe matériel développé dans l'économie, qui altère les liquides du corps et cause plusieurs maladies.

**FERMENT**, nom donné autrefois à une partie de l'hostie consacrée que le pape envoyait les dimanches dans les églises de la ville, dont les prêtres ne pouvaient pas s'assembler ce jour-là avec lui, à cause des saints mystères qu'ils devaient célébrer avec le peuple qui leur était confié. Ils la recevaient par des acolytes et le mêlaient avec l'hostie qu'ils consacraient. Les évêques en usaient de même envers les prêtres de leur ressort.

**FERMENTAIRES** ou **FERMENTACÉS**. Les catholiques latins ont quelquefois appelé ainsi les Grecs, parce qu'ils consacrent du pain fermenté ou *levé*.

**FERMENTATION**, mouvement spontané qui a lieu dans les corps, sous l'influence de l'humidité, dans certaines circonstances. Les éléments de ces corps se dissocient et se combinent dans des proportions différentes, donnent naissance à des produits tels que l'alcool, l'acide acétique ou des composés plus ou moins *infects*. On distingue six sortes de fermentations : la fermentation *saccharine*, *alcoolique* ou *vineuse*, *acide*, *colorante*, *panaire* et *putride*.

**FERMENTATION ACIDE** (*acétique* ou *acéteuse*), fermentation qui a lieu toutes les fois qu'une liqueur spiritueuse ou vineuse est exposée au contact de l'air, à une température au-dessus de 18 degrés, et qu'elle renferme de la matière végéto-animale comme le gluten ou le ferment. La liqueur, en s'échauffant, dégage l'acide carbonique, dépose une matière assez épaisse, et laisse former l'*acide acétique* ou *vinaigre*.

**FERMENTATION ALCOOLIQUE** (*spiritueuse* ou *vineuse*), sorte de fermentation qui a lieu toutes les fois qu'une liqueur qui contient du sucre et son ferment est placée à une température de 20 à 30 degrés. Les produits formés dans cette fermentation sont l'alcool, du gaz acide carbonique et une matière particulière, qui n'est autre que le ferment décomposé.

**FERMENTATION COLORANTE**, sorte de fermentation que Fourcroy et d'autres chimistes croyaient exister pendant la formation des matières colorantes. Mais on pense généralement que ces matières ne sont pas le produit de fermentations, et qu'elles préexistent réellement dans la plante qui les renferme.

**FERMENTATION PANAIRE**, nom donné par quelques chimistes à la fermentation que subit la pâte dont on se sert pour faire le pain ; mais elle doit se rapporter aux fermentations *acide*, *saccharine*, *alcoolique*, etc.

**FERMENTATION PUTRIDE**, sorte de fermentation qui a lieu dans les matières animales et végétales, par laquelle, le principe de la vie s'éteignant, les éléments des corps se combinent dans des proportions diverses, et donnent naissance à des produits infects. La présence d'un air humide et stagnant, une température de 20 à 35 degrés la favorisent beaucoup. Les végétaux morts, et se trouvant dans ces circonstances, se transforment en une matière noire à laquelle on a donné le nom de *terreau*, et fournissent un peu d'huile, de l'acide acétique, de l'eau, de l'azote, de l'hydrogène carboné, de l'acide carbonique. Outre ces produits, les matières animales donnent de l'ammoniaque et plusieurs principes acides, tels que les acides nitrique et hydro-cyanique.

**FERMENTATION SACCHARINE**, celle qui a lieu lorsqu'il se développe du sucre dans un corps qui n'en contenait pas. On l'observe dans la germination de plusieurs semences, ou lorsqu'on traite l'amidon par l'acide sulfurique.

**FERMENTATION SPIRITUEUSE** ou **VINEUSE**. Voy. **FERMENTATION ALCOOLIQUE**.

**FERMENTESCIBLE**, épithète donnée aux matières qui jouissent de la propriété de faire fermenter, ou qui sont susceptibles elles-mêmes de fermenter.

**FERMETURE**, ensemble de pièces de bois ou de fer destinées à fermer une porte, une fenêtre. En termes d'architecture, on nomme *fermeture de cheminée* une pierre fermée d'un trou, qui couronne le haut d'une souche de cheminée de pierre ou de brique. — Dans les places de guerre, c'est l'action de fermer les portes. — Dans les ports, on nomme ainsi, 1° les bordages placés entre deux préceintes ; 2° l'action de boucher l'ouverture laissée dans un bâtiment en construction en dessous de la préceinte, pour faciliter le passage des pièces de l'intérieur.

**FERMIER**, nom donné à celui qui dirige l'exploitation d'une ferme, soit qu'il en soit le vrai propriétaire, soit qu'il cultive la terre d'un autre, à charge de payer au propriétaire une redevance fixée par les conventions réciproques. — On nomme *fermier partiaire* ou *métayer* celui qui prend des terres à labourer, à condition d'en rendre au propriétaire la partie de fruits et de revenus dont ils sont convenue entre eux. — Le *fermier judiciaire* était celui à qui un bail était adjugé par autorité de justice.

**FERMIERS GÉNÉRAUX**, association célèbre qui possédait à titre de baux les revenus de la France, tels que les gabelles, le tabac, les traites, les aides, les octrois, etc., avant 1789. Un département particulier comprenait un genre d'impôts spécial. Le nombre des fermiers généraux fut longtemps de quarante ; on le porta dans la suite à soixante. Les bénéfices des fermiers généraux étaient évalués à 9 ou 10,000,000, les sommes à verser au trésor à 180,000,000. Les exactions des fermiers généraux furent une des principales causes de la révolution de 1789. Ils furent supprimés en 1793 (3 juin), et un grand nombre périt sur l'échafaud.

**FERMO**, délégation des États de l'Église, bornée par la mer Adriatique, par les délégations de Macerata, Camerino, Spolète et Ascoli. Sa superficie est d'environ 86 lieues carrées, et sa population de 102,000 habitants. Le pays est fertile et sain. La capitale est Fermo.

**FERMO**, ville des États romains, dans la Marche d'Ancône, près du golfe de Venise, à environ 40 lieues de Rome. Cette ville est le siège d'un archevêché érigé par Sixte V en 1589. Auparavant il y avait eu soixante-six évêques. Fermo est la patrie de Lactance. Elle est la capitale de la délégation de *Fermo*.

**FERMOIRS**, ciseaux de menuisiers ou de charpentiers, à deux biseaux, qui servent à faire des entailles dans le bois. On en a depuis six lignes jusqu'à vingt-quatre de largeur. Ces outils étant destinés à recevoir de forts coups de maillet sur leurs manches, ont une douille pour les recevoir, au lieu d'une queue comme les ciseaux. Cette douille leur sert de virole, et les empêche de se fendre. — Petites agrafes de métal qui servent à tenir un livre fermé. — Les bourreliers nomment ainsi un instrument de fer qui leur sert à tracer des raies sur des bandes de cuir. — Les sculpteurs nomment *fermoir à trois dents* une espèce de fermoir de menuisier, et *fermoir néron* ou *à nez rond* un fermoir dont le tranchant est en biais.

**FERNAMBOUC** ou **PERNAMBUCO**, province du Brésil située sur les côtes de l'océan Atlantique, est bornée au N. par la Paraïba, le Seara et le Piauhy, au midi par la Sergipe et le Bahiu, à l'E. par Goyaz et Piauhy. Sa superficie est d'environ 7,400 lieues carrées, et sa population de 430,000 habitants. L'air est pur et sain. Le pays baigné par la mer est d'une grande fertilité, produit en abondance du sucre, du bois, du coton, et renferme de belles mines. La province se divise en trois comarcas, 1º do Recife, 2º de Olinda, 3º do Serlao (du désert).

FERNAMBOUC (Pernambuco ou villa do Recife), capitale de la province de ce nom, au Brésil. Cette ville, fondée par Maurice de Nassau en 1645, s'appela d'abord *Mauritiopolis*. Elle a pris un développement et un accroissement admirable. Sa population est aujourd'hui de 50,000 habitants nègres, blancs ou hommes de couleur. Fernambouc est divisé en trois quartiers, le *Recife*, *Boa-Vista* et *Santo-Antonio*. C'est une ville industrieuse et commerçante, bien bâtie, possédant de beaux monuments, un théâtre, une prison, un beau palais pour le gouverneur, de belles églises, plusieurs couvents, deux ports très-sûrs, dont l'un est capable de donner retraite à des bâtiments de quatre cents tonneaux et au-dessus.

FERNAMBOUC (Bois de), nommé aussi *brésillet*, *bois du Brésil*, *de Sainte-Marthe*, *du Japon*, etc., nom donné à une espèce de bois produit par plusieurs espèces de *césalpinie*, et que l'on trouve en abondance dans la province de Fernambouc. Le bois de Fernambouc est jaune, orangé ou rouge, dur, pesant, compacte. Sa saveur est sucrée. On en fait de très-beaux meubles et des ouvrages de tour. On s'en sert pour la teinture en rouge en le combinant avec le tartre et l'alun, ou avec de l'acide hydrochloronitrique. — Le *bois de sappan* ou *campêche sappan* est plus facile à travailler. Sa teinture est noire, et devient d'un beau rouge en la mêlant à de l'alun. On en fait aussi de jolis meubles et des clous pour les vaisseaux, en raison de sa grande dureté.

FERNAND CORTEZ. Voy. CORTEZ.

FERNANDEZ (ILE DE JUAN). Voy. JUAN.

FERNANDEZ, famille célèbre de navigateurs portugais. JUAN FERNANDEZ fut employé dans l'expédition dirigée par A. Morales (1446) pour explorer les côtes d'Afrique. Fait prisonnier par les Maures, il fit connaître à son retour les mœurs de ces peuples. Fait prisonnier de nouveau par les Maures en 1448, on ne sait ce qu'il devint. — ALVARO FERNANDEZ fit de grandes découvertes. Son naufrage sur les côtes de la terre de Natal (1552) est devenu célèbre. C'est le sujet d'un poème composé par Jérôme Cortereal (1594).

FERNANDES (Alvaro), navigateur portugais, explora l'Afrique et poussa ses découvertes plus loin qu'aucun de ceux qui l'avaient précédé (1446-47); mais les hostilités des nègres de ce pays le forcèrent de retourner dans sa patrie. Il y mourut vers la fin du XVe siècle.

FERNANDEZ-THOMAS (Manuel), l'un des principaux auteurs de la révolution portugaise en 1820, fut choisi pour faire membre de la junte provisoire du gouvernement. Député aux cortès par la province de Beira, il se distingua par sa philosophie et son éloquence, fut élu vice-président des cortès et membre de la commission chargée de poser les bases de la constitution nouvelle. Il refusa les récompenses que les cortès voulaient lui décerner comme membre du gouvernement provisoire, et mourut à Lisbonne en 1822.

FERNANDEZ-XIMENEZ DE NAVARETTE (Jean), peintre espagnol né en 1532. Sourd-muet de naissance, il se perfectionna dans son art à Rome, à Florence, à Naples, et mérita le surnom de *Titien espagnol*. Employé aux peintures de l'Escurial au retour de ses voyages, il y fit huit grands tableaux dont le meilleur est la *Décollation de Saint-Jacques*. Il mourut en 1572.

FERNANDO-PO, île d'Afrique dans le golfe de Guinée vers l'embouchure de la rivière Gameroons. Cette île a 27 lieues de pays environ. Elle appartient aux Espagnols. Elle a un très-bon port, et fournit des rafraîchissements aux bâtiments qui y relâchent.

FERNEI ou FERNEY, chef-lieu de canton du département de l'Ain, à 2 lieues trois quarts de Gex, et 2 lieues de Genève. Population, 950 habitants. Ce n'était qu'un hameau habité par quelques malheureux paysans lorsque Voltaire (1770) vint y fixer son séjour. Il y fit bâtir un château et une église ; il distribua des terres pour y bâtir, appela des laboureurs, et procura de l'aisance à des horlogers et autres ouvriers qu'il y attira. Après sa mort, ce domaine fut vendu par sa nièce, Mme Denis, à son ancien possesseur. Fernei a plusieurs fabriques d'horlogerie.

FERNEL ou FERNELIUS (Jean), né à Clermont en Beauvoisis en 1485 ou 1497. Après avoir consacré plusieurs années à l'étude de la philosophie et des mathématiques, il exerça la médecine, et devint le premier médecin de Henri II. Il mourut en 1558. Comme médecin, on lui doit une *Médecine universelle* (1656) ; l'histoire des *Anciens Médecins grecs, latins et arabes qui ont traité des fièvres* (1594), et des *Conseils de médecine* (1585). Comme mathématicien, on lui doit d'avoir le premier déterminé la grandeur de la terre par la mesure d'un degré du méridien. Il a écrit deux livres *sur les Proportions* (1528), et deux ouvrages d'astronomie, le *Monalosphierion* et la *Cosmotheoria*.

FÉROÉ (Fœrœr, Ferro, Faro, Færoë ou Fœr-OEerne), groupe d'îles de l'océan Atlantique entre l'Islande et le Shetland. Elles sont au nombre de trente-cinq, dont dix-sept sont habitées. Leur superficie totale est évaluée à 110 lieues carrées, et leur population à 6,000 habitants. L'air est bon, le climat froid en général. Ces îles sont exposées à de grandes tempêtes. Elles produisent de l'orge, du seigle, des légumes et de bons pâturages. Les habitants, hommes doux et laborieux, se livrent à la chasse et à la pêche. Ces îles appartiennent au Danemarck. Elles sont divisées en six *syssels* ou districts, et en dix-sept paroisses, et sont administrées par un bailli qui réside à Thorshavn, dans l'île de *Straem-OEe* ou *Stromoë*. Après cette dernière, viennent celles d'*Osteroë*, *Suderoë*, *Sandoë*, *Waorgoë*, *Bordoë*, *Winderoë*, qui sont les plus importantes.

FÉRONIE (myth.), déesse des bois et des vergers, ainsi nommée d'une ville d'Italie au pied du mont Soracte, près de laquelle on lui éleva un temple célèbre. Les affranchis la regardaient comme leur patronne, parce que, le premier jour qu'ils recouvraient la liberté, ils prenaient dans son temple le bonnet, signe de leur condition nouvelle.

FERRACINO (Barthélemy), né dans le Bassano en 1692. Réduit au métier de scieur de bois, il inventa une scie qui, par le moyen du vent, faisait promptement une grande quantité d'ouvrage, une machine hydraulique peu compliquée, par le moyen de laquelle il faisait de grandes roues dentelées, et une autre qui élevait l'eau à trente-cinq pieds. Ce mécanicien construisit sans savoir lire ni écrire, le fameux pont de bois sur la Brenta à Bassano. Il mourut dans le milieu du XVIIIe siècle.

FERRAGE (MASSE DE), aussi appelée *masse de harnachement et de médicaments*, masse militaire dans les régiments de cavalerie, fixée à 12 francs dans l'intérieur par an, et 15 francs par cheval en campagne. Elle s'augmente du produit de la vente des fumiers, et sait face à l'entretien de la ferrure des chevaux. Le prix en est réglé par le conseil d'administration à tant par mois par cheval ; et les maréchaux ferrants sont tenus, au moyen de ce prix, d'entretenir la ferrure de tous les chevaux de troupe.

FERRAND (Jacques-Philippe), peintre français né à Joigny (Yonne) en 1653, fut valet de chambre de Louis XIV, membre de l'académie de peinture, et mourut à Paris en 1732. Il excellait dans la peinture en émail. On a de lui un *traité sur ce sujet* (1732) et un petit *Traité de miniature*.

FERRAND (Antoine), conseiller à la cour des aides de Paris, né en 1677. Il fut plus célèbre comme poète et chansonnier. On a de lui des *chansons galantes* et des *épigrammes*, recueillies à Londres (1747) sous le nom de *pièces libres*, et mises en musique par Couperin. Ferrand mourut en 1719.

FERRAND (LE COMTE Antoine), né en 1752 ou 1758, était avant la révolution conseiller d'enquêtes au parlement de Paris. En 1789, il quitta la France, et devint à la mort de Louis XVI membre du conseil de régence de Louis XVIII. Il rentra dans sa patrie quand Bonaparte, premier consul, en ouvrit les portes aux émigrés, et s'occupa de littérature jusqu'en 1814 qu'il fut nommé par le roi ministre d'État, directeur général des postes et ministre de la marine *par intérim*. Forcé de s'exiler à la rentrée de Napoléon, il revint avec Louis XVIII, fut nommé pair de France, membre du conseil privé, de l'académie française et grand officier des ordres de Saint-Michel et du Saint-Esprit. Il est mort en 1825, laissant l'*Esprit de l'histoire* ou *Lettres morales et politiques d'un père à son fils* (1809), un *Éloge historique de madame Elisabeth*, une *Théorie des révolutions* (1817) et plusieurs *brochures politiques*.

FERRAND (Marie-Louis), né à Besançon en 1753, fit les campagnes d'Amérique avec le général Rochambeau lors des guerres de l'indépendance. De retour dans sa patrie, il entra dans un régiment de dragons, et fut nommé lieutenant (1792) et chef d'escadron (1793). Détenu comme suspect, il ne recouvra sa liberté qu'en 1794, et devint général de brigade. Il commanda en chef qualité dans les armées de l'ouest, des Ardennes et de Sambre-et-Meuse. Gouverneur de Valenciennes, puis commandant du département du Pas-de-Calais, il fit ensuite partie de l'expédition de Saint-Domingue, et fut chargé d'en défendre la partie française (1802). Vaincu par les noirs, il se fit sauter la cervelle (7 novembre 1808).

FERRAND DE LA CAUSSADE (Jean-Henri BÉGAYS), né en 1736 à Montflanquin (Lot-et-Garonne): Il prit du service très-jeune, et fut nommé en 1746 lieutenant au régiment de Normandie-infanterie. Nommé capitaine en 1755 et major - commandant de Valenciennes (1773), il occupa ce grade jusqu'en 1790, et reçut en 1792 le commandement de la garde nationale de cette ville. Nommé maréchal de camp, il se trouva à l'armée du Nord et à la bataille de Jemmapes. Il fut ensuite commandant de Mons, puis général de brigade (1793) et gouverneur de Valenciennes, où il se rendit après trois mois de siège. Détenu jusqu'en 1794, il fut nommé préfet de la Meuse-Inférieure, et mourut en 1805.

FERRARE, une des légations des États de l'Église. Elle est bornée au N. par le royaume lombardo-vénitien, au midi par les légations de Bologne et de Ravenne, à l'E. par la mer Adriatique, à l'O. par la délégation de Modène. Sa superficie est d'environ 170 lieues carrées, et sa population de 260,000 habitants. Le pays est marécageux, son air est malsain. La capitale est *Ferrare*.

FERRARE (*Ferrara*), capitale de la légation du même nom, dans les États de l'Église, près du Pô, et à 103 lieues N. de Rome. Population, 24,000 âmes. Elle renferme un palais archiépiscopal, un musée de peinture, un amphithéâtre d'anatomie, un jardin botanique, un collège autrefois université, une bibliothèque publique, cent églises et le château des anciens ducs. Elle commerce en soie, fruits, jambons, etc. Bâtie au Ve siècle de J.-C., elle s'érigea au Xe en république, et (XIIIe siècle) fut déchirée par des factions et par les guerres des maisons d'Este et de Salinguerra. Enfin la suprématie resta aux premiers, et Ferrare fut érigée en duché au XVe siècle. Après la mort d'Alphonse II, le pape Clément VIII la réunit aux États de l'Église. Prise par les Français en 1796, elle fut jusqu'en 1814

**FERRARI** (Louis), né à Milan en 1522 ou à Bologne. Élève de Cardan, il acquit de grands talents dans les mathématiques, et inventa la démonstration et la théorie des équations du quatrième degré. Il employa huit ans à dresser la carte du Milanais, et mourut en 1565.

**FERRARI** ou Ferrarius (Francisco-Bernardino), docteur de Milan, né dans cette ville en 1577, parcourut par ordre du cardinal Frédéric Borromée l'Espagne et l'Italie pour recueillir des livres et des manuscrits dont il forma la célèbre *bibliothèque ambroisienne*. Il mourut en 1669. On a de lui un traité sur les anciennes coutumes de l'Eglise (*De ritu sacrarum concionum*), un petit livres *sur les Applaudissements des anciens* (1627), un livre *sur l'ancienne Forme des lettres d'Eglise* (1612).

**FERRARI** (J.-B.), jésuite de Sienne, publia en 1622 un *Dictionnaire syriaque*, in-4° (*Nomenclator Syriacus*), utile pour l'explication des langues orientales. Il s'attacha surtout à commenter les notes syriaques de la Bible. Il mourut en 1655. On a encore de lui quatre livres *sur la Culture des oranges* (1646) et un livre *sur la Culture des fleurs* (1633).

**FERRARI** (Octave), né à Milan en 1607, professa d'abord la rhétorique dans cette ville, et ensuite la politique, l'éloquence et la littérature grecque à Padoue. Louis XIV, la reine Christine et Milan lui firent des présents et des pensions. Il mourut en 1680. On a de cet écrivain un *Traité sur les vêtements des anciens et les lampes sépulcrales* (1658), sur les mimes et les pantomimes (1714), *sur l'origine de la langue italienne* (1676), et des *opuscules* (1710).

**FERRARI** (Guidon), né à Novare en 1717, s'est rendu célèbre par plusieurs ouvrages écrits en latin. Les plus importants sont : *De vitâ quinque imperatorum* ou *Mémoires de la vie de cinq généraux autrichiens fameux dans la dernière guerre avec la Prusse* (1775). Ces généraux sont Brown, Daun, Madasti, Serbelloni et Laudon. Un *Traité des actions du prince Eugène de Savoie dans la guerre de Hongrie*, en trois livres (1749); un autre *des actions du même prince dans la guerre d'Italie*, en quatre livres (1773) ; *dans la guerre d'Allemagne et celle des Pays-Bas*, en quatre livres (1773), etc.

**FERRARIS** (Joseph, comte de), né à Lunéville en 1726 d'une famille originaire du Piémont. Page de l'impératrice Amélie, veuve de Joseph Ier (1741), il obtint du service au régiment de Grume (1741), et fut nommé successivement Lieutenant, capitaine et colonel. En 1761, il fut nommé général-major, et en 1773 lieutenant général. Directeur général de l'artillerie des Pays-Bas (1777), il dressa la carte des provinces belges. En 1798, il fut nommé vice-président du conseil aulique de la guerre, et (1801) conseiller intime et feld-maréchal. Il mourut en 1807.

**FERREIN** (Antoine), né à Frespech (Lot-et-Garonne) en 1693, fut docteur des facultés de Montpellier et de Paris, professeur d'anatomie et de chirurgie au jardin du roi à Paris, et de médecine au collége royal. Il mourut en 1769. On a de lui des *Leçons sur la médecine* et des *Leçons sur la matière médicale*. Il avait prétendu que la voix était un instrument à cordes.

**FERREIN** (Cordes de), nom donné aux ligaments de la glotte ou *cordes vocales* par les partisans du système de Ferrein.

**FERREIRA** (Antoine), poëte portugais, né à Lisbonne en 1528. Il perfectionna l'élégie et l'épître, et introduisit dans sa patrie l'ode, l'épigramme, l'épithalame et la tragédie. *Inès de Castro* est surtout célèbre. On a encore de lui des *poëmes* et des *comédies*. Ferreira mourut en 1569.

**FERREOL** (Saint), autrement dit Foncet ou Fonceau, martyr de Vienne (Isère), était tribun de cette ville, lorsqu'il fut dénoncé comme chrétien au gouverneur Crispin. Mis en prison, il vit pendant la nuit ses chaînes tomber et les portes ouvertes, et sortit pour chercher ailleurs un refuge. Les soldats l'ayant repris lui coupèrent la tête vers 287 ou 304. On fait sa fête le 18 septembre. — L'Eglise honore le même jour saint Ferreol, évêque de Limoges, mort en 593, et un évêque d'Uzès, né en 521 et mort en 581. Il était évêque depuis 553.

**FERRERAS** (Don Juan de), né en 1652 à Labaneza (Espagne), étudia à l'université de Salamanque, et obtint ensuite la cure de Saint-Jacques de Talaveira près de Tolède, puis celle de Saint-Pierre de Madrid. Nommé (1713) à l'académie de cette ville et (1715) bibliothécaire du roi, il mourut en 1735. Il avait écrit de nombreux ouvrages de théologie et de belles-lettres. Le plus considérable est l'*Histoire d'Espagne*, en seize volumes in-4° (1700-1727).

**FERRET**, dit le grand Ferret à cause de sa grande taille, naquit à Rivecourt (Oise), fut d'abord l'un des chefs des paysans révoltés contre les seigneurs de Beauvoisis (1356). Gagné par les caresses du dauphin, depuis Charles V, il lui soumit ce qui restait de la jacquerie, et lui resta toujours fidèle. Il mourut après avoir servi longtemps l'Etat et avoir combattu les Anglais avec courage.

**FERRET**, vallée immense qui se trouve dans le Valais, un des cantons suisses. On est sur le col du même nom, haut de 2,321 mètres (7,145 pieds).

**FERRETI**, poëte et historien de Vicence dans le XIVe siècle, fut un des premiers qui chassèrent la barbarie répandue dans les écrits de cette époque. Un de ses principaux écrits est une *Histoire curieuse de son temps*, depuis 1250 jusqu'en 1318. — Horace Ferreti, chevalier et comte de Pérouse, né en 1639, également habile dans les mathématiques et la peinture, fit de jolis tableaux au pastel et à l'huile, forma beaucoup d'élèves distingués, et mourut gouverneur de Nole et d'autres villes dans l'Etat de Naples.

**FERRETIER**, nom donné aux marchands qui achètent et revendent des vieilles ferrailles. On les nomme aussi *ferrailleurs*. — Les maréchaux ferrants nomment ainsi un marteau dont ils se servent pour forger les fers sur l'enclume à chaud ou à froid.

**FERRI** ou **FERRY** (Paul), ministre protestant à Metz, sa patrie, né en 1591, devint célèbre par son éloquence, sa fécondité et surtout par la réfutation que fit Bossuet de son *catéchisme* (1654). Paul Ferri cultiva avec succès la poésie. Il mourut en 1669. Il laissa plus de quinze cents *sermons*, des *oraisons funèbres*, etc.

**FERRIER** (Auger), né près de Toulouse en 1513, prit le grade de docteur en médecine à Montpellier en 1540. Il fut nommé médecin ordinaire de Catherine de Médicis. Il s'engagea dans une grande dispute avec J. Bodin touchant sa *République*. Il mourut en 1588, occupé encore d'écrire contre ce livre. Il a laissé plusieurs ouvrages de médecine.

**FERRIER** (Louis), sieur de la Martinière, poëte français, né à Avignon en 1652. Après avoir été retenu longtemps dans les cachots de l'inquisition de cette ville, il vint à Paris, où il fut précepteur des fils du duc de Saint-Aignan et ensuite gouverneur de Charles d'Orléans, fils naturel du duc de Longueville. Il mourut en 1721. On a de lui des *Préceptes galants*, poëme publié en 1678, et plusieurs tragédies, telles que *Anne de Bretagne*, *Adraste*, *Montézuma*, etc.

**FERRIÈRES** (Claude de), docteur en droit de l'université de Paris, né dans cette ville en 1639, professa la jurisprudence à Paris, puis à Reims, où il mourut en 1715. Il écrivit un très-grand nombre d'ouvrages estimés. Les principaux sont la *Jurisprudence du Code* (1684); la *Jurisprudence du Digeste* (1688), *des Novelles* (1688), la *Science des notaires* (1771); le *Droit de patronage* (1686), des *Institutions coutumières*, un *Traité des fiefs*, des *Commentaires sur la coutume de* Paris, et le *Recueil des commentateurs sur cette matière*.

**FERROL**, petite ville d'Espagne, à 120 lieues de Madrid et à 5 lieues de la Corogne. Population, 17,000 habitants. Cette ville a un très-beau port, défendu par des forts et par une artillerie redoutable, et qui est le dépôt de la marine espagnole. Ferrol a un bel arsenal, et renferme plusieurs fabriques de toiles à voiles.

**FERRON** (Arnaud du), conseiller au parlement de Bordeaux, né dans cette ville en 1515. Il écrivit une *suite* à l'*Histoire de Paul Emile*, et d'autres ouvrages, qui lui firent donner le surnom d'*Alticus*. Il mourut en 1563. Son écrit, imprimé en 1554, s'étend depuis le mariage de Charles VIII jusqu'au règne de François Ier. On a encore de lui des *Observations sur la coutume de Bordeaux*.

**FERRONNIÈRE** ou **FERRÈTE** (La belle), nom d'une aventurière, née en Castille, qui épousa en 1538 ou 1539 un riche bourgeois de Paris, mais déjà vieux, nommé Jean Ferron. L'histoire n'a jamais pu connaître son véritable nom. François Ier la séduisit sous le déguisement d'un archer. Jean Ferron, pour se venger de cet adultère, s'infecta d'une maladie qui régnait alors dans la France et qui atteignit la Ferronnière. Elle mourut vers 1542.

**FERRUGINEUX**, nom donné aux corps qui contiennent du fer à l'état métallique, ou à l'état d'oxyde, de sel, etc. On nomme *ferrugineuses* certaines *eaux minérales* (voy. ce mot), quoique le fer n'existe dans ces eaux qu'à l'état de carbonate ou de sulfate.

**FERRURES**, nom donné, en marine, aux pentures et aux gonds, quoique en matière de fonte, cloués sur l'étambot et le gouvernail d'un bâtiment. Elles servent à les porter et à aider leur rotation.

**FERS**, punition en usage sur les vaisseaux. Dans l'entre-pont sont placées des barres de fer qui portent un certain nombre d'anneaux où peuvent entrer les jambes. On les ouvre, et, après y avoir fait entrer les jambes, on les ferme au cadenas. Cette punition ne peut être ordonnée que par le capitaine ou par l'officier qui le remplace.

**FERSEN** (Axel, comte de), né en Suède d'une ancienne famille livonienne, vint jeune en France, où il prit du service, et obtint le grade de maréchal de camp. Revenu dans sa patrie, il fut successivement feld-maréchal et sénateur de Suède. Il mourut vers l'année 1799. — Son fils Axel, né à Stockholm en 1750, servit d'abord en France, et passa ensuite en Amérique. A son retour, il voyagea en Angleterre et en Italie, et revint à Paris en 1789. Il se montra dévoué à la famille royale, et fut forcé de quitter la France et de revenir en Suède, où Charles XIII le nomma chevalier de ses ordres, grand maître de sa maison et chancelier de l'université d'Upsal. Le peuple (1810), le soupçonnant à tort d'avoir empoisonné le prince royal Charles-Auguste d'Augustemberg, l'assaillit à coups de pierres et l'immola à son soupçon.

**FERTÉ** (Henri de Sennecterre, dit le maréchal de la), d'une maison très-ancienne d'Auvergne, était fils de Henri de Sennecterre, lieutenant du roi en Champagne et ambassadeur en Angleterre. Il signala son courage au siège de la Rochelle (1626), à la prise de Moyenvic, de Trèves, à la bataille d'Avesnes. Nommé maréchal de camp, il se distingua aux combats de Rocroi et de Lens, et défit le duc de Lorraine en 1650. Devenu maréchal de France en 1651, il assiégea Nancy, et prit Chasté, Mirecourt, Vaudrevange, Montmédi et Gravelines (1651-58). Il mourut en 1681 à quatre-vingt-deux ans. — Son fils Henri François servit avec distinction et mourut en 1703.

**FERTÉ-BERNARD** (La), ville du département de la Sarthe, et chef-lieu de canton, sur l'Huisne, à 8 lieues un quart de Mamers. Population, 2,535 habitants.

C'était une des clefs de la France à l'époque où les Anglais possédaient la Normandie, la Bretagne et le Perche, et elle est encore entourée de fortifications. Elle possède une église gothique bâtie au xvie siècle, longue de cent soixante-seize pieds, large de soixante-sept, haute de vingt-cinq à soixante-seize pieds. Cette ville a des fabriques d'étamines, toiles d'emballage, etc., et commerce en fromages, bœufs, etc. Elle est née en 1590.

FERTÉ-IMBAULT (Jacques d'Estampes, dit le maréchal de la), fils de Claude d'Estampes, capitaine des gardes du corps de François, duc d'Alençon, porta les armes dès sa jeunesse, et se signala en divers sièges et combats. Il fut envoyé en ambassade en Angleterre (1641). La reine Anne d'Autriche lui procura le bâton de maréchal de France (1651). Il mourut en 1668. Il était né en 1590.

FERTÉ-MILON (La), petite ville du département de l'Aisne, située sur l'Ourcq, à 8 lieues de Château-Thierry. Population, 1,800 habitants. Un château fort fut l'origine de cette ville, qui fut couverte par une enceinte fortifiée. Henri IV, l'ayant prise en 1594, la fit démanteler. La Ferté-Milon commerce en grains et farines. Elle a donné naissance à Racine, auquel on a élevé une statue en marbre blanc.

FERTÉ-SOUS-JOUARRE ou Ancoul (La), ville du département de Seine-et-Marne, et chef-lieu de canton, à 5 lieues de Meaux. Population, 3,937 habitants. C'était au xiie siècle un château fort qu'un seigneur du nom d'Ancoul avait fait construire. Ce lieu se nommait alors la Ferté-Ancoul. Le calvinisme y fit de grands progrès, et cette ville fut souvent prise et pillée. Elle a un beau port sur la Marne, avec un chantier de construction pour les bateaux. Elle commerce en meules de moulin, grains, laine, charbon, etc.

FERTILITÉ, nom donné, en agriculture, à la disposition des terres à produire des récoltes abondantes le plus souvent possible. Elle dépend de la nature du terrain ou de l'effet des engrais mis en action par l'humidité et le calorique. Elle se soutient par la fréquence des labours, la quantité de terre végétale que le sol contient, par l'addition d'engrais, etc. La fertilité d'une année est due surtout à l'état de l'atmosphère aux époques du semis, des floraisons, de la maturité et des récoltes. — En botanique, ce mot désigne l'état d'un organe végétal, lequel est propre à la fécondation et à la reproduction.

FÉRULE, genre de plantes de la famille des ombellifères; la *férule commune* vient sur les bords de la Méditerranée et les lieux maritimes de l'Europe, de l'Asie et de l'Afrique. Sa tige, haute de trois mètres et demi, est cylindrique, simple, remplie de moelle, aux feuilles grandes, dilatées, pétiolées, et aux fleurs jaunes. La *férule glauque* présente à peu près ces caractères. Les anciens croyaient que Prométhée renferma le feu du ciel dans sa moelle, et l'on se sert encore de cette moelle en guise d'amadou. Les adorateurs de Bacchus et les empereurs du Bas-Empire portaient un bâton de férule; le anciens précepteurs s'en servaient pour châtier les enfants indociles. — La *férule de Perse* se nomme aussi *assa fœtida*. Voy.

FÉRULE, palette en cuir ou en bois, au bout plat, épais et arrondi, quelquefois hérissé de pointes, dont se servaient autrefois les précepteurs pour frapper à la main les écoliers. Cet usage a été banni de nos écoles. — On nommait autrefois ainsi le bâton ou la crosse des prélats, ainsi que le sceptre des empereurs d'Orient.

FÉRYDOUN ou Afrydoun, septième roi de Perse, de la première dynastie, est représenté par les historiens de son règne, comme un prince rempli de justice, de clémence et de sagesse; mais leurs récits sont fabuleux. Il conquit son royaume sur l'usurpateur Zhohâk. Il gouverna la Perse pendant cinquante ans. Alors, ayant partagé ses États entre ses trois fils, il

descendit du trône; mais sa vieillesse fut affligée par la méchanceté de ses fils aînés, qui tuèrent le troisième et envoyèrent sa tête à leur père. Le fils de ce prince malheureux défit et tua ses oncles. Férydoun le reconnut pour son héritier, et mourut bientôt après.

FERZAIE ou Freraie, nom vulgaire de l'effraie.

FESCENNINES (Poésies) ou saturnines, satires grossières et obscènes, que l'on chantait en s'accompagnant de danses lascives. Elles furent inventées dans Fescennia (aujourd'hui *Galèse*), ville de l'Etrurie orientale, et furent en usage à Rome dans l'enfance de la poésie : dans la suite, elles furent abandonnées et réservées uniquement pour les cérémonies du mariage et des triomphes. Auguste les proscrivit comme trop licencieuses.

FESCH (Joseph), oncle de Napoléon, né à Ajaccio en 1736, entra dans la carrière ecclésiastique. Mais, forcé de fuir la persécution exercée contre les prêtres pendant la terreur, il chercha un refuge à l'armée de Montesquiou en Savoie, puis fut appelé en 1796 aux fonctions de commissaire des guerres à l'armée d'Italie. Il rentra dans la carrière ecclésiastique et devint, après 1801, archevêque de Lyon. Cardinal en 1803, grand aumônier, membre du sénat (1805), il fut nommé en 1810 président du concile de Paris. Il s'éleva avec force contre les vues et les mesures de Napoléon à l'égard du pape, et fut relégué par son neveu à son archevêché. Au retour de Louis XVIII, il se réfugia à Rome où il est mort en 1839.

FESSE-MATTHIEU, sobriquet donné aux usuriers. Les étymologistes pensent qu'il dérive de *face de Matthieu*, parce que saint Matthieu avait été usurier avant que d'être apôtre. Pour faire une plus grande insulte aux usuriers, on a corrompu ce dernier mot, et l'on a dit *fesse de Matthieu*, puis *fesse-matthieu*.

FESSES, nom donné à deux éminences arrondies placées à la partie postérieure et inférieure du corps, et sur lesquelles l'homme s'assied. Parmi les mammifères, l'homme seul a des fesses saillantes et arrondies. Ces parties sont formées par la peau et une épaisse couche de tissu cellulaire recouvrant les trois muscles fessiers.

FESSES (mar.), parties de l'arrière d'un bâtiment, et qui s'arrondissent en s'élevant au-dessus de sa flottaison. Elles sont plus ou moins hautes, selon sa construction.

FESSIER, nom donné, en médecine, à ce qui a rapport aux fesses, à plusieurs parties qui entrent dans la composition des fesses. Il y a trois *muscles fessiers* : le *muscle grand fessier* est placé à la partie postérieure du bassin, et à la partie supérieure et postérieure de la cuisse. Ce muscle étend la cuisse sur le bassin, et agit dans la marche, la station et la progression. Le *muscle moyen fessier* est situé en partie au-dessous du premier. Il est abducteur de la cuisse, et le fait tourner en dehors ou en dedans. Le *muscle petit fessier*, situé au-dessous du précédent, se fixe en bas au grand trochanter. Il a les mêmes usages.

FESSIÈRE (Artère), une des plus grosses branches de l'hypogastrique. Elle sort du bassin, et se divise à sa partie postérieure en deux branches, l'une superficielle, l'autre postérieure. Cette dernière se subdivise en trois branches secondaires.

FESTON, ornement composé de fleurs, de fruits et de feuilles entremêlés ensemble. On le mettait, chez les païens, aux portes des temples et dans tous les endroits où l'on voulait donner des marques de réjouissance publique. Les premiers chrétiens en ornaient les portes de l'église et les tombeaux des saints. — Les *festons* sont un des principaux ornements d'architecture, et sont employés très-souvent dans le décor des salles. — *Festonner*, c'est découper en feston le bas d'une robe, d'un mouchoir, etc.

FESTUS (Porcius), proconsul et gouverneur de Judée vers l'an 60 de J.-C., fit citer saint Paul à son tribunal à Césarée. Paul en ayant appelé à César, Festus le lui renvoya, n'osant pas le condamner, quoiqu'il eût reçu une somme d'argent pour ne pas lui être favorable. — Affranchi et favori de Caracalla, qui le fit périr afin d'avoir à déplorer sa mort, comme Achille celle de Patrocle.

FESTUS POMPEIUS (Sextus), grammairien latin qui abrégea le traité de Verrius Flaccus *sur le Sens des mots*. Cet ouvrage est d'un grand secours pour l'étude de l'antiquité.

FÉSULES, aujourd'hui *Fiesoli*, ville d'Etrurie, au N., au pied de l'Apennin. Les anciens la vantaient pour la science des augures. Sylla y établit une colonie romaine.

FÊTE, solennité religieuse, honneurs rendus à un dieu, à la mémoire d'un fait important. Tous les peuples ont eu leur culte public, et par suite leurs fêtes; pendant ces jours, il était strictement défendu de travailler. Chez les chrétiens, les *fêtes* sont des solennités établies par l'Église en l'honneur de Dieu ou des saints, et pendant lesquelles on est obligé de s'abstenir d'œuvres serviles et de vaquer au service divin. Les quatre fêtes solennelles sont *Pâques*, la *Pentecôte*, la *Toussaint* et *Noël*. On nomme *fête double* une fête plus solennelle qu'une autre, et où dans quelques pays on double les antiennes; *fête demi-double*, une fête solennelle, mais moins que la *fête double*, et *fête mobile*, une fête qui ne tombe pas toujours au même jour du mois. Le concordat de 1801 a supprimé un grand nombre de fêtes, dont la solennité se remet au dimanche. Pour la jurisprudence, voy. Fériés (Jours).

FÊTE DES ÂNES. Voy. Ânes (Fête des).
FÊTE DES FOUS. Voy. Fous (Fête des).
FÊTE DES INNOCENTS, sorte de fête demi-religieuse, demi-bouffonne, qui a été célébrée à Provins (Seine-et-Marne) jusque dans le xviie siècle. Les enfants seuls en étaient les acteurs; ils se choisissaient un évêque. Il s'y mêlait beaucoup de sacrilèges et de scandale. — On nommait encore ainsi une fête qui se célébrait dans quelques monastères de Provence, à peu près comme la *fête des Fous*.

FÊTE-DIEU. Voy. Saint Sacrement.

FETFA(ture) ou Fethwa(arabe), ce nom, qui signifie *jugement d'un sage*, désignent les décisions que rendent les mouftys ou chefs de la religion, sur les matières relatives au droit public ou particulier; les premiers concernent la guerre, la paix, la nomination ou la punition des gouverneurs, des pachas, etc. Les seconds regardent le dogme, la morale, les lois, la religion, etc. Les matières sur lesquelles on consulte le moufty sont rédigées en termes prescrits, dans un bureau particulier présidé par le *fetfa-eminy*. Le moufty y répond après deux ou trois jours, d'une manière concise et de sa propre main.

FETH-ALY-SCHAH, issu d'une ancienne famille de Perse, de la tribu de Kadjars, se nommait *Baba-Khan*. Il servit en 1779 sous les ordres de son oncle Aga-Méhémet-Khan, alors souverain de la Perse, et auquel il succéda en 1797. Il déclara la guerre (1803) à la Russie qui venait de s'emparer de la Géorgie. L'Angleterre et la France recherchèrent l'amitié du vieil empereur, et la Russie lui accorda la paix en 1813, moyennant la Géorgie, le Schirwan, etc. Il eut encore une guerre avec la Turquie (1821), et avec la Russie (1826), mais sans cesse vaincu, il fit la paix (1828) en cédant plusieurs provinces à cette puissance. Il est mort en 1834, laissant plus de soixante-cinq fils et de cent filles. Son petit-fils, Mohammed-Mirza, lui a succédé.

FÉTICHE, nom donné à des idoles grossières, des objets quelconques, des pierres, des flèches, des morceaux de bois, etc., que les nègres, les sauvages de l'Amérique et les peuples de la Sibérie, du Kamtschatka, du Groënland, de la Laponie, et un grand nombre d'autres révèrent comme leurs dieux. Ils ne font rien sans les consulter, leur adressent des prières, les frappent s'ils ne les leur accordent pas, et croient qu'ils guérissent les maladies. Le culte des fétiches se nomme *félichisme*.

FÉTICHE, nom donné au serpent devin, à plusieurs couleuvres, à des vautours, des poissons, des insectes, que les nègres et plusieurs peuples peu civilisés encore adorent et mettent au rang de leurs dieux.

FÉTIDE, nom donné aux corps qui ont une odeur forte et désagréable que l'on doit attribuer tantôt au dégagement d'un gaz ou d'un mélange de gaz, tantôt à une huile essentielle.

FÉTIDIER ou BOIS PUANT, genre de la famille des myrtées, et qui renferme des arbres qui ont le port du noyer. Leurs feuilles sont ovales et coriaces; leur bois est dur, veiné et rougeâtre, mais d'une odeur infecte. Le fétidier croit aux îles Mascareigne et Maurice.

FÉTUQUE, genre de plantes monocotylédones, de la famille des graminées. La *fétuque coquiole* ou *ovine* habite les lieux arides, et s'élève à seize centimètres. C'est la plante que les bêtes à laine aiment le plus et qui les engraisse le mieux. Ses touffes, formées de feuilles menues et pressées, fournissent un excellent pâturage pendant toute l'année. La *fétuque flottante* se trouve dans les fossés, les marais, etc. Les brebis, le cheval, les vaches, les porcs et les chèvres l'aiment beaucoup, et se nourrissent de sa fane. On s'en sert aussi pour litière, pour faire des nattes, des cordes, des paniers, pour remplir les matelas, les meubles, etc. En Pologne et en Allemagne, on la nomme *manne de Pologne* et *herbe à la manne*, et l'on se sert de sa graine réduite en farine pour faire du pain.

FEU, nom donné au développement simultané de chaleur et de lumière produit par la combustion des corps dits *combustibles*, tels que le bois, le charbon, la paille, etc. Les anciens regardaient le feu comme un des quatre éléments. Mais des physiciens modernes pensent que le feu n'est autre chose qu'un *degré de température plus élevé* que celui du calorique sans lumière. — *Feu* est aussi synonyme d'*incendie*.

FEU (relig.). Les Chaldéens et les Perses adoraient le feu, et le regardaient comme le dieu suprême. Ces peuples entretenaient un feu éternel dans des lieux vénérés. Ils allaient prier à certaines heures, et les satrapes venaient à y jeter des parfums précieux. De la Perse, le culte du feu passa en Grèce. Un feu sacré brûlait sans cesse dans certains temples. Les Romains adoptèrent le culte du feu ; il était entretenu à Rome par les *vestales*. Il est encore en vénération chez les Perses modernes.

FEU (art milit.). En termes de guerre, *faire feu*, c'est tirer un coup de fusil ou de canon. *Aller au feu* c'est marcher au combat. Un *feu vif* est une action chaude. *Faire les feux*, c'est exécuter avec ensemble et régulariser les diverses manières de tirer. Le *feu de file* est celui où chaque file tire à son tour, c'est le *feu de bataille*; les hommes se tiennent debout, le premier et le deuxième rang tirent ensemble, le troisième rang *charge* les armes des deux autres ; le *feu de file* commence par la droite de chaque peloton. Dans les *feux de peloton*, *de bataillon* ou *de régiment*, les trois rangs font feu ensemble ; le premier rang tire à genoux. Les feux de file sont commandés par le chef de bataillon, ceux de peloton par les capitaines, ceux de bataillon par le chef, et ceux de régiment par le colonel.

FEU (théât.), nom donné à une rétribution accordée aux artistes. Elle est indépendante de leurs appointements annuels, ou en tient lieu quand ils ne sont chargés d'un rôle qu'accidentellement ou pour quelques représentations.

FEU (TERRE DE), groupe d'îles situé à la pointe méridionale du continent américain, entre le Grand-Océan austral et l'océan Atlantique austral. Il occupe une longueur de 160 lieues sur une largeur de 80. Les îles qui le composent sont couvertes de montagnes arides, dont la plupart sont des volcans. Le cap Horn est un des points les plus élevés. La température de ce groupe d'îles est très-froide; on y trouve des phoques, des pingouins, des eiders, des oiseaux de proie en très-grand nombre. Les habitants sont de petite stature, misérables et sauvages ; ils ont le visage large, les joues proéminentes, le nez plat et la peau cuivrée; ils se tatouent la figure et le corps.

FEU CENTRAL. Voy. CENTRAL.

FEU D'ARTIFICE, composition de matières très-inflammables, comme la poudre, le charbon, le soufre, etc., et que l'on façonne en diverses formes, telles que la fusée, le pétard, les serpenteaux, etc. En approchant un corps enflammé de la mèche disposée au bas de ces pièces, elles s'enflamment et brûlent avec bruit et avec éclat. On tire les feux d'artifice dans les réjouissances publiques. Les fabriques d'artifices sont rangées dans la première classe des établissements dangereux. — En termes de marine, on nomme ainsi des compositions de matières combustibles dont on se sert dans les combats sur mer pour incendier les vaisseaux.

FEU DU CIEL. Voy. ÉCLAIR.

FEUDATAIRE, celui qui tenait à la charge de foi et hommage une seigneurie, un droit en fief dépendant d'un seigneur.

FEU FIXE, nom que les anciens physiciens donnaient au calorique existant naturellement dans les corps, ou à celui qui se dégageait de ces corps lorsqu'ils passaient de l'état gazeux à l'état solide.

FEU FOLIBRE, nom qui désignait autrefois la chaleur qui se dégage des corps en combustion.

FEU GRÉGEOIS ou FEU GREC, espèce de feu d'artifice dont on se servait autrefois pour brûler les navires ennemis, et dont la force augmentait par le contact de l'eau. Les Grecs s'en servirent les premiers dans le VIIe siècle. On en attribue l'invention à l'ingénieur syrien Callinique. L'on n'en a jamais bien pu retrouver la composition.

FEU GRISOU ou TERROUX, inflammation accidentelle du gaz hydrogène carboné, qui avait lieu très-souvent dans les mines et les houillères principalement, avant l'invention des lampes de sûreté de Davy.

FEU PERSIQUE. Voy. ZONA.

FEU POTENTIEL, nom donné à des substances telles que les alcalis, les acides ou autres caustiques, qui ont la propriété de produire une escarre sur les parties vivantes du corps humain.

FEU SACRÉ ou FEU SAINT-ANTOINE, espèce d'érysipèle pestilentiel, connu aussi sous le nom de feu Saint-Fiacre, mal de Saint-Marcou, de Saint-Main et des ardents. Voy. ce dernier.

FEU SAUVAGE ou VOLAGE, éruption qui survient au visage et surtout aux lèvres des enfants, et qui consiste dans des boutons rapprochés d'où découle une matière épaisse qui forme croûte, tombe, se renouvelle plusieurs fois et change souvent de siège. On comprend encore sous ce nom une rougeur passagère de la face ou du cou qu'on observe chez les femmes hystériques.

FEU SAINT-ELME, nom donné aux feux volants, aux aigrettes lumineuses qui brillent, dans les orages, à l'extrémité des pointes qui ont la propriété d'attirer le fluide électrique des nuages. Ils s'attachent souvent aux mâts des navires, sans les brûler. Les anciens les nommaient *Castor et Pollux*. On les nomme encore *feux Saint-Nicolas*, *Sainte-Claire*, *Sainte-Hélène*. Deux feux brillant ensemble sont d'un présage heureux ; un seul est le signe d'une tempête.

FEUILLADE (François D'AUBUSSON, duc DE LA), descendant des ducs d'Aubusson, servit sous Louis XIV, et devint maréchal de France, et colonel des gardes françaises. En 1664, il commanda les Français à la bataille de Saint-Gothard, et fut créé duc de Roanne. En 1668, il alla secourir Candie, assiégée par Achmet-Kioperli. Il fit la campagne de Hollande, suivit le roi en Franche-Comté, et acheva la conquête de cette province par la prise de Dôle, Salins, etc. Il commanda (1676) l'armée de Flandre et (1678) l'armée navale. Il obtint en 1681 le gouvernement du Dauphiné, et mourut en 1691. Il avait fait élever à ses frais sur la place des Victoires une statue de Louis XIV.

FEUILLAISON, renouvellement annuel des feuilles. Il est dû principalement à de justes proportions de chaleur et d'humidité.

FEUILLANTS ou FEUILLENTS, ordre religieux qui était une branche ou une réforme de celui de Cîteaux. Il prit naissance à Feuillans, village près de Rieux (Haute-Garonne) en 1575, et fut fondé par Jean de la Barrière. Les religieux allaient nu-pieds, la tête nue, dormaient sur des planches, se servaient de vaisselle de terre, et mangeaient à genoux. Un chapitre général de 1595 adoucit ce régime. Cet ordre était divisé en deux congrégations, l'une en France sous le titre de *Notre-Dame des feuillants*, l'autre en Italie sous celui de *réformés de Saint-Bernard*. Les religieux étaient vêtus d'une robe blanche sans scapulaire, avec un capuchon de la même couleur, qui se terminait en rond par devant, et en pointe par derrière. Cet ordre avait en France vingt-quatre maisons et un hospice.

FEUILLANTINES, ordre religieux de femmes, fondé par Jean de la Barrière. Elles avaient les mêmes règles, portaient le même habit que les feuillants, et étaient sous leur juridiction. Leur premier couvent fut établi à Montesquiou près de Rieux (Haute-Garonne), et fut transféré à Toulouse en 1599.

FEUILLANTS (CLUB DES). Voy. CLUB DES FEUILLANTS.

FEUILLARD, nom donné par les marins à des branches de bois de châtaignier fendues, que les tonneliers emploient à faire des cercles, et qui ont huit ou neuf pieds de longueur. Les feuillards en fer sont très-minces, et servent, dans les bâtiments, à cercler les barils, gamelles, etc.

FEUILLE. On a donné ce nom à plusieurs animaux ou plantes qui présentent une certaine ressemblance avec les feuilles des arbres. Tels sont un chauve-souris du genre *mégaderme*, un poisson, le *polyodon*. On nomme *feuille-ambulante*, *feuille-sèche* ou *mâche-feuille*, un insecte du genre *phyllie* ; *feuille-de-chêne*, *feuille-morte* et *feuille-de-peuplier*, divers insectes du genre *bombyx*; *feuille-de-laurier*, une espèce d'*huître*; *feuille-huître*, et *feuille-de-tulipe*, des moules et des modioles; *feuilles du ciel*, le nostoc ou trémelle ; *feuilles florales*, les bractées ; *feuille grasse*, l'orpin ; *feuille indienne*, le malabathrum.

FEUILLÉE (Louis), minime, associé de l'académie des sciences, botaniste du roi, né à Manc en Provence en 1660, entreprit, par ordre de Louis XIV, plusieurs voyages dans les différentes parties du monde. Ce prince lui donna une pension, et lui fit construire un observatoire à Marseille, où il mourut en 1732. On a de lui un *Journal des observations physiques, mathématiques et botaniques, faites sur les côtes orientales de l'Amérique méridionale et dans les Indes occidentales* (1714-25).

FEUILLÉE, genre de plantes de la famille des naucirobées, ainsi nommées du P. Feuillée, célèbre botaniste. Ce genre renferme des plantes herbacées sarmenteuses, à feuilles alternes, cordées, munies de vrilles axillaires, à fleurs petites, rosacées, et à baie très-grande. Ces plantes sont exotiques, et appartiennent à l'Amérique.

FEUILLES, expansions membraneuses, plus ou moins charnues, présentant deux surfaces dissemblables, attachées à la racine, à la tige ou aux rameaux des végétaux herbacés ou ligneux. En général elles se composent d'une partie étalée, nommée *disque*, et d'un soutien, nommé *queue* ou *pétiole*. Elles présentent un grand nombre de fibres, et sont partagées en deux parties par une *côte médiane*, suite du pétiole. Les feuilles varient beaucoup quant à leur disposition, leur durée, leur situation, etc. Leur couleur est ordinairement verte. — Les feuilles servent de nourriture aux bestiaux; l'homme se nourrit de celles de plusieurs plantes. Sèches, elles fournissent d'excellents engrais.

FEUILLES (accept. div.) nom donné aux parties colorées qui composent les fleurs, les calices des fleurs. — On nomme encore ainsi, 1° certains ouvrages ou ornements qui imitent les feuilles des arbres ou des plantes; 2° des lames très-minces d'or, d'argent, ou de tout autre métal battu; 3° la petite lame de métal que l'on met sous les pierres précieuses pour leur donner plus d'éclat; 4° les petites parties des os qui se détachent dans quelques maladies; 5° toute espèce de rôle, de registre, comme les *feuilles de route, d'appel, de revue*, etc.

FEUILLET et DEMI-FEUILLET, noms donnés aux lames qui tapissent la face intérieure du chapeau de quelques champignons, et qui caractérisent le genre agaric. — On a nommé *feuillets fauciliers* plusieurs espèces de champignons de consistance peu charnue.

FEUILLET, nom du troisième estomac des animaux *ruminants*. Voy. ce mot.

FEUILLETIS, terme de metteur en œuvre, angle qui sépare la partie supérieure d'une pierrerie d'avec l'inférieure. Serrer le feuilletis, c'est frapper au poinçon la partie d'argent ou d'or qui enveloppe la pierre vers son feuilletis, et les serrer l'un contre l'autre. — Dans les ardoisières, on nomme ainsi l'endroit où l'ardoise est tendre et facile à diviser.

FEUILLETTE, mesure de liquides, en forme de futaille, en usage en Bourgogne. Elle contient un demi-muid ou 136 litres. Ainsi cette mesure pourrait être remplacée par le double hectolitre.

FEUILLETTE, fouet dont on se sert dans les corderies. Tournée sur le cordage en chantier de marine, elle fait les fonctions d'un levier qui agit pour aider à donner le tord uniforme. Sa longueur est de trois à cinq pieds; son diamètre varie de deux pouces et demi jusqu'à quatre, en raison de la grandeur du cordage.

FEUQUIÈRE (ANTOINE DE PAS, marquis DE). Voy. supplément.

FEURS, chef-lieu de canton du département de la Loire, à 3 lieues et demie de Montbrison. Population: 2,300 habitants. — C'est la plus ancienne ville du département, et celle qui a donné son nom au pays, *Forum Segusianorum*, d'où est dérivé le nom de *Forez*. Elle en fut longtemps la capitale. Cette ville renferme un grand nombre d'antiquités de l'époque romaine. On y trouve des eaux minérales alcalines et ferrugineuses.

FEUTRAGE, opération qui consiste à confectionner avec les poils des divers animaux une étoffe propre à la fabrication des chapeaux, en employant le simple foulage et sans aucun tissu préliminaire.

FEUTRE, nom donné à des étoffes solides et légères, faites sans tissus, avec des laines, des poils de castor, de lièvre, de lapin, de veau, etc. On est parvenu à faire les feutres en mettant à profit la disposition naturelle qu'ont les poils de certains animaux à s'entrelacer.

FEUTRY (Aimé-Ambroise-Joseph), né à Lille en 1720, suivit d'abord le barreau, qu'il abandonna pour se livrer à la littérature. Il mourut en 1789. Il est auteur d'un grand nombre d'ouvrages. Les plus connus sont *le Temple de la mort*, *les Tombeaux*, *les Ruines*, poëmes; des *opuscules poétiques et philologiques*, une traduction de *Robinson Crusoé*, un *Choix d'histoires*, etc.

FEUX CHINOIS, imitation au naturel des feux d'artifice réels, sans employer ni poudre ni salpêtre, et par la seule interposition de la lumière. L'on doit s'attacher à imiter avec soin la couleur, la forme, la figure et les divers mouvements des feux d'artifice réels. On y parvient à l'aide de papiers colorés et découpés selon la forme des feux qu'on veut simuler. Derrière les transparents en place, si c'est pour un *soleil*, une roue en fil de fer, revêtue de papier fin, où l'on a tracé une spirale noire ou colorée. En la faisant tourner et l'éclairant fortement, les lignes de la spirale paraissent, en travers des jets de feu découpés sur le papier, aller du centre à la circonférence, et simulent des étincelles de feu.

FEUX FOLLETS, flammes légères et très-mobiles, dues au dégagement d'un gaz très-inflammable, l'hydrogène carboné, qui a lieu lorsque les matières animales entrent en putréfaction et se décomposent; aussi les voit-on le plus souvent dans les bas-fonds, dans les lieux marécageux, au-dessus des eaux croupissantes, le long des rivières, sur les cimetières, les voiries, etc. Les anciens, qui ne purent expliquer ce phénomène, firent des follets des esprits qui aimaient à balayer, panser les chevaux, bercer les enfants, etc. Voy. FOLLET.

FÈVE, genre de plantes de la famille des légumineuses, originaires de l'Afrique ou de la Perse. La *fève des marais* ou *vulgaire* a les feuilles ailées, ovales, épaisses, d'un vert foncé; les tiges quadrangulaires, hautes de quarante à cent dix centimètres; les fleurs blanches, tachées de noir, auxquelles succèdent des gousses épaisses, renflées, contenant deux ou quatre semences grandes et oblongues. Ses variétés sont la *fève de Windsor* ou *ronde d'Angleterre*, abondant dans le midi de la France, et dont les graines sont nombreuses; la *fève julienne* ou *petite fève du Portugal*, plus petite que la précédente; la *fève naine* ou *à chassis*, haute de vingt-sept centimètres; la *fève à longues gousses*; la *fève verte*, dont les graines sont vertes. — La fève fournit un aliment à l'homme et aux bestiaux. Ceux-ci mangent avec avidité ses tiges.

FÈVE (accept. bot.). On nomme vulgairement *fève à cochon*, la *jusquiame commune*; *fève à visage*, une espèce de haricot coloré; *fève de Bengale*, le fruit du *mirobolan citrin*; *fève de Carthagène*, le fruit du *béjuque*; *fève de loup*, l'*ellébore puant*; *fève de Malac* ou *de Maladou*, l'*acajou à pommes*; *fève de mer*, le *haricot commun*; *fève de trèfle* ou *de terre*, le fruit du *bois puant*; *fève de senteur*, le *lupin de Sicile*; *fève douce*, les fruits de la *casse* ou du *tamarin*; *fève du diable*, la graine du *câprier*; *fève épaisse*, l'*orpin*; *fève lovine*, le *lupin blanc*; *fève marine*, le *cotylet* et l'*acacia*; *fève tête de nègre*, les semences du *dolic*.

FÈVE. On nomme ainsi la nymphe ou chrysalide des bombyx. — En conchyliologie, on nomme *fève marine* l'opercule d'une coquille du genre sabot; *fève naine*, une espèce de *buccin*.

FÈVE (ROI DE LA), nom donné à celui qui trouve la fève du gâteau que l'on mange en famille le jour des Rois. — Chez les Romains et les Grecs, dans les suffrages du peuple, la fève noire désignait condamnation, la fève blanche, absolution. Les Athéniens élisaient les magistrats en les tirant au sort avec des fèves.

FÈVE GOURGANE ou FÉVEROLE (*fève des champs*, *de cheval*, *de galérien*), espèce de plantes du genre FÈVE. Sa tige est peu élevée, ses fleurs sont noires ou d'un blanc sale, ses graines allongées, cylindriques, âpres et dures. La graine sèche se mange en purée, ou se donne aux bestiaux concassée ou cuite. En Allemagne, on torréfie ces graines pour en faire une sorte de café et du chocolat. On mange aussi les jeunes pousses en guise d'épi- nards. La tige fournit une bonne filasse, de la bière et de l'alcool.

FÈVE DE SAINT-IGNACE (*fève des jésuites*, *vomiquier*, *noix igasur*), nom d'un fruit fourni par un arbrisseau (*strychnos*) des Indes orientales, et de la famille des apocynées. Les fèves, au nombre de quinze ou vingt, sont renfermées dans un drupe allongé. Elles sont grosses comme des olives, arrondies, brunes, dures et amères. Elles fournissent un poison très-actif, un purgatif violent, et sont propres à combattre les fièvres rebelles.

FÈVE DE TONKA ou TONGO, nom de la graine d'un arbre de la Guiane, nommé COUMAROU, qui croît dans les forêts de l'Amérique. Le fruit de cet arbre est une coque sèche, fibreuse à l'extérieur, ayant la forme d'une amande couverte de son brou. Il renferme une semence aplatie, recouverte d'un épiderme mince, luisant, noir et ridé; cette semence est d'un jaune brun, aromatique et onctueuse. On l'emploie pour donner au tabac une odeur agréable. Les sauvages en font des colliers.

FÉVEROLES, nom de petites coquilles bivalves, voisines des *cames*. — C'est aussi le nom vulgaire de la *fève gourgane*.

FÉVIER, genre d'arbres de la famille des légumineuses, originaire de la Chine et de l'Amérique septentrionale. Leur port est élégant, leur taille de soixante pieds, leur tronc garni d'épines acérées et rameuses, les feuilles ailées, les fleurs verdâtres et peu apparentes; le fruit est une gousse très-allongée et atteignant trente-deux centimètres, contenant plusieurs graines. Le bois de ces arbres est dur, mais cassant.

FÈVRE (Jehan LE), avocat au parlement et rapporteur référendaire de la chancellerie de France sous le règne de Charles V. Il écrivit une espèce de poëme moral, en vers de huit syllabes, intitulé *le Respit de la mort*. On a encore de lui le *Livre de Mathéolus* contre le mariage, et le *Rebours de Mathéolus* ou le *Résolu en mariage*.

FÈVRE (Raoul LE), écrivain original du XVe siècle, était chapelain de Philippe, duc de Bourgogne, en 1464. Il écrivit un *Recueil des histoires troyennes*, contenant la généalogie de Saturne et de Jupiter son fils; le *Roman de Jason et de Médée*, et l'*Histoire du preux et vaillant chevalier Jason*, fils du noble Eson et de sa mie Médée (1528).

FÈVRE (Jacques FABRI ou LE), dit *d'Estaples*, né dans cette ville (Somme) vers l'an 1435, fit ses études à l'université de Paris, et y professa les belles-lettres et la philosophie. Le premier, il s'écarta de la scolastique. Guillaume Briconnet, évêque de Meaux, le choisit pour son grand vicaire (1523). Il fut ensuite nommé précepteur de Charles, duc d'Orléans, fils de François 1er. La reine Marguerite le mena avec elle à Nérac, où il mourut en 1537. On a de lui un *Traité des trois Magdeleines* (1519), un *Psautier* (1509), des *Commentaires sur les Psaumes*, sur l'*Evangile*, *saint Paul*, etc.; une *Traduction de la Bible*.

FÈVRE (Gui LE), sieur DE LA BODERIE, né dans la terre de Boderie en basse Normandie en 1541, fut savant dans les langues orientales. Il eut beaucoup de part au *Dictionnaire polyglotte* d'Arias Montanus. Nommé secrétaire du duc d'Alençon, frère de Henri III, il mourut en 1598. — Son frère ANTOINE, né en 1555, fut employé par Henri IV et Louis XIII en qualité d'ambassadeur à Rome, dans les Pays-Bas et en Angleterre. Il découvrit les complots de Biron, et mourut en 1615. On a de lui un *Traité de la noblesse*.

FÈVRE (Nicolas LE), né à Paris en 1544, se livra avec ardeur à l'étude des lettres. Henri IV le choisit pour précepteur du prince de Condé, et, après la mort de ce roi, la reine lui confia l'éducation de Louis XIII. Il mourut en 1612. On a de lui des *opuscules*.

FÈVRE (Tanneguy LE), né à Caen en 1615, se rendit célèbre par ses succès dans l'étude du grec et du latin. Le cardinal Richelieu le gratifia d'une pension de 2,000 livres et lui donna l'inspection sur les ouvrages imprimés au Louvre. Après la mort de son protecteur, Tanneguy, se voyant sans ressources, se fit protestant et eut une classe d'humanités à Saumur. Il mourut en 1672. Il a laissé des *Notes sur Anacréon, Lucrèce, Virgile, Horace, Térence, Phèdre* (1666), *Longin* (1663), *Aristophane, Élien, Apollodore, Eutrope, Aurelius Victor, Justin*, etc. On a encore de cet écrivain les *Vies des poëtes grecs*, des *Poésies grecques et latines*, le poëme d'*Adonis*, des *Fables de Lockman*, etc. Il fut le père de Mme Dacier.

FÈVRE (Nicolas LE), célèbre chimiste du XVIIe siècle, fut démonstrateur de chimie au jardin des plantes de Paris. Il fut appelé en Angleterre pour diriger un laboratoire de chimie à Saint-James, une des maisons royales, et Charles II l'accueillit avec distinction. On a de lui une *Chimie théorique et pratique* (1664), un des premiers livres où l'on ait établi des principes et rassemblé les découvertes faites sur la chimie.

FÈVRE (Claude LE), peintre et graveur, né à Fontainebleau en 1633, fit les premières études de son art dans les galeries et les salles de Fontainebleau. Il se mit ensuite sous la direction de le Sueur et de le Brun. Il se distingua surtout dans le portrait, et peignit Louis XIV et Marie-Thérèse. Il passa ensuite en Angleterre, et fit dans ce royaume plusieurs tableaux qui lui acquirent beaucoup de réputation et de richesses. Il mourut en 1675.

FÈVRE (Jean-Baptiste LE), né à Villebrune en 1732. Docteur en médecine, il fut d'abord professeur de langues orientales au collège de France, et conservateur à la bibliothèque nationale. Proscrit sous la république pour avoir publié un mémoire sur la nécessité d'avoir un seul chef en France, il occupa à Angoulême la chaire d'histoire naturelle et celle des mathématiques et des humanités. Il mourut en 1809. Il a donné une traduction d'*Athénée*, d'*Hippocrate*, de *Silius Italicus*, des *Mémoires de D. Ulloa*, des *Nouvelles de Michel Cervantès*, du *Traité de l'expérience en médecine* par Zimmerman, etc.

FÉVRIER, second mois de l'année, contenant vingt-huit jours dans les années communes, et vingt-neuf dans les années bissextiles.

FEYDEAU (Théâtre), nom d'un théâtre de Paris, fondé par une compagnie d'actionnaires dirigée par L. Autié et le virtuose Viotti en 1789. On y jouait l'opéra-comique italien et français, la comédie et le vaudeville. Ce théâtre, placé d'abord aux Tuileries, fut transporté à la rue Feydeau en 1791. Il fut fermé en 1801. Une nouvelle société s'y forma, et le théâtre prit le nom d'*Opéra-Comique*.

FEZ ou Fès, royaume d'Afrique, séparé de l'empire de Maroc, dont il dépend, par l'Oum-el-Begh ou Morbéïa, et placé à l'E. de l'Algérie. Sa superficie est de 7,000 lieues carrées, sa population peu connue et composée de Maures, Juifs et Berbers. Il se divise en sept provinces, et produit des grains, du coton, des légumes, des fruits, de la cire, de l'indigo, du sucre, des dattes, du safran, du lin, etc.

FEZ, capitale du royaume de ce nom, formée des trois villes, *Beloyds, Vieux-Fez* et *Nouveau-Fez*. Elle est à 82 lieues de Maroc. Sa population est de 120,000 habitants. Elle a deux cents mosquées, plusieurs palais, des écoles mahométanes, une bibliothèque riche en manuscrits, et commerce en toiles, étoffes de coton, soie, laine, tapis, etc.

FEZENSAC, ancien comté de Gascogne, comprenant le territoire qui forme aujourd'hui une partie des arrondissements de Condom et d'Auch (Gers). La capitale fut d'abord *Vic-Fezensac* ou *Vic-sur-Losse*, puis *Mauvezin*. Ce pays, connu sous le nom de *Fezensaguet*, fut érigé en comté avant 802. Il comprit pendant quelque temps l'Armagnac. En 1140, il fut réuni par héritage à ce comté, dont il fit depuis partie.

FEZZAN, pays de l'Afrique septentrionale, situé entre le Sahara, la régence de Tripoli, dont il dépend, la Nigritie et le désert de la Libye. Sa superficie est de 10,000 lieues carrées, et sa population de 80,000 habitants. La capitale est *Mourzouk*, résidence du sultan; ce pays, l'ancien *Phazanias*, produit des dattes, du blé, etc. Les habitants fabriquent beaucoup de tapis et d'étoffes en coton et en laine.

FIACRE (Saint) ou Fèvre, solitaire irlandais du VIIe siècle, vint en France. Faron, évêque de Meaux, lui fit bâtir, à Breuil dans la Brie, une chapelle avec un hôpital pour recevoir les étrangers et les passants. Il se livra aux exercices de la prière, de la pénitence et de la charité, et cultiva de ses mains un jardin. Il mourut vers 670. Ce saint est le patron des jardiniers. On fait sa fête le 30 août.

FIACRE, nom donné à des voitures publiques à deux chevaux qui stationnent sur des lieux fixes et qui conduisent où l'on veut, à Paris et aux environs, au prix de 1 franc 50 centimes la course. Chacune d'elles porte un numéro pour se la faire reconnaître. Les premiers fiacres ont été inventés au XVIIe siècle à Paris, et en 1643 à Londres.

FIAMA, nom donné à un poison végétal de l'Amérique méridionale, et que l'on appelle aussi *curare*. Voy.

FIANÇAILLES, convention, promesse réciproque d'un homme et une femme font de s'épouser. Les contractants prennent le nom de fiancés. Cette convention précède le mariage. Elle est écrite par un officier de l'état civil en présence de plusieurs témoins. Les fiançailles ont eu lieu, chez tous les peuples anciens et modernes, avec plus ou moins de cérémonies. Chez les Romains, on écrivait de nuit ou vers la pointe du jour les conventions du mariage sur un registre public, que chacun scellait de son anneau. Le fiancé donnait pour arrhes à la fiancée un anneau de fer (*pronubum*). Elle entrait ensuite en marchant sur une toile de lin dans la maison de son époux, où on lui présentait des sandales, une quenouille et un fuseau, pendant qu'on chantait une hymne à Thalasius.

FIARNAUD, ancien mot français qui désignait ceux qui venaient de la terre sainte. On appelle, dans l'ordre de Malte, *fiarnaux* les derniers qui ont fait profession dans l'ordre.

FIASQUE, mesure de liquides en usage dans plusieurs villes d'Italie, et qui revient à peu près de l'ancienne *pinte* de Paris.

FIAT ou Fiat ut petitur, mots latins qui signifient *que cela se fasse*, *que cela arrive comme on l'a demandé*; ces termes s'employaient autrefois pour marquer au bas des demandes et des requêtes que l'on accordait au demandeur ce qu'il désirait. Ils ne sont plus en usage que pour ce qui concerne le clergé catholique.

FIATOLE, nom donné à une espèce de poisson apode du genre *stromatée*.

FIBER, nom latin du *castor* ou *bièvre*, mammifère amphibie.

FIBRES, nom donné à des filaments longs, grêles et organiques, plus ou moins solides, de nature diverse et qui entrent dans la composition des tissus animaux et végétaux. On distinguait autrefois les *fibres simples*, formées de particules terreuses unies par un suc visqueux; les *fibres composées*, formées de la réunion des premières; les *fibres membraneuses*, *nerveuses*, *aponévrotiques*, etc. On distingue aujourd'hui, 1° la *fibre laminaire* ou *cellulaire*, large, plane, molle, formant le tissu cellulaire; 2° la *fibre albuginée*, dure, blanche, luisante, formant les membranes albuginées, fibreuses, les tendons, etc.; 3° la *fibre nerveuse* ou *nervale*, linéaire, cylindrique, molle, formant les nerfs; 4° la *fibre musculaire* ou *motrice*, linéaire, aplatie, molle, élastique, blanche ou rouge, et formant le tissu des muscles. — En botanique, on nomme ainsi la réunion des vaisseaux dans lesquels la sève circule. Voy. Nervures.

FIBREUX, ce qui est composé de fibres. Certaines membranes, la dure-mère, le périoste, etc., sont *fibreuses*; les tendons et les ligaments sont *fibreux*. Un *fruit fibreux* est celui dont le parenchyme est traversé par des filaments tenaces. Une *racine fibreuse* est formée de filets plus ou moins gros, allongés, simples, etc. Telle est celle du *cresson*.

FIBREUX (Système), nom donné par Bichat à un système d'organes formés par l'entrelacement des *fibres albuginées*, comme les *ligaments*, les *tendons*, les *aponévroses*, la *dure-mère*, etc.

FIBREUX ACCIDENTEL (Tissu), nom donné au *tissu fibreux* qui se développe après certaines affections dans certains organes. Il est formé par l'assemblage de fibres blanches, fermes, fortes.

FIBRILLES, petites *fibres*, les plus déliées, les plus ténues qu'on puisse apercevoir. — En botanique, on nomme ainsi: 1° les ramifications des racines capillaires qui, dans leur ensemble, forment le *chevelu*; 2° les filets déliés qui naissent du *thallus*, et par lesquels les lichens s'attachent aux corps; 3° les filets sur lesquels les *sporules* des champignons de taille petite sont dispersés.

FIBRINE, substance particulière très-abondante chez les animaux; elle forme en grande partie la chair musculaire, et se trouve dans le sang, le chyle, etc. C'est une matière solide, blanche, inodore, insipide, molle, élastique, plus lourde que l'eau. On l'obtient en battant du sang avec des verges de bouleau; elle s'attache au bois. En la lavant souvent, on l'obtient à un grand degré de pureté. Elle est formée de 30,360 parties de carbone, 19,685 d'oxygène, 7,021 d'hydrogène et 19,934 d'azote.

FIBRINEUX, nom donné, en anatomie pathologique, à certaines concrétions qui ont l'aspect de la fibrine.

FIBRO-CARTILAGES, organes qui tiennent le milieu pour leur texture entre le tissu fibreux et le tissu cartilagineux. On les distingue en 1° *temporaires* ou d'*ossification*; tels que ceux qui, chez les fœtus, doivent former la rotule et les autres os sésamoïdes, etc.; 2° d'*incrustation*, qui existent partout où il y a un frottement considérable d'un os ou d'un tendon contre le périoste; 3° *inter-articulaires*, tels que ceux qu'on rencontre dans les articulations du genou, de la clavicule, de la mâchoire, des vertèbres, etc.

FIBRO-CARTILAGES ACCIDENTELS, nom donné aux productions fibro-cartilagineuses qui se forment accidentellement dans les organes par l'effet de certaines maladies.

FIBRO-CARTILAGINEUX, ce qui appartient ou a rapport aux fibro-cartilages.

FIBRO-LITHE, substance d'une texture fibreuse, d'un blanc grisâtre, qui se compose de 38 parties de silice, 58 d'alumine et 1 d'oxyde de fer. On la trouve dans l'Amérique septentrionale.

FIBRO-MUQUEUX, nom donné par Bichat à des membranes fibreuses adossées ou unies intimement avec d'autres membranes de nature muqueuse, telles que la membrane pituitaire, etc.

FIBRO-SÉREUX, qui tient de la nature des membranes séreuses. Bichat nommait ainsi des membranes composées d'un feuillet fibreux et d'un feuillet séreux entièrement réunis, comme la dure-mère, le péricarde, etc.

FIBULAIRE, genre de zoophytes cirrhodermaires ou échinodermes pédicellés, de la famille des oursins. Leur forme est globuleuse ou ovoïde. Ils sont très-petits. On en trouve à l'état vivant et fossile. On les nomme encore *oursins-bâtons*.

FIC, excroissance charnue, molle ou rude, rougeâtre, pédonculée ou disposée en *figue*, et que l'on trouve quelquefois suspendue aux paupières, au menton, à la langue, etc.

FIC. Les vétérinaires donnent ce nom à plusieurs tumeurs qui se développent chez les chevaux. Le *fic bénin* attaque la fourchette; le *fic grave* s'étend à la sole charnue, à la partie postérieure du cartilage de l'os du pied, etc. — Le *fic crapaud* vient aux talons et à la fourchette, surtout aux pieds de derrière. Cette tumeur est spongieuse et exhale une odeur fétide. Elle attaque les chevaux de mauvaise constitution.

FICAIRE, genre de plantes renonculacées, nommées aussi *petites éclaires* ou *herbes aux hémorroïdes*. Voy. ÉCLAIRE.

FICELLE, petite corde formée de fil de chanvre, et faite de trois ou quatre torons, sur des rouets ordinaires de cordier.

FICHE. Ce mot désigne, 1° de petits morceaux de bois ou jalons que l'on fixe en terre pour indiquer les bornes d'un espace de terrain, l'emplacement d'un point qu'il est nécessaire de connaître, comme des bas-fonds dans une rivière, des monceaux de sable, etc. ; 2° des corps qui se fixent dans d'autres corps ; 3° en lutherie, les chevilles où l'on roule les cordes des pianos, clavecins, etc. ; 4° en serrurerie, les barreaux de fer sur lesquels meuvent les portes, fenêtres, etc. ; 5° en maçonnerie, des outils plats, longs et pointus, avec lesquels on fait entrer le mortier dans les jointures des pierres ou tuiles, etc. ; 6° en marine, de petits objets en fer servant à ficher plusieurs choses.

FICHES, petites lames, morceaux de bois, d'ivoire, de métal, etc., destinées dans les jeux de hasard à tenir lieu des jetons et de l'argent. Leur valeur est conventionnelle. Elles servent, à la fin des jeux, à établir le gain et la perte des joueurs. — On nomme *fiches de consolation* des fiches données à ceux qui gagnent pour surcroît de bénéfice.

FICHOIR, nom donné à de petits morceaux de bois aplatis et fendus par un bout, dont on se sert pour suspendre du linge à sécher, des gravures, des estampes à une corde. Pour cela, l'on fait entrer le bord supérieur du linge ou de l'estampe avec la corde dans la fente du fichoir.

FICHTE (Jean-Théophile), philosophe et métaphysicien allemand, né en 1762 à Rammenau (Lusace). Après avoir étudié à l'université de Leipzig, il fut forcé de se placer comme instituteur dans une maison de Kœnigsberg. Il fut appelé en 1793 à Iéna pour enseigner la philosophie, et se retira en 1799. Il fut ensuite professeur à Erlangen (1805), et recteur de l'université de Berlin (1807). Il mourut en 1814. Son système, qui se rattache à l'école allemande de Kant, est nommé *doctrine de la science*, et est établi sur l'idéalisme pur. On a de Fichte un *Système de morale*, le *Guide de la vie bienheureuse*, la *Destination de l'homme*, un *Essai critique de toutes les révélations*, et un grand nombre d'écrits philosophiques.

FICHTEL (Jean-Ehrenreich), né à Presbourg en 1732, étudia d'abord la jurisprudence, et fut avocat. Il obtint ensuite une place d'actuaire dans la direction de l'intendance saxonne en Transylvanie. En 1763, il perdit cette place, et fut employé ensuite dans la chambre des comptes à Vienne. Il fut nommé (1768) chef de bureau à la trésorerie en Transylvanie, directeur de la régie des douanes (1783), et conseiller du gouvernement de cette province (1787). Il mourut en 1795. On a de lui des *Mémoires sur la minéralogie de la Transylvanie*, des *Observations minéralogiques sur les monts Carpathiens*, des *mémoires minéralogiques*, etc.

FICHTELBERG, montagne de Saxe qui fait partie de l'Ertzgebirge. Elle a 12 lieues de circonférence; c'est là que sont les sources des rivières de Schme, Mitweida, Kaffbach, etc.

FICHTELGEBIRG, chaîne de monts en Bavière, dans le cercle de la Rezat. C'est une des plus hautes régions d'Allemagne. Elle a 11 lieues de long sur 7 de large. Là sont les sources des rivières du Mein, de la Saale, de l'Eger, etc. On y trouve des mines de fer, de vitriol, soufre, cuivre, plomb et marbre. Le point le plus élevé est le *Schneeberg*, haut de 3,682 pieds.

FICIN (Marsile), né à Florence en 1433, embrassa l'état ecclésiastique, et fut chanoine de cette ville. Il devint célèbre dans les langues grecque et latine, la philosophie, la théologie, la médecine et la musique, et fut honoré de l'estime et de l'amitié de Côme et de Laurent de Médicis, ducs de Florence. Il mourut en 1499. On a de lui la *Traduction latine de Platon et de Plotin*, dont il prétendait faire des chrétiens, la *Traduction des œuvres de Denis l'Aréopagite*, une *Théologie platonicienne* ou *Traité de l'immortalité de l'âme et du souverain bonheur*, des *Commentaires sur les Epîtres de saint Paul*, et un grand nombre de *dissertations*.

FICOIDE, genre de plantes grasses de la famille des ficoïdées et originaires du cap de Bonne-Espérance. Les feuilles sont charnues, opposées et en général croisées à angles droits. La tige est herbacée ou frutescente. Les fleurs sont belles et grandes, placées au haut des tiges, blanches, rouges, jaunes ou orangées. Les fruits ressemblent à une figue. La *ficoïde cristalline* ou *glaciale* a les feuilles couvertes de vésicules brillantes, semblables à des gouttes d'eau glacée. La *ficoïde brillante* a les feuilles également parsemées de vésicules. Ses fleurs sont d'un jaune orangé. La *ficoïde comestible* a les feuilles tendres, charnues, les fleurs jaunes, le fruit savoureux et alimentaire.

FICOIDÉES, famille de plantes grasses et charnues, herbacées ou frutescentes; leurs feuilles sont alternes ou opposées, les fleurs placées à l'origine des feuilles ou au sommet de la plante. La corolle est composée d'un grand nombre de pétales libres ou soudés par leur base et attachés sur le calice. Le type est la *ficoïde*.

FICQUET (Etienne), célèbre graveur de portrait, né à Paris en 1731. Il excella dans le genre des petits portraits. Il était élève de Schmidt et de Philippe le Bas. Parmi la collection de ses portraits, on distingue ceux de *Corneille*, *Molière*, *Regnard*, *Voltaire*, *J.-J.* et *J.-B. Rousseau*, *Montaigne*, *Fénelon*, *Descartes*, *Crébillon* et *la Fontaine*, mais surtout celui de *Mme de Maintenon*. Il mourut en 1794.

FICTIFS (Poins), nom donné en docimasie à des poids beaucoup plus petits que les poids réels, et dont on se sert pour peser de très-petites quantités de métaux dont on veut faire l'essai. Ces poids fictifs se divisent en autant de parties de même nom que les poids réels que l'on emploie dans les travaux en grand.

FICTION, invention fabuleuse. — En jurisprudence, c'est une disposition par laquelle on reconnaît comme réel un objet qui ne l'est pas.

FICTIONNAIRE (DROIT), droit établi et fondé sur les fictions de droit.

FIDÉICOMMIS, legs, donation faite en apparence à quelqu'un, mais à condition secrète et tacite de le remettre à une autre personne dont le nom n'est pas mentionné dans l'acte de donation. On peut ainsi avantager des personnes auxquelles la loi ne permet point de faire des libéralités, comme les enfants adultérins. Les fidéicommis sont défendus par la loi.

FIDÉICOMMISSAIRE, héritier supposé, à qui une donation est faite à la charge de la rendre à une autre personne. Dans l'ancienne jurisprudence, ils pouvaient retenir le quart de la donation ou de la succession. Cette partie se nommait *quarte trébellianique*.

FIDÉJUSSEUR, synonyme de *caution*. — FIDÉJUSSION est la même chose que *cautionnement*.

FIDEL (Saint) ou FIDÈLE, né à Sigmaringen (Allemagne) en 1588. Il se nommait *Marc-Rei*. Après avoir étudié à l'université de Fribourg (Suisse) et suivi le barreau, il se fit capucin en 1612, et se fit remarquer par ses vertus et les exercices pénibles auxquels il se livrait. La congrégation de la Propagation de la foi l'établit préfet de la mission qu'elle fit faire chez les Grisons. Il fut massacré par les hérétiques le 24 avril 1622. Benoît XIV le canonisa en 1746.

FIDÈLE (Saint), martyr de Côme en Italie, était distingué par sa naissance et l'éclat de ses richesses au IVe siècle. Il suivit la profession des armes, et employa sa vie aux œuvres de la charité et de la piété chrétiennes. L'empereur Maximien Hercule lui fit trancher la tête l'an 304. On fait sa fête le 28 octobre.

FIDÈLES. On nommait ainsi les Hébreux avant Jésus-Christ, parce qu'ils pratiquaient la vraie religion. Après la venue de Jésus-Christ, on appela *fidèles* ceux qui sont catholiques et baptisés. En termes de liturgie, *fidèles* se prend dans un sens plus restreint, on désigne les catholiques qui mènent une vie irréprochable.

FIDÉLITÉ, vertu par laquelle on observe exactement ses promesses. En matière féodale, c'était la foi et hommage que les vassaux rendaient à leurs seigneurs. — On nommait *droit de serment de fidélité* le droit que le roi avait de nommer à la première prébende vacante dans l'Eglise, et à la nomination de l'évêque, qui faisait le serment de fidélité en lui pour entrer dans sa prélature.

FIDÉLITÉ (ORDRE DE LA) ou DE L'AIGLE-NOIR, ordre de chevalerie institué en 1701 par Frédéric III, marquis et électeur de Brandebourg, et depuis roi de Prusse, pour récompenser les services de plusieurs personnages. Les chevaliers portent une croix d'or émaillée de bleu, ayant au milieu les chiffres de ce prince F. R., et aux angles l'aigle de Prusse émaillée de noir. Elle est attachée à un ruban de couleur orange. Les chevaliers portent aussi sur le côté gauche de leur habit une croix d'argent, étoilée, avec un aigle d'or au milieu et l'inscription : *suum cuique* (à chacun ce qui lui appartient de droit). Cet ordre existe encore. — On a jadis nommé ainsi l'ordre de *Danebrog*.

FIDELIUM, premier mot de l'oraison que les catholiques disent pour les morts, et que l'on nomme pour cette raison *Fidelium*.

FIDÈNES, ancienne ville du Latium, dans le territoire des Sabins, sur le Tibre, à l'embouchure de l'Anio. Elle se révolta contre Rome et fut prise plusieurs fois par Romulus, Tullus Hostilius, Ancus Martius et Tarquin l'Ancien, rois de Rome. Elle se montra toujours hostile à cette ville, jusqu'à ce qu'enfin elle fut prise de nouveau et réduite en province romaine par le dictateur Mamercus Æmilius, l'an 426 avant J.-C. Elle se nomme aujourd'hui *Castro Giubileo*.

FIDIUS DIUS, dieu de la bonne foi, présidait chez les Romains à la religion, à la fidélité, aux serments et aux contrats. On jurait par ce dieu en disant : *Me Dius Fidius* (adjuvet), c'est-à-dire, *puisse Dius Fidius m'être favorable*. Les uns le prennent pour Janus, les autres pour Sylvain, d'autres enfin pour le fils d'une jeune fille du pays des Sabins. On le surnommait *Sancus* et *Semi-pater*. On célébrait sa fête le 5 juin sur le mont Quirinal.

FIDUCIAIRE, héritier chargé de transmettre la totalité ou une partie d'une succession à une personne que la loi n'admet pas pour légataire. C'est simplement le transmetteur d'un héritage, d'un legs. — Les anciens nommaient *vente fiduciaire* des ventes simulées qu'un père faisait de son fils pour lui procurer légalement l'émancipation.

FIDUCIE, Voy. FIDÉICOMMIS.

**FIEF,** terre, seigneurie, droits, que l'on tenait d'un seigneur dominant à la charge de foi et hommage, et de certaines redevances conventionnelles. Les uns font remonter cette institution aux Romains; mais il paraît qu'elle date du règne d'Hugues Capet ou de Charles le Simple. Les fiefs se distinguaient des *bénéfices* en ce que ces derniers n'étaient pas héréditaires, et n'entraînaient pas le serment de foi et hommage. On divisait autrefois les *fiefs en fiefs terriens* ou *terriaux*, de revenus, de maîtres, des offices, de dignité, nobles, ruraux, restreints, simples, épiscopaux, etc. Les francs-fiefs étaient tenus par des personnes franches et nobles de race. Les *fiefs de dévotion* ou *de piété* étaient des États que les souverains reconnaissaient par humilité tenir de Dieu. Les *fiefs régaliens* relevaient de la personne même du roi. Le *fief dominant* était celui à qui l'on devait foi et hommage. Le *fief servant* était celui qui relevait d'un autre fief. Les *fiefs de haubert* tenaient directement du prince. — On nommait *profits de fief* les droits seigneuriaux.

**FIEL,** synonyme de *bile*. (Voy.) Le plus souvent on nomme ainsi la *bile* de bœuf et son extrait, humeur jaunâtre et amère. Le fiel de bœuf est employé par les dégraisseurs pour enlever les taches de graisse, et par les peintres dans la composition des couleurs.

**FIEL** (VÉSICULE DU), poche membraneuse ayant la forme d'une poire, et occupant la face inférieure du grand lobe du foie, immédiatement à côté du sillon horizontal, et qui sert de réservoir à la bile qui, n'étant point portée du foie au duodénum par le canal hépatique, reflue de celui-ci dans le canal cystique. Des animaux, comme les cerfs, les chevaux, les daims, les dauphins, n'ont pas de vésicule. Cette poche est remplacée par des conduits aboutissant aux intestins.

**FIEL DE TERRE,** nom vulgaire de la *fumeterre* et de la *petite centaurée*. Voy.

**FIEL DE VERRE,** nom donné autrefois à un mélange de plusieurs sels calcaires, de sulfate de potasse, d'hydrochlorate de soude, etc., qui surnageaient au-dessus du verre pendant la vitrification. Ce mélange n'est plus usité en médecine.

**FIELDING** (Henri), romancier anglais né dans le comté de Sommerset en 1707. Né avec une imagination ardente, il altéra sa santé et sa fortune par un trop grand abus des plaisirs. La place de juge de paix dans le comté de Middlesex lui offrit des ressources contre l'indigence. Il mourut à Londres en 1757. La plupart de ses romans ont été traduits en français. Les plus considérés sont *Tom Jones*, *Amélie*, *Joseph Andrews*, *Roderik Randon*, les *Mémoires du chevalier Kilpar*, l'*Histoire de Jonathan Wild*, etc.

**FIÉRASFER,** genre de poissons de la famille des anguilliformes. Ils ressemblent aux donzelles par leur corps revêtu de petites écailles répandues sans régularité dans l'épaisseur de la peau; mais ils s'en distinguent par le manque de barbillons. Ce sont de très-petits poissons.

**FIERTABLE.** On disait autrefois à Rouen qu'un crime était *fiertable* lorsqu'on pouvait en obtenir la rémission en levant la châsse de saint Romain. Tels étaient les crimes de lèse-majesté, de duel, etc.

**FIERTE,** du latin *feretrum*, ancien mot qui désignait autrefois une châsse. Il était en usage à Rouen en parlant de la châsse de saint Romain, archevêque de cette ville, en faveur duquel on faisait grâce à un criminel le jour de l'Ascension, où l'on portait sa châsse en procession dans la ville.

**FIESCHI** (Joseph), né à Murato (Corse) en 1790, s'engagea en 1808 dans un régiment qui allait en Toscane, fit la campagne de Russie, passa au service de Murat, roi de Naples, qu'il accompagna dans sa dernière expédition. Pris et condamné à mort, il fut remis au gouvernement français, qui le rendit à la liberté. Après avoir subi dix ans de réclusion pour vol et faux en écriture privée, il vint à Paris comme gardien du moulin de Croullebarbe. Accusé d'avoir usé de faux certificats, privé de ses emplois, il conçut une grande haine contre le gouvernement (1835), et chercha les moyens d'assassiner Louis-Philippe et les princes. Il monta une machine formée de vingt-quatre canons de fusil, et le 28 juillet 1835 il y mit le feu pendant que le roi passait la revue sur le boulevard du Temple : dix-huit personnes furent tuées ou blessées mortellement. Arrêté, il fut condamné à mort par la cour des pairs avec ses complices Morey et Pépin le 16 janvier 1836; un autre complice, Boireau, fut condamné à vingt ans de détention.

**FIESQUE** (Jean-Louis), comte de Lavagne, d'une des quatre premières maisons nobles de Gênes. Plein d'ambition, il ne put souffrir l'insolence avec laquelle André Doria, protecteur de la république, affectait de traiter les nobles. Il se ligua d'abord avec la France; mais ensuite il forma une conspiration secrète pour renverser les Doria; elle éclata la nuit du 1er janvier 1547. Jeannetin Doria, neveu d'André, fut tué par les conjurés. Maître de la ville, Fiesque se dirigea vers le port; mais, étant tombé dans la mer, il y périt à l'âge de vingt-deux ans. Doria rentra dans Gênes. La famille des Fiesque fut bannie de la ville jusqu'à la cinquième génération.

**FIÈVRE,** maladie qui revêt des formes très-variées. On la distingue en *idiopathique* et en *symptomatique*. La première est une affection aiguë, caractérisée par le trouble général des fonctions et surtout de la circulation et de la chaleur, indépendante de toute affection locale, bien qu'elle puisse exister avec d'autres maladies. La deuxième n'est autre chose que l'accélération du pouls, l'élévation de la chaleur, et le malaise général produits par une autre affection. Les fièvres idiopathiques diffèrent entre elles par des caractères nombreux. On les divise en *continues*, *intermittentes* et *rémittentes*. Elles se subdivisent encore en *inflammatoires*, *bilieuses*, *muqueuses*, *adynamiques*, *nerveuses* et *simples*.

**FIÈVRE** (myth.), déesse de la *fièvre*. Elle avait des temples et des autels chez les Romains. On apportait dans ses temples les remèdes qu'on destinait aux malades, espérant leur donner une plus grande puissance.

**FIÈVRE ADYNAMIQUE** ou PUTRIDE, une des formes de la maladie nommée *adynamie*. Les causes de la fièvre adynamique sont les travaux excessifs, le séjour dans un lieu malsain, chargé de miasmes putrides, la privation de bons aliments, les veilles, les passions tristes. Elle survient souvent dans le cours des affections chroniques qui empêchent de quitter le lit, dans la paralysie, le rhumatisme chronique, etc. Elle attaque les individus jeunes et faiblement constitués; quelquefois elle se développe sans cause manifeste. Les mouvements sont lents et difficiles, les yeux injectés, le visage semble frappé de stupeur, le malade est privé de toute énergie morale; il est dans un demi-délire; le pouls s'affaiblit. La mort a lieu du neuvième au quatorzième jour. Quelquefois la guérison est complète; souvent la maladie laisse la paralysie d'un membre, la perte d'un sens, le dérangement des facultés intellectuelles.

**FIÈVRE AIGUE,** nom donné par quelques médecins aux fièvres dont la marche est très-aiguë.

**FIÈVRE ALGIDE.** Voy. ALGIDE.

**FIÈVRE AMÉRICAINE** ou D'AMÉRIQUE, nom donné à la FIÈVRE JAUNE.

**FIÈVRE AMPHIMÉRINE** ou EPHÉMÉRINE, fièvre dont les accès ont lieu tous les jours.

**FIÈVRE ANNUELLE,** nom donné à une fièvre intermittente dont les accès reparaissent chaque année à la même époque.

**FIÈVRE ANOMALE,** nom donné aux fièvres *intermittentes*, et surtout à celles dont les accès n'offrent pas les trois périodes qui caractérisent ces affections.

**FIÈVRE ARDENTE** ou CAUSUS, espèce de fièvre bilieuse inflammatoire, très-intense. Elle est provoquée, chez les personnes d'un tempérament bilieux, sanguin, par des excès dans les boissons alcooliques, des passions violentes, etc. Le malade délire, il éprouve une soif brûlante, une agitation continuelle; le pouls est fréquent et dur. La durée de l'affection s'étend du septième au quatorzième jour. Sa terminaison est le plus souvent favorable.

**FIÈVRE ARTIFICIELLE,** nom donné au mouvement fébrile produit à dessein par l'emploi intérieur ou extérieur de substances stimulantes.

**FIÈVRE ATYPIQUE,** épithète des fièvres intermittentes dont les accès reparaissent irrégulièrement.

**FIÈVRE BÉNIGNE,** nom donné aux fièvres qui ne peuvent compromettre la vie des malades.

**FIÈVRE BILIEUSE,** maladie dont les symptômes sont une grande nonchalance, la lassitude, le manque d'appétit, une paresse physique et morale, le brisement des membres, la fréquence du pouls, la sécheresse de la peau et une migraine intense. Elle est causée par le séjour dans une atmosphère chaude et humide, des aliments malsains. L'âge adulte, le tempérament bilieux, l'inaction, les passions tristes, la développent aussi. Sa durée est de sept à quatorze jours. Sa terminaison est ordinairement favorable.

**FIÈVRE CÉRÉBRALE.** Voy. CÉRÉBRALE.

**FIÈVRE CHAUDE,** nom donné à la fièvre accompagnée de délire et à la *fièvre ardente*.

**FIÈVRE CHOLÉRIQUE,** variété des fièvres intermittentes pernicieuses, accompagnée des symptômes du choléra-morbus.

**FIÈVRE CHRONIQUE,** nom donné aux *fièvres lentes* et *hectiques*.

**FIÈVRE CONTAGIEUSE,** nom donné à diverses maladies fébriles qui se communiquent contagieusement. Telles sont la rougeole, la variole, la scarlatine, etc.

**FIÈVRE CONTINENTE,** nom de toute fièvre dont l'intensité reste la même pendant tout son cours, et dans lequel on ne distingue ni diminution des symptômes ni exacerbation.

**FIÈVRE CONVULSIVE,** variété des fièvres intermittentes nerveuses ou pernicieuses, suivies de convulsions.

**FIÈVRE D'ACCÈS,** nom donné aux fièvres intermittentes.

**FIÈVRE D'AMOUR,** espèce de FIÈVRE HECTIQUE OU ÉROTIQUE produite par une inclination contrariée.

**FIÈVRE DÉCIMANE,** celle dans laquelle les accès reviennent de neuf en neuf jours.

**FIÈVRE DE LAIT,** nom donné au mouvement fébrile qui précède la sécrétion du lait chez les femmes nouvellement accouchées. Il se montre communément le troisième jour après l'accouchement. Il est marqué par l'accélération du pouls, l'élévation de la chaleur, la rougeur de la face, le gonflement des mamelles. Sa durée est de vingt-quatre heures.

**FIÈVRE DÉLIRANTE,** variété des fièvres intermittentes nerveuses, dont le principal symptôme est le délire.

**FIÈVRE DEMI-TIERCE** ou HÉMITRITÉE, fièvre rémittente ou intermittente qui a un accès tous les jours et un second accès de deux en deux jours. On en distingue deux sortes, la *légitime*, qui se termine en sept jours, et la *fausse*, qui est plus longue, mais moins intense.

**FIÈVRE DES CAMPS,** nom vulgaire donné au *typhus*. On le nomme aussi *fièvre de Hongrie* ou *d'hôpital*.

**FIÈVRE DIGESTIVE,** nom donné au frissonnement, puis à l'élévation de la chaleur et à l'accélération du pouls qui accompagnent la digestion stomacale.

**FIÈVRE DOUBLE,** FIÈVRE DOUBLÉE. Voy. DOUBLE.

**FIÈVRE DOUBLE QUOTIDIENNE,** fièvre intermittente qui a deux accès par jour.

FIÈVRE DOUBLE TIERCE, DOUBLE QUARTE. Voy. DOUBLE.

FIÈVRE ÉPACMASTIQUE, nom donné aux fièvres dont les symptômes croissent d'intensité depuis le début jusqu'à la terminaison.

FIÈVRE ESSENTIELLE ou IDIOPATHIQUE. Voy. FIÈVRE.

FIÈVRE GASTRIQUE, nom donné à la *fièvre bilieuse*.

FIÈVRE HECTIQUE. Voy. HECTIQUE.

FIÈVRE INSIDIEUSE, nom donné à quelques variétés de *fièvres pernicieuses* qui offrent dans les premiers, accès une bénignité apparente, et deviennent ensuite mortelles dans les accès suivants.

FIÈVRE JAUNE. Voy. TYPHUS D'AMÉRIQUE. On la nomme ainsi parce que les malades ont la peau colorée en jaune.

FIÈVRE LENTE. Voy. HECTIQUE.

FIÈVRE MALIGNE, nom donné à la *fièvre nerveuse*, à cause de sa marche insidieuse et du danger qu'elle présente.

FIÈVRE NONANE, celle dont les accès reparaissent le neuvième jour, ou de huit jours en huit jours.

FIÈVRE OCTANE, celle dont les accès reviennent de sept en sept jours.

FIÈVRE PESTILENTIELLE, nom du *typhus d'Europe*. (Voy.) La *fièvre jaune*, la *suette*, furent autrefois comprises sous ce nom. On nomme encore le typhus *fièvre pétéchiale*.

FIÈVRE PUTRIDE, nom donné à la *fièvre adynamique* à raison de l'odeur putride des matières évacuées, de la gangrène qui dévore le corps et de la prompte putréfaction des cadavres.

FIÈVRE QUINTANE, fièvre dont les accès reviennent de quatre en quatre jours.

FIÈVRE RÉGULIÈRE, fièvre intermittente dont les accès suivent un type déterminé.

FIÈVRE ROUGE. Voy. SCARLATINE.

FIÈVRES AUTOMNALES, vulgairement FIÈVRES, nom donné aux fièvres intermittentes qui règnent en automne, et qui diffèrent beaucoup de celles que l'on voit au printemps. Elles sont plus redoutables. Les accès se renouvellent à des époques fixes. Elles sont souvent accompagnées de symptômes bilieux. Leur durée est longue, et les rechutes sont très-fréquentes. Elles laissent après elles de graves maladies, telles que l'engorgement des viscères abdominaux, l'hydropisie, etc.

FIÈVRE SECONDAIRE, mouvement fébrile qui reparaît dans quelques affections après avoir cessé. Telle est la fièvre qui survient lors de la suppuration des pustules varioliques, ou après que l'éruption de la fièvre scarlatine a disparu.

FIÈVRE SEPTANE, fièvre dont les accès reparaissent de six jours en six jours.

FIÈVRE SEXTANE, celle dont les accès reviennent de cinq jours en cinq jours.

FIÈVRE SIMPLE, variété caractérisée par le trouble simultané de toutes les fonctions, et par l'absence des symptômes propres aux fièvres inflammatoires, bilieuses, muqueuses, adynamiques ou nerveuses.

FIÈVRE SIMPLE CONTINUE, maladie caractérisée par un malaise, une faiblesse générale, la fatigue des membres, le manque de sommeil, de l'appétit, la fréquence du pouls, l'élévation de la chaleur, etc. Elle survient à la suite d'un écart de régime, d'un exercice violent, d'une veille prolongée, d'une impression vive, physique ou morale. Sa durée est ordinairement de deux à trois jours, d'autres fois elle s'étend du septième au quatorzième jour. Elle se termine toujours favorablement.

FIÈVRE SUBINTRANTE, fièvre dont les accès sont tellement rapprochés, que l'un commence avant que l'autre soit terminé.

FIÈVRE SYMPTOMATIQUE, mouvement fébrile, nommé vulgairement *fièvre*, et lié à l'existence d'une autre maladie, et surtout d'une inflammation.

FIÈVRE TIERCE, celle dont les accès reviennent tous les deux jours. — La FIÈVRE TIERCE DOUBLÉE est celle qui offre tous les deux jours deux accès.

FIÈVRE TRAUMATIQUE, mouvement fébrile qui succède aux blessures ou aux grandes opérations de chirurgie.

FIÈVRE VERMINEUSE, mouvement fébrile produit par la présence des vers dans les organes de la digestion, ou suivi de leur expulsion.

FIÈVRES VERNALES, nom donné aux fièvres intermittentes qui se montrent au printemps.

FIFE, comté d'Écosse entre les golfes de Tay et de Forth, l'Océan, le mont Ochill et les comtés de Kinross, de Perth et de Clackmannan. Sa superficie est d'environ 70 lieues carrées, et sa population de 120,000 habitants. Le climat est doux, le territoire fertile en blé et pâturages. On y trouve de nombreuses mines de houille et de fer. La capitale est *Saint-André*.

FIFRE, petit instrument à vent, en forme de flûte, percé de six trous, et d'un son très-perçant. Il fut inventé en Suisse et était en usage en France sous François Ier. Les fifres accompagnaient les tambours. Depuis les guerres de la révolution, il s'en est vu dans quelques corps, en France. De nos jours on ne s'en sert plus. Ils sont encore usités en Allemagne, en Prusse et en Angleterre.

FIGALE, ancien petit bâtiment des Indes orientales. Il portait une voile et allait à l'aviron. Son avant avait une saillie en pointe.

FIGEAC ou FIAC, chef-lieu d'arrondissement (Lot), à 20 lieues de Cahors. Population, 6,390 habitants. Cette ville doit son origine au monastère de ce nom, fondé au VIIIe siècle. Elle était autrefois très-fortifiée, et eut beaucoup à souffrir dans les guerres de religion. Figeac possède des tanneries, un tribunal de première instance, un collége et des fabriques de toiles de coton. Elle commerce en cuirs, bétail, grains et vins.

FIGEAC, abbaye de l'ordre de Saint-Benoît, dans le diocèse de Cahors (Lot). Elle fut fondée en 755 par Pepin le Bref, en mémoire de sa victoire sur les Sarrasins. Elle fut sécularisée et changée en collégiale par une bulle de Paul III (1556).

FIGUE, fruit du *figuier*. Il y en a de deux sortes : la *figue-fleur* ou *de printemps*, et la *figue d'été*. La première mûrit en juin et juillet, la deuxième d'août en octobre. Celle-ci est la plus estimée. On les divise en : 1o *blanches, jaunâtres et vertes*; 2o *violettes, rouges, brunes et noirâtres*. Parmi les premières, on distingue la *figue blanche*, lisse, d'un vert pâle, pyriforme; la *figue de Marseille*, petite, arrondie, blanche à l'extérieur, rouge dedans; la *figue de Lipari*, très-petite, ronde et blanche; la *figue coucourelle*, presque ronde, blanchâtre, rouge en dedans; la *figue angélique*, blanche, arrondie, à pulpe d'un jaune rougeâtre; la *figue verte*, rouge en dedans; la *figue grosse jaune*, la plus grosse de toutes. Parmi les deuxièmes, on cite la *figue monissoune*, d'un bleu violacé, la plus agréable quand elle est fraîche. — Les figues sont mucilagineuses et adoucissantes. Fraîches, elles nourrissent peu; sèches, elles sont très-alimentaires. — En médecine, on en fait des tisanes et des cataplasmes émollients.

FIGUEIREDO (Antoine Pereira), né à Macao (Chine) de parents portugais en 1725, étudia chez les jésuites de Villa-Viciosa. Il fut d'abord organiste du monastère de Sainte-Croix de Coïmbre; mais il prit ensuite l'habit religieux à Lisbonne, dans la congrégation des pères de l'Oratoire, et il professa la grammaire, la rhétorique et la théologie. S'étant déclaré pour le roi de Portugal contre la cour de Rome, il fut nommé en 1772 un des premiers députés de la junte du subside littéraire et de l'instruction publique, et membre de l'académie royale des sciences. Il mourut en 1795. On a de lui trois ouvrages en espagnol, sur les langes latine et portugaise.

FIGUERAS, ou FIGUÈRES, petite ville d'Espagne dans la Catalogne, à 24 lieues de Barcelone, dans la province et à 6 lieues de Girone, à 11 de Perpignan (France). Sa population est de 8,000 habitants. C'est une ville bien fortifiée, qui a un château fort magnifique, et dont le terroir abonde en grains et en fruits.

FIGUEROA (Francesco), né à Alcala de Hénarès (Espagne) vers 1540, montra dès son enfance un grand talent pour la poésie. Il la cultiva dans la suite avec tant de succès qu'on le surnomma *le Divin*. Après avoir embrassé la carrière militaire, il servit dans les guerres d'Italie. Revenu en Espagne, il acquit de grands honneurs; les princes et les savants étrangers étaient en correspondance avec lui. Avant de mourir, il fit brûler ses œuvres.

FIGUEROA (Christophe SUAREZ), docteur en droit, né à Valladolid au commencement du XVIIe siècle, se voua à la culture des belles-lettres, et il se fit remarquer par des productions estimables. Ce sont *la Constante Amarilis*, poésie pastorale (1609); le *Miroir de la jeunesse*, l'*Espagne vengée*, poëme héroïque; l'*Histoire des actions des jésuites en Orient* (1607-1608).

FIGUEROA (Don Joseph), né en Espagne de parents militaires, embrassa très-jeune la profession des armes. Envoyé dans l'Amérique méridionale lorsque les cris d'indépendance retentirent dans ce pays, il commanda le bataillon de la Conception à Saint-Iago, capitale du Chili. Dans un combat qu'il livra aux séditieux, la plupart de ses soldats furent tués. Fait prisonnier, il fut traduit devant une commission militaire qui le condamna à mort (1811).

FIGUIER, genre de la famille des urticées, composé d'arbres et d'arbrisseaux qui renferment un suc laiteux; les feuilles sont découpées, d'un vert foncé; le fruit se nomme *figue*. Le *figuier commun* s'élève de quinze à trente pieds dans les contrées méridionales de l'Europe. Son tronc est couvert d'une écorce grisâtre. Son bois est d'un jaune clair et tendre, élastique à l'état de siccité. Son suc est très-corrosif; on s'en servait autrefois en médecine. On en retire une résine molle et visqueuse. Le *figuier du Bengale* a cette propriété, que les branches en descendant à terre y prennent racine et forment une épaisse forêt.

FIGUIER, espèce d'oiseau du genre *souimanga*, nommé aussi *sucrier-figuier*. Cet oiseau, très-commun au Sénégal, a la tête, le cou, la gorge, le dos et le bord externe des ailes d'un vert bronzé à reflets dorés, le croupion et la queue de couleur violette. Les pennes de l'aile et de la queue sont brunes, les intermédiaires de cette dernière sont très-longues, dorées et terminées en palette; la poitrine est d'un jaune clair.

FIGUIER. On nomme vulgairement *figuier d'Adam* le bananier; *figuier des Hottentots*, la *ficoïde comestible*; *figuier maudit*, le clusier; *figuier de l'Inde* ou *d'Amérique*, le cactus.

FIGURE (math.). On nomme ainsi, en arithmétique, les chiffres simples de notre échelle numérique. En géométrie, on nomme *figure*, 1o une surface terminée par des lignes droites ou courbes; 2o la représentation faite sur le papier de l'objet d'un problème, pour en rendre la démonstration ou la solution plus facile à concevoir.

FIGURE. On nomme ainsi, en astrologie, une description ou reproduction de l'état et de la disposition du ciel à une certaine heure, qui contient les *lieux* des planètes et des étoiles, marqués dans une figure de douze triangles nommés *maisons*. On la nomme aussi *horoscope* et *thème*. — En géomancie, ce mot s'applique aux extrémités des points, lignes ou nombres jetés au hasard, et aux combinaisons ou variations desquels ceux qui faisaient profession de cet art fondaient leurs prédictions.

FIGURE (mus.), groupe de notes qui forme un certain dessin. C'est de là qu'on a appelé *chant figuré* et *musique figurée*, tout ce qui n'est pas du plain-chant.

FIGURE, nom donné, en marine, à la statue, au lion, au buste ou à l'écusson que l'on place au sommet de l'éperon, en dessous du beaupré. Elle est quelquefois analogue au nom du bâtiment, et sert d'ornement à cette partie saillante de la proue qui termine l'éperon.

FIGURE désigne, dans les arts du dessin, les représentations de l'homme ou des animaux. Un élève *fait la figure* lorsqu'il apprend à dessiner une figure entière. En sculpture, on nomme *figure* la représentation d'un homme, d'un animal assis ou couché. — Figure désigne encore toute espèce d'image gravée dans un livre. En termes de *blason*, il se dit des pièces dont un écu est chargé.

FIGURE. En termes de ballet, on nomme ainsi les mouvements, les danses symétriques faites par les danseurs, de manière à former un tableau, un ensemble agréable.

FIGURÉ ou BANDAGE ROYAL, bandage compressif qu'on applique sur la tête après la saignée de la veine préparate. On le forme avec une bande longue de quatre aunes.

FIGURÉ, nom donné, en géométrie pratique, à la représentation des différents objets que renferme un terrain dont on lève le plan, ou un pays dont on fait la carte.

FIGURÉS (NOMBRES). On appelle ainsi des suites de nombres formant des progressions arithmétiques de divers ordres, dérivées les unes des autres par une loi constante. Soit 1, 2, 3, 4, 5, etc., la suite des nombres naturels (*figurés* du 1er ordre). Si l'on ajoute ensemble les termes de cette suite, ainsi : 1 et 2 font 3 ; 3 et 3, 6 ; 6 et 4, 10, etc., il en résulte les nombres 1, 3, 6, 10, 15, 21, etc., que l'on nomme *figurés du deuxième ordre*, nommés aussi *nombres triangulaires* ; ajoutant de la même manière les termes de cette deuxième série, on a la suite, 1, 4, 10, 20, etc., nommée *figurés du troisième ordre* ou *nombre pyramidaux*; ajoutant encore à la troisième série, on a les nombres 1, 5, 15, 35, 70, 126, etc., nommés *figurés du quatrième ordre*.

FIGURES, nom donné, en théologie, aux choses, aux personnes, aux événements de l'Ancien Testament, parce qu'ils étaient les images du Nouveau Testament et de ses mystères. Ainsi la manne était une figure de l'eucharistie ; Abel, Isaac, Joseph étaient des *figures* de Jésus-Christ.

FIL, matière flexible, élastique, déliée, résistante, de couleur variable, ordinairement blanche ou grise, provenant de la préparation de la moelle intérieure séchée de certaines plantes, le lin, le chanvre, etc. On apprécie les fils par leur grosseur, leur forme, leur couleur, leur force. On dit qu'un fil de telle espèce est de tel *numéro* quand, dans une livre, on compte tant de mètres ou d'aunes de fil. — Par figure, on nomme *fil* le coton, la soie, la laine, le crin ou toute autre matière filée.

FIL se dit du tranchant d'un instrument qui coupe et de la propriété qu'acquièrent les instruments de fendre, de couper les corps avec facilité et sans la moindre aspérité. On *donne le fil* au moyen de pierres à aiguiser. On nomme *morfils* les petites pellicules qui se détachent d'un tranchant que l'on passe sur la meule.

FIL. En marine, on nomme *fil à gargousses* du fil de chanvre avec lequel on coud le gargousses ; *fil à voile*, un fil de une à trois lignes de tour, qui sert à coudre les voiles. Pour reconnaître les cordages fabriqués dans les ports militaires, on laisse un gros fil blanc dans un toron formé de *fils goudronnés* ou trempés dans le goudron chaud, et dans le filin blanc on en laisse un goudronné. C'est ce qu'on appelle *fil de marque*.

FIL A PLOMB, celui que l'on suspend au centre des quarts de cercle, des secteurs et autres instruments d'astronomie, pour marquer la verticale qui se dirige du zénith au nadir. Sa direction est toujours perpendiculaire à la surface de la terre, parce qué c'est la direction même de la pesanteur qui est perpendiculaire à la surface du globe terrestre.

FIL D'ARCHAL ou FIL DE FER, fer battu et tiré à travers les trous d'une *filière* afin d'acquérir un diamètre très-petit, depuis six lignes jusqu'à une quantité très-minime et presque incommensurable. Les fabriques se nomment *tréfileries*. Les plus renommées sont, en France, l'Aigle, Limoges, Lyon, Ornans, Rambervilliers, Béfort ; et à l'extérieur, Aix-la-Chapelle, Amsterdam, Cologne, Hambourg, Liége, Lubeck, Neuchâtel, etc.

FIL DE CARET. Voy. CARET.

FIL DE CHAINETTE, nom donné à du gros fil ou de la petite ficelle dont les tisserands forment la partie de leur métier nommée *chainette*, parce qu'elle sert à lever ou baisser les fils de la chaîne au travers desquels ils lancent la navette.

FIL DE LACS, nom donné, dans les manufactures de soie, à un fil fort, à trois brins, qui sert à arrêter, par un entrelacement successif et indéterminé, toutes les cordes que la liseuse a retenues avec l'embarbe.

FIL DE REMISE, fil très-fin, à trois brins, qui sert à faire les mailles des lisses dans lesquelles sont passés les fils de la chaîne.

FIL NOTRE-DAME ou FIL DE LA VIERGE, nom donné aux filaments blancs que l'on voit voltiger en automne. Ils proviennent du travail des jeunes araignées.

FILAGE, l'art de filer toutes les matières filamenteuses, telles que le lin, le chanvre, le coton, la soie, la laine, etc. Cet art remonte à une haute antiquité. Il consiste à former avec les brins d'une de ces matières filamenteuses un cylindre à base circulaire nommé *fil*, plus ou moins gros ou fin, d'une longueur indéterminée, flexible en tous sens. On file le lin par quatre moyens : au *fuseau*, au *rouet* simple, au *rouet* de cordier, par *machines d'invention moderne*. La soie, le coton et la laine se filent par des machines particulières.

FILAGRAMME. Voy. FILIGRANE.

FILAIRE. Des naturalistes ont nommé ainsi un groupe de vers intestinaux, formé des *filaires* et des *dragonneaux*. Mais on doit les distinguer avec soin. Le genre *filaire* est caractérisé par un corps arrondi, très-allongé, presque cylindrique ; une bouche orbiculaire, petite et terminale. On trouve ces mammifères dans tous les vertébrés, mammifères, reptiles, insectes, oiseaux, etc. ; ils se développent dans les viscères, l'abdomen, les muscles, et même dans les yeux.

FILAMENT, nom donné à des fibres si petites que l'on ne peut les distinguer. C'est dans ce sens qu'on dit un *filament nerveux, cellulaire*, etc. — En pathologie, on nomme ainsi des filets glaireux ou mucilagineux qui se trouvent dans l'urine de quelques malades.

FILANDRES, nom donné par les marins à des mousses vertes, longues et fines, qui s'attachent et se fixent sur la carène des bâtiments qui ne sont pas doublés en cuivre. — En médecine vétérinaire, on nomme ainsi les chairs luxuriantes qui survivent dans une plaie, et s'opposent à la cicatrisation. Lorsque ces chairs s'endurcissent, on les nomme *os de graisse*.

FILANGIERI (Gaetano), né à Naples en 1752 de César, prince d'Aranielo, se livra d'abord à la carrière des armes, et l'abandonna bientôt pour l'étude des sciences et de la philosophie. Il obtint de grands succès dans le barreau, et fut appelé en 1787 au conseil suprême des finances. Il succomba en 1788 à une grave maladie. On a de lui la *Science de la législation*. Cet ouvrage, qui devait embrasser sept livres, est inachevé. On n'en a que cinq. Ses innovations firent condamner en 1784. Il a encore écrit un traité de l'*Education publique et privée* et la *Morale des princes*.

FILAO. Voy. CASUARINA.

FILARET (mar.), ancien nom que l'on donnait à de longues pièces de bois minces, issus, qui formaient une espèce de galerie autour de certains bâtiments. — Les charpentiers appellent ainsi l'arête aiguë d'une pièce de bois travaillée selon son fil.

FILARIA, genre de la famille des jasminées, renfermant des arbustes toujours verts, indigènes au midi de l'Europe. On les place dans les bosquets d'hiver. Leur couleur est luisante et sombre, les fleurs sont verdâtres ou blanchâtres, disposées en grappes à l'aisselle des feuilles ; le fruit est une baie renfermant une graine blanche et dure ; leur bois est jaune, dur, susceptible de prendre un beau poli. On distingue le *filaria à larges feuilles, à feuilles moyennes* et *à feuilles étroites*.

FILASSE. On donne ce nom aux fibres flexibles et résistantes adhérentes à la partie intérieure de l'écorce du chanvre, du lin et de quelques autres plantes filamenteuses, après que le lin, le chanvre pur, etc., ont été détachés. Ces fibres sont réunies à l'écorce par une substance particulière. On les détache par le moyen du *brouissage*. Cette filasse peignée se nomme *étoupe*. — *Filasse de montagne*. Voy. ASBESTE.

FILBERT (Saint), né à Eause (Gers), véçut d'abord à la cour du roi Dagobert 1er. Il embrassa la vie religieuse dans le monastère de Rebais (Seine-et-Marne), et en devint abbé en 650. S'étant démis de sa charge, il voyagea en France et en Italie, et fonda vers 654 la fameuse abbaye de Jumièges (Seine-Inférieure). Ebroïn, maire du palais, fatigué de ses sages remontrances, le fit mettre en prison. Il se retira ensuite près de Poitiers (Vienne), où il fonda les monastères de Noirmoutier et de Quinçai. Il revint à Jumièges en 681, et mourut à Noirmoutier en 684 ou 690. On fait sa fête le 20 d'août.

FILE, suite de choses ou de personnes disposées l'une après l'autre. Trois hommes dans l'infanterie, deux dans la cavalerie, forment une *file*. Dans certains cas, l'infanterie se range sur deux hommes de hauteur. Les trois hommes qui forment une file marchent les uns devant les autres, et se tiennent à un pied de distance. On nomme *chef de file* le premier d'une file, et, en marine, le vaisseau qui est à la tête d'une flotte.

FILE DE PIEUX, c'est, en hydraulique, un rang de pieux équarris et couronnés d'un chapeau arrêté à tenons et à mortaises, ou attaché avec des chevilles de fer, pour retenir les berges d'une rivière, d'un étang, ou pour conserver les chaussées des grands chemins.

FILER, action du cordier qui fait le fil nécessaire pour confectionner les cordages en usage dans la marine. *Filer en douceur*, c'est lâcher un cordage légèrement ; *filer en garant*, c'est le lâcher avec précaution ; *filer en bande*, c'est tout lâcher ; *filer à la demande*, c'est diminuer une trop grande tension d'un câble ou d'une manœuvre ; *filer la ligne de sonde*, c'est la laisser descendre librement dans l'eau ; *filer un câble par le bout*, c'est laisser aller tout le câble du bâtiment dans la mer, l'abandonner avec son ancre ; *filer du câble*, c'est le laisser filer dehors du navire ; *filer le loch*, c'est laisser aller la ligne du loch. On dit que le bâtiment *file deux nœuds, trois nœuds*, etc., lorsque, dans l'espace de trente secondes, il parcourt deux fois, trois fois, etc., quarante-cinq pieds.

FILER UN SON (mus.), c'est le poser doucement, puis l'enfler peu à peu et le diminuer de la même manière.

FILET, partie déliée de l'étamine, dans les fleurs mâles, qui soutient l'*anthère*. On l'a comparée à la nervure moyenne ou pétiole de la feuille. Il est des fleurs dont les étamines n'ont pas de filet. Elles sont alors *sessiles*. Le filet est le plus souvent *filiforme* ; quelquefois cependant il est plane, dilaté et semblable à un pétale, dans les *amomées*. Les filets des étamines sont tantôt *libres* et *distincts*, tantôt réunis en un seul corps (*androphore*), et les étamines sont alors *monadelphes* ; tantôt en deux, et elles sont *diadelphes* ; tantôt en plu-

FILET ou FREIN, petit fil, fil délié. — En anatomie, on nomme ainsi divers replis membraneux qui brident et retiennent certains organes. Le *filet de la langue* est un repli triangulaire formé par la membrane muqueuse de la bouche, et placé entre la paroi inférieure de cette cavité et la base inférieure de la langue. Quand ce repli se prolonge jusqu'à l'extrémité de la langue, il gêne ses mouvements, s'oppose à la succion. On y remédie en le coupant avec des ciseaux, ce qu'on nomme *opération du filet.* — Il y a deux *filets* ou *freins des lèvres,* un pour la lèvre supérieure, et l'autre pour l'inférieure. Ils amissent ces parties aux os maxillaires. Ils sont triangulaires, situés sur la ligne médiane, et formés par la membrane muqueuse de la bouche.

FILET, nom donné, en architecture, à des moulures plates ou lisses, rondes ou carrées, placées entre deux moulures plus grandes et plus saillantes.

FILET. On nomme ainsi les guides d'une bride de cheval qui correspondent directement au mors. Les rênes en sont courtes et taillées d'un seul morceau. Le mors en est mince et brisé par le milieu. Il sert aux cavaliers pour rafraîchir la bouche de leurs chevaux ; le mors de la bride, étant lourd et matériel, les fatigue ; on les soulage en les dirigeant par le moyen du filet.

FILET (accept. div.). On nomme *filet d'eau* ou *d'un fluide quelconque* l'écoulement de l'eau ou d'un fluide par un très-petit orifice, tombant presque goutte à goutte ; *filet de voix*, une voix faible et délicate ; *filet de bœuf*, la partie qui se lève le long de l'épine du dos du bœuf ; *filet*, un *trait d'imprimerie* produit par une petite règle de fonte ; *filet* d'une vis ou d'un écrou, la nervure roulée en hélice autour du cylindre qui sert d'axe ; *filets*, des traits dorés, argentés ou colorés, que l'on applique sur la reliure des livres, des ouvrages d'orfèvrerie, etc.

FILETS ou RETS, tissus à claire-voie et à mailles nouées, fabriquées avec de la ficelle ou du fil rotors, pour prendre des poissons, des animaux, des oiseaux, et pour beaucoup d'autres usages, tels que dans les jeux de paume, etc. Les mailles doivent être égales et invariablement arrêtées. On peut pour faire les filets de *moules* en forme de cylindre rond d'un diamètre donné. On a des *aiguilles* en bois, de sept à quatorze pouces de long, sur deux ou trois lignes d'épaisseur. Elles sont faites de bois léger. Un de leurs bouts est pointu et l'autre fourchu. On les garnit de fil ; puis, à l'aide des aiguilles, on roule le fil sur le moule, on le noue, on passe l'aiguille dans les premières mailles, on noue toujours, et ainsi de suite. La *tête* ou le *haut* d'un filet est garnie d'une corde et de morceaux de liège, nommés *flottes* ; le *bas* a une corde garnie de bagues de plomb ; c'est la *plombée.*

FILEUR, ouvrier d'une corderie qui fait des cordes, des ficelles, du fil de caret. — On nomme aussi *fileur* celui qui travaille dans une manufacture de filage. — Le *fileur d'or* est l'ouvrier chargé de placer sur un fil de soie un fil d'or ou d'argent qui recouvre exactement le premier.

FILEUSES, nom donné par Latreille à la première famille des arachnides pulmonaires, comprenant la division des *aranéides* de Walckenaër ou le grand genre *araignée* de Linnée. Voy. ARANÉIDES.

FILIATION, relation du fils ou de la fille à son père ou à sa mère. La *filiation* des enfants naturels est justifiée par l'acte de naissance ou par un acte de reconnaissance. Les enfants adultérins ne peuvent jamais la réclamer, les enfants adoptifs n'ont qu'une filiation fictive et purement légale.

FILIÈRE (mar.), cordage de deux pouces ou de deux pouces et demi ; qu'on tend de chaque bord en dedans et traversant les bas haubans d'un bâtiment, qui monte une tente en deux parties, depuis ceux du mât d'artimon jusqu'à celui des haubans du grand mât le plus de l'avant.

FILIÈRES, instruments usités pour mettre des métaux sous la forme des fils les plus ténus, ou de barres cylindriques ou rectangulaires. Ce sont des plaques d'acier trempé, percées d'une série de trous circulaires ou carrés, en proportion décroissante, à travers lesquels on fait passer successivement et de force, à partir du plus gros, les métaux qu'on veut filer. — On nomme encore ainsi des machines assez compliquées pour tailler des vis de métal et de bois.

FILIÈRES, pores par lesquels les araignées et les chenilles font sortir la matière soyeuse dont elles composent leurs toiles et leurs cocons.

FILIFORME, nom donné aux corps qui ont la figure et l'aspect d'un fil aussi gros à l'une de ses extrémités qu'à l'autre. Ainsi l'on dit que les antennes de certains insectes, les feuilles, les pétales de quelques plantes sont *filiformes.*

FILIGRANE, ouvrage d'orfèvrerie travaillé à jour et fait avec du fil tiré en forme de petit filet. L'orfèvre compose d'abord son ouvrage d'après le plan qu'il s'est tracé ; ensuite il soude délicatement toutes les parties, qui, sans cette précaution, n'auraient pas assez de solidité ; mais il faut que les petits filets d'or ou d'argent ne paraissent pas avoir été soudés. On filigrane aussi le verre.

FILIGRANE, nom donné, dans les papeteries, aux lettres, figures et autres ornements que l'on fait sur la toile métallique, dont on compose les formes qui servent à faire le papier. Ces dessins se font avec du fil de cuivre semblable à celui dont le reste de la forme est fabriqué. Comme ce dessin s'élève un peu au-dessus de la toile métallique, la feuille de papier est plus mince dans cette place que dans le reste de la surface, et on voit le dessin en regardant à travers.

FILIN. On distingue par ce mot le cordage en *aussière* formé de trois et quatre torons, chacun de six fils de caret, du cordage en *grelin*, formé de trois ou quatre aussières tordues ensemble. On connaît le *filin de trois*, *de quatre*, etc., selon qu'il est formé de trois ou quatre torons, etc. D'autres plus petits sont nommés *filins* de tant *de fils*. *Filin blanc* désigne le filin sans goudron ; *filin noir*, celui qui est goudronné.

FILIPENDULE, espèce de plante du genre *spirée.* Ses feuilles sont ailées et profondément découpées. Ses fleurs sont grandes, blanches à l'intérieur, rougeâtres à l'extérieur. Sa racine est composée de fibres déliées, auxquelles sont suspendus des tubercules arrondis et noirâtres. Cette racine, légèrement astringente, a été quelquefois employée en médecine.

FILLE, nom de la femme tant qu'elle n'est pas mariée. La fille ne peut se marier avant quinze ans sans une permission du roi. A vingt et un ans, elle est majeure, et peut se choisir un époux en demandant à ses parents par des actes respectueux leur consentement ; à vingt-cinq ans, elle est libre de se marier en signifiant un seul de ces actes.

FILLEAU (Jean), professeur en droit et avocat du roi à Poitiers, sa patrie, mort dans un âge avancé en 1682, est connu par la *Relation juridique de ce qui s'est passé à Poitiers touchant la doctrine des jansénistes* (1654), plus connue sous le nom de la *Fable de Bourg-Fontaine.* On a encore de lui les *Arrêts notables du parlement de Paris* (1637), les *Preuves historiques de la vie de sainte Radegonde*, un *Traité de l'université de Poitiers.*

FILLES-DIEU, nom donné autrefois aux femmes qui demeuraient dans les hôpitaux, qu'on nommait *Hôtels-Dieu.* On nommait encore ainsi plusieurs hospitalières et les religieuses de Fontevrault.

FILLEUL et FILLEULE, celui ou celle qu'on a tenu sur les fonts du baptême et à qui l'on a donné un nom. Le filleul contracte une parenté mystique avec ceux qui le tiennent sur les fonts.

FILOCHE, petit ouvrage dont les femmes s'occupent, et dont elles faisaient autrefois des coiffes, des réseaux, des mouchoirs, etc. Le procédé de cette fabrication est le même que celui qu'on emploie pour faire des filets. Le tissu est le même.

FILONS, nom donné à des amas de matières minérales remplissant de grandes fentes ou fissures qui coupent transversalement les couches des roches qui les renferment. Ils ne se continuent pas toujours en formant un seul dépôt ; le plus souvent ils se divisent en plusieurs branches, et celles-ci en rameaux qui se perdent dans la roche. On nomme *salbandes* les deux faces du filon, et *épontes* les parois de la fissure sur lesquelles posent les salbandes.

FILOSELLE, partie de la soie qu'on rebute au dévidage des cocons. On la file et on la met en écheveaux comme la soie ; on en fait des padous, des ceintures, des lacets, des bas, du cordonnet, des moires, des satinades, des brocatelles, etc. La filoselle se nomme aussi *bourre de soie* et *fleuret.*

FILOU, nom donné par Cuvier à un genre de poissons de l'ordre des acanthoptérygiens, remarquable par l'extrême extension qu'il peut donner à sa bouche ; il en fait une espèce de tube par un mouvement de bascule de ses maxillaires et en faisant glisser en avant ses intermaxillaires. Il se sert de ce moyen pour saisir au passage les petits poissons. Tout son corps est recouvert de grandes écailles. Sa couleur est rougeâtre.

FILOUTERIE, nom donné à tout menu vol. Les filouteries sont jugées avec moins de sévérité que les autres vols.

FILS se dit pour *descendant* à quelque degré que ce soit et principalement pour exprimer la relation de filiation entre l'enfant mâle et ses père et mère. Autrefois le fils aîné héritait d'une plus grande partie de biens que ses autres frères. La loi ne met plus aucune distinction entre les fils.

FILTRATION, opération qui a pour objet la clarification d'un liquide non transparent, en le faisant passer au travers d'instruments nommés *filtres*, pour en séparer les parties hétérogènes. Par ce moyen, le liquide se trouve privé de matières féculentes, terreuses et autres qui, n'étant pas solubles, restent sur le filtre. On filtre à l'air libre les liquides très-fluides, tels que les eaux, les vins, les teintures, etc., au bain-marie, les sirops, les mellites, les huiles, etc.

FILTRE, instrument propre à opérer la filtration, et dont la nature varie suivant le liquide qui doit être filtré. Les uns sont en laine et en toile ou en tissus plus ou moins serrés, quand il y a du liquide épais à filtrer ; ils sont en papier *joseph* non collé pour des petites quantités de liquides. On se sert encore souvent de charbon, grès, pierre ou verre, que l'on entasse dans un entonnoir, et l'on fait passer à travers les liquides que l'on veut purifier. On se sert de la paille pour clarifier la térébenthine, du coton pour les huiles.

FILTRE-PRESSE. Il consiste dans un cylindre métallique monté à vis sur une base de même matière, qui sert de réservoir ou récipient, et porte un petit robinet d'écoulement. Le cylindre est séparé de la base par un diaphragme percé de petits trous, et la partie supérieure est adaptée à un chapiteau creux, dont le fond est criblé de trous, et qui reçoit une douille, sur laquelle on soude un tuyau de plomb communiquant à un réservoir plus ou moins élevé au-dessus de l'appareil. Pour faire usage du filtre-presse, on détrempe la substance sur laquelle on opère avec un dissolvant quelconque. On la place dans le cylindre, on pose le chapiteau au-dessus, on établit la communication de l'appareil avec le réservoir supérieur. En y versant de l'eau, cette eau presse et mélange placé dans le cylindre, et chasse le dissolvant chargé de la substance dissoute.

FIMBRIA (Flavius), un des satellites de Marius, tua de sa main le consulaire L. César. Après la mort de Marius, envoyé en Asie (86 avant J.-C.), il souleva les soldats contre le consul Valerius Flaccus, le força à fuir à Nicomédie où il l'assiégea, le prit et lui fit trancher la tête. Devenu ainsi chef des troupes romaines, il défit les généraux de Mithridate, qu'il assiégea dans Pergame. Sylla, nommé consul, lui ordonna de déposer le commandement. Abandonné de ses soldats, il se perça de son épée, l'an 70 avant J.-C.

FIN désigne la quantité d'or ou d'argent pur qui se trouve dans les monnaies.

FIN se dit, en marine, d'un bâtiment très-rétréci dans ses fonds, dont les façons sont au-dessus du niveau de la mer, en avant et en arrière. Cette carène est assez ordinaire aux petits bâtiments qui restent dans les belles mers de la zone torride.

FIN VOILIER, bâtiment qui marche bien, surtout le plus près du vent.

FINS CIVILES, terme usité en jurisprudence pour désigner les tribunaux civils. On peut demander dans une instance criminelle le renvoi à *fins civiles* pour faire juger par les tribunaux civils une exception préjudicielle de leur compétence.

FINS DE NON-RECEVOIR, toutes les exceptions qui ont pour but d'éviter au juge de s'occuper d'une demande. Dans une instance criminelle, s'il s'élève une question qui appartient exclusivement aux tribunaux civils, on renvoie à *fins civiles* pour le jugement de cette question, et on ne reprend l'affaire criminelle qu'après que celle-ci a reçu une délibération.

FINALE, c'est, dans le plain-chant, la note sur laquelle se termine une antienne, une hymne ou un autre morceau. — En termes de musique, c'est un morceau assez long qui termine une symphonie, un quintetti, etc., ou un acte d'opéra. Un finale d'opéra renferme souvent des airs, des duos, des trios ou des quatuors, ou des quintettes et des chœurs.

FINANCES se dit de l'argent et des revenus de l'Etat et de la science de l'administration des *finances*. — On appelait autrefois ainsi l'argent qu'on était obligé de verser dans les coffres du roi pour la levée d'une charge. — Le *ministère des finances* s'occupe de l'administration des revenus publics, de la dette inscrite, des monnaies, de la rédaction du budget de l'Etat et de sa présentation aux chambres, des projets de lois concernant les impôts. Il a la direction du trésor public, la distribution des fonds nécessaires au service de chaque ministère, l'application des fonds aux dépenses publiques, la surveillance des administrations financières, la comptabilité générale des finances, la nomination aux emplois de finances. De ce ministère dépendent les administrations de l'enregistrement, des domaines, des forêts, des douanes et sels, des tabacs, des postes, des contributions directes et indirectes, etc.

FINANCIER désignait autrefois ceux qui régissaient les biens du roi. On nomme aujourd'hui ainsi celui qui dispose de grands capitaux dans des entreprises étendues ou qui administre les deniers de l'Etat. — On nomme ainsi, au théâtre, un emploi de la scène comique qui comprend les gens de finance et les rôles pleins de laisser aller et de bonhomie. — On appelle *écriture financière* une écriture en lettres rondes et fines.

FINCH (Hénéage), fils de sir Hénéage Finch, né en Angleterre en 1621, fut procureur général, baronnet, pair au parlement et premier comte de Nottingham. En 1675, il fut fait chancelier et mourut en 1682. — DANIEL, son fils aîné, né en 1647, fut élevé à l'église du Christ à Oxford et nommé duc de Nottingham en 1662. En 1680, il fut nommé premier lord de l'amirauté. Il s'opposa aux mesures arbitraires du roi Jacques II,

et se déclara longtemps contre l'avénement de Guillaume, prince d'Orange. Il fut quelque temps secrétaire d'Etat. A la mort de la reine Anne, il fut président du conseil. Il mourut en 1730.

FINCK (Thomas), né à Flewsbourg (Danemarck) en 1561, fut à la fois médecin, orateur, mathématicien, et astronome, et visita les plus célèbres académies de l'Allemagne et de l'Italie. Revenu de ses courses littéraires, il fut appelé à Gottorp par Philippe, duc de Sleswig, et devint son médecin. Il professa ensuite la médecine à Copenhague de 1591 à 1601, les mathématiques en 1602, et l'éloquence en 1603. Il mourut en 1656. Ses ouvrages sont un *Traité de la sphère*, en quatorze livres, l'*Horoscopographie*, et plusieurs écrits de géométrie et de médecine.

FINÉ (Oronce), né à Briançon (Hautes-Alpes) en 1494, fut choisi par François Ier pour professer les mathématiques au collége royal. S'étant opposé au concordat, il fut mis en prison en 1518 et y était encore en 1524; mais il obtint enfin son élargissement. Il avait un grand génie pour la mécanique, et il fit une *horloge planétaire* d'une invention singulière. On a de lui plusieurs ouvrages de géométrie, d'optique, de géographie et d'astrologie. Il mourut en 1555.

FINELLI (Julien), sculpteur, né à Carrare en Italie, en 1602, suivit à Rome l'école de Pierre Bernini et de Jean Lorenzo, et se fixa à Naples, où il fit deux grandes statues pour la chapelle du trésor royal, représentant les apôtres saint Pierre et saint Paul, les bustes du vice-roi et de la vice-reine. Arrêté dans la révolte de Masaniello, il fut condamné à mort comme partisan des Espagnols, et obtint sa grâce par l'entremise du duc de Guise. Il mourut en 1657.

FINE-MÉTAL, fonte refroidie au moyen de l'eau au sortir des fineries. Elle est très-blanche et remplie de petites cavités. Elle a subi une grande épuration dans la *finerie*.

FINERIES, fourneaux nommés en anglais *refinery furnace*. Ils sont formés d'un massif de maçonnerie qui a environ neuf pieds carrés, et qui est élevé de trois pieds au-dessus du sol. Le creuset placé au milieu de ce massif a deux pieds et demi de profondeur. Il est de forme rectangulaire, et est formé de plaques de fonte recouvertes d'argile. Le creuset a sur le devant un trou par lequel on fait couler les débris des minerais et le métal fondu.

FINETTES, nom que l'on donne à des draperies légères que l'on fabrique dans le Dauphiné.

FINGAL, héros calédonien du IIIe siècle. Les traditions nationales le font naître de Comhal, fils d'un héros écossais, Trathal, et roi de Morven (la côte du Nord à l'ouest de l'Ecosse). Elevé par Duthcaron, Fingal se distingua jeune encore aux batailles livrées aux Romains par les Ecossais. Il mit en déroute Caracalla, et combattit en Irlande pour soutenir le parti des descendants de Conar, souverains d'une partie de ce pays. Le reste de sa vie et sa mort ont resté inconnus. Il eut deux fils célèbres, Ossian et Fergus. Quelques historiens ont révoqué en doute son existence.

FINGAL (GROTTE DE), nom donné à une grotte placée sur le bord de l'île de Staffa, une des Hébrides. Elle est remarquable par le nombre infini de piliers basaltiques et d'origine volcanique. Ces colonnes ont de deux à six faces; leur diamètre s'élève jusqu'à 4 pieds 6 pouces. Elles sont en position décroissante, et sont surmontées d'une voûte épaisse de pierre. La longueur de la voûte est de trois cent soixante et onze pieds; sa largeur à l'entrée de cinquante-trois pieds, au fond de vingt pieds; sa hauteur à l'entrée de cent dix-sept pieds, au fond de soixante-dix pieds. Tout l'intérieur de la grotte est tapissé de stalactites jaunes.

FINI se dit d'un ouvrage où l'on a mis la dernière main. — En géométrie, on nomme *grandeur finie* celle qui a des bornes; *nombre fini*, tout nombre dont on peut assigner et exprimer la valeur; *progression finie*, celle qui n'a qu'un certain nombre de termes, par opposition à la *progression infinie*.

FINIGUERRA (THOMASO ou MASO). Voy. MASO.

FINISSEUR, nom donné à l'ouvrier qui finit les mouvements d'horlogerie, pour les montres ou les pendules. On nomme *ébaucheur* celui qui les a commencés; le finisseur prend l'ébauche, vérifie toutes les pièces, règle la montre en y mettant le ressort spiral, après avoir trouvé le poids convenable du balancier.

FINISTÈRE, cap de l'Espagne au N.-O. du royaume. C'est l'extrémité la plus occidentale de la Péninsule et de l'Europe.

FINISTÈRE, département maritime de la France occidentale, formé de la basse Bretagne, et borné à l'E. par le Morbihan et les Côtes-du-Nord, au S., à l'O. et au N. par l'Océan et la Manche. Il tire son nom de sa position avancée dans la mer sur ce point de la terre. Sa superficie est de 683,384 hectares, sa population de 618,000 habitants. Il se divise en cinq arrondissements: *Quimper*, chef-lieu, *Brest*, *Châteaulin*, *Morlaix*, *Quimperlé*. On y remarque les rochers de Penmark, le magnifique port de Brest, l'île d'Ouessant, célèbre par une victoire navale, etc. Il est compris dans la treizième division militaire et le ressort de la cour d'appel et de l'académie de Rennes et du diocèse de Quimper. Le revenu territorial est évalué à 15,328,000 francs. Le sol, très-fertile, est mal cultivé. On y recueille du seigle, de l'avoine, du froment, beaucoup de cire et de miel; on y élève des abeilles et des chevaux. On y engraisse beaucoup de porcs et de bœufs. Le lin et le chanvre sont de bonne qualité. La pêche des sardines emploie quatre mille quatre cent vingt-cinq marins, et produit 2,000,000 par an. Le Finistère renferme de belles mines de plomb, des papeteries, des faïenceries, des corderies, des tanneries, etc. Les beurres de Morlaix sont très-estimés.

FINITEUR, nom qu'on donne à l'horizon. On l'appelle ainsi parce qu'il termine et borne la vue de tous côtés.

FINKENSTEIN (Charles-Guillaume-Finck, comte), né en 1714. Destiné dès sa jeunesse à la diplomatie, il fut envoyé à la cour de Suède en 1733 par Frédéric-Guillaume, roi de Prusse. Il fut nommé successivement ministre plénipotentiaire près du roi d'Angleterre et de l'empereur de Russie. En 1794, le roi le nomma ministre des affaires étrangères. Il mourut en 1800. Il avait été reçu en 1744 membre de l'académie des sciences et belles-lettres. C'était le doyen des hommes d'état de l'Europe.

FINLANDE (GRAND-DUCHÉ DE), ancienne province de Suède, aujourd'hui réunie à l'empire de Russie. Elle est bornée à l'O. par le golfe de Bothnie, N. par Arkhangel et la Laponie, à l'E. par Olonez et le lac Ladoga, au S. par le golfe de Finlande et Saint-Pétersbourg. Sa superficie est d'environ 5,385 lieues carrées, et sa population de 350,000 habitants. Le gouvernement de Viborg y est réuni. Sa capitale, autrefois Abo, est aujourd'hui Helsingfors. Cette province a conservé presque entièrement les mœurs et les formes de l'administration suédoise. L'agriculture y est très-négligée. Les habitants commercent en bois, fer, cuivre, plomb, marbres, granits, bestiaux et poisson. Le climat est âpre et rude.

FINLANDE (GOLFE DE), golfe de la mer Baltique, compris entre les gouvernements d'Esthonie, de Pskof, Saint-Pétersbourg, Viborg et Finlande (Russie). La ville de Saint-Pétersbourg a un port magnifique sur ce golfe, ainsi que Revel.

FINMARKEN, bailliage de Norwége occupant la partie la plus septentrionale de l'Europe, dans le diocèse de Nordland. Sa superficie est de 3,675 lieues carrées, et sa population de 48,700 habitants. La capitale est ALTENGAARD, résidence d'un chef de Lapons, à l'embouchure de l'Alten. Sa population est de 2,000 habitants. Les autres lieux habités sont *Tromsoë*, dans l'île de ce nom, avec 800 habitants; *Hammerfest*, avec 500, et *Wardœhus*, le point le plus boréal du globe, avec 200 habitants.

FINNE, veine de matières étrangères, dont la direction est oblique dans un bloc d'ardoise.

FINNOIS, peuples anciens de la famille sarmatique ou slave, et qui habitèrent la Scandinavie, le nord de l'Europe, depuis le Niémen jusqu'au Volga, et les pays situés sur la rive gauche du Volga. Ce sont les Finnois ou Tchoudes de la Baltique orientale, qui, réunis aux Slaves septentrionaux ou sédentaires, tels que les Livoniens, les Lithuaniens, les Prussiens, ont formé la race russe primitive.

FIN-OR, donné à deux variétés de poires. Le *fin-or d'été* est une petite poire en forme de toupie tronquée, lisse, moitié d'un vert jaunâtre et moitié d'un vert foncé éclatant; le *fin-or de septembre*, une grosse poire bien faite, lisse et d'un beau vert tacheté de marques roussâtres.

FINSPAENGE, grande terre du royaume de Suède dans la province de Linkœping. Elle renferme des forges et une fonderie de canons.

FIOLE, petite bouteille de verre mince ou peu épais, à cou long, dont les chimistes se servent pour opérer plusieurs dissolutions à la température de l'ébullition. Les pharmaciens font usage de ces vases pour renfermer les potions, et les nomment *fioles à médecine*. — On nomme encore *fioles* les trois tuyaux de verre que l'on met dans les tuyaux d'un *niveau d'eau*, et que l'on ajuste avec de la cire et du mastic, afin que l'eau colorée renfermée dans le gros tuyau puisse monter dans les *fioles* et montrer la ligne de mire.

FIOLE DES QUATRE ÉLÉMENTS, instrument de physique. C'est un tube de verre cylindrique, renfermant quatre liquides d'inégales densités, tels que le mercure, l'alcool, l'eau et l'acide nitrique. Lorsque l'appareil est en équilibre, les liquides les plus denses occupent la partie inférieure, et les surfaces de séparation sont parfaitement horizontales. Lorsqu'on l'agite, les liquides se mêlent avec rapidité, et ne reprennent qu'après quelque temps leur premier équilibre et leurs positions respectives.

FIONIE, île du Danemarck entre le grand et le petit Belt. Sa superficie est d'environ 140 lieues carrées, et sa population de 120,000 habitants. Le sol est uni et fertile en sarrasin, orge, pois, avoine, houblon, lin et patates. On y trouve en abondance du gros bétail, des porcs, de abeilles, du poisson. Le chef-lieu est *Odensée*.

FIONIE, diocèse du Danemarck, comprend, outre l'île de Fionie, les îles de Langeland, Laaland et Falster. Sa superficie est d'environ 250 lieues carrées, et sa population de 150,000 habitants.

FIORAVANTI (Leonardo), docteur en philosophie et en médecine, né à Bologne au commencement du XVIe siècle, pratiqua la chirurgie avec beaucoup de succès. Il mourut en 1588, laissant plusieurs ouvrages en italien. Les plus connus sont le *Miroir de la science universelle* (1564), un *Régime contre la peste* (1565), le *Trésor de la vie humaine* (1570), un *Traité de chirurgie* (1588).

FIORITURES (mus.), en italien, *fioritura*, fleur, action de fleurir. — En français, ce mot désigne les traits, les ornements avec lesquels un chanteur, un compositeur ornent la mélodie. Autrefois on les nommait *doubles*, parce qu'on double la valeur des notes, en changeant les blanches, les noires, les croches, en doubles croches, triples croches, etc., et *diminutions* parce qu'on diminue leurs valeurs, en donnant un plus grand nombre de notes de durée beaucoup plus petite.

FIRDOUSI. Voy. FERDOUSSI.

FIRMAMENT, nom que l'on donnait autrefois au huitième ciel, que l'on croyait généralement être de cristal; les astres y étaient attachés. On supposait qu'il entraînait dans son mouvement tous les *cieux* des planètes ou les cieux inférieurs. Ce mot se prend aussi pour, 1° le *ciel en général*; 2° la *moyenne région de l'air*, et on le regardait alors comme fluide; 3° le ciel étoilé pour le distinguer du ciel empyrée, où quelques théologiens croient être au-dessus, et dont ils font la demeure des bienheureux. — Aujourd'hui on ne nomme plus ainsi que la voûte céleste et de couleur bleue, où les étoiles semblent être attachées.

FIRMAN ou FERMANN, nom donné aux ordonnances écrites dans le divan, ou de la main des ministres et du sultan de Turquie. Les firmans où se lit la signature autographe du sultan se nomment *hatychérifs*.

FIRMICUS MATERNUS (Julius), écrivain ecclésiastique, vécut sous les empereurs Constantius et Constant. Quelques auteurs ont cru sans fondement qu'il était sénateur romain, d'autres qu'il était évêque. Il composa, entre les années 343 et 350, un traité *de la Fausseté des religions profanes*. On lui attribue avec erreur un traité sur l'*Astrologie judiciaire*, en huit livres.

FIRMILIEN (Saint), évêque de Césarée en Cappadoce vers l'an 231. Il présida le concile d'Antioche (264) contre Paul de Samosate. Il entretint parmi son peuple la pureté de la foi, surtout pendant la persécution de Dèce. Il résista fortement au schisme de Novatien, et fit paraître une grande charité dans les malheurs qui désolèrent sa province. Il mourut en 269. Les Grecs l'honorent le 28 octobre.

FIRMIN (Saint), premier évêque d'Amiens. Saint Honorat, évêque de Toulouse, l'ordonna pour cette fonction. Il vint à ce titre prêcher l'Évangile dans l'Agenois, en Auvergne, en Anjou, à Beauvais et à Amiens, où il convertit beaucoup de monde. Il reçut la couronne du martyre en 287, le 25 septembre, jour de sa fête. — SAINT FIRMIN, le *confès* ou le *confesseur*, fut évêque d'Amiens après Euloge, successeur de saint Firmin le martyr. On fait sa fête le 1er septembre. — SAINT FIRMIN, évêque d'Uzès (Gard), né en 516 ou 509, succéda à Rorice dans cette fonction. Il mourut en 553, le 11 octobre, jour de sa fête.

FIRMIN (Thomas), homme célèbre par sa bienfaisance et ses vertus, né en 1632 à Ipswich (comté de Suffolk), fut mis dans sa jeunesse en apprentissage à Londres chez un marchand. Il s'établit ensuite pour son compte, acquit de grandes richesses, et se distingua par sa piété et sa charité. Il établit une manufacture de linge pour employer les pauvres ouvriers sans ouvrage, et une seconde pour des protestants français réfugiés à Ipswich. Il mourut en 1697. Il avait écrit en 1678 un ouvrage *sur les moyens d'employer les pauvres et de prévenir la mendicité*.

FIRMIUS ou FIRMUS (Marcus), homme puissant de Séleucie en Syrie, gagna dans le commerce des Indes des richesses considérables, avec lesquelles il acheta une partie de l'Égypte. Voulant venger Zénobie, reine de Palmyre, vaincue par l'empereur romain Aurélien, il se fit proclamer empereur. Aurélien le battit et le fit périr sur une croix (273).

FIRMONT (Henri Essex EDGEWORTH DE), né à Edgewortown (Irlande), vint en France très-jeune, fit ses études à Toulouse, et embrassa l'état ecclésiastique. Mme Élisabeth, sœur de Louis XVI, le choisit pour son confesseur. Nommé vicaire général à Paris, il refusa un évêché qu'on lui offrait en Irlande. Choisi en 1793 par Louis XVI pour l'assister dans ses derniers moments, il obtint la permission de l'accompagner jusqu'à l'échafaud, et lui dit au pied de l'instrument fatal: *Fils de saint Louis, montez au ciel*. L'abbé de Firmont passa en Angleterre en 1796, et alla trouver Louis XVIII en Écosse. En visitant les malades d'un hôpital militaire, il mourut en 1807 à soixante-deux ans.

FIRMUS, général des Maures en Afrique, se révolta contre l'empereur Valentinien l'an 375 de J.-C. Après avoir commis les plus grandes cruautés, il fut forcé de s'étrangler de ses propres mains pour ne pas tomber vif entre les mains des Romains.

FIROLE, genre de mollusques de la classe des nucléobranches sans coquille. Ce sont des animaux gélatineux, très-allongés, transparents, ayant une queue pointue qui termine le corps en arrière, et une bouche située à l'extrémité d'une trompe. Ils manquent de coquilles, ou n'en ont qu'un rudiment imparfait. Ils nagent avec facilité et en plaçant leurs pieds en l'air. Ils sont communs dans les mers chaudes et tempérées.

FISC, nom donné par les Romains du temps des empereurs au trésor du prince, par opposition au *trésor de l'État*, *ærarium*. Ce mot a conservé de nos jours cette signification. On s'en est aussi servi pour désigner le trésor de l'État, parce qu'il était autrefois à la disposition du prince. Autrefois les peines pécuniaires imposées par les lois, les biens manquant d'héritiers passaient au trésor du roi. Nos lois n'ont conservé que ce dernier pouvoir.

FISC. On nommait ainsi autrefois les *officiers* chargés de la conservation des droits du fisc.

FISCAL, qui appartient au fisc. On nommait *procureur*, *avocat fiscal*, les officiers chargés de la conservation des droits d'un seigneur, haut-justicier et des intérêts des vassaux dans le ressort de la seigneurie.

FISCALIN, ce qui concerne le *fisc*. — Ce mot désignait autrefois 1° ceux qui étaient chargés de l'exploitation des domaines du prince, 2° les fiefs qui faisaient partie du fisc du roi ou de quelques seigneurs, 3° les *vassaux* d'un seigneur.

FISCAUX, nom donné par les Romains aux gladiateurs entretenus aux dépens du fisc.

FISCH (Jean-Georges), né à Arau (Suisse) en 1758, étudia la théologie à Berne, et fit un voyage dans les provinces méridionales de la France de 1786 à 1788, et en publia la relation en 2 vol. in-8o en 1790. Cet écrit donna de la célébrité à son auteur, qui, de retour dans sa patrie, fut nommé professeur à Berne et ensuite pasteur à Arau. Au commencement de la révolution suisse, il résigna cette cure et fut nommé d'abord secrétaire du ministère des sciences, ensuite membre du conseil d'éducation du canton de Berne, et receveur des fonds consacrés à l'instruction publique. Il mourut en 1799.

FISCHER ou FISHER (Jean), né aux environs d'Yorck en 1455, fit ses études à Cambridge et devint chancelier à l'université de cette ville, évêque de Rochester et précepteur de Henri VIII. Dans la suite, Fischer n'ayant pas voulu le reconnaître pour chef de l'Église anglicane, Henri lui fit trancher la tête en 1535. Il avait écrit un grand nombre d'ouvrages contre Luther et OEcolampade.

FISCHER (Marie), une des saintes du quakérisme, ayant conçu le dessein de prêcher les dogmes de cette secte jusque dans la cour du grand seigneur, traversa seule l'Italie et s'embarqua à Smyrne. Le consul anglais de cette ville la renvoya comme folle à Venise. Désespérant de se rendre en Turquie par mer, elle y revint par terre; mais le sultan Mahomet IV la renvoya dans sa patrie, où elle fut reçue avec enthousiasme par les quakers d'Angleterre.

FISCHER (N.....), général-major autrichien, s'était distingué dans la guerre contre les Turks, et avait obtenu le grade de colonel en 1789. Il commanda en 1792 un corps de troupes légères dans les Pays-Bas; mais sa conduite excita quelques soupçons dans l'armée. On l'accusait d'entretenir des intelligences secrètes avec l'ennemi. Cependant il fut nommé colonel-major, et passa à l'armée d'Italie en 1794. Les mêmes soupçons planèrent sur sa tête, ot il se suicida en 1795 (janvier). Cependant nulle enquête judiciaire n'a constaté l'accusation lancée contre lui.

FISCHER (Jean N.), habile mathématicien et astronome, né à Miesbach (Bavière), entra dans l'ordre des jésuites. Après la réforme de cet ordre, il obtint une chaire de professeur de mathématiques à Ingolstadt, et fut ensuite nommé directeur de l'observatoire de Manheim. Il entreprit plusieurs voyages en Angleterre, et fut appelé en 1808 à une chaire d'astronomie à l'université de Wurtzbourg. Il y mourut en 1805. On a de lui des *Mémoires sur l'astronomie*, *la physique*, etc.

FISCHER (Jean-Frédéric), savant allemand, né à Cobourg en 1726, ouvrit des cours publics, qui lui donnèrent une grande réputation, et fut nommé co-recteur de l'école de Saint-Thomas en 1751. Il fut pourvu dans la suite et successivement de la place de professeur extraordinaire des belles-lettres et de celle de recteur. Fischer mourut en 1799. Il a écrit un grand nombre d'ouvrages de littérature : des *Remarques sur la Grammaire grecque de Weller*; un *Traité sur les verbes grecs*, des *Commentaires sur le Plutus d'Aristophane et sur la Cyropédie de Xénophon*, des éditions avec notes et commentaires d'*Anacréon*, *Eschine le Socratique*, *Théophrasie*, *Platon* et *Palephatus*.

FISCHET (Guillaume), docteur de Sorbonne, recteur de l'université de Paris en 1467, appela Martin Crantz, Ulrich Ghering et Michel Friburger, imprimeurs allemands, qui mirent sous presse les premiers livres imprimés en France. Fischet s'opposa au dessein de Louis XI, qui voulait faire prendre les armes aux écoliers. Il alla à Rome en 1470, et le pape Sixte V le fit son camérier. On a de lui des *Epîtres* et une *Rhétorique* en trois livres, imprimées en 1471.

FISH-RIVER (GRAND-), rivière d'Afrique au cap de Bonne-Espérance. Elle descend des monts Sneuwberg, et se jette dans l'océan Indien.

FISMES, chef-lieu de canton du département de la Marne, sur la Vesle, à 6 lieues et demie et dans l'arrondissement de Reims. Sa population est de 2,120 habitants. — Connue des Romains sous le nom de *Fimes*, Fismes est devenue célèbre par deux conciles tenus, l'un en 881, l'autre en 935. C'est là que Napoléon avait son quartier général lors de la reprise de Reims en 1814. — Fismes commerce en laines, vins et chanvre.

FISOLER ou FISOLIÈRE, nom donné à un petit bateau de Venise, si léger, qu'un homme pouvait le transporter sur ses épaules.

FISSICULATION, vieux mot dont on se servait autrefois pour indiquer les incisions faites avec le scalpel.

FISSIDACTYLES, c'est-à-dire *à doigts fendus*, nom donné aux oiseaux qui n'ont pas les doigts réunis par des membranes, ni fixés en partie sous la peau. Un grand nombre de passereaux, de grimpeurs, de gallinacés, sont dans ce cas.

FISSIPÈDES, c'est-à-dire *à pieds fourchus*, nom donné aux mammifères ongulogrades, chez lesquels les deux doigts du milieu, plus développés que les autres, sont emboîtés dans un sabot de forme singulière. Chacun de ces deux sabots représente la moitié du même organe chez les solipèdes. Les cochons, les antilopes, les cerfs, les girafes, les muscs, les moutons, les chèvres et les bœufs sont dans ce cas.

FISSIPENNES, section établie par le naturaliste Latreille dans la famille des insectes lépidoptères nocturnes pour placer les genres *ornéode* et *ptérophore*, dont les ailes sont divisées en deux ou plusieurs lanières frangées des deux côtés.

FISSIROSTRES, nom donné par Georges Cuvier à une famille d'oiseaux de l'ordre des passereaux, comprenant les *hirondelles*, les *martinets* et les *engoulevents*, qui ont le bec court, large, légèrement crochu et fendu profondément.

FISSURE, fente, rupture. — En anatomie, on nomme ainsi des fentes étroites que l'on voit sur quelques os. — En pathologie, on donne ce nom à plusieurs maladies. On appelle *fissure de la peau* ou *des membranes muqueuses* des ulcérations allongées, étroites, peu profondes, que présente la peau au niveau de ses plis ordinaires, ou les membranes muqueuses à leur origine. On observe ces maladies aux mains, aux pieds, aux plis de la cuisse, aux coins des yeux, vers la commissure de la bouche, etc.

FISSURELLE, genre de mollusques gastéropodes. Ce sont des animaux oblongs, allongés et bombés, munis d'une tête distincte et assez large, terminée en avant par une trompe courte et arrondie, à l'extrémité de laquelle est la bouche. Ils ont deux tentacules coniques portant des yeux très-saillants; le manteau est grand, mince, ouvert en avant; la coquille est recouvrante, patelliforme, conique, sans trace de spire, à base oblongue; le sommet est tronqué et perforé. Cette coquille a une empreinte musculaire en forme de fer à cheval ouvert en avant. Les fissurelles sont communes sur toutes les côtes, et vivent à la surface des rochers.

FISTULAIRE ou BOUCHE EN FLUTE, genre de poissons abdominaux. Il possède une seule dorsale; la mâchoire inférieure et les intermaxillaires sont armées de petites dents. D'entre les lobes de la caudale sort un filament quelquefois aussi long que tout le corps. Les écailles sont invisibles, et la bouche forme un long tube très-déprimé. Ce poisson parvient à la longueur de trois pieds et plus. Sa chair est maigre et peu agréable au goût.

FISTULAIRE, genre de zoophytes échinodermes. Leur corps est libre, cylindrique, mollasse, à peau coriace, souvent rude et papilleuse. La bouche est terminale, entourée de tentacules. On en connaît peu d'espèces. C'est la *fistulaire élégante*, la *fistulaire tubuleuse*.

FISTULANE ou GASTROCHÈNE, genre de mollusques caractérisé par un tube calcaire contenant une coquille bivalve et libre. Les fistulaires vivent dans le sable, entre les pierres, dans du bois ou des fruits qui ont séjourné sous l'eau. Ces coquilles viennent du Sénégal et des Indes.

FISTULE, nom donné, en chirurgie, à des solutions de continuité quelquefois plus ou moins étroites, et qui communiquent avec une cavité naturelle ou un conduit excréteur. On distingue les fistules en deux groupes : 1° celles qui communiquent dans la cavité des membranes séreuses ou synoviales et dans les voies aériennes; 2° celles qui viennent de l'un des réservoirs des humeurs sécrétées, d'un conduit excréteur ou d'une glande sécrétoire. On a donné à ces fistules noms différents, selon leur position, tels que *séreuses*, *lacrymales*, *biliaires*, *salivaires*, *aériennes*, etc. Les fistules sont causées par des plaies, des contusions faites sur les conduits où se trouvent les liqueurs excrétoires, l'engorgement, l'inflammation, l'ulcération des parois de ces organes, etc. Toutes sont caractérisées par l'écoulement du liquide sécrétoire qui les entretient. Elles ne guérissent que par la cessation de cet écoulement.

FISTULES COMPLÈTES, nom donné aux fistules dans lesquelles on observe un orifice interne et un orifice externe.

FISTULES INCOMPLÈTES, nom donné aux fistules dans lesquelles on voit un seul orifice. — On les nomme encore *borgnes*.

FISTULEUX. On appelle ainsi les tiges et les feuilles qui, comme celles de l'oignon, sont creuses à l'intérieur et en forme de tube.

FISTULINE, genre de champignons dans lesquels les tubes sont libres, et non soudés entre eux. Ils ont une couleur sanguine, une consistance charnue et mollasse. Ils sont attachés par la base, et munis d'un très-petit pédicule. Leur surface est chargée, quand ils sont jeunes, d'une infinité de petites rosettes qui se détachent et tombent. Leur face inférieure est formée de tubes inégaux, grêles, d'abord blancs, puis jaunâtres. Leur chair est marquée de zones rouges. On trouve ces champignons à fleur de terre ou sous les chênes. On les mange quand ils sont jeunes.

FITZ-GÉRALD (Lord Édouard), né au château de Carton près Dublin en 1763. Il était fils puîné du duc de Leinster. Il entra jeune au service de son pays, et fit avec distinction la guerre d'Amérique en qualité de major d'infanterie. Revenu en Europe, il prit place au parlement d'Irlande en qualité de représentant du bourg d'Athy. Il voyagea en Espagne en 1787, et dans l'Amérique du Nord. Revenu en Europe (1790), il trouva l'Irlande, sa patrie, accablée par le gouvernement tyrannique de l'Angleterre. Il se jeta dans le parti populaire, et entra dans l'association des *Irlandais-Unis (Irish-United)*, dont le but était de séparer les intérêts de l'Angleterre d'avec ceux de l'Irlande. Trahi deux fois, il fut arrêté à Dublin, et mourut en 1798 des suites d'une blessure qu'il avait reçue dans cette action.

FITZ-JAMES (James), fils naturel du duc d'Yorck, depuis Jacques II, et d'Arabella Churchill, sœur du duc de Malborough, né en 1671 à Moulins, pendant un voyage de sa mère en France. Destiné aux armes dès sa jeunesse, il se trouva à la bataille de Mohatz contre les Turks (1687). Jacques II ayant été chassé du trône en 1688, James le suivit en France. Louis XIV lui donna le commandement des troupes qu'il envoya à Philippe V, roi d'Espagne. Ayant ensuite dompté les rebelles des Cévennes, il fut fait maréchal de France (1706). Il chassa les Portugais de l'Espagne, mais, peu reconnaissant envers Philippe V, son bienfaiteur, il accepta le commandement d'une armée française contre ce prince. En 1733, il fut nommé général des troupes de France en Allemagne, et il fut tué le 12 juin 1734 devant Philipsbourg. Il avait été créé duc titulaire de Barwick et pair en 1710.

FITZ-MORITZ (James) voulut en 1579 faire une révolution en Angleterre pendant les révoltes des catholiques irlandais sous le règne d'Élisabeth. Dans le dessein de détrôner la reine, il s'adressa à Henri III, roi de France, et aux Guise, pour avoir des troupes; mais il n'en obtint que des refus. Il passa ensuite à Rome, et muni d'un drapeau bénit par le pape, il vint en Espagne, et obtint sept compagnies de Basques. Vaincu par Thomas Courtenay, il tenta de faire soulever les paysans de l'Ulster et du Connaught, qui l'assassinèrent.

FIUME, ville d'Illyrie, à 20 lieues de Trieste. Sa population est de 8,000 habitants. Elle a un port sur le golfe de Guarnero, des fabriques de tabac, soie, etc., des raffineries de sucre, des blanchisseries.

FIXATION, nom donné, en chimie, à l'opération par laquelle on fixe un corps volatil. On dit ainsi la *fixation de l'oxygène*, quand le gaz oxygène perd l'état gazeux pour se combiner avec le plomb, le mercure, etc., dont la température a été élevée.

FIXE, nom, en chimie, d'un corps qui n'est pas volatilisé par l'exposition à un feu ardent. La plupart ne paraissent tels que parce qu'on ne les soumet pas à l'action d'une température assez élevée.

FIXE, mot dont on se sert en astronomie pour distinguer les étoiles qui n'ont aucun mouvement propre, d'avec les *planètes* appelées aussi *étoiles errantes*.

FIXER. Ce mot a deux significations en chimie : 1° il désigne l'action d'empêcher un corps volatil de se changer en gaz sous l'action du feu. Ainsi on fixe l'acide arsénieux en l'unissant à la potasse qui le transforme en arsénite non volatil; 2° il exprime l'opération par laquelle on combine un corps gazeux avec un corps liquide ou solide.

FIXITÉ, propriété d'un certain nombre

de corps que le feu ne peut pas volatiliser. — En astronomie, ce mot désigne la propriété qu'ont des étoiles fixes de n'avoir aucun mouvement propre.

FLABELLAIRE, genre de plantes cryptogames de l'ordre des dictyotées, de la division des hydrophytes non articulées. De leur tige cylindrique s'élève une feuille spatulée, réticulée, aux mailles petites et comme feutrées. Les flabellaires ont une couleur verte qui ne change jamais. On les trouve dans toute la Méditerranée.

FLABELLAIRE, genre de zoophytes à rameaux trichotomes, et composés d'articulations distinctes, très-aplaties ou cylindriques. Ils vivent dans les mers d'Europe et d'Amérique. Leur couleur est verdâtre. Leur longueur est de trente-cinq millimètres.

FLABELLÉ ou FLABELLIFORME, nom donné à des animaux ou des plantes dont la forme générale et la figure sont en éventail; tels sont les gorgoniens, les lycopodes, etc.

FLABELLIPÈDES. On a désigné ainsi les oiseaux dont les pieds ont quatre doigts dirigés en avant et réunis par une seule membrane.

FLACCIDITÉ, mollesse d'une partie qui n'offre aucune résistance à la pression.

FLACCILLA (Ælia), fille d'Antoine, préfet des Gaules et ensuite consul romain, née en Espagne, épousa Théodose avant qu'il ne parvînt à l'empire. Elle contribua à la destruction de l'idolâtrie et à la propagation du christianisme. Elle mourut en 388. Flaccilla fut la mère d'Arcadius et d'Honorius. L'Église grecque l'a mise au rang des bienheureux.

FLACCUS, surnom commun à quelques Romains. Les plus célèbres sont : 1° un affranchi qui fit la musique de deux comédies de Térence, l'*Eunuque* et l'*Andrienne*; 2° un gouverneur de l'Asie-Mineure du temps des guerres de Mithridate; 3° un gouverneur de la même province, fils du précédent; 4° un consulaire gouverneur de Syrie, ami d'Aristobule et d'Agrippa, petits-fils d'Hérode le Grand; 5° un préfet d'Égypte sous Tibère et Caligula; il persécuta cruellement les Juifs. Caligula le fit arrêter dans Alexandrie l'an 40 de J.-C., l'exila à Andros, puis le fit mettre à mort.

FLACHE, petite excavation que l'on ne peut pas enlever dans une pièce de bois sur laquelle on travaille, en lui conservant ses dimensions. Ce sont des défauts trop profonds dans certaines pièces pour les employer, surtout dans le contour d'un plan, où il ne faut ni partie saillante ni rentrante.

FLACHE, nom donné dans les routes aux excavations produites par le déplacement d'un caillou faisant partie de la chaussée. Elles causent le plus souvent les dégradations des chemins.

FLACHEUX, nom donné aux pièces de bois qui présentent sur leurs arêtes ou sur leurs faces des vides nommés *flaches*, ou dont on n'a pu faire disparaître les excavations dans l'équarrissage.

FLACONS, petites bouteilles en cristal ou en verre dur plus ou moins blanc, tout uni ou taillé. Les manipulations pour leur fabrication sont les mêmes que pour toute autre sorte de bouteilles, à de légères différences près.

FLACOURTIANÉES, famille de plantes phanérogames, établie par Decandolle pour les genres *flacourtia, roumea, patrisia, kiggellaria, erythrosperme*, etc. Cette famille n'offre aucune uniformité, et n'a pas été généralement adoptée. On l'a divisée en quatre tribus : les *patrisiées*, les *flacourtianées*, les *kiggellariées* et les *érythrospermées*.

FLACOURTIE ou ALAMOTON, genre de plantes rapporté par les uns à la famille des tiliacées, par d'autres à celles des flacourtianées. Il renferme des arbrisseaux à feuilles dentées et épineuses, à fleurs terminales, et rassemblées par groupes; le fruit est une baie globuleuse à plusieurs loges.

FLAGELLAIRE ou PANAMBOU-VALLI, plante de l'Inde, de la famille des joncées. Elle a une tige pliante, sarmenteuse, haute d'environ deux mètres. Les fleurs sont disposées en panicules terminales, rameuses. Elles sont grandes et en forme de demi-cloches.

FLAGELLANTS, hérétiques qui parurent en Italie, à Pérouse, vers l'an 1260, et se répandirent dans toutes les parties de l'Europe. Leur chef fut un ermite, nommé *Reinier*. Les flagellants se frappaient publiquement en allant par les villes et les villages; ils disaient que la flagellation avait plus de vertu pour remettre les péchés que la confession et le martyre, que le baptême de sang était le seul nécessaire, et que personne ne pouvait être sauvé ni chrétien sans lui. Cette secte se renouvela en 1349. Mais la plupart de ces hérétiques devinrent victimes de l'inquisition.

FLAGELLATION, action de fouetter, supplice du fouet. Cette peine était usitée chez les Juifs, et ne passait pas pour infamante. Elle était aussi connue des Grecs et des Romains. Au moyen âge s'établit la flagellation chez les moines. Le pape Clément VI, et le parlement de Paris en 1601, défendirent les flagellations publiques. — On nomme encore ainsi la souffrance de Jésus-Christ lorsqu'il fut battu de verges par les Juifs, et les tableaux qui représentent cette flagellation.

FLAGEOLET, petit instrument à vent. C'est un petit tube de trois à six pouces de long, percé d'un canal longitudinal, nommé *perce*, et de six trous, quatre dessus, deux dessous. Ceux-ci sont bouchés sur les pouces, et les autres par les *doigts* index en médium de chaque main, la gauche en avant. Le tube est terminé par un petit évasement nommé *patte*, que le doigt annulaire peut boucher pour obtenir quelques sons graves. Il est terminé en avant par un bec à sifflet, dont la lumière est en dessus. On a augmenté la longueur du tube en lui ajoutant un tuyau fermé, nommé *porte-vent*, et un bec d'os, d'ivoire ou de bois, par lequel on souffle. On joint quelquefois des clefs au flageolet. Ses sons sont aigus. Son étendue est d'une quinzième. Il joue dans tous les tons.

FLAGEOLET, jeu d'orgues très-aigu, dont les tuyaux à bouche sont composés d'étain, de plomb et de zinc. Le tuyau le plus long n'a que six pouces.

FLAGIOLETTO, c'est-à-dire *flageolet*, se dit, en Italie, du jeu en sons harmoniques sur le violon.

FLAGRANT DÉLIT, nom donné, en jurisprudence, à tout délit qui se commet actuellement ou qui vient de se commettre à l'instant même en présence de témoins. On appelle encore ainsi le cas où le prévenu est poursuivi par la clameur publique, et celui où le prévenu est trouvé muni d'effets, d'armes, instruments ou papiers faisant présumer qu'il est auteur ou complice, pourvu que ce soit dans un temps voisin du délit.

FLAINE, étoffe grossière et commune en fil ou en coton. C'est une espèce de coutil.

FLAIR. On nomme ainsi, en termes de chasse, la qualité des chiens dont l'odorat est subtil et délicat.

FLAMAND, habitant de la Flandre. — Les charpentiers nomment ainsi un écart de cinq à six pieds de long, ainsi qu'on les fait aux quilles des grands bâtiments. — On appelle *flamande* une école de peinture, remarquable par son originalité et, dont les sectateurs ont pris pour sujets de leurs tableaux des scènes de buveurs, de joueurs, de cabaret, des fruits, des fleurs, etc.

FLAMAND (François DU QUESNOY, dit), sculpteur, né à Bruxelles en 1594, fut élève de son père, et se fit connaître, jeune encore, par plusieurs ouvrages, surtout par la *statue de la Justice*, placée sur la grande porte de la chancellerie à Bruxelles. Il s'attacha particulièrement à des sujets gracieux et riants, qu'il traita presque toujours en petit, comme des bacchanales, des jeux d'enfants et des amours. Il poussa très-loin la perfection pour les figures d'enfants. Après avoir passé pour le meilleur sculpteur de son temps, il mourut empoisonné par son frère. On a de lui un grand nombre de sculptures en bronze, en marbre, en ivoire, etc.

FLAMANT. Voy. FLAMMANT.

FLAMBANT, nom ancien donné au *flammant*, parce que son plumage rouge faisait paraître cet oiseau couleur de feu.

FLAMBART, embarcation de côte, servant à la pêche du *libouret* ou du *chalut*. Elle est usitée au Havre. Elle porte deux mâts avec leurs voiles. — Les marins nommaient autrefois ainsi les feux follets qui se glissent sur les voiles des bâtiments pendant les temps orageux. — Ce mot désigne encore un charbon à demi consumé.

FLAMBE, synonyme de *flamme*, au moyen âge, désigna aussi un genre de lame dont la forme était très-ondulée, et qui avait de deux à trois pieds de long. Ses synonymes étaient *flambard, flamard* ou *flammard*.

FLAMBE ou IRIS D'ALLEMAGNE, espèce de plante du genre iris. Sa tige souterraine est horizontale, charnue, tubéreuse. Les feuilles sont ensiformes, d'un vert foncé, hautes d'un pied, pointues et s'engaînant les unes dans les autres; les fleurs sont grandes, violettes. Cette plante croît en Europe dans les lieux secs, sur les vieux murs. Son suc est âcre, émétique et caustique.

FLAMBÉ, nom d'une espèce de coquille du genre *casque*, et d'un papillon du genre *papilio* proprement dit.

FLAMBEAU, nom donné aux torches, chandelles, bougies, dont on se sert pour éclairer pendant la nuit ou dans les lieux sombres. On nomme encore ainsi les chandeliers. — On appelle *flambeau de la mer* un ancien livre qui, comme le portulan, sert de guide aux marins caboteurs, en enseignant les routes à suivre, les sondes, les dangers, le long des côtes.

FLAMBEAUX (FÊTE DES). Voy. LAMPADOPHORIES.

FLAMBER. En marine, on *flambe* un bâtiment, son capitaine ou un officier, quand on lui fait signal de mécontentement, soit pour avoir fait une mauvaise manœuvre, soit pour n'avoir pas exécuté un ordre avec assez de célérité. Si ce signal, lequel est accompagné du numéro du bâtiment auquel il est adressé, est appuyé d'un coup de canon, c'est une punition pour le bâtiment qui s'y expose. Les journaux en font mention.

FLAMBERGE désignait autrefois une grosse épée, nommée aussi *flambe*. Telle était celle de Renaud de Montauban, un des quatre fils d'Aymon. — On dit *mettre flamberge au vent* pour *tirer l'épée*.

FLAMBOISE, synonyme, en médecine, de *feu volage*.

FLAMBOYANTE. C'est, en termes d'artificier, une fusée dont on couvre la cartouche de matière embrasée.

FLAMEL (Nicolas), né à Pontoise, vint exercer la profession d'écrivain à Paris. Arrivé pauvre dans cette ville, on le vit tout à coup devenir riche. Il soulagea les malheureux, fonda des hôpitaux, répara des églises. Cette fortune subite donna lieu à des bruits très-différents. Les uns l'attribuèrent à la confiscation des biens des juifs, dont il s'était chargé de recouvrer les créances; les autres, en plus grand nombre, à la connaissance de la pierre philosophale. Plusieurs autres, ne pouvant expliquer l'origine de ses richesses, l'ont réduite à 4,596 francs de rente. Quoi qu'il en soit, Flamel eut la réputation d'un grand sorcier, et mourut en 1418. On lui attribue plusieurs ouvrages d'alchimie.

FLAMINES, classe de prêtres romains, instituée par Romulus, ou par Numa selon d'autres. On les nommait ainsi d'une espèce de voile nommé *flammeum* (voy.), ou de leurs bonnets pointus surmontés d'une houppe de fil ou de laine. Ils étaient au nombre de quinze, douze mineurs et trois majeurs : le *flamine diale* ou de Jupiter, celui de *Mars*, et le flamine *quirinal* ou de Romulus. Dans la suite, on créa de nouveaux flamines pour les princes divinisés. Ce sacerdoce était à vie ; le flamine de Jupiter était le plus considéré.

FLAMINIA, loi décrétée l'an de Rome 527, sous les auspices du tribun T. Q. Flaminius, pour partager entre les citoyens romains les terres conquises sur les Gaulois Sénonais dans le Picenum.

FLAMINIA PORTA, une des portes de l'ancienne Rome, au N.-E., aboutissait à la voie Flaminienne (*via Flaminia*) ; c'est la *Porta di Popolo* aujourd'hui.

FLAMINIA VIA, une des principales routes d'Italie, ainsi nommée de Caius Flaminius, consul, qui la fit construire après sa victoire sur les Liguriens. Elle commençait à Rome, traversait le pays des Véiens, des Capénates, des Falisques, des Ombriens, et côtoyait la mer Adriatique jusqu'à Ariminum. On la continua jusqu'à Aquilée.

FLAMINIE, une des dix-sept provinces du diocèse d'Italie, entre l'Émilie et l'Ombrie, s'étendait environ depuis Mutine jusqu'à Ariminum (Rimini), et comprenait l'ancien pays des Boïens et des Lingones de la Gaule Cispadane. Elle était ainsi nommée de la voie Flaminia qui la traversait.

FLAMININUS (Titus Quintius), consul l'an 198 avant J.-C., à Rome. Il défit Philippe, roi de Macédoine, sur l'Aoüs, détacha la ligue achéenne du parti de ce prince, et le força, par la victoire de Cynocéphales, l'an 197, de mettre en liberté les villes grecques d'Europe et d'Asie. Il fit annoncer cette nouvelle aux jeux isthmiques des Grecs, respecta les lois de ce peuple, et adopta leurs coutumes et leurs mœurs. Envoyé en ambassade chez Prusias, roi de Bithynie, il parvint à délivrer les Romains d'Annibal, qui s'était réfugié chez ce prince.

FLAMINIQUES, femmes des prêtres romains nommés *flamines*. Elles ne pouvaient se séparer de leurs époux et portaient leurs noms. La femme du *flamine diale* avait sur les autres une grande supériorité. Elle portait une robe couleur de feu, et avait dans ses cheveux des rameaux de chêne vert. Sa mort amenait l'abdication de son époux.

FLAMINIUS (Caius Nepos) fut nommé tribun du peuple l'an 234 avant J.-C. Il fut ensuite préteur en Sicile. Nommé consul en 227, il attaqua les Gaulois Transpadans et fut vaincu, mais il répara cette défaite par une victoire. Nommé censeur en 222, il fit construire le *cirque Flaminius* et la *route Flaminienne*. Consul de nouveau en 217 avant J.-C., il fut envoyé contre Annibal, et fut vaincu et tué près du lac Trasimène par le général carthaginois.

FLAMINIUS (Caius), préteur en Espagne l'an 193 avant J.-C., s'empara de plusieurs villes, et fit prisonnier le roi Corribilon. L'an 187, il fut nommé consul. On dit qu'il fit construire la voie Flaminienne, attribuée aussi à Caius Nepos Flaminius.

FLAMINIUS (Cirque), un des plus grands cirques de Rome, donnait son nom au quartier de cette ville compris entre le mont Picinus et l'ancien mur de Servius. C'était le quartier le plus septentrional.

FLAMINIA (Calpurnius), tribun romain, célèbre pour avoir sauvé l'armée romaine, engagée dans un défilé de Sicile par le consul Attilius Calatinus, à la tête de 300 guerriers, l'an 258 avant J.-C.

FLAMMANT ou FLAMANT (le phénicoptère des anciens), genre d'oiseaux de l'ordre des échassiers. Leur bec est gros, fort, denté, les pieds très-longs et palmés, les ailes médiocres. Leur plumage est rouge clair ou rose pâle. Ces oiseaux, que l'on trouve dans l'ancien et le nouveau monde, volent avec vigueur, se livrent à de longs voyages, et vivent en société, se nourrissant de mollusques, de vers, etc. Pour nicher, ils élèvent des mottes de terre, y posent le nid, et s'y mettent comme à cheval. Les anciens estimaient beaucoup la chair des flammants, et surtout la langue. On leur livre encore la guerre en Égypte. Leur plumage est employé pour fourrure ; ils sont longs de quatre pieds et demi.

FLAMME, corps subtil, léger, lumineux, ardent et diversement coloré, qui se dégage des corps en combustion. Elle provient de l'ignition des gaz inflammables, dégagés de ces corps par l'action de la chaleur. Sa température élevée fait qu'elle paraît lumineuse. Elle surpasse la chaleur blanche des corps solides. Sa lumière est d'autant plus brillante et intense, qu'il se forme dans cette flamme une matière plus dense. Lorsqu'on fait passer la flamme à travers une toile métallique très-serrée, ce tissu refroidit le gaz qui la traverse, de manière à réduire sa température au-dessous du degré auquel il est lumineux. C'est là le principe sur lequel on construit les *lampes de sûreté*.

FLAMME ou FLAMMETTE, instrument de chirurgie dont on se sert pour ouvrir ou disséquer les veines. Il consiste en une petite boîte de métal qui renferme une lame tranchante ; celle-ci peut sortir avec rapidité au moyen d'un ressort qui se détend lorsqu'on appuie le doigt sur une bascule dont est garni l'instrument. Pour saigner on tend le ressort, et on place la lame au-dessus de la veine qu'on veut ouvrir, puis on lâche la détente.

FLAMME, nom donné, en marine, à des bandes de serge, d'étamine ou de tout autre tissu, de diverses couleurs, longues de vingt-cinq pieds, larges de cinq, en diminuant jusqu'à un petit bout qui est arrondi. On s'en sert pour les signaux. — D'autres flammes, qui ont la couleur du pavillon de poupe, servent, à la tête du grand mât, à désigner les bâtiments de guerre ; ce sont les *flammes nationales*. Elles ont de cent vingt à cent cinquante pieds de longueur, et sont plus étroites que celles qui servent de signaux. Elles se terminent en pointe, quelquefois elles en ont deux. Les bâtiments au-dessous des vaisseaux et des frégates ont des flammes sur de plus petites dimensions, nommées *flammes d'armement*. La flamme d'ordre, hissée au grand mât, est de la couleur de celle du pavillon de poupe, et est la marque distinctive des officiers commandants. — LA FLAMME DE BŒUF, était une flamme rouge qui indiquait qu'on avait tué un bœuf à bord du navire commandant. — Les corsaires et les vaisseaux de commerce, marchant seuls, peuvent porter une flamme rouge ou bleue.

FLAMME se dit, en termes d'architecture, d'un ornement de sculpture en forme de flamme torse, qui termine les vases et les candélabres, et dont on décore quelquefois les colonnes et les monuments funéraires.

FLAMME. En termes de metteur en œuvre, c'est un morceau d'or en forme de flamme, émaillé en rouge, que l'on met en tête de certaines bagues.

FLAMME. Les ardoisiers nomment ainsi une espèce de ciseau dont ils se servent pour diviser et réduire en feuilles les blocs dans les carrières d'ardoise.

FLAMME. En termes d'histoire naturelle, on nomme *flamme* une espèce du ver nommé *tænia*, et une variété de l'*œillet rouge ponceau* ; *flamme blanche*, une espèce d'*iris* ; *flamme de Jupiter*, la *clématite droite* ; *flamme des bois*, une plante couleur de feu, aux fleurs nombreuses, originaire de l'Inde, et cultivée dans nos serres ; *flamme fétide*, une espèce d'*iris* ; *flamme des bois (petite)*, un arbrisseau à fleurs rouges du Malabar.

FLAMMÈGUE, filet usité sur les côtes de la Manche pour prendre le hareng, hors le temps de la pêche, contre les règlements.

FLAMMEUM, bonnet couleur de flamme, dont les flamines, prêtres romains, se couvraient. — C'était aussi un voile couleur de feu dont les dames romaines se couvraient le premier jour de leurs noces.

FLAMMULE, espèce de plantes du genre *clématite*, de la famille des renonculacées. Leurs fleurs sont grandes, nombreuses, blanches et d'une odeur agréable.

FLAMSTEED ou FLAMSTEDIUS (Jean), né dans le comté de Derby en Angleterre en 1646 ou 1649. Il cultiva l'astronomie avec ardeur, et se rendit célèbre par ses nombreuses et importantes observations. Il entra dans les ordres en 1673, et obtint un bénéfice, qu'il quitta pour les fonctions de directeur de l'observatoire de Greenwich. Il mourut en 1719 ou 1720. On a de lui un mémoire *sur l'Équation du temps*, un *Traité sur la théorie de la lune d'Horoxes*, un *Catalogue* de trois mille étoiles, etc.

FLAN. Quand le métal destiné à faire des pièces de monnaie a été fondu en lingots et réduit en lames d'une épaisseur convenable, on le coupe en rond à l'aide du coupoir et de la grandeur semblable à l'empreinte qu'il doit recevoir. Dans cet état, et avant d'avoir reçu l'empreinte, il prend le nom de *flan*, et est remis aux ajusteurs, qui le réduisent au poids fixé ; ensuite on le recuit, et on le décape.

FLANC, en termes de guerre, est synonyme de côté. Le *flanc droit*, le *flanc gauche*, sont le *côté droit*, le *côté gauche*. *Faire par le flanc droit*, c'est tourner à droite sur ses deux talons, en observant de ne faire qu'un quart de tour sur soi-même. *La marche de flanc* est celle qui longe la ligne à laquelle on faisait face.

FLANC. C'est, en marine, le côté d'un bâtiment.

FLANCONADE, nom donné, en termes d'escrime, à un coup porté dans le flanc.

FLANCS, partie du corps qui s'étend depuis le bord inférieur de la poitrine jusqu'à la crête iliaque. Elle forme les parties latérales ou inférieures du bas-ventre, bornées en bas par la saillie des hanches nommées *îles*. — Dans les chevaux, les flancs sont situés entre les reins, les côtes et les hanches. Dans les insectes, ils occupent ordinairement les parties latérales du corps.

FLANCS, nom donné, en termes de fortifications, à la partie d'un rempart qui réunit les extrémités de la face d'un ouvrage à l'intérieur ou à la gorge de ce même ouvrage. On proportionne leur longueur et leur largeur. — On nomme *flanc de bastion* la partie qui unit la face à la *courtine*. — Le *flanc concave* forme une courbe dont la convexité est tournée en dedans du bastion. Le *flanc rasant* est perpendiculaire à la ligne de défense. Le *flanc oblique* est oblique à cette même ligne. Le *flanc couvert* a une partie qui rentre en dedans du bastion, et qui est couverte par l'autre partie par l'épaule. Les *flancs bas* ou *place basse*, parallèles au flanc couvert, servent à augmenter la défense.

FLANDRE, ancienne province des Pays-Bas, bornée au midi par l'Artois, à l'O. par la mer du Nord, à l'E. par le Brabant et le Hainaut, au N. par l'Escaut et la mer, du Nord.— Dès 475, la Flandre faisait partie de l'empire des Francs, et était gouvernée par des délégués nommés *grands forestiers*. Charles le Chauve l'érigea en 863 en comté-pairie, relevant de la couronne. En 1369, Marguerite la transmit à Philippe, duc de Bourgogne, à condition qu'il reviendrait à la France en cas d'extinction de la branche masculine. Malgré cela, Marie, fille de Charles le Téméraire, porta la Flandre (1473) dans la maison d'Autriche, et la France ne put la ressaisir qu'en 1667, époque où Louis XIV s'empara de cette partie nommée *Flandre française*. La rive gauche de l'Escaut se nommait *Flandre hollandaise*. La *Flandre espagnole* était située entre les deux. La *Flandre domaniale* était au delà de l'Escaut. La *Flandre flamande, teutonique, maritime* ou *flamingante* était comprise entre la mer et la Lys. La Flandre française forme aujourd'hui le département du Nord. Les autres parties forment deux provinces belges, la *Flandre occidentale* et *orientale*.— La Flandre fut célèbre autrefois par sa fertilité et ses manufactures.

FLANDRE. On nomme quelquefois ainsi, mais à tort, l'ensemble de toutes les provinces qui formaient les Pays-Bas catholiques et même tous les Pays-Bas. — On appelle aussi *guerres de Flandre* des troubles religieux qui désolèrent les Pays-Bas.

FLANDRE OCCIDENTALE, province du royaume de Belgique, bornée au N. par la mer du Nord, à l'O. et au S. par la France, à l'E. par la Zélande, la Flandre orientale et le Hainaut. Sa superficie est de 71 lieues carrées environ , et sa population de 540,200 habitants. Elle est fertile en grains, houblon, chanvre, fruits. Le chef-lieu est *Bruges*. Elle se divise en huit districts, et envoie quinze députés à la chambre des représentants et huit au sénat.

FLANDRE ORIENTALE, province de la Belgique, bornée au N. par la Hollande, à l'O. par la Flandre occidentale, au S. par le Hainaut, et à l'E. par le Brabant méridional et la province d'Anvers. Sa superficie est de 58 lieues carrées , et sa population de 624,200 habitants. Le sol est très-fertile. Le chef-lieu est *Gand*. Elle se divise en six districts, et envoie dix-huit députés à la chambre des représentants et neuf à celle du sénat.

FLANELLE, étoffe légère, à tissu simple ou croisé, faite avec du fil de laine peignée ou cardée, et assez fine. Il y en a de trois sortes : les *flanelles en peignés*, dont la chaîne et la trame sont en fils de laine peignée, sont rases, légères, et servent à faire des gilets, des caleçons, des doublures, etc. Les *flanelles en cardés* sont plus garnies et plus chaudes. On en fait des gilets que l'on place sur la peau. Les flanelles faites en trame cardée et en chaîne peignée tiennent le milieu entre les deux, et servent aux mêmes usages.

FLANQUANT. On appelle ainsi, en termes de fortifications, un *angle* , un *bastion*, d'où l'on découvre le pied de quelque autre partie des fortifications d'une place, en sorte que l'on peut en défendre facilement l'approche.

FLANQUER. C'est couvrir et défendre les flancs. On flanque un bastion en le protégeant par des ouvrages, des canons; *un camp*, par des postes placés aux côtés; *un corps d'armée*, par des détachements qui suivent des chemins parallèles à ceux où marche l'armée. — *Flanquer* signifie encore *frapper dans le flanc d'un corps ennemi*.

FLANQUEURS, soldats à pied, chargés de protéger les flancs des colonnes en marche. Ils se tenaient en tête de l'armée, la prévenaient de l'approche de l'ennemi, des embuscades, tiraillaient l'ennemi, et se repliaient au besoin sur la masse de la troupe. Les flanqueurs n'existèrent que pendant les guerres de la révolution.

FLASQUES, nom donné aux deux pièces de bois qui, dans un affût, portent le canon par ses tourillons. Elles sont ferrées de bandes clouées, etc. , afin de résister à la commotion causée par le tir de la pièce. — En marine, les *flasques* sont des pièces de bois qui assurent les mâts.

FLASSEN (Sidi-Mahmoud) parvint au trône de Tunis le 19 janvier 1815 en assassinant le vieux bey Sidi-Othman , son parent et son bienfaiteur. Il fit décapiter les fils, les parents et les amis de ce prince, et, pour affermir son pouvoir, il donna une de ses filles en mariage à Sidi-Soliman-Kiaya, chef d'une faction redoutable. Son ministre Joussuf-Kogiah voulut s'emparer du trône. Flassen le fit décapiter. Il sut se maintenir depuis, malgré de fréquents démêlés avec les chefs de la régence d'Alger. Son gouvernement fut très-oppressif. Cependant il s'établit des relations commerciales entre la France et Tunis. Ces relations n'ont pas cessé jusqu'à la mort de ce prince, arrivée il y a peu d'années.

FLATER. En termes de monnayage, c'est battre le métal taillé en rond sur une enclume avec le marteau nommé *flatoir*, afin de lui donner l'épaisseur et le volume convenables, avant de frapper l'empreinte.

FLATOIR, gros marteau pesant de six à huit livres, large d'un bout, et pointu de l'autre. Les monnayeurs s'en servent pour donner au métal l'épaisseur convenable.

FLATRER. On appelait ainsi autrefois une superstition qui consistait à mettre sur la tête d'un animal la clef de quelque église de Saint-Pierre rougie au feu.

FLATRER (SE). En termes de chasse , ce mot désigne l'action du loup ou du lièvre qui s'arrêtent et se couchent sur le ventre lorsque les chiens les poursuivent. — On nomme *flâtrure* l'endroit où ils s'arrêtent.

FLATUOSITÉ, nom donné aux vents amassés dans les intestins.

FLAUTINO, mot italien employé par les compositeurs de musique pour désigner l'instrument nommé *petite flûte*.

FLAVIA, famille plébéienne de Rome, dont les branches les plus célèbres furent celles de Fimbria et des Sabinus. Le plus ancien Romain de cette famille fut Flavius Petronius, centurion dans l'armée de Pompée. La famille Flavia fut illustrée par l'empereur Vespasien. On la voit encore revêtue de la pourpre impériale au ive siècle dans la personne de Constance Chlore. Dans la suite, l'adulation fit prendre à un grand nombre de Romains le titre de *Flavius*, qui devint alors un prénom.

FLAVIA , loi agraire proposée par le tribun L. Flavius l'an 59 avant J.-C. Elle ordonnait de partager les terres conquises aux soldats de Pompée. Cette loi fut rejetée.

FLAVIA LIBA , c'est-à-dire *libations rousses*, nom donné par Ovide à certaines libations rustiques, lesquelles étaient cuites dans des pots de terre.

FLAVIEN (Saint), premier du nom, patriarche d'Antioche, sa patrie, était d'une naissance illustre. N'étant encore que laïque, il s'éleva avec force en 349 contre Léonce, alors patriarche d'Antioche, qui favorisait l'arianisme ; mais les ariens eurent le crédit de l'exiler. Après la mort de Mélèce, successeur de Léonce, saint Flavien (381) fut élu en sa place. Une partie des catholiques, nommés eustathiens, ne voulurent pas le reconnaître et élurent Evagre, et le pape Innocent III ne le reçut à sa communion qu'après la mort de celui-ci. Les habitants d'Antioche ayant en 388 renversé les statues de Théodose, il obtint par les prières le pardon de la ville. Il mourut en 404. On l'honore le 21 février.

FLAVIEN (Saint), second du nom, succéda à Pallade en 498 dans le patriarcat d'Antioche. Un faux évêque d'Hiéraples, nommé Xenaïa, s'éleva le premier contre lui. Ce dernier et ses partisans, ayant gagné l'empereur Anastase, tourmentèrent tellement le patriarche qu'ils le contraignirent de condamner le concile de Chalcédoine et le chassèrent de son siège. Il vécut saintement et mourut en 518. On fait sa fête le 4 juillet.

FLAVIEN (Saint) succéda à saint Proclus en 446 ou 447 dans le patriarcat de Constantinople. Il assembla en 448 un concile où il condamna Eutychès. L'année suivante, un eunuque nommé Chrysaphe, ennemi de Flavien, fit tenir par l'autorité de l'empereur Théodose un concile, nommé le *brigandage d'Ephèse*. On y déclara Eutychès absous ; Flavien fut déposé, on le maltraita tellement qu'il mourut trois jours après, en 449, des suites de ses blessures. Les Grecs l'honorent le 11 février, les Latins le 18.

FLAVIEN (DROIT), recueil des formules sans lesquelles, chez les Romains, les procédures ne pouvaient être légitimes, et que les patriciens cachaient au peuple. C. Flavius , édile , le publia l'an 343 avant J.-C.

FLAVIENNE (FAMILLE). Voy. FLAVIA.

FLAVIGNY, petite ville, chef-lieu de canton du département de la Côte-d'Or, à 10 lieues de Dijon. Sa population est de 1,500 habitants. Elle commerce en blé, laines , anis.

FLAVIGNY, abbaye de l'ordre de Saint-Benoît , située dans la ville de même nom (Côte-d'Or), et fondée dans le viiie siècle par Widrad ou Varé, fils d'un seigneur bourguignon nommé Corbon. L'abbaye fut d'abord consacrée à saint Prix, puis à saint Pierre. Elle fut unie à la congrégation de Saint-Maur en 1644. L'abbé était seigneur de la ville, et nommait le juge et les officiers de justice.

FLAVIUS (Marcus), tribun du peuple l'an 323 avant J.-C. Il proposa une loi qui ordonnait de battre de verges et de condamner à mort les Tusculans qui avaient porté à la révolte les Véliternes et les Privernates. Cette loi fut rejetée.

FLAVIUS (Caïus), fils de l'affranchi Cneius Flavius, fut nommé édile curule l'an 305 avant J.-C. Irrité des obstacles mis à son élévation par les patriciens, il publia les formules secrètes qui pouvaient seules légitimer une procédure, rassemblées dans un recueil nommé *Droit flavien*. Le peuple reconnaissant le chargea de faire élever un temple à la Concorde l'an 303 avant J.-C.

FLAVIUS (Caïus), chef des Lucaniens, troupes auxiliaires de Rome, pendant la deuxième guerre punique. Après la bataille de Cannes, il trahit les Romains, fit tomber le général Tib. Gracchus dans une embuscade et le livra à Annibal sans défense.

FLAVIUS (Caïus Decimius), tribun militaire l'an 209 avant J.-C. Par son exemple, il rendit le courage aux Romains, qui fuyaient devant les éléphants d'Annibal, et leur fit remporter la victoire.

FLAVIUS (L.), tribun du peuple l'an 60 avant J.-C., proposa et soutint avec opiniâtreté une loi agraire nommée *Flavia*, sans pouvoir la faire adopter. L'an 58, il fut nommé préteur, et Pompée lui confia la garde du jeune Tigrane.

FLAVIUS (L.), tribun du peuple, arracha les couronnes placées sur les statues de César, et traîna en prison ceux qui donnaient à ce héros le titre de roi. César le déposa.

FLAVIUS (Lucius), frère d'Arminius, général germain, quitta la cause de sa patrie pour celle des Romains. Tous deux eurent aux yeux de l'armée, sur les rives opposées du Visurgis (Wéser), une conférence qui se fût terminée par un combat, s'ils n'eussent été séparés par le fleuve. Flavius eut un fils qui fut roi des Chérusques.

FLAVIUS (Caïus Scevinus), complice de la conspiration de Pison , fut dénoncé à Néron par l'affranchi Melitus. Il avoua dans les tortures le projet et le nom de ses complices, et fut condamné à mort.

FLAVIUS CLEMENS (Titus), neveu de Vespasien, fut mis à mort par ordre de Domitien , parce qu'il avait embrassé le christianisme.

FLAVIUS CLEMENS (Titus). Voy. CLÉMENT (Saint) d'ALEXANDRIE.

FLAVIUS JOSÈPHE. Voy. JOSÈPHE.

FLAVIUS MATERNIANUS, confident de l'empereur Caracalla, découvrit les intrigues de Macrin, qui aspirait à l'empire, et le fit connaître au prince. Sa lettre étant tombée entre les mains de Macrin, celui-ci le tua de sa propre main.

FLAVIUS SABINUS, père de Vespasien, préposé à la perception des impôts en Asie, s'acquitta de sa charge avec intégrité.

FLAVIUS SULPICIANUS, beau-frère de Pertinax, qui le nomma préfet de Rome. Après la mort de ce prince, il se mit au nombre des acheteurs de l'empire, mais Didius Julianus l'emporta sur lui. Dans la suite, il fut mis à mort par ordre de l'empereur Sévère.

FLAXMAN (John), né à Yorck en 1755, devint célèbre dans la peinture et la sculpture et séjourna sept ans à Rome, où il laissa plusieurs bas-reliefs estimés. Il fut nommé membre de l'académie royale à Londres en 1800, professeur de sculpture en 1810, et plus tard sculpteur du roi. Il mourut en 1826. On distingue parmi ses écrits ses *Leçons de sculpture*; parmi ses sculptures, les monuments du poète Collins à Chichester, de lord Mansfield à Westminster, les mausolées des lords Howe, Abercrombie et les statues de J. Reynolds et Washington. On a encore de lui des *dessins* pour expliquer Homère, Eschyle, Hésiode et le Dante.

FLÉAU, instrument d'agriculture, qui sert à battre le blé. Il est formé de deux bâtons attachés l'un au bout de l'autre par des courroies. Chaque bâton a une courroie qui est jointe à l'autre. L'un des deux bâtons est cylindrique et poli. Il se tient à la main, et se nomme le *manche*; l'autre bâton est plus court, gros et raboteux; on le nomme la *verge* ou le *fléau*. En faisant tomber la verge horizontalement sur les épis, le coup et le contre-coup font éprouver un soubresaut, qui détache les graines. Les fléaux sont fait ordinairement en cornouiller

FLÉAU, nom donné, en serrurerie, à une barre de fer qui se place horizontalement pour fermer le haut des portes cochères. La barre est terminée en pinces aux deux bouts pour s'engager dans des gâches placées aux murs de la baie. Elle est percée d'un trou rond vers son milieu, où entre un boulon sur lequel le fléau peut pirouetter.

FLÉAU, verge d'acier ou de fer, aux extrémités de laquelle on suspend les bassins d'une balance

FLÉAU. Les vitriers nomment ainsi des espèces de crochets sur lesquels ils portent les panneaux de verre.

FLÉBILE, adjectif italien, qui signifie *plaintif*, et qui se joint quelquefois en musique à l'indication d'un mouvement. Ainsi l'*andante flébile* est un andante dont la mélodie doit être d'une expression triste et plaintive.

FLÈCHE, arme offensive de jet, la plus anciennement connue, et usitée chez tous les peuples avant l'invention des armes à feu. La flèche est formée d'un morceau de bois cylindrique, de deux à six pieds de longueur, armé par un bout d'un fer pointu, acéré et de formes diverses; à l'autre bout sont des plumes placées en triangle, et qui servent à la diriger plus facilement dans l'air. On la lance à l'aide d'un *arc*. On porte les flèches dans les *carquois*. Leur usage s'est conservé en Afrique et en Asie. Les Tartares sont les peuples les plus adroits, après les sauvages de l'Amérique, pour tirer de l'arc. Ceux-ci se servent souvent, comme les peuples de l'antiquité, de flèches empoisonnées.

FLÈCHE, nom donné par les arpenteurs aux piquets qu'ils plantent en terre chaque fois qu'ils transportent leur *chaîne* dont ils se servent pour mesurer.

FLÈCHE, constellation boréale située au-dessus de l'*Aigle*, et qui contient dix-huit étoiles. Les trois principales sont de quatrième grandeur. Les poètes ont prétendu que c'était la figure de la flèche de l'Amour. D'autres disent qu'on a voulu imprimer le symbole de la force, ou la flèche qui sert à tuer le vautour déchirant les entrailles de Prométhée. — Cette constellation est différente de la *Flèche d'Antinoüs*, qui, avec l'*Arc*, forme une constellation.

FLÈCHE, nom donné, dans plusieurs machines, à l'*arbre* ou pièce principale sur laquelle tourne la machine.

FLÈCHE, pièce de bois de charronnage, le plus souvent d'orme, dont les charrons se servent pour former les trains des voitures à deux chevaux de front. La flèche a de dix à quinze pieds de long. Elle doit être courbée, sans nœuds, et de force suffisante. Les voitures à un cheval n'ont pas de flèche, mais deux brancards.

FLÈCHE, nom donné par les faiseurs d'éventails à des petits brins ou morceaux d'écaille, d'ivoire, de nacre ou de bois, qui se placent par le bout le plus large, à distances égales, entre chaque pli du papier qui fait le fond d'un éventail, et qui sont joints par l'autre bout par un clou rivé. Les flèches ont deux parties : celle qui est au bas de l'éventail est de nacre, d'ivoire, etc.; l'autre qui est recouverte par le papier, et qui s'ajuste avec le bout de la première, est toujours en bois flexible.

FLÈCHE. C'est, en fortification, un petit ouvrage composé de deux faces ou de deux côtés et à cornes, qu'on établit à l'extrémité des angles saillants et rentrants d'un glacis.

FLÈCHE. C'est, en géométrie, une perpendiculaire élevée du milieu de la corde d'un arc de cercle ou d'une courbe symétrique, et qui aboutit à l'arc ou à la courbe. Cette ligne se nomme, en trigonométrie, *sinus verse*. — On a nommé quelquefois *flèches* les *abscisses*.

FLÈCHE. On a donné ce nom, en histoire naturelle, à plusieurs espèces d'animaux ou de végétaux d'après la forme de leur corps ou de quelques-unes de ses parties. Ainsi on nomme *flèche* le poisson *callionyme* et le mollusque *calmar* ; *flèche d'eau* la *fléchière*, *flèche d'Inde*, le *galanga* ; *flèche de mer*, le poisson *dauphin* ; *flèche d'amour*, une variété de *fer oxydé*, d'un jaune roussâtre, qui se trouve en Russie, mêlée au quartz hyalin ; *flèches de pierre*, les *bélemnites*.

FLÈCHE. En termes d'horticulture, ce mot désigne la pousse de la canne à sucre et autres plantes aux tiges fermes et droites. En termes d'administration forestière, on nomme ainsi la tige d'un arbre.

FLÈCHE. Les fabricants de tapisserie de haute lisse nomment ainsi une ficelle que l'ouvrier entrelace dans les fils de la chaîne, au-dessus des bâtons de croisure, afin que ces fils se maintiennent toujours dans une égale distance.

FLÈCHE ou LAME, nom donné, dans le jeu du trictrac, aux séparations blanches et vertes qui marquent les cases sur la *table* en bois noir.

FLÈCHE (mar.), ancien instrument astronomique qui n'est plus en usage. Les *flèches des mâts* sont toute la partie la plus élevée et nue, en haut des mâts de perroquet ou de cacatois. Lorsque leur longueur excède douze pieds, elles ont de gros cordages qui soutiennent leur tête.

FLÈCHE DE BEAUPRÉ, pièce de bois saillante hors de la proue, et servant à fixer et contenir le beaupré.

FLÈCHE DE CLOCHER, toiture élevée et ayant une grande pente, dont on recouvre le haut du clocher de certaines églises. On place en haut une croix ou un coq d'un métal quelconque, avec un paratonnerre. Les plus belles flèches sont : celle de la cathédrale de Strasbourg, haute de quatre cent cinquante-cinq pieds, commencée en 1277, terminée en 1439; celle d'Anvers, haute de quatre cent soixante-deux pieds, commencée en 1422, finie en 1518; celle d'Amiens, haute de deux cent huit pieds, construite en 1529.

FLÈCHE DE L'ARC, quantité de pouces dont rentre le quil d'un bâtiment en s'écartant de la ligne droite.

FLÈCHE DE LARD, pièce de chair levée sur l'un des côtés d'un porc, depuis l'épaule jusqu'à la cuisse.

FLÈCHE DE POLISSOIR, morceau de bois plié en deux dans son milieu, dont les fabricants de glaces se servent pour presser le frottement du polissoir contre la glace.

FLÈCHE-EN-CUL, voile légère qu'on établit dans l'espace compris entre le mât d'artimon et le mât de perroquet. La petite voile triangulaire établie sur l'arrière du mât de hune d'un sloop est une *flèche-en-cul*.

FLÈCHE-EN-L'AIR, nom donné à des mâts légers et volants établis sur les mâts de perroquet pour gréer des cacatois.

FLÈCHE (LA), sur la rive droite du Loir, chef-lieu d'arrondissement du département de la Sarthe, à 11 lieues trois quarts du Mans. Sa population est de 6,430 habitants. Cette ville, nommée *Fissa* avant le xe siècle, fut prise plusieurs fois dans les guerres qui désolèrent ces contrées. Elle renferme un *collège royal militaire*, fondé par Henri IV en 1603. Il fut d'abord donné aux jésuites; mais, après leur expulsion, il fut érigé en école militaire. Il y a quatre cents élèves entretenus par l'État, et qui sont admis qu'à l'âge de à douze ans. Ils doivent être fils d'officiers sans fortune, et peuvent rester au collège jusqu'à la fin de l'année scolaire dans laquelle ils auront complété leur dix-huitième année. L'on admet aussi des élèves payant pension. Le prix de la pension est de 850 francs, et celui de la demi-pension de 425. Un maréchal de camp commande l'école. La Flèche a une bibliothèque de 14,000 volumes et un tribunal de première instance.

FLÈCHES ARDENTES ou FLÈCHES A FEU, sortes de flèches que l'on tire avec des arbalètes. Elles sont destinées à découvrir dans l'obscurité les travailleurs des assiégeants, et à porter au milieu de leurs travaux une clarté propre à les faire apercevoir. Ce sont des flèches ordinaires qui portent au-dessous du fer de la flèche un petit sac de grosse toile enduit de goudron et contenant un kilogramme et demi de poudre pilée, deux kilogrammes de salpêtre et un de soufre. On y met le feu par deux ouvertures pratiquées près du fer, et on la lance.

FLÈCHES DE PONT-LEVIS, pièces de bois sur lesquelles, dans les ponts-levis, sont fixés les pivots, et dont l'autre bout soutient la chaîne au moyen de laquelle on lève ou on baisse le pont.

FLÉCHIER (Esprit), né à Pernes (Vaucluse) en 1632. Fils d'un artisan sans fortune, il entra dans la congrégation des pères de la Doctrine chrétienne, et fut élevé par son oncle, le P. Hercule Audiffret. Il fut envoyé en 1659 à Narbonne pour y professer la rhétorique. Après la mort de son oncle, il quitta la doctrine chrétienne, et vint à Paris, où il se fit connaître par ses poésies, ses sermons et ses oraisons funèbres. Louis XIV le nomma d'abord aumônier de la dauphine, évêque de Lavaur en 1685, enfin évêque de Nîmes en 1687. Sa charité le fit aimer des catholiques et des protestants. Il mourut en 1710. On a de lui des *œuvres mêlées* en vers et en prose; des *panégyriques des saints*; des *oraisons funèbres*, parmi lesquelles la on cite celle de Turenne; des *sermons*; la *Vie du cardinal Ximénès*; des *lettres*, etc.

FLÉCHIÈRE ou FEUCHIÈRE, genre de plantes de la famille des alismacées. Elles sont herbacées, à racines vivaces, à feuilles en forme de flèches et disposées au pied de la racine, et à fleurs disposées sur une tige nue. Ces plantes croissent sur le bord des eaux. L'Europe en possède une espèce, la *fléchière sagittée*, qui fleurit de juin à juillet. L'intérieur des tiges et des feuilles est rempli d'une moelle douce, savoureuse, qui les fait rechercher des chevaux et des pourceaux. Elle fixe les terrains d'alluvion, et procure un bon engrais.

FLÉCHISSEUR, nom donné à des muscles destinés à fléchir certaines parties du corps. Tels sont: le *muscle fléchisseur sublime* ou *superficiel des doigts*, situé à la partie antérieure de l'avant-bras; il fléchit les deuxièmes phalanges sur les premières, celles-ci sur les os du carpe, et la main sur l'avant-bras. Le *muscle fléchisseur profond des doigts*, situé au-dessous du précédent, et qui fléchit les troisièmes phalanges sur les deuxièmes. Le *fléchisseur du pouce*, *du petit doigt*; celui *des orteils*, etc.

FLEMMING (Paul), poète allemand, né en 1609 à Hartenstein. Il étudia à Meissen, puis à l'université de Leipzig. Il se destinait à la médecine; mais, poussé par le goût de rentrer en soi, il se retira dans le Holstein, et fit partie en 1635 de deux ambassades, l'une à la cour de Russie, l'autre à Ispahan (Perse). A son retour (1640), il alla à

Leyde pour se consacrer de nouveau à la médecine ; mais il mourut presque subitement à Hambourg. Il avait écrit un grand nombre de poésies, parmi lesquelles on distingue les *Forêts poétiques*.

FLENSBOURG, ville de Danemarck dans la province et à 6 lieues de Sleswig. Population, 16,000 habitants. Elle a un bon port sur la Baltique, et fait un grand commerce. Elle renferme des fabriques de canevas, des raffineries de sucre, des distilleries, des papeteries et des chantiers de construction.

FLESSELLES (Jacques DE), né en 1721 d'une famille de robe ancienne et distinguée. Nommé très-jeune maître des requêtes, il se joignit aux persécuteurs du procureur général la Chalotais. Appelé à l'intendance de Lyon, il y fonda en 1777 un prix pour le perfectionnement de la teinture des soies en noir. Il venait d'être nommé conseiller d'État et prévôt des marchands de Paris lorsque la révolution éclata. Il tâcha de ménager et de servir les deux partis. Interpellé vivement le 14 juillet 1789 sur ses tergiversations et ses rapports avec la famille royale, il fut entraîné par le peuple au Palais-Royal. A peine était-il arrivé au bas de l'escalier, qu'un jeune homme le tua d'un coup de pistolet, et son corps fut traîné dans la boue. Il fut le dernier prévôt des marchands.

FLESSINGUE (en hollandais, *Vlissingen*), ville de Hollande dans l'île de Walcheren (province de Zélande), à une lieue et demie de Middelbourg et 10 de Gand. Sa population est de 5,000 habitants. Ce n'était au XVe siècle qu'un bourgade habité par des pêcheurs. Adolphe de Bourgogne, son seigneur, l'entoura de murailles. Flessingue a le meilleur port de la Hollande ; il fut fini en 1315. Elle commerce beaucoup avec les Indes orientales. Elle nomme deux membres aux états de Zélande.

FLET, nom vulgaire donné à une espèce de poissons du genre *plie* et de la famille des *pleuronectes*.

FLÉTAN ou HIPPOGLOSSE, poisson de la famille des pleuronectes, très-voisin des plies, dont il ne diffère que par l'allongement de son corps. Il parvient à la longueur de dix-neuf à vingt-deux décimètres et au poids de cent cinquante à deux cents kilogrammes. Sa chair fournit un aliment copieux et agréable. On le mange frais, ou réduit en longues lames salées ou séchées. La membrane de son estomac est transparente et sert aux Groënlandais pour remplacer les vitres des fenêtres. Le flétan trouve des ennemis dangereux dans le dauphin, les squales, les raies et même les oiseaux de proie.

FLÉTRISSURE, sorte de marque que le bourreau imprimait sur le dos des criminels condamnés à une peine infamante. Elle était en usage chez les anciens. Depuis Constantin, on ne marqua plus la figure, mais sur les autres parties du corps. En France, on flétrissait avec un fer marqué de fleurs de lis. Plus tard on se servit d'un V pour les voleurs, et de G. A. L. pour les galériens. Abolie en 1791, la marque fut rétablie en 1806. T. P. désigna les travaux forcés à perpétuité, T ceux à temps, F les faussaires. La marque a été définitivement abolie en France en 1830.

FLETTE, petit bateau couvert, servant sur certaines rivières et canaux intérieurs. Son nom dérive du mot *flûte* ou du *flot* de la mer.

FLEUR, appareil qui, dans les plantes, renferme les organes reproducteurs et les protège, où s'effectue la fécondation, et où se développent les germes qui, sous la forme de *graines*, doivent perpétuer les plantes qui les ont produites. Les fleurs ont ordinairement une corolle, un calice et les organes de la fructification. Quelquefois elles sont privées plus ou moins de quelques-unes de ces parties ; leur forme, leur position sur la plante varient à l'infini. Leur apparition a lieu selon l'espèce de la plante, le sol qui la nourrit, son exposition. Les unes s'ouvrent le jour à des heu-

res fixes, les autres la nuit. Chaque saison a ses fleurs, mais le mois de mai est celui qui en produit avec le plus d'abondance. Le plus grand nombre de fleurs naît et meurt dans une semaine ou un mois. Cette mort a lieu ordinairement après la fécondation.

FLEUR, nom vulgaire donné à beaucoup de plantes, distinguées par des épithètes singulières, ou qui rappellent une figure, un événement, une coutume, etc.

FLEUR (sens divers). Ce mot se dit par extension, 1o de la partie la plus fine de la farine, du soufre, et d'autres matières ; 2o de certaines taches blanches que l'on voit sur la peau de certains fruits qui n'ont pas été maniés ; 3o en termes de corroyeur, du côté de la peau dont on a enlevé le poil ; l'autre côté se nomme *chair* ; 4o on nomme *fleur de fer* une mine de fer blanche ; 5o *fleur de cuivre*, les petits grains rouges de cuivre vierge.

FLEUR AILÉE, nom vulgaire de plusieurs espèces d'*ophiides*, ressemblant à des mouches volantes ; de la *mantisie*, dont la fleur figure un insecte, et de la *rhexie veloutée*, dont les étamines figurent une araignée.

FLEUR CHANGEANTE, nom donné à la *ketmie de l'Inde*, à cause de la promptitude avec laquelle ses grandes fleurs passent du blanc au rouge, puis au jaune sale ou au rose en se fanant.

FLEUR D'AMOUR, nom donné à l'*amarante*, à l'*ancolie* et au *pied d'alouette sauvage*. Celui-ci est ainsi nommé parce qu'on l'offrait jadis dans les campagnes aux filles que l'on prenait pour épouses.

FLEUR D'ARGENT ou DE PIERRE, chaux carbonatée qui se réduit facilement en poudre fine.

FLEUR D'ARMÉNIE, nom donné à l'*œillet de poète*.

FLEUR DE CARÊME, variété de *renoncule* qui est très-pâle, et dont la fleur s'épanouit pendant le carême des catholiques.

FLEUR DE CHAIR, nom donné au *trèfle incarnat*, au *mélampyre des champs*, à la *lychnide laciniée*, parce que leurs pétales offrent une couleur rougeâtre plus ou moins forte, un incarnat plus ou moins vif.

FLEUR DE CHAUX. Voy. FLEUR D'ARGENT.

FLEUR DE CRAPAUD, nom vulgaire de la *stapélie panachée*, dont les fleurs sont vertes, ridées, parsemées de taches et de lignes rougeâtres.

FLEUR D'ÉCREVISSE, nom donné à la fleur du *balisier indien*, parce qu'avant l'entier développement de la corolle elle présente la forme de pattes d'écrevisse.

FLEUR D'ÉPONGE, nom donné, dans le commerce, à une espèce d'*éponge* très-fine, et aux morceaux les plus délicats et les plus fins de l'*éponge officinale*.

FLEUR DE JALOUSIE, nom vulgaire de l'*amarante tricolore*.

FLEUR DE LIS. Voy. LIS.

FEUR DE LIS, constellation boréale, située sur le *Bélier*, au-dessous du *Triangle*. Elle est composée de sept étoiles, dont une de troisième grandeur.

FLEUR DE PASSION. Voy. PASSIFLORE et GRENADILLE.

FLEUR DE MUSCADE. Voy. MACIS.

FLEUR DE PLUME. On a nommé ainsi la *valériane grecque*, en raison des feuilles, composées d'une grande quantité de folioles, qui garnissent les touffes terminées par des bouquets de fleurs bleues.

FLEUR DE SANG, nom vulgaire de la *capucine* ou de la *tulipe du Cap*.

FLEUR DES DAMES, nom donné à l'*anémone coquelourde*, à l'*hépatique des jardins*, et à l'*héliotrope du Pérou*.

FLEUR DE SOLEIL, nom vulgaire du *souci des jardins*, de l'*héliotrope couché*, de la *belle-de-jour*, de l'*herbe aux verrues*, de la *gaude*, de la *mauve*, du *lupin blanc*, du *trèfle* et de l'*hélianthe*.

FLEUR DES TREILLES, nom d'un arbuste de la famille des apocynées, dont on

se sert en Océanie pour faire des berceaux et des treilles.

FLEUR DES VEUVES. La couleur violet noir, plus ou moins foncée, que l'on voit sur les fleurs veloutées de la *scabieuse atropurpurée* a fait donner ce nom à cette plante.

FLEUR DE TOUS LES MOIS. On nomme ainsi le *souci des jardins*, aux fleurs doubles et jaunes.

FLEUR DE TOUTE L'ANNÉE, nom de l'*angrec en corymbes*, parce que cette plante fleurit durant toute l'année.

FLEUR DU CIEL. Le NOSTOC et la TREMELLE ont reçu ce nom.

FLEUR DU SEL nom donné vulgairement aux plantes couvertes d'efflorescence saline, laquelle est due à l'action des rayons solaires.

FLEUR ÉCARLATE, nom vulgaire de la *lychnide de Russie* et du *quamoclit jasmin*.

FLEUR FEUILLE, nom donné à la *sauge ormin*, à cause des folioles rouges ou violettes qui sont placées à côté de ses fleurs.

FLEUR IMPIE. Dans l'Océanie, on nomme ainsi la fleur du *dombey éclatant* parce qu'elle demeure penchée sans recevoir les rayons du soleil.

FLEUR JOYEUSE, nom de l'*acacie du Malabar*.

FLEUR MIELLÉE. On appelle ainsi vulgairement le *mélianthe pyramidal* et la *moscatelline printanière*.

FLEUR MISTÈLE, nom donné à une espèce de *talin* dont la fleur d'un rouge éclatant sert, au Pérou, à colorer la *mistela*, sorte de liqueur.

FLEUR PRINTANIÈRE, nom donné à la *pâquerette annuelle* et à la *primevère*.

FLEUR SATANIQUE. On a appelé ainsi l'*iris de Perse*, dont la fleur, de couleur brunâtre, figure une bouche ouverte entourée d'une barbe noire.

FLEURAISON, nom donné à l'espace de temps pendant lequel une plante reste épanouie. Elle varie suivant les plantes et les climats.

FLEURET, instrument avec lequel on apprend à tirer les armes. C'est une baguette rectangulaire et pyramidale, en acier très-élastique, longue d'environ trois pieds, terminée au plus petit bout par un bouton, et de l'autre par une poignée comme celle d'une épée. Les meilleurs sont faits à *Sollingen* (Allemagne) et à Saint-Etienne (Loire) en France. On nomme *fleuret moucheté* celui dont le bouton est garni de cuir.

FLEURET. Ce mot est synonyme de *bourre de soie*, *filoselle* ; mais on donne particulièrement ce nom, ainsi que celui do *filoselle*, au fil fait avec de la bourre de soie. On appelle encore *fleuret*, 1o les étoffes faites avec de la bourre de soie filée ; 2o les rubans de filoselle ; 3o une sorte de toile, nommée aussi *blancard*, qui se fabrique dans les environs d'Alençon, et dont il se fait un grand commerce dans les Indes.

FLEURETTE. Voy. FLORETTE.

FLEURETTES, petites fleurs dont la réunion forme la fleur de certaines plantes. Chaque fleurette a sa corolle, ses pétales, ses étamines et ses pistils. On observe cette disposition dans la *chicorée sauvage*, l'*artichaut*, l'*hélianthe annuel* ou du *Pérou*, la *cardère* et la *scabieuse*. On appelle encore *fleurettes* les épillets des graminées.

FLEURIEU (Charles-Pierre CLARET, comte DE), né à Lyon en 1738. Quoique destiné à l'état ecclésiastique, il entra dans la marine en 1752, et se livra avec ardeur à l'étude. En 1763, il conçut le plan d'une horloge marine, qu'il exécuta avec l'horloger F. Berthoud. Fleurieu fit en 1768 un voyage, dont il publia la relation, et fut nommé en 1776 directeur général des ports et arsenaux de la marine, et ministre de la marine et des colonies en 1790. Mais il donna sa démission le 17 mai 1791. Louis XVI le nomma gouverneur de son fils le dauphin. Il se retira en 1792. Député aux anciens en 1797, il fut appelé au conseil d'Etat par Napoléon, à l'intendance de sa maison, au gouvernement des Tuileries et du Louvre, et au sénat. Il mourut en 1810.

FLEURIOT-LESCOT, né à Bruxelles en 1761. Forcé de s'expatrier par les troubles qui précédèrent dans son pays la révolution française, il vint à Paris, et s'y livra à l'architecture. Il devint commissaire des travaux publics et le substitut de Fouquier-Tinville, accusateur public près du tribunal révolutionnaire. Robespierre le fit nommer maire de Paris en 1790. Le 9 thermidor, Robespierre ayant été arrêté, Fleuriot le proclama sauveur de la patrie, et fit jurer de le défendre. Mais, arrêté immédiatement avec les partisans de Robespierre, il fut exécuté avec eux le lendemain.

FLEURISTE, celui qui cultive des plantes. L'art du fleuriste exige un talent particulier pour connaître la nature des terrains, les expositions, le degré de chaleur, d'ombrage, d'humidité, propres à chaque végétal, les procédés les plus avantageux pour accélérer la germination, l'inflorescence, etc. — On nomme encore *fleuriste* l'ouvrier qui fait des fleurs artificielles.

FLEURON, nom donné à de petites fleurs qui forment les fleurs composées. Ce sont de petites corolles régulières, infundibuliformes ou tubuleuses. On nomme DEMI-FLEURONS des tubes courts, déjetés d'un côté sous la forme d'une languette plane, plus ou moins allongée, et qui à son extrémité supérieure est presque toujours dentée. Les demi-fleurons sont rangés en forme de couronne autour du disque. La *chicorée*, le *pissenlit*, etc., ont leurs fleurs entièrement composées de demi-fleurons.

FLEURON, nom donné, en sculpture ou en orfèvrerie, à de petits ornements formés de fleurs, de feuilles, qui ne sont unies entre elles par aucune tige, par aucuns rameaux. — Les imprimeurs nomment ainsi des ornements qu'ils placent au frontispice d'un livre, à la fin d'un chapitre.

FLEURON (art du blason), ornement qui se trouve sur les couronnes des rois, des princes et autres seigneurs. Ces fleurons étaient jadis des fleurs de lis pour les rois de France et d'Espagne. Ceux des ducs sont de feuilles de persil et d'ache. On les nomme *fleurons refendus*. Ceux du comté sont de grosses perles; les couronnes de vicomte et de baron n'ont pas de fleurons.

FLEURS, nom donné par les anciens chimistes à certains produits solides et volatiles obtenus par sublimation; souvent aussi ils appliquaient ce nom aux sublimés pulvérulents.

FLEURS (mar.), partie des fonds d'un bâtiment, depuis le niveau de l'eau jusqu'à une certaine hauteur de la quille. Les bordages qui couvrent cette partie de la carène sont les *bordages des fleurs*.

FLEURS AMMONIACALES MARTIALES, produit chimique obtenu par sublimation et résultant de la combinaison de l'hydrochlorate d'ammoniaque et du chlorure de fer.

FLEURS ARGENTINES D'ANTIMOINE, protoxyde d'antimoine préparé par sublimation. Quelques chimistes en font un acide qu'ils nomment *acido antimonieux*.

FLEURS D'ARSENIC, deutoxyde d'arsenic.

FLEURS ARTIFICIELLES, nom donné à une imitation presque parfaite des fleurs, des plantes, des fruits naturels. — En France, on se sert de batiste pour imiter les pétales, et du taffetas de Florence pour les feuilles. Quand on a coupé avec l'emporte-pièce ces étoffes pour obtenir les pétales et les feuilles qu'on désire, on les colore de manière à imiter les couleurs naturelles de la plante que l'on prend pour modèle. On fait les boutons avec du taffetas ou de la peau blanche, garnie de coton et serrée avec de petits fils de fer; les étamines se font en fixant au bout d'un fil de laiton, des bouts de soie écrue; on y met un peu de pâte faite avec de la farine et de la gomme, puis on les peint à volonté. On n'a plus qu'à monter ces diverses parties et faire la tige à l'aide de fils de fer recouverts de soie. — On fait encore des fleurs artificielles avec de la laine, de la cire, des coquilles bivalves, des plumes, etc. — Les meilleures fabriques sont à Lyon et à Paris.

FLEURS DE BENJOIN, nom donné à l'*acide benzoïque* que l'on retire du benjoin et d'autres substances balsamiques naturelles.

FLEURS DE BISMUTH, oxyde jaunâtre sublimé de bismuth.

FLEURS DE CUIVRE, nom donné à l'oxyde de cuivre, et au sulfate de ce métal.

FLEURS MARTIALES. Voy. FLEURS AMMONIACALES.

FLEURS DE SOUFRE, nom donné au soufre vaporisé à la moindre température possible, et dont on a reçu les vapeurs sur des parois refroidies. Elles se condensent sous la forme de petits grains; ces grains sont les *fleurs de soufre*. Elles sont d'un fréquent usage dans la médecine. C'est un des meilleurs remèdes contre les affections psoriques et herpétiques. On s'en sert aussi pour préparer certains mastics pour le scellement des barreaux de fer ou pour boucher des fentes dans les vases de fonte. On les unit, dans ces cas, avec de la limaille de fer et du sel ammoniac.

FLEURS DE VIN, nom donné à un vin pur, odorant et généreux.

FLEURS DE ZINC, oxydes de zinc obtenus par sublimation.

FLEURUS, village de Belgique, dans la province et à 4 lieues de Namur II s'y est livré cinq batailles célèbres; la première fut gagnée par Gonzalez de Cordoue, général espagnol, sur le comté de Mansfeld, commandant les protestants d'Allemagne (29 août 1622). — La deuxième fut gagnée par le maréchal de Luxembourg, commandant 35,000 Français, contre le prince de Walbeck commandant 50,000 Hollandais ou Espagnols (30 juin 1690); la troisième fut perdue par Jourdan commandant 78,000 français, et gagnée par le prince d'Orange commandant 50,000 Allemands (12 juin 1794). — La quatrième fut gagnée par Jourdan contre le prince d'Orange et de Cobourg; 76,000 Français combattirent contre 60,000 Allemands (26 juin 1794). Les Français perdirent 8,000 hommes, les ennemis 10,000. — La cinquième se nomme aussi *bataille de Ligny* (1815).

FLEURY ou SAINT-BENOIT-SUR-LOIRE, abbaye de l'ordre de Saint-Benoît, située dans le bourg de Fleury, près d'Orléans (Loiret). Elle fut fondée dans le VIIe siècle par Léodebold, abbé de Saint-Aignan, sous l'invocation de saint Pierre; elle ne prit le nom de Saint-Benoît que lorsque les reliques de ce saint y furent transférées. On y enseignait les sciences divines et humaines, et on y tenait jusqu'à 5,000 élèves. Il y avait une bibliothèque très-belle, composée de 150,000 ou 200,000 volumes. Le monastère de Fleury fut uni à la congrégation de Saint-Maur en 1627.

FLEURY (Claude), né à Paris en 1640, suivit avec succès le barreau pendant neuf ans (1658-1667). Il entra ensuite dans l'état ecclésiastique, et fut successivement précepteur des princes de Conti (1672) et du comte de Vermandois. Cette éducation lui valut l'abbaye de Loc-Dieu (1684), et la place de sous-précepteur des petits-fils de Louis XIV (1689). Il obtint en 1706 le prieuré d'Argenteuil, et fut nommé confesseur de Louis XV en 1716. Il se démit de cette place en 1722, et mourut en 1723, membre de l'académie française. On a de lui une *Histoire ecclésiastique* en vingt tomes in-4º (1691-1720). Elle se termine en l'année 1414; une *Histoire du droit français*, un *Catéchisme historique*, des discours.

FLEURY (André-Hercule DE), né à Lodève (Hérault) en 1653, entra de bonne heure dans l'état ecclésiastique, fut d'abord chanoine de Montpellier, docteur de Sorbonne, puis évêque de Fréjus (1698). Louis XIV, en mourant, le nomma précepteur de Louis XV. Pendant les agitations de la régence, il sut conserver la bienveillance du duc d'Orléans, fut nommé cardinal en 1726 et ministre la même année. Il commença et termina heureusement la guerre contre l'empereur Charles VI. Cette guerre (1733-36) donna la Lorraine à la France. Fleury mourut en 1743.

FLEURY (Joseph-Abraham BÉNARD, dit), né à Chartres en 1750. Fils d'un comédien, son éducation fut peu soignée. Il joua d'abord sur quelques théâtres de province, et alla débuter à Paris à la comédie française (1772) dans le rôle d'*Egisthe* de la tragédie de *Mérope*. Il fut reçu en 1778 au nombre des comédiens du roi, et joua les premiers rôles comiques. Il se retira du théâtre en 1818 et mourut en 1822. Les pièces dans lesquelles il s'est rendu célèbre sont *l'Homme à bonnes fortunes*, *l'Ecole des Bourgeois*, *Turcaret*, *le Misanthrope*, *le Retour Imprévu* et *Tartufe*.

FLEUVE, amas considérable d'eau douce qui, prenant sa source au pied des montagnes, se grossissant d'une foule de ruisseaux et de rivières, coule dans un lit vaste et profond pour aller se jeter dans la mer. Les fleuves suivent la direction des montagnes, et coulent, ordinairement de l'orient à l'occident ou de l'occident à l'orient. Quelques-uns seulement vont du N. au S. et du S. au N. Les fleuves sont sujets à une foule de phénomènes. Quelques-uns dans l'Amérique ne coulent que le jour, et tarissent pour ainsi dire pendant la nuit; d'autres grossissent à certaines époques de l'année; d'autres enfin s'enfoncent sous terre pour reparaître ensuite en d'autres lieux. Les fleuves sont plus larges à leur embouchure, qui est une ou multiple, et les sinuosités de leur cours augmentent en s'approchant de la mer. Plusieurs roulent des particules métalliques, on en voit qui débordent à certaines périodes fixes et invariables. Les plus grands fleuves sont dans l'Amérique.

FLEUVE (juris.). En France, les fleuves navigables appartenaient au roi en pleine propriété, ainsi que les îles, îlots, alluvions, moulins, ponts, droits de passage, de bacs, de pêche, etc. Ils pouvaient appartenir à des hauts justiciers en vertu d'une concession expresse ou d'une possession centenaire. Les fleuves et les rivières non navigables appartenaient de plein droit à ceux-ci. Aujourd'hui tous font partie du domaine public.

FLEUVE (astr.), nom qu'on donne souvent à la constellation de l'*Eridan*.

FLEUVES (myth.). Les fleuves reçurent des peuples anciens les honneurs réservés aux dieux. Il était défendu d'y jeter rien d'impur. D'après la fable, les fleuves étaient fils de l'Océan et de Téthys. Chaque fleuve avait une divinité particulière. Les poëtes peignent ces dieux sous la forme de vieillards couchés parmi des roseaux, penchés sur une urne, le front armé de cornes. Chacun avait ses attributs particuliers. — Les sauvages de l'Amérique et de l'Océanie possèdent des traditions semblables, et ont une grande vénération pour les fleuves.

FLEXIBILITÉ, propriété qu'a un corps de ployer et de fléchir sans se rompre. Tous les corps sont doués de cette propriété. Les corps gazeux sont les plus flexibles, puisqu'ils peuvent facilement se réduire par la compression à un volume plus petit.

FLEXION, état d'un corps qui est doué de la propriété nommée *flexibilité*. Dans les instruments dont on attend une grande précision, la flexion des barres est une chose importante à considérer. Une barre de fer de huit pieds de long, large de deux pouces huit lignes par un bout, et de deux pouces trois lignes par l'autre, avec deux lignes et demie d'épaisseur, étant posée horizontalement à terre, la courbe de trois quarts de ligne. En augmentant la longueur de la barre, la flexion croît comme la quatrième puissance de la longueur. Pour y remédier, on emploie les barres les plus larges.

FLEXION. En anatomie, ce mot désigne le mouvement opéré dans les parties du corps par les muscles fléchisseurs.

FLIBOT, navire du commerce. Il y en a de toutes grandeurs; les flibots portent deux mâts. Leur quille est aplatie.

FLIBUSTE, mot qui désigne dans la langue des matelots, la contrebande, la fraude, le vol, et même le pillage et la prise des bâtiments. *Faire la flibuste*, c'est marauder, faire la contrebande, sans être flibustier par métier.

FLIBUSTIER, aventurier, corsaire, qui fait la contrebande en grand, qui pille et s'empare des petits bâtiments. Le nom de *flibustier* s'applique également aux hommes et au navire qui le porte.

FLIE, nom donné par les marins de la Manche à un vent très-faible.

FLINDERS (Matthieu), né à Donington (Angleterre), se livra de bonne heure à l'étude de la marine. Après plusieurs voyages, Flinders, avide de connaissances et de découvertes, résolut avec un chirurgien nommé Georges Bass de tout entreprendre pour découvrir de nouvelles terres. Ils obtinrent le commandement d'un grand bateau et d'une corvette, visitèrent la terre de Van-Diémen, découvrirent le détroit de Bass, reconnurent les côtes de la Nouvelle-Hollande et plusieurs détroits ou golfes. Fait prisonnier durant la guerre entre l'Angleterre et la France, Flinders demeura six ans et demi captif. Il revint dans sa patrie en 1810, rédigea ses découvertes et ses voyages, et mourut en 1814.

FLINT, comté d'Angleterre entre ceux de Chester et de Denbigh. Sa superficie est d'environ 60 lieues carrées, et sa population de 49,000 habitants. Ce comté renferme des mines de houille, de pierres de taille, plomb, zinc. Il produit d'excellents pâturages et du miel en abondance. C'est un des douze comtés de l'O., formés de de l'ancienne principauté de Galles. — Le chef-lieu est *Flint*, à 70 lieues de Londres.

FLINT-GLASS, mot anglais qui signifie *verre de cailloux*. Ce mot est synonyme de *cristal*. Ce verre est formé d'oxyde de plomb et de sable. Les opticiens lui ont conservé le nom de *flint-glass*. Il a la propriété de disperser beaucoup les rayons colorés. Il est très-difficile d'obtenir des flint-glass bien fondus, exempts de bulles, et propres à faire de bons objectifs de lunettes.

FLOCON, petite touffe de laine, de coton, de neige, de soie. Les chimistes désignent ainsi l'état de quelques précipités, qui se mêlent sous forme de flocons. — En pathologie, on nomme ainsi les corps légers, agités d'un mouvement rapide, que les malades affectés de maux très-graves croient avoir devant les yeux, et cherchent à saisir.

FLOCQUET (Etienne-Joseph), né à Aix (Bouches-du-Rhône) en 1750, se livra avec ardeur à l'étude de la musique. A peine âgé de douze ans, il fit exécuter une messe de sa composition. En 1772, il écrivit l'opéra de *l'Union des Arts et de l'Amour*, qui eut un grand succès. Il donna ensuite *Azolan, Hellé, la Nouvelle Omphale, le Seigneur bienfaisant*. Ses ballets contribuèrent beaucoup à ces succès. Il mourut en 1785.

FLODOARD et non FLODARD ou FRODOARD, né à Epernal (Marne) en 894. Seulfe, évêque de Reims, l'éleva au sacerdoce et à la dignité de chanoine, après lui avoir confié pendant longtemps la garde des archives de la cathédrale. Il fit rétablir sur le trône épiscopal Artaud, successeur de Seulfe, et qui avait été chassé par Hugues Hébert. Il se retira ensuite dans un monastère près de Reims, dont il fut abbé, et mourut en 966. Il avait été élu évêque de Noyon et de Tournay en 951; mais Foucher lui fut préféré. On a de lui *l'Histoire de l'Eglise de Reims jusqu'à l'année 948*, en quatre livres, *l'Histoire des papes jusqu'à Léon VII*, et les *Triomphes de Jésus-Christ et des saints*. Ces deux derniers sont en vers.

FLOOD (Henri), né en Irlande en 1732, étudia au collège de Dublin et à l'université d'Oxford. Elu membre de la chambre des communes d'Irlande en 1757, et réélu en 1761, il parvint à faire fixer à huit ans le terme des sessions du parlement d'Irlande. Auparavant elles n'avaient d'autres bornes que la mort du roi. Il fut nommé en 1781 vice-trésorier, et en 1783 membre du parlement anglais pour la ville de Winchester. Il mourut en 1790, laissant sa fortune au collège de Dublin.

FLORA, célèbre courtisane, fut aimée de Pompée, et ne voulut jamais répondre à la passion de Geminius. Pompée l'ayant priée de ne pas rebuter Geminius, elle céda à ses instances; mais le héros, par une étrange bizarrerie, fâché de ce qu'elle eût cédé, ne voulut plus la voir. Elle en mourut de chagrin. On plaça dans le temple de Castor et de Pollux sa statue comme modèle de beauté.

FLORAC, sur la rive gauche du Tarnon, chef-lieu d'arrondissement du département de la Lozère, à 9 lieues S.-S.-E. de Mende. Population, 2,194 habitants. Cette ville doit son origine à un ancien château, qui avait titre de baronnie. Florac possède une source d'eau minérale et acidule; elle renferme un tribunal de première instance et de commerce, une église consistoriale de protestants, desservie par trois pasteurs, et divisée en trois sections, et une école d'agriculture. Son arrondissement renferme beaucoup de mûriers, et l'on y élève des vers à soie. On trouve à Florac des filatures de coton, des fabriques de toiles et de mouchoirs.

FLORAISON, nom donné à l'instant où une plante commence à épanouir, à ouvrir ses fleurs. C'est l'époque la plus brillante de la vie des plantes, celle où elles acquièrent les organes de leur reproduction, où elles offrent le plus vif éclat. Elle arrive selon la nature des plantes, la durée de leur existence, le sol qui les a produites, le climat, la température. Cependant il y a un grand nombre des plantes herbacées fleurit au retour du printemps. Quelques-unes ouvrent leurs fleurs dans les autres saisons. Les fleurs de certaines plantes ne s'épanouissent que lorsque les plantes ont vécu deux, trois et même cinq années. La floraison n'a lieu qu'une fois par an dans les climats tempérés; dans les climats plus chauds, la floraison est double.

FLORAL, ce qui appartient à la fleur, ce qui l'accompagne, ce qui vient à sa place. La *feuille florale* est celle qui est située à la base des fleurs, comme celle du chèvrefeuille. Quand elle diffère des autres feuilles, on la nomme *bractée*. L'*épine florale* est placée à la base de la fleur. Le *bouton floral* est celui qui renferme une seule fleur. Les *glandes florales* ou *nectaires* sont placées sur le calice, les pétales et les étamines. Les *enveloppes florales* sont le calice et la corolle.

FLORAUX (myth.), jeux institués à Rome l'an 231 avant J.-C., en l'honneur de la déesse *Flore*, par L. et M. Publicius. Ils n'eurent lieu d'abord qu'à des époques fixées par les livres sibyllins, ou quand on était menacé d'une stérilité de la terre. Ils devinrent annuels l'an 174 avant J.-C. Ces jeux se célébraient, à la fin du mois d'avril, la nuit à la clarté des flambeaux, dans le cirque de Flore. L'on s'y abandonnait aux plus honteux désordres. On consacrait à l'entretien de ces jeux les amendes et le produit des confiscations.

FLORAUX (Jeux) de Toulouse. Voy. ACADÉMIE DES JEUX FLORAUX.

FLORE ou CHLORIS (myth.), déesse des fleurs et des jardins. Elle épousa Zéphyre, qui lui donna l'empire des fleurs et sut lui conserver les attraits d'une jeunesse éternelle. Des Grecs, son culte passa en Italie, et là en fut dans toutes les nations de l'antiquité. Tatius l'introduisit à Rome. Les poètes la représentent sous la figure d'une nymphe jeune et belle, parée de fleurs et portant une corne d'abondance. — Quelques auteurs ont prétendu que les Romains adoraient sous ce nom Acca Laurentia, courtisane sous Ancus Martius, et qui institua le peuple romain son héritier.

FLORE (Sainte), vierge et martyre du IXe siècle, était née à Cordoue (Espagne) d'un père mahométan, qu'elle perdit en bas âge. Sa mère, pieuse chrétienne, l'éleva dans les pratiques de la plus austère vertu. Comme elle avait un frère mahométan, elle prit le parti de s'enfuir avec sa sœur. Mais, ayant appris que son frère persécutait les chrétiens, elle vint à Cordoue, et les juges la firent battre de verges. S'étant enfuie de nouveau, elle fut prise quelques années plus tard, et eut la tête tranchée en 851. On fait sa fête le 24 novembre.

FLORE, ouvrage destiné à faire connaître toutes les plantes propres à un pays. Ce mot a été inventé par le célèbre Linné. On a de nos jours un très-grand nombre de *flores*. Les plus connues sont la *Flore de Laponie* de Linné, de *l'Autriche* par Jacquin, du *Piémont* par Allioni, de *l'Angleterre* par Smith et par Martyn, de la *Sicile* par Bivona, et la *Flore française* de Decandolle.

FLORÉAL, huitième mois du calendrier républicain. Il commençait le 23 mai et se terminait le 23 juin.

FLORENCE (en italien, *Firenze*), sur l'Arno, ville d'Italie, capitale du grand-duché de Toscane et résidence du grand-duc. Sa population est de 80,000 âmes. Cette ville est le siège d'un archevêché. Elle possède une université, trois académies, de riches bibliothèques, une citadelle, des palais magnifiques, entre autres le *Palazzio-Vecchio*, ancienne demeure des souverains, et le palais *Pitti*, habité par le grand-duc, et dont on admire la *galerie*, dite de *Florence*, longue de quatre cents pieds, qui renferme des tableaux et des sculptures précieuses. La *bibliothèque Médicis* est très-belle, ainsi que la cathédrale. Florence possède des manufactures de soie, taffetas, satin, damas, des fabriques de tabac, porcelaines, chapeaux de paille, etc. — Bâtie par les Etrusques, devenue ensuite colonie romaine, elle était sous Tibère une des plus grandes villes d'Italie. Détruite par les Goths en 541, elle fut rebâtie par Charlemagne (781). Soumise à un gouvernement d'abord aristocratique, plus tard démocratique, elle appartint enfin aux ducs de Médicis, devenus en 1738 grands-ducs de Toscane.

FLORENCE (CONCILES DE). Florence a vu dans ses murs plusieurs conciles. Le premier fut tenu l'an 1055 contre les erreurs de Bérenger et les usurpateurs des biens de l'Eglise; le deuxième l'an 1062 contre l'antipape Cadaloüs; le troisième l'an 1105 contre l'évêque de Florence; le quatrième concile fut général (1439). Il fut convoqué par le pape Eugène IV, dans le dessein de réunir les Eglises grecque et latine. L'acte d'union fut signé le 5 juillet, mais les Grecs le refusèrent opiniâtrement; le cinquième concile fut tenu en 1517 et 1518. On y fit plusieurs règlements sur la discipline ecclésiastique; le sixième concile fut tenu en 1573, et renouvela le concile de Trente.

FLORENCE (province). Voy. FLORENTIN.

FLORENT (Saint), patron de la ville de Roie (Somme). Saint Martin de Tours l'ordonna prêtre et l'envoya servir les fidèles du Poitou. Mais, poussé par l'amour de la solitude, il se retira dans une caverne où il finit ses jours dans l'exercice des vertus et de la pénitence. On fait sa fête le 22 septembre.

FLORENT (Saint), solitaire d'Italie dans le VIe siècle, s'exerça à toutes les pratiques d'une sainte vie, et mourut en 548. On fait sa fête le 23 mai. — Martyr à Pérouse avec quatre compagnons, Marcellien, Julien, Faustin et Cyriaque. Leur fête se fait le 1er juin.

**FLORENT**, dit Bravonius, moine de Worchester (Angleterre) dans le XIIe siècle, composa une *Chronique sur la généalogie et l'histoire des rois d'Angleterre*. On a encore de Florent une *Chronique* qu'il commence à la création du monde et qui se termine à l'an 1117 de J.-C.

**FLORENT** (François), né à Arnay-le-Duc (Côte-d'Or) sur la fin du XVIe siècle, alla en 1615 à Toulouse, où il se livra à l'étude du droit. Il se fit ensuite recevoir avocat au parlement de Dijon, et obtint de grands succès au barreau. En 1630, il fut nommé professeur de droit à Orléans. Il obtint les mêmes fonctions à Paris (1644), et mourut en 1650. On a de lui des *dissertations* sur diverses questions de droit, et un traité sur les neuf premiers titres du premier livre des Décrétales de Grégoire IX.

**FLORENT** (Saint-), nom de deux abbayes situées dans l'Anjou et dans la ville de même nom. Saint Florent, ermite, étant mort, on fit de son ermitage, vers la fin du VIIe siècle, un monastère connu sous le nom de *Saint-Florent le Vieux*. Thibaud, comte de Blois, le fit rebâtir au IXe siècle. En 1030, on bâtit une autre abbaye à côté de la première. Elle fut nommée *Saint-Florent les Saumur*. Ces abbayes étaient de la règle de Saint-Benoît. Elles étaient unies à la congrégation de Saint-Maur, et n'avaient qu'un seul abbé.

**FLORENT LE VIEIL** (Saint-), sur la rive droite de la Loire, chef-lieu de canton du département de Maine-et-Loire, à 6 lieues de Beaupréau. Sa population est de 2,500 âmes. Cette ville doit son origine à un monastère érigé à la fin du VIIe siècle. Elle souffrit beaucoup pendant les guerres de Vendée. Saint-Florent fait un commerce assez étendu en vin, cidre, bière, grains, fruits, etc.

**FLORENTIN** (Saint), soldat romain dans le Ve siècle, se livrait à des pratiques de piété dans le diocèse d'Autun. Pris par les Vandales avec son compagnon Hilaire ou Hilier, ils furent tourmentés de toute sorte à cause de leur attachement à la foi. On les frappa longtemps au visage, on leur coupa la langue, on leur cassa les dents, et on les fit périr par l'épée vers l'an 406. On fait leur fête le 27 septembre.

**FLORENTIN** (en italien, *Dominio Fiorentino*), nom donné autrefois à un pays situé au N. de l'Italie, et borné au N., à l'E. et au S. par les Etats de l'Eglise, à l'O. par les provinces de Pise et de Sienne et le grand-duché de Lucques. Ce pays forme aujourd'hui la *province de Florence*, une des trois du grand-duché de Toscane. Le chef-lieu est *Florence*, autrefois capitale du Florentin. C'est la partie la plus cultivée et la plus fertile de l'Italie.

**FLORENTIN** (Saint-), au confluent de l'Armance et de l'Armançon, chef-lieu de canton du département de l'Yonne, à 6 lieues d'Auxerre. Cette ville renferme 2,442 habitants. Elle avait autrefois titre de comté. C'est à Saint-Florentin que commence le canal de Bourgogne. Les habitants commercent en blé et chanvre.

**FLORÈS**, une des Açores. Cette île a 13 lieues de circonférence. Le chef-lieu est *Santa-Cruz*. — Florès est encore le nom d'une île de l'Océanie, située à l'E. de Java et à environ 30 lieues de cette île, dont elle est séparée par l'île *Sapi*. Sa superficie est d'environ 50 lieues carrées, et son chef-lieu est *Laguranlooca*. Elle appartient aux Hollandais, et produit de la cannelle, du bois de santal, du coton, du riz, etc.

**FLORETTE**, fille d'un jardinier de Nérac, fut aimée de Henri IV, encore très-jeune, et compagnon de ses jeux d'enfance. Souvent les deux amants se donnaient rendez-vous près d'une fontaine, dans un bois voisin; mais un jour Henri ne s'y trouva point. Florette, ne pouvant souffrir la pensée de l'inconstance, de la perfidie de son amant, se précipita dans la fontaine. Quand Henri revint, elle n'existait plus.

**FLORIAN** (Jean-Pierre Claris de), né au château de Florian près de Sauve (Gard) en 1755. Il fit ses études littéraires sous les yeux de Voltaire, et entra à quinze ans en qualité de page chez le duc de Penthièvre, qu'il quitta pour entrer à l'école d'artillerie de Bapaume. Après avoir été capitaine de dragons, il devint gentilhomme ordinaire du prince, et se livra alors à son goût pour les belles-lettres. Il fut reçu à l'académie française en 1788. Forcé en 1793, comme noble, de quitter Paris, il se réfugia à Sceaux, fut arrêté et ne recouvra sa liberté qu'en 1794. Son imagination, frappée de terreur, lui fit contracter une grave maladie, dont il mourut la même année. On a de lui des *fables*, des *nouvelles*, des *comédies badines*; deux romans pastoraux, *Galatée*; *Estelle et Némorin*; *Numa Pompilius*, *Gonzalve de Cordoue*; un *Précis historique sur les Maures*, et une traduction de *Don Quichotte*.

**FLORICEPS**, genre de vers intestinaux de la famille des vésiculaires. Ce sont des animaux solitaires, recouverts d'une vésicule extérieure, dure et élastique, à laquelle ils adhèrent par leur extrémité postérieure. Leur tête est armée de quatre trompes et garnie de crochets. L'intérieur de la vésicule renferme un liquide visqueux et transparent. On trouve ces animaux dans l'abdomen des poissons.

**FLORIDA - BLANCA** (François – Antoine Monino, comte de), né à Murcie en 1730, devint notaire, acquit une grande réputation comme jurisconsulte, et fut nommé ministre d'Espagne auprès de la cour de Rome. Peu de temps après, il obtint la place de premier ministre. Il créa la police, releva le commerce, les sciences et les arts, embellit Madrid, dota des académies et fonda des écoles. Sorti du ministère en 1792, il fut exilé dans ses terres. Il mourut en 1808.

**FLORIDE** (en espagnol, *Florida*), un des quatre territoires des Etats-Unis (Amérique septentrionale). Il est borné au N. par les Etats d'Alabama et de Géorgie, et de tous les autres côtés par l'Océan. Sa superficie est de 7,887 lieues carrées, et sa population de 34,723 habitants. Elle se divise en *Floride occidentale*, comprenant six comtés, chef-lieu *Pansacola*, et en *Floride orientale*, comprenant deux comtés, chef-lieu *Saint-Augustin*. La capitale de toute la Floride est *Talahassée*. Le gouvernement se compose d'un gouverneur, d'un conseil législatif et d'un corps judiciaire. — Découverte par Ponce de Léon en 1512, les Espagnols s'y établirent en 1536, et la possédèrent jusqu'en 1819, qu'ils la cédèrent aux Etats-Unis. Elle fut érigée en territoire en 1822. — La Floride est un des pays les plus fertiles de l'Amérique. On en exporte du coton, du bois de construction, de l'acajou, du goudron, de la poix, et de la térébenthine.

**FLORIDÉES**, deuxième ordre de la classe des hydrophytes. Ces plantes sont cryptogames, d'un rouge purpurin plus ou moins foncé, mêlé d'une teinte verdâtre. Leur couleur devient plus brillante à mesure qu'elles sont en contact immédiat avec l'air et qu'elles cessent de vivre. Les feuilles sont des expansions planes, plus ou moins grandes et divisées, portées par une tige cylindrique, fixée aux corps par un empâtement bombé. Leur grandeur est de deux ou quatre décimètres. Les floridées habitent les côtes des mers.

**FLORIEN** (Marcus Antonius Florianus), frère de Tacite, empereur romain, fut préfet du prétoire pendant le règne de ce prince, et battit les Goths en Asie. Après la mort de Tacite, il se fit proclamer empereur; mais Probus, ayant aussi reçu ce titre, vint lui livrer un combat près de Tarse en Cilicie. Florien fut vaincu, et se perça de son épée l'an 276 de J.-C.

**FLORIENS**, sectateurs de Florin, prêtre et disciple de saint Polycarpe. Ils prétendaient que Dieu est auteur du mal, que Jésus-Christ n'est point né de la Vierge, qu'il n'y aura ni jugement ni résurrection, qu'il est permis à chacun d'user des femmes qui lui font plaisir. Ces hérétiques furent condamnés l'an 1098.

**FLORIFÈRE**, nom donné, en botanique, aux parties des plantes qui portent des fleurs. Les feuilles des *fougères*, du *fragon*, du *lin*, du *phyllanthe niruri*, du *laurier maritime*, les chatons du *peuplier*, du *noisetier*, les boutons des arbres, sont nommés *florifères*.

**FLORILÈGE**, terme de liturgie romaine, synonyme d'*anthologe*. — On appelle encore ainsi certains recueils de pièces choisies, qui renferment ce qu'il y a de plus beau dans leur genre.

**FLORIN**, monnaie réelle ou de compte, qui a cours dans plusieurs Etats d'Europe, et qui est aussi connue dans quelques-uns d'entre eux sous le nom de *gulden* et de *guilder*. Sa valeur moyenne est de 3 francs. — Il y avait autrefois des *florins d'or*. Ils ne forment plus maintenant qu'une monnaie de compte imaginaire. Le seul qui subsiste encore est le *florin* ou *guilder d'or de Hanovre*, qui vaut 8 francs 60 centimes de notre monnaie. — Parmi les *florins d'argent*, on distingue le *florin* ou *demi-risdale* de Hanovre, qui vaut 2 francs 60 centimes; celui de Belgique, 1 franc 83; celui de Hollande, 2 francs 16; le florin de Prusse, 2 francs 60; celui de Silésie, 2 francs 45; celui de Bade et de Mecklembourg-Schwerin, 2 francs 85; et celui de Lucerne (Suisse), 1 franc 39 centimes.

**FLORIN**, prêtre de l'Eglise romaine, en Asie, au IIe siècle, exerça pendant quelque temps un emploi considérable à la cour de l'empereur. Devenu disciple de saint Polycarpe, il reçut le sacerdoce; mais il fut déposé peu de temps après à cause des erreurs qu'il répandait. Il accusait Dieu d'être l'auteur du mal. Ses sectateurs furent nommés *floriens*.

**FLORINIENS**, un des noms des *gnostiques*.

**FLORIO** (Daniel, comte), poète célèbre, né à Udine en Italie (1710), cultiva son art à Padoue sous la direction de professeurs estimés. La délicatesse, le naturel des pensées et des images caractérisent ses écrits. Il mourut en 1789. On a de lui des *poésies variées*. Il avait commencé un poème intitulé *Titus* ou la *Jérusalem détruite*. — On a d'un autre écrivain italien de ce nom, *Georges Florio*, une *Histoire en six livres des guerres d'Italie faites par Charles VIII et Louis XII* (1613).

**FLORIPARE**, nom donné, en botanique, aux bourgeons qui ne produisent que des fleurs.

**FLORIS** (François), dit Franc-Flore, né à Anvers en 1520, apprit la sculpture à Anvers en 1520, apprit la sculpture aux leçons de Claude Floris, son oncle, et de Lambert Lombard. En 1540, il alla s'établir à Liége, et voyagea ensuite en Italie. Ses compatriotes le surnommèrent le *Raphaël de la Flandre*. Il reçut la visite de Charles V et de Philippe II, et mourut en 1570. Il eut jusqu'à cent cinquante élèves.

**FLORUS** (Julius), rhéteur, d'origine gauloise, se distingua longtemps dans le barreau de Rome, et vint ensuite professer son art à Lyon, où il acquit une grande célébrité. Il mourut à soixante-seize ans l'an 55 de J.-C.

**FLORUS** (L. Annæus Julius), historien latin de la famille de Sénèque et de Lucain, né en Espagne, vivait au IIe siècle de J.-C. sous les empereurs Trajan et Adrien. On n'a aucun détail sur sa vie. Il composa en quatre livres un *Abrégé de l'histoire romaine*, qui s'étend depuis Romulus jusqu'à Auguste. On a encore de lui un poème *sur la Vie*, etc.

**FLORUS** (Drepanius), diacre et ensuite prêtre de l'Eglise de Lyon, né en Espagne en 779. L'Eyradé, archevêque de cette ville, l'y amena et lui confia la direction des écoles du palais épiscopal. Il fut choisi pour réfuter les erreurs de Jean Scot Erigène sur la prédestination. Il mourut vers l'an 862. On a de lui un *Traité de l'élec-*

*tion des évêques* (1605), une *Explication de la messe* (1548), deux *Commentaires sur les Epitres de saint Paul* et des poésies.

FLOSCULEUSES, nom que Tournefort a donné aux fleurs des plantes de la famille des synanthérées, formées de fleurons, et qui composent la douzième classe de sa méthode. — On nomme *capitule flosculeux* celui qui est composé entièrement de fleurons.

FLOT, flux de la mer, temps qu'elle met à s'élever et à s'étendre sur les rivages, accroissement qu'elle prend deux fois pendant vingt-quatre heures. — Ce mot est encore synonyme 1° de *marée*; 2° les *flots* de la mer sont nommés *lames* par les marins; 3° un bâtiment est *à flot* quand il n'est porté que par l'eau, qu'il ne touche pas au fond; 4° ce mot signifie encore un train de bois sur une rivière.

FLOTRES ou FEUTRES, nom donné par les fabricants de papier aux pièces de drap sur lesquelles un ouvrier nommé *coucheur* applique la feuille de papier, qu'un autre ouvrier nommé *ouvreur* a placée sur la *forme*. Les flotres sont destinés à boire la surabondance d'eau dont la pâte se trouve surchargée.

FLOTTA, nom donné à un chœur que chantaient les élèves du conservatoire de Naples à la procession de saint Janvier dans cette ville.

FLOTTAGE, action de transporter les bois et les pièces destinées au chauffage et à la charpente, en les laissant suivre la pente et le cours d'une rivière. On pratique des couloirs sur les flancs des montagnes boisées, et les bois abattus sont descendus le long de ces couloirs. On rassemble ensuite ces bois en radeaux, ou l'on se contente de les attacher les uns aux autres, et ils sont portés par les eaux; des hommes les dirigent avec l'aviron jusqu'au lieu où les bois doivent être vendus.

FLOTTAISON, ligne que le niveau de l'eau trace sur la carène d'un vaisseau, et qui en sépare la partie submergée de celle qui ne l'est pas. La position d'un bâtiment variant selon son chargement, la *ligne de flottaison* ne peut pas toujours être marquée au même point de la carène.

FLOTTANTE (DETTE), nom donné, en termes de finances, à la partie de la dette publique qui n'est pas consolidée, et qui est composée d'engagements à termes, de créances non réglées entièrement, etc. La *dette flottante* est ainsi nommée parce qu'elle est susceptible de diminution et d'augmentation.

FLOTTANTES (ILES), nom donné à des îles naturelles, voguant au milieu des mers, et n'étant unies par aucun lien à la terre. Leur existence a été longtemps l'objet des discussions des savants. Les anciens en citaient un très-grand nombre. Malgré cela, l'on regarde les îles flottantes comme une chimère; on n'en trouve que quelques mottes de terre, mêlées d'herbes et de racines, portées par les eaux, et qui finissent par former des couches de terre de trois à quatre pieds d'épaisseur sur cinq à six mètres d'étendue. Ces petits îlots se trouvent en Europe, et surtout en Amérique, où ils servent de jardins potagers.

FLOTTANTES (HERBES), nom donné aux plantes qui ont leurs racines dans la vase, et dont les tiges creuses, tendres et d'un vert noir foncé, suivent le cours de l'eau, et flottent à sa surface. Ces plantes appartiennent pour la plupart à l'ordre des cryptogames.

FLOTTE, nom donné à un grand nombre de bâtiments de toute grandeur, assemblés pour naviguer ensemble, pour la guerre ou pour le commerce. En France, ce mot s'applique principalement à la réunion de vaisseaux du commerce naviguant sans suivre d'ordre qui règne dans les escadres et les armées. Les Anglais appellent *flotte* une grande escadre, une armée navale.

FLOTTE (accept. div.). On nomme ainsi, en marine, des barriques vides destinées à soutenir un câble au niveau de l'eau ou à l'élever au-dessus d'un fond de roches ou de corail, qui le déchireraient et l'useraient sans cette précaution. C'est encore le nom des morceaux de liège ou de bois de peuplier bien secs, plats et ronds, ayant un trou au centre, dans lequel passe la corde qui ferme un *filet*. Ils servent à tenir sa partie supérieure à fleur d'eau, tandis que l'inférieure est retenue au fond par des plombs.

FLOTTE (LA), bourg de la Charente-Inférieure, situé dans l'île de Ré, à 2 lieues et demie de la Rochelle. Sa population est de 3,875 habitants. — Ce bourg possède un port de mer d'un accès facile, capable de recevoir des bâtiments de deux cents à trois cents tonneaux.

FLOTTEUR, nom donné à des corps légers, capables de flotter à la surface de l'eau. La flottaison est causée par une *force* inhérente aux fluides, qui pousse de bas en haut les corps plongés dans ces fluides. On se sert souvent des flotteurs en physique et en hydraulique.

FLOTTILLE, diminutif de *flotte*, flotte peu considérable, composée de petits bâtiments réunis, portant le plus souvent de l'artillerie. — C'est aussi le nom de l'ensemble de plusieurs bâtiments réunis dans les ports militaires pour étudier les évolutions de ligne.

FLOTTOLE, cantique dont le chant était doux et agréable. Les élèves des conservatoires de Venise le chantaient dans les processions des saints de cette ville.

FLOU désigne, dans la peinture, la douceur, le moelleux du coloris.

FLOUR (Saint), premier évêque de Lodève (Hérault), vivait dans le IV° siècle. Il prêcha dans la Gaule Narbonnaise, dans l'Aquitaine, les Cévennes et l'Auvergne. Il s'arrêta au lieu où l'on a depuis bâti la ville qui porte son nom, et mourut en 389. On fait sa fête à Lodève le 3 novembre.

FLOUR (SAINT-), chef-lieu d'arrondissement (Cantal), à 15 lieues d'Aurillac. Sa population est de 6,464 habitants. — Cette ville doit son nom et sa fondation à saint Flour, évêque de Lodève, qui mourut dans ce lieu. Elle fut autrefois fortifiée. Saint-Flour possède un évêché, érigé dans le XIV° siècle, et suffragant de l'archevêché de Bourges. Il renferme un séminaire diocésain qui compte cent cinquante élèves, un tribunal de première instance et de commerce, un collège et une société d'agriculture.

FLOUVE, genre de plantes de la famille des graminées. Les fleurs sont réunies au nombre de trois, aux deux épillets incomplets. Le fruit est sillonné et nu. Ce genre se compose de plusieurs espèces, dont la plus commune est la *flouve odorante*, petite graminée vivace, croissant dans les lieux secs, et dont le chaume, haut de trente-deux centimètres, se termine par un épi rameux. C'est un fourrage excellent, qui, sec, répand une odeur agréable.

FLUATE, nom donné aux sels qui résultent de la combinaison de l'acide fluorique ou phtorique avec les oxydes métalliques. Ces sels ont la propriété d'attaquer les verres quand on les mêle avec l'acide sulfurique. On s'en sert, dans les arts, pour graver sur le verre.

FLUATE DE CHAUX ou DE CALCIUM (*spath vitreux* ou *fluor*), corps très-répandu dans la nature, et que l'on trouve dans les mines d'étain, de zinc, d'argent et de plomb. Les couleurs qui le distinguent sont le jaune, le rose, le bleu, le violet, le vert et le blanc. Il se présente en masses compactes ou sous forme terreuse. Il fond, à une température moyenne, en un verre transparent. Ce fluate est inaltérable à l'air, sans saveur et insoluble dans l'eau. On en extrait l'*acide fluorique*. On se sert du fluate de chaux cristallisé pour faire de petits ouvrages d'orfèvrerie et de sculpture.

FLUCTUATION, mouvement d'un liquide que l'on distingue à travers les parties qui le renferment. La fluctuation du sang, des humeurs dans le corps se distingue par la pression ou par un choc que l'on communique aux parties qui le contiennent.

FLUENTE, nom donné par Newton et les géomètres d'Angleterre à ce que l'on nomme *intégrales* en algèbre.

FLUER. Ce mot se dit des liquides qui s'écoulent d'une partie du corps ou des parties qui fournissent un écoulement.

FLUIDES, nom donné aux corps dont les molécules ont si peu d'adhérence entre elles, qu'elles roulent avec une grande facilité les unes sur les autres, qu'elles cèdent à la plus légère pression, prennent alors un volume très-petit, et se séparent quand on les abandonne à elles-mêmes. On les divise en *liquides* ou *incompressibles* (l'eau, le mercure, etc.), et en *fluides élastiques* ou *gaz*. Ceux-ci se nomment plus particulièrement *fluides aériformes*. — On distinguait encore autrefois les *fluides pulvérulents*, tels que le sable. Mais ce corps est évidemment *solide*.

FLUIDES IMPONDÉRABLES, nom donné aux quatre agents physiques naturels, savoir: le *calorique*, la *lumière*, le *fluide électrique* et le *fluide magnétique*, parce qu'ils ne pèsent point, ou du moins que leur poids est inappréciable par nos instruments.

FLUIDES PONDÉRABLES, nom donné aux corps fluides dont le poids est sensible à nos instruments. Ce sont tous les liquides et un grand nombre de gaz.

FLUOBORIQUE ou PHTORO-BORIQUE (ACIDE), gaz incolore, d'une odeur très-forte, rougissant la teinture de tournesol. Sa pesanteur, rapportée à celle de l'eau, est 2,371. Il est extrêmement soluble dans l'eau, et éteint les corps en combustion. Il a une action très-vive sur les matières végétales et animales. Sa propriété principale est l'avidité avec laquelle il est absorbé par l'eau, qui peut en dissoudre sept cents fois son volume. On s'en sert beaucoup, à cause de cette propriété, dans les arts. Un gaz est entièrement dénué d'humidité lorsque, par son mélange avec le gaz fluoborique, il ne donne aucune vapeur. C'est un composé d'acide fluorique et d'acide borique.

FLUOR ou PHTORE, nom donné, en chimie, au corps que l'on croit être le radical de l'*acide fluorique*. On n'est pas encore parvenu à l'isoler et le séparer de ses composés, à cause de l'affinité dont il jouit pour tous les corps. On le trouve combiné avec le fer, le calcium, l'aluminium, le magnésium, le sodium, le mica, le verre, la silice, l'or, l'argent, et un grand nombre d'autres métaux.

FLUOR. Les anciens chimistes nommaient ainsi toute matière fluide, et en particulier l'*alcali volatil* liquide.

FLUORINE. Voy. FLUATE DE CHAUX.

FLUORIQUE ou HYDROPHTORIQUE (ACIDE), dit encore *fluorhydrique*, liquide incolore ou blanc, très-fumant, très-évaporable, d'un goût très-acide, d'une odeur très-forte, rougissant fortement la teinture de tournesol. Il bout à 30 degrés. Son affinité pour l'eau est telle qu'il y a explosion quand on en mélange une très grande quantité. On l'obtient en traitant le fluate de chaux par l'acide sulfurique. On s'en sert pour graver sur verre. Pour cela, on étend une couche de cire sur une plaque de verre, on y trace les dessins que l'on désire, et on l'expose à la vapeur de ces sels. — L'ACIDE FLUORIQUE SILICÉ est produit par un mélange de silice et de fluate de chaux traité par l'acide sulfurique.

FLUORURES, synonyme de *fluates* ou composés d'acide fluorique et d'oxydes métalliques. On les nomme ainsi quand ils contiennent de l'eau ou autres liquides.

FLUSTRE, genre de zoophytes de l'ordre des polypes membraneux cellariés. Ces animaux, ronds ou ovales, et pourvus de tentacules simples et membraneux, sont contenus dans des loges complètes et distinctes, disposées régulièrement en un polypier membraneux et flexible. Les tiges sont aplaties dans leur longueur et arrondies à leur extrémité. Elles sont longues

77

de sept ou huit centimètres, et bordées d'épines.

FLUTE (*flûte traversière ou allemande*), instrument de musique à vent, de forme cylindrique, percé dans sa longueur d'un canal nommé *perce*, qui communique à l'extérieur par l'une de ses extrémités, nommée *pied*. L'autre bout, nommé *tête*, est bouché. Le son y est excité par le souffle qu'on introduit avec la bouche dans un trou latéral percé vers la tête ; c'est l'*embouchure*. Les trous sont ordinairement au nombre de huit. Le tube est formé de trois à quatre pièces nommées *corps* ou *patte*, ajustées au moyen d'emboîtures et de tenons. La flûte est longue de six décimètres. Le premier trou est sur le pied ; le second corps a trois trous, le troisième trois trous, le quatrième n'en a qu'un, qui est l'embouchure, qui est ovale et plus grand que les autres. La tête est fermée par un bouchon de bois. On a ajouté à la flûte des clefs qui ferment quatre ou cinq trous. Cet instrument se note en clef de sol. On en fait en buis, en ébène et en cristal. Elle s'étend du *ré* de violon à l'*ut* d'en haut du même instrument.

FLUTE (PETITE), nommée aussi *octavin* et *piccolo*, instrument à vent de la même forme que la *flûte traversière*, dont elle sonne l'octave, quoique étant beaucoup plus petite. Elle est longue d'environ quarante centimètres. Les sons sont aigus et perçants. On s'en sert, dans les orchestres, pour obtenir des effets brillants, faire des imitations matérielles, et surtout dans les danses.

FLUTE (archéol.). Cet instrument semble avoir été un des premiers que l'homme ait connus. On le retrouve sculpté ou peint sur tous les monuments antiques. Les peuples anciens, les Indiens, les Egyptiens, les Chinois s'en servaient ; les Grecs et les Romains en jouaient dans leurs chœurs, dans les spectacles et les sacrifices. Ils connaissaient 1º la *flûte simple* (*libia*) ; 2º la *flûte phrygienne* à un seul tuyau percé de trois trous ; 3º la *flûte double*, formée de deux tuyaux qui avaient une embouchure commune : une seconde, l'autre jouait le sujet ; 4º la *flûte de Pan ou syrinx* ; 5º la *flûte traversière ou oblique*. Les trois premières se jouaient comme la clarinette ; la cinquième est notre flûte actuelle. Au moyen âge, on se servit de la *flûte à bec ou douce* ; depuis le XVIIIᵉ siècle, on se sert de la *flûte allemande*.

FLUTE. Voy. MURÈNE.

FLUTE (mar.), grand bâtiment à trois mâts, portant de six cent à mille tonneaux, et destiné à porter pour le gouvernement du bois de construction ou de mâture, des munitions de bouche ou de guerre, et à approvisionner les stations et les garnisons des colonies. Il a 12 ou 24 canons. — Un *vaisseau de guerre*, une *frégate*, sont *armés en flûte* quand ils ont la même destination.

FLUTE A BEC ou DOUCE. C'est une flûte ordinaire dont la tête, au lieu d'être bouchée, porte un appareil nommé *sifflet*, par lequel on fait entrer le vent dans la bouche, en serrant ce bec avec les lèvres. On tient cette espèce de *flageolet* devant soi, comme la clarinette, le bout éloigné du corps. Son étendue est depuis le *fa* grave du violon, jusqu'au troisième *sol* du même instrument. On s'en sert dans les bals ou pour imiter le chant des oiseaux.

FLUTE D'ANGLETERRE, nom donné autrefois à la FLUTE A BEC.

FLUTE DE PAN, ensemble de plusieurs tuyaux de grandeur différente, accolés ensemble et placés proportionnellement, de manière que le plus grand est le premier, et que les autres vont en décroissant jusqu'au dernier, qui est le plus petit. Ces tuyaux sont ouverts par en haut, et bouchés par le bas. Leur ouverture supérieure est disposée sur une même ligne horizontale. En soufflant dans ces tuyaux, on produit un son ; mais, comme il n'y a ni dièses ni bémols, les airs que l'on peut jouer sont très-limités. Leur étendue est d'environ une octave et demie.

FLUTEAU. Voy. ALISMA.
FLUTET. Voy. GALOUBET.

FLUTEUR AUTOMATE, nom donné à une statue représentant un jeune homme jouant de la flûte, et construite par le célèbre Vaucanson. Ce mécanicien réussit à imiter entièrement un joueur de flûte. L'automate, fait en 1738, introduisait dans sa flûte un souffle modifié avec justesse par le mouvement des doigts, exécutait dix airs avec précision ; on sentait jusqu'aux cadences et aux renflements de sons. Ce fut le premier ouvrage de Vaucanson.

FLUVIA, rivière d'Espagne, a sa source à Campredon, village situé au pied des Pyrénées. Elle se jette dans la Méditerranée, près d'Ampurias.

FLUVIATILES, nom donné aux animaux et aux végétaux qui vivent dans les eaux douces et les fleuves.

FLUX. C'est, en pathologie, l'évacuation, l'écoulement d'un liquide qui surviennent dans un grand nombre de maladies. — Plusieurs médecins ont nommé ainsi des maladies dont le flux est le principal symptôme.

FLUX (chim.), nom donné à toutes les matières très-fusibles dont on se sert pour favoriser et presser la fusion de quelques autres qui sont moins fusibles. Le *borax* est un des meilleurs flux.

FLUX BILIEUX, nom donné aux évacuations de bile qui ont lieu par haut ou par bas. Le *flux bilieux grave* a reçu le nom de *choléra-morbus* ; le *flux léger* consiste dans l'expultion des matières bilieuses, précédé des signes de l'embarras gastrique, sans symptômes généraux très-graves.

FLUX BLANC, nom donné à un mélange de deux parties de nitre, et d'une partie de crème de tartre, ce qui donne du sous-carbonate de potasse. On s'en sert, dans les arts, comme d'un excellent fondant dans le traitement docimastique de plusieurs métaux.

FLUX COLLIQUATIF, toute espèce d'évacuation assez abondante pour produire l'épuisement du malade.

FLUX DE SANG, synonyme de *dyssenterie*.

FLUX DE VENTRE. Voy. DIARRHÉE.

FLUX MUQUEUX, écoulement de mucosités. Quelques médecins ont confondu à tort cette grave maladie avec les inflammations chroniques des membranes muqueuses.

FLUX NOIR, mélange formé de parties égales de nitre et de tartre ; le résidu est du sous-carbonate de potasse, coloré en noir. On s'en sert comme fondant dans la docimasie et pour désoxyder les oxydes métalliques.

FLUX et REFLUX, mouvement journalier, régulier et périodique, qu'on observe dans les eaux de la mer. Ce mouvement a lieu deux fois par jour. Les eaux, pendant environ six heures, s'élèvent et s'étendent sur les rivages ; c'est ce qu'on nomme le *flux* ou le *flot*. Après cela, elles redescendent pendant les autres heures ; ce qui forme le *reflux*, l'*èbe* ou le *jusant*. Au bout de ces six heures et d'un petit temps de repos, elles remontent de nouveau, et ainsi de suite. On a désigné le flux et le reflux par le seul mot de *marée*. Le moment où finit le flux, lorsque les eaux sont stationnaires, se nomme la *haute mer*, *mer pleine, mer étale* ; le repos de la mer à la fin du reflux se nomme *basse mer*. Ce mouvement est causé par la différence entre l'action du soleil et de la lune sur le centre du globe. On observe trois périodes à la marée : la *période journalière* de vingt-quatre heures quarante-neuf minutes, pendant lesquelles le flux et le reflux arrivent deux fois ; la *période mensruelle* ou *du mois*, qui consiste en ce que les marées sont plus grandes dans les nouvelles et pleines lunes que quand la lune est en quartier ; et la *période annuelle*, qui consiste en ce que les marées sont plus grandes aux équinoxes et plus petites aux solstices.

FLUXION (méd.), congestion, écoulement des liquides naturels dans une partie du corps. Les humoristes nommaient ainsi la plupart des inflammations. — Dans un sens plus limité, on entend par *fluxion* le gonflement indolent, quelquefois mobile, qui se montre dans le tissu cellulaire de diverses parties, mais surtout à la face. Les fluxions sont le plus souvent produites par l'impression extérieure du froid ; elles entraînent rarement la suppuration, et seulement quand il s'y joint une véritable inflammation. On les combat par la chaleur locale et les révulsifs appliqués sur les extrémités des membres.

FLUXION CATARRHALE. Voy. CATARRHE.

FLUXION SUR LES DENTS, synonyme d'ODONTALGIE.

FLUXION HÉMORRHOIDALE, maladie qui diffère du *flux hémorrhoïdal*, en ce sens que dans ce dernier il y a toujours écoulement d'un liquide, tandis que dans la fluxion il peut ne pas y avoir d'écoulement.

FLUXION PÉRIODIQUE, sorte d'ophthalmie périodique à laquelle les chevaux sont exposés. Cette affection paraît et disparaît à des intervalles réguliers ou irréguliers.

FLUXION DE POITRINE, nom donné au CATARRHE PULMONAIRE et à la PNEUMONIE.

FLUXION, nom donné par Newton, dans la géométrie de l'infini, à ce que les mathématiciens nomment en général. DIFFÉRENCE.

FLUXIONS (CALCUL DES). Ce calcul, inventé par Newton, est le même que le CALCUL DIFFÉRENTIEL.

FLUXIONS (MÉTHODE INVERSE DES). Cette méthode a pour objet de remonter aux quantités dont les *fluxions* sont données. C'est en d'autres termes le CALCUL INTÉGRAL.

FO, personnage célèbre chez les Chinois. Il n'est autre que BOUDDHA, leur dieu. Selon les sectateurs de cette divinité, Fo avait été roi dans l'Inde. Ayant abdiqué le trône, il se retira dans la solitude, répandit sa doctrine, et s'éleva dans le ciel. Dans ses statues, on le représente avec les cheveux bouclés, les oreilles allongées et la tête surmontée d'une flamme. Le *dalaï lama* est le chef du bouddhisme ; ses prêtres se nomment *bonzes* et ses temples *miao*. La religion de Fo a été introduite en Chine l'an 65 de notre ère.

FOCS, voiles triangulaires qui se placent sur le petit mât de hune et celui de perroquet. On serre sur le beaupré et sur le mât de foc. Les grands bâtiments en ont six : le *petit foc*, le *faux foc*, le *grand foc*, le *clin foc*, le *foc vedette* et le *foc en l'air*. On nomme *foc d'artimon* la voile d'étai d'artimon, qui est envergée dans le sens de l'étai du mât d'artimon.

FODÉRÉ (François-Emmanuel), né en 1764 à Saint-Jean de Maurienne (Savoie), étudia la médecine à Paris et à Turin, et fut nommé médecin juré du duché d'Auch. La Savoie ayant été réunie à la France, il suivit nos armées. Il fut ensuite successivement professeur de chimie et de physique à l'école centrale des Hautes-Alpes ; puis médecin de l'Hôtel-Dieu à Marseille, et médecin consultant de Charles IV, roi d'Espagne, et de Ferdinand VII son successeur. Il fut ensuite professeur de médecine à Strasbourg. Fodéré a écrit un grand nombre d'ouvrages.

FOË (Daniel DE), poëte anglais, né à Londres en 1663. Il épousa avec force les intérêts du roi Guillaume III. Il essuya divers chagrins, et fut souvent mis en prison pour ses écrits satiriques contre l'Eglise anglicane et le gouvernement de la reine Anne. Il mourut en 1731. On a de lui les *Aventures de Robinson Crusoé* (1719), le *Vrai Anglais de naissance*, un *Voyage dans la Grande-Bretagne*, etc.

FOEDOR. Voy. FÉDOR.

FOENE, instrument de fer pour la pêche, formé de plusieurs branches pointues et armées à leurs bouts d'un dardillon. Il est emmanché à un gros bâton de huit à neuf pieds. On lance la fœne sur les poissons qui passent à fleur d'eau.

**FOENE**, genre d'insectes hyménoptères, de la famille des pupivores. Ses antennes sont droites, son abdomen est allongé en massue, terminé par une tarière de médiocre longueur, composée de trois soies. Leur tête est portée comme sur un col. On trouve ces insectes sur les fleurs, où ils relèvent leur abdomen, et sont suspendus aux tiges des plantes presque perpendiculairement.

**FŒTUS**, nom donné par les médecins anciens à l'enfant vivant dans le sein de sa mère, ayant acquis sa forme et possédant tous ses membres. D'autres appelaient ainsi le germe conçu ou fécondé, mais encore informe. Aujourd'hui les anatomistes nomment *embryon* le germe jusqu'au troisième mois de conception, et *fœtus* le même depuis cette époque jusqu'à la naissance. A quatre mois, tous les membres du fœtus paraissent; au cinquième mois de gestation, la graisse, les cheveux et les ongles apparaissent. A sept mois, l'on voit déjà les yeux. A l'époque de la naissance, le fœtus est long de dix-huit à vingt-deux pouces, et pèse en général six livres. Le poids, la position, la forme du fœtus varient suivant les individus.

**FOGGIA**, ville d'Italie dans la Capitanate, province du royaume de Naples, sur la Cervera. Sa population est de 18,000 habitants. Elle a des foires et des marchés considérables, et commerce en grains, laine, vin et câpres.

**FOGLIETTO**, nom donné, en Italie, à la partie de premier violon qui contient les solos et les rentrées des autres parties de l'orchestre.

**FOI**, croyance absolue à une chose quelconque. Les mythologues grecs et romains en ont fait une divinité allégorique, qu'ils représentent vêtue de blanc. On la peint aussi sous la forme de deux jeunes filles se donnant la main, ou de deux mains enlacées l'une dans l'autre. Les bouddhistes adorent un dieu de la bonne foi. C'est *Yama Shraddhadéva*.

**FOI** (blason), nom donné, en peinture, en sculpture et dans l'art héraldique, à deux mains jointes ensemble. C'est un symbole d'alliance et de fidélité.

**FOI** (ACTES DE), nom donné autrefois aux *auto-da-fé* ou supplices par lesquels les inquisiteurs punissaient les hérétiques et les infidèles. Aujourd'hui ce mot désigne une prière dans laquelle les catholiques font profession de leur foi.

**FOI** (CHEVALIERS DE LA), ordre de chevalerie qui prit naissance, en France et en Italie, pendant les croisades contre les albigeois. Les chevaliers s'engageaient à faire la guerre aux hérétiques et à ceux qui se révoltaient contre l'Église romaine.

**FOI** (Sainte), vierge et martyre, d'Agen au IIIᵉ siècle, était d'une famille noble de cette ville. Elle alla se présenter elle-même au tribunal de Dacien, gouverneur de l'Aquitaine, qui, n'ayant pu l'ébranler par ses menaces, la fit rôtir sur un gril, puis décapiter vers l'an 287. On fait sa fête le 6 d'octobre.

**FOI** (PROFESSION DE), formule que prononcent les personnes qui entrent dans les dignités de l'Église catholique, ou qui abjurent leur religion pour embrasser le catholicisme. Cette formule est l'ensemble de tout ce que l'Église ordonne de croire.

**FOI ET HOMMAGE**, reconnaissance que le vassal devait à son seigneur. Le premier mot désignait la promesse et le serment que le vassal faisait d'être fidèle au seigneur; le deuxième, l'engagement qu'il prenait de le servir à la guerre. La foi se faisait debout, en jurant sur l'Évangile; l'hommage à genoux.

**FOI MENTIE**, déloyauté, manquement à la foi qu'un vassal devait au seigneur. On nommait FOI MENTEUE ou FOI MENTI le vassal qui manquait à la foi jurée.

**FOIE**, la plus volumineuse de toutes les glandes du corps. C'est un organe de couleur rouge brunâtre; sa forme assez irrégulière se rapproche, chez l'homme, d'un carré long. Il est divisé en deux lobes, l'un *droit*, l'autre *gauche*, séparés par un sillon; quelques anatomistes y joignent le *lobe inférieur* ou *lobule*. Son poids est d'environ 4 livres chez l'adulte; la face supérieure est convexe, l'inférieure est concave. Le foie occupe tout l'hypocondre droit et une partie de l'épigastre. Il est entouré par une enveloppe séreuse ou péritonéale, et par une tunique celluleuse ou profonde, nommée *capsule de glisson*. Les vaisseaux lymphatiques et sanguins et les nerfs y sont en grand nombre. Le foie est l'organe sécréteur de la bile. — Cette glande se retrouve chez tous les animaux, même les mollusques. Chez les mammifères, le foie se fait remarquer par la variété dans le nombre des lobes. Le chat en a de deux à sept. Chez les oiseaux, il est plus volumineux que dans les mammifères. Il est partagé ordinairement en deux lobes. Ce sont les plus estimés dans l'art culinaire, surtout ceux d'oie et de canard. Les reptiles l'ont encore plus volumineux, ainsi que les poissons et les mollusques; les insectes l'ont en forme de petits tubes réunis.

**FOIE**. Les anciens chimistes désignaient sous ce nom plusieurs substances minérales ou divers produits ayant une certaine ressemblance, pour la couleur, au foie des animaux. Le *foie d'arsenic* était l'*arsénite de potasse*.

**FOIE D'ANTIMOINE**, composé d'oxyde d'antimoine, de sulfate de potasse et de sulfure de potasse. Il est d'un brun marron. On l'obtient en mélangeant du nitrate de potasse et du sulfure d'antimoine. Il est employé dans la médecine vétérinaire.

**FOIE DE SOUFRE**, composé qui peut être regardé comme un *oxyde de potassium sulfuré* (sulfure de potasse) ou comme un *sulfure de potassium*, selon qu'il a été fait à une chaleur non portée au rouge ou à une température portée au rouge. On le prépare en faisant fondre ensemble une partie de soufre sublimé pour deux de potasse. Il est solide, dur, cassant, de couleur brune, inodore, d'une saveur âcre, caustique et amère. On l'emploie, en médecine, comme excitant dans les maladies cutanées, à la dose de six ou huit grains. C'est un violent poison à la dose de trente-six à soixante grains.

**FOIE DE SOUFRE ANTIMONIÉ**, dissolution d'où se précipite le *kermès* lorsqu'on prépare celui-ci en faisant bouillir le sulfure d'antimoine avec le sous-carbonate de potasse.

**FOIE DE SOUFRE TERREUX**, composé de soufre et d'une base terreuse comme la chaux, la baryte, la magnésie, etc.

**FOIGNY**, abbaye de l'ordre de Cîteaux, située près de Vervins (Aisne). Douze religieux envoyés par Saint-Bernard la fondèrent en 1121. Elle jouissait d'une grande renommée. Cette abbaye, qui possédait une église magnifique, fut fermée à la révolution de 1789.

**FOIN**, herbe fauchée, séchée, fanée et conservée pour servir d'aliment aux animaux domestiques. On comprend aussi sous ce nom les plantes données par les prairies artificielles (sainfoin, etc.), mais très-improprement. La première coupe des prairies naturelles se nomme particulièrement *foin*, les autres *regain*. On doit couper le foin pendant la floraison, par un temps sec et chaud. On le laisse sécher à l'air en le retournant souvent; on le réunit par petits tas (*mulettes* ou *veillottes*), puis en un seul nommé *meule*. On l'enferme quand il est bien sec. Humide, il s'échauffe et déplaît aux bestiaux; il peut même occasionner un incendie.

**FOIN**, nom donné vulgairement à l'ensemble des tubes de quelques champignons, et aux poils soyeux qui garnissent le fond d'un artichaut.

**FOIN**. On nomme *foin grec* le fenugrec, *foin de mer* les zostères.

**FOIN BRUN**. L'herbe à moitié fanée et entassée en meules serrées s'échauffe, s'affaisse et forme une pâte dure et brune, qu'on coupe avec des haches pour donner aux bestiaux. C'est le *foin brun*.

**FOIRE**, lieu de réunion où l'on vend une foule d'objets particuliers, à des époques fixées par la nature des localités et les besoins de la consommation. Les foires de Caen pour les toiles, de Guibrai pour les chevaux normands, de Beaucaire pour les produits industriels du midi de la France, de Leipsig pour la librairie, etc., sont très-fameuses. La plupart des villes et des villages ont aussi leurs foires. Elles ont lieu le plus souvent le jour de la fête patronale. Autrefois les foires se tenaient en vertu de privilèges donnés par les seigneurs, et attiraient une grande foule. Mais, depuis que le commerce a pris une extension considérable, la plupart des foires perdent chaque jour de leur importance.

**FOIRE** (THÉÂTRE DE LA), petit théâtre fondé en 1595 dans l'enclos de la foire Saint-Germain à Paris. En 1650, on y établit un théâtre de marionnettes, et en 1690 on y fit jouer des jeunes gens, malgré l'opposition constante du Théâtre-Français. Ce fut l'origine de l'*Opéra-Comique* (1714), réuni en 1762 à la *Comédie-Italienne*. Les théâtres forains se continuèrent sous divers noms jusqu'à leur suppression (vers 1800).

**FOIX**, sur la rive gauche de l'Ariége, chef-lieu du département de ce nom, à 188 lieues de Paris. Sa population est de 4,887 habitants. Cette ville est encaissée dans de hautes montagnes. Elle est dominée par un rocher sur lequel est la citadelle, bâtie en 1362 par Gaston Phœbus. Elle est haute de cent trente-six pieds. Foix a été construit vers le XIᵉ siècle. Il eut beaucoup à souffrir pendant la guerre des catholiques et des protestants. Il a une bibliothèque, plusieurs forges, un tribunal de première instance et de commerce, un collège, une société d'agriculture et des arts. Il commerce en fers, laines, bestiaux, serges, etc.

**FOIX** (COMTÉ DE). Ce pays, d'abord habité par les Volces Tectosages, fut soumis par les Romains et compris sous Honorius dans la première Lyonnaise, puis dans la Narbonnaise. Les Goths s'en emparèrent en 378. Charlemagne s'en empara sur les Sarrasins. Bientôt après il passa aux comtes de Toulouse, à ceux de Barcelone, de Carcassonne, et vers 1002 des comtes particuliers. Le premier fut Bernard, fils de Roger, comte de Carcassonne. Depuis 1276, le comté fut un des fiefs de la couronne de France. Henri IV, en ayant hérité, l'y réunit. Le pays de Foix forma avant la révolution un gouvernement dépendant du Roussillon et du parlement de Toulouse. En 1790, il a formé le département de l'Ariège.

**FOIX** (Louis DE), né dans l'Ariège, vivait dans le XVIᵉ siècle. Il devint célèbre comme architecte et ingénieur. Il travailla à l'Escurial en Espagne, combla l'ancien canal de l'Adour près de Bayonne, et en construisit un nouveau. Son plus fameux ouvrage est la *tour de Cordouan*, à l'embouchure de la Gironde et à 22 lieues de Bordeaux. Elle sert de phare aux navigateurs.

**FO-KIEN**, province maritime et orientale de la Chine. Elle comprend l'île Formose. Sa superficie est d'environ 7,000 lieues carrées, et sa population de 8,164,800 habitants. Sa capitale est *Fou-Tcheou-Fou*. Cette province fait avec le Japon un commerce considérable de fer, étain, mercure, pierres précieuses, thé noir, oranges, riz et toiles fines.

**FOL APPEL**, action d'appeler d'un jugement prononcé par un premier tribunal à un nouveau degré de juridiction, sans juste motif. Autrefois le fol appel était puni de l'amende; aujourd'hui celui qui succombe dans son appel est condamné à une amende de 10 francs, et à payer les dépens du procès.

**FOLARD** (Jean-Charles, chevalier DE), né à Avignon en 1669, suivit la carrière des armes, et devint lieutenant dans le régiment de Berri (1688), et aide de camp du duc de Vendôme (1701). Il se distingua comme lugénieur dans la guerre de Lombardie, de Flandre, et reçut le commandement de Bourbourg. Il donna d'utiles conseils à Charles XII, roi de Suède, et mourut en 1752. Il est surtout célèbre par ses écrits. Ce sont son *Histoire et Commentaires de Polybe*, *Nouvelles Découvertes sur la guerre*, et un *Traité sur la défense des places*.

FOLENGO (Jérôme-Théophile), dit MERLIN COCAYE, né en Italie. Après une jeunesse très-orageuse et très-dissipée, il embrassa la carrière des armes, puis la vie monastique. Il écrivit un grand nombre de poésies burlesques et bouffonnes, mêlant la langue latine à l'italienne, censurant les vices et les passions. Il mourut en 1544. Ses plus célèbres ouvrages sont *le Poëme macaronique*, *Orlandino*, un *Poëme sur les trois âges de l'homme*, etc.

FOLIACÉ, nom donné, en botanique, aux parties qui ont la nature, la forme et l'organisation des feuilles. Tels sont les cotylédons du *tilleul*, de la *belle-de-nuit*, etc.

FOLIAIRE, ce qui concerne les feuilles. On dit des *poils*, des *glandes*, des *aiguillons foliaires*.

FOLIE, aliénation d'esprit causée par le dérangement du cerveau, et dans laquelle on n'est plus maître de ses actions. La folie est *générale* lorsque toutes les fonctions du cerveau sont troublées; elle est *partielle* lorsque le trouble n'existe que dans quelques organes. La folie peut être encore *continue* ou *intermittente*. Les causes les plus communes sont les dispositions héréditaires, une mauvaise organisation du cerveau, les saisons, etc. La folie ne se montre qu'à l'époque de la puberté. Elle est plus commune chez les femmes que chez les hommes, et se montre souvent dans les pays tempérés. La guérison est très-rare. Le malade doit être écarté de toutes les personnes à qui il pourrait nuire. Il existe un grand nombre d'hôpitaux pour soigner les fous. — La folie, en matière criminelle, excuse tous les crimes. On exceptait autrefois ceux de lèse-majesté divine et humaine. Les fous ne peuvent pas faire testament, ni aucun acte juridique.

FOLIE (myth.), divinité allégorique que les anciens représentaient sous les traits d'une femme jeune et souriante, avec un habit de diverses couleurs, garni de grelots. Elle portait une marotte à la main.

FOLIÉ, nom donné, en botanique, aux parties qui ont des feuilles, qui sont garnies de feuilles. — En pharmacie, on nomme ainsi des produits de certaines opérations qui ressemblent à de petites feuilles. Ainsi la *terre foliée de tartre* est l'acétate de potasse; la *terre foliée mercurielle* est l'acétate de mercure.

FOLIES, air que l'on dansait autrefois en Espagne avec des castagnettes. La mesure est à trois temps, le mouvement modéré, et la mélodie d'une grande simplicité. On le nomme aussi *folies d'Espagne*.

FOLIGNO ou FOLIGNI, ville d'Italie dans les États de l'Église, à 5 lieues de Spolète. C'était avant Jésus-Christ une ville libre, qui se gouvernait par ses propres lois, sous la protection des Romains. Dans la suite les ducs de Spolète y exercèrent une longue tyrannie (1305), jusqu'à l'époque où elle rentra sous la domination du pape. Foligno a de beaux palais et de belles églises; cette ville commerce en dragées et confitures excellentes. Elle a des manufactures de soie et des fabriques de papier.

FOLIIFORME, nom donné, en botanique, aux parties qui ressemblent à une feuille.

FOLIIPARE, épithète donnée aux bourgeons qui donnent naissance à des feuilles.

FOLIO, mot emprunté à la langue latine. Le *folio recto* est la première page d'un feuillet; le *folio verso* est le revers. Un livre *in-folio* est celui dont les feuilles ne sont pliées qu'en deux parties. Le *folio*, en termes de typographie, se dit aussi du chiffre qui désigne le nombre des pages d'un livre.

FOLIOLES, petites feuilles placées le long et de chaque côté d'une petite branche nommée *pétiole*. On les voit dans l'*acacia*, le *frêne*, l'*astragale*, etc. — On nommait encore ainsi les petites pièces distinctes qui constituent le *calice* du *fraisier*. On remplace aujourd'hui ce terme par celui de *sépales*.

FOLIUM DE DESCARTES, courbe du troisième ordre, ainsi nommée à cause de la ressemblance d'une de ses parties avec une feuille.

FOLLE, filet dont les mailles ont depuis cinq jusqu'à dix-huit pouces, et au delà d'ouverture en carré; elle sert à prendre des tortues, des raies et autres grands poissons. — La *folle brise* est un petit vent qui varie sans cesse.

FOLLE AVOINE, plante de la famille des graminées, faisant partie du genre *avoine*. Elle fleurit en juillet. Une laine roussâtre recouvre ses semences. Elle abonde dans les champs de blé et de fèves, et nuit à leur développement. On la donne à manger à quelques animaux domestiques.

FOLLE ENCHÈRE, revente faite sur une personne qui, ayant enchéri au delà de ce qu'elle peut payer, ne peut satisfaire au payement. Alors l'on enchérit de nouveau, et le fol enchérisseur est tenu de donner la différence de son prix d'avec celui de la seconde enchère.

FOLLET, nom donné par les anciens à des lutins espiègles, mais sans méchanceté. Ces êtres malicieux se plaisaient à effrayer les passants, à égarer le voyageur; ils aimaient à panser les chevaux, à empêcher de dormir et à tourmenter les personnes craintives.

FOLLETTE, nom vulgaire de l'*arroche des jardins*. — On a nommé encore ainsi certaines maladies catarrhales qui ont régné épidémiquement.

FOLLICULE, capsule membraneuse, allongée, à une seule loge, s'ouvrant ou se fendant sur l'un des côtés, et qui renferme plusieurs graines. Tels sont les fruits de des apocynées. Le fruit du laurier-rose et de la pervenche est formé de deux follicules. — Les pathologistes emploient ce mot comme synonyme de *crypte* et de *kyste*.

FOLLICULES DE SÉNÉ, nom donné par les pharmaciens et des droguistes aux gousses purgatives du séné.

FOLQUET DE MARSEILLE ou FOULQUES, né à Marseille en 1155, embrassa la profession de troubadour. Il éprouva tour à tour les faveurs de Richard I$^{er}$, roi d'Angleterre, d'Alphonse II d'Aragon, de Raimond V, comte de Toulouse, et du comte de Marseille. Un mort lui ayant ravi ses protecteurs, il embrassa la vie religieuse à Cîteaux (1200), et fut nommé en 1205 évêque de Toulouse. Il se montra ennemi acharné des albigeois, et mourut en 1231. On a de lui vingt pièces de *poésies*.

FOLQUET DE ROMANS, né à Romans (Isère), vécut dans le XIII$^e$ siècle. Il composa un grand nombre de *sirventes* pour louer la vertu et flétrir le vice. Il s'efforça aussi d'exciter le zèle des chrétiens pour les croisades. On a de lui onze pièces.

FOLQUET DE LUNEL, troubadour du XIII$^e$ siècle, né à Lunel (Hérault). Il célébra les vertus de la sainte Vierge dans ses poésies. On a de lui quatre pièces, entre autres une satire contre les vices; elle est intitulée *Roman de la vie mondaine*.

FOMALHAUT, étoile de la première grandeur, située à la bouche du *Poisson austral*.

FOMENTATION, application d'un médicament liquide et chaud sur une partie du corps, faite à l'aide d'un morceau de flanelle ou de linge. La base des fomentations est l'eau, le vin, l'huile, le lait, l'alcool, etc.

FONCENNET (François-David), né en 1734 en Savoie, fut élève de Lagrange, et se livra à l'étude des mathématiques. Reçu en 1778 à l'université de Turin, il fut comblé de distinctions par plusieurs souverains. Nommé ministre de la marine de Sardaigne, gouverneur de Sassari et de Villefranche, il fut disgracié et mis en prison en 1792. Il mourut en 1795.

FONCIER. Ce mot désigne, 1° la personne qui possède un fonds de terre, 2° ce qui est relatif ou établi sur un fonds de terre.

FONÇOIR, marteau dont la panne est tranchante. Les forgerons le placent entre la pièce de fer qu'ils travaillent et le marteau dont ils se servent, lorsqu'ils ne peuvent pas frapper directement sur la pièce même. Ils s'en servent encore lorsqu'ils veulent faire un épaulement ou une partie bien vive et bien carrée.

FONCTIONS, nom par lequel on désigne les actes qui résultent de l'activité d'un organe ou d'une série d'organes. Les fonctions sont *animales* ou *végétales*. Les premières, chez l'homme, sont les unes relatives à sa conservation, les autres à la perpétuation de la race. Les premières le mettent en rapport avec les autres êtres, ou contribuent à l'accroissement ou à l'entretien de son corps. Telles sont les sensations, les facultés de l'esprit, la voix, la locomotion, la digestion, l'absorption, la circulation, la respiration, l'exhalation, la sécrétion et la nutrition. Les secondes sont la conception, la gestation, la parturition et la lactation. Ces fonctions varient chez les divers animaux. — Pour les plantes, voy. VÉGÉTAUX.

FONCTIONS (math.). On nomme *fonction d'une ou de plusieurs quantités variables* une expression algébrique composée de ces quantités variables et de quantités constantes. Si $x$ est une variable, et $a$ une constante, l'expression $ax$ est une *fonction* de $x$. Les *fonctions algébriques* se forment par les opérations élémentaires de l'algèbre. Les *transcendantes* contiennent en outre des *sinus*, des *logarithmes*, etc. Les premières sont *rationnelles* ou *irrationnelles*. Les *rationnelles* ne contiennent que des puissances entières de la variable; les *irrationnelles* sont celles où la variable est affectée du signe *radical*. Les *fonctions rationnelles* sont *entières* lorsqu'elles ne renferment que des puissances entières et positives de la variable, et *fractionnaires* quand elles renferment des fractions.

FOND. C'est en général la partie la plus inférieure d'une chose. Dans les beaux-arts, il désigne, 1° la substance ou l'enduit sur lequel un artiste travaille. Le meilleur fond pour la peinture est la toile bien tissue. 2° La réunion des choses en présence desquelles se passe une scène, en peinture et en sculpture.

FOND (mar.). C'est, 1° la profondeur de la mer, mesurée avec une ligne de sonde, et qui s'exprime en brasses; 2° la qualité du sol recouvert par la mer. Les fonds formés par les rochers sont très-dangereux, ainsi que ceux formés de sable ou de vase. — Le fond est *bas* lorsque la profondeur est grande; il est *plat* lorsqu'une petite profondeur reste la même sur une grande étendue. *Il n'y a pas de fond* quand la sonde ne peut l'atteindre; *on est sur le fond* quand on peut le mesurer.

FOND D'UNE VOILE. C'est sa partie intérieure, comprise depuis le centre jusqu'à la ralingue d'en bas ou du fond (bordage qui entoure les voiles).

FONDAMENTAL, nom donné au son le plus grave de plusieurs accords. Ainsi, dans l'accord de septième, *sol*, *si*, *ré*, *fa*, *sol* est le *son fondamental*. Un accord *fondamental* est celui dont d'autres dérivent; ainsi *si*, *ré*, *fa*, *sol* a pour accord fondamental *sol*, *si*, *ré*, *fa*.

FONDANT (méd.), nom donné autrefois aux remèdes que l'on jugeait propres à fondre les humeurs épaisses et coagulées. Tels étaient les alcalis, les savons, les préparations mercurielles, les eaux minérales alcalines gazeuses.

FONDANT DE ROTROU, préparation faite par Rotrou, obtenue en mettant le feu avec un charbon rouge à un mélange de trois parties de nitrate de potasse et d'une de sulfure d'antimoine. On le range au nombre des fondants.

FONDANTS (chim.), nom donné à toutes les substances qui, mêlées ou chauffées avec des corps, sont propres : 1° à en faciliter la fusion ; 2° à amener à l'état de pureté un élément du corps soumis à cette action ; 3° à le défendre du contact de l'air. On les divise en quatre classes : 1° les *terreux*, comprenant les substances calcaires, argileuses et siliceuses propres aux métaux ; 2° les *alcalins*, qui sont les meilleurs de tous pour opérer la fusion des terres et des métaux ; les *acides* (phosphorique et borique) pour les métaux ; 4° les *métalliques* (scories, grenailles, oxydes, carbonates ou nitrates métalliques. Les premières servent dans le traitement des mines de cuivre et de plomb ; les deuxièmes pour réduire le sulfure d'antimoine ; les autres pour fondre les minéraux renfermant de la potasse, de la soude et du lithium). Voy. FLUX.

FONDATIONS ou FONDEMENTS, maçonnerie enfermée sous terre, élevée jusqu'au rez-de-chaussée, dont la solidité et l'épaisseur doivent être en proportion de la charge du bâtiment qu'elle doit porter. Les fondements des murs principaux doivent être assis sur la terre ferme et non remuée. On met les premières assises en gros moellons. Il faut une assise de pierres de taille au rez-de-chaussée des caves, à la naissance des arcs, des voûtes, des portes et aux soupiraux. Le tout est maçonné avec le mortier de chaux et de sable. Les murs de fondations sont plus épais que ceux du rez-de-chaussée. Le meilleur fond est le tuf ou le roc, ou une terre forte ; dans les lieux marécageux, il faut bâtir sur pilotis de chêne.

FONDATIONS, donations ou legs qui ont pour objet l'établissement d'une église, d'un bénéfice, d'un hôpital, etc., ou qui sont faits à une église, un bénéfice, un hôpital, etc., déjà établi, à la charge de quelque œuvre de piété. Autrefois le parlement décidait de la possibilité de ces fondations. Elles regardent aujourd'hui les autorités ecclésiastiques et municipales.

FONDERIE, lieu où l'on coule les canons, les obus, les mortiers, etc. Ces établissements sont dirigés par des officiers d'artillerie, et on compte le temps pendant lequel les ouvriers y travaillent comme service militaire pour la solde de retraite. Il y a en France trois fonderies : à Toulouse, Douai et Strasbourg.

FONDEUR, artisan qui met, par la fusion, un métal sous les formes les plus appropriées aux arts ou aux objets d'agrément. L'art du fondeur a un grand nombre de formes ; ainsi il y a les *fondeurs en cuivre*, *en étain*, *de cloches*, etc. Les *fondeurs en fonte de fer* sont ceux qui refondent les débris des objets cassés et le restant des minerais des usines.

FONDEUR DE CARACTÈRES, artisan qui fond des caractères d'imprimerie. Après que le graveur a terminé ses poinçons où sont gravés les caractères, il en tire des empreintes sur cuivre nommées *matrices*. Le fondeur a un moule en fer, doublé en bois, ayant un espace vide de la grandeur du caractère qu'on veut mouler. La partie inférieure porte une rainure dans laquelle on place la *matrice*. Elle est appuyée contre le fond du moule par un fil de fer (*archet*) qui fait ressort en arc-boutant contre elle. Le fondeur prend l'alliage nécessaire (plomb et antimoine), le verse dans le moule, et lui donne une légère secousse, afin de chasser l'air. On tire ensuite la lettre.

FONDI, petite ville d'Italie, dans le royaume de Naples, à égale distance de Naples et de Rome. Elle a un évêché dépendant du pape ; ses plaines sont fertiles et ses environs agréables, mais malsains. Fondi est très-ancienne.

FONDOLO (Gabrino), Italien célèbre du XV° siècle. Ugolino Cavalcabo s'étant fait déclarer seigneur de Crémone au préjudice des Visconti de Milan, Fondolo fut choisi pour son lieutenant. La guerre ayant éclaté entre Ugolino et son frère Carlo, Fondolo se proposa pour médiateur, et donna un festin (1406) où il les fit assassiner avec leurs parents et amis. Proclamé seigneur de Crémone, il résista pendant quelque temps à Philippe Visconti, duc de Milan (1417-20). Mais il finit par lui vendre Crémone (35,000 florins). Trahi par un de ses amis (1425), il fut pris et conduit à Milan, où il eut la tête tranchée.

FONDRIER se dit du bois qui, à cause de sa pesanteur, ne peut flotter sur l'eau et coule à fond.

FONDRIÈRE, nom donné à des terrains légers et marécageux, où l'on s'enfonce et disparaît facilement. On en voit souvent dans les vallées et les marais. On y retrouve des corps fossiles de grands animaux.

FONDS désignait autrefois toutes sortes de biens meubles ou immeubles ; aujourd'hui il désigne 1° les immeubles réels (terres, maisons, etc.) ; 2° l'argent monnayé que possède quelqu'un ; 3° les marchandises qui se trouvent dans un magasin. On distingue, dans un fonds de terre, la *superficie* et le *fond*. Ce dernier est la partie située au-dessous de la superficie et qui en fait le fondement. A la superficie appartient l'*usufruit*. Le *fond* forme la *nue propriété*.

FONDS (BUREAU DES), bureau chargé, dans les grands ports, des recettes de deniers, des payements des appointements, des soldes, des marchés, etc. Dans les ministères, il y a la division des fonds d'où s'expédient les états de payement, etc.

FONDS PERDUS, rentes viagères qui s'éteignent par la mort de ceux au profit desquels elles sont faites, et dont, à cause de cela, le fonds qu'ils ont donné est perdu, puisqu'il ne peut passer à leurs héritiers.

FONDS PUBLICS, nom donné à toutes les valeurs numéraires appartenant à l'Etat. Telles sont les sommes provenant des impôts. — Ce mot désigne plus particulièrement les capitaux qui forment la *dette publique*, et dont l'Etat paye la rente. Cette rente varie avec les événements politiques de chaque jour, et les fonds sont en hausse ou en baisse. Ces *fonds s'élèvent* à environ 8 milliards. La plupart sont *constitués* ou inscrits au registre de la dette publique perpétuelle. Les *fonds flottants* proviennent d'emprunts à termes rapprochés. Les *fonds constitués immobilisés* sont ceux qui sont rachetés par la caisse d'amortissement, et ne peuvent plus se transmettre. Les *fonds constitués classés* sont ceux qui, possédés par des personnes dont la fortune est stable, ne sont plus guère susceptibles d'être transférés. Les *fonds constitués flottants* sont ceux qui causent les alternations de *hausse* et de *baisse* à la bourse.

FONFRÈDE (J.-B. BOYER), né à Bordeaux, embrassa les principes de la révolution et le parti des girondins. Envoyé à la convention nationale, il vota la mort de Louis XVI sans appel ni sursis. Il se montra l'ennemi de Marat, et contribua à l'introduction des jurés au tribunal révolutionnaire. Il se plaça toujours au rang des modérés. Décrété d'accusation, il fut condamné à mort et exécuté (4 octobre 1793).

FONGIBLE, nom donné, en jurisprudence, au meuble qui, n'ayant de prix que dans sa valeur réelle, peut être remplacé par un autre meuble de même nature. Du blé, du maïs, etc., sont des choses fongibles, parce qu'elles peuvent être remplacées par du blé, du maïs, etc.

FONGOSITÉ, qualité de ce qui est fongueux. On donne plus particulièrement ce nom aux excroissances fongueuses.

FONGUEUX, ce qui ressemble à un champignon. On donne cette épithète aux chairs qui s'élèvent de la surface d'une plaie ou d'un ulcère, et qui présentent une disposition semblable à celle d'un champignon.

FONGUS, nom donné à des excroissances molles et spongieuses disposées en forme de champignons, que l'on voit sur quelques parties du corps. Souvent ils sont de nature cancéreuse.

FONSECA (J.-Rodrigue DE) vivait pendant les XVI° et XVII° siècles. Il fut successivement doyen de Séville, évêque de Badajoz, de Palencia, de Cordoue et de Burgos. Il obtint la direction des armements faits pour les Indes occidentales, et contraria toujours les vues de Christophe Colomb. Il s'opposa continuellement dans le conseil du roi aux demandes qu'il lui faisait en faveur des Indiens.

FONSECA (Eléonore, marquise DE), née en 1768 d'une des plus célèbres familles de Naples. Distinguée par son esprit et sa beauté, elle cultiva avec succès les lettres, les sciences et surtout l'histoire naturelle. Au moment de l'approche des Français en Italie (1798), elle embrassa avec enthousiasme la cause de la liberté, ménagea des intelligences dans Naples aux Français, et après la prise de cette ville, entreprit la rédaction d'un journal révolutionnaire, le *Moniteur napolitain*. Mais, les Français ayant été chassés de Naples, Eléonore fut arrêtée et décapitée (1799).

FONTAINE, nom donné à des sources naturelles qui sortent de la terre. On n'est pas d'accord sur la formation des fontaines ; mais on croit généralement qu'elles sont le produit des vapeurs ou des eaux de pluie qui sont absorbées par la terre, surtout près des montagnes, des collines, etc. Il y a des fontaines *périodiques* ou *intermittentes*, *jaillissantes*, etc. — Les physiciens ont nommé *fontaines* plusieurs appareils ; telles sont les *fontaines de Héron*, *de compression*, etc.

FONTAINE (Jean DE LA). Voy. LA FONTAINE.

FONTAINE ARDENTE, nom donné au gaz hydrogène renfermé dans la terre, et qui, lorsqu'on lui ouvre un passage dans le sol, s'enflamme subitement à l'approche d'un corps incandescent, et produit un jet continu.

FONTAINE BITUMINEUSE, nom donné à des sources qui renferment du bitume. On ignore la cause de leur formation.

FONTAINE DE COMPRESSION, vase en fonte. En haut est un tuyau portant robinet et sur lequel on visse un ajutage. Un autre tuyau descend depuis ce robinet jusqu'au fond intérieur du vase où il est ouvert. On remplit d'eau la capacité du vase, puis on y fait entrer l'air avec une pompe foulante. On ferme le robinet, on ôte la pompe, et on y visse un ajutage. Dès qu'on tourne le robinet, l'air comprimé chasse l'eau avec force. On se sert de cet appareil pour fabriquer les eaux gazeuses artificielles.

FONTAINE DE HÉRON, instrument formé de trois vases et de trois tubes ; un des tubes descend du vase supérieur au fond du vase inférieur ; un second va du vase inférieur au sommet du vase intermédiaire, et le troisième s'élève du fond de ce dernier au-dessus du vase supérieur. On visse sur ce troisième tube un robinet terminé par un ajutage effilé. Pour mettre la fontaine en expérience, on ôte le robinet, et on remplit d'eau le vase supérieur ; une partie s'écoule dans le vase inférieur, et l'autre dans l'intermédiaire. On met alors le robinet. Si on ouvre le bouchon placé sur le tube supérieur, l'eau jaillit par la force élastique de l'air. Cette fontaine a été appelée du nom de Héron, mathématicien d'Alexandrie.

FONTAINE DÉPURATOIRE, nom réservé à des appareils destinés à donner à l'eau une grande pureté, à la débarrasser des substances étrangères qu'elle renferme, et même à lui enlever l'odeur et le goût le plus mauvais. La forme de ces appareils nommés aussi *fontaines à filtrer* est cylindrique ou conique. Au fond est un robinet. A quatre ou cinq pouces du fond est une séparation en métal ou en grès percée de trous. Deux petits tuyaux descendent le long de la fontaine et conduisent l'air. On met sur la séparation un tissu de laine et par-dessus une couche de grès pilé de deux pouces, puis encore une couche d'un pied d'épaisseur formée de poudre de charbon et de grès ou de sable de rivière; enfin une troisième couche de grès pilé ou de sable. On recouvre le tout d'un plateau percé de trois ou quatre trous; sur ces trous sont placés des champignons en grès percés de trous et enveloppés d'une éponge. — Ces dispositions sont sujettes à une foule de modifications.

FONTAINE FILTRANTE, espèce de *fontaine dépuratoire*; elle a la forme d'un parallélipipède à angles droits; elle est construite en pierre mince et serrée, et en marbre poli, peint de couleur imitant le granit. Sa partie supérieure est ouverte, et la ferme avec une planche. L'intérieur de la fontaine est divisé en deux parties par deux plaques minces de grès. Un tube de plomb la traverse. Deux robinets sont placés au bas du vase, qui correspondent, l'un à l'espace formé par les deux plaques de grès, et qui donne l'eau filtrée; l'autre, à l'autre partie qui donne l'eau telle qu'on la verse dans la fontaine. Au bout d'un quart d'heure l'eau est très-limpide.

FONTAINE INTERMITTENTE ou PÉRIODIQUE, nom donné aux fontaines qui tarissent pendant quelque temps pour couler de nouveau ensuite, puis tarir, et ainsi de suite. — On les nomme INTERCALAIRES lorsqu'au lieu de tarir elles donnent de l'eau en plus petite quantité pour en donner ensuite avec plus d'abondance. Ce jeu se continue sans cesse. On en a fait d'artificielles.

FONTAINE JAILLISSANTE, nom donné à des jets d'eau naturels qui s'échappent du sein de la terre. Tels sont la fontaine de Vaucluse en France, et le Geyser en Islande. Les *puits artésiens* sont des fontaines jaillissantes artificielles.

FONTAINEBLEAU, chef-lieu d'arrondissement du département de Seine-et-Marne, à quatre lieues de Melun. Population, 8,400 habitants. Cette ville a été fondée dans le moyen âge. Elle possède un château superbe construit dans le XIIe siècle, rebâti sous François Ier, qui a vu naître plusieurs rois, et a été la demeure favorite d'un grand nombre de rois. Il se compose de six châteaux renfermant neuf cents chambres. En 1810, Napoléon y épousa Marie-Louise; Fontainebleau fut en 1812 la résidence du pape Pie VII, qui y conclut le célèbre concordat. En 1814, Napoléon y signa son abdication. La *forêt de Fontainebleau* a 33,000 arpents, et renferme de nombreuses roches de grès qui fournissent annuellement 800,000 pavés à Paris. Fontainebleau a un tribunal de première instance et une société d'agriculture.

FONTAINE-FRANÇAISE, chef-lieu de canton de la Côte-d'Or, à 12 lieues N. de Dijon. Population, 1,200 habitants. Le bourg est situé entre deux étangs très-poissonneux, et dont les eaux surabondantes s'écoulent dans le Vingeane. On y remarque un beau château et un monument élevé à Henri IV, en commémoration de la victoire remportée par ce roi (4 juin 1595) avec 1,800 soldats, sur l'Espagnol Ferdinand de Velasco et sur le duc de Mayenne, ayant à leur tête 18,000 soldats.

FONTAINES (P.-F. GUYOT DES). Voy. DESFONTAINES.

FONTAINES (myth.). Les anciens avaient une grande vénération pour les fontaines, surtout pour celles dont les eaux guérissaient certaines maladies, et c'était chez eux un crime de s'y baigner. Plusieurs jouissaient du privilège de rendre des oracles.

FONTANA (Dominique), né à Mili (Italie) en 1543, étudia à Rome l'architecture. Sixte V le choisit pour son architecte. Il releva après des travaux immenses l'obélisque égyptien que l'on voit sur la place de Saint-Pierre de Rome. Il érigea plusieurs autres obélisques semblables, bâtit la bibliothèque du Vatican, plusieurs palais et fontaines. Après la mort de Sixte V, il perdit son emploi et se retira à Naples, où il mourut en 1607.

FONTANELLE, nom donné, en anatomie, aux espaces membraneux que présente le crâne des enfants avant son entière ossification. — En chirurgie, ce mot est synonyme de *fonticule*.

FONTANES (Louis, marquis DE), né à Niort en 1757. Après avoir fait ses études dans sa patrie, il vint à Paris et se fit connaître par quelques poèmes, surtout par *le Jour des Morts dans une campagne*. Il rédigea plusieurs journaux, le *Mémorial*, le *Mercure*, etc., et porta souvent la parole à l'académie. Il fut nommé membre de l'Institut et professeur de l'école normale sous le directoire. Mis hors la loi, il fut rappelé au 18 brumaire, nommé député au corps législatif, dont il fut président pendant cinq ans. Sénateur et grand maître de l'université, il fut dépouillé de ce dernier titre à la restauration et appelé à la chambre des pairs. Il mourut en 1821.

FONTANGES (Marie-Angélique DE SCORAILLE, DE ROUSSILLE, duchesse DE), née en Auvergne en 1661, fut présentée à la cour à l'âge de dix-sept ans pour occuper la place de dame d'honneur d'Henriette d'Angleterre. Madame de Montespan la présenta elle-même au roi Louis XIV, à qui elle inspira la plus vive passion. Elle en reçut le titre de duchesse de Fontanges (1679), et une rente de 800,000 francs par mois. A une partie de chasse, le vent ayant dérangé sa coiffure, elle la fit rattacher avec un ruban dont les nœuds tombaient sur le front, et cette mode passa dans l'Europe sous le nom de *fontanges*. Elle eut un fils du roi, et mourut peu de temps après (1681) à l'âge de vingt ans.

FONTARABIE, petite ville d'Espagne, dans la province de Guipúscoa, près de la mer et à l'embouchure de la Bidassoa, à 7 lieues de Bayonne et 25 de Bilbao. Cette ville est célèbre par son château.

FONTAVELLE, ancienne congrégation de religieux en Italie, sous la règle de Saint-Benoît, fondée en 1019. Les règlements étaient très-sévères. Ils jeûnaient certains jours de la semaine, ne mangeant que du pain avec du sel, ne buvaient jamais de vin, pratiquaient cinq carêmes par an. Ils observaient un silence continuel, ne portaient pas de chaussure, se donnaient souvent la discipline. Cette abbaye a été réunie aux camaldules dans le XVIe siècle.

FONTE, premier produit de la fusion des minerais de fer. On en distingue trois espèces principales. La première, ou *fonte noire*, s'obtient dans les hauts fourneaux quand on a employé plus de charbon que de minerai. Cette fonte renferme beaucoup de carbone; sa couleur est foncée; elle cède sous le marteau. La deuxième, ou *fonte grise*, provient de bons minerais et d'une fusion bien conduite. Elle a une solidité et une ténacité remarquables. On peut la tourner et la forer. On s'en sert pour couler des bouches à feu. Quand il y a excès de charbon, on la nomme *fonte truitée*. Les troisièmes, ou *fontes blanches*, sont d'un blanc d'argent, très-cassantes et dures. On ne sert de la fonte pour les mêmes ouvrages que le fer. Elle est formée d'oxygène et de carbone; quelquefois elle renferme du silicium, du manganèse, du chrome et du phosphore. — On a découvert l'art de la fonderie dans le XVe siècle.

FONTE MAZÉE ou FINE-MÉTAL. Lorsque la fonte est en fusion, on la fait écouler, et on y jette de l'eau pour la refroidir promptement. C'est la *fonte mazée*. Elle est blanche et épurée.

FONTE MOULÉE, fer en fusion, coulé dans des moules dont il a conservé la forme. Cet art n'est pas très-ancien. La fonte peut remplacer le bronze avec avantage. On distingue trois sortes de moules : les *moules en métal* sont peu employés pour couler la fonte, mais pour les fondeurs en étain, en zinc, etc.; les *moules en sable* et *en argile* sont les seuls où l'on coule la fonte, et sont renfermés dans un châssis.

FONTENAI, village de l'Yonne, à 8 lieues d'Auxerre, célèbre par la bataille que les fils de Louis le Débonnaire, roi de France, s'y livrèrent le 25 juin 841. Lothaire et Pepin y furent vaincus par leurs frères Charles et Louis.

FONTENAI-LE-COMTE, chef-lieu d'arrondissement de la Vendée, à 14 lieues de Bourbon-Vendée. Population, 7,520 habitants. — Cette ville eut, avant la révolution, des comtes particuliers, et se nomma en 1789 *Fontenai-le-Peuple*. Elle a un tribunal de commerce et de première instance, un collège, des brasseries, des tanneries, et commerce en toiles et en draps.

FONTENELLE (Bernard LE BOVIER OU LE BOUYER DE), né à Rouen en 1657. Il quitta le barreau pour la poésie et les belles-lettres. Sous les yeux de son oncle Thomas Corneille, il composa plusieurs tragédies et opéras. Ses *Dialogues des morts* (1683) furent accueillis favorablement. Ses *Lettres du chevalier d'Her....*, n'eurent pas un aussi grand succès. L'*Histoire des oracles* est instructive et amusante. Mais son plus célèbre ouvrage fut la *Pluralité des mondes* (1686), études d'astronomie et de cosmographie. Ses plus fameuses pièces de théâtre sont *Endymion*, *Thétis et Pélée*, *Enée et Lavinie*, etc. Il mourut en 1757.

FONTENIER-SONDEUR. Cet art consiste à connaître les terrains où l'on doit trouver des eaux souterraines, et à trouver les moyens de ramener ces eaux à la surface du sol. Lorsqu'on est arrivé jusqu'à l'eau cherchée, elle s'élève dans le trou de la sonde, et jaillit au dehors. On n'a plus qu'à entourer le trou d'une construction qui empêche les terres de s'ébouler Il en résulte un puits ordinaire ou jaillissant (*artésien*), dont la source est quelquefois à cent mètres de profondeur.

FONTENOI, village de la Belgique, près l'Escaut, à une lieue de Tournai. — Il est célèbre par la victoire remportée par les Français, au nombre de 56,000, commandés par le maréchal de Saxe, sur les Anglais, les Hanovriens, les Autrichiens et les Hollandais, au nombre de 50,000, commandés par le duc de Cumberland. Ce fait eut lieu le 11 mai 1745. Les alliés y perdirent 9,000 soldats morts ou blessés. Les suites de ce combat furent la conquête des Pays-Bas.

FONTES. En termes d'imprimerie, ce mot désigne un assortiment complet de toutes les lettres et autres caractères nécessaires à l'impression d'un ouvrage, et fondus sur un seul corps.

FONTES se dit d'une sorte de fourreaux de cuir que l'on attache à l'arçon de la selle pour y mettre des pistolets.

FONTEVRAULT, ville de Maine-et-Loire, à 4 lieues de Saumur. Population, 2,800 habitants. — Elle avait autrefois une abbaye, sous la règle de Saint-Benoît, fondée par Robert d'Arbrissel en 1100. Cette abbaye, d'abord seule, donna naissance à plusieurs autres. La principale, celle de Fontevrault, avait une abbesse dont la juridiction s'étendait sur tous les couvents du même ordre. C'était là qu'étaient élevées les filles des rois de France. En 1817, une ordonnance royale a affecté cette abbaye à l'établissement d'une maison de détention pour les hommes et les femmes condamnés à la réclusion et à plus d'un an d'emprisonnement; et pour les femmes condamnées aux travaux forcés. Elle peut renfermer 1,200 hommes et 500 femmes.

FONTICULE, nom donné aux petits ulcères produits par l'art, soit avec des matières caustiques, soit avec un instrument tranchant, et que l'on entretient dans un but médical. On les nomme en général *cautères*.

FONTINALE, genre de plantes de la famille des mousses, garnies de ramifications nombreuses, de feuilles petites, disposées sur plusieurs rangs, et croissant dans toutes les rivières de l'Europe. On a attribué à la *fontinale incombustible*, dont la tige rameuse est longue de plus de quarante centimètres, et qui flotte à la surface des eaux pures et courantes, on a attribué la propriété d'empêcher la communication du feu. Mais cette propriété ne dure que le temps pendant lequel la plante conserve son humidité.

**FONTINALE**, porte de Rome, située près du Tibre. On la nommait aussi *Septimiana*.

**FONTINALES** (myth.), fêtes célébrées par les Romains en l'honneur des nymphes qui présidaient aux sources et aux fontaines. On les avait placées au 13 octobre. On trempait dans les puits et dans les fontaines des guirlandes de fleurs, et on en couronnait les enfants.

**FONTS BAPTISMAUX**, bassin de pierre, de marbre ou de bronze, rond et élevé de terre sur une base ou un pilier, dans lesquels on conserve l'eau avec laquelle les prêtres catholiques baptisent. On les place au fond de l'église. Autrefois on les mettait dans une petite église nommée *baptistère*, voisine de la principale. L'origine des fonts remonte aux premiers siècles du christianisme.

**FOOTE** (Samuel), célèbre comédien anglais, appelé par ses compatriotes l'*Aristophane de l'Angleterre*, né en 1717 dans le comté de Cornouailles, forma une troupe d'artistes, et obtint le droit de jouer sur le théâtre de Hay-Market. Il mourut en 1777. Son jeu avait une grande vérité. On a publié son *Théâtre comique* en trois volumes, renfermant vingt comédies.

**FOR** désigne, en jurisprudence, une juridiction. Ce mot vient de *forum*, mot latin qui désigne une place publique où l'on rendait la justice. On distingue le *for intérieur*, ou le tribunal de Dieu, de la conscience, et le *for extérieur*, ou le tribunal des hommes. — *For*, en termes de droit, désigne aussi une *coutume*.

**FORAGE**, action de creuser. On se sert à cet effet d'un instrument nommé *foret*. Autrefois on coulait les canons creux ; maintenant on les coule pleins, et on les fore ensuite. Pour cela, c'est le plus souvent la pièce à forer que l'on fait tourner. Le foret ne fait qu'exercer une certaine pression sur la pièce.

**FORAGE** ou **AFFORAGE**, droit seigneurial que levait le seigneur quand ses vassaux vendaient en détail ou en gros du vin ou toute autre boisson.

**FORAIN**, *étranger*, marchand qui ne fréquente que les foires, et revend dans l'une ce qu'il a acheté dans l'autre. On donne aussi ce nom à un marchand qui n'est pas du lieu où il fait son négoce, et va de ville en ville vendre sa marchandise. — On appelait autrefois *docteurs forains* ceux qui ne résidaient pas dans le lieu de l'université. — On nommait encore *forains* ceux qui, possédant des biens dans la terre du seigneur, demeuraient ailleurs.

**FORAINE** (RADE), rade mal fermée, ceinte en partie par des terres plus ou moins élevées, ouverte aux vents et à la mer. Les bâtiments n'y sont pas en sûreté contre les grands vents.

**FORAMINÉ**, nom donné aux corps qui présentent un ou plusieurs trous. Ils sont *foraminulés* quand les trous sont très-petits. — Lamarck a nommé *foraminées* une section de polypiers comprenant les espèces percées de petites cellules.

**FORAMINIFÈRES** ou **CÉPHALOPODES MICROSCOPIQUES**, ordre de mollusques généralement de très-petite taille. Le test ou coquille de ces animaux est en spire très-allongée, à loges très-globuleuses, ayant une ou plusieurs ouvertures donnant communication d'une loge à l'autre. La plupart des foraminifères sont fossiles. Les espèces vivantes sont très-nombreuses dans les côtes des mers dans les contrées chaudes.

**FORBAN**, nom donné aux bâtiments et aux hommes qui pillent sur mer les vaisseaux et les côtes de ces mers. Les forbans pris par un navire de guerre sont pendus au haut de la grande vergue. Au moyen âge, on donnait ce nom au corsaire qui ne déposait pas les armes après la fin des hostilités.

**FORBIN** (Toussaint DE), *cardinal de Janson*, d'une famille célèbre de Provence, fut successivement évêque de Digne, de Marseille et de Beauvais. Louis XIV le nomma son ambassadeur en Pologne. Jean Sobieski dut le trône de Pologne à son crédit, et le fit nommer cardinal. Il plaida à Rome avec tant de sagesse les affaires de la France qu'il reçut en 1706 la charge de grand aumônier. Il mourut en 1713.

**FORBIN** (Claude, chevalier DE), né en Provence en 1656, après quelques campagnes sur mer, eut un duel dans lequel il tua son adversaire. Condamné à mort, il obtint sa grâce. Il servit sous le comte d'Estrées et sous Duquesne. Après avoir été grand amiral du roi de Siam, il reprit le rang qu'il occupait dans l'armée française, se signala sur les côtes d'Espagne, dissipa plusieurs flottes anglaises. Il se retira ensuite du service, et mourut en 1733 à Marseille.

**FORBONNAIS** (François VERON DE), né au Mans en 1722 d'une famille distinguée parmi les manufacturiers. On peut le regarder comme le fondateur de l'économie sociale et industrielle. Nommé en 1756 inspecteur général des monnaies, il abolit plusieurs priviléges, réduisit beaucoup de pensions, et donna plusieurs conseils utiles au roi. Appelé à l'Institut après la révolution, il écrivit un grand nombre d'ouvrages sur l'économie. Il mourut en 1799, inspecteur général des manufactures de France. On a de lui le *Négociant anglais*, une *Théorie et pratique du commerce de la marine*, des *Éléments du commerce*, des *Recherches sur les finances de France* (1595-1721). Il a inséré plusieurs articles dans l'*Encyclopédie méthodique*.

**FORCALQUIER**, chef-lieu d'arrondissement des Basses-Alpes, à douze lieues de Digne. Population, 3,130 habitants. Cette ville, ancienne et jadis importante, fut la résidence de princes célèbres. Les évêques de Digne y demeurèrent depuis le xie siècle jusqu'à la révolution. Cette ville a un tribunal de première instance, une école secondaire ecclésiastique et une société d'agriculture.

**FORÇAT**, homme condamné aux galères à temps limité ou à vie. On emploie les forçats les uns à des travaux de force, les autres à des ouvrages d'arts et de métiers. Les forçats sont divisés d'après la durée de leur peine. On en compte environ huit mille en France.

**FORCE** (Jacques NOMPAR DE CAUMONT, duc DE LA), d'une famille qui remonte au xie siècle, était fils de François, seigneur de la Force, qui fut tué dans le massacre de la Saint-Barthélemy. Il porta les armes dans l'armée protestante de Henri IV, se mit à la tête des réformés sous Louis XIII. Il se soumit à ce roi en 1622, et fut fait maréchal de France et lieutenant général de l'armée en Piémont. Il prit Pignerol, défit les Espagnols à Carignan (1630), passa en Allemagne et s'empara de plusieurs villes. Revenu en France, il mourut en 1652.

**FORCE** (Charlotte-Rose DE CAUMONT DE LA), née près d'Albi en 1650, était petite-fille du duc de la Force. Elle se consacra à la culture des belles-lettres, et fut mise au rang des historiens du xviie siècle. Son histoire est brodée de faits romanesques. Elle mourut en 1724. On a d'elle l'*Histoire secrète de Bourgogne*, l'*Histoire de Marguerite de Valois*, *les Fées*, *le Conte des contes*, *le Château en Espagne*, *Gustave Vasa*, etc.

**FORCE**, faculté d'agir ou de produire un effet. — En mécanique, c'est une cause quelconque qui met un corps en mouvement. Les forces peuvent se ramener à deux classes : 1° celles qui agissent sur un corps en repos (*forces de pression, de tension*, ou *mortes*). Elles peuvent être mesurées par un poids. 2° Celles qui agissent sur un corps en mouvement sont des puissances qui résident dans un corps aussi longtemps que le mouvement continue. On les nomme *mouvantes* ou *vives*. Toutes les forces peuvent être représentées par des nombres ou par des lignes en les rapportant à une unité de leur espèce. Elles se mesurent par les effets qu'elles produisent ; les physiciens et les chimistes sont forcés, pour expliquer plusieurs phénomènes, de supposer l'existence de plusieurs forces : les forces de *cohésion*, d'*attraction*, de *gravitation*, d'*agrégation*, de *composition* et d'*affinité*.

**FORCE ACCÉLÉRATRICE**, force qui ajoute de la vitesse au mouvement d'un corps.

**FORCE ANIMALE**, force qui résulte des puissances musculaires de l'homme et des animaux. Un homme, sans aucune charge, marche sur un chemin horizontal avec la vitesse d'un mètre et demi par seconde, et parcourt 40 ou 50 kilomètres par jour. En se promenant en plaine, la vitesse n'est que de 13 ou 16 décimètres. Le pas d'infanterie est de 8 décimètres, le pas accéléré de 11, le pas de course de 21 décimètres par seconde. Le cheval a sept fois plus de force que l'homme ; sa plus grande vitesse est de 12 à 15 mètres par seconde. Il parcourt 40 kilomètres dans sept ou huit heures. Un cheval portant 120 kilogrammes fait 11 décimètres par seconde. Le cheval est plus propre pour pousser en avant, l'homme pour monter. Celui-ci, sans charge, fait en montant 15 centimètres par seconde.

**FORCE CENTRIFUGE** et **CENTRIPÈTE**. Voy. ces mots.

**FORCE EXPANSIVE**, effort par lequel un corps élastique tend à s'étendre, et s'étend en effet sitôt que la puissance qui le comprime cesse d'agir sur lui.

**FORCE D'INERTIE**, propriété par laquelle les corps restent dans leur état de repos ou de mouvement, à moins qu'une cause étrangère ne les en fasse changer.

**FORCE MORTE**, force qui agit contre un obstacle invincible, qui consiste par conséquent dans une simple tendance ou mouvement, et qui ne produit aucun effet sur l'obstacle sur lequel elle agit. Telle est la force d'un corps pesant qui tend à descendre, mais qui est posé sur une table ou suspendu à une corde. Cette force se mesure par le produit de sa masse multipliée par sa vitesse initiale.

**FORCE MOTRICE**, force qui fait mouvoir un corps. On en connaît plusieurs ; ce sont l'eau, le vent, la vapeur et les animaux.

**FORCE RÉSULTANTE**, celle qui résulte de l'action de plusieurs autres. Quand plusieurs forces *composantes* concourent à attirer un corps, ces forces peuvent se remplacer par une force unique ; c'est la *résultante* : elle est égale à leur somme.

**FORCE VIVE** ou **MOUVANTE**, force d'un corps actuellement en mouvement, qui agit contre un obstacle, et qui produit un effet sur lui. Telle est la force d'un corps qui est tombé d'une certaine hauteur, et choque un obstacle qu'il rencontre. Cette force se mesure par le produit de la masse multipliée par le carré de la vitesse.

**FORCE** (myth.), divinité allégorique des anciens, était fille de la Justice et sœur de la Tempérance. On la peignait sous l'emblème d'une amazone qui tient d'une main un rameau de chêne, et embrasse de l'autre une colonne. Le lion lui était consacré.

**FORCEPS**, instrument de chirurgie employé dans les accouchements laborieux. Il se compose de deux branches d'acier, nommées *branche mâle* et *femelle*, unies au milieu par un pivot mobile. Une de leurs extrémités est évasée en forme de cuiller, et destinée à saisir la tête de l'enfant ; l'autre sert de manche, et se termine par un crochet.

**FORCES** (pathol.), puissance qui détermine les divers actes dont l'ensemble constitue la vie. Les forces peuvent être *augmentées* ou *diminuées* (*sthéniques*, *actives*, ou *asthéniques*, *atoniques*, *passives*), suspendues entièrement et perverties. Chacun de ces états présente des caractères particuliers qu'il est facile de reconnaître par la couleur du visage, l'embonpoint, le pouls, la couleur pâle ou foncée de l'urine, etc.

FORCES (technol.), espèces de ciseaux dont les deux branches tranchantes ne se meuvent pas sur une vis comme dans les ciseaux ordinaires, mais sont unies par une portion de cercle qui fait ressort et en facilite le jeu. On s'en sert pour tondre les draps que l'on place à cet effet sur une table de forme convexe. On y a substitué de nos jours des mécaniques nommées *tondeuses*.

FORCLUSION, échéance du délai fixé par la loi, après lequel on n'est plus admis à se présenter en justice. *Juger par forclusion*, c'est juger une affaire sur les pièces d'une seule partie, parce que l'autre a laissé écouler le délai fixé par la loi pour présenter ses pièces. — Le mot *forclusion* désigne aussi la production que les créanciers doivent faire de leurs titres pour prendre part à la distribution des biens du débiteur.

FORCULUS ou FORICULUS, dieu des Romains qui présidait à la garde des maisons.

FORDICALES ou FORDICIDES, fêtes romaines instituées par Numa en l'honneur de la Terre. On les célébrait le 15 d'avril, en immolant des vaches pleines à la Terre.

FORESTIER, ce qui a rapport aux forêts. Les *arbres forestiers* sont ceux qui forment les grandes forêts. — On nomme encore *forestier* celui qui a quelque charge relative aux forêts. Quelques seigneurs au moyen âge et les comtes de Flandre portèrent ce nom. — Le territoire français est divisé en trente-deux conservations ou arrondissements forestiers, qui comprennent chacun un certain nombre de départements. Voy. FRANCE.

FORESTIÈRES (VILLES), nom ancien donné à quatre villes d'Allemagne sur le Rhin, à l'entrée de la Forêt-Noire. Ce sont Waldshut, Lauffenbourg, Seckingen et Rheinfeld. La deuxième et la quatrième appartiennent à la Suisse, les autres au grand-duc de Bade.

FORÊT, grande étendue de terrain plantée d'arbres. Cette étendue doit dépasser 5,000 hectares; elle est autrement considérée comme un grand bois. Les arbres les plus généralement répandus dans les forêts sont le chêne, l'orme, le hêtre, le frêne, le bouleau, l'aune, le tremble. Les forêts ne servent pas seulement de parure à la terre, elles sanifient l'air en répandant l'oxygène, gaz vital, tandis qu'elles absorbent le carbone, gaz délétère. Elles ajoutent de l'humus au sol, condensent les vapeurs atmosphériques, et régularisent la température. La France possédait autrefois plus de forêts qu'aujourd'hui. Maintenant elles occupent environ 7,422,314 hectares de bois, et 1,209,432 hectares de forêts; ce qui fait en somme 8,621,747 hectares. — L'administration des forêts est dépendante du ministère des finances, et se compose d'un directeur et de trois sous-directeurs. Les fonctionnaires sont des conservateurs, des inspecteurs, des sous-inspecteurs, des gardes généraux et des gardes forestiers.

FORÊT, droit que le seigneur accordait de couper du bois dans ses terres, et de pêcher dans ses eaux.

FORÊT-HERCINIENNE. Voy. FORÊT-NOIRE.

FORÊT-NOIRE, une des forêts les plus considérables d'Allemagne, située dans la Souabe, sur la rive droite du Rhin, entre Bade et Wurtemberg. Sa superficie est d'environ 750 lieues carrées, et sa population de 320,000 habitants. Elle renferme de riches villes, plusieurs rivières, entre autres le Danube et des vignes qui produisent du vin estimé. La Forêt-Noire, ou *Schwartz-Wald*, autrefois *Forêt-Hercinienne*, se lie aux Alpes et aux Vosges. Elle renferme plusieurs hautes montagnes, de nombreuses sources minérales ou thermales, et des mines très-abondantes. — Le cercle de la Forêt-Noire dans le Wurtemberg a 260 lieues carrées, et renferme dix-sept grands bailliages avec 362,000 habitants.

FORETS, instruments avec lesquels on perce les métaux, la pierre, le bois, etc. Ils sont de formes et de dimensions différentes; mais le bout qui travaille est toujours en acier de bonne qualité. On les fait agir à l'aide d'un archet ou même d'un vilebrequin.

FORÊTS-SOUS-MARINES et SOUTERRAINES, forêts d'une époque fort reculée, dont on retrouve les débris au fond des mers ou dans les entrailles de la terre. La forêt sous-marine de Plougean près Morlaix a 4 myriamètres de long. Les forêts souterraines se trouvent dans l'Autriche, l'Ecosse, le département de la Haute-Loire, en France, etc. On les trouve entourées de feuilles, de débris d'animaux et de végétaux, et plus ou moins conservées.

FORÊTS VIERGES, vastes forêts des régions équinoxiales de l'Amérique, où les arbres de toutes sortes unissent leurs tiges aux fougères et forment des réseaux immenses et impénétrables en se mêlant au moyen de plantes sarmenteuses nommées *lianes*. Elles sont coupées par des fleuves d'une grande étendue. C'est par le feu que l'on les détruit. Ce n'est qu'après avoir incendié deux fois les plantes qui surgissent sur les cendres des forêts qu'elles deviennent propres à la culture.

FOREZ, ancienne province de France, bornée par le Vivarais, le Velai, l'Auvergne, le Bourbonnais, la Bourgogne, le Beaujolais et le Lyonnais. Sa superficie était d'environ 40 lieues carrées. Habité par les Ségusiens, puis enclavé dans la Gaule Lyonnaise, il fit partie sous Clovis du royaume de Bourgogne, qui fut conquis par les princes. Son administration fut confiée à des comtes qui se succédèrent jusqu'en 1523 qu'il fut confisqué par François 1er. Il a resté depuis à la France. La capitale fut *Feurs*, puis *Montbrison*. Le Forez forme la plus grande partie du département de la Loire.

FORFAIT. On nomme *marché à forfait* celui dans lequel on arrête des conventions irrévocables. — *Forfait* est aussi synonyme de *crime*.

FORFAITURE désignait autrefois, 1° une espèce de crime commis par un vassal contre son seigneur; 2° un crime commis par un officier contre le devoir de sa charge; 3° la privation d'un office par sentence de juge; 4° *forfaiture dans les forêts*, un délit que commettent ceux qui dérobent le bois dans les forêts, ou y font quelque dégât. — Aujourd'hui ce mot indique le crime commis par un fonctionnaire public dans l'exercice de ses fonctions; la peine est la *dégradation civique*.

FORFAR, capitale de la province d'Angus, en Ecosse, à 14 lieues d'Edimbourg et 140 de Londres. Sa population est de 4,000 habitants.

FORFICULE, genre d'insectes orthoptères de la famille des coureurs, au corps allongé, terminé à l'abdomen par des pinces trop faibles pour blesser. Leur tête est ovoïde et épaisse. Ces insectes vivent dans les endroits frais et humides, attaquent les fruits, les fleurs et surtout les œilletons. On a prétendu qu'ils pouvaient s'introduire dans la tête par l'oreille; mais cela est impossible, puisque le conduit de l'oreille est fermé.

FORGERON, ouvrier employé à forger le fer. C'est un métier des plus pénibles, des plus difficiles et des plus longs à apprendre. Il faut que l'ouvrier jouisse d'une bonne santé et qu'il soit bien constitué pour supporter les fatigues de son travail.

FORGER. On dit qu'un cheval *forge*, lorsqu'en trottant il frappe la pince des fers des pieds de derrière contre le fer des pieds de devant.

FORGES. On nomme *grosses forges*, celles où l'on fabrique le fer et l'acier en barres, au moyen de martinets ou de laminoirs.

On nomme *maîtres de forges* les propriétaires de ces établissements. L'Angleterre occupe le premier rang parmi les nations pour les grosses forges. — On nomme *forges à l'anglaise* celles où le fer est affiné dans des fourneaux à réverbère par le moyen de la houille réduite en charbon (*koack*), et étiré aux cylindres cannelés; *forges à la catalane*, celles où l'on fait fondre le minerai par petites mises dans le creuset même de la forge; *petites forges*, celles où l'on façonne à bras d'hommes, toute espèce de pièces de fer ou d'acier. Il y a des petites forges (forges d'œuvre, de maréchal) à bras d'hommes pour les serruriers, les mécaniciens, les cloutiers, les maréchaux ferrants, de marine, celles qui sont à la suite des armées.

FORGES-EN-BRAY, petit bourg de 1,260 habitants, chef-lieu de canton du département de la Seine-Inférieure, à 9 lieues de Rouen et 25 de Paris. Près de là est une source minérale apéritive, tonique et diurétique, découverte en 1500. Alors elle était unique et portait le nom de *fontaine de Saint-Eloi* ou *de Jouvence*. Louis XIII malade s'y rendit en 1632 avec sa mère et Richelieu. On conseille ces eaux dans les maux de nerfs et les faiblesses d'estomac.

FORGAGE ou FORGAS, droit de racheter un gage qu'on avait déposé. Par ce droit un débiteur dont on avait saisi et vendu les meubles par autorité de justice pouvait les retirer dans la huitaine en rendant le prix à l'acquéreur.

FORKEL (Jean-Nicolas), musicien allemand et docteur en philosophie, né à Murder en 1749. Il étudia à fond la théorie de l'art musical, et fut nommé successivement organiste et directeur de musique à l'université de Gœttingue. Il composa des *symphonies*, des *oratorios*, des *cantates*, des *concertos* et des *sonates*. Ses ouvrages théoriques sont la *Théorie de la musique*, *Bibliothèque musico-critique*, une *Histoire générale de la musique*, une *Histoire du Théâtre-Italien* et un *Journal de la littérature et de la musique allemande*.

FORLANE, danse gaie et vive du Frioul (royaume lombardo-vénitien) en Italie. Le mouvement est à *six-huit*.

FOR-L'ÉVÊQUE, édifice situé à Paris, dans la rue Saint-Germain l'Auxerrois, où s'exerçait autrefois la justice temporelle de l'évêque, où résidaient son prévôt. Là aussi était la prison de ceux que la juridiction épiscopale condamnait. Cette prison, réunie au Châtelet en 1674, fut réservée aux détenus pour dettes, aux comédiens coupables de quelque délit, et aux jeunes gentilshommes. On y était envoyé sans jugement. Elle fut supprimée en 1780.

FORLI, ville des Etats romains, entre Césène et Faenza. Sa population est de 7,000 habitants. Elle a de très-beaux édifices publics; ses environs sont fertiles en grains, oliviers et fruits. Elle a deux citadelles. Bâtie par Lucius Herminius pendant la seconde guerre contre les Carthaginois et les Romains, elle porta le nom de *Forum Livii*. Elle obéit ensuite aux exarques de Ravenne, appartint aux Boulonnais, puis aux papes et à diverses familles. Elle retourna au saint-siège sous Jules II.

FORMA PAUPERUM. Les rescrits *in formâ pauperum* sont ceux qu'on s'accorde à Rome sans aucune indemnité, à cause de la pauvreté du demandeur.

FORMALITÉS, conditions qui donnent aux actes judiciaires toute leur valeur; termes, expressions qui rendent un acte parfait ou une procédure régulière. Les formalités essentielles sont celles qui sont absolument requises par la loi pour la validité de l'acte, en sorte que leur omission cause la nullité de cet acte. Les formalités accidentelles sont celles qui ne sont pas absolument requises pour la validité d'un acte, en sorte que leur omission ne cause pas la nullité de cet acte.

FORMAT, dimension d'un livre imprimé. Les formats prennent leur nom du nombre de feuillets que renferme chaque feuille imprimée et pliée, quelle que soit sa dimension. La feuille donne ainsi un nombre de pages double du chiffre dont elle tire son nom. Le format *in-folio* a 4 pages, l'*in-*4, 8; l'*in-*8o 16; l'*in-*96, 192 pages; etc.

FOR-MARIAGE, nom donné autrefois au mariage qu'un vassal contractait sans permission de son seigneur avec une femme non vassale, ou dépendante d'un autre seigneur. Dans ce cas, le seigneur prenait le tiers des meubles et des immeubles situés dans sa seigneurie.

FORMATION, action par laquelle une chose se forme ou est produite. En géologie, on nomme ainsi, 1° un terrain ; ainsi la *formation crayeuse* est le *terrain crayeux*; 2° l'origine d'un terrain. Ces formations sont *neptuniennes* (marines, d'eau douce, de rivage, pélasgiques, lacustres, fluviatiles), *plutoniennes* (d'éruption, d'épanchement) et *mixtes* (pluto-neptuniennes, neptuno-plutoniennes). *Les premiers sont formés par l'action des eaux de la mer, des fleuves, des lacs, etc.; les deuxièmes, par des matières sorties des volcans; les troisièmes résultent du mélange des précédents.*

FORMATION DES PUISSANCES, opération algébrique et arithmétique par laquelle on multiplie une quantité par elle-même un certain nombre de fois. Voy. ÉLEVER.

FORME. Ce mot désigne, 1° la configuration des corps; 2° la manière dont une chose se présente aux yeux ou à l'esprit ; 3° la manière dont une chose est constituée et réglée; 4° une suite de règles établies. Ce mot a une foule d'autres acceptions dans les arts, les sciences et la théologie.

FORME. Les cartonniers nomment ainsi une espèce de châssis de bois, fait d'un cadre et de traverses, et recouvert de fils de laiton assez forts. Cette forme sert à faire les feuilles de carton.

FORME, gros morceau de bois de forme variable, dont les chapeliers se servent pour dresser et former les chapeaux après qu'ils ont été foulés et feutrés. — Les chapeliers nomment encore ainsi la cavité du chapeau destinée à recevoir la tête de celui qui s'en sert. — La *forme brisée* est composée de plusieurs pièces pouvant se séparer et se rejoindre à volonté.

FORME, morceau de bois qui a à peu près la figure d'un pied, sur lequel les cordonniers montent les souliers pour les confectionner. Il y a deux espèces de formes : la *forme simple* et la *forme brisée*; celle-ci est composée de deux demi-formes, ayant chacune une rainure. Ces deux rainures font ensemble une coulisse, dans laquelle on fait entrer un coin de bois qui écarte les deux demi-formes. L'usage de cette *forme* est d'élargir les souliers trop étroits. — Les formes des bottes se nomment *embauchoirs*.

FORME (typ.), châssis de fer renfermant un certain nombre de pages du format de chaque ouvrage, prêtes à être imprimées, et maintenues dans ce châssis au moyen de petits morceaux de bois.

FORME (mar.), bassin pris dans la mer ou pratiqué dans un port, pour y faire entrer les bâtiments dont on veut réparer; on les y introduit à la marée montante. Quand le bâtiment est placé au-dessus des chantiers qu'on lui a préparés, et que la marée s'est retirée, on ferme les portes, et le bâtiment reste à sec.

FORME. Les papetiers nomment ainsi un châssis sur lequel les feuilles de papier prennent leur *forme*. Il est composé d'un cadre en bois, de figure rectangulaire. Le vide du cadre est de la grandeur dont on veut que soit la feuille ; il est traversé de petits barreaux de bois nommés *vergeures*, ayant une arête assez tranchante. Sur les arêtes des vergeures, on étend des fils de laiton ou une toile métallique, de manière que le vide du châssis est entièrement rempli. Les marques du manufacturier se font par l'impression d'un fil de laiton, entrelacé sur la toile métallique, suivant le dessin qu'on veut avoir.

FORME. En théologie, la forme d'un sacrement consiste dans les paroles sacramentelles que le prêtre prononce en le conférant.

FORME se dit de cette partie des provisions bénéficiales où le pape en commet l'exécution.

FORME, tumeur qui survient chez le cheval aux pieds de devant ou de derrière. Elle est dure, calleuse et douloureuse. Elle devient de plus en plus volumineuse, et finit par produire le dessèchement du sabot.

FORMÉES (LETTRES), lettres en usage dans les premiers siècles de l'Église. On les nommait ainsi à cause de certains caractères que l'on mettait au commencement ou à la fin pour les faire connaître. Les évêques donnaient des lettres formées aux voyageurs pour qu'ils fussent reconnus chrétiens, et reçus dans les autres Églises. — On appelait LOI FORMÉE celle qui était scellée du sceau de l'empereur. — Enfin les Grecs modernes ont donné à l'eucharistie le nom de FORMÉE parce que les hosties ont l'empreinte d'une croix.

FORMES A SUCRE, moules en terre cuite (argile), dure et mince, de figure conique, dans lesquels on coule le sirop pour le faire cristalliser en sucre, et le réduire en pains selon l'usage du commerce. Avant de se servir des formes neuves, on les fait tremper dans l'eau pendant vingt-quatre heures; quand elles ont servi, elles n'y restent que douze heures.

FORMES JUDICIAIRES, ensemble des formalités, clauses et conditions qu'on doit observer dans l'instruction d'une cause ou d'un procès. On dit en ce sens que *la forme emporte le fond*, c'est-à-dire que l'on perd quelquefois son procès pour n'avoir pas observé les formalités prescrites par la loi.

FORMENTERA, île de la Méditerranée près des côtes d'Espagne, à laquelle elle appartient. Elle est au S. d'Iviça, et a environ 8 lieues carrées. Elle est inhabitable à cause de la grande quantité de serpents qu'elle nourrit. On y trouve de belles salines. Cette île y a des caps célèbres, le *cap Formentera* au S.-E., et le *cap Moro* à l'O.

FORMIATES, sels formés d'une base et d'acide formique ; ils exhalent une forte odeur de fourmi quand on les arrose avec l'acide sulfurique, et réduisent les sels d'argent quand on les traite ensemble à une chaleur modérée.

FORMICA, nom latin de toute espèce de tumeur verruqueuse, dure, noirâtre, qui cause des douleurs semblables à celles que produisent les piqûres des fourmis.

FORMICAIRES, tribu d'insectes hyménoptères, de petite taille. Leur tête est globuleuse, plus développée chez les femelles que chez les mâles; leurs yeux sont peu saillants; les mandibules ou crochets attenant à la bouche sont très-développées chez les femelles, et très-courtes chez les mâles. Ces insectes possèdent des glandes qui produisent le liquide nommé *acide formique*, qui sert à leur défense. Les formicaires vivent en société, et se nourrissent de corps animaux et végétaux. Les principaux insectes de cette tribu sont les *fourmis*.

FORMICANT, pouls dont les pulsations sont faibles, petites, fréquentes, semblables à la sensation que produit la piqûre des fourmis.

FORMICATION, douleur analogue à celle produite par la piqûre des fourmis.

FORMIES ou HORMIES, ancienne ville du Latium, chez les Volsques, près des frontières de la Campanie, sur la mer Adriatique. Elle avait un port très-commode, et de nombreux vignobles dans ses environs. On a bâti à la place de *Formies* le bourg de *Mola*. — Cicéron y avait une maison de campagne nommée *Formianum* et aujourd'hui *Cicerone*, où ce célèbre orateur fut assassiné.

FORMIQUE (ACIDE), liquide incolore, d'une odeur aigre et piquante. Sa densité, rapportée à celle de l'eau, est, à 20 degrés, de 1,116. Il se compose d'hydrogène, d'oxygène et de carbone. Cet acide existe dans le corps des fourmis. On en ressent l'odeur, en pressant ces animaux entre les doigts.

FORMORT (*formature*, *formoture* ou *fremeteure*), droit acquis par la mort de quelqu'un. Ce droit s'étend sur les meubles et immeubles.

FORMOSE était évêque de Porto. JeanVIII l'ayant déposé de l'épiscopat parce qu'on l'avait accusé de conspirer contre l'Église, Martin II, successeur de Jean VIII, le rétablit dans son évêché. Il succéda à Etienne VI sur le siége pontifical de Rome en 891, et mourut en 896.

FORMOSE (Taï-Ouan), grande île dans la mer de la Chine sur la côte S.-E. de cet empire, dont elle est séparée par le *canal de Formose*. Sa superficie est de 2,000 lieues carrées. Elle est éloignée d'environ 35 à 40 lieues de la province de Fou-Kian; elle est partagée en deux régions par une chaîne de montagnes qui va du N. au S. On y recueille du riz, des grains, des fruits excellents, du tabac, du poivre, du camphre, de l'aloès, du thé ; on y trouve des mines d'or, d'argent et de cuivre. Le commerce est important. La capitale est *Taï-Wan*. Après avoir appartenu aux Japonais, reçu des établissements portugais, anglais et hollandais, Formose est revenue aux Chinois. L'E. est habité par les naturels.

FORMOSE ou WARANG, île de la côte d'Afrique, fertile, mais dépourvue d'eau. — C'est aussi le nom d'un *cap* qui termine au N.-O. le golfe de Guinée et d'une grande baie sur la côte S.-E. d'Afrique, dans le Zanzibar, entre Mélinde et l'île Patta.

FORMULAIRE, écrit qui contient la forme du serment que l'on doit faire en diverses occasions. Il y a aussi des *formulaires* ou livres de dévotion et de prières. — En médecine, on donne ce nom aux recueils de remèdes dont les médecins font usage dans le traitement des maladies. — Il y a encore des *formulaires* de notaires, des actes de procédure, etc. — On nomme particulièrement *formulaire* un bref du pape Alexandre VII, publié en 1665 contre la doctrine de Jansénius.

FORMULE se dit de certaines règles, formes ou termes prescrits pour les actes de justice, profession de foi. Les codes fixent les nombreuses formules à employer pour chaque acte judiciaire, formalités indispensables pour la validité de l'acte. Les formules étaient encore plus nombreuses au moyen âge. L'usage réglait la suscription, le préambule, le salut, la date, la souscription des lettres et diplômes. Quelques-unes de ces formules existent encore. Ainsi l'on dit *excellence* aux ministres, *sa majesté* au roi, *sa sainteté* au pape, etc.

FORMULE. C'est, en mathématiques, l'expression du résultat d'une démonstration exprimée en caractères algébriques, une règle générale par laquelle on résout plusieurs questions.

FORMULE. C'est, en pharmacie, l'énumération des substances qui doivent entrer dans la composition des remèdes. On a adopté des signes particuliers pour désigner la quantité de chaque substance qui doit entrer dans le remède.

FORNACALES ou FORNICALES, fêtes romaines en l'honneur de la déesse FORNAX, instituées par Numa. On sacrifiait devant les fours, et on y jetait de la farine. Ces fêtes ne se célébraient pas à une époque fixe.

FORNAX (*fournaise*), déesse des Romains, qui présidait à la cuisson du pain. On lui adressait des prières pour qu'elle ne laissât pas brûler le blé qu'on faisait sécher avant que de s'en servir.

FORNOUE ou FORNOVE (en italien, *Foronovo*), bourg du duché de Parme en

Italie, et à 8 lieues S.-O. de Parme. Le 7 juillet 1495, l'armée française commandée par le roi Charles VIII y défit l'armée des confédérés (Allemands, Espagnols, Vénitiens) au nombre de 30,000 soldats, qui lui disputaient le passage des Apennins. L'ennemi perdit 4,000 hommes, les Français 200.

FORS, nom sous lequel Servius Tullius, roi de Rome, éleva un temple à la Fortune. La fête principale de ce temple se célébrait le 24 juin.

FORSTER (Jean REINHOLD), célèbre naturaliste, né en 1729 à Dirchaw (Prusse) sur la Vistule. Après avoir étudié les langues et la théologie, il accepta, pour vivre, la direction des colonies de Saratof, appartenant à la Russie, puis enseigna les langues et l'histoire naturelle à Warington. En 1772, il accompagna Cook dans son deuxième voyage autour du monde, en qualité de naturaliste de l'expédition. Accablé de mauvais traitements, il eut recours à Frédéric le Grand, roi de Prusse, en reçut la chaire d'histoire naturelle à l'université de Hall et l'inspection du jardin botanique; il mourut en 1789. On a de lui un grand nombre d'ouvrages sur l'histoire naturelle.

FORSTER (J.-Georges-Adam), fils du précédent, né à Nassenhuben (Prusse) en 1754. Son père l'emmena dans son voyage autour du monde. Il obtint en 1784 la chaire de professeur d'histoire naturelle à l'université de Wilna (Russie), et fut nommé ensuite bibliothécaire de l'électeur de Mayence. Il embrassa avec ardeur les principes de la révolution française, et fut choisi par les Mayençais pour aller à Paris demander la réunion de Mayence à la république. Déposédé de ses emplois par le roi de Prusse, il mourut en 1794. On lui doit plusieurs écrits, entre autres le *Voyage autour du monde par Cook*.

FORSTER (Georges), voyageur anglais, se trouvait en 1782 employé civil au service des Indes orientales, lorsqu'il conçut le projet de revenir en Europe par le nord de l'Inde et de la Perse. Il prit le costume oriental, et partit de Calcutta en 1782, évita le pays des Seiks, visita le royaume de Cachemire, la Perse, la mer Caspienne, et revint en Angleterre. A son retour à Londres (1785), il publia un ouvrage sur la mythologie et les mœurs des Hindous. Envoyé en ambassade dans l'empire maratte, il mourut en 1792.

FORT, synonyme de *robuste* ou *vigoureux*. — En musique, on désigne les sons forts et sur lesquels on doit appuyer, par la lettre F ou le mot *forte*; quand il faut faire très-fort, on le désigne par F. F. ou le mot *fortissimo*.

FORT, château royal, forteresse dont la ligne de défense est de deux cent quarante mètres, et qui est soumise à un commandant ou à un gouverneur. Elle est entourée de fossés, de ponts-levis, et renferme quelquefois un beffroi et une église.

FORT (mar.), partie des largeurs d'un bâtiment, la plus élevée de sa carène, à l'endroit le plus gros, qui répond au-dessus de sa ligne de flottaison, lorsqu'il est chargé. Un bâtiment est *rendu à son fort* lorsqu'il n'incline plus. — On nomme *fort* la ceinture d'un bâtiment en construction. Un bâtiment dont les côtés épais est *fort* en bois.

FORT-DAUPHIN, ville sur la côte N. dans l'île de Saint-Domingue, à 12 lieues du Cap-Français. Elle a un bon port.

FORT DENIER, nom donné autrefois aux deniers qu'un débiteur était obligé de donner en sus de ce qu'il devait, à défaut d'une monnaie avec laquelle il pût payer exactement la somme fixe. Ainsi, s'il était dû un denier, on devait en payer trois, c'est-à-dire un liard. Aujourd'hui ces fractions sont perçues par l'État. — *Prêter au denier fort*, c'est prêter à un taux illégal.

FORT - JAMES, établissement anglais dans la Guinée, sur la rivière de Gambie et la côte occidentale d'Afrique.

FORT-LOUIS ou VAUBAN, place forte du département du Bas-Rhin, dans une petite île formée par le Rhin, à 8 lieues N. de Strasbourg. Ce fort a été bâti sous Louis XIV par le célèbre Vauban.

FORT-ROYAL (LE), capitale et chef-lieu de la Martinique, colonie française en Amérique, dans la partie S.-O. de l'île, au bord de la mer. Cette ville, fondée en 1672 a un port excellent protégé par un fort, et entouré d'une ligne de quais plantés d'arbres. La population de la ville et du quartier de Fort-Royal est de 11,500 habitants. La population de l'arrondissement territorial de ce nom est de 34,500 habitants. — Fort-Royal a un fort, un arsenal, des prisons et de jolies fontaines. Cette ville a été presque détruite par un tremblement de terre en 1839.

FORT ÉTOILE, redoute dans laquelle on brise les côtés, afin de défendre les fossés. Cet ouvrage est très-mauvais, sa capacité intérieure est très-petite.

FORTAVENTURE, une des Canaries, la plus voisine de l'Afrique. Sa superficie est d'environ 130 lieues carrées. Elle est mal peuplée et abonde en grains, oiseaux et chèvres.

FORTE (mus.), mot italien, synonyme de *fort*. Il indique qu'il faut augmenter le son, ou chanter à forte et pleine voix.

FORTE-PIANO. Voy. PIANO. Cet instrument fut ainsi nommé parce qu'on pouvait faire entendre à volonté des sons doux ou forts.

FORTERESSE, synonyme de place de guerre ou ville forte. Les forteresses sont de plusieurs ordres. Strasbourg occupe un des premiers rangs parmi les forteresses françaises.

FORTH, rivière d'Écosse, qui a sa source dans le comté de Lenox, et se jette dans un golfe de la mer d'Allemagne auquel elle donne son nom.

FORTIFIANTS, nom donné aux substances, qui ont la propriété d'augmenter ou de rétablir les forces. Tels sont les vins, les viandes fortes et succulentes, etc.

FORTIFICATION, science qui a pour objet de disposer un terrain ou une ville qu'on veut défendre, de manière à mettre une armée en état de résister avec avantage à des forces supérieures. Lorsque la position à défendre est d'un grand intérêt, on l'occupe par une place forte. C'est une *fortification permanente*. Lorsqu'il ne faut occuper une position que momentanément, les ouvrages que l'on exécute constituent la *fortification passagère*. — Au pluriel, le mot *fortifications* désigne l'ensemble des ouvrages faits pour la défense d'une place ou d'une position.

FORTIN, petit fort en pierre ou en bois, garni de pièces de canon, et construit à la hâte pour défendre un camp, une position, défendre l'entrée des ports, des rivières, ou pour battre des routes.

FORTISSIMO, terme italien qui désigne, en musique, l'action de chanter ou de jouer très-fort.

FORTRAITURE, maladie qui survient chez les chevaux après un travail excessif dans les temps secs et chauds. Elle consiste dans la contraction convulsive des muscles du corps, dans un mouvement fébrile, la courbure de l'épine, la rentrée de l'épine, etc.

FORTUNAT, disciple de saint Paul, qui porta sa première Épître aux Corinthiens. — Affranchi d'Agrippa, roi des Juifs, accusa auprès de Caligula, Hérode le tétrarque de complicité avec Séjan, et le fit dépouiller de la province, qui fut réunie au royaume d'Agrippa.

FORTUNAT (Saint) (Venantius Honorius Clementianus), prêtre chrétien, né en Italie vers 530, étudia les belles-lettres et la jurisprudence à Ravenne. Il fut accueilli avec enthousiasme dans les Gaules, et fut fait évêque de Poitiers. Ses œuvres renferment des hymnes, élégies, poèmes, lettres et poésies fugitives; le style est dur et barbare. Les principaux de ces ouvrages sont l'hymne *Vexilla regis*, des poèmes en l'honneur des rois, des reines, des princes et des seigneurs de France, la vie de saint Martin de Tours, de saint Germain, de saint Rémi, de sainte Radegonde, etc.

FORTUNATITES, secte de Juifs qui adoraient la Fortune, et lui offraient des sacrifices comme à la reine du ciel.

FORTUNE (myth.), divinité allégorique des anciens, dispensait aux hommes, à son gré, les richesses ou la pauvreté, les peines ou les plaisirs. Les poètes la dépeignent sous les traits d'une jeune et belle femme; d'autres la décrivent chauve, aveugle et debout avec des ailes, un pied en l'air, et l'autre sur un globe en mouvement, ou sur une proue de navire. Ses attributs variaient beaucoup selon les nations. Son temple le plus fameux était celui d'Antium près de Rome.

FORTUNE (OFFICIERS DE), nom donné autrefois à des militaires, qui, s'étant engagés comme simples soldats, s'étaient élevés au rang d'officier.

FORTUNE. On nomme en marine, *voiles, gouvernail, mâts, vergues*, etc., *de fortune*, tous ces objets qui ne doivent être employés que provisoirement.

FORTUNE DE MER, mot qui désigne dans le commerce maritime tous les accidents auxquels sont exposées les marchandises embarquées. On assure un bâtiment ou des marchandises contre tous les accidents de mer, en garantissant leur valeur à l'assuré.

FORTUNÉES (ILES), nom ancien des ILES CANARIES. On les appela aussi *îles Atlantiques* ou *Hespérides*. On y avait placé les Champs Élysées. Il y régnait, d'après les anciens, un printemps éternel, et la terre y produisait d'elle-même, sans culture, les fleurs et les fruits.

FORUM. Ce mot désignait chez les Romains un *marché*, une *place publique*, mais spécialement celle qui était située entre le Capitole et le mont Palatin. C'est là que le peuple tenait ses assemblées, traitait des affaires publiques et de tout ce qui concernait ses attributions. Rome contenait encore plusieurs *forum* pour chaque espèce de vente; ainsi le *forum olitorium* était le *marché aux légumes*.

FORUM. Plusieurs villes de l'empire romain ont porté ce nom joint à celui du peuple qui les habitait ou de leur fondateur.

FORURE, nom donné, en général, aux trous percés à l'aide des forets. Mais ce mot se dit spécialement du trou pratiqué à l'extrémité d'une clef, et qui s'enfonce dans une pointe à son entrée dans la serrure.

FOSCARI (François) ou FOSCARINI fut nommé en 1415 procurateur de Saint-Marc à Venise, et doge de cette ville en 1423, après Thomas Mocenigo. Ses armées mirent en fuite les Turks, et enlevèrent aux ducs de Milan le Bergamasque, le Bressan, Ravenne, etc. Ses ennemis accusèrent Jacques, son fils, d'avoir assassiné le sénateur Ermolao Donati, et le firent mourir dans l'exil. Cette perte accabla de douleur le malheureux doge, qui tomba dans un état de démence. Forcé d'abdiquer en 1457, il mourut deux jours après.

FOSCOLO (Ugo), né à Zante (îles Ioniennes) en 1772, acquit à vingt ans le titre de littérateur distingué. Sa première œuvre remarquable est la tragédie de *Thyeste*. Il écrivit ensuite celles d'*Ajace*, de *Ricciardo*, le roman *Dernières Lettres d'Orlis*, devenu très-célèbre, et le poëme des *Sépulcres*. Après avoir servi sa patrie contre les Français avec la plume et l'épée, il alla en Angleterre, où il écrivit dans les journaux, et mourut en 1828.

FOSLIUS (Marcus) FLACCINATOR, consul l'an de Rome 436 (318 avant J.-C.), et quelques années après nommé maître de la cavalerie sous le dictateur C. Menius. Les tribuns du peuple les ayant accusés, Foslius se démit de sa charge, et prouva son innocence. Il fut nommé (313 avant J.-C.) maître de la cavalerie sous le dictateur C. Petilius.

FOSSAIRES, ceux qui, chez les Grecs, étaient chargés de donner la sépulture aux fidèles. Ils étaient exempts des impôts et des charges publiques.

FOSSANE, mammifère du genre genette. Cet animal, qui vit à Madagascar, est d'une teinte légèrement roussâtre, marquée de taches brunes disposées sur le dos en quatre lignes longitudinales ou éparses sur les flancs. La queue est roussâtre, marquée d'anneaux bruns. La fossane a les mœurs de la fouine, et vit de viande et de fruits.

FOSSARIENS, hérétiques du IVe siècle, répandus en Bohème, et ainsi nommés parce qu'ils se retiraient dans des fosses et des cavernes. Ils méprisaient les cérémonies de l'Eglise, ses sacrements, ses ministres et ses conciles. Les fossarins se sont dispersés insensiblement et confondus avec les hussites.

FOSSE, excavation pratiquée dans la terre, destinée à la plantation des arbres, à l'inhumation des cadavres, à recevoir les fumiers, à conserver les grains, etc. — La fosse à chaux est une fosse où l'on conserve la chaux éteinte; les fosses d'aisance sont destinées à recevoir les excréments des hommes : on les assainit avec du chlorure de chaux délayé dans de l'eau. — Fosse, en termes de fonderie, est un espace entouré de murs, au milieu duquel est placé l'ouvrage à fondre. — En termes de monnayage, c'est une cavité placée au devant du balancier, où se frappent les monnaies et les médailles. — Les plombiers et les potiers nomment ainsi une petite chaudière en grès où l'on fond le plomb. — Les tanneurs appellent fosse une cuve enfoncée dans la terre, où l'on tanne le cuir. — Une basse-fosse est un cachot profond et obscur dans une prison.

FOSSE (mar.). Dans les grands ports, on nomme fosses à mâts des canaux fermés pour conserver des mâts d'approvisionnement dans l'eau de la mer. Il y a de ces fosses dans les bâtiments. — Quand la sonde trouve des inégalités dans le fond, on dit qu'il y a une fosse.

FOSSE (anat.), cavité dont l'entrée est plus évasée que le fond, et que l'on voit dans plusieurs organes. Considérées dans les os, elles sont simples quand elles appartiennent à un seul os, et composées quand elles sont formées de plusieurs os.

FOSSE AUX CABLES, plate-forme faite en grosses planches, sur le premier plan de la cale, pour loger les câbles à bord des bâtiments de guerre.

FOSSE AUX LIONS, emplacement sur les vaisseaux anciens, à la partie avant de la cale, renfermant divers objets de consommation journalière, comme huile, suif, chandelles, goudron, etc.

FOSSE D'AMYNTAS, bandage usité pour les fractures du nez. Il se fait avec une bande appliquée autour de la tête, et dont les tours se croisent en X à la racine du nez.

FOSSE-EUGÉNIENNE (LA), canal destiné à faire communiquer la Meuse avec le Rhin. Il fut commencé en 1626.

FOSSE-AUX-MORTIERS (LA). A 8 lieues de Mézières (Ardennes) est un lac situé sur une montagne isolée, et considéré autrefois comme la seule curiosité naturelle de la Champagne. Il conserve toujours la même hauteur, sans qu'aucune source, aucun cours d'eau ne l'alimente. Il a une profondeur inconnue. Le fond dépasse quatre cents pieds, mesure à laquelle on s'est arrêté. Ce lac est considéré comme le cratère d'un volcan éteint depuis plusieurs siècles.

FOSSE SCAPHOIDE, nom donné à un grand nombre de petites fosses qui s'offrent les os du corps, et particulièrement à un enfoncement de l'os sphénoïde.

FOSSES CÉRÉBRALES, fosses que présente la base du crâne. Elles sont au nombre de neuf, et ont été divisées en antérieures, moyennes et postérieures.

FOSSES NASALES, cavités situées dans l'épaisseur de la face, au-dessous de la base du crâne, au-dessus de la voûte du palais. Elles communiquent au dehors par les narines, et s'ouvrent en dedans au pharynx. Les fosses nasales sont séparées entre elles par une cloison verticale. Elles sont tapissées par la membrane pituitaire, de nature muqueuse. Le sens de l'odorat a son siège dans les fosses nasales. Elles sont traversées par l'air qui se rend aux poumons.

FOSSE, fosse prolongée à une certaine distance, destinée à renfermer les eaux pluviales ou à les faire écouler. Le propriétaire d'un champ a le droit de l'entourer d'un fossé; mais il doit le creuser sur son propre terrain, à trois décimètres de distance de la limite. Entre deux héritages, le fossé peut être mitoyen. Lorsqu'il y a un rejet de terre d'un côté, le fossé appartient à celui de côté duquel ce rejet se trouve. La profondeur et la largeur des fossés varient d'après la nature du sol. Il est bon de leur donner un mètre de profondeur pour un et demi de largeur, et de les maintenir par des gazons.

FOSSÉ (art milit.), profondeur que l'on creuse entre deux remparts ou entre le lieu défendu et la campagne. Les fossés secs offrent moins de résistance que ceux qui renferment de l'eau. Ils sont profonds de deux à six mètres, et larges de vingt-quatre à trente-six mètres. Des ponts-levis facilitent le passage aux troupes de la garnison. Pour passer un fossé, l'ennemi doit le combler de branches s'il est sec, ou y jeter un pont de bateaux s'il y a de l'eau. Les anciens se servaient des fossés pour la défense des camps et des villes.

FOSSET, petite cheville de trois ou quatre lignes de diamètre, d'une forme conique, faite d'un bois très-dur. Elle sert à boucher les trous que l'on pratique au haut et au bas de la douve.

FOSSETTE, diminutif du mot fosse. On nomme ainsi plusieurs excavations. La fossette des joues est un léger enfoncement formé sur les joues des personnes qui rient. La fossette du menton est un enfoncement que certaines personnes ont au menton. — La fossette du cœur ou creux de l'estomac est une dépression que se montre à la partie antérieure et inférieure de la poitrine.

FOSSILES, nom donné aux corps organisés ou non organisés que l'on retrouve dans les terrains d'origine ancienne, réduits pour la plupart à l'état de pierre. L'on doit à Cuvier les plus brillantes découvertes sur ce sujet. En général, on nomme fossile tout ce que l'on trouve dans la terre. Tels sont les métaux, les sels, les pierres, les coquillages, etc. On nomme fossiles caractéristiques ceux qui se montrent le plus souvent dans les différentes couches d'une même formation.

FOSSOYEUR, nom donné à des ouvriers qui creusent les fosses pour ensevelir les morts. Une fosse ordinaire a sept pieds de long, trente pouces de large et sept pieds de profondeur. Ils laissent le déblai sur les bords pour recouvrir le cercueil.

FOSSOYEUR, nom vulgaire donné à un insecte du genre nécrophore, parce qu'il creuse des fosses pour ensevelir les corps des taupes et autres animaux morts, dans lesquels sa femelle va déposer ses œufs.

FOTHERINGAY, château fortifié d'Angleterre, dans le comté de Cambridge. La célèbre et infortunée reine d'Ecosse Marie Stuart y resta prisonnière pendant dix-huit années.

FOU, celui qui a perdu la raison, qui est enclin à la folie. — Dans les anciennes cours et les châteaux des seigneurs, les fous étaient des hommes qui se livraient à toutes sortes de plaisanteries pour distraire les rois et les seigneurs. Leur costume était d'une grande bizarrerie. Ils avaient un justaucorps et un capuchon tissu de pièces de drap jaunes et rouges, avec des sonnettes de métal, des souliers noirs et des chausses jaunes. Ils tenaient à la main une marotte, petite figure grotesque avec des grelots.

FOU. Dans les jeux d'échecs, les fous sont des pièces qui sont placées dans chaque camp, l'un à côté du roi, l'autre à côté de la reine. Ils marchent diagonalement et toujours sur les cases de la couleur de celles où ils étaient placés.

FOU (hist. nat.), oiseau de l'ordre des palmipèdes. Leur bec est comprimé, pointu, presque droit. Leur vol est rapide et assuré. Les fous s'écartent peu du rivage des mers, près desquelles ils vivent. On les trouve en Europe et en Amérique. Ils sont stupides, ineptes, se laissent approcher et tuer à volonté. Leur couleur est blanche ou brune, mêlée de noir. — On nomme aussi fou une espèce de bruant.

FOUAGE ou MÉNAGE, droit qui était du autrefois en quelques lieux au roi ou au seigneur sur chaque famille, feu ou ménage. Ce droit se payait en argent ou en pain, suivant la coutume. On l'appelait en quelques lieux fournage.

FOUASSE ou FOUGASSE, nom donné à des gâteaux plats, ronds, carrés ou ovales, parsemés de petits enfoncements sur leur surface. Ils sont faits avec une pâte formée de trois livres de farine de froment et une livre de gruau. Après les avoir pétris et leur avoir donné la forme voulue, on les trempe dans l'eau bouillante, et on les fait cuire au four. — Dans le midi de la France, les fougasses sont des gâteaux que l'on fait cuire dans les campagnes toutes les fois qu'on fait du pain.

FOUCAULT, nom vulgaire de la bécassine.

FOUCHÉ (Joseph), DUC D'OTRANTE, fils d'un capitaine de navire marchand, né à Nantes en 1763, se voua à la carrière de l'enseignement, et obtint en 1788 la place de préfet des classes du collége de Nantes. Nommé par cette ville à la convention nationale (1792), il vota la mort de Louis XVI sans appel ni sursis, et fut nommé président du club des jacobins. Il fut impliqué dans la conspiration de Babeuf, décrété d'arrestation (1794), mais amnistié. Un décret du directoire (1795) le nomma ambassadeur à la république cisalpine, puis en Hollande, et enfin ministre de la police. Il appuya la nomination de Bonaparte à l'empire, et obtint en 1809 le ministère de l'intérieur. Mais, en 1810, Napoléon lui enleva ces deux fonctions, et le nomma gouverneur de Rome. Après la campagne de Moscou, il le nomma gouverneur des provinces illyriennes (1813), et en 1815 ministre de l'intérieur. Louis XVIII lui donna le ministère de la police. Exilé en 1816, il fixa son séjour à Prague, puis à Trieste, où il mourut en 1820.

FOUDRE, fluide électrique, qui se dégage avec fracas et sous la forme de feu, sous le choc de deux nuages. Ses effets sont terribles; elle fond les métaux, tue les animaux, brise ce qu'elle ne peut foudre, incendie les édifices. Les anciens tiraient des présages de la foudre. Quand elle tombait à droite, elle était favorable. Les endroits frappés étaient sacrés. — Le mot foudre désigne encore la fusion des métaux provenant de la haute température à laquelle ils sont élevés par une batterie électrique ou l'effet du tonnerre.

FOUDRE, sorte de dard enflammé dont les anciens armaient Jupiter. Les cyclopes forgeaient la foudre. Elle était formée de trois rayons de grêle, trois de pluie, trois de feu et trois de vent.

FOUDRE, vase en bois de grande capacité, garni de cercles de fer, dans lequel on conserve le vin plusieurs années. Le plus grand que l'on connaisse est celui de Nuremberg en Allemagne. On a remplacé les foudres de bois par des constructions.

FOUDRE, nom donné à quelques coquilles du genre volute et du genre cône, à cause des lignes en zigzag, et imitant la foudre, qui sont gravées à leur surface.

FOUDRE, ornement brodé que les généraux, les adjudants généraux, les aides de camp et les officiers d'état-major portent au retroussis de leurs habits, et qui imite la foudre. Les premiers l'ont entière; les autres n'ont que des demi-foudres.

**FOUET**, baguette flexible, terminée par une corde de chanvre ou de cuir, et dont on se sert pour frapper les animaux indociles. On distingue trois sortes de fouets. Les *longs* servent aux cochers de carrosse, de cabriolet et aux charretiers. Ils ne diffèrent que par le manche, qui est plus ou moins élégant. Les fouets *moyens* se nomment aussi *cravaches*. Les fouets *courts* sont longs de quinze à vingt pouces et à l'usage des postillons.

**FOUET** désigne encore une ficelle très-fine, et en général tout instrument de correction. — Les anciens châtiaient leurs esclaves à coups de fouet; il était défendu de fouetter un homme libre. Au moyen âge, on s'en servait pour châtier les enfants et les domestiques. On fouettait jadis les enfants dans les écoles. Aujourd'hui le supplice du fouet, si usité chez les pénitents et les religieux, n'est usité que contre les nègres et les soldats russes. — Un canon tiré *de plein fouet* est celui qui est tiré horizontalement.

**FOUET** (mar.), bout de cordage qu'on détord pour le tresser; cordage qui, en se terminant, diminue de grosseur. — Un bâtiment qui a une mâture très-élevée, lorsque les roulis sont fréquents et répétés, fatigue beaucoup la tête des mâts. Le mouvement qu'elle prend de tous côtés se nomme *fouet*.

**FOUET DE L'AILE** désigne, en ornithologie, le bout de l'aile d'un oiseau.

**FOUET DE NEPTUNE**, nom donné par les marins à plusieurs espèces de *fucus* et de *laminaires*.

**FOUETTE-QUEUE** ou **STELLION BATARD**, reptile de l'ordre des sauriens, du genre des stellions. Il est long de deux ou trois pieds; son corps est renflé, d'un beau vert de pré, recouvert d'écailles petites, lisses et uniformes. On a prétendu qu'il se défendait avec sa queue, dont il donne des coups très-forts. On le trouve en Egypte.

**FOUGASSES**, petits fossés creusés à cinq ou dix pieds sous terre. Les ingénieurs, dans certains sièges, les font creuser, et les remplissent de poudre pour faire sauter des rochers, des pans de muraille, des parties de terrain. C'est une petite *mine*.

**FOUGÈRES**, famille de plantes monocotylédonées, cryptogames. Les rameaux sont nombreux, formés de folioles très-petites, d'un vert foncé; les fruits sont de petites coques renfermant les graines. On ne connaît pas encore leur mode de fécondation. Les fougères croissent spontanément dans les bois et les lieux incultes. Leur cendre donne une potasse excellente. Les jeunes pousses et les racines servent dans quelques pays à la nourriture de l'homme et des animaux. On fait avec la *fougère* de la litière pour les bestiaux. On s'en sert pour abriter les jeunes plantes. En médecine, on les regarde comme toniques et vermifuges. Les feuilles servent pour emballer les objets fragiles et pour faire du verre.

**FOUGÈRES** (accept. div.). On nomme vulgairement *fougère aquatique* l'osmonde royale; *fougère en arbre*, le polypode et la *cyathée* ; *fougères femelle*, l'aspidium; *fougère impériale*, la *ptérida*; *fougère mâle*, une espèce de *polypode*; *fougère musquée*, le cerfeuil musqué.

**FOUGÈRES**, sous-préfecture du département d'Ille-et-Vilaine, à 10 lieues N.-E. de Rennes. Sa population est de 7,800 habitants. — Cette ville a eu à supporter souvent le joug des Anglais. Elle est bien bâtie et industrieuse. Elle a un tribunal de première instance, un collége, une source d'eau minérale ferrugineuse. On trouve dans son arrondissement la verrerie royale de la Haie-d'Iliré, où l'on fabrique un verre très-beau; des tanneries, des papeteries, etc.

**FOUGON**, lieu où l'on fait le feu et la cuisine à bord de certains bâtiments.

**FOUGUE**, nom que l'on donne au mât de hune d'artimon. — Ce mot désignait autrefois ce que nous appelons *grain* ou *rafale*. On disait une *fougue de vent*. Lors de la création des hunes d'artimon, on les nomma *perroquets de fougue*.

**FOU-HI** (myth. ind.), un des plus anciens empereurs chinois. On fait remonter sa naissance à l'an 3468 avant J.-C. Sa mère *Hoa-Sse* conçut par l'opération de l'arc-en-ciel, et le mit au monde après douze ans de grossesse, d'après les chroniques. Fou-Hi avait le corps de dragon, la tête de bœuf. Il donna des lois à son peuple, inventa les filets, enseigna à nourrir les animaux domestiques, établit le mariage, distingua les sexes par des vêtements, institua les forges, la pêche, donna les règles de la musique, et entoura les villes de murailles. Il mourut après un règne de cent quinze ans.

**FOUILLE** se dit, en architecture, d'une ouverture creusée en terre pour bâtir des fondements ou faire toute autre chose de ce genre. La *fouille couverte* se fait sur un plan horizontal dans un massif. Telle est celle qu'on fait pour le passage d'un aqueduc. — On nomme encore *fouilles* les recherches faites dans le sein de la terre pour découvrir des objets que l'on suppose y avoir été cachés.

**FOUINE**, mammifère carnassier du genre des *martes*. Elle est de la taille d'un chat. Sa longueur est d'environ quatorze pouces, la queue en a neuf. Son corps est allongé, son museau long, sa tête plate et petite, les dents et les ongles pointus. Tout le corps est d'un fauve brun, nommé *bistre*. Sur le haut de la poitrine, et au-dessous du cou, sont deux larges plaques de blanc. La fouine recherche la demeure de l'homme. Elle ne sort que la nuit, et tue tous les petits animaux qu'elle rencontre. On peut la réduire cependant en domesticité.

**FOUINE**. Les fourreurs nomment ainsi la peau fournie par la fouine.

**FOUINE**, instrument de fer, à deux ou trois pointes, emmanché à une longue perche. Il sert à élever sur le tas les gerbes qui sont dans une grange. On prend encore de gros poissons avec la fouine.

**FOUISSEURS**, nom donné à des animaux mammifères qui creusent la terre pour y trouver un abri ou des aliments. Ces animaux ont les ongles très-longs et une grande force musculaire dans les membres de la poitrine. Telles sont les taupes.

**FOUISSEURS**, famille d'insectes hyménoptères. Les pattes de ces animaux sont propres à fouiller le sable et la terre. Les femelles pondent dans de petits trous ou dans des nids qu'elles construisent. L'insecte parfait vit sur les fleurs. Le *sphex* est le plus grand genre de cette famille.

**FOU-KIAN**, province de la Chine orientale, entre celles de Tche-Kiang, de Kiang-Si et de Kouang-Toun. Elle se divise en dix départements et cinquante-huit districts. Sa superficie est de 89,136 lieues carrées, et sa population de 2,500,000 habitants. La capitale est *Fou-Tcheou*. — On recueille le thé noir dans cette province, et le commerce se fait en toiles et nankins.

**FOULADOU**, royaume de Sénégambie, habité par les foulahs, nègres mahométans assez policés. Ils ont la chevelure soyeuse, de l'aménité dans la figure et les manières. Leurs principales occupations sont la culture des champs et l'éducation des bestiaux.

**FOULAGE**, action de comprimer à l'aide de moyens quelconques. — En chapellerie, c'est une opération à l'aide de laquelle on confectionne l'étoffe ou feutre destiné à la confection des chapeaux. On les plonge souvent dans un bain formé d'eau, de tartre blanc et d'acide sulfurique. — On feutre de même les étoffes de laine. Celles d'une grande longueur et largeur se foulent dans un moulin à *foulon*. Les petites se foulent aux pieds, à la main, aux rouleaux. Tels sont les gants, les bas, les bonnets, etc.

**FOULARD**, nom donné à des mouchoirs de soie fine, dont on se sert habituellement dans la classe des personnes aisées. Ils peuvent tenir lieu de cravates.

**FOULON** ou **MACHINE A FOULON**, nom donné à toute machine dont on se sert pour le foulage en grand des étoffes de laine. Les machines *à maillets*, usitées en France et en Angleterre, frappent obliquement les étoffes dans des *piles* ou auges de bois de chêne inclinées. Les maillets ou marteaux de bois sont mus ordinairement par l'eau. — Les machines *à pilons* frappent verticalement dans des auges de bois placées horizontalement sur des massifs de pierre. Pour accélérer l'opération du foulage, on joint à l'étoffe du savon, de l'urine, de l'argile dite *terre à foulon*. On doit retourner souvent les pièces d'étoffe.

**FOULON**, né en 1717, entra dans la carrière administrative. D'abord commissaire des guerres, il devint (1756) intendant de l'armée, conseiller d'Etat, puis ministre en remplacement de Necker, et contrôleur général des finances (1789). A cette époque de disette, il lui échappa de dire en parlant du peuple affamé : *Eh bien ! si cette canaille n'a pas de pain , qu'elle mange du foin*. Forcé de se dérober à l'indignation générale, il se fit passer pour mort. Reconnu par des paysans, il fut conduit à Paris et massacré. On lui mit du foin dans la bouche.

**FOULQUE**, ou **FOUQUE**, ou **MORELLE**, genre d'oiseaux aquatiques, de l'ordre des échassiers. Le bec est court, le front chauve et garni d'une large plaque cornée, les pieds grêles et presque nus. Ces oiseaux recherchent les marais et les lacs, vivent dans les roseaux, etc. Ils ont le goût des poules d'eau. — On nomme *foulque noire* ou *blanche* le grèbe cornu, et *foulque oreillée* le grèbe oreillard.

**FOULQUES DE MARSEILLE.** Voy. **FOLQUET**.

**FOULQUES**. Quatre comtes d'Anjou ont porté ce nom. — **FOULQUES Ier**, dit *le Roux*, mort en 938, réunit et gouverna avec sagesse les terres de son comté. — **FOULQUES II**, dit *le Bon*, fils du précédent, mourut en 958, après avoir fait fleurir la piété et les sciences dans ses Etats. — **FOULQUES III**, dit *Néra* ou *le Jérosolymitain*, à cause de ses voyages à la terre sainte, succéda à Godefroi en 987, et mourut en 1039. — **FOULQUES IV**, *Rechin*, succéda à Geoffroi Martel en 1060. Ce prince débauché s'empara du Gatinais et de la Touraine. Il mourut en 1109. Il avait composé une *Histoire des comtes d'Anjou*.

**FOULURE**, distension violente et inaccoutumée des muscles d'une articulation. Ce mot est synonyme d'*entorse*.

**FOUQUET DE LA VARENNE**, d'abord garçon de cuisine chez Catherine, sœur de Henri IV, fut chargé par ce prince de ses messages amoureux et de ses intrigues galantes. Il l'employa dans diverses négociations. Fouquet servit les jésuites auprès de Henri, et se retira après sa mort à la maison de la Flèche.

**FOUQUET (Nicolas)**, né en 1615, fut reçu à vingt ans maître des requêtes, et, quelques années après, procureur général du parlement de Paris. En 1653, il fut nommé surintendant des finances. Mais, au lieu de les ménager, il les dissipa comme les siennes propres, et dépensa près de 36,000,000 à embellir sa maison de Vaux. Ses déprédations, sa munificence plus que royale, ses prétentions sur Mlle de la Vallière, irritèrent contre lui Louis XIV, aigri déjà par les accusations de Colbert, ennemi de Fouquet. Après une fête magnifique donnée au roi à Vaux, Fouquet fut arrêté, et, après une procédure qui dura huit ans, condamné à l'exil pour crime d'Etat, peine que le roi commua en une prison perpétuelle. Il fut enfermé à Pignerol (1664), et mourut en 1681. On a cru voir en lui le célèbre *Homme au masque de fer*.

**FOUQUET (Henri)**, né à Montpellier en 1727, devint secrétaire général de l'intendance de Roussillon, et en 1789 exercer à Marseille la médecine avec beaucoup de succès. En 1767, il fut nommé médecin de l'hôpital de Montpellier, puis professeur à la faculté de cette ville, et médecin del'hospice civil. Il est mort en 1806. On a de lui un *Essai sur le pouls*, un *Discours sur la clinique*, une *Dissertation sur le tissu muqueux*, et plusieurs articles dans l'Encyclopédie méthodique ; tels sont les mots *Sécrétions*, *Vésicatoire*, *Sensibilité*, etc.

FOUQUIER-TINVILLE ( Antoine-Quentin), né à Hérouelles (Aisne) en 1747, acheta la charge de procureur au Châtelet de Paris. Privé de son emploi, et réduit à la misère par son inconduite, il se lia avec Robespierre. *Juré* au tribunal révolutionnaire (1793), il devint ensuite accusateur public. Il se prononça et ne permit jamais le mot d'*absolution*. Il demanda et obtint toujours la mort des accusés. Parmi ses nombreuses victimes, on remarque Mᵐᵉ Elisabeth, sœur de Louis XVI, et Marie-Antoinette, son épouse. Après le 9 thermidor, il demanda le supplice de Robespierre, son protecteur. Destitué et décrété d'arrestation peu de jours après, il fut décapité (1795).

FOUR, espace fermé et voûté qu'on chauffe pour y faire cuire le pain ou la pâtisserie. L'*âtre* est la surface horizontale du four, élevée à l'aide d'une maçonnerie à trois pieds et demi au-dessus du sol. Elle doit être bien carrelée. On élève autour le mur d'enceinte, qui doit avoir un pied d'épaisseur, et, s'il y a un mur mitoyen, il doit y avoir entre les deux murs six pouces d'épaisseur. Cet espace vide est le *tour du chat*. Le four est recouvert par le *dôme* (*voûte* ou *chapelle*). Il a en hauteur le sixième de la longueur. Il est construit en briques. L'entrée du four se nomme *bouche*. Elle est fermée par une porte de métal. L'*autel* est une tablette posée horizontalement en avant de la bouche. Les *ouras* sont des conduits par où l'air s'introduit dans les grands fours. On chauffe les fours en mettant du menu bois.

FOUR BANAL ou FOUR A BAN, nom donné autrefois au four que possédait le seigneur, et auquel tous les vassaux étaient obligés de faire cuire leur pain moyennant une redevance. Les boulangers (depuis 1305), les nobles, les ecclésiastiques, les colléges, monastères et hôpitaux étaient exempts de cette charge, qui a été supprimée en 1790.

FOUR DE CAMPAGNE, ustensile de cuisine en tôle de fer, qui a la forme d'une voûte surbaissée, à contour circulaire, de douze ou quinze pouces de diamètre et de trois ou quatre pouces de hauteur. Il est bordé tout à l'entour d'une plaque de tôle verticale, et a ainsi la forme d'un chapeau entouré d'un cylindre. Cette plaque, plus haute que la voûte, reçoit les charbons qui doivent chauffer le four. Cet ustensile est l'ouvrage des chaudronniers. On s'en sert pour préparer certains mets. Après avoir placé le mets sur un plat, on pose le plat sur un trépied au-dessus de cendres chaudes. On recouvre le tout avec le four, que l'on remplit de charbons ardents.

FOUR (CUL-DE-), espèce de voûte cintrée en élévation, dont le plan est ovale ou circulaire.

FOUR, nom donné, sous Louis XIV, à Paris, à des maisons où des soldats attiraient des personnes et les retenaient par force, pour les vendre à des officiers recruteurs, et les enrôler par force. Louis XIV défendit cet acte vexatoire.

FOUR SACRÉ, petit caveau pratiqué sous l'autel dans les églises grecques, et où l'on jetait les choses sacrées qui s'étaient usées ou corrompues.

FOURBISSEUR, dérivé de FOURBIR, qui signifie *polir*, *nettoyer*. — L'art du fourbisseur consiste dans l'art de polir les armes blanches, comme épées, sabres, lances, etc. Autrefois le fourbisseur fabriquait lui-même ses armes. Aujourd'hui il ne fait que les polir. Pour polir les lames, on se sert d'un moulin composé de plusieurs meules mues d'une manière quelconque. On les polit aussi à l'aide de l'émeri, du rouge d'Angleterre ou de la potée d'étain.

FOURBURE, maladie à laquelle sont sujets les chevaux, ânes, mulets et autres bêtes de somme. L'animal a de la peine à marcher, et ne peut pas reculer. Ses articulations sont roides, principalement celles du pied. Les causes de la fourbure sont le séjour dans un lieu humide, un exercice trop violent ou l'excès du repos, enfin un refroidissement subit quand l'animal a très-chaud.

FOURCHE, instrument de fer ou de bois, ayant deux ou trois branches pointues, au bout d'une tige longue de quatre ou cinq pieds. Celle de fer a trois pointes portées sur une douille où l'on fait entrer le manche. On s'en sert pour remuer le fumier, déterrer les racines, etc. Les fourches en bois sont d'une seule pièce, et sont faites avec des jeunes branches offrant des bifurcations naturelles. On s'en sert pour retourner le foin, la paille, les herbes, etc. — *Fourchefière* est synonyme de *trident*.

FOURCHE DE JARDINIER, espèce de fourche en fer, dont les fourchons sont recourbés en dedans. On l'emploie pour rompre les mottes de terre, ensemencer les graines dans les jardins.

FOURCHE (mar.), nom donné à deux mâts ou mâtereaux qu'on élève, et qu'on réunit vers le petit bout. — Les *fourches de carène* sont de longues perches terminées en forme de fourches, servant à tenir les fagots enflammés sur la carène d'un bâtiment que l'on chauffe.

FOURCHE (MONT-DE-LA), en Suisse *Furca*, montagne de Suisse, à l'extrémité orientale du Valais. Elle offre deux sommités en forme de fourches. Sa hauteur est d'environ 7,800 pieds au-dessus du niveau de la mer. On y voit un des plus beaux glaciers des Alpes. Le Rhône y prend sa source.

FOURCHES, nom donné aux petits abcès qui viennent aux doigts et aux mains des gens de travail.

FOURCHES CAUDINES ( aujourd'hui *Valle Caudina* ou *Stretto di Arpaia*), défilé de la chaîne de l'Apennin dans le royaume de Naples, à 5 lieues de cette ville. Les Romains y furent surpris par les Samnites (321 avant J.-C.). Forcés de se livrer sans combattre à la discrétion du vainqueur, ils passèrent sous le joug, couverts d'un simple vêtement. Rome vengea dans la suite ce déshonneur.

FOURCHES PATIBULAIRES, sorte de gibet formé de deux colonnes de pierre qui soutenaient des pièces de bois auxquelles on attachait des condamnés à mort. On les plaçait hors des villes et près d'un grand chemin. L'origine des fourches remonte au temps de la puissance romaine. Le droit d'avoir des fourches patibulaires appartenait qu'aux seigneurs hauts justiciers, et on les nommait aussi *justices*. Le simple haut justicier ne pouvait en avoir que deux, le châtelain trois, le baron, le vicomte quatre, le comte ou.duc six, le roi tant qu'il lui semblait bon. Le supplice des fourches n'était usité que pour les gens de basse extraction et les hommes seulement.

FOURCHET, maladie propre aux bêtes à laine, qui consiste dans une tumeur inflammatoire à la partie inférieure des jambes. A l'inflammation succèdent la suppuration, l'ulcération, la chute du sabot, la fièvre, le dépérissement et la mort.

FOURCHETTE. Ce mot a plusieurs acceptions dans les arts. Il désigne en général une pièce ouverte en deux branches, et de la forme à peu près d'un Y. — Le meuble de table qui porte ce nom n'avait autrefois que deux pointes comme une fourche. On en fait mention pour la première fois dans un inventaire de l'argenterie du roi de France Charles V (1379). Aujourd'hui les fourchettes ont quatre branches. — En musique, la *fourchette* est une partie du mécanisme de la harpe qui élève les cordes d'un demi-ton.

FOURCHETTE. Les jardiniers nomment ainsi de petits bâtons taillés à dents, que l'on enfonce dans les couches par un bout devant les cloches. En inclinant la cloche et posant le bord élevé sur un des crans de la fourchette, la plante est couverte de la cloche et reçoit l'impression de l'air.

FOURCHETTE (horlog.), pièce de laiton ou d'acier, fendue pour recevoir la tige du balancier, et lui transmettre l'action de va-et-vient de l'échappement, en oscillant elle-même. Ce mouvement d'oscillation se communique au pendule pour compenser les pertes que lui font éprouver la résistance de l'air et le frottement.

FOURCHETTE (méd.), nom donné 1º à diverses parties du corps humain, qui offrent une certaine bifurcation ; 2º à l'espèce de fourche formée par la corne dans la cavité du pied chez le cheval ; 3º à un instrument de chirurgie semblable à une petite fourche dont les branches sont aplaties et très-rapprochées l'une de l'autre. On s'en sert pour soulever la langue et relever le filet qui l'unit à la paroi inférieure de la bouche, afin de le couper.

FOURCHETTE. C'est, en architecture, l'endroit où les tuiles qui forment la couverture d'une lucarne se joignent à celles du toit.

FOURCHETTE. Les carrossiers nomment ainsi, un long morceau de bois, armé de deux pointes de fer, qui est attaché à la flèche d'un carrosse. On le baisse quand le carrosse se trouve sur une côte dure à gravir, afin de l'empêcher de reculer.

FOURCHETTE. Les serruriers appellent ainsi un instrument en fer destiné à tourner les tarières, les canons, etc.

FOURCHETTE. On nommait autrefois ainsi, dans l'art militaire, 1º un bâton terminé par un fer fourchu, sur lequel les soldats appuyaient leurs fusils en tirant ; 2º deux petits morceaux de fer au milieu desquels était un fil. On s'en servait, lorsqu'on tirait de l'arbalète, pour guider l'œil.

FOURCROY (Antoine-François DE), né à Paris en 1755, se consacra à l'étude de la médecine, et fut reçu en 1780 médecin. Il s'adonna spécialement à la chimie, et fut nommé en 1784 professeur de chimie au jardin du roi, et entra à l'académie des sciences. Ami intime de Lavoisier, Fourcroy fut un des inventeurs de la nouvelle nomenclature chimique, et publia un *Cours de chimie*. Il fut envoyé à la convention nationale après la mort de Louis XVI. On l'a accusé, mais à tort, d'avoir laissé mourir son ami Lavoisier sans défense. Appelé au comité de salut public, il fit organiser l'école polytechnique, les écoles spéciales de médecine et l'école normale, et coopéra à toutes les institutions utiles de cette époque. Après avoir siégé au conseil des anciens, il fut nommé directeur général de l'instruction publique, et mourut en 1809.

FOURGON ou CAISSON, voiture à quatre roues dont on fait usage à l'armée pour le transport des vivres, des bagages, des papiers, de la pharmacie, des malles des officiers, etc. On y attelle deux ou quatre chevaux conduits par des soldats du train. Les fourgons sont formés d'un coffre en planches, surmonté d'un couvercle concave, recouvert de toile peinte ou cirée.

FOURGON, instrument de fer, droit ou recourbé par un de ses extrémités, avec lequel l'on remue le feu d'un four d'une forge, d'un fourneau.

FOURIER (Jean-Baptiste-Joseph, baron), géomètre célèbre, né à Auxerre en 1768, occupa dès l'âge de dix-huit ans la chaire de mathématiques à l'école militaire d'Auxerre, et fut nommé professeur à l'école polytechnique. Il prit part à l'expédition d'Egypte, et s'y fit remarquer par l'importance de ses travaux. Nommé en 1802 préfet de l'Isère, et en 1815, préfet du Rhône, puis disgracié, il se consacra entièrement à des études scientifiques. Nommé en 1817 membre de l'académie des sciences, il partagea avec Cuvier les fonctions de secrétaire perpétuel, et mourut en 1829. On a de lui une *Théorie analytique de la chaleur*, plusieurs *éloges, mémoires* et *discours académiques.*

FOURMI, genre d'insectes hyménoptères, de la tribu des formicaires. Ces insectes de petite taille sont remarquables par leurs mœurs. Ils vivent en sociétés nombreuses, composées de mâles et de femelles et de neutres. Les deux premiers sont chargés de perpétuer l'espèce; après l'accouplement qui a lieu en plein air, le mâle meurt et la femelle se débarrasse de ses ailes, rentre dans la fourmilière, ou va fonder d'autres colonies. Les neutres sont chargées de tous les travaux de la société, construisent le nid, cherchent les provisions, ont soin des œufs, et défendent l'habitation en cas de guerre. Les fourmis se communiquent leurs pensées au moyen des antennes. Ces antennes, qui renferment un sens inconnu, leur servent à se faire comprendre. Chaque fois que deux fourmis se rencontrent, elles se touchent de leurs antennes. Les fourmis sont très-irascibles et se livrent de grands combats. Elles vivent de fruits mûrs, et surtout des pucerons qu'elles caressent avec leurs antennes pour leur faire rejeter une liqueur miellée qu'ils renferment. Les fourmis causent beaucoup de dégâts. Elles font leur demeure, les unes dans des troncs d'arbres, d'autres dans des habitations souterraines. Quelques espèces habitent de petits monticules de terre dans les forêts; d'autres enfin se font des espèces de maisons avec de la terre humide.

FOURMILIER ou MYRMÉCOPHAGE, genre de mammifères de l'ordre des édentés. Leur museau est très-allongé et ressemble à un tuyau cylindrique; les mâchoires ont peu d'extensibilité; le corps est recouvert de poils, les oreilles sont courtes et arrondies, les ongles très-forts. Leur nom dérive de l'habitude qu'ils ont de détruire les fourmis. Ils éparpillent les fourmilières avec leurs ongles, étendent leur langue visqueuse sur les fourmis qu'ils avalent sans mâcher. Cette langue prend une étendue trois fois plus grande que celle de la tête. La couleur de la peau est rousse; la longueur du corps varie de dix-sept pouces à six pieds, selon les espèces. Le fourmilier habite les arbres et vit en Amérique.

FOURMILIER, genre d'oiseaux insectivores, de l'ordre des passereaux. Ils vivent dans les bois des contrées chaudes, et se nourrissent presque exclusivement de fourmis. Leur chant est agréable et sonore. Leur couleur est en général d'un gris cendré mêlé de blanc ou de noir. Leur taille varie de cinq à onze pouces.

FOURMILIÈRE, maladie propre au cheval, qui consiste dans un vide que l'on aperçoit à son pied. Elle est produite par une contusion ou par l'effet du fer chaud, que le maréchal a laissé trop longtemps sur le pied.

FOURMI-LION (*myrméléon* ou *formicaleo*), genre d'insectes névroptères, assez semblables aux *demoiselles.* Leur corps est allongé, la tête grosse, les yeux saillants, les ailes grandes, les pattes courtes et robustes. Ces insectes sont carnassiers. Leur larve a six pieds. Sa tête est plate et très-forte. Ces larves sont remarquables par les travaux qu'elles font pour prendre d'autres insectes qui forment leur nourriture. Elles construisent une espèce d'entonnoir dans la terre, en creusant avec les pattes et rejetant la terre au dehors avec la tête. Ces entonnoirs ont de 3 lignes à 3 pouces de diamètre en haut, et d'une ou 2 lignes en bas. Lorsqu'un insecte marche sur les parois de l'entonnoir, celui-ci s'éboule et laisse tomber l'insecte. Le fourmi-lion qui est au fond le saisit et le dévore; quelquefois il fait jaillir une pluie de sable sur son ennemi quand il est trop vigoureux. On trouve ces insectes en Europe.

FOURMONT (Etienne), né à Herblay (Seine-et-Oise) en 1683, montra dès son bas âge de grandes dispositions pour l'étude des langues. Encore écolier, il publia les *Racines de la langue latine, mises en vers français.* Il fut chargé ensuite de l'éducation des fils du duc d'Antin, et nommé secrétaire du duc d'Orléans. Il connaissait les langues grecque, persane, syriaque, latine, arabe, hébraïque et chinoise. Il mourut en 1745. On a de lui plusieurs *dissertations* scientifiques.

FOURMONT (Michel), frère du précédent, né en 1690 à Herblay (Seine-et-Oise), apprit sans le secours d'aucun maître le latin, le grec, l'hébreu et le syriaque. Nommé en 1720 professeur de syriaque au collège royal, il donna le premier en France une idée de l'ancienne langue éthiopienne. Envoyé en 1728 par Louis XV dans le Levant, il en rapporta près de douze cents inscriptions antiques. Il mourut en 1746.

FOURNAGE, droit qui appartenait au seigneur, en vertu duquel il prenait une certaine somme sur ceux qui étaient assujettis à cuire leur pain à son four banal, pour leur accorder la permission de le cuire en leurs maisons. — *Fournage* désigne aussi le droit de *fouage.*

FOURNEAU, instrument d'une forme très-variable, à l'aide duquel on peut élever la température des corps que l'on se propose de chauffer. Il se compose le plus ordinairement d'une capacité nommée *foyer*, où l'on place les substances à brûler, d'une grille qui fait le fond du foyer, et par où passent les cendres qui tombent dans une capacité inférieure nommée *cendrier.* On y ajoute souvent une cheminée. On connaît une grande quantité de fourneaux usités dans les arts.

FOURNEAU A PAPIER, petit fourneau en tôle mince, dans lequel on peut en quelques instants faire chauffer des liquides, cuire des œufs, une côtelette, etc., à l'aide de quelques feuilles de papier. On y place le vase renfermant l'aliment à cuire. La fumée du papier et la flamme vont frapper sur toute la surface du vase, et sortent par de petites fentes.

FOURNEAU A REPASSER, fourneau rectangulaire en maçonnerie, dont les parois du foyer sont inclinées. On y fait chauffer les fers à repasser. — On en fait aussi de portatifs en tôle.

FOURNEAU A VENT, sorte de fourneau de forme rectangulaire et surmonté d'une très-haute cheminée. La température y est uniforme. Une porte, pratiquée à sa partie supérieure, permet d'y introduire du charbon.

FOURNEAU DE COUPELLE, fourneau quadrangulaire, en terre, que l'on emploie pour séparer l'or et l'argent par la coupellation. Il est composé comme le *fourneau évaporatoire*, excepté qu'il a un vase en terre placé sur le laboratoire, et dans lequel on met les coupelles.

FOURNEAU DE FORGE ou DE FUSION, sorte de fourneau de réverbère, fait en briques très-réfractaires et bien jointes, et dont on active la chaleur au moyen d'un soufflet, dont le vent se répand à l'aide d'un tuyau de communication qui s'engage sous le foyer. Le fourneau est surmonté d'un dôme, puis d'un tuyau de fer nommé *cheminée*, par où entrent les courants d'air. On produit à l'aide de ce fourneau une grande quantité de chaleur.

FOURNEAU DE LABORATOIRE, sortes de fourneaux construits en général en terre cuite. Ils sont armés de cercles à vis et de bandelettes en fer pour les soutenir et prévenir leurs dégradations. Leur forme varie beaucoup.

FOURNEAU DE MINE, chambre pratiquée à l'extrémité d'une galerie souterraine, et où s'opère l'explosion d'une mine de guerre.

FOURNEAU DE RÉVERBÈRE, sorte de fourneau composé de quatre pièces; les deux plus inférieures renferment le cendrier et le foyer, la troisième (de bas en haut) se nomme *laboratoire*; la supérieure est le réverbère ou le dôme, terminé par une cheminée; on y voit encore des barres de fer placées entre le laboratoire et le foyer (elles soutiennent le vaisseau renfermant les matières à chauffer). Le dôme sert à réfléchir la chaleur sur le vaisseau.

FOURNEAU ÉVAPORATOIRE, nom donné aux constructions destinées à faire évaporer des liquides ou à chauffer diverses solutions. Elles sont formées de deux pièces : le foyer, qui est évasé (on y met le charbon qui sert de combustible), et le cendrier où tombent les cendres. Il y a en outre la porte du foyer, du cendrier, la grille qui sépare le foyer du cendrier et des échancrures propres à livrer passage à l'air. Au-dessus du fourneau est une cheminée. Ces fourneaux peuvent être appliqués au chauffage d'une machine à vapeur.

FOURNEAU POTAGER, nom donné au fourneau le plus usité dans l'art culinaire et l'économie domestique.

FOURNEAUX (HAUTS), fourneaux destinés à fondre les minerais de fer à une haute température. Ils ont la forme d'une tour quadrangulaire ou circulaire, dont la hauteur varie de dix-huit à soixante pieds. Pour diminuer leur masse, on les compose souvent d'un prisme surmonté d'une pyramide. Le vide inférieur du fourneau dans lequel on met le minerai et le charbon se nomme *cheminée intérieure* ou *cuve.* On met le fourneau en activité au moyen d'un soufflet.

FOURNIER, celui qui tient un four dans lequel les particuliers, moyennant une rétribution, viennent faire cuire le pain qu'ils ont fait préparer dans leurs maisons. Cet art, inconnu à Paris, est très-usité dans les départements méridionaux.

FOURNIER, genre de passereaux ténuirostres. Ces oiseaux, propres à l'Amérique, ont un bec aussi épais que large, dont les côtés sont comprimés, robuste et légèrement recourbé à sa pointe. La queue est longue. La taille des fourniers varie de cinq à huit pouces. Le corps est d'un brun roussâtre, mêlé de taches blanches, noires ou rougeâtres. L'espèce la plus belle est l'*annumbi rouge*, qui a la tête et la queue de couleur rose, les autres parties d'un brun rougeâtre. Les tarses sont d'un bleu argenté; le bec est noir.

FOURNIL, pièce située dans les cuisines de quelques grandes maisons. C'est là que l'on trouve le four où l'on cuit le pain et la pâtisserie.

FOURNIMENT, nom donné autrefois à un étui où les soldats du XVIIe siècle renfermaient la poudre. Les chasseurs en portent encore aujourd'hui. — Maintenant on désigne par ce mot la buffleterie, les baudriers, les ceinturons et les fourreaux de sabre et de baïonnette.

FOURNISSEURS ou TRAITANTS, nom donné aux entrepreneurs qui se sont chargés, moyennant une redevance fixe, de pourvoir à l'entretien des corps de l'armée, ou à l'approvisionnement des places fortes. La loi punit ceux qui fraudent sur la nature des vivres, ou apportent de la négligence à les livrer, d'un emprisonnement de six mois au moins, et de dommages-intérêts. S'ils abandonnent leurs fonctions, la loi les condamne à une amende de 500 francs au moins, aux dommages-intérêts et à la réclusion.

FOURNITURE, jeu d'orgues qui entre dans la composition du plein jeu, et qui est composée de plusieurs tuyaux d'un son aigu accordés à la quinte, à l'octave de la tierce, et à la double octave du son principal avec des redoublements.

FOURNITURE se dit des literies militaires. La fourniture complète se compose d'une couchette, d'une paillasse, d'un matelas, d'une paire de draps, d'une couverture de laine et d'un traversin. La demi-fourniture n'a pas de matelas, et souvent le bois de lit est remplacé par trois planches et deux tréteaux.

FOURQUEVAUX (Raimond de Beccari de Pavie, baron DE), d'une branche de l'ancienne famille des Beccari de Pavie, retirée en France lors des guerres des Guelfes et des Gibelins. Raimond fit ses premières armes avec les Français au siège de Naples (1528). Fait prisonnier en 1554 il fut retenu captif pendant treize mois. De retour en France, il obtint le gouvernement de Narbonne, contribua beaucoup à la délivrance de Toulouse (1562) assiégée par les huguenots, et mourut à Narbonne en 1574. — Son fils François, mort en 1611, fut gentilhomme de la chambre et surintendant de Henri IV, puis chevalier d'honneur de la reine Marguerite. On a de lui les *Vies de quatorze capitaines français*.

FOURRAGE, nom donné à tous les végétaux qui servent de nourriture aux animaux herbivores. Les *fourrages verts* (céréales coupées en vert, herbe fraîche, feuilles de millet vertes) offrent peu de principes nutritifs, et amènent par leur usage exclusif de la diminution dans les forces. Distribués en avril et mai avec les fourrages secs, ils font beaucoup de bien. Les herbes humides de la pluie et des rosées (trèfle, luzerne, etc.) amènent la mort des animaux qui les paissent. Les *fourrages secs* (foin, trèfle, luzerne, pailles, céréales sèches, etc.) sont très-alimentaires. Les racines et tubercules (carottes, navets, betteraves, patates) font le meilleur fourrage; mais sa cherté le rend presque inusité.

FOURRAGE (art milit.). Ce mot désigne 1° l'action de prendre, de recevoir le fourrage destiné aux chevaux; 2° le foin et la paille qui doivent former leur nourriture. Les officiers généraux et supérieurs des troupes à pied ont droit à des rations de fourrage en tout temps. On les leur rembourse à 1 franc la ration pendant la paix; à la guerre on les donne en nature. Pour chaque régiment de cavalerie, les distributions de fourrage sont faites par les fournisseurs, en présence des adjudants, d'un officier et sur les bons des capitaines. Les officiers de cavalerie reçoivent toujours le fourrage en nature. La ration varie suivant les armes, elle est plus forte pour la grosse cavalerie que pour la cavalerie légère, et en temps de guerre qu'en temps de paix. Le maximum est de sept kilogrammes de foin avec cinq de paille ou de neuf de foin et huit litres et demi d'avoine; le minimum, de quatre kilogrammes de foin avec cinq de paille, ou sept et demi de foin et six litres et demi d'avoine. — En temps de guerre, on prend le fourrage dans les champs et les villages; cela s'appelle *fourrager*. Le *fourrage en grand* est fait pour toute l'armée, le *fourrage en petit* pour une division; le *fourrage en sec* est pris sur place, celui *en sec* est pris dans les granges.

FOURRAGE (mar.), cordage qui est employé à en couvrir un autre ou à le *fourrer*.

FOURRAGEURS, cavaliers qui vont, en temps de guerre, enlever au loin la paille et le foin nécessaires à l'entretien des chevaux. — Ce mot désigne aussi les maraudeurs qui parcourent les campagnes pour leur propre compte.

FOURREAU, nom donné à toute sorte d'étui destiné à renfermer un certain objet. Les sabres, les épées ont des fourreaux de cuir, de fer ou de cuivre, selon l'arme; la baïonnette a aussi le sien. — En botanique, ce nom se donne aux enveloppes qui reçoivent l'épi de quelques céréales (blé, seigle, etc.).

FOURREAU, nom vulgaire de la *mésange à longue queue*.

FOURRE-BUISSON, nom vulgaire de l'oiseau nommé *troglodyte* par les naturalistes.

FOURREUR. Voy. PELLETIER-FOURREUR.

FOURRIER, grade militaire créé en 1534. Il y eut des fourriers généraux et des fourriers-majors d'armée, chargés de tous les détails des logements. Les premiers, supprimés en 1792, s'appelaient *fourriers marqueurs*. Il y avait aussi le *fourrier du palais* chargé d'établir le logement des courtisans qui suivaient le roi dans ses voyages. — Aujourd'hui le fourrier est un sous-officier chargé, sous les ordres immédiats du sergent-major, de tenir les registres, et de faire les écritures, les états, les contrôles relatifs aux détails de la compagnie. Il est aussi chargé du casernement; il loge et mange avec le sergent-major, ne fait aucun service; sa place de bataille est à la garde du drapeau. Il se distingue par un galon d'or ou d'argent sur le bras.

FOURRIER (Le baron). Voy. FOURIER.

FOURRIÈRE, saisie de bestiaux, pris en délit dans des terres ensemencées, dans les vignes, des bois, etc. Le propriétaire qui éprouve les dommages causés par ces animaux a le droit de les saisir, sous l'obligation de les faire conduire dans les vingt-quatre heures au lieu du dépôt désigné à cet effet par la municipalité. On satisfait au dommage par la vente des bestiaux s'ils ne sont pas réclamés, ou s'il n'a pas été payé dans la huitaine du délit. Si ce sont des volailles, le propriétaire peut les tuer sur le lieu, au moment du dégât.

FOURRURE, habit doublé de la fourrure de quelque animal, que portaient les docteurs et les bacheliers des universités, comme la marque de leur qualité. — Quelques critiques appellent ainsi des morceaux, des pièces fausses ajoutées, insérées dans les ouvrages des anciens.

FOURRURE (mar.), tout ce qui sert à couvrir, envelopper un câble, une manœuvre, etc. — Les charpentiers nomment les *fourrures* des morceaux de bois qui remplissent les vides ou défauts dans les pièces, ou des bois tendres recouvrant certaines parties. — Les *fourrures de gouttières* sont des sortes de ceintures intérieures d'un bâtiment. Elles sont de chêne et d'une grande épaisseur.

FOURRURES, nom donné aux toisons qui recouvrent certains animaux, comme les moutons, les chèvres, etc., et qui, arrangées convenablement, peuvent servir de vêtements à l'homme. Les fourrures furent longtemps l'unique vêtement de l'homme; elles le sont encore dans les pays chauds, chez les peuples à demi civilisés ou privés de toute civilisation. Les fourrures enlèvent peu de calorique au corps, et moins que les habits de lin, de soie, de coton, de laine, etc., et absorbent moins que ces derniers la transpiration du corps. Les fourrures servent encore à doubler les manteaux de quelques souverains, ducs, pairs, etc., les pelisses des riches ottomans. Les plus estimées sont celles du castor, des lièvres et lapins, des marmottes, des écureuils, des chinchillas, de l'ours, du blaireau, de la genette, de la civette, de la martre, de la fouine, de la belette, de l'hermine, de la loutre, du loup, de la zibeline, des chats, etc.

FOUS (Fête des), mélange de cérémonies à la fois bouffonnes et religieuses, qui se célébraient dans le moyen âge, dans plusieurs villes (Dijon, Paris, Sens, Autun, Rouen, etc.), particulièrement depuis Noël jusqu'à l'Épiphanie, le jour de l'an et de la fête de Saint-Étienne. Tout prenait part à ces réjouissances, même le clergé. On élisait un *abbé*, un *évêque* ou même un *pape des fous*. On le portait en procession dans l'église, où l'on dansait en chantant des chansons obscènes. Les diacres mangeaient des boudins et des saucisses sur l'autel, jouaient aux cartes et aux dés, et faisaient brûler dans l'encensoir de vieilles savates. L'abbé ou évêque ou pape donnait sa bénédiction au peuple dans un vieux tonneau défoncé; ensuite cette troupe se répandait dans les rues en faisant toutes sortes de plaisanteries grotesques. — Cette fête, modifiée selon les diverses localités, se nommait aussi *fête de l'Âne*, des *Hypodiacres* ou *Diacres soûls*, des *Cornards*, des *Innocents*. Elle fut supprimée à la fin du XVIe siècle.

FOUTA-JALLO, pays d'Afrique peuplé de Foulahs. Il s'étend jusqu'aux sources de la Gambie, du Rio-Grande et du Niger, sur une superficie d'environ 950 lieues carrées. Ce pays renferme peu de villes. *Timbou* et *Labi* sont les principales.

FOU-TCHEOU-FOU, capitale de la province chinoise de Fou-Kian. Son territoire est très-fertile. Elle est très-riche et commerçante, et renferme de beaux édifices. Sa population est de 119,000 habitants.

FOX (Édouard), évêque anglais, né à Dursley (comté de Glocester), mort en 1538. Nommé proviseur du collège de Cambridge en 1528, il fut employé d'abord par le cardinal Wolsey, puis dans l'ambassade envoyée à Rome pour solliciter le divorce du roi Henri VIII. Il fut envoyé encore en qualité d'ambassadeur en France et en Allemagne, et nommé dans la suite évêque d'Héreford.

FOX (Jean), théologien anglais, né en 1517 à Boston (comté de Lincoln). Après avoir élevé les fils de sir Thomas Licy, il passa à Londres où il éleva les enfants du comte de Surrey. Forcé de fuir l'Angleterre à l'avènement de la reine Marie, il s'établit à Bâle, où il fut réduit, pour vivre, à corriger les épreuves chez un imprimeur. Revenu en Angleterre, il obtint le canonicat de Salisbury, et mourut en 1587. On a de lui les *Actes et monuments de l'Église*, le livre des *Martyrs*, nommé aussi *Légende dorée de Fox*, des *comédies*, et le *Triomphe de Jésus-Christ*, drame sacré.

FOX (Georges), né en 1624 à Drayton (comté de Leicester), fut d'abord cordonnier. Il se crut inspiré de Dieu à l'âge de dix-neuf ans, et se mit à prêcher, criant de village en village contre la guerre, le clergé, les rites de toutes les religions, et disant qu'il fallait se séparer des églises chrétiennes, honorer Dieu par la pratique des vertus, et former une société religieuse composée d'hommes sobres, patients, modestes et charitables. Sa secte fut nommée *société des quakers* ou *trembleurs*, parce que Fox insistait sur la nécessité de trembler devant le Seigneur. Il mourut en Amérique en 1681.

FOX (Charles-Jacques), né à Londres en 1749 ou 1748, étudia aux collèges de Westminster, d'Eton et d'Oxford. Initié jeune encore aux secrets de la diplomatie par son père le duc d'Holland, il fut nommé député à la chambre des communes (1768), et obtint la place de payeur de la caisse des veuves, et fut admis ensuite parmi les lords de l'amirauté. Il se déclara dans tous ses discours contre les actes du ministère, et principalement sur sa conduite à l'égard des colonies anglaises, et se fit la réputation d'un grand orateur. Il prit la défense des insurgés de l'Amérique du Nord. Les ministres, forcés par les événements et les paroles violentes de Fox de se retirer, celui-ci fut nommé (1782) secrétaire d'État aux affaires étrangères. Il retourna six mois après au banc de député, et fut replacé de nouveau au ministère. Il prononça un discours, qui est regardé comme son chef-d'œuvre, pour faire recevoir le bill ayant pour but de donner au ministère un pouvoir illimité dans l'Inde. Mais ce bill fut rejeté, et le ministère dissous. Il s'opposa en 1793 à ce que la guerre fût déclarée à la France, dont il admirait la révolution. Il ne cessa de parler à la chambre qu'à sa mort, arrivée en 1806. Il avait passé sa vie dans les débauches, et avait perdu toute sa fortune ( 4,000,000 de francs) au jeu.

FOY (Maximilien-Sébastien), né à Ham (Somme) en 1775. Après avoir fait ses études à Soissons, il entra à l'école militaire de la Fère, et partit comme lieutenant dans le troisième régiment d'artillerie, avec lequel il fit sous Dumouriez toutes les campagnes du Nord. Nommé en 1793 capitaine, il se distingua à tous les combats que se livrèrent les français à cette époque. Nommé chef d'escadron, adjudant-major, puis colonel, il refusa de voter la nomination de Bonaparte à l'empire, fut fait en 1808 général de brigade, et en 1810 général de division. Il se fit remarquer par son intrépidité et son courage, et commanda presque toujours en Espagne ou en Portugal (1811-12). Nommé général-inspecteur d'infanterie lors de la première restauration, il reprit les armes pour l'empereur, et quitta la carrière militaire après la bataille de Waterloo. Nommé député par l'Aisne (1819), il se distingua par son éloquence, et mourut en 1825. Il avait été un des plus généreux défenseurs de la liberté populaire.

FOYER, lieu où l'on allume du feu. — Le *foyer de la cheminée* est la partie de l'âtre qui est entre les deux jambages d'une cheminée. On la pave en carreaux de terre cuite, en pierre ou en carreaux de faïence. — Le *foyer* est encore une pierre ou pièce de marbre de quatre à cinq pieds, que l'on scelle en avant de l'âtre. Elle fait saillie en avant de la cheminée, et se trouve au niveau du parquet ou du carrelage.

FOYER MOBILE. Dans cet instrument, les chenets et la matière à brûler sont contenus dans un tiroir métallique, que l'on peut pousser au fond ou au-devant de l'âtre de la cheminée à volonté. Quand la braise est allumée, et qu'il n'y a pas de fumée, on amène le foyer plus ou moins en dehors de l'âtre pour chauffer l'appartement.

FOYER, nom donné, dans les théâtres, aux salons où l'on se réunit pour causer pendant les entr'actes, et où l'on va se chauffer en hiver. Dans chaque théâtre, il y a le foyer des acteurs et celui des spectateurs.

FOYER (math.). On nomme ainsi, en optique, le point d'un verre, d'une lunette, d'un miroir, etc., où les rayons lumineux viennent se réunir. Certains corps combustibles s'enflamment ou se brûlent quand ils sont placés sur la direction de ce point, et que l'on fait tomber sur le verre les rayons solaires. C'est le foyer *réel*. — On nomme *foyer imaginaire* le point où se réuniraient les rayons convergents s'ils continuaient leur route dans le même milieu. — En géométrie, les *foyers* sont des points pris dans l'aire de certaines courbes (ellipses, paraboles, etc.) dont la propriété est de réunir les rayons qui viennent frapper les courbes selon une direction déterminée.

FOYER (chim.), partie d'un fourneau qui renferme le combustible.

FOYER (méd.), siége d'une maladie. — On appelle *foyer purulent* l'endroit où se forme le pus dans les abcès. Presque tous les organes peuvent devenir le siège de foyers purulents.

FRACASTOR (Jérôme), né à Vérone en 1484, étudia avec ardeur les sciences et les beaux-arts, et cultiva surtout avec beaucoup de succès la poésie et la médecine. Le pape Paul III, voulant transférer d'Allemagne en Italie le concile de Trente, se servit de lui pour inspirer aux Pères la crainte d'une maladie contagieuse, et le concile fut transféré à Bologne. Fracastor mourut en 1553. On a de lui plusieurs poëmes latins.

FRACTION, acte par lequel on brise une chose pour la distribuer à plusieurs personnes. C'est dans ce sens qu'on dit la *fraction de l'hostie*.

FRACTIONS (math.). Ce mot désigne les parties d'un tout, d'une unité déterminée. Ainsi *un demi* est une fraction. Un *demi-franc* est la fraction de l'unité franc. Pour exprimer une fraction, on emploie deux nombres. L'un marque en combien de parties l'unité a été divisée; c'est le *dénominateur*. L'autre indique combien on a pris de ces parties; c'est le *numérateur*. On place le dénominateur au-dessous du numérateur, et on les sépare par une barre. Ainsi quand on dit les $\frac{5}{6}$ (les *cinq sixièmes*) d'un objet, on considère cet objet comme divisé en six parties égales dont on on a pris cinq. Le numérateur et le dénominateur s'appellent les TERMES de la fraction. Les fractions dont les deux termes sont égaux ($\frac{4}{4}$, $\frac{5}{5}$, etc.) sont égales à l'unité. La fraction augmente ou diminue quand son numérateur augmente ou diminue. La fraction augmente quand on diminue le dénominateur; elle diminue dans le cas contraire. Elle ne change pas quand on multiplie ou divise ses deux termes par le même nombre, ce qui donne le moyen de réduire les fractions à une plus simple expression. Ainsi $\frac{12}{24}$ égale $\frac{1}{2}$. Si le numérateur d'une fraction est plus grand que le dénominateur, cette fraction vaut plus de 1, et contient des unités principales. Pour trouver ces unités, on divise les deux termes l'un par l'autre. Ainsi $\frac{52}{6}$ égale 52 divisé par 6. Cette division donne 9 entiers et $\frac{4}{6}$. — Pour *réduire des fractions au même dénominateur*, c'est-à-dire leur donner un dénominateur commun, par exemple les fractions $\frac{1}{2}$, $\frac{2}{3}$, $\frac{5}{6}$, $\frac{7}{8}$, on fait le produit des trois dénominateurs 4, 6, 8; ce qui donne 192. On multiplie 192 par la première fraction, et on obtient la nouvelle fraction $\frac{192}{384}$. Pour la deuxième fraction, on fait le produit des dénominateurs 2, 6, 8; ce qui donne 96. On multiplie 96 par la deuxième fraction; ce qui donne la nouvelle fraction $\frac{288}{384}$; et ainsi des autres. En général *on multiplie chaque fraction par le produit des dénominateurs de toutes les autres*.

FRACTIONS (OPÉRATIONS SUR LES). Pour *ajouter* des fractions qui ont le même dénominateur, on ajoute les numérateurs, et on donne à la somme le dénominateur commun. — Si les dénominateurs sont différents, on réduit les fractions au même dénominateur (voy. FRACTION), on fait l'opération comme dans le cas précédent. — Pour *soustraire* une fraction d'une autre, si les dénominateurs sont égaux, on retranche les deux numérateurs l'un de l'autre. Si les dénominateurs sont différents, on les réduit au même dénominateur. — Pour *multiplier* deux fractions l'une par l'autre, on multiplie les numérateurs l'un par l'autre, ainsi que les dénominateurs. La fraction obtenue désigne le produit. — Pour la *division*, on renverse la *fraction diviseur*, et l'on fait ensuite la multiplication. Le produit indique le quotient. Ainsi, pour diviser $\frac{3}{4}$ par $\frac{5}{6}$, on renverse le diviseur $\frac{5}{6}$; on a ainsi $\frac{6}{5}$, et on multiplie $\frac{3}{4}$ par $\frac{6}{5}$. Le *quotient* est le produit, c'est-à-dire $\frac{18}{20}$.

FRACTIONS CONTINUES, séries de nombres fractionnaires, numériques ou algébriques, qui se prolongent indéfiniment.

FRACTIONS DÉCIMALES. Voy. DÉCIMALES.

FRACTIONS DE FRACTIONS. De même que les fractions ordinaires se forment de parties de l'unité principale, on peut concevoir les fractions elles-mêmes divisées en plusieurs parties égales. Le nombre qui exprimera une ou plusieurs de ces parties sera une fraction de nouvelle espèce, nommée *fraction de fraction*. Si on a la fraction $\frac{2}{3}$, et qu'on en prenne le $\frac{1}{2}$, on formera la fraction de fraction $\frac{1}{2}$ de $\frac{2}{3}$, qui s'énonce *un demi de deux tiers*. On peut pousser les divisions semblables très-loin. Ainsi la fraction de fraction de fraction $\frac{3}{5}$ de $\frac{2}{3}$ de $\frac{1}{3}$ désigne qu'on prend les $\frac{3}{5}$ de la fraction de $\frac{2}{3}$. — Pour réduire des fractions de fractions à des fractions simples, il faut multiplier les fractions simples qui entrent dans leur expression. La fraction de fraction $\frac{2}{3}$ de $\frac{1}{2}$ est égale au produit de $\frac{2}{3}$ par $\frac{1}{2}$ ou $\frac{2}{6}$.

FRACTIONS LITTÉRALES ou ALGÉBRIQUES, fractions désignées, en algèbre, par des lettres. $\frac{a}{b}$ est une *fraction littérale*. On fait sur elles les mêmes opérations que sur les fractions numériques.

FRACTIONS SEXAGÉSIMALES, fractions dont les dénominateurs dérivent du nombre 60. Elles ont été employées par plusieurs astronomes parce que le centre se divise en 360 degrés, que 360 égale 6 multiplié par 60, que le degré vaut 60 minutes, la minute 60 secondes, etc.

FRACTIONS RATIONNELLES, nom donné, en algèbre, aux expressions algébriques composées de fractions, et ne renfermant que des *exposants* entiers.

FRACTIONNAIRES (NOMBRES), nombres composés d'un nombre entier et d'une fraction. Ainsi $3 + \frac{5}{6}$ (*trois entiers* ou *unités*, plus *cinq sixièmes*) est un nombre fractionnaire. — Pour réduire un nombre fractionnaire en fraction; on multiplie l'entier (3 dans l'exemple précédent) par le dénominateur de la fraction $\frac{5}{6}$; ce qui donne 18). On ajoute au produit le numérateur de la fraction $\frac{5}{6}$; on obtient ainsi 23), et l'on donne pour dénominateur à ce nombre le dénominateur de la fraction proposée (on a alors la fraction $\frac{23}{6}$). — Pour toutes les opérations sur les nombres fractionnaires, on les réduit en fractions, et l'on agit comme pour celles.

FRACTURES. Ce mot désigne les solutions de continuité d'un os de plusieurs os, opérées par une cause quelconque qui a porté leur tissu au delà de son extensibilité naturelle. Ces causes sont les chutes, les coups et l'action des muscles. Quand les fractures ont lieu dans l'endroit même où les causes agissent, elles sont *directes*; quand les causes agissent sur un endroit plus ou moins éloigné, les fractures sont *indirectes* ou *par contre-coup*. Elles peuvent être *transversales*, *en rave*, *obliques* ou *en bec de flûte* et *longitudinales*. Les *comminutives* sont celles dans lesquelles l'os est brisé en un grand nombre de fragments. — Le traitement des fractures consiste en général à réduire les fragments s'ils sont déplacés, et à les maintenir réduits.

FRA-DIAVOLO (MICHEL POZZA, plus connu sous le nom de), né à Itri (royaume de Naples), exerça d'abord la profession de fabricant de bas. Il se réunit ensuite à une troupe de malfaiteurs qui ravageaient la Calabre, devint leur chef, et fut nommé *Fra-Diavolo*, le *Frère Diable*. Il servit dans plusieurs guerres, et notamment contre les Français. Arrêté et reconnu dans un combat, il fut conduit à Naples, condamné à mort et exécuté (1806).

FRAGILITÉ DES OS, nom donné par les pathologistes à la grande facilité avec laquelle les os se brisent dans certaines maladies du tissu osseux. Les principales causes sont la vieillesse, le scorbut, le vice rachitique et les affections cancéreuses. Cette maladie peut se porter à un tel point que les malades se cassent les membres en faisant un léger effort.

FRAGMENTS, débris d'un objet. C'est dans ce sens qu'on dit les *fragments* d'un os fracturé. — Au figuré, le mot *fragment* désigne 1° un discours, un ouvrage dont il ne nous reste qu'une partie ; 2° les parties d'un ouvrage qu'un auteur n'a pu achever. — En musique, les *fragments* étaient, à l'ancien Opéra de Paris, un choix de plusieurs actes de ballets ou d'opéras, qui n'avaient aucun rapport entre eux, mais qui donnaient de la variété au spectacle.

FRAGON, genre de la famille des asparaginées, renfermant des petits arbustes toujours verts, quelquefois sarmenteux, à feuilles simples. Le fruit est une baie à une ou trois loges. Ces arbrisseaux sont originaires de l'Europe. Le *fragon piquant* (*petit houx*, *houx-frelon*, *housson*, *brusc*) est un petit arbuste roide, toujours vert, croissant dans les bois. Sa tige a trente-deux centimètres de haut; elle est très-rameuse, garnie de feuilles très-rapprochées, dures, coriaces, ovales, piquantes. Les fleurs naissent entre les feuilles. On fait des balais nommés *gringons* avec le fragon. Sa racine est diurétique. Ses jeunes pousses se mangent comme les asperges; sa graine, brûlée, a le goût du café. On emploie le petit houx à tanner les cuirs. Ses fruits sont d'un beau rouge.

FRAGONARD (Nicolas), peintre français, né en 1732, fut l'élève de Boucher. Ses deux tableaux de *Corésus et Callirhoé* et de *la Visitation de la Vierge* lui ouvrirent les portes de l'académie. Il se distingua particulièrement dans le genre érotique. Ses plus beaux tableaux dans ce genre sont *la Fontaine d'amour*, *le Sacrifice de la rose* et *le Serment d'amour*. Fragonard mourut en 1806.

FRAI, nom donné aux œufs des poissons

et des batraciens, enduits d'un fluide albumineux, et sur lesquels les mâles viennent répandre leur laite fécondante. On voit souvent de grands espaces de mer couverts de frai. — On a étendu la signification de ce mot 1° à l'acte générateur des poissons, 2° à l'époque où cet acte a lieu, 3° aux poissons que l'on met dans les étangs pour les peupler, 4° aux menus poissons que l'on met au bout de l'hameçon pour servir d'appât.

FRAI. Ce mot désigne l'altération et la diminution de poids que les pièces de monnaie éprouvent par l'usage et le frottement.

FRAICHE se dit des vents de terre et de mer de peu de force. On les nomme *brises* aux colonies.

FRAÎCHEUR, nom donné, en marine, à un vent très-faible qui commence après un calme plat. On se sert du mot *fraîchir* pour désigner une augmentation de vent.

FRAIS. Ce mot s'entend, en commerce, de toutes les dépenses que le producteur ou le négociant sont forcé de faire pour livrer une marchandise à la consommation.
— En jurisprudence, ce sont les dépenses occasionnées par la poursuite d'un procès.
— En marine, on désigne les divers degrés de la force du vent en faisant précéder le mot *frais* de l'épithète qui les différencie. Ainsi un vent faible est un *petit frais*, etc.

FRAISE, fruit pulpeux, ordinairement d'un rouge plus ou moins vif, d'un goût exquis, qui succède aux mois de mai et de juin à la fleur du fraisier. On le mange seul ou avec certaines préparations. On en fait, en médecine, une boisson parfumée, adoucissante, qui convient dans les maladies aiguës, les fièvres, les catarrhes, les dartres, etc. On en extrait les eaux distillées usitées comme gargarisme, ou pour faire disparaître les taches de rousseur du visage. Les meilleures fraises sont celles de bois et de montagnes. Cueillies à midi, elles ont le goût plus exquis qu'à toute autre époque de la journée.

FRAISE. On nomme *fraise en grappe* le fruit de l'*arbousier*; *fraise d'écorce* ou *des arbres*, la *sphérie fragiforme*.

FRAISE, petit outil qui s'adapte avec un vilebrequin, dont on fait tourner la lame du bâchet pour évaser ou rendre conique l'entrée d'un trou percé dans du métal ou dans du bois, où l'on veut mettre une vis ou un rivet. Ces fraises, faites en acier, sont de forme conique et un peu arrondies vers la pointe.

FRAISE, sorte de collet plissé, formant plusieurs rangs disposés en tuyaux, que les femmes et les enfants portent autour du cou. — Cette mode a été importée d'Italie en France dans le XVIᵉ siècle.

FRAISE, rang de pieux dont on garnit les dehors d'une fortification. On les plante horizontalement dans les talus pour empêcher qu'on ne les approche et qu'on ne les franchisse. La fraise est toujours parallèle au terrain.

FRAISE, nom donné vulgairement au mésentère de veau, d'agneau, à la membrane qui enveloppe les intestins, et à toutes les entrailles d'un veau, dont on compose un mets dans certaines contrées de la France.

FRAISE (accept. div.). C'est, 1° en termes de vénerie, la forme des meules et des pierrures de la tête du cerf, du daim, du chevreuil ; 2° en termes de botanique, un cordon de feuilles courtes et déliées qui se trouvent entre les grandes feuilles des fleurs des anémones doubles.

FRAISIER, genre de la famille des rosacées, renfermant des plantes herbacées, vivaces, à tige très-basse. Les feuilles, munies de trois folioles, sont portées sur une tige ou pétiole très-long. Les fleurs sont disposées en bouquet blanc terminal. Après la floraison, le réceptacle grossit, acquiert une certaine consistance, et produit le fruit connu sous le nom de *fraise*. Le *fraisier commun* est originaire des Alpes, et a donné lieu à toutes les autres variétés,

telles que le *fraisier du Chili* ou *frutillier*, qui donne la plus grosse fraise ; mais celle-ci est fade et peu sucrée ; le *fraisier ananas*, dont le fruit est gros, sucré et parfumé ; le *fraisier des bois* et le *fraisier buisson*, accueillis dans nos jardins pour faire des bordures. Le fraisier fleurit en avril, et fructifie en mai et juin.

FRAISIER EN ARBRE, nom vulgaire donné à l'*arbousier*, dont le fruit a beaucoup de ressemblance avec la *fraise ananas*, une des plus grosses variétés. On nomme encore ainsi le *mélastome*.

FRAISIL, nom donné à de petits morceaux et à la poussière de charbon dont on se sert dans les forges.

FRAMBÆSIA, maladie caractérisée par des tumeurs cutanées et contagieuses, semblables à des mûres, des fraises, des framboises ou des champignons, et qui sont souvent accompagnées d'ulcérations, de croûtes, de tumeurs osseuses et de dépérissement. On la connaît sous les noms de *pian* et de *yaws*.

FRAMBOISE, nom du fruit du *framboisier*. C'est une baie de la forme et de la grosseur d'une mûre, de couleur violette, noirâtre ou rougeâtre. Ce fruit est rafraîchissant, acidule et sucré. Les meilleures framboises sont celles qui viennent cultivées avec soin dans les jardins. La framboise rouge est la plus estimée. On mange les framboises comme les fraises ; on en fait des liqueurs, des boissons agréables, recommandées contre les maladies inflammatoires, des ratafias, des confitures recherchées, des sirops. Mêlées au vinaigre, elles font un sirop antiphlogistique. Les Russes en font du miel, et les Polonais un hydromel. Les framboises sont nutritives, adoucissantes et laxatives. Une grande consommation expose aux coliques et à la diarrhée.

FRAMBOISIER, espèce du genre *ronce*, renfermant des arbrisseaux originaires de l'île de Crète, croissant par souches ligneuses, produisant des tiges hautes de quatre à cinq pieds, creuses en dedans, blanchâtres au dehors, hérissées d'aiguillons. Les feuilles sont allongées, dentées, vertes dessus, blanchâtres et cotonneuses dessous. Les fleurs, blanches et inodores, paraissent en mai et en juin. Le fruit, ou *framboise*, est mûr en juin ou juillet. Cet arbrisseau doit à la culture toutes ses qualités. On le cultive aussi comme plante de luxe et d'agrément.

FRAMÉE, arme des anciens Francs et des Germains. On est incertain sur la forme de cette arme. Des auteurs en font un javelot, d'autres une épée à deux tranchants, d'autres enfin un maillet d'armes.

FRANC, nouvelle unité monétaire en France, depuis l'adoption du système métrique. La pièce d'un franc est en argent, et renferme 9 dixièmes d'argent et un dixième d'alliage. Elle pèse 5 grammes, et son diamètre est de 24 millimètres. Le franc est un peu plus grand que la *livre* ancienne ; il vaut environ 243 deniers anciens. Le dixième d'un franc a été nommé *décime*, et le centième *centime* ; ce sont les pièces de 2 *sous* et d'un *sou* en cuivre.
— La pièce de 5 francs est d'argent, pèse 25 grammes, et a un diamètre de 37 millimètres.

FRANC (jurispr.). Ce mot désignait autrefois 1° une personne libre, en tant qu'opposée à l'esclave ; 2° une personne exempte de *charges* et *impositions* publiques ou particulières. Les nobles étaient francs par leur qualité francs et exempts de tout impôt. Plusieurs villes portaient le nom de *franches*, parce qu'elles étaient exemptes de toutes charges et impositions, ou qu'elles jouissaient de certains privilèges. Il existait aussi des *ports francs* comme les villes.

FRANC (botan.), arbre qui provient des semences d'un arbre cultivé. Tels sont les pêchers, les abricotiers, les cerisiers, etc., qui donnent des fruits savoureux et abondants. Mais ces arbres ont l'inconvénient de ne donner que très-tard des fruits.

FRANC (mar.). Le vent est franc lorsqu'un bâtiment gouverne en bonne route, ses voiles étant orientées obliquement, avec un vent qui ne varie ni en force ni en direction.

FRANC-ALLEU ou ALEU, terre entièrement libre et exempte de tous droits seigneuriaux, qui ne relevait et ne dépendait d'aucun seigneur, qui ne devait ni foi ni hommage. Mais elle n'était pas exempte de la justice du seigneur dans la juridiction duquel elle était située, ni de la confiscation à laquelle elle pouvait être sujette. Le *franc-alleu noble* était celui qui avait droit de justice, et qui avait des mouvances féodales ou censuelles. Le *franc-alleu roturier* n'avait aucun de ces droits.

FRANC-ARGENT ou FRANCS-DENIERS, clause de l'ancienne jurisprudence qui avait pour objet de laisser à la charge exclusive d'un acquéreur les droits de vente qui se payaient au seigneur à raison de la mutation.

FRANC-BATIR, droit dont jouissaient certaines abbayes de prendre du bois dans une forêt pour entretenir et rétablir leurs bâtiments. Ce droit ne s'étendait qu'aux bâtiments construits lors de sa concession.

FRANC-BORD, chemin entre une levée et le bord d'un canal. — En termes de fortification, on nomme ainsi un espace situé entre le pied du talus extérieur d'un parapet et le sommet de l'escarpe.

FRANC-BORD (mar.), tout le bordage extérieur d'un bâtiment depuis la quille jusqu'à l'autre bordure, nommée préceinte.

FRANC-BOURGEOIS, nom donné aux personnes de condition libre ou *franche*, comme on disait autrefois. Ce mot était le corrélatif de *serf*.

FRANC-DEVOIR. Lorsque les seigneurs partirent pour les croisades, ils vendirent leurs terres à de riches commerçants qui, ne voulant pas s'assujettir aux devoirs corporels exigés des vassaux par les seigneurs, convinrent de créer un contrat qui dût satisfaire les deux parties. Cette clause, nommée *franc-devoir*, appréciait en argent les devoirs corporels et les convertissait en rente seigneuriale.

FRANC-ÉTABLE (mar.), ancien nom donné à l'abordage de deux bâtiments par leur éperon.

FRANC ET QUITTE se dit d'un immeuble qui n'est chargé d'aucunes charges et hypothèques. Celui qui vend un immeuble qu'il dit être *franc et quitte* tandis qu'il ne l'est pas se rend coupable de *stellionat*.
— Dans les contrats de mariage, la clause de *franc et quitte* permet à la femme de reprendre, après la dissolution de la communauté, tout ce qu'elle y avait apporté et qui se trouve mentionné dans la clause.

FRANC-FIEF, héritage noble, féodal ou allodial, ainsi nommé parce qu'en France les fiefs et les héritages ne pouvaient être possédés que par des personnes *franches*, c'est-à-dire *nobles*, libres et exemptes des impositions dont les roturiers étaient chargés. Cependant les roturiers pouvaient posséder un héritage noble en payant au roi une somme d'argent ; c'était le droit de *franc-fief*. — Ce mot désignait aussi la somme que payaient au roi les églises, communautés, monastères, etc., pour les choses féodales et censuelles, ou autres immeubles qu'ils possédaient, sans qu'ils eussent été entièrement amortis.

FRANC-FILIN ou FRANC-FUNIN (mar.), cordage dont la grosseur varie de quatre à neuf pouces de circonférence.

FRANC-MAÇON, membre de la société mystérieuse nommée *franc-maçonnerie*.

FRANC-MAÇONNERIE ou FRANCHE-MAÇONNERIE, association de personnes qui s'obligent par serment à garder un silence inviolable sur ce qui caractérise leur ordre, et qui, à l'aide de quelques signes secrets et de quelques paroles symboliques, peuvent se reconnaître en tout lieu, trouver partout une nouvelle patrie, partout un ami ou des secours. Les francs-maçons se nomment *frères* entre eux, et le lieu où ils tiennent leurs assemblées se nomme *loge*. Toutes les loges dépendent d'une loge principale, à la tête de laquelle est le grand maître de l'ordre. La réception des francs-maçons est accompagnée d'appareils très-effrayants, et qui ont pour but de constater la fermeté nécessaire pour garder le secret de l'ordre. S'ils résistent à ces épreuves, on leur fait prêter le serment d'être fidèles aux lois, à leur patrie, et de ne trahir aucun secret de l'ordre. On est incertain sur l'origine de cette association ; mais l'on pense en général qu'elle remonte à une confrérie de maçons constructeurs du VIIIe siècle. Elle fut introduite d'Angleterre en France en 1720. Aujourd'hui il y en a 596. Les francs-maçons ont un grand nombre de grades et deux fêtes principales, la Saint-Jean d'été et la Saint-Jean d'hiver.

FRANC-MARIAGE, mariage entre personnes de condition noble et libre.

FRANC-QUARTIER *(levure de quartier* ou *canton d'honneur)*, terme de blason, qui désigne le premier quartier d'un écusson ; à droite du chef, et qui offre quelques autres armes que celles du reste de l'écu.

FRANC-SALÉ, droit qu'avaient certains pays, tels que le Poitou, l'Aunis, la Saintonge, etc., d'acheter ou de vendre du sel sans payer aucune taxe au roi. — C'était aussi la quantité de sel donnée pour rien à certaines personnes et aux officiers royaux.

FRANC-TENANCIER, celui qui possédait des terres en roturier, mais qui en avait racheté les droits.

FRANC-TILLAC (mar.), ancien terme conservé dans le commerce maritime, et qui désigne le pont supérieur d'un navire.

FRANÇAIS (CAP-), port très-fréquenté de l'île Saint-Domingue ou Haïti. Il est ouvert au seul vent de nord-est.

FRANÇAIS (PORT DES), grande baie de l'Amérique sur la côte du N.-O. Il fut ainsi nommé par le célèbre Lapérouse à cause d'un cénotaphe élevé par son équipage en mémoire du naufrage et de la mort de deux de leurs compagnons, qui allaient sonder une passe du port (13 juillet 1786).

FRANÇAIS (THÉÂTRE), théâtre de Paris consacré spécialement à la représentation des tragédies et des comédies. C'est un des plus anciens de la capitale. Il remonte au XVIe siècle environ, et jouit longtemps exclusivement du privilége de représenter la tragédie.

FRANÇAIS DE NANTES (LE COMTE Antoine), né à Valence en 1756, était à la révolution chef de la direction des douanes de Nantes. Nommé officier municipal de cette ville, il fut envoyé (1791) à l'assemblée législative par la Loire-Inférieure. Quoique lié avec les girondins, il ne partagea pas leur sort. Pendant la terreur, il quitta les affaires et alla dans les Alpes se reposer de ses fatigues, et y écrivit le *Manuscrit de feu Jérôme*, répertoire des sciences et des connaissances humaines. Envoyé en 1798 par l'Isère au conseil des cinq-cents, il y professa les principes d'une sage liberté, et fut nommé dans la suite préfet de la Charente-Inférieure et membre du conseil d'État, puis directeur général de l'administration des droits réunis, place que lui ôta la restauration. Nommé député de l'Isère en 1819, puis pair de France, en 1831, il étudia la science agricole, sur laquelle il publia des traités, et mourut en 1836.

FRANCE (DUCHÉ DE), partie du territoire français. Sa superficie était d'environ 700 lieues carrées. Ce pays avait eu d'abord des comtes (vers 720) qui siégeaient à Paris, sa capitale. Cette contrée, qui devait être le berceau du royaume de France, fut érigée en duché et vint en héritage à Hugues Capet. Ce fut là d'abord le royaume de France exclusivement (987). Il comprenait la Picardie, l'Ile-de-France proprement dite et l'Orléanais. Ce royaume s'agrandit de jour en jour par la conquête ou la politique de nos rois. Son histoire est celle de la France elle-même.

FRANCE (ILE-DE-), ancienne province de France comprise dans le *duché* de ce nom. Sa superficie était d'environ 485 lieues carrées. Elle était bornée par les rivières de la Seine, de la Marne, de l'Oise et de l'Aisne. La capitale était Paris. Elle forma une partie du royaume de France primitif. Elle comprenait dix petites provinces : l'*Ile-de-France* propre, la *Brie française*, le *Gâtinais*, le *Hurepoix*, le *Laonnais*, le *Soissonnais*, le *Noyonnais*, le *Valais*, le *Vexin français* et le *Mantois*. Elle a formé en tout ou en partie les six départements de *Seine*, de l'*Aisne*, de *Seine-et-Marne*, de *Seine-et-Oise*, de l'*Oise* et de la *Somme*.

FRANCE (ÎLE DE). Voy. MAURICE (Île).

FRANCE (Marie DE), femme célèbre du XIIIe siècle, qui cultiva avec succès la poésie. Née en France, elle passa presque toute sa vie en Angleterre. Il nous reste peu de détails sur Marie ; elle nous a laissé des poésies écrites en anglo-normand ; c'est un recueil de contes, de fables, de chansons, qui a été traduit en français (1820) par M. de Roquefort.

FRANCE (géogr.), grand état de l'Europe occidentale, situé dans la zone tempérée, compris entre 7 degrés 6 minutes de longitude O., et 5 degrés 57 minutes de longitude E. du méridien de Paris, et entre 42 degrés 20 minutes et 51 degrés 10 minutes de latitude N. Il est borné à l'O. et au N.-O. par l'Océan ; au N.-E. par la Belgique, le duché de Luxembourg, le grand-duché du Rhin et le grand-duché de Bade ; à l'E. par le duché de Bade, la Suisse, la Savoie, le Piémont et le comté de Nice ; au S.-E. par la mer Méditerranée ; au S. par les Pyrénées, qui le séparent de l'Espagne et de l'Andorre. Sa plus grande longueur de l'extrémité occidentale du Finistère à la pointe d'Antibes (Var) est de 266 lieues. Sa plus grande largeur de Givet (Ardennes) à Saint-Jean-Pied-de-Port (Basses-Pyrénées) est de 231 lieues. Sa circonférence est de 1,174 lieues, sa superficie de 54,008,560 hectares (27,304 lieues carrées).—Les principales chaînes de montagnes sont les Alpes et les Pyrénées. Les premières, à l'E., ont pour ramifications le Jura, les Vosges, les Ardennes, etc. Les deuxièmes, au S., ont pour ramifications les Cévennes. — La France contient vingt-quatre fleuves principaux, dont six, le *Rhin*, la *Gironde*, la *Meuse*, la *Loire*, le *Rhône* et la *Seine*, sont placés parmi les plus remarquables de l'Europe. Cinq de ces fleuves se jettent dans l'Océan. Le Rhône seul se jette dans la mer Méditerranée. Ces fleuves constituent six bassins principaux de la France. Les seize autres bassins sont formés par des fleuves secondaires. La France possède soixante-quatorze canaux terminés ; seize sont commencés, quatorze sont projetés. Les principaux sont le *canal du Midi*, le *canal de Bourgogne* et le *canal de Saint-Quentin*. La France a vingt-sept grandes routes royales, auxquelles aboutissent les routes départementales et les chemins vicinaux, dont le nombre augmente tous les jours. — Le climat est sain en général, les hivers sont peu longs et la température est à peu près constante chaque année. — La France porta d'abord le nom de *Gallia*. (Voy. GAULE). Au Ve siècle, par suite de l'irruption des barbares, la Gaule se trouva partagée en trois grands royaumes : celui des *Francs*, au N., au N.-E. et au N.-O. ; celui des *Bourguignons*, au S. et à l'E. ; et celui des *Visigoths*, au S. et à l'O. Cette division exista à peu près jusqu'à la fin de la première race des rois francs, dont les États se divisaient en *Austrasie* et *Neustrie*. Charlemagne conquit toute la Gaule, moins l'Aquitaine et la Gascogne, et étendit son empire en Espagne jusqu'à l'Ebre, en Italie jusqu'à Gaëte et Bénévent, en Dalmatie jusqu'au Cattaro, en Esclavonie et en Pannonie jusqu'au Danube, en Germanie jusqu'à la Saal, et dans la Saxe jusqu'à l'Elbe et la mer du Nord. La Gaule, morcelée par la faiblesse de ses descendants, se trouva au Xe siècle divisée en huit souverainetés indépendantes : le *duché de France*, le *duché de Normandie*, le *duché de Bretagne*, le *duché d'Aquitaine*, le *duché de Gascogne*, le *duché de Bourgogne*, le *comté de Toulouse* et le *comté de Flandre*. Tous ces États se subdivisaient en un grand nombre de provinces. Le duché de France fut sous Hugues Capet (987) le royaume de France. Ce royaume s'agrandit de siècle en siècle par la réunion des diverses provinces au domaine royal (voir *chaque province*). Avant la révolution, la France était divisée en cinquante-deux provinces principales, régies par des gouverneurs particuliers, mais relevant de la juridiction royale. Un décret de l'assemblée nationale (1790) divisa le territoire français en quatre-vingt-trois départements, portés au nombre de cent sept (1804) par nos conquêtes, et plus tard au nombre de cent trente. Les traités de 1815 ont fait rentrer la France dans ses anciennes limites. Elle forme aujourd'hui quatre-vingt-six départements (voir *chacun d'eux*). —Ses *colonies* sont, en Afrique, *Alger*, le *Sénégal* et l'île de *Gorée* ; dans l'Océan septentrional, les îles *Saint-Pierre* et *Miquelon* ; dans les Antilles, la *Martinique*, la *Guadeloupe* et quelques petites îles ; dans l'Amérique méridionale, la *Guyane française* ; dans l'océan Indien, l'île *Bourbon* et *Sainte-Marie* de Madagascar ; dans l'Inde, quelques établissements, tels que *Pondichéry, Chandernagor*, etc. — Sur sa superficie, la France compte environ 22,818,000 hectares convertis en terres labourables, 7,072,000 en forêts, 3,525,000 en pâturages, 3,488,000 en prés, 2,019,000 en vignes, 406,000 en châtaigneraies, 337,000 en vergers, 328,000 en jardins potagers, environ 186,000 en marais et 213,000 en étangs, 60,000 en houblonnières et chenevières, 53,000 en oseraies, aunaies et saussaies, 43,000 en oliveties, 28,000 occupée par des carrières et des mines, 16,000 convertis en jardins, bosquets, parcs, 23,000 en pépinières, 7,000 en tourbières, plus de 9,000 en canaux de navigation et d'irrigation, 780,000 en cultures particulières, 3,841,000 en terres vagues, landes et bruyères, 218,000 en propriétés bâties et imposées, environ 8,000,000 en routes, rivières, montagnes, etc. — Les *richesses* végétales de la France sont considérables. La France récolte en abondance le maïs, le millet, le blé, le sarrasin et toutes les céréales, mais il n'est pas cultivé en grand. Les plantes textiles et oléagineuses sont l'objet d'une culture très-importante. La Provence cultive l'olivier, l'oranger, le citronnier et autres arbustes précieux ; les arbres fruitiers et les vignobles de France donnent des produits très-estimés. L'agriculture, longtemps négligée en France, a fait depuis un siècle d'importants progrès. Les races d'animaux domestiques s'améliorent tous les jours, l'introduction de nouvelles races ou de végétaux utiles (le mûrier, etc.), la création des prairies artificielles, la fabrication du sucre de betterave, l'usage de machines et d'instruments perfectionnés promettent à l'agriculture en France le plus brillant avenir. La culture du froment occupe environ 4,666,400 hectares. La région du N. et celle du S.-O. sont les plus fromenteuses. A elles seules, elles consacrent 1,600,000 hectares à la culture du froment. 2,619,400 hectares sont ensemencés en seigle. Les régions les plus fromenteuses sont celles où on le cultive le moins. Le méteil, mélange de seigle et de froment, est surtout en usage dans la région du N. 887,200 hectares sont consacrés à cette culture ; 1,180,000 sont consacrés à celle de l'orge, dont la culture appartient surtout à la région du N. Elle a peu d'importance dans les régions du S. Le maïs et le millet occupent 572,950 hectares. Ils sont particulièrement cultivés dans la région du S. et surtout du S.-O. Le sarrasin occupe 698,000 hectares. C'est principalement dans les régions du centre et du N. que cette céréale est l'objet d'une culture importante; l'avoine occupe 2,478,300 hectares. Les produits annuels moyens de la France en céréales sont de 47,850,000 hectolitres de froment, 22,300,000 hectolitres de seigle, 9,850,000 de méteil, 16,950,000 d'orge, 5,780,000 de millet, 7,140,000 de sarrasin, 2,100,000 de menus grains, 2,284,000 de légumes secs et 40,822,000 d'avoine (total, 155,076,000 hectolitres de grains). Sur ce chiffre, environ 152,000,000 d'hectolitres sont consommés dans le royaume (pour la subsistance des hommes, des animaux domestiques, pour les semis, etc.). L'excédant, qui est terme moyen de 3,000,000 d'hectolitres, est livré au commerce d'exportation. Les calculs les plus rigoureux et les observations précises ont prouvé que la France produisait, année commune, une récolte suffisante pour ses besoins, plus un certain excédant. — Les vignobles de France sont très-renommés; les vins qu'ils fournissent sont très-recherchés et forment une des plus importantes productions du sol. Les vins rouges ont été divisés en trois classes: ceux de la première viennent de la Gironde (Bordelais), de la Côte-d'Or (Bourgogne) et de la Drôme (Dauphiné); ceux de la deuxième classe sont produits par les trois départements et par ceux de la Marne (Champagne), de Saône-et-Loire, du Rhône, de Vaucluse, des Basses-Pyrénées et des Pyrénées-Orientales; ceux de la troisième classe, par les départements déjà mentionnés et ceux de la Dordogne, des Landes, du Gard, de l'Ardèche et du Puy-de-Dôme. Les vins blancs sont également divisés en trois classes: ceux de la première sont produits par les départements de la Marne, de la Côte-d'Or, de la Gironde, de la Loire et de la Drôme; ceux de la deuxième classe, par les départements du Haut-Rhin, du Bas-Rhin, du Jura, du Rhône, de la Dordogne, du Lot-et-Garonne, de l'Ardèche et des Basses-Pyrénées; ceux de la troisième classe, par les départements déjà mentionnés et par ceux de l'Yonne et de Saône-et-Loire. Les vins liqueurs forment trois classes. Les Pyrénées-Orientales, le Haut-Rhin et la Drôme produisent ceux de la première classe; les Pyrénées-Orientales et l'Hérault, ceux de la deuxième classe; l'Hérault, les Bouches-du-Rhône, les Basses-Alpes, le Var et Vaucluse, ceux de la troisième classe. Le produit moyen annuel des vignes en France est de 38,000,000 d'hectolitres, dont 16,000,000 d'hectolitres sont absorbés par la consommation locale, et 22,000,000 sont livrés au commerce ou convertis en eaux-de-vie ou vinaigres. — Les races d'animaux domestiques tendent tous les jours à s'améliorer. On évalue à plus de 40,000,000 le nombre de bêtes à laines existant en France, parmi lesquelles 800,000 mérinos; les bêtes à cornes sont évaluées à 8,000,000; les races chevalines (chevaux, mulets) sont belles et estimées, particulièrement les races normande, limousine, bretonne, navarrine. On compte environ 2,500,000 chevaux et mulets en France; les chèvres sont au nombre de 2,500,000; les porcs atteignent celui de 4,500,000. La valeur totale des animaux vivants exportés est annuellement de 8 à 10,000,000 de francs. Le revenu territorial embrassant tous les produits que l'agriculture retire du sol et des animaux domestiques s'élève à 5,237,178,000 francs, d'où déduisant 2,552,000,000 pour frais d'exploitation ou dépenses générales, il reste pour produit net 1,685,178,000 francs.—La France est riche en mines métalliques. Elle renferme des mines d'or moins abondantes et presque abandonnées. Ses autres richesses minérales consistent en mines d'argent et surtout en mines de fer, de plomb, de cuivre, de zinc, qui donnent des produits très-abondants et d'une qualité supérieure, en mines d'antimoine, de manganèse, de bismuth, de cobalt, de houille (celles d'Anzin et de Saint-Etienne sont les plus estimées), de jaïet, de bitume solide (asphalte), de soufre, de tourbe, de gypse, d'alun, de sels, etc. Les granits, les porphyres, les marbres de couleurs riches et variées, des pierres calcaires, des grès renommés, de la pierre meulière, de la pierre à fusil, des carrières d'ardoises, des pierres ponces, lithographiques, des pierres à polir, à aiguiser, les basaltes, etc., complètent les richesses minérales de la France. On y trouve encore le kaolin, l'argile, la marne, la pouzzolane, des pierres précieuses comme l'émeraude, la tourmaline, l'améthyste, le grenat, le jaspe, l'agate, la sardoine onyx, etc. — Les eaux minérales de France sont très-nombreuses. Parmi les plus célèbres, on cite celles de Vichy, Bagnères de Luchon et Bagnères de Bigorre, Cauteretz, etc. Les principales de ces eaux se trouvent dans les Pyrénées. — L'industrie manufacturière prend chaque année un nouvel accroissement. On compte en France environ 38,030 fabriques, manufactures et usines, et 4,412 forges et fourneaux. Il y existe encore 82,575 moulins à vent et à eau. La fabrication du fer est très-considérable. Elle donne lieu annuellement à un produit moyen de 50 à 60,000,000 sur des objets en fonte, 90,000,000 sur les objets en fer, 7,000,000 sur des objets d'acier, 658,300 francs de faux et de faucilles, etc. La valeur des productions annuelles de bronze est de 20,000,000 de francs, celle des exportations 7 à 8,000,000; la valeur des productions en plaqués produit 6,000,000, l'exportation est de 2,000,000. Il existe en France 84,640 métiers produisant annuellement une valeur, en soieries, de 211,550,000 francs. La consommation intérieure figure dans cette somme pour 73,000,000 de francs; l'exportation en est de 138,550,000 francs. La totalité des étoffes de laine fabriquées annuellement en France a une valeur de 420,000,000 de francs. Les draps y figurent pour 250,000,000, les tissus pour 20,000,000, les châles pour 20,000,000. La fabrication des châles cachemires français en poils de chèvre du Thibet donne une valeur de 6,000,000. Le produit des fabriques qui emploient le coton est évalué annuellement à 600,000,000. Le produit des fabriques de poterie, porcelaine, etc., est d'environ 12,000,000. Celui des verreries est évalué à 29,000,000, savoir: 3,000,000 de francs pour le cristal, 12,000,000 pour les glaces, 3,500,000 francs pour le verre à vitres, 6,000,000 pour la gobeletterie et la verroterie, 14,500,000 pour les bouteilles. La fabrication du sucre de betteraves a pris depuis quelque temps une extension très-considérable. Elle occupe plus de 160,000 ouvriers. Le commerce de la France avec les Etats européens présente un résultat de 818,779,890 francs quant aux exportations, et 752,604,493 francs quant aux importations. Le commerce de la France avec les pays hors d'Europe s'élève à 506,961,076 francs (exportations), et les importations de ces mêmes pays en France ont versé dans le commerce une somme de 431,808,780 francs. La population de la France est d'environ 32,560,000 habitants, divisés, sous le rapport religieux, en 30,460,000 catholiques et 2 à 3,000,000 de calvinistes, luthériens, juifs, anabaptistes et quakers.—La langue française, arrivée à son entier usage dans le XVIe siècle, est un mélange de l'ancienne langue franque, du grec, du latin et du germain. Longtemps la France avait été divisée en deux parties distinguées par leur idiome particulier. C'était la *langue d'oïl*, mère de la langue française, et la *langue d'oc* ou *romano* dont les départements méridionaux ont conservé en partie l'usage. 196,000 habitants parlent en France la langue italienne, 120,000 la langue basque, 1,200,000 la langue bretonne, 1,160,000 la langue allemande, 180,000 la langue flamande et 29,814,900 la langue française et ses divers patois. Parmi les patois on distingue le *provençal*, le languedocien, le catalan ou limosin, le gascon, le béarnais, le périgourdin, le saintongeois, le poitevin (pour le S., l'E. et l'O. de la France), et le *lorrain*, le *picard*, le bourguignon, le franc-comtois (pour le reste de la France). Vingt-six départements, groupés entre Tours et Blois, font seuls presque uniquement usage du français, purement ou avec des modifications trop peu importantes pour donner naissance à de véritables patois. — Les forces militaires de la France s'élèvent en temps de paix en infanterie à 240,000 hommes, en cavalerie à 45,000 hommes, en artillerie à 20,000 hommes. (Voy. tous ces mots, ainsi que ceux de GÉNIE, GENDARMERIE, etc.). — La marine de guerre possède environ 287 bâtiments de toute grandeur. La population maritime en France est de 150,500 hommes. La dette publique est de 5,000,000,000. — La capitale de la France est PARIS, siège de toutes les administrations centrales du royaume.

FRANCE (hist.). Les premiers habitants de la France connus avec certitude sont les *Galls* ou *Gaulois*, originaires des bords de la mer Caspienne, qui lui donnèrent le nom de *Gaule*. Ces peuples, après de nombreuses émigrations et des expéditions en Italie, en Grèce et en Asie, furent soumis par le Romain Jules César, qui les combattit pendant près de dix années consécutives (58-50 av. J.-C.). Après avoir été province romaine jusqu'à la moitié du IVe siècle après J.-C., la Gaule fut envahie par un peuple belliqueux, les Francs, qui, venus de la Germanie, habitaient les bords du Rhin et du Wéser. Ces incursions partielles furent sans résultat jusqu'au Ve siècle. L'on voit alors les *Wisigoths* soumettre le midi de la Gaule et fonder le royaume de Toulouse (412), les Bourguignons au centre et à l'E. fonder le royaume de Bourgogne (428), et enfin les Francs s'établir au N. (420). C'est là que l'on place, mais sans certitude, leur premier roi *Pharamond*. Clovis (481), cinquième roi ou chef des Francs, chasse les Romains de la Gaule, détruit le royaume des Wisigoths (507), et meurt après avoir complété la *loi salique* (511). Après le chef de la première race des rois francs, les *Mérovingiens*, le royaume subit diverses vicissitudes et un grand nombre de partages. Sous les *rois fainéants* (638-752), la Gaule fut gouvernée par des maires du palais. Le dernier, Pepin le Bref, se fit roi (752), et fut le chef de la deuxième dynastie, la race des *Carlovingiens*. Ses conquêtes et celles de son fils Charlemagne (768-814) étendirent le royaume en Espagne, en Italie et en Allemagne. Empereur en 800, Charlemagne protégea les lettres et les arts, et les fit sortir de la nuit profonde où ils étaient ensevelis. La faiblesse de ses descendants dépossédá les Francs de l'Espagne et des autres pays conquis. La *féodalité*, cette ennemie du pouvoir royal, prit naissance et étendit ses ramifications puissantes dans toute l'Europe. Le *royaume de France* (nom que prit alors la partie de la Gaule soumise aux Francs) se trouva sous Hugues Capet (987), fondateur de la troisième dynastie (celle des *Capétiens*), renfermé dans le petit duché de France. Ses successeurs ne cessèrent de s'emparer des provinces soumises à leur suzeraineté par toutes sortes de voies, et d'agrandir leur domaine, tout en désolant leur peuple par des guerres intestines et sans fin. Sous Louis VI (1108), les communes, aidées du pouvoir royal, luttèrent contre les seigneurs dont le joug pesait sur elles, et parvinrent à respirer un air de liberté. Les croisades (1095-1225), en mettant l'Occident en contact avec l'Orient, en rapportèrent les arts, l'industrie et la douce poésie de ces contrées; les communes profitèrent de l'éloignement des seigneurs pour reconquérir leur indépendance. Sous Philippe-Auguste (1180), les guerres des *albigeois* ensanglantèrent (1212) le midi de la France, et la bataille de Bouvines (1214) fit respecter le nom français aux peuples voisins. Avec le pieux roi Louis IX (1226-1270) périt la dernière étincelle de l'enthousiasme religieux en Orient. S'arrêtèrent les croisades. Le règne de Philippe IV (1285-1314) vit périr les templiers sur un bûcher (1313). Sous Philippe VI, chef de la race des *Valois*, commence la rivalité entre la France et l'Angleterre (1336-1347). Cette première guerre, malheureuse pour la France, se termine par la prise de Calais par les Anglais. Elle continue sous Jean II (1350-1364), mais sans succès; Jean est fait prisonnier, et, pendant sa captivité Paris est livré aux factions; une armée de brigands, la *jacquerie*, désole la France, et, pour obtenir la paix des Anglais, on leur cède la Guienne et les provinces voisines. Sous Charles V (1364-1380), la valeur de Duguesclin arrête le cours des victoires des Anglais, et défait Charles de Navarre. La démence de Charles VI (1381-1422), la rivalité des grands vassaux, livrèrent la France aux Anglais. La reine Isabeau de Bavière les appelle à Paris, assure la couronne de France à leur roi, et met la tête de son fils à prix. Celui-ci (Charles VII), couronné roi, lutte avec les Anglais (1422-1461); Jeanne d'Arc lui rend son royaume, et meurt sur un bûcher (1429), abandonnée du roi. Louis XI (1468-1483), prince fourbe et adroit politique, lutte sans cesse et victorieusement contre les grands vassaux, et réunit à la couronne les duchés de Guienne, d'Anjou, de Bourgogne, les comtés de Nemours et de Provence. Sous Charles VIII (1483-1498), les Français descendent en Italie pour s'emparer de la couronne de Naples, mais sont forcés de revenir en France. Louis XII (1498-1515), chef de la race d'*Orléans*, réunit la Bretagne à sa couronne, et, aidé de Bayard, descend en Italie, mais sans succès. François Ier (1515-1547), chef de la deuxième branche des *Valois*, prince courageux et chevaleresque, ami et protecteur des sciences et des arts, tenta en vain de s'emparer de l'Italie. Ses guerres avec Charles-Quint, son compétiteur heureux à l'empire d'Allemagne, sont célèbres. Il y obtint peu de succès, et fut longtemps prisonnier. C'est sous son règne que Luther entreprit la *réforme* en Allemagne, et Calvin en France. Henri II (1547-1560) fut un prince faible et voluptueux qui lutta avec succès contre Charles-Quint et Philippe II. François II (1560), époux de Marie Stuart, mourut après un an de règne. Le règne de Charles IX (1560-1574) vit des guerres sanglantes entre les huguenots et les catholiques et la nuit de la Saint-Barthélemy, marquée par le massacre des protestants dans tout le royaume (1572). Sous Henri III (1574-1589), les catholiques formèrent une puissante coalition, la *sainte Ligue*, dans le but de détruire la religion réformée (1576). Henri s'en déclara le chef. Henri de Bourbon, roi de Navarre, assiége Paris avec Henri III, son ancien ennemi, contre lequel cette ville s'était soulevée. Pendant le siége, Henri III est assassiné par Jacques Clément, et Henri IV (de Navarre) devient chef de la race des *Bourbons* (1589-1610). Après avoir détruit la Ligue, accordé aux huguenots l'exercice public de leur culte par l'*édit de Nantes*, ce bon prince est assassiné par Ravaillac. — Le règne de Louis XIII (1610-1644) vit paraître le célèbre cardinal Richelieu, qui, sous ce prince faible et voluptueux, fut seul maître du pouvoir; le siége de la Rochelle (1629) illustra ce prélat guerrier et profond politique, qui favorisa les sciences, les lettres et les arts. — Louis XIV (1644-1715). — Sous les administrations successives d'Anne d'Autriche, de Mazarin et de Colbert, la France brilla d'un grand éclat; ses armes furent presque toujours victorieuses de l'étranger; au dedans on vit creuser des canaux, établir des routes et fonder des académies. Mais Louis se déshonora par ses débauches. Mme de Maintenon, une de ses favorites, le poussa à révoquer l'*édit de Nantes* (1686). — Le règne de Louis XV (1715-1774) fut un règne guerrier, mais auquel le *roi* prit peu de part. Il se laissa aller aux plus grandes débauches, et la cour fut l'asile de la corruption. Les parlements et l'ordre des jésuites furent abolis. — Sous Louis XVI (1774), homme faible et craintif, le peuple songea qu'il devait être

quelque chose, et chercha à reconquérir sa liberté. Les états généraux avaient été convoqués en 1789. Le tiers état s'en sépara, se réunit en *assemblée nationale* ou *constituante*; le peuple s'empara de la Bastille, et signala sa liberté par de nombreux massacres. Le roi voulut prendre la fuite, il fut arrêté, détenu prisonnier, condamné à mort et exécuté (1793); sa femme, Marie-Antoinette, le suivit de près sur l'échafaud avec sa sœur et une foule de personnes illustres. La république fut proclamée, les membres de la *convention nationale* se proscrivirent mutuellement, et ce temps de sinistre mémoire fut nommé *la terreur*. La Vendée se souleva contre la république; ses efforts furent étouffés. Robespierre se fit chef de la convention, et décima des milliers de victimes; mais il fut renversé enfin et conduit à l'échafaud (1794). Sous le *directoire* (1795), un jeune général, Bonaparte, soumet l'Italie, est vainqueur en Allemagne, va faire en Égypte (1798) une expédition glorieuse, dont les arts et les sciences retirent de grands avantages. A son retour (18 brumaire an VIII — 1799) il se fait nommer consul, dissout le directoire, défait les armées autrichiennes, est nommé consul à vie (1802), encourage les arts et les sciences, réorganise l'instruction publique, et fait écrire le Code qui porte son nom. Enfin il se fait nommer empereur en 1804. Ses armées battent les armées réunies de l'Europe, vont placer sur le trône d'Espagne (1808) Joseph, son frère, et sur le trône de Naples Murat. La campagne de Russie (1812) est sans résultats et n'amène que des désastres. Joseph est forcé de quitter l'Espagne (1813), l'Europe entière se ligue contre la France; Napoléon abdique (1814), et Louis XVIII rentre en France. Ce fut la *première restauration*. On assigna l'île d'Elbe pour demeure à l'empereur. Mais celui-ci débarque tout à coup en Provence (1815), chasse encore Louis XVIII du trône, est roi pendant *cent jours* (du 20 mars au 30 juin); mais, vaincu par les Anglais à Waterloo, il cède le trône à Louis XVIII, et va mourir (1821) à Sainte-Hélène, où l'a conduit la mauvaise foi des Anglais. Louis XVIII replace sur le trône d'Espagne le roi légitime Ferdinand VII, et meurt en 1824. Sous Charles X a lieu l'expédition de Morée (1828) pour appuyer les efforts de la Grèce et assurer sa liberté, et l'expédition d'Alger (1830), qui nous assure une nouvelle colonie. En 1830, le trône est renversé, les Bourbons sont exilés, et le sceptre est donné à Louis-Philippe, duc d'Orléans; en 1848, la république s'est proclamée de nouveau, et en 1852 elle fait place à l'empire.

FRANCE (administration). D'après la charte de 1814, amendée en 1830, la France était une monarchie constitutionnelle. Dans ce système, le roi est le chef suprême de l'État, il possède seul le pouvoir exécutif, et exerce la puissance législative conjointement avec les pairs et les députés. Sa personne est inviolable et sacrée; ses ministres sont responsables; il commande les forces de terre et de mer, déclare la guerre, nomme à tous les emplois d'administration publique, et fait les traités de paix, d'alliance et de commerce; il choisit et nomme les pairs, il convoque les deux chambres, il les proroge et peut dissoudre celle des députés; il partage l'initiative des lois avec les pairs et les députés; mais seul il sanctionne et promulgue les lois. Toute justice émane du roi: elle se rend en son nom par les juges qu'il nomme et qu'il institue. Il a le droit de faire grâce et de commuer les peines (Voy. Roi). Les députés proposent et discutent les lois, qui sont approuvées ensuite par la chambre des pairs (voy. DÉPUTÉS et PAIRS), et sanctionnées par le roi. La constitution impériale de 1852 a institué un système de gouvernement différent. L'empereur est investi d'une autorité supérieure à celle du roi, les lois sont votées par le corps législatif seul, le sénat veille à la conservation de la constitution; le

conseil d'État prend une part plus active à la préparation des lois. Le gouvernement est toujours exercé par des ministres nommés par le chef de l'État. — L'armée de terre reconnaît le prince pour chef suprême; l'administrateur responsable est le ministre de la guerre. La défense du territoire français est confiée à la garde nationale et à l'armée. (Voyez ces mots.) Les troupes à pied sont distribuées en *régiments* commandés par des *colonels*, et elles comprennent 109 régiments d'infanterie de ligne, 3 régiments créés pour la défense de nos colonies en Afrique. La cavalerie est composée de 2 régiments de carabiniers, 10 de cuirassiers, 12 de dragons, 8 de lanciers, 12 de chasseurs français, 6 de hussards et 4 de chasseurs d'Afrique; l'artillerie se compose de 14 régiments d'artillerie, d'un bataillon de pontonniers, de 12 compagnies d'ouvriers, etc. Le *génie* renferme trois régiments. La gendarmerie forme 24 légions composées chacune de plusieurs compagnies. Pour l'adm. milit., la France est divisée en 21 *div. mil.*, renfermant chacune plusieurs départem. sous la direction d'officiers sup. commandants. La 1re DIVISION MILITAIRE, à PARIS, se compose des départements de la *Seine*, de *Seine-et-Oise*, de l'*Aisne*, de *Seine-et-Marne*, de l'*Oise*, du *Loiret* et d'*Eure-et-Loir*; la 2e DIVISION, à CHALONS, comprend ceux des *Ardennes*, de la *Meuse* et de la *Marne*; la 3e DIVISION, à METZ, ceux de la *Moselle*, de la *Meurthe* et des *Vosges*; la 4e DIVISION, à TOURS, ceux d'*Indre-et-Loire*, du *Loir-et-Cher*, de la *Vienne*, de la *Mayenne* et de la *Sarthe*; la 5e DIVISION, à STRASBOURG, ceux du *Haut-Rhin* et du *Bas-Rhin*; la 6e DIVISION, à BESANÇON, ceux du *Doubs*, du *Jura* et de la *Haute-Saône*; la 7e DIVISION, à LYON, comprend ceux du *Rhône*, de l'*Isère*, de la *Loire*, de la *Drôme*, des *Hautes-Alpes*, et de l'*Ain*; la 8e DIVISION, à MARSEILLE, ceux des *Basses-Alpes*, *Vaucluse*, des *Bouches-du-Rhône* et du *Var*; la 9e DIVISION, à MONTPELLIER, ceux de l'*Ardèche*, du *Gard*, de la *Lozère*, de l'*Hérault* et de l'*Aveyron*; la 10e DIVISION à TOULOUSE, ceux de la *Haute-Garonne*, du *Tarn-et-Garonne*, du *Tarn* et du *Lot*; la 11e DIVISION, à BORDEAUX, ceux de la *Gironde*, de la *Dordogne*, de la *Charente-Inférieure*, de la *Dordogne*, de *Lot-et-Garonne*; la 12e DIVISION, à NANTES, ceux de la *Loire-Inférieure*, des *Deux-Sèvres*, de la *Vendée* et de *Maine-et-Loire*; la 13e DIVISION, à RENNES, ceux d'*Ille-et-Vilaine*, des *Côtes-du-Nord*, du *Finistère* et du *Morbihan*; la 14e DIVISION, à ROUEN, ceux de la *Seine-Inférieure*, de l'*Eure*, de la *Manche*, du *Calvados* et de l'*Orne*; la 15e DIVISION, à BOURGES, ceux du *Cher*, de l'*Indre*, de la *Creuse*, de la *Nièvre* et de la *Haute-Vienne*; la 16e DIVISION, à LILLE, ceux du *Nord*, du *Pas-de-Calais* et de la *Somme*; la 17e DIVISION, à DIJON, ceux de l'*Aube*, de la *Haute-Marne*, de l'*Yonne*, de la *Côte-d'Or* et de *Saône-et-Loire*; la 19e DIVISION, à CLERMONT-FERRAND, ceux du *Puy-de-Dôme*, du *Cantal*, de l'*Allier*, de la *Haute-Loire* et de la *Corrèze*; la 20e DIVISION comprend les départements des *Basses-Pyrénées*, des *Hautes-Pyrénées*, du *Gers* et des *Landes*; la 21e DIVISION, à PERPIGNAN, ceux des *Pyrénées Orientales*, de l'*Aude* et de l'*Ariège*. Le prince est le chef de l'armée de mer; le ministre de la marine est l'administrateur responsable. L'administration repose sur la division du territoire en cinq *arrondissements*, Cherbourg, Brest, Lorient, Rochefort, Toulon, présidés chacun par un préfet maritime, et divisés en plusieurs commissariats et sous-commissariats. (Voy. ces mots.) — La justice est rendue au nom du prince par les tribunaux de police (dans chaque commune), par les justices de paix, par les tribunaux de commerce, par les tribunaux de première instance (il y en a un par chaque arrondissement communal), par 26 cours d'appel, par 86 cours d'assises: une cour suprême, la *cour de cassation*, statue sur les jugements et arrêts rendus par les tribunaux du royaume, et les casse lorsqu'ils sont en contravention avec la loi. Il y a 26 cours d'appel en France, composées chacune de présidents et de conseillers dont le nombre varie dans les différentes cours. Voici la liste des 26 cours d'appels de France, avec les départements qui sont compris dans leur ressort : la cour d'appel de Paris (d'où ressortissent les départements de l'*Aube*, *Eure-et-Loir*, *Marne*, *Seine*, *Seine-et-Marne*, *Seine-et-Oise*, *Yonne*); la cour d'ap. d'Agen (*Gers*, *Lot*, *Lot-et-Garonne*); la cour d'appel d'Aix (*Basses-Alpes*, *Bouches-du-Rhône*, *Var*); la cour d'ap. d'Amiens (*Aisne*, *Oise*, *Somme*); la c. d'ap. d'Angers (*Maine-et-Loire*, *Mayenne*, *Sarthe*); la c. d'ap. de Bastia (*Corse*); la c. d'ap. de Besançon (*Doubs*, *Jura*, *Haute-Saône*); la c. d'ap. de Bordeaux (*Charente*, *Dordogne*, *Gironde*); la c. d'ap. de Bourges (*Cher*, *Indre*, *Nièvre*); la c. d'ap. de Caen (*Calvados*, *Manche*, *Orne*); la c. d'ap. de Colmar (*Haut-Rhin*, *Bas-Rhin*); la cour d'appel de Dijon (*Côte-d'Or*, *Haute-Marne*, *Saône-et-Loire*); la cour d'appel de Douai (*Nord*, *Pas-de-Calais*); la cour d'appel de Grenoble (*Hautes-Alpes*, *Drôme*, *Isère*); la cour d'appel de Limoges (*Corrèze*, *Creuse*, *Haute-Vienne*); la cour d'appel de Lyon (*Ain*, *Loire*, *Rhône*); la cour d'appel de Metz (*Ardennes*, *Moselle*); la cour d'appel de Montpellier (*Aude*, *Aveyron*, *Hérault*, *Pyrénées-Orientales*); la cour d'appel de Nancy (*Meurthe*, *Meuse*, *Vosges*); la cour d'appel de Nimes (*Ardèche*, *Gard*, *Lozère*, *Vaucluse*); la cour d'appel d'Orléans (*Indre-et-Loire*, *Loir-et-Cher*, *Loiret*); la cour d'appel de Pau (*Landes*, *Basses-Pyrénées*, *Hautes-Pyrénées*); la cour d'appel de Poitiers (*Charente-Inférieure*, *Deux-Sèvres*, *Vendée*, *Vienne*); la cour d'appel de Rennes (*Côtes-du-Nord*, *Finistère*, *Ille-et-Vilaine*, *Loire-Inférieure*, *Morbihan*); la cour d'appel de Riom (*Allier*, *Cantal*, *Haute-Loire*, *Puy-de-Dôme*); la cour d'appel de Rouen (*Eure*, *Seine-Inférieure*); la cour d'appel de Toulouse (*Ariége*, *Haute-Garonne*, *Tarn*, *Tarn-et-Garonne*. — L'instruction publique dépend de l'université de France et du ministère de l'instruction. La France est divisée en 26 académies (voy. ce mot), présidées chacune par un *recteur*. Les diverses écoles sont les *facultés*, les *colléges*, les établissements privés et les écoles primaires. Ces écoles sont au nombre d'environ 50,000, et renferment environ 3 millions d'élèves. — La religion est libre. La religion catholique compte 80 diocèses (14 archevêchés, 66 évêchés); ces diocèses renferment 3,302 cures, 26,777 succursales et 6,135 vicariats. Le personnel du clergé est d'environ 40,000 membres. Les archevêques et évêques sont nommés par le chef de l'Etat, et prêtent serment entre ses mains, lorsque leurs bulles ont été vérifiées et enregistrées au conseil d'Etat, et avant de prendre possession de leurs siéges, ils reçoivent du pape l'institution canonique. Les évêques nomment leurs vicaires généraux ainsi que les curés; ces nominations sont soumises à l'agrément du monarque. Cet agrément n'est pas exigé pour les desservants des succursales, les vicaires et les autres titulaires ecclésiastiques. Voici les divers diocèses en France : l'*archevêché de* Paris (*Seine*), qui a pour suffragants les *évêchés* de Chartres (*Eure-et-Loir*), Meaux (*S.-et-M.*), Orléans (*Loiret*), Blois (*Loir-et-Cher*), Versailles (*S.-et-O.*), Arras (*Pas-de-Calais*) et Cambrai (*Nord*); l'*archevêché* de Lyon et Vienne (*Rhône* et *Loire*), d'où ressortissent les *évêchés* d'Autun (*Saône-et-Loire*), Langres (*Haute-Marne*), Dijon (*Côte-d'Or*), Saint-Claude (*Jura*) et Grenoble (*Isère*); l'*archevêché* de Rouen (*Seine-Inférieure*), qui a pour suffragants les *évêchés* de Bayeux (*Calvados*), Evreux (*Eure*), Séez (*Orne*) et Coutances (*Manche*); l'*archevêché* de Sens et Auxerre (*Yonne*) a pour suffragants les *évêchés* de Troyes (*Aube*); Nevers (*Nièvre*) et Moulins (*Allier*), l'*archevêché* de Reims (arrondissement de *Reims* (*Marne*) et département des *Ardennes*) a pour suffragants les *évêchés* de Soissons (*Aisne*), Chalons (*Marne*, excepté l'arrondissement de *Reims*), Beauvais (*Oise*), Amiens (*Somme*); l'*archevêché* de Tours (*Indre-et-Loire*) a pour suffragants les *évêchés* du Mans (*Sarthe* et *Mayenne*), Angers (*Maine-et-Loire*), Rennes (*Ille-et-Vilaine*), Nantes (*Loire-Inférieure*), Quimper (*Finistère*), Vannes (*Morbihan*) et Saint-Brieux (*Côtes-du-Nord*); l'*archevêché* de Bourges (*Indre* et *Cher*) a pour suffragants les *évêchés* de Clermont (*Puy-de-Dôme*), Limoges (*Haute-Vienne* et *Creuse*), le Puy (*Haute-Loire*), Tulle (*Corrèze*) et Saint-Flour (*Cantal*); l'*archevêché* d'Albi (*Tarn*) a pour suffragants les *évêchés* de Rhodez (*Aveyron*), Cahors (*Lot*), Mende (*Lozère*). Perpignan (*Pyrénées-Orientales*); l'*archevêché* de Bordeaux (*Gironde*) a pour suffragants les *évêchés* d'Agen (*Lot-et-Garonne*), Angoulême (*Charente*), Poitiers (*Deux-Sèvres* et *Vienne*), Périgueux (*Dordogne*), la Rochelle (*Charente-Inférieure*) et Luçon (*Vendée*); l'*archevêché* d'Auch (*Gers*) a pour suffragants les *évêchés* d'Aire (*Landes*), Tarbes (*Hautes-Pyrénées*) et Bayonne (*Basses-Pyrénées*); l'*archevêché* de Toulouse et Narbonne (*Haute-Garonne*) a pour suffragants les *évêchés* de Montauban (*Tarn-et-Garonne*), Pamiers (*Ariége*) et Carcassonne (*Aude*); l'*archevêché* d'Aix, Arles et Embrun (*Bouches-du-Rhône*) a pour suffragants les *évêchés* de Marseille (*Bouches-du-Rhône*, arrondissement de *Marseille*), Fréjus (*Var*), Digne (*Basses-Alpes*), Gap (*Hautes-Alpes*), Ajaccio (*Corse*); l'*archevêché* de Besançon (*Doubs* et *Haute-Saône*) a pour suffragants les *évêchés* de Strasbourg (*Haut-Rhin* et *Bas-Rhin*), Metz (*Moselle*), Verdun (*Meuse*), Belley (*Ain*), Saint-Dié (*Vosges*), Nancy (*Meurthe*); l'*archevêché* d'Avignon (*Vaucluse*) a pour suffragants les *évêchés* de Nimes (*Gard*), Valence (*Drôme*), Viviers (*Ardèche*), Montpellier (*Hérault*). — Le culte protestant comprend les *protestants de la Confession d'Augsbourg* ou *luthériens* et les *protestants réformés* ou *calvinistes*, qui ont des *consistoires* ou des *synodes* et des *pasteurs*. Le culte israélite se divise en *synagogues*, dont six sont *consistoriales*. — Chaque département est administré par un *préfet*, un *conseil de préfecture* et un *conseil général*. Chaque arrondissement est administré par un *sous-préfet* et un *conseil d'arrondissement*; chaque commune, par un *maire*, des *adjoints* et un *conseil municipal*. — La *répartition des impôts*, le *service des contributions directes* et *indirectes*, l'*administration de l'enregistrement et des domaines*, *des douanes*, *des tabacs*, *des postes*, *des forêts*, *des monnaies*, sont dépendants du ministère des finances. — Pour l'administration des mines, la France est divisée en huit inspections générales comprenant chacune plusieurs départements, et soumises annuellement à la visite d'un inspecteur général. Le service des mines comprend encore des *ingénieurs en chef*, des *ingénieurs de première et de deuxième classe*. Voici les huit inspections générales : l'inspection du Nord-Ouest (pour les départements du *Calvados*, de la *Manche*, de l'*Orne*, de la *Mayenne*, de la *Sarthe*, des *Côtes-du-Nord*, du *Finistère*, du *Morbihan*, de l'*Ille-et-Vilaine*, de la *Loire-Inférieure*); l'inspection du Nord (*Seine-Inférieure*, *Eure*, *Eure-et-Loir*, *Seine*, *Seine-et-Oise*, *Seine-et-Marne*, *Loiret*, *Nord*, *Pas-de-Calais*, *Somme*, *Aisne*, *Oise*); l'inspection du Nord-Est, (*Ardennes*, *Meuse*, *Marne*, *Aube*, *Yonne*, *Meurthe*, *Moselle*, *Bas-Rhin*, *Vosges*, *Haut-Rhin*); l'inspection de l'Ouest (*Vienne*, *Creuse*, *Haute-Vienne*, *Charente*, *Charente-Inférieure*, *Vendée*, *Deux-Sèvres*, *Maine-et-Loire*, *Indre-et-Loire*, *Loir-et-Cher*, *Indre*); l'inspection du Centre (*Loire*, *Rhône*, *Cantal*, *Puy-de-Dôme*, *Haute-Loire*, *Cher*, *Nièvre*, *Allier*); l'inspection de l'Est (*Haute-Saône*, *Haute-Marne*, *Côte-d'Or*, *Saône-et-Loire*, *Ain*, *Doubs*, *Jura*); l'inspection du Sud-Ouest (*Dordogne*, *Corrèze*, *Lot-et-Garonne*, *Lot*, *Aveyron*, *Tarn-et-Garonne*, *Tarn*, *Haute-Garonne*, *Ariége*, *Gironde*, *Landes*, *Basses-Pyrénées*, *Gers*, *Hautes-Pyrénées*); l'inspection du Sud-Est (*Isère*, *Hautes-Alpes*, *Drôme*, *Vaucluse*, *Basses-Alpes*, *Bouches-du-Rhône*, *Var*, *Ardèche*, *Lozère*, *Gard*, *Hérault*, *Corse*, *Aude*, *Pyrénées-Orientales*. Pour l'administration des forêts, la France est divisée en 32 *arrondissements* forestiers dirigés chacun par un *conservateur*, ayant sous lui plusieurs *inspecteurs* et *sous-inspecteurs*. Le 1er arrondissement (le conservateur réside à *Paris*) comprend les départements d'*Eure-et-Loir*, *Loiret*, *Oise*, *Seine*, *Seine-et-Marne* et *Seine-et-Oise*; le 2e arrondissement (*Rouen*) comprend l'*Eure* et la *Seine-Inférieure*; le 3e arrondissement (*Dijon*) comprend la *Côte-d'Or*; le 4e arrondissement (*Nancy*) comprend la *Meurthe*; le 5e arrondissement (*Strasbourg*), le *Bas-Rhin*; le 6e arrondissement (*Colmar*), le *Haut-Rhin*; le 7e arrondissement (*Douai*) comprend l'*Aisne*, le *Nord*, le *Pas-de-Calais* et la *Somme*; le 8e arrondissement (*Troyes*), l'*Aube* et l'*Yonne*; le 9e arrondissement (*Epinal*), les *Vosges*; le 10e arrondissement (*Châlons*), les *Ardennes* et la *Marne*; le 11e arrondissement (*Metz*), la *Moselle*; le 12e arrondissement (*Besançon*), le *Doubs*; le 13e arrondissement (*Lons-le-Saulnier*), le *Jura*; le 14e arrondissement (*Grenoble*), les *Hautes-Alpes*, la *Drôme*, l'*Isère*; le 15e arrondissement (*Alençon*), l'*Orne*, le *Calvados*, la *Manche*, la *Mayenne* et la *Sarthe*; le 16e arrondissement (*Bar-le-Duc*), la *Meuse*; le 17e arrondissement (*Chaumont*), la *Haute-Marne*; le 18e arrondissement (*Vesoul*), la *Haute-Saône*; le 19e arrondissement (*Mâcon*), l'*Ain*, le *Rhône*, la *Saône-et-Loire*; le 20e arrondissement (*Toulouse*), l'*Ariége*, la *Haute-Garonne*, le *Lot*, le *Tarn-et-Garonne*; le 21e arrondissement (*Tours*), l'*Indre*, l'*Indre-et-Loire*, le *Cher*, le *Maine-et-Loire*; le 22e arrondissement (*Bourges*), le *Cher* et la *Nièvre*; le 23e arrondissement (*Moulins*), l'*Allier*, la *Creuse*, la *Loire*, le *Puy-de-Dôme*; le 24e arrondissement (*Pau*), le *Gers*, les *Hautes-Pyrénées*; les *Basses-Pyrénées*; le 25e arrondissement (*Rennes*), les *Côtes-du-Nord*, le *Finistère*, l'*Ille-et-Vilaine*, la *Loire-Inférieure*, le *Morbihan*; le 26e arrondissement (*Niort*), la *Charente*, la *Charente-Inférieure*, les *Deux-Sèvres*, la *Vendée*, la *Vienne*; le 27e arrondissement (*Carcassonne*), l'*Aude*, le *Tarn*, les *Pyrénées-Orientales*; le 28e arrondissement (*Aix*), les *Basses-Alpes*, les *Bouches-du-Rhône*, le *Var* et *Vaucluse*; le 29e arrondissement (*Nimes*), l'*Ardèche*, le *Gard*, l'*Hérault*, la *Lozère*; le 30e arrondissement (*Aurillac*), le *Cantal*, la *Corrèze*, la *Haute-Loire*, la *Haute-Vienne*; le 31e arrondissement (*Bordeaux*), la *Dordogne*, la *Gironde*, les *Landes*, le *Lot-et-Garonne*; le 32e arrondissement (*Ajaccio*) comprend le département de la Corse. — Il y a dans chaque chef-lieu de département un *receveur général* qui reçoit les fonds perçus dans le département; dans chaque arrondissement est un *receveur particulier*; des *percepteurs* déterminent ou reçoivent les impôts dans des circonscriptions déterminées; il y a dans chaque département un *payeur du trésor* chargé d'acquitter les dépenses publiques, et nommé par le roi; les contributions directes sont réparties ou perçues par les *directeurs* et *contrôleurs*; l'enregistrement, par des *receveurs*, des *vérificateurs* et des *inspecteurs*; les droits sur les boissons et droits divers, par des *commis* et des *receveurs* de contributions indirectes; les tabacs et poudres, par des *entreposeurs*; les postes, par des *directeurs* et *inspecteurs des postes*; les autres sont perçus ou répartis par l'administration supérieure. — Pour le service des *ponts et chaussées*, il existe un *conseil général*, séant à Paris au ministère des travaux publics; des *ingénieurs en chef* et des *ingénieurs ordinaires* dirigent dans les départements les travaux concernant les ponts et chaussées. Il y a en outre des *inspecteurs généraux* et des *inspecteurs divisionnaires*. Pour le service de l'inspection dans les départements, la France est divisée en seize inspections. La 1ʳᵉ comprend les départements de la *Seine*, de la *Seine-Inférieure*, de l'*Eure* et de *Seine-et-Oise*; la 2ᵉ ɪɴsᴘᴇᴄᴛɪᴏɴ se compose des départements du *Nord*, du *Pas-de-Calais*, de la *Somme*, de l'*Oise* et de l'*Aisne* (cette inspection comprend la navigation de l'Oise tout entière); la 3ᵉ ɪɴsᴘᴇᴄᴛɪᴏɴ se compose des départements des *Ardennes*, de la *Meuse*, de la *Haute-Marne*, de la *Marne*, de la *Seine-et-Marne* et de l'*Aube* (cette inspection comprend la navigation de la Marne tout entière); la 4ᵉ ɪɴsᴘᴇᴄᴛɪᴏɴ se compose des départements de la *Moselle*, de la *Meurthe*, des *Vosges*, du *Haut-Rhin* et du *Bas-Rhin* (cette inspection comprend le canal du Rhône au Rhin, depuis Strasbourg jusqu'au bief de partage inclusivement); la 5ᵉ ɪɴsᴘᴇᴄᴛɪᴏɴ se compose des départements de l'*Yonne*, de la *Côte-d'Or*, de la *Haute-Saône*, du *Doubs* et du *Jura* (cette inspection comprend le canal du Rhône au Rhin, depuis le bief de partage exclusivement jusqu'à la Saône et le canal du Rhin); la 6ᵉ ɪɴsᴘᴇᴄᴛɪᴏɴ se compose des départements de l'*Ain*, du *Rhône*, de la *Loire*, de l'*Isère*, des *Hautes-Alpes* et de la *Drôme* (cette inspection comprend le service de la navigation de la Saône depuis l'embouchure du canal du Rhône au Rhin jusqu'à Lyon); la 7ᵉ ɪɴsᴘᴇᴄᴛɪᴏɴ se compose des départements de *Vaucluse*, des *Basses-Alpes*, des *Bouches-du-Rhône*, du *Var* et de la *Corse*; la 8ᵉ ɪɴsᴘᴇᴄᴛɪᴏɴ comprend les départements de la *Haute-Loire*, de l'*Ardèche*, du *Gard*, de l'*Hérault*, de l'*Aveyron* et de la *Lozère*; la 9ᵉ ɪɴsᴘᴇᴄᴛɪᴏɴ, ceux de *Tarn-et-Garonne*, de *Tarn*, de la *Haute-Garonne*, de l'*Ariége*, de l'*Aude* et des *Pyrénées-Orientales*; la 10ᵉ ɪɴsᴘᴇᴄᴛɪᴏɴ comprend les départements des *Hautes-Pyrénées*, du *Gers*, des *Basses-Pyrénées*, des *Landes*, de *Lot-et-Garonne* et de la *Gironde* (cette inspection comprend le canal latéral à la Garonne et la navigation du fleuve depuis Toulouse jusqu'à Bordeaux); la 11ᵉ ɪɴsᴘᴇᴄᴛɪᴏɴ comprend les départements de la *Dordogne*, de la *Charente*, de la *Charente-Inférieure*, de la *Vendée*, des *Deux-Sèvres* et de la *Vienne*; la 12ᵉ ɪɴsᴘᴇᴄᴛɪᴏɴ comprend les départements de la *Loire-Inférieure*, d'*Ille-et-Vilaine*, du *Morbihan*, des *Côtes-du-Nord* et du *Finistère*; la 13ᵉ ɪɴsᴘᴇᴄᴛɪᴏɴ comprend les départements de la *Mayenne*, de la *Sarthe*, de l'*Orne*, de la *Manche* et du *Calvados*; la 14ᵉ ɪɴsᴘᴇᴄᴛɪᴏɴ se compose des départements d'*Eure-et-Loir*, du *Loiret*, de *Loir-et-Cher*, d'*Indre-et-Loire* et de *Maine-et-Loire* (cette inspection comprend le service de la navigation du Cher depuis Saint-Aignan jusqu'à Tours, et la navigation de la Loire depuis Orléans jusqu'à la mer); la 15ᵉ ɪɴsᴘᴇᴄᴛɪᴏɴ se compose des départements de l'*Indre*, du *Cher*, de la *Nièvre*, de *Saône-et-Loire* et de l'*Allier* (cette inspection comprend le canal de Berri jusqu'à son embouchure dans le Cher, la navigation de l'Allier tout entier et celle de la Loire depuis Roanne jusqu'à Orléans; la 16ᵉ ɪɴsᴘᴇᴄᴛɪᴏɴ comprend les départements du *Puy-de-Dôme*, du *Cantal*, du *Lot*, de la *Corrèze*, de la *Haute-Vienne* et de la *Creuse*. Voy. Conseil d'État, Cour des comptes, Roi, Députés, Pairs, Arrondissement, etc.

FRANCESCHETTI, général napolitain, né en Corse, servait en cette qualité dans les armées du roi de Naples Joachim Murat, dont il devint l'aide de camp. Après la défaite de Tolentino, il se retira en Corse (1815), et y donna l'hospitalité à Joachim, dont la tête mise à prix. Il le suivit partout, mais, ayant été attaqué avec quelques troupes, il fut vaincu et vit ce prince arrêté. Il se sauva alors dans les montagnes de Monte-Leone, où il erra longtemps. Il se rendit lui-même à ses ennemis; mais le roi Ferdinand, admirant sa belle conduite, le gracia et lui permit de demeurer en Sicile.

FRANCESCHINI (Marc-Antoine), peintre d'histoire, né à Bologne en 1648, élève du Cignani, se fait remarquer par un dessin correct, une belle expression, un beau coloris; les figures étaient ce qu'il réussissait le mieux. Nommé chevalier du Christ par le pape, il mourut en 1729.

FRANCFORT-SUR-LE-MEIN, grande ville d'Allemagne, située sur le Mein, qui la coupe en deux parties jointes par un pont (*Sachsen-Hausen* et *Francfort*). C'est une ville libre, chef-lieu d'une petite république de 13 lieues carrées, enclavée dans le grand duché de Hesse-Darmstadt, l'électorat de Hesse-Cassel et le grand duché de Nassau. Sa fondation remonte à une époque très-ancienne. Elle était en 1254 ville libre impériale. Elle fut choisie souvent pour le lieu où devait s'assembler la diète. Ce fut là que depuis le xvɪɪᵉ siècle les électeurs se rendaient pour élire un empereur. Francfort a 60,000 habitants, dont 5,000 juifs, des manufactures de soieries, velours, lainages, indiennes, tabac, maroquins, gants et instruments de musique; ses foires sont célèbres.

FRANCFORT-SUR-L'ODER, ville du Brandebourg (Prusse), chef-lieu et siége du tribunal du gouvernement de *Francfort*. Sa population est de 15,000 âmes. Elle a des foires célèbres où se vendent des toiles, des pelleteries, des grains, etc.

FRANCHE. En termes de marine, la pompe est *franche* quand elle ne jette plus d'eau, que le piston ne trouve plus à en aspirer. — On dit, en termes de jardinage, que la terre est *franche* lorsque c'est une terre végétale dépourvue de sable et de cailloux.

FRANCHE AUMÔNE. Voy. Aumône.

FRANCHE-COMTÉ, ancienne province de France, bornée par la principauté de Montbelliard, la Suisse, le Sundgau, la Bresse, le Bugey, le pays de Gex, la Lorraine, le duché de Bourgogne et le Bassigni. Sa longueur était de 45 lieues, sa largeur de 30. Ce pays, habité d'abord par les Séquaniens, se nomma *Sequania*. Leur capitale était *Vesuntio* (Besançon). Après la conquête romaine, il fut compris dans la Gaule Celtique. Auguste la plaça dans la Gaule Belgique, et lui donna le nom de *Maxima Sequanorum*. Les Bourguignons s'en emparèrent au vᵉ siècle de l'ère chrétienne, et l'unirent en 450 au royaume qu'ils fondèrent, et dont Clovis fit ensuite la conquête. Réunie au duché de Bourgogne, la Franche-Comté fut incorporée (xvᵉ siècle) aux domaines de Charles-Quint, empereur d'Allemagne, et prit le nom de *cercle de Bourgogne*. Elle resta dans la possession des rois d'Espagne de la maison d'Autriche jusqu'en 1660 que Louis XIV s'en empara. Rendue de nouveau à l'Espagne par le traité d'Aix-la-Chapelle, elle fut conquise une deuxième fois en 1674, et cédée par la paix de Nimègue à la France (1678). Elle a formé en 1789 trois départements, le *Doubs*, le *Jura* et la *Haute-Saône*. — Avant la révolution, la Franche-Comté s'administrait elle-même. Les impôts étaient réglés par l'assemblée des états. Le parlement avait l'administration intérieure et siégeait à Dôle. Un gouverneur régissait la province, et ne pouvait rien faire sans l'autorisation du parlement. — La Franche-Comté se divisait en quatorze bailliages.

FRANCHIPANIER, genre d'arbres et d'arbrisseaux lactescents de la famille des apocynées. Les feuilles sont grandes, alternes, éparses chez les uns, ramassées au sommet des rameaux chez les autres, étroites, oblique, longues de trente centimètres, dans le *franchipanier à longues feuilles*. Les fleurs sont grandes, réunies en grappes terminales, couleur de chair d'un blanc rosé, leur odeur est agréable et très-pénétrante. Il ne faut point les cueillir ni les porter sur soi, parce que la liqueur laiteuse qui sort par les plaies est très-corrosive, tache ou brûle les corps qu'elle touche.

FRANCHISE. Ce mot désigna d'abord, 1º un domaine possédé par un Franc ou par toute autre personne de condition libre, sans aucune charge, ni devoirs personnels, ni redevances; 2º un espace limité de terrain autour de certaines villes et de quelques bourgs, qui possédait des droits et des privilèges particuliers. — Il désigna enfin l'état de la *liberté*, par opposition à l'état des esclaves et des serfs. Quand on affranchissait une ville, une personne, on lui donnait une *franchise*. — *Tenir en franchise*, c'était posséder un héritage sans charge ni redevance. — La ville d'Arras reçut de Louis XI (1476) le nom de *Franchise*, qu'elle quitta en 1482 pour reprendre son ancien nom.

FRANCIA (José-Gaspard-Rodriguez de), né à l'Assomption (Brésil) en 1756. On a prétendu que son père était un Français. Destiné d'abord à l'état ecclésiastique, il étudia chez les franciscains. Détourné du sacerdoce, il revint au Paraguay, s'y fit homme de loi, et parvint au grade de juge ou d'alcade. Une révolution venait d'éclater dans la province de Buenos-Ayres; le Paraguay suit son exemple; une junte de gouvernement est formée, Francia est nommé secrétaire (1810). L'indépendance du Paraguay est proclamée; trois consuls, dont un est Francia, succèdent à la junte; mais, dévoré par l'ambition, celui-ci ne peut supporter le partage de l'autorité et se retire du pouvoir. Une assemblée générale (1814), créa Francia seul directeur de la république pour trois ans. Il se fit renommer plus tard dictateur perpétuel. Son gouvernement est sévère, et ne laisse rien d'impuni. Il a embelli l'Assomption, et donné de sages lois à son pays.

FRANCISATION, acte qui constate qu'un bâtiment est français, qu'il navigue sous un pavillon français.

FRANCISCAINS, ordre religieux fondé par saint François d'Assise. Cet ordre, nommé aussi *ordre mendiant*, approuvé en 1209, se divisait en *frères mineurs*, chargés de la prédication, *pauvres dames* renfermant les veuves et les vierges, et *frères de la pénitence* ou *tiers ordre de Saint-François*, renfermant les laïques des deux sexes, vivant dans l'état de mariage. La principale règle était de pratiquer une pauvreté absolue, et de vivre d'aumônes. Au siècle dernier, le nombre des franciscains était d'environ 50,000.

FRANCISQUE, arme offensive en usage chez les Francs. On la considère comme une hache à deux tranchants.

FRANCK, nom de plusieurs peintres célèbres du xvɪᵉ siècle. Les principaux sont Jérôme, né en Flandre, et qui fut choisi par Henri III de France pour son peintre de portraits. Il mourut en 1614 à Anvers. Il était élève de Floris. On a de lui une *Nativité* et un *saint Gomer*. — François, dit *le Vieux*, né à Anvers, et mort dans cette ville en 1616. Il a laissé un grand nombre de tableaux distingués: *Jésus-Christ au milieu des docteurs*, une *Fuite en Egypte*, la *Création d'Adam et d'Eve*, la *Création des animaux*, l'*Intérieur d'une église*, le *Martyre des saints Crépin et Crépinien*. — Sébastien, fils de François dit *le Vieux*, né à Anvers en 1573, réussit dans la peinture des batailles, des paysages et surtout des chevaux. Ses tableaux les plus estimés sont les *OEuvres de miséricorde*, une *Assemblée*, une *Scène de guerre*. — Son frère François, dit *le Jeune*, né à Anvers en 1580, mort en 1642, peignit des sujets grotesques, mais surtout l'histoire en grand. On a de lui *Laban cherchant ses idoles*.

FRANCK (Constantin), peintre de batailles de la famille des précédents, né à Anvers en 1660, fut directeur de l'académie de cette ville (1695). Il dessinait bien les figures et les chevaux. Son plus beau tableau est le *Siége de Namur par Guillaume III*, roi d'Angleterre.

FRANCK DOBRUSCHKY (Jacob), né en

Pologne en 1712. Juif de naissance, il exerça d'abord la profession de distillateur. Ayant embrassé la doctrine des sabbathiens, il prêcha cette religion avec succès. Un livre cabalistique, le livre Zohar, devint la base de ses croyances; aussi ses sectaires furent-ils nommés zoharites. Ils mêlaient les doctrines juives et chrétiennes, reconnaissaient que Dieu se manifestait sous trois figures, qu'il a pris une forme humaine, celle d'Adam, et est descendu sur la terre, qu'il a quitté cette forme après la chute d'Adam, mais qu'il l'a reprise depuis, que Jérusalem ne sera pas rebatie, que le Messie attendu est une chimère, mais que Dieu reviendra de nouveau un jour sous une forme humaine pour sauver l'humanité. Franck se vit sans cesse en butte aux persécutions des catholiques et des rabbins juifs. Il mourut en 1791. Sa secte existe encore dispersée en Pologne. On nomme ses sectaires *chrétiens israélites*.

FRANCO (Nicolo), poète satirique, né à Bénévent (Italie) en 1510. Il exerça son esprit caustique à Naples, à Milan, censura les vivants et les morts, se déchaîna contre les papes Paul III et Pie V, les Farnèse, les pères du concile de Trente et Charles-Quint. Il fut condamné à mort en 1569 par le pape Pie V. Quelques auteurs disent qu'il fut pendu en effigie, et qu'il mourut de honte et de chagrin. On a de lui des *sonnets*, des *dialogues* et des *satires*.

FRANÇOIS. Deux rois de France ont porté ce nom. — FRANÇOIS Ier, surnommé *le Père des lettres*, né à Cognac en 1494 de Charles d'Orléans, comte d'Angoulême, et de Louise de Savoie. Il succéda à Louis XII (1515), dont il avait épousé la fille Claude de France. Petit-fils de Valentine de Milan, il prit le titre de duc de ce pays, et leva une armée pour s'en rendre maître. Il soumit presque en entier; attaqué dans les plaines de Marignan par les Suisses, il combattit deux jours et resta vainqueur. Il voulut alors recevoir des mains de Bayard l'ordre de la chevalerie. Après la mort de l'empereur Maximilien, trois princes, François Ier, Charles-Quint, roi d'Espagne, et Henri VIII d'Angleterre, briguèrent l'empire. Charles l'emporta, et ce fut la cause des guerres qui désolèrent si longtemps l'Europe. La guerre commença sous de vains prétextes. Elle ne fut pas heureuse, le Milanais fut perdu, la France envahie; François chasse les impériaux et est près de reconquérir le Milanais, lorsqu'il est vaincu, fait prisonnier à la bataille de Pavie (1525) et conduit à Madrid. Il recouvra sa liberté par un traité onéreux, signé à Madrid en 1526, par lequel il renonçait à ses prétentions sur Naples, le Milanais, Gênes et Ast, à sa souveraineté sur la Flandre et l'Artois. Il épousa Eléonore, sœur de l'empereur. Ses deux fils, restés en otage à Madrid, furent rachetés avec la somme de 2,000,000 d'écus d'or. La guerre recommence et se termine à la paix de Cambrai (1529) momentanément. François s'unit avec Soliman II, sultan des Turks; il s'empare du Piémont, de la Savoie, et va reprendre ses premiers avantages lorsque l'union de Charles avec Henri VIII le fait revenir sur ses pas. Cependant la paix de Crépi (1544) termine les hostilités. François s'allie à Henri VIII (1546) et meurt (1547). Les arts prirent un grand essor en France; la bibliothèque royale et le collège royal furent fondés à Paris. François Ier attira à sa cour les dames et les savants distingués du royaume. Sous lui la justice commença à se rendre en français. Les calvinistes subirent de nombreuses persécutions sous ce prince despote, dont la vie fut tachée de débauches. — FRANÇOIS II, né à Fontainebleau en 1544, succéda en 1559 à Henri II en 1559, à l'âge de quinze ans. Il avait épousé en 1558 Marie Stuart, fille de Jacques V, roi d'Ecosse. François, duc de Guise, et le cardinal de Lorraine, se mirent à la tête du gouvernement. Antoine de Bourbon, roi de Navarre, et Louis, son frère, prince de Condé, fâchés que deux étrangers régissent le roi, s'unissent aux princes du sang et aux calvinistes pour détruire le pouvoir des Guise; mais la *conspiration d'Amboise*, tramée par eux, fut arrêtée (mars 1560). Le prince de Condé, fait prisonnier, allait être condamné à mort lorsque François mourut d'un mal d'oreille (1560), laissant le royaume endetté de 43,000,000 et en proie aux guerres civiles.

FRANÇOIS. Deux ducs de Bretagne ont porté ce nom. — FRANÇOIS Ier, fils de Jean V, lui succéda en 1442. Il fit empoisonner et étouffer son frère Gilles, que l'on avait accusé de prétendre au trône. Il mourut en 1450. — FRANÇOIS II, fils de Richard, comte d'Etampes, succéda à Arthur III en 1458. Il se mêla à toutes les ligues formées contre la France, mais fut sans cesse forcé de faire la paix. Il se laissa gouverner par Pierre Landois, fils d'un tailleur de Vitré, et dont l'orgueil suscita le courroux des grands. Ceux-ci se liguèrent avec la France contre le duc. Mais après le supplice de Landois, qu'il avait abandonné au peuple, François se réconcilia avec la France (1485) et les seigneurs. La guerre recommence : François, toujours vaincu, est obligé de recevoir la paix de la main de la France, et meurt en 1488. Sa fille ANNE réunit la Bretagne à la France en épousant Charles VIII, puis son successeur Louis XII.

FRANÇOIS (ILES DE SAINT-), îles du Canada, dans le lac de Saint-Pierre, au nombre de cinq ou six. Ces îles sont peu importantes, et produisent du blé, du bois. Le gibier y est très-abondant.

FRANÇOIS Ier (Joseph-Charles), empereur d'Autriche, né en 1768, fut d'abord désigné sous le nom de François II, dans la série des empereurs d'Allemagne; mais, ayant renoncé à la couronne d'Allemagne, il se fit sacrer empereur héréditaire d'Autriche sous le nom de François Ier. Fils de l'empereur Léopold II, il monta sur le trône en 1792. Il prit part à la guerre contre la France. Mais ses armées furent presque toujours vaincues ou détruites. Le traité de Vienne par lequel Napoléon épousa (4 octobre 1809) Marie-Louise, fille de François Ier, suspendit ces hostilités : l'empereur vint à Paris en 1814 avec les souverains alliés. Il est mort en 1835.

FRANÇOIS D'ASSISE (Saint), né à Assise (Italie) en 1182, mena d'abord une vie mondaine et dissipée, et ne se fit remarquer que par sa charité envers les pauvres. Rappelé à l'âge de vingt-cinq ans à une vie plus pure et plus sainte, par les songes où lui furent révélées les choses que la Providence attendait de lui, persécuté par son père qui voulait le consacrer au commerce, il renonça à sa succession et à la fortune de son père, fit vœu de pauvreté, se condamna à des pénitences continuelles et extraordinaires. Il fonda l'ordre des *franciscains* ou *frères mineurs*. Après avoir consacré sa vie à la prédication et à l'instruction religieuse des hommes, il mourut en 1226. Grégoire IX le mit au rang des saints. On fait sa fête le 4 octobre et le 17 septembre. On l'avait surnommé *le Séraphique*. On a de lui des *discours*, son *testament* ou *règle des frères mineurs*, des *cantiques*, des *avis*, des *lettres*, etc.

FRANÇOIS DE BORGIA (Saint), né à Gandie (Espagne) en 1510, vint (1528) à la cour de l'empereur Charles-Quint, qu'il suivit dans toutes ses expéditions. Nommé en 1540 vice-roi de Catalogne, il prit l'habit de jésuite (1551) après la mort de son épouse Eléonore de Castro. Il fut nommé général de sa compagnie, et mourut en 1572. Clément X le canonisa en 1671; on fait sa fête le 10 octobre.

FRANÇOIS DE BOURBON, comte de Saint-Pol et de Chaumont, né en 1491 de François, comte de Vendôme, signala son courage à la bataille de Marignan (1515). Bayard le fit chevalier en même temps que François Ier. Il secourut Mézières assiégé par les troupes impériales (1521), prit plusieurs villes, et battit les Anglais au combat de Pas. A la bataille de Pavie, il fut fait prisonnier. Revenu en France, il mourut en 1545.

FRANÇOIS DE BOURBON, comte d'Enghien, gouverneur de Hainaut, du Piémont et de Languedoc, frère d'Antoine de Bourbon, roi de Navarre, né en 1519 de Charles de Bourbon, duc de Vendôme. François Ier lui confia en 1543 la conduite d'une armée, avec laquelle il se rendit maître de Nice. Il s'avança dans le Piémont, prit Crescentino, Dezanza, et remporta la célèbre victoire de Cérisoles sur les impériaux (1544), laquelle facilita la conquête du Montferrat. Il mourut en 1545.

FRANÇOIS DE BOURBON, duc de Montpensier, de Châtellerault, prince de Dombes et dauphin d'Auvergne, et fils de Louis de Bourbon deuxième du nom, donna des preuves de sa valeur au siége de Rouen (1562), aux batailles de Jarnac, de Montcontour (1569) et d'Anvers (1572). Henri III l'envoya en Angleterre. Sous Henri IV, il se distingua à Arques et à Ivry (1590), et mourut en 1592, après avoir soumis Avranches.

FRANÇOIS DE FRANCE, duc d'*Alençon*, d'Anjou et de Berry, et frère de François II, de Charles IX et de Henri III, roi de France, né en 1554, se mit à la tête des mécontents à l'avénement de Henri III, son frère, au trône. Il alla ensuite commander les confédérés des Pays-Bas, dont il fut reconnu prince. Il signala son courage contre le duc de Parme qui assiégeait Cambrai, et se rendit maître de Cateau-Cambrésis (1581). Elisabeth d'Angleterre lui avait promis de l'épouser, mais elle ne voulut pas tenir parole. Couronné duc de Brabant à Anvers et comte de Flandre à Gand (1582), il voulut asservir ce pays, et fut forcé de revenir en France où il mourut en 1584.

FRANÇOIS DE LORRAINE, fils de Léopold, duc de Lorraine, né en 1708. Devenu duc de ce pays en 1729, il le céda à la France, qui lui donna la Toscane en dédommagement. Il épousa en 1736 Marie-Thérèse, fille de l'empereur Charles VI. Après la mort de ce prince (1740), Marie-Thérèse associa son époux à l'administration de ses Etats. Elu empereur en 1745, il rendit la tranquillité à l'Allemagne, mit l'ordre des finances, fit fleurir le commerce, les sciences et les arts dans ses Etats. Il mourut en 1765.

FRANÇOIS DE NEUFCHATEAU (Louis-Nicolas), né à Sassay (Lorraine) en 1750, cultiva la poésie dès sa plus tendre jeunesse. A treize ans, il publia un recueil de pièces fugitives auxquelles Voltaire donna des éloges. Admis à plusieurs académies, il acheta la charge de lieutenant général au présidial de Mirecourt, puis fut nommé subdélégué de l'intendant de Lorraine (1781). En 1783, François fut envoyé à l'île Saint-Domingue pour y remplir les fonctions de procureur général. Cette place ayant été supprimée, il revint en France, servit de tous ses moyens la révolution de 1789, fut nommé successivement juge de paix, administrateur du département des Vosges et député à l'assemblée législative, dont il fut élu secrétaire, puis président. Elu à la convention nationale, il refusa d'y siéger, et n'accepta pas non plus le ministère de la justice qu'on lui offrit. Il fut nommé juge au tribunal de cassation, puis commissaire du gouvernement dans les Vosges. Ministre de l'intérieur en 1797, on lui doit l'invention des expositions des produits de l'industrie française. Il quitta le ministère en 1799, et entra dans le sénat conservateur, dont il fut président jusqu'en 1806. Depuis 1814, il ne cessa de s'occuper d'agriculture jusqu'à sa mort, arrivée en 1828. On a de lui la comédie de *Paméla* ou *La Vertu récompensée*, plusieurs *poëmes*, des *discours*, des *épîtres* et des *mémoires d'agriculture*.

FRANÇOIS DE PAULE (Saint), né à Paule dans le royaume de Naples, en Italie, vers l'an 1416. Consacré dès son enfance à la profession religieuse, il préféra se retirer dans une solitude, où il se nourrit d'herbes et de racines, portant un rude cilice. Plusieurs personnes étant venues se joindre à lui, ce fut l'origine de l'ordre des *minimes*, dont il fut le fondateur. Le bruit de sa sainteté et de ses miracles s'étant répandu jusqu'en France, le roi Louis XI, dangereusement malade, le fit venir dans l'espoir d'obtenir sa guérison par ses prières. François ne le guérit pas, mais il le disposa à mourir sans crainte et en chrétien. Ce saint mourut en 1506. Léon X le canonisa en 1519; on fait sa fête le 2 avril.

FRANÇOIS DE SALES (Saint), de l'une des plus nobles familles de Savoie, né en 1567, embrassa l'état ecclésiastique. Devenu prêtre, se livra à l'enseignement religieux avec un grand zèle, et fit de nombreuses conversions parmi les calvinistes. Nommé malgré lui coadjuteur de l'évêque de Genève, avec le titre d'*évêque de Nicopolis*, il vint à Paris (1602), où il fut reçu avec de grandes distinctions. Henri IV s'efforça en vain de le retenir. Il fut sacré évêque de Genève, réforma son diocèse, fit briller les plus grandes vertus et la charité la plus évangélique. Il institua l'ordre de la Visitation, et mourut en 1622. Alexandre VII l'a canonisé en 1668. On fait sa fête le 29 janvier. Il a laissé quelques ouvrages mystiques.

FRANÇOIS RÉGIS. Voy. RÉGIS.

FRANÇOIS-XAVIER (Saint), apôtre des Indes, né en 1506 au château de Xavier au pied des Pyrénées. Il étudia à Paris, et enseigna la philosophie au collége de Beauvais. Il y fit connaissance avec Ignace de Loyola, dont il fut avec ce saint l'un des fondateurs de l'ordre des jésuites. Ordonné prêtre, il fut choisi pour prêcher la foi dans les Indes orientales (1541), et fit un grand nombre de conversions. Il mourut en 1552. Grégoire XV le canonisa en 1622. On fait sa fête le 3 décembre.

FRANÇOISE (Sainte), née à Rome en 1384, était fille de Paul de Bux. Elle fut forcée d'épouser à l'âge de douze ans Laurento Ponzani. Elle vit mourir ses enfants et son mari, fait prisonnier dans la prise de Rome par Ladislas, roi de Naples (1413). Elle fonda la confrérie des *oblates* à Rome, laquelle n'imposa d'autre engagement que celui de pratiquer les devoirs de chrétien, sans changer de condition. Elle en fut élue supérieure, et mourut en 1440. Paul V l'a canonisée en 1608. Sa fête se célèbre le 9 mars.

FRANÇOISE DE RIMINI, fille de Guido de Polenta, seigneur de Ravenne, vivait vers la fin du XIII<sup>e</sup> siècle. Elle était d'une beauté remarquable. Elle épousa Lanciotto, homme difforme, seigneur de Rimini. Il avait un frère, Paul, qui était très-beau. Françoise l'aima, et Lanciotto, dans un transport jaloux, les perça tous deux de son épée.

FRANCOLIN, petit groupe d'oiseaux de la famille des perdrix. Le bec est fort et allongé; les jambes sont hautes, armées chez les mâles de deux éperons. On trouve les francolins en Europe, en Asie et en Afrique. Le *francolin à collier roux* se trouve surtout en France. Il est long de douze à treize pouces. Le plumage est gris, émaillé de noir et de roux ; le bec est noir, les pieds rougeâtres.

FRANCONI. Voy. CIRQUE OLYMPIQUE.

FRANCONIE, ancien cercle d'Allemagne, borné par les cercles de la haute Saxe, du haut et du bas Rhin, par celui de Souabe et celui de Bavière. — Ce pays fut dans l'origine occupé par les Francs. Aussi se nomme-t-il encore *Frankenland* (terre des Francs). Les successeurs de Clovis y établirent des ducs qui se rendirent indépendants. Conrad, l'un d'eux, devenu empereur d'Allemagne (911), réunit la Franconie à l'empire. Maximilien I<sup>er</sup> en fit un cercle, dont *Wurtzburg* était la capitale. Napoléon la démembra, et la donna au duc de Bavière et au royaume de Wurtemberg, qui se la sont partagée.

FRANCS. Voy. FRANKS.

FRANCS ARCHERS ou ARCHIERS, infanterie permanente et sédentaire, créée en France par le roi Charles VII. Ces troupes étaient levées et entretenues au compte des communes d'où on les tirait. Les francs archers étaient exempts de toute taille et de tout impôt; c'était delà que dérivait leur nom. Leurs armes étaient l'arc, l'arquebuse ou l'arbalète. Ils furent abolis en 1480 et remplacés par des corps suisses.

FRANCUS, prince fabuleux que d'anciens historiens faisaient naître à Troie, et qu'ils disaient être fils d'Hector. Après la destruction de Troie, il passa dans la Germanie, et eut de nombreux successeurs. C'est de lui que les Francs tireraient leur nom et leur origine. Cette fable est dénuée de fondement.

FRANGE, nom donné aux filets de soie, de coton, de lin, d'or, d'argent ou de toute autre matière, qui pendent d'un tissu quelconque, et qui servent à orner les habits, les rideaux, les tapis, les housses, etc. L'usage des habits ornés de franges a pris naissance dans l'Orient. — *Frangé* se dit, en blason, des parties qui ont des franges d'une autre couleur, et, en histoire naturelle, de ce qui est découpé en forme de frange.

FRANKÉNIACÉES, groupe de plantes dicotylédonées, voisines des violacées, et renfermant des herbes ou des sous-arbrisseaux. Leurs feuilles sont alternes et marquées de nervures très-rapprochées. La fleur est à cinq divisions très-profondes. La corolle est à cinq pétales. Le fruit est une capsule ovoïde et allongée. Ces plantes habitent le rivage de la Méditerranée, l'Afrique et l'Océanie.

FRANKLIN (Benjamin), né à Boston (Amérique) en 1705 d'un fabricant de chandelles et de savon. Après avoir suivi cette profession, puis celle de coutelier, il entra en apprentissage chez un imprimeur. A quatorze ans, il composait des ballades. Il alla à Londres se perfectionner dans l'art de l'imprimerie (1724), et vint en établir une à Philadelphie. Il fonda la première bibliothèque publique en Amérique (1731), et son *Almanach du bonhomme Richard* eut un succès prodigieux. Il organisa une compagnie de secours contre l'incendie (1738). Il dévoila les mystères de la foudre, et fut l'inventeur des paratonnerres. La guerre ayant été déclarée entre les États-Unis et l'Angleterre, il alla chercher en France des secours, qui lui furent accordés (1776). Nommé à son retour (1787) gouverneur de Pennsylvanie, il mourut en 1790, regretté comme savant, bon citoyen, et surtout comme homme de bien.

FRANKS, un des peuples barbares les plus célèbres, et qui apparurent dans le monde aux II<sup>e</sup> et III<sup>e</sup> siècles. On est incertain sur leur origine. Les uns les font descendre de *Francion* ou *Francus*, prince fabuleux venu de Troie sur les bords du Rhin, mais sans fondement. Ce peuple était formé de plusieurs familles germaniques, les *Chérusques*, les *Cattes*, les *Chamaves*, les *Chauces*, les *Frisons*, les *Bructères*, les *Franks Saliens* ou *Sicambres*. Ces diverses peuplades formaient la confédération des *Franks*, c'est-à-dire hommes *libres* et *indépendants*. Venus de la Germanie, ils habitaient les marais du bas Rhin et du Weser. Après avoir envahi souvent la Gaule et l'empire romain, mais sans succès, ils franchirent définitivement le Rhin en 418, et établirent un petit royaume, agrandi sous leurs chefs, surtout sous Clovis (458). Ce royaume devint, sous Hugues Capet, la *France* (987). — Les Franks étaient hardis, fiers, entreprenants. Leurs rois n'étaient que des chefs, et n'avaient sur les guerriers que l'autorité d'un général sur ses soldats. Ils n'avaient pour butin que ce que le sort leur donnait, comme à leurs troupes. Les Franks ne cultivaient aucune science, aucun art. Chez eux, tout homme naissait soldat. Leurs armes étaient la *francisque* et la *framée*. La chasse et le brigandage étaient leurs occupations habituelles. Ils ne pouvaient épouser qu'une seule femme, sur laquelle ils avaient un pouvoir absolu. Leur habillement consistait en une *braie* ou pantalon, une tunique et un manteau. Leur chaussure était en peau crue, ainsi que leur coiffure. Les Franks étaient rusés et perfides. Les serments n'étaient rien pour eux.

FRANKS, nom donné en Orient et même en Océanie, non-seulement aux Français, mais encore à tous les Européens. Ainsi on les nomme *Afrang*, *Farang*, *Frenk*, *Frangui*, *Fransaoui*, *Papalangui*, etc.

FRANQUE (LANGUE), espèce de langue parlée en Orient et en Afrique dans les relations du commerce entre les peuples de ces pays et les Européens. C'est un mélange de mots arabes ou turks, espagnols, italiens, français, portugais, etc.

FRASCATI, petite ville de l'État de l'Église, au pied d'une colline, à 4 lieues de Rome. — Cette ville, siége d'un évêché, est entourée d'un grand nombre de palais et de jardins délicieux. Elle a 4,200 habitants. On y voit les ruines de l'ancienne *Tusculum*.

FRASCATI. On a donné ce nom à un hôtel de Paris établi à la rue Richelieu, qu'une société d'actionnaires convertit en un lieu de bal et de plaisir. Les plus belles dames de Paris s'y réunissaient chaque soir, et là se faisaient les plus scandaleuses débauches. Le règne de ces plaisirs dura peu. L'hôtel de Frascati devint une salle de jeu. — Bordeaux eut aussi son *Frascati*, mais pendant peu de temps.

FRASÈRE, genre de plantes de la famille des gentianées. Le calice des fleurs à quatre divisions profondes, la corolle quatre lobes ovales ; le fruit est une capsule ovale, comprimée, renfermant de huit à douze graines. La racine de ces plantes est très-amère. On la nomme improprement *racine de columbo*.

FRATER, perruquier-barbier. Dans chaque régiment, il y en a un par compagnie. Il rase ses camarades deux fois par semaine, moyennant un léger payement. Il coiffe les officiers. Il ne fait pas de service, mais il le paye. — On donne ce nom, sur les bâtiments de guerre, à celui qui reçoit un supplément de solde pour raser l'équipage.

FRATERNITÉ, union entre des frères. Les rois et les empereurs prenaient autrefois ce titre entre eux, ainsi que les évêques et les moines. Ce fut, avec les mots *liberté* et *égalité*, une des trois devises gravées sur le drapeau de la France républicaine. — On nommait FRATERNITÉ D'ARMES, dans le moyen âge, une alliance, une association que faisaient deux ou plusieurs chevaliers en se promettant d'être toujours unis et de s'entr'aider contre tous. Les anciens Scandinaves, les Germains faisaient souvent de semblables associations. Elles étaient à vie ou à temps. La chevalerie raviva ces vieilles institutions qui se sont enfin perdues. On les retrouve chez les Arabes et les autres peuples dont la civilisation est peu avancée.

FRATRES (c'est-à-dire FRÈRES), nom que l'on donnait dans le monde païen aux membres d'un collége de prêtres.

FRATRICELLES (*frérots* ou *petits frères*), nom donné à des hérétiques qui se levèrent en Italie sur la fin du XIII<sup>e</sup> siècle. Ils disaient que l'Église romaine était la *Babylone* de l'Apocalypse, que la règle de Saint-François était la règle évangélique observée par Jésus-Christ et ses apôtres, que les sacrements étaient inutiles. Ils faisaient consister leur perfection dans la pauvreté. Ils furent condamnés par Jean XXII et Boniface VIII.

FRAUDE, tromperie cachée. Ce mot désigne plus spécialement la *contrebande*, c'est-à-dire l'action par laquelle on soustrait aux droits de douane et d'octroi les choses qui y sont assujetties. — La *fraude*, dans tout autre cas, amène la nullité des actes à la rédaction desquels elle a présidé. — Les Romains avaient fait de la *fraude*

FRAUENFELD, capitale du canton de Thurgovie en Suisse, à environ 6 lieues de Constance. Cette ville, peu importante, renferme moins de 3,000 âmes. Il y a de nombreuses fabriques d'étoffes de soie.

FRAUENTHALL, nom d'une seigneurie et d'un château dans la Styrie (Autriche), cercle de Marbourg. On y trouve des forges, des usines et des tréfileries de cuivre jaune.

FRAXINELLE (*dictamne blanc*, *petit frêne*). Voy. DICTAMNE.

FRAXINELLÉES, famille de plantes qu'on a voulu séparer des rutacées, et dont on considérait la *fraxinelle* comme le type. Mais cette division n'a pas été adoptée par les naturalistes.

FRÉDÉGAIRE, surnommé LE SCOLASTIQUE, originaire de Bourgogne, vivait dans les VIᵉ et VIIᵉ siècles. C'est un des historiens de France les plus instruits et les plus exacts. Sa *Chronique* commence à la création du monde, et se divise en trois parties : la première renferme l'histoire ancienne; la deuxième renferme le résumé des six premiers livres de Grégoire de Tours; la troisième présente une histoire de l'an 581 à 641. C'est la seule qui existe de cette époque. Elle a été continuée jusqu'en 768 par plusieurs anonymes.

FRÉDÉGONDE, née à Montdidier (Somme) d'une famille obscure, en 543, captiva par sa beauté le cœur de Chilpéric Iᵉʳ, roi des Francs à Soissons. Attachée au service de son épouse Audovère, Frédégonde, par ses artifices, la fait répudier. Chilpéric épouse ensuite Galsuinde, princesse d'Espagne; Frédégonde la fait assassiner, et par ce forfait partage le lit et le trône de Chilpéric. Brunehilde (ou Brunehaut) arme son époux Sigebert, frère, de Chilpéric et roi de Reims, dans le but de venger sa sœur Galsuinde. Sigebert assiège déjà Chilpéric dans Tournay; Frédégonde le fait assassiner. Les fils de Chilpéric, nés d'Audovère, meurent victimes de la haine de leur marâtre. Chilpéric lui-même est assassiné, et l'on prétend que Frédégonde a dirigé le bras de l'assassin de son époux, craignant qu'il n'ait découvert son commerce adultère avec un page nommé Landry. L'évêque Prétextat osa lui reprocher ses crimes, et, le jour de Pâques, il est tué près de l'autel par ordre de Frédégonde. Elle prend les armes avec son fils Clotaire II contre Childebert, fils de Brunehaut; elle défait les troupes à Droisy (596), et, enfin, après une vie souillée de crimes, elle meurt paisiblement en 598, ayant assuré l'empire à son fils.

FRÉDÉRIC ou FERRY (Saint), né en Allemagne au VIIIᵉ siècle, se livra de bonne heure à la pratique des vertus évangéliques, et fut nommé évêque d'Utrecht (820) après la mort de Ricfrid. Il veilla avec sollicitude sur les enfants, envoya des prédicateurs dans le Nord, et réforma son diocèse. Il fut assassiné en 838. On fait sa fête le 18 juillet.

FRÉDÉRIC. Quatre empereurs d'Allemagne ont porté ce nom. — FRÉDÉRIC Iᵉʳ, dit *Barberousse* à cause de la couleur de sa barbe, né en 1121, était fils de Frédéric, duc de Souabe. Duc lui-même en 1147, il obtint la couronne impériale sous Conrad III (1152). L'Italie se révolte contre lui, à la voix du pape, effrayé de la puissance des empereurs. Frédéric traverse les Alpes, s'empare de Milan, détruit Placenzia, et fait reconnaître ses droits. Mais le pape Alexandre III renouvelle la ligue des villes italiennes contre lui. L'empereur reparaît; Crème est détruite (1160), le pape forcé de se réfugier en France; Frédéric place Milan, entre dans Rome, y installe l'antipape Pascal III (1167). Pour la troisième fois, la guerre recommence; mais Frédéric, vaincu (1176-1183), demande la paix et l'obtient, dépouillé qu'il est presque tous ses biens. Il se croise (1188) contre Saladin, qui s'était emparé de Jérusalem, et, après de grands succès, va se noyer dans le Calydnus (Salef) en 1192. — FRÉDÉRIC II, fils de l'empereur Henri VI, né en 1194, fut élu roi des Romains en 1196, et empereur en 1210 après Othon IV. Après avoir cultivé les belles-lettres et la poésie, il part pour la terre sainte, s'empare de Jérusalem et de Bethléem sur les musulmans. Excommunié par le pape, il descend en Italie, et, après de longs succès, il est enfin vaincu, chargé d'anathèmes et déposé. Il meurt en 1250. — FRÉDÉRIC III, dit *le Beau*, fils d'Albert Iᵉʳ d'Autriche, fut élu empereur par quelques électeurs en 1314; mais le plus grand nombre avait donné la couronne à Louis de Bavière. Vaincu par son compétiteur en 1322, Frédéric mourut en 1330. Plusieurs historiens ne le mettent pas au nombre des empereurs. — FRÉDÉRIC IV ou III, dit *le Pacifique*, né en 1415 d'Ernest, duc d'Autriche, fut nommé en 1440 empereur et roi de Bohême; mais il ne put s'emparer de ce dernier pays, défendu par Mathias Corvin. Vaincu par ce général, dépossédé de ses États, forcé de fuir, il fait la paix en 1487, et meurt en 1493.

FRÉDÉRIC. Six rois de Danemarck et de Norwége ont porté ce nom. — FRÉDÉRIC Iᵉʳ, dit *le Pacifique*, succéda en 1523 à Christiern II. Il fit alliance avec Gustave III, roi de Suède, introduisit le luthéranisme dans ses États, et mourut en 1533. — FRÉDÉRIC II, fils et successeur de Christiern III en 1559, augmenta son royaume de plusieurs provinces, et fit fleurir les lettres dans ses États. Après une guerre avec la Suède de peu de durée, il mourut en 1588. — FRÉDÉRIC III, fils de Christiern IV, lui succéda en 1648 après avoir été archevêque de Brême, et mourut en 1670. Il obtint que la couronne, auparavant élective, serait héréditaire dans sa famille. — FRÉDÉRIC IV, fils de Christiern V, lui succéda en 1699, et se ligua avec le tzar Pierre et le roi de Pologne contre Charles XII, qu'il en força de faire la paix. Il mourut en 1730. — FRÉDÉRIC V, fils de Christian ou Christiern VI, lui succéda en 1746, et mourut en 1786. — FRÉDÉRIC VI, fils de Christiern VII, né en 1768, a succédé à son père en 1808, et est mort en 1839.

FRÉDÉRIC, de Hesse-Cassel, né à Hassel en 1676, succéda dans le landgraviat à Charles (1730). Après la mort de Charles XII, roi de Suède (1718), sa sœur Ulrique-Éléonore, épouse de Frédéric, fut appelée sur le trône par la nation. Elle fut couronnée en 1720 et, peu de temps après, elle céda le gouvernement à son époux. — La Russie continue la guerre commencée sous Charles XII, la Suède est ravagée, les habitants sont massacrés, et, comme on ne peut se défendre, on est obligé d'accéder à la paix de Nystadst (1721), par laquelle la Suède cédait à la Russie la Livonie, l'Esthonie, une partie de la Finlande, etc. Le règne de Frédéric fut utile à la Suède; ce prince publia un code civil et criminel, propagea l'instruction publique, les beaux-arts et le commerce. Il fit creuser le canal qui va de Stockholm à Gottenburg. Après une petite guerre avec la Russie, funeste à la Suède (1742), Frédéric mourut en 1751.

FRÉDÉRIC, (Adolphe-) de la maison de Holstein, succéda à Frédéric sur le trône de Suède en 1751. Il était né en 1730. Il avait épousé Ulrique-Éléonore, sœur du roi de Prusse, à laquelle ou soupçonnait l'intention de vouloir rétablir l'autorité royale dans ses anciens droits, avec l'aide de la France. Le parti de la cour et de la France (nommé *les chapeaux*) ayant échoué dans les tentatives faites pour changer la constitution, prit la résolution d'employer la force; mais Frédéric s'y opposa. ce prince mourut en 1771.

FRÉDÉRIC. Quatre rois de Sicile ou de Naples ont porté ce nom. FRÉDÉRIC Iᵉʳ succéda à Constance en 1198, et parvint à l'empire d'Allemagne sous le nom de FRÉDÉRIC II. Il mourut en 1250.—FRÉDÉRIC II ou Iᵉʳ d'Aragon, fils de don Pedro d'Aragon, roi de Sicile, rival de Charles d'Anjou (le frère de Louis IX de France), se fit couronner roi et s'empara de toute la Sicile (1291). Il soutint son royaume contre la France, le pape, le roi de Naples et son propre frère Jayme. Ayant obtenu la paix en 1302, il prit le nom de *roi de Trinacrie*, épousa la fille de Charles II, roi de Naples, et mourut en 1337. — FRÉDÉRIC III (ou II) D'ARAGON, roi de Sicile, fils de Pierre II, roi d'Aragon. Né en 1332, il succéda en 1355 à son frère Louis. Sa mollesse permit à Jeanne Iʳᵉ de Naples de s'emparer de presque toutes les villes et de prendre le nom de reine de Sicile, en laissant à Frédéric le nom de roi de Trinacrie et l'obligeant de payer un tribut annuel. — FRÉDÉRIC D'ARAGON, roi de Naples en 1496, après Ferdinand II. Louis XII, roi de France, réclamait ses droits sur le royaume de Naples; avec Louis XII, Ferdinand, roi d'Espagne, détruit l'armée de Frédéric, son oncle. Celui-ci, vaincu, alla se cacher chercher un asile en France. Louis XII lui fit une pension. Il mourut en 1504.

FRÉDÉRIC-AUGUSTE de Pologne. Voy. AUGUSTE.

FRÉDÉRIC de Holstein. Voy. FRÉDÉRIC (Adolphe-).

FRÉDÉRIC-GUILLAUME LE GRAND, électeur de Brandebourg, né à Cologne en 1620, succéda en 1640 à son père Georges-Guillaume. Il fit la guerre aux Polonais avec avantage jusqu'en 1657. Il s'unit avec l'Espagne et la Hollande dans la guerre de 1674 contre Louis XIV, roi de France, chassa les Suédois du Brandebourg, et mourut en 1688. Quelques historiens le mettent au nombre des rois de Prusse sous le nom de Frédéric-Guillaume Iᵉʳ. Mais c'est à tort, puisque la Prusse ne fut érigée en royaume que sous son fils Frédéric Iᵉʳ.

FRÉDÉRIC. Cinq rois de Prusse ont porté ce nom. FRÉDÉRIC Iᵉʳ, électeur du Brandebourg, fils du précédent, né en 1657 à Konisberg. Il fit négocier en 1700 l'érection de la Prusse en royaume, et fut reconnu roi (18 janvier 1701). Il augmenta ses États et mourut en 1713. Ce prince, généreux et aimant la magnificence, fonda plusieurs académies. — FRÉDÉRIC-GUILLAUME Iᵉʳ, fils du précédent, lui succéda sur le trône en 1713. Il était né en 1688. Il commença par rétablir l'ordre dans les finances, la police, la justice, l'armée, et fut bientôt en état d'entretenir 50,000 soldats sous les armes. Il se déclara contre Charles XII, roi de Suède, le chassa de la Prusse (1715), repeupla son royaume dévasté par la peste, encouragea l'industrie et le commerce en créant de nombreuses manufactures. Il était scrupuleux observateur de la discipline militaire. Il n'aimait ni les savants ni les poëtes; son fils Frédéric II était obligé d'étudier en secret. Ayant voulu se soustraire par la fuite aux mauvais traitements qu'il endurait, il fut condamné à mort, et ne dut son pardon qu'aux prières réitérées de l'empereur. Frédéric-Guillaume mourut en 1740. — FRÉDÉRIC II (CHARLES-FRÉDÉRIC), fils du précédent, né en 1712, monta sur le trône en 1740. Il entra avec ses troupes en Autriche, vainquit les troupes impériales, s'empara de la Silésie et du comté de Glatz. La guerre reprit en 1744. En 1757, il vit se réunir contre lui la Russie, l'Allemagne, la Saxe la Suède et la France. Dépouillé de tous ses États, il les reconquit par de nombreuses victoires, et obtint la paix en 1763. Après une guerre de peu de durée avec l'Autriche, terminée en 1779, il mourut en 1786. Il maintenait la discipline militaire avec une grande sévérité; il fit fleurir la justice, le commerce et les arts. Il cultiva lui-même les sciences et les belles-lettres. On connaît ses lettres à Voltaire; il correspondait avec les plus grands hommes du siècle. Il était bon musicien et littérateur. Il a écrit des *poésies*, les *Mémoires de Brandebourg*, des odes, des épîtres, un poëme sur l'*Art de la guerre*, le *Code Frédéric*, l'*Éloge de Voltaire*, l'*Anti-Machiavel*, etc. — FRÉDÉRIC-GUILLAUME II, fils de Frédéric (Henri-Louis), frère de Frédéric II, succéda en 1786 à son oncle. Il était né en 1744. Ce prince se laissa entraîner à de grandes débauches. Il fut l'instigateur, en 1787, de la guerre entre la Turquie et la Russie. Il avait promis de soutenir la première, mais il ne tint pas parole. Il poussa également les Polonais à se révolter (1788) contre la Russie. En 1792, il proposa de former une coalition pour rétablir en France le pouvoir détruit, et, après une petite invasion en Champagne, il traita avec les républicains. En 1793, il s'unit avec la Russie contre la Pologne, s'empara de Dantzick, de Thorn, de Cracovie, mais ne put s'emparer de Warsovie. L'Angleterre s'engagea (1794) à lui payer 50 millions de francs, à la condition qu'il fournirait 62,000 hommes à la coalition. Mais il l'abandonna en 1795, fit la paix avec la France, et mourut en 1797. Son fils Frédéric-Guillaume III, né en 1770, est monté sur le trône en 1797 et est mort en 1840.

FRÉDÉRIC (Henri-Louis), connu sous le nom de prince *Henri de Prusse*, était fils de Frédéric-Guillaume Ier, roi de Prusse, et frère de Frédéric II. Il naquit à Berlin en 1726. Il fit sa première campagne en 1742, dans la guerre contre l'Autriche. Il épousa en 1752 Guillemine de Hesse-Cassel. La guerre de sept ans (1756), dans laquelle on vit toutes les puissances prendre les armes contre Frédéric II, devint pour lui l'occasion de déployer ses talents militaires. Il décida du succès de la bataille de Prague (1757), et se distingua dans toutes les campagnes de cette époque. Après la paix (1763), il cultiva les sciences et les lettres. Eloigné des affaires par son neveu Frédéric-Guillaume II, il vint en France et mourut en 1802.

FRÉDÉRIC (Le colonel), fils de Théodore, roi de Corse, partagea ses malheurs. Il embrassa d'abord la carrière militaire, et alla en Angleterre (1754) où, dépourvu de toutes ressources, il vécut pendant quelque temps en donnant des leçons de latin. Il entra ensuite au service du duc de Wurtemberg, qui le nomma colonel et son agent particulier. Abandonné dans la suite par son protecteur, il se suicida pour mettre un terme à sa misère (1797). Il a écrit des *Mémoires pour servir à l'histoire de la Corse*, et une *Description de la Corse*.

FRÉDÉRIC, monnaie d'or usitée en Prusse. Les *doubles frédérics* valent 41 francs 61 centimes de notre monnaie ; les *frédérics simples* valent 20 francs 80 centimes, les *demi-frédérics* valent 10 francs 40 centimes.

FRÉDÉRICKSBOURG, château de plaisance, à 6 lieues de Copenhague (Danemarck). C'est là que sont sacrés les rois. Ce château est immense, et renferme de nombreux haras, des bergeries, une grande pépinière, une fonderie de canons et des moulins à poudre.

FRÉDÉRICKSHALL, province de la Norvége, dans le diocèse de Christiania. Sa superficie est d'environ 88 lieues carrées, et sa population de 104,000 habitants. La capitale est *Frédérickshall*, avec 3,845 habitants. Cette ville a des fabriques de sucre et de tabac. Elle commerce en fer et en planches. C'est en assiégeant le château de cette ville que Charles XII, roi de Suède, mourut, à ce que l'on croit, assassiné.

FRÉDON, espèce de tremblement dans la voix qu'on observe chez quelques personnes qui chantent. *Fredonner*, c'est chanter sans articuler d'une manière peu distincte. — *Fredon* désignait, dans los jeux de cartes, trois ou quatre cartes semblables ; quatre rois réunis, trois dames réunies, etc., formaient des fredons.

FREDRO (Maximilien-André), né en Pologne. Il obtint les charges de palatin de Podolie et de maréchal de la diète. Il écrivit un grand nombre d'ouvrages en latin ou en polonais, sur la politique et l'art militaire. Ces ouvrages sont très-répandus dans la Pologne, surtout les *Proverbes et Conseils politiques, militaires et moraux*. Fredro, mort en 1679, a été surnommé le *Tacite polonais*.

FREETOWN, capitale de la colonie anglaise de la Sierra-Leone, dans l'Afrique orientale. Cette ville est située à l'embouchure de la rivière Sierra-Leone. Sa population est de 4,000 habitants, la plupart nègres libres.

FRÉGATE, bâtiment de guerre qui par son importance vient après les vaisseaux de ligne. Sa construction ne diffère pas de celle du vaisseau. Les frégates se distinguent les unes des autres par le calibre des canons dont leur batterie est armée. Les plus fortes portent de trente à quarante-quatre canons de trente et au moins autant de caronades de trente. La frégate est le bâtiment qui présente le plus d'avantages et qui est le mieux voilé. Elle est remarquable par sa marche, la vélocité de ses mouvements et d'autres ressources qu'elle peut offrir ; aussi la nomme-t-on la *Reine des mers*. Dans les armées navales, les frégates se tiennent sur les ailes ou en avant pour éclairer la marche, transmettent les ordres et les signaux dans les combats, et empêchent les vaisseaux désemparés de tomber au pouvoir de l'ennemi. On s'en sert encore pour escorter les flottes marchandes. La frégate peut porter de 650 à 850 tonneaux. Son tirant d'eau (quantité dont elle enfonce dans l'eau) est de dix-huit pieds. — Autrefois on nommait, mais à tort, *frégate*, tout bâtiment à trois mâts qui avait une marche supérieure.

FRÉGATE ou TACHYPÈTE, genre d'oiseaux palmipèdes, ou dont les doigts des pieds sont réunis par une membrane. Le bec est robuste et long de cinq ou six pouces. Les le bec est une peau qui peut quelquefois former un sac d'une grande capacité. Les pieds sont rougeâtres. Les frégates sont de la grosseur d'une poule ; elles ont le vol élevé et hardi ; ce sont les oiseaux de proie de la mer. Elles vivent de poissons et de mollusques. Le plumage est noir ou roux avec des taches blanches.

FRÉGATON, nom ancien d'un bâtiment de Venise, du port de 400 tonneaux et n'ayant que deux mâts.

FRÉGOSE ou FREGOSO, famille célèbre de Gênes. Elle a produit les personnages suivants : Dominique Fregoso, élu doge après Gabriel Adorno (1371). Sous son gouvernement, les Génois obtinrent de grands succès en Chypre. Il fut déposé en 1378, après une sédition. — Jacques, son fils, fut nommé doge en 1390, et fut déposé en 1391. — Thomas, élu doge en 1415, fit lever au roi d'Aragon le siège de Bonifacio. Gênes s'étant rendu (1421) au duc de Milan, il abdiqua, mais il fut réélu en 1436 et déposé en 1442. — Jean fut doge en 1443, puis Louis (de 1447 à 1450). Pierre lui succéda ; il essaya en vain de chasser les Français de l'Italie ; mais il mourut dans un combat. — Paul, archevêque de Gênes, fut nommé doge en 1462, mais fut dépouillé par le duc de Milan. — Baptiste, son neveu, élu doge en 1478, fut chassé par son oncle Paul Fregoso, qui remonta sur le siége ducal en 1483, mais qui fut forcé de donner Gênes au duc de Milan. — Jean, élu en 1512, fut chassé par les Français en 1513. — Octavien Fregoso, nommé doge en 1513, chassa les Français du fort de la Lanterne ; mais, dans la suite, il traita avec François Ier, qui le fit gouverneur de Gênes. Forcé de se rendre à Charles-Quint en 1523, il mourut quelques jours après.

FRÉHEL, cap de France, sur la côte N.-O. de Bretagne, à 4 lieues de Saint-Malo (Ille-et-Vilaine). — On y allume un fanal destiné à diriger les navigateurs qui vont à Granville ou à Saint-Malo.

FREIN, obstacle que l'on oppose au mouvement du corps. En mécanique, c'est la force qui arrête le mouvement d'une machine et l'oblige de s'arrêter. — C'est aussi le nom : 1° d'une espèce de métal que l'on met dans la bouche des chevaux pour les gouverner ; 2° d'un cerceau qui environne le rouet d'un moulin à vent et qui sert à l'arrêter subitement ; 3° de vagues qui frappent avec force. — Le *frein de la langue* est le filet situé au bout du ligament qui la retient.

FREIND (Jean), né en 1675 en Angleterre, natif du comté de Northampton, se consacra à l'étude de la médecine, et devint premier médecin de la princesse de Galles, depuis reine d'Angleterre. Il mourut à Londres en 1728. Il a laissé un grand nombre d'ouvrages : *l'Histoire de la médecine*, *l'Emménologie*, des *Leçons de chimie*, un *Traité de la fièvre*, des *lettres*, etc.

FREINSHEMIUS (Jean), né à Ulm (Souabe) en 1608. Il professa l'éloquence à l'université d'Upsal (Suède). La reine Christine le choisit pour son bibliothécaire et son historiographe. Mais il retourna dans sa patrie, où il obtint (1656) une chaire de professeur à l'université d'Heidelberg et une charge de conseiller électoral. Il mourut en 1660. Il possédait la plupart des langues anciennes et modernes. Il s'occupa de faire des *supplements* à Tacite, Tite Live et Quinte Curce ; ces supplements sont devenus classiques ; ils remplacent les passages perdus de ces auteurs.

FRÉJUS, ville de France, chef-lieu du canton du Var, près l'embouchure de l'Argens, dans la Méditerranée, à 7 lieues et demie S.-E. de Draguignan. Population, 2,700 habitants. Fréjus fut fondé par les Massiliens, premiers habitants de Marseille ; César l'agrandit et y fit creuser un port (aujourd'hui comblé), des amphithéatres, un aqueduc long de quinze lieues et qui n'existe plus. Elle s'appelait alors *Forum Julii*. Détruit en 940 par les Sarrasins, Fréjus s'est relevé de ses ruines, mais a perdu toute son importance. — Cette ville possède de beaux restes de son ancienne splendeur ; elle a un évêché érigé dans le IVe siècle, suffragant de l'archevêché d'Aix, un séminaire diocésain qui compte cent trente élèves et un bel hôpital.

FRELATER, action d'altérer des aliments ou des boissons par le moyen de substances plus ou moins nuisibles avec lesquelles on les mêle et qui les dénaturent. Le soin de rechercher la fraude et d'en poursuivre la punition appartient aux magistrats chargés de la police relative à la salubrité publique. Ils doivent faire vérifier par des experts et de bons connaisseurs la mauvaise qualité des boissons ; s'il est constaté qu'elle peut nuire à la santé, elle doit être répandue ; il est dressé procès-verbal du délit, pour qu'on puisse appliquer la loi pénale. Cette loi punit d'un emprisonnement de six jours à deux ans, et d'une amende de 16 à 200 francs, celui qui vend ou débite des boissons falsifiées, nuisibles à la santé. Les boissons doivent être saisies et confisquées. Les fraudes simples (par exemple, l'action de mettre beaucoup d'eau dans les liqueurs) se punit par une amende de 6 à 10 francs.

FRELON, espèce de *guêpe*. Cet insecte, long d'un pouce, est noir et brun, mélangé de jaune ou de fauve. Sa piqûre est très-redoutable, son nid est entouré par un pédicule, recouvert d'une espèce de parapluie, arrondi et n'ayant qu'un ou deux rangs de cellules ; le frelon place ce nid dans les greniers, les trous des murailles ou les trous des arbres. Les sociétés varient de cent à deux cents individus. Au commencement de l'hiver, presque toute la colonie meurt ; il ne reste que quelques femelles fécondées qui la renouvellent au printemps suivant. On a prétendu que les frelons volaient le miel des abeilles.

FRÉMISSEMENT, mouvement insensible qui s'effectue entre les molécules des corps et surtout des corps sonores, tels que les cloches, les cordes d'instrument, et qui consiste en une série de vibrations, lesquelles se communiquent à l'air et produisent les sons. — En médecine, c'est une sensation qu'on se fait sentir dans tout le corps, et qui semble être le résultat d'un mouvement nerveux des parties dans lesquelles il est produit.

FRÊNE, genre de la famille des jasminées, renfermant des arbres propres aux climats tempérés des deux continents. Le *frêne commun* (grand frêne ou frêne des *bois*) s'élève à près de quatre-vingts pieds de haut; sa croissance est rapide, il vient dans toutes les terres, mais surtout dans les terrains légers et humides. Le tronc est droit, parsemé de gros boutons courts et noirâtres. Les feuilles sont formées de six à treize folioles allongées, pointues, d'un beau vert, portées sur un pétiole ou rameau commun; les fleurs, disposées en grappe, s'ouvrent en avril et en mai; les fruits sont ovales, oblongs, la graine oblongue et comprimée. Le frêne nuit beaucoup aux végétaux qu'il entoure, épuise le sol par ses longues racines, et a la propriété de laisser tomber sur les plantes, après la pluie et la rosée, une liqueur visqueuse qui leur est funeste. Le bois est blanc, veiné, très-uni et liant, pesant cinquante livres douze onces le pied cube. On le travaille au tour pour en faire des manches d'outils, des petites machines; on en fait encore des cercles de tonneaux, des brancards de voitures, diverses pièces de charronnage, des commodes, des coffres, des planches d'armoire et autres meubles; mais il se laisse facilement attaquer par les vers. Il brûle bien, jette beaucoup de chaleur, et fait d'excellent charbon. Ses feuilles servent à la nourriture des bestiaux. La semence, fermentée dans l'eau, donne une boisson usitée en Suède; la première écorce sert à teindre en bleu, la deuxième est un excellent fébrifuge. *Le frêne à fleur et le frêne de Calabre* produisent la *manne* du commerce.

FRÉNÉSIE ou PHRÉNÉSIE, délire aigu, sorte de folie, accompagnée de fièvre, de *convulsions*, de fureur, et qui est le plus souvent le symptôme d'une inflammation cérébrale, d'une fièvre maligne ou d'une maladie profonde des intestins. C'est le délire porté à son plus haut point. Le meilleur moyen de le calmer est d'employer simultanément les applications froides sur la tête et les applications chaudes aux pieds. — Le mot *frénésie* désigne encore l'inflammation aiguë de la membrane arachnoïde, une des membranes qui entourent le cerveau. Cette affection est caractérisée par une grande sensibilité dans les organes du cerveau, par un grand délire, des convulsions et une fièvre violente.

FRÉQUENCE (méd.), répétition nombreuse d'une chose dans un certain espace de temps donné. Ce mot s'applique principalement au pouls et à la respiration.

FRÈRE, terme relatif entre deux enfants qui sont issus d'*un même père* ou d'une *même mère*. C'est le deuxième degré de la parenté civile. Les *frères légitimes* sont ceux qui sont issus d'un mariage légal et légitime; ils sont *naturels* ou *illégitimes*, dans le cas contraire; *adoptifs*, lorsque l'un d'entre eux se trouve uni à la famille par voie d'adoption; *germains*, lorsqu'ils appartiennent au même père et à la même mère; *consanguins*, lorsqu'ils ont le même père; *utérins* ou *demi-frères*, ceux qui ont la même mère seulement; *jumeaux*, lorsqu'ils sont nés ensemble d'une même couche. On distingue les frères *aînés*, *puînés* ou *cadets*. Les *beaux-frères* sont les frères du mari ou de la femme; le mariage entre frère et sœur, beau-frère et belle-sœur est prohibé; aux premiers âges du monde, c'était le plus commun, car l'on cherchait à resserrer de toute manière les nœuds des familles. Les frères et sœurs ont le même rang dans l'ordre des successions. — On nomme *frères de lait* ceux qui ont sucé le lait de la même nourrice; *frères d'armes*, ceux qui combattent sous le même drapeau.

FRÈRES se dit aussi des religieux d'un même ordre et d'un même couvent. — On nommait *frères de l'Avé-Maria* ou de la *Passion* les religieux *servites*; *frères joyeux*, les chevaliers de l'ordre de la *Vierge Marie*; *frères mineurs*, les *cordeliers*; *frères de la Mort*, les religieux de l'ordre de *Saint-Paul*; *frères prêcheurs*, les *dominicains*; on appelait *frères pies*,

*agacès* ou *agaches* les moines vêtus d'habits moitié blancs et moitié noirs.

FRÈRES BLANCS, hérétiques ainsi nommés parce qu'ils portaient des manteaux blancs, sur lesquels il y avait une croix de Saint-André de couleur verte. Ils se répandirent en Allemagne au XIVe siècle. Ces visionnaires prétendaient avoir des révélations particulières pour aller retirer la terre sainte des mains des infidèles.

FRÈRES DE LA CROIX, congrégation dont les membres s'engageaient à soulager les pauvres, à visiter les malades et les prisonniers. Cette confrérie, fondée par saint François de Sales, a disparu à l'époque de la révolution de 1830.

FRÈRES DE LA ROSE-CROIX, chimistes ignorants du moyen âge, qui s'appliquaient à la recherche de la pierre philosophale, à la médecine et à l'étude de la sorcellerie.

FRÈRES DE PAUVRE VIE, disciples de l'hérétique Dulcin, ainsi nommés parce qu'ils prétendaient renoncer à tout pour ne vivre que de la vie apostolique.

FRÈRES DES ÉCOLES CHRÉTIENNES (*frères de Saint-Yon*, *frères de la Doctrine chrétienne*), communauté religieuse fondée par le P. Barré, minime, mort en 1686, d'autres disent avec plus de certitude, par M. de la Salle, chanoine à Reims (1679). Elle est destinée à répandre l'instruction dans les classes pauvres, et sans recevoir aucune paye des élèves. La confrérie fut érigée en ordre religieux par le pape Benoît XIII (1725). Les frères font vœu de chasteté, de pauvreté et d'obéissance. Leur costume consiste en une robe noire, un rabat de toile blanche, des souliers grossiers, un chapeau à larges bords et un manteau à manches pendantes. Exilés à l'époque de la révolution, ils sont revenus en France en 1801. Les frères vivent en communauté, sous la conduite d'un supérieur. Il y a en France dix congrégations, tenant 355 écoles d'enfants, comprenant 92,000 élèves environ, et 14 écoles d'adultes comprenant 1,643 élèves. On y apprend l'histoire, la lecture, la géographie, l'arithmétique, l'écriture, le dessin et la musique.

FRÈRES POLONAIS, nom que les *sociniens* de Pologne avaient pris pour montrer que la charité régnait entre eux d'une manière inviolable.

FRÈRES UNIS DE SAINT-GRÉGOIRE, ordre religieux établi en Arménie au XIVe siècle. Il prit l'habit et les constitutions des dominicains, avec la règle de Saint-Augustin. En 1356, il se réunit entièrement à l'ordre des dominicains.

FRÉRET (Nicolas), né à Paris en 1688. Il quitta le barreau pour se livrer à l'étude de l'histoire, des belles-lettres, de la philosophie et de la géographie. Entré à l'académie des inscriptions, il publia son *Discours sur l'origine des Francs*, lequel, contraire aux idées historiques de l'époque, conduisit son auteur à la Bastille. Rendu à la liberté, il s'adonna à ses premières études, et mourut en 1749. Ses œuvres forment 20 vol. in-12. On y remarque plusieurs *mémoires*, des *Lettres de Thrasybule à Leucippe*, l'*Examen des apologistes de la religion chrétienne*, qu'il attaqua ouvertement; aussi le range-t-on dans l'école de Voltaire et de Diderot. Il possédait un grand nombre de langues.

FRÉRON (Elie-Catherine), né à Quimper en 1719, entra chez les jésuites, et professa d'abord au collège de Louis le Grand. Il quitta les jésuites en 1739, et vint à Paris, dans la pensée de soutenir la cause de l'Église, la littérature du XVIIe siècle, contre celle du XVIIIe, et les principes attaqués par Voltaire et l'*Encyclopédie*, ouvrage de Diderot et de son école. Il répandit ses idées dans son journal intitulé *Lettres de madame la comtesse*. Supprimé, ce journal reparait en 1749 sous le titre de *Lettres sur quelques écrits du temps*, en 1754, sous celui d'*Année littéraire*; il ne cessa de le publier jusqu'à sa mort arrivée en 1776. Seul, il avait bravé la misère et les outrages pour combattre Voltaire et ses sectateurs.

FRÉRON (Stanislas-Louis), fils du précédent, lui succéda dans la rédaction de son journal, l'*Année littéraire*, qu'il abandonna en 1790, pour rédiger, avec son effervescence de jeune homme, l'*Orateur du peuple*, journal républicain. Appelé à la convention nationale, il vota la mort de Louis XVI, son bienfaiteur, dont il avait demandé la mise en accusation. Envoyé à Marseille et à Toulon, où s'étaient élevés des troubles, il fit mitrailler le peuple, et reçut en récompense le titre de *Sauveur du Midi*. Menacé par Robespierre, il le prévint avec ses ennemis, en l'envoyant à la mort (1794). Il fut accusé avoir organisé une réaction royaliste avec son parti nommé la *Jeunesse dorée de Fréron*; mais cette accusation n'eut aucun succès. En 1802, il fut nommé sous-préfet du sud de l'île Saint-Domingue, colonie française en Amérique, et y mourut la même année. Napoléon avait voulu lui faire épouser Pauline, sa sœur; mais ce projet ne fut pas mis à exécution.

FRESNEL (Jean-Augustin), célèbre physicien, né à Broglie (Eure) en 1788, entra dans l'administration des ponts et chaussées. Il remporta en 1819 le prix proposé pour le meilleur mémoire sur l'explication des phénomènes de la lumière. Il parvint à donner la solution de ces grands problèmes, et mourut en 1827.

FRESQUE, genre de peinture qui s'exécute ordinairement sur un enduit, encore frais, de chaux et de sable mélangés ensemble. C'est la plus ancienne, la plus durable et la plus prompte manière de peindre. Les murs destinés à la peinture à fresque doivent être secs; on y applique d'abord le *crépissure* ou enduit de chaux, de sable et de tuiles pilées; quand celui-ci est sec, on y pose le deuxième enduit, que l'on humecte d'eau, ce qui s'appelle *donner de l'amour au fond*, et on le couvre du dernier enduit, composé de chaux éteinte, de sable fin et de pouzzolane. C'est sur cette couche, *encore humide*, que l'on peint à fresque; on ne doit faire enduire que la partie de mur que l'on peut achever dans la journée. Cette peinture, dans laquelle excellent principalement les Italiens, est large et fière dans ses dessins, fraîche et brillante en couleurs. Le peintre doit mettre une grande célérité dans son exécution.

FRESSINET (LE BARON Philibert), né à Marcigny (Saône-et-Loire) en 1767. Entré très-jeune dans la carrière militaire, il passa en 1791 à Saint-Domingue, où il servit avec distinction, et y parvint au grade d'adjudant général. Revenu en France en 1797, il fit avec honneur les campagnes d'Allemagne, de Suisse et d'Italie, et fut nommé général de brigade. Il fit partie de l'expédition envoyée à Saint-Domingue; à son retour, ayant blâmé la conduite que le ministère y avait tenue, il subit un exil de cinq ans, à Bordeaux, en Italie et à Tours. Remis en activité (1812), il suivit toutes les guerres de l'empire. Napoléon le créa tout à la fois général de division, baron et commandant de la Légion d'honneur. A la restauration, il quitta le service; mais, à la rentrée de Napoléon, il commanda provisoirement la dixième division militaire. Exilé par Louis XVIII, il se réfugia en Belgique et revint en France en 1816. Après avoir resté quelque temps en Amérique, il retourna dans sa patrie en 1820 et mourut l'année suivante.

FRET (*frettage* ou *nolis*), louage, loyer d'un navire, en tout ou en partie, pour transporter des marchandises d'un port à un autre. On prend *un bâtiment à fret*, c'est-à-dire *à loyer*; *payer le fret d'un objet de commerce*, c'est en solder le port; *le fret est alors le prix du loyer*. Il désigne encore, 1° la cargaison d'un navire de commerce; 2° certains droits que les vaisseaux payent à l'entrée ou à la sortie des ports. — *Fréter*, c'est charger un navire ou le louer.

**FRETEAU DE SAINT-JUST** (Emmanuel-Marc-Marie), né en 1754, était conseiller au parlement de Paris quand la révolution éclata. Il en adopta les principes avec énergie. En 1789, il fut nommé aux états généraux par la noblesse de Melun, et se réunit ensuite au tiers état. Il proposa le premier de donner à Louis XVI le titre qui fut adopté, de *roi des Français*. Président de l'assemblée (10 octobre 1789), il alla féliciter la famille royale d'avoir fixé son séjour à Paris. On le vit ensuite dénoncer successivement les bastilles secrètes, réclamer l'abolition des ordres religieux, soutenir les avantages de la constitution civile du clergé, demander l'abolition des biens de celui-ci ; il demanda encore que le droit de faire la paix ou la guerre appartînt à la nation, et qu'aucun Français ne pût sortir du royaume. Devenu juge du tribunal du deuxième arrondissement de Paris, il fut arrêté comme suspect en 1793, condamné à mort et exécuté (juin 1794).

**FRETIN**, nom donné d'abord à la *morue* et ensuite à tout menu poisson. On appelle encore ainsi : 1º toute chose de bas prix ; 2º des anciennes brochures devenues inutiles ; 3º les branches très-petites des arbres.

**FRETTE**, cercle de fer qui sert de lien à un morceau de bois pour l'empêcher de se fendre. Les moyeux des roues sont *frettés* par leurs deux bouts ; ces frettes débordent le moyeu et forment une espèce de creux, dans lequel se trouve l'écrou.

**FREUNDWEILER** (Henri), peintre d'histoire, né à Zurich en Suisse vers 1755. Cet artiste célèbre, mort en 1795, a laissé une foule de compositions tirées de l'histoire suisse, et qui se font remarquer par la couleur du coloris et l'ensemble qui y règne. Ses portraits sont aussi très-estimés.

**FREUX** ou **FRAYONE**, espèce d'oiseaux faisant partie du genre des corbeaux, dont ils se distinguent surtout par la base de leur bec, par leurs narines, leur gorge et le devant de leur tête, qui sont dénuées de plumes. Le corps est d'un beau noir, à reflets pourpres et violets. Leur bec est effilé et de couleur noire ; le tour des yeux est d'un gris blanc. Le freux est long d'un pied six à sept pouces. Une variété, très-rare, est entièrement blanche. Cet oiseau se nourrit de petits animaux carnassiers, d'insectes et de grains. On le trouve en Europe et en Asie, où on le nomme *soloharas*.

**FREYBERG**, ville forte de Saxe, dans le cercle d'Ertzebirge, à environ 7 lieues de Dresde. Sa population est de 10,000 habitants. — Cette ville a des manufactures considérables de laiton, de fil d'or et d'argent, de tissus et de galons d'or et d'argent.

**FREYBURG** ou **FRIBOURG**, ville forte d'Allemagne, dans le grand-duché de Bade, dans le cercle de Treisam, dont elle est la capitale, à 11 lieues de Strasbourg (France). Sa population est de 11,000 habitants. — Cette ville possède une université, une belle cathédrale, un gymnase, un institut polytechnique, une école normale, des eaux thermales renommées et des papeteries. Après avoir appartenu à des ducs particuliers, Freyburg racheta sa liberté à prix d'argent (1410), et se donna aux ducs d'Autriche. Elle est célèbre par la victoire que le duc d'Enghien (qui fut depuis le grand Condé) remporta les 3, 5 et 9 août 1644, sur les troupes bavaroises, commandées par le général Merci. Cette bataille livra au pouvoir des Français une foule de villes.

**FREYRE D'ANDRADE** (Gometz), Portugais d'origine, né en 1762 à Vienne (Autriche). Après avoir servi en Portugal et en Russie, et obtenu le grade de lieutenant général, il rentra en France en 1788 avec sa division, et servit en cette qualité. Il fit avec distinction la campagne de Russie (1812), et revint dans sa patrie en 1815. Il fut arrêté en 1817 comme l'un des chefs d'un complot qui devait dépouiller le prince régnant, et mettre la couronne sur la tête du duc de Cadaval. Il fut condamné à mort avec ses complices, et exécuté. Il mourut avec courage.

**FRIARD** (Saint), patron des laboureurs, né près de Nantes en 511. Né laboureur, il sut joindre les veilles, les jeûnes et la prière au travail. Il se retira, vers la fin de sa vie, dans une petite île de la Loire, nommée *Vindonite*, avec le diacre Secondel. Il se livra à la pratique de toutes les vertus jusqu'à sa mort. Il a été mis au rang des saints. Sa fête se fait le 1er août.

**FRIBOURG.** Voy. **FREYBURG.**

**FRIBOURG** (en allemand, *Freyburg*), canton suisse, le neuvième dans l'ordre de la confédération, enclavé dans les cantons de Berne et de Vaud. Sa population est de 85,000 habitants, et sa superficie de 76 lieues carrées. Il est arrosé par la Saane, et présente de nombreuses collines. Ses pâturages sont très-estimés, et nourrissent des vaches, des chèvres et des moutons d'une belle espèce. C'est leur lait qui forme ces fromages connus sous le nom de *gruyère*. Les terres labourables sont d'une grande fertilité, et produisent des grains estimés, du chanvre, des fruits, des légumes, du lin, etc. On en exporte des chapeaux de paille, du fromage, des chevaux, du bétail, du bois et des peaux. — La population parle le français et l'allemand. La religion catholique est la dominante. Le gouvernement est une république gouvernée par un grand conseil de cent quarante-quatre membres, et un petit composé de vingt-huit membres pris dans le grand. Le chef du gouvernement se nomme *avoyer*. Le canton est divisé en douze districts administrés par un préfet. Chaque commune a un *syndic* aidé de ses *assesseurs*. Toutes les charges sont à vie ; mais les membres peuvent être suspendus et même destitués par une commission spéciale. — La capitale est *Fribourg*.

**FRIBOURG**, capitale du canton de Fribourg en Suisse, à 6 lieues de Berne et 130 de Paris. Sa population est de 7,000 habitants. — Cette ville a une cathédrale, dont le clocher s'élève à trois cent cinquante-six pieds de hauteur, un collége de jésuites, des manufactures de drap, de cuirs et de chapeaux. Cette ville commerce en épices, en bétail et en fromages. Elle existait dès le XIIe siècle. Après avoir appartenu aux empereurs (1218), elle obéit d'abord à des comtes, puis à l'Autriche, et fut déclarée indépendante en 1480. En 1481, la ville et son territoire furent reçus au nombre des cantons suisses.

**FRIBOURG** (ERMITAGE DE) ou DE SAINTE-MADELEINE, célèbre ermitage, composé d'une église, de plusieurs salles et d'une cuisine dont la cheminée a quatre-vingt-dix pieds de haut. Il est à une lieue de Fribourg (Suisse), et a été creusé dans le roc par Jean Dupré, de Gruyères, aidé d'un de ses amis, en trente-cinq ans.

**FRICHE**, étendue de terrain qu'on ne cultive pas, et où ne croissent que des herbes et des broussailles. Quand ces terres sont défrichées, elles sont propres à toutes les cultures, et peuvent produire des céréales, du bois, des fourrages, suivant leur nature particulière. La France renferme près de 3,000,000 d'hectares carrés de terres en friche.

**FRICKTHAL**, pays situé sur la rive gauche du Rhin, entre Zurich et Bâle. Il a été cédé à la Suisse par l'Autriche, et il fait aujourd'hui partie du canton d'Argovie, dont il a formé les deux districts de *Laufenbourg* et de *Rheinfelden*.

**FRICTION**, opération de médecine par laquelle on frotte une partie de la surface du corps avec plus ou moins de force, avec les mains, une brosse, du linge ou de la flanelle, soit à sec, soit avec des pommades, des huiles, des onguents, etc. C'est un moyen énergique d'activer les propriétés vitales de la peau et du sang.

**FRIEDLAND**, ville de Prusse, dans le district de Kœnisberg, sur la rivière de l'Alle. La population est de 2,000 habitants. — C'est près de cette ville que les Français vainquirent, sous la conduite de Napoléon, l'armée réunie des Russes et des Prussiens (14 juin 1807). L'armée ennemie commandée par Bennigsen, et forte de 130,000 hommes, en perdit 20,000 tués ou pris. 70 pièces de canon tombèrent en notre pouvoir.

**FRIEDRICHSHALL**, saline située en Allemagne, dans la Saxe-Hildburghausen, près du village de Liebenau. On en tire beaucoup de sel (sel de Glauber) et de la magnésie.

**FRIEDRICHSHAM**, ville forte et port de la Russie d'Europe, dans le gouvernement de Viborg, sur le golfe de Finlande. Elle renferme de grands magasins et de belles casernes. Cette ville a 2,000 habitants. Elle est très-industrieuse, et commerce en fil.

**FRIGANES.** Voy. **PHRYGANES.**

**FRIGGA** (*Freya, Frea, Frey* ou *Frée*), divinité des anciens Celtes et des Scandinaves (ancêtres des Suédois), la *Vénus* des peuples du Nord. Quelques auteurs en font la *Terre* et *Vesta*, la *mère des dieux*, confondant sans doute des divinités bien différentes. Elle seule connaissait l'avenir. On la représentait sous la forme d'une belle femme nue, ayant une couronne de myrte sur la tête. Elle tient de la main droite un globe, et de la gauche trois pommes d'or. Les Grâces la suivent sur un char. — Frigga était aussi la déesse des batailles. Elle montait un coursier toujours hennissant. Son palais porte pour inscription l'*Union des peuples de la terre*. La nuit, elle sort sur un char traîné par des chats. Toutes les fées sont ses filles, et traversent les airs sur des chevaux légers. Frigga confiait le soin de sa toilette à sa fille *Fylla* et aux *Walkyries*.

**FRIGORIFIQUE**, ce qui produit le froid. On donne particulièrement ce nom à des mélanges qui, ayant la propriété d'enlever le calorique aux corps ambiants, déterminent un refroidissement plus ou moins considérable. Ainsi, en mêlant trois parties d'hydrochlorate de chaux et une partie de neige, on peut faire descendre le thermomètre à 58 degrés 33 centièmes de degré.

**FRIGORIQUE**, nom donné par des physiciens à un fluide impondérable, et qui, répandu dans les corps, produit le froid, de même que le calorique produit la chaleur. Mais on est généralement d'accord aujourd'hui sur la non-existence de ce fluide ; car il est prouvé que les corps se refroidissent en perdant leur calorique.

**FRIMAIRE**, ancien nom d'un mois de l'année républicaine. C'était le troisième. Il répondait à la partie de l'année comprise du 21 novembre jusqu'au 21 décembre.

**FRIMAS**, gouttelettes d'eau que le passage brusque de la température chaude au froid fait congeler, et qui s'attachent à tous les corps exposés directement à l'air. Les frimas qui blanchissent la campagne pendant l'hiver sont produits par la même cause que la rosée. Les gouttes d'eau suspendues dans l'air se condensent et tombent sur les objets non abrités, et s'y gèlent.

**FRINGILLA**, nom latin que Linné donnait aux oiseaux de la famille des *fringilles*.

**FRINGILLE**, nom donné par quelques auteurs au *gros-bec*.

**FRINGILLES** ou **FRINGILLIDÉS**, famille d'oiseaux de l'ordre des passereaux conirostres. Les pieds ont trois doigts en avant et un en arrière ; le bec est disposé en cône plus ou moins régulier. Les fringilles vivent sur tous les points du globe, se nourrissent de graines, de fruits et d'insectes. Plusieurs espèces sont voyageuses, mais la plus grande partie est sédentaire. Pendant la saison des pluies, ces oiseaux occasionnent des torts considérables aux cultivateurs. Les espèces et les genres de cette famille sont en grand nombre. On y trouve les *gros-becs*, le *moineau*, le *serin*, le *chardonneret*, le *pinson* et le *bouvreuil*.

**FRIOU**, nom donné, dans le Levant, à un petit canal propre au passage des embarcations.

**FRIOUL** (en italien, *Friuli*), pays de l'Italie, dans la région N.-E. Sa superficie est de 360 lieues carrées, et sa population de 350,000 habitants. Il est borné au N. par la Carinthie, au S. par le golfe de Venise, à l'E. par le golfe de Trieste et le comté de Goritz. Ce pays, fertile et industriel, a pour capitale *Udine*. — Le Frioul, habité d'abord par les *Carni*, fut soumis par les Romains l'an 118 avant J.-C., et compris dans la Gaule Transpadane (au delà du Pô). Au v<sup>e</sup> siècle de J.-C., il fut renfermé dans le royaume des Goths, jusqu'à sa destruction en 553 ; le Frioul rentra sous le pouvoir des empereurs d'Orient. Après la fondation du royaume de Lombardie, il eut des ducs particuliers (568-776). Charlemagne le réunit au royaume d'Italie à cette époque. La charge de duc fut rétablie en 797 ; mais l'un d'eux, Bérenger, ayant été nommé roi d'Italie (876), le Frioul fit partie de ce royaume jusqu'en 953. Il appartint à divers souverains jusqu'en 1420 que Venise s'en empara. L'Autriche en prit une partie, à la fin du xvi<sup>e</sup> siècle, et le Frioul fut divisé en *vénitien* et *impérial*, séparés par l'Isonzo. Aujourd'hui l'Autriche le possède en entier ; mais la division ancienne a été conservée ; le *Frioul impérial* ou *autrichien* forme le cercle de *Gorizia* ; le *Frioul vénitien*, une division du royaume lombardo-vénitien, sous le nom de *délégation d'Udine*.

FRIPIER, nom donné à un artisan qui fait profession d'acheter, de raccommoder et de vendre de vieux meubles et de vieux habits. Le fripier fabrique et vend encore des habits et des meubles neufs. Autrefois les fripiers formaient une corporation organisée en 1544, qui possédait un syndic et quatre jurés ; le syndic et deux des jurés étaient élus le mercredi des Cendres. Les membres de cette corporation devaient avoir trois ans d'apprentissage et autant de compagnonnage. Les fripiers se nomment encore *marchands d'habits*.

FRIQUET ou HAMROUVREUX, espèce de *moineau*, plus petit que le *moineau domestique*. Il a le sommet de la tête rouge bai, le dessus du dos et du cou varié de noir et de roussâtre, le croupion et la queue gris, la gorge noire, la poitrine et le ventre d'un gris blanc, le bec noir et les pieds gris. La longueur du *friquet* est de cinq pouces. Son nom dérive de l'habitude qu'il a, lorsqu'il est perché, d'être toujours en mouvement et d'agiter sans cesse la queue. Il ne s'approche pas beaucoup des lieux habités ; mais il se tient à la campagne, sur le bord des chemins et des ruisseaux. Les friquets sont communs dans toute l'Europe. Ils sont moins destructeurs que les moineaux. Leur ponte est de six œufs d'un blanc sale.

FRIRION (Joseph-Matthias), né à Vandières (Meurthe) en 1752, entra en 1768 comme simple soldat au régiment d'Artois infanterie, et parvint par son seul mérite au grade de capitaine (1788). La bravoure qu'il montra au combat de Hocheim (1793) lui valut le grade d'adjudant général. Nommé sous-aide d'état-major général de l'armée de Rhin-et-Moselle, il se fit remarquer par son zèle pour la discipline. En 1799, il reçut une partie des attributions du ministère de la guerre. Il fut nommé ensuite successivement général de brigade, inspecteur aux revues et intendant. Il sut se concilier l'amitié de tous ceux qui furent soumis à sa juridiction. Créé baron en 1812, inspecteur en chef aux revues (1810), secrétaire général du ministre de la guerre (1810), il obtint sa retraite en 1813, et mourut en 1821.

FRISCH-HAFF, baie de la mer Baltique, dans le golfe de Dantzig, près de la Prusse. Cette baie, très-étroite, a 20 lieues de l'E. à l'O.

FRISE (archit.), partie supérieure de l'entablement d'un monument, et qui sépare la corniche de l'architrave. Elle est le plus souvent ornée de sculptures. C'est là que l'on grave ordinairement les inscriptions qui indiquent la destination d'un édifice. — On nomme encore ainsi des bandeaux peints ou sculptés, qui entourent le haut et l'intérieur d'un édifice. — La *frise ou gorge de placard* est au-dessus d'une porte, entre le chambranle et la corniche. La *frise de lambris* est un panneau de menuiserie plus long que large, dans l'assemblage d'un lambris.

FRISE, machine qui sert à faire le *ratinage*, opération qu'on fait subir à certaines étoffes, aux peluches, à l'envers du drap noir et à d'autres étoffes de laine. Elle consiste à mettre les poils de l'étoffe en forme de petits boutons. Cette opération s'effectue entre deux madriers superposés l'un à l'autre, sans cependant se toucher ; le madrier inférieur est immobile. Après avoir passé entre les deux madriers, l'étoffe coule le long d'un rouleau hérissé de pointes, où elle finit de se ratiner.

FRISE, sorte d'étoffe de laine à poil frisé, et qui n'est pas croisée. On nomme encore ainsi une toile qui vient de la province de Frise en Hollande.

FRISE (mar.), nom donné à des planches sculptées que l'on place en divers lieux de la charpente d'un vaisseau, comme ornement. — Ce sont aussi des pièces d'étoffe de laine blanche et fort épaisses, que l'on emploie pour boucher les voies d'eau et les fentes faites au vaisseau. — *Friser*, c'est se servir de l'un de ces deux objets.

FRISE (CHEVAL DE), fort soliveau long de dix ou douze pieds, hérissé de pointes et de pieux ferrés sur les quatre faces ; on s'en sert pour fermer l'entrée d'une redoute ou se défendre contre la cavalerie ennemie. On fusille l'armée des ennemis pendant qu'elle travaille à le rompre ou à le détourner.

FRISE, province de Hollande, bornée au N. par la mer d'Allemagne, à l'O. par le Zuyderzée, au S. par la province de Drenthe et l'Yssel, à l'E. par la province de Groningue. Sa superficie est d'environ 165 lieues carrées, et sa population de 180,000 âmes. Le terrain est bas, le climat humide. Cette province, dont le chef-lieu est Leewarden, commerce en bestiaux, froment, tourbe, chevaux, sardines, harengs, et renferme des manufactures de toiles et de papier. — La Frise fut habitée originairement par les *Frisons*, peuple de la Germanie. Ce peuple, soumis par les Romains, se souleva souvent contre eux ; mais il fut toujours dompté. Dans le III<sup>e</sup> siècle, il fit partie de l'empire des Francs, et eut des chefs particuliers. Le dernier, Poppon, prit en 737 le titre de comte de Frise. Le comté fut réuni en 1061 au comté de Hollande. Il n'en a plus été détaché.

FRISE, nom de la contrée basse du Sleswig, dans le Danemarck, près de la côte O.

FRISE ORIENTALE ou OST-FRISE, pays borné au N. par la mer d'Allemagne, à l'O. par le lac Dollart et la province de Groningue, au S. et à l'E. par la seigneurie de Meppen et le duché d'Oldenbourg. Sa superficie est d'environ 160 lieues carrées, et sa population de 130,000 habitants. Ce pays, qui a pour chef-lieu *Aurich*, commerce en grains, légumes, patates, chevaux, bétail, volailles, poissons, tourbe, huiles et huîtres. Il renferme des manufactures de toiles, de cuirs, d'aiguilles, etc. Habité d'abord par les Frisons (voy. FRISE), le pays est longtemps des comtes particuliers (depuis le xv<sup>e</sup> siècle) ; il avait été auparavant libre et divisé en sept cantons. Aujourd'hui c'est une principauté de Hanovre.

FRISER, action de boucler les cheveux. On frise soit avec un peigne, soit en roulant les cheveux dans du papier et les pressant avec un fer chaud, soit en les enroulant autour d'un fer chaud. — Les fabricants de draps nomment ainsi l'action de boucler, de rendre crépus les poils des draperies.

FRISI (Paul), mathématicien et philosophe, né à Milan en 1727, fit ses études chez les pères barnabites, dont il prit l'habit en 1743. Après avoir professé la philosophie à Casal, il vint à Novarre en qualité de prédicateur, et revint à Milan occuper la chaire de philosophie. En 1755, il alla professer la morale et la métaphysique dans l'université de Pise. Il mourut en 1784. Il avait de grandes connaissances en astronomie, en hydraulique, en hygrométrie. On a de lui les ouvrages suivants en latin ou en italien : *Recherches sur les causes physiques de la figure et de la grandeur de la terre, Théorie de l'électricité, Dissertation sur le mouvement diurne de la terre, sur l'atmosphère qui entoure les corps célestes, sur l'inégalité du mouvement des planètes, sur la gravitation universelle*, et des *opuscules philosophiques*.

FRISQUETTE. C'est, en termes d'imprimerie, un châssis en fer sur lequel on colle un parchemin ou plusieurs feuilles de papier très-fort. On y découpe autant de pages qu'il y en a la forme, ce qui préserve la feuille de papier blanc des atteintes de l'encre dont les garnitures de la forme sont couvertes. Quand on a placé le papier blanc sur le *tympan*, on y place la frisquette, et l'on fait passer la feuille sous presse. Elle en sort toute blanche, et n'est atteinte par l'encre qu'aux ouvertures de pages découpées sur la frisquette.

FRISSON, action propre à l'homme et à quelques animaux, et qui consiste dans une sorte de frémissement convulsif de la peau, suivi d'une sensation de froid dans tout le corps. Le plus souvent le frisson est produit par l'impression immédiate du froid. Un sentiment de frayeur et certaines maladies y donnent aussi lieu.

FRITILLAIRE, genre de plantes de la famille des liliacées, originaire de l'Europe et de l'Asie. Ces plantes sont munies d'un bulbe solide, charnu, d'où s'élance une tige à feuilles alternes. Les fleurs sont grandes, renversées, en forme de cloches à six divisions distinctes. La *fritillaire méléagride* ou *damier* se plaît dans les prés humides, s'élève à une hauteur de trente-deux centimètres ; les fleurs, assez grandes et penchées, sont violettes ou blanches, mouchetées de carreaux blancs ou jaunes, et rouges ou pourpres. La *fritillaire impériale* ou *couronne impériale* s'élève à un mètre de hauteur. Ses feuilles sont éparses, lancéolées ; ses fleurs très-grandes et d'une belle couleur safranée. Elles forment au haut de la tige une couronne surmontée d'une touffe de feuilles. Cette plante exhale une odeur fétide.

FRITTE, produit d'une fusion, d'une vitrification imparfaite, causée par l'action d'une chaleur moins forte que celle qui amène une fusion complète. C'est dans ce sens que l'on dit des *frittes de verre*, de fer, de minerais, etc. — *Fritteux* désigne la ressemblance de certaines substances avec les frittes.

FROBEN (Jean), célèbre imprimeur né à Hamelbourg (Franconie) dans le xv<sup>e</sup> siècle. Il étudia à l'université de Bâle, et se perfectionna dans les langues anciennes et dans son art. Il s'associa les savants les plus distingués, tels qu'Œcolampade et Erasme. On a de lui des éditions de saint Jérôme, de saint Ambroise, de saint Cyprien et de saint Hilaire. Il mourut en 1527. Ses fils JÉROME et JEAN, imprimeurs et hommes de lettres, ont donné des éditions des Pères grecs et latins. On reconnaît les ouvrages des Froben à une marque formée d'un pigeon perché sur un bâton tenu par deux mains, et autour duquel sont deux basilics.

FROBISHER (Martin), célèbre navigateur anglais au xvi<sup>e</sup> siècle, né dans le comté d'Yorck. Il embrassa de bonne heure l'état de marin, et s'y distingua par son audace et son habileté. Persuadé qu'il existait au nord-ouest un passage par lequel on pouvait communiquer directement d'occident en orient, il demanda et obtint du gouvernement trois vaisseaux (1576). Il découvrit plusieurs îles, longea le Groenland, mais sans pouvoir trouver ce qu'il cherchait. Il entreprit deux nouveaux voyages en 1577 et 1578. Il prit une part glorieuse (1585) à l'expédition que Drake fit aux Indes occidentales. En 1588, il contribua à la défaite de l'Armada, flotte que Philippe II d'Espagne dirigeait contre l'Angleterre. Il alla secourir Henri IV de France (1593), avec six vaisseaux de guerre, contre les ligueurs. Blessé dans un combat, il mourut des suites de sa blessure en 1595.

FROC se dit de l'habit d'un moine, et particulièrement du capuchon, de la partie supérieure de cet habit qui recouvre la tête. Le froc est toujours de la couleur de l'habit. Ce mot indique encore la profession de religieux. — Froc était une étoffe grossière de laine. La pièce avait une demi-aune de large et vingt-cinq de long.

FROCHOT (Nicolas-Thérèse-Benoît), né en 1760, fut député aux états généraux de 1789 par le tiers état de Châtillon-sur-Seine. Il se lia avec Mirabeau, qu'il aida dans ses travaux, et dont il fut plus tard l'exécuteur testamentaire. Il vota constamment avec les défenseurs du peuple. Juge de paix à Paris (1799), il fut député au Corps législatif, et nommé ensuite à la préfecture de la Seine. Il fut successivement conseiller d'État et comte de l'empire; il fut destitué brusquement de ses fonctions après la conspiration de Mallet (Napoléon 1812), dans laquelle on l'avait impliqué injustement. Le département de la Seine lui devait le canal de l'Ourcq, les fontaines publiques, la réorganisation de l'instruction primaire, etc. Louis XVIII le nomma conseiller d'État honoraire. En 1815, Napoléon l'appela à la préfecture des Bouches-du-Rhône. Cette conduite le fit dépouiller de sa place de conseiller d'État à la deuxième rentrée des Bourbons. Il mourut en 1828, après avoir vécu pendant quelque temps à l'état de simple particulier.

FROID, sensation produite par la soustraction du calorique du corps. Le froid n'est pas causé, comme l'ont prétendu quelques physiciens, par un fluide nommé *frigorique*, qui possédait d'après eux des propriétés contraires à celles du *calorique*. Mais le froid n'est, en réalité, que l'absence du calorique ou de la chaleur. Un corps se refroidit en cédant son calorique à d'autres corps environnants; mais ce refroidissement n'est jamais absolu. En hiver, notre corps ne reçoit que peu de chaleur, il en émet toujours la même quantité; la proportion n'y existe plus entre le froid et le chaud, et le premier se fait sentir avec plus de force.

— Le froid est très-prononcé vers les pôles, et est plus rigoureux sur les lieux élevés. Il augmente d'un *degré* par cent quatre-vingts mètres d'élévation perpendiculaire. Les corps qui garantissent le mieux du froid sont la laine, les poils d'animaux, la soie, qui, étant mauvais conducteurs du calorique, retiennent la chaleur qui se dégage du corps. Les tissus faits avec du coton, du lin, etc., et autres substances végétales, jouissent des propriétés contraires; aussi s'en sert-on en été. Les corps gras conservent aussi beaucoup de chaleur. L'espèce humaine est la plus belle dans les pays froids. — Le froid rend la chair des animaux grasse, mais peu savoureuse et peu substantielle; la peau devient pâle, le système nerveux moins sensible, l'appétit plus grand, et les digestions sont plus faciles.

FROID (bot.). Les suites du froid varient beaucoup selon les plantes elles-mêmes; un froid sec et long ne cause pas de mal aux plantes des montagnes, tandis que celles qui croissent dans les vallées humides souffrent beaucoup. Les premiers froids fatiguent en général les plantes, mais moins cependant que la succession du gel et du dégel. L'on voit souvent des plantes indigènes succomber à des froids auxquels résistent les plantes étrangères. Le froid cause beaucoup de mal dans les terres fertiles, fortement labourées et fécondées par de profonds engrais. Il est moins sensible sur les terres compactes et où l'eau ne pénètre que lentement, il ne fait aucun mal quand la terre est couverte de neige; il en fait beaucoup quand il succède à la pluie, à des brouillards, à une longue humidité. Les plantes aromatiques ne redoutent pas le froid; les fèves, l'avoine périssent à 11 degrés, l'olivier à 17, le noyer à 22. Un dégel très-vif fait beaucoup souffrir les végétaux exposés au soleil. Si le dégel a lieu par un temps couvert, il ne cause aucun mal.

FROID ARTIFICIEL, froid causé par des moyens quelconques. On peut produire du froid, 1° par le contact, en entourant un corps quelconque de substances plus froides qui lui enlèvent son calorique; 2° en faisant passer un corps solide à l'état liquide ou gazeux : ainsi on gèle de l'eau dans une fiole en humectant cette fiole d'éther; 3° par des moyens chimiques. Un des plus grands froids obtenus par ce procédé est produit par un mélange de neuf parties de phosphato de soude, et de quatre parties d'acide nitrique étendu d'eau. Le froid est de 39 degrés centigrades. Une partie d'eau et une partie de nitrate d'ammoniaque mélangées ensemble donnent un froid de 26 degrés.

FROIDMONT ou FROMOND (Libert), né à Hackoër sur la Meuse en 1587, fut l'ami de Descartes et de Jansenius. Il publia l'*Augustinus* de celui-ci, livre qui fit naître tant de troubles. Après avoir été interprète royal de l'Ecriture sainte à Louvain, et doyen de la collégiale de Saint-Pierre de cette ville, il mourut en 1653. On a de lui un *Commentaire latin sur les Epîtres de saint Paul*, la *Lampe de saint Augustin*. Il soutint avec constance le système astronomique de Ptolémée contre Copernic.

FROILA. Deux rois de Léon, en Espagne, ont porté ce nom. FROILA I<sup>er</sup>, fils d'Alphonse I<sup>er</sup>, lui succéda en 757. Il refit les lois de son royaume, et s'opposa aux incursions des Maures, contre lesquels il remporta en 760 une victoire célèbre. Il assassina un de ses frères; mais un autre, Aurèle, le tua à son tour pour s'emparer du trône (767). — FROILA II, frère d'Ordogno II, lui succéda en 923, souleva contre lui par ses exactions les habitants de la Castille qui se séparèrent du royaume de Léon. Le prince cruel mourut de la lèpre en 925.

FROILA ou FRUELA, usurpateur du royaume de Léon en Espagne, et fils du roi de ce pays Véremond I<sup>er</sup>, était duc de Galice. Il ne put voir sans jalousie la couronne sur la tête d'Alphonse III, son cousin, et se fit proclamer roi; mais Alphonse le vainquit et le fit poignarder en 866.

FROISSART, ou FROISSARD, ou FROISSARS, né à Valenciennes en 1337, fut destiné à la vie ecclésiastique; mais, porté par son caractère à la dissipation, il combattit peu ses penchants, et préféra d'abord à l'étude la chasse, les danses, la bonne chère et les femmes. Cependant il cultiva avec beaucoup de succès la poésie et l'histoire. Il voyagea en Angleterre, en Ecosse et en Italie, où son esprit et sa science le firent bien accueillir dans toutes les cours. Après avoir été pourvu de la cure de Lessines, il fut nommé chanoine trésorier de l'église collégiale de Chimay, et chapelain de Gui de Châtillon, comte de Chimay. Il mourut en 1410. On a de lui une *Chronique* qui comprend ce qui s'est passé en Europe depuis l'an 1326 jusqu'à l'an 1400 continuée par Monstrelet jusqu'en 1466. On y trouve une infinité de particularités touchant les affaires d'Italie, d'Espagne, d'Allemagne, de Hongrie, de Turquie, d'Afrique, de France et d'Angleterre. On a encore de lui plusieurs poëmes et des poésies légères : *Le dit dou Florin, l'Orloge amoureux, Meliador*.

FROMAGE, nom donné à de petits morceaux cylindriques d'argile, qui servent à élever et soutenir les creusets dans les fourneaux.

FROMAGE, aliment préparé avec la partie caséeuse et le beurre du lait. Les fromages faits renferment une grande quantité de caséate d'ammoniaque, qui leur donne ce goût piquant qui les fait rechercher. La qualité du fromage varie selon l'époque de l'année où le lait est recueilli, suivant l'animal qui le donne, les pâturages dont il se nourrit. — Pour faire du fromage, *en général*, on caille le liquide avant de le faire bouillir ou après son ébullition, au moyen d'un suc acide, mais le plus souvent de la *présure*, c'est-à-dire de la *caillette*, un des estomacs d'un jeune veau non sevré; on recueille le *coagulum* que l'on place dans des moules percés de trous dans le fond pour le faire égoutter; on le sale chaque jour; on le presse ensuite et on le fait sécher. On distingue les fromages écrémés et ceux qui ne le sont pas. Les premiers se fabriquent dans la partie du lait acide quand on a séparé la *crème* qui sert à faire le beurre. Les deuxièmes, nommés *de lait franc*, conservent la crème avec le lait. — Les procédés varient selon la qualité des fromages. Ceux-ci se font le plus souvent avec du lait de vache, de chèvre, de brebis et de jument. Pour que le lait caille bien, il faut une température de 10 degrés Réaumur.

FROMAGE DE BRIE. Ce fromage se conserve très-bien et est d'une excellente qualité. Pour le faire, on prend du lait avec sa crème, on le fait cailler et égoutter dans un lieu frais sur une claie d'osier pendant quelques jours. Au bout de ce temps, on le sale et on l'expose au grand air, si la température est de 15 à 20 degrés centigrades. Tous les deux jours on le retourne, et chaque fois qu'on sale la partie supérieure. On le porte ensuite à la cave sur un lit de foin, et on le retourne de temps à autre jusqu'à ce qu'il s'amollisse et devienne gras.

FROMAGE DE CHESTER. Ce fromage se fait en Angleterre comme celui de Hollande. On colore la pâte en rouge à l'aide de la plante nommée *rocou*. On retire le petit-lait, et l'on porte la pâte dans un moule qui le presse fortement.

FROMAGE DE GRUYÈRE. Ce fromage, qui se fabrique en Suisse et en Franche-Comté, est un des plus répandus et des plus connus; voici comment on le prépare. On écrème le lait s'il est trop gras; dans le cas contraire, on y laisse la crème; c'est toujours du lait de vache dont on se sert. On le verse dans une chaudière placée sur un feu clair, et on la laisse parvenir à une chaleur de 25 degrés centigrades. On le retire alors du feu, et y jette la présure (2 livres pour la quantité de lait nécessaire pour faire 30 kilogrammes de fromage). La masse se prend et se caille dans une demi-heure ou trois quarts d'heure. Quand le lait est assez caillé, on le coupe à l'aide d'une grande lame de bois, et on le réduit en petits grumeaux. On travaille alors la masse dix minutes environ, en la remuant avec un bâton armé de petites broches. On remet la chaudière sur un feu très-modéré, en remuant toujours le lait caillé jusqu'à ce qu'il ait acquis la température de 40 degrés centigrades. On retire la chaudière du feu en remuant encore pendant environ trois quarts d'heure; puis on transporte toute la masse sous une presse, dans un cercle de bois de sapin, pour dépouiller le fromage du petit-lait. Quand il en est entièrement dépouillé, on serre le cercle de bois et la presse, et on le laisse ainsi pendant vingt-quatre heures. Le fromage est alors confectionné, et on le sale des deux côtés chaque jour pendant quatre ou cinq mois avec du sel marin.

FROMAGE DE HOLLANDE. Ce fromage se fait en Hollande et dans plusieurs fabriques de France. On fait bouillir le lait encore pourvu de toute sa crème; on y jette la présure, et le lait ne tarde pas à se cailler. Alors on commence avec force la masse pour lui faire rendre le petit-lait. On le pose ensuite dans un moule creux et concave percé de quatre trous, et on l'y presse. Quand la pâte a pris de la consistance, on le tire de la forme, on la retourne, et on lui fait subir une deuxième pression. Enfin, quand il n'en découle ni petit-lait ni crème, on retire le fromage, on l'enveloppe dans une toile claire, et on le comprime graduellement sous une forte presse pendant huit ou dix heures. Après cela, on retire le fromage de la toile, et on l'immerge dans de l'eau salée. On le place ensuite dans des formes plus petites que les premières, après l'avoir salé. Lorsque la salaison est achevée, on le met de nouveau à tremper dans l'eau pendant cinq ou six heures, et on lui donne une couleur rouge.

FROMAGE DE LODÉSAN ou DE PARMÉSAN, sorte de fromage qui se fabrique en Italie, et surtout à Parme et en Lombardie. C'est le plus facile à conserver. Ce fromage se fait le plus souvent par pains de 35 à 40 kilogrammes. Voici son mode de fabrication : on fait bouillir du lait de vache dans une chaudière, et on lui laisse atteindre le degré de chaleur convenable ; on y verse alors la *présure*, l'on retire la chaudière du feu, et on laisse le lait se cailler entièrement. Quand il est arrivé à ce point, on brise le caillé à l'aide d'un bâton armé de brochettes. On le remet sur le feu en le remuant toujours. On y ajoute ensuite une petite quantité de safran en poudre délayé dans le petit-lait pour colorer la pâte, et on le remue avec force. On porte alors la température à 50 degrés environ, en ayant soin de toujours agiter la masse. On retire la chaudière du feu, on retire le petit-lait, on enlève la masse, on la fait égoutter, et on la met dans les moules en bois. On sale tous les jours le fromage pendant quarante jours et on le couvrant chaque fois de sel marin, et on colore sa surface convexe en rouge.

FROMAGE DE MONT-CENIS, fromage qui se fabrique en Savoie avec un mélange de lait de vache, de brebis et de chèvre. Ces fromages pèsent jusqu'à 12 kilogrammes. On fait bouillir le lait, on le caille, on le presse pour retirer le petit-lait, on le sale avec soin pendant trois ou quatre mois.

FROMAGE DE MONTPELLIER. Il se fait avec du lait de brebis. On le sale quand il est sec en le faisant tremper dans de l'eau salée. On le frotte ensuite avec un mélange d'huile et d'eau-de-vie, et on le tient plusieurs autres empilés dans un vase bien couvert.

FROMAGE DE NEUFCHATEL. On fait ces fromages, en Suisse, avec du lait que l'on n'écrème pas. Après avoir fait bouillir et cailler, on le met dans des moules pendant quelques heures. Ensuite on le pétrit fortement jusqu'à ce qu'il soit bien onctueux. On en remplit alors de petits cylindres de fer-blanc, dans lesquels on appuie avec un piston pour resserrer la pâte et la faire sortir ; on la reçoit dans un cylindre de papier, qui l'enveloppe. Ces fromages, les plus gras et des plus estimés, se perfectionnent en les faisant sécher sur de la paille, où on les retourne tous les jours.

FROMAGE DE ROQUEFORT. Ce fromage, un des plus anciennement connus, est très-estimé et recherché des gourmets ; mais sa conservation est très-difficile. Il se fabrique avec du lait de chèvre et surtout de brebis. Le premier donne de la blancheur à la pâte, le deuxième plus de consistance et de saveur. Ce lait est meilleur de juin en septembre que pendant le reste de l'année. Quand on a recueilli le lait, on y jette la présure. Le lait se caille dans moins de deux heures. On le brasse alors fortement, on le pétrit, et on le presse avec force pour faire écouler le petit-lait. On essuie les fromages au bout de douze heures de pression, et on les fait sécher en les retournant souvent pendant environ quinze jours. Quand le fromage est assez sec, on le transporte à Roquefort (Aveyron) pour être vendu à des propriétaires qui en achèvent la confection dans des grottes naturelles et des caves creusées dans les rochers. L'air y est très-frais. Là, on sale les fromages pendant deux ou trois jours ; on les empile ensuite les uns sur les autres

pendant quinze jours ; ils se couvrent alors de moisissures que l'on enlève avec soin. Quand ce duvet est rouge et blanc, les fromages sont bons à manger. Leur poids varie de trois à quatre kilogrammes.

FROMAGE DE SASSENAGE, fromage que l'on fait dans le Dauphiné avec un mélange de lait de vache, de brebis et de chèvre. On fait bouillir à petit feu, on le laisse reposer pendant vingt-quatre heures, on l'écrème, et on y ajoute du nouveau lait à mesure que l'on enlève la crème. On fait cailler ce mélange, on le sale et on le conserve dans des caves bien sèches.

FROMAGE DU CANTAL ou D'AUVERGNE, sorte de fromage que l'on fait en Auvergne. On prend du lait de vache avec sa crème, on le fait bouillir et cailler. On ôte le petit-lait, on le met le fromage en forme et en presse pendant quarante-huit heures. On le porte ensuite dans une cave où on le retourne tous les jours en le mouillant avec du petit-lait salé. Il ressemble beaucoup au fromage de Hollande.

FROMAGE DU MONT-D'OR, fromage que l'on fait en Auvergne avec du lait de chèvre. On fait bouillir le lait, on le caille, on le presse pour exprimer le petit-lait ; puis on fait sécher les fromages et on les frotte de vin blanc en les mettant entre deux assiettes et les recouvrant de persil.

FROMAGER, genre de la famille des malvacées, renfermant des arbres remarquables par leur croissance rapide, la grosseur de leur tronc, la beauté de leurs fleurs et par le duvet qui enveloppe les semences des fruits. Ils sont originaires de l'Amérique équinoxiale. Le *fromager à cinq étamines* est un arbre haut de trente à quatre-vingts pieds. Son bois est léger, très-cassant ; le tronc est recouvert d'une écorce verdâtre, et est parsemé de tubérosités épineuses. Les feuilles sont composées de sept ou neuf folioles lancéolées portées sur de longues tiges ou *pétioles*. La fleur est blanche, rosée en dedans ; le fruit est une capsule à cinq loges, long de seize centimètres, renfermant des semences noires, enveloppées dans un duvet semblable à celui du cotonnier. On garnit des coussins et des meubles avec ce duvet, mais on ne peut le filer parce qu'il est trop court. On retire de l'huile de ses feuilles. On mange les semences torréfiées.

FROMENT, genre de plantes de la famille des graminées, renfermant une douzaine d'espèces très-intéressantes et plus de trois cent soixante variétés. La graine du froment fait la principale nourriture d'une grande partie des hommes ; aussi est-il cultivé en tout lieu. C'est le blé le plus pesant de tous, celui qui donne le plus de farine. Le froid ou le chaud le plus rigoureux ne lui font pas perdre sa faculté germinative. On ne doit pas semer du froment sur la même terre pendant plusieurs années de suite ; il faut varier les cultures pour ne pas fatiguer la sol. Les labours et les engrais à donner au sol pour y semer le froment différent selon le terrain, les lieux et une foule d'autres circonstances. En général, on fait tremper les grains dans de l'eau mêlée à de la chaux, pour les préserver des atteintes de la carie. L'époque où il faut le semer varie selon les lieux ; la quantité de semence varie avec la qualité du grain, des terres et la saison. Chaque grain rapporte trois ou quatre tiges (120 ou 130 grains). On coupe en général le froment avant son entière maturité, on le fait sécher, on le lie en gerbes, et on le bat pour séparer le grain de la tige. L'hectolitre de froment pèse de 68 à 82 kilogrammes. Un hectare cultivé en froment rapporte en général 20 ou 22 hectolitres. Une mesure de froment en rend 7 ou 8 dans les bonnes terres.

FROMENTACÉES, nom que l'on a donné à une section de la famille des graminées, dont les graines servent à la nourriture de l'homme. Tels sont le blé, le froment, l'orge, le seigle, etc.

FROMENTAIRE ou FRUMENTALITES, nom donné à des pierres que quelques savants

ont regardées comme étant des grains de blé fossiles.

FROMENTAL, nom vulgaire donné à une espèce d'avoine qui sert de fourrage.

FROMENTEAU, nom donné à une qualité supérieure de raisin gris rouge, à grappe grosse et sucrée. Les grains ont la peau dure et un goût exquis.

FRONDE, instrument formé d'une petite bande de cuir, à laquelle sont attachées deux cordes, chacune d'un côté. On place un objet quelconque sur le cuir, et on le plie en tendant les deux cordes ; puis on fait tourner la fronde en lui imprimant peu à peu une vitesse de rotation. Lorsque cette vitesse est la plus grande possible, on lâche une corde, en retenant l'autre. La fronde s'ouvre alors et laisse partir le corps qu'elle renferme et qui devient capable de frapper avec force les obstacles. La fronde fut l'arme ordinaire des soldats à pied, dans l'antiquité et le moyen âge. Les habitants des îles Baléares (*Minorque* et *Majorque*) étaient réputés pour être les plus habiles frondeurs. Dans leur enfance, pour les rendre très-forts dans cet exercice, on leur donnait pour tout un morceau de pain, qu'ils ne mangeaient que quand ils l'avaient abattu. Les Grecs et les Romains eurent des frondeurs, ainsi que les Francs et les autres peuples du moyen âge. L'invention des armes à feu a fait abandonner cette arme.

FRONDE, nom donné aux feuilles qui s'élèvent de la racine ou de la tige de quelques plantes, et en général aux feuilles très-grandes.

FRONDE, sorte de bandage que l'on fait avec une bande fendue par ses extrémités jusqu'à deux pouces environ de sa partie moyenne. On l'emploie principalement pour fixer la mâchoire inférieure, dans le cas de fracture ou de luxation de cet os. On le nomme aussi dans ce cas *mentonnière*.

FRONDE. Lorsque le cardinal Mazarin parvint au ministère (1644) en captant la confiance d'Anne d'Autriche, régente de France et mère du jeune roi Louis XIV, les esprits étaient à un grand degré d'irritation. De nouveaux impôts, nécessités par de nombreuses guerres, excitèrent un mécontentement général contre la cour, mais surtout contre le cardinal. Mazarin vit s'élever contre lui les parlements et la noblesse ; et cette émeute fut appelée *la Fronde* (1648). Les mécontents avaient à leur tête le prince de Conti, le duc de Beaufort, le duc de Gondy coadjuteur de Retz, Turenne et le duc de Bouillon, son frère. La famille royale fut contrainte de quitter Paris. Condé, qui avait pris d'abord sa défense, s'unit aux *frondeurs* et à l'Espagne contre elle et le cardinal. Louis XIV, devenu majeur, sacrifia le ministre à la haine générale, et la tête de celui-ci fut mise à prix. Mais il méprisa cet arrêt, et vint de nouveau retrouver la cour. Turenne, alors gagné au parti de la cour, défait l'armée de Condé. Celui-ci cherche en vain à ranimer la Fronde, éteinte pour toujours par cette défaite, et le roi rentre dans Paris, appelé par les vœux de son peuple, que fatiguait cette longue guerre civile (1652). Tout fit sa soumission à Louis XIV et à Mazarin.

FRONT, nom donné, en anatomie, à la partie supérieure du visage qui s'étend d'une tempe à l'autre, et qui est comprise entre la racine des cheveux et la saillie que forme le bord de l'orbite. Le front contribue beaucoup de l'expression à la physionomie. Il est recouvert d'une peau douce et bien tendue, sillonnée le plus souvent de rides.

FRONT. Dans le langage militaire, ce mot est synonyme de *face* ou *d'aspect*. Le *front d'une troupe* ou *de bataille* est le devant, le rang antérieur d'une troupe ou de la ligne sur laquelle elle est établie. *Passer sur le front d'un régiment*, c'est parcourir un bataillon en avant du premier rang. *Attaquer de front*, c'est attaquer en face. On fait front à l'ennemi en

l'attendant de pied ferme. Dans les exercices, le mots *halte! front!* désignent l'ordre de faire arrêter une troupe qui marche par le flanc et la mettre en bataille.
— Les places fortes ont plusieurs *fronts*, c'est-à-dire plusieurs *façades*.

FRONT (mar.), ordre de marche dans lequel tous les vaisseaux d'une armée navale sont rangés sur une même ligne et marchent à côté les uns des autres.

FRONT DE BANDIÈRE, large rue qui longe le premier rang de tentes ou de baraques dans un camp; c'est là que le régiment s'assemble pour faire face à l'ennemi. Les faisceaux d'armes et les principaux gardes sont placés en avant du front de bandière.

FRONTAL, nom donné à tous les organes, à tout ce qui concerne le front ou qui a rapport à cette partie. L'*os frontal* ou *le frontal* est la même chose que l'*os coronal*. — L'*artère frontale* est fournie par l'artère ophthalmique. Elle sort par la partie interne et supérieure de la base de l'orbite, et remonte sur le front entre l'os et le muscle des paupières, et se divise en plusieurs branches. La *veine frontale* ou *préparate* est une branche de la veine faciale. Le *nerf frontal* est fourni par le nerf ophthalmique, marche le long de la partie supérieure de l'orbite, et se sépare en deux rameaux.

FRONTAL. Les chirurgiens nomment ainsi une espèce de bandeau médicamenteux qu'on applique sur le front.

RONTAUX, nom donné à des remèdes qui peuvent s'appliquer sur le front.

FRONTAUX (Sinus). On appelle ainsi deux cavités profondes, creusées dans l'épaisseur de l'os du front, séparées l'une de l'autre par une cloison médiane.

FRONTEAU, carré de peau de veau dure, qui renferme quatre morceaux de parchemin, sur lesquels les Juifs écrivent quatre passages de la loi et qu'ils mettent sur le front.

FRONTEAU, nom donné, 1º au bandage nommé *frontal;* 2º au *fronteau* dont se servent les Juifs; 3º à une pièce du harnais d'un cheval destinée à lui couvrir le front quand il est caparaçonné. — En marine, le *fronteau* est une balustrade de planche sculptée dont on couvre une face des pièces de bois qui tiennent le grand mât et qui soutiennent les ponts. On nomme *fronteau de volée* la petite saillie en bois qui reçoit et appuie les canons.

FRONTIÈRES, limites qui séparent un pays d'un autre. — On nomme FRONTIÈRES MILITAIRES, en Autriche, la partie de la lisière de cet empire, attenante à la Turquie et s'étendant de l'Adriatique à l'extrémité de la Transylvanie. Elle est longue de 350 à 360 lieues, et a une superficie d'environ 2,800 lieues carrées. Elle est habitée par plus de 50,000 familles. Chacune de ces familles a reçu du gouvernement une certaine étendue de terrain, à la charge d'entretenir un ou plusieurs soldats. Par ce moyen, toute invasion de la Turquie est impossible sur ce point. Cette organisation n'a été complétée qu'en 1746. On divise ce pays en cinq généralats, ceux de Karlstadt et de Warasdin, de Croatie et du Banat, de Péterwardein ou d'Esclavonie, du Banat hongrois et de Transylvanie, divisés en *districts* ou régiments, commandés chacun par un colonel qui reçoit les ordres d'un général ou *ban*. Les soldats ne sont jamais payés tant qu'ils restent dans leur district. Ils ne peuvent mettre leur uniforme qu'en temps de guerre. Ils sont exercés très-souvent; les habitants qui se livrent au service militaire sont exempts d'impositions.

FRONTIGNAN, chef-lieu de canton du département de l'Hérault, à 5 lieues de Montpellier. Sa population est d'environ 800 habitants. Ses vins muscats sont très-estimés. On en exporte aussi des raisins secs et des eaux-de-vie. Il y a encore des eaux minérales.

FRONTIN, personnage de l'ancienne comédie. C'était un valet audacieux, impudent, à la repartie prompte, qui dirigeait son maître dans ses plaisirs et ses affaires. Ce rôle a disparu de la scène française.

FRONTINUS (Sextus Julius), écrivain militaire et jurisconsulte romain. Nommé préteur l'an 70 de J.-C., il se démit de ses fonctions en 74, et fut élu consul. En 76, il fut nommé gouverneur de la Grande-Bretagne et soumit les Silures. L'empereur lui donna l'intendance des eaux et des aqueducs de Rome, sur lesquels il composa un traité en deux livres, intitulé *des Aqueducs de Rome;* on a encore de lui quatre livres intitulés *Stratagèmes sur l'art de la guerre,* et un traité *sur la Qualité des terres labourables.* Il mourut sous Trajan.

FRONTISPICE. On donne ce nom : 1º à l'entrée, à la première façade d'un édifice ou à ce qui est placé devant cette entrée; 2º à la première page d'un livre, où l'on représente en général les choses que l'ouvrage renferme.

FRONTO (Marcus Cornelius), célèbre orateur latin, né à Cirta en Afrique. Il fut le précepteur de l'empereur Marc Aurèle, qui lui donna le consulat l'an 144 de J.-C., et lui fit élever une statue dans le sénat. Des écrivains de son époque vantent son éloquence et son érudition. Eumenius l'a comparé à Cicéron. On a des fragments de son traité *sur la Différence des mots.*

FRONTO D'ÉMÈSE, rhéteur grec, vint à Rome sous Alexandre Sévère, et alla mourir à Athènes, où il avait enseigné l'éloquence. Il composa plusieurs discours dont un *sur l'Economie domestique,* dont on a des fragments.

FRONTON, construction de forme triangulaire, surmontant une porte, une fenêtre, une niche, ou couronnant la partie supérieure d'un avant-corps de bâtiment. Les frontons sont des saillies destinées à orner les édifices et à garantir des eaux de la pluie les personnes qui veulent entrer ou sortir. On en fait aussi de courbes, en arcs de cercle ou d'ellipse. Le plus souvent ils sont ornés de bas-reliefs.

FROSINONE, délégation des Etats de l'Eglise en Italie, bornée au N. par la comarque de Rome, à l'O. par la mer Méditerranée, au S. par la terre de Labour, à l'E. par l'Abruzze et la terre de Labour. Sa superficie est d'environ 115 lieues carrées, et sa population de 45,000 habitants. Cette province est très-fertile. Sa capitale est FROSINONE, petite ville de 5,000 âmes, à 17 lieues de Rome.

FROTTÉ (LE COMTE Louis DE). Né d'une ancienne famille de Normandie, il servait dans l'infanterie en qualité d'officier au commencement de la révolution. Elevé dans les principes monarchiques, il émigra en 1792, et se dévoua à la cause de la famille exilée. Lorsque la guerre de la Vendée éclata, il conçut l'espoir de soulever la Normandie, et débarqua à Saint-Malo (1795) avec le grade de colonel. Il rassembla une armée assez considérable, et organisa la compagnie des *gentilshommes de la couronne.* Mais, attaqué et poursuivi sans acharnement, il fut forcé de licencier ses troupes et de repasser en Angleterre (1796). Il revint en France en 1799; bientôt son armée monta à 10,000 hommes. Après quelques combats de part et d'autre, Frotté, ne pouvant plus résister, fut arrêté, condamné à mort et exécuté. Il mourut avec courage.

FROTTEMENT, résistance qu'un corps éprouve en glissant sur un autre. Tous les corps, même les plus polis, sont couverts d'éminences et de cavités, de manière que lorsqu'on applique deux corps l'un contre l'autre, les éminences de l'un entrent dans les cavités de l'autre; et, pour pouvoir les faire glisser l'un sur l'autre, il faut en arracher les parties engagées en soulevant le corps pour les dégager, et par conséquent vaincre le poids de ce corps. Cet obstacle qu'il faut vaincre, c'est le *frottement.* On en distingue deux espèces, celui qui résulte d'une surface glissant sur une autre, et celui qui résulte d'un corps roulant sur une surface; la résistance occasionnée par le premier est toujours plus grande que celle qui est produite par le second. En effet, dans ce dernier, le mouvement de rotation tend par lui-même à dégager les éminences des cavités et fait glisser le corps comme sur un plan incliné; aussi, dans les descentes un peu fortes, on empêche les roues de tourner afin d'augmenter le frottement. Quelquefois les deux frottements se combinent ensemble. — La meilleure manière de diminuer le frottement est de polir les surfaces autant que possible, ou de les enduire d'une matière qui en comble les cavités. Les frottements des surfaces semblables sont proportionnelles aux pressions. Le frottement est moins considérable quand on met en contact des surfaces hétérogènes.

FROTTEURS, nom donné à des ouvriers qui mettent en couleur les parquets ou les carreaux des appartements, et qui les cirent quand on le désire. En général, pour peindre les parquets en chêne, en noyer ou en plâtre, on emploie la couleur jaune citron. Pour l'obtenir, on fait bouillir dans seize livres d'eau une demi-livre de graine d'avignon, autant de *terra merita* et de *safran*, quatre onces d'alun ; on ajoute à la liqueur, après l'avoir passée dans un tamis, quatre livres d'eau, dans laquelle a détrempé une livre de colle de Flandre. On étend avec le balai deux couches de cette couleur, et lorsqu'elle est sèche on passe la cire et on polit avec le frottoir. — Pour cirer les carreaux des appartements, on les lave avec de l'eau où il entre de la potasse à l'aide d'une brosse forte, on laisse sécher. On fait dissoudre dans huit livres d'eau une demi-livre de colle de Flandre; on y ajoute deux livres d'ocre rouge, on applique cette couleur sur les carreaux. On donne une deuxième couche de rouge de Prusse, détrempé dans de l'huile de lin; enfin une troisième couche de rouge de Prusse détrempé avec de la colle. Quand l'ouvrage est sec, on polit avec le frottoir.

FRUCTESA ou FRUCTESIA, déesse des Romains, qui présidait aux fruits. On l'invoquait pour la conservation des moissons ou pour en obtenir d'abondantes récoltes.

FRUCTIDOR, douzième mois du calendrier fait sous la république française. Il commençait le 18 août et finissait le 16 septembre. Cinq jours complémentaires étaient placés à la suite de ce mois.

FRUCTIDOR (DIX-HUIT). En septembre 1797, le directoire régissait encore la France. Profitant de la mollesse du gouvernement, les partisans de la royauté déchue voulurent tenter un nouvel effort. Le président des cinq-cents, Pichegru, Barthélemy et Carnot, membres du directoire, et plusieurs journalistes y prirent part. Leur but était de renverser le gouvernement actuel pour y substituer la monarchie primitive ou du moins, comme Carnot et plusieurs autres, en changer la forme. Bonaparte, alors général de l'armée française en Italie, aperçut le bouleversement dont la France était menacée. Le 18 fructidor (5 septembre), Augereau, arrivé à Paris depuis quelques jours, et nommé la veille commandant de la division militaire de Paris, investit à trois heures du matin le corps législatif. Un fort détachement de troupes pénétra dans la salle et arrêta cinquante et un députés. Ils furent condamnés à la déportation, avec les deux directeurs et plusieurs autres personnes. On y remarquait Carnot, Barthélemy, Boissy-d'Anglas, Pichegru et Portalis.

FRUCTIFICATION. On entend par ce mot, 1º la fonction par laquelle une plante produit des fruits; 2º l'ensemble des parties de la fleur qui concourent à la formation du fruit, c'est-à-dire les *étamines* ou organes mâles, les *pistils* ou organes femelles, et le *réceptacle* ou cette partie de la plante qui soutient la corolle; 3º le temps compris depuis la première époque de formation du fruit, depuis sa première apparition jusqu'à son entière maturité.

FRUCTUEUX (Saint), martyr et évêque

de Tarragone en Espagne, gouvernait son troupeau avec la charité évangélique, lorsqu'il fut arrêté en 259 avec deux de ses diacres *Augure* et *Euloge*, par ordre d'Emilien, gouverneur de la province, sous les empereurs Valérien et Gallien. Ils furent condamnés à être brûlés vifs. Saint Fructueux, avant de mourir, fit une longue exhortation aux fidèles, et subit son supplice sans se plaindre. On honore ces trois saints le 21 janvier.

FRUCTUEUX (Saint), archevêque de Braga (Portugal) dans le viie siècle, descendait des anciens rois visigoths d'Espagne. Il distribua tous ses biens aux pauvres, et alla fonder dans les montagnes de Léon le monastère de Complute et prescrivit une règle à cette maison. Il se retira ensuite dans un désert où il vécut d'une manière très-austère, en se livrant continuellement aux exercices de la prière. Il sortit de son désert pour bâtir quatre autres monastères, qui furent suivis de plusieurs autres. Nommé évêque de Dume, il fut transféré en 656 à l'archevêché de Braga; il mourut en 665, après avoir donné une règle à chacun de ses monastères. On fait sa fête le 16 avril.

FRUGIVORES, nom donné aux animaux qui se nourrissent de substances végétales et en général de fruits. Le nombre en est très-grand. Plusieurs familles de mammifères ont reçu le nom de *frugivores*. Le naturaliste Vieillot a nommé ainsi une famille des oiseaux sylvains.

FRUIT, nom donné en général à cette partie d'un végétal qui succède à la fleur et qui renferme les semences fécondées. Deux parties principales constituent le fruit : le *péricarpe* ou enveloppe en est la partie extérieure, et la *graine* présente les rudiments de la plante future, et est renfermée dans le péricarpe. On distingue les *fruits secs* et les *fruits pulpeux* ou *charnus* et les *fruits composés*. Les fruits secs se nomment *cariopses*, *akènes*, *samares*, *gland*, *gousse*, *silique* et *silicule*, *follicule*, etc. Les fruits pulpeux se nomment *baies*, *drupe*, *péponide*, *noix*, etc. Ces noms varient suivant la forme des fruits. On nomme *fruits déhiscents* ou *capsulaires* ceux qui s'ouvrent à leur maturité, *fruits indéhiscents* ceux qui restent fermés. — Les fruits offrent un aliment recherché, bon nourrissant, mais sain, agréable, rafraîchissant le sang. Quand ils sont mûrs, ils sont légers et de facile digestion. Les fruits verts, âpres ou verreux, au contraire, troublent les fonctions digestives, donnent des coliques, des constipations, des maux de nerfs. — Les fruits destinés à la consommation peuvent se conserver d'une récolte à l'autre dans des *fruitiers* propres, abrités, secs et isolés. On les place sur des tablettes revêtues de paille. Le raisin doit être suspendu. La température doit être voisine de 12 degrés de chaleur. Les fruits mous sont confits sous diverses formes.

FRUIT AGRÉGÉ ou COMPOSÉ ou MULTIPLE, nom donné au fruit composé de plusieurs ovaires appartenant originairement à une seule fleur. Tels sont les fruits des mûres, des fraises, des framboises, etc.

FRUIT SIMPLE, fruit qui provient d'un ovaire unique et isolé, comme la *cerise*, la *pomme*, la *pêche*, le *melon*, etc.

FRUITIÈRES, nom donné, en Suisse et dans les départements de la France voisins, à des sociétés dont les membres portent le lait de leurs troupeaux dans une laiterie commune, où l'on fabrique du beurre et du fromage. — On nomme encore ainsi des femmes qui vendent en détail dans les villes des fruits, du beurre, des œufs.

FRUITS CONFITS, fruits mis en conserve dans le vinaigre, le sirop de sucre ou l'alcool. Les noix, les prunes, les pêches, les citrons, les oranges confits à Rouen sont très-estimés.

FRUITS LÉGUMIERS. On donne ce nom à l'*aubergine*, au *piment*, à la *tomate*, aux *melons*, *courges*, *citrouilles*, *concombres*, à l'*ananas* et aux *fraisiers*

FRUITS-PAIN, variété de pomme de terre. On nomme encore ainsi l'*arbre à pain* ou *artocarpe*, dont le fruit a le goût du pain.

FRUITS SÉCHÉS, fruits que l'on a fait sécher au four ou au soleil. Le plus souvent on les trempe avant cette opération dans l'eau bouillante Les fruits secs livrés au commerce se sèchent de cette manière. On les enferme ensuite dans des boîtes bien closes Les raisins de Corinthe, de Montpellier, de Damas, les prunes de Tours et d'Agen, les figues d'Alep, de Marseille, sont très-estimés des gourmets.

FRUITS, produits quelconques d'une chose. On nomme *fruits civils* les loyers des maisons, les intérêts des sommes exigibles, les arrérages de ferme, le prix des baux à ferme, etc

FRUMENCE (Saint), évêque d'Auxume, apôtre de l'Ethiopie et de l'Abyssinie dans le ive siècle, était de la ville de Tyr en Phénicie. Il avait été mené très-jeune en Ethiopie, et était parvenu au grade de secrétaire d'Etat. Il usa de son influence sur le roi du pays pour y propager la religion chrétienne. Saint Athanase l'ordonna évêque d'Auxume, capitale de l'Ethiopie septentrionale. Il mourut vers 360. Les Latins font sa fête le 27 octobre, les Grecs le 30 novembre, et les Ethiopiens ou Abyssins le 18 décembre.

FRUMENTARIÆ (Leges), nom de plusieurs lois romaines pour lesquelles on achetait aux dépens du trésor public du blé que l'on vendait à vil prix au peuple, et qu'on lui donna ensuite gratuitement. Les plus connues sont la loi *Sempronia*, qui ordonnait de vendre aux pauvres un tiers d'as le boisseau de blé; la loi *Apuleia*, proposée par Saturninus Apuleius, renfermant à peu près les mêmes dispositions; la loi *Cassia*, proposée par C. Cassius et M. Terentius, et qui donnait à chaque pauvre cinq boisseaux de blé par mois; la loi *Clodia*, proposée par le tribun Clodius, et qui ordonnait de distribuer le blé gratuitement; la loi *Octavia*, qui défendait de vendre le blé au peuple à un bas prix, et qui annulait les lois précédentes.

FRUSTRATOIRE, nom donné à toute liqueur prise peu de temps après le repas, dans le dessein de faciliter la digestion, qui se fait alors avec moins de peine. Le plus souvent on a recours à de l'eau sucrée ou animée d'un peu d'eau-de-vie ou de quelques substances aromatiques.

FRUSTRATOIRE se dit de tout ce qui est inutile et sans objet, des actes simulés et illusoires, de ce qui est fait pour priver une personne de ce qui doit lui revenir naturellement. Les *frais frustratoires* sont ceux qui ont été faits sans nécessité, dans la seule vue d'augmenter les émoluments d'un officier ministériel. Les procédures, les actes nuls ou frustratoires sont à la charge des officiers ministériels qui les font. Ils sont en outre passibles de dommages et intérêts, et peuvent être suspendus de leurs fonctions.

FRUSTUM (géom.), mot latin qui signifie *morceau*, et que quelques auteurs emploient pour désigner ce que l'on nomme aujourd'hui *tronqué*. Ainsi ils ont appelé *frustum de cône*, *de pyramide*, ce que nous appelons *cône tronqué*, *pyramide tronquée*.

FRUTIQUEUX, épithète donnée à toute plante ligneuse assez grande pour former un arbrisseau.

FUCACÉES, premier ordre de plantes cryptogames, de la famille des hydrophytes ou aquatiques. Les plantes de cet ordre ont toujours des tiges et des feuilles. Cette tige a de nombreux rapports avec celle des plantes phanérogames. La plante est pourvue de vésicules aériennes renfermant divers gaz. Les feuilles varient de forme selon les espèces, et sont couvertes de petites houppes de poils blancs, qui disparaissent dans certaines saisons. La couleur des fucacées est d'un vert plus ou moins olivâtre. Le contact de l'air les fait passer au noir ou au fauve brun. Les principaux genres renfermés dans cet ordre de plantes marines sont les *fucus* et les *laminaires*.

FUCINO, ou FUCIN, ou CELANO. Ce lac, nommé par les Romains *Fucinus*, est situé dans les Etats de Naples, à 7 lieues d'Aquila. Sa longueur est de 4 lieues, sa largeur de 2, sa superficie de 9 lieues carrées, et sa circonférence de 12 lieues. — Ce lac, regardé comme le cratère d'un ancien volcan, est sujet à des crues extraordinaires qui inondent les campagnes. Jules César et l'empereur Claude avaient en vain cherché à le dessécher.

FUCOIDES, ordre de zoophytes ou animaux-plantes, caractérisé par leur tige et leurs rameaux, qui sont encroûtés d'une substance calcaire peu épaisse, continue ou non articulée, sans trace de pores. Leur substance organisée est très-gélatineuse On les nomme aussi *corallines* ou *calciphytes non articulées*.

FUCUS, genre de l'ordre des fucacées, nommé vulgairement *varech*. Voy. ce mot.

FUEROS, mot espagnol qui est synonyme, en français, de *droits* et *privilèges*, ou même de *chartes* et de *constitutions*. Ce dernier sens est surtout usité en parlant des trois provinces espagnoles de Biscaye, d'Alava et de Guipuzcoa. Ces petits Etats portent le titre de *seigneuries*, et sont des républiques placées sous la protection de la couronne. Ils obéissent à des chefs nommés pour deux ans ou pour un an, selon la nature de leurs fonctions. Ils ont des tribunaux indépendants, ne payent aucun impôt. Le timbre et les douanes n'y existent pas; le commerce est libre. Il n'y a pas de troupes permanentes. Le roi n'est que *seigneur* de ces Etats. Les Biscayens, autrefois nommés *Cantabres*, étant parvenus à fixer leur indépendance, s'établirent dans les montagnes, et leur forme de gouvernement, leurs *fueros*, ont subsisté jusqu'à ce jour, maintenus par les rois d'Espagne. La constitution imposée à Marie-Christine ayant détruit leurs droits, les Biscayens prirent les armes en faveur de don Carlos (1833). Mais, voyant que la guerre civile se prolongeait sans que l'on fit droit à leurs réclamations, plusieurs d'entre eux, sous la conduite de Muñagorri, levèrent l'étendard de la révolte. Mais cette tentative eut peu de succès. Abandonné de la France, il n'eut d'autre ressource que de chercher un asile au delà des Pyrénées.

FUESSLI ou FUSELI (Matthias), peintre, né à Zurich (Suisse) en 1598. Doué d'une grande imagination, il aimait à représenter des scènes touchantes ou pleines d'effroi, telles que des incendies, des batailles, etc. Ces scènes étaient représentées le plus souvent se faisant pendant la nuit. Il mourut en 1665. On a de lui *Gédéon surprenant le camp des Madianites*, *l'Ange du Seigneur exterminant l'armée de Sennachérib*, *l'Incendie de Troie*, *de Sodome*, *des tempêtes*, *des hivers* et *des portraits*. — Son fils et son petit-fils furent aussi peintres. Ce dernier mourut en 1739.

FUESSLI ou FUSELI (Henri), de la famille du précédent, né à Zurich (Suisse) en 1742. Né peintre, il alla suivre à Berlin les leçons des grands maîtres de l'école allemande, et voyagea ensuite dans toute l'Europe. Il repassa en Angleterre en 1778, et se fixa à Londres. Il devint professeur de dessin à l'académie de cette ville, et mourut au commencement du xixe siècle. On a de lui *Lady Malbeck*, *le Spectre de Dion*, *Hercule domptant les chevaux de Diomède*. Il a écrit des *Leçons sur l'art de la peinture*, des *Réflexions sur les arts des Grecs*, etc.

FUFFIA, famille plébéienne de Rome. — Ce mot désigne encore, 1° une loi qui défendait de porter des lois les jours de fête; 2° une loi proposée l'an 62 avant J.-C. par Q. Fuffius Calenus, ami de Clodius, et qui statuait que Clodius, accusé d'avoir violé les rites de la bonne déesse, serait jugé par des juges choisis par le sort.

FUFFIUS GEMINUS, Romain célèbre par

son esprit. La faveur de l'impératrice Julie, femme de Tibère, l'éleva au consulat l'an 27 de J.-C. Accusé de lèse-majesté pour avoir laissé échapper quelques plaisanteries sur Tibère, Fuffius se perça de son épée. Son épouse Publia Prisca se tua sur la même accusation.

FUGACE, nom donné, en botanique, à certains organes qui tombent et disparaissent peu de temps après leur apparition.

FUGALES, fêtes romaines, nommées ainsi en mémoire de l'expulsion des Tarquins. Selon d'autres versions, leur nom dérivait de ce que le grand prêtre prenait la fuite (en latin *fugere* veut dire *fuir*) après avoir frappé la victime, ou de ce qu'on les célébrait en l'honneur de *Fugia*, déesse de la joie que causait la fuite des ennemis. Ces fêtes étaient très-licencieuses.

FUGITIVES (POÉSIES), pièces de vers de peu d'importance, inspirées par une occasion, une circonstance quelconque, et qui n'ont entre elles aucune liaison. Les poëtes qui se sont le plus distingués dans ce genre de poésie sont Voiture, Pavillon, Charleval, Saint-Pavin, Saint-Gelais, Desportes, Chaulieu, Voltaire, Gresset, Bernis, Dorat, Desmahis, Boufflers, etc.

FUGUE, pièce de musique, établie sur une phrase donnée, sur une idée principale qui se reproduit constamment, et qui passe alternativement dans toutes les parties par une imitation périodique. On la nomme ainsi parce que les parties semblent se fuir dans les reprises de l'idée principale. Cette idée principale se nomme le *sujet*. On remarque encore dans la fugue les *contre-sujets*, qui accompagnent le sujet; la *réponse* ou reprise du sujet par la partie suivante : le plus souvent elle ramène au ton; l'*exposition*, composée d'un certain nombre de reprises du sujet et de la réponse; les *épisodes*, qui se composent d'imitations formées de fragments du sujet et du contre-sujet, et jettent de la variété dans la fugue, tout en servant à moduler. Lorsque le compositeur veut rentrer dans le ton primitif, il fait la *stretta* ou les *strettes*, imitations plus vives du sujet et de la réponse. On nomme *fugue du ton* ou *tonale* celle dans laquelle le sujet et la réponse sont contenus dans les limites du ton et de l'octave; *fugue réelle*, celle dans laquelle la réponse se fait à la quinte supérieure. La *fugue régulière modulée* va d'un ton à un autre; la *fugue d'imitation*, dans laquelle la réponse imite le sujet à un intervalle quelconque; la *fugue obligée* ou *régulière*, quand on ne traite que le sujet pendant toute la fugue; la *fugue irrégulière* ou *libre*, quand on traite plusieurs sujets. La forme des fugues varie beaucoup. Dans la musique instrumentale et d'église, la fugue produit des effets admirables.

FUGUÉ, ce qui est dans le style ou la forme d'une fugue. Un chœur *fugué*, par exemple, est celui dans lequel une phrase principale est imitée par les diverses parties. Le *contre-point fugué*, c'est-à-dire à 3, 4, 5, 6, 7 parties, etc., se nomme aussi *alla Palestrina*, du nom d'un compositeur qui s'est illustré dans ce genre.

FUITES D'EAU, ouvertures par lesquelles s'écoulent les eaux d'un étang, d'un canal ou de tout autre réservoir semblable. Pour les boucher, on est forcé souvent d'employer des mastics, des ciments qui peuvent résister aux efforts de l'eau. Quelquefois on doit refaire le mur qui forme le réservoir.

FULBERT, évêque de Chartres, était né en Italie. Après avoir étudié à Reims, il alla professer à l'école de Chartres, et s'acquit la réputation du plus savant homme de son siècle. Il y ouvrit une célèbre école de théologie, d'où sortirent un grand nombre de savants. Sacré évêque de Chartres vers 1016, il n'en continua pas moins ses leçons. Il composa des hymnes, régla la discipline et les mœurs dans son diocèse, et se fit respecter et aimer de tout le monde. Il mourut en 1028, après avoir bâti l'église de Chartres, détruite en 1837.

On a de lui des *sermons*, des *poésies*, des *lettres théologiques*, etc.

FULCINIUS TRIO, délateur romain, vivait sous Tibère dans le 1er siècle de l'ère chrétienne. Il fit condamner à mort Pison, l'empoisonneur de Germanicus. Consul en 31 de J.-C., il fit condamner à mort Séjan, son ami. L'an 35, il se vit lui-même accusé, et fut forcé de se donner la mort.

FULCRAND (Saint), né à Lodève (Hérault), dans le xe siècle, de parents nobles, mais qui l'élevèrent dans la piété et la connaissance des belles-lettres. Il portait toujours un cilice, et jeûnait avec une grande rigueur. En 949, il fut nommé évêque de Lodève. Il réprima les grands qui tyrannisaient le peuple. Ce saint homme faisait de nombreuses aumônes, consolait les malades, et subvenait aux besoins des pauvres. Il mourut en 1006. On fait sa fête le 13 février.

FULDE, petite rivière d'Allemagne, qui prend sa source près de Francfort et se jette dans le Wéser. — C'est aussi le nom d'une ancienne principauté d'Allemagne, comprise entre la Hesse et la Franconie, d'environ 120 lieues carrées de superficie, et renfermant 70,000 habitants. Cette principauté était fertile en blé, fruits et bois. Elle possédait de nombreuses eaux minérales, et commerçait en toiles. Elle fait partie aujourd'hui de la Hesse électorale. — La capitale, autrefois FULDE, est aujourd'hui une ville de Hesse électorale, avec 5,000 âmes. Elle a une belle bibliothèque, et commerce en étoffes de laine.

FULDE, ancienne abbaye d'Allemagne, fondée en 744 sous la règle de Saint-Benoît par saint Boniface, apôtre de la Frise. Elle était bâtie sur la petite rivière de la Fulde. Cette abbaye relevait immédiatement du pape. Les empereurs élevèrent ses abbés à la dignité de princes de l'empire. Ils obtinrent le droit de siéger, aux pieds de l'empereur, aux diètes de l'empire, avec le titre et les fonctions d'archichancelier de l'impératrice. Benoît XIV érigea l'abbaye en évêché en 1752. De cet évêché dépendait la principauté de Fulde.

FULGENCE (Saint), né à Télepte dans la Byzacène (Afrique) en 468. Sa mère Marianne lui inspira la plus grande piété, et le fit instruire dans les sciences et les lettres. Il se retira de l'âge de vingt-deux ans dans un monastère où il brisa son corps par de nombreuses austérités. Obligé de fuir les persécutions des ariens, il vint à Rome, en 500, visiter les tombeaux des saints et des martyrs. Revenu en Afrique, il fut ordonné prêtre et (508) évêque de Ruspina. Mais Trasimond, roi des Vandales, le bannit deux fois en Sardaigne. Son successeur Hilderic le rappela en 523. Fulgence mourut en 533, regretté de tout son peuple. Ses ouvrages sont nombreux; ce sont un *Livre contre les ariens*; *trois Livres au roi Trasamond*, *trois Livres adressés à Monime*, son ami, sur des sujets théologiques; *deux Livres sur la rémission des péchés*, un *Traité sur la foi*, un *Traité de la vérité, de la prédestination et de la grâce*, et *des lettres*.

FULGORE, genre d'insectes hémiptères, famille des cicadaires, ayant deux yeux lisses, le tête aussi longue que le corps, et quelquefois beaucoup plus grosse, de forme très-variable. Ces insectes sont ornés de couleurs brillantes, et sont propres aux pays chauds de l'Asie et de l'Amérique. Une espèce très-petite et entièrement verte se trouve dans le midi de l'Europe et de la France. Au dire des voyageurs, les fulgores répandent une vive lumière pendant l'obscurité. La *fulgore porte-lanterne* est longue de trois pouces, large de quatre à cinq. Sa couleur est d'un jaune verdâtre mouchetée de noir et de blanc. La tête est longue d'un pouce.

FULGORELLES, tribu d'insectes hémiptères, famille des cicadaires, ayant pour caractères deux yeux lisses, un museau prolongé, quelquefois plat, les pieds propres au saut; les ailes sont posées en toit dans le repos

FULGURATEURS, devins étrusques qui expliquaient les raisons pour lesquelles la foudre tombait sur un endroit plutôt que sur un autre. Ils donnaient ainsi le moyen de s'en préserver.

FULGURITE, nom donné par les Romains aux lieux et aux objets frappés par la foudre. Il n'était plus permis de s'en servir; ils étaient réputés sacrés, et l'on y élevait des autels où l'on sacrifiait des brebis noires de deux ans.

FULGURITES ou ASTRAPYALITES, nom donné à des tubes que l'on trouve souvent dans des collines de sable où ils se ramifient à une profondeur de cinq à trente pieds. Ces tubes creux et complètement vitrifiés, varient dans leur grosseur. Ils sont dus à la foudre, qui, en tombant sur le sable, s'y enfonce et le vitrifie sur son passage. On les nomme aussi *tubes fulminaires*.

FULIGINEUX, ce qui est de la couleur de la suie, qui a un rapport, une ressemblance avec elle. En médecine, on donne cette épithète aux parties qui prennent une couleur brunâtre, ou qui se couvrent d'un enduit qui offre cette couleur.

FULLEBORN (Georges-Gustave), né à Glogau (Prusse) en 1769, fit ses études à l'université de Halle, fut nommé diacre de l'Église luthérienne, et peu de temps après professeur des langues hébraïque, grecque et latine à Breslan. Cet homme savant s'acquit une grande réputation en Allemagne, et mourut en 1803. Il a laissé de nombreux ouvrages sur la philosophie et les belles-lettres, une traduction des *Satires* de Perse, une *Théorie abrégée du style latin*, des *contes populaires*, en allemand, etc.

FULMINANT, nom donné par les chimistes à toutes les substances qui ont la propriété d'éclater avec bruit lorsqu'on les chauffe légèrement, qu'on les broie ou qu'on les presse avec plus ou moins de force.

FULMINATES, substances qui détonent sous le plus léger frottement, et même à une haute température. Tel est le *fulminate d'argent* ou *poudre fulminante d'argent*, qui a la propriété de faire explosion au moindre choc, et qui se compose d'oxyde d'argent et d'ammoniaque.

FULMINATION, détonation subite avec un bruit violent, et qui est l'effet de la décomposition instantanée des matières fulminantes.

FULMINATION, sentence d'un évêque ou de tout autre ecclésiastique commis par le pape, par laquelle on ordonne que des bulles ou autres rescrits pontificaux seront exécutés. Mais on ne nomme plus particulièrement ainsi l'exécution ou la lecture d'une sentence d'anathème, faite publiquement et avec solennité.

FULTON (Robert), célèbre ingénieur, né en Pennsylvanie (Amérique) en 1767. Issu de parents pauvres, il étudia le dessin, la peinture et la mécanique, dans le but de se créer une profession. Venu à Londres en 1786, il présenta au gouvernement (1793) des projets d'améliorations importantes pour les canaux, les routes, les ponts, etc., mais qui ne furent pas accueillis. Il perfectionna des moulins à scier le marbre et des machines pour filer le chanvre et faire les cordages. Espérant trouver en France un meilleur accueil, il vint à Paris en 1796, mais sans obtenir plus de succès. Il avait proposé un projet de canalisation intérieure qui présentait de nombreux avantages. Revenu dans son pays, il imagina un bateau sous-marin, voyageant entre deux eaux sans être vu, donnait le moyen de détruire facilement les vaisseaux ennemis. Mais sa plus utile invention est celle des bateaux à vapeur (1807). Il mourut en 1815. L'Amérique prit son deuil, et en a conservé le souvenir. La loi doit tout ce qui fait sa force et sa splendeur.

FULVIA, famille célèbre de Rome, dont les branches étaient celles des *Curvus*, des *Nobilior*, des *Flaccus*, des *Pœtinus* et des *Centumalus*

**FULVIA**, loi portée à Rome l'an 26 avant J.-C. par le consul Flaccus Fulvius. Elle accordait le droit de bourgeoisie à tous les peuples de l'Italie.

**FULVIA** ou **Fulvie**, courtisane romaine, fut aimée de Q. Curius, complice de Catilina. Cicéron se servit d'elle pour connaître de la bouche même de Curius les détails de la conjuration, qu'il lui fut facile alors d'étouffer.

**FULVIA** ou **Fulvie**, dame romaine, épouse d'abord du tribun Clodius. Après la mort de celui-ci, elle fit apporter le corps de son époux dans le vestibule de sa maison, et, ayant assemblé le peuple, l'ameuta dans une sédition dont le résultat fut l'embrasement d'une partie du sénat. Après la mort de son second mari, le tribun Curion, elle épousa Marc Antoine, et l'encouragea dans ses proscriptions. Cette femme ambitieuse, implacable ennemie de Cicéron, se fit porter sa tête lorsqu'il fut assassiné, et perça sa langue avec un poinçon d'or. Antoine l'ayant quittée pour Cléopâtre, Fulvie voulut porter Octave à lui faire la guerre; mais, n'ayant pu y réussir, elle prit les armes avec Lucius, frère d'Antoine, contre Octave lui-même. Mais, celui-ci ayant été vainqueur, Fulvie se retira auprès de son époux; il la reçut avec tant de froideur, qu'elle mourut de chagrin l'an 40 avant J.-C.

**FULVIA** ou **Fulvie**, dame romaine que quelques Juifs convertirent à leur religion, pour la dépouiller de ses bijoux, sous prétexte de les consacrer à Dieu. Son mari s'étant plaint à Tibère, celui-ci défendit l'exercice de la religion judaïque à Rome.

**FULVIUS FLACCUS (Quintus)**, célèbre Romain, fut quatre fois consul (de 237 à 209 avant J.-C.). Dans la guerre avec les Carthaginois, il battit leur général Hannon, et s'empara de Capoue après un siège d'un an. Il fit décapiter tous les sénateurs de cette ville. Il s'empara ensuite du territoire des Hirpiniens, des Lucaniens et d'autres peuples qui s'étaient soumis à Annibal.

**FULVIUS NOBILIOR (Marcus)**, préteur romain en Espagne l'an 199 avant J.-C., porta ses armes jusqu'au Tage, et fut partout vainqueur. Consul l'an 189 avant J.-C., il fit la guerre en Grèce, s'empara d'Ambracie, de l'Étolie et de l'île de Céphallenie, et obtint les honneurs du triomphe. Nommé censeur l'an 179 avant J.-C., avec Emilius Lepidus, il consentit à se réconcilier avec lui dans l'intérêt de la patrie. Pendant sa magistrature il fit construire un port sur le Tibre.

**FULVIUS FLACCUS (Quintus)**, préteur romain l'an 181 avant J.-C. fut envoyé en Espagne. Il battit les Celtibères à Ebura, et reçut à son retour à Rome (178) les honneurs du triomphe et du consulat. En 174 avant J.-C., il fut nommé censeur avec A. Posthumius Albinus. Ils furent les premiers qui firent paver les rues de Rome. Il mourut étranglé dans son lit. L'on prétendait que Junon l'avait fait périr de cette manière pour se venger de ce qu'il avait profané son temple.

**FULVIUS FLACCUS (Marcus)**, consul romain l'an 125 avant J.-C., fut chargé de faire exécuter la loi agraire proposée par les Gracques, et seconda ceux-ci dans leur projet d'obtenir à tous les peuples de l'Italie le droit de citoyens romains. Il battit les Gaulois, et obtint les honneurs du triomphe. Quelques années après, cité par le consul Opimius avec Tiberius Gracchus, pour rendre compte de leur conduite, Fulvius refusa de répondre, et s'empara du mont Aventin. Forcé de se réfugier dans un bain public, il y fut mis à mort avec son fils.

**FUMAGALLI (Ange)**, né à Milan en 1728, entra dans une abbaye de l'ordre de Cîteaux, et s'y livra à l'étude de la théologie, des langues anciennes et orientales. Il alla professer à Rome la théologie et la diplomatie jusqu'en 1773, qu'il fut nommé abbé de son monastère. Il mourut en 1804. On a de lui plusieurs ouvrages, entre autres :

*l'Histoire des arts du dessin chez les anciens*, un *Traité d'économie rurale*, un *Mémoire sur l'irrigation des prairies*, un traité sur *l'Origine de l'idolâtrie*, la *Vie d'un littérateur du XVIe siècle, F. Cicerico*, une *Histoire de la Lombardie*, un traité sur *les Institutions diplomatiques*, etc.

**FUMARIACÉES**, section de la famille des papavéracées, renfermant les plantes dont le type est la *fumeterre*. Quelques naturalistes l'ont détachée à tort des papavéracées, pour en faire une famille à part.

**FUMAY**, chef-lieu de canton des Ardennes, sur la Meuse, à 4 lieues et quart de Rocroy. Sa population est de 2,500 habitants. Cette ville, située entre la frontière et la Meuse, est remarquable par son industrie et par l'exploitation de ses mines d'ardoises; ce sont les meilleures de France. Fumay dépendait jadis du diocèse de Liège. Il y a quelques siècles que cette ville formait avec Revin, Fépin et Montigny un pays neutre et indépendant, réuni à la France en 1770.

**FUMÉE**, vapeur plus ou moins épaisse. Elle se distingue de la *vapeur* proprement dite, en ce qu'elle renferme diverses parties solides et liquides, et que la vapeur est à l'état de gaz seulement. Elle peut être causée, 1° par la volatilisation d'un corps solide qui se répand dans l'atmosphère; 2° par la décomposition de certains corps par le feu : ainsi le bois qui brûle mal répand de la *fumée*; 3° par la volatilisation d'un des principes immédiats d'un corps composé : ainsi, lorsqu'on chauffe des baumes composés de résine et d'acide benzoïque, ce dernier se dégage et se répand dans l'air sous forme de fumée. —Les chasseurs nomment *fumées* la fiente des bêtes fauves.

**FUMEL**, chef-lieu de canton du Lot-et-Garonne, à 6 lieues de Villeneuve d'Agen; sa population est de 2,600 habitants. Cette ville, située sur le Lot, est très-industrieuse, et commerce en toiles et grains. Elle renferme un vieux château, berceau de la famille de Fumel, qui a donné des hommes distingués à la France. On possède un recueil de *lois* ou *coutumes*, données dans le XIIe siècle aux habitants de Fumel par leurs seigneurs.

**FUMET**, vapeur, émanation qui se dégage du corps des animaux, des lieux dont ils se sont approchés, et qui fait connaître la présence et la qualité de ces animaux. Le chien et le chat possèdent, avec une grande perfection, la propriété de sentir le fumet des êtres organisés. C'est un moyen pour eux, ainsi que pour d'autres animaux, de reconnaître et d'éviter par suite leurs ennemis. — Le mot *fumet* s'applique aussi à plusieurs objets ou corps inorganisés, tels que les végétaux, les liqueurs, etc.

**FUMETERRE**, genre de plantes herbacées de la famille des papavéracées, ayant pour caractères des tiges basses, garnies de feuilles très-longues, de fleurs blanchâtres disposées en grappes ou en épis, ayant quatre pétales. Leur nom vient du goût âcre, amer et semblable à celui que donne la suie, que ses feuilles ou ses tiges mâchées laissent dans la bouche. On connaît la *fumeterre jaune* à la verdure persistante, aux fleurs jaunes et blanchâtres; la *fumeterre bulbeuse*, aux fleurs blanches et pourprées, assez grandes, qui s'épanouissent depuis février jusqu'en mai; la *fumeterre à grandes feuilles*, au beau feuillage, aux fleurs jaunes et noires; la *fumeterre commune* ou *officinale*, qui vient dans les champs, les haies, etc. Ses tiges, grêles et rameuses, sont terminées par des épis de fleurs rougeâtres, depuis avril jusqu'en juillet. On l'administre en infusion ou en décoction dans les maladies cutanées, les faiblesses d'estomac, etc.

**FUMIER**, nom donné à la fiente des animaux mêlée dans les étables avec la paille qui leur sert de litière. On emploie les fumiers des animaux comme un engrais puissant propre à nourrir et activer la végétation. On étend la signification de ce mot à toute espèce d'engrais. Les fumiers proprement dits présentent de grandes différences, selon les animaux qui les produisent. Les plus actifs, tels que celui de mouton en première ligne, et celui de cheval en deuxième ligne, sont nommés *fumiers chauds*; ceux qui sont moins actifs, comme celui des vaches, sont nommés *fumiers froids*. Le fumier de mouton ou de chèvre est très-convenable pour fertiliser les prairies humides; le fumier des chevaux s'emploie dans la culture en grand, dans les terres fortes et argileuses, l'engrais des jardins, pour faire végéter des plantes méridionales dans les pays froids, etc.; celui de vache s'emploie pour les terres sèches et maigres. On emploie encore le fumier pour abriter les châssis, les couches d'eau, les pompes, etc., des gelées. Le fumier, après une longue fermentation sur le sol, se change en *terreau*.

**FUMIGATION**, opération dont l'objet principal est la production d'un gaz ou d'une vapeur que l'on reçoit dans un espace circonscrit, dans le but de purifier et de désinfecter l'air ou d'agir sur une partie de la surface du corps humain. En médecine, on se sert des fumigations contre les maladies cutanées, contre les rhumes de cerveau, etc.

**FUMISTE**, nom donné à l'artisan qui fait métier d'empêcher les cheminées de fumer. Cet art est encore très-imparfait. Diverses circonstances font fumer les cheminées. Il faut une grande habitude pour les reconnaître et y porter remède.

**FUMIVORE**, nom donné aux fourneaux et aux cheminées dans lesquels des dispositions particulières sont ménagées dans le but d'achever la combustion des parties combustibles qui se sont échappées dans les conduits de la fumée.

**FUNAIRE**, genre de mousses, lequel habite l'Europe, l'Asie et l'Afrique. La *funaire hygrométrique* se trouve communément sur les murs, les rochers et les fentes un peu humides. Cette mousse, ainsi nommée à cause des propriétés hygrométriques qu'elle possède, a une tige peu rameuse, garnie de très-petites feuilles oblongues, pointues. La capsule terminale est grande, oblique, d'un brun rougeâtre, et supportée par un long filet, qui se tord sur lui-même quand le temps est sec, et qui se déroule et s'étend lorsqu'on l'humecte ou que le temps est humide.

**FUNAMBULE**, celui qui sait danser sur la corde. Cet art remonte à une très-haute antiquité. Il était connu des Grecs et des Romains, et un grand nombre de peintures antiques en ont conservé le souvenir. Au moyen âge, plusieurs funambules devinrent célèbres : l'histoire possède le nom de quelques-uns d'entre eux. Mme Saqui a joui de nos jours d'une grande réputation.

**FUNCHAL**, capitale de l'île de Madère, bâtie sur les côtes de la baie *Funchal*, au pied d'une haute montagne. Sa population est de 15,000 habitants, presque tous Anglais. Cette ville est grande et belle; elle renferme de belles églises, et commerce en confitures et en vins. Funchal a un évêché.

**FUNDY**, grande baie de l'Amérique septentrionale entre la Nouvelle-Ecosse et l'État du Maine.

**FUNÈBRES (Jeux)**, fêtes, solennités qui se célébraient aux funérailles des rois, des princes, des héros ou des magistrats. On y étalait une grande magnificence; tous les exercices du corps, mais surtout les combats des gladiateurs, s'y montraient tour à tour. Ces jeux duraient quelquefois quatre ou cinq jours. On y assistait en habits de deuil, et les femmes en étaient exclues. Quand les jeux étaient terminés, on donnait des festins publics, où tout le monde était habillé de blanc. Après le repas, on donnait des comédies. Les jeux funèbres furent abolis par Théodoric, roi des Ostrogoths, en 600 de J.-C.

**FUNÈBRES** (Honneurs). Les honneurs à rendre aux dépouilles mortelles des militaires sont fixés par un règlement. Ils sont proportionnés au grade du mort; mais, depuis le maréchal de France jusqu'au simple soldat, chacun a droit d'être accompagné militairement au lieu de la sépulture; chacun est honoré de trois décharges de mousqueterie plus ou moins fortes; quand il y a des tambours, on les couvre de drap noir; si les drapeaux sortent, on les voile d'un crêpe, et les officiers en portent au bras gauche et à la garde de l'épée. Ces détachements sont commandés par un militaire du grade qu'avait le défunt.

**FUNÉRAILLES**, derniers devoirs rendus aux morts. Ces solennités ont varié selon les peuples et les temps. La religion catholique est grave et lugubre dans ces cérémonies. Elle accompagne l'homme à son tombeau après lui avoir prodigué les consolations et l'espérance du bonheur. Les cimetières sont le plus souvent situés à l'entrée des villes.

**FUNÉRAILLES ÉGYPTIENNES.** En Égypte, on *embaumait* les cadavres, on les mettait dans des coffres, et on les portait dans le sépulcre de leurs ancêtres. Le cimetière le plus célèbre était celui de Memphis, séparé de la ville par le lac Achérusie. Dès qu'un homme était mort, des juges examinaient sa vie avec attention. S'il avait bien vécu, on le faisait transporter sur l'autre rive par un batelier (en égyptien, *charon*); ceux qui n'avaient pas bien vécu étaient ensevelis simplement dans une fosse nommée *tartare*. Les méchants, les traîtres et les tyrans étaient exposés aux oiseaux de proie et aux bêtes fauves. Les rois eux-mêmes étaient soumis à cette coutume. On portait leur deuil pendant soixante-dix jours; la justice pendant ce temps était interrompue, et les temples étaient fermés.

**FUNÉRAILLES GRECQUES.** Chez les Grecs, quand un malade venait d'expirer, on l'appelait à haute voix; on le lavait, on le couvrait d'essences, on l'exposait dans le vestibule de la maison, couvert d'une robe blanche, et les pieds tournés vers la porte. Quand le temps de garder le corps était expiré (ce nombre de jours n'était pas fixe), on le plaçait sur un lit que portaient des hommes; les joueurs de flûte, et les parents du mort le précédaient dans sa marche à sa dernière demeure. Arrivé près du bûcher ou du tombeau, on mettait une pièce de monnaie dans la bouche du mort, et à côté de lui un pain. La pièce était pour Charon, batelier des morts, le gâteau ou le pain pour le chien Cerbère, gardien des enfers. Puis on inhumait le corps. Si on le brûlait, on sacrifiait sur le bûcher des bœufs et des moutons; on éteignait les flammes avec du vin, et on plaçait les cendres dans des urnes. Un grand repas terminait les funérailles. Les convives étaient couronnés d'immortelles. Les Lacédémoniens célébraient les funérailles sans aucune pompe et avec la plus grande simplicité.

**FUNÉRAILLES JUIVES.** Chez les Juifs, les cérémonies des funérailles duraient sept jours; elles se prolongeaient jusqu'au trentième jour pour les princes et les rois. Pendant ce temps on jeûnait, on se rasait les cheveux, on marchait pieds et tête nus, on couchait sur la cendre, revêtu d'un cilice. On chantait des hymnes funèbres, et on portait le corps embaumé de parfums et revêtu d'un linceul dans le tombeau qui lui était destiné. On brûlait quelquefois les corps.

**FUNÉRAILLES ROMAINES.** Lorsqu'un Romain était mort, on l'appelait à haute voix; on allait faire inscrire son nom sur les registres des *libitinaires*, et on l'exposait revêtu d'une robe blanche ou de parade, sur un lit de parade, dans le vestibule de sa maison, pendant sept jours; le huitième jour, un héraut public annonçait dans les rues de Rome les funérailles. Le corps était porté le visage découvert, sur un lit, par les fils ou les plus proches parents du mort. La marche s'ouvrait par des joueurs de flûte et de trompette; après eux venaient des bouffons qui imitaient les gestes et la voix du défunt. On portait les marques des dignités possédées par le mort, ainsi que les trophées de sa gloire. Après le corps venait une troupe de pleureuses à gages. On brûlait le corps au champ de Mars, après lui avoir mis une pièce d'argent dans la bouche. On immolait sur le bûcher des taureaux et des béliers; on éteignait le feu avec du vin; on lavait les cendres avec du lait et du vin; on les plaçait dans une urne que l'on déposait dans le tombeau de la famille; les parents disaient un *adieu* éternel, et tous se retiraient. — Les pauvres étaient ensevelis sans aucune pompe. — Les funérailles se faisaient avec une grande magnificence pour les sénateurs et les patriciens.

**FUNÈRE**, nom donné par les Romains, dans les cérémonies funèbres, à la plus proche parente du mort. Elle devait rester dans la maison, tandis qu'une autre femme, nommée *præfica*, et qui était payée exprès, suivait le tombeau en faisant semblant de pleurer.

**FUNGINE**, principe immédiat des végétaux, qui constitue le tissu des champignons. Il est composé d'oxygène, d'hydrogène, de carbone et d'azote. La fungine est blanche, molle, fade, sans saveur. On l'obtient en faisant bouillir les champignons dans une eau alcaline.

**FUNGICOLES**, famille d'insectes coléoptères, ainsi nommée parce que ces animaux vivent dans les champignons (en latin, *fungus*).

**FUNGIQUE** (Acide), acide qui se trouve dans un grand nombre de champignons. Il est incolore, incristallisable, déliquescent et d'une saveur très-aigre. Il est sans usage.

**FUNGUS**, nom latin des *champignons*. Linné a nommé ainsi la famille des *champignons*. En médecine, *fungus* est une excroissance qui vient sur le corps. Voy. Fongus.

**FUNICULAIRE** (Machine), assemblage de cordes à l'aide desquelles des puissances et des résistances se font équilibre, c'est-à-dire par le moyen desquelles des puissances soutiennent un ou plusieurs poids. C'est la plus simple des machines.

**FUNICULE**, nom donné par quelques auteurs au *podosperme* ou cordon ombilical, filet qui unit la graine au *placenta* du fruit.

**FUNIN** se dit d'un cordage blanc dont on se sert dans les ports pour les grandes opérations. Il y en a de différentes grosseurs.

**FUNSTERMUNTZ**, passage important du Tyrol, dans les Alpes (canton des Grisons), à 20 lieues environ d'Inspruck.

**FUOGO** ou **Saint-Philippe**, une des îles du Cap-Vert, la plus haute et une des plus considérables, entre Saint-Iago et Brava. Sa circonférence est d'environ 7 lieues, et sa population de 10,000 habitants. Cette île renferme plusieurs volcans, et est fertile en maïs, courges et melons.

**FURCELLAIRE**, genre de plantes cryptogames, de l'ordre des fucacées, ayant une couleur olivâtre, qui devient noire, rougeâtre ou verdâtre par la dessication ou même par l'exposition à l'air et à la lumière. Leur grandeur varie de trois à dix pouces. Leurs fruits sont des corpuscules ovoïdes et rougeâtres, renfermés dans des espèces de gousses. La tige et les rameaux sont cylindriques et sans feuilles.

**FURENS**, petite rivière de France dans le département de la Loire. Elle prend sa source au-dessous du village de Bessat, et parcourt, en passant par la ville de Saint-Étienne, 35,000 mètres, jusqu'à la Loire où elle se jette. Ses eaux, excellentes pour la trempe des fers, rendent le Furens d'une grande utilité. Il sert de principe moteur à deux cent huit usines pour la fabrication du papier, de l'acier, des armes à feu, des lacets, etc., lesquelles font vivre un grand nombre d'ouvriers. Le Furens arrose de plus 1,000 hectares de prairies, produisant par an 250,000 francs de foin.

**FURET**, mammifère carnassier, du genre *putois*, aux jambes courtes, au corps mince et allongé, au museau très-pointu, au dos très-flexible. Il est long environ de deux pieds, en comprenant la queue; son poil est d'un jaune clair, varié de blanc et de noir; la queue est noire, les yeux roses. Tout son corps répand une odeur très-fétide. Le furet suce avec plaisir le sang de ses victimes; il est très-carnassier. Ses mouvements sont très-agiles. Le furet est originaire d'Afrique. C'est un des ennemis les plus acharnés des lapins; aussi l'emploie-t-on pour la chasse de ces animaux. Le furet dort presque continuellement; on est exposé quelquefois à le voir s'endormir dans le terrier d'un lapin.

**FURETIÈRE** (Antoine), né à Paris en 1620, s'attacha d'abord à l'étude du droit, et fut procureur fiscal de l'abbaye de Saint-Germain des Prés. Il embrassa ensuite l'état ecclésiastique, et fut nommé abbé de Chalivoi, près de Bourges. L'académie l'appela dans ses rangs en 1662. Il en fut exclu en 1685, après une longue querelle; la cause en était qu'il avait composé et publié un *Dictionnaire français*, l'académie ayant seule le droit de faire un livre semblable. Il ne cessa de distiller les plus amères satires contre ses anciens confrères et amis, jusqu'à sa mort arrivée en 1688. Cet écrivain a laissé, outre son *Dictionnaire* (1690), des *satires* en vers, des *paraboles évangéliques*, le *Roman bourgeois* et des *fables*.

**FURFURACÉ**, ce qui ressemble à du son. Ce nom se donne 1° à une espèce de sédiment qui se forme quelquefois dans l'urine, 2° à de petites parties de la peau qui se détachent sous la forme de la farine ou du son. On observe cet effet dans les *dartres*. Voy. ce mot.

**FURGOLE** (J.-B.), avocat au parlement de Toulouse, né à Castel-Férus (Gers) en 1690, possédait la science des lois, des coutumes et des usages de la France à cette époque. Son érudition était immense. Il fut l'ami du célèbre d'Aguesseau. Nommé capitoul en 1745, il mourut en 1761. On a de lui un *Traité des curés primitifs*, un *Traité des testaments*, un *Traité sur la seigneurie féodale*, etc.

**FURIA**, famille noble de Rome, était originaire de Medullia, ville du Latium. La branche des *Camilles* fut la plus illustre.

**FURIA** (Loi), loi attribuée à un tribun du peuple, C. Furius. Elle défendait d'accepter un legs ou héritage excédant 1,000 as, et condamnait les réfractaires à une amende quadruple de la somme qu'ils avaient reçue. — La *Furia Caninia*, décrétée par le tribun C. Furius Caninius, défendait de donner la liberté à plus de cent esclaves à la fois.

**FURIES.** Voy. Euménides.

**FURIEUX.** En termes de blason, ce mot désigne un taureau élevé sur ses pieds.

**FURINE** (myth.), déesse des voleurs. Les Romains célébraient en son honneur des fêtes nommées *Furinales* le 25 du mois de juillet.

**FURIUS BIBACULUS** (Marcus), poète latin satirique, né à Crémone l'an 102 avant J.-C., composa des épigrammes contre César et un *Poëme sur la guerre des Gaules* en vers iambiques. On a des fragments de ces ouvrages.

**FURIUS CAMILLUS.** Voy. Camille.

**FURIUS CAMILLUS SCRIBONIANUS**, général en Dalmatie sous l'empire de Claude (42 de J.-C.), osa aspirer à l'empire; mais ses soldats le mirent à mort. Claude fit périr son fils.

**FURLONG**, mesure linéaire d'Angleterre. Elle vaut environ 660 pieds ou 220 mètres français. Elle se divise en 40 *poles* ou *perches*.

**FURONCLE** ou **Clou**, bouton peu volumineux, très-douloureux, qui a son siége dans la peau. Il se développe le plus souvent sur la peau du dos, des fesses, du ventre, des aisselles, aux paupières. Il attaque tous les âges. Ses causes sont les plus souvent inconnues. Il se présente sous la forme d'une tumeur conique, dure, circonscrite, d'une couleur violacée, dont le volume varie depuis celui d'un pois jusqu'à celui d'un œuf de pigeon. Sa marche est très-lente. Au bout de six ou huit jours, la suppuration s'établit. On aperçoit une matière blanche et filamenteuse, placée au centre et qu'on nomme le *bourbillon*. Ce bourbillon ne sort qu'avec peine et lenteur, et enfin la tuméfaction se dissipe. Les furoncles ne sont jamais dangereux.

FURSTENBERG, principauté d'Allemagne sur le fleuve du Danube et les rivières de Wutach et Kintzig. Sa superficie est de 110 lieues carrées, et sa population de 85,000 habitants. Elle est enclavée surtout dans les cercles badois du Lac et du Danube. Elle est soumise à la souveraineté d'Hohenzollern-Sigmaringen et du Wurtemberg. Elle est très-montagneuse, et produit beaucoup de bois, de cuivre et d'argent. Les habitants sont industrieux, et se livrent à la fabrication des pendules en bois. *Donaueschingen* est la résidence des princes de cette maison. — FURSTENBERG est encore 1º une ville du grand-duché de Bade, dans le cercle du Danube et le bailliage d'Hufingen : elle a 220 habitants ; 2º une montagne boisée, de Saxe, qui produit du beau marbre.

FURT, petite ville de Bavière, dans le cercle de Regnitz, à 2 lieues de Nuremberg. Sa population est d'environ 15,000 habitants. Elle fait commerce en miroirs, montres, bijoux, bas de coton.

FURTADO (Abraham), savant juif, né à Londres en 1755. Adjoint à la mairie de Bordeaux, il se livra avec succès aux spéculations commerciales et maritimes. Nommé député à la convention, il embrassa les principes révolutionnaires avec modération, et fut proscrit avec les autres députés de la Gironde. En 1807, il présida la première assemblée générale des juifs de France, et contribua beaucoup à obtenir l'établissement des consistoires de sa religion. Il mourut en 1817. On a de lui quelques ouvrages.

FUSA (mus.), ancien nom italien de la *croche*.

FUSAIN, genre d'arbustes de la famille des rhamnées. L'espèce la plus commune dans nos taillis et nos jardins est le *fusain d'Europe*. C'est un arbrisseau élevé de douze à quinze pieds, à l'écorce verdâtre et lisse, aux branches lisses, nombreuses, verdâtres et quadrangulaires, aux feuilles ovales-oblongues, pointues; aux fleurs petites, d'un vert pâle, s'ouvrant au printemps. Le fruit est une baie à quatre ou cinq côtes, renfermant autant de graines. Ce fruit est d'un rouge vif. On l'a nommé *bonnet de prêtre* à cause de sa forme. Le bois du fusain est jaunâtre, cassant. Les sculpteurs en font des fins et les luthiers s'en servent. On l'emploie dans la marqueterie. Les tourneurs en font des vis, des fuseaux, de longues aiguilles, des cure-dents, etc. Les jeunes branches réduites en charbon servent à dessiner. Ce charbon entre aussi dans la composition de la poudre à canon. Les fruits servent à teindre en jaune, en vert, et donnent une couleur rousse. Ces fruits sont âcres et purgatifs. — Le *fusain tobine* est un *pittospore*, et le *fusain bâtard* est le *célastre grimpant*.

FUSEAU, genre de mollusques gastéropodes, que l'on trouve en grand nombre à l'état fossile ou à l'état vivant. Leurs coquilles sont très-élégantes, en forme de fuseau, souvent ventrues dans leur milieu, épaisses. Leur canal est droit et allongé, leur ouverture ovale. Leur longueur varie de dix-huit lignes à quatre ou cinq pouces. Leur couleur est blanche ou brune, avec des lignes de diverses couleurs. L'animal est quelquefois d'un rouge vif uniforme. On trouve les fuseaux sur les côtes de nos mers.

FUSEAU, petit instrument en bois fait ordinairement au tour. Il est pointu par un bout, arrondi par l'autre. Vers le milieu, il a un petit renflement. On s'en sert pour filer à la quenouille et y enrouler le fil. — Dans les filatures, le *fuseau* est une petite broche de forme conique, en bois, dans laquelle on enfile des bobines de coton filé. — En mécanique, on nomme *fuseaux* les ailes d'un pignon creux.

FUSEAU. En géométrie, c'est 1º la partie de la surface d'une sphère comprise entre deux méridiens; 2º le solide que forme une courbe en tournant autour de son ordonnée ou de la ligne droite qui l'effleure en un point de son sommet, et qu'on nomme *tangente*; 3º une constellation nommée aussi *Chevelure de Bérénice*.

FUSÉE, nom donné aux parties coniques d'un essieu qui entrent dans le moyeu.— Les horlogers nomment ainsi un cône tronqué à peu près de la figure d'une cloche, dont le contour est cannelé en rainure creuse, faite en spirale allant de la base au sommet. C'est autour de cette rainure que s'enveloppe la chaîne. Une des propriétés de la fusée est de servir à égaliser la force du ressort moteur des montres.

FUSÉE (méd.), maladie du cheval qui lui vient à la jambe de devant. Elle consiste dans des abcès qui se forment et s'ouvrent successivement. La chute du sabot en est souvent le résultat.

FUSÉE PURULENTE, nom donné aux conduits que s'ouvre le pus des abcès lorsqu'il tend à s'échapper au dehors.

FUSÉE. En termes de blason, c'est un ornement d'armoiries, fait en forme de fuseau et que l'on place dans l'écu.

FUSÉE. En musique, ce mot désignait autrefois un trait rapide, une *roulade* par exemple, en montant ou en descendant.

FUSÉES, genre de pièces d'artifices renfermées dans un carton ou *cartouche* de forme cylindrique. On les remplit de poudre, de salpêtre, de soufre, de charbon pilé et de limaille de fer ou d'acier. L'extrémité du pot est rempli d'artifices qui doivent éclater en l'air. On y attache, à la partie inférieure, des baguettes d'une longueur neuf fois plus grande que la cartouche pour aider la fusée à monter. Quand on allume la mèche, la fusée s'élance dans les airs. Ce sont les *fusées volantes* ou de *signaux*. On s'en sert dans les réjouissances publiques, pour servir de signal dans les armées, pour mettre le feu à la poudre que renferment les bombes, les obus et les grenades, et les faire éclater dans les lieux où ils sont lancés. Ces dernières affectent souvent une forme particulière.

FUSER, action que présentent quelques substances, telles que les nitrates et les chlorates, qui, jetés sur des charbons ardents, laissent échapper leur oxygène, et se fondent en éclatant.

FUSIA (Loi), loi décrétée à Rome l'an 227 avant J.-C. Elle réglait l'ordre dans lequel les affaires devaient être traitées dans les assemblées du peuple. — Une autre loi *Fusia*, décrétée l'an 64 avant J.-C., réglait que les différentes classes du peuple votèraient séparément dans chaque tribu.

FUSIBILITÉ, propriété en vertu de laquelle les corps solides passent à l'état liquide par l'action du feu.

FUSIBLE, ce qui possède la propriété de se fondre ou *fusibilité*.

FUSIFORME, nom donné à tout organe, à tout objet qui a la forme d'un fuseau à filer, c'est-à-dire qui est allongé, renflé au milieu et aminci à ses extrémités. La racine de la *rave* est fusiforme.

FUSIL, arme à feu. Introduite dans nos armées en 1671, elle a souvent varié de forme. Elle succéda à l'*arquebuse* et au *mousquet*, et fut nommée d'abord *fusil à rouet*. Le feu se communiquait à la poudre au moyen d'une roue d'acier qui, en tournant, faisait jaillir des étincelles d'un caillou. Vers 1685, on imagina les *fusils à pierre*, dans lesquels le *chien*, armé d'une pierre à feu, frappait la *platine* du bassinet ; de la l'étincelle qui enflammait la poudre. En 1704, tous nos soldats en étaient armés. On y a joint une baïonnette en acier. La longueur de ces fusils varie suivant les armes. On les nomme aussi *fusils de munition*. On a imaginé de nos jours le *fusil à piston* ou à *percussion*. Dans ces fusils, le chien va frapper une capsule remplie de poudre fulminante et de poudre ordinaire, qui éclate par suite de la percussion, et enflamme la poudre du canon. On fait les fusils à un ou deux coups. Les fusils à piston présentent de nombreux avantages. Cependant nos troupes ont conservé les *fusils à pierre*. Leur durée est calculée à vingt ans. On les remplace par vingtième chaque année. Dans les corps, les fusils sont marqués à la lettre de la compagnie et au numéro du soldat qui s'en sert. On en passe l'inspection tous les jours.

FUSIL (sens div.), morceau d'acier trempé avec lequel on frappe une pierre pour en faire jaillir du feu. Les étincelles recueillies sont de petits fragments de fer fondu. — Instrument d'acier long et de forme ronde, dont les bouchers se servent pour donner le fil à leurs couteaux. — Pièce d'acier qui couvre le bassinet des armes à feu portatives, et sur laquelle va frapper la pierre à feu. On dit aussi *batterie*.

FUSIL À VENT, sorte de fusil dans lequel la balle est chassée avec force sans autre moyen que l'air qu'on y a comprimé et qui s'échappe en chassant tout devant lui. On n'entend aucun bruit, et on ne distingue qu'une faible lumière. Dans ces fusils, la crosse (le plus gros bout) est creuse et métallique. Elle porte à son extrémité une soupape qui s'ouvre de dehors en dedans. Une pompe foulante se visse sur cette extrémité. On y accumule ainsi une grande quantité d'air. On retire la pompe, on la remplace par le canon que l'on charge. En tirant un ressort adapté au canon, la soupape s'ouvre, l'air sort avec force et lance au loin le projectile. On peut tirer jusqu'à dix ou douze coups sans recharger d'air la crosse. Les effets de ces fusils sont très-meurtriers. Les autorités en ont défendu l'usage.

FUSILIER, nom donné généralement aux soldats, mais le plus souvent aux soldats de ligne qui ne sont ni grenadiers ni voltigeurs. Ainsi les compagnies du centre sont des compagnies de *fusiliers*. Dans la garde impériale, il y avait des régiments de *fusiliers*.

FUSILLADE, engagement partiel dans lequel le feu de la mousqueterie se succède sans interruption. On a nommé *fusillade de Toulon* le massacre que fit l'armée républicaine des Toulonnais (19 décembre 1793).

FUSILLER, mettre à mort un homme en lui donnant un coup de fusil. Le supplice de quiconque fait partie de l'armée est d'être fusillé, et auparavant dégradé. La loi militaire punit de mort l'assassinat, les séditions, la désertion avec armes et bagages, la correspondance avec l'ennemi, l'espionnage, l'insulte à une sentinelle ou à un supérieur, la trahison, la voie de fait envers un supérieur, etc. Tout jugement est exécuté dans les vingt-quatre heures. Le régiment auquel appartient le condamné y assiste et défile devant son corps.

FUSION, opération qui a pour objet la transformation des solides en liquides par l'action du feu. Lorsqu'on expose à l'action de la chaleur un corps fusible, il s'échauffe de plus en plus jusqu'à ce qu'il commence à se fondre. Alors la température reste constante, et ne recommence à s'élever que lorsque toute la masse est fondue. Presque tous les corps se dilatent par la fusion ; quelques-uns, tels que le fer, la glace, le bismuth, l'antimoine, acquièrent un volume plus petit après cette fusion. On nommait jadis *très-fusibles* les corps qui se fondent par l'exposition à la plus légère chaleur, et *infusibles* ceux qui ne peuvent se fondre que très-difficilement. Cette distinction n'est plus reçue de nos jours, puisque la plupart des corps peuvent se fondre. Le mercure est liquide à 39 degrés centigrades *au-dessous de zéro*, la glace se fond à 0 degré, le phosphore à 40 degrés *au-dessus de zéro*, le suif à 33, la cire jaune à 60, la cire blanche à 68, le soufre à 109, l'étain de 210 à 228, le bismuth de 238 à 283, le plomb de 260 à 325, le zinc à 370, l'argent à 20 degrés du pyromètre de Wedgwood, et le fer à 130 degrés *idem*.

FUSIUS (Quintus Calenus), tribun du peuple, défendit seul Clodius, accusé d'avoir profané les mystères de la bonne déesse. Il embrassa dans la suite le parti de César, qui le fit nommer consul l'an 47 av. J.-C. Il s'attacha ensuite à Antoine, et mourut peu de temps après lui.

FUST ou FAUSTH (Jean), né à Mayence, où il était orfèvre. On l'associe à Guttemberg et à Schœffer pour l'invention de l'imprimerie. On pense cependant qu'il n'a contribué à cette invention qu'en fournissant des fonds à Guttemberg. Il publia plusieurs livres devenus très-rares, entre autres une *Bible* (1462), un *Psautier* (1457), le *Miroir de la vie humaine*, une *Histoire de l'Ancien et du Nouveau Testament*, l'*Histoire de saint Jean l'évangéliste*. Il mourut vers 1468.

FUSTEREAU ou BILLE, nom donné à un petit bateau fort léger, qui a douze pieds de long sur quatre ou cinq de large.

FUSTET, bois d'un arbrisseau du genre *sumac*. Sa couleur est jaune veiné de verdâtre. Les tourneurs, les ébénistes et les luthiers s'en servent souvent. Il fournit à la teinture une belle couleur orangée; mais cette couleur ne s'emploie que mélangée avec d'autres couleurs.

FUSTIBALE, bâton long d'environ quatre pieds, au milieu duquel était une fronde de cuir. Les anciens s'en servaient pour lancer des pierres.

FUSTIGATION, action de battre avec le fouet ou les verges. Cette punition, pratiquée par les anciens sur les esclaves seulement, servit dans nos armées modernes contre les soldats qui n'étaient pas gentilshommes. Ces derniers étaient frappés à coups de plat de sabre. La révolution de 1790 a supprimé ce mode de punition, et ce n'est que dans quelques pays du Nord qu'on le retrouve encore.

FUT, partie d'une colonne comprise entre la base et le chapiteau. C'est le tronc de la colonne. Il a la forme d'un pilier arrondi en cylindre. La forme, les ornements, la hauteur des fûts de colonnes varient à l'infini. On nomme encore *fût*, 1° la petite pièce de bois qui fait partie d'un outil, d'un instrument; 2° un morceau de bois léger où est fixée la girouette d'un vaisseau; 3° toute espèce de *futailles*.

FUTAIE, bois qu'on a laissé grandir et que l'on a éclairci de manière à ce que chaque arbre ait atteint sa plus grande croissance. On nomme *bois de jeune futaie* ou *futaie sur taillis* le bois qui n'a pas atteint la moitié ou les deux tiers de sa grandeur (entre 27 et 40 ans); la *demi-futaie* est ce même bois dix ou quinze ans plus tard (de 40 à 60 ans); les *hautes futaies* sont les bois les plus vieux et qui ont acquis les plus grandes dimensions (de 60 à 120 ans). Après 120 ans, le bois est *vieille futaie*.

FUTAILLES, nom général donné à tous les tonneaux, aux barriques, etc., que l'on embarque dans les vaisseaux. Les tonneliers nomment *futaille montée* celle qui est garnie de cerceaux, de ses fonds et de ses barres; et *futaille en botte* celle dont les parties sont toutes préparées et à qui il ne reste qu'à les monter et y mettre des cerceaux.

FUTAINE, sorte d'étoffe dont la chaîne est en fil et la trame en coton. Elle est croisée simplement ou en double. Cette dernière est sans envers. Il y a des futaines à poil. L'ouvrier qui fait les futaines et le marchand qui les vend s'appellent *futainiers*.

FUTÉ. En termes de blason, ce mot désigne le bois d'une lance, d'une pique, d'un arbre qui est peint d'une autre couleur que le fer ou les feuilles. C'est ainsi qu'on dit : écu d'or à trois arbres de *sinople* (vert), *futés de sable* (noir).

FUTÉE, mastic formé de colle forte et de sciure de bois. On s'en sert pour boucher les fentes et les trous des pièces de bois.

FUTUR, ce qui est du domaine de l'avenir. En droit, on nomme *choses futures* tout ce qui peut arriver. Elles peuvent être l'objet d'une convention, mais il n'est pas permis de stipuler sur une succession *future*. — On nomme *époux futurs* ou *futurs* ceux qui ne sont pas encore mariés, mais qui sont liés par un projet de mariage légalement annoncé.

FYROUZ. Trois rois de Perse ont porté ce nom. — Fyrouz I$^{er}$ est un prince dont l'histoire n'a conservé que le nom. Les écrivains orientaux ont raconté une foule de fables sur son compte. — Son fils Fyrouz II succéda à son oncle Narsy ou Narsès. Ce prince cruel fut mis à mort par ses sujets révoltés. — Fyrouz III, monté sur le trône l'an 347 de J.-C., succéda à son frère Ormuzd ou Hormouz. Il périt misérablement dans une guerre contre un prince voisin l'an 376 de J.-C.

FYROUZ. Trois rois de Dehly ont porté ce nom. Fyrouz I$^{er}$ succéda à son frère Altemch l'an 1285 de J.-C. Sa cruauté et ses débauches excitèrent contre lui ses sujets qui élurent pour reine Rezyah, fille d'Altemch. Abandonnée de ses troupes, il fut fait prisonnier, et mourut misérablement au fond d'un cachot. — Fyrouz II monta sur le trône après Balyne l'an 1288. Heureux dans ses guerres, plein de vertus, il se fit aimer de son peuple. Il mourut assassiné par son neveu Allah en 1296. — Fyrouz III mourut en 1398, après un règne heureux. Il protégea les lettres et les arts.

# G

GAB

G, septième lettre de l'alphabet français et latin, la troisième de l'alphabet grec. Chez les Romains, elle se prenait numériquement pour 400, et avec un trait au-dessus, elle valait 400,000. Chez les Grecs, G valait 3 ; avec un trait dessous, 3,000. — En musique, G est le signe par lequel on désigne la note *sol* dans la solmisation allemande et anglaise. *G ré sol* était l'ancien nom de *sol* ; on disait aussi *G sol ré* ou *G sol ré ut*.

GABAON, ville capitale des Gabaonites, peuple de la Palestine, voisin des Israélites. Ce peuple fut toujours fidèle aux Juifs. Gabaon était à environ 2 lieues de Jérusalem, vers le N.

GABARE, bateau plat et large, d'une vaste capacité et portant un seul mât, servant sur les rivières à transporter les cargaisons déposées dans les ports par les gros navires et à les distribuer dans l'intérieur du pays. On a donné ce nom, dans la marine militaire, aux barques pontées ou non pontées et aux corvettes qui vont ravitailler un port, une escadre, etc. — En termes de pêche, on appelle *gabare* une espèce de filet que des morceaux de liége tiennent suspendu à la surface de l'eau, et dont les mailles sont resserrées. On s'en sert sur les bords de l'Océan.

GABARET, chef-lieu de canton des Landes, sur la Gélise, à 11 lieues un quart de Mont-de-Marsan. Sa population est de 900 habitants. C'est l'ancien chef-lieu du pays nommé jadis Gavardan ; il y existait un monastère construit en 1080, et dont il ne reste que des débris.

GAB

GABARI, patron ou modèle de la courbure que doit avoir une pièce de bois, dans les constructions navales. Il est formé de planches jointes bout à bout, d'environ deux à trois décimètres de largeur, qu'on scie et qu'on taille exactement selon les contours et les dimensions des pièces qui entrent dans la construction d'un navire. Ce mot désigne aussi le contour vertical de la carène d'un vaisseau, est synonyme de *couples*, c'est-à-dire qu'il désigne les membres d'un grand bâtiment.

GABARIAGE, nom donné 1° au trait qui sépare les deux membres qui forment chaque *couple* dans un navire ; 2° au contour extérieur de ces couples.

GABARIER, patron ou maître d'une gabare. Le gabarier loue le plus souvent des hommes pour former son équipage. — *Gabarier*, c'est aussi donner à une pièce de bois le contour ou la courbure semblable à un modèle nommé *gabari*.

GABARIT, forme d'un vaisseau et modèle de la construction de chacune de ses parties. Ainsi il y a des gabarits pour la quille, l'avant, l'arrière, le gouvernail, etc. On embarque sur chaque bâtiment le gabarit du gouvernail afin qu'il puisse servir en cas qu'on perde celui-ci.

GABAROT, petite gabare. Elle n'a pas de pont, a le fond plat, porte un mât avec une voile vers son milieu.

GABASSE, nom donné dans le N. à un bâtiment lourd, à deux mâts, qui porte de 50 à 200 tonneaux. C'est une espèce de *gabare*.

GAB

GABATO (Sébastien), surnommé *le Nocher*, à cause de son habileté dans la navigation. Né à Venise, il vint s'établir en Angleterre. Le premier, il chercha à suivre une route différente de celle que Christophe Colomb suivait pour aller en Amérique. Il découvrit en 1496 la terre de Labrador. On ignore l'époque de sa mort.

GABBARA, célèbre géant qu'on amena de l'Arabie à Rome sous l'empereur Claude. Il avait neuf pieds neuf pouces romains, ou environ huit pieds français.

GABBARA, nom donné par les Égyptiens catholiques aux corps morts qu'ils conservaient dans leurs maisons. Ils avaient coutume d'envelopper de linges les corps des personnes qui mouraient dans le sein de la religion catholique, et surtout des martyrs. Ils les embaumaient et les plaçaient sur de petits lits.

GABBATHA, lieu du palais de Pilate, d'où ce juge prononça la sentence de mort contre Jésus-Christ. C'était une éminence ou une terrasse en pavé de pierre ou de marbre.

GABELLE, impôt sur le sel, dont l'origine remonte à Philippe le Bel (1286), et qui varia suivant les temps. Il était de 6 deniers sous Jean II, fut établi à perpétuité par Charles V, qui le porta à 8 deniers, et s'éleva sous les règnes de Louis XI et de Charles VIII à 12 deniers, et sous celui de François I$^{er}$ à 21 livres par muid. Le tarif en augmenta depuis, et sous Louis XIV la contrebande du sel (faux-saunage) fut classée au rang des crimes. Une ordonnance royale divisa en 1680 la France en *pays de grande* gabelle et *de petite gabelle*, *pays de quart-bouillon*, et de *franc-salé*, et en *pays exploités pour le compte du roi*. Les *pays de grande gabelle*, qui payaient le maximum de l'impôt et dans lesquels le prix du quintal s'élevait à 62 francs, étaient l'Ile de France, l'Orléanais, le Maine, l'Anjou, la Touraine, le Berri, le Bourbonnais, la Bourgogne, la Picardie, la Champagne, le Perche et une partie de la Normandie. Les *pays de petite gabelle*, qui ne payaient que le minimum de l'impôt et chez qui le prix du quintal était de 33 livres 10 sous, étaient le Lyonnais, le Mâconnais, la Bresse, le Forez, le Beaujolais, le Bugey, le Dauphiné, le Languedoc, la Provence, le Roussillon, le Rouergue et quelques cantons d'Auvergne. Les *pays de quart-bouillon*, qui s'approvisionnaient par des sauneries où l'on faisait bouillir un sable mouillé d'eaux salines, et qui versaient en retour ce privilège le quart du produit de leur fabrication dans les greniers du roi, ne comprenaient que la basse Normandie. Le prix du quintal était de 16 livres. Les *pays de franc-salé*, qui payaient moins que tous les autres et chez qui le quintal se payait 8 à 9 livres, étaient l'Artois, la Flandre, la Bretagne, le Nébouzan, le Béarn, la basse Navarre, l'Aunis, la Saintonge et le Poitou. Les pays exploités pour le compte du roi étaient la Lorraine, la Franche-Comté, l'Alsace et le Barrois. L'impôt du sel, aboli par la loi du 10 mai 1790, a été rétabli en 1806.

GABELOU, commis et employé des douanes. Ce terme est surtout employé dans le midi de la France pour désigner les douaniers, les employés d'octroi et les commis des contributions indirectes.

GABELUS ou GABEL, parent de Tobie, était de la tribu de Nephtali. Il fut mené en captivité au delà de l'Euphrate, avec Tobie, son cousin, et établit sa demeure à Ragès (Médie). Ce fut à Gabelus que Tobie père envoya son fils pour lui demander dix talents d'argent qu'il lui avait prêtés.

GABET, nom donné aux girouettes des bâtiments.

GABIAN, nom vulgaire du *goëland*. On nomme *huile de Gabian* une sorte d'huile noire, bitumineuse, inflammable, qui découle d'une roche située près de Béziers (Hérault) au village de *Gabian*.

GABIE, sorte de demi-lune, que porte la tête des mâts à antennes sur la Méditerranée. Ce mot désigne aussi un *hunier*.

GABIERS. On appelle ainsi, en termes de marine, les premiers et les meilleurs matelots de l'équipage d'un grand bâtiment, choisis par le commandant pour être affectés au service des hunes et pour surveiller l'état du gréement. Ils prennent le nom du mât au service duquel ils sont attachés, et ont d'après l'arrêté du 9 ventôse an IX (30 février 1801) deux parts en vingt-neuvième chacun, sur les prises faites par les bâtiments de l'État.

GABIES, ancienne ville des Volsques, peuple de l'Italie, à quelques lieues de Rome. C'est là que furent élevés Romulus et Remus. Sextus, fils de Tarquin le Superbe, roi de Rome, s'y réfugia, sous le prétexte qu'il avait été maltraité par son père. Il ouvrit alors les portes de la ville aux Romains, après avoir fait périr les citoyens les plus distingués de Gabies.

GABINIA. Six lois romaines portaient ce nom. — La première, décrétée en 139 avant J.-C. sous les auspices du tribun Gabinius, ordonnait que, dans l'élection des magistrats, les citoyens donneraient leur suffrage par scrutin secret et non à haute voix. — La seconde régla que le sénat s'assemblerait tous les jours depuis les calendes de février jusqu'à celles de mars. — La troisième prononçait la peine de mort contre les citoyens qui tiendraient des assemblées clandestines. — La quatrième, décrétée 68 ans avant J.-C. sous les auspices du tribun Gabinius, donnait à Pompée pour trois ans le pouvoir de faire la guerre aux pirates. — La cinquième, décrétée la même année, défendit de poursuivre un débiteur dans le dessein de l'obliger à payer un intérêt plus considérable (en latin, *versuram facere*). — La sixième était contre l'adultère.

GABINIEN, célèbre rhéteur, enseigna avec succès la rhétorique dans les Gaules, sous l'empire de Vespasien. Saint Jérôme le nomme un *torrent d'éloquence*.

GABINIUS (Aulus), Romain, s'attacha d'abord à Sylla, ensuite à Pompée. Tribun l'an 69 avant J.-C., il proposa de donner à Pompée, pour anéantir les pirates, une autorité absolue sur tout l'empire. Cette loi passa. Nommé consul (58), il fit exiler Cicéron et obtint l'année suivante (57) le gouvernement de la Syrie. Il soumit les Juifs révoltés. Le sénat lui ayant ordonné de revenir à Rome, il refusa et gouverna la province de la manière la plus arbitraire. Il osa même replacer sur le trône d'Egypte le roi Ptolémée. Le sénat lui intima l'ordre de venir rendre compte de sa conduite au peuple. Après un exil de quelques années, il fut rappelé à Rome et s'attacha au parti de César. Après la bataille de Pharsale, il passa en Illyrie. Vaincu par les barbares, il fut contraint de s'enfermer dans Salone, où il mourut l'an 47 avant J.-C.

GABINIUS CINCTUS, manière de retrousser sa robe à la manière des habitants de Gabies. Ils en ramenaient les pans par derrière et la nouaient pour se ceindre le corps. Les consuls avaient des toges retroussées de cette manière lorsqu'ils déclaraient la guerre.

GABION (art milit.), cylindre assez large, de quatre à cinq pieds de haut, travaillé comme les ouvrages de vannerie et rempli de terre. Il sert à couvrir les batteries, le parapet des lignes de défense, et à protéger les artilleurs.

GABORD, premier bordage extérieur et le plus bas de la carène d'un bâtiment. Il a en général la moitié de l'épaisseur du bordage qui joint le dessous de la première précédente.

GABRIEL (en hébreu, force de Dieu), l'un des premiers anges. Ce fut lui qui annonça à Marie qu'elle enfanterait le Sauveur. Il avait été déjà envoyé à Daniel pour lui expliquer les visions du bouc et du bélier, et à Zacharie pour lui annoncer la naissance de saint Jean Baptiste. Les chrétiens du rit grec font la fête de Gabriel le 26 mars, le 11 juin et le 26 juillet.

GABRIEL (Jacques), architecte célèbre, né à Paris en 1667. Élève de Mansard, il acheva le *bâtiment de Choisy*, commença le *Pont-Royal*, et fit un grand nombre d'ouvrages fameux. — Son petit-fils (Jacques-Ange GABRIEL), né en 1710 et mort en 1782, acheva le Louvre et construisit l'*Ecole militaire*. Jacques GABRIEL mourut en 1742.

GABRIELI (Charles-Marie), né à Bologne en 1667, étudia chez les jésuites. Il entra en qualité de secrétaire chez l'abbé Sampieri, et travailla à mettre en ordre et achever l'ouvrage de Fontana *sur les lois* (5 vol. in-folio). Parvenu à la prêtrise en 1692, il s'adonna à l'éloquence de la chaire, et occupa ses loisirs à composer plusieurs traités sur la philosophie, la médecine et l'histoire naturelle. Il mourut en 1746. Il a laissé de nombreux ouvrages religieux en latin et en italien.

GABRIELLE D'ESTRÉES. Voy. ESTRÉES.

GABRIELLI (Catherine), célèbre cantatrice italienne, née à Rome en 1730. Son père, cuisinier d'un prince italien, ayant remarqué en elle d'heureuses dispositions pour le chant, la présenta à son maître. Celui-ci se chargea de son éducation, et elle débuta en 1747 sur le théâtre de Lucques, en qualité de première chanteuse, sous le nom de Gabriellini. Son succès fut prodigieux. En 1750, elle débuta à Naples dans l'opéra de *Didone*. Venue à Vienne (Autriche), l'empereur François Ier la nomma chanteuse de la cour. Elle alla ensuite en Russie, à Milan (1780), et alla mourir à Rome (1796). Les pauvres la pleurèrent comme leur bienfaitrice.

GABRIELLI (Françoise), surnommée *Gabriellina*, née à Ferrare vers 1755. Elle entra d'abord à Venise dans le conservatoire d'*Ospedoletto*. Elle débuta en 1774 comme seconde chanteuse, obtint un grand succès, et parut quelque temps après dans les rôles de première chanteuse. Elle se fit entendre à Florence, à Naples, à Londres et à Turin. Elle se retira du théâtre vers la fin de ses jours, et alla habiter Venise, où elle mourut en 1795.

GABRINO-FUNDULO. Voy. FONDOLO.

GABRINO (Augustin), chef d'une secte de fanatiques, dont les membres se nommaient les *chevaliers de l'Apocalypse*, était né à Brescia et se faisait appeler le *prince du nombre septénaire* ou le *monarque de la sainte Trinité*. Il prétendait vouloir défendre l'Eglise catholique contre l'Antechrist, qui, d'après lui, devait paraître dans peu de temps. Les armes de la secte qu'il forma étaient un sabre et un bâton, une étoile rayonnante et le nom des anges Gabriel, Michel et Raphaël. Ces chevaliers étaient très-charitables. La secte s'éteignit après quelques années (vers 1700).

GABRINO (Nicolas). Voy. RIENZI.

GABRONITE, substance minérale compacte, à cassure écailleuse, d'un aspect gras, d'une couleur jaunâtre, rougeâtre ou grisâtre, rayant le verre et fusible au chalumeau. Elle se compose de cinquante-quatre parties de silice, vingt-quatre d'alumine, dix-sept de soude et de quelques parties de magnésie, d'oxyde de fer et d'eau.

GABURON, nom donné à une pièce de bois qu'on applique sur les cercles d'un bas mât. Elle empêche le frottement des basses vergues sur les cercles.

GACHE. C'est en général une pièce de fer qui sert à fixer une pièce sur une autre. Cependant on donne plus particulièrement ce nom à la pièce de fer dans laquelle s'engage le pêne de la serrure pour tenir fermée la porte à laquelle cette serrure est fixée. On varie d'une foule de manières la forme des gâches; les verrous et les targettes se ferment aussi dans des gâches. — Le pâtissier nomme *gâche* un instrument de bois dont il se sert pour remuer les hachis dont il garnit les pâtés. — Le plombier nomme ainsi un crochet de fer en croissant qui retient les plombs.

GACHETTE, pièce d'acier faisant partie de la platine d'un fusil. On distingue dans la gâchette la *queue*, branche de derrière contre laquelle s'appuie la détente ; le *bec*, branche de devant qui s'engrène dans la noix ; le *trou*, ouverture pratiquée dans le bec pour recevoir la *vis* ; et la *vis*, qui assujettit la pièce au corps de platine.

GACHETTE, nom donné, dans les métiers à bas, à un petit levier qui se meut sur son axe, et qui sert à hausser ou à baisser le petit métier. — Les serruriers nomment ainsi une pièce de fer qui se place sous le pêne dans quelques serrures.

GACHEUR, 1° marchand qui vend à vil prix ; 2° maçon qui détrempe avec de l'eau le plâtre dans une auge. *Gâcher serré*, c'est mettre du plâtre dans l'eau jusqu'à ce que toute l'eau soit absorbée. Ce plâtre doit être employé promptement. *Gâcher lâche*, c'est mettre de peu de plâtre dans l'eau, afin qu'il soit très-liquide. Ce plâtre sert à faire des enduits ou à couler des pierres.

GACHIS, nom donné au travail du gâcheur, à l'action de gâcher.

GACON (François), né à Lyon en 1667, mort en 1727. D'abord prêtre de l'Oratoire, il sortit de cette congrégation pour s'adonner à la poésie satirique. Le recueil de satires qu'il publia en 1696, sous le nom du *Poëte sans fard*, lui valut une détention de plusieurs mois. Il fit contre Rousseau une satire intitulée l'*Anti-Rousseau*, et contre Lamothe l'*Homère vengé*. Le meilleur de ses ouvrages est la traduction d'Anacréon.

GAD, septième fils de Jacob, qu'il eut de Zelpha, servante de Lia, l'an 1754 avant

J.-C., qui fut chef de la tribu juive qui porte son nom. La tribu de Gad, forte à la sortie d'Égypte de 45,650 hommes, eut en partage, dans la distribution des terres faite par Moïse et Josué, les pays situés à l'est du Jourdain, au sud du lac de Génésareth ( mer de Tibériade ). — Il y avait aussi un prophète de ce nom, qui annonça à David la colère que Dieu ressentait contre lui; et une divinité adorée par les Syriens, et que l'on croit être le Soleil.

GADE, genre de poissons de l'ordre des jugulaires (*ceux qui ont les nageoires situées sous la gorge*), comprenant le *merlan*, la *lotte*, la *morue*, la *physis*, la *merluche*, etc. Tous ces poissons sont très-recherchés, et leur pêche forme une des branches les plus importantes du commerce du Nord, région qu'ils habitent principalement.

GADES, GADIS OU GADIA, ville d'Espagne, dans la Bétique. Aujourd'hui elle se nomme *Cadix*. Elle fut fondée par les Phéniciens vers l'an 1080 avant J.-C., et se nomma d'abord *Tartesse* et *Erythée*. Gades devint sous l'empire une des plus grandes villes d'Espagne. Les femmes étaient fameuses par leur talent pour la musique, leur agilité et leur lasciveté.

GADITANUM OU HERACLEUM FRETUM (*détroit d'Hercule*), détroit qui sépare l'Espagne de l'Afrique. C'est le *détroit de Gibraltar*. Il fut nommé détroit d'Hercule parce que ce héros creusa, dit-on, ce détroit en séparant les deux montagnes de Calpé et d'Abyla, que l'on nomma *Colonnes d'Hercule*.

GADOÏDE, famille de poissons malacoptérygiens, dont le type est le *gade-morue*. Les caractères sont un corps médiocrement allongé, peu comprimé, couvert d'écailles molles, une tête sans écailles et des nageoires molles. Ils ont une vessie aérienne grande et dentelée sur les côtés. La chair de ces poissons est blanche, saine, légère et agréable.

GADOLINITE, substance noire, brunâtre ou jaunâtre, à texture granuleuse ou compacte et à cassure vitreuse. Elle est plus dure que le verre. Cette substance, nommée aussi *yttrite* et *itterbite*, se compose de vingt-cinq à vingt-six parties de silice, de quarante-cinq à quarante-sept d'yttria, de quatre à dix-huit d'oxyde de cérium, de huit à douze d'oxyde de fer. On la trouve en Suède.

GADOUARD, nom donné à l'ouvrier qui vide les fosses d'aisance sous la direction du vidangeur. Ces ouvriers sont aussi chargés de nettoyer les puits, les égouts, etc. Ils courent souvent le danger d'être asphyxiés par les gaz délétères qui s'échappent de ces lieux infects. Aussi, dans plusieurs circonstances, est-on forcé de les assainir avant de les vider. Les substances les plus propres à cet effet sont le chlore, l'acide hydrochlorique, mais surtout le chlorure d'oxyde de sodium ou le chlorure de chaux.

GADOUES, nom donné aux vidanges des latrines, aux boues, aux immondices, etc. Les gadoues forment un excellent engrais; mais on ne les emploie que dans la culture des plantes oléagineuses, des chanvres, des lins, et en général des végétaux qui ne sont pas destinés à la nourriture de l'homme et des bestiaux, parce que les plantes cultivées dans une terre ainsi fumée contractent un goût et une odeur désagréables.

GADUME, petit royaume du Biledulgerid, dépendant de Tunis (Afrique), et situé au S.-E. de celui de Tocort, à 70 lieues de Tripoli et 160 de Tunis. — Ce royaume a seize bourgs fermés et soixante villages. Sa capitale est *Gadume*. Il appartenait autrefois à Tripoli.

GAERTNER (Bernard-Augustin), jurisconsulte allemand, né à Cassel en 1719. Il obtint en 1754 la place de secrétaire de la régence et du consistoire de Cassel, et fut nommé en 1756 avocat fiscal pour la principauté de Marbourg. Pendant la guerre *de sept ans*, on le chargea du ministère la guerre, et, à la paix, il fut nommé chef de la commission qui rétablit les finances en mauvais état de l'université de Marbourg. L'empereur le nomma en 1793 son subdélégué dans plusieurs affaires, puis directeur de la régence et du consistoire, et l'admit au nombre de ses conseillers. Il mourut en 1793.

GAERTNER (Joseph), célèbre botaniste, né à Calw (Wurtemberg) en 1732, se livra avec ardeur à l'étude des sciences physiques, de la médecine et surtout de la botanique. Il passa en 1751 à l'université de Gottingue, et obtint le grade de docteur en 1753. Il fut nommé en 1768 professeur de botanique à l'université de Pétersbourg (Russie), et obtint la direction du jardin botanique et du cabinet d'histoire naturelle. Après de longs et pénibles travaux, il mourut en 1791. On a de lui un ouvrage en latin *sur les Fruits et les graines des plantes*, un *Mémoire sur les mollusques*, un *Mémoire sur les zoophytes*, etc.

GAERTNÈRE ou CAFÉ MARRON, genre de la famille des rubiacées. Le *gaertnère à gaines* est un bel arbre à rameaux droits, aux feuilles coriaces, ovales, lancéolées, longues de seize centimètres, larges de cinq. Ses fleurs blanches sont disposées en panicule terminale. Le fruit est une baie ovale, renfermant deux semences dures, semblables à celles du café. On trouve cet arbrisseau dans les colonies.

GAETAN DE THIÈNE (Saint), né à Vicence en Italie en 1480, d'une des familles les plus considérables d'Italie. Il étudia d'abord le droit et la philosophie. Il embrassa ensuite l'état ecclésiastique, alla à Rome, où le pape Jules II le fit protonotaire apostolique. Il fut le fondateur de l'ordre des clercs réguliers, nommés aussi *théatins*, de la ville de *Théate*, dont l'archevêque J.-P. Caraffe fut le premier général de l'ordre (1524). Le but de cet ordre était d'inspirer aux ecclésiastiques l'esprit de leur état, de combattre les hérétiques, d'assister les malades et les criminels. Gaëtan fut le deuxième supérieur de l'ordre. Il mourut en 1547. Clément X l'a mis au rang des saints. On fixa sa fête le 7 août.

GAETE, ancienne et jolie ville du royaume de Naples, dans la terre de Labour, sur le bord d'un golfe qui porte son nom. Sa population est de 12,400 habitants. Elle est distante de Rome de 30 lieues, de Naples de 16 lieues. — Quoique bien fortifiée, elle fut prise d'assaut en 1707 par les Autrichiens. Elle soutint un second siége contre les Espagnols en 1734. Prise par les Français en 1799, puis évacuée par eux, elle soutint un troisième siége en 1806 contre le prince Joseph Bonaparte, qui se rendit après un siége de cinq mois cinq jours et l'ouverture de deux tranchées. Napoléon donna en 1806 le duché de Gaëte à son ministre des finances Gaudin. Gaëte est le siége d'un évêché.

GAETE (GOLFE DE), petit golfe d'Italie, formé par la mer Tyrrhénienne, situé sur les côtes du royaume de Naples, dans la Terre de Labour. Il reçoit le fleuve Garigliano, et possède une longueur de 3 lieues et demie sur une largeur de 1 à 2 lieues. Gaëte est placée sur ce golfe. Elle y a un port célèbre.

GAFFAREL (Jacques), né à Mannes (Provence) au commencement du XVIIe siècle, fut bibliothécaire du cardinal de Richelieu. Ce ministre l'envoya en Italie (1626 et 1632) pour y acheter les meilleurs livres et manuscrits. Il chercha à pénétrer dans les sciences mystérieuses des rabbins juifs, et à expliquer l'Ecriture par leur cabale. Il possédait les langues hébraïque, chaldéenne, syriaque, grecque, latine, espagnole et italienne. Il mourut en 1681. On a de lui une foule d'ouvrages singuliers *sur la kabbale, les talismans*, etc.

GAFFE (mar.), fer à deux branches, l'une droite, un peu pointue, et l'autre crochue, tenant toutes deux à un manche commun. La longueur de ce manche est de huit à dix pieds. On s'en sert pour pousser les embarcations au large.

GAGATES, nom donné par les anciens à une substance terreuse, couverte d'une croûte bitumineuse, inflammable, à laquelle on attribuait de grandes propriétés médicales.

GAGE (jurispr.), contrat par lequel le débiteur remet une chose à son créancier pour sûreté du remboursement de sa créance. Le mot *gage* ne s'applique rigoureusement qu'à la remise d'un objet mobilier. Le mot *nantissement* est le terme générique, et le nantissement d'un immeuble s'appelle *antichrèse*.

GAGNOL ou GAGNOLLES, nom vulgaire de quelques poissons, tels que l'*hippocampe* ou *syngnathe*.

GAGUIN (Robert), né dans le diocèse d'Amiens, et mort en 1501. Général de l'ordre des mathurins, il fut employé par les rois Charles VIII et Louis XII dans plusieurs négociations en Italie, en Allemagne et en Angleterre. Mais il s'est surtout fait un nom par son *Histoire de France depuis Pharamond jusqu'en* 1499, intitulée *Compendium*, son *Histoire romaine*, sa traduction de la *Chronique de l'archevêque Turpin*, et ses *poésies*.

GAIAC ou GAYAC, arbre de l'Amérique méridionale, appartenant à la famille des rutacées, et haut d'environ quarante pieds. On en connaît deux espèces : le *gaïac à feuilles de lentisque* et le *gaïac officinal*. Ce dernier, qui croît à Saint-Domingue et aux Antilles, a un contour de quatre à six pieds, des fleurs bleues d'azur. Son bois, dur, pesant, très-résineux, d'une odeur aromatique et d'une saveur âcre et amère, est employé en médecine comme sudorifique dans la goutte, les scrofules, etc., et dans les arts pour la confection des roues ou dents de moulin à sucre, des manches d'outils, des poulies, etc. Il prend un beau poli, et sert dans la marqueterie. Sa couleur est brune, légèrement mêlée de jaune.

GAIACINE ou GAYACINE, suc qui découle des incisions faites à un arbre nommé gaïac ou gayac. Ce suc, épaissi et séché, présente une résine particulière, d'un brun verdâtre, fragile, amère, très-odorante et très-inflammable. On l'emploie en médecine comme sudorifique dans plusieurs maladies. — On nomme encore ainsi la partie soluble dans l'eau de la résine du gaïac.

GAIANITES, hérétiques qui soutenaient qu'après l'union des deux natures divine et humaine en Jésus-Christ, son corps avait été incorruptible, et qu'il n'avait souffert en apparence les infirmités de la nature humaine, comme la faim, la soif, etc.

GAIL (Jean-Baptiste), né à Paris en 1755, et mort en 1829. Ce savant helléniste, à qui l'on doit une traduction de *Théocrite*, de *Thucydide*, etc., et une foule d'éditions d'auteurs grecs, fut nommé en 1791 suppléant à la chaire de grec au collége royal de France. Il obtint cette chaire en 1792, par la démission de Vauvilliers, et fut successivement nommé membre de l'Institut, de la Légion d'honneur et de l'ordre de Saint-Wladimir. Louis XVIII le nomma à la place de conservateur des manuscrits grecs et latins. Son fils s'est distingué dans la même carrière que lui.

GAIL (Sophie Garre, femme), née à Paris en 1776, morte en 1819. Elève de Perne, elle se distingua de bonne heure dans l'art musical. Elle épousa en 1794 le célèbre helléniste Gail, et composa en 1813 l'opéra des *Deux Jaloux* et celui de *Madame de Launay à la Bastille*, en cinq actes. En 1814, elle fit la musique d'*Angela* et de *la Méprise*; son dernier opéra fut *la Sérénade*. Elle réunissait dans son salon toutes les gloires littéraires et artistiques contemporaines.

GAILLAC, chef-lieu d'arrondissement du département du Tarn, à 5 lieues d'Albi, sur la rive droite du Tarn. Sa population est de 7,800 habitants. Elle a des faubourgs considérables. Elle doit son origine à une abbaye de bénédictins, fondée en 960 par Raymond Ier, comte de Toulouse. Gaillac possède un tribunal de première instance, un collége, deux hôpitaux. Son territoire produit des vins estimés, qui peuvent supporter le transport. On y cultive aussi de l'anis et de la coriandre.

GAILLARD (Gabriel-Henri), critique et historien né près de Soissons en 1726, mort en 1806. Il débuta en 1745 par les deux ouvrages suivants : *Rhétorique française à l'usage des demoiselles* et la *Poétique française à l'usage des dames*. En 1757, il publia l'*Histoire de Marie de Bourgogne, fille de Charles le Téméraire*. Il fut nommé en 1760 membre de l'académie des inscriptions et belles-lettres. Il fit paraître en 1766 son *Histoire de François Ier*, et en 1782 celle de *Charlemagne*. On lui doit encore entre autres ouvrages les *Histoires de la rivalité de la France et de l'Angleterre* (1771-1774-1777) et *de la Rivalité de la France et de l'Espagne* (1801). En 1771, il fut reçu membre de l'académie française.

GAILLARD (CHATEAU), château situé dans le département de l'Eure près du Petit-Andely, où fut enfermée Marguerite de Bourgogne, femme de Louis-le Hutin et fille du duc Robert II. Cette princesse et sa sœur Blanche, femme du comte de la Marche (depuis Charles le Bel), avaient pour amant, la première Philippe, la seconde Gautier de Launay. L'indiscrétion d'une dame d'honneur, Mlle de Morfontaine, avec qui Philippe de Launay avait un commerce amoureux, dévoila cette intrigue. Les deux amants furent écorchés vifs, mutilés, et traînés à la queue de chevaux indomptés sur un champ nouvellement fauché. La reine Marguerite, enfermée au château Gaillard, y fut étranglée, et la comtesse Blanche fut répudiée par son époux. Cet événement a fourni le sujet d'un mélodrame connu, *la Tour de Nesle*, de M. Alexandre Dumas.

GAILLARDE, caractère d'imprimerie entre le petit romain et le petit texte. Il a une force de corps de 8 points à peu près.

GAILLARDS, parties du pont supérieur situées, l'une à l'avant, l'autre à l'arrière des bâtiments de grande dimension ; d'où deux sortes de gaillards : le *gaillard d'arrière*, accessible aux officiers et aux passagers admis à la table des officiers seulement, et le *gaillard d'avant*.

GAILLET ou CAILLE-LAIT, genre de plantes de la famille des rubiacées, renfermant un grand nombre d'herbes, la plupart vivaces et indigènes, qui ont la propriété de cailler le lait, dans lequel on a mis leurs feuilles desséchées. Les fleurs sont blanches, jaunes ou purpurines, très-petites, disposées en grappes. Les feuilles sont longues et étroites. On ordonne dans quelques maladies du système lymphatique le suc du *gaillet accrochant*, et l'on conseille le *gaillet jaune*, très-commun dans les prés et les haies, comme galactopoiétique, c'est-à-dire donnant du lait aux femmes.

GAINAS, général romain, Goth de naissance, qui par sa valeur parvint au commandement des troupes d'Arcadius. Il fit tuer en 395 le favori Rufin. Eutrope ayant succédé à ce dernier dans la faveur de l'empereur, Gaïnas appela les barbares, et força Arcadius en 399 à lui livrer Eutrope. Déclaré ennemi de l'État, il ravagea l'empire, conclut la paix de Chalcédoine avec Arcadius, et n'en tomba pas moins sur la Thrace, qu'il mit à feu et à sang. Il fut tué au delà du Danube par Uldin, roi des Huns, en 400.

GAINE, désigne, en histoire naturelle, 1o le tube qui, dans les insectes suceurs, renferme les soies dont ces insectes se servent pour sucer ; 2o dans les insectes hyménoptères, le tube où sont renfermées la lèvre et la languette ; 3o en botanique, une expansion membraneuse de la partie inférieure d'une feuille qui embrasse plus ou moins la tige dans une partie de sa longueur ; on en voit une dans le *blé* ; 4o l'organe cylindrique dans lequel s'insère la base du tube de l'urne chez les mousses.

GAINE (accept. div.) On nomme en général *gaine* tout ce qui sert de fourreau, d'enveloppe à un objet. Ainsi l'on dit la *gaine d'un poignard*. On appelle encore ainsi, un ornement d'architecture, un support sur lequel on pose des bustes, et qui est d'une nature différente de celle du buste. On appelle ainsi en anatomie, 1o plusieurs parties qui ont pour but d'envelopper d'autres parties ; 2o les lames celluleuses qui entourent les muscles et pénètrent dans leurs fibres ; 3o les expansions nerveuses qui enveloppent les membres. — En marine, la *gaine* est une sorte d'ourlet large et plat qu'on fait tout autour d'une voile en repliant la toile sur elle-même.

GAINIER, ouvrier qui s'adonne à la confection des gaines, des étuis de mathématiques, des étuis de lunettes, des écrins, des portefeuilles, et autres articles de cuir bouilli. Il y avait à Paris un corps de métier de gaîniers, bourreliers et ouvriers en cuir bouilli, établi par une ordonnance de 1323.

GAINIER, genre de la famille des légumineuses, renfermant des arbres de moyenne grandeur, aux feuilles simples et peu nombreuses. Les fleurs sont belles et de couleur rose ou blanche. Le fruit est une gousse contenant plusieurs semences brunes, ovoïdes, comprimées. Le bois est veiné de noir et de vert, avec des taches jaunes sur un fond gris. Il est très-dur. On fait des cerceaux avec les jeunes branches. La plus belle espèce est l'*arbre de Judée* ou *gaînier d'Europe*. Voy. ARBRE DE JUDÉE.

GAINS NUPTIAUX OU DE SURVIE, avantages que se font les époux dans leur contrat de mariage, et qui ne doivent être recueillis que par le survivant.

GAINSBOROUGH (Thomas), peintre anglais, né en 1727 dans le comté de Suffolk, était fils d'un marchand de drap. Il se livra avec ardeur à l'étude de la peinture, dans laquelle il obtint une grande célébrité. Il peignit d'abord le portrait, mais il préféra le paysage dans lequel il mourut en 1788. On a de lui *le Petit Berger*, la *Petite Fille gardant un troupeau de cochons*, le *Bûcheron surpris par l'orage*, les *Petits villageois se battant contre des chiens*, etc.

GAITÉ (THÉATRE DE LA), théâtre de Paris, établi en 1760 sur le boulevard du Temple par Nicolet sous le titre de *grands danseurs du roi*. Ce ne fut qu'en 1793 sous la direction de Ribier que l'on commença d'y jouer des pièces de théâtre. Brûlée en partie en 1835, la salle a été reconstruite la même année.

GAIUS, jurisconsulte romain, né selon les uns sous la république et mort sous Auguste, selon d'autres né sous Adrien et mort sous Marc Aurèle. Son nom est fameux surtout par ses *Institutes*, copiées en grande partie par Justinien dans les siennes. Ces Institutes, dont nous n'avions qu'une partie dans le *Breviarium Alaricianum* (recueil de lois dû à Alaric), ont été découvertes en 1816 par Niebuhr dans un palimpseste de la bibliothèque de Vérone.

GAL (Saint), natif d'Irlande et disciple de saint Colomban, fonda en Suisse, où il avait accompagné son maître, et où il avait brisé les statues des faux dieux, la célèbre abbaye de Saint-Gall dont il fut le premier abbé en 614, et qui subsiste encore sous la règle de Saint-Benoît. Cette abbaye acquit par la suite une telle importance que l'abbé devint un des premiers seigneurs de l'est de la Suisse, et qu'il obtint le rang de prince de l'empire. Saint Gal, qui était né vers 565, mourut en 646. On fait sa fête le 16 octobre.

GAL (Saint), évêque de Clermont (Puy-de-Dôme), né vers l'an 489. Il embrassa la vie religieuse dans le monastère de Cournon, près de Clermont, et s'y appliqua à vaincre ses passions. Ordonné diacre, il fut appelé à la cour de Thierry, roi d'Austrasie, et y demeura jusqu'en 527, qu'il fut nommé évêque de Clermont. Il se fit aimer de son peuple par sa douceur et sa charité. Il mourut en 553. On fait sa fête le 1er juillet.

GAL, genre de poissons ayant les couleurs du corps disposées par bandes sur un fond argenté. Le corps est haut et comprimé ; le profil en est très-élevé. Le *grand gal*, qui habite les mers de l'Inde, a le corps très-comprimé, couvert d'une peau blanc d'argent et de cinq bandes verticales plus ou moins foncées. Les nageoires sont jaunâtres ou noirâtres. Les gals sont longs de cinq à huit pouces. Leur chair est recherchée.

GALAAD, petit-fils de Manassé, eut en partage en Palestine la *terre de Galaad*, comprise entre les *montagnes de Galaad*, à l'orient du Jourdain, qui séparent les pays d'Ammon, de Moab, de Ruben, de Gad, de Manassé et de l'Arabie Déserte. — Quelquefois *Galaad* désigne tout le pays situé au delà du Jourdain.

GALACTITE, genre de plantes de la famille des synanthérées. La *galactite cotonneuse* est haute de cinq décimètres au plus. La tige est couverte de coton blanc et épais. Les feuilles sont longues et découpées, cotonneuses en dessous, vertes en dessus, et marquées de points blanchâtres. On trouve cette plante sur les bords de la Méditerranée. — Les anciens nommaient ainsi une substance pierreuse, grise, d'une saveur douce, donnant un suc laiteux lorsqu'on délaye de sa poussière dans l'eau. On l'employait sous forme d'onguent dans les maladies d'yeux.

GALACTIRRHÉE, maladie des femmes, caractérisée par une sécrétion de lait trop abondante, ou qui s'établit dans des circonstances où elle n'a pas lieu ordinairement. Chez les femmes qui nourrissent, elle épuise leurs forces. Cette maladie n'a ordinairement pas de fâcheux résultats.

GALACTOMÈTRE, espèce d'aréomètre destiné à mesurer la densité du lait. Il sert à reconnaître les fraudes que peuvent commettre les marchands de lait. Cet aréomètre est divisé en huit degrés. Le zéro est placé au haut du tube ; on indique aussi les quarts de degré. Plongé dans du bon lait, le galactomètre indique 4 et demi. 4 trois quarts ou même 5 degrés. Il descend d'autant plus que le lait est moins dense. Le lait qui marque moins de 4 est mélangé d'eau ; il est écrémé lorsqu'il donne plus de 5.

GALACTOPHORE, nom donné aux conduits qui portent le lait sécrété par la glande mammaire vers le mamelon où se trouvent leurs orifices extérieurs. Ce sont les canaux excréteurs du lait. — On nomme aussi *vaisseaux galactophores* les vaisseaux des intestins, parce qu'ils renferment du chyle et semblent être remplis de lait.

GALACTOPOIÉTIQUES, substances qui ont la propriété de favoriser la sécrétion du lait, et d'augmenter la quantité de ce liquide.

GALACTOSE, nom donné à la production ou à la sécrétion du lait.

GALAGO, genre de mammifères quadrumanes, de la famille des lémuriens, habitant les forêts du Sénégal. Ils sont remarquables par la longueur de leurs jambes et par celles de leurs conques auditives. Leur museau est obtus. Les yeux sont grands et propres à la vie nocturne, les oreilles sont larges et membraneuses, l'ouïe très-délicate. Ils dorment pendant la plus grande partie du jour. Ces animaux, doux et paisibles, vivent d'insectes sur les hauts des arbres. Ils sont faciles à prendre et à apprivoiser. On en mange la chair Leur pelage est fourni, très-soyeux, gris, d'un jaune sale ou roux ; la queue est longue. La longueur du corps varie entre celle du rat et du lapin.

GALAM ou KALAAGA, royaume d'Afrique, au N. de celui de Bambouk, à l'E. de celui de Bondou, et au S. du Sénégal. Il s'étend jusqu'à la cataracte de Feïou, où le Sénégal cesse d'être navigable. Le roi de Galam s'appelle *tonka*, et les habitants *serawouilis*, d'où les Français ont fait *seracolets*. La couleur de leur peau est d'un noir de jais. Leur gouvernement est monarchique, et ils sont très-adonnés au commerce. Ils trafiquaient autrefois avec les Français, à qui ils vendaient de la poudre d'or et des esclaves. Aujourd'hui ils fournissent encore des esclaves aux comptoirs anglais des bords de la rivière Gambie.

GALANDA, montagne des Alpes dans le canton des Grisons, en Suisse, entre la ville de Coire et la vallée de Vettis. Sa hauteur est de 2,150 mètres au-dessus du niveau de la mer.

GALANE, genre de plantes de la famille des scrophulariées. La *galane barbue*, originaire du Mexique, a des tiges hautes de deux pieds, des feuilles en forme de lances, et des fleurs penchées, groupées en couronne. Ces fleurs sont d'un rouge jaunâtre; la partie inférieure est couverte de poils dorés. La *galane blanche* a des fleurs de couleur blanche.

GALANGA, genre de plantes de la famille des drymyrhizées ou des amomées. Le *galanga officinal*, plante des Indes orientales, a de précieuses qualités médicamenteuses. Il offre deux variétés connues sous le nom de *grand* et de *petit galanga*. Sa racine est aromatique et stimulante, on s'en sert comme aliment et assaisonnement. Le fruit est rouge. L'huile que l'on retire dans les Indes des fleurs de cette plante est aussi rare que précieuse.

GALANTHE, genre de la famille des narcissées; l'espèce unique de ce genre est la *galanthe d'hiver* ou *perce-neige*, qui épanouit sa fleur au mois de février. Son bulbe ou oignon est ovoïde, allongé; de ce bulbe naissent deux feuilles réunies à leur base dans une espèce de gaîne. Du centre de ces feuilles paraît une hampe ou tige florale de quatorze à dix-sept centimètres de hauteur, surmontée d'une ou deux fleurs blanches. On trouve cette plante en Auvergne, en Suisse, et dans les contrées montagneuses.

GALANTHES, roi des anciens Celtes, succéda à sa mère Galathea. Après avoir subjugué plusieurs peuples, il donna à leur pays réuni le nom de Galatie, nommé depuis *Gallia* ou *Gaule*. Ses descendants s'étendirent en Grèce et dans l'Asie-Mineure, où ils fondèrent le royaume de Galatie. Cette version est regardée comme fausse par la plupart des historiens.

GALANTHIS (myth.) était suivante d'Alcmène, femme d'Amphitryon, roi de Thèbes. Junon s'était assise, sous la forme d'une vieille femme, à la porte d'Alcmène pour retarder par ses enchantements l'accouchement d'Alcmène, dont elle était jalouse. Galanthis, soupçonnant que cette prétendue femme prolongeait les souffrances d'Alcmène, alla lui dire que la reine venait de mettre au monde un fils. A ces mots Junon se leva, et Alcmène put accoucher facilement. La déesse, irritée d'avoir été trompée, la métamorphosa en belette.

GALAS. Voy. GALLAS.

GALATA, faubourg de Constantinople, sur la rive orientale du port. On l'appelait autrefois *Sika* à cause du grand nombre de figues qu'on y recueillait. Justinien y fit construire un pont, et donna son nom à la ville. Les ambassadeurs des puissances étrangères près de la Porte font leur résidence à Galata.

GALATÉADÉES ou GALATHÉADÉES, famille établie dans les crustacés, et faisant partie de l'ordre des décapodes, c'est-à-dire de ceux qui ont dix pattes. Les principaux genres de cette famille sont la *galatée*, la *porcellane*, etc.

GALATÉE, fille d'un roi celte, était d'une grande beauté. Elle eut un fils d'Hercule. D'après la plupart des anciens chroniqueurs, les Gaulois prirent de cette princesse le nom de Galates.

GALATÉE ou GALATHÉE, genre de crustacés, de la famille des décapodes (ayant *dix pieds*). Les deux pieds postérieurs sont beaucoup plus petits que les autres, grêles et repliés. La queue est composée de plusieurs plaques qui s'insèrent les unes dans les autres. Le test, c'est-à-dire l'enveloppe pierreuse qui les recouvre, est ovoïde ou oblong, tronqué en arrière, épineux sur les côtés; les yeux sont gros et saillants. Ces animaux ont beaucoup d'analogie avec les écrevisses. Leur couleur est d'un rouge brun ou d'un brun verdâtre. On les trouve dans toutes les mers d'Europe.

GALATÉE, nymphe de la mer selon la mythologie grecque, l'une des cinquante filles de Nérée et de Doris. Aimée du cyclope Polyphème, elle lui témoigna la plus grande indifférence, et combla de ses faveurs le berger Acis de Sicile. Polyphème, jaloux de son rival, l'écrasa d'un quartier de rocher. Galatée, désespérée, métamorphosa Acis en fontaine. Ce mythe a fourni le sujet de plusieurs opéras et d'une nouvelle de Florian.

GALATIE, province de l'Asie Mineure, bornée au N. par la Bithynie et la Paphlagonie, au S. par la Phrygie, à l'E. par la Cappadoce, à l'O. par la Phrygie. Elle prit son nom des Gaulois ou GALATES, qui s'y établirent sous la conduite d'un brenn ou chef, peu de temps après le pillage de Delphes, vers l'an 290 avant J.-C. La Galatie s'appela aussi *Gallo-Grèce*, parce qu'il se mêla aux Gaulois une foule de Grecs, et ses habitants furent nommés *Galates*, *Gallo-Grecs*, *Tectosages*, *Tolistoboges*, *Trocmes*, etc. La Galatie, dont les deux capitales étaient *Ancyre* et *Pessinonte*, fut soumise par les Romains. Elle forme maintenant une partie du gouvernement turk de Kutaieh.

GALAUBANS, longs cordages qui prennent du haut des mâts de hune, et descendent jusqu'aux deux côtés du vaisseau. Ils servent à maintenir ces mâts. Chaque mât de hune a deux galaubans.

GALAXIE, nom donné par quelques auteurs à la *voie lactée*, cette trace blanche et lumineuse qui fait le tour du ciel. — On nomme encore ainsi une fête que les Grecs célébraient en l'honneur d'Apollon, et où ils lui offraient un gâteau d'orge, cuit avec du lait.

GALBA (Servius Sulpitius), Romain, de l'ancienne maison Sulpicia, s'éleva aux plus hauts emplois de l'empire. Il fut successivement préteur à Rome et en Aquitaine, proconsul en Afrique, général dans la Germanie et dans l'Espagne Tarragonaise. Il excita la jalousie de Néron, qui donna l'ordre de le faire périr. Il échappa à la mort en se faisant proclamer empereur en Espagne l'an 68 de J.-C. Par son avarice, sa faiblesse et les vices de ses favoris que le peuple appela ses *pédagogues* (Titus Vinius, Cornelius Laco et Marcianus Icelus), le firent détester du peuple romain. Othon profita du mécontentement des esprits pour le faire massacrer avec son fils adoptif Pison l'an 69. Galba était né 5 ans avant J.-C.

GALBANUM, substance gommo-résineuse, grasse, d'une consistance molle, de couleur blanchâtre, jaune, rousse ou gris de fer, d'une saveur amère et un peu âcre, d'une odeur forte et aromatique. On la retire dans le Levant de la racine du *bubon galbanum*. On l'emploie en médecine contre les nerfs, et dans la composition de divers remèdes. Elle entrait dans la composition du parfum qui, chez les Juifs, devait être brûlé sur l'autel d'or dans le saint lieu.

GALBE. Les architectes et les sculpteurs donnent ce nom aux contours du profil d'une coupole, d'une statue, d'un vase, d'un fût d'une colonne.

GALBULE, nom donné par quelques auteurs aux oiseaux *jacamar* et *loriot*. — On a encore nommé ainsi 1° le fruit des cyprès et des pins; 2° le fruit des protéacées et des casuarinées.

GALDIN ou GAUDIN (Saint), né à Milan, embrassa l'état ecclésiastique, et parvint par degrés aux charges de chancelier de l'Église et d'archidiacre de Milan. Il fut fait cardinal en 1165, et archevêque de Milan en 1166. Il rétablit les droits de la liturgie ambrosienne, fit plusieurs règlements concernant la discipline ecclésiastique. Il se livra avec ardeur aux œuvres de la charité et à la prédication pour combattre les hérétiques. Il mourut en 1176. On l'a mis au rang des saints, et on fait sa fête le 18 avril.

GALE (Thomas), savant anglais, né dans le comté d'York en 1636, très-versé dans la littérature grecque et dans la théologie, successivement directeur de l'école de Saint-Paul, membre de la société royale de Londres et doyen d'York en 1697, mort en 1702. Ses principaux ouvrages sont: *Opuscula mythologica, ethica, physica* (opuscules de mythologie, de morale et de philosophie), *Historiæ poeticæ scriptores antiqui* (historiens de la poésie antique), *Historiæ Anglicanæ scriptores quinque* (cinq écrivains de l'histoire d'Angleterre), et *Historiæ Britannicæ, Saxonicæ, Anglo-danicæ scriptores quindecim* (quinze écrivains de l'histoire bretonne, saxonne et anglo-danoise).

GALE, maladie cutanée contagieuse, qui paraît produite par la présence d'un insecte du genre *acarus*. La gale occupe plus particulièrement les intervalles des doigts, le dos des mains, les poignets, les coudes, les aisselles, les jarrets, les aines, etc. Elle s'étend rarement au visage. Elle attaque surtout les jeunes gens, les individus de la classe indigente, les personnes malpropres, etc., et se montre sous la forme de boutons prurigineux, rosés à leur base, transparents et terminés en pointe à leur sommet. On emploie surtout pour la faire disparaître le soufre sous forme de savon, de suspension aqueuse et de vapeurs.

GALÉ, genre de la famille des amentacées. Le *galé odorant* (*piment royal* ou *myrte bâtard*), qui croît dans les lieux marécageux de l'Europe, servait anciennement de thé. Il a une odeur forte et balsamique, et possède la propriété de purifier l'air. En Caroline, les fruits du *galé à cire* donnent, par leur ébullition dans l'eau, une cire avec laquelle on fait des bougies odoriférantes.

GALÉA, nom donné 1° au *bandage de Galien*; 2° à une céphalalgie (migraine) qui occupe toute la tête; 3° à la lèvre supérieure des fleurs labiées.

GALÉACE, sorte de grande galère à trois mâts, allant à la voile et à la rame, dont on se servait à Venise. Elle était très-longue, haute du derrière et basse du devant.

GALÉAS (Jean), fils aîné de Galéas Visconti, auquel il succéda en 1378 dans le gouvernement de la moitié de la Lombardie. Il fit prisonnier son oncle Barnabo, qui possédait le reste de la contrée, et l'empoisonna en 1385. Il s'empara de l'état de Padoue, et remporta plusieurs avantages sur les Florentins. L'empereur Venceslas érigea le 1er mai 1395 en duché et en fief impérial la ville de Milan et son diocèse. Il s'empara de Pise en 1399, et mourut de la peste en 1402. Ce fut lui qui fit bâtir la cathédrale de Milan, la citadelle de Pavie, la chartreuse de cette ville et le pont du Tésin. Il laissa deux fils légitimes et un naturel. L'aîné, Jean-Marie, lui succéda sur le trône ducal, se rendit odieux par ses cruautés, et fut assassiné en 1412 dans l'église de Saint-Gothard. — Le second, Philippe-Marie, comte de Pavie, lui succéda dans le duché de Milan, s'empara de Gênes et de toute la vallée Lévantine, fut presque continuellement en guerre avec les Vénitiens, la Savoie et les Florentins, mourut en 1447. Il était le dernier des Visconti. — Le fils naturel que Jean Galéas avait eu d'Agnès de Montecascia et qui était seigneur de Pise, fut décapité à Gênes en 1448 par ordre du maréchal de Boucicaut, qui l'accusait d'avoir trahi les Français.

GALÉAS SFORZA (Marie), fils de François Sforza, duc de Milan, et de Blanche Visconti, succéda à son père sur le trône ducal en 1447. Il épousa Bonne de Savoie, sœur d'Amédée IX et de Charlotte, femme de Louis XI. On l'accusa d'avoir empoisonné sa mère. Sa licence, ses débauches et sa tyrannie enfantèrent une conspiration. Jérôme Olgiati, dont il avait fait enterrer vivante la fille après l'avoir séduite, Charles Visconti, qu'il avait insulté, et Jean-André Lampognani, qu'il avait dépouillé d'un héritage, l'assassinèrent en 1476 dans la cathédrale de Milan. — JEAN GALÉAS SFORZA, son fils, fut reconnu duc après sa mort, sous la régence de sa mère, Bonne de Savoie, à l'âge de huit ans. Le ministre Cecco Simoneta fit exiler les frères du feu duc qui voulaient s'emparer du pouvoir. Mais l'un d'eux, Ludovic le More, appelé par les envieux de Simoneta à Milan, y accourut, fit emprisonner ce dernier et s'empara des affaires. Il enferma à Pavie son jeune neveu, qui venait d'épouser Isabelle d'Aragon, fille d'Alphonse II, roi de Naples, et lorsque Charles VIII, à son passage à Pavie, eut promis assistance au jeune duc, il le fit empoisonner le lendemain (1494).

GALÉE, en termes d'imprimerie, espèce de planche carrée avec un rebord, où le compositeur met les lignes à mesure qu'il les compose. Il y en a de plusieurs dimensions.

GALEGA, genre de plantes de la famille des légumineuses. Le *galega officinal* (faux indigo, lavanèse ou rue de chèvre) est une plante aromatique, sudorifique et alexitère (on appelle ainsi un médicament opposé aux poisons, mis en contact avec l'extérieur du corps). On l'emploie contre les fièvres malignes, l'épilepsie, les maladies convulsives. Elle croît en France et en Italie; on en mange les feuilles cuites ou en salade. Une espèce donne une teinture bleue.

GALÈNE, nom donné au *sulfure de plomb*, substance d'un gris métallique assez brillante, à texture lamelleuse et formant des cristaux qui sont ordinairement des cubes très-réguliers. Elle se rencontre en filons ou en couches considérables dans les montagnes primitives ou secondaires. Les principales mines de galène se trouvent en France, en Angleterre, en Espagne, en Silésie et en Carinthie. On l'emploie pour obtenir le plomb. Pour cela, on la triture et on la lave, puis on la grille (c'est-à-dire on la passe au feu), et ensuite on la traite par de la grenaille de fer (fer carburé) et par du charbon de terre ou de bois. Le plus souvent la galène renferme des particules d'argent.

GALÉODE, genre d'araignées de l'ordre des trachéennes. Le corps est oblong, annelé, allongé. Les pinces sont très-fortes, comprimées, dentelées. Les yeux sont lisses, les pieds au nombre de huit. Le corps est en outre recouvert de poils longs, soyeux ou roides, de couleur jaunâtre ou brune. Ces araignées, qu'on trouve dans les pays chauds et sablonneux, aiment l'obscurité et attrapent leur proie avec agilité. C'est à tort qu'on les dit vénéneuses.

GALÉOPE ou GALÉOPSIDE, genre de plantes de la famille des labiées. Leurs feuilles sont opposées, leurs fleurs rouges ou blanches. Une espèce, l'*ortie rouge* ou *ortie morte des bois*, se rencontre souvent dans les champs et dans les bois. On la regarde comme vulnéraire et calmante en médecine.

GALÉOPITHÈQUES (nommés vulgairement *chats singes*, *chats volants*, *chiens volants*), genre de mammifères, ressemblant un peu aux chauves-souris par les expansions de la peau qui les recouvre comme un manteau, et qui est étendue entre les quatre pieds. Leurs doigts sont réunis par des membranes. Les ongles sont forts. Les yeux sont volumineux et saillants, le museau allongé; les oreilles sont courtes et arrondies. Ces animaux vivent d'insectes et de graines, dans l'Asie orientale et l'Océanie. Ils dorment pendant le jour, et ne sortent que la nuit. Ils volent avec beaucoup de bruit, à l'aide de leurs membranes. Leur longueur est de onze pouces à un pied. Leur couleur est d'un roux marron ou brun, mélangée de taches.

GALÉOTE, nom donné par les anciens au *gecko*, et par les modernes à un reptile de taille médiocre, à tête courte, pyramidale, quadrangulaire, distincte du cou, à corps comprimé latéralement, à membres allongés, aux doigts longs et grêles, à queue ronde, longue, grêle. Le museau est mousse, les narines sont petites, libres, les yeux saillants, la bouche grande, la langue épaisse, les dents nombreuses et solides. Le corps est recouvert d'écailles. On trouve les galéotes en Asie, où ils vivent sur les arbres. Leur couleur est bleuâtre, brune ou roussâtre. Ces animaux, doux et innocents, vivent d'insectes.

GALÉOTTI (Albert), célèbre jurisconsulte du XIIIe siècle, né à Parme. Il professait la jurisprudence à Bologne en 1285. Il enseigna aussi à Modène et à Padoue. En 1250, il revint dans sa patrie et fut envoyé souvent en ambassade. Il mourut vers 1280. On a de lui un *Recueil des questions usitées en jurisprudence*, en italien et en latin; un *Traité des Gages*, un *Traité des conciles*, etc.

GALÈRE, nom donné vulgairement 1° à la *physale* ou *holothurie physale*, à cause de sa forme ovale, pointue aux deux bouts, et de son habitude de flotter au-dessus des mers; 2° à la coquille de l'*argonaute*; 3° à la *velelle mutique*.

GALÈRE (Caius Galerius Valerius Maximianus). Dace d'origine, il s'éleva du rang de simple soldat aux plus hauts grades de la milice. Dioclétien l'adopta, le créa césar l'an 292 de notre ère, et lui donna en mariage sa fille Valeria. Galère, qui avait pour département la Thrace, la Macédoine et la Grèce, battit le roi de Perse et remporta sur lui une si grande victoire, que les Perses cédèrent à l'empire romain cinq provinces, et que Galère fut décoré des surnoms pompeux de Persique, Médique, Arménique et Adiabénique. Il arracha à Dioclétien l'édit de persécution contre les chrétiens (de 303 à 313), et le força en 305 à abdiquer. Il régna sur l'Orient comme empereur, tandis que Constance Chlore, et après lui Constantin, gouvernaient l'Occident. Licinius et Maximin lui disputèrent le trône jusqu'à sa mort arrivée en 311.

GALÈRE, navire de guerre des anciens, d'abord à un rang, puis à deux et à trois rangs de rames. Les plus petites avaient à chaque rang et de chaque côté dix rames; les plus grandes, cinquante. Il y en a eu qui ont eu jusqu'à cinq et six rangs de rames. Mais la plus usitée fut la trirème. Au-dessous du plus bas pont était la *sentina* (cale). Le premier étage s'appelait *thalamos*, et les rameurs qui l'occupaient *thalamites*; le second étage appelé *zygos*, était occupé par les *zygites*; le troisième ou le pont supérieur nommé *thranos*, était rempli par les *thranites* qui, quoique rameurs, étaient aussi marins et soldats. — La galère fut adoptée au moyen âge par les Vénitiens.

GALÈRE, grand fourneau à réverbère autour duquel on dispose intérieurement un rang de vases que l'on veut chauffer en même temps, tels que des cornues, des creusets, etc. Il y a des galères en forme de fourneaux allongés, recouverts d'un dôme. Il y a à une des extrémités une porte pour introduire le charbon et à l'autre est une cheminée.

GALÈRES, vaisseaux de l'État sur lesquels les criminels étaient autrefois obligés de servir. La peine des galères à perpétuité entraînait avec elle la confiscation des biens, la mort civile, la flétrissure sur l'épaule droite avec les trois lettres GAL. La marque était précédée de la fustigation. Les galères à temps entraînaient de moins la mort civile et la confiscation. La peine des galères, c'est-à-dire les travaux forcés sur les vaisseaux affectés à cet usage, date de François Ier; ce n'est que depuis la fin du règne de Louis XIV que les galériens travaillent dans les hôpitaux, les arsenaux maritimes, les ports, etc., et ont pour prison un *bagne*. Voy. ce mot.

GALERIE, pièce dont la longueur surpasse de beaucoup la largeur. Les galeries se trouvent principalement dans les palais et dans les églises. On en place en bois sculpté sur le pont des grands bâtiments. Les plus fameuses sont, en France, celle du Louvre, longue de treize cent soixante sur vingt-neuf pieds de large, et dont les murailles sont couvertes de tableaux des plus grands peintres; celle de Diane aux Tuileries, longue de cent vingt-six pieds sur vingt-six de large; la galerie de Versailles peinte par Lebrun; en Italie, celle du palais Farnèse à Rome, peinte par le Carrache, et celle du Vatican, peinte et ornée par Raphaël.

GALERIES. On donne le nom de *galeries* à des collections de tableaux. Telles sont celles du Louvre à Paris, contenant 1,300 tableaux; celle de l'Hermitage à Saint-Pétersbourg; celle de Dresde, où l'on voit 1,400 tableaux; etc.

GALERIES. On appelle ainsi les chemins horizontaux creusés sous terre dans les mines et communiquant à l'extérieur avec des *puits* ou *bures* creusés perpendiculairement ou très-obliquement. — En fortification, il y a plusieurs sortes de galeries souterraines, servant soit à l'attaque soit à la défense des places. La *galerie de communication* est construite par les assiégés pour aller du corps de la place aux ouvrages détachés sans être aperçus de l'ennemi. La *galerie de mine* est construite par les assiégeants pour aller au pied de la muraille et y attacher la mine. La *galerie de contre-mine* est construite par les assiégés pour interrompre ou détruire les travaux de mine. Enfin la *galerie d'écoute* est pratiquée le long des deux côtés des galeries de communication pour y écouter et découvrir l'endroit où travaille l'ennemi.

GALERIUS. Voy. GALÈRE.

GALÉRUQUE, genre d'insectes coléoptères, de la famille des cycliques. Ces insectes sont de taille moyenne; la tête est petite, le corselet étroit, les antennes courtes, les pattes impropres au saut. La *galéruque de l'orme*, de couleur jaunâtre avec plusieurs points, est très-commune en France. Elle cause de grands dégâts aux arbres.

GALÈSE, rivière du royaume de Naples (Italie), qui a sa source près d'Oria (Terre d'Otrante), et se jette dans le golfe de Tarente. Ses eaux sont excellentes, et les troupeaux qui croissent sur ses bords sont d'une grande valeur. Les anciens attribuaient à ses eaux la propriété d'adoucir la laine des brebis qui s'y baignaient.

GALET, petit caillou rond et plat, que l'on trouve sur certaines côtes, et qui sert quelquefois, en raison de son poids et de sa forme, de lest aux navires. — Dans les arts mécaniques, on appelle *galets* de petits disques ou cylindres d'ivoire, de bois ou de métal, qu'on place entre deux surfaces qui se meuvent l'une sur l'autre, afin d'en diminuer les frottements. — Le *jeu du galet* est un jeu qui consiste à approcher des galets d'ivoire le plus près possible d'un enfoncement pratiqué sur une surface polie, sans cependant les y laisser tomber. — La *rivière aux galets* est le nom de la rivière Saint-Denis, à l'île Bourbon.

GALETTE. On donne ce nom, 1° à une pièce inarticulée, membraneuse, qui recouvre la mâchoire des insectes névroptères et orthoptères; 2° à une pâtisserie feuilletée, faite avec de la farine pétrie avec du beurre frais; 3° au biscuit dont on se sert dans les vaisseaux, et dont la forme est ronde, plate ou carrée. Chaque galette pèse six onces, et fait la portion d'un matelot pour un repas. On les conserve dans des caisses fermées hermétiquement.

GALGACUS, chef des Calédoniens (anciens Écossais), résista longtemps avec une grande valeur aux Romains commandés par Agricola. Il succomba enfin dans une bataille, où il perdit la plus grande partie de ses troupes.

GALGAL ou GALGALA, ville de Judée, située à une lieue du Jourdain et de Jéricho. L'arche y demeura longtemps. Ce fut là que le peuple reconnut Saül pour roi, et que plus tard ce prince infortuné y reçut l'arrêt de la réprobation divine.

GALGALE, mastic qui durcit dans l'eau et qui est inaltérable. Les vers ne peuvent le percer. En Europe, on fait ce mastic avec un mélange de chaux, d'huile et de goudron, dont on enduit à chaud les carènes des bâtiments doublés en bois.

GALHAUBANS. Voy. GALAUBANS.

GALIANI (Ferdinand), né à Chieti, dans l'Abruzze citérieure, en 1728, mort en 1787. Il publia en 1749 un *Traité sur les monnaies*. Nommé en 1751 membre de l'académie de la Crusca, il publia en 1755 une *Dissertation sur l'histoire naturelle du Vésuve*. En 1756, il fut nommé membre de l'académie d'Herculanum, et travailla beaucoup à l'histoire de cette ville. En 1758, il se fit une réputation d'éloquence par son *Oraison funèbre de Benoît XIV*, et en 1759 il fut nommé secrétaire d'ambassade à Paris, où il publia son *Commentaire sur Horace et ses Dialogues sur les blés*. Il mourut chargé d'honneurs et de dignités.

GALIARDE, ancien air de danse, usité principalement dans les XVIe et XVIIe siècles. Il était dans la mesure *à trois temps*. Cet air, d'un mouvement vif et animé, se jouait ordinairement après les danses très-lentes.

GALICE, ancienne province du N. de l'Espagne, bornée à l'E. par les Asturies et le royaume de Léon, au N. et à l'O. par l'Océan, au S. par le Minho, qui la sépare du Portugal. Elle a 2,064 lieues de superficie (49 lieues de long sur 45 de large), et sa population est de 1,795,139 habitants. Les Galiciens (*Gallegos*) émigrent dans les grandes villes de l'Espagne et du Portugal, où ils exercent les emplois de portefaix, etc. La capitale de la Galice est *Santiago de Compostella*. Ce pays est divisé en sept provinces : *Betanzos, la Corogne, Lugo, Orense, Mondonedo, Santiago* et *Tuy*. La Galice fut érigée en royaume en 1060 par Ferdinand le Grand, roi de Castille et de Léon.

GALICE (NOUVELLE-), ancienne division du Mexique, formant un ancien royaume de 300 lieues de long sur 200 de large. On l'appelait encore *Nouveau-Mexique*. Il était divisé en six parties : le *Nouveau-Mexique* proprement dit, capitale *Santa-Fé* ; la *Nouvelle-Californie*, capitale *Loreto* ; la *Nouvelle-Navarre*, capitale *Sonora* ; la *Nouvelle-Biscaye*, capitale *Durango* ; le *Nouveau-Léon*, capitale *Monterey*, et la *Nouvelle-Galice*, capitale *Guadalaxara*. Cette ville était capitale de tout le royaume.

GALIEN (Claudius Galenus), médecin célèbre de l'antiquité, né à Pergame vers l'an 131 après J.-C., mort vers l'an 210. Il étudia à Alexandrie, et fut appelé à Rome par l'empereur Marc Aurèle, qui avait en lui une aveugle confiance. Il écrivit plus de cinq cents livres sur la médecine et deux cent cinquante sur les sciences, telles que la philosophie, la géométrie, la logique, etc. Une partie de ces écrits fut détruite dans un incendie à Rome. Ceux qui nous restent ont été publiés à Bâle (1538) en 6 vol., et à Venise (1625) en 6 vol., grec et latin. — La doctrine de Galien reposait en partie sur l'humorisme. Il avait établi en principe que *les contraires se guérissent par les contraires*, et ne reconnaissait dans le corps de l'homme que quatre éléments : le feu, l'air, la terre et l'eau, et quatre qualités élémentaires : le chaud, le froid, le sec et l'humide. Il est l'auteur de la classification des humeurs en sang, pituite, bile et atrabile.

GALIGAÏ (Leonora), épouse de Concini, maréchal d'Ancre, et sœur de lait de Marie de Médicis, qu'elle suivit en France et sur laquelle elle posséda toujours un grand empire. Sa hauteur et la haine que portaient à son mari les grands de la cour la perdirent. Après la mort de son mari, elle fut conduite à la Bastille, jugée comme coupable de sortilège et de magie, et condamnée à être décapitée en place de Grève, brûlée et ses cendres jetées au vent. Elle subit son supplice en 1617 avec assez de fermeté.

GALILÉE, province de la Palestine, divisée en haute et basse Galilée. La basse Galilée s'étendait dans les tribus de Zabulon, d'Azer et de Nephtali, au deçà du Jourdain, au couchant du lac de Génésareth ou mer de Galilée (maintenant lac de Tibériade). La haute Galilée s'étendait au delà du Jourdain, vers la Trachonite et le Liban. Les principales villes de la Galilée étaient *Césarée*, *Nazareth*, *Thabor*, *Jaffa*, *Bethléem*, *Sidon*, *Ptolémaïs*. — La Galilée, divisée sous la domination turque en trois pachaliks, ceux de *Séide*, de *Gaza* et de *Casaïr*, vient d'être placée sous l'autorité du pacha d'Egypte Méhémet-Ali par un firman ou ordonnance du sultan des Turks, qui confirme les droits acquis par ses armes.

GALILÉE (Galileo), fils de Vincent Galilei, gentilhomme florentin, né à Pise en 1564. Il obtint en 1589 une chaire de philosophie à Padoue, et se fit un nom célèbre par sa découverte des lois qui régissent le mouvement accéléré, son invention du télescope et du compas de proportion en 1597. À l'aide du télescope qu'il avait inventé et qui porte son nom, il découvrit les satellites de Jupiter (1609), auxquels il donna le nom d'*étoiles de Médicis*. Il tenta de substituer en Italie la doctrine de Copernic au système d'astronomie alors en vigueur. Poursuivi par l'inquisition et la cour de Rome, comme enseignant des doctrines contraires aux paroles de l'Evangile, il fut condamné en 1633 par un décret de sept cardinaux, à être emprisonné, à réciter pendant trois ans une fois chaque semaine les sept psaumes de la pénitence, et à déclarer à genoux, et les mains sur l'Evangile, que la croyance que la terre tournait était une hérésie et une erreur. Il mourut en 1641. Parmi ses ouvrages, les plus fameux sont son *Mécanique* publiée par le père Mersenne, des *Dialogues sur le système planétaire* et le *Nuntius sidereus*. (nouvelle des astres découverts). Son père, VINCENT GALILEI, savant mathématicien et musicien, a publié *cinq Dialogues sur la musique*. Il est regardé comme le créateur de l'opéra italien. Son fils VINCENT appliqua aux horloges le pendule simple inventé par son père. Il était aussi poète.

GALILÉE (MER DE) ou LAC TIBÉRIADE OU DE GÉNÉSARETH, lac situé en Palestine. Il a 18 lieues de circonférence, et est traversé par le fleuve du Jourdain. Ses eaux sont profondes, douces, mais limoneuses ; elles nourrissent d'excellents poissons.

GALILÉE (HAUT ET SOUVERAIN EMPIRE DE), association des clercs des procureurs à la chambre des comptes de Paris, et composée de seize clercs, savoir : un empereur électif, un chancelier, remplacé au besoin par un vice-chancelier, et également électif, un procureur général, six maîtres des requêtes, deux secrétaires des finances pour signer les lettres, un trésorier, un contrôleur, un greffier, deux huissiers. Henri III supprima le titre d'empereur, et ce fut le chancelier qui devint le chef de la communauté. Les dignitaires, alors au nombre de quinze, se rassemblaient en costume le jeudi après l'audience de la chambre des comptes. Cette association a cessé d'exister en 1789.

GALILÉENS, secte de Juifs qui s'éleva dans la Judée, quelques années après la naissance de Jésus-Christ, et qui avait pour chef Judas le Galiléen, né à Goulon. Ils s'accordaient en tout avec les pharisiens ; la seule chose qui les distinguait était l'amour de l'indépendance. Pour obéir à leur principe, qui était que Dieu seul doit être appelé Seigneur, et le seul chef que l'on doive reconnaître, ils soulevèrent une partie du peuple, et commencèrent une guerre domestique qui dura jusqu'à la ruine de Jérusalem.

GALINE, nom vulgaire du poisson nommé *torpille*.

GALINETTE, nom vulgaire donné à plusieurs plantes, entre autres à la *valériane*, à la *cocrète glabre* et à la *cocrète maritime*.

GALION, gros navire de charge particulier aux Espagnols, et dont ils se servirent pour le commerce de l'Amérique et des Indes. En vertu du monopole de commerce que s'arrogeait l'État, douze galions du port de 1,000 à 1,200 tonneaux partaient chaque année de Cadix au mois de septembre, touchaient aux Canaries, aux Antilles, et stationnaient à Carthagène soixante jours ; ils se dirigeaient de là sur Porto-Bello, où ils demeuraient quarante jours, et allaient se joindre à la Havane à la flotte revenant du Mexique. Tous ensemble faisaient ensuite route pour l'Europe. Les galions servirent aussi à colporter les cargaisons des îles Philippines ; ils sont maintenant oubliés.

GALIOTE, navire de la Méditerranée, construit et équipé comme la galère et la felouque, et servant aux pirates dans leurs excursions. La *galiote hollandaise* était un gros et lourd bateau, arrondi à l'avant et à l'arrière, avec des flancs larges et carrés, et destiné au transport des marchandises. La *galiote à bombes* était une galiote de même forme et de mêmes dimensions que celle de Hollande, adoptée vers le milieu du XVIIIe siècle par la marine française, et destinée à lancer des bombes. La forme de ces bateaux varia par la suite ; on les chargeait dans le sens de la longueur de deux mortiers fixes.

GALIPOT, substance résineuse découlant des incisions pratiquées au pin des forêts et au pin maritime. Elle est d'une couleur jaunâtre, à une saveur amère, et l'odeur de la térébenthine. On en fait des vernis, des bougies, des torches, etc. Le galipot, appelé aussi *baras*, *barras* et *résine blanche*, se débarrasse des matières étrangères, quand on le fond et on l'agite dans l'eau. Si après cela on le décante (c'est-à-dire si on sépare le liquide des matières restées au fond) et si on le filtre, il constitue la *poix jaune* dont on se sert souvent en marine.

GALISSONNIÈRE (Rolland Michel BARRIN, marquis DE LA), né à Rochefort en 1693, entra au service en 1710 comme garde-marine, et fut fait capitaine de vaisseau en 1738. Il se distingua tellement par son intelligence et sa valeur, qu'il fut nommé en 1745 gouverneur général du Canada. Il s'y concilia l'amitié des sauvages, qui le regardèrent comme leur père. Rappelé en France en 1749, il fut nommé chef d'escadre, et enfin lieutenant général des armées navales du roi. Il remporta une victoire navale sur l'amiral anglais Byng devant Minorque (1756), et mourut la même année à Nemours. Il protégeait et cultivait les sciences avec succès.

GALITZIN, famille illustre et puissante de Russie, qui a donné des hommes célèbres et des politiques habiles. — WASSILI ou BASILE GALITZIN fut le ministre du roi Fœdor, et gouverna l'empire sous la minorité d'Iwan et de Pierre avec le titre de grand chancelier, ministre d'Etat temporel et vice-roi d'Astrakkan et de Kasan. Le mépris avec lequel il traita les boyards auxquels il arracha une partie de leurs privilèges et ses innovations dans le gouvernement mécontentèrent les grands ; le manque de succès d'une expédition qu'il commanda contre les Tartares fut le prétexte de sa disgrâce. Il fut exilé en Sibérie (1689), et ses biens furent confisqués. Rappelé quelque temps après, il finit ses jours près de Moscou en 1713. Il était né en 1633. Il prépara au czar Pierre les voies de civilisation, et se fit nimer du peuple parce qu'il haïssait les grands.

GALL (François-Joseph), savant Allemand, né en Souabe à Tiefenbrunn en 1758. Il s'est fait un nom célèbre par son système de phrénologie, par lequel il explique les penchants de l'homme par la conformation extérieure de la tête et du cerveau qui avant lui était considéré comme un organe simple, homogène, et qu'il prouva être une agrégation d'organes différents. Il se fit naturaliser Français en 1819, et mourut en 1828. Ses ouvrages principaux sont : *Recherches sur le système nerveux en général et du celui du cerveau en particulier*, *Anatomie et Physiologie du système nerveux en général et du cerveau en particulier*, un traité sur les *Fonctions du cerveau et sur celles de chacune de ses parties*. Il a en outre publié dans le *Dictionnaire des sciences médicales* les articles *cerveau* et *crâne*.

GALL (Saint-), canton de Suisse dont la superficie est de 100 lieues carrées, et la population de 160,000 habitants. Il se compose en grande partie des possessions de l'abbaye de Saint-Gall sécularisée par le congrès de Vienne. Il est le quatorzième dans l'ordre de la confédération, envoie à l'armée fédérale un contingent de 2,680 hommes, et donne aux dépenses générales de l'union une quote-part de 39,450 francs. Ses revenus s'élèvent à 578,000 francs. Le gouvernement de ce canton se compose d'un *grand conseil* de cent cinquante membres présidé par un *landamman*, et qui élit dans son sein un *petit conseil* de treize membres, qui possède les pouvoirs exécutif et administratif. Le chef-lieu est Saint-Gall, ville de 10,000 âmes qui doit son origine à l'ancienne abbaye.

GALLAIS (Jean-Pierre), né à Angers en 1757, professait la philosophie dans un collège de bénédictins avant la révolution; il s'y montra constamment contraire. Il entreprit (1792) la rédaction du *Journal général* où il s'élevait avec force contre le pouvoir régnant; arrêté pour son opuscule, *Appel à la postérité* (1793), il fut remis à la liberté après sept mois de prison (1794). Il rédigea successivement la *Quotidienne* et le *Censeur des journaux*. Proscrit et fugitif, il échappa aux recherches des terroristes en vivant caché pendant deux ans. Il fut chargé ensuite de la rédaction du *Journal de Paris*, qui l'occupa pendant dix ans. En 1800, il fut nommé professeur d'éloquence et de philosophie à l'académie de législation. Il mourut en 1820. Il a laissé quelques ouvrages historiques sur la révolution.

GALLAND (Antoine), savant orientaliste, né près de Montdidier en 1646. Il fut nommé en 1701 membre de l'académie des inscriptions et belles-lettres, et obtint en 1709 une chaire de professeur d'arabe au collège royal de France. Il mourut en 1715. Ses ouvrages les plus connus sont: la traduction des *Mille et une Nuits*, contes arabes; les *Fables de Bidpaï*, traduites du turk, et celles de *Lockman*; une *Version du Koran*, un *Traité de l'origine du café*, l'*Histoire des quatre Gordiens* et l'*Orientaliana*.

GALLAS, peuple nomade et sauvage qui occupe tout le pays compris entre l'Abyssinie et la côte d'Ajan. Les Gallas occidentaux s'appellent *Bertuma-Galla*, et leur chef *Loubo*. Les Gallas orientaux prennent le nom de *Boren-Galla*, et leur chef celui de *Mouti*. Ils ont la taille petite, la couleur de la peau d'un brun foncé, les cheveux longs et plats, et adorent l'arbre *wansey*, remarquable par ses fleurs blanches. Ils sont polygames, et leur principal culte est le sabéisme. Depuis 1750, ils ont acquis une grande autorité dans l'empire d'Abyssinie, qu'ils ravageaient auparavant de leurs incursions. Ils y sont maintenant très-puissants.

GALLAS (Matthias), né en 1589 dans le comté de Trente en Autriche. Il se signala en Italie et en Allemagne sous les ordres du fameux Tilly, au point qu'après la mort de ce dernier (1631) l'empereur Ferdinand II le mit à la tête de ses armées. Il voulut en 1636 s'emparer de la Bourgogne; mais il fut battu à Saint-Jean de Losne. Il continua de servir dans les campagnes de Suède et de Bohème. Sa dernière campagne, qui fut contre les Suédois en 1644, fut malheureuse. Battu par Tostenson à Magdebourg, il fut disgracié, et mourut en 1647.

GALLATES, sels résultant de la combinaison de l'acide gallique avec une base. Ils ont la propriété de colorer en noir les solutés de sels de fer, se décomposent rapidement quand ils se sont dissous dans l'eau, en passant successivement du jaune au vert et du vert au brun.

GALLE. On appelle ainsi les excroissances de formes diverses résultant de l'extravasation des sucs propres de plusieurs végétaux, stimulés par la liqueur âcre que dépose sur les végétaux la femelle de plusieurs insectes, tels que le *cynips*. La plus importante de toutes est la noix de galle, excroissance arrondie, dure et pesante qui se développe sur le *quercus infectoria* (chêne des teinturiers). Les noix de galle dont les teinturiers font un usage très-fréquent, et qui s'emploient surtout pour la fabrication de l'encre viennent de Smyrne et d'Alep. Les tanneurs en font usage en grand usage, et en médecine on les emploie comme fébrifuges à l'intérieur, et comme *styptiques*, c'est-à-dire astringents et resserrant à l'extérieur. On distingue les galles vertes, françaises et blanches. Les meilleures sont de couleur verdâtre.

GALLEGO, rivière d'Espagne, qui descend des Pyrénées, traverse l'Aragon et se jette dans l'Èbre à Saragosse.

GALLERIE, genre d'insectes lépidoptères nocturnes de la tribu des tinéites. Ils exercent les plus grands dégâts dans les ruches. On en distingue deux espèces principalement : la *gallerie des ruches* et la *gallerie de la cire*. Cette dernière est la plus commune; le papillon a dix millimètres de long sur sept de large. Celui de la *gallerie des ruches* est cinq ou six fois plus gros. La couleur de ces insectes est d'un gris obscur. Ils s'introduisent adroitement pendant la nuit dans les ruches, et la femelle va déposer ses œufs dans les rayons. Les larves sorties de ces œufs se nourrissent du miel ou de la cire; leur multiplication est si prodigieuse que, dans les ruches faibles, elles les envahissent entièrement, et les abeilles, chassées de leurs demeures périssent misérablement. On doit prendre le plus grand soin pour faire périr les galleries.

GALLES (Pays de), anciennement *Cambria*, contrée occidentale de l'Angleterre, entre l'embouchure de la Saverne au S. et celle de la Dée au N.-E. Elle a 50 lieues de long sur 32 de large, et se divise en douze comtés, qui sont ceux d'Anglesey, de Caërnavon, de Denbigh, de Flint, de Mérioneth, de Montgommery, de Radnor, de Brecknock, de Glamorgan, de Pembroke, de Cardigan et de Caermathen. Sa population est de 800,000 habitants, et descend des anciens Galls ou Gaëls qui s'établirent en Angleterre environ quatre-vingts ans avant Jules César. On y parle la vieille langue kymrique ou gaëlique. Les fils aînés des rois d'Angleterre, depuis Édouard II qui naquit à Caërnavon, portent le titre de princes de Galles. Depuis 1416, le pays de Galles a été réuni à l'Angleterre, dont il a adopté les lois et la religion.

GALLES-MÉRIDIONALE (Nouvelle-), contrée de la Nouvelle-Hollande formant une colonie anglaise qui embrasse une étendue de 47 degrés en latitude, et qui est divisée en dix-neuf comtés, savoir : *Cumberland*, *Northumberland*, *Westmoreland*, *Cook*, *Glocester*, *Durham*, *Brisbane*, *Bligh*, *Philips*, *Hunter*, *Wellington*, *Roxburgh*, *Bathurst*, *Georgina*, *Camden*, *Saint-Vincent*, *Argyle*, *King* et *Murray*. Le chef-lieu est *Sidney*. Les colons de la Nouvelle-Galles sont des émigrants volontaires, et des *convicts*, c'est-à-dire criminels déportés. (Voy. Botany-Bay.) On exporte de ce pays des grains, du houblon, du sucre, du lin, de la laine, des bestiaux, de l'huile et des peaux.

GALLES (Ile du Prince de), en malais *Poulo-Pinang* (île de l'Arek), située à l'entrée du détroit de Malaca et large de 3 lieues sur 5 de longueur. Elle appartient aux Anglais qui l'ont obtenue du roi de Keddah, et y ont fondé en 1786 une colonie dont le chef-lieu actuel est Georges-Town, et dont la population actuelle s'élève à 48,000 habitants tant Anglais que Chinois, Malais, Hollandais, etc. Cette île s'est accrue en 1802 du district maritime du continent qui l'avoisine, et qui a reçu le nom de Wellesley. L'île du Prince de Galles, administrée par un gouverneur anglais, est un des entrepôts du commerce anglais dans les Indes.

GALLES, prêtres de Cybèle, ainsi nommés, dit-on, de Gallus, qui se consacra le premier au service de cette déesse. Ils parcouraient les villes en portant les *images* de Cybèle pour recueillir les aumônes des peuples qu'ils tournaient à leur profit. Ils étaient renommés par leurs débauches.

GALLET, né à Paris à la fin du XVIIe siècle, était épicier dans cette ville. Ami de. Panard, de Collé, de Piron, il composa un grand nombre de *chansons comiques*. On en trouve plusieurs dans l'ancien *Chansonnier français*. Il fonda la célèbre académie chantante du *Caveau*. Il composa aussi plusieurs opéras, *la Précaution inutile*, *le Double Tour* ou *le Prêt rendu*, *les Coffres*; des *parodies* de diverses pièces du temps. Il mourut en 1757.

GALLICANE (Église), Église des Gaules qui, sans s'éloigner de l'Église romaine, quant aux dogmes et aux croyances religieuses, a des coutumes, des mœurs, des constitutions propres aux pays, et auxquelles on a donné le nom de libertés gallicanes. Elles consistaient à reconnaître l'autorité papale quant au spirituel, et son infaillibilité dans les questions décidées en son nom par les conciles, à reconnaître comme chefs temporels les souverains du royaume, et à leur prêter serment de fidélité. La déclaration des évêques à la tête desquels était Bossuet (1682) formula ces libertés, qui sont restées le code de l'Église gallicane.

GALLICIE, partie de l'ancienne Pologne appartenant depuis 1772 à l'Autriche. Sa superficie est de 1,500 milles carrés, et sa population de 4,100,000 habitants. La Gallicie dont la capitale est *Léopold* ou *Lemberg*, se composait des palatinats de Cracovie, de Sandomir, de Podlaquie et de Lublin, et du cercle de Zamosc; mais le congrès de Vienne (1815) l'a réduite à une partie des palatinats de Cracovie et de Sandomir, et de la province appelée Russie-Rouge. Elle est divisée en dix-neuf cercles, et son administration est confiée à un gouverneur, et à des états provinciaux. Les principales richesses de la Gallicie sont les mines de sel de Wieliska et de Bochnia.

GALLICOLES, tribu d'insectes hyménoptères pupivores. Ces insectes, presque tous de petite taille, piquent les plantes pour y déposer leurs œufs. L'endroit piqué se développe beaucoup, et finit par former une excroissance ou *galle* où l'insecte subit ses diverses métamorphoses; celles-ci sont percées d'un trou sont celles d'où est sorti l'insecte parfait.

GALLICUM FRETUM, nom donné par les Romains au détroit qui sépare la France de la Grande-Bretagne. On le nomme aujourd'hui *Pas-de-Calais*.

GALLICUS (Sinus), nom donné par les anciens au golfe de Lyon sur la Méditerranée.

GALLIEN (Publius Licinius Gallianus), fils de l'empereur Valérien, associé à l'empire l'an 253 de J.-C., succéda à son père en 260. Il avait dans sa jeunesse vaincu les Germains et les Sarmates; mais, dès qu'il fut sur le trône, il s'abandonna aux plaisirs et à la mollesse. Il apprit avec indifférence la révolte de l'Égypte, la défection des Gaules et l'invasion des Scythes. Mais Posthumus et Ingennus s'étant fait proclamer empereurs, l'un en Gaule, l'autre en Illyrie, Gallien vainquit le dernier et le tua. Plusieurs autres empereurs succédèrent à Posthumus dans les Gaules, et Macrien fut proclamé en Egypte. Odenat, prince de Palmyre, qui soutenait l'honneur du nom romain contre Sapor, roi de Perse, et que Gallien avait combattu sans succès, ayant été tué, Auréole le remplaça comme césar, et voulut s'emparer de l'empire. Gallien marcha contre lui, et fut assassiné avec son fils Valérien devant Milan qu'il assiégeait (268). Il avait fait cesser la persécution contre les chrétiens.

GALLINA, nom donné: 1° à plusieurs poissons du genre *trigle* et au *dactyloptère commun*; 2° à plusieurs oiseaux, tels que l'*agami*, la *bécasse*, la *gélinotte*, le *râle* et le *vautour percnoptère*.

GALLINACÉS, ordre d'oiseaux caractérisés par les courtes membranes qui sont entre leurs doigts antérieurs, et par la présence d'un seul doigt au plus en arrière. Les espèces qui le composent sont pour la plupart d'assez grande taille, épais, lourds au vol et légers à la course, faciles à apprivoiser, et vivant en compagnie. Les gallinacés sont granivores, et forment dix-huit genres, savoir : les genres *paon*, *coq*, *faisan*, *lophophéore*, *éperonnier*, *dindon*, *argus*, *pintade*, *pauxi*, *hocco*, *pénélope*, *tétras*, *ganga*, *hétéroclite*, *perdrix*, *turnix* et *cryptonyx*.

GALLINI (J. André), célèbre danseur, né en Italie vers le milieu du XVIIIe siècle. Il vint à Londres sur le théâtre de l'Odéon, et fut ensuite directeur des ballets. La sœur du comte d'Albingdon l'épousa. Après avoir amassé une grande fortune, il devint directeur du théâtre de l'Opéra ; mais, la salle s'étant brûlée en 1789, il dépensa environ 2,000,000 de francs pour en faire construire une autre. On a de lui un *Traité sur la danse*. Il mourut en 1805.

GALLINSECTES, famille d'insectes hémiptères, section des homoptères. Ces insectes, dont le corps est très-petit, ont pour habitude de vivre dans des *galles* ou excroissances qui surviennent sur les plantes.

GALLINULES ou POULES D'EAU, oiseaux aquatiques que l'on rencontre en tous lieux, près des marais, des rivières, des ruisseaux, où ils recherchent les vers, les insectes, les poissons. La *poule d'eau commune* est longue de douze à quatorze pouces ; sa tête, sa gorge, son cou et toutes les parties inférieures sont d'un bleu d'ardoise ; le dos est brun foncé, les flancs et l'extrémité des ailes est blanc, ainsi que le haut de la queue. Les pieds sont d'un vert jaunâtre, la base du bec et le front, d'un rouge vif. Ces oiseaux sont sédentaires, ou émigrent à diverses époques. Ils se cachent pendant le jour dans les roseaux, et ne sortent que le soir et au matin.

GALLION (Junius), courtisan de Tibère, fut exilé d'Italie pour avoir proposé d'accorder aux soldats prétoriens qui auraient fait plusieurs campagnes une place dans les jeux publics à côté des chevaliers. — JUNIUS GALLION, frère du célèbre Sénèque, se nommait d'abord M. Annæus Novatus. Il reçut le nom de Gallion de L. J. Gallien, son père adoptif. Il était proconsul d'Achaïe lorsque les Juifs lui amenèrent saint Paul pour le faire condamner ; mais il refusa d'intervenir dans leurs différends. Ayant été rappelé à Rome par Néron, et craignant le supplice, il se perça de son épée.

GALLIPOLI, ville de Turquie dans la Roumélie, sur les rochers baignés par le détroit de Gallipoli dans les Dardanelles à l'embouchure de la mer Marmara dans l'Archipel. Elle est à 60 lieues de Constantinople. Cette ville a été occupée en 1854 par les troupes anglo-françaises ; elle a 10,000 habitants et est une des clefs de la Turquie par sa position.

GALLIQUE (ACIDE), acide solide sous forme d'aigrettes blanches transparentes, d'une saveur aigre, et composé d'oxygène, d'hydrogène et de carbone. Il a été découvert par Scheele en 1786, et se trouve dans la noix de galle et dans plusieurs écorces. Il est presque toujours uni au tannin, avec lequel on l'emploie souvent en teinture.

Il forme avec les bases des sels appelés *gallates*.

GALLITE, nom donné à un groupe d'oiseaux passereaux de la famille des gobemouches, dans lequel on place le *gallite* ou *petit-coq*.

GALLOIS (Jean), né à Paris en 1632, embrassa l'état ecclésiastique, et devint abbé de Saint-Martin des Cores, secrétaire de l'académie des sciences et professeur de grec au collège royal. Il est fameux par la direction du *Journal des savants*, qu'il entreprit de 1666 à 1671. Il y montra une grande modération et de grandes lumières. Il obtint l'amitié et l'estime du ministre Colbert, qui le prit avec lui en 1674. Il mourut en 1707.

GALLON, mesure de liquides en Angleterre. Le *gallon impérial* vaut 4 litres 543 millilitres français. Il se divise en 4 *quarts* et en 8 *pintes*; 2 gallons font un *peck*, qui vaut par conséquent 9 litres 086 millilitres ; 8 gallons font un *bushel*, qui vaut 36 litres 344 millilitres. — Le *gallon* est encore une espèce de boisseau dont l'on se sert pour les grains, l'étain en poudre des mines, les légumes et autres corps solides.

GALLOWAY, nom donné à une contrée d'Ecosse, bornée à l'E. par le Nithesdale, au N. par le Kyle et le Larrick, au S. et à l'O. par la mer d'Irlande. Elle se divise en orientale et occidentale, et renferme les comtés de Kirkcudbright et de Wighton. Cette contrée commerce en laine et en chevaux très-estimés.

GALLUS (Publius Cornelius), l'un des plus célèbres élégiaques romains, né l'an 688 de Rome ( 65 ans avant J.-C. ) à Fréjus. Il s'éleva du plus bas rang jusqu'à la faveur d'Auguste, qui lui donna la préfecture de l'Egypte. Il en fut rappelé à cause de ses déprédations. Condamné par le sénat à une amende et à l'exil, il se donna la mort 25 ans avant J.-C. Il était l'ami de Virgile, qui lui a dédié sa sixième églogue. De ses quatre livres d'Elégies, six élégies nous sont parvenues.

GALLUS (Ælius), noble Romain de l'ordre équestre, fut troisième gouverneur d'Egypte, et pénétra dans l'intérieur de l'Arabie avec une armée l'an 23 avant J.-C. ; mais son expédition n'eut aucun succès.

GALLUS (Caïus Vibius Trebonianus), empereur romain, l'un des généraux de Dèce, qu'il fit périr par trahison dans la guerre contre les Scythes. Il fit un traité ignominieux avec les Goths et persécuta les chrétiens. Il marcha contre Emilien, qui s'était fait élire empereur, et fut vaincu en Mœsie. Les soldats, indignés de sa lâcheté, le massacrèrent à Terni en 253 avec son fils Volusianus.

GALLUS (César), neveu du grand Constantin et frère de Julien. Créé césar en 351 par l'empereur Constantius son cousin, il se fit détester par ses cruautés et conspira contre Constantius, qui lui fit trancher la tête en 354. Il s'appelait Flavius Claudius Constantius.

GALMIER (SAINT-), chef-lieu de canton du département de la Loire, à 4 lieues de Montbrison. Sa population est de 2,800 habitants. Cette ville est très-ancienne. Elle renferme une belle église de construction gothique. On trouve à Saint-Galmier une fontaine d'eau minérale ferrugineuse, acidule, et qui contient une grande quantité d'acide carbonique. On en fait usage principalement en boissons.

GALOCHE. On donne ce nom 1° à une sorte de chaussure tenant le milieu entre le sabot et le soulier. Ce n'est autre chose qu'un soulier à semelle de bois. Le dedans est rembourré avec une peau d'agneau. Ces souliers sont très-utiles pour garantir les pieds de l'humidité ; 2° à une poulie dont la chape est ouverte d'un côté, c'est-à-dire qui est ouverte transversalement sur une de ses faces ; 3° à des pièces de bois, des blocs, placés dans différentes parties de la muraille ou du pont d'un vaisseau.

GALON, nom donné à des tissus étroits comme un ruban, mais croisés, fort épais, et qui se fabriquent avec des fils d'or, d'argent, de cuivre, de soie, de coton, de laine et même du fil seul. Lyon fournit les galons de soie, Amiens ceux de laine. Pour s'assurer si les galons d'or et d'argent sont fabriqués en faux, on se sert de la pierre de touche, ou bien l'on examine la nature du fil sur lequel le métal est roulé, car, d'après la loi, les galons en métal fin sont filés sur de la toile, et les autres sur du chanvre ou du lin. On nomme *galons pleins* ceux qui sont figurés de part et d'autre, ou qui sont sans envers bien fixes ; *galons figurés*, ceux qui ont un dessin d'un seul côté ; *galons-systèmes*, ceux à envers sans dessins, sans or ni argent. On ne peut le retourner, parce que ces métaux ne paraissent que d'un seul côté ; *galon à lames* ou *gaze-galon*, celui qui n'a ni festons et dont la lisière est torses. Les dessins y sont peu sensibles. — On se sert des galons pour orner des tapisseries, pour les ornements d'église, et pour distinguer les grades militaires, c'est-à-dire les caporaux et les sous-officiers, ainsi que les tambours, trompettes et musiciens.

GALOP, pas le plus rapide des chevaux et des autres quadrupèdes. — On nomme aussi *galop*, *galopade* ou *galope* une danse rapide et entraînante, qui consiste à exécuter avec vitesse toutes les figures d'un quadrille. Le *galop* du cinquième acte de l'opéra de GUSTAVE III, musique d'Auber, a une certaine célébrité.

GALOUBET ou FLUTET, sorte de flûte à bec en usage dans la Provence, et qui, étant accompagnée du tambourin, sert à faire danser les paysans. Ses sons sont aigus. Il n'est percé que de trois trous, et on le joue avec une seule main. Celui qui en joue bat de l'autre main avec une baguette sur le tambourin, long tambour de trois pieds de haut sur quinze pouces de diamètre, qui fait peu de bruit.

GALSWINTHE, sœur aînée de Brunehaut, fille d'Athanagilde, roi des Visigoths, épousa en 580 Chilpéric Ier, roi de Soissons, qui avait répudié sa première femme Audovère. Blessée de l'inconstance de son mari, elle demanda à retourner en Espagne, et fut trouvée quelques jours après morte dans son lit. Chilpéric épousa aussitôt Frédégonde.

GALUCHAT, nom donné, par les gainiers, à la peau du poisson nommé *rousette*. Sa peau est rude et mouchetée. On enlève les rugosités dont elle est couverte à l'aide d'une lime ; ensuite on adoucit la peau avec la pierre ponce, on la polit et on la rend d'une grande transparence. On la teint en vert, en rouge ou en toute autre couleur, et on en recouvre les objets sur lesquels l'on travaille. Le plus souvent on colle sur ces objets un papier vert, et on colle le galuchat par-dessus. On aperçoit alors une foule de petites mouches rondes. On s'en sert pour couvrir des étuis de lunettes, des fourreaux, des gaines, etc. — En histoire naturelle, le *galuchat* est le *pastenague*, espèce de poisson.

GALUPPI (Baldessaro), dit *il Buranello*, né près de Venise en 1703, mort en 1785. Ce compositeur italien est regardé comme le père de l'opéra-comique en Italie. Il se distingua surtout par sa verve et son originalité. Il fut comblé des bienfaits de Catherine, impératrice de Russie. Aucun de ses opéras n'a été reçu.

GALVANI (Louis), né à Bologne en 1737, mort en 1798. Ce médecin et physicien célèbre fut nommé en 1762 professeur d'anatomie à l'institut des sciences de sa ville natale. Le hasard lui fit découvrir l'existence d'une sorte d'électricité due au contact, et qu'il appela *électricité animale*. Il la regardait comme un fluide particulier dont les réservoirs principaux étaient les muscles, et qui résiduait seulement dans les nerfs. Selon lui, chaque fibre fut assimilée à une bouteille de Leyde dont les nerfs étaient les conducteurs. Il développe son système dans son livre intitulé : *De viribus electricitatis in motu musculari commentarius* (commentaire sur les forces de l'électricité dans le mouvement musculaire). Il défendit son système contre plusieurs physiciens.

GALVANISME, nom donné à l'électricité qui se développe par la seule superposition de certains corps. Elle fut découverte par Galvani (voy.). Les phénomènes produits par cet agent sont extrêmement curieux, ses effets sont très-surprenants. On s'en est servi plusieurs fois en médecine, surtout dans les maladies de nerfs. Volta a démontré que ces phénomènes ne sont que le résultat de l'électricité ordinaire, qui, dans ce cas, est développée par le contact de substances de différente nature, comme elle l'est ailleurs par le frottement ou la chaleur. Les travaux de MM. Nicholson, Carlisle, Cruickshanks, Ritter, Hallé, Fourcroy, Vauquelin, Monge, Wollaston, Biot, Rousseau, etc., ont fait du galvanisme une science nouvelle. Voy. PILE.

GALVANO (Antoine), né dans les Indes, devint gouverneur des îles Moluques. Il purgea les mers voisines de tous les corsaires, et se signala par sa bonté pour les naturels du pays. Il prit un grand soin de les faire instruire dans la religion chrétienne. Aussi reçut-il le titre d'*apôtre des Moluques*. Réduit à la misère par suite de ses nombreuses libéralités, il revint en 1540 en Portugal. N'ayant pu rien obtenir du roi Jean III, il se vit forcé de se retirer dans l'hôpital de Lisbonne, où il mourut en 1557. Il avait écrit une *Histoire des Moluques*, laquelle est perdue, et l'*Histoire des découvertes faites jusqu'en* 1550.

GALVANOMÈTRE ou GALVANOSCOPE, nom donné à des instruments destinés à déterminer la force du galvanisme. Le galvanomètre ou *multiplicateur* se compose d'un fil de cuivre de quarante ou quarante-cinq mètres de longueur (quelquefois on le divise en cinq parties), recouvert de soie et enroulé autour d'un cadre de bois de forme carrée. Quatre aiguilles (quelquefois deux) aimantées, soutenues par un fil, peuvent se mouvoir parallèlement en tous sens, selon celui que lui imprime le courant galvanique. L'aiguille supérieure est la plus longue, et se meut sur un cadran divisé. Tout l'appareil est recouvert d'une cloche, pour le garantir des courants d'air.

GALVETTE, petit bâtiment dont se servent les Malabares et les Marates pour exercer leurs pirateries. Ces vaisseaux portent de petits canons, quelquefois au nombre de dix-huit.

GALVEZ (Don BERNARD), né à Malaga (1756), se livra à la profession des armes, et passa au service de la France, où il resta trois ans. Il rejoignit ses drapeaux à cette époque (1779), et parvint au grade de maréchal de camp. Il fut nommé ensuite sous-gouverneur de la Louisiane, et plus tard gouverneur. Il améliora l'état de la colonie, donna une grande extension à l'agriculture et au commerce. Il attaqua les Anglais dans les Florides, et les chassa entièrement du pays. Ses succès le firent nommer lieutenant général et vice-roi du Mexique (1788). Il embellit la capitale de ce pays, et mourut en 1794 regretté de tous ses sujets.

GALVIA CRISPINILLA, Romaine de grande naissance, intendante de Sporus, devint l'instrument des débauches de Néron. Sous l'empire d'Othon, elle essaya d'affamer l'Italie et Rome. Le peuple demanda sa mort; mais elle s'enfuit de la ville.

GALWAY, comté d'Irlande, dans la partie nommée Connaught, entre Mayo, Roscommon, King, Tipperary et Clare. Sa superficie est d'environ 177 lieues carrées, et sa population de 150,000 habitants. — Ce pays est montagneux, et renferme de nombreux lacs ou marais. Il produit du bétail et du poisson estimé. Le chef-lieu est *Galway*, port fortifié, sur la baie du même nom, avec 14,000 habitants. Il renferme des fabriques de toiles, et commerce en saumons et harengs.

GAMA (VASCO DE), né d'une famille illustre à Sines en Portugal, dans l'Alentejo. Il fut envoyé en 1497 par le roi don Emmanuel pour chercher un passage qui conduisît aux Indes. Vasco de Gama, après avoir doublé le cap de Bonne-Espérance, découvert en 1487 par Barthélemy Diaz, reconnut toute la côte orientale de l'Afrique et la côte occidentale de l'Inde. Décoré par Emmanuel du titre de comte de Vidiguera et d'amiral des mers des Indes, de Perse et d'Arabie, il partit pour un second voyage en 1502, et, l'année suivante, revint avec treize vaisseaux chargés de richesses. Jean III, successeur d'Emmanuel, le nomma vice-roi des Indes en 1524, et l'y renvoya pour la troisième fois. Mais à peine fut-il arrivé à Cochin, qu'il y mourut en 1525. Son corps, transporté en Portugal, reçut les plus grands honneurs.

GAMALIEL, docteur de la loi parmi les Juifs, vivait du temps de Jésus-Christ. Il était de la tribu de Juda et de la race de David. Il avait instruit saint Paul dans la loi mosaïque. Il embrassa le christianisme avec son fils *Abibas*. Le grand prêtre juif ayant voulu faire périr les apôtres, Gamaliel les délivra. On ignore l'époque de sa mort. On célèbre sa mémoire le 3 août.

GAMBAGE (DROIT DE), droit féodal exercé par tout seigneur ayant haute, moyenne ou basse justice, sur les boissons, dans toute l'étendue de sa seigneurie. Le vin était le plus grevé. Le seigneur prélevait un premier droit sur la vendange, un second au pressoir, un troisième lors de la mise en tonneau.

GAMBES, portions, morceaux de cordages fixés à l'extrémité des haubans de hune, dans le but de les allonger.

GAMBIE, fleuve de l'Afrique occidentale, qui prend sa source dans les montagnes de Kong ou de Sierra-Léone, et qui, dans un cours de 200 lieues, traverse le petit Etat de Tendamay, longe ceux de Bondou, Barra, Badibou, Woulli, Yani et Saloum, et se jette dans l'océan Atlantique entre le cap Vert et le cap Rojo. L'entrée de la Gambie est défendue par le fort Saint-James, qui appartient aux Anglais.

GAMBIER, nom donné, dans les manufactures de glaces, à une barre de fer de trente-six à quarante pouces de long, au milieu de laquelle on a pratiqué une dépression propre à recevoir la queue d'un autre outil. — Le *gambier à la main* est un petit crochet en fer, qui sert à enlever la barre du four où l'on fait fondre les matières qui servent à former le verre.

GAMBIER (ILES), groupe d'îles de l'archipel Pomotou ou Dangereux, dans la Polynésie, découvert en 1797 par Wilson. Il se compose de cinq petites îles dont la population réunie est évaluée à 1,500 âmes. Les naturels sont plus blancs que ceux des îles environnantes. La plus grande de toutes les îles est l'île *Péard*.

GAMÉLIES, fêtes que les Athéniens célébraient en l'honneur de Junon. Elles avaient lieu à l'époque du mariage, de la mort et à l'anniversaire de la naissance. On les nommait ainsi parce qu'on les célébrait au mois de janvier (*gamélion*).

GAMÉLION, mois athénien, qui répondait à notre mois de janvier. Les mariages passaient pour être plus heureux quand on les célébrait au mois gamélion.

GAMELLE, vase de terre ou de fer-blanc dans lequel les soldats mangent leurs aliments. Huit hommes mangent ensemble à chaque gamelle. Les portions de viande sont découpées et placées sur la soupe. Chaque soldat prend sans choisir celle qui se trouve devant lui, et la place sur son pain. Les soldats sont debout autour d'une table longue, la cuiller à la main. Le caporal puise le premier, et les soldats puisent tour à tour et en ordre. — Dans la marine, la gamelle est un vase en bois, cerclé de fer, qui a la largeur d'un sceau ordinaire et la moitié de sa hauteur. Il a deux anses. La gamelle sert pour sept hommes. — On nomme *chefs de gamelle* l'officier, l'élève et le premier maître, char-

gés chacun du traitement pour la dépense de sa table.

GAMME, série des sons de la musique européenne, disposés de telle sorte qu'il y a un ton entre la *première* et la *seconde* note, un ton entre la seconde et la troisième, un demi-ton entre la troisième et la quatrième, un ton entre la quatrième et la cinquième, un ton entre celle-ci et la sixième, un ton entre la sixième et la septième, et un demi-ton entre la septième et la huitième. Après quoi la série recommence dans le même ordre. La série de ces huit tons et demi-tons forme la gamme. On la nomme ainsi parce qu'on en représentait autrefois la note la plus grave par la lettre grecque nommée *gamma*. On en distingue de trois sortes : la *gamme diatonique*, qui procède par tons et par demi-tons; la *gamme chromatique*, qui ne va que par demi-tons ; et la *gamme enharmonique*, qui procède par quarts de ton. La gamme des Européens n'est pas la même que celle des peuples des autres parties du monde.

GANACHE, nom donné à la mâchoire inférieure du cheval, formée par deux os situés de part et d'autre du derrière de la tête, opposés à l'encolure.

GAND, ville de Flandre très-commerçante, aujourd'hui chef-lieu de la Flandre orientale, au confluent de l'Escaut et de la Lys. Sa population est de 83,753 habitants. Elle est le siège d'un évêché. — Sous Philippe d'Alsace (1178) et sous Baudoin, comte de Hainaut, son successeur, Gand obtint de grands privilèges. La ville était administrée par un collège de treize échevins. Fernand de Portugal et sa femme Jeanne en mirent trente-neuf. Ses insurrections furent nombreuses depuis Artovelle jusqu'à Charles-Quint. Pendant le règne de Philippe II, le congrès, connu sous le nom de *pacification de Gand*, unit momentanément les provinces des Pays-Bas contre les Espagnols. Lors des cent jours (1815), Louis XVIII se réfugia à Gand.

GANDASULI, genre de plantes de la famille des scitaminées, propres à l'Inde. Le *gandasuli à bouquets* a des tiges de deux à quatre pieds, des feuilles ovales aiguës, velues en dessous; des fleurs groupées en bouquets, d'un blanc jaunâtre, répandant une odeur agréable. Le *gandasuli à feuilles étroites* a ses fleurs disposées en épi terminal, d'un rouge orangé foncé, avec une étamine écarlate.

GANDIE, petite ville d'Espagne, dans la province de Valence, à environ 20 lieues d'Alicante. Sa population est de 8,000 habitants. — Elle renferme une université, une académie des sciences, et de magnifiques palais. Elle commerce en soie et sucre.

GANGA, genre d'oiseaux de l'ordre des gallinacés. Leur bec est court, robuste, convexe ; les yeux sont bordés d'un repli nu et lisse; les narines recouvertes de plumes ; les jambes courtes, poilues ; les ailes sont longues, pointues. On trouve les gangas dans l'Europe, l'Afrique et l'Asie. Le *ganga unibande* ou *des sables* (*dsherdk* ou *poule des steppes*) est un peu plus gros que la perdrix. Sa longueur est de douze ou quatorze pouces. Il a la tête et le cou cendrés, la gorge fauve et noire, le dos varié de blanc, de brun et de jaune, la poitrine blanche et le ventre noir. On le trouve même en Espagne, où on le nomme *charra*. Le *ganga cata* (*kata*, *chata* ou *alcata*), nommé aussi *gélinotte des Pyrénées*, *grandoul*, *angel*, etc., est très-commun en Espagne et en Italie. On le voit souvent en France, où il arrive de temps en temps. Sa taille est de sept à onze pouces. La gorge est noire, la tête et le cou d'un cendré jaunâtre, les ailes d'un cendré olivâtre, mêlé de blanc. Ces oiseaux vivent de graines et d'insectes.

GANGAMON, nom donné par quelques anatomistes à l'*épiploon*.

GANGARIDES, anciens peuples, voisins de l'embouchure du Gange. Ils étaient si puissants, qu'Alexandre n'osa pas les attaquer. — Les *Gangarides Calinges* étaient un peuple nombreux, situé vers l'embouchure du Gange méridional.

GANGE, fleuve de l'Inde, qui prend sa source au mont Hymâlaya dans le Thibet, et, dans un cours de 470 lieues, traverse le Thibet, les provinces de Delhi, Agra, Aoudh, Allahâbad, Behan et Bengale. Dans cette dernière province, il se sépare en plusieurs branches, entre autres l'Hougly, l'Houringotta et le Gange proprement dit, et embrasse un immense delta. Il a, comme le Nil, des débordements périodiques qui fertilisent les pays qu'il arrose de juillet en août. — Le Gange, excepté une branche appelée Pouddah, est sacré aux yeux des Indiens. Les endroits les plus sacrés sont les prayagas ou confluents des rivières. Les Indiens viennent y faire des ablutions.

GANGÉTIQUE (GOLFE), golfe situé entre les deux presqu'îles en deçà et au delà du Gange. On le nomme aujourd'hui *golfe de Bengale*.

GANGLIFORME, ce qui a la forme d'un *ganglion*. On donne en général ce nom à des renflements que certains nerfs présentent.

GANGLIONNAIRE, nom donné par des anatomistes aux nerfs sur le trajet desquels on rencontre des ganglions.

GANGLIONS. En pathologie, on appelle ainsi de petites tumeurs globuleuses, dures, indolentes, d'un volume variable, formées par un *fluide* visqueux, et qui se forment sur le trajet ou dans les gaînes des tendons. — En anatomie, on appelle ainsi de petits organes à volume variable, répandus par tout le corps, et rangés en trois classes : les *ganglions glandiformes*, les *ganglions lymphatiques* et les *ganglions nerveux*.

GANGRÈNE, privation de la vie dans un organe, ou mort partielle de cet organe. Elle peut avoir son siège dans toutes les parties vivantes. On a distingué les gangrènes par leurs causes. Telles sont la gangrène sénile ou de vieillesse, la gangrène par contusion, par stupéfaction, par infiltration, par brûlure, etc. La partie attaquée de gangrène se corrompt et se pu tréfie, et presque toujours c'est un signe certain de mort prochaine. Les remèdes employés pour guérir la gangrène varient suivant les causes productrices et les différentes espèces de gangrènes.

GANGUE, substance dans laquelle un minéral est engagé. On la nomme encore *matrice* des minéraux. La gangue, qui est tantôt de même nature, tantôt de nature différente que le corps, est plus généralement composée de quartz, de chaux carbonatée, de chaux fluatée, de baryte sulfatée, de schiste argileux, etc.

GANNAT, chef-lieu d'arrondissement du département de l'Allier, sur la petite rivière d'Andelot, à 14 lieues et demie de Moulins. Sa population est de 5,300 habitants. Cette ville doit son origine à une ancienne abbaye de l'ordre de Saint-Augustin. Elle fut fortifiée au moyen âge, et on y voit encore les ruines d'un château. Gannat a un tribunal de première instance, un collège, un conservateur des hypothèques.

GANSE, petit cordonnet rond, carré ou plat, d'or, d'argent, de soie, de coton ou de fil, et d'une grosseur indéterminée. Les ganses sont très-employées par les tapissiers et les passementiers, et se fabriquent sur le métier à lacets, sur le boisseau avec des fuseaux, ou sur un métier à tisser comme les galons. — On nomme encore ainsi, en marine, des bagues ou liens en cordage, que l'on place sur le haut de quelques mâts.

GANT. Il y a des gants en fil, en coton, en soie, en laine; ceux-là sont l'ouvrage du *bonnetier*. Ceux en peaux de chevreau, de chèvre, de chamois, de daim, de chien, etc., sont l'ouvrage du *gantier*. Les fabriques de gants les plus importantes sont à Grenoble, à Paris, à Montpellier, à Milhau et à Niort. Autrefois les chevaliers jetaient leur gant aux pieds de celui qu'ils défiaient au combat.

GANT (hist. nat.). On nomme vulgairement *gant de Notre-Dame* la campanule, *l'ancolie commune*, la digitale pourprée. On leur donne aussi le nom de *gantelée*, de *ganteline* et de *gantillier*.

GANTEAUME (LE COMTE Honoré), né à la Ciotat (Bouches-du-Rhône) en 1759, prit de bonne heure du service dans la marine, et fit partie de l'armée française envoyée pour secourir les insurgés américains contre l'Angleterre. Il parvint successivement aux grades de capitaine de vaisseau et de chef de division. Il fit partie de l'expédition d'Égypte comme chef d'état-major de l'escadre, et, nommé contre-amiral, reçut l'ordre d'armer les vaisseaux qui ramenèrent Bonaparte et sa suite en France. Il entra au conseil d'État (1799), dirigea l'expédition de Saint-Domingue (1802), fut nommé vice-amiral, et préfet maritime de Toulon. Ayant pris le commandement d'une escadre, il parvint à tromper la vigilance des Anglais, et à entrer des convois de vivres à Corfou, assiégée par ces derniers. Nommé inspecteur général des côtes de l'Océan, il donna son adhésion (1814) aux actes de la restauration, et mourut en 1819. Il était pair de France depuis 1814.

GANTELET, espèce de gant dont les doigts étaient recouverts de lames d'acier en forme d'écailles et faisant partie de l'armure d'un chevalier. Le gantelet recouvrait une partie du bras, et cette partie était, comme les brassards d'acier, en forme de tuyau.

GANTELET, bandage qui sert à envelopper la main et les doigts. On le fait avec une bande longue de huit aunes, large d'un pouce, lorsqu'il doit recouvrir les doigts jusqu'à leur extrémité. C'est le *gantelet entier* ou *complet*. Le *demi-gantelet*, dans lequel les tours de bandes n'enveloppent que la base des doigts et la main, est fait avec une bande longue de cinq aunes.

GANYMÈDE (myth.), jeune homme phrygien, fils de Tros, roi de Troie, et frère d'Ilus et d'Assaracus. Un jour qu'il chassait sur l'Ida, Jupiter l'enleva sous la forme d'un aigle, et le fit son échanson à la place d'Hébé.

GANYMÈDE. Quelques astronomes ont donné ce nom à la constellation d'*Antinoüs* ou à celle du *Verseau*.

GAOS, amiral de la flotte des Perses, dans la guerre contre Evagoras (386 avant J.-C.). Craignant d'être compris dans la disgrâce de Tiribaze, son beau-père, il s'attacha une partie des soldats par ses libéralités, et demanda un refuge à Acoris, roi d'Égypte. Mais le roi des Perses le fit poignarder.

GAP, ville de France, chef-lieu du département des Hautes-Alpes, située sur une hauteur à 760 mètres au-dessus du niveau de la mer. Sa distance de Paris est de 166 lieues, et sa population de 7,215 habitants. Elle est le siège d'un évêché, suffragant de l'archevêché d'Aix. Elle possède un tribunal de première instance, un séminaire, un collège et une société d'agriculture. Elle était anciennement capitale du *Gapençois*, petit pays réuni à la Provence, et qui avait des comtes particuliers.

GARAMANTES, nation africaine qui habitait au S. de la Numidie, dans le voisinage du désert du Sahara. Ils étaient belliqueux, vivaient de vols et de rapines, et admettaient la communauté des femmes.

GARANCE, genre de plantes herbacées, à tiges rameuses et chargées d'aspérités, à feuilles simples, appartenant à la famille des rubiacées. La *garance des teinturiers* ou *ali-zari* est une plante vivace, propre au midi de la France et de l'Europe, où on la trouve sous les buissons, le long des murs et des haies. Ses tiges sont rameuses, quadrangulaires, rudes au toucher, hautes d'un mètre environ. Les fleurs sont disposées en bouquets jaunâtres; les fruits sont des baies noires et globuleuses. La garance demande une terre profonde, fraîche et légère, bien fumée. On distingue trois variétés, la *garance grande*, *moyenne* et *petite*. La racine de ces plantes, longue, grosse, rouge en dedans et en dehors, est la base de la fabrication du *rouge d'Andrinople*. Elle sert, en outre, à consolider les couleurs dans diverses teintures. Elle renferme deux matières colorantes, un très-beau rouge et une couleur fauve, de plus une résine amère. Mêlé à de l'alumine, le rouge de garance donne un beau rose, usité par les peintres à l'huile, et très-solide. Les résidus des racines se donnent aux bestiaux. On distingue la *garance-grappe*, c'est-à-dire la garance moulue; c'est la plus riche en principes colorants; la *garance robée*, qui est pourvue de son épiderme; *garance-mulle*, la plus mauvaise de toutes; elle est formée des plus petites racines et des débris de celles que l'on a nettoyées. La meilleure garance en poudre vient de Hollande, du Levant, de Chypre, d'Alsace et d'Avignon.

GARANT, celui qui est responsable envers une autre personne de l'exécution ou des suites d'une chose. On nommait autrefois *garant absolu* celui qui, en intervenant à un procès, mettait hors de cause celui qu'il avait garanti; *garant contributeur*, celui qui n'était caution que pour une partie d'un fait ou d'une obligation; *garant formel*, celui qui est obligé de droit à la garantie; *garant simple*, celui qui s'est obligé à payer pour un autre et à le décharger de quelque dette ou action personnelle.

GARANT (mar.), bout de cordage ou de manœuvre plus ou moins long, qui passe par les poulies et sert à divers usages.

GARANTIE (BUREAU DE), administration chargée de vérifier les titres des matières d'or et d'argent ouvragées, et de faire apposer sur chaque objet essayé le *contrôle*, c'est-à-dire le sceau du gouvernement. Celui-ci prélève sur les orfèvres les frais de contrôle et d'essai. Il y a pour marquer les ouvrages d'or et d'argent trois espèces de poinçons, celui du fabricant, qui a la lettre initiale de son nom avec un symbole; celui du titre, portant une empreinte particulière; celui de garantie, qui porte pour les ouvrages d'or une empreinte particulière, pour les ouvrages d'argent, un faisceau; pour les vieux ouvrages, une hache; pour les ouvrages étrangers, les lettres E. T. Il y a une autre espèce de sceau ou d'empreinte, c'est la *récence*. Chaque bureau de garantie se compose d'un essayeur, d'un receveur et d'un contrôleur.

GARANTIE ou GARANTAGE, obligation en vertu de laquelle une personne est responsable de quelque chose envers une autre. Elle est *légale* ou *conventionnelle*, suivant qu'elle est la conséquence de la loi ou qu'elle résulte de la volonté des parties contractantes. Une partie assignée a droit à un délai pour mettre ses garants en forme. — La *garantie des faits du prince* désignait, au moyen âge, les ventes et le transport de rentes ou de créances sur le roi, lorsque l'acquéreur subissait une suspension de payement ou une suppression de cette rente, ou l'annulation de l'une de ces deux choses.

GARASSE (François), né à Angoulême en 1585, entra chez les jésuites en 1601, et prononça ses vœux en 1618. Il se livra d'abord à la prédication. Ses sermons roulaient toujours sur un sujet singulier. Il les remplissait de plaisanteries. Plein de feu et d'imagination, doué d'un esprit satirique et mordant, rempli d'un amour fanatique pour son ordre, il poursuivit de ses traits amers et de ses calomnies les adversaires des jésuites, et en particulier Louis Servin, avocat général, et l'avocat Estienne Pasquier. Les fils de celui-ci, fatigués de ses injures, publièrent contre lui l'*Anti-Garasse*. Garasse était doux et affable dans la société. Il mourut en secourant les pestiférés de Poitiers (1631). On a de lui des *Recherches des recherches d'Estienne Pasquier*, une *Doctrine curieuse des beaux esprits du temps*, une *Somme de théologie*, le *Banquet des sept sages*, des *poésies latines*, etc.

GARAT (Dominique-Joseph), né à Ustaritz (Basses-Pyrénées) en 1760. Nommé en 1789 membre de l'assemblée constituante, il se fit toujours distinguer par son éloquence, et fut nommé après Danton ministre de la justice. Ami des Girondins, il était ministre de l'intérieur lors des journées du 31 mai 1793, et fut en butte aux attaques des jacobins. L'amitié de Danton le sauva. Il devint professeur d'entendement humain à l'école normale et membre de la seconde classe de l'Institut. Appelé au conseil des anciens sous le directoire, et au sénat sous l'empire, il mourut en 1833.

GARAT (Pierre-Jean), né à Ustaritz en 1764, neveu du précédent, le plus grand chanteur que la France ait eu. Il fut l'élève de François Beck, compositeur distingué de Bordeaux. Nommé secrétaire particulier du comte d'Artois, et gratifié d'une pension de 2,000 écus, la révolution le força de faire usage de sa voix et d'en tirer parti. Il parcourut l'Europe, et fut nommé en 1794 professeur de chant au conservatoire. Les concerts de la rue de Cléry en 1800 furent les derniers où il chanta en public. Il mourut en 1823. Sa voix était une voix de ténor élevé.

GARB (EL-), province du royaume de Fez (Afrique), sur la côte occidentale, s'étend du détroit de Gibraltar à la rivière de Saboé. Sa population est d'environ 2 ou 300,000 habitants. Les principales villes sont *Tanger* et *Larache*.

GARBANZO, nom par lequel les Espagnols désignent le *pois chiche*, leur mets favori. Ils le mangent apprêté de toutes manières ou même sans aucun apprêt.

GARBIEH, district de la basse Egypte, dans la province de Bahireh, entre deux grandes branches du Nil. Ce district est d'une grande fertilité. Le chef-lieu est Mehallakebir.

GARÇAO (Pedro Antonio CORREA), poëte portugais, né à Lisbonne vers 1735. Sa vie fut pauvre, mais paisible. Chargé par le gouvernement de la rédaction de la *Gazette de Lisbonne*, il osa s'élever contre le marquis de Pombal. Celui-ci l'envoya languir dans un cachot, où il mourut en 1775. Il avait fondé l'*académie des Arcades* (1756), dissoute en 1773, et dont le but était d'épurer la langue et la poésie. On a de lui des poésies pleines de goût et d'imagination, des odes, des épîtres, des chants, des hymnes, un *Nouveau Théâtre*, recueil de comédies élégantes.

GARCE, mesure de capacité usitée dans l'Inde française. Elle se subdivise en 80 *parah* et 400 *marcal*, et vaut 3 hectolitres 68 litres de France.

GARCETTE, petite pince à ressort et à pointes très-aiguës, dont on se sert pour épincetter les draps, c'est-à-dire pour en retirer les nœuds, les flocons, les gros fils, etc., qui en déparent la surface.

GARCETTES (mar.), cordage tressé que l'on fait à la main. Les *garcettes de tournevire* sont des cordes faites de fil de caret, longues de huit à dix pieds, et servant à diminuer l'ampleur des voiles pendant le vent, ou à attacher le *tournevire*, petit cordage, au câble quand on lève l'ancre.

GARCIA ou GARCIE. Plusieurs rois de Castille et de Navarre ont porté ce nom. — GARCIA Ier, comte ou roi de Castille en 968, né à Burgos en 938, gagna en 984 sur les Maures la victoire d'Almanzor. Il mourut en 990. — GARCIA II succéda en 1028 à don Sanche, son père, à l'âge de quatorze ans, déjoua un complot formé par la maison des Vela, famille puissante et ambitieuse, et mourut assassiné vers en 1032. — GARCIA III succéda en 926 sur le trône de Navarre à Sanche Ier, et mourut sans avoir rien fait d'éclatant. — GARCIA II, né à Tudela en 953, succéda en 994

à Sanche II, son père, battit, avec l'aide du roi de Castille et de Bermude, roi de Léon, Mohammed Almanzor à Calatçanazar en 998, et mourut en 1001. — GARCIA III succéda à Sanche III en 1035, et mourut en 1054.

GARCIA DE PARÈDES (Diego), né à Truxillo (Espagne) en 1466, est mis au rang des plus grands guerriers. Il fut l'ami et le compagnon d'armes de Gonzalve de Cordoue, avec lequel il fit les guerres d'Italie. Il avait, d'après les historiens, une force extraordinaire. Il mourut en 1530.

GARCILASO DE LA VEGA ou GARCIAS LASSO, célèbre poëte espagnol, né à Tolède en 1503. Il suivit en qualité de volontaire Charles-Quint en Allemagne, en Afrique, en Provence, et fut blessé au siège de Fréjus. Il mourut à Nice de sa blessure en 1536. Il fut le chef d'une nouvelle école poétique, et enrichit la langue espagnole des beautés étrangères. Il est surtout célèbre par ses odes, ses églogues, dont les plus connues sont *Nemoroso* et *Salicio*, ses élégies, ses sonnets et ses chansons.— GARCILASO DE LA VEGA, surnommé l'*Inca*, historien espagnol, né à Cusco en 1530, et mort en 1586, est l'auteur d'une *Histoire de la Floride*, des *Commentaires royaux* traitant des Incas, et de l'*Histoire générale du Pérou*.

GARD, rivière de France qui traverse de l'O. à l'E. le département auquel elle donne son nom. Elle est formée de trois rivières, le *Gardon d'Anduze*, le *Gardon d'Alais* et le *Gardon de Mialet*, qui prennent leur source aux Cévennes. Son cours, après la réunion de ces rivières, est de 52,000 mètres. Le cours total, en joignant celui de ses affluents, est de 10 lieues et demie. Il se jette dans le Rhône au Comps-Saint-Etienne. Les inondations du Gard sont terribles. Son lit est le plus souvent très-bas; ses eaux croissent quelquefois de dix-huit à vingt pieds en quelques heures.

GARD, département méridional de France, formé d'une partie du Languedoc (diocèses d'Alais, de Nimes et d'Uzès), est borné au nord par l'Ardèche et la Lozère, au sud par la Méditerranée, l'Hérault et les Bouches-du-Rhône, à l'ouest par l'Aveyron et l'Hérault, à l'est par les départements de Vaucluse et des Bouches-du-Rhône. Sa superficie est de 599,726 hectares, et sa population de 357,883 habitants. Il est divisé en quatre arrondissements, qui sont ceux d'*Alais*, d'*Uzès*, de le *Vigan* et du chef-lieu, qui est *Nimes*. Il tire son nom du *Gardon*, qui l'arrose. On y cultive la vigne, l'olivier et le mûrier. Les soieries forment la principale branche d'industrie du département. On recueille annuellement 1,200,000 kilogrammes de soie. On y remarque le fameux pont du Gard, la maison carrée et l'amphithéâtre de Nimes, les fortifications du moyen âge à Aigues-Mortes, etc. Il est compris dans la neuvième division militaire et le ressort du diocèse, de la cour d'appel et de l'académie de Nimes.

GARD (PONT DU), pont qui fait partie d'un ancien aqueduc célèbre construit par les Romains à quatre lieues et demie de Nimes (Gard), pour un défilé parcouru par le *Gard* ou *Gardon*. Cet aqueduc était long de 41,000 mètres, et servait à amener à Nimes les eaux des sources d'Aure et d'Airan. L'édifice se compose de trois rangs d'arches étagés les uns sur les autres. Le premier rang du pont, sous lequel passe le Gardon, a six arches; la rivière ne passe ordinairement que sous une seule. Le rang supérieur a onze arches; le troisième rang a trente-cinq. C'est le troisième rang qui supportait l'aqueduc; il est pavé de dalles, et a trois pieds de hauteur. La hauteur totale du pont est de quarante-huit mètres soixante-dix-sept centimètres (cent cinquante pieds environ); son épaisseur, de six mètres cinquante-six centimètres à la base, diminue progressivement à chaque rang; la longueur du pont, prise au pied du troisième rang d'arcades, est de deux cent soixante-

neuf mètres. L'aqueduc n'existe plus qu'en partie dans quelques endroits; il fut détruit par les barbares. Le pont fut respecté et subsiste encore. On en a accolé un nouveau à l'ancien pour le passage de la grande route.

GARDA, lac situé sur les confins du Tyrol, du pays de Venise et du territoire de Milan. Sa circonférence est d'environ 12 lieues; sa largeur de 2 à 5. Le Mincio le traverse. Ce lac peut porter de grands bâtiments.

GARDAFUI, cap du N.-E de l'Afrique, à l'entrée S. de la mer Rouge.

GARDANNE (LE COMTE Gaspard-André DE), né à Marseille en 1766, entra dans l'armée comme officier de cavalerie, et fut nommé général de brigade en 1799, puis aide de camp et gouverneur des pages de l'empereur Napoléon (1804). Ce prince l'envoya comme ministre plénipotentiaire près la cour de Perse, pour exciter ce royaume contre la Russie (1807). Il reçut un bon accueil sur son passage et en Perse. Le roi lui donna le titre de *khan*, de riches présents, et le nomma membre du grand ordre du Soleil. Revenu en France, il fut nommé comte de l'empire. Admis à la retraite en 1815, il est mort en 1818.

GARDANNE (Ange), né dans le département du Var, servit avant la *révolution*. Il quitta alors les armées, et revint dans sa patrie. Lors du siège de Toulon (1793), il rassembla un nombre considérable de paysans, se mit à leur tête, et, après les avoir conduits contre les Anglais et les Espagnols, les amena sous les murs de Toulon, où ils rendirent de grands services. Gardanne vécut longtemps sans emploi. Enfin, vers 1796, il fut nommé adjudant général. Il accompagna Bonaparte en Italie (1796), et se distingua par son courage à l'attaque du Mincio et aux batailles d'Arcole et de Neuvied (1797). Nommé commandant d'Alexandrie (Piémont), il fut forcé de se rendre aux ennemis. Il concourut à soumettre la Vendée, et repassa en Italie avec le grade de *général de division*, puis en Allemagne (1807). Il mourut la même année des suites de ses blessures.

GARDE, ce qui sert à défendre, à protéger quelque chose. Le mot *garde* désigne aussi l'action de défendre, de protéger. Dans l'art militaire, la *garde* est une réunion de soldats désignés pour veiller à la conservation de certaines choses, de l'ordre, de la tranquillité publique, etc. Les règlements veulent que le soldat se repose pendant six nuits, et passe la septième dans le *corps de garde*, lieu où la garde s'abrite pendant la durée de son service. L'heure du rassemblement des gardes varie suivant les circonstances. En garnison, on *monte* la garde, c'est-à-dire on la change à midi; dans les grandes chaleurs quelquefois à six heures du matin; au camp, toujours à l'aube du jour. Les gardes sont inspectées avec soin. La durée d'une garde est de vingt-quatre heures; à l'armée, on la relève quelquefois plus tôt. On distingue plusieurs espèces de gardes: les *gardes de place*, qui sont sous le commandement de l'état-major de la place; les *gardes d'honneur*, qu'on place devant la maison des hauts fonctionnaires et celles de *police*. Ces deux services ne commandent pas, les premières par ceux chez qui elles sont placées, les autres par les chefs de corps. Personne ne les impose. On distingue à l'armée les *avant-gardes* ou postes avancés, qui en éclairent la marche, les *grand'gardes* ou corps de cavalerie placé à la tête d'un camp pour empêcher toute tentative de l'ennemi, protégé lui-même par une *garde avancée*; les *gardes de camp*, qui défendent le camp, et les *arrière-gardes*, qui mettent l'armée à l'abri des surprises. — On a donné aussi le nom de *gardes* 1o à des corps entiers de troupes, comme par exemple, aux *gardes du corps*, à la *garde nationale*; 2o aux gardiens, aux surveillants de certains lieux; 3o à des soldats attachés directement à la personne du roi;

leur existence remonte à des temps très-reculés ; 4° à la partie d'une épée ou d'un sabre située entre la poignée et la lame, et qui couvre la main. La *sous-garde* d'un fusil est la pièce qui couvre la gachette ; 5° en termes d'escrime, plusieurs manœuvres pour éviter les coups que l'on vous porte. C'est ainsi qu'on dit *se mettre en garde.*

GARDE (Antoine Iscalin des Aymares, baron de la), marquis de Brigançon, et plus connu sous le nom de *capitaine Polin*, né d'une famille obscure dans le Dauphiné au village de la Garde, dont il devint par suite seigneur. S'étant engagé dans les armées françaises, il parvint, en passant par tous les grades, jusqu'à celui de capitaine. François I<sup>er</sup> l'envoya en ambassade au sultan Soliman II (1541). Il s'attacha ensuite au service de la marine. Devenu général des galères de France, il mourut en 1578.

GARDE (La), lac d'Italie, situé entre le Tyrol et les délégations de Vérone et de Milan. Il a 12 lieues de circonférence sur une largeur de 2 à 6. Ce lac est très-poissonneux.

GARDE (astron.). On nommait autrefois *gardes* les satellites de Jupiter. On appelle aujourd'hui ainsi les étoiles de la Petite Ourse, placées sur l'épaule de cette constellation. — Le *garde-filet* est une boîte de cuivre suspendue librement au centre d'un quart de cercle, destinée à contenir le fil à plomb et à le garantir de l'agitation du vent. Le garde-filet s'ouvre par en haut pour pouvoir le regarder, et par en bas pour y placer un vase d'eau, où pend le fil à plomb ; il suit tous les mouvements du fil, et prend toujours la situation verticale.

GARDE (mar.). Ce mot s'applique à plusieurs choses très-différentes. Dans les ports du roi, il y a toujours un officier de marine militaire de garde à bord du bâtiment amiral. Sur les rades, les officiers montent la garde à bord de leurs bâtiments de guerre. On nomme encore *garde*, 1° des portions de planches qu'on emploie dans les ports à maintenir momentanément l'assemblage de deux pièces de bois, en les clouant l'une sur l'autre ; 2° une planche que l'on applique sur une pièce éclatée ou ayant besoin d'être renforcée.

GARDE, faculté accordée par quelques anciennes coutumes aux pères, mères ou aïeux, de jouir en tout ou en partie des biens appartenant à leurs enfants mineurs, pendant un certain temps, et aux charges voulues par la coutume, sans être obligés de rendre compte des fruits dont ils auront profité pendant ce temps. Ce droit consistait ordinairement dans la jouissance des meubles et dans l'usufruit des immeubles du mineur.

GARDE-BOURGEOISE ou ROTURIÈRE, droit que la coutume accordait aux bourgeois de Paris, et par lequel les pères et mères avaient la faculté de jouir du bien de leurs enfants mineurs jusqu'à l'âge de quatorze ans pour les garçons, et de douze ans pour les filles.

GARDE-CHAINE, nom donné par les horlogers à un petit mécanisme d'acier que l'on place dans les montres, pour empêcher la chaîne de se casser, en arrêtant la fusée qui reçoit cette chaîne, lorsqu'elle est entièrement sur la circonférence de la fusée qui la reçoit.

GARDE CHAMPÊTRE, individu à la solde d'une commune, soumis aux ordres de l'autorité de cette commune, chargé de prévenir les délits et les dégâts dans les propriétés rurales. Il est armé pour sa défense, et porte une plaque aux armes de France comme témoignage de son emploi. Lorsqu'il a vu commettre quelque délit, il en fait la déclaration à l'autorité, qui en dresse procès-verbal et fait rendre justice.

GARDE CHASSE, individu préposé à la conservation du gibier dans un lieu limité, et qui veille pour écarter les braconniers et les bêtes carnassières. Quelquefois les gardes chasse sont chargés de l'éducation des jeunes faisans, des faucons. Souvent ils fournissent du gibier à la cuisine de leurs maîtres.

GARDE-CORPS (mar.), cordage tendu momentanément à deux pieds et demi ou trois pieds au-dessus d'un pont supérieur, pendant la durée des gros temps, pour retenir les hommes lorsque le pont est mouillé et que la mer agite beaucoup le bâtiment.

GARDE-COTES (mar.), bâtiment de guerre qui navigue près des côtes, et qui est chargé de défendre les vaisseaux du commerce entrant et sortant des ports contre les corsaires et tout autre ennemi.

GARDE DES SCEAUX, dignitaire de la couronne, dont les fonctions ont été souvent confondues avec celles de chancelier, qu'il remplaçait en cas de besoin. Le garde des sceaux, appelé aussi *référendaire* et *procancellarius Franciæ* (pro-chancelier de France), était juge souverain de la forme et du fond des expéditions présentées à la formalité du sceau, nommait aux divers offices qui dépendaient des tribunaux, et jouissait d'une redevance pour le serment qu'on prêtait entre ses mains. Il accordait les lettres de commission, les titres nobiliaires et les autres faveurs pour lesquelles l'apposition du sceau royal était nécessaire. Supprimée durant la révolution de 1789 et l'empire, la charge de garde des sceaux a été rétablie en juillet 1815, et a été jointe au ministère de la justice.

GARDE DU CORPS, gentilhomme monté, faisant partie d'une ou plusieurs compagnies destinées à garder le roi, faisant la garde intérieure du palais, et accompagnant le roi dans toutes ses sorties. Les gardes du corps furent presque toujours composées de quatre compagnies, dont une écossaise et trois françaises. Instituées en 1440, les compagnies de gardes du corps ont successivement été portées jusqu'à 1440 hommes (sous Louis XIV). Avant 1789, elles se recrutaient dans la noblesse. Supprimées en 1791, elles furent rétablies en 1814 au nombre de six, dont la première s'appela l'écossaise, et les cinq autres prirent le nom de *Grammont*, de *Poix*, de *Luxembourg*, de *Wagram* et de *Raguse*. Les quatre premières seulement furent conservées en 1815, et formèrent un total de 1,400 cavaliers. Ces compagnies furent dissoutes en 1830.

GARDE-FEU, appareil formé de trois petits cadres de fer de petite dimension, garni quelquefois de fil de fer entrelacé, que l'on place devant le feu pour empêcher les enfants de s'en approcher de trop près, de crainte qu'ils ne se brûlent. Cet appareil possède deux cadres latéraux qui entrent dans la cheminée, et qui peuvent se plier à charnière sur le grand. — On nomme encore *garde-feu* une plaque de tôle, de fer ou de cuivre, qui a toute la largeur de la cheminée et une hauteur d'environ quinze ou vingt centimètres. On la place devant le feu pour empêcher le feu et les cendres de se répandre dans l'appartement.

GARDE-FOU, parapet, balustrade destinée à empêcher de tomber les personnes qui sont placées sur un lieu élevé et dangereux, et qui s'en approchent imprudemment.

GARDE FRANÇAISE, corps militaire faisant autrefois partie de la maison du roi, et organisé en 1553. Il était d'abord de *huit*, puis de trente-deux compagnies, fortes chacune de à peu près cent hommes. Elles étaient composées de Français, tenaient garnison dans les faubourgs de Paris, et avaient le pas sur tous les autres corps de l'armée. Les gardes françaises se joignirent au peuple en 1789, et formèrent le noyau de la garde nationale de Paris.

GARDE IMPÉRIALE, corps militaire formé de la garde du directoire, composée de 360 hommes, et qui s'éleva jusqu'au chiffre de 6,944 à l'avénement de Napoléon. Complétée au nombre de 9,775 hommes, elle fut grossie en 1807 de huit régiments de ligne et deux bataillons, qui prirent le nom de *jeune garde*, tandis que les autres conservèrent le nom de *vieille garde*. A la fin de 1813, la garde impériale était de 81,000 hommes, tant cavaliers que fantassins et artilleurs. A la restauration, la jeune garde fut incorporée dans les régiments de ligne, et la cavalerie fut maintenue à quatre régiments sous les noms de corps royal des cuirassiers, dragons, chasseurs à cheval et chevau-légers. Supprimée en 1815, la garde impériale a été rétablie en 1853.

GARDE-MANGER, lieu situé près d'une cuisine et où l'on place les aliments destinés à la nourriture, pour les préserver de la corruption ou des attaques des animaux et des insectes. Le plus ordinairement c'est une cage en bois divisée en plusieurs étages par des planches, et entourée d'une toile grossière nommée *canevas*, ou d'une toile métallique. Une porte donne entrée à tout ce qu'on veut placer dans l'appareil. On doit placer le garde-manger dans un lieu frais, aéré et abrité du soleil.

GARDE MARINE, gentilhomme faisant partie d'un corps militaire institué dans les trois ports de Toulon, de Brest et de Rochefort par Louis XIV, et servant à fournir les capitaines de vaisseau des flottes du roi. Il fallait, pour y entrer, être gentilhomme et n'avoir pas plus de seize ans. Ils étaient distribués en trois compagnies, et recevaient une éducation maritime et navale, telle à peu près que celle de nos écoles navales. Chaque garde marine avait 20 sous par jour. La révolution de 1789 a fait disparaître les gardes marine. Il y avait aussi une compagnie des gardes du pavillon amiral, composée de quatre-vingts hommes tirés des corps des *gardes marine*.

GARDE-MEUBLE, lieu où l'on conserve les meubles de la couronne ou des grands. On appelle encore ainsi l'officier préposé à la garde de ces meubles. Avant 1789, chaque résidence royale en avait un, et un *garde-meuble*, préposé à cette garde. Les princes du sang, la reine avaient leur garde-meuble et les officiers qui y étaient attachés. Le pillage du garde-meuble de la couronne est célèbre dans les annales de 89. Depuis ce temps il n'y a plus de garde-meubles.

GARDE-MEUBLE, pièce ou galerie d'une maison, le plus souvent placée sous un comble, et où l'on place les meubles dont on ne se sert pas habituellement.

GARDE MUNICIPALE DE PARIS, corps militaire organisé en 1359 par le roi Jean II pour le maintien de l'ordre dans la capitale. Avant 1789, elle se composait d'un état-major, de huit divisions d'infanterie, formant un total de neuf cent cinquante hommes, et de deux divisions de troupes à cheval de soixante-six cavaliers chacune. Licenciée plusieurs fois, elle a été réorganisée en août 1830, et se compose de seize compagnies à pied et de quatre compagnies à cheval. Ce corps est sous les ordres du préfet de police de Paris. L'uniforme de la garde municipale consiste en un habit de drap *bleu*, avec revers en drap *blanc* (grande tenue), retroussis en drap *écarlate*, collet *bleu*, parements *bleus*, avec une patte en drap *blanc* ; boutons *jaunes*, aux armes de la ville de Paris. L'infanterie a un pantalon de drap *bleu* (remplacé par un pantalon *blanc* en été), des épaulettes en laine *rouge*, et un shako orné d'un galon *aurore* et d'une aigrette *rouge*. La cavalerie a un pantalon de drap *bleu* (remplacé été par un pantalon *blanc* en peau de mouton), les contre-épaulettes et aiguillettes en laine *aurore*, un casque en cuivre à la dragonne, avec crinière *noire*, et orné d'un plumet *rouge*. Les officiers portent l'épaulette d'or.

GARDE NATIONALE, milice organisée le 14 juillet 1789 sous le nom de *garde bourgeoise*, pour défendre l'assemblée constituante contre les corps d'observation placés aux portes de Paris. Cette institution devint bientôt générale, et fut ordonnée en 1790 à laquelle qui, en réglant son organisation, lui donna le nom de *garde nationale*. Dissoute en 1827, elle fut rétabli en 1830. Elle a été réorganisée en 1818 et en 1852, sur des bases toutes différentes.

GARDE-NOBLE, droit féodal qui conférait au seigneur la tutelle des enfants mineurs d'un de ses vassaux à la mort de celui-ci, et qu'il conservait jusqu'à leur majorité, fixée à vingt ans pour les garçons et à quinze pour les filles. Ce droit lui conférait aussi la surveillance du fief, et lui assurait le service militaire qui lui était dû.

GARDE-NOBLE, droit que les pères et mères nobles avaient de jouir du bien et de leurs enfants mineurs jusqu'à l'âge de vingt ans pour les garçons, de quinze ans pour les filles, sans être tenus d'en rendre compte, à la charge de les entretenir, de tenir leurs meubles et immeubles en bon état.

GARDE PÊCHE, fonctionnaire chargé d'empêcher l'exercice de la pêche dans les lieux où elle est prohibée, aux jours et aux heures défendus, et de faire observer les règlements de police, qui concernent la pêche. Les gardes pêche sont assimilés par la loi aux *gardes forestiers*.

GARDE-ROBE, nom vulgaire, en botanique, de *l'aurone* et de la *santoline*, plantes qui préservent par leur odeur les habits de l'attaque des insectes.

GARDE-ROBE DU ROI, nom collectif donné à tout ce qui servait à l'usage du roi et aux officiers qui y veillaient. Il y avait avant 1789 un grand maître et deux maîtres de la garde-robe du roi. Leur fonction consistait à avoir soin des vêtements du roi et à l'habiller. Ils le suivaient partout, et avaient sous leurs ordres un grand nombre de valets. Les princes et la reine avaient une garde-robe particulière. La restauration ressuscita cet office, et la révolution de 1830 l'a de nouveau aboli.

GARDE-ROBE, synonyme de *cabinet d'aisances*. On donne aussi ce nom à de petits cabinets où l'on fait placer des armoires pour y serrer le linge et les habits. Quelquefois ces cabinets sont assez grands pour qu'on puisse y faire coucher les domestiques que l'on veut avoir la nuit près de sa chambre.

GARDE-ROYALE, droit qui appartenait au roi dans la province de Normandie. Il consistait 1° à prendre sous sa protection particulière les enfants qui avaient perdu leur père, jusqu'à l'âge de vingt et un ans accomplis, et qui en avaient des fiefs relevant immédiatement du roi; 2° à jouir des fruits de ces fiefs et de ceux qui en relevaient appartenant à la succession des mineurs, ou qui venaient à vaquer.

GARDE ROYALE, garde spéciale affectée au service de la personne des rois, et créée en 1192 par Philippe Auguste sous le nom de sergents d'armes (*servientes armorum*). Elle se composait de peu près 200 hommes. Augmentée par plusieurs rois, elle était, à la fin du règne de Louis XI, composée d'écuyers du corps, de trois compagnies de gardes du corps, de deux compagnies d'archers, d'une compagnie de lanciers gentilshommes formant un total de 4,000 hommes. Elle était de 8,155 hommes lors de 1789. En 1814, les régiments de la vieille garde impériale prirent le titre de *corps royaux de France*. En 1815, la garde royale fut formée de huit régiments d'infanterie, dont deux suisses; de huit régiments de cavalerie, dont deux de grenadiers à cheval, deux de cuirassiers, un de dragons, un de chasseurs à cheval, un de lanciers, un de hussards; d'un régiment d'artillerie à cheval et d'un train d'artillerie. Elle était de 25,000 hommes.

GARDE-TEMPS (*chronomètre* ou *montre marine*), instrument destiné à donner en mer la longitude du lieu où l'on se trouve. On le règle avant le départ sur le méridien du lieu du départ. Il conserve régulièrement cette heure, quelque part qu'on se transporte sur le globe. Les grandes différences de température n'influent pas sensiblement sur l'uniformité de sa marche pendant plusieurs mois. Ayant l'heure du lieu d'où l'on est parti et celle du lieu où l'on se trouve, on obtient facilement la longitude du lieu.

GARDES (technol.). Les tisserands se servent d'un *peigne* (*ros* ou *rot*) dans lequel passe le fil de la chaîne d'une étoffe. Il sert à frapper la trame pour la réunir, en la frappant, à l'étoffe commencée. Il se compose de lames minces en grand nombre; aux deux extrémités de ce peigne, on place au dehors des lames deux montants qui donnent plus de solidité à l'instrument. Ce sont les *gardes du peigne*.

GARDES-CHIOURME, corps chargé en France de la garde des bagnes et de la surveillance des forçats. Ce corps renferme environ 1,200 sous-officiers et soldats. On compte un garde chiourme pour six condamnés. Ce corps, qui ne possède pas d'officiers, est placé sous l'autorité immédiate des préfets maritimes et des commissaires de marine.

GARDES DU COMMERCE, officiers au nombre de dix, qui remplacent les huissiers à Paris et dans ses environs. Ils sont chargés de la contrainte par corps des débiteurs qui se déclarent insolvables. Ils ont sous leur ordre des gardes chargés de rechercher en tous lieux les débiteurs. Ils ne peuvent pas exercer leur emploi après le coucher du soleil, ainsi que les dimanches et les jours fériés.

GARDES COTES, corps de milice spécialement chargés de la garde des côtes, et affectés au service des batteries de la côte. Licenciés en 1791, ils furent recréés en 1799 au nombre de trois bataillons de grenadiers et cent trente compagnies de canonniers. Supprimés en 1814, ils ont été en 1831 réorganisés au nombre de quatre compagnies de canonniers, et ce nombre a été porté à six en 1833.

GARDES GARDIENNES, lettres de privilèges, accordées par le roi à des communautés, chapitres, abbayes, églises, etc., portant que le roi prendrait en sa garde particulière ceux à qui il accordait, et que, pour cet effet, il leur assignait des juges particuliers, par devant lesquels toutes leurs causes étaient portées.

GARDES VENTE ou FACTEURS, commis préposés par un marchand pour l'exploitation et la vente de ses bois ou des bois dont il s'est rendu adjudicataire. Les gardes vente doivent être agréés par le propriétaire du bois et par le conservateur des forêts de l'arrondissement; ils doivent prêter serment devant le tribunal de première instance de l'arrondissement. Ils tiennent un registre sur papier timbré, où ils inscrivent les marchandises qui sortent de la vente, ainsi que le nom du voiturier à qui ils délivrent des certificats.

GARDEL (MADAME), épouse du chorégraphe de ce nom, née à Auxonne en 1770. Elle débuta en 1786 à l'Opéra, et contribua au succès des œuvres de son mari. Elle créa les rôles de *Psyché* dans le ballet de ce nom, et d'*Eucharis* dans celui de *Télémaque*. Elle quitta le théâtre en 1816, et mourut à Paris en 1833.

GARDÉNIE ou GARDÈNE, genre d'arbrisseaux de la famille des rubiacées, propres à l'Inde, et cultivés en Europe dans les serres chaudes et tempérées. Leur tige est garnie d'épines le plus souvent; les feuilles sont dures et persistantes, les fleurs blanches, jaunâtres, répandant une odeur extrêmement suave. La *gardénie à grandes fleurs* ou *jasmin du Cap* est haute de quatre à six pieds. La tige est verticale, rameuse; les feuilles sont ovales, lisses et d'un vert luisant; les fleurs sont larges, et ont de deux à trois pouces de diamètre. Au Japon, on extrait de ses fruits une belle couleur jaune.

GARDIE (DE LA), famille célèbre de Suède, originaire de France.—PONTUS DE LA GARDIE, gentilhomme de Carcassonne, ayant été fait prisonnier dans un combat contre les Suédois, prit du service auprès d'Éric XIV, et se révolta contre lui en faveur du prince Jean, qui, devenu roi, le combla de faveurs, lui confia des missions importantes à Rome et à Vienne, le nomma en 1580 général des Suédois contre les Russes, et lui donna la main de sa fille naturelle. Il mourut en 1585. — JACQUES DE LA GARDIE, son fils, connétable, sénateur et ministre de la guerre en Suède, se distingua comme général et diplomate, et eut de la comtesse Ebba de Brahé, de la maison de Wasa, qu'il avait épousée, MAGNUS-GABRIEL, comte de la Gardie, comblé d'honneurs par Christine, grand chancelier sous Charles XI, et mort dans l'indigence en 1686. Son père était mort en 1652.

GARDIEN, celui qui est chargé de protéger quelque chose, de veiller sur elle. Ce mot a un grand nombre d'attributions dans le monde. Ainsi on dit un *gardien de tableaux*, un *gardien d'antiquités*, le *gardien d'un monument*, le *gardien des scellés*, etc. — L'ange gardien est, dans le catholicisme, un esprit céleste chargé de conduire l'homme à la vertu, de lui conserver sa pureté, son innocence par ses conseils. C'est lui qui inspire à l'homme coupable les remords qui le tourmentent. Cet ange n'abandonne l'homme qu'à son dernier moment. — En marine, on nomme *gardien*, 1° celui qui, dans les ports, garde un magasin, une embarcation, etc.; 2° le matelot chargé de garder, de surveiller la chambre des poudres et les objets de consommation particulière. — En termes d'artillerie, le *gardien* est un militaire chargé de la garde et de la conservation du matériel de la batterie à laquelle il appartient. Il est choisi parmi les vétérans ou les sous-officiers. Il loge près de la batterie, et est nommé par le ministre de la guerre sur la proposition du directeur.

GARDIEN. On nomme ainsi, dans l'ordre de Saint-François, le supérieur du couvent, dont la charge, nommée *gardienat*, dure trois ans. — On nomme en Angleterre *gardien de la spiritualité* ou *du spirituel* celui qui, dans un diocèse, a la juridiction spirituelle pendant la vacance du siège.

GARDINER (Étienne), fils naturel de Richard Woodwill, né dans le comté de Suffolk (Angleterre) en 1483. Il se forma à écrire et à parler le latin avec pureté et élégance. Le cardinal Wolsey, devenu ministre, le choisit pour son secrétaire, et lui donna l'évêché de Winchester. Henri VIII l'envoya à Rome pour faire conclure son divorce. Il souscrivit au divorce, mais ne voulut pas se séparer de la cour de Rome. Il s'opposa à la réforme, fut emprisonné et déposé sous Édouard VI. Rétabli sous Marie, et nommé chevalier, il sévit avec sévérité contre les hérétiques, mais ne réussit qu'à les aigrir. Il mourut en 1555.

GARDINER (Guillaume), graveur anglais, né à Dublin en 1760. Il étudia la peinture à Londres. Mais, ne trouvant pas le chemin de la fortune, dans l'apprentissage de peinture qu'il faisait, il entra dans une troupe de comédiens, mais ne s'enrichit pas davantage. Il se livra ensuite à la gravure, et obtint un très-grand succès. Il abandonna cette carrière pour embrasser l'état ecclésiastique. Il fut ensuite successivement comédien et libraire. Fatigué de ne trouver aucun état qui lui convînt, il se donna la mort en 1814. Il est mis au rang des plus célèbres graveurs.

GARDON, nom donné à trois petites rivières qui, en se réunissant, forment le *Gard*. Voy. ce mot.

GARE, bassin naturel ou artificiel qui fait les fonctions de port auprès de certaines rivières. Quelquefois un bras de la rivière sert de gare. *Garer un bateau*, c'est l'attacher près du rivage pour le mettre en sûreté.

GARENNE, espace où sont renfermés des lapins qu'on garde pour l'usage de la table ou pour la vente, et où ils jouissent d'une certaine liberté. Cette enceinte est entourée d'une muraille ou de pieux très-serrés et garnis d'un treillage de fer. Elle est surmontée d'une toiture en chaume ou en tuiles. Une porte permet d'y entrer quand on veut. La chair des lapins de garenne est meilleure que celle des lapins de clapier. Les lapins de garenne sont regardés par la loi comme étant des immeubles. — Autrefois ce mot désignait tout bois où il y avait beaucoup de lapins. Le *droit de garenne d'eau* consistait à défendre la pêche dans les étangs et les lieux sur lesquels il était établi.

GARGANE, cap et haute montagne, au N. de l'Apulie. Elle s'avançait dans l'Adriatique. C'est aujourd'hui le cap *San-Angelo*.

GARGARISME, nom donné à tout médicament liquide destiné à être retenu pendant quelque temps dans la bouche et porté sur toutes ses parties. On agite continuellement le liquide pour remplir ce but. On emploie les gargarismes dans toutes les maladies de la gorge et de la bouche. On en connaît de stimulants, d'adoucissants, de rafraîchissants, etc. On nomme *collutoire* un gargarisme que l'on ne fait agir que sur la membrane muqueuse de la bouche et *des gencives*.

GARGOUILLE, ouverture par laquelle s'écoule l'eau d'une fontaine, et ordinairement creusée dans la bouche d'un animal véritable, tel qu'un lion, ou d'un monstre fabuleux, tel qu'une chimère. Les édifices du moyen âge sont chargés de gargouilles. On en place sur les bâtiments.

GARGOUSSE, cylindre creux, en parchemin, en toile ou en papier, destiné à contenir la charge de poudre d'une pièce de canon. Chaque gargousse renferme toujours le tiers du poids du boulet. — On appelle *gargoussier* ou *garde-feu* une boîte cylindrique en cuir fort ou de bois léger qui renferme la gargousse.

GARIGLIANO, rivière du royaume de Naples, qui a sa source dans l'Abruzze ultérieure, et qui se jette dans le golfe de Gaëte (Méditerranée).

GARNERIN (André-Jacques), né à Paris en 1769. Ce célèbre aéronaute fit ses premières ascensions en 1790. Fait prisonnier en 1793 par les Autrichiens, il rêva dans sa prison les moyens de s'échapper, et conçut la première idée du parachute, qu'il mit plus tard en usage. Il fit plus de soixante-dix ascensions, et mourut en 1823.

GARNIER (Robert), né à la Ferté-Bernard dans le Maine en 1545, mort en 1601. Cet auteur dramatique, lieutenant général du bailliage du Mans, et comblé de bienfaits par Henri IV, a donné au Théâtre-Français les tragédies suivantes : *Porcie* (1568), *Hippolyte* (1573), *Cornélie* (1574), *Marc-Antoine* et *la Troade* (1578), *Antigone* (1579), *Bradamante* (1580) et *Sédécias* ou *les Juives*, la même année.

GARNIER DE SAINTES (Jean) était avocat dans le département de la Charente-Inférieure, sa patrie, à l'époque de la révolution. Il fut envoyé à la convention nationale en 1792. Il se distingua par sa probité et son patriotisme. Il demanda la peine de mort contre les émigrés, comme étant des traîtres à la patrie. Dans le procès de Louis XVI, il vota la mort du roi sans appel et sursis. Il remplit ensuite diverses missions, et conserva une grande neutralité dans les événements de cette époque. Membre des conseils des cinq-cents, il reçut (1798) l'ordre de se rendre aux États-Unis en qualité de vice-consul ; mais des circonstances s'opposèrent à cette mission. Il resta à Paris, et fut nommé en 1808 président du tribunal criminel de Saintes. Il cessa ses fonctions en 1811. Nommé député au champ de mai (1815), il fut proscrit au retour de Louis XVIII. Il s'embarqua pour l'Amérique ; mais il périt dans la traversée.

GARNIER (Jean-Jacques), né en 1729 à Goron dans le Maine. Il fut en 1760 nommé professeur d'hébreu au collège de France et quelques temps après inspecteur de ce collège. Il fut sous la révolution nommé membre de l'Institut, et mourut en 1805. Il avait été, à la mort de Villaret, conti-
nuateur de Velly, choisi pour achever *l'Histoire de France*, qu'il mena de Louis XI à la moitié du règne de Charles IX. On lui doit encore entre autres ouvrages un *Traité sur l'origine du gouvernement français*.

GARNISAIRE. On appelait autrefois ainsi le gardien que l'huissier, autorisé par le magistrat, établissait dans la maison du débiteur saisi, pour prévenir la soustraction des meubles ou des marchandises qui doivent être vendus au profit du créancier. Maintenant on l'appelle *gardien*. Aujourd'hui c'est un homme chargé de faire exécuter un ordre, une contribution, etc.

GARNISON, lieu de la résidence d'un régiment en temps de paix. On dit aussi *quartier*. Ce mot s'applique au régiment lui-même. En garnison, les troupes sont sous les ordres immédiats des officiers de l'état-major des places. En campagne, elles sont sous les ordres de leurs généraux.

GARNITURE, tout ce qui sert à *garnir* quelque chose. La *garniture* d'une épée, la garde, le pommeau, la branche et la poignée de cette épée. En termes d'imprimerie, les *garnitures* sont les divers morceaux de bois ou de métal dont on se sert pour séparer les pages et former les marges. En marine, on nomme ainsi, 1° des morceaux de bois qui servent à remplir les vides entre diverses pièces de la charpente d'un bâtiment ; 2° l'atelier ou magasin où l'on dispose les agrès et les cordages nécessaires à un bâtiment ; 3° *garniture* d'un mât, d'une vergue, d'une voile, d'un canon, l'ensemble des choses sans lesquelles ils ne pourraient servir ; 4° *garnitures de rechange*, les garnitures embarquées pour remplacer celles usées, coupées ou cassées pendant la campagne que fait le bâtiment.

GAROFALO (Benvenuto Tisio LE), né à Ferrare en 1481, mort en 1559. Ce peintre distingué de l'école romaine s'est fait surtout remarquer par une belle copie du tableau de la *Transfiguration* de Raphaël. On a de lui une *Fuite en Egypte*, le *Séjour des élus*, les *Quatre Docteurs de l'Eglise en méditation*, une *Bacchanale*, etc.

GARONNE, fleuve de France qui prend sa source aux Pyrénées, dans le val d'Aran (Pyrénées espagnoles), et entre en France à 2 lieues au-dessus de Saint-Béat (Haute-Garonne). Son cours, est de 497,000 mètres, dont 75,000 flottables depuis Pont-le-Roi jusqu'à Cazères et 422,000 de navigables. Elle reçoit l'Ariège, le Tarn, la Baïse, le Lot et la Dordogne, et se jette dans l'Océan à 22 lieues au-dessous de Bordeaux, à 8 et demie au-dessous de Blaye, et à 12 lieues et demie du bec d'Ambès, où elle prend le nom de Gironde, et où elle reçoit la Dordogne.

GARONNE (HAUTE-), département français, région S. Il est formé d'une partie du haut Languedoc (diocèses de Toulouse et du Lauraguais), d'une partie de la Gascogne, de la principauté de Comminges, et d'autres petits pays, tels que le Nébousan, le pays de Lomagne, les Quatre-Vallées, etc. Il tire son nom de la partie supérieure de la Garonne qui entre en France dans ce département, et la traverse dans toute sa longueur du S.-O. au N.-E. Il est borné du N. par le département de Tarn-et-Garonne, au N.-E. par celui du Tarn, à l'E. par celui de l'Aude, au S.-E. par celui de l'Ariège, au S. par les Pyrénées, qui le séparent de l'Espagne, à l'O. par les départements des Hautes-Pyrénées et du Gers. Sa superficie est de 671,601 hectares, et sa population de 480,000 habitants. On y remarque le canal des deux mers, les monuments anciens et du moyen âge que renferme Toulouse, les curiosités naturelles des eaux de Bagnères-de-Luchon, etc. Il se divise en quatre arrondissements communaux : *Toulouse* (chef-lieu), *Villefranche*, *Muret* et *Saint-Gaudens*. Il est compris dans la dixième division militaire, le ressort de l'académie, du diocèse et de la cour d'appel de Toulouse. — Le sol du département est très-riche et bien cultivé. Il produit 470,000 hectolitres de vins et plus de moitié au delà de la consommation locale en céréales et parmentières. Le froment et le maïs sont l'objet d'une grande culture. Les fruits du département sont très-estimés. On y élève beaucoup de bestiaux et de volailles. L'industrie commerciale s'exerce principalement sur la fabrication des aciers cémentés, des limes, faux et faucilles ; sur l'exploitation des marbres, la préparation des cuirs, des tissus de coton et de lin, etc. Les produits du sol donnent lieu à de nombreuses exportations. Les denrées comestibles, telles que volailles grasses, oies salées, ortolans, truffes, pâtés de foie de canards, sont l'objet d'un commerce étendu. — Ce département est celui où se trouvent les monts les plus élevés de la chaîne des Pyrénées.

GAROU ou SAIN-BOIS, écorce d'une espèce de *daphné*, arbuste propre aux lieux secs et incultes du midi de la France et de l'Europe. L'écorce de garou se présente dans le commerce en petites bottes formées de lanières de différentes dimensions variables. Sa couleur est blanche ou jaune paille, sa texture fibreuse ; ses fibres sont blanches et soyeuses, son odeur est désagréable, nauséeuse, sa saveur âcre et corrosive. Le garou se récolte en octobre. On s'en sert pour composer des vésicatoires. On l'emploie à l'intérieur contre les dartres, les scrofules, etc. La *pommade de garou* ou *de sain-bois* sert à entretenir et à activer la suppuration des vésicatoires.

GARRICK (David), célèbre acteur et auteur dramatique anglais, né à Hereford en 1716. Il débuta à Ipswich en 1741 dans le rôle d'*Aboan* de la tragédie d'*Oroonoko*, et fut reçu à Londres au théâtre de *Goodman's Field* où il débuta dans *Richard III*. Il avait alors vingt-deux ans. En 1742, il parut au théâtre de Drury-Lane ; en 1749, il joua à Covent-Garden, et devint directeur de Drury-Lane, dont il fut le réformateur, en chassant de la scène les ouvrages de mauvais goût ou immoraux, et où il fit triompher le bon goût. En 1749, il épousa mistriss Violetti, la première danseuse et la plus belle femme de l'Europe, fit plusieurs voyages à Paris, et se retira du théâtre en 1776. Il mourut en 1779, et fut enterré dans l'abbaye de Westminster. Il est l'auteur d'un grand nombre d'odes, d'épigrammes, de prologues et de comédies, dont les plus connues sont *le mariage clandestin*, *la Veuve Irlandaise*, *le Bon Ton contre l'antichambre*, *le Bon Ton dans le salon* et *la Fille de campagne*.

GARROT. Les vétérinaires appellent ainsi dans le cheval la partie du corps qui est au-dessus des épaules et derrière l'encolure ; il termine le cou, et doit être haut et tranchant. — On appelle encore ainsi un morceau de bois plus ou moins gros passé dans une corde pour le serrer par une torsion plus ou moins grande. On s'en sert, en chirurgie, pour retenir la bande circulaire avec laquelle on comprime les artères d'un membre pour suspendre le cours du sang.

GARROT, sorte d'oiseaux du genre *canard*, dont le bec est plus court et plus étroit à sa partie antérieure. Le *garrot* proprement dit (*anas clangula*) a dix-sept à dix-huit pouces de long, habite pendant l'été les contrées septentrionales des deux continents, et nous vient par troupes en hiver. Il est blanc, a la tête, le dos et la queue noirs, et avec deux bandes blanches à l'aile, avec le bec noirâtre. Il se nourrit de petits poissons, de vers et de grenouilles.

GARROTE (LA), genre de supplice encore en usage en Espagne, et consistant à passer autour du cou du criminel un collier de fer formé de deux demi-cercles séparés et joints par une vis. L'exécuteur, en tournant la vis, force les deux demi-cercles à se rapprocher, et donne ainsi la mort au patient.

GARSAURITIDE, petite contrée de l'Asie

Mineure, comprise dans la Galatie et la Cappadoce.

GARTEMPE, rivière de France, qui a sa source près de Maisonnaise, dans le département de la Creuse. Elle traverse ceux de la Vienne et de la Haute-Vienne, et se jette dans la Creuse près de Roche-Pozai.

GARTH (Samuel), poëte et médecin anglais, né dans le comté d'Yorck (Angleterre), fut admis dans le collége des médecins de Londres en 1693. On lui doit la fondation du *Dispensary*, établissement destiné à donner aux pauvres des consultations et des remèdes. Cette fondation ayant excité contre lui les médecins et les pharmaciens anglais, il publia pour leur répondre un petit ouvrage poétique en six chants, représentant une bataille entre les médecins et les apothicaires, et intitulé le *Dispensary*. Georges Ier le nomma son médecin ordinaire et premier médecin de ses armées. Il mourut en 1719.

GARUM, nom donné autrefois par les Romains à une espèce de saumure qu'ils faisaient en recueillant les liquides qui s'écoulaient des poissons salés à demi putréfiés, et qu'ils aromatisaient ensuite fortement. Il excitait l'appétit.

GARZONOSTASE, espèce de parvis, dans les églises grecques, où les domestiques des personnes riches et nobles s'arrêtent pendant que leurs maîtres sont dans l'église.

GASCOGNE, ancienne province de France, qui a formé une partie des départements de la Haute-Garonne, de Lot-et-Garonne, et des départements du Gers, des Landes et des Hautes-Pyrénées. Elle avait 36 lieues de long sur 55 de large, et renfermait le pays des Basques, capitale *Bayonne*; la Chalosse, capitale *Saint-Sever*; le Condomois, capitale *Condom*; l'Armagnac, capitale *Auch*; le Bigorre, capitale *Tarbes*; le Comminges, capitale *Saint-Bertrand*; et le Couserans, capitale *Saint-Lizier*. — Sous la conquête romaine, elle formait la troisième Aquitaine ou Novempopulanie. Vers le commencement du VIe siècle, les Vascones, peuple ibérien, chassés par les Goths, envahirent l'Aquitaine, et lui donnèrent leur nom. Vers 750, la Gascogne eut des ducs particuliers, et fit partie du royaume d'Aquitaine, qui comprenait en outre le duché d'Aquitaine et le comté de Toulouse. Avant la révolution, elle fit partie du gouvernement de Guienne.

GASPARD-HAUSER, jeune homme mystérieux que rencontra en 1828 dans les rues de Nuremberg le professeur Daumer, et qui avait jusqu'à ce moment passé sa vie dans un cachot obscur, sans avoir jamais vu le jour ni reçu la moindre instruction. Le professeur Daumer le prit sous sa protection, et développa par l'instruction les germes de ses talents. Mais, lorsque Gaspard-Hauser cherchait à pénétrer le voile qui couvrait ses premières années, il fut assassiné en 1833. L'on n'a pu connaître l'assassin, et le mystère qui couvrait l'existence de ce jeune homme n'a pas été expliqué.

GASQUETS, sorte de coiffure usitée chez les peuples de l'Orient. C'est une calotte rouge en laine drapée. On en distingue plusieurs espèces: les *intermédiaires*, les *grands gasquets*, les *gasquets* proprement dits et les *stambols*. Les meilleures fabriques sont à Tunis. Au bout du bonnet est placé un flocon de soie bleue.

GASSENDI (Pierre), né près de Digne en 1592. Il obtint en 1614 le bonnet de docteur, et enleva au concours en 1616 les deux chaires de philosophie et de théologie à Digne. Il reçut les ordres l'année suivante, et publia en 1624 son livre contre Aristote, intitulé *Exercitationes adversus Aristotelem*. En 1645, il obtint une chaire de mathématiques au collège de France, et attaqua les *Méditations* de Descartes: en sorte que les philosophes de l'époque se partagèrent en *gassendistes* et *cartésiens*. Il mourut en 1655, laissant, entre autres ouvrages, une *Philosophie*, des *épîtres*, des *traités*, et la *Philosophie d'Épicure*. Il avait adopté une partie des opinions de ce dernier, et renouvelé son système. Il fit connaître en France et soutint Galilée et Copernic.

GASSION (Jean DE), maréchal de France, né à Pau en 1609, mort à Arras des suites d'une blessure qu'il avait reçue au siége de Lens en 1647. Il fut d'abord au service de Gustave-Adolphe, roi de Suède, et contribua au gain de la bataille de Leipzig. Après la mort de ce prince (1632), il revint en France, où il se distingua à la bataille de Rocroy. Blessé à la prise de Thionville, il reçut en récompense le bâton de maréchal en 1643, et continua de donner des preuves de valeur au siége de Gravelines, de Mardick, de Linck, de Bourbourg, de Béthune, de Saint-Venant, etc.

GASTÉROPODES, ordre d'animaux mollusques, qui se traînent sur la partie inférieure du corps, et qui ont communément une portion de leur corps renfermée dans une coquille formée d'une seule pièce, où ils peuvent cacher leur corps tout entier en cas de besoin. De ce nombre sont les *limaçons*, les *bulimes*, les *limnées*, etc. Tous possèdent des tentacules (vulgairement *cornes*) rétractiles, filiformes ou triangulaires, au nombre de deux à six, placés au-dessus de la bouche, et servant au toucher et à l'odorat. Les yeux sont tantôt à la base, au côté ou à la pointe, tantôt à la tête du tentacule, et toujours au nombre de deux.

GASTÉROSTÉE. Voy. ÉPINOCHE.

GASTON. Plusieurs vicomtes de Béarn, comtes de Foix, ont porté ce nom. Les plus fameux sont GASTON III, comte de Foix et vicomte de Béarn, surnommé Phœbus, né en 1331. Il succéda à Gaston II, son père, combattit en 1345 les Anglais, et les repoussa. Pendant la jacquerie, il contribua à la délivrance du dauphin à Meaux. Ce fut un guerrier vaillant, et plein de magnificence. Il a composé un livre intitulé: *Phébus des déduyts de la chasse*. — GASTON de Foix, duc de Nemours, fils de Jean de Foix, comte d'Étampes, et de Isabelle de France, sœur de Louis XII, né en 1488. Commandant de l'armée d'Italie, il repoussa et battit les Suisses près de Côme, remporta une seconde victoire sur eux près de Milan, s'empara de Bologne et de Brescia, et gagna la bataille de Ravenne, où il perdit la vie en 1512.

GASTON DE FRANCE, duc d'ORLÉANS, (Jean-Baptiste), fils de Henri IV et frère de Louis XIII, né en 1608 à Fontainebleau. Poussé par ses favoris et sa haine contre Richelieu, il fit soulever le duc de Montmorency, qu'il abandonna ensuite au cardinal, se mêla à la conspiration de Cinq-Mars, et fut, après la mort de son frère, nommé lieutenant général du royaume. Il prit encore part à la guerre de la Fronde, et mourut relégué à Blois en 1660, laissant de sa femme Marie de Bourbon, duchesse de Montpensier. Il a aussi laissé des *Mémoires* depuis 1608 jusqu'en 1635.

GASTRIQUE, ce qui a rapport ou qui appartient à l'estomac. Ainsi les *artères* et les *veines gastriques* sont celles qui vont se distribuer à l'estomac. — On nommait autrefois *suc gastrique* le fluide qui renferme l'estomac, et qui est sécrété par sa membrane muqueuse. On le regarde comme opérant la décomposition et la dissolution des aliments. — Pour l'*embarras gastrique*, voy. EMBARRAS.

GASTRITE, inflammation de l'estomac. Cette maladie se présente sous plusieurs formes, la *gastrite aiguë* et la *gastrite chronique*. La gastrite aiguë est causée le plus souvent par l'introduction de substances nuisibles dans l'estomac, telles que les acides, les boissons fortes, les poisons, etc. Elle est *superficielle* ou plus ou moins *intense* (*profonde* ou *phlegmoneuse*). La première a pour symptômes une douleur légère au ventre, qui augmente par la pression, l'introduction des aliments et des boissons, la soif, le manque d'appétit, quelquefois la fièvre; sa durée est courte et se terminait pour la plus souvent heureuse; la deuxième est marquée par des douleurs vives, continues, dans le ventre et le dos, la toux, une chaleur vive à l'estomac, des nausées, une soif vive, l'ardeur de la gorge et le rougeur de la langue. Quelquefois il est impossible au malade d'avaler les aliments. Celui-ci est inquiet, découragé, faible; son pouls est fréquent et peu élevé; quelquefois le délire survient. Cette maladie se termine au bout de trois à sept jours, quelquefois de quinze ou de vingt. Sa terminaison est heureuse quelquefois, mais le plus souvent funeste. — La *gastrite chronique* présente à peu près les mêmes symptômes que la *gastrite légère*; seulement elle se présente plus longtemps.

GASTROBRANCHE, genre de poissons distingué par la forme cylindrique et allongée de leur corps, la flexibilité de ses parties, la souplesse et la viscosité de la peau qui le couvre, et qui ne possède pas d'écailles. Le *gastrobranche aveugle* est bleu sur le dos, rougeâtre sur les côtés, blanc sur le ventre. Six barbillons sont placés autour de sa bouche. La longueur du corps est d'environ un pied; il présente de chaque côté une rangée longitudinale de petites ouvertures qui laissent échapper un suc très-gluant. Il vit dans l'Océan. Il habite dans la vase, ou pénètre dans le corps des grands poissons qu'il dévore.

GASTRO-ENTÉRITE, affection caractérisée par l'inflammation simultanée des intestins et de l'estomac.

GASTROMANCIE, divination qui se faisait avec des paroles qui semblaient sortir du ventre. On faisait encore une espèce de gastromancie à l'aide de vaisseaux ou de verres transparents et ronds, au fond desquels on faisait paraître certaines figures.

GASTRORAPHIE, suture, couture que l'on pratique pour réunir les plaies pénétrant dans l'abdomen. On ne s'en sert que dans les plaies très-étendues, et dans lesquelles tous les autres remèdes seraient insuffisants.

GASTROSE, nom générique donné aux maladies qui ont leur siége dans l'estomac.

GASTROTOMIE, ouverture, incision que l'on pratique dans l'abdomen. On pratique cette opération dans une foule de cas.

GAT (mar.), descente pratiquée par des marches ou degrés sur le bord d'une côte escarpée, pour arriver à un endroit de la mer où l'on peut s'embarquer avec facilité. C'est aussi un grand escalier qui descend d'un quai à la mer.

GATANGIER, nom vulgaire donné à la *roussette*, poisson du genre *squale*.

GÂTEAU, pâtisserie commune et légère usitée par les gourmets et les enfants. On en connaît un grand nombre d'espèces. Les anciens offraient des gâteaux à leur Dieu. Les Juifs les faisaient avec la pâte sans sel et sans levain, frottée d'huile. Dans les sacrifices, on les brisait et on en répandait les miettes dans le feu du sacrifice. Chez les païens, c'était de la farine et pétrie avec du sel, que l'on émiettait sur la tête des victimes. — En médecine, on nomme *gâteau fébrile* les tumeurs qui se forment dans les viscères abdominaux et surtout dans la rate.

GÂTEAU, réunion d'alvéoles formées par les insectes, comme les abeilles, les guêpes, etc., qui vivent en société. Ces constructions servent à loger leurs larves, ou à y déposer leur miel. Dans les guêpes, les gâteaux sont formés d'un seul rang de cellules horizontales dont l'ouverture est en bas; dans les abeilles, les cellules sont appliquées horizontalement, et les gâteaux perpendiculairement.

GATES, chaîne de montagnes qui partage l'Hindoustan, et dont le sommet offre une plate-forme immense; elle produit deux saisons opposées, l'une à la côte de Malabar, l'autre à celle de Coromandel.

Quand on a l'été à la première, on a l'hiver à la seconde, et réciproquement.

**GATIEN** (Saint), apôtre et premier évêque de Tours, fut envoyé dans les Gaules dans le IIIᵉ siècle. Il s'arrêta à Tours, et y fit de nombreuses conversions. Avec son troupeau il célébrait secrètement les mystères sacrés de l'Eglise. Il mourut vers la fin du IIIᵉ siècle. On fait sa fête le 18 décembre.

**GATINAIS** (*Vastinium*), province de France, en partie dans l'Ile de France et dans l'Orléanais, en sorte qu'elle se divisait en *Gatinais orléanais*, capitale *Montargis*, et en *Gatinais français*, capitale *Nemours*. Elle a 18 lieues de long sur 12 de large. Au XIᵉ siècle, elle avait ses comtes particuliers. Foulques, second fils de Geoffroi-Férole, comte du Gatinais, céda au roi de France, Philippe Iᵉʳ, le Gatinais. Le Gatinais formé les départements de Seine-et-Marne et de Seine-et-Oise.

**GATON**, bâton dont se servent les cordiers. Il y en a de grands et de petits. Les premiers, qui servent à tordre les plus gros cordages, ont jusqu'à cinq pieds de long. Les petits, qui servent pour les moyens cordages, ont de quinze à vingt pouces.

**GATTE** (mar.), sorte de cloison transversale qu'on élevait à trois ou quatre pieds au-dessus du premier pont des vaisseaux pour empêcher l'eau de la mer de se répandre dans l'entre-pont; un conduit servait à faire écouler cette eau. Maintenant on place une tringle de quatre à cinq pouces à la place des gattes.

**GATTILIER** ou **GATELIER**, genre de la famille des verbénacées, renfermant des arbrisseaux propres aux contrées chaudes du globe. La seule espèce croît dans le midi de l'Europe. Le *gattilier agneau-chaste*, arbrisseau aromatique, parvient dans le midi de la France à la hauteur de deux mètres. Il porte des rameaux faibles, pliants, blanchâtres; les feuilles sont opposées, vertes en dessus, blanches et cotonneuses en dessous; ses fleurs disposées en grappes sont violettes, purpurines ou blanches. On trouve le gattilier dans le lit ou sur les bords des torrents dont le lit est à sec. Cette plante a en médecine des propriétés très-excitantes.

**GAUBERT** ou **VALBERT** (Saint), troisième abbé du monastère de Luxeu, né vers la fin du VIᵉ siècle à Nanteuil, près de Meaux. Il embrassa d'abord la profession des armes, puis la vie religieuse, et se distingua dans la pratique des vertus. Nommé abbé en 625, il réforma les mœurs de ses religieux, et mourut saintement en 665. On fait sa fête le 2 mai.

**GAUBIL** (Antoine), savant jésuite et missionnaire à la Chine, né en 1689 à Gaillac. Envoyé en 1721 en Chine comme missionnaire, il y demeura trente-six ans, et mourut à Pékin en 1759, correspondant de l'académie de Paris, membre de celle de Saint-Pétersbourg et interprète de la cour de Pékin. On a de lui une *Histoire de Gengis-Kan*, et la traduction du *Chou-King*, livre canonique des Chinois.

**GAUCHE**, corrélatif du mot *droit*. Dans le corps de l'homme, on distingue la région *gauche*, le côté *gauche*. On sait qu'il est plus difficile de se servir de la main *gauche* que de la *droite*. Cela tient beaucoup à l'habitude; car quelques personnes, que l'on nomme *gauchers*, se servent plus facilement de la main gauche que de l'autre. Chez les anciens, le côté gauche était sinistre et de mauvais augure; une corneille qui volait à gauche était un signe de malheur. On plaçait à gauche les boucliers; aujourd'hui on y place les épées, les sabres, etc. — Dans la chambre des députés, le *côté gauche* est occupé par le parti patriotique ou libéral. — Les charpentiers nomment *gauche* une pièce de bois mal équarrie.

**GAUDE** (vulgairement *vaude*, *herbe à jaunir*, *réséda jaunissant*), plante herbacée du genre *réséda*, qui croît naturellement dans l'Europe et surtout dans les lieux sablonneux. Sa tige est droite, cannelée, a de trois à quatre pieds de hauteur; ses feuilles sont éparses, nombreuses, longues, étroites; la racine est pivotante; ses fleurs sont d'un vert jaunâtre, disposées en épi terminal. On cultive la gaude pour la teinture. Aussitôt qu'elle est devenue jaunâtre et que la graine est mûre, on l'arrache avec sa racine, on la fait sécher au soleil, et l'on en fait des bottes de 12 à 15 livres chaque. Les teinturiers en retirent une belle couleur jaune très-solide; le mordant est l'alun ou l'acétate d'alumine. On teint aussi en vert avec la gaude, en se servant d'acétate de cuivre pour mordant, ou bien en passant au bain de gaude une étoffe peinte en bleu. — On obtient aussi une laque jaune usitée par les peintres. — On la nommait autrefois *herbe aux Juifs*, parce que les Hébreux étaient forcés de porter un chapeau jaune.

**GAUDENCE** (Saint) fut sacré évêque de Brescia (Italie) en 363 ou 387. Ce prélat gouverna son troupeau avec la plus grande vigilance. Il fut envoyé en 405 à Constantinople pour demander le rétablissement de saint Jean Chrysostome. Il mourut en 427. Sa fête se fait le 25 octobre. On a de lui des *sermons*, des *lettres* et des *traités sur la religion*.

**GAUDENS** (Saint-), chef-lieu d'arrondissement du département de la Haute-Garonne, à 21 lieues S.-S.-O. de Toulouse. Sa population est de 6,000 habitants. Cette ville est située sur une colline à quelque distance de la Garonne. Elle fut autrefois la capitale du Nébouzan, partie du Comminges, appartenant à la Gascogne. Elle avait alors plusieurs couvents, dont il reste des ruines. C'est aujourd'hui une petite ville commerçante et manufacturière. Son commerce en étoffes grossières, et possède dans ses environs des tanneries, des verreries, des papeteries, des fabriques de poterie, etc. Saint-Gaudens possède un tribunal de première instance et de commerce, un collège, une société d'agriculture.

**GAUDRONNEUR**, celui qui pratique des ornements ciselés, nommés *gaudrons*, sur certains métaux, tels que l'or, l'argent, le bronze, l'étain, le plomb, etc., lorsqu'on les travaille au tour. L'outil dont il se sert pour cela est le *gaudronnoir* ou *molette*, qui porte en creux ou en relief le dessin que l'on veut reproduire sur le métal.

**GAUFRE**, pâtisserie légère et croquante, que l'on fait cuire dans un moule en fer nommé gaufrier. Ce moule se compose de deux longues tiges pouvant se mouvoir l'une sur l'autre, et terminées chacune par une plaque de fer. Les plaques peuvent, en serrant l'instrument, se superposer l'une sur l'autre. La surface de cette plaque est profondément gravée de divers dessins à volonté, ordinairement des carrés ou des losanges. Pour faire la pâte, on prend un poids égal de farine et de sucre en poudre, on les mêle ensemble et on les délaye avec de la crème; on y ajoute quelques jaunes d'œuf que l'on bat bien, et un peu de fleur d'orange. Après avoir fait chauffer le gaufrier, on le graisse avec un pinceau trempé dans le beurre tiède, et on y verse une cuillerée de pâte; on ferme le gaufrier, et on le pose quelques instants sur un feu de charbon. On retire la gaufre en la détachant avec un couteau.

**GAUFREUR**, ouvrier qui imprime des figures en bas-relief sur une étoffe quelconque avec des fers chauds ou des cylindres gravés. Les instruments gravés dont il se sert se nomment *gaufroirs*, et l'action d'appliquer les fers sur l'étoffe se nomme *gaufrage*. On humecte légèrement la substance qui doit être gaufrée, on la place sur le gaufroir un peu échauffé, et on met à la presse. La substance en conserve facilement l'empreinte.

**GAULANITIDE** ou **GAULONITIDE**, petit pays de la Palestine, dans la tribu de Manassé, au delà du Jourdain, s'étendait depuis la mer de Tibériade jusqu'aux sources du Jourdain. On la divisait en deux parties. La ville principale était *Gaulan*, *Gaulon* ou *Gamala*.

**GAULE**, vaste contrée de l'Europe, comprise entre les Pyrénées, les Alpes, le Rhin, l'Océan et la Méditerranée. Avant la conquête de César, la Gaule était partagée entre trois nations : 1º les *Celtes*, purs Gaulois, s'étendaient à l'O. depuis la Seine et la Marne jusqu'à la Garonne, à l'E. jusqu'à la partie supérieure du cours du Rhin, et au S. jusqu'à la Méditerranée; 2º les *Belges*, reculés vers le N., bordaient la partie inférieure du Rhin et étaient formés de plusieurs nations germaniques; 3º les *Aquitains*, resserrés entre la Garonne et les Pyrénées, tenaient des nations espagnoles voisines. Cette contrée reçut des Romains le nom de *Gaule ultérieure* ou *transalpine*, à cause de sa position à l'égard des Alpes et de Rome. Ils y avaient conquis un canton qui, compris entre la rive gauche du Rhône jusqu'à la mer, s'étendait de l'autre côté jusqu'aux Cévennes. Ils l'appelaient simplement *province romaine*, d'où lui est venu le nom de *Provence*. Le pays situé entre les Alpes et l'Etrurie portait le nom de *Gaule citérieure* ou *cisalpine* ou *Gallia togata*, à cause des établissements que des colonies gauloises y avaient formés, et de la toge romaine qu'avaient adoptée les habitants. On la sous-divisait en *cispadane* et *transpadane* séparées l'une de l'autre par le Pô (*Padus* des Romains). La partie de la Gaule transalpine comprise entre le Rhône, les Alpes et la Méditerranée prenait le nom de *Gallia braccata*, et le reste celui de *Gallia comata*, à cause de la longue chevelure des indigènes. César la divisa en quatre parties, formant ainsi les Gaules *belgique*, *celtique* et *aquitanique*. Au Vᵉ siècle, la Gaule, partagée en neuf grandes provinces, se subdivisait en cent dix-sept provinces contenant cent quinze cités. C'étaient la *Germanie* avec deux subdivisions, la *Belgique* avec deux subdivisions, la *Grande-Sequanaise*, la *Lyonnaise* avec quatre subdivisions, la *Viennoise*, les *Alpines* avec deux subdivisions, l'*Aquitaine* avec deux subdivisions, la *Novempopulanie*, la *Narbonnaise* avec deux subdivisions. Le christianisme fut introduit dans la Gaule vers le milieu du IIIᵉ siècle par saint Gatien qui prêcha à Tours, saint Trophime à Arles, Paul à Narbonne, saint Martial à Limoges, saint Denis à Paris, saint Crescent à Vienne, saint Saturnin à Toulouse, et saint Stremonius en Auvergne.

**GAULE D'ENSEIGNE**, nom donné autrefois au mât de pavillon de poupe et au bâton qu'on mettait sur le bout du mât de beaupré étant sur une rade. *La gaule de pompe* est le bâton auquel tient le piston de la pompe.

**GAULETTE**, mesure de superficie usitée dans certaines colonies françaises, et surtout à l'île Bourbon. Elle vaut 225 pieds carrés, ou 23 mètres 74 centimètres carrés.

**GAULOIS**, appelés aussi *Galls* et *Gaëls*, peuples de la Gaule, dont ils étaient, selon quelques auteurs, aborigènes. Ils étaient vaillants, fiers et superstitieux, adoraient Teuth, Taranis et plusieurs autres dieux, dont les prêtres étaient les *druides*, et auxquels ils immolaient souvent des victimes humaines. Ils croyaient à l'immortalité de l'âme et aimaient le jeu à la fureur. Les Galls ou Gaëls furent repoussés de temps immémorial par une invasion des Belgs ou Belges, envahis à leur tour par les Kimris ou Cimbres. La réunion de ces divers peuples forma les Gaulois. Des Gaulois émigrèrent sous la conduite de Sigovèse et de Bellovèse 590 ans avant J.-C., et allèrent peupler le nord de l'Italie et les pays entre le Danube et la Save, et plus tard la Galatie. Dans la suite, ils s'emparèrent de Rome et pillèrent le temple de Delphes, et renouvelèrent leurs incursions jusqu'à leur soumission par César, 61 ans avant J.-C.

**GAURES**, c'est-à-dire *infidèles*, nom

donné en Orient aux sectateurs de Zoroastre, adorateurs du feu.

GAURIC (Luca), astrologue né en Italie près de Naples, répandit ses prédictions sous Jules II, Léon X, Clément VII et Paul III, qui lui accordèrent des marques d'estime. Paul III lui donna l'évêché de Civita-Ducale, qu'il se démit quelque temps après. Il se retira à Rome, où il mourut en 1559. Il a laissé des œuvres.

GAURIC ou GAWRY (LE COMTE), noble seigneur écossais, fut condamné à mort et exécuté pour plusieurs crimes sous le règne de Jacques VI (XVIe siècle). Ses six enfants formèrent le projet de venger leur père en assassinant Jacques VI. Un d'entre eux d'ut au roi, naturellement franc et crédule, qu'un homme leur avait promis de leur découvrir dans leur château un grand trésor, et qu'il priait le roi de vouloir assister à cette découverte, accompagné d'une suite peu nombreuse. Ce prince s'y rendit. Lorsqu'on l'eut introduit dans la chambre où était le prétendu trésor, l'assassin gagé pour tuer le prince n'osa le frapper. Le comte Gauric, s'apercevant de son trouble, voulut porter lui-même le coup. Mais le roi, mettant l'épée à la main, le fit tomber mort à ses pieds et appelle ses gens. Les coupables furent arrêtés et périrent dans les plus cruels supplices.

GAUSSIN (Jeanne - Catherine), célèbre actrice, née en 1711 à Paris, morte en 1767. Elle débuta au Théâtre-Français par le rôle de *Junie* dans *Britannicus*, et ravit tous les suffrages dans ce rôle et dans ceux de *Monime*, *Iphigénie*, *Andromaque* et dans les *Amoureuses ingénues*. L'apparition de Dumesnil et de Clairon lui força de s'en tenir à la comédie, où elle eut toujours les mêmes succès. Elle se maria en 1759 à un danseur nommé Tavolaigo, qui l'accabla de mauvais traitements, et se retira du théâtre en 1763.

GAUSAPE, habit velu d'un seul côté usité chez les anciens Daces et chez les anciens Parthes.

GAUTEREAU, nom vulgaire du *geai*.

GAUZANITIDE, contrée de la Mésopotamie, située vers le milieu de ce pays, entre la Mygdonie et l'Osroene. La ville principale était *Résama*.

GAVARNIE (*Gavernic* ou *Gavornic*), petit village des Hautes-Pyrénées. Il est célèbre par le *cirque de Gavarnie*, vaste enceinte circulaire de rochers coupés à pic et couronnés d'une neige éternelle. Ces rochers sont élevés de 14 à 1,500 pieds. Le sol est creusé en entonnoir. Douze cascades tombent de l'amphithéâtre. La plus considérable est la célèbre *chute de Gavarnie* ou *de Marboré*; c'est la plus haute chute d'eau connue en Europe, et une des plus grandes du monde; elle tombe d'une hauteur de 1,200 pieds. — On trouve dans les environs des mines de plomb et de marbre.

GAVASSINE, nom donné, dans les manufactures en soie, à une ficelle d'une aune de longueur, qui fait partie du métier d'étoffe de soie; elle a deux bouts et une boucle dans le milieu. La *gavassinière*, qui passe par cette boucle, est formée d'une grosse corde et d'une petite auxquelles on enfile les gavassines.

GAVEAUX (Pierre), compositeur pour l'Opéra-Comique, de l'école de Grétry. Il s'est fait distinguer par ses ouvrages spirituels. Ses opéras les plus connus sont *Ovinska*, *la Famille indigente*, *le Petit Matelot*, *le Traité nul*, *Sophie et Moncars*, *l'Amour filial*, *le Bouffe et le Tailleur*, *le Diable couleur de rose* et *le Diable en vacances*. Il mourut à Paris en 1825.

GAVENNE, droit que quelques seigneurs possédaient sur les terres des églises dont ils étaient les protecteurs. Ce droit consistait dans une certaine quantité de grains.

GAVES, nom donné dans le Béarn et la Gascogne aux torrents du pays. Les plus considérables sont le *gave de Pau* et le *gave d'Oléron*, sont affluents. Le premier, formé des *gaves de Heas* et de *Gavarnie*, se jette dans l'Adour, après un cours de 168 kilomètres. Le second, formé par les *gaves d'Ossau* et *d'Aspe*, grossi du *gave de Mauléon*, se jette dans le *gave de Pau*, après un cours de 71 kilomètres.

GAVESTON (Pierre DE), favori d'Edouard II, roi d'Angleterre (1306), était fils d'un gentilhomme gascon, venu de France vers cette époque. Pierre, doué d'adresse et de talents, mais étourdi et présomptueux, parvint à plaire au jeune prince. Edouard Ier son père l'avait exilé; mais Edouard II, parvenu au trône, le rappela et lui donna le comté de Cornouailles. Il révolta les seigneurs par son orgueil et son insolence. Ceux-ci se liguèrent contre lui, et demandèrent son exil. Contraint de céder, Edouard le fit vice-roi d'Irlande; mais il le rappela pour lui faire épouser sa nièce, sœur du comte de Glocester. Les grands du royaume, fatigués de son arrogance, se liguèrent contre lui, et le firent prisonnier. Le comte de Warwick lui fit trancher la tête en 1312.

GAVIAL ou CROCODILE LONGIROSTRE, nom donné à plusieurs espèces de crocodiles, caractérisés par un museau plus étroit et plus allongé que celui des autres crocodiles. Les dents sont uniformes, coniques, simples, lisses, au nombre de cinquante-quatre ou cinquante-cinq. L'orifice des narines est situé en arrière d'un renflement placé à l'extrémité du museau. Les pieds de derrière sont palmés; le dos est couvert de six séries longitudinales de plaques allongées. Les gavials ont les mœurs et les habitudes des crocodiles; ils sont aussi redoutables qu'eux. Le gavial est un animal sacré dans l'Inde, et représente la puissance de l'eau dans les vers. Quelques voyageurs assurent que ces animaux ne sont pas cruels, et qu'ils vivent ordinairement de poissons.

GAVINIES (Pierre), habile musicien, né à Bordeaux en 1726, et mort en 1800. Son talent sur le violon fut tel, que Viotti le surnomma le Tartini français. Il était professeur de violon au conservatoire, et a laissé un recueil d'études musicales, *les Vingt-Quatre Matinées*, *six concertos*, *trois sonates*, *un solo*, *un duo*, *un romance* et *un opéra*, *le Prétendu*.

GAVOTTE, air de danse en mesure à deux temps et d'un mouvement modéré. La danse de la gavotte, d'abord introduite seulement à l'Opéra, prit plus tard rang dans les bals, et ne se danse plus maintenant que dans les ballets, et très-rarement.

GAY (John), poète anglais, né en 1688 dans le Devonshire. Ses principaux ouvrages sont les tragédies, au nombre desquelles on distingue: *les Captifs et Diane*; des comédies: *la Femme dans l'embarras*, *la Répétition à Gotham*, *la Femme de Bath*, *Trois Heures après le mariage*; les opéras *du Gueux* (*the Beggar*), de *Polly* et *d'Achille*; des pastorales: *la Semaine du berger*; des poésies diverses, et deux poèmes: *l'Éventail* et *Trivia* ou *l'Art de se promener dans les rues de Londres*. Mais son plus grand titre de célébrité est son recueil de *fables* composées pour le jeune duc de Cumberland. Gay mourut en 1732.

GAYAC et GAYACINE. Voy. GAÏAC et GAÏACINE.

GAZ. On appelle ainsi les corps aériformes dont les molécules se meuvent dans les vases qui les renferment, comme les liquides, mais sont dans un état continuel de répulsion. On distingue les *gaz permanents* et les *gaz non permanents*. Les premiers sont appelés ainsi parce qu'ils restent constamment à l'état de fluide aériforme, quoi qu'on fasse pour leur faire subir une transformation. Les seconds, au contraire, passent à l'état liquide lorsqu'on les soumet à une pression et à une température convenables. Il n'y a que quatre gaz simples: l'oxygène, l'hydrogène, le chlore et l'azote. Il y a un grand nombre de gaz formés par la combinaison de ceux-ci entre eux ou avec des corps simples métalliques.

GAZ. On nomme vulgairement *gaz acide crayeux* le *gaz acide carbonique*; *gaz oléfiant*, l'*hydrogène bi-carboné*; *gaz inflammable*, l'*hydrogène*; *gaz nitreux*, le *deutoxyde d'azote*; *gaz des marais*, l'*hydrogène carboné*; *gaz déphlogistiqué*, l'*oxygène*; *gaz acide vitriolique*, le *gaz acide sulfureux*; *gaz alcalin*, l'*ammoniaque*; *gaz carbo-muriatique*, le *gaz chloro-oxycarbonique*; *gaz chloro-oxycarbonique*, un gaz composé de grandes parties de chlore gazeux et de gaz oxyde de carbone (on l'a nommé aussi *phosgène*, *chlorure d'oxyde de carbone*) : il est acide, incolore, d'une odeur suffocante; *gaz deutoxyde de chlore*, un gaz obtenu en traitant le chlorate de potasse par l'acide sulfurique étendu d'eau : il est d'un vert jaunâtre, brillant, et détonne quand on le porte à une chaleur de 100 degrés; *gaz fluo-borique*, le *gaz phloro-borique*; *gaz fluorique silicée*, le *gaz phloro-silicique*; *gaz hépatique*, l'*acide hydro-sulfurique*; *gaz méphitique*, le *gaz carbonique*; *gaz muriatique oxygéné*, le *chlore*; *gaz oléfiant*, l'*hydrogène percarboné*; *gaz oxydule d'azote*, le *protoxyde d'azote*; *gaz phlogistiqué* ou *mofète*, l'*azote*; *gaz prussien*, le *gaz hydrocyanique*; *gaz rutilant*, la vapeur d'acide nitreux mêlée d'air.

GAZ DÉLÉTÈRES, nom donné aux gaz qui exercent une action funeste sur l'économie animale. Tels sont le *gaz hydrogène sulfuré*, *arsénié*, etc.

GAZ-LIGHT, mot anglais désignant le gaz hydrogène carboné extrait de la houille ou des matières grasses, et applicable à l'éclairage au gaz. Le gaz-light possède un pouvoir éclairant très-fort, et qui augmente en proportion du carbone qu'il renferme.

GAZ PULMONAIRE ou DES POUMONS, nom donné à l'air expiré, et qui contient de l'acide carbonique, de l'eau et une matière animale.

GAZA (en arabe, *Razzé*), la plus ancienne ville des Philistins selon l'Écriture, ville de Palestine dont la population est de 4 à 5,000 habitants. Elle appartenait autrefois à la Turquie, et était le chef-lieu d'un *melkana* (province appartenant au capitan-pacha). Maintenant elle appartient au pacha d'Égypte. Elle se trouve à 1 lieue de la mer.

GAZA (Théodore), savant qui transplanta en Italie (XVe siècle) les arts de la Grèce après la prise de Constantinople par les Ottomans. Il était né à Thessalonique. Il obtint un bénéfice dans la Calabre, et mourut à Rome (1508) dans un âge avancé. Il a laissé entre autres *une traduction de l'Histoire des animaux* d'Aristote, *une grammaire grecque* (1495), *la traduction de l'Histoire naturelle de Théophraste*, etc.

GAZAILLE, contrat de société qui consistait autrefois en ce qu'une personne donnait à une autre un certain nombre d'animaux domestiques pour un temps convenu, à condition, 1° que la personne qui recevait ces animaux devait nourrir celle qui les lui donnait, et lui donnait quatre boisseaux de blé chaque année par chaque bête; 2° que cette personne acquérait un douzième du fonds chacune des années convenues; 3° qu'après l'écoulement de ce temps le fonds serait partagé entre eux.

GAZALY (Abou-Mohammed-al-), surnommé *le Prince du monde*, est le plus célèbre docteur chez les Ottomans. Il naquit en Perse vers l'an 1056 de J.-C., et mourut en 1126. Son ouvrage le plus fameux est celui sur les *Diverses Classes des sciences de la religion*, en quatre livres. On a encore de lui le *Livre des opinions des philosophes*, les *Balances de la justice*, une *Logique*, les *Fleurs de la Divinité*, un *Livre de l'unité de Dieu*, etc.

GAZARES, hérétiques, ainsi nommés de *Gazare*, ville de Dalmatie, où ils parurent vers l'an 1197. Ils possédaient les erreurs des vaudois et des albigeois. Ils croyaient du démon avait créé le monde, et regardaient le mariage comme une de ses inspirations. Ils soutenaient que personne n'avait sur la terre le droit de condamner à mort, pas même de faire mourir un animal. Ces hérétiques furent condamnés par Innocent III.

GAZE, tissu léger, fabriqué avec de la soie ou avec du fil de lin mêlé à de la soie. On distingue plusieurs sortes de gazes : la *gaze de fil*, la *gaze façonnée*, la *gaze brochée*, la *gaze crème*, la *gaze fond plein* et la *gaze d'Italie*. Cette dernière se fabrique comme les taffetas. La seconde et la troisième se fabrique au métier à la Jacquart. — L'ouvrier qui travaille à la confection de cette étoffe s'appelle *gazier*.

GAZE, papillon de l'aubépine, appartenant au genre piéride. Il a les ailes arrondies, blanches de part et d'autre, avec les nervures noires, un peu élargies et dépourvues d'écailles, ressemblant beaucoup à la gaze. Cette espèce est très-commune dans les prairies de l'Europe au mois de mai. Sa chenille est luisante, couverte de petits poils blanchâtres, avec les côtés et le ventre d'un gris plombé; le dos noir, marqué de deux bandes longitudinales fauves ou d'un fauve roux. Elle vit sur l'aubépine et les arbres fruitiers. Souvent elle occasionne de grands dégâts.

GAZÉIFORME, ce qui a la forme ou l'apparence du gaz.

GAZELLE (*antilope dorcas*), espèce du genre *antilope*. Ses formes sont élégantes et légères, sa taille est délicate, ses membres d'une grande finesse, ses yeux noirs, vifs et d'une grande douceur. Les cornes de la gazelle sont en lyre, annelées, sans arêtes, et existant dans les deux sexes. Elles se recourbent en arrière, en même temps qu'elles s'écartent en dehors pour ramener leur pointe en avant. Le beau fauve du dos est séparé du blanc qui revêt le ventre et l'intérieur des membres par une bande brun foncé qui parcourt les flancs. Les membres sont fauves à l'extérieur. Une partie de la joue est blanchâtre. Les oreilles sont grandes, la queue courte, terminée par une touffe noire. Des poches placées sur les aines sécrètent une liqueur fétide. Les gazelles habitent l'Asie et l'Afrique, et vont par troupes. Leur chair est recherchée. — On nomme encore *gazelles* les autres espèces du genre *antilope* et une espèce de *chèvre*.

GAZETTE, nom donné aux journaux, du nom de *gazetta*, petite pièce de monnaie qui était le prix d'un des plus anciens journaux, publié à Venise au XVIIe siècle. Le premier connu chez les modernes parut en Angleterre en 1588. — On nomme *gazette* ou *cassette* une espèce d'étui en terre, dans lequel on renferme les pièces de faïence fine ou de porcelaine avant de les faire cuire. On les fait en argile. On les place les unes sur les autres en colonne dans le four.

GAZI—HASSAM, grand amiral des Turks, célèbre par sa bravoure, parvint de grade en grade à cette dignité. Il était capitaine lorsque la flotte turque fut brûlée à Tschesmé par les Russes. Envoyé en Égypte, il y soumit les beys rebelles Ibrahim et Mourad. Appelé en 1787 au commandement d'une escadre de seize vaisseaux et de huit frégates, qui entra dans la mer Noire pour en expulser les Moscovites, il souleva les Tartares de la Crimée, et les rappela sous les lois de l'empire ottoman. Il combattit les Russes de 1787 à 1790, et obtint d'abord des succès. Mais, ayant été vaincu, il mourut de chagrin quelques jours après.

GAZIE, nom donné par les musulmans à l'assemblée des troupes qu'ils lèvent pour la propagation de leur religion.

GAZNÉVIDES, dynastie puissante fondée en 997 sur les ruines de plusieurs dynasties provinciales de Perse par Mahmoud le Gaznévide (il était de Gaznah, ville de l'Inde, sur les frontières du Khorassan). Il s'empara d'une partie de la Perse et de l'Inde, et mourut en 1028. Massoud, son fils et son successeur, est renversé du trône en 1038 par Togrul-beg, petit-fils de Seldjouk, qui met ainsi fin à la dynastie des Gaznévides.

GAZOLITRE, appareil destiné à faire con-

naître la quantité de gaz contenue dans un corps, la pression qu'il exerce, etc.

GAZOMÈTRES, appareils destinés à faire écouler un gaz avec une vitesse constante. Les gazomètres destinés à lancer le gaz de l'éclairage consistent en un cylindre de tôle ouvert à sa partie inférieure, plongé dans un bassin plein d'eau, et soutenu par une chaîne qui glisse sur une poulie. Au moyen de deux tubes qui se rendent sous le cylindre au-dessus du niveau de l'eau, et dont l'un communique avec le réservoir où se forme le gaz, et l'autre est destiné à le faire écouler, on parvient, en faisant rendre le gaz sous la cloche, et en ouvrant l'autre tube, à produire un écoulement constant.

GAZON, mélange de plusieurs herbes courtes et fines, qui tapissent la terre naturellement ou au moyen de la culture. On obtient le gazon par le placage de mottes garnies de verdure et par le semis. Dans le dernier cas, on sème le *l'ivraie vivace*, du *pâturin annuel*, des *fétuques*, des *houlques*, des *serpolets*, des *violettes*, etc. Dans le premier cas, on recouvre les mottes à la herse ou au râteau, et l'on opère l'adhésion entre les mottes et le terrain qu'elles doivent recouvrir.

GAZON, en fortifications, revêtement du parapet. Pour faire ce revêtement, on coupe des mottes de terre en forme de rectangles dans le terrain que l'on a choisi ; on les pose à plat, et on les arrête par trois petits piquets de huit pouces de long et cinq à six lignes de diamètre.

GAZON. On nomme vulgairement *gazon d'Olympe* la *staticée*; *gazon d'Angleterre*, la *saxifrage mousseuse*, le *phléole* et le *pâturin*; *gazon d'argent*, le *céraïste*; *gazon de chat*, la *germandrée maritime*; *gazon d'Espagne* ou *de montagne*, la *staticée capitée*; *gazon de Mahon*, la *julienne de Chio*; *gazon d'or*, la *vermiculaire* et l'*orpin*; *gazon du Parnasse*, la *parnassie à deux feuilles* et la *parnassie des marais*; *gazon turk*, la *saxifrage mousseuse*.

GEAI, oiseau de la famille des corbeaux et de l'ordre des sylvains. Il est de la taille et de la grosseur d'une perdrix commune. Il a la tête forte, le cou épais et nerveux, les jambes élevées, d'un gris foncé; la teinte générale des plumes est d'un gris ardoisé. Les habitudes du geai sont les mêmes que celles du corbeau et de la pie. Il vit comme eux au milieu des forêts, et s'apprivoise facilement. Les geais savent fort bien imiter toute espèce de cris et de sons, et apprennent facilement à parler. Parmi les espèces, on cite le *geai noir à collier blanc*, le *geai bleu de l'Amérique*, le *geai péruvien* et le *geai lancéolé de l'Inde*.

GEAI. On nomme *geai de Bohème*, le *jaseur*; *geai du Bengale*, le *rollier de Mendana*; *geai de Strasbourg*, le *rollier vulgaire*; *geai huppé*, la *huppe*; *geai de batenille*, le *gros-bec commun*.

GÉANTS (myth.), fils du Ciel et de la Terre, suivant la mythologie grecque, nés du sang qui coula de la blessure qu'Uranus reçut de son fils Saturne. Ils avaient une taille extraordinaire, le regard terrible, de longs cheveux et une longue barbe. Ils avaient leurs demeures aux environs de Pallène. Irrités de la défaite des Titans leurs frères, ils lancèrent contre Jupiter des rochers, des chênes, des forêts, et entassèrent l'Ossa sur le Pélion. Ils furent mis en fuite ou enfouis sous des montagnes ou plongés dans les mers.

GÉANTS. L'existence d'hommes dont la taille a dépassé la taille commune aux hommes de nos temps est prouvée par un grand nombre d'ossements que l'on découvre dans le sein de la terre. Mais ces géants ne devaient leur haute taille qu'à de certaines circonstances, telles que le climat où ils vivaient, la nourriture dont ils se servaient, ou une foule d'autres. Mais on ne peut croire à l'existence de géants, race particulière d'hommes dont la fable nous donne la description. Aucun fait historique ne prouve cette existence. Les plus célèbres géants sont *Og*, cité par l'Écriture,

et qui avait quinze pieds de haut ; *Goliath*, haut de onze pieds environ ; le géant *Gabbara*, etc.

GÉANTS (MONTS DES) ou RIESENGEBIRGE, branche des montagnes Sudètes ou Sudèten, dans la Lusace, sur les frontières de la Bohême et de la Silésie. Elle a 10 ou 12 lieues de long sur 5 lieues de large. Le mont *Riesenkopfe* ou *Schneekopf* est le plus haut. Il s'élève à environ 5,000 pieds.

GÉBELIN (Antoine COURT DE), né à Nîmes en 1725 d'un ministre protestant. En 1758, il fit paraître un ouvrage philosophique sur la tolérance religieuse, le *Français patriote et impartial*. En 1760, il publia l'intéressante *Histoire des Cévennes* ou *de la Guerre des camisards*. En 1772, il mit en émoi le monde savant par son ouvrage : *Plan général et raisonné des divers objets des découvertes qui composent le monde primitif*. Enfin en 1784 parut le *Monde primitif analysé et comparé avec le monde moderne*, qui lui valut la place de censeur royal. Il mourut en 1784.

GÉBER ou GIABER (Abou-Mousar-Djafar-al-Sufi), célèbre alchimiste arabe. On lui a fait honneur de l'invention de l'algèbre, qu'on lui attribue, mais à tort sans doute, puisqu'il n'a laissé que des ouvrages d'alchimie et d'astronomie. Il vivait au VIIIe siècle.

GÉBIE, genre de crustacés homards, de la famille des macroures. Ces animaux ont quatre antennes ou filets placés sur la même ligne à la tête ; les pieds antérieurs en forme de pince, les autres simples, velus à leur extrémité, la queue en nageoire, l'enveloppe du corps peu consistante et flexible, les yeux peu saillants, la carapace remplie de petits piquants. On rencontre les gébies sur les côtes de nos mers, où elles nagent avec facilité. Leur couleur est blanche.

GÉCARCIN, genre de crustacés décapodes. Leur test est en forme de cœur tronqué en arrière. Leur corps est épais et presque quadrilatère. Les gécarcins, connus aussi sous le nom de *tourlouroux*, de *cériques*, de *crabes de terre*, peints ou violets, habitent l'Amérique méridionale. Ils vivent dans les terres, et se rendent sur le bord de la mer pour y pondre leurs œufs et pour changer de peau. Leur chair est estimée, mais est quelquefois dangereuse. Leur couleur est blanc jaunâtre, jaune rouge ou rouge foncé, selon les espèces.

GECKO, genre de reptiles qui ont un corps allongé, porté sur quatre pieds, terminé en arrière par une queue plus ou moins prolongée, et revêtu de téguments écailleux. Leur tête est déprimée, surtout en avant ; leur bouche est très-fendue ; leurs dents sont nombreuses, petites, simples, droites et terminées en pointes tranchantes ; les yeux grands et saillants ; les pieds sont peu développés, les ongles courts, petits, crochus. On les trouve dans les contrées chaudes. Ce sont des animaux timides, inoffensifs, incapables de nuire, et vivant d'insectes. Ils sont très-agiles, et s'apprivoisent facilement. Leurs couleurs sont le plus souvent ternes. Leur corps est long de cinq à douze pouces.

GÉDÉON, fils de Joas, chef de la famille d'Ezri, de la tribu de Manassé. Inspiré de Dieu, il combattit avec 300 guerriers les Madianites au nombre de 135,000 hommes, et les défit complètement. Il gouverna Israël à titre de juge depuis 1245 ans avant J.-C. jusqu'à sa mort (1236 ans avant J.-C.). Il laissa soixante-dix enfants, outre Abimélech, qu'il eut d'une concubine, et qui les tua tous, excepté Joathan, qui se sauva.

GÉDOYN (Nicolas), né à Orléans en 1661, entra chez les jésuites, et obtint un canonicat en 1701. Il fut ensuite dans le monde, et y plut beaucoup. Reçu à l'académie des belles-lettres en 1711, à l'académie française en 1719, il fut nommé à l'abbaye de Notre-Dame de Beaugency (1732). Il mourut en 1744. Il se livra avec ardeur à la lecture et à la traduction des ouvrages grecs et latins célèbres dans l'antiquité. On a de lui une *traduction de*

*Quintilien*, une autre *de Pausanias*, des *œuvres diverses*, des *dissertations historiques*, etc.

GÉDROSIE, la plus orientale des provinces de la Perse ancienne, était située entre la Drangiane, la Carmanie, l'Inde et la mer Erythrée. Elle comprenait plusieurs peuples. Aujourd'hui c'est le *Méréran*.

GEER (Charles DE), célèbre naturaliste, né en Suède en 1720, étudia sous le célèbre Linné. Il facilita beaucoup les travaux des mines par des machines de son invention. Il employa sa fortune à soulager les pauvres, à fonder des églises et des écoles. Il devint chambellan, maréchal de la cour, chevalier des ordres de Vasa et de l'Etoile du Nord, membre des académies de Paris et de Stockholm. Il mourut en 1778. On a de lui des *Mémoires pour servir à l'histoire des insectes* (9 vol. in-4°). On l'avait surnommé *le Réaumur du Nord*.

GEFLE ou GIAWLE, ville fortifiée de Suède, chef-lieu du Gefleborg, avec un port sur la baie Gefflefœrden (côte occidentale du golfe de Bothnie), à 50 lieues de Stockholm. Sa population est de 10,000 habitants. — Cette ville se livre avec ardeur à la confection des navires, à la pêche, au commerce de fer, de clous, de planches, d'ocre et de goudron.

GEFLEBORG, gouvernement de Suède, qui comprend la *Gestricie* et l'*Helsingie*. C'était autrefois le *Gestrikland*. La superficie est d'environ 500 lieues carrées, et sa population de 102,000 habitants. — Ce pays est rempli d'immenses forêts de sapins et de lacs. On y trouve de belles et nombreuses mines. La capitale est *Gefle*.

GÉHENNE. Ce terme, dans le moyen âge, servait à désigner l'*enfer*. Il vient de deux mots hébreux *qui Hannon* (vallée de Hannon, appelée aussi vallée de Topheth). Dans cette vallée, les Cananéens immolaient et brûlaient des victimes humaines à Moloch. Les Juifs l'avaient tellement prise en horreur qu'ils en firent le lieu où, dans la vie future, seraient punis les méchants.

GÉHON ou GEHON, un des quatre grands fleuves qui, d'après l'Ecriture, prenait sa source dans le paradis terrestre. L'on croit que c'est l'*Araxe*. Le mot *Géhon* veut dire en hébreu *impétueux*, *rapide*, *violent*.

GÉHYDROPHILES, nom donné aux mollusques gastéropodes et pulmonés qui peuvent exister sur terre et dans l'eau. Ce sous-ordre ne comprend que la famille des auricules, dans laquelle on distingue les *carychies*, les *scarabes*, les *auricules*, les *pyramidelles*, les *tornatelles* et les *piétins*.

GÉLA, ville ancienne d'Italie située sur la côte méridionale de Sicile, sur le fleuve *Géla* ou *Gélas* (aujourd'hui *Fiume di Terra Nuova*) qui se jette dans la Méditerranée. Cette ville (aujourd'hui *Terra Nuova*) fut fondée vers l'an 618 avant J.-C. par une colonie de Crétois et de Rhodiens.

GÉLASE. Deux papes ont porté ce nom. — GÉLASE I<sup>er</sup>, Romain, cinquante et unième pape, succéda en 492 à Félix II, s'occupa des troubles de l'Eglise d'Orient et de l'hérésie des eutychiens, convoqua un concile à Rome en 494, et mourut en 496. On a de lui des *lettres*, un traité des *deux Natures en Jésus-Christ* contre Eutychès et Nestorius, un traité du *Lien de l'anathème*, un traité contre *Andromaque*, un *Traité contre les pélagiens* et un *Sacramentaire*. — GÉLASE II (Jean de Gaëte) cent soixante-sixième pape, chancelier de l'Eglise romaine et cardinal, succéda en 1118 à Paschal II. Attaqué par l'empereur Henri V qui lui opposa l'antipape Bourdin (Grégoire VIII), il se réfugia en France, où il tint le concile de Vienne, et mourut en 1119.

GÉLASIME ou CRABE APPELANT, genre de crustacés décapodes de la famille des brachyures. Leur test est en forme de trapèze transversal; les yeux sont situés à l'extrémité d'un filet grêle, cylindrique; une des serres est beaucoup plus grande que l'autre. La longueur de leurs dix pieds diminue graduellement à partir de la deuxième paire. Les gélasimes tiennent toujours élevée leur grosse pince en avant du corps; elles habitent non loin de la mer dans les terrains humides, et se creusent des terriers cylindriques, obliques et profonds. Leur couleur est rouge ou noire. On mange quelques espèces.

GÉLASIN (Saint), martyr du III<sup>e</sup> siècle, était né dans la Phénicie, et exerçait la profession de comédien. En 297, il résolut de jouer, avec sa troupe, la religion chrétienne sur le théâtre, et particulièrement la cérémonie du baptême. Il fut choisi pour être le baptisé, et jeté dans une cuve pleine d'eau tiède, devant les spectateurs; mais, une lumière céleste le frappant aussitôt, il en sortit en déclarant qu'il était chrétien et prêt à mourir pour la foi de Jésus-Christ. Les spectateurs se jetèrent sur lui, et lui coupèrent la tête. On fait sa fête le 27 février.

GÉLATINE, substance des animaux composée d'oxygène, d'hydrogène, de carbone et d'azote. On l'extrait des matières dont elle est le principe immédiat, telles que la chair musculaire, les ligaments, les tendons, les membranes, etc. La gélatine pure est demi-transparente, incolore, inodore, insipide, et s'obtient par l'ébullition des os dans la marmite de Papin. Elle fait la base de la colle, et le bouillon lui doit ses propriétés nutritives. Elle est très-nourrissante, et a été employée avec succès comme fébrifuge.

GÉLATINEUX, ce qui a la forme, les propriétés, la saveur de la gélatine.

GELBOÉ, montagne située en Palestine. Elle est célèbre par la défaite et par la mort du roi Saül et de son fils Jonathas.

GELÉE (Claude), dit *le Lorrain*, né en 1600 dans le diocèse de Toul en Lorraine. Il fut le domestique d'Agostino Tassi, peintre célèbre qui lui donna des leçons, et devint le premier paysagiste de l'Europe. Ses dessins sont recherchés pour le clair-obscur et la fraîcheur des teintes. Il ne savait point peindre les figures; celles de ses tableaux sont l'ouvrage de Philippe Lauri ou de Courtois. Claude Gelée mourut à Rome en 1678 ou en 1682.

GELÉE, action du froid sur l'eau ou sur toute espèce de corps. Son effet est de rapprocher les molécules de ces corps, de les resserrer et d'en faire une masse compacte. Ainsi l'on dit que l'*eau est gelée*, c'est-à-dire passée à l'état de glace. La gelée exerce sur les plantes une grande influence. Les sols labourés profondément, ceux qui ont porté des pommes de terre, du lin, du maïs et autres menus grains, souffrent plus que la terre cultivée en blé, en plantes à racines pivotantes (radis, navets, carottes, etc.). La vigne souffre beaucoup des gelées tardives de printemps.

GELÉE BLANCHE ou GIVRE, couche de petits glaçons qui souvent dans l'hiver couvre la surface du sol et des corps exposés au grand air. Sa cause est la même que celle de la rosée; seulement, si la température de l'air était assez basse, le corps a pu assez se refroidir pour que la rosée qui se dépose se congelât. Le givre ne fait du mal aux plantes que lorsque le vent du nord vient à souffler, ou quand le froid succède à un chaud assez intense.

GELÉE DE MER, nom donné par Réaumur à un zoophyte de consistance gélatineuse, à la *méduse* des côtes de la France. On le nomme aujourd'hui *céphée rhizostome*.

GELÉE MINÉRALE, nom donné autrefois à quelques précipités obtenus dans des solutés acides ou alcalins de substances minérales et qui ressemblaient par leur aspect floconneux et tremblotant, à une gelée végétale.

GELÉE VÉGÉTALE (*acide pectique*), matière de consistance molle, transparente, et qu'on retire des matières végétales. Sa saveur est agréable et rappelle celle des fruits qui l'ont fournie; on la trouve dans le suc des groseilles, des mûres, etc., et de tous les fruits acides parvenus à leur maturité. Elle fait la base des confitures de gelée, nommées *gelées de groseille*, de *coing*, etc.

GÉLIMER ou GILIMER, prince de la famille royale des Vandales, précipita du trône le roi Hildéric (532). Justinien II, empereur de Constantinople, pour venger Hildéric son allié, envoie contre lui Bélisaire, qui s'empare de Carthage (534), le met en fuite à la sanglante journée de Tricaméron, et le fait prisonnier. Gélimer, conduit à Constantinople, orna le triomphe de Bélisaire, et reçut dans la Galatie un domaine considérable (534).

GÉLINOTTE, nom donné à plusieurs oiseaux de l'ordre des gallinacés, compris dans les genres *tétras*, *gangas* et *perdrix*. La *gélinotte poule des coudriers* est un peu plus grosse que la perdrix grise, portant une huppe sur la tête, et ayant le plumage gris, noir, roux, blanc et brun; la *gélinotte des Pyrénées* a le plumage écaillé de fauve et de brun, a la queue en pointe et très-longue. Toutes les espèces sont un gibier d'un goût exquis.

GÉLIVURE, action produite par la gelée sur les plantes. Lorsque la gelée atteint l'aubier des arbres, elle la désorganise, l'arrête et l'empêche de passer à l'état de bois. Il est recouvert plus tard par une couche ligneuse, et se trouve renfermé dans le tronc. Ce phénomène a été nommé *gélivure entrelardée*.

GELLERT (Christian Furchtgott), né à Haymelen en Saxe en 1715, mort en 1769, professeur de philosophie à Leipzig. Il est placé par les Allemands au rang de leurs meilleurs poëtes. Ses *fables* et ses *contes* ont été traduits dans plusieurs langues. Ses *poésies sacrées* et son *Cours de morale* furent traduits en français par Elisabeth-Christine de Brunswick; ainsi que *la Comtesse suédoise de G**, et ses comédies, *la Fausse Dévote*, *le Lot gagné* et *les Tendres Sœurs*, n'ont pas eu moins de succès que le reste de ses ouvrages. On a beaucoup vanté la bonté et l'aménité de son caractère.

GELLI ou GALLO (J.-B.), tailleur et poëte, né à Florence en 1499, fut regardé par ses contemporains comme un des plus grands ornements, et le restaurateur de l'académie *degli Umidi* de cette ville. Il a fait une foule de poésies: des *dialogues* philosophiques et piquants sous le titre de *Caprici del Bottajo*; la *Circée*; une traduction en italien du *Traité latin des couleurs* de Porzio; deux *comédies*; des *lettres*, etc. Il travaillait toute la semaine à son état de tailleur, et se délassait à la poésie les jours de fête. Il mourut en 1563.

GELLIA CORNELIA (LOI), loi décrétée l'an 70 avant J.-C., sous les auspices du consul, L. Gellius et Cnæus Cornelius Lentulus. Elle statuait que ceux auxquels Pompée aurait donné le droit de bourgeoisie seraient réputés citoyens romains.

GELLIUS, nom de plusieurs Romains célèbres. — L. GELLIUS PUBLICOLA, consul l'an 72 avant J.-C., fut défait dans une grande bataille par Spartacus. Il fut nommé deux ans après censeur. — Son fils L. G. PUBLICOLA, fut nommé consul l'an 36 avant J.-C., et conspira tour à tour contre Brutus et Cassius, qui cependant lui pardonnèrent. — QUINTUS GELLIUS CANIUS, ami de Marc Antoine, eut l'occasion de faire venir à sa cour Aristobule, fils de Hérode, roi des Juifs, et Marianne, femme du roi, princesse d'une grande beauté. Mais Antoine, craignant de donner de la jalousie à Cléopâtre sa maîtresse, ne demanda qu'Aristobule, qu'Hérode lui refusa.

GÉLON, succéda à Hippocrate, roi de Géla, et se fit une si grande réputation de vertus et d'habileté, que les Syracusains lui donnèrent la couronne l'an 492 avant J.-C. Gélon abandonna Géla à son frère Hiéron, épousa la fille de Théron, roi d'Agrigente, et détruisit sous les murs d'Himère 300,000 Carthaginois commandés par Amilcar. Il imposa aux vaincus la condition de ne plus immoler de victimes humaines. Il voulut abdiquer, mais les Syracusains le supplièrent de rester à leur tête. Il mourut en 478 avant J.-C.

GÉLONS, peuples anciens de Scythie, sur les bords du Borysthène (Dniéper). Ces peuples guerriers s'habituaient de bonne heure au travail et à la fatigue. Ils se tatouaient le corps pour se donner l'aspect plus terrible.

GÉLOSCOPIE, action de considérer le rire d'une personne, pour en tirer la connaissance de son caractère. Cette prétendue divination était très-usitée chez les Romains.

GÉMARE (en hébreu, *complément*), seconde partie du Talmud ou loi juive, qui n'est que l'explication de la première partie, appelée *Mischna*, avec les décisions des rabbins juifs. Comme il y a deux Talmuds, celui de Jérusalem, et celui de Babylone, il y a deux *Gémares*.

GÉMATRIE, sorte d'explication géométrique ou arithmétique des mots, usitée chez les anciens Juifs qui croyaient à la cabale. Il y en a deux sortes : la première qui tient plus de l'arithmétique, consiste à prendre la valeur numérique de chaque lettre dans un mot ou dans une phrase, et à donner à ce mot la signification d'une autre phrase ou d'un autre mot, dont les lettres prises de même pour des chiffres, font le même nombre; car chez les Hébreux les lettres de l'alphabet tenaient lieu de chiffres. La deuxième espèce de gématrie consiste à chercher des significations mystérieuses et cachées dans les mesures des édifices dont parle l'Ecriture, en divisant, multipliant, etc., ces grandeurs les unes par les autres, et traduisant les chiffres par les lettres qui leur correspondent en hébreu.

GÉMEAUX (LES), constellation du zodiaque, occupant le troisième rang à partir du premier signe septentrional. Les Gémeaux forment un groupe de quatre-vingt-cinq étoiles. Leurs têtes représentées par deux étoiles sont dirigées vers la Grande ourse et leurs pieds marqués par deux autres étoiles vers Orion. — Le troisième signe du zodiaque à partir du Bélier porte aussi le nom de Gémeaux.

GÉMINÉ, épithète donnée par les botanistes aux parties des plantes qui naissent deux ensemble du même lieu, ou qui sont rapprochées deux à deux ainsi. Il y a des fleurs, des étamines, etc., *géminées*.

GEMMATION. On appelle ainsi, en botanique, 1° l'époque à laquelle les bourgeons des plantes vivaces et ligneuses s'épanouissent, 2° la structure de ces mêmes bourgeons.

GEMME. On appelle ainsi certaines pierres précieuses, des cristaux pierreux, très-durs, transparents, aux couleurs vives, susceptibles d'être employés dans la bijouterie, tels que les *grenats*, la *topaze*, le *zircon*, l'*émeraude*, le *chrysobéryl*, le *saphir*, etc. — On désigne sous le nom de *sel gemme* le sel commun (hydrochlorate de soude natif) fourni par les mines de sel, et non par les salines, et qui est sous forme de cristaux plus ou moins semblables aux pierres gemmes.

GEMMES, moyen de multiplication de quelques plantes bulbeuses (comme les *tulipes* par exemple), placé à la partie inférieure du bulbe et dans tous les points de la surface du tubercule. Chez le bulbe, on le distingue par une tuméfaction à la base ; chez le tubercule, par un enfoncement ou œil que la chair du tubercule déborde de tous côtés.

GEMMI, chaîne de hautes montagnes de Suisse, qui sépare le canton de Berne du Valais. On y a tracé à travers les rochers un chemin de trois mètres de large. On y trouve des sources d'eau minérale chaude, dites de *Louck*. Ces eaux sont claires et sans odeur. On les prend en bains ou en boissons.

GEMMIPARES, nom donné aux plantes qui sont pourvues de nombreux bourgeons. — Ce sont aussi celles qui ont des *gemmes* pour se reproduire.

GEMMULE, partie de la *plumule* que l'on aperçoit sur les graines qui germent. Elle fournit les rudiments des premières feuilles.

GÉMONIES, lieu où l'on suppliciait ordinairement les malfaiteurs à Rome. C'était une espèce de puits dans lequel on les lançait; on traînait ensuite les cadavres au Tibre avec un croc, lorsqu'ils tombaient en putréfaction. Les gémonies étaient situées dans la treizième légion près du temple de Junon reine.

GENCIVE, tissu rouge faisant partie de la membrane muqueuse de la bouche, et recouvrant les os de la mâchoire. Les gencives affermissent les dents, qui leur doivent une grande partie de leur solidité. Chez les vieillards, après la chute des dents, elles deviennent fibreuses et assez solides pour servir à la mastication.

GENDARME, mot dérivé de *gent d'armes* (*gens armata*), et qui a désigné dans le moyen âge un chef de plusieurs soldats et même un chevalier ou un soldat appartenant à un corps de troupes soldé par le roi. Maintenant il désigne un soldat du corps de la gendarmerie.

GENDARMERIE, corps de cavaliers et de fantassins chargé du maintien de la police et de l'exécution des arrêts judiciaires en France. Elle a remplacé en 1791 la maréchaussée de France. Ce corps se compose, 1° de *la gendarmerie départementale*, répartie en vingt-quatre légions, divisées en quatre-vingt-sept compagnies pour le service des départements; 2° de deux compagnies de *gendarmerie coloniale*, employées à la Martinique et à la Guadeloupe, et de deux brigades aux îles Saint-Pierre et Miquelon ; 3° de la *garde municipale de Paris*, chargée du service de garde et de la police de la capitale ; 4° d'une légion dite d'*Afrique* pour le service de l'Algérie ; 5° de deux compagnies de *gendarmes vétérans*, à Riom (Puy-de-Dôme), 6° d'un bataillon de *voltigeurs corses* pour le service de l'île de Corse. — Les simples gendarmes ont rang de brigadier ; ils se montent, s'équipent et s'habillent à leurs frais. L'armement est fourni par l'État. Dans l'intérieur du territoire, ils sont divisés par brigades à pied ou à cheval, commandées par un brigadier ou un maréchal des logis. La réunion des brigades d'un département forme *une compagnie départementale*. L'armement consiste pour le gendarme à cheval en un sabre de cavalerie de ligne , pistolets et mousqueton ; pour le gendarme à pied , en un fusil à baïonnette et le sabre-briquet. — L'uniforme de la gendarmerie départementale et coloniale consiste (*grande tenue*) en un *habit de drap bleu*, revers et retroussis *écarlates*, collet et parements *bleus*, pantalon de drap *bleu* ou *blanc*, aiguillettes et trèfles en fil *blanc*; la coiffure consiste en un *chapeau*, remplacée par un shako pour la gendarmerie à pied et celle de la Corse, et par un *oursin* dans le département de la Seine ; la buffleterie est *jaune*, bordée d'un galon de fil *blanc* ; la cavalerie a des bottes, l'infanterie des guêtres. Les officiers portent l'épaulette d'argent. — La gendarmerie départementale, formant un corps de 14,000 hommes, se divise en vingt-quatre légions départementales : la 1re LÉGION, chef - lieu PARIS (comprenant les compagnies des départements de la *Seine*, de la *Seine-et-Oise* et de la *Seine-et-Marne*) ; la 2e LÉGION, à CHARTRES (*Eure-et-Loir*, *Orne*, *Sarthe*, *Loiret*); la 3e LÉGION à ROUEN (*Seine-Inférieure*, *Eure*, *Oise*, *Somme*); la 4e LÉGION, à CAEN (*Calvados*, *Manche*, *Mayenne*); la 5e LÉGION, à RENNES (*Ille-et-Vilaine*, *Côtes-du-Nord*, *Finistère*); la 6e LÉGION, à NANTES (*Loire-Inférieure*, *Maine-et-Loire*, *Morbihan*); la 7e LÉGION, à TOURS (*Indre-et-Loire*, *Loir-et-Cher*, *Vienne*, *Indre*); la 8e LÉGION, à MOULINS (*Allier*, *Puy-de-Dôme*, *Nièvre*, *Cher*); la 9e LÉGION, à NIORT (*Deux-Sèvres*, *Vendée*, *Charente-Inférieure*); la 10e LÉGION, à BORDEAUX (*Gironde*, *Charente*, *Landes*, *Basses-Pyrénées*); la 11e LÉGION, à LIMOGES (*Haute-Vienne*, *Creuse*, *Dor-*

*dogne*, *Corrèze*); la 12e LÉGION, à CAHORS (*Lot*, *Lot-et-Garonne*, *Aveyron*, *Cantal*) ; la 13e LÉGION, à TOULOUSE (*Haute-Garonne*, *Tarn-et-Garonne*, *Gers*, *Hautes-Pyrénées*); la 14e LÉGION, à CARCASSONNE (*Aude*, *Tarn*, *Ariége*, *Pyrénées-Orientales*); la 15e LÉGION, à NÎMES (*Gard*, *Ardèche*, *Hérault*, *Lozère*); la 16e LÉGION, à MARSEILLE (*Bouches-du-Rhône*, *Vaucluse*, *Var*); la 17e LÉGION (*Corse*), à BASTIA, comprend deux compagnies; la 18e LÉGION, à GRENOBLE (*Isère*, *Drôme*, *Hautes-Alpes*, *Basses-Alpes*) ; la 19e LÉGION, à LYON (*Rhône*, *Saône-et-Loire*, *Loire*, *Haute-Loire*); la 20e LÉGION, à DIJON (*Côte-d'Or*, *Aube*, *Yonne*, *Haute-Marne*) ; la 21e LÉGION, à BESANÇON (*Doubs*, *Haute-Saône*, *Jura*, *Ain*); la 22e LÉGION, à NANCY (*Meurthe*, *Vosges*, *Haut-Rhin*, *Bas-Rhin*); la 23e LÉGION, à METZ (*Moselle*, *Meuse*, *Marne*, *Ardennes*); la 24e LÉGION, à ARRAS (*Pas-de-Calais*, *Nord*, *Aisne*).

GENDARMERIE MARITIME, corps spécial de gendarmerie affecté au service des ports, des arsenaux et de la police dans les arrondissements maritimes de la France. Il renferme cinq compagnies (une par arrondissement), portant le numéro de l'arrondissement auquel elles sont attachées. Elles forment 51 brigades, dont 9 résident à *Cherbourg*, 11 à *Brest*, 13 à *Lorient*, 7 à *Rochefort*, 11 à *Toulon*. Le corps renferme 271 hommes, dont 16 officiers, 51 maréchaux de logis et brigadiers.

GÉNÉALOGIE, tableau général de tous les membres d'une famille présentant les relations de parenté depuis la souche commune, en suivant les ramifications, jusqu'à chaque membre en particulier. Ce tableau prend le nom d'*arbre généalogique*. Autrefois les grandes familles de France avaient des généalogistes attachés à leur personne, et chargés d'assembler les divers titres qui établissaient la noblesse de ces familles. Les rois en avaient aussi. Le dernier *généalogiste royal* a été le célèbre d'Hozier.

GÉNÉPI ou GÉNIPI. On donne ce nom, dans les Alpes, à l'*achilléide* et à plusieurs espèces d'*armoises* qui peuplent les sommets de ces montagnes, et qui sont regardées comme une panacée universelle. Le génépi entre dans la composition des *fallranck* (thé suisse). On le prend aussi seul en infusion théiforme. Il est sudorifique.

GENERA, nom donné à des ouvrages de botanique, où l'on indique les caractères qui séparent les genres de plantes, et la disposition de ces genres en ordre méthodique. Les plus célèbres sont les *Genera plantarum*, dus à Jussieu et à Linné.

GÉNÉRAL, titre donné indifféremment à tout officier militaire supérieur. Tels sont le maréchal de camp ou général de brigade, le lieutenant général ou général de division, et le maréchal de camp. Voy. ces mots. — On appelait encore autrefois *général* le chef d'un ordre religieux ou le supérieur le plus élevé en dignité et en puissance dans cet ordre. Ils ont la juridiction directive, coercitive et dispensative. Ainsi il y avait le général de l'ordre des bernardins, le général de l'ordre des chartreux, des bénédictins, etc.

GÉNÉRALE, batterie d'alarme sur le tambour, servant de signal aux troupes en cas d'alerte. On ne bat la générale qu'en cas d'incendie, de révolte ou d'attaque de l'ennemi. Tout soldat qui ne s'est pas rendu, lorsque la générale aura été battue, au poste convenu, est passible des peines les plus sévères.

GÉNÉRALISSIME, titre donné quelquefois à de grands personnages, à des princes du sang, qui commandent en personne plusieurs armées réunies, et sont placés au-dessus des généraux en chef. Le généralissime cumule tous les pouvoirs.

GÉNÉRALITÉS, grande division de l'ancienne France, adoptée pour l'administration générale des impôts. Les généralités, au nombre de trente-cinq, étaient dirigées par des intendants ou commissaires nommés par le roi, et choisis ordinairement parmi les maîtres des requêtes, et se divissient en généralités de pays d'élections, en généralités de pays d'états, et en généralités de pays sans élections ni états. Les premières, au nombre de dix-neuf, étaient divisées en cent soixante-quinze élections; leurs chefs-lieux étaient Amiens, Soissons, Châlons, la Rochelle, Poitiers, Limoges, Riom, Montauban, Auch, Lyon, Moulins, Alençon, Caen, Rouen, Bordeaux, Paris, Orléans, Tours, Bourges. Les secondes étaient au nombre de sept, dont deux pour le Languedoc (Toulouse et Montpellier), une pour la Bourgogne (Dijon), une pour la Provence (Aix), une pour la Bretagne (Rennes), une pour le Dauphiné (Grenoble), une pour le Béarn (Pau). Les troisièmes, au nombre de neuf, étaient Lille (Flandre), Valenciennes (Hainaut), Perpignan (Roussillon), Trevoux (Dombes), Nancy (Lorraine), Strasbourg (Alsace), Metz (Trois-Evêchés), Besançon (Franche-Comté), Bastia (Corse). Chaque généralité renfermait un *bureau des trésoriers de France*, espèce de tribunal, et les généralités des pays d'élections possédaient des *tribunaux d'élections*, qui jugeaient les difficultés relatives aux impôts, tailles, etc.

GÉNÉRATEUR, nom donné, en géométrie, à toute espèce d'étendue (ligne, surface, solide) qui, par son mouvement, en engendre une autre. — *Le son générateur* est, en musique, celui qui engendre un accord. On dit aussi *accord générateur*.

GÉNÉRATION, nom donné par les physiologistes à l'ensemble des fonctions destinées à conserver les races et les espèces, fonctions communes à tous les êtres organisés, et comprenant chez l'homme et les mammifères la conception, la gestation, l'accouchement et la lactation. Ces fonctions sont modifiées chez les ovipares. — On appelle *générations spontanées* la production fortuite d'une créature organisée sans acte copulateur préalable.

GÉNÉRATION, nom donné, en géométrie, à la formation d'une étendue déterminée (ligne, surface, solide), par le moyen d'une autre étendue en mouvement, ou supposée en mouvement. Ainsi une sphère est engendrée par le mouvement d'un demi-cercle autour d'un diamètre. Ce mouvement sa nomme *révolution*, et le diamètre ou la ligne autour de laquelle a lieu le mouvement se nomme *axe de rotation* ou *de révolution*.

GÉNÉRATION, degré que l'on compte dans une généalogie du père au fils. La proximité de la parenté s'établit, en droit, par le nombre des générations.

GÉNÉREUX, nom donné aux vins qui sont riches en alcool.

GÊNES, province du royaume de Sardaigne, avec le titre de duché, comprenant la lisière des côtes sur le golfe de Gênes dans la mer Méditerranée. Sa superficie est d'environ 300 lieues carrées, et sa population d'environ 600,000 habitants. On y trouve des fruits, des vins estimés, de l'huile et des mines. On y voit de beaux marbres et du corail. La province de Gênes a pour chef-lieu la ville du même nom. Elle en a partagé les vicissitudes.

GÊNES, autrefois *Genua*, en italien *Genova*, ville de l'Italie septentrionale sur le golfe qui porte son nom. Elle est bâtie en amphithéâtre sur le penchant d'une colline, et renferme de magnifiques palais, dont les plus beaux sont les palais Negroni, Carrega, Brignole, Imperiale et Doria. Sa population est de 110,000 habitants. On y trouve de nombreuses académies, des écoles, des sociétés savantes, une université, etc. Soumise par les Goths et les Lombards, elle fut détruite, puis relevée par Charlemagne. Pillée au xe siècle par les Sarrasins, elle s'érigea en 1099 en république, gouvernée tantôt par des consuls, des podestats, des capitaines, des doges perpétuels, puis des doges bisannuels (le premier doge fut Simon Boccanegra en 1339). Le dernier doge (Lomellini) a été remplacé en 1796 par la république ligurienne. Trois ans après, la ville et le territoire de Gênes formèrent un département qui fit partie de l'empire français. En 1815, ils furent réunis au Piémont, et font aujourd'hui partie du royaume de Sardaigne. Gênes fut au moyen âge une des trois républiques italiennes qui se disputèrent le monopole du commerce de l'Europe et de l'Asie. Elle lutta avec succès contre les Vénitiens et les Pisans, et étendit ses possessions sur plusieurs îles de l'Archipel, plusieurs villes des côtes de la Grèce et de la mer Noire, et sur la Corse. Elle était même en possession de Pera, faubourg de Constantinople. Son commerce est maintenant tombé.

GÊNES ou GENEST (Saint) était chef des comédiens à Rome, sous *l'empire de Dioclétien*. Il haïssait les chrétiens, et voulut jouer leurs mystères sur le théâtre devant l'empereur et le peuple romain. Un jour qu'il représentait les cérémonies du baptême, il se sentit vivement touché, et déclara qu'il était chrétien. Le préfet Plautien le fit déchirer avec les ongles de fer, brûler avec des torches ardentes, et enfin décapiter le 23 août, jour de sa fête. — C'est aussi un évêque de Clermont (656), mort en 662, dont on fait la fête le 3 juin.

GÉNÉSARETH. Voy. GALILÉE (Lac de).

GENÈSE (en hébreu, *Béreschith*, *au commencement*), le premier des livres de l'Ecriture sainte. La Genèse, attribuée à Moïse, qui, selon Eusèbe, la composa après qu'il eut reçu la loi divine sur le mont Sinaï, renferme en cinquante chapitres l'histoire de 2369 ans, depuis le commencement du monde jusqu'à la mort du patriarche Joseph.

GENEST (Charles-Claude), né à Paris en 1639, mort en 1719, secrétaire des commandements du duc de Maine et membre de l'académie française. Ses principaux ouvrages sont: *Principes de philosophie ou Preuves naturelles de l'existence de Dieu et de l'immortalité de l'âme*, des *pièces de poésies*, et plusieurs tragédies: *Zénobie, Polymneste, Joseph, Pénélope*. Cette dernière est regardée comme la meilleure.

GENESTROLLE. C'est le genêt des teinturiers.

GENÊT, arbrisseau de la famille des légumineuses, aux feuilles alternes et aux fleurs papilionacées. Parmi les espèces les plus remarquables, on distingue le *genêt d'Espagne*, qui s'élève en buisson de huit à dix pieds, et aux fleurs jaunes. On attribue à ces fleurs des propriétés diurétiques. Dans les Cévennes, on cultive le genêt d'Espagne pour en retirer une filasse dont on fait des toiles. Le *genêt des teinturiers* ou *genestrolle* s'élève à la hauteur de deux ou trois pieds, et fournit une couleur jaune très-solide. Le *genêt commun* ou *à balais* ou *scornabecco* se trouve souvent dans le midi de la France. On s'en sert pour faire des balais, couvrir les cabanes ou chauffer les fours. Les bestiaux en aiment les tiges et les feuilles.

GENET, espèce particulière de chevaux d'Espagne, petits et bien conformés. Il y a aussi des genets de Sardaigne, de Portugal et de quelques autres provinces d'Europe.

GÉNÉTHLIAQUES, nom donné 1° aux poésies sur la naissance d'un prince, d'un homme illustre, 2° à celui qui faisait des prédictions sur quelque chose ou quelqu'un par le moyen des astres qu ont présidé à leur naissance.

GÉNÉTHLIOLOGIE, art très-usité autrefois et qui consistait à prédire l'avenir d'un homme à l'instant de sa naissance par l'aspect que présentent les astres.

GÉNÉTYLLIDES, déesses qui présidaient à la génération de l'homme. C'étaient Vénus et Hécate. On leur immolait un chien pour victime.

GENETTE, genre de mammifères propres à l'Afrique, à l'Asie et à l'Europe. Ils sont de la grosseur d'un chat, mais le corps est plus allongé et bas sur les jambes; leurs ongles sont rétractiles comme ceux des chats, la pupille des yeux est verticale. À l'extrémité du corps sont des enfoncements qui sécrétent une liqueur odorante. La *genette commune* ou *de France* habite les contrées chaudes de l'ancien continent. Son pelage est gris, tacheté de noir; sa queue est annelée de noir; sa longueur, en y joignant la queue, est de deux à trois pieds.

GENÈVE, canton suisse composé de l'ancien territoire de Genève et de quelques communes détachées de la France et de la Savoie, et qui fait partie de la confédération suisse depuis 1815. Sa superficie est d'environ 11 lieues carrées, et sa population de 56,065 habitants. Le gouvernement du canton est représentatif. Le pouvoir législatif appartient à un conseil de deux cent soixante-dix membres élus par les citoyens âgés de vingt-cinq ans et payant au moins 7 florins de contributions directes (le florin vaut 46 centimes). Le pouvoir administratif est confié à un *conseil d'Etat* de 24 membres élus pour huit ans, et faisant partie du *premier conseil*. Il est présidé par quatre syndics. Son contingent fédéral est de 880 hommes, et son contingent pécuniaire de 33,000 francs.

GENÈVE, ville, chef-lieu du canton et capitale de l'ancienne république de ce nom. Sa population est de 27,177 habitants. Elle est située sur le lac de Genève ou lac Léman, à l'endroit où le Rhône en sort, et compte un grand nombre d'édifices remarquables. Au commencement du xie siècle, Genève commença d'être gouvernée par ses évêques et ses comtes. En 1401, le comté fut réuni à celui de Savoie, et les princes de cette maison en furent maîtres jusqu'en 1536. Cette année-là, les citoyens de Genève s'érigèrent en une république indépendante, qui devint le sanctuaire du calvinisme et le refuge de tous les exilés. En 1798, elle fut réunie à la France. En 1813, elle recouvra son indépendance. L'horlogerie de Genève jouit d'un grand renom ainsi que ses écoles.

GENÈVE ou LÉMAN (LAC DE), lac de Suisse dans le canton de Genève. Sa superficie est d'environ 26 lieues carrées. Sa hauteur au-dessus du niveau de la mer est de 1,150 pieds. Sa profondeur est dans quelques lieux de 600 à 950 pieds. Il est traversé dans sa longueur par le Rhône, et reçoit quarante et une petites rivières qui s'y jettent. Ce lac, très-poissonneux, ne gèle que vers ses extrémités. On y pêche de fort bonnes truites.

GENEVIÈVE (Sainte), patronne de Paris, née à Nanterre vers 423. Elle fit dès l'âge de quinze ans le vœu de chasteté, et prophétisa aux habitants de Paris qu'ils n'auraient rien à craindre d'Attila. L'événement ayant confirmé sa prévision, elle contribua à la conversion de Clovis, et mourut en 512. Elle fut enterrée dans l'église de Saint-Pierre et Saint-Paul à Paris, qui depuis, porta son nom. On fait sa fête le 3 janvier.

GENEVIÈVE (SAINTE), célèbre abbaye de chanoines réguliers de l'ordre de Saint-Augustin, était située à Paris, et possédait les reliques de sainte Geneviève, de saint Prudence, évêque de Paris, et les corps de Clovis et de Clotilde, son épouse. Elle fut d'abord desservie par des moines (jusqu'en 857). Elle fut brûlée par les Normands. Rebâtie, on y plaça des chanoines; plus tard on y fonda l'abbaye. L'abbé avait le droit de porter la mitre et l'anneau des évêques; il marchait à la gauche de l'archevêque de Paris. Sainte Geneviève a été détruite à la révolution de 1789. A sa place on voit le Panthéon, dont Louis XV posa la première pierre en 1771.

GENEVIÈVE DE BRABANT, fille d'un duc de Brabant, mariée au commencement du viiie siècle à Sigefroi ou Siegfroi, palatin d'Offtindinck au pays de Trèves. Dans une absence de Sigefroi, l'intendant Golo, n'ayant pu la séduire, l'accusa d'infidélité, et reçut l'ordre de la mettre à mort. Les serviteurs chargés de cette exécution en eurent pitié, et abandonnèrent Geneviève et son fils dans le désert, où elle resta depuis 732 jusqu'en 737, que Sigefroi en poursuivant une biche, la rencontra, reconnut son innocence, et fit écarteler Golo. Cette légende a fourni le sujet de plusieurs tragédies.

**GENÉVRIER**, genre de la famille des conifères renfermant une vingtaine d'arbres ou d'arbrisseaux résineux toujours verts. La principale espèce est le *genévrier commun*, de six à sept pieds de hauteur, à tige rougeâtre, à rameaux nombreux, aux feuilles étroites, roides et piquantes. Son fruit est une baie d'un noir bleu, de la grosseur d'un petit pois qui a reçu le nom de *genièvre*. Toutes les parties de cette plante ont des propriétés stimulantes dues à une huile volatile, et à de la résine qu'elles renferment. Le bois, rougeâtre, bien veiné, prend un beau poli, et est employé dans les ouvrages de tour et de marqueterie. Le bois du *genévrier oxycèdre* fournit par la distillation une huile empyreumatique, employée dans la médecine vétérinaire et appelée *huile de cade*.

**GENGIS-KHAN** ou **DJINGHIZ-KHAN**, fils de Yesoukaï, khan des Mongols, né à Diloun en 1163, n'avait que quinze ans quand il commença de régner. Obligé de se retirer près d'Avenk-Khan, souverain des Tartares, il mérita par ses services la main de sa fille. Avenk-Khan ayant oublié ses services et résolu sa perte, Gengis-Khan le défit, lui et son fils Schokouin, et s'empara de ses États. Encouragé par cette victoire, il poussa plus loin ses conquêtes, et s'empara en moins de vingt-deux ans de presque toute la Chine, et d'une grande partie de l'Asie. Sa domination s'étendait sur 1,800 lieues de l'orient à l'occident, et sur plus de 1,000 du nord au midi. Il se préparait à terminer la conquête de la Chine lorsqu'il mourut en 1227. Il partagea ses États à ses fils. L'un d'eux, Octaï, fut déclaré grand khan des Tartares, et régna dans le nord de la Chine. Touschi-Khan, fils aîné, eut le Turkestan, le royaume d'Astrakkan, le pays des Ouzbeks et la Boukharie. Le quatrième, Touli-Khan sur la Perse, le Khorasan et une partie des Indes. Le deuxième, Djagathaï, régna dans la Grande-Tartarie, le Thibet et l'Inde septentrionale. Les descendants de Gengis-Khan furent nommés Djinghiz-Kanides, et lui-même est aussi connu sous le nom de Temoudjyn.

**GÉNICULÉ** et **GENOUILLÉ**, nom donné, dans les plantes, aux parties qui sont articulées et fléchies, ou qui sont susceptibles de flexion. Ces deux termes indiquent, dans l'acception générale, un chaume (comme dans le blé, l'avoine, etc.) qui offre d'espace en espace des renflements remarquables. Ces mots désignent aussi l'action de la tige qui se ploie d'un côté au premier nœud, et se replie successivement à chaque nœud. On observe cette forme dans la tige du *vulpin*, de la *brôme*, de la *benoîte*, etc.

**GÉNIE** (myth.), dieu subalterne des anciens, qui présidait à la naissance et à la vie de chaque homme, à qui il procurait les sensations agréables et les plaisirs. Chaque empire, chaque peuple, chaque ville avait un génie particulier. A Rome, on adorait le *génie public* ou *génie de l'empire*. D'après certains auteurs, chaque homme avait deux génies, celui du bien et celui du mal, qui le poussait à agir bien ou mal. Chacun célébrait un sacrifice en l'honneur de son génie, le jour de sa naissance ; on lui offrait du vin, des fleurs, de l'encens, mais jamais du sang. Le bon génie était représenté sous la forme d'un jeune homme nu, couronné de fleurs, et tenant une corne d'abondance ; on lui consacrait le platane. Le mauvais génie était représenté sous la forme d'un vieillard, avec une barbe longue, des cheveux courts, et portait à la main un hibou. — Le génie seul était adoré quelquefois sous la figure d'un serpent.

**GÉNIE MILITAIRE**, corps militaire chargé spécialement des travaux de siège, de la construction des villes fortifiées, et des fortifications de campagne. Les troupes qui forment le corps royal du génie, indépendamment des officiers de l'état-major particulier à ce corps (il est composé de six lieutenants généraux, neuf maréchaux de camp, vingt-cinq colonels, vingt-cinq lieutenants-colonels, soixante-douze chefs de bataillon, deux cent deux capitaines de première classe, de lieutenants et d'élèves sous-lieutenants), et des employés attachés aux écoles, se composent de trois régiments de ligne, une compagnie d'*ouvriers du génie*, et une compagnie de *vétérans*. Chaque régiment du génie comprend un état-major, une compagnie hors rang, deux compagnies de *mineurs*, quatorze compagnies de sapeurs, et une compagnies du train (total dix-huit compagnies). Il forme deux bataillons. — L'armement des troupes du génie consiste dans le fusil à baïonnette et le sabre-poignard. L'uniforme se compose d'un habit *bleu* à revers non adhérents, à collet, revers, parements et pattes de parements en *velours noir* avec passe-poils *écarlate* ; la doublure du collet, des revers, brides d'épaulettes et ornements des retroussis (deux grenades) sont en drap *bleu*. Les retroussis sont *écarlates* ; les boutons sont *jaunes*, empreints d'une cuirasse avec casque au-dessus. Les pantalons sont *bleus*, avec bandes et passe-poils *écarlates*. Les shakos sont en tissu de coton *noir*, avec pourtour supérieur en galon *écarlate*, et une plaque à coq, avec l'empreinte, dans l'écusson, d'une cuirasse surmontée d'un casque, et le numéro du corps au-dessous et de trophées d'armes. Le pompon est sphérique et écarlate, la buffleterie est *blanche* ; les officiers portent l'épaulette d'or. Le complet d'un régiment du génie est ainsi formé : *état-major* (dix membres) ; *compagnie hors rang* (99 hommes) ; seize compagnies, deux de mineurs et quatorze de sapeurs (1,728 en temps de paix, et 2,528 en temps de guerre) ; *compagnie du train* (46 hommes en temps de paix, et 127 en temps de guerre). — Le génie a dans ses attributions la surveillance, l'entretien et les travaux des fortifications des places de guerre et des villes de casernement. Il y a vingt-cinq divisions du génie, dont les chefs-lieux sont : Saint-Omer, Arras, Amiens, le Havre, Cherbourg, Brest, Nantes, la Rochelle, Bayonne, Perpignan, Montpellier, Toulon, Embrun, Grenoble, Besançon, Belfort, Strasbourg, Metz, Verdun, Mézières, Cambrai, Lille, Paris, Corse, Alger.

**GÉNIE** (méd.). Ce mot est souvent employé comme synonyme de *nature*, et s'applique aux maladies. Ainsi on dit *génie inflammatoire*, *bilieux*, etc. — Le génie *intermittent* est synonyme de *type*.

**GÉNIEN**, nom donné aux parties qui ont rapport au menton. L'apophyse *génienne* ou *géni* est une apophyse placée à la partie postérieure de la symphyse (union des os) du menton, et formée par quatre tubercules.

**GENIÈVRE**, fruit du genévrier. Ce sont des baies d'abord très-vertes, et qui, au bout de deux ans, sont mûres et acquièrent une couleur violette, adoucie par la poussière résineuse qui les couvre, et les fait paraître bleues. Leur pulpe est roussâtre, et a une saveur douce et aromatique. On les emploie à plusieurs usages. En les faisant macérer dans l'eau froide pendant quelques heures, on obtient l'*extrait de genièvre*, qui est très-stomachique. Dans les Vosges et autres pays montagneux, on délaye des baies de genièvre dans l'eau, et on laisse fermenter ce mélange pour obtenir, après deux ou trois ans, la liqueur nommée *genevrette*. On fait aussi avec ces baies un sirop. On les fait infuser dans l'eau-de-vie pour lui donner du goût. Le *ratafia de genièvre* se compose en faisant infuser dans 8 litres d'eau-de-vie un demi-kilogramme de baies, avec 8 grammes de coriandre, d'angélique, de cannelle et de girofle, et 2 kilogrammes de sucre. Cette liqueur est très-agréable. On retire aussi une huile essentielle *du genièvre*. — En médecine, on s'en sert comme de fumigation, et pour désinfecter l'air. Ces baies sont très-toniques.

**GENIEZ** ou **GENIÈS** (Saint) était greffier à Arles. Un jour qu'on lui dictait une ordonnance de l'empereur contre les chrétiens, il refusa de l'écrire, jeta ses tablettes devant les pieds du juge, et s'enfuit. Arrêté quelques jours après, on lui coupa la tête vers l'an 300. On fait sa fête le 25 août.

**GENIEZ DE RIVE-D'OLT** (Saint-), chef-lieu de canton du département de l'Aveyron, à 6 lieues d'Espalion. Sa population est de 3,850 habitants. Cette ville est située sur le Lot, et est célèbre par l'industrie de ses habitants. C'est là qu'ont été établies les premières fabriques de drap du Rouergue (dans le XVe siècle). Elle commerce en grains, vins, fruits et garance. Saint-Geniez a un tribunal de commerce, un collège, une chambre des arts et métiers.

**GÉNIPAYER**, genre de la famille des rubiacées, renfermant des arbres propres à l'Amérique. Le *génipayer d'Amérique* est un arbre haut de trente-six à cinquante pieds, au tronc droit, épais, couvert d'une écorce ridée et raboteuse ; aux feuilles d'un beau vert, réunies au sommet des rameaux, longues de trente-deux centimètres, et larges de quarante millimètres ; aux fleurs blanches et odorantes. Le fruit, nommé *génipat*, est une baie charnue, de la grosseur d'une orange, d'un vert blanchâtre, contenant une pulpe blanche, aigrelette, rafraîchissante, dont le suc teint en violet. Le bois est d'un gris de perle, et prend un beau poli.

**GÉNISSE**, nom donné aux vaches dans leur jeune âge.

**GÉNITE** ou **GÉNITÉ**, nom donné aux Hébreux qui descendaient d'Abraham directement. On appelait encore ainsi les Juifs issus de parents qui ne s'étaient pas alliés avec des familles étrangères durant la captivité de Babylone.

**GENLIS** (Stéphanie-Félicité DUCREST DE SAINT-AUBIN, comtesse DE), née près d'Autun en 1746, morte en 1831. Devenue par son mariage avec le comte de Genlis nièce de Mme de Montesson, depuis duchesse d'Orléans, elle devint gouvernante des enfants du duc de Chartres (depuis duc d'Orléans). Ses livres, qui sont nombreux, lui firent un nom populaire : *Adèle et Théodore*, *les Veillées du château*, le *Théâtre d'éducation*, *les Annales de la vertu*, *Mademoiselle de Clermont*, eurent un immense succès. Elle publia en 1825 des *Mémoires* curieux sur le XVIIIe siècle et la révolution française. Elle a écrit des romans, des comédies, des discours, des poëmes, etc.

**GENNADE**, nom donné dans l'ancienne jurisprudence, à une femme ou une fille qui se mésalliait en épousant un mari d'une condition inférieure à la sienne.

**GENOPE**, bout de fil un peu fort ou de petite corde, qui sert à entourer, à réunir l'un contre l'autre deux cordages ensemble, de manière qu'ils ne puissent se séparer. L'action de réunir ainsi deux cordages se nomme *genoper*.

**GENOU**, articulation de la jambe avec la cuisse, formée par l'extrémité inférieure du fémur, l'extrémité supérieure du tibia et la rotule. Le genou est proportionnellement plus gros chez les femmes, et les scrofuleux, plus mince et plus sec chez les individus forts.

**GENOU**. Lorsqu'une partie convexe porte sur une partie concave où elle est emboîtée de manière à permettre à l'une de couler sur l'autre, cet assemblage porte le nom de *genou*. On y adapte une vis de pression, pour augmenter à volonté le frottement et arrêter le mouvement. On connaît une foule de *genoux*. On s'en sert souvent dans les instruments d'astronomie.

**GENOU** (mar.), pièce de bois d'une courbure plus ou moins grande, qui entre dans la formation de la membrure d'un bâtiment. Son nom varie suivant sa position. — On nomme encore *genou* la partie d'un aviron comprise entre le point d'appui et la poignée.

**GENOUILLÉ**. Voy. **GÉNICULÉ**.

**GENOUILLÈRE**, partie de l'armure, chargée de couvrir et de défendre le genou, et s'adaptant par le haut aux cuissards et par le bas aux *grèves* ou *jambières* qui garantissaient les jambes, et prenaient depuis les genouillères jusqu'au cou-de-pied.

**GÉNOVÉFAINS**, chanoines réguliers de Sainte-Geneviève à Paris, connus aussi sous le nom de *chanoines de la congrégation de France*. Créés en 1147, ils remplacèrent les chanoines séculiers qui existaient depuis le viie ou le ixe siècle. La discipline se corrompit au point que le parlement informa. Après la mort de l'abbé Benjamin de Brichanteau, évêque de Laon, le cardinal de la Rochefoucault fut élu (1619), et réforma l'ordre des génovéfains, avec l'aide du supérieur, le P. Charles Faure. Vers 1750, les génovéfains comptaient soixante-sept abbayes, vingt-huit prieurés conventuels, deux prévôtés, trois hôpitaux. Leur bibliothèque, qui subsiste encore, se compose de 180,000 volumes imprimés, et de 3,000 manuscrits. Ils portaient une soutane de serge blanche, avec un collet large, et un manteau noir.

**GENRE**. En histoire naturelle, on appelle ainsi une collection d'espèces analogues, et qu'on a réunies en vertu de leurs caractères communs. La collection des genres forme ce qu'on appelle une famille, et cette collection est faite en vertu des ressemblances génériques. Ainsi les différentes espèces de froment forment le genre *froment*, et le genre *froment* appartient à la famille des *graminées*, qui comprend tous les genres à peu près analogues au froment, tels que l'*orge*, le *riz*, le *seigle*, le *roseau*, etc.

**GENRES**. On appelle ainsi, en musique, les formules de successions harmoniques et mélodiques. Il y a trois genres : le *diatonique*, qui procède par tons et demi-tons naturels; le *chromatique*, qui ne procède que par demi-tons ; et l'*enharmonique*, qui est le passage d'une note à une autre, sans que l'intonation de la note ait été sensiblement changée.

**GENSÉRIC**, roi des Vandales, fils de Godégésile et frère de Gonderic, né à Séville en 406. En 428, il remporta une victoire signalée sur Hermanric, roi des Suèves. En 429, appelé par le comte Boniface, proconsul d'Afrique, rival d'Aétius, et disgracié par l'impératrice, il passe le détroit, bat le comte Boniface, qui, réconcilié avec la cour, voulait s'opposer à l'invasion, s'empare de Carthage en 430, et y établit le siège d'un empire qui s'étendait sur la Numidie, la Mauritanie, le pays de Carthage, l'Afrique propre, la Corse, la Sardaigne, la Sicile et les îles Baléares. Appelé en Italie par l'impératrice Eudoxie, que le meurtrier de Valentinien III, son époux, Pétrone Maxime, avait épousée de force, il s'empara de Rome, qu'il livra au pillage (455), et emmena en captivité Eudoxie et ses deux filles Placidie et Eudocie. Genséric mourut en 477, laissant le trône à Hunneric, son fils.

**GENSONNÉ** (Armand), l'un des girondins, né à Bordeaux en 1753. Avocat dans cette ville, il fut nommé membre du tribunal de cassation lors de sa formation (1790), puis membre de l'assemblée législative et de la convention nationale. Il provoqua la déclaration de guerre contre l'Autriche, fit défendre pour un temps les visites domiciliaires, et eut le courage de demander le châtiment des assassins de septembre. Il fut enveloppé dans la ruine des girondins. Arrêté le 2 juin 1793, il fut condamné à mort par le tribunal révolutionnaire le 31 octobre suivant.

**GENTIANE**, plante de la famille des gentianées, vivace, herbacée, et végétant spécialement sur les Alpes et les autres montagnes élevées de l'Europe. La *gentiane jaune* ou *grande gentiane* a une racine allongée et cylindrique, brune à l'extérieur et jaunâtre à l'intérieur, qui est employée en médecine comme tonique, fébrifuge et stimulant, et qui renferme un principe amer, le *gentianin*. On administre cette racine en poudre, en infusion, en vin, en extrait ou en élixir. Les feuilles sont ovales et d'un vert pâle; les fleurs sont grandes, jaunes, bleues ou rouges.

**GENTIANÉES**, famille de plantes dicotylédones, à cinq étamines, à la corolle monopétale régulière, à cinq lobes et à la capsule à une ou deux loges s'ouvrant en deux valves. Les principaux genres de cette famille sont la *gentiane*, la *petite centaurée* et la *ménianthe*.

**GENTIANELLE**, plante du genre *gentiane*, nommée aussi *petite centaurée*. Sa racine est blanchâtre et ligneuse; les sommités de sa tige et ses feuilles fournissent un principe très-amer, qui a des propriétés puissantes contre les fièvres intermittentes. — On nomme encore *gentianelle* la *gentiane visqueuse*, cultivée en France. Ses fleurs sont grandes, d'un beau jaune, disposées en grappes. Elle a les propriétés des plantes du genre auquel elle appartient.

**GENTIANIN** ou **GENTIANINE**, substance que l'on retire de la racine des gentianes en la traitant par l'éther. Elle a pour caractères d'être très-volatile et odorante, de cristalliser en aiguilles, d'avoir une couleur dorée, une saveur amère. Elle se dissout dans l'alcool, l'éther, l'eau bouillante, mais très-peu dans l'eau froide.

**GENTILHOMME**, mot qui servait autrefois à désigner un homme né de race noble. On appelait *gentilshommes ordinaires* ou *de chambre* ceux qui servaient auprès de la personne du souverain. Ils furent créés par Henri III, au nombre de quarante-cinq, et réduits à vingt-quatre par Henri IV : sous Louis XIV, ils furent portés à vingt-six. Les gentilshommes ordinaires de la chambre ne prêtaient pas serment de fidélité, et avaient *bouche à la cour*. Il y avait aussi un *premier gentilhomme de la chambre du roi*. — Dans l'Ecosse, on nomme *gentilhomme* un oiseau, le *fou de Bassan*.

**GENTILIS** (J. Valentin), né à Cosenza dans le royaume de Naples. Il sema une foule d'opinions particulières sur la religion, qui le firent regarder comme un hérétique. Forcé de fuir, il se réfugia à Genève en Suisse, et y publia ses opinions, nouvel arianisme mitigé. Les principaux points de sa doctrine étaient que, dans la Trinité, le Père n'était pas une personne, mais une essence; qu'il était le vrai Dieu, etc. Ce fut l'origine des *valentiniens*. Après divers voyages, Gentilis fut pris et eut la tête tranchée en 1566.

**GENTILLY**, petit village du département de la Seine, dans une vallée, sur la Bièvre, à une lieue S. de Paris. Sa population est de 8,700 habitants. — Les rois de la première race y possédaient une maison de campagne. En 766, Pepin y tint un concile pour la réunion des Eglises grecque et latine, mais qui ne décida rien. Gentilly eut des seigneurs au moyen âge. — On remarque à Gentilly des carrières de pierre, des fabriques de toiles peintes, etc.

**GENTILS**. Les Juifs appelaient ainsi tous ceux qui n'étaient pas de leur religion, qui n'avaient reçu ni la foi ni la loi du Seigneur. Saint Paul les appelle *Græci* (Grecs).

**GENTIUS** (hist. anc.) d'Illyrie, fils de Pleuratus, périt avec son frère Plator, et parvint à la couronne l'an 172 avant J.-C. Persée, roi de Macédoine, l'engagea à se déclarer contre les Romains. Mais Gentius fut battu par le préteur Anicius, et la guerre se termina en trente jours. Quand le préteur revint à Rome, Gentius et sa famille ornèrent le triomphe de leur vainqueur.

**GENTLEMAN** (mot anglais composé de *gentle*, gentil, et de *man*, homme). Il sert à désigner un homme bien né, un homme comme il faut. — On appelle *gentlewoman* (*gentle*, gentil, et *woman*, femme) une femme de qualité. — On donne le nom de *gentlemanfarmer* (*gentleman*, gentilhomme, et *farmer*, fermier) à un fermier devenu assez riche pour tenir à la campagne un bon état de maison.

**GENUCIA**, famille plébéienne de Rome. — La loi *Genucia* fut décrétée l'an 343 avant J.-C., sous les auspices du tribun Genucius. Elle ordonnait que les deux consuls pourraient être plébéiens; que personne ne pourrait exercer deux fois les mêmes fonctions pendant deux ans, ni exercer plusieurs fonctions dans la même année; que l'usure serait abolie.

**GÉNUFLEXION**, révérence qui se fait en mettant un genou en terre. Autrefois les *génuflexions* devant le pape. Autrefois on en faisait devant les princes et les seigneurs en les abordant. Mais la génuflexion est surtout usitée chez les catholiques, dans les cérémonies de leur religion, et particulièrement devant le saint sacrement. Cet usage est très-ancien parmi eux, surtout dans la prière. Anciennement on priait debout le dimanche, et pendant tout le temps de Pâques à la Pentecôte, pour célébrer la résurrection de Jésus-Christ. Les Ethiopiens, les Juifs et les Russes font leurs prières debout.

**GÉOCENTRIQUES** se dit, en astronomie, de tout ce qui a rapport aux planètes, en regardant la terre comme le centre de leurs mouvements. Ainsi on nomme *longitude* et *latitude géocentriques* la longitude et la latitude d'une planète vue de la terre. Le *mouvement géocentrique* est le mouvement propre, apparent, d'une planète sur la voûte céleste.

**GÉOCYCLIQUE** se dit de la machine propre à représenter le mouvement de la terre autour du soleil, et surtout l'inégalité des saisons considérée dans ses causes.

**GÉOCORISES**, famille d'insectes hémiptères, renfermant les *punaises*. Elle a pour caractères d'avoir les antennes découvertes, insérées entre les yeux ; les tarses ou jambes ont trois articles.

**GÉODES**, pierres ou coques pierreuses, d'une forme ovoïde, dans l'intérieur desquelles on remarque une multitude de cristaux, souvent de forme différente. On en distingue deux espèces : celles qui ont été formées par la voie ignée, c'est-à-dire par l'action du feu ; et celles qui ont été formées par la voie humide, c'est-à-dire par l'action de l'eau. Les premières se rencontrent dans les anciennes laves des volcans; les secondes dans les dépôts crétacés, dans beaucoup de terrains métallifères, dans un grand nombre de filons.

**GÉODÉSIE**, branche de la géométrie qui enseigne à calculer la surface d'un terrain, d'un canton, et à la diviser en un certain nombre de parties égales ou inégales.

**GEOFFRIN** (Marie-Thérèse RODET, femme), née en 1699 à Paris, morte en 1777. Elle profita de la fortune considérable que lui laissa son époux pour rassembler chez elle les savants de la capitale et les étrangers. Elle rendit de grands services au comte Stanislas Poniatowski, qui monta sur le trône plus tard, et lui écrivit : Maman, *votre fils est roi*. Elle fit des legs à Thomas et à d'Alembert, qui tous deux, ainsi que Morellet, ont fait en particulier l'éloge de cette dame célèbre dans trois brochures publiées en 1777.

**GEOFFROI**. L'Anjou a eu cinq comtes de ce nom. Les plus fameux dans l'histoire sont GEOFFROI II, comte d'Anjou en 1040, et surnommé *Martel*, mort en 1061 ; — GEOFFROI V, dit *le Bel*, plus connu sous le nom de *Plantagenet*, comte d'Anjou et du Maine en 1129, épousa Mathilde, fille de Henri Ier, roi d'Angleterre, et fut la souche de la maison royale d'Anjou. Il mourut en 1151. Son fils, Henri II, fut roi d'Angleterre.

**GEOFFROI**. Deux ducs de Bretagne ont porté ce nom. — GEOFFROI Ier, fils de Conan, lui succéda en 992, et mourut tué d'un coup de pierre. — GEOFFROI II, fils de Henri II, roi d'Angleterre, épousa Constante de Bretagne, fille et héritière du duc

Conan IV, et dépouilla son beau-père de ses Etats (1166). Il mourut en 1186.

GEOFFROI DE MONMOUTH, surnommé *Arturus*, archidiacre de Monmouth, puis évêque de Saint-Asaph, florissait vers 1152, sous le règne de Henri II. On a de lui *De exilio ecclesiasticorum* (sur l'exil des ecclésiastiques), *De corpore et sanguine Domini* (du corps et du sang de Notre-Seigneur), *Carmina diversi generis* (vers de divers genres), *Commentaria in prophetias Merlini* (commentaire sur les prophéties de Merlin). Mais le plus célèbre de ses ouvrages est une *Histoire de la Grande-Bretagne*.

GEOFFROY (Julien-Louis), né à Rennes en 1743. D'abord précepteur des enfants de M. Boutin, puis professeur de rhétorique au collège Mazarin, il succéda à Fréron dans la rédaction de *l'Année littéraire*, où il soutint une guerre acharnée contre Voltaire. Dans les premières années de la révolution, il s'unit à Royou pour rédiger *l'Ami du roi*. Il fut obligé de se cacher dans un village pour échapper à la fureur révolutionnaire. Revenu à Paris après le 18 brumaire, il fut choisi pour rendre compte des théâtres dans le *Journal des Débats*, et s'est fait une réputation comme l'un des plus ingénieux critiques de l'époque. Il mourut en 1814. On a recueilli, sous le nom de *Cours de littérature dramatique*, les plus piquants de ses feuilletons.

GÉOGNOSIE, science qui a pour objet la connaissance générale des différentes parties qui composent le globe terrestre, de leur origine et leur formation.

GÉOGRAPHIE, science qui a pour objet la description de la terre, et qui se divise en *géographie physique* et en *géographie politique*, selon qu'elle traite de la nature du globe ou des relations diverses de ses habitants. Ces deux parties se divisent elles-mêmes en plusieurs autres.

GÉOLAGE. Dans l'administration de la guerre, on nomme *gîte et géôlage* une partie surveillée autrefois par les commissaires de guerre, et de nos jours par l'intendant militaire. Elle comprend les dépenses causées par le logement ou gîte des troupes en marche, et le géôlage ou emprisonnement des soldats. Ces dépenses sont à la charge du trésor public. Autrefois on donnait une indemnité aux bourgeois pour le logement des troupes; mais aujourd'hui on ne la donne plus.

GEOLE. On appelait autrefois ainsi une prison, et c'est de là qu'est venu le nom de *geôlier*, gardien d'une prison. On nommait *grande geôle* à Paris, la prison du Châtelet, et *petite geôle* le lieu où l'on déposait les cadavres des personnes inconnues.

GÉOLOGIE, science de la terre, qui embrasse, outre la géognosie, la géogénie, c'est-à-dire l'explication des phénomènes de l'origine de la terre et des lois qui ont présidé à cette formation. On a formé trois principales hypothèses sur la formation du globe. Les uns pensent que tout était primitivement dans un état aériforme; ce sont Herschell, Laplace, etc. Les autres pensent que le globe a commencé par un état de fusion ignée; ce sont Descartes, Leibnitz, Buffon, etc. Enfin d'autres croient qu'il a commencé par un état de liquidité aqueuse; ce sont Linné, Dolomieu, Werner, etc.

GÉOMANCIE, divination qui se faisait au moyen de plusieurs petits points qu'on marque sur le papier ou sur la terre au hasard et sans les compter. On réunissait ces points par les lignes, et on en observait la position ou la situation pour en tirer la connaissance de l'avenir. — On nomme *géomance* ou *géomancien* celui qui pratique la géomancie.

GÉOMÉTRAL, nom donné à la représentation d'un objet, faite de manière que les parties de ces objets aient entre elles le même rapport qu'elles ont réellement dans l'objet tel qu'il est, mais sans perspective. Il n'est possible de représenter ainsi que des surfaces planes, comme la base ou le frontispice d'un bâtiment.

GÉOMÉTRIE, science qui a pour objet l'étendue considérée sous ses trois aspects: la ligne (étendue en longueur seulement), la surface (étendue en longueur et largeur), et le corps (étendue en longueur, largeur et épaisseur). La géométrie descriptive n'est qu'une application de la géométrie pure. La géométrie élémentaire étudie les propriétés des lignes droites, des lignes circulaires, des surfaces et des solides les plus simples. La géométrie transcendante résout au moyen de l'algèbre, du calcul différentiel, etc., des questions d'un ordre plus élevé.

GÉOPHILE, genre d'insectes de la famille des scolopendres, faciles à reconnaître par le nombre considérable de leurs pattes, qui est toujours au-dessus de quarante paires, et par les anneaux de leur corps, qui sont très-nombreux. Ces animaux se tiennent dans les lieux humides, sous la terre, dans les feuilles pourries ou sous les décombres, dans les jardins, les bois, etc. On les trouve partout. Leur longueur varie de quinze lignes à quatre ou cinq et même sept pouces. Ils ne sont pas redoutables. Cependant on prétend qu'ils peuvent s'introduire dans les narines, et y causer de graves maladies. Leur couleur est jaunâtre ou brune.

GÉOPHILES, nom donné aux mollusques pulmonés terrestres qui appartiennent à la classe des gastéropodes. Ce sont les seuls qui ne vivent qu'à terre, quoique dans les lieux humides. Tels sont les limaçons, les limaces, les hélices, etc.

GÉOPITHÈQUES (*singes vivant à terre*), nom donné aux espèces de singes de la famille des quadrumanes, réduites à vivre à terre, à cause de l'incapacité qu'a leur queue de s'enrouler aux corps. Néanmoins ils peuvent courir sur les arbres en s'aidant de leurs mains.

GEORG (Jean-Michel), savant allemand, né en 1740 à Bischoffsgrun. Fils d'un charbonnier, il garda d'abord les vaches de son père. Admis dans une école de charité, il y fit de grands progrès dans les lettres et les sciences. Obligé de servir dans un régiment de hussards pour payer ses dettes, il déserta et revint trouver son père (1759). Après avoir consacré plusieurs années à l'étude des sciences morales et mathématiques, il obtint le grade de maître ès arts à Erlang, et y ouvrit un cours de philosophie et de mathématiques, et obtint une chaire à Baireuth (1776). Il se livra alors à l'étude des lois, et devint conseiller de la régence (1782), et s'occupa de recherches sur l'histoire de son pays. Nommé juge du tribunal des mines et conservateur des forêts, il fut promu en 1795 au grade de chef de la régence de Baireuth. Il mourut en 1798. On a de ce savant plusieurs *dissertations philosophiques, physiques, de droit*, etc.

GEORGEL (J.-François), né à Bruyères (Vosges) en 1731, entra chez les jésuites, et les envoyèrent professer la rhétorique et les mathématiques successivement dans les collèges des jésuites à Pont-à-Mousson, à Dijon et à Strasbourg. Son ordre ayant été dissous (1762), il devint secrétaire du prince Louis de Rohan, et l'accompagna dans son ambassade à Vienne. Il le remplaça par intérim pendant quelque temps après la disgrâce de ce prince, et fut nommé grand vicaire à Strasbourg. Il ne cessa de prêter l'appui de sa plume à son protecteur, et fut exilé par la cour (1786). Cependant il obtint la permission de revenir dans sa ville natale. N'ayant pas voulu prêter serment à la république (1793), il fut déporté en Suisse. Rentré dans sa patrie en 1802, il mourut en 1813. Il a laissé de nombreux mémoires sur l'histoire de son temps.

GEORGES (Saint), patron de l'Angleterre, souffrit le martyre sous Dioclétien, ou, selon les autres, sous Carin. On ne sait rien de bien certain sur sa vie. On le représente domptant un dragon. On fait sa fête le 23 avril. Il y a eu plusieurs ordres militaires de Saint-Georges; l'un établi en 1468 par Frédéric III, empereur et archiduc d'Autriche, pour garder les frontières de la Bohême et de la Hongrie; l'autre établi en 1730 par l'électeur de Bavière Charles depuis Charles VII. L'impératrice Catherine II a créé en Russie un ordre militaire de Saint-Georges.

GEORGES. Quatre rois d'Angleterre ont porté ce nom. — GEORGES I, de la maison de Hanovre, était né en 1660 d'Ernest-Auguste, premier électeur de Brunswick-Lunebourg, et de la princesse Sophie Stuart. Il fut appelé au trône en 1714 par les intrigues des whigs, qu'en récompense il appela au ministère. La mise en jugement du comte d'Oxford et du vicomte de Bolingbroke, et la rébellion du comte de Marr furent les seuls événements de son règne. Il mourut en 1727. — GEORGES II (AUGUSTE) son fils, né en 1683, lui succéda en 1727. Ce fut sous son règne que les Anglais furent battus à Fontenoi par les Français, et que le prétendant à la couronne, Charles-Edouard, qui avait envahi l'Ecosse, fut battu à Culloden (1746). Ce fut encore sous son règne qu'eut lieu la guerre de sept ans entre l'Angleterre et la France (1756-1763). Il mourut en 1760. — GEORGES III, fils aîné de Frédéric, prince de Galles, fils de Georges II, né en 1738, lui succéda. Sous son règne, l'Amérique proclama son indépendance (1778). L'Irlande fut réunie définitivement à la couronne, et l'Inde presque tout entière fut soumise (1767-1784). En 1787, le roi fut atteint d'une maladie mentale, qui ne finit qu'à sa mort, et en 1811 il fut déclaré incapable de régner, et son fils appelé à la régence du royaume. Il mourut en 1820, laissant douze enfants : 1° Georges IV; 2° Frédéric, duc d'York; 3° Guillaume IV; 4° Edouard-Auguste, duc de Kent, mort, laissant une fille qui est la reine régnante, Victoria; 5° Ernest-Auguste, duc de Cumberland, vice-roi du Hanovre; 6° Auguste-Frédéric, duc de Sussex; 7° Adolphe-Frédéric, duc de Cambridge; 8° Charlotte-Auguste-Mathilde, reine de Wurtemberg, et quatre princesses non mariées. — GEORGES IV, né en 1762, épousa en 1795 la princesse Caroline, et eut une jeunesse débauchée. Régent en 1811, il devint roi en 1820. Les six fameux actes contre la presse, contre la liberté du commerce, les associations populaires, les attroupements, les pétitions et les adresses, les troubles de l'Irlande, le procès de la reine Caroline, sont les faits les plus remarquables de la régence et de son règne. Il mourut en 1830.

GEORGES (SAINT-), une des Açores, dans l'océan Atlantique. Elle est très-fertile en blé, vins et bestiaux, mais sujette à des tremblements de terre. Sa longueur est de 12 lieues, sa largeur de 3, et sa superficie d'environ 30 lieues carrées. — Le CANAL SAINT-GEORGES est un petit détroit qui sépare l'Angleterre et l'Ecosse de l'Irlande. Il commence aux îles Sorlingues et se continue jusqu'au N. où il prend le nom de mer d'Irlande.

GEORGES (TERRE DU ROI), contrée située sur la côte S. de la Nouvelle-Hollande (Océanie), entre la terre de Nuyts et la terre de Leuwin. Les indigènes sont de taille moyenne, ont les membres grêles, et sont vêtus de peaux de bêtes. Ils se teignent la figure en rouge, et se tatouent le corps. Ils vivent de végétaux et de gibier. La polygamie est permise chez eux, et le mariage se fait sans cérémonies. Ces peuples sont assez civilisés. La *baie* ou *port du roi Georges* est une des meilleures baies de l'Océanie. On y a formé une colonie anglaise composée d'hommes libres, et nommée *Frederik's-Town*.

GEORGES-TOWN, capitale de l'île Poulo-Pinang (Océanie). C'est aussi la seule ville. Les naturels l'appellent *Tanjong-Painaike*. Georges-Town possède de riches marchés, des hôpitaux, un séminaire français, des écoles, une bibliothèque, un journal et une revue littéraire. Cette ville est un vaste entrepôt des marchandises de l'île et de celles qui l'environnent.

**GÉORGIE** ou GRUSINIE, région caucasienne de l'Asie, située entre la mer Noire et la mer Caspienne, et embrassant les États appelés autrefois *Albanie*, *Ibérie* et *Colchide*. Elle se divise en *Daghestan*, *Chirvan*, *Imirette*, *Mingrélie*, *Gouria*, et en *Karthli* ou *Géorgie proprement dite*. Les villes principales sont *Tiflis*, qui a 30,000 âmes, *Derbent*, qui a 8,000 âmes et *Elisabetpol*, qui compte 12,000 habitants. La Géorgie, qui avait autrefois des souverains et qui appartient aujourd'hui à la Russie, compte à peu près 700,000 individus. Les femmes géorgiennes sont célèbres par leur beauté.

**GÉORGIE**, un des États qui composent l'union des États-Unis de l'Amérique septentrionale, borné au N. par le Tenessée et la Caroline, à l'E. par l'Océan, au S. par la Floride, à l'O. par l'Alabama. Il est divisé en soixante-seize comtés, a une superficie de 46,346 milles carrés, et une population de 516,000 âmes. Sa capitale, située dans le comté de Baldwin, est Milledgeville, qui n'a pas plus de 2,500 habitants. Les autres villes considérables sont Savannah, population 8,000 âmes, et Augusta, population 7,000 âmes. L'État de Géorgie est au nombre des treize premiers États qui composèrent l'union américaine, et qui proclamèrent et soutinrent leur indépendance.

**GÉORGIE** (NOUVELLE-), nom donné aux *îles Salomon*. On en conserve spécialement pour une île de groupe, nommée aussi *île Georgia*, découverte en 1788. Elle est haute, peuplée, a environ 80 lieues de long sur 15 de large. Mais on n'a pu l'explorer en entier.

**GEORGIEVSK**, ville forte de Russie, chef-lieu du gouvernement du Caucase, sur le Podcoumok. Elle est commerçante et habitée par les Cosaques du Volga et des marchands russes ou allemands. On en exporte du maïs, du vin, des fruits, du safran, des olives, du chanvre, du sel, des fourrures, du miel, etc.

**GÉORGIQUES**, poëme qui retrace les travaux de la terre. Les *Géorgiques* de Virgile sont composées de quatre livres, dont le premier est consacré à la culture des terres, le second à celle des arbres et de la vigne, le troisième aux troupeaux, le quatrième aux abeilles.

**GÉOSAURE**, genre de reptiles que l'on retrouve à la surface de la terre à l'état fossile. Cet animal avait un museau peu effilé; les orbites des yeux assez vastes et elliptiques; les mâchoires peu allongées; des dents nombreuses, coniques. Il avait douze ou quatorze pieds de longueur totale.

**GÉOTRUPE**, genre d'insectes coléoptères. Leur corps est arrondi, très-convexe; les pattes sont allongées, fortement dentées. Ces insectes habitent les lieux sablonneux. Ils sont très-communs dans nos pays. Ils portent vulgairement le nom de *fouille-merde*, parce qu'ils voltigent en bourdonnant autour des bouses des vaches, où ils déposent leurs œufs, et où vivent leurs larves. Celles-ci achèvent leur métamorphose dans des trous qu'elles creusent sous des bouses. Cet insecte est long de sept à huit lignes, et est de couleur verte ou noir bleu.

**GÉPIDES**, peuple barbare faisant partie de la famille des Goths, et sorti comme eux de la Scandinavie. Ils s'établirent dans les contrées situées entre la Theiss et le Danube. Appelés Gépides (du goth *geppa*, traîneurs) parce qu'ils s'étaient arrêtés aux monts Krapacks, ils furent presque toujours en guerre avec les Goths, et furent dispersés par les Lombards.

**GÉRANIACÉES**, famille de plantes polypétales, composées de plantes herbacées ou de sous-arbrisseaux, et renfermant plusieurs genres. Le type est le *géranium*.

**GÉRANIUM**, plante dicotylédone de la famille des géraniées, à tige herbacée, aux feuilles opposées et stipulées. Il y a plus de deux cents espèces de *géraniums*. Les principales sont: le *géranium sanguin*, haut d'un pied, touffu, à fleurs violettes, propre à orner les jardins passagers; le *géranium robertin* (herbe à Robert), plante annuelle, à tige rougeâtre, haute d'un pied, aux fleurs rouges d'une odeur forte. Le *géranium odorant*, à feuilles arrondies, molles, velues, d'une odeur très-forte, et aux fleurs petites et blanches.

**GÉRANT**. On appelle ainsi un mandataire qui administre pour autrui et qui a compte à rendre de son administration. Ce mot s'applique plus particulièrement à ceux des associés qui, dans une société civile ou commerciale, sont chargés de l'administration. Dans les sociétés formées pour l'exploitation des journaux, les associés-gérants sont tenus de choisir parmi eux un *gérant responsable* qui signe la feuille de chaque jour, accepte la responsabilité légale des articles qu'elle renferme, et encourt toutes les chances d'une poursuite légale, s'il y a lieu.

**GÉRARD**. L'Église honore plusieurs saints de ce nom; saint GÉRARD, premier abbé de Brogne, au comté de Namur, avait d'abord embrassé le métier des armes. Il se retira à l'abbaye de Saint-Denis en 917, et fonda celle de Brogne, où il mourut en 959. On fait sa fête le 3 octobre. — SAINT GÉRARD, né près de Cologne, entra dans le séminaire de cette ville, fut ordonné prêtre, et évêque de Toul en Lorraine en 963. Il bâtit plusieurs églises, se montra le père des pauvres, et le consolateur des affligés. Le bruit de sa sainteté se répandit bientôt dans l'Europe. Il mourut en 994. On fait sa fête le 23 avril. — SAINT GÉRARD, évêque de Chonad (Hongrie), fut établi sur ce siège par le roi Étienne. Après la mort de ce prince, il refusa de couronner l'usurpateur de son royaume. Il fut massacré par les soldats de celui-ci en 1047. On fait sa fête le 24 septembre.

**GÉRARD**, né à Amalfi en Italie, est regardé comme l'instituteur et le premier grand maître des frères hospitaliers de Saint-Jean de Jérusalem ou chevaliers de Malte. Des marchands d'Amalfi ayant obtenu des musulmans de bâtir à Jérusalem un monastère de bénédictins pour donner l'hospitalité aux pèlerins, Gérard en obtint la direction en 1080. Il prit un habit religieux en 1100, avec une croix blanche à huit pointes sur l'estomac, et comme cet habit à plusieurs personnes qui s'engagèrent dans cette société, et firent les trois vœux de chasteté, d'obéissance et de pauvreté, et surtout celui de soulager les chrétiens. Il mourut en 1120.

**GÉRARD DE DEVENTER**, surnommé *le Grand* ou *de Groot*, né à Deventer (Hollande) en 1340, vint étudier à Paris. De retour dans son pays, il fut fait successivement chanoine d'Utrecht près d'Aix-la-Chapelle. Mais il s'appliqua plus spécialement à la prédication. Il fonda une communauté religieuse qui s'occupait à instruire la jeunesse dans les sciences et la piété. Ses membres vivaient en commun, et tiraient leur subsistance du produit de leur travail. On les nomma *frères de la vie commune*, ou *de bonne volonté*, ou *de Wendesheim*. Les membres ne faisaient point de vœux. Gérard mourut en 1384. Son institut fut approuvé par le pape Grégoire XI en 1376.

**GÉRARD** (Balthasar), né en Franche-Comté. Animé d'un zèle fanatique pour le catholicisme, il résolut d'assassiner Guillaume, prince d'Orange, un des plus zélés protestants d'Allemagne, croyant, comme il disait, mériter la vie éternelle. Il s'insinua dans les bonnes grâces du prince, et l'assassina. On lui fit subir d'horribles tortures (1584). On lui appliqua d'abord la question, on lui brûla la main droite avec un fer rouge, les parties charnues avec des tenailles. Son corps vivant fut coupé en quatre quartiers; on lui ouvrit le ventre, on lui arracha le cœur pour lui en frapper le visage, et on lui coupa la tête. Il mourut comme un martyr.

**GÉRARD** (N...), surnommé *le père Gérard*, était à l'époque de la convocation des états généraux en 1789, laboureur à Montgermont (Bretagne). Il fut élu à cette assemblée par le tiers état de Rennes. Il se distingua, non comme orateur, mais par son intelligence, son énergie, sa droiture et sa franchise. Il demanda la suppression des droits de bétail, des fours banaux, l'augmentation du traitement des ecclésiastiques, et se montra toujours le défenseur des droits du peuple. Après la session (1791), il revint dans son lot, alla mourir dans ses foyers. Collot d'Herbois lui a consacré, sous le nom d'*Almanach du père Gérard*, un ouvrage qu'il composa (1791) pour faire apprécier au peuple les avantages d'une constitution.

**GERBE**, réunion de plusieurs épis. Dans l'art du fontainier, c'est un faisceau de petits jets d'eau s'élevant à peu de hauteur, et, dans l'art de l'artificier, un grand nombre de fusées volantes qui, s'élançant en même temps d'une caisse de sapin de forme carrée, divisée en parties égales, figurent par leur expansion une gerbe lumineuse.

**GERBERT**. Voy. SYLVESTRE (papes.)

**GERBIER** (Pierre-Jean-Baptiste), avocat célèbre, né à Rennes en 1725 d'une famille de jurisconsultes. Inscrit au tableau des avocats en 1745, il plaida avec le plus grand succès les causes les plus difficiles. Il prononça au parlement en 1763, un discours pour l'abolition de l'ordre des jésuites. Il avait fait, dans le procès connu sous le nom de *procès de la bernardine*, condamner l'abbé de Clairvaux, à 40,000 écus de dommages envers une pauvre femme dont le mari avait été illégalement séquestré dans un couvent de bernardins. Élu bâtonnier en 1787, il mourut en 1788, regardé comme le premier des avocats, pour le feu de l'action, la pureté et l'énergie de l'élocution.

**GERBILLE** ou MÉRIONES, genre de mammifères rongeurs. Leur taille est petite, leurs yeux grands, ainsi que leurs oreilles; leurs pieds de derrière plus longs et plus gros que ceux de devant, ayant toujours cinq doigts; la queue est longue et velue. On trouve ces animaux dans les deux continents, où ils se creusent de vastes terriers. Leur couleur est brune ou claire, avec des teintes variées.

**GERBILLON** (J. François), né à Verdun en 1654, entra chez les jésuites en 1670, et fut envoyé à la Chine comme missionnaire. Il y arriva en 1688. L'empereur devint son élève et son protecteur. Il le chargea de régler les limites de la Russie avec la Chine, et le jésuite fut le médiateur d'une paix avantageuse. L'empereur, reconnaissant, le prit pour son maître de mathématiques et de philosophie. Il lui permit de faire prêcher la religion chrétienne dans ses États. Il mourut à Pékin en 1707, supérieur général des missions en Chine.

**GERBOISE**, genre de mammifères rongeurs, remarquables par l'élégance de leurs formes, par la longueur des membres postérieurs qui dépasse celle des antérieurs, et par la longueur démesurée de leur queue. On les trouve dans les pays chauds. Leurs yeux et leurs oreilles sont grands, la langue est douce et la lèvre supérieure fendue, garnie de moustaches; leur pelage est épais et de couleur fauve pâle. Les gerboises vivent dans les terriers; elles sont très-timides, et vivent de graines et de racines. Leur allure ordinaire est le saut; elles se servent des membres antérieurs pour porter les aliments à leur bouche.

**GERCE**. C'est, en marine, une fente, une ouverture dans une pièce de bois, provenant le plus souvent d'une longue exposition au froid ou au soleil.

**GERÇURE**, nom donné à des fentes ou crevasses peu profondes, qui surviennent dans l'épaisseur de la peau et à l'origine des membranes muqueuses. Les gerçures sont dues à une infinité de causes. Le froid en est la plus commune. On les observe principalement aux lèvres, aux mains, aux pieds, etc.

GERDIL (Hyacinthe-Sigismond), né en 1718 à Samoens (Savoie), entra dans l'ordre des barnabites (1732), où il avait terminé ses classes avec succès. Après avoir étudié les sciences morales et la théologie avec ardeur, il fut envoyé à Macerata pour enseigner la philosophie. Il obtint plus tard une chaire dans l'université de Turin, et fut choisi ensuite par le roi de Sardaigne pour être le précepteur de son petit-fils. Pie VI le créa cardinal en 1777. Il mourut en 1802. Il possédait une vaste érudition. On a de lui l'*Immatérialité de l'âme démontrée contre Locke*; de *l'Origine et de la Nature des idées*; une *Introduction à l'étude de la religion*.

GÉRÈRES, nom donné à quatorze femmes âgées qui assistaient dans ses fonctions la reine des sacrifices.

GERFAUT, espèce d'oiseau de proie, du genre faucon. C'est le *gerfaut lanier* ou *faucon gerfaut* que l'on recherchait beaucoup pour la chasse autrefois. Il ne présente pas des caractères bien tranchés, qui le distinguent des autres espèces du même genre.

GERGINES, famille ancienne de l'île de Chypre, qui était chargée héréditairement d'une partie de l'administration. Ils rendaient compte de tout ce qui arrivait, de tout ce qu'ils remarquaient de contraire aux lois du pays.

GERGOVIE, ville ancienne et célèbre des Gaules chez les Arverni (Auvergnats). César l'assiégea en vain, et fut forcé de lever le siège. On ignore quel nom porte aujourd'hui cette ville; on la croit voisine de Clermont.

GÉRICAULT (Jean-Louis-Théodore-André), peintre, né à Rouen en 1792, mort en 1826. Élève de Carle-Vernet et de Guérin, il exposa en 1812 *le Chasseur*. En 1814, il exposa une figure en pied, *le Carabinier*. En 1815, il fit plusieurs esquisses d'après les grands maîtres. En 1816, il partit pour l'Italie, et en 1819 il mit à l'exposition un tableau distingué, *le Naufrage de la Méduse*, qui fut acheté par le musée 6,000 francs.

GERLE (Dom Antoine-Christophe), chartreux, né dans la province d'Auvergne. Il fut élu député de Riom à l'assemblée constituante. Il provoqua l'abolition des ordres monastiques. Il abdiqua toutes les fonctions sacerdotales, et refusa le grand vicariat de l'archevêché de Meaux. Impliqué dans la prétendue conspiration de Catherine Théos, il fut mis en prison en 1794, et il n'en sortit que l'année suivante. Il mourut depuis dans la plus grande obscurité.

GERMAIN (Saint), né à Auxerre en 380. Il fut élu évêque de cette ville après la mort de saint Amateur. Député avec saint Loup, évêque de Troyes, par le pape Célestin et les évêques des Gaules en 429 pour combattre le pélagianisme, qui faisait des progrès en Angleterre, il obtint le plus grand succès. Envoyé une seconde fois en 434, il acheva de détruire l'hérésie. Il mourut en 448. On fait sa fête le 31 juillet.

GERMAIN (Saint), né à Autun en 496, succéda dans l'évêché de Paris à Eusèbe, et devint l'archichapelain du roi Childebert Ier. Il employa toute sa vie à entretenir l'union entre les fils de Clovis. Il mourut en 576, et fut enterré dans l'église du monastère de Saint-Vincent, fondée par Childebert, appelée depuis Saint-Germain des Prés. On fait sa fête le 28 mai.

GERMAIN. Plusieurs saints ont porté ce nom. L'un, évêque sous Hunéric, roi des Vandales, est honoré le 6 septembre. — SAINT GERMAIN, né à Capoue, devint évêque de cette ville en 510. Le pape Hormisdas l'envoya auprès de Justin Ier, empereur des Églises grecque et latine. Cette mission fut sans succès; il y eut beaucoup à souffrir de la part des hérétiques, et mourut en 541. On fait sa fête le 30 octobre. — SAINT GERMAIN, patriarche de Constantinople, né dans le VIIe siècle, fut d'abord évêque de Cyzique. Il fut nommé patriarche en 715, et abdiqua en 730. On prétend qu'il souffrit le martyre pour avoir soutenu l'adoration due aux images. On fait sa fête le 12 mai. — SAINT GERMAIN, né à Trèves sous Clotaire II, donna tous ses biens aux pauvres, et se retira dans le monastère de Grandfel, près de Bâle, dont il fut nommé abbé. Le duc Boniface le fit assassiner, fatigué qu'il était de ses remontrances (666). On fait sa fête le 21 février.

GERMAIN DES PRÉS (SAINT-), célèbre abbaye de l'ordre de Saint-Benoît, située à Paris. Elle fut fondée par Childebert Ier, fils de Clovis (558). Elle était, excepté de la juridiction de l'évêque diocésain, et jouissait de l'autorité seigneuriale sur le faubourg de son nom jusqu'en 1688, qu'elle céda ses droits à l'archevêque de Paris. Elle avait une bibliothèque de 80,000 volumes. Cette abbaye, annexée en 1731 à la congrégation de Saint-Maur, possédait une belle église qui existe encore.

GERMAIN EN LAYE (SAINT-), ville de France, du département de Seine-et-Oise, chef-lieu de canton de l'arrondissement de Versailles, à 9 lieues de cette ville et à 5 lieues de Paris. Population, 11,241 habitants. C'est une jolie ville, assez commerçante en cuirs, étoffes de crins et bas, et qui possède une bibliothèque de 3,200 volumes. Elle avait deux châteaux, où plusieurs rois ont fait leur séjour: l'un, qui subsiste encore, bâti depuis plusieurs siècles, et augmenté sous différents règnes, notamment par Louis XIV; l'autre, bâti par Henri IV, est en grande partie abattu. Autour de la ville est une forêt de 6 lieues de tour; elle contient plus de 8,500 arpents, tous entourés de murs.

GERMAINS, peuple d'origine asiatique, habitant primitivement le nord de la chaîne de montagnes qui réunissent l'Altaï et l'Himalaya au Caucase, et qui peuplèrent ensuite la Germanie quelques siècles avant J.-C. Leur religion avait beaucoup de rapport avec celle des Gaulois. Ils étaient forts et vaillants. Leurs armes étaient la *francisque*, espèce de hache, et l'*angon* ou javelot à crochet. Ils étaient divisés en bandes et en tribus. Les tribus, composées des vieillards, des enfants et des femmes, ne quittaient pas le pays; les bandes, composées de jeunes guerriers, allaient chercher des aventures belliqueuses. Ils avaient le plus grand respect pour les femmes.

GERMAINS, nom donné aux parents qui appartiennent à la fois aux deux lignes paternelle et maternelle. Les *frères germains* sont ceux qui sont issus du même père et de la même mère. Les *cousins germains* sont les cousins issus de germains.

GERMANDRÉE, genre de plantes de la famille des labiées. La *germandrée petit chêne* ou *chamædris* a une tige presque cylindrique, ligneuse, souvent couchée, longue d'environ dix-huit centimètres, velue, des feuilles ovales, cunéiformes, incisées, dures et pâles en dessus; des fleurs roses ou rouges, dont le calice est en forme de tube fendu en dessus. La *germandrée scordium* a une tige quadrangulaire, blanchâtre, velue, longue de seize à trente-deux centimètres, des feuilles ovales, dentées en scie, molles, des fleurs rouges, bleues ou blanches. Ces plantes sont stomachiques, fébrifuges et vermifuges. La deuxième exhale une forte odeur d'ail. Ces plantes habitent les lieux secs et incultes de l'Europe.

GERMANICUS, fils de Drusus et d'Antonia, nièce d'Auguste, fut adopté par l'empereur romain Tibère, l'an 4 de J.-C. Il commandait l'armée romaine en Germanie, lorsque ses soldats apprirent la mort d'Auguste, l'an 14 de J.-C. A cette nouvelle, ils le saluèrent empereur. Germanicus rejeta leurs offres, et continua la guerre contre les Germains avec succès. Mais Tibère, jaloux de sa gloire, le rappela à Rome. Peu de temps après, il fut envoyé en Orient pour apaiser les troubles d'Arménie. Il fit ensuite un voyage en Egypte; mais, à son retour, il trouva les troupes corrompues par Pison, confident de Tibère. Il l'exila. Quelque temps après, il mourut à l'âge de trente-quatre ans (l'an 19) en se disant empoisonné. Pison, accusé de ce meurtre, prévint le supplice en se donnant la mort. La mort de Germanicus consterna tout l'empire; Tibère seul fit éclater sa joie. Germanicus avait cultivé avec succès la poésie et l'éloquence. On a conservé quelques-unes de ses épigrammes.

GERMANICUS (*Germanique*), surnom que se donnèrent tous les généraux romains qui pénétrèrent dans le pays des Germains. L'empereur Domitius est un des plus célèbres. Il appliqua le nom de *Germanicus* au mois de septembre.

GERMANIE, grande contrée de l'Europe, comprenant tout le pays situé entre le Rhin, le Danube, la Theiss, la Vistule, la mer Baltique et la mer d'Allemagne. Au midi, elle était habitée par des *Allemans*, confédération formée de diverses tribus où dominaient les *Suèves* ou les *Souabes*, les *Bavarois* ou *Boïariens*, chassés de la Bohême par les Marcomans; à l'E., les *Marcomans*, les *Quades*, les *Hermondures* et les *Hérules*; à l'O., les *Franks*, confédération formée des *Bructères*, des *Saliens*, des *Sicambres*, des *Cattes*, des *Chamaves*, etc.; et sur la côte de l'Océan, les *Frisons*; au N., les *Vandales*, les *Bourguignons*, les *Rugiens*, les *Lombards*, tribus de la nation des Suèves, et remplacées par les *Vénèdes*, les *Angles* et les *Saxons*.

GERMANIQUE. On donnait ce nom à deux divisions de la Gaule ancienne sous les Romains. La GERMANIQUE PREMIÈRE était une portion orientale de la Belgique, entre la Belgique première et le Rhin. Elle comprenait cinq peuples: les *Caracales*, les *Vangiones*, les *Némètes*, les *Tribaci* et les *Rauraci*. La GERMANIQUE DEUXIÈME était une portion septentrionale de la Belgique. Elle était située entre les Belgiques première et deuxième et la grande Germanie. Elle était habitée par les *Tongres*, les *Ménapii*, les *Ubii*, les *Balaves*, les *Aduatiques*, les *Gugernes* et les *Toxandres*.

GERME, principe originaire, rudiment d'un être organisé qui n'est point développé. Le germe des plantes fécondé s'appelle *graine*. On a appliqué ce nom à la *plamule* ou petite tige quand elle sort de terre. Celui des mammifères fécondé s'appelle *embryon*. Quelques-uns croient que l'ovaire de la première femelle de chaque espèce contenait les germes de tous les individus qui ont existé et qui existeront jusqu'à l'extinction de son espèce. Ce système est celui de l'*emboîtement* des germes.

GERMIER (Saint), né à Angoulême, alla étudier à Toulouse, et parvint par sa science et ses vertus sur le siège épiscopal de cette ville en 512. Saint Germier travailla avec ardeur à déraciner les vices et les hérésies de son diocèse. Il mourut en 562. On fait sa fête le 16 mai. — SAINT GERMIER ou GERMER, premier abbé de Floy, près de Beauvais, se distingua par sa piété et ses pénitences austères. Il mourut en 658. On fait sa fête le 24 septembre.

GERMINAL, septième mois de l'année française sous la république, commençant le 21 mars et finissant le 19 avril. Il était ainsi nommé parce que c'est dans ce mois que la nature développe le germe des semences.

GERMINATION, nom donné, en botanique, au premier développement des parties contenues dans la graine confiée à la terre. Il n'a lieu que dans certaines circonstances qui facilitent ce développement. La faculté de germer dure plusieurs années, et même quelquefois plusieurs siècles, chez certaines plantes. La germination est généralement impossible à cinq ou six degrés au-dessous de zéro. Elle ne s'effectue pas au bout du même temps chez toutes les plantes. Elle se manifeste le premier jour chez le froment, le millet et le seigle ; le troisième jour, chez le haricot, la rave, la moutarde, l'épinard ; le quatrième, chez la laitue ; le cinquième, chez la citrouille; le sixième, chez la betterave, le raifort ; le septième, chez l'orge ; le dixième, chez le chou ; du quinzième au vingtième chez la fève ; du dix-huitième au vingtième, chez l'oignon. Il faut une année pour le pêcher, l'amandier, le noyer, le châtaignier ; deux pour le noisetier.

GERMOIR, sorte de cellier destiné, dans les brasseries, à la germination des grains. Le germoir doit être pavé en pierres unies et bien jointes pour qu'on puisse y placer les grains; les murs doivent être épais et les fenêtres bien fermées. Une voûte en pierre serait préférable à un plafond ordinaire, car l'humidité du lieu altérerait promptement ce dernier.

GERMON, genre de poissons assez ressemblants aux thons. Ils sont épais, lourds, d'une grande force, et appartiennent à la famille des scombéroïdes. Le germon commun a les nageoires pectorales étroites, très-longues, pointues, et ayant la forme d'une faux ; un corselet étendu formé par des écailles plus grandes et moins lisses que celles du corps; de chaque côté de la queue est une carène longitudinale qui permet au germon de s'élancer avec rapidité au-dessus ou au sein des eaux. Le dessus du corps est d'un bleu noirâtre, qui devient argenté sous le ventre. Ce poisson, très-vorace, habite la mer Méditerranée et les mers voisines. Sa chair est estimée à l'égal de celle du thon. Elle reste blanche par la cuisson. Le germon parvient au poids de quatre-vingts livres.

GÉRONTES, nom donné autrefois aux premiers moines, aux plus anciens. Ce mot vient du grec et signifie vieillards.

GÉRONTIQUE, livre célèbre parmi les Grecs. Il renferme les vies des Pères du désert.

GERRHONOTE, genre de reptiles propres à l'Amérique, ayant la tête pyramidale obtuse, terminée par un museau mousse ou arrondi, une bouche peu grande, une langue mince et large, les dents coniques et nombreuses, les narines placées à l'extrémité du museau, les yeux garnis de paupières, la queue longue, grêle, ronde, les pieds courts, la tête revêtue de plaques, le corps d'écailles grandes et carrées. Les gerrhonotes vivent dans les bois ou sous les pierres. Leur couleur est rousse, grise ou verdâtre. Ces animaux sont timides et incapables de nuire.

GERRHOSAURE, genre de reptiles qui se distinguent des gerrhonotes par la présence de pores placés le long des cuisses et par la disposition des écailles sur la tête. Ces animaux vivent dans l'Afrique. Ils sont assez petits, et ne font jamais de mal. Leur couleur est brune.

GERRIS, genre d'insectes hémiptères. Ils sont de forme très-allongée, conique en dessous, plate dessus ; la tête est triangulaire et les yeux saillants ; les pattes postérieures sont longues, et terminées par de petits crochets ; les pattes antérieures sont courtes. On trouve ces insectes en grand nombre sur les eaux tranquilles ; ils glissent sur la surface sans se mouiller, à cause du duvet soyeux qui les recouvre. Ils sont carnassiers, et longs de six lignes environ. Leur couleur est d'un brun roussâtre.

GERS, rivière de France, appelée autrefois Ergicius. Elle prend sa source près de Lannemazan (Hautes-Pyrénées), traverse le département auquel elle donne son nom, dans une longueur de 130,000 mètres, et se jette dans la Garonne près de Lairac (Lot-et-Garonne).

GERS, département français, région du S.-O., formé de parties de la Gascogne et de la Guienne (Armagnac, Astarac, Lomagne, Condomois, etc.). Il est borné par les départements de Lot-et-Garonne, de Tarn-et-Garonne, de la Haute-Garonne, des Hautes-Pyrénées, des Basses-Pyrénées et des Landes. Il tire son nom d'une rivière qui le traverse du S. au N. Sa superficie est de 651,903 hectares, et sa population de 320,000 habitants. — Il est divisé en cinq arrondissements : Auch (chef-lieu), Condom, Lectoure, Lombez, Mirande. On y remarque la cathédrale d'Auch, l'église de Simorre, les vignobles de l'Armagnac, qui donnent de bonne eau-de-vie, les ruines de la cité romaine d'Elusa, etc. Il est compris dans la vingtième division militaire, le diocèse d'Auch, le ressort de l'académie et de la cour d'appel d'Agen. — Ce département est essentiellement agricole. Le produit annuel du sol est, en céréales, de 1,200,000 hectolitres ; en vins, de 900,000. On y élève beaucoup de bestiaux, des chevaux et mulets très-estimés et de belles bêtes à laine. Le commerce a surtout pour objet les productions du sol. La fabrication des eaux-de-vie, la minoterie et la tannerie occupent le premier rang dans l'industrie locale. Il y a aussi des fabriques de poterie, de toiles, d'étoffes de coton, de crème de tartre, des verreries, des faïenceries.

GERSON (Jean CHARLIER DE), né en 1353 dans le diocèse de Reims, devint curé de Saint-Jean en Grève, puis chancelier de l'université de Paris. Elève de Pierre d'Ailly, il fut mêlé à tous les débats religieux de son siècle. Sa doctrine de la supériorité du concile sur le pape est développée dans son célèbre traité De auferibilitate papæ. Il reste de lui un grand nombre de traités mystiques, et quelques auteurs lui attribuent l'Imitation de Jésus-Christ. Il se trouva au concile de Constance, et mourut en 1429, regretté des gens de bien.

GERTRUDE (Sainte), fille de Pepin de Landen, maire du palais, née dans le Brabant en 626. Elle se retira dans le couvent de Nivelle, et en devint abbesse. Elle se livra à la pratique des vertus et des plus austères pénitences, assistant les pauvres et tenant ses religieuses dans une observance exacte des règlements. Elle se démit de sa charge en 656, et mourut en 659. On fait sa fête le 17 mars.

GERVAIS (Saint) et SAINT PROTAIS, fils de saint Vital et de sainte Valérie, souffrirent le martyre vers 304 à Milan. Leurs corps furent découverts en 380 dans cette ville par saint Ambroise, et placés dans la basilique ambrosienne. On ne sait rien de leur vie. On fait leur fête le 19 juin.

GÉRYON (myth.), géant de la mythologie grecque, fils de Chrysaor et de Callirrhoé. Il avait trois têtes et trois corps, et régnait dans l'île de Gades, où il avait de nombreux troupeaux gardés par Eurython et un chien à deux têtes appelé Orthos. Hercule tua Géryon, Eurythion et Orthos, et enleva les troupeaux.

GÉRYON (SAINT-), ordre militaire sous la règle de Saint-Augustin, fondé par l'empereur Frédéric Barberousse. Il fallait, pour y être admis, être Allemand et gentilhomme. Les chevaliers portaient l'habit blanc avec une croix noire.

GÈSE (gæsum), javelot gaulois d'une extrême légèreté. Les Romains l'adoptèrent ainsi que les Grecs. Ces derniers l'appelèrent ysse.

GÉSIER. On appelle ainsi, chez les oiseaux, l'estomac proprement dit, communiquant au jabot et avec les intestins. Le gésier est situé à gauche et au-dessus du foie. Sa forme est arrondie.

GESNÉRIE, genre de la famille des campanulacées, renfermant des plantes herbacées, remarquables par leur élégance et la beauté de leurs fleurs. La gesnérie cotonneuse est originaire de l'Amérique. Sa tige, ligneuse, haute de trois à sept pieds, est chargée de feuilles d'une odeur fétide ; les fleurs, sur un fond jaunâtre, ont de jolies taches rouges, et sont réunies en grappes. Le fruit est une capsule à une seule loge.

GESNÉRIÉES, famille de plantes que l'on a voulu séparer des campanulacées, et dont le type est la gesnérie. Mais on continue à les regarder comme formant un groupe dans la famille des campanulacées.

GESSE, genre de plantes de la famille des légumineuses, à tiges anguleuses, souvent grimpantes, renfermant un grand nombre d'espèces cultivées ou pour l'agrément ou pour la nourriture des bestiaux. La gesse cultivée, appelée aussi pois-breton, à fleurs violettes ou blanches, la gesse chiche ou jarosse, à fleurs rouges, et la gesse à larges feuilles ou pois à bouquets, sont cultivées pour fournir la nourriture aux volailles et aux bestiaux ; la gesse odorante (pois de senteur, pois à fleurs) est cultivée dans les jardins à cause du parfum et de l'éclat de ses fleurs ; la gesse à feuilles variables ou hétérophylle fournit un fourrage excellent.

GESSEN, petite contrée d'Egypte, que Pharaon donna à la famille de Jacob. Elle était renommée pour sa fécondité.

GESSNER (Conrad), surnommé le Pline de l'Allemagne, né à Zurich en 1516, mort en 1565, professa la médecine et la philosophie avec éclat, et employa toute sa vie à l'étude de la botanique et de l'histoire naturelle. C'est à lui que l'on doit l'idée d'établir les genres de plantes par rapport à leurs fleurs, leurs semences, leurs fruits, et la première culture de la tulipe en Europe. Ses principaux ouvrages sont : Historia animalium (histoire des animaux), Opera botanica (œuvres de botanique).

GESSNER (Salomon), né à Zurich en 1730, mort en 1787. Il fut imprimeur, peintre, graveur, musicien et poëte. Il débuta dans le monde littéraire par le poëme de la Nuit, qui fit peu de sensation. Ceux de Daphnis et du Premier Navigateur (1755) eurent plus de succès. Il publia en 1756 un recueil d'idylles, et en 1758 le poëme de la Mort d'Abel, qui mit le sceau à sa gloire. Il est encore l'auteur des pastorales dramatiques d'Eraste et d'Evandre. Ses œuvres ont été traduites dans toutes les langues.

GESTATION, temps pendant lequel une femelle porte un fœtus dans son sein. La durée de la gestation varie suivant les espèces et les genres d'animaux. La femme porte deux cent soixante et dix jours ou neuf mois ; les femelles de l'éléphant, du rhinocéros, du chameau, la jument et l'ânesse portent onze mois ; la vache, neuf mois ; les cerfs, les élans, etc., huit mois; les chamois, les gazelles, les chèvres, les brebis, cinq mois ; la truie, quatre mois ; la lionne, cent dix jours ; la louve, soixante et treize jours ; la chienne, soixante-trois; la chatte cinquante-six ; les lièvres et les lapins, trente jours ; les rats, cinq à six semaines.

GESTRICIE, GESTRIKLAND. Voy. GEFLEBORG.

GÉTA, fils de l'empereur Septime Sévère et de Julia Domna, et frère de Caracalla. Après la mort de son père, il régna conjointement avec son frère. Celui-ci, à qui ses vertus et sa popularité faisaient ombrage, tenta de l'empoisonner et le poignarda dans les bras de sa mère, qui fut blessée en le défendant (212). Géta n'avait que vingt-trois ans.

GÈTES, peuples de la Scythie d'Europe, dans le voisinage des Daces. On les a souvent confondus avec les Thraces. Du temps d'Auguste, ils occupaient la rive gauche du Danube. Sous Claude, ils s'établirent sur la rive droite. C'est dans le pays des Gètes qu'Ovide fut exilé.

GÉTULIE, contrée de la Libye, voisine des Garamantes, formant une partie du royaume de Massinissa. La Gétulie s'appelle aujourd'hui Biledulgérid.

GÉVAUDAN (Gabalicus pagus), petit pays de France, montagneux et stérile, entre les Cévennes au S. et l'Auvergne au N. Mende en était la capitale. Il a formé une partie du département de la Lozère. Le Gévaudan a eu longtemps ses comtes particuliers. Les évêques de Mende en devinrent titulaires en 1306. Le Gévaudan fut réuni à la couronne en 1561.

GEX (PAYS DE), petit pays de France, long de 7 lieues sur 6 de large, dont la capitale était Gex, et qui forme maintenant un arrondissement du département de l'Ain, dont la population est de 20,000 habitants. Le pays de Gex a été réuni à la couronne en 1601.

85

GEX, sur le torrent de Jouant, au pied de la chaîne du Jura, chef-lieu d'arrondissement du département de l'Ain, à 27 lieues et demie de Bourg. Sa population est de 3,000 habitants. Cette ville, nommée autrefois *Gesium*, était la capitale du petit État indépendant de Gex. Il se fait dans cette ville un grand commerce de fromages, de cuirs et de vins. Gex a un tribunal de première instance.

GHILAN, province de la Perse, sur les bords de la mer Caspienne. Elle est d'une grande étendue, et est habitée par plus de 60,000 familles. La capitale est *Reschi*. Cette province est très-fertile en soie, huile, vin, riz, fruits, pâturages de bonne qualité. Les habitants sont très-industrieux.

GHINGHI (Francisco), célèbre graveur en pierres fines, né à Florence en 1689. Il excella surtout à graver des camées et des bijoux dans le goût antique. Le prince Ferdinand fut son plus zélé protecteur. Ses plus fameux ouvrages sont le *portrait du grand-duc Cosme III*, fait sur une calcédoine de deux couleurs, celui de *Savonarole*, un *Adrien*, un *Trajan*, la *Vénus de Médicis*, faite sur une améthyste du poids de 18 livres, après dix-huit mois de travail. Il fut fait directeur des professeurs dans l'art de graver les pierres précieuses, à Naples. Il mourut vers 1770.

GIAFAR ou DJAFAR, Arabe de la famille des Barmécides, devint ministre et confident du calife Haroun-al-Raschild. Il fut si avant dans sa confiance que le calife lui donna la main de sa sœur Abassa, à condition qu'il n'userait pas des droits du mariage. Giafar ayant eu un fils d'Abassa, Haroun-al-Raschid fit saisir et décapiter Giafar, et proscivit les Barmécides.

GIANNONE (Pietro), né dans le royaume de Naples en 1680, mort en 1748. Son *Histoire de Naples*, écrite avec liberté, lui attira l'inimitié de la cour de Rome, qui n'y était pas ménagée. Elle fit tous ses efforts pour faire disparaître l'auteur et l'ouvrage. Giannone se réfugia en Piémont, où le roi de Sardaigne le fit emprisonner, mais le tint à l'abri de la cour de Rome. Il est encore l'auteur d'un grand nombre d'ouvrages.

GIANOTTI ou GIANOZZO MANUTTI, sénateur de Florence, né dans cette ville en 1398. Il s'appliqua avec ardeur à l'étude de la théologie, des langues et des mathématiques. Il y acquit de vastes connaissances. Son éloquence brillante et facile lui fit un nom célèbre dans sa patrie, non moins que sa piété et ses vertus. Quelques citoyens ambitieux ayant changé le gouvernement de Florence, il s'exila de lui-même pour ne pas voir sa patrie malheureuse, et mourut à Naples en 1459. Il a écrit une foule d'ouvrages, entre autres : *de l'Éducation des enfants, des Vieillards illustres, de la Dignité de l'homme, du Mouvement de la terre, la Vie de Socrate, de Sénèque, de Dante, de Pétrarque, de Boccace, de Nicolas V, du roi Alphonse*, etc., et plusieurs *discours*.

GIAOUR, nom que les Turks donnent aux infidèles, aux chrétiens.

GIBBIE, genre d'insectes coléoptères. Ils sont de très-petite taille et ont, au premier aspect, l'apparence de grosses puces. Leur tête est petite, l'abdomen globuleux, le corselet très-court. Ces insectes de couleur brun-rouge font beaucoup de tort dans les herbiers.

GIBBON ou HYLOBATE, genre de mammifères, placés dans l'ordre des singes et voisins des orangs. Ils manquent de queue et n'ont pas d'abajoues; leur pelage est épais, le museau court, le cerveau bien développé; leurs oreilles sont de forme humaine, les bras ont les mêmes proportions que chez les hommes, et ne descendent pas au-dessous du genou. Ce dernier point les sépare des autres espèces de singes voisines. Les membres sont longs, minces et grêles; leurs fesses ordinairement calleuses. Ils ont le même nombre de dents que l'homme. Ces animaux, dont la taille est moyenne, sont doux, timides et d'une grande agilité. Ils vivent de tout ce qu'ils rencontrent. On les trouve dans l'Asie. Le pelage est noir. On distingue plusieurs espèces, le *gibbon hoolock*, propre à la domesticité, le *gibbon syndactyle* ou *siamang*, le *gibbon agile*, etc.

GIBBON (Edward), célèbre écrivain anglais, né à Putney dans le Surreyshire en 1737. Il abjura d'abord le protestantisme, et changea une seconde fois de religion. En 1761, il publia un *Essai sur l'étude de la littérature*. En 1764, il commença son grand ouvrage, *Histoire de la décadence et de la chute de l'empire romain*, qui le plaça au même rang que Hume et Robertson, et qui est regardé comme un chef-d'œuvre. Il fut deux fois député au parlement; fut nommé en 1779 lord commissaire du commerce et de l'agriculture, et mourut en 1794.

GIBBOSITÉ, déviation de la colonne vertébrale, produite par l'altération du tissu osseux. Elle arrive principalement chez les enfants chétifs, scrofuleux, mal nourris, habitant des lieux froids, humides et obscurs, et se manifeste le plus ordinairement avant la puberté et souvent à l'époque du sevrage.

GIBECIÈRE, petit sac en peau chamoisée, dans lequel les chasseurs renferment la poudre, le plomb, les balles, etc. Il est fermé par une garniture à ressort, en fer ou en cuivre, et s'ouvre par un bouton placé dans la partie supérieure. Dans l'intérieur, la gibecière est divisée en trois cavités; la première contient la poire à poudre et le plomb, la deuxième les balles, la troisième le papier ou les étoupes pour bourrer la charge. Une bande de cuir fixée aux deux côtés de la gibecière sert à la porter en bandoulière sur le côté droit. — On nomme vulgairement, mais à tort, *gibecière* la *carnassière* ou *panière*, espèce de sac formé par un filet et trois fortes toiles cousues ensemble. Le tout est recouvert par un morceau de filet ou de toile. On y place le gibier et les provisions de bouche.

GIBECIÈRE, nom vulgaire que l'on donne aux mollusques nommés *peignes*, dont la coquille est composée de deux valves également creuses. On en fait des bourses en Italie.

GIBELINS, dénomination donnée généralement aux partisans de la maison de Hohenstauffen et par conséquent des empereurs par opposition aux Guelfes ou Welfs, partisans des ducs de Bavière et dans la suite du pape. Le mot de Gibelins vient du château de Wibling, que possédaient les Hohenstauffen, d'où on a fait Wiblingen et puis Gibelins.

GIBERNE, espèce de coffre en bois dans lequel les soldats mettent leurs cartouches. Il est fait d'un morceau de bois de noyer ou de charme, au milieu duquel est creusé un trou assez grand pour contenir plusieurs paquets de cartouches. Cette boîte est enveloppée d'un cuir noir qui se ferme par un couvercle, et est ornée d'une plaque aux armes du souverain ou du corps. On la porte sur la hanche droite, par un baudrier de buffle teint en blanc, qu'on passe en écharpe sur l'épaule gauche. Les troupes légères et la cavalerie portent de plus petites gibernes à la ceinture. Toutes les nations se servent de gibernes. Les Allemands les ont très-grandes, les Turks très-petites, mais en grand nombre.

GIBRALTAR, détroit qui sépare l'Afrique de l'Europe, et qui sert de passage aux vaisseaux qui vont de l'Océan dans la Méditerranée et réciproquement. Il a environ 10 lieues de longueur sur quatre ou cinq de large. Les courants qui portent à l'E. rendent la sortie très-difficile.

GIBRALTAR, pirate ville très-forte d'Espagne dans l'Andalousie, bâtie sur un rocher escarpé, que baigne le détroit de Gibraltar, à 32 lieues de Séville, 25 de Malaga et 112 de Madrid. Jusqu'à l'arrivée des Sarrasins en Espagne (711), le rocher de Gibraltar porta le nom de *mons Calpe*. A leur arrivée, Tarik, leur général, lui donna son nom et l'appela Geb-al-Tarik (montagne de Tarik). Depuis 1704, Gibraltar appartient aux Anglais.

GICLET, nom vulgaire donné à l'*élatérie*, plante de la famille des cucurbitacées, dont le fruit ressemble à un cornichon par sa forme, sa grosseur et sa couleur d'un vert pâle. — Ses tiges sont courtes, réunies en touffes, et ne s'accrochent pas aux plantes voisines comme ses congénères. Le giclet est remarquable par la manière dont ses graines s'échappent par le trou formé à l'extrémité inférieure du fruit lorsqu'il se détache de la tige. On nomme encore le giclet *concombre gicleur*; *concombre sauvage* ou *des ânes*, *concombre d'attrape*, *momordique vesceuse*.

GIEN, chef-lieu d'arrondissement du département du Loiret, sur la rive droite de la Loire, à 15 lieues et demie d'Orléans. Sa population est de 5,400 habitants. Cette ville avait jadis titre de comté, et faisait partie du Gatinais-Orléanais. On y voit un beau château bâti, à ce que l'on croit, par Charlemagne, et qui a été habité par plusieurs rois de France, entre autres Charles VII, François Ier et Louis XIV. Gien possède un tribunal de première instance et un établissement célèbre de bains. Cette ville commerce en laine et étoffes.

GIER, petite rivière qui prend sa source au mont Pilat (département de la Loire), et se jette dans le Rhône. Elle forme, en coulant sur d'immenses rochers une cascade, dont la hauteur est de 60 pieds, connue sous le nom de *saut de Gier*.

GIGARTINE, genre de plantes cryptogames de l'ordre des floridées, de la famille des hydrophytes. Les rameaux sont toujours cylindriques, pleins de tubercules sphériques ou d'expansions foliiformes. Le tissu est formé de mailles très-petites. Leur forme varie beaucoup; leur couleur est d'un rouge de pourpre plus ou moins foncé; leur grandeur varie entre un ou huit décimètres de hauteur. On les trouve dans toutes les mers. Une espèce entre dans la composition de la mousse de Corse.

GIGERI, ville d'Afrique dans la régence d'Alger, à 10 lieues de Bougie et 18 lieues de Constantine, située à la mer, avec un port défendu par une citadelle. Les indigènes l'appellent *Gigel*.

GIGUE, air de danse d'un mouvement vif, à mesure binaire et à division ternaire. Le mouvement de cet air a été employé par un grand nombre de compositeurs du XVIe et du XVIIIe siècle dans leurs pièces instrumentales.

GILBERT (Nicolas-Joseph-Laurent), né près de Remiremont en 1751. Fils de pauvre laboureur, il vint à Paris pour se faire un nom. En 1772, il concourut pour le prix de l'académie française avec une pièce intitulée : *le Poète malheureux*, ou *le Génie aux prises avec la fortune*. En 1773, il envoya au concours son ode du *Jugement dernier*. Il publia successivement les satires, *le Dix-Huitième Siècle* et *Mon Apologie*. Une chute de cheval dérangea son cerveau. Porté à l'Hôtel-Dieu, il avala une clef dans un accès de folie, et y mourut en 1780.

GILBERT (Guillaume), médecin de la reine Élisabeth, né à Colchester en 1540, mort en 1603. Il fut le premier inventeur de deux instruments dont se servent les marins pour observer la latitude quand le temps est couvert. Il est aussi le premier des modernes dont les découvertes importantes sur le magnétisme doivent exciter l'attention. Son livre *De magnete* contenait toute la science à cette époque.

GILIMER. Voy. GELIMER.

GILLES (Saint), abbé en Languedoc, vint d'Athènes, sa patrie, dans les Gaules, vers la fin du Ve siècle. Il s'arrêta à Arles, et alla ensuite se retirer dans un désert près du Rhône, où il bâtit un monastère, vivant d'herbes et d'eau. Childebert, roi de Paris, l'attira à sa cour; mais il revint dans sa solitude, et y mourut en 547. On fait sa fête le 1er septembre.

GILLES (Pierre), né à Albi en 1490, acquit de vastes connaissances dans les langues grecque et latine, la philosophie et l'histoire naturelle. François Ier l'envoya voyager dans le Levant à ses frais ; mais, poussé par la misère, il fut forcé de s'enrôler dans les troupes de Soliman II, sultan des Turks. Revenu en France, il fut chargé des affaires de ce pays à Rome, et y mourut en 1555. On a de lui un livre *sur la Force et la Nature des animaux* ; *sur le Bosphore de Thrace* ; quatre livres *sur la Situation de Constantinople*, etc.

GILLES-LES-BOUCHERIES (SAINT-), chef-lieu de canton du département du Gard, sur le canal de Beaucaire, à 5 lieues de Nîmes. Sa population est de 5,600 habitants. Cette ville est ancienne, et doit son nom et son origine à une abbaye fondée par saint Gilles, abbé, au Ve siècle. Les rois visigoths y avaient un palais. — Un bassin assez étendu du canal de Beaucaire sert de port aux bateaux qui s'arrêtent à Saint-Gilles. Cette ville commerce en vins estimés.

GILLES-SUR-VIE (SAINT-), chef-lieu de canton du département de la Vendée, à 7 lieues et demie des Sables-d'Olonne. Cette ville, dont la population est de 1,200 habitants, a un petit port de mer sur l'Océan, au confluent de la Vie et du Jaunay, et près de leur embouchure dans la mer. Ce port peut recevoir des bâtiments de 60 à 80 tonneaux. Les marais salants, la construction des barques de pêche et la pêche de la sardine entretiennent l'industrie commerciale.

GIMONT, chef-lieu de canton du département du Gers, à 5 lieues d'Auch. Sa population est de 2,800 habitants. Cette ville, située sur le ruisseau de la Gimone, fut fondée, dans le Xe siècle, sur un terrain cédé par une abbaye de bernardins. Avant 1789, Gimont possédait une justice royale et un collège de doctrinaires. Ce collège existe encore. On trouve dans le voisinage une mine de turquoises qui n'est pas exploitée.

GIN (Pierre-Louis-Claude), né à Paris en 1726 ; d'abord avocat, puis conseiller au parlement et au grand conseil, il perdit cette charge en 1791 par suite de la suppression des cours souveraines. Il se livra alors à des travaux littéraires. Dans le procès de Louis XVI (1792), il adressa à la convention un plaidoyer en faveur de ce prince, et fut incarcéré avec sa famille. Il resta en prison jusqu'en 1794, qu'il fut nommé maire de Clamart-sous-Meudon. Il mourut en 1807. Il a laissé un grand nombre d'écrits : un *Traité de l'éloquence du barreau*, *des vrais principes du gouvernement*, une édition des œuvres complètes d'Homère, d'Hésiode et de Théocrite ; une *traduction* des Bucoliques de Virgile, des odes de Pindare, etc.

GINGEMBRE, genre de plantes de la famille des amomées, originaires des Indes orientales, et dont la culture prospère aux Antilles et à la Guyane. Sa racine est tuberculeuse, de la grosseur du doigt, coriace, blanche ; l'odeur en est piquante, la saveur brûlante et aromatique. Elle entre dans une foule de préparations pharmaceutiques ; confite au sucre, elle fournit un excellent digestif. Elle entre aussi dans les remèdes cordiaux et stomachiques ; on en assaisonne les ragoûts après l'avoir râpée. On en fait une huile essentielle, très-irritante, un élixir et des confitures stomachiques.

GINGLYME, nom donné, en médecine, à une espèce d'articulation qui ne permet des mouvements qu'en deux sens. On la nomme aussi *articulation en charnière*. — On nomme *ginglymoïdal* ou *ginglymoïde* ce qui a rapport ou ressemble au *ginglyme*.

GINKGO ou GINGKO, genre de la famille des conifères, renfermant des arbres originaires de la Chine et du Japon, introduits en France en 1758, où on les nomma d'abord *arbres aux quarante écus* et *noyers du Japon*. Les feuilles sont larges, sillonnées de veines nombreuses, parallèles, rassemblées sur les nœuds des branches. Les fleurs naissent au sommet des rameaux ; le fruit est un drupe ovale, d'un jaune pâle, renfermant un noyau ; ce fruit, blanc dans l'intérieur, est gros comme une prune ou une noix ; il est assez agréable au goût ; rôti, il a le goût de la châtaigne. Le bois est tendre, revêtu d'une écorce grisâtre, crevassée, un peu ridée ; le tronc monte de trente à cinquante pieds de haut, et se couronne d'une pyramide de feuilles. Cet arbre vit très-longtemps.

GINGRINE, espèce de flûte lugubre, dont on se servait chez les anciens dans plusieurs cérémonies religieuses, et principalement pendant les fêtes d'Adonis.

GIN-SENG ou GIN-SIN ou PANAX, genre de la famille des araliacées, renfermant des plantes propres à l'Asie orientale et à l'Amérique. La tige est simple, droite, unie, annuelle, haute de trente à quarante centimètres, garnie à son sommet de trois feuilles, composées chacune de cinq folioles inégales, vertes, ovales, lancéolées, aiguës et dentées sur leurs bords. Au milieu sont des fleurs d'un jaune herbacé. Le fruit est une baie à deux noyaux. La racine est charnue, raboteuse, roussâtre au dehors, jaune pâle et en dedans, inodore. La saveur est aromatique, d'abord sucrée, ensuite âcre et amère. Elle est tonique et stimulante. Les Chinois la regardent comme un remède universel.

GINGUENÉ (Pierre-Louis), né à Rennes en 1748. Ce littérateur distingué, membre de l'Institut, se fit connaître par son ouvrage : *la Confession de Zulmé* ; l'élégie sur la mort du duc de Léopold de Brunswick, l'*éloge de Louis XII* (1786-1788), les *Lettres sur les Confessions de J.-J. Rousseau* (1791), sa brochure *de l'Autorité de Rabelais dans la révolution présente*, parurent successivement. Il contribua à la rédaction de la *Feuille villageoise*, et plus tard de la *Revue philosophique*, et s'acquit une grande renommée par son *Histoire littéraire d'Italie*. Il mourut en 1816.

GIOIA (Flavio), capitaine de vaisseau né près d'Amalfi vers 1300, connut les propriétés de l'aimant, et inventa, dit-on, la boussole ; d'autres croient qu'il n'a fait que la perfectionner.

GIORDANO (Luc), peintre célèbre, né à Naples en 1632. Il fut disciple de Joseph Ribera (l'Espagnolet), et s'adonna à l'imitation des plus fameux peintres avec tant de bonheur que les connaisseurs s'y trompaient. Ses principaux ouvrages sont au palais de l'Escurial, à Madrid, à Florence et à Rome. Il mourut en 1704.

GIORGION-BARBARELLI (Georges), peintre célèbre, né à Castel-Franco en 1478, s'adonna d'abord à la musique, et acquit de vastes connaissances. Il étudia la peinture sous Bellini. Il introduisit à Venise la coutume de peindre les dehors des maisons. Il mourut en 1511. Il est le fondateur de l'école de Lombardie ; il savait ménager adroitement dans ses travaux les jours et les ombres ; son dessin est délicat, et ses figures ont beaucoup de naturel.

GIOTTO (LE), peintre fameux, né aux environs de Florence de parents pauvres. Cimabué le prit avec lui, lui enseigna la peinture, et en fut bientôt surpassé. On lui doit entre autres tableaux la mosaïque de *Saint Pierre marchant sur les eaux*, sur la porte de l'église Saint-Pierre à Rome, et qu'on appelle *la Nave del Giotto*. Il orna de six fresques le Campo-Santo et le chœur de Santa-Croce de Florence. Le musée du Louvre possède son tableau de la *Vision de saint François*. Né en 1266, ou en 1276, il mourut en 1334.

GIRAFE, genre de l'ordre des ruminants. Ce mammifère a le tronc petit, la tête petite, surmontée par un long cou, et ornée de trois cornes qui ne tombent jamais. Ses membres postérieurs sont beaucoup moins élevés que ses membres antérieurs. Son pelage, ras et blanchâtre, est parsemé de larges taches, fauves chez les femelles et les jeunes individus, noires chez les vieux et les mâles. Sa queue, terminée par une touffe épaisse de crins durs, et sa crinière droite et entremêlée de poils noirs et jaunes, sont très-petites. La girafe habite les déserts de l'Afrique, et court avec une vitesse extrême. Sa taille dépasse vingt et un à vingt-deux pieds.

GIRAFE ou CAMÉLÉOPARD, constellation septentrionale formée de trente-sept étoiles, dont les plus belles sont de quatrième grandeur. Elle est située entre le Dragon, l'étoile polaire, Persée, le Cocher et le Lynx.

GIRANDE ou GIRANDOLE. C'est, en hydraulique, un faisceau de plusieurs jets d'eau qui s'élèvent à une certaine hauteur en forme de gerbe. — Les artificiers appellent ainsi un faisceau l'ensemble de plusieurs fusées volantes, qui simulent une gerbe de feu. On le nomme aussi le *bouquet*. — La *girandole* est aussi un soleil dont le plan est horizontal, et qui, tournant sur son axe par l'action du feu, imite une nappe d'eau. Quelquefois ces soleils sont composés de plusieurs cercles disposés parallèlement l'un sur l'autre, mais dont la *grandeur* va en décroissant jusqu'au sommet. Les jardiniers appellent *girandole* un arbre taillé en pyramide. — On nomme vulgairement aussi l'*amaryllis oriental*, le *dodécathéon de Virginie*, la *charagne* et le *plumeau*. — La *girandole* est aussi un chandelier à plusieurs branches.

GIRARDON (François), né à Troyes en 1630. Ce fameux statuaire et architecte eut pour maître Laurent Mazière, fut nommé après la mort de Lebrun inspecteur général de tous les morceaux de sculpture, fut reçu membre de l'académie de peinture en 1657, professeur en 1659, recteur en 1674 et chancelier en 1695, et mourut en 1715. Ses ouvrages les plus remarquables sont le *Mausolée du cardinal de Richelieu*, la statue équestre de Louis XIV (renversée et brisée en 1792), l'*Enlèvement de Proserpine par Pluton*, et les *groupes* qui embellissent les bosquets des bains d'Apollon à Versailles.

GIRASOL, nom donné autrefois aux plantes dont la fleur suit les mouvements du soleil. On l'applique encore à l'*hélianthe annuel*, à quelques champignons, mais principalement à l'*héliotrope*. — Les minéralogistes ont appelé ainsi plusieurs substances minérales qui reflètent les rayons de lumière. Tels sont le *corindon-astérie*, une *opale*, etc.

GIRAUD (Jean), célèbre auteur dramatique italien, né à Rome en 1773 d'une famille française. A vingt-six ans, il fit représenter à Venise sa première pièce, l'*Onestà non si vince* (l'honnêteté ne se gagne pas). Il composa dans la suite près de vingt pièces de caractère, dont les plus connues sont l'*Ajo nell' imbarazzo* (le Précepteur dans l'embarras) et l'*Inamorato al tormento* (l'amant au désespoir). Le comte Giraud est mort en 1832.

GIRAUMONT, variété du *pépon*, espèce du genre *courge*, de la famille des cucurbitacées. Le fruit est très-gros, de forme et de couleur variables (verte, jaune, orangée, etc.), couvert quelquefois de nombreuses verrucosités. La chair est fine, pâle, excellente à manger. Cette variété est une de celles qui s'emploient le plus dans l'art culinaire. On la nomme aussi *citrouille*.

GIRELLE, genre de poissons de l'ordre des labres. Leur tête est lisse et sans écailles. Ces poissons vivent par troupes, et se plaisent parmi les rochers. Ils sont de petite taille, et ornés des plus belles couleurs, qui les mettent au nombre des plus jolis poissons d'Europe. La *girelle commune* est de couleur violette, ornée d'une bande orangée. Elle habite nos mers. La *girelle rouge* est d'un beau rouge d'écarlate. La *girelle turque* est verte, avec des bandes bleues et des taches rousses et noires.

GIRODET-TRIOSON (Louis-Anne de Roussysy), peintre né à Montargis en 1767. Son nom de Trioson lui vient de M. Trioson, chirurgien qui l'adopta. Girodet remporta en 1789 le grand prix du concours, et c'est de Rome qu'il envoya à Paris son tableau d'*Endymion*. Il a peint *Hippocrate refusant les présents d'Artaxerce, une Scène du déluge, Atala au tombeau, la Reddition de Vienne, Galatée et Pygmalion, la Révolte du Caire, Joseph vendu par ses frères, Danaé, Fingal, les Quatre Saisons, Ossian, Stratonice et Antiochus*. Girodet mourut en 1824. Il était aussi poète, et a fait entre autres pièces le poëme du *Peintre*.

GIROFLE et GÉROFLE (CLOU DE), nom donné vulgairement à la fleur non épanouie du giroflier, dont on fait la récolte aux mois de septembre et d'octobre, et qu'on fait ensuite sécher au soleil. Les clous de girofle renferment une quantité considérable d'une huile aromatique essentielle, épaisse, brune, très-pesante, à laquelle ils doivent leur propriété aromatique, et leur saveur âcre et brûlante. Les clous de girofle s'emploient comme assaisonnement ou comme médicament. Les petites tiges qui supportent les fleurs servent au même usage, et se nomment *griffes de girofle*.

GIROFLÉE, plante de la famille des crucifères, aux fleurs d'une odeur suave et d'un jaune éclatant mêlé de brunâtre, rouges ou blanches, disposées en grappes. On en connaît trente-huit espèces, dont huit sont naturelles à la France. On appelle vulgairement ces plantes *violiers*. Une espèce se trouve communément sur les murailles.

GIROFLIER ou GÉROFLIER, végétal de la famille des myrtinées. C'est un grand arbrisseau toujours vert, à forme pyramidale et à fleurs roses. Le giroflier est originaire des Indes orientales, et croît spontanément aux Moluques. On l'a transplanté dans plusieurs localités, telles que les îles Maurice, Mascareigne, à la Guiane, aux Antilles, etc. Le fruit de forme ovoïde, se vend dans le commerce sous le nom de *antofles, clous-matrices, mères de girofle, mères de fruits*, etc.

GIRON (D. Pierre), duc d'OSSONE, issu d'une famille illustre d'Espagne dans le XVIe siècle, embrassa la carrière militaire. Il obtint la charge de gentilhomme de la chambre du roi, et s'opposa beaucoup à l'expulsion des Maures, expulsion qui lui parut funeste à la patrie. Nommé en 1611 vice-roi de Sicile, il fit relever les fortifications des places fortes, et remit la marine en si bon état que les Turks n'osèrent plus s'approcher de cette île. Nommé vice-roi de Naples (1616), il vainquit souvent les Vénitiens; mais il se rendit odieux à ses sujets par sa tyrannie et ses exactions. Après la mort de Philippe III, son protecteur, il fut accusé et mis en prison, où il mourut en 1824.

GIRONDE, nom donné à la rivière formée par la Dordogne et la Garonne. Ces deux rivières se réunissent au Bec-d'Ambès (département de la Gironde). Son nom vient du tournoiement que les eaux éprouvent en se réunissant. Sa longueur jusqu'à son embouchure dans l'Océan est de 80,000 mètres sur une largeur d'une à 2 lieues.

GIRONDE, département français, région S.-O., formé d'une partie de la Guyenne (Bordelais), et borné au N. par la Charente-Inférieure, au S. par celui des Landes, au N.-E. par celui de la Dordogne, au S.-E. par celui de Lot-et-Garonne, à l'O. par l'Océan. Sa superficie est de 1,082,552 hectares, et sa population de 615,000 habitants. Il nommait neuf députés, est divisé en six arrondissements, qui sont ceux de *Bordeaux* (chef-lieu du département), de *Lesparre*, de *Bazas*, de *Libourne*, de *Blaye* et de *la Réole*. Il est compris dans la onzième division militaire, le ressort du diocèse, de l'académie et de la cour d'appel de Bordeaux. La culture de la vigne forme la principale richesse du département. On récolte annuellement 2,289,000 hectolitres de vins. Les meilleurs sont fournis par la partie septentrionale du Médoc. Après le Médoc, les quartiers qui avoisinent Bordeaux, et qui abondent le plus en vins, sont les *Graves*, les *Palus*, les *Entre-deux-mers* (on donne ce nom au pays compris entre la Dordogne et la Garonne). On y remarque le port de Bordeaux, le bassin de la Teste, les Landes, le château de la Brède autrefois habité par Montesquieu. Le chemin de fer de Paris à Bayonne traverse le dép.

GIRONDINS, parti célèbre de la révolution française, composé principalement des députés du département de la Gironde à l'assemblée législative. Il fut primitivement formé les brissotins ou partisans de Brissot. Ce parti se confondit plus tard avec la Gironde, et se composa de tous les républicains modérés, parmi lesquels se trouvaient Vergniaud, Gensonné, Guadet, Boyer-Fonfrède, Ducos, Brissot, Louvet, Pétion, Valazé, Buzot, Barbaroux, Duperret, Lasource, Salles, Carra, Fauchet, Grangeneuve, etc. Opposés au parti jacobin et à Robespierre, les girondins proposèrent en vain le décret d'accusation contre Marat. Mis eux-mêmes en accusation le 15 avril 1793 au nombre de vingt-deux, ils furent arrêtés par décret du 2 juin, et enfermés pour la plupart à la Conciergerie; les autres s'échappèrent, s'enfuirent dans les provinces, qu'ils tentèrent de soulever, et périrent presque tous sur l'échafaud. Après plusieurs mois de captivité, ceux que renfermait la Conciergerie, renvoyés devant le tribunal révolutionnaire, furent condamnés à mort, et montèrent sur l'échafaud, à l'exception de Valazé qui s'était tué d'un coup de poignard, le 31 octobre 1793.

GIRONS (SAINT-), chef-lieu d'arrondissement du département de l'Ariège sur la rive droite du Salat, à 12 lieues de Foix. Sa population est de 4,500 habitants. Saint-Girons, situé à la jonction de quatre grandes routes fréquentées, est une ville industrieuse qui trafique beaucoup avec l'Espagne, et surtout en bestiaux. Son église paroissiale possède un clocher assez élevé, supporté par quatre arceaux, sous lesquels passe une rue. Saint-Girons possède un tribunal de première instance et un collége.

GIROUETTE, autrefois *flouette*, petite plaque de fer-blanc ou de tôle, dont un bord est roulé en tuyau, dans lequel est enfilée une tige de fer autour de laquelle elle peut tourner. Les girouettes se placent au haut des maisons ou des édifices pour indiquer la direction et la durée du vent. Quelquefois on les découpe en forme de cheval, de sanglier, de chasseur, de coqs, etc. Les girouettes armoiriées se nomment *pannonceaux*. Elles étaient autrefois une marque de noblesse. On place quelquefois au-dessous de la girouette quatre tiges en fer portant les lettres N, S, E, O, initiales de *nord, sud, est, ouest*, pour indiquer davantage la direction du vent. — Dans la marine, on se sert d'une bande d'étoffe de couleur placée à la tête des mâts.

GISEMENT ou GITE, nom donné à la disposition des minéraux dans le sein de la terre. Ces dispositions varient suivant les minéraux eux-mêmes. Les plus générales sont les *bancs* ou *couches* (plusieurs espèces de *fer, plomb, étain, mercure, zinc, cobalt*, affectent cette forme); les *amas*, couches d'une petite longueur, mais d'une grande épaisseur; les *filons*, qui traversent les roches dans tous les sens et ne cessa en se ramifiant; les *disséminations* ou dispersion des molécules minérales dans la terre. Quelquefois enfin les minéraux forment des *montagnes* entières (*fer oxydulé* et *oligiste*).

GISEMENT, terme de marine, situation des côtes et direction qu'elles suivent par rapport aux différents points de la boussole. Ainsi le gisement d'une île sera nord et sud si la ligne qui joint les deux points les plus éloignés de cette île est, d'après la boussole, dans cette direction.

GISOLE, ancien nom, en marine, du lieu où l'on plaçait la lampe dans l'habitacle.

GISORS, chef-lieu de canton du département de l'Eure, sur l'Epte, dans l'arrondissement et à 7 lieues et demie des Andelys. Sa population est de 8,600 habitants. — Cette ville s'appelait *Gisortium* sous les Romains. Elle possède un château, qui existe encore, et qui fut fondé en 1097 par Guillaume le Roux, roi d'Angleterre. Plusieurs rois de France, Henri Ier et Philippe Auguste entre autres, l'ont habité. Son église paroissiale, grande et d'une belle architecture, est d'un style gothique, et possède des sculptures dues au ciseau de Goujon. Elle renferme un beau jubé et de belles orgues. Gisors a un collége. Il possède des fabriques de draps fins, de blondes, de rubans de fil, des verreries et des filatures de coton. Il fait un grand commerce en grains.

GITANOS ou BOHÉMIENS FRANÇAIS, nom donné aux peuplades bohémiennes qui habitent les Pyrénées-Orientales et l'Hérault. Cette peuplade appartient à la tribu des Sudders, chassée de l'Inde en 1408 par les armées de Tamerlan. Elle conserve encore dans sa langue une foule de mots hindous. Les Gitanos sont venus en France en 1427. Ils y sont au nombre de 1,500 à 2,000. On les trouve dans les départements voisins des Pyrénées et de la Méditerranée, mais principalement dans ceux déjà cités. Ceux qui habitent l'Hérault font le commerce des bestiaux, le métier de vétérinaires, de tondeurs, etc. Les femmes demandent l'aumône, et disent la bonne aventure; quelques-unes chantent ou dansent. Ceux des Pyrénées-Orientales forment une peuplade distincte, sans domicile fixe, et qui ne s'allie jamais avec les autres habitants. Leur vie est vagabonde; ils parcourent les villages écartés, volant tout ce qu'ils peuvent. Ils pratiquent secrètement un culte particulier. Les Gitanos sont d'une malpropreté dégoûtante et d'une grande voracité; ils couchent pêle-mêle sur terre, et ne possèdent aucun meuble. Leur teint est verdâtre ou basané; leur taille est grande, bien prise. Ils sont lestes, robustes, ont la figure grosse, quoique exprimant l'intelligence et la finesse. Les lèvres sont épaisses, la bouche très-grande. Ces peuplades vivent sans mœurs, sans civilisation, et se livrent aux plus horribles débauches.

GITHAGE. Voy. AGROSTEMME.

GIUSTO (TEMPO), mots italiens qui désignent, en musique, un mouvement qui n'est ni trop vif ni trop lent.

GIVET, chef-lieu de canton du département des Ardennes, sur la Meuse, dans l'arrondissement et à 10 lieues de Rocroi. Sa population est de 4,800 habitants. Givet est traversé par la Meuse, qui le divise en deux parties: le *Grand-Givet* ou *Givet Saint-Hilaire* (rive gauche) et le *Petit-Givet* (rive droite). Givet est une place forte qui doit ses remparts au célèbre Vauban. Elle possède de belles places, des casernes qui, sous l'empire, servirent de dépôt aux prisonniers anglais, et une bibliothèque de 5,000 volumes. Givet est le siége d'un sous-intendant militaire. Dans les environs sont de belles usines de cuivre et des fabriques de zinc laminé. On y trouve aussi de belles exploitations de marbre. Givet possède un port de transit assez important sur la Meuse.

GIVORS, chef-lieu de canton du département du Rhône, sur le fleuve de ce nom, à 7 lieues et demie de Lyon. Sa population est de 5,000 habitants. — Cette ville est un lieu de transit pour les charbons de terre et des fers de Saint-Étienne à Lyon. Ce commerce y est très-actif. Un canal, qui va jusqu'à Rive-de-Gier, rend cette industrie plus grande.

GIVRE. Voy. GELÉE BLANCHE.

GLABRE. On nomme ainsi, en zoologie et botanique, tout organe entièrement dépourvu à sa surface de poil ou d'excroissances particulières. La feuille de laurier, la face des singes, sont *glabres*.

GLACE. On désigne ainsi l'eau à l'état solide. Elle est le produit d'un certain abaissement dans la température du corps. L'eau, en se congelant, augmente de volume : c'est ce qui fait que les vases qui la contiennent sont brisés s'ils ne peuvent se prêter à l'augmentation de volume. Le point ordinaire où se forme la glace est à zéro. Mais souvent la température descend jusqu'à 3 et 4 degrés au-dessous de zéro sans que l'eau cesse d'être liquide. La glace est plus légère que l'eau. On fait en médecine usage de la glace comme tonique et répercussif.

GLACE, aliment de luxe appelé aussi *sorbet* ou *crème*, et composé de suc de fruits, de sucre, de matières aromatiques et de glace. Les glaces se font à la vanille, à l'ananas, au citron, aux framboises, etc. Pour cela, on introduit dans une boîte d'étain, appelée *sabot*, les substances que l'on veut employer, on la plonge le *sabot* bien fermé dans un mélange de glace pilée et de sel marin. On la tourne et le retourne jusqu'à ce que les matières soient congelées. Les glaces sont reconnues pour être généralement malsaines. Elles sont fabriquées par les *glaciers-limonadiers*.

GLACE, grande lame de verre d'une assez grande épaisseur, destinée à réfléchir les rayons lumineux. On *coule* ou on *souffle* les glaces. Après cela, on les dégrossit en les faisant frotter les unes contre les autres, et on les polit avec du grès, puis de la poudre d'émeri, et enfin du *rouge d'Angleterre* (sulfate de fer rouge). Après cela, on l'*étame*, c'est-à-dire on la couvre d'une mince feuille d'étain, sur laquelle on verse du mercure, qui la dissout et l'y fixe solidement. Ainsi fabriquées, les glaces sont propres à l'usage habituel.

GLACIALE ou FICOÏDE CRISTALLINE, espèce du genre *ficoïde*, renfermant des plantes grasses, aux tiges rameuses, charnues, longues de trente à quatre-vingt-dix centimètres, rampantes, et aux petites fleurs blanches. Toutes ses parties, excepté les fleurs, sont couvertes de vésicules brillantes et transparentes, semblables à des gouttes d'eau glacée. Ces glaçons se multiplient en proportion de la chaleur atmosphérique. La glaciale fournit beaucoup et d'excellente soude de ses diverses parties réduites en cendres. On trouve cette plante aux Canaries. Elle est naturalisée en France.

GLACIÈRE, bâtiment destiné à conserver la glace durant toutes les saisons. On le construit, tant que l'on peut, sur le flanc d'un coteau qui regarde le nord, de manière à ce qu'il soit inaccessible aux courants d'air chaud et à l'humidité. On recouvre les murs d'une couche épaisse d'argile, et le fond du lieu est recouvert de paille sur laquelle repose la glace.

GLACIERS, amas de glaces formées de neiges congelées et des eaux de pluie qui s'y sont infiltrées et accumulées dans les vallées des hautes montagnes. On en voit dans les Alpes, les régions circumpolaires, l'Himalaya, etc., et dans la plus grande partie des montagnes du globe.

GLACIS, terrain en pente douce, presque insensible. Plus rapide, la pente se nomme *talus*. On l'appelle *fruit* quand il diffère peu de la ligne verticale. Les *glacis dégauchis* sont en talus dès le commencement, et en glacis au bas. — En architecture, le *glacis de la corniche* est une pente peu sensible destinée à faciliter l'écoulement des eaux de pluie. — En termes de fortification, c'est un terrain battu en plan incliné, qui part du pied des palissades et s'étend vers la campagne par une pente presque insensible. Il est découvert et incliné pour qu'il ne porte pas d'obstacle au feu de la place. Le glacis sert ordinairement de champ d'exercice à la garnison. — En peinture, le *glacis* est une couleur claire et transparente qu'on applique sur une autre déjà sèche, et qui, par sa première laisse apercevoir l'autre, et en reçoive un éclat particulier.

GLADIATEUR, soldat romain qui combattait dans l'arène aux jeux donnés par les particuliers ou par l'empereur. Les gladiateurs, pour la plupart esclaves ou barbares, c'est-à-dire Gaulois, Germains, Daces, Gètes, etc., étaient achetés et dressés par des maîtres d'armes appelés *lanistæ*, qui leur apprenaient à bien se battre et à mourir avec grâce. Il y avait plusieurs sortes de gladiateurs : les *bestiaires*, qui combattaient les bêtes ; les *rétiaires*, les *mirmillons*, .etc. Ceux-ci combattaient entre eux. Il dépendait du peuple, de celui qui donnait les jeux ou des vestales, de faire grâce au vaincu. Celui-ci ne pouvait guère être sauvé que par l'arrivée de l'empereur, qui accordait son renvoi, *missio*. Le renvoi différait du congé, *rudis*, qui était pour toujours, ne ce qu'il n'était que pour un jour. Les gladiateurs, introduits à Rome au milieu du IIIe siècle avant J.-C., furent abolis par Constantin, rétablis par Constance, et définitivement abolis par Théodoric.

GLAIRES, sorte d'humeur blanche, gluante et visqueuse, à peu près comme le blanc d'œuf liquide, et sécrétée par les membranes dans l'état de maladie.

GLAIRINE ou BARÉGINE, matière organique, assez ressemblante à la glaire des œufs, de couleur blanche, grise, brune, rougeâtre, verte, en filaments ou en flocons, que l'on trouve dans les eaux minérales sulfureuses. On remplace la glairine par la gélatine lorsqu'on veut préparer des eaux artificielles.

GLAISE, nom donné vulgairement à l'*argile commune* ou *figuline*. Cette terre est douce, onctueuse au toucher, faisant avec l'eau une pâte un peu tenace, et montrant les couleurs les plus variées, qui deviennent toujours rougeâtres par l'action du feu. Elle est fusible à un feu très-élevé, et renferme une petite quantité de chaux carbonatée. On fait avec de la terre glaise les *tuiles*, les *poteries rouges*, les *poteries fines*, les *faïences communes*, les *pipes* dans l'Orient, etc. — On nomme *glaisières* les lieux où l'on exploite la terre glaise.

GLAMORGAN, comté d'Angleterre, dans la principauté de Galles. Sa superficie est d'environ 120 lieues carrées, et sa population de 95,000 habitants. La partie septentrionale est montueuse et inculte ; la partie méridionale est bien cultivée, fertile et d'une grande fertilité, surtout en blé et en pâturages : aussi l'a-t-on nommée le *jardin du pays de Galles*. — On y trouve de belles mines de plomb, fer, houille. La capitale est *Caerdiff*.

GLAND, fruit du chêne, du hêtre, du châtaignier, etc., à la substance ferme, farineuse et couverte d'une enveloppe coriace. Les espèces de glands mangeables sont ceux fournis par le *chêne ballote*, le *chêne grec*, le *chêne castillan* et le *chêne yeuse*. Les glands qui viennent du *chêne roure*, du *chêne blanc* et du *chêne de Bourgogne*, ne sont pas manducables, mais s'emploient en médecine comme astringents. On donne les glands crus ou cuits aux pourceaux, aux dindons, aux oies, aux poules.

GLAND. On désigne aussi par ce mot certains ouvrages en fil, laine, coton, soie, etc., qui ont ordinairement la forme du gland du chêne. Les ornements prennent quelquefois des formes diverses.

GLAND. On nomme vulgairement *gland de mer* les coquillages ou mollusques du genre balane ; *gland de terre*, la gesse *tubéreuse*, l'*arachide*, la *terre-noix* et plusieurs *clavaires*.

GLANDÉE, droit de mettre des porcs dans des bois pour manger les glands, et s'engraisser de cette nourriture. C'était un droit qui dépendait des seigneurs. Aujourd'hui il regarde, pour les forêts de l'État, l'administration des eaux et forêts.

GLANDES, organes mollasses, grénus, de forme arrondie, composés de vaisseaux, de nerfs et d'un tissu particulier. Ils sont destinés à renfermer divers liquides. Les végétaux ont quelquefois des glandes.

GLANDULAIRE ou GLANDULEUX, ce qui a l'aspect, la forme ou la texture des glandes. C'est aussi le nom de l'*éléphantiasis*.

GLANDULIFÈRES, nom donné aux poils qui portent des glandes à leur sommet, comme dans la rose de Hollande.

GLARIS ou GLARUS, canton suisse, le septième dans l'ordre de la confédération. Il est compris entre ceux de Saint-Gall, de Schwitz, d'Uri et des Grisons. Sa superficie est de 36 lieues carrées, et sa population de 28,000 habitants. La capitale est *Glaris* ou *Glarus*, qui a 4,000 habitants. Il est un des cinq cantons démocratiques. Le pouvoir suprême réside dans l'assemblée générale des citoyens, appelée *landsgemeinde*, qui, sous la présidence du *landamman* ou chef de l'État, s'assemble régulièrement le premier dimanche du mois de mai. Le pouvoir exécutif est confié au *landrath*, conseil de quatre-vingts membres. Les revenus de l'État sont de 40,000 francs. Son contingent fédéral est de 482 hommes et en argent de 3,616 francs.

GLASGOW ou GLASCOW, ville d'Écosse, au comté de Lanark et capitale de l'Écosse septentrionale. Sa population est de 400,000 habitants, et c'est la première ville du royaume pour le commerce, les richesses et l'industrie. Ses plus beaux monuments sont la cathédrale et les églises de Saint-Georges et de Saint-André. L'université, la première d'Écosse, qui compte dix-sept cents étudiants, a été fondée par Jacques II, et a été enrichie de dons récents.

GLATZ, duché de Prusse dans la haute Silésie. Sa superficie est d'environ 130 lieues carrées, et sa population de 87,000 habitants. On y trouve des mines de houille, d'argent, de fer, de belles carrières, de nombreuses sources d'eaux minérales, beaucoup de gibier, de bétail et de bois.

GLAUBER (SEL DE) ou *sulfate de soude*, sel découvert par Glauber, chimiste allemand du XVIIe siècle. On le trouve dans le commerce, cristallisé en prismes allongés, transparents. Il est très-employé surtout dans la fabrication de la soude artificielle, et on le donne journellement en médecine comme purgatif.

GLAUBÉRITE (nommée aussi *brongniartine* ou *polyhalite de Vic*), substance minérale formée de chaux et de soude, combinés tantôt avec l'acide sulfurique seul, tantôt avec des traces de chlorure de sodium, de magnésie, de manganèse, de fer et d'argile. Sa couleur est blanchâtre, grisâtre ou jaunâtre. On en trouve en France dans le département de la Meurthe.

GLAUCIENNE, genre de la famille des papavéracées, renfermant des herbes bisannuelles, qui découle par pression un suc âcre et safrané. Leurs racines s'enfoncent perpendiculairement dans le sol. La *glaucienne jaune* ou *pavot cornu*, à la tige haute de plus d'un pied, droite, rameuse, lisse, quelquefois velue, aux feuilles épaisses, pulvérulentes, arrondies, terminées par une petite pointe ; les fleurs jaunes ou rouges ressemblant à celles des pavots. Ces plantes, que l'on trouve sur les murs, dans les lieux caillouteux, ont les propriétés que l'on observe dans la chélidoine.

GLAUCOME, nom donné autrefois à l'opacité du cristallin de l'œil ou de la cornée transparente, et même à celle de la rétine. Aujourd'hui ce mot exprime l'opacité de l'humeur vitrée. Cette maladie de l'œil commence par une tache grisâtre ou verdâtre. Cette tache augmente de plus en plus, et l'obscurcissement de la vue fait de grands progrès. Le glaucome est le plus souvent incurable. Quand il est ancien, il n'y a plus de remèdes à faire.

GLAUCOPE, genre d'oiseaux propres à l'Inde et à l'Océanie. Le *glaucope cendré*, gros et à formes arrondies, à la tête grosse, le bec court, robuste, arrondi en dessous. Sous la base du bec pendent de chaque côté des caroncules épaisses, rondes, bleues à la base, rouges dans le reste de leur étendue; la queue est longue, recourbée et un peu grêle. Cet oiseau est d'un cendré sombre, tirant sur le noir. Le bec, les pieds et les jambes sont noirs. La longueur du glaucope est de quinze pouces. Cet oiseau vit dans les bois, et se nourrit de fruits et d'insectes.

GLAUCUS (myth.), pêcheur de la mythologie grecque, ayant mangé d'une herbe sur laquelle les poissons qu'il avait déposés reprenaient assez de force pour sauter dans la mer; sauta aussitôt dans les flots, et fut métamorphosé en triton et regardé comme une des divinités littorales. Circé, qui l'aimait inutilement, empoisonna la fontaine où se baignait Scylla sa amante, et la changea en monstre marin.

GLAUQUE, nom donné, en botanique, aux parties qui sont d'un vert de mer ou d'un vert blanchâtre. Certaines feuilles ont cette couleur. Plusieurs fruits, les *prunes* par exemple, sont recouverts d'une poussière glauque qui les protège contre l'humidité.

GLAUQUE, petit mollusque au corps triangulaire, revêtu d'une peau très-large et contractile. La bouche est surmontée de quatre filets ou tentacules. Le dos est bombé. Le glauque nage dans les eaux renversé et laissant paraître sa couleur d'un beau bleu tendre, nuancé d'argent. Cet animal, long d'un pouce et demi, vit dans la Méditerranée.

GLAYEUL, genre de plantes de la famille des Iridées, aux feuilles larges et longues, assez semblables à un glaive, ce qui lui a donné son nom. Les espèces indigènes sont le *glayeul fétide*, aux fleurs bleuâtres et dont la racine est purgative, et le *glayeul jaune*, appelé encore *iris des marais*, aux fleurs jaunes, qui croît dans les lieux marécageux, et dont on fait servir les graines en guise de café.

GLÈBE, en termes de jurisprudence, sol de l'héritage qu'on possède. Les esclaves étaient autrefois attachés à la glèbe; on les vendait avec le fonds. Le droit de patronage réel était annexé à la glèbe, et celui qui jouissait des droits de la glèbe jouissait aussi de ceux du patronage.

GLÉCOME, genre de la famille des labiées. Le type est le *glécome hédéracé*, ayant une tige d'un à deux centimètres de hauteur, rampante à la base et dressée à la partie supérieure, rude et velue; des feuilles opposées, cordiformes, arrondies, obtuses, crénelées, velues. Cette plante croît communément dans les buissons, les bois touffus, le long des murs d'Europe. On la nomme vulgairement *lierre terrestre*, *rondote* ou *herbe de saint Jean*. Elle exhale une odeur aromatique et agréable. Sa saveur est un peu âcre et amère. On prescrit les tisanes de glécome dans les catarrhes pulmonaires chroniques.

GLEIM (J.-Louis-Guillaume), célèbre poëte allemand, né à Ermsleben (1719), étudia à l'université de Halle, et parut encore très-jeune un *Recueil de poésies badines*. Devenu ensuite secrétaire du prince Guillaume, fils du margrave de Brandebourg-Schwedt, il le suivit à la guerre de 1744, et passa ensuite comme secrétaire au service du prince Léopold de Dessau. Revenu à Berlin, il fut nommé (1747) secrétaire du grand chapitre de Halberstadt, et mourut dans cet emploi en 1803. On a de lui des *chansons*, des *épîtres*, des *fables*, des *romans*, un *Éloge de la vie champêtre*, le *Meilleur des mondes*, *Halladat*, des *poésies satiriques*, des *poésies nocturnes*, plusieurs *poëmes*, des *odes*, etc.

GLÈNE (mar.), nom donné à un cordage ployé en rond sur lui-même, et formant un cercle plus ou moins grand. Plus il est long, plus les tours sont multipliés les uns sur les autres. — Quelques pêcheurs nomment *glène* un panier couvert où l'on enferme le poisson. — *Gléner*, c'est disposer un cordage en *glène*.

GLÈNE, nom donné, en anatomie, à une cavité articulaire peu profonde, qui reçoit la tête d'un os. On la nomme encore *cavité* ou *fosse glénoïde* ou *glénoïdale*. — On appelle *glénoïdien* tout ce qui a rapport ou appartient à une cavité glénoïde.

GLICAS ou GLYCAS (Michel), historien grec, était né à Bysance ou à Constantinople. On ignore les détails de sa vie et même le siècle dans lequel il a vécu; mais l'on pense en général que c'était dans le XIIᵉ siècle de J.-C. Il était versé dans la connaissance des sciences théologiques, de la grammaire et de l'histoire. On a de cet écrivain des *Annales* depuis le commencement du monde jusqu'à la mort d'Alexis Comnène (1118 de J.-C.). Il y traite d'histoire générale, de théologie, de philosophie, de physique et même d'astronomie. C'est un mélange confus de toutes les sciences. Cet ouvrage est divisé en quatre parties : dans la première, Glicas traite de la création; dans la deuxième, de l'histoire universelle jusqu'à J.-C.; dans la troisième, de Jésus-Christ à Constantin le Grand; la quatrième, de ce dernier à Alexis Comnène.

GLOBBÉE, genre de plantes de la famille des amomées, originaire de l'Inde, et cultivée en Europe. La *globbée penchée* a une racine tubéreuse, des tiges simples, hautes de quatre à cinq pieds; de grandes feuilles, lancéolées, aiguës, longues de deux pieds environ; des fleurs blanches en grappes terminales, contenant une espèce de cornet jaune, rayé de rouge.

GLOBE (sens divers). Ce mot, synonyme de *sphère* en général, désigne quelquefois la *terre*. — En physique, un *globe de feu* est un météore enflammé, qui se montre au milieu de l'atmosphère, et laisse, en disparaissant, une traînée lumineuse. — On nomme *globe hystérique*, en médecine, une espèce de suffocation qu'éprouvent les hystériques. — Le *globe de l'œil* est le bulbe de l'œil. On le nomme ainsi à cause de sa forme sphérique.

GLOBE. Les géographes donnent ce nom à une sphère de bois ou de métal sur la surface de laquelle on a tracé des cercles, les quatre parties du monde, les mers qui les séparent, les divers degrés de longitude et de latitude, et généralement tout ce qui a rapport aux études géographiques.

GLOBULAIRE, genre de la famille des primulacées, renfermant des plantes herbacées dont les fleurs, petites, sont réunies ensemble sur un réceptacle commun, garni de paillettes, en forme de tête globuleuse. La *globulaire à longues feuilles*, arbuste de deux à trois mètres de haut, a la tige droite, couverte d'une écorce cendrée, aux feuilles éparses, lancéolées, linéaires, lisses, luisantes; ses fleurs bleues s'ouvrent en septembre et en octobre; elles sont accompagnées de bractées en forme d'écailles. Le fruit est une graine ovale et blanche. La *globulaire turbith*, très-commune en Europe, est un puissant purgatif; ses infusions sont amères et purgent doucement sans fatiguer le corps. C'est un arbrisseau à tige forte et ligneuse, aux rameaux grêles, aux feuilles lancéolées, coriaces, d'un vert pâle, aux fleurs bleuâtres.

GLOBULARIÉES, famille de plantes dicotylédones monopétales, formée par M. Decandolle, et qui ne renferme que le genre *globulaire*. Cette division n'est pas admise par les botanistes, et la globulaire fait partie de la famille des primulacées.

GLOBULE, fruit des lichens. Il est formé par une petite boule attachée à l'extrémité d'un pédicule, et qui tombe à l'époque de la maturité.

GLOCESTER, comté d'Angleterre, borné par ceux de Worcester, Warwick, Oxford, Wilts, Sommerset, Hereford, Monmouth. Sa superficie est d'environ 285 lieues carrées, et sa population de 335,800 habitants. Les parties de l'E. et de l'O. sont montagneuses ou couvertes de forêts. Le centre est très-fertile. On y trouve du fer, de la houille, de l'ocre, des fruits, des grains, du lin, du bois, des pâturages, des brebis qui fournissent une laine excellente, et des bestiaux. La capitale est *Glocester*, à 25 lieues de Londres, avec 30,000 habitants. Elle possède un grand nombre de fabriques et une église magnifique, renfermant les tombeaux de plusieurs rois. — Quelques princes de la famille royale d'Angleterre et de la maison d'Yorck ont porté le titre de *duc de Glocester*. L'un, frère du roi Henri V, fils de Henri IV et oncle de Henri VI, eut la tutelle de ce prince, et mourut assassiné dans son lit en 1451. Un autre, fils de Richard, duc d'Yorck, et frère d'Édouard IV, fut couronné roi sous le nom de Richard III.

GLOGAU, ville de la Prusse, dans la Silésie, près de l'Oder. Sa population est de 8,000 habitants, dont 2,000 sont Juifs. Cette ville renferme un arsenal, un gymnase, un collège, un séminaire. Elle est très-industrieuse, et renferme de nombreuses fabriques de toiles, de draps, de tabac, de cire, et des bonneteries.

GLOIRE. Les peintres nomment ainsi une représentation du ciel ouvert, avec les êtres divins, les anges et les saints. Les sculpteurs appellent ainsi un assemblage de rayons divergents, entourés de nuages, et au centre desquels on aperçoit un triangle, symbole de la sainte Trinité. — Les machinistes des théâtres désignent ainsi une machine suspendue, entourée de nuages, sur laquelle se placent les acteurs qui doivent descendre des cieux ou y monter. Les gloires s'élèvent ou s'abaissent à l'aide de contre-poids.

GLOMÉRIDE, genre d'insectes de l'ordre des myriapodes. Leur corps est ovale, oblong, crustacé, susceptible de se rouler en boule. Les glomérides ressemblent assez aux cloportes. On les trouve cachés sous les pierres; ils se contractent en forme de boule quand on les inquiète.

GLORIA. Chez les catholiques, les mots *Gloria in excelsis* sont les premiers d'un cantique que l'on dit à la messe après l'*introït* et avant la *collecte*. Les jours de carême, les jours de férié, etc., on ne dit pas le *Gloria*. — Les mots *Gloria Patri et Filio*, etc., sont les premiers d'un verset qui se dit à la fin des psaumes de l'office divin, et dans d'autres prières de l'Église pour honorer la sainte Trinité. L'usage de dire le *Gloria* à la fin des psaumes a été institué par le pape Damase en 368.

GLORIA, nom donné au thé ou au café mélangé avec quelques gouttes d'eau-de-vie. Les naturalistes nomment *gloria-maris*, c'est-à-dire *gloire de la mer*, un coquillage du genre *cône*, qui se trouve dans les mers des Indes orientales.

GLOSE, commentaire fait pour expliquer le texte d'un livre quelconque. La glose de la Bible, nommée *glose ordinaire*, a été faite par Nicolas de Lira en six volumes. Les gloses du droit civil et canonique sont des commentaires qui expliquent l'un et l'autre droit.

GLOSSAIRE, dictionnaire servant à l'explication des mots obscurs ou barbares d'une langue corrompue. Les glossaires les plus connus sont ceux de Ducange, l'un sur la basse latinité, l'autre de la langue grecque du moyen âge, et le glossaire de la langue romane, par M. de Rochefort.

GLOSSATES, nom donné par le naturaliste Fabricius aux insectes nommés aujourd'hui *lépidoptères*.

GLOSSATEUR, auteur qui a *glosé*, qui a interprété quelque livre. Ce terme est particulièrement en usage en parlant des interprètes de l'Écriture sainte.

GLOSSITE, maladie caractérisée par l'inflammation de la langue, en tout ou en partie. Elle est produite par l'application de substances âcres, caustiques, venimeuses, par des blessures, des contusions; elle arrive quelquefois pendant le cours de quelques maladies de la gorge. La langue devient rouge, et s'enfle au point de produire une suffocation imminente. La parole, la mastication, la déglutition sont dérangées ou suspendues; le malade éprouve un malaise général, un grand découragement, l'inquiétude et la fièvre. Cette maladie dure peu de jours et se souvent mortelle.

GLOSSOCÈLE, maladie caractérisée par la chute de la langue hors de la cavité de la bouche. Cette maladie dépend du gonflement inflammatoire de la langue ou de la paralysie de quelques-uns de ses muscles. Elle vient souvent après la petite vérole, les fièvres putrides ou l'application de substances âcres ou venimeuses sur la langue, etc. Le malade a la fièvre ; ses forces l'abandonnent. La maladie fait des progrès rapides en peu de temps. On a nommé *glossocèle* une tuméfaction chronique de la langue. On a quelquefois obligé de couper une partie de cet organe.

GLOSSOPÈTRES (*langues pétrifiées*), nom donné à des dents fossiles qu'on trouve souvent en Europe, mais surtout aux environs de Montpellier, Bordeaux, Paris, dans la Sicile, etc. Elles varient beaucoup dans les formes qu'elles affectent. Le plus ordinairement elles appartiennent à des animaux fort connus, comme les requins, les sélaciens, les squales, les raies, les balistes, etc.

GLOSSOPHAGE, genre de mammifères voisins des chauves-souris, et qui ont le nez surmonté d'une membrane ou feuille. Leur museau est long et étroit, leur langue très-allongée, mais peu large ; recouverte en avant de poils nombreux, et creusée d'un sillon dans son milieu. Les glossophages ont la faculté de sucer le sang des mammifères. On les trouve en Amérique.

GLOTTE, nom donné, en anatomie, à une petite ouverture oblongue, située dans la bouche à la partie supérieure du larynx. Elle a environ dix à onze lignes de longueur chez un adulte. Chez les femmes et les enfants, elle est bien moins grande. Ce sont les mouvements de la glotte qui contribuent à l'articulation des sons.

GLOUTON, genre de mammifères. Il se compose de deux espèces : l'une est le *glouton du Cap* ou *ratel*, l'autre, le *glouton du Nord*, célèbre par sa férocité, habite les régions froides de l'ancien et nouveau monde. Il attaque les plus grands animaux, et en est souvent vainqueur. Il est de la taille d'un blaireau ; son pelage est d'un roux brun plus ou moins foncé ; sa queue est courte, mais garnie de longs poils.

GLOVER (Richard), né en 1712 en Angleterre, se consacra au commerce. Forcé par un revers de fortune d'abandonner cet état, il cultiva la poésie et les belles-lettres pour vivre. Glover jouissait d'une grande considération comme littérateur et citoyen. Nommé membre de la chambre des communes et député du parlement (1761), il mourut en 1785. On a de lui deux poèmes, *Léonidas*, l'*Athénaïde* ou *Histoire d'Athènes* ; des tragédies, *Boadicée* et *Médée*, etc.

GLU, substance tenace et visqueuse, retirée de l'écorce du houx, de la racine de viorne et des fruits du gui et des sebestes. La glu du houx a reçu le nom de *glu anglaise*. Pour l'obtenir, on laisse pourrir l'écorce ; on la pile, on la lave, et on la met dans des pots. On emploie la glu pour la chasse à la pipée, et pour préserver les arbres des insectes et des chenilles.

GLUAUX, corps enduits de glu pour prendre les oiseaux. Les gluaux sont formés de branches de saule très-minces, fendues par le plus gros bout, et enduites de glu. On les fixe dans les branchages des buissons, afin que les oiseaux y attachent leurs ailes et y demeurent captifs.

GLUCINE, substance découverte en 1797 dans l'émeraude et le béryl. On l'obtient en pulvérisant le béryl, le faisant fondre dans un creuset avec trois parties de carbonate de potasse. On traite la masse par l'acide hydrochlorique, puis par l'ammoniaque caustique. On lave et on sèche. La glucine pure est inodore, insipide, blanche. Elle est insoluble dans l'eau avec laquelle elle forme une pâte. Elle est infusible, et forme des sels sucrés et astringents. Elle est composée d'oxygène et d'un métal nommé *glucinium*, *glycium* et *beryllium*. Ce métal est d'un gris foncé, brillant, inflammable, infusible et soluble dans les acides.

GLUCK (Christophe), compositeur célèbre, né dans le haut Palatinat, sur les frontières de la Bohème en 1714. Élève de San-Martini, maître de chapelle à Milan, il composa un grand nombre d'opéras qui firent sa renommée. Il fut le maître de Marie-Antoinette. Pensionnaire de la cour de Vienne en 1774, il vint en France, où il fut reçu membre de l'académie de musique de Paris, et retourna à Vienne en 1787. Il y mourut la même année. Ses plus beaux opéras sont *Armide* (1777), *Iphigénie en Tauride* (1779). Cet opéra, traitant le même sujet que celui de Piccini, divisa le monde musical en deux partis, les *Gluckistes* et les *Piccinistes*. *Iphigénie en Aulide* (1774), *Orphée et Eurydice* (1774), *Alceste* (1776). Le caractère de sa musique est une harmonie puissante et des chants dramatiques et expressifs.

GLUME ou BALE, nom donné par les botanistes aux écailles florales des graminées. Les uns appellent ainsi l'enveloppe extérieure de chaque épillet ; les autres, l'enveloppe particulière de chaque fleur. Cette acception est la plus généralement reçue.

GLUMELLE, nom donné à une ou deux petites écailles blanchâtres, de forme et de structure variables, placées à la base de l'enveloppe extérieure des fleurs des graminées et des cypéracées. On le a nommées *nectaires*, *paléoles*, *glumellules*, *lodicules*, etc.

GLUTEN, substance végétale contenant de l'hydrogène, de l'oxygène, du carbone et de l'azote. On la trouve dans le froment, le seigle, l'orge, et dans beaucoup d'autres céréales. Le gluten est solide, visqueux, collant et insipide. On emploie le gluten pour faire des vernis et coller les fragments de poterie. Pour cela on y met de l'eau, et on le triture avec de l'alcool. Pour obtenir le gluten, on forme avec la farine de froment et de l'eau une pâte que l'on ramollit sous un filet d'eau, qui emporte la fécule et laisse le gluten.

GLUTINATIF ou AGGLUTINATIF, nom donné aux remèdes qui ont la propriété d'adhérer aux parties sur lesquelles on les applique. On en fait surtout usage pour maintenir rapprochés les bords d'une plaie.

GLYCERIUS (Flavius), Romain de naissance illustre, avait eu des emplois considérables dans le palais des empereurs d'Occident. Dominé par l'ambition, il se fit donner, après la mort de Ricimer et d'Olybrius, le titre d'empereur à Ravenne en 473, et repoussa les Ostrogoths par des présents. Léon Ier, empereur d'Orient, fit élire empereur d'Occident Julius Nepos, qui marcha vers Rome, et s'en empara en 474. Glycerius, forcé d'abdiquer, embrassa l'état ecclésiastique, et devint évêque de Salone en Dalmatie. Il se conduisit en digne pasteur, et mourut vers l'an 480.

GLYCINE, genre de la famille des légumineuses. La *glycine frutescente*, plante originaire de la Caroline, s'est acclimatée dans nos pays. On en fait de beaux treillages, des berceaux. Ses tiges sont blanchâtres, ses feuilles formées de neuf à dix folioles soyeuses ; ses fleurs violettes, jaunâtres ou pourpres, en grappes, épanouies à la fin de l'été. On cultive encore la *glycine tubéreuse*, *tomenteuse*, *de la Chine*, *à deux taches*, etc.

GLYPHE. En architecture, on appelle ainsi tout trait gravé en creux. On appelle *triglyphe* l'ornement de la frise dorique consistant en trois canaux, séparés entre eux par trois listels.

GLYPHISODON, genre de poissons, de la famille des sciénoïdes. L'espèce la plus connue en Amérique est le *jaguacaquara*, *jaqueta* ou *jaquaête*, *chauffe-soleil* ou *railée*, de forme ovale et comprimée. Sa couleur est d'un gris jaunâtre, avec cinq bandes verticales noirâtres et larges. Les nageoires verticales ont le bord noirâtre. Ils sont longs de six à huit pouces ; les dents sont tranchantes et échancrées. Ce poisson se mange, et est d'un goût excellent.

GLYPTIQUE. On donne ce nom à l'art de graver sur pierre fine et de graver sur acier les coins ou carrés destinés à frapper les médailles. Les anciens, qui étaient très-avancés dans cet art, gravaient principalement sur l'agate, la calcédoine, la cornaline, le lapis-lazuli, la turquoise, la malachite et la stéatite ou pierre de lard.

GNATHODONTES, nom donné par de Blainville à l'une des deux grandes divisions de la classe des poissons, à laquelle Cuvier a donné le nom d'*osseux*. Cette dénomination a été adoptée à la place de gnathodontes.

GNEISS, roche à feuillets plans ou ondulés, de couleur variable, formée de trois espèces minéralogiques, le mica, le feldspath et le quartz. On distingue trois espèces de gneiss : le *gneiss quartzeux*, où le quartz domine ; le *gneiss commun*, dans lequel il n'est pas visible à l'œil nu, le *gneiss talqueux*, dans lequel le mica est remplacé en grande partie par le talc.

GNET, genre de la famille des urticées, renfermant des arbres de l'Inde et de l'Océanie, à tronc droit et noueux, aux rameaux élancés, à feuilles opposées, ovales, pointues, luisantes en dessus. Leurs fruits sont rouges, et renferment un noyau et une amande. Cuite, cette amande est comestible et de bon goût.

GNIDE ou CNIDE, ville et promontoire de Carie, dans l'Heptapole dorique, où Vénus avait un temple célèbre et une statue toute nue, ouvrage de Praxitèle.

GNIDIENNE, genre de la famille des thymélées, renfermant des plantes originaires d'Afrique, remarquables par leur feuillage persistant, et par leurs fleurs dont l'odeur rappelle celle de l'héliotrope. Ces plantes sont cultivées dans les serres d'Europe. La *gnidienne à feuilles de lin* est un petit arbrisseau, haut de quarante à cinquante centimètres. Ses rameaux grêles sont couverts de feuilles nombreuses et linéaires ; ses fleurs, d'un jaune pâle, exhalant une odeur suave, s'épanouissent deux fois par an. La *gnidienne à feuilles de pin* a des fleurs blanches, couvertes de poils, des rameaux grisâtres, des feuilles longues de quatorze à quinze millimètres.

GNOMES, peuple de génies d'une petite stature inventés par les cabalistes juifs. Selon eux, les gnomes, dont les femmes sont les gnomides, se tiennent dans les fissures métalliques du globe, les grottes cristallines, etc., et sont les gardiens des mines d'or, d'argent, de cristaux, de diamants, etc.

GNOMIQUES (POÈMES), poèmes renfermant des pensées, des sentences morales. Les plus célèbres poètes gnomiques, chez les anciens, sont Théognis, Phocylide, Pythagore, P. Syrus, etc.

GNOMON, espèce de style ou d'aiguille dont l'ombre se projette sur un cadran et en marque les heures. On appelle *gnomonique* l'art de construire sur une surface ordinairement immobile et déterminée l'instrument astronomique appelé *cadran*.

GNOSTIQUES, nom donné à une école de philosophes religieux, dont le premier fut Simon le Magicien, mort l'an 54 après J.-C., et le dernier, le persan Manès, vivant en 225. L'école gnostique fut un mélange de certaines doctrines persiques, chaldéennes, grecques et chrétiennes. Elle regarda la matière comme le mauvais principe, et la formation du monde comme une œuvre de l'être divin. Suivant Simon le Magicien, Dieu est le principe unique d'où dérivent divers ordres de créatures lumineuses ou génies appelés *éons*. Suivant d'autres, il y a deux premiers êtres, un bon et un mauvais, continuellement en guerre : le bon la lumière, le mauvais les ténèbres.

GNOU, espèce de mammifères du genre *antilope*. Le gnou a les cornes d'un bœuf, les jambes fines d'un cerf, l'encolure et la croupe d'un cheval, ainsi que la queue, terminée par une longue touffe de poils. Son cou est recouvert d'une belle crinière; son museau est large et aplati comme celui d'un bœuf; une crinière noire pend au-dessous du cou. La couleur du gnou est d'un fauve gris. Cet animal farouche habite l'Afrique et s'apprivoise difficilement.

GOA, ville de l'Indoustan située sur la côte septentrionale de l'île du même nom, qui a 10 lieues de circuit. Elle se compose de deux villes, le vieux Goa et le nouveau Goa ou Pangin, distant du premier de 12 lieues. Elle était autrefois et est encore la capitale des établissements portugais dans l'Inde. Sa population est de. 20,000 âmes. Elle est le siège d'un vice-roi portugais, d'un archevêque primat de l'Inde, d'un chancelier, d'un amiral et de quelques généraux.

GOBEL (J.-B. Joseph), né à Thann (Haut-Rhin) en 1721 ou 1727, embrassa l'état ecclésiastique, et fut fait en 1772 évêque de Lydda, puis suffragant de l'évêque de Bâle. Nommé député aux états généraux de 1789 par le clergé de Belfort, il se déclara pour le parti populaire, et prêta serment à la constitution civile du clergé. Il fut nommé alors évêque constitutionnel de Paris (1791). Forcé par une partie de la convention nationale d'abjurer sa religion, il le fit, quoique à regret. Ce vieillard fut accusé par la suite d'être de la faction des athées, et condamné à mort par le tribunal révolutionnaire. Il mourut en 1794.

GOBELET ÉMÉTIQUE, nom donné par les anciens à un vase obtenu en fondant de l'antimoine dans des moules. On faisait infuser dans ce vase de l'eau ou du vin qui, au bout de quelques heures, contractait les propriétés émétiques que possède l'antimoine.

GOBELIN, nom donné à un esprit, à un démon familier que les anciens connaissaient sous le nom de lémur. Cet esprit aime à se divertir, faire du bruit, ou rendre des services pendant la nuit.

GOBELINS (MANUFACTURE DES), célèbre manufacture de tapisseries fondée ou du moins accrue par Gilles Gobelin. En 1662, Colbert fit élever l'hôtel actuel, et lui donna le nom de manufacture royale des Gobelins pour le service de la couronne. Aujourd'hui elle se compose de quatre ateliers, et l'on y adjoint une école de dessin et de tissage pour les ouvriers et un atelier de teinture. Les tapisseries des Gobelins sont en laine de diverses couleurs.

GOBE-MOUCHES, genre d'oiseaux de la famille des dentirostres, caractérisé par un bec moyen, d'une longueur et d'une largeur moyennes, élargi et déprimé à la base, qui est hérissé de longs poils, comprimé et échancré vers la pointe, ou très-acéré. Ces oiseaux sont répandus sur tout le globe, et se nourrissent d'insectes. Ils vivent dans les lieux retirés, sur le sommet des arbres les plus élevés; leur cri est aigu et sans agrément. On trouve en Europe le gobe-mouche gris, long de cinq à six pouces; la poitrine, les flancs, le cou et les parties supérieures sont d'un brun cendré, la gorge et le ventre blancs. Le gobe-mouche à collier, long de quatre à cinq pouces, a les parties inférieures et le front blancs, le sommet de la tête noir, ainsi que la queue et le dos; le gobe-mouche bec-figue, long d'environ cinq pouces, est d'un beau noir, excepté le front et les parties inférieures qui sont blanches.

GOBETIS, nom donné à du plâtre jeté avec la truelle, sur lequel on passe la main pour le faire entrer dans les jointures. — On emploie encore ainsi le crépi de balai; on gâche le plâtre un peu liquide dans l'auge, on y plonge un balai, et l'on jette le plâtre avec le balai sur la surface qu'on veut couvrir. On fait de cette manière les plafonds, les moulures en plâtre, les pans de bois, etc. Le gobetis se nomme crépi quand on passe la truelle dessus pour l'unir et l'égaliser. Le gobetis se fait aussi en chaux et sable mélangés.

GOBIE ou BOULEREAU, genre de poissons de l'ordre des thoracins, ayant les nageoires ventrales réunies sur toute leur longueur, de manière à former un disque concave. Leur corps est allongé; leur tête est médiocre, arrondie; les yeux sont rapprochés, et le dos est garni de deux nageoires, dont la postérieure est assez longue. Ces poissons habitent nos mers, et se tiennent dans les fonds argileux, où ils se creusent des trous pendant l'hiver. Une espèce, le boulereau noir, est longue de quatre à cinq pouces; elle est d'un brun noirâtre, avec des raies blanchâtres. Sa chair est très-bonne.

GOBIEN (Charles LE), jésuite né à Saint-Malo, devint secrétaire et procureur des missions étrangères. Il mourut à Paris en 1708, à cinquante-cinq ans, après de longs travaux. On a de lui l'Histoire des îles Mariannes; les Lettres curieuses et édifiantes, mélange d'histoire naturelle, de géographie, d'histoire, etc.; des Lettres sur les progrès de la religion à la Chine; des Mémoires sur la Chine, etc.

GOD SAVE THE KING, chant national de la Grande-Bretagne, exécuté non-seulement dans les églises, mais au théâtre, dans les concerts publics, aux grandes parades et même dans les banquets. On en attribue la composition ou plutôt la transposition à Hœndel, qui l'aurait emprunté à un opéra de Lulli, pour l'adapter aux vers anglais commençant par God save the king (Dieu sauve le roi).

GODARD (Saint), évêque de Hildesheim en Allemagne, naquit en 960 dans la Bavière. Il prit l'habit de Saint-Benoît en 991, fut abbé du monastère d'Altaich, réforma plusieurs abbayes, et fut nommé évêque en 1021. Il institua plusieurs écoles, un séminaire, répara les églises, en bâtit de nouvelles, et exerça l'hospitalité et la charité sur ses diocésains. Il mourut en 1038 ou 1039. On fait sa fête le 4 mai. — SAINT GODARD ou GILDARD, archevêque de Rouen, mort vers l'an 350, contribua à faire adopter le christianisme à Clovis, roi des Francs. On fait sa fête le 8 juin.

GODEAU (Antoine), né à Dreux en 1605, évêque de Grasse et de Vence, mort en 1672. Il fut un des beaux esprits de l'hôtel de Rambouillet, et l'un de ceux qui ont assemblé chez Conrart contribuèrent à l'établissement de l'académie française, dont il fut membre. On a de lui une Histoire ecclésiastique, la Morale chrétienne, la Vie de plusieurs saints, une traduction des Psaumes en vers français, et quelques poésies.

GODEFROY DE BOUILLON, né à Baisy (Belgique) dans le XIe siècle, fils d'Eustache II, comte de Boulogne et de Lens, succéda en 1076 à son oncle Godefroy le Bossu, duc de la basse Lorraine, dans le duché de Bouillon. La renommée de la réputation de bravoure qu'il avait acquises le firent choisir en 1095 pour le chef des soldats qui marchèrent à la première croisade contre les infidèles de la Palestine. Godefroy obligea Alexis Comnène, empereur des Grecs, de lui laisser libre le chemin de l'Orient. Il se rendit maître de Nicée, de plusieurs autres villes, entre autres Antioche, à la tête d'une armée de 60,000 soldats environ. Il prit Jérusalem le 19 juillet 1099, après cinq semaines de siège. Tout fut mis à feu et sang. Godefroy refusa le royaume de Jérusalem qu'on lui offrait, et se contenta du titre de duc et d'avoué du saint sépulcre. Il fonda plusieurs monastères, écrivit un code de lois nommé Assises de Jérusalem, et mourut en 1100.

GODEFROY, famille de jurisconsultes célèbres. — DENYS GODEFROY, né en 1549, professa le droit à Genève et en Allemagne. Il mourut en 1622. On a de lui un Corps de droit civil, plusieurs opuscules, un traité des Lois et coutumes des Gaules, des dissertations, plusieurs recueils de lois, etc. — Son fils, JACQUES, fut syndic de Genève, où il mourut en 1652. On a de lui le Code théodosien, une Description de l'ancien monde, des Sources du droit civil et une foule d'opuscules. — Son frère,

THÉODORE, né à Genève en 1580, obtint une charge de conseiller d'État et mourut en 1649, laissant le Cérémonial de France, une Histoire de Charles VI, de Louis XIII, de Charles VIII, de Bayard; plusieurs généalogies et ouvrages historiques, etc. — DENYS, fils de Théodore, né à Paris en 1615, fut directeur et garde de la chambre des comptes. Il mourut en 1681. Il a laissé l'Histoire de Charles VI, de Charles VII, de Charles VIII; l'Histoire des officiers de la couronne. — JEAN, fils de Denys, lui succéda dans ses fonctions, et mourut en 1732, laissant le Journal de Henri III. les Mémoires de la reine Marguerite, la Fatalité de Saint-Cloud.

GODET, c'est, en général, un petit vaisseau rond, plus large que haut, assez profond, sans anses. — Les peintres en miniature nomment ainsi de petits vases en faïence ou en porcelaine, dans lesquels ils placent les couleurs préparées et prêtes à être employées. — Dans l'art hydraulique, ce sont des petites auges en bois ou en métal, qui se pratiquent dans les chaînes des puits à l'usage des jardiniers, dans les pompes à chapelet, etc. — Les fondeurs appellent godet, un entonnoir par lequel le métal fondu passe dans les moules. — Les jardiniers et les fleuristes nomment godet la partie de la fleur qui contient les pétales.

GODOI (Don Manuel DE), duc d'Alcudia, connu aussi sous le nom de PRINCE DE LA PAIX, né à Badajoz en 1764 d'une famille noble, mais pauvre. Sans autre ressource que ses talents en musique, il vint à Madrid en 1787, et parvint à entrer dans les gardes du corps. Ses talents, sa facilité d'élocution en firent bientôt le favori du roi. Il devint successivement (1788) adjudant de sa compagnie, adjudant général des gardes du corps (1791), lieutenant général (1792), duc d'Alcudia, major des gardes du corps, premier ministre en remplacement d'Aranda; puis enfin (1795) prince de la Paix, à cause du traité de paix entre la France et l'Espagne, dont il avait amené la conclusion, et grand d'Espagne de première classe. Il quitta le ministère en 1798 avec le grade de capitaine général. Il commanda en 1801 l'armée qui marcha contre le Portugal, et signa le traité de Badajoz. Elevé à la dignité de généralissime des armées de terre et de mer (1804) et à celle de duc d'Alcudia (1807), il reçut les pouvoirs les plus illimités dans toute l'étendue de la monarchie. Il subit le sort de la famille royale, qu'il accompagna en France (1808) et fut le mobile de toutes les actions du roi et de la reine. Depuis cette époque, proscrit de son pays, il n'a cessé d'habiter la France ou l'Italie, sans prendre part aux événements survenus depuis sa chute.

GODWIN (Williams), historien et philosophe anglais, né en 1756 dans le comté de Cambridge d'un ministre dissident. Son ouvrage, Recherches sur la justice politique, publié en 1793, dont le but était de prouver que la vertu consiste à faire le bonheur de la société, et où il s'efforçait de prouver que le mariage était absurde et nuisible, opéra une révolution dans la philosophie anglaise. Il publia en 1784 la célèbre roman de Caleb Williams, traduit dans toutes les langues. Ses autres ouvrages les plus remarquables sont les Mémoires de Mary Wolstonecraft, son épouse, l'Histoire de la vie et du siècle de Geoffroi Chaucer, et l'Histoire de la république d'Angleterre. Il mourut en 1836.

GOELAND, oiseau marin qui n'est autre qu'une mouette de la grosse espèce, de la famille des palmipèdes. Le goëland est doué d'un appareil de vol si puissant qu'il fait, en suivant les navires, des traversées de plus de 700 lieues sans se reposer. Il dépose ses œufs sur les rochers de la mer, et se nourrit de cadavres, soit d'hommes, soit de poissons. Sa taille est longue de vingt à vingt-huit pouces. Il habite les côtes d'Europe et du Nouveau monde. Sa couleur est grisâtre ou noirâtre.

GOELETTE, petit navire du port de 50 à 60 tonneaux, à deux mâts inclinés en arrière, portant les voiles inférieures trapézoïdales et celles de l'avant triangulaires. Au sommet de ses mâts sont de légères voiles carrées. En 1834, la marine française comptait douze goëlettes de guerre de six à huit bouches à feu.

GOEMOER, comitat de Hongrie, arrosé par les fleuves de Saïo et de Gran. Sa superficie est d'environ 152 lieues carrées, et sa population de 170,000 habitants. Il produit du salpêtre, du fer, de l'or, de l'argent, du cinabre, et renferme de nombreuses sources d'eau minérale. Sa capitale est *Gœmœr*, sur le Saïo, avec 2,000 habitants. Cette ville a un gymnase et des fabriques de poterie et de tabac. Elle commerce en fer.

GOEMON, nom donné, sur les côtes des mers qui baignent la France, aux plantes marines jetées sur ces côtes ou sur les rochers, et qui constituent un engrais précieux pour les champs. Parmi ces plantes sont *fucus*, des *varechs*, des *siliquinaires*, des *siliquaires*, des *lorées*, etc.

GOERTZ (Jean), baron DE), né dans le duché de Holstein (Danemarck), sut plaire à Charles XII par son caractère entreprenant et audacieux. Ce roi l'employa dans plusieurs négociations difficiles, dont il triompha le plus souvent. Chargé du ministère des finances en Suède, il eut recours à de moyens extrêmes pour fournir aux dépenses entraînées par les guerres de Charles XII. Il donna à la monnaie de cuivre la même valeur qu'à la monnaie d'argent. Ces monnaies idéales se multiplièrent avec excès et entraînèrent dans la Suède une grande confusion. Le peuple murmura hautement contre Goertz, et, après la mort de Charles XII, le baron fut arrêté et décapité (1719) par ordre du gouvernement nouveau, dans le but d'apaiser le peuple.

GOETHE (Wolfgang von), célèbre écrivain allemand, né à Francfort-sur-le-Mein en 1749. Fils d'un conseiller impérial, il étudia à l'université de Leipzig, et fut reçu docteur en 1771. Il publia quelques années après le célèbre roman de *Werther*, qui attira sur lui l'attention de l'Allemagne, et qui lui valut la place de conseiller de légation à la cour de Saxe-Weymar, (1776). En 1779, il fut nommé conseiller privé, et en 1782 président des finances. En 1807, il reçut la croix de Saint-Alexandre Newski, et fut nommé par Napoléon *grand-croix* de la Légion d'honneur. En 1817, il était premier ministre de Saxe-Weymar. Il resta jusqu'en 1829 sans rien produire. Les grands ouvrages qu'il publia sont *Iphigénie*, *le Tasse*, *Goetz*, *Faust*, drames; *Hermann et Dorothée*, *Wilhelm Meister*, les *Métamorphoses des plantes*, *Vérité et Poésie*, etc., etc. Il est mort en 1832. Ses œuvres, publiées à Stuttgard en 1831, forment 40 volumes.

GOETTINGUE, ville du royaume de Hanovre, au pied du mont Heiberg, et dont la population est de 11,000 âmes. Elle est célèbre par son université fondée en 1735 par le roi Georges II, et dont la bibliothèque contient 300,000 volumes et 8,000 manuscrits. La société royale des sciences, fondée en 1751, est une des plus savantes de l'Europe.

GOFFIN (Hubert), mineur du pays de Liége (Belgique), se signala par son dévouement. Le 28 février 1812, la mine de houille d'Ans (près de Liége), où travaillait Hubert, père de sept enfants, est envahie par les eaux. Dans le désordre général, il conserve son sang-froid, et parvient par de nombreux efforts à ranimer le courage des autres ouvriers. Ils passent cinq jours et cinq nuits sans prendre de nourriture, enfermés au sein de la terre. Enfin on vient à leur secours, et les soixante-dix mineurs sont rendus à la lumière. Goffin et son fils sortirent les derniers. Cet estimable citoyen est mort en 1821.

GOG et MAGOG, noms cités dans la Bible, et sur lesquels on n'est pas d'accord. On ignore s'ils étaient des hommes ou des peuples. D'après la première version, *Gog* serait un prince, ainsi que *Magog*; ce dernier serait fils de Japhet. D'après la deuxième version, les peuples de Gog et Magog auraient habité des montagnes voisines de la Palestine.

GOGUELIN. Voy. GOBELIN.

GOITRE, tumeur du gosier résultant de l'augmentation de volume de la glande thyroïde. Le goître est endémique dans les vallées des Alpes. La chaleur, l'humidité et la stagnation de l'air dans les gorges étroites paraissent en être les causes. Il est souvent héréditaire; quelquefois il s'acquiert. Les femmes y sont partout plus exposées que les hommes.

GOJAM, pays d'Afrique dans l'Abyssinie. Sa longueur est de 40 lieues sur une largeur de 15 à 18 lieues, et sa superficie d'environ 640 lieues carrées. Ce pays, situé au S. du lac Dambéa, est presque enfermé de tous côtés par le Nil. C'est la plus grande et la plus riche province de l'Asie.

GOLCONDE, ville de l'Hindoustan, capitale du royaume du même nom jusqu'au XVIIe siècle. Alors ce fut *Hyder-Abad*, située à une lieue, qui devint le séjour du souverain. Golconde est fameuse par ses mines de diamants. Elle est fortifiée, et regardée par ses habitants comme imprenable. Elle appartient au nizam, prince indou allié de l'Angleterre.

GOLDONI (Charles), célèbre auteur comique italien, né à Venise en 1707, mort à Paris en 1792. Il a composé un grand nombre de pièces (on le fait monter à cent cinquante), comédies ou tragédies. Les plus remarquables de ces dernières, regardées comme inférieures à ses comédies, sont *Griselda*, *Renaud de Montauban* et *Bélisaire*. Ses comédies les plus connues sont *le Bourru bienfaisant*, *l'Avocat*, *la Bonne Femme* et *l'Avare fastueux*. Il publia en 1787 des *Mémoires* très-intéressants.

GOLDSMITH (Olivier), né en 1729 à Elphin, dans le comté de Roscommon en Irlande, mort en 1774. Il se distingua comme écrivain et poëte. Ses productions les plus généralement estimées sont *le Vicaire de Wakefield* (the Vicar of Wakefield), *le Citoyen du monde* (the Citizen of world), le poëme du *Village abandonné* (the Deserted Village), *l'Histoire de la Grèce* (History of the Greece), *Histoire romaine depuis la fondation de Rome* (Roman History from the foundation of Rome), *Histoire d'Angleterre* (History of England), et plusieurs comédies, dont la plus connue est *Tony Humpkin*.

GOLFE, grande étendue de mer, enfoncement plus ou moins considérable dans les terres, qui commence en général entre deux caps, et dont l'ouverture est très-vaste dans la mer. Les golfes servent de retraite aux vaisseaux, et offrent souvent des ports excellents. — Les anatomistes nomment *golfe de la veine jugulaire* une dilatation assez grande formée par la veine jugulaire interne, à l'endroit où elle s'abouche avec l'extrémité inférieure du sinus latéral de la dure-mère, membrane du cerveau.

GOLFE (COURANT DU) ou GULF-STREAM, mouvement de l'Atlantique, dont les eaux, portées vers l'ouest, reviennent à travers le golfe du Mexique, s'échappent par le canal de Bahama, et remontent le long des États-Unis d'Amérique jusqu'à Terre-Neuve.

GOLGOTHA (*Gulgutha* ou *Goatha*), mot hébreu qui signifie crâne. C'est le nom d'une montagne voisine de Jérusalem, au couchant et au nord de cette ville, soit parce que sa forme approchait de celle d'un crâne humain, soit parce qu'on y exécutait des criminels. Nous appelons cette montagne le *Calvaire*.

GOLIATH, géant de la ville de Geth dans le pays des Philistins. Il avait environ neuf pieds six pouces de haut, et ses armes répondaient à la grandeur de sa taille. Il fut tué d'un coup de pierre par David encore jeune.

GOLIATH, genre d'insectes coléoptères, de la tribu des scarabées, famille des lamellicornes. Ces insectes sont grands de deux à quatre pouces. On en connaît plusieurs espèces, toutes d'Afrique et d'Amérique. Le *goliath brillant* est vert doré; le *goliath géant*, ayant la tête et le corselet d'un blanc jaunâtre, avec des raies noires, la couverture des ailes jaunâtre. Cet insecte est un des plus grands et des plus beaux que l'on connaisse.

GOLO, rivière de Corse, qui sort du lac Ino, vers le milieu de l'île, et se jette dans la mer de Toscane, sur la côte occidentale de l'île. Le Golo donna sous l'empire de Napoléon son nom à un département de la Corse, qui était ainsi divisée en deux.

GOLTZIUS (Hubert), célèbre antiquaire, né à Vanloo (Hollande) en 1525, voyagea en Europe, recherchant les inscriptions, des statues, des médailles, etc. Son mérite se répandit dans le monde savant, et Rome lui donna le titre de citoyen. Il mourut en 1583. Il avait aussi cultivé les arts. On a de lui les *Fastes romains d'après les médailles et les marbres anciens*; les *Portraits des empereurs romains*, recueil de médailles depuis Jules César jusqu'à Charles-Quint; la *Vie de Jules César d'après ses médailles*; la *Vie d'Auguste d'après ses médailles*; la *Sicile et la grande Grèce d'après ses médailles*; un *Trésor d'antiquités*; un *Catalogue des consuls*.

GOMAR (François), théologien calviniste, chef des gomaristes ou *contre-remontrants*, né à Bruges en 1563, et mort à Groningue en 1641, après avoir professé à Leyde, à Middelbourg et à Groningue. Partisan zélé des opinions de Calvin, il disputa avec Arminius sur la prédestination et la grâce. Les savants et les théologiens se divisèrent en deux partis, et se combattirent avec chaleur au synode de Dordrecht. Les arminiens furent condamnés.

GOMART, genre de la famille des térébinthacées. Le *gomart gommier*, vulgairement nommé *bois de cochon*, *bois de colophane*, *cachibou*, *gommier*, *sucrier de montagne*, est un arbre indigène à l'Amérique, qui monte à plus de quatre-vingts pieds de haut. Son tronc est revêtu d'une écorce grisâtre et lisse, se détachant par feuillets; ses feuilles sont composées de plusieurs folioles très-longues; les fleurs sont petites, blanches, inodores, en grappes; le fruit est une baie odorante oblongue, renfermant une amande en cœur. Des diverses parties de l'arbre découle un suc balsamique, térébinthacé, gommeux, qui est un excellent remède contre les plaies.

GOMBAULD (J.-Ogier DE), né à Saint-Just (Charente-Inférieure), mort en 1666. Littérateur et poëte, il se fit une grande réputation, et contribua beaucoup à l'établissement de l'académie française. On a de lui les tragédies d'*Aconce*, de *Cydippe*, des *Danaïdes*, une pastorale intitulée *Amaranthe*, des *sonnets*, des *épigrammes*, etc.

GOMBERVILLE (Martin LE ROY, sieur DE), né près de Paris, fut un des premiers littérateurs qui siégèrent à l'académie française. Il mourut en 1674. Il a laissé un grand nombre d'ouvrages: cent dix *Quatrains à l'honneur de la vieillesse*, des *poésies diverses*; des romans, *Polexandre*, *Cythérée*, *la Jeune Alcidiane*; un *Discours sur les vertus et les vices de l'histoire*, une édition des *Mémoires du duc de Nevers*, la *Doctrine des mœurs*, etc.

GOMBETTE (LOI), ainsi appelée de Gondebaud, roi de Bourgogne, qui la promulgua en 502 à Lyon. Elle était divisée en quarante-neuf titres, sans y comprendre les additions qu'y fit son successeur Sigismond. Elle donnait la faculté de réparer tous les délits par des compensations pécuniaires.

GOMÈRE, une des îles Canaries, entre les îles de Fer et Ténériffe. Elle a 22 lieues de tour et de bons ports. Sa population est de 8,000 habitants. — Cette île, dont le chef-lieu est *Saint-Sébastien*, appartient aux Espagnols, et produit des grains, des fruits et des vins.

GOMME (MARIAGE A LA), nom donné aux mariages contractés par deux parties qui, en présence du prêtre qui ne veut pas les marier, protestent qu'elles se prennent pour mari et femme.

GOMME, substance végétale qui ne contient pas d'azote, qui est incristallisable et solide. On la trouve dans toutes les parties des plantes herbacées, dans les fruits, etc.; mais on la retire principalement de plusieurs espèces différentes et entre autres des *mimosas*. Les plus connues sont la *gomme du pays*, employée pour donner du brillant aux couleurs; la *gomme adragant*, la *gomme du Sénégal* et la *gomme arabique*, qui servent toutes deux dans la médecine et l'art du confiseur, et avec lesquelles on fait un sirop adoucissant connu sous le nom de *sirop de gomme*.

GOMME ACACIA. Voy. GOMME ARABIQUE.

GOMME AMMONIAQUE, gomme-résine provenant des peucédanées. On la trouve sous deux états. Le premier est en masses irrégulières, jaunâtres, grisâtres ou brunâtres; d'une odeur particulière, un peu nauséeuse; d'une saveur fade, nauséeuse, puis amère. Le deuxième état est en fragments de la grosseur d'une noisette, de couleur jaune à l'extérieur, blanche en dedans. La gomme ammoniaque possède des propriétés antispasmodiques, et s'emploie dans les catarrhes de la poitrine. Elle entre dans la préparation de plusieurs remèdes.

GOMME ARABIQUE, ET DU SÉNÉGAL, produits gommeux que l'on retire par incision ou qui découlent naturellement du tronc de plusieurs arbres de la famille des légumineuses, tels que les acacias, les mimosas, etc. Ces gommes se présentent dans le commerce sous forme de petites masses transparentes, dures, compactes, blanches ou jaunâtres, inodores, d'une saveur fade et mucilagineuse, solubles dans une fois et demie leur poids d'eau. On fait avec cette gomme un sirop très-adoucissant nommé *sirop de gomme*.

GOMME ARTIFICIELLE, matière gommeuse provenant de l'amidon torréfié. Cette gomme est très-soluble dans l'eau. On l'emploie pour imiter le sagou et autres substances étrangères.

GOMME DE GRAINES ET DE RACINES, matière mucilagineuse qui se trouve dans la graine de lin et les racines des malvacées. On l'emploie pour préparer des cataplasmes émollients et la plupart des tisanes adoucissantes.

GOMME DES FUNÉRAILLES. Voy. BITUME.

GOMME D'OLIVIER OU DE LECCE, gomme qui découle des oliviers sauvages. Son odeur est balsamique, sa saveur âcre. Elle est détersive et astringente. On la brûle aussi comme parfum.

GOMME DU PAYS, gomme qui découle des pruniers, cerisiers, abricotiers, amandiers, etc. Elle se présente en morceaux assez grands, arrondis, transparents, de diverse couleur, inodores, d'une saveur fade, peu solubles dans l'eau. On s'en sert dans les arts et en médecine.

GOMME ÉLASTIQUE. Voy. CAOUTCHOUC.

GOMME EN LARMES. Voy. GALBANUM.

GOMMES-RÉSINES, substances de couleur très-variable, assez souvent d'une odeur forte, d'une saveur piquante. Elles sont solides et plus pesantes que l'eau qui les dissout en partie. Ces substances, formées de plusieurs principes immédiats, sont contenues dans les vaisseaux des plantes, et en découlent sous un aspect laiteux. Plusieurs végétaux en fournissent, surtout ceux de la famille des euphorbiacées ou des ombellifères. Les *gommes gutte*, *ammoniaque*, etc., sont des gommes-résines.

GOMMIER, nom donné aux arbres qui produisent de la gomme ou des résines. Ainsi on nomme *gommier d'Arabie* l'*acacia nilotica* et l'*acacia du Sénégal*; *gommier blanc*, le *gomart* et le *balsamier*; *gommier rouge*, le *gomart* et l'*acacia nilotica*.

GOMOR ou ASSARON, mesure de capacité des Hébreux. C'est la dixième partie de l'*épha* ou *éphi*. Elle vaut 3 litres 15 centilitres de nos mesures.

GOMORRHE, une des cinq villes de la Pentapole, consumée par le feu du ciel, l'an 1897 avant J.-C., avec Sodome, à cause des crimes de ses habitants.

GOMPHOSE, genre de poissons à corps très-comprimé, à tête entièrement lisse, mais dont le museau a l'apparence d'un tube long et mince, et représente une espèce de clou. Le gomphose bleu est de la grandeur d'une tanche; son corps est bleu. Le gomphose brun et le gomphose vert tirent leur nom de la couleur de leur corps. Le gomphose varié est mêlé de vert, de bleu et de jaune. Ces poissons présentent un aliment très-agréable.

GOMPHRÈNE (vulgairement *amaranthine*, *immortelle violette*, *toïdes*, *iolides*), genre de la famille des amaranthacées, renfermant des plantes originaires de l'Inde. Ces plantes sont annuelles et cultivées dans nos jardins. Les tiges sont droites, articulées, un peu velues, munies de feuilles opposées, ovales, lancéolées, entières et molles. Les fleurs sont d'un rouge vif.

GONARQUE, espèce de cadran solaire pratiqué sur les surfaces différentes d'un corps anguleux.

GONÇALEZ (Pierre), né à Astorga (Espagne) en 1190. Son oncle, évêque de cette ville, le fit chanoine et ensuite doyen de son chapitre. Ayant conçu un grand dégoût du monde, il prit l'habit de Saint-Dominique dans le couvent de Palencia, et s'y distingua par la pratique de toutes les vertus. Le roi Ferdinand III voulut l'avoir auprès de lui. Gonçalez obéit, et fit à la cour un grand nombre de conversions. Il alla ensuite prêcher l'Évangile aux peuples des Asturies et de la Galice, et mourut en 1240. Innocent IV l'a mis au rang des saints. On fait sa fête le 14 avril. C'est le patron des matelots espagnols, qui le nomment *san Elmo*.

GOND, morceau de fer plié en équerre, destiné à supporter une porte, un contrevent, etc., qui donne à la porte, au contrevent, etc., la faculté de décrire une portion de cercle autour de lui. On distingue, dans le gond la *tête*, le *corps* et la *pointe*. La *tête* est une partie cylindrique portée à un de ses bouts par le *corps*. L'extrémité du corps ou *pointe* est fixée ou scellée dans le montant qui doit la recevoir. La tête reste en dehors, et reçoit la penture qui est fixée à la porte.

GONDAR, ville d'Afrique, capitale de l'Abyssinie, à 50 lieues des sources du Nil. Elle est divisée en deux parties par la rivière Kaliba. Sa population est d'environ 50,000 habitants. Les maisons de cette ville sont bâties en argile. Elle ne renferme aucun édifice remarquable.

GONDEBAUD ou GOMBAUD, dit BALLOMER, fils naturel de Clotaire Ier, roi des Francs. Celui-ci n'ayant pas voulu le reconnaître, Gondebaud se retira à Constantinople (583) où il fut traité avec distinction. Quelques seigneurs l'ayant flatté de l'espoir que les Français désiraient l'avoir pour roi, il partit sous le titre de roi. Mais, trahi par les siens, il fut livré à ses ennemis, qui lui firent essuyer les traitements les plus ignominieux et l'assommèrent à coups de pierre (585).

GONDEBAUD, troisième roi de Bourgogne, fils de Gondicaire et frère de Chilpéric, qu'il assassina en 491 et qu'il remplaça sur le trône. Il fit périr tous les enfants de son frère, à l'exception de Clotilde, qui devint plus tard la femme de Clovis. Il fut bientôt attaqué par ce prince, qui soutenait la cause de Godégésile et de Gondemar, deux autres frères de Gondebaud, et qui lui imposa en 500 le traité d'Avignon. Mais, après que Clovis se fut retiré, il assiégea ses frères dans Vienne et les fit périr. Il mourut en 516, laissant le trône à son fils Sigismond.

GONDI. Voy. RETZ.

GONDOLE, espèce de barque allongée, à la poupe repliée en l'air et à la proue élancée et recourbée. Elle a une cabine ou un carrosse, qui occupe le milieu et qui est fermée par des glaces ou des jalousies. Elle ne va qu'à la rame. Ses rameurs ou *gondoliers* sont placés sur l'arrière. Elle ne se voit qu'à Venise.

GONÉPLACE, genre de crustacés *décapodes* ou à dix pieds. Leur test ou enveloppe est déprimé, en forme de quadrilatère transversal, ayant dans le milieu de son bord antérieur un creux en forme de chaperon. Les yeux sont situés à l'extrémité d'un filet grêle. Les pinces sont allongées, égales, grêles, portées sur les bras très-longs; les autres pattes sont grêles, à articulations anguleuses. Ces crustacés habitent les mers d'Europe. Leur couleur est jaune à reflets verts.

GONESSE, chef-lieu de canton du département de Seine-et-Oise, à 3 lieues de Paris et 7 et demie de Pontoise. Ce bourg, situé sur le Croust, a 2,200 habitants et des marchés célèbres en blé, grains et fourrages. Gonesse était renommé au moyen âge par l'excellente qualité du pain qu'on y fabriquait, et qui a longtemps fourni presque seul à la consommation de Paris. Le roi Philippe Auguste y est né en 1166.

GONFALON, bannière civile, religieuse et guerrière tout ensemble, de plusieurs villes d'Italie à certaines époques. On appelait *gonfalonier* celui qui portait cette bannière. Il avait une grande autorité dans les gouvernements républicains. Le premier gonfalonier de Florence, élu dans le XIVe siècle, fut Ubalda-Ruffoli. — En France, c'était une bannière d'église, arborée pour lever des troupes. Elle était carrée, à trois lambeaux pendants, et variait de couleur selon le patron.

GONGRONE, synonyme de *goitre*. On donne aussi ce nom, en botanique, à des espèces d'excroissances arrondies et fongueuses qui se forment sur le tronc des arbres.

GONIOMÈTRE ou MESUREUR D'ANGLES, instrument destiné à mesurer des angles formés par des corps entre eux. Tels sont les graphomètres, les sextants, les équerres d'arpenteur, les rapporteurs, etc. — En minéralogie, c'est un instrument destiné à mesurer les angles des cristaux des diverses substances minérales, et par suite leur nature et leur composition chimique qui varient en proportion. Le plus simple des goniomètres est formé de deux lames d'acier réunies par un axe autour duquel elles peuvent tourner, pour se disposer en X ouvert sous toutes les inclinaisons. Ces lames sont égales et parallèles. On les ouvre de manière à appliquer leur bord ou tranchant, chacun sur l'une des deux faces contiguës dont on veut évaluer l'angle plan. On conserve l'angle d'ouverture, et on place l'instrument sur un rapporteur en cuivre, l'axe de rotation placé au centre, et on lit sur l'arc divisé l'angle dont il s'agissait. On a perfectionné cet instrument en fixant les deux branches au centre même du rapporteur.

GONIOMÉTRIE, art 1° de mesurer les angles, 2° de tracer sur un corps quelconque des angles dont la grandeur en degrés est connue. On se sert du cercle divisé en degrés pour la mesure des angles.

GONNE, nom donné par les matelots aux barils qui renferment du goudron.

GONSALVE DE CORDOUE (Gonçalo Hernandez-y-Aguilar), né près de Cordoue en 1443, et issu d'une des premières familles d'Espagne. Il fit d'abord la guerre en Portugal, et ensuite dans le royaume de Naples, dont il assura la possession à l'Espagne, et dont il devint connétable. Ses ennemis, jaloux de ses succès, intriguèrent auprès du roi Ferdinand, qui le rappela. Il mourut en 1515, avec le surnom de *grand capitaine*. Il avait aussi beaucoup servi à la conquête du royaume de Grenade sur les Maures.

GONTRAN, roi d'Orléans et de Bourgogne, fils de Clotaire Ier, commença de régner en 561. Il battit les Lombards et les Goths, accueillit Frédégonde et son fils Clotaire fuyant la haine de Brunehaut, et mourut sans postérité en 593. L'Eglise l'a mis au rang des saints, et l'honore le 28 mars.

GONZAGUE, famille ancienne d'Italie, ainsi nommée de *Gonzaga*, château appartenant à cette famille, près de Parme, et dont le chef fut Louis Ier de Gonzague (XIVe siècle), qui devint après la mort de Passerino Buonacolsi seigneur de Mantoue. Jean-François, fils de François Ier, et arrière-petit-fils de Guy Ier, fils de Louis Ier, fut créé marquis de Mantoue en 1533. Enfin Frédéric II, fils de Jean-François II, et arrière-petit-fils de Louis III, fils de Jean-François Ier, fut fait duc de Mantoue en 1530. Un de ses fils, Louis, devint duc de Nevers en 1562 par son mariage avec Henriette de Clèves. Le dernier membre de la branche des comtes de Novellara fut canonisé en 1621 sous le nom de *saint Louis de Gonzague*.

GOODÉNIE, genre de la famille des campanulacées, renfermant des végétaux propres à l'Océanie. Ce sont des arbres ou des arbrisseaux à fleurs élégantes, portées sur de longs pédoncules ou tiges. Ces fleurs sont jaunes, blanches, roses ou rougeâtres. Le fruit est une capsule à deux loges. On a érigé les goodénies en famille sous le nom de *goodénoviées* ou *goodéniacées*. Cette famille n'a pas été adoptée par tous les botanistes.

GORDIEN (Nœud), nœud qui joignait le joug et le timon de la charrette de Gordius, laboureur devenu roi de Phrygie, et qui avait consacré cette charrette à Jupiter. Ce nœud était très-compliqué, et l'oracle avait promis l'empire de l'Asie à celui qui le délierait. Alexandre, en passant à Gordium dans son expédition d'Asie, éluda l'oracle en coupant le nœud d'un coup d'épée.

GORDIEN. Trois empereurs romains, connus sous les noms de *vieux Gordien*, *jeune Gordien* et *Gordien le Pieux*, portèrent ce nom. Le vieux Gordien (Marcus Antonius Gordianus), né à Rome en 157, descendait de l'empereur Trajan, et gouvernait l'Afrique en qualité de proconsul, lorsque les troupes soulevées contre Maximin l'élurent empereur avec son fils en 237. Maximin marcha contre lui. Gordien lui opposa son fils, qui est tué dans le combat, et s'étrangle à Carthage après avoir régné six semaines. Le jeune Gordien (Marcus Antonius), son fils, associé à l'empire par son père, est tué près de Carthage à l'âge de quarante-six ans (236), était si débauché, qu'Héliogabale l'avait nommé questeur à cause de ses vices. A la mort de ces deux empereurs, le peuple et l'armée élurent le petit-fils de Gordien le Vieux, Marcus Antonius Pius (le Pieux), âgé de treize ans. Son règne fut glorieux; mais il périt assassiné en 244 par les ordres du préfet du prétoire, Philippe, tandis qu'il chassait les Perses de la Syrie après avoir vaincu Sapor.

GORDIUS, Phrygien, qui de simple laboureur devint roi. Les Phrygiens, voyant leur pays troublé par des séditions, consultèrent l'oracle, qui leur répondit de prendre pour roi le premier homme qu'ils verraient monté sur un char. Leur choix tomba sur Gordius, qui consacra son char à Jupiter. Le joug était lié au timon par un nœud dont on ne pouvait voir les bouts. L'oracle promit l'empire d'Asie à celui qui délierait ce nœud (*nœud gordien*). Alexandre le coupa.

GORDON (Georges), né à Londres en 1750, servit d'abord dans la marine. Nommé ensuite membre du parlement pour le bourg de Ludgehall (comté de Wilts), il s'y distingua par la hardiesse de ses discours contre les ministres, et par son opposition constante à tout ce qui se faisait dans le parlement. Il s'éleva avec fanatisme contre l'ordonnance qui adoucissait les lois relatives aux catholiques. La violence de ses discours excita en 1780 des troubles qui durèrent plusieurs jours; plusieurs monuments ou édifices de Londres furent brûlés ou pillés, et un grand nombre de personnes tuées. Gordon, mis en jugement en 1781, fut acquitté. Mais, ayant publié un libelle diffamatoire contre Marie-Antoinette, reine de France, il fut mis en prison et y mourut en 1793.

GORDYÈNE ou Corduène, contrée de l'ancienne Arménie, bornée par le lac Arsillo, la Bagraydanène, l'Arzanène, la Moxoène et le Tigre. Elle se subdivisait en trois parties, la *Gordyène orientale*, la *Gordyène occidentale* et la *Gordyènsie* au N. Cette dernière partie était déserte.

GORÉE, établissement français de l'Afrique orientale, sur la côte de la Sénégambie à 24 lieues S.-O. de Saint-Louis. Il est dans l'île de nom, distante du cap Vert d'une demie-lieue, et longue de 880 mètres sur 215 mètres de large. La population de la ville est de 5,264 habitants, dont 902 libres et 4,362 esclaves. Elle appartient à la France depuis 1667, et a toujours suivi le sort du Sénégal.

GORGE. Ce mot désigne la partie antérieure du cou dans le langage vulgaire. Dans son acception scientifique, il désigne seulement la cavité formée par le pharynx. Il est alors synonyme de gosier. — On appelle *gorge de pigeon* une couleur composée et mélangée qui paraît changer suivant les divers aspects du corps coloré.

GORGE, nom donné en général à la partie antérieure du cou des oiseaux. On nomme vulgairement *gorge blanche* la sylvie grisette et la mésange nonnette; *gorge jaune*, le figuier trichas; *gorge noire*, le rossignol des murailles; *gorge nue*, une espèce de perdrix; *gorge rouge*, la sylvie rouge.

GORGE (Mal de), nom vulgaire de plusieurs maladies nommées par les médecins *angines*.

GORGE ou Faux-Gorge. On appelle ainsi, en botanique, l'entrée du tube de la corolle, du calice, etc.

GORGERET, instrument de chirurgie, qui représente une gouttière allongée en forme de gorge, et dont on se sert dans plusieurs opérations. — On nomme vulgairement *gorgerel* un *rolle*, un *fourmilier* et un *gobe-mouches*.

GORGERIN. On appelait autrefois ainsi la partie de l'armure qui couvrait la gorge et le cou d'un homme d'armes.

GORGIAS, rhéteur et sophiste grec, né à Leontium, ville de Sicile, l'an 698 avant J.-C., mort l'an 400 avant J.-C. à cent huit ans. Député par ses compatriotes vers les Athéniens pour leur demander du secours contre Syracuse, il resta à Athènes, où il ouvrit une école, et où il charma tellement la multitude qu'on lui éleva une statue d'or à Delphes.

GORGONE, genre de zoophytes de la division des polypiers flexibles non entièrement pierreux. Ces polypiers sont simples ou rameux, recouverts d'une écorce compacte, charnue, élastique, flexible, devenant par la dessication terreuse et friable. Les gorgones ressemblent à des arbrisseaux, et se fixent aux rochers et autres corps solides. Elles ont cinq centimètres à plusieurs mètres de hauteur. Leur couleur varie du rouge au blanc, au vert, au violet, au noir et au jaune. Les animaux qui les habitent sont petits et renfermés dans un sac membraneux. Les gorgones se trouvent dans toutes les mers.

GORGONES. La mythologie grecque donne ce nom à trois sœurs filles de Phorcys et de Ceto, demeurant près du jardin des Hespérides, et pétrifiant ceux qui les regardaient. Il n'avaient entre elles qu'un seul œil, et s'appelaient Sthéno, Euryale et Méduse. Les deux premières seulement étaient immortelles.

GORGONIE (Sainte) était fille de saint Grégoire de Nazianze en Cappadoce; elle épousa un homme de qualité, dont elle eut plusieurs enfants. Sa modestie était exemplaire, ainsi que son humilité et sa pudeur. Méprisant le luxe, elle mortifiait ses sens, et se livrait avec ardeur aux exercices de piété. Elle mourut vers 372. Les Grecs font sa fête le 23 février et le 9 décembre, les Latins le 9 décembre seulement.

GORGONIÉES, ordre de zoophytes de la division des polypiers flexibles, c'est-à-dire non entièrement pierreux, composés d'une écorce et d'un axe central qui supporte cette écorce. Ces polypiers sont en forme d'arbrisseaux et inarticulés. Ils sont fixés à des rochers ou à d'autres corps marins. Le type de cet ordre est la *gorgone*.

GORSAS (Antoine-Joseph), né à Limoges vers 1744, tenait une maison d'éducation à Versailles lors de la révolution. Gorsas, connu déjà par plusieurs poésies fugitives, consacra sa plume et ses talents à l'appui de la révolution naissante. Il fit paraître en 1788 un pamphlet satirique, l'*Ane promeneur*, qui eut un grand succès. En 1789, il fonda un journal nommé *Courrier de Versailles*, et plus tard *Courrier des départements*, qui dénonçait toutes les intrigues de la cour française, mais réprouvait les excès sanglants des républicains. Appelé à la convention par le département de Seine-et-Marne, il se prononça avec énergie contre le massacre des prisons, et vota, lors du procès de Louis XVI, pour la détention et le bannissement à la paix. Cette sage conduite lui fit des ennemis. Décrété d'accusation, il chercha son salut dans la retraite. Mais arrêté, il fut condamné à mort et décapité le 7 octobre 1793.

GOSIER, nom donné vulgairement au *pharynx*. C'est une espèce de canal musculo-membraneux, symétrique, à peu près en forme d'entonnoir, qui se trouve situé entre la base du crâne et l'œsophage. Il sert d'origine commune aux voies respiratoires et digestives. Il donne passage à l'air pendant la respiration et aux aliments lors de la déglutition.

GOSLAR, ville de Hanovre, à quelques lieues de Hildesheim. Sa population est de 11,000 habitants. Cette ville est industrieuse et commerçante. Il y a de nombreuses forges, des fabriques de laiton et de vitriol. On a prétendu que le moine Barthold Schwartz avait découvert dans cette ville la poudre à canon.

GOSSEC (François-Joseph), compositeur français, né à Vergnies (Hainaut) en 1733. Il vint à Paris en 1751, et y fit connaître un nouveau genre de musique instrumentale, la symphonie. Ses premiers quatuors parurent en 1759, et eurent autant de succès que ses symphonies. Il fonda sa réputation par une *Messe des morts*, et débuta en 1764 dans le genre dramatique par le *Faux Lord*. Il a fait les opéras des *Pêcheurs*, du *Double Déguisement*, de *Toinon et Toinette*, *Sabinus*, *Alexis et Daphné*, la *Fête du village*, *Rosine*, etc. Il fonda en 1784 l'école royale de chant (depuis le conservatoire), et mourut en 1829, membre de l'Institut et de la Légion d'honneur.

GOSSYPINE, substance solide, fibreuse, sans saveur, insoluble dans l'eau, l'alcool et l'éther, soluble dans les alcalis, et qu'on obtient du coton ordinaire. Lorsqu'on la traite par l'acide nitrique, et qu'on élève la température, elle se décompose et fournit de l'acide oxalique.

GOTHA, ville d'Allemagne, capitale du duché de Saxe-Cobourg-Gotha, près de la Leine. Elle a 12,000 habitants, une bibliothèque de 150,000 volumes et un château ducal. Près de la ville se trouve l'observatoire de Seeberg, le plus beau et le plus grand de l'Europe.

GOTHARD (Saint-), une des plus hautes montagnes de la Suisse, sur la limite des cantons d'Uri et du Tésin. La *Pesciora*, le pic le plus élevé de toute la montagne, est à 1,675 toises au-dessus du niveau des mers. Le mont Saint-Gothard offre un des passages les plus fréquentés de Suisse en Italie. C'est là que la Reuss, le Tésin, le Rhin et le Rhône prennent leur source.

GOTHEMBOURG ou GOTHEBORG, gouvernement de la Suède, sur le Cattégat, dans la Gothie, formée de l'ancienne province de Westrogothie. Sa superficie est d'environ 195 lieues carrées, et sa population de 150,000 habitants. Ce gouvernement est riche dans quelques lieux, aride et inculte dans d'autres. La capitale est *Gothembourg*, la deuxième ville de la Suède, à 50 lieues de Stockholm. Population, 20,000 habitants. Elle a un port vaste et bien défendu par plusieurs forts, à l'embouchure de la rivière *Gotha*. C'est une des stations navales de la marine royale. Gothembourg, fondée dans le XIIIe siècle, possède plusieurs sociétés scientifiques et littéraires, un évêché, un collège, des manufactures de draps et d'étoffes, des chantiers de construction pour les navires. Elle approvisionne le midi de la Suède. Ses exportations consistent principalement en denrées coloniales.

GOTHIE, province de la Suède méridionale, partagée autrefois en neuf parties : l'Ostrogothie, le Smaland, le Bleking, la Scanie, le Wermeland, la Dalie, le Bohusland, la Westrogothie et l'Halland. Aujourd'hui elle se divise en douze gouvernements ou capitanies. On croit que c'est de cette province les Goths, venus primitivement de Scythie, se répandirent sur la Germanie et l'empire romain.

GOTHIQUE (ARCHITECTURE). On appelle généralement ainsi l'architecture dont l'ogive est le principal caractère, non qu'elle ait été créée par les Goths, mais parce que leur invasion en Italie favorisa et accéléra la dégénérescence des architectures romaine et grecque. L'architecture gothique a été en usage depuis le IVe siècle jusqu'à la fin du moyen âge.

GOTHS, peuples barbares venus, à ce que l'on croit, de la Scandinavie. Ils s'établirent dans la Germanie, et leur roi Amala s'empara de tout le pays situé entre la Baltique et la mer Noire, la Theiss et le Tanaïs. Les Wisigoths (Goths occidentaux) étaient séparés des Ostrogoths (Goths orientaux) par le Borysthène ou Dnieper. Les Gépides s'étaient arrêtés au pied des monts Krapacks. Tous les Goths obéissaient à Hermanric, lorsque les Huns vinrent envahir leur pays. Les Wisigoths seuls s'enfuirent, et se jetèrent sur l'empire romain. Voy. VISIGOTHS.

GOTTLAND, gouvernement de Suède, formée d'une île de même nom et de quelques autres plus petites, sur la côte E. de Gothie. Sa superficie est de 120 lieues carrées, et sa population de 65,000 habitants. — L'île est montueuse sur les côtes, plate à l'intérieur, et produit des navets, des légumes, des fruits, du bois, des pâturages. Le chef-lieu est *Wisby*, avec 4,000 habitants. Cette ville a été jadis une des plus grandes et des plus florissantes villes de Suède. C'était le principal entrepôt des marchandises de l'Inde et d'Asie en épiceries, draps, comestibles, thé, parfums, soies, sel, vins, grains et légumes.

GOUACHE (PEINTURE A LA), espèce de peinture en détrempe, dans laquelle on broie et l'on délaye les couleurs avec de l'eau et de la gomme. Les peintures à la gouache sont fraîches, éclatantes et veloutées. On emploie ordinairement la gouache à l'exécution des tableaux de moyenne proportion ou pour peindre les décorations de théâtre.

GOUARAOUNS, peuple d'Amérique, entre l'île de la Trinité et l'embouchure de l'Orénoque. Ce peuple, qui est au nombre de 8,000 ou 10,000 individus, habite pour la plupart sur des palmiers. Il est sauvage et peu civilisé.

GOUDJERATE. Voy. GUZERATE.

GOUDILLE ou GOUILLE, aviron qui, placé dans un creux, en demi-cercle, sur l'arrière d'une petite embarcation, sert à l'homme qui l'emploie à la diriger seul lorsque la mer est belle. — *Godiller* ou *goudiller*, c'est conduire une embarcation à l'aide de la *goudille*.

GOUDOULI ou GOUDELIN (Pierre), poète gascon, fils d'un chirurgien, naquit à Toulouse en 1579. Il fut reçu avocat, mais il n'en exerça jamais les fonctions. Cet homme, célèbre par ses poésies et ses bons mots, vécut toujours pauvre, et mourut en 1649. Ses vers sont remplis d'enjouement, de vivacité et de naturel. Sa pièce la plus estimée est l'*Ode sur la mort de Henri IV*.

GOUDRON, substance épaisse, d'un noir rougeâtre, un peu tenace, collante, d'une odeur empyreumatique forte et d'une saveur âcre. On l'obtient avec les pins et les sapins trop vieux pour fournir la térébenthine, et cela en entourant l'arbre de feux. On retire aussi le goudron de la houille. Le goudron, composé d'huile essentielle empyreumatique, de résine et de charbon, forme, mêlé avec l'eau, l'*eau de goudron* employée en médecine. Mais son usage le plus journalier a rapport au calfatage des vaisseaux, dont on enduit les carènes de ce liquide, et dont on goudronne aussi les cordages.

GOUET ou ARUM, genre de la famille des aroïdées, renfermant des plantes propres aux contrées tempérées. Le *gouet ordinaire*, nommé vulgairement *dracontie des Grecs*, *pied-de-veau*, *racine amidonnière* et *girou*, est une plante vivace et commune dans les bois humides, les haies, les fossés. Les feuilles sont longues, lisses, d'un vert foncé, avec quelques taches, et ont la forme d'un pied de veau. Les fleurs sont vertes en dehors, blanches en dedans ; les baies sont d'un beau rouge. Toutes les parties de cette plante contiennent un suc laiteux brûlant. La racine, ronde et charnue, purge violemment. Sèche, elle perd ces propriétés ; réduite en farine et en pâte, elle fournit un aliment sain, aussi nourrissant que la pomme de terre, et peut être d'un grand secours dans les années de famine. On emploie cette racine en médecine.

GOUFFRE. C'est, en géologie, une cavité souterraine qui s'étend à une profondeur quelquefois très-grande dans le sein de la terre. — En marine, c'est une cavité dans laquelle les eaux se précipitent en tournoyant, et y font disparaître avec violence tous les objets qui s'y trouvent. Ces gouffres sont quelquefois très-grands. Le gouffre de Cariaco, dans le golfe de Cumana (Amérique méridionale) est un tournant d'eau très-dangereux.

GOUGE, outil en fer, dont le tranchant est en acier. Il a la forme d'un are. Il a toujours un manche de bois. La *gouge à main* est recourbée, et le manche est perpendiculaire au plan de la courbure. — Dans les fabriques de glaces, on nomme *gouge* un petit fer d'environ quatre pouces, armé d'un tranchant acéré, garni par ses deux côtés d'un rebord de trois ou quatre lignes, et emmanché d'un manche de deux pieds. Les *gouges rondes* n'ont point de rebords. Ces outils servent dans la construction des fours, pour recouper les tuiles molles qui débordent, et pour unir leurs surfaces. — Les cordonniers nomment *gouge* un tranchet courbé dont ils se servent pour creuser les talons des souliers.

GOUGES (Marie-Olympe DE), née à Montauban en 1755. Douée d'une imagination très-vive et d'un esprit facile, elle cultiva d'abord les arts avec succès. A l'époque de la révolution de 1789, elle en embrassa les principes avec ardeur, et publia un grand nombre d'écrits pleins de pensées enthousiastes. Elle institua une société politique de femmes. Lors du procès de Louis XVI (1792), elle s'offrit pour le défendre, et proposa de l'exiler. Elle eut ensuite le courage de s'élever contre Marat, Robespierre et la terreur. Arrêtée en 1793, elle fut condamnée à mort et exécutée. On a de cette femme auteur plusieurs drames, *le Mariage de Chérubin*, *l'Homme généreux*, *Molière chez Ninon*, *l'Esclavage des nègres*, plusieurs *brochures* et *mémoires*.

GOUJET (Claude-Pierre), né à Paris en 1697, embrassa l'état ecclésiastique, et devint chanoine de Saint-Jacques de l'Hôpital. Ce savant illustre fut reçu membre des académies de Marseille, de Rouen, d'Angers et d'Auxerre. Il mourut en 1767. Il laissa une bibliothèque de plus de 10,000 volumes. On a de lui des *Vies des Saints*, un *abrégé* de cet ouvrage, deux *suppléments* au dictionnaire de Moréri, une *Bibliothèque des écrivains ecclésiastiques*, *de l'État des sciences depuis Charlemagne jusqu'au roi Robert*, une *Bibliothèque française* en 18 volumes in-12, un grand nombre de *vies*, *mémoires* et *dissertations*.

GOUJAT, nom donné, dans le moyen âge, à des domestiques chargés dans les armées d'entretenir les objets d'habillement des soldats, leurs habitations, de préparer leur manger. Quelquefois ces domestiques étaient armés. — Aujourd'hui ce nom désigne un homme rude, grossier, un mauvais sujet. — Dans la langue languedocienne, ce mot désigne un *jeune homme*.

GOUJON (Jean), sculpteur et architecte français, né à Paris. Il est regardé comme le restaurateur de la sculpture en France, et a été surnommé *le Corrège* de la sculpture à cause de la grâce de ses ouvrages. La plus belle de ses statues est une *Diane chasseresse*, au château de la Malmaison. C'est à lui que l'on doit la fontaine des Innocents et une partie des beaux bas-reliefs qui ornaient l'hôtel du Carnavalet, ainsi que ceux du Louvre. Il était occupé à terminer les bas-reliefs de ce palais lorsqu'il fut tué d'un coup de carabine le 24 août 1572, jour de la Saint-Barthélemy. Il était protestant.

GOUJON (J.-Marie-Claude-Alexandre), né à Bourg-en-Bresse en 1766, fut nommé en 1790 procureur-syndic du département de Seine-et-Oise, et en 1793 membre de la commission des subsistances et approvisionnements. Il sauva Paris et la France d'une famine qui menaçait de désoler ce pays. Envoyé à la convention nationale, il prononça une foule de discours sages et modérés qui produisirent de vives sensations. En 1795, après le massacre du député Féraud, il fut accusé avec plusieurs autres députés d'avoir secondé l'insurrection du peuple. Arrêté et décrété d'accusation, il fut condamné à mort ; mais au sortir de l'audience il se poignarda avec ses coaccusés, et mourut quelques heures après cette action.

GOUJON, broche, cheville de fer qui a à peu près la même grosseur dans toute sa longueur. Elle est ronde, triangulaire ou carrée. On s'en sert, dans plusieurs arts industriels, pour unir, par exemple, les deux parties d'une charnière. Le goujon traverse les pièces qu'on unit ensemble. — *Goujonner*, c'est unir, fixer deux pièces l'une sur l'autre avec un goujon.

GOUJON, genre de poissons. Leur couleur varie avec l'âge, mais le plus souvent elle est d'un bleu noirâtre avec des taches bleues ; la mâchoire supérieure est un peu plus avancée que celle de dessous ; les écailles sont assez grandes ; les barbillons sont très-petits. Ce poisson se trouve dans les eaux douces d'Europe ; il est petit, mais estimé par son bon goût. La chair est blanche, très-bonne et facile à digérer. Le goujon ne se plaît pas dans les eaux bourbeuses et stagnantes. C'est un des meilleurs poissons que l'on puisse mettre dans les étangs pour nourrir les brochets, les truites, etc. — On nomme *goujon de mer* la *gobie* ; *goujonnière* ou *perche-goujonnière*, la *gremille*.

GOUJURE, nom donné à des cannelures qu'on fait autour de plusieurs pièces en marine.

GOULET, canal étroit et peu long qui reçoit les eaux de la mer et sert d'entrée à une rade ou à un port. — On nomme aussi *goulet* une espèce d'entonnoir en filet d'une nasse, par où le poisson descend dedans sans pouvoir en sortir.

GOULOTTE, nom donné, en architecture, dans les cascades, à un petit canal taillé sur des tablettes de pierre ou de marbre posées en pente. Ce canal est interrompu d'espace en espace par de petits bassins en coquille d'où sortent des bouillons d'eau. — *Goulotte* est pris aussi pour synonyme de *gargouille*.

GOUPILLE, cheville de métal qui va insensiblement en pointe d'un côté, et qui sert à assembler deux pièces l'une contre l'autre. On en fait un grand usage dans l'horlogerie. On se sert aussi des goupilles pour fixer le canon du fusil sur le bois. — En marine, c'est une languette de fer plat qui se sépare et s'ouvre en deux parties. On l'enfonce dans le bout d'une cheville percée, et on la replie pour maintenir la cheville dans le morceau de bois qu'elle traverse.

GOUPILLON, petit bâton garni de soies de porc passées en divers sens perpendiculaires au bâton. On s'en sert pour nettoyer les pots, les bouteilles, présenter l'eau bénite à la porte des églises, etc.

GOURA ou PIGEON COURONNÉ, oiseau de la famille des pigeons, appartenant au genre *lophyre*. C'est un bel oiseau intermédiaire aux vrais pigeons et aux gallinacés. Il habite la Nouvelle-Guinée et l'archipel Indien. Sa couleur est d'un gris bleuâtre, avec des taches d'un brun marron. Le bec est noir, la tête surmontée d'une huppe comprimée, formée de plumes dirigées verticalement. Sa taille est de vingt-sept pouces.

GOURABE ou GOURABLE, barque de commerce dans les Indes orientales. Quelques-unes sont armées en guerre. Le devant est pointu et l'arrière gros et élevé.

GOURAMI ou GORAMI, nom d'une espèce de poissons du genre *osphronème*.

GOURBILLER, évaser en forme d'entonnoir l'entrée d'un trou, pour y laisser entrer la tête d'une cheville ou d'un clou, que ce trou doit recevoir. L'action de *gourbiller* se nomme *gourbiage* ou *gourbillage*.

GOURDE, variété du genre *courge*, nommée aussi *calebasse*.

GOURDE, sorte de monnaie usitée aux Antilles françaises. La *gourde entière* vaut à la Martinique 9 livres 15 sous, à la Guadeloupe 10 livres. La *gourde percée*, en usage à la Guadeloupe, vaut 9 livres. Il faut remarquer que ces monnaies ont aux colonies, relativement aux espèces ayant cours en France, une valeur intrinsèque moindre de deux cinquièmes. La *livre coloniale* vaut 60 centimes.

GOURDIN, bout de corde qui sert à corriger les forçats ou les mauvais matelots. On nomme encore ainsi les petits cordages qui servent à retenir une voile sur l'antenne qui la supporte.

GOURDON ou GONDON, sur la rivière de la Bleue, chef-lieu d'arrondissement du département du Lot, à 11 lieues de Cahors. Sa population est de 5,200 habitants. Cette ville, bâtie par les Visigoths, fut fortifiée au moyen âge, et soutint plusieurs sièges. Elle avait des seigneurs souverains. Gourdon possède une belle cathédrale, dont le portail est décoré de deux tours d'environ cent cinq pieds de hauteur. Cette cathédrale, commencée en 1304, a été achevée en 1514. Gourdon a une école chrétienne. Cette ville commerce en fromage, beurre, denrées.

GOURGALLE, nom vulgaire du *crabe*.

GOURGANDINE, nom vulgaire de plusieurs mollusques ou coquillages du genre *vénus*.

GOURGANE (FÈVE), nommée vulgairement *féverole*, *fève des champs*, *fève de cheval* et *fève de galérien*, espèce du genre *fève*. Sa tige est peu élevée, ses fleurs noires ou d'un blanc sale; ses graines sont allongées, presque cylindriques, âpres et dures. On s'en sert pour la nourriture des bestiaux et pour servir d'engrais. On donne aux bestiaux les graines sèches, concassées ou cuites. En Allemagne, on torréfie les gourganes pour en faire une sorte de café et du chocolat. Les jeunes gousses et les jeunes pousses se mangent préparées comme les épinards. La tige fournit une bonne filasse. — Les marins nomment *gourganes* les fèves sèches embarquées en provision pour nourrir les équipages.

GOURIE ou GOURIEL, division méridionale de la Géorgie caucasienne, entre le Rion et le Tcharouk. Elle est bornée par la Mingrélie, l'Imérétie, la Lazhie et la mer Noire. Sa population est d'environ 50,000 habitants qui professent la religion chrétienne, et sont gouvernés par un prince dépendant de la Russie. La Gourie produit en abondance des grains, des fruits, de la soie, des bestiaux.

GOURMANDES (PILULES), pilules de quatre grains composées de 6 gros d'aloès succotrin, 2 gros de mastic, 2 gros de roses rouges et de sirop d'absinthe. Elles sont stomachiques et excitent l'appétit. On en prend avant le repas. Ces pilules se nomment aussi *pilules antè cibum*, *grains de vie de Mesué*, etc.

GOURMANDES (BRANCHES). On appelle ainsi, en horticulture, les jeunes pousses d'arbre fruitier ou d'arbuste soumis à la taille, qui se développent avec trop de vigueur attirent à elles la sève, et, en épuisant ainsi les branches voisines, les font souvent périr. Le meilleur moyen est de les couper.

GOURME, maladie propre aux bêtes asines, et offrant pour caractères l'écoulement de mucosités par les narines, l'enflure des glandes de la ganache et des tumeurs. Elle donne à l'animal un air triste et abattu. Sa vue se trouble; son poil se hérisse; son appétit se perd. Elle attaque tous les poulains, mais ne revient plus une fois qu'elle a cessé. On distingue la gourme bénigne et la gourme maligne. Celle-ci est la plus dangereuse.

GOURMETTE, partie du mors du cheval composée de maillons, d'un crochet et d'une esse, et formant une chaînette qui tient à l'un des côtés du mors, et que l'on attache de l'autre, en la faisant passer par-dessous la barbe du cheval.

GOURMETTE. On nomme ainsi dans le Levant le matelot novice qui fait la cuisine de l'équipage. — C'est aussi l'homme qui gardait les marchandises sur les navires.

GOURNABLE, longue cheville de bois de chêne sec, de forme ronde. On s'en sert dans les constructions navales au même effet que de celles de fer. *Gournabler*, c'est se servir de gournables. Le *gournablier* est l'ouvrier qui fait des gournables.

GOURNAI ou GOURNAY, sur la rive gauche de l'Epte, chef-lieu de canton du département de la Seine-Inférieure, à 11 lieues de Neufchâtel, à 16 de Rouen. Sa population est de 3,500 habitants. Fondée sous les Gaulois, elle fut longtemps gouvernée par des comtes. Philippe Auguste s'en empara sur le dernier de ces comtes, Hugues IV. Gournay possède plusieurs sources d'eaux minérales, entre autres la fontaine de Jouvence, et commerce en toiles, porcelaines, cuirs, beurre et fromages estimés.

GOURNAY (Marie LE JARS DE), née à Paris en 1566, s'adonna à la culture des belles-lettres. Toutes les langues savantes lui étaient familières. Elle avait le goût de la vieille littérature, des commentateurs et des compilations. Ce goût lui fit beaucoup d'ennemis. Elle était liée d'une grande amitié avec Montaigne, dont elle admirait beaucoup le génie. Cette femme auteur mourut en 1645. Ses ouvrages ont été recueillis sous le titre d'*Avis* ou *Présents de Mlle de Gournay*.

GOURVILLE (Jean HÉRAUD DE), né à la Rochefoucauld en 1625. Le duc de la Rochefoucauld, lui ayant reconnu de l'esprit, le prit pour son valet de chambre, et en fit son ami son confident. Enveloppé dans la disgrâce de Fouquet, son ami, Gourville voyagea dans les pays étrangers. Il fut envoyé du roi en Allemagne, et fut proposé pour succéder à Colbert comme ministre. Il mourut à Paris en 1703. On a de lui des *Mémoires* depuis 1642 jusqu'en 1698.

GOUSSE, enveloppe de diverses formes, membraneuse, à deux valves ou *cosses*, à une loge communément, dans laquelle les graines sont attachées alternativement à l'une et à l'autre valve, le long de la suture supérieure seulement, tel que dans les pois, les haricots et toutes les plantes légumineuses.

GOUSSE, petite chaloupe, sorte de canot dont les bouts sont terminés en pointe. La gousse a un mât avec une seule voile, et va au moyen de quatre avirons. Sa navigation a lieu dans le golfe de Gênes.

GOUSSET. On nomme ainsi 1° une petite poche de culotte où l'on place une montre ou de l'argent; 2° un morceau de planche en équerre, fixée à un mur pour soutenir une tablette horizontale; 3° une pièce de toile qui garnit l'aisselle d'une chemise; 4° la barre du gouvernail; 5° le siège placé sur la portière d'un carrosse, pour recevoir un enfant ou même une personne; 6° l'ouverture pratiquée sous la voûte d'un bâtiment, pour le passage de la tête du gouvernail; 7° la boucle de fer qui entoure le timon du gouvernail.

GOUT, sens à l'aide duquel les animaux perçoivent les saveurs des corps. Ce sens est excité par le contact des objets sapides sur la surface des organes qui en sont le siège. On ne sait pas encore quels sont ces organes; mais l'on pense en général que la langue et le palais sont les principaux. Pour qu'un corps fasse percevoir une sensation de saveur, il faut que ce corps soit soluble. — Cependant les oiseaux qui possèdent le sens du goût ne dissolvent pas dans la bouche leurs substances alimentaires. La délicatesse du goût varie selon les individus. Dans la vieillesse, il s'affaiblit et disparaît peu à peu avec l'âge.

GOUTTE, maladie caractérisée par la douleur, le gonflement, la rougeur des petites articulations, occupant presque toujours celles du gros orteil. Elle est quelquefois héréditaire, mais le plus souvent acquise; dans ce cas, elle ne se montre qu'après trente-cinq ans. Le tempérament sanguin, bilieux, une constitution forte, un corps gros et des excès habituels dans les plaisirs de la table et de l'amour ont paru y prédisposer davantage. On distingue la *goutte régulière*, qui revient par des attaques plus ou moins éloignées, et la *goutte irrégulière*, qui n'est qu'une suite de la première. La goutte est le plus souvent incurable.

GOUTTE. On nomme vulgairement *goutte bleue* le volute; *goutte d'eau*, la bulle; *goutte de lin*, la cuscute; *goutte de sang*, l'adonide; *goutteuse*, le strombe.

GOUTTES. On donne ce nom à un médicament liquide que l'on administre à l'intérieur à une très-petite dose, et qui est ordinairement doué d'une grande énergie. Telles sont les *gouttes anodynes d'Angleterre*, composées de sassafras, de sel volatil, d'aloès et d'opium; les *gouttes céphaliques d'Angleterre*, composées de sous-carbonate d'ammoniaque, d'huile de lavande et d'alcool; les *gouttes du général Lamotte*, formées d'or oxydé, d'acide nitrique et d'alcool. Ces remèdes sont calmants et sudorifiques.

GOUTTES DE SÉGUIN, médicament composé d'opium, d'eau et de miel blanc, fermentés ensemble, puis distillés, pour dégager l'alcool qui s'est formé. Le résidu, épaissi jusqu'à la consistance d'extrait mou, est dissous dans l'alcool, puis filtré. Ce remède est calmant.

GOUTTIÈRE. Ce mot désigne 1° un canal de plomb ou de bois qui sert à conduire les eaux, ou à rejeter les eaux pluviales qui tombent sur les toitures. On en fait aussi en plomb, en fer-blanc, en pierre, etc.; 2° toutes les pièces qui affectent une forme concave allongée, comme par exemple la tranche des livres; 3° en histoire naturelle, un sillon situé à l'extrémité de l'ouverture d'une coquille univalve (c'est-à-dire *d'une seule pièce*); 4º en marine, des planches creuses en chêne ou bordage des ponts; 5º en anatomie, des enfoncements que présentent les os, et qui servent à faciliter le glissement des tendons, à loger des vaisseaux sanguins ou à appuyer certains organes; 6º une offrande de 118 livres de cire que l'on présentait tous les ans, le 2 mai, à l'église Sainte-Croix d'Orléans, à vêpres. Cette offrande se faisait au nom des barons de l'Orléanais. On ignore quel est l'origine de cet usage.

GOUVERNAIL, pièce de bois attachée à l'arrière d'un navire ou d'un bateau, et qui, tournant sur des gonds, imprime, tantôt d'un côté, tantôt de l'autre, au bâtiment la direction convenable. On appelle *barre du gouvernail* une longue pièce de bois horizontale qui le fait mouvoir.

GOUVERNANCE, juridiction autrefois établie dans certaines villes de Flandre et des Pays-Bas, et à la tête de laquelle était le gouverneur. Celle de Lille était en 1693 composée d'un lieutenant civil et criminel, de six conseillers, d'un avocat et d'un procureur du roi, outre le gouverneur.

GOUVERNANTE, femme chargée des fonctions de gouverneur. Marguerite de Parme et Marie-Christine d'Autriche furent gouvernantes des Pays-Bas. — On appelle encore ainsi une femme chargée d'élever des enfants. Les gouvernantes des enfants des rois étaient nommées par le roi, et ne pouvaient être destituées. Elles gardaient leurs fonctions jusqu'à ce que l'enfant eût l'âge de sept ans.

GOUVERNEMENTS, division militaire de la France avant la révolution de 1789. Elle comprenait trente-quatre gouvernements de provinces, et six gouvernements particuliers. C'étaient : prévôté et vicomté de Paris, Ile de France, Picardie, Flandre, Champagne et Brie, Metz et pays Messin, Verdun et Verdunois, Toul et Toulois, Lorraine et Barrois, Bourgogne, Lyonnais, Forez et Beaujolais, Dauphiné, Provence, Languedoc, Roussillon, Navarre et Béarn, Guyenne et Gascogne, Bretagne, Normandie, Havre de Grâce, Artois, Boulonnais, Sédan, Nivernais, Bourbonnais, Berri, Auvergne, Foix, Donnezan, Limousin, Marche, Angoumois et Saintonge, la Rochelle et pays d'Aunis, Poitou, Saumurois, Anjou, Touraine, Orléanais, île de Corse. Il y avait encore les gouvernements des colonies et ceux des maisons royales.

GOUVERNEUR, nom donné à tout fonctionnaire chargé de l'administration supérieure d'une place forte, d'une ville, d'une contrée. — Les GOUVERNEURS DES COLONIES sont nommés par le roi. Ils sont dans les colonies les dépositaires de l'autorité royale. Ils rendent des arrêtés et des décisions pour régler les matières d'administration et de police, et pour l'exécution des lois publiées dans la colonie. Ils convoquent les collèges électoraux, fixent les époques d'ouverture, de révision, de clôture et de publication des listes électorales, convoquent les conseils coloniaux, les *prorogent* et peuvent les dissoudre. Ils font l'ouverture et la clôture des sessions. Ils présentent au conseil colonial les projets de décrets, et nomment des commissaires pour en soutenir la discussion. Ils peuvent donner ou refuser leur assentiment aux décrets adoptés par le conseil. Il y a auprès de chaque gouverneur un *conseil privé*, dont il doit prendre l'avis en certains cas déterminés par les ordonnances.

GOUVION-SAINT-CYR (Laurent), né à Toul en 1764. Il avança rapidement dans la carrière militaire, et fut nommé chef de brigade en 1794. Il fit presque toutes les campagnes sous Hoche, Jourdan et Moreau. Napoléon lui confia le commandement de plusieurs corps d'armée, et entre autres de celui de Catalogne en 1808. Rappelé en 1809, il resta sans commandement jusqu'en 1811. En 1812, il eut celui du corps bavarois, et mérita par ses succès le grade de maréchal. Il resta sans emploi jusqu'en 1815. Louis XVIII lui confia alors le portefeuille de la guerre. Il fut ensuite successivement ministre de la marine et de la guerre, et rentra dans la vie privée en 1819. Il mourut en 1830, laissant des *Mémoires*.

GOUYAVIER ou GOYAVIER, genre de la famille des myrtacées, renfermant des arbres propres à l'Amérique et à l'Asie, et qui peuvent se naturaliser dans nos départements méridionaux. Le *gouyavier blanc des Indes* est haut d'environ quinze pieds; il a le tronc droit, l'écorce unie, verdâtre, tachée de rouge et de jaune; ses rameaux sont quadrangulaires et portent des feuilles ovales allongées, aiguës, lisses, veloutées au-dessous. Ses fleurs blanches sont semblables à celles du cognassier. A ces fleurs succèdent des fruits en forme de poire, de la grosseur d'un œuf. Leur chair est blanche, succulente, parfumée et très-agréable. On les nomme *gouyaves*.

GOYAZ ou GOYEN, province du Brésil, ainsi nommée d'une nation indienne qui n'existe plus; c'est la province la plus centrale du Brésil. Elle est bornée au N. par les provinces de Para et de Maraham, à l'O. par le pays de Cuyaba; au S. par le district de Camapuania. Sa population est de 180,000 habitants, et sa superficie de 2,800 lieues carrées. Goyaz est un pays peu montueux, riche en mines d'or et de diamants. On y élève une grande quantité de bêtes à cornes. La province est divisée en deux comarcas : celle de *San-Joao das duas Barras*, capitale *San-Joao da Palma*; et celle de *Villa-Boa*, chef-lieu *Villa-Boa*, capitale de toute la province. Cette ville, fondée en 1739, a 8,000 habitants, un évêque, un gouverneur.

GOZO, île de la Méditerranée, à 2 lieues de Malte dont elle dépend. Elle a 10 lieues de tour et 15,000 habitants. Elle est bien fortifiée et très-fertile. Elle produit beaucoup de coton et appartient aux Anglais.

GOZON (Dieudonné DE), chevalier de l'ordre de Saint-Jean de Jérusalem, combattit un dragon monstrueux qui dévastait l'île de Rhodes, et le tua, malgré la défense du grand maître, Hélion de Villeneuve, qui lui pardonna et auquel il succéda dans la grande maîtrise en 1348. Il mourut en 1353, et fut remplacé par Pierre de Cornillan.

GRABAT, nom donné en général aux mauvais lits dont se servent les pauvres. On nomme *grabalaires* une secte d'hérétiques qui différaient à recevoir le baptême jusqu'au moment de la mort, s'imaginant que le baptême effaçait tous les péchés.

GRACAY, sur le Fouzon, chef-lieu de canton du département du Cher, à 12 lieues et demie de Bourges. Sa population est de 2,800 habitants. Près de Gracay, est un amas de sept à huit pierres très-grandes nommées *pierres folles*, regardé comme les ruines d'un monument celtique. Gracay est d'origine très-ancienne, et avait au moyen âge le titre de baronnie. Ses seigneurs se donnaient le titre de *sires barons* et *princes*. L'un d'eux vendit cette seigneurie à un duc de Berry, qui en fit présent à la cathédrale de Bourges.

GRACE. Ce mot désigne 1º une faveur particulière accordée à une personne par une autre; 2º un sentiment de reconnaissance, des remerciments; 3º un délai de dix jours qu'on accordait autrefois à celui sur lequel était tirée une lettre de change; 4º une formule, *par la grâce de Dieu*, que les souverains d'Europe plaçaient en tête de leurs ordonnances et décrets; 5º un titre d'honneur que les Anglais donnent aux ducs.

GRACE, don gratuit et surnaturel de Dieu, accordé à la créature raisonnable par rapport à la vie éternelle. On distingue *la grâce habituelle* ou permanente, et la *grâce actuelle* ou seulement passagère. On distingue aussi *la grâce intérieure*, qui est reçue dans l'homme, et qui l'affecte intérieurement, et *la grâce extérieure*, qui consiste dans les secours extérieurs de la religion.

GRACE (DROIT DE), privilége qu'ont certains grands dignitaires de remettre sa faute et de pardonner à un condamné. Autrefois un grand nombre de seigneurs, d'évêques et les légats du pape avaient le droit de grâce. Maintenant le roi seul en jouit; mais il faut que les lettres de grâce soient, comme en Angleterre, contre-signées par le ministre de la justice.

GRACES (en grec, *Charites*), divinités de la mythologie ancienne, filles de Jupiter et d'Eurynome, fille de l'Océan. Elles étaient au nombre de trois : *Aglaé*, *Thalie* et *Euphrosine*, et accompagnaient Vénus. On les représente nues, se tenant par la main et couronnées de fleurs.

GRACQUES (LES), nom donné aux deux tribuns du peuple, tous deux fils de Tiberius Sempronius Gracchus et de Cornélie, fille de Scipion l'Africain, qui tentèrent de réformer la république romaine. L'aîné, TIBERIUS GRACCHUS, né 163 avant J.-C., proposa de remettre en vigueur la loi Licinia, qui défendait aux patriciens de posséder plus de 500 arpents de terre, et distribua au peuple les trésors d'Eumène, roi de Pergame. Les patriciens, exaspérés, l'attaquèrent au Capitole où il avait invoqué une assemblée pour se faire continuer dans le tribunat, et le massacrèrent avec ses amis l'an 134 avant J.-C. — CAÏUS GRACCHUS, son frère, né 154 ans avant J.-C., défendit aussi la cause des plébéiens, et fut tribun du peuple. Il fit passer plusieurs lois qui, favorisant les intérêts du peuple, étaient contraires à ceux du sénat. Dans une sédition où le peuple s'était retiré sur le mont Aventin, il fut massacré par l'ordre du consul Opimius, son ennemi, l'an 121 avant J.-C.

GRADENIGO, famille puissante de Venise qui a donné trois doges. Le premier, Giacomo Gradenigo, élu doge en 1290 après Giovanni Dandolo, découvrit et dissipa la conjuration de Boëmond Tiépolo et de Marco Quirini, et mourut en 1311. Ce fut lui qui en 1300 changea la forme du gouvernement de Venise, et lui substitua celui qui l'a régie jusqu'à son asservissement. — Bartolomeo Gradenigo, élu doge en 1339 après Francesco Dandolo, mourut en 1343. — Giovanni Gradenigo, élu doge en 1355 après Marino Faliero, défendit Trévise contre le roi de Hongrie, et mourut en 1356.

GRADUATION, action de *graduer*, c'est-à-dire de diviser en parties égales (degré, demi-degré, quarts de degré, etc.) une grandeur quelconque. On apporte aujourd'hui un grand soin dans la graduation des instruments de physique et de mathématiques.

GRADUÉ, nom donné autrefois à ceux qui avaient obtenu des degrés dans quelques facultés. Les *gradués simples* étaient ceux qui n'avaient que les lettres de leurs degrés et l'attestation de leur temps d'étude. Les *gradués nommés* avaient outre cela leurs lettres de nomination et de présentation aux bénéfices. Les *gradués de grâce* étaient ceux qui avaient été dispensés du temps d'étude. Les *gradués de privilège* étaient ceux qui recevaient un titre par lettres du pape, de ses légats, etc., avec dispense du temps d'étude, des examens et des autres exercices. Il y avait encore les *gradués séculiers* et *réguliers*.

GRADUEL, chant qui se récite dans l'office de la messe après l'épître. On appelle aussi *graduel* le livre de plain-chant qui contient l'office du matin.

GRADUS, mesure de longueur des Romains, valait 2 pieds et demi.

GRÆCINUS (Julius), sénateur romain, né à Fréjus dans les Gaules, vers le commencement de l'ère chrétienne. C'était un des hommes les plus instruits et les plus éloquents de son siècle. Caligula le fit mettre à mort parce qu'il refusa d'accuser Marcius Silanus, comme l'avait ordonné l'empereur. Il avait composé deux livres *sur la culture des vignes*, dont il reste des fragments.

GRAETZ ou GRATZ, cercle de Styrie sur la Muhr. Sa superficie est d'environ 110 lieues carrées, et sa population de 300,000 habitants. Le territoire est très-fertile. La capitale est *Graelz*, capitale de la Styrie, avec 30,000 habitants. Elle renferme un lycée, un gymnase, une bibliothèque considérable, un observatoire astronomique, un musée et de nombreuses fabriques de cotonnades, soieries, cuirs, aciers, des poteries. Elle fait un commerce considérable.

GRAFFIGNY (Françoise D'ISSEMBOURG D'APPONCOURT, dame DE), née à Nancy en 1684. Son ouvrage le plus connu est le roman intitulé *Lettres d'une Péruvienne*, qui obtint un grand succès, et fut traduit dans plusieurs langues. Sa comédie en cinq actes de *Cénie* obtint aussi du succès. Il n'en fut pas de même de *la Fille d'Aristide*. Mme de Graffigny, qui était correspondante de l'académie de Florence, mourut en 1758.

GRAGERIE, nom donné, dans les colonies françaises, à une presse destinée à presser le manioc râpé, pour lui enlever son eau, qui est un poison.

GRAHAM (Georges), célèbre horloger de Londres, né à Gratwick (Northumberland-shire) en 1675, mort en 1751, quaker et membre de la société royale. Il a inventé l'*échappement à cylindre*, a perfectionné le *secteur*, à l'aide duquel Bradley a fait de nouvelles découvertes astronomiques. Ce fut lui qui fit les instruments avec lesquels les membres de l'académie des sciences de Paris mesurèrent les degrés du pôle au méridien.

GRAI ou GRAY, sur la rive gauche de la Saône, chef-lieu d'arrondissement de la Haute-Saône, à 16 lieues et demie S.-O. de Vesoul. Population, 6,000 habitants. Son origine remonte au VIIe siècle. Dès le Xe, c'était une ville importante. Othon IV, comte de Bourgogne, y établit en 1287 une université qui fut transférée de Gray en 1420. Gray fut jadis fortifié, et eut à subir de nombreux sièges. En 1544, Charles-Quint y établit le siége d'un bailliage composé de cent quatre-vingt-quatre villages. Henri IV s'en empara en 1595. Après diverses vicissitudes, elle resta à la France en 1678, avec la Franche-Comté. — Gray possède un tribunal de première instance et de commerce, un collége, une société d'agriculture, une bibliothèque publique de 4,000 volumes. La ville est très-manufacturière.

GRAILLY (Jean DE), captal de Buch, un des plus grands capitaines de son siècle, d'une maison originaire du pays de Gex, et établie dans le Bordelais. Il soutint le parti des Anglais contre Charles V, et battit plusieurs fois les troupes françaises. Il fut, au siége de Soubise, fait prisonnier par Duguesclin (1372). Il mourut prisonnier à la tour du Temple en 1377.

GRAIN. Ce mot désigne 1o le fruit de quelques végétaux ; 2o des choses qui ressemblent à des grains ; 3o des morceaux très-petits d'un objet quelconque ; 4o des aspérités que l'on trouve sur le cuir et certaines étoffes ; 5o des parties minces et petites, serrées entre elles, et qui forment la masse de plusieurs corps, tels que les pierres et les métaux ; 6o un petit poids, qui est la soixante-douzième partie du gros et la neuf mille deux cent seizième de la livre poids ancienne : il vaut 542 dix millièmes de gramme ; 7o un peu de fer ou de bronze fondu que l'on coule dans la lumière d'une arme à feu, dont cette lumière est devenue trop grande après un long service ; 8o les pustules causées par la variole.

GRAIN D'ORGE, outil employé dans plusieurs arts. Il sert au menuisier pour dégager une partie de bois d'une autre moulure. Sa forme varie beaucoup. Le grain d'orge du tourneur a la forme d'un triangle; celui du serrurier est carré, il s'en sert pour percer les pierres. — On nomme aussi *toile de grain d'orge* une toile semée de points ressemblant à des grains d'orge. — En marine, les *grains d'orge* sont de petits morceaux de bois qui remplissent des vides ou des défauts.

GRAIN. On nomme vulgairement *grain de zelim*, le poivre long ; *grain des Moluques*, le croton ; *grain d'avoine*, une coquille fossile du genre *pouppe*; *grain d'orge*, un bulime; *grain de sel*, la coquille de porcelaine ; *grain de millet*, un crustacé du genre *cypris*; *grain de mûre*, la clavaire ponctuée ; *grain de grêle*, l'orgolet ; *grains de Tilly*, les pignons d'Inde ; *grains de vie*, les pilules gourmandes.

GRAINASSE ou GRENASSE, petit grain de vent, le plus souvent accompagné de pluie. Les grenasses sont fréquents dans les temps variables.

GRAINE, nom donné à l'ovule des fleurs qui a été fécondé et qui est parvenu à la maturité. C'est la partie la plus essentielle du fruit, puisqu'elle contient le rudiment d'une plante nouvelle, semblable à la plante qui l'a produite. L'enveloppe dans laquelle la graine est enfermée se nomme *péricarpe*. La graine y est retenue par un filet nommé *arille*; la cicatrice qui reste après sa chute est le *hile*. Les graines varient beaucoup dans leurs formes, leur grosseur, leurs couleurs, leur position dans le fruit, etc. Elles ont des propriétés particulières. Quelques-unes fournissent de précieux aliments à l'homme et aux animaux. Plusieurs donnent de l'huile, d'excellentes couleurs, ou possèdent des propriétés médicinales.

GRAINE. On nomme vulgairement *graine à chapelet* ou *graine de réglisse*, l'abrus ; *graines d'dartres*, les graines de la casse et du *vateria* ; *graine à tatou*, la duhamélie ; *graine à vers*, le chénopode et l'artémise de Judée ; *graine d'ambrette*, celle de la kelmie musquée, employée dans les parfums ; *graine d'amour*, le grémil ; *graine de l'anse*, le fruit de l'omphalier ; *graine d'Avignon*, le fruit du nerprun, qui teint en jaune ; *graine de baume*, le baumier de la Mecke ; *graine d'écarlate*, la galle du chêne kermès ; *graine de gérofle*, l'amome cardamome, le fruit du myrte et du campèche épineux ou *hæmatoxyle* ; *graine de paradis*, l'amome ; *graine de perroquet*, le carthame officinal ; *graine de perruche*, le micocoulier ; *graine de psyllion*, celle du plantain ; *graine des Canaries*, celle de l'alpiste et le millet des oiseaux ; *graine en cœur*, le cordisperme à feuilles d'hyssope ; *graine kermésienne*, le myrte de Tarente ; *graine musquée*, celle de la kelmie odorante ; *graine orientale*, le ménisperme ; *graine perlée*, le grémil et le larmille ; *graine tinctoriale*, la galle du chêne kermès ; *graine de Turquie*, le maïs ; *graine de capucin*, le fusain.

GRAINE, nom donné aux œufs des vers à soie.

GRAINES (CÔTE DES) ou MALAGHETTA, côte d'Afrique située entre la Sierra-Leone à l'O., et la côte des Dents à l'E. Sa longueur est d'environ 130 lieues. Cette côte est très-riche et fertile. On y trouve beaucoup de poivre, cassaves, amomes, patates, ivoire, riz, limons, dattes, coton et indigo.

GRAINS, semences farineuses employées à la nourriture de l'homme et des animaux, provenant des plantes appartenant presque toutes à la famille des graminées. Ce sont le froment, le seigle, l'orge, etc. — On appelle encore *grains* des orages subits qui éclatent sur mer. Ceux que rien n'annonce sont appelés *grains blancs*.

GRAINVILLE (J.-B.-François-Xavier DE), né au Havre en 1746, était beau-frère du célèbre Bernardin de Saint-Pierre. Il embrassa la carrière ecclésiastique, et se fit distinguer parmi les meilleurs orateurs de la chaire. La révolution de 1789 lui fit renoncer à cet état, et il se livra avec ardeur à la littérature. Contraint pour vivre de donner des leçons à des enfants, il conçut le plan et écrivit une épopée, *le Dernier Homme*. Cet ouvrage, quoique peu connu, est une des meilleures productions qui existent en ce genre. Grainville, réduit à une grande misère, se laissa tomber dans une mélancolie profonde. Pendant la nuit du 1er février 1805, en proie à un délire violent, il se jeta dans le canal de la Somme.

GRAISIVAUDAN, petite partie de l'ancienne province du Dauphiné. La capitale de ce pays était Grenoble.

GRAISSE, substance formée d'oxygène, d'hydrogène et de carbone, qui se trouve dans tous les tissus des animaux, et qui est constamment composée de deux principes immédiats, la *stéarine* et l'*éléine*. Elle est incolore ou jaunâtre, d'une saveur fade et une odeur tantôt agréable, tantôt désagréable. Elle forme, par la combinaison avec les bases, les savons, et s'emploie à un grand nombre d'usages domestiques. Les graisses servent de bases aux *pommades*, aux *onguents*, aux *emplâtres*, etc.

GRAISSE DU COQ, nom donné, dans les grands bâtiments, à la graisse que le *coq* ou cuisinier retire des viandes cuites dans sa chaudière. On se sert de cette graisse pour en frotter les mâts, les cordages, etc.

GRAISSON, nom vulgaire du *hareng* sur les côtes de France.

GRALLES, famille d'oiseaux nommés aussi *échassiers*.

GRAMEN, nom donné vulgairement au *chiendent* et en général aux plantes qui appartiennent à la famille des graminées.

GRAMINÉES, famille nombreuse de plantes monocotylédones, annuelles ou vivaces, à tige herbacée, aux fleurs en épi ou en panicules, qui, presque toutes, offrent une nourriture saine aux animaux et à l'homme. Les genres de cette famille sont le *blé*, l'*orge*, le *riz*, le *roseau*, la *canne à sucre*, l'*ivraie*, le *seigle*, le *maïs*, etc.

GRAMMA, poids grec, valait une obole et 4 chalgues. Le gramma valait à peu près la vingt-quatrième partie d'une once.

GRAMMAIRIENS. Ce mot, qui désigne aujourd'hui ceux qui se livrent particulièrement à l'étude de la grammaire et au soin d'épurer et de réformer le langage, se donnait autrefois en général, chez les Grecs et les Romains, aux littérateurs, aux hommes de lettres. On les distinguait en *grammatistes*, qui enseignaient la grammaire aux enfants, et *philologues*, qui commentaient les anciens auteurs, les corrigeaient, les expliquaient et les publiaient. Les plus célèbres sont Eratosthène, Aristophane, Aristarque, Cratès, Atteius, Opilius, Denys, roi de Syracuse, etc.

GRAMME, unité de poids du système métrique. Elle est le poids d'un centimètre cube d'eau distillée à son maximum de densité (4 degrés). Le gramme vaut 18 grains 82,715 cent-millièmes de grain. Les multiples du gramme sont le *décagramme* (10 grammes), l'*hectogramme* (100 grammes), le *kilogramme* (1,000 grammes) et le *myriagramme* (10,000 grammes). Ses subdivisions sont le *décigramme* (10e du gramme), le *centigramme* (100e de gramme) et le *milligramme* (1000e de gramme).

GRAMMITE, genre de fougères. Une espèce croît sur les rochers du midi de la France, de l'Italie, de l'Espagne. Ses pinnules sont en forme de coins, crénelées à leur extrémité, et sans nervure médiane. Ses nervures portent des groupes de capsules allongées. — *Grammite* (minéralogie) est synonyme de *wollastonite*.

GRAMMONT, petite ville de la Belgique, à 4 lieues d'Oudenarde, à quelque distance de la frontière française ; elle est partagée en deux parties par la Dendre. Sa population est de 7,000 habitants. C'est une ville industrieuse et commerçante. Il y a des manufactures de tapis, des fabriques de tabac, toiles, dentelles, huile de lin et de colza, etc.

GRAMMONT (Antoine, duc DE), d'une famille ancienne, se signala sous Louis XIII et Louis XIV. Ce dernier le nomma maréchal de France. Il mourut en 1675 à l'âge de soixante-quatorze ans. Le duc de Grammont, brave et spirituel, a laissé des *Mémoires* qui renferment ses négociations en Espagne et en Allemagne. Son frère Philibert, mort en 1707, se distingua aussi dans la carrière militaire. Il plaisait beaucoup à Louis XIV par ses saillies et ses bons mots.

GRAN, comitat de Hongrie d'environ 60 lieues carrées de superficie, avec une population de 46,800 habitants. Ce pays est traversé par les monts Arpas. Il est très-fertile, et produit des grains, des fruits, des vins. La capitale est *Gran*, sur le Danube, avec 8,000 habitants. Cette ville, qui a un gymnase, est la patrie de saint Étienne, roi de Hongrie.

GRAND. On nomme vulgairement, en histoire naturelle, *grand aigle de mer* un faucon; *grand balai*, le sida; *grand baume*, la tanaisie et la balsamite; *grand baumier*, le peuplier noir et baumier; *grand béfroi*, l'oiseau fourmilier; *grande berce*, la brancursine; *grande bête*, le tapir; *grand bluet*, la centaurée de montagne; *grand cachalot*, le physeter; *grande cheveche*, la chouette; *grand diable*, l'insecte lèdre; *grand duc* une chouette; *grand douve*, la renoncule; *grande écaille*, le chœtodon heniochus; *grande éclaire*, la chélidoine; *grand gosier*, le pélican blanc; *grand grimpereau*, la sittelle; *grande grive*, la draine; *grand jonc*, un roseau et les scyrpes; *grande langue*, le torcol; *grande linotte des vignes*, la linotte ordinaire; *grande marjolaine*, l'origan; *grande marguerite*, le chrysanthème; *grand merle de montagne*, le merle à plastron; *grand mouron* le seneçon; *grand montain*, le pinçon; *grand moutardier*, le martinet des murailles; *grand œil*, un spare; *grand œil de bœuf*, l'adonide; *grande oreille*, un scombre; *grandoule*, le ganga pata; *grand pardon*, le houx; *grande perce*, la berce; *grand pouliot*, la sylvie; *grand rouge-queue*, le merle de roche; *grand soleil*, l'hélianthe; *grand soleil d'or*, un narcisse.

GRAND, titre que l'on donne 1° à divers princes souverains, tels que le *grand Mogol*; 2° aux chefs de certains ordres militaires; 3° à certains officiers des mêmes ordres; 4° à quelques personnages qui se sont illustrés par leur mérite extraordinaire, comme *Alexandre le Grand*, *Grégoire le Grand*; 5° à ceux d'entre les seigneurs espagnols qui ont le privilège de se couvrir devant le roi d'Espagne.

GRAND-BOURG ou Marigot, chef-lieu de l'île Marie-Galante (dépendant de la Guadeloupe, colonie française dans les Antilles), au S. de l'île. C'est le siège du tribunal de première instance et du tribunal de paix. Le commandant militaire y réside. Ce bourg a un petit fort, et possède 1,400 habitants. Grand-Bourg a une rade propre au cabotage. Son quartier est très-sain et le mieux cultivé de l'île.

GRANDE-TERRE, arrondissement de la Guadeloupe, colonie française dans la mer des Antilles. Son chef-lieu est la *Pointe à Pitre*. Elle comprend cinq bourgs et neuf quartiers. Ces quartiers sont ceux des *Abîmes*, du *Gosier*, de *Sainte-Anne*, de *Saint-François*, du *Moule*, de *l'Anse de Bertrand*, du *Port-Louis*, du *Petit-Canal* et du *Morne à l'eau*.

GRAND JEU ou Grand chœur, pièce d'orgues que l'on exécute sur les deux claviers et les pédales, dans lequel on réunit les jeux de trompettes, clairons, chromornes, bombardes, et quelquefois les cornets, les nazards, les bourdons, les flûtes et les montres. Ce jeu a de la majesté.

GRAND OPÉRA, nom donné 1° aux opéras où la musique ne s'arrête qu'à la fin, par opposition à l'*opéra-comique* où l'on parle et l'on chante tour à tour; 2° au théâtre de Paris où l'on joue le grand opéra. On dit maintenant l'*Opéra* ou *Académie royale de musique*.

GRANDS VOILIERS, nom donné en général aux oiseaux de mer dont les ailes sont très-longues, et qui peuvent entreprendre de longs voyages. Cuvier a nommé ainsi une famille caractérisée par de longues ailes, un pouce nul ou libre et un bec sans denteluré.

GRANDMÉNIL (J.-B. Fauchand de), né à Paris en 1737, entra d'abord dans la carrière du barreau. Mais, dominé par un goût irrésistible pour le théâtre, il s'engagea dans la troupe de Bruxelles. Il y demeura plusieurs années, et fut enfin reçu à Paris à la comédie française. Il s'acquit une grande réputation dans les rôles de valets. Il se retira du théâtre en 1811, et il mourut en 1816. Il avait dans son jeu beaucoup d'expression et d'entraînement. Grandménil était un homme de bonne compagnie; personne n'a mieux senti que lui le génie de Molière.

GRANDMONT, ordre religieux fondé l'an 1073, dont l'abbaye principale était à Granmont, à 6 lieues de Limoges. Les grandmontains menèrent d'abord la vie d'ermites; ils suivirent ensuite la règle de Saint-Étienne. Cet ordre avait plusieurs ordres de religieux et de religieuses.

GRAND-LIVRE. On appelle ainsi le registre sur lequel un commerçant inscrit tous ses comptes. — On appelle *grand-livre de la dette publique* un registre formé en exécution de la loi du 24 août 1793, sur lequel est inscrit le titre de toute rente due par le trésor public, et ce titre est appelé *inscription de rente*. Chaque receveur général est obligé, depuis la loi du 14 avril 1819, de tenir un registre spécial sur lequel sont inscrits nominativement les rentiers participant au compte collectif ouvert au trésor. On délivre à chacun d'eux une inscription qui, visée par le préfet et signée par le receveur général, tient lieu de celles délivrées par le directeur du grand-livre.

GRAND OEUVRE, nom donné au procédé par lequel les alchimistes prétendaient pouvoir faire de l'or, et qu'ils cherchèrent en vain.

GRANDES COMPAGNIES, nom donné aux bandes de brigands connus sous le nom de *malandrins* et de *routiers*, qui désolaient la France vers 1360. Leur chef s'intitulait *ami de Dieu et ennemi de tout le monde*. Jacques de Bourbon, envoyé contre eux, fut battu à Brignais. En 1365, Duguesclin traita avec eux, et les emmena en Espagne au secours de Henri de Transtamare. Après l'expédition, un grand nombre de ces bandes revint en France, et subsista sous différents noms jusqu'à la fin du XVIe siècle.

GRANDESSE, le plus haut titre d'honneur que la noblesse peut posséder en Espagne. Les grands d'Espagne étaient divisés en trois classes : un grand de la première classe parlait au roi toujours couvert; un grand de la seconde ne se couvrait qu'après avoir parlé; un grand de la troisième ne se couvrait qu'avec la permission du roi.

GRANDIER (Urbain), curé et chanoine de Saint-Pierre de Loudun. Quelques religieuses ursulines de Loudun, qui passaient pour possédées, accusèrent Grandier, leur directeur, de magie. Le conseiller Laubardemont et douze juges chargés de lui faire son procès condamnèrent, sur la déposition de douze ursulines qui se disaient possédées par Astaroth, Asmodée, Uriel, Cédon, etc., Urbain Grandier à être brûlé vif. Il subit son jugement le 18 août 1634. On attribue cette condamnation à la haine du cardinal de Richelieu, contre qui venait de paraître un libelle, *la Cordonnière de Loudun*, attribué à Urbain Grandier.

GRANETTE, nom donné à diverses plantes du genre *renouée*, dont la graine sert à la nourriture des oiseaux.

GRANGE, bâtiment qui fait partie d'une ferme, et qui est destiné à abriter les récoltes et à battre les céréales. La grange doit être bien aérée, exempte de toute humidité. Les murs intérieurs doivent être récrépis pour empêcher les animaux granivores de descendre du toit dans la grange.

GRANGE-CHANCEL (Louis de la), né à Antoniat (Dordogne) en 1676, mort en 1758. Il fit représenter en 1688 sa tragédie de *Jugurtha*. Mais ce qui le fit connaître davantage fut ses odes contre le régent Philippe, duc d'Orléans, intitulées *Philippiques*. Il fut emprisonné, et s'échappa d'abord en Espagne, puis en Hollande. Il revint en France après la mort du régent. Ses meilleures tragédies sont *Oreste et Pylade*, *Ino et Mélicerte*; et ses meilleurs opéras *Médus* et *Cassandre*.

GRANIQUE, aujourd'hui le *Sousou* ou *Oustvola*, petite rivière de la Mysie septentrionale, se jetait dans la Propontide au-dessous de Sidène. Alexandre le Grand, roi de Macédoine, remporta près de ce fleuve une victoire célèbre sur Darius, roi des Perses, l'an 333 avant J.-C.

GRANIT ou Granite, roche compacte et massive, essentiellement composée de quartz, de feldspath et de mica, et accidentellement formée de grenat, de topaze, etc. Il est massif et se trouve dans l'Espagne, les Pyrénées, la Bretagne, le Brésil, la France, etc. On se sert des granits pour la construction des monuments qui exigent de la solidité. Ils sont gris ou jaunâtres.

GRANIVORES. On désigne ainsi les oiseaux qui se nourrissent de graines. Leur jabot est plus développé que dans les autres oiseaux, et leur fécondité est aussi beaucoup plus grande. Leur bec est ordinairement court, gros et robuste. Ils muent le plus souvent deux fois par an. Le moineau, la perdrix, la poule, le pigeon, sont granivores.

GRANNAVIGLIO, canal d'Italie, dans le royaume lombardo-vénitien. Il est long de 15 lieues, et joint le fleuve du Tésin au lac Majeur, en passant par Milan.

GRANSASSO, montagne située dans le royaume de Naples (Italie), près d'Aquila, dans l'Abruzze ultérieure. Sa hauteur est d'environ 8,000 pieds. De cette montagne on aperçoit les mers Adriatique et Tyrrhénienne.

GRANSON, petite ville de Suisse du canton de Vaud, près du lac de Neufchâtel, où Charles le Téméraire, duc de Bourgogne, qui avait envahi la Suisse pour punir les cantons de l'avoir mis à mort son gouverneur de Ferrette, le sire d'Hagenbach, fut battu par les Suisses des cantons de Berne, d'Uri et d'Unterwalden (1476). L'ennemi pilla le camp, et fit un butin immense. Granson a 2,400 habitants.

GRANULATION, opération de chimie par laquelle on réduit les métaux en grains. Pour parvenir à ce but, après avoir fondu le métal, on le coule dans un mortier et on le broie. Quelquefois on le coule à travers un tamis métallique, et on le laisse tomber dans de l'eau très-froide.

GRANULATIONS, nom donné à une lésion organique, qui consiste dans la formation de petites tumeurs arrondies, fermes, luisantes, demi-transparentes, du volume et de la forme d'un grain de millet ou d'un pois. On les rencontre dans plusieurs organes, surtout dans le poumon.

GRANULATIONS CÉRÉBRALES, petits corps blanchâtres ou jaunâtres, tantôt isolés, tantôt réunis en forme de grappes, qu'on remarque dans plusieurs points des membranes intérieures qui revêtent le cerveau. On ignore leur usage.

GRANVELLE (Nicolas Perrenot de), fils d'un chancelier de Charles-Quint, né à Ornans (Bourgogne) en 1517. Élu évêque d'Arras, il fut nommé en 1547 conseiller d'État et garde des sceaux de Charles-Quint. Il fut nommé archevêque de Malines et cardinal, et fut le ministre de Marguerite de Parme, gouvernante des Pays-Bas. Sa conduite mécontenta les seigneurs, qui obtinrent son rappel. Élu archevêque de Besançon, il mourut en 1584.

GRANVILLE, chef-lieu de canton du département de la Manche, à 6 lieues d'Avranches, à 14 de Saint-Lô. Sa population est de 7,400 habitants. — Située à l'embouchure du Bosc, dans la Manche, et entourée de fortes murailles, cette ville est au nombre des places de guerre de France. Elle résista en 1793 aux Vendéens. Granville a un port sur la Manche, garanti par un vaste môle, et pouvant contenir soixante bâtiments. Granville possède une école d'hydrographie, un commissariat de la marine, une trésorerie des invalides, un tribunal de commerce, des entrepôts de sel, etc. On y fait des armements considérables pour la pêche de la morue et de la baleine.

GRAPHIDÉES, groupe de plantes cryptogames, de l'ordre des lichens. Ce groupe renferme plusieurs genres, entre autres les *graphis*, les *fissurines*, les *opégraphes*, etc. Les graphidées se trouvent sur les écorces des arbres, les vieux bois ou les pierres.

GRAPHIQUE, nom donné aux opérations qui consistent à résoudre des problèmes par des figures géométriques tracées sur du papier. Ces opérations ne donnent pas une solution très-exacte, mais elles donnent la solution la plus prompte, et fournissent une première approximation dans un grand nombre de questions astronomiques, et même dans de simples problèmes numériques.

GRAPHITE. On appelle ainsi le métal désigné par les minéralogistes sous le nom de *carbure de fer* ou *fer carburé*, et par le vulgaire sous celui de *mine de plomb* ou *plombagine*. On le trouve dans des mines ou dans des terrains houillers. C'est avec lui que l'on fabrique les crayons en sciant les masses de graphite de manière à former les longs parallélipipèdes enchâssés dans des cylindres de bois. Le département de l'Ariége fournit à la consommation de la France du graphite pour la fabrication des crayons.

GRAPHOMÈTRE, instrument destiné à mesurer l'ouverture des angles que forme sur le terrain la direction de deux objets. Il est généralement formé de deux lunettes mobiles autour du centre d'un cercle gradué.

GRAPPE, assemblage de fleurs ou de fruits pendants le long et autour d'un pédoncule ou rameau commun. Elle diffère de l'épi en ce que dans ce dernier les fleurs sont sessiles ou à peu près. Souvent la grappe est *rameuse* ou *composée*, c'est-à-dire que les pédicelles qui la forment se divisent et forment de petites grappes. Les acacias et la plupart des légumineuses ont leurs fleurs en grappe.

GRAPPE, nom donné à des excroissances molles, de couleur rouge, et dont la disposition ressemble à celle d'une grappe de raisin. Cette maladie affecte le cheval, l'âne, le mulet, et se montre dans toute la longueur de la jambe.

GRAPPIN, petite ancre à quatre ou cinq pattes, employée seulement par les canots ou les chaloupes, et destinée, dans la marine militaire, à accrocher les haubans d'un navire ennemi. On l'appelle dans ce cas grappin d'abordage.

GRAPTOLITHE, polypier fossile que l'on retrouve en Suède et en France, principalement dans le département du Calvados.

GRAS. En marine, les charpentiers nomment ainsi les angles plans d'une pièce de bois quadrangulaire dont les faces adjacentes sont obtuses. On dit qu'une pièce est travaillée, est équarrie en *gras*. — Les marins disent que le temps est *gras* lorsqu'il est humide. — On nomme *gras-fondure* une maladie des chevaux causée par un travail violent, et qui est caractérisée par une excrétion de mucosités rassemblées autour de plusieurs parties du corps, arrondies et solides. — Autrefois on appelait *gras-fondure* une variété de la *diarrhée colliquative.* Voy. MOLLET. — GRAS DES JAMBE, GRAS DES CADAVRES. Voy. ADIPOCIRE.

GRAS (Louise DE MARILLAC, veuve LE), née à Paris en 1591. Après la mort de son mari, elle se consacra à une vie bienfaisante et au soulagement des malheureux. Elle s'associa aux divers établissements du célèbre Vincent de Paule, et loua une maison pour servir de retraite aux enfants trouvés. Sa bienfaisance et son humanité s'étendirent jusque sur les fous et les galériens. Louise le Gras fonda les *sœurs de la Charité* ou *sœurs grises* avec saint Vincent. Elle mourut en 1662.

GRASSE, chef-lieu d'arrondissement du département du Var, à 15 lieues de Draguignan. Sa population est de 12,800 habitants. Grasse est une ville ancienne et importante, qui s'élève en amphithéâtre sur une colline à quelque distance de la mer. Elle possède de jolies fontaines, une bibliothèque de 5,000 volumes, un tribunal de première instance et de commerce, une école secondaire ecclésiastique, un collége, une société d'agriculture, une société de sciences, belles-lettres et arts, des distilleries et des parfumeries. Grasse commerce en soie, bergamotes, figues, oranges, parfums, savons, huile. On trouve dans les voisinages des carrières de marbre blanc, de jaspe et d'albâtre.

GRASSETTE, genre de plantes de la famille des personnées, dont les feuilles servent aux Lapons pour faire cailler le lait de rennes, et dont les paysannes danoises emploient le suc au lieu de pommade pour oindre leurs cheveux. Ces plantes ont les fleurs violettes, et habitent les lieux montagneux et humides.

GRATIEN, empereur romain, né en 359. Il succéda en 375 à son père Valentinien Ier, et eut pour collègue dans l'empire d'Occident son frère Valentinien II. A la mort de Valens, son oncle (379), devenu maître de l'empire d'Orient, il le céda à Théodose. Il battit les Goths et les Allemands, qui ravageaient les Gaules. Maxime, général des troupes romaines en Bretagne, proclamé empereur par les soldats, qui redemandaient le culte païen, aboli par Gratien, marcha contre lui. Gratien, obligé de fuir, fut assassiné à Lyon par les rebelles en 383.

GRATIOLE, genre de la famille des scrofularinées. Une espèce, indigène aux prés humides et marécageux de l'Europe, est connue sous le nom d'*herbe au pauvre homme*. Elle est haute de trente centimètres. Toutes ses parties purgent violemment, excitent de longs et pénibles vomissements. L'on s'en sert souvent en médecine, contre les maladies de la peau, des vers, les fièvres, etc. Les fleurs de cette herbe sont blanches ou jaunâtres.

GRATIUS FALISCUS, poëte latin, contemporain d'Ovide. Il composa un poëme intitulé *Cynegeticon*, sur l'art de la chasse. Nous avons encore ce poëme.

GRATTE, petite plaque triangulaire en fer, peu épaisse et tranchante sur ses trois côtés. Elle reçoit dans son milieu un manche long de douze à quinze pouces. On s'en sert pour *gratter*, c'est-à-dire racler les mâts, les ponts et les carènes des bâtiments pour en détacher les ordures, le goudron, etc. — La *gratte* est aussi un morceau de fer recourbé et emmanché à un bâton. On s'en sert pour détacher les vieux enduits qui recouvrent les bâtiments.

GRATTE-BOESSE, outil formé d'une grande quantité de petits fils de laiton disposés en faisceau, en forme de brosse longue. Les doreurs et les argenteurs s'en servent ° pour enlever une poussière noire qui se forme à la surface d'une pièce de métal trop exposée au feu; pour étendre les amalgames d'or et de mercure dans la dorure d'or moulu. Les monnayeurs nettoient les boutons d'essai avec la gratte-boësse.

GRATTOIR, outil qui sert en général à gratter et à enlever les aspérités d'une surface. Le plus connu est le *grattoir* dont se servent les écrivains, les buralistes, etc. Il est à un ou deux tranchants. Ce dernier a la forme d'un ovale dont le bout saillant se termine en pointe, et l'autre bout tient au manche. Le grattoir a un seul tranchant est la moitié de celui que nous avons décrit, prise dans la largeur. On se sert du grattoir pour gratter le papier ou le parchemin, afin de faire disparaître une faute, une rature, une tache. Les autres instruments qui portent le nom de *grattoir* conservent à peu près une forme semblable.

GRAU, petit étang d'eau saumâtre, sorte d'embouchure de canal qui communique à la mer.

GRAUNSTEIN (en allemand, *pierre verte*), roche formée d'amphibole et de feldspath compacte. Elle est appelée *diorite* par Haüy, et *diabase* par Brongniart.

GRAUWACKES, roches d'agrégation, formées de granit, de gneiss, de micaschiste, de schiste argileux, dans un ciment argileux.

GRAVATIER, nom donné aux gens qui font profession de déblayer les grandes villes des décombres provenant des démolitions, terrassements, constructions, et quelquefois des résidus inutiles des fabriques.

GRAVE. Ce mot désigne, 1° en musique, les sons les plus bas de l'échelle musicale; 2° un mouvement lent et solennel, usité dans les chants religieux et tristes; 3° un sol fermé près d'un rivage, bien exposé au soleil, et s'étend en pente douce vers la mer. On y fait sécher la morue sortie du sel.

GRAVE. Les savants auxquels on doit le système décimal des poids et mesures avaient d'abord eu la pensée de prendre pour *unité de poids* celui d'un *décimètre cube* d'eau distillée, parce que ce poids, qui correspond au kilogramme actuel, était très-propre à remplacer l'unité ancienne ou la livre, dont il est à peu près le double, et ils lui avaient donné le nom de *grave*. Les multiples étaient le *décagrave*, l'*hectograve*, le *kilograve*, le *myriagrave*; et les sous-multiples, le *décigrave*, le *centigrave*, le *milligrave*, etc. Comme le *milligrave* était d'environ 19 grains, il ne pouvait point servir dans les pesées délicates. On faisait alors de ce poids une unité secondaire nommée *gravet*, divisée comme le *grave*. Ce système a été abandonné à cause de ses inconvénients. Le *gramme* seul est usité aujourd'hui.

GRAVELINES, place forte de France dans le département du Nord, située dans un terrain marécageux, près de la mer, entre Dunkerque et Calais. Elle a 4,103 âmes, et a été cédée à la France par le traité des Pyrénées. Ses fortifications sont de Vauban. Elle a un port nouvellement réparé sur l'Océan.

GRAVELLE, affection produite par de petites concrétions calculeuses semblables à du sable qui se forment dans les *voies urinaires*, et qui gênent souvent le cours de l'urine. L'usage des boissons échauffantes, la privation de boissons, la sueur, paraissent en être les causes. Les vieillards sont plus exposés à cette maladie, qui se transmet quelquefois des pères aux enfants.

GRAVESANDE (Guillaume-Jacob S'), géomètre hollandais, né à Bois-le-Duc en 1688, s'est rendu célèbre par ses recherches en physique et ses opinions philosophiques. Son premier ouvrage fut un *Essai sur la perspective*. Il prit part ensuite à la rédaction du *Journal littéraire* ou *Journal de la république des lettres*, où il rendait compte des découvertes scientifiques, et où il écrivait un grand nombre de dissertations, entre autres *sur la construction des machines pneumatiques*, et *sur la Théorie des forces vives et des corps en mouvement*. S'Gravesande fut promu en 1717 à la chaire de mathématiques et d'astronomie à l'université de Leyde. Il mourut en 1742. On a de lui un *Essai de la perspective*, des *Eléments de physique confirmée par les expériences*, et des *Eléments de mathématique universelle*.

GRAVIER, sable à gros grains, que charrient les fleuves et les rivières, et qui se trouve mêlé aux galets ou cailloux roulés. Certaines roches, telles que les *poudingues*, doivent leur origine à un gravier dont les grains ont été réunis par un ciment siliceux. On se sert souvent du gravier pour lest.

GRAVINA (Charles, duc DE), né à Naples en 1747, était fils naturel de Charles III, roi d'Espagne. Il suivit ce monarque dans ce pays en 1758, et entra dans la marine. Il parvint à mettre les côtes d'Espagne à l'abri des entreprises des Barbaresques. Il se distingua par son courage dans la guerre contre la France. Nommé contre-amiral, il vint en 1804 en qualité d'ambassadeur dans ce pays. La guerre ayant éclaté entre l'Angleterre et l'Espagne, Gravina, aidé de la flotte française, livra à la flotte anglaise, commandée par Nelson, le terrible combat près de Trafalgar. Ce combat fut désastreux pour les deux armées. Gravina succomba aux blessures qu'il y avait reçues, trois mois après (1805). Il avait été nommé capitaine général des armées navales espagnoles.

GRAVITATION, effet de l'action universelle que les corps exercent les uns sur les autres, et par laquelle ils s'attirent et tendent sans cesse à se rapprocher. Par la gravitation, les planètes et leurs satellites tendent toutes vers le soleil, et les unes vers les autres; le soleil également tend vers tous les corps. Il en est de même des autres corps célestes. C'est la gravitation qui en s'unissant au mouvement de projection dans l'espace naturel aux planètes, produit leur cours autour du soleil. Newton, qui établit ce système, prouva avec raison que toutes les parties de la matière gravitent les unes vers les autres. C'est là son système de *gravitation universelle*.

GRAVITÉ, force par laquelle tous les corps tendent les uns vers les autres. C'est la même chose que la *pesanteur*; cependant ce dernier mot ne s'applique qu'à la force qui fait que les corps tombent à la surface de la terre. — CENTRE DE GRAVITÉ. Voy. CENTRE.

GRAVITER se dit d'un corps qui est attiré vers un autre corps. Cette attraction est la force de gravité.

GRAVOIR, instrument avec lequel les lunetiers tracent dans la châsse de leurs lunettes la rainure où se place le verre, et qui le retient. Il consiste en une plaque ronde, d'un diamètre un peu plus petit que le verre et la châsse. Cette plaque est tranchante et dentelée. Une platine est appliquée à cette plaque, et la déborde. L'une et l'autre sont montées sur un petit arbre qui les traverse; en faisant tourner cette plaque dans l'épaisseur de la châsse, la rainure se fait.

GRAVOIS. On appelle ainsi les petits fragments de plâtre qui n'ont pas pu traverser un crible d'osier. On les bat de nouveau, et on les passe au tamis de crin.

GRAVURE, dessin quelconque tracé sur une matière dure. On distingue deux sortes de gravures : la *gravure en creux* ou *sur métal*, exécutée sur le cuivre rouge, le cuivre jaune et l'acier, et qui comprend : 1° la gravure *au burin*, 2° la gravure *à l'eau-forte*, 3° la gravure *au pointillé*, 4° la gravure *dans le genre du crayon*, 5° la gravure *en mezzo-tinto*, 6° la gravure *en couleur*, 7° la gravure *au lavis*, 8° la gravure *de musique*; et la *gravure en relief*, ordinairement sur bois (buis ou poirier), mais quelquefois aussi sur cuivre jaune et acier, qui comprend : 1° la gravure *à une seule taille*, 2° la gravure *en camaïeu*, 3° la gravure de *vignettes sur cuivre jaune et sur acier*.

GRAVURES, rainures pratiquées dans le sommier des orgues, pour laisser circuler le vent jusqu'à l'orifice inférieur des tuyaux.

GRAY (JANE), fille de Françoise Brandon et de Henri Gray, et petite-fille de Marie d'Angleterre, sœur de Henri VIII. Après la mort d'Édouard VI, Jane Gray fut proclamée reine par le duc de Northumber-

land, son beau-père, conformément au testament d'Édouard VI, mais au détriment de Marie, fille de Henri VIII. Marie triompha, et fit trancher la tête à l'infortunée Jane Gray, à son mari lord Guilfort Dudley et au duc de Northumberland, le 5 novembre 1553. Elle n'avait que dix-sept ans, et joignait aux agréments de la jeunesse et de la beauté une érudition très-remarquable.

GRAY. Voy. GRAI.

GRAY (Thomas), né en 1712 en Angleterre. Ce poète a particulièrement cultivé l'ode et l'élégie. Il écrivait avec facilité et talent les poésies latines. Parmi ses nombreuses poésies, on remarque *le Barde* et *le Cimetière de campagne*.

GRAZIOZO, adverbe italien qui désigne, en musique, un caractère d'exécution doux et gracieux.

GRÈBE, genre d'oiseaux de la famille des palmipèdes plongeurs. Leur corps est oblong, leur tête arrondie, le cou allongé, le bec plus long que la tête, robuste, droit; les yeux sont placés à fleur de tête; le bas des jambes est dénué de plumes, et les doigts des pieds sont réunis à leur base par une membrane; la queue est nulle et les ailes moyennes. Les grèbes vivent sur la mer et les rivières; ils nagent avec facilité, et leur plumage est doux et satiné. Ils vivent de poissons, d'insectes, de mollusques. Le *grèbe huppé*, long de dix-huit à vingt pouces, a les plumes de la tête allongées et partagées en arrière en deux faisceaux qui représentent deux espèces de cornes, rousses et noires à la pointe; la face est d'un blanc roussâtre; son corps est brun noir au-dessus, blanc argenté au-dessous; l'iris et les pieds sont rougeâtres. Ce grèbe habite la France et autres pays d'Europe. Il fait son nid dans les roseaux. On connaît encore le *grèbe oreillard*, long de dix ou onze pouces; le *grèbe cornu*; le *grèbe castagneux*, long de neuf pouces et demi.

GRÈCE, contrée de l'Europe orientale, bornée au N. par la Turquie, au S. par la mer de Crète, à l'O. par la mer Ionienne, et à l'E. par l'Archipel. Elle se compose de trois parties : la Hellade ou Livadie au N., la Morée au midi, et les Iles ou l'Archipel. Sa superficie est de 48,935 kilomètres carrés, et sa population est de 688,000 habitants. Depuis 1833, le royaume de la Grèce est divisé en dix *nomes* ou cercles, subdivisés en vingt-sept *éparchies* ou districts : 1° le nome de l'Argolide, capitale *Nauplie*, avec six éparchies; 2° le nome d'Achaïe et d'Élide, chef-lieu *Patras*, avec quatre éparchies; 3° le nome de Messine, chef-lieu *Arcadia*, avec cinq éparchies; 4° le nome d'Arcadie, chef-lieu *Tripolitza*, avec quatre éparchies; 5° le nome d'Attique et de Béotie, chef-lieu *Athènes*, avec cinq éparchies; 6° le nome de Laconie, chef-lieu *Mistra*, avec quatre éparchies; 7° le nome de Locride et de Phocide, chef-lieu *Salona*, avec quatre éparchies; 8° le nome d'Acarnanie et d'Étolie, avec cinq éparchies, chef-lieu *Brachori*; 9° le nome d'Eubée, chef-lieu *Khalcis*, avec trois éparchies; et 10° le nome des Cyclades, chef-lieu *Hermopolis*, dans l'île de Syra, avec sept éparchies. À la tête de chaque nome est un *nomarque* qui préside le conseil. Chaque *éparchie* a un *éparque* qui obéit au nomarque. La capitale est *Athènes*.—La Grèce ancienne, divisée géographiquement en huit parties, (le *Péloponèse*, la *Grèce propre* ou *Acaïe*, l'*Épire*, la *Thessalie*, l'*Illyrie*, la *Macédoine*, la *Thrace* et les *Îles*), était divisée, sous le point de vue politique, en presque autant de républiques qu'il y avait de villes, telles qu'*Athènes*, *Sparte*, *Thèbes*, etc., subit tour à tour l'influence de ces diverses républiques, jusqu'à ce que les lieutenants d'Alexandre y étendirent leur domination, et que les Romains vinrent anéantir la liberté en détruisant la ligue des Achéens. Devenue province romaine, la Grèce échut à l'empire d'Orient, dont elle partagea le sort en tombant au pou-

voir des Ottomans, qui la gouvernèrent en tyrans jusqu'en 1821. A cette époque, les Grecs s'insurgèrent, et la bataille de Navarin (1827), gagnée par les escadres alliées de la France, de l'Angleterre et de la Russie, venues à leur secours, décida leur indépendance. En 1830, la Grèce a été constituée en royaume indépendant, et la monarque régnant, Othon Ier, deuxième fils du roi de Bavière, a été placé sur le trône.

GRÈCE ASIATIQUE, nom donné à la portion de l'Asie-Mineure la plus voisine de la mer Egée, parce qu'elle était remplie de colonies grecques. La Grèce asiatique se composait de l'*Éolide*, l'*Ionie*, la *Doride*, *Rhodes*, et des îles de la mer Egée voisines de l'Asie.

GRÈCE (GRANDE), partie méridionale de l'Italie, ainsi nommée à cause de la grande quantité de colonies grecques établies sur ces côtes. Elle contenait cinq provinces, le *Brutium*, la *Lucanie*, la *Peucétie*, l'*Iapygie* et l'*Apulie*. On pourrait y joindre la *Sicile*. Ce pays correspond à une partie du royaume de Naples actuel.

GRÈCE PROPRE, nom donné à la partie de la Grèce nommée plus souvent *Achaïe*. Elle comprenait les six provinces de l'*Attique*, la *Béotie*, la *Phocide*, les *Locrides*, l'*Étolie* et l'*Acarnanie*.

GRÈCE (ILES DE). Un grand nombre d'îles couvraient les mers voisines de la Grèce. Les plus importantes, dans la mer Ionienne, étaient *Zacynthe*, *Céphallénie*, *Leucado* et *Corcyre*; dans la mer Egée, *Thasos*, *Cythère*, l'*Eubée*, les *Cyclades*, *Lemnos*, *Imbros*, *Chio*, *Lesbos*, *Samos* et les *Sporades*; dans la mer Méditerranée, la *Crète*, *Rhodes* et *Carpathie*.

GRÉCOURT (J.-B.-Joseph VILLART DE), chanoine de l'église Saint-Martin de Tours, né dans cette ville en 1683. Poète médiocre et burlesque, il a fait une foule de contes licencieux dans le genre de ceux de la Fontaine, mais plus obscènes encore. Il a fait aussi des épigrammes, des chansons et des fables. Grécourt est mort en 1743.

GRECQUE (ÉGLISE), Église chrétienne séparée de l'Église catholique, et qui refuse de reconnaître le Saint - Esprit procède aussi du Fils, et qui rejette diverses pratiques de discipline suivies par l'Église romaine. Le baptême se donne par l'immersion entière du corps. La communion, qui a lieu avec du pain sans levain et du vin mélangé d'eau, est administrée à tous, même aux enfants. La musique instrumentale et les statues ou figures en relief sont exclues des églises, et le service se fait en grec. La religion grecque a été en 1832 déclarée religion de l'État, et un décret de 1833 déclare qu'elle ne reconnaît pour chef que Jésus-Christ et reste indépendante de toute autorité. Les plus hauts dignitaires sont les *despoten* (maîtres) et les *hagioi* (saints), puis viennent les *protopapas* ou archiprêtres, les *papas* ou prêtres, les *diakonen* (diacres) et les *hypodiakonen* (sous-diacres).

GRÉEMENT, on appelle ainsi l'ensemble et la totalité des agrès, c'est-à-dire de tout ce dont un vaisseau a besoin.

GREEN SAND ou SABLE VERT, nom donné à une roche tendre et friable, composée de calcaire et de silicate de fer. C'est cette dernière substance qui rend la roche de couleur verte.

GREENWICH, ville d'Angleterre au comté de Kent sur le bord de la Tamise, à 2 lieues et demie de Londres, dont la population est de 17,000 âmes. C'est là que se trouve le célèbre observatoire par où passe le premier méridien d'Angleterre, situé à 5 degrés 20 minutes à l'O. de celui de Paris, et à partir duquel les astronomes anglais comptent les latitudes et les longitudes. Greenwich n'est pas moins célèbre par son hôpital destiné aux marins invalides, et fondé en 1694 par Guillaume III. Cet hôpital contient 2,400 marins invalides nourris, logés et vêtus aux frais de l'État.

GRÉES, tout ce qui concerne le grec-

*ment* d'un bâtiment, c'est-à-dire tout ce dont ce bâtiment a besoin en cordages, voiles, poulies, étais, etc.

GRÉEUR, nom donné à des officiers mariniers qui, dans les ports de commerce, font métier de *gréer* les bâtiments.

GREFFE, opération par laquelle on unit une portion quelconque de plante à une autre plante avec laquelle elle doit faire corps et continuer de végéter. On distingue un grand nombre de sortes de *greffes*.

GREFFE, lieu où l'on classe et conserve les actes confiés à la garde et à la surveillance du greffier, fonctionnaire établi près des cours et tribunaux pour tenir registre des actes émanant du juge, en dresser les procès-verbaux, conserver les minutes et délivrer les expéditions. Les greffiers de justice de paix et de tribunal de première instance doivent avoir l'âge de vingt-cinq ans, ceux des cours royales celui de vingt-sept ans accomplis.

GREFFE ANIMALE, action par laquelle les lambeaux de peau séparés du corps d'un animal peuvent y être réunis, lors même qu'ils auraient perdu toute chaleur. Cette opération se nomme encore *rhinoplastie*.

GRÉGOIRE. Il y a seize papes de ce nom. — GRÉGOIRE Ier, surnommé *le Grand*, Romain, succéda en 590 à Pélage II. Il envoya en Angleterre et en Sardaigne des missionnaires, s'éleva contre les hérétiques et mourut en 604, laissant un grand nombre d'ouvrages. — GRÉGOIRE II, successeur de Constantin en 715, mourut en 731 regretté pour ses lumières et ses vertus. — GRÉGOIRE III, Syrien, son successeur, mourut en 741. — GRÉGOIRE IV, Romain, élu après Valentin en 821, mourut en 844. — GRÉGOIRE V, élu en 996 après Jean XV, était allemand et mourut en 999. On lui opposa l'antipape Philagrite sous le nom de Jean XVI. — GRÉGOIRE VI (Jean-Gratien), Romain, élu en 1044 après Benoit IX, renonça au pontificat en 1046. — GRÉGOIRE VII (Hildebrand), fils d'un charpentier de Soano en Toscane, né en 1013, fut élu en 1073 après Alexandre II. Il forma de vastes projets pour l'agrandissement du pouvoir temporel des papes, et chercha à dominer les rois. Il excommunia en 1076 l'empereur Henri IV, qu'il força de venir lui demander pardon, et encouragea contre lui l'élection de Rodolphe, duc de Souabe. Il agrandit le domaine pontifical des terres dont lui fit don la comtesse Mathilde, et mourut en 1085. Il avait songé à réformer l'Eglise. Sous lui, le pouvoir papal fut à son apogée. — GRÉGOIRE VIII (Albert de Mora) succéda à Urbain III en 1187, et mourut en 1188. L'antipape Bourdin en 1121 avait pris le nom de Grégoire VIII. — GRÉGOIRE IX (Hugolin de Ségni), successeur d'Honorius III en 1227, engagea l'empereur Frédéric II dans une croisade, et l'excommunia ensuite. Il mourut en 1241. — GRÉGOIRE X (Teobaldo Visconti), élu en 1268 après Clément IV, travailla à réunir les Guelfes et les Gibelins, et mourut en 1276. — GRÉGOIRE XI (Pierre-Roger), Limousin, élu en 1370 après Urbain V, transféra le siège pontifical d'Avignon à Rome en 1377, et mourut en 1378. — GRÉGOIRE XII (Ange Corario), Vénitien élu en 1406 après Innocent VII, se démit *en 1409 et mourut en 1417.* — GRÉGOIRE XIII (Hugues Buoncompagno), Bolonais, succéda en 1572 à Pie V. Il embellit Rome de bâtiments magnifiques; mais son plus grand œuvre fut la réforme du calendrier appelé depuis grégorien. Il était le plus savant canoniste de son temps, et mourut en 1585. — GRÉGOIRE XIV (Nicolas Sfondrati), élu en 1590 après Urbain VII, se déclara contre Henri IV, roi de France, et mourut en 1591. — GRÉGOIRE XV (Alexandre-Ludovisio), succéda en 1621 à Paul V. Il se distingua par sa douceur et sa charité envers les pauvres. Il érigea l'évêché de Paris en métropole, fonda la *propagande*, et mourut en 1623. Le pape actuel (Maur Capellari), élu en 1830, a pris le nom de GRÉGOIRE XVI.

GRÉGOIRE (Saint), surnommé *Thaumaturge* (faiseur de miracles), disciple d'Origène, fut nommé en 240 évêque de Néocésarée, sa patrie. Lors de son exaltation, il ne trouva dans sa ville que dix-sept chrétiens; à sa mort, il n'y laissait plus que le pareil nombre d'idolâtres (265).

GRÉGOIRE (Saint) de Nazianze, né en 328 de saint Grégoire, évêque de Nazianze, et de sainte Nonne. Il fut l'ami de saint Basile, qui le sacra évêque de Sazime en Cappadoce. Nommé évêque de Constantinople en 379, il refusa et administra l'Eglise de Nazianze. Il mourut dans sa retraite en 391. Il a été regardé comme l'Isocrate des Pères grecs. Ses *sermons* et ses *lettres* sont surtout remarquables.

GRÉGOIRE DE NYSSE (Saint), né en 331. Frère puîné de saint Basile le Grand, il fut nommé évêque de Nysse en 372. Il mourut en 396 avec le surnom de *Père des Pères*. Ses principaux écrits sont des *oraisons funèbres*, des *sermons*, des *panégyriques*, des *Commentaires sur l'Ecriture* et des *traités dogmatiques*.

GRÉGOIRE DE TOURS, né en 544 d'une famille noble d'Auvergne, évêque de Tours en 573. Il vécut à la cour des rois francs Chilpéric et Childebert, et mourut en 595. Son principal titre à la renommée est son *Histoire ecclésiastique et profane depuis l'établissement du christianisme dans les Gaules jusqu'en 595*. Elle est divisée en 10 livres. La simplicité et la naïveté du style jointe à l'intérêt des détails l'ont rendue précieuse pour la connaissance des règnes des premiers rois francs et de l'esprit de l'époque.

GRÉGOIRE (Henri, comte), né près de Lunéville (Meurthe) en 1750, embrassa l'état ecclésiastique et fut nommé curé d'Emberménil, où il se distingua par sa philanthropie. Nommé membre des états généraux par le clergé (1789), il se rallia à la cause du peuple, et fut le premier à prêter serment à la constitution française. Il fut nommé évêque de Blois, puis membre de la convention nationale. Il demanda l'abolition de la peine de mort, et refusa d'appliquer cette peine à Louis XVI. Il refusa également d'abjurer le christianisme, comme tant d'autres prêtres assermentés de cette époque, et fit adopter diverses mesures pour la propagation des connaissances utiles, et encouragea des institutions en faveur de la morale et des arts. Il obtint le rétablissement du culte, et fonda le conservatoire des arts et métiers et le bureau des longitudes. Nommé membre du conseil des cinq-cents, du corps législatif, puis du sénat, il vota contre le rétablissement de la monarchie, de la noblesse et des titres, et signa en 1814 la déchéance de l'empereur. La restauration le priva de son siège épiscopal et de sa place à l'Institut. Après avoir été député de l'Isère (1819), il se retira dans une retraite paisible. Il est mort en 1831. On a de cet évêque un grand nombre d'ouvrages, sur la morale, la politique, les sciences et les arts.

GREGORY (Jacques), né en 1636 à New-Aberdeen (Ecosse), est un des plus célèbres géomètres du XVIIe siècle. Nommé professeur de mathématiques au collége universitaire de Saint-André, il remplit ses fonctions avec distinction et s'acquit le titre de savant par ses grands travaux. Il mourut en 1675. Parmi ses nombreux ouvrages, on distingue l'*Optique expliquée*, des *Exercices géométriques*, un ouvrage sur *la vraie Quadrature du cercle et de l'hyperbole*, un *Traité de géométrie universelle*. Ces ouvrages sont en latin.

GRÊLE, glaçons plus ou moins volumineux, d'une forme la plus souvent arrondie, et que l'on croit n'être autre chose que de la pluie congelée dans l'atmosphère. On a remarqué que la chute de la grêle était précédée ou accompagnée du développement d'électricité. Volta a basé sur ce fait sa théorie de la grêle, que l'on suppose formée par des juxtapositions successives d'humidité qui se congèle sur un noyau d'abord très-petit.

GRELIN. Les marins appellent ainsi un cordage qui ne diffère du câble que par sa grosseur, qui est plus petite et fixée à une étendue déterminée. Sa plus forte circonférence est de onze pouces.

GRELOT, petite cloche de métal en forme de boucle, qu'on attache à la bride ou au collier des chevaux, des bêtes de somme et même des chiens et autres animaux domestiques. Ces grelots ont une fente d'un côté et un anneau soudé de l'antre côté. En le fondant, on y introduit une balle de fer, qui en roulant dans le grelot le fait résonner.

GRÉMIAL, linge ou morceau d'étoffe que l'on place sur les genoux du prêtre célébrant lorsqu'il est assis, pour conserver sa chasuble et empêcher qu'elle se salisse.

GRÉMIL, genre de la famille des borraginées, renfermant des plantes herbacées à feuilles simples et à fleurs disposées en épi au sommet de la tige et des rameaux. Le *grémil officinal*, nommé *herbe aux perles*, est très-commun en Europe, dans les lieux incultes et les chemins. Sa tige herbacée monte à quarante ou soixante centimètres; elle est droite, couverte de feuilles lancéolées et velues; les fleurs s'épanouissent en mai, sont petites et blanchâtres. Les fruits sont très-durs et gris. Le *grémil tinctorial* ou *orcanette* ou *buglosse teinturière* est haut de vingt-cinq centimètres. Sa racine vivace, longue et d'un rouge foncé, fournit plusieurs tiges étalées, hérissées de poils blancs, roides, garnies de feuilles oblongues, et des fleurs bleues ou violettes et d'une odeur désagréable. Les teinturiers retirent de cette plante une belle couleur vermeille. Les pharmaciens en colorent l'onguent rosat et autres préparations; les cuisiniers en mettent dans les ragoûts, et les distillateurs dans les liqueurs. La poudre de grémil servait jadis comme le vermillon pour colorer les joues et les lèvres.

GRÉMILLE, genre de la famille des percoïdes, renfermant des poissons distingués par des fossettes creusées sur les os de la joue, du museau et des mâchoires, leurs écailles rudes et leurs dents nombreuses. La *grémille vulgaire* est un petit poisson d'eau douce et de mer, nommé aussi *perche goujonnière*, très-commun en France. Elle est moins haute et moins comprimée que la perche. Sa bouche est moins fendue et les lèvres assez charnues. La couleur est d'un brun clair en dessus, argenté sous le ventre; sa longueur est de sept ou huit pouces; son poids de deux ou trois onces. Sa chair est encore plus estimée que celle de la perche par sa légèreté et son bon goût; c'est un des aliments les plus sains.

GRENADE, petite bombe du poids d'une à quatre livres ordinairement, et composée d'un globe de fer creux rempli de poudre par la lumière, et auquel on met le feu comme aux bombes par une mèche qui communique à l'intérieur. On les lance à la main, ou avec une fusée ou avec l'artillerie. Autrefois ceux qui lançaient les grenades s'appelaient *grenadiers*. Maintenant on donne ce nom à des deux compagnies d'élite qui entre dans la composition de chaque bataillon d'infanterie.

GRENADE, fruit du grenadier. C'est une baie globuleuse, grosse au moins comme le poing, à écorce coriace, d'un jaune rougeâtre, épaisse, arrondie et couronnée par les divisions du calice de la fleur tombée. Sa saveur âpre fait recommander cette écorce en médecine comme tonique et astringente, dans un grand nombre de maladies. Ce fruit est divisé dans l'intérieur en sept ou neuf loges, dans lesquelles des semences rouges, succulentes, brillantes, acides et légèrement astringentes. Ces semences, agréables au goût, désaltèrent beaucoup. On fait avec elles un sirop rafraîchissant, dont on se sert en médecine, dans les maladies aiguës et les fièvres bilieuses. — Une grenade entr'ouverte est remplie de pepins et, dans les arts, le symbole de l'amitié et de l'union de deux peuples. — La *grenade* est aussi un signe que portent les grenadiers sur leur habit; elle se compose d'un rond imitant une bombe et de jets de feu qui semblent sortir de la bombe. Les dragons, les cuirassiers, l'artillerie, la gendarmerie, etc., ont adopté aussi les grenades.

GRENADE ou HAUTE ANDALOUSIE, ancienne province d'Espagne, jadis qualifiée du titre de *royaume*. Elle est bornée par les provinces de Séville, Cordoue, Jaen, Murcie et la Méditerranée. 630 lieues carrées forment sa superficie, et sa population est de 700,000 habitants. Le terrain en est inégal, traversé par les monts Sierra-Nevada et Alpujarras. Le climat est chaud sur les côtes, tempéré dans l'intérieur. On y trouve beaucoup de sel, marbre, pierres précieuses, grenat, fer, vin, chênes à liège, coton, fruits, soie, chanvre, cire, miel et noix de galle. La capitale est *Grenade*. L'ancienne province de Grenade forme actuellement trois provinces, celles de *Grenade*, d'*Almérie* et de *Malaga*.

GRENADE, ville d'Espagne, capitale de la province de même nom, au confluent du Daro et du Xenil. Sa population est de 60,000 habitants. Elle a un archevêché jouissant de grands revenus et une université. On y voit encore les palais de l'alhambra et du généralife, bâtis sous les rois maures. Le royaume de Grenade, ainsi que la ville, qui pendant une grande partie du moyen âge fut entre les mains des Maures, fut conquis sur eux en 1492 par Ferdinand le Catholique et Isabelle.

GRENADE, une des îles Antilles (Amérique), ayant 80,000 mètres environ de circonférence et une population de 29,000 habitans, dont 5,000 blancs, et le reste esclaves. Le sol est fertile en fruits, cacao, café, coton, sucre et indigo. Le chef-lieu est *Georgestown* ou *Saint-Georges*, avec 10,000 âmes et un bon port. Les revenus de l'île sont de 400,000 francs. Elle est divisée en six paroisses, et est administrée par un lieutenant gouverneur et un commis colonial. Découverte par Christophe Colomb en 1498, elle fut occupée par les Français jusqu'en 1762 que les Anglais s'en emparèrent.

GRENADE (NOUVELLE-), ancien royaume d'Amérique appartenant autrefois aux Espagnols, et qui s'est rendu indépendant sous le nom de Colombie. Carthagène en était la capitale. Voy. COLOMBIE.

GRENADIER, genre de la famille des myrtacées, renfermant des arbrisseaux originaires de l'Afrique et acclimatés en Italie, en France, en Espagne, etc. Le *grenadier commun* est un arbrisseau touffu, épineux, haut de huit à douze pieds et même davantage. Sa racine est jaune et rameuse; son écorce est d'un gris rougeâtre; son bois est très-dur, les fleurs sont les plus souvent d'un rouge écarlate très-vif, coriaces, campanulées à cinq divisions pointues, inodores; les feuilles sont simples, entières, oblongues, lisses, luisantes, minces. Il y a sur quelques espèces des fleurs doubles, appelées *balaustes*, des blanches, des jaunes et des panachées. Le fruit est la *grenade*. Les fleurs sèches sont, en médecine, de grandes propriétés astringentes. L'écorce de la racine de grenadier a la propriété de tuer le ver solitaire. On se sert encore de cette écorce pour tanner les cuirs.

GRENADIER ou LÉPIDOLÈPRE, genre de la familles des gadoïdes, renfermant des poissons caractérisés par la conformation du museau, assez analogue à un bonnet de soldat. Ce museau avance au-dessus de la bouche. Tout le corps est garni d'écailles dures; les dents sont fines et courtes. Le *lépidolèpre trachyrhynque* a le corps très-allongé et comprimé en arrière ou lame de sabre. Sa tête est grosse et déprimée; sa couleur est grisâtre vers le dos, violette vers sa queue. Sa longueur est de quatre décimètres. Ce poisson, qui habite nos mers, a la chair blanche et d'un goût agréable. On le pêche vers le mois de juillet et d'août.

GRENADIER, nom donné autrefois à des soldats d'élite chargés de lancer les grenades, et disposés en compagnies. Il y en avait à pied et à cheval. Depuis on a mis une compagnie de grenadiers pour chaque bataillon des régiments de l'armée française; ils forment les compagnies d'élite. Dans l'infanterie légère, on les nomme *carabiniers*. Les grenadiers sont distingués par des épaulettes et des panaches rouges. Ils ont une haute paye de 5 centimes par jour, sont exempts de corvées, et portent le sabre. On les choisit de belle taille. Leur compagnie est en tête du bataillon. Sous la république et l'empire, il y a eu des bataillons et des régiments composés entièrement de grenadiers. Sous l'empire et la restauration, il y avait des grenadiers royaux à pied et à cheval, distingués par leurs bonnets d'oursin sans plaque. Ces compagnies ont été supprimées en 1830.

GRENADIÈRE, sac que portaient autrefois les grenadiers, où ils plaçaient leurs grenades. Mettre son fusil *à la grenadière*, c'est le placer sur ses épaules en lâchant la bretelle. On fait ce mouvement quand on veut se servir du sabre.

GRENADILLE, nom vulgaire de la *passiflore*, plante de la famille des cucurbitacées.

GRENAT, substance minérale mise dans le commerce au nombre des pierres précieuses, et qui se rencontre souvent disposée en filons dans les roches primitives. On remarque le grenat pourpre, rouge, vert, violet et orange. Le grenat est formé de silice, d'alumine, d'oxyde de fer, et quelquefois de chaux et de magnésie.

GRENIER, lieu où l'on conserve les grains, les foins, la paille, etc. On nomme en général ainsi la partie d'une maison qui est sous le comble, parce que c'est là que l'on serre en général les produits des récoltes. Les greniers doivent être isolés, bien aérés, abrités contre la pluie et l'humidité; le sol doit être planchéié ou carrelé. On y dispose les grains par tas ou couches, que l'on doit remuer souvent. Les fenêtres doivent être nombreuses, pour faciliter les courants d'air.

GRENIERS D'ABONDANCE, vastes édifices où l'on amasse et où l'on conserve des grains pour subvenir aux besoins publics en temps de disette.

GRENOBLE, ville de France, chef-lieu du département de l'Isère à 132 lieues de Paris. Sa population est de 27,000 habitants. Elle était autrefois siège d'un parlement et la capitale du Dauphiné. Elle a un évêché suffragant de l'archevêché de Lyon, une cour royale, une bibliothèque de 60,000 volumes, un collége royal et une école secondaire de médecine. Son commerce est considérable.

GRENOIR, nom donné, dans les fabriques de poudre à canon, 1° aux bâtiments dans lesquels on réduit la poudre en grains; 2° à une espèce de tamis de peau, ou de fils de laiton entrecroisés, dont on se sert pour le grenage de la poudre.

GRENOUILLE, genre de reptiles de l'ordre des batraciens. La grenouille a les pattes postérieures plus longues au moins une demi-fois que le corps. Son museau est plus pointu que celui du crapaud. Son corps est plus long que large, et ses muscles sont d'une force considérable; ce qui lui donne la légèreté et l'élasticité dont elle jouit. Elle pond annuellement de six cents à douze cents œufs. En Europe, on mange les grenouilles regardées comme un mets très-délicat, et la médecine les emploie pour des bouillons rafraîchissants. Son cri se nomme coassement.

GRENOUILLES, comédie d'Aristophane, auteur grec, ainsi nommée à cause d'un chœur de grenouilles qui s'y trouve. La scène est au fond des enfers. Aristophane y tourne en ridicule le poëte Euripide. Il suppose que Mercure va chercher de la part de Jupiter le poëte tragique le plus habile; Euripide et Eschyle se disputent la prééminence, et se disent mutuellement leurs défauts; à la fin de la pièce, Eschyle l'emporte.

GRENOUILLET, nom vulgaire donné aux *renoncules aquatiques*, parce que l'on croit, mais à tort, que les grenouilles en mangent les feuilles.

GRENOUILLETTE ou RANULE, tumeur qui se forme quelquefois sous la langue par l'accumulation de la salive dans le canal de la glande sous-maxillaire. Ceux qui sont affectés de cette maladie parlent difficilement, et rendent des sons rauques et mal articulés. La grenouillette est plus fréquente chez les enfants que chez les adultes. Cette tumeur est molle, peu douloureuse, demi-transparente. La parole s'altère; la mastication, la déglutition, la respiration sont plus ou moins gênées. On doit couper cette tumeur en tout ou en partie, et faire gargariser le malade. — En botanique, *grenouillette* est synonyme de *ficaire*.

GREPPI (Charles), né à Bologne en 1751, quitta la profession d'avocat qu'il avait d'abord embrassée, pour s'adonner à la littérature et à la poésie. Il travailla pour le théâtre, et ses pièces eurent un grand succès. Il obtint de Pie VI le titre de chevalier. Un amour malheureux le dégoûta du monde, et il alla s'ensevelir dans la retraite d'un couvent. Il mourut en 1811. Ses poésies fugitives et érotiques, ses comédies, ses tragédies, forment plusieurs volumes.

GRÈS, roche composée de grains plus ou moins volumineux de quartz, rarement de feldspath. On distingue plusieurs variétés de grès : le *grès rouge*, le *flexible*, le *lustré*, le *bigarré*, le *blanc*, le *filtrant*. Il est d'un usage excellent pour user les métaux. Aussi on en fait des meules à aiguiser et même à moudre les grains.

GRÉSIL, phénomène météorologique, dont la formation a beaucoup de rapport avec celle de la neige. C'est de l'eau congelée sous forme de petites aiguilles ou de grains de glace pressés et entrelacés. On ne sait rien sur les causes du grésil.

GRESSET (Jean-Baptiste), poëte français, né en 1709 à Amiens, mort en 1777, membre de l'académie française, chevalier de Saint-Michel et historiographe de l'ordre de Saint-Lazare. L'ouvrage qui l'a mis en renommée est son poëme de *Vert-Vert*. Sa comédie du *Méchant* ajouta encore à sa réputation, ainsi que l'épitre intitulée *la Chartreuse*. On a encore de lui une tragédie, *Edouard III*, le drame de *Sidney*, l'*Epître au P. Bougeant*, l'*Epître à ma sœur*, les *Ombres*, des odes, une traduction de quelques églogues de Virgile, et deux poëmes posthumes, le *Gazetin* et le *Parrain magnifique*.

GRETNA-GREEN, paroisse du comté de Dumfries en Ecosse, où deux amants assistés de trois témoins peuvent, sans autre consentement que le leur, être unis en légitime mariage par un laïque. Ce laïque se décore du titre de curé. Ces mariages sont annuellement au nombre de soixante à soixante-dix. Un grand nombre de personnages distingués, et entre autres le prince Charles de Capoue, se sont mariés à Gretna-Green.

GRÉTRY (André-Ernest-Modeste), compositeur de l'école française, né à Liege en 1741, mort à Montmorency dans l'Ermitage en 1814, membre de l'Institut et de la Légion d'honneur. Il a été surnommé le *Molière de la musique*. Ses opéras nombreux se distinguent tous par une grande simplicité et une grande naïveté. Les plus jolis sont l'*Epreuve villageoise*, *la Caravane*, le *Tableau parlant*, *Sylvain*, *Zémire et Azor*, *Panurge*, la *Fausse Magie*, *Richard Cœur de lion*, l'*Amant jaloux*, *Lucile*, le *Huron*, les *Deux Avares* et le *Jugement de Midas*. Il a publié des *essais*.

GREUBE, calcaire jaune, poreux et friable, que l'on trouve dans les montagnes de la Suisse, et dont on se sert pour nettoyer et colorer en jaune les boiseries de sapin. Le greube se présente sous forme de concrétions. On trouve dans les collines qui en sont formées des débris de coquilles terrestres et des empreintes de feuilles d'arbres dicotylédons.

GREUZE (Jean-Baptiste), peintre français, né à Tournus (Saône-et-Loire) en 1725. Original et sévère dans le choix de ses sujets, il peignit dans un but moral, et acquit une prompte renommée par le mérite de ses compositions. Il mourut en 1805, laissant un grand nombre de tableaux regardés comme des chefs-d'œuvre de genre, et dont les plus estimés sont *l'Accordée de village, la Petite Fille au chien, le Père paralytique, le Père de famille expliquant la Bible à ses enfants, le Gâteau des Rois, le Mauvais Père, Sainte Marie Egyptienne, la Dame de Charité* et *la Jeune Fille qui pleure son oiseau mort.*

GRÈVE, nom donné 1° aux bords des mers et des rivières que les eaux ont couverts de gravier et de cailloux roulés; 2° aux pièces d'armure en fer qui entouraient la jambe des guerriers armés de pied en cap : la grève a été abandonnée sous Louis XIII ; 3° à une place située dans Paris, et où se faisaient les supplices.

GREWIER ou GREUVIER, genre de la famille des tiliacées, renfermant des arbrisseaux à feuilles alternes, simples ; à fleurs en ombelles, à cinq pétales ; propres à l'Asie et à l'Afrique, mais cultivés dans les serres d'Europe. Le *grewier occidental* s'élève à huit ou dix pieds; ses rameaux sont d'un blanc grisâtre, ses feuilles ovales, crénelées sur les bords, marquées de trois nervures principales; les fleurs sont purpurines.

GRIBANE, petite barque qui navigue près des côtes de la Manche et sur les rivières de la Somme et de la Seine. Elles sont petites, et ont deux mâts très-courts et un beaupré. Leur port est de quarante à soixante tonneaux.

GRIBEAUVAL (J.-B. VAQUETTE DE), né à Amiens en 1715, entra en 1732 comme volontaire dans le régiment royal d'artillerie, et fut nommé en 1752 capitaine au corps des mines, et, en 1757, lieutenant-colonel. Il passa au service d'Autriche en qualité de général de bataille, et défendit avec succès ce pays contre Frédéric II, roi de Prusse. Marie-Thérèse, en récompense, l'éleva en 1762 au grade de feld-maréchal. Rappelé en France, il fut promu au grade d'inspecteur général de l'artillerie et commandant en chef du corps des mineurs. En 1764, il fut fait lieutenant général, et, en 1776, premier inspecteur d'artillerie. Il mourut en 1789.

GRIBOU (mar.). Faire gribou, c'est chavirer sur les côtes d'Afrique. Cela arrive assez souvent, même aux grandes pirogues qui font le commerce. Lorsque ces pirogues chavirent; il y a toujours des marchandises perdues et même des hommes.

GRIBOURI, genre d'insectes coléoptères. Leur tête est verticale et enfoncée dans le corselet; les antennes en filets de la tête sont filiformes. Ces insectes sont très-petits, ramassés, globuleux. Ils vivent sur les plantes, où ils mangent les bourgeons. A la moindre crainte, ils resserrent leurs pattes et leurs antennes, et se laissent tomber à terre. Le *gribouri soyeux*, très-commun, est long de trois lignes au plus, d'un vert doré brillant, plus noir en dessous du corps.

GRIES, montagne de Suisse dans le Valais, sépare ce pays de la vallée Formazza. Sa hauteur est de 8,000 pieds. Elle renferme plusieurs glaciers, dont l'un donne naissance à la rivière Tosa. Cette rivière y a une cascade haute de 400 pieds environ.

GRIFFE. On nomme ainsi, 1° dans l'art du doreur, une espèce de tenaille montée sur un morceau de bois, et qui sert à tenir les boutons de métal qu'on brunit de la main ; 2° un instrument à cinq pointes, placées entre elles à une égale distance, et qui sert à tracer sur un papier les cinq lignes sur lesquelles on écrit les notes en musique; 3° une machine composée de trois crochets à piton, enlacés dans un au-tre piton, et terminée par un autre crochet qui s'adapte à celui de la balance dite *romaine* : on s'en sert pour soulever des barres de fer et les peser ; 4° un instrument en fonte de laiton, sur lequel est gravée en relief l'imitation de la signature d'une personne, et dont on se sert ordinairement pour placer cette signature à la main, sur le verso du titre d'un livre, afin d'en empêcher la contrefaçon ; 5° des espèces de crochets de fer que les jardiniers attachent à leurs souliers ou le long du genou et de la jambe pour monter aux arbres.

GRIFFES. On appelle de ce nom les *ongles* qui servent de défense à certains animaux. — En histoire naturelle, ce mot 1° des racines tubéreuses à divisions cylindriques ou coniques, allongées ou terminées en pointe, unies par la base, se séparant au sommet, et ressemblant à peu près aux griffes des animaux ; 2° la racine de la *renoncule des jardins*; 3° certains filets au moyen desquels certaines plantes grimpantes, comme le *lierre*, la *bignone*, etc., se cramponnent le long des corps qui leur prêtent un appui.

GRIFFON. Ce mot désigne 1° un animal mammifère fabuleux, auquel on prêtait des ailes, des griffes et une tête d'aigle : du reste, les caractères variaient chez les poëtes et les artistes ; 2° le *vautour barbu* ou *cypaète*; 3° une espèce de *vautour*; 4° une lime plate dentelée sur les bords. Les tireurs d'or s'en servent pour canneler le lingot de cuivre qu'ils argentent, et qu'ils tirent à la filière pour en faire un faux fil d'argent.

GRIGNAN, chef-lieu de canton du département de la Drôme, dans l'arrondissement et à 7 lieues de Montélimart. Sa population est de 2,200 habitants. — Cette ville avait titre de seigneurie, et faisait partie du Tricastin, petite province du Dauphiné. Cette seigneurie fut érigée en comté par Henri II (1550). Un des comtes fut le gendre de Mme de Sévigné, qui y mourut en 1696. Le château de Grignan, détruit pendant la révolution, était un bel et grand édifice, et dominait la ville. L'église paroissiale renferme le tombeau de Mme de Sévigné.

GRIGNAN (Françoise-Marguerite DE SÉVIGNÉ, comtesse DE), née en 1646, était fille de la célèbre Mme de Sévigné. Elle avait de l'esprit, mais cet esprit, peu naturel et emprunté, est bien différent de celui de sa mère, toujours naïf et facile. Nous avons plusieurs de ses lettres dans le recueil de celles de sa mère, auxquelles elles font réponse. La comtesse de Grignan est morte en 1705.

GRIGNARD, nom donné par les carriers à une couche de forme et de couleur particulières, qui se trouve dans les carrières de gypse.

GRIGRI, nom vulgaire donné à un oiseau, le *proyer*, et à un insecte, le *grillon des champs*.

GRIL. Ce mot désigne 1° un ustensile de cuisine, composé de plusieurs tringles de fer sur un châssis à pieds, dont le prolongement forme une queue. On pose le gril sur des charbons ardents, et on y pose les objets que l'on veut faire cuire, en les retournant souvent. 2° Une machine dont se sert l'imprimeur en taille-douce. Elle est composée de plusieurs barres de fer, soutenue par quatre pieds de fer de huit à neuf pouces de hauteur. On y place les planches de cuivre pour les faire chauffer avant d'y poser l'encre. 3° Un treillis de fer, dont les mailles sont en losange. Les doreurs s'en servent pour exposer au feu leurs ouvrages. 4° C'est le nom vulgaire des *homards*, et du *grillon*. 5° Un chantier pratiqué près et le long d'un quai, pour recevoir un bâtiment qui a besoin de réparation dans ses fonds.

GRILLAGE. On nomme ainsi 1° une opération qui a pour but de séparer des minerais les substances volatiles qu'elles contiennent, telles que le soufre, l'eau et l'arsenic; ou de détruire la force de co-hésion qui unit leurs *molécules*, et par là les rendre plus friables. Par le grillage, les sulfures de plomb et d'antimoine perdent leur soufre. Il y a plusieurs moyens en usage pour le grillage des minéraux. Le plus souvent on moule le minerai en petites mottes, et on place ces mottes sur un lit de bois auquel on met le feu. D'autres fois on étend le minerai concassé sur le sol d'un fourneau à réverbère, et on le chauffe sans le laisser entrer en fusion. On l'agite souvent. 2° Une opération par laquelle on brûle cette matière filamenteuse qui entoure les fils de coton, afin de l'égaliser et de le rendre parfaitement uni. 3° L'ensemble de plusieurs fils de métal plus ou moins resserrés et unis les uns avec les autres. 4° L'assemblage de pièces de bois qui se croisent à angles droits, bâties solidement pour former une cale de construction pour les vaisseaux.

GRILLES, assemblage de barreaux ronds ou carrés, en fer ou en bois, destiné à servir de clôture. Les barreaux sont placés à égale distance les uns des autres, verticalement, et sont unis par d'autres barres horizontales, qui les traversent. Les extrémités des barreaux sont scellées dans le mur ou dans des pierres. Les bouts supérieurs sont terminés par des pointes ou des lames en fonte. Les grilles ont souvent de très-beaux ornements.

GRILLON, genre d'insectes orthoptères (qui vole droit), dont deux espèces sont très-connues. Ce sont le *grillon domestique*, qui est de couleur noire, et qui se tient dans les foyers de maisons rustiques, et le *grillon des champs*, qu'on entend bruire dans les soirées d'été, et qu'on appelle vulgairement *cri-cri*. — On nomme vulgairement *grillon-taupe* la courtilière.

GRILLONES, tribu d'insectes orthoptères de la famille des sauteurs, ayant pour caractères des antennes (filets de la tête) très-longues et fines; les ailes, et les fourreaux (élytres) qui les recouvrent, horizontales; l'abdomen terminé par des fils soyeux, en plus grand nombre chez les femelles que chez les mâles ; les pattes postérieures très-développées, propres au saut. Ces insectes, dont le type est le grillon, font entendre un bruit très-désagréable, en frottant l'une contre l'autre la base de leurs élytres. Mais ce chant n'est propre qu'aux mâles. Les grillons vivent tous dans la terre.

GRIMALDI, famille puissante de Gênes, l'une des quatre premières maisons nobles de cette ville. En 1604, il y avait six cents ans qu'elle possédait la principauté de Monaco, dont elle s'était saisie pendant les premières dissensions de la république de Gênes, et qu'elle garda en refusant foi et hommage aux Génois (1242). Louise-Hippolyte, fille et unique héritière du dernier Grimaldi (Antoine), prince de Monaco et duc de Valentinois) épousa en 1715 Jacques-François de Matignon, comte de Thorigny, qui prit le nom de Grimaldi et l'a transmis à ses descendants.

GRIMANI, famille noble de Venise, qui a donné deux doges à cette république. Antonio Grimani, procurateur de Saint-Marc, fut élu en 1521 après Leonardo Loredano ; il était âgé de quatre-vingt-dix ans, et mourut en 1523. Son successeur fut André Gritti, mort en 1538. — Marino Grimani fut élu doge en 1595 après Paschale Cicogna, et mourut en 1606.

GRIMM (Frédéric-Melchior, baron de), né à Ratisbonne en 1723, mort à Gotha en 1807, conseiller d'État de Russie et grand-croix de l'ordre de Wladimir. Il vécut longtemps à Paris, où il fut lié avec les hommes de lettres les plus distingués de l'époque, comme Diderot, d'Alembert, Helvétius, Jean-Jacques Rousseau. Il se brouilla avec ce dernier. Il enrichit le *Dictionnaire encyclopédique.* Son ouvrage le plus important est la *Correspondance philosophique, littéraire et critique*, qu'il composa avec Diderot.

GRIMM, espèce d'*antilopes* à cornes

droites, petites, presque parallèles et dirigées en arrière. Sa taille excède à peine un pied. Son poilage est d'un fauve jaunâtre ou d'un brun foncé, gris le long du dos, gris foncé et les membres. Le grimm s'apprivoise facilement, et est d'une excessive propreté. Le grimm habite l'Afrique méridionale et les environs du cap de Bonne-Espérance.

GRIMOALD (LE COMTE DE), général, diplomate et littérateur, était recommandable par ses talents et son caractère personnel. Louis XVI l'avait admis à travailler dans son cabinet ; il lui confia une négociation en Hollande, et le chargea de tracer les plans offensifs et défensifs de la campagne de 1792. Le comte de Grimoald se montra partisan de la révolution, tout en déplorant ses excès. Pendant le régime de la terreur, il fut forcé de se cacher pour échapper aux persécutions qui le menaçaient, et mourut en 1815. On a de lui une foule d'ouvrages, entre autres, un *Essai théorique et pratique des batailles*, un *Tableau historique de la guerre de la révolution de France*, un *Tableau de la vie et du règne de Frédéric le Grand*, des *Mémoires historiques*, etc.

GRIMOIRE, livre dans lequel les anciens magiciens prétendaient qu'il y avait des conjurations propres à évoquer les démons. Comme ces livres étaient écrits avec des lettres cabalistiques et de forme burlesque et inconnue, on a depuis nommé *grimoirés* les livres où l'on ne peut rien comprendre ni déchiffrer.

GRIMPANT, nom donné aux plantes qui ont la propriété de s'attacher et de se fixer aux corps le long desquels elles montent, Les haricots, les pois, les liserons, sont des plantes grimpantes. On nomme vulgairement *grimpart*, *grimpant*, *grimpeau*, *grimpe-haut*, *grimpelet* et *grimperel*, deux oiseaux, le *grimpereau* et la *sittelle*.

GRIMPEREAU, oiseau long d'environ quatre pouces et demi, qui vit dans les bois et les vergers. Il est très-vif, et voltige sans cesse d'arbre en arbre, se nourrissant d'insectes. Le grimpereau habite l'Europe, l'Asie et l'Amérique. Les plumes de sa tête, de son cou et de son dos, sont d'un blanc sale dans le milieu, rousses sur un côté et noirâtres de l'autre ; le dessous de son corps est blanc, le tour des yeux roux.

GRIMPEURS ou ZYGODACTYLES, ordre d'oiseaux dont les deux pattes ont deux doigts dirigés en avant et deux en arrière, et forment une sorte de pince, à l'aide de laquelle ils grimpent facilement sur les plans verticaux et inclinés. Les perroquets, les pics, etc., sont de l'ordre des grimpeurs.

GRIMSEL (Suisse), montagne élevée de 4,950 mètres, qui sépare le Valais du canton de Berne. Elle fait partie de la chaîne des Alpes, et touche au Saint-Gothard et au mont de la Fourche. Elle a trois glaciers superbes; en un endroit est un hospice pour les voyageurs égarés. L'Aar prend sa source au Grimsel. Ce mont est un des passages des Alpes les plus difficiles à franchir.

GRINDELWALD, village et vallée de Suisse, dans le canton de Berne. Ce village est élevé de 3,200 pieds au-dessus du niveau de la mer, et est entouré de monts élevés : le *Scheidick*, haut de 9,045 pieds; le *Wersterborn*, haut de 11,500 pieds; l'*Eiger*, haut de 12,000 pieds. On y trouve de beaux glaciers.

GRINGONNEUR (Jacquemin), né à Paris dans le XIVe siècle, était peintre. Plusieurs auteurs prétendent qu'il inventa les cartes à jouer (1392) pour distraire le roi Charles VI dans ses accès de démence. D'autres ont affirmé que leur invention était antérieure à ce prince et qu'il ne fit que la perfectionner.

GRIOTTIER ou GAIOTTE, nom donné aux cerisiers dont les fruits sont d'un rouge foncé ou presque noirs, ont la peau dure, la chair rouge, ferme, douce, un peu amère, mais très-peu. Les griottiers ont les feuilles assez petites, mais très-vertes.

GRIPPE, nom donné vulgairement à plusieurs maladies catarrhales qui ont régné épidémiquement accompagnées plus ou moins de fièvre et de malaise. Les personnes affectées de maladies chroniques peuvent même en mourir. Pour le traitement de la grippe, il convient de se conduire comme dans les rhumes de poitrine. La grippe a reçu aussi le nom d'*influenza*.

GRIPPÉ, épithète donnée à la face quand ses traits sont resserrés et en son volume diminué. Cette altération se présente souvent dans les inflammations abdominales et dans les douleurs très-vives.

GRIS-BOOCK, espèce d'*antilope* à cornes droites. Sa couleur est d'un beau rouge ardent, ou d'un brun fauve, semé d'une foule de poils blancs par tout le corps, sans aucune tache. L'intérieur des oreilles est noir. Cette espèce vit en Afrique.

GRISAILLE, espèce de peinture de couleur grise imitant un bas-relief. On appelle encore ainsi d'autres peintures d'une tout autre couleur, mais également monochromes (d'une seule couleur).

GRISARD, nom donné vulgairement au *blaireau*, au *goëland à manteau noir* et à une variété de *peuplier*.

GRISET, GRISETTE, nom donné 1° au *maki*, 2° à la *gallinule marouette*, 3° au *chardonneret*. On nomme *grisette* l'*alouette*, la *phalène* et le *charançon*.

GRISONS, canton suisse, le quinzième dans l'ordre de la confédération, et le plus grand après celui de Berne. Sa superficie est de 290 lieues carrées, et sa population de 100,000 âmes. Le pouvoir suprême est placé entre les mains d'un grand conseil, composé de soixante-cinq membres, et assisté d'un petit conseil de trois membres, chargé des affaires journalières. Son contingent fédéral en hommes est de 1,600, et en argent de 12,000 francs. Le chef-lieu du canton est *Coire*. Population, 4,000 habitants. Dans le XIVe siècle, il était divisé en trois ligues : la *ligue Caddée*, la *ligue Grise* et la *ligue des Dix Droitures*, qui se réunirent en 1471. En 1798, les Grisons entrèrent dans la confédération. Le canton des Grisons est très-fertile.

GRIVE, nom donné aux oiseaux du genre *merle*, qui se distinguent par leur plumage varié, c'est-à-dire marqué de petites taches noires ou brunes, principalement sur le devant et le dessous du corps. Les espèces en sont très-nombreuses. La *grive ordinaire* ou *chanteuse* est d'un brun olivâtre en dessus, d'un blanc roussâtre tacheté de noir en dessous; les ailes sont bordées d'un jaune roux; la gorge, le bas-ventre et les flancs sont d'un blanc pur, ainsi que le dessous de la queue; le bec et les pieds sont jaunâtres; sa longueur est de huit pouces et demi environ. Cette espèce habite l'Europe, et se nourrit de vers et de baies. Son chant est agréable et sonore. La grive est recherchée des gourmets pour la délicatesse et le bon goût de sa chair ; la *grive draine* ou *dresne* (*grosse grive*, *crecer*, etc.), ou *grande grive*, est longue d'environ onze pouces. Sa chair n'est pas si bonne que celle de la grive; elle est très-querelleuse.

GRIVE, GRIVELÉ, GRIVELIN, On nomme vulgairement *grive* un poisson, le *labre paon*, les mollusques *porcelaine* et *nérite* ; *grive d'eau*, l'oiseau *chevalier* ; *grive de Bohême*, l'oiseau *jaseur* ; *grivelé*, les oiseaux *chevalier*, *philédon* et *fourmilier* ; *grivelin à cravale*, le *gros-bec nonette*.

GRODNO, gouvernement de Russie, borné par ceux de Vilna, Minsk, Volhinie, Gallicie, Bialistok et la Pologne. Il est arrosé par les rivières du Niémen, Chara, Boug et Moukheritza. Sa superficie est d'environ 800 lieues carrées, et sa population de 712,000 habitants. Ce pays est boisé et fertile, surtout en grains, chanvre, lin, pâturages. La capitale est Grodno, à plus de 200 lieues de Pétersbourg, sur le Niémen, avec 5,000 âmes. Elle a de beaux châteaux, des palais, un beau port, une académie. Le commerce est actif, et la ville renferme de nombreuses fabriques de lainages, fil d'or et d'argent, armes, cire, etc.

GROENLAND (en hollandais, *terre verte*), contrée polaire, située au N.-E. de l'Amérique septentrionale. On n'en connaît qu'une étendue de 300 lieues, et la population de cette partie est de 6,000 habitants. Le Danemarck a soumis plusieurs tribus, et y possède plusieurs comptoirs, qui sont ceux de Julianeshaab, de Nye-Heernut, de Lichtenfels et de Gothaab, et il en retire des peaux de veaux marins, des rennes, des ours blancs, du morfil, de l'huile de baleine, etc. Les Groënlandais sont de la race des Esquimaux. Le Groënland est placé dans un climat extrêmement froid. On ne connaît point d'été. Le Groënland était connu avant le Xe siècle.

GROENSUND, canal formé par la mer Baltique, entre les îles Falster et Mœn, appartenant au Danemarck.

GROG, boisson usitée très-souvent à la mer par les équipages de navire. On la forme d'un quart d'eau-de-vie dans trois quarts d'eau. Elle est saine et rafraîchissante.

GROIN, extrémité du museau des sangliers et des cochons.

GRONINGUE, province du royaume de Hollande, bornée par celles de Ostfrise, Frise, Drenthe, Meppen et la mer d'Allemagne. Sa superficie est d'environ 140 lieues carrées, et sa population de 150,000 habitants. Le sol est bas, uni et marécageux, mais garanti des inondations de la mer par de nombreuses digues. Cette province produit beaucoup de bestiaux, brebis, colza, tourbe, mais peu de grains. La capitale est *Groningue* ou *Grœningen*, ville forte sur l'Hunse et le Fivel, avec 30,000 habitants. Elle a une université, des sociétés savantes, des académies de dessin, d'architecture et de navigation, des fabriques de toiles, plumes, lainages.

GRONOVIUS (J.-Frédéric), né à Hambourg en 1611, fut professeur de belles-lettres dans sa patrie. Il a donné un grand nombre d'éditions très-estimées d'auteurs grecs et latins, entre autres de Plaute, Salluste, Tite Live, Sénèque, Pline, Quintilien, Aulu-Gelle, etc. Il a restitué plusieurs passages, et en a corrigé d'autres avec beaucoup de talent. Il mourut en 1672. Son fils, né en 1645, se distingua dans le même genre que son père. Il est mort en 1716, et a laissé de nombreux ouvrages d'érudition, entre autres un *Trésor d'antiquités grecques*, en 13 volumes in-folio.

GROS, poids qui équivaut à la huitième partie de l'once. Il valait 3 scrupules, et le scrupule 24 grains. Le gros équivaut à 3 grammes 824 millièmes de gramme. Les médecins le désignent par le signe ℨ.

GROS (mar.). On nomme ainsi les pleines mers. Le *gros de l'eau* désigne les jours de nouvelles et pleines lunes. On dit qu'il y a du *gros temps*, que le temps est *gros*, lorsque le vent est violent et la mer très-forte. Le *gros d'un mât*, c'est son plus grand diamètre. Le *gros-bois* est une petite embarcation en usage aux Antilles pour apporter l'eau et toutes sortes d'approvisionnements et de marchandises aux bâtiments sur les rades. Le gros-bois va à la mer, porte de 25 à 30 tonneaux, est à fond plat, et est pointu des deux extrémités. Sa longueur varie de trente-six à quarante pieds. — La mer est *grosse* lorsqu'elle est forte et agitée.

GROS (hist. nat.). On nomme vulgairement *gros-argentin* le *gymnote* ; *gros-bill*, *gros-bleu*, *grosse-pivoine*, plusieurs *gros-becs* ; *gros-bois*, le *goëland à manteau noir* ; *grosse-gorge*, le *combattant* ; *grosse grive*, la *grive draine* ; *gros-guillaume*, une variété de *vigne* ; *gros-guilleri*, le *moineau domestique mâle* ; *grosse mésange*, la *mésange charbonnière* ; *gros-miaulard*, le *goëland à manteau gris* ; *gros-mondain*, une variété de *pigeon* ; *gros pinson*, le *gros-bec ordinaire* ; *grosse-tête*, le *bouvreuil* et le *gros-bec* ; *gros verdier*, le *proyer*.

**GROS** (Antoine-Jean, baron), né à Paris en 1771, mort d'un suicide en 1835. Élève de David, il se distingua dans la peinture, et fut successivement nommé chevalier, puis officier de la Légion d'honneur, baron, chevalier de l'ordre de Saint-Michel et membre de l'Institut. Ses tableaux les plus remarquables sont ceux des *Pestiférés de Jaffa* (1806), regardé comme un chef-d'œuvre, le *Champ de bataille d'Eylau*, la *Bataille d'Aboukir*, *Bonaparte au pont d'Arcole*, *François Ier et Charles-Quint visitant les tombeaux de Saint-Denis*. La médiocrité de son dernier tableau (*Diomède dévoré par ses chevaux*) a été, dit-on, la cause de son suicide.

**GROS-BEC**, genre d'oiseaux qui comprend un grand nombre d'espèces, entre autres le *moineau*, le *serin*, le *chardonneret*, la *linotte*, etc. Le *gros-bec ordinaire* a six pouces environ de longueur. Le dessus et les côtés de la tête sont de couleur marron, ainsi que le dos ; le croupion est gris ; le dessous du cou est cendré ; la base du bec est ornée d'une ligne noire ; les pieds sont de couleur de chair ; l'iris cendré, et le bec grisâtre et très-gros. Cet oiseau est très-commun dans les forêts d'Europe. Son cri est vif, mais faible.

**GROSEILLE**, fruit du groseillier ordinaire. C'est une baie rouge ou blanche, d'une acidité agréable, et possédant à un haut degré une vertu rafraîchissante. Les groseilles renferment de la gélatine et un suc mucoso-sucré nourrissant. On prépare avec ce suc une gelée très-saine et d'une saveur très-fine, un sirop, etc.

**GROSEILLIER**, genre d'arbrisseaux de la famille des grossulariées. On en distingue plusieurs espèces : le *groseillier commun*, originaire de nos bois, aux fruits rouges ou blancs, haut de quatre à cinq pieds, et portant des fleurs hermaphrodites ; le *groseillier à maquereau*, portant des fruits épineux, et servant à faire des haies ; le *groseillier noir*, plus communément appelé *cassis*, dont les fruits, noirs et aromatiques, servent à faire une liqueur tonique et excitante.

**GROSSE**. On nomme ainsi, 1o en droit, la première copie authentique d'un acte ou d'un jugement, prise sur l'original de cet acte ou de ce jugement : on la nomme ainsi parce qu'on l'écrit d'ordinaire d'une écriture large et grosse ; 2o un *contrat à grosse aventure* est un contrat par lequel on place de l'argent sur un bâtiment de commerce, à 12 ou 15 pour 100, et quelquefois même au-dessus, à la charge de perdre par les accidents de la mer ; 3o les marchands désignent par le mot *grosse* un compte de douze douzaines ou de cent quarante-quatre objets ; une *demi-grosse*, c'est six douzaines ou soixante-douze objets.

**GROSSULAIRE**, espèce de minéral, du genre grenat. Elle renferme les grenats verdâtres et les grenats jaunâtres ou rouge orangé, nommés *colophonite* ou *essonite*. Sur cent parties, la grossulaire renferme quarante parties de silice, vingt d'alumine, trente-quatre de chaux, trois de peroxyde de fer et quelques traces de manganèse.

**GROSSULARIÉES**, famille de plantes phanérogames (à sexes distincts), renfermant des arbrisseaux à feuilles alternes, souvent armées d'aiguillons très-durs, à fleurs disposées en grappes, très-petites et à cinq pétales, aux fruits globuleux, renfermant plusieurs graines menues. Le genre le plus intéressant de cette famille est le *groseillier*.

**GROTIUS** (Hugues DE GROOT, connu sous le nom de), né à Delft en 1583, mort à Rostock en 1645. A huit ans, il faisait des vers latins dignes d'un poëte expérimenté. A seize ans, il publia son édition de *Martianus Capella*, sa traduction de la *Limneurétique* (art de découvrir les ports). L'année suivante, il fit paraître les *Phénomènes d'Aratus*. On a de lui trois tragédies latines, l'*Adamus exsul*, le *Christus patiens* et le *Sophomphaneas* (Joseph en Égypte), un traité de *Jure belli et pacis*, l'*Histoire des Goths* et un grand nombre d'autres ouvrages savants.

**GROTTES**, cavités souterraines formées naturellement au sein de certaines montagnes. Ces cavités sont toujours plus petites que les cavernes.

**GROUPE** (en italien, *gruppetto*), ornement de musique. Il se compose de plusieurs notes de peu de valeur, qui amènent à une note d'une plus longue durée. Ces gruppetti sont au goût du compositeur ou de l'exécutant.

**GRUAU**. On donne ce nom à l'avoine dépouillée de son enveloppe extérieure ou de la balle florale par une espèce de mouture. On fait aussi du gruau avec de l'orge et du froment. On se sert de la farine de gruau pour un pain très-estimé. Celui d'avoine ne peut servir à cet usage. La décoction est regardée comme délayante et adoucissante. C'est aussi le nom de la bouillie faite avec les pommes de terre.

**GRUBENHAGEN**, principauté de basse Saxe dans l'électorat de Hanovre, dont la superficie est de 215,600 hectares, et la population de 70,000 habitants. Le château de Grubenhagen, d'où elle tire son nom, est à 14 lieues de Hanovre.

**GRUE**, oiseau du genre héron et de l'ordre des échassiers. Sa longueur varie de quatre à six pieds, et ses pattes ne sont pas moins longues que celles de la *cigogne*. Il en est de même de son bec et de son cou. — La grue se nourrit de reptiles, de vers, d'insectes, de grenouilles et de petits poissons. Les grues voyagent en troupes ayant un chef à leur tête et volant en triangle pour fendre l'air plus aisément. Leur plumage est cendré.

**GRUE**, machine en forme de potence, dont le bras horizontal est muni d'une poulie autour de laquelle s'enroule une corde dont une extrémité s'attache à l'objet qu'on veut soulever, et dont l'autre roule sur un cylindre que l'on fait tourner au moyen de leviers, de roues d'engrenage, de manivelles, etc.

**GRUME** (BOIS EN), nom donné au bois coupé qui a encore son écorce.

**GRUMEAU**, nom donné à de petites parties solides dont sont formés plusieurs substances ou précipités. Ainsi le lait caillé par l'alcool laisse précipiter des grumeaux. On nomme *grumeleux* les corps composés de grumeaux.

**GRUTER** (Jean), né à Anvers en 1560, fut un des savants les plus distingués du XVIe siècle, auxquels la littérature latine a tant d'obligations. Philologue et critique consciencieux, il a laissé un grand nombre d'ouvrages publiés sous le nom de *Délices des poëtes italiens, français, belges et germains*. Ces ouvrages sont écrits en latin. Gruter mourut en 1627.

**GRUYER** (Antoine, baron), né à Saint-Germain (Haute-Saône) en 1774, embrassa la carrière militaire, et fit toutes les guerres de la république et de l'empire avec beaucoup de distinction. Nommé en 1806 lieutenant-colonel des chasseurs de la garde impériale, et en 1813 baron de l'empire et général de brigade, il se fit remarquer par son courage et son habileté. Louis XVIII lui confia (1814) le département de la Haute-Saône. Au retour de Napoléon, Gruyer se rangea dans son parti ; il fut arrêté, jugé par un conseil militaire et condamné à mort (1816). Cette peine fut changée en vingt ans de réclusion ; mais le général Gruyer sortit de prison après vingt-huit mois de captivité. Il mourut en 1822.

**GRUYÈRES**, ville de Suisse dans le canton de Fribourg, qui a eu autrefois des comtes particuliers, et dont la population actuelle est de 600 habitants. Elle est renommée par le fromage *de Gruyères* dont elle est l'entrepôt, et qui se fait dans les environs, où abondent les pâturages.

**GRYMPE**, nom donné à un voile de fin lin, avec une bordure de fil d'or, qui fut placé sur le tombeau de sainte Agathe. La superstition des Siciliens a fait de ce voile un talisman précieux contre les flammes du volcan du mont Etna.

**GRYPHÉE**, animal inconnu, contenu dans une coquille bivalve dont la forme approche de celle des huîtres. Les gryphées sont très-rares ; mais les gryphites, qui sont les gryphées fossiles, sont très-abondants dans le calcaire argileux qui avoisine les grès rouges et bigarrés.

**GUA DE MALVÈS** (Jean-Paul), né en Languedoc en 1712, embrassa l'état ecclésiastique. Savant distingué, grand mathématicien et bon littérateur, il eut le premier l'idée de réunir toutes les connaissances humaines en un seul et vaste dépôt littéraire. Ce fut d'après ses plans que Diderot et d'Alembert exécutèrent la célèbre *Encyclopédie méthodique*. Gua de Malvès, mort en 1786, était de l'académie des sciences.

**GUACHARO**, oiseau de la famille des caprimulgidés ou engoulevents, propre à l'Amérique. Cet oiseau est du volume d'un pigeon ; il est long d'environ quinze pouces, et l'envergure (longueur des ailes étendues) est de trois pieds. Son plumage est roux marron, à reflets mêlés de brun et de verdâtre, et tacheté de noir et de blanc. Le bec est fort, solide, gris rougeâtre. La mandibule supérieure est terminée par un crochet aigu qui dépasse la mandibule inférieure. Les narines sont oblongues, et les soies nombreuses et roussâtres sont disposées à la base du bec. Les guacharos vivent de graines. Ces graines, retirées de l'estomac de ceux qu'on prend à la chasse, se nomment *semillas del guacharo*, et fournissent un remède contre les fièvres intermittentes. Leur graisse, transparente, inodore, se nomme *manteca* ou *aceite del guacharo*. Elle sert pour la cuisine et l'éclairage.

**GUACO**, nom donné vulgairement 1o aux *lianes* qui décorent les forêts de l'Amérique, 2o à une espèce voisine des *aristoloches*, 3o au *spilanthe* et à la *mikanie*.

**GUADALAVIAR**, rivière d'Espagne qui prend sa source dans les montagnes qui séparent la Nouvelle-Castille du royaume de Léon, et se jette dans la mer Méditerranée, près de Valence, après un cours de 50 lieues.

**GUADALAXARA** ou GUADALAJARA, province d'Espagne, formée de la Nouvelle-Castille, et bornée par celles de Soria, Cuença, Madrid et Ségovie. Sa superficie est de 140 lieues carrées, et sa population de 125,000 habitants. Cette province produit beaucoup de grains, olives, safran, fruits et miel. Le chef-lieu est *Guadalaxara*, sur l'Hénarès, à 12 lieues de Madrid, avec 10,000 âmes. Elle a des fabriques de draps, savon, chapeaux.

**GUADALAXARA**, une des quinze provinces anciennes du Mexique. Sa superficie était de 9,612 lieues carrées, et sa population de 630,500 habitants. Ce pays, inodore, et fertile, renferme de nombreuses mines d'or et d'argent, produit du blé, des fruits, des légumes, du sucre, de la cochenille, etc. Il forme aujourd'hui un État de l'union mexicaine sous le nom de *Xalisco*. La capitale est *Guadalaxara*, à 80 lieues de Mexico, et avec 20,000 âmes.

**GUADALOPE**. C'est 1o une petite rivière d'Espagne qui se jette dans l'Ebre près de Caspe ; 2o un bourg d'Espagne dans la province de Tolède, avec 3,000 âmes : ce bourg possède un couvent célèbre par une image miraculeuse de la sainte Vierge ; 3o une chaîne de hautes montagnes qui part de Tremblèque sous le nom de *Sierra de Marchal*, longe le Tage et finit dans l'Estramadure (Portugal) par le *mont Espichel*.

**GUADALQUIVIR**, fleuve d'Espagne qui prend sa source dans le mont Guadarrama, à 5 lieues d'Ubeda, et se jette dans l'Océan après un cours de 90 lieues. C'est le *Bétis* des anciens.

**GUADARRAMA**. C'est 1o une montagne qui part de la chaîne ibérique, traverse les provinces de Léon et de Castille, et se termine à la mer près de Beira (Portugal) ; 2o une petite rivière d'Espagne dans la province de Guadalaxara, qui prend sa source dans le mont Guadarrama, et se jette dans le Tage près de Mazallabras; 3° une petite ville d'Espagne dans le Guadalaxara, sur la rivière de Guadarrama.

GUADELOUPE, l'une des Antilles, découverte par Christophe Colomb en 1493. Le fondement de la colonie actuelle a été jeté en 1635 par cinq cent cinquante Français conduits par les sieurs de l'Olive et Duplessis. Achetée avec ses dépendances par le marquis de Boisseret (1649), Louis XIV l'acheta à son tour en 1664, et la réunit au domaine de l'État. Elle a 85,000 hectares de superficie, et est séparée en deux parties ou deux îles, la *Guadeloupe* et la *Grande-Terre*, par un canal appelé la *rivière salée*. Elle forme deux arrondissements : celui de *Guadeloupe*, chef-lieu *Basse-Terre*, population 9,000 habitants, capitale de l'île et siège du gouvernement, renferme quinze quartiers ; celui de *Grande-Terre*, chef-lieu la *Pointe-à-Pitre*, population 12,000 habitants, renferme neuf quartiers. La population de l'île est de 122,819 habitants, dont 22,335 libres et 99,164 esclaves. Le pouvoir est aux mains d'un gouverneur qui est un officier général de la marine, et qui préside un conseil de neuf membres nommés par le roi. Les dépendances de l'île sont *Marie-Galante*, la *Désirade*, les *Saintes*, et la moitié de l'île *Saint-Martin*. Le café, la canne à sucre, le tabac, sont l'objet d'une grande culture dans la Guadeloupe.

GUADET (Marguerite-Elie), né à Saint-Emilion (Gironde) en 1758. Il était avocat à Bordeaux lorsqu'il fut nommé député de cette ville à l'assemblée législative et à la convention. Son talent oratoire le plaça à la tête du parti de la Gironde. Ennemi personnel de Marat et de Robespierre, il les accusa plusieurs fois avec courage, et fut enveloppé dans la proscription de son parti. Il se sauva successivement à Evreux, à Caen, à Quimper, puis en Guyenne, où il erra longtemps sans asile. Découvert dans la maison de son père, à Saint-Emilion, il fut exécuté à Bordeaux en 1794 avec son père âgé de soixante-quatorze ans.

GUADIANA, fleuve d'Espagne qui prend sa source dans la Nouvelle-Castille, se perd dans les prairies qui avoisinent le lieu de sa naissance, et reparaît à 5 lieues de là. Ce fleuve, navigable depuis Mertola, se jette dans l'Océan entre Castro-Marine et Aïamonte, en séparant en cet endroit l'Espagne du Portugal. Le cours de la Guadiana est de 140 lieues.

GUALBERT (Saint Jean), né à Florence, en Italie, vers le commencement du XIᵉ siècle, se consacra au service de Dieu dans l'abbaye de Saint-Miniat, dont il fut nommé abbé. Il se retira ensuite dans un lieu appelé *Vallombreuse*, à 6 ou 7 lieues de Florence, et y fonda l'ordre célèbre de ce nom, sous la règle de Saint-Benoît. Il surpassait tous ses religieux en abstinence, humilité et charité ; il fonda plusieurs monastères, et en réforma d'autres. Il mourut en 1073.

GUALLAGO, rivière de Colombie (Amérique méridionale). Elle sort du lac Chiquiacoba, et se jette dans le Marannon après un cours de 310 lieues environ.

GUAM, GOUAHAM ou GOUAJAN (San-Juan de), une des îles Mariannes (Océanie), la plus grande et la plus méridionale. Guam a environ 30 lieues de tour. Sa population est de 4,500 habitants, dont 2,000 Espagnols, et 2,500 indigènes. L'île renferme plusieurs montagnes ; le mont Ilikio, haut de 1,500 pieds, est la plus haute. Elle possède des eaux ferrugineuses, des ports très sûrs, et des aiguades renommées. La capitale est *Agagna*, capitale de l'île et de l'archipel, avec 1,000 habitants. Les Espagnols y ont établi une colonie. Les habitants sont industrieux et bons. Guam est d'une rare fécondité. On y cultive toute espèce de plantes utiles.

GUANAXUATO, ancienne intendance du Mexique, qui forme aujourd'hui un État de cette république. Sa superficie est de 915 lieues carrées, et sa population de 580,000 habitants. Ce pays fertile est riche en productions naturelles. La capitale est *Guanaxuato*, avec 40,000 habitants.

GUAN, nom donné par quelques auteurs à l'oiseau plus généralement connu sous celui de *pénélope*.

GUANO, nom donné par les habitants du Pérou à une substance minérale d'un jaune foncé, d'une odeur forte et ambrée, formée d'acides urique, oxalique et phosphorique, de chaux, de potasse, d'ammoniaque, de sable quartzeux, d'oxyde de fer et d'une matière grasse. Le guano forme des dépôts de cinquante à soixante pieds d'épaisseur et très-étendus. On le croit causé par l'accumulation des excréments d'une foule d'oiseaux qui habitent ces parages depuis une éternité. On s'en sert comme d'un excellent engrais, et plusieurs établissements, nommés *guaneros*, sont consacrés à son exploitation.

GUARINI (Jean-Baptiste), poète italien, né à Ferrare en 1537 d'une famille noble. Il fut secrétaire d'Alphonse II, duc de Ferrare, et il passa plus tard au service de Vincent de Gonzague, duc de Mantoue, et de Ferdinand de Médicis, grand-duc de Toscane. Il mourut à Venise en 1612. Son ouvrage le plus célèbre est son *Pastor fido* (le pasteur fidèle), sorte de pastorale remarquable par sa grâce et son inspiration poétique. On a de lui, entre autres choses, l'*Hydropique* (Idropica), comédie en cinq actes et en prose.

GUASTALLA, duché contigu à celui de Parme, dont la capitale est Guastalla, et qui appartient à une branche de la maison de Bourbon. Sous l'empire, le duché de Gustalla fut érigé en principauté donnée à la maison Borghèse.

GUASTALLINE, nom donné à deux communautés religieuses de filles fondées à Milan vers le milieu du XVIᵉ siècle par une comtesse de Guastalla. La première de ces communautés était composée de religieuses qui portaient l'habit de l'ordre de Saint-Dominique, avec une croix de bois sur la poitrine et un anneau d'or au doigt, sur lequel anneau était un cœur où l'on avait gravé une croix. Elles avaient au cou une corde de chanvre de la grosseur d'un pouce. La deuxième de ces communautés était aussi nommée *collège de la Guastalla*, et consistait en un certain nombre de filles qui vivaient sans être liées par aucun vœu, et qui avaient soin de *l'éducation de dix-huit filles nobles et orphelines pendant douze ans*, lesquels on donnait à chacune de ces filles 2,000 livres de dot pour se marier ou pour embrasser la vie religieuse.

GUATEMALA, confédération de l'Amérique centrale, dont la superficie est de 43,000 lieues carrées, bornée au N. par le Mexique, à l'E. par la mer des Antilles, à l'O. par l'océan Pacifique, et au S. par la Colombie. Sa population est évaluée à 2,000,000 et demi tant Européens que créoles, Indiens, etc. Elle est divisée en un petit district fédéral où se trouve *Nueva-Guatemala*, la capitale, et en cinq autres États, qui sont *Guatemala*, *San-Salvador*, *Honduras*, *Nicaragua* et *Costa-Rica*. Le gouvernement du Guatemala est une république fédérative, composée d'un sénat de douze membres, d'une chambre de quarante-deux représentants, d'un président élu pour trois ans et d'un vice-président du pouvoir exécutif. Chaque État particulier est en outre administré par deux chambres. Les revenus du Guatemala s'élèvent à 6,000,000 de francs, et la dette à 60,000,000. Gouverné autrefois par un président subordonné au vice-roi espagnol du Mexique, en 1821 elle fut incorporée au Mexique qui s'était proclamé indépendant, et en 1823 elle se proclama république fédérative indépendante. Sa capitale est actuellement *Nueva-Guatemala*. On pense à transférer le siège du gouvernement à *Puerto-Liberta*, sur le Grand-Océan. Le Guatemala exporte annuellement pour 10 millions de francs, en vins, indigo et autres produits du sol.

GUATIMOZIN, dernier empereur du Mexique, succéda à Montézuma, et défendit avec vigueur la ville de Mexico contre les Espagnols (1521). Il fut pris au moment où il tentait d'échapper, et, comme il ne voulut point révéler le lieu où les Indiens avaient caché leurs trésors, il fut étendu sur un gril, posé sur des charbons ardents conformément aux ordres du trésorier royal, Julien Aldérète. Délivré par Cortez, il fut pendu peu après.

GUDDOK, instrument en forme de violon à peu près, en usage chez les paysans russes. Il est monté de trois cordes.

GUDULE, GOULE ou ERGOULE (Sainte), née dans le Brabant vers le milieu du VIIᵉ siècle, fut élevée dans le monastère de Nivelle auprès de sa marraine Gertrude. Celle-ci étant morte en 664, Gudule revint dans sa famille, et pratiqua les plus grandes austérités, soulageant les pauvres et les malades, fatiguant son corps par les veilles et les jeûnes. Elle mourut en 712. On fait sa fête le 8 janvier. C'est la patronne de Bruxelles, capitale de la Belgique.

GUÉ, endroit d'un fleuve, d'une rivière ou d'un cours d'eau où l'eau a assez peu de profondeur, et le fond assez de résistance pour qu'on puisse le passer à pied ou à cheval sans nager.

GUÈBRES, GAURES ou PARSIS, peuple de l'Asie, en horreur aux musulmans, et formé des débris de l'ancienne monarchie persane. Ils sont répandus dans l'Inde et la Perse, mais plus particulièrement dans l'aride province de Kirman. Ils conservent la religion des mages, et adorent le feu. Ils sont presque tous agriculteurs ou artisans, et obéissent à des vieillards de leur nation choisis par eux-mêmes, et qui sont confirmés dans leur magistrature par le vizir de la province où ils résident.

GUÈDE ou VOUÈDE, nom donné autrefois au *pastel*, plante usitée par les teinturiers. Le commerce s'en faisait en grand à Saint-Denis (Seine). C'est à cause de cela que l'on voit encore dans cette ville une place nommée la Marché-des-Guèdes.

GUELDRE, province de Hollande, bornée au N. par l'Over-Yssel, à l'E. par la Prusse, au S. par le Brabant septentrional, à l'O. par l'Utrecht et la Hollande méridionale. Sa superficie est de 284,266 hectares, et sa population de 518,093 habitants. Le chef-lieu de la Gueldre est Arnhem. Population, 10,000 habitants. Érigée en comté en 1079, son premier comte fut Otton de Nassau. En 1329, elle fut érigée en duché. En 1371, ce duché passa dans la maison de Juliers, d'où il vint dans celle d'Egmont, à laquelle l'enleva Charles-Quint. Elle fit plus tard partie des sept Provinces-Unies, dont elle était la première en titre.

GUELFES. On appela ainsi, du XIIᵉ au XIVᵉ siècle en Italie, les partisans du pape par opposition aux Gibelins, partisans de l'empereur. Cette dénomination venait de ce que les deux maisons puissantes qui divisaient l'Allemagne, les Hohenstauffen ou Weiblingen (Gibelins), et les Welf (Guelfes) ducs de Bavière, ces derniers étaient toujours déclarés pour le pape contre les empereurs de la maison de Hohenstauffen. Les Welfs furent la tige des maisons d'Est, de Modène, de Toscane et de Brunswick, et Otton IV, fils de Henri le Lion, duc de Bavière et de Saxe, parvint à l'empire en 1250. Le premier Welf avait été créé duc de Bavière en 1071 par Henri IV.

GUÉNÉE (L'ABBÉ Antoine), chanoine d'Etampes, abbé de l'Oroy, né à Etampes en 1717. Il fut nommé à la chaire de rhétorique du collège du Plessis, et membre de l'académie des inscriptions et belles-lettres en 1778. En 1769, il avait publié un ouvrage qui eut beaucoup de retentissement, et qui fonda sa réputation : ce sont les *Lettres de quelques juifs portugais, allemands et polonais à M. de Voltaire*. Profondément versé dans les langues grecque et hébraïque, il y relève avec raillerie les fautes, l'ignorance et la mauvaise foi des écrits de Voltaire. Il mourut en 1803.

GUENON ou CERCOPITHÈQUE, genre de mammifères quadrumanes, de la famille des singes. Leur taille est médiocre, et leurs membres correspondent avec le volume du corps. Les guenons ont des abajoues, les mains antérieures assez allongées, une queue longue. Elles vivent dans les forêts, et sont très-agiles. Jeunes, elles s'apprivoisent avec facilité ; mais elles deviennent indociles en avançant en âge. La *guenon mone* a le pelage marron, le dessus des extrémités noires, et deux taches blanchâtres sur chaque fesse. Le corps est long de dix-sept ou dix-huit pouces, et la queue de vingt-trois ou vingt-quatre pouces. Cet animal est irascible et gourmand. On trouve le mone sur la côte occidentale d'Afrique. La *guenon callitriche* est verdâtre en dessus, blanche en dessous, sa face est noire; le bout de sa queue est jaune.

GUÉPARD, animal du genre *chat* et de la famille des carnivores. Il est de la même taille que la panthère, avec une queue aussi longue; mais il a le corps élancé, et la tête plus petite. Sa peau est d'un blanc jaunâtre parsemée de taches noires, rondes d'un pouce de diamètre. Ses doigts sont allongés et munis d'ongles crochus. Il se trouve dans l'Afrique et l'Asie méridionale. On l'apprivoise et on le dresse pour la chasse. C'est pour cette raison qu'il a reçu le nom de *tigre de chasseurs*.

GUÊPE, genre d'insectes de l'ordre des hyménoptères et de la famille des diploptères (à double appareil de vol). Leur couleur est noire ou brune, mélangée de jaune. Les guêpes vivent en société comme les abeilles et les fourmis. Elles construisent comme les premières des ruches appelées *guêpiers*. Elles sont armées d'un aiguillon qui verse dans les piqûres qu'il fait un liquide empoisonné.

GUÊPES, pièce célèbre due à la plume de l'écrivain grec Aristophane. Le poëte y ridiculise l'ardeur des Athéniens pour les procès, et les injustices des juges. Cette pièce doit son nom à un chœur de femmes habillées en guêpes, qui chantaient dans les intermèdes. Elle a été imitée en vers français par J. Racine dans la comédie des *Plaideurs*.

GUÊPIAIRES, tribu d'insectes hyménoptères, de la famille des diploptères, renfermant des espèces qui vivent en sociétés plus ou moins nombreuses, composées de mâles, de femelles et de neutres ou femelles avortées. Les larves sont renfermées dans des cellules où les femelles les nourrissent avec soin. Cette tribu renferme les genres *guêpe, céramie, eumène*, etc.

GUÊPIER, genre d'oiseaux de l'ordre des passereaux. Leur corps est effilé et paré de couleurs agréables. La tête est arrondie et couverte de plumes; le cou est court; le bec allongé et aigu; les jambes sont courtes et dépouillées de plumes. Ces oiseaux habitent dans les régions les plus chaudes de l'ancien monde, et vivent d'abeilles et de guêpes. Une espèce de nos contrées, le *mérops apiaster* est long de onze pouces. Son front est jaune, nuancé de verdâtre; le derrière de la tête et le haut du dos sont marrons, et le reste du dos d'un roux jaunâtre; son aile est d'un roux foncé, mêlé de vert; la gorge est jaune, le bec noir, l'iris des yeux rouge, la queue verdâtre, et les pieds bruns.

GUÊPIER. C'est le nom du nid ou ruche des guêpes. Il renferme de quinze à seize mille cellules, et par suite un égal nombre de guêpes.

GUÉRANDE, chef-lieu de canton du département de la Loire-Inférieure, sur un coteau couvert de vignes, entre l'embouchure de la Loire et celle de la Vilaine, à 2 lieues de l'Océan, dans l'arrondissement et à 9 lieues un quart de Savenay, à 18 lieues de Nantes. Sa population de 8,300 âmes. Guérande avait autrefois un port de mer ; mais celle-ci s'est retirée, et a laissé des marais salants qui s'étendent jusqu'à la ville. Guérande a été aussi le siége d'un évêché, et possède des fortifications bâties en 1431, qui ont 1434 mètres de contour. Elles entourent de tout côté la ville. Guérande est célèbre par le traité conclu en 1365 entre Jean de Montfort et Jeanne, qui fut obligée de céder la Bretagne au premier. Guérande a une école secondaire ecclésiastique. Cette ville commerce en sel blanc, vins, eaux-de-vie, harengs, sardines, toiles, etc.

GUERCHIN (Francesco BARBIERI, dit LE) ou *le-Louche*, peintre de l'école bolonaise, né à Cento en 1590. Il fut l'élève des Carraches, et mourut en 1666 au service du duc de Modène. Ses tableaux les plus remarquables sont : *la Mort de Caton d'Utique, Coriolan fléchi par sa mère, les Enfants de Jacob lui apportant la robe ensanglantée de Joseph, Sainte Pétronille, Saint Pierre, Saint Antoine de Padoue, Saint Jean Baptiste, la Présentation au Temple, David et Abigaïl*, un plafond de l'*Aurore* dans la villa Ludovisi à Rome.

GUÉRET. Ce mot sert à désigner plusieurs choses. Il signifie d'abord une terre labourée sans être cependant ensemencée. Quelquefois il veut dire une terre inculte et incapable de rien produire. Enfin le plus souvent il signifie un champ laissé en repos après avoir été cultivé.

GUÉRET, chef-lieu du département de la Creuse, à 82 lieues de Paris; population, 4,000 habitants. Cette ville est située entre la Creuse et la Gartempe. Fondée dans le VIIIe siècle, elle s'appela d'abord *Garactum* ou *Varaclum*. Les comtes de la Marche y établirent leur séjour et la fortifièrent; il reste des débris de ces fortifications. Guéret a une bibliothèque publique de 4,500 volumes, une prison, deux hôpitaux, un collège, un tribunal de première instance et de commerce, une école normale primaire, une société d'agriculture et une sonde départementale, société pour la recherche des mines.

GUÉRICKE (Otto DE), célèbre physicien, né à Magdebourg en 1602. On lui doit l'invention de la *machine pneumatique*, un des appareils les plus importants de la physique (vers 1640), et les *hémisphères de Magdebourg*. Guéricke fut aussi un astronome distingué. L'un des premiers, il annonça qu'on pouvait prédire avec exactitude le retour des comètes. Il mourut à Hambourg en 1686. On a de lui un ouvrage sur ses expériences et ses ouvrages astronomiques.

GUÉRIDON, espèce de table ronde supportée par un seul pied en forme de colonne. Quand la table a un mouvement horizontal, on la nomme guéridon à l'anglaise. Le pied du guéridon varie souvent de forme, quelquefois il y en a trois. Souvent la table peut se relever à charnière, et s'appliquer contre le mur.

GUÉRILLAS, petites bandes irrégulières et presque indisciplinées obéissant à des chefs de partisans, et faisant la guerre en Espagne pour l'indépendance du pays. Les guérillas habitaient pendant la guerre de l'indépendance les montagnes de la Sierra-Morena, la Sierra-Nevada et le Guadarama.

GUÉRIN (Pierre), peintre français, né à Paris en 1774. Élève du peintre d'histoire Regnault, il envoya à l'exposition en 1800 son premier essai, *Marcus Sextus*. Deux ans après, il exposa *Phèdre et Hippolyte*. Ses autres tableaux sont: *Énée racontant ses exploits à Didon, Clytemnestre allant assassiner son époux, Andromaque, l'Empereur pardonnant aux révoltés du Caire, Céphale et l'Aurore*, une *Offrande à Esculape*. Il mourut en 1833. Il avait été nommé chevalier de la Légion d'honneur en 1803, membre de l'Institut en 1815, et successivement baron et chevalier de l'ordre de Saint-Michel.

GUÉRINIÈRE (François ROBICHON DE LA), un des hommes les plus habiles que la France ait produits dans l'art de dresser et de soigner les chevaux, fut écuyer du roi Louis XV. Il mourut à Versailles en 1751. Il a laissé deux ouvrages sur son art.

GUÉRITE, petite maisonnette ou loge en maçonnerie ou en charpente qu'on place pour abriter les sentinelles dans les villes de garnison ou aux angles saillants des fortifications. Les guérites sont carrées, avec un toit pyramidal ; on y perce des ouvertures qui permettent de voir de tous côtés — On nomme par ironie les soldats *officiers de guérite*.

GUERLE (Jean-Nicolas-Marie DE), né a Issoudun (Indre) en 1766. Il n'avait que seize ans lorsqu'il composa des élégies pleines de grâce, publiées plus tard dans un recueil intitulé *les Amours*. Il professait la rhétorique au collége de Lisieux lorsque la révolution éclata. Il rédigea le *Mémorial* sous le directoire, et publia ses contes, dont les plus jolis sont : *Pradon à la comédie, Stratonice et son peintre, Salix et Pholoé*, sa traduction en vers du *Poëme sur la guerre civile* de Pétrone. En 1800, nommé professeur de grammaire à l'école centrale d'Anvers, il fut successivement professeur de belles-lettres à Saint-Cyr, et professeur d'éloquence française à la faculté des lettres. Il mourut en 1824. On a publié en 1825 sa traduction de l'Enéide.

GUERNESEY, île de la Manche sur les côtes de la France. Sa population est de 25,000 individus, et sa capitale est Saint-Pierre, qui a 6,000 âmes. Guernesey appartient aux Anglais.

GUESCLIN (Bertrand DU), le plus célèbre guerrier du XIVe siècle, né vers 1314 au château de la Motte-Broon près de Rennes, se rendit de bonne heure célèbre par sa force et son courage. Dans la querelle de Jean de Montfort avec Charles de Blois pour le duché de Bretagne, il prit parti pour ce dernier. Il signala notamment sa valeur contre les Anglais, maîtres d'une partie de la France, et les vainquit aux siéges de Vannes et de Rennes, qu'il les contraignit d'abandonner. Entré au service de France, il fut nommé commandant en chef des troupes de Charles V; il reprit la Normandie sur Charles de Navarre, défit son armée à la bataille de Cocherel, et reçut en récompense le titre de maréchal de Normandie et de comte de Longueville. Il perdit en 1364 la bataille d'Auray livrée contre le duc de Montfort et les Anglais ligués, et fut fait prisonnier. Racheté par le roi Charles V, il eut la mission de détruire les *grandes compagnies*, troupes de brigands qui dévastaient la France. Il préféra les conduire en Espagne (1365) dans le dessein de combattre les Sarrasins de ce pays. Parvenu en Castille, il abandonna ce projet insensé pour secourir Henri de Transtamarre, prétendant au trône de Castille, alors occupé par le féroce Pierre le Cruel. Du Guesclin chassa Pierre d'Aragon et de la Castille, fit couronner roi Henri à Burgos, et reçut en récompense les titres de duc de Molina et de connétable des royaumes de Castille et de Léon. Pierre ayant envahi de nouveau l'Espagne, du Guesclin, déjà de retour en France, accourut au secours de Henri de Transtamarre, pour l'empêcher d'être vaincu à Navarette (1367), et de perdre sa couronne. Il fut fait prisonnier dans cette bataille. Racheté pour 70,000 florins d'or, il retourna de nouveau en Espagne où régnait Pierre le Cruel, vainquit ce prince, le fit prisonnier, et plaça pour la deuxième fois Henri sur le trône. A son retour en France, il fut nommé connétable de l'armée française. Il chassa les Anglais de la Normandie, reconquit sur eux la Guyenne, le Poitou, etc. ; il les chassa de la Bretagne, extermina leur armée, commandée par le duc de Montfort, et força ce prince à demander la paix (1373). — Le roi ayant réuni la Bretagne à la France, du Guesclin se vit abandonné de ses compatriotes, de ses parents et de ses amis, qui lui reprochaient sa désertion à la cause de leur patrie. Charles V lui-même, près duquel il avait été calomnié, le traita avec froideur. Irrité de cette ingratitude, il lui rendit au l'épée de connétable. Charles V ayant reconnu ses torts, l'engagea en vain à la reprendre. Son dernier exploit fut le siége du château de Randan (Gévaudan). Il mourut pendant le siège (1380), et le gouverneur du fort alla placer les clefs sur son tombeau.

GUET, troupe chargée de veiller spécialement à la sûreté intérieure de la capitale et des principales villes de France. L'origine du guet de Paris remonte à la plus haute antiquité. Louis IX divisa le guet en deux classes : le *guet royal* et le *guet des mestiers* (1254) : le premier, composé de vingt sergents à cheval et de quarante sergents à pied, dont le chef s'appelait *chevalier du guet*; le second, des bourgeois et gens de métiers. Le premier parcourait pendant la nuit les divers quartiers de la ville, et le second, qui stationnait dans les corps de garde, prêtait main-forte au guet royal au besoin. En 1789, le guet se composait de deux compagnies de 69 hommes appelés *archers*; de 111 cavaliers et d'une troupe de 352 fantassins.

GUET-APENS, action d'attendre un individu dans le but d'exercer sur lui des actes quelconques de violence. Le guet-apens devient une circonstance aggravante de tout crime ou délit; un crime qui n'eût été que légèrement puni reçoit la peine de mort avec la circonstance du guet-apens.

GUÊTRE, espèce de bas en peau ou en toile, qui couvre la jambe depuis le dessous du genou jusqu'au cou-de-pied. Les guêtres doivent coller sur la jambe, et se boutonnent en dehors des jambes. On fait aussi des demi-guêtres qui ne montent que jusqu'au mollet et qui se boutonnent sur le côté. Elles couvrent le dessus du pied, afin d'empêcher que la poussière n'entre dans le soulier. Les soldats de presque toutes les nations portent des guêtres; chaque homme a une paire de guêtres noires, et deux paires de guêtres grises. Quelquefois il en a de blanches.

GUETTEUR, nom donné aux hommes placés sur des éminences au bord des côtes pour signaler les bâtiments qui navigueut sur la mer, ainsi que leurs manœuvres, etc. Ils ont une lunette d'approche, des pavillons d'étamine; ou bien ils font leurs signaux avec un télégraphe. Les guetteurs sont au nombre de deux dans chaque poste, et ces postes sont répétés toutes les quatre, cinq ou six lieues. Ils ont des chefs-lieux où leurs signaux correspondent.

GUEULARD, partie cylindrique des hauts fourneaux. Elle est à dix-huit pouces ou deux pieds de haut. C'est par cette ouverture qu'on charge le minerai et le charbon dans le fourneau.

GUEULE. Ce mot sert en général à désigner la bouche des animaux, et en particulier l'ouverture de plusieurs choses, comme d'un canon, par exemple. *Gueule* désigne encore vulgairement plusieurs plantes ou animaux. Ainsi la *gueule de four*, c'est la *mésange à longue queue*; la *gueule de lion*, le *muflier*; la *gueule de souris*, le *mytile*; la *gueule noire* est le *strombe* et le *vaccinium*. — En marine, on dit qu'on coupe le bout d'une pièce de bois en *gueule de loup*, lorsque c'est une entaille angulaire faite pour embrasser l'angle plan de deux faces adjacentes d'une autre pièce. La *gueule de loup* ou *de raie* est une sorte de nœud que l'on fait avec un cordage sur le croc d'un palan.

GUEULES. Dans le blason, ce terme désigne la couleur rouge. Ainsi au lit *champ de gueules*. L'émail de gueules est figuré par des hachures verticales dans les arts du dessin.

GUEULETTE (Thomas-Simon), né à Paris au commencement du XVIIIe siècle, embrassa la magistrature, et devint avocat au parlement. Les devoirs de sa charge ne l'empêchèrent point de cultiver les lettres. Il a laissé plusieurs pièces au Théâtre-Italien, et plusieurs ouvrages, entre autres *les Contes mogols, les Mille et une heures, les Mille et un quarts d'heure*, etc. Gueulette est mort en 1766.

GUEUSE, nom donné, dans les forges et les fonderies de fer, à des masses prismatiques ou en forme de parallélogramme, que l'on obtient en coulant du fer fondu dans le sable au sortir du fourneau de fusion. — En marine, on se sert de gueuses du poids de cinquante ou cent livres comme de lest, que l'on place dans la cale des navires.

GUEUX DES BOIS et GUEUX DE MER, nom donné aux partisans de l'indépendance nationale des Pays-Bas contre l'oppression injuste et tyrannique des Espagnols. Cette dénomination vint de ce que le comte de Bréderode, avec trois cents gentilshommes, étant venu demander à la gouvernante Marguerite de Parme l'abolition de l'inquisition, le comte de Barlaimont, conseiller de la princesse, la rassura sur les démonstrations libérales des seigneurs en lui disant : *Ce ne sont que des gueux*. Les confédérés adoptèrent ce nom, et le portèrent jusqu'à la fin de la guerre. Pour vérifier leur surnom, ils s'habillèrent de bure grise, ayant la besace au cou, de petites écuelles de bois pendues à la ceinture et la barbe rasée.

GUEVARA (Luiz Velez DE DUEGNAS y), romancier et écrivain dramatique espagnol, né à Icija en Andalousie, mort en 1646. On l'a surnommé *le Scarron de l'Espagne*. Il a laissé plusieurs comédies; mais l'ouvrage qui a le plus contribué à répandre son nom est son *Diabolo cojuelo, novella de la otra vida* (le diable boiteux, nouvelle de l'autre vie), qui a servi à Lesage pour composer son *Diable boiteux*.

GUI, plante parasite de la famille des loranthées, très-employée en médecine. Elle naît sur les branches d'un grand nombre d'arbres, et particulièrement sur le chêne. Les Gaulois avaient pour le gui du chêne une vénération toute particulière. Au premier jour de l'an, le druide, avec une serpe d'or, coupait le gui, qu'on recevait sur un morceau d'étoffe de laine blanche et fine. Selon les Gaulois, le gui guérissait tout.

GUI, GUYON ou GUY (Saint), né près de Ravenne en Italie, entra dans l'abbaye de Pompose, et en fut nommé abbé vers l'an 998. Il se distingua par la pratique de toutes les vertus et par les plus grandes austérités. Il mourut en 1046. On fait sa fête le 31 mars. La ville de Spire en Allemagne l'a pris pour patron.

GUIBERT (Jacques-Antoine-Hippolyte, comte DE), né à Montauban en 1743. Il fut nommé colonel de la légion corse et chevalier de Saint-Louis. Nommé successivement brigadier (1782), membre et rapporteur du conseil d'administration de la guerre (1787), maréchal de camp et inspecteur d'infanterie (1788), il mourut en 1790. Il a laissé plusieurs écrits. Son meilleur ouvrage est un *Essai général de tactique*. Il a publié les *Éloges historiques de Catinat, de Frédéric, de l'Hôpital, de Thomas et de mademoiselle de l'Espinasse*. Sa tragédie du *Connétable de Bourbon* est oubliée.

GUIBERT, né près de Beauvais (Oise) en 1053, embrassa la vie monastique, et fut élu abbé de Nogent, près de Laon, en 1104. Guibert sut consacrer ses moments de repos à l'étude et au travail. Il mourut en 1124, laissant plusieurs traités théologiques et des ouvrages d'histoire, entre autres un *Traité de la prédication*, des *Commentaires moraux sur la Genèse*, un *Traité contre les Juifs*, un *Traité sur la virginité*; *Gesta Dei per Francos*, c'est-à-dire les actions que Dieu a faites par les Francs. Cet ouvrage, divisé en huit livres, contient l'histoire de la première croisade en Orient.

GUIBRE, nom donné à toute la charpente qu'on voit en saillie sur l'avant d'un grand bâtiment.

GUICCIARDINI (Francesco) ou GUICHARDIN, historien italien, né à Florence en 1482. Il fut comblé de bienfaits par les papes Léon X et Clément VII, de la maison de Médicis, et par l'empereur Charles-Quint. Il mourut en 1540. On a de lui une excellente *Histoire d'Italie* en quatre volumes. Jean-Baptiste Adriani, son ami et son compatriote, en a donné la continuation.

GUICHE (Diane DE), née vers le milieu du XVIe siècle, fut distinguée par ses grâces et sa beauté, et reçut des courtisans le nom de *belle Corisandre*. Veuve de Philippe de Grammont, comte de Guiche, elle plut beaucoup à Henri IV, qui voulut l'épouser; mais il en fut empêché par ses ministres. Diane mourut en 1620.

GUIDE (Guido Reni, dit LE), peintre célèbre de l'école bolonaise, né à Bologne en 1575. Son pinceau lui procura des richesses considérables, qu'il perdit au jeu, et il mourut en 1641, accablé de chagrin et de misère. Ses maîtres furent Denis Calvart et Annibal Carrache. Ses principaux tableaux sont les *Travaux d'Hercule*, la *Toilette de Vénus*, l'*Enlèvement d'Europe*, les *Grâces couronnant Vénus*, une *Vierge*, l'*Annonciation*, le *Massacre des Innocents*, *Saint Michel*, le *Martyre de saint André*, etc.

GUIDEAU, sorte de filet en forme de sac, en usage chez les pêcheurs de la Seine. On présente au courant de l'eau l'ouverture par où entre le poisson, et on la tient ouverte et tendue par de longs piquets enfoncés dans la vase ou dans le sable.

GUIDI (Charles-Alexandre), né à Pavie en 1650, est regardé comme le restaurateur de la poésie lyrique italienne. On a de lui des poésies très-estimées par la douceur et la facilité du style. La plus belle est la pastorale d'*Endymion*. Guidi mourut en 1712.

GUIDON. On appelle ainsi une enseigne à hampe. Par extension, on le dit de l'homme qui la porte et des troupes qui marchent à l'ombre d'un guidon.

GUIDON (mar.), sorte de drapeau qui sert à faire reconnaître sur un vaisseau la présence du chef de division. Ce guidon est de la couleur du pavillon de la nation. Il se hisse en long à la tête du grand mât, et il est fendu dans la moitié de sa longueur. Celle-ci est moyenne : elle est d'environ quinze ou vingt pieds. — On a outre cela des *guidons* pour les signaux. Ils sont de différentes couleurs et en étamine. On les place comme les pavillons. — Les marins anglais nomment *guidon de mire* un instrument qu'ils fixent par la volée d'un canon, et dont la hauteur, jointe à l'épaisseur du canon, met la ligne de mire parallèle à celle de l'axe de la pièce.

GUIDON (mus.), nom donné à de petits signes usités dans l'ancienne musique. On plaçait le guidon à la fin de chaque portée (réunion des cinq lignes) sur le degré où devait être placée la première note de la portée suivante, afin de faciliter la lecture de la musique.

GUIDON, nom donné par Charlemagne, roi des Francs, à des religieux qu'il institua pour conduire les pèlerins qui voudraient visiter Jérusalem, en cas de maladie ou de mort. Leur société se nommait *l'école des guidons*.

GUIDONIS ou DE LA GUYONIE (Bernard), né dans le Limousin en 1260, entra dans l'ordre des dominicains en 1279. Le pape Clément V l'envoya à Toulouse, en 1307, pour prêcher contre les albigeois. Il le fit avec autant de succès que de zèle, de vigilance et de charité. Il fut fait procureur général de son ordre à la cour de Rome en 1317, et fut ensuite légat en Italie, en France, dans les Pays-Bas. Nommé évêque de Thui (Espagne) en 1324, et transféré à Lodève (France), il se distingua par son zèle, et mourut en 1332. On a de lui un très-grand nombre d'ouvrages. Les *Vies de Clément V*, *de Jean XXII*, *de saint Fulcran*, *de sainte Glodesinde*; les *Gestes des comtes de Toulouse*; l'*Histoire des couvents des dominicains de Toulouse et de son diocèse*, etc.

GUIENNE, province de France, bornée au N. par l'Angoumois et la Saintonge, à l'O. par l'Océan, à l'E. par le Languedoc, et au S. par la Gascogne. Connue aussi sous le nom d'Aquitaine. Elle a formé en partie les départements de la Gironde, de la Dordogne, du Lot, de Lot-et-Garonne, de l'Aveyron et de Tarn-et-Garonne. Sa capitale était Bordeaux. Comprise dans la deuxième Aquitaine sous les Romains, elle eut plus tard des souverains qui portèrent le titre de rois, puis de ducs d'Aquitaine. Réunie à la Gascogne, elle fut apportée en dot au roi d'Angleterre Henri II par Éléonore, fille du dernier duc Guillaume IX. La Guienne ne fut réunie à la couronne qu'en 1451.

GUIGNE, embarcation, sorte de canot d'une excessive légèreté, usité surtout par les Anglais. Il est long de vingt à vingt-deux pieds, profond de deux pieds et demi, à fond plat; les deux bouts sont en pointe. Ce canot va au moyen de six avirons et d'une voile de toile légère placée sur un mât très-court.

GUIGNES (Joseph DE), savant orientaliste, né à Pontoise en 1721, mort en 1800. Il devint successivement secrétaire interprète des langues orientales à l'académie des inscriptions et belles-lettres en 1741, membre de la société royale en 1752, de l'académie des inscriptions en 1753, professeur de langue syriaque au collège de France en 1757. Il prétendait que la Chine avait été peuplée par une colonie égyptienne. On a de lui une *Histoire générale des Huns, des Turks, des Mongols et des autres Tartares occidentaux*; une traduction du *Chou-King*.

GUIGNETTE, sorte de ciseau dont un côté est tranchant, et dont on se sert en marine pour ouvrir des joints. — En histoire naturelle, ce mot désigne une espèce d'oiseau du genre *chevalier*.

GUILFORD, capitale du comté de Surrey en Angleterre, à environ 10 lieues de Londres. Sa population est d'environ 3,000 habitants. C'est une petite ville peu importante, et qui commerce en grains et farines.

GUILLARD (Nicolas-François); auteur dramatique, né en 1752 à Chartres, mort en 1814. Il a composé un grand nombre de pièces, principalement des opéras; le plus célèbre est *Œdipe à Colone*, musique de Sacchini, les autres sont *Iphigénie en Tauride, Électre, Louis IX en Égypte, Miltiade à Marathon*, musique de Lemoine; *Chimène, Arvire et Evelina*, musique de Sacchini; *Olympie, Elfrida*, la *Mort d'Adam, Dardanus*, etc.

GUILLAUME. Quatre rois d'Angleterre portent ce nom. — GUILLAUME I<sup>er</sup> *le Bâtard et le Conquérant*, fils naturel de Robert duc de Normandie, et né à Falaise en 1024, succéda très-jeune à son père Robert dans le duché de Normandie, et triompha de tous ses ennemis. Appelé par Édouard le Confesseur au trône d'Angleterre, il débarqua après sa mort à Hastings, défait et tué Harold son compétiteur (1066), et s'empara de toute l'Angleterre. Il changea la législation et la division territoriale du royaume, et mourut en 1087 d'une chute de cheval qu'il fit en voulant venger une insulte faite par le roi de France à sa personne. — Son fils GUILLAUME II, dit *le Roux*, persécuta le clergé, opprima le peuple, et fit la guerre à son frère aîné Robert, qui n'avait eu que la Normandie, ainsi qu'au roi d'Écosse Malcolm. Ce prince dur et fier fut tué à la chasse en 1100 par une flèche tirée avec on sans dessein par Walter Tyrrel. Il avait quarante-quatre ans. — GUILLAUME III, fils de Guillaume II de Nassau, prince d'Orange, et de Henriette-Marie Stuart, fille de Charles I<sup>er</sup>, né en 1650. Il fut élu en 1672 stathouder de Hollande, et épousa Marie, fille de Jacques II, roi d'Angleterre. Il renversa du trône son beau-père en 1688, et fut couronné l'année suivante, et reconnu en 1697 par le traité de Riswick. Il mourut en 1702, détesté des Anglais, et sans héritier. — GUILLAUME IV, fils cadet de Georges III, né en 1765. Portant le titre de duc de Clarence, il fut élevé dans la marine et eut beaucoup d'enfants naturels de sa célèbre actrice miss Jordans. Proclamé roi en 1830 après son frère Georges IV, il enleva l'administration des affaires aux tories pour la remettre aux whigs. Sous son règne et sous le ministère de lord Grey a eu lieu une *réforme* parlementaire longtemps désirée. Sous lui a eu aussi lieu l'émancipation des noirs dans les colonies anglaises. Il est mort en 1837 sans enfants légitimes.

GUILLAUME (Saint). S<sup>t</sup>. LE GRAND, duc d'Aquitaine. Ami de Charlemagne, il s'appliqua, comme lui, à faire refleurir la justice et l'ordre dans son gouvernement, à soulager les pauvres, et réparer partout les désastres causés par les Sarrasins. En 806, il embrassa l'état monastique, et vécut dans un exercice continuel de pénitence et d'humilité, faisant les plus vils et les plus laborieux emplois. Il mourut en 812. On fait sa fête le 10 février. — SAINT GUILLAUME, né à Verceil, fonda le monastère du Mont-Vierge, et mourut en 1142. On fait sa fête le 25 juin. — SAINT GUILLAUME ermite de Malaval en Toscane, instituteur des guillemites, se distingua par la pratique de toutes les vertus, et mourut en 1157. On fait sa fête le 10 février. — SAINT GUILLAUME, archevêque de Bourges, descendant des comtes de Nevers, fut un modèle parfait de douceur, de charité et d'humilité. Il mourut en 1209. On fait sa fête le 10 janvier.

GUILLAUME. On nomme ainsi dans les arts 1° un tamis dont les trous faits à l'emporte-pièce, sont assez grands. On y fait passer les masses de poudre compacte provenant immédiatement du moulin à poudre. On force les fragments de poudre à passer à travers les trous, et on les dispose ainsi au grenage; 2° un outil de menuisier, une espèce de rabots. La lumière occupe toute son épaisseur, et le fer dépasse un peu le fût sur les côtés. Cela permet de couper à angle vif, et de creuser une feuillure de son épaisseur.

GUILLAUME D'AUVERGNE ou DE PARIS, né à Aurillac, fut évêque de Paris après Barthélemy en 1228, et se rendit célèbre par sa piété et son éloquence. Il mourut en 1248. On a de lui une foule d'ouvrages, entre autres un *Traité de la foi et des lois*, un *Traité de la vertu*, un *Traité des tentations*, un *Traité du mérite et de la récompense*, un *Traité de l'univers*, un *Traité des sacrements, et des sermons*.

GUILLAUME LE LION, roi d'Écosse, succéda à son frère Malcolm IV, en 1165. Il se ligua avec plusieurs princes contre Henri II, roi d'Angleterre; mais, ayant été fait prisonnier et retenu longtemps captif, il se reconnut le vassal de Henri. Il obtint en 1188 que l'Église d'Écosse serait affranchie de la juridiction de l'Église d'Angleterre. Richard Cœur de lion, roi de ce dernier pays et successeur de Henri II, rendit à Guillaume toutes les places enlevées par son prédécesseur, et l'affranchit de tout hommage envers les rois d'Angleterre. Guillaume reconnaissant se montra toujours l'ami de Richard, et mourut à Stirling en 1214.

GUILLEMOT, genre d'oiseaux de la famille des palmipèdes plongeurs, à ailes courtes. Leur bec est court, en partie droit et comprimé; les narines sont fendues longitudinalement et à moitié fermées par une membrane couverte de plumes. Les pieds sont courts, à trois doigts, réunis par une membrane. Ces oiseaux habitent les mers des contrées septentrionales du globe, et s'approchent de nos côtes pendant l'hiver. Le *guillemot troïle* est long de quinze pouces; sa tête, son cou, la gorge et le croupion sont noirs, le reste blanc et le bec noir. Il vit d'insectes et de coquillages. C'est le plus commun chez nous. Il marche sur ses deux pieds, et semble se tenir debout.

GUILLERI, nom de trois frères d'une maison noble de Bretagne, qui, après s'être signalés dans les guerres de la Ligue, bâtirent une forteresse sur le chemin de Bretagne en Poitou et en firent le repaire de leurs brigandages. On envoya contre eux 5,000 hommes. On foudroya leur château à coups de canon, et les Guilleri, pris et condamnés à mort, furent rompus vifs en 1608.

GUILLOCHIS. On nomme ainsi 1° des ornements faits sur les plaques, des tabatières, des boutons, etc., en traits de diverses formes, entrelacés les uns dans les autres: on les exécute au moyen d'un instrument particulier; 2° toute espèce d'ornements qu'on exécute sur les faces, plates-bandes, etc., des édifices.

GUILLOIRE (Cuve), nom que donnent les brasseurs aux cuves dans lesquelles s'opère la première fermentation de la bière. Ces cuves sont fermées la plupart du temps, munies d'un tube recourbé, qui passe dans un vase plein d'eau. C'est par ce tube que sort le gaz résultant de la fermentation.

GUILLOTIÈRE (LA), un des faubourgs de Lyon, chef-lieu du département du Rhône. Il est placé sur la rive gauche du Rhône. La Guillotière était autrefois un bourg du Dauphiné. Il devint faubourg de Lyon en 1701. La population est de 18,300 âmes. Le *pont de la Guillotière*, sur le Rhône, a quatre cent quatre-vingt-treize mètres de long sur sept et demi de large. Il est formé de dix-sept arches en pierre sous huit desquelles coule habituellement le fleuve. Ce pont, construit en 1190, est solide, mais peu élégant, et est le passage de tout ce qui arrive de l'Italie, de la Savoie et des départements méridionaux.

GUILLOTIN (Joseph-Ignace), célèbre médecin, né à Saintes en 1738. Nommé député du tiers état aux états généraux de 1789, il concourut à la rédaction de la *Déclaration des droits de l'homme*, et fut membre du comité qui eut pour mission d'organiser les écoles de médecine, de chirurgie et de pharmacie. Dans un but philanthropique, il proposa de remplacer les tortures et les supplices alors en usage par la décapitation, et il indiqua comme moyen d'exécution une machine employée depuis longtemps par les Italiens. Sa proposition ayant été adoptée, on donna à l'instrument de supplice le nom, d'abord, de *grosse louison*, par allusion au docteur Louis, qui avait été chargé de faire sur lui une consultation, et enfin celui de *guillotine*. Le docteur Guillotin, jeté dans les prisons, en sortit le 9 thermidor, et mourut en 1814, après avoir institué divers établissements philanthropiques.

GUIMAUVE, genre de plantes de la famille des malvacées, composé d'une dizaine d'espèces. La plus importante est la *guimauve médicinale*, plante vivace, à tige de trois ou quatre pieds, cylindrique et velue; à feuilles alternes, arrondies; aux fleurs à calice double; aux pétales rose pâle ou blancs, et à la racine pivotante, longue et charnue. Toutes ses parties et surtout les racines contiennent un mucilage abondant, qui leur donne les propriétés émollientes et adoucissantes qu'elles possèdent. Les fleurs servent à préparer des infusions pectorales, et la racine mondée est la base de la *pâte* et du *sirop de guimauve*. On nomme *guimauve veloutée* et *royale* deux espèces de *kelmie*, et *guimauve potagère* une *cucrète* ou *corcorus olitorius*.

GUIMBARDE. On nomme ainsi 1° une grande charrette de laboureur pour transporter les moissons, les foins et les pailles; 2° de grands chariots propres à transporter des marchandises légères et volumineuses, telles que du charbon de bois, des chiffons, du papier, etc.; 3° un outil dont les menuisiers font usage pour dresser et unir une pièce de bois où le rabot ne pourrait atteindre: c'est un fer tranchant, étroit et recourbé, presque à angle droit, fixé avec un coin sur le milieu d'une planchette de quatre à cinq pouces carrés.

GUIMBARDE, nommée aussi *guitare, trompe, trompe à laquais*, espèce d'instrument de musique en acier, en forme de demi-cercle. Ses branches prolongées vont en se rapprochant un peu; on place entre elles une languette d'acier. Cet instrument se tient entre les dents et les lèvres, tandis qu'on en fait vibrer les branches avec le doigt indicateur de la main.

GUINDAGE, action d'élever, de hisser les petits mâts sur un grand mât. On n'applique ce mot qu'*aux mâts de hune*, de per-

*roquet et de cacatois*. Dans les ports, on nomme *frais de guindage* les journées qu'on paye aux ouvriers qui chargent et déchargent les bâtiments. On se sert pour cela de cordages assemblés par une poulie. Si cet appareil n'est pas assez élevé pour le rendre à la hauteur demandée, on dit qu'il n'y a pas assez de guindage et de *guindant*. Le *guindage* est aussi la distance entre deux poulies.

GUINDANT, longueur d'une voile, la plus grande hauteur à laquelle on puisse l'élever. On dit aussi le *guindant* des pavillons et des guidons.

GUINDEAU, sorte de cabestan horizontal de diverse forme. Un tourrillon à chaque bout porte sur deux montants sur lesquels on le fait tourner au moyen de trois ou quatre leviers appelés *barres*. Un homme ou deux sont employés à cette action.

GUINDERESSE, gros cordage qui sert à *guinder*, c'est-à-dire élever ou hisser des mâts de hune, de perroquet et de cacatois, sur les grands mâts.

GUINÉE, monnaie d'or très-usitée en Angleterre qui tire son nom de la province d'Afrique d'où a été rapporté l'or qui a servi à frapper les premières guinées. Sa valeur est de 26 francs 47 centimes. Il y a des *demi-guinées*, qui valent 13 francs 23 centimes 50 centièmes; des *quarts*, qui valent 6 francs 61 centimes 75 centièmes, et des *tiers* (ou 7 schillings), qui valent 3 francs 82 centimes 33 centièmes. La *guinée* anglaise a cours à la Martinique et la Guadeloupe (colonies françaises dans les Antilles). Elle vaut 48 livres à la Martinique, et 49 livres 10 sous à la Guadeloupe.

GUINÉE, vaste contrée de l'Afrique, dont les bornes sont Sierra-Leone, à l'O., et le cap Frio à plus de 1,200 lieues de là. Elle se divise en *Guinée septentrionale* et en *Guinée méridionale*. La première comprend l'empire des Ashantis, le Dahomey, le Youriba, le Benin et une multitude de petits royaumes. Ses côtes sont, à partir du couchant, la *côte de Sierra-Leone*, longue de 100 lieues, renfermant une colonie anglaise; la *côte de Poivre* ou *de Malaguette*, longue de 50 lieues; la *côte d'Ivoire*, longue de 120 lieues; la *côte d'Or*, longue de 100 lieues, où se trouvent les établissements de Saint-Georges de la Mine aux Hollandais, de Christianborg aux Danois, de Cape-Coast-Castle ou Cap-Corse aux Anglais; la *côte des Esclaves*, longue de 110 lieues, celle *de Calabar*, de 140 lieues, et celle de *Gaboun*, de 145 lieues. Les Portugais ont un établissement aux îles de San-Thomé, de Principe et de Fernando-Po. — La Guinée produit de l'or, de l'ivoire, de la gomme, des épices, divers bois précieux ou utiles, et c'est là qu'on faisait autrefois la traite des esclaves. L'intérieur est à peu près inconnu.

GUINÉE (Nouvelle-), grande île de l'Océanie, située au N. du continent de l'Australie, dont le détroit de Torrès la sépare. Sa surface est de 27,000 lieues carrées. Découverte par Alvar de Saavedra en 1527, elle fut appelée Nouvelle-Guinée à cause de la ressemblance de ses habitants avec les noirs d'Afrique. On l'appelle aujourd'hui *Papouasie*, du nom de ses habitants, les *Papouas*, venus de l'île Bornéo. Ils ont des chefs appelés *koranos*. Il y a encore à la Guinée des nègres appelés *endamènes*. Les Hollandais ont en 1829 possession de toute la partie occidentale, et y ont fondé dans la baie du Triton le fort du Bus, chef-lieu de la nouvelle colonie.

GUINÉE MÉRIDIONALE. Elle comprend les huit royaumes de Congo, d'Angola, de Benguela, de Loango, de Cacongo, de Matamba, de Muni-Emugi et des Molonas, avec une infinité de petits États tributaires. Leur superficie est de 10,000 lieues carrées, et leur population de 200,000 individus. Les trois premiers appartiennent aux Portugais, qui y envoient un capitaine général avec les fonctions de gouverneur. Les revenus s'élèvent à 130,000 francs environ, et les dépenses à 1,000,000. La capitale du Congo est *San-Salvador*; celle d'Angola *Saint-Paul de Loanda*, ville de 5,000 habitants, résidence du gouverneur; celle du Benguela est *Saint-Philippe de Benguela*; celle du Loango, *Loango*, *Bouali* ou *Banza-Loango*.

GUINGAMP, chef-lieu d'arrondissement du département des Côtes-du-Nord, sur le Trieux, à 7 lieues de Saint-Brieux, population 6,400 habitans. Cette ville, une des plus considérables jadis du comté de Penthièvre, possède une belle halle, une église paroissiale surmontée d'un clocher à flèche et d'une tour carrée avec une espèce de dôme. Il y a un tribunal de première instance, une société d'agriculture, un collége et un dépôt de remonte militaire. Guingamp a de belles fabriques de fil, de toiles et de cuirs.

GUINIER; arbre fruitier du genre *cerisier* et de la famille des rosacées. Son tronc s'élève moins haut que les cerisiers proprement dits, et les branches, au lieu de s'élever verticalement, s'étendent en sens horizontal, et forment une espèce de dôme étagé. Les feuilles sont plus larges et moins longues. Les fruits, nommés *guines*, sont tendres, d'un rouge clair, transparents, et doux avec une légère pointe d'acidité ou d'amertume. La chair est peu ferme et molle. C'est l'espèce de cerise la plus recherchée. Elle est tardive, et ne mûrit que quelque temps après les autres espèces.

GUIPON (mar.), espèce de gros pinceau dont on se sert pour étendre le goudron chaud ou tout autre enduit, avec lequel on recouvre les fentes d'un bâtiment. Le guipon est formé d'un manche garni à une de ses extrémités d'une houppe faite avec des bandes d'étoffes de laine ou de lisières de drap, etc., coupées en rond, réunies les unes sur les autres, et clouées ensemble sur le manche. La longueur est de cinq à six pieds.

GUIPUSCOA, province d'Espagne, bornée par le golfe de Gascogne, la rivière de la Bidassoa, la province d'Alava et la Biscaye. Sa superficie est de 930 lieues carrées, et sa population de 110,000 habitants. Traversée par les monts Cantabres, cette province est très-fertile en fruits et gibier. On y trouve de nombreuses fabriques de cordages, toiles à voile, armes et instruments de cuivre et de fer. Cette province porte plus généralement le nom de *Saint-Sébastien*. La capitale est *Saint-Sébastien*.

GUIRLANDE, nom donné primitivement à un assemblage de fleurs disposées en chaînes, et imitant une foule de dessins; on a étendu le sens de ce mot à tout ce qui a une forme à peu près circulaire ou courbe. — En marine, on nomme *guirlandes* des pièces de bois de longueurs et de courbures diverses qui forment des liaisons essentielles sous le bout des ponts des bâtiments, et particulièrement de l'avant de ces bâtiments, où elles sont placées horizontalement. On multiplie les guirlandes en raison de la grandeur du bâtiment. Il s'en trouve quatre ou cinq espèces les unes au-dessus des autres.

GUISCARD (Robert), fameux chevalier et baron normand, fils de Tancrède de Hauteville, père de douze enfants, dont dix allèrent chercher fortune en Italie, et rejoindre les Normands qui avaient fondé dans la Pouille la colonie d'Aversa. Robert Guiscard, à la mort de son frère Humphrey, fut déclaré comte de la Pouille et de la Calabre. Il prit Salerne, Naples, la Sicile; et mourut en 1085 à soixante-dix ans.

GUISE, famille célèbre, issue des ducs de Lorraine par Claude, duc d'Aumale et de Guise, cinquième fils de René II, duc de Lorraine. Deux de ses fils, François, duc de Guise, et Charles, cardinal de Lorraine, jouèrent un grand rôle sous les Valois. Le premier, qui fut le plus grand capitaine de son temps, défendit Metz contre Charles-Quint, prit les Espagnols les Anglais et Thionville sur les Espagnols, devint lieutenant général du royaume tandis que son frère était surintendant des finances sous François II, dont ils étaient les oncles. Sous Charles IX, ils se mirent à la tête du parti catholique. François fut assassiné en 1563 d'un coup de pistolet par Poltrot de Méré, au siége d'Orléans. — Son fils Henri, duc de Guise, frère de Charles, duc de Mayenne, et de Louis, cardinal de Guise, se mit à la tête de la Ligue, ameuta le peuple à la journée des Barricades, et voulut s'emparer de la royauté. Henri III le fit assassiner aux états de Blois (1588) avec son frère le cardinal. Il avait le surnom de *Balafré*, à cause d'une cicatrice. — Henri, duc de Guise, fils de Charles de Guise et petit-fils du Balafré, tenta de faire une révolution à Naples en sa faveur, et mourut en 1664 sans postérité. Il était le dernier de sa famille.

GUISE, chef-lieu de canton du département de l'Aisne, sur l'Oise, dans l'arrondissement et à 5 lieues de Vervins. Population, 3,120 habitants. C'était autrefois une ville très-forte, qui avait titre de comté. Ce comté fut donné en 1520 à Charles de Lorraine, tige de la maison de Guise, en faveur duquel il fut érigé en duché-pairie. Guise fut prise et reprise très-souvent durant les guerres de ces temps. Le château existe encore. Il fut bâti en 1549. Il s'élève à cinquante mètres au-dessus de la ville, et est surmonté par une tour fort élevée.

GUITARE, instrument à cordes avec un manche sur lequel il y a des cases marquées pour poser les doigts. Les cordes de cet instrument se pincent avec la main droite. Elle est montée de six cordes, placées dans l'ordre *mi*, *la*, *ré*, *sol*, *si*, *mi*. La musique écrite pour la guitare est notée sur la clef de sol.

GUIT-GUIT, genre d'oiseaux propre à l'Amérique, caractérisé par un bec long et grêle, aigu à sa pointe, recourbé, triangulaire; par une langue divisée en deux filets, par des membranes recouvrant les narines, et par des pieds à quatre doigts. Ils vivent par troupes, et se nourrissent d'insectes, de miel et de sucre de cannes. Le *guit-guit* proprement dit a le corps d'un beau bleu lustré, avec un bandeau d'un noir velouté sur les yeux; la gorge est noire ou brune; les pieds sont orangés. La longueur du guit-guit est de quatre pouces trois lignes. Le *guit-guit noir bleu* est long de quatre pouces. Son corps est d'un beau nuancé de violet, à l'exception du front, du bec, de la gorge et de la queue, qui sont d'un beau noir, et des pieds, qui sont noirs ou jaunes.

GUIZOT (Elisabeth-Charlotte-Pauline de Meulan, dame), née à Paris en 1773 d'une famille célèbre dans la finance, perdit son père et sa fortune à l'époque de la révolution, et soutint sa mère et ses frères avec le produit de sa plume. Elle contribua beaucoup au succès du journal le *Publiciste*, dirigé par Suard. Elle épousa en 1812 M. Guizot, et vécut heureuse au sein de l'amitié et des lettres. Elle mourut en 1827. Elle a laissé un grand nombre d'écrits sur l'éducation, et des ouvrages littéraires. Les principaux sont les *Contradictions*, *la Chapelle d'Ayton*, les *Enfants*, contes à l'usage de la jeunesse; *l'Écolier* ou *Raoul et Victor*; les *Nouveaux Contes*; *l'Éducation domestique* ou *Lettres de famille sur l'éducation*; une *Famille*; des *Conseils de morale*, et un grand nombre d'articles dans les publications littéraires.

GULF-STREAM. Voy. Golfe (Courant du).

GUMBINNEN, régence de Prusse orientale. Sa superficie est d'environ 362 lieues carrées, et sa population de 970,000 habitants. C'est un pays riche en mines et en productions végétales. Le chef-lieu est *Gumbinnen*, à 4 lieues d'Insterbourg. C'est une ville manufacturière, qui fabrique des toiles et des draps.

GUNDOUANAH, province de l'Indoustan, sur le Godaveri, entre les provinces de Bahar, Allahabad, Oriçah, Bengale, Malvah et Bérar. Cette province est montueuse, mais très-riche et d'une grande fertilité. On y cultive le coton, le tabac, etc. La capitale est *Nagpour*.

GUNTER ou GUNTHER (ÉCUELLE DE), nom donné quelquefois à l'échelle des logarithmes.

GUSTAVE. Quatre rois de Suède ont porté ce nom. — GUSTAVE WASA ou Gustave Ier, né en 1490, était fils d'Eric Wasa d'une des plus nobles maisons de Suède. Christiern II s'étant emparé de la Suède en 1520, et ayant fait périr entre autres seigneurs le père de Gustave Wasa, fit enfermer celui-ci dans une prison dont il parvint à s'échapper. Il arriva à Lubeck, passa en Suède, se réfugia chez les Dalécarliens, qu'il souleva, se mit à leur tête, et reconquit la Suède, dont il fut élu roi en 1523. Il assura l'indépendance de l'Église suédoise, l'hérédité du trône dans sa famille, et mourut en 1560. — GUSTAVE-ADOLPHE (II), fils et successeur de Charles IX, né en 1594, parvint au trône en 1611, reprit sur les Danois ce qu'ils lui avaient enlevé, fit des conquêtes considérables sur les Russes, prit part à la guerre de trente ans, dont il fut le héros, et dans laquelle il battit complétement les impériaux, et entre autres Tilly devant Leipzig, et fut tué à la bataille de Lutzen, qu'il gagna en 1632 sur les Autrichiens. — GUSTAVE III, fils d'Adolphe-Frédéric, né en 1746, succéda à son père en 1771. Ce prince, qui avait des connaissances très-variées et qui écrivait élégamment, s'affranchit du joug de la diète en publiant une nouvelle constitution, et voulut abaisser les grands. Une conspiration se forma. Gustave fut assassiné le 16 août 1792 par Ankarstroem, et mourut quelques jours après. Son frère le duc de Sudermanie (depuis Charles XIII) fut nommé régent pendant la minorité de son fils GUSTAVE IV, qui, né en 1778, descendit du trône en 1810. Il abdiqua, et sa race fut pour jamais exclue du trône. Réfugié à Bâle, où il s'est fait donner le titre de bourgeois, il y vit sous le nom du colonel Gustavson.

GUTTE (GOMME-), nommée aussi *gomme-goutte, scammonée jaune*, gomme-résine fournie par le stalagmitis cambogioïde, arbre qui croît aux Indes orientales. La gomme-gutte se vend sous forme de morceaux cylindriques, d'une couleur de cire brute, d'une cassure nette et brillante, inodore, d'une saveur âcre et désagréable, donnant une poudre d'un jaune éclatant. Cette gomme découle goutte par goutte de l'incision des arbres qui la produisent. C'est un purgatif violent employé dans certaines maladies. On en retire une belle couleur jaune, que les confiseurs emploient pour colorer les bonbons; mais cela peut donner lieu à des coliques et à des vomissements.

GUTEMBERG (Jean), imprimeur fameux, né à Mayence vers 1405, mort en 1468. Il fut le premier et exécuta l'idée d'imprimer un livre d'abord avec des planches de bois gravées, puis avec des caractères de bois sculptés et mobiles. Il commença ses premiers essais de typographie à Strasbourg en 1440. Il s'associa à Mayence avec Jean Fust, orfèvre qui lui fournit les fonds, et lui avec Pierre Schæffer, qui imagina les caractères de fonte.

GUTTÈTE (POUDRE DE), poudre composée de deux gros de dictame blanc, d'autant de gui de chêne, de contrayerva, de bistorte de Virginie, de racine de pivoine, de corne de cerf calciné, d'ongle d'élan, d'une once de valériane, de trois gros de corail rouge, d'autant de crâne humain, d'un gros d'hyacinthe, d'un gros et demi de bézoard. Ce remède, autrefois célèbre, était employé dans les convulsions, dans plusieurs affections nerveuses, etc. Il est inusité de nos jours.

GUTTIER, genre type de la famille des guttifères, renfermant des arbres très-grands, ayant une racine grosse et rameuse. Les feuilles sont opposées, luisantes, fermes, épaisses. Les fleurs sont jaunâtres ou rouges, à quatre pétales. Le fruit est gros, sphérique, à huit loges. Le *guttier-gommier* ou *coddam-pulli* a le bois blanchâtre, revêtu d'une écorce noirâtre en dessus, rouge en dessous, qui laisse couler par incision une liqueur visqueuse, inodore, donnant par voie de siccité une gomme-résine opaque, de couleur jaune safrané, qui est une espèce de *gomme-gutte*. Le fruit, de la grosseur d'une orange, est jaunâtre; sa saveur est légèrement acide. On le mange ou on l'emploie sec et réduit en poudre dans les aliments.

GUTTIFÈRES, famille de plantes dicotylédonées, composée d'arbres ou d'arbrisseaux propres aux pays chauds, à l'aspect agréable, dépourvus d'aiguillons et fournissant un suc résineux qui découle au moyen d'incisions que l'on fait à leurs diverses parties. Les rameaux sont opposés, articulés à leur base. Les feuilles sont opposées, épaisses; les fleurs terminales ou à l'origine des feuilles, solitaires ou disposées en grappes de formes diverses; les fleurs sont en forme de croix. Cette famille renferme trois sections, les *clusiées*, les *garciniées* et les *calophyllées*.

GUY, ou VIT, ou WEIT (Saint), martyr, de l'une des premières familles de la Sicile, fut élevé dans la religion chrétienne. Pour éviter les persécutions de son père et du gouverneur Valérien, il prit la fuite avec sa nourrice, et arriva près de Naples. Ils y reçurent la couronne du martyre. On fait leur fête le 15 juin.

GUYANE ou GUIANE, vaste contrée de l'Amérique méridionale, bornée au N. par l'océan Atlantique, au S. par l'Amazone, à l'O. par l'Orénoque, à l'E. par l'Océan. Sa superficie est d'environ 110,000 lieues carrées. Elle est arrosée par le Maroni, l'Esséquebo, le Surinam, la Mana et l'Oyapock. Les tribus de sauvages indiens qui habitent la Guyane sont celles des Caraïbes, des Galibis, des Oyampis, des Roucouyènes, des Arouaks, des Acaouas, des Varraous et des Poupourouis. Elles adorent le bon principe, *Cachimana*, et le mauvais, *Jolokiamo*. La Guyane se divise en trois parties, la Guyane anglaise, la Guyane hollandaise et la Guyane française. Les deux autres parties, la Guyane espagnole et la Guyane portugaise, ont été réunies l'une à la Colombie, l'autre au Brésil.

GUYANE ANGLAISE, bornée à l'E. par l'Océan, à l'O. et au N. par la Colombie et l'Océan, au S. par la Guyane hollandaise. Sa superficie est de 3,400 lieues carrées, et sa population de 131,000 individus, dont 90,000 esclaves noirs et 15,000 Indiens. Elle est divisée en trois districts, l'*Esséquebo*, le *Demerari* et le *Berbice*. Georges-Town, autrefois Stabroeck, ville de 12,000 âmes, en est le chef-lieu.

GUYANE FRANÇAISE, colonie française dans l'Amérique méridionale, bornée au N. par l'océan Atlantique, la Guyane anglaise et la Guyane hollandaise, à l'E. et au S. par la Guyane portugaise (Brésil), à l'E. par l'Océan, à l'O. par le territoire des Indiens libres. Elle a près de 5,400 lieues carrées de superficie, et une population de 22,083 individus, dont 4,947 libres et 17,136 esclaves. Outre cela, on n'évalue pas le nombre des Indiens errants à plus de 700 à 800. La colonie, fondée en 1605, est divisée en quatorze quartiers, qui sont ceux de Cayenne, Île de Cayenne, Canal, Tour de l'Ile, d'Approuague, de Tonnegrande, de Mont-Siméry, d'Oyapock, de Macouria, d'Iracoubo, de Kew, de Sinamary, de Kourou, de la Comté et de Roura. Le chef-lieu est CAYENNE, qui a 3,000 âmes de population. La colonie est gouvernée par un commissaire général de la marine, gouverneur qui préside un conseil de sept membres. Le nombre annuel des exportations en valeur numéraire est de 1,633,294 francs. La colonie produit du rocou, du coton, du cacao, de la vanille, des cannes à sucre, du café, du poivre, des girofliers, des indigotiers, etc.

GUYANE HOLLANDAISE, au S. de la Guyane anglaise. Elle a 5,500 lieues carrées de superficie, et sa population est de plus de 50,000 individus, dont 13,000 Indiens libres ou marrons. La colonie est divisée en huit districts. Paramaribo, ville de 20,000 individus, en est le chef-lieu. On évalue à plus de 30,000,000 de francs le montant annuel de ses exportations. Elle appartient aux Hollandais depuis 1802.

GUYMOND DE LA TOUCHE (Claude), né en 1729, embrassa d'abord l'état ecclésiastique, et entra chez les jésuites. Il renonça ensuite au cloître pour se livrer à la vie littéraire. Il mourut en 1760. On a de lui un grand nombre de poésies, et particulièrement des tragédies, dont la plus célèbre est *Iphigénie en Tauride*.

GUYON (Jeanne-Marie BOUVIERS DE LA MOTTE-), née à Montargis en 1648. Veuve à vingt-huit ans, elle se crut appelée par Dieu à accomplir une mission religieuse sur la terre, et parcourut une partie de la France en prêchant et dogmatisant. Son imagination était vive et ardente, sa piété sincère et sa vertu pure. Elle fit la connaissance de Fénelon à Paris, et publia plusieurs ouvrages théologiques qui suscitèrent des persécutions très-violentes contre elle et son illustre ami. Bossuet l'attaqua avec chaleur, et fit condamner sa doctrine. Cependant en 1700 une assemblée d'évêques rendit témoignage à la pureté des mœurs de Mme Guyon. Après avoir été quelques années à la Bastille, elle fut exilée à Blois, où elle mourut en 1717. On a d'elle plusieurs écrits.

GUYTON-MORVEAU (Louis-Bernard), né à Dijon en 1737, mort à Paris en 1816. Il fut avocat-général au parlement de Dijon, et professa dans cette ville la chimie. Il découvrit le moyen de désinfecter les prisons et les hôpitaux en faisant des fumigations de chlore connues sous le nom de *fumigations guytoniennes*. Ce fut lui qui avec Berthollet et Lavoisier jeta les bases de la nouvelle nomenclature chimique. Lors de la fondation de l'école polytechnique, il fut nommé professeur. Sous l'empire, il était administrateur des monnaies ; la restauration lui enleva la place en lui laissant le payement. On lui doit une foule de découvertes philanthropiques.

GUZARATE (autrefois *Larice*), province de l'Inde orientale, appartenant aux Anglais, et consistant presque entièrement dans une grande péninsule, resserrée d'un côté entre les golfes de Cambaye et de Cotche. Elle forme les districts de *Surate*, de *Baroloche*, de *Kaira* et d'*Ahmedâbâd*, qui sont ses principales villes. Sa superficie est de 14,000 lieues carrées, et sa population de 6,000,000 d'habitants. Ahmedâbâd, ville de 100,000 habitants, est la capitale de la province. La Guzarate est très-fertile.

GUZLA, instrument champêtre des Morlaques, sur lequel il n'y a qu'une corde de crins tressés. Cet instrument sert à accompagner les chants nationaux appelés *pisme*.

GYGÈS, officier et favori de Candaule, roi de Lydie, qui lui fit voir sa femme toute nue. La reine aperçut Gygès, et lui ordonna par vengeance de tuer son mari, lui offrant à ce prix la couronne et sa main. Gygès obéit, et par ce meurtre devint roi de Lydie vers l'an 718 avant J.-C.

GYLIPPE, célèbre général lacédémonien, fils de Cléandridas. Il fut chargé d'une expédition contre les Athéniens l'an 414 avant J.-C. Il remporta une grande victoire sur Nicias et Démosthène, et les obligea à se rendre. Il suivit Lysandre au siége d'Athènes, et se trouva à la prise de cette ville. Ayant été chargé de transporter à Sparte 1,500 talents, il s'appropria 300. Son vol ayant été découvert, il se déroba au châtiment par la fuite.

GYLLENBORG (Gustave-Frédéric, comte DE), né vers 1731, mort en 1809. Son nom est un des plus distingués parmi les nobles suédois qui ont suivi la carrière des lettres. Conseiller de la chancellerie royale, il mérita l'estime de la reine Louise-Ulrique, sœur du grand Frédéric. Lors de l'institution de l'académie suédoise par le fils de cette princesse, il fut appelé l'un des premiers à y prendre place.

**GYMNASE** (du grec *gumnos*, nu), lieu, chez les anciens, destiné aux exercices du corps et de l'esprit, et où on se dépouillait ordinairement de ses vêtements. Il était divisé en douze pièces : 1º le portique des philosophes; 2º l'*ephebeum* (consacré aux jeunes gens) ; 3º le *gymnasterion* ou garde-robe; 4º l'*unctuarium*, où l'on se frottait d'huile ; 5º la palestre, où l'on s'exerçait au pugilat ; 6º le *sphæristerium* (jeu de paume) ; 7º de grandes allées sablées ; 8º les *xystes* (où l'on s'exerçait en hiver) ; 9º les xystes d'été ; 10º les bains ; 11º le stade, terrain spacieux, demi-circulaire, sablé, entouré de gradins ; 12º le *grammatéion* (lieu où l'on conservait les archives de l'établissement ).

**GYMNASES MILITAIRES**, établissements consacrés à l'instruction de l'armée, en France, dans les exercices gymnastiques. Ils sont au nombre de huit : le *gymnase normal de Paris*, créé en 1820, destiné à former les professeurs nécessaires aux autres gymnases, et affecté en outre à l'instruction des troupes de la première division militaire ; les *gymnases d'Arras, de Metz, de Strasbourg, de Lyon, de Montpellier, de Toulouse et de Rennes*.

**GYMNASE** (THÉÂTRE DU), théâtre de Paris, sur le boulevard Bonne-Nouvelle, ouvert en 1819. Placé sous la protection de la duchesse de Berri, il prit bientôt le nom de *Théâtre de Madame*. En 1830, il reprit celui de *Gymnase dramatique*. On y joue des vaudevilles et des comédies.

**GYMNASIARQUE**, officier grec qui était le gouverneur du gymnase, et qui en avait trois sous ses ordres. On le représente armé d'une baguette, vêtu d'une ample tunique portant de longues manches et serrée par une *velot*.

**GYMNASTIQUE** ou GYMNIQUE, science qui a pour but de communiquer aux membres du corps des qualités qu'il n'a pas, et qui développe par les exercices plus ou moins violents les qualités qu'il possède déjà. On appelle *gymnastique médicale* les exercices qui ont pour but, en fortifiant le corps, d'augmenter les forces physiques, de faciliter la digestion, etc.

**GYMNASTIQUES** (JEUX) ou GYMNIQUES, exercices divers en honneur chez les Grecs et les Romains. Le plus commun était le *pentathle*, qui comprenait : 1º la *course* soit à pied, soit à cheval, soit aux flambeaux ; 2º la *lutte* entre sept antagonistes ; 3º le *pugilat*, où l'on combattait avec les cestes ; 4º le *pancrace*, où l'on luttait et où l'on combattait comme au pugilat, mais sans cestes ; 5º le *saut* avec des poids dans les mains ou sur une outre pleine de vin ou d'huile ; 6º le *disque* ; 7º le *javelot*.

**GYMNÈTRE** ou POISSON EN RUBAN, genre de la famille des tæniöides, caractérisé par un corps allongé et comprimé ; par une nageoire dorsale, qui règne tout le long du dos, et où les rayons antérieurs, en se prolongeant, forment une sorte d'aigrette sur la tête du poisson ; par une nageoire caudale qui s'élève verticalement au-dessus de la queue, laquelle se termine en crochet. Le *gymnètre-faulx* est long d'un pied et demi, très-plat sur les côtés, argenté, avec les nageoires rouges. La chair est muqueuse comme celle de la morue, et très-molle.

**GYMNOCARPE**, genre de la famille des portulacées ou des paronychiées, renfermant des plantes propres à l'Afrique, et ayant la propriété de fixer les sables mouvants de ces climats. Leur verdure persiste toujours. Le *gymnocarpe ligneux* est un arbrisseau de soixante-dix centimètres de haut. La tige est droite, noueuse, chargée de rameaux d'un vert cendré. Les feuilles sont opposées, charnues ; les fleurs réunies trois à cinq sont placées à l'extrémité des rameaux ; elles sont d'un beau violet et inodores.—Le mot *gymnocarpe*, outre qu'il a été donné à plusieurs genres de plantes, mais à tort, indique aussi des fruits dont la surface n'est recouverte par aucun des organes floraux.

**GYMNOCLADE** ou CHICOT, genre de la famille des légumineuses, renfermant des arbres peu élevés, dépourvus d'aiguillons. Le *gymnoclade* ou *chicot du Canada*, arbre haut de vingt-cinq à soixante pieds, au tronc gros quelquefois de six ou sept pieds de circonférence. L'écorce est raboteuse, le feuillage non persistant; les feuilles sont longues de trois pieds, et composées de folioles ovales, pointues et d'un beau vert; elles tombent pendant l'automne ; les fleurs, disposées en grappes, sont blanches, cotonneuses, en forme de cloches à cinq pétales ; les fruits sont des gousses lisses, larges, oblongues, renfermant un rouge brun, renfermant des graines globuleuses, dures et grises. Elles peuvent remplacer le café. Le bois, compacte, et très-serré, est de couleur rose. Cet arbre est naturalisé en France.

**GYMNODONTES**, famille établie par Cuvier dans le sixième ordre de la classe des poissons. Les dents de ces poissons sont peu apparentes; et les mâchoires sont garnies d'une substance semblable à l'ivoire, et divisée intérieurement en petites lames. Ces animaux vivent de crustacés et de plantes marines ; leur chair est muqueuse, peu estimée, et même quelquefois délétère.

**GYMNOPÉDIE**, danse en usage chez les Spartiates, instituée par Lycurgue en l'honneur d'Apollon et de Bacchus. Une troupe d'hommes et d'enfants nus exécutait cette danse, en chantant des hymnes composés à cet effet.

**GYMNOSOPHISTES**, philosophes de l'Inde, ainsi appelés par les Grecs à cause de leur nudité. Ils étaient divisés en trois sectes : les brahmanes, les samanéens et les hylobiens (qui vivent dans les forêts). Leurs seuls vêtements se réduisaient à une tunique d'écorce d'arbre ou d'étoffes grossières. Ils croyaient à la métempsycose, faisaient profession de fuir les voluptés et de mépriser la douleur. Lorsqu'ils devenaient vieux, ils se jetaient sur un bûcher, et y perdaient la vie au milieu des flammes. Il y avait aussi des gymnosophistes dans l'Éthiopie, où ils s'étaient retirés dans la péninsule de Méroé, au sein du Nil, et où, constitués en collège, ils mettaient en ordre les hiéroglyphes égyptiens.

**GYMNOSPERMIE**, nom donné par Linné au premier ordre de la didynamie, lequel renferme des plantes dont les graines paraissent nues et sans enveloppe. Il correspond à la famille des *labiées* de Jussieu.

**GYMNOSTOME**, genre de mousses, renfermant celles qui ont une capsule terminale, nue, coiffée fendue latéralement et se détachant obliquement. On les divise en deux sections. Dans la première, la tige est simple et très-courte, la soie est assez longue, la capsule lisse et petite ; les feuilles sont souvent crispées. Dans la deuxième se trouvent les espèces à tiges rameuses et assez longues. On trouve ces plantes dans les montagnes, sur les rochers humides, sur la terre ou sur les murs, où elles forment des touffes épaisses et serrées.

**GYMNOTE**, genre de poissons apodes (sans pieds), caractérisés par l'absence totale de la nageoire dorsale et par une nageoire anale (du bas-ventre), qui règne sous la plus grande partie du corps. Le corps et la queue des gymnotes sont très-allongés, cylindriques, en forme de corps de serpent, sans écailles sensibles. Le *gymnote électrique*, très-commun en Amérique, atteint cinq ou six pieds de longueur. Sa tête est percée de petits trous très-sensibles, par lesquels se répand sur la surface du corps une liqueur visqueuse. De semblables ouvertures sont disposées sur tout le reste du corps. Celui-ci est noirâtre. Les gymnotes nagent en ondulant, et avec beaucoup de vivacité. Ce poisson possède la propriété d'engourdir, même à distance, les autres animaux. Lorsqu'on le touche avec les deux mains, on ressent une commotion très-forte ; ces effets sont attribués à l'électricité. Leur organe réside le long du dessous de la queue, et est formé de quatre faisceaux composés d'un grand nombre de lames membraneuses, unies fortement entre elles, et remplies d'une matière gélatineuse.

**GYNANDRIE**, vingtième classe du système sexuel de Linné, laquelle renferme les plantes dont les étamines, réunies et comme implantées au pistil, ne forment qu'un seul corps avec lui. La gynandrie se divise en *diandrie* et *hexandrie*. Tels sont les orchidées, les aristoloches, etc.

**GYNÉCÉE**. On appelait ainsi chez les Grecs, un appartement destiné aux femmes ; et opposé à l'*andron* (appartement des hommes), dont une cour les séparait. L'entrée de cette cour était un vestibule sur l'un des côtés duquel se trouvaient les loges des portiers, le plus souvent eunuques, qui gardaient l'appartement des femmes. Le gynécée se trouvait toujours, par la disposition des bâtiments, l'endroit le plus reculé de la maison. Aussi était-ce un déshonneur et une tache à la réputation que de se présenter à la porte extérieure du logis. — Sous l'empire, on donna à Rome le nom de gynécées à des garde-meubles ou magasins dans lesquels on conservait des habits, des armures, etc., et celui de *procureur du gynécée* à l'intendant de ces magasins.

**GYNÉCONOMES**, magistrats athéniens, au nombre de dix ou de vingt, qui veillaient à la modestie et à la décence des femmes. Ils imposaient une amende à celles qui se distinguaient trop par leur luxe ou par des parures recherchées.

**GYNOBASE**, nom donné par Decandolle à la base d'un style unique, renflée et munie d'un plus ou moins grand nombre de loges distinctes et comme isolées entre elles.

**GYPAÈTE** ou VAUTOUR DES AGNEAUX, un des oiseaux de proie les plus grands, les plus forts et les plus audacieux, intermédiaire aux vautours et aux faucons. Le gypaète habite les montagnes d'Europe et d'Afrique, et vit de chamois, de cerfs, de veaux, etc. Le *gypaète barbu* est long de quatre pieds sept ou dix pouces. La tête et le cou sont jaunes ; une raie noire s'étend de la base du bec et passe au-dessus des yeux ; une autre s'étend sur les oreilles ; le cou, la poitrine et le ventre sont d'un roux orangé ; le dos, la couverture des ailes sont d'un gris brun foncé ; la queue est longue et étagée ; le bec et les ongles sont noirs, les pieds bleuâtres, l'iris des yeux orange.

**GYPSE**, nom donné, en minéralogie, a une roche géologique dans laquelle le *sulfate de chaux* entre comme élément essentiel et dominant, et dans laquelle il n'y a souvent que lui. Il y a un grand nombre de variétés de gypse. La plus importante et la plus précieuse pour l'industrie est le *gypse grossier*, dans lequel la chaux carbonatée est mélangée avec le sulfate, et qui est plus communément connu sous le nom de *pierre à plâtre*. Mélangé avec de la colle de peau, le gypse réduit en poudre ou *plâtre* forme une pâte connue sous le nom de *stuc*.

**GYPSEUX** (ALBATRE COMPACTE OU) ou ALABASTRITE, nom donné à des masses de chaux sulfatée, qu'on croit avoir été déposées par les eaux, à la suite de leur infiltration à travers des montagnes ou couches épaisses de gypses. L'albâtre gypseux est tendre, susceptible d'un beau poli, d'une blancheur éclatante ou d'un gris jaunâtre, parsemé quelquefois de veines brunâtres. On fabrique avec cet albâtre des supports de pendule, des candélabres, des vases, des bustes, des statues. Les anciens en faisaient des vases nommés *lacrymatoires* où l'on recueillait les larmes des parents et amis des morts, et qu'on plaçait dans leur tombeau.

**GYRIN**, TOURNIQUET ou PUCE AQUATIQUE, genre d'insectes coléoptères. Ils ont le corps ovale, un peu bombé, très-luisant en dessus, et se tiennent habituellement à la surface de l'eau, où ils font des tours et circuits continuels avec une grande vivacité. Le *gyrin nageur*, très-commun en France, est long de deux à trois lignes, vert bronzé en dessus, noir en dessous. Ses pattes sont fauves.

GYROMANCIE, sorte de divination qui se pratiquait en traçant un *cercle* sur la terre. On tournait autour de ce cercle en ayant soin d'observer où l'on marchait (on avait préalablement parsemé tout autour des lettres ou caractères) ; des caractères,

on formait des mots d'où l'on tirait des présages.

GYROME (botan.), sorte de conceptacle formant une saillie en spirale, et se fendant dans sa longueur. On en trouve un exemple dans les plantes *ombilicaires*.

# H

## HAB

H, la huitième lettre de l'alphabet français, grec, latin et hébreu. H, pris numériquement chez les Grecs, valait 8; chez les Romains, il valait 200; surmonté d'une petite barre, il valait 200,000. Dans les abréviations H. L-S *sestertius* désignait la monnaie romaine du *petit sesterce*; H. S ou H-S *sestertius* désignait le *grand sesterce*. — En musique, H sert à désigner en Allemagne la note que les Italiens et les Français nomment *si bécarre*. — Avant 1838, la lettre H était la marque des monnaies frappées à la Rochelle.

HABACUC, le huitième des douze petits prophètes, vécut sous les rois Joachim et Sédécias, en même temps que Jérémie. Il fut transporté par un ange à Babylone, et déposé dans la fosse aux lions où Daniel était renfermé, afin de lui donner de la nourriture; l'ange le ramena en Judée de la même manière : il y mourut. Ses prophéties renferment trois chapitres; il s'y plaint des désordres du royaume de Juda, prédit les conquêtes des Chaldéens et de Nabuchodonosor, les destinées de ce dernier, de plusieurs autres princes, etc. Le cantique où il relève les merveilles de la miséricorde du Seigneur est célèbre. Les Grecs honorent Habacuc le 2 décembre, les Latins le 15 janvier.

HABDALA ou HABDALLAH, cérémonie usitée chez les Juifs le soir des jours de sabbat. Chaque père de famille fait allumer un flambeau, prend une cassette pleine d'aromates et un verre de vin ; on les bénit, puis on renverse un peu du vin bénit; chacun en goûte, et l'on se sépare en se souhaitant une bonne semaine.

HABEAS CORPUS, acte de la législation anglaise, dont la principale disposition est d'accorder à tout prisonnier, dans la plupart des cas, sa mise en liberté, moyennant une caution, pour se présenter en justice. L'origine de l'*habeas corpus* remonte à 1679.

HABILLAGE. C'est, en termes de cuisine, l'apprêt que l'on fait subir à un animal avant de le faire cuire. Si c'est un quadrupède, c'est le dépouiller de sa peau, etc.; si c'est un oiseau, c'est le plumer, l'évider; si c'est un poisson, c'est le laver, le vider, l'écailler, etc. — *Habiller* une carde, c'est la monter et la terminer. On *habille* une peau en la préparant. *Habiller* les cartes, c'est les enluminer. Les potiers nomment *habillage* l'action d'ajouter un manche, un pied, une anse, etc., au corps d'une pièce.

HABILLEMENT (art milit.). Il y a eu divers modes d'administrer l'habillement aux troupes. Les capitaines étaient d'abord chargés d'habiller leur compagnie. Les conseils d'administration ont, à diverses époques, le soin d'acheter les étoffes destinées à l'habillement de leurs corps. Aujourd'hui le ministre de la guerre les fournit au compte de la *masse d'habillement* dont il a l'administration. Chaque homme dépose par jour une certaine somme proportionnelle au prix de l'habit ou des effets qui lui sont nécessaires. Ainsi un soldat d'infanterie y met par an 48 francs 29 centimes ; un hussard y met environ 80 francs. Dans chaque régiment, un officier, dit *capitaine d'habillement*, est chargé de la surveillance de l'habillement. Il tient registre de l'entrée des étoffes, de leur distribution aux tailleurs, des effets confectionnés et de leur distribution. Il a la garde du

## HAB

magasin, et fait la police des ateliers. Il est aidé par deux lieutenants et deux sous-officiers. Tous sont exempts du service armé. Le remplacement des effets qui ont achevé leur durée se fait à l'approche de la revue générale d'inspection. Chaque pièce d'habillement d'un homme est marquée à la lettre de sa compagnie et à son numéro d'ordre. Les soldats qui vendent, perdent ou détériorent leurs habits, sont sévèrement punis. On remplace à leurs frais ce qui leur manque.

HABILLEUR ou TRANCHEUR, celui qui, dans un vaisseau marchand, est chargé d'ouvrir les morues que l'on a pêchées, dans toute leur longueur, pour ensuite en enlever l'arête, les aplatir et les faire sécher.

HABILLOT, sorte de morceau de bois qui, sur les trains destinés à transporter sur les rivières les bois flottés, sert à lier et accoupler les pièces et les planches entre elles.

HABITACLE, instrument usité dans la marine. Il se compose d'une petite armoire en bois, peinte à l'huile, placée au milieu de la largeur d'un bâtiment, sous les yeux du timonier, à 18 ou 20 pouces en avant du gouvernail. Il renferme une boussole dans le bas, et sert à l'abriter. Pendant la nuit, on établit au-dessus une verrine ou lampe qu'on allume pour l'éclairer ; sur un des côtés intérieurs, on place un tube souvent le sablier qui sert à donner l'heure. On place en général deux habitacles sur un bâtiment.

HABITATION ou HABITAT, nom donné, en histoire naturelle, aux lieux où les plantes croissent naturellement et spontanément, et d'où elles ne peuvent être transportées sans beaucoup de soins et de difficulté. On est parvenu cependant à en naturaliser un grand nombre loin de leur patrie, ce qui rend difficile de préciser leur première habitation. Chaque plante a reçu une mission particulière : les unes couvrent la nudité des montagnes (*saxifrage, absinthe, gentiane, romarin*, etc.) ou des collines (*fétuque, cypripède, thym, serpolet*) ou des lieux nus et stériles (*stellaire, ophrys, orpin, véronique, violier, millefeuille*) ; les autres couvrent les forêts (*chêne, châtaignier, bouleau*, etc., *arbousier, houx, bruyères, muguet*, etc.), les plaines (les *graminées, trèfle, gesse, corète, filipendule, genêts*) on les eaux douces (*cresson, massette, nénuphar, tussilage, conferves*). L'orseille, la soude, l'astère, l'élyme, le bacille, les varechs, les ulvacées, le *potamot*, etc., habitent les côtes ou le milieu des mers. Enfin on trouve des plantes souterraines, telles que la (*truffe, l'arachide, les byssus*, etc. On ne peut transporter impunément une plante d'une habitation dans une autre, d'un climat dans un autre. Elle n'y réussit que lorsqu'elle trouve dans le lieu où on la transporte les avantages de son sol natal ; mais elle perd dans ce cas ses propriétés pour en acquérir de nouvelles.

HABITATION ( hygiène ), nom donné en général aux édifices destinés à loger les particuliers. On nomme ainsi, dans les colonies, un établissement pourvu de bâtiments, meubles, bestiaux, nègres, terres labourables, champs cultivés, etc. — Pour être saine, une habitation doit se trouver exposée à un air salubre et pur. Le voisinage des eaux stagnantes, des forêts épaisses, un sol humide,

## HAC

sont contraires à la santé de l'homme. Les maisons situées sur les hauteurs, exposées au midi ou à l'est, et entourées de quelques arbres, sont en général plus salubres que celles situées dans la plaine. Ces dernières, lorsqu'elles ne sont ni marécageuses ni entourées de montagnes trop élevées, donnent un air plus doux, et offrent beaucoup d'avantages. On sait combien les villes possèdent un air lourd et vicieux. Il est dû à l'amoncellement des maisons, qui l'empêche de pénétrer aisément, et à la respiration des hommes et des animaux, qui l'épuisent.

HABITATION (jurisp.). Les droits d'habitation s'établissent et se perdent comme l'*usufruit*. On ne peut en jouir sans donner préalablement caution et sans faire des états et inventaires. Ils se restreignent à ce qui est nécessaire pour l'habitation de celui à qui ces droits sont conférés et de sa famille. Celui qui a un droit d'habitation dans une maison peut y demeurer avec sa famille, quand même il n'aurait pas été marié à l'époque où ce droit lui a été donné. On ne peut ni céder ni louer un droit d'habitation. L'usager doit subvenir aux réparations de la partie des bâtiments qu'il occupe. Ces lois ne reçoivent leur exécution qu'en l'absence d'une convention formelle entre le propriétaire et l'usager. Si la convention ou contrat existe, c'est la volonté des parties qui seule fait la loi.

HABITUS ou HABITUDE EXTÉRIEURE, nom donné, en médecine, à tout ce que présente l'extérieur du corps à l'œil du médecin, comme, par exemple, son attitude, son volume, sa couleur, etc. On en tire des pronostics et des remarques très-intéressantes pour les remèdes à appliquer aux maladies, le siège du mal, etc. — En histoire naturelle, on nomme ainsi l'aspect, l'ensemble d'une plante. — Chez les insectes, c'est une certaine conformité d'apparences, d'analogie de formes, de mœurs, de structure et de transformation dans des pièces rapprochées d'ailleurs par d'autres caractères plus spéciaux.

HABROUN, petit village de Palestine, à 8 lieues de Jérusalem, au pied d'une montagne sur laquelle sont les restes d'un ancien château. La tradition veut que la grotte qui sert de sépulture à Abraham soit située près d'Habroun. On y cultive la vigne et le cotonnier. Il y a des fabriques de savon et des verreries.

HABSBOURG ou HAPSBOURG, ancien château situé en Suisse, dans le canton d'Argovie, à une lieue de Lensbourg. Ce château est célèbre par le séjour qu'y fit en 1273 Rodolphe de Habsbourg, empereur d'Allemagne.

HACELDAMA ou mieux CHAKEL-DAMA, mot hébreu qui signifie *héritage* ou *partage du sang*. C'est ainsi qu'on nomma le champ que les prêtres juifs achetèrent avec l'argent donné à Judas pour le prix du sang de Jésus-Christ, que celui-ci, poussé par les remords, vint leur rendre. Ce champ fut destiné à servir de lieu de sépulture aux étrangers. On le montre encore au midi de Jérusalem.

HACHE (arts et mét.), gros outil de fer aciéré et tranchant par un bout. Il est plus large de ce côté que de l'autre côté opposé, lequel est plus épais et percé d'un trou pour y mettre un manche de bois dur. La hache du bûcheron se nomme *cognée*. La forme des haches varie selon l'emploi qu'on leur réserve. On s'en sert très-fréquemment dans tous les métiers où le bois est indispensable, chez les charpentiers, menuisiers, charrons, tourneurs, par exemple. Les Gaulois eurent, avant de connaître des Romains l'emploi du fer, des haches en pierre ou celtiques. On en retrouve en très-grand nombre dans le sein de la terre. Pour emmancher ces haches, ils fendaient une branche d'arbre, et y faisaient entrer le gros bout de la hache. La branche, en croissant, resserrait la pierre et la maintenait solidement fixée. Au bout de quelques mois, on coupait la branche, et la hache était faite.

HACHE D'ARMES, arme qui consistait en un fer dont la figure avait d'un côté beaucoup de ressemblance avec la hache commune, et de l'autre la forme d'un marteau ou d'un croissant. Cette arme était fixée à un manche de bois dur et court, suspendu en arrière de l'épaule gauche. La francisque des Gaulois remplaça cette arme. Sous Louis XIV, on donna la hache aux grenadiers, qui l'abandonnèrent bientôt, et on ne conserva que quelques hommes armés de haches dans chaque compagnie. Telle est l'origine des *sapeurs*.

HACHE (Ordre de la), ordre militaire institué à Tortose par Raimond Bérenger, comte de Barcelone, vers l'an 1149, en mémoire de ce que les femmes de Tortose, armées de haches, défendirent cette ville contre les Maures. On le nomme aussi l'*ordre des Dames du passe-temps*.

HACHE-PAILLE, nom donné à des machines destinées à couper la paille ou les fourrages des bestiaux en parties d'une grande ténuité, et qui rendent cette opération prompte et facile. Le *hache-paille* allemand se compose d'une auge en bois de six à huit pouces de côté et de trois pieds de long à peu près, soutenue par deux tréteaux à une hauteur de dix-huit ou vingt pouces. Contre un de ses bouts glisse diagonalement une grande faux qu'on fait agir de la main ou du pied, tandis qu'à l'aide d'un râteau à dents de fer on amène successivement la paille dont l'auge est pleine sous le tranchant de la faux.

HACHEREAU ou HACHETTE, petite hache à main, très-petite. Les menuisiers, les charpentiers, etc., s'en servent pour façonner et dresser les ouvrages qu'ils ont commencés et dégrossis avec la hache.

HACHES D'ABORDAGE ou HACHES D'ARMES, nom donné aux petites haches dont se sert une partie de l'équipage d'un vaisseau de guerre pour frapper l'ennemi et renverser ses mâts et ses manœuvres lorsqu'on prend son navire à l'abordage. La hache se porte au côté gauche, et est fixée par un crochet au ceinturon du cartouchier.

HACHETTE (JEANNE), femme illustre de Beauvais qui se mit à la tête des autres femmes pour combattre Charles le Téméraire, duc de Bourgogne, en 1472. Jeanne renversa elle-même un soldat qui avait planté son drapeau sur le rempart. En mémoire de cette action, on faisait tous les ans, le 10 juillet, une procession où les femmes avaient le pas sur les hommes, et qui a encore lieu. Les descendants de cette héroïne étaient exempts du payement de la taille. Son véritable nom serait, d'après quelques écrivains, Jeanne Lainée, dite Fourquet.

HACHETTE, espèce de marteau qui a d'un côté une tête plate de quatre à cinq pouces de long, et de l'autre un tranchant de huit à dix pouces de long. Le manche est placé au milieu. Les maçons, les couvreurs s'en servent pour tailler les moellons, les pierres tendres, percer les murs, couper le vieil enduit, etc.

HACHOIR, nom donné à un grand billot, ordinairement de bois ou de marbre, sur lequel, au moyen d'un grand couteau-las, on hache la viande, les légumes, etc.

HACHURE, nom donné aux lignes ou traits que l'on fait pour exprimer les ombres, dans les dessins ou les gravures, à l'aide du crayon ou du burin. Les *hachures simples* sont celles qui sont formées par une seule ligne droite ou courbe ; les *hachures doubles* sont formées par plusieurs lignes droites ou courbes qui se croisent. Les *hachures empâtées*, en termes de graveur, sont des hachures confondues par l'effet de l'eau-forte, qui a enlevé le vernis.

HACKET ou HAQUET (William), fanatique anglais du XVIe siècle. Après avoir été valet d'un gentilhomme, il séduisit et épousa une riche veuve, et mena une vie très-déréglée. Au bout de quelque temps, il se fit passer pour prophète, et prédit que l'Angleterre ressentirait les fléaux de la faim, de la peste et de la guerre, si elle n'établissait la discipline consistoriale. Après avoir reçu souvent des coups de fouet, il persévéra dans ses opinions. Enfin on l'arrêta, on lui fit son procès, et il fut pendu en 1591, convaincu de fanatisme et de rébellion.

HADDINGTON. Voy. EAST-LOTHIAN.

HADRAMAOUT, province d'Arabie, au S.-O. d'Yémen, sur l'océan Indien. Ce pays est d'une grande fertilité. Les habitants sont courageux et polis. Ils commercent en encens, myrrhe, aloès, toiles, tapis, couteaux. La capitale est *Shibam*. Ce pays se divise en plusieurs petits Etats gouvernés par des chefs particuliers nommés *cheiks* ou *sheiks*.

HADRIEN. Voy. ADRIEN.

HÆMANTHE, genre de plantes de la famille des amaryllidées, à la racine bulbeuse, d'où sortent deux feuilles opposées et une hampe (tige sans feuilles) portant diverses fleurs. Leur nom (en grec, *fleur de sang*) indique la couleur la plus ordinaire des fleurs et même de la tige qui les porte. L'*hæmanthe écarlate* ou *tulipe du Cap* a un bulbe très-gros, d'où sort, au mois d'août, une hampe au sommet de laquelle se développe une vaste spathe (enveloppe florifère) rouge, à six divisions ovales. La spathe s'ouvre, et laisse voir une foule de fleurs rouges. Les feuilles, larges et charnues, succèdent aux fleurs. Ces plantes sont originaires de la Nouvelle-Hollande.

HÆMATITE ou HÉMATITE, nom donné à un oxyde de fer qui constitue deux espèces minérales, savoir : l'OLIGISTE ou *hæmatite à poussière rouge*, et la LIMONITE ou *hæmatite à poussière jaune*. Voy. OLIGISTE et LIMONITE.

HÆMATOXYLE, genre de légumineuses, renfermant une espèce plus connue sous le nom de *campêche épineux*. C'est un arbre assez grand, tortu, dont la cime est large, l'écorce rugueuse. Les branches sont chargées d'épines solitaires. Les fleurs sont blanches jaunâtres, petites, et ont l'odeur de la jonquille. Cet arbre est indigène à l'Amérique du Sud. Il a reçu son nom vulgaire du port de Campêche dans le Mexique, où il croît plus particulièrement. Ce bois, compacte, très-dur, d'un rouge noir, ayant une odeur de violette, peut prendre un beau poli. On s'en sert dans la marqueterie, mais surtout dans la teinture, à laquelle il donne, par solution concentrée, une couleur rouge foncé, que les acides font passer au rouge vif. Mêlée à des alcalis, cette couleur devient bleue et est inaltérable. Ce bois, d'une saveur sucrée, amère et astringente, a autrefois servi en médecine. De nos jours, les marchands s'en servent pour falsifier les vins et les liqueurs. Ce mélange n'offre rien de bien dangereux.

HAENDEL (Georges-Frédéric), célèbre compositeur de musique, né à Halle en 1684. Elève de Zachau, à dix ans il composa des sonates, et fit entendre en 1703 son premier opéra, *Almeria*. Sa réputation devint si grande, que Georges Ier lui assura une pension de 9,900 francs. Les Anglais eurent toujours pour son talent une enthousiaste admiration. Il mourut en 1759, laissant quarante-cinq opéras, vingt-six oratorios, etc. Il fut enseveli auprès des tombeaux des rois d'Angleterre.

HAFEZ-SHEMSEDDIN (Mohammed), poëte persan, né à Schiraz, capitale du Farsistan, au commencement du XIVe siècle de notre ère, mort en 1394. Il a été surnommé *l'Anacréon persan*, et ses ouvrages forment un recueil contenant cinq cent soixante-neuf odes.

HAGA, château de plaisance pour les rois de Suède, situé à une lieue de Stockholm. Il fut bâti par Marselier, d'après les dessins du roi Gustave III. On y arrive par une belle allée d'arbres touffus. Le château est situé dans une prairie sur les bords de la rivière Malarx. Il est construit en bois peint imitant la pierre, et consiste en une façade à trois étages, à laquelle se rattachent deux ailes très-longues formant galeries. Les appartements sont petits et bien meublés. Ce palais était le séjour favori de Gustave III, qui se fit appeler dans ses voyages le *comte de Haga*.

HAGEDORN (Frédéric DE), le fondateur, avec Haller, de la première école poétique allemande, né à Hambourg en 1708, mort en 1754. Ce poëte célèbre réussit dans le genre moral et satirique. Il a composé un recueil de *fables* en 1738, des *poésies morales*, un poëme *de la Félicité*, comme du *Savetier en belle humeur*, les *Attributs de la Divinité*, poëme, etc. Mais c'est surtout comme poëte lyrique et comme chansonnier qu'il est connu en Allemagne. On a de Hagedorn, en ce genre, un recueil d'*odes et chansons*, d'*épigrammes*.

HAGENBACH (Pierre-Archibald von), gouverneur des comtés de Ferrète, de Sundgaw, de Brisgaw et d'Alsace, en 1469, pour le duc de Bourgogne Charles le Téméraire. Il se conduisit d'une manière si tyrannique dans ses gouvernements, que Sigismond, archiduc d'Autriche, fit une ligue avec les Suisses, le Palatinat, Louis XI, etc., pour chasser Charles le Téméraire. La guerre fut déclarée ce prince, et Hagenbach, condamné à mort, fut exécuté en 1474. Charles continua, pour venger son favori, cette guerre longue et désastreuse.

HAGHIOS-OROS, nom actuel du mont *Athos* en Grèce.

HAGIOGRAPHE, tout écrivain qui traite de la vie et des actions des saints. — Nom que les Grecs donnent à cette partie de l'Ecriture sainte nommée par les Hébreux *Chetuvim*, c'est-à-dire *écrits sacrés*, parce qu'ils ont été écrits par l'inspiration seule et directe du Saint-Esprit, et qui comprend les *Psaumes*, les *Proverbes*, *Job*, *Daniel*, *Esdras*, les *Paralipomènes*, le *Cantique des cantiques*, *Ruth*, *Esther*, les *Lamentations de Jérémie* et l'*Ecclésiaste*. — La science des légendes et des écrits qui traitent de la vie des saints personnages s'appelle *hagiographie*.

HAGIOSIDÈRE ou HAGIOSIDÉRA, lame de fer large de quatre doigts et longue de seize, sur laquelle l'on frappe avec un marteau de fer pour faire du bruit, et dont se servent les Grecs qui sont sous la domination des Turks pour s'assembler à l'église, les cloches leur étant interdites.

HAGUE, petit pays du Cotentin (aujourd'hui le département de la Manche), fait à fait au N. Les peuples barbares du Nord, au IXe siècle, élevèrent le *Hague-dike*, énorme retranchement qui existe encore, et au moyen duquel ils isolèrent la promontoire de la Hague. Ce promontoire forma alors un petit pays, dont Cherbourg était autrefois le chef-lieu ; aujourd'hui il renferme huit communes et 5,000 habitants. Il n'est abordable que sur un seul point. Les rochers le rendent inaccessible en tout autre lieu. On y trouve des tombeaux de chefs saxons et normands.

HAGUENAU, autrefois *Haguenavia*, chef-lieu de canton du département du Bas-Rhin, sur la Moder, à 6 lieues N. de Strasbourg. Sa population est de 10,000 habitants. Ce ne fut d'abord qu'un village bâti vers le XIIe siècle. L'empereur Frédéric Barberousse l'entoura de murs, et Haguenau devint ville impériale et chef-lieu de la préfecture des dix villes libres et unies de l'Alsace. Elle eut à supporter plusieurs sièges, et en souffrit beaucoup. Elle fut prise par les Français au XVIIᵉ siècle. Haguenau commerce en bestiaux, chevaux, merceries, toiles. Cette ville a des brasseries, des amidonneries, des fabriques de faïence, et un collège. C'est une des places fortes du département.

HAHA, voile quadrangulaire, mais de forme particulière, qu'on place sur les vaisseaux sous le bout-dehors du beaupré, et qu'on rentre dans le bâtiment pour la serrer. Elle est montée sur quatre cordes.

HAIDER-ABAD, province du Dekhan (Asie), formée d'une partie du royaume de Golconde. Elle est d'une grande étendue, mais mal peuplée. Elle est riche, fertile, et possède un excellent climat. La capitale est *Haïder-Abad*, riche et grande ville de 60,000 habitants. Elle est très-commerçante. — La capitale du Sindhi se nomme aussi *Haïder-Abad*. Cette ville est située sur la rivière Sindh. Elle a environ 25,000 habitants.

HAIE, toute clôture naturelle ou artificielle dont on entoure les champs, les jardins, les maisons de campagne, etc. On nomme *haie vive* celle qui est formée d'arbres ou d'arbrisseaux vivants; *haie morte* ou *sèche*, celle qui est construite avec des pieux, des planches, des fagots, des ronces mortes, etc. La haie vive, d'après la loi, doit être plantée à 18 pouces du terrain voisin, et si les branches se développent trop, le propriétaire de celui-ci peut contraindre à les couper. La haie morte n'a pas besoin d'espace. L'aubépine, le néflier, l'alisier, le houx, le nerprun, l'épine-vinette, les rosiers, groseilliers, ronces, genêts, ormes, cognassiers, lilas, noisetiers, sureaux, acacias, etc., sont les arbustes le plus souvent usités pour les haies vives. Quelquefois on y place des arbres fruitiers. On en fait la tonte deux fois l'an, en hiver et en été. On sème un l'on plante la haie vive. Elle est formée au bout de six ans. — *Border la haie, monter la garde en haie*, se dit en marine et dans l'armée pour se ranger à la file les uns des autres, de manière à former une *haie*. Les marins nomment aussi *haies* des écueils formant une espèce de sillon près de terre.

HAIE (La), ville. Voy. HAYE (La).

HAILLAN (Bernard DE GIRARD, seigneur DU), écrivain célèbre, né à Bordeaux en 1535, mort à Paris en 1610. Il fut historiographe de France sous Charles IX, et a laissé une *Histoire de France depuis Pharamond jusqu'à Charles VIII*, premier corps d'histoire de France écrit en français; une *Histoire des ducs d'Anjou*, etc.

HAIM ou HAIN. Voy. HAMEÇON.

HAÏ-NAN, île située dans la mer de Chine, séparée de la presqu'île de Loui-Tcheou par un canal très-large, et faisant partie du *Lou* ou province de Kouang-Toung. Cette île forme un *fou* ou département de cette province, et a pour chef-lieu la ville de Khioung-Tcheou, qui a 100,000 habitants. La population de Haï-Nan est de plus de 1,000,000 d'âmes; sa surface est de plus de 1,800 lieues carrées.

HAINAUT, province des Pays-Bas, ainsi nommée de la rivière de *Haine*, qui la sépare en deux parties, de l'E. à l'O., et divisée en *Hainaut français*, dont *Valenciennes* était la capitale, et qui a été cédée à la France par le traité de Nimègue en 1678 (il forme maintenant la plus grande partie du département du Nord), et en *Hainaut autrichien*, dont *Mons* était la capitale, qui forma sous l'empire le département de *Jemmapes*, et qui forme maintenant une province de Belgique. (Voy. plus bas.) Le Hainaut a eu des comtes célèbres, dont le premier remonte à 876. Ce comté, réuni d'abord à celui de Flandre dans le XIIᵉ siècle, passa par mariage dans la maison d'Avesne vers 1215, et dans celle de Bavière en 1345. Jacqueline de Bavière, mariée en 1433 au comte d'Os-

trevant, céda le Hainaut au duc de Bourgogne. Depuis, cette province passa de la maison de Bourgogne à celle d'Autriche (branche d'Espagne). Louis XIV en fit la conquête, et en conserva une partie, qui fut jointe à son royaume. C'est le Hainaut français. Le reste, après avoir été réuni à la France pendant les guerres de la révolution, fut rendu aux Pays-Bas en 1815, et appartient aujourd'hui à la Belgique.

HAINAUT, province du royaume de Belgique, bornée au N. par la Flandre orientale et le Brabant méridional, au S. par la France, à l'O. par la Flandre occidentale, et à l'E. par la province de Namur. Sa superficie est de 80 lieues carrées, et sa population de 457,400 habitants. Elle se divise en six districts, et a *Mons* pour capitale. C'est un pays couvert de forêts et abondant en pâturages. Il envoie vingt députés à la chambre des représentants et sept à celle des sénateurs.

HAIRE, petit vêtement, tissu de crin en forme de corps de chemise, que l'on portait autrefois sur la peau par esprit de pénitence.

HAITI. Voy. DOMINGUE (Saint-).

HAKAN. Sept rois de Norwège ont porté ce nom. — HAKAN Iᵉʳ, le plus jeune des fils de Harald *Harfager*, succéda à son frère Erik Iᵉʳ en 936. Il donna des lois à son pays, fit construire des forts, et divisa la Norwège en districts maritimes. Il chercha en vain à établir dans son royaume la religion chrétienne. Forcé de s'opposer à une invasion des fils d'Erik, qui réclamaient l'héritage de leur père, il fut blessé mortellement dans un combat (960). Après sa mort, un noble norwégien nommé aussi Hakan parvint à monter sur le trône, après s'être défait des fils d'Erik, sous le titre de vassal et de lieutenant du roi de Danemarck. Abandonné bientôt de ses sujets, il mourut assassiné en 995. — HAKAN II, surnommé *Herdebred* (aux larges épaules), succéda à Sigurd en 1161, et mourut l'année suivante dans une bataille. — HAKAN III succéda à Sverrer en 1202, et mourut en 1204 après un règne paisible. — HAKAN IV Galin succéda à Guttorm en 1205, et mourut en 1214. — HAKAN V, surnommé *Gamle* (le vieux), fils naturel d'Hakan IV, succéda à Inge II en 1217. Il éleva des forteresses, fonda des villes, et fut en relation avec saint Louis, roi de France. Il soumit l'Islande et le Groënland, et fit une expédition très-heureuse en Écosse. Il se disposait à passer en Irlande lorsqu'il mourut en 1262. — HAKAN VI succéda à Erik II en 1299, publia plusieurs lois, et mourut en 1319. HAKAN VII succéda à Magnus VIII en 1350. Il fut élu roi de Suède en 1362. — Les états de ce pays élurent en 1364 Albert de Mecklembourg. Ayant tâché de s'opposer à son compétiteur, Hakan fut vaincu et forcé de reconnaître Albert comme roi de Suède. Il fut encore en guerre avec ce prince, et vint mettre le siège devant Stockholm. Un traité de paix, signé sous les murs de cette ville, mit un terme à cette guerre. Hakan mourut en 1380. Son fils Olof avait été en 1376 nommé roi de Danemarck. Son épouse Marguerite fut chargée du gouvernement en Norwège. Elle nomma en 1389 roi de Norwège son neveu Erik III, qui par l'union de Calmar (1397) devint souverain de la Suède, de la Norwège et du Danemarck. Depuis cette époque, la Norwège a cessé de former un royaume particulier, et a été tour à tour unie au Danemarck et à la Suède, dont elle a partagé les vicissitudes.

HALAGE, action de tirer un bateau, à bras ou à l'aide de chevaux. En marine, c'est aussi le travail de *haler*, de tirer des cordages, des manœuvres, etc. Le *chemin de halage* ou *marchepied* est l'espace que les propriétaires riverains sont obligés de laisser libre sur le bord des rivières navigables pour le passage des hommes ou des chevaux qui tirent le bateau. Le sol sur lequel est pratiqué le chemin ne cesse pas pour cela d'appartenir aux propriétaires.

HALALI ou HALLALI, cri de victoire dans la chasse au courre, et annonce donnée par le son du cor que le cerf va bientôt se rendre. La fanfare du *hallali*, simple et facile, rassemble les chasseurs épars. L'auteur de cet air est inconnu.

HALBERSTADT, principauté d'Allemagne, au N. et à l'E. des comtés de Wernigerode et de Blanckenbourg, avec lesquels elle a formé sous l'empire une partie du département de la Saale. Sa capitale est *Halberstadt*, dont la population est de 16,000 âmes. Elle est maintenant enclavée dans la basse Saxe. Cette ville est commerçante, et possède des établissements littéraires.

HALDE (J.-B. DU), jésuite, né à Paris en 1674, se distingua par ses talents et ses vertus. Il se consacra aux missions, et voyagea longtemps en Chine. Il a écrit (1735) une *Description historique, géographique et physique de cet empire et de la Tartarie chinoise*, en 4 vol. in-fol. Cet ouvrage fut longtemps le plus ample et le meilleur qu'on eût fait sur ce sujet. Il est écrit avec simplicité, et renferme beaucoup de faits intéressants. On a encore du P. Halde des *Lettres édifiantes et curieuses*, écrites des missions étrangères et offrant des remarques utiles sur les pays parcourus par les missionnaires. Le P. du Halde est mort à Paris en 1743.

HALDENSTEIN, ancienne baronnie de la Suisse, avec un beau et fort château, situé sur un rocher baigné par le Rhin, à peu de distance de Coire. Cette baronnie est aujourd'hui réunie au pays des Grisons.

HALE. C'est, en culture, un vent sec de l'est ou du nord, qui dessèche la terre et les plantes. Il est très-nuisible. On nomme encore ainsi un effet du soleil ardent, de l'atmosphère et du vent, lequel est de donner aux parties du corps qui y sont exposées une couleur brune ou basanée. Ce mot indique à la fois la cause et l'effet. Le hâle est loin d'être une maladie ou infirmité; c'est au contraire un signe de force et de santé. — *Hale* est, en marine, l'action de *haler*, c'est-à-dire de roidir vers soi une manœuvre. On nomme 1º *hale-à-bord* un petit cordage employé momentanément à haler dans un bâtiment tout objet extérieur un peu éloigné qu'on veut amener sur le vaisseau; 2º *hale-bas*, une petite manœuvre qui sert à amener les voiles quand elles ne descendent pas facilement; les pavillons et guidons en ont aussi; 3º *hale-breu*, un petit cordage que l'on fait passer dans une poulie, et sert à élever les voiles; 4º *hale-dedans*, un cordage destiné à haler en dedans certaines voiles.

HALE (Étienne), savant physicien anglais, né en 1677. Il est l'auteur de la *Statique des animaux*, traduite par Sauvages, de la *Statique des végétaux* et de l'*Analyse de l'air*, traduits par Buffon. Il perfectionna le *ventilateur*, fit de nombreuses expériences sur la *lithotomie*, et écrivit un grand nombre de *dissertations* utiles et curieuses sur plusieurs parties de la physique et de la médecine. On éleva à ce savant un tombeau parmi les sépulcres des rois d'Angleterre, dans l'abbaye de Westminster.

HALECRET, ancienne arme défensive. Elle consistait en une espèce de corselet de fer battu formé de deux pièces, dont l'une se mettait devant et l'autre derrière.

HALEINE, ondée d'air humide et chaud, qui quinze à vingt fois par minute sort de la poitrine quand celle-ci se resserre. C'est l'air chassé des poumons durant l'expiration. La chaleur de l'haleine varie selon l'âge, l'état du pouls, des forces, la nature des aliments, etc. Les animaux carnassiers ont l'haleine plus ardente que les herbivores.

HALER, terme de marine, tirer un cordage, le roidir pour amener ou enlever une voile, un mât, un fardeau, une chaloupe, etc. Ce mot s'applique plus particulièrement à un cordage qui vient horizontalement et 'en bas; car on dit *peser*, s'il tire verticalement ou de plus haut que l'homme qui le tient. *Haler à la cordelle*, c'est faire marcher une embarcation le long d'une rivière ou d'un canal, au moyen d'une corde tirée par des hommes ou des chevaux. Le *vent hale de l'avant ; il hale le sud, l'est*, etc., selon qu'il change en approchant de l'une de ces directions. — *Haler le vent*, c'est se diriger vers le point d'où il vient. Un vaisseau *se hale dans le vent* lorsqu'il s'élève au vent.

HALÉSIER, genre de la famille des styracinées, renfermant des arbrisseaux indigènes de l'Amérique. Voici les deux espèces qu'on cultive dans nos jardins avec les cytises et l'arbre de Judée. L'*halésier à quatre ailes* parvient à une hauteur de cinq à six mètres (15 à 20 pieds). Ses rameaux sont étalés, ses feuilles alternes, oblongues, aiguës, vertes en dessus, cotonneuses en dessous. Les fleurs sont blanches, pendantes, sortant du bois par un bouquet de trois ou quatre. Le fruit est une noix recouverte de quatre ailes. Cet arbre vient de la Caroline. L'*halésier à deux ailes* vient de la Pennsylvanie. Il se distingue du précédent par ses feuilles plus ovales et son fruit qui n'a que deux ailes.

HALICARNASSE, grande et ancienne ville de la Carie méridionale, sur le golfe Céramique (Asie-Mineure), à l'O. Cette ville, qui porte aujourd'hui le nom de *Bodroun*, est célèbre par le tombeau magnifique qu'Artémise fit élever à son époux Mausole, roi d'Halicarnasse, et par la naissance de trois hommes illustres, le philosophe Héraclite, et les historiens Hérodote et Denys, dit d'Halicarnasse.

HALICTE, genre d'insectes hyménoptères, famille des mellifères. Ils sont de taille au-dessous de la moyenne. Les mâles sont de forme cylindrique très-allongée; les antennes ou filets de la tête sont très-droites, de la longueur de la moitié du corps, recourbées à leur extrémité. La tête est allongée. Les femelles ont la tête plus large, l'abdomen plus ovoïde que celui des mâles, un peu déprimé. L'*halicte écaphose* construit son nid dans les terrains sablonneux. Il creuse une galerie oblique, qui conduit à l'excavation où doit être le nid, environ à quatre pouces de profondeur. Il construit une voûte haute de trois pouces, large de deux et demi. Plusieurs se réunissent pour travailler. Le nid est composé de cellules. La femelle y dépose ses œufs et la nourriture qui doit nourrir la larve. Elle bouche ensuite l'entrée du nid. Cet animal est long de six lignes. L'*halicte perceur* est beaucoup plus petit, et habite nos jardins ou les chemins. Plusieurs femelles travaillent ensemble au nid. On y descend par un conduit si petit qu'un seul insecte peut y passer, et que les ouvrières sont obligées de marcher à la suite les unes des autres. Ce conduit mène à divers nids. La couleur de ces insectes est noire ou vert foncé. On les trouve communément en France.

HALIE, fête célébrée à Rhodes en l'honneur d'Apollon, personnification du soleil (en grec, *alios* ou *elios*). Cette fête honorait la naissance de ce dieu, qui avait eu lieu, d'après les Rhodiens, dans cette île. Elle se célébrait le vingt-quatrième jour du mois de *boédromion*, c'est-à-dire en septembre. — *Halié* était le surnom d'Apollon ; Philoctète lui bâtit sous ce nom un temple près de Crotone, dans la grande Grèce, et lui consacra l'arc et les flèches d'Hercule.

HALIFAX, ville d'Angleterre, bien bâtie et bien peuplée, dans le Yorckshire, à 12 lieues d'Yorck. Cette ville est célèbre par ses manufactures de laine. — Chef-lieu de la Nouvelle-Ecosse, dont le commerce est très-florissant, et qui a une population de 18,000 âmes. Le port d'Halifax est un des plus beaux de l'Amérique, et sert de station de guerre aux Anglais.

HALIOTIDE ou OREILLES DE MER, genre de mollusques, dont les espèces se trouvent dans presque toutes les mers et sur nos côtes. Ils vivent attachés aux rochers, et y acquièrent de grandes dimensions. L'*haliotide commune* a une coquille ovale, nacrée, déprimée, verdâtre ou jaunâtre, assez grande, marquée de raies longitudinales et de plis disposés transversalement, présentant de cinq à huit trous sur sa surface et une ouverture aussi grande que la coquille. Cette espèce habite certaines parties de nos côtes. L'*haliotide magnifique* est rare, petite, ovale, arrondie, d'un jaune orangé, garnie à l'extérieur de côtes tuberculeuses et ayant plusieurs trous. Sa nacre est très-belle. L'*haliotide géante* est la plus grande espèce du genre. On la trouve en Océanie.

HALITUEUX (du latin *halitus*, vapeur). On nomme *chaleur halitueuse*, en médecine, celle qui est accompagnée de moiteur semblable à celle d'une personne saine qui sort du bain.

HALLAND, ancienne province de la Suède, était située sur les bords du Cattegat, et était comprise dans la Gothie. Cette province forme aujourd'hui le gouvernement de *Halland*. Sa population est de 90,000 habitants. Ce gouvernement est peu fertile et montagneux ; il abonde en sites pittoresques. Les habitants se livrent à la pêche du saumon et au tissage des toiles. On y trouve de bons pâturages, qui nourrissent d'excellent bétail et des chèvres estimées. La capitale est *Halmstadt*.

HALLE, place publique dans les villes un peu considérables, destinée à réunir toutes les marchandises et denrées, particulièrement celles qui servent à la vie, comme les légumes, les grains, etc. C'est un endroit couvert ou enfermé, plus ou moins garanti contre la pluie, le mauvais temps et les voleurs. Philippe Auguste assigna le premier une place fixe aux échoppes des marchands : ce fut l'origine des halles. — C'est aussi le nom de tout atelier dans lequel on fond des glaces, du verre, etc.

HALLE ou HALL (ancienne *Hala Saxonum*), chef-lieu du cercle de Saale dans la régence de Mersebourg, qui fait partie des provinces saxonnes appartenant à la Prusse, renommée par ses salines et son université, fondée par Frédéric Ier. Elle se divise en trois villes, *Halle*, *Glancha Neumarkt*, et a cinq faubourgs. La population est de 22,000 âmes. Ses salines produisent 462,000 boisseaux de sel par an ; les ouvriers qui exploitent ces mines s'appellent *halloren*, et jouissent encore de plusieurs priviléges.

HALLÉ (Jean-Noël), né à Paris en 1754. Il fut peintre, et recteur de l'académie de peinture, comme son père, Claude-Guy Hallé ; mais il abandonna l'étude de cet art pour celle de la médecine, et devint docteur de la faculté de Paris en 1777. Il se rendit célèbre par un grand nombre d'expériences et de recherches, entre autres sur la vaccine et le galvanisme. Il mourut en 1822.

HALLEBARDE, arme à hampe, venue de Danemarck en Allemagne, en Suisse et en France. Elle fut l'arme de l'infanterie d'élite de chaque corps, et ensuite l'arme des sergents. Il y avait des espèces d'hallebardes en France au temps de Philippe Auguste ; mais ce fut l'admission des Suisses sous le règne de Louis XI qui popularisa l'usage de cette arme. Elle avait six pieds de longueur, et une partie de sa lame était façonnée en forme de hache. La hallebarde est supprimée en France depuis 1756.

HALLEBARDIERS, infanterie d'élite, faisant partie de la garde des souverains et des gouverneurs de province. Ils sont restés en Piémont jusqu'en 1798 ; à Rome, en Espagne, à Naples et en Sardaigne, jusqu'à présent ; en Autriche, les s'appellent *trabans* ; en Chine, de temps immémorial, il y a eu des hallebardiers. En France, il n'y a pas eu de corps spécialement nommés *hallebardiers* ; mais les francs archers et d'autres corps de troupes étaient en partie composés de ces soldats.

HALLER (Albert DE), célèbre physiologiste, né à Berne en 1708, mort en 1777, et qui fut à la fois anatomiste, médecin, botaniste, poète, physicien, philologue et homme d'État. A quatre ans, il commentait la Bible ; à dix ans, il savait le grec et le chaldéen ; à quinze ans, il avait composé des tragédies, des comédies et un poëme de quatre mille vers. Élève de Boërhaave vers 1725, il soutint sa thèse doctorale à dix-neuf ans, en 1727. En 1728, il publia un catalogue des plantes de la Suisse, renfermant quatre mille variétés ; en 1736, il fit son poëme célèbre *sur les Alpes*. Haller a laissé des *Bibliothèques d'anatomie, de botanique et de chirurgie*, et des *Éléments de physiologie*. Il remplit plusieurs emplois administratifs dans sa patrie, et fut en correspondance avec les savants de l'époque, Buffon, Voltaire, etc.

HALLÉRIE, genre de la famille des scrofulariées, renfermant des arbrisseaux originaires de l'Afrique, atteignant de trois à cinq mètres de haut (de dix à seize pieds). L'*hallérie luisante* a la tige rameuse, garnie de feuilles d'un beau vert luisant, longues de cinquante-cinq millimètres, larges de vingt-huit, dentelées sur les bords. Les fleurs sont solitaires ou accouplées ; elles s'épanouissent en juin ; elles sont rouges. Les fruits, semblables aux cerises, sont verts. Cette plante, dédiée au célèbre Haller, est peu délicate, et vient très-bien dans nos serres.

HALLEY (Edmond), né à Londres en 1656. Élève du fameux Thomas Gale, cet astronome publia à vingt ans sa *Méthode directe pour découvrir les excentricités des planètes*, et une foule de mémoires sur l'astronomie, l'algèbre, la géométrie, la navigation, la physique, les antiquités, la philologie et la critique, fruit de longs voyages. Il fut l'ami de Newton, et fut envoyé à l'île Sainte-Hélène par le gouvernement anglais pour y faire des observations astronomiques. Il y dressa un *Catalogue des constellations australes*. Halley publia ensuite une *Théorie des variations de l'aiguille aimantée*, des *Tables astronomiques*, des *mélanges*. Il appliqua la méthode de Newton à la détermination des orbites paraboliques des comètes, et prédit pour 1758 ou 1759 le retour des comètes observées en 1531, 1607 et 1682 : l'événement justifia sa prédiction. Après de nombreux travaux, Halley mourut en 1742.

HALLUCINATION, affection morbide des nerfs, des sens, dont l'effet est de faire voir, entendre, distinguer par le goût, l'odeur et même le toucher, des objets absents. Un homme qui croit réellement éprouver une sensation, alors que nul objet extérieur propre à exciter cette sensation n'est à la portée de ses sens, est *halluciné*, c'est-à-dire dans un état d'hallucination. Cette maladie est une espèce de délire. Les hallucinés ont une conviction tellement forte de la réalité de leurs sensations, qu'ils raisonnent, jugent et se déterminent en conséquence de leurs hallucinations. Même après leur guérison, ils conservent cette conviction intime.

HALMSTADT, capitale de la province et du gouvernement de Halland (Suède). Cette ville, d'un aspect agréable et gai, a 1,800 habitants. Elle est placée sur le Cattegat. On fait sur toute la côte du Halland, et surtout à Halmstadt, une pêche de saumon très-renommée. Près de la ville sont les eaux minérales de *Sperlingsholm*. Les environs de Halmstadt sont assez bien cultivés et très-pittoresques.

HALO, nom donné au cercle rouge qui entoure quelquefois le soleil, et aux aréoles argentées qui environnent souvent la lune à travers une atmosphère ou brumeuse ou sereine. L'halo, dans le soleil, se teint de toutes les couleurs un peu affaiblies de l'arc-en-ciel. Ce phénomène est dû à la réfraction de la lumière dans l'atmosphère.

HALTÈRES. C'étaient, chez les anciens Grecs, des masses pesantes de pierre, de plomb ou d'autre métal, dont ils se servaient dans leurs exercices gymnastiques. On les jetait au loin pour atteindre un

HAM          HAM          HAN    707

but, ou bien ou les tenait dans les mains pour s'assurer le corps et être plus ferme en sautant.

HALYS, le plus grand fleuve de l'Asie-Mineure, sort des monts Taurus, et, coulant toujours au N., sépare la Phrygie de la Cappadoce, traverse la Galatie, passe entre la Paphlagonie et le Pont, et se jette dans le Pont-Euxin à l'E., près du golfe d'Amise. Ce fleuve porte aujourd'hui le nom de *Kisil-Ermak*.

HAM, sur la rive gauche et le canal de la Somme, chef-lieu de canton du département de la Somme, à 6 lieues de l'arrondissement de Péronne. Population, 2,000 habitants. — Ham existait vers 875, et était à cette époque capitale d'un petit pays qui prenait le nom de *Hamois*, et qui eut des seigneurs jusqu'en 1374. Cette seigneurie passa ensuite à plusieurs maisons; Henri IV la réunit à la couronne. La fameuse citadelle de Ham fut construite par Louis de Luxembourg, comte de Saint-Pol, en 1470. Louis XIV y fit ajouter plusieurs ouvrages. Ce château, dont une tour a trente-trois mètres d'élévation et autant de diamètre, passe pour imprenable. Il a servi de prison aux ministres de Charles X et au prince Louis-Napoléon.

HAMAC, sorte de lit suspendu en branle. Sur les vaisseaux, une toile à voile, de la longueur de six pieds au plus, large de trente-deux pouces, forme le hamac ou le lit de chaque matelot. Il est garni d'une couverture de laine et d'un matelas ayant seulement deux ou trois pouces d'épaisseur. Les hamacs sont suspendus aux baux dans les entre-ponts. Quelquefois ils n'ont pas de matelas. Les hamacs à cadre ou carrés renferment matelas, drap et couverture. Ils servent pour les élèves et les officiers qui n'ont pas de chambre. Dans les hamacs, la tête de l'homme se place sur l'arrière, les pieds tournés vers l'avant du bâtiment.

HAMADAN, une des plus grandes et des plus considérables villes de la Perse, faisant partie de l'Irak-Adjémi, et chef-lieu d'un beglerbeglik. Cette ville, l'*Ecbatane* des anciens, renferme 38,000 âmes. Elle renferme de très-beaux et de très-anciens monuments. Son industrie consiste en tapis superbes, en soieries, en lainages, teintureries et tanneries renommées dans tout l'Orient.

HAMADRYADES (myth.), nymphes dont l'existence dépendait de celle des arbres dans lesquels elles habitaient. Elles naissaient et mouraient avec eux. C'est en quoi elles différaient des dryades, qui présidaient aux bois tout entiers, et qui survivaient à la destruction des arbres. — C'est aussi le nom du *cynocéphale*.

HAMBOURG, une des plus importantes villes libres d'Allemagne et la plus commerçante, située sur la rive droite de l'Elbe. Sa population est de 115,000 âmes. Le port de Hambourg peut renfermer 2,125 vaisseaux. Le gouvernement se compose d'un sénat formé de quatre bourgmestres et de vingt-quatre conseillers. Trois bourgmestres et onze conseillers sont des légistes gradués; les autres ne sont que marchands. Ce sénat a la puissance exécutive, et ne peut opérer de grands changements sans l'assentiment de la bourgeoisie, laquelle est divisée en cinq paroisses, dont chacune nomme trente-six de ses membres pour le grand collège des cent quatre-vingts. Celui-ci nomme à son tour le collège des soixante. Ce dernier enfin choisit les quinze anciens (*oberalte*). Le sénat et les anciens sont rétribués. — L'industrie de cette ville, qui a une voix à la diète, consiste en manufactures de soie, de velours, de toiles peintes, etc. Elle a été incendiée en 1842.

HAMEÇON, petit crochet de fer, armé à son extrémité inférieure d'une pointe appelée *barbe* ou *ardillon*. On attache l'hameçon à lignes, et on recouvre l'ardillon d'un appât auquel le poisson vient mordre. Dès qu'il a avalé l'hameçon, il veut le rejeter; mais, retenu par l'ardillon, il ne peut s'échapper. Les sauvages se servent, au lieu de crochets de fer, de crochets formés de os et des arêtes des poissons. — En botanique, c'est une épine crochue ou un poil recourbé.

HAMÉLIACÉES, nom donné par Kunth à une section de la famille des rubiacées, créée pour l'*hamélie*, genre de plantes originaires de l'Amérique, cultivées dans nos serres. L'*hamélie à feuilles velues* ou *mort aux rats* est sujette à être infectée de cochenilles. C'est un arbrisseau de neuf à dix pieds de hauteur, dont la tige, droite, est garnie de rameaux anguleux et de feuilles molles, ovales, pointues, d'un beau vert en dessus, cotonneuses en dessous. Les fleurs sont velues, rouges, en grappe, et donnent naissance à une baie noire.

HAMILTON (Antoine, comte n'), né en Irlande, vers 1646, de l'ancienne maison des Hamilton d'Écosse. Il passa en France avec sa famille, qui avait suivi Charles II dans sa fuite. Ce prince ayant été rétabli sur le trône, il l'accompagna en Angleterre. Il fut obligé de revenir en France après l'expulsion de Jacques II. Son mérite principal est comme écrivain. Celles de ses productions les plus connues sont les *Mémoires de Grammont*, les *Quatre Fakardins*, *Fleur d'épines*, *Zénéide* et le *Bélier*. Hamilton mourut en 1720.

HAMPDEN (John), né à Londres en 1594. Nommé membre de la chambre des communes en 1625, il fixa sur lui l'attention universelle par son refus de payer le *ship-money* (taxe des vaisseaux). Il perdit son procès devant la cour du banc du roi, et acquit par là une grande popularité. Il prit une part active à la guerre civile qui commença en 1642, et périt d'une blessure qu'il reçut dans une escarmouche contre le prince Rupert, à Chalgravefield dans l'Oxfordshire, en 1643. Il était parent de Cromwell.

HAMPE, nom donné, dans l'art militaire, au manche d'un épieu, d'une hallebarde, et, dans le langage ordinaire, au manche d'un pinceau.

HAMPE. On appelle ainsi la tige d'un végétal quand elle est herbacée, simple, dénuée de feuilles et de branches, destinée uniquement à tenir les parties de la fructification élevées au-dessus de la racine, comme dans le pissenlit, la jacinthe.

HAMPSHIRE (Hants ou *Southampton*), comté d'Angleterre, à l'O. de ceux de Sussex et de Surrey. C'est un des plus agréables pays, des plus fertiles et des plus peuplés de l'Angleterre. Sa capitale est *Winchester*. Le comté renferme 200,000 âmes. Il a 14 lieues de long sur 12 de largeur.

HAMPSHIRE (New-), un des États-Unis d'Amérique, au S. du bas Canada, au N. des Massachussets, séparé de l'État de Vermont par la rivière de Connecticut. Sa surface est de 1,054 lieues carrées, et sa population de 190,000 âmes. Il se divise en cinq comtés (*Rockingham*, *Stafford*, *Hillsborough*, *Chester* et *Grafton*), qui comprennent deux cent quatorze juridictions. La capitale est *Portsmouth*.

HAMSTER, genre d'animaux mammifères de l'ordre des rongeurs, assez semblables aux rats. Ils possèdent des abajoues creusées dans l'épaisseur des joues. Leurs membres postérieurs sont plus longs que les antérieurs; la queue est velue, très-courte et arrondie. Le *hamster commun* ou *marmotte d'Allemagne* est plus grand que le rat; le pelage est noir en dessous, roussâtre en dessus; les pieds sont blancs, les flancs fauves; les yeux sont petits et saillants. Cet animal vit en Alsace, en Allemagne, en Russie, en Sibérie et dans la Tartarie. Il est long de huit pouces, et vit de graines dans des terriers qu'il se creuse lui-même. On connaît encore l'*hamster des sables*, gris en dessus, blanc en dessous, à la tête conique, au nez rouge, aux oreilles développées et de couleur jaune. Cet animal est méchant et peu sociable. Il est long de trois pouces huit lignes. L'*hamster de Songarie* est à peu près semblable au précédent, mais plus petit et très-sociable.

HANAU (*Hanovia*, *Munimentum Trajani* des anciens), ville d'Allemagne, dans le grand-duché de Francfort, chef-lieu de province, de cercle et de juridiction, et ancienne capitale du comté de Hanau-Elle a 12,000 âmes. — C'est sous ses murs que fut livrée la bataille de Hanau, le 30 octobre 1813. Napoléon, qui commandait l'armée française, battit le comte de Wrède, général du roi de Bavière. La perte des Français s'éleva à 5,000 hommes, et celle des Bavarois et des Autrichiens à 10,000 hommes.

HANAU (Comté de), pays de 18 lieues de long, dans la Vétéravie, à l'O. de la Bavière. En 1429, ce pays fut érigé en comté par l'empereur Sigismond, dont les souverains prétendaient remonter au IIe siècle. En 1451, cette maison se divisa en deux branches, celle de Hanau-Muntzenberg et celle de Hanau-Lietchemberg. En 1642, après Jean-Ernest, mort sans postérité, tout le comté passa à la branche cadette, qui fit avec les maisons de Hesse et de Saxe un traité en vertu duquel les trois familles se donneraient réciproquement leurs principautés à l'extinction de leurs lignes masculines. En 1720, Frédéric-Auguste, duc de Saxe et roi de Pologne, céda ses droits sur la maison de Hanau à celle de Hesse; et plus tard Frédéric de Hesse, étant devenu roi de Suède, abandonna ses droits sur le même comté à son frère Guillaume, qui les transmit aux électeurs de Hesse, et le grand-duc de Hesse-Darmstadt.

HANCHE. On appelle ainsi la région du corps formée par les parties latérales du bassin. Leur forme varie selon la forme et la disposition des os du bassin. Chez les femmes, à cause de la grande largeur du bassin, les hanches sont très-prononcées et plus saillantes que chez les hommes. Chez un homme bien conformé, les hanches doivent avoir moins de largeur que les épaules; chez les femmes, c'est le contraire.

HANCHE, train de derrière d'un cheval. —Un cheval est *sur les hanches* lorsqu'il baisse sa croupe pour la disposer à recevoir le poids dont on dégage le devant. —On a nommé *effort des hanches* la distension qui arrive dans les fibres charnues des muscles fessiers après un mouvement violent. — En termes de marine, c'est la partie de l'arrière d'un bâtiment qui est entre la poupe et les haubans du grand mât. — Chez les insectes, la hanche est la partie de la région inférieure de la poitrine et du corselet qui reçoit la cuisse ou la première pièce des pattes antérieures, moyennes et postérieures.

HANEBANE, nom vulgaire de la *jusquiame*.

HANGAR, grand espace de terrain mis à l'abri de la pluie et des vents par un toit qui le recouvre. Les hangars sont utiles dans les fermes pour conserver les foins, pailles, céréales, récoltes; mettre à couvert les instruments de labourage, les chars, etc. Dans les ports et les arsenaux, on a des hangars pour abriter les mâts, les canons, les bois de construction, etc.

HANNETON, genre d'insectes de la famille des lamelliformes. Il renferme cent quatorze espèces, dont plusieurs font de grands ravages dans les forêts et les jardins. Jusqu'ici tous les encouragements donnés à la destruction de ces insectes n'ont pas été d'un grand succès: heureusement que leur vie ne s'étend pas au delà de huit à dix jours.

HANNON, général carthaginois, fut battu par le consul romain Lutatius, et mit en fuite devant Utique les mercenaires, qui se révoltèrent quelques milles après. Remplacé par Amilcar, il s'opposa constamment dans le sénat à la faction d'Annibal.

HANNON, général carthaginois, fut chargé par le sénat de Carthage de faire le tour de l'Afrique pour y fonder des colonies. Il entra dans l'Océan avec une flotte de 60 vaisseaux, passa le détroit de Gibraltar, fonda la ville de Thymiaterium, bâtit sur le cap Soloé un temple de Neptune; il découvrit ensuite Gytte, Acras, Melitta et Orambys, arriva à l'embouchure du Lyxus, découvrit l'île de Cerné, arriva jusqu'au cap des Trois-Pointes, et revint dans sa patrie, faute de vivres. Il écrivit le *Périple* ou journal de son voyage, et vingt-huit livres sur l'agriculture. Il mourut dans l'exil.

HANNON, l'un des plus puissants citoyens de Carthage, voulant se rendre maître de la république, avait invité aux noces de sa fille les sénateurs pour les faire empoisonner. Ce complot ayant été découvert, Hannon réunit 20,000 esclaves armés, et se retira dans un fort, où il fut pris et de là conduit à Carthage. On fit mourir avec toute sa famille.

HANOVRE, État d'Allemagne au N.-O. de cette contrée, borné par la mer d'Allemagne, l'Elbe, les Pays-Bas, le grand-duché du Rhin et la Prusse, appartenait à l'Angleterre autrefois, mais devenu depuis la mort de Guillaume IV la souveraineté du duc de Cumberland. Sa superficie est de 700 milles carrés, et sa population de 1,600,000 âmes. Ce pays fertile, arrosé par l'Elbe, le Weser, l'Ems, etc., se divise depuis 1828 en cinq gouvernements : *Hanovre*, *Hildesheim*, *Lunebourg*, *Stade*, *Osnabruck* et *Aurick*. Le Haut-Harz, dont le chef-lieu est Klausthal, a une administration particulière, nommée *capitainerie des montagnes*. La religion dominante est le luthéranisme ; le gouvernement est une monarchie mitigée par des assemblées d'états composées de cent un membres. Les revenus de l'État s'élèvent à 14,000,000, la dette publique à 60,000,000 ; l'armée se compose de 12,940 hommes et 4,676 chevaux. Le roi de Hanovre est membre de la confédération germanique, y occupe le cinquième rang, et a quatre voix à la diète générale. — Le pays qui forme aujourd'hui le royaume de Hanovre était, au Xe siècle, partagé entre les quatre familles de Brunswick, de Nordheim, de Billung et de Suplingburg. L'héritière de Billung épousa vers la fin du XIe siècle Henri le Noir, de la famille des Welfs ou Guelfes. Son fils épousa l'héritière des trois autres maisons. L'arrière-petit-fils de ce dernier, Othon l'Enfant, réunit sous le nom de duché de Brunswick les comtés de Lunebourg, de Brunswick, de Kalenberg, de Grubenhagen et de Goëttingue. Auguste-Ernest, élevé en 1698 à la dignité d'électeur de Hanovre, épousa Sophie, petite-fille de Jacques Ier, roi d'Angleterre, et en eut Georges-Louis, qui succéda à la reine Anne en 1714 sous le nom de Georges Ier. Démembré en 1806, et réuni en partie au nouveau royaume de Westphalie, en partie à l'empire français, il fut restitué en 1813 au roi d'Angleterre, et le duc de Cambridge en fut nommé gouverneur général. En 1814, il fut érigé en royaume, et en 1837, à la mort de Guillaume IV, l'ordre de succession à la couronne de Hanovre en excluant la reine Alexandrine-Victoire, le duc de Cumberland a été proclamé roi sous le titre d'Ernest-Auguste. Le trône est héréditaire dans la famille de Brunswick-Lunebourg, mais seulement dans la ligne masculine. En cas d'extinction de cette branche, la couronne passerait à la famille de Brunswick-Wolfembuttel.

HANOVRE, ancienne capitale de l'électorat de Brunswick, aujourd'hui capitale du royaume de Hanovre. Cette belle et forte ville, au confluent de la Leine et de l'Ihne, renferme 29,000 âmes, et possède plusieurs fabriques de galons d'or et d'argent, de toiles, de lainage, d'étoffes, de toile cirée, de tabac, etc. Aux environs de Hanovre sont les maisons royales de Montbrillant et de Herrenhausen.

HANRIOT (François). Voy. HENRIOT.

HANSAR, sorte de scie ayant une lame très-large et flexible. Elle a une poignée en bois à une de ses extrémités, et à l'autre un trou dans lequel on fait passer une brochette ou grand clou, pour se faire aider dans quelques cas par un second scieur qui tire et pousse à ce bout.

HANSE, association pour le commerce de mer. La *hanse teutonique*, formée au commencement du XIIIe siècle, fut établie pour protéger la navigation contre les pirates de la Baltique. Les villes confédérées prirent le nom de *villes hanséatiques*, et leur nombre s'élevait déjà à plus de 64 à la fin du XIVe siècle. La hanse, qui avait des flottes, une armée, son trésor, se divisait en quatre quartiers : le premier, appelé *le Vandale*, dont la métropole était Lubeck, s'étendait depuis Hambourg jusqu'à l'extrémité de la Poméranie ; le deuxième, appelé *le Rhin*, avait pour métropole Cologne ; le troisième, appelé *le Saxon*, avait pour métropole Brunswick ; le quatrième, *le Prussien*, avait pour métropole Dantzick. Lubeck était *le chef*, Dantzick *le chancelier*, Brunswick *le maréchal*, Cologne *le trésorier* de la confédération hanséatique. Elle est maintenant réduite aux seules villes de Lubeck, Brême et Hambourg.

HANSE PARISIENNE, association de marchands pour le commerce de la Seine en amont et en aval de Paris. Déjà établie au XIIe siècle, elle acheta en 1220 de Philippe Auguste, moyennant une rente annuelle de 320 livres, le droit de crier les marchandises dedans la ville. Le chef de la hanse reçut en 1228 le nom de *prévôt des marchands*, et les autres membres, appelés *échevins*, formèrent dans la suite le corps municipal de Paris.

HAPHTARE, mot hébreu qui signifie *renvoi*. Les juifs appellent ainsi la leçon qu'ils font chaque jour du sabbat d'un endroit des prophètes, après la lecture du Pentateuque. Ils nomment cette leçon *haphtare* ou *renvoi*, parce qu'elle se fait à la fin, lorsqu'on renvoie le peuple.

HAPPE, nom donné à plusieurs machines ou à des parties de machines, dont l'usage est de fixer, d'assujettir deux choses ensemble, en les embrassant et les serrant à la fois.

HAQUENÉE, sorte de cheval et plus particulièrement de jument, à l'allure douce et réservée aux dames. Un usage, existant encore au XVIIIe siècle, obligeait l'ambassadeur du roi de Naples de présenter tous les ans au pape assis au milieu de la grande nef de Saint-Pierre, dans la *sedia gestatoria*, la veille de Saint-Pierre, une haquenée blanche, comme possédant le trône de Naples, que l'Église avait donné à Charles d'Anjou.

HAQUET, espèce de charrette qui fait la bascule quand on veut, et sur le devant de laquelle est un moulinet qui sert, par le moyen d'un câble, à charger et décharger des fardeaux. Il y a de petits haquets qui peuvent être traînés par des hommes.

HAR (myth. ind.), la deuxième personne divine sa dixième incarnation. Elle s'est incarnée plusieurs fois, avec un nouveau nom à chacune de ces incarnations. Elle n'est pas encore à la dernière.

HARAI, nom donné, en Turquie, au tribut que payent au sultan tous ceux qui ne professent pas la religion musulmane.

HARALD. Plusieurs rois de Norwége ont porté ce nom. — Les plus fameux sont HARALD HARFAGEN (aux beaux cheveux), qui succéda en 883 à Halfdan III ; c'est depuis son avènement au trône que la Norwége devint une monarchie puissante. Il soumit ses vassaux rebelles, porta ses armes au delà des frontières de la Norwége, soumit le Halogaland et le Finmarck, et fit plusieurs incursions sur les côtes d'Angleterre et d'Écosse. Il mourut en 936. — HARALD, surnommé *Hardrad* (le sévère), succéda à Magnus Ier en 1047. Il fut en guerre avec le Danemarck jusqu'en 1064. Ayant tenté une expédition en Angleterre pour soutenir les droits de Toste contre Harald Godvinsson, roi de ce pays, il se rendit maître de tout le pays jusqu'à Yorck. Il fut blessé mortellement près de cette ville (1066).

HARALD ou HAROLD. Plusieurs rois de Danemarck ont porté ce nom. La plupart sont inconnus. Le plus célèbre est HARALD, qui succéda en 1074 à Suénon II, son père, et mourut en 1080. — Pour les rois d'Angleterre du nom d'Harald, voy. HAROLD.

HARAS, vastes établissements où l'on nourrit, où l'on élève et entretient des étalons, des chevaux, des juments, pour perpétuer les races. Napoléon fit relever, en 1806, ceux de Pompadour et de Pin en Normandie, supprimés en 1789. Louis XVIII ordonna la fondation de celui de Rosières, près de Dôle. Il y a maintenant trois haras en France, entretenant chacun de cent à cent cinquante étalons, et dont les dépenses montent à 1,500,000 francs par année.

HARCOURT (Henri DE LORRAINE, comte D'), fils de Charles de Lorraine, duc d'Elbeuf, né en 1600. Il se signala en 1620 au siège de Prague, et puis aux sièges de Montauban, de Saint-Jean d'Angely et de la Rochelle. Louis XIII l'honora en 1633 du collier de ses ordres. Il reprit en 1637 les îles de Lérins sur les Espagnols, qu'il battit aux combats de Quiers en 1639, de Casal, au siège de Turin en 1640, et à la prise de Coni en 1641. Il fut nommé en 1642 gouverneur de Guyenne, en 1643 grand écuyer de France et ambassadeur en Angleterre, et en 1645 vice-roi de Catalogne, où il battit les Espagnols en plusieurs rencontres. Sur la fin de ses jours, il fut nommé gouverneur d'Anjou, et mourut en 1666.

HARCOURT (Henri, duc D'), né en 1654, fut envoyé en 1697 ambassadeur en Espagne, et ses services furent récompensés par l'érection des marquisats de Beuvron et de Thury en duché (1700) et en pairie (1709). Il mourut en 1718, après avoir reçu le bâton de maréchal de France en 1703, et le collier des ordres du roi en 1705.

HARDI-CANUT. Voy. CANUT.

HARDION (Jacques), né à Tours en 1686. Chargé de l'éducation des princesses filles de Louis XV, il composa pour elles une *Nouvelle Histoire poétique*, un *Traité de l'éloquence et de la poésie française*, et enfin un *Abrégé de l'histoire universelle sacrée et profane*. Il mourut en 1766, membre de l'académie française depuis 1730.

HARDOUIN (Jean), jésuite, célèbre par son érudition, né à Quimper en 1646. On lui doit une édition très-estimée de Pline le Naturaliste, la *Chronologie rétablie par les médailles*, un *Commentaire sur le Nouveau Testament*, des *opuscules choisis*, des *opuscules variés*, les *Athées découverts*. Il soutenait que tous les écrits anciens étaient supposés, à l'exception des ouvrages de Cicéron, de l'Histoire naturelle de Pline, des *Géorgiques*, des *Épîtres* d'Horace et des *Géorgiques* de Virgile. L'*Enéide* et les odes d'Horace étaient d'un bénédictin du XIIIe siècle. Hardouin mourut en 1729.

HARDY (Alexandre), célèbre auteur dramatique né à Paris, qui florissait sous Henri IV et Louis XIII, qui a fait six cents pièces de théâtre, qu'il faisait jouer par une troupe de comédiens ambulants. Il fut le premier qui introduisit en France l'habitude de retirer des honoraires des pièces mises au théâtre. *Marianne* est la meilleure de ses tragédies. Hardy est mort en 1630.

HAREM. Voy. SÉRAIL.

HARENG, espèce de poisson du genre *clupe*, originaire des mers polaires, aux flancs aplatis, à la tête mince, qui vient parcourir par bandes innombrables, chaque année, les rivages de l'Europe. La pêche et la salaison du hareng constituent une grande branche de commerce. On attribue à un simple pêcheur flamand, Beuckels, vers 1350, la découverte de saler le hareng. Cette opération s'appelle *caquer*. On nomme *harengs blancs* ceux qui ont été ouverts et vidés, lavés en eau douce et salés en les trempant dans une saumure d'eau douce et de sel marin. On les égoutte, on les sèche, on les place dans des barils par lits symétriques, et on les couvre de saumure. Les *harengs saurs* restent vingt-quatre ou trente heures dans la saumure; puis on les expose pendant vingt-quatre heures à un feu qu jette beaucoup de fumée. Ensuite on les met dans les barils.

HARFLEUR, petite ville du département de la Seine-Inférieure, avec un petit port sur la Lézarde, près de la rive droite de la Seine, à 2 lieues et demie du Havre. Population, 1,500 habitants. Cette ville, déjà considérable en 1035, prenait au moyen âge le titre de souverain port de la Normandie. Il était l'entrepôt du commerce d'outre-mer et de Seine. Harfleur a perdu peu à peu son ancienne prospérité. Sa population est considérablement diminuée; la mer ne baigne plus ses murailles, et s'en est éloignée d'une demi-lieue.

HARICOT, genre de la famille des légumineuses. C'est une plante herbacée, annuelle, volubile, grimpante, dépourvue de vrilles, aux feuilles alternes, ternées, aux fleurs disposées en grappe. Le fruit est une gousse oblongue, bivalve, renfermant un grand nombre de graines réniformes et farineuses, qui offrent un mets simple, agréable et nourrissant. Parmi les nombreuses espèces de haricots que l'on cultivent, nous citerons le *haricot commun* et le *haricot multiflore*, originaire de l'Amérique méridionale. On cultive cette dernière espèce comme plante d'agrément.

HARLAY, famille distinguée, dont plusieurs membres ont appartenu à la magistrature française et au clergé depuis le xive jusqu'au xviiie siècle. Les plus célèbres sont : Achille de Harlay, successeur de Christophe de Thou, son beau-père, en 1582, dans la dignité de premier président du parlement de Paris. Lors de la ligue contre Henri III, il fit au duc de Guise la réponse si connue, dont il le couvrit de gloire, et imposa par sa fermeté aux séditieux. Il mourut en 1616. — Achille de Harlay, petit-fils du précédent, né à Paris en 1639, successeur en 1693 de Nicolas Potier dans la charge de premier président du parlement de Paris. Il est surtout célèbre par ses bons mots et ses reparties, recueillis sous le titre d'Harlæana. Il mourut en 1712.

HARLE, genre d'oiseaux de la famille des palmipèdes lamellirostres. Leur bec est droit, étroit, cylindrique, déprimé à sa base, plus mince que celui des canards; les narines sont ovales, très-petites, situées sur le milieu du bec; les yeux sont saillants; les ailes de longueur moyenne, les pieds sont courts et retirés sous l'abdomen. Ces oiseaux sont aquatiques, et se nourrissent de poissons et de petits animaux. Le *grand harle* ou *harle vulgaire*, plus gros que le canard, a vingt-six ou vingt-huit pouces de longueur. Le corps est large, aplati; le dos, la tête et les parties supérieures du cou, d'un noir verdâtre, sont couverts de plumes courtes, relevées en houppe; la poitrine, les ailes sont blanches, nuancées de rose jaunâtre; les ailes supérieures sont noires, ainsi que le haut du dos; la queue est grise. La femelle porte sur la tête une huppe longue et effilée. Le harle habite la Norwége, l'Irlande, le Groënland, les côtes de la France, de l'Angleterre, de la Hollande et de l'Amérique septentrionale.

HARLEM, ville de Hollande, à 5 lieues d'Amsterdam, sur le Spaaten. Population, 25,000 âmes. Elle a de très-belles manufactures de soie, de draps et de toiles, renommées pour leur éclatante blancheur, et qu'elle livre au commerce sous le nom de *toiles de Hollande*. Elle faisait autrefois un très-grand commerce de fleurs, et particulièrement de tulipes, dont le goût allait jusqu'à la frénésie. Cette ville se glorifie de l'invention de l'imprimerie, qu'elle attribue à un personnage inconnu, Jean-Laurent Coster. Cette ville est la patrie d'un grand nombre de peintres et de savants, et renferme plusieurs sociétés savantes.

HARMODIUS. Voy. Aristogiton.

HARMONICA, instrument de musique, composé de cloches, de gobelets de verre, qu'on accorde par demi-tons au moyen de l'eau qu'on y verse avec plus ou moins d'abondance, et dont on frotte les bords avec les doigts pour les faire résonner; ou formé avec des cloches de verre, traversées par un axe mobile, que l'on met en mouvement par une pédale. Les sons de ces instruments sont très-doux.

HARMONICA, instrument inventé par M. Lenormand, et composé d'une échelle chromatique plus ou moins étendue, de lames de verre, fixées par un bout, libres par l'autre, et qu'on frappe avec de petites baguettes flexibles, terminées par un morceau de liège.

HARMONIE, nom donné à cette branche de l'art musical qui traite des accords, c'est-à-dire de la connaissance des sons lorsqu'ils se font entendre simultanément, de leurs combinaisons, de leurs rapports entre eux. Cette couvenance, ces combinaisons et ces rapports des sons portent aussi le nom d'*harmonie*, et s'appelaient anciennement symphonie. Le but de l'harmonie est d'accompagner la mélodie. Les principaux *Traités d'harmonie* sont ceux de Rameau, de Catel et de Reicha. (Voy. Mélodie, Basse fondamentale, Accords, Intervalle, Accompagnement.) Ce mot est synonyme de *contre-point* et de *composition*.

HARMONIE. Les anciens avaient considéré les mouvements célestes comme formant entre eux une espèce d'harmonie. On considérait d'abord les aspects comme ayant rapport avec les intervalles des tons en musique. Ainsi l'aspect quadrat ou la quadrature est par rapport à l'aspect sextile ou de 60 degrés comme 3 est à 2; c'est le rapport des tons qui forme la *quinte* en musique. — Kepler a cherché à comparer les rapports des distances des planètes entre elles aux intervalles de la musique. Mais ces rapports sont très-arbitraires et incomplets.

HARMONIE. Les anatomistes nomment ainsi (de même que *suture par harmonie, suture fausse* ou *superficielle*) une articulation immobile, dans laquelle les enfoncements et les éminences que présentent les surfaces osseuses sont peu marqués, de sorte que l'on croirait au premier abord que la jonction des os a lieu par simple apposition de leur surface.

HARMONIES ÉVANGÉLIQUES, nom donné, en théologie, aux livres qui démontrent la concordance des quatre évangélistes. On en attribue le premier dessein à Tatien ou Théophile d'Antioche dans le iie siècle.

HARMONIQUE (Proportion), sorte de proportion dans laquelle le premier terme est au troisième comme la différence du premier et du deuxième est à la différence du deuxième et du troisième. C'est-à-dire que trois nombres sont en *proportion harmonique* lorsque le rapport géométrique de deux de ces nombres est égal au rapport des différences de chacun des trois avec le troisième. Ainsi A est à C comme A moins B est à B moins C est une proportion harmonique.

HARMONIQUES, sons qui résonnent faiblement à l'octave de la quinte et à la double octave de la tierce d'un son grave, quand on fait vibrer avec force une corde de grande dimension.

HARMONIQUES (Sons), sons qui se produisent lorsqu'une partie seulement d'une corde entre en vibration de manière à faire entendre une tierce majeure ou la quinte de la corde totale. Ces sons sont plus doux, plus purs, plus moelleux que les autres sons; on en fait usage sur le violon, la harpe, etc.

HARMOSTE, magistrat extraordinaire qu'on créait à Sparte dans quelques occasions majeures, lorsque la justice et les lois étaient sans force, et que les autres magistrats ne pouvaient remplir leurs devoirs. Son pouvoir était sans bornes. Il était élu pour un espace de temps indéterminé.

HARMOSTÈRES ou Harmostes, magistrats militaires de Sparte nommés pour administrer les provinces et gouverner les villes conquises. Ils étaient réélus tous les ans.

HARMOSYNES ou Gynécocratumènes, magistrats inférieurs de Sparte, dont les fonctions consistaient à surveiller les femmes de cette ville et à faire exécuter avec décence les jeux et les exercices publics.

HARO ou Clameur de haro, réclamation qu'on faisait anciennement en Normandie, lorsqu'on était attaqué et insulté, ou lorsqu'on trouvait sa partie et qu'on voulait la mener devant le juge. Cette dernière était tenue de suivre celui qui criait *haro* sur elle, et l'un et l'autre demeuraient en lieu de sûreté jusqu'à ce que le juge eût prononcé sur le différend. Cette clameur de haro, particulière à la province de Normandie, tire, selon quelques-uns, son origine de Rollon, premier duc de Normandie, prince d'une justice exemplaire.

HAROLD ou Harald. Deux rois d'Angleterre portèrent ce nom. — Harold Ier succéda en 1036 à son père Canut II au préjudice de Hardi-Canut ou Canut III, que son père avait désigné pour lui succéder, et qui, se trouvant alors en Danemarck, ne put que soutenir faiblement ses droits. Harold resta seul maître de l'Angleterre. En 1037, il y attira Alfred, fils d'Ethelred II, et le fit périr. Il mourut en 1039. Voy. Canut. — Harold II, fils du comte Godwrin, fut élu roi en 1066 après la mort d'Édouard III. Guillaume le Conquérant, qu'il avait promis d'aider à s'emparer de la couronne, l'accusa d'avoir parjuré son serment en s'étant fait lui-même élire roi, et envahit l'Angleterre. Harold, qui repoussait l'invasion de Tostig, son frère, et de Harald Hardrada, roi de Norwége, voulut défendre son trône à la bataille d'Hastings; mais il y perdit la vie en 1066.

HAROMSZEK, siège de Transylvanie; sa superficie est de 18 lieues carrées, et sa population de 5,000 familles. Le chef-lieu est *Zabola*. Ce pays est très-fertile en grains, bois, pâturages. Il renferme des mines de cuivre, fer, houille, des sources d'eaux minérales, et commerce en sel, soufre, bêtes à cornes et à laine.

HAROUN-AL-RASCHILD (*le Juste*), cinquième calife abbasside, monta sur le trône en 786. Il fit huit expéditions contre les Grecs de Constantinople, et envoya à Charlemagne de magnifiques présents. Sous son règne, l'empire musulman parvint à son plus haut degré de splendeur. Il enveloppa dans une proscription générale les Barmécides, ses ministres, et parmi eux le célèbre Giafar. Il fit deux pèlerinages à la Mecque, et mourut en 809, à l'âge de quarante-sept ans. Il avait été le protecteur des lettres.

HARPE, instrument de musique de grande dimension et d'une forme triangulaire, monté de quarante-trois cordes de boyaux, disposées verticalement, qu'on pince avec les mains pour en tirer des sons. La harpe fut connue de tous les peuples anciens; mais elle était beaucoup plus simple que de nos jours.

HARPE, pierres d'attente que l'on fait sortir hors du mur pour servir de liaison quand on veut joindre une maison nouvelle à la maison déjà existante.

HARPE, coquille univalve, ovale ou bombée, munie de côtes longitudinales, parallèles et à l'ouverture échancrée inférieurement. Elle est grise ou d'un blanc violacé, avec des taches roussâtres ou rouges.

HARPIES (myth.), monstres ailés, filles de Neptune et de la Terre, avaient la tête d'une femme, le corps d'un vautour et les doigts armés de griffes crochues. Elles étaient trois, *Céléno*, *Aëllo* et *Ocypète*. Elles répandaient autour d'elles une odeur infecte, et souillaient tout ce qu'elles touchaient.

HARPOCRATE, dieu égyptien, que l'on croit être le même qu'Orus, fils d'Isis. On le représentait sous la forme d'un petit enfant dans un berceau, tenant un doigt sur la bouche, ce qui le fit prendre par les Grecs pour le dieu du silence, et le fit nommer *Sigalion* et *Harpocrate*. On plaçait sa statue à l'entrée des temples, pour marquer qu'on honore les dieux par son silence. Les Grecs lui donnèrent de plus beaux emblèmes, et le peignirent sous la forme d'un jeune homme. Le pêcher lui était consacré.

HARPON, large fer de flèche, à la pointe acérée, attaché à une manche auquel tient une longue corde, et dont on se sert pour détruire les plus grands des animaux marins et entre autres la baleine. L'état de *harponneur* demande beaucoup de courage et d'adresse ; très-souvent ces hommes ont été victimes de leur témérité. Aujourd'hui on lance le harpon au moyen de la poudre à canon. Ce moyen est plus simple, plus sûr et moins dangereux.

HART, lien fait avec une branche pliante et qui sert à attacher un fagot. Par analogie, c'est le *lien* qui sert à suspendre le criminel à la potence. Après avoir désigné l'instrument, ce mot désigna bientôt le supplice, c'est-à-dire le *gibet* et la *potence*.

HARTFORD, capitale du Connecticut, un des Etats-Unis d'Amérique, à 30 lieues S.-O. de Boston. La population est de 10,000 habitants. Cette ville a une banque nationale, une société médicale, de nombreuses manufactures, des moulins à poudre, des verreries, etc.

HARVEY (Guillaume), né à Folkston en 1578, médecin de Jacques Iᵉʳ et de Charles Iᵉʳ, auquel on attribue la découverte de la circulation du sang. S'il ne l'inventa pas, il eut la gloire de l'enseigner le premier ; ce qui lui attira de nombreuses persécutions. Il mourut en 1657, laissant des *Traités sur la circulation du sang*, *l'origine des animaux*, des *Nouveaux Principes de philosophie*.

HARZ (LE), chaîne de montagnes située entre Seesen et Mansfeld, longue d'environ 18 lieues. Les hauteurs situées vers le S.-O. s'appellent *Vorharz*, celles du N.-O. *Oberharz*, celles du S. *Unterharz*. Les principales sont : le *Brocken*, haut de 3,490 pieds ; le *Heinrichshœhe*, 3,168 pieds, et le *Bruch-Berg*, 3,013 pieds. Les plaines situées dans ces montagnes embrassent 122 lieues avec 56,000 habitants, quarante villes, etc., appartenant au Hanovre pour la plupart. On trouve de très-belles et nombreuses mines dans le Harz. On nomme *Harzwald* la partie du Hanovre que traverse le Harz.

HARZWEL ou HARTWEL, hameau d'Angleterre, dans le comté de Buckingham, à 17 lieues de Londres. Cette petite ville a un château qui fut la résidence de Louis XVIII de 1803 à 1814.

HARWICH, bon et beau port fortifié d'Angleterre, dans le comté d'Essex, à 30 lieues de Londres. Cette ville a de grands chantiers de construction, des bains de mer ; on y fait de grandes pêches. C'est le lieu de départ pour la Hollande et l'Allemagne. La population est de 18,000 habitants.

HASLI, vallée de Suisse, dans le canton de Berne, au pied des monts Grimsel, Seidenhorn et Zinkenstock. Sa longueur est de 11 lieues. Elle est traversée par la rivière Aar, et renferme 6,000 habitants. On y trouve de belles mines de fer, des mines du cristal, de bons pâturages et des fromages excellents. Le chef-lieu est Meiringen.

HASTAIRES, fantassins des troupes romaines, ainsi nommés parce qu'ils étaient armés de hastes ou longues piques. Dans la suite, ils substituèrent à la haste le javelot. On les choisissait parmi les jeunes gens, et ils formaient la première ligne du corps de bataille.

HASTÉ, nom donné aux feuilles qui s'élargissent subitement à la base en deux lobes divergents ou transversaux.

HASTER, mesure de capacité usitée en Belgique. Elle contient environ 30 setiers, ancienne mesure de France.

HASTES, longues lances dont se servaient les Grecs et les Romains. Elles se portaient suspendues à des courroies. Les hastes furent abandonnées plus tard comme trop lourdes et embarrassantes.

HASTINGS, ville d'Angleterre dans le comté de Sussex, à 18 lieues à l'E. de Londres. C'est près d'Hastings que se livra en 1066 la bataille célèbre de ce nom, où Guillaume le Conquérant, duc de Normandie, vainquit Harold II, roi d'Angleterre. Cette victoire fit monter Guillaume sur le trône. Harold fut tué dans le combat.

HASTINGS (Guillaume), chambellan d'Edouard IV, roi d'Angleterre, qu'il suivit en 1470, lorsque ce prince fut obligé de chercher un asile en Hollande. Il contribua beaucoup au gain de la bataille de Barnet, qui fit remonter le roi sur le trône. Il ne fut pas moins fidèle à ses fils. Richard, duc de Glocester, résolut de le perdre ; il l'accusa de sorcellerie, et le fit décapiter par ses satellites en 1683.

HATIK, nom donné à une espèce de chevaux arabes, issus des beaux étalons et des juments de charge. Ce croisement d'espèces produit des chevaux très-bons quoique peu estimés à raison de leurs formes.

HATI-SCHÉRIF, nom donné, en Turquie, aux ordonnances émanées du sultan et signées de sa main.

HAUBANS, cordes (en chanvre dans la Méditerranée) destinées à soutenir les mâts contre les efforts du vent et les secousses du navire. Il y en a de longitudinales dans le sens de la quille (l'une tire le mât vers l'arrière, l'autre vers l'avant) ; les autres sont transversales. Ces cordes fournissent des forces suffisantes au mât pour résister aux tempêtes. Les vaisseaux à trois ponts ont jusqu'à neuf haubans de chaque bord.

HAUBERT, cotte de mailles à manches et à gorgerin qui servait de housse-col, de brassards et de cuissards.

HAUSRUCKVIERTEL, cercle d'Autriche, entre les rivières de Traun, Inn, Muhl et le cercle de Salzbourg. Sa superficie est de 36 lieues carrées, sa population de 109,300 habitants. Ce pays est très-fertile ; il produit des grains, des fruits, du lin, etc.

HAUSSE-COL, ornement de cuivre ou d'argent doré suspendu à deux petits glands, que les officiers d'infanterie portent autour du cou, sur le devant de l'habit, quand ils sont de service ou quand le régiment sort avec les drapeaux. C'est un reste de l'ancienne armure. On armait officier, sous Louis XIV, en présentant un hausse-col et une pique. On conserva cette pièce après l'abolition de tout le reste du costume de fer.

HAUT. En géographie, on nomme ainsi, 1° la partie des fleuves ou des rivières laquelle est du côté de la source ; 2° le pays arrosé par cette partie ; ainsi l'on dit *haute Garonne*, *haute Seine*, *haute Alsace*, *haut Rhin*, etc. On appelle haut *pays* la partie de certains pays qui est la plus éloignée de la mer. En musique, *haut* est synonyme d'*aigu*. — Dans le commerce, *haut* se dit de la valeur extraordinaire des choses ; ainsi on dit *les blés sont hauts cette année*. Une rivière, une mer sont *hautes* quand leurs vagues sont soulevées avec violence. La *haute mer* ou la *pleine mer*. — On appelle *vaisseaux de haut bord* les vaisseaux de haute dimension ; *haute lisse*, une fabrique de tapisserie dont la chaîne est tendue de haut en bas ; *hautes puissances*, les anciens états généraux de Hollande.

HAUTBOIS, instrument de musique, à vent à anche, en cèdre, en ébène et le plus souvent en buis, percé de trous et armé de clefs, qui tient une place importante dans l'orchestre, et qui est usité très-souvent par les compositeurs modernes pour les solos. Le hautbois a le son plus fort que la flûte, à huit trous. Son étendue est à l'unisson du violon, et contient deux octaves et quatre demi-tons.

HAUT BORD, vaisseaux formés de plusieurs étages élevés, et secondés par de vastes et fortes voiles. Presque tous les navires sont maintenant de haut bord, excepté les goëlettes et autres petits bâtiments. Quand Napoléon voulut organiser sa marine comme son armée de terre, il nomma équipage de haut bord l'unité numérique renfermant tous les éléments susceptibles d'armer un vaisseau de ligne. Ces organisations n'existent plus.

HAUTE-CONTRE, nom des voix d'hommes les plus aiguës par opposition à la *basse-contre*, nom des voix d'hommes les plus graves. Cette espèce de voix ne se trouve communément en France qu'à Toulouse et dans les environs.

HAUTEUR. La *hauteur* ou l'élévation d'un astre, en astronomie, est l'arc du cercle vertical compris entre l'astre et l'horizon. L'*apparente* est celle qui est fournie par les instruments et qui est soumise à plusieurs influences ; la *vraie* est celle que l'on obtient par le calcul, en tenant compte de ces influences. La *hauteur méridienne* a lieu lorsque l'astre passe par le méridien : c'est l'arc du méridien compris entre l'astre et l'horizon. La *hauteur du pôle* au-dessus de l'horizon est le synonyme de *latitude*. On appelle *hauteurs correspondantes* deux hauteurs égales d'un astre mesurées, l'une avant le passage d'un astre au méridien, et l'autre après ce passage. Ces deux hauteurs servent à déterminer l'instant précis du passage de cet astre au méridien. — En marine, *être à la hauteur d'un lieu* veut dire que l'on se trouve sous le même parallèle.

HAUTEUR. Les maçons disent *hauteur d'appui* pour signifier trois pieds de haut, et *hauteur de marche* six pouces, parce que l'usage a déterminé ces hauteurs.

HAUT JUSTICIER, nom donné au moyen âge aux seigneurs qui avaient droit de connaître des crimes qui troublent l'ordre public, et de les réprimer. La juridiction des hauts justiciers ou haute justice était supérieure à celle des bas justiciers ; ils recevaient du roi la plénitude de son pouvoir dans l'étendue de leur justice, et le droit d'y connaître des matières que le roi ne s'était point réservées à lui seul ou n'avait point attribuées aux juges royaux.

HAUT-LE-PIED, nom donné autrefois aux brigadiers et aux maréchaux des logis.

HAUT MAL. Voy. ÉPILEPSIE.

HAÜY (René-Just), minéralogiste et physicien célèbre, né à Saint-Just (Oise) en 1743. Fils d'un simple tisserand, il reçut des leçons des moines d'une abbaye de prémontrés à Saint-Just ; devenu enfant de chœur à Paris, il se distingua comme musicien et par son jeu sur le clavecin et le violon ; enfin il obtint la place de régent de cinquième au collège de Navarre, et devint un botaniste distingué. Ayant assisté par hasard à une leçon de minéralogie, il prit du goût pour cette science, et fit un grand nombre de découvertes qui jetèrent une grande lumière sur elle, entre autres les lois des cristallisations des métaux. Il distingua des substances jusque-là confondues, fut nommé, après de violentes persécutions pendant la révolution, en 1802, professeur de minéralogie au muséum d'histoire naturelle, et mourut en 1822, laissant un *Traité de minéralogie et de physique*.

HAÜY (Valentin), frère du précédent, né à Saint-Just en 1745. La vue des succès de l'abbé de l'Epée lui fit porter ses regards sur une autre classe d'infortunés, sur les aveugles, et il inventa le mode simple et ingénieux de tracer en relief les signes, les lettres, les notes, etc. Après de nombreux essais sur plusieurs aveugles, il forma un institut de douze de ces malheureux en 1784 ; en 1786, Louis XVI protégea l'établissement, et porta le nombre des élèves à cent vingt. A la révolution, l'institut se soutint, grâces aux soins de Haüy ; poursuivi par des fausses accusations, celui-ci s'en alla à Saint-Pétersbourg, où il fonda un institut semblable en 1806. Revenu en 1817 dans sa patrie, il mourut en 1822.

HAVANE (LA). Voy. CUBA.

HAVRE, mot qui désignait autrefois tout port de mer, naturel ou creusé par les hommes, et qui n'est plus usité aujourd'hui que pour désigner certains ports, comme le Havre-de-Grâce, à l'embouchure de la Seine, etc. Le *havre de barre* est un nom donné aux ports dont l'entrée est fermée par des bancs de sable ou des galets, etc. Le *havre de toutes marées* ou *d'entrée* est celui où les bâtiments peuvent entrer et sortir à tout instant. Le *havre brut* ou *crique* est un nom donné à un havre naturel.

HAVRE (LE), sous-préfecture de la Seine-Inférieure, port de mer, à l'embouchure de la Seine, dans la Manche, à 22 lieues de Rouen. — Cette ville, importante par sa situation, renferme 26,000 âmes ; elle a été fondée par Louis XII en 1509 et embellie par François Ier. C'est un des principaux ports de France. Il peut recevoir les gros navires marchands.

HAYDN (François-Joseph), un des plus grands musiciens de l'Europe, né en 1732 à Rohram, près de Vienne. Fils d'un pauvre charron, il obtint la place d'enfant de chœur à Saint-Etienne, cathédrale de Vienne, et composa à treize ans une messe. Ayant perdu sa voix, et livré à lui-même, il travaillait seize heures par jour, et pouvait à peine se nourrir. A dix-huit ans, il fit l'opéra du *Diable boiteux*, et publia une série de quatuor et de symphonies. En 1760, il devint maître de chapelle du prince Nicolas, auquel il resta attaché pendant trente ans et en 1798, fit l'oratorio de *la Création du monde*. Deux ans après, il composa celui des *Quatre Saisons* ; il mourut en 1809. Haydn a écrit cent dix-huit symphonies, vingt et un opéras, entre autres *Armida*, quatre-vingt-deux quatuor, treize concertos, cinq oratorios, trente et une pièces d'église, etc.

HAYE (LA), ville du royaume de Hollande, à 12 lieues d'Amsterdam, siége du gouvernement et résidence du roi. La population est de 58,000 âmes. — Guillaume II, comte de Hollande, fonda la Haye en 1248. L'une des cités les mieux bâties de l'Europe. Elle possède une très-belle fonderie de canons, et est peu commerçante.

HAZAEL, officier de Bénadad, roi de Syrie. Ce prince, étant tombé malade, l'envoya chargé de présents vers le prophète Elisée, qui lui prédit son élévation au trône et les maux qu'il causerait à la Judée. En effet Hazaël, de retour vers son maître, l'étouffa, et se fit proclamer roi vers l'an 896 avant J.-C. Il ravagea la Judée, prit Jérusalem, fit mourir tous les princes du peuple, et mourut l'an 836 avant J.-C.

HAZAZEL. Voy. BOUC ÉMISSAIRE.

HAZEBROUCK, sur la Borre, chef-lieu d'arrondissement du département du Nord, à 11 lieues trois quarts O. de Lille. Population, 7,800 habitants. — Hazebrouck n'était autrefois qu'un bourg dépendant de la châtellenie de Cassel. C'est aujourd'hui une petite ville qui possède un hôtel de ville construit en 1808, une bibliothèque de 4,000 volumes, un collège, un tribunal de première instance et une société d'agriculture. L'arrondissement de Hazebrouck est très-manufacturier. Il renferme des brasseries, des tanneries, des fabriques d'huile. On y confectionne le papier, les chapeaux, la dentelle, les bas de fil et de coton, etc.

HEAUME, casque de noble et de chevalier, armure en fer en usage sous les rois de la troisième race. Ce fut d'abord un simple pot ; il devint, au XIIIe siècle, grand casque, avec un cimier, un panache et des lambrequins. L'usage du heaume se maintint jusqu'au XVIe siècle.

HÉAUTONTIMOROUMENOS (réunion de mots grecs qui signifient l'*homme qui se punit lui-même*). C'est le titre d'une pièce de Térence, écrivain romain. Le sujet est la douleur d'un vieillard qui s'afflige d'avoir, par sa dureté, forcé son fils à quitter la maison paternelle.

HEBDOMADAIRE, nom donné aux choses qui reparaissent une fois chaque semaine.

HEBDOMADIER, nom donné à celui qui est de semaine dans un couvent ou un chapitre de chanoines pour dire les oraisons de l'office et y présider. Il y avait autrefois plusieurs sortes d'hebdomadiers, savoir : l'hebdomadier chantre, l'hebdomadier lecteur de table, du psautier, de la grand'messe, etc. — On nomme aussi *hebdomadière* une religieuse qui est de semaine pour dire l'office et y présider.

HEBDOME, fête que les anciens Grecs célébraient le septième jour de chaque mois lunaire en l'honneur d'Apollon. L'on y chantait des hymnes en l'honneur de ce dieu, et l'on ornait de lauriers l'intérieur des maisons.

HÉBÉ (myth.), déesse de la jeunesse, fut chargée de verser le nectar aux dieux. Elle fut supplantée dans cet emploi par Ganymède, et elle épousa Hercule, dont elle eut deux fils.

HÉBERT (Jacques-René), fameux révolutionnaire, né à Alençon en 1755. Il rédigea le célèbre journal du *Père Duchesne*, et s'allia avec plusieurs hommes contre Robespierre. Ses partisans furent appelés *hébertistes*. Mais, ayant été arrêté, il fut décapité en 1794.

HÉBRAIQUE (LANGUE et LITTÉRATURE). La langue hébraïque, l'une des langues sémitiques, passe pour la plus ancienne. Son alphabet est composé de vingt-deux lettres, qu'on écrit de droite à gauche. La littérature hébraïque se compose de la *Bible* et de la *Massora* (recueil de remarques critiques et grammaticales des savants juifs du VIe siècle sur l'Ancien Testament).

HÈBRE, ancien nom du *Mariza*, rivière de Thrace, qui sort des monts Rhodope et se jette dans l'Archipel. C'est dans ses ondes que, d'après la fable, les bacchantes jetèrent la tête d'Orphée.

HÉBREUX, nom collectif des douze tribus qui descendaient des douze patriarches fils de Jacob, et qui, originaires de la Chaldée, s'étaient établis dans le pays de Chanaan. Ils sont la souche du peuple juif. Ils tirent leur nom d'*Héber*, fils de Salé, trisaïeul du grand-père d'Abraham. Voy. JUIFS.

HÉBRIDES, groupe d'îles de l'océan Atlantique, sur la côte occidentale de l'Ecosse, au nombre de deux cents. Quatre-vingt-sept sont habitées, et ont une superficie de 361 lieues carrées, avec une population de 70,000 âmes. Les principales sont *Lewis*, *Skye*, *Mull*, *Ila* et *Jura*. Le climat est doux, tempéré et fertile. Les habitants sont grossiers et peu civilisés.

HÉBRIDES (NOUVELLES-), nom donné par Cook à un groupe d'îles du Grand-Océan, à l'orient de la Nouvelle-Hollande, découvertes par Bougainville en 1768. Elles sont au nombre de vingt, et ont une superficie d'environ 9,240 kilomètres carrés. Les principales sont la *terre du Saint-Esprit*, *Mallicolo*, *Sandwich*, *Erromango* et *Tannah*. Les habitants sont petits et hideux. Leurs mœurs sont féroces.

HÉBRON, ville de la tribu de Juda, dans la Judée ancienne. Cette ville fut bâtie peu de temps après le déluge. David y régna sept ans avant d'avoir été reconnu par les douze tribus. Hébron est célèbre par la naissance de saint Jean Baptiste et par le voisinage de la caverne où furent ensevelis Abraham et Sara, Isaac et Rébecca, Jacob et Lia.

HÉCATE (myth.), fille de Jupiter et de Latone, sœur d'Apollon. On la nommait Diane sur la terre, Lune dans le ciel, Hécate dans les *enfers*, où elle retenait pendant cent ans les âmes de ceux dont les corps avaient été privés de sépulture. Ses attributs étaient nombreux, ainsi que ses fonctions. Elle accordait tous les biens à ceux qui l'imploraient, présidait au conseil des rois, aux songes, aux accouchements, à la conservation et à la croissance des enfants. On l'invoquait aussi avant de commencer les opérations magiques, et on lui immolait de petits chiens. On la représentait avec trois têtes de femme ou d'animaux, ou même avec trois corps. Elle était coiffée de serpents, armée d'une torche ardente, d'un fouet ou d'une épée : quelquefois elle portait une clef d'une main, et de l'autre des cordes ou un poignard dont elle frappait les criminels. Le chêne, les chiens noirs et le nombre trois lui étaient consacrés.

HÉCATÉBOLE ou HÉCATOBOLE, surnom d'Apollon chez les anciens, à cause de la distance à laquelle il projetait ses rayons.

HÉCATÉE, historien grec, né à Milet, florissait vers l'an 555 avant J.-C., sous le règne de Cyrus, roi de Perse. Il éclaircit les antiquités de la Grèce par des tables généalogiques des familles les plus illustres des époques fabuleuses. Il fut le premier qui étendit les bornes de l'histoire, jusqu'alors resserrées dans l'enceinte de la Grèce, et qui écrivit en prose. Dans un de ses ouvrages, intitulé *Tour du monde*, il fait la description de tous les pays alors connus. Il ne reste de ses ouvrages que des fragments.

HÉCATÉES, nom donné, 1° aux statues érigées à Hécate devant les maisons athéniennes ; 2° à des apparitions de spectres d'une grandeur prodigieuse, qui avaient lieu dans les mystères d'Hécate.

HÉCATÉSIES, fêtes et sacrifices célébrés en l'honneur d'Hécate, regardée comme la protectrice des enfants et des familles. Ils avaient lieu tous les mois à Athènes, le soir de la nouvelle lune. Les gens riches donnaient alors dans les carrefours un repas public, où la divinité était censée présider, et qui s'appelait le repas d'Hécate.

HÉCATOMBE, sacrifice dans lequel on immolait cent victimes. On élevait cent autels de terre ou de gazon, où cent prêtres sacrifiaient autant de victimes. Cette cérémonie, qui n'était en usage que chez les Grecs et les Romains, avait lieu dans les grandes calamités.

HÉCATOMBÉON, sixième ou, selon d'autres, premier mois de l'année athénienne. Il correspondait le plus souvent à la moitié de juillet et d'août. Le premier jour de ce mois, on faisait à Athènes des fêtes et des sacrifices en l'honneur de Jupiter et d'Apollon. On les nommait *hécatombées*.

HÉCATOMPHONIES, fêtes que célébraient, chez les Messéniens, ceux qui avaient tué cent ennemis à la guerre.

HÉCATONTARCHIE ou TAXIS, réunion de cent vingt-huit hommes dans l'armée grecque. Outre l'hécatontarque, qui la conduisait, et le second en autorité, il y avait dans chacune cinq officiers inférieurs, savoir le *stratocéryx* ou crieur militaire, le *sémiophore* ou porteur de signaux, le *salpincte* ou trompette, l'*hypérète* ou fourrier, l'*uragus* ou lieutenant, qui se tenait à la dernière ligne pour veiller à ce que personne ne désertât ou ne s'écartât.

HÉCLA (MONT), le plus considérable volcan de l'Islande, éteint aujourd'hui. Son sommet forme trois pointes, dont la plus élevée, celle du milieu, a 4,800 pieds. Ce volcan a eu dix éruptions.

HECTARE ou ARPENT MÉTRIQUE, mesure de superficie faisant partie du nouveau système métrique, et qui vaut 100 ares (voy. ARE) ou 10,000 mètres carrés.

HECTEUS, mesure de superficie des Grecs, valait près de 2 ares.

HECTIQUE (FIÈVRE), maladie dont le principal phénomène est l'amaigrissement et la diminution des forces. Cette maladie lente a pour durée moyenne deux à six mois, et se prolonge rarement au delà de huit à dix. Les causes les plus ordinaires sont des évacuations abondantes, une fatigue excessive du corps ou de l'esprit, des veilles prolongées, des affections morales tristes et la privation des aliments nécessaires. Le plus souvent elle se termine par la mort.

HECTO, annexe ou prénom des mesures françaises nouvelles, qui désigne une unité cent fois plus grande que l'unité génératrice. Ainsi l'*hectomètre* est une mesure linéaire qui vaut 100 mètres. Elle équivaut à 50 toises 7 pieds 10 pouces et 2 lignes. L'*hectogramme* est une mesure de poids qui vaut 100 *grammes*. Elle équivaut à 3 onces 2 gros 12 grains. L'*hectolitre* est une mesure de volume et de capacité, qui contient 100 *litres*, et qui remplace le *setier* pour les choses sèches, et la *feuillette* ou 105 *pintes* pour les liquides.

HECTOR, fils aîné de Priam et d'Hécube, le plus brave, le plus vertueux des héros troyens. Il épousa Andromaque, et en eut Astyanax. Il combattit Ajax, embrasa la flotte grecque, ravit à Patrocle les armes d'Achille. Il fut enfin vaincu et tué par ce dernier, qui le traîna autour des murs de Troie. Suivant les oracles, la chute de Troie devait suivre la mort de son défenseur.

HÉCUBE, épouse de Priam, roi de Troie, dont elle eut treize enfants. Après la prise de cette ville, elle devint l'esclave d'Ulysse, vit sacrifier sa fille Polyxène, et arracha les yeux à Polymnestor, roi de Thrace, qui avait fait périr son fils Polydore. Lapidée par les Thraces, elle fut changée en chienne et se jeta dans la mer.

HÉDÉRACÉES, groupe de plantes appartenant à la famille des caprifoliacées, et composé des deux genres *cornouiller* et *lierre*. Richard avait érigé ce groupe en famille, mais cette division nouvelle n'a pas été adoptée par les naturalistes.

HEDWIGE (Sainte), née dans le XIIIe siècle, était fille du prince Berthold, duc de Carinthie. Elle épousa, à l'âge de douze ans, le prince Henri, dit *le Barbu*, duc de Silésie et de Pologne, dont elle eut six enfants. Jeune encore, elle fit vœu de continence du consentement de son mari, et passa le reste de sa vie dans des pratiques continuelles de piété. Elle se retira avec plusieurs personnes dans un monastère, et se fit remarquer par ses mortifications, sa régularité, son humilité et sa douceur. Elle mourut en 1243. On fait sa fête le 17 octobre.

HEDWIGIE, genre de mousses, renfermant plusieurs espèces, dont la plus connue est l'*hedwigie aquatique* que l'on trouve à Vaucluse, dans plusieurs rivières du Jura, aux environs de Genève, etc. Sa tige est allongée, adhérente aux pierres, rameuse à son sommet; les feuilles sont linéaires, recourbées vers le sommet des rameaux. — On nomme *hedwigie balsamifère* un arbre de trente à quarante pieds de hauteur, qui croît en Amérique et qui appartient à la famille des térébinthacées. On en retire, à l'aide d'incisions pratiquées sur son écorce, une substance résineuse, claire, âcre, qui prend à l'air la forme de petits morceaux d'un blanc jaunâtre, et que l'on brûle dans les églises en guise d'encens.

HEGEL (Georges-Guillaume-Frédéric), né à Stuttgard en 1770, un des philosophes les plus célèbres de l'école allemande. En 1805, il fut nommé professeur extraordinaire à l'université d'Iéna. Il fut successivement professeur à l'université de Heidelberg et à celle de Berlin. Selon lui, la philosophie est la science de la raison qui a conscience d'elle-même, en tant qu'elle est *l'être dans l'idée*. *L'idée pure est l'être pur*. Il est mort en 1835. Ses ouvrages forment une collection de 17 vol. in-8o, et les plus célèbres sont : *Différence entre le systèmes de Fichte et Schelling*, *Phénoménologie de l'esprit*, *Histoire de la philosophie* et la *Science du droit*.

HÉGIRE ou HÉGYRE. Voy. ÈRE DE L'HÉGYRE.

HEIDELBERG, ville de Bade, à 18 lieues S. de Francfort sur le Mein; population, 10,000 habitants. Cette ville, grande et importante, a une université célèbre, un séminaire catholique, un jardin botanique, un cabinet d'histoire naturelle, une bibliothèque, etc.

HEINSIUS (Daniel), né à Gand en 1580, disciple de Scaliger, lui succéda dans la chaire de professeur d'histoire et de politique à Leyde, après avoir rempli dès dix-huit ans celle de la langue grecque. Il publia des éditions annotées de Théocrite, d'Hésiode, de Sénèque, d'Horace, de Térence, d'Ovide, de Tite Live, etc., une tragédie d'*Hésiode*, un poème *De contemptu mortis*, etc., et mourut en 1655.

HEISTÉRIE, genre de la famille des olacinées, ayant pour type l'*héisterie coccinelle*, arbre de moyenne grandeur, ayant le port du laurier, et croissant en Amérique. On le nomme vulgairement *bois de perdrix*, parce que les tourterelles, improprement dites *perdrix* aux Antilles, recherchent son fruit avec avidité. Le calice qui en enveloppe la base acquiert par la maturité une couleur rouge éclatante.

HELCTIQUES, médicaments qui attirent les humeurs.

HÉLÈNE, fille de Jupiter et de Léda, célèbre par sa beauté et son adultère. Elle épousa Ménélas, roi de Sparte, l'abandonna pour suivre Pâris à Troie, et fut ainsi la cause de cette guerre fameuse. Pendant le siége de Troie par les Grecs, Pâris ayant été tué, elle épousa Déiphobe, fils de Priam, livra la ville aux Grecs, et retourna avec Ménélas. Après sa mort, elle fut chassée de Sparte, et pendue à un arbre par ordre de Polyxo, reine de Rhodes.

HÉLÈNE (Flavia Julia), mère de Constantin le Grand, et épouse de Constance Chlore, qui la répudia en 292. Elle était chrétienne, et visita la terre sainte vers 326, où elle fonda plusieurs églises. Elle découvrit la vraie croix de Jésus-Christ, et mourut en 327. Hélène a été mise au nombre des saintes. Sa fête se célèbre le 18 août.

HÉLÈNE (Sainte-), île située au milieu de l'Atlantique, à 900 lieues de l'Afrique, à 1,300 lieues du Brésil. Cette île, grande d'environ 2 lieues carrées, n'est abordable que par trois points, James-Town, Limon's Valley et Sandy's Bay, et a été découverte par les Portugais en 1502. Les Anglais s'en emparèrent en 1673. Elle est assez fertile. La capitale est James-Town. La population est d'environ 1,500 âmes. C'est dans cette île que fut relégué Napoléon par les Anglais en 1815, et qu'il mourut en 1821.

HÉLÉNIÉES, tribu de l'ordre des synanthérées, contenant vingt-six genres, caractérisées par un ovaire presque cylindrique, souvent velu, muni de plusieurs côtes qui divisent sa surface en autant de bandes longitudinales, et portent une aigrette composée de poils membraneux. L'*hélénion* est le type de cette tribu.

HÉLÉNION. Ce nom fut donné par les Grecs à l'*inule*, plante qu'ils croyaient être née des pleurs d'Hélène, femme de Ménélas; aujourd'hui c'est le nom d'un genre de la famille des corymbifères, originaire de l'Amérique, renfermant des plantes herbacées, à fleurs radiées, à l'ovaire cylindrique muni de douze bandes longitudinales, parsemées de globules jaunâtres ou hérissées de longues soies roides. Les fleurs sont jaunes et grandes.

HÉLÉNUS, fils de Priam, roi de Troie, et d'Hécube, le plus éclairé des devins de son temps, et le seul des fils de Priam qui survécut à la ruine de sa patrie. Vers la fin du siége de Troie, Ulysse le fit prisonnier. Par le moyen de son art, Helenus lui apprit que Troie ne serait prise que si Philoctète consentait à se rendre au siège. Devenu esclave de Pyrrhus, fils d'Achille, il sut gagner l'amitié de ce prince, qui céda à Helenus la veuve d'Hector, Andromaque, dont épousa, et de plus le nomma son successeur au royaume d'Epire.

HÉLÉPOLE, machine de guerre des anciens. Elle était de forme carrée, et composée de grosses poutres posées les unes sur les autres. Toute cette masse était portée sur des roues, et renfermait plusieurs machines propres à lancer des pierres et des traits.

HÉLER. Ce mot est synonyme d'*appeler* en marine On se sert d'un grand porte-voix pour héler un bâtiment peu éloigné et pour donner des ordres sur le sien.

HÉLI, juge et grand sacrificateur des Juifs, succéda à Abdon dans cette charge l'an du monde 2848. Sa trop grande indulgence pour les crimes de ses fils Ophni et Phinées attira la vengeance de Dieu sur le peuple d'Israël. Les Philistins envahirent la Judée, s'emparèrent de l'arche, tuèrent Ophni et Phinées. A la nouvelle de ces malheurs, Héli se laissa tomber de son siège à la renverse, et se brisa la tête l'an du monde 2888. Samuel lui succéda dans la charge de juge.

HÉLIADES (myth.), filles d'Apollon et de Clymène, et sœurs de Phaéton. Elles étaient trois, et se nommaient *Lampétie*, *Phaëthuse* et *Phébé*. La mort de leur frère leur causa une si vive douleur qu'elles le pleurèrent pendant quatre mois entiers. Les dieux les changèrent en peupliers, et leurs larmes en grains d'ambre.

HÉLIANTHE, plante de la famille des corymbifères, originaire de l'Amérique, aux racines vivaces, aux tiges herbacées, aux fleurs jaunes et radiées, aux feuilles rudes au toucher. Les espèces les plus connues sont le *soleil* ou *tournesol*, originaire du Pérou, et le *topinambour*, dont la racine est nutritive et offre un mets sain et délicat. Voy. ces mots.

HÉLIANTHÉES, tribu de l'ordre des synanthérées, renfermant des plantes presque toutes originaires de l'Amérique. Tels sont le *tournesol* et le *topinambour* ou *hélianthe*, etc.

HÉLIANTHÈME, genre de la famille des cistinées, renfermant des plantes herbacées ou des demi-arbustes, à feuilles opposées, aux fleurs jaunes ou blanches, rosacées, et disposées en grappes terminales. L'*hélianthème commun*, vulgairement appelé *herbe d'or*, *hysope des gariques*, vient sur les coteaux secs, les lisières des grandes routes, à des tiges grêles, couchées, garnies de rameaux velus, longues de seize à vingt centimètres. Les feuilles sont oblongues, à bords roulés, un peu roulées, vertes en dessus, blanchâtres en dessous. Les fleurs, d'un beau jaune d'or, en grappes lâches, s'épanouissent de mai en septembre.

HÉLIAQUE (Lever), lever d'un astre qui sort des rayons du soleil, dont l'éclat empêchait de l'apercevoir, et qui devient visible le matin avant le lever du soleil. — Le *coucher héliaque* est le coucher d'un astre qui entre dans les rayons du soleil et qui cesse d'être visible.

HÉLIASTES, magistrats qui composaient le *tribunal héliaque* à Athènes. Ils étaient ordinairement au nombre de deux cents; mais dans les affaires importantes on portait à cinq mille ou à quinze cents. Les héliastes connaissaient des causes civile les plus graves et de quelques crimes que ne pouvait juger aucun autre tribunal, par exemple le vol, l'adultère, le rapt et les concussions.

HÉLICE, genre de coquilles univalves, globuleuses ou orbiculaires, à spire convexe ou conoïde, à ouverture entière. Toutes les hélices (l'escargot, le limaçon, etc.) vivent d'herbes et de feuilles d'arbres, et causent de grands dégâts dans les jardins. On en mange plusieurs espèces.

HÉLICE, ligne tracée avec inclinaison et en forme de vis autour d'un cylindre. Un *escalier en hélice* est formé de marches gironnées, tournant avec la même inclinaison autour d'un pilier cylindrique, qui lui sert de noyau.

HÉLICON (aujourd'hui *Zogaro*), montagne célèbre de l'ancienne Béotie (aujourd'hui *Livadie*), élevée de 700 toises au-dessus du niveau de la mer. Elle était consacrée à Apollon et aux Muses. Ces dernières y avaient leur demeure, et étaient à cause de cela nommées *héliconides*.

**HÉLIGOLAND**, île de la mer du Nord, à 15 lieues de l'embouchure de l'Elbe. Elle appartient à l'Angleterre depuis 1807. La population est de 3 à 4,000 âmes. Cette île a deux bons ports. Les produits de la pêche de ses habitants s'élèvent à 125,000 francs par an.

**HÉLIOCENTRIQUE**, nom donné, en astronomie, au lieu où paraîtrait une planète, si elle était vue du soleil, c'est-à-dire si notre œil était au centre du soleil.

**HÉLIOCOMÈTE**, phénomène assez rare qui s'observe au coucher du soleil. C'est une longue queue ou colonne de lumière, et comme traînée par cet astre, à peu près de la même manière qu'une comète traîne sa queue.

**HÉLIODORE**, évêque de Tricca en Thessalie, qui florissait sous Théodose et ses fils. Il est l'auteur des *Éthiopiques* ou *Amours de Théagène et de Chariclée*. Ce roman, chaste et plein d'aventures variées, est rempli de détails curieux sur l'état de l'Egypte à cette époque. Il a été traduit par Amyot.

**HÉLIOGABALE** ou **ÉLAGABALE** (Valerius Marcellus Avitus Bassianus). Il n'avait que treize ans lorsque sa grand'mère Mésa le fit nommer grand-prêtre du Soleil à Emèse, ville de Syrie (217 de J.-C.). Elle sema le bruit parmi les soldats qu'il était fils naturel de l'empereur romain Caracalla. Proclamé empereur par les troupes, il défit Macrin, le prince régnant, qui périt dans le combat. À Rome, il ne se fit connaître que par ses cruautés, ses extravagances et ses débauches. Le peuple et les soldats, lassés de sa tyrannie, se révoltèrent, le firent périr avec sa mère Sœmis l'an 222, et donnèrent le trône à Alexandre Sévère. Héliogabale avait alors dix-huit ans.

**HÉLIOMÈTRE**, instrument d'astronomie destiné à mesurer le diamètre des astres.

**HÉLIOPHILE**, genre de la famille des crucifères, renfermant des plantes herbacées, à racine grêle, à tiges rameuses, garnies de feuilles très-variées, portant des fleurs blanches, jaunes, roses ou d'un beau bleu, et disposées en grappes allongées. Elles sont indigènes au cap de Bonne-Espérance. On en a fait une tribu de la famille des crucifères, sous le nom d'*héliophilées*.

**HÉLIOPOLIS** (*Matarieh*), célèbre ville de la basse Egypte, où était un temple magnifique consacré au soleil. Près de cette ville, Kléber défit l'armée envoyée par le sultan au secours des mamelouks et de Mourad-Bey le 20 mars 1800.

**HÉLIOSCOPE**, lunette propre à regarder le soleil sans être incommodé par l'ardeur de ses rayons.

**HÉLIOSTATE**, nom donné, 1° en physique, à un instrument destiné à introduire un jet de lumière dans un lieu obscur; 2° en astronomie, à un instrument propre à observer le soleil et les autres astres, et à les fixer pour ainsi dire dans la lunette, de manière que leur mouvement continuel n'apporte pas d'obstacle à l'observation. Pour cet effet, il est nécessaire que la lunette soit montée sur un axe parallèle à l'axe du monde, et de plus que cet axe soit conduit par un mouvement d'horloge qui lui fasse faire un tour en vingt-quatre heures.

**HÉLIOTROPE**, nom donné en général aux plantes qui ont la propriété de tourner toujours leurs fleurs du côté du soleil, et d'en suivre par conséquent le cours.

**HÉLIOTROPE**, genre de la famille des borraginées, renfermant des plantes herbacées à feuilles simples, à fleurs petites, tournées d'un seul côté et disposées en épis terminaux ou latéraux, recourbés et enroulés à leur extrémité. Deux espèces se trouvent dans les champs, les vignes et les lieux incultes. Ce sont l'*héliotrope d'Europe*, dont la tige, haute de trente-deux centimètres, est couverte de feuilles velues, ridées et rudes, et porte de juin en octobre des fleurs blanches en épis spiraux. On la nomme vulgairement *herbe aux verrues*. L'*héliotrope couché*, indigène à nos départements du Midi, a les tiges rameuses, chargées de poils blancs nombreux, ainsi que les feuilles, qui sont ovales. Les fleurs sont blanches. Mais la plus belle espèce du genre est l'*héliotrope du Pérou*, originaire de l'Amérique, et dont les fleurs, d'un blanc violet ou bleuâtre, répandent un parfum délicieux, analogue à l'odeur de la vanille. Il réussit très-bien dans nos jardins.

**HÉLIOTROPE D'HIVER**, nom vulgaire du *tussilage odorant*.

**HÉLIX**, mot grec qui signifie enveloppe, contour ou spirale. On donne ce nom, en anatomie, à l'éminence contournée qui forme le pavillon de l'oreille en se repliant sur lui-même. On l'appelle aussi le grand repli de l'oreille.

**HELLADE**, petite contrée de la Thessalie, dans la Phthiotide, en N. On donna par extension ce nom à toute la Grèce.

**HELLANICUS**, historien grec, né à Mitylène, composa l'histoire des anciens rois de la terre et celle des fondateurs des villes les plus célèbres. Il fit de plus une histoire d'Egypte et un ouvrage sur Troie, intitulé les *Troïques*. Il mourut dans sa quatre-vingt-cinquième année l'an 411 avant J.-C. On a de lui quelques fragments.

**HELLANODIQUES**, officiers qui présidaient aux jeux sacrés d'Olympie en Grèce. Ils donnaient des avertissements aux athlètes avant de les admettre à ces jeux, leur faisaient prêter serment qu'ils observeraient les règlements, et distribuaient les prix.

**HELLÉ** (myth.), fille d'Athamas, roi de Thèbes. Fuyant la haine de sa belle-mère avec son frère Phryxus, elle osa, pour se rendre en Colchide, se confier aux flots de la mer sur un bélier à toison d'or, que leur avait envoyé Jupiter; mais, effrayée de la grandeur du péril, elle tomba et se noya dans le détroit qui prit d'elle le nom de *mer d'Hellé* ou *Hellespont*.

**HELLÉBORE**. Voy. ELLÉBORE.

**HELLEN**, fils de Deucalion, roi d'une partie de la Grèce, partagea avec son frère Amphictyon les Etats de son père, et eut pour lot la partie de la Phthiotide la plus éloignée de la mer, qui prit depuis le nom d'*Hellade*. Ses sujets prirent de lui le nom d'*Hellènes*. Il eut trois fils, *Eolus*, *Dorus* et *Xuthus*; les deux premiers donnèrent leur nom aux *Eoliens* et aux *Doriens*, peuples de la Grèce. Le fils de Xuthus, *Ion*, donna son nom aux *Ioniens*. Hellen régnait vers l'an 1495 avant J.-C.

**HELLÈNES**, nom des *Doriens*, pris de celui d'Hellen, leur premier roi. Ce nom fut donné dans les siècles héroïques à tous les Grecs.

**HELLÉNOTAMIENS**, officiers établis à Athènes pour percevoir les taxes des villes grecques tributaires.

**HELLESPONT**. Voy. DARDANELLES.

**HELLOTIDE** ou **HELLOTES**, surnom de Minerve à Corinthe.

**HELMINTHES**, famille de vers intestinaux, qui produisent par leur présence la maladie appelée *helminthiase*. On appelle *helminthologie* cette partie de l'histoire naturelle qui traite des vers.

**HELMINTHOCORTON** ( nommé aussi *mousse de Corse*, *mousse de mer* ou *varech vermifuge*), mélange de plantes marines, de polypiers flexibles et de débris de roches, coquilles, etc. On y a compté jusqu'à cent espèces de plantes. La mousse de Corse est très-commune dans la Méditerranée. Elle se présente dans le commerce en touffes plus ou moins considérables, ainsi analogues à la bourre, formées de filaments nombreux, courts, entrelacés les uns dans les autres d'une manière inextricable, d'une texture flexible, d'une couleur rouge brunâtre, d'une saveur amère, salée et nauséabonde, d'une odeur d'éponge à l'état sec. On emploie la mousse de Corse en tisanes, ou sous forme de gelée, pour détruire les vers intestinaux qui se montrent dans le corps de l'homme et surtout dans celui des enfants.

**HELMONT** (J.-B. VAN-), gentilhomme de Bruxelles, né en 1577, appartient, ainsi que son fils François Mercure, à la classe des philosophes mystiques. Il porta ses connaissances dans la physique, la médecine et l'histoire naturelle, qu'il fut soupçonné de magie. Il opéra des cures extraordinaires, et mourut en 1644. Ses écrits, dont le plus fameux est le *Jardin de la médecine*, roulent tous sur la physique et la médecine. Il posait la nature entière comme animée, et reconnaissait dans tous les effets matériels l'action d'esprits composés d'un *air vital* et de l'*image séminale*, et qui, après avoir formé la matière d'après leurs images, enfantent la vie qui dure jusqu'au moment de la corruption ou de la fermentation qui fait éclore une vie nouvelle. Ces esprits sont des *archées*.

**HÉLOISE**, nièce du chanoine Fulbert, qui lui donna pour maître le fameux Abeilard. Celui-ci en devint épris et en eut un fils. Fulbert s'étant vengé cruellement sur Abeilard de cet abus de confiance, Héloïse prit le voile, et devint prieure de l'abbaye d'Argenteuil. Abeilard lui offrit alors l'abbaye du Paraclet, et s'en retourna au couvent de Saint-Gildas, dont il était abbé. Elle mourut en 1164 à l'âge de soixante-trois ans, et fut enterrée dans le même tombeau que son amant. Les *Lettres* qu'elle écrivit à Abeilard sont des chefs-d'œuvre de tendresse et de passion.

**HÉLOPIENS**, tribu d'insectes coléoptères, de la section des hétéromères, ayant des antennes (filets de la tête) presque filiformes, insérées sous un rebord de la tête. Le corps est arqué en dessus. Les hélopiens sont des insectes à demi nocturnes, qui se tiennent le plus souvent sous les écorces des arbres, dans la mousse. Le genre *hélops* est le type de cette famille.

**HÉLOPS**, genre de coléoptères, renfermant des insectes au corps ovale, oblong, légèrement convexe, aux antennes (filets de la tête) filiformes, un peu plus grosses vers le bout. Le corselet est transversal. Ces insectes sont de petite taille, bruns ou d'une couleur métallique sombre. La tête est petite, moins large que le corselet, lequel est lui-même plus large que l'abdomen. Les pattes sont de moyenne longueur. Les ailes sont d'égale dimension. Ces insectes vivent sous les écorces des arbres. L'*hélops bleuâtre*, long de sept lignes, et d'un bleu violet foncé, habite le midi de la France. L'*hélops lanipède*, long de six lignes, et d'un vert foncé, est commun aux environs de Paris.

**HELOTIUM**, genre de champignons. Leur chapeau est membraneux, charnu, hémisphérique, à bords quelquefois repliés en dedans. On trouve les helotium en France, très-communément sur les vieux troncs d'arbres, les branches mortes, les bois à demi décomposés, les fumiers, etc., sous forme de fongosités assez semblables à de petites épingles blanches, roses ou jaunes.

**HELVELLE**, genre de champignons charnus, translucides, colorés en gris, en orangé, en noir, etc., fragiles et munis d'une petite tige ou stipe. Le chapeau est irrégulier, bombé et plissé. Les helvelles sont peu nombreuses, vivent à terre parmi le gazon ou sur les arbres morts, etc., où on les trouve au printemps et à l'automne, disposées en groupes ou isolées les unes des autres. Ces champignons, qui se trouvent en France dans les prairies ombragées ou sur les montagnes, au pied des arbres frêles et languissants, sont bons à manger, et d'un goût très-agréable. Le stipe est blanc ou jaune et lisse; le chapeau ample, étalé, divisé en plusieurs loges d'un brun fauve, d'un vert jaunâtre ou de couleur châtain clair.

**HELVÉTIE**, ancien nom de la Suisse sous César. Les Helvétiens, peuple gaulois aborigène, furent soumis par César l'an 52 avant J.-C. Voy. Suisse.

**HELVÉTIUS** (Adrien), philosophe français, né à Paris en 1715. Il fut l'ami de Voltaire, et donna en 1758 son livre de *l'Esprit*, qui fut censuré par la Sorbonne, condamné par l'inquisition de Rome, proscrit par le parlement, comme bornant les facultés de l'homme à la sensibilité physique. Ce livre néanmoins fut traduit dans toutes les langues de l'Europe, et lui valut une grande réputation. Il écrivit encore un ouvrage *sur l'Homme*, et un poëme *sur le Bonheur*. Il mourut en 1771.

**HELYOT** (Pierre), né en 1660 à Paris, entra dans le monastère du tiers ordre de Saint-François en 1683, sous le nom de P. Hippolyte. Il fit deux voyages à Rome et en Italie, et fut longtemps secrétaire de son ordre. Il mourut en 1716. Helyot a laissé entre autres ouvrages l'*Histoire des ordres monastiques, religieux et militaires, et des congrégations séculières de l'un et de l'autre sexe*, contenant leur origine, fondation, progrès, décadence, suppression ou réforme, et les vies de leurs fondateurs et réformateurs. Cet ouvrage est le plus étendu et le plus complet qui ait été publié sur ce sujet.

**HÉMASTATIQUE**, science qui traite de la force des vaisseaux sanguins.

**HÉMATÉMÈSE**, nom donné, en médecine, aux vomissements de sang. Cette affection consiste en une exhalation de sang dans l'intérieur de l'estomac, qui le rejette par l'œsophage et par la bouche. Cette hémorragie est une des plus rares. Elle n'a guère lieu que dans l'âge mûr, depuis la trentième jusqu'à la cinquantième année, parmi les individus d'un tempérament nerveux, d'une constitution maigre, d'un caractère mélancolique, et qui mènent un genre de vie sédentaire. Un excès dans les aliments, une émotion pénible, etc., sont quelquefois les causes occasionnelles de l'hématémèse. Cette maladie est beaucoup plus souvent symptomatique qu'idiopathique. Elle peut se terminer par le retour à la santé, par la mort, ou être remplacée par une hémorragie dans une autre partie du corps.

**HÉMATOSE**, sanguification, transformation du chyle en sang.

**HÉMÉROCALLE**, genre de la famille des liliacées, renfermant des plantes dont les fleurs s'épanouissent durant le jour et se ferment le soir. L'*hémérocalle du Japon* a des feuilles ovales, en forme de cœur, et marquées de nervures très-fortes; du milieu des feuilles sort une tige nue cylindrique portant des fleurs assez semblables à celles du lis, d'un blanc pur, odorantes et disposées en grappes. L'*hémérocalle bleue*, originaire aussi du Japon et de la Chine, ne diffère de la précédente que par ses fleurs bleues. Elle vient en pleine terre. L'*hémérocalle jaune*, appelée vulgairement *lis jaune*, *lis asphodèle*, *lis jonquille*, originaire des montagnes du Piémont, a les feuilles nombreuses, non touffes longues, étroites, aiguës, et les fleurs d'un beau jaune et d'une odeur agréable. Toutes ces espèces n'ont aucune propriété particulière, et sont cultivées dans nos jardins comme plantes d'ornement.

**HÉMÉRODROMES**, nom donné chez les anciens, 1° à des sentinelles ou gardes qui veillaient à la sûreté des villes, et qui sortaient le matin pour observer s'il n'y avait pas d'ennemis qui approchassent pour la surprendre; 2° à des courriers qu'on employait pour les affaires de l'Etat. Pour faire plus de diligence, un hémérodrome ne courait ordinairement qu'un jour, au bout duquel il donnait sa dépêche à un autre hémérodrome qui, étant plus frais, continuait la route, de manière qu'il n'y avait jamais de retard pour cause de lassitude.

**HÉMI**, mot latin qui signifie *demi*, et qui se joint à un grand nombre de termes de science et d'art. Ainsi on dit *hémicycle* pour *demi-cercle* (en grec, *kuklos*).

**HÉMICHORE**, nom donné chez les anciens à la division en deux bandes distinctes des chœurs dans certaines pièces dramatiques. Chaque bande prenait le nom d'*hémichore*.

**HÉMIHECTE**, c'est-à-dire *demi-sixième*. Ce mot s'appliquait, chez les Grecs, au douzième de presque toutes les mesures principales. Ainsi il y avait l'hémihecte du pléthre, du médimne, etc.

**HÉMILOCHIE**, division subalterne des armées athéniennes, équivalait à la moitié du *lochos*, et contenait 4, 6, 8 ou 12 hommes, selon que le lochos en contenait 8, 12, 16 ou 24. Le chef de l'hémilochie se nommait *hémilochite*.

**HÉMIMOERION**, nom, chez les anciens, de la *demi-drachme*.

**HÉMINE**, mesure de capacité des anciens Romains, contenait 2 quartarius 4 acétabules, et était la quatre-vingt-sixième partie de l'amphore. Elle valait 2 décilitres 6 centilitres de nos mesures.

**HÉMIOBOLIUM**, petite monnaie de cuivre, équivalant à la moitié de l'obole, valait 7 centimes 72 millièmes de France, ou 1 sou 7 deniers. Elle était usitée en Grèce. — C'était aussi un poids de 5 grains.

**HÉMIOLES**, petites galères des anciens, qui avaient des bancs et des demi-bancs de rameurs.

**HÉMIPTÈRES**, ordre d'insectes distingués par les ailes supérieures, qui sont coriaces dans la partie qui avoisine leur base, et membraneuses dans la partie qui la termine. Les insectes hémiptères ont quatre ailes, une tête petite par rapport à la masse du corps, triangulaire et verticale. Leur bouche offre une pièce tubulaire, articulée, cylindrique ou conique, et forée par un canal qui renferme trois soies aiguës, constituant un véritable suçoir. Ces suçoirs sont destinés à ouvrir les vaisseaux soit des animaux soit des végétaux dont ils tirent les sucs pour se nourrir. Tous les hémiptères subissent des métamorphoses comme les autres ordres; mais ces métamorphoses peuvent n'être considérées que comme de simples changements de peau, puisqu'elles n'altèrent pas leurs formes, et qu'ils en sortant de l'œuf celles qu'ils conserveront toujours. Tout consiste dans le développement des ailes, et l'appropriation à un service actif de différents organes qui, jusqu'à l'état d'insecte parfait, sont plus ou moins rudimentaires. Les *tingis*, qui attaquent les feuilles des arbres fruitiers; les *pucerons*, les *cochenilles*, qui fournissent une si belle couleur, mais qui attaquent les arbres de serre; les *punaises*, les *cigales*, etc., sont des hémiptères.

**HÉMIRAMPHE** ou Demi-Bec, genre de poissons de la famille des siagonales, caractérisé par la longueur démesurée de leur mâchoire inférieure, qui se prolonge en une pointe ou demi-bec. Leur corps est allongé, revêtu en partie de grandes écailles rondes, excepté vers le bord inférieur, où l'on en trouve une rangée longitudinale carénée. Ces poissons ont de chaque côté du corps une large bande de couleur d'argent, et leur chair, quoique huileuse, est agréable au goût. On les trouve dans les mers chaudes des deux continents. Ils sont assez petits. On distingue le *petit espadon* ou *hémiramphe glaive*, les *hémiramphes long museau* et *court museau*.

**HÉMISPHÈRE**. L'équateur partage la terre en deux hémisphères (*demi-sphères*) (*boréal* et *austral*), et le méridien en deux hémisphères *oriental* et *occidental*. — En astronomie, le plan de l'orbite terrestre partage l'espace en deux hémisphères, l'un *arctique*, l'autre *antarctique*. — Un hémisphère est en général la moitié d'une sphère terminée par un plan qui passe par son centre.

**HÉMISPHÈRES DE MAGDEBOURG**, hémisphères concaves en cuivre, inventés par Otto de Guericke, bourgmestre de Magdebourg, vers 1650. Ces deux hémisphères peuvent s'emboîter l'un dans l'autre. Le supérieur est terminé par un anneau, et l'inférieur par un tube à robinet que l'on visse sur la machine pneumatique. Dès qu'on a fait le vide, on ne peut parvenir à soulever l'hémisphère supérieur. En laissant rentrer l'air, on le soulève facilement. Ces instruments servent à démontrer combien est grande la pression de l'atmosphère.

**HÉMITRITÉE**, c'est-à-dire *demi-tierce*, nom donné à une fièvre qui a deux sortes d'accès, l'un revenant chaque jour, et les autres se correspondant tous les deux jours. On en distingue deux espèces: l'*hémitritée légitime*, qui se termine ordinairement en sept jours, et l'*hémitritée fausse*, plus longue et moins intense.

**HÉMITROPIE**, nom donné par les minéralogistes à une sorte d'inversion que présentent certains cristaux, et par laquelle les deux moitiés du même cristal se sont accolées, comme si l'une avait fait une demi-révolution pour se placer sur l'autre. Il en résulte que les faces de ces deux moitiés sont placées en sens opposés. On observe l'hémitropie dans les cristaux de chaux carbonatée, d'amphibole, de feldspath, etc.

**HÉMON**, fils de Créon, conçut pour Antigone, fille d'Œdipe, roi de Thèbes, un amour si violent qu'il se tua sur le tombeau de cette princesse.

**HÉMOPTYSIE**, nom donné à l'hémorragie qui a lieu par la membrane muqueuse des bronches ou du larynx, c'est-à-dire à l'hémorragie des poumons ou *crachement du sang*. Elle survient depuis la quinzième jusqu'à la trente-cinquième année chez ceux qui dans leur enfance ont été sujets à l'épistaxis (*hémorragie du nez*). Le tempérament nerveux et sanguin, une constitution faible, une poitrine étroite, des omoplates saillantes y prédisposent. Cette maladie se termine heureusement dans certains cas; dans d'autres, elle est le symptôme et souvent même la cause de la mort.

**HÉMORRAGIE**. On donne ce nom à toute espèce d'écoulement de sang hors des vaisseaux destinés à le contenir, avec ou sans rupture de leurs parois. — En chirurgie, ce sont celles qui sont la suite des plaies faites aux parois des vaisseaux sanguins. On les nomme *traumatiques*. Celles qui sont du domaine de la médecine sont dites *spontanées*, et se divisent en *actives* et *passives*. Les premières dépendent d'un excès de force, et s'observent dans la jeunesse et l'âge adulte. Les causes sont la suppression de certains écoulements naturels, l'abus des aliments irritants, des alcooliques, les exercices violents, la chaleur excessive, etc. — Les secondes ont leur cause dans la faiblesse et l'exténuation des forces, résultant d'une maladie, de veilles. Elles attaquent principalement l'estomac, les poumons et la vessie.

**HÉMORROIDES**, hémorragie qui a lieu par l'extrémité du rectum et les tumeurs particulières qui se forment près de l'orifice de cet intestin. Ces causes sont une vie sédentaire, l'accumulation des matières fécales vers le rectum, les efforts violents pour aller à la selle, l'usage des vêtements qui compriment le ventre, etc.

**HÉMOSTASIE**, opération dont le but est de suspendre l'écoulement du sang. On nomme *hémostatiques* les remèdes destinés à cet effet.

**HÉMUS**. Voy. Hœmus.

**HENAULT** (Charles-Jean-François), né à Paris en 1685, s'adonna à la poésie légère. Son poëme, *l'Homme inutile*, fut couronné par l'académie française en 1707. Il acheta une charge de président de la première chambre des enquêtes au parlement de Paris, et fut nommé membre de l'académie en 1723. Son *Abrégé chronologique de l'histoire de France* a eu un grand succès autrefois et plusieurs éditions successives; aujourd'hui il ne peut soutenir la lecture. Il fit aussi le drame de *François Ier* et la comédie du *Réveil d'Epiménide*. Il mourut en 1770.

**HENNEBERG**, principauté d'Allemagne, dans le duché de Saxe-Meiningen. Il a 15 lieues de long sur 8 de large. La capitale est *Smalkalde*. Cette principauté commerce en grains, pâturages et tabac. Elle possède des mines de fer.

HENNEBON, petite ville du département du Morbihan sur le Blavet, chef-lieu de canton, à 2 lieues N.-E. de Lorient. Population, 4,600 habitants. Cette petite ville, à 2 lieues de l'embouchure du Blavet dans l'Océan, et à l'une des extrémités du canal du Blavet, possède un petit port où peuvent remonter les vaisseaux de moyenne grandeur. Elle commerce en porcelaine, fer, grains, cire, miel, chanvre et peaux.

HENNEH ou HENNÉ, genre de plantes, de la famille des salicariées, renfermant des arbustes à feuilles opposées, à bouquets lâches, dont les fleurs ont un calice à quatre pétales. Le fruit est une capsule globuleuse, renfermant des semences nombreuses, petites et roussâtres. Le *henneh cultivé*, appelé par les Arabes *al-hennah*, est un arbuste de trois à quatre mètres de haut. Son bois est dur et revêtu d'une écorce ridée et d'un blanc jaunâtre. On le trouve en Égypte, en Arabie, en Palestine, en Perse et dans l'Inde. Le *henneh épineux* est armé d'épines. Ses fleurs sont d'un jaune pâle, répandant une odeur de bouc très-prononcée. La décoction des feuilles du henneh, séchées et pulvérisées, donne une belle couleur jaune dont on se sert en Orient pour donner une teinte aurore à la barbe, aux poils, aux cheveux, aux mains. Les chevaux reçoivent cette couleur sur le dos, la crinière, le bas des jambes et même le sabot. Les anciens Égyptiens en coloraient leurs momies. Cette couleur peut très-bien s'appliquer sur les étoffes de laine.

HENNUYER (Jean LE), évêque de Lisieux, né à Saint-Quentin vers 1497, s'opposa à l'exécution des ordres que le lieutenant du roi de sa province avait reçus de faire massacrer tous les protestants de Lisieux. D'autres auteurs prétendent au contraire qu'il s'opposa à tous les édits de tolérance, et la preuve, c'est qu'il conserva ses emplois à la cour. Ce ne fut donc pas lui, mais le gouverneur lui-même, Dulongchamp de Fumichon, qui sauva les protestants. Le Hennuyer est mort en 1578.

HÉNOTIQUE ou HÉNOTICON, nom donné, dans le Ve siècle, à un édit de l'empereur d'Orient Zénon, qui tendait à réunir les eutychiens hérétiques de cette époque avec les catholiques. Ce décret d'union était une lettre adressée aux évêques et aux peuples d'Orient. Il y favorisait les eutychiens, quoique en apparence il parût anathématiser leur doctrine. Le pape Félix III condamna cet édit.

HENRI (Saint). Voy. HENRI II, aux empereurs de ce nom.

HENRI. Sept empereurs d'Allemagne ont porté ce nom. — HENRI Ier, *l'Oiseleur*, né en 876, était fils d'Othon de Saxe. Il succéda en 919 à Conrad Ier. Il vainquit les Bohémiens, les Esclavons, les Danois, les Vandales et les Hongrois (920). Il fut aussi grand législateur que guerrier, et mourut en 936. — HENRI II, *le Boiteux*, duc de Bavière, succéda en 1002 à Othon III, chassa les Grecs et les Sarrasins de la Calabre et de la Pouille, calma les troubles de l'Italie, vainquit les Polonais, et mourut en 1152. Ses vertus méritèrent que le pape Eugène III le mît au rang des saints. On fait sa fête le 15 juillet. — HENRI III, *le Noir*, frère de l'empereur Conrad II, né en 1017, lui succéda en 1039. Il fit la guerre en Hongrie, réduisit les rebelles d'Allemagne et d'Italie, et mourut en 1056. — HENRI IV, *le Vieil*, succéda au précédent, son père, en 1056, combattit les Saxons et les rebelles d'Allemagne, eut à soutenir une longue guerre avec le pape Hildebrand, qui l'excommunia trois fois, et qu'il déposa trois fois. Il fut dépouillé par son fils Henri de son empire, et mourut en 1095 après avoir essayé tout le courroux des légats du pape et l'ingratitude de son fils. — HENRI V, *le Jeune*, succéda au précédent, son père, en 1106, voulut maintenir le droit des investitures, et força Pascal II de lui rendre ce droit. Il y renonça en 1112 et mourut en 1125. — HENRI VI, *le Sévère*, fils de Frédéric Barberousse, succéda à son père en 1190. Il retint prisonnier Richard Cœur de lion, conquit le royaume des Deux-Siciles, se signala par ses cruautés sur la famille de Tancrède, et mourut empoisonné par l'impératrice Constance, dont il avait fait périr la famille. — HENRI VII, duc de Luxembourg, succéda à Albert II en 1308. Il passa les Alpes pendant la querelle des Guelfes et des Gibelins, soumit un grand nombre de villes, se fit couronner roi, et mourut en 1313 empoisonné par une hostie.

HENRI. Huit rois d'Angleterre ont porté ce nom. — HENRI Ier, *le Beau Clerc*, succéda à Guillaume le Roux, son frère, en 1100, s'empara de la Normandie en 1106, et mourut en 1135. — HENRI II, comte d'Anjou, fils de Geoffroy Plantagenet, succéda à Étienne en 1154, conquit l'Irlande, la Bretagne, la Gascogne, le Poitou et la Saintonge, ainsi que l'Anjou et la Guyenne, combattit Louis le Jeune et mourut en 1189. — HENRI III succéda à Jean sans Terre, son père, en 1216, fut vaincu par Louis IX, fut fait prisonnier par les barons d'Angleterre, et mourut en 1272, après avoir été replacé sur le trône en 1265. — HENRI IV, le premier roi de la branche de Lancastre, succéda à Richard II en 1399 au préjudice d'Edmond de Mortimer, duc d'Yorck. Telle fut l'origine des guerres des deux roses. Henri mourut en 1413. — HENRI V, fils du précédent, lui succéda en 1415, conquit la Normandie, vainquit les Français à Harfleur, à Azincourt (1415), et, par un traité signé à Troyes, il fut convenu qu'il épouserait Catherine de France et hériterait de la couronne après la mort de Charles VI (1420). Il mourut en 1422, régent et héritier de la France. — HENRI VI, fils de Henri V, lui succéda en 1430. Jeanne d'Arc lui reprit les provinces françaises dont il avait hérité de son père, et ce faible roi (1455-1471) malgré l'héroïsme de la reine Marguerite d'Anjou, fut dépouillé de sa couronne d'Angleterre. Il mourut captif en 1486. — HENRI VII, Tudor, comte de Richmont, succéda à Richard III en 1455. Il réunit les droits des maisons d'Yorck et de Lancastre. Deux conjurations furent tentées contre lui : la première par Lambert Simple, et la seconde par le juif Perkin Vaïrbeck. Ce règne fut long et pacifique. Henri se montra très-avare. Il mourut en 1509. — Il eut pour successeur son fils HENRI VIII. Celui-ci parut en 1513 dans la ligue formée contre Louis XII, s'empara de l'Irlande, et reçut le surnom de *Défenseur de la foi*. Mais, séduit par les charmes d'Anne Boleyn, il répudia sa femme Catherine d'Aragon, pour l'épouser. Excommunié par Clément VIII, Henri se fit déclarer chef de l'Église d'Angleterre (*Église anglicane*), abolit l'autorité du pape, fit mourir un grand nombre de protestants et de catholiques. Il fit périr Anne pour épouser Jeanne Seymour, à la mort de laquelle il prit Anne de Clèves, qu'il répudia. Celle-ci succéda Catherine Howard, décapitée en 1542, et Catherine Parr. Henri s'allia avec Charles-Quint contre François Ier. Il mourut en 1547.

HENRI. Quatre rois de France ont porté ce nom. — HENRI Ier succéda à Robert, son père, en 1031, malgré sa mère Constance. Il tenta la conquête de la Normandie, mais sans succès, céda à son frère Robert le duché de Bourgogne, d'où est sortie la première race des ducs de Bourgogne, et mourut en 1060. — HENRI II succéda à François Ier, son père, en 1548, continua la guerre de son père avec l'Angleterre, et la termina par une paix avantageuse en 1550. Il se ligua en 1551 avec Maurice, électeur de Saxe, et Albert de Brandebourg, contre Charles-Quint (*ligue germanique*), lui enleva en 1552 Metz, Toul et Verdun, et bientôt resta le seul ennemi de l'empereur. Il défit les impériaux en 1554 à Renti, mais fut vaincu à Marciano. La guerre se termina en 1556. Philippe II, ligué avec le roi d'Angleterre, le défit à Saint-Quentin (1557). Henri conclut une paix désavantageuse en 1559 (*la malheureuse paix*). Henri mourut d'une blessure qu'il reçut dans un tournois du comte de Mongommery en 1559. — HENRI III, troisième fils du précédent, roi de Pologne en 1573, et roi de France en 1574. Il fit la paix avec les huguenots en 1580, et leur permit l'exercice de leur religion. Henri se livrait à de honteuses débauches avec ses favoris ou *mignons*, et vivait dans la mollesse et l'afféterie. Les catholiques craignirent de voir dominer le luthéranisme. Trois partis se formèrent, nommés *guerre des trois Henris*: celui des *ligueurs*, conduit par Henri de Guise; celui des *huguenots*, par Henri de Navarre, et celui du roi Henri III (*politiques* ou *royalistes*). Henri III, effrayé, supprima en 1585 les privilèges des huguenots. En 1586 se forma la faction des *seize*, qui entreprit d'enlever au roi la couronne. Les protestants reprirent les armes, et vainquirent Henri à Coutras en 1587. Henri défendit à Guise, devenu trop populaire, l'entrée de Paris, mais en vain, et ce fut la *journée des Barricades* (1588). Henri fit assassiner et convoqua les états à Blois. Il fit assassiner le duc de Guise la même année, et fut excommunié, déclaré déchu de la royauté. Il eut recours à Henri de Navarre, et recouvra son royaume; mais il mourut assassiné par Jacques Clément en 1589. — HENRI IV de Navarre, né en 1553 à Pau d'Antoine de Bourbon et de Jeanne d'Albret. Élevé dans la religion protestante, il succéda à Henri III; abjura sa religion en 1593, ce qui mit fin à la guerre civile; soutint une guerre contre l'Espagne, qu'il termina heureusement, et mourut en 1610, assassiné par Ravaillac. Il s'était emparé de Paris après un long siège, avait vaincu le duc de Mayenne à Ivry et Arques. Ce prince fut un des meilleurs rois de France.

HENRI. Quatre rois de Castille ont porté ce nom. — HENRI Ier succéda à Alphonse XI en 1214. Les seigneurs de Lara l'enlevèrent à sa tante, la reine de Léon, qui le tenait prisonnier. Les autres seigneurs se liguèrent contre ceux de Lara. Le roi mourut en 1217, au milieu de cette guerre civile. — HENRI II TRANSTAMARE, dit *de la Merced*, s'unit avec du Guesclin contre Pierre le Cruel, qui s'était emparé du trône après avoir fait périr Henri et le frère de Henri. Il le vainquit à Montiel, et le tua en 1369. Il triompha de tous ses ennemis, et mourut en 1379, empoisonné par le roi de Grenade. — HENRI III succéda à son père Jean Ier en 1390. Il combattit avec succès les rois de Portugal et de Grenade. Il avait levé une armée contre les Maures, lorsqu'il fut empoisonné par un médecin juif. — HENRI IV, roi de Léon et de Castille, succéda à Jean III en 1464. N'ayant pas d'enfants, il introduisait dans la couche de sa femme, Jeanne d'Espagne, son favori Alfonse d'Albukerque. De ce mariage naquit la malheureuse Jeanne. Henri fut déposé en 1465, et mourut en 1474.

HENRI, prince de Prusse, troisième fils de Frédéric-Guillaume Ier, roi de Prusse, né à Berlin en 1726. Son frère Frédéric II monta sur le trône en 1740. Henri combattit avec le roi de Czaslau (1742), à Hohen-Friedberg (1745); pendant la guerre de Hanovre, à Lowositz (1), à la bataille de Prague (1757), où il se distingua beaucoup. Il repoussa en 1758 les troupes françaises de plusieurs points, et fut chargé de la défense de la Saxe contre les Autrichiens. Il fut souvent vainqueur. Dans la campagne de 1760, Frédéric l'opposa aux Russes, qui furent vaincus à Friedberg en 1762. Son frère fut toujours jaloux de sa gloire. Henri se livra à des études philosophiques et littéraires. Sa dernière guerre fut celle de 1778. Il mourut en 1802.

HENRI DE BOURGOGNE, comte de Portugal, petit-fils de Robert Ier, duc de Bourgogne, franchit les Pyrénées avec une armée de Bourguignons et de Béarnais, et se rendit maître du Portugal. Telle fut l'origine de ce royaume. Il mourut en 1112.

**HENRI DE CASTILLE**, fils de Ferdinand III, prit les armes contre son frère Alphonse, roi de Léon et de Castille. Pour réparer ses revers, il demanda secours à Louis IX et Charles Ier de Sicile. Il souleva Conradin contre ce dernier, son bienfaiteur; mais il fut pris et mis à mort.

**HENRIETTE** (MARIE D'—RANCE), fille de Henri IV, née à Paris en 1609, épousa en 1625 Charles Stuart, prince de Galles, devenu la même année roi d'Angleterre. Elle supporta avec courage les malheurs de son époux, et alla demander en France un secours qu'on ne put lui accorder. Elle fut obligée, en 1644, d'y chercher un refuge, et après la mort de Charles Ier (1649) elle se retira à la Visitation de Chaillot. Elle vit son fils monter sur le trône après la mort de Cromwell (1660), et mourut en 1669. Bossuet prononça, le 10 octobre de la même année, l'oraison funèbre de cette reine malheureuse.

**HENRIETTE-ANNE D'ANGLETERRE**, fille de Charles Ier et de Henriette de France, née à Exeter en 1644. Pendant la fuite de sa mère, celle-ci l'avait laissée en Angleterre. Henriette fit un voyage en France en 1661, et épousa Philippe de France, frère de Louis XIV. Celui-ci l'employa pour faire avec l'Angleterre un traité contre la Hollande, et fut toujours pour elle une grande amitié. Elle mourut en 1670, avec le soupçon d'avoir été empoisonnée.

**HENRIOT** (François), né à Nanterre en 1761. Après avoir été domestique, il devint, sous la révolution, chef de la section des droits de l'homme et commandant de la garde nationale. Il fit investir la convention pour la forcer à décréter d'accusation le parti des girondins. Le 9 thermidor (29 juillet 1794), il marcha à la convention avec des canons pour faire triompher Robespierre; mais il fut arrêté et envoyé à l'échafaud.

**HÉPATIQUE** (CANAL), conduit excréteur de la bile, cylindrique, long d'un pouce et demi. En général on nomme *hépatique* tout ce qui appartient ou a rapport au foie.

**HÉPATIQUE**, espèce d'anémone vantée autrefois contre les maladies de foie. — Les *hépatiques* constituent une famille de plantes de la classe des acotylédones. Elle renferme des plantes herbacées, terrestres, parasites ou rampantes, tenant le milieu entre les lichens et les mousses. — On nomme vulgairement *hépatique blanche* ou *noble* la *parnassie*; *hépatique dorée* et *hépatique des marais*, la *dorine*; *hépatique des bois* et *hépatique étoilée*, l'*aspérule*; *hépatique des fontaines*, la *marchantie*; *hépatique pour la rage*, une espèce de *lichen*.

**HÉPATITE**, maladie causée par l'inflammation du foie. L'*hépatite aiguë* attaque le foie, et est due à la chaleur de la saison ou du climat, aux affections morales vives, etc. L'*hépatite chronique* attaque le parenchyme du foie, tandis que l'*aiguë* n'attaque jamais cette partie. Ces maladies sont très-souvent dangereuses.

**HEPTA**, mot grec qui signifie *sept*, et qui précède un grand nombre de mots de la langue française.

**HEPTAGYNIE**, nom donné par Linné à un ordre de plantes renfermant celles qui ont sept pistils ou organes femelles.

**HEPTAMÉRON**, recueil de soixante-douze contes en prose, divisés en sept journées, et composés par Marguerite de Valois, sœur de François Ier et reine de Navarre, à l'imitation du *Décaméron* de Boccace.

**HEPTANDRIE** (botan.), septième classe du système sexuel de Linné, renfermant les végétaux dont les fleurs ont sept étamines (organes mâles). On y compte quatre ordres, savoir : 1° *heptandrie monogynie*, sept étamines, un pistil (organe femelle). exemple: le *marronnier*; 2° *heptandrie digynie*, sept étamines, deux pistils; exemple: le genre *limeum*; 3° *heptandrie tétragynie*, sept étamines, quatre pistils; exemple : l'*astranthe*; 4° *heptandrie heptagynie*, sept étamines, sept pistils; exemple : le genre *septas*.

**HEPTANOMIDE** ou HEPTAPOLE, province centrale de l'Égypte, entre le Delta au N. et la Thébaïde au S. Elle fut ainsi nommée parce qu'elle contenait sept nomes ou départements principaux. *Memphis* en était la capitale.

**HEPTARCHIE**. On donne ce nom aux sept royaumes fondés par les Anglo-Saxons dans la Grande-Bretagne. Le premier fut celui de *Kent*, fondé en 455 par Hengist; le deuxième fut celui de *Sussex*, fondé en 491 par Ella; le troisième fut le royaume de *Wessex*, fondé en 516 par Cerdic; le quatrième fut celui d'*Essex*, fondé en 526 par Erkenwin (ces quatre royaumes avaient été fondés par des Saxons); le cinquième fut celui de *Northumberland*, fondé par Idda en 547 : il fut divisé en royaumes de *Déire* et de *Bernicie*, réunis par Ethelfrid en 590; le sixième royaume fut celui d'*Est-Anglie*, fondé par Offa en 571; le septième fut celui de *Mercie*, fondé par Crida en 584 (ces trois royaumes furent fondés par les Angles). Egbert, roi de Wessex, réunit tous ces royaumes en 828.

**HÉRACLIDE**, surnommé *le Pontique*, philosophe grec, disciple d'Aristote, admit le premier le mouvement de la terre sur son axe, et composa un grand nombre d'ouvrages sur la philosophie, l'histoire, les belles-lettres et même la musique. Héraclide vivait vers l'an 335 avant J.-C.

**HÉRACLIDES**, descendants d'Hercule. Chassés d'Argos, ils se réfugièrent en Doride, et Hyllos, l'un d'entre eux, adopté par le roi Eupalios, monta sur le trône après sa mort. Ses petits-fils Téménos, Cresphonte, Aristodème envahirent la Laconie, et se rendirent maîtres de tout le Péloponèse. L'Argolide échut à Téménos; Cresphonte eut la Messénie; Euristhène et Proclès, fils d'Aristodème, eurent la Laconie; Corinthe échut à leur parent Aléthès, et l'Élide fut donnée à l'Étolien Oxylos.

**HÉRACLITE**, philosophe d'Éphèse, florissait 500 ans avant J.-C. Ce savant pleurait sans cesse sur les sottises humaines, et prétendait que tout était soumis à une nécessité fatale, et que le monde était un feu éthéré, élément dont il faisait un dieu doué d'une puissance et d'une intelligence infinies. Il composa un *Traité sur la nature*, dont nous avons des fragments.

**HÉRACLIUS**, empereur d'Orient, détrôna l'empereur Phocas, et se fit couronner à sa place en 610. Il fit avec succès la guerre à Chosroës II, roi de Perse, repoussa les Avares et les Slaves, s'empara de la Syrie, de l'Arménie, passa le Tigre, et reporta au saint sépulcre la croix. Il ternit la fin de son règne en ne s'occupant que des querelles ecclésiastiques au lieu de repousser les Sarrasins. Il mourut en 641.

**HÉRALDIQUE** (ART). Voy. BLASON.

**HÉRAULT**, rivière de France qui prend sa source dans les Cévennes, traverse le département auquel elle donne son nom, passe à Pézenas et à Agde, et se jette dans la Méditerranée près de cette dernière ville. Son cours est de 25 lieues.

**HÉRAULT**, département maritime, région du S., formé d'une partie de l'ancien Languedoc, et qui tire son nom de la rivière qui le traverse du N. au S. Il est borné par les départements du Gard, de l'Aveyron, de l'Aude, du Tarn et de la Méditerranée. Sa superficie est de 623,839 arpents métriques, et sa population de 390,000 habitants. Il est divisé en quatre arrondissements : Montpellier (ch.-lieu), Béziers, Saint-Pons, Lodève. Il commerce surtout en céréales, en vins, et cultive l'olivier et le mûrier. Il produit 8 ou 900,000 hectolitres de vins et 12,000 d'huiles. On y remarque les ports de Cette et d'Agde, Lunel célèbre par ses vins, l'ancienne ville de Béziers, les étangs du littoral où débouche le canal des deux mers, etc. Il est compris dans la 9e division militaire et le ressort du diocèse, de l'académie et de la cour d'appel de Montpellier.

**HÉRAULT DE SÉCHELLES** (Marie-Jean), avocat général, né à Paris en 1760. Il cultiva d'abord les lettres, et fit paraître le *Voyage à Montbard* et des *Réflexions sur la déclamation*; il se mêla ensuite aux révolutionnaires, fut un des hommes les plus influents, et rédigea la constitution de 1793. Il fut arrêté sur le soupçon d'avoir donné asile à un émigré, et condamné à mort avec Danton, Camille Desmoulins, en 1794.

**HÉRAUT**. Chez les anciens, c'était un officier public dont la fonction était de déclarer la guerre ou de proclamer le nom des vainqueurs aux jeux. Au moyen âge, les hérauts d'armes étaient des officiers de guerre et de cérémonie; le roi d'armes était le plus ancien des hérauts; les poursuivants étaient de simples candidats au grade. Les hérauts étaient au nombre de trente, signifiaient les cartels, dressaient des généalogies, publiaient la célébration des fêtes, etc., déclaraient la guerre ou annonçaient la paix.

**HERBACÉ**, nom donné aux végétaux de la nature ou de la couleur des herbes, qui n'ont qu'une consistance molle et tendre, dont les fibres sont pointues, serrées, qui ne sont pas ligneux et qui périssent après la maturité des graines.

**HERBAGE** (jard.), mot qui désigne toutes les espèces d'herbes cultivées dans un potager. — En agriculture, il désigne les prés que l'on ne fauche jamais, et qui sont destinés à la dépaissance des bœufs. Les plus renommés sont ceux de la Normandie; ils influent beaucoup sur la qualité du lait des animaux domestiques.

**HERBE**, plante non ligneuse, et qui perd sa tige et ses feuilles pendant l'hiver. On la dit *annuelle* quand elle périt entièrement après un an d'existence; *bisannuelle*, quand elle perd ses tiges et qu'elle subsiste par sa racine pendant deux ans; *trisannuelle* ou *vivace*, quand elle prolonge sa vie trois ans ou pendant un temps plus ou moins illimité. Dans la langue vulgaire, une *herbe* est un végétal de peu d'importance et de consistance. Les *herbes potagères* sont celles qu'on cultive pour l'usage des cuisines; les *herbes sauvages* sont celles qui viennent sans culture; les *herbes mauvaises* sont celles qui nuisent au développement des plantes utiles en s'enroulant autour d'elles ou en dévorant le suc nutritif que leur fournit la terre.

**HERBE**. Dans la langue vulgaire, on nomme *herbe* un grand nombre de plantes que l'on distingue entre elles par diverses épithètes. Voici les principales, avec leur nom scientifique. On appelle *herbe à coton* les gnaphales et les *filages*; *herbe à cousin*, le *lapulier* et la *conyze*; *herbe à couteau*, les *laîches*, l'*ivraie* et les *graminées*; *herbe à deux bouts*, le *chiendent*; *herbe à éternuer*, l'*achillée*; *herbe à gale*, la *morelle*; *herbe à jaunir*, la *gaude* et la *génestrolle*; *herbe à lait*, l'*euphorbe* et le *polygala*; *herbe à la coupure*, la *valériane*, la *millefeuille*, la *consoude* et autres plantes vulnéraires; *herbe de l'âne*, l'*onagre*, la *bugrane* et les *chardons*; *herbe à la ouate*, les *asclépiades*; *herbe à l'araignée*, la *phalangère*; *herbe à l'épervier*, la *porcelle*; *herbe à maroquin*, le *sumac* et le *fustet*; *herbe à rubans*, le *roseau panaché*; *herbe à sept têtes* ou à *sept tiges*, la *statice*; *herbe à tous maux*, le *tabac* et la *lysimachie*; *herbe au cancer*, la *dentelaire*; *herbe au cerf*, l'*athamante* et la *dryade*; *herbe au citron*, la *mélisse* et l'*armoise*; *herbe au chat*, la *germandrée* et la *cataire*; *herbe au coq*, la *tanaisie* et la *cocrête jaune*; *herbe au taureau*, l'*orobanche*; *herbe au verre*, la *soude*; *herbe aux abeilles*, l'*ulmaire*; *herbe aux cuillers*, le *cochléaria*; *herbe aux cure-dents*, la *visnage*; *herbe aux écus*, la *nummulaire*; *herbe aux grenouilles*, la *riccie*; *herbe aux mamelles*, la *lampsane*; *herbe aux tourterelles*, le *croton*; *herbe chaste*, le *gattilier*; *herbe d'admiration*, la *phlomide*; *herbe d'amour*, l'*acacia mimosa*, la *sensitive*, le *myosotis*, la *conyze*, les *brizes*, le *réséda*, la *saxifrage*; *herbe de feu*, l'armoise, l'ellébore et la renoncule; *herbe de Guinée*, le fléole géant, qui fournit un fourrage excellent et qui réussit très-bien en France, quoique originaire de l'Afrique; *herbe de Médie*, la luzerne; *herbe d'or*, l'hélianthême; *herbe de vie*, l'aspérule; *herbe de bœuf*, la surelle; *herbe du cœur*, la pulmonaire et la menthe; *herbe du vent*, l'anémone coquelourde, la phlomide couchée; *herbe endovoire*, l'achillée à odeur de camphre; *herbe froide*, le chiendent; *herbe maure*, le réséda, le phyteume, la morelle; *herbe mauvaise*, l'ivraie; *herbe militaire*, la grande millefeuille; *herbe musquée*, la kelmie; *herbe nombril*, la cynoglosse; *herbe pédiculaire*, la staphysaigre; *herbe puante*, l'anagyris, l'antemis et la morelle triste; *herbe rache*, la dentelaire européenne; *herbe rouge*, la rubéole et le mélampyre des champs; *herbe sacrée*, la verveine, le tabac, le mélissot et le cestreau; *herbe Sainte-Marie*, la balsamite, la serpentaire, le gouet; *herbe sans couture*, l'ophioglosse; *herbe sardonique*, la renoncule des marais; *herbe taoupa* ou à la taupe, le datura; *herbe terrible*, la globulaire turbith et le liseron turbith; *herbe traînante*, la cuscute; *herbe vivante*, la sensitive, l'oxalide, le sainfoin du Gange; *herbe vulnéraire*, l'inule, le thé suisse; *herbe admirable*, la belle-denuit; *herbe amère*, la tanaisie; *herbe apollinaire*, la jusquiame; *herbe d'arbalète*, la varaire; *herbe argentée*, la potentille; *herbe bénédicte* ou *de Saint-Benoit*, la benoîte; *herbe au bon Dieu*, la médicinière; *herbe à cailler*, le gaillet; *herbe caniculaire*, la jusquiame; *herbe cardinal*, la lobélie; *herbe du cardinal*, la consoude; *herbe des chanoines*, la mâche; *herbe au chantre*, le vélar; *herbe au charpentier*, le vélar et la millefeuille; *herbe à cinq feuilles*, la potentille; *herbe au cocher*, la millefeuille; *herbe aux cors*, la joubarbe et l'orpin; *herbe à deux feuilles*, l'ophrys; *herbe doucette*, la mâche; *herbe à l'esquinancie*, l'aspérule; *herbe à fève*, l'orpin; *herbe à la fièvre*, la gratiole et petite centaurée; *herbe à foulon*, la saponaire; *herbe à Gérard*, la podagraire; *herbe de grâce*, la rue; *herbe aux gueux*, la clématite; *herbe aux hemorrhoïdes*, la ficaire; *herbe immortelle*, la tanaisie; *herbe impatiente*, la balsamine; *herbe jaune*, le réséda; *herbe de Judée*, la morelle douce-amère; *herbe aux ladres*, la véronique; *herbe du lion*, l'orobanche; *herbe à loup*, l'aconit; *herbe de muraille*, la pariétaire; *herbe de musc*, la moschateline; *herbe musquée*, l'ambrette; *herbe de NotreDame*, la pariétaire; *herbe aux oies*, la potentille; *herbe à pauvre homme*, la gratiole; *herbe aux poux*, la pédiculaire et staphisaigre; *herbe aux puces*, le plantain; *herbe à Robert*, le géranium; *herbe royale*, l'aurone; *herbe de Saint-Albert*, le vélar; *herbe de Saint-Antoine*, l'épilobe; *de Saint-Christophe*, l'actée; *de Saint-Etienne*, la circée; *de Saint-Félix*, la scrofulaire; *de Saint-Fiacre*, l'héliotrope; *de Saint-Guillaume*, l'aigremoine; *de Saint-Innocent*, la renouée; *de Saint-Jacques*, le séneçon; *de Saint-Jean*, l'armoise, le lierre terrestre et le millepertuis; *de Saint-Julien*, la sariette; *herbe de Saint-Laurent*, le bugle; *de Saint-Lucien*, l'arnique; *de Saint-Martin*, la primevère; *de Saint-Pierre*, la pariétaire et le percepierre; *de Saint-Philippe*, le pastel; *herbe Saint-Quirin*, le tussilage; *de Saint-Roch*, l'inule; *de Saint-Zacharie*, le bluet; *herbe Sainte-Barbe*, le vélar et la roquette; *Sainte-Catherine*, la balsamine; *de Sainte-Claire*, la mâche; *de Sainte-Cunégonde*, l'eupatoire; *de Sainte-Othilée*, la dauphinelle; *de Sainte-Quiterie*, la mercuriale; *Sainte-Rose*, la pivoine; *herbe de la Trinité*, la pensée et l'hépatique.

HERBIER, collection de plantes sèches conservées dans du papier, et rangées d'après un système botanique, destinée à compléter les études d'histoire naturelle, et à être consultée au besoin. On a aussi appliqué le nom d'*herbier* à des collections de plantes peintes ou dessinées, et à des ouvrages qui en contiennent en même temps la description et la figure. — Herbier, en anatomie, est synonyme de panse.

HERBIVORES, espèces animales qui se nourrissent exclusivement de végétaux, mais qui ne pourraient former une division dans le règne animal, puisqu'il existe dans tous les ordres de ce règne des espèces qui se nourrissent de plantes. Cependant les espèces herbivores se distinguent un peu des espèces carnassières voisines. — Famille d'insectes coléoptères, à quatre articles à tous les tarses, à corps arrondi, antennes filiformes, et qui vivent de plantes.

HERBUE, nom donné, en métallurgie, aux terres argileuses qu'on mêle au minerai pour en faciliter la fusion. Quand le minerai est lui-même à base argileuse, on y joint des terres calcaires, et ce nouveau fondant prend le nom de *castine*.

HERCULANUM, ville de Campanie, à une lieue et demie de Naples, détruite par un tremblement de terre lors de l'éruption du Vésuve en 79. Cette ville, après avoir été ensevelie pendant seize siècles, fut découverte en 1713 par des ouvriers qui creusaient un puits à vingt-quatre pieds sous terre. Tout était encore en bon état. On en a retiré des statues, des manuscrits, des peintures et des objets propres à faciliter l'intelligence des anciens écrivains.

HERCULE (myth.), héros célèbre dans la mythologie grecque, fils de Jupiter et d'Alcmène, naquit à Thèbes. La jalouse Junon lui suscita de grands périls; mais il les surmonta tous. Eurysthée, à qui Hercule avait été soumis d'après la volonté de Jupiter, lui ordonna les douze travaux qui rendirent ce héros si fameux en Europe, en Asie et en Afrique. Ce furent, 1° la mort du lion de la forêt de Némée; 2° la destruction de l'hydre de Lerne; 3° la prise de la biche aux pieds d'airain; 4° la mort du sanglier d'Erymanthe; 5° il nettoya les étables d'Augias; 7° il prit vivant le taureau de Crète; 8° il enleva les cavales de Diomède, et tua ce prince, qui les nourrissait de chair humaine; 9° il défit les Amazones; 10° il tua le géant Géryon; 11° il enleva les pommes d'or du jardin des Hespérides; 12° il arracha le chien Cerbère des enfers et en retira Thésée, son ami. — Ayant tué le Centaure Nessus avec des flèches empoisonnées, celui-ci en mourant persuada à Déjanire, femme d'Hercule, que son mari lui serait toujours fidèle s'il revêtait la tunique teinte de son sang. Peu de temps après, Déjanire, devenue jalouse d'Iole, qu'aimait le héros, lui envoya la tunique empoisonnée. Mais à peine s'en fut-il revêtu que le venin dont elle était infectée pénétra bientôt jusqu'à la moelle de ses os. Pour mettre un terme à ses douleurs, Hercule se brûla sur un bûcher. On lui rendit les honneurs divins. Les poètes le représentent sous les traits d'un homme fort et robuste, la massue à la main, et couvert de la dépouille du lion de Némée.

HERCULIEN (Nœud), nom donné chez les anciens au nœud de la ceinture de la nouvelle mariée, parce que le mari la dénouait en invoquant Junon, et le priant de rendre son mariage aussi fécond que celui d'Hercule.

HERCYNIE (Forêt d'), célèbre forêt de la Germanie, d'une très-grande étendue. Il est évident que les anciens désignaient par ce nom l'assemblage de plusieurs forêts différentes, dont ils ne connaissaient bien aucune. Les *monts Hercyniens* étaient ceux qu'ombrageait la forêt d'Hercynie.

HERDER (Jean-Gottfried), né à Morungen (Prusse) en 1744. Il fut nommé en 1776 premier prédicateur et surintendant général du duché de Weimar. Ce savant polygraphe écrivit sur la théologie, la philologie, la philosophie, l'archéologie, l'histoire, etc. Ses principaux ouvrages sont, *de l'Esprit de la poésie hébraïque*, un *Traité sur l'origine du langage*, un *Prélude sur l'histoire de l'humanité*, *Idées sur l'histoire de l'humanité*, des poésies, etc. Ses ouvrages forment 60 volumes in-12. Herder mourut en 1803.

HÉRÉDIE, grande mesure de surface des anciens Romains, avait 240 pieds en tous sens, et valait 2 jugerum.

HÉRÉDITÉ, universalité des droits tant actifs que passifs qui composent une succession. On appelle *adition d'hérédité* tout acte de l'héritier duquel il résulte qu'il accepte la succession. La *pétition d'hérédité* est l'action qui a pour objet la demande et la réclamation de l'exercice du droit d'héritier.

HEREFORT, comté d'Angleterre, dans la partie O. de cette contrée. Il a 11 lieues de long sur 8 de largeur. Sa population est de 110,000 habitants. Il commerce en blé, bois, laines. Sa capitale, nommée *Herefort* est à 7 lieues de Glocester.

HÉRÉSIE, erreur volontaire et opiniâtre touchant une ou plusieurs vérités catholiques. Les hérésies surgirent dès l'origine du christianisme. On nomme *hérésiarques*, les premiers auteurs d'une hérésie, ou chefs d'une secte hérétique. Les plus célèbres hérésies sont celles des manichéens (IIIe siècle), des ariens (IVe siècle), des hussites (XVe siècle), des albigeois (XIIIe siècle), des anabaptistes, des luthériens, des calvinistes, des puritains, des antitrinitaires (XVIe siècle), des jansénistes, des arminiens, des quakers (XVIIe siècle).

HÉRISSON, genre de mammifères de l'ordre des carnassiers ou des insectivores. Leur corps est couvert d'épines en dessus, de poils en dessous. La queue est très-courte, et tous les pieds ont cinq doigts armés d'ongles très-forts; les oreilles sont arrondies, les yeux petits. Les hérissons sont de petite taille, leur démarche est lente; ils se nourrissent de petits animaux et de fruits, et se creusent au milieu des bois des trous dans lesquels ils se cachent. Le hérisson n'a d'autres ressources contre ses ennemis que de s'enrouler en boule, en présentant de tout côté ses piquants. Le *hérisson commun* a les épines variées de noir et de blanc; son museau, ses oreilles et ses doigts sont d'un brun violet; la queue est brune, ne ainsi que les oreilles, les yeux et le museau. Il s'engourdit pendant l'hiver.

HÉRISSON DE MER. Voy. DIODON.

HÉRISSON, nom donné, 1° à une grosse poutre ou arbre armé de pointes fort longues, qu'on fait rouler sur la rampe ou les débris de la brèche d'une place pour empêcher l'ennemi de monter; 2° en mécanique, à une roue dont les rayons sont placés directement sur la circonférence du cercle, et qui ne peuvent s'engager que dans une lanterne dont ils reçoivent le mouvement; 3° en marine, à un grappin à quatre bras.

HERMANDAD (Sainte-), nom donné, en Espagne, aux soldats du tribunal connu sous le nom d'inquisition. La sainte-hermandad poursuit et reprend les criminels, les voleurs, etc.

HERMANDUDES, nom donné, en Espagne, à plusieurs villages qui ont une espèce de confraternité, et sont régis par la même autorité municipale.

HERMANSTADT ou NAGI-SZEBENZ-SZEK, siége de Transylvanie, entre ceux de Reismark, la Valachie, Lechkirch et le comtat de Weissenbourg. Sa superficie est de 124 lieues carrées. Sa population de 13,560 familles. Ce pays est fertile et produit des bestiaux, des chevaux, brebis, chèvres et porcs estimés; du miel excellent, des fruits, surtout des cerises, du bois et des minéraux de toute qualité. La capitale est *Hermanstadt*, capitale de toute la Transylvanie, à 180 lieues de Vienne. Sa population est de 12,000 habitants. Elle possède un gymnase, un collége, un institut, une université, et commerce en cuirs, toiles, salpêtre et couvertures.

HERMAPHRODISME, réunion des deux sexes dans le même individu. On trouve cette disposition dans presque toutes les plantes et dans beaucoup d'animaux des classes inférieures, tels que les zoophytes. Dans les animaux des classes supérieures, l'hermaphrodisme est une monstruosité; les individus qui en sont atteints sont incapables de se reproduire.

HERMAS ou HERMÆAS, philosophe chrétien, était Grec d'origine. On ignore l'époque où il vivait, ainsi que les événements de sa vie. Les Grecs le mettent au rang des apôtres et des soixante-douze disciples de Jésus-Christ. Ils en font la fête le 8 mars et le 5 octobre, et les Latins le 9 mai. On a de lui un ouvrage écrit en grec, et intitulé *Livre du Pasteur*, écrit vers l'an 92 de J.-C. Il est rempli de révélations, de prophéties, de choses remarquables sur l'état et la discipline des premiers temps de l'Eglise, sur la doctrine de la foi, les règles des mœurs, et de préceptes nombreux.

HERMÈS, nom donné par les archéologues aux statues de Mercure (voy. ce mot) sans bras ni jambes, que les Grecs et les Romains plaçaient dans les grands chemins et les carrefours, parce que ce dieu présidait aux routes. De là lui venait le surnom de *Trivius*.

HERMÉTIQUE, épithète donnée à cette partie de l'alchimie, qui avait pour objet la prétendue transmutation des métaux, et qui cherchait à expliquer tous les effets naturels par trois principes actifs, le sel, le soufre et le mercure. Cette science (*grand art* ou *philosophie hermétique*) avait eu pour fondateur Hermès-Trismégiste.

HERMIAS, chrétien du IIIe siècle ou même du IIe, écrivit un ouvrage qui est une fine raillerie des philosophes païens. Cet ouvrage, très-estimé des théologiens, se trouve à la suite des œuvres de saint Justin.

HERMINE, mammifère digitigrade, de la famille des *martes*, dont la robe fournit une fourrure très-précieuse. Elle affecte en été la couleur fauve, et prend le nom de *roselet*; en hiver, elle devient d'un blanc éclatant, et conserve le nom d'*hermine*. Ce joli petit animal, à la physionomie fine et gracieuse, agile et léger, exhale une très-mauvaise odeur, et est d'un naturel très-sauvage : cependant on parvient à l'apprivoiser.

HERMINETTE, espèce de hache dont le fer est tranchant d'un bout et recourbé dans sa largeur, ayant une tête de marteau à l'autre bout, sur un manche de trois pieds de long. Les charpentiers s'en servent ainsi que les tonneliers pour aplanir et même polir les faces des pièces de bois, et surtout des pièces concaves.

HERMIONE, fille d'Hélène et de Ménélas, épouse de Pyrrhus. N'ayant point d'enfants, elle devint jalouse d'Andromaque, et allait s'en défaire en l'absence de Pyrrhus, lorsqu'elle en fut empêchée par le peuple. Redoutant le courroux de son mari, elle se fit enlever par Oreste, qui l'emmena à Sparte, et qui fut accusé de la mort de Pyrrhus. Elle épousa Oreste.

HERMODORE, philosophe grec, d'Ephèse, fut banni de sa patrie, sous l'accusation d'impiété, l'an 450 avant J.-C., et se retira à Rome. Il conseilla le premier aux Romains d'envoyer en Grèce recueillir les meilleures lois, et coopéra à la rédaction de la loi des douze tables, comme interprète et comme jurisconsulte. Il laissa un *Traité des lois des divers peuples*.

HERMOGÈNE, rhéteur célèbre, né à Tarse en Asie, ouvrit dès l'âge de quinze ans une école d'éloquence à Rome. Marc Aurèle, qui l'entendit, fut étonné de ses talents et lui accorda son amitié. Hermogène composa à l'âge de dix-huit ans une rhétorique qui existe encore, et qui est très-estimée des savants. Le titre de cet ouvrage est *Hermogenis Tarsensis Progymnasmata*.

HERMOTIME, de Clazomène, philosophe grec, fut le maître et le précurseur d'Anaxagore. On raconte de grandes merveilles de ce personnage mystérieux. Son âme, dit-on, se séparait de son corps, qui demeurait immobile pendant qu'elle errait en différents lieux, où elle prédisait l'avenir. Après quelque temps d'absence, elle revenait, animait de nouveau son corps, et annonçait à ses concitoyens ce qu'elle avait vu dans ses voyages.

HERMULES, petites statues de Mercure, qu'on plaçait, chez les anciens, aux barrières du cirque pour empêcher les chevaux de courir avant le signal.

HERMUNDURES, une des principales nations de la Germanie, habitait entre le Sala, l'Elbe, les Marcomans, le Danube et les Allemands. On les range parmi les Suèves. De tous les Germains, les Hermundures étaient les seuls à qui les Romains permissent la libre entrée de l'empire et le commerce avec les colonies voisines.

HERNIAIRE, genre de la famille des paronychiées, renfermant des plantes petites, herbacées, à tiges rameuses et couchées, à feuilles simples et opposées, à fleurs petites, réunies en grappes nombreuses. Ces plantes sont très-communes, surtout dans le bassin de la Méditerranée. La *herniaire glabre* (*turquette* ou *herniole*) et la *herniaire velue*, communes dans les champs, sur les terrains sablonneux et arides, ont été longtemps regardées comme diurétiques, astringentes et propres à la guérison des hernies.

HERNIE, tumeur molle, élastique, formée par le déplacement d'une partie du cerveau, par exemple, ou des poumons, qui peuvent sortir hors des cavités qui les renferment à la suite de blessures. — Ce mot désigne principalement les tumeurs externes causées par la sortie des intestins et de leurs annexes hors du ventre. Cette maladie, qui a pour causes les contusions à l'abdomen, les sauts, la course, le chant, la toux, l'exercice du cheval, etc., est très-dangereuse, et occasionne souvent des accidents si graves que la mort s'ensuit.

HERNIQUES, anciens peuples du Latium, en Italie, vers le nord, sur les confins du Samnium et des Marses. Leur capitale était *Anagnie*. Les Herniques furent en guerre avec les Romains. Battus par eux, et forcés à leur céder presque tout leur territoire l'an 495 avant J.-C., ils se révoltèrent à diverses époques, principalement en 388, 357 et 306 avant J.-C. Ils furent enfin définitivement soumis par Martius Tremulus.

HERNOESAND, ville de Suède, ancienne capitale de la province d'Angermanie et de Medelpad, nommée de Norrland, et aujourd'hui chef-lieu du gouvernement de Wester-Norrland. — Cette ville, assez considérable, est le siège d'un évêché, et renferme plusieurs fabriques d'eau-de-vie, d'huile, de toiles, et possède un collége, un jardin botanique, et une imprimerie qui publie des ouvrages en langue laponne.

HERNUTES. Voy. FRÈRES MORAVES.

HÉRO (myth.), prêtresse de Vénus à Sestos, aimée de Léandre. Celui-ci, habitant d'Abydos, traversait tous les jours à la nage l'Hellespont pour aller la voir. Ayant péri dans une nuit d'orage, Héro se précipita dans la mer.

HÉRODE LE GRAND, fils d'Antipater, né à Ascalon 69 ans avant J.-C. Il fut fait roi de Judée l'an 3964 du monde, après avoir lutté longtemps contre Antigone. Il prit parti contre Auguste lors de sa querelle avec Antoine; mais ce prince lui pardonna. Il fit mettre à mort son beau-frère, sa belle-mère, ses trois enfants, sa femme et tous les enfants des environs de Bethléem âgés de moins de deux ans lors de la naissance de Jésus-Christ (massacre des innocents). Il mourut rongé des vers.

HÉRODIADE, fille d'Aristobule, fils d'Hérode le Grand, roi des Juifs, épousa d'abord Hérode Philippe, son oncle, qu'elle quitta peu de temps après pour vivre avec son beau-frère Hérode Antipas, tétrarque de Galilée. Les reproches de Jean Baptiste contre ce mariage incestueux l'aigrirent au point qu'un soir, au sortir d'un festin, elle fit demander sa tête à Antipas par sa fille Salomé, qui avait un grand empire sur lui. Celui-ci accorda sa demande. Hérodiade, souffrant impatiemment de voir son mari simple tétrarque, tandis qu'Agrippa, son frère, portait le titre de roi, porta son mari à des projets ambitieux. Mais Caligula les dépouilla de leurs biens, et les relégua dans la ville de Lyon, où Hérodiade mourut l'an 40 de J.-C.

HÉRODIEN, historien grec, né à Alexandrie en 225. Il a laissé une *Histoire romaine* en huit livres, allant de la mort de Marc Aurèle jusqu'à la mort de Gordien (de 180 à 238). Il négligea dans cet ouvrage la chronologie, et manqua d'exactitude dans les détails de géographie.

HÉRODIENS, secte existant chez les Juifs au temps de Jésus-Christ, et qui reconnaissait Hérode pour le Messie. D'autres auteurs pensent que c'étaient les soldats ou les partisans d'Hérode. Cette secte eut peu de durée.

HÉRODOTE, célèbre historien grec, né à Halicarnasse en Carie 484 ans avant J.-C. Il fit de nombreux voyages en Asie, en Afrique et en Europe. Il a laissé un ouvrage divisé en neuf livres, à chacun desquels on attribua le nom de l'une des neuf Muses. Cet ouvrage contient l'histoire des guerres médiques ou des Perses contre les Grecs depuis le règne de Cyrus jusqu'à la bataille de Mycale sous le règne de Xerxès, ce qui comprend un espace de cent vingt-six ans. Il traite par digression de tout ce qui s'est passé de mémorable pendant deux cent quarante ans avant lui dans les trois parties du monde connu, des mœurs et de l'histoire des Perses, des Grecs, de l'Egypte, des Arabes, des Scythes, des Egyptiens, etc. C'est à lui que l'on doit le peu de documents que nous avons sur les anciennes monarchies de l'Asie et sur les premiers siècles de l'Egypte.

HÉROLD (Ferdinand), né à Paris en 1781. Cet illustre compositeur écrivit en 1814 son premier opéra, *la Jeunesse de Henri V*. Il est aussi l'auteur de *Zampa*, du *Pré aux clercs*, de *la Clochette*, *la Bergère châtelaine*, des *Rosières*, de *Marie*, etc. Ces œuvres charmantes sont empreintes d'une grande mélancolie et d'une suave mélodie. Hérold mourut le 19 janvier 1833.

HÉRON, né à Alexandrie l'an 100 avant J.-C., se rendit célèbre dans la mécanique. Il inventa les clepsydres à eau, des automates, des machines à vent, la fontaine de Héron, etc., et écrivit des *Traités de mécanique* et une *Dioptrique*.

HÉRON, genre d'oiseaux à bec allongé, conique et robuste, aux pieds longs, grêles, armés d'ongles aigus, aux jambes longues et dégarnies de plumes, appartenant à la famille des échassiers. Ils vivent solitaires et mélancoliques sur le bord des rivières, et se nourrissent de poissons. Leur vol est lent, mais élevé. On leur faisait la chasse autrefois au faucon ou à l'épervier. Le *héron commun* est d'un cendré bleuâtre. Le sommet de la tête et le front sont blancs; une huppe noire très-flexible orne le derrière de la tête; la partie antérieure du cou est blanche, tachetée de noir; les couvertures des ailes sont grises avec de grandes plumes noires; le bec est d'un jaune verdâtre; les pieds sont verdâtres. La longueur du héron est de deux pieds dix pouces, de l'extrémité du bec à celle de la queue. Cette espèce se trouve en France.

HÉROS, nom que les anciens donnaient à ceux qui passaient pour fils des dieux et aux hommes qui s'immortalisaient par leurs exploits ou par les services qu'ils rendaient à l'humanité. Comme on croyait les dieux s'intéresser après leur mort aux affaires humaines, on rendait de grands honneurs à leur mémoire. Cependant il y faisait cette différence entre le culte des dieux et celui des héros, que le premier consistait en libations et en sacrifices, et le deuxième en cérémonies funèbres, où l'on faisait l'énumération de leurs exploits. Ces honneurs étaient fondés sur une opinion généralement établie dans l'antiquité que les âmes des grands hommes résidaient parmi les astres, et prenaient souvent place parmi les dieux.

HERPES, lisses en bois recourbées et sculptées qu'on voit des deux côtés de la charpente en saillie sur l'avant d'un grand bâtiment. Elles portent aussi le nom de *lisse de l'éperon, de poulaine, d'écharpes et de porte-vergues*. On donne le nom d'*herpes marines* aux choses égarées qu'on trouve au bord de la mer, dont le propriétaire est inconnu. C'est aussi la désignation de l'ambre, des coraux, etc., que la mer laisse à découvert sur ses côtes. — *Herpes*, en médecine. Voy. DARTRES.

HERSCHELL (Frédéric-Guillaume), célèbre astronome, né à Hanovre en 1738, quitta la musique pour s'adonner à l'astronomie. Il découvrit l'anneau de Saturne, les satellites de Jupiter (1771), les montagnes de la lune (1780) et la planète Uranus (1781) ou Herschell, la durée de la révolution de Saturne, et confectionna un grand nombre d'instruments astronomiques. Sa sœur Caroline l'aida beaucoup dans ses découvertes. Il mourut en 1822.

HERSE, sorte d'arrière-porte ou de double porte qui, au lieu d'être à gonds, jouait en glissant dans des rainures verticales. Elles sont d'un grand usage en Orient. En Grèce et à Rome, on les nommait *cataractes*. Dans le moyen âge, on les nommait aussi *sarrasines* ou *harpes*.

HERSE, cadre rectangulaire disposé en forme de treillis, et composé d'un grand nombre de dents très-fortes. On s'en sert pour briser les mottes de terre dans les champs labourés ou nouvellement ensemencés, ou pour recouvrir et enfouir les grains que l'on vient de semer.

HERSE, espèce de grille en fer que l'on voit dans les forteresses suspendue à la voûte du portail entre le pont-levis et la porte. La herse, soutenue par de longues chaînes de fer, peut s'abattre, et, dans le cas où les chaînes du pont seraient brisées, que ce point prêterait passage à l'ennemi, on descendrait la herse pour opposer un nouvel obstacle.

HERTFORD, comté d'Angleterre, de 10 lieues de long sur 8 de large. Sa population est de 110,800 habitants. Le comté, situé dans la partie E. de l'Angleterre, est très-montueux, et produit du bois, des grains et des fruits. *Hertford* en est la capitale, à 7 lieues de Londres et avec 8,000 habitants.

HERTHA ou HERTA, déesse des Germains, qu'on suivait être la même que la Terre, les Germains lui avaient consacré, dans une île écartée, un temple et un bois qu'on appelait *castum nemus* (bois chaste).

HÉRULES, peuples barbares qui habitaient au nord du Danube dans le Mecklenbourg. Ils parurent pour la première fois sous Gallien, envahirent l'Italie sous la conduite d'Odoacre, et s'emparèrent de Rome en 476. Ils étaient païens et sacrifiaient des victimes humaines. L'empire des Ostrogoths s'éleva sur celui des Hérules.

HÉSIODE, poëte grec, né à Cyme en Élide, un des plus anciens. Il est l'auteur de : *les Travaux et les Jours, le Bouclier d'Hercule et la Théogonie*. Dans ce dernier, il traite de la généalogie et des combats des dieux.

HÉSIONE (myth.), fille de Laomédon, roi de Troie. Un monstre marin ayant désolé les côtes de la Troade, l'oracle consulté déclara que le seul moyen d'en délivrer le pays était d'exposer au monstre Hésione, la fille du roi. Le sacrifice fut accompli; mais Hercule promit de délivrer la princesse à condition que le roi lui donnerait ses chevaux, qui passaient pour invincibles. Laomédon ayant consenti à cette proposition, le héros attaqua le monstre, et le tua d'un coup de massue au moment où il allait dévorer Hésione. Dès que Laomédon vit sa fille délivrée de tout danger, il refusa d'accomplir sa promesse. Hercule, indigné de ce manque de foi, assiégea Troie, s'en empara, et sacrifia à sa vengeance Laomédon et sa famille, à l'exception de son fils Priam. Après avoir mis ce jeune prince sur le trône, il donna Hésione en mariage à Télamon, son ami, qui l'avait aidé dans cette guerre. Priam, mécontent de ce mariage, envoya son fils Pâris en Grèce pour la réclamer; Pâris, loin d'accomplir son message, enleva Hélène, épouse de Ménélas, ce qui fut cause de la guerre de Troie.

HESPÉRIDÉES, famille composée d'arbres ou d'arbrisseaux, tous originaires de l'Inde et de la Chine, au bois ferme et compacte, aux fleurs naissant au sommet des rameaux ; le fruit à l'écorce épaisse, et contient de petits sacs nombreux une pulpe acide, d'un goût agréable, et des graines dures, solitaires ou groupées. Les feuilles, les fleurs et l'écorce des fruits sont munis de glandes vésiculaires, pleines d'une huile très-pénétrante. A cette famille appartiennent les *orangers, citroniers, limoniers,* le *camélia,* le *thé*, etc.

HESPÉRIDES, tribu de l'ordre des insectes lépidoptères, famille de l'ordre des diurnes. Ces insectes ont quatre épines aux jambes postérieures, disposées deux à deux à l'extrémité et vers le milieu du tibia. Les filets de la tête ou antennes sont terminés en crochet. A cette tribu appartiennent l'*hespérie* et l'*uranie*.

HESPÉRIDES, nymphes de la mythologie grecque, filles d'Hesperus. Elles étaient préposées à la garde des pommes d'or que Junon donna à Jupiter le jour de ses noces. Ces pommes étaient dans un jardin situé en Afrique, et gardées par un dragon dont les yeux ne se fermaient jamais. Hercule tua le dragon et enleva les pommes.

HESPÉRIE, ancien nom de l'Espagne. Voy. ce mot.

HESPÉRIE, genre d'insectes lépidoptères, de la famille des diurnes, tribu des hespérides. Ces insectes sont en général assez gros; leurs ailes sont peu développées; les inférieures sont plissées, et environnent le corps. Les antennes (ou filets de la tête) sont terminées en forme de fuseau recourbé en crochet extérieurement. Les chenilles vivent dans des feuilles qu'elles roulent, et font une coque légère pour leur métamorphose. L'*hespérie silvain*, longue de huit lignes, a le corps noir, avec des poils fauves en dessus, les ailes d'un fauve blanc et vif.

HESSE, électorat d'Allemagne, compris entre la Bavière, le grand-duché de Bade, la principauté de Nassau et le grand-duché du bas Rhin. — Après la mort du landgrave Philippe le Magnanime (1567), la Hesse, partagée entre ses fils, forma les deux grands Etats de Hesse-Cassel ou électorale et Hesse-Darmstadt. L'électorat de Hesse actuel renferme 348 lieues carrées et 600,000 habitants. La capitale est *Cassel*. Les principales branches de Hesse-Cassel sont *Hesse-Philippstall*, de la religion réformée, et *Hesse-Rothemburg*, de la religion catholique. Cet électorat a huit sièges à la diète; son contingent est de 5,679 hommes.

HESSE-DARMSTADT, grand-duché d'Allemagne, détaché de la Hesse électorale par Georges Ier, fils de Philippe le Magnanime (1567). Cet archiduché a 308 lieues carrées, dont 110,000 catholiques. L'armée est de 8,421 hommes. La Hesse a neuf sièges à la diète. Elle se divise en trois provinces : la principauté de *Starkenburg*, de la *Hesse haute*, et la *Hesse rhénane*. La capitale est *Darmstadt*. Voy. ce mot.

HESSE-HOMBOURG, landgraviat détaché de la Hesse-Darmstadt, d'une superficie de 13 lieues carrées, et renfermant 20,000 habitants, dont 2,050 catholiques. Le landgrave possède une voix à la diète et trois bailliages dans le cercle de Magdebourg : l'*Obisfelde* (2,343 âmes), le *Hotensleben* (2,927 âmes) et *Winningen* (1,156 âmes). Le contingent est de 200 hommes.

HESUS (myth.), dieu des combats chez les anciens Gaulois, que l'on croit être le même que Mars. On lui immolait des victimes humaines, et quelquefois même les femmes et les enfants des principaux de la nation.

HESYCHIUS, célèbre grammairien grec, qui vivait dans le IIIe siècle. Il composa un *lexique* ou glossaire, précieux pour l'étude de la mythologie grecque, mais surtout pour la lecture des Septante et du Nouveau Testament. On ignore si celui qui nous reste aujourd'hui sous son nom est son ouvrage même ou un abrégé de son ouvrage.

HÉTÉRODOXE, ce qui est contraire à la doctrine de l'Eglise catholique. Le contraire de ce mot est *orthodoxe*.

HÉTÉRODROME, terme de mécanique, levier dont le point d'appui est entre le poids et la puissance. On l'appelle aussi *levier du premier genre*.

HÉTÉROGYNES, famille d'insectes hyménoptères, renfermant deux sections, les *mutillaires* et les *formicaires*. Dans presque tous ces insectes, les femelles n'ont pas d'ailes.

HÉTÉROMÈRES, nom donné aux insectes de l'ordre des coléoptères, dont le caractère est d'avoir cinq articles aux tarses des deux paires de pattes antérieures, et seulement quatre aux tarses postérieures.

HÉTÉROPHYLLES, nom donné aux plantes qui portent des feuilles dissemblables les unes des autres. Ainsi le *mûrier à papier*, le *lierre*, ont des feuilles, les unes entières, les autres à plusieurs divisions ou lobes. Le *lilas de Perse* a souvent sur la même branche des feuilles entières et des feuilles incisées. En général les plantes qui ont des feuilles radicales, c'est-à-dire partant immédiatement du collet de la racine, les ont rarement semblables à celles qui naissent sur les divers points de la tige.

HÉTÉROSCIENS, peuples des zones tempérées, qui ont toujours les ombres de même côté, par opposition aux *amphisciens*, peuples de la zone torride, qui ont les ombres tantôt du côté du nord, tantôt du côté du midi.

HÉTÉROTOME, nom donné, en botanique, à un calice ou une corolle dont les divisions ne sont point semblables les unes aux autres.

HÊTRE ou FAYARD, arbre de haute futaie, très-élevé, de la famille des *amentacées*, et qui s'élève jusqu'à quatre-vingt-dix pieds. Son bois, dur, sec et incorruptible, est très-usité par les ébénistes. Ses fruits ou *faînes* fournissent une amande bonne à manger. On en retire une huile qui passe pour la meilleure après l'huile d'olive.

HETTMANN ou HETMAN, titre de dignité chez les Cosaques.

HEU, bâtiment du Nord et de la Manche, faisant le cabotage (navigation de côtes en côtes). Il est d'un port tirant d'eau, et porte un mât, une trinquette, un foc et un petit mât sur son extrémité de derrière.

HEURES, parties du jour. La division du jour en heures est très-ancienne. La manière de compter les heures variait avec chaque peuple. Les *heures antiques planétaires* (nommées aussi *judaïques, temporaires* et *inégales*), usitées autrefois chez les Juifs et les Romains, commençaient au lever du soleil, et recevaient leur nom d'une des sept planètes alors connues. Le jour et la nuit étaient partagés chacun en douze heures inégales. Les Juifs et les Romains distinguaient dans le jour artificiel, pris du lever au coucher du soleil, quatre parties principales : *prime, tierce, sexte* et *none*. Prime commençait au lever du soleil, tierce trois heures après, sexte à midi, et none trois heures avant le coucher du soleil. Mais ces heures étaient plus ou moins longues en hiver et en été. Aussi les nommait-on inégales. (L'on emploie encore dans le bréviaire de l'Eglise les mêmes dénominations.) La nuit était divisée en quatre *vigiliæ* ou veilles, dont chacune contenait trois heures. Ces peuples ne connurent la division des heures qu'après la première guerre punique. Les heures, chez les Babyloniens, commençaient à se compter au lever du soleil. Celles des Egyptiens commençaient à minuit. Les Athéniens comptaient les heures depuis le coucher du soleil. On en fait de même en Italie. A Majorque et à Nuremberg, on compte encore à partir du lever du soleil. — Les astronomes distinguent trois sortes d'heures astronomiques, savoir : les *heures solaires moyennes*, toujours égales et uniformes, et qui sont la vingt-quatrième partie du jour moyen, c'est-à-dire d'un retour moyen du soleil au méridien. C'est sur ces heures et ces jours moyens que se règlent les calculs et les pendules astronomiques. Les *heures solaires vraies* sont celles que le soleil marque chaque jour sur nos méridiennes et nos cadrans, mais qui varient tous les jours à raison des inégalités du soleil. Les *heures du premier mobile* sont celles que l'on compte par la révolution des étoiles fixes, qui est la véritable durée de la rotation de la terre, et qui est toujours égale.

HEURES (myth.), filles de Jupiter et de Thémis, étaient chargées de fermer et d'ouvrir les portes du jour. Elles étaient au nombre de douze, et présidaient chacune à une heure du jour. Les Heures avaient un temple à Athènes. On les représentait avec des ailes de papillon, et soutenant des canons et des horloges.

HEURES CANONIALES, prières vocales, instituées par les canons, qui doivent être récitées tous les jours à un temps marqué. Il y en a sept : *matines* et *laudes, prime, tierce, sexte, none, vépres* et *complies.* Prime, tierce, sexte, none sont appelées *petites heures.*

HEURTOIR. En termes d'artillerie, c'est un morceau de fer battu, de la forme d'une grosse cheville à tête percée, qui s'enfonce dans l'épaisseur d'un affût de canon, et qui soutient la surbande de fer qui couvre le tourillon de la pièce. — On appelle encore *heurtoir* une pièce de bois qui se place au pied de l'épaulement d'une batterie, au-devant des plates-formes, pour arrêter le canon après la détonation.

HEUSE, mot synonyme de *piston* en marine.

HEXACORDE, gamme de plain-chant, composée de six notes, et qu'on croit généralement avoir été inventée par un moine du XIe siècle, nommé Gui d'Arezzo. Les notes de cette gamme sont *ut, ré, mi, fa, sol* et *la.*

HEXAGYNIE, nom donné par Linné, dans son *Système de botanique*, à un ordre de plantes dont les fleurs portent six pistils ou organes femelles. Tel est le *jonc fleuri* et quelques autres appartenant à l'eunéandrie, à l'hexandrie et à la polyandrie.

HEXAMÈTRE, nom donné aux vers grecs ou latins composés de six pieds, dont quatre peuvent être *dactyles* (une syllabe longue et deux brèves) ou *spondées* (deux syllabes longues), mais dont le cinquième est toujours un *dactyle* et le sixième toujours un spondée ou un trochée (une syllabe longue et une brève).

HEXANDRIE, sixième classe des végétaux dans le système de Linné, renfermant ceux dont les fleurs ont six étamines ou organes mâles. Les *liliacées*, les *joncées*, les *asphodélées*, les *asparaginées*, quelques *rubiacées*, *graminées*, *palmiers*, etc., constituent cette classe.

HEXAPHORES, nom donné par les anciens à des lits soutenus par six hommes, et dont on se servait dans les funérailles pour transporter les corps des grands ou des riches.

HEXAPODES, nom par lequel on distingue les insectes proprement dits, dont le caractère rigoureux est d'avoir six pieds.

HEXAPOLE, nom donné autrefois à la confédération des six principales villes de Cos, de Rhodes et de la Doride carienne. Ces villes étaient *Cos, Linde, Camire, Jalyse, Cnide* et *Halicarnasse*. Dans la suite, cette dernière ayant été séparée de la confédération, le nom d'Hexapole fut changé en celui de *Pentapole.*

HEXÉRIDES, vaisseaux immenses, à six rangs de rames. C'étaient plutôt des objets de luxe que d'utilité militaire, et ils étaient fort peu en usage.

HEYNE (Chrétien-Gottlob), né à Chemnitz en Saxe en 1729. Ce savant helléniste, après avoir longtemps mené une vie misérable, fut nommé en 1763 professeur à la chaire d'éloquence et de poésie à l'université de Gœttingue. Il laissa de savantes dissertations et éditions de *Tibulle*, d'*Epictète*, *Virgile*, *Pindare*, *Apollodore* et d'*Homère*. Il mourut en 1812.

HIATUS, mot latin qui a passé dans notre langue, et qui signifie *ouverture, solution de continuité, lacune.* Il n'est guère employé que pour désigner, en termes de grammaire, le concours de deux voyelles. — En anatomie, *hiatus* désigne plusieurs ouvertures.

HIBERNACLES, parties des plantes destinées à envelopper les jeunes pousses et à les mettre à l'abri de l'hiver. Tels sont les bourgeons et les bulbes.

HIBERNATION, nom donné à un engourdissement, à un état intermédiaire entre la plénitude de la vie et sa cessation totale, où se trouvent durant deux et même quatre mois de l'hiver certains animaux. L'animal qui doit subir l'hibernation ferme son terrier, se contracte, se tient pelotonné, immobile, roide et les yeux fermés. Les fonctions les plus importantes de la vie sont suspendues. La respiration est lente et à peine perceptible. L'exercice de la sensibilité et l'irritabilité sont tellement oubliés et perdus, que l'on peut agiter l'animal, le rouler, le disséquer même, sans le tirer de sa torpeur. L'action du froid est la principale cause de l'hibernation ; mais on ignore les lois et les circonstances de cet engourdissement. Le hérisson, la chauve-souris, la marmotte, l'hamster, le loir, le campagnol, la gerboise, la taupe, le porc-épic, l'ours, le blaireau, le castor, le lièvre, le lapin, l'agouti, le cochon d'Inde, chez les mammifères ; les hirondelles, chez les oiseaux ; le limaçon des vignes, la limnée, chez les mollusques, sont les animaux chez qui on observe le plus ce phénomène.

HIBERNIE, ancien nom de l'*Irlande*, chez les Romains.

HIBISCUS, nom latin de la *ketmie.*

HIBOU, oiseau de proie nocturne, distingué du chat-huant, de la chouette, etc., par le disque de plumes effilées qui entoure ses yeux et par les deux aigrettes de plumes qu'il porte sur le front. Cet oiseau sinistre et de mauvais présage était consacré à Minerve par les anciens. Son bec est court et crochu, incliné, et comprimé à sa base, les narines sont grandes, un peu obliques, recouvertes de poils ; la tête est grosse et couverte de plumes ; les yeux très-grands, avec une pupille ronde. Cette pupille, étant très-grande, donne entrée à tant de rayons solaires à la fois, qu'elle empêche le hibou de supporter la lumière du jour. Ce n'est que le soir ou avant l'aurore qu'ils peuvent sortir de leur nid pour chercher leur nourriture. Leur oreille délicate apprécie le moindre bruit. Le jour, ils se retirent dans les trous des rochers, dans les creux d'arbres, les vieux édifices, etc. Ils vivent d'insectes, d'oiseaux et de petits animaux. Le *hibou commun* ou *moyen duc* est long de treize pouces et demi. On le trouve en France, en Angleterre, en Allemagne, etc. Sa tête et son manteau sont variés de blanc, de roux et de brun ; les couvertures de la queue sont roussâtres, aussi bien que la poitrine et la partie antérieure du cou.

HIDALGOS, titre que prennent en Espagne les nobles qui se prétendent descendus d'ancienne race chrétienne, sans mélange de sang juif ni maure.

HIÉROCÉRYCE, chef des hérauts sacrés dans les mystères de Cérès à Eleusis en Grèce. Il portait des ailes à son bonnet, et était armé d'un caducée pour chasser les profanes du temple de la déesse. Cette charge était perpétuelle, et ne pouvait être exercée que par un descendant de la famille des Eumolpides.

HIÉROCORACES, prêtres du Soleil chez les Perses, portaient des vêtements dont la couleur était semblable à celle du plumage des corbeaux (en grec, *kôraces*).

HIÉROGLYPHES, symboles, caractères, figures qui contiennent quelque sens mystérieux, et dont les Egyptiens se servaient dans les choses concernant la religion, les sciences et les lettres. L'usage des hiéroglyphes, qui, chez les Egyptiens, remonte à la plus haute antiquité, et qu'employèrent principalement les prêtres (*hiérogrammates*), leur est commun avec les Chinois et les Mexicains. L'écriture hiéroglyphique des Egyptiens, divisée par Champollion en *hiératique* ou *sacerdotale* et en *démotique* ou *populaire*, se lit de droite à gauche. Les lettres sont représentées par des figures d'hommes, d'animaux ou d'autres objets symboliques enfermés le plus souvent dans des rectangles arrondis à leurs angles et nommés *cartouches.*

HIÉROGRAMMATES, prêtres des anciens Egyptiens. Ils présidaient à l'explication des mystères de la religion. C'est à eux qu'on attribuait l'invention des hiéroglyphes, et c'étaient eux qui rédigeaient en emblèmes hiéroglyphiques l'histoire des dieux et les traités de physique et d'astronomie.

HIÉROMANCIE, nom donné par les anciens à toutes les divinations tirées des diverses offrandes faites aux dieux et surtout des victimes.

HIÉROMNÉMONS, députés que les villes de la Grèce envoyaient au conseil des amphictyons, pour y exercer les fonctions d'officiers sacrés. Ordinairement il y en avait un par cité. Il était élu par le sort, et devait, en sortant de charge, rendre compte de ce qu'il avait fait pendant la session du conseil. Les hiéromnémons présidaient l'assemblée, offraient les sacrifices, recueillaient les suffrages, et prononçaient les arrêts, en prenaient acte, et en gardaient copie. Ils étaient chargés de toutes les dépenses. Leur nom était inscrit en tête des décrets.

HIÉRON. Deux rois de Syracuse ont porté ce nom. Le premier succéda à Gélon, son frère, l'an 474 avant J.-C., fit détester d'abord par son avarice et ses crimes ; mais il se corrigea par la fréquentation de Pindare, Eschyle et autres savants qu'il attira à sa cour. Il mourut à Catane (467). — HIÉRON II favorisa les arts et les sciences, fit la guerre aux Romains, qui le détirent, et devint ensuite un allié fidèle de Rome. Il mourut en 215 avant J.-C. — Son petit-fils HIÉRONYME lui succéda. Mais, irrités de sa tyrannie, ses sujets le massacrèrent avec sa famille, l'an 214 avant J.-C.

HIÉRONYMITES (*jéronymites* ou *hermites*), religieux qui se vouaient à imiter saint Jérôme dans sa retraite de Bethléem. Leurs constitutions étaient extraites des écrits de leur patron, et ils suivaient la règle de Saint-Augustin. Ces religieux avaient de nombreux monastères riches et puissants. Leur costume était une tunique de drap blanc, un petit capuce et un manteau.

HIÉROPHANTE, souverain prêtre de Cérès chez les Athéniens. — On nommait *hiérophantides* les femmes consacrées au culte de Cérès, et subordonnées à l'hiérophante.

HIÉROPHORES, prêtres qui portaient les

statues des dieux et les choses sacrées dans les cérémonies religieuses des anciens.

HIÉROSCOPIE, divination qui, chez les anciens, consistait à considérer les victimes et tout ce qui arrivait dans les sacrifices pour en tirer des présages.

HIGHLANDS. On donne ce nom, en Ecosse, aux montagnes et aux terrains élevés (*high*, hautes ; *lands*, terres), par opposition aux plaines et aux basses terres (*low-lands*). Les habitants des highlands prennent le nom d'*highlanders*. Leur costume distinctif est un vêtement d'étoffe bariolée, appelé *plaid*, et leur arme est la *claymore*. Ils sont divisés en tribus ou *clans*, gouvernés chacun par un chef.

HILAIRE (Saint), pape, originaire de la Sardaigne, succéda à Léon le Grand en 461. Il condamna Nestorius et Eutychius, et déploya un grand zèle pour la foi. Il mourut en 468.

HILAIRE (Saint), évêque de Poitiers en 353, né dans cette ville. Avant d'être promu à l'épiscopat, il avait été élevé dans le paganisme et avait été marié. Il fut, après sa conversion, un des plus grands défenseurs de la doctrine catholique contre les ariens, qu'il soutint dans plusieurs conciles (355, 356, 359, 360), et mourut en 369. Il a fait douze *Livres sur la Trinité*, un *Traité des synodes*, un *Commentaire*, des *Écrits à Constance contre les ariens*, etc. On fait sa fête le 13 janvier.

HILAIRE D'ARLES (Saint), né en 401, devint évêque de cette ville en 429. Il fut dépossédé de ce siège en 444 par saint Léon, et mourut en 449. Saint Léon l'honora comme un saint après sa mort. Il composa plusieurs poèmes et biographies.

HILARODES, poètes grecs qui chantaient des vers gais et plaisants. Ils étaient accompagnés d'un enfant, et paraissaient vêtus d'un habit blanc et couronnés d'or. Dans la suite on les nomma *simodes*. Leurs chansons se nommaient *hilarodies*.

HILDEBRAND. Voy. GRÉGOIRE VII, à l'article GRÉGOIRE (papes).

HILDEBURGHAUSEN, duché d'Allemagne, faisant partie de la Saxe, dont il est détaché. Il a 18 lieues carrées, 388,500 francs de revenus, et 38,000 habitants. Son contingent à l'armée fédérale est de 200 hommes. Sa capitale est *Hildeburghausen*, qui renferme 4,000 âmes.

HILE, espèce de cicatrice qui se trouve à la surface de toutes les graines, et qui marque le lieu de l'insertion au péricarpe.

HILOIRE. C'est, en marine, un bordage en bois de chêne dans un pont fait de planches de sapin clouées sur les baux d'un bâtiment.

HILON, petite tumeur noirâtre et écailleuse, qui ressemble pour la couleur à la marque noire que l'on observe au bout d'une fève de marais.

HIMALAYA, chaîne de montagnes la plus élevée du globe, qui s'étend en Asie dans une longueur de 475 lieues, et dont la chaîne principale, au N.-O. au S.-E., sépare l'Indoustan du Thibet, traverse le Kaboul et le Khorasan. Une de ces montagnes, le *Tchamoulari*, a 26,400 pieds de haut.

HIN, mesure creuse en usage chez les Hébreux. Elle valait de nos mesures 5 litres 25 centilitres.

HIPPAGRÉTES, magistrats lacédémoniens, chargés de lever la cavalerie. Ils étaient au nombre de trois, et nommés par les éphores.

HIPPARQUE, général de la cavalerie dans les armées de Lacédémone et d'Athènes. Il n'y en avait qu'un dans les premières, et deux dans les deuxièmes.

HIPPARQUE, astronome et mathématicien, né à Nicée. Il découvrit le premier la précession des équinoxes; partagea les cieux en quarante constellations; donna des noms à tous les astres ; découvrit la parallaxe des planètes; détermina la latitude de tous les lieux, et fixa le premier degré de longitude aux îles Canaries. Il posa aussi les fondements de la trigonométrie. Il florissait en 150 avant J.C.

HIPPIAS et HIPPARQUE, fils et successeurs de Pisistrate, se partagèrent le trône d'Athènes. Hipparque ayant été assassiné par Aristogiton et Harmodius (513 avant J.-C.), Hippias fut chassé de sa patrie pour avoir tenté de punir les meurtriers de son frère, se réfugia chez les Perses, et fut tué à la bataille de Marathon (490 avant J.-C.) en combattant contre les Athéniens.

HIPPIATRE, celui qui se livre à la médecine des chevaux et des animaux domestiques.

HIPPIATRIQUE, science qui a pour objet la connaissance des maladies des chevaux et des autres animaux domestiques.

HIPPOBOSQUE, genre d'insectes diptères. Ils sont de petite taille; leur corps est ovalaire, assez large, déprimé, revêtu à l'abdomen de deux enveloppes coriaces, offrant à la main une résistance sensible. La tête est petite, presque plate, arrondie; les yeux sont grands et saillants; les ailes longues recouvrent l'abdomen dans le repos; les pattes courtes, robustes, munies de poils roides et courts. Les hippobosques nommées aussi *mouches à chiens*, *mouches bretonnes*, *mouches d'Espagne* et *mouches-araignées*, sont des animaux qui sucent le sang des animaux et même de l'homme. Mais leur piqûre n'est pas à redouter et ne cause qu'une vive démangeaison. C'est surtout les chevaux qu'ils attaquent aux endroits dégarnis de poils. Les hippobosques sont longs de quatre lignes, bruns, avec la face, les épaules, l'écusson et l'abdomen en dessous jaunâtres; les pattes sont fauves.

HIPPOCAMPES, nom donné par les anciens à des chevaux marins, qui n'avaient que les deux pieds de devant, et dont l'arrière se terminait en queue de poisson. C'est aussi le nom vulgaire d'un poisson nommé par les savants *hippocampe*.

HIPPOCASTANE. Voy. MARRONNIER.

HIPPOCRAS, liqueur faite avec du vin, du sucre et de la cannelle.

HIPPOCRATE, savant médecin, né dans l'île de Cos (460 avant J.-C.). Il recueillit les mémoires que chaque habitant conservait des symptômes qui avaient accompagné ses maladies et des remèdes qui les avaient guéris; fit de nombreux voyages, observant tout avec soin. Pendant la peste qui ravagea sa patrie, il résista aux offres du roi des Perses, et préféra aller à Athènes. Il mourut en 361 avant J.-C. Il a laissé de nombreux ouvrages : un *Traité du prognostic*, les *Affections intérieures*, le *Livre des airs, des eaux et des lieux*, etc. Il cultiva aussi avec succès la philosophie.

HIPPOCRATÉACÉES, famille de plantes dicotylédonées, renfermant des arbrisseaux à tiges quelquefois grimpantes, à feuilles opposées et simples, à fleurs très-petites, disposées en grappes, propres à l'Amérique, aux Indes et à l'Afrique.

HIPPOCRÈNE, fontaine voisine de l'Hélicon en Béotie, consacrée aux muses, et que Pégase fit jaillir en frappant du pied, ainsi que la fontaine *Aganippe*. Leurs eaux inspiraient les poètes.

HIPPODROME, partie du cirque destinée, chez les Grecs, aux courses de chars et de chevaux ; tandis que le stade était réservé pour les courses à pied, les luttes, le pugilat, les jeux du ceste, etc. L'hippodrome d'Olympie avait six cents pieds de large sur douze cents pieds de long. Il était séparé du stade par des portiques immenses, et à l'une de ses extrémités était une borne autour de laquelle devaient tourner les chars qui ne devaient que l'effleurer dans leur course rapide.

HIPPOGRIFFE, animal fabuleux et poétique, moitié cheval et moitié griffon, possédant des ailes. C'est le *Sagittaire* de la sphère céleste. — Le griffon, uni à l'hippogriffe, et formé du Lion céleste et de la constellation de l'*Aigle*, était, chez les Egyptiens, le symbole d'Osiris. — L'hippogriffe a servi à l'Arioste dans *Roland le Furieux*.

HIPPOLYTE, fils de Thésée et d'Hippolyte, reine des Amazones. Phèdre, sa marâtre, éprise pour lui d'une passion criminelle, l'accusa d'avoir voulu lui faire violence. Thésée, irrité, supplia Neptune de punir cet inceste. Hippolyte fuit pour éviter le courroux de son père; mais ses chevaux, effrayés à la vue d'un monstre envoyé par Neptune, le précipitèrent au milieu des rochers. On lui éleva des autels et des temples après sa mort, et Diane le rendit à la vie. Racine en a fait le sujet de sa *Phèdre*.

HIPPOLYTE (Saint), évêque, martyr et docteur de l'Eglise, vécut sous le règne d'Alexandre Sévère, empereur romain, dans le IIIe siècle de J.-C. On ne connaît ni son pays, ni sa famille, ni le siège dont il fut évêque. Il combattit les hérétiques de son temps, et mourut pour la foi, dont il avait été le défenseur, vers l'an 235. Il avait composé un grand nombre d'ouvrages, dont plusieurs sont venus jusqu'à nous. Ce sont des homélies et des commentaires sur les livres sacrés. — On honore encore son nom, le 2 du mois de décembre, un martyr de la foi mort en 257.

HIPPOMANTIE, divination en usage chez les Celtes, qui tiraient leurs pronostics sur le hennissement de chevaux blancs nourris dans les bois sacrés.

HIPPOMÈNE. Voy. ATALANTE.

HIPPONAX, poète grec, né à Ephèse en 540 avant J.-C., excella dans la satire. Il se fit un si grand nombre d'ennemis par ses écrits mordants, qu'il fut obligé de s'enfuir d'Ephèse. Comme il était très-laid, deux statuaires le rendirent l'objet de la risée publique en le représentant sous des traits encore plus difformes. Hipponax, pour se venger, fit contre eux une satire si violente, qu'ils se pendirent de désespoir. On le regarde comme l'inventeur de la parodie.

HIPPONE, ville d'Afrique, dans la Numidie, sur le bord de la mer. Saint Augustin en fut longtemps évêque. On la nomme maintenant *Bone*.

HIPPOPOTAME, genre de mammifère de la famille des pachydermes. Il renferme un très-gros quadrupède des grands fleuves de l'Afrique, qui pèse près de deux mille kilogrammes et atteint la longueur de cinq mètres. Cet animal, lourd, pesant, n'est vulnérable qu'au ventre et entre les cuisses, a une très-grande force. Sa chair est bonne, salubre, inaltérable, et n'est pas indigeste. Ses dents fournissent un très-bel ivoire.

HIPPURIDE ou PESSE, genre de plantes aquatiques, communes sur le bord des étangs et des fossés, appartenant à la famille des onagrariées. Sa tige, droite et simple, est un cylindre fistuleux, effilé, marqué de plusieurs articulations, et s'élevant à un pied environ au-dessus de l'eau. Les feuilles sont linéaires, très-fines, verticillées, et diminuent de longueur à mesure qu'elles se rapprochent du sommet de la tige. Les fleurs sont rougeâtres et très-petites. On nomme ces plantes vulgairement *queue de rat* ou *de cheval*.

HIRCAN (Jean), fils de Simon Machabée, fut gouverneur des frontières de la Judée, du côté de la mer, pendant l'administration de son père. Après sa mort on le reconnut pour prince de sa nation et pour grand prêtre des Juifs. Il secoua entièrement le joug des Tyriens, vainquit les Iduméens, et mourut l'an du monde 3898 (102 ans avant J.-C.).

HIRONDELLE, genre d'oiseaux de la famille des fissirostres et de l'ordre des passereaux, au bec court et large, aux ailes allongées, qui font leur nid dans nos régions, et fuient pendant l'hiver pour revenir l'été prochain. Ces oiseaux cosmopolites reviennent vers l'équinoxe du printemps et disparaissent vers celui d'automne. Ils vivent en société.

HIRONDELLE. On nomme vulgairement

ainsi un mollusque du genre *avicule*. L'*hirondelle de mer* est le nom de deux poissons, le *sterne* et l'*exocet*. L'*hirondelle de Ternate* est l'oiseau de paradis.

HIRPIES (hist., myth.), familles romaines qui, dans les sacrifices annuels qu'on célébrait tous les ans à Soracte en l'honneur d'Apollon, avaient le privilége de marcher les pieds nus sur un bûcher sans se brûler. En considération de ce prodige, un décret du sénat les exempta de toutes les charges publiques.

HIRPINS, peuples d'Italie, habitaient le Samnium, au S., sur les confins de l'Apulie et des Picentins. Ils furent de bonne heure soumis par les Romains; mais ils se révoltèrent dans la deuxième guerre punique. Ils furent vaincus et soumis par le consul Q. Fulvius l'an 209 avant J.-C.

HIRSUTÉ, nom donné aux parties des plantes garnies de poils longs et roides.

HIRTIUS, Romain, ami et disciple de Cicéron, s'attacha au parti de Jules César, et combattit avec courage sous ce général. Nommé consul après la mort du dictateur, l'an 43 avant J.-C., il fut envoyé, ainsi qu'Octave, contre Antoine, à Modène, et le battit. Il mourut dans le combat. Hirtius a ajouté un supplément aux *Commentaires* de César, qui forme le huitième livre de la guerre des Gaules.

HIRUDINÉES, classe d'animaux invertébrés, privés de pieds, et renfermant les diverses espèces de *sangsues* (en latin, *hirudines*). Ces animaux ont un corps mou, aplati, qui présente deux extrémités offrant chacune un disque élargi et susceptible de s'appliquer au corps comme une ventouse. C'est au moyen de ces disques que les hirudinées se meuvent; avec plusieurs espèces sucent le sang des animaux. Le disque est au centre du disque antérieur. La peau des hirudinées est molle, et jouit d'une grande contractilité. Ces animaux sont ovipares. On les rencontre dans les rivières, dans les marais et même dans les eaux de la mer. Certaines espèces se fixent aux animaux qui vivent dans les mêmes eaux ou bien qui viennent s'y désaltérer.

HISPANIE, ancien nom de l'Espagne chez les anciens.

HISPIDE, ce qui est couvert de poils longs et nombreux.

HISTIÉE, tyran de Milet vers l'an 500 avant J.-C., l'un de ceux que Darius, roi des Perses, chargea de garder le pont du Danube lors de son expédition en Scythie, détourna les chefs ioniens, auxiliaires de Darius, de céder aux conseils de Miltiade, qui voulait rompre le pont. Darius, informé qu'il devait son salut à Histiée, lui donna, avec le titre de gouverneur d'Ionie, le territoire de Myrcine en Thrace. Mais, ce prince ayant rétracté sa promesse, Histiée se révolta contre lui. Battu et fait prisonnier, il fut mis à mort en 494 avant J.-C.

HISTIÉOTIDE, contrée de Thessalie dans l'ancienne Grèce, était bornée au N. par la Pélagonie, à l'E. par la Perrhébie et à l'O. par l'Epire. Elle était voisine des monts Olympe et Ossa. Elle s'appelait auparavant *Doride*, du nom de Dorus, un des fils de Deucalion. Les Pélasges, ses premiers habitants, en furent chassés par les Cadméens; ceux-ci le furent à leur tour par les Perrhébiens, qui donnèrent à leur nouvelle patrie le nom d'*Histiéotide* ou *Estiéotide*, du nom d'Hestiée ou Estiée, ville de l'île d'Eubée, dont ils avaient emmené les habitants avec eux.

HISTOIRE NATURELLE, partie de la physique générale qui enseigne à connaître les qualités et les propriétés de tous les corps de la nature et à les classer dans un ordre méthodique. On divise cette science en *zoologie*, qui traite du règne animal; en *botanique*, qui s'occupe du règne végétal; et en *minéralogie*, qui a pour objet le règne minéral.

HISTORIOGRAPHE, celui qui a une commission, un brevet d'un prince pour écrire l'histoire de son règne. L'historiographe de France était un homme de lettres pensionné pour écrire cette histoire. Cette charge, si ancienne en Orient, n'est connue en France que depuis Charles VII. Racine, Boileau, Mézerai furent les historiographes de Louis XIV. Cette charge a été supprimée en 1789.

HISTRIONS. Ce furent d'abord des baladins et des danseurs, que le sénat fit venir d'Etrurie à Rome lors de la peste qui ravagea cette ville en 391 de sa fondation. Ces grotesques devinrent plus tard des acteurs parlants, et finirent par jouer de petites pièces appelées *satires*, et accompagnées du son des flûtes. Livius Andronicus, en 514, fit représenter la première des pièces régulières, et les histrions furent abandonnés. Leur nom devint même un terme de mépris.

HIVER, quatrième saison de l'année, pendant laquelle le soleil lance ses rayons obliquement sur la terre, et nous dérobe ainsi une grande partie de sa chaleur. Cet astre parcourt dans cette saison le *Capricorne*, le *Verseau* et les *Poissons*. L'hiver commence le jour du solstice d'hiver (le 22 décembre), et finit le jour de l'équinoxe du printemps (le 21 mars). Il dure ainsi quatre-vingt-neuf jours deux heures. C'est pendant ce temps que la nature est sans vie et que la mortalité est plus grande. Les plus grands froids sont entre le 25 décembre et le 5 février.

HIVERNAGE, saison pluvieuse des régions équinoxiales, où règnent de nombreuses tempêtes et des maladies mortelles. Le climat si doux de ces pays devient meurtrier pour les Européens. L'hivernage ne varie guère qu'entre les mois de mai et d'octobre. Le jour où cette saison commence, tous les navires marchands doivent abandonner les colonies.

HIVERNANTS (ANIMAUX), nom donné à quelques espèces animales qui, vers la fin de l'automne, tombent en une léthargie qui dure tout l'hiver jusqu'au printemps. Voy. HIBERNATION.

HOBBES (Thomas), né à Malmesbury en 1588. En sortant de l'université d'Oxford, il fut chargé de l'éducation du comte de Devonshire. Il vint en 1640 en France, où il fut le précepteur du prince de Galles, depuis Charles II. Il fit paraître en 1647 son traité du *Citoyen*. Son traité *de la Nature humaine*, dans lequel il exprimait ses principes, lui valut de grandes persécutions. Il attaqua la liberté morale de l'homme, et faisait reposer toute société sur l'intérêt des sujets. Il mourut en 1679.

HOBEREAU. Ce mot désigne un jeune oiseau de proie, une espèce de faucon et un petit gentilhomme.

HOCCO, genre d'oiseaux gallinacés. La chair d'une espèce, le *hocco noir*, est bonne à manger. Ces oiseaux sont communs dans la Guyane française.

HOCHE (Lazare), né à Montreuil en 1768, de parents pauvres. Il s'engagea à dix-sept ans dans les gardes françaises, devint à la révolution lieutenant au régiment de Rouergue en 1792, et plus tard, en 1793, général en chef de l'armée de la Moselle. Il délivra Landau; battit les Autrichiens à Weissembourg, et prit Spire et Worms. Sur quelques soupçons, on le retint en prison jusqu'au 9 thermidor. Il fit la guerre contre la Vendée avec succès, et rendit la paix à ce malheureux pays. Il tenta en vain l'expédition d'Irlande; mais il vainquit encore les Autrichiens à Neuwied, Ukérath, etc., et mourut en 1798, empoisonné, selon quelques écrivains, à l'âge de vingt-neuf ans.

HOCHEQUEUE, nom donné aux *bergeronnettes*, oiseaux qui ont l'habitude de remuer continuellement la queue.

HOCHER, se dit d'un cheval qui lève et baisse fréquemment le nez pour faire mouvoir le mors dans sa bouche.

HOEMUS (aujourd'hui le *Balkan*), haute et célèbre montagne de Thrace, s'étend parallèlement le Danube d'occident en orient, et séparait la Bulgarie de la Thrace septentrionale. Le point culminant est de 1,400 toises. — Le Balkan, l'Hœmus des anciens, protége les Turks contre leurs ennemis du Nord. L'Hèbre naît au pied de cette montagne, pour aller se jeter ensuite dans l'Archipel. Il porte le nom de Maritza.

HOFER (André), aubergiste de Passeyr, né en 1765, qui fut choisi pour chef par les Tyroliens, lors de leur insurrection contre la Bavière en 1809. Il battit à leur tête, le 10 et le 11 avril, un corps de 20,000 hommes, et résista avec courage à 39,000 hommes. Il s'empara de la Carinthie, du territoire de Salzbourg, et joignit la douceur et la générosité au courage. La guerre, cessa par la paix de Schœnbrunn. Hofer, croyant y voir des embuches et un trahison, reprit les armes; mais il fut pris et fusillé en 1810.

HOFFMANN (Ernest), né à Kœnigsberg en 1776. Nommé en 1798 assesseur de la régence de Posen, il mena de front son emploi, la peinture, la poésie et la musique. Cette dernière lui fournit plus tard des moyens d'existence (1807-1816). En 1816, il fut nommé conseiller au kammergericht, et acquit bientôt une renommée populaire par ses fameux contes fantastiques, dont les plus originaux sont *le Chat Murr*, *la Princesse Brambilla*, *les Frères Sérapions* et *le Petit Zacharie*. Il mourut en 1822.

HOFFMANN (François-Benoît), né à Nancy en 1745. Il écrivit en 1789 les tragédies lyriques de *Phèdre*, de *Nephté*, *Stratonice*, *Euphrosine et Corradin*, qui lui valurent une grande renommée. Il composa encore pour l'Opéra-Comique *Ariodant*, *le Secret*, *les Rendez-vous bourgeois*, etc. Il se montra excellent critique dans la rédaction du journal *des Débats*, et mourut en 1822.

HOFFMANN (LIQUEUR MINÉRALE ANODINE D'), médicament antispasmodique, composé d'alcool et d'éther sulfurique, et d'huile douce de vin, liquide, incolore, plus léger que l'eau distillée, inflammable et volatil. Il possède les propriétés de l'éther, mais à un degré plus faible.

HOGARTH (William), peintre anglais de mœurs, né à Londres en 1698. Il représenta dans ses tableaux diverses scènes de la vie. Les plus connues de ses cent sept pièces sont la *Vie d'une fille*, celle *d'un Dissipateur libertin*, les *Résultats de l'industrie et du vice*. Il mourut en 1764.

HOGUE (COMBAT NAVAL DE LA), combat célèbre, livré sur la Manche près du cap de la Hogue, où les Français, commandés par Tourville, et montant 44 vaisseaux, furent défaits complètement le 29 mai 1692 par les Anglais commandés par l'amiral Russel et montant 99 vaisseaux. La cause de cette bataille malheureuse était de venger la mort de Charles Ier, roi d'Angleterre. Elle détruisit toute la marine de Louis XIV.

HOHENLINDEN (BATAILLE D'), combat fameux, où, le 3 décembre 1800, l'armée autrichienne, commandée par l'archiduc Jean et forte d'environ 80,000 hommes, fut vaincue par l'armée française commandée par Moreau. L'ennemi perdit 25,000 hommes, et eut 11,000 de ses soldats prisonniers. Nous lui enlevâmes cent pièces de canon et trois cents voitures. Notre perte ne s'éleva qu'à 10,000 hommes.

HOHENLOHE, principauté d'Allemagne, sous la suzeraineté du roi de Wurtemberg, et qui, sur une superficie de 92 lieues carrées, renferme 110,000 âmes. Ses revenus sont de plus de 1,500,000 de francs. Les princes de Hohenlohe descendent du duc Eberhard de Franconie, frère de l'empereur Conrad Ier. Cette maison forme deux branches, celle de Neuenstein, luthérienne, et celle de Waldenburg, catholique.

HOHENLOHE - WALDENBURG (Louis-Aloys BARSTENSTEIN DE). Dévoué à la cause des Bourbons, il passa en 1801 au service de l'Autriche, et fut nommé gouverneur des deux Gallicies en 1807. Ayant été dépouillé de sa principauté par Napoléon, il fut sous Louis XVIII (1815) naturalisé français, et obtint le rang de lieutenant général. La légion étrangère prit le nom de *légion de Hohenlohe*. Ce prince mourut en 1829.

HOHENSTAUFEN, maison allemande, originaire du château de Hohenstaufen en Souabe, et possédant le château de Wibling, d'où ses partisans furent nommés Wiblingen (Gibelins). Cette famille fut illustrée par le comte Frédéric, qui par ses services mérita la main d'une fille de l'empereur Henri IV, et qui fut créé duc de Souabe en 1080. Son fils Conrad III parvint à l'empire en 1138. Conradin, fils de Conrad IV, et dernier héritier de la maison de Souabe, vaincu par son compétiteur Charles d'Anjou, périt sur l'échafaud en 1268.

HOHENZOLLERN, contrée de l'Allemagne méridionale, enclavée au S. dans le Wurtemberg peu fertile et inculte dans quelques parties. Elle est partagée entre deux princes de la même famille, depuis le xvie siècle. La première de ces principautés, Hohenzollern-Hechingen, a 18 lieues de superficie, et renferme 21,000 âmes. Ses revenus s'élèvent à 272,000 francs, et son gouvernement est représentatif. — La deuxième, Hohenzollern-Sigmaringen, a 62 lieues carrées, et renferme 40,000 âmes. Ses revenus s'élèvent à 627,000 francs. Son gouvernement est constitutionnel depuis 1833. Ces principautés ont des capitales de même nom. Leurs contingents à l'armée fédérale sont de 501 hommes.

HOIA, comté de Hanovre, entre ceux de Oldenbourg, Brême et Westphalie. Le sol est très-fertile, et produit en abondance des grains, du lin, du chanvre, du tabac, de la garance et des pâturages estimés. La capitale est du même nom.

HOIRIE, succession en ligne directe descendante. *Donner en avancement d'hoirie*, c'est donner par avance à un de ses enfants, à la charge que ce qui lui est ainsi donné lui sera diminué dans le partage de la succession. — *Hoirie* signifie aussi le droit que l'on a de succéder à un défunt, en ligne directe ou collatérale. L'héritier, dans cette circonstance, prend le nom de *hoir*.

HOLBACH (Paul-Thiry, baron D'), né à Heidelsheim dans le Palatinat en 1723. Il fut l'ami de Voltaire et de Diderot, dont il partagea les erreurs, et qu'il aida de sa fortune et de son crédit. Il a fait le *Dictionnaire des ouvrages pseudonymes et anonymes*, *Chimie métallurgique*, *Minéralogie*, le *Christianisme dévoilé*, *Système de la nature*, *Esprit du clergé*, l'*Art des mines*, etc. Il mourut en 1789.

HOLBEIN (Jean), peintre et graveur, né à Bâle en 1498, devint le premier peintre de Henri VIII, roi d'Angleterre. Il peignait de la main gauche. Ses principaux ouvrages sont la *Danse des morts*, la *Descente de croix*, etc. Holbein mourut en 1553.

HOLLANDE, royaume d'Europe, borné au S. par la Belgique, à l'E. par l'Allemagne, et de tous les autres côtés par la mer. Sa superficie est de 2,814,281 hectares ou 1,570 lieues carrées, et sa population de 2,285,663 habitants, presque tous calvinistes. La Hollande est un pays bas et uni, qui n'est préservé des irruptions de la mer qu'à l'aide de fortes digues, et qu'on appelle encore pour cette raison *royaume des Pays-Bas*. Les marais qui en couvraient la surface ont été transformés en champs et en pâturages. La fabrication des toiles, la pêche du hareng procurent d'immenses revenus aux Hollandais, qui, avant les Anglais, avaient le monopole du commerce dans toutes les parties du monde. Ils conservent encore de nombreuses possessions dans les quatre continents, mais principalement en Océanie. Elles ont une population de 9,400,000 âmes. — Autrefois comprise dans les Provinces-Unies, la Hollande suivit le sort de cette république et fut soumise à un stathouder. Conquise en 1796 par les armées françaises, elle fut érigée en *république batave*, puis en royaume en 1806. Réunie à l'empire français en 1810, elle forma les huit départements des *Bouches-du-Rhin*, des *Bouches-de-l'Escaut*, des *Bouches-de-la-Meuse*, du *Zuyderzée*, de l'*Yssel-Supérieur*, des *Bouches-de-l'Yssel*, de la *Frise* et de l'*Ems-Occidental*. Depuis la révolution qui, en septembre 1830, a séparé la Hollande de la Belgique, réunies en un seul royaume en 1814, les Pays-Bas se divisent en dix provinces : *Hollande septentrionale*, *Hollande méridionale*, *Zélande*, *Utrecht*, *Gueldre*, *Brabant septentrional*, *Frise*, *Drenthe*, *Groningue* et *Over-Yssel*. Le traité de 1831 donne aussi à la Hollande le Luxembourg et une partie du Limbourg ; mais elles appartiennent encore à la Belgique. Le gouvernement est monarchique et représentatif. — La capitale est *Amsterdam* ; mais *la Haye* est la résidence du roi et le siége des états généraux.

HOLLANDE (NOUVELLE-), grande île de l'Océanie, dans la Mélanésie, et que l'on regarde comme un troisième continent. Elle porte encore le nom d'*Australie* ou *Australasie*. Sa superficie est d'environ 370,000 lieues carrées, et sa population indigène, composée d'hommes noirs, d'environ 150,000 habitants. Découverte en 1605 par les Hollandais, elle a reçu d'eux le nom qu'elle porte. Ce pays, qui, comme tous ceux situés au S. de l'équateur, a ses saisons dans un ordre opposé au nôtre, jouit d'un climat salubre. On a jusqu'ici peu pénétré dans l'intérieur ; les habitants y sont tout à fait sauvages ; mais les Anglais ont formé sur les côtes des établissements dont les plus importants sont ceux de la *Nouvelle-Galles du sud* et de la *rivière des Cygnes (Swan-river)*.

HOLMOS, instrument dont on se sert pour piler et réduire en poudre ou en pâte une foule de substances.

HOLOCAUSTE, sacrifice des anciens, dans lequel la victime était entièrement consumée par le feu, de manière qu'il ne restait rien pour le sacrificateur. Les Juifs offraient matin et soir l'holocauste d'un agneau au Seigneur dans le temple. — *L'autel des holocaustes*, placé dans le temple des Juifs, était couvert de lames de cuivre, et avait cinq coudées en carré sur trois de hauteur ; aux quatre coins de l'autel s'élevaient quatre pointes entre lesquelles une grille d'airain, sur laquelle on faisait le feu. Il était placé au devant du temple et tourné vers l'orient.

HOLOFERNE, général de Nabuchodonosor, premier roi d'Assyrie, envahit la Judée à la tête d'une armée nombreuse, et mit le siége devant la ville de Béthulie. Cette ville était réduite aux dernières extrémités et prête à se rendre lorsque Holoferne fut tué par Judith, l'an 689 avant J.-C. Ses troupes furent saisies d'une terreur panique, qui facilita aux Juifs le moyen de les tailler en pièces.

HOLOTHURIE, genre de zoophytes échinodermes, renfermant des animaux au corps allongé, quelquefois vermiforme et plus ou moins mou, garni de nombreux orifices, percé à chaque extrémité d'un orifice. Il est plein d'eau en partie, de sorte que les viscères flottent dans ce liquide. Les holothuries sont toutes marines, et se trouvent dans toutes les mers, vivant sur les rochers ou sur le rivage. Leur nourriture consiste en animalcules qu'elles se procurent au moyen des appendices qui entourent leur bouche. Leur taille est souvent considérable. On en mange dans beaucoup de pays.

HOLSTEIN, duché d'Allemagne, faisant partie de la confédération germanique et appartenant au Danemarck. Il est borné au N. par le Sleswig, au S. par le Hanovre et le duché de Saxe-Lauenbourg, à l'O. par la mer du Nord, et à l'E. par le territoire de Lubeck et le Mecklembourg. Sa superficie est de 432 lieues carrées, sa population de 350,000 habitants. Il se compose 1º du *Holstein proprement dit*, 2º du comté de *Pinneberg*, 3º du comté de *Rantzau*. Il a, conjointement avec le duché de Saxe-Lauenbourg, trois voix à l'assemblée générale et une à l'assemblée ordinaire de la diète. C'est un pays inégal, fertile sur les côtes, marécageux, sablonneux et couvert de landes dans l'intérieur. Il produit d'excellents chevaux. — *Kiel* est sa capitale. — Patrie des anciens Saxons, le Holstein fut depuis le IXe siècle gouverné par des marquis. L'empereur Lothaire II l'érigea en comté qu'il donna en 1106 à Adolphe Ier, comte de Schauenbourg, tige des comtes de Holstein-Schauenbourg. Ce comté passa en 1460 à Christiern Ier, roi de Danemarck, neveu maternel d'Adolphe VIII, dernier comte. Frédéric, son fils cadet, hérita de l'Holstein, alors érigé en duché, et monta sur le trône en 1523. Christiern III ayant partagé en 1544 le Holstein entre ses frères Jean et Adolphe, ce dernier fut la tige de la maison de Holstein-Gottorp, qui règne aujourd'hui en Russie. Jean, frère cadet de Frédéric II, fut en 1564 la tige de la maison de Holstein-Sonderbourg, qui règne encore aujourd'hui. Pour racheter les droits de la maison de Holstein-Gottorp sur le duché, Christiern VII lui remit en échange les comtés d'Oldenbourg et de Delmenhorst (1773). En 1806, le Holstein a été définitivement réuni au Danemarck.

HOLZ ou HOLZBAD (EAU DE), village de France, dans le département du Bas-Rhin, à 4 lieues de Strasbourg, où l'on trouve des sources d'eau minérale froide, contenant du sulfate et de l'hydrochlorate de soude, du nitrate de potasse, du carbonate de chaux, dissous dans un excès d'acide carbonique, et un peu de fer. On l'a employée contre la gale, les obstructions, etc.

HOMARD, nom donné à une des plus grandes espèces du genre *écrevisse*, dont la chair est très-estimée et fournit un aliment délicieux.

HOMÉLIE, discours ou conférence dans laquelle un ecclésiastique explique au peuple l'Évangile et les dogmes de l'Église catholique. Cette conférence était ordinairement faite d'un ton familier. Cependant on cite comme un modèle d'éloquence et d'élégance celle de saint Jean Chrysostome sur la disgrâce de l'eunuque Eutrope. Les homélies qui nous restent sont dues aux Pères grecs et latins, et elles ont été faites par des évêques.

HOMÈR. Voy. GOMON.

HOMÈRE, le père de la poésie grecque. On ne connaît pas le lieu de sa naissance. Les sept villes de Smyrne, Chio, Colophon, Salamine, Rhodes, d'Argos et d'Athènes se disputèrent l'honneur de lui avoir donné le jour. Les deux surnoms de Méonide et de Mélésigène, ont fait supposer que son père s'appelait Méon, ou qu'il était né sur les bords du Mélèse. Il vivait, suivant l'opinion la plus commune, à la fin du Xe siècle avant J.-C. Il composa les deux poëmes célèbres de l'*Iliade* et de l'*Odyssée*, la *Batrachomyomachie*, trente-trois hymnes et quelques épigrammes. Il y a eu un grand nombre de traductions dans toutes les langues. Les plus estimées en français sont celles de Mme Dacier, de Bitaubé et de Dugas Montbel. Quelques critiques ont nié l'existence d'Homère, et ont prétendu qu'une longue suite de poëtes cycliques ioniens a versifié la généalogie des dieux, l'histoire de la guerre de Troie, et le retour des princes grecs dans leurs foyers. Transmises de bouche en bouche, ces poésies se répandirent dans l'Asie Mineure occidentale et dans les îles voisines. Les Pisistratides les firent rassembler en deux grandes épopées et mettre par écrit. Cette rédaction première fut ensuite retouchée, arrangée, altérée, continuée et, mise en ordre par les grammairiens d'Alexandrie, qui nous ont transmis l'Iliade et l'Odyssée.

HOMÉRIDES, nom donné aux descendants d'Homère, ou à une école particulière de rhapsodes qui récitaient les vers de ce poëte. Les homérides composaient des espèces d'hymnes par lesquels ils préludaient à leurs chants épiques. Ils en puisaient ordinairement les sujets dans la mythologie ou les événements contemporains. Nous possédons encore trente-trois de ces hymnes, que l'on attribue souvent à Homère, et dont quelques-uns sont formés de la réunion de plusieurs fragments.

HOMÉRITES ou HÉMIARITES, ancien peuple qui habitait la côte méridionale de l'Arabie Heureuse, aux environs de la mer Rouge. Les Homérites furent longtemps la nation la plus puissante de l'Arabie.

HOMICIDE, action de tuer un homme. L'homicide volontaire se nomme *assassinat*; l'homicide volontaire sans préméditation, *meurtre*. Ce crime était puni de mort par tous les peuples anciens, et il l'est encore. Les femmes commettent vingt fois moins d'assassinats ou de meurtres que les hommes, mais beaucoup plus d'empoisonnements. C'est dans la période de trente à trente-cinq ans que l'on rencontre le plus de meurtriers. La Corse, les Pyrénées-Orientales, l'Ardèche, l'Aveyron et la Seine sont les départements qui en renferment le plus. — L'homicide emportait la peine de mort en Judée. A Athènes, l'homicide involontaire était puni d'un an d'exil; l'homicide volontaire devait subir le dernier supplice; mais on laissait au coupable la liberté de fuir avant la sentence, et, dans ce cas, on se bornait à confisquer ses biens et à mettre sa tête à prix. Dans les temps primitifs, il suffisait de faire quelques expiations pour se sauver de l'homicide. A Rome, les premières lois condamnèrent à mort les meurtriers. Mais plus tard la loi Cornelia, décrétée par Sylla l'an 673 de Rome (79 avant J.-C.), établit des distinctions. Un coupable illustre ou riche n'était qu'exilé; un homme du commun avait la tête tranchée; un esclave était crucifié ou exposé aux bêtes. Dans la suite on répara cette injustice en condamnant tout homicide à la mort sans exception.

HOMMAGE, serment de fidélité que devait faire tout vassal qui possédait un fief au seigneur de qui relevait ce fief. — L'*hommage lige* était un hommage qui liait le seigneur au vassal quant à leurs personnes, et par lequel le seigneur pouvait employer ses vassaux comme il le voulait.

HOMME. Sous le rapport de la place qu'il occupe parmi les êtres de la nature, l'homme est de la classe des mammifères et de l'ordre des bipèdes. Seul parmi les mammifères il se tient verticalement sur deux pieds, il transmet ses idées par des signes et des sons articulés et habite tous les climats. On a divisé l'espèce humaine en plusieurs races, qui sont la *race blanche*, la *race jaune* et la *race noire*. La première se subdivise en race indoue, caucasienne et européenne; la deuxième comprend les races mongole et hyperboréenne; la troisième se subdivise en race *cuivreuse*, qui comprend les peuples de l'Amérique; en race *malaie*, qui comprend les peuples de la Malaisie et de la Polynésie; en race *noirâtre*, qui comprend le reste de l'Océanie, et en race *nègre*.

HOMODROME, terme de mécanique, se dit d'un levier dans lequel le poids et la puissance sont tous du même côté du point d'appui. Il y a deux sortes de leviers homodromes : dans l'un le poids est entre la puissance et l'appui, on le nomme *levier de la deuxième espèce*; dans l'autre la puissance est entre le poids et l'appui, on le nomme *levier de troisième espèce*.

HOMOEOPATHIE, système de médecine dont l'auteur est Hahnemann, et qui est fondé sur ce que *tout vrai remède doit susciter dans un homme jouissant de la santé une maladie analogue à celle qu'il peut guérir*. Ce système consiste à guérir une maladie par une substance propre à produire et à donner cette maladie. Hahnemann affaiblit ensuite ces substances en les mêlant avec des parties d'autres substances non pernicieuses; en mélangeant encore le résultat de cette opération, etc. Cette méthode bizarre n'a pu être adoptée.

HOMOGÈNES (QUANTITÉS), nom donné, en algèbre, aux quantités qui ont le même nombre de dimensions.

HOMOGRAMMES, nom donné par les anciens aux athlètes qui en tirant au sort amenaient la même lettre, et par conséquent devaient combattre ensemble.

HOMOLOGATION, jugement qui ordonne l'exécution d'un acte souscrit par des parties, comme des contrats d'union. Ces actes ne sont parfaits que quand ils sont homologués par le juge.

HOMOLOGUE, nom donné, en géométrie, aux côtés qui, dans des figures semblables, se correspondent et sont opposés à des angles égaux.

HOMONYMES, mots dont la prononciation est identique avec celle d'un ou de plusieurs autres mots dans la même langue, et qui sont liés par le rapport du *son*.

HOMOTONOS, nom donné aux fièvres continues dont les symptômes conservent une intensité égale pendant tout le cours de la maladie.

HONFLEUR, port de mer à l'embouchure de la Seine dans l'Océan, chef-lieu de canton (Calvados), à 4 lieues de Pont-l'Evêque. Population, 9,000 habitants. Cette ville est ancienne. Son port existait longtemps avant la fondation du Havre. Elle possède un tribunal de commerce, un commissariat de marine, une école d'hydrographie, etc., et commerce en poisson, melons, chanvre, lin, colza, pastel, fromages, bêtes à laine, etc. Elle envoie des bâtiments dans les mers du Nord pour la pêche de la morue, de la baleine, du veau marin. On y fait des pêches très-productives de harengs et de maquereaux.

HONGRIE, royaume d'Europe, situé le long du Danube, faisant autrefois partie de la Pannonie et de la Dacie, annexé aujourd'hui aux Etats autrichiens. Il est borné au S. par la Croatie et l'Esclavonie, à l'E. par la haute Gallicie, la Silésie autrichienne et la Transylvanie, à l'O. par la Styrie, l'Autriche et la Moravie. Sa superficie est de 9,780 lieues carrées, sa population de 8,000,000 d'habitants, dont le plus grand nombre professe la religion catholique. Le climat est chaud, excepté aux environs des monts Krapacks, où il est froid; mais il est salubre partout. Le pays renferme des plaines vastes et fertiles. Au N., on trouve des landes sablonneuses et incultes. La Hongrie produit des grains et des vins excellents, dont il s'exporte annuellement 50,000,000 de tonneaux. La Hongrie est divisée en haute ou orientale, et basse ou occidentale. Elle se subdivise en quatre cercles (le premier en deçà du Danube, le deuxième en delà, le troisième en deçà de la Theiss, le quatrième en delà), et en cinquante-deux comitats (*gépanuschaft* ou *varmegye*). L'armée est de 60,000 soldats, les revenus de 20 millions de francs. La langue est une langue toute particulière et différente de celles du reste de l'Europe. — La Hongrie, habitée d'abord par des nations barbares, fut conquise par les Romains sous Trajan, puis abandonnée par Adrien. Les Magyares, ancêtres des Hongrois modernes, s'établirent dans ce pays en 894 sous la conduite d'Almus, et se rendirent bientôt redoutables aux nations voisines. L'an 1000, Etienne, un de leurs chefs, y fonda un royaume héréditaire et y introduisit le christianisme. Ils eurent longtemps à soutenir les invasions et les dévastations des Turks. En 1713, la Hongrie fut réunie à l'Autriche. Elle est gouvernée par un vice-roi et une diète souveraine. La liberté des cultes y est professée. La capitale est *Bude* ou *Ofen*, sur le Danube.

HONGRE, cheval à qui l'on a coupé une partie des organes de la génération. Dans les troupes françaises, on n'admet que des hongres, parce qu'ils sont plus dociles que les chevaux entiers.

HONGROYEUR, celui qui prépare les cuirs estimés, dont les premiers vinrent de la Hongrie. Ce mot s'emploie aussi comme synonyme de *tanneur*.

HONORÉ (Saint), évêque d'Amiens, gouverna cette église avec une haute réputation vers l'an 667 ou 677. Il mourut saintement, après avoir beaucoup travaillé pour le salut de son peuple. Ses reliques furent portées au chapitre des chanoines de Saint-Honoré à Paris. Le martyrologe romain fait mention de ce saint au 16 de mai.

HONORIUS, l'un des fils de Théodose le Grand, eut, dans le partage que le père fit de ses Etats, l'empire d'Occident. Sous son règne Rome fut assiégée par Alaric, que son ministre Stilicon défit près de Vérone. Ce prince laissa toujours agir les généraux, et ne fit rien par lui-même. Il mourut à trente-neuf ans en 423. Ses successeurs fixèrent leur résidence à Rome, et prirent le titre d'empereurs d'Occident.

HONORIUS. Quatre papes ont porté ce nom. — Le premier succéda à Boniface en 625, et mourut en 637. On l'accusa de *monothélisme*, dogme répandu par Sergius, patriarche de Constantinople, de l'unité d'opération en Jésus-Christ, et fut condamné comme hérétique en 680. — HONORIUS II succéda à Calixte II en 1124. Il déclara la guerre à Roger, comte de Sicile en 1127, et mourut en 1130. — HONORIUS III succéda à Innocent III en 1216, et mourut en 1227. — HONORIUS IV (Jacques Savelli) succéda à Martin IV en 1285, et mourut en 1287.

HONTH (Gross-), comitat de Hongrie, en deçà du Danube. Sa superficie est de 18 lieues carrées, et sa population de 104,900 habitants. Ce comitat a pour capitale *Ipol*, et est très-fertile en grains, tabac, vins. Il renferme des mines d'or et d'argent.

HOPITAL, lieu destiné à secourir les personnes privées de tout moyen de remédier à leurs souffrances, et à donner à ces personnes les remèdes propres à leur guérison. Les hôpitaux ont leur origine dans le christianisme. Les premiers furent fondés à Jérusalem pour recevoir les pèlerins. Plus tard, chaque abbaye, chaque cathédrale eut son hôpital, dont les fonds furent fournis par les rois et les évêques. Les hôpitaux étaient sous la direction du clergé. En 1544, ils furent sous celle des parlements, et plus tard sous celle du prévôt des marchands. En 1632, l'on fonda à Paris la Salpêtrière, où l'on fit entrer les pauvres mendiants. Depuis cette époque, un grand nombre d'hôpitaux ont été construits. Il y en a vingt-quatre dans le département de la Seine. La dépense de tous les hospices de France est de 48,842,000 francs.

HOQUET, inspiration brusque, spasmodique et accompagnée d'un son vocal rauque, qui détermine des secousses pénibles dans la poitrine et l'abdomen. Il est due à la contraction du diaphragme et à un resserrement de la glotte, qui arrête l'entrée de l'air dans la trachée. Le hoquet, que l'on observe chez les personnes jouissant d'une parfaite santé, est, dans quelques maladies, un signe de mauvais augure.

HOQUETON, tunique d'archer en usage depuis Charles V, ou sorte de sayon d'étoffe ou de cuir, avec des garnitures en métal. Cette arme défensive a été supprimée à la révolution.

HORACE (Quintus Horatius Flaccus), poète latin, né à Venouse l'an 688 de Rome. Fils d'un affranchi, il combattit à Philippes et devint l'ami de Virgile et de Varius. Mécène, confident d'Auguste, s'attacha le poète, qui refusa pour son bienfaiteur la place de secrétaire de l'empereur. Il mourut l'an 8 avant J.-C. Ses principaux ouvrages sont les *Odes*, les *Epodes*, les *Satires* et l'*Art poétique*.

HORACES, noms de trois Romains, fils du même père, qui, sous Tullus Hostilius, se battirent contre les trois Curiaces (667 avant J.-C.) pour décider la destinée d'Albe et de Rome. Deux des Horaces ayant été tués, le troisième feignit de fuir, et vainquit les trois ennemis. A son retour à Rome, il tua sa sœur, qui lui reprochait la mort d'un des Curiaces, son fiancé, et fut pardonné par le peuple en raison de ses services. Corneille a fait de cette action le sujet d'une tragédie.

HORAIRE se dit, en astronomie, de plusieurs choses qui ont rapport aux heures. Les *cercles horaires* ou *cercles de déclinaison* sont des cercles qui passent par les pôles du monde, et qui, par leurs distances au méridien, marquent les heures. Ils sont au nombre de douze, et divisent l'équateur en vingt-quatre parties égales, pour les vingt-quatre heures du jour naturel. L'*angle horaire* est l'angle aboutissant au pôle, et formé par le cercle horaire et par le méridien du lieu. Cet angle est de 15 degrés à une heure, de 30 degrés à deux heures. Le *mouvement horaire* est la quantité dont un astre varie en une heure, ou l'arc que décrit un point de la circonférence de la terre dans l'espace d'une heure. Les *lignes horaires* sont celles qui marquent les heures sur un cadran solaire.

HORAPOLLON, grammairien grec, professa les belles-lettres à Alexandrie et à Constantinople, sous l'empire de Théodose le Grand. On a de lui une *Explication des hiéroglyphes*, écrite d'abord en égyptien, puis traduite en grec et en latin.

HORATIA, famille célèbre de Rome. C'est aussi le nom d'une loi portée par Valerius Publicola, et qui ordonnait de mettre en exécution les règlements du peuple assemblé par tribus.

HORATIUS COCLÈS. Voy. COCLÈS.

HORDE, nom donné à des troupes de peuples errants, comme les Arabes et les Tartares, qui n'ont ni villes ni habitations fixes, mais qui courent de côté et d'autre et demeurent sur des chariots ou dans des tentes. — Les Tartares qui habitent au delà du Volga appellent *hordes* leurs villages et leurs bourgs, qui sont composés de cinquante ou soixante tentes rangées en rond, et les habitants forment ordinairement une espèce de compagnie militaire.

HORDÉINE, substance particulière, pulvérulente, jaunâtre, insipide, inodore, un peu rude au toucher et semblable à la sciure de bois; on l'obtient en faisant tomber un filet d'eau sur de la pâte de farine d'orge. L'hordéine et l'amidon se déposent. On traite le précipité par l'eau bouillante qui dissout l'amidon, et l'hordéine reste pure.

HOREB, montagne de l'Arabie Pétrée, située auprès du mont Sinaï. C'est sur le mont Horeb que Dieu apparut à Moïse dans un buisson ardent, et que ce prophète fit sortir les sources d'eau vive qui désaltérèrent le peuple.

HORÉES, sacrifices solennels que l'on offrait au commencement du printemps, de l'été et de l'hiver, aux Heures et aux Saisons pour obtenir une année heureuse et tempérée.

HORIZON, cercle qui sépare la partie visible du globe de celle qui est invisible, quand les inégalités qui se trouvent à la surface de la terre n'interceptent pas les rayons visuels. L'*horizon sensible* est celui qui frappe nos sens, et qui est formé par les bornes de notre vue; l'*horizon vrai* ou *astronomique* est le plan tangent au lieu où l'on se trouve; l'*horizon rationnel* ou *géocentrique*, un horizon parallèle à l'horizon astronomique, et qui divise la sphère en deux parties égales.

HORIZONTAL, ce qui est de niveau ou parallèle à l'horizon, qui n'est point incliné sur l'horizon. Le *cadran horizontal* est celui qui est décrit sur un plan parallèle à l'horizon et dont le style (pointe du milieu) est élevé suivant l'élévation du pôle du lieu où l'on est conduit; une ligne droite tirée d'un point de vue parallèlement à l'horizon est une ligne horizontale.

HORLOGE, machine destinée à donner la mesure du temps et à indiquer les heures, les minutes, les secondes, etc., et que l'on régularise au moyen du balancier. Les anciens ne connaissaient que les *clepsydres*, le *sablier*, et ce n'est que depuis Galilée que l'on fit l'application du pendule à l'horloge. Genève est la ville la plus renommée pour la fabrication de ces instruments.

HORLOGE DE FLORE, espèce de table ou catalogue indiquant les heures du jour et de la nuit pendant lesquelles s'ouvrent certaines fleurs. A trois heures du matin s'épanouissent le *salsifis des prés* et le *liseron de Portugal*; de quatre à cinq, le *liondent*, la *chicorée sauvage*; à cinq heures précises, le *pavot à tige nue*, l'*hémérocalle jaune*; de cinq à six, le *pissenlit*; à six heures, l'*épervière en ombelle*; de six à sept, la *crepide rouge*, le *laiteron des champs*; à sept, le *souci des jardins*, les *nénuphars*, la *laitue*; de sept à huit, plusieurs *ficoïdes*; à huit, le *mouron des champs*; à neuf, le *souci des champs*; de neuf à dix, la *glaciale*; de dix à onze, les *labiées*; à onze, l'*ornithogale*, les *mauves*; à midi, toutes les plantes qui demandent la lumière la plus éclatante du jour pour s'épanouir. Elles en jouissent jusqu'à trois heures, qu'elles se ferment toutes ou en partie. A quatre heures s'ouvre la *belle-de-nuit dichotome*; à cinq, plusieurs *belles-de-nuit*; à six, le *géranier*; à sept, le *galant-de-nuit* et le *nyctérion*; à huit, la *ficoïde à fleurs nocturnes*; à neuf, le *nyctanthes*; de neuf à dix, le *cactier à grandes fleurs*.

HORLOGE DE LA MORT, nom donné à un petit bruit répété à des intervalles rapprochés dans les appartements silencieux, assez semblable à cinq ou six coups frappés avec la pointe d'un corps solide sur un corps dur comme le bois. Ce bruit est occasionné par les *vrillettes*, petits insectes qui font dans le bois ces petits trous cylindriques, d'où sort une poussière blanchâtre. C'est le moyen que ces insectes emploient pour s'appeler quand vient la saison des amours.

HORMISDAS. Quatre rois des Perses et des Parthes ont porté ce nom. — Le premier succéda à Sapor Ier en 273, fut un prince pacifique, et mourut en 274. — HORMISDAS II ou Misdates succéda à Narsès en 310, et mourut en 380. — HORMISDAS III succéda à Chrosroès Ier en 580, soutint une guerre malheureuse contre les Romains (581-582), et fut tué par son fils Chrosroès II en 590. — HORMISDAS IV succéda à la reine Beræne en 630, et mourut en 632.

HORMISDAS, pape, successeur de Symmaque en 514. Il éteignit le schisme des eutychiens, et mourut en 523.

HORN (CAP), île de la Terre-de-Feu, découverte par Jacob le Maire en 1616, et où les tempêtes sont très-fréquentes. La hauteur de ce cap funeste est de 290 toises.

HOROSCOPE, observation du ciel au moment de la naissance de quelqu'un et y lire les destinées du nouveau-né. Cette divination, en usage chez les Chaldéens et les Égyptiens, dégénéra en manie au moyen âge. Napoléon, à une époque plus rapprochée de nous, fit tirer souvent son horoscope. — Le mot désigne aussi une figure qui renferme les douze signes du zodiaque ou *maisons* et la disposition du ciel et des astres, à une heure déterminée, pour en tirer des prédictions.

HORRIPILATION, impression nerveuse, causée par la terreur, et qui fait trembler et hérisser les cheveux et les poils. Elle est due à l'irritabilité des organes nerveux et à l'action des couches musculaires étendues sous la peau. La colère amène aussi cet effet, dont les animaux se servent souvent comme moyen de défense.

HORTENSIA (*rose du Japon*), plante de la famille des saxifragées, originaire de l'Asie orientale, et apportée en Europe vers 1790. C'est un arbrisseau peu élevé, aux feuilles larges, ovales et dentées; aux fleurs disposées en corymbes roses ou bleuâtres et d'une grande beauté.

HORTENSIA, loi décrétée par Hortensius l'an 278 avant J.-C., qui obligea tous les citoyens à se soumettre aux lois émanées du peuple et abolit les privilèges de la noblesse.

HORTENSIUS, orateur romain, ami et rival de Cicéron, qui en a fait le plus grand éloge, et qui lui dut son rappel de l'exil. Ses *harangues* sont perdues, ainsi que ses *Annales*, ses *poésies érotiques*. Il mourut à soixante-trois ans, 50 ans avant J.-C. — Sa fille Hortensia hérita de l'éloquence de son père.

HORTICULTURE, art de cultiver les jardins.

HORUS. Voy. ORUS.

HOSANNA (mot hébreu qui signifie *sauvez, je vous prie*). C'est une formule de bénédiction ou d'heureux souhaits. — Chez les Juifs, ce mot signifiait les prières qu'ils récitaient le septième jour de la fête des tabernacles, et cette fête elle-même s'appelait *Hosanna Rabba*.

HOSPITALIERS et HOSPITALIÈRES, nom donné à des ordres religieux des deux sexes destinés à secourir, à soigner et à soulager les pauvres. Tels étaient les *chevaliers de Saint-Lazare* et *de Saint-Jean de Jérusalem*, les religieuses hospitalières *de la Charité*, de *la Miséricorde*, etc.

HOSPITALITÉ, libéralité exercée envers les étrangers, surtout en les recevant dans sa maison. Chez les peuples de l'antiquité, elle était regardée comme la plus grande vertu. Il y avait trois sortes d'hospitalité, la première, celle que la piété faisait exercer envers les étrangers, les voyageurs, les inconnus. La deuxième était une suite de la précédente; ceux qui avaient logé une personne étaient dès lors liés avec elle par les nœuds de l'hospitalité; ils étaient obligés de se secourir mutuellement, et ce droit passait à leur postérité. On contractait la troisième sorte d'hospitalité sans avoir vu les hôtes, en envoyant un présent à une personne, et on lui demandait de se lier par le droit de l'hospitalité; si elle renvoyait un autre présent, c'était une marque qu'elle acceptait les offres, et dès lors les droits étaient également sacrés. Deux points essentiels dans la pratique de l'hospitalité étaient, 1° de laver les pieds à ses hôtes et de les mettre dans un bain; 2° de ne demander le nom des hôtes inconnus qu'après le premier repas. Les hôtes se faisaient mutuellement des présents. Le droit d'hospitalité était imprescriptible, rien n'y pouvait porter atteinte, pas même la guerre entre deux peuples ennemis dont chaque hôte faisait partie. Les dieux protecteurs de l'hospitalité étaient Jupiter, Apollon, Vénus, Minerve, Castor, Pollux, et surtout les lares. — L'hospitalité s'exerce encore parmi les Arabes et les peuples de l'Orient. Quiconque l'a reçue dans la tente d'un Arabe devient son ami pour toujours, fût-il même son plus grand ennemi.

HOSPODAR, titre des souverains de la Moldavie et de la Valachie, et qui signifie en langue slave *maître d'une maison*, *d'une terre*. Les Valaques devinrent au XIVe siècle tributaires de la Pologne, et en 1443 Ladislas III, roi de Pologne, donna Elie pour souverain à la Valachie, et le nomma *hospodar*. Telle est l'origine donnée à ce titre par les Valaques.

HOSTIE. Chez les anciens, c'était la victime que l'on immolait avant de marcher à l'ennemi, et que toutes sortes de personnes pouvaient sacrifier. — Ce mot désigne aujourd'hui Jésus-Christ lui-même qui s'est immolé pour nous comme une victime (*hostia*), et le pain destiné à la consécration; la pâte n'a pas de levain chez les catholiques, et en a chez les Grecs.

HOTEL DE VILLE, lieu où s'assemblent les magistrats municipaux pour tous les actes de leur administration. Ce nom se changea sous la république en celui de *commune*. Les hôtels de ville de Paris, de Toulouse et de Lyon sont les plus beaux de France;

celui de Paris est le plus ancien : il a été construit au xvii<sup>e</sup> siècle (1833).

HOTTENTOTS, peuple de la partie la plus méridionale de l'Afrique, inactif et paresseux. Il se divise en plusieurs tribus, celles des grands et des petits Namaquas, des Damaras, des Karonas et des Boschimans ou Saabs. Ces derniers sont les plus dégoûtants. Les Hottentots sont d'une grande malpropreté, et n'ont ni écriture ni religion. La polygamie leur est permise. Leur langage est composé de sons rapides et glapissants. Ils se frottent tout le corps de graisse, et habitent dans des huttes. Les Anglais tirent leurs esclaves de ces nations.

HOUACHE ou LAGUE, trace de l'eau agitée par le passage d'un bâtiment qui indique sa longueur dans la route qu'il a parcourue en refoulant le liquide. — C'est aussi le nom donné à un petit morceau d'étamine passé dans les torons de la ligne de loch, à une distance du bateau égale à la longueur du bâtiment.

HOUARI, bâtiment à deux mâts, portant deux voiles, destiné au cabotage (voyage fait pour commercer le long des côtes). — On dit que des voiles sont en houari lorsque ce sont des voiles triangulaires dont la ralingue (cordage cousu autour des voiles) est élevée par sa vergue au-dessus du mât.

HOUBLON, genre de la famille des urticées, renfermant des plantes indigènes au bord des bois, de la France et aux pays montagneux de l'Europe. Ces plantes naissent de racines vivaces, rameuses, traçantes et très-longues; elles ont des tiges herbacées, grimpantes, minces, anguleuses, hérissées d'aspérités; des feuilles opposées, dentées, rudes au toucher, d'un beau vert. Ces tiges s'allongent jusqu'à douze ou quinze pieds, et s'entortillent autour des arbres et autres tuteurs placées à leur portée. En mai et juin, le houblon présente des fleurs vertes, mâles sur certains pieds, femelles sur d'autres, disposées en grappes ou en épis. Le fruit est une petite graine arrondie, légèrement comprimée et roussâtre, amère et légèrement aromatique, qui entre dans la composition de la bière. Ses feuilles sont employées en médecine comme diurétiques et antiscorbutiques. On mange les jeunes pousses assaisonnées comme les asperges ; les tiges servent de lien, et fournissent du fil et des cordages usités dans le Nord. On nomme *houblonnières* les champs où l'on cultive le houblon.

HOUDON (Jean-Antoine), né à Versailles en 1741. Cet artiste remporta en 1761 le grand prix de sculpture à l'académie, et fit à Rome une statue colossale de saint Bruno, dans l'église des Chartreux. Il a fait encore une statue de Diane et des bustes de Voltaire, de Rousseau, Buffon, Gluck, Franklin, Mirabeau, etc. Il est mort en 1828.

HOUE, instrument de fer, large et recourbé, qui a un manche de bois, et avec lequel on remue la terre en la tirant vers soi. On appelle *houe à cheval* une espèce de petite charrue tirée par un cheval, à un ou plusieurs socs en forme de houe plate, et à une ou deux roues. Cet instrument sert à biner les plantes disposées par rangée. On appelle *houe fourchue* une houe qui, au lieu d'être pleine, est à dents plates. Elle sert à labourer et défoncer les terrains pierreux ou trop argileux, parce qu'elle entre plus avant que la houe pleine. On appelle aussi *houe* un outil dont les maçons se servent pour détremper le mortier.

HOUILLE (*charbon de terre*), combustible fossile, charbonneux, compacte, d'un noir brillant, formé de carbone, d'oxygène, d'hydrogène et d'azote, et provenant de la décomposition des corps organisés enfouis dans la terre. Sa pesanteur spécifique est de 1,3. Distillée dans des vaisseaux clos, la houille produit du gaz hydrogène carboné, qui, purifié au moyen de l'eau froide et de la chaux vive, sert à l'éclairage des vastes emplacements. Le charbon qui reste (*coak* ou *coke*) sert à plusieurs usages domestiques. On en distingue plusieurs espèces : la houille *grasse, compacte* et *sèche.*

HOULE, nom donné aux vagues qui restent à la mer après que la tempête est passée. On nomme *houleuse* la mer qui est agitée et couverte de vagues.

HOULETTE, nom donné, 1° à un bâton à l'usage des bergers qui conduisent les moutons. Il se termine par une feuillette ou morceau de fer en cuiller tronquée. Le berger s'en sert pour ramasser de la terre ou des pierres qu'il jette aux moutons ; 2° à un instrument en forme de houlette de berger, mais qui n'a pas plus de cinq à six pouces de longueur : les jardiniers s'en servent pour tirer de la terre les oignons ou les racines des plantes ; 3° à plusieurs petites pelles ou spatules en métal, usitées dans certains arts ; 4° à un genre de mollusques bivalves, renfermant des animaux dont la coquille est ovale, comprimée inégalement, mince, demi-transparente et de couleur blanche parsemée de taches fauves. Ces coquilles habitent la mer Rouge et les mers de l'Océanie et de l'Amérique.

HOUPÉE, effet que produisent les lames de la mer qui se choquent et montent réciproquement l'une contre l'autre ; ce qui a lieu après une variété dans les vents qui ont soufflé avec force; dans cette collision, elles s'élèvent plus ou moins. C'est cette agitation verticale du sommet des lames que l'on nomme houpée. Un vent frais soufflant en sens contraire à la lame, à la marée ou à un courant, occasionne le la houpée.

HOUPPE. C'est, 1° un assemblage de bouts de soie ou de laine, flottants et arrangés sphériquement sur une pelote à laquelle ils sont attachés par un bout, et qu'ils couvrent de tous côtés : on en voit sur les bonnets carrés des ecclésiastiques ; 2° un flocon de plumes que certains oiseaux portent sur la tête ; 3° en botanique, un assemblage de poils qui partent en rayonnant d'un même point d'insertion ; 4° un petit muscle épais, conique, dont la base repose sur une fossette creusée à côté de la symphyse de la mâchoire inférieure, et dont les fibres s'épanouissent en manière de *houppe* dans la peau du menton qu'elles relèvent, poussant ainsi la lèvre inférieure en haut et la renversant en dehors.

HOUPPIFÈRE, genre de la famille des gallinacés, renfermant des oiseaux ayant une aigrette sur la tête, et dont le bord inférieur de la peau nue qui recouvre les joues est saillant. Le *houppifère ignicolore* habite les îles de la Sonde. Le mâle a des éperons très-forts au bas des jambes, longs d'un pouce huit lignes. Sa huppe est composée de plumes terminées par de petites barbules, formant un large et gracieux éventail, d'un brun noir violet; le cou, le dessus du dos et le ventre sont de la même couleur, les ailes noires et terminées par une large zone d'un vert doré. Les couvertures supérieures de la queue sont d'une belle couleur de feu ; le bec est jaune.

HOUQUE ou HOULQUE, genre de la famille des graminées, renfermant des plantes originaires de l'Inde et de l'Afrique, qui réussissent en Europe. L'*houque gros millet* ou *sorgho* est une plante annuelle, grande et d'un bel aspect, à tiges articulées, pleines de moelle, s'élevant à six ou huit pieds de haut, garnies de feuilles semblables à celles du maïs, simples, pointues, vertes, traversées par une forte nervure blanche; une panicule grosse, un peu serrée, terminale des tiges. Elle est composée de fleurs d'un blanc sale ou rousses, ramassées presque en épis, auxquelles succèdent des semences arrondies, assez grosses, blanches ou jaunâtres, brunes, noires ou pourpres, selon les variétés. Ces graines sont plus grosses que celles du millet. Le sorgho est originaire de l'Inde; il réussit très-bien dans nos départements du Midi, où on le nomme *grand millet.* Les graines fournissent un aliment sain, agréable et de facile digestion pour l'homme. On les donne aussi aux volatiles et aux bestiaux, qui mangent avec avidité les feuilles de la plante.

HOURI, nom donné, à Dieppe et dans les environs, à une espèce de chasse-marée, petit bâtiment qui fait la pêche dans la Manche.

HOURIS, nom donné par les Orientaux aux femmes divines et immortelles, d'une beauté céleste, qui ne périt jamais, destinées à faire les délices des musulmans rigides observateurs des lois du prophète. Elles habitent le paradis promis aux fidèles par Mahomet.

HOURQUE ou HOUCRE, grand bâtiment de transport en usage dans le Nord. Il a deux mâts, l'un au centre, l'autre à l'arrière. Le grand mât porte une grande voile et un hunier; celui de l'arrière a une voile carrée. Ces bâtiments sont regardés comme très-mauvais, et leur nom s'applique en général à tout vaisseau reconnu pour avoir de mauvaises qualités.

HOURRA ou HOURA, cri de guerre ou exclamation de joie, apporté en Europe par les Mogols ; les Slaves, ennemis de ces derniers, leur enlevèrent ce cri, et le transmirent aux Germains et aux Scandinaves, d'où il se répandit en Allemagne, en Angleterre et en Normandie. Le cri de guerre des Français est *en avant,* celui des Mahométans *Allah* ; les Cosaques s'écrient *slava-bogoa.*

HOURVARI, nom donné, aux Antilles, à un vent d'orage, qui d'abord vient de terre et s'en écarte peu. Il est accompagné d'une pluie abondante, d'éclairs et de tonnerre, souffle avec violence, un peu près une heure, de différents points de l'horizon.

HOUSSE, ornement semi-circulaire en drap galonné, qui couvre la croupe des chevaux de selle. Les officiers généraux dans les armées et la gendarmerie font encore usage de la housse. C'est aussi, 1° des peaux de mouton garnies de leur laine qui ont été préparées par les mégissiers, et dont les bourreliers se servent pour couvrir les colliers des chevaux de harnais: on les nomme aussi *bisquains* ; 2° des couvertures d'étoffe légère que l'on met sur les meubles de prix pour les conserver.

HOUX, genre de plantes de la famille des rhamnoïdes, qui peuvent s'élever à la hauteur d'arbre, d'un vert foncé et luisant, à l'écorce lisse, aux feuilles ovales, garnies d'aiguillons aigus, aux fleurs blanches et au fruit d'un rouge de corail. Le houx est très-utile à cause de la dureté, du poli et de la belle couleur noire que son bois peut acquérir. On en fait des manches d'outils et même des meubles. On en forme des haies ; avec la seconde écorce, on fait de la glu. Les feuilles, utiles contre la goutte, suppléent au kina. — Cet arbre orne de ses branches le bonnet des montagnards écossais, et sert, pendant les temps neigeux, à indiquer les chemins. Il était usité dans la sorcellerie.

HOUX (PETIT). Voy. FRAGON.

HOWARD (Thomas), comte de Surrey et puis duc de Norfolk. Il remporta de grandes victoires sur les Écossais (1526), et seconda Henri VIII dans ses réformes religieuses, quoiqu'il fût catholique. Le roi, sur quelques soupçons, le fit arrêter en 1546, et fit décapiter son fils. Il recouvra sa liberté sous Marie en 1553, et mourut en 1554.

HOWARD (Charles), comte de Nottingham, petit-fils du précédent, fut chargé par Élisabeth de combattre l'*armada* (voy. ce mot), et obtint un succès complet contre les Espagnols. Il fit périr le comte d'Essex, qui, jaloux de ses succès, avait lancé contre lui des épigrammes, jugea Marie Stuart, et mourut en 1624 à quatre-vingt-huit ans.

HOWARD (Thomas), fils de Henri Howard, né en 1536, fut aimé d'Élisabeth. Épris de Marie Stuart, il voulut l'épouser quoiqu'il eût été chargé par Elisabeth de l'interroger sur ses crimes prétendus, et fut arrêté. Il s'échappa, échangea avec Marie une promesse de mariage, et s'occupa de sa délivrance. Trahi par son secrétaire, il fut décapité en 1572.

HOWARD (Catherine), de la famille des précédents, devint en 1540 la cinquième femme de Henri VIII. Accusée d'intrigues galantes avant et même pendant son mariage, elle fut condamnée à mort et exécutée en 1512. Henri VIII, après sa mort, épousa Catherine Parr.

HOWARD (John), l'ami des pauvres et des malheureux, né à Hackney en 1726. Il contribua par ses ouvrages à faire améliorer le sort des prisonniers, et à adoucir le régime des prisons en Angleterre. On lui a élevé un mausolée dans la cathédrale de Saint-Paul. Il mourut en 1790.

HRADISCH, cercle de Moravie. Sa superficie est de 125 lieues carrées, et sa population de 215,900 habitants. Ce pays est montagneux, mais fertile, surtout en vins excellents.

HUBERT (Saint), né en Aquitaine, se retira en 688 dans la communauté de Saint-Lambert, évêque de Maestricht, dont il édifia le peuple pendant près de vingt ans par sa rare vertu. Ce prélat ayant été tué en 708, saint Hubert, son disciple, fut mis à sa place. Il continua l'œuvre de son maître en extirpant les vices et les erreurs, en distribuant ses biens aux pauvres, et en sacrifiant tout au salut des âmes. La treizième année de son épiscopat, il transféra le siége de Maestricht à Liége. Il mourut en 727. On fait sa fête le 3 novembre. On l'invoque contre la rage.

HUBLOT, ouverture à peu près carrée, qu'on perce dans la muraille des grands bâtiments pour donner de l'air et du jour dans l'entre-pont.

HUCARÉ ou HYCAYE, espèce de gomme qui se présente dans le commerce en larmes allongées, presque cylindriques, transparentes, assez consistantes, d'une couleur de citron. Sa saveur est d'abord muqueuse, puis sucrée, enfin désagréable et astringente. Elle est fournie par le spondias ou prunier d'Amérique.

HUDSON (Henri), célèbre navigateur anglais sous Elisabeth, qui fit quatre voyages dans les mers du Nord en 1607, 1608, 1609 et 1610. Il découvrit la baie ou plutôt le détroit qui porte son nom, et le fleuve d'Hudson, et il tenta de découvrir par le nord un passage pour arriver au Japon et à la Chine. Il périt abandonné par ses compagnons dans les glaces du Nord, sans qu'on pût savoir ce qu'il était devenu.

HUDSON (MER ou BAIE D'), vaste enfoncement de l'Amérique septentrionale, au N. de la côte de Labrador, découvert par Hudson en 1609. La mer d'Hudson a 500 lieues de longueur sur 220 de largeur. Ses côtes sont en général très-élevées et bordées de rochers escarpés. La profondeur de ses eaux est d'environ 140 brasses vers son centre. Les environs de cette mer sont nus et stériles, incultes et pleins de glaces et de neige. La mer n'est libre que depuis le commencement de juillet jusqu'à la fin de septembre; le reste de l'année, elle est couverte de glaces. On y trouve peu de poissons, et les Anglais ont plusieurs établissements sur la côte du S.-E.

HUDSON (DÉTROIT D'), canal par lequel la mer d'Hudson communique avec l'océan Atlantique. Il fut découvert par le célèbre navigateur dont il porte le nom.

HUDSON (FLEUVE), fleuve immense qui prend sa source entre les lacs Ontario et Champlain (Amérique septentrionale). Il se jette dans la baie de New-Yorck, après un cours de 85 lieues. Il a 1,600 mètres de largeur.

HUDSON, ville des Etats-Unis d'Amérique, dans la province de New-Yorck, au comté de Columbia, sur l'Hudson, à 45 lieues de New-Yorck. Fondée en 1784, elle compte 4,000 âmes.

HUET (Pierre-Daniel), né à Caen en 1630, évêque d'Avranches en 1689, se rendit très-habile dans tous les genres de littérature, poésie, mathématiques, physique, géographie, etc. Il institua une académie de physique en 1662, et fut nommé en 1670 sous-précepteur du dauphin. Il laissa un ouvrage sur *la Faiblesse de l'esprit humain*, et mourut en 1721.

HUGUENOTS, nom que l'on donna aux calvinistes de France en 1560. Leurs principes religieux diffèrent de ceux de Luther et de Zwingle. Ce nom vient du mot suisse *eidgnossen*, qui signifie *alliés en foi*. Voy. CALVINISTES.

HUGUENOTE, petit fourneau de terre ou de fonte, auquel s'adapte une marmite qui se ferme hermétiquement. Les huguenots s'en servaient pour faire cuire de la viande les jours défendus.

HUGUES CAPET, fils de Hugues le Grand, comte de Paris, et chef de la race des *Capétiens*, né en 939, fut proclamé roi de France en 987, après Louis V. Il défit Charles Ier, fils de Louis IV, qui faisait valoir ses prétentions à la couronne. Il s'appuya sur le clergé, et laissa subsister les querelles des seigneurs. Il mourut en 996.

HUILE, fluide onctueux, indissoluble dans l'eau, inflammable, résultant de la distillation du jus de certains fruits. L'*huile animale* est celle qui est obtenue par la décomposition des principes immédiats des animaux soumis à l'action de la chaleur. Cette huile est très-fétide. L'*huile animale de Dippel* résulte de la distillation à feu de plusieurs des matières animales, et notamment de la corne de cerf concassée. Elle est limpide, stimulante et antispasmodique.

HUILE D'ABSINTHE, huile préparée en faisant macérer au soleil, pendant trois jours, les sommités sèches d'absinthe dans de l'huile d'olive ou d'œillette.

HUILE D'AMANDES. Des amandes douces et amères fournies par l'amandier commun, on extrait à froid et sans eau, par la seule pression, une huile très-fluide, douce, limpide, d'un jaune clair, d'une saveur agréable, inodore, rancissant plus promptement, mais se congelant plus difficilement que l'huile d'olives. L'huile d'amandes est dans les pharmacies à la préparation du cérat, de liniments, etc. Elle est employée comme adoucissante, et entre comme laxative ou comme émolliente dans la composition de quelques potions, juleps, etc. Ses tourteaux, réduits en poudre, se vendent pour les parfumeurs sous le nom de *pâte d'amandes bise*. Les amandes des noyaux de prunes et de cerises fournissent une huile limpide, jaune brunâtre, d'une saveur analogue à celle des amandes, qui se rancit difficilement, et qui sert à l'éclairage, etc.

HUILE DE BELLADONE, huile limpide, d'un jaune doré, fade, inodore, etc., qui est employée comme aliment ou dans l'éclairage. En Allemagne, on la prépare en pressant les semences de la belladone.

HUILE DE BEN, huile qui ne rancit jamais, et qui est employée par les parfumeurs. Elle s'obtient par l'expression à froid des semences du moringa. Elle est incolore et inodore, fixe et susceptible d'être coagulée.

HUILE DE CASTOR, huile obtenue en faisant macérer le castoréum pulvérisé dans de l'huile d'olive. On l'emploie comme antispasmodique et antihystérique. — Les Anglaises donnent ce nom à l'huile de ricin.

HUILE DE CHÈNEVIS, huile fixe, retirée des graines de chènevis cultivé. Elle est liquide, ne se gèle pas, est d'un jaune verdâtre quand elle est récente, d'une odeur désagréable, d'une saveur fade. On l'emploie à l'éclairage et à la confection de savons et du vernis.

HUILE DE COLZA, huile retirée des graines du colza, et qui sert pour l'éclairage. Voy. COLZA.

HUILE DE FAINE, huile fixe, consistante, d'un jaune clair, inodore, fade, ayant beaucoup d'analogie avec l'huile d'olive. On l'obtient des graines du hêtre.

HUILE DE FOIE DE MORUE, obtenue en exposant aux rayons du soleil des foies de morues entassés dans des cuves, en soumettant à la presse des foies qui commencent à se putréfier, ou en les chauffant dans une marmite de fonte. Le premier procédé donne une huile fluide et jaunâtre, nommée *huile de morue limpide blanche*. On l'emploie en médecine contre plusieurs maladies rhumatismales et pour détruire les vers des enfants.

HUILE DE GIROFLE, huile essentielle obtenue en distillant avec de l'eau les calices ou les fleurs non épanouies de girofle. Elle est fortement stimulante.

HUILE DE LIN, huile fixe, obtenue en exprimant des semences de lin, après les avoir torréfiées et broyées. Elle est d'un blanc verdâtre, et se rancit promptement. Elle est susceptible de devenir siccative en se combinant avec l'oxyde de plomb. Dans cet état, elle est souvent employée en peinture, à la préparation de l'encre des imprimeurs. On s'en sert en médecine comme émolliente et laxative. Mais c'est surtout pour l'éclairage que l'huile de lin est employée.

HUILE DE NAVETTE, extraite des semences des navets. Cette huile a une odeur particulière. Elle sert d'aliment et à l'éclairage.

HUILE DE NOISETTE, huile fournie par les amandes du noisetier. Cette huile est limpide, d'un jaune clair, inodore, d'une saveur douce et agréable. On la sert sur les tables.

HUILE DE NOIX, huile fixe, obtenue de l'amande des noix. Elle est plus siccative que l'huile de lin, par conséquent plus employée dans la peinture fine; verdâtre quand elle est fraîche, jaunissant à mesure qu'elle vieillit, peu odorante, et d'une saveur agréable. Elle sert d'aliment dans beaucoup de pays. La médecine lui reconnaît des propriétés purgatives, et l'emploie dans le traitement de la colique des peintres et contre les vers. On s'en sert aussi pour l'éclairage.

HUILE DE PIED DE BOEUF, graisse liquide, jaunâtre, inodore, obtenue en abandonnant à lui-même le décocté aqueux des pieds de bœuf séparés de leur corne, enlevant le liquide surnageant, et le portant dans de grands réservoirs où il se dépure par le repos. Ce liquide est l'huile de pied de bœuf. On l'emploie pour graisser les rouages des machines ou pour faire des fritures dans l'économie domestique.

HUILE DE POISSON, graisse fluide, de couleur blanche ou d'un brun rougeâtre, d'une odeur désagréable, extraite de plusieurs poissons de mer, et principalement des cétacés, et employée pour faire le savon vert, pour l'éclairage, etc.

HUILE DE RICIN ou DE PALMA-CHRISTI, huile obtenue en faisant bouillir dans de l'eau les semences du ricin, pilées et dépouillées de leur enveloppe. Elle est très-épaisse, peu colorée, transparente, inodore, d'une saveur fade, légèrement âcre, devenant rance, visqueuse, épaisse, et finissant par se dessécher à l'air. Elle se conserve liquide à plusieurs degrés au-dessous de zéro. On l'emploie souvent en médecine comme purgative, laxative, ou contre les vers et les fièvres.

HUILE DE ROSES, obtenue en distillant les pétales des roses. Cette huile est incolore, d'une odeur agréable, d'une saveur suave et douceâtre, plus légère que l'eau. C'est un des parfums les plus agréables et les plus souvent employés.

HUILE ou Essence DE TÉRÉBENTHINE, huile essentielle, obtenue en distillant avec de l'eau ou en traitant par la chaleur plusieurs sortes de poix ou de résines molles, fournies par plusieurs arbres du genre pin. Pure et récente, elle est incolore (jaune verdâtre quand elle a vieilli), limpide, très-fluide, d'une odeur forte. Les usages de l'huile de térébenthine sont nombreux. On s'en sert pour la fabrication des vernis et dans l'art de la peinture, où elle sert à étendre les vernis à l'huile. La médecine lui reconnaît des propriétés purgatives. On l'emploie contre les vers, les maladies nerveuses et rhumatismales. Elle est très-diurétique, et communique à l'urine une odeur agréable de violette.

HUILE DE VITRIOL. Voy. ACIDE SULFURIQUE.

HUILE D'OLIVE, huile fixe, obtenue avec le fruit de l'olivier. Elle est d'un jaune tantôt pâle tantôt verdâtre, très-épaisse, transparente, d'une saveur et d'une odeur particulières et très-prononcées; se solidifie, au moindre abaissement de température, en une matière grenue, très-poreuse, très-saponifiable, et forme des emplâtres solides avec les oxydes métalliques. Il existe dans le commerce trois variétés d'huile d'olive. La première est la meilleure, et s'obtient par une douce pression à froid. Elle est à peine colorée en jaune; sa saveur et son odeur sont peu marquées et agréables. On la nomme *huile vierge*. La deuxième, ou *huile commune*, est jaune, et se rancit facilement. On la prépare en délayant dans l'eau bouillante la pulpe des olives dont on a séparé l'huile vierge par expression. L'huile vient à la surface de l'eau. La troisième, ou *huile fermentée*, est trouble, d'un jaune verdâtre, d'une odeur et d'une saveur plus fortes et moins agréables que les précédentes. On l'obtient en entassant les olives pour les faire fermenter, et en les soumettant à l'action de la presse. On emploie l'huile d'olive comme aliment, pour faire le savon, pour graisser les rouages des machines, etc. Elle est relâchante et émolliente.

HUILE DOUCE DE VIN, huile liquide et jaune, composée d'huile grasse, d'acide sulfureux et d'éther, qui se produit dans la fabrication de l'éther sulfurique lorsque celui-ci ne se forme plus.

HUILE EMPYREUMATIQUE, nom donné aux huiles qui ont une odeur d'empyreume ou de corps brûlé; on les obtient en traitant les matières animales et végétales par le feu dans des vaisseaux fermés. Elles se forment pendant que les corps organiques se décomposent.

HUILE MINÉRALE ou DE PIERRE. Voy. PÉTROLE.

HUILE PYROGÉNÉE. Voy. HUILE EMPYREUMATIQUE.

HUILE RECTIFIÉE, huile séparée, au moyen de la distillation ou par tout autre procédé, des matières qui peuvent l'altérer.

HUILES FIXES ou GRASSES, huiles fluides, visqueuses, peu odorantes, jaunâtres, plus légères que l'eau, que l'on trouve dans les semences ou les fruits des plantes dicotylédones, comme l'huile de ricin, d'olive. Elles sont émollientes et relâchantes.

HUILES FUGACES, nom donné à des huiles essentielles tellement volatiles que l'on est obligé, pour les obtenir, d'avoir recours à un procédé différent de celui que l'on emploie pour préparer les autres huiles essentielles. Telles sont les *huiles de jasmin, de lis, de violette*, etc.

HUILES MÉDICINALES, nom donné à des huiles préparées en faisant macérer, infuser ou bouillir des substances médicamenteuses dans de l'huile d'olive ou dans toute autre huile fixe. Ces huiles peuvent donc être regardées comme des dissolutions huileuses de certaines matières médicamenteuses. Telles sont les *huiles de millepertuis, de morelle, de camomille*, etc.

HUILES SICCATIVES, huiles qui ne se figent pas, qui se rancissent facilement, et qui se dessèchent à l'air. Telles sont les huiles de noix et de lin.

HUILES VÉGÉTALES, huiles retirées des végétaux par distillation ou par simple expression.

HUILES VOLATILES ou ESSENTIELLES, huiles que l'on retire de toutes les parties des plantes aromatiques, excepté de leurs graines. Elles sont liquides, très-odorantes, caustiques, nullement visqueuses, se volatilisent par l'action de la chaleur; elles se dissolvent dans l'eau et l'alcool, et se forment par la distillation des plantes qui les contiennent. Leur pesanteur spécifique varie. Elles sont excitantes et sudorifiques.

HUIS CLOS, certains débats judiciaires dont le public est exclu. Autrefois en France les cours prévôtales et les jugements au criminel s'instruisaient à huis clos, et cet usage s'est maintenu en Allemagne, en Italie, etc. En France, on ne l'emploie plus que pour les causes qui intéressent les mœurs publiques. Les jugements sont prononcés publiquement.

HUISSIERS, officiers établis pour assister les juges dans leurs fonctions et exécuter les ordres de la justice. Les *huissiers audienciers* sont chargés de recevoir les ordres des juges, de faire observer le silence à l'audience; les *sergents* sont destinés à signifier les actes extrajudiciaires, comme saisies, sommations, etc. Il y a des huissiers chez le roi, les ministres, à la chambre des pairs, etc. Tout huissier de justice doit avoir vingt-cinq ans au moins.

HUIT, le huitième terme de la suite des nombres naturels, le quatrième de celle des pairs. Le carré de 8 est 64 ; son cube, 512. — On nomme *huit de chiffre* un bandage dans lequel les tours de bandes se croisent en forme de 8, et qu'on applique spécialement autour de l'articulation du coude après la saignée du bras. On applique encore ce bandage autour de certaines articulations, de celles du genou ou de l'épaule, par exemple. — En musique, on appelle *huit-pieds* les orgues dont le tuyau le plus grand du jeu de flûte ouverte a huit pieds de longueur. Le *huit-pieds bouché* est un jeu d'orgues de l'espèce des flûtes, composé de tuyaux à bouche fermés par leur extrémité.

HUITRE, genre de mollusques acéphales, c'est-à-dire privés de tête apparente. La forme de leur coquille est généralement ovale, quelquefois ronde ou allongée, assez régulière, épaisse, nacrée à l'intérieur, grossièrement feuilletée à l'extérieur. L'animal qui habite cette coquille fournit un mets très-agréable, très-nourrissant et de facile digestion. Il est hermaphrodite et vivipare, c'est-à-dire qu'il reproduit ses petits de lui-même sans aucun accouplement. Les huîtres restent fixées aux rochers ou aux racines des arbres, sur le bord des mers dont les eaux sont peu courantes. Elles sont privées de tout organe de locomotion. Les huîtres d'Angleterre sont les meilleures d'Europe. Celles qu'on estime le plus en France viennent des côtes de la Bretagne, et surtout du rocher de Cancale, où on les pêche depuis le 1er avril jusqu'au 15 octobre. Les huîtres ne deviennent bonnes et ne verdissent qu'après avoir été *parquées*, c'est-à-dire avoir séjourné pendant quelque temps dans un réservoir d'eau salée de trois à quatre pieds de profondeur, communiquant avec la mer par un petit tuyau. La pêche des huîtres en général se fait, en France, du mois de septembre au mois d'avril. — En médecine, la valve de la coquille des huîtres sont quelquefois employées en poudre comme un remède absorbant.

HUITRIER, genre d'oiseaux de la famille des échassiers, caractérisés par un bec robuste, droit, comprimé latéralement, occupé dans une grande partie de sa longueur par les fosses nasales, des tarses musculeux d'une longueur médiocre. L'*huîtrier pie* ou *pic de mer* est varié de noir et de blanc. Il se trouve très-communément dans le Danemarck, l'Islande, la Norwége, l'Angleterre et la Hollande. Il est plus rare en France. Il se plaît sur les bords de la mer, et se nourrit principalement d'huîtres, que son long bec lui donne la faculté d'ouvrir facilement. Il se réduit facilement en domesticité.

HULANS, HOULANS ou ULANS, milice originaire d'Asie, introduite en Europe, et montée sur des chevaux légers, qui servait et combattait comme les hussards. Elle était armée de sabres, de pistolets et de lances de cinq à six pieds. Son costume consistait en une veste courte et une culotte à la turque. La France, en 1734, avait créé un corps de houlans de 1,000 hommes. Il ne fut pas longtemps conservé. La Russie, la Prusse et l'Autriche ont encore des hulans.

HUMANITÉ, nom collectif de l'ensemble des hommes, considéré comme un seul individu par plusieurs philosophes, et qui marche sans cesse vers un but unique, le perfectionnement.

HUMANITÉS, terme qui désignait autrefois la classe de seconde, et qui embrasse aujourd'hui, comme au moyen âge, l'étude du grec et du latin, de la grammaire, de l'histoire, de la poésie et de la rhétorique. C'était ce que les anciens appelaient *grammaire*.

HUMANTIN, genre de poissons de la famille des squales, caractérisés par un aiguillon très-dur et très-fort à chacune des deux nageoires dorsales. La queue est très-courte. Leurs dents inférieures sont tranchantes et sur une ou deux rangées; les supérieures sont grêles, pointues et sur plusieurs rangs. Le dos est élevé en carène, s'exhausse dans le milieu de sa longueur et s'abaisse vers la queue et la tête. Le humantin est brun par-dessus et blanchâtre par-dessous. Sa peau est revêtue de tubercules gros, durs et saillants. Sa chair ne se mange pas. On ne se sert que de sa peau pour polir les corps durs. On le nomme vulgairement *cochon marin*.

HUMBER, rivière d'Angleterre, qui prend sa source entre les comtés d'Yorck et de Lincoln, traverse le premier et se jette dans la mer du Nord.

HUME (David), philosophe et historien écossais, né à Edimbourg en 1711. En 1734, il publia son *Traité de la nature humaine*. Il devint zélé sectateur de la philosophie du XVIIIe siècle, et fit paraître les fameux *Essais moraux, politiques et littéraires*, ainsi que les *Recherches sur les principes de morale*, et l'*Histoire naturelle de la religion*. En 1752, il écrivit l'*Histoire d'Angleterre*, qui devint classique, et eut un très-grand succès, et il mourut en 1776.

HUMÉRUS, mot latin par lequel les anatomistes désignent l'os du bras depuis l'épaule jusqu'au coude. Cet os, fort et long, est irrégulier et cylindroïde. La plus grosse de ses trois éminences supérieures s'appelle *tête de l'humérus*, et les deux autres *tubérosités* : celles-ci sont séparées par une rainure appelée *coulisse bicipitale*.

HUMEUR, nom commun donné à toute substance liquide renfermée dans un corps organisé. Les *humeurs récrémentitielles* sont celles qui suivent les canaux de circulation du sang, et les *humeurs excrémentitielles* sont celles qui sont absorbées pour être expulsées au dehors. Les *humeurs froides* sont les mêmes que les *scrofules* ou *écrouelles*, et se forment sans inflammation.

HUMIFUSES, nom donné aux plantes ou parties des plantes qui sont appliquées à la surface du sol, en tous sens, sans pousser des radicules. Telle est la *renouée*.

HUMORISTES, nom donné aux médecins qui considèrent les liquides comme jouant le principal rôle dans les phénomènes de la vie, chez l'homme sain ou malade. La santé consiste, suivant eux, dans la bonne composition et dans le cours régulier des humeurs; la maladie, dans une altération quelconque survenue dans leur nature, leur quantité ou leur distribution. Ce système n'est plus reçu en médecine.

HUMOUR, mot qui, dans la langue critique et littéraire, signifie un mélange d'originalité et de gaieté franche, et une tournure d'esprit toute particulière, qui distingue les écrivains anglais.

HUMUS. Voy. TERREAU.

HUNE (mar.), plate-forme large et épaisse,

forme à peu près rectangulaire, et percée d'un trou carré nommé *trou de chat*. Elle sert de point d'appui et d'arc-boutant aux haubans des mâts les plus hauts. — Le *mât de hune* est la partie du mât qui s'élève au-dessus de la hune.

HUNIADE (Jean-Corvin), vaivode de Transylvanie et général des armées de Ladislas, roi de Hongrie, l'un des plus grands capitaines de son siècle. Il vainquit les Turks en plusieurs batailles, et lorsqu'ils attaquèrent Belgrade, le boulevard de la Hongrie, il traversa l'armée des infidèles pour se jeter dans la place, repoussa leurs assauts pendant quarante jours, et les força de lever le siège (1456). Il mourut la même année.

HUNIER, voile carrée, dont les deux extrémités inférieures ou *points* s'attachent aux deux bouts de la basse vergue. Le hunier, fixé à la vergue de hune, est partagé en plusieurs bandes horizontales appelées *ris*, qu'on replie sur la vergue avec des cordes ou *garcettes* passant à travers des œillets pratiqués dans la toile.

HUNNERIC, roi des Vandales d'Afrique, succéda en 477 à son père Genséric. Il était arien: aussi persécuta-t-il les chrétiens de la manière la plus barbare. Cette persécution dura depuis 483 jusqu'à la mort de Hunneric en 484.

HUNS, peuple féroce de l'Asie centrale, près des monts Altaï, qui touchait à la Chine à l'orient, et que l'on croit être le même que les Mongols. Ils avaient la tête grosse et difforme, de petits yeux, le dos voûté. Ils étaient nomades, et étaient très-sales. Ils vinrent s'établir, au IIe siècle, entre l'Ural et l'Irtisch, vainquirent les Alains et en 376 les Ostrogoths. Les Huns orientaux ou *Uturgures* se répandirent dans l'Asie en 395, et les occidentaux ou *Cutrigures* passèrent le Danube, dévastèrent les pays limitrophes de ce fleuve et l'empire romain en 443, sous la conduite d'Attila. Après sa mort (452), ils se dispersèrent en Asie.

HUNTINGTON, comté d'Angleterre, de 7 lieues de long sur 5 de largeur. Sa population est de 79,000 habitants. Il est fertile en grains et en pâturages. La capitale est *Huntingdon*, à 5 lieues de Cambridge, à 21 de Londres, avec 10,000 habitants. C'est la patrie de Cromwell.

HUPPE, touffe de plumes plus longues que les autres, et qui surmonte la tête de plusieurs espèces d'oiseaux. Voy. Aigrette.

HUPPE, oiseau de la grandeur d'un merle, nommé ainsi de l'aigrette qui s'étend au-dessus de sa tête. La huppe, domestique et familière en Europe, est rousse. Elle se plaît dans les lieux bas et humides, se nourrit de substances végétales et d'insectes, et habite l'Afrique pendant l'hiver. Elle est sédentaire en Égypte.

HUREPOIX, ancienne subdivision de la province de l'Ile-de-France, formant aujourd'hui une partie du département de Seine-et-Oise. Les villes principales sont Corbeil, Montlhéry, Dourdan, etc.

HURLEUR. Voy. Alouate.

HURON, fleuve d'Amérique septentrionale, dans la province de New-Yorck, entre les lacs Ontario et Champlain. Il se jette dans l'océan Atlantique, vis-à-vis New-Yorck, après un cours de 125 lieues. — C'est aussi une ville et un port du New-Yorck dans le comté de Columbia, à 12 lieues d'Albany, et possédant une population de 4,500 habitants.

HURON, lac immense de l'Amérique septentrionale, qui sépare le Canada des États-Unis et qui alimente le fleuve Saint-Laurent. Sa superficie est d'environ 2,000 lieues carrées. C'est sur ses bords que, d'après les Indiens, réside le *manitou*. Voy. ce mot.

HURONS (*Yendat*), peuple guerrier de l'Amérique septentrionale, qui habitait autrefois entre le lac Huron et ceux d'Érié et d'Ontario. Il était gouverné par un chef héréditaire, fils de la plus proche parente de son prédécesseur. Les Iroquois ont détruit cette nation, dont il reste à peine quelques familles devenues chrétiennes.

HUSS (Jean), fameux hérésiarque, né à Hussinecz en Bohême, renouvela les erreurs des vaudois et de l'Anglais Wiclef. Il fut élu recteur de l'université de Prague, et se déchaîna contre le clergé et la primauté du pape. Excommunié en 1411 par Jean XXIII, il publia en 1413 son *Traité de l'Église*. Sa doctrine fut condamnée au concile de Constance en 1414, et Jean Huss fut condamné à être brûlé vif. Son plus zélé sectateur, Jérôme de Prague, fut affecté de la même peine en 1416. Voy. Hussites.

HUSSARDS, troupes hongroises qui offrirent à Louis XIV de prendre du service dans les régiments de cavalerie étrangère en 1691. On en créa un régiment en 1692, chargé de harceler les convois, d'attaquer les fourrageurs, d'aller à la découverte, etc. Ces troupes composent aujourd'hui six régiments. Sous Louis XV, cette arme fut adoptée par presque toute l'Europe.

HUSSITES, sectateurs de Jean Huss. Ils prétendaient que l'Église n'était composée que de prédestinés, que le pape n'est pas le chef de l'Église, que l'obéissance ecclésiastique est une invention des hommes, qu'il faut communier sous les deux espèces, etc. Voulant venger la mort de leur chef, ils prirent les armes au nombre de 40,000, s'emparèrent de Prague (1419), et mirent en fuite Sigismond. Cette guerre dura quatorze ans, et se termina par le concordat de Prague (1433). Les hussites furent aussi appelés *utraquistes*, *calixtins* et *taborites*.

HUTCHESON (Francis), philosophe irlandais, né en 1694. Il écrivit en 1720 ses *Recherches sur l'origine de nos idées de beauté et de vertu*, où il fondait toute sa doctrine morale sur les affections bienveillantes du cœur humain, et sur les directions qu'elles impriment à l'amour-propre ou à l'intérêt personnel, et il composa en 1728 son ouvrage *sur les Passions*. Son principal ouvrage est son *Système de philosophie morale*. Hutcheson mourut en 1745.

HUYGHENS (Christian), né à la Haye en 1629. A treize ans, il surmontait seul les plus grandes difficultés mathématiques. Appelé en France par Colbert, il perfectionna les télescopes et les horloges, auxquelles il donna de bons régulateurs, découvrit l'anneau de Saturne, dont il fixa le mouvement, et les propriétés du pendule. Huyghens mourut en 1695.

HYACINTHE, fils d'Œbalus, roi d'Amiclès en Laconie, fut aimé de Zéphyre et d'Apollon. Ce dernier seul reçut son amitié. Un jour qu'Apollon jouait au disque avec Hyacinthe, Zéphyre poussa le disque sur la tête du jeune prince, et le tua. Apollon, affligé, changea son sang en une fleur qui porte son nom, et transporta son corps aux astres. — Les Lacédémoniens célébraient tous les ans sur son tombeau, pendant trois jours, les fêtes appelées *Hyacinthies*.

HYACINTHE. Voy. Jacinthe.

HYACINTHE, pierre précieuse d'un jaune orangé, à laquelle on attribuait autrefois beaucoup de propriétés médicinales, et qu'on faisait entrer dans un remède appelé *confection d'hyacinthe*. On le nomme *zircon* en histoire naturelle. — *Hyacinthe miellée* ou *occidentale*. Voy. Topaze. *Hyacinthe orientale*. Voy. Saphir.

HYADES (myth., astr.), nom de sept sœurs, filles d'Atlas, roi de Mauritanie, qui moururent affligées de la perte de leur frère Hyas, déchiré par une lionne, et furent changées en constellation. Les anciens croyaient que leur lever héliaque annonçait la pluie — Les *Hyades* sont des étoiles en forme d'Y, qui sont dans la constellation du Taureau.

HYALE, genre de mollusques. Ces animaux habitent des coquilles bivalves (à deux côtés ou ouvertures), dans le fond de la mer. Lorsqu'ils nagent, ils se tiennent le ventre en l'air, se servent des nageoires situées près de leur tête comme d'ailerons, et avancent en frappant l'eau. Leurs mouvements sont prompts; lorsqu'on les inquiète, ils disparaissent sous les eaux. Les hyales sont des êtres inoffensifs, qui vivent ordinairement réunis en grand nombre, et qui deviennent souvent la proie des animaux marins. Elles sont répandues dans toutes les mers. L'*hyale de Forskal* est longue de dix-sept millimètres. Elle est brunâtre, avec les ailes bordées de blanc.

HYALITE. Voy. Opale.

HYALOÏDE. On a nommé *humeur hyaloïde* l'humeur vitrée de l'œil; aujourd'hui on appelle *membrane hyaloïde* une membrane qui enveloppe le corps vitré. Elle est très-mince, parfaitement transparente, et fournit par sa face interne une foule de prolongements qui forment des cellules dans lesquelles se trouve renfermée l'humeur vitrée. On nomme *hyaloïdien* ce qui concerne la membrane hyaloïde.

HYBRIDE, mot qui désigne tout animal ou végétal produit par l'alliance de deux espèces différentes. Les races hybrides ne se reproduisent pas pures d'elles-mêmes, et ne se propagent guère entre elles; mais elles tendent à rentrer dans la tige maternelle ou paternelle. Le caractère hybride consiste à porter les attributs mélangés des deux espèces, à présenter des habitudes complexes et intermédiaires.

HYDARTHROSE, hydropisie articulaire, nom donné à une maladie occasionnée par l'accumulation d'une grande quantité de sérosité dans la capsule d'une articulation. Elle s'observe plus particulièrement dans les articulations très-mobiles, comme celles du genou, du pied, du poignet et du coude. Ses causes les plus ordinaires sont le séjour dans un lieu humide et froid, les vices goutteux et rhumatismal, les plaies des articulations, l'entorse, un exercice forcé.

HYDATIDE, nom donné autrefois, 1° à des tumeurs qui contiennent un fluide aqueux et transparent, 2° à plusieurs genres de vers intestinaux.

HYDNE, genre de champignons, ayant pour caractère à leur surface inférieure une membrane hérissée de pointes ou d'aiguillons plus ou moins longs, à l'extrémité desquels se trouvent les capsules membraneuses et microscopiques renfermant les graines. Les hydnes varient beaucoup pour la forme et pour la texture. Quant à la forme, le chapeau est tantôt régulier, arrondi, ordinairement évasé et en forme d'entonnoir, supporté par un pédicule central ou latéral ; tantôt il manque ou est peu distinct. Les aiguillons sont mous et flexibles ou roides et pointus. Les hydnes sont quelquefois durs et coriaces ; d'autres fois ils sont charnus et tendres. L'*hydne rameux*, très-estimé et recherché comme aliment en France et en Allemagne, croît dans les grandes forêts sur les hêtres et les sapins. Sa chair est blanche et d'un goût agréable.

HYDRA, HYDRIOTES. Hydra est la principale île des Sporades occidentales, d'environ 30 milles de tour. Les Skypétars, chrétiens de l'Albanie, y cherchèrent, au XVe siècle, un refuge contre les mahométans. D'abord pêcheurs, puis corsaires, puis marchands, ils furent soudoyés par la tzarine Catherine II, et exercèrent un commerce très-actif et très-opulent dans le levant. Les Hydriotes servirent de courtiers entre toutes les villes de la Méditerranée. Ils fondèrent la ville d'Hydra, une des plus belles de l'Orient et des plus riches. Les Hydriotes sont beaux, fiers et robustes. Ils souffrent du luxe et de l'intempérance. L'île d'Hydra a 20,000 habitants. Elle conserva sa liberté, alors que la Grèce était esclave.

**HYDRACHNE**, genre d'insectes de l'ordre des arachnides trachéennes, renfermant des araignées très-petites, vivant uniquement dans les eaux tranquilles et stagnantes, où elles sont très-communes au printemps. Elles courent avec célérité dans l'eau avec leurs huit pattes qu'elles tiennent étendues, et qu'elles meuvent continuellement. Les hydrachnes se nourrissent de petits animalcules. Ce qui est particulier à ces animaux, c'est que la tête et le corselet ne font qu'une seule pièce, de sorte que l'insecte ne paraît être composé que du ventre et des pattes. Leur corps est généralement ovale ou globuleux. — Les hydrachnes forment la tribu des hydrachnelles.

**HYDRACIDE**, nom donné aux composés résultant de la combinaison de l'hydrogène avec un corps combustible simple. Tels sont l'acide hydrosulfurique, l'acide hydrosélénique, etc.

**HYDRAGES**, nom donné, chez les anciens Grecs, aux ministres qui assistaient les aspirants à l'initiation des mystères d'Eleusis. On les nommait ainsi parce qu'ils servaient à faire les purifications préliminaires.

**HYDRARGURES**, nom donné aux amalgames de mercure et d'un autre métal, amalgames qui ont un éclat métallique, qui donnent des vapeurs de mercure quand on les chauffe dans un tube fermé.

**HYDRATE**, nom donné, en chimie, aux composés d'eau et d'un oxyde métallique. Ils sont secs et pulvérulents, et leur couleur diffère presque toujours des oxydes qui les ont formés.

**HYDRAULIQUE**, science qui traite du mouvement des fluides, et qui apprend à les conduire et à les élever. Elle est fondée sur la tendance qu'ont les liquides à se mettre en mouvement dès qu'ils ne sont plus retenus par des obstacles. — On appelle encore *hydraulique* une machine destinée à élever l'eau.

**HYDRE** (myth.), monstre fabuleux, qui vivait dans le lac de Lerne, dans le Péloponèse, et qui avait sept têtes, qui repoussaient à mesure qu'on les coupait. Hercule le tua, et trempa ses flèches dans le sang du monstre. — On appelle maintenant *hydre* une espèce de polypes de mer, au corps homogène, contractile et gélatineux. Une seule ouverture lui sert de bouche et d'anus, et est munie de tentacules. A mesure qu'on partage en plusieurs parties l'hydre, chacune de ces parties forme un animal nouveau.

**HYDRIODATES**, sels résultant de la combinaison de l'acide hydriodique avec une base; ils sont solubles dans l'eau.

**HYDRIODIQUE** (ACIDE), composé d'iode et d'hydrogène. Il est gazeux, incolore, d'une odeur suffocante, d'une saveur très-acide et astringente, qui rougit la couleur bleue du tournesol, et éteint les corps enflammés. Sa pesanteur spécifique est de 4,4430. Cet acide est très-soluble dans l'eau.

**HYDROCÈLE**, tumeur formée par de la sérosité *infiltrée* dans le tissu cellulaire du scrotum, ou *épanchée* dans quelqu'une des enveloppes du testicule et du cordon spermatique; de là deux hydrocèles: l'une *par infiltration*, causée par la faiblesse chez les vieillards, la compression du scrotum, etc., et l'autre *par épanchement*, causée par la contusion ou le froissement du testicule, etc.

**HYDROCÉPHALE**, hydropisie du cerveau. L'*hydrocéphale externe* est l'hydropisie des téguments du crâne, et n'est pas dangereuse; l'*hydrocéphale interne*, amène augmentation dans le volume de la tête, et est le plus souvent due à une disposition originaire. Cette maladie est mortelle. Elle se divise en *aiguë*, qui attaque les enfants, et les fait périr promptement (*fièvre cérébrale*), et en *chronique*, lente dans son développement, et qui attaque les facultés intellectuelles, les mouvements du corps, etc.

**HYDROCHARIDÉES**, famille de plantes monocotylédones, composée d'herbes aquatiques dont les feuilles s'étalent à la surface de l'eau, munies ou privées de tiges. Le genre le plus connu est l'*hydrocharide*, petite plante vivace, qui croît dans les mares et les ruisseaux d'Europe, à la surface desquels elle étend ses feuilles arrondies, entières et ses fleurs blanches.

**HYDROCHLORATE** (*muriate*), nom générique des sels formés d'acide hydrochlorique et d'une base. — L'*hydrochlorate de chaux* se trouve dans les eaux de plusieurs fontaines, et dans les matériaux salpêtrés. Sa saveur est âcre et amère. Il est déliquescent. Chauffé, il se convertit en *chlorure de calcium*. — L'*hydrochlorate de potasse* fait partie de plusieurs liqueurs animales, des cendres de plusieurs végétaux, etc., et sert dans la fabrication du verre.

**HYDROCHLORATE DE SOUDE**. Voy. SEL DE CUISINE, SEL COMMUN.

**HYDROCHLORIQUE** (ACIDE), acide formé de chlore et d'hydrogène, gazeux, incolore, d'une odeur suffocante et d'une saveur âcre, rougissant la couleur bleue du tournesol, et éteignant les corps en combustion. Sa pesanteur spécifique est de 1,2474. Il est très-soluble dans l'eau.

**HYDROCORISES**, famille d'insectes hémiptères, ayant pour caractères des antennes (ou filets de la tête), plus courtes que la tête, cachées sous les yeux. Ceux-ci sont saillants. Ces insectes, dont le nom signifie en grec *punaises d'eau*, y passent la plus grande partie de leur vie. Ils sont très-carnassiers, et piquent vivement quand on veut les saisir.

**HYDROCOTYLE**, genre de plantes de la famille des ombellifères, dont une espèce, l'*écuelle d'eau*, d'une saveur âcre, est détersive, vulnéraire et apéritive.

**HYDROCYANATES**, nom générique des sels formés d'acide hydrocyanique et d'une ou de deux bases.

**HYDROCYANIQUE** (ACIDE) ou ACIDE PRUSSIQUE, acide formé d'hydrogène et de cyanogène (composé d'azote et de carbone), et qui se trouve dans les feuilles du laurier-cerise, dans les amandes amères, celles des abricots, des prunes, des cerises, dans le pêcher. Il est liquide, incolore, d'une odeur forte et d'une saveur brûlante. Sa pesanteur spécifique est de 0,7058; il rougit l'eau de tournesol; mis en contact avec un fil de fer et un peu d'eau, il forme le *bleu de Prusse*; c'est le plus violent des poisons connus. On s'en sert cependant dans la médecine en l'étendant de six fois son volume d'eau distillée contre la toux et la phthisie.

**HYDRODYNAMIQUE**, partie de l'hydraulique qui a pour objet le mouvement des fluides et les lois d'équilibre et de pression qui régissent les fluides.

**HYDROGÈNE** (*air inflammable*), fluide gazeux, incolore, insipide et inodore, dont la pesanteur spécifique est de 0,7321, et qui fait partie des matières végétales et animales. Il est insoluble dans l'eau. Combiné à l'oxygène par l'action électrique, il donne naissance à l'eau. Combiné avec le carbone, le phosphore, l'iode, le soufre, le fer, il produit l'*hydrogène carboné*, *phosphoré*, l'*acide hydriodique*, l'*acide hydrosulfurique*, etc. On l'obtient en décomposant l'eau à l'aide du zinc et de l'acide sulfurique. On s'en sert pour remplir les ballons.

**HYDROGRAPHIE**, description des phénomènes qui sont la conséquence de la présence de l'eau sur la surface du globe terrestre, et étude des causes qui peuvent les produire. L'hydrographie examine l'origine et la nature des sources, suit le cours des rivières et des fleuves, enfin sonde les profondeurs de la mer; cette science fait connaître encore les mers, côtes, ports, baies, etc., répandus sur le globe, et désignés sur les *cartes marines* ou *d'hydrographie*. Elle enseigne à lever des plans, à faire des observations astronomiques, en un mot ce qui est nécessaire pour bien gouverner un bâtiment. Il y a une école d'hydrographie dans les principales villes maritimes de France. Celui qui enseigne ou qui étudie cette science se nomme *hydrographe*.

**HYDROMEL**, médicament liquide, préparé avec du miel et de l'eau tiède. Il est adoucissant et apéritif. On le nomme *hydromel simple*, et on y mêle quelquefois du suc de groseilles et de framboises ou des plantes aromatiques.

**HYDROMEL VINEUX** (*merum* des Latins), boisson produite par la fermentation de l'eau avec le miel. Ce liquide est transparent et plus ou moins coloré. Les habitants du nord de l'Europe font encore usage de cette boisson, connue chez presque tous les peuples de l'antiquité.

**HYDROMÈTRE**, instrument propre à mesurer la pesanteur, la densité, la vitesse et la force des fluides, comme l'aréomètre, le thermomètre, etc.

**HYDROPHILE**, genre d'insectes coléoptères de la famille des clavicornes, composé d'espèces qui vivent toutes dans l'eau. Ils sont longs de dix-huit à vingt-lignes et de couleur sombre.

**HYDROPHOBIE**, aversion pour l'eau et les liquides, qui est un des symptômes de plusieurs maladies, et plus particulièrement de la rage. On a aussi donné ce nom à la rage elle-même.

**HYDROPHYLLE**, genre de plantes de la famille des sébesténiers. Les espèces qu'il renferme sont sans usage.

**HYDROPHYTES**, plantes agames ou cryptogames, qui se développent et croissent dans les eaux, et qui participent des zoophytes et des lithophytes. Ces plantes constituent une vaste classe dans le règne végétal. On s'en sert pour les engrais et même pour la nourriture.

**HYDROPISIE**, nom générique donné à toute accumulation morbide de sérosité dans les cavités ou des membranes sans ouverture, qui, n'ayant pas d'issue, s'amasse graduellement. Les hydropisies ont leur siège en diverses parties du corps, à la tête (voy. *hydrocéphale*), dans la poitrine (*hydrothorax*). La membrane étant très-vaste dans le ventre, il s'y forme des amas énormes, nommés *ascites*. Les hydropisies *enkystées* sont celles qui se forment dans des cavités accidentelles, nommées *kystes*. Quand la sérosité se répand dans le tissu cellulaire, on la nomme *infiltration*, etc. — L'hydropisie a pour causes des hémorragies excessives, une potation trop abondante, la vie sédentaire, etc. Sa durée est de plusieurs mois, même de plusieurs années; elle se termine souvent par la mort.

**HYDROPNEUMATIQUE**, nom donné à une cuve en bois dont l'intérieur est garni en plomb, que l'on remplit d'eau, et dont on se sert pour recueillir et analyser les gaz qui ne peuvent se dissoudre dans l'eau. Il y a au-dessous de la surface du liquide des tablettes en bois, ordinairement percées de trous, sur lesquelles on place des cloches renversées destinées à contenir les gaz.

**HYDROSCOPE**. On a donné ce nom, 1° à une espèce d'horloge d'eau ou clepsydre, en usage autrefois; 2° aux individus qui prétendent posséder le don surnaturel de découvrir les eaux souterraines.

**HYDROSTATIQUE**, partie de la mécanique qui a pour objet la pesanteur et l'équilibre des fluides.

**HYDROSULFATE**, nom donné aux sels formés d'acide hydrosulfurique et d'une base. Ils sont difficiles au feu, et ceux de potasse, de soude, d'ammoniaque, de baryte, de chaux et de magnésie sont seuls solubles dans l'eau. Les acides les décomposent aussi.

**HYDROSULFURIQUE** (ACIDE), acide gazeux, incolore, d'une odeur fétide, composé de soufre et d'hydrogène, qui éteint les corps en combustion, et rougit la couleur bleue du tournesol. Sa pesanteur spécifique est de 1,1912; il peut se dissoudre dans l'eau, et se combine avec plusieurs oxydes métalliques. Il sert à préparer des eaux minérales artificielles, et se trouve dans les fosses d'aisance. Il est délétère.

HYDROTHALASTIQUE, nom donné à une science nouvelle, à l'art de naviguer sous les eaux.

HYDROTHORAX, nom donné à l'hydropisie de poitrine, et particulièrement des plèvres.

HYDRURES, combinaisons de l'hydrogène avec un métal.

HYÈNE, animal nocturne, vorace, vivant de charognes, de la famille des carnassiers digitigrades, et muni de quatre doigts à chacun de ses pieds. Ces animaux sont très-féroces : ils étaient connus des anciens.

HYGIÉE (myth.), déesse de la santé, fille (d'autres disent femme) d'Esculape, représentée par les Grecs sous la forme d'une jeune femme qui tient d'une main un serpent et de l'autre une coupe où boit un reptile. On croit que c'est la même qu'Isis et Minerve. Les femmes lui consacraient leur chevelure.

HYGIÈNE, partie de la médecine dont l'objet est la conservation de la santé : elle embrasse la connaissance de l'homme sain, en société et individuellement, ainsi que celle des choses dont l'homme se sert, et de leur influence sur sa constitution et sur ses organes.

HYGIN (Julius *Hyginus*), grammairien célèbre, né à Alexandrie, fut l'ami d'Ovide et affranchi d'Auguste. Il écrivit une *Histoire de ces ouvrages*, des *Traités sur les villes d'Italie*, des *Commentaires sur Virgile*, et les *Vies des grands hommes*. Le premier de ces ouvrages est le seul qui nous soit parvenu.

HYGROMÈTRE, instrument composé d'un cheveu, ou d'une corde, ou enfin d'un fanon de baleine, suspendu à une pince en cuivre, et terminé par un poids qui s'enroule dans une poulie, à l'axe de laquelle est fixée une aiguille qui se meut sur un arc de cercle divisé. Cet instrument sert à mesurer les degrés d'humidité de l'air. Les plus usités sont ceux de Saussure et de Deluc.

HYGROMÉTRIE, science qui s'occupe de déterminer l'état humide ou sec de l'air et la quantité de vapeurs aqueuses renfermées dans l'atmosphère.

HYLOBATES. Voy. GIBBON.

HYMÉNÉE, Athénien très-pauvre et d'une grande beauté, qui épousa une jeune fille d'une naissance bien au-dessus de la sienne. Les Grecs le déifièrent. Ils l'invoquaient dans leurs mariages, et célébraient en son honneur des fêtes nommées *Hyménées*. L'*hyménée* était aussi la chanson nuptiale qui se terminait par ces mots : *Hymen! ô hyménée!*

HYMÉNOPTÈRES, nom donné au troisième ordre de la classe des insectes. Les espèces qui le composent ont des mandibules et des mâchoires, quatre ailes nues, membraneuses, à membrures longitudinales ; l'abdomen armé, chez les femelles, de tarière ou d'aiguillon. Les hyménoptères subissent une métamorphose complète. Les fourmis, les abeilles, etc., appartiennent à cet ordre.

HYMÉNOTOMIE, partie de l'anatomie qui traite de la dissection des membranes.

HYMETTE (aujourd'hui *Lampravouni*), montagne de l'Attique, à un mille d'Athènes, de 7 à 8 lieues de tour, et célèbre par ses carrières et le miel qu'on y recueillait.

HYMNE, cantique en vers, propre à être chanté, et rempli des louanges de Dieu, des saints, des héros ou de quelque personnage illustre. Les hymnes de Callimaque, de Sapho, etc., sont célèbres parmi les Grecs. Saint Ambroise et Prudence ont composé presque toutes celles de l'Église. En 1793, on chanta des hymnes au dieu des batailles, à la liberté, à la nation, etc. Ces chefs-d'œuvre d'enthousiasme furent dus à Rouget de l'Isle, à Chénier, etc.

HYMNODES, nom que les Grecs donnaient à ceux qui chantaient les hymnes.

HYOIDE, arceau osseux, dont la convexité regarde en devant, suspendu horizontalement entre la base de la langue et le larynx, dans l'épaisseur des parties molles du cou. Sa forme, les diverses pièces qu'on y remarque, les pièces dont il est composé, varient dans l'homme et dans les différentes classes d'animaux vertébrés.

HYPERBOLE, courbe formée par une des quatre sections coniques, et dont les branches tendent à s'écarter indéfiniment de l'axe.

HYPERBORÉENS, peuples du nord de l'Europe et de l'Asie, que les uns placent au nord du Danube, d'autres en Bretagne. Ces peuples envoyaient des offrandes dans les contrées méridionales, et surtout à Dodone. On croit que ces peuples sont fabuleux, et que les anciens appelaient hyperboréens tous les peuples habitant au nord de la Grèce.

HYPERDULIE, culte qu'on rend à la sainte Vierge. On l'appelle ainsi pour marquer que ce culte est au-dessus de celui qu'on rend aux saints.

HYPÉRICINÉES, HYPÉRICÉES ou HYPÉRICOÏDES, famille de plantes dicotylédones, renfermant des herbes, des sous-arbrisseaux, des arbustes et même des arbres. Leurs feuilles sont marquées de points translucides. Les fleurs sont à quatre ou cinq pétales, jaunes et parsemées de petits points noirs. Le millepertuis, l'androsème, etc., appartiennent à cette famille.

HYPERMNESTRE, une des cinquante filles de Danaüs, épousa Lyncée, un des cinquante fils d'Égyptus. Loin d'obéir à l'ordre que son père avait donné à ses filles de tuer leurs époux la première nuit des noces, elle le sauva et favorisa sa fuite. Danaüs ayant fait jeter Hypermnestre dans les fers, le peuple la délivra, et Lyncée, ayant tué son beau-père, lui succéda sur le trône d'Argos.

HYPERSARCOSE, nom donné aux excroissances molles et fongueuses, et particulièrement à celles qui se développent sur des parties ulcérées.

HYPERTROPHIE, état d'un organe dont l'accroissement est exagéré. L'hypertrophie est une véritable maladie.

HYPÈTHRES ou SUBDIALES, nom donné aux lieux découverts, mais entourés d'un double rang de colonnes, et remplis de statues de différentes divinités. Les hypèthres tenaient souvent lieu de temples chez les anciens.

HYPOCONDRE, nom donné aux régions latérales et supérieures de l'abdomen, bornées par le bord cartilagineux des fausses côtes, qui forme la base de la poitrine. Il y a un hypocondre droit et un hypocondre gauche.

HYPOCONDRIE, affection caractérisée par la susceptibilité extrême du système nerveux, la morosité du caractère, une sollicitude minutieuse, constante, puérile pour l'entretien de la santé, accompagnée souvent de flatuosités et de divers troubles dans les fonctions digestives. Les causes ont l'habitation dans les grandes villes, les révolutions de l'État, les calamités publiques, etc. Cette affection commence à se développer de trente à quarante ans. Les hommes y sont plus exposés que les femmes. Sa durée est longue ; elle se termine rarement par la mort.

HYPOCRATÉRIFORME. On désigne par ce nom les corolles tubulées dont le limbe régulier, horizontal, arrondi, plus ou moins concave, se dilate subitement.

HYPOGASTRE, partie inférieure du bas-ventre. On la divise en trois régions secondaires : une *moyenne* ou *pubienne*, et deux *latérales* ou *inguinales*. Voy. PUBIS, AINES.

HYPOGÉ, épithète qu's'applique, 1° aux plantes dont les fruits mûrissent sous terre. Telle est l'*arachide*. 2° Aux cotylédons des graines quand, à l'époque de la germination, ils restent dans la terre et ne sont pas soulevés par l'élongation de la tigelle.

HYPOGÉE, nom donné par les Grecs aux tombeaux sous terre où ils ensevelissaient leurs morts après avoir perdu l'usage de les brûler.

HYPOGYNE, adjectif qui désigne, en botanique, la position relative des parties de la fleur quand elles se trouvent placées au-dessous de l'ovaire et de l'organe femelle. Ainsi on nomme *hypogynes* les étamines, le disque, les pétales, lorsque leur point d'insertion est au même lieu que celui du pistil ou au-dessous. Jussieu a distingué plusieurs de ses classes en hypogynie. Parmi les monocotylédonées hypogynes, nous citerons les graminées. Les dicotylédones hypogynes se trouvent réparties en trois classes, selon qu'elles sont privées de pétales, qu'elles ont une ou plusieurs pétales : telles sont les *amarantacées*, les *solanées* et les *crucifères*.

HYPOMOCHLION. C'est, en mécanique, le point qui soutient le levier, et sur lequel il fait son effort, soit qu'on le baisse ou qu'on le lève. On se sert plus souvent du mot *point d'appui* ou *appui*.

HYPOPÉTALIE, HYPOCOROLLIE. On nomme *hypocorollie* la classe, dans la méthode de Jussieu, renfermant des plantes dicotylédones, à corolle monopétale et à étamines hypogynes. — L'*hypopétalie* est, dans la méthode de Jussieu, une classe de plantes dicotylédones, à corolle polypétale et à étamines hypogynes.

HYPOSTAMINIE, classe de plantes dicotylédones, à fleurs apétales, aux étamines hypogynes, fondée par Jussieu.

HYPOSTOME, nom donné à la portion de la tête des insectes qui se trouve immédiatement au-dessus de la lèvre supérieure. Ce mot est synonyme de *chaperon*.

HYPOSULFATES, sels résultant de l'union de l'acide hyposulfurique avec une base, solubles dans l'eau, décomposables au feu et par les acides forts, n'absorbant point ou que très-lentement l'oxygène de l'air, n'existant pas dans la nature, se préparant tous directement.

HYPOTÉNUSE, le plus grand côté du triangle rectangle, celui qui est opposé à l'angle droit.

HYPOTHÉNAR, saillie formée à la surface de la main du côté du petit doigt. — C'est aussi le nom en général de toute espèce de saillie de la paume de la main ou de la pointe des pieds.

HYPOTHÈQUE, droit réel sur les immeubles affectés à l'acquittement d'une obligation. Ce droit est indivisible et subsiste sur tous les immeubles ; il les suit dans quelques mains qu'ils passent. On distingue l'*hypothèque légale*, *judiciaire* ou *conventionnelle*, suivant qu'elle résulte de la force de la *loi*, d'un *jugement* ou d'une *convention*.

HYPOXYLÉES, famille de plantes cryptogames (dont les organes générateurs sont cachés), différant des lichens par l'absence de toute espèce d'expansion crustacée et la présence de petites membranes renfermant les graines. Les hypoxylées sont parasites, et se trouvent sur des végétaux languissants ou morts. Elles sont dures et ligneuses, noires, rougeâtres ou jaunâtres. Le type de la famille des hypoxylées est l'*hypoxylon*, à tige élevée, simple ou ramifiée, à branches cylindriques, plates ou piquées de trous.

HYPOZOME. C'est, en anatomie, une membrane ou cloison de séparation.

HIPPOCAMPE ou HIPPOCAMPE, genre de poissons dont la tête présente quelque ressemblance avec celle du cheval. Son tronc est comprimé latéralement et beaucoup plus élevé que la queue, dépourvu de nageoires. Sa taille varie de six à huit pouces de longueur. Sa couleur varie suivant les pays où habitent les individus. On le trouve dans toutes les mers. Il vit de petits vers marins et d'insectes aquatiques. On conserve les hippocampes dans les collections, à cause de la forme bizarre qu'ils prennent en se desséchant après la mort. La tête est un peu grosse, la queue recourbée. On a attribué à ces poissons des propriétés utiles ou funestes. Les unes et les autres sont illusoires.

HYRCANIE, vaste contrée de l'Asie, au N. de la Parthie et à l'orient de la Médie. L'air, ordinairement humide dans ce pays, y engendre beaucoup de maladies. Le sol est montagneux, fertile, mais peu cultivé. — L'Hyrcanie forme aujourd'hui une province de la Perse (le *Mazenderan*), située au N. de ce royaume, dont les habitants sont presque tous musulmans. Les nomades ont leurs propres kans, mais payent un tribut à la Perse. *Hester-Abad* est la principale ville.

HYSOPE ou HYSSOPE, genre de plantes de la famille des labiées, dont une espèce, l'*hysope officinale*, arbrisseau rameux, à branches dressées et pulvérulentes, à feuilles opposées, lancéolées, aux fleurs disposées en épi, a l'odeur pénétrante, une saveur aromatique et âcre, et jouit de propriétés toniques et stimulantes. On se servait ordinairement de cette plante chez les Juifs, dans les purifications, au lieu d'aspersoir.

HYSTÉROPOTME, nom donné, en Grèce, à ceux qui reparaissaient après une absence si longue qu'on les avait crus morts. Ils ne pouvaient assister à la célébration d'aucune cérémonie religieuse qu'après avoir subi une purification, afin de sortir en quelque sorte de leur état de mort et de reprendre une vie nouvelle.

# I

## IAR

I, une des voyelles, la neuvième lettre de l'alphabet français et latin. On appelle *i tréma* celui sur lequel on met deux points disposés horizontalement, ce qui indique qu'il ne forme pas diphthongue avec la voyelle qui le précède ou le suit. — Pris numériquement, chez les Romains, I désignait *un* ; *deux* I (II) valaient *deux* ; *trois* I (III) valaient *trois*. Placé à gauche d'une autre lettre prise comme chiffre, il diminuait sa valeur d'une unité. Ainsi V valant 5, IV valait 4 ; X valait 10, IX valait 9. — Chez les Grecs, I, marqué d'un accent aigu en haut, signifiait 10 ; marqué d'un accent aigu en bas, il signifiait 10,000.

IACCHUS (du grec *iakhein*, pousser des cris), surnom de Bacchus chez les Grecs, pris des cris que les bacchantes poussaient dans ses fêtes. On nommait *iacchogogues* ceux qui portaient en procession la statue de Bacchus dans plusieurs cérémonies.

IAKOUTES, peuple tartare de Sibérie, dans le cercle d'Iakoutsk vers le Léna. Sa population est de 100,000 habitants. Ces peuples sont idolâtres ; ils exercent la polygamie, et vivent de fruits et de poissons.

IAKOUTSK, partie orientale du gouvernement russe d'Irkoutsk (Sibérie). Sa population est de 150,000 habitants. Elle se divise en cinq cercles, et fait un grand commerce de fourrures et de peaux.

IAMBE, sorte de vers de six pieds, composé de syllabes successivement brèves et longues. On s'en servait très-souvent chez les anciens pour les pièces de théâtre. Il fut inventé par Archiloque. Il y a aussi le *petit ïambe*, composé de quatre pieds.

IAPYGIE, péninsule méridionale de l'Italie, entre les golfes Adriatique et de Tarente, située bornée au N. par la Peucétie. Elle se divisait en trois provinces, la Messapie à l'O., la Calabre au N. et les Salentins à l'E. Tarente et Brindes en étaient les villes principales. Le nom d'Iapygie lui vient d'un fils de Dédale nommé *Iapyx*.

IAPYX, vent d'ouest, favorable à ceux qui vont d'Italie en Grèce. C'est le *caurus* des Grecs et le *maestro ponente* des Italiens modernes.

IARBAS ou HIARBAS, roi de Gétulie, fils de Jupiter, de qui Didon acheta le terrain sur lequel elle éleva Carthage. Après la fuite d'Énée, Didon aima mieux se donner la mort que d'épouser ce prince, qui voulait l'y forcer les armes à la main.

IAROSLAVL, gouvernement de Russie, borné au N. par celui de Vologda, à l'E. par celui de Kostroma, au S. par ceux de Vladimir et de Moscou, à l'O. par ceux de Tver et de Novgorod. Sa superficie est de 1,875 lieues, et sa population de 1,031,250 habitants. L'agriculture y est dans un état peu prospère ; mais l'industrie des habitants y répand une grande aisance. La capitale est *Iaroslavl*, sur le Volga, ville riche et industrielle, à 58 lieues de Moscou, et avec une population de 200,000 habitants. Cette ville a un collège, un séminaire et un archevêché. Elle possède de grandes fabriques de draps, d'étoffes de laine, de toiles, de soleries, d'acier, de quincaillerie,

## ICH

de chapeaux, de chaussures, etc. Le commerce y est très-florissant.

IAZIGIE, contrée de Hongrie, entre les comitats de Pesth et de Heves-Szolnok. Sa superficie est de 16 lieues carrées, et sa population de 60,000 habitants. La capitale est *Iaszbereng*. Ce pays est très-fertile, et produit de bons pâturages, des bestiaux et des grains.

IBÈRE, ancien nom de l'*Ebre* chez les anciens.

IBÉRIDE, genre de plantes de la famille des crucifères, qui renferme plusieurs espèces cultivées en Europe dans les jardins d'agrément.

IBÉRIE, contrée d'Asie, bornée au N. par une partie de la Sarmatie, à l'orient par l'Albanie. Elle était gouvernée par des rois, et se divisait en plusieurs provinces. Envahie et livrée au pillage par Pompée, elle forme aujourd'hui la *Géorgie* et une partie du Schirwan. — Le nom d'*Ibérie* fut donné par les anciens à l'Espagne à cause de la rivière *Iberus* (Ebre).

IBEX, chèvre sauvage, qui monte sur des rochers escarpés et qui a de très-grandes cornes recourbées en arrière. Cet animal est très-léger et très-rapide.

IBIS, genre d'oiseaux de l'ordre des échassiers, au cou et aux pieds plus longs que ceux de la cigogne, au plumage d'un blanc roussâtre, au bec long, de couleur aurore, qui se nourrissent de lézards, de grenouilles et de serpents. L'ibis était sacré chez les Egyptiens parce qu'il les délivrait des reptiles après la retraite des eaux du Nil. Ils les nourrissaient avec soin, les embaumaient après leur mort, et les enterraient avec solennité.

IBLIS. Voy. ÉBLIS.

ICAQUIER, arbrisseau de la famille des rosacées, ressemblant au prunier et à l'amandier. Son fruit, rouge, violet ou jaunâtre, a la forme et le goût des prunes de Damas. On le mange aux Antilles et dans l'Amérique méridionale.

ICARE, fils de Dédale, s'enfuit avec son père de l'île de Crète, au moyen d'ailes attachées avec de la cire. Le soleil ayant fondu la cire qui liait les plumes de ses ailes, l'imprudent tomba dans cette partie de la Méditerranée qui fut appelée depuis *Icarienne*.

ICARIUS (myth.), citoyen d'Athènes, donna l'hospitalité à Bacchus, qui, pour le récompenser, lui apprit l'art de planter la vigne et de faire le vin. Icarius donna ensuite du vin aux bergers de l'Attique, qui s'enivrèrent et qui, se croyant empoisonnés, le tuèrent et le jetèrent dans un puits. Sa fille Erigone se pendit de désespoir, et une chienne, témoin du meurtre de son maître, en mourut de douleur. Les dieux les mirent au rang des astres, Icarius sous le nom du *Bouvier*, Erigone sous celui de la *Vierge*, et la chienne sous celui de la *Canicule*. — C'est aussi le nom du père de Pénélope, femme d'Ulysse, roi d'Ithaque.

ICHNEUMON, genre d'insectes hyménoptères, au corps d'un noir éclatant, aux antennes longues et soyeuses, aux ailes inégales, dont les femelles pondent leurs œufs

## ICH

dans le corps des chenilles, des araignées, des pucerons, etc.

ICHNEUMON, nom donné par les anciens à un mammifère du genre *mangouste*. Il est très-petit et muni d'une queue aussi longue que le corps, et garnie à son extrémité d'une touffe de poils longs et noirs divergents en forme d'éventail. Son poil est gros, sec et cassant, annelé de fauve et de marron. Ses pattes sont courtes, et il marche sur les doigts. L'ichneumon, connu dans l'antiquité la plus reculée, est célèbre par le culte religieux que lui rendaient les Egyptiens. C'est un animal craintif et défiant, qui vit au bord des rivières et qui s'apprivoise facilement. En Egypte, on l'emploie à nettoyer les maisons des rats et des souris, dont il fait sa nourriture, ainsi que des lézards, des poules, d'oiseaux et d'œufs. Les anciens lui attribuaient l'instinct de détruire les œufs du crocodile, et c'était une des principales causes de leur vénération. Les naturalistes modernes n'ont rien observé qui justifiât à cet égard l'opinion des anciens.

ICHNEUMONIDES, tribu d'insectes hyménoptères, ayant pour caractères des antennes d'un grand nombre d'articles, et un aiguillon à l'extrémité du corps (*tarière*), composé de trois soies chez les femelles. Les ichneumonides ont le corps étroit et allongé, la tête verticale, quelquefois inclinée sur la poitrine, les yeux ovales et saillants, les antennes (ou filets de la tête) longues et au moins de seize articles ; les ailes sont de grandeur moyenne, quelquefois courtes ou manquant entièrement ; les quatre pattes antérieures sont courtes, et les postérieures très-allongées. Les ichneumonides vivent sur les fleurs à l'état parfait. Les femelles déposent leurs œufs à l'aide d'une tarière dans le corps d'autres insectes, dans des nids d'abeilles. Les larves se développent dans ces lieux et sans nuire aux insectes dans le corps desquels elles sont renfermées. Puis elles se filent un cocon où elles achèvent leur entier accroissement.

ICHTHYOCOLLE. Voy. COLLE DE POISSON.

ICHTHYOLOGIE, science qui traite de l'histoire naturelle des poissons.

ICHTHYOPHAGES. On donne cette épithète à certaines peuplades qui se nourrissent habituellement de poissons frais ou corrompus. Cette pourriture entraîne la lèpre, la gale, etc., et cependant les ichthyophages vivent très-longtemps. Les anciens comprennent sous ce nom les peuples qui habitaient depuis l'Éthiopie jusqu'à l'Inde, la Caramanie et la Perse.

ICHTHYOSAURE, animal qui n'existe plus dans la nature à l'état vivant, et dont on trouve les restes dans le sein de la terre. Ce reptile paraît se rapprocher des caractères propres aux poissons, aux lézards et aux cétacés. La physionomie générale de son squelette rappelle celle des cétacés ; mais une foule d'autres caractères, entre autres l'existence d'une queue longue et grêle, le distingue de ces animaux. Les naturalistes placent l'ichthyosaure près des reptiles, dans un groupe intermédiaire aux poissons et aux cétacés. Il paraît que cet animal, dont les débris atteignent jusqu'à trente pieds de long, habitait le bord des eaux ou les eaux elles-mêmes.

ICHOR. C'est, 1º en médecine, un liquide formé d'un sang altéré, ordinairement fétide et âcre, souvent mêlé de pus; 2º un liquide fourni par des surfaces ulcérées. On nomme *ichoreux* ou *ichoroïde* tout ce qui est de la nature de l'ichor.

ICHTHYOSE, nom donné à diverses maladies dans lesquelles la peau se couvre d'écailles sèches, blanches et imbriquées, d'éminences en forme de cornes, ou devient rugueuse et ridée. Ces affections sont endémiques dans quelques lieux.

ICIQUIER, genre de la famille des térébinthacées, renfermant des arbres résineux qui croissent dans l'Amérique. Les fleurs sont blanches, petites et disposées en grappes. Il leur succède des fruits charnus, devenant coriaces par la dessiccation, renfermant de deux à cinq osselets enveloppés d'une pulpa rouge, agréable au goût, douce et rafraîchissante. Il sort de l'iciquier, par incision, un suc clair, transparent, balsamique, que l'on brûle comme de l'encens, et dont l'odeur rappelle celle du citron.

ICONOCLASTES, hérétiques du VIIIe siècle, qui se déchaînèrent contre la croix et les images de Jésus-Christ et des saints. Cette secte fut appuyée par l'empereur Léon *l'Isaurien*, excité par l'évêque Constantin. Grégoire II et ses successeurs s'opposèrent fortement à cette hérésie, qui fut condamnée par le concile de Nicée en 787. Ils disparurent pour reparaître dans les vaudois, les luthériens, etc. Ces derniers conservent dans leurs temples les peintures historiques et même l'image du Christ. — Ce mot a pour synonyme *iconomaque*. On nomme *iconolâtres* ceux qui révèrent les images.

ICONONZO, nom d'une vallée de la Colombie (Amérique), arrosée par le *Rio de la Summa-Paz*. Elle est bordée de rochers de grès remarquables par leurs formes bizarres. Le Rio de la Summa-Paz est un torrent encaissé dans un lit presque inaccessible. Il présente deux ponts naturels, l'un au-dessus de l'autre, formés par la réunion de rochers immenses. Le supérieur présente une arche de quarante-quatre pieds et demi de longueur sur trente-six pieds onze pouces de largeur. Son épaisseur, au centre, est de six pieds trois pouces. Il est à deux cent quatre-vingt-dix-huit pieds au-dessus du niveau des eaux du torrent. Le pont inférieur est à soixante pieds plus bas.

ICOSAÈDRE, polyèdre terminé par vingt faces, et composé de vingt triangles équilatéraux, qui, pris cinq à cinq, forment les pointes du polyèdre.

ICOSANDRIE, nom donné, par Linné, à la douzième classe de son système de botanique, et qui comprend les végétaux dont les fleurs ont au moins vingt étamines (organes mâles) insérées sur le calice. La plupart des arbres fruitiers appartiennent à cette classe, qui se divise en cinq ordres d'après le nombre des pistils (organes femelles): 1º *icosandrie monogynie* (vingt étamines, un pistil), exemple: le *prunier*; 2º *icosandrie digynie* (deux pistils), exemple: l'*alisier*; 3º *icosandrie trigynie* (trois pistils), exemple: le *sorbier*; 4º *icosandrie pentagynie* (à cinq pistils), exemple: le *néflier*; 5º enfin *icosandrie polygynie* (à plusieurs pistils), exemple: le *fraisier*.

ICTÈRE. Voy. JAUNISSE.

IDA, chaîne de montagnes faisant partie du système tauro-caucasien, dont une branche se dirige dans l'Anatolie, sur 13 lieues de long. Son plus haut point a 773 toises d'élévation. Le Simoïs, le Granique, le Scamandre prennent leur source dans ces montagnes. L'Ida est aujourd'hui le *Psiloriti*, dans la Turquie d'Asie. C'est là que Pâris prononça son fameux jugement

IDA, montagne de la Candie en Europe, qui a 20 lieues de circonférence à sa base, où, selon la fable, Jupiter fut nourri par Amalthée et élevé par les corybantes. C'est aujourd'hui le *Monte-Giove* (mont de Jupiter).

IDACE (*Idatius*), Espagnol, natif de Lamego au Ve siècle, fut évêque de Chaves. On a de lui une chronique faisant suite à celle de saint Jérôme, depuis Théodose jusqu'à Léon en 467. On lui attribue encore des *Fastes consulaires* depuis 245 jusqu'en 468.

IDALIE (*Idalium* et *Idalda*), ville célèbre de l'île de Chypre. Dans les parages de cette île était née Vénus. Cette ville ne subsistait plus du temps de Pline.

IDES, terme du calendrier romain, qui exprime le quinzième jour du mois en mars, mai, juillet et octobre, et le treizième jour dans les autres mois. Les sept jours précédents étaient aussi comptés comme ides. On les nommait le huitième jour avant les ides, le septième jour, le sixième, le cinquième, le quatrième, le troisième, la veille des ides, et le jour des ides mêmes. Cette partie du mois était consacrée à Jupiter. On se sert encore de cette façon de parler en la chancellerie romaine.

IDIOÉLECTRIQUE, nom donné à des corps électriques par eux-mêmes, ou susceptibles d'être électrisés par le frottement. Ces corps sont en général mauvais conducteurs du fluide électrique. Tels sont le verre, la résine, la soie, la laine, les poils, le bois sec, la cire, etc.

IDIOGYNE, adjectif qui s'applique, en botanique, tantôt aux fleurs pourvues seulement de l'organe femelle, tantôt aux étamines (ou organes mâles) réunies dans une enveloppe distincte de celle du pistil. L'*idiogynie* est une classe de végétaux qui comprend ceux dont les fleurs sont unisexuelles.

IDIOTIE ou IDIOTISME, espèce d'aliénation mentale, caractérisée par l'oblitération plus ou moins complète des fonctions de l'entendement et des affections morales, et qui succède souvent à la mélancolie et à la manie. Cette maladie est quelquefois congénitale et liée à un vice de conformation; ailleurs elle est symptomatique d'une lésion organique du cerveau survenue après la naissance. Elle varie dans un grand nombre de cas, et laisse aux idiots plus ou moins d'intelligence et de sensibilité. Les fonctions nutritives des idiots s'exercent régulièrement. L'idiotie est presque toujours incurable.

IDOLATRIE, adoration des idoles et des faux dieux, auxquels on rend les honneurs qui ne sont dus qu'au seul vrai Dieu. On croit que l'Egypte et la Phénicie furent le berceau de l'idolâtrie. Les premiers objets de ce culte absurde furent les astres, dont bientôt l'imagination et l'ignorance firent des êtres réels et animés. L'idolâtrie s'étendit ensuite aux plantes, aux hommes et aux moindres objets dont l'ensemble offrait quelque chose de surnaturel. Elle fut la seule religion des peuples, les Juifs exceptés, jusqu'à l'apparition du christianisme.

IDOMÉNÉE, fils de Deucalion, et roi de Crète, accompagna les Grecs au siége de Troie. Assailli par une tempête à son retour, il fit vœu à Neptune de lui sacrifier sur ses autels la première personne qu'il apercevrait sur le rivage. Son fils se présenta à lui le premier, et fut immolé par son père. Idoménée, chassé par les Crétois, alla fonder Salente en Italie.

IDUMÉE, contrée de l'ancienne Syrie, au midi de la Palestine, de la mer Morte et de la Méditerranée, habitée par les Iduméens, descendants d'Edom ou Esaü, fils d'Isaac. Ce peuple eut des rois jusqu'au règne de David, qui les soumit. La capitale de l'Idumée était *Gaza*.

IÉNA, ville du grand-duché de Saxe-Weimar en Thuringe, célèbre par son université, et renfermant 6,000 âmes. Là se livra le 14 octobre 1806 une bataille fameuse, où Napoléon, commandant 106,000 hommes, mit en déroute les Prussiens, au nombre de 130,000. Davoust se distingua beaucoup dans le combat, où il ne mit en fuite 70,000 soldats du roi de Prusse.

IENISEI, fleuve de la Russie d'Asie, qui prend sa source dans la Boukkarie, et coule du S. au N. Il reçoit de nombreux affluents, et se jette dans la mer Glaciale, après un cours de près de 1,000 lieues. Il a donné son nom au *Ieniseïk*, province de la Russie d'Asie, dont la superficie est de 212 lieues carrées, et la population de 135,000 habitants. La capitale a le même nom et renferme 5,000 habitants. Elle possède des couvents, de beaux magasins, et fait un commerce très-actif.

IESIDS, secte mahométane de la Turquie d'Asie, dans la principauté de Mossoul, près des monts Sindjar. Ces peuples sont indépendants, ennemis des Turks, et adonnés à la culture de la terre ou aux brigandages.

IF, arbre de la famille des conifères, qui vient naturellement dans les lieux âpres et montagneux, et que l'on cultive pour les bosquets d'hiver et les jardins. Cet arbre, toujours vert, atteint une hauteur de quarante pieds. Le fruit est une baie rouge d'une saveur amère et térébinthacée. Ses feuilles sont utiles contre l'épilepsie. On lui attribuait autrefois des propriétés vénéneuses; ces assertions, quoique exagérées, ne sont pas dépourvues de fondement; mais son fruit n'est pas dangereux. Le bois de l'if est d'un rouge brun; c'est le plus compacte et le plus pesant après le buis.

IGNACE DE LOYOLA (Saint), fondateur de la compagnie de Jésus (*jésuites*), né en 1491 à Loyola en Biscaye. Il avait embrassé la carrière des armes, qu'il quitta en 1521; il se consacra à Dieu en 1528 à Paris et en 1534. Son institut fut approuvé par Paul III (1537), sous le titre de *compagnie de Jésus*, et se répandit dans toute l'Europe. Il mourut en 1556. Ses disciples s'appelèrent *jésuites*. On a d'Ignace des *Exercices spirituels*.

IGNAME, genre de plantes monocotylédonées, de la famille des asparaginées. Ces plantes sont grimpantes de gauche à droite, pourvues d'une racine en forme de tubercule. Les tiges sont garnies de feuilles et d'épis ou grappes de petites fleurs; le fruit est une capsule comprimée, triangulaire, renfermant six graines. Les ignames, originaires de l'Inde, sont cultivés depuis longtemps dans l'Afrique, l'Australie et l'Amérique du Sud. L'*igname ailée* a une racine tuberculiforme, très-grosse, irrégulière, longue et pesant souvent de 14 à 20 kilogrammes. Elle peut remplacer le pain. Bouillie ou cuite sous la cendre, elle nourrit bien, est légère à l'estomac, et offre une ressource assurée contre la famine. Cette racine est noirâtre, violacée ou roussâtre à l'extérieur, très-blanche à l'intérieur. Les ignames se cultivent comme la pomme de terre.

IGNATIE, arbre des Indes orientales, de la famille des strychnoïdes, dont les fleurs ont l'odeur du jasmin, et dont les semences, appelées fèves de *Saint-Ignace*, sont amères et vénéneuses. Voy. FÈVES et VOMIQUIER.

IGNITION, état des corps en combustion, dans lequel ils présentent une couleur rouge ou d'un rouge blanc. — Ce mot désigne aussi l'état des corps incombustibles, chauffés au point de devenir rouges.

IGOR, grand-duc de Russie, succéda à Oleg en 812. Son règne ne fut signalé par aucun fait important jusqu'en 941, époque d'une expédition contre les Grecs. Igor les força à payer un tribut, mais mourut en 945. Son fils Sviatoslaf lui succéda. — IGOR OLGOVITCH succéda à Vsévolod Olgovitch en 1146. Il ne put résister à l'invation d'Isiaslaf Mstislavitch, qui lui arracha la couronne et la vie la même année.

IGUANE, genre de reptiles de l'ordre des sauriens, assez semblables aux lézards, qui ont le corps et la queue couverts d'écailles imbriquées, et une rangée d'écailles pointues sur le dos. Leur dos est bleu, mais peut changer de couleur selon la volonté de l'animal. Sa longueur est de quatre à cinq pieds. La chair de l'iguane est très-estimée. Ce reptile habite dans l'Amérique méridionale.

ILDEFONSE ou HILDEPHONSE (Saint), né à Tolède dans le VIIe siècle, entra dans un monastère de cette ville, et en fut élu abbé. En 657, il fut choisi pour être le successeur d'Eugène à l'épiscopat de Tolède. Il travailla avec un zèle infatigable à maintenir la pureté des mœurs et de la foi parmi ses peuples. Il mourut en 667. On fait sa fête le 23 janvier. On a de lui plusieurs écrits théologiques sur les sacrements, le baptême, des homélies, des sermons, etc.

ILE, nom donné à toute étendue de terre isolée au milieu des eaux. Quoique l'Europe, l'Asie et l'Afrique, l'Amérique et l'Australie soient des îles, on les a nommées *continents*. La plus grande île du globe est Bornéo, qui a 36,000 lieues carrées de superficie ; Madagascar en a 32,000.

ILÉON, le plus long des intestins grêles qui s'étend depuis le jéjunum jusqu'au cæcum. Il est ainsi nommé du grec *ilein* qui signifie *tourner*, à cause du grand nombre de circonvolutions qu'il forme.

ILES, nom donné, chez l'homme, aux flancs ou parties latérales et inférieures de l'abdomen, bornées en bas par la saillie des hanches. L'*os des îles* est l'*os coxal*.

ILES BRITANNIQUES, réunion d'îles qui se composent, 1° de la *Grande-Bretagne*, comprenant l'*Angleterre*, la *principauté de Galles* et l'*Ecosse*; 2° de l'*Irlande*, à l'O. de l'Angleterre; 3° des îles *Hébrides*, à l'O. de l'Ecosse; 4° des *Orcades*, au N. des Hébrides; 5° et plus loin des îles *Shetland*; 6° des *Sorlingues* et de quelques autres petites îles. Voy. tous ces mots.

ILES DU VENT et SOUS LE VENT. On a nommé *Iles du Vent* les Antilles orientales, à cause de leur position transversale, qui les expose à la violence des vents alisés : ces îles sont la Martinique, la Guadeloupe, la Trinité, etc. Les îles septentrionales et méridionales s'appellent *Iles sous le Vent*; ces îles sont Cuba, la Jamaïque, etc. Cette division des Antilles est due aux Espagnols.

ILÉUS, maladie caractérisée par une douleur profonde dans l'abdomen, le vomissement des substances contenues dans l'estomac et des intestins, et une constipation opiniâtre. L'iléus comme maladie est fort rare ; le tempérament nerveux, la jeunesse, une affection morale vive, un écart de régime, sont les causes les plus ordinaires. L'iléus symptomatique se montre dans plusieurs maladies. Il est très-fréquent, et a pour cause l'occlusion du conduit intestinal; la marche est rapide; il se termine dans l'espace de peu de jours par la mort ou par le retour de la santé.

ILIADE, célèbre poëme épique, dont le sujet est la guerre de Troie. C'est un tableau de la colère d'Achille et des maux auxquels elle exposa les Grecs. L'Iliade est divisée en vingt-quatre chants, et se termine à la mort d'Hector. Cet ouvrage, le plus beau de l'antiquité, est dû à Homère. Voici l'analyse rapide de chaque chant de l'Iliade : Ier chant. Chrysès, grand prêtre d'Apollon, vient demander sa fille à Agamemnon, qui l'a enlevée et qui l'outrage. Le dieu venge son ministre par une peste qu'il répand dans l'armée grecque. Agamemnon demande à Achille sa captive Briséis. Sur le refus du héros, Agamemnon la fait enlever, et Achille se retire dans sa tente, résolu de ne plus combattre les Troyens que sa captive ne lui ait été rendue. Le IIe chant présente le conseil des princes grecs, qui ordonne de rendre Briséis à son père, et le dénombrement des deux armées. IIIe chant. Trêve, combat singulier entre Pâris et Ménélas. Le premier est vaincu et sauvé par Vénus, qui le protége. IVe chant. Violation de la trêve, bataille sanglante. Ve chant. Continuation de la bataille, exploits de Diomède, qui blesse Vénus et Mars. VIe. Adieux d'Hector et d'Andromaque. VIIe. Combat singulier d'Hector et d'Ajax. VIIIe. Assemblée des dieux, victoire des Troyens. IXe. Agamemnon envoie prier Achille de combattre. Le héros refuse et reste dans sa tente. Xe. Rhésus est tué par Diomède. XIe. Nouvelle victoire des Troyens. XIIe. Les Grecs sont vaincus, poursuivis jusqu'à leurs vaisseaux par Hector. XIIIe. Neptune ranime les Grecs, horrible carnage. XIVe. Les Grecs reprennent l'avantage avec l'aide de Junon. XVe. Jupiter aide les Troyens, qui triomphent. Hector s'apprête à mettre le feu à la flotte grecque. XVIe. Combat singulier d'Hector et de Patrocle. Celui-ci est tué. XVIIe. Combat sanglant autour du cadavre de Patrocle. XVIIIe. Thétis apporte de nouvelles armes à Achille. XIXe. Achille se laisse fléchir et vole au combat. XXe et XXIe. Exploits d'Achille, combats. XXIIe Combat singulier d'Achille et d'Hector. Celui-ci est tué. Achille l'attache à son char et le traîne autour des murs de Troie. XXIIIe. Chants et jeux funèbres sur la tombe de Patrocle. XXIVe chant. Priam, roi de Troie, va trouver Achille et le supplie de lui rendre le corps de son fils. Ce héros le lui livre. Gémissements et plaintes des Troyens, qui ont perdu leur dernier défenseur. Repas funèbre dans la ville.

ILIAL, ce qui a rapport à l'os ilion.

ILIAQUE, nom donné à plusieurs organes ou parties d'organes placés sous la région des flancs. Les os iliaques se nomment aussi *coxaux*. Les crêtes, les épines, la fosse iliaques sont autant de points particuliers de ces os. Le muscle, l'artère, l'aponévrose iliaques empruntent aussi leurs noms de cette situation. — La *passion iliaque* est le nom vulgaire de la maladie nommée en médecine *iléus*.

ILION, nom donné, en médecine, à la plus grande des trois pièces dont l'os iliaque ou coxal est formé chez l'enfant.

ILION ou ILIUM, nom de la citadelle de Troie, bâtie par Ilus, quatrième roi de cette ville. Elle renfermait le *Palladium*, statue de Minerve à la conservation duquel était attaché le salut de Troie.

ILL ou ELL, rivière de France, qui prend sa source dans le Jura, au S.-O. de Ferrette, devient navigable à Colmar, alimente plusieurs canaux, et se jette dans le Rhin près de Strasbourg. Son cours est de 20 lieues.

ILLE, petite rivière qui prend sa source près de Binge, traverse une partie du département d'Ille-et-Vilaine, et se jette à Rennes dans la Vilaine. Par sa réunion avec la Rance, l'Ille forme le canal d'*Ille-et-Rance*, dont le développement est de 80,796 mètres, et qui unit l'Océan à la Manche. Il est assez grand pour donner passage à des bateaux de 70 tonneaux.

ILLE-ET-VILAINE, département français, région N. O., formé d'une partie de la Bretagne, et qui tire son nom de deux rivières, l'Ille et la Vilaine, qui se réunissent à Rennes. Il est borné par les départements de la Manche, de la Mayenne, de la Loire-Inférieure, des Côtes-du-Nord, du Morbihan, et par l'Océan. Sa superficie est de 635,599 arpents métriques, et sa population de 575,000 âmes. Le revenu territorial est évalué à 20 millions de francs. Le département nommait sept députés, et se divise en six arrondissements communaux : *Rennes* (chef-lieu), *Fougères*, *Saint-Malo*, *Redon*, *Vitré* et *Montfort*. Il est assez fertile, et produit 800,000 hectolitres de cidre par an. Le froment y réussit difficilement. Le châtaignier y abonde, et est l'arbre à pain du pays. On y cultive du tabac, du lin. On y fabrique du beurre excellent, du miel, de la cire, et on y élève les bestiaux avec succès. On y remarque de nombreuses antiquités druidiques, le port de Saint-Malo, le château des Rochers autrefois habité par Mme de Sévigné, etc. Il est compris dans la treizième division militaire et le ressort du diocèse, de l'académie et de la cour d'appel de Rennes.

ILLÉGITIMITÉ, état d'une chose qui n'est pas légitime. Un enfant *illégitime* est celui qui est né hors mariage et qui n'a point été légitimé; on l'appelle alors *enfant naturel*. Les enfants adultérins et incestueux diffèrent des enfants naturels en ce qu'ils ne peuvent jamais être légitimés.

ILLIFONSO (SAN-) ou SAINT-ILDEFONSO, maison royale d'Espagne, construite par Philippe V, dans la Nouvelle-Castille, à 15 lieues de Madrid. Là est la plus belle manufacture de glaces. Il y a 4,000 âmes.
— *San-Illifonso* est aussi une ville de l'Amérique septentrionale, dans la Nouvelle-Espagne.

ILLINOIS, grande rivière des Etats-Unis, qui prend sa source dans l'Etat d'Indiana, et qui arrose l'Etat d'Illinois. Après un cours de 160 lieues, elle se jette dans le Mississipi par une embouchure d'environ 800 mètres de largeur.

ILLINOIS, un des Etats-Unis de l'Amérique septentrionale, formé en 1818, et ayant à l'O. l'Etat de Missouri et à l'E. celui d'Indiana. Il a 154 lieues de long sur 66 de large, et une superficie de 9,800 lieues carrées. Sa population est de 81,800 habitants. Le sol, riche et fertile, produit du froment, de l'avoine, du tabac, du chanvre. La vigne y réussit. Il y a beaucoup de mines. Il se divise en cinquante-deux comtés, et a pour chef-lieu Vandalia.

ILLUMINÉS (*alumbrados*), hérétiques d'Espagne, qui commencèrent à paraître vers 1575 et vers 1623 ou 1627. Leur chef était Jean de Villalpando. Ils disaient que l'oraison est un sacrement, et que l'oraison mentale était de précepte divin, et se moquaient des pénitences et des jeûnes. Cette secte ne subsista pas longtemps.

ILLUMINÉS (SECTE DES), société secrète fondée en 1776 par Adam Weishaupt, professeur de droit canonique à Ingolstadt. Elle avait pour but de réunir tous les hommes par le savoir et même lien, d'exciter chez ses semblables l'amour de la sagesse et de la vertu, de contribuer au perfectionnement moral de l'homme, et de mettre la société à l'abri de toute oppression étrangère. Le système se divise en trois classes : le séminaire pour le noviciat; la franc-maçonnerie, livre de la constitution, et les mystères. En 1785, le gouvernement bavarois ordonna la dissolution immédiate de la société.

ILLYRIE, contrée d'Europe, située sur les bords de la mer Adriatique et vis-à-vis de l'Italie. Philippe, roi de Macédoine, la divisa en *Illyrie grecque* ou Albanie, incorporée à la Macédoine, et en *Illyrie barbare*, divisée en Japydie, Liburnie et Dalmatie. Asservie en 228, elle devint sous Auguste province romaine, et son nom s'étendit à toutes les provinces situées vers l'Orient. Elle échut à l'empereur d'Occident en 476. Au VIIe siècle, des colonies slaves fondèrent ces ce pays les royaumes de Dalmatie et de Croatie; en 1172, se forma celui de Bosnie. Tour à tour possédée par les Vénitiens (1090), par les Hongrois (1270), elle forma plusieurs cercles, et l'Autriche obtint la Dalmatie vénitienne en 1797. En 1811, la Carniole, l'Istrie, le Littoral, la Carinthie, etc., formèrent les *provinces illyriennes*. Depuis 1815, c'est un royaume dépendant de l'Autriche, situé entre la mer Adriatique, la Hongrie et la Turquie, qui compte 1,190,000 habitants, et qui est divisé en deux gouvernements, Laybach et Trieste. La capitale est *Capo-d'Istria*.

ILOTES, HILOTES ou HÉLOTES, habitants de la ville d'Hélos, dans le Péloponèse, qui furent réduits en esclavage par Agis Ier, roi de Sparte. Les vainqueurs, pour comble d'humiliation, donnèrent le nom d'ilotes aux esclaves de l'Etat et des particuliers. Ces malheureux étaient condamnés aux travaux les plus durs et les plus vils, et une fois par an on les flagellait pour les faire souvenir de leur esclavage. Il y eut même souvent la guerre.

ILYSSUS, petite rivière de l'Attique, baignait les murs d'Athènes, et se jetait dans la mer près du Pirée. Les Muses avaient un temple sur ses bords.

IMAGE, représentation d'un objet par la réflexion et la réfraction des rayons lumineux qui vont tomber sur cet objet. — Par rapport aux beaux-arts, une *image* est la représentation d'un personnage, mais seulement des personnages respectés ou des êtres que nous n'avons pas vus, telles que les *images* de la Vierge et des saints. Les anciens peuples, excepté les Juifs, vénéraient beaucoup les images. Les chrétiens ont conservé ce respect, et c'est à peine si quelques iconoclastes (voy. ce mot) ont pu le détruire. Les mahométans sont les seuls peuples qui ne se permettent aucune image.

IMANS, prêtres mahométans destinés au service divin dans les mosquées, qui récitent les prières, lisent le Coran, font des sermons, célèbrent les mariages. Ils se distinguent des autres musulmans par un turban plus élevé. Les Turks les appellent *ulémas*. L'empereur porte le nom d'*iman* comme chef de la religion mahométane.

IMANTOPODES ou Imantopèdes, nom donné en général à tous les oiseaux portés sur de longs tarses.

IMBRIQUÉ, nom donné à tout ce qui est appliqué, disposé en recouvrement comme les tuiles d'un toit. Ainsi les écailles des poissons, les plumes des oiseaux, les squammes ou écailles de certaines plantes sont imbriquées.

IMBROS, île septentrionale de la mer Egée, au S. de Samothrace, avait été peuplée par les Pélasges. Ses habitants rendaient un culte solennel à Mercure et à Cérès.

IMIRETTE, province de la Géorgie, entre le Caucase, la mer Noire et la Mingrélie. En 1783, l'Imirette se mit sous la protection de la Russie, qui la possède maintenant.

IMITATEUR, nommé aussi *grand motteux* ou *cul-blanc*, espèce du genre traquet, de l'ordre des insectivores, renfermant des oiseaux ainsi nommés à cause de la facilité extraordinaire qu'ils ont de contrefaire tous les sons qui frappent leurs oreilles. Le corps est mêlé de blanc et de noir; le manteau est d'un brun roussâtre; la queue est noire et frangée de blanc; le bec et les pieds sont noirs; le dessous du corps est d'un beau blanc. L'imitateur habite l'Afrique, et se nourrit de vers et d'insectes.

IMITATION (mus.), phrase mélodique qui passe alternativement d'un instrument ou d'une voix à un autre, et que les instruments et les voix rendent mutuellement. Quand les imitations se continuent pendant toute la durée d'un morceau, elles prennent le nom de *canons*.

IMMERSION, action par laquelle on plonge un objet dans l'eau. On donnait autrefois le baptême par immersion. Ce mot signifie aussi, en astronomie, 1° la situation d'un astre tellement rapprochée du soleil qu'il est comme enveloppé dans ses rayons, et qu'on ne peut le voir; 2° l'entrée d'un astre dans l'ombre projetée par un autre astre.

IMMEUBLES, biens fixes qui par leur nature ou leur destination ne peuvent être regardés comme *meubles*, et qu'on ne peut transporter, cacher ni détourner. Les immeubles le sont par *nature*, comme les choses attachées à la terre, qu'on ne pourrait enlever sans détérioration, ou par *fiction* et par la *loi*, ou par *coutume*, comme les offices, les rentes foncières, etc.

IMMORTELLE, genre de plantes de la famille des corymbifères, à la tige grêle et ligneuse, aux branches simples, tortueuses, blanchâtres, à feuilles alternes, aux fleurs disposées en corymbe, formées d'écailles arrondies, scarieuses, d'un jaune d'or. L'espèce que nous venons de décrire est l'*immortelle jaune* ou *hélichryse orientale*. Elle est originaire de l'Afrique et est inusitée en médecine. Elle conserve très-longtemps sa fraîcheur et son coloris. — *Immortelle violette*. Voy. Gomphrène.

IMMORTELS ou Athanatoi, corps de troupes destinées à la garde des anciens rois de Perse. Il était composé de 10,000 hommes. On le nommait ainsi parce que, si l'un d'eux mourait, il était remplacé à l'instant.

IMMUNITÉS, priviléges, exemptions de quelque charge, devoir ou imposition. Ce mot se disait particulièrement des immunités ecclésiastiques et de celles des communautés. Toute immunité accordée à une communauté devait émaner du seigneur féodal, et les immunités religieuses, du droit divin, et ne pouvaient être violées sans sacrilège. La plus importante de ces dernières était le droit d'asile. (Voy. ce mot.) Aujourd'hui le principe de ces franchises est dans l'Etat.

IMPAIR, tout nombre qui ne peut être divisé par 2 sans donner des fractions. Un nombre impair quelconque est toujours terminé à droite par un chiffre impair. — Les Romains attribuaient de grandes vertus à ces nombres.

IMPARIPENNÉE, nom d'une feuille ailée avec impaire, c'est-à-dire d'une feuille qui se compose de plusieurs folioles opposées deux à deux sur un pétiole commun (espèce de tige qui porte les feuilles), qui est terminé par une foliole seule. Celle-ci se nomme *impaire*. La feuille de l'acacia est imparipennée.

IMPATIENTE, genre de la famille des balsamines. On trouve dans les bois ombragés et humides de France l'espèce appelée *noli me tangere* (ne me touchez pas). C'est une plante dont la tige est haute d'un à deux pieds, rameuse; les feuilles sont grandes et ovales; les fleurs grandes, jaunes et assez semblables à celles de la balsamine. Ce genre de plantes est ainsi nommé de l'élasticité de ses graines. Si on presse leurs capsules à l'époque de la maturité, celles-ci s'ouvrent, et jettent leurs graines au loin.

IMPÉNÉTRABILITÉ, propriété que possède un corps d'exclure tous les autres corps de la place qu'il occupe. Cette propriété essentielle de la matière, comme l'étendue, suffit à elle seule pour en constater la présence.

IMPENSE, dépense ou frais que l'on a faits pour améliorer un bâtiment, un héritage. Les *impenses nécessaires* sont celles sans lesquelles la chose dépérirait et ferait éprouver une perte au propriétaire; les *impenses utiles* sont celles qui rendent la chose meilleure, de plus grands revenus; les *voluptuaires* sont celles qui, sans être nécessaires, ne servent qu'à l'embellissement de la chose.

IMPÉRATOIRE, genre de la famille des ombellifères, renfermant des herbes vivaces, à feuilles alternes, composées, aux fleurs petites, assez ressemblantes à un parasol ouvert. L'espèce la plus commune dans nos champs, nos prés secs et nos montagnes, est l'*impératoire autruche* ou *benjoin français*. De sa racine charnue, oblongue, noueuse, assez grosse, de couleur brune à l'extérieur, blanche en dedans, sortent des tiges nombreuses, épaisses et formant un buisson bien garni, d'un bel aspect. Les tiges sont garnies de grandes feuilles radicales, et se couronnent en juillet d'ombelles de fleurs blanches ramassées en petites boules. La racine aromatique, d'une saveur âcre et piquante, très-usitée en médecine autrefois, n'est presque plus usitée. On la prend en poudre ou en infusion.

IMPERATOR, titre d'honneur qu'un général romain recevait de ses soldats après une victoire. Le sénat confirmait ce titre, et le général ne le quittait qu'après son triomphe. Sous l'empire, ce mot devint synonyme de souverain, par l'adresse qu'il eut d'Auguste d'y réunir à perpétuité la puissance consulaire, dictatoriale et tribunitienne. (Voy. Empereur.) Il faut observer cependant que lorsque ce mot n'était qu'un titre d'honneur il se mettait après le nom du général, au lieu qu'il se mit toujours avant le nom lorsqu'il fut devenu le titre de la nouvelle puissance.

IMPÉRIALE, nom donné, 1° à la *fritillaire de Perse*; 2° à deux espèces de pruniers : l'une, l'*impériale violette*, est grosse, ovale et d'un violet clair; l'autre, l'*impériale blanche*, est plus petite et de couleur blanche; 3° à une espèce de jeu de cartes qui ressemble beaucoup au piquet, mais qui en diffère parce qu'on n'écarte pas, et que l'on joue d'après un *atout*. L'impériale consiste dans une certaine suite de cartes; le roi, l'as, la dame et le valet de la même couleur font une *impériale*. Ce jeu n'est plus en usage.

IMPÉRIALE, monnaie d'or d'usage en Russie. L'*impériale* de 10 roubles (1755) vaut 52 francs 38 centimes de notre monnaie; le *demi de 5 roubles* (1755) vaut 26 francs 19 centimes. L'*impériale de 10 roubles* (1763) vaut 41 francs 29 centimes; le *demi de 5 roubles* (1763), 20 francs 64 centimes 50 centièmes.

IMPERMÉABILITÉ, propriété qu'ont certains corps de ne pas être traversés par les fluides. Ainsi les métaux et les minéraux sont imperméables. La qualité contraire est la perméabilité.

IMPONDÉRABLES, nom donné à des fluides particuliers, élastiques, éminemment subtils, capables de pénétrer la plupart des corps avec facilité, et qui ne sont pas sensibles aux balances les plus délicates. On les nomme aussi *incoercibles*. Ces fluides ont été imaginés pour expliquer les phénomènes de la chaleur, de la lumière, de l'électricité et du magnétisme.

IMPORTATION, nom donné à tous les produits que l'on tire des pays étrangers par la voie du commerce. Cette branche, la plus active de l'économie politique, est en usage chez tous les peuples, et même chez les Chinois, qui importent et exportent. La moyenne des importations en France, depuis 1716 jusqu'à nos jours, est d'environ 580,196,457 francs.

IMPOSITION DES MAINS, cérémonie en usage chez les juifs et les chrétiens. Les premiers imposaient les mains à ceux pour lesquels ils priaient, en tenant leurs mains au-dessus de la tête de ces personnes, à ceux qu'ils ordonnaient prêtres ou magistrats. Jésus-Christ bénissait les enfants en leur imposant les mains, et les apôtres donnaient le Saint-Esprit aux baptisés de la même manière. Ceux qui sont ordonnés prêtres reçoivent l'imposition.

IMPOSTE (archit.), cordon en saillie, espèce de corniche peu ornée qui reçoit la retombée des archivoltes des arcades percées dans les murs d'un édifice. — C'est aussi le couronnement d'un pilier et le bandeau qui entoure les bords d'une fenêtre.

IMPOT, charge qu'on impose au peuple pour subvenir aux nécessités de l'Etat et aux dépenses publiques. On distingue les *impôts directs, indirects* et *fonciers*.

IMPRIMERIE. Voy. Typographie.

IMPROMPTU, petite pièce de vers composée, récitée sur-le-champ, sans préparation, et sous une forme quelconque, dont tout le mérite consiste dans l'à-propos. Le madrigal du marquis de Saint-Aulaire est fameux.

IMPROVISATION, faculté d'inventer et de composer sur toute espèce de sujets, sans préparation aucune, en prose, mais plus particulièrement en vers. Les Egyptiens, les Hébreux, les Grecs et les Romains avaient leurs poètes improvisateurs. L'Italie est de tous le plus productif. Les plus fameux sont Seraphino, au XVe siècle, Accolti, Cristoforo, Sordi, Battista Strozzi, Andrea Marone, Silvio Antoniano (18..), etc. Les peuples du Midi sont en général plus propres à improviser que ceux du Nord, et la langue italienne se prête plus que les autres à ce talent. Les plus célèbres improvisateurs modernes sont Eugène de Pradel, Sestini et Sgricci.

INACHUS, chef des Pélasges qui s'établirent dans le Péloponèse 1823 ans avant J.-C. Il y fonda le royaume d'Argos, et ses descendants, supplantés par l'Egyptien

Danaüs (1475 avant J.-C.), portèrent le nom d'Inachides.

**INALIÉNABILITÉ**, propriété qu'a un bien, un objet quelconque de ne pas être aliéné, c'est-à-dire de ne pas passer dans la possession d'autrui. L'inaliénabilité ne peut jamais s'asseoir en réalité que sur des droits ou des biens immobiliers. Le Code civil proscrit l'inaliénabilité des biens et leur accumulation dans les familles.

**INAPPÉTENCE**, défaut d'appétit.

**INAUGURATION**, cérémonie que l'on fait au sacre d'un roi, d'un prélat, etc. On l'appelle ainsi à l'imitation des cérémonies des Romains, quand ils élevaient un homme au rang de pontife des augures, et qu'ils choisissaient les emplacements pour élever un temple, une ville, un théâtre, etc.

**INCAMÉRATION**, terme de la chancellerie romaine. C'est l'union de quelque terre, droit ou revenu au domaine du pape.

**INCANDESCENCE**, état d'un corps que l'on a chauffé au delà de la chaleur rouge, et jusqu'à ce qu'il présente sur sa surface une couleur blanche très-éclatante. Les solides et les liquides sont propres à devenir incandescents.

**INCANE**, nom donné aux parties des plantes recouvertes d'un duvet blanchâtre.

**INCAPACITÉ**. En termes de jurisprudence, c'est l'état de ceux qui n'ont pas les qualités requises pour être héritiers et recueillir une succession. Tels sont les adultérins, les hommes frappés par la mort civile et l'infamie, etc., et les jeunes enfants pendant leur minorité. A ces derniers la loi donne des tuteurs.

**INCARNATION**, changement de nature. Jésus-Christ s'est *incarné* dans le sein de Marie. Il a dépouillé sa substance divine pour revêtir la substance humaine. Ce mystère a été l'objet des investigations des théologiens et des philosophes. — Les incarnations sont très-fréquentes dans les mythes de l'Orient. Dans l'Inde, Wischnou s'incarne dix fois. Chez les païens mêmes, Jupiter change à chaque instant de forme. Enfin jusque dans les régions du Nord, tous les peuples ont eu des incarnations dans leurs mythologies.

**INCAS**, Souverains du Pérou. Le premier de ces incas, Manco-Capac, qui avait subjugué le pays et lui avait imposé des lois, passait pour le fils du Soleil. Lui et sa femme Mama-Ocello civilisèrent le Pérou, et y apportèrent le culte de cet astre. Huana-Capac, douzième inca, eut trois fils, Huascar, Atahualpa et Manco-Capac, qui lui succédèrent et qui furent les derniers incas.

**INCENDIAIRES**, malveillants qui mettent le feu en quelque endroit. La mort est la peine de quiconque aura volontairement mis le feu à des édifices, navires, bateaux, magasins, chantiers, quand ils sont habités ou servent à l'habitation, qu'ils appartiennent ou non à l'auteur du crime.

**INCESTE**, crime qui se commet par le commerce charnel entre les personnes qui sont alliées ou parentes, jusqu'au degré prohibé par l'Eglise et les lois, lequel est le quatrième inclusivement. L'inceste était autrefois puni de mort. Chez quelques peuples, cette peine subsiste encore. Les enfants incestueux n'ont droit qu'à des aliments de la part de leurs parents. Ils ne peuvent être jamais légitimés, et n'ont aucun droit sur les successions.

**INCHBALD** (Elisabeth Simpson), romancière anglaise, née dans le comté de Lancastre en 1753. Poussée par la misère à se faire actrice à Norwich, elle n'eut pas de succès et fit l'auteur. Elle publia plusieurs comédies et un roman célèbre, *Simple Histoire*, qui la plaça au premier rang des romancières. Cette femme mourut en 1821, pauvre et malheureuse.

**INCINÉRATION**, opération par laquelle on réduit en cendres une substance animale ou végétale.

**INCISÉ**, nom donné aux organes des plantes dont les bords présentent des incisions plus ou moins profondes.

**INCISIFS**, remèdes auxquels on attribuait la propriété de dissiper les humeurs épaisses ou congelées. Tels étaient le savon, les eaux minérales sulfureuses.—Les *dents incisives* sont celles qui occupent la partie moyenne et antérieure de chaque mâchoire, parce qu'elles servent à couper les aliments.

**INCISION**, toute division méthodique faite aux parties molles par un instrument tranchant. On les pratique le plus souvent avec les ciseaux ou le bistouri, pour donner issue aux pus des abcès, pour extraire un corps étranger, etc. Les Abyssiniens et les peuples de l'Afrique s'incisent les tempes et le corps pour montrer leur douleur à la mort de leurs parents ou amis.

**INCISION ANNULAIRE**, opération d'agriculture, au moyen de laquelle on accélère, dans les années froides, pluvieuses et tardives, la maturation des fruits, en augmente le volume et la qualité. Par ce procédé, on empêche la coulure de la vigne à l'époque de la floraison, et on arrête la croissance d'arbres trop vigoureux. L'incision annulaire consiste à enlever un anneau d'écorce, atteignant jusqu'à l'aubier sans laisser aucune parcelle du liber. Au bout de quelques jours, un bourrelet se forme sur la plaie et finit par ressembler en tout à l'écorce; dont il ne diffère plus à la deuxième année. L'opération doit se faire six à huit jours avant la floraison.

**INCLINAISON**, tendance mutuelle de deux lignes, de deux surfaces ou de deux corps l'un vers l'autre. L'*inclinaison d'une droite*, par rapport à une autre ou par rapport à un plan, est l'*angle* qu'elle forme avec cette droite ou avec ce plan.— L'*inclinaison d'une planète* est l'angle du plan de son orbite avec le plan de l'écliptique. — L'*inclinaison d'un plan* est l'arc du cercle compris entre ce plan et le plan de l'horizon. — L'*inclinaison magnétique* est l'angle que forme une aiguille aimantée avec l'horizon, lorsque le plan vertical où elle se meut coïncide avec le méridien magnétique. L'inclinaison augmente avec la latitude.

**INCLUS**, Incluse, nom donné, en botanique, aux organes des plantes qui, étant plus courts que la corolle, restent cachés dans sa cavité.

**INCOERCIBLE**, épithète donnée aux gaz qu'il est impossible de retenir dans un espace déterminé.

**INCOMBANT**. En botanique, on nomme *anthères incombantes* celles qui sont attachées au filet par le milieu, et dressées de manière que leur partie inférieure est rapprochée du filet. On donne aussi cette épithète aux divisions du calice et de la corolle, qui se recouvrent latéralement.

**INCOMBUSTIBLES**, corps qui ne jouissent pas de la propriété de brûler. Les *oxydes et les acides* saturés d'oxygène, les pierres, etc., sont des corps incombustibles.

**INCOMMENSURABLES**. On appelle *quantités incommensurables*, en mathématiques, toutes les quantités qui n'ont pas de mesure commune.

**INCOMPÉTENCE**, manque de juridiction, de pouvoir connaître de certaines affaires qui ne sont pas de la *compétence* d'un tribunal ordinaire, c'est-à-dire de son ressort.

**INCOMPRESSIBILITÉ**, propriété qu'ont, selon quelques physiciens, certaines substances de ne pouvoir être réduites à un moindre volume par une force quelconque. La plupart des matières solides jouissent de cette propriété. Il est douteux que l'eau possède l'incompressibilité.

**INCORPORATION**, opération de pharmacie qui consiste à mêler certaines substances médicamenteuses avec des matières molles ou liquides dont on veut augmenter la consistance. On la pratique souvent pour préparer des emplâtres, des onguents, des pilules, etc.

**INCORRUPTIBLES**, eutychiens qui disaient que le *corps de Jésus-Christ* était incorruptible et exempt d'altération et de toute passion naturelle.

**INCRUSTATION**, nom donné, 1° à des croûtes ou enveloppes de pierre qui se forment peu à peu autour des corps qui ont séjourné longtemps dans certaines eaux. Celles d'Arcueil, de la rivière de Vouzie près Provins, de Saint-Allyre (Puy-de-Dôme), etc., possèdent cette propriété. 2° A des ornements formés sur des meubles, des ouvrages de tabletterie, etc., en introduisant et fixant dans des creux pratiqués sur leurs surfaces des découpures d'ivoire, de cuivre, d'ébène, etc. Cet art est très-ancien.

**INCUBATION**, action par laquelle les oiseaux couvent, c'est-à-dire excitent le principe vital du germe de leurs œufs, au moyen de la chaleur de leur corps, pour faire éclore leurs petits. Parmi les animaux ovipares, les oiseaux seuls couvent avec eux œufs, parce que seuls ils portent avec eux assez de chaleur pour exercer cette action. Les poissons, les reptiles et les insectes abandonnent leurs œufs à la chaleur vivifiante du soleil. Chez les oiseaux, la durée de l'incubation, c'est-à-dire le temps que le jeune oiseau met à se développer dans l'œuf, varie suivant les espèces. Les poules couvent de vingt à vingt-quatre jours; les cannes, de vingt-cinq à trente; les oies, de vingt-neuf à trente-trois; les pigeons, de dix-sept à vingt; les cygnes, de quarante à quarante-cinq; l'oiseau-mouche, douze jours; les serins, de quinze à dix-huit. L'intervalle entre l'éclosion du premier et du dernier œuf est, pour les poulets, de cinq jours et le même plus; pour les cannes et les oies, de deux; pour les pigeons, un jour et quelques heures. La constance avec laquelle les oiseaux couvent les œufs est admirable. Le plus ordinairement la femelle est seule chargée de ce soin, tandis que le mâle veille à ses besoins; quelquefois le père et la mère se partagent ce travail. La faim ou un grand danger peuvent seuls les forcer à s'éloigner pour quelques instants.

**INDE**, contrée méridionale de l'Asie, entre la Perse et la Chine. Elle comprend les deux presqu'îles situées au delà et en deçà du Gange. L'*Inde en deçà du Gange* prend le nom d'Indoustan. (Voy. ce mot.) L'*Inde au delà du Gange* comprend le royaume d'Hascham, l'empire Birman, le royaume de Siam, le royaume de Malacca et l'empire d'Anam, qui se compose du Tonquin et de la Cochinchine. La population de l'Inde au delà du Gange est de 35,000,000 d'habitants. Le royaume d'Hascham appartient aux Anglais depuis 1825.
— Les Indous reconnaissent un être suprême, créateur de toutes choses, Para-Brama, au-dessous duquel se trouvent les dieux Brama, Wischnou et Schiva, qui forment la *trimourti* ou trinité indienne. Ils sont divisés en quatre castes principales: les *brames*, tirés de la tête de Brama, et formant la classe sacerdotale; les *xatryas*, sortis de ses bras, formant la classe militaire; les *vaiscias*, sortis de son ventre, et formant les agriculteurs et les négociants; les *soudras*, sortis de ses pieds, et comprenant les ouvriers et les artisans. Après, viennent les *parias* et les *poulias*, méprisés et en horreur aux autres. — Les Indous ont le teint d'une couleur jaune cuivré, verdâtre ou même noir clair.

**INDE** (Établissements français de l'). Ces établissements, dont la fondation remonte à 1668, forment le gouvernement de Pondichéry. Ce gouvernement, dont nous avons été privés à certaines époques par les Anglais et les Hollandais, se divise en cinq districts. *Pondichéry*, capitale, sur la côte du Coromandel, renfermant 45,000 Indiens et 400 Européens. La population de son district est de 80,000 âmes. *Karikal*, dans le royaume de Tamjaour, à 30 lieues de Pondichéry. Sa superficie est de 16,184 arpents métriques, et celle de Pondichéry de 27,953. La population de Karikal est de 43,422 âmes. *Yanaon*, dans la province d'Orixa. Sa superficie est de 3,298 arpents métriques, et sa population de 6 à 7,000 âmes. *Chandernagor*, à 8 lieues de Calcutta. Sa superficie est de 950 hectares, et sa population de 31,259 âmes. Le chef-lieu, Chandernagor, a 20,000 âmes. *Mahé*, sur la côte du Malabar, a une superficie de 585 hectares, et une population de 3,987 âmes. — La population totale de ces établissements est de 164,646 âmes, et la superficie de 49,000 hectares.

INDÉHISCENT, nom donné aux fruits qui ne s'ouvrent pas d'eux-mêmes à l'époque de la maturité. Tels sont les fruits charnus.

INDEMNITÉ, droit attribué aux seigneurs sur les établissements religieux qui acquéraient des héritages, pour les dédommager de ce que ces héritages n'étaient plus dans le commerce, et que les seigneurs étaient ainsi privés des droits qu'ils recevaient à chaque mutation, si les héritages n'étaient pas acquis et possédés par eux. La quotité de ce droit variait selon la diversité des coutumes et des lieux.

INDEMNITÉ se dit d'une reconnaissance ou acte par lequel celui qui le fait promet d'indemniser et de dédommager celui au profit duquel il est fait de toute la perte qu'il pourrait encourir. — C'est encore le recours que la femme a sur les biens du mari, pour les obligations auxquelles elle s'est engagée envers lui pendant le mariage, dont elle doit être indemnisée entièrement par les héritiers de son mari quand elle renonce à la communauté ; mais, quand elle l'accepte, elle n'a son recours que pour la moitié. — En 1825, et sous le règne de Charles X, pendant le ministère de M. de Villèle, un milliard d'indemnité fut voté et accordé aux émigrés.

INDÉPENDANTS, hérétiques d'Angleterre et de Hollande, ainsi nommés parce qu'ils font profession de ne reconnaître aucune supériorité ecclésiastique, et qu'ils prétendent que chaque Église ou congrégation particulière a toute la puissance nécessaire pour *se gouverner elle-même*. Ils ne diffèrent des presbytériens que sur des questions de discipline, et n'existent qu'en Angleterre et en Hollande. — Les *faux indépendants* sont des hérétiques sortis des anabaptistes, des sociniens, etc.

INDÉTERMINÉ. C'est, en mathématiques, une grandeur qui n'a point de bornes prescrites, et que l'on peut prendre si grande et si petite que l'on veut. — Un problème est dit *indéterminé* lorsqu'on peut le résoudre d'une infinité de manières différentes, qui toutes satisfont à la question.

INDEX, nom donné au doigt qui est placé entre le pouce et le *medius*, parce qu'il sert à montrer les objets dont on parle. Il a la faculté de s'étendre seul, parce qu'il possède un muscle extenseur particulier. On l'appelle aussi *indicateur*.

INDEX ou INDICE, catalogue des livres défendus. Il y a à Rome une congrégation de l'*index*, qui examine les livres, et qui met dans un *index* ou catalogue ceux dont elle défend la lecture, et alors on dit qu'un livre a été mis à l'*index*, c'est-à-dire au catalogue des livres défendus.

INDIANA, un des États-Unis de l'Amérique, entre ceux d'Illinois et d'Ohio. Sa superficie est de 4,738 lieues carrées, et sa population est de 1 million d'âmes. Le pays, fertile en froment, orge, tabac et riz, jouit d'un climat sain et agréable, et a pour capitale *Indianopolis* avec 1,500 âmes. Il se divise en soixante-quatre comtés. — Les Français s'établirent les premiers dans ce pays en 1690 ; cédé ensuite à l'Angleterre, il fut remis en 1783 aux États-Unis.

INDICATEUR, genre d'oiseaux voisin des coucous et caractérisé par un bec conique, pointu et voûté sur l'arête de la mandibule supérieure ; la pointe de l'inférieure se rebrousse aussi vers celle de l'autre. Elles forment ensemble une pince solide, qui donne au bec beaucoup de force ; les narines sont placées très-haut et recouvertes de plumes. La tête et les yeux sont petits ; le corps long et charnu, les jambes courtes et robustes, les doigts au nombre de quatre, dont deux en avant et deux en arrière ; les ongles forts et taillés ; les plumes sont dures, courtes et serrées. La peau est très-dure et épaisse. Les indicateurs vivent dans l'Afrique, et se nourrissent d'abeilles et de miel. Ils ont reçu leur nom de l'instinct qui les porte à attirer par leurs cris l'homme, pour le conduire aux ruches. — Doigt *indicateur*. Voy. INDEX.

INDICTION, période ou cycle de quinze ans, nommé ainsi d'un tribut que les Romains levaient tous les ans dans les provinces pour fournir à la paye des soldats qui avaient quinze ans de service. Cette période commença, selon les uns, en 312, et selon les autres en 313. Les papes, qui s'en servent encore, la comptent à partir du 1er janvier. Pour trouver l'année de l'indiction, on ajoute 3 au millésime de l'année grégorienne, et on divise par 15 cette somme, le reste indique l'indiction ; si le reste est 0, l'indiction est 15.

INDIENNE (LITTÉRATURE et LANGUE). La langue des Indous se compose de quatre principaux idiomes : le *sanskrit*, langue sacrée des brahmines et des livres saints, et qui n'est plus qu'une langue morte : elle est la base des autres dialectes ; le *prakrit* ou *indoustani*, langue usuelle qui comprend plusieurs dialectes ; le *païsachi*, parlé par le peuple des montagnes, et le *pali*, langage des prêtres de Bouddha. — La littérature indienne est très-ancienne : la *sacrée* comprend les livres saints appelés *Védas* et *Pouranas*, les épopées religieuses de *Mahabharata* et de *Ramavana*. La littérature *profane* renferme des drames, dont le plus célèbre est *Sakontala*, dû à Kalidassa ; les épopées populaires de *Bhatti* et *Gilagavinda*, le recueil des fables de Bidpaï (*Hitopadessa*), et une infinité d'ouvrages.

INDIENNE, toile de coton peinte aux Indes. Ce nom est devenu appellatif, et se dit de toute sorte de toiles peintes à la manière des indiennes.

INDIGÈNE, nom donné aux animaux, aux plantes ou à tout autre objet qui vivent habituellement dans un pays, y croissent, y multiplient naturellement, et n'y ont point été apportés d'une autre contrée. Le lion est *indigène* aux sables de l'Asie et de l'Afrique, etc. Ce mot est l'opposé d'*exotique*.

INDIGESTION, indisposition passagère causée par des perturbations subites des fonctions digestives, et un état morbide des organes de la digestion, ou par les substances alimentaires dont on fait usage, et surtout les boissons. Cette affection légère et peu importante se termine presque toujours par le rejet des substances non digérées.

INDIGÈTES, nom donné aux divinités protectrices d'une ville ou d'un pays. Chez les anciens, c'étaient souvent les hommes illustres de cet État, de cette ville. Tels étaient Faune, Vesta, Enée, Romulus et Jupiter à Rome, Minerve à Athènes, et Didon à Carthage.

INDIGNES. En termes de jurisprudence, sont ceux qui, pour avoir manqué à quelque devoir envers un défunt, de son vivant ou après sa mort, pour lui avoir donné ou tenté de donner la mort, ou pour avoir porté contre lui une accusation calomnieuse, etc., sont privés par la loi de la succession du défunt, et même des libéralités qu'il avait exercées envers eux par dernière volonté. Les enfants des indignes ne sont pas exclus de la succession.

INDIGO, matière colorante bleue, insipide, insoluble dans l'eau, l'alcool et l'éther, soluble dans les acides nitrique et sulfurique, et que l'on retire des tiges et des feuilles de l'*indigotier*. (Voy. ce mot.) Dissous dans l'acide sulfurique, il donne le *bleu de Saxe* ; dans l'acide nitrique, l'*amer de Welther*. L'indigo est employé en teinture. On l'obtient en faisant fermenter les feuilles de l'indigotier en traitant le produit par l'eau de chaux.

INDIGOTIER, genre de la famille des légumineuses, originaire des tropiques, et renfermant des arbrisseaux intéressants à cause de la matière bleue ou *indigo* que le commerce en retire. Ils réussissent très-bien en France, mais leur culture y est peu étendue. L'indigo vient presque uniquement de l'Amérique. L'indigotier avait été cultivé par les anciens, et surtout par les Hébreux et les Egyptiens. L'espèce la plus utile est l'indigotier anil ou vrai. C'est un arbrisseau haut de six à dix décimètres, à la tige droite cylindrique, rameuse, chargée de poils courts, couchés, et donnant à la plante un aspect blanchâtre. Les rameaux effilés et grêles, sont étendus en forme de touffes. Les feuilles sont portées sur une petite tige ou pétiole, et composées de neuf à onze folioles, ovales, vertes en dessus, unies, douces au toucher. Les fleurs forment un épi de fleurs rougeâtres ou d'un rouge violet ; à ces fleurs succèdent des gousses grêles, linéaires, courbées, roides, cassantes, renfermant des semences luisantes, quadrangulaires, très-dures, d'un jaune rembruni, tirant un peu sur le vert, quelquefois sur le gris ou le blanc sale.

INDIVIDU, nom donné, en histoire naturelle, à tout être organisé, soit animal, soit végétal, considéré seul et abstractivement. L'individu est un tout particulier, par rapport à l'espèce dont il fait partie. Il est mâle ou femelle, selon la conformation de son sexe.

INDIVIS, terme de jurisprudence, ce qui n'est pas divisé ou partagé. L'*indivisibilité* est l'état de ce qui ne peut être divisé.

INDO-CHINE ou INDE AU DELÀ DU GANGE, presqu'île orientale de l'Inde, bornée au S. et à l'E. par la mer des Indes, au N. par la Chine, à l'O. par l'Indoustan et le golfe du Bengale. Sa superficie est de 110,000 lieues carrées, et sa population de 40,000,000 d'habitants. Elle se divise en cinq empires ou pays principaux, ceux d'*Annam*, d'*Assam*, l'empire *Birman*, le royaume de *Siam* et la presqu'île de *Malacca*.

INDOLENT, nom donné, en médecine, aux parties qui ne sont le siège d'aucune douleur.

INDOU, habitant indigène de l'Inde, qui suit la religion de Brama. On écrit aussi *Hindou*.

INDOUSTAN ou INDE EN DEÇA DU GANGE, presqu'île occidentale de l'Inde, comprise entre le Sind, le Gauge, les monts Himalaya et la mer des Indes. Sa superficie est de 160,000 lieues carrées, et sa population de 134,000,000 d'âmes. Il se divise en deux grandes parties, l'*Indoustan proprement dit* et le *Dekkan*. La première renferme les provinces de *Bengale*, de *Bahar*, d'*Allahabad*, d'*Agrah*, de *Delhi*, de *Gorval*, de *Koutche*, appartenant aux Anglais ; la province de *Sindhi*, le royaume de *Lahore* et le pays des *Seiks*, indépendants ; les provinces du *Neipaul*, de *Malvah*, aussi indépendants, et appartenant au radjah maratte *Sindyah* ; les provinces de *Guzarate*, d'*Adjemir* et d'*Aoude*, sous la protection des Anglais. Le Dekkan comprend les provinces d'*Orixa*, de *Bérar*, de *Khandeich*, d'*Aurengabad*, de *Visapour*, de *Beyder*, de *Balaghat*, de *Cirkars*, de *Carnatic*, de *Salem*, de *Kanara*, de *Malabar*, de *Cochin* et de *Caïmbetour*, appartenant aux Anglais ; celles de *Gandouanah*, *Haïderabad*, *Maïssour*, *Travancoure*, sous la protection des Anglais.

INDRE, rivière de France qui prend sa source à la fontaine de l'Indre, dans le département de la Creuse, et sur les limites de celui auquel elle donne son nom. Elle traverse les départements d'Indre et d'Indre-et-Loire, et se jette dans la Loire, près de Rivarennes. La longueur totale de son cours est d'environ 150,000 mètres. Elle coule du S.-E. au N.-O., au milieu d'une riche prairie, qui s'étend depuis sa source jusqu'à son embouchure. Sa largeur moyenne est de 42 mètres, et sa profondeur d'un mètre.

INDRE, département français, région du centre, formé du Berri, de la Touraine, de l'Orléanais et de la Marche. Il tire son nom d'une rivière qui le traverse du S.-E. au N.-O. Il est borné au N. par le Cher, le Loir-et-Cher et l'Indre-et-Loire; à l'E. par le Cher; au S. par la Creuse, la Vienne et la Haute-Vienne; à l'O. par la Vienne et l'Indre-et-Loire. Sa superficie est de 701,661 arpents métriques, et sa population de 212,000 âmes. Il nommait quatre députés, et se divise en quatre arrondissements, *Châteauroux* (chef-lieu), *Issoudun*, *la Châtre*, *le Blanc*. Il renferme de très-belles manufactures de fer, et son revenu est de 10 millions de francs. Il contient quatre cent treize étangs sur une superficie de 5,600 hectares. On y remarque le château de Valançay, les ruines du château d'Argenton, les viaducs de la Bouzanne et de la Creuse sur le chemin de fer, etc. Il commerce en draps, vins, chanvre, fruits, fers, pierres, céréales, châtaignes, bestiaux et poteries. Ce dép. est compris dans la 15e div. mil., le ressort du dioc. de la cour d'ap. et de l'ac. de Bourges.

INDRE-ET-LOIRE, département français, région de l'O., formé de la Touraine, de l'Orléanais, de l'Anjou et du Poitou. Il est borné au N. par les départements de la Sarthe et de Loir-et-Cher, à l'E. par ceux de l'Indre et de Loir-et-Cher, au S. par ceux de l'Indre et de la Vienne, à l'O. par ceux de la Vienne et de Maine-et-Loire. Sa superficie est de 643,219 hectares, et sa population de 316,000 âmes. Il nommait quatre députés, et se divise en trois arrondissements, *Tours* (chef-lieu), *Chinon* et *Loches*. Les vignobles occupent 37,657 hectares, et produisent annuellement 250,000 pièces d'un vin assez estimé. L'industrie s'exerce sur les fers, les verreries, les faïences, les toiles, les étoffes, les scieries, etc. Les forêts occupent 73.524 hectares. On y remarque les châteaux d'Amboise et de Chenonceaux; c'est la patrie de Rabelais et de Descartes, et parmi les femmes, d'Agnès Sorel, de Gabrielle d'Estrées et de Mlle de la Vallière. Il est compris dans la 4e div. milit., le diocèse de Tours et le ressort de l'ac. et de la cour d'ap. d'Orléans.

INDULGENCE, relaxation ou remise de la peine temporelle due à nos péchés, que l'Eglise accorde (hors le sacrement de pénitence, dans lequel l'absolution remet la peine éternelle) par le ministère de ceux qui ont le pouvoir de distribuer et d'appliquer ses trésors spirituels. C'est Jésus-Christ lui-même qui en donna le pouvoir à ses disciples. Les *indulgences plénières* sont celles par lesquelles on obtient la rémission de toute la peine temporelle due au péché, soit en cette vie, soit en l'autre, et que les papes seuls ont le droit de distribuer. Les *indulgences partielles* sont celles qui ne remettent qu'une partie de la peine temporelle due au péché. Les *temporelles* ne durent que pour un temps déterminé; les *indéfinies* sont sans détermination de temps, et les *perpétuelles* sont accordées pour toujours.

INDULT, grâce accordée par bulles du pape à quelque communauté ou à quelque personne, aux évêques, aux rois, aux cardinaux, etc., et qui concédait à ces personnes le privilège de nommer, conférer et présenter à certaines charges et bénéfices, et de faire ou obtenir une chose contre les dispositions du droit commun. L'*indult du parlement* était le privilège accordé par le roi au chancelier, aux présidents, conseillers, etc., du parlement, de requérir le premier bénéfice vacant sur un évêché, une abbaye, etc., possédés par un autre qu'un cardinal. — Ce mot désigne aussi les droits que lève le roi d'Espagne sur les navires venant d'Amérique.

INDURATION, nom donné à la dureté qui reste ou qui survient dans une partie enflammée. C'est un des modes de terminaison des phlegmasies.

INDUS, un des plus grands fleuves d'Asie, donna son nom à l'Inde dans laquelle il coulait. Les anciens, qui le nommaient ainsi, n'avaient sur ce fleuve que des notions très-imparfaites. Il a servi de bornes aux conquêtes de Sémiramis, reine d'Assyrie, et des autres souverains d'Asie. On le nomme aujourd'hui *Sind*.

INDUSE, nom donné par les botanistes à la portion d'épiderme, de forme et de mode d'insertion variables, appelée aussi *membranule* et *glandes écailleuses*. Elle sert dans les fougères à recouvrir les sporules ou graines.

INDUSIUM, espèce de tunique de laine à l'usage des femmes chez les anciens. Elle leur tenait lieu de chemise.

INDUSTRIE FRANÇAISE (ACADÉMIE DE L') AGRICOLE, MANUFACTURIÈRE ET COMMERCIALE, société créée à Paris pour le perfectionnement de l'industrie française. L'académie a des membres titulaires, honoraires ou correspondants, copropriétaires ou non copropriétaires. Elle a annuellement une exposition à laquelle prennent part les industriels qu'elle compte parmi ses membres. Elle distribue des médailles d'or, d'argent et de bronze aux personnes qui lui adressent les meilleurs mémoires, rapports et documents relatifs aux trois genres d'industrie dont elle s'occupe.

INÉQUITÈLES ou FILANDIÈRES, tribu d'insectes de l'ordre des pulmonaires, renfermant des araignées dont les filières extérieures sont coniques, convergentes et disposées en rosette. Les pieds sont très-grêles; les deux premiers et les deux derniers sont les plus longs. Les mâchoires sont inclinées sur la langue, rétrécies ou du moins point élargies vers leur extrémité. Cette tribu comprend les genres *théridion*, *scythodes*, *épisine* et *pholcus*.

INÉQUIVALVES, nom donné à certains fruits et coquilles dont les valves (les côtés) sont inégales.

INERMES, nom donné aux parties des animaux et des plantes qui n'ont ni aiguillons ni épines.

INERTIE, propriété des corps, laquelle consiste dans le défaut d'aptitude qu'ils ont pour apporter d'eux-mêmes un changement dans leur état actuel. Cette propriété a conduit les physiciens à établir les deux lois suivantes : 1o tout corps tend à persévérer dans son état de mouvement ou de repos, à moins qu'une cause étrangère ne l'en fasse sortir; 2o la réaction est toujours égale et contraire à l'action.

INÈS DE CASTRO, fille de Pierre-Fernand de Castro, Espagnol de haute naissance, est célèbre par ses malheurs. Elle entra comme dame d'honneur au service de Constance, épouse de don Pèdre, fils d'Alphonse IV. Après la mort de Constance, don Pèdre, épris de la beauté d'Inès, l'épousa secrètement. Ce mariage ayant été révélé au roi, prince cruel et altier, ce prince fit mourir Inès. Don Pèdre, irrité de cette barbarie, se révolta contre son père. Les prières de sa mère le firent rentrer dans le devoir. Mais, dès qu'il fut monté sur le trône, il fit périr dans les plus cruels supplices les instigateurs du meurtre de l'infortunée Inès.

INFAMANTES (PEINES). Les peines infamantes sont la mort, les travaux forcés à perpétuité et à temps, la déportation, la détention et la réclusion ; mais elles sont encore *afflictives*. Le bannissement et la dégradation civique n'amènent aucun châtiment corporel. L'infamie seule les accompagne. La *réhabilitation* de l'accusé peut seule lui donner une nouvelle existence civile.

INFANT. Autrefois ce titre était donné au fils aîné, et celui d'*infante* à la fille aînée du roi d'Espagne. On ne le donne plus qu'aux fils puînés du roi, et le fils aîné est nommé *prince des Asturies*. On retrouve cet usage en 999.

INFANTADO, seigneurie de la Castille, autrefois l'apanage des *infants*, et composée des villes d'Alcozès, Salmeron et Valdeclivas. Elle fut donnée en 1469 à Diego de Mendoza, marquis de Santillana, et érigée en duché en 1475.

INFANTERIE, nom générique des troupes destinées à combattre à pied dans les armées. L'infanterie fait la force principale des armées. Elle se compose en France de 10 compagnies de sous-officiers vétérans, 28 compagnies de fusiliers vétérans, 88 régiments, savoir : 67 régiments d'*infanterie de ligne*, 21 régiments d'*infanterie légère*, 3 bataillons d'*infanterie légère d'Afrique*, 12 compagnies de discipline, une *légion étrangère*, un bataillon de *zouaves* en Afrique. — L'arme de l'infanterie française est le fusil à baïonnette. Les compagnies d'élite seules portent le sabre-poignard. La buffleterie est blanche. L'uniforme de l'infanterie est un habit *bleu de roi*, boutonnant droit de la poitrine, avec collet, parements, retroussis et passe-poils de couleur *garance*, des contre-épaulettes *garance* avec passe-poil *bleu*, des boutons *jaunes*, au numéro du régiment, un pantalon *garance*, un shako en tissu de coton *noir* avec pourtour supérieur en galon *garance*, plaque *jaune* à coq, entourée de deux branches de laurier, numéro du régiment au centre de l'écusson. Les officiers ont l'épaulette d'or, les grenadiers en *laine rouge*, les voltigeurs en *laine jaune*. L'uniforme de l'infanterie légère est le même que celui de l'infanterie de ligne; l'habit est *bleu*, le pantalon *garance*; les passe-poils sont *bleus*; le collet, les parements, les retroussis, les contre-épaulettes et le galon du shako sont *jonquille*; les boutons *blancs* avec un cor de chasse et le numéro du corps au milieu. Les officiers ont l'épaulette d'argent. — Chaque régiment a son drapeau, ses tambours et son corps de musique. (Voy. RÉGIMENT.) La force de l'infanterie française est de 239,000 hommes.

INFANTERIE DE LA MARINE. L'infanterie de la marine se compose de trois régiments qui font le service ordinaire des garnisons des colonies. Ils ont chacun trois bataillons, et sont forts d'environ 6,000 hommes. Leur armement, leur uniforme et leur équipement sont les mêmes que ceux de l'infanterie de ligne.

INFANTICIDE ; action de donner volontairement la mort à un enfant nouveau-né. Ce crime, dont on voit à peine en France quatre-vingt-six personnes accusées (terme moyen) annuellement, dépasse le nombre de vingt mille à Pekin. La peine des infanticides est la mort. Les progrès de l'humanité les rendent de plus en plus rares.

INFECTION, action des émanations fétides des corps sur l'odorat. L'air et l'eau contribuent beaucoup à élever les exhalaisons infectes; aussi fait-on mal d'arroser les villes pendant les épidémies. Ces émanations, s'introduisant dans les corps animés, amènent des inflammations qui se terminent souvent par la gangrène. Cependant par l'habitude on finit par s'acclimater dans des pays malsains et par échapper à leur influence délétère. Le chlore fluide peut garantir contre les progrès de l'infection.

INFÉODATION, acte par lequel on donnait quelque chose en fief. C'était aussi l'investiture qu'on donnait d'un fief, et l'acte par lequel on unissait quelque chose à son fief. C'était encore l'acquisition d'un fief à un vassal par la réception à foi et hommage du au seigneur. — L'*inféodation des dîmes* désignait l'action par laquelle des laïques tenaient en fief et possédaient les dîmes à titre de biens civils. — L'*inféodation de rente*, reconnaissance que le seigneur faisait des rentes, charges, etc., que le vassal avait imposées sur le fief qu'il possédait et qui relevait du seigneur.

INFÈRE, épithète donnée aux ovaires qui font entièrement corps avec le tube du calice. Ils sont *demi-infères* lorsqu'ils ne font corps avec le tube du calice que par sa moitié inférieure. Dans ces positions, le calice et la corolle prennent les mêmes noms

INFÉRIES, offrandes et sacrifices que les anciens faisaient sur les tombeaux des héros. Chez les Grecs, on y immolait des prisonniers de guerre; chez les Romains, on y faisait combattre les gladiateurs. D'autres fois on se contentait d'immoler des victimes.

INFERNALE (Pierre), nom donné au *nitrate d'argent*, obtenu par la dissolution de l'argent pur dans de l'acide nitrique, desséché, fondu et coulé dans des moules cylindriques. Il est gris, et ne se dissout pas entièrement dans l'eau. On se sert de cette substance comme cathérétique et pour ronger les chairs fongueuses, détruire les excroissances, etc.; réduit en poudre, pour arrêter les progrès des ulcères et combattre les maladies nerveuses.

INFÉROBRANCHES, ordre de mollusques gastéropodes (marchant sur le ventre), dont les branchies (organes de la respiration), au lieu d'être placées dans le dos, le sont sous le rebord avancé du manteau. Les phyllidies font partie de ce genre.

INFIDÈLE, nom donné, en théologie, à ceux qui n'admettent aucun mystère du christianisme et qui n'ont point reçu la foi chrétienne. Les *infidèles négatifs* sont ceux qui n'ont jamais entendu la prédication de l'Évangile et n'ont pu repousser le christianisme; les *positifs* sont ceux qui refusent volontairement de recevoir cette foi. Le nom d'*infidèles* se donne aussi aux Turks et aux sectes mahométanes.

INFILTRATION, épanchement d'un fluide au travers d'un tissu, d'une membrane, etc., ou insinuation d'un liquide entre les molécules des corps solides. L'infiltration des eaux peut rendre souvent les terres fécondes.

INFINI, ce qui n'a point de bornes. Appliqué aux quantités, ce mot désigne celles qui sont plus grandes que toute quantité assignable, ou pour lesquelles il n'existe pas de rapport avec les quantités finies.

INFIRMITÉS, maladies chroniques devenues incurables, qui ne troublent qu'une ou plusieurs fonctions, et qui ne menacent pas la vie de l'individu. Il est cependant quelques-unes de ces maladies que l'on peut guérir. — Les *infirmeries* sont des lieux isolés et paisibles établis dans chaque communauté pour les malades. Chaque collège, chaque école royale est pourvue d'une infirmerie. On donne le nom d'*infirmiers* aux personnes préposées à la garde des malades.

INFLAMMATION, propriété qu'ont certains corps de dégager du calorique et de la lumière, lorsqu'ils se combinent avec d'autres corps. La substance avec laquelle ils se combinent est l'oxygène. Les corps qui ont la propriété de prendre feu sont dits *inflammables*.

INFLAMMATION ou PHLEGMASIE, maladie caractérisée par la douleur, la chaleur, le gonflement, la rougeur des parties affectées, et un changement dans la nature des fluides qu'elles sécrètent. Elle a pour cause l'action physique ou chimique de certains corps sur nos organes. Elle se termine par *résolution*, *suppuration*, *gangrène*, *induration*, *métastase*, etc., selon que les fluides extravasés se résorbent et circulent de nouveau, suppurent, amènent la gangrène, l'induration, ou changent de place, etc. L'abus des alcooliques, le tempérament sanguin, etc., y prédisposent.

INFLAMMATOIRE (Fièvre), maladie qui a pour symptômes principaux la couleur rosée de la peau, la rougeur de la face, la fréquence et la force du pouls, la rougeur de l'urine, l'élévation de la chaleur et la pesanteur générale. Elle attaque particulièrement les individus jeunes, robustes, vivant dans la bonne chère et la mollesse. Les hommes en sont plus fréquemment atteints que les femmes. Elle règne quelquefois épidémiquement. Sa durée moyenne est d'une à deux semaines. Elle peut cesser dès le troisième jour ou se prolonger jusqu'au vingtième. Sa terminaison est presque toujours heureuse, et la convalescence est courte. Le traitement consiste dans l'emploi des saignées, des boissons rafraîchissantes et de la diète.

INFLEXION, déviation qu'éprouve un rayon lumineux lorsqu'il rase les bords d'un corps opaque. La découverte de cette propriété est due au P. Grimaldi, jésuite.

INFLEXION. On nomme *point d'inflexion*, dans une courbe, le point où le concave elle devient convexe, et réciproquement. Lorsque la courbe change brusquement de direction, le point où cela a lieu s'appelle *point de rebroussement*. En musique, l'*inflexion de la voix* est le passage d'un ton à un autre.

INFLORESCENCE, disposition des fleurs sur le végétal qui en est muni. L'inflorescence est *simple* ou *composée*, soit que les fleurs partent du collet de la racine, comme dans le safran, le colchique, soit qu'on les trouve implantées, soit directement sur les tiges, soit sur les rameaux, soit sur les pousses de l'année, soit enfin sur les feuilles ou dans les aisselles des feuilles. L'inflorescence est très variée dans les formes qu'elle affecte. Elle est placée à l'extrémité de la tige et des rameaux, à leur aisselle, etc., solitaire, aux fleurs réunies deux à deux, trois à trois, ou en grand nombre, en épi, en chaton, en faisceau, en grappe, en corymbe, en panicule, en ombelle, etc.

INFORCIAT ou INFORTIAT, nom donné par les interprètes du droit au deuxième volume du Digeste.

INFRALAPSAIRES, nom donné à ceux qui soutiennent que Dieu n'a créé un certain nombre d'hommes que pour les damner, sans leur donner les secours suffisants pour se sauver. On les appelle ainsi parce qu'ils prétendent que Dieu n'a pris cette résolution qu'*après la chute* du premier homme (*infrà lapsum*).

INFULE, bandelette de laine blanche qui ceignait chez les anciens la tête des prêtres, et de laquelle pendaient de chaque côté des cordons. C'était la marque de la dignité sacerdotale.

INFUNDIBULIFORMES, famille d'herbes et de sous-arbrisseaux, à fleurs simples, dans la classification de Tournefort. Les corolles de ces plantes ont la forme d'un entonnoir, d'une soucoupe ou d'une roue, et sont monopétales régulières. Tels sont le tabac, la bourrache. Leur nom vient du latin *infundibulum*, entonnoir.

INFUSION, opération que l'on pratique en versant de l'eau ou toute autre liqueur bouillante sur une substance médicamenteuse, et en la laissant refroidir. Par ce moyen, les principes médicamenteux de la substance employée se trouvent dissous. L'*infusum* est le nom du produit de l'infusion.

INFUSOIRES, animalcules microscopiques, invisibles à l'œil, ou n'y paraissant que comme des atomes dont les formes sont inappréciables et qui existent dans les infusions, les eaux corrompues, etc. Le nom de *microscopiques* semble mieux leur convenir.

INFUSUM, nom du produit d'une infusion. On dit *infusum aqueux*, *alcoolique*, etc., suivant que l'infusion a été faite avec l'eau, l'alcool, etc.

INGELBURGE ou ISEMBURGE, fille de Valdemar Ier, roi de Danemarck, épousa Philippe Auguste, roi de France, en 1193. Ce prince conçut pour elle, le jour même des noces, une aversion invincible, et fit déclarer, quatre mois après, son mariage nul à Compiègne. La reine fut reléguée à Étampes, où elle fut traitée très durement. Le roi ayant épousé Agnès de Méranie, Ingelburge se plaignit au pape; et après deux conciles (1199 et 1201) le roi, lassé de l'excommunication et de l'interdit dont le pape l'avait frappé, la reprit au bout de douze ans et lui laissa en mourant 12,000 livres. Elle mourut en 1237, à soixante ans.

INGÉNIEUR DES MINES, ingénieur chargé de la direction des mines et de chercher les moyens les plus propres et les plus économiques pour extraire les métaux.

INGÉNIEUR DES PONTS ET CHAUSSÉES, fonctionnaire chargé de tracer les routes, les canaux, de construire les ponts. Il dirige tous les travaux qui concernent les routes, etc. Il y a aussi un corps spécial d'*ingénieurs des ponts et chaussées*, employés au service de la marine et résidant dans les principaux ports de mer.

INGÉNIEUR-GÉOGRAPHE, titre donné aux officiers d'un corps chargé spécialement de la confection des cartes civiles et militaires, des plans d'un champ de bataille, etc. La première institution de ce corps remonte au règne de Louis XV. Depuis 1831, les ingénieurs-géographes ont été pris dans l'état-major.

INGÉNIEUR-HYDROGRAPHE, ingénieur qui a dans ses attributions les ports et les côtes qui bordent les mers. Il est chargé d'en relever les gisements. — Les *ingénieurs de la marine* sont destinés à faire donner aux vaisseaux la force et la dimension nécessaires.

INGÉNIEUR MILITAIRE, officier destiné à projeter et faire exécuter tous les travaux militaires, les fortifications des places, les bâtiments militaires, les travaux de siège, les retranchements, etc. Leur service uniforme date de 1776. En France, il y a quatre cents ingénieurs militaires.

INGESTA, mot latin employé en médecine pour désigner les substances destinées à être introduites dans le corps par les voies digestives. Tels sont les aliments, les boissons.

INGOLSTADT, belle ville de la Bavière, sur le Danube, à 34 lieues de Vienne. Population, 4,820 âmes. Cette place, la plus forte du royaume, a une fameuse université fondée en 1471. Cédée aux Français en 1801, elle fut rendue en 1816.

INGOUCHES ou GHALGHA, peuple du Caucase oriental entre les sources de la Sunja et du Kumbaley, divisé en sept tribus ou kisti. Ce peuple, qui est composé de 5,000 guerriers, est sous la protection de la Russie.

INGRAIN. Voy. ÉPEAUTRE.

INGRÉDIENTS, nom donné aux substances et aux médicaments faisant partie de médicaments plus composés.

INGUINAL, nom des différents organes situés dans la région de l'aine.

INHUMATION, action de déposer les cadavres dans la terre. Elle ne peut avoir lieu avant que le décès n'ait été constaté par un officier de santé; elle se fait en présence d'un délégué de l'autorité. L'autorisation du magistrat est nécessaire pour être inhumé dans une propriété particulière. En 1200 s'établit la coutume d'ensevelir dans les églises, d'où résultèrent tant de contagions funestes. Cette coutume se conserva jusqu'à Louis XVI. Aujourd'hui on ne peut même pas inhumer dans l'intérieur des villes.

INITIATION, cérémonie des anciens, par laquelle on recevait une personne au nombre de ceux qui professaient un certain culte, et on admettait un candidat à prendre part aux fêtes en l'honneur de certaines divinités (*mystères*), où eux seuls pouvaient assister. Voy. ÉLEUSIS.

INITIATIVE DES LOIS, acte par lequel on propose une loi. Chez les Athéniens, elle appartenait à chaque citoyen; chez les Romains, aux consuls, aux préteurs et aux tribuns, sous la république; plus tard, aux empereurs. Nos rois se l'attribuèrent aussi jusqu'à Louis XVI (1789), qu'elle fut laissée à l'assemblée législative, et en 1795 au conseil des cinq-cents. Elle appartient au pouvoir exécutif jusqu'en 1814. Aujourd'hui elle est attribuée au roi, à la chambre des pairs et à celle des députés.

INJECTÉE (Face), nom donné à l'état de la face lorsque l'accumulation du sang dans ses vaisseaux capillaires lui donne une couleur rouge très prononcée.

**INJECTIONS**, nom donné, en médecine, à l'action d'introduire, par le moyen d'une seringue ou de tout autre instrument, un liquide dans une cavité du corps. On a également appelé *injection* le liquide injecté. — Les anatomistes pratiquent spécialement les injections pour remplir les cavités des vaisseaux, afin de les rendre plus apparentes et de faciliter leur dissection. — Ces injections se font avec du suif, de la cire, de la térébenthine, que l'on colore avec du noir de fumée ou du vermillon.

**INN** (Rivière et Cercle d'). La rivière de ce nom prend sa source dans le pays des Grisons, au pied du mont Septimerberg, et se jette dans le Danube entre Passau et Instadt, après un cours de 86 lieues en Allemagne. — Le cercle d'Inn est dans le Tyrol, entre l'Inn, le Danube et le cercle Salzach, et appartient à l'Autriche. Sa superficie est d'environ 62 lieues, et sa population de 122,750 habitants. Sa capitale est *Inspruck*.

**INNOCENT**. Treize papes ont porté ce nom. — Le premier succéda à Anastase en 401 sous l'empereur Honorius, s'éleva contre les pélagiens et mourut en 417. Sous son pontificat, Alaric pilla Rome. — Innocent II succéda à Honorius II en 1130. On lui opposa Anaclet II (Pierre de Léon), qui fut reçu par le Milanais et Roger, roi de Sicile. L'empereur Lothaire, Louis le Jeune replacèrent Innocent sur le trône en 1133. Anaclet mourut en 1138. On lui substitua Victor VI, qui abdiqua. Fait prisonnier par Roger, Innocent mourut en 1143. — Innocent III, de la maison des comtes de Segny, succéda à Célestin III en 1198. Il procura des secours à la terre sainte, excommunia Philippe Auguste et s'éleva contre les albigeois, déposa le roi d'Angleterre en 1212, se montra toujours puissant et ferme, et mourut en 1216. — Innocent IV, des comtes de Lavagne, succéda à Célestin IV. Il tint le premier concile général à Lyon en 1245, et excommunia l'empereur Frédéric. Il mourut en 1254. — Innocent V (Pierre de Tarantaise) succéda à Grégoire X en 1276, et mourut la même année. — Innocent VI (Étienne d'Albert) succéda en 1352 à Clément VI, travailla à la réforme de l'Église et mourut en 1362. — Innocent VII (Cosmato Meliorato) succéda à Boniface IX en 1404. Chassé de Rome par les partisans de Benoît XIII, il mourut en 1406). — Innocent VIII (J.-B. Cibo) succéda à Sixte IV en 1484, devint le geôlier de Zizim, frère du sultan Bajazet, et mourut en 1491. — Innocent IX (J.-Antoine Fachinetti) succéda à Grégoire XIV en 1591, et mourut la même année. — Innocent X (J.-B. Pamphili) succéda à Urbain VIII en 1644. Il condamna les jansénistes, et donna son autorité à sa belle-sœur doña Olympia. Il mourut en 1655. — Innocent XI (Benoît Odescalchi) succéda à Clément X en 1666. Il confia les affaires au cardinal Cibo, eut des démêlés avec la France au sujet de la régale et du droit de franchise, et mourut en 1689. — Innocent XII (Antoine Pignatelli) succéda à Alexandre VIII en 1691, et mourut en 1700. — Innocent XIII (Michel-Ange Conti) succéda à Clément XI en 1721, et mourut en 1724.

**INNOCENTS**, nom donné aux enfants qu'Hérode fit tuer dans Bethléem depuis l'âge de deux ans, voulant envelopper dans ce massacre le roi des Juifs, dont les mages lui avaient révélé la naissance. On en fait monter le nombre à 14,000. On célèbre leur fête le 28 décembre.

**INO** (myth.), fille de Cadmus et femme d'Athamas, roi de Thèbes, qui la répudia pour Néphélé. Ino, devenue de nouveau son épouse, voulut faire périr les fils de Néphélé, Phryxus et Hellé, qui se sauvèrent en Colchide. Athamas, furieux, tua Léarque, fils d'Ino, et la poursuivit. Elle se précipita dans la mer avec Mélicerte. Elle fut changée en une déesse marine, nommée *Leucothoé*. Mélicerte devint dieu marin sous le nom de Palémon.

**INOCULATION**, introduction d'un virus, et particulièrement du virus variolique ou vaccin, dans le corps au moyen d'un instrument.

**INONDATION**, débordement des eaux sur leurs rivages. Les contrées qui ont le plus souffert dans une période de quatorze cent quatre-vingts ans sont la Hollande, la Chine, l'Angleterre, l'Allemagne, la France, l'Italie et l'Espagne. La Tamise, le Danube, le Rhin, la Seine, la Loire, le Rhône et la Garonne, le Tibre, le Pô, le Tage, sont les fleuves qui débordent le plus souvent. La plus célèbre inondation est celle de 1634, qui fit périr plus de 7,000 personnes.

**INORGANIQUE**, une des deux classes générales des corps, se dit de ceux qui n'ont aucun organe. Tels sont les minéraux. Ces corps affectent des formes anguleuses ou irrégulières, tandis que les *organiques* affectent des formes rondes ou cylindriques.

**INQUISITION**, tribunal ecclésiastique établi par les papes pour s'informer des personnes suspectes d'hérésie. Il fut érigé par Innocent III en France à l'occasion des albigeois. En 1221 et 1254, il fut établi en Italie. L'empereur Frédéric II rendit une loi par laquelle ceux qui étaient condamnés comme hérétiques devaient être punis d'une manière proportionnelle à leur crime; que ceux qui reviendraient à leur foi seraient soumis à une pénitence canonique, et condamnés à une prison perpétuelle; que les hérétiques et les relaps seraient punis de mort, et leurs enfants jusqu'à la seconde génération privés de toute fonction publique. Innocent IV l'érigea en tribunal perpétuel. Sous François Ier, l'inquisition n'existait presque plus en France et en Allemagne. Elle subsista plus longtemps en Espagne. En Italie il y a encore un tribunal à Rome, présidé par le pape (congrégation du Saint-Office). — La question se donnait de trois manières, par la corde, l'eau et le feu. Le supplice était la mort sur le bûcher ou la prison. Les condamnés pouvaient faire appel au pape. Le premier grand inquisiteur fut saint Dominique. — A Venise, c'était un tribunal politique, composé de trois inquisiteurs, dont le pouvoir était illimité et absolu, et qui avaient droit de vie et de mort sur tous les citoyens. Les supplices avaient lieu avec un mystère effrayant.

**INSCRIPTION MARITIME**, nom donné à l'inscription sur un registre de tous les gens de mer d'un arrondissement maritime déterminé. Cette inscription leur impose l'obligation de faire à tour de rôle le service maritime sur les vaisseaux de l'État, en temps de guerre et en temps de paix. Tout individu naviguant ou employé sur mer, dans l'étendue d'un arrondissement maritime, doit se faire inscrire. D'après la loi, on comprend dans l'inscription maritime tout citoyen âgé de dix-huit ans révolus, qui, ayant fait deux voyages de long cours, ou la navigation pendant dix-huit mois, ou la petite pêche pendant trois ans, ou servi pendant deux ans en qualité d'apprenti marin, voudra continuer la navigation ou la pêche. — Il y a dans chaque port de mer des commissaires ou des sous-commissaires délégués pour tenir les registres d'inscription maritime.

**INSCRIPTIONS**, écrit par lequel on constate qu'un étudiant désire suivre les cours d'une faculté à laquelle il appartient, et se soumet à ses règles. Ces inscriptions se prennent de trois mois en trois mois.

**INSCRIPTIONS DE FAUX**, acte par lequel on déclare en justice qu'une pièce est viciée de faux.

**INSCRIPTIONS HYPOTHÉCAIRES**, déclaration que fait un créancier hypothécaire, sur un registre public, de l'hypothèque qu'il a sur les biens de son débiteur.

**INSECTES**, animaux invertébrés, sans branchies, sans organes circulatoires, à corps articulé, muni de six pattes, dépourvus de squelettes, mais ayant une tête distincte du tronc, respirant par trachées, et possédant des membres articulés. Leur tégument externe est corné, et subit des modifications dans le cours de la métamorphose. Leurs yeux sont ou simples (*stemnates*) ou composés, et forment des réseaux à facettes. La fécondité des insectes est étonnante. On donne le nom d'*insectivores* aux animaux qui vivent d'insectes.

**INSERTION**, attache d'une partie à une autre. Les insertions des parties formant le corps des animaux se font sur les os, les cartilages et les organes fibreux. — C'est, en botanique, l'attache de la corolle, des étamines, des feuilles, etc., sur un point d'un végétal. — *Insertion* désigne aussi, en pathologie, l'action d'inoculer.

**INSIPIDE**, épithète donnée aux corps qui n'ont aucune saveur, comme le sable, la magnésie, etc.

**INSOLATION**, exposition d'un malade aux rayons du soleil dans l'intention de ranimer chez lui les forces languissantes de la vie, ou de produire une excitation sur la peau. En pharmacie et en chimie, on se sert de l'insolation pour dessécher les médicaments et les produits chimiques.

**INSOMNIE**, privation de sommeil. L'insomnie peut exister seule et constituer une maladie, ou être l'effet d'une affection morale ou physique. Les principales causes sont la douleur, la toux, l'agitation de l'esprit, les veilles prolongées, l'absorption de substances excitantes, telles que le café, etc.

**INSPECTEUR**, fonctionnaire chargé de réviser les opérations d'un grand nombre de subalternes. Les *inspecteurs militaires* sont chargés de recueillir les états de revue, de s'assurer de l'effectif, de la tenue et de l'instruction des soldats, de juger de la régularité des admissions, de la légalité des renvois, etc. L'inspecteur militaire a le grade de lieutenant général. Leur création remonte au XIVe siècle. — L'*inspection pour l'instruction publique* se divise en trois degrés. Elle est primaire ou départementale, et à ce degré elle embrasse toutes les écoles primaires, élémentaires, supérieures et normales. Elle est secondaire ou académique, et à ce degré elle embrasse tous les collèges royaux et communaux. Elle est supérieure, et à ce degré elle embrasse tous les établissements d'instruction publique. Il y a un inspecteur par département, deux par académie, excepté Paris et Strasbourg; douze inspecteurs généraux, six pour les sciences, six pour les lettres. — Officier des synagogues des juifs, chargé d'inspecter les lectures et prières qui s'y font. — Il y a aussi des *inspecteurs de finances*, de *l'enregistrement et des domaines*, des *postes*, *de la marine*, *de police*, *des prisons*, *des ponts et chaussées*, *des eaux minérales*, *des forêts*, *des haras*, *des mines*, *des établissements de bienfaisance*, etc.

**INSPIRATION**, action par laquelle l'air pénètre dans l'intérieur des poumons; c'est un mouvement opposé à l'expiration. Cette action est due aux muscles qui par leur contraction déterminent l'ampliation du thorax et produisent ainsi l'inspiration. Ces muscles se nomment *inspirateurs*.

**INSPRUCK** ou **Innspruck**, ville d'Autriche, aujourd'hui chef-lieu du cercle de l'Inn, à 84 lieues de Vienne. Population, 10,500 âmes. Il y a un château impérial, une université, fondée en 1677. Le duc de Bavière la prit en 1703.

**INSTANCE**, toute action introduite en justice. *Être en instance* auprès d'un tribunal, c'est le solliciter pour obtenir de lui jugement. L'instance judiciaire commence au moment où est donnée la première assignation qui somme le défendeur de comparaître devant le juge. Si le défendeur ne se présente pas, l'instance se poursuit par *défaut*. Si le demandeur reste trois années sans faire aucun acte de procédure, l'instance peut se *périmer*; s'il reste trente ans, elle est *prescrite*. — *Instance* désigne aussi la juridiction. *Etre en première instance*, c'est plaider devant le tribunal de premier degré. Les *tribunaux de première instance* sont les tribunaux civils qui ont la compétence générale, et qui prononcent en premier ressort, souvent même par appel.

INSTILLATION, opération de pharmacie qui consiste à verser une liqueur goutte à goutte: elle est particulièrement employée lorsqu'il s'agit d'administrer des médicaments doués d'une grande activité.

INSTINCT, puissance intérieure qui fait agir l'homme et la plupart des animaux soudainement et sans être le résultat de la réflexion. Les actions des animaux sont presque toutes dirigées par l'instinct. Le raisonnement est, chez eux, nul ou très-borné, parce que les moyens de présenter leurs idées et de se les communiquer entre eux sont nuls ou peu développés. Les animaux n'ont-ils que de l'instinct, ou bien jouissent-ils de cette faculté avec celle de l'intelligence, c'est ce que la science n'a pu encore découvrir.

INSTITUT DE FRANCE. — Après la suppression de toutes les académies en 1792, la constitution de l'an III, promulguée en 1795, ordonna la fondation d'un Institut national, chargé de recueillir les découvertes, de perfectionner les arts et les sciences. Une loi de 1795 ordonna l'organisation de cet Institut, qui, formé dans l'origine de quatre *classes* distinctes, se composa depuis 1816 de quatre académies. Depuis 1832, on en compte cinq, dans l'ordre suivant : l'*académie française*, l'*académie royale des inscriptions et belles-lettres*, l'*académie royale des sciences*, l'*académie royale des beaux-arts* et l'*académie des sciences morales et politiques*. Voy. ces mots. — Chaque académie a son régime indépendant et la libre disposition des fonds qui lui sont spécialement affectés. Toutefois l'agence, le secrétariat, la bibliothèque et les autres collections de l'Institut sont communs aux cinq académies. Les académies sont sous la protection directe du gouvernement. Les propriétés communes aux cinq académies et les fonds y affectés sont régis et administrés par une commission de dix membres, dont deux pris dans chaque académie, sous l'autorité du ministre de l'instruction publique. Ces mandataires sont élus chacun pour un an, et sont rééligibles. Les propriétés et fonds propres à chaque académie sont régis en son nom par des bureaux ou commissions. Les cinq académies tiennent annuellement une séance publique commune. Elles ont en outre une séance publique annuelle particulière à chacune d'elles. Les académies élisent aux places vacantes dans leur sein. Les sujets élus sont confirmés par le chef de l'État. Elles distribuent annuellement des prix.

INSTITUTES ou INSTITUTS (*Institutiones*), nom que les jurisconsultes romains donnaient pour titre à leurs traités élémentaires du droit. Les plus célèbres sont ceux de *Gaius* ou *Commentaires*, ceux d'*Ulpien* et ceux de *Justinien*. Le premier et le troisième sont seuls parvenus jusqu'à nous. Celui de Gaius fut écrit sous Antonin le Pieux, et celui de Justinien trois cents ans plus tard (533). Ils sont tous divisés en quatre livres.

INSTRUCTION ( jurispr.), enquête de tous les actes de procédure propres à mettre une affaire en état d'être jugée. L'instruction des affaires civiles se fait d'après les règles indiquées pour chaque cas particulier dans le Code de procédure. L'*instruction par écrit* est une procédure admise dans les affaires qui ne comportent pas une plaidoirie. L'affaire est mise alors au délibéré. L'*instruction criminelle* ou des affaires criminelles comprend la procédure depuis la plainte jusqu'au jugement. Toute affaire est soumise à une *instruction préalable*, pour s'assurer que le prévenu est traduit sur des présomptions graves. Les magistrats chargés de diriger cette procédure se nomment *juges d'instruction*. Ils délivrent les mandats de *comparution*, de *dépôt*, d'*amener* et les *mandats d'arrêt*. C'est d'après leur décision que l'affaire suit son cours.

INSTRUCTION PUBLIQUE. L'instruction publique se divise, en France, en *enseignement*, *inspection* et *administration*. Le premier a trois degrés. Il est *primaire*, *secondaire* et *supérieur*. L'enseignement primaire est *élémentaire*, et alors il embrasse la lecture, l'écriture, le calcul, la morale religieuse; ou *supérieur*, et il embrasse les notions usuelles sur les sciences mathématiques et physiques. L'enseignement *secondaire* se divise en deux degrés, dont l'un procure l'instruction générale (collèges) et l'autre l'instruction spéciale pour chaque carrière (école militaire, etc.). L'enseignement *supérieur* se divise en deux sortes d'institutions : les facultés des lettres, de médecine, de théologie, le collège de France et la bibliothèque du roi. Pour l'*inspection*, voy. ce mot. L'*administration* comprend le comité local pour les écoles primaires de la commune, le comité d'arrondissement pour les écoles primaires de l'arrondissement; la commission de surveillance pour l'école normale des départements, le bureau d'administration pour le collège communal, le conseil académique pour l'académie du département, le conseil royal de l'instruction publique pour la France entière, présidé par le ministre, comme secrétaire d'Etat et grand maître de l'université.

INSTRUMENTAL, ce qui se rapporte aux instruments. Un *concert instrumental* est celui où l'on n'entend que des instruments. On appelle *composition* ou *musique instrumentale* celle qui est écrite pour les instruments. Le *chant instrumental* est celui où le chanteur imite les traits des instruments, au lieu de conserver à son organe le caractère d'expression qui lui est naturel.

INSTRUMENTATION, art d'employer les instruments de la manière la plus utile pour en tirer le meilleur effet possible dans la musique. Cet art peut s'apprendre avec le temps et l'expérience des effets; mais il exige que le compositeur, en écrivant, ait présents à la pensée la qualité, l'accent de chaque instrument et l'effet qui résulte de leurs diverses combinaisons. Haydn, Mozart, Beethoven et Rossini sont ceux qui ont porté le plus loin les ressources de l'instrumentation. Voy. ORCHESTRE.

INSTRUMENTS ( mus.), appareils destinés à produire des sons par la vibration de l'air, et à former des ensembles par la réunion de leurs timbres. On les divise en quatre sections. 1° Les *instruments à cordes* se subdivisent en instruments à cordes pincées (guitare, harpe), à archet (violon, basse) et à clavier (piano). 2° Les *instruments à vent* comprenant les flûtes à tuyaux, à bouche ou à bec, ceux qui se jouent avec une languette vibrante ou anche (clarinette) et ceux à embouchure en cuivre (cors). 3° Les *instruments de percussion* renferment ceux à peaux tendues (tambour) et les timbres (tam-tam). 4° Enfin les *instruments à frottement*, tels que les *harmonicas*, les *vielles*, etc.

INSTRUMENTS (acc. gén.), nom donné à tout agent mécanique employé dans la pratique des opérations chimiques, chirurgicales, physiques, astronomiques, mathématiques et les travaux aratoires. Les cornues, les alambics, les bistouris, l'équerre, la boussole, les lunettes, les charrues, etc., sont des instruments.

INTÉGRAL (CALCUL), manière de trouver la quantité finie dont une quantité infiniment petite donnée est la différentielle. Il fut inventé par Newton et Leibnitz, et a pour objet la considération des *différences inverses*, nommées aussi *sommes* ou *intégrales*.

INTENDANCE. C'était autrefois une magistrature administrative, judiciaire et financière, qui avait la justice, la police et les finances dans ses attributions. Elle s'exerçait dans chaque généralité. L'hôtel habité par le titulaire se nommait *intendance*. — Ce nom désignait encore une administration privée, que les princes avaient pour la gestion de leurs biens, de leurs revenus, etc. Les seigneurs et les riches en avaient aussi. — Les premiers intendants de province furent établis par Henri II en 1551 et supprimés en 1790. On les nommait encore *commissaires départis*.

INTENDANTS MILITAIRES, officiers d'administration militaire assimilés aux officiers généraux. Ils sont chargés de l'administration ( solde, vivres, fourrages, transports, etc.) des armées ou des divisions des armées actives, ainsi que des divisions territoriales. Ce grade a été créé en 1817.

INTENDANTS MILITAIRES (SOUS-), officiers d'administration militaire assimilés aux colonels, lieutenants-colonels et chefs de bataillon, suivant leur classe. Il y a des intendants de première, deuxième et troisième classe, et des sous-intendants adjoints, dont les fonctions sont les mêmes que celles des intendants. Ce grade a été créé en 1817.

INTERCADENCE, trouble des pulsations artérielles qui offrent entre elles çà et là une pulsation surnuméraire. On nomme *intercadent* le pouls qui offre des intercadences.

INTERCALAIRE, nom donné au jour que l'on ajoute au mois de février dans les années bissextiles. Ce mois a par conséquent pendant ces années vingt-neuf jours.

INTERDICTION, sentence qui ôte à quelqu'un l'administration de ses biens, pour cause de démence, d'imbécillité ou de prodigalité. Elle peut être demandée par les parents et même par le procureur du roi. — L'*interdiction* consiste dans la privation des droits civils et la création d'un tuteur ou d'un curateur pour gérer les affaires de l'interdit. — L'*interdiction*, *en général*, est la sentence par laquelle une personne ne peut faire les fonctions de sa charge ou exercer les emplois de sa profession.

INTERDIT, sentence par laquelle l'Eglise prive les fidèles de l'usage de certaines choses saintes, telles que les sacrements, les offices divins, etc. L'entrée de l'église était défendue aux interdits. L'Eglise abusa de ce droit comme de l'excommunication. — Aujourd'hui *interdit* est synonyme d'*interdiction*, et signifie la sentence ecclésiastique qui défend pour un certain temps à un prêtre l'exercice de ses fonctions.

INTÉRÊT, profit que le créancier retire du prêt de son argent ou de son matériel, ou *somme* qu'on paye chaque année à celui dont on a emprunté quelque chose. L'intérêt légal et l'intérêt conventionnel ne peuvent excéder cinq pour cent en matière civile, et six pour cent en matière commerciale. — Les *intérêts des intérêts* sont les intérêts que l'on retire du nouveau capital produit par l'addition du premier capital aux intérêts.

INTERFÉRENCES (PRINCIPE DES), théorie de la lumière, suivant laquelle ce fluide se compose d'éléments qui réagissent les uns sur les autres. Ainsi un faisceau lumineux présente des bandes noires, entremêlées avec d'autres colorées. Ces bandes se nomment *franges*. Ce système suppose que les molécules de lumière sont répandues dans l'espace, et qu'elles ne produisent des sensations sur nos yeux qu'autant qu'elles sont mises en vibration par les corps que nous nommons *lumineux*.

INTÉRIM ( *provisoirement, en attendant*), mot latin qui ne s'emploie qu'en parlant de fonctionnaires destinés à remplir une charge, pendant l'attente ou la nomination de nouveaux fonctionnaires. — Ce mot désigne aussi un concordat dû à Charles-Quint, en 1548, pour pacifier l'Allemagne, et concernant la religion, qui devait exister jusqu'à la décision du concile de Trente. Ce décret renfermait trente-six articles, qui contenaient les dogmes et les cérémonies des catholiques, à la réserve du mariage qu'on permettait aux prêtres, et de la communion sous les deux espèces qu'on accordait au peuple. Les catholiques et les luthériens furent également mécontents de l'*intérim*. Ceux qui s'y soumirent furent dits *intérimistes*.

INTERLOCUTOIRES (JUGEMENTS). Voy. JUGEMENT.

INTERLOPE, bâtiment qui fait la fraude sur les côtes et dans les îles; ce mot s'applique également aux bâtiments et même aux hommes qui font le commerce défendu, qui fraudent les droits sur les marchandises d'une autre nation.

INTERMÈDE, petite pièce mêlée de vers, de musique et de ballets, que l'on exécutait entre les actes d'une pièce de théâtre. Le genre de ces intermèdes était presque toujours gai ou bouffon. — En Italie, on nommait ainsi (*intermezzo*) des petits opéras, bien qu'ils ne fussent pas joués entre les actes d'autres pièces. On les nomme aujourd'hui *farces*. Les petits opéras en un acte étaient nommés en France, au XVIII° siècle, *intermèdes*.

INTERMITTENCE, intervalle de temps pendant lequel un mouvement, un effet cesse et recommence alternativement. On nomme *intermittent* tout ce qui discontinue et reprend par intervalles. FONTAINES INTERMITTENTES. Voy. FONTAINE.

INTERMITTENTES (FIÈVRES), nom donné à des maladies très-nombreuses qui offrent les symptômes communs à toutes les fièvres, avec cela de particulier que ces symptômes cessent et se reproduisent à des intervalles rapprochés, et forment d'une seule affection une série d'affections très-courtes, à peu près semblables entre elles, et désignées sous le nom d'*accès*. Chacun de ces accès présente trois stades ou degrés que l'on distingue par leur ordre numérique, ou par les dénominations de *stade du frisson*, *de la chaleur et de la sueur*. L'espace qui sépare les accès est appelé *apyrexie* ou *intermission*. Les principales causes des fièvres intermittentes sont l'habitation dans le voisinage des lacs, des marais, des eaux stagnantes, des émotions morales vives, etc. On désigne les fièvres d'après leur type, en *quotidiennes, tierces, quartes*, etc., selon que les accès ont lieu le deuxième jour, le troisième jour, le quatrième, etc. La durée de ces maladies offre de grandes variations. Quelques-unes cessent après trois ou quatre accès. D'autres se prolongent pendant des mois, des années même. Elles offrent communément une terminaison favorable.

INTERNONCE, envoyé du pape dans une cour étrangère, soit en attendant qu'il y ait un *nonce*, soit qu'il n'y ait jamais de *nonce*.

INTERPINNÉ, nom donné aux feuilles qui ont entre leurs folioles principales des folioles plus petites.

INTERPOLATION, opération qui sert à lier les observations faites isolément sur des faits qui n'ont pas une marche régulière, et les calculs auxquels ont donné lieu ces observations, et qui fait connaître les résultats qu'on aurait trouvés si on avait étudié le fait entre des observations consécutives.

INTERPRÉTATION, explication, éclaircissement d'une chose obscure et ambiguë. L'*interprétation des songes* formait chez les anciens une grande science, et les interprètes jouissaient d'une immense crédit. Cette science était aussi en grand honneur chez les Juifs. — L'*interprétation*, en termes de jurisprudence et de théologie, est l'exposition ou l'explication des termes et de l'esprit d'une loi et d'un texte sacré. Chez les modernes, l'interprétation des *lois* se trouve dans le texte lui-même, et les tribunaux sont chargés de déterminer le véritable sens de la loi. L'*interpréta-tion des conventions* entre parties est aussi du domaine exclusif des tribunaux.

— Il n'est permis à aucun homme d'interpréter les textes sacrés et les livres saints. Au pape seul appartient le droit d'interpréter les canons.

INTERRÈGNE, temps pendant lequel un État se trouve sans roi. Il n'y a eu que trois interrègnes pendant tout le cours de la monarchie française. Le premier, après la mort de Childéric, le deuxième après celle de Thierry II, le troisième après celle de Louis le Hutin. Les Romains avaient sous leurs rois des *interrex* ou magistrats chargés de veiller au salut de l'État pendant les interrègnes. Cette fonction était remplie par un sénateur qui la conservait cinq jours, après lesquels on élisait un autre *interrex*. Sous la république, l'interrègne était l'époque où les consuls n'étaient pas nommés. — A Rome, pendant la vacance du saint-siége, le doyen du sacré collège était pape par *intérim*.

INTERROGATOIRE, ensemble des questions qu'un juge fait subir à un accusé et des réponses de cet accusé. En matière civile, il a lieu en présence d'un président ou d'un juge par lui commis, et même par le président du tribunal dans le ressort duquel la partie réside, ou le juge de paix du canton de cette résidence. On doit de plus signifier, vingt-quatre heures avant qu'il ait lieu, de se rendre à l'interrogatoire. — L'*interrogatoire sur faits et articles* est celui que subit devant le juge l'une des parties sur des faits précis et déterminés, qui sont allégués par la partie adverse, et qui peuvent influer sur la décision à rendre.

INTERROI, magistrat à qui, dans l'origine, les Romains confiaient le gouvernement de l'État après la mort du roi. La fonction d'interroi ne pouvait être remplie que par un sénateur. Celui qui en était revêtu ne pouvait l'exercer que pendant cinq jours, après lesquels on en nommait un autre, si le cas l'exigeait. Après l'établissement de la république, sous les consuls, quoiqu'il n'y eût point de roi, on garda la fonction d'interroi. On en nommait lorsque les magistrats étaient absents ou morts, qu'ils avaient abdiqué, etc. La charge d'interroi ne durait que cinq jours, après lesquels on lui nommait un successeur. — En Pologne, on appelait autrefois *interroi* l'archevêque de Gnesne, qui devait gouverner jusqu'à l'élection d'un nouveau roi, lorsque la mort du roi précédent avait laissé le trône vacant.

INTERSECTION (POINT D'), point où deux ou plusieurs lignes se coupent. La *ligne d'intersection* est la ligne où deux surfaces se coupent. L'*intersection* de deux plans est une ligne droite, et celle de deux volumes qui se coupent une surface plane ou courbe.

INTERSTICES, nom donné, en physique, aux petits intervalles qui séparent les molécules des corps. Ils ne sont pas vides, et contiennent de l'air ou un autre fluide. En anatomie, ce sont les intervalles qui se trouvent entre les organes, les bords de certains os, etc. — Les *interstices ecclésiastiques* sont les intervalles de temps qui, selon les lois de l'Eglise, doivent se trouver entre la réception d'un ordre et celle d'un autre ordre supérieur. Le pape seul peut dispenser des interstices entiers.

INTERVALLE, nom donné par les Romains à l'espace compris entre deux palissades. — En musique, c'est la distance qui existe entre un son et un autre plus grave ou plus aigu. Ainsi la *seconde* est l'intervalle de deux notes voisines, etc. Les *intervalles consonnants* sont ceux formés de deux sons d'intonations différentes et agréables à l'oreille. La *tierce*, la *quarte*, la *quinte*, la *sixte* et l'*octave* sont des consonnances. Les *intervalles dissonants* sont les relations de deux sons d'intonations différentes, et qui attirent l'oreille du besoin d'entendre ensuite un intervalle consonnant. Telles sont la se-conde et la *septième*. De plus, ces intervalles sont ou *diminués*, ou *mineurs*, ou *majeurs*, ou enfin *augmentés*. En transportant le grave à l'aigu et l'aigu au grave ou *renversant*, les intervalles ne changent pas de caractère. — L'*intervalle redoublé* est la distance plus grande que l'octave entre deux sons. La *neuvième* est un intervalle de *seconde redoublée*. L'*intervalle simple* est la distance de deux sons renfermés dans les limites de l'octave.

INTERVENTION (jurispr.), acte par lequel un tiers demande à être reçu comme partie dans une instance à laquelle il n'a pas été appelé, quoiqu'il y eût intérêt. Elle se forme avant le jugement. En droit commercial, l'*intervention* s'applique au payement des lettres de change et des billets à ordre.

INTESTAT (MOURIR AB) se dit de celui qui meurt sans laisser de testament. A Rome, c'était un déshonneur de mourir *ab intestat*, et, à défaut d'héritier légitime, l'esclave le devenait par nécessité et recouvrait la liberté. L'Eglise voulut ressusciter l'idée déshonorante que les Romains attachaient aux successions *ab intestat*, en privant de prières et de sépulture ceux qui ne testaient pas. Mais cette tyrannie fut réprimée par l'autorité civile. Dans le droit moderne, la succession d'un *intestat* est déférée aux descendants ou aux frères, sœurs, et à leurs descendants.

INTESTIN, long conduit musculo-membraneux, replié sur lui-même, situé dans la cavité abdominale, constituant la partie inférieure du canal alimentaire, et étendu depuis l'estomac jusqu'à l'anus, qui en est l'orifice inférieur. Chez l'homme, la longueur de ce conduit est de six ou huit fois la longueur du corps. On le divise en deux parties, l'*intestin grêle* et l'*intestin gros*, plus large mais plus petit que le premier, et qui fait suite à l'intestin grêle. Les intestins sont en haut le lieu où s'effectue la chylification des aliments et l'absorption du chyle, et en bas le réservoir où se rassemblent les débris de ces aliments, et le conduit excréteur qui en opère l'expulsion.

INTESTINAUX, nom donné aux vers de diverses espèces qui renferment les intestins grêles, qui dépravent la fonction nutritive, et qui excitent divers accidents sympathiques.

INTHAL ou INNTHAL, grande vallée du Tyrol, divisée en haute et basse par le roc Martinswand, et qui donne son nom à deux cercles. L'*Innthal inférieur*, dans la partie septentrionale et moyenne du Tyrol, a 72 milles carrés et 114,715 âmes. L'*Innthal supérieur*, dans la partie O. et N.-O., a 109 milles carrés et 89,000 âmes.

INTIMATION, exploit d'ajournement devant une cour d'appel. L'*intimé* est celui contre lequel sont dirigés l'appel et l'exploit.

INTINCTION, mélange qui se fait à la messe, entre la consécration et la communion, d'une petite partie de l'hostie consacrée avec le sang de Jésus-Christ. On présente ainsi la réunion de son corps et de son âme, et par conséquent son état vivant et glorieux.

INTONATION, action par laquelle on commence un air, un chant, etc. Elle est juste ou fausse, trop haute ou trop basse, trop forte ou trop faible, suivant qu'elle se rapproche plus ou moins du véritable ton.

INTRADOS, partie intérieure d'un cintre. C'est encore la partie intérieure et concave d'une voûte. On la nomme aussi *douelle intérieure*.

INTRANT, celui qui était choisi par *nation* dans l'université de Paris pour nommer le recteur. Comme il y avait quatre *nations* dans l'université, il y avait aussi quatre *intrants* qui nommaient le recteur.

INTRODUCTION, commencement d'un opéra dans lequel la musique n'est pas in terrompue, et qui renferme quelquefois plusieurs scènes et plusieurs morceaux. — On appelle encore ainsi un mouvement lent et assez court, par lequel on commence souvent une ouverture, un quatuor, une symphonie, etc., et qui est immédiatement suivi d'un *allégro*. (Voy. ce mot.) D'autres fois l'*introduction* sert d'ouverture, comme dans *Robert le Diable*.

INTROÏT, nom donné au commencement de la messe, qui consiste dans une antienne composée ordinairement d'un quelque verset d'un psaume. Ce mot vient du latin *introïtus*, entrée, parce que l'introït se dit à l'entrée de la messe.

INTRORSES, nom donné, en botanique, aux étamines (ou organes mâles des fleurs) dont la face est tournée vers le centre de la fleur. C'est leur situation dans la plupart des plantes.

INTUITION (philos.), connaissance claire, directe, des vérités qui, pour être saisies par l'esprit humain, n'ont pas besoin de l'intermédiaire du raisonnement. On l'a dit aussi de la faculté de recevoir des révélations directes et particulières sur les choses divines et surnaturelles.

INULE, genre de la famille des corymbifères, renfermant des plantes herbacées à fleurs jaunes, radiées, munies de rayons nombreux. L'*inule officinale* ou *aunée* est une grande et belle plante herbacée, dont la racine vivace, épaisse, d'un brun rougeâtre en dehors, blanche en dedans, donne naissance à une tige haute de soixante à cent centimètres, cylindrique, épaisse, rameuse à son sommet. Les feuilles sont grandes, ovales, molles, d'un beau vert en dessus, blanches et cotonneuses en dessous. De belles fleurs jaunes couronnent en juillet et en août les sommets des tiges. Cette plante, que l'on trouve dans les lieux humides d'Europe, est recherchée pour son port agréable et ses belles fleurs. Sa racine est tonique et stomachique, d'odeur aromatique, de saveur âcre et amère. On en retire une huile essentielle, et une fécule particulière pulvérulente, nommée *inuline*. L'*inule des prés* se cultive comme plante d'agrément.

INULÉES, tribu de plantes fondée par Cassini dans la famille des synanthérées. Cette division n'a pas été adoptée.

INULINE, nom donné à un principe immédiat des végétaux, composé de carbone, d'hydrogène et d'oxygène, et qui existe dans la racine du colchique, d'inule, de dahlia, d'angélique, de topinambour et de chicorée sauvage. L'inuline, appelée encore *hélénine*, *alantine*, *dahline*, etc., est blanche, pulvérulente, très-fine, insipide, inodore, peu soluble dans l'eau froide, très-soluble dans l'eau bouillante; c'est une espèce d'amidon.

INVALIDES, nom donné aux militaires mis par l'âge, les infirmités, les blessures, hors d'état de continuer le service. Chez les anciens, la patrie se chargeait de pourvoir à leurs besoins. Sous les premières races de nos rois, ils recevaient une petite parcelle de terre dont ils retiraient leur subsistance. Philippe Auguste et Henri IV conçurent le plan de les réunir dans un asile particulier. Louis XIV le réalisa ; il fonda en 1664 l'*hôtel des Invalides*, qui peut recevoir 4,000 hommes. Le soldat trop vieux ou trop infirme pour porter les armes reçoit ses invalides, c'est-à-dire sa pension de retraite. S'il n'a pas de famille, ou s'il est mutilé au point de ne pouvoir exister seul avec le modique traitement affecté à son grade, il peut se faire admettre à l'hôtel des Invalides, où il est entretenu aux frais de l'État, en abandonnant une partie son traitement. Alors il prend le nom d'*invalide*. Son uniforme se compose d'un habit ample, à pan rabattu, doublé de serge rouge, avec parement rond en drap écarlate et boutons blancs; la coiffure est le chapeau à trois cornes. Une fois entré à l'hôtel, il est libre d'en sortir s'il préfère prendre sa pension. — Certain nombre d'officiers trouvent aussi place à l'hôtel. Le traitement des officiers est meilleur, parce que la pension qu'ils abandonnent est plus forte. L'administration leur en laisse, ainsi qu'aux soldats, une faible portion pour leurs besoins particuliers. Ils logent seuls et mangent en commun. Il y a de l'avancement à l'hôtel, et chacun y est payé suivant son grade. Outre les officiers invalides, il y a un état-major, à la tête duquel sont placés le gouverneur, le général commandant, le colonel-major et des aides-majors. Il y a un intendant militaire, des médecins, des chirurgiens et des pharmaciens. L'hôtel des Invalides est une paroisse qui a son curé et ses prêtres habitués. Les invalides ne font de service que dans l'établissement. Il y a une bibliothèque, des ateliers de tous les métiers, de beaux jardins et une belle esplanade. L'hôtel a pour succursale celui d'Avignon (Vaucluse), lequel peut contenir 1,000 invalides. Celui de Paris en renferme 4,000.

INVALIDES DE LA MARINE, établissement destiné à donner des secours, en France, aux invalides tirés de la classe des marins. Trois caisses distinctes constituent cet établissement. Ce sont la *caisse des prises*, alimentée par les corsaires et par les vaisseaux de l'État ; la *caisse des gens de mer*, qui recueille et conserve le pécule des familles de marins, pendant l'absence et après la mort de leurs chefs. Ces deux caisses sont des caisses de pur dépôt. La troisième est une caisse mixte, participant des caisses de dépôt et de retenue. Cette caisse récompense le service de l'État et celui du commerce, en un mot tout service maritime. Elle accorde des secours aux marins et à leurs parents ou enfants, au seul titre d'indigents. Elle donne la subsistance à plus de vingt mille familles. Cette espèce de caisse d'épargne s'augmente d'une partie du traitement que chaque marin abandonne à l'administration au moment du départ, et qui sert à nourrir leurs femmes et leurs enfants. Il existe dans les ports de France des *trésoriers particuliers des invalides de la marine*, nommés par le ministre, et chargés du recouvrement de tous les revenus qui composent la dotation de la caisse des invalides, et du payement des pensions, demi-soldes, traitements de réforme et autres dépenses. Ils sont en même temps *caissiers des gens de mer et des prises*. Cette institution est due à Colbert. Elle remonte à l'année 1674.

INVASION, entrée subite d'une armée dans un pays auquel on n'a pas préalablement déclaré la guerre. Les invasions les plus célèbres dont on ait conservé le souvenir sont les invasions des Gaulois dans l'empire romain, celle des barbares, l'invasion de la terre sainte pendant les croisades, et enfin la grande invasion des peuples de l'Europe liguées contre la France lors de notre révolution.

INVENTAIRE, description, état et dénombrement que l'on fait par écrit des meubles, papiers et autres biens d'une maison. — En jurisprudence, c'est le procès-verbal contenant l'énumération et l'état, article par article, de tous les objets dont il importe de constater en certains cas l'existence. Il y a lieu à *inventaire*, toutes les fois que des intérêts sont mis en commun, parce qu'il importe de constater les rapports de chacun des associés dans cette communauté, afin de rendre plus facile la liquidation, et surtout lors de la dissolution de cette communauté. — En matière de succession, l'acceptation sous *bénéfice d'inventaire* est un mode particulier d'acceptation qui met l'héritier à l'abri de toute action personnelle sur ses biens, et par lequel il n'est tenu des charges et dettes de la succession que jusqu'à concurrence de la portion des biens qui lui est échue à titre successif. — Tout négociant est tenu de faire tous les ans l'inventaire de ses effets, et de le copier chaque année sur un registre nommé *registre des inventaires*.

INVENTION (BREVETS D'), titres délivrés par l'administration aux auteurs de découvertes industrielles, destinés à garantir temporairement le monopole de leurs inventions. Les Anglais en ont depuis 1623. En France, leur création remonte au 7 janvier 1791. L'assemblée constituante les décréta sur le rapport du chevalier de Boufflers. Ces titres assurent à tout inventeur la propriété et la jouissance exclusive, mais temporaire, de son invention par la délivrance d'une patente, dont la durée a cinq, dix ou quinze ans, au choix de l'inventeur. A l'expiration de chaque brevet d'invention, la découverte tombe dans le domaine public. Toute personne qui veut obtenir un brevet donne la moitié de la taxe, fixée pour cinq ans à 300 francs, pour dix ans à 800 francs, pour quinze ans à 1,500 francs; l'autre moitié peut être acquittée dans les six mois suivants. — Les brevets se délivrent sur une simple requête et sans examen préalable de l'objet pour lequel on les sollicite. — Les *brevets d'importation* sont accordés à ceux qui les premiers apportent en France une découverte brevetée à l'étranger, et donnent jusqu'à l'expiration de la patente étrangère les mêmes avantages que s'il était l'inventeur.

INVENTION. En théologie, ce mot est synonyme de *découverte*. On s'en sert en parlant des reliques saintes : telle est la fête de l'*invention* de saint Étienne ; le 4 mai, on célèbre la fête de l'*invention de la sainte croix*, qui fut découverte par sainte Hélène en 326. Reçue sous Grégoire II, elle n'eut une pleine sanction que sous Urbain VIII en 1642.

INVERARY, ville d'Écosse, dans le comté d'Argyle, dont elle est le chef-lieu, à 25 lieues d'Édimbourg. Population, 1,135 âmes.

INVERNESS, le plus grand comté d'Écosse, au N. de l'Argyle. Population, 78,413 habitants. Superficie, 200 milles carrés. Il se divise en plusieurs arrondissements : *Lochabir*, *Budenhoc*, etc., et est très-fertile dans les plaines. — Son chef-lieu est *Inverness*, ancienne résidence des rois d'Écosse, à 34 lieues d'Édimbourg. Population, 14,300 âmes.

INVERTÉBRÉS, nom donné aux animaux qui n'ont pas de colonne vertébrale. Les insectes, les vers, les mollusques, etc., sont dans ce cas. Cette division a été établie par Lamarck.

INVESTITURE (féod.) se disait tant du droit d'investir quelqu'un d'un fief que de l'acte par lequel on l'en investissait. C'était la réception à la foi et hommage, par laquelle le vassal était mis en possession d'un fief par le seigneur. C'était aussi la concession d'une terre ou dignité faite par le suzerain au vassal, qui s'obligeait par serment de lui être fidèle. On donnait l'investiture en mettant à la main de celui qu'on investissait quelque symbole de sa dignité.

INVESTITURE. C'est, en matière bénéficiale, le droit qu'avaient les empereurs, les rois, les princes, ducs, comtes et autres seigneurs, de mettre en possession les évêques et les abbés de leurs États, qui leur prêtaient foi et hommage des fiefs qu'ils tenaient d'eux. On conférait ces bénéfices par la remise de la crosse et de l'anneau pastoral. Grégoire VI contesta le premier ce droit en 1043; et Grégoire VII, en 1073, excommunia l'empereur Henri IV, et défendit à tout ecclésiastique de recevoir l'investiture de la main des princes temporels. Pascal II fut forcé de confirmer à Henri V le droit d'investiture. Calixte II régla en 1123 que les élections des évêques et des abbés se feraient en présence et du consentement des princes, et que, dans l'Allemagne, l'évêque élu serait investi des régales par le sceptre. En France, les rois n'ont eu aucun démêlé avec les papes au sujet des investitures. Ils renoncèrent seulement à l'investiture par le bâton pastoral et par l'anneau.

INVOCATION, action d'appeler à son secours la Divinité. Ce rit, en usage chez les païens dans leurs mystères, leurs sacrifices, leurs hymnes, leurs chœurs dramatiques, l'est aussi dans l'Eglise chrétienne, où l'on invoque les saints. Les protestants nient l'efficacité de l'invocation des saints et de la Vierge. — Les poëtes se servent presque toujours d'une invocation aux dieux de l'antiquité, ou à ceux qu'enfante leur imagination, pour commencer leurs poëmes. Elle doit avoir rapport au sujet que l'on traite.

INVOLUCRE, assemblage de folioles placées à la base commune d'une ombelle. — C'est l'enveloppe commune de plusieurs fleurs. — On nomme *involucelle* l'involucre partiel des ombellules qui composent une ombelle.

INVOLUTÉ (Bourgeon). C'est celui où les rudiments des feuilles sont roulés en dedans.

IO (myth.), fille d'Inachus, roi d'Argos, fut aimée de Jupiter, qui, pour dérober ses amours à la jalouse Junon, la transforma en une génisse blanche. Junon exigea que la génisse lui fût livrée, et la confia à Argus aux cent yeux. Jupiter, touché des malheurs d'Io, fit tuer Argus par Mercure ; mais Junon la fit tourmenter par les Furies. Elle parcourut la terre, franchit l'Hœmus, la Thrace, le Caucase, le détroit de la Thrace (Bosphore), l'Asie, l'Afrique et l'Egypte, où Jupiter lui rendit sa première forme, et où elle mit au monde Epaphus. On lui rendit après sa mort les honneurs divins, et on l'adora sous le nom d'Isis.

IODATES, sels formés d'acide iodique et d'une base.

IODE, corps simple non métallique, ainsi appelé parce que sa vapeur est violette lorsqu'on le volatilise. Il a été découvert en 1813, et se trouve dans les soudes de varechs et d'autres produits naturels. Il est solide, lamelleux, d'un gris bleuâtre, d'un éclat métallique, d'une odeur analogue à celle du chlorure de soufre. Sa pesanteur spécifique est de 4,946. Il colore la peau et le papier en jaune, se fond à 107 degrés, et se volatilise à 175 degrés. Il s'unit avec l'oxygène et l'hydrogène, mais d'une manière indirecte. L'iode est un excellent réactif pour découvrir la fécule, la farine, et la teinture d'iode peut être employée avec succès contre les goîtres et les scrofules. On l'administre à très-petites doses. On obtient l'iode en traitant par l'acide sulfurique les eaux mères de la soude de varechs, concentrées par l'évaporation.

IODIQUE (Acide), composé d'oxygène et d'iode. Il est solide, blanc demi-transparent, inodore, plus pesant que l'acide sulfurique et doué d'une saveur aigre et astringente. Il est décomposé par l'acide sulfureux.

IODURE, nom donné aux corps composés d'iode et d'un corps simple.

ION, fils de Xuthus et petit-fils de Deucalion, roi des temps fabuleux de la Grèce. Il aida Erechtée, roi d'Athènes, dans une guerre, et le peuple, charmé de sa valeur, lui offrit la couronne après la mort de ce prince. Chassé de l'Attique par ses compétiteurs, il se retira chez Selinus, roi d'Egiale (Achaïe), dont il épousa la fille Hélice. Il succéda à son beau-père. Ses sujets prirent de lui le nom d'*Ioniens*, et leur pays celui d'*Ionie*.

IONIE, contrée de l'Asie-Mineure, bornée au N.-O. par la Carie, à l'E. par la Lydie. Elle fut peuplée par les colonies grecques sous la conduite d'Ion, qui arriva dans le Péloponèse en 1403 avant J.-C., d'où cette contrée prit le nom d'Ionie. Les Ioniens ayant été chassés par les Achéens, ce pays prit le nom d'Achaïe, qu'elle conserva toujours. Les Ioniens, après s'être retirés à Athènes (1189-1132), émigrèrent en 1130 sous la conduite des fils de Codrus, et abordèrent dans l'Asie-Mineure. Ils y fondèrent douze villes qui formèrent la confédération ionique. C'étaient Phocée, Erythrées, Clazomènes, Téos, Lebedus, Colophon, Ephèse, Priène, Myunte, Milet, et dans les îles, Samos et Chios. Tour à tour en guerre avec les rois de Lydie (700-610), avec les Perses (545), ils recouvrèrent leur liberté (479). Rentrée au pouvoir des Perses en 387, l'Ionie fut dans la suite mise sous le joug des Romains par Sylla. Ce pays fut célèbre par la beauté de son climat, sa fertilité et le génie de ses habitants. Elle forme aujourd'hui une partie des sandjiaks d'Aïdin et de Soglah dans l'Anatolie.

IONIEN (Dialecte). Voy. DIALECTE.

IONIEN (Mode). La musique des Grecs avait trois principaux modes. Le plus grave s'appelait *dorien* ; le *phrygien* tenait le milieu ; le *lydien* était le plus aigu. Les fondamentales de ces modes étaient à un ton de distance l'une de l'autre. On partagea chacun de ces tons en deux intervalles, ce qui donna les modes *ionien* et *éolien*. Le premier fut inséré entre le dorien et le phrygien. Il convenait aux fêtes et aux danses voluptueuses de l'Asie.

IONIENNE (Mer), nom donné, par les anciens, à cette partie de la Méditerranée qui baigne les côtes occidentales de la Grèce, le Péloponèse, l'Acarnanie et l'Epire jusqu'à la pointe des monts Acrocerauniens.

IONIENNES (Iles), groupe d'îles qui s'étend depuis la côte occidentale de la Grèce jusqu'à la pointe de la Morée, dans la mer Ionienne. Les principales sont *Corfou, Paxo, Sainte-Maure, Ithaque, Zanthe, Céphalonie, Cérigo, Cérigotto* et les *Strophades*. Soumises par Alexandre, puis par les Romains, devenues plus tard une des provinces de l'empire byzantin, elles tombèrent en 1386 au pouvoir des Vénitiens jusqu'en 1797 que les Français s'en emparèrent ; mais en 1799 les Russes en firent la conquête, et en 1800 Paul Ier les constitua en un Etat indépendant sous le nom de république des *Sept Iles-Unies*. Incorporées en 1807 à l'empire des Français, elles formèrent depuis les *Etats-Unis des îles Ioniennes*, sous la protection de la Grande-Bretagne. Le pouvoir est confié à un sénat composé de cinq membres et d'un président, et à un autre corps de quarante membres. La population est de 250,000 hommes, professant la religion grecque. Les revenus montent à 1,800,000 francs. L'Angleterre y entretient 6,400 hommes de troupes.

IONIQUE (Ordre), un des cinq ordres de l'architecture grecque, moins riche que le corinthien et plus élégant que le dorique. Son chapiteau est à double volute, et son entablement est composé d'un architrave et d'une frise séparées par trois bandeaux superposés en apparence. La corniche est ornée de denticules et de modillons.

IONIQUE (Secte), secte de philosophes grecs qui prit naissance en Ionie. Elle fut fondée par Thalès, et se divisa par la suite en un grand nombre de sectes. Les principaux chefs de l'école ionique furent, après Thalès, Anaximandre, Anaximène, Anaxagore, Archélaüs. Le caractère de cette école est de chercher l'explication de l'univers dans un principe unique matériel, soit dans l'eau (Thalès), soit dans l'air (Anaximène), etc.

IPÉCACUANA, nom donné à une racine exotique très-usitée comme émétique, purgative et expectorante. Elle contient de la résine, du tanin, un principe volatil spécial et un corps nommé *émétine*, auquel elle doit ses propriétés vomitives. Les principales espèces sont l'*ipécacuana gris* et le *brun*. Toutes les deux sont fournies par les plantes de la famille des rubiacées, qui croissent en Amérique. L'usage de la poudre et des pastilles d'ipécacuana remonte à 1672.

IPHICRATE, général athénien, parti de cordonnier, s'éleva aux premiers emplois de la république. Il fit la guerre aux Thraces, aux Spartiates, qu'il vainquit, et secourut les Perses contre l'Egypte. Il changea d'habit et les armes de ses soldats, pour qu'ils fussent plus agiles dans les combats. Il mourut l'an 350 avant J.-C.

IPHIGÉNIE ou IPHIANASSE, fille de Clytemnestre et d'Agamemnon. Les Grecs, à leur départ pour Troie, étant retenus à Aulis par les vents contraires, consultèrent les devins, qui leur ordonnèrent de sacrifier Iphigénie à Diane. Au moment où Calchas allait porter le coup fatal, Diane, touchée du sort de la jeune fille, l'enleva et mit à sa place une biche. Iphigénie, transportée en Tauride, fut chargée du soin de son temple. Elle était forcée de sacrifier à la déesse les étrangers qui arrivaient dans ce pays. Elle allait immoler Oreste, son frère, lorsqu'elle le reconnut. Elle s'enfuit avec lui, après avoir tué Thoas, roi de l'île, et emportant la statue de la déesse.

IPOMÉE, genre de la famille des convolvulacées, voisin des liserons, renfermant des plantes herbacées, annuelles ou vivaces, tantôt dressées, tantôt s'enroulant autour d'autres plantes. Les feuilles sont alternes et entières ; les fleurs, quelquefois très-grandes et de couleurs très-éclatantes, ont la corolle tubuleuse, en forme d'entonnoir, et les étamines saillantes au milieu du tube de la corolle. L'*ipomée quamoclit*, originaire de l'Inde et de l'Amérique, est annuelle et produit des fleurs rouges nommées *fleurs de cardinal*.

IPSUS, lieu de l'Asie-Mineure, dans la Phrygie, célèbre par la victoire que Seleucus, Ptolémée, Lysimaque et Cassandre y remportèrent sur Antigone l'an 301 avant J.-C. L'armée des premiers était de 74,500 hommes, et celle du second de 80,000 hommes.

IRAN. Voy. PERSE.

IRAQ-ADJÉMI, province de la Perse, entre l'*Iraq-Arabi*, le *Kousistan*, l'*Aderbaïdjan* et le *Ghilan*, traversée par le Taurus. Les principales villes sont *Téhéran* et *Ispahan*. La superficie est de 200 milles géographiques carrés, et la population de 2,660,000 habitants.

IRAQ-ARABI (ancienne *Chaldée*), province de la Turquie d'Asie, sur le golfe Persique. Le sol est fertile. *Bagdad*, capitale. Sa population est de 1,879,000 habitants, et la superficie de 250 milles géographiques carrés.

IRÈNE, impératrice de Constantinople, née à Athènes, qui de la plus grande misère s'éleva au rang d'épouse du prince Léon (769). Elle fit cesser les poursuites que les prêtres ont soutenaient le culte des images. Léon la laissa tutrice de son fils Constantin. Elle défit les Sarrasins, s'empara de la Sicile, et chassa les Esclavons de la Grèce. Elle ourdit ensuite une conspiration contre son fils, et lui fit crever les yeux. Irène dota les églises, fonda des hôpitaux, diminua les impôts, etc. Tandis qu'elle offrait sa main à Charlemagne, un de ses généraux, Bardanes, et son trésorier Nicéphore se firent élire par l'armée. Nicéphore fut par sept eunuques, relégua Irène à Lesbos, où elle mourut pauvre et délaissée en 803, à cinquante et un ans. Les Grecs l'ont mise au rang de leurs saintes.

IRÉNÉE (Saint), évêque de Lyon, docteur de l'Eglise et martyr, né dans l'Asie-Mineure vers 120. Envoyé par saint Polycarpe dans les Gaules, vers 157, il s'arrêta à Lyon et succéda à saint Pothin, évêque de cette ville. Il souffrit le martyre, sous Commode, en 203. Irénée a fait cinq livres *sur les Hérésies*, une lettre de la *Monarchie ou Unité de Dieu*, une réfutation de l'hérésie de Valentin ou *Ogdoade*, enfin un traité *du Schisme*.

IRIDÉES, plantes herbacées, à racines bulbifères, tubifères ou fibreuses, à la tige nue ou revêtue de feuilles simples, entières et alternes, aux fleurs renfermées dans des spathes membraneuses. Cette famille de plantes monocotylédones renferme les iris, les glaïeuls, etc.

IRIDIUM, métal découvert dans la mine de platine en 1803. Il est solide, blanc grisâtre, ductile, dur, d'une pesanteur spécifique inconnue, et difficile à fondre. L'eau régale seule l'attaque, mais à grande peine. Il est sans usages.

IRIS, fille de Thaumas, qui devint la messagère des dieux et particulièrement de Junon. Sa principale fonction consistait à couper le cheveu fatal qui retenait les mourants à la vie. Iris n'est autre chose que l'arc-en-ciel. Voy. ce mot.

IRIS (anat.), membrane qui est placée verticalement dans la partie antérieure de l'œil, au milieu de l'humeur aqueuse, et qui forme une sorte de cloison circulaire et aplatie, laquelle sépare la *chambre antérieure* de l'œil de la *postérieure*. L'iris est percé dans sa partie moyenne d'une ouverture arrondie, appelée la *pupille* ou la *prunelle*, et qui varie à chaque instant dans ses dimensions par l'effet de la contraction des fibres de son tissu. La face antérieure de l'iris est recouverte par la membrane de l'humeur aqueuse, et diversement colorée. Sa face postérieure s'appelle *uvée*. L'iris est formé de plusieurs lames superposées.

IRIS (bot.), genre de plantes vivaces ou herbacées de la famille des iridées, aux feuilles allongées, aiguës, aux bords tranchants, aux fleurs larges et grandes, colorées des couleurs les plus riches. On en connaît quatre-vingt-dix espèces. L'*iris de Florence*, qui croît en Italie, a une racine compacte, blanche, tuberculeuse, d'une saveur âcre et d'une forte odeur de violette, purgative, irritante et émétique. On ne s'en sert en médecine que pour faire des pois à cautère, et les parfumeurs donnent à leurs pommades l'odeur de violette avec la poudre d'iris. On distingue encore l'*iris germanique*, l'*iris tigrée*, l'*iris rayée*, l'*iris frangée*, etc.

IRKOUTSK, gouvernement de la Russie d'Asie, se divise en quatre provinces : *Irkoutsk*, population 400,500 habitants, comprenant quatre cercles; *Iakoutsk*, population 147,015 habitants, comprenant cinq cercles; *Nertchinsk* et *Otchosk*. — La capitale est *Irkoutsk*, à 1,303 lieues de Pétersbourg; population, 1,122 âmes.

IRLANDE, une des grandes îles Britanniques, séparée de la Grande-Bretagne par la mer d'Irlande et le canal Saint-Georges, nommée par les anciens *Hibernia*, et, avec l'Ecosse, *Scotia*, jusqu'à la fin du xᵉ siècle. Sa superficie est de 2,600 lieues carrées, et sa population de 7,943,940 habitants, dont 6,000,000 de catholiques. Le climat est doux, mais humide, et favorise l'éducation des bestiaux. Elle est divisée en quatre archevêchés et quinze évêchés, et comprend quatre provinces, *Leinster*, *Ulster*, *Connaught* et *Munster*. La première se subdivise en douze comtés; la deuxième, en neuf comtés; la troisième, en cinq comtés; enfin la quatrième, en six comtés. *Dublin* est la capitale de l'Irlande. Ce pays appartient à l'Angleterre depuis Henri II (xiiᵉ siècle).Lors de l'établissement de la religion anglicane, les Anglais voulurent imposer à l'Irlande leur foi. Après de longs combats, l'émancipation des catholiques a été décrétée en 1830; et l'Irlande envoie au parlement cent cinq membres pour la chambre haute, et trente-deux pairs, dont quatre ecclésiastiques.

IRLANDE (NOUVELLE-) ou TOMBARA, île de l'Océanie, au N.-E. de la *Nouvelle-Bretagne*, dont elle est séparée par le *canal Saint-Georges*. Elle est longue de 80 lieues, mais étroite, et a été découverte par Dampier en 1699. Les habitants sont petits, faibles, laids, et se nourrissent d'igname et de la racine de taro. Ils vont nus, sont hospitaliers, mais méfiants. Toute leur religion se borne au culte de quelques dieux qu'ils nomment *bakoni*.

IRMINSUL, ou COLONNE D'IRMEN, dieu des anciens Saxons, avait un temple dans la citadelle d'Eresburg, que *Charlemagne* détruisit en 772. La statue du dieu était placée sur une haute colonne. Il tenait d'une main un *étendard* et de l'autre un glaive. L'on croit que les Germains adoraient sous le nom d'Irminsul le célèbre Arminius; d'autres auteurs pensent que c'était le dieu Mars. Les Prêtres d'Irminsul étaient les magistrats de la nation et les exécuteurs de la justice.

IROQUOIS, nom de cinq nations libres et confédérées de l'Amérique septentrionale, dans le voisinage de la Pennsylvanie et de Maryland. Leur pays, à partir de New-Yorck jusqu'au lac Ontario, fait partie de celui des Mohawks, divisé en *Mohawks* proprement dit, comprenant les *Onéidas*, les *Anondagas*, les *Senecas*, les *Tuscaroras*, et les *Iroquois* ou *Irundogues*; les *Mohawks* étrangers, qui sont les *Schawanèses*, les *Delawares*, les *Miamiers* et les *Hurons*. La population des Iroquois est d'environ 12 ou 15,000. Leur chef-lieu est *Anondago*.

IRRADIATION, expansion ou débordement de la lumière qui environne les astres, et qui les fait paraître plus grands qu'ils ne sont. Depuis l'invention des lunettes et surtout du micromètre de Huyghens, on a sur la grandeur apparente des astres des notions beaucoup plus exactes. Ces lunettes, en faisant paraître les objets mieux terminés, diminuent beaucoup la quantité de l'irradiation.

IRRÉGULIERS (Tons), nom donné dans le plain-chant à un morceau dont le chant participe de plusieurs tons à la fois.

IRRIGATION, action d'arroser les terres à l'aide de constructions et de travaux convenables pour amener l'eau sur une grande quantité de terrain. Il y a plusieurs moyens : ou l'on tire parti des débordements des rivières dans la saison pluvieuse pour amener la terre (c'est ainsi qu'on féconde souvent des prairies); ou l'irrigation est alors par *inondation*; ou l'on conduit les eaux par des travaux d'art, et on le répand à temps sur la terre, et c'est alors par *infiltration*. Tantôt on élève l'eau par des béliers, des pompes, etc., que l'eau elle-même met en mouvement. Si l'eau n'a pas assez de force, on se sert de machines à vent, ou on a recours à la force des animaux, etc.

IRRITABILITÉ, propriété qu'ont les personnes nerveuses d'éprouver des impressions vives au physique et au moral. Cette faculté se nomme aussi *contractilité*.

IRRITANTS, agents qui déterminent une irritation, c'est-à-dire de la douleur, de la chaleur et de la tension, soit *mécaniquement*, comme les piqûres dans l'acuponcture et les scarifications; soit par une *action chimique*, comme les alcalis, les acides, etc.; soit enfin d'une manière *spécifique*, comme les *cantharides*. Les médicaments irritants sont d'un grand secours pour le thérapeutiste.

IRRITATION, action des irritants ou état d'une partie irritée.

IRTISCH, grande rivière de Sibérie, qui prend sa source dans le pays des Kalmouks, et se jette dans l'Obi, au-dessus de Tobolsk, après un cours de plus de 500 lieues. Elle est navigable dans une grande partie de son cours.

IRVINE, ville d'Ecosse, capitale du comté d'Ayr, à 19 lieues d'Edimbourg, 107 de Londres. Population, 4,500 âmes. Elle exporte de la houille, des soieries, de la mousseline, etc.

ISAAC, fils d'Abraham et de Sara, 1896 ans avant J.-C. Son père avait alors cent ans, et sa mère quatre-vingt-dix. Pour éprouver Abraham, Dieu lui ordonna d'immoler son fils, alors âgé de vingt-cinq ans. Le patriarche levait le glaive pour le frapper lorsqu'un ange arrêta son bras. Isaac épousa Rebecca, fille de Bathuel, dont il eut Esaü et Jacob. Se sentant fort âgé et aveugle, il voulut bénir Esaü, son fils aîné; mais Jacob obtint par fraude cette bénédiction qu'Isaac confirma ensuite. Il mourut âgé de cent quatre-vingts ans, 1716 ans avant J.-C.

ISAAC COMNÈNE. Voy. COMNÈNE.

ISAAC L'ANGE, empereur grec, succéda à Andronic Comnène en 1185, après avoir fait mourir son prédécesseur. C'était un prince faible, voluptueux, pusillanime, et abandonnait le soin de l'empire à ses ministres. Son frère Alexis gagna l'esprit des officiers, lui fit crever les yeux, et se fit couronner à sa place en 1195. Après la mort d'Alexis, il remonta sur le trône et mourut en 1204.

ISABEAU DE BAVIÈRE, fille d'Etienne le Jeune, duc de Bavière, mariée à Charles VI, roi de France, en 1385. Ses excès et ses débauches la firent enfermer à Tours par ordre de son époux. Mais elle brisa ses fers, s'unit avec le duc de Bourgogne pendant la démence du roi, et laissa Charles VI manquer de tout avec ses enfants. Après la mort de son époux en 1422, elle mit tout en œuvre pour faire donner la couronne à Henri V, roi d'Angleterre. Elle mourut en 1435 à soixante-quatre ans, haïe des Français et méprisée des Anglais.

ISABELLE, adjectif qui indique en zoologie une couleur jaune clair. Ainsi il y a des chattes *isabelles*, des serins, des lièvres, une porcelaine, un squale isabelle.

ISABELLE DE CASTILLE, reine d'Espagne, fille de Jean II, née en 1451, épousa en 1469 Ferdinand V, roi d'Aragon, et hérita en 1474 des Etats de Castille. C'est aux encouragements de cette femme illustre, et qui réunissait l'habileté à la grandeur d'âme, que l'on dût la conquête du royaume de Grenade sur les Maures et la découverte de l'Amérique. C'est aussi sous son règne que fut établie l'inquisition en 1480. Elle mourut en 1504, laissant une fille nommée Jeanne, mariée à Philippe, archiduc d'Autriche, père de Charles-Quint.

ISAIE, fils d'Amos, le premier des quatre grands prophètes, né à Jérusalem, se consacra dès sa jeunesse au service de Dieu. Il prophétisa sous les quatre rois de Juda, Ozias, Achaz, Ezéchias et Joathan, et mena une vie très-austère. Manassès, roi de Juda, le fit scier en deux avec une scie de bois. Le livre d'Isaïe contient cinquante-six chapitres, dont le principal objet est la captivité de Babylone, le retour de cette captivité et le règne du Messie.

ISARD, nom vulgaire du *chamois*.

ISATIDÉES, tribu créée par Robert Brown dans la famille des crucifères, et renfermant des plantes nombreuses, entre autres l'*isatis* ou *pastel*. Cette division n'a pas été adoptée par les botanistes.

ISAURE (Clémence), femme célèbre, qui institua dans le xivᵉ siècle les jeux floraux à Toulouse sa patrie. Ces jeux se célèbrent tous les ans au mois de mai; on y prononce son éloge. Clémence laissa des prix pour ceux qui auraient le mieux réussi dans chaque genre de poésie. Ces prix sont une *violette* d'argent, un *souci* de même métal, une *églantine* et une *amarante* d'or. On a contesté l'existence de cette femme.

ISBOSETH, fils de Saül, roi des Juifs, lui succéda, et fut reconnu roi par dix tribus d'Israël (l'an du monde 2549) pendant que David l'était par les deux autres. Il régna deux ans. Au bout de ce temps, Abner, général de ses armées, étant passé au service de David, fit reconnaître celui-ci roi de tout Israël: Peu de temps après, Isboseth mourut assassiné.

ISCARIOTH, c'est-à-dire *homme de meurtre*, surnom de Judas, qui trahit Jésus-Christ.

ISCHIA, île d'Italie dans le royaume de Naples et à l'entrée du golfe de ce nom, à 8 lieues de cette ville. Elle a environ 15 lieues de tour. Sa capitale est *Ischia*, avec 6,000 habitants. C'est une ville épiscopale, qui possède des eaux minérales célèbres.

ISCHIATIQUE ou ISCHIADIQUE, nom donné à tout ce qui appartient à l'os ischion.

ISCHION, nom donné, en anatomie, à la partie inférieure et postérieure des trois pièces qui composent l'os coxal chez le fœtus et les jeunes enfants. On a aussi appelé *ischion* la région inférieure du même os. chez l'adulte.

ISCHURIE, nom donné à une rétention d'urine complète. Ou nomme *ischurétiques* les médicaments propres à combattre l'ischurie.

ISÉE, orateur athénien, né à Chalcis en Eubée, fut disciple de Lysias et d'Isocrate, et bientôt après maître de Démosthène. Nous avons de lui onze discours.

ISÉES, fêtes que les anciens célébraient en l'honneur d'Isis. Elles duraient ordinairement neuf jours. On y portait des vases remplis de froment et de seigle parce qu'Isis passait pour avoir enseigné aux hommes l'usage du blé. On exigeait un secret inviolable de ceux qui y étaient initiés. Ces mystères, au rapport des historiens, cachaient les excès les plus révoltants de l'impudicité. Le sénat romain abolit les fêtes d'Isis l'an 58 avant J.-C. Mais Auguste les rétablit, et les mystères de la déesse devinrent de nouveau ceux de l'amour et de la débauche. Les Isées se perdirent avec les derniers empereurs.

ISENBURG, ancienne principauté d'Allemagne divisée en *haut* et *bas Isenburg*. Sa capitale est *Offenbach*, et sa population de 43,000 habitants. Elle appartient à l'Etat de Hesse-Darmstadt depuis 1815.

ISER ou ISAR, cercle de Bavière, entre ceux de la Régen, du Danube. Sa superficie est de 527 lieues carrées, et sa population de 503,000 âmes. Il tire son nom d'une rivière, qui prend sa source aux Alpes et se jette dans le Danube.

ISÈRE, rivière de France. Elle a sa source dans la Savoie, au pied du mont Iseran. L'Isère est navigable depuis son entrée en France, au-dessous de Montmeillan, jusqu'à son embouchure dans le Rhône, dans une longueur de 139,500 mètres.

ISÈRE, département *frontière*, région de l'E., formé d'une partie du Dauphiné, et borné par les départements de l'Ain, du Rhône, des Hautes-Alpes, de la Drôme, de la Loire, et la Savoie. Il tire son nom de la principale rivière qui l'arrose et qui le traverse du N.-E. au S.-O. sa population est de 600,000 habitants et sa superficie de 831,661 arpents métriques. Il nommait sept députés, et se divise en quatre sous-préfectures : *Grenoble* (chef-lieu), *Vienne*, *Saint-Marcellin*, *la Tour-du-Pin*. Ce pays, fertile et montueux, produit des céréales, du maïs, du chanvre, des pâturages excellents, et fait un grand commerce en térébenthine, en étoffes de laine, etc. Les forêts occupent une superficie de 130,000 hectares. C'est la patrie de Bayard, de Condillac, de Mably, de Barnave, etc. On y remarque le fameux monastère de la grande Chartreuse, la riche vallée du Graisivaudan, etc. Il est compris dans la 7ᵉ div. mil., le diocèse et le ressort de l'acad. et de la cour d'appel de Grenoble.

ISIAQUE (TABLE), un des monuments les plus considérables que l'antiquité nous ait transmis. On y voit la figure et les mystères d'Isis, avec un grand nombre d'actes de la religion égyptienne. On y trouve aussi presque tous les dieux égyptiens jouant, comme sur un théâtre, plusieurs actions distinctes. Il est probable que ces tableaux renferment l'histoire d'Isis et des dieux d'Egypte, ou quelque système caché de la religion du pays; mais on ne peut en donner que des explications incertaines et confuses. Cette table fut trouvée au sac de Rome en 1525. Elle a été gravée plusieurs fois.

ISIAQUES, nom que les anciens donnaient aux prêtres de la déesse Isis. Ils étaient revêtus de longues robes de lin, et s'enveloppaient les pieds de l'écorce du papyrus. Après avoir, au lever du soleil, chanté les louanges de la déesse, ils partaient avec une besace et une clochette, et parcouraient les rues en demandant l'aumône. Ils s'abstenaient de la chair de porc et de mouton, de tout mets salé, ne buvaient pas de vin pur; mais sous cet extérieur austère ils cachaient des mœurs dépravées, et les fêtes dont ils étaient les ministres (voy. ISÉES) étaient des rendez-vous de débauche.

ISIDORE. Plusieurs saints et écrivains ecclésiastiques ont porté ce nom. — ISIDORE D'ALEXANDRIE, dit *l'Hospitalier*, prêtre et solitaire, naquit en Egypte vers 318. Il se consacra au Seigneur dans sa jeunesse. Il demeura toujours très-uni avec saint Athanase, qu'il défendit constamment même après sa mort. Il mourut en 404. On fait sa fête le 15 janvier. — ISIDORE DE PELUSE, dit *de Damiette*, né au ɪᴠᵉ siècle, donna ses biens aux pauvres, et se retira dans un désert où il vécut dans l'étude, la prière et les jeûnes. Il fut l'ami de saint Chrysostome, dont il partagea l'exil et les souffrances. Il mourut en 449. On fait sa fête le 4 février. On a de lui deux mille lettres écrites en grec, concernant la doctrine et la discipline de l'Eglise. — ISIDORE DE SÉVILLE (Saint), né à Carthagène en Espagne, embrassa l'état ecclésiastique, et mérita par ses vertus et ses talents d'être nommé évêque de Séville en 601. Il travailla constamment à la conversion des hérétiques et au maintien des règlements ecclésiastiques dans son diocèse, et mourut en 636. On a de lui plusieurs ouvrages, un *Traité d'étymologies*, où il explique les principes de tous les arts et de toutes les sciences; une *Chronique* depuis le commencement du monde jusqu'à l'empire d'Héraclius; l'*Histoire des Goths, des Vandales et des Suèves, de 176 à 619*; un *Traité des écrivains ecclésiastiques*; des *Commentaires sur les livres sacrés*; des *lettres*, etc. On fait sa fête le 4 avril. — SAINT ISIDORE *le Laboureur*, cultivait la terre à Madrid en Espagne dans les xɪᵉ et xɪɪᵉ siècles. Sa vertu lui mérita d'être mis au rang des saints. Il mourut en 1130. C'est un des saints tutélaires de l'Espagne et le patron de Madrid. On fait sa fête le 15 mai.

ISIS (myth.), déesse célèbre des Egyptiens, par laquelle ils représentaient Io et la Lune. Elle était regardée comme la principale de leurs divinités, et ses fêtes étaient pompeuses. Son culte passa en Grèce et même à Rome, où elle avait plusieurs temples. Selon la fable, Isis était l'épouse d'Osiris (le soleil). Elle présidait aux enchantements, et causait la fertilité de la terre. On représente Isis sous les traits d'une femme avec les cornes d'une vache, tenant un sistre d'une main et un vase de l'autre. On célébrait en son honneur les *Isées*.

ISLAMISME, nom propre de la religion musulmane. (Voy. MAHOMÉTISME.) Il se prend aussi pour l'étendue des contrées soumises à la loi de Mahomet.

ISLANDE, grande île montagneuse et volcanique, regardée comme faisant partie de l'Europe, mais appartenant véritablement à l'Amérique du Nord, située au N.-N.-O. de la Grande-Bretagne. Sa superficie est de 4,500 lieues carrées, et sa population de 49,000 âmes. — Les Islandais sont d'une taille moyenne, patients et adroits, robustes et courageux, mais enclins à l'ivrognerie. Ils se nourrissent de lait et de poisson, et se chauffent avec le bois que leur charrie la mer. Cette île, découverte par les Norwégiens en 861, et qui, après avoir eu un gouvernement oligarchique, se soumit à la Norwége en 1264, a été confondue, mais à tort, par quelques-uns avec la *Thulé* des anciens. La capitale de l'Islande est *Reykiavik*, avec 600 âmes.

ISMAEL, fils d'Abraham et de sa servante Agar. Après avoir été chassé par son père, il épousa une femme égyptienne, dont il eut douze fils. C'est d'eux que sortirent les douze tribus des Arabes (*Nabathéens*, etc.), dont on retrouve encore des vestiges. Ses descendants portèrent le nom d'Ismaélites. Il en existe encore, mais en petit nombre, et à un très-haut point d'avilissement.

ISOCÈLE, nom donné, en géométrie, au triangle qui n'a que deux côtés égaux entre eux.

ISOCHRONE, épithète donnée aux choses qui s'opèrent dans des temps égaux. Les battements des artères sont isochrones dans toutes les parties du corps. — Les oscillations du pendule sont isochrones lorsqu'il décrit des arcs égaux, parce qu'alors ses vibrations se font toutes dans des temps égaux. — Les *lignes isochrones* sont celles dans lesquelles un corps pesant doit s'avancer vers un point donné d'un mouvement constamment uniforme. Leibnitz a le premier démontré cette propriété des lignes isochrones en 1689.

ISOCRATE, célèbre orateur grec, fils d'un marchand d'instruments de musique, élève de Gorgias et de Prodicus, né à Athènes 436 ans avant J.-C. Trop timide pour parler en public, il ouvrit une école d'éloquence, où il attira un grand nombre d'élèves, et amassa des richesses considérables. Il entretenait une correspondance avec Philippe de Macédoine, et c'est à cette liaison que les Athéniens durent la paix. Après la bataille de Chéronée, il ne voulut pas survivre à la ruine de la liberté de sa patrie, et se laissa mourir de faim (338 ans avant J.-C.). Il nous reste vingt et un ouvrages d'Isocrate.

ISOGONE, nom donné aux cristaux qui ont les angles égaux.

ISOLOIR, instrument propre à isoler ou à soustraire un corps à l'influence d'un fluide. Pour le fluide électrique, on se sert de la soie, du verre, des plumes, de la résine, comme conduisant moins ce fluide. Ainsi l'on peut sans danger faire toute sorte d'expérience physique en s'isolant.

ISOMÉRIE, propriété qu'ont quelques substances de renfermer les mêmes éléments en mêmes proportions, quoique différant entre elles si essentiellement que les unes sont solides, les autres gazeuses ou liquides, avec des effets différents. L'essence de térébenthine, l'essence de rose et le gaz de l'éclairage sont des mêmes éléments, mais ils ont des propriétés différentes : ils sont *isomères*.

ISOMORPHIE, propriété qu'ont certains corps de cristalliser suivant les mêmes formes.

ISOPÉRIMÈTRES, figures dont les contours ou périmètres sont égaux. La surface d'une figure est d'autant plus grande que les côtés qui forment son contour sont plus multipliés.

ISOPODES, nom donné au cinquième ordre de la classe des crustacés, renfermant des animaux dont les pieds sont uniquement propres à la locomotion ; les antérieurs sont portés par un segment distinct de la tête. Les branchies (ou organes respiratoires) sont situées sous la queue ; le corps est déprimé ; le tronc, divisé en sept segments, porte quatorze pieds et une queue d'un à six segments. Les mandibules sont dénuées de palpes. A cet ordre appartiennent les *cloportes*, les *cymothoadées*, les *asellotes*, les *idotéides*, etc. Tous les crustacés qui composent l'ordre des isopodes vivent dans les eaux. Ceux qui sont terrestres ont besoin de vivre dans un lieu très-humide.

ISOTHERMES, nom donné aux villes, aux pays, etc., dont la température moyenne est la même. — Les *lignes isothermes* sont les lignes que l'on suppose passer par les lieux où la température moyenne est la même. Ces sortes de courbes à double courbure.

ISOUDIA, grande et célèbre ville d'Asie, capitale du royaume de Siam et résidence du roi. — Population de 80,000 habitants. — Cette ville renferme des pagodes magnifiques, un palais royal très-beau et un comptoir hollandais superbe. Elle fait un grand commerce avec les marchands de toutes les nations.

ISPAHAN, ville de l'Iraq-Adjemi, jadis capitale de la Perse, à 100 lieues de Bassora. Population, 200,000 âmes. — Elle renferme cent soixante mosquées, dix-huit cents caravansérais et deux cent soixante bains publics. Son commerce consiste en soie, perles et diamants.

ISRAEL, nom que l'ange donna à Jacob après avoir lutté avec lui à Phanuel. Le nom d'Israël se prend aussi quelquefois pour tout le peuple, toute la race de Jacob, et quelquefois pour le royaume d'Israël ou des dix tribus, distingué du royaume de Juda. Ce royaume commença en 980 avant J.-C., après la mort de Salomon. Jéroboam en fut le premier roi. Le royaume d'Israël finit en 718 qu'il fut détruit par Salmanasar, roi d'Assyrie.

ISRAËLITES, nom des descendants de Jacob ou *Israël.* Voy. Juifs. — L'organisation légale du culte israélite en France résulte d'un règlement fait dans une assemblée d'israélites réunis à Paris le 10 décembre 1806, et approuvé par un décret du 17 mars 1808. Les israélites avaient été admis, en 1791, à jouir des droits de citoyen français. — Les israélites ont en France un *consistoire central* séant à Paris, une *synagogue consistoriale* à Paris, six *synagogues consistoriales* dans les départements, à *Strasbourg, Colmar, Metz, Nancy, Bordeaux* et *Marseille,* et soixante *synagogues particulières* ressortissant aux consistoires. Il ne peut exister de synagogues consistoriales que dans les départements qui réunissent 2,000 israélites. Ces synagogues sont administrées par un *grand rabbin* et des *membres laïques;* les synagogues particulières le sont par un *rabbin* et des *notables.* Il existe à Metz une *école centrale rabbinique.*

ISSACHAR, cinquième fils de Jacob et de Lia, naquit vers l'an du monde 2255. Il donna son nom à une des douze tribus du peuple hébreu, située près de la mer, bornée au S. par la tribu de Manassé, au N. par celle de Zabulon, à l'orient par le Jourdain, et à l'occident par la Méditerranée.

ISSOIRE, sur la Crouze, chef-lieu d'arrondissement du département du Puy-de-Dôme, à 13 lieues de Clermont. Population, 6,000 habitants. — La fondation d'Issoire remonte au delà de l'invasion romaine. Cette ville fut saccagée par les Romains, puis successivement par les Visigoths et les Vandales. Les guerres du moyen âge et de religion attirèrent sur elle de grands désastres. Elle s'est relevée peu à peu. Aujourd'hui c'est une ville propre et bien bâtie, qui possède un tribunal de première instance, un collège et une société d'agriculture. Issoire a de nombreuses fabriques, et commerce en huile de noix, fruits, grains, toiles et instruments de cuivre.

ISSOUDUN, sur la Théols, chef-lieu d'arrondissement du département de l'Indre, à 6 lieues et demie de Châteauroux. Population, 12,000 habitants. — C'est la première ville du département, la plus antique et la plus historique. Elle existait avant l'invasion romaine. Elle eut à souffrir plusieurs sièges dans le moyen âge. Celui de 1651 fut le plus terrible. Un incendie dévora douze cents maisons pendant que l'armée des frondeurs assiégeait la ville. Louis XIV, pour la dédommager de ses désastres, lui accorda plusieurs privilèges, et entre autres droits celui d'élire ses magistrats municipaux et de conférer la noblesse héréditaire à son maire par élection. Issoudun est bien bâti, propre et bien percé. Il possède plusieurs agréables promenades et une salle de spectacle, un tribunal de commerce et de première instance, un collège, un comité agricole, etc. Il commerce en bois, bestiaux, draps, toiles, fers, faux, porcelaines, grains, cuirs, poteries, etc.

ISSUS, ville ancienne de la Cilicie, sur le bord de la mer, est célèbre par deux grandes batailles. La première entre Alexandre et Darius, l'an 333 avant J.-C., avança considérablement la ruine de l'empire des Perses. Ceux-ci laissèrent sur le champ de bataille 61,000 fantassins, 10,000 chevaux et 40,000 prisonniers. Alexandre n'y perdit que 300 hommes et 150 chevaux. La deuxième bataille d'Issus entre Septime Sévère et Pescennius Niger, compétiteurs à l'empire romain (an de J.-C. 194), et où le deuxième fut vaincu et tué, donna, après une lutte de plus de deux ans, l'empire à Septime Sévère.

ISSY, village de France, dans le département de la Seine, sur le penchant d'une colline, près de la rive gauche de la Seine, à une lieue et demie de Sceaux, à trois quarts de lieue de Paris. Population, 1,600 habitants. — Ce village est très-ancien, et fut un séjour de prédilection pour les rois de la première race. Il possède un séminaire, succursale de celui de Saint-Sulpice à Paris, et où l'on compte cinquante élèves en philosophie. Il commerce en produits chimiques, vins estimés, fruits, melons, etc.

ISTER. Voy. Danube. C'était le nom que ce fleuve portait chez les anciens.

ISTHME, langue de terre qui joint une presqu'île au continent, ou qui sépare deux mers. Les principaux sont ceux de Panama, de Suez, de Corinthe ou de Morée, etc.

ISTHME, nom donné par les anatomistes au détroit qui sépare la bouche du pharynx, et qui est fort sujet à varier dans ses dimensions. Il est irrégulièrement quadrilatère, et formé en haut par le voile du palais et la luette, sur les côtés par les piliers du voile du palais et les glandes amygdales, et en bas par la base de la langue.

ISTHME, département de Colombie (Amérique), formé de l'isthme de Panama, qui joint l'Amérique méridionale à l'Amérique septentrionale. Sa population est de 120,000 habitants. Le département est généralement malsain, mais très-fertile. Le chef-lieu est *Panama,* ville de 10,000 âmes, près du golfe de ce nom. Le gouvernement avait formé le projet de réunir en cet endroit le Grand-Océan à l'océan Atlantique au moyen d'un immense canal; mais ce projet a été abandonné.

ISTHMIQUES (Jeux), jeux sacrés de la Grèce, ainsi nommés de l'isthme de Corinthe, où on les célébrait. Ils furent institués par Sisyphe l'an 1326 avant J.-C., en mémoire de Mélicerte, qui fut changé en dieu marin lorsque Ino, sa mère, se précipita dans la mer. Thésée les consacra à Neptune. Ces jeux avaient lieu tous les cinq ans. Ils ne furent pas anéantis par la ruine de Corinthe; mais ils furent confiés aux Sicyoniens par les Romains. On y disputait le prix de la course, de la lutte, du javelot et du disque, et même le prix de la poésie. Ces jeux tenaient lieu d'ère aux Corinthiens. Ils furent abolis sous Adrien, vers l'an 130 de J.-C.

ISTRIE, presqu'île de la mer Adriatique, dans la partie N.-E. de l'Italie, formée par les golfes de Trieste et de Carnero, entre la Carniole, le Frioul et la Croatie. La population est de 140,750 habitants, et sa superficie de 300 lieues carrées. L'Istrie, qui faisait autrefois partie de l'Illyrie, appartient aujourd'hui à l'Autriche, et forme avec quelques îles du golfe Carnero une partie du royaume d'Illyrie, sous le nom de cercle d'Istrie. Les villes principales sont *Capo d'Istria, Rovigno* et *Pirano.*

ITALIE, contrée d'Europe, entre la Méditerranée, la mer Adriatique et les Alpes, traversée par les monts Apennins. Sa superficie est de 10,908 lieues carrées, et sa population de 19,990,500 habitants. Elle comprend le *royaume de Sardaigne,* formé de l'île de son nom, de la Savoie, du Piémont, du Montferrat et de Gênes; le *royaume lombardo-vénitien,* entre les Alpes et le Pô, et appartenant à l'Autriche; les *duchés de Modène, de Parme* et de *Lucques;* le *grand-duché de Toscane,* les *États romains,* la *république de San-Marino* et le *royaume des Deux-Siciles,* comprenant Naples et la Sicile. Anciennement peuplée au N. par les Gaulois, au centre par les Romains, au S. par les Grecs, elle forma le noyau de l'empire romain, et plus tard de l'empire d'Occident. Envahie par les barbares en 401-452, elle forma sous Odoacre le royaume d'Italie en 476, et l'empire des Ostrogoths sous Théodoric (493-553). Reconquise par les empereurs d'Orient (535-554), elle forma un exarchat (554-568). Les Lombards divisèrent ce pays en 568 en Lombardie et exarchat de Ravenne (aux empereurs d'Orient). Après avoir eu des rois (568-726), Rome en pour chef le pape lui-même. Les Lombards détruisirent l'exarchat en 752, et furent détruits à leur tour par Charlemagne en 774. Gênes eut son consulat; Venise avait ses doges depuis 697. Les Normands fondèrent le royaume de Naples, 1005-1114. De 1138 à 1268 eut lieu la guerre des Guelfes et des Gibelins; de 1295 à 1303, les querelles des papes avec la France. En 1450, Sforza s'empara du duché de Milan, au préjudice des Visconti, et de là naquit une longue guerre entre la France et l'Italie (1459-1689). Par le traité d'Aix-la-Chapelle, Naples forma un royaume indépendant; la Lombardie fut donnée à l'Autriche, et la Toscane fut gouvernée par un prince de cette maison. De 1796 à 1800, Napoléon conquit l'Italie. En 1801 fut formée la république cisalpine ou république italienne, érigée en royaume (en 1805), dont Milan fut la capitale. Cet État est aujourd'hui remplacé par le royaume lombardo-vénitien. Les États de l'Église, partagés entre le royaume d'Italie et l'empire français, furent rétablis comme auparavant en 1815.

ITALIENNE (Langue), langue parlée en Italie, dérivée de la *romana rustica,* molle, souple, harmonieuse. Elle se divise en italien septentrional, comprenant, 1° les dialectes italo-français du Piémont, du Frioul, etc.; 2° les dialectes liguro-italiens, entre autres le *génése,* idiome écrit; 3° les dialectes lombards, tels que le milanais, le bergamasque, le brescien, le modénois, le bolonais, le padouan; — et en italien méridional et oriental, comprenant, 1° les dialectes vénitiens proprement dit, dalmate-italien, corfiote, zantiote; 2° les dialectes toscans, tels que toscan pur, langue académique, siennois, langue écrite et polie, florentin, pisan, lucquois, etc.; 3° les dialectes ausoniens, tels que le napolitain, langue écrite. Il y a encore l'italien insulaire, comprenant le corse, le sicilien et le sarde.

ITALIQUE, secte de philosophes grecs, ainsi nommée parce qu'elle prit naissance en Italie. Elle eut pour chef Pythagore. — On nomme *heures italiques* les vingt-quatre heures du jour naturel que l'on compte entre deux couchers de soleil consécutifs. — On appelle *italique,* en termes d'imprimerie, un caractère différant du caractère romain en ce qu'il est penché.

ITHAQUE (*Ithaca* et *Theachi*), une des îles Ioniennes, près de Céphalonie, de 10 lieues de circuit. Population, 7,000 âmes Cette île, qui a pour capitale *Vathi,* fut jadis partie du royaume d'Ulysse. Elle appartient aujourd'hui aux États-Unis des îles Ioniennes. Les habitants vivent de pêche.

ITURBIDE, né en 1728 d'une famille considérable du Mexique, d'origine basque. Il prit les armes contre les indépendants, et obtint en 1816 le commandement de l'armée du Nord. En 1820, il changea de drapeaux, et alla s'unir aux créoles avec 80 hommes. Au bout de quelques mois, le Mexique fut libre, et le traité de Cordova (1821) assura son indépendance. Iturbide fut nommé empereur par les Mexicains sous le nom d'Augustin 1er (18 mai 1821). En 1822, une insurrection éclata, et Iturbide, chassé, proscrit (1822-1823), fut fusillé le 17 juillet 1823.

JUDENBOURG, cercle de Styrie. Sa superficie est de 175 lieues carrées, et sa population de 88,150 âmes. Le chef-lieu est *Iudenbourg* avec 1,488 âmes.

IVAN. Six empereurs de Russie ont porté ce nom. — Ivan 1er, surnommé *Kalita,* fils de Daniel, prince de Moscou, obtint à prix d'or en 1328 du chef des Tartares, Usbek-Khan, la faveur d'être confirmé dans la possession des principautés de Vladimir, de Moscou et de Novgorod, et le titre de grand-prince. Il rétablit la justice et la paix, et mourut en 1341. — Ivan II, fils du précédent, succéda à son frère Siméon en 1353, et mourut en 1358. — Ivan III épousa à Wassili en 1462, détruisit les Tartares, et prit en 1486 le titre de souverain de toutes les Russies. Il étendit son empire jusqu'à la Sibérie et la Laponie. Il mourut en 1505. — IVAN IV succéda à Wassili IV, et mourut en 1584. Voy. BASILOWITCH. — IVAN V, né en 1661, succéda à Fœdor III avec son frère Pierre et sa sœur Sophie, et mourut en 1696. — IVAN VI succéda à Anne Ivanovna. Né en 1740, détrôné en 1741 après la régence du duc de Biren et sous celle d'Anne de Mecklembourg-Schwerin, il fut poignardé en 1764 sous le règne de Catherine.

IVCATAN ou IUCATAN, grande péninsule du Mexique entre les baies de Campêche et d'Honduras. Sa superficie est de 2,507 lieues carrées, et sa population de 465,500 âmes. La capitale est *Mérida*. Ce pays a été découvert par Ferdinand de Cordoue en 1516.

IVETOT ou YVETOT, sous-préfecture du département de la Seine-Inférieure, avec une population de 9,021 habitants, à 11 lieues de Rouen. Ce fut la capitale d'un royaume célèbre, ou plutôt ce fut le royaume tout entier. L'origine de ce royaume est ténébreuse. Mentionné pour la première fois dans les chroniques du XVIe siècle, Ivetot était en 1370 un franc fief libre de tout hommage, etc. Ses seigneurs furent ensuite qualifiés de rois. Ce *roi* ou *seigneur* avait droit de battre monnaie. Ivetot a un tribunal de première instance et de commerce.

IVETTE. Voy. GERMANDRÉE.

IVIÇA, une des îles Baléares dans la Méditerranée, et appartenant à l'Espagne. Cette île a environ 42 lieues carrées et 21,000 habitants. Le climat est chaud, le sol fertile. On y trouve de belles salines.

IVOIRE, substance osseuse qui constitue les défenses des éléphants, les dents d'hippopotame, etc. Elle est en grande partie formée de phosphate de chaux. On en fait des dents artificielles, des manches d'instruments, des statuettes, etc. Autrefois on faisait entrer dans des remèdes l'ivoire réduit en poudre, et on le regardait comme astringent. L'ivoire est susceptible de prendre diverses couleurs.

IVOIRE (NOIR D'), charbon d'une belle couleur noire, et employé dans les peintures fines. Il s'obtient en calcinant au rouge des râpures et des rognures d'ivoire.

IVOIRE (CÔTE D'), partie de la haute Guinée, habitée par les Quaquas. Son nom lui est venu du grand commerce qui a lieu de dents d'éléphants.

IVRAIE, plante de la famille des graminées, herbacée, annuelle ou vivace. Elle se distingue du froment par la position de ses épillets, qui regardent l'axe de l'épi par une de leurs faces et non pas par l'un de leurs côtés. L'*ivraie enivrante* ou *herbe d'ivrogne*, qui croît dans les moissons, a des propriétés vénéneuses très prononcées. Le pain et la bière dans la confection desquels elle est entrée enivrent et causent des vertiges, des nausées et des vomissements à ceux qui en font usage.

IVRY-LA-BATAILLE, bourg de France, département de l'Eure, à 3 lieues et demie d'Evreux. Population, 1,000 habitants. Ce bourg est dans une situation agréable, au pied d'un coteau, sur la rivière de l'Eure, qui le divise en deux parties. Il est célèbre par la victoire que Henri IV y remporta en 1590 sur l'armée des ligueurs, commandée par le duc de Mayenne. Une pyramide a été élevée dans la plaine pour perpétuer le souvenir de cette bataille. — IVRY est aussi un village de la Seine, aux environs de Paris. Sa population est de 800 habitants. Il produit du lait et des grains.

IXIE, genre de plantes de la famille des iridées. On cultive les espèces qui le composent à cause de l'élégance de leurs fleurs. Elles sont la plupart originaires du cap de Bonne-Espérance. On cultive dans nos jardins l'*ixie bulbocode*.

IXION (myth.), roi de Thessalie. Ayant épousé Dia, fille de Dionée, il fit périr son beau-père dans une fosse remplie de charbons ardents. Comme personne ne voulut lui donner l'hospitalité, il eut recours à Jupiter, qui l'admit à la table des dieux. Bientôt devenu épris de Junon, il lui déclara sa passion, et Jupiter produisit un nuage ressemblant à son épouse. Ixion en eut les Centaures. Le maître des cieux le frappa de la foudre et le précipita dans l'enfer, où il fut attaché à une roue qui devait tourner sans relâche.

IYNX, petit oiseau qu'invoquaient les amants dans leurs cérémonies magiques, surtout chez les Grecs. On croit que c'est le *torcol*.

# J

## JAC

J, la dixième lettre et la septième consonne de l'alphabet français. Il n'avait chez les anciens aucune signification numérique. Il est généralement remplacé par I.

JABLE, terme de tonnelier, partie des douves d'un tonneau qui excède les fonds des deux côtés et qui forme en quelque sorte la circonférence extérieure de chacune de ses extrémités. Le jable se prend depuis l'entaille ou rainure dans laquelle sont enfoncées et assujetties les douves du fond de la futaille jusqu'au bout des douves de longueur. Les *peignes de jable* sont de petits morceaux de douve taillés exprès, qu'on fait entrer par force sous les cerceaux pour rétablir les jables rompus.

JABOT. On donne ce nom à une dilatation de l'œsophage qui dans la plupart des oiseaux, et particulièrement dans les granivores, semble tenir lieu de premier estomac. Les aliments, qui y sont imbibés d'un fluide analogue à la salive, y séjournent quelque temps avant de descendre dans le gosier.

JACAMAR, genre de l'ordre des grimpeurs, renfermant des oiseaux au bec allongé, aigu, avec les pieds courts, et dont les doigts sont réunis en partie ou placés quelquefois deux en avant et deux en arrière, d'autres fois deux en avant et un seul en arrière. Ils se nourrissent d'insectes, et habitent l'Amérique méridionale. Le *jacamar à longue queue* se plaît dans les lieux découverts et vit en société. Son chant est un sifflement doux, faible et souvent répété. Son corps est brun violet en dessus, ainsi que le menton et les joues ; la gorge est blanche, la tête et le croupion verts, le bec et les pieds sont noirs, la queue étagée, les ailes d'un bleu violet magnifique.

JACANA, genre de l'ordre des échassiers, renfermant des oiseaux au bec droit, peu long et comprimé latéralement, peu renflé vers le bout ; aux narines ovales, situées au milieu du bec. Les pieds ont quatre doigts grêles, trois devant séparés entre eux, le quatrième derrière ; les ongles sont allongés, aigus, presque droits. Les ailes sont armées d'un éperon pointu. Les jacanas se trouvent en Asie, en Afrique et en Amérique. Ce sont des oiseaux criards et querelleurs, vivant dans les marais, mais ils ne peuvent nager ; ils courent avec rapidité dans l'eau et sur les plantes aquatiques ; leur vol est droit et rapide. Ils se nourrissent d'insectes. Le *jacana commun* est long de vingt pouces, très sauvage et vit par couples. Le bec est jaune ; sous ce bec pendent deux barbillons charnus, et une membrane couchée sur le front divisée en trois lambeaux. Le dessus du corps est roux ; le dessous, la tête, le cou et la gorge sont d'un noir violet ; les grandes plumes des ailes vertes, la queue courte et arrondie, les pieds d'un cendré verdâtre.

JACENT se dit, en termes de droit, des biens qui n'ont aucun propriétaire, des successions auxquelles personne n'a droit.

JACHÈRE, état de repos dans lequel on laisse une terre labourable qui vient de deux années, quelquefois moins. On fait durer les jachères une ou deux années, quelquefois moins.

JACINTHE ou HYACINTHE, plante de la famille des asphodélées, qui sert à l'ornement des jardins. Elle fleurit en hiver, soit en pleine terre, soit dans des vases. On compte jusqu'à deux mille variétés de jacinthes à fleurs simples ou à fleurs doubles. Les plus jolies sont la *jacinthe des prés* aux fleurs bleues, la *jacinthe penchée* à fleurs roses, la *jacinthe verte*, la *jacinthe muguet* à fleurs jaunes, et la *jacinthe à fleurs roulées* aux fleurs campanulées verdâtres.

JACKSON (LE GÉNÉRAL ANDRÉ), né en 1767 dans la Caroline du Sud. Nommé en 1796 membre du sénat des Etats-Unis pour le Tennessée, il donna deux ans après sa démission, et fut en 1812 nommé général des milices. Il battit les Indiens du Sud, et chassa de l'Amérique l'armée anglaise. Le 4 mars 1829, il fut élu président du congrès national des Etats-Unis. Il combla rapidement la dette fédérale, aujourd'hui complètement soldée, et obtint la liquidation des créances du commerce américain sur les gouvernements étrangers. Ses fonctions de président ont cessé en 1837.

JACO, espèce du sous-genre cacatoès, renfermant des perroquets très connus. Ils sont doux, dociles, attachés à leur maître ; aussi en apporte-t-on beaucoup en Europe pour les élever et les faire parler. Cette espèce offre deux variétés : l'une très foncée en couleur est d'un gris d'ardoise, et l'autre d'un gris blanchâtre. Ces oiseaux sont originaires de l'Afrique. On leur apprend facilement à parler, et leur mémoire cultivée de bonne heure est étonnante. Ils mangent à peu près de tout.

JACOB, patriarche juif, fils d'Isaac et de Rebecca. Son frère Esaü, revenant très fatigué de la chasse, lui vendit son droit d'aînesse pour un plat de lentilles que Jacob préparait. Il usa de ruse pour recevoir la bénédiction paternelle (Isaac était aveugle), et s'enfuit, pour éviter le ressentiment de son frère, chez son oncle Laban, qu'il servit pendant sept ans, au bout desquels, d'après leur convention, il devait épouser Rachel, sa fille cadette ; mais Laban, le jour des noces, substitua à celle-ci Lia, sa sœur aînée. Jacob servit encore sept ans et obtint Rachel. Quelque temps après, il se réconcilia avec Esaü. Son fils Joseph ayant été vendu par ses frères, Jacob, qui crut qu'il était mort, le pleura beaucoup. Lorsque Joseph parvint à la dignité de premier ministre d'Egypte, Jacob quitta la vallée de Membré où il habitait, et vint habiter dans la terre de Gessen en Egypte. Il y mourut dix-sept ans après, l'an 1686 avant J.-C. Il était né l'an 1832. Il eut douze fils, qui furent la souche des douze tribus d'Israël. De Lia, il eut Ruben, Siméon, Lévi, Juda, Issachar et Zabulon (il en eut aussi une fille appelée Dina) ; de Rachel, il eut Joseph et Benjamin ; de Zelpha, servante de Lia, il eut Gad et Aser, et de Bala, servante de Rachel, Dan et Nephtali.

JACOBINS (CLUB DES), société célèbre de

la révolution française, formée en 1789, et primitivement nommée *club breton*. En 1790, elle s'organisa sur le plan du club de la révolution à Londres, et s'intitula *club des amis de la constitution*. Ses membres, tous républicains exaltés, étaient très-nombreux. Les plus célèbres furent Robespierre, Marat, Legendre. Ce dernier ferma irrévocablement le club le 24 juillet 1794.

JACOBITES, hérétiques qui n'admettaient qu'une seule nature en Jésus-Christ, et qui pour cette raison faisaient partie des monophysites. Leur chef fut Jacob Zanzale, surnommé Bardaï, disciple de Sévère, et évêque d'Edesse, mort en 578. Les jacobites ont eu des patriarches, qui ont siégé jusqu'à nos jours en Syrie, à Alep, à Antioche ou à Amide.

JACOTOT, méthode d'enseignement ainsi nommée de son inventeur, Jean Jacotot, né à Dijon en 1770, dite aussi *enseignement universel*. Elle consiste à apprendre les choses les plus difficiles, et passer ensuite aux plus simples. Les élèves peuvent se passer de professeurs. Les études se font en trois ans, par la répétition continuelle des mêmes faits, afin de les graver mieux dans la mémoire.

JACQUERIE (LA), insurrection des paysans de l'Ile-de-France, qui, fatigués des vexations des seigneurs, se soulevèrent le 21 mai 1358, dévastèrent les campagnes et brûlèrent les châteaux. Ils furent exterminés près de Meaux au nombre de 7,000. On les appela *Jacques* parce que les seigneurs par dérision donnaient au petit peuple le sobriquet de *Jacques Bonhomme*.

JACQUES (Saint) *le Majeur*, fils de Zébédée et de Salomé et frère de l'évangéliste saint Jean. Il était pêcheur, ainsi que son frère, lorsque Jésus-Christ les prit pour ses apôtres. Hérode Agrippa lui fit trancher la tête pendant la fête de Pâques l'an 43. Son corps fut transporté par ses disciples sur les frontières de Galice, où il a donné son nom à la ville de Saint-Jacques de Compostelle, abréviation de *Giacomo apostolo*.

JACQUES (Saint) *le Mineur*, fils de Cléophas ou Alphée et de Marie, cousin de la sainte Vierge, et frère de saint Jude. Il fut l'un des apôtres de Jésus-Christ, et devint après son ascension évêque de Jérusalem. Il fut lapidé par l'ordre d'Ananus, grand sacrificateur des Juifs, l'an 62 de J.-C. On a de lui une Épître catholique qui fait partie du Nouveau Testament.

JACQUES (rois d'Aragon). Voy. JAYME.

JACQUES. Six rois d'Ecosse ont porté ce nom. — JACQUES Ier, deuxième fils de Robert III, né en 1391, fut pris lorsqu'il se rendait en France (1405) par les Anglais, qui le retinrent jusqu'en 1423. Revenu dans son royaume, il réprima les désordres, et punit les seigneurs. Ceux-ci conspirèrent et l'assassinèrent en 1437. — JACQUES II, son fils et son successeur (il avait alors sept ans), abaissa l'orgueil des seigneurs, poignarda de sa propre main William, comte de Douglas, et fut tué au siège de Roxburgh (1460) dans la guerre qu'il faisait aux Anglais. — JACQUES III, son fils et son successeur, se laissa gouverner par des favoris, fit périr son frère Jean, comte de Marr, et fut tué en 1488, après une bataille que lui livrèrent les seigneurs. — JACQUES IV, son fils et successeur à l'âge de seize ans, allié de Louis XII, roi de France, envahit l'Angleterre, et fut tué en 1513 à la bataille de Flowden. — JACQUES V, son fils, lui succéda à un an et demi, sous la tutelle de sa mère Marguerite d'Angleterre, dont la régence fut très-orageuse. Il épousa en 1535 Madeleine, fille aînée de François Ier. A sa mort (1537), il épousa Marie de Lorraine, fille de Claude, duc de Guise, dont il eut Marie Stuart. Il mourut en 1542. — JACQUES VI, fils de Henri Stuart et de Marie Stuart, succéda à son père, d'abord sous la régence de sa mère, ensuite sous celle de son oncle le comte de Murray. Né en 1566, il fut appelé au trône d'Angleterre en 1603.

JACQUES. Deux rois d'Angleterre ont porté ce nom. — JACQUES Ier, sixième du nom en Ecosse, fils de Marie Stuart et roi d'Ecosse, parvint au trône d'Angleterre après la mort d'Elisabeth (1603). L'édit qu'il publia contre les catholiques fut la cause d'une conspiration connue sous le nom de *conspiration des poudres*. Jacques se laissa gouverner d'abord par l'Ecossais Carr, ensuite par Georges Villiers, qu'il créa duc de Buckingham. Sa pusillanimité (il tremblait devant une épée) et la bizarrerie de son caractère mécontentèrent les Anglais. Il mourut en 1625, laissant de sa femme Anne de Danemarck Charles Ier et Elisabeth, mariée à l'électeur palatin, duc de Bavière, Frédéric V. — JACQUES II, fils de Charles Ier, né en 1633, porta le titre de duc d'Yorck jusqu'en 1685, où il succéda à son frère Charles II. Il voulut rétablir la religion catholique, et fut détrôné par Guillaume de Nassau, époux de sa fille Marie (1688). Battu à la bataille de la Boyne (1690), il se réfugia en France, et mourut à Saint-Germain-en-Laye en 1701. Outre Marie et Anne ses deux filles, il eut encore François-Edouard, qui laissa deux fils, Charles-Edouard (le Prétendant) et Henri, cardinal d'Yorck.

JACQUES DE L'ÉPÉE (ORDRE DE SAINT-), ordre militaire établi en Espagne, l'an 1170, sous le règne de Ferdinand II, roi de Léon, pour protéger les pèlerins qui allaient à Compostelle. Les chevaliers faisaient autrefois vœu de chasteté. Alexandre III leur permit de se marier. La grande maîtrise fut réunie à la couronne par le pape Adrien VI. La seconde dignité de l'ordre est celle de prieur, affectée à deux chanoines qui portent la mitre. Les chevaliers font preuve de quatre races des deux côtés. Leur habit est un manteau blanc, avec une épée rouge sur la poitrine.

JACQUINIER, genre de la famille des sapotées, renfermant des arbrisseaux d'un bel aspect, originaires de l'Amérique. On cultive dans les serres d'Europe le *jacquinier aux fleurs orangées*, arbrisseau haut de trois à quatre pieds, aux rameaux chargés d'un duvet court, serré, à l'écorce brunâtre, aux feuilles éparses, oblongues, coriaces, d'un vert luisant. Les fleurs sont d'un très-beau jaune orangé, portées sur de longs pédoncules, et rangées en grappes. Le *jacquinier à bracelets*, haut de six à sept pieds, les fleurs petites, blanches, en grappes pendantes, et exhalant une odeur de jasmin très-prononcée. Les Caraïbes se servent comme ornement de ses baies d'un beau rouge.

JADDUS ou JADDOA, grand prêtre des Juifs, contemporain d'Alexandre le Grand, roi de Macédoine. Ce prince, irrité de ce que Jaddus avait osé lui refuser des secours qu'il lui demandait, marcha contre Jérusalem dans l'intention de détruire cette ville. Jaddus alla au-devant de lui avec les prêtres et ses lévites. A cette vue, le prince, subitement changé, se prosterne à ses pieds en adorant Dieu. Parménion lui ayant demandé la raison, Alexandre lui avoua que cet homme, revêtu des mêmes ornements, lui avait apparu en songe et lui avait promis la conquête de l'Asie. Cette histoire, dont la Bible ne fait pas mention, et qui n'est racontée que par Josèphe, est regardée comme une fable.

JADE, pierre de couleur verdâtre, olivâtre, blanchâtre ou nuancée de violet, assez dure pour rougir le verre, étincelant par le choc du briquet, très-difficile à travailler et à polir. Elle est composée de silice, de chaux, de soude, de potasse et d'oxyde de fer.

JADON, prophète juif, vivait vers l'an 950 avant J.-C. Un jour que Jéroboam, roi d'Israël, offrait des sacrifices sur l'autel qu'il avait élevé aux idoles, Jadon prédit que les prêtres qui sacrifiaient sur cet autel l'arroseraient un jour de leur sang. Le roi irrité ordonna de le saisir. Aussitôt Jadon confirma sa prédiction par un triple prodige. L'autel se fendit, la main que Jéroboam avait étendue pour donner ordre de le saisir se sécha, et ne fut rétablie dans son premier état qu'à la prière du prophète. Le roi, reconnaissant, le pria de s'asseoir à table avec lui. Celui-ci s'en excusa sur la défense que Dieu lui avait faite de manger à Béthel. Mais, comme il retournait, un faux prophète, nommé Saméas, qui, en le trompant, l'amener pour le faire manger chez lui. Alors le faux prophète, inspiré de Dieu, lui prédit qu'en punition de sa désobéissance ses os ne reposeraient pas dans le tombeau de ses pères. En effet un lion déchira Jadon comme il s'en retournait, et Saméas ensevelit son corps dans son propre sépulcre.

JAEMTLAND, gouvernement de Suède, formé de l'ancienne province de Jaemtland et de l'Herjedalie. Ce gouvernement est hérissé de montagnes couvertes de neiges éternelles et de forêts magnifiques. Sa superficie est de 112 lieues carrées, et sa population de 119,000 habitants. Le chef-lieu est la bourgade d'OEstersund, qui compte 300 habitants. On voit à Linsuedal une forge qui livre annuellement au commerce 1,500 quintaux de fer. Le Jaemtland fait partie de la Laponie.

JAEN (ROYAUME DE), province d'Andalousie comprise entre celles de Grenade, de Cordoue et de la Manche (Espagne). Elle fait partie de la capitainerie générale de Port-Sainte-Marie et de l'audience de Séville, et sa population est de 255,600 individus. *Jaen*, sa capitale, à 16 lieues de Grenade et de Cordoue, à 30 de Séville et à 60 de Madrid, a une population de 30,000 âmes.

JAFFA, ville de Syrie située sur la Méditerranée à 12 lieues de Jérusalem, à 16 de Gaza et à 22 d'Acre. Sa population est de 6,000 individus. Prise par les sultans d'Egypte, elle tomba entre les mains des Turks quelques années après. En 1789, elle soutint un siége contre les Français et le général Bonaparte, qui, s'étant rendus maîtres de la place après une longue résistance, en passèrent la garnison au fil de l'épée.

JAGELLONS, famille de princes lithuaniens, qui monta sur le trône de Pologne en 1386 en la personne de Wladislas Jagellon, duc de Lithuanie. La race des Jagellons s'éteignit en 1572 à la mort de Sigismond-Auguste. Le trône, jusqu'à ce moment héréditaire, devint alors électif. Il y avait eu sept rois de cette race depuis 1386 jusqu'en 1572.

JAGRENAT, ville de l'Indoustan, sur la côte d'Orixa. Elle est célèbre par la plus grande et la plus vénérée pagode de l'Indoustan, où réside le grand prêtre des brames. On y voit au moins trois mille brames logés dans quatre vastes bâtiments. *Jagrenat* signifie *maître de l'univers*.

JAGUAR, quadrupède du genre *chat* et de l'ordre des carnivores. Sa longueur est de quatre pieds et sa hauteur de deux pieds et demi. Son pelage, d'un fauve vif en dessus, est marbré à la tête, au cou et le long des flancs, de taches noires et irrégulières. Il se trouve au Brésil, à la Guyane, au Mexique et dans tout le midi de l'Amérique. Aussi a-t-il reçu le nom de tigre d'Amérique. Il fait une guerre acharnée aux chevaux, aux génisses, aux taureaux. Sa femelle met bas deux petits.

JAHEL ou JAEL, femme d'Haber, était Juive et très-attachée à la foi de ses pères. Sisara, général des Moabites, ayant été vaincu par les Israélites, se réfugia chez Jahel. Sisara s'étant endormi, Jahel lui enfonça un clou dans la tempe et le tua, vérifiant ainsi la prédiction de Débora, laquelle avait annoncé que Sisara périrait de la main d'une femme.

JAIR, juge des Hébreux de l'an 1210 à 1188 avant J.-C. Pendant son administration, les Hébreux furent soumis aux Philistins. Cette servitude dura dix-huit ans.

JAIS. Voy. JAYET.

JALAP, plante du genre liseron, qui

croît aux environs de Xalapa en Mexique, et dont la racine tuberculeuse, arrondie, noirâtre à l'extérieur et blanchâtre à l'intérieur, est très-employée en médecine. Elle a des propriétés purgatives très-énergiques, et on en obtient un extrait, une teinture alcoolique et une résine nommée *jalappine*.

JALLONKOU, vaste contrée d'Afrique, comprise entre les pays de Kong, des Foulahs et des Mandingues. C'est dans ce pays que la Gambie, le Sénégal et le Niger prennent leur source. Les Jallonkas sont gouvernés par un grand nombre de chefs indépendants les uns des autres.

JALOFS ou YOLOFS, peuple d'Afrique, habitant les côtes de l'Océan entre le Sénégal et la Gambie. Ils occupent les royaumes de Walo et de Cayor, et sont les plus beaux hommes de la Nigritie comme les plus indolents de tous les nègres. Ils sont pillards, voleurs et querelleurs. Ils vivent de la chasse et de la pêche.

JALON, bâton droit, long de cinq à six pieds, uni par un bout et terminé en pointe par l'autre pour l'enfoncer dans la terre. On fait usage de jalons, quand on mesure un terrain, pour déterminer les alignements dont on a besoin ; on les emploie dans le nivellement, en plaçant à la partie supérieure un morceau de papier blanc étendu, ou un rectangle de carton, au moyen d'une fente que l'on y pratique à cet effet. Les armées laissent des jalons sur les routes qu'elles suivent, pour diriger les troupes qui marchent après elles.

JALOUSIE, nom vulgaire donné à l'*amarante tricolore*, à l'*œillet poippe* et à une excellente variété de poires d'automne, assez grosse, et dont la chair est fondante et sucrée.

JAMAIQUE (LA), une des plus grandes Antilles, située au S. de l'île de Cuba, et découverte en 1494 par Christophe Colomb. Elle appartint d'abord aux Espagnols ; mais les Anglais s'en emparèrent en 1654. Elle a environ 22 lieues de long sur 60 de large. Sa population est de 385,000 individus, dont 42,000 blancs et 343,000 esclaves. Sa capitale est *Saint-Iago de la Vega* ou *Spanish-Town*.

JAMBE, partie du corps humain qui s'étend depuis le genou jusqu'au pied. La jambe est formée par trois os, le *tibia*, le *péroné* et la *rotule*. Les deux premiers, articulés à leurs extrémités, laissent entre eux un espace qui est rempli par un ligament. Les muscles de la jambe sont nombreux, ainsi que les vaisseaux et les nerfs. La saillie que forment les muscles de la partie postérieure de la jambe a reçu le nom de *mollet* ou de *gras de jambe*. On nomme *jambier* tout ce qui appartient à la jambe.

JAMBLIQUE, nom de deux philosophes néo-platoniciens. L'un, disciple d'Anatolius et de Porphyre, était né à Chalcide, et mourut sous Constantin en 333. L'autre, né à Apamée en Syrie, mourut sous le règne de Valens. On a une *Histoire de la vie et de la secte de Pythagore* sous le nom de Jamblique, mais on ignore lequel des deux en est l'auteur.

JAMBOS. On nomme ainsi les enfants d'un sauvage et d'une métisse, c'est-à-dire d'une femme issue d'un Européen et d'une Américaine. On les nomme aussi *zambos*.

JANICULE, une des sept montagnes de Rome, située à la droite du Tibre. Ancus Martius la joignit à la ville par le pont Sublicius. C'était le lieu le plus élevé de Rome.

JANISSAIRES, corps d'infanterie turque, institué par le sultan Orkhan vers 1350 pour la garde du trône et la défense des frontières. On distinguait trois sortes de janissaires : les janissaires chargés de la garde du sultan ; les janissaires enrôlés, mais ne servant qu'en temps de guerre, et les janissaires répartis dans les provinces de l'empire. Leur habillement se composait d'une casaque de drap au-dessous de laquelle était une veste bleue, d'un bonnet de feutre, d'un long chaperon et d'un pantalon à la turque. Les janissaires devinrent si turbulents et si indisciplinés, qu'ils élevèrent et renversèrent à leur gré les sultans. Mahmoud II entreprit d'abolir ce corps, et le 15 juin 1826 les janissaires, s'étant révoltés, furent mitraillés dans la place de l'Atmeidan, où ils s'étaient retranchés. Le corps des janissaires se composait de 150,000 hommes, dont 40,000 à Constantinople. Leur commandant général s'appelait *janissar-agassi* (aga des janissaires).

JANSEN (Zacharie), fabricant de conserves à Middelbourg, inventa et exécuta le premier les lunettes d'approche dans le commencement du XVIIe siècle. Les états généraux envoyèrent deux de ces télescopes à Henri IV en 1608.

JANSENIUS (Corneille), né en 1585 à Accoy près Léerdam en Hollande, docteur et professeur à l'université de Louvain, nommé évêque d'Ypres en 1635, mort en 1638. Il avait du talent pour la prédication. Ses ouvrages sont des Commentaires sur les Évangiles, le Pentateuque, les Psaumes et les autres livres sacrés. Mais celui qui fit le plus grand bruit est son *Augustinus*, qui ne parut qu'après sa mort. Ce livre, où il avait essayé de développer les vérités qu'il croyait que saint Augustin avait établies sur la grâce, occasionna parmi les théologiens catholiques de grands différends, et Urbain VIII défendit en 1642 le livre de Jansénius. La Sorbonne censura cinq propositions extraites de l'*Augustinus*, et Innocent les condamna en 1655.

JANTE, pièce de bois courbée qui fait partie du cercle de la roue d'un carrosse, d'un chariot, etc.

JANTHINE, genre de mollusques gastéropodes. Les coquilles de ces animaux sont ventrues ; globuleuses ou conoïdes, très-minces, à spire basse et à ouverture triangulaire. Elles sont très-fragiles et teintes d'un beau bleu violacé. Les janthines habitent les mers, loin des côtes, et se montrent par troupes innombrables, nageant avec aisance. L'on pense que la pourpre des anciens était fournie par ces mollusques. En effet ils fournissent en abondance une magnifique teinture violette, qui s'échappe, lorsqu'on les brise, d'un large vaisseau placé dans la région dorsale. Cette couleur passe du rouge quand elle est traitée par les acides, et revient au bleu par les alcalis. Par l'oxalate d'ammoniaque, elle donne un précipité bleu foncé ; par le nitrate d'argent, une couleur de cendre bleue très-agréable.

JANUS (myth.), le plus ancien roi d'Italie qui accueillit Saturne chassé du ciel. Celui-ci lui donna le pouvoir de connaître l'avenir. On représente Janus avec une tête à deux faces et portant des clefs à la main. Il présidait à l'année et particulièrement au mois de janvier (*januarius*), qui lui était consacré, et dans lequel on célébrait ses fêtes par des danses et des réjouissances. Les portes du temple de Janus étaient ouvertes en temps de guerre et fermées en temps de paix.

JANVIER, premier mois de l'année. Il est ainsi nommé de *januarius*, nom qu'il portait chez les Romains, parce qu'il était consacré à Janus. Ce mois est de trente et un jours. Le 1er janvier, on offrait à Janus des sacrifices, et on lui présentait des dattes, des figues et du miel, fruits dont la douceur faisait tirer d'heureux pronostics pour le cours de l'année. Le mois de janvier se nommait chez les Grecs *gamélion*.

JANVIER (Saint), évêque de Bénévent, eut la tête tranchée à Pouzzoles sous l'empereur Dioclétien. Son corps fut transporté à Naples, où il a une magnifique chapelle dans la cathédrale. Ce qui rend son culte célèbre est un miracle qui, dit-on, se renouvelle tous les ans. On dit que, quand on approche de sa tête une fiole pleine de son sang, ce sang, auparavant figé et caillé, devient liquide et bouillonnant. On célèbre la fête de saint Janvier le 19 septembre.

JAPHET, troisième fils de Noé, né cent ans avant le déluge. Il eut sept fils, Gomer, père des Cimmériens ou Cimbres ; Magog, père des Scythes ; Madaï, des Mèdes ou des Macédoniens ; Javan, des Grecs ; Thiras, des Thraces ; Thubal et Mosoch, deux peuples de la Cappadoce et du Pont. Il peupla l'Europe.

JAPON, empire de l'Asie orientale, consistant en trois îles principales d'une superficie de 7,288 lieues carrées, et dont la population s'élève à 13,000,000 d'habitants. Ces îles sont ; 1o *Niphon*, dont les principales villes sont *Miaco*, siége du *daïri*, et *Yeddo*, ville de 1,680,000 habitants, résidence du souverain temporel ou *kubo*. L'île contient quarante-huit provinces. 2o *Ximo* ou *Kinsu*, qui contient neuf provinces. 3o *Xikoko* ou *Sikof*, divisée en quatre provinces. Autour des îles se groupent de plus petites. La superficie totale de l'empire est de 12,569 lieues carrées, et sa population de 45,000,000 d'hommes. Les forces militaires sont de 100,000 hommes et de 20,000 cavaliers cuirassés. Depuis 1586, il y a deux souverains au Japon : le souverain spirituel, appelé le *daïri*, dont la puissance, autrefois redoutable, est aujourd'hui très-déchue ; et le souverain temporel ou empereur, appelé *kubo*. Ce dernier a un pouvoir illimité. Sous ses ordres sont les princes qui commandent les provinces. La religion de l'État est le bouddhisme. La langue est différente de celle des Chinois. Les étrangers y sont observés avec le plus grand soin.

JAQUEMART, figure de fer, de plomb ou de fonte, qui représente un homme armé, et qu'on met quelquefois sur le haut d'une tour, pour frapper les heures avec un marteau sur la cloche de l'horloge.

JAQUETTE, sorte d'habillement en forme de blouse, qui allait jusqu'aux genoux et quelquefois plus bas. Les paysans et les pauvres portaient autrefois des jaquettes.

JAQUIER ou ARBRE A PAIN. Voy. ARTOCARPE.

JAR ou LIN, huitième mois de l'année civile et le deuxième de l'année sainte chez les Hébreux. Il répondait au mois d'avril.

JARDIN, lieu où l'on cultive des plantes par agrément ou par utilité, sans employer la charrue et les animaux de labourage. Il est le plus souvent entouré de murs ou de haies vives. Il y a plusieurs sortes de jardins. Le *jardin botanique* est destiné à réunir des collections vivantes de végétaux de tous les pays, dans la vue d'en étudier les caractères, d'en suivre le développement, de les comparer entre eux et d'en démêler les propriétés. Leur institution est récente. Le premier ouvert aux frais de l'État fut celui fondé à Pise en Toscane en 1543. Le premier ouvert en France fut celui de Montpellier (1597). Celui de Paris ne le fut qu'en 1636. Il renferme aujourd'hui plus de soixante mille plantes vivantes. Le *jardin de naturalisation* est destiné à l'acclimatation des végétaux d'un autre pays que leur patrie naturelle. Le *jardin fleuriste* est celui où l'on cultive des plantes pour son agrément. Le *jardin anglais* ou *chinois* est fait à l'imitation d'une nature agreste, et s'éloigne comme elle des lois de la symétrie. Le *jardin fruitier* ou *verger* est celui où on ne fait venir que des arbres à fruit. Le *jardin médical* est destiné à la culture des plantes médicinales. Le plus célèbre a été établi à Rome au 1er siècle de l'ère vulgaire. Il en existe un à Lille, fondé en 1840. On nomme *jardin potager* ou *légumier* ou *maraîcher* un jardin où l'on cultive des plantes destinées à la nourriture de l'homme ; *jardin normal*, jardin modèle. Le *jardin paysager*, celui qui renferme des parterres bordés en buis, des tonnelles, des avenues, des rochers, des arbres découpés et taillés sous mille formes, tout cela disposé avec goût, de manière à former le plus bel ensemble.

JARDON, tumeur dure et enflammée,

qui s'étend depuis la partie postérieure et inférieure de l'os du jarret jusqu'à la partie supérieure et postérieure de l'os du canon. On l'observe chez les animaux, en qui elle produit la claudication.

JARNAC, chef-lieu de canton du département de la Charente, à 3 lieues de Cognac. Population, 3,000 habitants. Cette ville est célèbre par la victoire que Henri III, alors simple duc d'Anjou, y remporta en 1569 sur l'armée des calvinistes, commandée par le prince de Condé, qui y fut assassiné après la bataille. Les catholiques étaient au nombre de 26,000, les protestants 15,000. On voit à Jarnac, sur la Charente, un beau pont suspendu très-élégant. On a érigé une pyramide à l'endroit même où Condé tomba. — La mort de Condé a donné lieu à la locution *coup de Jarnac*, employée comme trahison.

JARRE, grand vaisseau de terre à deux anses, dont le ventre est fort gros. C'est aussi une fontaine de terre cuite dont on se sert dans les maisons. L'on nomme encore *jarre*, 1° le poil long, dur et luisant, qui se trouve sur la superficie des peaux de castor et qui ne peut servir à la fabrique de chapeaux ; 2° le poil de vigogne ; 3° une mesure usitée en Orient pour le commerce des vins ; celle de Métélin vaut 40 pintes de Paris ; 4° des cloches de verre ou de cristal, de différentes capacités, dont on fait usage en chimie et en physique, principalement pour former les batteries électriques.

JARRET, partie postérieure de l'articulation du genou. Dans les quadrupèdes, c'est la jointure du train de derrière, qui unit la cuisse à la jambe. — En termes d'hydraulique, c'est la courbe que fait une conduite d'eau qu'on n'a pu faire aller en ligne droite, à cause de la situation du terrain ou de la disposition du jardin qui fait un angle. En termes de maçonnerie, on donne ce nom, dans la coupe des pierres, à l'imperfection d'une direction de ligne ou de surface qui fait une sinuosité ou un angle. Dans une pièce de bois, c'est une espèce de saillie, de bosse, d'angle saillant qui dérange l'uniformité de sa courbure, de son contour, etc.

JARRETIÈRE (Ordre de la), ordre institué en 1344 par Edouard III, roi d'Angleterre, à l'occasion d'une jarretière que la comtesse de Salisbury laissa tomber en dansant, et que le roi ramassa en disant : *Honni soit qui mal y pense !* Cet ordre n'a que vingt-cinq chevaliers outre le roi d'Angleterre, qui en est le grand maître, et trois officiers, qui sont le prélat (l'évêque de Winchester), le chancelier (l'évêque de Salisbury) et le greffier (le doyen de Windsor). Ils portent une jarretière de velours bleu à la jambe gauche, sur laquelle est gravée la devise : *Honni soit qui mal y pense*, et un ruban bleu en écharpe de gauche à droite, au bas duquel pend une médaille d'or de Saint-Georges.

JARS, nom donné au mâle de l'oie domestique.

JAS. En marine, on nomme ainsi l'assemblage de deux pièces de bois de même forme et de même grosseur, jointes ensemble à l'extrémité supérieure de la tige d'une ancre, et qui empêchent qu'elle ne se couche sur le fond lorsqu'on la jette à la mer. Les ancres au-dessous du poids de six cents livres ont les jas en fer d'une seule pièce. La longueur du jas en bois est égale à celle de la verge de l'ancre ; sa grosseur au milieu est quadruple de celle de la verge. — En termes de salines, le *jas* est le premier réservoir des marais salants, séparé de la mer par une digue de terre revêtue de pierre sèche.

JASEUR, genre d'oiseaux que l'on trouve en Europe, en Asie et en Amérique. Leur bec est court, droit, bombé en dessus comme en dessous. Les narines sont ovoïdes et cachées par des petites plumes, on nues ; les pieds sont très-courts, les ailes médiocres et la queue carrée. Le *grand jaseur*, appelé aussi *jaseur de Bohême* et *jaseur d'Europe*, est un très-bel oiseau.

Les plumes de sa tête sont allongées en huppe ; les parties supérieures et inférieures du corps sont d'un brun rougeâtre. La gorge est d'un beau noir. Une bande de la même couleur se voit au-dessus des yeux. Les ailes sont noires, terminées par une tache jaune et blanche ; quelques plumes sont d'un rouge vif. La queue est marron et noire, terminée de jaune. Cet oiseau, long de sept à huit pouces, se nourrit d'insectes et de fruits. Il est timide et voyageur.

JASMIN, genre de plantes de la famille des jasminées. On compte une trentaine d'espèces de jasmin, dont les plus remarquables sont le *jasmin blanc commun*, aux feuilles toujours vertes et aux fleurs blanches, et le *jasmin à grandes feuilles* ou *jasmin d'Espagne*, aux fleurs rougeâtres en dehors. Tous deux, originaires, dit-on, de la côte de Malabar, sont recherchés pour l'odeur suave de leurs fleurs, avec lesquelles on prépare des liqueurs, des essences et des huiles. Les parfumeurs en font un grand usage.

JASMIN. On nomme vulgairement *jasmin à feuilles de houx* le spielmannia ; *jasmin bâtard* ou d'*Afrique*, le lyciet du Cap ; *jasmin d'Amérique*, l'ipomée écarlate ; *jasmin d'Arabie*, le nyctanthe ; *jasmin de la Perse*, le lilas à feuilles de troène ; *jasmin de Virginie*, le técome ; *jasmin du Cap*, la gardénie ; *jasmin en arbre*, le seringat ; *jasmin odorant de la Caroline*, la bignone toujours verte ; *jasmin rouge des Indes*, l'ipomée ; *jasmin vénéneux*, le cestreau.

JASMINÉES, famille de plantes dicotylédones, aux fleurs disposées en corymbe ou en panicule. Elle renferme les genres jasmin, olivier, troène, etc.

JASON, héros de la mythologie grecque, fils d'Eson et d'Alcimède. Il entreprit avec les Argonautes la conquête de la toison d'or. Médée, fille du roi de Colchos, qui devint éprise de lui, lui fournit les moyens de triompher de tous les obstacles, et prit la fuite avec lui. Jason, ayant par la suite épousé Créuse, fille de Créon, roi de Corinthe, Médée massacra les enfants qu'elle avait eus de Jason, et se sauva dans les airs sur un char traîné par des dragons ailés. Jason s'empara de Colchos, et y vécut paisiblement.

JASPE, espèce de quartz, pierre composée de silice, de fer et d'alumine. Sa couleur est rouge, verte, jaune, bleue de lavande, violette ou noire. Sa cassure est terne et compacte. On distingue le *jaspe onyx*, le *jaspe sanguin* et le *jaspe panaché*. Le jaspe est au nombre des pierres précieuses.

JASSY, capitale de la Moldavie, résidence de l'hospodar et siége de l'évêque métropolitain grec de la Moldavie. Elle a une population de 25,000 habitants. Assiégée en 1828 par les Russes, elle demeura en leur pouvoir jusqu'après le traité d'Andrinople (1829).

JATROPHIQUE (Acide), acide découvert en 1818 dans le pignon d'Inde (*jatropha curcas*) par MM. Pelletier et Caventon. Il est liquide, incolore, d'une odeur forte, irritante et d'une saveur âcre.

JAUGEAGE, opération par laquelle on s'assure de la quantité de liquide que contient un vase, sans cependant l'en extraire. Les instruments dont on se sert s'appellent *jauge*. On distingue la *jauge brisée*, composée de plusieurs morceaux de fer carrés ajustés les uns au bout des autres, et se démontant à volonté, et la *jauge à crochet*, qui porte trois échelles, tandis que la première n'en a que deux.

JAUNE (Fièvre), nom donné au typhus d'Amérique, à cause de la couleur jaune des téguments qui survient pendant son cours. Voy. Typhus d'Amérique.

JAUNE DE MONTAGNE. Voy. Ocre.

JAUNE DE NAPLES, matière jaune, d'apparence terreuse, que l'on emploie pour la peinture en émail.

JAUNE D'OEUF, nom donné à la matière que l'on trouve au milieu des œufs, entourée d'un tégument propre, et attachée à la membrane cellulaire du blanc à l'aide de deux ligaments appelés *chalazes*. Sur un des points de la surface du jaune d'œuf se trouve le *germe*, petit point rond de couleur laiteuse. Le jaune est formé d'eau, d'albumine, d'un acide, de matières colorantes, jaunâtres et rougeâtres, d'huile, etc. Cette huile, préparée dans les pharmacies, est employée en médecine pour cicatriser les gerçures des lèvres, des mamelles, etc.

JAUNISSE ou Ictère, maladie dont le principal phénomène est la coloration totale ou partielle des téguments en jaune. Elle survient le plus souvent à la suite d'une émotion vive, d'une grande frayeur, et dure habituellement quatre à six semaines. On attribue la coloration de la peau à la présence de la bile dans le sang. On emploie pour la guérison les boissons acidulées, la limonade, l'orangeade, etc.

JAVA, île de la Malaisie, dont la superficie est de 5,743 lieues carrées, et la population de 5,000,000 d'habitants, tant Européens que Chinois, Arabes, Indous et indigènes. Les Javans indigènes ou Bhoumi sont de petite taille, ont le teint jaunâtre ou tanné. Les Hollandais la possèdent en grande partie, et y ont une colonie partagée en vingt résidences, dont le chef-lieu est Batavia. Le reste de l'île est soumis à l'empereur javan ou *sousounan* de Sourakarta et le sultan javan de Djokjokarta. On voit dans l'île de Java de beaux monuments d'architecture antique.

JAVAN, quatrième fils de Japhet, père des Grecs qui habitaient l'Asie-Mineure, eut pour fils Elisa, Tharsis, Cethin et Dodanim, qui peuplèrent l'Elide, la Cilicie (pays de Tarse), la Macédoine et l'Epire (pays de Dodone).

JAVART, abcès qui se forme entre la couronne et le paturon du cheval. On distingue le *javart simple*, qui est dans le tissu cellulaire sous-cutané ; le *javart nerveux*, qui occupe la gaine du tendon ; et le *javart encorné*, dans lequel le pus parvient au commencement du sabot.

JAVELINE, espèce de demi-pique grosse d'un doigt, longue de trois à cinq pieds, et terminée par une pointe en fer de quelques pouces. On la lançait à la main et d'assez loin. La javeline, en latin *hasta* ou *telum*, prenait le nom de *javelot* lorsqu'elle était plus grosse et plus forte, quoique plus courte.

JAVELLE, quantité de blé, d'avoine, de seigle ou de toute autre graminée, qui se moissonne, que le moissonneur peut embrasser avec sa faucille et couper d'un seul coup. — *Javeler*, c'est mettre les blés par petites poignées, et les laisser couchés sur les sillons, afin que le grain sèche et jaunisse. — On appelle *avoines javelées* celles dont le grain est devenu noir et pesant par la pluie qui les a mouillées tandis qu'elles étaient en javelle.

JAYET ou Jais, substance combustible, solide, très-noire, opaque, cassante, assez dure pour être travaillée et polie. Le jayet, que l'on trouve en France dans quelques houillères de la Provence, à Sainte-Colombe, à la Bastide, etc., et en Espagne dans la Galice, l'Aragon et les Asturies, se taille à facettes, et sert à faire des pendants d'oreilles, des colliers, etc.

JAYME. Il y a eu cinq rois de ce nom, dont deux ont régné sur l'Aragon et trois sur Majorque. — Jayme Ier, fils de Pèdre II, roi d'Aragon, monta sur le trône en 1213, à l'âge de six ans. Il conquit les royaumes de Majorque et de Minorque (1229-1235), de Valence (1239), et plusieurs autres pays sur les Maures, et mérita le surnom de *Conquérant*. Il mourut en 1276. — Jayme II, son petit-fils, succéda à son frère Alphonse III en 1291. Il conquit la Sardaigne, renonça au royaume de Sicile, et mourut en 1327. — Jayme Ier, fils puîné de Jayme Ier d'Aragon, reçut en partage en 1262, sous le titre de royaume de Majorque, les îles Baléares, le comté de Roustillon et la seigneurie de Montpellier, et fut continuellement en guerre avec son frère don Pèdre III et son neveu don Alphonse III. — JAYME II, son petit-fils, succéda à don Sanche, son oncle, en 1324, fut dépouillé d'une partie de ses Etats par don Pèdre IV d'Aragon, et mourut en 1349. — JAYME III, son fils, fit d'inutiles efforts pour recouvrer ses Etats, et mourut en 1370 sans postérité.

JEAN, dit *le Bon*, roi de France, succéda à son père Philippe de Valois en 1350. Vaincu en 1356, à la bataille de Poitiers par Edouard, surnommé *le prince Noir*, fils d'Edouard III, il fut fait prisonnier et conduit à Londres, où il resta jusqu'à la paix de Brétigny (1360). N'ayant pu payer sa rançon convenue, il revint se constituer prisonnier, et mourut à Londres en 1364. Pendant sa captivité, la France fut désolée par la guerre civile.

JEAN. Deux rois d'Aragon ont porté ce nom. — DON JUAN Iᵉʳ succéda à don Pèdre IV, son père, en 1388, et mourut en 1395 à quarante-quatre ans. — DON JUAN II, fils de don Fernand de Castille, et duc de Peñafiel, succéda à son frère Alphonse V ou *le Magnanime*, et réunit la couronne de Navarre à celle d'Aragon par son mariage avec Blanche, héritière de Charles III (1420), et mourut en 1479. Il avait frustré son fils don Carlos de Viana de la couronne de Navarre.

JEAN. Deux rois de Castille ont porté ce nom. — JEAN Iᵉʳ, fils et successeur de Henri II, né en 1358, devint roi de Castille et de Léon en 1379, et mourut en 1390 avec le surnom de *Père de la patrie*. — JEAN II, fils de Henri III, lui succéda en 1406 à l'âge de deux ans. Il se laissa gouverner par son favori, le connétable don Alvar de Luna, décapité injustement plus tard, et mourut en 1454. Il fut le père de la fameuse Isabelle, qui épousa Ferdinand le Catholique, et réunit ainsi les royaumes divers de l'Espagne sous un même sceptre.

JEAN. Six rois de Portugal ont porté ce nom. — JEAN Iᵉʳ (don Joam I), surnommé *le Père de la patrie*, fils naturel de Pierre le Sévère, né en 1350, était grand maître de l'ordre d'Avis lorsqu'il succéda en 1383 à son frère Ferdinand au préjudice de Béatrix sa nièce, épouse de Jean Iᵉʳ, roi de Castille. Ce dernier lui disputa la couronne, et fut vaincu à Aljubarota (1385). Jean tourna ses armes contre les Maures d'Afrique, auxquels il prit Ceuta et d'autres places. Il épousa en 1387 Philippa d'Angleterre, fille de Jean, duc de Lancastre, et sœur de Henri IV, et mourut en 1433. — JEAN II, surnommé *le Grand*, né en 1415, succéda en 1481 à Alphonse V, son père. Il conquit plusieurs places en Afrique, fit rendre la justice avec la plus grande exactitude, et favorisa de tout son pouvoir les premières colonies portugaises en Afrique et dans les Indes. Il mourut en 1495. — JEAN III, né en 1502, succéda en 1521 à son père Emmanuel, mourut en 1557. Sous son règne fut découvert le Japon. — JEAN IV, dit *le Fortuné*, fils de Théodore de Portugal, duc de Bragance, né en 1604. Les Espagnols, qui possédaient le Portugal depuis 1580, ayant été chassés en 1639, la couronne fut donnée à Jean IV. Il soutint plusieurs guerres contre les Espagnols et les Hollandais, et mourut en 1656. — JEAN V, né en 1689, succéda en 1707 à Pierre II. Il prit parti contre Louis XIV dans la guerre de la succession, et mourut en 1750. — JEAN VI, né en 1769, était le second fils de Marie Iʳᵉ. Cette princesse, qui en 1777 avait succédé à Joseph Iᵉʳ, étant tombée dans un état d'aliénation mentale, Jean VI gouverna sous le titre de régent. A l'approche des troupes françaises (1807), il s'embarqua pour le Brésil où il mourut en 1808, et où il prit le titre de roi à la mort de sa mère (1816). Lors de l'insurrection du Portugal (1820), il remit le royaume du Brésil aux mains de son fils don Pedro, et arriva à Lisbonne en 1821. Les révoltes de son autre fils don Miguel troublèrent ses derniers jours. Il mourut empoisonné en 1826.

JEAN. Il y a eu trois rois de Suède de ce nom. — JEAN Iᵉʳ, fils de Swerker II, de la dynastie des *Swen*, succéda en 1218 à Erik X de la dynastie des *Bonde*, et mourut en 1222. Il était le dernier de sa race. — JEAN II, fils de Christian Iᵉʳ, roi de Danemarck, lui succéda en 1483 en Suède et en Danemarck, et mourut en 1513. — JEAN III, fils de Gustave Wasa, détrôna en 1568 son frère Erik XIV. Il travailla à substituer une liturgie mélangée de catholicisme et de protestantisme au culte luthérien, et mourut en 1592.

JEAN. Il y a eu vingt-trois papes de ce nom. — JEAN Iᵉʳ, Toscan, élu après Hormisdas en 523, mourut en 526 dans une prison où Théodoric l'avait fait enfermer. — JEAN II, surnommé *Mercure*, Romain, élu après Boniface II en 533, mourut en 535. — JEAN III, surnommé *Catelin*, Romain, succéda à Pélage Iᵉʳ en 560, et mourut en 573. — JEAN IV, Dalmate, succéda à Séverin en 640, et mourut en 642. — JEAN V, Syrien, succéda à Benoît II en 685, et mourut en 687. — JEAN VI, Grec, pape après Sergius Iᵉʳ en 701, mourut en 705. — JEAN VII, Grec, successeur de Jean VI, mourut en 707. — JEAN VIII, Romain, pape après Adrien II en 872, couronna l'empereur Charles le Chauve, tint un concile à Troyes, et mourut en 882. C'est lui que l'on croit être la papesse Jeanne. — JEAN IX, de Tivoli, succéda en 898 à Théodore II, et mourut en 900. — JEAN X, de Ravenne, succéda à Landon en 914, et mourut en 928 étouffé par l'ordre de la courtisane Marozzia. — JEAN XI, fils de Sergius III et de la même Marozzia, élu pape en 931 après Etienne VII, et mourut en 936. — JEAN XII, fils de la même Marozzia, s'empara de la papauté à l'âge de dix-huit ans, en 955, après Agapet II. Il déshonora le siège pontifical par ses débauches et ses vices, et fut assassiné en 964. — JEAN XIII, Romain, élu pape après Léon VIII en 965, mourut en 972. — JEAN XIV, évêque de Pavie, élu pape après Benoît VII en 983, mourut empoisonné au château Saint-Ange, où l'avait emprisonné l'antipape Boniface VII (984). — JEAN XV, succéda à Boniface VII en 986 (un autre Jean avait été élu avant lui; mais, comme il est mort sans être sacré, on ne le compte point), et mourut en 996. — JEAN XVI (Philagathe), Calabrois, s'empara du saint-siège après la déposition de Grégoire V (997), et fut massacré en 998. Quelques-uns ne le comptent pas. — JEAN XVII (Sicco), Romain, succéda à Sylvestre II en 1003, et mourut la même année. — JEAN XVIII (Fasan), Romain, lui succéda, et mourut en 1009. — JEAN XIX, frère de Benoît VIII ; lui succéda en 1024, et mourut en 1033. — JEAN XX, Portugais, archevêque de Braga, élu après Adrien en 1276, mourut en 1277. — JEAN XXI ou XXII (Jacques d'Euse), né à Cahors, élu après Clément V en 1316. Il fonda plusieurs abbayes et plusieurs évêchés, et mourut en 1334. Son pontificat a été troublé par plusieurs querelles religieuses. — JEAN XXIII (Balthazar Cossa), Napolitain, succéda à Alexandre V en 1410, fut déposé au concile de Constance en 1415, et mourut en 1419.

JEAN. Il y a eu sept empereurs d'Orient de ce nom. — JEAN Iᵉʳ *Zimiscès*, tua l'empereur Nicéphore Phocas, et lui succéda en 969. Il remporta des victoires signalées sur les Bulgares, les Sarrasins et les Russes, et mourut en 976, empoisonné par l'ordre de l'eunuque Basile, son grand chambellan. — JEAN II (*Comnène*) succéda après Alexis Comnène en 1118, battit les mahométans et les Serviens, épousa la princesse Irène de Hongrie, et mourut en 1143. — JEAN III (Ducas Vatace), gendre de Théodore Lascaris, élu empereur à Nicée en 1222 après son beau-père, tandis que les Latins occupaient le trône de Constantinople, recula les bornes de son empire, et mourut en 1255. — JEAN IV (Vatace Lascaris), fils de Théodore Lascaris II, lui succéda en 1259 à l'âge de six ans, et fit en 1261 son entrée à Constantinople, reprise sur les Latins. Michel Paléologue lui fit crever les yeux, et lui ôta la couronne la même année. — JEAN V (Paléologue) succéda à son père Andronic le Jeune en 1341, et ne fut maître de l'empire qu'en 1355, époque à laquelle Jean Cantacuzène obtint du pouvoir. Il laissa les Ottomans lui dicter des lois, et ne s'occupa que de ses plaisirs. Il mourut en 1391. — JEAN VI (Cantacuzène), ministre et favori d'Andronic le Jeune, dépouilla son fils Jean V du pouvoir, et le contraignit de le partager avec lui. Il gouverna sagement, et abdiqua en 1355. — JEAN VII (Paléologue) succéda en 1425 à son père Manuel Paléologue. Forcé, par les conquêtes toujours croissantes des Turks, de demander du secours aux Latins. Il consentit à favoriser l'union de l'Eglise grecque et latine, conclue en 1459 au concile de Ferrare ; mais le clergé grec ne voulut pas l'approuver, et Jean mourut de chagrin en 1448.

JEAN (empereurs de Russie). Voy. IVAN.

JEAN-ALBERT, roi de Pologne, succéda en 1492 à son père Casimir IV. Ce prince faible fut vaincu par l'hospodar de Valachie et le tsar de Russie Ivan Vassiliévitch. Des traités mirent fin à ces conflits, pendant lesquels les Turks et les Tatars avaient envahi la Pologne et ravagé tout le pays. Il mourut en 1501.

JEAN BAPTISTE (Saint), fils de Zacharie et d'Elisabeth, né six mois avant Jésus-Christ. Il fut nommé le saint précurseur, car il prédit la venue de Jésus-Christ, qu'il baptisa dans les eaux du Jourdain, ainsi qu'un grand nombre de personnes. Ayant reproché à Hérode Antipas son mariage avec Hérodiade, sœur de son frère Philippe, il fut mis en prison. Salomé, fille d'Hérodiade, ayant charmé le roi par sa danse, et ayant reçu de lui la promesse d'obtenir tout ce qu'elle désirerait, demanda la tête de saint Jean ; ce qui fut exécuté l'an 32.

JEAN CASIMIR. Voy. CASIMIR.

JEAN D'ALBRET, fils d'Alain d'Albret, épousa en 1484 Catherine de Foix, héritière de Gaston Phœbus, et devint ainsi roi de Navarre. Le roi de Castille et d'Aragon lui enleva en 1512 la Navarre espagnole. Il fut le père de Henri d'Albret et aïeul de Jeanne d'Albret, mère de Henri IV. Il mourut en 1516.

JEAN D'ANGELY (SAINT-), sur la rive droite de la Boutonne, chef-lieu d'arrondissement de la Charente-Inférieure, à 24 lieues et demie S.-E. de la Rochelle. Population, 7,000 habitants. Sur le site où est aujourd'hui cette ville s'élevait jadis un château magnifique, demeure des ducs d'Aquitaine, qui l'avaient fait construire. Un bourg se forma autour du monastère qui avait succédé au château détruit par les Sarrasins. Il obtint le titre de ville en 1204. En 1474, le duc de Berri, frère de Louis XI, y mourut empoisonné. En 1570, le duc d'Anjou assiégea et prit la ville sur les protestants, après trois mois de siège. Ceux-ci la reprirent et la gardèrent jusque sous Louis XIII, en 1621, s'en rendit maître et en abattit les remparts. Saint-Jean est situé au milieu de terrains riches en vignobles, à l'endroit où la Boutonne est navigable pour des bateaux de trente à quarante tonneaux. Il possédait autrefois deux beaux moulins à poudre, qui furent explosion en 1689 et n'ont pas été rétablis depuis. Il renferme un hospice, une belle halle, un collège, une salle de spectacle, un dépôt royal où se trouvent quarante-quatre chevaux étalons, un tribunal de première instance et de commerce, une école modèle, une société d'agriculture. Il commerce en bois, eaux-de-vie, liqueurs, grains, beurre, etc.

JEAN DE JÉRUSALEM (ORDRE DE SAINT-), ordre militaire et religieux, fondé en 1099 par Gérard de Martigues pour le service des pèlerins et des malades dans les hôpitaux de Jérusalem. Ils prirent le vêtement noir. Ils firent successivement résidence à Margat et à Acre, et s'établirent en 1480 à Rhodes. En 1522, expulsés par le sultan Soliman, ils allèrent en 1530 habiter l'île de Malte, qui leur avait été cédée par Charles-Quint. Depuis cette époque, ils portèrent le nom de *chevaliers de Malte*. L'ordre se divisait en huit langues : 1° Provence, 2° Auvergne, 3° France, 4° Italie, 5° Aragon, 6° Angleterre (supprimée lors du schisme de Henri VIII), 7° Allemagne, 8° Castille. L'habit de l'ordre était un manteau noir avec une croix blanche à huit pointes sur le côté gauche. Il fallait être noble pour parvenir aux premières dignités. L'ordre existe bien encore, mais il a perdu l'île de Malte, et avec elle toute sa puissance. Voy. MALTE (Ordre de).

JEAN DE LOSNES (SAINT-), sur la rive droite de la Saône, à l'extrémité du canal de la Côte-d'Or et de celui du Jura, chef-lieu de canton du département de la Côte-d'Or, à 10 lieues trois quarts de Beaune. Population 2,000 habitants. Cette ville est une des plus anciennes et des plus prospères du département, grâce à l'industrie de ses habitants et à son heureuse situation. Elle est célèbre par le siège qu'elle eut à subir en 1636. L'armée impériale, commandée par Galas, avait envahi la France et ravageait la Bourgogne. La prise de cette place aurait livré à l'ennemi le passage de la Saône. La garnison, qui se composait de 150 soldats, jura avec tous les habitants de s'ensevelir sous les murs de la ville plutôt que de se rendre. Après dix jours d'un siège terrible et sanglant, l'ennemi fut repoussé sur tous les points, et forcé de renoncer à son dessein. Saint-Jean commerce en draps, serges, grains et fers.

JEAN DE LUZ (SAINT-), sur la Nivelle, chef-lieu de canton du département des Basses-Pyrénées, à 5 lieues de Bayonne. Population, 3,000 habitants. Cette ville a sur la Nivelle un port, très-important autrefois par son commerce avec l'Amérique septentrionale, et d'où partaient de nombreux vaisseaux pour la pêche de la morue à Terre-Neuve. Ce port est mal abrité, et souffre de nombreux ouragans sur ses côtes. Cette ville est connue dans l'histoire par le mariage de Louis XIV et de Marie-Thérèse, qui y firent leur entrée. Saint-Jean a une école royale de navigation.

JEAN L'ÉVANGÉLISTE (Saint), frère de saint Jacques *le Majeur*, l'un des quatre évangélistes. Relégué dans l'île de Pathmos, il y écrivit son *Apocalypse*. Après la mort de Domitien, Nerva le rendit à Éphèse, dont il fut évêque, où il écrivit son *Évangile* et où il mourut vers l'an 101.

JEAN PIED-DE-PORT (SAINT-), sur la Nive, à l'entrée du passage des Pyrénées, défendu par une citadelle, dans le département des Basses-Pyrénées, chef-lieu de canton, à 7 lieues de Mauléon. Population, 1,183 habitants. Cette ville fait un *assez grand commerce*.

JEAN SANS PEUR, comte de Nevers, puis duc de Bourgogne à la mort de Philippe le Hardi, son père, en 1404. Il fut le chef du parti des Bourguignons opposé à celui des Armagnacs, et fit assassiner en 1407 le duc d'Orléans. En 1413, il surprit Paris, et y fit un massacre horrible des Armagnacs. En 1419, il se réconcilia avec le dauphin, et fut assassiné dans une entrevue qu'il eut avec lui au pont de Montereau (1419). Il était né en 1371.

JEAN SANS TERRE, roi d'Angleterre, fils de Henri II, succéda à son frère Richard Cœur de lion en 1199 au préjudice d'Arthur de Bretagne, son neveu, qu'il poignarda de sa propre main. Philippe Auguste, pour venger ce meurtre, s'empara de la Normandie et de presque toutes les provinces qu'il possédait en France, et battit son armée à Bouvines en 1214. Les barons anglais, qui avaient quelques années auparavant forcé de jurer la grande charte, se révoltèrent et appelèrent Louis, fils de Philippe Auguste, qu'ils couronnèrent en 1216. Jean mourut la même année.

JEAN SECOND, poëte latin moderne, né à la Haye en 1511, mort en 1536. Il a composé plusieurs ouvrages érotiques, des élégies, des odes, des épîtres, des épigrammes ; mais sa réputation est fondée sur ses *Baisers* (*Basia*), adressés à Julie. Ses vers ont les mêmes qualités et les mêmes défauts que ceux de Tibulle, de Properce et de Catulle.

JEANNE D'ARC, célèbre héroïne, connue aussi sous le nom de *Pucelle d'Orléans*, née en 1412 à Domremy près de Vaucouleurs. Elle fut ou se crut inspirée de Dieu pour délivrer la France du joug des Anglais. Elle se présenta à Charles VII qui lui donna des troupes, se jeta dans Orléans dont elle fit lever le siége, et va faire couronner le roi à Reims en 1429. Elle déclara alors sa mission accomplie, et demanda qu'on la laissât retourner à son village. Forcée de combattre, elle fut faite prisonnière au siége de Compiègne par les Anglais, condamnée et brûlée vive comme sorcière à Rouen en 1431.

JEANNE DE BOURGOGNE, fille d'Othon IV, comte palatin de Bourgogne, et femme de Philippe V le Long, roi de France. Accusée d'adultère en 1313, elle fut condamnée à finir ses jours en prison dans le château de Dourdan ; mais son mari la reprit un an après. Elle mourut en 1325 après avoir fondé le collége de Bourgogne, et après avoir eu de Philippe le Long un fils et quatre filles. — Une autre JEANNE de Bourgogne, première femme de Philippe VI, mourut à cinquante-cinq ans en 1348.

JEANNE DE FRANCE, fille de Louis XI, roi de France, née en 1464. Quoique petite, contrefaite et bossue, son père força Louis, duc d'Orléans, à l'épouser en 1476. Dès que ce dernier fut monté sur le trône sous le nom de Louis XII, il fit dissoudre son mariage en 1490 par le pape Alexandre VI. Jeanne souffrit tout sans se plaindre, et se retira à Bourges, où elle fonda l'ordre de l'Annonciade, et où elle mourut en 1504. Elle a été béatifiée en 1743 par le pape Benoît XIV.

JEANNE DE NAPLES, fille de Charles de Sicile et petite-fille de Robert d'Anjou, roi de Naples, née en 1326. Elle n'avait que dix-sept ans lorsqu'elle succéda à son aïeul dans le royaume de Naples et le comté de Provence. Elle était déjà mariée au prince André de Hongrie. Celui-ci périt assassiné en 1345 par les amis de la reine, qui épousa aussitôt son cousin Louis de Tarente. Louis, roi de Hongrie, frère d'André, marche contre elle, et la force à se réfugier en Provence avec son époux. Ce fut alors qu'elle vendit Avignon au pape pour 80,000 florins d'or. Louis de Tarente étant mort en 1362, Jeanne épousa D. Jayme, infant de Majorque, et à sa mort elle épousa en quatrièmes noces Othon, duc de Brunswick. Charles de Duras, son cousin, qu'elle avait nommé son héritier, et qui craignait de se voir enlever le trône, la fit étouffer entre deux matelas en 1382.

JEANNE II DE NAPLES, sœur et héritière de Ladislas, née en 1371. Elle monta sur le trône en 1414, épousa en 1415 Jacques de Bourbon, comte de la Marche, qui fit exécuter son favori et l'emprisonna. Délivrée par les sujets, Jeanne adopta en 1420 Alphonse V, roi d'Aragon et de Sicile, et mourut en 1435. Avant d'épouser le comte de la Marche, elle était veuve de Guillaume, fils de Léopold III, duc d'Autriche.

JÉCHONIAS, fils de Joachim, roi de Juda, fut d'abord associé par son père à la couronne, et ensuite régna seul l'an 597 avant J.-C. Il ne resta sur le trône que trois mois. Nabuchodonosor, roi d'Assyrie, prit Jérusalem et amena Jéchonias captif à Babylone. Il resta dans les fers jusqu'au règne d'Evilmérodach (559 avant J.-C.), qui le tira de prison et lui donna le premier rang parmi les rois captifs à sa cour. On ignore l'époque de sa mort.

JEFFERSON (Thomas), troisième président de la république des États-Unis. Né en 1743 dans l'État de Virginie, il fut l'un de ceux qui composèrent et signèrent l'acte d'indépendance de l'Amérique, et en 1785 il fit partie de l'ambassade de Franklin et d'Adams en France. En 1797, il fut élu vice-président, et plus tard, en 1801, président de la république en remplacement de John Adams. Réélu en 1805, il gouverna jusqu'en 1813 ; après quoi, il rentra dans la vie privée. Il mourut en 1826.

JEFFREYS ou JEFFRYES (Lord Georges), né à Acton dans le Devonshire. Il s'éleva successivement aux charges de *récorder* (greffier) de Londres, de chevalier baronnet et de *chief-justice* (procureur du roi) à la cour du banc du roi. Lorsque Jacques II monta sur le trône, il fut nommé lord chancelier, et fut l'instigateur de toutes les mesures oppressives ou arbitraires de ce règne. Sa cruauté et son inhumanité ont flétri sa mémoire. Arrêté à l'avénement de Guillaume III, il fut enfermé à la Tour de Londres, où il mourut en 1689.

JEHOVAH (en hébreu, *Ieouc*), nom propre de Dieu dans la langue hébraïque. Les Juifs scrupuleux ne le prononcent jamais, et y substituent tantôt le mot *Adonaï*, tantôt *Eloim*. Le nom de Jehovah fut révélé à Moïse par Dieu lui-même.

JÉHU, fils de Josaphat et petit-fils de Namsi, capitaine des gardes de Joram, roi d'Israël, s'insurgea contre ce prince, et fut sacré roi d'Israël en 884 avant J.-C. Il tua Joram, fit périr tous les enfants d'Achab, ainsi que sa femme Jézabel et quarante-deux frères d'Ochosias, extermina les prêtres de Baal, détruisit ses temples, et mourut en 856 avant J.-C., laissant le trône à son fils Joachaz.

JEJUNUM, mot latin par lequel les anatomistes désignent la partie de l'intestin grêle comprise entre le duodenum et l'iléon. Elle a reçu ce nom (c'est-à-dire à *jeun*, *vide*) parce qu'on la trouve presque toujours vide sur les cadavres.

JEMMAPES, montagne et village du Hainaut, à une lieue de Mons, au confluent de la Trouille et de la Haine, fameux par la victoire qu'y remportèrent, le 7 novembre 1792, les troupes françaises, commandées par le général Dumouriez et le duc de Chartres, aujourd'hui roi des Français, sur les Autrichiens, à la tête desquels était le duc Albert de Saxe-Teschen. Cette victoire fut suivie de la prise de Mons et de la Belgique.

JEPHTÉ, fils naturel de Galaad et d'une courtisane, succéda à Jaïr en 1187 avant J.-C. dans la judicature des Hébreux. Il marcha contre les Ammonites, et fit vœu, s'il remportait la victoire, d'immoler le premier qu'il rencontrerait. Jephté battit les ennemis, et à son retour sa fille Seila vint au-devant de lui. Il la sacrifia, quoiqu'à regret, et mourut l'an 1181 avant J.-C.

JÉRÉMIE, un des quatre grands prophètes, fils d'Helcias et de la tribu de Benjamin. Né l'an 640 avant J.-C., il commença de prophétiser la treizième année du règne de Josias (627 ans avant J.-C.), et continua ses prophéties durant quarante-cinq ans. Emmené en Égypte avec les Juifs qui fuyaient la colère du roi de Babylone, il fut lapidé par eux, ennuyés de ses menaces continuelles, l'an 590 avant J.-C. On lui attribue le psaume célèbre : *Super flumina Babylonis*. Ses autres ouvrages sont le *Livre de Jérémie*, divisé en cinq parties composées chacune de vingt-deux strophes ou périodes, et les *Lamentations de Jérémie* en cinq chapitres.

JÉRICHO, ville de Palestine, à 50 stades de Jérusalem et 60 du Jourdain, située dans une plaine au pied d'une montagne sèche et aride ; c'est la première ville qu'attaquèrent les Israélites après le passage du Jourdain, conduits par Josué qui exécutait les ordres de Dieu. Il fit faire six fois le tour de la ville par l'armée en six jours différents, les prêtres portant l'arche et sonnant de la trompette. Le septième jour, les murailles de la ville tombèrent d'elles-mêmes.

JÉROBOAM Ier, fils de Nabath et de Sarva, de la tribu d'Ephraïm. Après la mort de Salomon, Roboam son fils s'étant rendu odieux, dix tribus se séparèrent de lui, formèrent le royaume d'Israël, et élurent Jéroboam pour roi, l'an 962 avant J.-C. Ce prince, au lieu de suivre la loi de Moïse, adora des veaux d'or, et mourut dans son impiété (943 avant J.-C.).—JÉROBOAM II, fils de Joas, roi d'Israël, lui succéda 821 ans avant J.-C., et mourut l'an 780 avant J.-C. Son règne fut heureux. Il rendit à la Judée son ancienne splendeur.

JÉROME (Saint), l'un des Pères de l'Eglise, né vers 331 à Stridon en Dalmatie. Il étudia à Rome sous le grammairien Donat, et à peine eut-il reçu le baptême qu'il parcourut, en prêchant le christianisme, la Thrace, la Bithynie, le Pont, la Cappadoce, et qu'il se retira en 372 dans un désert de la Syrie. Il vint en 381 à Constantinople et à Rome, où il fut secrétaire du pape Damase. Il mourut en 420 à Bethléem. Le premier, il écrivit contre Pélage, Vigilance et Jovinien. Il a composé un grand nombre d'ouvrages, dont les principaux sont : une *version* latine de l'Ecriture sur le texte hébreu, déclarée authentique sous le nom de *Vulgate*, des traités polémiques contre Montan, Helvidius, Origène, Ruffin, Pélage, Vigilance et Jovinien; des *lettres*; des Réflexions morales et critiques sur la Bible.

JÉROME DE PRAGUE, le plus fameux disciple de Jean Huss. Il avait étudié à Paris, à Cologne et à Heidelberg. Il embrassa les opinions de Jean Huss, dont il commença de publier la doctrine en 1408. Plus savant et plus subtil que son maître, il vint au concile de Constance pour le défendre, et fut emprisonné comme lui. Il abjura ses erreurs par la crainte des supplices, et rétracta ensuite son abjuration. Il fut livré au bras séculiers, et brûlé à Constance comme hérétique et relaps (1416).

JÉROSE. Voy. ANASTATIQUE.

JERSEY, île de la Manche, à 8 lieues du continent français. Sa superficie est de 8 lieues carrées, et la population de 35,000 habitants. La capitale est Saint-Hélier, ville de 10,000 habitants, avec un port sur la côte méridionale. L'île de Jersey appartient aux Anglais, qui y envoient un gouverneur; mais ses lois ne peuvent y être en vigueur qu'après avoir reçu la sanction de l'assemblée des états, formée de douze baillis, qui gouvernent les douze paroisses de l'île, des membres de la cour de justice et du corps ecclésiastique. Les habitants parlent français.

JÉRUSALEM, ville de Palestine, capitale et métropole des Juifs, auxquels elle appartenait pendant longtemps depuis David, qui en chassa les Jébuséens et y établit le siège de son royaume. Salomon y bâtit le fameux temple, et ses successeurs l'embellirent ou la fortifièrent. Détruite, suivant la prédiction de Jésus-Christ, par Titus l'an 70, elle fut rebâtie par l'empereur Adrien sous le nom d'*Ælia Capitolina*. Les Sarrasins s'en emparèrent en 636. Prise par les croisés en 1096, elle fut reprise par les Sarrasins en 1183, et tomba au pouvoir des Turks en 1517. Elle appartient maintenant au pacha d'Egypte, et sa population de 20,000 âmes est un composé de juifs, de chrétiens, de Grecs, de Turks et d'Arabes. On y voit encore le saint sépulcre.

JÉSUATES ou CLERCS APOSTOLIQUES DE SAINT-JÉROME, ordre religieux fondé en 1365 par saint Jean Colombin, et approuvé par Urbain V en 1367. Il prit la règle de Saint-Augustin, et fut supprimé par le pape Clément IX en 1668. Les religieux de cet ordre, appelés *jésuates* du nom de Jésus, et mis par Pie V au nombre des religieux mendiants, portaient une tunique blanche avec un chaperon blanc, un manteau de couleur tannée et des sandales de bois. Les religieuses jésuates ne furent pas comprises dans la suppression.

JÉSUITES, ordre religieux, appelé aussi *la compagnie de Jésus*, et fondé en 1534 par saint Ignace de Loyola. (Voy. ce mot.) Paul III l'approuva en 1540. Il était composé de cinq sortes différentes de personnes : les *profès*, qui faisaient publiquement les trois vœux solennels de religion, et en outre celui des missions; les *coadjuteurs spirituels*, qui ne font que les trois premiers vœux ; les *écoliers approuvés*, qui sont ceux qui, après deux ans de noviciat, ne sont reçus et ne font trois vœux non solennels; les *frères lais* (coadjuteurs temporels), laïques qui ne prononçaient que des vœux simples, et ordinairement employés à des travaux manuels, et les *novices*, qui subissaient un noviciat de deux ans. Il fallait en outre avoir trente-trois ans d'âge. Les jésuites travaillaient au salut du prochain par l'instruction de la jeunesse, la prédication, les missions, etc. Le chef de l'ordre était le *général*, dont le conseil était formé d'*assistants*, et auprès duquel résidait un officier, l'*admoniteur*. Les *provinciaux* étaient les gouverneurs de l'ordre dans les provinces. La prodigieuse influence et l'envahissement du pouvoir par les jésuites déterminèrent des plaintes générales, et le pape Clément XIV supprima leur ordre dans toute la chrétienté par un bref de 1773. On a tenté plusieurs fois de le rétablir, et ses religieux sont dispersés dans l'Europe.

JÉSUS-CHRIST, seconde personne de la sainte Trinité, faite homme, né du sein de la Vierge Marie l'an du monde 4000, 4 ans avant l'ère vulgaire. Après avoir rempli sa divine mission de rédempteur du monde, il mourut sur la croix où l'avaient attaché les Juifs, le vendredi saint 3 avril l'an 33 de l'ère vulgaire et la trente-sixième année de sa vie, sous le règne de Tibère, Hérode étant tétrarque de Galilée. Voy. les Evangiles.

JETÉE, terme d'architecture servant à désigner le mur d'un quai ou d'une digue faite à l'entrée des ports, pour en empêcher l'encombrement par les galets et les sables. On en fait ordinairement dans les ports de mer. Les principales jetées de France sont celles de Dunkerque, Calais et Cherbourg.

JÉTHRO ou RAGUEL, prince ou prêtre de Madian, reçut chez lui Moïse fugitif, et lui donna sa fille Séphora en mariage. Quand Moïse eut délivré les Israélites, Jéthro alla au-devant de son gendre, et lui amena sa femme et ses enfants. Ce fut lui qui conseilla à Moïse d'établir un conseil de sages vieillards pour examiner une partie des affaires. On ignore l'époque de sa mort.

JEU, amusement destiné à récréer ou à délasser l'esprit ou le corps. Les jeux destinés à fortifier le corps sont les jeux gymnastiques. (Voy. GYMNASTIQUES.) Quant aux jeux destinés à récréer l'esprit, on distingue les jeux de hasard et les jeux de combinaisons ; parmi les derniers se trouvent les échecs, les dames, etc. Presque tous les jeux de cartes sont de la catégorie des premiers. — Indépendamment des jeux gymnastiques, les anciens avaient leurs grands jeux, espèces de fêtes et de solennités publiques, tels que les jeux Isthmiques, Olympiques, Pythiques et Néméens, chez les Grecs; les jeux séculaires, Actiaques, Apollinariens, chez les Romains. Voy. ces mots.

JEU (MAISON DE), lieu où l'on donne publiquement à jouer. Les maisons de jeu de hasard sont prohibées. Les banquiers de ces maisons sont punis d'un emprisonnement de deux à six mois et d'une amende de 100 à 6,000 francs. Ceux qui établissent sur la voie publique des jeux de hasard sont punis de confiscation avec une amende de 6 à 10 francs.

JEUDI, du latin *jovedi* ou *dies Jovis*, jour de Jupiter, parce qu'il était consacré à ce dieu chez les anciens. C'est le quatrième jour de la semaine, et il est placé entre le mercredi et le vendredi. Le *jeudi gras* est celui qui précède le mardi gras du carnaval. Le *jeudi saint* est celui de la semaine sainte. L'Eglise célèbre pendant ce jour le lavement des pieds de Jésus-Christ à ses apôtres et consacre les saintes huiles. On expose le jeudi saint le saint sacrement dans une chapelle élégamment ornée. — Proverbialement, on dit à une personne qui veut faire une chose très-difficile ou même impossible, qu'elle le fera la semaine des *trois jeudis* à cause de l'impossibilité de réunir trois jeudis dans une semaine. Mais, considérée sous le point de vue astronomique, cette semaine pourrait arriver à l'égard de deux hommes qui feraient le tour du monde, l'un en allant par l'orient, et gagnant ainsi après un an un jour sur les autres; le second par l'occident, et perdant un jour en un an ; et ils se rencontreraient au milieu de leur course un troisième individu qui n'aurait pas bougé. Tous trois pourraient compter un jeudi en trois jours différents et dans la même semaine.

JEUNE, espèce d'abstinence d'aliments commandée par la religion, et faisant partie du culte extérieur. Presque tous les peuples ont eu l'usage du jeûne. Les mahométans ont plusieurs jours de jeûne, et entre autres le jeûne du ramadan ou carême. Les Juifs, les Romains avaient aussi des jours de jeûne, et la religion catholique prescrit le jeûne des quatre-temps, du samedi et du vendredi, du carême, etc. Elle en dispense ceux qui n'ont pas l'âge de vingt et un ans accomplis.

JEUNESSE, période de la vie humaine qui commence à l'époque de la *puberté*, de douze à quatorze ans pour les filles, et de quatorze à dix-huit pour les garçons, et qui finit à trente ou trente-cinq ans. A l'époque de la jeunesse, le corps a pris son accroissement en hauteur; mais il acquiert plus de vigueur et les facultés intellectuelles prennent un plus grand essor. Si la jeunesse est douée de nombreux avantages, elle est aussi exposée à une infinité de maladies très-graves. Ce sont surtout les maladies de poitrine qui conduisent un grand nombre de jeunes gens au tombeau.

JEU PARTI, terme de commerce, désignant une convention faite entre des associés, en vertu de laquelle, l'un venant à se retirer, le total appartient à celui qui fait aux autres les meilleures conditions.

JEUX (mus.), collection de tuyaux d'orgues d'une certaine forme, d'une certaine espèce et d'une qualité son particulière, établie sur toutes les notes dont se compose l'échelle générale de l'instrument. Un *jeu de flûte ouvert de quatre pieds* est un jeu dont le tuyau le plus long a quatre pieds de hauteur, et qui imite le son de la flûte; un jeu de hautbois est un jeu composé de tuyaux qui rappellent le son du hautbois, etc. On conçoit les ressources et la variété d'un instrument qui peut, selon la volonté de l'artiste, imiter une foule d'autres instruments et produire ainsi des effets magnifiques. On distingue les jeux de l'orgue en : 1° *jeux à bouche*, ceux dont les tuyaux fermés à leur extrémité supérieure sont ouverts horizontalement au bas. Ils rendent des sons plus bas d'une octave que s'ils étaient ouverts, parce que l'air est obligé de parcourir deux fois leur longueur, en montant et en descendant, avant que de résonner à sa sortie. Le *bourdon* est un jeu à bouche. 2° *Jeux d'anche*, ceux dont les tuyaux ont une petite languette de laiton, qui produit le son par sa vibration. (Voy. ANCHE.) Tels sont les *trompettes*, *clairons*, *bombardes*, *voix humaine*. 3° *Jeux de mutation*, tels que le *cornet*, la *cymbale*, le *nasard*, etc., qui se composent de quatre, cinq ou six et même dix tuyaux pour chaque note. Ces tuyaux, de petite dimension et d'un son aigu, sont accordés en tierce, quinte ou quarte, octave, double tierce, etc., en sorte que chaque note fait entendre un accord parfait plusieurs fois redoublé. Il en résulte que l'organiste ne peut faire plusieurs notes de suite sans donner lieu à des suites d'accords parfaits redoublés, en sorte qu'il semblerait qu'il doit en résulter un effet très-désagréable; mais, par une sorte de mystère, lorsque ces jeux sont unis à toutes les espèces de jeux de flûte, ouverts ou bouchés, il résulte de ce mélange, que l'on nomme *plein jeu*, l'ensemble le plus beau et le plus majestueux qu'on puisse entendre.

JÉZABEL, fille d'Ithobaal, roi de Sidon, et femme d'Achab, roi d'Israël. Elle porta son époux à détruire dans ses Etats le culte de Dieu pour y substituer celui de Baal. Lorsque Jéhu devint roi d'Israël, il la fit précipiter par une fenêtre de son palais, et les chiens dévorèrent son corps l'an 884 avant J.-C.

JEZID ou YEZID. Trois califes, successeur de Mahomet, ont porté ce nom. — JEZID Ier, le second de la race des Ommiades, succéda en 680 à son père Moawiah. Il ne s'occupa qu'à faire des vers. Sous son règne, il y eut deux révoltes, l'une de Hussein, second fils d'Ali, et l'autre de l'Alide Abdallah, fils de Zobair. Jezid mourut en 683. — JEZID II succéda à Omar II en 720, et mourut en 724. — JEZID III succéda au calife Walid II en 744, et mourut la même année.

JOAB, fils de Sarvia, sœur de David, et général des armées de ce prince. Il assassina lâchement Abner, général de Saül, qui avait tué dans un combat son frère Azaël, et exécuta les ordres de David en faisant périr le brave Urie. Il tua lui-même d'un coup Absalon, fils de David, qui s'était révolté. Ayant embrassé le parti d'Adonias contre Salomon, celui-ci le fit mettre à mort l'an 1014 avant J.-C.

JOACHAZ, roi d'Israël, succéda à son père Jéhu l'an 856 avant J.-C., et mourut l'an 839. — JOACHAZ, fils de Josias, roi de Juda, lui succéda 610 ans avant J.-C., au préjudice de son frère Joachim. Néchao, roi d'Egypte, soumit la Judée et l'emmena chargé de chaînes en Egypte, où il mourut.

JOACHIM, frère de Joachaz, fut replacé sur le trône de Juda par Néchao, roi d'Egypte. Il fut détrôné par Nabuchodonosor et mis à mort par les Chaldéens l'an 600 avant J.-C. Il s'était rendu odieux par ses cruautés.

JOACHIM, époux de sainte Anne et père de la sainte Vierge. L'Eglise célèbre sa fête, depuis le pontificat de Jules II, avec celle de sainte Anne.

JOAD ou JOIADA, grand prêtre des Juifs, succéda à Azarias. Il rétablit sur le trône le jeune Joas, que sa femme Josabeth avait soustrait à la fureur d'Athalie. Il fit périr cette reine, et mourut à l'âge de cent trente ans, 859 ans avant J.-C.

JOAILLIER, artisan qui s'occupe des ouvrages les plus délicats de l'orfévrerie, et qui fait le commerce des diamants et autres pièces précieuses naturelles, montés ou *sur le papier*, c'est-à-dire taillés et non montés. L'art du joaillier se divise en deux branches, la *joaillerie simple* et la *joaillerie en faux*. Celle-ci s'occupe de la fabrication des pierres artificielles imitant la nature. On donne le nom de *metteur en œuvre* à l'ouvrier qui monte les pierres.

JOAS, le plus jeune des fils d'Ochosias, roi de Juda. Josabeth, sa tante, le déroba aux coups des sicaires d'Athalie, sa grand'mère, qui, pour monter sur le trône, avait fait égorger tous les princes de la maison royale de David. Joad, grand prêtre des Juifs et mari de Josabeth, le fit élever dans le temple jusqu'à l'âge de sept ans, et le proclama roi l'an 874 avant J.-C. Il régna d'abord avec justice; mais les conseils des courtisans l'entraînèrent au culte des idoles. Il fit assassiner Zacharie, fils de Joad, qui lui reprochait ses impiétés, et fut tué lui-même l'an 834 ans avant J.-C. — JOAS, roi d'Israël, fils de Joachaz, lui succéda l'an 837 avant J.-C. Il suivit l'impiété de Jéroboam, battit Benadad, roi de Syrie, et mourut l'an 826 avant J.-C.

JOATHAM ou JOATHAN, roi de Juda, succéda à son père Ozias ou Azarias (l'an 771 avant J.-C.). Ce prince fut pieux et aimé de ses sujets. Il releva les murs de Jérusalem, vainquit les Ammonites et leur imposa un tribut. Sur la fin de son règne, il eut à soutenir contre Rasin, roi de Syrie, et contre Phacée, roi d'Israël, des guerres dont on ignore le résultat. Il mourut (741 ans avant J.-C.) et laissa le royaume à Achaz, son fils.

JOB, patriarche juif, célèbre par la patience qu'il montra dans le malheur. Il demeurait dans la terre de Hus sur les confins de l'Idumée et de l'Arabie, et possédait des richesses considérables. Il perdit sept filles, trois fils et tous ses biens. Les ulcères qui couvraient son corps le réduisirent à s'asseoir sur un fumier. Les reproches de son épouse et toutes ces infortunes ne lui arrachèrent aucun murmure contre le Seigneur. Le livre saint qui contient l'histoire de Job, attribué selon les uns à Moïse, selon les autres à Job lui-même, est le vingt-quatrième de l'Ancien Testament, et contient quarante-deux chapitres.

JOCASTE (myth.), épouse de Laïus, roi de Thèbes, et mère d'Œdipe. Ce dernier ayant, après avoir tué son père, deviné l'énigme du sphinx, fut récompensé par le trône de Thèbes et la main de Jocaste. Lorsque Jocaste découvrit qu'elle avait épousé son fils, elle se pendit.

JOCRISSE, caractère scénique, personnification de la gaucherie confiante et naïve et de la bêtise franche. Le caractère de *Jocrisse* a été exploité pendant longtemps par les auteurs de pièces comiques, et a fourni le sujet d'un grand nombre de comédies, dont la plus célèbre est le *Désespoir de Jocrisse*, qui a fourni l'expression proverbiale si connue.

JODELLE (Etienne), sieur de Limodin, né à Paris en 1532, mort en 1573, poëte tragique, contemporain et ami de Ronsard, qui l'a mis dans sa *Pléiade*. Il abandonna le premier les moralistes et les mystères pour la tragédie antique, imitée des auteurs classiques. Sa *Cléopâtre*, la première de toutes les tragédies françaises, fut jouée en 1552. Il composa encore la tragédie de *Didon*, les comédies d'*Eugène* et de *la Rencontre*, des sonnets, des odes, des chansons, des élégies et un recueil de poésies latines.

JOEL, fils aîné de Samuel, qui, sur la fin de ses jours, l'établit juge dans Israël (vers 1100 avant J.-C.); mais ses injustices multipliées rendirent le nom de juge tellement odieux au peuple, qu'il demanda à Samuel un roi pour gouverner. — C'est aussi le nom du second des douze petits prophètes. On ignore l'époque précise où il commença ses prédictions. On conjecture pourtant que ce fut sous le règne de Josias (vers 626 avant J.-C.) et qu'il fut contemporain de Jérémie.

JOHN BULL. Voy. BULL (John).

JOHNSON (Samuel), littérateur anglais, né à Litchfield dans le comté de Warwick en 1709. Il était fils d'un libraire, et fut l'un des plus laborieux écrivains anglais. Il fit paraître en 1754 un *Dictionnaire de la langue anglaise*, regardé comme un chef-d'œuvre. En même temps (1750-1758) il fit paraître des feuilles périodiques dans le genre du *Spectateur*. Ce sont le *Rôdeur* (the Rambler), et le *Paresseux* (the Idler). Il publia en 1759 *Rasselas ou le Prince d'Abyssinie*. En 1762, il fit paraître son édition de Shakspeare, et en 1781 il acheva son grand ouvrage des *Vies des poëtes anglais*. Il mourut en 1784 et fut enterré à Westminster. Il avait été toujours pauvre.

JOIGNY, sur la rive droite de l'Yonne, chef-lieu d'arrondissement du département de ce nom, à 7 lieues N.-N.-O. d'Auxerre. Population, 6,000 habitants. Joigny est une ville très-ancienne. Elle fit partie du Sénonais dans le moyen âge, et eut titre de vicomté. Elle possède aujourd'hui un Hôtel-Dieu, un hôpital, trois églises gothiques, de belles casernes de cavalerie, un tribunal de première instance et de commerce, et un collége. Joigny commerce en blanc d'Espagne, bois, laines, cuirs, charbons et vins estimés.

JOINT, intervalle plein ou vide qui reste entre deux bordages d'un bâtiment. — On nomme encore ainsi, 1° les intervalles existant entre deux pierres contiguës; 2° les lignes des divisions des voûtes en claveaux. Les *joints de lits* sont ceux qui sont de niveau ou suivent une pente douce; les *joints montants*, ceux qui sont à plomb; les *joints carrés*, ceux qui sont d'équerre en leur retour; les *joints en coupe*, ceux qui sont inclinés et tracés d'après un centre; les *joints de tête* ou *de face*, ceux qui sont en rayons et séparent les voussoirs et les claveaux; *joints de douelle*, ceux qui sont sur la longueur du dedans d'une voûte ou sur l'épaisseur d'un arc; *joints de recouvrement*, ceux qui se font par le recouvrement d'une marche sur une autre, etc.

JOINTÉ, terme de médecine vétérinaire que l'on associe aux mots *long* et *court*. Ainsi un cheval *long-jointé* est celui qui a le paturon trop long, un cheval *court-jointé* est celui qui l'a trop court.

JOINVILLE, sur la rive gauche de la Marne, chef-lieu de canton du département de la Haute-Marne, à 8 lieues de Vassy. Population, 4,000 habitants. Cette ville est située dans un bassin agréable, au pied d'une haute montagne, au sommet de laquelle s'élevait jadis un château fort, bâti dans le XIe siècle et détruit à l'époque de la révolution. Ce château avait appartenu à la maison de Guise. Le fameux cardinal de Lorraine y naquit en 1329. Avant d'être une possession des Guise, le château de Joinville avait eu des seigneurs du nom de Joinville. (Voy. l'article suivant.) La ville est très-ancienne. Elle fut détruite par Charles-Quint en 1544, et rebâtie par les soins de Claude de Lorraine, baron de Joinville. Henri II l'érigea en principauté (1552) en faveur du duc de Guise. Cette principauté a depuis passé à la maison d'Orléans. Un des fils de Louis-Philippe porte le titre de prince de Joinville.

JOINVILLE (Jean, sire DE), sénéchal de Champagne, fils de Simon, sire de Joinville, et de Béatrix, fille d'Etienne III, comte de Bourgogne. Il suivit saint Louis dans toutes ses expéditions, et fut son ami. Il écrivit l'histoire de son maître, pleine de détails intéressants et naïfs, et mourut vers 1318 à l'âge de quatre-vingt-dix ans. L'édition de ses *Mémoires* regardée comme la plus authentique est celle de 1761, réimprimée en 1822. Ses Mémoires se trouvent dans la collection de Ducange et dans celle de M. Petitot.

JOLI-BOIS. Voy. DAPHNÉ.

JONAS, fils d'Amathi, le cinquième des petits prophètes, était d'Opher en Galilée. Il commença à prophétiser dans les dernières années du règne de Joas, roi d'Israël, père de Jéroboam II. Ayant été choisi par le Seigneur pour aller prêcher la pénitence aux Ninivites, il voulut s'enfuir; mais une tempête ayant assailli le vaisseau qui le portait, et le sort ayant désigné Jonas comme celui qui en était la cause, Jonas fut jeté à la mer et englouti par une baleine, dans le ventre de laquelle il resta trois jours et trois nuits. Rejeté ensuite sur le bord de la mer, il se rendit à Ninive, où il remplit sa mission.

JONATHAS, fils de Saül, célèbre par sa valeur et l'amitié qu'il porta à David contre les intérêts de son père. Il défit deux fois les Philistins, et eût été mis à mort pour avoir, contre l'édit de son père, mangé un rayon de miel, si le peuple ne s'y fût opposé. Les Philistins ayant de nouveau rallumé la guerre, Jonathas périt l'an 1055 avant J.-C. dans une bataille près du mont Gelboé. David le pleura, et composa en son honneur un cantique funèbre. — JONATHAS, surnommé *Apphus*, fils de Mathathias et frère de Judas Machabée, fut un des plus habiles généraux juifs. Il força le général syrien Bacchide à demander la paix, et parvint à la grande sacrificature. Il jouit d'une grande considération auprès d'Alexandre Bala et de Demetrius Soter, rois de Syrie; mais Diodote Tryphon, qui voulait s'emparer de la couronne de Syrie, attira Jonathas à Ptolémaïde et l'y fit périr par trahison, l'an 144 avant J.-C.

**JONC**, genre de plantes de la famille des joncées, renfermant soixante-dix-neuf espèces, la plupart propres à l'Europe, toutes herbacées, à veines fibreuses, à feuilles cylindriques et un peu comprimées, aux fleurs généralement petites, rougeâtres, terminales ou latérales. Les plus généralement connues sont le *jonc maritime*, d'un pied de haut, le *jonc épars*, le *jonc flottant*, le *jonc articulé* et le *jonc des jardiniers*.

**JONC**. On nomme vulgairement *jonc d'Asie* et *jonc carré* deux espèces de souchet; *jonc des chaisiers* ou *jonc d'eau* ou *jonc d'étang*, le *scirpe*; *jonc à coton*, les *linaigrettes*; *jonc épineux*, l'*ajonc*; *jonc d'Espagne*, le *genêt d'Espagne*; *jonc faux*, le *triglochin*; *jonc fleuri*, le *butome en umbelle*; *jonc des Indes*, le *rotang*; *jonc marin*, l'*ajonc*; *jonc cotonneux*, les *tomez*; *jonc à mouches*, la *jacobée*; *jonc du Nil*, le *souchet papyrus*; *jonc odorant*, le *schoenanthe* et l'*acore*; *jonc de la passion*, la *masselto*.

**JONCAGINÉES**, famille de plantes, une des huit entre lesquelles ont été répartis les *joncs*. Elle se compose de trois genres, le *triglochin*, le *scheuchzeria* et le *lilœa*.

**JONCÉES**, famille de plantes monocotylédonées, formée d'une des sections du groupe des *joncs*. Ces plantes sont des herbes annuelles ou vivaces, à tiges nues ou feuillées, à feuilles généralement embrassant la tige, planes ou cylindriques, aux fleurs écailleuses, petites, disposées en grappes. Le *jonc* fait partie de cette famille.

**JONCIER**. Voy. GENÊT D'ESPAGNE.

**JONCINELLE**, Voy. ÉRIOCAULON.

**JONCS** ou JONCÉES, famille de plantes monocotylédonées, renfermant des herbes à feuilles alternes ou seulement radicales, toujours simples, semblables à celles des graminées, ordinairement engaînantes à leur base. On a divisé cette famille en huit autres familles, qui sont les *joncées*, les *restiacées*, les *joncaginées*, les *commelinées*, les *butomées*, les *alismacées*, les *cabombées* et les *colchicacées*.

**JONKOEPING**, gouvernement de Suède, formé d'une partie de l'ancienne province de Smaland (Gothie). Ce pays est très-montagneux, renferme peu d'habitations et de champs cultivés, d'épaisses forêts et une mine de fer (à Edelfors). Sa population est de 129,996 habitants. Le chef-lieu du gouvernement est *Jonkœping*, bâti à l'extrémité du lac Wettern, avec un port rempli de grosses barques pontées et gréées, comme pour naviguer sur la haute mer. C'est une ville d'un aspect agréable, bien percée, et qui renferme 4,000 habitants. Les maisons sont en bois peint. Jönkoeping est le siège de la deuxième cour supérieure de justice du royaume.

**JONQUE**, grand navire des Chinois, recourbé à l'avant et à l'arrière, carré à la poupe et à la proue, portant trois mâts et deux voiles rectangulaires formées de nattes réunies par bandes. Ses mâts et ses flèches sont souvent couverts de pavillons, de banderoles de toutes couleurs. Les jonques, quoique très-lourdes, font le commerce des îles de l'Océanie.

**JONQUILLE**, plante du genre narcisse, cultivée dans les jardins pour l'élégance et la douce odeur de ses fleurs jaunes, à quatre pétales. L'odeur qu'exhalent les fleurs de cette plante a cependant la propriété de produire un assoupissement marqué. Voy. NARCISSE.

**JONSON** (Benjamin), poëte anglais né à Westminster en 1374, mort en 1637 dans la pauvreté, et enterré à l'abbaye de Westminster. Il fut encouragé dans la carrière du théâtre par Shaskpeare, et fut le premier poète comique de son pays qui introduisit sur la scène un peu de bienséance et de régularité. Il a laissé cinquante pièces, dont les plus remarquables sont les tragédies de *Séjan* et de *Catilina* et la comédie de *Volpone*. Sur son monument on grava seulement ces mots : *O rare Ben-Jonson* (ô rare Ben-Jonson).

**JONZAC**, chef-lieu d'arrondissement de la Charente-Inférieure, sur la rive droite de la Seugne, à 27 lieues et demie de la Rochelle. Population, 8,000 habitants. Cette petite ville est fort ancienne et fut autrefois fortifiée. On voit encore le château qui s'élève à l'extrémité orientale de la ville, au sommet d'un rocher à pic, dont le pied est baigné par la rivière. La châtellenie de Jonzac était un fief de l'abbaye de Saint-Germain des Prés à Paris. Jonzac est une ville industrieuse, qui possède un tribunal de première instance et une société d'agriculture. Elle commerce en grains, eaux-de-vie, vins, volailles, beurre, etc.

**JORAM**, roi d'Israël, fils d'Achab, succéda à son frère Ochosias l'an 896 avant J.-C. Il vainquit les Moabites, et fut assiégé dans Samarie par Benadad, roi de Syrie. Délivré par la protection divine, il fut blessé dans une bataille contre Hazaël, successeur de Benadad, et fut tué d'un coup de flèche par Jéhu, qui fit jeter son corps dans le champ de Naboth l'an 884 avant J.-C. — Un autre JORAM, roi de Juda, fils et successeur de Josaphat l'an 889 avant J.-C. Il épousa Athalie, fille d'Achab et de Jézabel, qui l'engagea dans l'idolâtrie, et fut cause de tous les malheurs de son règne. Il mourut l'an 881 avant J.-C.

**JORDAENS** (Jacques), peintre célèbre, né à Anvers en 1594, et mort en 1678. Il fut l'élève d'Adam-van-Oort et de Rubens. Ses ouvrages se distinguent particulièrement par la grande harmonie des couleurs et la perfection du clair-obscur. Il peignit pour le roi de Suède, Charles-Gustave, douze *tableaux de la Passion*, et pour Emilie de Salms, veuve du prince Frédéric-Henri de Nassau, un tableau haut de quarante pieds, représentant les actions mémorables de son époux. Ses chefs-d'œuvre sont *le Roi boit*, *le Satyre soufflant le chaud et le froid*, *le Martyre des onze mille vierges*, *les Vendeurs chassés du Temple* et *la Fuite en Egypte*.

**JORDAN** (Camille), né à Lyon en 1771 d'une famille de négociants estimés. Il fut élu en 1797, par le département du Rhône, député au conseil des cinq-cents. Le plus important de ses travaux fut le *Rapport sur la police des cultes*. La révolution du 18 fructidor le compta au nombre de ses victimes, et le força de se cacher. De retour à Paris en 1799, il vécut jusqu'en 1814 étranger aux affaires publiques. Elu en 1816 député de l'Ain à la chambre des députés, il devint en 1817 conseiller d'État. A la fin de la session, il fut réélu par les départements du Rhône et de l'Ain, et devint un des chefs de l'opposition. Il mourut en 1821. Il a publié un grand nombre de brochures politiques.

**JORNANDÈS**, historien latin, Goth de nation et secrétaire des rois goths en Italie. Il a composé deux ouvrages. L'un, *De rebus Gothicis*, écrit en 552, passe pour être l'abrégé de l'Histoire des Goths de Cassiodore; l'autre, *De origine mundi, de rerum et temporum successione* (sur l'origine du monde, la succession des temps et des événements).

**JOSAPHAT**, vallée de Judée, entre Jérusalem et le mont des Oliviers. Elle est longue, mais peu large et arrosée par le Cédron. Comme son nom signifie en hébreu *jugement de Dieu*, on a cru, d'après un passage d'un prophète, que c'était là que devait avoir lieu le jugement dernier.

**JOSAPHAT**, fils d'Asa, roi de Juda, lui succéda l'an 914 avant J.-C., détruisit le culte des idoles, et vainquit les Ammonites, les Moabites et les Syriens. La seule chose qu'on lui reproche fut d'avoir donné sa jeune fille pour épouse à son fils Joram Athalie, fille d'Achab, et de s'être allié à ce prince. Il mourut l'an 889 avant J.-C.

**JOSEPH**, fils de Jacob et de Rachel. Ses frères, envieux de la prédilection que son père avait pour lui, résolurent de le tuer. Ruben, l'un d'entre eux, les en détourna. Ils le vendirent à des marchands, qui le revendirent à Putiphar, capitaine des gardes de Pharaon. Ayant refusé de répondre à la passion de la femme de son maître, et accusé par elle d'avoir attenté à son honneur, il fut emprisonné. Tiré du cachot et amené devant Pharaon, il donna de plusieurs songes qu'eut ce prince des explications qui plurent tellement à Pharaon qu'il lui donna le rang de premier ministre. Une famine, dans laquelle les fils de Jacob vinrent en Egypte pour avoir du blé, lui fournit l'occasion de se faire reconnaître par eux. Il fit venir auprès de lui son père Jacob, et mourut l'an 1633 avant J.-C., à l'âge de cent dix ans. Il eut d'Aseneth, fille de Putiphar, grand prêtre d'Héliopolis, Manassès et Ephraïm, qui formèrent deux demi-tribus.

**JOSEPH** (Saint), fils de Jacob et petit-fils de Mathan, de la tribu de Juda et de la maison de David. Il épousa Marie, mère de Jésus-Christ, et, après la naissance du Sauveur, il s'enfuit en Egypte avec Marie et son fils, et ne retourna à Nazareth qu'après la mort d'Hérode. On ne sait rien sur sa vie et sa mort. L'Eglise latine célèbre la fête de saint Joseph le 19 de mars.

**JOSEPH** I<sup>er</sup>, roi de Portugal, né en 1714, succéda en 1750 à Jean V son père. Il suivit les conseils de Sébastien-Joseph Carvalho, marquis de Pombal, qui réforma le gouvernement et les lois. Le tremblement de terre de Lisbonne en 1755, la conspiration de 1758, où ce prince fut attaqué près d'une de ses maisons de plaisance et sauvé par le courage de son cocher, l'expulsion des jésuites et la confiscation de leurs biens, qui suivirent cette tentative d'assassinat, furent les événements les plus remarquables de son règne. Joseph mourut en 1777, laissant le trône à son épouse Marie-Anne-Victoire d'Espagne.

**JOSEPH**. Il y a eu deux empereurs d'Allemagne de ce nom. — JOSEPH I<sup>er</sup>, fils de Léopold d'Autriche, succéda à son père sur le trône impérial en 1705. Il soutint les prétentions de l'archiduc Charles au trône d'Espagne, et mourut en 1711. Il était né en 1678, avait été couronné roi de Hongrie en 1687 et roi des Romains en 1690. — JOSEPH II, fils de l'empereur François I<sup>er</sup> et de Marie-Thérèse, né en 1741, fut élu roi des Romains en 1764 et empereur en 1765. Il parcourut tous ses Etats et l'Europe sous le nom de comte de Falkenstein. Il s'unit à la Russie et à la Prusse pour le démembrement de la Pologne, dont il eut une partie. Il réprima une foule d'abus, et se fit un nom célèbre par sa justice et sa bonté. Il voulut repousser les Turks, et n'y réussit pas. Il mourut en 1790. En 1787, les Pays-Bas autrichiens s'étaient soulevés.

**JOSEPH** (LE P.), capucin célèbre par la confiance intime que lui avait accordée le cardinal de Richelieu. Né à Paris en 1577 de Jean le Clerc, seigneur du Tremblay, il quitta le monde pour se faire religieux en 1599, et acquit un empire très-grand sur le cardinal ministre. Employé dans toutes les négociations politiques, il envoyait en même temps des missions en Turquie, au Canada, et créait l'ordre des religieuses du Calvaire. Il mourut à Ruel en 1638, sur le point de recevoir le chapeau de cardinal. Le parlement en corps assista à ses obsèques, et un évêque prononça son oraison funèbre.

**JOSÈPHE** (Flavius), historien juif, né à Jérusalem l'an 37 de J.-C. Il défendit pendant quarante jours la ville de Jotapa contre Vespasien et Titus, et se rendit ensuite le vainqueur à Rome, où il y jouit de l'estime de l'empereur et de ses deux fils Titus et Domitien. Il écrivit en syriaque l'*Histoire des guerres des Juifs*, et la traduisit ensuite en grec. Il mourut l'an 93 de J.-C. Ses autres ouvrages sont les *Antiquités judaïques*, l'*Antiquité du peuple juif*, et sa *Vie* écrite par lui-même.

**JOSÉPHINE** (Marie-Françoise-Rose-Joséphine Tascher de la Pagerie), née à Saint-Pierre de la Martinique en 1761. Elle épousa le vicomte Alexandre de Beauharnais, qui périt sur l'échafaud, et dont elle eut deux enfants, Eugène et Hortense. Elle épousa en 1796 le général Bonaparte. Couronnée impératrice en 1804, elle se distingua par sa bienfaisance, obtint la grâce de plusieurs personnes condamnées à mort, et fit le plus de bien qu'elle put. Napoléon, qui n'en avait point eu d'enfants, la répudia en 1810. Elle se retira alors à la Malmaison, où elle mourut en 1814. Elle fut enterrée à Ruel.

JOSÉPHINIE, genre de la famille des bignoniacées, renfermant des plantes herbacées, à feuilles opposées, à fleurs solitaires, ayant le calice d'une seule pièce, coupé en cinq lanières droites et égales; la corolle est monopétale, irrégulière, à tube court; le fruit est une noix ligneuse, très-dure, ovale, hérissée de pointes, d'un brun cendré, renfermant des graines d'un gris cendré. Cette plante a pris son nom de celui de l'impératrice Joséphine. Elle est originaire de la Nouvelle-Hollande. Sa tige cylindrique devient d'un vert rougeâtre et monte à cent centimètres. Elle est rameuse, couverte d'un duvet court et parsemée de nœuds; les feuilles naissent des nœuds; les fleurs, d'un gris de perle, nuancées de rose en dehors, tachetées de pourpre en dedans, forment une très-jolie grappe.

JOSEPIN (Le). Voy. Arpino.

JOSIAS, fils d'Amon, roi de Juda, succéda à son père à l'âge de huit ans, l'an 640 avant J.-C. Il renversa les autels des idoles, et fit réparer le temple. Ce fut alors que le livre de Moïse fut trouvé par le grand prêtre Helcias. Josias mourut l'an 610 avant J.-C. d'une blessure reçue dans une bataille livrée à Néchao, roi d'Egypte. Jérémie composa un cantique lugubre à sa louange.

JOSUÉ, fils de Nun, de la tribu d'Ephraïm, succéda à Moïse l'an 1451 avant J.-C. dans le gouvernement des Israélites. Il avait été l'un des douze envoyés de Moïse pour examiner la terre promise. Il assiégea et prit Jéricho, défit complètement l'armée d'Adonisedech, roi de Jérusalem, qui assiégeait les Gabaonites ses alliés, ordonna au soleil de s'arrêter pour lui donner le temps d'achever le carnage qu'il faisait des ennemis, et prit en six années toutes les villes des Chananéens. Il distribua les terres aux Israélites, plaça l'arche dans la ville de Silo, et mourut l'an 1424 avant J.-C. à l'âge de cent dix ans.

JOUBARBE, genre de plantes de la famille des crassulées, comprenant une trentaine d'espèces. La joubarbe des toits ou artichaut sauvage, qui croit sur les chaumières et les vieux murs, a été souvent employée en médecine. On injecte le suc de ses feuilles dans le rectum pour calmer les douleurs dont cet intestin est le siège. On l'applique aussi à l'extérieur comme anodynes.

JOUBERT (Barthélemy-Catherine), né à Pont-de-Vaux en Bresse en 1769. Il s'engagea en 1791, et s'éleva de grade en grade jusqu'à celui de général en chef. Il se couvrit de gloire aux journées de Millesimo, Céva, Montenotte, Rivoli, et développa les plus grands talents dans sa campagne du Tyrol (1797). Il força tous les passages, et opéra sa jonction avec le gros de l'armée. Deux fois général en chef de l'armée d'Italie, il fut tué le 15 août 1799 à la bataille de Novi. Il venait d'épouser Mlle de Montholon. Pour honorer sa mémoire, on décréta que les membres du corps législatif porteraient le deuil pendant cinq jours et que l'oraison funèbre serait célébrée en son honneur.

JOUES-CUIRASSÉES, famille de l'ordre des acanthoptérygiens, renfermant des poissons au corps allongé, conique; à la tête de forme variable, tantôt comprimée sur les côtés, tantôt déprimée horizontalement et quelquefois un peu carrée, diversement armée d'épines ou de plaques tranchantes, qui leur donnent une physionomie désagréable, souvent hideuse, et d'où est venu leur nom. Leurs membres antérieurs sont tellement développés, qu'ils ressemblent à de véritables ailes, dont quelques espèces font usage pour voler un peu au-dessus des eaux. Leur chair est en général peu délicate. A cette famille appartiennent les trigles, les épinoches, les dactyloptères, les chabots, etc.

JOUG, pièce de bois creuse des deux côtés, que l'on met sur la tête des bœufs, des mulets ou des chevaux de labour, et qui sert à les atteler. — Passer sous le joug, c'était, chez les anciens et surtout chez les Romains, un genre de flétrissure très-ignominieuse. Dans les jugements civils, celui qui était condamné à cette peine était contraint de passer entre deux poteaux, au-dessus desquels on avait dressé une espèce de linteau qui formait une porte. Dans les armées, le joug consistait en deux piques fichées en terre, avec une troisième attachée à l'extrémité supérieure. Passer sous le joug était la condition la plus ignominieuse à laquelle on pût obliger un ennemi vaincu.

JOUR. On distingue quatre sortes de jours, le jour *naturel*, le jour *astronomique*, le jour *civil* et le jour *artificiel*. Le jour *naturel* ou *solaire* est la durée de vingt-quatre heures, pendant laquelle le ciel fait une révolution apparente autour de la terre. Le jour *artificiel* est l'espace de temps compris entre le lever et le coucher du soleil. La durée de ce jour varie selon la latitude. Le minimum de cette durée est de douze heures pour les peuples de l'équateur. Aux pôles où elle est maximum, elle est de six mois. Le jour civil est celui qui détermine l'usage commun d'une nation, il est de vingt-quatre heures. Le jour civil commence pour nous à minuit, et finit à l'autre minuit; celui des Juifs commence au soir, et finit à l'autre soir. Les Chaldéens le commençaient au lever du soleil. Les Italiens modernes suivent la même coutume que les Juifs. Le jour astronomique est le temps que, d'après son mouvement diurne ou apparent, le soleil emploie pour revenir à un même méridien. La longueur de ce jour varie.

JOURDAIN (en arabe, *Bahr-el-Arden*), fleuve de la Palestine, sortant des montagnes de l'Antiliban. Il traverse les lacs de Houlé et de Tabarié, et se jette dans la mer Morte après un cours de 50 lieues. Les rives de cette rivière sont couvertes de roseaux, saules et autres arbustes qui servent de retraite aux sangliers, aux chacals, aux lièvres et aux oiseaux. Sa largeur est de 22 à 23 mètres, et sa profondeur de 3 à 4 mètres. Dans l'hiver principalement, vers l'équinoxe du printemps, la fonte des neiges le fait sortir de son lit étroit, et il se répand d'un mille sur les deux rives.

JOURDAN (Jean-Baptiste), né à Limoges en 1762. Il s'engagea en 1778 dans le régiment d'Auxerrois, et parvint de grade en grade à celui de général de brigade en 1793 et de général de division la même année. Il fut appelé en 1793 au commandement de l'armée du Nord et des Ardennes, et la même année au commandement de l'armée de Sambre-et-Meuse. Le combat et la prise d'Arlon, celle de Charleroi, la bataille de Fleurus, la prise de Valenciennes, de Namur, de Maëstricht, etc., furent les événements les plus importants de la campagne. Forcé par l'archiduc Charles de se retirer, il quitta l'armée, et fut élu en 1797 député de la Haute-Vienne au conseil des cinq-cents, dont il devint président. Napoléon le nomma maréchal de France, et le fit gouverneur de la septième division militaire. Rappelé en 1816 à la pairie, il fut appelé en 1830 ministre des affaires étrangères, et mourut en 1833 gouverneur des Invalides.

JOURNAL, écrit où l'on consigne jour par jour les faits à mesure qu'ils s'accomplissent. On désigne plus communément par le nom de journal les feuilles publiques et quotidiennes consacrées aux nouvelles politiques, littéraires et scientifiques. Le premier journal établi en France date de Louis XIII. Il fut établi en 1631 par le médecin Renaudot sous le titre de *Gazette de France*; en 1663 parut le *Journal des savants*, établi par le conseiller Sallo, et qui fut aux lettres ce que le premier était à la politique. Les autres journaux existant avant 89 étaient le *Mercure de France*, le *Journal de Trévoux*, les *Nouvelles de la république des lettres* et le *Mercure galant*. Le nombre des journaux politiques, scientifiques, littéraires ou industriels, quotidiens ou non quotidiens, s'est accru en France jusqu'à environ sept cent cinquante, dont quatre cents pour Paris et le reste pour la province.

JOURNAL, nom donné, 1° à un livre sur lequel les négociants portent, jour par jour et par ordre de date, toutes leurs opérations: il doit présenter clairement quel est le débiteur, le créditeur, et le détail en raccourci de ces opérations; puis l'on porte au bout de l'article le montant de la somme reçue ou donnée; 2° à une grande mesure de superficie fort en usage autrefois en Lorraine, surtout pour les terres labourables: considérée comme mesure des prés fauchés et les forêts, elle se nommait *arpent*; ce n'était qu'une même mesure, valant 250 toises de Lorraine (chacune de 10 pieds); 3° à un registre ou cahier sur le capitaine, les officiers, les élèves, etc., d'un bâtiment sont tenus de suivre chaque jour, d'un midi à l'autre, en écrivant, chacun sur le sien, la direction du vent, ses variétés et sa force, l'état de la mer, du ciel, la route, les chemins, les manœuvres, les observations astronomiques, la vue de bâtiments, de terres, etc.

JOUVENCE. Ce mot est synonyme de jeunesse. Aussi on a cru que la fontaine de Jouvence n'était autre que la fontaine de jeunesse. D'autres prétendent que la fontaine de Jouvence venait du Nil et du paradis terrestre, qu'elle était située dans un lieu désert, et qu'elle avait la propriété de rajeunir.

JOUVENET (Jean), peintre célèbre, né à Rouen en 1644, mort en 1717. Nommé en 1675 membre de l'académie de peinture, dont il fut directeur, il composa quatre tableaux pour l'église de Saint-Martin des Champs. Louis XIV le chargea de peindre à fresque *les Douze Apôtres* au-dessous de la coupole des Invalides. Il peignit aussi le plafond de la deuxième chambre des enquêtes du parlement de Rouen. On met au rang de ses chefs-d'œuvre *les Vendeurs chassés du Temple*, *la Descente de croix*, *le Magnificat*, etc. La correction de son dessin et la science de l'exécution l'ont fait surnommer *le Carrache de la France*.

JOVE (Paul), historien célèbre, né à Côme en 1483. Il fut d'abord médecin, puis évêque de Nocera, et mourut en 1552 conseiller de Cosme de Médicis. On a de lui une *Histoire* en quarante-cinq livres commencée en 1494 et finissant en 1547, les *Vies des hommes illustres*, les *Éloges des grands hommes*, les *Vies des douze Visconti*, d'autres ouvrages. On a reproché à sa plume d'être mercenaire.

JOVIEN (Claudius Flavianus Jovianus), né à Singidon en Pannonie l'an 331, était primicère des gardes lorsque Julien mourut. Les légions de l'armée d'Orient l'élurent aussitôt pour empereur (363). Il rétablit le christianisme, conclut un traité honteux avec les Perses, et mourut en 364 étouffé par la vapeur du charbon en empoisonné.

JOVINIEN, moine de Milan et hérésiarque du IVe siècle. Il prétendait que tous les baptisés qui conserveraient le baptême auraient une même récompense dans le ciel; que la virginité n'était pas préférable au mariage, que Marie n'était pas demeurée vierge après avoir enfanté Jésus-Christ; que la chair de Jésus-Christ n'était que fantastique; que l'abstinence n'était d'aucun mérite, non plus que les autres pénitences. Condamné au concile de Milan en 390, Jovinien fut relégué dans une île où il mourut (412).

JOYEUSE (Anne, duc DE), amiral et pair de France, premier gentilhomme de la chambre et gouverneur de Normandie. Né en 1561, il fut l'un des mignons de Henri III, qui lui fit épouser en 1582 Marguerite de Lorraine, sœur de la reine Louise de Vaudemont. Il commanda en Guyenne contre les huguenots, envers lesquels il montra beaucoup de cruauté. Vaincu à la bataille de Coutras en 1587, il y fut tué par les huguenots.

JOYEUSE (Henri DE), comte du Bouchage, frère du précédent et fils de Guillaume, vicomte de Joyeuse, naquit en 1567. Il servit d'abord avec distinction jusqu'en 1587. A cette époque il fit profession chez les capucins sous le nom de frère Ange. Forcé en 1592 de se mettre à la tête d'un parti de ligueurs, il fit en 1596 son accommodement avec Henri IV, qui le fit maréchal de France. Il se retira peu de temps après dans son cloître, où il finit ses jours dans la pénitence en 1608.

JUAN D'AUTRICHE (Don), l'un des plus grands capitaines du XVIe siècle, fils naturel de Charles-Quint et de Barbe de Blomberg, né en 1546. Philippe II, son frère, l'envoya en 1570 contre les Maures du royaume de Grenade. Don Juan les battit et les expulsa du pays. L'année suivante (1571), il gagna la célèbre bataille navale de Lépante, où les Turks perdirent 25,000 hommes. Deux ans après (1573), il prit Tunis, et en 1576 il fut fait gouverneur des Pays-Bas. Il se rendit maître de Namur, gagna sur les alliés la bataille de Gembloux, et mourut en 1578.

JUAN D'AUTRICHE (Don), fils naturel de Philippe IV, roi d'Espagne, et de la comédienne Maria Calderona. Né en 1629, il fut grand prieur de Castille, et commanda en 1647 les armées du roi d'Espagne en Italie. Il commanda ensuite en Flandre, et devint généralissime des armées de terre et de mer contre les Portugais. Il eut la principale administration des affaires à la cour de Charles II, et mourut en 1679.

JUAN-FERNANDEZ, petit archipel de l'Océanie près de la côte du Chili, à qui il appartient. Il a 12 lieues de tour. L'île principale est l'île de *Juan-Fernandez*. Elle a un port excellent, de l'eau très-bonne. Ses côtes sont fort poissonneuses. L'île est dans une végétation continuelle. Il y a un fort construit par les Espagnols. C'est dans cette île que demeura longtemps un matelot anglais, Alexandre Selkirk, dont les aventures pleines d'intérêt donnèrent à Daniel de Foé l'idée du roman de Robinson Crusoé. — L'île de Juan-Fernandez est aujourd'hui un lieu de déportation choisi par le gouverneur de la république du Chili.

JUBA, roi de Numidie et de Mauritanie, succéda à son père Hiempsal, et se déclara en faveur de Pompée contre César. Il défit *Curion*, que César avait envoyé en Afrique, et joignit ses forces à celles de Scipion après la bataille de Pharsale. Vaincu à Thapsus par J.-C., et abandonné de ses sujets, il se tua, et son royaume devint province romaine. — Son fils, nommé aussi JUBA, fut emmené prisonnier à Rome, après la défaite de son père, pour servir à l'ornement du triomphe de César. Il sut se concilier l'amitié des Romains par ses talents et ses bonnes qualités. Auguste lui donna en mariage Cléopâtre, fille d'Antoine, lui conféra le titre de roi, et lui rendit les Etats de son père. Juba composa en grec une *Histoire de Rome*, dont il nous reste des fragments. Il écrivit aussi l'*Histoire de l'Arabie*, les *Antiquités de l'Assyrie*, des traités sur le drame, sur les antiquités romaines, sur la nature des animaux, sur la grammaire et la peinture. Ces ouvrages ne nous sont point parvenus.

JUBARTE, espèce de baleine, aussi longue, mais plus grêle que la baleine blanche. On la distingue des autres espèces du même genre par sa nuque élevée et arrondie, son museau avancé, large et un peu arrondi. Des rides très-profondes sillonnent son cou à la partie inférieure; la peau du dos et des flancs est d'un noir bleuâtre, qui perd de sa teinte foncée à mesure qu'il s'approche du ventre. La couche de lard qui suit immédiatement la peau est assez mince et rend peu d'huile (environ quatorze ou quinze tonneaux). Aussi est-elle moins recherchée que la baleine franche. Sa vigueur et son agilité sont très-grandes. Loin de fuir quand on l'attaque, elle s'avance droit aux chaloupes qu'elle brise souvent d'un coup de queue. Cet animal habite les mers du Nord.

JUBÉ, lieu élevé dans les églises, qui fait la séparation du chœur et de la nef, et où on va dire l'évangile des messes solennelles. C'était la même chose que l'ambon, où se faisaient toutes les lectures publiques que l'on faisait dans l'église pendant les offices divins du jour et de la nuit. Comme le lecteur, avant de commencer, demandait la bénédiction au célébrant en ces termes : *Jube, domne, benedicere*, on appela jubé le lieu où le lecteur se plaçait. La formule *Jube, domne, benedicere*, signifie : *Veuillez, seigneur, me bénir*. *Jube* est ici pour *velis* et *domne* pour *domine*.

JUBILAIRE. On appelle ainsi un religieux qui a cinquante ans de profession dans un monastère, un ecclésiastique qui a desservi une église pendant cinquante ans, un chanoine qui a assisté aux offices le temps porté par les statuts capitulaires. Ce sont les vétérans du service religieux.

JUBILÉ. Les Juifs appelaient ainsi la cinquantième année qui suivait la révolution de sept semaines d'années, c'est-à-dire quarante-neuf années. Le Lévitique leur commandait de sanctifier cette année-là, et leur défendait de semer ou de cultiver la terre pendant cette année. Le jubilé chrétien, qui consiste dans l'indulgence plénière que le pape accorde à toute l'Eglise universelle, fut établi par Boniface VIII l'an 1300 en faveur de ceux qui iraient aux tombeaux des apôtres, et voulut qu'il se célébrât de cent ans en cent ans. Clément VI réduisit cette période à cinquante ans, et Urbain VI voulut qu'on célébrât le jubilé tous les trente-trois ans, et Sixte IV tous les vingt-cinq ans. Pour l'ouverture de ce jubilé, le pape, ou, pendant la vacance du siège, le doyen des cardinaux, va Saint-Pierre faire l'ouverture d'une porte de l'église, appelée porte sainte, qui est murée. Il prend un marteau d'or, il en frappe trois coups en disant *Aperite mihi portas justitiæ*, et la maçonnerie, détachée d'avance, s'écroule de suite. Outre ce jubilé de vingt-cinq ans en vingt-cinq ans, tous les nouveaux papes en accordent un à leur exaltation, et quelquefois pour les besoins extraordinaires de la chrétienté.

JUDA, quatrième fils de Jacob et de Lia, né l'an 1751 avant J.-C. Il épousa la fille du Chananéen Sué, et il en eut trois fils, Her, Onan et Séla. Il eut aussi de Thamar, femme d'Her et puis d'Onan, Pharès et Zara. La tribu de Juda fut la plus puissante et la plus nombreuse. Elle était, au sortir de l'Egypte, de 74,600 hommes capables de porter les armes. Elle occupa toute la partie méridionale de la Palestine au sud de Jérusalem, et, lorsque les dix tribus d'Israël se séparèrent de la maison de David, que fit Juda, les deux tribus de Juda et Benjamin lui restèrent seules fidèles, et constituèrent le royaume de Juda, qui subsista jusqu'à la captivité de Babylone (599 ans avant J.-C.). C'est de la tribu de Juda et de la maison de David que naquit Jésus-Christ.

JUDAISME, nom donné aux croyances religieuses et aux lois des Juifs. Les Juifs divisent aujourd'hui leurs lois et leurs cérémonies en trois ordres. Le premier comprend les préceptes de la loi écrite, qui sont renfermés dans le Pentateuque; le second comprend les préceptes de la loi orale, c'est-à-dire les gloses que les rabbins ont faites sur le Pentateuque, et un nombre infini de constitutions et de règles recueillies dans le *Talmud*. (Voy. ce mot.) Le troisième comprend les rites que l'usage a autorisés en divers temps et en divers lieux, et qu'on appelle *coutumes*. Leur croyance diffère de celle des chrétiens en ce qu'ils croient qu'il y a eu et qu'il peut encore y avoir des prophètes, et qu'il viendra un messie plus puissant que les rois de la terre.

JUDAS ISCARIOTE, l'un des apôtres de Jésus-Christ, le trahit et le livra aux princes des prêtres pour la somme de trente deniers, il eut ensuite un si grand remords de cette action qu'il se pendit.

JUDE (Saint), apôtre et frère de Jacques le Mineur. Il prêcha l'Evangile dans la Mésopotamie, l'Arabie, l'Idumée et la Libye. On a de lui une Epître mise au nombre des écrits canoniques. On en fait la fête avec saint Simon le 28 octobre.

JUDÉE, un des noms de la terre sainte ou de la Palestine. Voy ce mot.

JUDICATUM SOLVI, caution que, dans certains cas, l'étranger doit fournir pour assurer le payement des frais de l'instance.

JUDITH, femme juive, fille de Merari et veuve de Manassé, de la tribu de Ruben, vivait vers 708 ■ant J.-C. Elle habitait Béthulie. Holoferne, général de Nabuchodonosor, roi d'Assyrie, ayant assiégé cette ville, Judith vint le trouver à son camp, l'enivra, et pendant son sommeil lui trancha la tête. Les ennemis épouvantés s'enfuirent et levèrent le siège. On a contesté l'authenticité du livre de Judith, reconnue cependant au concile de Trente.

JUGAL, ce qui concerne l'apophyse zygomatique. Voy.

JUGE, magistrat chargé de rendre la justice. On distingue deux grandes classes de juges : les juges civils et les juges criminels. Les premiers sont les juges de paix, ceux des tribunaux de première instance, des tribunaux de commerce, des conseils de prud'hommes, de juridictions de prud'hommes pêcheurs, les conseillers des cours royales et de la cour de cassation. Les juges criminels sont les juges de paix et les maires siégeant dans des tribunaux de police, les tribunaux de première instance jugeant correctionnellement, les chambres d'accusation des cours royales, les cours d'assises et la chambre criminelle de la cour de cassation, etc. Tous les juges, à l'exception de ceux des tribunaux de commerce, qui sont nommés par l'élection des notables commerçants, sont nommés par le roi. Ils sont de plus inamovibles, à l'exception des juges de paix.

JUGE DE PAIX, magistrat spécialement chargé de maintenir le bon accord entre les citoyens, soit en décidant sommairement, sans frais et sans le ministère des avoués, les contestations peu importantes, soit en essayant de concilier les parties. Ils sont en outre appelés à la présidence des tribunaux de simple police, et chargés des fonctions d'officiers de police judiciaire.

JUGEMENT, décision d'un juge. On distingue les *jugements par défaut ou contumace*; les *jugements contradictoires*, dans lesquels les *conclusions* ont été prises à l'audience par les deux parties; les *jugements préparatoires* ou de *simple instruction*; les *jugements interlocutoires*, qui, sans juger définitivement le fond, entraînent avec eux un préjugé : il est permis au juge de s'écarter de l'interlocutoire, lors de la décision du fond, sans avoir égard au préjugé déjà admis; enfin les *jugements définitifs*.

JUGEMENT DE DIEU, coutume superstitieuse très-ancienne, et fondée sur la croyance que Dieu devait toujours intervenir pour faire briller ou l'innocence ou la culpabilité d'un accusé. Le jugement de Dieu consistait en des épreuves de divers genres. Les épreuves étaient le *duel judiciaire* ou combat, le *feu*, l'*eau* et la *croix*. L'épreuve du feu consistait à prendre un fer chaud à la main ou à marcher sur un fer chaud. Celle de l'eau consistait à plonger le bras dans l'eau bouillante. Le juge enveloppait ensuite le bras et y apposait son sceau qu'on levait trois jours après, et l'accusé était déclaré innocent s'il ne restait aucune trace de brûlure; ou bien encore on jetait l'accusé pieds et poings liés dans une cuve; s'il s'enfonçait, il était innocent; s'il surnageait, il était coupable. L'épreuve de la croix consistait à rester debout, immobile, les pieds joints, les bras dans l'attitude d'un crucifié, pendant un temps déterminé. Si on faisait un seul mouvement, la cause était perdue.

**JUGERUM**, mesure de superficie des Romains, valait 28,800 pieds carrés romains, ou de nos mesures 25 ares 20 mètres 81 décimètres carrés. — C'est aussi le nom latin de l'arpent.

**JUGES** (LIVRE DES), livre de l'Ancien Testament, renfermant l'histoire de trois cent dix-sept années pendant lesquelles les Israélites furent gouvernés par des juges tirés du peuple ou désignés par Dieu. Ce livre des Juges est attribué à Samuel. Le premier juge fut Othoniel, de 1405 à 1343 avant J.-C.; Aod lui succéda de 1325 à 1305; Débora fut juge de 1285 à 1252; Gédéon, de 1245 à 1236; Thola, de 1232 à 1209; Jaïr, de 1209 à 1205; Jephté, de 1187 à 1181; Abesan, de 1181 à 1174; Achialon, de 1174 à 1164; Abdon, de 1164 à 1156; Héli, de 1156 à 1116; Samuel, de 1116 à 1096. Ce fut le dernier.

**JUGLANDÉES**, famille de plantes proposée pour séparer quelques genres de la famille des térébinthacées. Elle aurait pour type le genre *noyer*. Cette division n'a pas été adoptée par les botanistes.

**JUGULAIRE**, tout ce qui concerne la gorge (en latin, *jugulum*.). — On nomme aussi *jugulaires* des courroies de cuir couvertes de lames de cuivre, qui servent à attacher sous le menton les chapeaux ou casques des soldats.

**JUGURTHA**, fils de Manastabal, roi de Numidie, et neveu de Micipsa, qui l'éleva comme son fils. Après la mort de Micipsa, il fit tuer Adherbal et Hiempsal, fils de ce prince, et s'empara de leurs Etats. Le premier avait eu recours aux Romains, qui continuèrent la guerre. Cæcilius Metellus vainquit Jugurtha, qu'il contraignit de se réfugier chez les Gétules. Marius, qui succéda à Metellus dans le commandement, eut les mêmes succès. Bocchus, roi de Mauritanie, beau-père de Jugurtha, le livra aux Romains l'an 106 avant J.-C. Conduit à Rome, il y orna le triomphe de Marius, et mourut en prison trois jours après. Il avait déjà plusieurs fois corrompu les généraux romains à force d'or.

**JUIF ERRANT** (LE), personnage mystérieux faisant le fond d'une légende populaire. Son nom est *Ashaverus*. Né huit ans avant J.-C. d'un charpentier de la tribu de Nephtali, et professant l'état de cordonnier, il alla dénoncer à Hérode la naissance de Jésus-Christ. Lorsque le Sauveur, montant au Calvaire et portant sa croix, s'arrêta devant son échoppe pour se reposer, Ashaverus le traita durement. Alors Jésus lui dit : « Je me reposerai ici, et toi tu ne cesseras de courir jusqu'à ce que je vienne. » Et depuis ce temps Ashaverus voyage, n'ayant jamais que cinq sous et ne pouvant mettre fin à ses jours.

**JUIFS**, peuple célèbre de l'Asie, habitant la Judée. Il porta d'abord le nom d'*Hébreux*, puis celui d'*Israélites*, et enfin il prit celui de *Juifs* après la captivité de Babylone. L'histoire des Juifs est la plus ancienne; elle est rapportée dans la *Bible*. Après le *déluge*, dit ce livre sacré, Dieu voulut se choisir un peuple dont le sein duquel se conserverait le véritable culte jusqu'à la naissance du Messie promis. Abraham fut la tige de ce peuple, et alla par l'ordre de Dieu s'établir dans la terre de Chanaan (1920 ans avant J.-C.). Son petit-fils Jacob fut le père de douze fils, qui devinrent les chefs des douze tribus de la Judée. L'un de ces fils, Joseph, devenu premier ministre d'un roi d'Egypte, appela sa famille dans ce pays, et l'établit dans la terre de Gessen (1706). Les descendants de Jacob habitèrent cette contrée près de deux siècles. Ils s'accrurent tellement qu'ils donnèrent de l'ombrage aux Egyptiens, qui les réduisirent en servitude. Ils furent délivrés par Moïse, qui les fit sortir d'Egypte en passant la mer Rouge à pied sec (1490). Il demeura quarante ans avec eux dans les déserts de l'Arabie, et leur donna une législation complète. Son successeur Josué les établit dans la terre que Dieu leur avait promise, et qui prit le nom de Judée (1450). Après sa mort commença le gouvernement des juges (1405), qui dura trois siècles. Samuel fut le dernier. A cette époque commencent les rois. Saül fut le premier (1095). Après David et Salomon, le royaume se divisa en deux (975), le royaume d'Israël et celui de Juda, qui eurent conjointement des rois. Le premier fut détruit par Salmanazar, roi d'Assyrie (721), qui dispersa les Israélites dans les diverses parties de l'Asie. Le royaume de Juda fut détruit par Nabuchodonosor II (605-587), et traîna les habitants en captivité. Cette servitude dura soixante-dix ans (605-535). Les Hébreux revinrent en Judée sous le règne de Cyrus, et se gouvernèrent par leurs lois, quoique soumis aux Perses. La puissance appartenait aux grands prêtres. Après Alexandre, ils furent tour à tour soumis aux rois d'Egypte ou de Syrie. En 160 avant J.-C., les Machabées rétablirent l'indépendance des Hébreux. Leurs successeurs prirent le titre de rois de Judée. L'un d'eux, Hircan II, en guerre avec son frère, appela les Romains à son secours. Pompée le secourut, et rendit les Juifs tributaires de Rome, en conservant néanmoins leurs lois et leur mode de gouvernement. Ce royaume fut détruit par les Romains en 70 de J.-C. Adrien, après avoir fait périr un grand nombre de Juifs, les dispersa en 135 de J.-C. Depuis ce temps, ils n'ont plus formé un corps de nation, et se sont répandus dans tout le monde. Il y a environ 2,000,000 de Juifs, dont 1,180,000 en Europe, 720,000 en Asie et 100,000 en Afrique. Voy. ISRAÉLITES, JUDAÏSME, JUDÉE, MOÏSE et tous les mots qui ont rapport à ce peuple célèbre.

**JUILLET** (MOIS DE), septième mois de l'année, ainsi nommé parce que les Romains l'avaient consacré à Jules César. Avant il portait le nom de *quintilis* (cinquième), par rapport à l'année de Romulus qui commençait en mars. Il a trente et un jours, et c'est au 23 de juillet que le soleil entre dans le signe du Lion.

**JUIN** (MOIS DE), sixième mois de l'année, ainsi nommé ou parce qu'il était consacré à Junon, ou parce qu'il était le mois des jeunes gens (*juniores*). C'est le 20 ou le 21 de ce mois que le printemps finit, et que l'été commence, et le soleil entrant alors dans le signe de l'Ecrevisse.

**JUJUBE**. On appelle ainsi le fruit du jujubier. Voy. ce mot.

**JUJUBIER**, arbuste de la famille des *rhamnées*, croissant dans les vergers et les haies du midi de l'Europe, et s'élevant jusqu'à cinq ou six mètres de hauteur. Son bois est épineux, ses feuilles oblongues et luisantes; son fruit, quoique un peu âcre, est sucré et nourrissant; on le sèche au soleil comme les pruneaux, et on l'exporte pour les usages de la pharmacie. Il est adoucissant et pectoral, et on l'emploie diversement préparé dans les rhumes et autres affections de poitrine.

**JULEP** (du persan *juleb*), potion douce, claire, transparente et agréable, composée d'eau distillée et de sirop. Les propriétés médicinales des juleps varient suivant celles des substances qui les composent. On les administre ordinairement pendant la nuit.

**JULES**, monnaie de Rome qui tire son nom du pape Jules II. Elle est en argent, et vaut environ 30 centimes de France.

**JULES**. Trois papes ont porté ce nom.

—**JULES I**er, Romain, succéda en 337 au pape saint Marc, soutint avec zèle la cause de saint Athanase contre les ariens, et mourut en 352.—**JULES II** (JULIEN DE LA ROVÈRE), né près de Savone en 1443, neveu du pape Sixte IV, qui le nomma cardinal sous le titre de saint Pierre ès Liens, succéda à Pie III en 1503. Il apporta sur le trône pontifical ses goûts belliqueux et ambitieux, forma une première ligue contre les Vénitiens et une seconde contre le roi de France Louis XII, dont il mit le royaume en interdit. Louis XII lui opposa les assemblées de Tours et de Pise. Il fut très-affligé de la perte de Ravenne, et mourut en 1513. Il avait en personne conduit ses armées et assiégé des villes.—**JULES III** (JEAN-MARIE DEL MONTE), Romain, archevêque de Siponte et cardinal en 1536, succéda en 1550 au pape Paul III. Il continua le concile de Trente commencé sous son prédécesseur, se ligua avec l'empereur contre le duc de Parme Octave Farnèse, et mourut en 1555.

**JULES CONSTANCE**, fils de l'empereur Constance Chlore et de l'impératrice Theodora, sa seconde femme. Il vit sans jalousie le diadème sur la tête de son frère Constantin, et fit profession publique du christianisme. Fait par Constantin consul, préfet, etc., il périt l'an 337 dans le massacre que les fils de Constantin firent de leur famille après la mort de leur père. Il eut deux fils, l'empereur Julien et Gallus.

**JULES ROMAIN** (Giulio Pippi), peintre célèbre, né à Rome en 1492. Disciple de Raphaël, il continua les travaux de son maître dans le Vatican. Il peignit ensuite plusieurs *madones* pour divers couvents, une *Flagellation de Jésus-Christ* pour l'église de Sainte-Praxède, l'*Adoration des bergers*. Mais son chef-d'œuvre est le tableau du *Martyre de saint Etienne*. Frédéric de Gonzague, duc de Mantoue, l'appela auprès de lui, et lui fit faire de grands travaux au palais de Mantoue. Après la mort du duc (1540), il alla à Bologne, où il mourut en 1546.

**JULIA**, nom donné à plusieurs lois romaines. La 1re, *de civitate* (sur le droit de cité), rendue l'an 90 avant J.-C. accorda le droit de citoyen à tous les Latins et aux Italiens restés fidèles dans la guerre des alliés; la 2e, *agraria* (sur les champs), portée par Jules César l'an 59 avant J.-C., proposa de partager le territoire de Campanie entre vingt mille citoyens, et d'envoyer une colonie à Capoue. Elle fut adoptée, et le peuple décréta la peine de mort pour quiconque refuserait d'y obéir; la 3e, *de publicanis*, portée par César, ordonnait aux fermiers généraux le tiers des sommes qu'ils devaient payer; la 4e, *de provinciis*, du même, statuait, 1° que les préteurs ne seraient envoyés gouverneurs dans les provinces qu'un an après la fin de leur charge, et les consuls deux ans après; 2° que les peuples de la Grèce se régiraient par leurs propres lois; la 5e, *de repetundis* (59 ans avant J.-C.), portée par César contre l'extorsion, était extrêmement rigoureuse; la 6e, *judicaria*, du même (55 ans avant J.-C.), ordonnait que les juges seraient élus parmi les sénateurs et les chevaliers; la 7e, *de legationibus liberis*, limitait à cinq ans la durée *des commissions libres*; elle était de César; la 8e, *de vi publica et majestate*, du même, interdisait l'eau et le feu aux condamnés *pour violence*, trahison ou *lèse-majesté* envers l'Etat; la 9e, *de modo pecuniæ possidendæ* (sur le mode de posséder l'argent), défendait de garder en argent monnayé plus d'une certaine somme; la 10e, *de Italiâ*, défendait de s'absenter plus de trois ans de l'Italie, à moins d'y être obligé par ses fonctions; la 11e, *sumptuaria*, fixait à 200 as la dépense des jours ordinaires, à 300 celle des fêtes, et à 1,000 celle des festins extraordinaires. — Toutes ces lois étaient de César. Auguste créa les suivantes. La 1re ordonnait (17 ans avant J.-C.) le mariage et punissait le célibat; la 2e, sur les adultères, portée la même année, condamnait les coupables à la mort, à l'amende, à l'exil ou à d'autres peines, suivant la gravité de la faute; la 3e (18 ans avant J.-C.) prescrivait de donner dans les provinces des tuteurs aux orphelins; la 4e (8 ans avant J.-C.) réprimait l'intrigue dans les élections, et rendait aux comices leurs anciens privilèges.

JULIE. Plusieurs dames romaines de l'antiquité ont porté ce nom : l'une, fille de Jules César et de Cornélie, fut célèbre par sa beauté et sa vertu. Son père l'obligea d'abandonner Servilius Cépion, à qui elle était fiancée, pour épouser le grand Pompée. La douceur de son caractère empêcha d'éclater les discordes du beau-père et du gendre; mais sa mort, arrivée l'an 55 avant J.-C., fit disparaître le plus grand obstacle à la guerre civile.—La deuxième, fille unique d'Auguste, fut aussi célèbre par la licence de ses mœurs que par sa beauté et son esprit. Elle épousa d'abord Marcellus, ensuite Agrippa, dont elle eut cinq enfants, enfin Tibère, qui la prit en aversion à cause de ses mœurs. Auguste, indigné de la honte que sa conduite faisait rejaillir sur la famille impériale, la confina sur la côte de Campanie. Tibère, devenu empereur, la fit mourir l'an 14 de J.-C. — La troisième, fille de la précédente et d'Agrippa, épousa L. Paulus, et imita les dérèglements de sa mère. Elle fut reléguée comme elle dans une des îles côtes de l'Apulie, l'an 9 de J.-C., y mourut l'an 30. — La quatrième, fille de Germanicus et d'Agrippine, née à Lesbos l'an 17 avant J.-C., mena aussi une conduite scandaleuse. Elle épousa un sénateur nommé Viniscus, et jouit du plus grand crédit à la cour de son frère Caligula, que l'on accuse d'avoir été son séducteur. Le prince l'exila dans la suite comme complice d'une conjuration. Claude la rappela; mais elle fut bannie de nouveau par les intrigues de Messaline, et mise à mort à l'âge de vingt-quatre ans.—JULIE DOMNA, femme de Septime Sévère, fut mère de Caracalla et de Géta. Après la mort de ses enfants, elle se laissa mourir de faim l'an 217 de J.-C.

JULIEN (Flavius Claudius Julius), empereur romain, fils de Jules Constance frère de Constantin, né à Constantinople en 331. Envoyé par l'empereur Constance, son cousin, pour arrêter l'invasion des barbares en Gaule, il s'y fit proclamer (361) empereur. La mort de Constance, qui mourut en marchant contre lui, le laissa seul maître de l'empire. Il abjura le christianisme aussitôt son avènement et mérita ainsi le surnom de *l'Apostat*. Son principal soin fut le rétablissement du paganisme, modifié cependant suivant les idées nouvelles. Il montra de grands talents dans l'art de gouverner, et mourut en 363 d'une blessure qu'il reçut dans une expédition contre les Perses. Il a laissé plusieurs ouvrages, et entre autres des *lettres*, le *Misopogon*, traité satirique contre les habitants d'Antioche, et une *Histoire des Césars*.

JULIEN (LE COMTE), général de Vitiza, roi des Visigoths en Espagne, livra en 708 aux Sarrasins, commandés par Muza, la place de Ceuta, dont il était gouverneur. Ce fut pour se venger de l'affront qu'il avait reçu du souverain, qui avait déshonoré sa fille Cava. M. Guiraud, auteur des *Machabées*, a fait une tragédie du *Comte Julien*.

JULIENNE (PÉRIODE), espace de 7980 ans pendant lequel il ne peut se trouver deux années qui aient les mêmes nombres pour les trois cycles solaire, lunaire et d'indiction. Elle est composée du produit de ces cycles ou des nombres 28, 19 et 15. Proposée par Scaliger en 1583, elle est maintenant très-employée. La première année de l'ère chrétienne répond à l'année 4714 de la période julienne.

JULIENNE, genre de la famille des crucifères, renfermant des plantes à racines annuelles, bisannuelles ou vivaces; à feuilles simples; à fleurs disposées en grappe terminale. La corolle est de quatre pétales opposées en croix. On cultive dans les jardins la *julienne des jardins*, indigène aux bois, aux buissons et aux montagnes de l'est de l'Europe. Les fleurs sont blanches, rougeâtres ou violettes. Elle fleurit en mai et juin. Ses graines fournissent une huile abondante, utile pour l'éclairage et les airs.

JULIERS, grande et forte ville dans le grand-duché du Bas-Rhin, sur la Roër. Population, 8,000 habitants. Elle était autrefois chef-lieu d'un duché. Aujourd'hui elle fait partie de la province de Clèves-Berg ou Juliers-Clèves-Berg (Prusse).

JUMART. Les naturalistes anciens appelaient ainsi le fruit de l'accouplement du taureau et de la jument, ou du taureau et de l'ânesse, ou de l'âne et de la vache. Les modernes ne sont pas d'accord sur l'existence de cet animal. Les uns l'admettent comme d'autant plus positive qu'ils affirment l'avoir vu ; les autres, comme Buffon et Cuvier, la nient. Des observations plus exactes mettront sans doute la science à même de se prononcer d'une manière positive sur ce sujet.

JUMEAUX, enfants nés d'une même couche. Le nombre de jumeaux ne dépasse pas quatre ou cinq, et il va rarement au-dessus de deux. De chaque cas, le dernier né est regardé comme l'aîné, ayant été conçu le premier. Les jumeaux ont entre eux une grande conformité de goûts, de caractères, d'habitudes, de physionomie, de complexion, etc.

JUMELLES. On donne ce nom à deux pièces de bois ou de fer placées d'une manière semblable dans une tour, une presse, un balancier, une grue, etc. — On a donné le nom de *jumelle* à une diligence, parce que sa caisse est formée de deux parties, l'une en avant et l'autre en arrière, absolument semblables.

JUMENT, nom donné à la femelle du cheval. On appelle *jument poulinière* ou *de haras* celle qui est destinée à porter des poulins.

JUMIÉGES, bourg et ancienne abbaye du département de la Seine-Inférieure, à 5 lieues un quart de Rouen. Population, 2,000 habitants. De cette abbaye, jadis célèbre, il n'existe plus que des débris informes.

JUNGADA ou JANGADA, sorte d'embarcation en usage sur les côtes de Fernambouc (Brésil). Elle se compose de trois ou quatre morceaux de bois de douze à quinze pieds de long sur huit à neuf pouces de large, à peine équarris et liés par deux traverses. L'un d'eux est percé d'un trou, dans lequel s'implante le mât qui porte la voile ; l'autre sert d'appui à un petit banc de deux pieds de haut, sur lequel s'assied le pilote afin de se mettre à l'abri de la lame, qui à chaque instant couvre l'embarcation. Un pieu fixé en arrière du mât sert à suspendre les provisions. Le mât est courbé en arrière. La jangada va à la voile et à la rame. Il y a deux ou trois hommes sur cette embarcation.

JUNIA. Plusieurs lois romaines portent ce nom. La première, l'an 492 avant J.-C. sous les auspices de Junius Brutus, premier tribun du peuple, ordonna que la personne des tribuns serait inviolable et sacrée, qu'on pourrait en appeler devant lui des jugements des consuls, et que les sénateurs ne pourraient jamais être revêtus de la charge de tribun. — La deuxième, décrétée l'an 125 avant J.-C., interdisait aux étrangers le titre et les droits de citoyen romain, et leur ordonnait de sortir de Rome. — *Junia* est aussi le nom d'une famille de Rome qui prétendait descendre d'un des compagnons d'Énée. L. Junius Brutus, allié par sa mère au sang des rois de Rome, était de cette famille. Elle finit avec ses deux fils, qui périrent par son ordre de la main du bourreau.

JUNIN, l'un des sept départements du bas Pérou. Il est borné au N. par celui de Libertad, à l'O. par l'Océan, à l'E. par le Brésil, au S. par le département d'Ayacucho. Sa superficie est de 15,500 lieues carrées, et sa population de 400,000 habitants. Le chef-lieu est *Junin*, avec 2,000 habitants. Ce pays est très-fertile et bien cultivé.

JUNIUS (LETTRES DE), lettres anonymes publiées en 1767, 1768, 1769 jusqu'en 1772, dans le journal anglais *the Public Advertiser* (le moniteur public), sans autre signature que *Publicola*, *Antisejanus*, *Domitianus*, et enfin *Junius*. On n'a pu découvrir l'auteur de ces lettres politiques, écrites d'un style clair et nerveux, d'une logique pressante, et dirigées contre le pouvoir. On les a attribuées à sir Philip Francis, Hugues Boyd, John Roberts, le général Lée, Charles Lloyd, lord Ashburton, etc.; mais ce ne sont que des conjectures.

JUNON (myth.), fille de Saturne et de Cybèle, épouse de son frère Jupiter et sœur de Neptune, de Pluton, de Cérès, etc. Elle eut de Jupiter Vulcain, et enfanta Mars après avoir respiré le parfum d'un *olenium*, et Hébé après avoir mangé des laitues. Les infidélités de son époux irritèrent sa jalousie et la firent, et elle poursuivit de sa haine les enfants naturels de Jupiter. Elle présidait aux accouchements sous le nom de Lucine, et était la déesse des royaumes, des empires et des richesses. On la représente assise sur un trône, avec un sceptre à la main et un diadème sur la tête. A ses côtés est un paon et derrière Iris avec les couleurs de l'arc-en-ciel. On l'adorait particulièrement à Argos, à Samos, à Carthage et à Rome, sous les noms d'*Argia*, *Samia*, etc.

JUNON, planète située entre les orbites de Mars et de Jupiter, et découverte en 1804 par Harding. Elle est la plus petite du système solaire. Sa distance du soleil est de 95,892,000 lieues. Elle fait sa révolution autour de cet astre en 1,592 jours ou en 4 ans 132 jours. Elle a reçu le nom de télescopique, ainsi que Pallas, Cérès et Vesta, parce qu'on ne peut l'apercevoir qu'avec des instruments.

JUNONIES, fêtes célébrées à Samos, à Argos, à Égine, etc., en l'honneur de Junon. Après avoir immolé une hécatombe, on clouait au-dessus du théâtre un bouclier, que les jeunes gens cherchaient à arracher. Celui qui y parvenait recevait pour prix une couronne de myrte et un bouclier d'airain. Le jour suivant, les femmes faisaient une procession solennelle, dans laquelle la prêtresse était traînée sur un char attelé de quatre taureaux blancs. Les Grecs les appelaient aussi *Hérées*, du grec *Héré*, Junon.

JUNOT (Andoche), duc d'Abrantès, général de division, colonel général des hussards et grand cordon de la Légion d'honneur, né en 1771 à Bussy-les-Forges (Côte-d'Or). Parti comme grenadier dans un des bataillons de la Côte-d'Or, il fut attaché en 1796 en qualité d'aide de camp au général Bonaparte, qu'il suivit en Italie et en Égypte. En 1804, gouverneur de Paris, grand officier de la Légion d'honneur, colonel général des hussards et ambassadeur en Portugal en 1805, il fut en 1805 nommé gouverneur général des Etats de Parme et de Plaisance. Il s'empara en 1807 du Portugal, qu'il fut forcé d'évacuer en 1808. Il fit l'expédition de Moscou, et fut nommé en 1812 gouverneur général des provinces illyriennes. Sa raison s'égara, et il mourut à Montbard en 1813 des suites d'une amputation à la jambe, qu'il s'était cassée dans un accès de fureur.

JUNTE ou JONTE, nom donné, en Espagne, à une assemblée d'un certain nombre de personnes, que le roi choisit pour consulter sur des affaires importantes. — On donne le même nom au conseil établi, après la mort d'un roi, pour veiller aux affaires du gouvernement. — En Portugal, c'est un conseil chargé de quelque partie d'administration publique.

JUPITER (myth.). Le plus puissant de tous

les dieux du paganisme, fils de Saturne et de Cybèle. Il fut arraché à la voracité de son père par l'adresse de sa mère, qui le confia aux corybantes et lui fit sucer le lait de la chèvre Amalthée. Jupiter, devenu grand, chasse son père du trône, et partage l'empire du monde avec ses deux frères. Attaqué par les dieux, puis par les Titans, il triomphe des uns et des autres. Ses galanteries lui attirèrent la jalousie de Junon, qui se brouilla souvent avec lui. On le représente la foudre à la main, et porté sur un aigle, oiseau qui lui était consacré ainsi que le chêne. Ses métamorphoses pour triompher des mortelles ou des déesses sont très-nombreuses. Ses surnoms le sont également ; les plus communs sont ceux de *Capitolin, Férétrien, Olympien, Stator, Hospitalier, Tonnant,* etc.

JUPITER, la plus grande planète du système solaire, et plus brillante ou aussi brillante que Vénus. Sa plus grande distance au soleil est de 213,933,505 lieues de 2,000 toises, et sa plus petite de 194,267,055 lieues. Sa plus grande distance à la terre est de 213,520,766 lieues, et sa plus petite de 154,379,794 lieues. Elle est quatorze cent soixante-dix fois plus grosse que la terre, et fait sa révolution autour du soleil en 4,332 jours ou bien en 11 ans 317 jours. Elle est la plus éloignée du soleil, et tourne sur elle-même en 9 heures 55' 50''. Son disque est entouré de zones connues sous le nom de *bandes de Jupiter*, et il est accompagné de quatre satellites découverts en 1610 par Galilée.

JURA, chaîne de monts, ramification septentrionale des Alpes. Elle commence près de la Cluse en Savoie, envoie à l'O. la branche des Vosges, et s'abaisse graduellement dans les Ardennes. Elle traverse le département auquel elle donne son nom. Le Reculet, son sommet le plus élevé, a 5,196 pieds. Sa plus grande longueur est de 80 lieues.

JURA, département frontière, formé d'une partie de la Franche-Comté, et entouré par les départements de l'Ain, de la Côte-d'Or, de Saône-et-Loire, du Doubs et de la Haute-Saône et par la Suisse. Son chef-lieu est *Lons-le-Saulnier*. Sa superficie est de 503,304 hectares, et sa population de 315,500 habitants. Le département nommait quatre députés, et se divise en quatre arrondissements, qui sont ceux de *Lons-le-Saulnier, Dole, Poligny* et *Saint-Claude*. Les vins, les céréales, les pâturages font la richesse du département. Son industrie consiste principalement en métallurgie. On y compte six hauts fourneaux, avec trente-neuf forges et vingt-cinq martinets et dix-huit papeteries. On y remarque les sources de l'Ain, les sources salées de Salins, les pâturages des montagnes qui rivalisent avec ceux de la Suisse, etc. Il est compris dans la sixième division militaire, le diocèse de Saint-Claude et le ressort de l'académie et de la cour d'appel de Besançon.

JURANDE, charge et fonction de juré d'une communauté d'artisans ou de marchauds. Lorsque les arts et métiers furent mis en communauté par saint Louis, les jurandes furent établies pour avoir l'inspection sur les autres maîtres du même état. Sous le roi Jean, les visiteurs et les regardeurs rendaient compte aux commissaires, prévôt, etc., des défauts qu'ils remarquaient dans l'exercice des arts et métiers. Ces préposés furent depuis assermentés sous le nom de *jurés*. La révolution de 1789, en proclamant la liberté d'industrie, a aboli les jurandes.

JURAT, nom donné autrefois aux *échevins* de Bordeaux.

JURATOIRE (CAUTION), serment que fait quelqu'un en justice, de représenter sa personne ou de rapporter quelque chose dont il est chargé.

JURIDICTION, pouvoir de juger. Ce terme, considéré relativement aux tribunaux divers, désigne l'étendue du territoire sur lequel ils peuvent exercer leur action, la nature des affaires qui sont de leur compétence, et les tribunaux eux-mêmes. — On distinguait autrefois deux sortes de juridictions : la juridiction *séculière* et la juridiction *ecclésiastique*.

JURIEU (Pierre), ministre protestant fameux, né en 1637, mort en 1713. Il fut comme son père ministre à Mer (Loir-et-Cher), et devint professeur à l'académie de Sédan, puis professeur de théologie à Rotterdam. Il a laissé entre autres ouvrages une *Histoire du calvinisme*, une *Histoire critique des dogmes et des cultes de la religion des Juifs, Unité de l'Église, Traité de l'esprit de M. Arnauld, Traité de la dévotion, Lettres pastorales* et d'autres écrits de controverse, qui décèlent une fougue, un fanatisme, une hardiesse peu communes. Il eut de vifs démêlés avec Bayle, Basnage et Saurin, et déplut par ses excès à ceux mêmes de sa communion.

JURISCONSULTE, celui qui est versé dans la jurisprudence, c'est-à-dire dans la science des lois, coutumes et usages, et de tout ce qui a rapport au droit et à l'équité.

JURISPRUDENCE, science du droit tant public que privé. On donne encore ce nom aux principes que l'on suit en matière de droit dans chaque pays ou dans chaque tribunal.

JURISTE, celui qui fait profession de la science du droit.

JURY, concours de citoyens nommés *jurés* et chargés, dans les affaires judiciaires portées devant les cours d'assises, de déclarer suivant leur conscience, après les débats judiciaires et une libre défense, la culpabilité ou la non-culpabilité d'un autre citoyen accusé d'un crime contre la chose publique ou les particuliers. Les jurés seuls jugent le fait. Les magistrats seuls appliquent la loi. Les citoyens qui peuvent être inscrits sur la liste du jury comme aptes à remplir les fonctions de jurés, sont 1° les électeurs ayant leur domicile réel dans le département ; 2° les fonctionnaires publics nommés par le roi, exerçant des fonctions gratuites ; 3° les officiers des armées de terre et de mer, ayant cinq ans de domicile réel dans le département et jouissant d'une pension de retraite de 1,200 francs au moins ; 4° les docteurs et licenciés des facultés de droit, des sciences et des lettres ; les docteurs en médecine ; les membres et correspondants de l'Institut ; les membres des autres sociétés savantes reconnues par la loi ; les licenciés inscrits sur un tableau d'avocats ou d'avoués, ou chargés de l'enseignement de quelqu'une des matières appartenant à leur faculté, sont admis de plein droit ; autrement ils ne peuvent être membres du jury qu'après dix années de domicile réel dans le département ; 5° les notaires après trois ans d'exercice de leurs fonctions ; 8° les plus imposés du département, dans le cas où le nombre des personnes des cinq séries précédentes ne s'élèverait pas à huit cents, nombre nécessaire pour que, au *minimum*, la liste du jury soit complète. — Un jury se compose de douze jurés. Le sort désigne *pour chaque affaire* ces douze jurés, et les trente-six jurés, également formée par la voie du sort *pour toute la session.* — Il y a encore des jurys qui ont diverses fonctions ; tels sont le *jury de révision*, les *jurys médicaux*, les *jurys d'expropriation*, etc. En général ce mot désigne une réunion d'hommes spéciaux chargés d'un examen sur une affaire quelconque.

JUS, nom donné au suc ou substance liquide que l'on retire des végétaux ou des animaux, soit par la pression, soit par la coction ou l'infusion. Ainsi on dit *jus de citron, d'orange*, etc. On nomme *jus d'herbes* le mélange de certains végétaux dont on administre le suc comme dépuratif. Tels sont la fumeterre, la bardane, le trèfle d'eau, la chicorée sauvage, le cerfeuil, la poirée, etc. Le *jus de réglisse* est un extrait de réglisse concentré et sec.

JUSANT. En termes de marine, ce mot est synonyme de *reflux*, et indique le mouvement des eaux qui se retirent. Il est l'opposé de *flot* ou *flux*.

JUSÉE, liqueur acide qu'on emploie dans les tanneries pour gonfler les peaux. Cette substance se prépare ordinairement en faisant macérer dans une petite quantité d'eau de l'écorce de chêne déjà épuisée par le tannage.

JUSQUIAME, plante vénéneuse de la famille des solanées, à fleurs axillaires et à feuilles alternes. On en compte à peu près douze espèces ; les principales sont : la *jusquiame noire* ou *hanebane* aux fleurs jaunes, avec des veines d'un pourpre foncé ; la *jusquiame blanche*, aux fleurs blanches ; la *jusquiame dorée*, aux fleurs jaunes, dont le fond est pourpre noir ; la *jusquiame physaloïde*, et la *jusquiame datura*. Quoique vénéneuse et narcotique, la jusquiame s'emploie en médecine comme calmant, mais à petites doses.

JUSSIEU (Bernard DE), célèbre botaniste, né à Lyon en 1699. Nommé en 1722 sous-démonstrateur au jardin des Plantes de Paris, il ne fit une réputation si grande qu'il fut reçu en 1725 membre de l'académie des sciences. Il démontra le premier la nature animale des coraux, madrépores, polypes, etc. Mais ce qui lui a fait le plus de renom est sa science en botanique et sa classification des plantes fondée sur la ressemblance générale de leurs parties, et connue sous le nom de *méthode naturelle*. (Voy. BOTANIQUE.) En 1765, il confia à son neveu Laurent la direction du jardin des Plantes, et mourut en 1777 membre des académies de Berlin, de Saint-Pétersbourg et d'Upsal, de la société royale de Londres, de l'institut de Bologne. Deux de ses frères, Antoine mort en 1788 à soixante-douze ans, et Joseph mort en 1779 à soixante-quinze ans, furent membres de l'académie des sciences.

JUSSIEU (Antoine-Laurent DE), neveu du précédent, né à Lyon en 1748. Dès 1770, il remplaça Lemonnier dans la place de professeur de botanique au jardin du roi. En 1772, il fut reçu docteur à la faculté de médecine de Paris. En 1773, il fut élu membre de l'académie des sciences, et en 1776 membre de la société royale de médecine. En 1777, il fut nommé démonstrateur de botanique au jardin du roi. En 1804, il fut nommé professeur de matière médicale à la faculté de Paris, et en 1808 conseiller de l'université médicale. Il est mort en 1836. Son principal titre de gloire est l'ouvrage intitulé : *Genera plantarum secundum ordines naturales disposita* (genres des plantes disposés selon les ordres naturels), publié en 1789, et de nombreux mémoires.

JUST (SAINT-) (Antoine-Louis-Léon), né en 1768 à Decize (Nièvre). Son père habitait Blérencourt près de Noyon (Aisne). Le jeune Saint-Just fut élu en 1792 par le département de l'Aisne député à la convention nationale, et se rendit fameux par sa liaison et son intimité avec Robespierre, dont il fut l'un des plus terribles agents. C'était lui qui se chargeait de dénoncer les membres de la convention dont son ami voulait se défaire. Il fut envoyé plusieurs fois dans les départements comme représentant, et s'y fit redouter par sa férocité inflexible. Lors de la révolution du 9 thermidor (1794), Saint-Just fut décapité avec Robespierre le 28 juillet à l'âge de trente ans. Il avait composé plusieurs ouvrages, et entre autres des *Fragments d'institutions républicaines*, et le poëme d'*Organt*.

JUSTICE, appréciation morale du juste et son application. On prend aussi quelquefois le mot *justice* comme synonyme de *juridiction.* C'est dans ce sens qu'on disait autrefois *haute, moyenne* et *basse justice seigneuriale*. La *haute justice* était celle d'un seigneur ayant le droit de faire condamner à une peine capitale, hors les cas royaux qui sortaient seuls de sa juridiction. La *moyenne justice* avait droit de juger des actions de tutelle et des injures dont l'amende n'excédait pas 60 sols. La *basse justice* connaissait des droits dus au seigneur, du dégât causé par les animaux et des injures dont l'amende ne pouvait excéder 7 sols 6 deniers.

JUSTICE (myth.), divinité allégorique, fille de Jupiter et de Thémis. On la représente sous les traits d'une jeune vierge, tenant d'une main une balance égale des deux côtés et de l'autre une épée nue.

JUSTICIER, nom donné autrefois à celui qui avait le droit d'exercer et de rendre la justice en quelque lieu.

JUSTIFIEUR, outil composé de deux pièces principales de vingt-deux pouces chacune, et servant à contenir une rangée de caractères d'imprimerie. On porte cet outil dans un instrument appelé *coupoir*, où, les deux jumelles étant fortement serrées, on fait agir le rabot qui enlève les superfluités du corps des lettres, et on les rend toutes d'une égale hauteur; ce qui s'appelle *justifier*.

JUSTIN. Deux empereurs d'Orient ont porté ce nom. — JUSTIN Ier, dit *le Vieux*, né en 450 en Thrace d'un pauvre laboureur, parvint de l'état de simple soldat au grade de tribun et de général et aux dignités de comte et de sénateur. Il fut élevé à l'empire en 518 par les cohortes prétoriennes après la mort d'Anastase. Il rappela les évêques que les ariens avaient fait exiler, publia plusieurs édits contre cette secte et mourut en 527. — JUSTIN II, le *Jeune*, surnommé *Curopalate* (maître du palais), fils de Dulcissimus et de Vigilantia, succéda à son oncle maternel Justinien Ier en 565. Il se laissa gouverner par l'impératrice Sophie, dont l'influence fut la cause de la perte de l'Italie (voy. NARSÈS), sacrifia ses trésors pour fléchir le roi de Perse Chosroès, abdiqua en 574 et mourut en 578.

JUSTIN (Marcus Justinus Frontinus), historien latin du IIe siècle, est regardé comme l'abréviateur de Trogue Pompée. Son ouvrage est un extrait en quarante-quatre livres de la grande histoire de cet écrivain, depuis l'origine du monde jusqu'à César Auguste.

JUSTIN (Saint), l'un des Pères de l'Eglise latine, naquit en Palestine, étudia d'abord la philosophie de Platon, et embrassa ensuite le christianisme. Il mourut martyr en Egypte vers l'an 167 de J.-C. Il composa une *Apologie* célèbre en faveur des chrétiens, deux *Traités* adressés aux gentils, un *Traité* de la monarchie ou de l'unité de Dieu. On fait sa fête le 13 avril.

JUSTINE ou DUCATON, monnaie d'argent de Venise, vaut 5 francs 91 centimes de France.

JUSTINIEN. Deux empereurs d'Orient ont porté ce nom. — JUSTINIEN Ier, né en 483 de Sabatius et de Bigleniza, sœur de l'empereur Justin Ier, succéda à son oncle en 527. Il épousa la courtisane Theodora, qui eut toujours sur lui un grand empire. Sous son règne les factions des bleus et des verts dans le cirque ensanglantèrent Constantinople. Bélisaire, son général, battit les Perses, détruisit le royaume des Vandales, vainquit les Ostrogoths d'Italie, et donna quelque stabilité à l'empire grec. Justinien s'occupa de la rédaction des lois romaines sous le titre de *Digeste*, de *Pandectes*, d'*Institutes* et de *Novelles*. Il fit bâtir la basilique de Sainte-Sophie et mourut en 565. — JUSTINIEN II, surnommé *Rhinotmète* (nez coupé), fils aîné de Constantin Pogonat et d'Anastasie, fut déclaré auguste à douze ans (675) et succéda à son père en 685. Il vainquit les Sarrasins; mais ses cruautés et ses débauches soulevèrent contre lui le peuple et le patrice Léonce. On lui coupa le nez et on l'envoya en exil en Chersonèse (695). Rétabli en 705 par les Bulgares, il fut tué en 711 par Philippique Bardane que lui succéda.

JUTLAND, province du Danemarck sur le continent, dont la superficie est de 1,618 lieues carrées, et la population de 766,000 habitants. Elle se divise en deux parties : le *Nord-Jutland*, capitale Aalborg, renfermant les diocèses d'Aalborg, de Viborg, d'Aarrhus et de Ripen; et le *Sud-Jutland* ou *duché de Sleswig*, capitale Sleswig. Du Jutland dépendent les îles de Sylt, d'Alsen, d'Œrrœ, de Femern et de Nordstrandt. Le Jutland abonde en pâturages et en bons chevaux.

JUVÉNAL (Decius Junius), né à Aquilnum dans l'Abruzze. Il vint à Rome, où il étudia sous Quintilien et le grammairien Fronton. Il se fit bientôt une grande réputation par son talent pour la satire. On a de lui seize *satires*, dans lesquelles il s'éleva contre la passion des spectacles et tous les vices de son époque avec énergie et véhémence. Il osa attaquer dans sa septième satire le comédien Pâris, qui jouissait d'un grand crédit, et qui sous le règne de Domitien le fit bannir en Egypte, où l'on lui donna un commandement. Il revint à Rome après la mort de Domitien, et il y mourut, à ce que l'on croit, l'an 128 de J.-C. On a plusieurs éditions et plusieurs traductions de Juvénal. Celle de Dussaulx, de l'académie des inscriptions, est regardée comme la meilleure.

JUVÉNEL ou JOUVENEL DES URSINS (Jean), célèbre magistrat français, né à Troyes vers 1360. Charles VI le créa prévôt des marchands, et en 1410 il fut nommé avocat général au parlement de Paris. Il montra la plus grande fermeté, et réduisit le duc de Lorraine à implorer la clémence du roi. Il fut emprisonné avec le roi, la reine, le dauphin, par les partisans de Jean sans Peur. Charles VII, dauphin, le nomma chancelier. Il fut plus tard privé de son emploi. Un de ses fils, GUILLAUME JOUVENEL DES URSINS, baron de Traînel, fut fait chancelier en 1445, destitué par Louis XI et rétabli en 1465, et mourut en 1472.

JUVENCUS (Aquilinus Caius Vettius), un des premiers poëtes chrétiens, naquit en Espagne, et composa en 329, entre autres poëmes, la *Vie de Jésus-Christ* en quatre livres, ouvrage qui est parvenu jusqu'à nous. Ce poëme est estimable, moins par la beauté des vers et l'élégance de la latinité que par l'exactitude scrupuleuse avec laquelle l'auteur a suivi le texte des Evangiles.

JUVENTA ou JUVENTUS (myth.), déesse de la jeunesse. Les Romains l'invoquaient lorsque leurs enfants quittaient la robe prétexte. Elle présidait à l'intervalle qui s'écoule depuis l'enfance jusqu'à l'âge viril. On la représentait sous les traits d'une belle nymphe.

JUXTAPOSITION, mode d'accroissement propre aux minéraux, lequel consiste dans l'application successive de nouvelles molécules sur celles qui forment le noyau primitif. Ce mot est opposé à *intussusception*.

# K

K, onzième lettre de l'alphabet français. Elle existait chez les Grecs, et répondait au C des Latins, prononcé avec un son dur devant les voyelles. Chez les anciens, K s'employait dans les nombres pour 20; avec une barre dessus, il désignait 250,000. — Le K, initiale du nom grec de la foudre (*kéraunos*), se mettait sur les vêtements qui en avaient été frappés. — C'est le signe caractéristique de la monnaie frappée à Bordeaux.

KAABA. Voy. MECQUE (La) et CAABA.

KABAK, nom donné, en Russie, à des lieux publics où l'on boit du vin, de la bière, des liqueurs, etc.

KADANI. C'est, en Orient, un magistrat dont les fonctions répondent à celles de nos notaires.

KABESQUI, monnaie de cuivre usitée en Perse, et qui vaut 6 deniers.

KABIN, mariage en usage chez les peuples musulmans, et par lequel un homme épouse une femme pour un temps limité.

KABOUL ou CABOUL, ville d'Asie, capitale du Caboulistan, à 108 lieues de Kandahar, l'ancienne capitale. Elle a une lieue de circuit, et une population de 60,000 habitants. Sa position est très-agréable, et on la regarde comme la clef de l'Inde du côté de la Tartarie. — On a donné quelquefois le nom de *royaume de Kaboul* à l'Afghanistan. Voy. CABOULISTAN.

KABYLES. Voy. ALGER et CABYLES.

KACHGAR, contrée d'Asie, dans la Tartarie indépendante, et appelée aussi *petite Boukharie*. Elle a au N. la Kalmoukie, à l'E. la Chine, à l'O. la grande Boukharie, au S. le Thibet. Sa superficie est à peu près 920 lieues carrées. Sa capitale est *Yarkand*, sur l'Yarkand, à 56 lieues de Samarkand et à 33 de Kachemyr. Elle est habitée par les Kalmouks, et est tributaire de la Chine.

KACHEMYR, contrée d'Asie, dans l'Indoustan, bornée au N. par le petit Thibet, au S. par le Lahore et à l'E. par le Ladak. Elle a environ 40 lieues de long sur 20 de large. Elle est située dans un vallon formé par l'Himalaya, et sa population est évaluée à 600,000 habitants. On y fabrique, avec la laine des chèvres du Thibet, les beaux châles appelés *cachemires*. Elle est habitée par les Hindous, la plupart mahométans, et les femmes y sont très-belles. Les Seiks ont fait en 1818 la conquête du Kachemyr. La capitale est CACHEMYR ou *Sirinagar*, qui a 200,000 habitants.

KAFFA, ville de la Russie méridionale, dans la Crimée, à l'entrée du détroit de ce nom, qui sépare la mer Noire de la mer d'Azof. Elle faisait autrefois un commerce très-étendu, qui est aujourd'hui bien déchu. Les Russes ont déclaré en 1806 son port franc. Elle a à peu près 10,000 habitants. Les Russes lui donnent le nom de *Théodosie* (*Theodosia*).

KAID. Dans l'ancien gouvernement d'Alger, le pays était divisé en quatre provinces, *gouvernées par un bey*. Chacune était subdivisée, pour l'administration, en districts nommés *olans*, et confiés à des fonctionnaires nommés *kaïds*. Ces fonctionnaires avaient beaucoup de pouvoir, mais ils étaient révocables de leurs fonctions.

KALÉIDOSCOPE, instrument d'optique formé de deux lames de verre couvertes, sur l'une de leurs surfaces, de papier ou de vernis noir, et formant entre elles un angle de 45 degrés. Ces lames sont contenues dans un cylindre opaque, noirci intérieurement, et garni de deux verres, dont l'un dépoli à sa partie inférieure. Dans l'espace compris entre les verres on place de petits fragments de verres colorés, de la dentelle, etc., et on regarde par l'extrémité opposée. On voit alors un grand nombre de dessins très-variés.

KALENDA, danse lascive en usage chez les peuplades nègres de l'Afrique. Elle consiste à tendre successivement chaque pied, et à le retirer en frappant plusieurs fois la terre de la pointe et du talon.

KALI, nom arabe de la *potasse*.

KALKAS, peuple d'Asie, de la race mongole. Il habite le nord du grand désert de

Cobi, près du fleuve Amour. On croit que le fameux Gengis-Khan était de cette tribu mongole.

**KALMOUKIE**, partie de la Mongolie située à l'O. du mont Bodgo, entre la steppe Kirghize et le Kachgar. Ses habitants sont les Kalmouks, peuple nomade composé de quatre hordes : Khochote, Zungare, Torgôtes, Derbète, qui, après avoir parcouru une grande partie de l'Asie, sont disséminées, les trois premières en Chine, la quatrième en Russie sur la rive droite du Volga, dans les gouvernements d'Astrakhan, de Saratof, Simbirsk et Orenbourg. Les Kalmouks ont les cheveux noirs, luisants, les yeux petits, obliques, les oreilles saillantes, le nez large et plat ainsi que tout le visage. Leur religion est la religion lamaïque, modifiée par la doctrine bouddhiste.

**KALOUGA**, gouvernement de la Russie d'Europe entre ceux de Moscou, de Toula, d'Orel et de Smolensk. Sa superficie est de 1,550 lieues carrées, et sa population de 770,950 habitants. Son chef-lieu est Kalouga, sur l'Oka, à 175 lieues de Saint-Pétersbourg et à 37 de Moscou. Population, 17,000 habitants.

**KAMTSCHATKA**, grande presqu'île à l'extrémité orientale de la Sibérie. Elle a 340 lieues de longueur sur 70 de largeur, et sa population est de 7,450 habitants, dont 300 Russes marchands et fonctionnaires. Le sud est habité par les Kouriles, le nord par les Koriaks ; le reste est habité par les Kamtschadals, indigènes, de petite taille, aux larges épaules, à la tête grosse, au visage rond et plat, au teint brun, aux jambes courtes. Ils s'habillent de peaux de chiens, demeurent en hiver sous terre et en été sur des huttes élevées. Le Kamtschatka se divise en quatre districts, qui sont ceux de Bolcheretsk, du fort Tiguilok, de Nijni et de Verkhni-Kamtschask, où réside le commandant général. Le principal port est Avatcha.

**KANGIAR**, poignard que les Indiens portent suspendu à leur ceinture. Il a une lame large, tranchante des deux côtés et quelquefois flamboyante. Il sert à la guerre et à la chasse. Voy. CANDJIAR.

**KANGTON.** Voy. KANTON.

**KANGUROO** ou KANGAROU, genre de mammifères de l'ordre des marsupiaux. Le *kanguroo géant*, originaire de la Nouvelle-Hollande et des îles environnantes, se fait remarquer par le volume extraordinaire de la queue, qui constitue presque un membre, et par la longueur disproportionnée de ses membres inférieurs abdominaux. Sa tête est fine et allongée, son poil est soyeux dans quelques parties et laineux dans d'autres. Il est frugivore et habite les bois. Au repos, il se tient debout sur ses membres postérieurs et sa queue, et dans sa course il va avec une grande vitesse. Il a comme la sarigue une poche où se cachent les petits.

**KANOBIN**, ville de la Turquie d'Asie, au S. de Tripoli, dans le pachalik de Tarablus. C'est le siège du patriarche des maronites.

**KANT** (Emmanuel), célèbre philosophe allemand, né à Kœnigsberg en Prusse en 1724. Il fut le chef de l'école allemande qui continua les travaux de l'*école écossaise*, en rappelant comme la philosophie à l'observation de soi-même, et qui analysa les *facultés de l'esprit* plus profondément qu'on ne l'avait fait jusqu'alors. Kant fut l'auteur du système de l'*idéalisme critique* ou *criticisme*, et poussa la métaphysique aussi loin qu'il était possible. Il combattit le scepticisme de Hume et l'idéalisme de Berkeley. Ses plus célèbres ouvrages sont : *la Critique de la raison pure, la Métaphysique des mœurs, l'Homme considéré dans l'abstrait et le concret, l'Unique Base possible d'une démonstration de l'existence de Dieu.* D'abord répétiteur à l'université de sa patrie, il devint sous-bibliothécaire en 1766, et en 1770 il obtint la chaire de logique et de métaphysique, qu'il professa jusqu'à sa mort (1804).

**KANTON** ou CANTON (en chinois, *Kouang-Tchéou-Fou*), ville de la Chine, capitale de la province de *Kouang-Toung* ou de Canton. Elle a environ une demi-lieue du N. au S. et trois quarts de lieue de l'E. à l'O., et un bon port à l'embouchure du Pé-Kiang, le seul de la Chine où les Européens soient admis. Les factoreries des étrangers sont dans les faubourgs ou hors de la ville. La France y a un consul. Kanton, qui a une population de 1,000,000 d'habitants, est à 580 lieues de Pékin.

**KAOLIN**, substance d'un beau blanc, terreuse et friable au toucher, connue aussi sous le nom de *terre* ou *argile à porcelaine*. Elle est formée de quantités à peu près égales d'alumine et de silice, et résulte de la décomposition des feldspaths (voy.), granits qui ont perdu leur alcali. On emploie le kaolin pour fabriquer la porcelaine ; mais, comme il n'est pas fusible par lui-même, on a recours à un fondant appelé *pétunsé*. On rencontre principalement le kaolin à la Chine, en Saxe, en France. Celui de Saint-Yrieix, près de Limoges, est employé dans toutes les fabriques.

**KAPTUR**, nom que l'on donnait en Pologne, dans le temps d'un interrègne et pendant la diète convoquée pour l'élection d'un roi, à une commission établie contre ceux qui troubleraient la tranquillité publique.

**KARABÉ.** Voy. AMBRE JAUNE.

**KARA-MUSTAPHA**, grand vizir de Mahomet IV, sultan des Turks, fut chargé par ce prince d'attaquer l'empereur d'Allemagne. Il s'avança avec une armée nombreuse jusqu'aux portes de Vienne, et en forma le siège le 16 juillet 1683. Cette ville, mal fortifiée, ne devait pas tenir longtemps. Kara-Mustapha, par ses lenteurs et ses retards, donna le temps à Jean Sobiesky, roi de Pologne, de venir secourir la ville. Une grande bataille eut lieu sous les murs de la ville, et l'armée turque fut presque entièrement détruite. Le vizir, revenu en Turquie, fut étranglé bientôt après.

**KARAMSINE**, écrivain russe, auteur du *Voyageur russe*, du roman historique *Marpha* et d'une *Histoire générale de Russie* qui va jusqu'en 1560. En récompense de cet ouvrage, l'empereur Alexandre le nomma conseiller d'État, le décora de l'ordre de Sainte-Anne, et lui donna 60,000 roubles avec un logement dans une maison de plaisance qui avait appartenu à l'impératrice Catherine II. On reproche à son *Histoire* la partialité ; mais elle renferme de précieux documents.

**KARIKAL**, comptoir français situé en Asie dans le royaume de Tanjaour, à 30 lieues S. de Pondichéry. Le territoire qui en dépend n'a que 2 lieues de long sur une de large. On évalue la population indienne à plus de 15,000 individus, qui s'occupent spécialement de la fabrication des toiles, dont les Européens font le commerce. Il y a à Karikal un officier supérieur chargé du service, un premier juge et un procureur du roi. C'est un des trois points importants de nos établissements dans l'Inde. On y fait un grand commerce en toiles, mouchoirs, indigo, riz, coton, salpêtre, peaux, sucre, drogues, épiceries, etc.

**KARKHOF**, gouvernement de la Russie d'Europe, divisé en quinze cercles et formé du pays des Slobodes de l'Ukraine. Sa superficie est de 2,500 lieues carrées, et sa population de 783,000 habitants. *Karkhof*, sa capitale, est à 43 lieues d'Ekaterinoslav.

**KAUFFMANN** (Marie-Anne-Angelica), fille d'un peintre tyrolien, née à Coire en 1741, morte à Rome en 1807. Elle obtint les plus brillants succès dans la peinture, la musique et le dessin, et excella surtout dans le portrait. Elle épousa en 1781 Antonio Zucchi, peintre vénitien. Ses tableaux les plus remarquables sont *Léonard de Vinci expirant dans les bras de François Ier, Arminius vainqueur des légions de Varus, la Pompe funèbre de la mort de Pallas*, et un grand nombre d'autres.

**KAUNITZ** (Venceslas-Antoine DE), prince du saint-empire, comte de Bietberg, chevalier de la Toison d'or, etc., né à Vienne en 1711. Nommé chambellan de l'empereur Charles VI, il fut plus tard ambassadeur dans des cours étrangères, et fut pendant quarante ans à la tête du gouvernement comme chancelier et principal ministre. Sous son administration le cabinet de Vienne acquit une grande influence sur les autres cours. Le prince de Kaunitz mourut en 1794 avec la réputation d'un diplomate habile et d'un homme de bien.

**KAVA** ou AVA, boisson enivrante en usage dans l'Océanie. On l'extrait d'une racine qui porte dans ces pays le même nom. Pour prendre le kava, les naturels s'asseyent en cercle sur l'herbe. Le haut bout est occupé par le plus puissant chef, qui préside à la cérémonie. Au milieu se place celui qui doit préparer le kava, avec un grand plat de bois. L'on porte les racines qui donnent cette liqueur, et les jeunes gens en mâchent les morceaux avec vigueur. Lorsque les racines sont suffisamment mâchées, ils les retirent de la bouche et les portent dans le plat de bois. Quand le maître de cérémonie juge qu'il y en a assez, on y verse un peu d'eau ; on y jette une sorte de filasse pour clarifier la liqueur, et on la presse avec les mains jusqu'à ce que le kava soit devenu limpide. On fait ensuite des espèces de tasses avec des feuilles de bananier, et on verse la boisson dans ces tasses. Le maître de cérémonie ordonne d'en apporter à un tel en l'indiquant par son nom. Celui-ci, s'entendant nommer, frappe deux fois dans ses mains en signe d'assentiment et pour montrer où il est placé ; le chef qui préside reçoit ordinairement la première ou la troisième tasse. — Cette liqueur est amère et forte. Malgré sa dégoûtante fabrication, les voyageurs assurent qu'on s'accoutume facilement à en boire.

**KAZAN**, grand gouvernement de Russie, entre ceux de Viatka, d'Orenbourg, de Simbirsk, Nijnéi-Novgorod. Il est divisé en douze cercles, a une superficie de 2,000 lieues carrées, et une population de 830,000 habitants. Sa capitale est Kazan, ville de 17,000 habitants, à 88 lieues de Nijnéi-Novgorod. Le gouvernement de Kazan formait autrefois un royaume tartare conquis en 1552 par Ivan Vasiliévitch.

**KEEPSAKE**, terme emprunté à la langue anglaise, et désignant ces jolis volumes qu'on donne pour présents du jour de l'an, et que recommandent la beauté de leurs gravures et l'exécution soignée de leur typographie. — On appelle *landscape* une sorte de keepsake offrant des vues de paysages.

**KEITH** (Jacques), le plus jeune des fils de Georges Keith, comte-maréchal d'Écosse, et de Marie Drummond, fille du lord Perth, grand chancelier d'Écosse, né à Freteressa (Kincardineshire) en 1696. Il entra en 1728 au service de la Russie, et fut nommé d'abord général de brigade, puis lieutenant général en 1745. Il se retira à la cour de Prusse, où il fut nommé feld-maréchal et gouverneur de Berlin. En 1756 il entra en Saxe comme feld-maréchal de l'armée prussienne, et en 1758 il périt sur le champ de bataille. Le grand Frédéric lui fit élever une statue de marbre sur la place Wilhelm à Berlin.

**KELLER** (Jean-Balthazar), célèbre fondeur en bronze, né à Zurich, vint s'établir à Paris sous le règne de Louis XIV. Il fondit en 1692 la statue de Louis XIV, due au ciseau de Girardon. Jusqu'alors on n'avait fondu que par parties détachées. Keller, nommé inspecteur de l'arsenal, mourut en 1702. — Son frère, J.-J. Keller, mort à Colmar en 1700 à soixante-cinq ans, n'était pas moins habile que lui dans l'art de couler en bronze.

**KELLERMANN** (François-Christophe), duc de Valmy, pair et maréchal de France, né à Strasbourg en 1735. Il entra au service en 1752 comme simple hussard dans le régiment de Conflans. Les talents qu'il déploya dans la guerre de sept ans lui valurent le grade de colonel du régiment de colonel-général hussards, et en 1788 celui de maréchal de camp. Nommé en 1792 commandant de l'armée de la Moselle, il soutint à Valmy une attaque célèbre, qui lui valut par la suite le titre de duc de Valmy. Il fut chargé du siége de Lyon, passa à l'armée des Alpes, d'où on.le rappela pour le destituer et l'emprisonner. La révolution du 9 thermidor le sauva. Il reprit en 1795 le commandement de l'armée des Alpes. Président du sénat en 1801, grand cordon de la Légion d'honneur, maréchal de France, il fut nommé en 1814 grand' croix de l'ordre de Saint-Louis, pair de France, et mourut en 1820.

KEMPIS (Thomas A·), né en 1380 à Kempis (électorat de Cologne). Chanoine régulier de l'ordre de Saint-Augustin, il s'éleva aux premières dignités de l'ordre, et mourut en 1471. On lui attribue l'*Imitation de Jésus-Christ*, d'autres croient qu'elle est due à Gerson. Les ouvrages de Thomas A-Kempis qui lui sont attribués sans contestation sont : *Soliloquium animæ* (soliloque de l'âme), *Vallis liliorum* (vallée des lis), *De tribus tabernaculis* (des trois tabernacles), *Gemitus et Suspiria animæ pœnitentis* (gémissements et soupirs de l'âme repentante) et *Cohortatio ad spiritualem profectum* (exhortation au départ spirituel).

KENT, comté d'Angleterre, borné à l'O. par les comtés de Sussex et de Surrey, au N.-O. par le comté d'Essex et ailleurs par la mer. Sa superficie est de 487,834 hectares, et sa population de 378,500 habitants. Son chef-lieu est Cantorbéry. Il a été l'apanage d'Auguste-Ernest, comte de Dublin, quatrième fils de Georges III, né en 1767, marié en 1818 à Marie-Louise-Victorine de Saxe-Cobourg, princesse douairière de Leiningen dont il eut Alexandrine-Victoire, aujourd'hui reine d'Angleterre, et mort peu après, célèbre par ses opinions libérales.

KENT. Il y a cinq comtés de ce nom en Amérique, l'un dans l'État de Rhode-Island, entre les comtés de Washington, de Providence et le Connecticut. Sa capitale est Warwick, et sa population 9,350 habitants. Le second dans l'État de Delaware, à l'O. de la baie de ce nom, entre les comtés de New-Castle et de Sussex et le Maryland, a 20,500 habitants. Dover est la capitale. Le troisième dans l'État de Maryland, entre les comtés Cecil, Queen-Anne et le Delaware, a 11,450 habitants. Sa capitale est Chester. Les deux autres sont situés, l'un dans le bas, l'autre dans le haut Canada.

KENTUCKY, l'un des États-Unis de l'Amérique septentrionale, entre celui des Illinois, l'Indiana, l'Ohio, la Virginie, le Tennessee et la Louisiane. Sa superficie est de 5,560 lieues carrées, et sa population d'unmillion d'habitants.Sa capitale est*Francfort* sur le Kentucky. Il fut découvert en 1754 par Macbride, vendu en 1773 par les Indiens aux Anglais, et érigé en État indépendant en 1792. Il se divise en un grand nombre de comtés.

KEPLER (Jean), astronome célèbre, né à Weill (duché de Wittemberg) en 1571. En 1594, il remplaça Stadt dans la chaire de mathématiques à Gratz. Tycho-Brahé l'appela près de lui en Bohême (1600), et le fit nommer mathématicien de l'empereur. Kepler mourut à Ratisbonne en 1630. Il possédait depuis 1629 une chaire de mathématiques à l'université de Rostock. On le regarde comme le législateur de l'astronomie. C'est à lui que l'on doit les lois connues sous le nom de *règles de Kepler*, savoir : les planètes se meuvent autour du soleil suivant une ellipse dont le soleil occupe un des foyers. (Voy. GRAVITATION.) Son plus célèbre ouvrage est le *Physique céleste* (1609), dans laquelle il s'appuie sur les observations de Tycho-Brahé.

KÈRES (myth.), êtres fantastiques, fils de la Nuit, par lesquels les anciens se représentaient les causes immédiates de la mort.

Ils les peignaient de couleur noire, montrant leurs dents blanches et lançant des regards terribles. Les kères suivaient les guerriers dans les combats, et lorsqu'il en tombait un ils lui enfonçaient dans le corps leurs griffes immenses, et suçaient son sang jusqu'à ce qu'ils en fussent rassasiés. Après cela, ils quittaient le cadavre pour aller chercher de nouvelles victimes.

KERGUELEN-TREMAREC (Ives - Joseph DE), né à Quimper en 1745. Il entra de bonne heure au service de la mer, et en 1767 il avait déjà obtenu le grade de lieutenant de la marine royale. Il fit plusieurs voyages dans les terres australes, et découvrit en 1772 une île à laquelle Cook donna plus tard le nom de terre de Kerguelen. Louis XV lui donna en récompense le grade de capitaine de vaisseau et la croix de Saint-Louis. Kerguelen mourut en 1797, après avoir fait plusieurs autres voyages. Il a publié des relations de ses voyages.

KERGUELEN (TERRE DE) ou ILE DE LA DÉSOLATION, île de l'océan Austral, entre l'Afrique et l'Australie. Cette île, appelée *terre de Kerguelen*, du nom du navigateur français qui la découvrit en 1772, fut nommée par Cook en 1779 île de la Désolation. C'est une contrée déserte d'environ 40 lieues de longueur sur 20 de largeur. Sa superficie est de 1,350 lieues carrées. Cette île aride, entourée de rochers neigeux, privée de toute végétation, sous un climat très-rigoureux, n'est habitée que par des phoques et des éléphants, par des oiseaux de mer et des baleines. Elle possède plusieurs ports excellents.

KERMÈS. Deux substances tout à fait différentes portent ce nom. On les distingue seulement par les mots minéral et animal. — Le *kermès minéral* est un médicament, désigné aussi sous le nom de *poudre des chartreux*. Son nom scientifique est le *sous-hydrosulfate d'antimoine*. Il est composé de protoxyde d'antimoine et d'acide hydrosulfurique. Il est solide, d'un rouge brun, léger et velouté. On l'obtient en faisant bouillir un mélange d'une partie de sulfure d'antimoine pulvérisé avec 22 parties et demie de sous-carbonate de soude cristallisé et 250 parties d'eau. On filtre et on laisse refroidir. Le kermès se dépose au bout de vingt-quatre heures. On l'emploie souvent en médecine comme expectorant dans la dernière période des catarrhes et des inflammations pulmonaires. — Le *kermès animal*, connu encore sous les noms de *graine d'écarlate*, de *vermillon végétal*, est un insecte de l'ordre des hémiptères, assez semblable à la cochenille, dont il a les habitudes et la forme. Il fournit une teinture rouge très-recherchée des teinturiers. L'espèce de kermès la plus employée est celle qui abonde dans le midi de l'Europe et de l'Espagne, sur la petite espèce de chêne appelée pour cette raison *quercus coccifera*. Sa récolte, qui commence vers le milieu du mois de mai, est un objet important pour l'Andalousie.

KERRY, comté d'Irlande, sur la côte occidentale (province de Munster), touchant aux comtés de Shannon et de Limerick. Il a 20 lieues de long sur 16 de large, et une population de 107,000 habitants. Il est très-montagneux, et produit du bois, et des grains. La capitale est *Tralee*.

KETMIE, genre de la famille des malvacées, renfermant un grand nombre d'herbes et d'arbrisseaux exotiques. La *ketmie musquée*, qui croît aux Indes orientales, fournit l'ambrette. On cultive la *ketmie gombo* dans l'Amérique méridionale, comme potagère, et on mange ses fruits. La *ketmie oseille de Guinée* a des feuilles acides employées aux mêmes usages que notre oseille. La *ketmie à feuilles de tilleul* a une seconde écorce qui sert à fabriquer des cordes pour les vaisseaux.

KHALIFE, titre que prirent les successeurs de Mahomet dans l'empire temporel et spirituel qu'établit ce célèbre législateur.

KHAMSIN, vent très-malfaisant qui souffle en Égypte. Son nom vient de l'égyptien *khamsin*, qui signifie cinquante, parce qu'il ne souffle que pendant les cinquante jours qui avoisinent l'équinoxe de printemps. C'est le *semoun* de l'Arabie. Les effets du khamsin sont souvent terribles et mettent en péril la vie des hommes et des animaux.

KHAN, titre honorifique par lequel on désigne les chefs des hordes tartares et mongoles. Le khan a sur ses sujets droit de vie et de mort. Le mot de *khan* signifie *montagne*. Maintenant, en Turquie et surtout en Perse, il ne répond plus qu'au titre de *gouverneur* et de *haut et puissant seigneur*.

KHELAT, nom donné par les Arabes aux pelisses ou robes que les Turks nomment *caftan*, et que le grand seigneur distribue ou envoie aux ambassadeurs, aux pachas et aux princes musulmans, en témoignage de satisfaction. Mais le sens du mot *khelat* est plus étendu. Il ne s'agit pas seulement d'une robe, mais de châles, de turbans et de pièces de brocart. On y ajoute fréquemment des pièces d'armure ou de bijouterie, un cheval ou un éléphant, etc.

KHERSON, gouvernement de la Russie d'Europe formé de l'ancienne Bessarabie et de la Nouvelle-Servie, et borné par ceux de Tauride, d'Ekaterinoslav, de Kiev, de Podolie, de Moldavie et de Bessarabie, et par la mer Noire. Il est divisé en cinq districts : Kherson, Elisabetgorod, Olviopol Tyrospol et Alexandria, et a pour capitale *Kherson*, à 430 lieues de Saint-Pétersbourg, sur le Dniéper, ville de 10,000 âmes. La population du gouvernement de Kherson est de 300,000 habitants, et sa superficie de 2,700 lieues carrées.

KHORASAN, province d'Asie située entre l'Irak-Adjémi, le Mazanderan, le Sedjistan et la Boukharie. Elle est partagée entre la Boukharie, l'Afghanistan et la Perse. Le Khorasan persan a pour capitale *Mechched*, et sa population est de 1,900,000 habitants.

KIACHTA, ville de la Sibérie dans le gouvernement et à 50 lieues d'Irkoutsk. Elle est formée de deux villes, à 60 toises l'une de l'autre ; l'une russe a cent vingt maisons et une population de 1,200 habitants ; l'autre chinoise, appelée *Maïmatcha*, a deux cents maisons. Kiachta fait le commerce de la Chine avec la Russie, et est une ville frontière.

KIEL, ville du duché de Holstein avec un port sur la Baltique. Elle a un château royal, une université, un observatoire astronomique, une population de 7,100 habitants, et fait un commerce actif de grains. Un canal la fait communiquer avec la mer d'Allemagne. C'est à Kiel que fut conclu et signé, le 14 janvier 1814, un traité de paix entre la Suède, représentée par le baron Wetterstedt, et le Danemarck, représenté par le chambellan Edmond Burke. Edward Thornton représentait l'Angleterre. Le Danemarck céda à la Suède la Norwége, et entra dans l'alliance européenne contre Napoléon. La Suède céda au Danemarck Rug et la Poméranie suédoise, et s'engagea à lui payer 600,000 thalers suédois. Le Grande-Bretagne rendait au Danemarck toutes ses colonies.

KIEN-LONG ou KHIAN-LOUNG, empereur de la Chine, né en 1711, succéda en 1735 à son père Chi-Soung (Young-Tching), troisième empereur de la dynastie des Tartares Mandchous, et illustra son règne par de grandes actions. Il régla le cours du fleuve Jaune, dont les débordements étaient si terribles. Il vainquit les Olets (1755-60), fit la guerre aux peuples d'Ava en 1768, accueillit en 1770 quatre-vingt mille familles de Mongols fugitifs, protégea les lettres qu'il cultiva lui-même. On connaît son *Éloge de la ville de Moukden*, traduit du chinois. Il abdiqua en 1795, et mourut en 1799. Son fils Kia-Kin lui succéda, et mourut en 1820, laissant le trône à Tao-Kouang, aujourd'hui régnant.

KIEV ou KIOV, gouvernement de Russie compris entre ceux de Tchernigov, Poltava, Ekaterinoslaf, Podolie, Volhinie et Minsk. Sa superficie est de 978 milles géographiques carrés, et sa population de 1,066,200 habitants. Il se divise en onze cercles. Sa capitale est *Kiev*, ville ancienne et épiscopale sur le Dniéper, à 130 lieues de Saint-Pétersbourg et 205 de Moscou. Elle a 30,000 habitants.

KILDARE, comté d'Irlande dans le Leinster entre les comtés East-Meath, Dublin, Wicklow, Catherlough, King's-County et Queen's-County. Il se divise en dix baronnies formant une superficie de 117,724 hectares, et ayant une population de 56,500 habitants. Le chef-lieu du comté est Kildare, ville épiscopale à 10 lieues de Dublin.

KILKENNY, comté d'Irlande dans le Leinster entre les comtés de Catherlough, Wexford, Tipperary et Queen's-County. Sa superficie est de 148,140 hectares, et sa population de 100,000 habitants. Il est divisé en onze baronnies, et le chef-lieu est *Kilkenny* sur la Nore, ville commerçante, à 19 lieues de Dublin. Population, 17,000 habitants. Le comté de Kilkenny est une des meilleures contrées d'Irlande.

KILO, mot numérique qui, suivi de l'unité de poids ou mesure, indique mille de cette unité. Ainsi, s'il s'agit de mesure de longueur dont le mètre est l'unité, *kilomètre* veut dire *mille mètres*. Le gramme étant l'unité de poids, *kilogramme* veut dire *mille grammes*, etc.

KINA. Voy. QUINQUINA.

KINCARDINE, comté d'Ecosse, entre ceux d'Aberdeen et d'Angus. Sa superficie est de 36 lieues carrées, et sa population de 30,000 habitants. Son ancienne capitale était *Kincardine*. Maintenant c'est *Stonehaven* à 6 lieues d'Aberdeen. Population, 2,000 habitants. Le comté de Kincardine s'appelle encore Méarns.

KING'S-COUNTY (COMTÉ DU ROI), comté d'Irlande dans le Leinster entre ceux de West-Meath, de Kildare, de Queen's-County, de Tipperary, de Galway et de Roscommon. Sa superficie est de 82 lieues carrées, et sa population de 74,500 habitants. *King'stown* ou *Philipstown* en est le chef-lieu, à 17 lieues de Dublin. Le King's-County se divise en onze baronnies. — Il y a encore deux comtés de ce nom aux Etats-Unis. L'un, dans l'Etat de New-Yorck et dans la partie O. de Long - Island, a 8,305 habitants. Le chef-lieu est *Flatsbush*. L'autre, dans le New-Brunswick, est situé entre les comtés Charlotte, S. John, Westmoreland, Northumberland. Sa capitale est *Kingston*.

KINO (GOMME), substance de couleur rouge brun, inodore, à saveur amère et astringente, très-fragile et se ramollissant par la chaleur des mains. Elle est improprement appelée gomme parce qu'au lieu d'en contenir elle est presque entièrement formée de tannin. On s'en sert pour tanner les peaux et les colorer en fauve. On l'emploie principalement en médecine. On l'administre sous forme de bols ou de pastilles, comme astringent et tonique, contre les faiblesses d'estomac, les diarrhées, les dyssenteries, etc.

KINROSS, comté d'Ecosse entre ceux de Perth et de Fife. Il a 18 lieues carrées de superficie, non compris les lacs, et une population de 8,000 habitants. Il alterne avec celui de Clackmannan pour la nomination d'un membre au parlement. Son chef-lieu est *Kinross*, à 6 lieues d'Edimbourg, sur le bord occidental du Loch.

KIOELEN, chaîne de monts dans la Scandinavie, entre la Suède et la Norwège ; partant du bord de la mer boréale, elle se divise à Hericdalen en deux branches; l'une, le Dovrefield, se projette en Norwège et finit au cap Lindeness, et dont l'autre va en Suède et se termine à Kullen en Scanie.

KIOSQUE, petit pavillon orné dans le goût oriental et avec tous les agréments du luxe, que les Turks ont coutume de placer dans leurs bosquets, et où ils vont se reposer pendant le jour. Les kiosques se sont introduits dans nos jardins de plaisance et même dans les jardins publics.

KIRCHER (Athanase), célèbre jésuite allemand, né à Geysen près Fulde en 1602. Mathématicien et érudit profond, il fut professeur de rhétorique au collège de Wurtzbourg en Franconie. Chassé de sa patrie par la guerre, il se réfugia en France, visita la Sicile, Malte, et se fixa à Rome, où il professa les mathématiques pendant huit ans, et où il mourut en 1680. On lui attribue l'invention de la lanterne magique, décrite dans son ouvrage : *Ars magna lucis et umbræ*. Son ouvrage sur le *Rétablissement de la science des hiéroglyphes* est rare et recherché. Il a renouvelé l'usage du porte-voix connu dans l'antiquité. Ses autres ouvrages sont : *Magia catoptrica*, *China illustrata*, etc.

KIRGHIZ, peuple nomade d'origine tartare, habitant les steppes de la Sibérie, au S. des rivières Oun, Oural et Tobol, dans le gouvernement d'Oufa et les environs de la mer Caspienne. Il se divise en deux branches : les *Kirghiz - Kaissak* appelés aussi *Kazaks-Kirghiz* ou *Kirghiz sans terres* et les *Kara-Kirghiz* ou *Kirghiz noirs*. La population des premiers est évaluée à 120,000 individus, et celle des seconds à 300,000. Les Kazaks-Kirghiz font le commerce de chevaux avec la Russie, à laquelle ils sont soumis, et dépendent du général gouverneur militaire d'Astrakhan. Ils sont libres de tout impôt, mais obligés de garder les frontières et de fournir un contingent de guerre. Leur religion est un mélange d'islamisme et de paganisme. Ils ont un chef appelé khan et des prêtres appelés *moullis*. Ils sont polygames et plus avancés en civilisation que les Kara-Kirghiz. — Les Kara-Kirghiz, qui habitent le pays compris entre l'Obi et l'Epicé dans le Turkestan chinois, ont un gouvernement fédératif. Chaque horde obéit à un khan appelé *bijs*, dont la dignité est héréditaire dans une famille. En temps de guerre, les hordes se rassemblent, et les *bijs* choisissent un chef appelé prince. Ils n'ont pas de prêtres, et prient Dieu isolément et chacun à sa manière. Ils demeurent sous des tentes, et font avec les Chinois le commerce de chevaux. Les Kirghiz ont en général le front large et plat, le nez aplati et retroussé, les yeux noirs, petits et enfoncés, les cheveux frisés et le teint basané.

KIRKCUDBRIGHT, comté d'Ecosse entre ceux de Dumfries, d'Ayr et de Wighton. Sa superficie est de 240 lieues carrées. On y nourrit beaucoup de bestiaux pour l'Angleterre. Le chef-lieu est *Kirkcudbright*, ville commerçante à l'embouchure de la Dée, à 9 lieues de Dumfries et 123 de Londres.

KIRLANG-HISCH, petit bâtiment léger, qui se tient, dans les escadres turques, près du vaisseau de l'amiral. Il est destiné à porter les ordres dans toute l'armée navale.

KIRSCHWASSER, liqueur ou eau-de-vie extraite par la distillation des cerises sauvages. La cerise qu'on emploie est une espèce de merise dont le fruit est noir lorsqu'il est bien mûr. Le meilleur kirschwasser vient de la forêt Noire, où on la fabrique avec beaucoup de soin. Avec cela il peut être dangereux ; car les amandes des noyaux que l'on emploie contiennent assez d'acide hydrocyanique ou prussique, qui, lorsqu'il est pur, est le plus violent poison que l'on connaisse.

KISLAR-AGA, nom donné, en Turquie, au chef des eunuques noirs du sérail du grand sultan.

KLAGENFURTH, cercle du royaume d'Illyrie dans le gouvernement de Laybach. Il a 92 lieues carrées de superficie, et 162,620 habitants de population, composée d'Allemands. Son chef-lieu est *Klagenfurth* sur le Glan, à 56 lieues de Vienne. Population, 9,150 habitants.

KLATTAU, cercle de la Bohème entre ceux de Pilsen et de Prachin. Il a 122 lieues carrées de superficie, et une population de 145,825 habitants. Le chef-lieu du cercle est *Klattau* sur la Bradlenka, ville de 3,320 habitants.

KLAUSENBOURG, comitat de Transylvanie, dont la superficie est de 108 lieues carrées, et la population de 78,750 habitants. Son chef-lieu est *Klausenbourg*, capitale des Madgiars, sur le Szamocz. Population, 14,000 âmes.

KLÉBER (Jean-Baptiste), né à Strasbourg, en 1750. Il fit ses premières armes contre les Turks au service de l'Autriche comme sous-lieutenant dans le régiment de Kaunitz. En 1792, il entra comme adjudant-major dans un bataillon de volontaires français, parvint au grade de général de brigade, et se distingua dans la guerre de la Vendée. De retour à Paris, il fut appelé à l'armée du Nord, puis à celle de Sambre-et-Meuse. Il se trouva à la bataille de Fleurus, à la prise de Maëstricht, au passage du Rhin, et remporta plusieurs batailles (1796). Bonaparte le nomma pour faire partie de l'expédition d'Egypte, et pour le remplacer lorsqu'il retourna en France (1799). Il tailla en pièces l'armée turque devant Damiette, et gagna la célèbre bataille d'Héliopolis (1800). La même année, il périt assassiné par un fanatique musulman. Il s'était montré grand guerrier, administrateur et politique habile.

KLEIST. L'Allemagne a eu deux poètes de ce nom. — Ewald-Christian, né à Zéblin en Poméranie en 1715, était major dans un régiment prussien, et mourut en 1759 des suites des blessures qu'il avait reçues à la bataille de Kunersdorff. On lui doit des *Idylles* dans le genre de Gessner, dont il était l'ami ; un poëme, le *Printemps* ; un roman militaire, *Cissides*. — Henri KLEIST, né à Francfort sur l'Oder en 1777, embrassa aussi la carrière militaire, qu'il quitta peu de temps après. Il mena une vie très-aventureuse, et se suicida en 1811 entre Potsdam et Berlin. Il a laissé des contes, dont le plus célèbre est *Michel Kholhaas*, des poésies lyriques et sept pièces de théâtre : *la Famille Schroffenstein*, *Penthesilea*, *Amphitryon*, le *poëme de Hombourg*, *la Bataille de Hermann*, *la Cruche cassée* et *Catherine de Heilbronn*, la plus célèbre de toutes.

KLEPHTES. Voy. ARMATOLES.

KLOPSTOCK (Frédéric - Gottlieb), l'un des plus célèbres poëtes de l'Allemagne, né à Quedlimbourg en 1724. Il étudia à l'université d'Iéna, et débuta en 1746 dans le monde littéraire par le poëme de la *Messiade*, écrit en vers hexamètres modelés sur ceux des Grecs. Ce poëme, d'un genre et d'un style tout à fait neufs, fit une sensation extraordinaire en Allemagne. La *Messiade* (vie du Messie) a été traduite plusieurs fois en français. Klopstock fit ensuite paraître des *odes*, qui ne firent qu'accroître sa réputation, et des tragédies parmi lesquelles on distingue. *la Mort d'Adam*, *Salomon et David*. Il a composé aussi des chants héroïques : *la Bataille de Hermann*, *Hermann et les princes*, *la Mort de Hermann*. Klopstock mourut en 1803.

KLOUKVA, nom donné par les Russes aux baies d'une plante nommée canneberge ou *coussinet des marais*. Ce fruit est d'un rouge mat et d'une saveur un peu âcre avec les premières gelées d'automne, qui ne lui laissent qu'une agréable acidité. Les Russes composent avec ce fruit une boisson assez comparable pour la couleur à l'eau de groseilles, très-rafraichissante et antiscorbutique. Il s'en fait une grande consommation.

KNIPHAUSEN, petite seigneurie d'Allemagne près d'Oldenburg. Elle a 10 lieues carrées et 6,000 habitants. La capitale est *Kniphausen*, avec 1,200 habitants. Cette seigneurie fait partie de la confédération germanique, mais n'a pas de voix à la diète.

**KNOUT**, instrument de supplice en usage chez les Russes. Il est composé de plusieurs nerfs de bœuf fortement entrelacés et terminé par des crochets en fer. Un petit nombre de coups de knout donnent la mort. Quatre à cinq suffisent pour faire du corps une seule plaie.

**KNOX.** Quatre comtés des Etats-Unis portent ce nom. — Le premier, dans l'Etat de Tennessée, a pour chef-lieu *Knoxville* à 67 lieues de Francfort, et 10,200 habitants. — Le second, dans l'Etat de Kentucky, a pour chef-lieu *Barboursville*. — Le troisième, dans l'Ohio, a pour cheflieu *Mount-Vernon*. — Le quatrième, dans l'Etat d'Indiana, a pour population 6,800 habitants.

**KNOX (Jean)**, né en 1505 à Gifford dans le comté de Haddington. Il étudia à l'académie de Saint-André, et fut professeur dès 1830 dans cette académie. Ordonné prêtre, il embrassa dès 1535 les opinions du protestantisme, qu'il prêcha en Ecosse, en Angleterre et en France; mais ce ne fut qu'en 1555 qu'il commença ses prédications évangéliques, qui le forcèrent à se réfugier à Genève, et qui le firent condamner par contumace à être brûlé vif. Il revint en Ecosse en 1559, et y acheva la ruine du catholicisme. Il organisa et fonda l'Eglise presbytérienne, et arma les sujets de Marie Stuart contre elle. Il mourut en 1572.

**KOBANG**, monnaie d'or du Japon. Le *kobang vieux de* 100 *mas* vaut 51 francs 24 centimes, le *demi de* 50 *mas* vaut 25 francs 62 centimes; le *kobang nouveau de* 100 *mas* vaut 32 francs 69 centimes, le *demi de* 50 *mas* vaut 16 francs 34 centimes 50 centimes.

**KOENIGINGROETZ**, cercle de Bohême entre la Silésie, la Moravie et les cercles de Chrudim et de Biczow. Sa superficie est de 61 milles géographiques carrés, et sa population de 272,895 habitants. Son cheflieu est *Kœnigingrœtz*, ville épiscopale et fortifiée, au confluent de l'Adler et de l'Elbe. Population, 5,700 habitants.

**KOENIGSBERG**, régence de la Prusse orientale, dont la superficie est de 365 milles géographiques carrés, et la population de 553,700 habitants. La ville de Kœnigsberg, capitale de la régence de ce nom et de toute la Prusse orientale, était, avant Berlin, la capitale du royaume de Prusse. C'est une ville fortifiée à l'embouchure du Pregel. Elle a 55,600 habitants, dont 1,000 juifs. Elle possède une université, un observatoire d'astronomie, et se trouve à 166 lieues et demie de Berlin.

**KOERNER (Théodore)**, né à Dresde en 1788, fut l'un des poëtes les plus remarquables de l'Allemagne. Il acheva ses études à Leipzig en 1811, et débuta dans la carrière littéraire en faisant jouer des pièces de théâtre. Celles qui établirent sa réputation furent *Toni* et *Zriny*, drames en cinq actes. Lorsque la guerre éclata en 1813, il s'enrôla comme volontaire dans le corps prussien des chasseurs à cheval de Lutzow, et composa ses chants patriotiques en même temps qu'il combattait pour son pays. Il fut tué en 1813 dans les plaines de Leipzig. Ses pièces de théâtre, dont les plus connues sont *Rosamonde*, *la Fiancée*, *le Garde de nuit*, n'ont pas tant contribué à sa gloire que ses chants patriotiques, qui paraissent de trente-deux, et recueillis sous le titre de *Leier und Schwert* (la Lyre et l'Epée).

**KOETHEN (ANHALT-)**, duché d'Allemagne dépendant de la confédération germanique. Sa superficie est de 45 lieues carrées, et sa population de 35,000 habitants. Le revenu est de 200,000 florins et la dette de 1,600,000. Son contingent général à l'armée de la diète est de 234 hommes. La capitale est *Kœthen*, petite ville de 5,000 habitants.

**KOEVAR**, district de Transylvanie, dans le pays des Madgiars. Sa superficie est de 18 milles géographiques carrés, et sa population de 3,300 familles contribuables.

**KOLBACH**, nom donné aux bonnets de peau d'ours dont les officiers des hussards et chasseurs étaient coiffés autrefois. Les musiciens de ces corps en ont encore aujourd'hui. Ils sont ornés de cordons comme les bonnets de grenadiers, mais ils n'ont pas de plaques.

**KOLIVAN**, gouvernement de la Russie d'Asie, faisant partie de celui de Tomsk. Il s'étend au sud jusqu'aux monts Altaï, et a une population de 400,000 habitants. Il se divise en huit cercles, et son chef-lieu est *Kolivan*, près de l'Obi, à 190 lieues de Tobolsk, 725 de Saint-Pétersbourg et 1,000 de Moscou.

**KOPECK**, monnaie de Russie qui vaut à peu près un *sou* ou 5 *centimes* de France. Le *rouble* d'argent de 100 kopecks (de 1750 à 1762) vaut 4 francs 61 centimes. Le *rouble* depuis 1763 vaut 4 francs.

**KOPPARSBERG (STORA)**, gouvernement de Suède, formé de l'ancienne Dalécarlie. Ce pays est montagneux et riche en mines de cuivre et de fer. Les habitants remédient à l'infertilité de la terre par une industrie remarquable. Beaucoup émigrent dans les autres parties de la Suède. Ils sont distincts et tutoient tout le monde sans distinction. La capitale est *Falun*, dont les mines sont très-célèbres. — La population du gouvernement est de 130,000 habitants.

**KORAN** ou **ALCORAN**, livre sacré des mahométans qui lui donnent les noms de *Kitab-Allah* (livre de Dieu), *Kitab-Atziz* (livre précieux), *Kelam-Cherif* (parole sacrée), *Masshof* (le code suprême), etc., etc., apporté du ciel, selon Mahomet, par l'ange Gabriel, et servant à la fois de code religieux et de code civil aux musulmans. Le Koran est divisé en trente sections ou cahiers composés de cent quatorze chapitres et seize cent soixante-six versets. C'est un amas de récits, de visions, de préceptes, de conseils dictés sous l'influence des idées orientales, mais emprunté aux livres saints, juifs et chrétiens. Voici les dogmes contenus dans le Koran. Il n'y a qu'un seul Dieu et non une trinité, et ce Dieu a pour ministres les anges et les prophètes, dont les principaux sont Abraham, Moïse, Jésus et Mahomet par-dessus tous. On doit croire à l'immortalité de l'âme, à la résurrection, au jugement dernier et à la prédestination. Les préceptes indispensables sont la *circoncision*; la *prière*, que chaque croyant doit faire cinq fois par jour, indépendamment de la prière publique du vendredi; l'*aumône*, fixée au dixième du revenu pour le moins; les *ablutions* ou préparations à la prière; le *jeûne du ramadan* en mémoire de la retraite de Mahomet sur le mont Hérat; les *sacrifices* et l'*abstinence* de certaines viandes et de toutes les liqueurs fermentées. La polygamie est autorisée, et outre quatre femmes légitimes, on permet le *kabin* ou mariage par louage. Ce n'est que l'an 635 de J.-C. que le khalife Abou-Bekr, successeur de Mahomet, fit rassembler les feuillets épars du Koran et en forma un livre. Ceux qui savent en entier le Koran le récitent tous les quarante jours, et portent le nom de *hafiz*.

**KORDOFAN**, contrée de la Nigritie orientale, bornée au N. par le désert de Libye, à l'E. par le Sennaar, au S. par les montagnes de Tuklavi et à l'O. par le Darfour. Elle est arrosée par le Bahr-el-Abiad (fleuve blanc). La capitale est Obéid, ville de 5,000 âmes. Le Kordofan appartient depuis 1820 au vice-roi d'Egypte. On y parle l'arabe.

**KORIAKS**, peuple de la Sibérie aux environs d'Anadir et d'Olutoria. On en trouve aussi dans le Kamtschatka. Il est maintenant soumis aux Russes. Jadis nombreux, la petite vérole en a fait périr un grand nombre. Les uns ont une résidence fixe, les autres sont nomades. Ils sont petits, basanés, courageux et féroces. Ils vivent de la chasse et de la pêche, mangent les poissons secs, la chair et la graisse des baleines et des loups marins. Ils font avec un champignon rouge une liqueur enivrante appelée *moukkamorr*. On tire de leur pays beaucoup de pelleteries, et surtout de martres zibelines.

**KORZEC**, mesure de capacité en usage dans la Pologne. Elle vaut 1 hectolitre 28 centièmes d'hectolitre. 30 korzec valent un laste.

**KOSAKS.** Voy. KOZAKS.

**KOSCIUSZKO (Thaddeus)**, né en 1746 à Méréczowszezyzna dans le palatinat de Novogrodek. Il alla offrir ses services à Washington, qui le nomma son adjudant, mérita les récompenses et les remercîments des Américains, et retourna en Pologne après la paix. Nommé par la diète généralmajor, il donna en 1792 sa démission après l'asservissement de sa patrie, et alla habiter avec plus de cinq cents officiers Leipzig. Appelé par les Polonais secrètement conjurés contre la Russie, il entra à Varsovie en 1794. Le général polonais Antoine Madalinsky ayant levé l'étendard de la liberté, Kosciuszko fut investi d'une dictature générale. Il gagna sur les Russes la bataille de Wraclawec (1794). Après les succès fortement disputés, l'armée polonaise fut vaincue à la sanglante bataille de Maciejowice. Kosciuszko blessé fut fait prisonnier. Mis en liberté en 1796, il voyagea en Amérique, puis en France, et mourut à Soleure en 1817.

**KOSTROMA**, gouvernement de la Russie d'Europe, entre ceux de Vologda, de Viatka, de Nijnéi-Novgorod, de Vladimir et d'Iaroslaw. Sa superficie est de 4,192 lieues carrées, et sa population de 822,450 habitants. Son chef-lieu est *Kostroma*, ville archiépiscopale, à 193 lieues de Saint-Pétersbourg et 74 de Moscou. Population, 20,000 habitants.

**KOTZEBUE (Auguste-Frédéric-Ferdinand DE)**, né en 1761 à Weimar, où son père était conseiller de légation. A l'âge de vingt ans, il fut nommé secrétaire de M. de Bauer, général du génie. L'impératrice Catherine II le nomma conseiller titulaire, puis en 1783 assesseur au premier tribunal, et enfin président du gouvernement, place qu'il occupa dix ans avec le grade de lieutenant général. Il reçut en 1795 sa démission, et sortit de Russie. Il y rentra peu de temps après, et fut déporté en Sibérie à cause de pamphlets dont on le soupçonna d'être l'auteur. Rappelé par Paul Ier, il quitta la Russie, publia en 1813 un journal, le *Freymüthige* (le sincère), et remplit jusqu'en 1817 différentes fonctions politiques. Sa correspondance littéraire avec l'empereur, qui n'était qu'un voile pour cacher les fonctions d'espion de Napoléon, ayant été dévoilée par le hasard, un cri général s'éleva contre lui, et en 1819 il périt assassiné par un étudiant nommé Sand. Il laissa quatorze enfants, dont un, capitaine de vaisseau au service de la Russie, est connu par ses voyages. Parmi ses trois cents pièces de théâtre, les plus originales sont *Gustave Vasa*, *Octavie*, *les Hussites*, *la Prêtresse du Soleil*, *les Espagnols au Pérou*, *Hugo Grotius*, *les Deux Frères*, *Misanthropie et Repentir*. Il a composé un grand nombre d'autres ouvrages.

**KOUANG-TOUNG.** Voy. CANTON.

**KOULI-KHAN.** Voy. THAMAS.

**KOURDISTAN**, pays de la Turquie d'Asie, confinant aux pachaliks de Diarbekr et de Bagdad. Sa superficie est de 3,000 lieues carrées. Il comprend les deux sandjiakats de Mossoul, chef-lieu *Mossoul*; et de Chehrezour, chef-lieu *Chehrezour*.

**KOURILES**, groupe d'îles, au nombre de vingt et une, formant la ligne de 310 lieues de long depuis le cap Lopatka, pointe la plus méridionale du Kamtschatka, jusqu'au N. de l'île japonaise Matmaie. La plus considérable de la plus méridionale est Ieso, qui, avec Kounachir, Itouroup et Tchikotan, appartient au Japon. Les dix-huit autres sont sous la souveraineté de la Russie, et lui payent un tribut en fourrures. La race kourile, qui habite aussi le S. du Kamtschatka, est petite. Les hommes ont le visage long et plat, la barbe et les cheveux noirs et le corps très-velu. Ils sont pusillanimes et portés au suicide. Ils vivent de chasse et de pêche, et ne reconnaissent que le gouvernement patriarcal.

KOURSK, gouvernement de la Russie d'Europe, entre ceux d'Orel, de Kharkof, de Voroneje, de Poltava et de Tchernigov. Sa superficie est de 2,189 lieues carrées, et sa population de 920,000 habitants. Son chef-lieu est *Koursk*, à 45 lieues de Voroneje, ville de 25,000 âmes, renommée pour ses fruits.

KOUTCHE, province de l'Indoustan, entre celles de Sindhi, d'Adjemire et de Guzarate. Elle est soumise à des princes indépendants, et a pour capitale Boudjeboudje.

KOUTOUZOFF-SMOLENSKY (Michel LARIONOVITCH-GOLEMITCHEFF, prince DE), né en 1745. Il entra en 1759 au service, et s'éleva successivement aux grades de colonel (1782), de brigadier (1783), de général-major (1783) et de lieutenant général (1791). Envoyé ambassadeur à Constantinople, il y resta depuis 1793 jusqu'en 1794, et fut récompensé par les dignités de gouverneur de la Finlande, directeur du corps des cadets, général gouverneur de Saint-Pétersbourg, etc. En 1805 il commanda en chef l'armée envoyée au secours de l'Autriche. Mais sa plus belle campagne fut celle qu'il fit en 1811 contre les Turks. Il soutint contre Napoléon la campagne de 1813, et mourut la même année avec les titres de feld-maréchal et prince.

KOZAKS (du sanskrit *khozar*, sans terre), peuples de la Russie méridionale, répartis dans divers gouvernements du cet empire. Ils sont formés de tribus tartares et kalmoukes mêlées à des Slaves. Ils paraissent pour la première fois, vers les dernières années du XIVᵉ siècle, en bandes errantes, vivant pour la plupart de pillage, et tantôt en guerre avec la Russie et la Pologne, tantôt alliées de ces puissances et quelquefois soldées par elles. Ils se divisaient en trois grandes bandes : les Kozaks de l'Ukraine, les Kozaks du Don et les Kozaks de l'Oural. Les premiers furent soumis à la Russie sous le règne de Pierre le Grand (1718) ; les seconds se soumirent en 1545, et se révoltèrent plusieurs fois ; les troisièmes se soumirent au tsar Michel-Féodorowitsch dès 1674. Chaque tribu de Kozaks est gouvernée par un *hetman* ou *attaman*, sous une constitution particulière. Il n'y a que les Kozaks du Don chez qui Nicolas Iᵉʳ a aboli en 1826 la charge d'*hetman*, et l'a remplacée par un lieutenant qui porte le titre d'*hetman nukaznoi*. La religion des Kozaks est en général le grec orthodoxe. Leur langue est un dialecte slave. Ils ont le visage beau, les traits prononcés, le nez aquilin, le front élevé, la peau basanée. Ils sont soumis au service militaire russe, et forment cent vingt-deux régiments de cavalerie.

KOZAKS DU DON, gouvernement de Russie, entre ceux de Saratof, de Voroneje, du Caucase, d'Astrakhan et des Kozaks de la mer Noire. Sa superficie est de 9,600 lieues carrées, et sa population de 350,000 habitants, dont 35,400 soldats, les meilleures troupes légères de l'empire. La capitale est *Novo-Tcherkask*, près du Don, à 220 lieues de Moscou. Ce gouvernement est traversé par le Don, et se divise en steppes et en terres fertiles. On fait dans le gouvernement un grand commerce de poissons et de chevaux. Ce sont les Kozaks du Don qui ont fondé diverses colonies. Ces colonies sont : *Kozaks du Volga*, habitant les environs du Volga,
entre Kisliar et Mosdok ; ceux *de l'Oural*, habitant le sud du gouvernement d'Orenbourg ; ceux *de Sibérie*, dispersés dans ce pays, qu'ils ont les premiers soumis à la Russie ; ceux *de Tchouguiev*, ceux *de Terck*, et les *Kozaks Grebenski*.

KOZAKS DE LA MER NOIRE ou EKATERINOSLAW, gouvernement de Russie entre ceux des Kozaks du Don, de Karkhof, de Voroneje, de la Tauride, de Kherson et de Poltawa. Sa superficie est de 2,500 lieues carrées, sa population de 845,000 habitants. La capitale est *Ekaterinoslaw*, sur le Dniéper, à 209 lieues de Moscou, ville belle et commerçante, fondée en 1787. Les Kozaks de la mer Noire ont été la souche des Kozaks du Bog, lesquels habitent les districts de Kherson, d'Elisabetgrad et d'Olviopol. Ekaterinoslaw possède des fabriques de draps.

KRAINS ou BROUILLAGES, nom donné, dans les mines, à un accident des couches qu'on rencontre dans l'exploitation et qui déconcerte les mineurs les plus habiles dans leurs recherches. Cet accident est ordinairement le résultat de la dislocation du terrain, qui a donné lieu à une espèce de trituration des couches, et qui interrompt brusquement leur régularité, ne présentant plus à leur place qu'un mélange de roches brisées. Dans les terrains houillers, ces accidents font entièrement disparaître les couches de houille ; ils les bouleversent et les pulvérisent tellement que l'exploitation devient impossible.

KRAPACKS ou KARPATHES, chaîne de montagnes de l'Europe centrale, environnant la Hongrie et la Transylvanie en décrivant une courbe de plus de 300 lieues. Une chaîne secondaire la réunit aux monts Balkans. Les sommets les plus élevés, la *Ruska-Poyana* et le *Szubul*, ont plus de 3,000 mètres.

KRASSOVA, comitat de Hongrie dans le Banat de Temeswar. Sa superficie est de 106 lieues carrées, et sa population de 188,150 habitants. La capitale est *Lugos*, ville de 4,600 habitants.

KREMLIN ou KREML, forteresse de Russie située dans la ville de Moscou. Elle occupe une éminence sur la rive gauche de la Moskva. Le Kreml est l'ancienne résidence des souverains russes. Il fut brûlé en 1812 lors de l'incendie de Moscou par les Russes, et a été rebâti depuis cette époque.

KREUTZER, petite monnaie de cuivre, qui vaut à peu près 4 centimes 3 dixièmes. 10 kreutzers valent 43 centimes 25 centièmes ; 20 kreutzers valent 86 centimes 50 centièmes. Le kreutzer est usité en Autriche et en Bohême.

KRICHNAH, rivière de l'Indoustan, descendant des monts Soukien au S. de Pouna. Elle forme la limite entre le Dekhan proprement dit et la péninsule, baigne au N. une contrée riche en diamants, et a son embouchure dans la baie du Bengale au cirkar Cuntour au S. de Masulipatnam. Son cours est de 270 lieues.

KRONOBORG, province de la partie méridionale du Smaland en Suède. Elle a 160 lieues carrées, et, une population de 109,635 habitants. La capitale est *Wexio*. Ce pays est peu fertile et mal cultivé.

KROS, vêtement que portent les Hottentots en forme de manteau, pendant en arrière sur les épaules. Il est de peau de mouton, dont la laine se porte en dedans pendant l'hiver et en dehors pendant l'été.

KRUDNER (Valérie DE WITTENGHAFF, baronne DE), arrière-petite-fille du célèbre
maréchal Munich, née en 1765 ; elle épousa le baron de Krudner, ambassadeur de Russie à Berlin, et se fit connaître par son roman de *Valérie*, publié en 1802. En 1806, elle commença ce bizarre apostolat qui l'a rendue si fameuse. Se disant appelée à rétablir le règne du Christ, elle se mit à prêcher et à catéchiser dans toute l'Europe. Ses œuvres de charité, sa douceur, sa vie errante attirèrent sur elle l'attention générale. Ses prophéties lui avaient valu la protection de l'empereur Alexandre ; elle se rendit en Russie, et mourut en Crimée en 1825, prêchant au milieu des Tartares à la régénération du monde.

KUBO ou KOUBO, titre du souverain du Japon dans les mains duquel réside la suprême puissance et qui gouverne le royaume, à la différence du *daïri*, autre souverain nominal qui avec tous les honneurs de la suprême puissance n'en a point l'autorité.

KUFIQUES ou KOUFIQUES ( CARACTÈRES ), caractères employés par les Arabes du Vᵉ au Xᵉ siècle, et qui remplacèrent les caractères du dialecte *hamiarite* (l'un de ceux de la langue arabe). Ce fut avec les caractères kufiques que Mahomet écrivit le Koran. Ils furent remplacés en 925 par l'alphabet *neskhi* inventé par l'émir Ibn-Moklah, et qui est servent aujourd'hui les Arabes. Ils avaient tiré leur nom de Kufah, ville près de Bagdad, dont l'école avait eu une grande influence sur l'islamisme. Le kufique est à la langue actuelle ce qu'est le gothique pour notre alphabet.

KURDES ou KOURDES, peuple de l'Asie occidentale qui habite en Turquie et en Perse le pays montagneux situé à l'E. des rives du Tigre et que les Persans appellent *Kourdistan*. Les Kurdes ont la taille élevée, le teint blanc, les yeux grands et beaux, le nez aquilin. Leur langue est dérivée du persan, de l'arabe et du chaldéen. Ils sont à peu près au nombre de 1,100,000 âmes, et se divisent en quatre grandes classes, subdivisées en un grand nombre de tribus, qui sont nomades et vivent sous des tentes. Le Kourdistan est divisé en cinq principautés et en deux parties, dont la plus considérable appartient à la Turquie et l'autre à la Perse. Les Kurdes ont des pachas et des beys.

KYLE, province de l'Ecosse méridionale, entre les comtés de Cuningham, Clydesdale, Nithesdale, Galloway, Carrick et le golfe de Clyde. Elle est partagée en deux parties par la Clyde.

KYRIE ELEISON, mots grecs qui signifient *ayez pitié de nous, Seigneur*, et qui servent à invoquer la voix du Seigneur au commencement de la messe. Le prêtre dit le Kyrie eleison entre l'*Introït* et le *Gloria in excelsis*. Les compositeurs font quelquefois de longs morceaux dans les messes en musique sur ces mots seuls, *Kyrie eleison* et *Christe eleison* (*Jésus-Christ, ayez pitié de nous*). On les répète trois fois chacun, en alternant.

KYSTE, membrane qui se développe accidentellement dans l'intérieur des tissus et représente comme les membranes séreuses un sac sans ouverture, qui renferme un liquide dont la nature et la composition offrent une foule de variétés, et qui est tantôt limpide, séreux, jaunâtre, blanc, rougeâtre, et tantôt plus ou moins épais, albumineux, gras, caséeux. Les kystes forment le plus souvent les tumeurs appelées *loupes*. On nomme *kystique* ce qui appartient ou a rapport aux kystes.

# L

## L

**L**, la douzième lettre de l'alphabet. Les anciens l'employaient comme lettre numérale. Elle valait chez les Grecs 30. Avec un accent aigu par-dessous, elle valait 30,000. Chez les Romains, L désignait 50, et avec une barre au-dessus 50,000. — La lettre L

## LA

était autrefois le signe de la monnaie fabriquée à Bayonne.

**LA**, sixième note de la gamme moderne,

appelée A par les Allemands et les Italiens. C'est sur cette note qu'en France s'accordent tous les instruments et que sont réglés les diapasons. Ces diapasons varient selon les lieux et les orchestres, mais leur différence n'excède jamais un demi-ton. — C'est aussi le nom de la seconde corde du violon et de la première de la basse, de l'alto et de la contre-basse.

LAALAND, île du Danemarck, dans la mer Baltique. Sa superficie est de 26 lieues géographiques carrées, et sa population de 46,000 âmes. La capitale est *Nakshow*.

LABAN, fils de Bathuel et oncle de Jacob. Jacob, fuyant la colère de son frère Esaü, arriva chez son oncle en Mésopotamie, et s'engagea à le servir sept ans s'il voulait lui donner sa fille. Mais, au lieu de lui donner Rachel, Laban lui donna Lia, son autre fille, et lui proposa d'épouser Rachel en le servant sept autres années. Laban voulut encore le retenir six ans; mais Jacob s'enfuit avec ses femmes et ses richesses. Laban le poursuivit, et, après de violents reproches le laissa aller après lui avoir juré une alliance éternelle.

LABARRE (LE CHEVALIER DE), né en 1747. Ce jeune homme ayant, avec quelques autres, passé sans se découvrir devant une procession de capucins portant le saint sacrement, et ayant renversé et mutilé un christ en bois, fut condamné à avoir la langue arrachée, le poing coupé, la tête tranchée et à être brûlé, le tout après avoir subi la question ordinaire et extraordinaire. Labarre supporta ce supplice avec fermeté. Il avait alors dix-neuf ans. Cet acte contribua puissamment à la chute du parlement.

LABARUM, enseigne, étendard que l'on portait devant les empereurs romains à la guerre. C'était une longue lance traversée par le haut d'un bâton, duquel pendait un riche voile couleur de pourpre, sur lequel était peint un aigle. Cet aigle fut remplacé par une croix sous Constantin. Cinquante hommes, nommés *protecteurs*, étaient destinés à porter alternativement le *labarum*.

LABAT (J.-B.), dominicain, né à Paris en 1663. Envoyé en Amérique en qualité de missionnaire en 1693, il gouverna sagement la cure de Macouba, revint en Europe en 1705, parcourut le Portugal, l'Espagne et l'Italie, et mourut à Paris en 1738. On a de lui des *Voyages* en Amérique, en Espagne, en Italie, dans l'Afrique occidentale, et quelques *mémoires*.

LABBE (Philippe), jésuite, né à Bourges en 1607, mort à Paris en 1667. Il a publié plusieurs ouvrages où il montre une érudition grande et très-variée. Ces ouvrages sont la *Concordance des chronologies sacrée et profane jusqu'en 1638*, une *Histoire des conciles*, des *Eloges historiques des rois de France*, des *Oraisons funèbres*, etc.

LABDACUS, fils de Polydore, roi de Thèbes. Le prince étant monté sur le trône très-jeune, Lycus, son oncle, fut chargé de sa tutelle et de l'administration de l'Etat. Labdacus régna seul ensuite, et mourut quelques années après, laissant Lycus tuteur de son fils Laïus. — On nomme *Labdacides* les descendants de Labdacus. Ce sont Laïus, OEdipe, Etéocle, Polynice et Thersandre.

LABÉ (Louise), surnommée *la belle Cordière*, née à Lyon en 1526. Elle apprit la musique, plusieurs langues et les exercices militaires. A seize ans (1542) elle combattit au siège de Perpignan. Elle quitta le métier des armes pour s'adonner à la poésie et à l'étude, et sa maison fut le rendez-vous des littérateurs de l'époque. On l'accusa même de trop de galanterie. Louise Labé mourut en 1566. On a d'elle un grand nombre de pièces de vers.

LABELLE, nom donné, en botanique, à la division interne et inférieure du calice des fleurs dans la famille des orchidées. Cet organe présente de grandes variétés dans sa situation et sa structure. Ordinairement il est pendant, plane ou convexe; quelquefois il est dressé et configuré d'une manière plus ou moins bizarre.

LABÉO (Antistius), savant jurisconsulte romain, fut constamment l'ennemi d'Auguste, et refusa la dignité de consul que l'empereur lui offrit. Il composa plusieurs ouvrages qui sont perdus. Il consacrait six mois de l'année à l'étude et à la composition, et six mois à la société des savants. — C'est aussi le nom d'un consul romain (Q. Fabius) qui battit la flotte des Crétois l'an de Rome 569. On croit qu'il aida Térence dans la composition de ses comédies.

LABÉRIUS (J. Decimus), chevalier romain, excella dans la composition des mimes ou pièces satiriques. Il avait aussi un rare talent pour la déclamation. César le força de prendre un rôle dans une de ses propres comédies. Le poète se vengea de cette sorte de violence en insérant dans sa pièce des vers qui faisaient allusion à la situation de la république. Labérius mourut à Pouzzoles vers l'an 44 avant J.-C. Il nous reste quelques fragments de ses poésies.

LABIAL, nom donné à tout ce qui concerne les lèvres. En anatomie, le *muscle labial* ou *orbiculaire des lèvres* est un muscle placé dans l'épaisseur des lèvres et qui s'étend de l'une des commissures à l'autre. Il est formé de deux portions bien distinctes, semi-ovalaires, à fibres courtes, et appartenant, l'une à la lèvre supérieure, l'autre à l'inférieure. Leurs extrémités s'entre-croisent aux commissures et s'y confondent avec les autres muscles de ces parties. Le muscle labial, qui est entièrement charnu, a pour usage de rapprocher les lèvres l'une de l'autre, et de resserrer l'ouverture de la bouche, en lui faisant représenter une sorte de bourrelet à rides rayonnées. — Les *glandes labiales* sont des follicules volumineux, arrondis, nombreux et saillants, qui se trouvent placés à la face interne des lèvres, au-dessous de leur membrane muqueuse. — En termes de jurisprudence, *labial* est ce qui se dit de bouche seulement. — En termes de grammaire, ce mot se dit des articulations produites par les mouvements des lèvres. Les lettres labiales sont $B, P, F, M, V$.

LABIATIFLORES, groupe de la famille des synanthérées, renfermant les plantes qui se distinguent par l'irrégularité de leur corolle, laquelle est *labiée*, c'est-à-dire partagée en deux parties ou lèvres, dont l'extérieure est plus large que l'intérieure.

LABIÉ, adjectif qui s'applique, en botanique, à la structure du calice ou de la corolle d'une fleur dont les lèvres s'ouvrent en deux parties ou lèvres plus ou moins inégales, l'une supérieure, l'autre inférieure. La corolle personnée diffère de la labiée, en ce que dans celle-ci les lèvres sont écartées, tandis que la première les a rapprochées. On dit corolle *unilabiée* lorsque la lèvre supérieure est très-courte ou nulle.

LABIÉES, famille de plantes monopétales, dicotylédones, herbacées, à tiges quadrangulaires, à rameaux opposés et aux fleurs nues et labiées. Toutes les espèces qui la composent sont aromatiques, toniques, excitantes, et la plupart sont employées en médecine. Le *romarin*, la sauge, l'hysope, la lavande, le thym, etc., sont de la famille des labiées.

LABIENUS (T.), Romain célèbre pour son attachement au parti républicain, fut tribun du peuple l'année du consulat de Cicéron. Il se rendit fameux par l'accusation qu'il intenta au sénateur C. Rabirius, par la loi *Attia*, relative au sacerdoce, et par les honneurs extraordinaires qu'il fit rendre à Pompée, vainqueur de Mithridate. Il servit dans les armées de César, dont il abandonna le parti dès qu'il le crut contraire à la république. Il fut tué dans un combat en Espagne, l'an 45 avant J.-C.

LABORATOIRE, lieu où les pharmaciens et les chimistes font leurs expériences et composent leurs remèdes.

LABORDE (Jean-Joseph DE), né en 1724. Il devint banquier de la cour, et rendit de grands services à la marine, qu'il soutint par d'immenses avances de fonds dans les temps les plus difficiles. Lors de la disgrâce du duc de Choiseul, il se retira des affaires; mais il conserva cependant six vaisseaux qui servaient aux transports des produits de ses biens à Saint-Domingue. Maître d'une immense fortune, il ne l'employait que pour faire du bien, et il y consacrait annuellement 24,000 francs. Lorsqu'il se reposait d'une vie où il n'avait fait que du bien, le tribunal révolutionnaire vint le réclamer. Il mourut le 18 avril 1794. — Son fils aîné (F.-L.-J. de Laborde-Méreville), garde du trésor royal, fut nommé député aux états généraux de 1789 par le tiers état d'Etampes. En 1790, il fut chargé de recevoir l'argenterie donnée par les églises de France, et mourut en 1801.

LABOUR ou LABOURAGE, action qui consiste à diviser, à mélanger la terre à retourner et enfouir le fumier, etc., afin que les racines des plantes pénètrent plus facilement en terre, et que l'air et l'eau s'y introduisent mieux. Le labour que l'on fait à la *bêche* est préférable à tout autre, mais il est trop lent et trop coûteux. La *charrue* (voy.) est l'instrument généralement adopté. Le labour a lieu à l'instant où la récolte vient d'être enlevée, lorsque la sécheresse n'a pas trop durci le sol. En général, il faut des labours moins fréquents aux terres légères qu'aux terres argileuses, et l'on doit éviter de labourer en été dans les terres légères, etc.

LABOUR (TERRE DE), province du royaume de Naples, jadis située dans la Campanie, et appelée par les Italiens *Terra di lavoro*. Elle a 33 lieues de long du N.-O. au S.-E., et sa population est de 480,000 âmes. Ce pays fertile produit des vins, des huiles, des oranges, du safran et du bétail. Sa capitale est Sainte-Marie (*Santa-Maria*), forte de 9,000 âmes. Les Français prirent cette ville en 1806.

LABOURD (*Lapurdensis tractus*), petite contrée de France, dépendant de la Gascogne et faisant partie du pays des Basques, le long de l'Océan. Elle s'étendait autrefois jusqu'à Saint-Sébastien, dans la province de Guipuzcoa; mais les rois d'Espagne usurpèrent tout le pays au delà de la Bidassoa. L'évêché du Labourd n'est connu que à partir du ixe siècle. Ce pays, qui ne payait qu'une petite redevance au roi, avait un bailli pour rendre la justice, et qui dépendait du sénéchal de Dax, et des Etats particuliers. Pour le gouvernement militaire, il y avait un lieutenant du roi, dépendant du gouverneur de la Guyenne. Le Labourd jouit de ces privilèges jusqu'en 1722, et subit le sort de la Guyenne (voy. ce mot). Sa capitale était *Bayonne*.

LABOUREUR (Jean LE), né à Montmorency, près de Paris, en 1623, publia à dix-neuf ans le *Recueil des tombeaux des personnes illustres dont les sépultures étaient dans l'église des Célestins à Paris*. Ce savant infatigable publia ensuite les *Tableaux généalogiques des rois de France depuis saint Louis*, un traité de l'*Origine des armoiries*, et une *Histoire de la pairie*, etc. Jean le Laboureur mourut en 1675.

LABRADOR, vaste pays dans l'Amérique septentrionale, entre le Canada, le golfe Saint-Laurent, la baie Hudson et l'océan Atlantique, découvert en 1500 par le Portugais Cortéréal. Le Labrador est habité par les Esquimaux. Ce pays, froid et aride, nourrit un grand nombre de loutres, de buffles, de castors, de baleines et de daims. Il appartient à l'Angleterre.

LABRE, genre de poissons de la famille des léiopomes, et qui renferme plusieurs espèces d'une forme élégante, d'une grande variété de couleurs et d'une agilité remarquable. Ces espèces habitent la mer. On en mange plusieurs.

LABRE, une des pièces de la bouche des insectes, représentant la lèvre supérieure

www.ingramcontent.com/pod-product-compliance
Lightning Source LLC
Chambersburg PA
CBHW071657300426
44115CB00010B/1238